教育部哲学社会科学研究重大课题攻关项目资助
北京市社会科学理论著作出版基金重点资助项目

曾宪义 主编

百年回眸

法律史研究在中国

第二卷 | 当代大陆卷（上）

中国人民大学出版社
· 北京 ·

百年回眸：法律史研究在中国

第二卷 | 当代大陆卷

主　　编　曾宪义

执行主编　马小红

副 主 编　叶秋华　赵晓耕　王云霞

本卷编辑　庞朝骥　李　彤　蒋家棣

中国人民大学法律文化研究中心
曾宪义法学教育与法律文化基金会　|　组织编写

CONTENTS

目 录

曾炳钧

关于法的继承性问题*

简 介

曾炳钧（1904年6月14日—1994年5月9日），字仲刚，祖籍四川泸县。1926年进入清华大学政治学系，成为清华政治学系第一届毕业生；1934年考取清华第二届留美公费生赴美研习经济及政治学，以“英美预算制度”硕士论文结业，获伊利诺伊州立大学硕士学位；而后入哥伦比亚大学，以“中日冲突在英国议会中的反映”博士论文结业，获哥伦比亚大学博士学位。1941年接受地下党委托作为中方唯一代表，冒战火押送挪威货船 S. S. Gunny 号将一批新型战斗机带回祖国。至1949年，历任社会调查所研究员、《社会科学杂志》主编、云南大学政治经济系教授、重庆国民政府经济部参事、武汉大学教授兼政治系主任、清华大学教授兼政治系主任、《清华学报》编辑、北京大学兼任教授。1949年被调入北京政法学院任教，曾兼任董必武同志领导的中国法学会筹备委员。1979年中国政法大学复建，担任法制史专业导师组组长。著有专著、时评、论文及译著等，主要有：《国际劳工组织》、《危机日迫的中国经济》、《人治与法治》、《学术与政治》、《中国战时的工业和商业管制》、《评罗宾汉斯教授的经济计划与国际经济》、《魏玛宪政时期德国的经济复兴》、《英国的财务管理：预算控制》、《在放任主义与全盘社会主义计划之间》、《评柯尔的经济政策未来十年展望》、《评拉斯基的美国的民主》、《关于法的继承性》、《当代世界政治理论》、《中国法制史》等。

---

* 原发表于《政法研究》，1957（3）。

在百家争鸣的方针指导下，中国法学界最近展开了法的阶级性与继承性的讨论。本着自由争辩的精神，我愿就法的继承性问题提出几点个人的看法，期待法学界同志们指正。

一、法的阶级性与继承性不是互相排斥的

法的继承性问题，主要是资产阶级的法律规范是否可以为工人阶级专政下的人民民主法制部分地批判吸收的问题，在解决这一问题时，是应该与法的阶级性一并考虑的。

法体现统治阶级的意志，具有强烈的阶级性，这是不容怀疑的，但法的阶级性并不排斥它有继承性。有人以为法的阶级性与继承性是互相排斥的东西，因此认为工人阶级当政的国家如果要对资产阶级当政时期的法律规范有所继承，便必须修改马克思列宁主义。这种看法太把问题简单化了，是值得商榷的。相反，另外有人肯定了法的继承性，但同时却否认剥削国家的法律有统一的阶级性，并认为剥削国家的法律有的是体现被统治阶级意志，具有被统治阶级的阶级性，有的本身是正义的或超阶级的，这种看法我认为是一个错误。

事实是在某一阶级当政的时代，一切为统治阶级所制定认可或适用的法都属于这个阶级的意志的体现，都是统治阶级有效的统治工具的组成部分，整个说来，都是直接或间接有利于统治阶级政权的巩固的。因此在阶级社会里，任何法律规定都不能没有阶级性，更不能说是带有更强烈的被统治阶级的阶级性或体现了被统治阶级的意志。即在资产阶级的所谓“保护劳工”的立法也是如此。资产阶级总愿意认为法是没有阶级性的或反映被统治者的意志的，这样他们便可以将严重危害人民利益的法律说成是人民的意志。如十七世纪浩布士维护执政者的绝对权力便采取了这样的逻辑。按照这个逻辑他得出这种奇怪的结论：反抗专制是人民的背信弃义，革命者被杀害实际等于自杀，因为执政者是按照人民永远放弃一切权利而据说又对他们有利的卖身契约来行事的，被迫害原来就是人民自己的意志！我们不能说法律体现被统治阶级的意志，这是原则问题，也是一个事实问题。

但法既是体现统治阶级的意志，不同于一般文化现象，那么，工人阶级执政后如何可以继承某些旧法的规范呢？那是不是便继承了剥削阶级的意志呢？

认为法无继承性的人所根据的理由就在于此，他们征引经典作家作为他们推理的佐证。我们应该看看经典作家在这方面有关的议论。马克思、恩格斯在《共产党宣言》中有资产阶级的法学不过是体现于法律的资产阶级的意志的说法（据莫斯科外文出版局马恩选集英文版），恩格斯在另一地方又说：法律就是资产阶级“所持有的实力的果实，是为保护它本身和保护它的利益并经过了他的同意所颁布的”。列宁指出：“若没有一个能够强迫人们遵

守法律规范的机关，则所谓法便等于零。”

从这几段话中我们至少可以得出两层理解，即：（1）从资产阶级革命以来资产阶级政治理论家惯常所谓体现于法的公共意志不过是统治阶级的意志而已，在剥削阶级的法中并无所谓公共意志。我们应该注意上面马克思、恩格斯在宣言中所说的这段话是在驳斥资产阶级责难无产者不当废除财产私有权而发的。（2）一切法律规范都是通过统治阶级的意志表示而得到强制执行的。第一点的说法是指法的实质。法是统治阶级用以保护自己的利益的。从法的观点来看，旧国家政权被革命消灭了，代表这个国家统治阶级的意志的法也就中断与无效了。第二点的说法是指法的效力依据，是说明法律规范之所以有拘束力是由于有统治阶级的意志表示而以它的国家力量为后盾，统治阶级的同意是必要的。在旧国家政权消灭以后，中断与无效了的法如要继续有效，必须是以新的统治阶级的意志为依据。换句话说，在新旧政权绝续之交，照推理上讲，法是可以因沿用而延续的，但被推翻的统治阶级的意志则不可能是延续的。此时旧法虽被沿用，它的目的根据和功用已经不同了。事实上法是贯彻统治阶级意志的一种工具。工人阶级政权与资产阶级政权具有完全不同的本质和意志。因此，即使作为新统治阶级的工人阶级的政权承袭了旧法的某些部分，它是从这些工具是否对它有用的观点出发的，不能意味着它便承继了旧的统治阶级的意志。在巩固自己政权的立场观点上，它吸取被推翻的阶级的一些东西，即“以其人之道，还治其人之身”，利用敌人的工具来达到自己的目的，有什么不可呢？工人阶级的理论基础是辩证唯物主义，不是机械主义。在一定的历史条件下，只要有客观实际的需要或有利于人民的革命事业，旧社会遗留下来的有用的东西，不管它曾经被剥削阶级以何种方式利用过，执政的工人阶级都是可以有选择地吸取利用的。化腐朽为神奇，这不仅对于一般文化遗产如此，对于旧的某些法律也是如此。

二、对于“继承”的理解

法是否有继承性涉及对“继承”二字的正确理解问题。在这个问题上多数人的意见是一致的，即“继承”不是整个的搬运而是有批判的吸收采用或发展。整个的搬运，似还不曾有人主张过，历史上即在剥削阶级内部改朝换代的旧法继承也并不如此。

从历史的发展来看，我同意有的同志的看法，继承是一种连续的或先后相关联的现象，有了前者然后有后者，不理解前者也就无法完全理解后者。前后的现象是千丝万缕地直接间接相关的。这是历史发展的陈迹，可以当作历史的自然现象看待。但从继承的过程来说，它必然经过选择的作用，它不能仅是一种自然现象，尤其工人阶级在继承着过去阶级社会的历史遗产的时候更是如此。因为工人阶级用以指导行动的思想不只要认识世界而且要改造世界。先进的工人阶级掌握历史发展规律的自觉运用，它对一切事物的认识评价总是要经过“去粗取精，去伪存真，由表及里，由此及彼”的过程的。在这里起唯一决定作用的不是被推翻的统治阶级的“意志”，而是新兴的统治阶级的“意志”，因为决定取舍的是新兴的统治阶级，被推翻的统治阶级不能决定它的“取”，也和不能决定它的“不取”一样。因此，深闭固拒地认定法不能有继承性，这只是作茧自缚的消极说法，企图斩断历史，对于革命法制的建设只能是一种外加的限制。

法有无继承性的问题是工人阶级对旧法是否有批判吸收的需要问题，或者说，即旧法对工人政权下的法制是否能提供被批判吸收的成分的问题，并不是法统继承的问题，这问题的答复只能是肯定的。

三、为什么法能有继承性？

否认法有继承性的人只强调法的阶级性这一方面。不错，法体现统治阶级的意志，整个说来，是为统治阶级服务的。但归根到底，法只还是一种统治工具。具体分析起来，在任何阶级社会里，法的组成包括由统治阶级认可或制定的两部分。其中有某些部分是基于社会习惯的行为规范而为统治阶级所认可和执行的。这种习惯法也可能是从原始社会遗存下来的，如恩格斯所说在原始社会中每天重复着的生产分配和交换生产品的行为需要“用一个共同规则囊括起来，设法使个人服从生产和交换的一般条件。这个规则，首先表现为习惯，后来便成法律”。

剥削阶级另外的法律除十分显著地压迫人民的立法，如国民党的战乱时期危害国家紧急治罪条例、美国臭名昭著的塔虎特一哈特莱法案、蒙特反共法案等外，其他大部则是在有利于统治阶级的基础上调整一般社会关系的。

于此我们应该看到一件事实，即在它们制定的法律中，剥削阶级在立法上也不是可以为所欲为的。它们制定的法律在一定范围内不能不受到几方面的影响和限制，否则不能行之有效或者甚至影响它的统治。这几方面包括：（1）一般社会倾向和人民反抗的压力；（2）一般经济条件或规律，和（3）一般的自然法则等。

除物理的自然法则不依统治阶级的意志为转移，统治阶级只能因势利导无须解释外，关于经济规律，马克思在批判蒲鲁东认为当局的专断与裁夺乃社会经济生活的决定性原因时，曾经指出：在任何时代，当局总不能不屈从于经济条件。恩格斯在《论住宅问题》中亦曾说过，如果国家的法律照蒲鲁东所想象的是完全任意的命令，在社会经济面前，只能是一纸空文。他说：“在蒲鲁东看来，最容易不过的就是颁布法令——如果他拥有这种权力的话——把利息率降低为一厘。可是，既然其他一切社会条件照旧不变，于是这个蒲鲁东主义的法令也就只是一纸空文了。不管有怎样的法令，利息率将照旧是由现在支配它的经济规律来调整。有信用的人将仍如先前一样依照情况按二厘、三厘、四厘和更高的利息率借取金钱，不同处只是食利者将非常谨慎，只把金钱借给那些不会弄出讼案的人们”。蒲鲁东不能用法令降低利率也和资产阶级不能用法令来任意提高商品价格一样。类似的例子还多。这可说明统治阶级对于若干社会经济法则不是能够任意违抗的。如货币银行制度、价值法则、供求律等在一定条件下即在社会主义社会也还有它们的作用。

一般社会倾向和人民反抗的压力，更是剥削统治阶级不能不加考虑的因素。资产阶级剥削压迫人民，但也不是在任何情况下都能一意孤行地施行人民大众所坚决反抗的法令。在人民的强大压力下，他们便不能不作某些让步，历史上许多事例可以说明统治阶级不能不估计到当时阶级力量的对比形势。所以我们可以把法看作是阶级力量对比关系（通过统治阶级的意志）的反映。明显的例子是英国在十九世纪中叶宪章运动以后，议会代表法方面便不能不有一系列的改革，因而产生了此后各次相应的改革法案。八小时工作制是资产阶级所不愿实施的，但经过工人阶级的不断斗争，目前一些资本主义国家亦已有法律规定了。

必须强调，过去在阶级社会里，无论是结合社会习惯、因应自然法则社会经济法则、或屈从于人民压力之下的立法，整个说来，都是对剥削阶级的统治起稳固和便利的作用的，是为统治阶级服务的，同时也就是统治阶级意志的体现。特别是屈从于人民压力之下的立法，剥削统治阶级所以这样做不是以人民的意志为意志，而是这样做了才能稳定它统治下的社会秩序。

同时，依照上面的分析，我们还要重复指出：统治阶级的法律命令在一定程度上不能不估计到自然、历史、社会、经济的种种条件。他们不能完全无视这些条件，否则便要失败，甚至丧失了自己的统治。不顾人民反抗情绪的激昂，一六四八年英国国王查理士一世的头颅落地了。十八世纪英国统治阶级一意孤行地对美颁行“民宅驻兵法案”和征收印花税法，不就是激起北美独立革命的导火线么?

法体现统治阶级的意志。但由于一切剥削统治阶级的立法在一定程度内都不能不服从自然的、社会经济的和人民群众压力的影响和限制，因此，资产阶级的法律系统中就不能不包含着进步的科学的和大众的成分。而这种成分的存在便构成了我们所谈的法的继承性的事实根据。

不错，资产阶级在某些法律中所标榜的民主进步是麻痹群众欺骗人民的。但其所以能欺骗，正缘其中含有一定的积极因素。资产阶级在其上升时期得到人民群众的支持曾标榜过许多民主自由的原则，不过此等原则后来被资产阶级践踏破坏了。这些被资产阶级践踏破弃了的东西，正是人民政权必须注意吸收的东西，使成为人民的财富而加以发扬光大。譬如“王子犯法，庶民同罪”，中国在战国时代便有这样的法律原则，不过在封建统治下此种原则不能认真施行，后来为议亲议贵的条款所代替。欧洲资产阶级革命后也有“法律之前人人平等”之类的条文，不过资本主义社会里不可能有法律的平等也和它在经济方面不能提供机会均等一样。到有了工人阶级专政的国家，人民在法律上一律平等的规定才有真正的内容和保证。但我们不能说社会主义国家内人民在法律上平等的规定和历史上的法律现象无关。前后正反相承，历史的辩证发展正是这样的。我们没有必要也不应该否认历史的联系。否认这种联系会滋长我们无视过去的倾向，障碍我们在法制建设问题上的视野，会引导我们放弃对吸取历史经验的努力。这对我们的工作是没有好处的。

四、必须从社会生活的客观实际出发

有人发生了这样一个问题，即如果社会主义社会可以继承资产阶级社会的某些法律规范的话，如何在法律问题上解释基础与上层建筑的关系呢?

这是一个复杂问题，简单说，法律为社会的基础所决定，主要是指整个法律体系的主导精神而言。譬如资本制度下的劳动立法是为了维护资本主义的剥削、缓和工人阶级的反抗的，因此对劳动的保护便不可能彻底，而且必须把这种法律与保障资产阶级特权的各种立法对照来看才能了解它的真谛。在社会主义制度下，为了劳动人民的彻底解放，其立法精神便完全不同了，劳动者的劳动、教育、休息等权利不仅在法律上规定详备，而且还有可能的物质保证。这便是基础决定上层建筑的简单意义。事实上在矛盾统一的上层建筑中本来存在着矛盾的因素。因此，在否定之否定的发展过程里积极因素便又融合在新的上层建筑中来了。

资本主义社会和社会主义社会的经济基础迥然不同，但社会生活是不能一下斩断的。工人阶级政权从革命的需要出发，创建人民民主法制来巩固和推进革命事业，但它的创制不是在真空里进行的。法律的规定必须依据客观实际。即使社会经过经济制度的变革，复杂的社会生活在许多方面还不能便完全两样。虽在社会主义时期，历史遗留下来的社会不良现象的消灭也还要经过长期的过程。只要社会生活中有工人劳动的事实存在，对于劳动状况的某些规定虽然整个精神不同，必然还有某些基本的相似。例如关于工厂卫生、职业病的防止，女工产前产后的休假等等，只不过在新社会里，一切规定比较旧时代又更加发展了。此外如关于婚姻的立法，在经济基础不同的社会，法的精神也就有差异。总的说来，在封建社会它巩固着封建婚姻，资本主义下它维持着商品买卖婚姻，社会主义时代它贯彻男女平等的婚姻制度，但夫妇的配偶关系总是存在的，因此相互间的某些法律关系便不能没有相似的地方，后一时期只较前一时期更前进了一步。又如禁止侵占公有财产，禁偷盗，在各时代的意义和作用都不同，但事实的对象是相同的，旧法的规定至少提供了法律的资料。

从对经济基础的关系来说，整个法律体系及其主导精神必然是随基础的变革而变革，但法的个别和部分的规范，只要在客观事实上还有根据和需要，便有可能被新的统治阶级酌量引用与发展。被吸收后，这些规范的性质便不同了，在内涵和精神上都可能有了变化了，又是为新的基础服务的了。

从资产阶级的旧法中究竟可以继承些什么？这是需要进一步研究的问题。概括地说，包括一切有用的东西尤其在资产阶级上升时期的一些东西。此中包括对于敌对阶级专政的某些部分，历史相传社会习惯需要的部分（如关于承诺的信守），人民在反动统治下斗争赢得的部分（如关于劳动保护、人民权力原则等），属于因应社会与自然规律的部分（如防疫卫生交通规则等），及其他有用成分（如关于教育、财政、金融管理的某些规定等）。就法律部门说，在宪法方面如宪法至上、代表制度、权力属于人民、普遍平等直接秘密的选举规定，刑法方面的公开审判、罪刑法定、无罪假定原则、辩护制度等……以及其他法律部门的某些规范等等。但这不是一个简单的搬运问题，需要我们根据实际情况作进一步的具体分析研究。

我们在新中国成立后，为了肃清反动统治在人民群众中的恶劣影响，人民政府明令废除伪法统、伪六法，并随即进行司法改革，清除司法界暗藏的敌人，反对敌我不分的旧法观点，这些都是很自然的，必要的，适合于我国当时的客观情况的。但在废除伪法统伪六法后，并不排除用无产阶级的立场观点方法，从旧法中批判吸取有用的因素并加以改造或发展。也正是在废除伪法统的法律前提之下，我们才更能有分别地来考虑吸收旧法中的有用因素。一九一七年十二月二十日苏俄政府颁布的第一号有关法院的法令，直接指示法院的活动除以苏维埃政府的命令和决议为指南外，并以那些同无产阶级专政原则、革命信仰及革命法权意识不相抵触的旧法为指南。这个临时适用旧法的时间很短。但关于苏俄民法典的起草问题，列宁在给库尔斯基的一封信中指示说，西欧国家的文献和经验中有利于劳动人民的一切东西，都必须吸取。目前在人民民主国家内，波兰和民主德国都利用了部分经过修改的旧法典（当然，这不等于沿袭旧法统）。只要不违反对于革命有利的前提，工人阶级政府按照当前的实际情况将旧法中某些成分加以有选择地吸取利用或发展，这在精神上和明令废除伪法统伪六法是一致的，同是符合于马克思列宁主义原则的。

蒲 坚

试论中国国家与法的历史的对象和范围问题*

简介

蒲坚，字固之，号宜水，1927 年生，河北玉田人。1949 年 9 月入中国政法大学学习，1950 年转入中国人民大学法律系。1954 年毕业，同年到北京大学法律系工作，历任助教、讲师、副教授、教授。主要著作有《中国古代行政立法》、《中国历代土地资源法制研究》、《中国古代法制丛钞》等，先后主编《中国法制通史》（第一卷）、《北京大学法学百科全书》（中国法律思想史·中国法制史·外国法律思想史·外国法制史）等。

* 原发表于《新建设》（学术性月刊），1958（7）。

关于中国国家与法的历史的对象和范围，目前法学界还没有明确一致的认识。这一方面是由于这门科学刚刚建立不久；另一方面是由于很多人认为旧中国的《中国法制史》就是今天所称的《中国国家与法的历史》，或者旧《中国政制史》同《中国法律发达史》总和起来即是今天的《中国国家与法的历史》。因而对这门科学的对象和范围，认识颇不一致。

旧中国有关《中国法制史》、《中国政制史》、《中国法律发达史》等著作的内容，虽然也都涉及到国家和法的历史问题，但其对象则极为混乱，因而范围也就其说不一。特别是由于这些著作绝大多数是以资产阶级立场观点出发，正如他们不敢也不可能正确地解释国家和法的本质一样，他们对中国国家与法的历史更不敢也不可能正确地阐明与解释其产生、变化和发展的客观规律。对中国国家与法的历史这门科学的对象和范围，根本没有明确的规定。

目前虽然也有些学者，对中国国家与法的历史的对象和范围问题进行研究，并提出了自己的意见，但仍觉大有商榷的必要。比如戴克光先生在《关于研究中国法制史的几个问题》一文中认为："我们所要研究的范围，主要是分为以下几个方面：（1）研究中国国家与法和它们在各个历史阶段里发展变化过程；（2）研究在特定历史阶段里面的中国国家制度和法律制度以及它们所具有的特点；（3）研究中国国家与法在不同时期所发生的作用；（4）研究我国的人民民主政权及其法制的产生、发展和它在各个革命历史阶段所发挥的巨大创造性的作用。"[①] 在这里，我认为戴先生并没有对中国国家与法的历史的对象和范围，给予比较明确的说明。相反的，有的是不应属于中国国家与法的历史的对象和范围的，而是这门科学的任务和目的。当然我们在研究中国国家与法的历史科学时，要明确这门科学的任务和所要达到的最终目的，就是要批判资产阶级对中国国家与法的历史的歪曲；揭示我国各个历史时期的国家与法在历史发展过程中的作用；进而阐明国家和法这两种社会现象在我国产生、发展、变化和消亡的客观规律性。但是，如果把这些也都归入中国国家与法的历史的对象和范围，那就是欠妥当了。不仅使这门科学的对象和范围，大而无当，反而削弱了这门科学的战斗性。同时还在于中国国家与法的历史的任务与目的是研究这门科学时所依据的总的原则精神，它是贯穿在这门科学的任何问题上的。

那么，中国国家与法的历史的对象是什么呢？顾名思义，它所研究的对象就是国家和法这两种社会现象在我国具体历史条件下产生、变化和发展的历史。

为了进一步明确中国国家与法的历史科学的对象和正确地解决其范围问题，有必要再明确一下什么是"国家"，什么是"法"。因为划分独立科学的研究对象和范围时，阐明其现象的特点，具有决定的意义。

---

① 1956年12月30日《人民日报》。

什么是国家，毛主席曾明确指出，国家是个“机器”，是个“工具”，是“阶级斗争的工具”②。列宁也曾谈到：“国家是维护一个阶级对另一个阶级统治的工具”，它是“阶级矛盾不可调和的产物”③。关于什么是法，马克思和恩格斯早在谈到资产阶级的法时，指出：“你们的法不过是被提升为法律的你们这个阶级的意志，而这一意志的内容是由你们这个阶级的物质生活条件来决定的。”④ 列宁并进一步阐明，一切“法律就是那个已经得着胜利的掌握政权的阶级意志的体现”。由此看来，国家和法都是社会发展到一定历史阶段，即当社会上出现了敌对阶级，在阶级矛盾不可调和的情况下才出现的。因此，中国国家与法的历史的对象就是研究我国进入阶级社会以来，由每一类型的经济基础所决定的并与各历史时期的阶级斗争情况相适应的国家和法的产生、变化和发展的历史。

对象确定了，范围问题还不太容易解决。因为国家和法这两种社会现象，同其他社会现象都有着或多或少的联系。特别是过去的中国法制史著作对其范围问题，又有广义、狭义之分。他们认为：“广而言之，则大而礼、乐、兵、刑，小而舆服、食货均之制也。考中国古制者，通典、通志、通考三者尽之矣。……狭义言之，则法律刑制是也。”⑤ 根据其广义的范围，则把中国国家与法的历史范围扩大化，势必侵犯其他部门科学的领域；根据其狭义的范围，则又仅限于中国国家与法的历史的对象的一部分。这是由于他们对中国国家与法的实质的错误理解，因而对中国国家与法的历史的范围也就不能给以科学的规定。

中国国家与法的历史在国家问题上，就是研究在我国出现国家以后，国家制度在各个历史时期的产生、变化和发展的历史。但是国家制度的内容究竟包括哪些呢？也还没有一致的认识。我认为国家既然是阶级压迫的工具，国家制度首先应该包括国家的阶级本质，组成形式和借以实现统治的国家机关。因为历史上任何时期的国家政权都是掌握在一定的统治阶级手里并为其服务的。统治者必然采取一定的形式，通过一系列的国家机关来实现自己的统治。毛主席在抗日战争时期，针对中共中央提出的“民主共和国”的口号曾谈到利于抗战的国家制度：“（1）不是一个阶级的国家和政府，而是排除汉奸卖国贼在外的一切抗日阶级互相联盟的国家和政府，其中必须包括工人、农民及其他小资产阶级在内。（2）政府的组成形式是民主集中制……（3）政府给予人民以全部必需的政治自由，特别是组织、训练和武装自卫的自由。……这正是一个利于抗日战争的国家制度和政府制度。”⑥ 根据上述，我们可以看出国家制度的实质，也就是规定谁统治谁，如何来统治以及通过什么来进行统治的问题。这几个方面在国家存在的任何历史时期都是相互适应的统一不可分的。我国历史上曾经有过奴隶占有制的国家制度、封建制的国家制度、半封建半殖民地的国家制度和人民民主专政的国家制度。但是由于政权的阶级本质根本不同，实行统治的组

② 《论人民民主专政》。

③ 《论国家》。

④ 《共产党宣言》。

⑤ 程树德《中国法制史》。

⑥ 《毛泽东选集》，第二卷，343 页，人民出版社版。

织形式也不尽一样，借以实现统治的国家机关随着内部经济的发展和阶级关系的变化以及外部的影响，各个历史时期也都有着极大的差异。中国国家与法的历史科学在国家问题上的基本任务就是研究和揭示我国历史上每一历史时期国家政权的阶级本质，揭示与阐明我国历史上的统治阶级为其阶级利益，如何进行统治，以及通过哪些组织机构进行统治，进而了解我国自进入阶级社会以来，国家这一上层建筑对各个历史时期的经济基础的作用及其发展的规律性。

但是哪些国家机关应属于中国国家与法的历史科学研究的范围呢？是由中央到地方的全部国家机关？还是只限于其中最主要的一部分？意见也不一致。我认为确定中国国家与法的历史科学中，国家机关的内容和范围的标准是：它是否直接负担阶级专政的职能。凡是每一历史时期直接负担专政职能的国家机关，由直接实现专政的核心组织——中央机关到地方的基层组织，皆应属于中国国家与法的历史科学研究的范围。而那些不直接负担专政职能的国家机关，如学校、社团等组织，则不应属于中国国家与法的历史科学研究的范围。但是，应该指出，中国国家与法的历史作为一门独立的专门史料学所划定的范围，与以此科学作为一门课程来讲授时的范围是可以不一致的。根据具体情况，是详于中央略于地方，还是只讲中央不讲地方，自可斟酌取舍。特别是根据党对研究历史科学提出的“厚今薄古”的原则，中国国家与法的历史科学也应该着重对我国近百年来的国家与法的历史的研究，首先是对近三十年来人民民主政权与法产生，变化和发展的研究，更有重大的现实意义。但这都并不会破坏中国国家与法的历史的对象和范围的体例的。

关于法的范围问题，虽然比较简单，但是在实际工作中，认识也不一致。为了明确中国国家与法的历史在“法”方面的范围，首先也应该再明确一下什么是“法”。“法是经国家制定或认可的，体现统治阶级意志的，由国家的强制力为了保护、巩固和发展有利于并适合于统治阶级的社会关系和社会秩序而保障其适用的行为规则（规范）的总和。”⑦ 根据这个定义，我认为凡是经过我国历史上曾经出现和存在的国家制定或认可的，体现各个历史时期的统治阶级的意志，无论是早已佚失，而今天只能散见于史书的约法、律令和至今犹保存的唐代律、令、格、式，宋代的敕、令、格、式，明清的律例、诰谕，近代的法律、法令、决议、命令、条例等，以及经历代国家政权所认可的习惯，皆属于中国国家与法的历史科学研究的范围。不符合这个定义的某些上层建筑，即使有的也同某一时期的法有密切联系，但都不应划入中国国家与法的历史的范围。例如我国古代儒家的伦理道德和法家学说，虽然对我国封建社会的法有深远的影响，但是它们都不是统治阶级的国家制定或认可的并借助强力保证人人遵守的行为规则（规范）。再者，伦理道德和法家学说又分别属于《中国思想史》、《中国政治学说史》这些专门史的对象和范围。至于伦理道德和法家学说对我国封建社会的法的深远影响，只不过是在我国具体历史条件下，反映我国封建时代的法所具有的特点而已。为了揭明我国封建社会的法所独具的特点，在研究我国封建社会的法

⑦ 《国家与法的理论教程》，二册，75 页，中国人民大学版。

时是应该予以注意的。但这并不等于它们属于中国国家与法的历史的对象的范围。

目前也还有人认为产生和决定国家与法的经济基础，以及对其有直接影响的阶级关系是中国国家与法的历史这门科学的对象。这是不能使人同意的。因为国家和法都是阶级矛盾不可调和的产物和表现。它们归根结底又都是由经济基础决定的。正因为如此，马克思指出："法律关系，也如同国家形式一样，不能从它们本身中得到理解，恰恰相反，它们是源于物质生活关系。"⑧ 马克思列宁主义根据不同的社会经济类型，把历史上存在的国家和法分为：奴隶占有制国家与法；封建制国家与法；资本主义国家与法；社会主义国家与法。根据每一历史时期经济基础的特点，也能帮助我们了解当时国家形式和国家机关的特点。恩格斯谈道："东方暴君制度是以村社土地占有制为基础的。"⑨ 就是运用经济基础的特点分析国家形式的典范。同时，根据每一历史时期的社会阶级关系和阶级斗争的情况，也可以了解当时国家和法的阶级本质和对国家与法发展、变化提供以线索。所以，研究中国国家与法的历史科学时，先从每一历史时期的经济基础和阶级关系着手，并不是作为这门科学的对象和范围加以研究的，而是研究这门科学所依据的科学方法。离开这个方法去研究中国国家与法的历史，就将会陷入无本之木、无源之水的境地，研究出来的也不会是中国国家与法的历史。

综上所述，中国国家与法的历史科学研究的对象和范围，是研究我国进入阶级社会以后所出现的，建立在各种类型的经济基础上并与各个历史时期的阶级关系相适应的，各民族的剥削阶级的和革命人民在斗争中所建立的国家与法。中国国家与法的历史的对象决定了中国国家与法的历史范围，在我国历代的国家制度方面，包括中央到地方同阶级专政有直接联系的如行政、立法、司法、检察等机关，以及军队和作为国家官吏来源的表现形式——科举、选举等制度。在法方面，凡是经我国历代统治阶级的国家制定或认可的表现统治阶级意志的，既包括古代的律、令、格、式、诏、诰，也包括近代、现代的法律、法令、决议、命令和条例，以及各个历史时期的习惯。这就是中国国家与法的历史的对象和范围。经济基础和阶级关系，只是在研究中国国家与法的历史时所依据的方法，在研究各个历史时期的国家与法时，对当时的经济和阶级关系的探讨，是属于研究这门科学的方法论问题，并不是作为这门科学的对象和范围来研究的。

以上是我对中国国家与法的历史的对象和范围一些极不成熟的意见，请专家们指正。

---

⑧ 《马克思恩格斯选集》，两卷集，第二卷，340 页。

⑨ 《反杜林论》，俄文版，334 页，转引《政治学说史简明教程》，上册，14 页，中国人民大学版。

韩延龙

略论卢梭的政治思想

——为纪念卢梭诞生二百五十周年而作*

简介

韩延龙，中国社会科学院荣誉学部委员，法学研究所研究员，博士生导师。1960年毕业于苏联列宁格勒大学法律系，曾任中国社会科院研究生院法学系主任，中国法律史学会执行会长。早期研究政治法律思想史，此后主动方向为中国近现代法制史，主要论著有：《中国革命法制史》（共同主编）、《中国近代警察制度》（主编）、《中华人民共和国法制通史》（主编）等。共同主编的文献集有：《革命根据地法制文献选编》、《沈家本未刻书集纂》及其《补编》等，合译专著有：《政治学说史》、《国家制度与无政府状态》等。

* 原发表于《政法研究》，1962（3）。

一

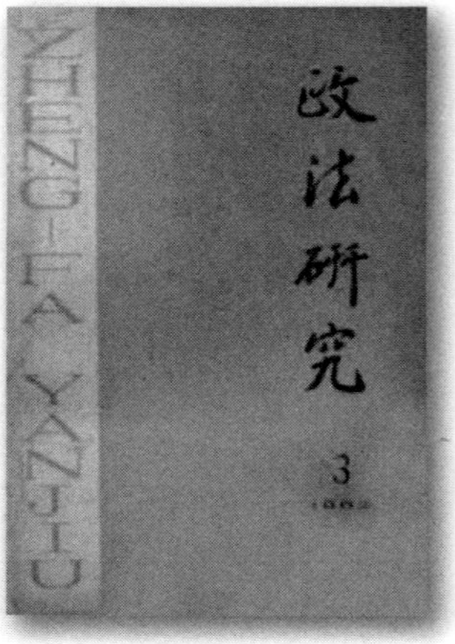

十八世纪的法国是欧洲典型的封建专制国家。到了十八世纪下半期，法国资本主义有了相当发展，不仅在城市中有了相当数量的手工工场，就是在农村中也出现了某些具有资本主义性质的农场，资本主义的生产方式在封建专制制度的躯壳中迅速地成长起来。这样，封建专制统治就成为资本主义进一步发展的障碍，一切社会矛盾和冲突，都在这个基础上发展和尖锐起来，推翻阻碍着资本主义发展的封建专制统治，建立与资本主义发展相适应的社会制度，是社会发展的必然趋势，也是十八世纪法国资产阶级革命所面临的历史任务。

思想革命是政治革命的先导。远在法国资产阶级革命以前，资产阶级的思想家们，反映了历史发展的客观要求，擎起了“理性原则”的旗帜，对封建专制政体和保护它的神道设教进行了无情地揭发和批判，使封建体系的“传统权威”在广大人民群众中丧失殆尽，同时，也论证了反抗腐朽的封建专制政权是人民群众不容剥夺的权利，也就是人民群众合法的和正义的行动。这样，就使经济实力逐渐雄厚、政治上仍处无权地位的资产阶级掌握了有力的思想武器，用以号召和动员各阶层群众，结成广泛的统一战线，同反动的封建专制主义作斗争。

十八世纪下半期，法国封建体系总崩溃的征象已日趋明显，当时，除了当权的国王、贵族和情侣以及依附于他们的贵族化大资产阶级以外，全国各阶层人民都在不同的程度上发动起来，走上了反对封建专制主义的革命道路。

在革命日益逼近的年代里，资产阶级的思想家们在批判反动的封建专制政体的基础上，依据自己的阶级意志和阶级利益，着手拟订资产阶级国家的方案，为行将诞生的资本主义社会绘制蓝图。

让·雅克·卢梭就是在这种历史形势下出现的法国卓越的启蒙主义者、激进的民主主义思想家。

卢梭（1712—1778）出生在日内瓦一个贫困的钟表匠家庭里，他在漂泊中渡过了自己的大半生，穷苦的家庭出身和颠沛流浪的生涯，使卢梭易于接近灾难深重的法国人民，深刻认识封建专制制度的腐朽和暴虐，培植了他对当时社会关系的憎恨，坚定了“理性”必然获胜的信心。在这一时期，卢梭虽然还没有从事资产阶级革命理论的创作，但是，因受实际生活和十八世纪上一代资产阶级思想家的影响，卢梭的社会政治观点已处在孕育酝酿的阶段。

1749 年，卢梭应第戎科学院悬赏征文题目：《科学和艺术的发展有助于风俗的败坏，还是有助于风俗的改善?》所写的《论科学与艺术》这篇论文，使他一举成名。他这篇论文的观点和当时一般哲学家的观点恰恰相反，认为科学和艺术的发展不仅不会有助于风俗的改善，反而起到了破坏风俗的作用。

卢梭的这一观点虽然是反科学的，但是，在当时的法国，艺术是为封建贵族阶级服务的艺术，科学是为封建贵族阶级驾驭的科学，全部社会关系都建筑在不平等的基础上，卢梭所反对的正是建筑在这一基础上的封建专制制度。因此，卢梭对科学和艺术的看法，实际上反映了他对十八世纪法国社会制度的严重不满和强烈抗议。此后卢梭的其他著作都是在阐发蕴含在这篇论文中的基本思想。

1755 年卢梭发表了《论人类不平等的起源和基础》的著名论文，1762 年又发表了《民约论（社会契约论）》一书，至此，卢梭的政治思想由孕育准备阶段，经过成熟时期，形成了自己的体系。

卢梭的政治思想，反映了法国资产阶级革命大风暴前夕的资产阶段民主派的政治主张，提出了推翻封建统治的斗争纲领，因此，它是十八世纪下半期先进的思想形态，在法国资产阶级革命中发挥了应有的先导作用。

二

卢梭的全部政治学说都奠基在所谓“社会契约”之上。他在阐明自己的政治学说时，首先以发展的观点探究了人类的“自然状态”，认为自然状态是最美好的状态，生活在自然状态中的人们是最幸福的人们，在那里，没有邪恶，没有争斗，没有富人的巧取豪夺，也没有善与恶的道德观念，人们自由地、孤立地、和谐地生活在大地上，平等地享受自然的赐予，他们之门没有社会的不平，只有自然的差异。他说：“人的最原始的感情就是对自己生存的感情，最原始的关怀就是对自我保存的关怀”。卢梭不了解，原始人类在和自然作斗争中，只有依靠集体的力量才能求得生存，当时低下的生产力创造不出能为一部分人窃取的剩余产品，因此人们也就不可能有自私利己的观念。卢梭以小私有者的眼光考察原始人类的生活形态，故而把原始人群看作是利己的、孤立的，显然，这是卢梭从他的阶级地位出发导出的错误结论。

卢梭认为，人类初期的进步几乎使人难于觉察，但是，追求幸福乃是人类活动的强大动力。因此，不管当时进步的速度如何缓慢，人类毕竟是在前进着，后来由于冶金和农业的发明，原始人类发生了巨大的变革，私有财产出现了，自由和平等消失了，自然状态在这种巨大变革的猛烈冲击下也失去了自己的原始意义。私有财产是一切灾难和冲突的根源，它产生了统治和奴役、暴力和掠夺，在富人和穷人之间展开了无休止的斗争。富人们比任何人都更清楚地知道，用暴力掠得的财富也能被人用暴力夺去，为了维护自己的既得利益，他们就需要求助于自然状态中不曾有过的新武器——国家，于是他们就使用欺骗的手段，同人民达成了“社会契约”，由于社会契约的出现，一个至高无上的权力形成了，自由平等的自然状态毁灭了，凌驾于社会之上的国家也就诞生了。

在论证国家的起源时，卢梭批判了格老秀斯的强者征服说，卢梭认为强者的征服不能给征服者创造合法的权利，因而也就不可能结成任何政治组织，只有当富人为了使自己的财产安全得到保证时，它才需要国家，所以卢梭认为国家制度“与其说是对他有害的人所发明的，不如说是对他有利的人所发明的，这才是比较合理的”。卢梭是从考察人类不平等的发展和变革出发去论证国家的起源的，他认为法律和私有财产的出现是不平等发展的第一阶段，国家的建立是不平等发展的第二阶段，君主专制的形成是不平等发展的第三阶段，这时“合法的权力变成专制的权力”，是不平等发展的顶点。尽管这种认识含有某些唯物主义的成分，在当时具有一定的进步意义，但是卢梭并不是唯物主义者，他不可能全面深刻地考察国家产生的社会根源和阶级根源，最后也就不得不求援于社会契约，把国家识成是社会契约的产物。其实，“国家决不是从外面强迫加于社会的一个力量”，它是“社会发展到一定阶段上的产物，国家是社会陷入自身不可解决的矛盾中并分裂为不可调和的对立方面而又无力摆脱这种对立情势的表现”。因此，只有在阶级矛盾发展到不可调和的时候和地方才出现了国家。

卢梭的国家学说存在着不可解脱的矛盾：实际上的国家根本区别于卢梭的“理想国家”，因为实际上的国家是阶级统治的工具，而卢梭的“理想国家”则是社会契约的结果，它的使命在于保护人们的自由、平等和财产，使人们免遭奴役之苦，因此，在基于社会契约之上的国家中，契约双方都享有一定的权利并承担一定的义务，人们为了防止受压迫，保护构成其生存要素的财产、自由和生命，才需要统治者，并给统治者某些特权和荣誉，但是统治者必须根据人民的意志行使其受托的职权。在卢梭看来，这种基于社会契约的统治与被统治的关系，是正常的社会政治生活的基础，一旦一切权利都由一方享有、一切义务都由另一方承担时，就会出现可怕的纷争和无穷的混乱。实际上，卢梭的理想国家，在阶段社会中不曾有过，也不可能有的，所以，卢梭理想中的国家只不过是脱离现实的空想而已。但是，他从这个空想的论断中得出了一个在反对封建专制主义的斗争中具有革命意义的结论，他认为，当社会契约的一方——统治者僭越并窃取了国家的全部权力，从而使自己变成暴君的时候，他就破坏了社会契约的基本准则，这时，“以绞杀或废除暴君为结局的起义行动，与暴君前一日任意处理臣民生命财产的行为是同样合法。暴力支持他，暴力也推翻他。”人民的任务不在于补救政治组织的缺陷，因为使用补救的方法并不能造就任何预期的效果，而“应当像来喀古士在斯巴达所做的那样，首先扫清地面并抛弃一切陈旧的材料，以便重新建造一座美好的大厦”。举行起义，使用革命暴力，推翻封建专制的暴虐统治，在“理性”的基础上建设一个资本主义共和国，这不仅是人民合法的权利，而且是人民必须履行的义务。这样，卢梭就充分地表露了他对十八世纪法兰西封建专制王朝的毫不妥协的斗争精神。

但是，我们也应当看到卢梭的这个具有革命性的结论是带有局限性的，因为他不是真正要求人民群众起来，推翻不合理的剥削制度，而是企图由“贤明的立法者”来扫清旧世界。他曾说过：“…假如我能恢复公民权利的话，我决不投入任何内战，并且永远不在国内用武力支持自由，我本人不这样做，也不赞成别人这样做。”卢梭的这种害怕人民革命的思想，在他的《论人类不平等的起源和基础》、《献给日内瓦共和国》等著作中都有明显的反映。

三

既然卢梭不可能正确理解国家的起源，当然他也就无力解决法律的起源问题。前面已经提到，卢梭在考察不平等的起源时，认为法律是先于国家而产生的，并且说："如果说在有法律以前就已经有了法律执行者，这乃是一种无须认真加以辩驳的假设。”显然，这是难以成立的错误观点，因为历史上任何一个统治阶级，都只有通过国家这个阶级压迫的机器，才能把自己的阶级意志变成法律，并保证它的遵守和执行，所以国家与法是同时产生的，在国家形成以前，没有而且也不可能有作为实现阶级统治重要手段的法。

在谈到法的本质时，卢梭坚决反对孟德斯鸠把法看作是“由事物的本质产生出来的必然关系”的说法，并称它为“形而上学的观念”。卢梭认为法律只能是公意的记录，在他的概念里，公意区别于众意，公意是人们相同的意志，众意是人们相同的和不相同的意志的总和。法律既然是公意的记录，那末它就应当反映社会全体成员的共同意志，捍卫社会全体成员的共同利益，而不应只反映部分人的意志，捍卫部分人的利益。同时，法律的对象只能是一般的，个别的对象不属于立法权力的范围。在一个国家中，一切人均应把遵循法律看作是自己的义务。在卢梭看来，法律既是公意的体现，个人的意志即囊括于公意之中，所以，遵循法律就意味着服从公意，也就是服从自己的意志，这就是人们在抛弃了自然的自由以后所获得的社会自由。卢梭不了解：自从社会分裂为对立的阶段以后，由于对立阶级利益的根本冲突，社会全体成员的公意便消失了，只有剥削阶级的意志和利益与被剥削阶级的意志和利益，剥削阶级通过自己的国家机器所制定的法律，也只是反映剥削阶级的意志、保护剥削阶级的私利，正如没有超阶级的国家一样，超阶级的法律也是不可能的。

但是在当时的历史条件下，卢梭关于“法律结合了意志的普遍性和对象的普遍性”的学说，却具有一定的积极意义。他从自己的理论前提出发，反对法国专制君主的封建特权，认为封建君主的发号施令既然不能代表公意，也就不能把它当作法律，既然法律是公意的反映，封建君主又是国家的一个成员，那末就无需再问君主是否超乎法律之上，既然人人都有遵行公意的义务，君主当然也不能有所例外。这样，卢梭就以他的法律理论沉重地抨击了法国封建统治阶段的特权。

卢梭的法律观点，尽管在反对封建专制制度的斗争中具有一定的积极意义，但它并没有为自己的存在找到真正的科学根据，由于卢梭抛开了一定的经济基础和阶级关系，不把法看作是社会自身发展的产物，而认为法律是“公意的记录”，这样，他就否认了法律产生的客观条件，阉割了法律的阶级内容。今天，帝国主义资产阶级正是利用了卢梭关于法律的学说的这一根本弱点，来为自己的反动统治装饰门面。

四

“人民主权论”是卢梭政治学说的核心部分和最终归宿，它在卢梭的政治思想中占有极其重要的位置。

卢梭认为主权是属于人民的；而且也只能属于人民，作为政治共同体的国家必须体现人民的公意，公意的外观就是主权行为。由于公意是全体人民的共同意志，所以体现了这种意志的主权也就必然属于全体人民，公意是无法转让的，也是不可分割的，故而作为公意外现的主权也就不可转让和不可分割。从这一基本论点出发，卢梭起而反对孟德斯鸠的“三权分立”说，指责他“用一种江湖式的幻术把社会切开以后，不知怎地又把各个部分重新聚合成为一体”，以致“把主权者弄成一个由片断枝节所拼凑起来的怪物”。

卢梭进一步证明公意不会伤害人民，犹如个人不愿自残其肢体一样，所以它是公正不袒的，公意的这一特性就决定了主权不可能发生错误。但是他认为，当人们被划分为若干集团或党派的时候，个别集团或党派的特殊意志就有可能取代全体人民的公意，这对主权说来将是极大的威胁，它甚至会影响到国家的生存，因此卢梭极力主张取消社会划分为集团或党派的状态。卢梭由于他自身的阶级的和历史的局限性，不了解、也不可能了解，在阶级对抗的社会中，消灭代表不同阶级利益的党派斗争，只不过是小资产阶级的一种幻想。

卢梭继而又阐发了主权是无限制的思想。他认为既然没有任何力量足以改变人民的公意，那末作为表现人民公意的主权也就不可能接受任何权利的支配和约束，只要主权者需要，人们就应当毫无吝惜地贡献出自己的一切；但是主权者必须按照“理性的法则”，以人民的“公共福利”为行为的前提；不能给人民以任何无益于集体的束缚，由此看来，卢梭认为主权只有在遵循“公共利益”的条件下才是无限制的。

在对主权问题的看法上，卢梭以前的自然法学家们虽然承认人民曾经是主权者，但是认为人民一旦选出了自己的统治者，自己就失去了作为主权承担者的资格，这时，主权只能属于国王或其他合议组织。这一派自然法学家的主张，实际上是拥护君主专制的反动纲领，他们在理论上无疑是封建王权的辩护士。而以洛克为代表的另一派自然法学家，则从社会契约说出发，论证立宪君主制的必要，主张权力分立，号召新兴资产阶级向当权的封建贵族寻求妥协。卢梭坚决反对主权属于封建君主，同时也反对封建地主阶级同资产阶级共享主权，他认为不可转让、不可分割的主权，只能属于并且永远属于人民，实际上就是属于经济上已经强大、政治业已成熟的资产阶级，这在十八世纪的法国是具有积极意义的政治主张。

但是也应当指出，卢梭的人民主权学说并没有真正的科学根据，他把人民主权论建立在臆想的“公共意志”和“公共利益”的基础上，把主权问题和阶级问题割裂开来，企图抛开主权的阶级内容去探索主权的属性，自然无法作出科学的结论，因为在阶级社会中，主权只能是统治阶级的特权，不能为全体社会成员所共有，即使在卢梭理想的资本主义共和国中，主权也只能落入资产阶级的私囊。

五

卢梭在论证国家的管理形式时，反对把国家同政府混为一谈，认为它们是两个不容混淆的概念：国家是社会全体成员的政治共同体，它的产生是社会契约的结果，政府只是根据主权者的意志行使政权职能的机关。因此，主权者的意志是政府存在的先决条件，政府的活动应以主权者的意志为转移，它当然没有独立行为的权利。由此看来，卢梭虽然强烈地反对孟德斯鸠的“三权分立”说，但是他并不主张把立法权和行政混同起来，认为立法权就是主权，行政权必须置于立法权亦即主权之下，并体现主权者的意志。

卢梭认为，国家可以具有不同的管理形式，但是，无论管理的形式如何，主权永远属于人民。卢梭接受了历来政治思想家关于国家管理形式的分类，认为当主权者把政府的职能委之于全体人民或绝大多数人民，从而使多数人担任行政职务时，这种管理形式是民主制；当主权者把政府的职能委之于少数人时，这种管理形式是贵族制；当全部政府权力都集中在一人手里，从而剥夺了多数人担任行政职务时，这就是君主制。卢梭认为没有必要争论国家管理形式的优劣问题，因为任何一种管理形式在某种条件下可以是最好的，而在另一条件下则可能是最坏的。衡量某种管理形式好坏的标准是，国土的大小、人口的多寡和财富的丰瘠。人多、国大、财富丰饶的国家适用君主制。人少、国小、财富贫困的国家适用民主制，具有中等财富、土地和人口的国家适用贵族制。这是十八世纪以前政治思想家通常持有的形而上学观点，卢梭也没有摆脱这一观点的影响。

虽然卢梭对不同的国家管理形式不愿作出任何确切的评价，但他也并不掩盖自己的具体主张。

他认为世界上最好的管理形式，就是行政权和立法权相结合的管理形式——民主制，因为“制订法律的人比任何人都更清楚法律应该怎样执行和怎样解释”。在民主制国家中，作为主权体的人民既是立法者又是行政官，这样，人民就绝不会违背自己亲手制定的反映自己意志的法律，行政机关也能谨守法规，不致滥用职权，但是，具有上述优点的民主制，在卢梭看来，只能在国土不大、人口不多这些特定的条件下才能适用，因为在地大人多的国家中，人民便会失去经常集会以决策国事和制定法律的可能性；同时随着国土的扩大和人口的增多，个人在选举中的作用就小，因而自由也就愈少，个别意志和公共意志也就愈见背驰。小国寡民的民主制是卢梭极力称颂的国家管理形式，但就其实质说来，“这种民主制始终只限于资本主义剥削的狭小范围，因此它实质上只是供少数人、供有产阶级、供富人享受的民主制”；同时，小国寡民的民主制不仅不能适应，反而有碍于资本主义的发展，由于它脱离了一定的经济基础，因而也就没有实现的客观可能。

六

卢梭的政治思想，特别是他的国家与法的学说在认识论上的错误，在于他撇开了社会的经济基础，从政治现象本身出发去探究政治现象，从国家与法的本身出发去探究国家与法，自然就不可能得出科学的正确的结论，正如列宁所说的那样，“在此，（指马克思——引者按）以前，社会学家不善于往下探究像生产关系这样简单和这样原始的关系，而径直着手探讨和研究政治法律形式，一碰到这些形式是由当时人类某种思想产生的事实就停留下来；结果似乎社会关系是由人们自觉地建立起来的。但这个充分表现于‘社会契约’的思想（这种思想的痕迹在一切空想社会主义学说中都表现得十分明显）中的结论是和一切历史观察完全矛盾的”。在哲学上，卢梭的主要倾向是唯心主义，因此他在论证国家和法的起源时，就过分地强调了人的思想意识所起的作用，抹杀了物质条件和阶级斗争的决定意义；在考察政治现象时，就脱离了具体的空间和时间，把资产阶级的国家与法看作是永恒不变的东西。

卢梭是小资产阶级思想家，他虽然看到了阶级社会中的矛盾和冲突，但他并不主张消灭阶级；他虽然发现了私有财产是一切罪恶的渊源，但他并不要求废除私有制，幻想在保存私有制的条件下，通过国家的力量限制个人财富的增加，企图借此来确保社会成员的相对平等。这样，小资产阶级的自私性和不彻底性，在卢梭的政治思想中就充分地体现出来了。

卢梭的政治思想虽然有其阶级的和历史的局限性，使他不可能正确地理解和科学地阐释复杂的政治现象，特别是国家和法的问题，但他仍然不愧为十八世纪法国卓越的启蒙主义者、激进的民主主义思想家；他的学说在十八世纪资产阶级革命的年代里曾经发生过深远的影响，鼓舞了革命的民主主义者，赋予他们强大的思想武器。被卢梭思想武装起来的法国雅各宾党人成为法国资产阶级的极左派，他们不仅主张采用暴力推翻反动的封建专制统治，而且认为在革命胜利以后，还必须改造社会的经济结构。1789 年的《人权宣言》和 1793 年的法国宪法也公开宣告了不可分割、不可转让的主权属于全体人民；僭窃主权的独夫，人民有权处以死罪；政府侵害人民的权利时，人民有起义的权利。这些规定，充分地表明了卢梭的政治思想在法国资产阶级革命中所起的作用。

但是，当资产阶级推翻了封建专制制度，篡夺了人民斗争的成果，确立了自己的阶级专政以后，它就立即抛弃了卢梭思想的真实精神。现在，反动的资产阶级更加强烈地憎恨卢梭的政治学说，但它也清楚地知道，与其公开地毁谤它，倒不如利用其中一切可作反动解释的地方对自己更为有利，于是，就抬出“共同意志”、“共同利益”、“主权在民”等来标榜自己，借以欺骗人民，掩盖资本主义国家与法的阶级实质，为自己的反动统治服务。

叶孝信

唐《律疏》系据《永徽律》考*

简介

叶孝信，1927年10月生，福建省建瓯市人。1951年毕业于北京大学法律系，1953年中国人民大学法律系法理学专业研究生毕业。复旦大学校学术委员会、学位委员会委员，法律系教授、系学术委员会主任。1992年起获国务院颁政府特殊津贴。1994年退休，当选中国法律史学会名誉理事、上海法学会特邀理事。主要论著、译著有：《试论〈唐律疏议〉》（获上海市哲学科学优秀成果奖）、《唐〈律疏〉系据〈永徽律〉考》、《试论孔子法律思想的核心》，主编《中国法制史》及大纲（被国家教委指定为全国高等教育自学考试法律专业统用教材）、《中国民法史》（获国家教委全国高校人文社会科学优秀成果一等奖），合译并统校《布热津斯基言论集》、《第三世界的社会主义》等。

* 原发表于《复旦法学》，据1963年2月上海社会科学院政法研究所油印本原稿刊发。

现传《唐律》无单行本，它被纳于《律疏》之中，成为后人称作《唐律疏议》（宋元刊本均称《故唐律疏议》，至钱谦益《绛云楼书目》始标为《唐律疏议》）留传下来，是现存中国古律最完整和最早的一部。

关于《唐律》和《律疏》的制作始末，《旧唐书·刑法志》的记载最详：

（高祖）受禅，诏纳言刘文静与当朝通识之士，因《开皇律令》而损益之，尽削大业所由烦峻之法。……寻又敕尚书左仆射裴寂……等撰定律令，大略以开皇为准。于时诸事始定，边方尚梗，救时之弊，有所未暇，唯正五十三条格，入于新律，余无所改。至武德七年五月奏上，……颁行天下。

及太宗即位，又命长孙无忌，房玄龄与学士、法官更加厘改。……玄龄等遂与法司定律五百条，分为十二卷：一曰《名例》，二曰《卫禁》，三曰《职制》，四曰《户婚》，五曰《厩库》，六曰《擅兴》，七曰《贼盗》，八曰《斗讼》，九曰《诈伪》，十曰《杂律》，十一曰《捕亡》，十二曰《断狱》。贞观十一年正月颁下之。……

（高宗）永徽初，太尉长孙无忌……等共撰定律、令、格、式，旧制不便者，皆随删改。……三年，诏曰：'律学未有定疏，每年所举明法，遂无凭准，宜广召解律人条义疏奏闻。仍使中书、门下监定。于是太尉赵国公无忌……等参撰《律疏》，成三十卷，四年十月奏之，颁于天下，自是断狱者，皆引疏分析之。

上引高祖、太宗、高宗三朝所修的律，《新唐书·艺文志》分别以《武德律》、《贞观律》、《永徽律》著录。《武德律》失传，但从《旧唐书·刑法志》全文看来，其内容基本上和隋《开皇律》一样，除了纳入新制的格五十三条以外，“余无所改”。《贞观律》就不同了。前揭书除列举十二卷的篇目外，并以大量篇幅详载五刑，“议、请、减、赎、当、免之法”，“十恶之条”，以及“断罪无正条”时，“举重以明轻”和“举轻以明重”等有关断罪量刑的主要原则。凡此，在《唐律疏议》的律文中，均逐一缕载。该书关于唐太宗除断趾法改为加役流三千里、居作二年；将旧条疏谋反、大逆人兄弟分后荫不相及缘坐俱死、祖孙配没改为祖孙与兄弟缘坐俱配没，“其以恶言犯法，不能为害者，情状稍轻，兄弟免死、配流”等记述，在《唐律疏议》有关部分也有反映。至于《永徽律》，则只略提一笔，所谓“旧制不便者，皆随删改”，并未具体指出哪些不便，改了多少（如《贞观律》之于《武德律》）。这些，在令、格、式中可能有所反映，但在律文上，则几乎完全不动。《唐律疏议》《名例》篇首曰：“令之典宪，前圣规模”，当非矫作谦逊，而是事实的表白，特别是在“十恶”条“六曰大不敬”注文“指斥乘舆，情理切害”下，《疏议》曰：“旧律云‘言理切害’，今改为‘情理切害’者，盖欲原其本情，广思慎罚故也。”这里的“旧律”，即指《贞观律》而言，且全部《唐律疏议》提到“旧律”的，仅此一处。可见即使是对《贞观律》有了一字的更改，也不得不于《疏议》郑重解释。那末《永徽律》不过是在《贞观律》样本上打圈圈的事实，自不难想见。但是，既然永徽二年的确曾经有过颁律这样一件大事，而《律疏》又撰成于颁律以后二年，因此从来学者以为《律疏》所据律文是《永徽律》的传统看法，固无不可。但若沿流讨源，返璞归真，我认为，如果把它断为《贞观律》，似更恰当。

晚近因敦煌发现了《唐律疏议》残卷：“开元二十五年六月二十七日知刊定中散大夫御史中丞上柱国臣王敬从……李林甫”①，又以律文避讳，改“玺”为“宝”，改“诏”为“制”，以及疏议中某些官职和地名出于永徽以后等。有些人遂认为《律疏》所据律文不是《永徽律》而是《开元律》；从而《律疏》的制作年代也不在永徽四年而在开元二十五年，作者不是长孙无忌等而是李林甫等。这一历史问题的翻案，韧自日本，过去中国学者中，有些也被影响。这里对此再作一些考证和分析，似有必要。

按《唐律疏议》成书始末，除前引《旧唐书·刑法志》作较详记述外，《新唐书·刑法志》亦云：“高宗即位，诏律学之士撰《律疏》”，《旧唐书·经籍志》载：“《律疏》三十卷，长孙无忌撰”，《新唐书·艺文志》紧接“《永徽律》十二卷……”之后，载“《律疏》三十卷，无忌……等奉诏撰，永徽四年上”。特别是《唐律疏议》的《进律疏表》更明确自述：“皇帝陛下……仍虑……平反之吏，从宽而失情，次骨之人，舞智而陷网；刑靡定法，律无正条，徽纆妄施，手足安措？乃制太尉扬州都督修国史上柱国越国公长孙无忌……（等十九人）撰《律疏》三十卷，笔削已了。……谨诣朝堂，奉表以闻。臣无忌等诚惶诚恐。顿首顿首。永徽四年十一月十九日进。”这些直接出自作者的手笔和稍后一些完成的史籍，当可征信。

其次，关于开元二十五年颁律的问题。《旧唐书·刑法志》、《唐会要》及《通典》虽曾提及，但《旧唐书·经籍志》和《新唐书·艺文志》均未著录。应该指出，后者备载开元中制作的法律文件和著作凡十二种（甚至搜罗了王行先的《律令手鉴》、裴光庭的《唐格式科要》等未经证实曾得用朝廷明令颁行的私家著述），可称宏富，然其中有关律的，仅李林甫等于二十五年为了“以类相从，便于省览”而撰成奏上的《格式律令事类》四十卷一目，并非什么《开元律》。反之，此前的《武德律》、《贞观律》和《永徽律》却予一一明载。又，颁布律书乃是一朝大典，而《旧唐书·玄宗本记》：“开元二十五年九月，壬申，颁新令、式、格及事类一百三十卷于天下。”唯独不及颁律事。由此可见，所谓《开元律》也者，其本身已大可怀疑。“皮之不存，毛将焉附”，所谓《律疏》当然更成问题。至于敦煌残卷记有“刊定……李林甫”字样，须知“刊定”不等于撰著，正如清代律家沈家本刊定古律著作多种，不等于这些著作就是沈氏本人的手笔一样，自不待言。

---

① 仁井田陞：《唐令拾遗》20页。

复次，所谓避讳，原是封建王朝的一个传统，在中国，“其俗起于周，成于秦，盛于唐宋”②，迄辛亥革命前，垂二千余年。历代官文书和私家著述之刊行问世者，对于本朝皇帝和所尊之名，都避之唯谨。《唐律疏议》《职制》篇且列为专条：“诸上书若奏事，误犯宗庙讳者，杖八十。口误及余文书误犯者，笞五十。”流风所被，不仅对一般文字可以妄加更改，纵使是历史上固有的人名、地名、书名、年号、官职称谓等等，亦均不能幸免，遂致面目全非。即以宋刊本《唐律疏议》而言，在“卷二，犯十恶、故杀人、反逆缘坐条‘理务弘通’疏下注云‘犯宣祖上一字庙讳改为‘疏’。”张元济跋曰：“卷一，四曰恶逆条，《疏议》：‘枭鸱其心，爱慕同尽’，元刊本‘枭鸱’作‘枭镜’，‘爱慕’作‘爱敬’，是必因避宋讳改易。且注亦有‘犯翼祖庙讳改为鸱’之语。”如果仅仅因为《唐律疏议》“十恶”条有“《疏议》曰‘……开元岁中改玺曰宝’”等避讳事实，便率尔断定《律疏》是开元以后的著作。那末，准此类推，势必因为宋、元刊本避讳改字而断定《唐律疏议》乃是宋、元的产物了。事实当然决不如此。另一方面，现传唐玄宗李隆基在位时制作的主要官书，如《三代实录》、《开元礼》（辑存）、《唐六典》等，凡遇“期”（“期”与“基”同音）字，均改作“周”字，而《唐律疏议》中则“期”字比比皆是。反之，对唐高宗李治之讳，却改“治”为“理”。如果《唐律疏议》的确成书于开元中，何以对当朝皇帝之讳，竟然不避？总之，道地唐本的《唐律疏议》现在只有一鳞半爪的敦煌残卷供人凭吊，现传的全书，则是经后人辗转抄录的宋、元刊本。而后人必须和可能严密注意的，只是回避当朝皇帝的名讳，至于前代，则不甚了了，非所关切。此外，后人在抄录或刊印时，间亦附加己意，予以注释（如《进律疏表》的全部注文等），而这些诠释的文字又与《律疏》原文混杂，不可辨识。如果撇开属于版本学上的严格考证意义的话，矻矻于从个别文字上追索《唐律疏议》的版本衍化，对探讨其基本内容，着实无关大体。而着重从个别文字的异同来论证其成书年代，则欠说服力。

最后，也是主要的，就律文和《疏议》的内容考察，断言《律疏》制作于开元二十五年，也是站不住脚的。细绎史籍，我们发现至少是开元间有关租税以及某些刑制和服制方面的更改，在《唐律疏议》中并无相应的反映。反之，无论律文、注文和疏议对这些方面的规定和论述，均足证实它是贞观、永徽时的实录。

大家知道，唐初曾实行所谓均田制和租庸调法。为此，必须禁止一般情况下“占田过限”和将田地“私窃贸易”，必须确定租、庸、调的数额，取缔“非法而擅赋役”，同时，尤须防止农民流移和脱漏户口，逃避课役。这些，在《唐律疏议》《户婚》篇均相应作了详明规定。然而，均田也者，所授之田，仍然只是官地和无主荒地，并非没收有主的私家田地均授农民，并不绝对排斥土地买卖。另一方面，皇室、贵族、官僚等大地主集团，甚至

---

② 陈垣：《史讳举例》序。

他们的远房亲戚，以至一般中小地主，自始即有免除课役的特权[3]；佛道寺院亦免课役[4]；自王公以下的爵拥有大量永业田[5]；一品以下的官有职分田；各官署又划定公廨田，分别以地租作俸禄和官事开支。[6] 凡此种种，都在吮吸农民膏血。农民为赋税所逼，在不断出卖田地的同时，还相率流亡异乡。从永徽时起，朝廷便不断禁止买卖世业、口分田[7]，但是还在武周证圣元年（695年），李峤即上书曰："今天下之人，流散非一，或违背军镇，或因缘逐粮，苟免岁时，偷避徭役。"[8] 韦嗣立在武周时也指出，"今天下户口，亡逃过半"[9]。到了"开元以后，天下户籍久不更造，丁口转死，田亩卖易，贫富升降不实，其后国家侈费无节，……而租庸调法敝坏"[10]，以致"兼并之敝，有逾于汉成、哀之间"[11]。面对均田制土崩瓦解的现实，玄宗开元九年（721年）采纳监察御史宇文融的建议，实行"括籍外羡田、逃户"，规定"自占者，给复五年，每丁税钱千五百"[12]。"其新附客户，则免其六年赋调，于是诸道括得客户凡八十余万，田亦称是。"[13] 关于租、庸、调的征发，亦作了调整："十六年，乃诏每三岁以九等定籍，而庸调折租。"[14] 至"十六年六月壬辰"，竟下诏："听逃户自首，辟所在闲田随宜收税，毋得差科征役，租、庸一皆蠲免，仍以兵部员外郎兼侍御史宇文融为劝农使，巡行州县，与吏民议定赋役。"[15] 所有这些——农民逃亡、户口脱漏，"盗种公私田"等等，从犯罪行为变为由法律明文认可，而且在交纳租税上，还获得一定"优遇"，当然不是玄宗的什么"仁政"，而是招诱农民归籍以便重新夺得官有土地的有效措施。然而，凡此在《唐律疏议》上却毫无反映。《唐律疏议》上所有的有关规定，完全是实行均田制早期严防农民流移，以及禁止他们"盗种"和"妄认"公、私田的政策。至于租、庸、调的数额以及田亩因灾情歉收而减免的办法，则仍然是武德七年《户令》的规定（见《唐律疏议》《户婚》篇"差科赋役违法及部内旱涝雹电"条和《唐会要》卷八十三租税上），完全未变。

在刑制方面，见于《唐大诏令集》的有：开元十二年四月《减抵罪人决杖法》曰："……比来犯盗。先决一百，虽非死刑，大半殒毙，言念及此，良用恻然。自今以后，抵罪人合决敕杖者，并宜从宽杖六十。……"按所谓"抵罪人"、"赖杖"等等，《唐律疏议》根本无文。

---

③ 参见《新唐书》卷51.《食货志》。
④ 参见《旧唐书》卷89.《狄仁杰传》。
⑤ 参见《新唐书》卷51.《食货志》。
⑥ 参见《通典》卷2.《食货志》《田制下》。
⑦ 参见《旧唐书》卷48.《食货志》及《全唐文》卷30.玄宗：《禁买卖口分、永业田诏》。
⑧ 《唐会要》卷85."逃户"条。
⑨ 《旧唐书》卷88.《韦思谦传》附《嗣立传》。
⑩ 参见《新唐书》卷51.《食货志》。
⑪ 参见《通典》卷2.《食货志》《田制下》。
⑫ 参见《新唐书》卷51.《食货志》。
⑬ 《旧唐书》卷105.《宇文融传》。
⑭ 参见《新唐书》卷51.《食货志》。
⑮ 《资治通鉴》《唐纪二十八》。

又，开元二十五年正月，《令宰臣与法官详议死刑敕》曰："自今死刑、十恶罪、宜令中书、门下与法官，详所犯轻重，具状奏闻。"按《唐律疏议》关于死刑的判决和执行问题，仅在《断狱》篇"死囚复奏报决"条有："诸死罪囚，不待复奏报下而决者，流二千里……"的规定，本条《疏议》曰："死罪囚，谓奏画已讫，应行刑者，皆三复奏，然始下决。"至于死刑必须经由中书、门下与法官详论罪状的，也仅限于"八议者"和官、爵五品以上"得请者"的范围，而且所犯罪行，还必须不属"十恶"范畴（"上请"者，尚有反逆缘坐流，杀人，监守内奸、盗、略人、受财枉法等犯罪例外），至于"凡人"或五品以下官的死罪犯，根本无须中书，门下与法官详论罪状。上举诏、敕、显然是《唐律疏议》刊行以后的补充规定。

服制问题在中国古律中占重要地位。五服以内和五服以外，以及五服以内的不同丧服，是亲属关系亲疏远近的主要标志，也是同一犯罪科处不同的刑罚的先决条件之一。对哪些亲属的死亡应服什么丧服，最主要的几项制度（如子为父及妻为夫皆服"斩衰"三年等），历代略同。但其细节则代有因革，在同一朝代之中，亦多少有些变动。唐太宗对前代及高祖的若干"理有未得"的服制，曾作些更改，具见《旧唐书·礼仪志》，也反映在《唐律疏议》有关部分。但是，玄宗开元中变动了的服制，在《唐律疏议》中却无表示。如"开元二十年改修五礼，详定凶礼之制"，在"缌麻义服"内，规定"为夫之舅……报"[16]，亦即外甥妻对于夫之舅以及夫之舅对于外甥妻均服"缌麻"。后又为舅母制定服缌麻，见于《旧唐书·礼仪志》。而《唐律疏议》《户婚》篇"为袒免妻嫁娶"条《疏议》曰："缌麻及舅、甥妻，谓同姓缌麻之妻，及为舅妻若外甥妻……其夫尊有服……"这里明确解说，只有舅甥本身才有"缌麻"服（而舅甥又非同姓，所以特为提出），而甥与舅妻之间以及舅与妻之间原均无服。与上述开元中变动的服制，两相对照，显然不同。诸如此类，无庸赘举。

如果《唐律疏议》确系成书于开元二十五年，则上述玄宗朝有关租税，刑制和服制方面的变化，纵使在律文和注文上不及反映，在作为诠释的《律疏》中是必须加以说明的。反之，全部《唐律疏议》都不折不扣地反映了初唐经济、政治和社会仪俗的全貌，便是它确确实实制作于永徽年间的最有力的证明。

---

⑯ 《古今图书集成》《礼仪典》第708册第62页。

张晋藩

中国古代国家与法权历史发展中的几个问题*

简介

张晋藩，生于1930年7月，教授，1952年7月毕业于中国人民大学，研究生学历。曾经任国务院第二届（1985～1991年）学科评议组成员、中国政法大学副校长、研究生院院长，1987年被评为国家重点学科法制史学的带头人。现为中国政法大学终身教授、博士生导师，并兼任中国法律史学会的专业顾问、中国法文化研究会会长等社会职务。张晋藩教授的一系列主要著作构筑了中国法律史学的基本理论框架，并对中国法律史学诸多基本理论问题作了充分论述。这一理论框架和基本学术观点已为我国法律史学界普遍接受。

代表性论著：《中国法制通史》（总主编）、《中国法律史论》、《法史鉴略》、《中国法律的传统与近代转型》等。主编多种法制史教材及专著，发表论文百余篇，有些专著已被译成英、日、韩等国文字出版。

* 原发表于《政法研究》，1963（2），原文刊发。

远在公元前两千多年的夏朝，便已揭开了中国国家与法权历史的序幕。中国国家与法权的历史如同整个中国历史一样，在长期的发展中虽然发生过频繁的王朝更替，但却一直没有中断过，无论基本的政治法律制度，或是国家机关组织，都有其十分明显的内在发展的联系性和历史的因袭性。因此，需要用马克思主义的立场、观点、方法，根据历史的实际，阐明其发展的具体过程，揭示其发展的具体规律，这不仅对于马克思列宁主义的国家学说是一个有力的实证，同时也是研究世界国家与法权历史的一个很好的标本。本文仅就初学中间接触到的几个问题，提出几点粗浅的看法。

一、关于中国奴隶制国家的起源问题

马克思主义的创始人，曾经对国家起源这个被资产阶级的御用学者们弄得混乱不堪的重要课题，第一次给予了科学的解释，揭开了古希腊、罗马、日耳曼和古东方各国国家起源的历史真相，这对于研究中国国家的起源毫无疑义有着根本的指导意义，使我们有可能跳出中国封建时代的学者们和近代资产阶级以及买办文人在这个问题上制造的各种密网。中国国家的萌芽是从公元前二十二世纪的夏代开始的。夏是我国氏族制度崩溃与奴隶制国家逐渐形成的时代。由原始的氏族制过渡到奴隶制国家的诞生，是我国社会发展中的一个巨大的进步，它标志着文明的新发端，而促成这个转变的绝不是什么外在的原因，而是氏族内部经济发展的必然结果。经济的发展促进了氏族内部的阶级分化，如同马克思所说，“同一氏族内部的财产差别把氏族成员间的利益的共同性变成了对立性”（《马克思恩格斯文选》两卷集，第二卷，第 311 页）。在中国远在夏代稍前，便在宗教外衣的掩盖下，开始了阶级分化的过程，夏禹家族便是当时逐渐居于氏族社会全体成员之上的最煊赫的一个富有家族。《逸周书·文传》所载：夏箴曰：“小人无兼年之食，迂天饥，妻人非其有也，大夫无兼年之食，迂天饥，臣妾与马非其有也。”则比较清晰地反映了夏代的阶级关系。与私有制和阶级的形成相适应的，氏族首领开始从社会的公仆，变成了统治整个社会的权威，传说中的夏禹大会诸侯，杀死迟到的防风氏，可以作为氏族首领权力转化的一个例证。由于氏族首领的职位逐渐成了获取物质利益的重要手段，而且孕育着阶级社会国王的特权，因此，传统的禅让制度便不可避免地遭到废弃。在社会关系中占统治地位的，已经不是平等的血缘关系，而是统治与被统治，剥削与被剥削的阶级关系。

为了巩固氏族贵族的特权地位，统治日益增多的奴隶，便需要用一种新的暴力机关来代替氏族的管理组织，于是国家便在适应阶级统治需要的基础上逐渐地形成起来。至夏启，确立世袭传子制度，则不仅是私有制和阶级的形成在上层建筑中引起的反映，同时也是国家形成的一个重要开端，从此便揭开了我国阶级社会王朝统治的历史。由贵族家族垄断统治权的王位世袭制度，对于氏族民主制是一个严重的破坏，因而引起了以伯益和后羿为代表的氏族旧势力的激烈反抗，发生了武装战争。战争的结果夏启赢得了胜利，但王位世袭制度却并未由此得到巩固，在启以后经过近半个世纪的反复斗争，至少康时才得到最后稳定。从此王位世袭私有在统治阶级眼里被视为合法，所谓："大人世及以为礼"（《礼记·礼运篇》）。由于确立王位世袭制度而引起的族内外长期流血战争，充分说明了由氏族民主制过渡到奴隶制国家是充满斗争的。虽然这个斗争在形式上是"传贤"和"传子"的斗争，但实质上却是夺取和维护世袭统治权的斗争，是确立阶级压迫制度与原始民主传统之间的斗争，因而只能采取流血战争的方式去解决。这时的战争便已带有维护和夺取统治权的政治性质，用于战争的武装力量，由于起着夺取和维护贵族统治权的工具作用，因而与氏族社会为整个氏族利益而组织起来的居民自动武装不同，而成为阶级的武装组织。

夏代武装力量性质的政变是考察中国国家起源的一个重要线索，参加这个斗争的表面上是新、旧势力集团，实质上却是阶级的斗争，奴隶也参加了反抗贵族统治的行列。太康时，后羿"因夏民以代夏政"，清楚地说明了这一点。虽然有关夏代国家起源的确凿材料不多，但如果将政治上层建筑的变化，连同夏代整个社会的变化一并考察，便可以发现以夏为奴隶制国家的开端是符合历史背景的，典籍中有关夏朝政治组织、军队、法权、供赋等记载，也基本上描绘出了夏朝的国家轮廓。作为一个历史发展过程来看，从继夏而起的商朝所建立的比较完备的国家形态中，也可以说明夏代确已迈出了氏族制的门槛。

夏代的历史，雄辩地说明了国家不是从来就有的，它是基于阶级斗争的需要才产生的，是阶级矛盾不可调和的产物和表现。虽然国家的形成经过了长期的历史发展过程，但它从一产生时起，便带有阶级专政的暴力工具的性质，而与氏族管理机关有着根本性质的不同。中国奴隶制国家的起源由于受到具体的社会历史条件的影响，而有其自己的特点。

最早进入阶级社会的夏部落，其活动所及的黄河流域，雨量丰富，气候温和，土质松软，极适于原始的农业生产。因此，有可能在公元前二十二世纪，在使用木石器工具的基础上，发展了原始的农业生产，产生了剩余生产物，促进了社会财富的增长和私有财产的产生，从而为国家的诞生提供了物质基础。夏代虽有农业和畜牧业、手工业之间的分工，但以农业生产为主要的经济形式，对外交换极不发达。因此，国家的产生是氏族内部阶级分化与斗争的结果，而不存在与氏族对立的外来社会力量的斗争。夏代虽有治水的传说和记载，但与古东方各国不同，治水对国家的产生，似乎没有直接的影响，治水既不是国家的基本活动，在国家组织上也不具备因治水而形成的特点。在夏代国家形成的过程中，氏族贵族并没有被消灭，他们转化为奴隶主贵族，他们过去掌握的家族统治权，转化为国家的统治权，参加国家管理的仍旧是旧有的氏族时代的贵族家长集团，最大家族的家长便是国王。在国家组织中亲与贵是统一的，《尚书·盘庚》篇所说："人惟其旧，器非其旧，惟新"，反映了上述权力的转化途径，它对于我国古代政治制度的发展有着深刻的影响。例如，奴隶制时代的国家官制全部由贵族家族世袭垄断，国家的行政体系根据宗法分封来缔造，所谓"非我族类，其心必异"（《左传·成公四年》）。国家的军队也以贵族家族的族属成员为基干进行编制，整个国家的统治网也是以贵族家族为中心联结起来的。国家的都城同时又是宗族统治的中心，是祖庙所在之地，所谓“凡邑有先君宗庙之主曰都，无曰邑；邑曰筑，都曰城”（《左传·庄公二十八年》）。作为贵族家族继承法的宗法制度与国家制度紧密糅合在一起，成为国家的重要政治制度。

宗法制度的确立，进一步沟通了奴隶主贵族的家与国之间的联系，使得王权与族权在共同维护奴隶主贵族专政的政治基础上，统一了起来。国家官职的尊卑，以贵族家族的血缘亲疏为根据，不同等级的宗主，同时也是不同等级的官职，他们不仅拥有祝宗、室老、宗臣等官僚组织，同时还拥有物质、监狱、公堂以及宗族内部的习惯法规和处死宗族成员之权，即所谓“戮于宗”（《左传·成公三年》）。在当时纪念宗庙社稷的“祀”，和保卫宗庙社稷的“戎”，同被视为国家最重要的政治活动，所谓“国之大事，惟祀与戎”。凡此都说明了贵族家族的统治权，起着极其明显的政治作用。它不仅是奴隶制国家的重要统治手段，而且构成了我国古代奴隶制国家的一个典型，表现了我国奴隶制国家的明显特点。

二、关于中国封建制专制主义的中央集权制度及其支柱问题

中国早在公元前221年便出现了统一的专制主义中央集权的封建国家。它的形成过程，是从春秋中叶以后开始的。战国时的七国并立，标志着这个发展过程已经达到了一个重要阶段。秦始皇的统一，只不过是这个发展过程的完结。统一的封建专制国家的建立，是以统一的地主经济的形成和发展为物质基础的，而人民群众反抗割据混战的斗争，则是重要的推动力。当时进行着的频繁的兼并战争，也带有统一战争的性质。作为封建专制国家阶级基础的地主阶级，也要求建立强有力的统一国家以扩大其统治范围，巩固其统治权力和有效地抵御外来的侵扰。此外，自秦汉以来逐渐形成的以汉族为中心的相当稳定的民族共同体，以及汉族与其他各民族的互相接近、互相融合，也是保持和巩固统一的经常起作用的因素。而专制主义中央集权国家所拥有的用以镇压人民和对付内外敌对势力的庞大官僚机构和军队，也是促成统一和消除地方割据状态的重要力量。

统一的专制主义中央集权国家，对于社会经济的发展，无疑地提供了必要条件，同时也给大规模的阶级斗争——农民战争的发展，造成了有利条件。但是专制主义制度的极度发展所造成的皇帝的绝对权力的滥用和腐败的官僚政治，则又在历史上起着重大的反动作用。

在中国历史上统一虽然是经常的现象，但由于占主导地位的封建自然经济的分散性和割据性，使得在统一之中仍然不可避免地保留着某种程度的割据状态。中央集权和地方割据之间的斗争，经常是统治阶级内部矛盾的主要表现形式。历代的封建统治者都十分重视解决这个内部矛盾，以便调整和统一他们的阶级力量，加强对人民的统治。这个矛盾的激化，有时也导致流血战争和国家的分裂。但自秦汉以来形成的促进统一的历史条件，是经常起作用的因素，因此，在分裂的形势下也仍然存在着统一的发展趋势。尤其是专制主义

中央集权的政体，经过两千多年的发展，虽有一些小的起伏曲折，但总的发展轨迹是螺旋形上升，不断地加强。

所谓专制主义中央集权制度的强弱，集中表现为皇帝所集中的权力的大小，因此，维护皇帝至高无上的权力是加强专制主义中央集权制度的核心。在君主专制的政体下，整个国家都被看作是皇帝个人的私产。汉高祖刘邦在做了皇帝以后，便曾经公开地向他父亲说："始大人常以臣无赖，不能治产业，不如仲力。今某之业所就孰与仲多"（《史记·高祖本纪》）。

封建时代的皇帝虽然一人集中了行政、立法、司法、军事各种大权，成为国家最高权力的代表，但并不意味着皇帝一人统治王国，皇帝只是以最大的地主身份代表地主阶级行使最高统治权。地主阶级为了协调整个阶级的行动，也支持和造就了皇帝的专制统治。随着皇权的至高无上，与皇帝有血缘关系的皇族和外戚也都分享了特殊的尊荣，特别是经常接近皇帝的侍从、宦官得到了参与国家政事以至擅权的方便条件，汉、唐、宋、明等著名的封建王朝，都发生过宦官操纵政权的所谓宦官政治。在中国封建的政治史上，宦官专政的现象是君主专制制度的产物和它的腐朽性的表现。

然而，专制主义中央集权制度的得以维持，和皇帝最高统治权的得以行使，还在于这个制度具备了两个最重要的支柱，一是普及全国的统一的官僚机构，一是普及全国的统一的军队。不具备这两套工具，不可能产生君主专制制度，虽具备但不充分也不可能产生强有力的君主专制制度。

封建的官僚制度一方面从属于封建的专制主义中央集权的政治制度，另一方面，专制主义中央集权制度，也依赖官僚制度构成其统治机构，两者间相互依存。在官僚制度下，各级官吏的任、免、调、迁，完全由君主行使，因此，只有在世卿政治没落之后，官僚制度才有可能代之而起。

中国封建国家的官僚制度，形成于战国，成熟于唐朝，如果说唐以前高门大族垄断政权的世家贵族政治，仍然占据重要地位，那么唐以后这种世家贵族政治的色彩是大大冲淡了，一般的选拔官吏的制度确立起来了。由于封建时代的官，是行使地主阶级统治权的具有人格的工具，他们的职能就是分掌压迫与剥削人民的所谓兵、刑、钱、谷事务，因此官是骑在人民头上的压迫者和剥削者，官与民之间有着不可逾越的鸿沟。人民经常用自己的暴力反抗来翦除暴官污吏。

在官僚制度下，选任官吏的途径是多种多样的，有科举、恩荫和公开的买卖等。统治者为了扩大其统治基础，加强对人民反抗的镇压，总是不断地扩大官僚集团，因此官僚机构随着君主专制制度的发展不断地膨胀，人民的负担也随之不断地加重。

从历史主义的观点来看，由官僚政治取代世卿政治，毕竟是前进了一步，但官僚政治本质上的腐朽也随着君主专制制度的发展不可避免地日益暴露出来。

封建专制主义中央集权制度的另一个重要支柱，是统一的军队的建立。历代统治者，为了维持其政权总是殚心竭力地组成和控制一支适合其统治需要的，执行国家对内与对外职能的军队。军队对于维护政权所起的重要作用，充分说明了它在国家机器中最重要的地位，无论任何一个王朝，军队组织的涣散，都是王朝败灭的征兆，而军队的分散也是中央集权制度衰弱的先声。

在历史上统一的政权为军队的统一提供了前提，而统一的军队又是维持政权统一的重要条件，因此，历代统治者总是以集中军权作为加强中央集权的首要步骤。宋太祖赵匡胤曾经说过："兵权所在，则随之以兴；兵权所去，则随之以亡。"（范浚《香溪集》卷四）这正反映了历代统治者统治经验的积累。为了防止军权分散，统治者曾经采取了各种办法，使兵与将分离，发兵权与握兵权分离，然而其结果虽然避免了军权的分散，却造成了军队战斗力的低落，这正是封建君主专制国家军队中一个不可解决的矛盾。

在君主专制制度的统治下，正如官僚机构的膨胀不可避免一样，封建的职业军队，也同样不免于无限制的膨胀，军队的膨胀，极大地加重了人民的负担，同时也造成了封建国家的财政危机。

综上所述，可见封建的官僚机构和军队组织是专制主义中央集权制度的两大支柱，是实现封建国家对内与对外职能的最重要的工具，同时又是人民的不堪忍受的极大负担。因为封建国家总是强迫农民缴纳贡税和从事无偿的劳役"去养活一大群的国家官吏和主要地是为了镇压农民之用的军队"（《毛泽东选集》第二卷，第 618 页）。

三、关于中国古代法律的某些特点问题

中国古代的法律是和夏朝国家同时产生的。古籍中说："夏有乱政而作禹刑"（《左传·昭公六年》）。所谓禹刑是夏朝法律的总称；而乱政，在剥削阶级的眼界就是被压迫被剥削阶级的反抗。古人的这一条记述道出了中国法律起源的耐人寻味的线索。在奴隶制时代刑是法的主要表现形式，两者是不分的。同时兵和刑也是不分的。动用甲兵的军事镇压行动，被看作是刑的一种，所谓"大刑用甲兵，其次用斧钺；中刑用刀锯，其次用钻笮；薄刑用鞭扑，以威民也"（《国语·鲁语》）。

在古代国家与法权的历史发展中，司法镇压是剥削阶级进行统治的重要手段，起着维护剥削阶级专政的重要作用，因此，司法镇压与反司法镇压是表现阶级斗争的一个重要方面，历史上的农民起义经常是从打破监狱开始，人民反抗官府的斗争，也经常包含着劫法场的内容。正因为如此，历代统治者都十分重视法律的编纂工作，或者由皇帝委派亲信的重臣负责起草，或者由皇帝亲自执笔。封建国家的立法路线基本上是以前朝的法律为楷模，而转向援用。例如，秦汉律以战国时李悝所著法经为蓝本。隋唐以前的各朝旧律，以汉九章律为蓝本。至唐朝总结了战国以来封建法制建设的经验，制定了一部比较完备的具有代表性的唐律，奠定了唐朝以后的封建法律发展的重要基础。宋元明清各朝立法，基本上循用唐律。但是封建法律的创制与发展之间，虽然基本上相互继承，但也并非一成不变地援用。相反地封建国家在进行立法时，也都共同遵守着所谓"循变协时""因时为宜"的原

则，对前朝旧律有所损益变通，从而反映出封建法律的发展趋势和时代的特点。就唐律而言，唐律所确认的封建法律规范是比较完备的，其所以如此，不仅在于唐律总结了历代法制创制与司法实践的经验，更重要的是它所凭借的唐朝的社会经济与政治是封建时代的发展形态。否则不可能产生比较完备的唐律。正因为封建国家的立法也都是从具体的社会经济政治的状况和斗争的需要出发，因此在一些主要的封建王朝的主要立法，尽管它们直接继承了前朝法律发展的基础，但也不是转瞬即就的，例如，唐朝自公元618年唐高祖灭隋建唐，颁布武德格，至公元651年唐高宗颁布著名的永徽律，共历时三十三年之久。

我国古代法律的历史同国家的历史一样，也从没有中断过，并在长期的发展过程中，形成了固有的体系。

中国古代的法律，受儒家思想的强烈影响。自从汉武帝罢黜百家，独尊儒术之后，儒家的伦理道德观念便构成了封建法律的思想基础，这同世界上具有悠久历史的印度和阿拉伯法律之以宗教为思想基础，有着明显的不同。儒家思想，以维护皇权即所谓“忠君”为中心，以维护地主阶级压迫广大人民的尊卑贵贱的等级从属制度为主要内容。儒家思想的集中概括，就是所谓的“礼”。礼所确认的社会规范具有明显的法律作用，礼和法是相通的，所谓：“安上治民，莫善于礼”（《孝经》），“礼者禁于将然之前，而法者禁于已然之后”（《大戴礼记·体察篇》）。特别是汉朝国家正式确认可以根据儒家经义断狱的传统，迄至魏晋南北朝一直相沿未改。隋唐以后虽然在表面上废除了，但实际上的量刑定罪仍然受儒家的礼所影响。封建法律之所以奠基于儒家思想：第一，在于儒家思想最符合地主阶级统治农民的需要，最有利于维护封建国家的社会秩序。第二，在于礼的形式不仅具有一定的欺骗性，而且涉及的范围更加广泛，可以起到法所不能起到的作用，如《礼记·曲礼》所说：“夫礼者，所以定亲疏，决嫌疑，别同异，明是非也。道德仁义，非礼不成；教训正俗，非礼不备；分争辩讼，非礼不决；君臣上下，父子、兄弟，非礼不定；官学事师，非礼不亲；班朝治军，莅官行法，非礼威仪不行。”第三，在于儒家主张的礼治，并不是空洞的教条，而是以人治为施行手段，所谓：“法不得独立，得其人则存，失其人则亡”，“有治人无治法”。这里所说的“人”并不是抽象的人，而是地主阶级中的代表人物，“治”就是由他们来行使统治权。儒家的人治观念助长了封建官吏对人民群众的肆意镇压，同时也证明了抽象的法治是不存在的。法是掌握在一定的阶级手中进行统治的工具。统治阶级在进行司法镇压时一方面运用法律的武器，同时又不受他们自己制定的法律条文所约束。

中国古代的法律，以保护家长统治权为中心的封建家庭制度为主要的内容之一。目的在于借此维护封建的尊卑贵贱的等级秩序，进而巩固国家的统治。所谓“家齐而后国治”（《大学》），“天下之本在国，国之本在家”（《孟子》）。不仅如此，封建时代的家同时又是赋税与徭役、兵役的基本负担单位，因此，从封建国家统治的利益出发，巩固封建的家庭制度是非常必要的，而儒家的伦常观念则起着重要的约束作用。在封建法律中凡属亲族之间的犯罪，对卑幼加重处刑，例如，亲属相奸，汉律列为“禽兽行”，唐律定为“内乱罪”。而自晋时起法律便允许如卑幼违反教令、敬恭有亏，父母杀之无罪。自唐以后，对不孝罪的惩治更为加重，凡子孙过失杀流、不孝流，都在不赎之列。明清时还有所谓“弃亲之任”的惩罚和“教令违反”的杖刑。总之，法律镇压的尺度，常为伦常观念所左右。借法律的强制力，维护统治阶级所需要的家庭制度，是封建法律的一项重要任务。

不仅如此，为了扩大司法镇压的打击面，法律还明确规定家族成员须共同负法律的连带责任。秦时商鞅变法“令民为什伍，而相收司连坐”（《史记·商君列传》）。汉时对大逆罪，则父母妻子、兄弟姊妹皆弃市。北魏时有“门房之诛”。唐以后迄至明清，谋反及谋大逆罪，不仅本人处死，其亲族或流或没官。在一般犯罪中对家长的惩罚也较一般为重，按唐律规定：“家人共犯者，止坐家长”，这说明封建国家虽然赋予家长以统治家族成员的法律特权，但同时也强调他们必须克尽钳制族属成员中与封建国家的义务，如果履行不力照例要治罪。

中国古代的法律，以皇帝的诏、令、敕、诰、谕，为最重要的法权渊源，具有绝对的效力，是指导司法实践的最具有权威性的根据，又是最重要的单行法。《汉书·宣帝纪注》说：“天子诏所增损，不在律上者为令”，《史记·杜周传》也说：“前主所是著为律，后主所是疏为令”。汉时曾将各种令汇编为“令甲”、“令乙”、“令丙”，至隋唐时，令遂正式成为基本的法律形式，所谓“律、令、格、式”。令的绝对效力，体现了皇权的至高无上，令的广泛适用，反映了专制统治的深入。不仅如此，由于令经常是针对着形势的变化，随时颁发的，因而是统治阶级手中最灵活的统治工具。令的效力也体现了封建国家政策的指导作用，因为许多令实质上是封建国家政策的一种表现形式。从令的地位和作用的不断加强中，一方面反映了封建君主专制制度的强化；另一方面也反映了统治阶级统治经验的积累。

在中国古代法律的体系中，律虽居于主导地位，但不是唯一的形式，律的作用和效力，经常受到其他法律形式的补充和制约，例如，两汉于律令之外有“比”，有“科”；隋唐有“格”，有“式”；五代及宋有“敕”；明、清有“例”。法律形式的多样与适用时的统一，充分表明了中国古代法网的严密。

中国古代的法律结构，一般于律典之中容纳了各种法律部门的内容，所谓“诸法合体”。以唐律为例，唐律基本上是一部刑法典，但刑法之外，有属于行政法范畴的规范，有属于民法范畴的规范，有属于诉讼法范畴的规范。不仅法典如此，著名的汉朝的编令，或宋朝的编敕，也都仅仅是按时间先后加以编辑，删去其矛盾与重复之处而已，并非按诏令所调整的内容加以编辑。对于各种犯罪，一律采取刑事镇压手段，从而也暴露了封建时代司法镇压的严酷性。

在我国古代，调整民事法律关系和婚姻家庭关系的不仅有法，同时也有国家认可的，经儒家制定和倡导的礼以及传统的习惯。以礼为调整家庭婚姻关系的准绳，突出地显示了礼的主要作用方面。而习惯法之占有相当重要的地位，则又反映了我国封建法律的保守性和进步的迟缓。在中国古代，礼和习惯法在调整民事法权关系方面的地位和作用是一个不应忽视的现象。

在地主阶级赤裸裸的特权统治的封建时代，一方面法律的条文形式对于贵族、官僚、地主很少有约束力，地主阶级的专政是不受法律约束的。但是另一方面，也应该看到，法律是地主阶级进行专政的重要工具，它通过条文的文字形式，将有利于统治阶级的行为规范制定为法律。因此，利用和依据法律进行统治，也完全符合封建国家的利益，唐律中便强调规定官吏断狱必须依法。可见不能将这两个方面对立起来。无论依法或不依法，总之都是以统治阶级的利益为依归。由于维持相对的法律秩序比起漫无秩序，毕竟更有利于封建国家的统治，因而成为开明的封建政治家所追求的一个目标。同时统一的法制对于巩固国家的统一，强化中央集权，也起着重要的作用。历史上著名的政治家如秦始皇、曹操、诸葛亮、唐太宗、明太祖等人，都是封建的法治主义的拥护者和执行者。当然封建法治主义的实质，归根结底仍在于加强地主阶级对于人民的统治，只不过是强调了司法镇压的作用而已。而且地主阶级的阶级本质，也决定了封建国家不可能长期地维持所谓的封建法治局面。

由于我国封建的国家统治长达两千多年之久，而司法镇压又是地主阶级专政的一个重要组成部分，因此，有必要揭示其发展的历史真相，并给以批判。同时，我国封建时代的法律思想和法学也有其值得研讨的内容，在这方面也还需要认真地进行批判的探讨。

张希坡

《湖南农民运动考察报告》中关于人民民主专政思想的几个基本问题*

简介

张希坡，1927年10月出生，山东章丘人。1947年2月在东北解放区参加革命工作，任松江省宝清县人民政府科员、副科长，县人民法院副院长。1951～1953年中国人民大学法制史研究生，毕业留校后任法制史教研室副主任、主任，法律系副主任。现为人民大学法学院教授。1995年离休，仍返聘为研究生讲课。

主要著作有《马锡五审判方式》、《革命根据地劳动立法史》、《革命根据地经济立法史》、《中华人民共和国刑法史》、《中国婚姻立法史》等。主编《中国革命法制史（上下册）》、《中华民国开国法制史——辛亥革命法律制度研究》、《中国法制通史第十卷·新民主主义政权》等。

---

* 原发表于《政法研究》，1963（2）。

毛泽东同志关于人民民主专政的思想，是对马克思列宁主义国家学说的一大贡献。这一思想是随着我国革命运动的发展而愈加充实发展起来的。毛泽东同志的许多著作，都对这一思想作过深刻的论述。1927年的《湖南农民运动考察报告》（以下简称《报告》）就是其中最早的一篇。毛泽东同志在这篇《报告》中，虽然直接讲的是农民问题，但在实际上它已包括了有关中国革命的一系列重大问题，其中对于人民民主专政思想的若干基本原则，也已经明确地提出来了。以后，在其他的著作，特别是在《论人民民主专政》、《关于正确处理人民内部矛盾的问题》等著作中，又对此作了进一步的发挥。这些著作，都成为当代马克思列宁主义理论宝库中的重要组成部分，需要我们系统地认真地进行学习和研究。现在仅就这篇《报告》中有关人民民主专政思想的几个基本问题，谈一点个人的学习体会。

一、"将地主打翻在地，再踏上一只脚"——以暴力革命彻底推翻反动阶级的统治，并对被推翻的阶级坚决实行专政

农民问题是中国革命的基本问题，中国共产党自成立以来，在领导工人运动和建立革命统一战线的同时，就已特别注意领导农民的斗争。所以，在第一次国内革命战争时期，农民运动得到了很大的发展，其势如暴风骤雨，造成了一个空前的农村大革命。随着农村阶级斗争的日趋尖锐，不可避免地引起了城乡反动阶级的拼命抵抗。受到严重打击的封建势力，时刻在准备复辟；资产阶级右翼为了篡夺革命领导权，也和封建势力勾结在一起，极力破坏农民运动。以陈独秀为代表的右倾机会主义者，竟被这股反动的逆流所吓倒，采取了以妥协为宗旨，以原则做交易，宁肯抛弃农民这个最可靠的同盟军，也要与反动势力谋求妥协的投降路线，可耻地跟在反动阶级的后面，指手画脚地指责和阻挠农民革命运动。

当此革命形势正在胜利发展的时机，革命政党是采取积极领导大力支持的态度，还是采取退让阻挠的态度，这是关系到敢不敢掌握革命的领导权，敢不敢于胜利的重大问题。在此紧急关头，毛泽东同志以鲜明的立场和充分的论据，有力地批驳了一切对于农民革命运动的污蔑和指责，指出了革命斗争的正确方向，积极领导群众继续坚持斗争。

为了确保革命斗争的胜利，毛泽东同志在《报告》中首先对于革命和专政问题，提出了许多重要原则。如在《报告》中不只一次地提到一句非常生动而重要的名言，即"将地主打翻在地，再踏上一只脚"①。这是用极其通俗的语言和非常鲜明的形象，说明了一个极端重要的马克思列宁主义原理。这句话的前半段说明对于地主阶级不仅要"打"，而且必须

① 以下凡未注明出处的引文，皆见《湖南农民运动考察报告》。

坚决地“打翻在地”，就是要用暴力革命的手段将地主阶级的统治彻底推翻。后半段是说明将地主打倒之后，还必须马上“再踏上一只脚”，就是在革命取得胜利，反动统治阶级被推翻之后，还必须紧跟着对其实行无情的专政。如果不这样做，被打倒的阶级，便会重新爬起来，那就意味着反动阶级的复辟，人民革命事业之被断送。人民的革命和人民民主专政是密不可分的。专政问题又是革命这一总概念中最重要的最基本的东西，它是革命的继续和深化，也是反复辟斗争的强有力的手段。直到国内外阶级彻底消灭之前，反革命复辟的危险，总是存在着的。所以这只专政的“脚”，绝不能放松或轻易收起来。这是阶级斗争的一条普遍规律。

毛泽东同志对于对敌专政的思想，是极为重视的。在这一《报告》中，对于什么是专政，为什么要实行专政，怎样实行专政，依靠谁来执行专政以及在行使专政中的若干政策界限问题，都作了极其明确的阐述。如关于“将地主打翻在地，再踏上一只脚”的命题，在《报告》中反复出现过三次（见《毛泽东选集》第一卷，18、19、22 页），但这绝不是简单的重复，而是从不同的角度，深刻地分析了对敌专政这一重要原理的基本内容。

第一次出现（见 18 页），是为了说明什么叫专政，怎样实行专政的问题。如说：“农会权力无上，不许地主说话，把地主的威风扫光。这等于将地主打翻在地，再踏上一只脚。”并根据当时斗争的需要和群众的实践经验，总结出各种对敌专政的方法。如将地主阶级编入“另册”（即剥夺其公民权利），地主阶级对农会不准有任何破坏活动。如有违反，便立即给以斗争和制裁。制裁的方法，从通过群众面对面的斗争，迫使地主土豪劣绅低头认罪具结悔过，直到关监狱、枪毙等，这些都是对敌专政必不可少的斗争手段。

第二次出现（见 19 页），是为了驳斥所谓农民运动“过分”论者，进一步强调了群众暴力专政的必要性和正义性，所以在短短的几行文字中连续提出了五个“必须”，即“必须建立农民的绝对权力。必须不准人恶意地批评农会。必须把一切绅权都打倒，把绅士打在地下，甚至用脚踏上。……每个农村都必须造成一个短时期的恐怖现象，……矫枉必须过正……”这说明对于敌对阶级的专政行为，是阶级斗争发展的必然趋势，是天经地义的，谁也阻挡不住的。同时也表明了革命人民誓必将革命进行到底的决心。毛泽东同志这些关于对敌专政思想的提出，完全是建立在洞察阶级斗争规律，认清反动阶级的本质，并具有无产阶级彻底革命精神的基础之上的。列宁说过：“不准备专政，就不能作真正的革命家”②。毛泽东同志的上述观点，是与列宁的思想完全一致的。

第三次出现（见 22 页）是说明执行对敌专政任务的主要依靠力量必须是贫雇农。“他们损伤了土豪劣绅的体面。他们打翻了大小土豪劣绅在地上，并且踏上一只脚”。其所以要特别强调贫雇农的作用，是因为雇农和贫农是农村的无产阶级和半无产阶级，他们在旧社会受苦最深，他们的革命性最坚决，并且是农村人口中为数最多的阶层。他们坚决信赖共产党的领导，按着党所指引的正确方向，坚定地站在斗争的最前列，因而便取得了农会的

② 《关于专政问题的历史》，《列宁全集》第 31 卷，308 页。

领导权。毛泽东同志对于贫雇农的作用，给以极高的评价，称颂他们是“农民协会的中坚，打倒封建势力的先锋，成就那多年未曾成就的革命大业的元勋”。并且得出结论说：“这个贫农领导，是非常之需要的。没有贫农，便没有革命”③。毛泽东同志在这里已经十分明确地告诉我们一条非常重要的原则，即无产阶级领导的革命事业，必须紧紧地依靠广大的贫雇农。这也是党在农村中贯彻阶级路线的中心问题。

同时，在《报告》中，也提出了团结中农的思想。毛泽东同志指出中农的态度是“游移”的，并有左、中、右之分，其革命的坚定性不如贫雇农，但是因为他们在旧社会也是被压迫的阶层，对革命的态度又不同于富农，在革命高涨时，他们一般是可以参加并拥护革命的，因而便成为贫雇农最可靠的同盟军。所以在《报告》中指出：“农会争取中农入会，向他们多做解释工作，是完全必要的”。这里就提出了对中农采取团结教育的方针。

紧紧依靠贫雇农，巩固地团结中农，是党在农村工作的两项基本原则。只有这样，才能把占农村人口百分之九十以上的劳动群众团结在党的周围，形成一支强大的反封建的革命统一战线。这是一项带有战略意义的指导方针，是实现党的领导和保证革命胜利的重要条件。也是毛泽东同志根据马克思列宁主义革命学说，运用阶级分析方法，深入革命实践，具体研究了我国农村各阶级状况而作出的科学结论。

二、“一切权力归农会”——彻底打碎一切反动的国家机器，建立起新型的革命专政工具

为了实现革命专政的任务，必须在彻底打碎一切反动的国家机器的基础上，建立起新型的革命专政工具，即建立革命的政权、武装、法庭和监狱，并制定革命的法律。马克思列宁主义经典作家早已指出：工人阶级不能简单地握取现成的国家机器，必须彻底打碎它。毛泽东同志在《报告》中提出的“一切权力归农会”的口号，就是这一伟大原理的具体体现。当时革命人民在党的领导下，在粉碎反动国家机器，建立革命专政工具方面，也发挥了巨大的创造精神。毛泽东同志在《报告》中总结了这些经验，并为创造人民的国家机器，指出了正确的方向。

1. 摧毁封建地主政权，建立人民革命政权

农民运动兴起之后，首先集中于政治斗争，即以革命的手段推翻地主阶级的政权。因为“地主政权，是一切权力的基干”。这一斗争不胜利，其他方面的斗争（经济斗争以及其他社会改革的斗争），必将失去可靠的保障。斗争结果，“地主权力既倒，农会便成了唯一的权力机关”。“一切权力归农会”，“旧式乡政机关不作用了”，这就是革命风暴前后巨大历史变革的主要标志。

---

③ 《报告》中所指的“贫农”，是包括雇农在内的。

农民协会是农民群众的革命组织，更确切些说，它是共产党领导的，以贫雇农为骨干以农民为主体的，团结农村其他革命阶层（手工业者、革命知识分子等）的群众性革命组织，同时也是当时农村革命人民掌握政权的一种组织形式。革命人民通过农民协会来行使人民民主专政的权力。由农民协会“发号施令，指挥一切”，行使了一切政治、武装、经济、文化、司法等等大权，并取得了辉煌的成就。《报告》中所列举的“十四件大事”，就是农民协会伟大功绩的最好证明。在农民运动比较深入的地方，还在农民协会的基础上，开始建立“乡村自治委员会”。这是一种“新的乡村自治机关——农民政权的乡村自治机关”，是农民协会的进一步发展，是当时革命人民创造的新的革命政权组织形式。

在县一级政权方面，由于农民群众推翻了县官老爷衙门差役的统治，便创造了“县公法团联席会议”、“县务会议”等新的政权形式。它是由共产党领导的县农民协会、工会及其他各界团体的代表所组成，遇事皆由这种“联席会议”来决定。毛泽东同志评论说：“现在的县政府，形式和实质，都已经是颇民主的了”。这种县政权的组织形式，在当时还是一种临时性的过渡政权，其发展趋势是在乡村民主自治的基础上，召开“县民会议”，由人民选举产生“民主的委员制政治组织”，即建立人民选举的县政府。当时在农民运动比较发展的地区，已经初步具备了建立这种县政权的条件。所以毛泽东同志说：“在湖南采用民主的委员制县政治组织，应当是没有问题的了”。县政权之所以能够有这样大的变化，其主要关键就是由于共产党彻底领导农民取得了政治上的胜利。因此，毛泽东同志从此总结出一条重要结论，即“县政治必须农民起来才能澄清”，说明我国的政治问题，必须依靠广大农民来解决，换句说话，就是我国的政权问题实质上是授权给农民的问题。因为农民占全国人口的最大多数，又是中国革命的基本力量。所以，我国政权问题的解决，如果离开了农民，必将一事无成。

共产党的领导，是革命胜利的基本保证，是人民民主专政的核心。在这篇《报告》中虽然没有专章来谈党的领导问题，但是全篇《报告》的基本精神和主要目的，就是为了坚持共产党对于革命斗争的领导权。当时的农民运动之所以能够如此迅速的发展，正是由于共产党积极领导的结果。党的纲领、政策，是农民代表大会和农民协会遵循的指导方针，党的各级组织，是农民运动的直接组织者和领导者。第一次国内革命战争时期的历史事实证明：凡是哪里有了共产党的领导，哪里的革命运动就会蓬蓬勃勃地发展起来；反之，凡是失去了党的领导的地方，那里的革命必然要受到挫折或失败。同时，在党内凡是坚持了正确路线的时期和地方，党的领导权就能巩固，革命就会胜利发展；反之，凡是由机会主义占据统治地位的时期和地方，党的领导权就要被削弱，革命事业就会被断送。由此可见，中国革命只有在党的领导下，只有在马克思列宁主义的正确路线实现了对全党的领导，才是革命胜利最可靠的保证。

以无产阶级为领导，以工农联盟为基础，是决定人民民主政权性质的最基本的因素。毛泽东同志在这里所确定的这些基本思想，已随着革命斗争的深入，又得到不断的丰富和发展，形成了“工人阶级领导的人民共和国”④ 思想，“经过人民共和国到达社会主义和共产主义，到达阶级的消灭和世界的大同”⑤，这便为中华人民共和国的创建，奠定了理论基础。

2. 推翻地主武装，建立农民武装

为了彻底摧毁地主政权，建立并巩固人民革命政权，还必须消灭地主阶级的反动武装，建立起人民自己的武装。这也是打碎反动国家机器，创建人民的专政工具的最基本的一环。在当时农民运动兴起之后，经过了严重的斗争，彻底打垮了地主武装，重新补充改编为“挨户团常备队”，同时还创建了一支更加雄伟的群众武装——农民梭镖队（或称农民自卫军）。这是我党领导建立的最早的民兵组织之一。这支农民武装既经建立，即在斗争中发挥了巨大作用。它是镇压地主豪绅、保卫革命胜利成果的基干力量；是维护革命秩序，清除地方盗匪的主力军；同时也是北伐革命军不可缺少的有力助手。毛泽东同志在《报告》中曾以专章总结了“推翻地主武装，建立农民武装”的经验，称颂这支农民武装“是使一切土豪劣绅看了打颤的一种新起的武装力量”，并极力主张大大扩展这支武装力量，严厉驳斥了以陈独秀为代表的企图阻挠和限制农民武装发展的立场，指出：“不应限制它，以为这是可以使人害怕的东西。若被这种梭镖队吓翻了，那真是胆小鬼！只有土豪劣绅看了害怕，革命党决不应该看了害怕”。接着便提出：“湖南的革命当局，应使这种武装力量确实普及于七十五县二千余万农民之中，应使每个青年壮年农民都有一柄梭镖”。这实际上是向全国人民提出了一项具有深远战略意义的伟大思想，即武装农民的思想。这是对“武装的革命反对武装的反革命”这一原理的具体运用和重大发展，从而也就奠定了我党军事路线的基本指导原则。后来工农红军和赤卫队的建立，就是这一思想在新的革命形势下的新发展。

三、废除反动的旧法体系，建立革命的法庭、监狱，制定人民的法律

农民运动兴起之后，在摧毁地主政权和反动武装的同时，也把地主豪绅贪官污吏所把持的法庭、监狱和反动法律，一并废除。结果便出现了像《报告》中所说的：“警备队、警察、差役，一概敛迹”，“没了讼棍”，法官的荷包也空了起来。此外，还废除了旧都、团的司法权，摧毁了地主阶级的私刑庭和祠堂里封建宗法主义残害人民的一切刑罚。总之，农民运动的革命风暴所及的地方，一切反动的国家机器和整个旧法体系，都被摧垮，开始建立起为人民革命所需要的新的法庭，颁布了若干必要的革命法律。

虽然当时革命的主要斗争形式，不是也不可能仅仅依靠法律，而主要是依靠武装斗争

④ 参阅《毛泽东选集》第1卷，150页。

⑤ 参阅《毛泽东选集》第4卷，1470页。

和群众的直接暴力行动，但是并不因此就完全否定革命法律可以作为服务于革命任务的一种斗争手段而存在。恰恰相反，党和人民自革命一开始，就根据革命斗争的客观需要，按着党的路线政策和人民的要求，及时地总结了群众斗争的经验，提出了许多立法原则并制定了一些带有法律性质的文件。不仅如此，从整篇《报告》的精神来看，毛泽东同志对于农民运动中群众创造的一切专政措施和规约禁令，都是倍加赞许的。如在镇压地主豪绅和反革命方面，有几个省的农民代表大会制定了"惩治土豪劣绅条例"，不少地方把省、县监狱夺了过来作为关押土豪劣绅反革命分子的专政机关，并且组织起"审判土豪劣绅特别法庭"，对那些为人民痛恨的反动分子进行审判，对其中罪大恶极者，经法庭判决执行了枪决。这些革命措施，都是十分必要的。毛泽东同志在《报告》中，对于群众参加执行法律的做法，曾给以称赞说："农民眼睛，全然没有错的。谁个劣，谁个不劣，谁个最甚，谁个稍次，谁个惩办要严，谁个处罚从轻，农民都有极明白的计算，罚不当罪的极少"。上述种种规定和活动，虽然还仅是初步的，但它已经包含有新民主主义革命法律原则的若干基本因素，从而开辟了革命人民自己创制法律，行使专政职能的历史先例。

以上就是当时革命人民打碎反动国家机器创建革命专政工具的一般概况。这就雄辩地证明了，当千百万被压迫的人民群众，一旦有了共产党的正确领导，经过武装斗争，推翻了反动统治者，摆脱了奴役和压迫，成为社会的主人之后，必将发挥出无穷的力量，学会"治国安邦"之术。他们不但能够铲除旧社会一切"人吃人"的制度，更能用自己的双手建设起一个劳动人民当家作主的空前美好的新社会。所以毛泽东同志热情地称颂"好得很"，"这是四十年乃至几千年未曾成就过的奇勋"。

毛泽东同志在三十六年前写的这一《报告》，包含着丰富的伟大的思想，今天读起来，仍然具有极其重要的现实意义。我们今天来学习这篇著作，并不是简单地了解当时的一些历史事例，而主要是通过历史事实来学习毛泽东同志关于人民民主革命和人民民主专政的基本思想和革命策略。他在革命和专政问题上所确定的主要思想原则，如放手发动群众实行暴力革命和革命群众的暴力专政；彻底打碎一切反动的国家机器，建立与强化人民的专政工具（政权、武装和革命法制）；加强阶级斗争观念，严防反动阶级的一切复辟阴谋；正确划清敌我界限，对敌人实行专政，对人民实行民主以及加强党的领导，坚持马克思列宁主义正确路线和反对机会主义等等，都是人民民主专政学说的基本问题。所以，我们认为毛泽东同志在这篇《报告》中，已经奠定了人民民主专政学说的理论基础。这些基本思想，随着我国人民革命斗争的发展，在其以后写的《论人民民主专政》等著作中又作了进一步的发展。毛泽东同志这一思想对我国的革命和建设起了巨大的指导作用，而且愈来愈显示出它还具有更深远的国际意义。我们应当认真地学习它，从中吸取力量，武装自己的头脑，更好地进行工作。

曾宪义

1840年鸦片战争以后清朝的国家与法权*

简介

曾宪义，现任中国人民大学一级教授、法学院名誉院长，法国名誉博士、日本名誉博士。兼任中国人民大学法律文化研究中心主任，《法学家》杂志社社长兼主编。担任教育部社会科学委员会副主任委员、中国法学会法学教育研究会会长，教育部高等学校法学学科教学指导委员会名誉主任，全国法律硕士专业学位教育指导委员会第一副主任。同时担任最高人民法院特邀咨询专家，最高人民检察院专家咨询委员会委员，司法部国家司法考试协调委员会委员等。

曾宪义教授自1960年于中国人民大学法律系毕业后留校任教，迄今一直从事法律史的教学与研究工作。曾宪义教授自1990年至2005年先后担任中国人民大学法律系最后一届即第九届系主任和法学院第一、二、三届院长共达15年；曾宪义教授担任两届十多年国务院学位委员会学科评议组成员，担任两届十年教育部高等学校法学学科教学指导委员会主任，担任全国法律硕士学位教育领导小组组长和两届全国法律硕士专业学位教育指导委员会第一副主任迄今达十五年，担任教育部人文社会科学咨询委员会委员和教育部社会科学委员会副主任迄今达十五年，曾担任中国法律史学会第四届理事会会长和国家博士后管委会专家组召集人。

曾宪义教授曾荣获"国家级优秀教学成果一等奖"和"国家级优秀教学成果二等奖"，"全国普通高等学校优秀教材一等奖"两项、"全国优秀博士论文指导教师奖"、"北京市哲学社会科学优秀科研成果特等奖"，国家新闻出版署、法制日报社"十年优秀科研成果一等奖"，"宝钢教育基金优秀教师特等奖"等各种奖项。

曾宪义教授曾率领中国法学教育代表团成功访问美国，率领中国法学教育代表团访问欧洲，并率领空前大型的"大陆法学家代表团"访问我国台湾地区和香港特别行政区。曾宪义教授组织和举行了"首届海峡两岸法学家研讨会"。并应邀在美国国务院和美国总统特别代表会谈，并联合声明推动举行了"首届中美著名法学院院长联席会议"和"中美法学教育研讨会"。其后举行了"首届中欧著名法学院院长联席会议"、"中国—亚洲法学院院长论坛"、"中国—非洲国家法学教育与法律文化论坛"，特别是组织了2000年12月在人民大会堂万人大礼堂举行的有世界五大洲最著名的132所大学法学院院（校）长和著名法学家参加的"中国人民大学法学院成立五十周年庆祝大会暨首届21世纪世界百所著名大学法学院院（校）长论坛"，为中国法学教育的发展，为中国法学教育走向世界和世界法学教育走向中国作出了贡献。

---

* 原发表于中国人民大学国家与法权历史教研室编：《中国国家与法权历史讲义》（初稿），第二分册。

一、鸦片战争前后中国社会的基本状况

中国自从公元前 4 世纪进入封建社会以后，长期以来，经过广大人民的生产斗争和阶级斗争，推动了社会历史的发展，从明末时起资本主义的因素便已开始有了萌芽。但总的说来，发展情况处于相对停滞的迟缓状态。社会性质仍然是完整的封建社会，根本的阶级矛盾仍然是地主阶级和农民阶级的矛盾，建立于封建经济基础之上的清朝政府则是一个独立的拥有全部主权的封建政权。但是早在 1840 年鸦片战争前半个世纪，清王朝就已经走上了下坡路，特别是自嘉庆（1790—1820 年）以来，整个官僚机构已经十分腐朽了。它的内部危机四伏，阶级矛盾激化，人民的起义不断冲击着这个腐朽的政权。

正当清朝的封建统治开始动摇的时候，欧美资本主义有了非常迅速的发展，英、法、美等资本主义国家，力图开辟世界市场，步步向中国进逼。1840 年爆发的鸦片战争，就是英国发动的、目的在于打开中国的大门以便奴役和掠夺中国人民的侵略战争。这次战争对中国社会的发展有着重要的影响，以此为起点，中国的封建社会开始发生重大的变化，中国从一个独立国家开始变成一个不完全独立的国家，中国的封建社会也由此开始变成半殖民地半封建社会。

鸦片战争以后，中国的门户被打开，资本主义国家把大量的商品输入中国，并且掠夺了中国的原料，榨取了廉价的劳动力。外国资本主义的侵入，破坏了中国农业与家庭手工业相结合的自给自足的自然经济的基础，对中国封建经济的基础起了解体的作用。中国封建社会中商品经济的发展，已经孕育着资本主义的萌芽，如果没有外国资本主义的影响，中国也会缓慢地发展到资本主义社会。外国资本主义的侵入，给中国资本主义生产的发展造成了某些客观的条件和可能。但是，帝国主义列强侵入中国的目的，决不是要把封建的中国变成资本主义的中国，而是要把中国变成它们的半殖民地和殖民地。帝国主义与中国的封建势力相结合，极力阻挠、压迫中国资本主义的发展。

社会性质和经济基础的变化也引起了中国阶级结构的变化。原来的地主阶级仍然在经济上和政治上占据统治地位，但它们已经不仅仅是封建主义的社会基础，而且还成为帝国主义统治中国的社会支柱；农民阶级，在外国资本主义侵人中国后，更加贫困和破产，他们是中国民主革命的主力军。

除了原来这两个互相对立的基本阶级之外，随着经济结构的变化，又相应地出现了一些新的阶级，主要有：（1）买办阶级：买办阶级是在鸦片战争以后，在外国侵略者有意识地培养和扶植下开始形成的，它是半殖民地半封建社会的特殊产物，多半是由地主、富商

和大官僚转化而来。买办阶级在经济上为资本主义国家推销商品，榨取原料，从事各种投机事业；在政治上，充当外国侵略者干涉和控制中国军事、政治的桥梁。在半封建半殖民地的中国，买办阶级和地主阶级完全是国际资产阶级的附庸，其生存和发展，是附属于帝国主义的。它们代表最落后、最反动的生产关系，阻碍中国生产力的发展，是中国最反动的社会势力。（2）民族资产阶级：战后，随着中国民族资本主义的发展逐步形成了民族资产阶级。中国民族资产阶级的前身，大部分是地主、商人和官僚投资工业者逐渐转化而来；另有一小部分是由民间中小工商业者逐渐发展起来的。在半殖民地半封建的社会历史条件下，中国的民族资产阶级从一开始产生的时候起就是一个带两重性的阶级，一方面由于受到帝国主义和封建主义的压制与束缚，严重妨碍了他们发展资本主义的愿望，因而具有反对帝国主义和封建主义的要求，决定了他们有一定的革命性；另一方面又由于对外国资本帝国主义和本国封建主义既有一定的依赖，又同它们有或多或少的联系，因此又决定了他们具有软弱性和妥协性。从中国民族资产阶级的发展过程来看，到清朝末期，他们已成为旧民主主义革命的领导力量。（3）无产阶级：随着中国民族资本主义的发生和发展，特别是随着外国资本主义的侵入，在中国产生了无产阶级。中国无产阶级是由农民和手工业工人转化而来的，是中国新的生产力的代表，并且身受三重压迫，是中国历史上最先进最革命的阶级，他们在旧民主主义时期是革命的参加者，而在新民主主义时期是革命的领导阶级。

从上述阶级结构的变动中，可以看出中国社会中的阶级、矛盾和阶级斗争的状况已经发生了新的变化。在半殖民地半封建的中国社会，主要的矛盾是帝国主义同中华民族的矛盾和封建主义同人民大众的矛盾，而帝国主义同中华民族的矛盾，又是其中最主要的矛盾。上述矛盾一直贯穿于整个中国半殖民地半封建时期，这些矛盾的斗争及其尖锐化，就造成反对帝国主义和封建主义的革命运动。事实上，1840 年鸦片战争以后所爆发的一系列革命斗争，都是在这些矛盾的基础上发生发展起来的。把握这些主要矛盾便是考察中国半殖民地半封建时期国家与法权的出发点。

二、鸦片战争以后清朝政权的半殖民地半封建化

（一）清朝政权性质的变化

1840 年鸦片战争以后，作为政治上层建筑最重要组成部分的清朝的国家与法权也进入了一个新的历史时期，即半殖民地半封建时期。

从清末开始形成的半殖民地半封建的国家与法权，可以说自成一种类型，但实际上，它乃是将中国封建制国家与法权和外国资产阶级国家与法权糅合一体的大杂烩。这种半殖民地半封建的国家与法权处于外国资本帝国主义的附庸地位，从体系上划分，应把它视为反动的资产阶级国家与法权的变种。这种半殖民地半封建的国家与法权在内容上和形式上又多沿袭了封建制的国家与法权，它们在本质上都是少数剥削者对广大劳动人民（主要是

农民）的专政，但二者又有所不同。它们之间主要的区别如下：

（1）半殖民地半封建政权不是封建经济基础的上层建筑，而是半殖民地半封建经济基础的上层建筑。

（2）半殖民地半封建政权虽然依然为地主阶级所把持着，但它已经不再是单纯的地主阶级对农民阶级的专政，而是地主阶级和买办阶级对广大人民（主要是农民）的反革命联合专政。

（3）半殖民地半封建政权已经不是主权独立的国家，而是帝国主义操纵、控制下的国家。

帝国主义对清政府的全面的实际的操纵与控制，这是清政权半殖民地半封建化的基本标志和本质特征。鸦片战争后，清王朝在表面上虽然还维持着虚假的独立和封建专制帝国的形式，但实际上外国侵略势力已经通过各种侵略和压迫手段一步一步地控制与操纵了清政府。战后，外国侵略者强迫中国签订了一系列的不平等条约，例如1842年的中英《江宁条约》（这是中国历史上和外国侵略者签订的第一个不平等条约），1844年的中美《望厦条约》，1856年和1860年先后签订的《天津条约》和《北京条约》，1895年中日《马关条约》，1901年《辛丑条约》等等，从而攫取了中国的行政权、财政权、司法权、军事权以及其他种种特权。例如外国侵略者强迫中国割让土地，强划“租界”、“租借地”、“使馆管辖区”和划分“势力范围”等，从而破坏了中国的领土主权；强迫中国确立“协定关税”制度，控制了中国的海关、税收和厂矿、铁路修筑权，从而掌握了中国的财政经济命脉；强迫中国确立领事裁判权制度，从而破坏了中国的司法独立权；通过为清朝政府训练军队和在中国境内驻扎军队、停泊军舰以及直接派遣侵略军协助清政府镇压中国革命运动等，从而又在军事上控制了中国。在这里特别应该指出各国驻华外交使团破坏中国主权的非法活动。外交使团在中国享有种种侵略特权。例如，清朝政府颁布一切涉及外事问题的法律法令必须在事前征得外交使团的同意，否则无效。外交使团利用各种侵略特权，进行了许多违犯国际惯例，干涉中国内政的非法活动。外交使团实际上成了清王朝的太上政府。外国侵略势力还渗入清朝政府的各个要害部门，对清朝政府进行直接控制。特别是1901年《辛丑条约》签订后，帝国主义分子以顾问名义渗入清朝中央和地方政府，直接干预中国的政治、军事、财政等各方面的事务，这是清政权半殖民地化的严重步骤。十分明显，这时的清政府实际上已经变成了帝国主义操纵下奴役中国人民的工具，它的对内和对外的政策方针反映了帝国主义的利益和需要。在外国资产阶级豢养下的买办阶级也迅速发展起来，他们在帝国主义的支持下参加了政权，成为联系帝国主义和本国封建统治集团的桥梁。一些原来的封建大官僚，如曾国藩、李鸿章、左宗棠、张之洞等，也成为帝国主义的得力工具。总之，1840年鸦片战争以后的清王朝，已经由原来的地主阶级一个阶级的专政，一步一步地演变为帝国主义控制下的封建地主买办阶级的反革命联合专政，它代表着外国帝国主义和本国封建地主、买办阶级的集中统治。

（二）清政权组织机构的变化

1840年鸦片战争后，清王朝的统治虽然更加腐朽和虚弱了，但是反动统治阶级决不会自动退出历史舞台，相反却更加垂死挣扎。清朝反动统治者一面竭力加强和扩大反革命的军事官僚机器，一面玩弄反革命的“预备立宪”骗局。在这个反革命两手政策的指导下，清朝政权组织机构也相应地发生了一些变化，但是原来的一整套君主专制的主要政权机构实际上仍然保留着。这个变化主要集中于两个时期：其一是在鸦片战争以后适应外国侵略势力的要求和镇压太平天国革命的需要，清朝政权组织机构的一些变化；其二是在1900年中外反动势力镇压了义和团反帝爱国运动以后，清政府为粉饰假立宪的骗局，对政权组织机构作了一些调整。清朝政权组织机构在后期（1900年以后）的变化将放在本章第三节里叙述，这里仅就前期（1900年以前）的变化加以分析。

1. 为了适应外国侵略势力的需要和执行投降卖国政策，清朝政府设立了总理各国事务衙门和总税务司署，这是清政权半殖民地半封建化在国家机关组织上的具体反映和重要标志。

（1）总理各国事务衙门：

总理各国事务门是清朝政府在1861年1月设立的一个所谓外事机构，是鸦片战争以后清朝政府和外国侵略势力进一步相互勾结的产物。过去，清朝政府在中央没有办理外交事务的专门机构，只设有礼部、理藩院和鸿胪寺作为接待和管理外国使臣的机关，具体对外交涉事宜由两广总督兼理。多年以来，外国侵略者一直企图与清朝中央政府发生直接联系，以便更有力地控制清政权。根据《天津条约》和《北京条约》，外国侵略者强使清政府允许外国公使入驻北京。清朝政府屈从于列强的侵略政策的需要，同时为了便于中外反动势力实行勾结，加紧军事“合作”，共同镇压太平天国革命运动，遂设立了总理各国事务衙门。这个机构最初名为“抚夷局”，因外国侵略者拒不接受，后改为“总理各国通商事务衙门”，又唯恐外国侵略者产生“专办通商”之嫌，复改为“总理各国事务衙门”，简称“总理衙门”又称“总署”或“译署”。至1901年《辛丑条约》签订以后，根据帝国主义的要求，按照资产阶级国家的体制，又将总理衙门改为外务部，班列于六部之前。

总理衙门大体上是仿照军机处的体制组织的。主要分为大臣和章京两级。大臣一级，首长为总理大臣，由亲郡王等皇族和军机大臣兼领，下有总理大臣上行走及总理大臣上学习行走，由内阁和各部院大臣中选任。以上各大臣皆由皇帝亲命派任。章京一级官员分为总办章京、帮办章京、章京和额外章京等职别，主要负责办理具体事务，由各部院保送。总理衙门各大臣、章京仍兼任原来职务。

总理衙门内分为英国股、法国股、俄国股、美国股和海防股等五股办事，另设有司务厅和清档房，负责收发文书之类的具体事务。

总理衙门在上海和天津分设南、北洋通商大臣（后由两江总督和道隶总督兼任）。天津、牛庄、登州等通商口岸归北洋大臣管理；东南沿海和长江沿岸各通商口岸归南洋大臣管理。南、北洋通商大臣不仅是地方上的最高长官，还办理外交、通商、海防、关税等方面的事务，权位高于一般总督；这两个职位一直为湘、淮系军阀把持着。帝国主义经常越过总理衙门，直接通过南、北洋大臣攫取侵略权益，从而开创了后来地方官吏插手处理外交事务的惯例。这也反映了清朝专制统治的进一步削弱。

总理衙门还附设有主要培养满人贵族子弟学习外文的机构——同文馆。

此外，海关监督、税务司等，在组织上虽不直接隶属于总理衙门，但也受其节制。

总理衙门的职权主要是办理外交。但是，由于外国侵略者通过其驻华公使、领事和总税务司对清政府和总理衙门的直接影响和实际支配，它还经管通商、海防、军务、关税等事务。后来，甚至筑路、开矿、制造枪械军火工业等等事务也都经管，它实际上总揽了整个“洋务”事宜，俨然成为一个权力大、职务广的清朝政府的中枢机关。

总理衙门的主要活动就是对外执行投降卖国政策，对内残酷镇压革命人民。首先，屈从外国侵略者的意志，签订了一系列的丧权辱国的不平等条约。例如，在1861年后，在英、美、法、俄、日等外国侵略者的威逼诱惑下，先后与荷兰、葡萄牙、普鲁士、意大利等所有与中国有联系的国家建立了外交关系，并订约承认它们在中国享有与英、美、法等国同等的侵略特权，诸如领事裁判权，片面的最惠国待遇等等。总理衙门与英、法、日等侵略者也相继签订了一系列的不平等条约。特别是1895年甲午中日战争失败后，帝国主义列强掀起了瓜分中国的浪潮，它们在中国领土上疯狂夺取“租借地”，竞相划分“势力范围”，并向中国进行大量资本输出，而总理衙门对于帝国主义对中国这种明目张胆的掠夺和瓜分，无一不唯命承诺。其次，勾结外国侵略势力，共同镇压农民革命运动。早在总理衙门成立之初，就确定以消灭太平天国革命和捻军为其首要任务。总理衙门的总理大臣奕䜣在上皇帝的奏章中提出：“就今日之势论之，发（指太平天国——引者注）捻（指北方的农民起义军捻军——引者注）交乘心腹之害也。俄国…… 肘腋之忧也。英国……肢体之患也。故灭发捻为先，治俄次之，治英又次之。”① 1861年5月他又奏请购买“外洋船炮”等新式武器，装备清政府的反革命军队。同年底更进一步决定“借兵助剿”，伙同外国侵略军，共同镇压太平天国革命。伟大的太平天国革命就是在中外反动势力的联合进攻下被绞杀的。再次，在外国侵略者和一部分实力派官僚的影响和支持下，为了挽救垂死的清朝专制统治和适应外国侵略势力的需要，进行了所谓“求强求富”的“洋务活动”。所谓“求强”，主要是购买洋枪洋炮，建立新式的陆海军队，以强化清王朝专制统治的军事官僚机器；所谓“求富”，主要是建立和发展军事工业，开矿、筑路、设立工厂、筹办邮政电讯等事业，发展封建买办官僚资本。进行“洋务活动”的结果使得帝国主义进一步控制了中国的经济命脉，加强了外国资本帝国主义与中国封建统治阶级的勾结，从而进一步加深了清政权的半殖民地化。

总之，总理各国事务衙门乃是清朝政府勾结外国侵略势力进行投降卖国活动的机构，是外国侵略者控制清朝政府、干涉中国内政、破坏中国独立权的工具。

---

① 《筹办夷务始末》咸丰朝第71卷，18页。

（2）总税务司署：

总税务司署是外国侵略者直接控制中国海关的机构。自从1842年中英《江宁条约》强行规定中国五口通商以后，清朝政府便在各通商口岸设立了海关机关负责收税。这时，外国侵略者虽已攫取了“协定关税”的特权，使得中国政府丧失了独立处理关税的权利。但在1854年以前，海关事宜还是由清朝政府官吏直接掌握。其后，外国侵略者为了进一步扩大既得的侵略权益，便阴谋夺取中国海关的控制权。当时，英国驻上海领事阿礼国曾毫不讳言地宣称：“我们发现要保证达到现有的这些条约的重要目的，显然缺乏一件重要的东西，那就是一个诚实无欺而且办事有效率的海关。”这一语便道破了侵略者控制中国海关的险恶企图。然而，清朝政府为了勾结外国侵略者共同镇压太平天国革命，竟不惜出卖海关主权，以换取外国主子的支持和援助。

1854年上海海关首先被外国侵略者夺取到手。公元1853年（咸丰三年）9月小刀会起义群众占领上海城，英、美、法三国领事便乘机以“协助中国征收关税”为名，提出由外国人参与管理海关的主张。1854年6月，逃匿在上海英租界的上海道道台吴健彰，在清政府的同意之下，与三国领事签订了上海海关章程，并由三国各委派一人组成了以英国人威妥玛为首的“关税管理委员会”，主持上海海关，对中国海关行使完全的行政权力。外国税务司制度从此便开始在中国正式确立下来。1858年11月继订立《天津条约》之后，清政府又与英、法等国续订了《通商章程善后条约》，外国侵略者抓住该条约第十款中所规定的“各口划一办理”和由外国人“帮办税务”等含义模糊的条文，强行解释为上海海关所已实行的制度必须推行于全国其他各通商口岸，同时各个通商口岸都必须由外国人“帮办税务”。腐朽的清政府竟然全部接受了这种蛮横的解释和无理的要求，并于1859年首任英国人李泰国为中国海关总税务司，1863年继由英国人赫德接任，1865年在北京正式设立了总税务司署，赫德常驻北京统辖全国各海关。与此同时，中国沿海各商埠和长江沿线各口岸共达三十余处，也先后实行了由外国税务司控制的海关制度。从此，中国的海关完全落入外国侵略者之手，这种半殖民地化的海关制度在旧中国一直存在了半个多世纪之久。

总税务司署统辖全国各海关，总税务司独揽一切行政、人事和财务大权。其下设总务、机要、统计、汉文、铨叙五科和造册、内债基金、驻外办事等三处。各海关设正、副税务司，具体办事机构有总务、秘书、会计、统计、监察、查验六课。海关人员按内班、外班和海班三类分别负责行政、检查、缉私等事务。管理海关的绝大多数职员，特别是总税务司、税务司以及一切重要职位都由外国人担任。总税务司一职，一直就由英国人把持，各关税务司大都根据各国在中国各通商口岸侵略势力的大小来分配。在海关工作的中国人只能充当下级职员。

从隶属关系上看，总税务司名义上是接受总理衙门的任命与领导，实际上完全是独立行事。在各海关虽有清朝政府委派的一名海关监督，在名义上对海关负有监督的责任和最高决定权，但实际上不过是毫无实权的傀儡，各关税务司直接对总税务司负责。

外国侵略者控制下的中国海关和税务司，形式上是清朝政府的机构之一，实际上它却成了外国侵略者控制下的侵略中国的联合代理机构。把持中国海关管理权达四十多年之久的赫德就曾经直言不讳地说过：总税务司署“与其说……具有本地机关的性质，还不如说它具有外国机关的性质；它简直是一种外国政府的办法，而不是渊源于中国当局的”。而总税务司赫德，由于他的“至高无上的”职权和广泛的侵略性活动，更得到各国侵略者的信任和支持，实际上成了各国特别是英国在华利益的代理人。外国侵略者利用总税务司和税务司的身份和职权，对中国进行了广泛的侵略和干涉活动。

第一，控制清政府的财政命脉。在清政府的财政收入中，关税一向占有极为重要的位置，特别是由于长年的战争，财政竭蹶，国库空虚，更增加了清政府对关税收入的依赖性。自税务司制度确立之后，总税务司就直接控制了中国海关的全部关税收入，尤其自 1901 年以后，《辛丑条约》中确定的战败赔款完全由海关关税和各通商口岸常关收入作担保，并由总税务司直接管理付款的事宜。从此，税务司便又进而兼管了征收土税的二十二处常关及其附近五十里内所设的税局关卡，从而控制了中国的各项主要税收。这样，总税务司便有权一手收税，一手直接支付赔款，而仅将支付赔款的剩余部分交给清政府，从而迫使清政府在财政上更加依赖总税务司。

第二，干涉中国的内政。总税务司署又是外国侵略者在政治上操纵清政府的一个机构。中国海关的“洋员”，一方面背后有外国侵略势力的支持，另一方面又是清朝政府所雇用的办事人员。这种特殊条件，使他们既为清朝政府的官僚所畏惧，而又易于取得官僚们的信托。因此，他们较之各国驻在中国的外交人员有更多的机会参与并支配中国的政治。一个名叫慕思的英国人在其所著《中华帝国之国际关系》一书中曾写道，总理衙门“在一切国际问题上，从商议一个条约到解决一个土地纠纷，都常听取在北京的总税务司的意见并要求他们帮助。各省的总督、巡抚、道台也经常和各地的税务司商议，听取其意见而行动”②。总税务司赫德实际上成了清朝政府的最高顾问。他经常以向清政府提出“建议”和“劝告”的方式，进行干涉中国内政的活动。例如，1865 年 11 月 6 日赫德写了《局外旁观论》一文交给总理衙门。在这篇文章里，赫德向清政府指出它在内外所遇到的困难以及解决困难的办法。他说：“现在某事当行，某事不当行，已有条约可凭。”并威胁清政府必须屈从外国侵略者的意志办事，“若违章，有动兵之举，国乱之灾。违约者或因不肯照约，或因不能照约。若不肯，必有出而勉强者；若因不能，必有起而代行者”③。而反动腐败的清朝政府期甘心俯首听命。此外清朝政府颁布重要的法律、法令必须在事前征得总税务司的同意，否则便不能在海关行使。甚至清政府在决定中国封疆大吏的任用上也要听取赫德的意见，例如，清政府在 1867 年任命四川和云贵总督就是根据他的意见行事的。

第三，操纵中国的外交。自税务司制度确立之后，清朝政府的许多重大外交活动大都有总税务司或其他海关“洋员”参与，并为他们所左右。例如 1876 年签订中英烟台条约，

---

② 转引自胡绳：《帝国主义与中国政治》，43 页，人民出版社版。

③ 同上书，53 页。

清政府的北洋大臣为全权代表，赫德作为助理，但事实上是“一切唯赫德是听”，卖国奴李鸿章就曾经无可奈何地说：“我不过随同画诺而已”。由此可以看出总税务司在清政府外交活动中的支配作用。

第四，镇压、破坏中国人民的革命运动。以赫德为首的海关税务司，在中外反革命势力共同绞杀太平天国的农民革命运动中扮演了极端反动的角色。他们曾多次向清政府建议购买外国的洋枪、洋炮和轮船，用以和太平军作战，并积极促使清朝政府和外国侵略势力进行直接的军事勾结，共同镇压太平天国革命运动。他们对于 1911 年爆发的辛亥革命也是极尽破坏之能事。在辛亥革命爆发前，他们利用自己的特殊地位，拘捕从海外回国的革命者，拦截革命者从海外运进的军火。有的海关税务司兼任邮政司，还检查、扣留革命党人的信件，交给当地政府。辛亥革命爆发后，他们又为清政府刺探军情，并至千方百计地筹款援助清政府，企图挽救清王朝的灭亡。

综如上述，外国侵略势力一手控制下的总税务司署，实际上是他们对中国进行经济、政治、军事、外交等各方面侵略和干涉活动的重要据点和堡垒，它大大加深了中国的半殖民地化。而清朝政府则通过这个机构，拿到大量关税，用来镇压人民和无度的挥霍，并且通过这个机构和外国侵略势力进一步勾结起来。从这里又进一步暴露了清朝政府投降卖国的无耻面目。

2. 加强对内镇压与军队改组。

鸦片战争以后，中国社会逐步半殖民地半封建化，民族矛盾和阶级矛盾日趋尖锐，清朝的反动军队不断遭到猛烈的冲击，既无法招架外国列强的侵略，也不能压制住国内人民的起义和反抗。同时，帝国主义者在操纵中国政权的过程中，为了镇压和剥削中国人民，也十分注意操纵中国的军队。在帝国主义的扶植下，清朝政府的军队曾经进行了几次较大的改组。

（1）湘军、淮军：

这是清朝政府在镇压太平天国革命运动的时候建立起来的反革命的汉族地主武装。在 19 世纪五六十年代，中国人民掀起的以太平天国革命为中心的全国规模的革命风暴，严重地震撼着清朝政府的反动统治基础，清王朝面临着土崩瓦解的危机。清政府虽然派兵遣将疯狂镇压，但是作为基干武装力量的八旗军、绿营兵已经完全丧失了战斗力，再也无力支撑危局。为了抢救垂危的统治，清政府根据地主阶级官僚的出谋划策，以“卫民”为幌子命令各省“结寨团练”，并派在京朝官回籍办理团练，组织地方的地主武装，扩大各省豪绅地主新办的保甲团练，以加强对革命运动的镇压。1853 年初，清政府先后任命的团练大臣有四十三人，奉旨兴办团练的地方达十余省。汉奸刽子手曾国藩、左宗棠、李鸿章的湘军、淮军就是在这种地方团练的基础上改编组织起来的。

1852 年，清廷命在籍兵部侍郎曾国藩，会同湖南巡抚办理团练。他以湘乡练勇千余人为骨干，另外调来江忠源旧部“楚勇”千余人以壮声势，并令省内各州县普遍办“团练”（组织保甲训练乡兵），在此基础上，组成了正规的“湘军”。以后，为了扩大湘军的势力，曾国藩又令其亲信左宗棠组织了另一支湘系军阀武装——左系湘军，不久又命令其另一部下安徽地主官僚李鸿章，招募"淮勇"，组成淮军。湘军、淮军是清王朝在进入半殖民地初期最重要的反动武装力量，是太平天国农民革命的死敌。它们与外国侵略者勾结在一起，先后镇压了南方的太平天国革命和响应太平天国革命揭竿而起的北方的捻军。

湘军、淮军在组织编制、兵源、训练等方面与绿营兵、八旗军都有所不同，具有浓厚的封建性与买办性，更加凶残反动。第一，在组织编制上以营为编制单位，营以下设四哨，每哨设八队，分设营官、哨官、队官为统领，全营有官兵、工匠、役夫共五百人。除步兵外，还有水师。第二，实行严密的封建统治。在思想上，向官兵灌输封建主义的所谓理学，要求官兵为封建统治阶级忠心卖命。在方针上，依靠和组织地方性的封建势力，以地域封建关系为纽带，官兵皆招募同乡组成，而且都要取保具结，并且根据县籍分营。各营独立互不统属，采取谁招募谁统领的办法，兵勇只服从本营营官，各营只服从最高统帅。这种浓厚的封建隶属关系表明湘、淮军完全是曾国藩、李鸿章等的私家军队，从而造成了中国近代最早的两支军阀军队——湘系军阀和淮系军阀。这样做的目的，很明显是为了用宗族乡党等封建旧观念来麻醉统治官兵。第三，用优厚粮饷、烧杀劫掠鼓励官兵。湘军、淮军的饷源与原来的八旗军、绿营兵完全依靠国库供给不同，一部分是勒令全省"捐输"而来，另一部分则是命令各省督抚支援的"协饷"。但是，主要的收入不依靠月饷，而是依靠劫掠。所定升赏条例，以杀人多少、掳掠多寡为等差，攻陷一地，往往准许"洗杀劫掠三天"，以鼓励"士气"。第四，具有明显的买办军队的特色。湘军、淮军在建立的过程中得到了外国侵略者全面的支持与帮助。使用洋枪洋炮，任用洋人教官训练官兵，特别是湘、淮军直接和外国侵略军联合作战，共同镇压革命运动。这样就使外国侵略势力进一步影响和控制了清朝的军事力量，从而在军队——这个最重要的国家机构中表现了半殖民地色彩，反映了中国半殖民地化的加深。

（2）海军：

清朝政府原无正规海军，只有旧式的水师，专肆镇压沿海一带人民。1860年后为了镇压太平天国革命，开始购置外国舰船，筹建海军。在清末海军及其后的新陆军的建立过程中，洋务派的活动起了重要作用。他们主张学习西方资本主义的技术知识，制造新式枪炮、船舰，训练新式军队等，用来镇压人民革命运动，维护清朝专制统治。清末的海军就是在洋务活动中建立起来的第一支反革命军事力量。这是中国近代半殖民地半封建国家海军的开端。

清末海军分为北洋海军和南洋海军两支。分别由北洋大臣、淮系军阀李鸿章和南洋大臣、湘系军阀曾国荃统辖。清政府由于连年战争，财力不足，特别是为了加强保卫京畿一带清王朝的统治中心，采取了"先办北洋，后办南洋"的方针，从而使得北洋海军的实力大大超过南洋海军，成为清朝政府的一支拥有舰船二十二艘、海军三千名的实力最雄厚的舰队。

由于清朝政府的腐败无能和外国侵略者的直接控制，决定了这两支海军对内虽然是镇压人民的工具，对外则毫无战斗力。同时，这两支海军实际上只是曾国荃和李鸿章两家的私产和他们扩大自己实力的工具，本质上非常腐朽，经受不起任何风险，号称“战斗力最强”的北洋海军终于在 1894 年中日甲午战争中全军覆没。这也宣布了洋务派所标榜的“自强”的彻底破产。

(3) 新军：

新军是清朝后期投降卖国、镇压人民革命的反动支柱。清朝政府建立新军是在 1894 年中日甲午战争以后正式开始的。清军在甲午战争中遭到惨重损失，战后，随着民族矛盾和阶级矛盾的进一步尖锐，人民反帝反封建的革命斗争日益高涨，清朝政府为了加强武力镇压，维持其腐朽统治，决定训练新军。在德国等帝国主义的支持下，于 1895 年派胡燏棻在天津小站练兵，成立十个营，号“定武军”。同年十月，经李鸿章保举，又派袁世凯接替训练新军督办职务，扩充了新军的编制，改“定武军”为“新建陆军”。这就是北洋新军的起源。这支军队后来一直掌握在袁世凯的手中，成为他镇压革命运动和实行窃国阴谋的主要工具。1898 年直隶总督兼北洋大臣荣禄节制北洋各部军队，统称为武卫军，分为中、前、后、左、右各军，“新建陆军”改称为武卫右军。与此同时，代理两江总督张之洞利用德国教官在南洋建立“自强新军”。此后，张之洞任湖广总督时，把自强新军调至湖北，又称为湖北新军。北洋新军和湖北新军成为清朝新军的两个系统。

1900 年义和团反帝爱国运动失败以后，阶级斗争形势继续发展，清朝政府遂决定在全国范围内加速改组旧军，编练新军。1901 年下令停废武生童考及武科乡会试，并命令各省裁汰绿营和其他地方武装，在原有各军中精选士兵成立新军。此后中央设练兵处，各省设监练公所（处），负责训练新兵并正式划一军制。1905 年后，清朝政府为了统一和扩充新军编制，计划建立三十六军，但是这个计划未及完成，清朝政府就灭亡了。

新军在组织上分为常备军、续备军和后备军三种。军队的编制仿照帝国主义军队分为军、镇、协、标、营、队、排、棚。军的首长为总统，总统之下依次为统制、协统、统带、管带、队官、排长、正副目。每镇包括步、马、炮、工程、辎重等兵种。

新军具有明显的买办性。新军使用洋枪洋炮等新式兵器装备，由外国军官依照帝国主义国家的章程训练。帝国主义国家的反动教官通过教训，不仅向新军灌输了奴化思想，而且完全掌握了清军的全部情报。

三、清末的立宪骗局

（一）清朝政府实行预备立宪的历史背景

从 1906 年 7 月清朝政府宣布“预备仿行宪政”，到 1911 年武昌起义爆发后颁布“宪法重要信条”十九条为止，是清朝政府预备立宪的时期。在这个时期，清朝政府曾经进行了一系列的所谓“立宪”活动，它在清末国家的政治活动中占有相当重要的地位。

清王朝在统治中国的二百多年内一直沿用着封建君主专制制度，从来不要什么宪法，从来不实行什么宪政，反对一切进步和改革。以慈禧太后为首的封建顽固当权派，还亲手镇压了1898年以康有为为首的资产阶级改良派所发动的戊戌变法运动。曾几何时，清朝的专制统治者竟然在1901年宣布实行所谓“新政”，五年之后，竟然又宣布准备实行它曾经坚决反对过的宪政。

清朝政府从顽固地反对宪政运动到实行预备立宪，这个变化不是偶然的，它有深刻的政治背景。

首先，清朝政府实行所谓预备立宪的最重要的目的是为了欺骗人民，破坏革命，以图挽救腐朽的专制统治。

经过1895年的中日甲午战争和1900年的八国联军之役，帝国主义的侵略日益加深，中国的民族危机达到了空前严重的程度，使中国面临着生死存亡的严重威胁。清朝政府在义和团运动后更加黑暗和腐朽。对外，进一步投靠帝国主义，公开推行“量中华之物力，结与国之欢心”的卖国投降政策，完全成为帝国主义侵略中国的忠实走狗；对内残酷地镇压以资产阶级革命派为领导的革命运动和全国各地人民的反抗斗争，加紧搜括和剥削广大人民，使中国人民完全陷于水深火热之中，已经无法照旧活下去。

帝国主义的加紧侵略和清王朝的黑暗统治，使得他们和中国人民之间的矛盾更加尖锐化，迫使广大人民不得不为救死图存而斗争。1900年掀起的反帝爱国的义和团运动，虽然被中外反动势力镇压下去了，但是中国人民的反抗斗争却一刻也没有停止，全国各地反侵略反压迫，抗捐抗税的斗争日益走向高涨。在人民群众反抗斗争的推动下，资产阶级革命派的力量也迅速壮大起来，纷纷组织革命团体，出版革命刊物。1905年，在孙中山先生领导下成立了中国近代史上第一个资产阶级的革命政党——中国同盟会，正式提出和宣传了资产阶级共和国的主张，公开号召人民用武力推翻清朝的专制统治，并且，联络各地会党发动了多次武装起义。资产阶级革命派的活动与广大人民自发的反抗斗争汇合成一股巨大的革命洪流，严重地冲击着处在风雨飘摇之中的清王朝。在这种高涨的革命形势下，清朝政府不能照旧统治下去了，不得不改变统治方式，力图缓和革命，以便从危机中挽救其反动统治。清朝的满洲贵族官僚端方在奏请立宪的密折中便提出：“窃以为今日中国，大患直在心腹，纵任之则溃决难收，芟夷之则全局糜烂……奴才窃计善后之策不出两途：一曰用严峻之法摧锄逆氛，二曰公溥之政，潜消戾气。”④“以为宜俯从多数希望立宪之人心；以弭少数鼓动排满之私党。”⑤ 端方的奏折一方面表现了清朝统治者对于革命形势的万分恐慌之状，另一方面又十分清楚地供出了反革命的两手策略。也就是说一手用反革命的“严峻之法”残酷的镇压人民，另一手又用反革命的“公溥之政”欺骗人民，以假立宪为手段，达到抵制革命之目的。这也就从反面深刻地揭露了清政府假立宪的实质。

第二，清朝政府实行所谓预备立宪也是为了拉拢立宪派。

---

④ 中国近代史资料报刊《辛亥革命》（四），42页，上海人民出版社版。

⑤ 《端公敏忠奏稿》卷八，52页。

君主立宪派代表资产阶级的右翼和一部分地主官僚。他们的基本的宪政主张是要在不根本改变清王朝统治的前提下，建立一个地主和资产阶级相互妥协的联合专政和君主专制立宪的政体。1898 年的戊戌变法运动便是资产阶级改良主义的宪政主张的一次不成功的实践。在变法运动中，以康有为为首的资产阶级改良派在《应诏统筹全局折》中提出了三条变法纲领，比较集中的代表了资产阶级改良主义的政治主张，这三条纲领是："一曰大誓群臣以定国是。二曰立对策以征贤才。三曰开制度局而定宪法。"⑥ 主要就是改革国家制度和政权机构，使得资产阶级参加政权。具体在国家政权问题上，他们主张召开国会，设立议院，制定宪法，实行以皇帝"为元首，百体所从"⑦ 的三权分立的君主立宪政体。他们还主张在地方实行自治。而他们所采取的方法则是通过下跪上书，恳请皇帝恩赐宪政，亦即所谓自上而下的改革。他们虽然是改良派，但是在当时的条件下，他们企图按照西方资产阶级国家的模型来改变中国的国家制度和社会制度，还是有一定的进步意义的，因此引起了反动派的仇视，遭到了镇压。但在变法失败后，他们仍然死抱住破了产的改良主义宪政的方案不放，堕落为保皇党，起来反对革命。革命形势越高涨，他们反对革命的立场也就越坚定。在清王朝被推翻前的几年里，立宪派所以较前更为急迫地要求立宪，并且进一步发展成为一次反动的改良主义的政治运动——立宪运动，主要是出于维护本阶级利益和阻止革命发展的需要。他们把立宪看做是阻止革命的唯一可行手段，企图以君主立宪抵制民主共和，以改良抵制革命。特别是 1904 年的日俄战争和 1905 年的俄国革命更给立宪派要求立宪的活动提供了新的借口和动力。他们从日俄战争的结局中得出结论，认为日胜是立宪国的胜利，俄败是专制国的失败，并以此为根据，积极要求清朝政府迅速立宪。他们还利用俄国革命发生的事例来恐吓清朝政府，指出若不迅速改良政治，便有被革命推翻的危险，只有立宪，才能长治久安。他们的立宪呼声，当然不能不给清政府以极大的压力。一些颇有影响的驻外使臣和地方督抚在革命的威胁和立宪派的压力下也纷纷奏请立宪。

十分明显，如果清朝政府仍然一味顽固地反对立宪，坚持君主专制统治，拒绝任何表面上让步，便会失去立宪派的支持，从而有可能遭致被革命的风暴冲垮的危险。因此，清朝统治者在加强对革命镇压的同时，也被迫在表面上对立宪派做出某些让步，敷衍立宪派的立宪要求，借以缓和与立宪派的矛盾，共同抵制革命运动。

第三，清政府的预备立宪是适应帝国主义侵略中国的政策的需要。

在 1895 年中日甲午战争之后，帝国主义列强在中国竞相划分势力范围，夺取"租借地"，一时"瓜分"中国的声浪甚嚣尘上。伟大的义和团运动狠狠地教训了帝国主义侵略者，粉碎了帝国主义公开瓜分中国的迷梦，他们慑于公开瓜分中国势必会遭到中国人民更加强烈的反抗，转而采取了所谓"保全主义"政策。其实，只不过是保持中国形式上的"独立"和"完整"，保持帝国主义列强的共同傀儡——清政府形式上的权力。显然，这正

⑥ 《中国近代史资料选辑》，430 页，三联书店版。

⑦ 同上书，431 页。

是帝国主义“以华治华”的罪恶阴谋。同时，中国阶级斗争的尖锐形势，也使帝国主义认识到，只有玩弄假立宪，使清政府披上“民主宪政”的外衣，欺骗人民，渡过危机，才能保持住他们在中国的统治地位。清政府为了讨好帝国主义，进一步取得帝国主义的支持，便在帝国主义的这个反革命的政治阴谋的指导下制造了预备立宪的骗局。

清朝政府玩弄假立宪的整个过程都是在帝国主义的导演下进行的，并且得到了帝国主义在政治上、财政上以及舆论上的大力支持。甚至连清政府假立宪的具体措施及其所建立的一整套制度也都是接受帝国主义的训教和模仿资本主义国家政治制度的某些形式而建立起来的。从而形成了以资产阶级的政治制度为外壳，以封建君主专制为内核的特有的半殖民地半封建社会的宪政。这也正是清末宪政具有浓厚的殖民地色彩及清末国家制度日益殖民地化的一个突出表现。

（二）清政府假立宪的主要活动

（1）宣布预备立宪：

1901 年 1 月 29 日那拉氏还在西安流亡的时候，便发布了“变法”上谕，表示要革新。4 月设立了“督办政务处”，作为筹办“新政”的机关。

清朝政府为了抵制人民的革命，粉饰立宪骗局，在 1905 年派载泽等五大臣出国考察宪政，并于次年设立“考察政治馆”。五大臣于 1906 年回国后向清廷提出“立宪”有三端大利：一曰“皇位永固”，二曰“外患减轻”，三曰“内乱可弭”⑧。他们认为“欲防革命之危机，舍立宪无他道”，并以 1905 年俄国沙皇假立宪为例，认为“立宪”是对付人民的一种以退为进的手段，这便道破了清朝政府假立宪的动机和实质。

1906 年 7 月清廷发布了“预备仿行宪政”的诏旨。但是，清朝政府被迫宣布预备立宪，不过是一个烟幕，其目的在于欺骗舆论，迷惑群众，缓和不满情绪，抵制革命运动，实际上并不准备真正实行立宪。它在诏旨中，特别强调“大权统于朝廷，庶政公诸舆论”。这就是说，专制大权必须始终牢牢地掌握在清朝统治者手里，让予资产阶级的充其量不过是一点可怜的议论时政的“权利”罢了。即使如此，清朝专制统治者也是不甘心的。它一面宣布要仿行宪政，一面又施展拖延伎俩，以“规制未备，民智未开”为由，声称要待数年后“查看情形”，再决定立宪的时间。“预备仿行宪政”实际变成了一纸永不兑现的空头支票。

（2）实行官制改革：

清朝政府在宣布预备立宪以后，不久便开始改革中央和地方的官制。清政府实行官制改革，一方面是为了配合假立宪的活动，粉饰预备立宪的骗局，装潢封建专制制度，并以“厘订官制”为名，拖延立宪时间；另一方面是企图借改革官制的机会，削弱地方督抚的权力，进一步加强满人贵族的中央集权统治。御前官制会议确定废止现行的地方督抚制度，将督抚手中的财政、军事大权全部收归清朝中央政府。但是，首先就遭到了参与官制会议的直隶总督兼北洋大臣袁世凯的坚决反对，其他各省督抚也都表示强烈不满。清朝统治者

⑧ 参看中国近代史料报刊《辛亥革命》（四），28～29 页，上海人民出版社版。

为了平息地方官僚们的不满情绪，缓和一下统治阶级内部的矛盾，只好将这一出地方官制改革的闹剧暂时搁置下来。但在 1907 年清政府公布的地方官制，终于以另一种形式实现了削弱督抚权力，集权于中央的目的。

关于中央的官制，是依据御前会议所确定的“五不议”的原则进行改革的。所谓“五不议”，即军机处事不议，内务府事不议，八旗事不议，翰林院事不议，太监事不议。十分明显，“五不议”原则的实质就在于官制改革根本不能够触动清朝政府的中枢机构和一些直接为皇帝服务的寄生官僚机构。而这些机构恰恰正是庞杂臃肿的清朝专制官僚机构的核心。因此，在“五不议”原则指导下进行的所谓官制改革，结果只不过是某些部院的调整、合并和某些机构名称及官职称号的改变而已。1906 年 11 月清朝政府公布中央官制，确定共设置十一部。将巡警部（1905 年设立）改为民政部，户部改为度支部，刑部改为法部，商部（1903 年设立）改为农工商部，兵部改为陆军部（并入太仆寺和练兵处），理藩院改为理藩部，新设立了邮传部。保留了调整封建社会秩序的吏部和礼部（以太常、光禄、鸿胪寺并入）以及外务部和学部（1905 年设立），共计十一部。内阁和军机处照旧未变。此后在宣统年间又增设了海军部，改礼部为典礼院。改革后，清政府中央各部官员也一律改称为大臣、副大臣，下设左右丞、参议、参事等官职，以代替历史上沿用的尚书、侍郎、郎中、主事、员外郎等称号。清朝满族贵族还利用改革官制的机会，来实现排斥汉族官僚，加强中央集权的野心。它形式上声称，任命各部官员“不分满汉”，实际上却将原来各部大臣满汉平分的比例变成满七汉四，一些重要的部，如外务、陆军、度支和农工商等部都操在满人手中，使得满族贵族在中央政府居压倒优势，从而进一步加强了满族贵族的地位。

可见，这次丝毫没有触动清朝专制统治实质的所谓官制改革，并未能达到统治者企图借此欺骗人民的反动目的，它只是进一步加深了满族贵族和汉族官僚之间的对立，加剧了清廷的危机。

（3）颁布《钦定宪法大纲》：

清朝政府宣布“预备仿行宪政”以后，革命的人民并未受骗，以孙中山先生为首的革命派积极展开革命宣传活动，有力地揭露了清朝政府的立宪骗局，并明确指出，只有起来革命，推翻清朝专制统治，才能得到真正民主的宪法。全国各地反对帝国主义和反对清朝专制统治的斗争正在蓬勃发展。但是，那些醉心于君主立宪的人们却产生了新的幻想。国内外的立宪派分子欢喜若狂，跃跃欲试，纷纷成立各种立宪团体，积极进行立宪活动，准备参预政权。随着民族危机的日益加深和革命力量的迅速发展，立宪派要求实行立宪的呼声越来越高。但是，立宪派对于清朝政府顽固地坚持专制统治，“立宪”诺言迟迟不能兑现也表示某种不满和失望。被革命形势吓坏了的清王朝为了欺骗人民，抵制革命，敷衍立宪派，被迫做了一些表面上的让步。在 1907 年将考察政治馆改为宪政编查馆，还宣布在中央筹设资政院，在各省筹设谘议局，作为中央和地方的所谓民意咨询机关。并于 1908 年公布了《钦定宪法大纲》，宣布预备立宪以九年为期。

在清朝君主专制统治下的中国，向来无所谓宪法，“朕即国家”，皇帝的意志就是最高的法律。《钦定宪法大纲》的公布，只不过是用资产阶级宪法的形式把这个君主专制的事实固定下来罢了。这正是中国半殖民地半封建"宪法"的一个重要特征。宪法大纲产生的过程就具体反映了这个特征，清朝专制统治者索性把资产阶级的极端虚伪的制定宪法的必要的立法程序也扔在一边，完全由他们一手制造出了这个宪法大纲。

《钦定宪法大纲》共二十三条，分为正文"君上大权"（一至十四条）和附录"臣民权利和义务"（十五至二十三条）两部分。宪法大纲公然抛弃了资产阶级宪法中"主权在民"的虚伪原则，十分露骨地肯定了"君上神圣尊严，不可侵犯"（第二条），一切大权统于朝廷的君主专制原则。宪法大纲规定："大清皇帝统治大清帝国万世一系，永永尊戴"（第一条）。清朝皇帝有立法、司法、行政、召开和解散议院、统帅军队、宣战媾和、爵赏、恩赦、发布命令等项大权。宪法大纲在规定人民必须当兵、纳税、遵守国家法律等项义务的同时，虽然也列举了人民的一些"权利"和"自由"，但规定必须在封建专制法律范围之内才准人民享受"权利"和"自由"，而且即使是对这些仅仅作为附文的毫无任何保障的空洞的权利和自由，也被皇帝随时"得以诏令限制臣民之自由"的条文立刻给予剥夺。清廷尤恐不足，更用"报律"、"结社集会律"等大量的特别法规，把宪法大纲中列举的人民的自由权利剥夺净尽。这就不难看出，对封建统治阶级说来，即使是虚伪的资产阶级民主也是不能容许的。事实上，在清朝专制统治下，广大人民毫无任何真正的自由权利可言，有的只是帝国主义和封建地主、买办阶级压迫剥削人民的权力和残酷镇压人民的自由。就连梁启超领导的改良主义的《政闻社》，虽然一再向清政府表白"对于皇室，绝无干犯尊严之心"，"对于国家，绝无扰紊治安之举"，希望以此乞求清政府给他们在国内活动的自由，也仍然不能幸免于被查禁、通缉的命运。

总之，《钦定宪法大纲》的实质就在于它用根本法的形式，再一次肯定了清王朝的封建君主专制制度，使它披上了一层合法的外衣。在宪法大纲中突出的表现了皇帝专横、人民无权。刘少奇同志在《关于中华人民共和国宪法草案的报告》中指出："清朝的统治，在革命势力迅速发展的情势下，已经不能维持下去。为了维持自己的统治，为了欺骗人民和抵制人民的革命，在将近五十年前，清朝统治者宣布了'预备立宪'，并且在1908年公布了一个'宪法大纲'。这个'宪法大纲'的主要目的是要保存封建专制制度，虽然在表面上不能不许诺人民一些要求，但是人民不相信这种许诺是真的，不相信这种'立宪'能使中国进步。人民抵制了这种骗人的'立宪'。"《钦定宪法大纲》公布后不久，便响起了1911年辛亥革命的炮声。

（4）设立资政院和谘议局：

《钦定宪法大纲》颁布后不久，光绪和那拉氏相继死去。载沣的儿子溥仪继承帝位，改元宣统。由载沣摄政，掌握大权。载沣为了更加专权，在摄政后不到一个月就罢斥汉族地主官僚的代表袁世凯，造成满族贵族和汉族官僚之间在权力问题上的尖锐矛盾。他为了缓和不满情绪，拉拢立宪派，抵制王在日益高涨的革命形势，下令表示"决心变法"。先后于1909年在各省成立谘议局，翌年在中央成立资政院。

资政院：资政院被清政府称作正式召开国会以前的带有议会性质的机构。资政院的组成，按照《资政院官制》规定，设总裁二人，副总裁二至四人，总裁和副总裁分别由皇帝指定王公大臣和三品以上的官员担任。议员二百人，由钦选议员与民选议员两部分（各占一半）组成。钦选议员由皇帝委派王公世爵、宗室、各部院衙门七品以上官员，硕学通儒、资产在一百万元以上的业主担任。民选议员则由各省谘议局议员中互选产生，然后由督抚圈定批准。以上可见，资政院的议员完全是皇亲贵族、地主、官僚、买办以及大资产阶级组成。

资政院的职权，按照规定，是“遴选京外才智之士采取舆论以通达下情条陈治理为预备立宪”，主要是裁决国家财政预决算、税收，以及法典的制定及修改等事宜。但是军机大臣和各部可对其裁决提出反对意见，并且所有议决案必须由总裁、副总裁“具奏请旨裁夺”后才能生效。同时，还规定朝廷对资政院有停会、解散的权力，对议员有停议除名的处分。可见，这样的资政院完全是由清朝皇室直接控制的御用机构，最多不过是对政事发些空洞议论的讲坛罢了。

谘议局：谘议局是属于所谓地方议会性质的机构。谘议局议员由各州、县选举产生。选举资格，按照谘议局选举章程规定，必须属本省籍贯或居住本省十年以上年满三十岁以上的男子又具备下列条件之一者才能充当议员：曾在本省地方办理“学务”及其他“公益事务”满三年以上著有成绩者；中等学校毕业者或举贡生员以上出身者；曾任文官五品、武官七品以上的实缺官吏未被参革者；本省人在本省有五千元以上的资产或外省人在本省有一万元以上工商业资本或不动产者。同时，还特别限制所谓“品行悖谬，营私武断者”、“曾处监禁以上之刑者”、“身家不清白者”、“不识文义者”以及学生、小学教师和军人等不能参加选举。这就决定了谘议局的议员只是一些官僚、地主、绅士以及资产阶级上层分子。

谘议局由议员中选出议长一人，副议长二人和占该省议员额数十分之二的常驻议员。按照规定，谘议局可以议决本省应兴应革事件、预决算、税法、公债等事宜，它的决议必须取得本省督抚的同意才能生效，如双方意见分歧则由中央资政院加以仲裁。同时还规定各省督抚有权监督本省咨议局，督抚可以奏请皇帝解散谘议局。这样，谘议局只不过是在督抚严格控制之下的附属品而已。

资政院和谘议局的成立对于资产阶级上层分子具有很大的吸引力，他们中间的很多人都参加进去，从而引起了资产阶级内部在政治上的分裂，削弱了进步的力量，起到一些消磨资产阶级的革命性和加强它的妥协性的作用；另一方面也应看到，由于各地很多资产阶级、小资产阶级和地主阶级中要求改革的人被选为议员，使得资政院和谘议局成了一个揭露清朝政府腐朽无能要求政治改革的讲坛。议员们虽然绝大多数是改良主义者，并不赞成革命，但是他们在谘议局哄闹起来的反对借外债筑路、开矿等运动，关系到群众的利益，议员们越是闹得凶，卷入的群众就越多，而群众是反对清朝统治的。这样就使议员们的运动变了质，成了反对清朝统治的革命运动，而议员则做了革命的不自觉的工具。

（5）成立“皇族内阁”：

由于全国革命形势仍在急剧的发展，立宪派对清政府不积极推行立宪，无力对付革命的危机也愈加不满。1910年，立宪派曾连续三次发动大请愿，要求清政府提前召开国会，组织责任内阁，甚至各省督抚鉴于局势的严重，也联合电请清廷速设国会和内阁。清朝政府在革命力量的威胁以及立宪派和地方督抚的压力下，不得不表示让步，被迫宣布把预备立宪期限由9年缩短为5年，并决定先行成立内阁。

1911年5月，清朝政府颁布了新《内阁官制》十九条，《内阁属官制》十五条，决定取消军机处和会议政务处，把大权集中于新内阁，负责执掌实际政务，接受议员的监督，作为君主立宪政体的最高行政管理机关。规定内阁中设总理一人、协理二人、下设外务、民政、度支、陆军、海军、农工商、邮传、理藩、法、学等十部。汉族官僚本想乘年幼的宣统皇帝刚继位不久的机会，借立宪名义削弱满族贵族的专权地位，结果适得其反，清王朝贵族却是借官制改革更进一步排斥汉族官僚，加强皇族集权，在十三名国务大臣中汉族官僚仅占四名，蒙古旗人一名，满族八名，其中皇族又占五名，庆亲王奕劻任总理，这个内阁被称为“皇族内阁”。它不仅遭到全国人民的愤怒谴责，就是立宪派也表示强烈不满，他们以各省谘议局联合会的名义赴京请愿，提出“以皇族组织内阁，不合君主立宪公例”，要求改组，然而清廷却以“黜陟百司，系君上大权，议员不得妄行干涉”，加以拒绝，并把请愿代表逐出北京。满汉统治阶级由于权力关系发生的破裂，越来越深刻了，同时立宪派的一部分也另谋出路转投革命之机，这样清王朝便进一步陷于四面楚歌，极端孤立的境地。

（6）《十九信条》的颁布，宪政欺骗的彻底破产：

1911年10月10日武昌起义爆发了，各省纷纷响应，宣布独立，清朝的专制统治面临土崩瓦解的局面。清朝政府一面派军队镇压，一面急忙下罪己诏，宣布：取消皇族内阁，召开国会，赦免国事犯，宪法由人民协赞等等，并且命令资政院在三天之内拼凑出了一个《十九信条》。11月颁布，并宣布立即实行，妄图以此抵制辛亥革命，作最后挽救垂死统治的挣扎。

清王朝为了联合立宪派，平息人民的革命怒潮，虽然被迫在形式上缩小了皇帝的权力，扩大了国会和总理的权力。如第三条规定：“皇帝之权以宪法所规定者为限。”第四条规定：“皇位继承顺序于宪法规定之。”第六条规定：“宪法改正提案权属于国会。”第八条规定：“皇族不得为总理大臣及其他国务大臣并各省行政长官”，“总理大臣由国会公举，皇帝任命”等。但是《十九信条》的基本精神是与《钦定宪法大纲》毫无二致的，仍妄图以君主立宪的形式继续保持清王朝的专制统治。如第一条规定：“大清帝国皇统万世不易。”第二条规定：“皇帝神圣不可侵犯。”这正是《十九信条》的实质所在。尤其是《十九信条》对人民的权利只字未提，这就更清楚地表明了清朝政府匆匆颁布《十九信条》的欺骗性。

在《十九信条》公布之后，又即刻经资政院推荐，由皇帝任命北洋军阀头子袁世凯为总理大臣出面重组内阁，掌握全权，设立外务、民政等十部，并且任命张謇等上层资产阶级分子入阁，妄图收拾残局；但这是枉费心机，无论任何阴谋诡计也无法挽救清王朝的命运，清朝皇帝不得不在 1912 年 2 月 12 日以皇太后的名义下诏退位。从此统治中国二百多年的清王朝连同它所玩弄的假“立宪”一齐被埋葬了。

四、清末的立法活动

清朝政府自从顺治三年（公元 1646 年）颁布《大清律集解附例》以来，二百多年间虽经数度修订，也仅仅是条文上的改变或附例的取舍，并未发生本质的变化。1840 年鸦片战争后，特别是 1894 年中日甲午战争以后，中国已经由一个封建大国沦为帝国主义控制下的半殖民地半封建的国家。清朝统治者为了维护其反动统治和帝国主义在华利益，不得不根据新的形势，对原有的法律制度作某些相应的修改，以便调整新产生的社会关系。同时，清朝政府为了配合假立宪的活动，企图利用某些资产阶级的法律形式，来掩盖其专制统治的实质，以便进一步欺骗人民，抵制革命，挽救垂死的专制王朝。就是在这种背景下，清朝政府对法律制度进行了一系列的改革。

（一）清末立法活动的概况

1902 年清朝政府下令修订现行刑律，并于同年设立了修订法律馆，派沈家本、伍廷芳为修订法律大臣，下设提调二员，设二科三处，分置总纂、纂修、协修、调查员、总办、委员、书记等职。修订法律馆的职权任务按照《修订法律馆办事章程》规定，主要有三项：(1) 拟订奉旨交议各项法律；(2) 拟订各项专门法典；(3) 删订旧有律例及各项章程。1906 年又成立了法律学堂，并聘请日本大审院判事法学士松冈义正、法学博士岗田朝太郎、志田钾太郎等人从事讲学和法典编纂工作。在七八年的时间内，翻译了一部分外国的法律著作，修订和起草了一些法律。

刑法：清朝政府于宣统二年（1910 年）在修改大清律例的基础上颁行了《大清现行刑律》，作为新刑律颁布前的过渡形式。

《大清现行刑律》共三十六卷三百八十九条，另有附例一千三百二十七条，基本内容和大清律例没有太大的区别，主要修改了以下几方面：第一，民刑分立。取消了以前按吏、户、礼、兵、刑、工六部名称而分的六律总目，确定将旧律例中的继承、分产、婚姻、田宅、钱债等纯属于民事的条款不再科刑，以示区别于旧律例中的民刑不分。第二，废除了一些残酷刑罚手段，如删除了凌迟、枭首、戮尸、缘坐、刺字等刑罚，笞杖改为罚金、苦工，停止刑讯。第三，改订刑罚为：死刑（绞、斩）、遣刑、流刑、徒刑、罚金等五种。第四，增加了新的罪名，如规定了关于妨害国交罪、妨害选举罪、私铸银元罪以及关于破坏交通、电讯的犯罪等。

与此同时，清朝政府在 1906 年又聘请了日本法学博士岗田朝太郎等起草《大清新刑律》，于 1910 年公布。

《大清新刑律》分为总则（十七章）和分则（三十六章）两编，共五十三章四百八十八条，附有暂行章程五条，这是旧中国第一部半殖民地半封建化的刑法典。

新刑律在形式上比旧律和现行刑律有了较大的改动，其中抄袭了许多资产阶级的刑事立法原则。例如新刑律采取了资产阶级国家刑法的体式分为总则 、分则两编。刑名分为主刑和从刑两种。主刑包括：死刑（改为绞刑一种）、无期徒刑、有期徒刑、拘留、罚金。从刑包括：褫夺公权和没收。而且还采用了资产阶级的罪刑法定主义原则等。但是应该指出，新刑律的正文（总则、分则）和附录（暂行章程）存在着矛盾。如前所述，就正文来说，在形式上反映了比较浓厚的资本主义色彩，采用了许多资产阶级的刑法原则，但是在附录里又对这些原则作了否定，反映了浓厚的封建性。例如，在正文里已经规定了的关于侵犯皇室罪和违犯封建礼教的犯罪（例如侵害尊亲属等），在附录里又规定要加重处刑；在正文里不算作犯罪的，在附录里又重新肯定为犯罪，以便于维护清朝专制统治和封建的社会秩序。正文和附录在形式上的矛盾正反映了新刑律的半殖民地半封建的特色。

民法：中国的封建法典一向是“诸法合体”，民刑不分，没有专门的民法典。光绪三十三年（1907年）才开始起草民律。由日本人松冈义正起草民律的总则、债权、物权三编，其余亲属、继承两编由修订法律馆会同礼学馆起草。宣统三年（1911年）八月完成《大清民律草案》。这是旧中国最早的一部半殖民地半封建的民法典。

民律草案共三十三章一千五百六十九条，内容大体仿效德、日民法（特别是前三编），同时也沿袭了中国历代封建王朝的许多法律原则。正如修订法律大臣俞廉三、刘若曾在奏述编辑民律草案告成的奏折中所说：民律起草遵循着“注重世界最普通之法则”和“原本后出最精确之法理”（也就是抄袭资产阶级的一般法律原则，特别是后期帝国主义国家更为反动的法律原则）；但同时“求最适于中国民情之法则”（也就是符合中国的封建法统），“期于改进上最有利益之原则”，以便更有效地维护封建地主买办阶级的利益。这部民法典，由于清王朝的迅速崩溃未及颁行。

商法：我国旧律，根本没有民律和商律的区别，自鸦片战争以后，外国资本主义侵入，海禁大开，中外贸易渐趋发展，清朝政府于光绪二十九年（1903年）3月25日派载振、伍廷芳、袁世凯先订商律。同年7月16日设立商部，先后拟订颁行了商人通例九条和公司律一百三十一条，光绪三十二年（1906年）4月又颁布破产律六十九条，光绪三十四年（1908年）10月又聘请日人志田钾太郎等起草《大清商律草案》，分为总则、商行为、公司法、海船法、票据法五种共一千零八条。宣统二年（1910年）农工商部又采取各商会所编成的商法调查案修订为大清商律草案，共分为二编：商法总则，分为七章共八十四条；公司律，分为六章共三百三十四条，奏请资政院核议，未及颁行，清朝政府就被辛亥革命推翻了。

诉讼法：中国封建法律历来是把实体法与程序法混同一体，诉讼断狱附于刑律，没有单独的诉讼法典。1906年沈家本、伍廷芳编成《大清刑事、民事诉讼法》，奏请试行。这部诉讼法典分为五章：总则、刑事规则、民事规则、刑事民事通用规则、中外交涉案件处理规则，共二百六十条，采用了资产阶级法律中的陪审制度和律师制度，因遭到各省督抚的反对，而未颁行。后于宣统二年（1910年）12月又先后编成了刑事诉讼律草案和民事诉讼律草案。刑事诉讼草案分为六编，共十五章五百一十四条；民事诉讼草案分为四编，共八百条，内容几乎完全是抄袭德国民事诉讼法。这两个法典实际上也都未及颁行。

法院组织法：清朝政府于光绪三十三年（1907年）颁行了《各级审判厅试办章程》，宣统元年（1909年）又抄袭日本的《裁判所构成法》，编订颁行了《法院编制法》，共十六章一百六十四条，采取资产阶级国家标榜的所谓“司法独立”原则，强调所谓各审判衙门“独立执法”，行政各官“不准违法干涉”，并在各级审判厅内，设立检察厅。清朝政府采取这些资产阶级原则，只是为了在形式上掩饰封建专制统治，当然更加具有虚伪性和欺骗性。

综观上述，清朝政府所制定的各种法律，除修订的《大清现行刑律》颁行外，其他有的虽然颁布了但并未实行，有的根本就未颁布。这一方面反映了人民革命运动的迅速发展，使得面临崩溃的反动清王朝疲于应付，狼狈不堪，另一方面也足以说明了清朝政府立法活动的欺骗性和形式主义。

（二）清末立法活动的本质和特点

清末一系列的立法活动，标志着中国延续两千多年的封建法律开始了半殖民地半封建化，清末的法律是封建买办阶级和外国帝国主义意志的体现，是维护帝国主义侵略者和封建主义统治中国人民的反动工具。

清末半殖民地半封建化法律的根本特征就是封建性和买办性的结合。

（1）清末的法律在形式上和内容上都继承和保留了许多封建性的法律规范和特点，它依然是维护封建制度的工具。具体表现在以下几方面：

第一，维护封建剥削制度。首先，民律草案肯定了保护地主的土地所有权。规定地主土地所有权的范围“及于地上地下”（第九百九十一条）。同时还规定：承租地主土地的佃农，“虽因不可抗力”的灾害，致“使用土地受妨碍”或“收益受损失”时，也不得请求免除或减少租额（第一千零八十二、一千零九十六条），这就保证了地主对农民的剥削利益。其次，以法律的强力严格保护剥削阶级债权人和高利贷者的利益，规定“债权人得向债务人请求给付”。在新刑律中也有关于惩处各种侵犯私有财产罪的规定（如“盗窃罪”、“强盗罪”、“欺诈罪”、“侵占罪”等），以便确保地主买办阶级的经济利益不受侵犯。

第二，严厉镇压人民的革命运动，维护清朝封建君主专制统治。在修订法律馆奏请批准新刑律分则的解释中，就很明确地承认新刑律分则第一章“侵犯皇室罪”相当于“旧律之大逆大不敬外，更规定了对于宗室之危害罪、不敬罪，不过修正文词及处分之阶级，以冀较旧律为明确，至于大旨，固无增损也”⑨。而第二章“内乱罪”亦即现行刑律之“谋反”。可见，新刑律和封建性旧律完全是一脉相承的。

按照新刑律的规定，凡是危及清朝专制统治的行为都被确定为“侵犯皇室罪”、“内乱罪”、“妨害秩序罪”等而加以残酷镇压。

第三，严格维护封建的礼教纲常和伦理道德关系。在修订法律馆奏进修正刑律草案告

---

⑨ 《大清新刑律分则补笺》第二编（上），2页。

成的奏折中就明确提出：封建礼教纲常乃“数千年相传之国粹，立国之大本”，“凡我旧律义关伦常诸条，不可率行变革，庶以维天理民彝于不敝”。同时在新刑律中规定了许多关于惩罚卑幼对亲属有犯杀伤、暴行、胁迫、侮辱等行为的犯罪，而且规定杀其尊亲属者要处死刑，而杀害卑亲属者则可不处死。在新刑律附录暂行章程里还规定，“对尊亲属有犯不得适用正当防卫之例”。此外，在民律草案中也肯定了维护封建夫权和封建的婚姻、继承关系，如规定未成年的男子（不满三十岁）、女子（不满二十五岁）结婚、离婚必须经过父母同意，否则法律不予承认等。

（2）清末的法律确认和维护帝国主义在中国的非法利益和特权。例如，在民律草案中，肯定了外国社团法人的地位，保证了外国垄断资本在中国有倾销商品和向中国输出资本进行经济侵略的自由权利。又如，在刑事立法方面，为了维护帝国主义的利益，镇压人民的反帝爱国斗争，在新刑律分则中增加了过去旧刑律中所没有的“妨害国交罪”。凡是对外国侵略者的首脑、代表，如有“杀害”、“不敬”、“侮辱”以及对外国侵略者的国旗、国徽“损坏、除去、污秽”等行为，或擅自进入外国侵略者在中国的租界、租借地等，或对外国侵略者“开战”，都是犯罪，而加以严厉惩处。总之，就是只要人民忍受帝国主义的统治和奴役，而不准进行任何反抗斗争。这就表明清王朝的法律已经成为帝国主义统治中国人民的工具。

（3）大量抄袭资产阶级国家的法律，突出地反映了清末法律的买办性和半殖民地化的特色。清末制定的《大清新刑律草案》、《大清民律草案》等几个重要法典，主要是由日本的法学家一手起草的。并采取了资产阶级国家的法律格式，如改变了中国历史上“诸法合体”的传统，起草了各项专门性的法典。法典的大部条款和基本内容上也大都抄袭德国、日本等帝国主义国家的法律。在形式上也采用了许多资产阶级的法律原则，如在刑律中规定了罪刑法定主义原则和金钱赎罪的原则；在民法上采用了契约自由的原则；诉讼法上规定被告人的辩护权、停止刑讯等等。诚然，即使是这些虚伪的资产阶级法律原则，清朝政府根本没有、也不想真正实行，只不过是为了装饰、点缀封建专制统治，欺骗人民罢了。

（三）清末司法制度的半殖民地化

从1840年鸦片战争后到1906年的半个多世纪内，清政府的司法机构变化不大，与鸦片战争前基本相同，仍是司法与行政合一，中央的刑部、大理寺、都察院等机关和地方的各级行政首长（如知县、知府、按察使、督抚）都掌握司法审判权。1906年实行官制改革时，采用资产阶级国家司法与行政“分立”的原则，在中央把刑部改为法部，掌管全国司法行政，而不再兼理审判；改大理寺为大理院作为最高审判机关，负责解释法律，监督各级审判；在地方上，分别在州县设置初级审判厅，在府（直隶州）设地方审判厅，在省设高等审判厅，并且将省按察使司改为提法使司，负责地方司法行政工作，对本省各级审判厅和检察厅进行监督管辖。此外，在大理院和地方各级审判厅，相应地设立各级检察厅，对刑事案件实行搜查、提起公诉，充当民事案件的诉讼当事人和公益代理人并有权监省审判之执行。

在审判制度上实行四级（即大理院，高等、地方、初级审判厅）三审制，并建立复判制度，由大理院负责执行。

上述司法机构和司法、审判制度上的改变，主要是为了用资产阶级的形式掩盖清政府封建专制的实质，借以欺骗人民。但是，即使是这些具有很大局限性的虚伪的资产阶级法律形式和原则，清朝政府根本没有而且也是不想真正实行的。

在清末司法制度方面最突出的一个变化是正式确立了帝国主义在中国的领事裁判权制度，中国司法独立主权遭到破坏，这是清末司法制度半殖民地化的最重要的标志。

领事裁判权是外国侵略者强迫清朝政府缔结的不平等条约中所规定的一种非法特权。这个特权的主要内容是：凡在中国享有领事裁判权的国家，它在中国的侨民如成为民刑诉讼的当事人时，中国法庭无权裁判，只能由各该国的领事按其本国的法律裁判，而不受中国司法机关与中国法律的管辖。

领事裁判权的确立，始于 1843 年 7 月 23 日签订的中英《五口通商章程》，其中规定：中英两国人民“倘遇有交涉词讼，……其英人如何科罪，由英国议定章程、法律发给管事官（即领事）照办”。1844 年 7 月 3 日订立的中美望厦《五口贸易章程》把领事裁判权规定得更加具体明确，范围更加扩大，如规定“合众国民人在中国各港口，自因财产涉讼，由本国领事等官讯明办理，若合众国民人在中国与别国贸易之人因事争端者，应听两造查照各本国所立条约办理，中国官员均不得过问”。这样，领事裁判权的范围就由中英《江宁条约》中的五口进而扩大到各个港口，同时，也不限于在中国的美国侨民与中国人之间或美国侨民之间的民刑案件要由美国领事审讯，甚至美国侨民与其他外国侨民在中国发生诉讼，“中国官员均不得过问”。此后，法国、俄国、德国、日本等等一切外国侵略者国家也都援英、美先例，相继取得了这种特权。1854 年小刀会起义群众占领上海城，英、美、法等国驻上海的领事又乘机攫取了对于租界内纯属于中国人诉讼案件的审判权。

以后，领事裁判权进一步扩大，遂又形成中国官员与外国领事的“会审制度”。1858 年签订的中英《天津条约》规定，中国人与英国人发生争讼，调解不成时“即由中国地方官与领事官会同审办”。1864 年清朝政府与英、美、法三国驻上海领事协议在租界内英领署内设立中国法院，从此，会审公厅正式组成。1868 年，清朝政府与英、法、西又订立《上海洋泾浜设官会审章程》，进一步规定，在租界内，不仅直接与外国人有关的华洋案件，外国领事有权参加会审，就是无约国侨民之间的诉讼以及为外国人雇佣的中国人的诉讼，外国领事也得参与会审，而实际上会审公厅完全为外国领事所把持。

行使领事裁判权的机构大体有如下几种：首先，作为第一审级的低级法院主要是领事法院（设于各领事区，由领事兼理司法）和由公使或使馆人员组成的法院；其次，是作为上诉审的法院。但是，侵华诸国关于行使领事裁判权机构的设立情况也互有差异。例如：英国，第一审是各领事法院，第二审是设在上海的英国驻华高等法院（它同时也负责初审法定专属高等法院管辖的案件），第三审是设在英国本国的枢密院；美国，与英国大致相同；法国，第一审为法国驻华领事法院，第二审为法国殖民地越南西贡法院，第三审是法国巴黎大理院；日本，与法国有某些近似，它在中国也仅有负责第一审的领事法院，上诉案件则须移送日本国内的法院审理。有的侵略国家，在中国还设有“西牢”（外国监狱）。由此可见，外国侵略者，不仅强行攫取了在中国的领事裁判权，设立了行使领事裁判权的司法机构，而且竟公然确定在中国设立的行使领事裁判权的机构为其殖民地法院及其本国法院的下级司法机关，这就在事实上宣告了中国的殖民地地位。此外，行使领事裁判权的机构，还有中外官员共同组成的会审机关。例如：1864 年设立的上海会审公厅，1894 年设立的汉口洋务公所，1901 年设立的哈尔滨铁路交涉总局，1902 年设立的厦门鼓浪屿会审公堂等。这些会审机关，在名义上是属于中国的司法机关，形式上规定有关华洋混合案件由中外官员共同审理，纯属于中国人的诉讼案件由清朝地方政府的官员单独审理。但事实上，会审法院是由外国领事一手把持的，他们强行会审、陪审和断案。辛亥革命爆发之后，有的会审机关完全落入帝国主义之手。可见，清末的会审机构完全是帝国主义直接干涉中国内政，操纵中国司法，镇压中国人民革命运动的工具。

领事裁判权制度的确立，使得外国侵略者更加无视中国的法律，肆无忌惮地侵害中国人民的生命财产。但是，这项损害中国司法独立主权的制度，竟然在清末的中国法律中得到了正式认可。例如，在清末的刑律、民律草案中就正式确认：凡涉及外国人的诉讼案件都必须依照外国侵略者强迫中国签订的各种不平等条约审理，外国人在中国的犯罪，由其本国领事馆按该国法律处理，等等。这就十分明显地反映了清末法律的半殖民地的特色，也彻底暴露了清朝政府一味屈从帝国主义意志、投降卖国的无耻面目。

领事裁判权制度是帝国主义统治和奴役中国人民的反动司法工具，是套在中国人民身上的一副沉重的枷锁。领事裁判权自 1843 年确立之后，经历了清王朝、北洋军阀和国民党反动派统治的时期，在中国一直存在百年之久，给中国人民造成了数不尽的苦难。只有在中国共产党领导中国人民推翻了三大敌人的统治，建立了中华人民共和国之后，才永远废除了这种极端反动的制度。

刘海年

唐律的阶级实质*

简介

刘海年，河南省唐河县人，1936 年 4 月生。1957 年 9 月考入中国人民大学法律系，1961 年本科毕业，1964 年研究生毕业，1965 年到中国社会科学院法学研究所，历任助理研究员、副研究员、研究员。1988 年任中国社会科学院法学研究所副所长，1993 年任所长，1995 年至 1998 年 12 月兼任中国社会科学院政治学研究所所长。现任中国社会科学院学术委员会委员，中国社会科学院人权研究中心主任，兼任中国社会科学院研究生院教授、博士生导师，中国人民大学研究生院教授、博士生导师，清华大学法学院教授和最高人民法院咨询员。

主要研究方向为中国法律史、法治与人权理论。曾参加和带领学术考察团到二十余个国家考察。主要著述有论文一百多篇，研究报告数十篇，《刘海年文集》一部，参加整理、合编、主编《中国珍稀法律典籍集成》等著述及大型文献资料集。

* 原发表于《历史教学》，1966（3），本书刊出的录自刘海年教授的文集《战国秦代法制管窥》，北京，中国法制出版社，2006。

唐（永徽）律，编撰于唐高宗永徽二年（公元651年），共分12篇、30卷、502条，是迄今我国所保留的一部最早、最完备的封建法典。在我国封建法律发展史上，它上承战国以来各代封建立法之经验，下开宋元明清立法之先河。历代封建统治者都对其推崇备至。他们说唐律集前代众律之大成，内容周详完备，定刑宽严适中，立意公平中正，节目简要，条文清晰，又以儒家的礼为准绳，能使刑杀之书寓以所谓慈祥恺恻之意。他们虽然对唐律的议论很多，但却回避了最主要、最关键的问题：都无例外地掩盖了这部法典的阶级本质。

马克思列宁主义经典作家从来就十分重视对一切剥削者国家和法律进行本质的分析，认为这是使人们摆脱旧传统影响的重要方法。他们曾无数次地揭示：法律就是提升为法律的统治阶级意志，而这个意志的内容是由统治阶级的社会物质生活条件决定的。毛泽东同志在其著作中更是为我们批判反动的国家和法律作出了范例，从而给了我们犀利的理论武器。

唐律产生的年代虽然距我们较远，但由于它在我国封建法律发展史中的重要地位及其深远影响，就使对它的研究不仅可以了解唐朝一代法律制度，而且对于了解我国整个封建法律制度和它的沿革，从而认识封建法律发展的一般规律，都具有重要意义。本文试图对这部古法典的本质和作用作初步探索。

一、维护以土地制度为中心的封建经济制度

在封建社会的自然经济条件下，土地是主要生产资料，封建土地所有制是生产关系的核心。唐初是在土地国有制名义下实行均田制。均田分为对官吏授田和对农民授田两个方面，不仅按照法律规定授予的土地量不一样，对于土地的占有与使用关系亦迥然不同。按照均田令，皇帝是全国最大的地主，他直接控制着大量的均田农民。以下便是依爵位高低、官职大小而被分予土地的王公和官吏，他们共同组成了对直接生产者统治的联合体。

唐初的均田令对农民授田部分没有也不可能彻底实行，只不过是把国家手中控制的荒地授给了无地和少地的农民及一些国家官吏。尽管如此，它也对封建国家起了巨大作用：满足了部分农民的土地要求，使隋末战乱时期大量离开土地的农民重新回到生产上来，从而增加了封建国家直接控制的农民量；由于按照官职高低分予土地，宠赂了新兴官贵，为庶族地主力量进一步发展提供了方便。庶族地主力量兴起和参与政治的结果，扩大了李唐政权的阶级基础，促进了新建的地主政权进一步稳固。

正因为均田制度对封建统治十分重要，所以唐律就极力强制推行。唐律首先规定地方官吏要依令授收田亩："若应受而不授，应还而不收"，里正"失一事笞四十，三事加一等；

县失十事笞三十，廿事加一等；州随所管县多少通计为罪”[①]。为了保证地主阶级的土地所有权不受侵犯，唐律禁止过限侵占田亩，盗种和盗卖公私田。《唐律疏议》说：“王者制法，农田百亩，其官人永业准品，及老小寡妻受田各有等级，非宽闲之乡不得限外更占。”[②] 即便是自己依法授得的田亩亦不准买卖，它写道：“礼云：田里不粥，受之于公，不得私自鬻卖。”[③] 一般农民即是出卖自己的永业田，也附有严格条件，只有王公和官吏的赐田及五品以上高官的永业田，才具有较大的支配权。这些规定说明唐律是多么重视封建土地所有权；也说明实行均田制之后的农民，绝非完全意义上的土地私有者，而这种土地使用权的获得，不仅经过了严酷斗争，而且是付出了高昂代价。

李唐政权之所以“慷慨”地将土地交给农民占有，是由于对农民的榨取，特别是地租关系的榨取是封建国家存在的基础。这种榨取的形式就是所谓租庸调。

租庸调是一种封建赋役形式。按照武德七年令规定：“赋役之法，每丁岁人租粟二石；调则随乡土所产绫绢絁各二丈，布加五分之一，输绫绢絁者，兼调绵三两，输布者麻三斤；凡丁岁役二旬，若不役则收其庸，每日三尺。”[④] 唐初慑于强大的农民战争，不得不减轻赋税徭役，但比照当时生产力发展水平，这里的规定仍然是沉重的。封建国家不得不借助于法律的强制来完成租庸调。唐律规定必须按时按量完成规定之赋税徭役，违者，户主甚至地方官吏都要承担责任。“部内输课税之物违期不充者，以十分论，一分笞四十，一分加一等，户主不充者笞四十。”[⑤] 这里规定只是“违期”，对于那些根本无法完成赋税的农民，惩罚当然就更重了。

完成租庸调的前提是搞好生产，所以唐律规定：“部内田畴荒芜者以十分论，一分笞三十，一分加一等，罪止徒一年。户主犯者，亦计所荒芜五分论，一分笞三十，一分加一等。”[⑥] 唐律这些规定的目的是将广大劳动农民进一步束缚在土地上供其压榨。

唐严禁户口尤其是劳动力的脱漏和逃亡，它规定：“脱户者，家长徒三年，无课役者减二等，女户又减三等。脱口及增减年状以免课役者，一口役一年，二口加一等，罪止徒三年。”“里正不觉脱漏增减者，一口笞四十，三口加一等，过杖一百，十口加一等，罪止徒三年。若知情者，各同家长法。”[⑦] 除对家长和家居所在地方官吏之外，逃亡丁口本身也要处以笞三十至徒三年惩罚，有军名者罪加一等。凡留居逃亡丁口的地方官吏同要担负刑事责任。私入道和私度人入道是农民逃避封建徭役和大封建主同国家争夺劳力的重要方式，也直接关系国家对人口的控制，所以唐律还规定：“私入道及度之者杖一百（若由家长，家

---

① 《唐律疏议·户婚》。
② 《唐律疏议·户婚》。
③ 《唐律疏议·户婚》。
④ 《旧唐书·食货志》。
⑤ 《唐律疏议·户婚》。
⑥ 《唐律疏议·户婚》。
⑦ 《唐律疏议·户婚》。

长当罪）。……本贯主司及观寺三纲知情者与同罪。若犯法合出观寺，经断不还俗者，从私度法。即监临之官私辄度人者，一人杖一百，二人加一等，罪止流三千里。”⑧ 唐律对户口控制是严格的，但户口的逃亡是封建土地兼并的产物，非一纸法令所能限制。中唐之后，土地兼并更为剧烈，逃亡户口亦与日俱增。这方面规定值得注意的两点是：第一对逃亡户口科刑严厉，尤其是对担负徭役的丁口，里正、县、州等地方官吏亦负有较大的连带责任；第二对逃亡户口的惩罚，“良”、“贱”科刑相同。以上两点说明：封建国家户口管理的本质是赋税徭役的榨取，农民和所谓贱民在受奴役和榨取这点上，其地位无不相同。

唐律所维护的均田制度和与之紧密相连的租庸调法以及规定之户口管理制度，虽然在唐初曾一定程度上刺激了农民生产的积极性，促进了封建经济的恢复，但从实质上看，这正是一种对农民实行劳役的封建经济剥削制度。在这种制度下，均田农民固然得到了某些改善，不过封建法律依然把他们束缚在土地上，他们远非完全意义上的自由民。

二、维护封建专制主义中央集权的政治制度

封建专制主义中央集权的政治制度是封建统治的根本制度。在我国封建社会里，皇权是中央集权的标志，加强皇权是加强中央集权的核心，也是加强地主阶级力量的关键。所以为了维护封建统治的根本制度，唐律极为重视封建皇帝的权力。在唐律中，皇帝的地位是至高无上的，皇帝的权力是绝对的，一切侵害皇帝的行为，都是“规反天常，悖人理”⑨，一律严刑镇压。

首先，在皇帝个人安全方面。“十恶大罪”之“大不敬罪”多是关于这方面的规定，如：合和御药误不如本方，封题误，造御缮犯食禁，御幸舟船误不牢固，指斥乘兴，情理切害等行为，都科以严刑并为常赦所不原。除此还设有卫禁专章对宫廷安全作了规定。在《卫禁律》中，涉及宫廷的犯罪不仅数量大，而且死流重刑特别多，如规定：“阑入宫门徒二年，殿门徒二年半，持杖者各加二等，…… 至御在所者斩。……其越殿垣者绞，宫垣流三千里。”“在宫内作罢而不出者，宫内徒一年，殿内徒二年，御在所者绞。”⑩ 一切宿卫人员对其职责都不得疏忽，它规定：宿卫人员非应值宿而自代者，入宫内流三千里，入殿内绞；宿卫人员于御在所误拔刀子者绞，左右并立之人不即执提者，流三千里。甚至辄私共宫人言语，若亲为通书传信及衣物者亦要处绞刑。唐律对皇权的维护，最主要的还表现在它全面地维护封建皇帝的军事、行政、司法等大权。

在官吏设置和行政权力方面，它规定了全国官员编制总数，并规定了各级官吏的权力。官员编制总数不得变更，官吏职权不得逾越。“官有员数，而署置过限及不应置而置，一人

---

⑧ 《唐律疏议·户婚》。

⑨ 《唐律疏议·名例》。

⑩ 《唐律疏议·卫禁》。

杖一百，三人加一等，十人徒二年。”[11] 官吏应上请的事必须上请，“诸事应奏而不奏……杖八十，应言上而不言上，……及不由所管而越言上，应行下而不行下，及不应行下而行下者，各杖六十。”[12]

军队是国家机器的重要组成部分。李唐统治者是在利用和镇压农民战争过程中起家的，他们深知军权之重要。在唐初军制改革的基础上，唐律又对军队调拨和军队建设等作了规定。据《擅兴律》，凡发兵十人以上必须勘验主管单位的铜鱼敕书，否则为擅发。而“擅发兵，十人以上徒一年，百人徒一年半，百人加一等，千人绞”。这个规定还只是在不致造成对封建国家危害的前提下制定的，否则动辄加一叛逆之名列入常赦不原的十恶大罪。但是，一切以是否有效地维护封建统治的安全为准则，在紧急情况下不调拨或调拨不及时，同样要受惩罚。“其寇贼卒来，欲有攻袭，即城屯反叛，若贼有内应急需兵者，得便调发。虽非所属，比部官司亦须调发给与，并即言上，若不即调发及不即给与者，准所需人数与擅发罪同。”在军需勤务方面规定了乏军兴罪：“临军征讨有所调发兵马及应须供军器械或所需战具，各依期会，克日具充。有所稽废者名乏军兴。诸乏军兴者斩。”[13] 即是过失所致也不得幸免。唐律上述规定进一步保证了皇帝对军队的控制，从而也就加强了中央集权。

在维护皇权的同时，唐律更是规定以严酷手段镇压对封建国家的反抗。它所首重的十恶大罪中，以谋逆处刑最重。它规定“谋反及大逆者皆斩，父子年十六以上皆绞，十五以下及母女妻妾（子妻妾亦同）祖孙兄弟姐妹若部曲，资财田宅并没官……叔伯父兄弟之子皆流三千里，不限籍之同异”。谋反罪即使“词理不能动众，威力不足率人者，亦皆斩，父子母女妻妾并流三千里”[14]。为了进一步加强对人民的镇压，唐律对谋反大逆实行告密制度，“知谋反及大逆者，密告随近官司，不告者绞。知谋大逆谋叛不告者，流二千里”[15]。

依靠狡猾的欺骗和强力的镇压，尤其是依靠对军队的严密控制，李唐统治者不仅统一了全国，而且发展了以封建皇帝为核心的封建专制主义中央集权制度。国家的统一和中央集权制度的建立，虽然曾经为当时封建经济发展带来了某些有利条件，但却应该清楚，这个制度建立的目的是为了加强对广大人民的镇压。

三、维护封建等级特权制度

唐初在逐步推行均田制的基础上，又重新依据财产的多少和官品的高低编制了封建等级。新划分的等级虽然很多，但基本上却仍然分为两个大的对立阶级：一是由士庶地主、

---

⑪ 《唐律疏议·职制》。

⑫ 《唐律疏议·职制》。

⑬ 以上引文均《唐律疏议·擅兴》。

⑭ 《唐律疏议·贼盗》。

⑮ 《唐律疏议·斗讼》。

各级官吏、王公贵族到封建皇帝所组成的地主阶级；二是被束缚到土地上和不同程度上为封建主所占有的农民、官户、客户、部曲和奴婢，他们是不同程度上被剥夺了人身自由依附于封建主的被统治阶级。这两大对立阶级中各个等级的法律地位是不平等的。总的说，前者属于特权阶级，他们依据自己的等级高低在法律上享有各种不同的封建特权；后者是无权阶级，他们则按照自己的“卑贱”程度被统治阶级剥夺了应有的各种权利。

我们首先看关于八议制度的规定。所谓八议即：议亲、议故、议贤、议能、议功、议贵、议勤、议宾。上述统治阶级上层人物犯死罪，曹司不得私自决断，由皇上奏裁，若犯流罪以下减原罪一等。

除八议制度外，还有请、减、赎和官当制度。请，适用于皇太子妃大功以上亲及孙、五品以上的官吏，他们犯死罪者上请，流罪以下减一等；减，适用于七品以上官及官爵得请者之祖父母、父母、兄弟姐妹、妻、子孙，他们犯流罪以下各从减一等；赎，规定的范围是“应议请减及九品以上之官，若官品得减者之祖父母妻子孙，犯流罪以下听赎”，实际上赎的适用范围要广得多，唐律在刑名条中规定了各种刑罚的赎铜数，其中包括绞斩极刑，这就是说不仅流刑，死刑亦可收赎，也不仅九品以上官吏，实际上封建地主阶级的一切成员都可以享受这种特权；官当是开脱封建官吏的特殊制度，九品以上官可以按官品抵罪，“犯私罪以官当徒者，五品以上，一官当徒二年，九品以上一官当徒一年，若犯公罪者，各加一年当”[16]。

八议和请、减、赎、官当制度突出地表明了唐律是封建特权法律。封建阶级的一切成员，只要不作为阶级的叛逆从根本上危害封建统治秩序，都可以享受封建法律的庇护。以金钱赎罪制度更给了他们最后一道护身符，只要有钱，他们就可以犯罪不受惩罚，永远生活在法律约束之外。

从唐律对一般农民和所谓“贱民”的镇压来看，也表现了它的阶级实质。某些罪科刑不是依据罪行轻重，而是按照犯人或受害人的社会地位。例如：“斗殴人者笞四十，伤……杖六十”，但若殴击的非一般人，而是制使、本属府主或刺史县令等官吏，则要处徒刑三年，伤者流二千里，折伤者绞。即便殴打的是佐职，或者上述官吏的祖父母、父母及妻子，也要徒刑一年，重伤者加一般斗伤一等。又如：“部曲、奴婢殴良人者（官户与部曲同），加凡人一等，奴婢又加一等。”[17] 部曲奴婢杀主者皆斩，杀主之期亲及外祖父母者绞，已伤者皆斩，即是过失也不减免。相反，因为部曲、奴婢是“贱隶”，对他们的伤害处刑则要减轻，甚至杀害他们也不算重罪：“良人殴伤他人部曲者，减凡人一等，奴婢又减一等。”部曲、奴婢有“愆犯决罚致死者及过失杀者各勿论”[18]。即是故意杀死也仅只处杖一百到徒一年半轻刑。如果予以考察，我们就会发觉连这么一点轻微刑罚，也是徒有其名近乎虚设。

---

⑯ 《唐律疏议·名例》。

⑰ 《唐律疏议·斗讼》。

⑱ 《唐律疏议·斗讼》。

按照《名例律》规定，有钱人可以赎罪；又按照《斗讼律》规定，部曲奴婢告主，非谋叛者皆绞，这样唐律就最后剥夺了这些“贱隶”的人身权利。

唐律正是按财产和官品为准把整个社会分为权利和义务极不平等的封建等级，并借以将等级制度法典化，等级压迫只是阶级压迫的表现形式，透过这个形式就可以了解唐律所维护的正是封建阶级的阶级压迫制度。

四、维护封建家族制度

以父权为核心的封建家族制度，是由父权、夫权、族权等封建特权构成的。由于家庭具有血缘关系的特点，所以它就成为贯彻封建道德和尊卑伦理关系教条的最方便的组织形式，自秦汉以来它就受到封建国家和法律的维护。唐律也不例外，在孝亲的掩盖下它规定了一整套封建家庭秩序。

父权正如君权之于封建国家是封建家庭制度的核心。在尊卑关系上的表现是父亲在家庭中的统治地位和卑幼的被奴役地位。唐律尽管多数条文父母是并提的，但实际权力却只集中于作为家长的父亲。

财产权是父权的基础，唐律极为重视父亲的这项权力：“祖父母、父母在……（子孙）无自专之道，而有异财别籍，情无不孝之心，名义以之具沦，情节于兹并弃，稽之礼典，罪恶难容，二事既不相须，违者并当十恶。”[19] 凡“祖父母、父母在，而子孙别籍异财者，徒三年，若祖父母、父母令别籍，及以子孙妄继人后者，徒二年”[20]。即便是父母已死，如丧服未满，子孙仍不得别籍。

父亲的另一项权力是对子女婚姻的决定权。唐律中子女的婚姻完全取决于家长的意志。唐初为了促进国家人口增殖，结婚年龄规定得很低，开始规定男十八、女十五，后来又规定女十三。这种情况下，尚未成人的子女婚姻只能听凭父母包办。按照《户婚律》规定，卑幼在外，尊长后为订婚，虽自订在先，只要未娶，仍要听从尊长，违者杖一百。父亲有权强迫守寡的女儿改嫁和已结婚的子媳离异，子女不得违抗。

父权还表现在父亲对子女的惩戒权。唐律开宗明义宣称：“刑罚不可弛于国，笞捶不得废于家。”[21] 律文具体规定：“祖父母、父母有所教令，于事合宜，即须奉以周旋，子孙不得违犯”，否则家长可以任意惩戒。因此殴打致死者，家长最多处一年半徒刑。对那些所谓不孝的子孙，家长可以请求国家代为惩处，这种送惩权充分地表明了封建国家作为其他封建权力的支柱作用，从而暴露了这个权力的阶级本质。

父母对卑幼如此，而子女对父母则必须孝顺。唐律规定詈祖父母、父母者绞，殴者斩。

---

⑲《唐律疏议·名例》。

⑳《唐律疏议·户婚》。

㉑《唐律疏议·名例》。

居父母丧应即举哀，不准嫁娶作乐。它写道："闻亲丧，以哭答使者，尽哀而问故。"[22] 如不举哀，或者嫁娶作乐者，即犯了不孝之罪。子孙还必须以父母之亲为亲，以其仇为仇，"祖父母、父母为人所殴击，子孙即殴击之，非折伤者勿论，折伤者减凡斗折伤三等"[23]。这样就使复仇成为一种合法的行为。相反同杀害祖父母、父母的人和好者，则视为犯罪，流二千里。这种带有血亲复仇性质的规定，一方面体现了"子不报仇非子也"（《通典》卷一六六）的封建孝亲条义；另则也充分地表现了封建法律的反动性与落后性。唐律还规定，即使父母犯了罪，而非谋叛以上者子孙不得上告，"若有忘情弃礼而故告者，绞"[24]。不仅不得上告，在国家官吏追捕时还有相隐瞒的义务，而"隐者不坐"。这种规定并不是封建国家容忍父亲们的谋叛以下犯罪行为，是因为统治者明白，凡有犯罪者，"必不独成，将与众计之，众计之事必有他人论之"[25]，无须子孙卑幼上告。实际上这是它们在权衡之后，认为违反封建伦理道德，"不孝"本身就是一种最大的犯罪，如其蔓延，对统治阶级危害更大。这就是唐律在封建家庭关系上特别强调子女孝敬父母的原因所在。

在中国封建社会里，妇女的地位最低下，她们较一般男子多一层夫权压迫。即使已成为尊长的妇女，亦未必有多么高的地位。唐律虽多处标榜"妻者齐也"，在条文中"夫妻"、"父母"并提，但妇女的地位无论是从妻子角度看，或是从"母亲"的角度看，都是有限制的，她们处处受丈夫的节制，在家庭中实际上处于被统治地位。

唐律明确肯定男人娶妾是合法的，它规定："婢为主所幸，因而有子，即虽无子，经放为良者，听为妾。""妻年五十以上无子，以妾为妻。"[26] 男人有妻可以纳妾，有妾可以娶妻，有妻有妾还可以再纳妾。而作为妻的妇女则无相等的权利，至于身居妻下的妾就更不用提了。

丈夫对妻妾还有任意打骂、休弃甚至杀害的权力。唐律《斗讼律》规定："殴伤妻者减凡人二等……殴妾折伤以上减妻二等。过失杀者各勿论。"即使这种犯罪，也只是在妻妾上告的情况下才坐。与此相反，妾殴夫则徒一年，伤重者加凡斗三等，妻与媵又加一等。甚至妻匿夫丧不举哀，也被列为十恶大罪。在《斗讼律》中，还剥夺了妻对丈夫的告诉权利，"妻告夫者，虽得实徒二年"。妻尚如此，妾就不言而喻了。这个规定实际上将妻妾仅有的一点权利也剥夺了，最后肯定了丈夫对妻妾的绝对统治。上文规定杀伤妻，伤以下妻告乃坐，下面即规定妻无权告夫。这里我们看见了披着儒家礼教外衣的封建法律之虚伪，使我们认识到即是在以公开不平等为特点的封建法律中，统治阶级也不放弃玩弄欺骗手段。

族权是父权的延伸和扩大，它是关于同宗长者对卑幼关系而言的。在封建社会里，以血缘为联系的家庭集团的稳固，同样关系整个封建秩序的稳固，这样族权便具有严重意义。

---

[22] 《唐律疏议·名例》。

[23] 《唐律疏议·斗讼》。

[24] 《唐律疏议·斗讼》。

[25] 《贞观政要·刑法》。

[26] 《唐律疏议·户婚》。

为了维护这种权力，封建宗法丧服系统便成了唐律处理各种犯罪和实行议请减免的依据。这部法典关于亲属间的犯罪完全以服制的亲疏和尊卑之序为准。直系亲属外，期亲尊长最亲，大功次之，小功又次之，缌麻最疏。一般情况下，卑幼对尊长的犯亲行为愈近愈重，如《斗讼律》规定："殴缌麻兄姐杖一百，小功大功各递加一等，尊属者又各加一等。""告期亲尊长虽得实，徒二年，告大功尊长各减一等，小功缌麻减二等。"反之，尊长对卑幼的犯罪，则是愈亲处理愈轻，如尊长殴杀卑幼，"折伤者，缌麻减凡人一等，大功小功递减一等"。唐律所以加重对尊亲属间人身犯罪的惩罚，而同时减轻尊长对卑幼犯罪的处理，其目的是为了维护家族集团中尊长的尊严和权力，以便通过他们来维护封建家族秩序的稳定，从而促进整个封建秩序的巩固。

封建家庭关系是封建生产关系在家庭组织中的反映；父权是君权在家庭中的延续，也是它的最基础的支柱，封建统治者所以通过法律强调"孝亲"，是他们了解"为人也孝悌，而好犯上者鲜矣"[27] 这个道理，其目的是为了使一切人通过家庭的训练都成为封建统治者们的忠顺奴仆。透过唐律关于家庭关系的规定，我们就可以在"亲子"、"夫妻"、"长幼"等柔情绵绵的纱幕后面，看见封建阶级阴森森的阶级统治，封建阶级对人民的统治连家庭这一形式也没放过啊！

综合上述，我们可以清楚地了解，唐律是从经济到政治、从社会到家庭，全面地维护地主阶级统治、反映封建地主阶级意志的阶级压迫工具。这就是历史上封建文人极力加以掩盖的唐律的阶级本质。

㉗ 《论语·学而》。

高恒

秦律中"隶臣妾"问题的探讨*

简介

高恒，1930年生，湖北老河口人，1955年武汉大学法律系毕业，1961年苏联留学回国，进中国社会科学院法学所工作至今，现为社科院荣誉学部委员。曾参加云梦秦简整理工作，主要作品有《秦汉法制论考》（厦门大学出版社1994年）。其学术造诣精深，所著《秦律中"隶臣妾"问题的探讨》、《中国名学与古代法学的关系》等论文，影响很大。

* 原发表于《文物》，1977（7）。这次刊出，内容有删节。

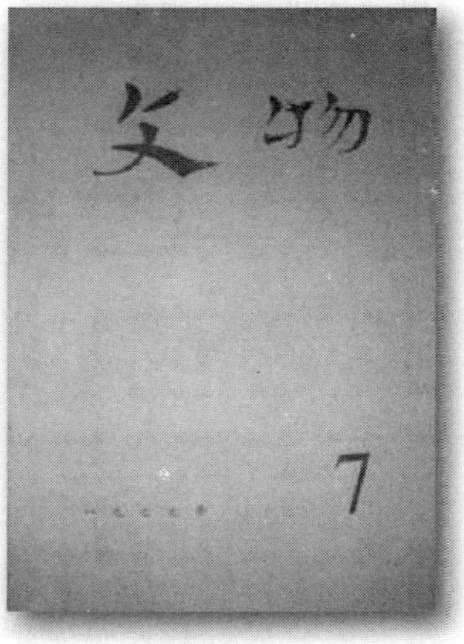

1975年底，湖北云梦睡虎地出土的秦简，其中大部分是秦的法律条文。它们为研究秦律提供了丰富而又珍贵的史料。认真研究这批有关秦律的竹简，不仅有助于了解秦律的阶级实质，同时也有助于认识当时的政治、经济制度和阶级、阶级斗争等问题。本文仅就秦简律文中有关隶臣、妾的规定，提出一点看法。

《汉书·刑法志》：“鬼薪白粲一岁为隶臣妾。隶臣妾一岁免为庶人，隶臣妾满二岁为司寇。司寇一岁及作为司寇二岁皆免为庶人。”这是汉文帝十三年对各类徒刑实行减刑的措施。从中可以看出，隶臣、妾是汉代各类徒刑中的一种。颜师古注：“男子为隶臣，女子为隶妾。”至于汉文帝减刑后的隶臣、妾，是服一岁刑或二岁刑，尚无定论。不过根据上述引文可以断定，汉文帝减刑后，隶臣、妾是服一定期限徒刑的刑徒之一。在《汉书》中记载有关罪犯被判处为隶臣的事例多起，如武阳侯肖胜“坐不斋耐为隶臣”，戚圉侯季信成“坐为太常纵丞相侵神道，为隶臣”①。

过去有人认为汉代刑徒隶臣、妾之名“是秦所无，汉增之也”②。可是出土的秦铜器③，特别是云梦秦简说明，汉律中所用的刑徒隶臣、妾名称也是因袭秦制。秦简中有关隶臣、妾的规定，有三十余条，这就使我们有可能比较全面地了解秦的隶臣、妾的问题。

一、隶臣、妾的身份

清人沈家本认为，隶臣、妾仅是一种刑徒名称，“其名与奴婢近，而实非奴婢”④。这一说法是根据汉以后各家对于汉代刑徒隶臣、妾的解释。从秦简来看，这种说法与秦的隶臣、妾的身份不相符合。从以下三个问题上可看出秦时的隶臣、妾实际上就是一种官奴婢。

第一，刑徒隶臣、妾服刑期限问题。

秦律中的隶臣、妾，也是一种刑徒名称。秦简中法律答问部分有不少条关于罪犯被判处为隶臣、妾的规定。例如，将“盗窃犯”处为隶臣的规定：“公祠未，盗其具，当赀以下耐为隶臣。”按照这条律文，盗窃公祠里的一具祭祀供物，就要判处为隶臣。再如，对于犯

---

① 《汉书·功臣表》。

② 例如清人沈家本说：《汉旧仪》“所言，秦制鬼薪、白粲之次无隶臣妾之名，是秦所无，汉增之也。”（《沈寄簃遗书·刑法分考十一》）

③ 云梦秦简出土之前，出土的秦铜器上，已见到过秦刑徒“隶臣”的名称。例如北京故宫博物院收藏的两件上郡戈，一件有铭文：“工隶臣和”；另一件有铭文：“□隶臣庚”。据张政烺同志考释，这两件上郡戈，皆秦器。见张政烺：《秦汉刑徒的考古资料》。载《北大学报》1958年第3期。

④ 《沈寄簃遗书·刑法分考十一》。

“诬告”罪者判为隶臣的规定：秦简法律答问部分中有所谓“有收当耐未断，以当刑隶臣辠诬告人，是谓当刑隶臣”。依此规定，原犯“耐”罪者，在未判决前又以“当刑隶臣辠诬告人”，就改为“刑隶臣”的罪。

这是两则因本人犯罪而被判处为隶臣的例子。一是“刑为隶臣”；一是“耐为隶臣”。所谓“刑”，即处为隶臣的同时，再加“黥”、“劓”等肉刑。所谓“耐”，按《说文》段玉裁注：“髡者，剔发也。不剔发，仅去须鬓是曰耐，亦曰完。谓之完者，言完其发也。”显而易见，“耐为隶臣”，比“刑为隶臣”的处罚要轻。

值得注意的是，云梦秦简中的秦律条文未见有关刑徒、包括刑徒隶臣、妾服刑期限的规定。根据史籍记载，以及新出土的云梦秦简来分析，简文中未见到各类刑徒，如城旦舂、鬼薪白粲、隶臣妾、司寇、斥候等刑徒应服刑期限的规定，绝非偶然。它表明，秦时的刑徒，可能就是没有服刑期限的终身服刑。也就是说，不是服刑一定期限之后，能够恢复其原自由人的身份。这一点与后世的刑徒是很不同的。

秦时的刑徒无服刑期限，从汉文帝十三年减刑诏令中可以看出。《汉书·刑法志》记载，汉文帝“制诏御史：……其除肉刑，有以易之；及令罪人各以轻重，不亡逃，有年而免。具为令”。根据这道诏令，丞相张苍、御史大夫冯敬定出了一套具体的减刑措施，一是“除肉刑”，即除黥、劓、刖等肉刑，所谓“以笞代刑”。一是规定出各种刑徒的刑期和对原已服刑者的减免办法。原文如下：“罪人狱已决，完为城旦舂，满三岁为鬼薪白粲。鬼薪白粲一岁，为隶臣妾。隶臣妾一岁，免为庶人。隶臣妾满二岁，为司寇。司寇一岁，及作为司寇二岁，皆免为庶人。其亡逃及有罪以上，不用此令。前令之刑城旦舂岁而非禁锢者，如完为城旦舂岁数以免。”根据这段文字，后人仅注意去推算各种刑徒服刑期限的长短，却忽略了一个重要事实，即规定出了刑期，改原来的终身服刑为有期徒刑。在汉文帝诏令中的“及罪人各以轻重，不亡逃，有年以免”之后，魏人孟康注：“其不亡逃者，满其年数，得免为庶人。”他从在此诏令前的刑徒有刑期出发，认为诏令的用意，仅在于强调将服刑期满者，免为庶人。而未考虑到诏令中“有年”的意思是要规定出期限，改终身服刑为有期，并不是单纯强调要对犯人刑满释放。

前人对于汉文帝减刑诏令中的“除肉刑”一项，有褒有贬，议论纷纷，却未看到此诏令对于消除奴隶制残余所具有的意义。当然，汉文帝此次减刑的意图，绝不是如诏令所说的，对犯罪者的怜悯，而是出于对当时阶级斗争形势的考虑。当时外有匈奴奴隶主贵族的攻扰，内有“诸侯王僭儗，地过古制”，斗争异常尖锐，以至于有人惊呼“盗贼直须时耳”⑤。汉文帝为了缓和这种形势不得不采取“除肉刑”的措施。

根据以上所述，可以认为在汉文帝发布减刑诏令之前，各种刑徒都是无刑期的。刑徒隶臣、妾当然也没有服刑期限。所以秦律中的因犯罪而判为隶臣、妾者，不是后世有人认为的服一岁或二岁刑的一般刑徒。秦律中的刑徒隶臣、妾，实质上是因犯罪被确定的一种

---

⑤ 《汉书·贾谊传》。

官奴婢身份。如：秦简中有以下一则法律答问：“当耐为隶臣，以司寇诬人，何论？当耐为隶臣，又系城旦六岁。”显然，答问中所说的“当耐为隶臣”，是给予某罪犯原犯罪行的处分，即确定为一种官奴婢的身份。“又系城旦六岁”是对这个“当耐为隶臣”者又犯“诬人”罪所施加的徒刑，即拘系起来服城旦劳役六岁。由此可见，隶臣、妾是因犯罪被判处的官奴婢身份，而不是服一岁或二岁刑的刑徒。否则，按照这种犯罪情况，只要将服一岁或二岁刑的“隶臣妾”改为服其他更长刑期的刑徒名称就可以了，而不必要判为“又系城旦六岁”。

将罪犯当做奴隶，这是奴隶制的一种残余，史籍不乏记载。例如，《尚书·甘誓、汤誓》中所谓“予则孥戮汝”。孥即奴字。这句话的意思是，奴隶主头子对于不服从命令者，要收为奴隶，或戮杀掉。《周礼·司厉》中有：“其奴，男子入于罪隶，女子入于舂藁。”郑司农住：“谓坐为盗贼而为奴者，输于罪隶舂人、藁人之官也。由是观之，今之为奴婢，古之罪人也。”这都说明，将罪犯收为奴婢的制度，在秦以前早已有之，秦律只不过沿用了这种制度。

第二，关于隶臣、妾的来源问题。

隶臣、妾的来源，从秦简中来看，除了因本人犯罪而被判处为隶臣、妾，还有其他两个来源。一是因亲属犯罪而籍没的人；一是投降了的敌人。

收没罪犯妻、子为官奴婢的问题，可从以下一则法律答问看出：“‘隶臣将城旦，亡之，完为城旦，收其外妻、子。子小未可别，令从母为收。’何谓从母为收？人固买（卖），子小不可别，弗卖（卖）子母谓也。”根据这一规定及解释，说明该隶臣犯了这种“完为城旦”的罪，要收其妻、子为官奴婢。并且官府可以将被收者卖掉。如果孩子太小离不开母亲，可以不把孩子的母亲单独卖掉。

被收者可以由官府卖掉，这就说明被收者是一种官奴婢，只不过在秦简中未见有律文直接说明被收的人也称为隶臣、妾。但从其他有关规定中，可以看出这种人就是隶臣、妾的一种，也称做隶臣、妾。例如小隶臣、妾就是。

秦律关于小隶臣、妾有详细规定。《仓律》中有关小隶臣、妾每月食粮标准的规定。《金布律》中有关小隶臣、妾禀衣的规定。《工人程》中有关如何计算小隶臣、妾劳动力的规定。《仓律》中还有关于“小高五尺以下”的小隶臣、妾赎免的规定。秦制一尺约合0.23米。“小高五尺以下”的隶臣、妾，即今市尺三尺四寸以下的儿童。这样小的儿童，当不会全是因本人犯罪而判处为隶臣、妾。按秦律规定，小高六尺以下的儿童犯法，一般不负法律上的责任。⑥ 由此可以推知，六尺以下的小隶臣、妾中的大部分可能是因亲属犯罪而被收

---

⑥ 兹将云梦秦简中有关“小未盈六尺”违法者，是否负刑事责任的法律答问抄录如下，以供参考。一、“甲小未盈六尺，有马一匹自牧之，今马为人败，食人稼一石，问当论不当？不当论及赏（偿）稼。”二、“女子甲为人妻，去亡，得及自出，小未盈六尺，当论不论？已官，当论；未官，不当论。”三、“甲盗牛，盗牛时高六尺，毄（系）一岁，复丈，高六尺七寸，问甲可（何）论？当完城旦。”四、“甲谋遣乙盗杀人，受分十钱，问乙高未盈六尺，甲可（何）论？当磔。”

的人。按《仓律》的有关规定：“小隶臣、妾以八月傅为大隶臣妾”，说明小隶臣、妾到一定年龄之后，就成为大隶臣、妾。从而可以认为隶臣、妾中的一部分不是因本人犯罪，而是由于亲属犯罪被收的人。

收罪犯妻、子为奴，也是奴隶制度的残余。《吕氏春秋·精通篇》有一则故事，记载了春秋时代的罪人妻、子收为奴隶的事例：“钟子期夜闻击磬者而悲。使人召而问之曰：‘子何击磬之悲也?’答曰：‘臣之父不幸而杀人，不得生。臣之母得生，而为公家为酒。臣之身得生，而为公家击磬。臣不觏臣之母三年矣。昔为舍氏觏臣之母。量所以赎之则无有，而身固公家之财也，是故悲也。’”⑦ 这则故事说明，收犯罪者妻、子为奴，是早已存在的法律制度。被收者完全没有自由，“身固公家之财”。商鞅在秦变法，实行“举以为收孥”的政策，就是主张收罪人妻、子为官奴婢。秦律是商鞅之法的具体化。秦律规定被收者可以由官府卖掉，这与上述故事中所说的被收者身为“公家”所有，是同样性质的官奴婢。

收投降者为隶臣。秦律中有一条规定：“寇降，以为隶臣。”这条律文说明了隶臣、妾的又一来源。以战俘为奴隶，始于奴隶制社会，春秋战国之际也仍是如此。如《墨子·天志下》云：“大国而攻小国……入其沟境……残其城郭，……民之格者，则劲拔之，不格者，则系操而归，大夫以为仆、圉、胥靡，妇人以为舂酋。”这里所谓“不格者”，即不进行抵抗的投降者。将投降者作为“仆、圉、胥靡”、“舂酋”，也就是作为奴隶。秦律规定“寇降”以为隶臣，与这一记载相一致。

第三，隶臣、妾在法律上的地位。

列宁曾指出，奴隶制社会中的“奴隶不仅不算是公民，而且不算是人”⑧。秦律中的隶臣、妾在法律上的地位基本上也如此。他们虽与奴隶制时代的奴隶有所区别，但仍然是没有人格的工具、物品（关于隶臣、妾与奴隶制社会中的奴隶的区别，将在下面论述）。

前面已经谈到罪犯的妻、子被收为隶臣、妾者，可以买卖的问题。此外隶臣、妾还可以用来作为官府的赏赐物品和借给百姓使用。秦简法律答问部分中有一则写道：“有投书，勿发，见辄燔之，能捕者购臣、妾二人……”这是一条关于奖赏逮捕书写匿名信罪犯的法律。条文中的“购”字，含“悬赏”的意思。《说文》段注：“县重价以求得其物也”。所谓“购臣、妾二人”，即以男女奴婢二人作为赏赐。毫无疑问，这里所说的“臣、妾”，即隶臣、隶妾。官府所拥有的隶臣、妾既然可以买卖，当然也可以用来作为赏赐的物品。

秦律规定，官府可将年幼的小隶臣、妾，借给百姓。《仓律》有一条律文：“妾未使而衣食公，百姓有欲叚（假）者，叚（假）之，令就衣食焉，吏辄柀（罢）事之。”所谓“未使”即未成年的幼童。“假”，即“借”。依此项规定，官府可以将幼小的隶妾借给百姓使用。其条件是该隶妾的衣食，将由借者来负担。

---

⑦ 《吕氏春秋·精通篇》。刘向：《新序》中也有这则故事，文字略异。

⑧ 列宁：《论国家》，《列宁选集》第二版，第4卷第49页。

二、秦律中有关隶臣、妾“免为庶人”的规定

奴隶非遇赦或缴纳一定的赎金，一般是不得免为庶人的。赦免往往是由朝廷根据阶级斗争形势的需要，临时颁布诏令来赦免。在秦简中未见到有关赦免隶臣、妾的律文。至于赎免，在秦简中未见有春秋战国时代通行的纳金赎免的条文，只有以人赎替，以冗边赎免亲属中的隶妾和以军功爵赎免本人及亲属的隶臣、妾身份的规定。

一、以人赎替。《仓律》中有一条规定：“隶臣欲以人丁鄰者二人赎，许之。其老当免老、小高五尺以下及隶妾欲以丁鄰者一人赎，许之。赎皆以男子，以其赎为隶臣。女子操敃（缗）红及服者，不得赎。……”

从这条律文来看，以人赎免隶臣、妾的条件是苛刻的。第一，赎者必须充当隶臣、妾，才许可免除原隶臣、妾的奴隶身份。第二，要用两名丁壮年龄的男子赎一名隶臣。丧失了劳动能力达到“免老”年龄的隶臣[⑨]、没有劳动能力的年小五尺以下的隶臣，以及隶妾，都要以一丁壮男子赎替。第三，不允许赎替做针线活的隶妾。

二、以冗边赎免亲属的隶妾身份。《司空律》中规定：“百姓有母及同牲（生）为隶妾，非适（谪）辠殹（也），而欲为冗边五岁，毋赏（偿）兴日，以免一人为庶人，许之。”

所谓“冗边”，当即戍边。百姓本人如不是因罪迁徙边远者，愿往边疆守戍五岁而又不算做本人服军役时间，可以免除他的母亲或姊、妹一人的隶妾身份。

秦在统一战争期间，常采取“赦罪人”。将他们迁到新占领地区的措施，以便巩固边防。可想而知，当时被发往遥远的边地的人，其生活、劳动都会是极其艰苦的。这一项允许以冗边五岁赎一名隶妾的规定，恐怕就是为了保证被发往戍边的人能担当那种艰苦劳动而实行的一种办法吧。

三、以军功爵免除本人及亲属的隶臣、妾的身份。《军爵律》规定：“欲归爵二级，以免亲父母为隶臣妾者一人；及隶臣斩首为公士，谒归公士而免故妻隶妾一人者，许之，免以为庶人。工隶臣斩首及人为斩首以免者，皆令为工；其不完者，以为隐官工。”

“爵”即军功爵。在战场上斩了敌人首级即授爵，所谓“斩首授爵”。这是秦自商鞅变法以来所实行的政策。这项政策是对奴隶制的世卿世禄制度的否定，但是，关于允许隶臣从军斩首授爵，或归其爵来免除本人或他人的隶臣、妾身份的规定，这在秦简中是首次见到。显然这种规定的目的是为了鼓励隶臣参加当时所进行的战争。

秦律中所规定的这三项免除隶臣、妾身份的具体条件，无论哪一条，其苛刻程度都不比当时通行的纳金赎免轻。同时说明，秦王朝允许赎免隶臣、妾完全是为了保证官府所控制的劳动力、扩大兵源和充实边塞。一句话，是为了加强和巩固地主阶级的政权。当然，其中“归爵”和“斩首授爵”以免隶臣、妾为庶人一项，在客观上也为奴隶的解放开辟了

---

⑨ 《汉旧仪》：“无爵为士伍，年六十乃免老。”至于秦时的隶臣、妾是否也是六十“免老”，史无记载。

一条途径。

此外，秦律中还有一种“免隶臣、妾”的规定。《仓律》规定：“免隶臣妾、隶臣妾垣及为它事与垣等者，食男子旦半、夕参，女子参。”这是一条关于免隶臣、妾和隶臣、妾从事筑墙等重体力劳动应领口粮的规定。条文中将“免隶臣妾”同隶臣、妾并提，表明二者又相同又有区别。“免隶臣妾”当为达到“免老”年龄的隶臣、妾。由于他们并不因年老而不干重劳役，所以《仓律》仍有他们干重劳役时领口粮的规定。或者“免隶臣妾”是指其他刑徒，城旦舂、鬼薪白粲等降为隶臣妾而言。究竟作何解释，有俟考释。

三、“隶臣妾”从事的劳役及其生活待遇

从云梦秦简来看，隶臣、妾所从事的劳役是多方面的。

在《仓律》中有所谓“隶臣田者”的口粮供给标准的规定。它说明隶臣、妾是官府经营土地上的劳动力。

从秦简来看，在官营手工业作坊中，主要劳力是“工”。同时，隶臣、妾也是其中的重要劳动力。法律对于有技巧的隶臣、妾尤其重视。《均工律》规定：“隶臣有巧可以为工者，勿以为人仆养。”所谓“有巧”，即掌握了一种劳动技能。“为工者”，即为“工隶臣、妾”。出土秦器中常见到的“工隶臣”字样，就是这种“有巧”而做工的隶臣。[⑩] 有劳动技能就可以不从事烹炊、杂役等劳动。前面已经说到，工隶臣斩首立功后，可以免去隶臣即奴隶身份，但仍要为“工”，不能干其他的劳动。在《工人程》中还专门规定，善于做针线的隶妾，可以算做一个男劳力。

一般没有劳动技能的隶臣、妾所从事的主要是筑墙，以及与筑墙类似的重体力劳动；或者充当“仆、养”、“见牛者”等杂役。《金布律》的有关条文规定，京师各官署及其所属机构的官、吏，均配给专人做仆、养等杂役。这些官吏的仆、养，当即是由隶臣、妾来充当。

隶臣、妾中还有一部分是在官府内充当听差。秦简中有“府隶”、“牢隶臣”等名称。他们的任务是听从吏、佐支派干拘捕罪犯、勘验现场以及“将司”囚犯劳动之类的事情。

从《军爵律》有关条文，又可以看出，在战争时期，隶臣又是士兵的重要来源。

隶臣、妾从事的劳动是繁重的，而生活却极为低下。法律对于隶臣、妾的衣、食均有详细的规定。《仓律》规定：“隶臣妾其从事公，隶臣月禾二石，隶妾一石半；其不从事公，勿禀。”隶臣、妾只有在干活时才允许领取口粮。干重活时才允许稍加口粮。如规定“隶臣田者”在农忙时的二月到九月，每月加半石，过了九月就停止。法律还规定，小隶臣、妾成长为大隶臣、妾之后要等到第二年才开始增加口粮。秦以十月为岁首，所谓以“十月益食”，即是从第二年增加口粮。

---

⑩ 见本文注③。

法律规定的口粮数额，隶臣、妾并不能全部食用。隶臣、妾的一些其他支出也要从衣食费中扣除。例如《金布律》规定：“隶臣妾有亡公器、畜生者，以其日月减其衣食，毋过三分取一。其所亡众，什之，终岁衣食不足以稍赏（偿），令居之。”按照这一条规定，隶臣、妾丢失了官府的器物、牲畜是要赔偿的。赔偿费就是从隶臣、妾的衣食费中逐渐扣除。如果全年所扣除的衣食费不足以抵偿，就要以劳役抵还。

至于隶臣、妾所穿的衣服，一般由官府供给。法律对于各类隶臣、妾的冬、夏衣的价格，以及发放时间，都有具体规定。但是，对于有家室的隶臣，法律却另有规定。《司空律》规定：“隶臣有妻，妻更，及有外妻者，责衣。”这就是说，隶臣要有妻子，勿论其妻是自由人，还是定期要为官府服劳役的更隶妾，衣服皆由其妻子供给，即所谓“责衣”。

封建地主阶级国家运用法律将犯罪者，其中主要是劳动人民，判处为隶臣、妾，一方面对劳动人民的反抗，进行残酷的镇压；另一方面又可以从这种官奴隶身上榨取更多的剩余劳动。如果对秦律中的有关条文稍加分析，就可以看到封建统治者从隶臣、妾身上所能榨取的财富，是相当惊人的。法律对于当时一般以劳役抵偿债务者的劳动日值有具体规定，即：“日居八钱；公食者日居六钱。”[⑪] 就是说，劳动一天为八个钱，由官府供伙食的为六个钱，也就是扣伙食费两个钱。按照劳动日值八个钱计算，一名隶臣全年劳动所值为二千八百八十钱。当时一般刑徒所食的“禾”价为“石卅钱”[⑫]。一名月食“禾二石”的隶臣，全年共食二十四石禾，共值七百二十钱。一般成年隶臣所穿的衣服费，“冬人百一十钱，夏五十五钱”[⑬]。一名隶臣全年的衣服费为一百六十六钱。衣、食两项费用加起来共计八百八十六钱。

根据以上计算，从隶巨一年劳动所值的二千八百八十钱中，扣除维持他最低生活的衣食费用八百八十六钱，剩下近二千钱。这二千个钱，在当时可买禾六十六石五斗，全部被封建统治者剥夺了。至于隶臣、妾丢失“公器、牲畜”，封建统治者勒索的赔偿就会更多。这种情形，正如马克思所说：“奴隶被迫做的劳动，比以生活资料的形式所还给他们的劳动，要多得多。”[⑭]

四、秦律中的隶臣、妾与奴隶制社会中的奴隶之间的区别，以及隶臣、妾的反抗斗争

列宁曾指出：在奴隶制国家中，“奴隶主享有一切权利，而奴隶按法律规定却是一种物

---

⑪ 云梦秦简《司空律》。

⑫ 云梦秦简《司空律》：“毄（系）城旦舂，公食当责者，石卅钱。”

⑬ 云梦秦简《金布律》。

⑭ 恩格斯：《卡·马克思〈资本论〉第1卷书译——为〈民主周报〉作》，《马克思恩格斯选集》第2卷第272页。

品，对他不仅可以随便使用暴力，就是把他杀死，也不算犯罪”⑮。奴隶制社会的奴隶，如同牛马一样，主人可以任意刑、杀。而秦时的奴婢，无论私人奴婢或官奴婢，在法律上不允许擅杀、刑、髡。这一区别之处，前已有人指出过。新出土的云梦秦简进一步证实了这一论点。

例如秦律规定：“将牧公马牛，马（牛）死者，亟谒死所县，县亟诊而入之，其入之其弗亟而令败者，令以其未败直（值）赏（偿）之。其小隶臣疾死者，告其□□之；其非疾死者，以其诊书告官论之。”⑯ 这是一条有关将司放牧官府牛马者应负责任的规定。依照这项规定，放牧的马牛死了，将司放牧者有责任立即向所在县报告，该县应立即进行检验并及时处理。如果任死牛马腐烂，就要按未腐烂的价钱赔偿。而放牧的小隶臣死亡后，就不是一个赔偿问题了。律文规定，“其小隶臣疾死者，告其□□之。”这说明将司者对于小隶臣的病死，要负一定责任。但因简文有缺，无从知道将司者应负的具体责任。如果小隶臣非因疾病死亡，就要“以其诊书告官论之”。所谓“论之”，就是根据检验结果，依法论处将司者。推而论之，法律更不会允许将司者擅自杀害小隶臣的。由此可见，秦律中的隶臣妾，并不完全与牲畜等同，不可以任意杀害，他们在法律上受到一定的保护。

秦律还规定一部分隶臣、妾允许有自己的家室和独立的经济。从秦律的有关条文看来，因犯罪而为隶臣者，并不同时收其妻、子。只是在隶臣再犯某种罪行时，才收其妻、子为官奴婢。法律答问部分有一则写着：“隶臣将城旦，亡之，完为城旦，收其外妻、子。”它说明，该隶臣在“完为城旦”之前是有自己的家室的。

按秦律规定，有妻的隶臣，应由其妻供给衣服。从而可以认为这部分隶臣，对于他因犯罪而为隶臣之前的财产，很可能还拥有所有权。是否如此，有待进一步研究。

以上律文说明封建制度下的官奴婢，在法律上的地位与奴隶社会中的奴隶有明显区别。在封建社会，奴隶虽仍旧可以当做物品一样买卖、赏赐、赠送，但他们的生命在法律上已受到一定保护。只是隶臣、妾在封建社会中，也仍然是受奴役最深的人。

伟大的导师和领袖毛主席曾指出：“哪里有压迫，哪里就有反抗。”透过秦律，可以看到，隶臣、妾并不安于封建地主阶级为他们安排的牛马生活，他们经常采取各种方式来进行反抗斗争。

例如，秦律《工人程》对于在官营手工业作坊中从事劳动的隶臣、妾，定出了具体计算劳力和劳动时间的方法。《金布律》中有关于隶臣、妾“亡公器、牲畜”者应赔偿的苛刻条件。这些律文从一个侧面反映出，隶臣、妾对于他们从事的劳役极为厌倦和不满，而以消极怠工、破坏工具等方式进行反抗。

特别值得注意的是秦律关于防止隶臣、妾逃亡的规定。逃亡是隶臣、妾所能采取的更为积极的一种反抗斗争。隶臣、妾的逃亡，是聚众暴动的前奏，对于封建国家来说，不仅

⑮ 列宁：《论国家》，《列宁选集》第2版第4卷第49页。

⑯ 云梦秦简《厩苑律》。

是损失劳力的问题，而且威胁着它的统治。封建统治者对于隶臣、妾的逃亡极为恐惧。关于隶臣、妾的逃亡，秦律定出了严厉的惩罚。法律答问部分有一则明确写着：“隶臣妾毄（系）城旦舂，去亡已奔，未论而自出，当治（笞）五十，备毄（系）日。”依照这一条文，被拘系服“城旦舂”劳役的隶臣、妾，如若逃跑，后虽自己返回，也要“笞五十”，并要继续服完应服的劳役天数。所谓“笞”，即笞打。在当时是笞脊背，受笞者往往是“或至死而笞未毕”，“幸而不死，不可为人”⑰。“笞五十”之后，非死即残，其残酷性可想而知。这是对于“亡自出”者的处罚，至于逃跑后被抓回的，毫无疑问，将会给予更严重的刑罚。

说明：1976年—1977年，笔者参加注释《睡虎地秦墓竹简》时，注意到秦简中的刑徒（隶臣妾、鬼薪白粲、城旦舂等）均系无刑期、终身服役的官奴隶。后经研究发现，汉文帝十三年颁布的废肉刑诏令，始规定出上述刑徒的刑期。这同时也意味着，中国奴隶制社会以来实行的以刑徒为奴隶来源之一的制度，最终废止了。这件事不仅对于中国古代法律制度，甚至对于中国古代社会的发展，都有重要影响。笔者就此问题发表的这篇论文引起了海内外学者的广泛注意，讨论此问题的文章有百余篇。但当时参加讨论的主要是史学界学者。这次重刊出这篇论文，以期法史学者更多的参与讨论中国法制史发展中这项重要改革。

---

⑰ 《汉书·刑法志》。

方克勤

抗日战争时期陕甘宁边区的选举制度*

简介

方克勤，河北省涿州人，1927 年 8 月生，1954 年毕业于中国人民大学法律专业，在西北大学、西安交通大学、西北政法学院任教四十年。

任教期间为本科及研究生讲授苏联法制史、中国法制史、中国刑法史等课程。担任教研室主任及硕士研究生导师组长。对陕甘宁法制史研究，做了大量资料收集工作，取得了一定成果，对中国法制史研究具有补白作用。参加撰写司法部第一部院编教材《中国法制史》、国家社科六五项目《中国革命法制史》，合著《陕甘宁边区法制史稿（诉讼狱政篇）》（高校社科七五重点项目），均获奖。

曾任首届中国法律史学会理事，陕西省法学会事务理事。陕西省政协第五、六届委员、法制组组长。

* 原发表于《人文杂志》，1979（1），系与杨永华、李文彬合作完成。

抗日战争时期，陕甘宁边区政府在中国共产党和毛主席领导下，依据抗日民族统一战线的总政策和陕甘宁边区施政纲领，制定了《陕甘宁边区各级参议会选举条例》，按照“三三制”原则和普遍平等的选举制度开展了轰轰烈烈的民主选举运动，选举和改选了各级人民代表机关——参议会和各级人民政府。实现了人民当家作主的权利，调动了边区各抗日阶级和人民团结抗日的积极性，积累了民主选举和人民参政的丰富经验，使陕甘宁边区成为抗日民主模范区，全国抗日军民的总后方和坚强的抗日总根据地。在当时日寇侵略，国民党反动派封锁包围的严重斗争形势下，边区出现了中国历史上空前的自由民主、生动活泼的新局面，这是中国民主政治史上的伟大创举，是中国选举史上光辉灿烂的篇章。

普遍、直接、平等、无记名投票的选举制度

陕甘宁边区政府是民主的政府。列宁指出：“如果没有代议机构，那我们就很难想象什么民主，即使是无产阶级民主。”① 这就是说，人民当家做主管理政权，不可能人人直接去管理，必须选出自己的代表议事管事。否则，人民是国家的主人，便是一句空话，即使政府办的事代表人民的利益，也只能是“明主”，而不是民主。选举，是人民行使国家权力的重大问题。它是指人民有决定大政方针，选出代表管理国家政权，监督和随时罢免所选代表的权利，决不是简单地投张票的问题。因此，没有民主的选举制度，就没有真正的人民民主。只有搞好选举，才能使人民增强国家主人翁感，提高他们管理国家政权的能力，监督政府工作人员，忠于公仆职责，真正按照人民的意志办事。由此可见，要实行民主政治，必须实行民主选举。民主政治，选举第一。

1942 年陕甘宁边区各级参议会选举条例第二条规定：“采取普遍、直接、平等、无记名的投票选举制。”

所谓普遍，根据选举条例规定，除极少数卖国贼、依法被剥夺公民权的犯罪分子和神经病患者没有选举权外，“凡居住边区境内的人民，年满十八岁，不分阶级、党派、职业、男女、宗教、民族、财产和文化程度的差别，都有选举权和被选举权。”在边区境内，工人、农民有选举权，抗日的地主、资本家也享有选举权利，共产党以外的其他抗日党派如国民党也有合法活动的权利。如靖边县一个乡，选出三十二个参议员，其中雇农六人，贫农六人，中农十四人，富农二人，地主四人。清涧城关各保共选一百五十一人，其中共产党员二十七人，国民党员十六人。边区各地选举都执行了这条规定，从而团结了各抗日阶

① 《列宁选集》第三卷第 211 页。

级、党派，调动了他们抗日的积极性。

所谓直接，根据选举条例规定，每二十人至六十人的居民小组，选举乡、市参议员一人；居民四百至八百人，选举县参议员一人；居民八千人，选举边区参议员一人。各级参议员都由选民直接选举产生。这样，选民熟悉代表，便于直接监督他们，密切了各级政府和人民的联系。

所谓平等，是每个选民只投一票，其效力都是一样的。在边区，工人和农民在选举代表的人数比例上没有差别，也保障了男女平等和民族平等。在一九四一年各级参议会选举中，妇女当选人数都占有一定比例，如延安县共选议员八十二人，其中女议员十八人，占参议员总数的百分之二十二。庆阳县桐川区一八七名议员，妇女占二十六名，占议员百分之十四。延安县东二区十九岁的乔桂英当选为女乡长，二十四岁的邵清华，被选为安塞县长，成为边区第一位女县长。

在陕甘宁边区的选举中，对蒙、回等少数民族，不仅有着与汉族平等的权利，而且在选举区域和选举参议员的人数比例上都有特殊的照顾。少数民族选举以各级参议会的地区为选举单位。如一九三九年曾借边区回民救国代表大会第二次会议开会的机会，选出回民的边区参议员。少数民族选举，不足法定人数而达乡、市选举人数的五分之一，县市的七分之一，边区的八分之一的居民就可单独举行民族选举，选出各级参议员一人，使各级参议会中都有其代表，以保障少数民族的特殊利益。

所谓无记名，也叫“秘密”投票，是为了保证选举人凭着自己的意愿进行选举的自由。在边区，适应选民不同的文化程度，采取了不同方式。识字多的，采用写票法；识字不多的，采用划圈、划杠、划点的方法；不识字的，采用烧洞法和投豆法。如在延安市东区一行政村的选民大会上，主席团向大家介绍候选人后，每个选民拿一根香火，对选票上自己认为“公平”、“可信赖”的人的名字下面烧个洞。有的选民唯恐别人看到，便到僻静的角落去认真思考，审慎选举着为大家办事的好人。觉悟了的人民，就是这样认真地对待着自己的民主权利。

陕甘宁边区政权是一切赞成抗日又赞成民主的人们的政权，是几个革命阶级联合起来对于汉奸反动派的民主专政。采用普遍、直接、平等、无记名投票的选举制度，是体现抗日民主政权的性质，适应抗日战争需要的，是中华苏维埃时期选举制度的继承和发展，在我国历史上是最进步最民主的选举制度。北洋军阀和蒋介石都办过选举，蒋介石还标榜实行“普遍、平等、直接、无记名投票”的选举制度，实际是挂民主宪政的羊头，卖一党专政的狗肉，欺骗和愚弄人民，掩盖其大地主大资产阶级独裁专制的实质。

保障人民当家作主权利的几项重大选举措施

一、民主的基础是搞好基层选举

毛主席在第二次全国苏维埃代表大会上指出：“我们的民主，见之市与乡的代表会议。

市乡代表会议，是密切接近于广大群众之机关。”“一切政府工作的实际执行，都在乡与市。”这就说明，下面的基础打得深厚而坚实，民主政治力量才能充分地发挥出来，所以要特别注意乡、市民主。毛主席把民主的基础放在基层，这在中国政治史上是创举。遵照毛主席的这一教导，作为民主政治第一位的选举，同样要把工作重点放在基层。

陕甘宁边区政府是怎样保证搞好乡、市民主选举的呢？

首先，以居民小组划分选区，便于人民选举。选举条例规定“乡市（或等于区的市）参议员的选举单位为居民小组。”这样，按住所接近划分居民小组为选举单位，开会便当，方便选民。延安县一至四乡的选举，选民到会都达百分之八十五以上。每个居民小组选举一名参议员，使参议员与自己管理的居民形成固定的联系，居民有意见可随时找参议员，参议员也便于领导居民进行工作。这样的乡、市参议会等于全体居民大会，使政府工作的基础深深扎根于群众之中。

其次，组织选举委员会，领导人民搞好选举。为了加强选举的领导工作，选举条例规定，必须组成各级选举委员会。根据选委会应由政府及群众团体代表组成的原则，乡、市选举委员会由五至七人组成。

选委会的任务是：组织宣传，划分居民小组，酝酿提名候选人，登记居民与选民名单，审查选民资格，张榜公布，解答选举中提出的疑难问题，领导人民与以威胁利诱等手段妨害选举的行为作斗争。

在选民榜公布后，群众争相围看，也会提出一些问题，如某乡第一居民小组提出：张××是地主，陈××是富农，不该有选举权；乡党支部提的候选名单中有非党员，是否搞错了，应该纠正等。该乡选委会答复说：选举条例规定，只要不是汉奸卖国贼都有选举权与被选举权，都有竞选自由，政府不能禁止；现在的政权，各抗日阶级和党派都可参加。党中央决定，共产党员在民意机关和政府机关中只占三分之一，因此本乡党支部提非党候选人，不是弄错了，是应该这样做的。这样，既宣传了政策，提高了群众，又保证了选举。

再次，乡、市议行合一，促进人民搞好选举。乡、市参议会与边区、县参议会不同，既是议事机关又是办事机关。议员不仅是议，而且要领导所属居民去做，还可直接担任行政职务。在乡、市政府下，设立各种委员会，吸收积极分子参加工作，使政府与人民打成一片。这种乡、市政权议行合一的制度，促使乡、市选举办得更好，一方面，人民在选举参议员时，特别慎重，害怕人选不当，贻误政府工作，人民利益受损失。另一方面，被选出的参议员感到议行集于一身，责任重大，亦能更好履行人民公仆的职责。

二、选举的关键是搞好人民对政府人员的批评和监督

“放手发动群众，检查政府工作和人员”是陕甘宁边区选举运动的基本方针之一。边区政府是人民的，边区人民是主人。人民有权利按期检查政府的工作，选举和罢免政府工作

人员；政府工作人员有义务按期向人民报告工作，请人民检查评判。通过检查，发现问题，改进工作；通过检查，识别人员，整顿作风，使政府能够更好地联系群众。这样，在选举中彻底地检查政府的工作和人员，就奠定了改进政府工作和选举好人的基础，因而是选举过程中的关键。

在历次选举运动中，边区政府紧紧抓住了这个关键，采取了如下步骤：

第一，政府认真报告，群众热烈讨论。1941年边区政府在选举指示信上说："老百姓选举议会，议会选举政府，现在政府做了些什么工作？老百姓给你的任务完成了没有？优点在哪里缺点在哪里？要很具体地报告出来，请老百姓检阅。"政府工作报告须在选举前提出，边区和县的工作报告印成小册子或登报，与群众见面；乡的工作报告由乡长分村召集群众大会报告。报告要明白具体，忠实无欺，好的不夸，坏的不瞒，摆在群众面前，请他们评判。干部中，如有强迫命令、耍私情、搞特权的，应尽量说出，要求群众无情地揭发与追究。报告后，各级党组织和群众团体，要采取各种方式，充分发动群众进行讨论。在讨论中是既有接受，也有批评；既有复述，也有建议，生动具体，不流于形式。

第二，群众敢于监督批评，干部虚心接受意见。革命后，由于实行民主政治，封建专制思想的影响有所克服，但是"封建时代独裁专断的恶习惯深中于群众乃至一般党员的头脑中，一时扫除不净，遇事贪图便利，不喜欢麻烦的民主制度"②。在文化比较落后的陕甘宁边区，干部中，主要是"怕民主"，"不喜欢民主"；群众中，主要是存在"怕官"、"怕惹人"、"怕不顶事"的思想。要搞好这项工作，必须克服存在于群众、特别是干部中的思想障碍。为此，首先要求干部利用开会、工作报告、漫谈、访问等一切机会主动接触群众，诚恳地检查自己的错误和缺点，虚心地接受群众的批评指责。对群众的意见，无论对与不对，都不能耍态度，对的诚恳接受，加以改进，不对的也要和气的根据事实加以解释。好干部受表扬，有错误的受批评，坏的被罢免，边区的民主生活就是这样生气勃勃。在1941年各级选举中，延安北一区政府的工作，受到选民热烈称赞。清涧县乡选，有的乡长在工作报告中稍有马虎，群众当即大胆质问。如店子沟区四乡乡长把乡学修理费一百七十元，误算在乡教育经费内，群众追问为什么教育经费多用了一百七十元？乡是这样，在县上也是如此，志丹县县长报告工作后，群众在讨论中说："县长工作可是还好。"但有人说："我有一个意见，县长回家太多，和老百姓不接近，我看是脱离群众。"一个叫吕迎祥的妇女说："我第一要批评县长和保安科秘书一样，常和婆姨矛盾，婆姨汉汉不讲亲爱，我看这真麻达，没有起模范；还有第二是县长婆姨和保安科秘书的婆姨，一天到晚酸醋样骂架子，和老百姓婆姨发生无原则纠纷，我看这也没起模范。我建议我们的女议员要提一条'夫妻亲爱，妇女团结'的议案才好。"群众大胆批评县长，是人民敢于当家作主的大好事，应该大大提倡。

---

② 《毛泽东选集》合订本第71页。

毛主席指出：谁犯了官僚主义，不去解决群众的问题，骂群众，压群众，总是不改，群众就有理由把他革掉。陕甘宁边区就是这样做的。如子长县东一区一乡乡长杨××和指导员史××，对群众的公粮负担，根据他们招待的好坏派摊；要私情，把一百二十垧公地给亲属种；变卖代耕粮四千九百元，准备自家过年用；下乡时让自卫军带着绳子跟在身后，谁不听话就捆绑起来；农民杨某给他们做工、不给工钱，还威胁提意见的群众说："官向官，民向民，和尚向的是出家人。"并扬言"你们就是告到上边，也没有你们的光沾"。在选举中，群众进行了揭发批判，并罢了他们的官。大家高兴地说："共产党是青天，可是他们俩硬要用手来遮天，这怎能成。"这充分说明"干部成分虽好，而在不民主的作风中，可以变为坏干部，新恶霸"③。同时也可看出，只要人民真正有了权，又知道行使权力，就不会被坏人和野心家篡窃政权。

第三，人民提出提案，政府切实执行。在讨论政府工作报告中，人民提出许多意见，经过综合、补充、修正变成提案，成为选民对参议员的指令。经参议员提到参议会上讨论，一经通过形成决议案，即作为政府今后工作的指示。米脂士绅参议员李鼎铭先生在第二届边区参议会上提出了"精兵简政"的提案，毛主席十分重视，一字一句地抄在本子上，还加了一段批语：这办法很好，恰恰是改造我们机关官僚主义、形式主义的对症药。他提得好，对人民有好处，边区参议会就通过了。边区政府曾三次提出方案，认真贯彻执行。凡是群众所提的问题，特别是同他们切身利益有关的问题，只要能解决的，边区各级政府都及时设法解决，决不拖延。如延安市议员老廪生吴汉章对新华木工厂占群众水井修厕所很有意见，新选的延安市政府委员会第一次会议就做出决定：派员调查此案，如属实，定予严办。

三、保障人民提候选人和投票的自由权利

为了贯彻陕甘宁边区"自由选举，选举好人"的原则，充分反映人民的意志，各级参议员候选人名单，除各抗日党派、各群众团体提出外，选民均有提名的权利。开始规定一人提议，十人附议，即可列入候选名单，后在乡、市取消十人附议的限制，仅规定县和边区参议员之候选人由选民十人和二十人以上联合提出。候选人提出后，须经选民充分酝酿讨论，表决选出正式候选人，以便使选民认真而周详地识别和选择人才。人民认识到选举是把自己的权利委托给谁行使的大问题，因而在选举什么人的问题上能够出以公心，非常慎重。讨论候选人名单时，群众对候选人革命是否积极，办事是否公正，十分重视。当有人提一位农村妇女的丈夫当候选人时，她说："我的男人抽烟（鸦片烟），很不好，选了他一定会误公。"到了投票选举的关键时刻，选民们也是丝毫不苟的。他们十分珍视自己的民主权利，严肃认真地对待自己神圣的一票。延安市东区乡选中，一位选民发现自己投票选

③ 谢觉哉同志日记摘抄，转引自《人民日报》（一九七八年十一月二十七日）。

了一个不称心的人，想修改也不可能了，他便懊恼地向别人诉说，他“干了一件错事”。

人民行使提候选人的自由权利不是没有斗争的。如合水县埝子区区委书记念群众提的候选人名单时，只念共产党员，不念其他候选人，群众当场质问：“选举是政府选呢？还是老百姓选？”对于任何违反选举政策的行为，不论是谁，人民都是毫不客气地给以严肃的批评。根据选举条例规定，对于以威胁利诱等舞弊行为妨害选举自由者，选民有权向司法机关告发，政府及选举委员会有权制止其行为，并将当事人参加人提交法院依法惩处。

边区政府为了实现选举自由，在选举经费和物质上提供充分的保证，这在旧中国和资本主义国家是根本办不到的。

由于边区政府保证了人民提候选人和选举投票的自由权利，把蕴藏于人民之中的民主要求激发出来了，形成了选举热潮。第一届参议会选举，全边区的选民，平均百分之七十以上参加了投票，延安各区在百分之八十以上，而北一区全体选民参加了选举。到第二届参议会选举时，选民参加选举更热烈了，平均达到百分之八十，绥德、清涧、延川各县则在百分之九十左右。

边区轰轰烈烈的选举运动，教育了人民，赢得了人民，也影响到国民党统治区，镇原县国民党统治的南山区人民，跑过来看选举，对搞选举的同志说：“你们八路军怎么不过去，你们选乡长，我们的保长把人整死了！”陕甘宁边区民主选举，使国民党统治区受压迫受剥削的人民，看到了民主的曙光，看到了解放的希望。

四、保障人民竞选自由的权利

选举条例规定：“各抗日党派，抗日群众团体，可提出候选名单及竞选政纲，进行竞选运动，在不妨害选举秩序下，不得加以干涉和阻止。”

抗日民主政权是民族统一战线的政权，“不论政府机关和民意机关，均要吸引那些不积极反共的小资产阶级、民族资产阶级和开明绅士的代表参加。必须容许不反共的国民党员参加。在民意机关中也可以容许少数右派分子参加。切忌我党包办一切”④。在选举时，共产党、国民党及其他抗日党派；工会、农民救国会、青年救国会、商会、妇联及其他抗日团体，都可以提出候选人及竞选政纲，由人民选择取舍。竞选主要靠自己主张的正确，人选的得当，而不是靠枪靠势力。这样，既可提高人民对政治的认识，又能促进政治的改进，使民主更加发扬。

1941年选举边区由上层到基层，从城镇到乡村，从共产党到其他抗日党派，从干部到工农群众都卷进了竞选热潮。抗大、鲁艺等八院校竞选边区参议员，八位候选人参加。会场情绪热烈，气氛活跃。郭化若等八位候选人先后由本人或代表发表竞选演说，周扬同志

④ 《毛泽东选集》合订本第724页。

最后走上讲台，他汇报了自己负责教育工作的成绩后说："我是共产党员，我没有旁的，就是要为实现党的边区施政纲领而奋斗到底。"选举结果，郭化若同志以研究军事理论成绩显著，主张增加教育经费，奖励研究科学和提倡文化艺术等而当选为正式参议员，周扬同志当选为后补议员。不仅共产党有竞选的自由，其他抗日党派也参加了竞选。米脂县选举委员会委员，国民党县党部书记长朱××说："中共所提施政纲领是一完整的施政方针，各阶级利益都顾到，和本党的抗战建国纲领原则上都相同，所以这次不准备提出新的方针，只要实行中共的施政纲领就好了。"竞选运动也在偏僻的乡村中展开，如绥德县第四保人民参加竞选，在选举大会上，除选民替别人竞选外，一个农民自己竞选说："我没念过书，我啥也解不下，但我做事公道、公平。"接着，一位妇女也出来竞选说："妇女受压迫，如果大家选了我，我一定替妇女办事。"在边区许多文化落后的山村，竞选活动都能如此活跃，这就有力的驳斥了独夫民贼蒋介石说的，老百姓没文化，不能实行民主，需要他来"训"的无耻谰言。

党的领导是搞好选举工作的根本保证

毛主席说："所谓领导权，不是要一天到晚当作口号去高喊，也不是盛气凌人地要人家服从我们，而是以党的正确政策和自己的模范工作，说服和教育党外人士，使他们愿意接受我们的建议。"⑤ 在选举工作中，党的领导主要是贯彻党的"三三制"政策和发挥党员在选举工作中的模范作用。

中共中央陕甘宁边区施政纲领第五条："本党愿与各党各派及一切群众团体进行选举联盟，并在候选名单中确定共产党员只占三分之一，以便各党各派及无党无派人士均能参加边区民意机关之活动与边区行政之管理。在共产党员被选为某一行政机关之主管人员时，应该保证该机关之职员有三分之二为党外人士充任。共产党员应与这些党外人士实行民主合作，不得一意孤行，把持包办。"第二届边区参议会选举，二十二个县完全实行了"三三制"，经过土改各县的乡选，共产党员所占比例也接近三分之一。由于"三三制"的实行，使许多党外人士在民意机关和政府中有了说话做事的机会，加强了边区各阶层的抗日团结，密切了政府与群众的联系，调动了广大人民抗日的积极性，巩固了抗日民族统一战线政权。

为保证"三三制"原则的实行，各级党组织提候选名单时，不仅提党员，而且也提其他抗日党派和无党派人士，在候选和当选人员中党员超过三分之一时，即申请退出。第二届边区参议会常驻议员候选名单五十一人，因党员人数多，王世泰、萧劲光等六同志即主动要求退出；政府委员候选人三十九人，共产党员超过了三分之一，谢觉哉、王维舟、马锡五、马文瑞等十二位同志申请退出。党外人士贺连诚老先生赞许地说："在选举边区政府时，因共产党员在十八位委员中多占了一名，于是全国闻名的徐老就自动退出了。"在各级

⑤ 《毛泽东选集》合订本第700页。

参议会和政府中，共产党员都能模范地执行党的各项政策，尊重党外人士的意见和职权，真诚合作，搞好工作，团结抗日。由于我党对于民主合作完全出于至诚，使许多党外人士深受感动。自辛亥革命以来不断参加民主运动，又屡遭失望的马醒民老先生说："对于边区这次选举运动，最初以为也不过如此，后来我当了边区参议员，我还以为开参议会恐怕也就是马马虎虎那么一回事，当我听了毛主席在参议会的演说，再看看边区参议会的事实，我完全相信，中国有了真正的民主政治。"

在选举的整个过程中，各级党组织要宣传群众、组织群众认真讨论政府工作报告和候选人，发动群众竞选。特别是当时的基层党组织，发挥了战斗堡垒作用，保证了自由选举和选举好人。党还有领导群众与各种妨碍和破坏选举的思想和行为作斗争，以保证选举工作的胜利完成。在选举中，我们党对各抗日党派和各抗日群众团体，主动提供物质条件，如国民党肤施县党部在延安公开出版三四种壁报，予以保护。我党的印刷厂也为他们印刷传单，帮助他们竞选。

陕甘宁边区在抗日战争和物质生活极端困难的条件下，为什么会出现民主政治和选举史上空前生动活泼的局面呢？

最根本的是在党的领导和教育下，边区的干部把自己真正当成人民的公仆，人民把自己当成国家的主人。人民和干部从政治到经济，从工作到生活，血肉相连，融为一体，为完成伟大的民族抗日战争的神圣任务而共同奋斗。

陕甘宁边区政府在政治与工作上有着优良的民主作风和民主制度，它教育政务人员：坚持民主集中制，反对个人独断，实事求是，调查研究；爱护群众，密切联系群众；公正廉洁，奉公守法，并公布了《陕甘宁边区政务人员公约》，要求人人遵守。应该指出的是，边区干部的民主作风，是建立在由法律规定的一系列民主制度的基础上的，而作为民主制度最基本一环的选举制度则保障人民有权管理国家政权，选举、监督和罢免任何政务人员，防止他们"从社会公仆变成社会主人"，从人民的勤务员变成人民的老爷。我们有极少数的干部在国民党统治时积极争民主，一旦自己掌了权，又不给人民以民主，自己搞特权，专横跋扈，他们在不民主的作风中，有可能走向自己的反面，为人民所唾弃，在选举中被罢免。这是值得我们永远汲取的深刻的历史教训。

边区各级政府在经济生活上是平民化的，上至边区政府主席，下至乡长，每天一斤四两小米，七分柴菜钱，每月一至三元津贴费。一般地说，老百姓的生活比党政工作人员的生活好得多，干部还以参加生产等办法减轻人民的负担。边区绝大多数工作人员都抱着全心全意为人民服务，"勤劳在先，享受在后"，奋不顾身，革命到底的坚强信念对待人民赋予的权力，把滥用职权以营私当成最大的耻辱。因此，干部爱人民，人民爱干部，水乳交融，鱼水情深。绥德的劳动人民曾满怀深情地对干部说："你们为啥不派点款，难道你们的最低生活，我们都不能负担？"有些外国参观者实际看了这种情形，赞叹地说："天下竟有这样的官，官民接触，全无隔阂。"朱总司令当年曾写一首七律《步董必武同志原韵》："历年征战未离鞍，赢得边区老少安。耕者有田风俗厚，仁人施政法刑宽。实行民主真行宪，只见公仆不见官。陕北齐声歌解放，丰衣足食万家欢。”这就是当时情况的写照。这种干部与群众同甘共苦，艰苦奋斗的延安精神，是永远值得我们继承和发扬的。

当前，我国人民面临着社会主义现代化建设的艰巨而光荣的历史任务，为了充分调动广大人民社会主义建设的积极性、创造性，团结一致干四化，认真学习和研究陕甘宁边区的选举制度和实践，继承和发扬陕甘宁边区优良的民主制度和民主作风的光荣传统，对于认真贯彻新宪法和新选举法，发扬社会主义民主，加强社会主义法制，批判林彪、“四人帮”推行法西斯封建专制主义，肆意践踏社会主义民主，破坏选举制度的罪行，保障实行人民当家做主的权利，巩固无产阶级专政，有着极其重大而深远的历史意义和现实意义。

林榕年

略谈法律的继承性*

简介

林榕年，1928 年 5 月出生，中国人民大学法学院教授。

主要学术经历：1949 年 9 月，中国政法大学三部学员；1950 年 3 月，中国人民大学法律系本科生、研究生。同年底调任中国人民大学法律系法制史教研室教师，历任讲师、副教授、教授，曾任中国人民大学法律系法制史教研室主任、汕头大学法律系主任。

主要社会兼职：全国外国法制史研究会顾问，曾任中国法律史学会副会长、全国外国法制史研究会会长。

研究方向：外国法制史、罗马法、大陆法、英美法等。

主要成果：《外国法制史讲义》（三卷本），编著，内部交流教材，中国人民大学出版社 1980 年版；《外国法制史》，统编教材，副主编，北京大学出版社 1982 年版；《外国法制史新编》，统编教材，主编，群众出版社 1994 年版；《外国法制史》，“十五”、“十一五”国家级规划教材，主编，中国人民大学出版社 2003、2007 年版；《谈人权问题》、《陪审制度的起源》、《民主是个过程》、《外国法制史研究中的几个问题》、《罗马法的接受和影响》等论文数十篇。

* 原发表于《法学研究》，1979（1）。

五十年代初，法学界曾经对法律有无继承性问题展开过热烈的讨论，或说有，或说无，各抒己见，其中难免有些错误观点，例如把法律说成是超阶级的，认为剥削阶级某些法律不仅反映压迫阶级的意志，也反映被压迫阶级的意志。但总的说来，讨论的气氛是健康的，思想是活跃的。

可是后来，却出现了一种奇怪现象。凡是主张法律有继承性的，都被说成“旧法观点”。“文化大革命”中，又对一些曾经主张法律有继承性的同志进行批判。法学研究成为一潭死水，法律继承性问题成了不可逾越的“禁区”，为了加强对中外历史上法律文献的研究，达到“古为今用”、“洋为中用”的目的，重新探讨法律继承性问题有着现实意义。这里提出几点看法，和同志们商榷。

（一）

讨论法律有无继承性，首先应给继承性确定一个明晰的概念。否则众说不一，解决不了问题。这里讨论的继承性，不是指死者将生前的财产转归继承人所有的法律关系上的继承，即财产所有权的主体更换了，而财产本身的属性和特征，却原封不变。本文所说的继承性，是唯物辩证法讲的批判地继承，亦即相互联系的新旧事物在其交替过程中，新事物在否定旧事物的前提下，肯定并吸收、利用旧事物的一部分内容作为自己的组成部分。马克思和恩格斯曾经说过：“历史不外是各个世代的依次交替。每一代都利用以前各代遗留下来的材料、资金和生产力；由于这个缘故，每一代一方面在完全改变了的条件下继续从事先辈的活动，另一方面又通过完全改变了的活动来改变旧的条件。”[①] 马克思和恩格斯这段精辟论述，清楚地阐明了批判继承的涵义。第一，各个世代依次交替的继承性乃是社会发展的客观规律；第二，每一代又必须是对前一代的否定，即批判地继承；第三，经过批判继承下来的东西，不应当是原封不动的，而应当是“通过完全改变了的活动”来改变旧事物的属性和特征。恩格斯还说过：“在辩证法中，否定不是简单地说不，或宣布某一事物不存在，或用任何一种方法把它消灭”[②]，而是说“每一种事物都有它的特殊的否定方式，经过这样的否定，它同时就获得发展，每一种观念和概念也是如此”[③]。可见唯物辩证法所说的继承，也就是通常所说的扬弃。就是说既否定又保留。通过这种继承，不但使旧事物失去原来的属性，而且按照新时期的要求对旧事物加以改造，去其糟粕、取其精华，赋予新的内容和意义。

（二）

讨论法律有无继承性，主要是讨论无产阶级对剥削阶级的法律能否批判继承的问题，

① 《马克思恩格斯全集》，第3卷，51页。
② 《反杜林论》，单行本，139页。
③ 同上书，140页。

至于剥削阶级类型的法律之间、或劳动人民制定的法律之间能否继承的问题，向来没有引起过争论。

法律是统治阶级意志的体现，是由国家制定并以国家权力强使人们遵守的行为规范。它和国家一样，是统治阶级实行阶级统治的重要工具。它具有鲜明的、强烈的阶级性。

那么，作为体现剥削阶级意志的法律，无产阶级可不可以当作文化遗产批判地继承呢？有些同志认为，法律既然是统治阶级意志和利益的反映，因而也就没有新法继承旧法可言，哪怕是一点点也不行。这种看法是不正确的。

按照马克思主义的基本原理，文化本身，包括上层建筑，即政治的、法律的、哲学的、艺术的、宗教的、道德的等等观点，以及与这些观点相适应的政治、法律等制度。法律观点与其相适应的法律制度，是上层建筑的一个重要组成部分，也是属于文化范畴。列宁指出："无产阶级文化并不是从天上掉下来的，……无产阶级文化应当是人类在资本主义社会、地主社会和官僚社会压迫下创造出来的全部知识发展的必然结果。"④ 列宁在这里所讲的人类的全部知识，显然包括法律知识。人们通常所说的文化典籍，其中就包括各种各样的法典。

文化遗产除了语言、文字等外都具有阶级性。诚然，法律比哲学、宗教、道德等具有更加鲜明的阶级性。但是，任何统治阶级的思想都不外是统治阶级借以维护其政治统治和经济利益的工具。事实上，道德、哲学、宗教等等，也经常作为法律制裁的补充手段，被历代剥削阶级结合着使用。既然如此，有什么理由把法学遗产置于文化遗产之外，而不能批判地继承呢？

还有一种主张认为，对剥削阶级的法律只能批判继承它的形式、名词和术语，不能批判继承它的内容。这也是说不通的。一定的内容总是通过一定的形式表现出来，一定的形式又总是由一定的内容所规定，并为一定的内容服务的。两者不能截然分开。例如资产阶级宪法和法律规定的公民的各种权利，罪刑法定、公开审判、辩护制度、陪审制度等等法律规范，都涉及实体法或程序法的法律内容，而这些内容又都是条文化了的。条文就是法律的形式，怎么能够把法律规范和法律条文截然分开呢？持这种主张的同志显然是把法律条文所确定的法律规范和这些法律规范所具有的阶级属性两者相混淆了。法律条文所确定的法律规范是指人们在一定的法律关系当中应做什么，不应做什么，它对每一个人都有约束力；而法律规范所具有的阶级属性则是指法律和法律规范由哪个阶级制定，体现哪个阶级的意志和根本利益。两者的提法不同，回答的问题也不同。我们说剥削阶级的法律可以批判地继承，是指剥削阶级法律的一部分规范和形式而言的，不是指体现在这些规范和形式之中的剥削阶级意志。对于剥削阶级的意志，不管它体现在法律之中还是体现在哲学、宗教、道德之中，都只能批判，不能继承。然而这是不是就等于说剥削阶级的法律中不可能具有一定的客观性、合理性和有益于无产阶级的内容，可以被无产阶级批判地吸收和利

---

④ 《列宁选集》，第4卷，367页。

用呢？显然不是这样。列宁在《给德·伊·库尔斯基的信》里，曾就制定苏维埃民法典是否应当批判地继承资产阶级法律中的某些内容，作过明确的指示，列宁指出："凡是西欧各国文献和经验中所有保护劳动人民利益的东西，都一定要吸收。"⑤ 就是说不仅资产阶级法律的某些形式，而且资产阶级法律中包含的某些内容，即某些具体规范，有"保护劳动人民利益的东西"，都是可以批判继承的。我们在考察历史运动时就会看到，当封建制代替奴隶制，资本主义代替封建制时，封建地主阶级和资产阶级属于进步阶级。它们所代表的生产关系，它们的阶级要求，是符合当时历史发展规律的。仅就它们对抗旧的反动阶级这一点来说，从一开始就不是作为一个阶级，而是作为全社会的代表出现的。它们尽量把自己的利益说成是全社会的共同利益，把自己的思想描绘成唯一合理的、具有普遍意义的思想，从而也就使它们赢得了胜利。正像马克思、恩格斯所说："它之所以能这样做，是因为它的利益在开始时的确同其余一切非统治阶级的共同利益还有更多的联系，在当时存在的那些关系的压力下还来不及发展为特殊阶级的特殊利益。因此，这一阶级的胜利对于其他未能争得统治的阶级中的许多个人说来也是有利的……"⑥ 法律是一定时期阶级斗争的结局和力量对比的表现。因此，剥削阶级在其上升和兴盛时期的法律思想和法律制度的一部分内容，是具有一定的客观性、合理性，同时也符合劳动人民的某些利益的。对于这些，无产阶级当然可以作为珍贵的文化遗产给予批判地继承。

事实上，中国历史上有许多有价值的法学遗产和法律制度是可以被我们批判地吸收和利用的。例如，春秋战国时期，新兴地主阶级的代表法家在反对奴隶主贵族特权的斗争中，提出法律面前贵贱平等的思想。韩非说："刑过不避大臣、赏善不遗匹夫"，"法不阿贵，绳不挠曲，法之所加，智者弗能辞，勇者弗敢争"（《韩非子·有度》）。商鞅说："刑无等级，自卿相将军以至大夫庶人，有不从王令，犯国禁，乱上制者，罪死不赦"（《商君书·赏刑》）。强调法律的稳定性和严肃性，"有敢剟定法令，损益一字以上，罪死不赦"（《商君书·定分》），"守法守职之吏有不行王法者，罪死不赦、刑及三族"（《商君书·赏刑》），贯彻"法之不行、自上犯之"的主张，在太子（秦惠王）犯法时，刑及师傅公子虔和公孙贾（《史记·商君列传》）。又如，早在公元前一千多年的周朝，便在司法实践中提出了故意（非眚）和过失（眚），一贯（惟终）和偶犯（非终）的概念，并且采取区别对待的原则：过失和偶犯，减刑；故意和一贯，"则不可不杀"。此外，无论中国或外国，在调整中央和地方的关系方面，在国家机关之间的分工和管理体制方面，在知法、执法、守法和量刑尺度等方面，都有一系列的立法，其中可以吸取的东西也是很多的。西方资产阶级在革命胜利后颁布的宪法和法律中有关"主权在民"，"公民在法律面前一律平等"，"法官独立审判，只服从法律"等原则，以及代议制度、普选制度、辩护制度、陪审制度等等，虽然是资产阶级性质的，对劳动人民不免流于形式，但对我国的法制建设，仍然可以参考借鉴。我们

⑤ 《列宁全集》，第33卷，173页。

⑥ 《马克思恩格斯选集》，第1卷，54页。

绝不能像林彪、“四人帮”那样搞历史虚无主义。

（三）

讨论法律有无继承性，还应该讨论没落时期剥削阶级的法律能否批判继承。这是一个不能回避而至今仍使一些同志心有余悸的问题。因此，把这一问题讨论清楚，对于解放思想，活跃法学研究，完整、准确地理解马列主义、毛泽东思想关于法学的理论，促进法制建设的发展，更有现实意义。

毛主席说：“革命的专政和反革命的专政，性质是相反的，而前者是从后者学来的。这个学习很要紧。”“即以其人之道，还治其人之身。”⑦ 这就为我们批判继承没落时期剥削阶级的法律思想和法律制度提供了理论根据。阶级斗争的实践证明，剥削阶级总是采取一切手段镇压被剥削阶级的。所以我们也要用剥削阶级所使用过的一些手段去镇压他们。这里人们必然会联想到关于废除国民党伪法统和批判继承旧法的关系问题。

国民党的伪法统是上升为法律的帝国主义、封建主义、官僚资本主义反动统治阶级的意志。它集中体现在国民党政府颁布的《六法全书》之中。中国共产党领导的中国人民革命，就是要推翻压在中国人民头上的“三座大山”，建设社会主义的新中国。毫无疑义，中国革命取得胜利后，必须打碎国民党反动派的国家机器，彻底废除伪法统。因此，一九四九年二月，中共中央发布的《关于废除国民党的〈六法全书〉与确定解放区的司法原则的指示》，是非常及时的、完全正确的。但是《指示》强调的是废除《六法全书》所集中反映的反动统治阶级意志，即伪法统，批判《六法全书》的反动性、虚伪性，反对原封不动地援引和照搬，并没有提出对《六法全书》中的具体规范能否批判继承的问题。必须看到，在推翻国民党反动统治之后，在立足于总结我国革命实践经验的基础上，根据革命需要，对中外法律文献（包括《六法全书》）某些有用的东西加以批判地吸收、改造和利用，就已经赋予了这些东西以新的内容，使之转化为无产阶级法律的一部分，体现了无产阶级的意志，成为无产阶级的革命法统。

还应该看到，没落时期的剥削阶级法律，是从兴盛时期的法律发展和延续下来的，也不可能把原来的一些有客观性、合理性的内容全部丢掉。就以《六法全书》来说，其中有些规范和条文是直接从欧洲、日本照搬过来的，其中有一些可追溯到十八、十九世纪资产阶级革命时期的立法中去。现在西方国家中的许多国家早就是帝国主义国家，但他们的一些法律制度，特别是一些经济立法，如合同制，企业经营管理，岗位责任制，环境保护，资源保护，以及一些属于科技范围的度量衡、卫生、交通规则、商品检验等等，很有必要深入研究，根据需要接收过来，注入新的内容，为我所用。

总之，我们应当根据马列主义的原则，结合我国的具体实践，敢于批判地继承中外几千年历史发展中许多有价值的法学和法律遗产，创造出具有中国特色的社会主义法律体系，为巩固无产阶级专政和实现四个现代化服务。

⑦ 《毛泽东选集》，第4卷，1367页。

游绍尹

论秦律的阶级本质和基本内容*

简介

游绍尹，男，1928 年 11 月生，湖南新化人。1949 年 5 月任《奋生》杂志社副总编辑，1950～1951 年任中大校刊《中大生活》编辑，1952～1954 年在中原大学政法学院法律教研室任教。1954 年 9 月，赴中国人民大学攻读研究生。1956 年 7 月毕业后，在中南财经政法大学任教。1983 年晋升为教授。曾任湖北省法学会法理学法史学研究会理事长，中国法律史学会理事，湖北省社会科学规划学科组法学组副组长，武汉市政协委员兼法制委员会副主任等职。1993 年，享受国务院政府特殊津贴。

游绍尹教授主要研究领域为法制史以及古代中国法律文化。先后开设《民法基础》、《中国政治思想史》、《中国法制史》、《中国法律思想史》、《中国法制史史料学》课程。撰写的《中国政治法律制度简史》（古代部分）获湖北省首次社会科学优秀成果三等奖，主编的《中国法制通史》获湖北省首次省级社会科学优秀成果著作类三等奖，主编的《中国法制史》（副主编，群众出版社 1982 年版）获司法部部级优秀教材奖，主编的《法学概论》（山东人民出版社 1985 年版）获湖北省法学会优秀科研成果奖，主编的《新编法学词典》（副主编，山东人民出版社 1985 年版）获 1987 年全国优秀畅销书奖。此外，公开发表法史学论文数十篇。

* 原发表于《理论与实践》，1979（1）；本文是作者编写的《中国国家与法律制度史讲义》第二编第二章中的一节，发表时作者略有补充。

秦的法律，是著名的地主阶级政治家、法家代表人物商鞅等人制定的。唐人编纂的《晋书·刑法志》说："其文起自魏文侯师李悝。悝撰次诸国法，著《法经》"，有《盗》、《贼》、《囚》、《捕》、《杂》、《具》六篇，"商君受之以相秦"。商鞅变法时，改六法为六律，根据秦国的社会特点作了一些必要的补充，在巩固和发展新兴封建制度方面起了重大作用。秦始皇统一全国后，为了巩固统一的专制主义的封建国家，加强地主阶级对农民的统治，把秦国原有的法律加以修订和补充，颁行全国。"汉承秦制"，经过补充丰富之后，又成为萧何制订汉代九章律的基础。秦律对于后世封建法律的影响是深远的。

我国古代法律，能够完整保存下来的，以唐律为最早。隋代以前的律文，过去虽有人辑录研究，但所看到的都不过是零章断篇。在法律史上具有划时代意义的秦律，就已基本上佚失无存。一九七五年底，在湖北省云梦县睡虎地发掘出土了秦代竹简一千余支，内容大部分是秦的法律及文书，它是我国已发现的最古的内容比较系统、丰富的法律条文。这对于研究中国国家与法律制度史，确实是十分珍贵的材料。

这批秦简律文大体上可以分为三种：

第一种律的内容基本上与商鞅的六篇相合。它不仅有法律的本文，还有对法律本文的解释。

第二种律是关于农田、粮仓、货币、贸易、徭役、刑徒、狩猎等方面的律令，在每条简文后面都有律的名称，有《田律》、《厩苑律》、《仓律》、《金布律》、《工律》和《徭律》等，近二十个标题。

第三种律有《游士律》、《除吏律》、《除弟子律》等。

此外，还有治狱案例，有《穴盗》、《告子》、《告臣》、《黥妾》、《群盗》、《争牛》和《盗马》等二十多个标题，较详尽地记载了许多关于审讯、调查和法医检验等内容，还有《治狱》、《讯狱》和《封守》等治狱的原则。

秦朝的法律是极为严酷的。秦统一以后，秦始皇继承了法家"重刑轻罪"的传统，以严密的法条和残酷的刑罚，加强对广大人民的专制统治。在秦朝，无论生产或生活，行动或思想，莫不"皆有法式"，强迫人民无条件遵守。在统一的专制主义中央集权统治的秦朝，皇帝的命令是最基本的法律渊源，具有最高法律效力。这不仅表现了封建皇权的至高无上，同时也因为这些随时颁发的诏令，极便于维护地主阶级对农民的统治。以皇帝的诏令为国家最基本的法律渊源，是从秦朝确立的一直贯穿在我国封建法律发展中的一个基本特征。

下面我们根据云梦出土的秦律和古书上的零星记载，简要地谈谈秦律的阶级本质和基本内容。

一、保护封建土地私有制

毛主席曾经指出：在封建社会里，"封建的统治阶级——地主、贵族和皇帝，拥有最大部分的土地，而农民则很少土地，或者完全没有土地。”（《中国革命和中国共产党》）秦代的情况正是这样。秦自商鞅变法，废井田，开阡陌，确立了封建土地制度。同时颁行军功爵制度，培植地主阶级，扩大封建地主土地所有制。秦简中的“军爵律”就是关于军功爵的法律规定。律文强论说：“从军当以劳论及赐”。所谓“劳”即指军功，“论”即论功授爵，“赐”就是赏赐。赏赐什么？按照《商君书》的说法，“斩首一级，益田一顷，益宅九亩”（《境内》）。这样，谁对封建国家的军功大，爵位高，谁占有的土地就越多。在秦律的保障下，封建地主土地所有制得到了进一步发展。

公元前216年，秦始皇“令黔首自实田”，即命令有田的人向政府呈报占有土地的数额。这是在战国以来封建土地私有制发展的基础上，进一步在统一的全国范围内确认了封建土地私有制，从而为封建土地私有制的发展创造了更为有利的条件。

为了维护地主阶级对土地的占有，秦律不仅规定了详细的“盗律”条文，严禁对地主阶级私有财产的侵犯，而且还明文禁止对地主私有土地的侵犯。《法律问答》有一条律文：“盗徙封，赎耐。何如为封，封即田阡陌顷畔封也，且非是而盗徙之，赎耐，何重也？是不重。”意思是说，私自移动田界，要判处“耐”刑（剃去鬓发），但允许出钱赎罪。并强调指出这种惩罚“是不重”。显然，这条律文的主要精神，是保护封建土地私有制的。

二、采用强制手段把农民束缚在土地上，驱使农民耕作

在封建制度下，如果地主没有直接支配农民人格的权力，他们就不能强迫一家一户就是一个生产单位的个体农民。所以，地主阶级“从小农身上，榨取剩余劳动，就只有通过超经济的强制”（马克思：《资本论》，《马恩全集》，第25卷，第891页）。作为专政工具的封建法律，就是地主阶级实行超经济强制的重要手段。

秦律为了实现地主阶级对农民的剥削，采用强制手段把农民束缚在土地上，驱使农民耕作。商鞅变法明文规定：“使民无得擅徙”（《商君书·垦令》），不准农民自由迁徙。秦律对于脱籍逃亡的人，惩罚是很严酷的。如逃亡“六月而得”，“当耐”；男子逃亡，同背夫逃亡的女子结为夫妻，被扑获后，“当黥城旦舂”，即先在脸上刺字，然后，男的罚四年筑城的劳役，女的罚四年舂米的劳役。在严密的什伍组织中，实行连坐法。秦律中多处提到什伍组织，如《法律问答》：大夫以下，“当伍及人”，即都应当编入什伍组织；一人犯罪，“当坐伍人”，即其余四家都要连坐。丈夫犯罪，妻子连坐，等等。采用这种统治办法，加强了对个体农民的直接控制，使“奔亡者无所匿，迁徙者无所容”（《管子·禁藏》）。

为了榨取农民的剩余劳动，地主阶级用严刑酷罚驱使农民耕作。农民不耕作，被看作严重的违法行为，要受到法律的严厉制裁。秦简所抄引的魏《奔令》律有这样的条款：“叚门、逆旅、赘婿、后父，或率民不作，不治室屋，寡人弗欲，且杀之，不忍其宗族昆弟，

今遣从军”；劳动者如果不耕作，就要被处死，他们的宗族、昆弟也要受牵连。这当然决不是战国时魏国所仅有的现象。秦简抄引这条法律，正说明秦国也有这种现象，并袭用魏律加以惩处。依靠赏罚来驱使农民“治田勤谨”（李悝：《尽地力之教》），这是战国法治的重要内容，是商鞅变法以来秦律的传统规定，是秦国走向富强的一个重要原因。但是，赏也罢，罚也罢，其阶级实质都是为了保证实现地主阶级对农民剩余劳动的榨取。而所谓“赏”，则只能被认为是地主阶级在实行高压的同时，驱使农民的钓饵。

三、强迫农民缴纳贡税和从事无偿的劳役

“不但地主、贵族和皇室依靠剥削农民的地租过活，而且地主阶级的国家又强迫农民缴纳贡税，并强迫农民从事无偿的劳役，去养活一大群的国家官吏和主要地是为了镇压农民之用的军队。”（《中国革命和中国共产党》）秦律集中地反映了封建国家对农民的这种剥削，是秦代封建国家实现剥削的重要工具。

封建国家强迫农民缴纳的贡税，首先是田租（土地税）。秦律中的《田律》、《仓律》、《金布律》，就是有关田租剥削的法令。从秦律看，封建国家征收的田租，不仅有吃的，而且有穿的；不仅有禾稼，而且有刍（饲草）、稾（农作物杆子）。田租是按受田之数即占有土地的多少征收的，同时不管垦植未垦植，“顷入刍三石，稾二石”。入禾稼的数量，虽然尚未见到具体条款，但《仓律》规定“入禾稼、刍、稾”，要立即记入仓库账簿，并上报，可见征收禾稼也是律有明文的。《金布律》规定：“布袤八尺，幅广二尺五寸。布恶，其广袤不如式者，不行。”不仅对征收布的长度、宽度有明确要求，而且如果质量不好，长宽不合规格，就“不行”。田租对封建国家既如此重要，所以逃避田租是封建法律所不容的。秦简《法律问答》提到部佐“匿田”问题，指出：“已租诸民，弗言，为匿田。”意思是：已经征收农民田租，不向上报，叫做“匿田”。显然，秦律禁止部佐“匿田”，目的在于保证封建国家的田租收入。对于田租，除占有小块土地的自耕农民要缴纳外，拥有大量土地的地主也不例外。但是，“羊毛出在羊身上”，地主所纳田租实际上是地主从农民那里榨取来的地租的一部分，归根到底，田租是封建国家对农民的残酷剥削。

农民缴纳的贡税，除田租外还有户赋。秦律规定，男子成年，要向政府登记，分家另立户口，并缴纳“户赋”，否则就是“匿户”。所谓“匿户”，就是“弗令出户赋之谓也”（《法律问答》）。秦律对于隐瞒户口，逃避户赋，是要严加惩罚的。

农民除去贡税的负担外，还有劳役的重担。当时的劳役，有徭役和兵役两种。秦简中的《徭律》、《戍律》等，就是关于征发徭役和兵役的法律。秦代封建国家对农民的赋役剥削，以劳役为最重。据秦简《编年记》，男子十七岁要“傅”，即向政府登记；已经傅籍的男子，要按照规定服劳役，直到六十岁“免老”。男子到规定年龄“弗傅”，就是“匿户弗徭使”，要依法论处。服役农民要从事各种繁重的劳动，如筑城、挖壕、修筑宫殿、陵墓、官府和从事运输，等等。徭律规定，如果修筑的工程不满一年而毁坏，就要重新修筑，而不

计入服徭役的时间。农民在服徭役和兵役期间，必须自备衣服及费用。云梦睡虎地四号墓出土的两件木牍，是从军的黑夫和惊写的家信，信中向家里要衣服、丝布和钱，而且要得很急，连写三个“急”字，说如不寄来，“即死矣”。

凡朝廷征发徭役，官吏如果“乏弗行（耽搁不加征发），赀二甲；失期三日到五日，谇（斥责）；六日到旬，赀一盾；过旬，赀一甲”。在这种严厉督责之下，遇有徭役征发，官吏催逼农民就更加如狼似虎。对农民服徭役的规定就更加严苛。《法律问答》中有专门对“逋事”、“乏徭”的解释。所谓“逋事”，是指农民被派定徭役后逃亡的，“乏徭”是指农民已到达徭所之后逃亡的。遇到这种情况，“不会，笞五十（用荆条或竹板打脊背五十下）；未卒岁而得（不满一年而被捕获），笞当加不当？当”。法律条文规定得如此繁琐，正反映出地主阶级是严禁农民逃避徭役的。秦始皇三十三年，“发诸尝逋亡人，赘婿、贾人略取陆梁地”。这表明曾经有过逋亡行为的农民，只要封建国家需要，随时可以加以征发，由此可以看出法律对逋逃者的惩罚是十分严酷的。

秦代封建国家“戍徭不已”是当时“天下苦秦久矣”的重要内容，是爆发陈胜、吴广农民大起义的重要原因。

四、承认占有奴隶的合法性，把触犯封建法律的人没为官奴或罚作“徒隶”，作为强化封建统治的补充手段

秦律很多地方提到了奴隶，其中有官府奴隶，如“隶臣妾”、“隶臣”、“隶妾”；也有私人奴隶，如“人奴妾”、“臣妾”、“臣”。在官府奴隶中，既有官奴，又有大量的“徒隶”。没为官奴是终身为奴，“徒隶”则是有期限的。《法经》规定，凡是杀人犯或敢于议国法令者，都要按情节轻重“笈其家及其妻氏”为官奴。后来商鞅变法也有“事末利及怠而贫者，举以为收孥”的法令。所谓“举以为收孥”，即连同妻、子都没为官奴婢。在云梦秦律中也有类似的规定，对于某些杀人犯或盗窃犯，其家属也要被没为官奴。将有“罪”的平民转化为奴隶，这在奴隶制法律中乃是常见的现象。进入封建社会之后，这种惩罚手段又为封建主作为旧时代的遗产而接受过来，作为强化封建统治的补充手段。这里需要指出的是，“隶臣”在秦律中是苦役年限最短的（二年），其他如鬼薪、白粲、城旦之类的苦役年限最短三年，最长的达六年；而且附加的肉刑也不同，现在见到的都是剃去须鬓，即“耐为隶臣”，而对鬼薪、白粲、城旦则多是“髡”、“黥”，即剃去头发和在脸上刺字。这点就充分说明，凡是因触犯封建法律而被处苦役的农民，在服役期间都是封建国家的奴隶。秦律明文规定，刑徒“衣赤衣，冒赤”，而且还要戴铁制的颈钳和脚钛（即腿上之锁），把“犯人”完全置于奴隶的地位上加以折磨。在秦王朝，刑徒的数量极其庞大的，秦始皇修阿房宫、建骊山墓役使的“隐宫刑徒”就达七十万之多。这充分说明，秦的徒隶制是残酷迫害广大农民群众的刑罚制度。

封建国家把“犯罪”农民及其家属罚为奴隶，不仅出于维护封建统治的需要，也有利

于地主阶级的封建剥削。秦简《仓律》规定，“隶臣妾”从高五尺二寸（约合1.2米）到“免老”（六十周岁为“老”），都要从事各种繁重的劳役。从充当官府“仆养”，从事农业、手工业、畜牧业生产，到“筑城”、“从军”，都无期限规定，完全以封建国家的需要为转移。对于他们的衣食费用，却有严格的规定。例如，“隶臣妾其从事公，隶臣月禾二石，隶妾一石半”；“隶臣田者”（即从事农业生产），从二月到九月农忙季节，每月多廪“半石”。秦汉时代，一般丁男的口粮都在三石以上。《盐铁论·散不足》说：“十五斗粟，当丁男半月之食。”居延汉简所载戍卒每月的口粮，通常都是“为粟三石三斗三升少”。秦律中“隶臣妾”的口粮标准，此起当时一般人的需要来，要低得多。而且，如果男的身高不盈六尺五寸，女的身高不盈六尺二寸，皆为“小”，则口粮标准还要进一步减低：“小城旦隶臣作者，月禾一石半石”，“小妾舂作者，月禾一石二斗半升。”更有甚者，有时连这最低的生活标准，也不能保证。例如，隶臣妾如果丢失或损坏官府的器具、牲畜，就要“以其日月减其衣食”。奴隶们终年挣扎在饥饿线上，辛勤劳动所创造的大量财富都被地主阶级及其国家攫取去了。

私人对奴隶的占有和役使，秦律是予以保护的。商鞅变法在废除奴隶占有制的同时，允许地主按照爵秩等级占有不同数量的奴隶，为私人占有奴隶的合法性开了先河。在秦代，对于奴隶，虽然不能任意屠杀，但仍被当作主人的私有财产，可以任意鞭打和买卖。从出土秦律看，不仅军功爵的地主有奴隶，而且一般无爵地主也有奴隶。《治狱程式》收载了两个案例，一个是“黥妾”，主人是享有五大夫（秦爵第九级）爵位的军功地主，指使其家吏把一个女奴隶捆绑起来送至官府，理由是她“悍”，要求对她处以黥、劓之刑。另一个案例是“告臣”，主人是没有爵位的地主，捆缚他的男奴隶，要求卖给官府，“斩以为城旦”，原因是这个奴隶“骄悍，不田作，不听甲令”。官府当即对奴隶进行审问，然后调查确系主人的奴隶，便根据主人的意愿，一一照办。《法律问答》还规定，“人奴妾”“盗主牛”，“当城旦黥之”，然后交还主人。反之，“主擅杀、刑、其子、臣妾”，称为“家罪”，“臣妾 告主”，“勿听”；如果“勿听而行告”，这个告主的奴隶就有“罪”。

诚然，秦律还有限制和打击奴隶制残余的一面。秦律允许奴隶解放。《军爵律》规定，奴隶从军有功，不仅可以免除自己的奴隶身份，还可以用爵位去换取免除亲属的奴隶身份。《司空律》规定，本人自愿戍边五年，准许赎免身为奴隶的亲属一人为庶人。秦律关于解放奴隶的规定，在当时是有重大意义的。但必须指出：奴隶的解放，是奴隶反抗斗争的结果，而不是封建国家的恩赐。从上述规定可以看出，奴隶获得人身解放，必须有人或亲属参加作战或戍边，一句话，要给封建国家卖命。而奴隶获得解放，变成“庶人”或“工”，即农民或手工业者，仍然是封建国家剥削和奴役的对象。由此可见，封建国家允许奴隶解放，同把一部分农民罚为奴隶一样，都是从维护地主阶级的利益出发的。

封建社会初期，奴隶制残余不仅存在，而且在社会生产中继续起到一些作用，这本是不值得奇怪的。秦律承认私人占有奴隶的合法性，并沿袭使用奴隶制的法律和惩罚方法来对付农民和其他劳动者，也是不奇怪的。列宁在论述资产阶级革命时，曾经强调指出，资产阶级所以要保留旧制度的残余，目的是为了“反对无产阶级”。列宁所讲的道理，对于我们分析地主阶级革命以后的情况同样有指导意义。同资产阶级一样，地主阶级保留某些旧制度的残余，是它的阶级利益的要求，目的是为了反对农民阶级。扫除旧制度的残余，要靠被剥削的劳动群众的斗争。在封建社会中，只是由于农民和奴隶的反抗斗争，才不断地将奴隶制的残余扫进历史的垃圾堆。

五、用严刑峻法镇压农民的反抗斗争

哪里有剥削压迫，哪里就有反抗斗争。“地主阶级对于农民的残酷的经济剥削和政治压迫，迫使农民多次地举行起义，以反抗地主阶级的统治。”（《中国革命和中国共产党》）从秦简律文看，农民的这种反抗斗争，有经济上的反掠夺，也有政治上的反迫害；有低级形式的逃亡，也有高级形式的武装暴动。为了维护地主阶级对农民的统治，秦王朝不断地制订了极为严峻的法律和刑罚来镇压农民的反抗斗争。秦律就是地主阶级镇压农民反抗斗争的暴力工具。

李悝《法经》就公开声称：“王者之政，莫急于盗贼”，并把盗律、贼律置于诸律之首。云梦出土秦律就是在这种思想的指导下，通过颁布律文、案例和法律问答等方式，逐步加以科网化和具体化的。

所谓“盗”，是封建统治阶级对农民夺回被地主掠夺的劳动果实的反抗斗争的诬蔑。根据秦简记载，“盗”的对象很广，有王室祭品、珠玉、钱、马、牛、猪、羊、衣服、鞋子、桑叶，等等。农民为了生活，采用各种手段，把被地主阶级掠夺的财产再夺回来，这是农民反抗斗争的普遍的形式。所谓“贼”，则是封建统治阶级对农民以杀伤手段反抗地主阶级的残酷迫害的英勇斗争的诬蔑。秦代地主阶级用严刑峻法残害农民，严重地威胁着农民的生存，迫使农民采用暴力手段起来反抗。秦简中多处提到“贼杀人”、“贼伤人”和“贼死”，正是农民这种英勇斗争的记录。

值得注意的是，在秦律中还有不少地方提到“群盗”。所谓“群盗”，系指五人以上的聚众反抗。《治狱案例》有“群盗”一则，记载了某里士伍丁、戊、己、庚、辛等五人的武装反抗斗争。这五个人互相串联，搞到了当时的先进远射武器“弩”两张，箭二十支，约定时间，“强攻群盗某里公士某室，盗钱万”。据秦简《司空》，当时粮价“石卅钱”，万钱可买粮食三百三十余石。某里公士仅现款就如此之多，当是一家不小的地主。丁等携钱逃到山中，对抗官府的搜捕。己、庚、辛三人被捕后，丁、戊二人继续坚持战斗，并使用弩箭，跟某亭“校长”和“求盗”搏斗。最后，戊被杀害，丁被捕获。这里的所谓“群盗”，已经超出单纯对地主财产的夺取，而发展为一次小规模的武装反抗。这五个人的身份，据记载都是“士伍”，当即农民，并且“皆无它坐罪”，即以前没有任何犯罪记录。普通农民被迫劫夺地主财物，铤而走险，虽然秦简中仅此一则，但也可以想见当时农民群众聚众反抗斗争的蓬勃发展。

作为秦律的基干的《法经》不仅严禁盗窃行为，并且还规定，“窥宫者膑，拾遗者刖”，李悝解释这是为了防止“盗心”的萌起，就是说不论以何种方式去占有富人的财物都是非法的，甚至仅仅对富人财物产生觊觎之心也是犯法的。在这种严格维护封建私有财产的思想指导下，秦律对于“盗窃”活动的打击是极为严酷的。例如规定盗窃一百一十钱者，要“耐为隶臣”；超过二百二十钱而不到六百六十钱的“黥为城旦”；超过六百六十钱的，“黥劓以为城旦”。甚至盗采人桑叶，所值不到一钱，都要被判处劳役三十天。秦律不仅对盗窃犯本人要处以严刑，而且对于共犯、知情者、家属，甚至偶然遇见而不捕获的，都要严加处理。如规定：甲盗千钱，乙知其盗，虽分赃不到一钱，也要按盗千钱治罪。凡妻、子知道夫或父有盗窃行为，“与共饮食之”，妻、子同罪。“甲盗不盈一钱，行乙室”，乙看到了甲，知其为盗而不加捕获，就要被罚值一盾的钱。对于“群盗”的处理，就更为严酷。秦律规定，五人合伙盗窃，一钱以上，都要被斩左趾，又“黥以为城旦”。

从秦简看，秦律对于“贼杀人”、“贼伤人”的惩罚规定是相当烦苛的。《法律问答》从杀伤性质（是“贼杀人”还是“斗杀人”）的认定到凶器的鉴定，从伤势的轻重到如何处刑，从告发人的奖赏到官吏的责任，都有相当具体的规定。为了维护地主阶级的人身安全和封建统治秩序，秦律把农民被迫起来用暴力反抗封建统治者的迫害的正义行为，看作是最严重的杀伤罪。有一条问答写道“求盗追捕罪人，罪人格杀求盗”，按照法庭惯例，应当判为贼杀人。被追捕的“罪人”，忍无可忍，挺身与亭里专管捕人的“求盗”格斗，在格斗中把“求盗”杀死，这是农民反抗封建统治者的残酷迫害的有效手段和正义行为。封建法律自不能等闲视之。根据《法经》“杀人者诛，笈其家笈其妻氏”，那么，这个被迫与“求盗”格斗的农民及其家属将要受到什么样的残害，虽然没有看到有关的具体条文，但是不难想象的。对于触犯“贼律”案件的告发者，秦律作了特殊的奖励规定。如“甲告乙贼伤人”，审问结果是“乙贼杀人，非伤也”。按秦律的一般规定，这叫做“为告不审”。但由于这个案件的性质，所以规定还是要奖赏告发人，“当购（奖赏）二两”。如果官吏把这类案件当作一般杀伤案件处理，就要受到法律的或行政的处分。例如，“甲贼伤人，吏论以为斗伤人”，官吏就要受到斥责（“谇”）。这就充分说明，秦律对于任何触犯地主阶级人身安全的行为，是决不允许丝毫宽容的。

综上所述，可以清楚地看出：秦律是上升为法律了的地主阶级的意志，是地主阶级统治和剥削农民的暴力工具。封建制取代奴隶制是历史的一大进步。但是，它是由一种剥削制度转变为另一种剥削制度。地主阶级是“靠剥削农民为生的”，离开对农民的剥削，地主阶级连一天也活不下去。当地主阶级取得政权后，对农民的剥削有了新的发展。正如恩格斯所指出：“统治阶级一旦掌握政权就牺牲劳动阶级来巩固自己的统治，并把对社会的领导变成对群众的加紧剥削。”（恩格斯：《社会主义从空想到科学的发展》，《马恩全集》，第19卷，第243页）地主阶级是利用农民和其他劳动人民的力量夺取政权的。但是，当地主阶级掌握政权后，就立即牺牲农民和其他劳动阶级，把国家政权变成进行封建剥削的新的手段。由封建国家制订的，并由封建国家用强制力保证实施的封建法律，就其本质来说，就是地主阶级巩固对农民和其他劳动人民的统治和剥削的重要手段，是地主阶级专政的暴力工具。但是，在“四人帮”控制下的舆论工具，曾经竭力散布这样一种谬论，说“秦法主要打击锋芒是奴隶主势力”，把秦律说成是（或主要是）地主阶级反复辟斗争的工具，而不是（或主要不是）实现地主阶级对农民的统治和剥削的工具，借以美化地主阶级，这完全是对历史的别有用心的歪曲。

杨景凡

关于法制建设的几个问题*

简介

杨景凡**，西南政法大学教授，司局级离休干部，中共党员。1916年11月生于四川省渠县。抗日战争时期在成都参加党领导的学生运动，1939年4月加入中国共产党。1938～1941年受中共地下党指派在四川渠县从事革命的文化青年工作，1942～1949年在渠县、成都、西康等地从事党的地下工作。1950～1954年在西南公安部工作，先后任西南公安部四处成都情报站站长，四处二、三科科长。1954～1987年9月在西南政法学院工作，从事法权理论、中国政治思想史、中国法律思想史的教学和研究。先后任国家与法的理论教研室、国际共产主义运动史教研室、国家与法权的历史教研室、语文教研室（含语文，外语，体育）主任。1978年创建西南政法学院法律史学科并任法制史教研室主任。1979年起担任中国法律史学科研究生指导教师，兼任《西南政法学院学报》主编，1982～1984年任院学术委员会秘书长兼科研处处长。同期担任四川省高级专业技术职务评审委员会法学组组长。1979年起兼任中国法律史学会副会长、顾问。1985年被聘为南开大学研究员兼任法律史研究室学术指导。同期被聘为中国通俗文艺研究会法制文艺委员会顾问。1987年9月离休。

* 原发表于《西南政法学院学报》，1979（1），这里刊出的录自俞荣根、杨甸匀整理编辑的《景凡文存》。

** 关于杨景凡教授的生平简介，摘自原西南政法学院院长杨炳勋教授的《杨景凡教授大事记》。（原载：《景凡文存》，484～485页。）

民主与法制是社会历史现象。历史上有各个阶级的民主，就有各个阶级的法制。资产阶级在同封建贵族特权作斗争时，他们是打着民主与法治的旗号赢得胜利的。资产阶级的民主与法制代替的封建专制制度，这是历史上一大进步。但是，资产阶级的民主与法制是资产阶级专政的形式和手段。他们的民主是供他们那个阶级享受的民主，他们的法制则是维护少数剥削者对广大劳动群众的专政。资本主义必然要被社会主义所代替，这是革命实践证实了的社会发展的客观规律。无产阶级革命以暴力夺取政权，一开始就必须摧毁旧法制、旧传统，建立新的法制和革命秩序。无产阶级在夺取政权以后必须把本阶级和人民群众的意志制定为法，用以保持和巩固政权，加强无产阶级专政。这是历史的经验。

无产阶级专政的主要任务之一，是镇压剥削者阶级的反抗，剥夺剥夺者。列宁说完成这个任务是比较容易的。无产阶级专政的另一个最艰巨的任务，是改造千百万人民生活的组织工作，也就是管理国家，组织大生产。“我们的目的是要吸收全体贫民实际参加管理工作，而实现这个任务的一切步骤，一切形式愈多愈好——应该详尽地记载下来，加以研究，使之系统化，用更多的经验来检查它，并且制定为法规。”（《列宁选集》第 3 卷，第 525 页）这是列宁在实现无产阶级专政两个方面的任务时都认为必须加强法制的光辉思想。俄国十月革命胜利以后，尽管帝国主义联合武装干涉和国内战争带来了各种紧迫、危急形势，列宁为建立社会主义法制始终不懈地抓紧苏维埃立法工作。从 1917 年开始，连续制定、颁布一系列法令、条例。1922 年又相继制定了《苏俄民法典》和《苏俄刑法典》，列宁运用法和法律指导人民群众去进行伟大的事业，巩固了第一个无产阶级专政，使俄国革命不断取得伟大的胜利。

中国共产党和毛主席在各个革命时期，根据革命的战略和策略，先后确立了革命法制原则，制定了各种法律、法令、条例和决议。特别是建国初期收到的成效是十分显著的。我们制定和颁布了许多条例，并于 1954 年，公布了我国第一部宪法。这对国民经济的恢复，三大改造运动的顺利进行，推动社会主义革命和建设，确立和健全社会主义法制都起了重要的作用。但是到了五十年代后期，由于对国际国内的阶级斗争看过了头，过高地估计资本主义、修正主义的复辟势力的“左”倾思潮抬头了。法制建设遭到了干扰，“要人治不要法治”的思想也开始蔓延，法的虚无主义也随之盛行起来，无法可依、有法不依的现象普遍出现。到了林彪、“四人帮”横行时，他们利用窃取的权力和法制建设中的若干薄弱环节，疯狂践踏、蹂躏社会三义民主和社会主义法制，达到了登峰造极的地步，使中国人民遭受史无前例的一次浩劫。这个反面经验深刻地给我们指出，巩固无产阶级专政，把我国建成现代社会主义强国，健全法制是一项不可须臾放松的重大政治任务。

二

研究什么是法制，怎样正确理解社会主义法制这一概念，是健全法制，加强法制观念的一个重要问题。在一些人中，特别是政法干部中的一些同志并不是都有了明确的统一的认识。有人说，法制就是统治阶级的意志的表现；法制就是法律制度；有了立法就有了法制。这些说法并不很错，但缺乏明确性和准确性。我们说，法制主要是看体现统治阶级意志的法是否能在国家机关整个活动中充分有效地、稳定地、系统地实现出来。从这个意义上讲，法制是一个阶级维护适合它的利益的社会关系、社会秩序，巩固一个阶级专政的手段。它同统治阶级掌握的政权机关的全部活动、任务、职能密切联系在一起。或者说，法制是一个阶级专政的法律表现。如果说，法律制度就是法制，那就是说只要有了立法、司法制度就是法制。这也是不确切的。我们看看资产阶级的法制是怎么一回事。资产阶级在反抗封建特权的时候，承认和保护过人权，并相应地制定成套的法律制度。但是这些制度根本上是在保护私有财产神圣不可侵犯的前提下制定的。各种立法、司法制度都是有利于法律关系的参与者资产者一方，法律和法官毫无例外地、巧妙地为资产者服务，广大劳动群众则是被置身于法律保护之外。所以不能说法律制度就是法制。至于说，有了立法就有了法制。这是把立法的多少作为有无法制的标志，法制仿佛是立法的总和。这是片面的看法。资本主义国家立法多如牛毛，但他们的法律条文相互矛盾，一面保证什么，一面却加以若干限制；有时一边立法，一边又加以废弃。“全部美国宪法和一切立法主义者的舆论无非是一个弥天大谎，当它的真正本质有时在某些地方暴露得过于明显的时候，就不断用无数谎言来弥补掩盖。”（《马克思恩格斯全集》第1卷，第704页）可见，立法的多少不是判断有无法制的唯一标志。这里，只能说立法是法制的基础。

我们认为，法制应该具有以下几个基本内容：掌握国家政权的统治阶级制定法律，把表现本阶级意志的法提升为国家意志；国家机关用强力保证法律的实行使之发生普遍效力；这种普遍效力表现为国家机关工作人员和公民一律严格执行法律的普遍义务和对一切执法情况实行严格的监督。按这些基本内容的要求，只有掌握政权的无产阶级代表广大人民群众的意志才能真正成为国家意志；无产阶级粉碎地主、资产阶级的国家机器，创立民主的、革命的国家权力机关，才有可能立法和确切执行法律并使之发生普遍效力；由人民选出的为人民服务的国家机关工作人员，才能自觉地严格执行代表人民意志的法律；也只有在经济生活和政治生活中充分认识自己是社会的主人的人民，才能履行对法律的义务和有效监督法律的执行。所以说，社会主义法制既是巩固无产阶级专政的手段，又是无产阶级民主的法律保证，从而体现了专政与民主，民主与法制的不可分割的相互依存的关系。董必武同志所说的“法制就是国政”，正是指的专政与民主的相互关系，点到了法制的实质。

三

我国法制建设遭到干扰和破坏，原因固然是多方面的。但是，长期以来，特别是五十年代后期，在政法部门流行的“政策就是法”的观点，无疑起了突出的消极作用。大家知道，政策和法是同一经济基础的上层建筑的组成部分。法是统治阶级意志的表现，因而法是为统治阶级的政策服务，保证它的政治目的，完成它的政治任务。这就是说，政策与法有共同性的一面。但是政策和法并不是一回事。政策是根据党的策略制定的，为党的政治任务、目的作出原则性的规定。而原则是对客观事物的本质概括，它只是指明事物的性质、标准和范围。政策没有固定的形式，它本身也不规定违反政策的具体处理办法，更没有规定违反政策要受什么法律制裁。法律是依据政策原则制定的特殊的行为规则，它具体规定保护什么，反对什么，什么是该做的，什么是不该做的，并且行为规则本身就明确规定了对违法行为的各种详尽的处理办法。谁违反这些行为规则，谁就要受到国家法律的制裁。这种特殊的行为规则的特点说明了法是政策的具体化、定式化。但不是所有的政策和政策的所有方面都要具体化为法律。法只是反映统治阶级的政策的主要点，这些主要点是政策中必须用强制的方式加以实施，使之发生普遍的效力，使政策精神得到最有力的贯彻。从这个意义来说，法是实现政策的特殊的有效工具。它的特殊性在于具有强制性，这种强制性只能是由国家强制机关体现。政策则不具有这种特征，虽然违反政策主要是用教育说服、批评的方式，有时也要给予强制性的行政处分和纪律处分，但这是和法的强制性有区别的。“政策就是法”，这种提法实际上就是不要法，用政策代替法，取消法。多年的司法实践证明，所谓依据政策办案就是依法办案，实际上不但取消了法，同时也取消了政策。法是法律规范的总和。法律规范是经过多次普遍实用的一般行为规则，如果这一规则只适用一个具体情况，一个具体事件或案件，那就不是法律规范，也就不能成为行为规则的准则。每个法律规范都是针对一定的社会生活现象制定的。因此，富于原则性的政策不可能代替具体的条文化的法律规范。

政法部门一些同志，在较长时期把政策当作法，持有各种不同的论据。论据之一：适用法律就是“死扣法律条文”。法律条文正是政策具体化的特有形式，也是实现政策的有效形式。正是有了明确的法律条文可依，办理案件，有章可循，才能做到不偏不倚，不枉不纵。这有什么可指责的呢。论据之二：“政策比法律灵活，概括性大，执行起来很机动，有利于斗争。”实际上，政策是从社会现象联系中，国家经济、政治的相互关系中抽出来的原则。撇开原则性只谈灵活性，这是对政策的歪曲和割裂。用所谓政策的灵活性去抹杀法律，代替法律的适用，“机动”的结果，事实上政策和法都被“机动”掉了。应当指出这是蔑视法律，破坏法制的简单粗暴的办法。论据之三：“依法办事，是单纯的业务观点，不是从政治上来划分敌我，而是死搬法律条文，单纯从犯罪角度来划分敌我。”这就是说，判罪不能依据法律条文，依法判罪不能划分敌我，划分敌我也不需要查清犯罪事实和证据，而是要根据政治标准。这简直把人搞糊涂了。试问，我们镇压反革命是依据《惩治反革命条例》定罪的，这算不算政治标准？算不算划分了敌我？除此而外，还有什么另外一种政治标准呢？林彪、“四人帮”倒是为这个论据帮忙作了补充说明：“党内走资派就是敌人，要杀一批。”这大概是“政治标准”了。上述这些论据就是在当时都不能为“政策就是法”找到立足之地的。

“政策就是法”，这个观点至今在政法部门的影响并未消除。在司法实践中有许多案例，罪与非罪、重罪与轻罪的界限不清；量刑不一，判刑不当，罚不当罪，罪及无辜的现象是相当普遍的。这是同有些人不顾法律，“灵活”、“机动”地按政策办案分不开的。总之，司法机关不依法，不执法，法制建设就无从谈起。实现四个现代化特别需要加强法制，需要有执法如山、以身殉职的司法干部。“政策就是法”这个搅乱、纠缠司法干部的思想和工作的观点，现在是应当廓清和加以抛弃的时候了。

四

从五十年代后期开始，司法工作被片面强调“为运动服务”、“为中心服务”。事实上，在某些政治运动中，司法机关在一种特殊紧张的政治气氛下，对于每次运动锋芒所指的打击对象问题，往往苦于不能正确适用法律，在处理案件时，执法无据，偏差累出，大量的冤案、假案、错案在运动中一批又一批地出现。这种情况，造成了运动冲击法制的局面。

历史上的任何大的革命运动都是在不同历史时期的社会物质生活条件中酝酿成熟而被提出的社会活动。无产阶级领导的群众运动，是根据社会发展的客观规律，从实际出发，实事求是地提出和解决符合人民群众利益的政治、经济任务，依靠人民群众的自觉行动，使运动得以蓬勃地向前发展，达到运动本身应当达到的目的。法制与群众运动从来不是对立的，相反地是革命法制正是在群众运动中孕育、形成起来的，而且又成为促进群众运动向前发展、开拓新的局面的保证力量。本来我们在这个方面是有最丰富的经验值得很好总结的。但是，在五十年代后期，在左倾思潮的影响下，法制却被认为是对群众运动的束缚，依法办事被说成是“右倾”错误。林彪、“四人帮”利用这股左倾思潮，兴风作浪，采取各种阴谋手段和形式，歪曲篡改毛泽东同志关于社会主义历史阶段阶级斗争的论述和阶级关系以及阶级斗争形势的估计。他们夸大社会主义社会的阶级斗争，人为地制造阶级斗争，任意扩大阶级斗争的范围和对象；把右倾、右倾机会主义当作社会主义社会的主要倾向；只要有机可乘，就不断鼓噪、挑起反右倾的政治运动；进而把反右倾、反右倾机会主义同反对资产阶级糅合在一起，并画上等号。因此，我们就把反右倾、反右倾机会主义斗争直接引申、渲染为两个阶级的生死斗争，“在全国范围内全面开展阶级斗争”。在较长的时间，他们在政治上、思想上、理论上搅乱了和改变了运动的进程和目的。在这种情况下，本来是人民内部矛盾便被粗暴地上升为敌我矛盾，无所顾忌地违反毛泽东同志关于正确处理敌我矛盾和人民内部矛盾的政策。特别是林彪、“四人帮”推行一条极左路线，为了加紧篡党夺权的步伐，进一步把对敌斗争归结为搞暴力。他们利用“革命不是绘画绣花”、“打翻在地并且踏上一只脚”这些最尖锐最激烈的过时的口号，鼓吹越粗暴、越野蛮就越是革命派的谬论，并把这些人物封为“左派”。在“文化大革命”中，林彪、“四人帮”不加任何掩饰地把法西斯反革命暴力横加在党和国家各级领导干部和广大人民群众身上。运动中的工作团、工作队、工作组、专案组代替了专政机构，他们一手包揽立案、侦查、拘捕、审讯、判刑，并且大搞逼、供、信，私设监狱，滥施肉刑，草菅人命。有些人不要党纪国法，把所谓“首长批示”当作法，又进一步演绎为各色各样的“土政策”、“土法律”，遍及全国。

由于长期不断搞反右的政治运动，因而在一些人中造成一种特殊的“恐右症”。患“恐右症”的人，有的自觉不自觉地参与、制定、执行那些“土政策”、“土法律”。有的人在一个时期是“土政策”、“土法律”的执行者，在另一个时期就变成“土政策”、“土法律”所要惩治的对象。作茧自缚，最终逃不了林彪、“四人帮”的魔掌。这是一个最惨重的历史教训。林彪、“四人帮”无法无天横行一时的局面竟延续了十多年，社会主义的民主与法制焉得不被蹂躏、践踏！值得注意的是，林彪、“四人帮”粉碎了，在党中央号召加强社今主义法制的今天，那些“土政策”、“土法律”还在有形无形地发生作用，一些人并没有完全摆脱这个精神枷锁。“土政策”、“土法律”同社会主义法制是水火不相容的，它们的产生、存在是非法的。彻底消灭“土政策”、“土法律”，肃清其影响和流毒，再也不容迟疑了。

实现社会主义现代化必须加强社会主义法制，这是当前迫切的任务，我们应该不失时机地极其认真地总结法制建设的经验教训，做到尽快澄清法制建设工作中长期存在的带有原则性的认识问题，特别是要澄清在立法、司法、守法这些方面长期干扰法制建设的认识问题。在马克思主义毛泽东思想的指导下，提高认识，解放思想，敢于打破林彪、“四人帮”在法制建设上设置的禁区，迅速切实地做到有法可依，有法必依，执法必严，违法必究。人人讲法制。我们坚信社会主义法制建设一定会随着新长征的步伐走向健康完备的道路。

高潮

试论韩非的法治思想及其散文*

简介

高潮，原名马骥，号千里，字巨澜，1929年生，河北省吴桥县人。中共党员。中国政法大学教授。1947年毕业于东北大学文学院历史系，1948年毕业于晋冀豫边区北方大学文教学院。1944年至1947年曾任东北大学历史系历史学会主席、东北大学民主青年同盟盟员。1948年至1952年曾任华北大学研究部哲学研究室见习研究员、政治研究所学习干事、华北革命大学政治研究院研究委员。1952年后曾任北京政法学院民法教研室副主任、河北师范中文系古典文学教研室副主任及学报主编、中国政法大学汉语研室主任、研室生导师组长、法律古籍整理研究所所长、《政法论坛》主编、中国法律史学会理事、中国法律文献古籍研究会会长，中国法律文书写作研究会会长、《法律文书与公文写作》主编、中国法律文化与法制建设战略研究所顾问、司法部新闻出版职称评审委员会委员、国家教委全国高等院校古籍整理工作委员会委员。

主要研究方向为中国古代法律文献典籍的整理研究工作、古代法律制度法律思想文化的研究工作和司法文书写作的研究工作。出版有著述十余部，论文数十篇。

* 原发表于《北京政法学院学报》，1979（2）。

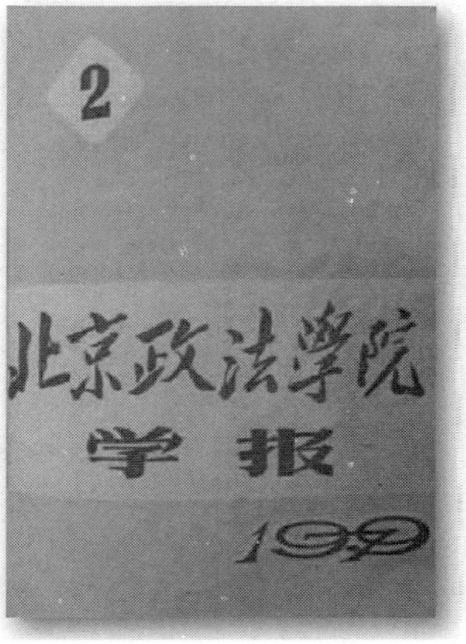

韩非（约公元前二八○——前二三三）是先秦法家思想的集大成者，是新兴地主阶级的思想家和政治理论家，也是先秦一位优秀的散文家。他继承和发展了前期法家的法治学说，创立了一套完整的法治思想体系，为建立统一的中央集权制的封建国家，奠定了理论基础。同时，韩非把文学看作现实斗争的工具，坚决反对虚言浮辞、华而不实的文风。他那笔锋犀利、富于文采、战斗性很强的论理散文，就是他宣传法家革新进步思想的锐利武器。因此，韩非无论在政治思想方面或文学方面都有着重大的贡献，在历史上起了进步作用。

一、韩非的时代与生平

韩非生活在战国末期，他所处时代的主要特点是：（一）自春秋末期以来，连绵不断、风起云涌的奴隶起义给予没落的奴隶制以沉重的打击。奴隶主阶级的统治，已经土崩瓦解。各国新兴地主阶级，也乘机纷纷起来进行夺权斗争。到战国末期，封建制的生产关系已程度不同地在各诸侯国确立起来。但各国奴隶主贵族和新兴地主阶级之间，新兴地主阶级内部，复旧与革新、割据与统一的斗争，仍在激烈地进行着。（二）战国末期，由于铁器农具和耕牛的普遍使用，水利灌溉工程的大量兴建，工商业和水陆交通的发达，社会经济有了很大的发展，而各国诸侯的长城、沟堑、关卡等则成了经济发展的障碍。因此，一个统一而稳定的政治局面，是当时经济生活的迫切需要。特别是各诸侯国之间连年混战，使由于生产方式的变更而发展起来的生产力受到严重的破坏，给劳动人民带来极大的痛苦，广大劳动人民厌恶战争，要求统一。

韩非，正是在这种环境中成长起来的。他出身韩国的一个普通贵族的家庭，他和李斯都是先秦思想家荀况的学生。据《史记·老子韩非列传》记载：“韩非者，韩之诸公子也，喜刑名法术之学而其归本于黄老”，“非为人口吃，不善道说，而善著书。与李斯俱事荀卿（况），斯自以为不如非”。韩非站在新兴地主阶级立场上，适应时代的要求，继承和发展了荀况的朴素唯物主义思想和进步历史观，分析研究了当时各国的政治形势，总结了前期法家李悝、吴起、商鞅、申不害、慎到等人变法的理论和实践，创立了自己完整的法治学说体系。他的学说为新兴地主阶级建立我国历史上第一个统一的多民族的专制主义中央集权制的封建帝国，提供了强大的思想武器，为秦始皇消灭诸侯割据的政治局面、统一六国，奠定了理论基础。

韩非看到韩国日益削弱，多次上书韩王，批评时政，要求变法革新，但昏庸无能的韩王不能接受韩非的主张。据《史记·老子韩非列传》记载：“非见韩之削弱，数以书谏韩王，韩王不能用。于是韩非疾治国不务修明其法制，执势以御其臣下，富国强兵，而以求人任贤，反举浮淫之蠹而加之于功实之上；以为儒者用文乱法，而侠者以武犯禁，宽则宠名誉之人，急则用介胄之士，今者所养非所用，所用非所养；悲廉直不容于邪枉之臣，观往者得失之变，故作《孤愤》、《五蠹》、《内外储》、《说林》、《说难》十余万言。”后来，他的著作传到秦国，秦王嬴政读到《五蠹》、《孤愤》等篇时爱不释手，赞叹说：“寡人如得此人，与之游，死不恨矣。”公元前二三三年，秦王发兵攻打韩国，索求韩非。韩王恐惧，派遣韩非出使秦国。韩非入秦后，深受秦王政的重视。韩非为了推行自己的政治理想，也寄很大希望于秦国。他曾上书秦王说：“如今秦国地方千里，雄兵百万，号令必行，赏罚严明，大王如能听臣之言，不能一举而灭赵、韩、楚、魏、齐、燕六国者，请斩臣以谢秦国。”（《资治通鉴·秦纪一》）秦王“大悦之”。但是韩非还没来得及被任用，就遭到李斯、姚贾的谗害而被关进监狱，不久被李斯毒杀狱中。死时，约四十七岁。韩非的著作，据《汉书·艺文志》记载，有《韩非子》五十五篇。现今流传的《韩非子》与汉朝所见基本相同，其中除《存韩》、《初见秦》诸篇学术界尚有异议外，其余大都是韩非所作。有异议的几篇，亦为其后学所著，不出韩非学派的思想范畴。具有代表性的作品，有《五蠹》、《孤愤》、《定法》、《难势》、《主道》、《扬权》、《亡征》等篇。这些都是研究先秦法家思想和韩非学说的主要文献，是我国古代优秀的文化遗产之一。

二、韩非的法治思想

韩非总结了前期法家变法的理论和实践，深刻地批判了儒家“礼治”、“仁政”的政治思想学说，创立了以“法”为中心，“法”、“术”、“势”相结合的法治理论体系，达到了先秦法家思想的最高峰。

韩非所说的“法”就是体现新兴地主阶级意志的成文法令，是由最高统治者制定，臣民必须遵守的行为规范。他所说的“术”是君主监督、考察和驾驭群臣的统治策略，任免、赏罚各级官吏的方法。他所说的“势”就是权势或政权。他认为君主必须“抱法处势”“服术行法”，也就是牢牢掌握政权，控制各级官吏，严格执行国家的法令，加强地主阶级专政，富国强兵，以取得封建制在全国的胜利。他分析了商鞅“重法”，申不害“重术”，慎到“重势”的成绩和缺点，认为商鞅在秦国变法“虽有法以致富强”但“无术以知奸”，因而，不能防止大臣借机篡夺权力和发展个人势力，以致封建君主往往大权旁落，不利于加强中央集权制度。申不害则只讲术，“不擅其法，不一其宪令，则奸多”，致使韩国的新旧法令不统一，易于被奸佞之臣和复辟势力钻空子，破坏法令的执行。韩非吸取了慎到“势治”的学说，认为法令的推行，没有政权做后盾是不行的。他说：“桀为天子能制天下”，“尧为匹夫，不能正三家”。“虎豹之所以能胜人、执百兽者，以其爪牙也。当使虎豹失其爪牙，则人必制之矣”。“君执柄以处势，故令行而禁止”。这说明地主阶级已认识到政权的重要性。韩非“法”、“术”、“势”相结合的法治思想，是以“法”为核心，以“术”和“势”作为推行法令的手段，从而强调了中央集权和君主专制，为巩固和加强新的封建制度提供了有力的思想武器。他还在此基础上，吸取和发展了荀况“四海之内若一家”的大一统思想，明确提出了“志在四方，要在中央，圣人执要，四方来效”（《扬权》）的封建专制主义中央集权制的政治纲领。

为适应时代的要求，尽速结束“七雄”割据的分裂局面，建立统一的中央集权制国家政权，韩非认为，必须依靠武力，才能实现全国统一。他尖锐地批判了孔、孟所宣扬的行“仁义”而王天下的政治主张。指出“（徐）偃王行仁义而丧其国”，也嘲笑了宋襄公蠢猪式的“仁义道德”，明确提出“当今争于气力”的战斗口号。

韩非还主张用急风暴雨式的革命暴力，扫荡割据势力，摧毁腐朽的奴隶制残余。他说：“然木虽蠹，无疾风不折；墙虽隙，无大雨不坏。万乘之主有能服术行法以为亡征之君风雨者，其兼天下不难矣。”（《亡征》）马克思说：“暴力是每一个孕育着新社会的旧社会的助产婆。”（《资本论·第一卷·所谓原始积累》）恩格斯说：“革命暴力是社会运动借以为自己开辟道路并摧毁僵化的垂死的政治形式的工具。”（《反杜林论》）韩非的以武力统一全国，用暴力扫荡旧社会残余的思想，为秦始皇此后发动强大的军事攻势扫平六国提供了思想武器。

为了巩固新兴地主阶级的专政，镇压劳动人民的反抗和防止奴隶主残余势力的复辟活动，韩非继承商鞅变法的经验和教训，一方面主张“严刑峻法”，对劳动人民实行残酷的镇压，另一方面还提出了防止奸臣篡夺政权的斗争策略。他说：“十仞之城楼季弗能逾者，峭也，千仞之山，跛牂易牧者，夷也。故明主峭其法而严其刑也。”“严家无强虏，慈母有败子，威势可以禁暴，德厚不足以止乱。”（《显学》）

为了防止大臣弑主篡位和里通外国的阴谋活动，他把这些人称做国家的“虎”、“奸”和“贼”，主张对他们要重刑打击。他说：“厚其爵禄，以尽贤能，重其刑罚，以禁奸邪”，对阴谋弑主篡位的野心家，必须严加惩处，要“散其党，收其余，闭其门，夺其辅”。（《主道》）提出了识别和铲除以伪装面目钻进新政权内部进行破坏活动的野心家、阴谋家的斗争方法。他总结这些家伙平日的表现是：“言是为非，言非为是，内险以贼，其外小谨，以征其善。”他们的活动方式是：“内构党羽，外接巷族”，以扩大权势。他们对君主则“善掸（擅）其主，以集精微，乱之以其所好”。铲除他们的办法是：“太上禁其心，其次禁其言，其次禁其事”，“远仁义，去智能，服之以法”。

韩非为了要巩固地主阶级政权，在思想领域中确立法家的统治地位，针对儒家学派反对法治的思想和活动，提出“无书简之文，以法为教，无先王之语，以吏为师”的主张，要求废除儒家所办的私学，以法律、法令为教材，以法家的官吏为教师，使法家思想控制全国的文化教育和社会舆论。这是一种封建文化专制主义的思想，它为此后秦始皇“焚书坑儒”提供了理论根据。

最后，还应指出，韩非也继承并发展了商鞅“法无等级”的进步思想，提出“法不阿贵”的主张。同时，针对儒家“刑不上大夫，礼不下庶人”的礼治思想，明确宣布实行法治，应“刑过不避大臣，赏善不避匹夫”。当然，这种主张在封建社会以及其他阶级社会里是不可能实现的，但在当时，这种思想的进步性却是不可抹杀的。

为了巩固地主阶级的专政，并进而统一全国，必须积蓄雄厚的经济和军事力量。为此，韩非特别重视奖励“耕”、“战”。他说，“富国以农，拒敌恃卒”，把农业看作立国之本，主张使民“以力得富”，鼓励人们开垦荒地，努力耕作，提高产量，也就是鼓励地主经济和个体经济的发展。他坚决反对世卿、世禄制度。他主张奖励军功，使人们能“以事得贵”。不论出身贵贱，地位高低，只要是有能力、有实际经验的人，就可以任命他做官。他说：“明主之吏，宰相必起于州部，猛将必发于卒伍”，这就为新兴地主阶级掌握各级政权开辟了道路。他主张“禁游宦之民，显耕战之士”。他把学者（儒家）、带剑者（剑客）、言谈者（纵横家）、患御者（逃避兵役的人）和工商之民（工商奴隶主）斥为新兴地主阶级国家政权的蛀虫，名曰“五蠹”，要求予以清除；提出“动作者归之于功，为勇者尽之于军”的思想，把全国人民组织在以国家法令为中心的“农”、“战”两条阵线之中。他认为这样做了就“无事则富国，有事则兵强”，国富兵强就具备了统一全国的物质条件，就能够建立超越古代帝王的伟大业绩。

三、韩非的世界观和历史观

思想路线是政治路线的理论基础。韩非的法治思想，是以他朴素的唯物主义世界观和进化论的历史观为基础的。他继承了荀况的先进思想，对孔孟唯心论的先验论和复古倒退的历史观进行了无情的批判。他反对儒家所宣扬的“畏天命”、“生死有命”、“富贵在天”、“君权神授”等谬论。他认为天有天的规律，人有人的规律，天对人没有亲疏，也主宰不了人间的吉、凶、祸、福。他说：“天有大命（规律），人有大命”，“若天若地孰亲孰疏?”（《扬权》）认为人类只要掌握万物的规律，就能达到预期的目的取得斗争的胜利。韩非反对孔孟所宣扬的“生而知之”的“天才”论和“先知先觉”等唯心论的先验论。认为人的认识不是天生的，而是来源于感性经验。要认识世界，必须通过感觉器官和思想器官与外界事物接触，逐步掌握客观事物的规律性。他批判唯心论先验论的所谓“前识”。他说：“先物行，先理动，之谓前识；前识者，无缘而妄意动也”，“愚之首也”（《解老》）。他主张要从实际出发，对客观事物进行反复观察，掌握它的规律。他认为事物的规律性都存在于万事万物之中，要掌握它的规律性，就得观察研究具体的事物。他还认为具体事物有它自己的特殊规律，叫做“理”，而万物还有总的规律叫做“道”，“道”是“理”的综合。他说：“道者，万物之所然也，万理之所稽也”（《解老》），“万物各异理，而道尽”（《解老》）。他认为按照规律办事，就必然成功。否则，是轻举妄动，必然遭致失败。他说：“缘道理以从事者，无不能成。”（《解老》）这表现了新兴地主阶级在上升时期要求正确认识世界、改造世界的锐气和信心。他还认为万事万物都是变化发展的，因此，“道”和“理”也不是固定不变的。他说：“稽万物之理，故不得不化，不得不化，故无常操。”（《解老》）因此，不能因循守旧，更不能复古倒退。这就是他主张变法革新的理论根据。

韩非反对儒家的先验论，提出了“有的放矢”和“参验”的理论。他说：“今听言观行，不以功用为之的彀，言虽至察，行虽至贤，则妄发之说也。”（《问辩》）他认为，“参验”是判断是非、识别真伪的最好方法。“参”是比较，“验”是证实。参验就是用比较的方法得到证实。因此，判断一个人的言行是否正确，不能由他自己说了算，也不能只凭人们的争论，一定要看其言行的实际效果。

韩非用这些道理批判儒家的复古思想，指出儒家把尧、舜说得天花乱坠，对古人一味盲目崇拜，可是尧、舜已死了三千年了，怎能参验、判断其真伪呢？对一事物没有经过参验就肯定它，这就是“愚”！对未经肯定的东西，就引来作根据，到处宣扬，这就是“诬”！因此，儒家“明据先王”，“必定尧舜”，“非愚则诬也”（《显学》）。韩非指出，儒家学说乃是“愚”、“诬”之学，“杂反之行”，“亡国之言”。

韩非反对迷信，不信鬼神。他认为宣传鬼神迷信，是为了破坏新兴地主阶级专政，反对法治。他说：“恃鬼神者，慢于法。”（《饰邪》）这反映了韩非朴素的唯物主义思想。

应该指出：韩非的唯物主义是属于哲学史上唯物主义的初级阶段，他的“有的放矢”“参验论”，还只停留在人们直观的水平上，与马克思主义关于认识与实践辩证关系的理论是有本质区别的。它没有也不可能与人的社会实践、阶级斗争联系起来，这是他历史和阶级的局限。

韩非继承荀况“法后王”的进步历史观，反对儒家“法先王”的复古思想。他严厉批判了儒家今不如昔的历史观，认为历史是不断前进，社会是不断发展的。因此，应该根据每个时代的实际情况，制定政治措施，不能因循守旧，墨守成规，更不能复古倒退，开历史的倒车。他把历史分作上古、中古、近古几个阶段，认为一代比一代前进。因此他说：“圣人不期修古，不法常可”，“论世之事，因为之备”，“世异则事异，事异则备变”。《守株待兔》这篇著名寓言故事，就是他用来讽刺那些墨守成规、不求变革现实的复古守旧派的。

韩非特别对孔、孟的“法先王”，宣扬“仁义”，歌颂尧、舜的说教，给予最深刻的批判。他指出，儒家所颂扬的先王——尧、舜等人，并不是什么圣贤，而是些贪婪残暴不仁不义的人。尧弑其兄，篡夺了帝位，舜放父、杀弟，“出则臣其君，入则臣其父，妾其母”，“仁义无有”（《忠孝》）。而汤、武皆有弑君之名。儒家侈谈仁义，如同儿戏，不能用来治国。他认为只有抛弃儒家一套腐朽的东西，以法治国，才能达到国家的富强。

韩非继承和发展了荀况的“性恶”论，反对儒家的“性善”论，认为人生出来都是趋利避害自私自利的。他认为君臣关系是互相利用的买卖关系。臣为君主效力，是为了换取爵禄；君主授予臣子以爵禄，是为了使他们为自己效忠。韩非认为父、母、子、女的关系，也是一种利害关系。这就将儒家为维护血缘宗族统治所鼓吹的温柔敦厚的面纱完全撕掉，而代之以赤裸裸的利害关系。荀况的“性恶论”，韩非的“功利主义的伦理观”，都是为地主阶级登上政治舞台，推行法治路线服务的。恩格斯在谈到黑格尔论述人的性善、性恶问题时，曾指出：黑格尔说“当人们说人本性是恶的这句话时，是说出了一种更伟大得多的思想”，在黑格尔那里，“恶”是历史发展的动力借以表现出来的形式。一方面，每一种新的进步必然表现为对某一种神圣事物的亵渎，表现为对陈旧的、日渐衰亡的、但为习惯所崇奉的秩序的叛逆。另一方面，自阶级社会以来，“贪欲和权势欲成了历史发展的杠杆”（参见《路德维希·费尔巴哈和德国古典哲学的终结》）。毛主席说：“有没有人性这种东西？当然有的。但是只有具体的人性，没有超阶级的人性，在阶级社会里，就只有带着阶级性的人性，而没有超阶级的人性。”荀况的性恶论，韩非的功利观，把趋利避害、自私自利的剥削阶级的阶级性，说成是普遍的人性，则是他阶级本质的反映，是应该进行批判的。

必须指出，作为先秦法家杰出的代表韩非，毕竟是剥削阶级的思想家，他不可能自觉地认识社会发展的规律，也不可能看到人民群众创造历史的伟大作用，他的历史观本质上仍然是唯心主义的，这是他的阶级的和历史的局限。

四、韩非的散文及其影响

作为先秦法家杰出代表人物的韩非，不仅在哲学思想、政治学说等方面有突出的贡献，而且在文学上也有着重大成就，在我国文学发展史上具有一定的影响。他的政论文、哲理文，旗帜鲜明，论据充实，析理透辟，结构谨严，逻辑性强，富有批判精神，别具严峻峭拔、明彻犀利的风格。同时他的文章辞藻丰富，句式多变，气势磅礴，又善用寓言，巧设比喻，具有浓厚的文艺色彩。先秦的说理散文到了韩非，已臻成熟。过去编著的某些文学史，在论及先秦诸子散文时，极力推崇《论语》、《孟子》，忽视或贬低《荀子》、《韩非子》，是非常不公正的。

毛主席说：“……一切文化或文学艺术都是属于一定的阶级，属于一定的政治路线的。”① 文学艺术从来都是阶级斗争、路线斗争的工具。韩非具有朴素唯物主义的世界观和进化论的历史观，代表法家的政治路线和新兴的地主阶级变法革新的政治要求。因此，他的散文尖锐泼辣，充满着强烈的战斗气息，是新兴地主阶级宣传法治思想的有力武器。

韩非文章的战斗风格是他的时代和思想的产物，同时，也是和他一贯的文学主张一致的。他反对儒家“修文学，习言谈”，“盛容服而饰辩说”，反对纵横家之流“伪设、诈称”虚言浮辞。他说：“好辩说而不求其用，滥于文丽而不顾其功者，可亡也。”（《亡徵》）为了更好地推行其变法主张，他把“华而不实”、“掘而不伦”、“夸而无用”、“贪生而谀上”（《难言》）等语言风格作为禁例，而创造了自己坚实、明快、严峻，犀利的语言风格，把我国古代散文发展到一个新的高度。

韩非的散文，主要是政治论文，也有一些哲理论文，体裁结构是多样的。有正面阐述法家政治思想和法治学说的著论体，如《五蠹》、《孤愤》、《显学》、《定法》、《说难》等；有借注释别家学说来阐述法家哲学思想的“注释体”，如《解老》、《喻老》等；有首先列古人或一家学说，次列别家的辩难，最后再自行辩驳的“辩难体”，如《难一》、《难二》、《难三》、《难四》、《难势》等；有先总述全篇纲要（经），然后分列条目用许多风趣生动的寓言

① 《在延安文艺座谈会上的讲话》，载《毛泽东选集》，第三卷。

故事加以说明（说）的“经说体”，如《内储说》、《外储说》等，这种文体发展到后代成为“连珠体”，也有四字一韵的“韵文体”，如《扬权》、《主道》等；还有一种铺陈排比，数千言一气呵成的记言文，如《存韩》、《难言》等。

韩非的散文不仅体裁多样化，在写法上结构上也灵活多变。在《五蠹》中，作者首先以高屋建瓴之势纵观历史，从人类社会发展史的高度，将社会发展的各个不同历史阶段进行对比，明确指出：社会情况不同，政治措施也应不同；物质生活条件变更，人们的思想观念也随之变更。从而阐明进化论的历史观，为法家变法革新打下了坚实的理论基础。文中还运用了“守株待兔”、“直躬之父窃羊”、“鲁人三战三北”等故事传说作生动的比喻，批判儒家复古守旧、仁爱、德政等思想学说，系统地阐述了其法治主张，边破边立，逻辑严密，论证充实有力。接着，作者条分缕析，逐一批判了儒家、刺客、纵横家、逃避兵役的人、工商业者五种社会蛀虫。旗帜鲜明，笔锋犀利，能击中要害。最后，总结全文，宣判了这五种旧势力的死刑。文字铿锵有力，气势充沛，具有极大的说服力。这篇洋洋大观的政论文仅就篇幅之长来说，在先秦时期，也是难能可贵的，它反映了作者思想的深刻和细密。

在《孤愤》、《说难》篇中，韩非着力表现了当时法家推行法治改革的艰难和曲折，反映了地主阶级为了巩固新兴封建政权所进行的剧烈斗争。《孤愤》篇，运用对比的手法，说明复辟势力嚣张，法家处境困苦；“法术之士”与复辟势力是“不可两存之仇”，他们之间的斗争是生与死的搏斗。通篇洋溢着沉郁悲凉的情感。《说难》则从君主各种心理状态的描摹中，说明“谏说”君主的极端困难，进而指出“谏说”取得成功的要诀，表现了作者不怕“身危”，坚持推行法家路线的决心。司马迁曾几次提到这两篇文章，他说：“盖文王拘而演《周易》，……屈原放逐，乃赋《离骚》，……韩非囚秦，《说难》、《孤愤》，……大抵圣贤发愤之所为作也。”

《亡徵》篇在写法上具有独创性。它不仅表现了作者对战国末期各国政治状况的深刻入微的洞察力，而且表现了作者高度概括归纳、分析综合的能力。全文一气呵成，将诸侯国灭亡的征兆，一连列举了四十七项。最后，用生动形象的比喻，说明革命暴力的重要性，道出事物发展的必然规律，由现象提高到本质。提纲挈领，刚劲有力。郭沫若曾将这篇文章与屈原的《天问》媲美，是有一定道理的。这种写法，在当时很少有人运用。

韩非的辩难体文章，在写法上也是别出心裁的。先引用历史传说中的故事或古人的言行，然后用“或曰”，代表自己的意见，进行发难，加以批驳。有时先列出古代传说或古人言行，用第一个“或曰”代表别家意见进行批驳，接着再一个“或曰”代表自己的意见，又对别家意见进行反批驳。仅《难一》至《难四》四篇中就列举二十七种历史故事或古人言行，一一进行辩难。在辩难中，每一个“或曰”批判一种前人的论点或陈旧的传说，从一个侧面阐明法家的政治观点。由于穿插了许多历史故事，虽然有的一篇之中共用九个“或曰”，文章不仅不嫌单调，反而气势浑然，风趣横生，具有很强的说服力。这种写作手法对后世“辩难体”散文的发展是有一定影响的。

韩非不仅长于议论，而且善于叙事。他的许多文章中叙述了大量的历史故事、民间传说和寓言，有的用于讽刺，有的用来说明某种道理。文字不多，非常形象、生动，娓娓动听，发人深思。特别值得指出的，是韩非的《内储说》、《外储说》和《说林》等篇，可以说是寓言小丛书，除开头的总纲（经）以外，全部都由故事、寓言组成。这与先秦其他诸子的文章，寓言故事偶尔散见于篇中大不相同。这些寓言故事以"经"为纲，犹如一条红线，串缀着粒粒明珠，真是琳琅满目，美不胜收。其中有不少寓言故事是用来揭露和批判儒家的。如"尘饭涂羹"、"楚人鬻矛与盾"是揭露儒家学说虚伪性的；"度足买履"、"南郭吹竽"、"守株待兔"等篇，则是讽刺儒家头脑僵化、复古守旧的。也有的寓言是用来讽刺某些君主的愚蠢或社会的丑恶现象的，如"客以不死之道欺燕王"、"齐人以大鱼诈称河伯哄齐王"、"齐景公下车求速"等，活龙活现地刻画出当时统治阶级的愚昧无知。而"宋人酤酒"的故事，将阴谋篡权的奸臣、贵族，比作猛狗和社鼠，惟妙惟肖地揭露了他们对国家的危害。"秦伯嫁女文媵"和"楚人卖珠饰椟"的故事，讥讽了不讲实际、专务外表的人。"棘端刻猴"说明了君主对臣下的言行必须进行实际考察的重要性。"涸泽之蛇"说明鸱夷子皮、田成子的机智，讽刺了当时社会上不求实际，以貌取人的不良风气。这些寓言故事，谈笑中寓有褒贬，讽刺中含有深意，大都是历代劳动人民生产斗争、阶级斗争经验的总结，是他们智慧的结晶。有些也可能是作者在民间传说的基础上加工制作而成的。它是韩非说理文中的有机组成部分，起着使文章形象、生动的作用。除开其他散见各篇中的不计，仅《内外储说》、《说林上下》、《喻老》等篇中，韩非就采用历史故事和寓言二百五十多个。许多寓言流传至今，有的成了固定的词汇、成语，如"矛盾"、"守株待兔"、"滥竽充数"、"买椟还珠"等等，被广泛应用。此外，这些寓言和历史故事，虽然是说理散文的有机组成部分，但仍然有其相对的独立性，它们往往具有一定的故事情节和鲜明的人物形象，既有史实的叙述，也有艺术的夸张。虽篇幅不长，有的只寥寥几笔，却能使人物的声音笑貌、性格特征跃然纸上，读来引人入胜，回味无穷。这对后代小说和传记文学的发展有着深远的影响。

韩非的文章在语言修辞方面也是十分讲究的，在许多篇章中，对仗工整而又深中事理的语句是很多的。如"以肉去蚁，蚁愈多；以鱼驱蝇，蝇愈至"（《外储说左下》）；"长袖善舞；多钱善贾"（《五蠹》）；"安危在是非，不在强弱；存亡在虚实，不在众寡"（《安危》）。此外，韩非也常运用铺陈排比的修辞手法。"言顺比华泽，洋洋缅缅然，则见以为华而不实，敦祗恭厚，鲠固慎完，则见以为掘而不伦"，"闳大广博，妙远不测，则见以为夸而无用"，"家计小谈，以具数语，则见以为陋"，"言而远俗，诡躁人间，则见以为诞"，"殊释文学，以质信言，则见以为鄙"，"时称诗书，道法往古，则见以为诵"。在《扬权》篇中，韩非用韵文形式来表达其君主集权和防止大臣阴谋篡权的思想，如"腓大于股，难以趣走，主失其神，虎随其后，主上不知，虎将为狗，主不早止，狗益无已，虎成其群，以弑其母，为主而无臣，奚国之有"也是非常别致的。

韩非的散文，是在我国战国末期，百家争鸣的激烈阶级斗争与思想斗争的暴风雨中诞生的，它无论在思想内容、写作技巧和语言艺术等方面都有独特的成就，对后世有着重大的影响。如汉初的政论家贾谊、晁错，论述问题，切中时弊，语言犀利激越，明显看出系受韩非文风的影响。他的著作对我们也有一定的借鉴意义。毛主席说："有这个借鉴和没有这个借鉴是不同的，这里有文野之分，粗细之分，高低之分，快慢之分。所以，我们绝不可拒绝继承和借鉴古人和外国人，哪怕是封建阶级和资产阶级的东西。"② 当然，我们也应注意到，韩非是地主阶级的代表人物，他的作品不仅受到时代的局限，而且带有深刻的阶级烙印，是为封建剥削阶级的政治路线服务的。因此，我们绝不能无批判的兼收并蓄，必须认真地进行具体分析，鉴别其精华与糟粕。毛主席说："清理古代文化的发展过程，剔除其封建性的糟粕，吸取其民主性的精华，是发展民族新文化提高民族自信心的必要条件；但是绝不能无批判地兼收并蓄。必须将古代封建统治阶级的一切腐朽的东西和古代优秀的人民文化即多少带有民主性和革命性的东西区别开来。"③ 这是我们对待一切古代文化遗产的根本方针，也是我们对待韩非的思想及其作品应持的基本态度。

② 《新民主主义论》，载《毛泽东选集》，第二卷。

③ 《在延安文艺座谈会上的讲话》，载《毛泽东选集》，第三卷。

邱远猷

国家以法制为先*

——重读《资政新篇》和《立法制諠谕》

简介

邱远猷（1932—），四川资中人。1953 年西南政法学院毕业。1956 年中国人民大学法律系研究生毕业。1956 年中国人民大学法律系研究生毕业，留任助教。1960～1972 年中央财经学院任讲师。1972 年调入首都师范大学，历任副教授，研究生导师、校务委员会，校学位学术委员会委员，校图书馆长，东方文化研究所副所长，校教代会副主席，北京地区高校图工委副主任，北京市图书资料系列高级职称评委会副主任。兼任中国人民大学法律史博士生导师组成员，中国政法大学法律史研究所研究员，中国青年政治学院教授，中国法律史学会理事等。独撰、合著、主编、参编著作 25 部，报刊发表文章 150 篇。2005 年入选“当代中国法学名家”。2007 年获“首届钱端升法学研究成果奖”。

---

* 原发表于《光明日报》，1979-04-24。

1978 年党的十一届三中全会的召开，告别了国家灾难深重、法制荡然无存的“文化大革命”时代，迎来了改革开放、学术自由的春天。这一新的历史环境，给学界反观研究历史、总结经验教训，提供了全新的启示和思路。太平天国史的研究，是近代以来、尤其是新中国成立以后的一大热点，有中国史学研究的“五朵金花”之一的说法，成果丰硕。但从法治的视角去研究它，却少有人问津。对太平天国史情有独钟的我，在 1979 年春光明媚的日子里，在法治研究的视野下，在《光明日报》1979 年 4 月 24 日“史学”专刊上，发表了《“国家以法制为先”——重读〈资政新篇〉和〈立法制諠谕〉》一文。

在文章中我主要论述了洪仁玕两个基本观点。其一，明确提出：“国家以法制为先”，“有法制而后有国家”；“法制以遵行为要，能遵行而后有法制”。这一法制观，远不是中国古代政治家、思想家“以法治国”观点所能比拟和包含的，相反而与西方近代法治学说“有法可依，有法必依”，在学理上有近似之处。其二，在中国近代史上首次初步“制定力图吸取西方资产阶级民主与科学的根本方策的法律制度”，“系统提出了他的经济建设、政治建设、社会建设和司法建设的立政方案”。这篇文章发表后，学界反映颇有耳目一新之感。

后来我在 20 世纪末、21 世纪初的继续深入的研究中，深刻地认识到并提出了以下几个问题：

其一，洪仁玕上述思想主张所追求的目标是什么？用他自己的话说，第一步是“驱逐胡虏，宰治中原”；第二步是“与番人并雄”，成为“东方之冠冕”。

光明日報
GUANG MING RIBAO
史学
“国家以法制为先”

最近，在教学和科研中，再次阅读了洪仁玕的两篇重要著作《资政新篇》和《立法制諠谕》。[①]洪仁玕锐意革新、学习西方的主张，一直被人们深加赞许，而他那重建法制、振兴国家的思想，更值得我们重视研究。

一八五九年，洪仁玕到达太平天国都城天京，被天王洪秀全封为“精忠军师干王”，“总理朝纲”。同年，他发表了《资政新篇》和《立法制諠谕》[②]，并经天王核准后颁行全国。这两篇革命文献，集中地表现了洪仁玕重建太平天国法制的思想。

洪仁玕首先指出，太平天国起义初期，由于东王杨秀清辅政，革命法制比较严明，因此，“即末秩微员，升降必由天廷（指东王府——引者）转奏，片文只字，刊刻必自京内颁行。故官虽少而足贵，从无越队求荣（太平军将士私自从这军到那军叫做‘越队’，是违法的——引者）；印虽小而可珍，孰敢私携伪铸”；全军“万心如一心”，步调一致，指挥“臂指自如”，“令行禁止”，“屡战屡胜”，“犹如日辟百里之势”。到一八五六年以后，由于太平天国法制逐渐松弛，情况就大不相同了。他说：当时是“人心冷淡”，“锐气减半”；“事权不一”；军事上“进寸退尺，战胜取攻之威转大逊于曩时”；不少文官武将只追求个人功名利禄，“几若一岁九迁而犹缓，一月三迁而犹未足”，置国家安危于不顾。洪仁玕对一八五

其二，洪仁玕为什么能够提出这些思想主张？我分析，洪仁玕（1822—1864）是生活在中国刚从独立的封建社会被迫走向半殖民地半封建社会时代的传奇人物，有着特殊的人生轨迹。他先是生长在偏僻闭塞的广东花县官禄坳华南客家村落，后活动于鸦片战争后首开的通商口岸广州、上海等地区；先是接受传统的封建教育、深受儒家熏陶，后又广泛接触、了解、熟习西学；先是一个走科举之路的封建士子，后基本上转化为早期新型知识分子。这一切决定了，他虽是农民“天国”的后期领导人，却有超越旧式农民战争顶峰也未达到的新时代的思想光辉。

其三，洪仁玕上述思想主张的学术地位与历史意义是什么？我认为，洪仁玕是中国法律近代化的思想先驱，是主张中国法律近代化的第一人，是近代中国向西方寻求真理的先进中国人之一。

以上三方面的问题，在我陆续发表的《论洪仁玕改革法制的主张》、《洪仁玕——主张中国法律近代化的先驱》、《洪仁玕——主张中国法律近代化的第一人》等论文中，有深入详尽的论述。这些文章收载入我的论文集《中国近代法律史论》一书中（安徽大学出版社 2003 年版）。

洪仁玕法律思想的研究，不仅具有重要的学术价值，也有现实的借鉴意义。

著者

2006 年 9 月

① 参见扬州师院中文系编：《洪仁玕选集》，3～23、27～29 页，中华书局，1978。凡文中引文未注明出处者均见此。

② 《立法制諠谕》原件未著发布时间，据文中“自金田起义于今九年矣”，“英王陈玉成弟早见及此”等语，该文应发表于一八五九年六月陈玉成封英王之后。

六年后法制松弛，国事日衰，深为忧患。时值忠于太平天国革命的英王陈玉成有鉴于此，“驰书来府，请定章程以救时弊”。洪仁玕对“其所议赏罚之法，致为森严”，深为赞许，立即转奏天王洪秀全批准了陈玉成所拟章程，向全国颁行。洪仁玕非常强调当时重建太平天国法制的重要性。他说：“国家以法制为先，……有法制而后有国家，此千秋不易之大经，而尤为今兹万不容已之急务也。”又说：“所谓以法法之者：其事大关世道人心，如纲常伦纪，教养大典，则宜立法以为准焉。……立法善而施法广，积时久而持法严，代有贤智以相维持，民自固结而不可解，天下永垂而不朽矣。”可见，洪仁玕是以法制作为巩固国家统治的重要工具，敏锐地觉察到巩固国家政权离不开法制，假若一个国家政权没有法制或法制废弛是难以存在和发展下去的，这是自古以来的一般道理；而是否整饬和重建革命法制，这的确是当时关系到太平天国兴衰成败的关键，是当务之急，刻不容缓。

既然重建太平天国法制如此重要和迫切，那么靠什么样的人来搞呢？靠那些“既无才情，又无算计”，“朝中之人甚不欢悦”③ 的亲贵嬖臣行吗？靠那些闭目塞听、蒙昧无知的人行吗？洪仁玕对这些亲贵嬖臣、蒙昧庸人一概不感兴趣。他认为，既然重建革命法制关系到太平天国的成败利钝，那么“立法之人，必先经磨炼，洞悉天人性情，熟谙各国风教，大小上下，源委重轻，无不了然于胸中者，然后推而出之，乃能稳惬人情也”。这就是说，洪仁玕认为，重建法制的人必须经过一定的革命锻炼，必须具备一定的知识、了解国内外情况。在香港受到西方资产阶级的影响，他很推崇一些先进国家的法制。他说：英国“于今称为最强之邦”，原因安在？“由法善也”；美国“富足”，其政治制度比较民主；俄国因为学习西方而日臻富强，“今亦为北方冠冕之邦也”……洪仁玕对世界各国大势的系统介绍，使人们顿开茅塞，一新耳目，对培养立法人才起了积极促进作用。

洪仁玕着力重建的法制，其根据是什么呢？洪仁玕认为重建法制必须适应时势。他说：“事有常变，理有穷通。故事有今不可行，而可豫定者为后之福。有今可行，而不可永定者为后之祸。……其要在于因时制宜，审势而行而已。”当时太平天国法制松弛，国政不能划一，革命形势逐渐逆转，而清政府却猖狂反扑，步步紧逼；国际方面，西方资本主义国家正在迅速发展，且对中国影响日益增多。“以救时弊”，“与番人并雄”，这就是洪仁玕“因时制宜，度势行法”的原则和出发点。

据此，洪仁玕竭力重建的法制，主要包括了如下两方面的内容：第一，抓铨选以禁私相授受，“禁朋党之弊”。他说：“国家机要，惟在铨选”，在用人上，他主张抓赏罚，“器使群才、赏罚严明”，“器使则人无乱法，严明则人皆服法，无乱而服，即效命取胜之根也”。对于那些逆命弄兵的人，要“削其兵柄，……官员交别将统带，属员改列朝官，身兵改为宿卫，均令安堵，毋使稍惊，则党羽自除，虽欲逆命而不能，弄兵而不得”。对于有功的文武官员，要给以封赏。

第二，制定力图吸取西方资产阶级“民主”与“科学”的根本方策的法律制度。他非

---

③ 《忠王李秀成自述》，中华书局1964年影印本。

常推崇西方资本主义国家，认为它们非常强大是由于其“纲常大典、教养大法”的优越性；而中国要使自己富强起来，就应当效仿英、美资本主义国家之“法”。为此他从兴利和除弊两方面，系统地提出了他的经济建设、政治建设、社会建设和司法建设的立政方策，主张采行西方资本主义国家的法律经济制度和科学技术，发展生产，富国强兵。同时，主张在独立自主的前提下，与各国通商以及进行科学文化交流；主张以友好、平等的原则，与外国交往。

洪仁玕不仅强调了“立法”的重要性，还十分强调“奉法执法行法”的必要性。他说：“法制以遵行为要，能遵行而后有法制”，这也是“千秋不易之大经”、“万不容已之急务”。这就是说，只抓“立法”，不抓“遵行”，法制也等于零。

为了保证“立法”的“遵行”，做到“奉法执法行法”，洪仁玕还进一步提出了以下主张：

第一，“奉行天法”，要刚直不阿，不畏权贵。对那些逆命弄兵、破坏法制的人，“无位（论）其高官王位”，也“当律以大辟”，非此不足以保障法制的贯彻执行，“严明则人皆服法”。

第二，“恩威并济”、“教法兼行”。洪仁玕说：“十款天条，治人心恶之未形者，制于萌念之始。诸凡国法，治人心恶之既形者，制其滋蔓之多。必先教以天条，而后齐以国法，固非不教而杀矣，亦必有耻且格尔。”争取做到“不刑而自化，不禁而自弭矣”。

第三，官员必须以身作则。洪仁玕说：“奉行者亲身以倡之，真心以践之，则上风下草（上者提倡如风，下者响应如草随风——引者），上行下效矣。否则法立弊生，人将效尤，不致作乱而不已。岂法不善欤？实奉行者毁之尔。”

第四，惩治罪犯要严，但不要无罪株连。洪仁玕说：要实行“罪人不孥，若讯实同情者及之，无则善视抚慰之，以开其自新之路。若连累及之，是迫之使反也”。

洪仁玕的法制思想，是十九世纪五十年代中国最进步、最革命的法制思想，是太平天国农民革命斗争实践的结晶，也是向西方寻求真理的产物，在中国近代政治与法律思想史上占有重要的历史地位。但由于历史的阶级的局限，洪仁玕重建太平天国法制的努力，收效甚微，最终未能实现，但他的法制思想，却给中国人民留下了一份宝贵历史遗产。

乔　伟

荀韩政治法律思想的比较研究*

——兼论荀况所属学派的性质问题

简介

乔伟（1932—1997），又名乔木青，黑龙江人，1955年毕业于吉林大学法律系，1983年应聘到山东大学组建法律系并任系主任，曾任中国法制史研究会会长、山东省人民政府首席法律顾问等职，享有国家授予的“有突出贡献的中青年专家”称号。

乔伟教授以其博通古今而著称于法学界，理论功底深厚，著述颇丰。其《唐律研究》、《荀韩政治法律思想比较研究》、《独立审判，只服从法律》、《论法制建设中借鉴历史经验的几个问题》等许多论著影响深远，对中国法律制度史和思想史的研究以及我国法制建设实践和理论研究都作出了突出贡献，是我国著名的法学家和法律教育家。

* 原发表于《哲学研究》，1979（5）。后收入《乔伟文集》，现原文刊发，仅修改个别错字。

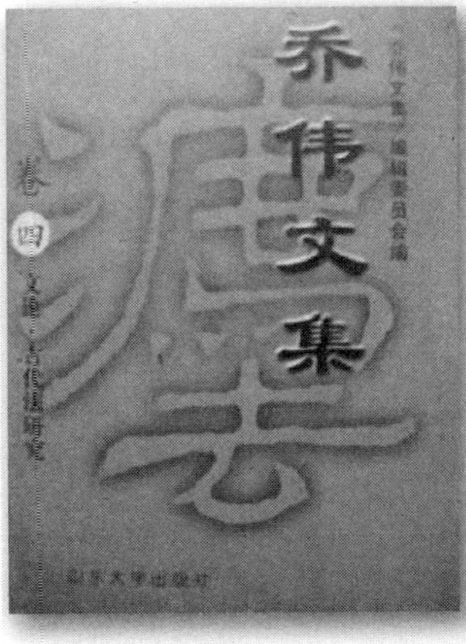

荀况与韩非都是战国末期的新兴地主阶级的思想家。韩非是公认的集法家思想之大成者。他吸收了前期法家商鞅任法、申不害用术和慎到重势的思想，建立了以法治为主体的法、术、势相结合的法治思想体系，成为法家理论的著名代表人物。对此，学术界的意见向来是没有分歧的。至于荀况所属学派的性质问题，至今尚无统一的看法。一种意见认为："在思想战线上他（指荀况）和法家同属于一个阵营。"（孔繁：《论荀况对儒家思想的批判继承》，载《历史研究》1979 年第 1 期）第二种意见认为："荀子既是法家，也是儒家"（李孝堂：《论荀子》，载《齐齐哈尔师院学报》1978 年第 1 期），"成为一个新的独特的学派，这就是荀况学派"（臧云浦：《略论荀况学派的性质问题》，载《徐州师范学院学报》1978 年第 2 期）。第三种意见认为："荀况是后期儒家的主要代表之一"（侯外庐：《肃清"四人帮"流毒，积极开展哲学史研究工作》，载《哲学研究》1978 年第 1～2 期合刊），"荀况自己也常常承认为儒家。因此，我们没有理由硬说荀子不是儒家"（周通旦：《荀子究竟是法家，还是儒家?》，载《哈尔滨师院学报》1978 年第 2 期）。上述几种意见各自有其理由与根据，对于我们进一步探讨荀况所属学派的性质问题都是大有裨益的。

本文仅就荀况与韩非的政治与法律思想的几个主要方面加以比较研究。我认为，如果在政治与法律思想的一些基本问题上把荀况的观点与公认的法家代表人物韩非的观点经过比较而分别清楚，则荀况究竟是儒家还是法家的问题，或许就可以显出端倪了。

一、荀况对儒家礼治学说的继承、改造与发展

我国社会进入春秋战国之际，随着封建制经济的迅速发展，新兴地主阶级与各诸侯国都相继从奴隶主贵族手里取得了国家政权，在政治上成为统治阶级。战国时期儒家与法家关于礼治与法治的争论，就是关系到已经取得了政权的新兴地主阶级，究竟应当采用什么样的政治路线，去巩固和发展封建剥削制度以及建立专制主义的中央集权制的封建国家的根本问题。

礼治与法治是区分儒家与法家的基本标志之一。主张礼治者为儒家，坚持法治者为法家；他们其他一些不同的观点，都是由这个根本分歧而派生出来的。

礼原是奴隶制社会经济基础的上层建筑，它所包括的内容极为广泛。据《礼记·曲礼上》说："夫礼者，所以定亲疏，决嫌疑，别异同，明是非也。……道德仁义，非礼不成。教训正俗，非礼不备。分争辩讼，非礼不决。君臣、上下、父子、兄弟，非礼不定。宦学事师，非礼不亲。班朝治军，莅官行法，非礼威严不行。祷祠祭祀，供给鬼神，非礼不诚不庄。"这说明礼包括了西周奴隶制国家的政治、军事、法律、教育、婚姻、祭祀等各方面

规定，是体现奴隶主阶级意志与利益的政治法律制度和道德规范的总和。

春秋末期，奴隶制已经瓦解；礼崩乐坏，天下大乱。这时作为奴隶主阶级思想家的孔子为了恢复西周的礼制，在总结奴隶主阶级统治经验的基础上，提出了比较系统的礼治学说，主张用礼义道德作为治理国家的基本原则。由于春秋末期的阶级斗争十分尖锐，广大奴隶纷纷起来暴动和逃亡；新兴的封建势力也不断的进行斗争。在这种情况下，单纯用刑政等暴力镇压手段，不仅不能阻止奴隶争取解放的洪流和新兴地主发展私有财产的努力，反而会更加激起被压迫者的剧烈反抗。孔子有见于此，才强调用礼义道德的所谓教化，从思想上来瓦解群众斗争的决心，破坏群众的革命行动；尽量不要惩治于“叛乱”发生之后，而要争取做到防患于“叛乱”发生以前。

荀况是作为新兴地主阶级的思想家而登上历史舞台的。正如人们的物质生产有它的历史继承关系一样，人们的精神生产也必然要有它的历史继承关系。特别是由奴隶制向封建制的转变，因为是以一种新的剥削制度代替旧的剥削制度的社会变革，所以新兴地主阶级在创立适应本阶级利益的封建思想体系时，就更加需要利用和吸取他们的前辈奴隶主阶级的经验。荀况就是第一个继承、改造和发展了儒家礼治学说的杰出的地主阶级思想家。他以孔子的礼治学说为基础，批判地吸收了其他各家学说中的精华，把原来为奴隶主阶级服务的礼治学说，改造成为体现新兴地主阶级利益的封建思想体系，从而把儒家的礼治思想发展到了一个新阶段。

那么，荀况对儒家礼治学说的继承、改造和发展，主要表现在哪些方面呢？

首先，荀况对礼的起源作出了新的解释，从而为地主阶级礼的存在提供了新的依据。在西周奴隶制国家里，所谓“君君、臣臣、父父、子子”的奴隶主贵族等级制度和以奴隶主贵族血缘关系为纽带的宗法制度，是周礼的基本内容。孔子的“克己复礼”，主要就在于维护奴隶主贵族的等级制度和宗法制度。但是到了战国末期，时代变了，要想把奴隶主阶级的礼义制度保存下来，使之为新兴地主阶级服务，就必须对礼的起源作出新的解释。这个任务由荀况完成了。他说：“礼起于何也？曰：人生而有欲，欲而不得，则不能无求。求而无度量分界，则不能不争。争则乱，乱则穷。先王恶其乱也，故制礼义以分之，以养人之欲，给人之求。使欲必不穷乎物，物必不屈于欲，两者相持而长，是礼之所起也。”（《荀子·礼论》。以下凡引《荀子》，只注篇名）荀况把礼的起源和人们的物质需要联系起来，这就抛弃了孔子为掩盖礼的阶级本质而披在它上面的宗法外衣。荀况在这里着重论证了先王之所以制定礼义的根本目的，就是为了规定人们对物质的“度量分界”，调节物质和人欲之间的关系，以防止人们互相争夺，从而保证物与欲的“相持而长”。当然，荀况在这里抽掉了礼的阶级内容，那自然是荒谬的。但他是从人们的欲与物的关系上，来探讨礼的起源的第一个地主阶级思想家，这是值得我们重视的。既然人们对物质的欲求是永远存在的，那么作为调节物与欲的“度量分界”的礼，也就是永远不可缺少的。他说：“人无礼则不生，事无礼则不成，国家无礼则不宁。”（《修身》）这样，荀况就为地主阶级礼的存在提供了新的理论根据，而他之所以从人们的物与欲方面来论证礼的起源的根本用意也即在此。

其次，荀况把礼作为划分封建等级制度的标准，从而为奴隶主阶级的礼制注入了地主阶级的内容。荀况既然认为礼是调节人们物与欲的“度量分界”，那么怎样“分”法呢？最根本的一条当然是严格划分人们的政治等级。他说：“礼者，贵贱有等，长幼有差，贫富轻重皆有称者也。”（《富国》）这是“分”的一般原则，其着重点在“贵贱有等”和“贫富轻重皆有称”上面，至于“长幼有差”，那不过是沿袭儒家的传统伦理观念，聊作陪衬而已。所以荀况的“分”，首先是分贵贱。其具体项目则是：“上贤使之为三公，次贤使之为诸侯，下贤使之为士大夫。”（《君道》）以及“上贤禄天下，次贤禄一国，下贤禄田邑，愿悫之民完衣食。”（《正论》）这就是“贵贱有等”的基本内容。而这之中，作为地主阶级的总头目的封建君主，那是顶重要的。“无君以制臣，无上以制下。天下害生纵欲。欲恶同物，欲多而物寡，寡则必争矣。”“故无分者，人之大害也；有分者，天下之本利也；而人君者，所以管分之枢要也。”（《富国》）但是，为了维护封建剥削制度，只有分贵贱那是不够的，还必须分贫富。他说：“传曰：‘农分田而耕，贾分货而贩，百工分事而劝，士大夫分职而听，建国诸侯之君分土而守，三公总方而议；则天子共已而已矣。’出若入若，天下莫不平均，莫不治辨，是百王之所同也，而礼法之大分也。”（《王霸》）所谓“农”、“贾”、“百工”是被统治阶级；而“士大夫”、“诸侯”、“三公”、“天子”那是统治阶级。前者不占有土地和财富，是为贫；后者都是小地主、中地主和大地主，是为富。“德必称位，位必称禄，禄必称用，由士以上则必以礼乐节之，众庶百姓则必以法数制之。”（《富国》）这是分贫富的具体实施。荀况所注重的是，地位必须与俸禄相称，而俸禄必须与享用相称。就是说，其位高者禄必厚，其禄厚者用必富。而为了做到这一点，“由士以上”则必须由“众庶百姓”来供养。所谓“以礼乐节之”是说对剥削阶级内部要用礼乐来调节他们对物的分配；所谓“以法数制之”是说对被剥削阶级要用刑罚暴力手段去榨取他们的血汗。“君子以德，小人以力。力者，德之役也。”（同上）出力的“小人”必须供养有德行的“君子”，这在荀况看来那是天经地义的。他说：“分均则不偏，势齐则不一，众齐则不使。有天有地而上下有差，明王始立而处国有制。夫两贵之不能相事，两贱之不能相使，是天数也。”（《王制》）又说：“少事长，贱事贵，不肖事贤，是天下之通义也。有人也，势不在人上，而羞为人下，是奸人之心也。”（《仲尼》）这就是说，由礼所规定下来的这些封建等级制度是谁也改变不了的。他还引用《尚书·吕刑》所谓“维齐非齐”的话，用以论证这种贫富贵贱的差别就体现了平等的精神，因而是公平合理的。谁若是认为封建剥削与压迫是不应该的，那他就是起了“奸人之心”，而必须加以禁止。由此可知，荀况为礼注入了地主阶级的内容，使礼成为维护地主私有财产和封建剥削制度的金科玉律。

最后，荀况赋予礼以新的作用，用礼来反对奴隶主贵族的世卿世禄制度，以便推行由他所提出的封建官僚制度。奴隶社会里的世卿世禄制度是奴隶制宗法等级制度的直接产物。其特点是“爵赏逾德”，“以世举贤”。“先祖当贤，后子孙必显，行虽如桀、纣，列必从尊。”（《君子》）十分明显，这种制度只有利于奴隶主贵族把持政权，而妨碍新兴地主阶级的参与治理国家事务，所以荀况对此表示坚决反对。他说：“以世举贤，虽欲无乱，得乎哉。”（同上）为了维护新兴地主阶级的利益，他主张“论德而定次，量能而授官，皆使人载其事而各得其所宜”（《君道》），代之以德与能为“定次”和“授官”标准的封建官僚制度。同时，荀况还要求封建统治者应当做到：“贤能不待次而举，罢不能不待须而废，……虽王公士大夫之子孙，不能属于礼义，则归之庶人。虽庶人之子孙也，积文学，正身行，能属于礼义，则归之卿相大夫。”（《王制》）这样，王公士大夫与庶人之间的区别虽仍然存在，但这种区别已不取决于世袭的等级身份了。应当说，荀况的这些主张是有利于巩固新生的封建政权的进步措施，所以是应予肯定的。但是，荀况对世袭等级制度同时也采取了宽容态度。他说：“贤齐则其亲者先贵；能齐则其故者先官”（《富国》）。这说明在品质与能力相同的情况下，那些贵族社会遗留下来的故旧亲贵还是应当享有政治上的优先权。这种“贤贤”与“亲亲”相结合的观点，正反映了荀况思想的保守的一面。

综上所述，荀况根据社会发展的需要，对以孔子为代表的奴隶主阶级的礼治思想给予必要的改造，用以奠定了新兴地主阶级建立封建礼义制度的理论基础。这是荀况的一个巨大贡献。

二、实行礼治还是专任法治，是荀韩的根本分歧

荀况和孔子一样，是坚决主张实行礼治的。可以说，关于礼治的思想是荀况政治学说中的核心。

在《荀子》一书中，谈到礼的地方非常多。除了《仲尼》和《宥座》两篇以外，其他各篇都反复强调礼的作用与意义。荀况说：“学恶乎始？恶乎终？曰：其数财始乎诵经，终乎读礼；其义则始乎为士，终乎为圣人。……礼者，法之大分，类之纲纪也，故学至乎礼而止矣。夫是之谓道德之极。”（《劝学》）这说明礼是学习的重点；学到了礼也就达到了道德的最高境界。又说：“宜于时通，利以处穷，礼信是也。凡用血气、志意、知虑，由礼则治通，不由礼则勃乱提僈；食饮、衣服、居处、动静，由礼则和节，不由礼则触陷生疾；容貌、态度、进退、趋行，由礼则雅，不由礼则夷固僻违，庸众而野。”（《修身》）这说明礼是立命修身的依据，是人们行动的准则。又说：“国无礼则不正。礼之所以正国也，譬之犹衡之于轻重也，犹绳墨之于曲直也，犹规矩之于方圆也，既错之而人莫之能诬也。诗云：‘如霜雪之将将，如日月之光明；为之则存，不为则亡。’此之谓也。”（《王霸》）这说明礼是地主阶级治理国家的基本原则，是由乱到治、由弱变强的根本保证。又说：“礼者治辨之极也，强国之本也，威行之道也，功名之总也，王公由之所以得天下也，不由所以陨社稷也。”（《议兵》）这说明礼是封建统治者统一天下建立中央集权制的根本途径，是创业的最高纲领。由此可知，荀况对礼的重要性的论述比之孔子更加具体而详尽。正因为如此，我们有充分理由认为，实行礼治是荀况的主导思想，而这也正是他区别于法家的根本标志。

韩非虽然是荀况的学生，但他对礼却持完全否定的态度。韩非之所以坚决否定礼的根本目的，在于推行他的专任法治的主张。他从维护封建主义中央集权制出发，指出申不害

只讲术不重视法，弊病很大，说："申不害不擅其法，不一其宪令，则奸多。……故托万乘之劲韩，七十年而不至于霸王者，虽用术于上，法不勤饰于官之患也。"（《韩非子·定法》）但他对商鞅只讲法而不讲术，也不满意，说："故战胜则大臣尊，益地则私封立，主无术以知奸也。商君虽十饰其法，人臣反用其资。故乘强秦之资，数十年而不至于帝王者，法不勤饰于官，主无术于上之患也。"（同上）因此，他的结论是："君无术则弊于上，臣无法则乱于下，此不可一无，皆帝王之具也。"（同上）韩非认为，如果没有统一的法令就不能治民防奸；如果只有法而君主不掌握驾驭臣下的术，大臣们就会发展其个人势力，这对以封建君主为中心的专制集权都是有害的。所以他主张法、术并用。那么，什么是法呢？韩非说："法者，宪令著于官府，刑罚必于民心，赏存乎慎法，而罚加乎奸令者也。"（同上）这就是说，法是以赏罚为主要内容的以暴力镇压为后盾的由国家所颁布的成文法，是体现地主阶级意志维护封建社会秩序的准则。谁若是敢于违反，就必将受到严厉的惩罚。他说："国无常强，无常弱。奉法者强则国强，奉法者弱则国弱。……刑重则不敢以贵易贱，法审则上尊而不侵，上尊而不侵则主强而守要，故先王贵之而传之。人主释法用私，则上下不别矣。"（《韩非子·有度》）韩非把法看作是维护以君主为首的封建等级制度的重要工具，他认为只要坚持实行法治就能达到"上尊"而"国强"的目的。那么，什么是术呢？他说，"因任而授官，循名而责实，操杀生之柄，课群臣之能者也。"（《韩非子·定法》）这说明术是君主根据法律来控制各级官僚的一种手段。因此法与术不同，前者是公开的，后者是隐蔽的。"法者，编著之图籍，设之于官府，而布之于百姓者也。术者，藏之于胸中，以偶众端而潜御群臣者也。故法莫如显，而术不欲见。"（《韩非子·难三》）这是君主实行独裁专制的一种重要手腕。韩非还认为，法与术的应用，都必须以掌握政权为前提，所以他又非常注重势。所谓势，就是权力与地位。他接受了慎到重势的学说，认为"无庆赏之劝，刑罚之威，释势委法，尧、舜户说而人辩之，不能治三家，夫势之足用亦明矣"。所以他特别强调"抱法处势则治，背法去势则乱"。（《韩非子·难势》）据上所述可知，由封建君主来掌握绝对权力，建立地主阶级的残暴专政，用法与刑来镇压被压迫阶级的一切反抗，这就是韩非法治思想的本质。而且不难看出，韩非的法治理论和荀况的礼治思想是有根本区别的。

那么荀况的礼治包括那些重要内容呢？我看有两项：一是"平政爱民"；二是"节用裕民"。兹分别叙述如下：

"平政爱民"是荀况礼治的政治纲领。他根据孔子的"仁者爱人'的思想，批判地吸收了儒家的仁政学说，认为封建统治者实行的礼治，首先必须实行"平政爱民"的政策。春秋战国以来的阶级斗争十分尖锐。奴隶和平民的暴动与逃亡，颠覆了奴隶主贵族的反动统治；各国诸侯之间的斗争及其兴亡也取决于人民的支持与反对。这些历史的经验教训不能不使新兴地主阶级认识到人民群众的力量。荀况说："传曰：'君者、舟也；庶人者，水也。水则载舟，水则覆舟'，此之谓也。"（《王制》）如果新兴的封建统治者不能恰当处理它和人民群众的关系而使统治者与被统治者的矛盾激化，那它就必将被人民群众所推翻。"马骇舆，则君子不安舆；庶人骇政，则君子不安位。”（同上）这就是荀况提出“平政爱民”的基本出发点，其根本目的则是为了解决“君子不安位”的问题。他说：“川渊深而鱼鳖归之，山林茂而禽兽归之，刑政平而百姓归之，礼义备而君子归之。……国家失政则士民去之。”（《致士》）这说明荀况之“平政爱民”是为了取得被统治阶级对统治者的支持与拥护，在政治上巩固封建统治者的地位。那么，荀况的“平政爱民”具体有哪些项目呢？按照他的说法有“选贤良，举笃敬，兴孝弟，收孤寡，补贫穷”这么五项。这与儒家所一贯倡导的“选贤与能，讲信修睦，故人不独亲其亲，不独子其子，使老有所终，壮有所用，幼有所长，矜寡孤独废疾者，皆有所养”（《礼记·礼运》）是相通的。

“节用裕民”是荀况礼治的经济纲领。他根据孔子“百姓足，君孰于不足？百姓不足，君孰于足？”（《论语·颜渊》）的思想，积极主张用发展封建社会生产力的办法来增加地主阶级的剥削收入。他说：“足国之道、节用裕民，而善臧其余。节用以礼，裕民以政。彼裕民故多余，裕民则民富，民富则田肥以易，田肥以易则出实百倍。上以法取焉，而下以礼节用之。余若丘山，不时焚烧，无所臧之。夫君子奚患乎无余！”（《富国》）归根结底，荀况“节用裕民”的目的，还是为了“君子”亦即剥削阶级。他认为“裕民”可以达到“民富”；而只有“民富”，地主阶级才可以不必担心没有剥削的来源。他这算把“民富”与“君富”的关系说到家了。如果做君主的知道“节用裕民”，“则必有仁义圣良之名，而且有富厚丘山之积矣。”（同上）真是一箭双雕。“节用裕民”具体又有哪些项目呢？荀况说：“轻田野之税，平关市之征，省商贾之数，罕兴力役，无夺农时，如是则国富矣。夫是之谓以政裕民。”（同上）这可以看作是荀况为新兴地主阶级所制定的经济政策。在当时的历史条件下，荀况的“节用裕民”的主张不失为一种有利于社会进步的措施。

韩非则与荀况相反。他从法治主张出发，坚决反对儒家所倡导的仁政学说及荀况的“平政爱民”和“节用裕民”的主张。他强调指出：“夫古今异俗，新故异备。如欲以宽缓之政，治急世之民，犹无辔策而御馯马，此不知之患也。今儒、墨皆称先王兼爱天下，则视民如父母。……今先王之爱民，不过父母之爱子，子未必不乱也，则民奚遽治哉？”（《韩非子·五蠹》）由此他得出结论：“言先王之仁义，无益于治。”（《韩非子·显学》）很显然，这和荀况的思想完全是针锋相对的。

在长期剧烈的阶级斗争中，韩非对农民阶级与地主阶级之间矛盾的不可调和性逐步有了一些认识。他认为象荀况所说的那样，要使被压迫者去“亲爱”统治者是根本办不到的；而作为被统治者的“民不亲不爱”统治者那倒是无法改变的现实。正是从这种认识出发，韩非指出：“圣人之治国也，固有使人不得不爱我之道，而不恃人之以爱为我也。恃人之以爱为我者危矣，恃吾不可不为者安矣。”（《韩非子·奸劫弑臣》）韩非说的一点不错，在地主阶级残酷剥削与镇压之下，农民对地主是无论如何也爱不起来的。但是，你不爱我吗？不怕！我有“使人不得不爱我之道”。他说：“赏莫如厚而信，使民利之；罚莫如重而必，使民畏之；法莫如一而固，使民知之。故主施赏不迁，行诛无赦。誉辅其赏，毁随其罚，则贤不肖俱尽其力矣。”（《韩非子·五蠹》）这就是说，只有用“厚赏”、“重罚”才能保证所有的人都去为封建君主卖命效力。韩非所说的“使人不得不爱我之道”，也就是如此！至于像荀况所说的什么“爱民”、“裕民”，那在韩非看来，对封建统治者不仅是不必要的，而且对于实行法治来说还是有害的。他说：“夫施与贫困者，此世之所谓仁义；哀怜百姓不忍诛罚者，此世之所谓惠爱也。夫有施与贫困，则无功者得赏；不忍诛罚，则暴乱者不止。……吾以是明仁义爱惠之不足用，而严刑重罚之可以治国也。”（《韩非子·奸劫弑臣》）一句话，韩非把严刑重罚看作是地主阶级的唯一法宝。他要求封建统治者对被统治者不要有丝毫仁义爱惠之心，“有难则用其死，安平则尽其力”（《韩非子·六反》）。在韩非的心目中，人民只是供封建统治者任意宰割的牛马，根本就不是人。这样的法治，尽管它在反对奴隶主残余势力和建立封建主义中央集权制的斗争中起过一定的进步作用，对这一点应当充分肯定。但是正如司马迁在《史记·太史公自序》中所说：它“可以行一时之计，而不可长用也”。

综上所述，可见实行礼治还是专任法治，这是荀况与韩非的根本分歧。荀况的礼治学说是儒家礼治学说的继续与发展。韩非的法治学说是前期法家思想的继续与发展。尽管荀况的礼治和韩非的法治都是为新兴地主阶级服务的，但二者的内容是不同的。荀况认为，要巩固中央集权主要依靠“爱民”与“裕民”；韩非则以为要靠“君主独裁”和“严刑重罚”。关于荀况的礼治与韩非的法治是相同的说法，我认为是不能成立的。

三、荀况重法与韩非法治的主要区别

荀况在肯定礼为地主阶级治国的基本原则的同时，也十分重视法的作用。他主张以礼为主，礼法并用，提出了系统的“隆礼重法”的理论。

必须指出，荀况的“重法”思想与“隆礼”思想一样，也是来源于儒家的。孔子虽然说过：“子为政，焉用杀?”似乎是反对争讼与刑杀的，可事实上这不过是对被压迫者的欺骗而已。如郑国的统治者用武力进攻“萑苻之盗”，孔子称赞说：“善哉！政宽则民慢，慢则纠之以猛，猛则民残，残则施之以宽，宽以济猛，猛以济宽，政是以和。”（《左传·昭公二十年》）就是最好的说明。孔子的主张是先德后法，先礼后刑，从而给奴隶主阶级的残暴镇压披上一件礼义道德的华美外衣！

荀况的“重法”思想，正是孔子“宽猛相济”理论的继续与发展。他从人性恶出发，认为被统治阶级“偏险悖乱”（《性恶》），破坏封建社会秩序的行为是不可避免的。因此，如果封建统治阶级放弃了刑罚等暴力镇压手段，那后果将是不堪设想的。他说：“今倘试去君上之势，无礼义之化，去法正之治，无刑罚之禁，倚而观天下民人之相与也；若是，则夫强者害弱而夺之，众者暴寡而哗之，天下之悖乱而相亡不待顷矣。”（《性恶》）而为了镇压被剥削阶级的反抗，以达到“正理平治”的目的，荀况在大谈其“隆礼”的同时，也公开主张“重法”。他说：“法者，治之端也。”“至道之大形，隆礼至法则国有常。”（《君道》）“治之经，礼与刑，君子以修百姓宁。”（《成相》）荀况这里所说的“法”或“刑”，就其内容来看，就是法家所提倡的赏与罚等两种手段。但是，如果认为荀况的重法和韩非的法治没有什么区别，那是值得商榷的。

首先，荀况虽然在“隆礼”的同时，也强调“重法”。但在他的全部政治学说中，礼和法相比，礼居于主导地位，法则居于从属地位。他说：“圣人化性而起伪，伪起而生礼义，礼义生而制法度。”（《性恶》）这说明礼义是法度的本源；法是根据礼而制定的。又说：“礼者，法之大分，类之纲纪也。”（《劝学》）这说明礼是纲，法是目；法必须由礼来统率。他特别反对抛弃礼治而单纯地使用赏罚，他说：“凡人之动也，为赏庆为之，则见害伤焉止矣。……故赏庆刑罚势诈之为道者，佣徒鬻卖之道也，不足以合大众，美国家，故古之人羞而不道也。”（《议兵》）从维护封建统治阶级的利益来看，单纯地使用赏庆刑罚，自然会助人们趋利避害的思想。所以荀况把单纯使用赏庆刑罚斥之为“佣徒鬻卖之道”，那是很有见地的。

但是，韩非的观点就不是这样。他主张弃礼任法，把赏庆刑罚作为地主阶级治理国家的唯一手段。韩非说：“夫严刑者，民之所畏也；重罚者，民之所恶也。故圣人陈其所畏以禁其邪，设其所恶以防其奸。是以国安而暴乱不起。吾以是明仁义爱惠之不足用，而严刑重罚之可以治国也。”又说：“无威严之势，赏罚之法，虽尧、舜不能以为治。今世主皆轻释重罚严诛，行爱惠，而欲霸王之功，亦不可几也。故善为主者，明赏设利以劝之。使民以功赏，而不以仁义赐；严刑重罚以禁之，使民以罪诛，而不以爱惠免。是以无功者不望，而有罪者不幸矣。”（《韩非子·奸劫弑臣》）由此可知，韩非的法治思想的实质，就是要求封建统治阶级抛弃礼义惠爱的外衣，建立一种赤裸裸的地主阶级专政，用“重罚严诛”等暴力手段去镇压被统治阶级的一切反抗。

其次，荀况虽然认为人性是恶的，但是他觉得通过礼义教化是可以改恶从善的。因此，他特别强调礼义教化，反对不教而诛和教而不诛的两种偏向。他说：“故不教而诛，则刑繁而邪不胜；教而不诛，则奸民不惩。”（《富国》）因而他主张先教后诛，先礼后法。他说：“临事接民，而以义变应，宽裕而多容，恭敬以先之，政之始也；然后中和察断以辅之，政之隆也；然后进退诛赏之，政之终也。……书曰：‘义刑义杀，勿庸以即，女惟曰：未有顺事。’言先教也。”（《致士》）“雕雕焉悬贵爵重赏于其前，县（悬）明刑大辱于其后，虽欲无化，能乎哉！”（《议兵》）这说明他对用先教后诛，先礼后法的办法来防止被压迫者的反抗是满怀信心的。

但是，韩非的观点则与此相反。他虽然同意荀况人性恶的观点，可他认为若想通过礼义教化使人们改变其自私自利、损人利己的本性那是根本办不到的。他说：“夫圣人之治国，不恃人之为吾善也，而用其不得为非也。……故不务德而务法。”（《韩非子·显学》）礼义教化是不必要的，犯了法就进行惩罚，这就是韩非的主张。他认为只要实行镇压就可以使被统治者安于被奴役被剥削的地位，这当然是痴心妄想。

第三，荀况虽然认为对犯罪者进行惩罚是必要的，但他继承了儒家“明德慎罚”的传统思想，主张实行罚当其罪的原则。他说：“故公平者，听之衡也，中和者，听之绳也。”（《王制》）所谓中和，就是宽猛相当的意思。他指出：“罚不当罪，不祥莫大焉。……刑称罪则治，不称罪则乱。”（《正论》）由此出发，他反对两种倾向：一是罪重而刑轻；二是罪轻而刑重。他认为“凡刑人之本，禁暴恶恶，且惩其未也。”（《同上》）这说明对犯罪者施用刑罚，一方面是为了消除“犯上作乱”的行为，另一方面是为了防止犯罪者将来再干违法的事情。但荀况尤其反对罪轻而刑重。他说：“析愿禁悍，而刑罚不过。”（《王制》）又说：“赏不欲僭，刑不欲滥。赏僭则利及小人，刑滥则害及君子。若不幸而过，宁僭无滥。”（《致士》）荀况之反对重刑，仍然是由他的“平政爱民”思想所决定的。他认为“政险失民”（《天论》）。险者，酷虐之谓也。如果为政酷虐，滥施刑罚，必然要失去民心，封建统治者就保不住自己的地位。荀况“隆礼重法”的最高理想是：“刑不过罪，爵不踰德。故杀其父而臣其子，杀其兄而臣其弟，刑罚不怒罪，爵赏不踰德，分然各以其诚通。是以为善者劝，为不善者沮；刑罚綦省而威行如流，政令致明而化易如神。”（《君子》）在封建社会里，法律是地主阶级意志的集中表现，公正的审判是根本不可能的。不过荀况主张罚当其罪还是有一定道理的。虽然是以巩固封建统治为基本出发点，但在某种意义上来说，对被压迫阶级仍然是有利的。

韩非与荀况的观点就完全相反，他采取的是重刑主义。所谓重刑主义，就是轻罪重罚，即对被统治阶级的哪怕是最微小的违法行为，也要给以严厉的刑事处分。这是儒家与法家在刑事政策上的一个重要区别。应当指出，《韩非子》一书从头到尾都贯穿着重刑主义思想，特别是在《六反》篇里，韩非把法家的重刑主义理论发挥得淋漓尽致；其对重刑主义之讴歌、对轻刑原则之抨击，即使在法家思想发展史上也是突出的。所以我们完全可以把《六反》篇看作是韩非的“重刑论”。不言而喻，韩非的重刑主义和荀况的罪刑相称的思想，那显然是不同的。

综上所述，可见荀况的重法与韩非的法治，虽然都是新兴地主阶级的意志的反映，并且都是以赏罚为主要内容的，在这些方面有其共同之点。但就法在其各自理论体系中所占的地位及其执行与施用法的基本原则来看，是有显著区别的。因此关于荀况的法与韩非的法是完全相同的说法，那是不能令人信服的。

结束语

根据我们上面对荀况的礼治思想和韩非的法治思想的比较研究，可以得到什么样的结论呢？

（一）荀况的礼治思想主要或基本上来源于孔子的礼治思想。换言之，孔子的政治思想是荀况的政治思想的渊源。荀况根据封建制取代奴隶制社会变革的需要，把为奴隶主阶级服务的礼治学说改造为地主阶级服务的礼治学说，这是儒家礼治思想发展的一个新阶段，而荀况则是地主阶级礼治学说的奠基者。有的同志因为荀况的礼治思想反映了地主阶级利益，而孔子的礼治学说反映了奴隶主阶级利益，因而就认为两者是根本对立的。我认为这种说法是割断了思想发展的历史联系。恩格斯在谈到资产阶级对封建法权形式的继承时曾经指出："人们可以把旧的封建法权形式的很大一部分保存下来，并且赋予这种形式以资产阶级的内容，甚至直接给封建的名称加上资产阶级的含义。"（《马克思恩格斯选集》第4卷，第248页）资本主义取代封建主义尚且如此，那么在封建制取代奴隶制时所"保存下来"的"法权形式"只能更多一些，决不会更少一些。所以荀况在为地主阶级建立其礼治学说时，吸收并采用了以孔子为代表的奴隶主阶级的礼治思想，那是完全合于历史发展规律的。

（二）在荀况的礼治学说中无疑也吸取了前期法家思想，因此他不仅在肯定礼治的同时也强调法的作用，而且对法的论述也比其他儒家更为详实。但是我们必须弄清这样一点：并不是所有谈论法的人，就一概都是法家。列宁曾经指出："所有一切压迫阶级，为了维持自己的统治，都需要有两种社会职能：一种是刽子手的职能，另一种是牧师的职能。刽子手镇压被压迫者的反抗和暴动。牧师安慰被压迫者，给他们描绘一幅在保存阶级统治的条件下减少痛苦和牺牲的远景……"（《列宁选集》第2卷，第638页）所以在历史上，任何一个剥削阶级的思想家，不管给他自己的家说贴上什么样的标签，只要他是在探讨"维护自己的统治"的原则与方法时，总少不了作为"刽子手的职能"的法律强制手段。正因为如此，如果说凡是谈论法的人就一概是法家，那就会得出不正确的结论。事实上，荀况虽然吸收了法家思想，但他的学说仍以礼治为主体，这和专任法治的法家有根本性的区别。说荀况的政治学说是由礼治到法治的过渡桥梁则可；如果说荀况就是法家，那显然是没有把握住他政治学说的核心与实质。

（三）在战国百家争鸣的条件下，各派思想家既互相对立，又互相影响。尤其像荀况这样的思想家，他为了实现自己的政治主张，曾经游学于齐，访问于秦，议兵于赵，最后依春申君而为兰陵令，著述数万言，老死于楚；其阅历之广，对各种学派接触之多，在同一时代思想家中是非常少见的。他不仅继承、改造和发展了儒家的礼治思想，还吸取了其他各家学说中的有用部分。毛泽东同志说："事物的性质，主要地是由取得支配地位的矛盾的主要方面所规定的。"（《毛泽东选集》第1卷，第297页）礼治思想既然构成了荀况政治学说的核心，那么，它就是规定其学派性质的"取得支配地位的矛盾的主要方面"。正因为如此，我认为荀况既不和"法家同属于一个阵营"，也不能"成为一个新的独特的学派"，而是战国时期儒家主要代表人物之一，是为封建思想体系奠定了理论基础的第一个地主阶级的思想家。

刘海年

秦汉诉讼中的"爰书"*

简介

刘海年，河南省唐河县人，1936 年 4 月生。1957 年 9 月考入中国人民大学法律系，1961 年本科毕业，1964 年研究生毕业，1965 年到中国社会科学院法学研究所，历任助理研究员、副研究员、研究员。1988 年任中国社会科学院法学研究所副所长，1993 年任所长，1995 年至 1998 年 12 月兼任中国社会科学院政治学研究所所长。现任中国社会科学院学术委员会委员，中国社会科学院人权研究中心主任，兼任中国社会科学院研究生院教授、博士生导师，中国人民大学研究生院教授、博士生导师，清华大学法学院教授和最高人民法院咨询员。

主要研究方向为中国法律史、法治与人权理论。曾参加和带领学术考察团到二十余个国家考察。主要著述有论文一百多篇，研究报告数十篇，《刘海年文集》一部，参加整理、合编、主编《中国珍稀法律典籍集成》等著述及大型文献资料集。

* 原发表于《法学研究》，1980（1），本书刊出的录自刘海年教授的文集《战国秦代法制管窥》，北京，中国法制出版社，2006。

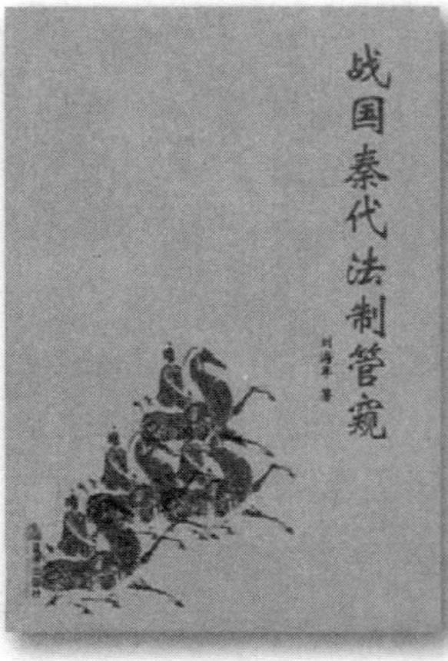

史籍中关于“爰书”的记载，最早见于司马迁《史记·酷吏列传》：“张汤者，杜人也。其父为长安丞，出，汤为儿守舍。还而鼠盗肉，其父怒，笞汤。汤掘窟得鼠及余肉，劾鼠掠治，传爰书，讯鞫论报，并取鼠与肉，具狱磔堂下。”班固《汉书·张汤传》的记载与《史记》基本相同。

这段记载中所谈的“爰书”究竟指什么？三国以后的学者们已众说纷纭了。“集解”引苏林曰：“爰，易也。以此书易其辞处。”颜师古注：“爰，换也。以文书代换其口辞也。”易、换的意思基本相同，但易、换谁的口辞，苏、颜均说得比较笼统。王先谦在《汉书补注》中则把问题具体化了。他是把“爰书”一词与“传”字一起解释的：“传爰书者，传囚辞而著之文书。”据此，后人进而解释为：“爰书，录囚辞之文书也。”[1] 在学术界至今仍有不少同志和朋友持此种看法。[2]

三国时的学者们认为有必要对“爰书”作出解释，说明这一词不仅是专门化的，而且在当时已成为古典的了，以致像苏林这样的学者都解释得不确切，后人则愈引申愈不准确。

新中国成立前出土的居延汉简和近年相继出土的居延汉简、云梦秦简，有许多关于“爰书”的记载，其中还有一些是战国、秦汉的“爰书”原本。这对我们弄清“爰书”及与之有关的问题，提供了可靠的第一手材料。

从史籍和先后出土的简书有关记载综合分析，战国、秦汉时的“爰书”，包括司法诉讼案件和与之有关的这样一些材料：

1. 官方记录或摘抄的诉辞。如秦简《封诊式，黥妾》：“爰书：某里公士甲缚诣大女子丙，告曰：某里五大夫乙家吏。丙，乙妾也。乙使甲曰：丙悍，谒黥劓丙。”这是一份起诉记录。内容是：某有五大夫爵位的人，指使其家吏公士甲，将其女奴丙绑赴官府，以“骄悍”为由，请求官府处丙以脸上刺墨、割鼻的刑罚。又如，《封诊式·告子》：“爰书：某里士伍甲告曰：甲亲子同里士伍丙不孝，谒杀，敢告。”这是一个父亲以“不孝”为由，请求官府杀死其儿子的起诉记录。类似这样的起诉记录材料，在《封诊式》的《告臣》、《迁子》、《奸》等案例中还有记载。

2. 官府记录或摘抄的自首材料。秦简《封诊式·盗自告》：“□□□爰书：某里公士甲自告曰：以五月晦与同里士伍丙盗某里士伍丁千钱，无它坐，来自告，告丙。”这是一个投案自首的公士的口供记录。他说于五月末和同里士伍丙偷盗了某里士伍丁千钱，在此之前没有犯过其他罪，现在来自首，同时揭发共同作案的士伍丙。《封诊式·亡自出》也有类似的记载。

---

① 《辞海》“爰书”条，中华书局，1947。

② 见《辞海》“爰书”条，中华书局，1965。

3. 被告人的口供记录。这种意见已见以上所引《史记》、《汉书》③张汤传及其注释："传爰书，传囚辞而著之文书。"此外，秦简《封诊式·讯狱》中规定：审讯案件不进行笞打能得到真实情况是上策，但经反复讯问，被告人仍极力辩解，"其律当笞掠者，乃笞掠"。同时又规定："笞掠之必书曰爰书：以某数更言，毋解辞，笞讯某。"这说明，秦时作审讯记录，已不只记录口供了，同时还记载审讯过程中采取的措施。这里的"爰书"就是指记录。秦简中的这一用法，可与《张汤传》的记载相印证。在居延汉简《建武三年候粟君所责寇恩事》简册中，官吏讯问被告的供词又称"爰书自证"④。当然，从记载看，被告人的情况是不同的。秦简《封诊式·讯狱》中所指的，是以被作为犯罪人拘捕到官府的；而汉简中的"爰书自证"，被告人寇恩是县廷委托基层官吏就地传讯的，并且最后被判定无罪。

4. 现场勘查或法医检验的记录以及报告书。秦简《封诊式》中的《贼死》、《经死》、《穴盗》等案例中所引的"令史某爰书"，《出子》案例中所引的"丞乙爰书"，均属这类材料。不过，从简文看，这类现场勘查、检验的记录和报告，一般不称"爰书"，而在"爰书"前附加负责现场勘查和检验的官吏的职务，如"令史某爰书"、"丞某爰书"等。⑤

5. 司法官吏对案件判决或关于案件某一项决定执行情况的报告书。前者，如秦简《封诊式·迁子》一例，"爰书"中就记载了官府按照士伍甲的诉状，论处"鋈丙足，迁蜀边县"的判决执行情况："论之，迁丙如甲告，以律包。今鋈丙足，令吏徒将传及恒书一封诣令史，可受代吏徒，以县次传诣成都，成都上恒书太守处，以律食。"后者，如《封守》一例，乡某在"爰书"中报告了他执行某县丞关于查封、看守被审讯人士伍甲的家产、人口的指令的情况。其中说到了："甲家室、人：一宇二内，各有户，内室皆瓦盖，木大具，门桑十木。妻曰某，亡，不会封。大女子某，未有夫。子，小男子某，高六尺五寸。臣某，妾小女子某，牡犬一。"这完全是查封、看守的指令执行情况的报告清单。"爰书"还说到在查封、看守士伍甲的家室和人口之后，又讯问了甲的里典和伍人，并让他们对是否有漏封作出了保证。最后又报告说将甲的家人和财产交给甲的里典和伍人轮流看守。

6. 案情综合报告书。秦简《封诊式》中，编选的大部分属于这类材料。在这种"爰书"中，往往既包括有原告的诉辞，还有被告的口供以及官吏对案情的调查情况。它为了说明问题，常常引用一些单项"爰书"的内容。如秦简《封诊式·出子》，"爰书"开始记载了士伍妻甲的诉辞；接着，又说了令史某执被告人大女子丙和讯问甲室人的情况；之后，便引证"丞乙爰书"，详细报告了派人检查小产婴儿的经过；最后还介绍了让生过孩子的隶妾对甲阴部的血迹进行检查的情况，得出结论说甲的确是小产。

以上是近年出土的云梦秦简和居延汉简中比较完整的"爰书"记载。此外，在新中国成立前发掘的居延汉简中，也有许多简文记有"爰书"，但旧居延汉简与云梦秦简和新近出

③ "《建武三年候粟君所责寇恩事》释文"，载《文物》，1978（1）。

④ "《建武三年候粟君所责寇恩事》释文"，载《文物》，1978（1）。

⑤ 参阅《睡虎地秦墓竹简·封诊式》。

土的居延汉简不同，大多是残简断片，有关“爰书”的记载很不完整，但就从名称看，多数也属于刑讼。[⑥] 少数“爰书”，如：“吏卒病死爰书”[⑦]、“秋射爰书”[⑧]、“驿马病死爰书”[⑨]和“举蓬”、“杀略”等“爰书”[⑩]，虽然不像上面所列举的属于严格意义上的刑诉案件材料，但其内容涉及的问题关系重大。死人、死马自不待言，秋射、举蓬、杀略等都是军事行动，动辄都负有法律责任。这类“爰书”，显然也是与刑讼有关系的。

从以上所举秦汉简册关于“爰书”的记载，可以看出，中国古代的“爰书”，远非仅指“录囚辞的文书”，其内容要广泛得多。概括起来，有下列特征：一、它是官府或官吏使用的司法文书的一种形式。秦简中有“诉辞”，汉简中有“自证爰书”，但均非私人手笔，而是官方记录。所以我们看到的“爰书”中使用的都是第三人称。二、它是下级对上级或官吏对官府之间使用的一种文书形式。秦简和汉简中，有乡负责人对县丞，丞对县廷和县令，令史对令、丞，乡负责人对县廷等呈报的“爰书”，而在同类案件中，甚至同一案件中，凡上级对下级的行文，均称“书”、“文书”、“邮书”，从未见到称“爰书”的例子。三、“爰书”有一定的内容要求与格式。一般要写明当事人姓名、身份、籍贯、问题、时间、地点、人证、物证等。新出土的居延汉简《候粟君所责寇恩事》简册的“自证爰书”，一开始都有这样一段文字：“证财物故不以实，赃五百以上，辞已定，满三日而不更言请者，以辞所出入罪反罪之律辨告。”[⑪] 所谓“出入罪”就是出人罪和入人罪（对犯罪，不依法治惩或从轻处置为出罪；罪轻或无罪，被认定为重罪和犯罪，故意加重惩罚为入罪）。这段话的意思是：证言中涉及的财物，故意不如实报告，赃在五百钱以上，证词已定，三天之内又不提出真实情况更正的，以诉讼出入人罪反罪本人的法律追究责任。《周礼·司盟》：“有狱讼者，则使之盟诅。”很显然，汉简中“自证爰书”的这段文字，是对周秦以来诉讼过程中盟誓制度的沿袭，又是这种制度的具体化，后代称“具结”，现代资本主义国家的司法程序中则称作“宣誓”。其目的是通过这种形式，对诉讼案件的当事人在提供证言之前，施加一定的压力。

综合以上几个方面的情况，我们认为：“爰书”是战国的秦国和秦汉时司法机关通行的一种文书形式。其内容是关于诉讼案件的诉辞、口供、证词、现场勘查、法医检验的记录以及其他有关诉讼的情况报告。

“爰书”是一种司法文书形式，“传爰书”则是诉讼过程中的具体制度。关于它的作用，张晏说：“传，考证验也。爰书自证，不如此言，反受其罪。考讯三日覆问之，知与前辞不

---

⑥ 劳榦：《居延汉简释文·卷一》。

⑦ 《居延汉简甲编》一一二一简。

⑧ 《居延汉简甲编》九八七简。

⑨ 《居延汉简》96.1简。

⑩ 《居延汉简》27.21A、35.22A、306.12、326.5等。

⑪ “《建武三年候粟君所责寇恩事》释文”，载《文物》，1978（1）。

同也。”韦昭说：“古者重刑，嫌有爱恶，故移换狱书，使他官考实之，故曰：‘传爰书’也”[12]。张宴的意思是说“爰书”把供词记录下来，过几天再问，从前后的供词中找到矛盾、抓问题，进行追查。韦昭则认为传换“爰书”，让其他官吏对审判实行一定监督，以避免某一官吏单凭自己的爱恶决断狱案。这两种说法是不同的，不过，从某种意义上说，他们的解释都有一定道理。如张晏说：“考讯三日覆问之，知与前辞不同也。”在新出土的汉简《候粟君所责寇恩事》简册中，记载了被告寇恩两份“自证爰书”，一为建武三年十二月癸丑朔乙卯，一为同年同月癸丑朔戊辰，十二月乙卯是初三，戊辰为十六，二者相隔十三天。这两份“爰书”，内容记的是同一件事，但戊辰爰书对乙卯爰书在具体情节上是有更动和补充的。这些更动和补充，使案情从字面上看更清楚，以便上级作出正确判断。韦昭的解释也是与秦汉地主阶级强调依照封建法律决断狱案是相符合的。秦律规定，官吏在断案时，“罪当重而端轻之，当轻而端重之，是谓不直；当论而端弗论，及伤其狱，端令不致，论出之，是谓纵囚”[13]。端，故意。秦律对有意破坏封建法律的官吏惩治是严厉的。如规定：纵囚，“当系作如其所纵”[14]；而秦始皇则曾“适治狱吏不直者，筑长城及南越地”[15]。所以我们认为，说“传爰书”是为了避免某一官吏按自己好恶决断狱案而建立的一种防范措施，是有其道理的。尽管这两种解释都有一定道理，但现在看来，这些解释却是远远不够的。对于“爰书”这一种司法文书形式的出现，和“传爰书”这种制度的实行，必须把它同一定的历史条件联系起来研究，才能有比较清楚的认识。

我们知道，在中国奴隶社会，奴隶主贵族不是把所有的法律都公诸世的。“昔先王议事以制，不为刑辟。惧民之有争心也。”[16] 所谓“议事以制”，杜预解释说：“临事以制，不预设法也。”奴隶主贵族实行的是“刑不可知，威不可测”的恐怖统治。在这种统治下，不仅广大奴隶被视为可以任意屠杀的牛马，就是在平民中，贯彻的也是“刑不上大夫，礼不下庶人”的原则。还应指出，在奴隶社会的审判实践中，奴隶主阶级内部，大奴隶主对小奴隶主，也实行等级特权制度。1975 年 2 月，陕西省岐山县董家村出土的青铜器中的𠑇匜铭文，是西周奴隶制国家的一篇判决辞。这篇判决辞中，记载了伯杨父因小奴隶主牧牛违背自己的誓言，“敢以乃师讼”（即竟敢同自己的上司打官司），就定牧牛的罪。从判决书反映的过程看，案件是由伯杨父直接审理、当场作出判决的。虽然伯杨父一再宣布减刑，最后仍被判处鞭打五百、罚铜三百锾（合汉时二千两）的重刑。[17] 在这样武断、专横的断狱制度下，当然不需要什么“爰书”，也不会出现“传爰书”这种制度。

随着社会经济的发展，奴隶们的阶级斗争日趋激烈，这种“刑不可知，威不可测”的

⑫ 《史记·酷吏列传》。

⑬ 《睡虎地秦墓竹简·法律答问》。

⑭ 《睡虎地秦墓竹简·法律答问》。

⑮ 《史记·秦始皇本纪》。

⑯ 《左传·昭公六年》。

⑰ “陕西省岐山县董家村西周铜器窖穴发掘简报”，载《文物》，1976 (5)。

统治方法已不足以对付奴隶的反抗。春秋末期，地主阶级的代表人物极力主张公布法律，并为此同奴隶主阶级的代表们展开了激烈的斗争。“爰书”和“传爰书”就是在封建法制逐步建立和不断完善的过程中出现的。“爰书”的出现和“传爰书”这种制度的实行，表明了封建诉讼制度日益发展和趋于完备。

在秦简和汉简的“爰书”中，保留了许多战国、秦汉时诉讼制度的材料，对我们了解这一时期的封建诉讼的具体情况是非常珍贵的。从现有的较为完整的“爰书”看，秦汉时的诉讼在判决前一般要经过这样一些程序：

1. 原告人向官府提出对被告人的诉辞。这些诉辞要说明原告人的姓名、住址、身份，被告人的姓名、住址、身份，何时、何地犯了什么罪，有些还提出对被告人判处何种刑罚。诉讼的提起有的是自诉，如秦简《封诊式》中的《告臣》、《迁子》、《告子》等；也有的是代诉的，如《封诊式》中的《黥妾》；还有些像是在“连坐”制度的威逼和奖励告奸的引诱下而采取的行动。《封诊式》中的《盗铸钱》和《奸》就是例子。上面所列举的案例和新出土的居延汉简《候粟君所责寇恩事》册中的“辛未文书”，都有原告人的诉辞记录。

2. 传讯被告。这是听取诉辞之后，主管诉讼案件的官吏就原告在诉辞中列举的罪状，向被告檄验查证。除以上案件外，秦简《封诊式》中的《疠》、《毒言》和新出土的居延汉简《候粟君所责寇恩事》册中的“乙卯爰书”、“戊辰爰书”都记录了这样的内容。不同的是，有些是县廷直接传讯的，有些是县廷委托基层官吏传讯的。从秦简《封诊式》的《告臣》、《黥妾》看，封建社会初期，虽然保留大量奴隶制残余，但奴隶的地位已发生了某些变化。这些人作为被告，并允许他们对某些事实作出说明本身，就说明了奴隶已不能被任意杀害，他们的某些权利已受到封建国家保护。

3. 搜集旁证。在秦简《封诊式·告臣》一例中，丞某在听取了原告的诉状和传讯被告之后，又致函某乡主对案件涉及的事实进行查证。信函写道：“丞某告某乡主：男子丙有鞫辞，曰：某里士伍甲臣，其定名事里，所坐论云何，何罪赦，或覆问无有，甲尝身免丙复臣之不也？以律封守之，到以书言。”《黥妾》的情况与此差不多，甚至连文书的格式都无大变化：“丞某告某乡主：某里五大夫乙家吏甲诣乙妾丙，曰：乙令甲谒黥劓丙，其问如言不然。定名事里，所坐论云何，或覆问无有，以书言。”这两封都是县丞某致诉讼双方所在的乡负责人的函件。内容也都是要求乡负责人查证与案件有关的情况。不同的是，第一个函件没有指定找谁查证；而第二个函件则要求乡主向五大夫询问“如言不然”。这当然是由五大夫的地位所致。其中的“定名事里”，是指姓名、职业、籍贯；“所坐论云何，何罪赦”，是讯问被告过去犯过什么罪，什么时候释放；“或覆问无有”，是要查问一下还有什么问题；“以书言”，就是要乡负责人把调查的情况写一书面材料上报县廷。

某些“爰书”的内容说明，有些案件的旁证是由县廷直接派官吏到现场经过勘查、检验取得的。秦简《封诊式》的《疠》、《贼死》、《经死》、《穴盗》、《出子》等案例中，都保留有对现场勘查、法医检验的“爰书”。这些“爰书”记载的材料，早于闻名世界的宋代的《洗冤录》一千多年，而其中某些内容较之《洗冤录》的记载还详尽。

如《贼死》一例。令吏某在“爰书”中报告了死者的方位：尸在某室南，距亭一百步（秦制，每步合秦尺六尺，约合今 1.4 米），距士伍丙的农舍二百步。然后查看、记录了死者身上致命的伤痕：头上左额角有刃伤一处，背部有刃伤两处，都是纵向，长四寸，互相沾渍，宽各一寸，伤口中间下陷。从伤口推测出，凶器类似斧头。最后还报告了死者的服饰、长相特征等。

又如《经死》一例。令史某在“爰书”中报告了死者吊死于室内何处，绳索粗细、索结形状、索沟深浅。还检验了死者身体其他部位，特别提到头发内和会阴部等不易被人们注意的地方有无伤痕和异物。很明显，掌握这些特征和查明身体各部位的异常情况，都便于对死者是“自缢”或“他杀”作出准确判断。“爰书”还特别指出，如舌不出，在摘下尸体时口鼻无叹气的样子，索沟的痕迹不淤血，绳索系颈不能把头脱出，就不能确定是自缢。

尤其应注意的是对“穴盗”现场的勘查记载。令史某在“爰书”中，除记录了现场的一般情况外，特别详细报告了犯罪人作案时在现场留下的各种痕迹。“爰书”的这一部分是这样记录的：“内后有小堂，内中央有新穴，穴彻内中。穴下齐小堂，上高二尺三寸，下广二尺五寸，上如猪窦状。其所以埱者类旁凿，迹广□寸大半寸。其穴壤在小堂上，直穴播壤，破入内中。内中及穴中外壤上有膝、手迹，膝、手各六所。外壤秦綦履迹四所，袤尺二寸。其前稠綦袤四寸，其中央稀者五寸，其踵稠者三寸。其履迹类故履。内北有垣，垣高七尺，垣北即巷也。垣北去小堂北唇丈，垣东去内五步，其上有新小坏，坏直中外，类足距之之迹，皆不可为广袤，小堂下及垣外地坚，不可迹。”之所以不惜篇幅把这段话加以抄录，是由于这段记载对我们了解秦时司法痕迹学发展状况太重要了！它首先记录了盗穴的位置，大小形状；然后记载了土壤的堆放情况及凿迹；最后具体记载了膝、手迹数目和大小形状，从足迹判断出犯罪人穿的是“秦綦履”，并“类故履”。这些记载说明，早在公元前 2—3 世纪的秦国，利用痕迹学对案件进行侦破已经相当发展了。在世界史上这是仅有的。

4. 按规定的审判权对案件作出判决。上面已经谈到，秦简《封诊式》的许多“爰书”是案情综合报告。新出汉简《建武三年候粟君所责寇恩事》册的三四、三五简的判决文书中，居延县廷认为，对于候粟君“须以为政不直者法亟报”。《汉书・张汤传》：“讯鞫论报”。颜师古注：“论报，谓上论之而获报也。”这些记载都说明，当时各级的审判权是有规定的。因为粟君是“候”（官名），县廷无权对所犯罪行作出最后判决。所以虽然对案件进行了审理，并认为应以“为政不直”判罪，但仍需报请上级决断。

以上是从“爰书”内容看大部分案件处理时要经过的程序，但“爰书”也说明，有些简单案件则无须如此，秦简《封诊式》的“迁子”一例，只听了原告诉辞和讯问被告之后，便作出了“迁丙如甲告”：鋈丙足、迁蜀边县的判决。

综合以上情况，可以看出，“爰书”如同它的内容非常广泛一样，其作用也是多方面的。最重要的就是借助它可以提高封建国家司法机关的效率。正因为如此，秦统治者才编选了各类“爰书”作为“式”，要各级官吏遵照执行，汉代沿袭了这种制度。“爰书”是战国到秦汉封建国家机器和司法制度日臻完备的产物和表现。

许显侯

三权分立原则的起源和运用*

简介

许显侯，福建省晋江人。1937～1949年读小学、中学（养正中学）读中学时参加革命，属闽浙赣游击队；1950～1952年北京大学政治系读书，院系调整后到北京政法学院党委；1954～1956年中国人民大学法律系外国法制史研究生班读书；1956～2000年在北京政法学院外国法制史任教（教授本科生与硕士研究生），先后被聘为讲师、副教授、教授。曾任外法史教研室主任。任教期间曾参加司法部组织的外国法制史教程的编写工作，曾任外法史全国教学研究会的理事。

---

* 原发表于《人民日报》，1980-11-14。

三权分立原则的起源和运用

在资本主义国家，立法、行政、司法三种权力分别由议会、政府和法院三种不同职能的国家机关行使，互相制约，互相配合，称为三权分立。欧美资产阶级革命以来的两三百年中，几乎所有资产阶级国家都沿用了三权分立原则。

资产阶级国家的政治制度，是为资本主义制度服务的。但是，资产阶级政治制度的某些环节、某些组织原则，是人民群众在反封建的革命斗争中创造出来的，是有用的历史遗产，不能简单地都归到资产阶级的账上。例如，三权分立原则，就属于这种情况。

三权分立原则作为一种学说，最先是由英国17世纪思想家洛克提出来的。洛克把国家机构分为三个部分：立法权、行政权和对外权。司法权合并在行政权之内。对外权是国家的外交、征战、媾和等职权。立法机关（议会）是国家权力的主要标志。洛克的学说，反映了当时英国政治制度的既定事实：议会成为最高权力机关，行使最高立法权。在君主立宪制度下，国王已经变成不掌握实权的象征性的国家元首。

法国的资产阶级思想家孟德斯鸠发展了洛克的三权分立思想。他于1748年发表了《论法的精神》，系统地阐发了三权分立学说。他认为：要使公民享有政治自由，就必须建立三权分立的政体，按照立法、行政、司法三权分立的原则组成国家机构。

孟德斯鸠所在的法国是当时西欧封建专制统治的典型。国王至高无上，总揽立法、行政、司法大权于一身。国王的话就是法律，人人都必须绝对服从。路易十五曾在巴黎高等法院宣称："主权的权力寄于我的身上。立法权仅属于我一人而已，无所依赖也不得分享。整个公共秩序皆自我出，全国的权利和利益必然与我的权利和利益联成一体，而且都在我的掌握之中"[①]。在这种制度下，只有个人的专制独裁。孟德斯鸠敢于向这种黑暗统治挑战，是很了不起的。

孟德斯鸠在《论法的精神》中提出："要防止滥用权力，就必须以权力约束权力。"[②]所谓以权力约束权力，就是立法、行政、司法三种权力互相分立，互相制约。他认为，"当立法权和行政权集中在同一个人或同一个机关之手，自由便不复存在了，因为人们将要害怕这个国王或议会制定暴虐的法律，并暴虐地执行这些法律。""如果司法权同行政权合而为一，则将对公民的生命和自由施行专断的权力，因为法官就是立法者。"他关于

① 索布尔：《法国革命》，28页。

② 孟德斯鸠：《论法的精神》，上册，154页。

三权分立总的观点是："如果同一个人或者是由重要人物、贵族或平民组成的同一个机关行使这三种权力，既制定法律权、执行公共决议权和裁判私人犯罪或争讼权，则一切便都完了。"③

如果说洛克的分权思想只不过是承认和维护了英国资产阶级君主立宪政体的既成事实，那么孟德斯鸠则是进一步发展和完备了三权分立学说，因而被公认为三权分立学说的主要代表人物。孟德斯鸠主张君主立宪政体下的三权分立，虽然还带有保守的色彩，但不能因为这一点而贬低他三权分立学说的革命性。

17 世纪英国资产阶级革命以后，英、美、法等许多资产阶级国家，出现了各种不同的政体，但不论是共和政体还是君主立宪政体，它们的立法、行政和司法机关，一般都是按照三权分立的原则建立起来的。可以这样说，只要是标榜资产阶级民主制度的国家，它们都采用了三权分立原则。

资产阶级经过了反复斗争的实践，深感必须在政治制度上设立有利于防止封建专制主义卷土重来的原则。英国按三权分立原则建立确立的君主立宪政体，主要是由 1689 年的《权利法案》和 1701 年的《王位继承法》加以确认的。这两个由议会制定和颁布的法律主要内容是：（1）肯定了最高立法机关议会有讨论和表达意见的自由，一切法律必须经过议会通过，才能生效；（2）限制了王权，国王未经议会准许，不得颁布法律或中止现行法律，不得擅自征税，不得征兵和维持常备军；（3）规定法官终身制，只有议会有权解除法官的职务，体现了司法独立的原则。从这里我们可以看出：英国既保留了王权，又大大地限制了王权。英王开始的时候还掌握行政权力，到了 17 世纪末和 18 世纪初，行政权力就逐渐由国王转移到内阁首相手中。英王作为国家元首，只有象征性的作用而没有实权。从英国资产阶级革命以后国家政权机关的变迁过程可以看出，所谓分权，就是分掉代表封建贵族的国王的特权，把立法权、司法权一项项剥夺了，最后连国王的行政权实际上也被架空。1688 年以后，英国的国家政权就从专制主义的国王手里转移到资产阶级直接、间接操纵的机构中去了。

在历史上，出现过雅典奴隶制的民主共和政体，罗马的贵族共和政体，但都是短暂而特殊的形式。总的说，奴隶制国家和封建制国家的特征是独裁统治。中国历代的帝王、俄国的沙皇、法国的路易十四、英国的查理一世等等，都是封建专制独裁的代表人物。在资产阶级革命中，先进的思想家鼓吹分权思想，正是和封建帝王的大权独揽针锋相对的。他们认为国家机构按照分权原则组成，立法、行政、司法权力互相分立，互相制约，是实行民主、防止独裁的有效制度。资产阶级学者认为："分权与制衡的制度是以如下的观点为基础的：没有一个人或机构可以取得绝对的统治权，防止这种情况出现的最好办法是机构之间彼此有制约之权。"④ 这段话，说出了资产阶级所以要采用三权分立原则的目的。这个目

③ 孟德斯鸠：《论法的精神》，上册，156 页。

④ 爱德里安：《美国民主制的程序》，英文版，115 页。

的，就是要造成没有一个人或单独一个机构能够取得绝对统治权，以便更好地体现整个资产阶级的阶级统治。

三权分立是资产阶级宪法制度中的重要原则，是资产阶级民主的重要形式。它对于资产阶级在推翻封建专制主义的国家政权之后，如何按照民主主义原则去组织新的国家政权机构，的确起了进步作用，值得我们研究和借鉴。

陈鹏生

略论诸葛亮的法治观*

简介

陈鹏生，男，1932年12月2日生于福建南安市。1954年8月毕业于华东政法学院本科。毕业后到上海市人民检察院研究室工作，1961年调淮南工业大学任教，1981年调回华东政法学院。1985年起任华东政法学院副院长，1986年评为中国法律史教授。曾任上海市政协第六、八、九届委员兼法制委副主任。历任中国法律史学会执行会长、中国儒学与法文化研究会会长、上海南美研究会会长、华东政法学院校务委员会副主任等职。先后应邀到美国、日本和我国台湾地区讲学，主持多项国家级和上海市级重点科研项目。撰写、主编十多项著作，发表近百篇论文。

* 原发表于《法学》，复刊号。

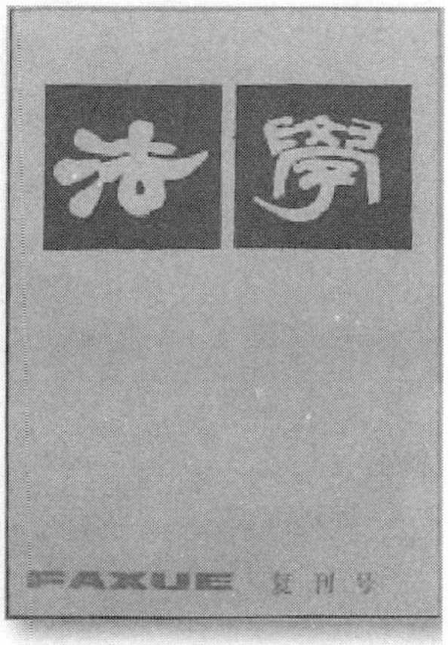

诸葛亮是我国妇孺皆知的历史人物。他遭逢乱世，自廿六岁初出茅庐辅佐刘备，到五十三岁病死五丈原军中，前后廿七年间，为蜀汉制订治乱兴废大计，处置各种军国大事，展示了令人叹服的远见卓识，不但使亡命行旅的刘备重获生机，并且导致后来蜀国之大治，真是“功盖三分国，名成八阵图”。因此，千百年来，人们一直把他视若神明，深为崇敬。

诸葛亮为什么会取得大治蜀国的成功呢？一个十分重要的原因，就是革除弊政，加强法治。由于整肃纲纪，施行法治，使上下有节，社会安定，保证“务农殖谷”的顺利进行，为南征北伐提供物质条件。《三国志·蜀书·诸葛亮传》中说，“诸葛亮之为相国也，抚百姓，示仪轨，约官职，从权制，开诚心，布公道；尽忠益时者虽仇必赏，犯法怠慢者虽亲必戮；善无微而不赏，恶无纤而不贬”。这可以说是对诸葛亮法治思想的概括评述。观今且宜鉴古，历史启迪后人。今天，正当我们大力加强和健全社会主义法制的时候，对诸葛亮的法治经验和法治思想加以探讨，将会从中得到有益的启发。

诸葛亮的法治思想，在刘备首次亲躬草庐请求他出山相助时，就明显地表露出来了。当时，诸葛亮在积十年的深思熟虑而酿成的《隆中对》中，向刘备提出兴复汉室，统一中国的宏图大略。其中一个核心问题即“内修政理”。而所谓“内修政理”，根本性的措施就是加强法制。

诸葛亮一出山，就面临益州的混乱局势。他鉴于前政刘璋“性宽柔，无威略”，以致“德政不举，威刑不肃”，便十分果断地采取“当时而立法”的措施。在他亲自主持下，与法正、伊籍等人首先制定了蜀国的法律《蜀科》，公布于众，明法劝戒。但是，徒法不能自行，实施法治的关键是在有法可依的前提下，有法必依，执法必严。在这个问题上，诸葛亮继承了汉初“法者天子所与天下公共也”的观念，十分强调执法唯平，主张上下一体，不可因人而异。他常说：我的心像秤一样，不能因人而异斤两。为了“训励”官吏，“教化”将士，让他们带头执法，他还亲自制订了“八务”、“七戒”、“六恐”、“五惧”等条例。并且恳恳规劝后主“宫中府中，俱为一体，陟罚臧否，不宜异同”（《前出师表》）。诸葛亮不但这样主张，而且身为表率，坚持执法严正公平的原则。曾被诸葛亮誉为“楚之良才”的长水校尉廖立，素称刘备的股肱，因闹情绪而“诽谤先帝，疵毁众臣”，便被诸葛亮削职为民。官拜尚书令的蜀国元老李严，是东川集团的实力派，但他在督办军粮中渎职，贻误战机，诸葛亮毫不含糊地表奏后主，把他撤职流放。至于失守衔亭，依照军令斩了马谡，并明罚已过，自请降积，更是人们广为传闻的史话。这种“刑不可以贵势免”和“犯法怠慢者虽亲必罚”的法治原则，有力地保证了诸葛亮法治政策的贯彻实施。

尤为难能可贵的是，诸葛亮作为一个集军政大权于一身的封建专制统治人物，他在执法中，不但行赏定罚，能注意到“赏以兴公，罚以禁奸”，而且在选用法治人才时，也能够做到“取人不限其方”，对于忠纯勤恳、确有才策的人，总是排除门户之见，不计一己恩怨，破格重用，量才而用，以“尽其器能”。蒋琬原是个七品芝麻官，当诸葛亮发现他有社稷之才时，便不以“同乡”关系避贤不举，而是密表后主定为自己的继承人。对于像来自敌对营垒的魏国降将姜维，以及曾经投靠曹操而为刘备所忌恨的刘巴，都因为他们“忠勤时事，思虑精密”，或颇具才略，而不加歧视和猜忌地委以重任。被诸葛亮大胆擢用的许多人，后来都成为蜀汉政治集团中的中坚人物，在施法安民、南征北伐等方面起了重要的作用。当然，历史的记载往往难免有夸张之处，但是，诸葛亮认为“治国之道，务在举贤”，特别是为了实施法治，更要注意“举直”以“措诸枉”，只有任用忠实于法的官吏，才能有效地纠正违法，真正保证法的执行。这种任人唯贤，选用得力法治人才来推行法治的思想，还是十分可贵的，直到今天，它仍然不失为我们的一份宝贵的历史经验。

综上所述，我们不难看到，诸葛亮在实行法治政策之中，正是由于重视立法，坚持执法严正公平，贯彻任贤施法原则，所以取得“内修政理”的良好效果，不久便改变原来刘璋统治时期造成的混乱局面，使蜀汉出现“吏不容奸，人怀自厉，道不拾遗，强不侵弱，风化肃然”的大好形势。

那么，诸葛亮立法和执法所依据的是什么呢？这是我们探讨诸葛亮法治思想必须解决的一个关键性问题。

在诸葛亮的整个法治观中，“审势”是基础。诸葛亮立法与执法，都是以“审势”为依据的。所谓“审势”，就是对社会状况和政治斗争形势进行深入的观察和分析，以此作为立法和执法的客观依据，是实行法治政策的基础。倘若“审势”不当，就会出现或左或右的偏差，使宽严失当，纲纪失节，危害极大。诸葛亮从少年时代起，就十分注意考察群雄纷争的形势演变，探求治乱兴废的大计。《隆中对》就是他对“天时”、“地利”和“人和”等主客观因素进行长期考察、分析的结果。出山之后，他之所以断然采取法治政策为治蜀之要，也是出于对当时益州形势的缜密观察和分析。加强法治是针对刘璋的“政令多阙”、“威刑不肃”的弊端提出来的。所以，当法正批评他“刑法峻急”，并缓引刘邦“约法三章”的成功经验劝他“宽刑省法”，以抚民心时，他一针见血地反驳法正这种脱离现实斗争形势，机械搬用历史经验是“知其一，未知其二”。诸葛亮说，当时刘邦入咸阳，是针对“秦以无道，政苛民怨，匹夫大呼，天下土崩”的情况，才实行宽法，以使人民休养生息。而刘备入川，面对的情况却是“刘璋暗弱……德政不举，蜀土人士，专权自恣，君臣之道，渐以陵替；宽之以位，位极则贱，顺之以恩，恩竭则慢。所以致弊，实由于此。”因此，必须“威之以法”、“限之以爵”，方能做到“荣恩并济，上下有节”，整饬纲纪，严肃风化。

诸葛亮在法治上不盲目因袭历史经验，而是依据形势的变化立法和确定执法的宽严，这是他的法治观中唯物辩证思想的闪光，对后人很有启发。法律作为阶级统治的工具，总是要为统治阶级进行现实斗争服务的。但法并不能是一种主观臆造的东西，它必须服从客观形势的需要，为客观形势所制约。“当时而立法”，实际上是统治阶级适应客观形势所采取的一种斗争策略。正确的“审势”，就能够使执法宽严得当，有利于社会历史的发展。诸葛亮根据当时益州法纪不振，世风颓涣的实际情况，采取严刑峻法的措施，有效地打击地主豪强和官僚士大夫的专权自恣，限制他们的“法外权利”，促进了蜀汉的大治，这是一种历史的进步。我们有些人，不从“审势”与立法、“审势”与执法的辩证关系上看问题，单纯地以法的宽严定是非、划善恶，不问客观形势和历史作用如何，把宽法一律称为善法，严法一律称为恶法，这是一种形而上学的片面观点，应该加以摒弃。

如上所述，我们肯定诸葛亮的法治政策和法治思想的进步意义，这是从历史的观点来说的。诸葛亮作为处在上升时期的统治阶级，由于他对客观形势有比较正确的认识，因而他的法治思想和所采取的法治政策，在一定程度上反映了社会发展的共同要求，起了一定的历史的进步作用。但是，话说回来，诸葛亮作为封建专制时代的一位上层人物，其历史和阶级的局限性也是十分明显的。我们必须拨开种种人为的神话夸张，用历史唯物主义的观点来正确分析这位历史人物。应该看到，诸葛亮实行法治政策的出发点，与感明主的“知遇之恩”有密切的关系，其目的还是为了保证刘备父子的家天下。世上有孔明，还须有刘备。一个慧眼识英雄，一个奇才遇明主。诸葛亮自出山后，就成为刘家的股肱，“政事无巨细，咸决于亮”。诸葛亮正是深感明主这种“知遇之恩”，出于“士为知己者用”的偏私和狭隘感情，为治理蜀国鞠躬尽瘁，死而后已。当然，从本质上说，这是和诸葛亮的阶级利益相一致的，最终目标都是为了维护封建地主阶级的专制统治。诸葛亮就是在自己已经功高震主的情况下，也仍然念念不忘“三顾之恩”和托孤之信，殚心尽智地辅佐无能的阿斗刘禅，为刘禅保全统治地位几十年。这一种忠君思想和他忠于封建专制制度是完全统一的。

从法治思想的渊源关系上来看，诸葛亮受韩非思想影响很深。韩非主张法治，他把论功受禄作为人类社会关系的一种合理的规律，提出一个在“法”的天秤之下的平等报酬的人类关系，主张“法不阿贵，绳之挠曲”，“刑过不避大臣，赏善不遗匹夫”，这对于反对当时氏族贵族的阿私来说，是个进步。但他把阶级社会的“法”绝对客观化了，这不但实际上不可能存在，而且，这种思想强调“以法行刑”、“仁之不可以为治”，完全否定了“仁政”和“德治”，结果是助长了“刻薄少恩”的专制主义，归结到底，还是出于加强地主阶级对人民的专制统治。诸葛亮本于韩非的法治思想，坚持执法唯平，执法唯严，这固然对于打击当时地主豪强和官僚士大夫的势力，改变颓涣世风是必要的，但是，从另一方面来说，由于“刑法峻急”也的确像法正所说的那样，存在着“刻剥百姓，自君子小人咸怀怨叹”的情况。比如兵讨张慕起义，进行大规模血腥屠杀，以及在荆州失守后，仍然坚持孤军作战，六出祁山，严令人民服役和负担军费，造成广大人民财破人亡的悲剧，这都是诸葛亮阶级本性的表现。我们在探讨诸葛亮的法治思想和法治政策时，应该坚持阶级分析和历史分析的统一，才能避免偏颇。

韩延龙

关于法制史的研究对象和方法问题*

简介

韩延龙，中国社会科学院荣誉学部委员，法学研究所研究员，博士生导师。1960年毕业于苏联列宁格勒大学法律系，曾任中国社会科院研究生院法学系主任，中国法律史学会执行会长。早期研究政治法律思想史，此后主攻方向为中国近现代法制史。主要论著有：《中国革命法制史》（共同主编）、《中国近代警察制度》（主编）、《中华人民共和国法制通史》（主编）等。共同主编的文献集有：《革命根据地法制文献选编》、《沈家本未刻书集纂》及其《补编》等，合译专著有：《政治学说史》、《国家制度与无政府状态》等。

---

* 原发表于《法律史论丛》，第一辑，本文系与刘海年教授合著。

法制史，既是法律科学的重要分科，又是历史科学中的一门专史。在发扬民主，健全法制，实现社会主义现代化建设的过程中，法制史这门学科的理论意义及其在实践中可能发挥的重要作用，正在引起学术界的广泛注意。遵循马克思主义的基本原理，大力加强法制史的研究工作，已经成为新时期向我国法学界提出的重要任务之一。

为了发展我国法制史的研究工作，就这门学科的研究对象和方法问题，展开深入的讨论，显然是完全必要的。

一、法制史研究的对象

任何一门科学都有自己特定的研究对象，没有特定研究对象的科学是不存在的。但是，长期以来，法学界对于法制史的研究对象并没有进行深入地探讨，在一定程度上妨碍了法制史教研工作的开展。按照全国法学研究发展规划，今后若干年内我们要编写出多卷本的中国法制史这样的著作，那么这门学科的研究对象就成了一个必须首先认真解决的问题。

如果翻开中外学者编写的法制史专门著作，我们就会看到，这些著作的作者对法制史研究对象大体上有以下几种不同的理解：

第一，把法制史理解为法律编纂史或法律沿革史，依照这种观点写成的法制史，基本上是一部立法史。

第二，把法制史理解为国家制度、政治设施和法律制度的演变史。它虽阐述一定类型的法律制度的实质和特点，但却用很大的篇幅讲述社会阶级结构、经济体系，以及国家政权组织等等。依照这种观点写成的法制史，基本上是一部内容庞杂的国家制度史。

第三，同上述观点相类似，认为法制史研究对象既包括法律制度，同时也包括国家一系列具体制度，例如选官制度、田赋制度、货币制度、土地制度等等。过去陈顾远、丁元普等学者编写的《中国法制史》采取的就是这种观点。

第四，把法制史理解为各种法律制度的历史部分的综合或专题汇编。这是某些外国学者采取的观点，他们编写的中国法制史著作就是按刑法、民法、诉讼法、亲属法、身份法的体系编写而成的。在我国学者中，也有人持这种观点。

第五，把法制史理解为主要是探讨刑法的制定、内容、沿革及其对后世的影响。这种认识是从中国封建时代法律形式上的民刑不分而采的。依照这种观点写成的法制史，就会是一部刑法史。

综上可见，在法制史研究对象问题上，不论国内、国外，从来就存在着各种不同的理解。它们各有所据，也各有所长，但从法制史这门学科所承担的任务看，也都有一定的缺陷。今天，我们就是要据观众说，取其长者，认真探讨这门学科的研究对象问题。

不同学科的研究对象，都是由它们所具有的特殊的矛盾和特殊的本质决定的。只有研究矛盾的特殊性，才有可能区分科学研究的领域。正如毛泽东同志指出的，“对于某一现象的领域所特有的某一种矛盾的研究，就构成某一门科学的对象”。

因此，要解决法制史的研究对象问题，必须把握法制史这门学科的矛盾特殊性，搞清这门学科同其他学科的联系和区别，尤其要搞清它与法学、政治学中各具体学科的联系和区别。

马克思主义指出，建立在经济基础之上的政治法律制度和与之相适应的社会意识形态，是社会的上层建筑。法是社会上层建筑的重要组成部分，它同其他部分的区别，就在于法是调整相互对立的不同阶级之间和统治阶级内部关系的特殊形式，是统治阶级为了维护和巩固一定阶级社会中现存的经济、政治和其他秩序而由国家制定或认可的行为规则的体系，并以国家强制力为后盾，以保证其遵守和执行。

不是别的，正是法的这一特殊本质，把包括法制史在内的整个法律科学同其他社会科学严格地区分开来。自其产生之日起，就存在着极其密切的，不容分割的关系。国家既是法的制定者，又是法的维护者。法制史所要研究的，只是国家作为法的制定者和法的维护者的活动和作用，包括立法、司法机关的活动。当然，法制史也要研究历史上不同类型的法对于维护国家统治的作用。

法制史不一般地研究阶级斗争史。阶级斗争史是社会发展史研究的对象。但是，法是阶级斗争不可调和的产物和表现，而且只要阶级和阶级斗争还存在，法就必然是统治阶级手中镇压敌对阶级和阶级敌人的强大武器。因此，我们要用马克思主义关于阶级和阶级斗争的学说指导法制史的研究，揭示一定类型的法律制度的阶级实质及其在阶级斗争中所起的作用，同时阐明阶级斗争对法律制度发展变化所起的影响。

法制史也不一般地研究属于经济史范畴的田赋制度、货币制度、土地制度等等。但是，历史上各种类型的国家，调整一定社会的财产关系的经济立法和经济司法，应当是法制史研究的内容。

法制史更不一般地研究属于军事史范畴的兵制。法制史所要研究的，只是军法的制定、执行及其在整个法律体系中的地位和作用。

根据以上分析，我们认为，以历史上不同类型国家的法律的创制、法律的执行和法律的遵守及其历史演变为主要研究对象的法制史所应着重探讨的问题是：

1. 法律制度的产生，历史上不同类型国家法律制度的历史演变和动因，不同类型法的各种形式，不同形式法的效力和相互关系，立法原则、内容、特点，技术方面的问题和本质。也就是说，要研究一定的统治阶级是在什么样的历史条件下，通过什么方式把本阶级的意志提升为法律的。

2. 历史上不同类型国家的执法原则、执法机关及其活动的特点和规律。也就是说，要研究统治阶级在把本阶级的意志提升为法律以后，是怎样贯彻执行的。

3. 历史上不同类型社会中的各个阶级对各项法律制度采取的态度及其变化。也就是说，要研究不同阶级社会中守法的状况及其规律。

4. 在历史上不同类型的社会里，统治阶级的政策、道德、政治措施，以及社会上各类代表人物的政治法律思想活动对于该社会法律制度的形成、实施、发展、变化所起的影响。这就要求我们对于政治、哲学特别是法律思想史予以应有的重视。

5. 历史上不同类型社会的各项法律制度在该社会不同的历史阶段上对社会生产力发展所起的推动或阻碍作用，不同类型的法律制度对经济基础和上层建筑其他部分所起的作用。

6. 封建社会农民起义中建立的政权所颁布的具有法律效力的口号、檄文、教义，也应注意研究。

这里需要强调指出的，是对于中国共产党领导下的革命法制建设的研究。中国革命法制史是中国法制史的不可分割的组成部分，研究中国革命法制史，具有重要的现实意义和学术价值。过去由于林彪、“四人帮”干扰破坏，这个重要的研究领域实际上被宣布为不可涉猎的禁区，因此，严重地阻碍了这门学科的研究和发展。目前，经历过这段斗争的许多老一辈无产阶级革命家依然健在。资料也比较丰富，我们应当不失时机地把这方面的研究开展起来，力求作出成绩。革命法制史和古代法制史，有着共同的对象和规律，但也确有其不同于古代法制史研究的一些特点，其中之一就是研究对象的性质发生了根本变化，这一变化不能不对革命法制史的体系、结构等等产生深刻的影响。当然，这是一个今后需要专门加以讨论的问题。

二、法制史的研究方法

历史上各个时期的法学家，虽然对法的历史的解释和论述，提出过某些有价值的论点，但从根本上说来，他们的历史观仍然是唯心主义的。所以，“在很长的历史时期内，大家对于社会的历史只能限于片面的了解。”

马克思主义的科学为我们提供了研究一切社会历史现象及其客观规律的钥匙，这就是马克思在著名的《政治经济学批判》的序官中对历史唯物主义基本原理所作的经典论述。他说：“生产关系的总和构成社会的经济结构，即有法律的和政治的上层建筑竖立其上并有一定的社会意识形式与之相适应的现实基础。物质生活的生产方式制约着整个社会生活、政治生活和精神生活的过程。不是人们的意识决定人们的存在，相反，是人们的社会存在决定人们的意识。”把这一光辉的历史唯物主义原理应用于研究法的历史，造成了法制史学科发展中的革命性变革，使它摆脱了唯心主义和形而上学的枷锁，成为真正的科学。

新中国成立三十年来，我国法制史和法律思想史教研工作者，正是以马克思主义阐明的上述基本原理为指导进行科研和教学工作的，因而取得了可喜的成果，并为我们今后继续前进奠定了坚实的基础。

但是，我们不能不看到，由于长期以来法律虚无主义的影响，特别是林彪、“四人帮”鼓吹历史唯心主义，大搞形而上学，使法制史的研究方法问题，即要不要坚持历史唯物主义，以及怎样运用历史唯物主义基本原理的问题，造成了很大的混乱。林彪、“四人帮”宣扬反马克思主义的唯意志论和实用主义方法论，使唯心主义泛滥。我们的任务就是要拨乱反正，还历史的本来面貌，为此，在法制史的研究工作中，必须坚持马克思主义的方法论。

（一）坚持阶级分析和历史分析的统一。马克思主义对于分析任何一个社会历史现象所提出的要求，就是要把问题提到一定的历史范围之内，对每一特殊的历史情况进行具体的分析。法律制度同世界上其他事物一样，也有其发生、发展、消亡的过程，要正确地认识和解决有关它的一切问题，“最可靠、最必需、最重要的就是不要忘记基本的历史联系，考察每个问题都要看某种现象在历史上怎样产生，在发展中经过了哪些主要阶段，并根据它的这种发展去考察这一事物现在是怎样的”。只有对法律制度进行阶级的历史的分析，把握发展变化的基本环节，才能充分揭示它们的阶级实质和客观规律，而评价任何法律制度的标准，只能是根据它在历史上所代表的究竟是新生的进步的阶级，还是腐朽的反动的阶级，对社会发展曾经起过的是推动的还是阻碍的作用。

在人类社会发展史上，奴隶制社会取代原始氏族社会，使人类社会进入了它的文明时期。奴隶制法律及其司法机构的产生，是社会生产力发展到一定阶段的必然结果，在历史上曾经是正常的、合理的现象。恩格斯曾经说过：奴隶制度“甚至对奴隶来说，这也是一种进步，因为成为大批奴隶来源的战俘以前都被杀掉，而在更早的时候甚至被吃掉，现在至少能保全生命了”。但是，奴隶制的法律制度和奴隶社会的其他上层建筑一旦变成社会生产力发展的桎梏，它们存在的合理性和正当性也就随之消失，而必然地要为封建制的法律所代替了。

封建法律出现的初期，对于摧毁陈腐的奴隶社会的经济基础和上层建筑，曾经起过革命的作用。如果联系当时的阶级关系的背景去考察，我们就会发现，商鞅的“连相坐之法，造参夷之诛”，虽然主要是为了镇压劳动人民的反抗，但同时也是对中国奴隶社会以宗法血缘关系为基础的社会制度的破坏。当然，历史发展到今天，如果有谁还要实行族诛连坐的酷法，那无疑是公然的倒行逆施。但在当时的具体历史条件下，却是应当加以具体分析的。

封建法律同封建社会历史发展的行程相适应，它大体上也可以划分为早、中、晚三个时期。每一个较大的封建朝代的法律，也各有其不同的发展阶段。在不同的时期和不同的阶段，封建法律也必然各有其不同的特点，对社会的发展起着不同的作用。一项法律制度，在彼时可能是有利于生产发展、起历史进步作用的，在此时却可能成为生产力发展的障碍。如地主阶级重农抑商政策及有关法律规定，在封建社会初期，曾经促进了封建经济的发展，而在封建社会后期，当资本主义萌芽在封建母体中孕育滋生的时候，它就成为商品经济发展、从而成为整个社会发展的桎梏。有的法律制度，尽管是为了维护剥削阶级统治的需要，但也应当历史地注意它产生的客观效果。对于在资产阶级革命中形成的代议制度、法律面前一律平等、天赋人权口号，以及无罪推定、有利被告、罪行法定等立法和司法原则，均应加以具体分析。以近代中国法律制度来说，从一八四〇年开始，随着帝国主义侵略的逐步深入，中国封建法律制度也开始了半殖民地化的过程，如果说领事裁判权的确立是发端，那么清末的“司法改革”则是这个过程的一个重要步骤。毫无疑问，这次“改革”是同中国半殖民地半封建的社会性质相适应的，是帝国主义、封建势力和官僚买办势力维护其统治的需要而采取的措施。但是，这次改革吸收了西方资本主义国家法律制度的某些原则和规定，触动了二千多年来的封建法律体系，对于中国资本主义的发展，客观上起了一定的促进作用，因而不能不说是近代法制史上的一个值得注目的事件。

法制史的研究应以揭示一定法律制度的阶级实质为首要任务，否则法制史学科就会失去严整的科学性，但是，揭示法律制度的阶级实质并不是法制史研究的唯一任务，更不是它的全部任务，既然法律总是“由一定物质生产方式所产生的利益和需要的表现，而不是单个的个人恣意横行”，“无论是政治的立法或市民的立法，都只是表明和记载经济关系的要求而已”。那么，历史上一切法的制定（立法）和执行（司法）虽然都是统治阶级有意识活动的结果，但是，不管统治阶级的主观认识如何，这种有意识的活动归根结底是由一定的社会条件决定的。因此，任何一项法律制度产生、发展和在历史上的消失，都有其客观规律可循。对历史上各种类型的法律制度，不作大量的认真研究，只简单地加以肯定或否定，不是科学的态度，因而也就无助于对事物本来面目的认识。今天的法制史研究，就是要运用历史唯物主义的基本原理，对历史上的法律现象进行科学的概括和总结，只有这样，法制史这门学科才能以其固有的规律性丰富历史唯物主义的基本原理，也才能更好地做到“古为今用”和“洋为中用”。

（二）坚持从历史事实出发。法制史，作为历史科学的一门专史，其基本任务是以大量的实证材料揭示历史上不同类型法律制度的本来面目，阐明法律制度发展变化的具体规律，这就决定了我们对它的研究，不能从概念和定义出发，而只能从事实出发。马克思曾经说过：“在历史科学中，专靠一些公式是办不了什么事的。”显然，如果不注意详细占有材料，不注意史论结合，使无助于法制史研究的发展的。

为了详细占有材料，做到从事实出发，要注意对历史上不同类型的具有代表性的法典进行研究，弄清它们的内容和与之相联系的社会经济、政治条件，以从中了解不同类型法律制度发展的一般规律。作为上层建筑的法律，一旦形成，就对经济基础保持相对的独立性，因之具有相当的稳定性。如中外闻名的《唐律》，不仅开创了宋、元、明、清法律之先河，而且在战国、秦汉的封建法律中便可找到它的渊源。又如，产生于十九世纪初叶，维护自由资本主义生产关系的《拿破仑法典》，今天，在早已进入帝国主义时期之后，仍然是资本主义立法的蓝本。这说明，对具有代表性的法典进行研究，不应该而且也不能够代替对不同国家不同时期的具体法律进行研究。也就是说，要了解各国法律制度的具体情况，一定要注意研究各国具体的法律表现形式。

法的表现形式是为极其复杂的社会关系决定的。社会关系的复杂性决定了法的形式的多样性。在任何一种经济形态的国家里，法律体系都是由法的不同表现形式构成的，而且在同一经济形态国家的不同历史阶段，法的表现形式也会有所不同。例如，在中国封建社会中，法的表现形式除律之外，还有敕、令、典、格、式、科、例、比等等。律是法的主要表现形式，在封建法律体系中占有重要位置，但法制史并不就是律史，法制史应当而且必须包括更加广泛的内容。在深入研究律的同时，重视加强对法的其他形式的研究，显然是十分必要的。皇帝的诏令是封建社会法的最基本的渊源，具有最高的法律效力。诏敕在其颁行之初，实际上是统治阶级的现行政策，但是统治阶级政策的每一重大变化，都不可避免地要以法律形式表现出来。律外有刑，令外有罚，主要出自诏敕。所谓“有敕者不以格式，有格式者不依律令”，封建法律的这一基本特点，一方面说明了诏令在封建法制中具有至高无上的地位，同时也说明律、令、格、式等封建法律形式，可以随时因帝王的诏敕而废止。所以，如果不对包括诏敕在内的法的各种不同形式进行全面综合的考定，就很难对一定时期的封建法制做出符合历史真实的阐述。

当然，提倡法制史研究从事实出发，并非要我们去“罗列一般例子”。以中国封建司法来说，在漫长的封建社会里，的确有少数开明君主和刚直不阿的臣属“执法如山”，“秉公持平”，反对和遏制地主豪强、皇亲国戚、达官显贵追求法外特权的企图。这些人的事迹至今仍然脍炙人口，广为流传，他们的思想和做法对我们也有一定的借鉴作用。但这在整个封建社会毕竟是表现于少数人身上的个别事例，不可能从中引出足以表征整个封建司法的一般规律。只有掌握与这个问题有关的大量材料，并借助于典型的分析，才能找出全部历史现象的客观联系和相互依存关系。这样我们就不难发现，地主阶级基于大土地私人占有而产生的追求法外特权的无限贪欲，是对封建社会司法和守法经常起作用的因素，统治阶级中个别有识之士的作为，只能在一定程度上和一定时期内缓和但却不能完全消除这个因素的作用。

（三）科学地对待法学遗产，反对片面化。长期以来，在怎样正确对待法学遗产的问题上，一直存在着严重的分歧，对于主张法学遗产可以批判地借鉴和吸收的同志，采取极端粗暴的压制态度。林彪、“四人帮”横行时期，更是把这个问题宣布为不准任何人探索的禁区。实践证明，这对法制史的研究造成了非常有害的后果。

马克思主义是怎样对待法学遗产的呢？是怎样处理新法和旧法的关系呢？近来不少同志从理论上作了很好的分析，这里，我们只想列举两件历史事实加以说明。一九一八年，苏俄起草民法典时，列宁向当时主持其事的库尔斯基发出指示：“凡是西欧各国文献和经验中所有保护劳动人民利益的东西，都一定要吸收。”资产阶级的法怎么会保护劳动人民的利益呢？特别是，资产阶级旧法怎么能为无产阶级新法所吸收呢？这是形而上学者所难以理解的。一九五四年，毛泽东同志在谈到我国第一个宪法草案时说过这样的话：“这个宪法草案也总结了从清朝末年以来关于宪法问题的经验，从清末的‘十九信条’起，到民国元年的《中华民国临时约法》，到北洋军阀政府的几个宪法和宪法草案，到蒋介石反动政府的《中华民国训政时期约法》，一直到蒋介石的伪宪法。这里面有积极的，也有消极的。”这同样也会使形而上学者迷惑不解，无产阶级的宪法只能是无产阶级斗争经验的总结，怎么也会是清末以来宪法问题的经验总结呢？然而，这些不容抹杀的历史事实却说明，马克思主义对历史上的法律制度总是采取批判的分析的态度。主要是揭露和抛弃，同时也包含借鉴和吸收。

过去对主张异质法也可以批判地借鉴和吸收的同志提出过这样的责难：你们认为旧法可以借鉴和吸收，那就是主张旧法所反映的剥削阶级的意志也可以继承。这种责难显然是没有根据的。我们历来认为，一定类型的法只能是一定统治阶级意志的表现，但是对于早已丧失效力的旧法的批判吸收，是为现实而借鉴，并且要经过无产阶级的审定和改造，怎么能说是对剥削阶级意志的继承呢？例如，在如何利用法律手段为统治阶级服务的经验问题上，在法典的编纂方法和技巧方面，以及在某些技术规范的利用方面，旧法对于我们都有一定的参考价值。在我国社会主义立法过程中，大量地参考中外剥削阶级的法律，这是人所共知的事实。这说明，异质法能否借鉴和吸收是一个在实践中早已解决了的问题，为什么对于这一合乎事物客观发展规律的现象却拒绝从理论上给予科学的阐明呢？

历史上，社会主义革命对旧法采取的做法不尽相同，大体上有三种不同的情况。第一种做法以苏联为代表，十月革命以后，苏维埃政权并没有立即宣布废除一切旧法，而是要求司法工作人员本着无产阶级的利益，按照社会主义的法律意识，指导旧法的执行。这种状况一直延续到一九二二年。从一九二二年起，在列宁的亲自主持下，开始了大规模的法典编纂工作。《苏俄刑法典》、《苏俄土地法典》等等，都是在这个时期颁行的。第二种做法以罗马尼亚为代表。罗马尼亚建国后，一直沿用旧的刑法典，其间虽曾对某些条款作过修订和补充，但旧法体系并没有废止，直到六十年代后期，也就是新中国成立二十年以后，它才被新的刑法典所代替。我们的做法既与苏联不同，也与罗马尼亚有异，可以说是第三种做法，即在新中国成立前夕就宣布废止一切旧法的执行，这完全是由我国民主革命的特点和具体条件决定的。我国革命是十月革命的继续，也是十月革命的发展。十月革命前，俄国无产阶级并不掌握政权，二月革命以后，虽然出现过无产阶级政权和资产阶级政权并存的局面，但为时短暂。中国与之不同，早在新中国成立以前，无产阶级领导的根据地人民民主政权已经存在二十二年。根据地政权颁行过数以千计的法律文件，拥有经验丰富的司法人员，并且形成了一整套人民司法的优良传统。这是我们能够立即宣布废止一切旧法的客观基础。《中共中央关于废除国民党的六法全书与确定解放区司法原则的指示》指出的“在人民新的法律还没有系统地发布以前，应该以……人民政府与人民解放军已发布的各种纲领、法律、条例、决议作为依据”，正好说明了这种情况。

因此，不能说在对待旧法的三种不同做法中，只有某一种做法才是正确的，而应当认为，由于各国具体历史条件不同，以上做法都符合马克思主义法律学说的基本原则。

揭批林彪、“四人帮”，是对唯心主义形而上学的有力扫荡。它为包括法制史在内的法律科学的发展展示了无限广阔的前景。我们深信，经过法制史研究对象和方法的讨论，我国法制史的研究一定会得到迅速的发展，结出丰硕的科学成果，为加强社会主义法制和实现四个现代化的伟大事业做出自己的贡献。

林 中

论孙中山的法律思想*

简介

林中，女，1931 年 8 月生，福建省连江县人，中共党员，1949 年 9 月参加工作，1953 年至中国人民大学法律系学习，1957 年毕业。先后在天津市司法检察干部学校、中国政法大学任教。1984 年于中国政法大学评为副教授、1993 年评为教授。曾开设法学理论、中国法律思想史等课程。主要著作有《中国近代法律思想史新论》（独著）、《中国近代法律思想史略》（合著）、《中国刑法史新论》（合著）、《中国法律史》（副主编）等。此外发表论文《论孙中山的法律思想》、《论努尔哈赤的法律思想》、《论严复的法律思想》、《论洪仁玕的法律思想》等二十余篇。1984 年 11 月赴美国哥伦比亚大学作为访问学者进行讲学活动，1993 年 10 月赴韩国首尔大学讲学。

* 原发表于《学习与探索》，1981（6）。

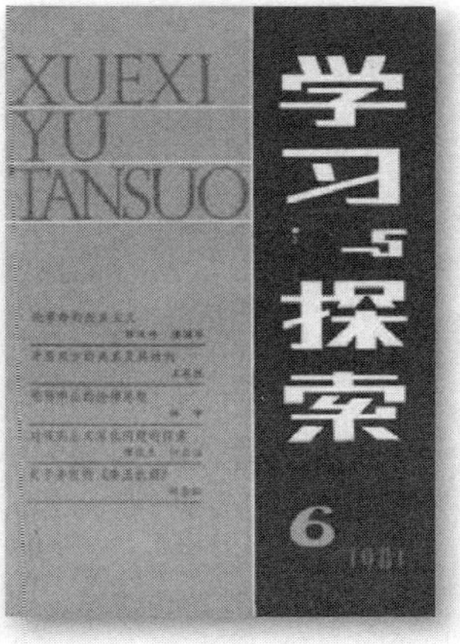

孙中山是我国近代史上“适乎世界之潮流，合乎人群之需要”的资产阶级民主革命的领导者和向西方寻找真理的先进思想家。孙中山的法律思想也和政治思想一样是近代社会矛盾的产物，有着许多光辉的建树。

一、重视法治

早在一八七八年五月，孙中山随其兄孙眉抵达檀香山以后，看到当地“地方秩序良好，物产丰富，商业发达，人民安居乐业”，与清朝封建专制主义腐朽统治下的黑暗中国迥然不同，印象十分深刻，因而促使他去探索，得出了檀香山之所以取得上述成就，“实由政府有法律，民众得保障所致”①，这可以说是孙中山法治和民权思想最早的崭露，也是他重视法律效用，接受资产阶级法治思想洗礼的最初的言论。一八九七年孙中山在英国为寻求救国救民的真理，阅读了大量的书籍，其中法律是他所关注的重要的内容。据康德黎记述，孙中山经常“阅读有关政治、外交、法律、军事海军的书籍，……占据了他的注意，而且细心和耐心地研究”②。这对孙中山理论体系（包括法制理论）的形成，是有着重要意义的。经过艰苦的探索，特别是实际斗争经验的积累，使他形成了“国家除了官吏之外，次重要的是法律”③ 的概念，认识到参加政权的统治阶级的代表人物和法律在国家中的重要地位和作用。

孙中山不仅重视法律的作用，并且看作是奠定资产阶级共和国政治体制的根本，他曾明确指出：“约法……共和国之命脉也”④。在他就职临时大总统之前，便表示要通过实行法治来整顿混乱的局面，巩固共和制度。一九一一年十二月，他经香港与廖仲恺会谈后说：今之大患在无政府，新政府一旦建立，则“人民及党人所望于我者……乃在收拾残破之局，以拨乱反治也”⑤。在他就任临时大总统以后，立即着手进行立法工作，在《咨参议院法制局职制》一文中指出：“窃维临时政府成立，所有一切法律命令，在颁行编订，法制局之设，刻不容缓”⑥。根据孙中山的意见，于南京临时政府设置法制局，由宋教仁担任局长。孙中山不仅强调：“民刑各律及诉讼法，均关紧要”⑦，而且为迅速制订中华民国临时政府组织法，特咨参议院：“又查临时政府现已成立，而民国组织之法尚未制定，应请贵院迅为编

① 胡去非《总理事略》。
② 康德黎《孙逸仙与新中国》，第 144 页。
③ 《三民主义之具体办法》、《孙中山全集》三，第 41 页。
④ 《孙中山先生之乐观——东京归客述》《民国日报》一九一六年五月六日。
⑤ 《国父全书》，第 494 页。
⑥ 《近代史资料》《辛亥革命资料》，第 353 页。
⑦ 《近代史资料》《辛亥革命资料》，第 353 页。

订颁布，以固民国之基……”⑧

但是，孙中山深知制定法律、实行法治是一项事关重大的艰巨任务，不仅要和顽固的封建势力与积习作斗争，而且还必然受到政治形势、军事形势的影响。他说：“革命之事，破坏难，建设尤难”，“建一议，赞助者居其前，则反对者居其后矣。立一法，今日见为利，则明日见为弊矣。又况所议者，国家无穷之基，所创者亘古未有之制，其得也五族之人受其福，其失也五族之人受其祸……矧为北虏未灭，战云方急，立法事业，在与戎机相待为用”⑨。

为了开展卓有成效的立法工作，他发布大总统令，规定：“民国一切法律，皆当参议院议决宣布乃为有效”⑩，并且严令内务部取消未经参议院议决，自无法律之效力的暂行报律。不得以“暂行”或“从权办理”为托辞。为了顺利地完成编订法律的艰巨任务，孙中山认为必须要组织中外专家参加，他说：“查编纂法典，事体重大，非聚中外硕学，积多年之调查研究，不易告成”⑪。

孙中山在就任临时大总统的誓词和宣言中宣告了南京临时政府法制建设的方针：“颠复满清专制政府，巩固中华民国，图谋民生幸福”⑫，“尽扫专制之流毒，确定共和，以达革命宗旨，完成革命之志愿”⑬。具体说来是以民族统一、领土统一、军政统一、内治统一、财政统一和对外的“和平主义”作为指导政策。它表现了南京临时政府法制建设的方向和性质。南京临时政府在短短的三个月里，根据资产阶级的法治思想，进行了两个方面的立法活动：一方面是从组织上确立资产阶级共和制度，主要的立法是《修正中华民国临时政府组织大纲》、《中华民国临时政府中央行政各部及其权限》和《中华民国临时约法》。另一方面是以“去专制之淫威，谋人民之幸福”、“人权神圣”为轴心，制定了一系列反映革命民主精神的单行的法律、法令。

二、批判与援用清朝法律

孙中山从推翻满洲贵族操纵的清朝政权的民族革命和政治革命出发，深刻地揭露了清朝统治的腐朽与黑暗，指出清王朝是中国封建专制主义发展的最高峰。他说，“前清沿数千年专制之秕政，变本加厉，抑又甚焉”⑭，“政治不修，纲维败坏，朝廷则鬻爵卖官，公然贿赂，官府则剥民刮地，暴过虎狼，盗贼横行，饥馑交集，哀鸿遍野，民不聊生”⑮，“夫中国

⑧ 《近代史资料》《辛亥革命资料》，第25页。
⑨ 《近代史资料》《辛亥革命资料》，第6页。
⑩ 《近代史资料》《辛亥革命资料》，第257页。
⑪ 《近代史资料》《辛亥革命资料》，第353页。
⑫ 《近代史资料》《辛亥革命资料》，第2页。
⑬ 《近代史资料》《辛亥革命资料》，第3页。
⑭ 《近代史资料》《辛亥革命资料》，第302页。
⑮ 《兴中会宣言》《孙中山全书》第三册，第1页。

专制政治之毒，至二百余年来而滋甚……”[16]。他以深沉和愤懑的笔触历数了在清王朝二百六十年的统治下，中国人民所遭受的深重灾难。

孙中山在揭露清朝专制主义统治种种弊症的同时，也揭露了它在司法镇压方面的罪恶。指出清朝法律的锋芒所向就是镇压人民，以保护专制主义统治。他说：“对于人民的行动，于皇位有危险的，便用很大的力量去惩治。故中国一个人造反，便连到诛九族，用这样严重的刑罚，去禁止人民造反，其中用意，就是专制皇帝要永远保守皇位”[17]。他还指出在清朝统治下，“法令益严，罪罟益密。嗟我汉人，有重足倾耳嵌口结舌，以葆性命不给”[18]，“国家之法律，非人民所能与闻”[19]，除去公开的大量的律例以外，皇帝随时颁发的诏谕，甚至地方长官的命令也起着法律的作用。孙中山对此指出：“官场一语，等于法律”[20]，而“国民对于现行法律典章，不敢违反，惟有凛遵而已”[21]。在严密的法网束缚下，使得中国社会“无一非被困于黑暗之中”。清朝司法镇压的野蛮残暴确为历代所少有，“其身为官吏者，操有审判之全权，人民身受冤枉，无所吁诉”。司法官吏之间“上下相蒙相结，有利则各饱其私囊，有害则各委其责任。贪婪勒索之风，已成习惯；卖官鬻爵，贿赂公行”[22]。在清朝的法庭上，法官们根本“不依照适当的法律程序，而剥夺我们（被告）的各种权利”[23]。

孙中山对待清朝法律制度的态度，也像他对待整个清朝政权的态度一样，主张彻底予以废除（即使清朝统治时期所订立的人口买卖契约，也下令“悉予解除”）。他在批评内务部颁布暂行报律条文的理由之一，就是唯恐使人怀疑“满清钳制舆论之恶政，复见于今”[24]。

但是，在南京临时政府存在期间，百废待兴，各种任务纷至沓来，法制建设尤为繁重。虽然根据孙中山重视法律、讲求法治的思想进行了一些必要的和可能的立法活动，但是不可能在短时期内制定出刑、民、诉讼法等基本法典。然而当时由于处在社会变革时期，又急需用法律来维护革命的秩序，保护人民群众的利益。因此，各省多半根据清朝后期制定的刑律略加修改，暂时执行。例如，湖南省按照清末修定法律馆制定的大清新刑律草案，删去其不合民国国体的条文，拟定出《湖南现行刑法》。内务部颁布的暂行报律电文中也指出：“民国完全统一，前清政府颁布一切法令，非经民国政府声明继续有效者，应失其效力”[25]。就是说，如经民国政府声明，则可以援用，使其继续有效。在袁世凯宣誓就任大总统后，尽管孙中山尚未解除临时大总统职务，他却迫不及待地电令从前清朝“施行之法律

⑯ 《近代史资料》《辛亥革命史料》，第3～4页。
⑰ 《民权主义》《孙中山选集》下卷，第682页。
⑱ 《近代史资料》《辛亥革命资料》，第136页。
⑲ 《伦敦被难记》《孙中山选集》上卷，第23页。
⑳ 《伦敦被难记》《孙中山选集》上卷，第22页。
㉑ 《伦敦被难记》《孙中山选集》，第23页。
㉒ 《伦敦被难记》《孙中山选集》，第22页。
㉓ 《中国问题的真解决》《孙中山选集》上卷，第60页。
㉔ 《近代史资料》《辛亥革命资料》，第257页。
㉕ 《近代史资料》《辛亥革命资料》，第239页。

及新刑律，除与民国国体抵触，各条应失效力外，余均暂行援用”，对此孙中山并没确表示异议，而且在三月下旬即南京临时政府结束的前夜，对于司法部长伍廷芳“拟就前法制定之民律草案，第一次刑律草案，刑事、民事诉讼法，法院编制法，商律、破产律，违警律中，除第一次刑律草案，关于帝室之罪全章及关于内战罪之死刑，碍难适用外，余皆由民国政府，声明继续有效，以为临时适用法律，俾司法者有所依据”的呈文，明确批示：“该部长所请自是切要之图”，咨请参议院议决。

孙中山既主张废除清朝的封建法律，却又批准援用清朝的民、刑、诉讼律草案，这种矛盾的做法不是偶然的。一方面，南京临时政府还不具备制定重要法典的条件，也无暇进行这方面的准备工作，只好暂时援用清朝的法律，以补充法制建设上的空白。另一方面，清末经沈家本、伍廷芳修订的民刑律草案和民刑诉讼法草案，虽然杂有封建法律的某些内容，但在性质上已经不是纯粹的封建法律，而是主要以法日大陆法系作为蓝本，有的还是外国资产阶级法学家参加起草的。因此，无论在体系、原则和具体条文规定上，都取法于资产阶级国家的有关法典。因此，剔除其有关封建性质的法律规定和名词术语外，在孙中山看来是可以有条件地加以援用的。须要指出，在袁世凯抛出援用清律作为复辟旧制的一个试探气球的阴谋面前，没有引起孙中山的警惕，反而默认其合理，这里既有认识上的原因，也表现了对旧势力的妥协退让。

三、五权宪法

宪法思想是孙中山法律思想中的重要内容之一。他在总结中外法制历史经验的基础上，创造性地提出了五权宪法的理论，并指导了建设革命政权的实际活动。孙中山的宪法思想是在半殖民地半封建中国的特定历史条件下，西方资产阶级宪法学说与中国的历史实际相结合的产物。尤其可贵的是孙中山的宪法思想没有停滞不变，而是随着革命斗争的发展不断地丰富、提高。

首先，孙中山提出了关于宪法的概念，他说：“……到底什么叫做宪法呢？简单地说，宪法就是把一国的政权分作几部分，每部分都是各自独立，各有专司的”[26]，“宪法者，国家之构成法，亦即人民权利之保障书也”[27]。又说：“政治上的宪法，就是支配人事的大机器……讲民治就是要把机器给予人民”[28]。

其次，孙中山论证了为什么要制定宪法。指出：“要有良好的宪法，才能够建立一个真正的共和国”[29]，才能使人民有集会、结社、言论、出版、居住、信仰之绝对自由权。在孙中山主持下南京临时政府制定的，具有资产阶级共和国宪法性质的《中华民国临时约法》，

---

[26] 《五权宪法》《孙中山选集》下卷，第 572 页。

[27] 《中华民国宪法史前编序》《孙中山全书》第四册，第 7 页。

[28] 《五权宪法》《孙中山选集》下卷，第 582 页。

[29] 同上，第 575 页。

其精髓就在于通过根本法的形式，巩固辛亥革命所取得的伟大成果，确立资产阶级共和国的国家制度和规定人民的民主权利（主要是有产阶级的民主权利）。譬如，“中华民国之主权，属于国民全体”，“中华民国以参议院，临时大总统，国务员，法院，行使其统治权”，“中华人民一律平等，无种族阶级宗教之区别”，人民享有人身、居住、财产、营业、言论、集会、通信、信教等自由，以及请愿、陈诉、诉讼、任官考试、选举及被选举等项权利。此外，孙中山还力图通过宪法的形式，来限制总统权力的行使，防止擅权与专断。早在同盟会纲领中便明确规定了“制定中华民国宪法，人人共守”。南北议和达成以后，孙中山在向袁世凯交出政权时，特别指出：“总统不过国民公仆，当守宪法，从舆论”[30]。在第二次讨袁宣言中，孙中山再一次强调约法是“民国开创时国民真意之听发表，而实赖前此优秀之士，出无量代价以购得之者也。……违反约法，则愿与国民共弃之……尊重约法，则愿与国民共助之”[31]。

一九二〇年八月，孙中山在总结民国以来围绕宪法而展开的斗争时；还肯定了约法对保卫民国、反对复辟帝制的历史进步作用：“民国约法……此四万万人民公意之表示也，是故袁世凯以洪宪奸之于前而不可，张勋以复辟之于后而辄败”[32]。孙中山不仅主张制定全国的宪法，并且主张各省人民得自定宪法，自举省长，以实现地方自治，贯彻中央与地方的“均权主义”原则。

再次，孙中山以批判的眼光总结了欧美各国宪法，并参酌中国固有的考试制度和监察制度，形成了五权宪法的理论。他说，历观各国宪法“有文宪法是美国最好，无文宪法是英国最好。英是不能学的，美是不必学的”，因为经过一百余年，随着美国文明的进步、财富的增长，“当时的宪法，现在已经是不适用的了”。一九〇六年十二月，他在《民报》创刊周年纪念会上第一次提出五权宪法。他说：“兄弟的意思，将来中华民国的宪法，是要创一种新主义，叫做‘五权分立’”。“五权分立，这不但为各国制度上所未有，便是学说上也不多见，可谓破天荒的政体”[33]。由于“五权分立”是“立宪政体之精义”，因此，以五权分立为基本内容的宪法，就称作五权宪法。孙中山说：“五权宪法是根据于三民主义的思想，用来组织国家的，……总而言之，三民主义和五权宪法都是建国的方略”[34]。

所谓五权分立，是在欧美各国实行的立法、行政、司法三权分立之外，另立考选权和纠察权。五权分立和三权分立之间并没有实质上的不同。前者是在后者的基础上发展而成的，意在克服三权分立的弊病。孙中山认为三权分立的弊病在于人民没有直接民权，易于出现议会专制。同时，他从欧美资本主义国家的统治现实中发现，经过选举和委任两个途径产生的政府官员，“难免于埋没人才和任用私人”。因此，他提出建立独立的考试机关执

---

[30] 《近代史资料》《辛亥革命资料》，第138页。

[31] 《孙中山选集》上卷，第101～102页。

[32] 《中华民国宪法史前编序》《孙中山全书》第四册，第7页。

[33] 《孙中山选集》上卷，第79、81页。

[34] 《孙中山选集》下卷，第498页。

掌考选权，经过考试选用合格的大小官吏，建立独立的监察机关，专管对官吏的监督弹劾。只有这样才是“完全无缺的治理”。

一九二四年前后，在中国共产党的帮助下，孙中山的思想从旧三民主义飞跃到新三民主义。他在国民党第一次全国代表大会宣言中，强调他所主张的民权应“为一般平民所共有，非少数人所得而私也”。民权运动要以五权分立为原则，才能“既以济代议政治之穷，亦以矫选举制度之弊”。从这里可以看出，孙中山五权宪法的指导思想是人民掌握政权，政府实施治权。为了扩大直接民权，人民还应拥有选举、罢免、创制、复决四项权利，以保证行使立法权和对官吏的监督权。同时要使政府真正成为“万能的”、高效率的，必须实行五权分立，使其互相制约、互相配合。

孙中山关于人民掌握政权，政府行使治权的理论，着眼点在权与能的分治。这种分治不是对立的，而是统一的。即人民掌握政权是为了造成一个为其服务的“万能”政府，政府行使治权是通过职能上的分工合作，实现有效率的统治，以确保人民掌握政权。可见，五权分立是直接民权的结果，又是直接民权的保证。孙中山说：“现在讲民权的国家，最怕的是得到了一个万能政府，人民没有方法去节制它，最好的是得到一个万能政府完全归人民使用，为人民谋幸福”[35]。这正是孙中山五权宪法的主要内容。

孙中山的宪法理论，除上述五权分立、权能分治之外，他还认为要实现立宪的民国，须要经过军政、训政、宪政三个时期。与这三个时期相适应的，是“军法之治”、“约法之治”和“宪法之治”。划分建国三时期的根据是所谓：“中国人民久处专制之下，奴心已深，牢不可破”[36]。因此，须要首先用武力“扫除一切障碍，而奠定民国基础”。然后再“督率国民建设地方自治”。最后达到宪法之治的宪政时期。他说：“宪法颁布之日，即为革命成功之日”[37]。建国三时期的理论显然忽视了劳动人民的政治觉醒，及其推动历史前进的伟大作用，是在唯心史观支配下形成的。

最后，孙中山的宪法思想，也是奠基在法国资产阶级革命时期提出的“自由、平等、博爱”以及主权在民的理论基础之上的。他曾把自由平等博爱的口号和美国总统林肯提出的“民有、民治、民享”，与三民主义等而视之。说，“法国的自由和我们的民族主义相同，……平等和我们的民权相同，博爱和我们的民生主义是相通的”[38]。“民有、民治、民享主义就是兄弟的民族，民权、民生主义”[39]。

南京临时政府成立以后，孙中山通过制定约法把人民主权的思想固定下来，后来他曾追述说：“‘中华民国主权属于国民全体’的那一条，是兄弟所主张的”。他还多次阐述“夫中华民国者，人民之国也，君权时代则大权揽于一人，今则主权属于国民之全体”。“国民

㉟ 《孙中山选集》下卷，第 729 页。

㊱ 《孙中山选集》上卷，第 157 页。

㊲ 《中华革命党宣言及总章》《中国国民党史稿》第一册，第 161 页。

㊳ 《三民主义的解释》《孙中山全书》第三册，第 23 页。

㊴ 《三民主义的解释》《孙中山全书》第三册，第 23 页。

为一国之主，为统治权之所出”[40]。他所说的国民全体的真正含义与阶级内容是可以从辛亥革命以后颁布的《国会选举法》所规定的各项选举条件中，窥见一斑的。但是，这种主权在民的理论，虽然是资产阶级的理论，但比起“朕即国家”的封建专制主义，无疑是历史的巨大进步，它激起了人民群众要求民主的热情，鼓励他们进行反对封建专制统治的革命斗争。

不仅如此，在主权在民的理论指导下，孙中山还主张让各民族“皆能取得国家参政权”[41]。在他主持制定的《中华民国临时约法》中，明确规定：“中华民国人民一律平等，无种族、阶级、宗教之区别”，这在中国历史上第一次赋予民族平等思想以法的效力，也是第一个以民族平等为号召的立法，它表现了孙中山的民族思想和民主思想的密切联系和互相渗透。

由于孙中山重视并夸大了宪法的作用，因此在袁世凯和以后的北洋军阀，为了实现军阀独裁而猖狂毁法的时候，孙中山以恢复《临时约法》为号召，发起并领导了反对北洋军阀政府，保卫民国的护法运动。护法与毁法的斗争，是以孙中山为代表的资产阶级革命派和以北洋军阀为代表的封建买办势力之间，围绕真共和与假民国而展开的激烈斗争。正如以后孙中山所阐明的“拥护约法即所以拥护民国，使国人对于民国无有异志也”。他曾发愤借此“为民国一清官僚盗贼之害，以树立真正之共和”[42]，坚持“既以护法为职志，则只有努力奋斗，期必达目的而后止”[43]。但是，护法运动仅以恢复《中华民国临时约法》为目的，缺乏积极的政治内容，因而远远不能满足人民的迫切要求，起不到组织和动员群众的作用，以致“闻有毁法者不加怒，闻有护法者亦不加喜”[44]。孙中山在护法军政府内“艰难支撑一年之久，孑然无助，徒为亲厚所痛，仇雠所快，终至于解职而去”[45]，严酷的遭遇使他认识到“护法断不能解决根本问题”[46]，护法运动的失败，不仅说明了以孙中山为代表的资产阶级革命派迷信无政权为后盾的法律“效力”和以法律限制军阀独裁幻想的破灭，而且标志着中国旧民主革命已经陷入了绝境，它从反面教育了孙中山，在中国共产党的帮助下，使他认识到：“宪法之所以能有效力，全恃民众之拥护，假使只有白纸黑字之宪法，决不能保证民权，俾不受军阀之摧残……故知推行宪法之先决问题，首先在民众之能拥护宪法与否，舍本求末，无有是处，不特此也，民众果无组织，虽有宪法，即民众自身亦不能运用之，纵无军阀之摧残，其为具文自若也”[47]。不以武力彻底消灭封建军阀势力，即使制定颁布了宪法，也无异于一张废纸。他以深沉愤怒的心情从总结历史经验的角度指出了“元年以来，

---

[40] 《孙中山选集》，第587、157、340页。

[41] 《总理全集》第二集，第82页。

[42] 胡汉民：《复港商陈庚如函》《总理全集》第3册。

[43] 吴忠慈《中华民国宪法史前编序》。

[44] 《制定宪法大纲宣言》《中山丛书》第四册，第21页。

[45] 胡汉民：《复港商陈庚如函》《总理全集》第3册 。

[46] 《中山丛书》讲演，第55页。

[47] 《孙中山选集》下卷，第522页。

尝有约法矣，然专制余孽，军阀官僚，僭窃，擅权、无恶不作，此辈一日不去，宪法即一日不生效力，无异废纸，何补民权”[48]，“宪法之成立，唯在列强及军阀之势力颠复之后耳”[49]。“辛亥之役，汲汲于制定《临时约法》，以为可以奠民国之基础，而不知乃适得其反。……试观元年临时约法颁布以后，反革命之势力不惟不因以消灭，反得凭借之以肆其恶，终且取缔临时约法而毁之”[50]。在半殖民地半封建的旧中国，“军阀势力猖獗，封建余孽盘根错节，即使颁布一种好宪法，也必然被封建势力所阻挠，被顽固分子所障碍，要想顺畅实行，是不可能的”[51]。

马克思主义认为，宪法是阶级力量对比关系的反映，它的实施不是靠善良的愿望，而是凭借实力和斗争。列宁指出：“什么是宪法？宪法就是一张写着人民权利的纸。真正承认这些权利的保证在哪里呢？在于人民中意识到并且善于争取这些权利的各阶级的力量”[52]。

孙中山晚年的宪法思想所达到的新的境界，说明了他以十分严肃的态度总结历史的经验和教训，无愧为站在革命潮流前面，指导革命的伟大先行者。

四、依法保护人民的权利

为了保护人权，健全法制，废除封建专制的弊政，改革腐败的社会陋习，在孙中山主持南京临时政府期间，根据资产阶级天赋人权和自由平等博爱的原则，颁布了一系列符合人民利益的具有民主性的法律、法令。其主要内容如下：

（1）确认各族人民的平等权。

主张各族人民一律享有选举、参政等公权和居住、言论、出版、集会、信教自由等私权。孙中山在通令《开放蛋户惰民等许其一体享有公权私权文》中指出：“天赋人权，胥属平等。自专制者设为种种无理之法制，以凌跞斯民，而自张其毒燄，……前清沿数千年专制之秕政，变本加厉，抑又甚焉。若闽粤之蛋户、浙之惰民，豫之丐户，及所谓发功臣暨披甲家为奴，即俗所称义民者，又若薙发者并优倡隶卒等，均有特别限制，使不得与平民齿。一人蒙垢，辱及子孙，蹂躏人权，莫此为甚，当兹共和告成，人道彰明之际，岂容此等苛令久存，为民国玷。为此特申令示，凡以上所述各种人民，对于国家社令之一切权利，公权若选举、参政等，私权若居住、言论、出版、集会、信教之自由等，均许一体享有，毋稍有歧异，以重人权而彰公理”[53]。由于中华民国以国民为主体，“总统官吏皆国民之公仆

---

[48] 《孙中山选集》，第522页。

[49] 《孙中山选集》，第522页。

[50] 《制定建国大纲宣言》《中山丛书》四、宣言，第21页。

[51] 《新民主主义宪政》《毛泽东选集》第二卷，第693页。

[52] 《两次会战之间》《列宁全集》第九卷，第448页。

[53] 《近代史资料》《辛亥革命资料》，第302页。

也”[54]，因此，孙中山不仅严申反对封建专制制度下，官吏所享有的任意欺压人民的法定的和法律外的特权，而且还下令内务部通知各官署革除清朝统治时期各官厅反映官僚等级特权的称呼，指出：“官厅为治事的机关，职员乃人民之公仆，本非特殊之阶级，何取非分之名称。查前清官厅，视官等之高下，有大人、老爷等名称，受之者增慙，施之者失体，义无取焉。……嗣后各官厅人员相称，咸以官职。民间普通称呼则曰先生、曰君，不得再沿前清官厅恶称”[55]。孙中山还论证了妇女应享有和男人平等的法定权利，他说：“天赋人权，男女并非悬殊，平等大公，心同此理”，并阐述了妇女在准备革命期间的贡献，“女界女才，其入同盟会，奔走国事，百折不回者，已与各省志士媲美”，“扫平索虏，女界亦与有功焉”。因此，他强调，共和国成立以后，女子之有参政权是“事所必至”[56]。为了革除损害肢体的缠足陋习，他下令通饬省劝禁缠足，并把这一点提到“以培国本”的高度，如果“有故违令者，予其家属以相当之罚”[57]。特别是在孙中山平等思想中，五族共和的民族平等思想，是最具有光彩的部分。辛亥革命后不久他在致喀尔沁亲王的电文中便明确宣布：“实欲合全国人民，无分汉满蒙回藏，相与共享人类之自由”[58]。在他主持下制定的《中华民国临时约法》是中国历史上第一个承认各族人民享有平等权利的法律文件，虽然它是资产阶级民主性质的，它所规定的平等权利缺乏物质保证，但不可否认它“为着唤醒人民，为着争取自由和民主的制度”[59] 它所起的历史进步作用。

（2）保护人民的人身自由权。

清朝统治时期，法律公开认可买卖人口，鸦片战争以来，帝国主义为了从中国掠夺廉价劳动力大量地贩卖“猪仔”（华工），孙中山针对这种严重侵犯人权的现象，特颁发命令严加禁止。在《大总统令内务部禁止买卖人口》文中，“嗣后不得再有买卖人口情事，违者罚如令。其从前所结买卖契约悉予解除，……不得再有主奴名分”[60]。在大总统令外交部妥筹禁绝贩卖猪仔及保护华侨办法文中，他以一个主权国家临时大总统的身份，庄严“严行禁止猪仔出国”、“杜绝贩卖”、“保护侨民正当的合法利益”[61]。

（3）保护人民的财产权。

孙中山根据资产阶级关于私有财产神圣不可侵犯的原则，认为“财产之重，等于生命”[62]。为此，特通令内务、陆军两部保护人民之财产。“凡假托名义擅自查封房屋，搜抄家

---

[54] 《近代史资料》《辛亥革命资料》，第 216 页。
[55] 《孙中山选集》上卷，第 437 页。
[56] 《近代史资料》《辛亥革命资料》，第 69、70 页。
[57] 《近代史资料》《辛亥革命资料》，第 280 页。
[58] 《近代史资料》《辛亥革命资料》，第 30 页。
[59] 列宁《中国各党派的斗争》见《历史研究》，1978（2）。
[60] 《近代史资料》《辛亥革命资料》，第 216 页。
[61] 《近代史资料》《辛亥革命资料》，第 312、186 页。
[62] 《近代史资料》《辛亥革命资料》，第 312、186 页。

产诸弊端，必须切实防杜”[63]。内务部遵照孙中山的命令颁布了五条保护人民财产的法令，其中规定凡在民国势力范围内人民，所有一切私产，均应归人民享有。一九一二年三月三十日，孙中山在解除临时大总统职务的前夕，鉴于地方军政长官“凭借权势，凌轹乡里”，或者依法进入民宅搜索财物，或者托名筹饷，强迫勒索，甚至任意逮捕人民，擅行处死抄没家财等等，再次通令各省都督保护人民生命财产，强调“各省都督具有治兵察吏之权，务须严饬所属，勿许越法肆行，……人民有受前项疾苦者，许其按照临时约法来中央行政院陈诉，或就近向都督府控告。一经调查确实，立予尽法惩治”[64]。

（4）禁烟禁赌，改革社会陋习。

对于清朝专制统治所造成的危害家庭、国家、社会以及个人身体健康的吸食鸦片与赌博等恶习，孙中山多次发布禁令，力图以法律的强制力移风易俗，彻底革除。他在《大总统令禁烟文》中指出：近百年来鸦片流毒中国，不仅使个人“失业废时，耗财殒身”，更有甚者将会招致“种姓沦亡”。因此，布告天下严予禁绝，凡是“沉湎忘返者，不可为共和之民，……于立法时剥夺其选举，被选举一切公权，亦不与齐民齿”[65]。禁烟之外，还明令禁赌。

上述法令是孙中山民族、民主主义法律思想的具体现实，它同清朝残民以逞的封建法律形成了鲜明的对比，表现了中国人民反对帝国主义奴役，维护主权独立的斗争精神，对于革除危害人民的封建积习，激发人民群众的民主热情和民族自豪感都起了积极的作用。

孙中山在长期的革命斗争中，逐渐懂得了“一国之趋势”，系于“万众之心理”的道理，因此，力图通过法律的形式，确保人民的民主权利，贯彻民主共和的主张。但是，他当时还不理解，没有政权任何法律都等于零。由于袁世凯窃国，南京临时政府迅速解体，使得上述立法，没有能够实行。

五、建立资产阶级的司法制度

根据资产阶级三权分立的原则，孙中山强调“司法为独立机关”[66]，在《中华民国临时约法》中明确规定了“法官独立审判，不受上级官厅之干涉”、“法官在任中不得减俸或转职，非依法律受刑罚宣告，或应免职之惩戒处分，不得解职”。

为了保证法官谙习法理，胜任称职，孙中山明令“所有司法人员，必须应法官考试，合格人员，方能任用”[67]。

在改革封建司法制度方面，孙中山首先从废止刑讯入手，三月初，明令内务、司法两

---

[63] 《近代史资料》《辛亥革命资料》，第312、186页。

[64] 《近代史资料》《辛亥革命资料》，第383页。

[65] 《近代史资料》《辛亥革命资料》，第215页。

[66] 《近代史资料》《辛亥革命资料》，第357页。

[67] 《近代史资料》《辛亥革命资料》，第357页。

部门通饬所属禁止刑讯，指出刑罚的目的应该随着文化的进步，而有所“递嬗”，“昔之揭威吓报复为帜志者，今也则异。刑罚之目的在维护国权、保护公安。……国家之所以惩创罪人者，非快私人报复之私，亦非以示惩创，使后来相戒，盖非此不足以保持国家之生存，而成人道之均平也”。他谴责清朝统治下滥施刑讯，草菅人命的罪行：“三木之下，何求不得……转相师法，日糜吾民之血肉以快其淫威”。郑重申明“本总统提倡人道，注重民生……对于亡清虐政，曾声其罪状，布告中外人士。而于刑讯一端，尤深恶痛绝，……今者光复大业幸告成功……当肃清吏治，休养民生，荡涤烦苛，咸与更始。为此令仰该部转饬的属，不论行政司法官署，及何种案件，一概不准刑讯。……其从前不法刑具，悉令焚毁”[68]。鉴于封建时代审判专以口供为根据，即所谓“罪从供定”，致使刑讯合法化，因而宣布“鞫狱当视证据之充实与否，不当偏重口供”。为了使这项命令贯彻实施，孙中山还采取了具体的措施，即“不时派员巡视，如有不肖官司，日久故智复萌，重煽亡清遗毒者，除褫夺官职外，付所司治以应得之罪”[69]。

根据孙中山的命令，内务部咨司法部严令所属各官厅、各省府厅州县所有行政司法部门，一律停止刑讯。接着，司法部又咨各省都督，传达了孙中山关于不准刑讯的命令全文。

然而时隔数日，上海南市裁判所在审讯案件时，发生了“犹用戒责，且施之妇女”的情况，为此，孙中山再次命令内务部司法部通饬所属禁止体罚。他严厉地指出：“近世各国刑罚，对于罪人或夺其自由，或绝其生命，从未有滥加刑威，虐及身休，为体罚之甚者。……乃有图宣告之轻便，执行之迅速，逾越法律，擅用职权，漫施笞杖之刑，致多枉纵之狱者，甚为有司不取也。夫体罚制为万国所屏弃，中外所讥评。……以沪上开通最早，四方视听所系之地，而员司犹踵故习，则其他各省官吏，保无有乘民国初成，法令未具之际，复萌故态者。亟宜申明禁令，迅予革除。为此令仰该部速行通饬所属，不论司法行政各官，审理及判决民刑案件，不准再用笞杖、枷号及他项不法刑具，其罪当笞杖、枷号者，悉改科罚金、拘留。详细规定，俟之他日法典”[70]。

对于民国的审级制度，孙中山认为：“四级三审之制，较为完备，不能以前清曾经采用，遂尔鄙弃。”他驳斥江西南昌地方检察长郭翰提出的“轻案采取二审制度”，是“不知以案情之轻重，定审级之繁简，殊非慎重人民生命财产之道。且上诉权为人民权利之一种。关于权利存废问题，岂可率尔解决”[71]。他还在另外的有关批文中，再次肯定了人民的上诉权利，规定了上诉审级的某些具体职权：“上级司法机关自有提调人证职权”[72]，“人民对于判决如有不服，可径赴该管检察厅上诉”[73]，以利于昭雪冤枉。

---

[68] 《近代史资料》《辛亥革命资料》，第 215 页。
[69] 《近代史资料》《辛亥革命资料》，第 216 页。
[70] 《近代史资料》《辛亥革命资料》，第 271 页。
[71] 《近代史资料》《辛亥革命资料》，第 265 页。
[72] 《近代史资料》《辛亥革命资料》，第 241 页。
[73] 《近代史资料》《辛亥革命资料》，第 242 页。

为了保护诉讼当事人的辩护权，孙中山主张建立律师制度。一九一二年三月内务部警务局局长呈送《律师法草案》，他在转令法制局审定的批文中指出："查律师制度与司法独立相辅为用，夙为文明各国所通行。现各处既纷纷设立律师公会，尤应亟定法律，俾资依据。"这表明资本主义国家通行的律师制度已在这个新政权的辖区以内兴起。

孙中山虽然反对以刑罚作为私人报复的手段，对于滥施刑讯的官吏要给以适当的行政处分或法律制裁，借以表示"人权神圣"，"刑期无刑"，但对于危害革命，危害人民生命财产，证据确凿的罪犯，坚决依法严惩。武昌起义前杀害革命烈士和士兵的清朝宪兵长夏祖庆就是奉大总统命令"立予枪毙"的。对于袁世凯为赦免曾经镇压过革命的前清军政府官员所颁布的大赦令，孙中山坚定表示应根据约法，"须得参议院之追认，方能有效"[74]。至于一些受人蛊惑或欺骗的保皇党人，孙中山则反对"挟私复怨，借是为名，擅行仇杀"，提出"法令所加，只问其现在有无违犯，不得执既往之名称以为罪罚"[75]。

根据孙中山关于改革审判制度的一系列指示，南京临时政府主张采用文明办法审理案件。二月下旬孙中山电令沪军都督审理前山阳县令姚荣泽擅杀一案，司法部认为此案情节重大，必须审慎周详，以示尊重法律。司法部总长伍廷芳电呈孙中山，拟采用以下文明办法进行审讯：由司法部派精通中外法律的官员承审，另选通达事理、公正和平、名望素著的人民陪审员，准许聘请辩护士到堂辩护，审讯时，任人旁听等等。南京临时政府采用欧美资本主义国家的司法制度，提出公开审判，实行陪审制和辩护制，较之封建专制时代的坐堂问案、刑讯取供、专横武断，无疑是一个明显的进步，但在南京临时政府存在的短暂时间里，真正实行上述文明审判的，还极为少见。

总括上述，可见孙中山的法律思想是其政治思想中的重要组成部分。它包括两个方面的的内容，一方面从革命的需要出发，比较深入地批判了以清朝为代表的封建专制主义法律制度；另一方面根据天赋人权，自由平等博爱的原则，阐发了资产阶级的民主法制，他的法律思想反映了近代中国民主革命的先行者向西方寻找真理的具体成果，也是中国漫长的法律思想发展的历史可资借鉴的经验的批判总结。因此，可以说孙中山的法律思想是近代中国法律思想史上具有代表性、影响深广的资产阶级法律思想。但是，孙中山作为一个资产阶级的革命家、思想家，不能不受到历史条件和本身阶级地位的限制，他的法律思想基本上还没有摆脱资产阶级法律观的束缚，他所主张的法治、主权在民等等，还是抽象的超阶级的，而且过分迷信法律的效力，忽视政权是法律实施的保障。直到晚年在接受中国共产党帮助的情况下，才使他在法律和政治，法律和阶级力量对比关系，法律和民众等基本问题上，产生了认识上的飞跃。他的一生无愧为站在时代前面指导革命的伟大先行者，孙中山的法律思想在中国法律思想史上也同样闪烁着灿烂的光辉。

---

[74] 《近代史资料》《辛亥革命资料》，第362页。

[75] 《近代史资料》《辛亥革命资料》，第7页。

潘华仿

略论美国最高法院的宪法解释权*

简介

潘华仿，中国政法大学教授。1924 年 3 月生于湖北汉川，1952 年毕业于北京大学法学院，并留校任教，后转入北京政法学院（中国政法大学前身）；长期从事外国法制史的教学和科研工作，主要研究英美法国家的法律制度、法律学说以及政治思想。1979 年开始招收硕士研究生。1987 年离休。主要著述：《英美法论》、《当代世界政治思潮》、《外国监狱史》（主编）、《外国法律简史》（主编）、《美国法律史》（译校）。

* 原发表于《法律史论丛》，第一辑；《英美法论》，中国政法大学出版社，1998。有修订。

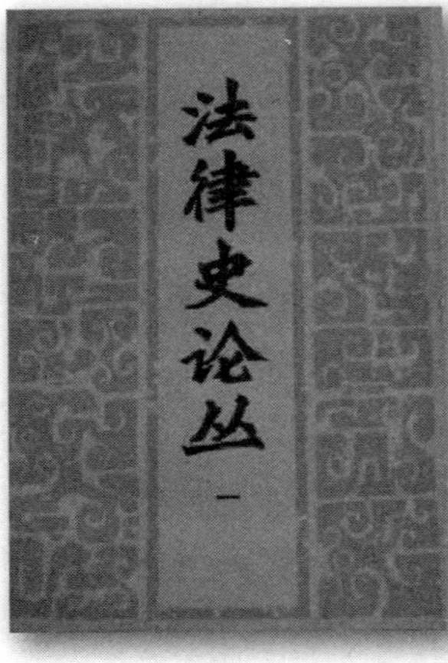

按照马克思主义国家学说的观点，“军队、警察、法庭等项国家机器，是阶级压迫的工具”①。根据美国宪法和1789年的司法条例成立的美国最高法院是资产阶级对劳动人民专政的工具，美国最高法院的职权是：受理以外交官和各州为当事人的案件；受理下级法院所审判的上诉案件；对下级法院颁布“移送令”，要求把那些它认为与联邦政府的权利有关的、下级法院审判过的案件“移送”至最高法院复审。需要特别指出的是，美国最高法院有权通过审判案件解释宪法，审查法律。

本文打算简略介绍美国最高法院解释宪法的起源，在19世纪初其为巩固美国联邦制所起的历史作用，对黑人的种族歧视以及工人运动和进步力量的打击与迫害。

一、最高法院解释宪法的起源

在美国宪法中并无关于宪法解释权的规定，那么美国最高法院是基于什么根据获得解释宪法、审查法律和权力呢？为了回答这一问题，必须首先对美国司法制度产生的历史背景略加说明。

美国取得独立战争胜利后不久，在1787年的制宪会议上，围绕着国家制度问题，各派政治代表人物展开了激烈的争论。

美国宪法之父亚历山大·汉密尔顿和其他著名的政治家主张建立有力的联邦中央政府，但又害怕权力过于集中，形成独裁统治，因此主张根据资产阶级启蒙思想家洛克和孟德斯鸠的学说，按照三权分立、互相制衡的原则，建立联邦中央政权机关。作为行政和立法机构对司法机构的一种制约手段，最高法院的法官由总统提名经参议院同意后任命，这种主张为制宪会议所采纳；为了加强司法机构对立法和行政机构的制约，有的代表主张，最高法院除了一般的审判职能外，还应享有审查法律的权力。威尔逊发言说：让法官“享有审订法律的权力，这样他们将有机会考察法律的性质，并以他们的意见的力量，抵制立法机构的错误观点”②。提出这种主张的另一个意图是使州议会通过的法律，服从宪法的原则，从而限制州政府的权力。这种主张未被制宪会议所采纳。在制宪会议公布了宪法草案以后，在美国形成了两个主要政治派别，赞成宪法草案的称为联邦派，对宪法草案表示反对和不满的称为反联邦派。联邦派的领袖汉密尔顿等人发动宣传运动，继续宣传他们的主张，阐述宪法的精神，争取宪法迅速为各州批准。他们所撰写的一系列宣传文章，称为《联邦主

① 《论人民民主专政》，载《毛泽东选集》，4卷，第1365页。

② 梅森、利查：《探求自由》，英文版，第123页。

义文献》。在汉密尔顿起草的第 78 号文献中，明确谈到法院的宪法解释权和法律审查权："解释法律是法院适宜的和特有的职权。宪法实际上是根本法，法官也必须承认是根本法，所以法官有权阐明宪法和立法机构通过的特定法案的含义，假如两者发生了不可调和的分歧……宪法应该优于法令"③。上述文献曾在报刊上广为言传，具有深远的影响。可以肯定，美国早期著名的政治家和思想家主张赋予最高法院以解释宪法、审查法律权的设想，是最高法院取得这种权力的一个重要原因。

美国最高法院解释宪法、审查法律的起源也是与当时的实际形势密切相关的，新宪法于 1788 年为九个州同意而宣布生效，这标志着一个独立、统一的美国终于诞生。美国独立后，粉碎了英国殖民主义的束缚，资本主义工商业迅速发展，这引起了许多新的问题，诸如工业和商业贸易的管理，税收制度，工人要求改善劳动条件，北部各州资本主义工商业与南部各州奴隶制种植园经济之间的矛盾日益尖锐等等。

经济的发展和阶级关系的变化而引起的问题，由于美国联邦制度本身的特点而更加复杂化。美国法学家考克斯说：这一特点是"每个州保留着它本身的管理权，联邦政府在它的职权范围之内又具有一个统一政府的所有特征"④，其结果是在任何州的同一地区都有联邦和州的两重政府、两重法院、两重法律并行地发挥作用，这就必然会产生各种矛盾，而且联邦中央政府机关之间的关系、公民的权利与义务等等问题也引起各种宪法和法律上的分歧和争执，需要有一个具有相对独立性，运用灵活的机构从中起调节和仲裁作用，以维护资产阶级的根本利益。联邦派赋予最高法院以解释宪法和审查法律权的设想，正适应了资产阶级的这种要求。

联邦派为了贯彻他们的主张，还竭力挑选支持他们主张的人担任最高法院的法官。美国第一任总统华盛顿是联邦派的支持者，他在 1789 年至 1797 年的两届任期中，先后任命了最高法院的 10 名法官。他挑选法官的首要条件是拥护宪法，支持建立强有力的联邦政府。继华盛顿之后任总统的亚当斯，是联邦派的领袖人物之一，他在 1800 年的总统选举竞选连任中遭到失败，反联邦派的左翼，即共和民主党的领袖杰弗逊当选为总统。联邦派在竞选失败的情况下，仍然设法控制司法机构，在亚当斯即将离任的前夕，任命马布利为哥伦比亚特区治安法官，任命他的国务卿约翰·马歇尔为最高法院首席法官。马歇尔是坚定的联邦主义者。为了保障司法机构的相对独立性和对行政与立法机构的制约，宪法规定最高法院的法官为终身职，非经国会弹劾不得免职。在杰弗逊任总统期间，法官西谬尔·蔡斯由于攻击杰弗逊使美国"陷入暴民统治"、"破坏宪法原则"而受到众议院的弹劾，但参议院在 1805 年 4 月辩论众议院的弹劾案时，许多参议员司法独立和三权分立为理由反对弹劾，通过决议宣布蔡斯无罪。

这是美国最高法院成立以来，迄今为止唯一的一起对该院法官提出、但未成立的

---

③ 卡尔等：《美国民主制的理论与实践》，英文版，第 500 页。

④ 考克斯：《美国最高法院在政府中的作用》，英文版，第 22 页。

弹劾案。这表明美国的政府总是尽可能保障法官职位的稳定性，以利于实施法律的稳定性和连续性，因此法官的任期都较长，首席法官马歇尔的任期就长达 34 年之久。所以在 19 世纪初期，在最高法院中占优势地位的是以马歇尔为首的联邦派，这种情况有利于最高法院贯彻联邦派的政治主张，作出解释宪法、审查法律的先例，取得宪法解释权。

美国宪法规定，联邦法院的权限仅及于“案件或争端”，所以最高法院不能在审判实践之外，专门对宪法或法律问题提供解释或解答，而是通过审判它的权限之内的、与宪法有关的案件，解释宪法，审查法律。有关这方面的第一个判例是 1803 年通过审判“马布利诉麦迪逊案”创立的。该案案情如下：亚当斯即将离任时提名马布利为哥伦比亚特区治安法官，提名经参议院同意并由亚当斯签署了任命状，但他的国务卿约翰·马歇尔却由于粗心，忘记将任命状交给马布利。杰弗逊总统上台后出于党派利益的考虑，指示他的国务卿麦迪逊拒绝将任命状交给马布利。马布利起诉，要求法院发出司法命令，强制麦迪逊将任命状交给他。这就是美国法制史上有名的“马布利诉麦迪逊案”。由于约翰·马歇尔这时已就任为最高法院的首席法官，所以在 1803 年主持审理马布利案的正是那位粗心的马歇尔。在他起草的判决意见中，一方面宣称麦迪逊拒不交付任命状是非法的，以维护联邦派在司法机构中的优势地位；另一方面又拒绝发布司法命令，理由是按照美国宪法规定，最高法院只是对以外交使节和州政府为当事人的案件有初审管辖权，对其他案件只有上诉管辖权，因此国会制定的 1789 年司法条例第 13 条责成最高法院对所有公职人员发布司法命令的规定与宪法相抵触，这一法律条款是无效的。这样就创立了最高法院解释宪法、审查法律的先例。它的解释意见，具有宪法和法律规范的作用。

约翰·马歇尔在美国法制史上占有重要地位。在他任职期间（1801～1835 年），最高法院共作出涉及宪法解释问题的判决意见 62 起，其中 38 起是由他起草的。美国法学家认为，他所起草的判决意见中，有 4 起是美国法制史上重要的判决意见：（1）马布利案（1803 年），（2）麦克楼案（1819 年），（3）达特茅斯学院案（1819 年），（4）吉本斯案（1824 年）。下面将以这四项判决意见为中心，就马歇尔对美国宪法所作的解释对于加强联邦制的作用加以评述。

二、最高法院巩固联邦制的历史作用

关于美国联邦与各州之间权力的划分是以联邦主义为基础的，这在美国宪法中有三个关键性的条款作了基本的规定。由于这些规定有不少地方含混不清，随着资本主义经济的发展和阶级关系的变化，联邦与州之间的权力划分便经常引起争执。首席法官马歇尔在他的判决意见中，总是维护宪法和联邦政府的权威。下面我们结合宪法中规定联邦政府与州政府的权力划分的三个关键性条款，分析马歇尔的判决意见：

1. 宪法第 8 条中规定：美国宪法为全国的最高法律。虽然规定宪法为全国的最高法律，但联邦派和反联邦派对宪法和根据宪法所组成的联邦政府的权力的渊源，各持己见。联邦派为了替提高宪法和联邦政府的权威制造法理上的根据，声称宪法和联邦政府的权力直接渊源于人民；反联邦派为了维护各州的权力，则声称是渊源于各州。

上述两种观点的争论，在1819年最高法院审理麦克楼案时反映出来。此案的主要情节是：根据1816年国会通过的法令，联邦银行在马里兰州的巴尔的摩市设立分行。1818年该州议会颁布法律，要对该州境内联邦银行的分行征税，分行的经理麦克楼不服，官司打到最高法院。马里兰州的辩护律师马丁是反联邦派的代表人物，州权的热烈拥护者。他断言：美国宪法并不是渊源于人民，而是“享有主权和独立的各州派代表制定的，因此根据宪法组成的联邦政府行使权力必须从属于各州”⑤，联邦银行在该州的分行必须向州政府纳税。马歇尔在1819年起草的判决意见中否定了马丁的论点，他认为制宪会议的代表虽为各州议会所选出，但得到了全体美国人民的许可，联邦政府的权力直接渊源于人民，而不是渊源于各州，它可以直接对人民行使权力。马里兰州议会制定的对联邦银行征税的法律是违宪无效的。马歇尔的判决意见为提高宪法的权威和加强联邦政府的权力制造了法理上的根据。在麦克楼案的判决意见中，还确认了国会“默示权”的理论，这涉及到联邦政府与州政府之间的权力划分的第二个宪法条款。下面将加以分析。

2. 宪法第1条第8款是划分联邦与各州权力的第二个关键性条款，其中明确列举了联邦国会在财政、商业、外交、军事等方面的职权。特别值得注意的是该条的第8款第18项规定，联邦国会有权行使上述权力和行使宪法授予联邦政府的其他一切权力而制定“必要和适当”的法律。在宪法实施中这一规定经常引起争论。有人认为，国会的职权仅于宪法中明确列举的职权，这叫做国会的“明示权”。联邦派的领袖认为国会除了享有“明示权”外，还应享有“默示权”，即从宪法明确规定的职权中引申出来的权力。

早在华盛顿总统执政期间，汉密尔顿任财政部长时，于1791年初向国会提出了要求授权建立联邦银行的报告。当时任国务卿的杰弗逊表示反对，认为宪法并未明示国会享有此种权力，采取宪法没有明确授权的任何行动，将使代议制失去意义，为侵占州政府的权力敞开大门。汉密尔顿为自己的要求辩护，认为国会授权设立联邦银行，是行使宪法中所列举的国会管理财政的职权而采取的“必要和适当”的法律措施，符合宪法的精神。他提出并阐明了“默示权”的理论。在汉密尔顿的说服下，国会通过了授权财政部建立联邦银行的法令；马歇尔在麦克楼案的判决意见中，用最高法院的名义，确认了“默示权”，使之成为一条宪法原则。马歇尔在麦克楼案的判决意见中写道：“我们认为对宪法的正确解释必须是允许国会享有自行处理权……这将使它能够履行分配给它的崇高职责，以最大限度地造福于人民。只要目的是合法的，在宪法允许的范围之内的所有措施都是适宜的。”⑥ 他所说的自行处理权，就是“默示权”，这为扩大联邦国会的权力提供了法律根据。

---

⑤ 梅森、利查：《探求自由》，英文版，第107页。

⑥ 卡尔等：《美国民主制的理论与实践》，英文版，第77页。

3. 宪法中规定联邦政府与各州之间权力划分的第三个关键性条款是1791年通过的宪法第10条修正案。这一条规定：宪法所未授予合众国或未禁止各州行使之权力，皆由各州或人民保留之。首席法官马歇尔对于上述规定，通过对“达特茅斯学院案”和“吉本斯案”的判决，作出了限制州权和扩大联邦政府权力的解释。

“达特茅斯学院案”的情节主要是，英王在1769年发给该学院的特许状中规定学院董事会有权选择学院的院长和补缺董事。1816年新罕布什尔州通过法律修改了特许状，使州政府有权处理学院的财产，控制学院的活动，任命学院的领导，学院于是提出诉讼。马歇尔在1819年起草的判决意见断定：新罕布什尔州的行为违反了宪法第1条第10项中禁止各州通过法律“损害契约”义务的规定。判决书还强调，不论是个人、私人企业以及像教育机构之类的社团法人的财产，政府都不得侵犯。判决确认了私有财产和“契约自由”不可侵犯的原则。首席法官马歇尔还在“吉本斯案”的判决意见中，对宪法作了有利于加强联邦权力的解释。此案的主要情节是船主列文斯顿等人根据纽约州议会的法律，取得了该州境内河流汽轮航运专利权；船主吉本斯则根据联邦国会的法律，取得了用船只航运纽约至新泽西州的权利，于是发生诉讼。在最高法院审理此案时，吉本斯认为纽约州议会的法律违反宪法中关于只有联邦国会才有权管理州际贸易的规定。被告的律师争辩说，客运不属商业贸易的范围，不在联邦国会管辖权之内。马歇尔在1824年起草的判决书，否定了律师的论点，认为宪法中所说的贸易，应作广义的解释，各州之间的“交流”，像客运等交通运输，都包括在内，国会有管理州际贸易和对外贸易的充分权力。根据马歇尔的广义解释，管理贸易的范围扩大到了包括规定商品、交通运输的价格等等在内。事实上，随着商品交流的扩大和交通运输的发展，所谓州内贸易与州际贸易的联系愈加密切，很难截然分开。马歇尔的判决意见有利于促进国内统一市场的形成。他的判决意见还创立了一个先例，即使宪法并未明文规定授予联邦政府或未禁止各州行使权力管理的事宜，也可以归联邦政府管理。

首席法官约翰·马歇尔在他任职期间所起草的美国法制史上重要的4起判决意见，总的精神是维护资本主义私有制和“自由竞争”，为增强联邦中央政府和联邦宪法的权威制造理论和法律根据。他在任职期间，全力贯彻联邦派的政治主张，美国法学家评论说：最高法院在“马歇尔的指导下，联邦派要求建立强有力的国家的理想得到了明确的认可”⑦。要对马歇尔的活动作出正确的历史评价，必须首先根据当时的历史条件对联邦派和反联邦派对国家制度的主张和对宪法的态度作一简要的分析。

联邦派的主要阶级基础是工商业金融资产阶级，也有一些与工商业有密切联系的南部种植园奴隶主是支持联邦派的。他们主张建立强有力的联邦政府和统一的国家立法，以保护资本主义私有制和工商业的发展，促进国内统一市场的形成。联邦派的著名领袖亚历山大·汉密尔顿在起草宪法中起过显著的作用。他在1787年的制宪会议上发言说：“我们现

⑦ 亚伯拉罕：《法官与总统》，英文版，第76页。

在要建立一个共和制的政府，真正的自由既不会来自于专制主义也不会来自于极端民主”⑧。他主张建立强有力的联邦政府，以使私有财产免遭“侵害和骚扰”。美国宪法的基本原则反映了汉密尔顿的主张，所以宪法受到联邦派的积极支持。

反联邦派的阶级基础比较复杂，占主导地位的是以杰弗逊为领袖的中、小资产阶级民主派。在18世纪末19世纪初，美国无产阶级还没有形成一支独立的政治力量，很大一部分工人为杰弗逊的民主主义所吸引，是跟着资产阶级民主派走的。杰弗逊在1787年12月写给爱德华·卡林顿的信中说：宪法草案中“有许多好的内容，形式非常合意；但我也有一二处感到遗憾”⑨。接着他谈到感到不满之处是指宪法中没有权利法案，总统职务中没有规定连任的次数的限制，可能发展为个人独裁。(他对宪法的批评，受到反联邦派和广大人民的赞同，正是在人民群众的强烈要求下，1791年通过了宪法第一次修正案，即《人权法案》。关于总统的任期，第一任总统华盛顿树立了总统任职以两届为限的先例，罗斯福总统在第二次世界大战时，由于情况特殊，曾任职三届。1947年通过宪法第22条修正案，规定任何人不得任总统之职两届以上）以杰弗逊为首的反联邦派左翼可以说是既拥护宪法，支持建立联邦中央政府，又对宪法没有反映人民的民主要求表示不满。也应该指出，杰弗逊从他的政治理想出发，把国家权力看作是民主和自由的对立物，因而在宪法生效后联邦派不断加强中央政权机关权力的过程中，他也越来越反对，但这与反联邦派右翼的主张是有区别的。反联邦派的右翼主力是南方种植园奴隶主，他们力图使各州享有充分的独立和主权，反对把权力集中于联邦中央政府，以便于他们不受限制地发展奴隶制。

由上述分析可以看出，美国最高法院首席法官马歇尔在19世纪初期，围绕着增强美国宪法和联邦中央政府的权威，对宪法所作的解释，主要是反映了工商业资产阶级的要求。从历史唯物主义的观点来看，马歇尔的上述活动，有利于克服各州特别是南部各州的分离主义倾向，巩固新生的美国的独立和统一，有利于促进资本主义的发展，符合历史发展的方向。有的历史著作中，把联邦派拥护宪法，主张建立强有力的联邦政府，不加分析地说成是大资产阶级与大奴隶主的要求，加以全盘否定，是值得商榷的。肯定联邦派和首席法官马歇尔加强联邦制的历史作用，并不抹杀美国最高法院作为资产阶级专政工具的阶级本质。巩固联邦制实质上就是巩固资产阶级专政，加强对劳动人民的统治。这从最高法院经常利用它的宪法解释权，确认反民主、反人民的法律，支持对黑人的种族歧视，反对和打击工人运动与进步力量，维护资产阶级的经济和政治统治地位，可以看得更加清楚。

三、最高法院与对黑人的种族歧视

在美国历史上，围绕着黑人问题而展开的斗争，始终是民主、进步力量与反对势力斗

⑧ 梅森、利查：《探求自由》，英文版，第107页。
⑨ 梅森、利查：《探求自由》，英文版，第133页。

争的一个重要组成部分。在这一斗争中美国最高法院是站在种族主义反对势力一边的，它在审理斯各脱案时，利用解释宪法的权力，维护黑人奴隶制，就明显地反映了它的阶级实质。

斯各脱原为一位美国军医的家庭黑奴，从1834年起，由他的主人从蓄奴州密苏里带到自由州依利诺等地居住多年。他向地方法院申诉，并一直上诉到最高法院，因为他在自由州居住多年，应准许他获得自由。1857年最高法院在事先与布坎南总统商妥的情况下，判决斯各脱无权获得自由。由首席法官杰·唐尼起草的判决书宣称：黑奴的祖先为黑人，被认为是“劣等一类的人”，因此美国宪法中的“公民”一词，并不包括黑人在内，他们不能享有与白人平等的权力，奴隶是主人的财产，应受宪法的保护，如果主人把他的财产带到受合众国管辖的领土上，他的财产不能被剥夺。法院认为：“斯各脱本人及其家属并不因为进入该地区内即取得自由”。

以资产阶级天赋人权说作为指导思想的美国《独立宣言》声称：“一切人生而平等”。而最高法院的判决却坚持反动的血统论和种族偏见，诬称黑人及其祖先为劣等种族，把黑奴根本不当人看待，而是看作可以被其主人任意处置的财产。这岂不是人生而就不平等吗？哪里是什么“生而平等”呢？

马克思说：“美国最高法院则是通过1857年的判决……从而把共和国现在和将来的一切领地从培植自由州的地方变成了培植奴隶制的地方”[⑩]。南部奴隶主不顾广大人民的反对，放肆扩大奴隶制，在1861年内战爆发前夕，每年从非洲和西印度群岛运进大批奴隶，这时在美国的2 200万居民中，南部黑人奴隶已达400万人之多。他们受到残暴的压迫和剥削，没有人身自由。种植园奴隶制与资本主义制度之间的矛盾日趋激化，终于在1861年爆发了南北内战。

美国1861年至1865年的南北内战，以资产阶级和劳动人民的胜利、奴隶主的失败而结束。为了巩固胜利成果，国会通过了第13、14、15条宪法修正案，规定禁止奴隶制，黑人享有与白人同等的公民权，但美国统治集团和种族主义分子仍然歧视压迫黑人。美国最高法院也坚持种族偏见，支持种族隔离和种族歧视，剥夺黑人的民主权利和自由。最高法院于1883年在一项判决意见中宣布，国会制定的《1875年民权法》违宪而无效。其理由是：宪法第14条修正案并未授权国会禁止私人种族歧视，国会的上述法案涉及旅店等场所的私人活动，因而是无效的。在最高法院判决的纵容下，种族隔离制度，蔓延到了整个南部。

美国最高法院维护种族歧视的态度，还表现在1896年以它的判例，确认了“隔离但平等”（separation but equal）的原则。判决书中公然鼓吹种族优越论：“如果一个种族在社会低于另一种族，美国宪法则无法平等对待”。这种论调从根本上违背美国宪法第14条修正案关于“不得否认任何人应享受法律之同等保护”的规定。更为令人不能容忍的是这无异在法律上确定黑人低人一等，在人格上给以莫大的侮辱。

---

⑩ 《北美内战》，载《马克思恩格斯全集》，15卷，第351页。

在第二次世界大战期间，美国黑人积极参加反法西斯战争，而且由于战时军需工业的迅速发展，大批黑人进入产业工人的行列，这些因素都促进了黑人的觉醒。黑人在战后时期开展了大规模的反对种族歧视，争取民主权利的斗争。战后时期国际上民主、进步力量也空前壮大。美国统治阶级迫于国内广大人民争取民主权利的强大压力，也是为了在国际上把自己打扮成“民主”、“自由”的维护者，为自己称霸世界捞取政治资本，不得不取消露骨的种族隔离制度。

美国最高法院1946年在审理“莫尔根诉弗吉尼亚州案”时，拐弯抹角地援引美国宪法中关于联邦国会有权管理州际贸易的规定。认为凡运行于州际之间的火车及其他交通工具，如果对旅客实行隔离，这对州际贸易会造成不利的影响，因而是违宪的。

从1946年起，在州际旅行中，种族隔离在形式上已经取消，但在其他领域，特别是在教育领域，种族隔离仍然盛行。由于广大黑人和进步白人长期以来强烈反对学校中的种族歧视，美国最高法院才在1954年审理“布朗诉托皮卡教育局”一案时，推翻了以前的判决，否定了学校中“隔离但平等”的原则。应该承认这一判决以及随后制定的一些有关黑人权利的法令是广大黑人和民主进步力量长期坚持斗争所取得的成果，这对于改善黑人受歧视的地位有一定的作用，但是美国法学家考克斯也承认：“从法律和政治理论上讲，隔离接近于结束。但实际上存在着范围广泛的种族歧视”。

美国的种族歧视，有着深刻的经济、政治、社会和历史根源，在资产阶级剥削者占统治地位的社会制度下，黑人不可能得到彻底解放。对于最高法院的判决，联邦政府并没有采取有力的行动来加以贯彻，甚至还纵容种族主义分子继续推行种族隔离制度，以致在1957年酿成了震惊世界的小石城暴力袭击黑人流血事件。

美国最高法院虽然在布朗案中，作了取消种族隔离的判决，但判决意见是有保留条件的，即认为只有公立学校中的“强制性”隔离是违宪的，所以不久它又在判决中支持“事实上的种族隔离”。为了说明这种判决的实质，有必要把美国的中、小学校教育设置的情况作一简略介绍。

美国各州都有法律规定，把每个州划分为若干学校区，每个学校区有一个由本区居民选举产生的管理委员会，州政府授权该委员会经办、管理本区内的中、小学教育。许多州都规定，学校区管委会有权在本区征收财产税，作为学校经费的主要来源。由于历史、经济和心理上的种种原因，在农村和乡镇，黑人、特别是贫苦的黑人大都聚居在一起，他们的子弟也集中在黑人学校。黑人聚居的学校区中的工矿业、商业和农牧场等等财产，较之白人聚居的学校区要少得多。两者所能征得的财产税、也就是学校的主要经费来源大相悬殊，因而黑人聚居地区的学校设置、师资条件要差得多，而且有的因为缺乏资金办不起中学。在黑人农业人口不断流入城市的情况下，大城市中黑人人口比例迅速上升。城市住房大体上是按经济条件和种族布局的，黑人集中在市区破旧的贫民窟内，据最近几年美国八大城市的统计，这些城市黑人总人口数的98%聚居在18个大贫民窟中。在法律上虽然没有强制性的隔离，但绝大多数黑人儿童还是只能进贫民窟内的黑人学校。大城市和农村一样，都存在着人们所说的“事实上的隔离”。

美国最高法院1973年先后审理两起有关的案件，确认“事实上的隔离”并不违反宪法第14条修正案中关于“法律上同等保护”的规定，于是引起了一场关于宪法解释问题的争论。许多黑人民权领袖认为：受教育是人民的“基本权利”，“事实上的隔离”表明黑人的这种“基本权利”没有得到“法律上的同等保护”。法官鲍尔则强调受教育并不是人民的“基本权利”，由于财产税收的多少而形成的学校条件的差异是不可避免的，也不是“特别令人反感”的，并不违反宪法中的有关规定。从他的言论中我们可以看出，在资本主义制度下，在存在着剥削者与被剥削者的社会里，受教育的权利，归根到底是由人们的经济地位决定的。在美国高等教育中，“事实上的种族隔离”表现得更为明显。

由于绝大多数黑人家长从事粗笨的体力劳动，工资收入除了维持低水平的生活外，所剩无几，缴纳不起高额的学费。据美国《基督教科学箴言报》最近发表的统计资料，在美国公立大学学习4年的费用为12 000～20 000美元，私立大学学习4年的费用为20 400美元。以美国中北部为例，中等黑人家庭每户每年平均收入为2 700多元，只相当于每户中等白人家庭每年平均收入的1/4。美国高等学校的昂贵学费，远非一般黑人家庭所能负担得起，黑人能够进入白人高等学校者甚少。

由于资产阶级的阶级压迫和种族偏见，使黑人劳动者较之白人劳动者受到更为深重的剥削。其中的原因之一就是黑人在受教育方面长期处于受歧视的地位，致使绝大多数黑人青年在资本主义“自由竞争”的条件下，无法获得寻找技术工作必备的学历和专业训练，他们只能从事收入低、劳动条件恶劣的非技术性劳动。据70年代初统计，在建筑业工资最低的工人中，黑人占82%。黑人在经济上受到最深重的剥削，在政治和社会上则处于无权和受歧视的地位。尽管我们从美国新闻报道、电影、电视片中，也偶尔能看到几个黑人官吏、议员、律师、科技人员等等，但他们只是美国统治集团用以装饰“种族平等”的点缀品，是用以分化黑人少数民族、瓦解黑人斗志的一种手段。

综上所述，美国最高法院由支持种族隔离制到“隔离但平等”、“事实上的隔离”的过程，说明随着时代的发展和黑人的觉醒，它的态度也有所变化，但它的根本态度仍然是坚持种族偏见，美国黑人少数民族仍处于受压迫、受歧视的地位。这种状况归根到底是由资本主义剥削制度和资产阶级的阶级压迫造成的。资产阶级要使广大黑人成为廉价的劳动力，就要竭力使他们处于无权的地位，就要纵容种族主义分子，歧视黑人，挑拨民族关系。广大黑人群众为了争取彻底的解放，必须加强与白人劳动者的团结，反对资本主义剥削制度。

自1803年马歇尔判决马布利案，创立美国最高法院解释宪法、审查法律的先例以来，它已审理了4 000多件与宪法解释有关的案件。这些解释宪法的判例具有“灵活性”，成文法则具有“稳定性”，虽然美国统治阶级愈来愈倾向于利用两者的“长处”，愈来愈多地制定成文法，编纂成文法典，但它仍然十分重视判例的作用。美国最高法院享有解释宪法、审查法律的权力，就可以根据阶级斗争的不同形势，对宪法作出“灵活”的解释，形成各种具有宪法规范性质的判例，以适应统治阶级的需要。

饶鑫贤

《中国法律思想史》研究对象商榷*

简介

饶鑫贤，别号辛咸，1923年2月生，湖南省沅江市人。20世纪40年代后期毕业于南京国立政治大学，同时加入中国共产党从事革命工作。50年代调入北京大学，先后担任法律学系讲师、副教授、教授、硕士和博士研究生导师，兼任系学术和学位委员会委员及法律史教研室主任，并兼任中国法律史学会副会长和中国法律思想研究会会长。在此期间，曾相继应邀在国内多所大学和美国华盛顿大学法学院讲学。90年代初获国务院颁发的“有突出贡献”专家证书，享受政府特殊津贴。在从事中国法律史的教学和科学研究工作中，力主博观约取，厚积薄发，要求在奠定坚实的基础之后，逐步建立自己的学术风格。在最近20年当中，曾先后培养二十多届硕士研究生和博士研究生，以及多名国内外进修教师。主要著作有上海辞书版《法学辞典》（编委兼主要撰稿）、《中国大百科全书·法学卷·中国法律思想史分支》（副主编及修订版主编）、《中国法律思想史纲（上下册）》（双主编之一）、国家“八五”重点科研项目《中国法律思想通史》（常务编委及《明代卷》主编）、《北京大学法学百科全书·中国法律思想史分卷》（主编）；其中《中国法律思想史纲》一书曾获国家及北京市优秀教材奖。此外还陆续发表了有关法律史的多篇学术论文。

* 本文系作者1979年9月在长春举行的中国法律史学术讨论会上的大会发言提纲，曾刊载于中国社会科学出版社1981年6月出版的《法律史论丛》第一辑，并被作为《中国法律史论稿》绪论的第二部分载于该书卷首。

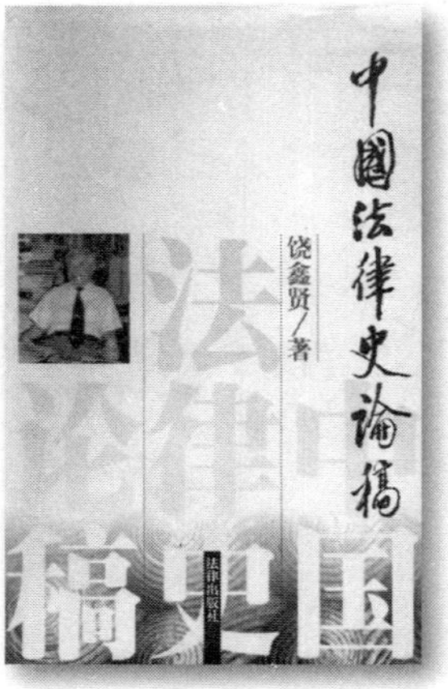

《中国法律思想史》是我国法律科学的重要部门之一。新中国成立三十年来，由于多方面的原因，主要是先有法律虚无主义的为害，接着由于林彪、“四人帮”推行的极左路线和封建法西斯主义的破坏，使它作为一门独立的学科，不但没有及时地建立自己的学科体系，而且连研究对象也没有明确地确定下来，终于造成了这门学科长期停滞不前的状态。教训是深切的，损失是严重的。今天，我们能够畅所欲言地就包括这门学科研究对象在内的许多问题展开初步的讨论，正表明我国法学研究领域继续在出现新的气象。为了促进我国法学研究的发展，我们期待着这一类的讨论更加充分地开展起来。

要明确《中国法律思想史》的研究对象，首先必须就这门学科的名称求得统一的认识。内容决定形式。名称问题的由来，其实就是由于在研究对象的问题上存在认识的分歧。但名称是内容的反映和概括，就高等政法院系而论，作为法律专业的一门基础知识课，它在研究对象上存在的问题，主要就是由课程名称的问题所引起的。例如或者名为《政治学说（包括法律思想）史》，或者名为《政治（包括法律）思想史》，或者称为《政治（与）法律思想史》，等等。名称虽异，但研究对象却都包括着政治思想与法律思想两个方面。现在看来，这并不一定是合适的。这是因为：

第一，从学科分类的原则来说：现代科学，无论自然科学或社会科学，由于研究的专一和深入，分科都是越来越细。每门学科的研究对象都要求具有明确的、严格的界限和独立于其他学科的特点的这种趋势，决定了一门学科不应当也不可能包括涉及相邻学科的庞杂内容。法律思想是一个独立的特定的研究领域。它和政治思想虽然有着紧密的内在的联系，但却具有可以也应当区别于政治思想的特点。过去这门学科的研究对象问题之所以长时期没有得到解决，以致影响对法律思想的独立研究，在很大程度上是由于把它和政治思想混杂在一起，被那种机械地强调政治和法律不可分、政治思想和法律思想不能分，甚至硬把二者视同一物的戒律所束缚的结果。而实际上这不仅对于法学理论和法的历史的研究是有害的，而且对于政法实践也是有害的。因此，只有把这门学科的研究对象限定和集中到法律思想史一个方面，才有利于突出学科的特点，加强研究的深度，促进这门学科的发展。

第二，从本学科担负的研究任务来说：中国法律思想的发展有着久远的历史，有关文献浩繁，内容丰富，有待发掘和探索的方面，至为广泛。现有的科学研究力量（包括有关院系的教学力量），单纯担负本学科的研究任务，就已经远不足以适应实际的需要，如果再要同时平行地担负起政治思想史方面的研究任务，势必使研究目标分散，力量不能集中，更加捉襟见肘，妨碍法律思想史研究的开展。因此，只有把这门学科的研究对象限定和集中到法律思想史一个方面，才有利于明确主攻方向，集中力量，更好地完成本学科的研究任务。有的同志从当前研究力量有限、研究成果无多、资料整理工作跟不上来的情况出发，担心这样一来，会造成政治思想史和法律思想史的研究两头落空的结果，其实这是过虑的。因为当前问题的关键是要改变法律思想史研究的落后局面。正是由于研究力量有限等等原因，才有必要缩小研究的范围。而这非但不会妨碍反而只会促进并策励研究工作的开展。至于政治思想史的研究，把它作为另一学科的任务加以考虑，当然也只会是有利的。

第三，从加强社会主义法制建设的要求来说：中国法律思想史研究的根本指导思想，是要根据马列主义毛泽东思想关于国家和法律的基本原理。对中国法律思想发展的历史进行科学的系统的发掘、探索和总结，贯彻古为今用的原则，批判其中封建性的糟粕，吸取其中民主性的精华，以为我国社会主义法制建设服务。在这一方面，我们的任务是十分光荣而艰巨的。特别是过去一个时期，林彪、“四人帮”推行极左路线和封建法西斯主义，危害极深，流毒极广。为了肃清它的流毒和影响，加强社会主义民主和社会主义法制，我们需要做多方面的工作。而认真对封建的法律思想进行科学的总结，揭露林彪、“四人帮”如何因袭一切封建糟粕，大搞封建法西斯主义，野蛮残酷地镇压广大革命干部和群众的罪行，同时就古代法律思想中有用的部分发掘出来，以资借鉴，正是一个重要的方面。因此，大力加强法律思想史这门学科的建设，尽速组成和发展这门学科的专门的研究队伍，集中目标，保证这项研究工作的迅速发展，是一项刻不容缓的工作。就这一点来说，把这门学科的研究对象限定和集中到法律思想史一个方面，显然也是非常重要的。

基于这几个方面的考虑，我们认为，确定这门学科的名称为《中国法律思想史》，并且明确它是以研究中国历史上各个不同阶级、阶层、集团及其代表人物关于法律的基本观点和理论以及它们形成、发展、相互斗争和吸收的过程与规律为对象的一门独立的学科，是完全必要的。

现在试就上述研究对象，作几点简要的说明：

（一）这里所说的“各个不同阶级、阶层、集团及其代表人物”，是指不仅要研究各统治阶级的法律思想，而且要研究各被统治阶级的法律思想；不仅要研究各个阶级整体的法律思想，而且要研究各阶级内不同阶层或集团各自的法律思想；不仅要研究各阶级、阶层、集团整体的法律思想，而且要研究单个具有代表性人物的法律思想。例如奴隶制时期，既要研究整个奴隶主阶级关于“刑不上大夫，礼不下庶人”的“礼治”以及诸如“义刑义杀”之类的法律思想，也要分别研究法家先驱人物和儒家学派及其代表人物的法律思想；封建制后期，既要研究逐渐走向腐朽没落的整个地主阶级的法律思想，也要研究地主阶级中分别代表大地主和中小地主阶层的保守派和革新派及其代表人物的法律思想。这都是不言而喻的。就代表人物来说，则除了要研究其本身法律思想的内容和实质以外，还要研究这种法律思想的渊源和流变、特别是它所属学派的法律思想及其发展的脉络。只有这样，才能使我们的研究成为一个有机的整体，而不是就事论事，成为许多“孤立的”法律学家及其思想的互无联系的综合。

（二）这里所说的“法律”，是马克思主义关于国家与法的基本原理所揭示的一个学科的概念。它是一定经济基础的上层建筑，是统治阶级意志的体现。是以国家强制力为后盾的阶级专政的工具。因此，它不能离开经济和政治而孤立地存在，对它的研究也不能离开经济和政治而孤立地进行。有的同志有鉴于此，深恐定名为《中国法律思想史》的结果，就会完全不去涉及政治思想。其实这同样是过虑的。因为无论从哪一方面说，研究一个阶级、阶层、集团或其代表人物的法律思想，都不可能不涉及甚至不可能不首先弄清它的政治思想乃至哲学思想和社会伦理思想。例如研究韩非以"法、术、势"相结合为中心的法治理论，不首先弄清他关于维护新兴地主阶级统一的封建专制主义中央集权国家的政治理论，是不可想象的；研究董仲舒"大德而小刑"或"任德而不任刑"以至"春秋决狱"的法律思想，同样不能不首先弄清他关于"天人合一"、"官制像天"的君权神授理论和"三纲五常"的伦理道德学说；研究魏晋玄学中各个流派或者要求毁弃礼法，或者主张一切都是永恒合理的思想，更不能不首先弄清他们对于当时曹氏和司马氏政权之间的斗争的政治态度以及由此而来的政治主张；如此等等。所以我们所说的法律思想，根本不是什么可以脱离政治思想的孤立物；在对法律思想的研究中，是根本不可能不涉及对政治思想的研究的。但是，这里所涉及的政治思想，是从研究法律思想出发、围绕和深入研究法律思想而进行的研究，它同前面提到的我们主张打破那种把法律和政治视同一物，强调法律思想不能和政治思想分别开来进行研究的戒律，是完全一致、并无抵触的。

（三）这里所说的"基本观点和理论"有两方面的意思：一方面它既包括形成了一定体系的有关法律的学说和论述，也包括对某些具体的有关法律问题的论断和主张。就代表人物来说，因为在我国历史上、特别是漫长的封建时期，可以称为纯粹的法律学家并有系统的法律著作的如长孙无忌、沈家本一类人物，实在屈指可数。而更多的具有代表性的人物的法律思想，虽然并未形成完整的体系，但却在法律思想史上具有极为重要甚至划时代的意义。明清之际的杰出思想家黄宗羲所发挥的关于"天下之法"和"一家之法"的观点，就是一个显著的例子。显然，这一类代表人物及其法律思想，是完全应当包括在我们的研究范围之内的。另一方面，所谓"基本观点和理论"，内容不但应当包括诸如法律的起源、本质、作用和任务等法律的一般原理，而且也应当包括诸如国家法、民法、刑法、诉讼法等各部门法的指导思想或基本原则。关于这一点，有的同志持有不同的看法，主要是认为这将使研究范围过广，妨碍对法律的一般原理的深入研究。但我们认为这一系列的内容如果不纳入思想史而分别划归各个部门法，不但于分科的原则不合，而且也将不适当地加重各部门法的负担。而就法律思想史来说，包括这样一部分内容，却将有利于加强研究的深度，更好地促进研究工作的发展。

（四）这里所说的"相互斗争和相互吸收"，主要是指不但要研究各种观点和各个学派之间的相互斗争，而且要研究它们之间的相互融和与相互吸收。我们的研究，应当从它们之间的相互斗争中发现和提出问题，这当然是重要的。因为先秦时期各派的斗争固然非常明显，即秦以后形形色色的学派斗争，也是相继出现、连续不断的。加之依次出现的崇尚黄老与崇尚儒术的斗争，谶纬神学与反谶纬神学的斗争，玄学与反玄学的斗争，崇佛与反佛的斗争，理学与反理学的斗争，以及理学本身各派之间的斗争，等等。这些斗争虽然大都属于哲学思想或社会政治思想的范围，但都或多或少地在法律思想上有着它们的反映；脱离这些斗争去孤立地研究法律思想当然是不可能的。但是，事实证明，各种观点和学派之间并不是像“四人帮”的御用文人们所“发现”的只是简单的“斗，斗，斗”，而是在某些时期和某些特定的社会历史条件下，还有它们相互融和和相互吸收的一面，在一定情况下这甚至还是更主要的一面。例如以黄老之学为表现形式的道、法的结合，以“霸王道杂之”为表现形式的儒、法的结合以及此后儒、佛、道思想的合流，等等。各派思想的这种结合或合流，对法律思想的影响是非常深刻的。看不到这一点，不从这一方面开展研究，是得不出符合历史事实的科学结论的。

（五）这里所说的“过程与规律”，除包括一般的含义之外，主要是指必须通过研究，探索中国法律思想发展的脉络和各主要法律思想派别的渊源与流变，发现其中发展和演变的原因，找出中国法律思想及其发展的特点。这个问题牵涉较广，这里就不详细申述了。

以上就是我们对于《中国法律思想史》研究对象的一些肤浅的意见。“卑之无甚高论”，希望得到同志们的批评和指教。附带说明一下：这些意见，主要是从《中国法律思想史》作为一门独立的学科应有怎样的规划这一角度提出来的。至于目前各高等政法院系的课程中是否需要和可能开设《中国法律思想史》，是否需要和可能立即把已开设的《政治学说（包括法律思想）史》或《中国政治（与）法律思想史》的名称和对象改过来，无疑都只能根据各自的实际情况去决定。就我们自己的情况而论，暂时仍开一个时期的《中国政治法律思想史》，待积累经验，创造条件之后再开《中国法律思想史》的做法，可能是比较合适的。

肖永清

论两汉刑法的基本原则[*]

西汉和东汉王朝（以下简称两汉）是地主阶级专政的、君主专制主义中央集权的封建国家。两汉的法律则是地主阶级对农民专政的工具，是封建经济的上层建筑，是地主阶级意志的集中的体现。汉宣帝时，涿郡太守郑昌上疏说：“律令一定，农民知所避，奸人无所弄矣。”正足以说明汉朝法律的阶级本质与目的。

汉律早已散佚，据有关史籍记载，汉朝法律有律、令、科、比等形式。无论哪一种法律形式，其中大量的都是关于刑法的条款。以律而论。汉宣帝时，“于定国集诸法律，凡九百六十卷”，其中死刑即“大辟四百九十条千八百八十二事”[1]。汉令，到昭帝时，“已达三百五十九章”，“百有余万言”，其中“廷尉挈令”、“狱令”、“箠令”、“宫卫令”等也均为刑法。“科”本身就是刑法，《释名》说：“科，课也，课其不如法者罪责之也。”“比”即“决事比”，基本上是刑法的判例，汉昭帝时，“死罪决事比，万三千四百七十二事”。足见刑法是两汉法律中最重要的一个部门。

两汉的统治阶级十分重视刑法在保护封建统治秩序和镇压劳动人民反抗中的作用。汉文帝说：“法者治之正，所以禁暴而卫善人也。”[2] 所谓“治之正”，就是统治国家的手段；所谓“禁暴”，就是镇压农民的反抗和统治阶级内部的谋反者；所谓“卫善人”，就是维护整个地主阶级的统治权力。因此，他们把刑法和军队看成是同等重要的，所谓“大刑用甲兵，其次用斧钺；中刑用刀锯，其次用钻凿；薄刑用鞭扑。大者陈诸原野，小者致之市朝，其所繇来上矣”[3]。在这里刑法虽被列为中刑、薄刑，但是，他们却认为“不可以须臾忘于

---

* 原发表于《法律史论丛》，第一辑。

① 《魏书·刑罚志》。

② 《汉书·刑法志》。

③ 同上。

刑”，“鞭扑不可弛于家，刑罚不可废于国”，因为“威之所制者广”④。

“汉承秦制”，汉律是沿袭秦律的，但较秦律又有所发展，不仅在内容方面为后世封建法律的蓝本，而且在刑法的基本原则方面也为其后的封建法律奠定了基础。

汉代至今已两千年，其刑法乃是封建地主阶级压迫农民的枷锁，但是，作为法律文化遗产，给以批判的总结，对加强社会主义法制，仍然有参考借鉴的价值。

两汉的刑法如同整个汉律一样，久已散佚，后人虽然作了辑存、考证，地下发掘也有所发现，终无法窥见全豹，还只能从浩瀚的史籍中去捞针。因此，在谈刑法基本原则时，也只能是一得之见。同时就现有材料看，刑法包括的范围很广，其中关于犯罪的规定以类而言，有维护地主阶级统治权力、巩固君主专制主义中央集权的；有保护封建国家和地主阶级经济利益的；有维护封建阶级等级制特权的，有维持封建家庭关系、社会秩序的；有镇压农民及其他劳动人民反抗的，等等。现在只能从中抽出几个基本原则，进行初步的探讨。

一、汉律中关于刑事责任年龄的问题

刑事责任年龄，就是法律确认或规定的人的犯罪行为能力的年龄，或者说是法律上对犯罪者追究刑事责任的年龄。在阶级社会里，对犯罪和犯罪行为能力的看法，各个阶级是不同的。在奴隶制和农奴制社会，奴隶主和农奴主阶级认为奴隶、农奴、或者贱民是生而有罪的，命定的犯罪主体，不需要什么行为能力。在资本主义社会，虽然规定了法律上人人平等和犯罪行为能力的年龄，但是实际上仍然存在着认为无产阶级和贫苦大众是犯罪根源的资产阶级偏见。总之，刑事责任年龄的确定，应该根据与年龄紧密联系着的人对自己行为的社会政治意义有无完全了解的能力，对由于自己的行为可能产生的社会危害性后果，可能是触及刑律的犯罪行为，有无正确判断和自制的能力。

严格说来，汉律刑法的对象并无年龄的限制，只是在刑罚的适用上，幼年老耄，科刑有所不同而已。这种不问有无行为能力，只根据统治者的需要滥施刑罚的做法，正是封建法律的特点。

封建的历史学家往往把封建统治者对年龄过老过小的人的减刑，颂为“恤刑”、“仁政”。实际上从来的专政，都是阶级对阶级的暴力压迫，根本就不存在超阶级的“仁政”，封建时代科刑在年龄、性别上的区别，只是考虑到老幼妇女对封建统治的社会危害性不大，正如汉宣帝所说：“夫耆老之人，发齿堕落，血气既衰，亦无暴逆之心”⑤。

所以，汉宣帝元康四年诏：“自今以来，诸年八十以上，非诬告、杀伤人，它皆勿

④ 《汉书·刑法志》。

⑤ 同上。

坐"⑥。就是说八岁以下、八十岁以上，只有诬告与亲自杀伤人，才受刑罚，其他犯罪行为都免予追究。这是有限制的而不是完全的刑事责任年龄。汉惠帝时，"诏民年七十以上，若不满十岁，有罪当刑者，皆完之"⑦。当受肉刑的，改为完刑即耐刑。汉景帝时，对年八十以上，八岁以下，及孕者未乳、师、侏儒，在监禁期内是否戴刑具亦有所区别。⑧ 汉成帝鸿嘉元年令：年未满七岁，贼斗杀人及犯殊死者，可以报廷尉，减死罪一等。⑨ 汉平帝元始四年，在阶级斗争十分激烈的情况下，在诏书中提出"眊悼之人（八十曰眊，七岁曰悼），刑罚所不加，圣王之制也。惟苛暴吏多拘系犯法者亲属、妇女老弱，构怨伤化，百姓苦之。其明敕百寮，妇女非身犯法，及男子八十以上七岁以下，家非坐不道，诏所名捕，他皆勿得系。其当验者，即验问（就其所居而讯问）"⑩。这是对妇女及八十以上七岁以下男子不予拘捕监禁，应当拘讯的改为就其居所进行讯问的规定，但是妇女本身犯法及家中坐不道罪诏书指名拘捕的男子例外，正说明地主阶级对危害其统治的行为，不问年龄性别、是绝对不饶恕的。东汉光武帝建武三年也颁发了类似的诏令。⑪

从上述所引汉代诏令来看。两汉法律中并无明确刑事责任年龄。只是对于那些于地主阶级的统治无害的老耄妇孺，在特定的条件下，可以不受拘捕监禁或者减轻刑罚而已。

二、汉律关于法律时效的规定

汉令："犯法者，各以法（发）时律令论之，明有所讫也。"⑫《汉书·孔光传》中有这样一个案例，汉成帝时，"定陵侯淳于长坐大逆诛，长小妻迺始等六人皆以长事未发觉时弃去，或更嫁。及长事发，丞相（翟）方进，大司空（何）武议，以为'令，犯法者各以法时（颜师古注：法时谓始犯法之时也）律令论之，明有所讫也。长犯大逆时，迺始等见为长妻，已有当坐之罪，与身犯法无异。后乃弃去，于法无以解。请论。'"尚书令、廷尉孔光反对这种意见，他认为"大逆无道，父母妻子同产无少长皆弃市，欲惩后犯法者也。夫妇之道，有义则合，无义则离。长未自知当坐大逆之法，而弃去迺始等，或更嫁，义已绝，而欲以为长妻论杀之、名不正，不当坐"⑬。"有诏光议是"。从这一案例中可以看出，争论的中心是法律时效问题，丞相与大司空的意见是法律要追溯既往，要以淳于长犯罪发生时的法律论罪，因为始犯法时迺始与淳于长的婚姻关系在存续中，因此应与淳于长同罪。孔光认为法律的时效不应溯及既往，应该以犯罪被揭发时的法律关系论罪。淳于长犯法时，

⑥ 《汉书·宣帝纪》。
⑦ 《汉书·惠帝纪》。
⑧ 《汉书·刑法志》。
⑨ 同上。
⑩ 《汉书·平帝纪》。
⑪ 《后汉书·光武纪》。
⑫ 《汉书·孔光传》。
⑬ 同上。

他们的夫妻关系完全断绝了，如果把迺始等还当做淳于长的妻子来诛杀，名不符实，因此不当坐罪。皇帝的诏旨同意孔光的见解。

从皇帝的诏令中也反映了这个原则。例如，汉平帝即位之初，便发布诏令："夫赦令者，将与天下更始。诚欲令百姓改行絜（洁）己，全其性命也。往者有司多举赦前事，累增罪过，诛陷亡辜，殆非重信慎刑，洒（洗）必自新之意也。""自今以来有司无得陈赦前事置奏上。有不如诏书为亏恩，以不道论，定著令，布告天下，使明知之外"⑭。所谓"赦前事"就是大赦以前的犯罪行为，经过大赦后，这种犯罪行为已经赦免，因此属于以往之事失去法律时效，不再追究刑事责任。

三、先自告除其罪

"自告"，即"自首"。汉律的"先自告"是专指先自告反而言，主要用于分化瓦解"谋反大逆"以及被诬为"群盗"的农民起义。说明汉朝统治者是很懂得运用国家的刽子手职能与牧师职能的，很懂得欺骗与镇压的两手。汉武帝时，在淮南王刘安谋反事件中，衡山王刘赐进行谋反的准备时，"使人上书请废太子爽，立孝为太子"。于是刘赐的长子刘爽便上书告发刘赐谋反，而刘赐怕暴露谋反的"阴事"，又"上书告太子，以为不道"。与此同时，"有司求捕与淮南王谋反者"，得陈喜于刘孝家。"吏劾孝首匿喜"，刘孝恐怕陈喜告发他，"闻律先自告，除其罪"，"即先自告所与谋反者枚赫、陈喜等"。后来衡山王刘赐自杀。刘孝"先自告反，告除其罪"⑮。但是"先自告除其罪"，只是除其自首之罪，未自首之罪仍然要科刑。刘孝先自告反，因此除其谋反之罪。然而他"与王御婢奸"不属于告反之例，仍然弃市。有的案件先自告者，也不一定除其罪。特别是"造意"、"首恶"自告仍然要受严厉的刑罚。如淮南王刘安谋反，淮南中郎伍被劝说刘安不要发兵。"后事发觉，被诣吏自告与淮南王谋反踪迹如此。天子以为伍被雅辞多引汉美，欲勿诛。张汤进曰：'被首为王画反计，罪无赦。遂诛被'"⑯。张汤据以为理由的是伍被为"造意"的首恶，因此自告也罪无赦。汉成帝鸿嘉中，"广汉群盗起"，选孙宝为益州刺史。"宝到部，深入山谷，谕告群盗，非本造意，渠师皆得悔改自出，遣归田里"⑰。汉朝统治阶级为了分化农民起义队伍，渠师自告悔改不受惩罚，但"造意者"除外。这些事例说明汉律中"先自告除其罪"是具有欺骗性和有限性的。

四、亲亲得相首匿

"亲亲得相首匿"，就是汉律允许在一定的亲属范围内，可以首谋藏匿犯罪的亲属而不

---

⑭ 《汉书·平帝纪》。
⑮ 《汉书·衡山王传》。
⑯ 《汉书·淮南王传》。
⑰ 《汉书·孙宝传》。

受惩罚或减轻刑罚。这一刑法原则的思想，早在汉朝之前的儒家法律思想中就已经有了。孔丘就主张："父为子隐，子为父隐，直在其中矣"[18]。儒家把父为子隐叫做"仁"，子为父隐称为"孝"。以"仁孝治天下"，这是汉以后几乎所有封建王朝都标榜的东西，其目的是维护"三纲五常"的封建统治秩序。

汉朝在武帝时，行首匿相坐之法，父子之间尚不得例外。汉宣帝时才实行"亲亲得相首匿"之法。汉宣帝地节四年诏："自今子首匿父母，妻匿夫，孙匿大父母，皆勿坐。其父母匿子，夫匿妻，大父母匿孙，殊死，皆上请廷尉以闻"[19]。这一刑法原则的确定，是儒家思想的直接法律化，也是封建礼与法的统一。汉律的这一刑法原则，直接影响到后来的封建法律。《唐律》、《明律》中都规定了"同居有罪相为隐"的条款。但谋反、谋叛、谋大逆，不用此律。就是说，对危及统治阶级根本利益的行为，这一刑法原则是不适用的。从而撕下了"仁孝"的假面具而代之以赤裸裸的镇压。

五、诬告反坐

所谓诬告，就是企图以虚构的事实陷害他人，向国家或其他公务机关进行告诉或告发的行为。汉律规定诬告是犯罪行为。汉宣帝元康四年，"诏诸年八十以上，非诬告、杀伤人，他皆勿论"[20]。说明在汉律中诬告同杀人一样属于严重犯罪。因此对诬告罪，特别是诬告谋反，科刑较重。例如：东汉灵帝时，愍王刘宠的国相师迁诬告"前相魏愔与宠共祭天神，希幸非冀，罪至不道"。经中常侍、尚书令、侍御史共同审理的结果，刘宠与魏愔只是共祭黄老君，并非谋反。"（师）迁诬告其王，罔以不道"[21]，诛死。

东汉安帝时，赵牧诬告彭城靖王刘恭[22]，汉灵帝时，荆州太守赵凯诬告零陵太守杨琁[23]都受到惩罚。

为什么诬告反坐呢？据《晋书·刑法志》所载曹魏律《序略》曰："囚徒诬告人反，罪及亲属，异于善人，所以累之使省刑息诬也"。这里虽然只是讲的"囚徒诬告人反"加重处刑的原因，实际上"省刑息诬"关系到维护封建统治秩序，和地主阶级的根本利益。因为诬告不仅给某些个人造成身家性命的严重危害，而且造成统治秩序的混乱。特别是"谋反大逆"等的诬告，往往造成统治阶级内部的互不信任与残杀。因此诬告在汉及其以后的封建法律中，都属于严重的犯罪行为。

---

[18] 《论语·子路》。
[19] 《汉书·宣帝纪》。
[20] 同上。
[21] 《后汉书·陈敬王传》。
[22] 《后汉书·彭城靖王恭传》。
[23] 《后汉书·杨琁传》。

六、一人有数罪，以重者论

《春秋公羊传》昭公六年“杞伯益姑卒”注引“（汉）律云：一人有数罪，则以重者坐之，然则亦不再加”。“一人有数罪，以重者论”，就是说一人有二罪以上同时被发，不并合论罪，不累轻以为重，而是以其中最重的罪判刑。这并不是封建统治者的仁慈，而是封建统治经验的总结。《唐律疏议》对此专门作了解释：“不累轻以加重。所以具条其状者，一彰罪多，二防会赦。杂犯死罪，经赦得原，蛊毒流刑，逢恩不免故也”[24]。唐律在这里说得很明白，所以“二罪以上俱发，以重者论”，对其轻者“具条其状”，一是表明其罪行多，二是防止累轻以加重遇到大赦，减免刑罚，而以重者论，“逢赦不免”。从而既可以达到刑罚的目的，而又可“外有省形之名”，何乐而不为也。

七、故意与过失

对犯罪行为区别故意与过失，由来久矣，这是统治阶级长期司法经验的总结。

汉律中故意从重，过失从轻。《后汉书·郭躬传》有一件案例：东汉明帝永平中，“有兄弟共杀人者，而罪未有所归。帝以兄不训弟，故报兄重而减弟死。中常侍孙章宣诏，误言两报重，尚书奏章矫制，罪当腰斩。帝复诏躬问之，躬对：章应罚金。帝曰：章矫诏杀人，何谓罚金？躬曰：法令有故、误，章传命之谬，于事谓误，误者其文则轻。帝曰：章与囚同县，疑其故也。躬曰‘刑不可以委曲生意。帝曰善’”。从这一事例中，充分说明在汉律中对故意与过失的处刑，轻重迥异，泾渭分明。孙章传错诏命，如果是故意，则犯矫诏杀人罪，当腰斩，而“传命之谬”（过失），罪止罚金。

还有如杀人罪中的故意与过失，在量刑上也有如天壤。汉高祖初入关时约法三章中所规定的“杀人者死”，显然是指故意杀人。汉律中杀人罪的名目很多，如戏杀、斗杀、报仇、谋杀、狂易杀人等，都有其特定的含义，而凡称为杀人，一般的都指故意杀人。《后汉书·酷吏列传》载有这样的两个案例。光武帝时，董宣任北海相，大姓公孙丹，“新造居宅，而卜工以为当有死者，丹乃令其子杀道行人，置尸舍内，以塞其咎。宣知，即收丹父子杀之”。公孙丹只因为卜工说他的新宅凶，当有死者，竟令其子杀路人以应其咎，这当然是故意杀人，因此董宣“收丹父子杀之”。董宣任洛阳令时，光武帝姊“湖阳公主苍头白日杀人，因匿主家，吏不能得。及主出行，而以奴骖乘，宣于夏门亭候之，乃驻车叩马，以刀画地，大言数主之失，叱奴下车，因格杀之。”公主的苍头白日杀人，当然也是故意杀人，尽管藏匿在公主家，董宣还是把他杀死了。光武帝大怒，欲箠杀董宣，但是董宣依据汉律，提出皇家“纵奴杀良人，将何以理天下乎？”光武帝也只得赦免了他。足见故意杀

---

[24] 《唐律疏议·名例六》。

人，虽皇家奴所不免。董宣反因此博得一个“强项令”的称号。

汉律中凡属故意杀人，一般都要判处死刑，但是“过失杀人不坐死”[25]。据《酉阳杂俎》记载：汉律有这样的例子，“甲娶，乙丙共戏甲，旁有柜，比之为狱，举置柜中复之，甲因气绝，论当鬼薪（三岁刑）”。

汉律中这种区别犯罪者在主观方面的故意与过失，对我们的法制建设，特别是对我国的刑事立法，具有直接的借鉴意义。

八、在刑罚适用中的从重从轻、加罪减罪

两汉封建统治阶级十分注意根据犯罪行为对封建统治的侵害程度和危害结果，决定在刑罚适用上，从重从轻，加罪减罪。这一方面表明封建法律发展的成熟性，同时也表明两汉统治者懂得根据统治阶级的需要在法律适用上的灵活性。

汉朝统治者自称是“天命以火德继秦”的，凡是反对其统治的行为，便被称为“谋危社稷”、“谋反大逆”、“大逆不道”。这些犯罪行为被视为侵犯封建社会关系，危害统治秩序的严重犯罪，量刑原则从重，除特殊情况，一般是不予赦免。如汉景帝时，晁错因建议削藩，被吴楚七国诬控为“大逆不道”，“错当腰斩，父母、妻子、同产无少长皆弃市”[26]，后来吴王刘濞与胶西王刘卬等七国谋反，汉景帝制诏将军曰：吴楚等国“约从谋反，为逆无道，起兵以危宗庙，……将军其劝士大夫击反虏。击反虏者，深入多杀为功，斩首捕虏比三百石以上皆杀，无有所置，敢有议诏及不如诏者，皆腰斩”[27]。东汉明帝时，永平十六年“令郡国中都官系囚，减死罪一等，……谋反大逆无道，不用此书”[28]。东汉冲帝时，“令郡国中都官系囚，减死罪一等，徙边，谋反大逆，不用此令”[29]。这些事例说明无论西汉东汉都把“谋反大逆无道”，看成是危害封建统治的严重犯罪行为，因此量刑最重，除本人腰斩、弃市，还要夷三族。而且对这些犯罪的惩罚，往往不分主从，逢赦不原。

违犯军律一般都要从重加罪。军队是国家的支柱，汉朝统治阶级依靠它镇压农民起义，征伐异民族，抵御异民族的侵扰，因而违犯军律的犯罪行为往往造成对封建统治的危险性后果，因此在量刑上从重以至加罪。

“擅发兵”，从重，腰斩。所谓擅发兵，就是“未赐虎符而擅发兵，厥罪乏兴”[30]。汉朝军队的最高统帅权掌握在皇帝手里，发兵必须有皇帝的虎符，无虎符谓之擅发与乏军兴同罪。如汉景帝时吴楚七国之乱失败，汉将弓高侯颓当问胶西王刘卬为什么要发兵？胶西王

---

[25] 《周礼·秋官·司刺》注，郑司农引汉律。

[26] 《汉书·晁错传》。

[27] 《汉书·吴王濞传》。

[28] 《后汉书·明帝纪》。

[29] 《后汉书·冲帝纪》。

[30] 《汉书·王莽传》。

回答为了“诛错”。弓高侯曰：“王苟以错为不善，何不以闻？及未有诏虎符，擅发兵击义国。以此观之，意非徒欲诛错也，……王其自图之。王曰：如印等死有余罪。遂自杀”[31]。这是亲王擅发兵仅自杀完事，否则当斩。东汉和帝时，窦太后临朝，外戚窦宪等专权，窦宪的弟弟窦景擅发兵，司徒袁安“乃劾景擅发边兵”，“当伏显诛”[32]。虽然由于窦景系外戚，有窦太后的庇护，并未被诛，但是从袁安的劾奏中可知擅发兵当诛。

“乏军兴”，也是军队中从重论罪的犯罪行为。汉章帝建初七年诏“天下系囚减死一等，勿笞、诣边戍；妻子自随，占著所在；父母同产欲相从者、恣听之；有不到者，皆以乏军兴论”[33]。注曰：“军兴而致阙乏，当死刑也”。又据曹魏《律序》称：“汉氏施行有小愆乏及不如令，辄劾以不承用诏书，乏军腰斩”[34]。

“逗留不进”，就是在进军中停顿不前，贻误战机，也是军法的严重犯罪行为。《汉书·韩安国传》：“军法，行而逗留畏愞者腰斩”。《汉书·南匈奴传》：“邓鸿坐逗留失利，下狱死”。

在战争中约期会师，如不如军令违期者，汉律称为失期或后期，当斩。汉武帝时，骑将军公孙敖，“以将军出北地，后票骑，失期当斩”。“张骞为卫尉，与李广俱出北平击匈奴。匈奴围李将军，军失亡多，而张骞后期，当斩，赎为庶人”。[35]

战争中由于指挥不力，以致亡失士卒多，按汉律当斩。武帝时曾四为将军的公孙敖，因“出击匈奴，至余吾，亡士多，下吏，当斩”[36]。武帝时名将，匈奴称为“飞将军”的李广，在一次对匈奴作战中，“匈奴兵多，破广军，生得广”，李广夺匈奴的马逃回汉朝，“汉下广吏。吏当广亡失多，为虏所生得，当斩”[37]。

汉以斩获敌人首级多少来计功晋爵，如诈增虏获和首级，也为严重犯罪。汉文帝时，魏尚为云中太守，一次匈奴入侵，“尚帅车骑击之，所杀甚众”，只因为“上功首虏差六级”，“下之吏，削之爵，罚作之”[38]。

在官吏的渎职罪中，以镇压农民起义的失职罪为最重，这是与统治阶级的根本利益有关。如汉武帝所作《沈命法》规定：“群盗起不发觉，发觉而弗捕满品者，二千石以下至小吏主者皆死”。在一郡之内发生农民起义而不发觉，发觉又不能全部消灭，郡守以下至小吏，不分主从，一律处以死刑，是汉律中官吏公罪的最高刑罚。

在官吏“故纵、故不直”的罪行中，故纵从重，尤其故纵“谋反者”，更要加重，而故不直反而从轻。汉律规定：“见知故纵以其罪罪之”。汉昭帝始元四年“廷尉李种坐故纵死

㉛《汉书·吴王濞传》。
㉜《后汉书·袁安传》。
㉝《后汉书·章帝纪》。
㉞《晋书·刑法志》。
㉟《汉书·张骞传》。
㊱《汉书·公孙敖传》。
㊲《汉书·李广传》。
㊳《汉书·冯唐传》。

罪，弃市”[39]。元凤二年，“左冯翊贾胜胡，坐故纵谋反者，弃市”[40]。这种宁肯错杀绝不错放的形法原则，正是封建法律的特点。

贪赃枉法，是渎职罪的重要内容之一。汉律中有两类贪赃枉法。一类是“恐猲（喝）受赇”。颜师古注曰：“猲，以威力胁人也；赇，枉法以财相谢”。就是以威力胁迫非法取财，较一般受贿从重。汉武帝元鼎三年，“嗣葛魁侯戚坐缚家吏、恐猲受赇，弃市”[41]。另一类是“吏坐受赇枉法”，较请求吏枉法者从重。汉文帝十三年定令：“吏坐受赇枉法，守县官财物而即盗之，已论命复有笞罪者，皆弃市”。

其他的渎职罪，如“度田不实”，因为涉及封建国家赖以生活的租税赋役问题，也属从重。东汉光武帝建武十三年，因“天下垦田多不以实，又户口年纪互有增减”。遂于十五年“诏下州郡检覈其事”，“遣谒者考实”。十六年，竟陵侯南阳太守刘隆以“度田不实”，“坐征下狱，其畴辈十余人皆死。帝以隆功臣，特免为庶人”[42]。还有河政失时不修，堤防溃决，也属严重渎职罪。汉成帝建始三年“尹忠为御史大夫，坐河决，自杀”[43]。“鞫狱不实”是司法方面的渎职罪。汉武帝太始三年新畤侯赵弟，“坐为太常鞫狱不实，入钱百万赎死，完为城旦”[44]。宣帝时，京兆尹赵广汉就是“鞫狱故不以实”而被腰斩的。[45]

在政治犯罪中，以“妖言惑众”，“怨望诽谤政治”等，都属大逆不道，从重，处以斩刑或弃市。在“诬罔”罪中，诬罔皇帝从重，特别是妄图觊觎皇位的政治犯，处刑更加重。汉昭帝时，夏阳人成方遂（一说为张延年）诈称为卫太子，妄图夺皇位，“坐诬罔不道，腰斩弃市”[46]。在“祝诅”罪中，也以祝诅皇帝从重。

犯罪的故意与过失，故意从重，过失从轻，已如前述。在共犯中，“造意”、“首恶”从重。《晋书·刑法志》引张裴律表：“唱首先言谓之造意”。前引《后汉书·孙宝传》：孙宝“谕告群盗，非本造意，渠师皆得悔过自出”。说明造意者更重于渠帅，是共犯中的重犯首犯。这说明首恶与造意一样，按律从重处刑，腰斩、弃市，甚至处以族诛。

在盗窃罪中，政治盗窃从重，一般盗窃从轻。如“敢有盗郊祀宗庙之物，无多少皆死”[47]。“盗武库兵”和“盗园陵物”从重，“当弃市”。汉文帝时，“有人盗高庙座前玉环”，廷尉张释之“案盗宗庙服御物者为奏，当弃市”，文帝大怒曰：“吾属廷尉者，欲致之族”。张释之回答说：“法如是足矣，且罪等，……假令愚民取长陵一抔土，陛下且何以加其法乎？”足见盗陵墓的一抔土较盗园陵物又从重，要受族诛之罚。盗官物较盗私物为重，盗官

---

[39] 《汉书·昭帝纪》。
[40] 《汉书·百官公卿表》。
[41] 《汉书·王子侯表》。
[42] 《后汉书·刘隆传》。
[43] 《后汉书·百官公卿表》。
[44] 《汉书·功臣表》。
[45] 《汉书·赵广汉传》。
[46] 《汉书·隽不疑传》。
[47] 《尚书·微子》。正义引汉魏律。

物弃市，东汉献帝建安二十二年“太子郭夫人弟为曲周县吏，断盗官布，法应弃市”[48]。盗民物髡钳城旦舂，五岁刑。盗牛马从重。“盗马者死，盗牛者加，所以重本而绝轻疾之资也”[49]。盗墓，较一般盗窃从重，“天子县官法曰：发墓者诛”[50]。

杀人罪在汉律中一般都属从重之列，但区别不同情况，重中有轻，轻中有重。报仇杀人从轻。父母被私人杀害，汉律准予复仇。但仇家“若已伏官诛而私相杀伤者，虽一身逃亡，皆徙家属于边；其相伤者，常加二等，不得雇山、赎罪”[51]。在谋杀中已遂从重，未遂从轻。汉景帝弟梁孝王刘武，因大臣爰盎等主张立胶东王为太子，“梁王怒爰盎及议臣乃与羊胜、公孙诡之属谋，阴使人刺杀爰盎及其议臣十余人。贼未得也。于是天子意梁逐贼，果梁使之。遣使冠盖相望于道，覆按梁事。捕公孙诡、羊胜，皆匿王后宫，使者责二千石急，……王乃命胜、诡皆自杀，出之”[52]。汉武帝元狩元年（前122年），“嗣章武侯窦常生坐谋杀人未杀，免”[53]。前者属谋杀已遂，虽然首犯梁孝王身份高贵，并有窦太后庇护，逍遥法外，但从犯仍不免于刑；后者虽然身份低的多，但由于谋杀未遂，只免为庶人。杀人罪中，“斗杀”较“戏杀”从重。斗杀，即因斗殴而杀人致死，与谋杀同罪，判处斩刑。戏杀即双方并无宿怨与杀人的动机，只因开玩笑闹着玩造成一方死亡。斗杀有故意的因素在内，因此处死刑；戏杀纯属过失，故得减为鬼薪（三岁刑）。

“狂易杀人，得减重论”[54]。但如果杀自己的亲属，因危及封建伦理，不得减刑。“河内太守上民张大，有狂病，病发杀母弟，应枭首，遇赦、谓不当赦，枭首如故”[55]。

“使人杀人”，即授意杀人，或唆使他人杀人，为共犯杀人中的造意者首犯，较以上几种杀人从重。汉成帝永始元年“嗣侯萧获，坐使奴杀人，减死完为城旦”[56]。利用职权，使人杀人加重。汉昭帝元凤五年，“钜鹿太守朱寿为廷尉，坐侍中邢元下狱，讽吏杀元，弃市”[57]。使人杀自己的亲属较杀他人为重。汉武帝元狩五年“嗣侯阳戎奴，坐使人杀季父，弃市”[58]。使人杀官吏较杀常人从重。汉宣帝地节三年，“嗣侯姬君当，坐使奴杀家丞，弃市”[59]。

在杀人罪中，杀尊亲属及近亲属较一般亲属从重，如杀父母“以大逆论”，当弃市。尊

---

[48] 《三国志·魏志·鲍勋传》。
[49] 《盐铁论·刑德》。
[50] 《淮南子·氾论训》。
[51] 《后汉书·桓谭传》。
[52] 《汉书·梁孝王传》。
[53] 《汉书·恩泽侯表》。
[54] 《汉书·陈忠传》。
[55] 《太平御览》卷六四六。
[56] 《汉书·功臣表》。
[57] 《汉书·百官公卿表》。
[58] 《汉书·功臣表》。
[59] 《汉书·外戚恩泽侯传》。

亲属杀子孙，“与杀人同罪”。东汉桓帝时，贾彪“补新息长。小民困贫，多不养子，彪严其制，与杀人同罪”[60]。在汉律中尚无杀子孙减常人的规定。

汉律杀人罪中，杀奴婢亦须负刑事责任，这是汉律较秦律进步的地方。如汉宣帝时，京兆尹赵广汉，闻丞相傅婢自绞死，“疑丞相夫人妬杀之府舍”，“遂自将吏卒突入丞相府，召夫人跪庭下受辞，收奴婢十余人去，责以杀婢事”[61]。说明杀奴婢是要负刑事责任的，丞相夫人亦不能例外。但主杀伤奴婢的具体刑事责任，不见于汉律。

伤害罪中，斗以刃伤较非刃伤从重，盗伤较斗伤从重。哀帝时，丞相薛宣子薛况，由于给事中申咸“毁宣不供养行丧服……不宜复列封侯在朝省”，遂令杨明“遮斫咸宫门外”。“事下有司”，廷尉直引汉律曰：“斗以刃伤人，完为城旦，其贼加罪一等，与谋者同罪”[62]。盗伤虽不死，但与杀同罪，即与故意杀人同罪，当死刑。这是由于犯罪的主体和主观方面不同于常人，犯罪主体是“盗”，其主观方面不是过失而是故意；犯罪所侵害的客体尽管可能是一般的人，但其客观方面却是危害封建统治秩序，因此加重。如果殴父母，则无论有无伤害，都属“大逆无道”，“当枭首”。兄姊地位虽不及父母，仍属尊亲属，因此殴加凡人。殴兄姊，完为城旦（四岁刑）。

奸情罪中，和较强从轻，卑奸尊从重。以卑奸尊，是谓“禽兽行”，汉律规定可不经法定程序处死，所谓“立子奸母，见乃得杀之”[63]。吏奸民妻，不得言和，但处刑较卑奸尊从轻，较凡人强奸从重，完为城旦（四岁刑）。东汉章帝时，谢夷吾“为州刺史，行部到南鲁县，……有亭长奸部民妻者，县言和……夷吾呵之曰：亭长诏书朱帻之吏，职在禁奸，今为恶之端，何得言和?”所谓和奸即双方情愿，较强从轻。汉武帝元朔二年，“嗣侯宣生，坐与人妻奸，免”[64]。“不和谓之强”[65]。汉元帝永光二年嗣庸厘侯端，“坐强奸人妻，会赦，免”[66]。比照唐律，强奸加和一等为例，汉律和为三岁徒刑，强奸当完为城旦（四岁刑）。

汉律在经济犯罪方面，同样根据犯罪行为所侵害的客体和客观方面，决定在处刑上的轻重。在私铸罪中，“私铸铁器鬻盐者，从重，钛左趾，没入其器物”[67]。私铸钱者，从轻，“（私）铸铜锡为钱，敢杂以铅锡为他巧者，其罪黥”[68]。“铸钱伪黄金”，最重，“弃市”。汉景帝中元六年“定铸钱伪黄金弃市律”[69]。这种轻重的区分与汉朝封建国家的根本利益攸关。汉武帝为了对外征伐，对内奢侈享乐，规定盐铁国营，以加重对人民的剥削，因此私铸铁

---

[60] 《后汉书·贾彪传》。

[61] 《汉书·赵广汉传》。

[62] 《汉书·薛宣传》。

[63] 《春秋公羊传·桓公六年》。何注引汉律。

[64] 《汉书·功臣表》。

[65] 《晋书·刑法志》引张裴律表。

[66] 《汉书·王子侯表》。

[67] 《汉书·食货志》。

[68] 同上。

[69] 《汉书·景帝纪》。

器从重。而伪钱所损害的主要是广大人民群众，因此从轻。黄金钱较铜钱价值高出很多倍，而且用黄金钱的多系大官僚贵族和大商人，因此伪造黄金所侵害的客体主要是封建统治阶级，因此处刑最重。

官吏利用职务上的方便，贪污盗窃，汉及其以后的法律称为“主守盗”。《汉书·薛宣传》：“条其奸臧”；孟康注曰：“法有主守盗，断官钱自入已也”。又，“十金法重”注，颜师古曰：“依当时律条，赃直十金，则至重罪”。又《汉书·陈万年传》：“主守盗”注，如淳曰：“律，主守而盗直十金，弃市”。汉以黄金一斤为一金，直钱一万，十金即十万钱。监守自盗，情法难容，其所损害的是封建国家财产，因此十金以上从重。

李悝《法经》杂律中有“假借不廉”的规定，汉仍沿用。汉朝的契约关系中包括金钱借贷和房屋租赁。法律规定债务人违契不偿要负法律责任，但较其他经济罪从轻。汉文帝三年，“嗣侯陈信，坐不偿人债过六月，免”[70]。汉武帝元狩二年“嗣侯田祖坐当归轵侯宅不与，免”[71]。王侯负债尚且如此，小民可得而知也。汉律对借贷利息，有一定限额，取息过律，也要负法律责任。汉成帝建始三年，“陵乡侯沂坐使人伤家丞、又贷谷息过律，免”[72]。取息超过法律规定，要负法律责任，对债务人有一定的保护作用。

九、汉律中的赎刑与减罪

所谓赎刑就是法律规定某些罪行可以用金钱赎罪以免除刑事责任。金钱赎罪的出现，是商品经济发展到一定阶段的产物。据有关史籍记载，金钱赎罪早在汉以前就有了，如《尚书·舜典》：“金作赎刑”。在奴隶制社会，特别是西周奴隶制社会，在奴隶主阶级内部实行金钱赎罪，不仅见于史籍而且见于金文。在封建社会中，随着社会生产力和商品经济的发展，金钱赎罪适用的范围较奴隶制社会更为广泛。早在春秋中期，齐国的管仲就实行过赎刑。《国语·齐语》：“管仲制重罪赎以犀甲，轻罪赎以鞼盾。”在统一的封建专制主义中央集权形成后，秦王朝以金钱赎罪的法律，更是空前地增加，云梦睡虎地出土秦律令中，对官吏在职务上犯罪赀甲赀盾的条文很多，赀是罚金，实际上也是金钱赎罪。

汉律，在金钱赎罪方面较秦也有所发展，不仅适用于官，也适用于民（实际上是地主），特别是东汉，由于封建经济的发展，封建统治阶级的愈益腐朽，生活上的奢侈享乐，金钱赎罪是他们更残酷的搜刮剥削手段，遂成为固定的刑法原则。

西汉在惠帝以前不见有赎刑的记载，汉惠帝元年，诏“民有罪，得买爵三十级以免死罪”。应劭注曰：“一级直钱二千，凡为六万，若今（东汉末）赎罪入三十匹缣矣”。颜师古曰：“令出买爵之钱以赎罪”[73]。是为汉用金钱赎罪之始。汉文帝时，晁错曾建议：“以粟为

---

[70] 《汉书·功臣表》。

[71] 《汉书·外戚恩泽侯表》。

[72] 《汉书·王子侯表》。

[73] 《汉书·惠帝纪》。

赏罚”，“募天下入粟县官，得以拜爵除罪”[74]。但未被采纳。汉景帝时，“上郡以西旱，修复卖爵令，……得输粟于县官以赎罪”[75]。汉武帝天汉四年秋，“令死罪入赎钱五十万，减死一等”[76]。太始二年“募死罪入赎钱五十万，减死一等”[77]。但是，这些赎罪的诏令似皆偶一行之，尚未成为永制，所以宣帝以后，反对赎刑的主张反而占了上风。汉宣帝时，京兆尹张敞上书建议：“令诸有罪非盗受财杀人及犯法不得赦者，皆得以差入谷赎罪。”[78] 结果遭到左冯翊萧望之和少府李强的反对，他们强调“欲令民量粟以赎罪，如此则富者得生，贫者独死，是贫富异刑而法不一也。人情贫穷，父兄囚执，闻出财得以生活，为人子弟者，将不顾死亡之患，败乱之行，以赴财利，求救亲戚，一人得生，十人以丧。如此，……政教一倾，虽有周、召之佐，恐不能复。……闻天汉四年，常使死罪入五十万钱，减死一等。豪强吏民，请夺假贷，至为盗贼，以赎其罪，……此使死罪赎之败也。遂不施敞议。”[79] 汉元帝时，光禄大夫贡禹也上疏言赎罪之弊。由于遭到统治阶级内部的反对，特别是劳动人民的反抗，西汉到宣帝、元帝时，可能已停止金钱赎罪。

萧望之、贡禹完全是站在封建统治阶级的立场，为了维持封建法制的统一，保持地主阶级政权的巩固，而反对赎刑的，但是从中也暴露了汉朝赎刑的阶级本质及其必然的结果，由于能够以钱、粟赎罪的只是那些有钱有粟的官僚贵族和地主豪强，就连汉武帝时著名历史家司马迁，因坐李陵降匈奴，无钱自赎而遭受宫刑。至于广大少地无地，无钱无粟的劳动人民更只能延颈受戮。赎刑实施的结果，造成了“富者得生，贫者独死”，“贫富异刑而法不一”的局面，不仅破坏了封建法制的统一，更重要的是使阶级矛盾激化，“盗贼并起”，致使“政教”有倾败的危险。因此宣、元之后，不得不停止赎刑。

农民反抗地主阶级的斗争，是不依人的意志为转移的，既不完全由实行赎刑引起，也不因停止赎刑而罢休。西汉末年，绿林、赤眉农民大起，推翻了西汉王朝，就是很好的证明。刘秀建立的东汉王朝，自始就坐在农民起义的火山上，面临着尖锐的阶级斗争，因而不得不标榜“解王莽之繁密，还汉世之轻刑”[80]。赎罪之法，又盛行起来。

光武帝建武二十九年，“诏令天下系囚，自殊死已下及徒，各减本罪一等，其余赎罪输作有差”[81]。明帝即位，诏“天下亡命殊死以下，听得赎论，死罪入缣二十匹，右趾至髡钳城旦舂十匹，完城旦舂至司寇作三匹，其未发觉，诏书到先自告者，半入赎”[82]。永平十五年又提高了赎金的价值，“诏亡命自殊死以下赎，死罪缣四十匹，右趾至髡钳城旦舂十匹，

[74] 《汉书·食货志》。
[75] 同上。
[76] 《汉书·武帝纪》。
[77] 同上。
[78] 《汉书·肖望之传》。
[79] 同上。
[80] 《后汉书·循吏传序》。
[81] 《后汉书·光武纪》。
[82] 《后汉书·明帝纪》。

完城旦至司寇五匹，犯罪未发觉，诏书到日自告者，半入赎”[83]。永平十八年，又改为“死罪缣三十匹”，其他不变。章帝、和帝时赎刑虽有些变动，总的趋势是适用刑种广而赎值廉，永元六年，廷尉陈宠说：“今律令，死刑六百一十，耐罪千六百九十八，赎罪以下二千六百八十一。”[84] 其后，安、顺、桓、灵，俱有赎罪之令，遂成永制。

东汉统治者所以把赎刑定型化，表面上标榜“荡涤烦苛之法，轻薄箠楚，以济群生”[85]。实际上是为了缓和统治阶级内部矛盾，特别是妄图缓和与广大农民群众的矛盾。因此，愈是当阶级矛盾尖锐时，赎刑令发布的愈多，但是，阶级斗争的熊熊烈火，绝对不是一纸赎刑令所能熄灭的。

东汉在实行“赎刑”的同时，还有所谓“减罪”的制度。光武帝建武七年，“诏中都官三辅郡国出系囚，非犯殊死，皆一切勿案其罪，见徒免为庶民，耐罪亡命，吏以文除之”[86]。二十九年，“诏令天下系囚，自殊死以下及徒，各减本罪一等”[87]。汉明帝永平八年，“诏三公募郡国中都官死罪系囚，减死一等，勿笞，诣度辽将军营，屯朔方、五原之边县；妻子自随，便占着边县，父母同产欲相代者，恣听之。其大逆无道殊死者，一切募下蚕室”[88]。就是说为了抵御匈奴和戍边的需要，斩刑以下可以减为髡钳城旦去戍边，妻子同去，就地落户，父母兄弟愿去的听便，如果逃亡不到戍地者，处以斩刑。实际上名曰减罪，实为戍边，这反映了腐朽的东汉统治者，面对着异民族的入侵，为了保护汉家朝廷，不得已而对被他们网罗致罪的劳动人民所采取的一种欺骗政策，以达其一箭多雕的目的。一博取“恤刑”的美名；二适应增强边防的急需；三把对封建统治有危险的人迁徙到边地，免得在内地生事。这才是汉代减罪的实质。

综括上述，两汉刑法的基本原则体现了地主阶级的意志和利益，是封建王朝刑事政策的具体化。它上承秦律的源流，下启唐律的先河，内容是十分丰富的，反映了汉代封建统治者在司法镇压方面所继承、所积累的统治经验。特别是他们从理论上加以论证，形成了概念，不仅在中国法制发展史上占有辉煌的一页，而且在当时的世界法制史上也居于领先的地位，虽然汉代已距今二千年，汉代的刑法又是封建地主阶级压迫农民阶级的工具，但是继承这一份法律遗产不仅对研究中国法制史具有重要的理论意义，而且也不失为当前加强社会主义法制建设的历史借鉴。

---

[83] 《后汉书·明帝纪》。
[84] 《后汉书·陈宠传》。
[85] 同上。
[86] 《后汉书·光武纪》。
[87] 同上。
[88] 同上。

杨　堪

评谭嗣同反封建的政治法律思想*

简介

杨堪，教授，男，1928年生，中共党员。1953年于中国人民大学法律系研究生毕业。先后任教于中国人民大学、中南政法学院及中南财经大学。曾任原中南财经大学政法系经济法研究所所长、校教学指导委员会委员，并曾兼任湖北省人大常委会法制委员会顾问，武汉市经济法研究会常务理事会中国法律史学会理事等职。杨堪教授主要从事中国法律思想史、中国法制史及中国经济思想史等学科的教学和研究工作。主要讲授《中国法制史》、《中国法律思想史》及《中国经济思想史》等课程。曾数度获学校优秀教学奖。主要研究成果有与人合著的《中国近代法律思想史略》、《中国刑法通史》（第八分册）及《中国近代经济思想史稿》（三卷本）等著作，主编的《经济法概论》、《财税法学》等教材，发表《评谭嗣同反封建的政治法律思想》、《中国近代民主思潮同封建专制主义的斗争》、《龚自珍法律思想初探》、《浅议邹容的政治法律思想》、《梁启超利用外资思想》、《儒家义利法律观及其现代价值》、《法制：市场经济的内在要求》、《王安石理财思想浅析》、《建设有中国特色的社会主义法制的思想武器》等论文数十篇，并为《中国大百科全书·法学》撰写了中国近代地主阶级改革派、洋务派、近代资产阶级改良派等近代法律思想的条目。杨堪教授还是国家级项目“中华大典·法律典·经济分典”的主编之一，并主持“中国社会主义财政法规体系研究”及“中华人民共和国财政法立法研究”等部级课题之研究工作。其中《中国近代经济思想史稿》（合著），则获湖北省第二届社会科学优秀成果奖一等奖（1987年）及国家教委全国高等学校优秀教材奖（1988年）。

* 原发表于《法律史论丛》，第一辑。

戊戌变法年间，是中华民族同帝国主义的矛盾、我国人民大众同封建主义的矛盾进一步尖锐化的历史时期。此时，在人民群众反帝反封建斗争的影响之下，国内民族资本主义经济有了初步发展。在此基础上，民族资产阶级开始作为一股政治力量登上政治斗争的舞台，发动了救亡图强、变法维新的政治运动。谭嗣同就是在这一运动中涌现出来的进步思想家之一。他以当时来说最为鲜明而强烈的反封建色彩，显示了自己的政治法律思想的特点。他对封建主义的批判，达到了十九世纪末国内思想界的高峰，为中国近代第一次思想解放潮流的兴起，作出了一定的贡献。研究谭嗣同的政治法律思想，从一个侧面了解我国近代反帝反封建斗争的历程，了解我国近代进步思潮的发展，吸取近代史上反封建斗争的历史经验，是有重要意义的。

一、“冲决网罗”和实现“仁一通”的思想

中国封建社会延续之久，在世界历史上是少见的。这样漫长的岁月，使封建地主阶级有可能积累起更为丰富的反动统治经验，形成一套更加严密的政治、法律制度，道德规范以及思想理论体系。这些就像一个编织紧密的巨网，覆盖于大地之上，束缚着人们的手足，窒息着人们的心灵，残害着人们的生命。它既在延续封建统治方面起了不小的作用，又使人民群众的反封建斗争，变得更加艰巨困难。

谭嗣同生活在民族斗争、阶级斗争风云激荡的年代；同时亲历封建家庭内部的角斗，“偏遭纲伦之厄”，切身体验到纲常名教的虚伪和残酷；他生于官僚家庭，又有当幕僚、候补知府的阅历，也深深洞悉清朝廷及官场的腐败与黑暗；他广游各地，既见到“种种异人异事异物”，也了解到一些民间疾苦和社会问题；加之他寄以希望的民族资本主义，在帝国主义、封建主义压制下，正在困难之中为生存而挣扎；他倾注热忱的祖国，又面临着被瓜分豆剖的危机；他参与的救亡图存的维新运动，也不断地遭到反动势力的打击。这一切，使这位开始接受西学、具有初步资产阶级民主思想的青年人，痛感从封建专制帝王、官府、刑律到纲常名教，确是“网罗重重”，是造成中国愚、贫、弱的祸根，是国家富强、社会进步的障碍，从而促使他发出“冲决网罗”的呐喊。

他在给唐才常的信中，声称要“别开一种冲决网罗之学”①，而在《仁学自叙》中，更开宗明义地提出，要“冲决利禄之网罗”、“冲决俗学若考据、若词章之网罗”、“冲决君主之网罗”、“冲决伦常之网罗”、“冲决天之网罗”，等等。强烈地要求摆脱封建政治、道德、文化等种种束缚，勇敢地向封建秩序挑战，突出地表现出他的反封建的斗争精神。

---

① 《报唐佛尘书》，《谭嗣同全集》。以后凡引自全集者，只列篇名。

毛泽东同志说："在从前，在旧中国，讲改革是要犯罪的，要杀头，要坐班房。"② 在上一世纪的旧中国正是如此。当时，封建思想在社会中还处于支配地位，以慈禧太后为首的反动势力仍不断地打击维新运动。在这种险恶的环境中，谭嗣同敢以"轻其生命"的精神，向封建秩序进行冲击，这是很可贵的。

尤应重视的是，谭嗣同是十九世纪时关于冲决封建网罗的鲜明口号的提出者。这表明他的思想比近代地主阶级改革派与资产阶级改良派的其他思想家，确实是前进了一步。第一次鸦片战争前后，龚自珍、魏源等人对封建社会的黑暗有所暴露与批判，但他们的基本立场却是要"补天"，而不是要"冲决"。早期资产阶级改良派虽然提出了发展资本主义的主张，但他们都声明自己是封建纲常的拥护者，不像谭嗣同那样强烈要求打破封建秩序。至于康有为、梁启超等人，虽对封建主义某些方面作了进一步的批判，但也未提出这样激进的主张。当时，只有以孙中山为代表的一批人，开始了资产阶级革命的活动，走在谭氏的前面；但当时孙中山的活动，主要在国外，同时，他还来不及从思想上、理论上对封建主义展开较全面、深入的批判。因此，谭嗣同敢于明确提出"冲决网罗"的口号，要求打破封建统治秩序，就当时国内情况来说，是中国近代反封建思想的一个发展。

谭嗣同在要求冲决封建网罗的同时，还提出了"仁—通"的观念以同封建主义相对立。所谓"仁—通"，是谭嗣同的一个基本哲学观念。他把"仁—通"看成是万事万物的普遍规律。所谓"仁—通"，体现于社会领域之中，就是应实现"人我通"、"上下通"、"中外通"、"男女内外通"。这四"通"，归根到底就是要求按照资产阶级世界观改变旧的封建社会关系，按照资产阶级自由、平等原则去建立新的社会关系。这实质上是反映了新兴的民族资产阶级要求消除发展民族资本主义的障碍、实现建立资本主义制度的愿望。诚然，用资本主义代替封建主义，只是剥削制度的更替，劳动者并未能因此得到解放。但从当时反封建斗争的历史角度而言，他要求"冲决网罗"，实现"仁—通"，仍是有一定的进步意义的。另外，这一观念的提出，还表明他力图把对封建主义的批判，上升到哲学、世界观的高度来论证，这从思想史的发展来说，也是一种进步。

在"冲决网罗"和实现"仁—通"这两个总的指导思想之下，他对封建主义展开了相当猛烈而全面的批判，提出了以反封建为突出特征的政治法律思想，表述了一些前人所未想到的、同时代人所未讲到的新思想，从而将近代的反封建进步思潮推向一个新的高度。

二、反专制主义的民主思想

在中国绵延两千余年的封建君主专制，是地主阶级专政的形式，是维护封建社会制度的支柱。鸦片战争之后，清朝封建专制政权，除了是地主阶级镇压人民的武器之外，又逐步堕落成帝国主义奴役、支配中国人民的工具。因此，要变半殖民地半封建的中国为独立

② 《在中国共产党全国宣传工作会议上的讲话》。

富强的中国，首先必须推翻清王朝。于是，结束以君主专制为统治形式的清朝反动政权，就成为资产阶级民主革命的一项重要任务。在鸦片战争前夕，龚自珍、魏源等人已看到君主专制的一些弊病，作了一些批评。早期资产阶级改良派则进而意识到封建专制制度不利于民族资本主义的发展，产生了有限的民权要求，批评君主专制“权偏于上”，“宪法不行专制严”（郑观应语），主张实行“君民共主”（君主立宪）。甲午战后，严复发表《辟韩》、《原强》等文，介绍西方资产阶级社会的政治学说，抨击中国的君主专制。梁启超则指责：“二十四朝，其足当孔子至号者无人焉。间有数霸者生于其间，其余皆民贼也。”③ 康有为也提出：中国所以“败弱”，以“行专制政体”之故，因而要求“立行宪法，大开国会，以庶政与国民共之”④ 不外是设议院以通下情。谭嗣同对封建专制主义的批判，则更在上述诸人之上，为近代反专制的进步思潮写下了重要的一页。

马克思指出：“君主政体的原则总的说来就是轻视人，蔑视人，使人不成其为人”⑤。中国的君主专制，确属如此。它给人民带来无限的痛苦，给社会造成极大的灾难。谭嗣同显然已看到这一点，因而给予无情的揭露。他谴责专制君主“视天下为其囊橐中之私产，而犬马土芥乎天下之民”。他揭发帝王们的荒淫无耻，搜刮民财，“竭天下之身命膏血，供其盘乐怠傲”，并指责他们为使这种可耻的私利，能传之“世世万代子孙”，还采取了“一切酷毒不可思议之法”，以压迫人民。他还痛斥专制君主为维护自己的皇冠宝座，而反对改革，“言‘治术’则曰安静，处事不计是非，而首禁更张，躁妄喜事之名立，百端由是废弛矣”⑥。在他看来，君主专制就是造成人民困苦，妨碍社会进步的重要因素。所以，他怒骂专制帝王是“独夫民贼”，痛责秦以来的专制统治是强盗政治，“黑暗否塞，无复人理”，并发出了“废君统”、“诛独夫”的呼声。这些言论，实际上是否定了封建君主专制。

为了批驳君主专制，他以今文经学的“微言大义”的方式，将孔学解释成反君权、倡民主的学说，为批判君主专制取得一种合法的根据。按照他的说法，孔丘作《春秋》，是“恶君之专也”，孔学的精神就是“黜古学，改今制，废君统，倡民主，变不平等为平等”。得孔子真传的孟子，也是“畅发民主之理”的。至于那些冒孔之名，宣扬君统的言论，都是伪孔学。君主专制的祸害就是由于伪孔学的推波助澜而越来越严重。这样，他就在孔学名义之下，抨击了君主专制，阐发了民主的思想。

开始运用西方资产阶级政治学说去批判封建主义，是戊戌变法期间进步思潮的一个新特点。谭嗣同继严复之后，也提出了近似西方资产阶级启蒙学者的“民约论”的理论，以批驳封建君主专制。他在《仁学》一书中写道：“生民之初，本无所谓君臣，则皆民也。民不能相治，亦不暇治，于是共举一民为君。夫曰共举之，则非君择民，而民择君也。……夫曰共举之，则因有民而后有君也；君末也，民本也。天下无有因末而累及本者，亦岂可

③ 《湖南时务学堂课艺批》，载《戊戌变法》Ⅱ。

④ 《请定立宪开国会折》，载《戊戌变法》Ⅱ。

⑤ 《摘自“德法年鉴”的书信》，载《马克思恩格斯全集》，第1卷，411页。

⑥ 以上引文均见《仁学》。

因君而累及民哉？夫曰共举之，则且必可共废之。君也者，为民办事也，臣也者，助办民事也。赋税之取于民，所以为办民事之资也。如此而事犹不办，事不办而易其人，亦天下之通义也。”在这段叙述中，他没有从阶级、阶级斗争的产生与发展，去说明国家和君权的产生，是不科学的。但从反专制的角度来说，则有值得肯定之处。第一，他提出君主是由于为民办事的需要，由民共举而产生的，这就否定了流传近二千年的“君权神授”论，把被神化了的帝王，还原为人世间的“俗物”，从而挖掉了为君主专制辩护的一个重要理论基础。第二，他强调“民本君末”，强调君是由民选举产生的，实际上就是认为君权是由民权派生出来的，因而，易君、废君乃是“民”的权利。这既否定了专制君权的神圣不可侵犯性，也为废君统提供了理论根据。基于这种认识，他提出应将君主与国家区别开，二者不能混同。在他看来，君主之存废，只不过像主人之得失“臧获”而已，无关国家大局。这样的言论，在当时来说，是相当大胆和进步的。

从上述观点出发，他又反对忠君死节的封建观念。他指出，既然是“民本君末”，那么提倡什么“忠君”、“死君”，就是本末倒置。他说：“君亦一民也，且较之寻常之民而更为末也。民之于民，无相为死之理；而本之于末，更无相为死之理。”⑦ 更何况后来的帝王，都是暴君民贼，根本就不应事之以忠。如果在这种情况下，“犹以忠事之，是辅桀也，是助纣也”⑧。是帮凶而不是忠臣。由此，他得出结论：“止有死事的道理，决无死君的道理。”⑨

他又进而指出，君主专制之所以悖谬，归根结蒂，就是违反了“仁一通”。因为君主专制所要求的陈高卑、严上下之别，所实行的钳制之术，以及顽固反对改革的态度，都是违反人的本性的，是造成上下隔阂和妨碍变法的重要原因。他认为这些现象都是“否塞”、“不通”，因而就是“不仁”的表现。要改变这种状况，就应“兴民权”。但封建统治者总是顽固地维护专制制度，拒绝改革。这就促使他向往于“改民主”，“誓杀尽天下君主，使流血满地球”的法国资产阶级革命。这样，他终于产生了革命的意向。但是，他的“兴民权”和“改民主”的思想，在他的脑海中是起伏变化的。在《马关条约》签订之际，他似乎较倾向于“兴民权”，间也流露过一点流血革命的思想苗头。当强学会被解散，维新运动受到一些挫折时，他的“废君统，改民主”的思想则抬头，比如在《仁学》一书中，谈论“民主”的内容就显著地增多了，而“兴民权”则只有二三处简略提及。一八九八年前后，维新运动又有所进展，他似乎又转而热心于“兴民权”了。所以，对于他的“民权”、“民主”思想，似应从其变化发展中加以考察。⑩

关于“改民主”的含义是什么，谭嗣同本人未作明确的说明。大致看来，约有以下几点：第一，包含有平等、自由之意。他说：“故民主者，天国之义也，君臣朋友也；父子异宫异财，父子朋友也；夫妇择偶判妻，皆由两相情愿，……夫妇朋友也，至于兄弟，更无

---

⑦ 参见《仁学》及《上欧阳办董师书二十二》。

⑧⑨《仁学》。

⑩ 在当时资产阶级改良派中，“民权”与“民主”的概念是有区别的。前者一般是指实行君主立宪，后者一般是指民主共和国。

论矣。”这里，他所以把君臣、父子、夫妇按“朋友”关系相待，就是因为他将“朋友”一伦看成是最富于自由、平等精神的（这一点在谈纲常时将涉及，此处不赘）。由此推论，他所说的民主，包括有平等、自由之意。第二，是和废君权联系在一起的。例如，在谈到孔教时，“改民主”同“废君统”是相提并论的；在另一处谈到：“人人可有君主之权，而君主废，于是遍地为民主。”⑪ 也是二者并提的。第三，他以法国资产阶级革命为“改民主”的典型，而给予赞扬。可见，他心目中的民主，就是那种通过革命，推翻帝制而建立的民主共和国。第四，他又将“改民主”同“行井田”联系起来，作为一种思想的政治境界。⑫ 从这些内容看，他是将民主看成不同于民权的、更为理想的政治制度。

虽然，他关于“改民主”的观念尚不甚明确，而且也不一定是马上施行的纲领。但从近代政治思想的发展来看，仍应给予重视。因为在十九世纪末国内的思想界，像他那样较多地阐述民主、向往于民主的，还是不多的。这和当时维新派中的多数人，只讲民权，少谈或不谈民主，甚至以民权来同民主对立的思想倾向是不同的。

至于他的“兴民权”的主张，大体上和当时的改良派的主张相似。主要也是“开议院”以平权之类的主张。他说：“平权，平其议事之权而已，办事之权仍官操之。”而这执行“议事之权”的机构就是议院。他又说：“西国于议事办事，分别最严。议院议事者也，官府办事者也。各不相侵，亦无偏重。明示大公，阴互牵制，治法之最善而无弊者也。”⑬ 这种说法，实际上就是西方资产阶级的“分权论”。西方资产阶级曾以三权分立的理论去反对封建君主专制，谭嗣同在接受西学中，也以此为武器去反对专制政治，并作为进行政治制度改革的依据。

谭嗣同的反专制言论，在十九世纪末是较突出的。他对君主专制淋漓尽致的揭露，他对君主专制所持的更明确的否定态度，他关于“改民主”和“流血革命”的思想倾向，确是康、梁诸人所不能及。他把对专制主义的批判，上升到“仁—通”的哲学观念上进行分析，也是颇为独特的。总之，他对专制主义的批判，较之资产阶级维新派的其他人物，又有所前进；而且在客观上，或多或少地起到资产阶级革命运动的思想前奏的作用。

三、变革封建官制和法律的进步要求

谭嗣同对专制制度的批判，并不限于帝王本身，而是涉及到君主专制下的官僚机构和法律制度。

前面所谈到的“兴民权”和“改民主”，是他关于变革君主专制的两种设想，而且同他改革旧官僚制度和法律制度的主张有密切关系。谭嗣同从初步的民主思想出发，已认识到台谏六部九卿督抚司道的整套官僚机构，都是封建专制统治者用以压制人民的工具。他指

---

⑪⑫ 《仁学》。

⑬ 《壮飞楼治事十篇》。

责这整套官僚机构的作用，就是朝夕孜孜以“力制四万万人之动，絷其手足，涂塞其耳目”⑭。他抨击封建官吏的专横是“中国之官之尊也，仰之如鬼神焉。平等亡，公理晦，而一切惨酷蒙蔽之祸，斯萌芽而浩翰矣”⑮。根据兴民权的观点，他又反对地方官一人独揽大权，认为“权也者，固非一人之智力所得而司也”⑯。至于封建官场的腐败黑暗，他更是痛心疾首。总之，他认为旧官制非改革不可。

改革的办法，最主要的就是设立各级的议院。在未开议院之前，他设想于各地创办学会代行地方议院之职。“官欲举某事，兴某学，先与学会议之，议定而后行”，“民欲举某事，兴某学，先上于分学会，分学会上总学会，总学会可则行之”⑰。他认为这样做，既有利于变法的实现，又可限制官吏的专横，“有大事则上下一心，合群策群力以举之”；“大吏罔敢骄横，小吏罔敢欺诈，兴利除弊，罔不率此。……”⑱这个设想，就是希望通过议院或学会，使资产阶级及开明士绅掌握一定的管理地方的权力，并对地方官进行监督。

他改革官制的另一主张，就是“变学校、变科举，因之以变官制”⑲。换言之，即主张废除科举取士选官，改用西方教育制度培养人才，然后按其实学专长，选贤用能；“考政学文学者官内部”，“考算学理财者官户部”，“考机器者掌机局”，“考农桑者列农部”，“考商务者为商官”⑳，等等。此外，他还建议设立商部等新的行政机构。

谭嗣同关于改革旧官制的主张，实质上是反映了民族资产阶级希望参与政权，和建立适应资本主义发展需要的新的行政管事机构的要求。

同反专制的思想相联系，他又主张修订旧法律。这里应说明，这位青年思想家的法律知识并不多，论述也较少。但是，在这不多的法律思想中，仍贯穿着反封建的精神。

他批评封建统治者们“喜言礼乐政刑之属，惟恐箝制束缚之具之不繁也”㉑。这就指明了那繁杂的封建律例，都是专制统治者们用以压迫、约束臣民的工具。他又认为刑律中的许多罪名，都是专制帝王根据纲常的精神，杜撰捏造出来的。有了这一套，专制帝王们就可以用来责罚臣民：“尔胡不忠！尔胡不孝！是当放逐也，是当诛戮也。”㉒正因如此，“独夫民贼，固甚乐三纲之名，一切刑律制度皆依此为率，取便已故也”㉓。这里，他既指出了封建纲常和法律的关系，也在一定程度揭示了封建法律的本质。

他还指责旧法律制度一方面是判例簿书浩繁，另一方面在许多领域又缺少应有的条例规章。如行政法规方面，“以中国之大，庶政之殷繁，乃无一章程，以为办事之规则，惟捋撦尘牍，另星凑集，不足，又取决于幕友书吏之口，而任其穿鼻牵引之”㉔。又如司法审判方面，“旧案山积，吏胥因缘为奸，虽禀兼人之资，生智之圣，无能徧稽而并综”㉕。这样，不仅是办事无章可循，同时又给予了官员吏胥以舞弊作奸、贪赃枉法的可乘之机。

---

⑭ 《仁学》。

⑮⑯⑰⑱ 《壮飞楼治事十篇》。

⑲⑳ 《思纬壹壹台短书——报具元征》。

㉑㉒㉓ 《仁学》。

㉔㉕ 《壮飞楼治事十篇》。

由于看到封建刑狱的黑暗腐朽，他提出了“改订刑律，使中西合一，简而易晓，因以扫除繁冗之簿书，清理庶狱”[26]的改革封建法律制度的要求。至于如何改订旧法，制订什么样的新律，他并没有系统而明确的主张。把他的一些分散的言论和意见归纳起来，大体上有如下数端。

他建议制订“简要有定之法”，建立新的统一的法律制度。例如，关于中央和地方行政管理，他主张都应制订“办事之章程”，即行政法规，以便办事有法可依，有章可循。为了能订好“章程”，他建议学会“皆当立章程之学，专意讨论，乃可就理”[27]。这里，或多或少包含有建立研究法学的团体，开展法学的研究，以利于新法律的制订之意。此外，他还提出，制定的“章程”应简明易懂，使官吏无机可乘。他希望通过这些做法，“较稽权量，以归画一，通达刑律，以清狱讼，旁及公法，以育使才”[28]。也即最后达到创立划一的新法律制度的目标。

他主张学习西方资产阶级的法学。在他看来，西方的“法度政令”是“美备”的，应学习和采用。于是他建议在“大书院”中，设立法律专门之学，选送学生入校学习，“考法律者官刑部”，“考公法者充使臣”，“凡府史皆用律学之士人”[29]。这既反映了他把向西方学习的思想，贯穿于法律的领域，又说明他希望培养具有西方法学知识的人才，去取代封建吏员，以适应实行新法的需要。

在他的改革旧法的主张中，还体现着反专制的民主思想。他反对封建刑律中的所谓“谋反”罪，认为反暴君、诛暴君是人们的权利。他说：“彼君之不善，人人得而戮之，初无所谓叛逆也。叛逆者，君主创之以恫喝天下之名。”[30]由于人人有诛暴君之权，所以，他认为孔夫子欲赴佛肸、公山之召，是含有“民主主义”的。据此，他指出所谓叛逆、谋反，包括什么腹诽、大逆不道等等罪名，通通是专制统治者们捏造出来，用以恫吓人们的。他还进一步提出，反对专制君权的所谓“谋反”，是“公罪”，不应让“国君以其私而重刑之也”[31]。他认为人们起来反对专制统治是出于不得已的，是由于其“政法不善”所引起的，因而如出现这种情况，“为之君者，犹当自反”，要判罪的话，“则请自君始”[32]。这些主张，从反对封建专制主义而言，是有其积极意义的，表明他对于反对封建专制制度的革命，是抱同情的态度的。

他在揭发清政府的“诛会匪”罪行时，还借题发挥，阐述了人人有集会结社权利的思想。他说：“且会也者，在生人之公理不可无也，今则不许其公，不许其公，则必出于私，亦公理也。”[33]

此外，他还抨击重男轻女是“至暴乱无礼之法”，而主张男女择偶判妻应自主自愿。

从以上内容，我们可窥见谭嗣同的法律思想，鲜明地体现着反封建的民主的特色。他

---

[26] 《思纬壹壹台短书——报具元征》。

[27][28] 《壮飞楼治事十篇》。

[29] 《思纬壹壹台短书——报具元征》。

[30] 《仁学》。

[31][32][33] 《仁学》。

的主张反映了民族资产阶级关于建立新的政治、法律上层建筑，以保护资本主义经济的发展的愿望。

四、废除封建纲常的激进主张

自从董仲舒将封建宗法关系进一步明确概括为“王道之三纲”，并神化为宇宙的法则之后，经过统治阶级的宣扬，纲常日益渗透于社会各领域，不仅成为神圣不可侵犯的金科玉律，而且成为政治、立法、司法、伦理道德的最基本准则。历代在编订封建法典时，都以维护纲常礼教作为基本点。例如《唐律疏义》在篇首就明示：“德礼为政教之本，刑罚为政教之用，犹昏晓阳秋，相须而成者也”。在关于“十恶”的规定中，也明白宣称：“五刑之中，十恶尤切，亏损名教，毁裂冠冕，特标篇首，以为明诫。”这种纲常名教的思想贯穿于唐律之中。因此，批判纲常，既是对封建的伦理道德、也是对封建政治法律观念的批判。

谭嗣同从个人的经历和对社会的观察，看到了纲常是专制君主用以加强其统治的工具。他指出：“夫彼君主犹是耳目手足，非有两鼻四目，而智力出于人也，亦果何所恃以虐四万万之众哉？则赖乎早有三纲五伦字样，能制人之身者，兼能制人之心。”[34] 因而他指责专制君主“妄益之以三纲”，是“明创不平等之法”[35]。这就揭示了纲常与封建专制统治之间有着紧密关系。正是这样，他以极大的胆识，向这一不许人们触犯的封建“禁区”，发起猛烈的抨击。

他认为：君权、父权、夫权为害所以如此惨烈，就是因为有三纲在作祟：“君臣之祸亟，而父子夫妇之伦遂各以名势相制这当然矣，此皆三纲之名为害也”[36]。从而他进一步控诉纲常对不同情况的人的毒害。他指出除君父以纲常迫害臣子之外，还有许多妇女在名教之下死于非命。“至于后母之于前子，庶妾之于嫡子，主人之于奴婢”，“黑暗或有过于此者”[37]。而更严重的问题，还在于纲常经统治者们的宣扬灌输，毒害了人们的心思。“施者固泰然居之不疑，天下亦从而和之曰：‘得罪名教，法宜如此’。”[38]在他看来，这是比直接持刀杀人更厉害的。目睹此景，谭嗣同感慨地说：人杀猪，猪还可以“奋荡呼号，以声其痛楚，而人不之责也”；可是人得罪于名教而受残害，却连这呼号的权利都没有，只能衔冤负屈，饮恨黄泉。“三纲之慑人，足以破其胆，而杀其灵魂，有如此矣。”[39]他所描绘的纲常吃人的惨景，是使人惊心动魄的。

为了戳穿纲常的虚伪性，他指出：被封建卫道士们奉为“天命”、“国宪”的纲常名教，完全是封建统治者们捏造出来的，是与“实”不相符的。名实不符而偏要借它使“上以制其下，而不能不奉之”，所以“数千年来，三纲五伦之惨祸烈毒，由是酷焉矣”[40]。

按照他的看法，纲常之违反“实”，并为害于人，从根本说，就是违反了“仁”。他说：“仁之乱也，则于其名”，“君以名桎臣，官以名轭民，父以名压子，夫以名困妻，兄弟朋友

---

[34][35][36][37][38][39][40] 《仁学》。

各挟一名以相抗拒，而仁尚有少存焉者得乎?”[41] 前已指出，谭嗣同所谓的“仁”，实质上是指资产阶级的自由、平等原则。纲常之所以荒谬，就在于它同平等、自由是对立的。他在分析这一问题时写道：“五伦中于人生最无弊而有益，无纤毫之苦，有淡水之乐，其惟朋友乎！顾择交何如耳，所以者何？一曰‘平等’；二曰‘自由’；三曰‘节宣惟意’。总括其义，曰不失自主之权而已矣。兄弟于朋友之道差近，可为其次。余皆为三纲所蒙蔽，如地狱矣。”[42]由于他认为朋友一伦最合乎自由、平等的原则，因而主张其他四伦应以朋友一伦为“圭臬”，应以“朋友之道贯之”。从这段论述中我们可看到，他抨击纲常之害人如地狱，就是认为纲常是违反了“仁”，即违反了自由、平等的原则。

在中国思想史上，每当社会发生大变动之际，一些思想家总要提出“名实”的问题。实际上就是要求观念形态和有关的制度随社会客观存在的变化而变化。谭嗣同批评纲常违反“实”，事实上就是认为它不符合正在发展中的资本主义社会关系的要求，因此才主张用体现资本主义商品生产特点的新观念、新政治法律原则去代替它；换言之，即要求用资本主义的人和人的关系去取代封建主义的人和人的关系。当然，他把资产阶级的自由、平等原则美化了，是错误的。然而，在那资产阶级旧民主主义革命阶段，以资产阶级自由、平等观念去反封建宗法等级制度，仍有重要的进步意义。

谭嗣同批判纲常的一个重点，是批判夫为妻纲，倡言男女平权。前面已提到，他把“男女通”作为“仁—通”的基本内容之一，就是要求改变封建制度下的男女不平等。他认为“男女同为天地之菁英”，“平等相均”，除生理差别外，都是“血肉聚成，与我何异”[43]。因此，男女相处，就像朋友往来一样，用不着大惊小怪。基于这种认识，他对妇女在纲常压制下的不幸遭遇，尤表同情，从而为妇女发出不平之鸣：“自秦垂暴法，于会稽刻石，宋儒炀之，妄为‘饿死事小，失节事大’之瞽说，直于室家施申韩，闺闼为岸狱：是何不幸而为妇人，乃为人申韩之，岸狱之!”[44]尖锐地批评了封建制度对妇女的迫害。为了开风气，变陋俗，他还和梁启超、汪康年等人组织“不缠足会”、“女学会”、倡办女学，并让他的夫人李闰任中国女学会倡办董事。在那仍弥漫着封建思想的社会中，他敢于这样做，说明思想是比较解放的。

宋代以来，纲常的作用加强了，而理学家们迎合封建统治者的需要，更把纲常说成是什么永存的“天理”。理学也因此为封建统治者所推崇，而成为封建统治阶级的正宗思想。清朝廷从其建立时起至十九世纪末，一直崇尚理学。帝王如此，许多大臣也是如此。在十九世期后期的许多大臣，如倭仁、徐桐、张之洞等，依然标榜理学，维护纲常名教，抗拒变法维新，形成了守旧与维新的尖锐对立。因此，要反专制、反纲常，要改革，在思想战线上就必然要进行反理学的斗争。

谭嗣同除了从“道”、“器”、“理”、“欲”，及所谓“失节”等方面批判理学外，又着重从尊君的问题对理学进行驳议。他指责“荀学”是君主专制的帮凶，并进而指出此后的

---

[41][42][43][44] 《仁学》。

“伪孔学”、包括宋学，都是荀学的继续。他批评韩愈、孙复的尊君理论，又指出理学正是此二人的理论的发展。他指出，正是由于理学的宣扬，使得君权、纲常之害愈来愈严重，以致“尽窒生民之灵思，使不可复动”。由此，他得出结论，宋以后的专制统治者，“莫不极崇宋儒”，就是“取其有利于己也”。这便揭穿了理学作为君主专制和纲常的辩护士的反动面目。因而，他痛斥“荀学”、“理学”都是“乡愿”。由于“乡愿工媚大盗”，“大盗利用乡愿”，给中国带来了极大的灾难，使中国社会不但不能进步，甚而后退。[45] 谭氏对理学的批判，是继承了王夫之等人的进步传统，但又有所前进，并使之为维新运动服务，这是具有其时代特征的，特别是他能抓住理学为封建专制统治服务这一基本问题，进行批判，是具有一定思想深度的。

在对纲常痛加批判的基础上，谭嗣同终于提出了废除纲常的要求：“今中外皆侈谈变法，而五伦不变，则举凡至理要道，悉无从起点，又况于三纲哉！”[46] 这里，他公然主张废纲常，并将其与变法维新联系起来了。

在那触犯纲常就要招来大祸的封建年代，谭嗣同敢于主张废纲常，这种精神是可嘉的。尤其是他一方面否定纲常，另方面又主张代之以资本主义的自由、平等原则。这无异于要求政治、法律制度以及种种社会关系，来一个根本的变化。他的这些思想，是对近代反封建斗争的一个贡献，对于促使人们从封建主义精神枷锁下解脱出来，解放思想，有着重要意义。

五、对清朝封建统治的剧烈抨击

清政府在甲午战争中失败，是这个反动封建朝廷的腐败无能与投降卖国嘴脸的又一次大暴露。此后，资产阶级维新运动进入了高潮，而推翻清朝封建专制政权的资产阶级革命也逐步地被提上议事日程。正是在这个时刻，谭嗣同又将批判封建专制主义同反清联系起来，把批判的锋芒直指清朝封建专制统治。

他申斥爱新觉罗氏贵族集团“凭陵乎蛮野凶杀之性气以窃中国”；他痛骂清朝之所谓“令主”，“与隋炀明武不少异”；他抗议清朝统治者入关后的屠杀，是“既纵焚掠之军，又严雉发之令，所至屠杀掳掠，莫不如是”[47]。对于清朝廷后来继续血腥杀戮各族人民，特别是对太平天国军民的狂屠滥杀，他更是痛恨不已。

他还揭发清朝廷为了“峻死灰复燃之防，为盗憎主人之计”，而制定各种制度、法律和措施，以压迫臣民。例如，“繁跪拜之仪”，以挫折士大夫的气节；“立著书之禁，以缄其口说”，制造惨烈的文字狱；假借孔教，来粉饰自己的统治，“以愚其民，而为藏身之固”。此外，还有“所谓驻防、所谓名粮、所谓厘捐，及一切诛求之无厌，刑狱之酷滥”，等等。[48]

---

[45] 以上内容见《仁学》和《上欧阳办薑师书二十》。

[46][47][48] 《仁学》。

确是名目繁多，手段狠毒。

清朝廷对国内人民是穷凶极恶，横逆残暴，对外则奴颜婢膝，屈辱卖国。这必然引起所有爱国者的憎恨。正是这样，谭嗣同痛责清统治者“宁为怀愍徽钦，而决不令汉人得志”。他嘲骂清军“固不足以御外侮，而自屠割其民则有余”。他怒斥清朝廷宁愿在甲午战争中败绩，而不肯“假民以自为战守之权”[49]。他抗议清政府签订《马关条约》，把“利权、兵权、制造之权、骎骎乎及于用人行政之权，一以授之敌”[50]。他谴责清王朝出卖台湾，是“一旦苟以自救，则举而赠之于人，其视华人之身家，曾弄具之不若”[51]。

清腐朽朝廷的内政外交已经到了“日暮途穷，百政废弛”的境地，到了非变不可的时刻。可是，以慈禧为首的反动集团，却顽固地抗拒改革，这不能不引起有志改革之士的愤慨。谭嗣同写道：“唯变法可以救之，而卒坚持不变；岂不以方将愚民，变法则民智；方将贫民，变法则民富；方将弱民，变法则民强；方将死民，变法则民生；方将私其智其富其强其生于一己，而以愚贫弱死归诸民，变法则与己争智争富争强争生，故坚持不变也。”[52]这段话相当深刻地揭露了慈禧反动集团为了自己的可耻私利，反对变法，而置国家民族命运于不顾，并表达了这位青年思想家要求变革这腐朽的政治、法律制度的强烈愿望。

既然清王朝的反动统治是如此的“黑暗地狱”，又极力压制改革。因此，要救亡图存，变法图强，就只能走革命的道路。于是，谭嗣同终于产生了暴力革命的思想倾向，发出了“志士仁人求为陈涉、杨玄感……死无憾焉”的呼声。[53]而且，他还秘密印发《明夷待访录》、《扬州十日记》等书，介绍人们读《铁函心史》，激励反清王朝的志气。

此时，除孙中山已开始反清革命外，从国内思想界而言，谭嗣同的反清言论，是较突出的。像谭嗣同那样，从政治、军事到文化，从内政到外交，对清政权作全面抨击与否定，不仅是早期改良派所无，就是在戊戌时期的维新派中，也属不多见的。再者，他的反清思想，除反种族压迫之外，还有反封建、反专制的内容，并且是同实行资产阶级自由、平等、民主相联系，这就同前人的单纯反满不同。尤其是当推翻清朝封建帝制的革命正在被提上历史日程之际，他的反清言论在客观上又为资产阶级革命作了某些舆论准备。

谭嗣同作为中国十九世纪末新兴的资产阶级思想家的代表人物，是有一个发展变化过程的。他的思想主张是庞杂的、甚至是常常自相矛盾的，也还存在不少错误。譬如，他高喊“冲决网罗”，最终又说“冲决网罗，即是未尝冲决网罗”；他反对清王朝，抨击君主专制，可是一旦为光绪所擢用，又流露要酬报“圣恩”的忠君思想；他赞赏法国资产阶级革命，出现过革命的思想苗头，而其政治活动，基本上仍停留于资产阶级改良主义范围之内，他的思想起伏不定，时而慷慨激昂，时而沉郁苦闷；他热情地向西方寻找真理，但所学仍很有限。这些正是中国民族资产阶级的软弱性的反映。尽管如此，从当时历史条件来说，

---

[49] 《仁学》。

[50] 《思纬壹壸台短书——报具元征》。

[51][52][53] 《仁学》。

他的思想主流仍是积极的，在那时的国内资产阶级思想家之中，他对封建主义的批判，毕竟达到了一个新的高度，显示了自己的优点和特点。因此，可以说他是十九世纪末批判封建主义的佼佼者。梁启超说他的思想“为吾人所不能达，其言论为吾人所不敢言”[54]，并非过誉。

在他的反封建的言论中，不仅谈民权，而且倡民主，赞扬革命，要求以自由、平等取代纲常名教，在当时维新派中，确是独具一格。他还力图将对封建主义的批判，和建立新社会制度的主张，上升到哲学上、世界观之上加以论证，甚至还要建立一个“仁学”的理论体系，这也是颇具特色的。

他的反封建的政治法律思想，在资产阶级改良主义即将让位于革命民主主义思潮的过渡期间，起了承先启后的作用。他在百日维新中殉难，又促使一些进步人士从改良主义迷梦中醒悟过来。后来革命党人邹容为其遗像题词，说：“赫赫谭君故，湖湘志气衰；惟冀后来者，继起志勿灰”[55]。因此，我们认为他不仅是维新派，而且是资产阶级革命民主主义的启蒙者。他在中国近代进步思想史上，应占重要的一席。

---

[54] 《清议报第一百册祝辞》，《饮冰室文集》。

[55] 邹鲁：《中国国民党史稿》。

蒲　坚

试论《唐律疏议》的制作年代问题*

简介

蒲坚，字固之，号宜水，1927年生，河北玉田人。1949年9月入中国政法大学学习，1950年转入中国人民大学法律系。1954年毕业，同年到北京大学法律系工作，历任助教、讲师、副教授、教授。主要著作有《中国古代行政立法》、《中国历代土地资源法制研究》、《中国古代法制丛钞》等，先后主编《中国法制通史》（第一卷）、《北京大学法学百科全书》（中国法律思想史·中国法制史·外国法律思想史·外国法制史）等。

* 原发表于《法律史论丛》，第二辑。

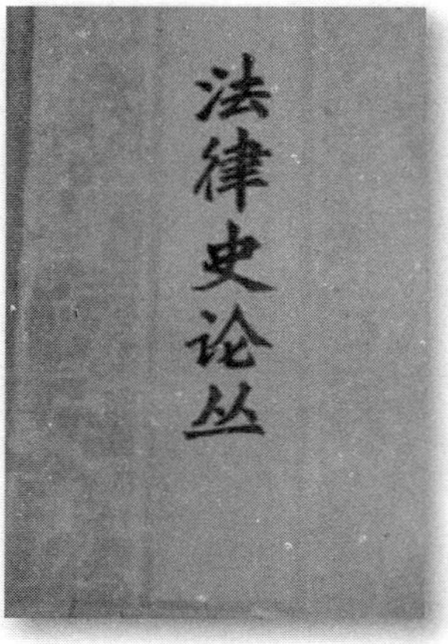

在《唐律疏议》的研究中，首先遇到的就是制作年代问题。有人认为成于唐玄宗二十五年；也有人断定为唐高宗永徽四年由长孙无忌等人所撰；还有人说是出于唐太宗贞观年间。无论从《唐律疏议》的内容或其他文献记载，以及同开元律残卷的比照，更重要的是以《唐律疏议》所规定的内容，同永徽、开元两个时期的社会经济政治制度的某些方面相互印证，其结果证明《唐律疏议》是永徽元年到四年撰成的，即一般所称的永徽律。唐代虽然颁布过四部法典，但武德律、贞观律皆早散佚，没有保存下来。开元律目前也仅发现其中的《名例》和《杂律》的一小部分。持开元律说者，在史料和开元律实物证据面前，以及开元时期的某些经济政治制度，同现存《唐律疏议》所规定的某些内容相矛盾，显然是站不住脚的。

一、唐代立法考

唐代的法律包括律、令、格、式四种形式。令、格、式皆早散佚，只有《唐律疏议》完整地保存下来。唐代从高祖李渊在公元618年立国至公元907年唐亡止，近300年间，共有四次比较大的立法活动。

（一）唐高祖武德时期

李渊吸取隋亡的教训，在法律上力求“除隋苛细”，“务在宽简，取便于时”。关于这一次立法活动，《旧唐书》卷五《刑法志》有比较详细的记载，兹摘录于下：

> 高祖初起义师，……既平京城，约法为二十条（按：《新唐书·刑法志》作十二条）。……及受禅，诏纳言刘文静与当朝通识之士，因开皇律令而损益之，尽削大业所用烦峻之法。又制五十三条格，务在宽简，取便于时。寻又敕尚书左仆射裴寂、尚书右仆射萧瑀……撰定律令，大略以开皇为准。于时诸事始定，边方尚梗，救时之弊，有所未暇，惟正五十三条格，入于新律，余无所改。至武德七年五月奏上。

《新唐书·刑法志》记载，武德四年，李渊曾“诏仆射裴寂等十五人更撰律令，凡律五百，丽以五十三条。流罪三，皆加千里；居作三岁至二岁半者悉为一岁。余无改焉”。

（二）唐太宗贞观时期

太宗即位后便诏令长孙无忌等人修订律令，从贞观元年开始，到贞观十一年完成。这一次不仅参酌武德时期所援用的隋《开皇律》进一步删改，而且又制定了大量的令、格。关于这时期的立法情况，《旧唐书·刑法志》和《新唐书·刑法志》的记载，文字虽有不同，而其所包括的内容却是一样，今参合二者引录如下：

> “太宗即位，又命长孙无忌、房玄龄与学士法官，更加厘改。……定律五百

条，分为十二卷：一曰名例，二曰卫禁，三曰职制，四曰户婚，五曰厩库，六曰擅兴，七曰贼盗，八曰斗讼，九曰诈伪，十曰杂律，十一曰捕亡，十二曰断狱。”“又定令一千五百九十条，为三十卷。贞观十一年正月，颁下之。又删武德、贞观以来敕格三千余件，定留七百条，以为格十八卷……”

（三）唐高宗永徽时期

这次参加者有长孙无忌、李勣、于志宁等。从永徽元年开始，参酌武德以来的律、令、格、式进行删订外，二年完成，颁行天下。三年又诏定律诸人，为律作疏，对律文加以解释，这是一项很大的立法理论工作。永徽四年完成了《律疏》30 卷。兹将《旧唐书·刑法志》关于这次立法情况摘录如下：

永徽初[①]，敕太尉长孙无忌、司空李勣、左仆射于志宁……共撰定律、令、格、式，旧制不便者，皆随删改。遂分格为两部：曹司常务为《留司格》；天下所共者为《散颁格》。……三年，诏曰："律学未有定疏，每年所举明法，遂无凭准。宜广召解律人条义疏奏闻，仍使中书、门下监定"。于是太尉赵国公无忌、司空英国公勣、尚书左仆射兼太子少师监修国史燕国公志宁……参撰《律疏》，成三十卷，四年十月奏之[②]，颁于天下。自是断狱者皆引疏分析之。

这次立法工作，可能只据贞观律加以删修而定，或许这次立法是以制定《律疏》为其中心内容。其《律疏》的制定，不仅为更好地贯彻和统一适用法律具有重要作用，而且也是律学的一大发展，为后来历代王朝的立法创立了许多理论根据。

（四）唐玄宗开元时期

这次不仅根据武德以来大量的律、令、格、式进行删修，而且又颁制了许多新的。关于这次立法的情况，《通典》卷一六五《刑典三》和《旧唐书·刑法志》记载得颇为详细。但是令人不解的是《唐六典》和《新唐书·刑法志》却记载得非常简约，而且《开元律》十二卷，也被漏略了。今将《旧唐书·刑法志》的记载摘录如下：

开元初，玄宗敕黄门监卢怀慎……删定格、式、令，至三年三月奏上，名为《开元格》。六年，玄宗又敕吏部侍郎兼侍中宋璟……九人，删定、律、令、格、式，至七年三月奏上，律、令、式仍旧名，格曰《开元后格》，……二十二年，户部尚书李林甫又受诏改修格、令。林甫迁中书令，乃与侍中牛仙客、御史中丞王敬从……共加删缉旧格、式、律、令及敕，总七千二十六条。其一千三百二十四条于事非要，并删之。二千一百八十条随文损益，三千五百九十四条仍旧不改，总成律十二卷，《律疏》三十卷，《令》三十卷，《式》二十卷，《开元新格》十卷。

---

① 永徽定律起始年两唐书不一致。《新唐书·刑法志》言“高宗即位”。《旧唐书》卷四《高宗本纪上》载贞观“二十三年五月己巳太宗崩”。同年“六月甲戌朔，皇太子即皇帝位，时年二十二”。而下“诏改元”永徽是在翌年正月辛丑朔。《通典》与《旧唐书》同。

② 《唐律疏议》记载，长孙无忌《进律疏表》的时间为“永徽四年十一月十九日”。《旧唐书》卷四《高宗本纪上》载：永徽四年十一月癸丑“颁新律疏于天下”。

又撰《格式律令事类》四十卷，以类相从，便于省览。二十五年九月奏上，敕于尚书都省写五十本，发使散于天下。

二、对几种不同意见的辨正

对现存《唐律疏议》制作年代的三种不同的意见，即贞观律说、永徽律说和开元律说，前后二说皆不足信，唯永徽律说较为可靠。持此说者颇不乏人，但过去皆未提示应有的证据。例如，清代史学家纪昀认为：

唐太宗诏房玄龄等增损隋律，降大辟为流者九十二，流为徒者七十一，而大皆多仍其旧。高宗即位，又命长孙无忌等偕律学之士，撰为义疏行之，即是书也。③

之所以认为永徽律说较为可靠，不仅就《唐律疏议》的文字体例篇目内容确信为永徽元年至四年所作，而且更主要的是通过对开元律残卷这一不可辩驳的实证的对比，以及唐代社会的实际情况与律文相互印证的结果，理由将在下面同其他二说的辨正中加以阐明。

持贞观律说者，如程树德认为：《旧唐书·高宗纪》载，“永徽二年闰九月，颁新定律令于天下”。但《新唐书》只记载“增损格敕”，“《唐六典》亦无永徽删改律令之文”。由于二书记载不同，则“疑永徽时，止增损格敕，而律令因之同时颁布”。从而断定《新唐书·艺文志》所载“永徽律十二卷，实则仍贞观律也”④。

对贞观律说，只提出三点，就足证此说之不能成立。

第一，唐律之有疏，乃始自高宗永徽时期，关于永徽三年唐高宗诏长孙无忌、于志宁等撰疏一事，《唐六典》、《旧唐书》的《经籍志》和《刑法志》、《新唐书》的《艺文志》和《刑法志》等书皆有记载，兹不赘述。相反，没有看到永徽以前之武德律和贞观律有疏的记载。

第二，《唐六典》虽无永徽律删改之文，但有“永徽律十二卷”的记载。《旧唐书》与《新唐书》对同一事的记载，不同之处很多，亦不必赘举，决不能以此推定唐王朝没有撰制永徽律。而《新唐书·艺文志》却有“永徽律十二卷”的记载，乃为有永徽律的很好证明。怀疑此律“实则仍贞观律”之所以容易产生，一则永徽律由动手到完成，其间仅经两年，如此仓促，而使人感到可能“永徽时止增损格敕，而律令因之同时颁布”。一则由贞观到永徽其间社会政治、经济情况变化不大，因此永徽年间对贞观律也许未作较大的删修，因而使人误为“永徽律十二卷”，“实则仍贞观律”。若基于上述两点作为否认永徽律存在的理由，其结论必然与史实不符。现存《唐律疏议》的进律表，明明记载此律疏成于“永徽四年十一月十九”，与各书记载亦相吻合。如果说它是贞观律，为何不写贞观律撰成的年月，

---

③ 《四库全书总目提要》卷八二《史部·政书类》。

④ 程树德：《中国法制史》，72页，荣华印刷局，1928。

即贞观十一年呢？这是贞观律说者难以回答的。

第三，《汉书·惠帝纪》颜师古注："同居，谓父母妻子之外，若兄弟及兄弟之子等见与同居业者，若今言同籍及同财也。"沈家本《同居考》指出，"小颜唐人，乃不本唐律为说"。即颜师古不言"同籍"，违背了《唐律疏议》中"不限籍之同异"[⑤]。沈责难小颜，实小颜在世时为贞观时期。他生于陈太建十三年（581年），死于贞观十九年（645年）。说唐律在贞观后才有此变化，故非贞观律。

持开元律说者亦大有人在，陈顾远、朱方即持是说。但皆未提出任何证据。

陈顾远认为唐代法律"数经修订，开元二十五年所颁布者，即今所传之唐律也"[⑥]。

朱方也认为现存这部《唐律疏议》乃"开元二十五年颁行天下，今之所称唐律者，即属于是"。

根据开元律残卷[⑦]，即使《唐六典》、《新唐书》没有关于开元律的记载，唐王朝曾有开元律的颁制也是毫无疑问的。从这部残卷所附的进律名单上看，得知参加撰律者有李林甫、牛仙客、王敬从等人，据《旧唐书·刑法志》和列传的记载，他们不仅是开元时人，而且都参加过开元律的纂定工作。那么现存这部《唐律疏议》是否就是开元律呢？为了便于参证，不妨把《唐律疏议》和残卷的相关部分各录如下。

这是《唐律疏议》卷二《名例》律中的一段：

> 先以高者当。若去官未叙，亦准此。疏议曰：先以高者当，谓职事等三官内取最高者当之。若去官未叙者，谓以理去任，及虽不以理去任，告身不追者亦同，并准上例，先以高者当。
>
> 问曰：律云：若去官未叙亦准此，或有去官未叙之人而有事发，或罪应官当以上，或不至官当，别敕令解其官当，叙法若为处分？
>
> 答曰：若本罪官当以上，别条云以理去官与见任同，即依以官当徒之法。同官不尽，一年听叙，降先品一等。若用官尽者，三载听叙，降先品二等。若犯罪未至官当，不追告身，叙法依考解例，期年听叙，不降其品。从见任解者，叙法在《狱官令》。先已去任，本罪不至解官，奉敕解者，依《刑部式》，叙限同考解例。本犯应合官当者，追毁告身。
>
> 次以勋官当。
>
> 疏议曰：假有六品职事官，兼带勋官柱国以上，犯私罪流，例减一等，合徒三年，以六品职事当徒一年，次以柱国当徒二年之类。

下面是开元律残卷《名例》律中的同一部分：

> 又云：先以高者当。注云：若去官未叙亦准此。

---

⑤ 沈家本：《历代刑法考》三，1325页，中华书局，1985。

⑥ 陈顾远：《中国法制史》，103页，商务印书馆，1930。

⑦ 以下凡为残卷者，皆指开元律残卷。

议曰：先以高者当，谓职事等三官内取最高者当之。去官未叙者，谓以理去任，及虽不以理去任，□□□□□□□告身不追者亦同，并准上例，先以高者当。

问曰：律云：若去官未叙亦准此，或有去官未叙之人而有事发，或罪应官当以上，或不至官当，别敕令解其官当，叙法若为处分。

答曰：若本罪官当以上，别条云以理去官与见任同，即依官当之法。若本罪不至官当，不追告身，叙法依考解例，周年听叙，不降其品。从见任解者，叙法在《狱官令》。先已去任，本罪不至解官，奉敕解者，依《刑部式》，叙限同考解例。本犯应合官当者，追毁告身。

又云：次以勋官当。

议曰：假有六品职事官，兼带勋官柱国以下，犯私罪流，例减一等，合徒三年，以六品职事当徒一年，次以柱国当徒二年之类。⑧

在这部残卷的末尾，附有参加撰修人的进律名单，即有王敬从、李林甫、牛仙客等人。从《唐律疏议》与残卷的同一部分比照，其内容基本相同，可以看出开元律是根据永徽律删辑而成，但是两律无论就体例和内容皆有许多不同之处。

就体例看：永徽律的律文比疏议的问答均高出一格，而开元律的律文与疏议和问答是平行的。永徽律的疏议部分，凡开头皆作“疏议曰”，而开元律则作“议曰”。同时，开元律在每一律目后面条款的起始，都有“又云”二字，而永徽律则无。其“又云”二字，颇似开元年间参照永徽律撰修开元律时附加的语气。

就内容看：开元律的疏议部分，作了许多文字上的修改，仅列举两例：

第一例，在《唐律疏议》的“次以勋官当”律文后面的疏议作“假有六品职事官，兼带勋官柱国以上”，开元律则作“假有六品职事官兼带勋官柱国以下”。这可能是由于开元时期，对以官当罪的规定予以放宽。即不仅“柱国”以上的勋官，能以官当罪，柱国以下如“上护军”、“护军”等勋官，同样也可以当罪了。

第二例，《唐律疏议》“先以高者当”律文后面问答中的“叙法依考解例，期年听叙，不降其品”。其中的“期”字，开元律残卷作“周”字。无疑这是避唐玄宗李隆基之讳。避讳，不仅同字要讳，而且同音字也要讳，所以开元时期为了避当朝皇帝李隆基之讳，而把永徽律中的“期年”，皆改为“周年”，这是很自然的事。避讳为中国封建社会特有之风俗，此风唐宋时尤盛，所以史学家常常利用避讳解释古书之凝滞，辨别古书之真伪及其年代。开元时期为避玄宗李隆基之讳，在撰修开元律时，已将永徽律中的“期年”都改作“周年”了，而现存《唐律疏议》均作“期年”不作“周年”，恰好说明它是永徽律，而非开元律。

此外，在进律的日期上和进律人名单上也可以看出，《唐律疏议》记载为“永徽四年十一月九日进”，而《残卷》则为“开元廿五年六月廿七日，知刊定中散大夫御史中丞上柱国臣王敬从上”。如果现存《唐律疏议》为开元律，其进律日期为什么写永徽四年，而不写开

⑧ 罗振玉：《敦煌石室碎金》，1925年东方学会印本。

元廿五年？而两律的进律名单所载进律人亦皆不同。所有这些，都是推定现存《唐律疏议》是永徽律，而非开元律的很好例证。

日本学者持开元律说者主要有仁井田陞、牧野巽等。仁井田陞、牧野巽在其《故唐律疏议制作年代考》[⑨] 一文中，作了许多文字上的考证，来作为断定现存《唐律疏议》为开元律的证据。

仁井田陞等首先以《唐律疏议·名例》律十恶大不敬条的注中有“盗及伪造御宝”及本条的《疏议》中“开元岁中，改玺曰宝”（重点号是原来的）字样，从而提出“被我们一直认作永徽四年所敕撰，而在其疏议中所发现的开元年号，至少是值得惊异的”。又以武则天时改“诏”为“制”以及某些职官名称等与《唐律疏议》相印证，来作为否认现存《唐律疏议》为永徽律的证据，从而证实其为开元律。

仁井田陞等为使其开元律说成立，既然作了许多文字上的考证，那就颇有讨论的必要。

先说被仁井田陞等作为开元律说的“第一个首要证据”即唐代改“玺”为“宝”的问题。唐代曾改“玺”为“宝”，这是事实，问题在于改在何时，据史书记载，唐代改“玺”为“宝”始自武则天时期。《唐六典》卷八记载：“皇朝因隋置符玺郎四人，天后更名符宝郎，授命及神玺等八玺文并琢为宝字。”《新唐书》卷二四《车服志》亦载：“武后改诸玺皆为宝，中宗即位复为玺，开元六年复为宝。”

可见，唐代改“玺”为“宝”始自则天武后时期，亦即开元以前已经改过，因此并不能据此说明现存《唐律疏议》为开元律。根据前面对唐代制定法律之史的考察，得知自高宗永徽以后，至开元初年的70年间，唐王朝并没有作较大的立法工作，想来这一时期，必定一直沿用永徽律。但根据武后时期，上至国号，下至都城、职官等名称，都曾作过很多的改换，因此当时沿用的永徽律，亦曾作过某些文字名称的更换，自是无疑的。而其中被更换的文字和名称，在中宗时期虽作过某些复旧工作，但无关紧要的文字和名称，或者由于中宗、睿宗在位期间较短（按：中宗在位期间为705—709年，睿宗在位期间为710—712年），则不一定把原来改换的文字和名称完全复旧。同时，《唐律疏议》中“开元岁中”一语，也颇似开元以后所加。从《唐律疏议》本身来看，其中疏议虽与律文起同样法律效力，但是律文则较疏议的稳定性大，不能轻易更动，而疏议在律文不变动的情况下，则可能为后人补加。上述“开元岁中”一例，则可能是开元以后的人对唐代改“玺”为“宝”一事的历史追述。也就是说，这部《唐律疏议》虽为永徽四年所撰，但其中的《疏议》并不完全是永徽年间出自长孙无忌等人之笔，所以在《疏议》中发现“开元”年号，并不值得惊异。因此不能拿《疏议》中非永徽时期的语句，来作为否认现存《唐律疏议》为永徽律的证据，况且有些文字名称的变换兴废，辄改辄复，其因细碎，并不足作为考证年代之据。

其次，关于武后时改“诏”为“制”的问题，当时为避武后“曌”字之讳，亦曾有改“诏”为“制”的事实。据此，仁井田陞以《唐律疏议》卷一〇《职制》律“诸制书有误

---

⑨ 见《东方学报》第一、二册，东方文化学院，昭和六年。

条”推定其为开元律。这也未免过于牵强附会，因为以上述论据，只能作为现存《唐律疏议》为武后时期所制定的证据。如前所述，在武后时期并没有进行较大的立法工作，因此只可进一步这样断定，在武后沿用永徽律时，曾改换了某些有关避讳的文字和名称。所以拿武后时改“诏”为“制”来论证现存《唐律疏议》为开元律，显然亦不能成立。

但是，有些对确定《唐律疏议》制作年代非常重要的文字，仁井田陞等却给以含混的解释。例如关于《唐律疏议》中的“期”字问题如前所述，在唐代避讳要求极其严格的情况下，同字同音皆讳。从开元时颁制的典籍里，如《大唐开元礼》卷三《序例下》“斋戒”，《唐六典》卷十八“司仪令”李林甫注等，都可看到，为了避唐玄宗李隆基的讳，其中“期”都改为“周”了。敦煌发现的开元律残卷，其中“期年”也改为“周年”。这更是断定《唐律疏议》为永徽律最有力的证据。而仁井田陞在谈到《唐律疏议》中之所以出现“期”字问题时，却含混地认为可能是“宋以后删改的”。如果是宋人删改的，那么对确定《唐律疏议》的制作年代又有何意义呢？可见，仁井田陞等虽然对《唐律疏议》作了许多文字方面的考证，来作为开元律说的证据，但是都显得不够充分，相反却说明了现存《唐律疏议》为永徽律，乃是无可辩驳的事实。

更主要的是无论如何绝不能为这种文字表面所拘囿，因为文字的改换较易，况且我国古籍往往经过历代辗转传写雕版，则原文缺笔与讹误更所难免。所以推定现存《唐律疏议》的制作年代，除了通过史书记载和实物对比之外，还有一个最好的方法，那就是以《唐律疏议》某些条款所规定的内容，同永徽、开元两个时期的社会实际情况相互对比印证。

从现存这部《唐律疏议》中，可以找到许多条款所规定的内容，同开元时期存在的某些实际现象相矛盾之处。从而使人感到：有些社会现象为何在《唐律疏议》中没有反映，而在开元时期的某些单行法规中却有规定。这就更不能不使人对认为现存《唐律疏议》为“开元二十五年制作”的结论产生怀疑。兹举几点有重要意义的线索如下：

第一，关于土地买卖问题。《唐律疏议》不仅允许永业田在一定条件下可以买卖，口分田在一定条件下也可买卖，而在《开元令》里却都不准买卖。

《唐律疏议》卷十二《户婚》上规定：“永业田，家贫卖供葬，及口分田，卖充宅及碾硙邸店之类，狭乡乐迁就宽者，准令，并许卖之。其赐田欲卖者，亦不在禁限。其五品以上，若勋官永业地，亦并听卖。”

这规定，说明了封建土地私有制进一步加强，但是豪强富贾却假此对农民的土地进行巧取豪夺，造成广大农民破产。到武则天时期，农民因破产而逃亡的现象已相当严重了，所谓“天下户口，逃亡过半”[⑩]。针对这种矛盾现象，唐政权，一方面是采取恐吓与引诱软硬兼施的两手设法使农民回到封建土地上来，提出“逃亡之民，应自首者，以符到百日为限”，如果“限满不出，依法科罪，迁之边州”。同时提出“虽有阙赋悬徭，背军离镇，亦皆舍而不问，宽而勿征，其应还家，而贫乏不能致者，乃给程粮，使达本贯”。如实在不

⑩ 《旧唐书》卷八八《韦嗣立传》。

成，就只好准其就地落籍，以纳贡赋。[11] 另方面是向大土地所有者展开激烈争夺土地和劳动人手的斗争，即所谓“括田”、“括户”，因而引起大土地所有者的反对。例如，开元九年唐玄宗诏令宇文融括田时，曾遭到卢从愿的抗拒，“本司校考为上下，从愿抑不与之，融颇以为恨”[12]。更有上疏表示反对者，说：“太上务德，以静为本，其次务化，以安为上，……何必聚人阡陌，亲遣检量，故夺农时，遂令受弊”。而且“括客不利居民，征籍外田税，使百姓困敝”[13]。显然，由于土地和劳动人手大量集中在大土地私有者手中，必然造成朝廷“租调既减，国用不足”。封建统治者必将加重在籍农户的负担，从而加深了农民同地主阶级的矛盾以及地主阶级内部矛盾的激化。在这种情况下，封建统治者颇感“理人之急，尤切于兹”。在永徽以后唐政权就曾禁止永业、口分田的买卖，但是并未发生效用，反而益趋严重，所以到开元二十三年九月不得不再下诏令，严加禁止买卖，“天下百姓口分、永业田，频有处分，不许买卖、典贴。如闻尚未能断，贫人失业，豪富兼并，宜更申明处分，切令禁止。若有违犯，科違敕罪”[14]。

从上述材料看出，由允许永业田、口分田在一定条件下可以买卖，改变为不准买卖，这一变化在《唐律疏议》中是没有反映的，而且同《唐律疏议》对此问题的规定恰相矛盾。如果这部《唐律疏议》成于开元二十五年，那么对当时极为重要的社会现实问题为什么在其中没有反映，而却做出了过时的不利于封建专制统治的规定呢？

第二，关于碾硙事业的问题。从《唐律疏议》中看出在永徽以前，是鼓励发展碾硙事业的，但永徽六年以后就开始加以限制了。

《唐律疏议》规定准许口分田买卖的条件之一，即是卖充设立碾硙才“许卖之”。这在当时无疑是适合社会经济发展需要的。不仅如此，碾硙事业也是一笔重要的财政收入，“出私财造水碾硙，税其利以养饥馁”[15]。但是后来由于官僚贵族寺观富贾极力操纵，例如，有的“寺院广占田地及水碾硙”，以“侵夺百姓”，从而破坏了农田水利的正常发展，所以“永徽六年，雍州长史孙祥奏言，往日郑白渠溉田四万余顷，今为富商大贾竞造碾硙，堰过水费”。这种情况到唐玄宗时更加严重了，因此不得不再申限令，规定“凡水有灌溉者，碾硙不得与争其利”，唯在不妨害溉田，或溉田水有余之时，碾硙乃可设立[16]。并把京畿附近有妨害农田水利的碾硙强行拆毁。在开元初，“有诏令（李）元纮疏决三辅，诸王公权要之家，皆缘渠立以害水田，元纮令吏人一切毁之，百姓大获其利”[17]。

从上述开元时期限制碾硙事业，甚或大量拆毁碾硙的事实，同《唐律疏议》中鼓励发

---

⑪ 《唐会要》卷八五《逃户》。
⑫ 《旧唐书》卷一〇〇《卢从愿传》。
⑬ 《唐会要》卷八五《逃户》。
⑭ 《册府元龟》卷四九五“开元二十三年诏”。
⑮ 《旧唐书》卷一八五上《王方翼传》。
⑯ 《唐六典》卷七《尚书工部》“水部郎中”条。
⑰ 《旧唐书》卷九八《李元纮传》。

展碾硙事业的措施，显然有很大矛盾。即使开元律沿用永徽律，而对其中“不便于时”的条款，也是予以删除的，否则开元时期何必集大量律学之士“删辑旧格式律令”？上述事实，亦足证《唐律疏议》非开元律而是永徽律。

第三，关于兵制问题。从唐代的兵制上看，永徽以前同开元时期也截然不同，前者行府兵制即征兵制，开元中期以后行彍骑和长征健儿即募兵制。《唐律疏议》中有关兵制的条款，都是对保证府兵制实施的规定，彍骑和长征健儿却只字未提，这又怎么能说它是开元律呢？

根据当时的材料记载，府兵皆挑选六品以下子孙及白丁无职役者充点，成丁而入，六十始还。对应征的兵丁，“拣点之法，财均者取强，力均者取富，财力又均，先取多丁”⑱。凡应征的兵丁，又要自备物资盘缠，这种长期出征加上物质负担，而且应征以后，“其家不免征徭”⑲。农民当然不堪其苦，所以府兵制度从初唐开始，便蕴藏着这样一个内在矛盾。农民为了躲避兵役，往往忍痛残伤自己的肢体。为此，唐太宗时即曾下令恐吓说：“自今自伤残废者，据法加罪，仍从赋役。”⑳ 就是说即使残伤了自己的身体，徭役也不能免除，而且还要按照法律规定，以“巧诈以避征役”论罪科刑。广大农民只有逃亡。唐高宗麟德二年（665年）刘仁轨上疏说，州县发遣兵募，东西藏避，“自害逃走”㉑。然而这是自始就被唐政权严加禁止的，太宗时曾“敕天下括浮游无籍者，限来年末附毕”㉒。农民群众这种反抗沉重兵役的斗争，不仅影响到唐王朝的兵源，对封建统治也是一个很大的威慑，所以褚遂良就曾上谏太宗，认为“王师初发之岁，河西供役之年，飞刍挽粟，十室九空，数郡萧然，五年不复。陛下岁遣数千人，远事屯戍，终年离别，万里思归。去者资装自须营办，既卖菽粟，倾其机杼，经途死亡”㉓。面对这种严重社会问题，在永徽以前我们还看不出唐王朝有别的办法，仍然只是对应征兵丁的逃亡者严加惩处。例如《唐律疏议》卷二八《捕亡》律规定：“诸征名已定，及从军征讨而亡者，一日徒一年，一日加一等，十五日绞；临对寇贼而亡者，斩……”但是这并不能制止上述逃亡现象，所以府兵制度在武则天以后，就逐渐不能推行了，其结果，不能不迫使唐王朝于开元十年以后，由征兵制逐步改为募兵制。最先代替府兵上番征镇任务的是“长征健儿”，开元二年以后，“遂令诸军皆募，谓之健儿”㉔，开元八年八月更下诏“宜差使于两京及诸州且拣取十万人，务求灼然骁勇，不须限以蕃、汉，皆放番役差科，唯令围五教练，……仍敕幽州刺史邵宠于幽、易两州，选二万灼然骁勇者，充幽州经略军健儿”㉕。其后，开元十年，兵部尚书张说建议“请一切召募

---

⑱ 《唐律疏议》卷一六《擅兴》律。

⑲ 《唐会要》卷七二《府兵》。

⑳ 《资治通鉴》卷一九六“贞观十六年诏”。

㉑ 《旧唐书》卷八四《刘仁轨传》。

㉒ 《资治通鉴》卷一九六“贞观十六年诏”。

㉓ 《旧唐书》卷八〇《褚逐良传》。

㉔ 《玉海》卷一三八，引《邺侯家传》。

㉕ 《册府元龟》卷一二四《帝王部·修武备》开元八年八月诏。

强壮，令其宿卫，不简色役，优为条例，逋逃者必争来应募，上从之”。结果，“旬日，得精兵一十三万人，分系诸卫，更番上下，以实京师”㉖。这些召募的“精兵”，“至（开元）十三年二月二十一日，始名彍骑，分隶十二卫”㉗。为使他们安心疆场，唐王朝于开元十三年正月曾诏敕州县，凡所募兵丁，因“乘塞守边，义不可辍，远征久戍，人亦告劳”，对“诸军长征人家单贫乏无力者，宜令本管州县劝率其家，助其营种，使有秋望”㉘。可见，“兵农之分，从此始矣”㉙。以后，征镇戍守的任务，皆“召募取丁壮情愿充健儿长任边军者”㉚。开元以前兵农合一的府兵制，至此已渐被召募的职业兵制代替，府兵制已名存实亡，当然没有存在的必要了，于开元二十六年正月便诏令“诸军兵健”凡非召募者，“一切放还”㉛。府兵制亦随之废矣。

关于上述唐代兵制的变化，各书记载虽略有不同，但其始年皆在开元二十五年以前，而这样一个重要制度的变化，在现存《唐律疏议》里一点也没有得到反映。在开元时期撰制的《唐六典》卷五《兵部》里却有明确记载：“凡左右金吾卫有角手，诸卫有弩手，……及左右万骑、彍骑，天下诸军有健儿。”相反，在《唐六典》里却找不到像《唐律疏议》中那样规定的关于府兵制的记载。况且以长征健儿代替府兵上番征戍的主要倡议者就是撰制开元律的主要执笔者李林甫。且看《唐六典》卷五《兵部》李林甫所加之注：

> 旧健儿在军皆有年限，更来往，颇为劳弊。开元二十五年敕，以为天下无虞，宜与人休息，自今以后，诸军镇量闲、剧利害，置兵防健儿，于诸邑征行人内及客户中召募，取丁壮情愿充健儿常住边军者，每年加常例给赐，兼给永年优复；其家口情愿同去者，听至军州，各给田地、屋宅。人赖其利，中外获安。是后，州郡之间永无征发之役矣。

据此，亦足证现存这部《唐律疏议》并非出自李林甫等人之笔的开元律，而是永徽律。

或许有人认为在《唐律疏议》里已有募兵制的反映，即其中有“拣点卫士征人”之条，其中“征人”与“卫士”不同，征人是“临时募行者”㉜。这里所谓“募行者”与玄宗开元时期召募的彍骑和长征健儿不同，永徽时期所以有募兵的存在，是唐初以来，征讨频繁，加以府兵制自身的矛盾，不能满足战争的需要，而有临时召募的“征人”。“征人”的性质，从唐高宗麟德二年（665 年）刘仁轨的上疏中可以看出，“州县发遣兵募，人身少壮，家有钱财，参逐官府者，东西藏避，并即得脱。无钱参逐者，虽是老弱，推背即来”㉝。当时称“兵”者即“府兵”，称“募”者即“征人”，均为强行服役，“兵”“募”的区别，在于“征

㉖ 《旧唐书》卷九七《张说传》。

㉗ 《唐会要》卷七二《府兵》。

㉘ 《册府元龟》卷一三五《帝王部·愍征役》，开元十三年正月诏。

㉙ 《资治通鉴》卷二一二，开元十年九月诏。

㉚ 《册府元龟》卷一二四，开元二十五年五月诏。

㉛ 《册府元龟》卷一三五，开元二十六年正月诏。

㉜ 《唐律疏议》卷一六《擅兴律》。

㉝ 《旧唐书》卷八四《刘仁轨传》。

人”为临时需要而征集，不像府兵那样上番宿卫罢了。所以《唐律疏议》中的“征人，同开元时期那种自愿投效的彍骑和长征健儿是截然不同的。

第四，关于牧长及牧子的刑事责任问题。这是牵涉到对犯罪者的刑罚问题。只要略微地对开元时期的法律文书与《唐律疏议》对比一下，便可以发现，对同样的犯罪行为其刑罚却有所不同。以牧长及牧子失落牲口的刑事责任为例，《唐律疏议》卷一五《厩库》律规定：凡过限“死失及课不充者，牧长及牧子，笞三十，……罪止徒三年”。如果“放饲瘦者”、“系饲死者”，都要分别处以笞杖之刑，“杂畜一死，笞四十，罪止流二千里”。如果“失者又加二等。以其系饲不合失落，故加二等。称‘又’者，明累加，即失一，杖六十，罪止流三千里”。

但在《唐六典》里却有完全不同的规定。《唐六典》卷一七《太仆寺》诸失官畜条规定：“凡官畜在牧而亡失者，给程以访；过日不获，估而征之。（原注：谓给访限百日，不获，准失处当时估价征纳，牧子及长各知其半。若户奴无财者，准铜，依枷杖例）”

《唐六典》中的牧子放牧亡失官畜，只“估价征纳”，赔偿了事；而《唐律疏议》中却规定牧子要处以严重的刑罚。对同样问题的规定，之所以不同，在于社会经济政治情况有所变化，开元时期牧子的经济地位比永徽时期有所改变。据《唐律疏议》卷一五《厩库》律记载，当时牧监上养有马、牛、羊（羖羊、白羊）、驼、骡等。每一牧监设有监、副监、丞、簿，下置牧尉，统牧长及牧子。牧长和牧子是主要生产者，他们的社会地位很低，开元时期也还是属于“奴户”是低于一般平民的等级。但是开元时个体经济的发展，牧子也逐渐地有了一定的个体经济，因而有了依价赔偿失落牲口的能力。《唐六典》关于牧于失落牲口刑事责任的规定，正说明《唐六典》确实反映了永徽以后唐代社会政治经济新的变化情况。通过这样一个事例的对比，也可以证明现存《唐律疏议》不是开元律，而是永徽律。

三、余论与结语

《唐律疏议》，是封建经济基础之上层建筑，它不仅决定于当时的经济基础，而且对当时的经济基础、政治制度又给予法律的确认，并积极地为其服务。我们知道，任何阶级社会的经济基础，总是要求法律与其相适应；同时，产生于这个经济基础的政治制度，也要求法律给予保障才能很好地实现其预期的目的。这样，封建法律，必然随着封建社会经济的发展，及封建统治者的某些制度的变化，而不断变化，即使这种变化不能马上在法律上有所反映，但是封建统治者，绝不会等闲视之，漠不关心，用法律束缚自己的手脚，他们迟早要对法律进行纂修，删除过时的条款，增加新的内容。所以有唐一代，较大的立法活动就有四次，正如恩格斯所说：“‘法权发展’的进程大部分只在于首先设法消除那些由于将经济关系直接翻译为法律原则而产生的矛盾，建立和谐的法权体系，然后是经济进一步发展的影响和强力又经常摧毁这个体系，并使它陷入新的矛盾。”[34] 因而在封建社会，“百王之法”虽然“相因”，但皆“随时损益”，并非一成不变地沿用和照抄。因此，在考定某一法律的制作年代时，不应仅拘泥于个别文字名称的考证，因为在封建社会文字和名称的变化，其因细碎，况历代相传抄刻，讹误难免，故多不足为据。所以重要的是密切结合当时的经济政治制度，同法律条文所规定的内容，相互印证，这样才能得出比较科学的认识。这是本文推定现存《唐律疏议》制作年代的一个重要方法。

总括以上，无论从《唐律疏议》的内容或其他文献记载，以及同《开元律》残卷的比照，更重要的是以《唐律疏议》所规定的内容，同永徽、开元两个时期的社会经济政治制度的某些方面相互印证，其结果，我认为现存这部《唐律疏议》，是永徽二年到四年撰成的，即一般所称的《永徽律》，唐代虽然颁行过四部法典，但《武德律》、《贞观律》皆早散佚，没有保存下来；《开元律》目前也仅发现其中的《名例》和《杂律》的一小部分。持《开元律》说者，在上述材料和《开元律》实物证据面前，以及开元时期某些经济政治制度，同现存《唐律疏议》所规定的某些内容相矛盾面前，显然是站不住脚的。

---

[34] 1890年10月27日恩格斯致康·施米特的信。见《马克思恩格斯书信选集》，472页，人民出版社，1962。

张梦梅

基督教会与教会法在西欧封建统治中的作用*

一、基督教的产生及演变

马克思主义认为宗教是一种非科学的意识形态。它同其他意识形态一样，有其产生、发展的社会物质根源及客观作用。特别像基督教这样的从公元一世纪至二十世纪，存在近两千年之久的世界性宗教，我们绝不应只简单地嘲笑它是“从愚人和骗子相遇当中产生出来的”谬说，而不对其进行认真地研究。尤其是教会法律在整个封建统治时期所起的维护封建统治制度的重大作用，更是不应忽视的。

基督教发源于公元一世纪，三百年后成了罗马帝国的国教。公元一世纪，席卷地中海各国和延续了整整一个世纪的革命浪潮：已被奴隶主阶级专政所镇压。奴隶的起义、下层自由民和被征服民族的反抗斗争，都相继失败。在罗马帝国的高压政策下，任何反抗一时都很难成功。残酷的压迫和沉重的负担，使广大被压迫者陷于死亡的绝境。对争取摆脱困境的现实出路的绝望，不可避免地将人们导入对宗教的幻想。沮丧绝望的人们只有“翘首望着渺茫的天空，希望在那里找到救星”①。基督教就是作为一条把受苦受难的人从苦难的人世导入永恒的天堂的出路而形成的。因而，早期的基督教的信徒“主要是来自人民最下层的受苦受难的人”②，“是奴隶和被释放的奴隶、穷人和无权者、被罗马征服或驱散的人们的宗教”③。

早期基督教的宗旨是宣扬上帝面前人类的普遍平等与博爱，要人们相信，只有上帝能

---

* 原发表于《法律史论丛》，第二辑。

① 《斯大林全集》，第6卷，第49页。

②③ 《马克思恩格斯全集》，第22卷，第525页。

“叫有权柄的失位，叫卑贱的升高，叫饥饿的得饱美食，叫富足的空手回去”④，以实现人们的“皆大欢喜”。并号召人们要公正、仁爱、爱人如己。但同时也表现出蔑视富人，仇恨统治者的反抗精神。如公元二世纪基督教作品《普爱曼德尔》中说：“富人很难和上帝的奴仆相交往，因为担心着他将向自己要求什么。这样的人走进天国是困难的”。圣经中也有“骆驼穿过针的眼儿，比财主进上帝的天国还容易”的记载。并号召人们通过上帝的“末日审判”来实现彻底解脱。无疑地这种朴素的平等思想和反抗精神，受到了广大被压迫群众的欢迎，使基督教迅速发展起来，到公元一世纪末时，帝国的各主要城市都已有了基督教徒，到二世纪末，全帝国人口已有百分之五的人信奉基督教，公元三世纪初，信徒数目的急剧增加，引起了罗马帝国统治者的恐慌，他们企图用高压手段和各种酷刑来扑灭基督教，但结果都失败了。早期基督教在反迫害斗争中不断发展壮大起来。许多地方建立起了教徒集结的团体，即教会（ecclesia）组织，并设立了主教、神甫、执事等职位。

公元三世纪，随着基督教的广泛传播与发展，信徒成分中增添了很多富有者和有地位的人。如律师、医生、军官、文官、法官、乃至行省总督等，都纷纷信奉基督教，而这些人利用他们的各种条件，很快就掌握了教会的领导职位。这就使得统治阶级本能地感觉到基督教是可以被利用的，可以用期待虚无的“天堂”幸福来哄骗群众，使之放弃对现实世界一切不平等现象的斗争。这样一来，基督教不但不会妨碍罗马帝国的统治，反而会给这种统治与压迫披上神圣的灵光，使之更加固定化、神圣化。因而，帝国改变了对基督教的政策。公元三一一年皇帝伽里略颁布结束一切迫害基督教的命令，公元三一三年皇帝君士坦丁颁布“米兰敕令”，正式承认了基督教的合法地位。公元四世纪末，狄奥多修统治时期，又进而宣布基督教为罗马帝国的国教。

随着基督教地位的改变，其传教宗旨也逐步被改造。抛弃了早期基督教的民主精神和战斗精神，代之以“不要与恶人作对”、“要爱仇敌”、“为压迫你的人祷告”⑤ 等阶级调和的论调，致使基督教的思想体系与罗马帝国统治阶级意识形态融合起来，把基督教变成罗马帝国用以巩固其统治的精神工具。

公元五世纪罗马帝国灭亡后，随着封建制度的形成，基督教在“蛮族”早期封建国家中得到进一步传播。到公元七世纪时，已在西欧日耳曼人、爱尔兰人、苏格兰人中广为流行。公元七五六年法兰克王国的国王丕平将大片土地送与教皇，使之建立教会国家。公元十一世纪后基督教的发展进入了新的历史阶段。基督教会在欧洲已是一个很有力量的组织，本身已具备一套完整的体系和教阶结构，教皇为基督教的最高统治者，下设大主教、主教、神甫、执事等，各按职务享有不同特权。教会将其播教区域划分为若干行省、主教辖区和教区。行省是最大的区域，由大主教管辖，主教辖区为主教管辖的区域，教区则为主教辖区的一部分，每个教区设一神甫主持“弥撒”及其他圣礼。较重要的教区也常设助理神甫

④ 引自罗伯斯庇尔：《革命法制与审判》，第 176 页。

⑤ 《新约全书》，《马太福音》第 6 章。

及执事，协助工作。这些机构不仅管理有关宗教事务，而且也是封建国家统治工具的一个组成部分。

十字军东征的多次失败，削弱了教皇的权威，沉重的战争开支增加了人民的负担，引起人民的怨恨和信仰的动摇，特别是教会与国王间争权斗争的失败，使基督教逐渐衰落下去。加之教会内部的腐败和长年的宗教战争，最终导致十六世纪基督教的大分裂。除正教外，又分裂为各据不同布教区的旧天主教和路德新教。但它们仍保持着根本性的共同点，都以耶稣基督为创教始祖，都以用宗教形式来巩固封建统治和等级特权为宗旨，这也正是它们在与一切反对力量及异端的斗争中，能够联合成统一力量，长期存在下来的根本原因。

二、教会和教会法在封建国家中地位的发展变化

中世纪教会法是天主教教会法规的总称，因之，教会法的制定、适用都与教会在国家中所占地位的演变有着密切的联系。

欧洲封建制国家的产生开始于日耳曼人征服罗马帝国后，建立起的“蛮族”国家，从公元五世纪法兰克王国的建立到公元十七世纪资产阶级革命的胜利，封建制国家统治欧洲达一千余年。在这漫长的年代中，尽管教会与国王之间存在着时而合作，时而分裂的争夺统治权的曲折斗争，但总的来说，基督教的教义、宗旨和教会都是适合封建统治需要的，从而使教会能够在封建国家中占有相当重要的地位，成为维护封建统治制度的精神支柱和重要机构。

处于原始公社制解体阶段的日耳曼人征服罗马帝国之后，虽然结束了欧洲奴隶制的统治，开始了欧洲的封建制历史时期，但落后的“蛮族”却给罗马社会带来了极大的破坏。昔日的经济、政治和文化各方面的联系尽遭破坏，自然经济占了统治地位，贸易几乎完全断绝，知识教育也陷于停滞，唯一完好保存下来的就是基督教。这就是宗教之所以在中世纪占有特别重要地位的原因之一。正如恩格斯指出的：“中世纪是从粗野的原始状态发展而来的。它把古代文明、古代哲学、政治和法律一扫而光，以便一切都从头做起。它从没落了的古代世界承受下来的唯一事物就是基督教和一些残破不全而且失掉文明的城市。其结果正如一切原始发展阶段中的情形一样，僧侣们获得了知识教育的垄断地位，因而教育本身也渗透了神学的性质。政治和法律都掌握在僧侣手中，也和其他一切科学一样，成了神学的分支，一切按照神学中通行的原则来处理。”⑥

神学的这种至高无上的权威使得教会成为古代世界文化残余的唯一代表和将其输入后世的必要桥梁。从而使西欧的政治和文化都染上了浓厚的宗教色彩，教会不但控制了学校，垄断了教育，而且直接影响到政治和法律。教会的宗规发挥了政治信条的作用，圣经的词

---

⑥ 《马克思恩格斯全集》第7卷，第400页。

句在法庭也产生了法律效力。特别是许多教士成为“蛮族”国王的法律顾问和大臣。主教既是大封建领主又是皇室的官吏，其地位相当于地方最高长官——郡伯爵的地位，有时也可被国王任命为“巡按使”以监督地方行政机关的活动，或被任命为皇室法院的陪审官，参与最高审级的审判工作。此外，教会本身还建立了一整套完备的司法机关和审判制度，不但对宗教人员进行独立审判，而且对其管辖区域内的附庸及佃户也享有第一审级的审判权。可见，教会实际上是从行政、司法各方面发挥宗教的控制作用。无疑，这种情况迅速地推动着教会法的发展。国王为了充分利用基督教来维护封建国家的统治，一面强制推行对基督教的信仰，扶植教会的发展，另一方面为把教会严格纳入封建统治轨道，使之置于王权控制之下，又施加一定限制，使之融合于一个目标。查理曼统治时代，这种融合达到了新的阶段。

查理曼逝世后，统一帝国走向分裂，教会成为基督教一统王国的唯一代表，于是教会野心大增，企图凌驾于国家政权之上，摆脱世俗权力的干涉，达到教权至上的目的。公元八三三年法兰克王国发生分裂斗争时，教皇已高居仲裁人的地位，教会已拥有左右政局之权势。至教皇尼古拉一世时（858—867），教权已扩大到凡择立新皇以及登极加冕诸礼，都必须由教皇主持。致使查理二世继位时不得不承认“朕凭主教之力忝登王位，……设无主教之审判，则无论任何人自无可废立或剥夺寡人王位之理”。换言之，也就是承认主教们有根据共同判决废黜王位的大权。

公元十一世纪到十五世纪是教会经济、政治的繁荣时期。教会权力已日益成为一种独立于王权控制之外的政治力量。教皇的产生已摆脱国王的控制，而由红衣主教团选举决定，教皇对教会事务拥有最高立法权，宗教会议的一切决议，都须经教皇批准，方能生效。国王不得干涉。可见，教会的地位已提升为独立的世界性的宗教君主国家。罗马教皇则成为这宗教国家的首脑及封建神权统治的巨大国际中心。至英诺森三世在位时，教会权力进一步发展，随着教会经济和政治实力的增强，其组织机构也日趋完备和集权化。教皇之下除设有主教和神甫之外，还建立了由高级教士中选编组成的，直辖于教皇的寺院军队，至此，教会已发展成为拥有独立武装的政治力量，成为捍卫欧洲封建制度重要堡垒。与此同时，教会法的适用范围更加扩大，教会法的作用也达到了高峰。

公元十五世纪经过一系列的斗争，王权逐步加强，教会在经济上、政治上受到严厉打击，国王极力限制教会的扩展和教会法庭的活动。并取得了征收教会财产税的权力，使教会的作用受到削弱。加之教会内部的分歧和腐败，特别是在风起云涌的群众革命斗争冲击下，教会力量逐渐衰落下去。到公元十六世纪，随着封建专制制度的形成，专制君主掌握了最高统治权，大大缩小了教会的权势和作用。如法王法兰西斯一世于一五一六年与教皇利奥签订的波伦亚条约，规定法王有权管理法国僧侣及调换高级教职，到路易十四统治时期，国王已成为最高教长，甚至拥有领导教皇之权。此时，教会法院的审判权也随之缩小到只限于对教士的惩罚。基督教会又成为完全依附于封建国家政权的精神统治工具了。

三、教会法的渊源及内容

教会法也叫寺院法或宗规法，是由教会组织制定和颁布的宗教法规的总称。它是随着教会的产生而逐步形成的。在基督教取得合法地位之前，其适用范围受到极大限制，但自从公元四世纪末基督教被定为罗马帝国国教后，教会法迅速发展起来。中世纪时代，由于封建统治者的利用和扶植，教会法的适用范围更加扩大，不只是调整教会内部关系，其内容也不仅限于规定教会本身的组织、制度和教徒生活等规则，而且对教会与世俗政权的关系，土地、婚姻、家庭、继承、犯罪、刑罚等各方面都作了规定。从而使教会法由纯粹宗教性法规演变成为以维护封建制度为目的的封建法律的重要组成部分。

基督教教会法的渊源是比较复杂的，这里不准备一一列举，只把其中比较明显而突出的加以分析。

1. 新旧约全书。即基督教的圣经。它是基督教会法最早的法律形式，也是教会法中享有最高权威的法律文件。任何人也不得违反或删改。其中的旧约是基督教从犹太教承袭下来的经典，产生于公元前三世纪到公元一世纪，共九百二十九章。新约是基督教的经典，形成于公元一世纪后半期至二世纪。其内容包括有马太福音、马可福音、路加福音和约翰福音等四福音书和使徒行传及使徒的书信及启示录等，共二百六十章。主要是以故事体裁叙述耶稣及其门徒间的对话和活动。在中世纪欧洲宗教法庭上，圣经拥有最高法律效力，成为审理案件的重要准则。

2. 教皇诏令及宗教会议的决议。教皇诏令系指罗马教皇对各区所发布的教令，这种诏令多半是为了规定教会行政管理规则或规定教会惩罚以及指定对上诉案件所应适用的法规而颁发的。由于罗马教皇为基督教王国的最高审级的“共同审判官”（universal ordinary），其诏令成为宗教法庭办案的重要法的依据。

宗教会议的决议系指全国或地方召开的宗教会议所制定的决议。由于基督教的宗旨与封建政府的统治方针的融合，历届国王都企图通过教会的法规来维护封建的社会秩序和自己的统治地位，因而他们都十分重视对于宗教会议的领导和控制。罗马全国第一次宗教会议，即尼西亚宗教大会（325 年）就是在罗马皇帝君士坦丁亲自主持下召开的，狄奥多修帝于公元三八一年又召开第二次宗教大会，查理曼帝在位期间也曾十六次亲自主持宗教会议。宗教会议决议的内容很广泛，有关于教会的组织和神职人员生活的准则，对异端活动的处置决议，教会法庭的审判权以及某些教会条例等等。这些决议有时是以宗教大会名义发布，有时也以皇帝的通令公布。这种决议是宗教法适用过程中必须遵守的规范性文件，因而也是重要的法的形式。

3. 罗马法的影响。由于最早的宗教法产生在罗马帝国法律的发达时期，受罗马法的影响颇多。罗马帝国灭亡后，在法兰克国家内仍然承认在罗马人之间可以适用罗马法的原则。这就使得罗马法不只影响到日耳曼人法律的形成，而且其内容也必然会被改造或渗透到教会法中，成为宗教性的法律规范。例如教会法中关于债权、契约、婚姻关系等规定，就是来自罗马法。

4. 宗教法规汇编。十二世纪随着教会地位的加强，教会法庭管辖权的扩大以及法学研究的发展，出现了不少寺院法学家和教令学家，从而也产生了关于教会法专著或汇编。最早的一部是格拉奇（Gration）所编的《教令提要》，也叫《格拉奇教令》，这是一部寺院法大全，也是一部教会成文法与判例法汇编。它一经问世，立刻成为欧洲各基督教国家的立法张本和各大学讲授教会法的主要依据。后被教皇收入《教会法汇编》而成为官方文献。其内容包括：阐述法的来源；神职人员的特性；列举触犯教会法的案例等部分。这部教会法汇编的特点是将教会法的条例、规范，用自己的语言加以记述，并在每条规范之下引用圣经、宗教会议的决议、教皇的教令予以注释，然后作出结论。到十三世纪，教会法的编纂已由私人所编教令集发展成"官刊教令集"。一二三四年编纂完成了教皇格列高利（Gregory）九世的教令集。其内容共分五篇，第一篇规定了教会法院及其管辖权，第二篇诉讼程序，第三篇教士的义务与特权，第四篇婚姻法，第五篇刑法。以后又相继出现有一二九八年教皇卜尼法八世教令集和一三一七年教皇克里蒙五世教令集。一五八二年教皇格列高利十三世又将《格拉奇教令》和其后的教令汇编在一起，仿照《国法大全》的名称，定名为《教会法大全》，此文献后为一九一七年的《天主教会法典》所代替。

中世纪教会法的阶级本质是属于封建地主阶级的法。是僧俗封建地主阶级意志的反映。它代表着僧俗封建主阶级的利益，是地主阶级用以维护和巩固封建的社会等级关系和统治秩序的工具。

教会法的内容及其调整范围非常广泛，不只是教会内部神职人员的行为规则，而且也包括世俗人等必须遵守的准则。

首先，教会法的根本任务是维护封建土地所有制度及建立在此基础上的封建等级结构。教会法规定，教会对其所占有的土地及土地上的依附农民，有不可侵犯的支配权，允许他们不但可以对其领地上的农民进行残酷的剥削，征收苛刻的租税，而且可以通过各种手段侵吞农民的小块土地，以扩大教会的地产。并把一切违反封建土地制度的行为定为非法，给以严惩。中世纪，教会的经济实力是十分雄厚的，如法国的基督教会从其领地上所获得的收入总额曾高出国家年预算数倍以上。

此外，教会法为了维护僧俗封建大地主的财产权，还对债权法作了详细的规定，而且教会本身也是大高利贷者。教会一面假仁假义地宣讲取利有罪，一面又承认"死抵押"为合法的契约形式，借以大发横财。这种抵押形式允许债权人享有从抵押的土地或财物中所获得的收入，但又不准以这种收入抵债。因而，这种抵押，实际上是对农民的残酷掠夺。此外，还规定，凡是立约人曾宣誓履行的债务契约，教会都有权管理，纵使世俗法律认为该契约无效或可以撤销时，教会法仍可以借口为使立约人"灵魂得救"，而规定债务人必须履行契约。

封建社会阶级关系的特点是明显的等级结构和等级特权。僧侣等级的上层属于特权阶级，包括大主教、主教、大教堂和富有的修道院的主持人等。他们大多来自世袭贵族的幼弟和后裔。教会法以“世界上一切都是来自上帝永恒不变的安排”，“整个世界就是以上帝为主宰的等级结构”，“王权神授”等观念为理论根据，建立了森严的教阶制度，并规定教会不但享有豁免捐税、担任官吏、享有丰厚的教职收入等特权，而且把一切侵犯僧侣特权等级利益的行为，都定为违反天意、触犯宗规、破坏上帝安宁的罪行，加以治罪，甚至以惩治异端的名义处以重刑，用火烧死。此外，教会法为了维护教会的神圣尊严和整个僧侣等级的特殊法律地位，教会法还规定，教会法院对教职人员有排他的预审特权。凡教会的教区执事（Clerk）犯罪时，不能直接由世俗法院进行审判。只有先经教会法院审判定罪，革除教职后，方能作为俗人交世俗法院审理。如宗教会议认为无罪，宣布释放，以后任何人不得再提起追诉。一般教士的犯罪，一经主教法庭审理，宣判无罪后，世俗法院便不得追诉。

其次，为了维护和巩固封建制度的社会基础，教会法力争将其审判权深入到社会生活的各个领域，将教会法院的管辖权扩大到对教外的世俗人等。家庭是社会的“缩影形式”[⑦]，因而，封建家长制家庭不但反映着封建君主国的社会等级关系，而且也是维护这种等级不平等的牢固的社会基础。封建婚姻就是建立这种家庭的“一种政治的行为”[⑧]，因为婚姻是家庭的基础。正因这样，教会对婚姻家庭关系非常关注，教会法院对婚姻家庭纠纷案件，享有无可争议的审理权。教会法从“结婚属于宣誓圣礼之一”的观点出发，规定结婚必须取得教会的合作，必须通过一定的宗教仪式进行结婚登记、接受教会祝福、举行结婚宣誓，方能成为有效婚姻。教会法为维护“婚姻的缔结完全依经济上的考虑为转移”[⑨] 的封建婚姻原则，详细规定了禁止结婚和撤销婚姻关系的条件。如教会法典上有“禁止阻碍”和“撤销阻碍”的规定。前者是规定不准结婚的条件，凡符合“禁止阻碍”条件的婚姻，教会不承认其为合法婚姻，拒绝为之主婚，此婚姻关系便不得建立。后者是规定由教会解除其婚姻关系的条件。教会对未成年人、精神病患者、重婚、不能人道和曾宣誓永抱独身者的婚姻，有权撤销其婚姻关系。教会特别重视运用这些“阻碍”条件来控制婚姻家庭关系，以适应和满足封建的不平等的社会关系的需要。如教会法规定，“凡由于一人社会地位的错误：农奴伪称自由人、平民伪称为贵族所引起的婚姻，教会有权撤销其婚姻关系”。这就充分体现了教会法维护不同等级不通婚的封建等级婚制度的特点的作用。

教会从君权是父权和夫权的延伸的观点出发，极力维护男女不平等的家长制婚姻家庭关系，确认丈夫是一家之主，其妻处于依附地位，在法律关系上妻子被认为是无行为能力的人，未经丈夫同意，没有单独支配财产和签订契约的权利。在亲子关系上，确认父亲为家长，是家庭中的最高统治者，对其财产及子女享有完全支配权。甚至对非婚生子女，只

---

⑦ 马克思：《摩尔根〈古代社会〉一书摘要》，第 38 页。

⑧ 恩格斯：《家庭、私有制和国家的起源》，第 76 页。

⑨ 恩格斯：《家庭、私有制和国家的起源》，第 46 页。

要在结婚时丈夫承认其为自己的子女，即可取得婚生子女的合法地位，享有婚生子女的一切权利。

此外，教会法既然拥有管辖和处理婚姻家庭关系之权，随之而来的，也就拥有对与婚姻家庭有关的财产关系的控制权。教会法规定，教会法院除有权验证遗产继承的遗嘱和监督遗嘱的执行外，还有权管理无遗嘱的遗产的分配。同时，也同普通法院一样，将遗嘱继承局限于动产范围之内。对土地，禁止遗嘱继承，以防止封建土地所有权的分散，从而达到确保土地所有制的封建主义原则。

最后，教会为了行使其广泛的司法权，建立了颇为完善的审判制度和法院体系。依照封建法院的"每个人都应由与自己身份平等的人进行审判"的原则，建立了不同审级的教会法院。构成了独立的宗教法院体系。主教法庭作为宗教法院的第一审级法院，由主教或主教代理人主持，统称为"寺院裁判官"。下面还附设副主教法庭，是专门管理一般人的所谓细小事件的法院，实际上它最深入严密地控制和监视着人民的思想和生活。大主教法庭是第二审级法院，此外，还有中央寺院牧师团和大修道院以及皇帝礼拜堂等本身所设之专门法庭。对以上各种法院之判决，均可上诉至罗马教皇及其全权代表的法庭。教皇法庭是所有教会法院的共同的最高审级。教皇对上诉案件既可授权当地寺院裁判官按教皇的教令裁判，也可由教皇委派全权代表组成特别法庭裁判。可见，教会法院的组织体系是比较发达和严密的，因而，它曾经是欧洲中世纪许多封建制国家司法机关的模式。

此外，为了迫害"异端"和异教徒，巩固基督教的统治地位，于公元十三世纪时还设立了宗教裁判所，亦称异端裁判所。它直接隶属于教皇及其代理人。其任务主要是为了扼杀一切科学和进步思想，而从事侦查、审讯活动。其特点是实行野蛮而残忍的审判制度；秘密审讯、刑讯、酷刑处死等等。中世纪西欧，被宗教裁判所查禁、销毁的进步书籍和被迫害处死的进步思想家和科学家甚多。如西班牙的宗教裁判所从一四八三至一四九八年，仅十五年间，就有八千二百二十人被处火刑，被判处其他刑罚的则在八万九千三百二十余人左右。十六世纪梵蒂冈宗教法庭曾因伽利略声称地球不是宇宙的中心，判处他无期徒刑。总之，宗教裁判所对一切科学和进步思想，都认为是违反教义的，抱绝对不容忍的敌视态度。

教会法院所采用的审判程序，基本上是继承罗马帝国法院审判程序而来的。在刑事案件中，任何公民均可提起诉讼。寺院裁判官或根据控告（accusation），或根据报告（information）开始审判。但在所有案件中，都必须由裁判官亲自讯问，听取双方当事人或代理人的陈述和答辩，亲自审查证据和作出判决。关于证据，中世纪初期，教会法院多采用誓证法，即宣誓为证，或神判法，即神明裁判为证。直到十三世纪以后，才逐渐采用较为合理的证据法。关于审讯，对刑事案件，一般都采用纠问主义的程序。即法院根据告发开始侦查，在此过程中，允许对被告使用刑讯拷问，逼迫招供。这种程序是十分残忍的，特别是对反封建压迫的劳动人民和所谓的异端、异教徒，它是一种野蛮专横、残酷报复的手段。这种审判程序充分体现了中世纪封建法律野蛮强暴的特点。

教会法关于民事案件的审理程序的规定，是非常繁琐的。它规定无论是起诉、上诉，都必须采用书面的形式。显然，这对缺乏文化的劳动者来说，只不过是用合法的形式将其排斥于法律保护之外的一种手段而已。

中世纪，基督教会法是披着宗教外衣的封建法。是在野蛮的封建法律上涂抹了一层神的油彩，使之发生更神秘、更严厉的作用。用所谓神的法规来确认现实社会的一切不平等现象，使之产生不可抗拒的威力，以达到欺骗人民，维护封建制度和地主阶级特权的目的。因之，无论是教会的教义或是教会的法律，其实质，都是以所谓神的力量来诱导或强制人们为了虚幻的“天国”、“彼岸”的幸福，而忍受现实的痛苦，做剥削者驯服的奴隶，放弃争取解放的现实斗争。正因为这样，马列主义一向把宗教看成是麻醉人民革命意志的鸦片和“精神的劣酒”。总而言之，教会法是统治阶级用以强制人民饮鸩吸毒的工具。

陈盛清

论孙中山的法律思想

——纪念辛亥革命七十周年*

简介

陈盛清，男，江苏溧阳市人，1910 年 11 月出生，九三学社成员。1928 年至 1931 年在苏州高中学习，1935 年毕业于“中央政治学校”大学部（国立政治大学前身）法律系。1949 年前曾任江苏省立医政学院卫生行政科民刑法教员、国立云南大学法律系讲师、中央政治学校大学部民法副教授、国立英士大学刑法教授、国立暨南大学、国立同济大学民刑法教授；1949 年后由暨南大学至北京中国新法学研究院学习结业分配在政务院政法委员会，后又调至中央政法干校，拨乱反正后于 1980 年到安徽大学法律系。曾任法律系主任、安大学术委员会副主任委员；中国法学会一、二届理事、三届名誉理事；中国法律史学会学术顾问；全国外国法制史研究会一、二、三届会长、四届顾问；安徽省社联二届副会长；安徽省法学会一、二届副会长，三、四届名誉会长等等。

陈老虽一生坎坷，但仍笔耕不辍，学术斐然。著有《法律知识与青年》、《五五宪草释论》、《公证法要论》、《宪法要义》、《民法概要》、《中国大百科全书·法学》、《外国法制史》、《中国法律思想通史·辽夏金元卷》，撰写法学论文七十多篇。

* 原发表于《法学》，1982（2）。

伟大的革命先行者孙中山所领导的辛亥革命，已届七十周年。众所周知，辛亥革命并没有完成反帝、反封建的革命任务；但它推翻了清皇朝的反动统治，结束了在中国延续了两千多年的封建专制主义君主制度，建立了共和制度，其丰功伟绩是不可磨灭的。

今天，我们重温孙中山遗著和辛亥革命史料，追怀这位伟大历史人物的法律思想，对于振兴中华，争取台湾回归祖国，实现和平统一，具有一定的历史意义和现实意义。

论述孙中山的法律思想，一方面不应当停留在辛亥革命时期这个历史阶段。同他的资产阶级民主革命思想一样，他的法律思想的形成，经历了一段过程，要从发展上全面地对待，因而我们要从孙中山全部著作中去探求。另一方面，辛亥革命推翻清皇朝，他担任南京临时政府的临时大总统，不过短短的三个月，而南京临时政府时期颁布的法律、法令，实际上又并未在全国范围内真正实施；但这些法律、法令，反映了他的法律思想，却是毋庸置疑。因此，辛亥革命史料不失为我们的探求对象。

法治观　资产阶级革命后一般总是先搞一个立宪会议，制定宪法，巩固既得权益，把统治阶级的统治活动，纳入宪法的轨道。法国从1789年革命起，到1875年颁布第三共和国宪法止，八十六年时间内，革命与反革命交替，先后搞过十一次宪法，这是典型的例子。孙中山的法治观，也是一样。直到晚年时期，确立三大政策后，才认识到“宪法之成立，唯在列强及军阀之势力颠覆之后”。他就任临时大总统后，通过参议院先后颁布《中华民国临时政府组织大纲》，规定十个月内召集国会，制定正式宪法。袁世凯窃国后，孙中山于1915年《讨袁檄文》中指出他的罪状“改毁约法，解散国会”，1916年《第二次讨袁宣言》又指出：“……解散国会，公然破坏我神圣庄严之约法”，要“维国法而伸正义”。1917年在反对段祺瑞政府的《护法宣言》中说：“须知国内纷争，皆由大法不立”，要建立“合法永久之和平”。后来1924年在其所著《建国大纲》中规定：“宪法颁布之日，即为宪政完成之时，而全国国民则依宪法行全国大选举。国民政府，则于选举完毕之日起三个月内解职，而授于民选之政府，是为建国之大功告成。”他不但主张依据宪法治理国家，而且对待一般法律，也是法律怎么规定就怎么办。他在临时大总统任内，给内务部令文中指出：“民国一切法律，皆当由参议院决定宣布乃为有效。”内务部搞的《暂行报律》，应即撤销。又在咨复参议院弹劾司法部次长吕志伊违法文中认为：“立法权固当倍加尊重，而行政权亦不宜轻蔑”，认为吕志伊不构成违法，给予驳复。总起来说，孙中山的法治思想：首先是有法可依，如果无法可依就应健全法律制度；其次是有法必依，无论立法、行政、司法机关和平民百姓，都按法律规定办事。

平等观　孙中山主张平等，但不赞同天赋人权，即生来自由平等的理论。他反对封建社会帝王、公、侯、伯、子、男和庶民等级的“不平等”，他反对不管各人的聪明才智，即圣贤、才智、平庸、愚劣一律“平头”（平等对待）的“假平等”，他主张人民在政治上（包括法律上）地位平等的、即所谓立足点平等或“平脚”的“真平等”（《民权主义》第三讲）。从美国独立、法国和俄国革命的结果比较，他赞赏俄国十月革命后的平等是彻底的。推翻清皇朝封建君主专制、建立民国，他从政治地位平等出发，坚决反对封建等级制度；就任临时大总统后，首先革除前清官厅称呼。“官厅为治事机关，职员乃人民之公仆，本非特殊之阶级，何取非法之名称。”前清大人、老爷等称呼，“受之者增愧，施之者失体”，一律革除。各官厅人员相称呼，各按官职，民间普通称呼先生或君，也不得再沿前清官厅恶称。这是讲求平等的起码要求，孙中山这样要求别人，也这样身体力行。

正因为他坚决贯彻法律面前人人平等，在大总统任内，一再说：“凡属国人、咸属平等”，不得再有主奴名分，禁止买卖人口。鉴于福建、广东的蛋户，浙江的惰民，河南的丐户，以及清朝因株连而发配在功臣家为奴的所谓“义民”，还有优娼隶卒等，辛亥革命前均有特别限制，不得与平民同等看待，通令一律予以开放（意即解放），“对于国家社会之一切权利，公权若选举参政等，私权若居住、言论、出版、集会、信教自由等，均许其一律享有，毋稍歧异，以重人权而彰公论。”

民主观　列宁在《中国的民主主义与民粹主义》一文中评价孙中山“是充满着崇高精神和英雄气概的革命的民主主义者”。孙中山主张人民有权，在民权主义讲演中讲的很详细。他的权能分立说把国家权力分为“政权”（亦称民权或四权）和“治权”（亦称政府权或五权），主张人民应该有管理国家的权力，但又不承认人民有管理国家的能力，主张政府另由有能力的专家组成。因此，提出把选举、罢免、创制、复决四个“政权”交给人民，把立法、司法、行政、考试、监察五个“治权”交给政府，实施权能分立，互相制约的制度。后来，他在俄国十月社会主义革命影响和中国共产党的帮助下，于《中国国民党第一次全国代表大会宣言》中，重新解释民权主义，称“民权为一般平民所共有，非少数人所得而私，一切自由权利只给予真正反对帝国主义的个人及团体，凡效忠于帝国主义和军阀者均不得享有”。

他主张用宪法和法律保障人民有权的民主主义，所以我们把它列入孙中山法律思想之一。

刑罚观　孙中山反对封建专制的法律制度，从革命人道主义出发，对于刑罚目的，采取目的主义或预防主义，反对报应主义。对于刑罚的适用，采取罪刑等价主义，主张刑与罪相适应，罚当其罪。“国家之所以惩罚犯人者，非快私人报复之私，亦非以示惩创，使后来者相戒，盖非此不足以保持国家之生存，而成人民之均平也。故其罚之之程度，以足调剂个人之利益与社会之利益之平为准。”

他禁止刑讯，重证据而不轻信口供。“本总统提倡人道，注意民生……而于刑讯一端，尤深感痛绝……不论行政、司法官署及何种案件，一概不准刑讯。鞫狱专视证据之充实与否，不当偏重口供。其从前不法刑具，悉令焚毁。”“如有故违，褫夺官职，治以应得之罪。”

他禁止体罚。“夫体罚制度为万国所摒弃，中外所讥评。”通饬各级官署审理及判决民刑案件，“不准再用笞杖、枷号及他项不法刑具。其罪当笞杖、枷号者，悉改科罚金、拘留。详细规定俟之他日法典”。

他反对株连。在对待查抄反动官吏应被查抄的财产问题上，以查抄本人的财产为限。“其果系该伯叔兄弟之财产，而该伯叔兄弟又未尝助该官吏反对民国者，其所有财产，自应一律保护。”

孙中山基于革命人道主义和刑罚预防主义，将数千年来的刑讯、体罚和株连制度，明令废止，是极其难能可贵的。

文明观　孙中山反对封建专制主义，坚持建立资产阶级共和国，一方面主张建设物质文明，在他所著的《建国方略》中有关物质建设方面说的很详细；一方面主张建设精神文明，《建国方略》中的心理建设（孙文学说）和社会建设（民权初步）代表了他的看法。他主张恢复固有道德，即忠孝、仁爱、信义、和平。他更讲究修身，重视文明礼貌和品德作风。民族主义第六讲讲的很详细。在他就任临时大总统后，涤荡旧污、革除陋俗，除废除跪拜旧制、改行鞠躬礼外，还有：

一、剪辫子。他令内务部晓示人民一律剪去辫子。凡未去辫者，于令到之日，限二十日一律剪除净尽，有不遵办者，以违法论。

二、劝禁妇女缠足。他令内务部通饬各省，劝禁妇女缠足，“其有故违禁令者，予其家属以相当之罚”。

三、禁鸦片。鸦片流毒中国，足以亡国灭种，他在令内务部通饬各省禁烟文中，“申告天下，明令禁止”，并查明各机关有无吸食鸦片人员。

四、禁止赌博。他令内务部通饬各省，无论何种赌博，一律禁止，并不准出售赌具。

所有这些，在当时历史条件下，属于社会文明范围。

公仆观　孙中山把政府官吏，一切公职人员看作是人民的公仆，不是骑在人民头上作威作福的老爷。对待人民公仆，他在五权宪法讲演（1924年）中，主张政府要有五权，即立法权、司法权、行政权、弹劾权（监察权）和考试权。其中考试权和弹劾权是选拔和纠察检举国家官吏的。他主张厘订各种考试制度，以救济选举制度之穷（《中国国民党第一次全国代表大会宣言》）他主张公职人员要有才有德。借鉴我国古代封建君主考试取士的办法，“凡是我们人民的公仆，都要经过考试，不能随便乱用”。他借鉴了秦汉以来设置监察御史等官专司弹劾官吏违法失职的制度，又参考资本主义国家的弹劾案通常由下议院提出、上议院受理的办法，主张专设监察机关，对违法失职的政府官吏，检举弹劾，替人民伸张正义；对于已经过考试被国家任用的公仆，进行监督纠察。这两项法律制度的设计，都属于有关公仆的法律思想。

总起来说，孙中山的法律思想，民主是核心。作为资产阶级民主革命派，他一贯反对封建专制，主张民主，平等是应有之义，官吏是人民公仆，又是平等的应有之义。把民主法律化，健全法制，以法治国，也是民主的引申。只有实行民主，才能建设物质文明和适合新时代的精神文明，从而对待犯罪，自应取缔刑讯、体罚和株连，实行罪刑法定主义。

毛泽东同志在《纪念孙中山先生》（1956 年 11 月 12 日）一文中指出：“他在政治思想方面留给我们许多有益的东西。”不难设想，这里所说的政治思想方面，也包括法律思想在内。上面从六个方面分析了孙中山的法律思想，正是企图作一次尝试，尝试着从他的资产阶级法律思想里，找出对我们有益的东西。

今天，我们正处在拨乱反正、继往开来的重要历史时期。我们的目标，是把我国建设成为现代化的、高度民主和高度文明（包括物质文明和精神文明）的社会主义强国。建设高度民主的社会主义政治制度，“要完善国家的宪法和法律，并使之成为任何人都必须严格遵守的不可侵犯的力量”。孙中山的法治思想，抛开它的实质（他是资产阶级法治，我们是社会主义法治）不谈，仅就逐步做到有法可依（健全和完善法制），以及有法必依两点，完全值得我们借鉴，而且我们正是这样去做的；孙中山的平等思想、公仆思想和民主思想，同样抛开它的实质和具体做法不谈，仅就法律面前人人平等、国家干部都是人民的公仆、和人民有权当家作主的精神来说，我看也同样值得我们借鉴。再从建设高度的文明看，孙中山重视建设物质文明和精神文明，重视刑罚人道主义，重视道德修养……这种精神，也完全值得我们借鉴。

郭成伟

略论北宋惩治“贼盗”的《重法》*

简介

郭成伟，1979年考取中国政法大学第一届研究生，1982年毕业。留校从事教学及科研工作至今。曾担任法制史教研室副主任、校科研处、副处长、处长。并兼任学校学术委员会委员、学位委员会委员、中国法律史学会常务理事、中国法制史专业委员会副会长、北京市法学会常务理事。1997年获国务院特殊津贴。现为法学院教授，硕士生导师，博士生导师，博士后指导教师。曾主持召集过十数次全国性或国际性学术研讨会，促进了国内外的学术交流。主要著作有：《中国法制通史》（宋卷）、《唐律与唐代吏治》、《新中国法制建设50年》等。主编《中华法案大辞典》，组织撰写工作。并承担了《中华传世法典》丛书中《大元通制条格》的点校工作。发表过《罗马法东渐与中国近代民法形成》等重要论文三十余篇。曾荣获教育部第三届人文社科一等奖、江苏省社会科学二等奖、北京市社会科学成果二等奖等。

* 原发表于《法史研究文集》，上册，301～318页，西安，西北政法学院科研处，1983。

封建时代的“贼盗”问题，是当时社会普遍存在的问题，也是古代刑事犯罪中最严重的问题。“贼盗”犯罪的存在严重威胁封建王朝的统治，以至关系到专制王朝的存亡。因此，封建统治阶级一贯使用重典惩治“贼盗’’犯罪。北宋时期是我国中期封建社会向晚期封建社会过渡的重要时期：随着向晚期封建社会的推移，北宋中后期封建君主专制主义日益加强，社会阶级矛盾及统治阶级内部矛盾更加尖锐，少数民族的入侵更加频繁，社会的“贼盗”犯罪也较前更加严重。当时“贼盗”涉及的范围之大，分布的地域之广、种类之繁、人员之众，都是以往封建时代所罕见的。北宋中后期统治集团为维护封建皇权制度和统治秩序，推行了《重法》治“贼盗”。宋哲宗元佑元年（1086 年）年礼部侍郎兼侍讲范祖禹说：

“自古重法以止盗者，莫如五代之汉。然（今）遍较所定盗赃，犹重律三倍，岂加更增重乎？”[①]

北宋中后期惩治“贼盗”法律制度的重典化，集中地突出地反映了封建法制君主专制主义的本质，具有该时代乃至整个封建时代法制的典型特征。

一、“贼盗”罪的概念及其实质

古代“贼盗”之义有别于现今，北宋“贼盗”罪的概念又源于前代，要搞清北宋“贼盗”问题，首先需要明了古代“贼盗”罪的概念及其实质。据我国古籍记载，“贼”与“盗”罪是犯罪程度有别义彼此相关的两个概念。《左传·昭公十四年》（前 528 年）夏书曰“昏墨贼杀，皋陶之刑也。”春秋晋国大夫叔向解释说：“已恶而掠美为昏，贪以败官为墨，杀人不忌为贼。”[②]《周礼·士师》八成“二日邦贼”，郑司农曾注“邦贼”为“逆乱者”。这表明古代“贼”罪分为两类：一是杀伤人等，一是“逆乱”为武装政治反抗，较之杀人，犯罪性质更加严重。有关盗罪，叔向解释《夏书》“昏”时，提出了“已恶而掠美”的意见。在他看来，“昏”即是“盗”类的“劫略”行为。《左传·文公十八年》（前 609 年）：“周公作誓命曰：‘窃贿为盗’”，又《春秋谷梁传》定公八年（前 502 年）：“非其所取而取之，谓之盗”。在古代，一般把“盗”罪分为两类：一是“强盗”，一是“窃盗”。封建时代的晋人张裴又把“贼盗”罪简括为：“无变斩击，谓之贼；取非其物，谓之盗。”[③] 以后，唐代统治者总结了以往经验，在《唐律疏议》中对“贼盗”罪作了具有代表性的解释。《疏

---

① 李焘：《续资治通鉴长编》，卷四六八，元祐七年，范祖禹转对言事之四。

② 《左传》昭公四年。

③ 《晋书·刑法志》转引张斐律表。

议》说："人君者，与天地合德，与日月齐明，上祇宝命，下临率土"[④]，封建皇帝成了神圣不可侵犯的象征，"谋反"是"谋危社稷"[⑤]。《疏议》解释说："君位若危，神将安恃，不敢指斥尊号，故托云社稷。"[⑥]"谋反"成为于犯皂权的最大犯罪。"谋叛"则指："谋背本朝，将投蕃国，或欲翻城从伪，或欲以地外奔"[⑦]，也被统治者认为是干犯皇权的严重犯罪。唐代"贼"罪既包括"谋反"、"谋大逆"、"谋叛"等严重犯罪，又包括"谋杀"、"杀人"等侵犯统治阶级成员及一般社会成员的生命安全的犯罪行为。唐代统治者认为"强盗"是"以威若力而取其财，先盗后强等"[⑧]，"窃盗"是"潜形隐面而取"[⑨]。"强盗"与"窃盗"罪涉及范围都比较广泛。既包括侵犯皇权及封建国家利益的"盗宝印（皇帝八宝御印等）、乘舆、服御物、制书、官文书、门符、兵符、门钥、兵器"[⑩]等，又包括侵犯统治阶级成员与一般社会成员私有财产的"强盗"与"窃盗"行为。其中"盗宝印……官文书"等侵犯皇权和封建国家利益的行为，被统治者列为"盗"类中的严重犯罪。因"持杖行劫"与"持杖窃盗"较不持杖者，更具有威胁，也被列为"盗"类中的重大犯罪。

"贼"罪与"盗"罪有犯罪程度的差异，同时又相关联。北宋仁宗时期封建政治家刘敞说：

"衣食不足，盗之源也；政赋不均，盗之源也；教化不清，盗之源也。一源慢，则探囊发箧而为盗矣；二源慢，则执兵刃。劫良民而为盗矣；三源慢，则攻城邑略百姓而为盗矣。"[⑪]在他看来，"盗"与"贼"是渐进关系。饥饿导致"窃盗"发生，赋役不均导致"劫盗"发生，统治腐败又导致"谋反"、"叛乱"发生。即是说，"盗"罪是"贼"罪的最初形态，"贼"罪则是"盗"罪的发展。正因为封建统治者认识到：经济反抗往往会转化为政治反抗，所以，他们在制定刑书时往往把"贼"律与"盗"律并列为一编，以防微杜渐，避免"变置社稷"[⑫]的事出现。

从以上回顾，可以明显看出，封建时代的"贼盗"犯罪不仅涉及到社会的经济基础，也涉及到社会的上层建筑；它不仅侵犯了封建地主阶级的核心利益——封建皇权制度，也危害了封建国家和统治阶级的既得利益。"贼盗"犯罪构成了对封建统治的最大威胁，因此，封建国家必然把惩治"贼盗"的立法与司法置于整个法律制度的首要地位。马克思说"王权只是……用来掩盖自身的尘世利益的一种神明屏障。它的自身利益和与这些利益相适

④《唐律疏议》卷十七"贼窃"谋反条疏议。
⑤《唐律疏议》卷十七"贼盗律"谋反条疏议。
⑥《唐律疏议》卷十七"贼盗律"谋反条疏议。
⑦《唐律疏议》卷十七"贼盗律"谋反条疏议。
⑧《唐律疏议》卷十九"贼盗律"强盗窃盗条疏议。
⑨ 同上。
⑩《唐律疏议》卷十九"贼盗律"强盗窃盗条疏议。
⑪ 刘敞：《患盗论》，载《公是集》。
⑫ 王安石：《上仁宗皇帝书》，载《王临川全集》。

应的政治形态的不可侵犯性，译成宪法语言应该是王权的不可侵犯性。”⑬ 为维护封建皇权的不可侵犯性，封建法律必然把“贼”类犯罪，特别是“谋反”、“叛乱”诸罪作为重点，实行严厉的镇压。为维护封建统治基础，封建法律也镇压紊乱封建伦常关系扰乱社会秩序的其他“贼盗”犯罪。但因严重侵犯皇权的“谋反”诸罪比，毕竟是二位的。封建社会的“盗贼”问题，归根结底是阶级斗争的问题。一般说来，统治阶级内部的斗争是从属于阶级斗争的。恩格斯说：“国家无非是一个阶级镇压另一个阶级的机器。”⑭ 封建国家如此，封建法律也如此，它们必然把农民阶级的反抗，特别是他们的武装政治反抗作为重点的重点，实行最严厉的镇压。

二、北宋中期《重法》的制定及其发展

1. 北宋《重法》是社会阶级矛盾激化的产物

重典治“贼盗”是封建时代统治阶级重要的法制观念。战国李悝“以为王者之政，莫急于盗贼”⑮ 而制《法经》处罚“贼盗”。后商鞅相秦，改法为律，自是两汉、魏、晋、南北朝直至唐代无不以律处治“贼盗”。律有不足，相继以令、敕、格、式等作为补充。《唐·断狱律》曾规定：“诸制敕断罪，临时处分，不为永格者不得引为后比。”宋初沿用唐制，在制定《宋刑统》时，除抄袭《唐律》及疏外，又附有唐末五代及北宋建隆年间的敕、令、格、式。北宋初期社会阶级矛盾尚未全面激化，统治者对“贼盗”的镇压基本上依据常法进行，即依据《宋刑统》贼盗律进行。故《宋史·职官制》说：“国初，凡断狱本于律，律所不详，以敕、令、格、式定之。”除非重大的“谋反”、“谋叛”案件，宋初皇帝才颁布诏敕加以制裁。当时皇帝的敕令只是律的补充手段。然而，法律总归要随着阶级斗争形势与阶级力量对比关系的变化而变化的。这就是法律发展变化的基本规律之一，又是研究北宋中期《重法》制订及发展的一把钥匙。

北宋统治进入中期以后，社会阶级斗争日趋激烈。土地的大量兼并，与辽、西夏的沉重的战争负担迫使农民群众掀起比宋初更大的反抗浪潮，以至中期统治者惊呼：“天下盗贼纵横”⑯，“郡县悉不能制御”⑰。其情势之严重，如仁宗时枢臣富弼所说：

“盗贼已起，乃偏（遍?）满天下之渐，窃据州县，或称将军，或称太尉，或称帝王，兵戈四起，所在潜伪。”“中国之势，如人坐积薪之上，而火已然，虽未及其身，可谓危矣!”⑱

---

⑬ 《马克思恩格斯选集》，第1卷，第319页。

⑭ 《马克思恩格斯选集》，第2卷，第336页。

⑮ 《晋书·刑法志》。

⑯ 李焘：《续资治通鉴长编》，卷一百四十五，庆历三年，欧阳修上书。

⑰ 李焘：《续治通鉴长编》，卷一百四十三，庆历三年，富弼再上书。

⑱ 李焘：《续资治通鉴长编》，卷一百五十七，富弼再上书。

农民革命的高涨使阶级力量对比关系发生了明显变化。其时雇佣军兵变也变得更加频繁。仁宗时御史中丞张方平说："臣比在审刑，诸州奏到宣毅兵士文案，五日不有，大则谋欲杀官吏，劫仓库，小则谋欲劫民户，入山林，多至三五十，少亦一二十数。"⑲ 当时的兵变，如王伦、邵兴等，愈来愈多地汇合到农民革命中。国内反抗与外部入侵交织在一起，相互作用和影响，使赵宋王朝统治陷入危机而不能自拔。为摆脱困境，中期统治者改变了常法统治，而实行了更加严厉的《重法》统治。

2. 仁宗《窝藏重法》的制定

哲宗元祐七年（1092 年），范祖禹在上奏文中回顾说："惟自嘉祐七年，初立窝藏重法"⑳。又据李焘《续资治通鉴长编》卷三四四载："自嘉祐六年，始命开封府诸县，盗贼囊橐之家立重法，后稍及曹、沁、澶、滑等州"。尽管上述两种说法有时间的差别，但北宋仁宗嘉祐年间（1056～1064 年）首立《窝藏重法》，并将京畿等处划归重法地，严惩"贼盗"窝藏犯，是一致的。仁宗嘉祐年间京畿等地"盗贼……齐类相与为之囊橐"㉑，又"盗贼不戢，由大姓为囊橐"㉒，反抗的农民群众的相互同情和支持以及豪绅富族充当窝主幕后操纵"贼盗"，成为当时镇压"贼盗"的严重障碍。为拱卫京畿安全，宋仁宗针对这特定对象——窝藏犯，在特定地区，颁行了《重法》。《窝藏重法》不但惩治一般的"窝藏犯"，也惩处"大姓"中的囊橐者，从而显示了北宋中期"窝藏"问题的复杂性。

仁宗时期《窝藏重法》的产生不是偶然的。它是北宋中期社会阶级矛盾激化的产物，也是北宋统治经验长期积累的结果。北宋自太祖起，就有颁布敕令镇压"谋反"、"叛乱"等大案的先例。宋太宗、真宗也莫不如是。其情如《宋史·刑法志》所说："太祖以来，其所自断，则轻重取舍有法外之意焉。"北宋中期阶级搏斗日趋激烈，迫使宋仁宗不得不更多地依赖敕令来维系封建统治。这是因为敕比律地位更重要，效力更高，更具有灵活性，更方便统治者的镇压活动。为此，宋仁宗宣布："敕令者，治世之经"，"自今有司才；得辄请删改"㉓。据《宋会要辑稿·刑法一》载：景佑二年（1035 年）八月壬子朔，仁宋为重惩"京城持杖窃盗者"，下诏规定："得财为钱四千，亦刺为兵"，"自是盗法惟京城加重"。这表明，在《窝藏重法》颁布前的二十多年，仁宗已针对"贼盗"，在京城这类重要地区，颁布敕令。但依北宋法律传统，皇帝敕令是权宜之制。要上升为一般的法律形式，成为具有相对稳定性与适应性的法律，必须经过编敕这项法律程序。北宋所谓的"编敕"，就是立法机构对皇帝散敕的汇编。仁宗以前的编敕很多，诸如太祖《建隆新编敕》㉔，仁宗《淳化编

---

⑲ 李焘：《续资治通鉴长编》，卷一百五十九，张方平上书。

⑳ 李焘《续资治通鉴长编》，卷四七八，元祐七年，范祖禹上奏文。

㉑ 李焘：《续资治通鉴长编》，卷四○九，有关重法地分的夹注。

㉒ 《宋会要辑稿》，兵一一，捕贼二，转引自《国朝会要》。

㉓ 《宋史刑法志一》。

㉔ 《宋会要辑稿》刑法志之一。

敕》[25]，真宗《大中祥符编敕》[26]，仁宗《庆历编敕》[27] 等。但因各类内容混合编纂，不利于统治者镇压特定地区的特定犯罪。宋仁宗曾下诏说：“今令编敕，皆出律外，又数更改，官吏且不能晓百姓安得闻之”[28]。为此，仁宗总结了前代与自身的统治经验，适应阶级斗争形势的需要，在嘉祐年间，命令“开封府诸县”汇编自己有关惩治京畿等地“盗贼囊橐之家”的敕令，制定了《窝藏重法》，《窝藏重法》也起到了强化治安保卫京畿的重要作用。自此以后，有关“贼盗”内容的编敕独立出来，成为北宋重法地区普遍适用的法律，从而冲破了北宋初期编敕的旧传统。

应当指出，《窝藏重法》的制定是中国封建法制史上的一个重大变化。唐代一般按《唐律》断狱律审断“窝藏”案件。《唐律》断狱律规定：“诸知情藏匿罪人，若过始资给，令得隐蔽者，各减罪人一等。”因《宋刑统》转抄了《唐律》的全部内容，这项法律也成为宋初审断“窝藏”案件的依据。北宋中期，仁宗在常法之外，另立《窝藏重法》，使用惩治“贼盗”的法律审断“窝藏”案件，实际上，扩大了“贼盗”罪的范围，而且加重了“窝藏”犯的处罚。针对特定之人，划分危险地区，颁布特殊法律代替常法实行镇压，是从宋仁宗时期开始的。这是中国封建法制史上的一个重大变化，也是北宋中期君主专制主义加强与社会阶级矛盾激化在法律制度上的突出体现。普通立法与特别立法，是资产阶级立法的两种形式。[29] 在中国封建时代，统治阶级为便于镇压，在实际上也使用了相类似的立法形式，如果说封建时代的常法接近于资产阶级的普通立法的活，那么封建皇帝不顾常法规定，针对特定犯罪，临时应急随意颁布的敕令，则通常带有特别立法的性质。但像仁宗《窝藏重法》那样完整的特别立法的形式，还是前所未见的。宋仁宗制《窝藏重法》不久，旋即死去。但他毕竟开了封建时代采用特别立法形式镇压“贼盗”的先河，不仅对北宋、南宋，而且对封建晚期的各代都产生了很大的影响。

3. 英宗《重法》的重大变化

宋英宗继仁宗之后即位，成为北宋推行《重法》统治的第二个帝王。他在位期间虽短，但面临的形势仁宗还要严重。当时“群盗杀害辅郡之京吏，系囚叛起京畿之狱”[30]，以致朝廷重臣赵瞻也不得不说：“此皆前古祸乱之萌，朝廷腹心之虑，为最急务”[31]。反抗北宋王朝的斗争，特别是农民阶级的武装反抗斗争，已在北宋统治的核心地带——京畿要地蔓延开来，直接威胁着英宗的专制政权。社会阶级斗争的发展已超出封建法制所能控制的范围，在这种情势下，宋英宗除继承仁宗《窝藏重法》外[32]，不得不另行制定《重法》以适应惩治

---

[25] 《宋会要辑稿》刑法志之一。
[26] 同上。
[27] 同上。
[28] 同上。
[29] 这里指的是大陆法系国家的立法形式。
[30] 明丘浚：《大学衍丈补，遏盗之机》。
[31] 同上。
[32] 《宋会要辑稿》，兵一一，捕贼二，转引《国朝会要》英宗治平二年诏书。

“贼盗”的需要。治平三年（1066年）四月，英宗下诏：“诏开封府长垣、考城、东明县并曹、沁、滑州诸县，累有凶恶之人结集，强劫人户财物，杀害捕盗官吏，须议别立重法。”㉝治平四年（1067年）神宗已即位，尚未改元。刑部也曾谈到英宗立《重法》之事。刑部言：“准治平三年四月五日诏书，如前省司着详立法之意，盖为上件指定州居民，自来习惯为盗，以至结集徒党，杀害官吏，遂立重法。”㉞

为镇压反抗斗争，英宗将京畿等地重新列为重法地区，着重打击“强劫贼盗”。英宗《重法》规定：

“开封府长垣、考城、东明并曹、濮、澶、滑州诸县，获强劫罪死者，以分所当得家产给告人，本房骨肉送千里外州军编管㉟，即遇赦降，并配沙门岛。至徒者，刺配南远恶州军牢城，以家产之半赏告人，本房骨肉送五百里外州军编管。编管者，遇赦毋还。”㊱

英宗将京畿等地的“强劫贼盗”视为“腹心之疾”，不但严厉处罚本人，并且株连骨肉籍没家产。值得提出的是，五代惩治“贼盗”，其苛酷程度已超过前代，而英宗《重法》更苛于五代法律。五代后周广顺敕规定：“除逆罪外（指‘谋反’、‘谋大逆’、‘谋徒’、‘恶逆’，笔者注）并不得籍没家产，诛及骨肉。”㊲ 英宗《重法》远远超出了五代法律规定的范围。对于此种严酷的法律统治，即使统治阶级的某些成员也曾提出异议。昭宗元祐六年（1091年），翰林学士范祖禹曾提出“乞除贼盗重法”要求，由于“未蒙施行”，次年又向哲宗进言：“今重法之地，独为匪民，一人犯罪，连及妻孥，没其家产，便同反逆，先王制刑……不闻别异州城，偏行塔令，恐非圣世所宜为也。”㊳ 英宗“别异州城，偏行峻令”，凡属“强劫贼盗”都依“反逆”处罚，这不但表明北宋特别法镇压的加强，也说明当时反抗赵宋王朝统治的加剧。

此外，英宗《重法》还规定：

“今后捉获强劫贼人，虑有他处人曾于上件州县败获，亦合用此重法，及有赋人犯在立法以前，获在立重法以后，……则不问犯罪在前，并用重法。”㊴

即是说，重法地捕获“强劫贼盗”，不问犯在何地，是否犯在立法以前，一并依《重法》处断。《重法》有关溯及力的规定，进一步暴露了北宋惩治“贼盗”法律的镇压本质。

总之，英宗《重法》在继承仁宗《重法》的同时，又有重大变化，无论强调法律的追溯力，还是株连犯人亲属，籍没家产制，都冲破了常法的限制，对北宋《重法》的发展，产生了恶性推进作用。

㉝ 《宋会要辑稿》，兵一一，捕贼二。

㉞ 同上。

㉟ 编管：《宋史·刑法志》说，“凡命官犯重罪，当配隶则于外州编管”；清末沈家本解释说：“编管当是编入户籍而管束之。”对照上述英宗重法，“妻于编管”，当是把妻押送千里或五百里外州军，入当地编籍而管束之。

㊱ 《宋会要辑稿》，兵一一，捕贼二。

㊲ 《五代会要》后周广顺元祐正月五日敕。

㊳ 李焘：《续资治通鉴长编》，卷四六八。

㊴ 《宋会要辑稿》，兵一一，捕贼二，载《国朝会要》。

4. 神宗《贼盗重法》的全面发展及其镇压“贼盗”的进一步加强。宋神宗即位之后，北宋政治经济危机发展得更加严重，迫使他不得不依靠王安石推行变法。作为变法实际主持者的王安石曾直言不讳地说：“今所以为保甲，足以除盗。”㊵ 由此不难看出变法的一个重要目的，是在于根除“贼盗”。为推行变法，神宗实行了“以敕代律”，他宣布：“律不足以周事情，凡律所不载者，一断以敕。”㊶ 并把唐以来的律、令、格式，更为敕、令、格式进一步提高了敕的地位，而使“律恒存乎敕之外”㊷，并为神宗时期制定、发展《贼盗重法》，用以替代《宋刑统》贼盗律的地位提供了依据。

宋神宗于熙宁四年（1017 年）首颁《贼盗重法》㊸，除承袭仁宗、英宗《重法》内容外㊹，又规定：“淮南宿州……京东应天府、齐、徐、济、单、兖、郓、沂、淮阳军，别立贼盗重法。”㊺ 神宗即位不久，旋即扩大了《重法》适用地区，仅扩大的州府已超出原有的重法地区。这反映出当时的“贼盗”问题较前代还要严重，以致统治者不得不在更大的范围内实行《重法》统治。

神宗时期重法地的扩大与社会阶级斗争的发展成正比。阶级矛盾愈激化，《重法》适用地区就愈广泛。熙宁十年（1077 年）以后，由于王安石罢相，神宗将限制兼并的变法内容一笔勾销，使社会阶级斗争更加激烈。

北宋《重法》地区也随之大规模地扩展。据李焘《续资治通鉴长编》卷二八二载：熙宁十年重法地已扩展到河北东、西两路，京东东、西两路；同书卷三一九载：元丰四年（1081 年）又扩大到永兴军路与陕西路。另据《宋史·刑志一》说：“元丰初，淮南（东、西两路，笔者注）、福建等路皆用重法。”元丰年间重法路已包括河北东、西两路、京东西两路、淮南东、西两路、福建路、陕西路、永兴军路、京畿等十路，占全国二十四路的百分之四十二，远远超出了前代范围。

除扩大《重法》适用地区外，神宗又加强了法律镇压。元丰年间（1078—1085）统治者先提出了“重法之人”的概念。这是以往封建刑书所未见的“贼盗”罪名。据李焘《续资治通鉴长篇》卷三四四载：“至元丰，更定其法，……虽非重法之地，而囊橐重法之人，并以重法论。”由于“重法之人”的活动范围广泛，“窝藏”犯也不可能只在重法地区。统治者对“重法之人”的制裁，自不能限定地区。相反，只能依据他们的行为，规定《重法》条款，在全国范围内广为实行。其情有如元丰年间《贼盗重法》所说：“若复杀官吏及累杀三人焚舍屋百间，或群行州县之内，劫掠于江海船栊之中，虽非重法之地，亦以重法论。”㊻

㊵ 李焘：《续资治通鉴长编》，卷二二一，熙宁四年四月丁未，王安石上言。

㊶ 《宋史·刑法志一》。

㊷ 同上。

㊸ 《宋会要辑稿》，兵一二，捕贼二，《文献通考》，卷一六七，《宋史·刑法志一》。

㊹ 同上。

㊺ 李焘：《续资治通鉴长编》，卷二一九，熙宁四年正月丁未条。

㊻ 《宋史·刑法志一》，李焘《续资治通鉴长编》。

由于“重法之人”的行为带有明显反抗北宋王朝统治的性质，他们的活动又是广泛的、武装的、集团性的，所以，对神宗统治的威胁，也特别突出。《贼盗重法》对“重法之人”的镇压亦特别残酷。凡“重法之人”，无论活动于何地，一经捕获，依《重法》，不但诛杀本人，并且籍没家产牵连骨肉。就行为本身而论，“重法之人”与“强劫贼盗”有类似的性质，所不同的是，“重法之人”活动范围更大，影响也更广泛。神宗元丰年间所称的“重法之人”，既包括农民阶级的武装政治反抗，也包括统治集团内部的某些反叛者。在农民起义运动蔓延日广的神宗时期，显然主要指农民阶级的反抗斗争。神宗元丰年间确立“重法之人”的概念，又可以看成是统治阶级发出的严重信号。它表明，封建统治面临的危机愈严重，统治者实施的《重法》镇压就愈广泛、愈严密、愈残酷。当封建统治秩序难于维持的神宗之时，以特别法形式出现的《贼盗重法》，就会发挥更大的作用，以致取代《刑统》贼盗律的法律地位，成为主要的法律镇压手段。

北宋中期统治阶级把《重法》视为灵丹妙药，企图依赖《重法》清除“贼盗”，以摆脱严重的社会危机。仁宗、英宗为防范“祸起子辇毂之下”，严惩“贼盗囊橐之家”与“强劫贼涤”；神宗为防范“祸起于江海之滨”，不分地域，严惩“重法之人”，北宋中期的《重法》统治随着社会阶级斗争的发展变得愈益严酷，然而却换来更加激烈的反抗。即使当时的某些封建政论家也看出了这一点。苏洵说：“待之以盗贼之意，而绳之以盗贼之法，重足屏息之民而以堪斧令，于是民始忍以其父母所仰赖之身而弃于盗贼，故每每大乱。”[47] 因《重法》以镇压农民反抗为根本宗旨，这种反人民的性质决定了《重法》统治必然归于败亡。

三、北宋晚期《重法》统治的破产

北宋晚期是赵宋王朝统治总崩溃的时期，是农民革命空前发展的时期，也是北宋封建君主专制主义发展到极端化的时期。北宋中期的《重法》统治并不能遏止农民的反抗。农民阶级的斗争，到北宋晚期变得更加严重。元祐初，反抗封建统治的斗争“炽甚”，“朝廷为遣吏督捕，莫敢近”[48]。虽“官军屡到，吏畏怯，争言盗势猛炽”[49]。农民革命席卷北宋全国，使当时阶级力量对比关系发生明显逆转。适应惩治“贼盗”需要而产生的《重法》，到北宋哲宗统治时期也发展到顶点。到元祐二年（1087年），统治者在保留神宗重法十路的前提下，又相继把河东东西两路，京西与北两路划归为要法地。[50] 元祐四年（1089年），又将熙河、秦凤、富廷三路扩展为重法地。[51] 到元祐四年截止，重法路已占全国二十四路的百分之七十一，北宋《重法》统治出现了质的飞跃，《贼盗重法》全面代替了《宋刑统》贼盗

[47] 丘浚：《大学衍久补》，“遇盗之机”转引苏洵之议。

[48] 毕仲游：《西台集》，卷十三，王公（竞）墓志铭。

[49] 潜说友：《咸亨临安志》，卷六，载《韦骧传》。

[50] 李焘：《续贵治通鉴长编》，卷三九八，元祐二年四月戊戌条。

[51] 李焘：《续贵治通鉴长编》，卷四三二，元祐四年八月丙辰，刑部上言。

律，特别法的形式已成为北宋全国法律镇压的基本形式。这是北宋君主专制主极端发展与社会阶级斗争在更广阔的领域内激化的鲜明反映。宋哲宗统治晚期又进一步加重了《重法》惩治“贼盗”的内容。“元丰敕，重法地分劫盗五人以上，凶恶者方论以重法，（哲宗）绍圣后，有犯即坐，不计人数。”[52] 到宋哲宗死前一年，即元符元年（1098年）曾下诏规定：“知强盗及持杖窃盗之情而藏匿，若过致资给泄露消息，令得盗及隐蔽者，并罪。”[53] 神宗《贼盗重法》对囊橐之家“……窃盗三犯，杖配五百里或邻州”[54]。宋哲宗则规定“窝藏”犯一并处死。这表明，北宋晚期特别法式的统治已宣告破产，统治者惩治“贼盗”，只有屠杀一途了。徽宗建中靖国元年（1101年），下诏规定：“强盗徒党结集数多，许安抚司于见存指挥及听候差使内选差人，量贼势，带领兵甲掩捕”并说“诸路准此”[55]。自此，北宋全面的军事镇压代替了《重法》镇压，从而进入了更加野蛮残酷的时代。

综上所述，北宋中后期惩治“贼盗”的《重法》，是社会阶级矛盾激化的产物，并随着阶级斗争形势与阶级力量对比关系的变化而发展变化的。它的出现是封建统治经验长期积累与总结的结果。北宋中后期《重法》较《唐律》明显加重，比惩治“贼盗”最残酷的五代法律，在某些方面也有过之而无不及。西汉武帝之时，曾制“沈命法”、“见知故纵、监临部主之法”，规定：“群盗起不发觉，发觉而弗捕满品者，二千石以下至小吏主者，皆死”[56]，“见知人犯法不举先为故纵，而所监临部主有罪亦连坐也”[57]。凡汉武帝实行过的统治手段，北宋中后期皇帝基本实行了；汉武帝没有规定的，他们都用特别的形式固定下来，并在重法地内广为实行，这确实是中国封建法制史上的重大变化。北宋《重法》统治随着农民反抗的逐步加剧也逐步升级，它由局部到全局，直至宣告破产，形成了符合客观规律的历史演化过程。“在每次标志着阶级斗争的一定进步的革命以后，国家纯粹压迫性质就愈益公开地暴露出来”[58]。北宋封建专制政权如此，北宋《重法》亦如此，随着阶级斗争的发展，其内容愈益严峻，手段愈加残忍，公开暴露出纯粹压迫的性质。总之，法律无论就其形式、内容和实施过程，都取决于当时的历史条件；无论强调继承或发展，稳定或变革，各种手段的使用，都服从于统治阶级的意志，而不取决于当时的法律家与法学家头脑中的某些模式和理念。

北宋统治阶级无法也不可能根除农民反抗的社会根源，因此，他们规定与实施的《重法》也只能归于失败。对于这一点，即使当时的某些政治家也有所认识，仁宗时刘敞说：“不务衣食，而务无盗，是止水而不塞源也；不务化盗，而务禁盗，是救焚而救以升合

[52] 《宋史·刑法志一》。

[53] 李焘：《续贵治通鉴长编》，卷四九九，元符元祐六月甲辰条。

[54] 《宋史·刑法志一》。

[55] 《宋会要辑稿》，兵一贼二，捕二。

[56] 《汉书·成宣传》。

[57] 《汉书·昭帝纪》，载《晋书·刑法志》。

[58] 《马克思恩格斯选集》，第2卷，第372页。

也。”[59] 哲宗时范祖禹也说：“熙宁以来，州军别立盗贼重法，有重法之地，又有重法之民……自行法以来二十余年，不闻盗贼衰止，但闻其愈多耳。”[60] 北宋中后期统治者实行《重法》治“贼盗”，以期挽救封建统治的颓势，但是，正像马克思所说：“历史和统计科学非常清楚地证明，……利用刑罚来感化或恫吓世界就从没有成功过。”[61] 北宋残酷的《重法》统治只能激起农民群众更大的反抗浪潮，并不能挽救北宋王朝必然灭亡的历史命运。

---

[59] 刘敞：《公是集》，卷 40，《惠盗论》。

[60] 转引自《古今治平略》。《续资治通鉴长编》卷四七八，元祐七年十月丙于条所载与之略同。

[61] 《马克思恩格斯全集》，第 2 卷，第 578 页。

张大元

谈法学词语的训释问题*

简介

张大元，男，汉族，1936年3月生于重庆市。中国政治大学法律古籍整理研究所原副所长，教授。数十年来，他在我国法律古籍整理和古代行政法、监察法研究方面作出了一定贡献。他先后主持编写或参与编写了十几部著作，独立著译四百余万字。其中，被列为国家级或省部级的出版项目有：《中国历代刑法志注释》、《中华律令集成·清卷》、《中国司法大词典》、《中华监察大典》（法律卷）、《中华监察大典》（思想卷）、《中华监察执法执纪大典》等。由他任主编的《中华大典·法律典·刑法分典》已编写完成，将于近期出版。

他曾参加许嘉璐先生主讲的全国训诂研修班，代表性论文有《谈法学词语的训释问题》、《〈明史·刑法志〉勘误示例》等。

* 原发表于《北京政法学院学报》，1983（1）。

编者按：为了说明问题，作者在这篇文章中多处引用了甲骨文、金文和其他古文字。但是由于在刻字方面确有困难，在发表时只好予以删去，请作者和读者见谅。

我国古代法学文献非常丰富，急需发掘、整理、考证、注释、说明。这项工作做好了，不论是对批判地继承法学遗产，还是对当前的法学研究、法学教育和司法实践，都有益处。但怎样才能保证注释的准确性、说明的科学性呢？除了首先要以辩证唯物主义观点作指导，分析历代法学思想、制度的沿革外，还应了解一些训诂学常识，把握汉语演变的基本规律。

目前，不少同志正是从训释词语着手，深入考察法律起源、法制历史，提出了有一定价值的见解。可有时候，也由于对词的形、音、义把握不准，或对这三者间的统一关系缺乏认识；由于指导思想、研究方法欠妥帖，以及其他各种因素，就难免在解词释义上出现误差，妨碍得出正确的结论。本文打算结合实例，从形训、声训、义训等几个方面，谈一谈训释法学词语怎样做到准确、科学的问题。不当之处，敬请批评。

第一，先说形训。研究法制史，特别是商以前的历史，因为没有第一手文献资料，靠战国人拟作的虞书、夏书又不足为凭，所以常依据甲骨文和金文，参照《说文》所引大小篆，按造字初形揣摩远古时期“法”的萌芽状态。这一来，说法自然很多，得仔细思索才能得出接近正确的论断。

以“法”字为例，甲骨、金文与小篆都写作“灋”，许慎在《说文》中解为“灋，刑也。平之如水，从水。廌所以触不直者去之，从去。法，今文省。”目前一般都从许解。如有部《中国法制史》就据此认为：“显而易见，这段记载反映了氏族社会神明裁判的一种残留的痕迹。”并说：“在古文献中，刑与法的含义相同，所以刑罚的出现也就是法律的起源。”① 按字形会意，这样解释确有道理。但考察文献，“法”古代多用引申义，指一切用来规范人们言行的准则，既包括礼法，也包括刑法，其内涵比“刑”要广。只有“辟”，意思才与“刑”基本相同。刑，《说文》引小篆解为“罚辠也。从井从刀，《易》曰：‘井，法也’。”《易经》原文说：“改邑不改井。”魏王弼注：“井以不变德者也。”可见许意是，持刀以示罚罪，此乃常守不变的法规。另《殷墟书契考释》称：“井，殆即刑也。”这说明最早无刑字，借井为刑。而“辟”字，按照商王武丁以前，即第一期甲骨文的写法，意为受令以刑具施罚于人。《说文》所解“节制其辠也”，虽误把笔势作笔意，但释义与甲文字形大致相合。很明显，刑与辟本义近似，而且后来在文献中也常用此本义；法却用引申义多，与当“定罪判刑”讲的本义不同，与刑、辟“惩罚用刑”的意思也有区别。

① 张晋藩等：《中国法制史》（第一卷），中国人民大学出版社，1981。

该怎样理解许慎对“法”的解释呢？蔡枢衡先生在他写的《刑法名称的由来》（以下简称《由来》，原文见《北京政法学院学报》一九八一年第三期）中是这样说的：“法字的最古义是流，就是水上流去。”意思是，角触定罪之后，还要把人扔进水里流走，给予惩处。同时还以许解“水”字是“象众水并流”为据，接着说：“‘平之如水’四字，与下文‘法今文省’四字，同样是后人妄增。因为水平必须水静；流则不平。水以流为常态。水平与流去不能同时并存。法字本无公平意义。”这种解释是值得商榷的。为什么？首先，《说文》解水为“準也”，而“準”字条中又明明讲：“準，平也。”可见水即平，这是许慎的本意。所谓“妄增”，证据何在？其次，古人立法规、定罪名，总是自以为公平的，并且从来都把“公平”作为基本原则，至于在实际处理中有不公平现象那是另一回事。诚然，体现统治阶级意志的法的本身，就其实质来说，确是不公平的。然而，我们不能设想，最早造字的古人能够具有这种马克思主义的观点。显然，把法说成是“水上流去”的刑罚方式恐难成立。

另外，《由来》一文还对“五刑”作了考证。有一段话是这样讲的：“五典、五礼的五字，都是乂（刈）的误字。古文五字作乂；乂（刈）字亦作乂；五刈形似。后人遂误刈为五。”由此推论，不仅五刑不是指五种刑罚，而且“五典、五礼实是劈典、劈簠，亦即记载处死犯人条文的简册。阶级社会初期亦即农奴制时代的刑罚，都是处死。轻重之分，在于死法不同。”关于五字，甲骨文、小篆均写作𠄡。后写⧖为乂，说文：“乂，古文五省”而当芟草讲的刈本写作㐅。五与刈过去的写法，形状并不完全相同。当然也有混淆的可能。问题的关键不在易混不易混，而在于必须研究所见古书中通篇的文意，看是否真由于用混而出现前后矛盾的情况？在于必须考察各类文献资料，看是否真由于误写而不存在某一词语所概括的史实？据《尚书》和《周礼》[②] 记载，“五礼”明明指的是五项礼仪制度，它的内容可从上下文中清楚地了解到，怎么五会变成“杀”、礼又成了“刑”呢？五典也有其确定的含义，决不是什么处死人的简策。再说五刑吧，如果五为“乂”之误写，古代只有死刑，那文献中就不会出现关于墨（黥）、劓、刖（剕）、宫等肉刑的记载。可事实恰恰相反，不仅有记载，而且比比皆是。如刖（剕），按照甲骨文的写法，像手持刀锯切掉人腿之形，可见殷代即有此刑罚。另《尚书・吕刑》中提到“五刑之疑有赦”，接着就叙述，凡该处以墨、劓、剕、宫、大辟等刑罚却属疑案的，须分别罚锾，但都要“阅实其罪”。据陈梦家参照铜器铭文考证，今文尚书中的《康诰》、《大诰》、《吕刑》、《秦誓》等篇，确为西周初、中期的册命，非战国人拟作，因此所载史料还是可靠的。至于公认的信史《左传》，其中也有不少处肉刑的史料。如春秋时齐景公由于滥施刖刑，致使市上的“踊”（即给断脚人特制的一种鞋）供不应求，价格上涨，“景公为是省于刑”。这类材料很多，这里不一一列举。事实证明，奴隶制社会的刑罚，绝不“都是处死”。不仅“五刑”不是专载杀人条文的刑书，而且“五典”、“五礼”或别的五什么，也根本与刑罚无关。

此外，形训除了能帮助我们澄清是非、了解法律的起源外，还能帮助我们对某些较生

② 见《尚书・皋陶谟》、《周礼・春官・小宗伯》。

僻的法学词语作深入探索，知其究竟，明其流变。如辠、執、圉、報、𦕝等词，都与“罪”的意思有关。按《说文》解释，辠乃罪之本字，“秦以辠似皇字，改为罪。”但据会稽石刻、云梦竹简，秦时罪字仍写为“辠”，许说或非。从“辛”旁的字如“辜”等都有罪义，这里姑且不论。而从“幸”旁的几个字，《说文》分别解为：辠，“令吏将目捕罪人也”；執，“捕罪人也”；圉，“图圄所以拘罪人也”；報，“当罪人也”，论罪是报的古义，这对现代人来说就更生僻。清王筠《文字蒙求》中说：“当者，今之照律定罪也。”《苏林》曰：“報，论也，断狱为报。”为什么从“幸”旁的字多有罪义？许解幸为“所以惊人也”。王说从“羊”（音荏），是由于小篆幸写作“幸”，即“从倒入”，表示刺的意思。这都不合造字初义。其实“幸”字按照甲文的写法像是用来束缚两手的刑具。正因为如此，才由它引出一系列含义相近、与治罪有关的词。当然，就一般注释、讲解古文而言，不一定要这样去析字追根，但作为排疑解惑，进一步探讨，还是有必要的。

综上所述可以看出，在以形说义时必须吸取古文字的研究成果，同时参照《说文》互证说解，从而切合实际地确定词的本义及其在文献中的运用。一定要防止主观臆测、牵强附会。

第二，再谈谈声训问题。声训，就是利用声音关系训诂，不受字形束缚，因声以求义。无论是考察法律的起源，还是研究法制的沿革，我们要读懂古代法学著作，确切把握词义，就必须识别假借字，即临时借用来取代本字的一些字。“不知假借者，不可与读古书；不明古音者，不足以识假借”③，特别是有的今音不同、古音相同或相近的字，只有知道了古今的音变关系，才能扫除文字障碍，避免望文生义。这类例子很多。如《左传》襄公三年记魏绛以刑佐民，其中“使臣斯司马”的斯，就不能注为“此也”，因为这里的斯字是动词而非代词，有掌管、担任的意思，应与“司”通。斯、司今音相同，古音相近。《礼记·王制》所记“王三又然后制刑”。郑玄注：“又，当作宥。”就是指“又”通“宥”。又、宥古音和今音均同。像这类与现代读音相同的字比较好办，只要联系上下文就容易把握它们间的通假关系。问题出在另一些字上，如1975年在湖北省发掘出土、后经整理出版的《睡虎地秦墓竹简》④（以下简称《竹简》），其中就有大量与今音不同、较难识别的通假现象：

“法主之明法。”（P.15）第一个法就是废的借字。古时两字同为“非”母，合入“邦”母，分属“帖”与“曷末”部韵。因主要元音 α、a 的舌位相近，故可通。

“处如资、言如盟。”（P.288）资应是“斋”。资系“精”母，斋属“照”母二等字，当时发音部位都在舌尖前；而资为“灰”部，斋为“齐”部，按太炎先生《成均图》同列阴弇类，可旁转。

“七人以上鼠车牛、仆。”（P.59）按原注，鼠应作“予”。此例殊属罕见，也比较复杂。鼠、予均系“鱼”部韵，分属“照”母三等和“喻”母四等字。喻四上古归“定”母，为舌尖中音，而照三为舌面前，似难通。因此我以为，鼠通“许”更合理些，因许也是“鱼”

③ 朱骏声：《说文通训定声》自叙。

④ 《睡虎地秦墓竹简》，1981年出版。

韵，属舌根音的“晓”母字。当地方言可能当时就部分发生音变，晓母合口字多读 x 不读 h，与照三字音近。这跟今天湖北等省把老鼠念成“老许”差不多。《公羊传》文公九年：“许夷独者。”许，这里就是给予的意思。

这类例子还有，不过《竹简》中的假借字，大部分都是以简代繁，以形声字的声符取代本字，或用同声符的形声字相互取代。如：可通何、加通驾、甬通桶、府通腐、却通脚、夬通决、殳通投，以及治通笞、浴通俗、职通识等等。即使这类字，虽然同声多同部，但由于音变的关系，声符所代表的声纽现代却往往读不出字音来。因此，同样需要“明古音”才能“识假借”。限于篇幅，这里就不一一细述。

《竹简》整理者用括号注明的某应是某的本字，其实好些都不是通假关系。这当中，又可细加分析，有的因形近而误，如壶与壹、益与盗等；有的是古今异体，属六书假借，如北与背、县与悬等；有的还可能是伪写、残缺以及其他情况。至于有一些声音相同或相近的字，则应视作同源现象，不能与含义本无关系的通假字混淆。这类字词，在我们进行法学训诂的时候，也必须引起足够的重视，以举一反三，由此及彼，了解它们之间的联系与区别。如《竹简》中出现的毋与无、勿等，黄季刚先生早就指出过“词言之音大抵同类相转”的现象，并举例说明：“未、亡、无、勿、非，皆唇音是也。”⑤ 就这类表示否定的副词或动词而言，当然还可找出微、弗、否、不等。古无轻唇，都归入今之双唇音。溯其渊源，最早可能只一音一义，后来分化，才用不同形体加以表示。另外，由同一字根，以声音为线索而不断孳乳出的一系列形声字，甚至与这类字同音的有些字，往往都有相同或相近的含义。如以“臽”作声符的陷、馅、窅、焰、啗等字，都带有下落、吞噬的意思。《史记·项羽本纪》中写：“樊哙覆其盾于地，加彘肩上，拔剑切而啗之”。对这个“啗”字，现在我见到的各种选本都注为“吃”。其实，司马迁之所以用“啗”不用“食”，正是为了区别于一般的咀嚼，突出在当时环境下壮士的性格特征。这里注为“大口吞吃”更合适些。上面所说的由声音相联系的同源字、孳乳字，在法学词语中也时常出现。如《竹简》“法律答问”中有一条目写道：“免老告人以为不孝，谒杀，当三环不？不当环，亟执勿失。”三环即前面讲过的三宥，又称“三原”。《三国志·张鲁传》：“犯法者，三原然后乃行刑。”环，繁体字的声符写作“睘”，它的初义据《番生簋》彝器的字形，即人怀圆形璧玉，极珍视之。睘又写作瞏，袁亦声。因此，后来凡从睘或瞏得声的字，如環、镮、寰、阛、還、嬛等，多有围绕的意思。还有，古时称监狱为圜土，称“五马分尸”的车裂为環刑，称以绳勒颈的绞刑为繯首。甚至，与睘所属匣母、袁所属喻母三等音同、音近的字，有时也带有“绕”意，如園、圆、院、團、转、圈、旋、员、原等等。因此《竹简》中所写的环与原，与其当作通假字，不如看成同源字为妥。另员与圆、圜亦如是。《竹简》整理者在注释《为吏之道》“中不方，名不章；外不员”一句时，说明：“此下原脱一句，《说苑·谈从》作‘中不方，名不章；外不圜，祸之门’。”这就利用文献资料中的异文，进一步证实了员、

⑤ 黄侃：《文心雕龙札记·章句》。

圆、圜系同源而非假借。当然，确定字间的假借或同源关系，最好有佐证，证明经传、史书中确有其义。特别是同源字，一定要防止牵强附会。

说假借、考同源，都必须符合文章原意，尊重客观事实，不可滥用通假、随意破字，截句断章，曲为之说。前面提到的《由来》一文，当谈到“水上流去”的法“在虞舜末年被废除了”时，先断引《尚书·皋陶谟》的一句话：“无教逸欲……万几。”接着说，“原文当作‘无逸教欲’。这里暂且不谈无逸是什么，只谈教欲二字。教黐同音，教借为黐；欲触音近，欲借为触。教欲实是黐触。万免（音蔓）音近，万借为免。免是除去。几（音机）籔同音，籔省作几。籔是竹名，因亦简名。免籔就是不简，亦即废除。教欲万机就是废除黐触条文。”这一段训释，更值得商榷。主要理由如下：

其一，删改原文既无根据，又不理顺。为便于对照，这里先实录该书文句与孔注：

“无教逸欲有邦　　不为逸豫贪欲之教是有国者之常

兢兢业业一日二日万几　　兢兢戒慎业业危惧几危也言当戒惧万事之微”⑥

据前后文意，皋陶是在回答禹的询问时，讲了一大段何谓“九德”的话后，再归结到这两句，用它概括说明“慎厥身、思修永”的道理。与废除某种刑罚毫不相干。即使考察词义，“逸欲”二字也绝不能拆卸开，分别与无、教去搭配组合。逸欲即逸豫，见《诗经·白驹》、《尚书·康诰》。这个双声叠韵词，又是并列结构，意即贪图安逸享乐。按音义统一的道理，它还常写作“悦怿”(《康诰》)、“悦豫”（书《金縢》传）、“佚豫”（《汉书·薛宣传》）等。另书经《无逸》，通篇讲的都是怎样“无教逸欲”的道理。如按《由来》的改法，“无逸”与所谓“教欲”紧挨着，怎么能“暂且不谈”呢？相反，却把相隔很远的“万几”与所谓“教欲”拉到一起，变成了“废除黐触条文”！“一日二日万几”在文中意思连贯，就是现代常用成语“日理万机”的出处，怎么能经过删节与声训，忽然变成了“不简”？

其二，音近并不等于义通，不能因声以害义。欲、触，均为入声“屋”部韵，分属喻母四等和照母三等字。而“喻四归定”，照三发音接近知纽，上古这两字确实音近。万、免也一样，分别为无贩切、亡辨切，都属“寒桓”部，且古无轻唇，“微”入“明”母，更是读音相同。但这能说明什么问题呢？仅据音近音同就能肯定义等义通吗？当然不能！如果不管文意，不重证据，凡音同即义同，那任何一个词都可单纯由声音乱“同”出几十上百个意思来。显然是不能这样做的。

关于“籔是竹名，因亦简名”，再推论“竹简的名称就是刑法的名称”更需要推敲。这涉及怎样看待“省笔”以及简册与法令的关系问题。的确，有的字是古文的省写，如“法今文省”，这符合汉字运用中由繁到简的规律。册、典等字，虽然据《说文》上讲都从竹，估计是引王莽拟造之古文字，难以凭信。因从一期甲文和西周金文来看，册和典字的写法与秦时规范化了的小篆基本一致，并无加竹头的形体。汉字中的形声字，大部分都是战国以后才出现的，而原文常借为另外的字。这是汉字造字法朝标音化方向发展的又一规律。

⑥ 参见《十三经注疏》，中华书局1979年影印本。

假若以唐宋人编的《广韵》、《集韵》和其他字书为据，把所收后起的字作为古字，反而认为许多早就存在的古字是它们的省写，就颠倒了古与今的关系。譬如《由来》中说“筬省作成”、“笭省作令”、“箻省作律”，乃至“法借为篏”、“刑借为筬”、“礼、彝借为豊”等等，就是把流当做源来看待的具体表现。正是从这一认识出发，《由来》又进一步认为竹名即简名，简名即法名，不仅把所有当法、刑讲的近义词都归为来自有竹头的字，而且把凡是有竹头的字都说成竹简，亦即刑法。其实，不一定是这样。如“畢”字。《尔雅·释器》：“简谓之畢。”邢疏还引《礼记·学记》的“呻其占畢”为证，释曰：“但吟诵所视简之文，是谓简为畢也。”可见这是一般的简札。简包括一切典籍、书册，律只是其中一部分，因刻律令的简竹约长三尺，故又以“三尺”作为法的别称。除畢或箄等少数字外，大量带竹头的字都各有专门含义，与简根本无关，与法更不挨边。如籛，是一种竹名；篏即篨篨，粗竹席子；箻，篺，则是竹制捕鸟工具；笭，是竹笼，或“笭箵”并称为渔具；……例子这么多，何以得出竹即简、简即法的结论来呢？蔡先生为了证明自己的论点，特以箵与省、篗与爰为例，引用了训诂专书和一般史书上的材料作证明。如引《梗韵》：“省，简也。”意思是，“省”由“箵”省，都是竹简。其实这里的所谓“简也”，是简略、节简的意思，如同现代讲的省略、节省。这还有《释名·释书契》可证：“简，编之篇篇有间也。”可见简省之简乃竹简之简的引申义，不能以引申代替本义，不能用当“省”讲的简代替书册。蔡先生还引《尚书·吕刑》“爰始淫为劓、刵、椓、黥”和《史记·张汤传》“传爰书”的记述，说“刑法简册为爰”。实际上，前句句首之“爰”，是当“于是”讲的连词。后一句的“爰”虽与法有关，但并非由篗而得义，乃是援引囚辞，以文字换口供。爰书类似今之笔录。《说文》“爰，引也。”爰即援的本字，照一期甲文的写法好像一只手递给另一只手东西，因此有引、换的意思。决不能说“爰当是篗的省笔”，所以是简、是法；决不能根据《说文》把爰解作“引也”，又说“引当是笉的省笔”，笉是竹名，“可见爰是简名”。一句话，判断某字是否某字的省笔，必须考虑文字演变发展的客观事实；分析某个词是否当“法”讲和为什么当“法”讲，必须考虑词义形成的各种要素，通过合理的渠道得出合适的结论，不能简单从事。

其三，关于义训。对一个词，通常的方式是直接进行训释，依据上下文且从该词的多种含义中选定确切的含义，不一定都要解剖字形结构、辨析声韵源流。古代释词，常见的是以单音词说明单音词。有时用近义词相互作注，如法注为“刑也”，刑注为“法也”之类，这叫做“互训”；有时用反义词加以解说，如乱解作“治也”等等，这叫做“反训”。对于互训，应该根据语言环境判明两个词间的差异，不能以为它们含义的广狭、分量的轻重、色彩的浓淡，无论何时何地总是绝对等同的。而反训，实质上是一种特殊的词义引申，被训词与所训词意思既相反又相承，相互有着密切的联系。乱之所以解作治，就是因为“本训不治，不治则欲其治”⑦。这也说明，在词义的演变中蕴涵有辩证因素，体现着事物对

⑦ 段玉裁：《说文解字》注。

立统一的规律。懂得反训的道理，掌握相当数量反训的词语，对我们正确无误地注释、理解法学古籍很有帮助，应引起足够重视。

义训最主要的形式，是解释词的概念，具体阐明它的特殊属性，特定含义。我们给某个词语下定义，清晰不清晰，准确不准确，周延不周延，就是科学性强不强的问题。古代名家作注，现代词典释义，都十分注意推敲。即使如此，有些也容易以偏概全，难免有疏漏、不贴切。譬如对法学词语“失出”、“失入”的解释，有部辞书分别说成：“判案错误或罪轻罚重”、“判案错误或罪重罚轻”⑧。这就没讲清楚，且欠妥当。实际上，按唐律和后来的规定，官吏断案所犯“出入人罪”具体包括下述内容：“出罪”除指重罪轻罚外，还指有罪判无罪；“入罪”除指轻罪重罚外，还指无罪判有罪。所以，与故出、故入相反，因过失而造成的出入人罪，专称“失出”和“失入”。这两个词的概念既然如此明确、具体，就不能解释得太简单，说成一般的判案错误。另如“三刺”，《周礼·秋官·小司寇》原文是：“以三刺断庶民狱讼之中，一曰讯群臣，二曰讯群吏，三曰讯万民。”郑玄注：“刺，杀也，三讯罪定则杀之。”对这段话目前就有不同的领会。一种解释是：“审理诉讼，经三讯而后判决。”⑨ 而另一部辞书说：“刺，指审讯及执行判决。三，谓三等受审讯的人。”⑩ 前面的解释虽然有点笼统，但符合原文精神，因为唐朝孔颖达的疏，就根据“讯万民”的下一句话“听民之所刺宥，以施上服下服之刑”，纠正了郑注，说“所刺不必是杀，余四刑亦当三刺”。刺当是刺举的引申，意为决讼。“三刺”应理解为向三种类型的人讯问，即听取意见后再裁决，该重判就重判，该轻判就轻判。因此后一种说法肯定是不合适的。可见，给一个词语下定义要做到确切无误，除必须熟悉有关的专业知识外，还得仔细揣摩古文古注，从一个词的多种含义中选择其特定的含义。

诚然，有些法学词语该怎样训释，历来众说纷纭，存在争议。如象刑，到底是用“画衣冠、异章服”以“丑其象”的象征性惩罚，还是《尚书》中“方施象刑”注所说的“施其法刑”，“象”就解作“法也”？另如“刑不上大夫”，更是说法很多，难以得出定论。这当中，有的确实是由于年代久远，资料缺乏，很难研究清楚。但也有因为工作做得不到家所致。

训释法学词语之所以有时不够准确和科学，还往往与校勘不细、标点不当以及粗心等各种情况有关。如把《左传》所引《夏书》逸文“昏、墨、贼，杀”⑪，印成“昏、墨、贼、杀，皋陶之刑也”就欠妥。杨伯峻的标点和注释，可能更符合原意，符合书经的体例。另如柳宗元替一个犯伤害罪的人辩护，认为不应“依杀人论”。在他给上司写的文书中说：“律疑惟赦，使司明至当之心；情或未安，守更切惟轻之愿。”而有的选本翻译成：“依法恐

---

⑧ 《辞源》，商务印书馆，1979。

⑨ 《辞源》，商务印书馆，1979。

⑩ 《辞海》，上海辞书出版社，1980。

⑪ 杨伯峻：《春秋左传注》，第1367页。

怕不可赦免，如有关当局认真考虑一下，也会感到不安。本刺史希望能从轻处理此案。”[12]这与原意出入很大，与“对文”的表达方式不合。要使译文做到准确，非逐字逐词地搞清楚含义不可，不能粗枝大叶。

总而言之，训诂宜慎，训释法学词语尤其如此。我们既不能恪守旧闻，亦不能轻否前言。既应当总结正面经验，也应当吸取已有的教训，防止出现历代经学训诂中出现的“拘、杂、悍、党、肆、琐”[13] 等弊病。相信经过切磋商讨，通过大家共同努力，整理、注释、研究法学古籍的工作会越做越好。

⑫ 《中国古代办案百例》，中国社会科学出版社，1980。

⑬ 参见《四库全书总目提要》。

周 枏

罗马《十二表法》*

简介

周枏，字叔厦，男，江苏溧阳市人，1908年出生。1928年中国公学大学部商科毕业，1931年在比利时鲁汶大学获政治外交硕士学位，1934年在该校获法学博士学位。回国后历任上海特志学院、湖南大学、江苏学院、厦门大学、暨南大学和上海法政学院教授、系主任和法学院院长等；十一届三中全会后，在西南政法学院、华东政法学院、安徽大学和上海法学研究所教学，1980年任安徽大学民法学教授、硕士生导师。周老一世治学严谨、成果颇丰。主要学术成果包括：《民法概论》、《法学绪论》、《罗马法上几个问题的研究》、《罗马法提要》、《罗马法原论》；主编《外国法律知识译丛·民法》、《外国法律知识译丛·经济法》、合撰《罗马法》、《罗马〈十二表法〉译评》；任《中国大百科全书·法学》主要撰稿人、民法学副主编、《法学辞典》常务编委、《民商法词典》副主编、《法学大辞典》顾问、中国政法大学《英汉法律词典》审定人。另陆续发表有关罗马法和民商法的论文多篇。

* 原发表于《安徽大学学报》，1983（3），1990年3月校订。

（一）

《十二表法》制定于公元前五世纪中叶，是罗马第一部成文法典、也是世界古代法中最著名的法典之一。从罗马的整个历史来看，它是奴隶制社会的产物，但在公元前五世纪时，罗马的奴隶还为数不多，所以，那时罗马社会主要的阶级力量对抗是发生在贵族和平民这两个阶级之间。《十二表法》是以习惯法为主而制定的成文法典，同时也是平民对贵族斗争胜利的成果。罗马当时的政治制度虽已由王政改为共和，但仍是贵族专政。法律——主要是不成文的习惯法——的执掌，全为贵族的祭司团所垄断，遇有讼争，贵族的司法人员徇情枉法，平民遭受欺凌，加以高利贷盛行，其利率毫无限制，债务奴役制迫使平民处于难于生存的境地。公元前五世纪中叶，平民发起成文法运动，企图用制定的法律明文来限制贵族的专横与压迫。

据传，公元前 462 年保民官（tribunus plebis）① 特任悌留士·亚尔萨（Gaius Terentilius Arsa）倡议由平民组成一个五人委员会，起草法律，该议案经平民会议通过，但贵族认为平民不懂法律，坚决反对。后平民提议，立法委员由双方共同担任，各占半数，制定兼顾两个阶级利益的法律，贵族仍加拒绝。但平民坚持斗争，此后连续八次，每年都选举特任悌留士·亚尔萨连任保民官之职。至公元前 454 年，贵族平民互相退让，终于达成协议，立法委员全部由贵族担任，但起草委员和法律须经由贵族和平民共同组成的军伍大会（comitia centuriata）② 选举和通过，元老院批准，才能生效。在起草法律期间，执政官（consules）、监察官（censores）、大法官（praetor）、政务官（aediles curules）和保民官等都暂行去职，由一个专门委员会行使全国军政和司法大权。同年，该会派遣贵族三人，到希腊研究梭伦（Solon）法制，并搜集其他法律资料，以供参考。公元前 452 年，考察组返国，第二年，由军伍大会选举贵族十人，负责起草共和国的法律，同时兼理国政，称“十人立法会”（decemviri legibus scribendis），由前执政官亚标士·克老鸠士（Appius Claudius）任会长，当年就制定了若干法律，经军伍大会通过，元老院批准，刻在十块板子上，公布在法庭的前面。至于这些板子是铜的、木质的、象牙的，或是大理石的，迄今还是个疑问。③ 因为还不够完备，这年年底，又另选十

---

① 是公元前 494 年平民对贵族斗争第一次取得胜利后产生的，由平民就平民中选任。其职权为维护平民的利益，限制贵族官吏的专横，他们对执政官等的命令和元老院的决定有否决权，其人身是不可侵犯的。参见 F. 蒂耳芒：《罗马的政治制度》，146～148 页。

② 亦称百人团大会，为罗马王政末叶与共和时代权力最大的会议，是贵族和平民有产者的组织，其成员须为达到从军年龄（17 岁）的男子，因当时武器和军装均由本人自备。表决时，以军伍为单位，其职权为通过法律，选举高级官吏和管理重大刑事上诉案件。参见 R. 莫尼埃：《罗马法简明词典》，59 页。

③ 据罗马著名历史学家李维（公元前 59～17）说：板子是铜的，故称《十二铜表法》；《国法大全》中的《学说汇编》第一卷第二章第二节第四款则记载 S. 庞坡纽士（哈德里安鲁士帝 117～138 在位时的法学家）说它是象牙的。《学说汇编》是公元六世纪三十年代由罗马的法学家集体编撰而成，应更具有权威性。但另一些学者又说板子是木质的或大理石的。参见 F. de 科朗热《古城》第 356～357 页和 A. E. 吉法尔《罗马法要论》第一册第 27～28 页。

人，仍由亚标大·克老鸠士任会长。据提峨丽修士（Dionysius Halicarnasseus 公元前一世纪罗马的历史学家）的《古代罗马史》记载，其中也有平民当选。次年，即公元前 450 年，补充了一些条文，又雕成两块板子，连前共十二块，故称《十二表法》（leges duodecim tabularum，后称 duodecim tabulae）。

《十二表法》公布后六十年，也就是公元前 390 年，高卢人入侵罗马，该法连同建筑被占领军焚毁，既未保存残片，也无抄本传世，惟其条文常为罗马的法学家、哲学家、历史学家和文学家等所引用，散见各书，但亦残缺不全，且引用时也有按原文写成当时文字的，常互有出入。十六世纪中，法律工作者意大利人阿耳桑德里（Alexandre Alessandri 1461—1523）和德国人杜里韦耳（Aymar du Rivail 1491—1558）先后搜集佚文，企图重建，但所获不多；1616 年，瑞士史学家戈代弗鲁瓦（Jarcques Godeffroy 1587—1652）又进行了大量的工作，约完成十之七八；1824 年德国学者迪克森（Henri Edouard Dirkson 1789—1868）、1866 年绍埃耳（Rudolf Shoell）、1883 年沃格特（Montz Voigt）和 1909 年法国罗马法专家吉拉尔（Paul Frederic Girard 1852—1926）等复继续努力，进一步搜集和整理，但仍未能恢复原貌。④

（二）

《十二表法》经过件多学者的整理和重建，其条文的编次和内容不尽相同。我国法学工作者从党的十一届三中全会以来，学习和研究外国法制史和罗马法的同志逐渐增多。为了适应这种新的需求，特根据吉拉尔《罗马法原文》增订第五版，奥尔特朗（J. Ortolan 法国法学家）的《罗马法制史》增订第九版和里维埃（Alphonse Rivier 比利时布鲁塞尔大学教授）的《罗马法史导论》，并参阅陈筠、防微两同志的译文（载东北师大《科学集刊》第六期）及有关材料，将罗马《十二表法》迻译于下，以供参考。限于水平，错误和不妥之处，敬希读者指正。

《十二表法》正文

第一表 传唤

一、原告传被告出庭⑤，如被告拒绝，原告可邀请第三者作证，扭押同行。

二、如被告托辞不去或企图逃避，原告有权拘捕之。

三、如被告因疾病或年老不能出庭，原告应提供交通工具，但除自愿外，不必用有蓬

---

④ A. 里维埃《罗马法史导论》第 120 页及 548 页和 P. F. 吉拉尔《罗马法教程》第七版第 27～28 页。

⑤ 按当时习惯法，原告应于诉讼日（dies fostus）在公共场所，用规定的语言，通知被告出庭。古代罗马把每年分为诉讼日、非诉讼日（即议会开会日、祭日和节日都不进行诉讼）和混合日（即在议会不开会时，也可以进行诉讼）。（参阅注③A. E. 吉法尔第 86 页及 E. 洎蒂《罗马法原论》增订第五版第 656 页）

盖的车辆⑥。

四、如诉讼当事人为富有者，则担保其按时出庭的保证人，应为具有同等财力的人⑦；如为贫民，则任何人都可充任。

五、如当事人双方能自行和解的，则讼争即认为解决。

六、如当事人不能和解，则双方应于午前到广场或会议厅进行诉讼，由长官（magistratus）⑧ 审理。

七、诉讼当事人一方过了午时仍不到庭的，长官应即判到庭的一方胜诉。

八、日落为诉讼程序休止的时限。

九、保证人应担保诉讼当事人于受审时按时出庭。

第二表　审理

一、诉讼标的在一千亚士以上的，交誓金 500⑨ 亚士。标的不满一千亚士的，交誓金 50 亚士，关于自由身份之诉，不论此人家产的多少，一律交 50 亚士。

二、审理之日，如遇承审员（judex）⑩、仲裁员或诉讼当事人患重病，或者审判涉及外国人（hoste）⑪ ……则应延期审讯。

三、凡需要人证的，应在证人的门前高声呼唤，通知他在第三个集市日，到庭作证。⑫

---

⑥ 本条末段的原文为 si nolet，arceram ne sternito 有译为“被告若不愿意，则可不必提供篷车”。

⑦ 古代罗马，每五年进行一次户口调查，把全体居民不分贵族和平民，一律按财产的多少分为六个等级，作为服兵役的标准：最初以土地划分，拥有土地二十优格亚（jugsera 每优格亚约等于二十五公亩）以上的为第一级，十五优格亚以上的为第二级，十优格亚以上的为第三级，五优格亚以上的为第四级，不满五优格亚的为第五级，无地或基本无地的为第六级，后改用货币计算，同时包括不动产和动产，其最低财产额为：第一级十万亚士（as 罗马的一种铜币，最初是以牛羊为标志的铜块），第二级七万五千亚士，第三级五万亚士，第四级二万五千亚士，T. 李维《罗马史》记载，第五级为一万一千亚士，但同时代的提峨丽修士所著《古代罗马史》则称仍系前级的半数，即一万二千五百亚士，第六级为贫民。（参阅恩格斯：《家庭、私有制和国家的起源》，《马克思恩格斯全集》第 21 卷第 146～147 页，J. 奥尔特托朗：《罗马法制史》增订第九版第 59 页及注①F. 蒂耳芒第 44 页）

⑧ 古代罗马的元首或高级官吏都兼理司法，最初仅指王或执政官，后陆续增设监察官、政务官等，公元前 367 年始设专职大法官。（见 R. 富瓦纳《罗马法教程》第九版第 13 页和 G. 迈《罗马法原论》第 18 版第 599～600 页）

⑨ 罗马古代常用宣誓来解决讼争。在王政时代，诉讼当事人视案件的大小，各献牛或羊给僧侣，诉败，即以其牛或羊祭神，以赎伪誓的罪；共和时代，为简便起见，改用现金，由国库没收，称“誓金”；最后又改为“决胜金”，归胜诉者所有。（参阅 E. 帕罗特《罗马法要论》第 49～50 页）

⑩ 当时承审员由诉讼当事人在承审员名册中选定后，经长官任命。审理案件时为一人，其职权只限于审查事实的有无和是否，不能为折衷的解决。仲裁员实际上也是一种承审员，但审理案件应由三人合议，且其职权较一般承审员为大，在处理疆界的划分，遗产的分割等，有根据实际情况，斟酌权衡之权。（参阅 E. 屈克《罗马法制教程》增订第二版第 806～808 页）

⑪ Hoste 在古代指和罗马订有条约的独立国家的人民，后来又指敌人和叛徒，因此，在本条有译为外国人的，认为由于当时交通不便，他们不能准时出庭，应允予延期；也有主张在当时很难设想，就已有市民和外国人在诉讼上的规定而译为叛徒的。

⑫ 古罗马的家宅为供奉家神之处，外人非经家长同意，不得入内；否则，构成侵犯住宅罪。当时习俗，每九日一市（同注⑥J. 奥尔特托朗第 104 页）。

四、即使是盗窃案件，亦可进行和解。⑬

第三表 执行

一、对于自己承认或经判决的债务，有三十日的法定宽限期。

二、期满，债务人不还债的，债权人得拘捕之，押其到长官前，申请执行。

三、此时如债务人仍不偿，又无人为其担保，则债权人得将其押至家中拘留，系以皮带或脚镣，但重量最多为十五磅，愿减轻者听便。

四、债务人在拘禁期间，得自备伙食，如无力自备，则债权人应每日供给谷物粉一磅，愿多给者听便。

五、债权人得拘禁债务人六十日。在此期内，债务人仍可谋求和解；如不获和解，则债权人应连续在三个集市日将债务人牵至广场，并高声宣布所判定的金额。

六、在第三次牵债务人至广场后，如仍无人代为清偿或保证，债权人得将债务人卖于悌伯河（Tiber）⑭ 外的外国或杀死之。⑮

七、如债权人有数人时，得分割债务人的肢体进行分配，纵未按债额比例切块，亦不以为罪。

八、对叛徒的追诉，永远有效。

第四表 家长权

一、对畸形怪状的婴儿，应即杀之。⑯

二、家属终身在家长权的支配下。家长得监禁之、殴打之、使作苦役，甚至出卖之或杀死之；纵使子孙担任了国家高级公职的亦同。

三、家长如三次出卖其子的，该子即脱离家长权而获得解放。

四、夫得向妻索回钥匙，令其随带自身物件，将甚逐出。

五、婴儿自父死后十个月内出生的，推定其为婚生子女。

---

⑬ 古代罗马把盗窃分为公益盗窃和私益盗窃，前者指盗窃公共财物，属公犯；后者为盗窃私人财物，属私犯。罗马人认为私犯是侵犯个人利益，当事人可以进行和解。

⑭ Tiber 为拉丁文，亦有按英语音译为泰伯河或台伯河的。按罗马古代习惯，罗马人不得为罗马人的奴隶，故须卖在国外。

⑮ 债务奴役制于公元前 325 年为玻特利亚·拨比里亚法所废止。（同注②第 160 页）

⑯ 国内学者多译“得”杀之。按罗马当时，家内事本由家长全权处理，政府不加干预，但习俗以出生不具常人形体的怪胎为国家不祥之兆，故特规定应即杀之以除害。又《十二表法》律文严谨，文字简练，本表第二条既已有家长得杀子女的规定，如本条为“得”杀之，显无重复另立专条的必要。

第五表　继承和监护

一、除威士塔（Vesta）[17] 修女外，妇女终身受监护。

二、在族亲（agnatio）监护下的妇女，其所有要式移转物（res mancipi）[18] 不适用时效的规定；但妇女转让其物时，曾取得监护人同意的，不在此限。

三、凡以遗嘱处分自己的财产，或对其家属指定监护人的，具有法律上的效力。

四、死者未立遗嘱，又无当然继承人（heredes sui）[19]，其遗产由最近的族亲继承。

五、如无族亲时，由宗亲（gentiles）[20] 继承。

六、遗嘱未指定监护人时，由族亲为法定监护人。[21]

七、精神病人（Furiosus）[22] 无保佐人时，对其身体和财产由族亲保护之；无族亲时，由宗亲保护之。

浪费人（prodigus）[23] 不得管理其财产，应由其族亲为他的保佐人。

八、解放自由人（libertus）[24] 未立遗嘱而死亡时，如无当然继承人，其遗产归恩主所有。

九、被继承人的债权和债务，由各继承人按其应继分的比例分配之。

十、遗产的分割，按遗产分析诉处理。

十一、以遗嘱解放奴隶而以支付一定金额给继承人为条件的，则该奴隶在付足金额后，即取得自由；如该奴隶已被转让，则在付给让受人以该金额后，亦即取得自由。

---

⑰ 罗马的灶神，由六个修女供奉，修女必须是十岁以下的童贞才能入选，三十岁退休。（参阅《小拉鲁斯百科插图辞典》第1735页和黄右昌《公罗马法与现代》第33页）

⑱ 指在罗马农业社会中视为重要的财富，其所有权的移转，必须用法定的特定方式（见注㉕和㉗）。这些东西包括：1. 意大利境内的土地，2. 奴隶，3. 能驮载或拉车的家畜（牛、马、驴、骡），4. 意大利耕地的地役权。（参阅《苏皖政治学院季刊》创刊号，周枏《罗马法上的几个问题的研究》第19页）

⑲ 指被继承人死亡时，从家长权或夫权下解放出来的子女和妻子等，他们可以直接继承死者的遗产。（见J. 代克拉勒耳《罗马和罗马法》第307页）

⑳ 指同一姓氏并祭同一祖先的，但因年代久远，世系已无可考；或译同姓人，似欠妥，因同姓的并不都祭同一个祖先。（参阅G. 科尔尼《罗马法》第8、19和79页）

㉑ 按古罗马的习惯法，监护和保佐制度都是以保护法定继承人的利益为目的，故参照本表第五和第七条，应补充“无族亲时由宗亲监护”。（同注③A. E. 吉法尔第27～28页）

㉒ 据乌尔比安鲁士 Ulpianus 谓系指疯子。学者对精神病人的解释，意见不一。（参阅H. 史泰特莱《罗马法教程》第一册第442页和陈朝璧《罗马法原理》第534页）

㉓ 本条所指的浪费人，是专指滥用祖遗财产，致损害法定继承人的利益的。（见P. 于韦兰《罗马法教程》第一册第393页）

㉔ 指奴隶经主人解放而成为自由人的，旧主人则称恩主。

第六表 所有权和占有

一、凡依“现金借贷”（nexum）或“要式买卖”（mancipium）[25] 的方式缔结契约的，其所用的语言即为当事人的法律。

二、凡主张曾缔结“现金借贷”或“要式买卖”契约的，负举证之责；缔结上述契约后又否认的，处以双倍于标的的罚金。

三、使用土地的取得时效为二年，其他物品为一年。

四、妻不愿依一年使用时效而缔结有夫权婚姻[26]的，则应每年连续外宿三夜以中断时效的完成。

五、外国人永远不能因使用而取得罗马市民财产的所有权。

六、于诉讼进行中，在长官前对物的所有权有争议时，应裁定该物归事实上的占有者，或认为合适的人暂行占有。

有关自由身份之诉，应裁定由主张该人为自由人的一方占有所争的对象。

七、出卖的物品纵经交付，非在买受人付清价款或提供担保以满足出卖人的要求后，其所有权并不移转。

八、凡依“要式卖买”或“拟诉弃权”（ceessio in jure）的方式转让物品的，具有法律土的效力。

九、凡以他人的木材建筑房屋或支搭葡萄架的，木料所有人不得擅自拆毁而取回其木料。

十、但在上述情况下，可对取用他人木料者，提起赔偿双倍于木料价金之诉。

十一、在木料和建筑物已分离，或作葡萄架的柱子已从地中拔出后，则原所有人有权取回。

第七表 土地和房屋（相邻关系）[27]

一、建筑物的周围应留二尺半宽的空地，以便通行。

---

[25] “要式买卖”为古罗马移转所有权的一种方式，又称“用铜块和秤（per aes etlibram）的方式”，其手续由买卖双方在五个证人和一个司秤（libripens）前，由买受人一手持标的物或其标志，一手持铜块说：“按罗马法律，此物为我所有，我是用此铜块和秤买得的”，说完了，就把铜块敲秤后交给出卖人，买卖手续就完成了。“现金借贷”通说也采“用铜块和秤”的办法，只是用语是出借人对借用人为处罚的声明。到期不还，出借人对借用人有权实施对人执行。（见 P. 冯韦泰《罗马法债编》第二册第 3～6 页）

[26] 古代罗马的婚姻分有夫权婚姻（正式婚姻）和无夫权婚姻（略式婚姻）两种，夫权的取得，或依法定方式结婚，或因经过连续一年的共同生活，后者称时效婚。在有夫权婚姻中，妻子处于夫或夫的家长的权力支配下，她的地位和她的子女一样，他们（她们）视同姐弟姐妹；在无夫权婚姻中，妻的地位和未结婚前同。（参阅 L. 迪普里埃《罗马法提要》第一册第 109～112 页）

[27] “拟诉弃权”是利用诉讼程序以移转所有权的方式。其办法是买卖双方带着标的物或其标志到长官前，伪装诉讼，由买受人为原告，主张该物为他所有，出卖人为被告，对买受人的主张加以承认或默不抗辩，遂由长官把标的物判归买受人所有。（同注⑨E. 屈克第 274～275 页）

二、凡在自己的土地和邻地之间筑篱笆的，不得越过自己土地的界限；筑围墙的应留空地一尺；挖沟的应留和沟深相同的空地，掘井的应留空地六尺；栽种橄榄树和无花果树的，应留空地九尺；其他树木留五尺。

三、有关园子……祖产……谷仓……的规定（原文有缺漏）。

四、相邻田地之间，应留空地五尺，以便通行和犁地，该空地不适用时效的规定。

五、疆界发生争执时，由长官委任仲裁员三人解决之。

六、在他人土地上有通行权的，其道路宽度，直向为八尺，转弯处为十六尺。

七、如供役地人未将道路保持在可供通行的状态时，则有通行权者得把运货车通过他认为适宜的地方。

八、用人为的方法变更自然水流，以致他人财产遭受损害时，受害人得诉请赔偿。

九、树枝越界的，应修剪至离地十五尺，使树阴不至影响邻地；如树木因风吹倾斜于邻地，邻地所有人亦可诉请处理。

十、橡树的果实落于邻地时，得入邻地拾取之。

第八表　私犯

一、以文字诽谤他人，或公然歌唱侮辱他人的歌词的，处死刑。

二、毁伤他人肢体而不能和解的，他人亦得依同态复仇而“毁伤其肢体”（原文为memberum rupsit）[28]。

三、折断自由人一骨的，处300亚士的罚金；如被害人为奴隶，处150亚士的罚金。

四、对人施行其他强暴行为的，处25亚士的罚金。

五、对他人的偶然侵害，应负赔偿责任。

六、牲畜损害他人的，由其所有人负赔偿责任，或将该牲畜交与被害人。

七、让自己的牲畜在他人田中吃食，应负赔偿责任；但如他人的果实落在自己的田中而被牲畜吃掉的，则不需负责。

八、不得以蛊术损害他人的庄稼；不得擅自把一地的庄稼移置他地……

九、在夜间窃取耕地的庄稼或放牧的，如为适婚人[29]，则处死以祭谷神；如为未适婚人，则由长官酌情鞭打，并处以赔偿双倍于损害的罚金。

十、烧毁房屋或堆放在房屋附近的谷物堆的，如属故意，则捆绑而鞭打之，然后将其烧死；如为过失，则责令赔偿损失，如无力赔偿，则从轻处罚。

十一、不法砍伐他人树木的，每棵处以25亚士的罚金。

---

[28] 关于memorum rupsit的涵义，中外学者见解不一，国内多译为折断四肢，似与原义不符。（参阅注⑱周枏第1～6页）

[29] 指已可结婚的人。罗马古代，男女结婚的年龄并无统一规定，由家长按子女成长的实际情况来决定，后定男14岁、女12岁为适婚年龄。（M. 费利尼欧《罗马法》第277～278页）

十二、夜间行窃，如当场被杀，应视将其杀死为合法。

十三、白日行窃，除用武器拒捕外，不得杀之。

十四、现行窃盗被捕，处笞刑后交被窃者处理；如为奴隶，处笞刑后投塔尔泊峨（Tarpeio）㉚ 岩下摔死；如为未适婚人，由长官酌处笞刑，并责令赔偿损失。

十五、正式搜查赃物时，搜查人应赤身光体，仅以亚麻布围腰，双手捧一盘。

凡以正式方式在窃贼家搜出赃物的，以现行盗窃罪论处；如以非正式方式搜出或在他处查获的，则处盗窃者三倍于赃物的罚金。

十六、对非现行盗窃提起的诉讼，仅得处盗窃者两倍于赃物的罚金。

十七、对盗窃的物件，不适用取得时效的规定。

十八、利息不得超过一分（uncia）㉛，超过的，处高利贷者四倍于超过额的罚金。

十九、受寄人不忠实的，处以双倍于所致损害的罚金。

二十、监护人不忠实的，任何人都有权诉请撤换；其侵吞受监护人财产的，处以双倍于该财产的罚金。

二十一、恩主诈骗被保护人（clientes）㉜ 的，“应作祭神的牺牲品”（原文为 sacer esto）。

二十二、法律行为中的证人或司秤，如事后拒绝作证的，即为“不名誉者”，从此丧失作证的资格，亦不得请他人为之作证。㉝

二十三、作伪证的，投于塔尔泊峨岩下摔死。

二十四、杀人者处死刑；过失致人于死的，应以公羊一只祭神，以代本人。

二十五、施魔法或以毒药杀人的，处死刑。

二十六、夜间在城市举行扰乱治安的集会的，处死刑。

二十七、士兵或其他社团的成员，得订立其组织的章程，但以不违背法律为限。

第九表 公法

一、不得为任何个人的利益，制定特别的法律。

二、对剥夺一人的生命、自由和国籍的判决，是专属军伍大会的权力。

㉚ 塔尔泊峨为罗马城七丘陵之一，山上建有优比特（Jupiter）天神的庙，庙的附近有一岩石，称塔尔泊峨岩。罗马人常把犯罪的人从岩上摔下来，作为死刑的一种。（同注⑰小拉鲁士第 1256 页及注①F. 蒂芒的附图）

㉛ 对于利息限制的具体比率，学者意见不一，主要有下述两说：由于“uncia”的涵义是十二分之一，因此，有主张最高利率不得超过月息一分的；有的则认为罗马当时虽已采用了罗马历法，但民间习惯仍沿用每年十个月的旧历法，因此，最高限制应为百分之八又三分之一。（参阅 C. 迈恩茨《罗马法原理》第二版第 2 册第 43～44 页，注⑧G. 迈第 25 页以及陈朝璧《罗马法原理》第 169 页和《罗马法的历史地位和借鉴作用》）

㉜ 指受罗马市民保护的自由人。通说谓原系外国人来罗马而受有权势者保护的以及被解放的奴隶和其后裔。恩主和被保护人间的关系，受宗教严格的制约。（参阅 P. 维伦斯《罗马公法》第三版第 38～42 页）

㉝ 在古代罗马，不能作证是一项极为严厉的制裁，因当时一切重要的法律行为，如不动产和奴隶牛马等的买卖、现金借贷、结婚、立遗嘱等均须证人参加，故不能作证，无异剥夺一个人的行为能力。

三、经长官委任的承审员或仲裁员，在执行职务中收受贿赂的，处死刑。

四、执行死刑时由刑事事务官监场。对一切刑事判决不服的，有权上诉。

五、凡煽动敌人反对自己的国家，或把市民献给敌人的，处死刑。

六、任何人非经审判，不得处死刑。

第十表　宗教法

一、不得在市区内埋葬或焚化尸体。

二、对丧事不宜过分铺张……，火葬用的木柴，不得用斧削光。

三、埋葬或火化时，死者的丧衣以三件为限，紫色的以一件为限，奏乐的人以十名为限。

四、出丧时，妇女不得抓面毁容，也不得无节制地嚎哭。

五、不得收集死者的骸骨为之举行葬礼，但死于战场或异邦的，不在此限。

六、禁止：对奴隶的尸体用香料防腐；举行丧事宴会、奢侈地洒圣水、长行列的花环、用香炉焚香。

七、如果死者本人或其奴隶和马，因受奖而获得的花环，则在丧礼期间，准死者或其亲属佩戴。

八、不得为一人举行二次丧礼，亦不得为他备置两副棺木。

九、死者不得有金饰随葬，但如牙齿是用金镶的，准其随同火化或埋葬。

十、非经所有人同意、不得在离其房屋六十尺以内进行火葬或挖造坟墓。

十一、墓地及坟墓周围的余地，不适用取得时效的规定。

第十一表　前五表的补充

一、平民和贵族，不得通婚。[34]

第十二表　后五表的补充

一、对购买牲畜供祭神之用而不付价金，或出租牲畜将租金供祭神之需而租用人不付租金的，则债权人有权对债务人的财产实施扣押。

二、家属或奴隶因私犯而造成损害的，家长、家主应负赔偿责任，或将其交被害人处理。

三、凡以不诚实的方法取得物的占有的，由长官委任仲裁员三人处理各之；如占有人

㉞ 此项禁令于公元前445年经卡鲁黎亚法废止。（同注⑤E. 泊蒂第21页）

败诉，应返还所得孳息的双倍。

四、系争物不得作为祭品，违者处该物价款双倍的罚金。

五、前后制定的法律有冲突时，后法取消前法。

（三）

《十二表法》是以维护奴隶主私有制为核心，保留了氏族社会末期的父权家长制和氏族社会某些野蛮行为的残迹，如家长对家属的绝对支配权，宗亲继承，同态复仇等等。《十二表法》的绝大部分是固有的习惯法，其中不少规范没有制裁的规定，可见并不完善。但是总的来说，该法是当时罗马社会的真实写照，适合社会发展的实际需要，在一定程度上也反映了平民的要求。第一，它的内容广泛，宗教法和世俗法、公法和私法、实体法和程序法，兼收并蓄，诸法合一，说明当时的罗马法还处在发展的初期。第二，它突出地保存了传统的形式主义，例如，买卖不动产和奴隶等，除当事人亲自到场外，还必须邀请五个证人和一名司秤的参加，讲规定的语言，才能生效（见注⑱和㉕）。手续的繁琐，显然是沿袭了固有的宗教习惯。不过罗马当时处于农村公社瓦解以后，社会经济仍是自给自足的性质，商品交易并不发达，文字也不普遍，对家庭重要财富的出让，采取隆重的方式，邀请证人参加，可使当事人慎重考虑，也可防止对方欺诈或胁迫，更使法律行为的性质明确无误，即使事后发生纠纷，也有证人作证。这种严格的形式主义，既有利于统治者按照有利于自己的方式来调整社会经济关系，对平民又可以避免贵族们在司法中的徇情偏袒，因此，很自然地被规定到法律之中。第三，它的一些规定野蛮残酷，反映了法律的发展从野蛮到文明的渐进过程，该法对伤害罪仍实行同态复仇制（见第八表第二条）；对无力清偿的债务人，债权人可以把他卖为奴隶、甚至杀之分尸（见第三表第六第七条）。恩格斯曾指出："古罗马的立法那样残酷无情……是纯粹由于经济强制，作为习惯法而自发地产生的"[35]。因为当对人们把债的关系视为人身对人身的关系，债务人的身体便是债权的担保，如果欠债不还，就可对人身强制执行，把债务人当作现行窃盗那样处理。（参阅第八表第十二条和第十四条）正如马克思在《资本论》所揭露的，债权人支付的货币已转化为债务人的血和肉了。但是《十二表法》对利率作了最高的限制（见第八表第十八条），规定了还债的宽限期（见第三表第一条），关于债权人对债务人在拘禁期内的待遇，也订立了限制（见第三表第三至五条），这在一定程度上减轻了贵族对平民的无限制的债务剥削与压迫。至于同态复仇，该法虽定有明文，但也加了限制，只限于受害人对行为人才能进行，也只能在当事人不能和解的条件下才准进行，连同其他一些规定，说明社会成员之间的重大冲突，已由当事人自己的私事转化为被国家认为有害公共利益的事而加以干预。还要注意到被害人在实施同态复仇时，应考虑伤害过当的问题，这就能够迫使双方达成协议，避免危害社会和国家行为的发生。第四，它的律文单一化而无伸缩灵活的余地，完全不考虑实际情况的复杂性。例如：第八表第

㉟ 同注⑦恩格斯第190页。

十一条规定："不法砍伐他人树木的，每棵处二十五亚士的罚金"，既不论树木的种类、质量，也不问它的大小和价值，常会出现惊人的不平和可笑的现象。但是，在社会刚刚由野蛮进入文明时代，简单就意味着干脆，是非显然，不需要进行复杂的研究分析，使水平不高的司法人员易于处理案件，特别是对平民和贵族一视同仁，这在当时并不把树木视为重要财富的情况下，也就有它可取的一面。

前面已经讲到，《十二表法》是受压迫的平民经过长时期斗争的产物。所以，首先值得提出的是：它把一向由贵族祭司团垄断而自由掌握的习惯法用文字公布出来，做到全体市民"令行禁止"，有明确的文件做依据，在一定程度上限制了贵族官吏的武断和专横。古代的统治阶级总是不愿意把统治人民的具体法律，公之于众，以免束缚自己的手脚，使其行动陷于被动。所以，公布法律的本身，就是一个跃进。其次，《十二表法》的内容除增补的第十一表禁止平民与贵族通婚外，平民在私法上（也只限于这个法律所规定的范围以内），已争得和贵族平等的地位，从此赔偿处罚，以及法律行为的有效无效等，都有了明确的标准，不致因社会地位的不同而有异。再次，《十二表法》是由军伍大会制定的，它肯定了侵犯个人利益和公共秩序都是违反国家的法律，而不是什么触犯上帝，有悖神意。就这点而论，它和其他以神权为基础的古代法相比，也不能不说是一个进步。其他如时效制度、婚生子女的推定、新法优于旧法的原则、高利贷的禁止，以及有关相邻关系等规定，都为后世所推颂与借鉴。所以罗马人很珍视这个法典，把它奉为经典，自公布后一直到优士悌尼亚鲁士（Justiuianus 亦有按英语译为查士丁尼的，482—565，527—565 在位）大帝的一千年中，历代皇帝从没有以明文直接废止它的。据西赛罗（Marcus Tullius Cicero 前 106—前 48）说：他那时的青少年学生，在学校里都要背诵《十二表法》[36]，当时社会重视该法典的程度，可想而知。

在结束本文之前，附带再谈一下关于《十二表法》的真伪问题。在十七世纪以前，并没有谁对"十人立法会"的组织和《十二表法》制定的事实产生过怀疑。自意大利历史学家维科（Gloranni Battista Vico 1668—1744）首先提出异议后，意大利历史学家帕伊士（Ettore Pais 1865—1939）和法国法学家朗贝尔（Edouard Lambert）更进一步主张《十二表法》全系后人杜撰的作品。帕伊士并且说：《十二表法》是古罗马法学家甫拉维乌士（Cnaeus Flavius）所辑的习惯法汇编，甫氏曾于公元前 304 年发表《甫拉维亚鲁姆法》（Jus Flavianum ），其中诉讼法和《十二表法》所规定的审判程序，完全相符，因此《十二表法》并非公元前五世纪的产物。朗贝尔则说：罗马的许多所谓古代著作，多系后人所杜撰，《十二表法》就是其中之一，该一法是公元前 198 年执政官泊吐士（Sextus Aelius Paetus）汇集当时的习惯法和法律成语而成。两氏之说引起欧洲罗马法学界的争论近三十年。法国罗马法专家吉拉尔，则从历史、法律和语言学三方面论证《十二表法》决非虚构。他认为：罗马古典作家的著作中多有《十二表法》的记载，且常引用其律文，此其一；《十二表法》的

---

[36] 同注③A. E. 吉法尔第 28 页。

内容适合于公元前五世纪的农村公社解体后的自然经济社会，而不适合于公元前二世纪末手工业和商业已有了相当发展的罗马共和国时代，此其二；从《十二表法》条文所用的文字，都是当时的古拉丁文，和公元前二世纪以前所习用的拉丁文，其体裁大不相同，此其三。1903年，双方意见提交在罗马召开的国际历史学会讨论，吉拉尔之说，终被大会和世界学术界所确认。[37]

---

[37] P. F. 吉拉尔《罗马法文集》第3～64页以及同注③A. E. 吉法尔第29页和注④P. F. 吉拉尔第25页。

俞荣根

孔子法律思想探微*

简介

俞荣根，1943 年生，浙江诸暨人，西南政法大学教授、博士生导师，曾任西南政法大学副校长、重庆社科院院长、九届全国政协委员，现任重庆市人大常委会委员、法制委主任委员。国家有突出贡献的中青年专家、享受国务院政府津贴专家、重庆市首批学术带头人。著有《儒家法思想通论》、《儒言治世》、《道统与法统》、《文化与法文化》、《艰难的开拓——毛泽东的法思想与法实践》、《羌族习惯法》、《中国法律史研究在日本》、《中国传统法学述论——基于国学视角》等。

* 本文是作者的硕士学位论文。原发表于中国社会科学杂志社《未定稿》，1983（4）。原论文 3 万多字，《未定稿》刊发 2 万多字，这次按本书编辑部要求作了大幅度删减。据中国社会科学杂志社编辑部当时回函，拙文准备在《中国社会科学》上刊发，据说新任领导审阅时撤下改发到了《未定稿》。1984 年四川省政府举行首届哲学社会科学优秀成果评奖，该文获二等奖。从 1982 年研究生毕业从教以来，为职业所需撰写论文不少，也一直未脱离孔子和儒学研究领域。承蒙征稿，觉得还是初次踏入该领域的这篇学位论文能引起自己不少难忘的回忆，尽管显得有些稚嫩。——作者注

一

孔子学说的核心是“仁”，似已得到多数研究者的肯定。但是，孔子的仁学是否包含法律思想？孔子是不是只讲仁义，不讲法律呢？这是历来都有争议的。

倡言儒家只讲仁义反对法律的是先秦法家。如韩非就说：“儒以文乱法”，并激烈地抨击道：“以法行刑而君为之流涕，此以效仁，非以为治也。”① 把“仁”说成仅仅是行刑时“流涕”，倒真正成了“妇人之仁”② 了，但这显然是对孔子仁学的歪曲。

秦汉以后，从司马谈的“六家要旨”论，到班固的九流十家说，对先秦学派的种种划分仍不离儒家留意仁义，法家信赏必罚的窠臼。到本世纪的二三十年代，一些学者附会西方法治学说，说中国早在先秦就有法治主义，提出法家“法治”、儒家“人治”对立说。最先作如是论者当推梁启超。他在《先秦政治思想史》一书中指法家为“尊物”的“法治主义”，称儒家是“尊人”的“人治主义”。这种“人治”、“法治”概念不是科学的。

把这种观点推到极端的是“四人帮”的所谓评法批儒运动。在他们笔下，儒家的“礼治”是复辟，法家的“法治”等于革命。其种种谬论，不值得再加复述。粉碎“四人帮”后，我国社会会主义法学开始繁荣，随即展开了一场法治与人治问题的讨论，其中不少文章涉及先秦儒法两家的法律学说，有很多精辟的见解。但有的则仍沿袭了儒法“人治”、“法治”对立的旧说，认为孔孟的“礼治”、“德治”是一种反对法和“法治”的法律思想③。

鉴于上述情况，要讨论孔子的法律思想，先须解决下列问题：

1. 孔子是不是反对法？是不是只有反对法和“法治”的法律思想？

2. 孔子是不是反对公布成文法？怎样看待他反对晋铸刑鼎？

3. 我国古代的礼和法、礼治和“法治”是什么关系？孔子是不是只讲礼治，不讲“法治”？

4. 孔子的仁学是否包含法律学说？他是否有成体系的法律思想？如果有，其体系特点又是什么？

1. 孔子不反对法

孔子是一个面对现实的思想家和以救世为己任的政治活动家，他没有放弃过法这个治国

① 均见《韩非子·五蠹》。

② 均见《韩非子·五蠹》。

③ 法家的“任法而治”、“以法治国”（不是“依法治国”）同与民主相联系的、以根本法及其派生的部门法为权力依据的科学的法治原则有天渊之别。所以这里的“法治”两字打上引号，表示只是借用。下同。

工具。《左传·昭公十四年》载：晋国贵族邢侯与雍子争田产，叔向之弟叔鱼为代理法官。若依法公断，罪在雍子，而雍子“纳其女于叔鱼”，故叔鱼曲法徇私，反而加罪邢侯。邢侯一怒之下杀了叔鱼和雍子。叔向对这个案子公平处断；“三人同罪，施生戮死可也。”孔子听了十分赞成，说：“叔向，古之遗直也。治国制刑，不隐于亲，……杀亲益荣，犹义也夫”。孔子不但不反对以刑法来惩治这三个违法贵族，而且连一点“刑不上大夫”的顾忌也没有。

孔子做过鲁国司寇，专门执掌政刑。从古书中可知：孔子执法严肃认真，公平无私，做坏事的人都怕他：“仲尼将为司寇，沈犹氏不敢朝饮其羊，公慎氏出其妻，慎溃氏逾境而徙，鲁之粥牛马者不豫贾，必蚤正以待之也。”④ 汉代董仲舒称颂孔子为司寇时“至清廉平，路遗不受，请谒不听，据法听讼，无有所阿，……断狱屯屯，与众共之，不敢自专”⑤。司马迁也说：“孔子在位听讼，文辞有可与人共者，弗独有也。”⑥ 荀子是战国人，董仲舒和司马迁也去春秋战国之世不远，他们的话虽有溢美之词，但不至于纯属虚构。据说，当时，鲁上大夫季孙“专权擅势”，孔子以司寇之职“据义行法”，执行了“家无藏甲，大夫毋百雉之城”的法律规定，使季孙、叔孙不得不堕毁费、郈二城。⑦

孔子说过：“道之以政，齐之以刑，民免而无耻；道之以德，齐乏以礼，有耻且格。”⑧有人说，这可证明孔子只讲德礼，反对政刑。其实是个误解。孔子的立论是有针对性的。当时存在着一种“导政齐刑”的政见，如鲁执政者季康子就问过孔子：“如杀无道，以就有道，何如?”⑨ 主张用刑杀威吓人民。孔子不同意，他回答季康子说：“子为政，焉用杀？子欲善而民善矣。”⑩ 孔子讲的不是不要政刑，而是不主张独任政刑、迷信政刑。这是孔子法律学说的总的指导原则，汉人将其概括为“德主刑辅”。

孔子任司寇时，曾致力于实践“导德齐礼”的原则。他说：“听讼，吾犹人也。必也使无讼乎!”⑪ 有人把“无讼”说成是反对诉讼，不要法律⑫，这不符合孔子的原意。刘宝楠解为“言听讼吾与人同，无异能异法也”⑬，是可取的。孔子不反对据法“听讼”，他自信自己在听讼方面同别人差不多，只是他的着眼点不在一般地能听讼就行了，而是要使人人正心诚意、自讼、自律，不生争讼，狡猾邪恶的人也不敢虚诞其辞。“无讼”的关键是禁犯罪

④ 《荀子·儒效》。

⑤ 董仲舒：《春秋繁露·五行相生》。

⑥ 《史记·孔子世家》。

⑦ 见《史记·孔子世家》及《春秋繁露·五行相胜》。

⑧ 《论语·为政》。

⑨ 《论语·颜渊》。

⑩ 《论语·颜渊》。

⑪ 《论语·颜渊》。

⑫ 如，吴经熊：《唐以前法律思想底发展》一文中说，“无讼”表示“孔子根本不承认法律之必要”。一九四七年《中华法学杂志》第六卷第三期载《儒家“非讼”的法律思想及其影响》一文，将“无讼”等同于反对诉讼的“非讼”。

⑬ 刘宝楠：《论语正义》。

于未萌，这自然只有靠德礼才办得到，所以古人常把“无讼”同“导德齐礼”联系起来解释。⑭

孔子常常赞美尧舜之世，憧憬“谋闭而不兴，盗窃乱贼而不作，故外户而不闭”⑮的大同世界。那里没有犯罪，是真正“无讼”的社会。但这是遥远的将来，所以他又说：“善人为邦百年，亦可以胜残去杀矣”，“如有王者，必世而后仁”⑯。在“王者”前面加了“如有”，说明当时没有他所说的“王者”；即便“王者”出现，在“百年”以上的长时期内也都需要政刑，还达不到“胜残去杀”的境地。“百年”，喻其长而已。可见，无论在理论上还是司法实践中，孔子都没有放弃法，没有否认政刑。

2. 孔子反对铸刑鼎不是反对法（略）

3. 礼治和“法治”（略）

4. 孔子的法律思想是伦理的法律思想

历来对孔子法律学说的种种非议，是同孔子思想本身的特点有关的。孔子的仁学是以道德论为基础的思想体系，他在伦理学上的杰出成就在一定程度上掩盖了他的其他思想，特别是法律思想的光辉，以致中外许多思想界的大师往往把他说成是一位道德论者。王充称他是“道德之祖”⑰已经失之皮相；黑格尔说他“只有一些善良的、老练的、道德的教训”⑱则简直近于武断了。

孔子论仁并不停留于个人修养，而是放大到为政治国上去，古人称作“内圣外王之道”⑲。梁启超概括为“伦理政治”是有见地的。与此相应，孔子仁学中蕴含的法律思想也体现了这一特色，是一种伦理的法律思想。它的含义可初步表述为两个方面：其一，伦理与法律相须而成，伦理统率法律，凌驾于法律之上；其二，大量的道德规范被直接赋予法的性质，具有法的效力。

我国进入阶级社会以后，血缘关系仍然是维系社会政治、经济、文化活动的一条坚实的纽带。这种情况经过长期的发展，形成为富有东方特色的以自然经济为主体的古代宗法性农业社会，各种社会意识都在这个基础上产生并以是否符合这一社会实际而决定其取舍，法律思想亦不例外。在人类文明的早期，道德与法律原本难以截然区分，而在家国一体的宗法社会里，维系血缘家族的人伦道德同维护阶级统治的国家法律之间就自然地有了更多的一致性。孔子的伦理法律思想无疑是这种社会结构的理论产物，它的生命力也正植根于这样的社会土壤之中。从这个意义上说，孔子是古代农业社会影响最大、最有权威的法律

---

⑭ 如东汉王符《潜夫论·德化》说：“是故上圣不务治民事而务治民心，故曰：‘听讼，吾犹人也。必也使无讼乎！’导之以德，齐之以礼，务厚其情而务明其义，民亲爱则无相害伤之意，动思义则无奸邪之心。夫若此者，非法律之所使也，非威刑之所疆也，此乃教化之所致也。”

⑮ 《礼记·礼运》。

⑯ 《论语·子路》。

⑰ 王充：《论衡·本性篇》。

⑱ 黑格尔：《哲学史讲演录》第一卷。

⑲ 《庄子·天下篇》。

学家。

在世界各国的文明史上，法律多长期未能脱离宗教和神学。但是，我国却早在公元前五世纪就产生了孔子那种“不语怪力乱神”[20]，基本上摆脱了宗教的道德论和由于道德的渗入而把宗教挤走了的法律学说。中华法系比世界上其他法系都更早地甩开了宗教和神学的束缚，与孔子伦理法律学说的影响是分不开的。正是在孔子的伦理法律思想指导下，中国古代法律才具有浓重的伦理色彩，是一种同中华古代文化的传统结构特点相一致的伦理法[21]。

二

仁是孔子伦理法律学说的核心。但，仁是什么？学术界至今说法不一。

仁是孔子吸收、提炼原始社会遗传下来的氏族民主和良风美俗，总结夏、商、周三代盛世的典章制度和思想成果，适应春秋末期开始萌生的重人轻神和贵民轻君思潮提出来的一个思想体系。从《论语》的论仁来看，仁的基本意义是“爱人”，同情人，把人当作人。如许多论著所指出，孔子的仁学是一个多面性的复杂体系。提倡“泛爱众”但必须“爱有差等”，以宗法人伦的孝为爱的起点、根本和最高标准，遵循“亲亲”而“仁民”的秩序和原则，这是贯彻其仁学始终的一条基线；宣扬“为仁由己”，但又断言仁只是“君子”的品德（“君子而不仁者有矣夫，未有小人而仁者也”），恪守劝说有位者修养仁德施行仁政的原则，这是孔子仁学的一个基调。如此等等。孔子仁学对人的尊重、关心和爱惜只具有他那个时代的水平、性质和意义。他的仁学人道主义是不脱离古代宗法性农业社会的早期人道主义学说。

孔子的伦理法律思想同滋养它的仁学母体一样，有着多层次的复杂结构。其内容主要有：（一）家族主义；（二）正名；（三）教育预防；（四）中庸原则；（五）原心论罪；（六）民本主义。它们互相联系，互相渗透，互相制约，构成一个以德礼为主、刑罚为辅的法律思想体系。“正名”是讲统一立法权，“教育预防”集中体现了重德教、禁未萌、省刑罚的法律政策；在“中庸”思想指导下实行刑中和以伦理道德为准绳的“原心论罪”是决狱量刑的主要原则；民本主义和家族主义则贯彻于上述各要素之中，成为整个体系结构的两根支柱，孔子的仁的思想就是通过它们具体指导并体现到立法、司法和守法中去的。

这一体系结构可以下列简图表示：

---

⑳ 《论语·述而》。

㉑ 对于中国封建法制的特点，中外学者曾作过不少探讨，如，西欧重农主义学派的鼻祖魁奈于一七六九年所写《中国专制政治论》一书，认为中国法制尊重“自然法”。日本学者增田福太郎近作《中国人自然法思想的特征》亦主自然法说。陈顾远在《中国法制史》中说：“中国法制近于自然法或正义法。”

1. 家族主义

家族主义的道德规范是孝。孝很早就同法和刑结下了不解之缘。《尚书·康诰》载：“无恶大憝，矧惟不孝不友。……乃其速由文王作罚，刑兹无赦。”又《吕氏春秋》引佚《商书》：“刑三百，罪莫重于不孝。”可见，在殷周就有了不孝罪。

孔子对孝的思想作了补充和发展。

首先，扩大了孝的内容和范围。西周的“家”指“百乘之家”、“千乘之家”[22]，是以祖宗神崇拜为内容的孝。当时严惩不孝罪的立法根据，与其说是维护人世间的伦常，倒不如说是出于对祖宗神的敬畏和讨好，即所谓的“宗庙有不顺者为不孝，不孝者君黜以爵”[23]。

春秋时期，一夫一妻的父家长制血缘小家庭渐渐成为农业劳动的主要组织形式，“家”的概念发生了变化，孝慢慢转化成为维系父系血缘宗法制的社会规范。孔子论孝正反映了这一变化。《阳货》篇载，孔子以“三年……免于父母之怀”的亲子之情来论证“三年之丧”的合理性，这比以对祖宗神的敬畏而行孝礼要高明得多。孔子论孝已冲破神的束缚，成为一种人伦，体现了古代人道主义。

其次，提高了孝的道德境界。孔子认为孝最根本的要素是心理上的“敬”，而不是物质上的“养”。《论语·为政》说：“今之孝者，是谓能养，至于犬马，皆能有养；不敬，何以别乎？”以“敬”为孝的主要标志，显然提高了孝的道德境界。

再次，奠定了“修齐治平”伦理政治的理论基础。《论语·为政》载，有人问孔子为何不参与政事，孔子答曰：“《书》云：‘孝乎惟孝，友于兄弟，施于有政。’是亦为政，奚其为为政？”西周封邦建国，“宗子维城”，家与国是同一个政治实体，因此，孝友就是为政。到了春秋，王权式微，封国沦丧，小农家庭兴起，孝友还是不是为政呢？孔子作了肯定的回答，重新肯定了宗法制度以及家族主义伦理道德与政治的一体关系。他以《书》中的旧说，发挥自己的新意：从伦理观念上看，“孝”是“忠”的基础，“忠”是“孝”的延伸，所以“孝慈则忠”[24]；从政治实践上看，“家”是“国”的细胞，君权是父权的放大，所以，“迩之事父，远之事君”[25]。孝作为伦理观念是孔子伦理政治学

㉒ 参阅《章太炎国学讲演录》。

㉓ 《礼记·王制》。

㉔ 《论语·学而》。

㉕ 《论语·阳货》。

说的一个基本思想，而作为行为规范又是他伦理政治的实践起点。这样，孔子就在旧的同姓血缘基础的君父一体制行将崩溃之际，为确立新的非同姓血缘的君父一体制奠定了理论基础。

到战国，孟子作了一番发挥，而《大学》篇又集其大成，提出了一条完整的“修齐治平”的伦理政治纲领。[26] 这种把政权的根系扎在人的人伦情感和自制力上的伦理政治，某种程度上也就是“孝治”，所谓“明王之以孝治天下也”[27]。

孝在伦理政治中这种举足轻重的地位表明，如果法律上守不住这道防线，那末整个宗法制度就会从根基上倒塌下来。孔子伦理法律学说在立法和司法问题上的论述正是以家族主义作为杠杆的。孝是区分罪与非罪、轻罪与重罪的重要依据，也是决定是否惩罚、惩罚轻重的责任条件，不孝被视为严重危害社会的重大犯罪。中华法系以家为本位，广泛干预家庭生活和个人自由，这种立法和司法的理论根据往往可以追溯到孔子那里。如：表现在刑事方面的，有对复雠的认可。[28] 表现在民事方面的，有卑幼无财产权。[29] 在婚姻关系方面，孔子的直接言论虽无留传，但《檀弓》篇有孔子三代出妻的记载。表现在诉讼方面的，是父子相隐。[30]

近代以来，父子相隐常为人们所诟病，这里多说几句。

孔子以父子相隐为“直”，这是伦理意义的“直”。依伦理评价，父子相隐是合乎孝道的，凡是道德的也就是合法的，这是明显的以孝曲法。但相隐不是无边的。叔向“为国制刑”，“不隐于亲”，孔子誉为“古之遗直”；卫大夫石碏杀了参与弑君篡国的儿子石厚，《左传》称为“大义灭亲”。可见，允许相隐的也只是小义。因此，我国历代法典虽多采规定“同居相为隐”，然立刻作了“但书”：“谋反”、“谋大逆”不在其内。“父子相隐”、复雠等主张确含有很浓厚的宗法性糟粕，但它在历史上的作用也不是说得越黑越好。桓宽《盐铁论·周秦篇》载：“自首匿相坐之法立，骨肉之恩废，而刑罪多矣。父母之于子，虽有罪犹匿之，其不欲服罪尔。闻子为父隐，父为子隐，未闻父子之相坐也。闻兄弟缓追以免贼，未闻兄弟之相坐也。闻恶恶止其人，疾始而诛首恶，未闻什伍之相坐。”他认为，孔子“父子相隐”的原则是一种同“诛连”、“缘坐”、“族刑”等相对立的法律理论，或可供我们作研究和评价时参考。

2. 正名

孔子把“礼乐征伐自天子出”概括为“正名”。卫灵公死后，灵公子蒯聩和蒯聩子辄之

---

[26] 郭沫若说：《大学》“修齐治平的四条目，分明是由《孟子》演绎出来折。”见《十批判书》。

[27] 《孝经》。

[28] 《礼记·檀弓上》载：“子夏问于孔子曰：‘居父母之雠如之何？’夫子曰：‘寝苫、枕干、不仕，弗与共天下也。遇诸市朝，不反兵而斗。’曰：‘请问居昆弟之雠如之何？’曰：‘仕弗与共国。衔君命而使，虽遇之不斗。’曰：‘请问居从父昆弟之雠如之何？’曰：‘不为魁，主人能，则执兵而陪其后。’”

[29] 《檀弓上》篇载：“未仕者不敢税人，如税人，则以父兄之命。”郑玄注：“不专家财也。税，谓遗予人。”

[30] 《论语·子路》篇载：“叶公语孔子曰：‘吾党有直躬者，其父攘羊，而子证毛。’孔子曰：‘吾党之直者异于是。父为子隐，子为父隐。直在其中矣。”

间为争夺王位大动干戈，父子乱伦，君臣无序，所以孔子提出“正名”，说：“名不正，则言不顺；言不顺，则事不成；事不成，则礼乐不兴；礼乐不兴，则刑罚不中；刑罚不中，则民无所措手足。”[31] 孔子认为，名正，才能制定出正确的法律和政策，使礼乐兴，刑罚中，民有所依。“正名”的另一种表述是：“君君、臣臣、父父、子子”[32]。君有君德，臣有臣道，君、臣、父、子各自端正自己，履行自己的权利和义务。如：君礼臣忠，父慈子孝，君令臣行，父言子从等，就是“正名”。“君君”是“父父”的发展，建立“君君臣臣父父子子”这种天下一统的政治秩序和法律秩序，是孔子伦理政治追求的目标。“正名”体现了孔子家族主义的立法原则。

孔子认为“礼乐征伐自天子出”就能“天下有道”[33]，《论语·尧曰》有“谨权量，审法度，修废官，四方之政行为”等语，《汉书·律历志》说，这是“孔子陈后王之法。”这里包含有统一立法的意思。所以，“正名”的立法思想是孔子王道大一统政治理想的重要前提。孔子“祖述尧舜，宪章文武”[34]，主张的是圣人立法。他又说：“天下有道，则庶人不议”，郑人在乡校“议政”，他很赞成。可见，他并不一概地反对“议”，“不议”的前提是“有道”。所以，他的“正名”的立法思想在理论上倒不至于陷入暴君独裁专制主义。

3. 教育预防

犯罪可不可以预防？罪人能不能感化？孔子的回答是肯定的。他的理论根据是：“性相近也，习相远也”[35]，相信人犯罪不是人的本性。翻翻《论语》，找不到诸如“奸民”、“邪民”、“贼民”一类的辱骂，不能不说是同孔子这种相信人、积极面向人生的仁学人性论有关的。作为一位伟大的教育家，孔子在自己的法律学说中同样贯彻了重教育的精神。他斥责当时执政者不重教化而诉诸刑罚的做法：“不教而杀谓之虐，不戒视成谓之暴，慢令致期谓之贼”[36]。

孔子的教育预防理论由先富后教——以德礼禁未萌——执政者帅民以正等环节组成。

先富后教。《论语·子路》篇载：“子适卫，冉有仆。子曰：‘庶矣哉！’冉有曰：‘既庶矣，又何加为？’曰：‘富之’。曰：‘既富矣，又何加焉？’曰：‘教之’。”看到老百姓穷，第一步是让他们富起来，然后再“教之”，是脚踏实地的做法。孔子说过，“贫而无难，富而无骄易”[37]，“小人穷斯滥矣”[38]。他已意识到贫穷是犯罪的原因。

禁于未萌。所谓“道之以德，齐之以礼，有耻且格”，就包含了用德礼之教禁犯罪于未萌之意。德礼教育与刑罚威吓不同，它重在启发人的理性自觉，从“克己”、内省、自律、

---

[31] 《论语·子路》。
[32] 《论语·颜渊》。
[33] 《论语·季氏》。
[34] 《汉书·艺文志》。
[35] 《论语·阳货》。
[36] 《论语·尧曰》。
[37] 《论语·宪问》。
[38] 《论语·卫灵公》。

自讼中修养完善的人格，求得心理的平衡和精神的满足，消弭一切犯罪念头和不轨行为。所以他说："博学于文，约之以礼，亦可以勿畔矣夫!"[39]

帅民以正。孔子认为，德教能否奏效，礼治能否实行，关键在时君世主能否做到"为政以德"。所以，礼治也就是德治。他说："政者，正也。子帅以正，孰敢不正?"[40] 又说：其身正，不令而行。其身不正，虽令不从。[41] 他还对季康子一类的执政者说，"子为政，焉用杀？子欲善而民善矣"，"苟子之不欲，虽赏之不窃"[42]。认为庶人犯罪的主要责任在上头。这种认识是符合时实际的。

4. 中庸原则

形成"中庸"的思想原料——"中"这个概念，古书中一开始就是把它作为刑罚原则来运用的。《尚书·立政》："兹式有慎，以列用中罚。""中罚"就是不轻不重。[43]《吕刑》篇"中"字凡十见都是讲的不僭不滥、不徇私情、无所偏袒、中正公平的意思。周金铭文也有"慎中其罚"、"不中不罚"等记载。孔子所说的"礼乐不兴，则刑罚不中；刑罚不中，则民无所措手足"[44]，继承了周代"中"的刑罚思想，也是他的中庸哲学指导政刑得出的结论。刑中，就是"决狱折中"，《管子·小匡》篇解释为"不杀不辜，不诬罪"。

孔子的时代，刑罚失中。孔子的得意门生公冶长就曾含冤入狱，所以孔子说他"虽在缧绁之中，非其罪也"，还把自己的女儿嫁给了他[45]，对执政者滥施刑罚的淫威公开表示蔑视。《左传》昭公三年载晏婴语，说当时齐国市场上"屦贱踊贵"，肉刑过滥。其时孔子约十三四岁，在他"所见世"中。有鉴于此，孔子盛誉"中庸"，在"宽猛相济"的总原则下特别强调宽惠的一面，主张"威而不猛"，着力于以宽惠公平纠严刑滥刑。

怎样做到刑中呢？他认为：

一要"兴礼乐"。"礼乐不兴，则刑罚不中"。

二要讲"直道"。"直"是孔子称颂的一种司法道德。《诗经·小雅·大东》有"周道如砥，其直如矢"一句，如砥是"贡赋平"，如矢是"赏罚中"[46]。可见"直"与"中"相通，讲"直道"，才能做到"刑罚中"。《论语·微子》载，柳下惠为"士师"，"直道而事人"，被"三黜"，仍不为"枉道"，孔子称其贤；叔向"不隐于亲"，孔子誉为"古之遗直"。所以，"直道"要求执法者刚正不阿，不媚权贵，不徇私情。

三要"察"。孔子主张"众恶之，必察焉；众好之，必察焉"[47]。这是刑中的认识论前

---

[39] 《论语·雍也》。
[40] 《论语·颜渊》。
[41] 《论语·子路》。
[42] 《论语·颜渊》。
[43] 见《尚书正义》。
[44] 《论语·子路》。
[45] 《论语·公冶长》。
[46] 《后汉书·郭陈列传》注。
[47] 《论语·卫灵公》。

提。这种态度，后世称为“慎刑”。

四要“权”。“权”是不背原则的灵活性。孔子说：“可与立，未可与权。”[48]“立”，是“立于礼”，但“立”而无“权”，依旧不得“中”。所以孟子说：“执中无权，犹执一也。所恶执一者，为其贼道也”[49]。“宽猛相济”和“一张一弛”的“文武之道”都是“权”在政刑上的运用。

5. 原心论罪

“原心论罪”又称“论心定罪”、“原情定罪”等，就是说的“权”。汉儒认为，孔子的《春秋》当一王之法，其决狱原则是原心论罪。如董仲舒说：“《春秋》之听狱也，必本其事而原其志。志邪者不待成，首恶者罪特重，本直者其论轻。”[50] 原心论罪要求分清犯罪的故意和过失、一贯和偶然、首恶与胁从、固恃与悔改，含有一定的合理因素，但过分强调了犯罪的动机而忽视犯罪的客观要件，增加了司法的主观随意性。“原心论罪”思想的发微远在西周早期[51]。这个概念虽不见于《论语》，但孔子的法律主张中处处贯彻着这一原则。如，“父子相隐”是“原”孝之“心”而不论其罪，反之，不相隐就要“原”不孝之“心”而论罪；弑君犯上，贪赃枉法是不忠，因此要“原”不忠之“心”而从重论罪，所以石碏是“大义灭亲”，叔向得“杀亲益荣”；民不得教化而犯罪，也可以“原”不知之“心”而不论其罪，或从轻论罪，所以“不教而杀谓之虐”。

“原心论罪”的实质是把封建伦理道德作为定罪量刑的重要依据。它是中华法系以伦理率法这种伦理法性质的典型表现之一。在历史上，“原心论罪”若和重刑主义法律思想结合，就会得到恶的运用，便于酷文曲法，高下在心，出入人罪，草菅人命。不过，“原心论罪”也可以与重民思想结合起来运用，这时，其价值便又有所不同。《论语·子张》篇载：“曾子曰：‘上失其道，民散久矣。如得其情，则哀矜而勿喜。’”曾子的话反映了孔子的思想。其意为：执法者要看到庶民犯罪是由于“上失其道”，应当矜民之不得教化而陷于罪。这就是古人说的“哀矜折狱”，或“恤刑”。它可能只是“特权者的良心”[52]，但几千年来那些不顾个人安危平反冤狱、为民请命的人，提倡的都是这个东西。

6. 民本主义

民本主义是相对于神本主义和君本主义说的。它是孔子仁学人道主义的政治理论。

据《荀子》记载，孔子说过：“君者，舟也；庶人者，水也。水则载舟，水则覆舟。”[53] 这也许是孟子那个著名的“民贵君轻”命题的直接思想来源之一。

---

[48] 《论语·子罕》。

[49] 《孟子·尽心上》。

[50] 《春秋繁露·精华》。

[51] 《康诰》云：“人有小罪，非行，乃惟终，自作不典，式尔，有厥罪小，乃不可不杀。乃有大罪，非终，乃惟灾，适尔，既道极厥辜，时乃不可杀。”就是说：故意和不改，虽“罪小”亦“不可不杀”；过误和能悔改，虽“大罪”亦“不可杀”。孔颖达《尚书正义》说，这一段讲的是“慎罚之义”，即“原心定罪，断狱之本。”

[52] 《马克思恩格斯全集》第六卷，第一五二页。

[53] 《荀子·哀公》。

孔子认为，“民之于仁也，甚于水火”[54]。他力劝时君世主把国家的政治（包括立法、司法）摆在以民为本位的基础上，奉行重民、爱民、利民、惠民、宽民、教民的政策。对于统治者的重敛和弃民，孔子每加抨击和规劝，说：“苛政猛于虎也。”[55] 说：“百姓不足，君孰与足?”[56] 又说：“以不教民战，是谓弃之。”[57] 他的这些主张是真诚的，也是合理的。

孔子曾总结子产的为政有四个方面的“君子之道”，其中两条是：“其养民也惠，其使民也义”[58]。孔子的上述议论，概括起来不外乎要求统治者实行“养民惠”、“使民义”的政策，即后世进步的政治改革家所提倡的轻徭和薄赋。国家关于赋役方面的强制性规定，相当于现代法学的财政法之类。因此，孔子的这些主张，本身就含有法律思想的意义。

在孔子伦理法律思想体系中，民本主义与家族主义一样，体现于其他各项原则之中：相信人之可以为人，绝非不认为有天生的罪犯，把庶人犯罪的主要责任归结为“上失其道”，因而重在道德教育感化和禁犯罪于未萌，不取刑罚威吓主义；重视人的价值，立法上主张宽简，执法上要求中罚，不用重刑主义；要求以“忠恕”的仁道来哀矜折狱、原心论罪；追求“无讼”的理想境界，这是民本政治的最高目标。

三

孔子的伦理法律学说同其整个仁学一样，充满着矛盾，而前者的矛盾就是由后者派生的。这种矛盾突出地表现在民本主义和家庭主义的互相冲突上：民本主义是重民轻君，家庭主义却尊父卑子，视民为“子民”，奉君为“君父”，“子民”必须听命于“君父”，从而又从父尊子卑直接推导出重君轻民，君贵民贱；民本主义是在仁学人本主义上衍生出来的政治法律思想，循此发展，必然导致泛爱和平等，从而威胁并破坏家族主义宗法制度，而家庭主义却恪守“亲亲”原则，牢牢地把“爱”、“仁民”控制在血缘差等之内；要为民请命就得以“直道”执法、“不隐于亲”，而宗法道德却必须“父子相隐”，使法曲于亲；如此等等。大体说来，孔子伦理法律学说中着重体现民本主义的诸原则含有较多的民主性精华，而主要体现家庭主义的诸原则基本上属于宗法性的糟粕。但是，民本主义和家庭主义在孔子的伦理法律学说中却是既对立又统一，既互相制约又互相依存的，它们共同支撑着这个庞大的体系，并和其他各部分一起构成为一个有机的整体，谁也不能在这个体系内单方面地膨胀，或自由地冲出这个体系去独自发展。

孔子以后，儒分八派。他们对孔子伦理法律思想有因袭也有发展，有创新也有改易。其中以孟、荀两个学派在百家争鸣中影响最大。然而，在七雄逐鹿的战国之世，

---

[54] 《论语·卫灵公》。
[55] 《礼记·檀弓下》。
[56] 《论语·颜渊》。
[57] 《论语·子路》。
[58] 《论语·公冶长》。

孔、孟、荀的伦理法律学说不可能找到实现自己的政治载体。秦始皇统一天下，不久就焚书坑儒，表示与儒家学说决裂。但历史总是喜欢捉弄人。正是秦的二世而亡，促成了儒学的复兴和独尊。史实证明，秦代独高法家，汉初崇尚黄老，只是统治阶段缺乏统治经验的表现。由春秋末至于西汉中，经过300多年的迂回摸索，统治阶级终于回到了自己曾经毁弃过的孔学面前。当然，原始儒家中赞成汤武革命和过分宣扬民本主义的内容是千万不能要的。于是，经过精心改铸的汉代新儒学便应运而生。运用孔子伦理法律思想来指导立法、司法所花的时间更长，如果从汉武帝独尊儒术算起，到唐代《永徽律》及其《疏议》颁布时止，经过了800年左右的时间，我国的古代伦理法体系才趋于完备。历代统治者在尊奉孔子伦理法律思想的同时，不断阉割其民本主义的合理因素，又片面发展其家族主义的立法、司法原则，并把它与严刑重罚结合起来。他们口头上是德主刑辅，实际上是刑主德辅，即所谓的“外儒内法”。这是我们在研究评价孔子法律思想中应予注意的。

一个具有悠久历史的伟大民族的文化发展，不会脱离其自身固有的文明大道。作为文明内容之一的法制也是如此。我们今天的法制首先是社会主义的，但同时也是中华民族的，是中国式的，它同时期的法制和法律思想有着不可割断的历史联系。如果从这个角度来探讨孔子的伦理法律学说，那末，不但对我们伟大民族文化史的系统研究有着理论意义，还可以起到“酌古鉴今”的作用。我们应当抱着对民族文化和历史文明负责的态度来重新评价孔子的伦理法律思想。

徐静琳

美国违宪审查权的历史考察*

简介

徐静琳，女，上海市人。上海大学法学院教授。从事高校法学教学和研究二十余年。研究方向为：比较法学、香港法学、行政法学。曾承担并主持多项研究课题，如《教育信息均等性研究》、《规章编纂研究》、《和谐社会与法律法规建设研究》等。发表专著和合著8部、论文80余篇。代表性论著有：《演进中的香港法》（2002年）、《法的编纂模式比较》（2004年）、《行政法与行政诉讼法学》（2005年）等。

* 原发表于《外国法制史汇刊》，第一集。

违宪审查权是美国司法制度中最具特色的一项权力，形成至今已有一百八十年的历史。一八〇三年至一九七二年间，联邦最高法院受理违宪审查的案件有四千多件，这一数字，在所谓“好讼之国”的美国，实在微不足道，但引人注目的是，其中一百零二件联邦法律和数百件州法律由于被宣布为“违宪”，而失其效力。这项特殊权力的行使，使司法权在所谓“三权鼎立”的政治均势中占有显赫的地位。西方资产阶级学者十分推崇美国的违宪审查权，把它说成是维护“法治”，实行“制衡”的有效措施，认为“最高法院明显地在美国人民的生活中，享有庞大的权力，它不仅反映历史，而且在某种程度上创造历史”①。本文试从历史上考察美国违宪审查权产生的渊源、发展演变及其作用，以阐明联邦最高法院是如何运用这项特殊权力来“反映历史”和“创造历史”的。

违宪审查权的由来及其理论根据

“违宪审查”又称“司法审查”，英美等国统称 judicial review，指法院复审法律的权力。各国司法审查的权限和对象不尽相同。美国的司法审查，是最高法院通过一定的司法程序，审查行政机关发布的行政命令或立法机关制定的法律是否符合宪法精神的一种权力。所以，把美国的司法审查称为违宪审查，更为确切。按照美国的宪法惯例，联邦最高法院和州最高法院均享有违宪审查权。违宪审查权并非美国始创，一七九九年法国宪法就已明文规定，元老院具有对立法的最高监督权和撤销违宪法律的权力。不过，这个宪法存在的时间不长，“护法元老院”的影响也不大，因此，通常认为，违宪审查权作为一项制度或原则的正式创立，应首推美国。

美国违宪审查权首先确立于一七八〇年新泽西州的“霍姆斯诉沃尔顿”一案的判例；联邦法院审查州立法是否合宪的权力，确立于一七九〇年联邦巡回法院否决康涅狄克立法的判例；而联邦最高法院是否具有审查联邦立法的权力，在一七八七年的制宪会议上则有异常激烈的争论。以汉密尔顿为首的联邦党人力主写入宪法，他们认为“宪法实际上是，而且法院也必须认为是国家的根本法”，“法官有权确定宪法和立法机构的任何具体法案的意义。假如两者发生不可调和的分歧，宪法应优于法案，人民的意志应优于代理人的意志”②。以富兰克林、布丁为代表的州权派表示坚决反对，他们担心法院拥有审查立法的权力，将会导致“司法控制立法”以及“少数人压制民主”的局面产生。由于双方意见尖锐

① ［美］保罗·富里依德：《最高法院》。

② 《联邦党人论文集》，第78篇“关于司法独立的信”。

对立，一七八七年宪法对此没有做出规定。也有这样的推测：宪法之所以未对违宪审查权做出明文规定，这是“证明宪法的起草者希望法院行使这一权限的有利证据”③，以便使最高法院具有对宪法进行不拘泥于字面“解释”的权力。在宪法制定后的第三年，即一七八九年通过的《司法条例》（又称《司法法》）中，确立了这样一条原则：各州法院在审查涉及联邦法律的案件时，若认为所依据的联邦法律违反宪法第六条的规定（即关于确认宪法为全国最高法律的条款），则各州法院均可上诉于联邦最高法院，从而也就在事实上默认了联邦最高法院具有对国会立法行使违宪审查的权力。

违宪审查权作为一项原则的正式确立，始于一八〇三年约翰·马歇尔任联邦最高法院首席法官时所作的“马伯里诉麦迪逊”一案的判例。一八〇〇年大选结果，一直执政的联邦党（现共和党前身）惨败于以杰佛逊为首的民主共和党（现民主党前身）。竞选失败的联邦党人亚当斯总统不甘心失势，赶在卸任之前任命了一大批联邦党人为联邦法官和治安法官，企图控制司法权，牵制行政权和立法权。但委任状未及全部发出，即被新上任的总统杰佛逊命令其国务卿麦迪逊扣压下来，马伯里就是被任命的法官而未拿到委任状的一个。为此，马伯里引用一七八九年《司法条例》第十三条关于“联邦最高法院有权对公职人员颁发执行命令”的规定，诉请法院裁定国务卿麦迪逊颁发委任状，这就是“马伯里诉麦迪逊”案。身为联邦党人的马歇尔自然不想让民主共和党取胜，但又担心麦迪逊拒不执行判决。为摆脱这一困境，马歇尔首先宣称，扣压委任状是无理的，接着又表明，法院无法执行命令，因为宪法第三条关于联邦最高法院管辖权的规定，与一七八九年《司法条例》第十三节的精神相冲突。马歇尔在判词中指出：“宪法取缔一切与之相抵触的法案”，进而宣布《司法条例》第十三节“违宪”。这一裁决使共和党人勃然大怒，他们抗议马歇尔将宪法变成一种“蜡质”，可由法官“任意扭捏而形成他们所喜欢的式样”。抗议只管抗议，最高法院以联邦宪法否决国会立法的裁决已成为事实。从此便开创了美国联邦最高法院审查国会立法是否合宪的先例。一八〇三年判例，在美国宪法史上占有重要的一页，它使马歇尔的名声大振，也明显提高了联邦党人赖以生存和竞争的司法部门的地位。如果说，联邦最高法院在一七九〇年成立后的十余年中，只是充当了“解决案件和争端”的平庸角色的话，那么一八〇三年以后，它便在政治舞台上崭露头角，取得了与行政和立法分庭抗礼的权力。可见，违宪审查权的确立，是美国统治集团权力斗争的直接产物，是按联邦党人的愿望和行事的方式反映美国早期历史的记录。

美国违宪审查权的理论根据是什么？西方学者把它同十七至十八世纪的自然法学说联系起来的见解还是可以成立的。在西欧和北美的资产阶级革命中，近代自然法学说曾经产生过重要的影响，它是资产阶级摧毁封建制度和夺取政权的有力思想武器。违宪审查权的形成与自然法学说虽无直接联系，但二者在理论上却存在一定的渊源关系，主要依据有三：

（一）“自然法至上”与“宪法至上”的理论。自然法学派认为，自然法根源于“人的

③ ［美］E. 约翰逊：《美国政府》，412页，1964。

本性和人类理性”，是自然存在和永恒不变的社会准则，人们生来“不受控制地享有自然法的一切权利和利益”，为了保障这一权利而颁布的人定法，受到人民的委托和自然的约束，因此，自然法高于人定法，是监督人定法的基本手段。17世纪英国著名大法官爱德华·柯克指出，英国封建时代普通法中的某些原则，已含有自然法的因素，它高于国会的法令和国王的勅令，“如果国会通过的一项法令侵犯了公认的人权和道义”，“普通法可对该项法令加以制约，并裁决其无效。”无疑，违宪审查权的确立，同样尊奉一个至高无上的法，那就是联邦宪法。正如美国早期的一个判例原则所确认的那样：“联邦宪法明确而稳定，它概括了人民的永久的愿望，是国家的最高法律；它高于立法机构的权力，只有宪法的制定者才有权废除或修改宪法”，“如果立法机构通过的某项法令违反了某项宪法原则，必须放弃该项法令，必须因其违反宪法而受到抵制”④。

（二）“三权分立”与“司法独立”的理论。自然法学派的杰出代表孟德斯鸠主张，一个国家要避免君主专制形式的出现，必须将立法权、行政权、司法权截然分开。他认为，“如果司法权同立法权合而为一，则将对公民的生命和自由施行专断的权力，因为法官就是立法者。如果司法权同行政权合而为一，法官便将握有压迫者的力量”，如果三权合一，自由将不复存在。汉密尔顿发展了孟德斯鸠的分权理论，强调三种权力的相互制约与平衡。他指出：“三权分立”固然是共和政体的最主要的保障，但要真正实现这一政治原则，三权必须处于并行不悖的地位，立法部门掌握了钱袋，行政部门掌握了刀剑，司法部门要摆脱二者的控制，也必须获得一定的独立权力，而“解释宪法”则是法院适当而特有的职权。

（三）“法治主义”与“司法审查”的理论。自然法学派猛烈抨击封建时期的暴君专制和个人独裁的统治形式，认为法律是保障自由和限制权力的重要工具，主张以资产阶级的法律原则来治理国家，要求政府和人民共同守法，并保证“法律面前人人平等”原则的实现。最早以“法治主义”相标榜的是英国。基于“法治主义”的理论，英国资产阶级革命后，也把封建时期实行过的含有封建特权性质的司法审查制保留了下来，赋予最高法院对行政行为、命令以及下级法院的判决进行审查的权力，以维护法律的尊严，保障个人的权利。

上述自然法学说三方面的理论，在一定程度上为违宪审查权的形成奠定了理论基础。

当然，美国独立前是英国的殖民地，殖民地的法律制度受宗主国的影响颇深。因此，从历史发展来看，美国的违宪审查权与英国的司法审查制的联系更为直接，也更为密切。所不同的只是，在英国不存在司法机关审查国会立法合宪性的问题。因为英国是一个实行“不成文法”的议会制国家，议会的地位优于司法部门。资产阶级革命以后，英国不但保留了司法审查制，并将其中的部分原则适用于它的殖民地。北美独立以前，殖民地立法的审核权和否决权完全操在英国枢密院司法委员会手中，殖民地的任何法律一旦被枢密院宣判为与英国法律相抵触时，概属无效。一六九六年至一七七六年，经英国枢密院否决的殖民

④ ［美］《国际百科全书》，1978年第10卷第71页。

地法案达四百九十六件。北美独立之初，在政治上依然受到英国"议会至上"原则的影响，在法制上也基本沿用了英国式的司法审查制。但是，美国的社会发展有它自身的特殊性。它没有经历过封建制的阶段，而是从"一开始有历史的时期起，已具有了十七世纪所形成的现代资产阶级社会的一切因素"⑤，因此相对来讲，它所受到的封建专制的影响以及含有封建等级的观念要比英国淡薄得多。此外，美利坚民族还是一个主要由欧洲各国移民融合而成的"民族大熔炉"，这就使得在逐步建立和完善中的美国政治法律制度具有更多的资产阶级自由主义的色彩。正因为如此，美国独立之初，主张以"违宪审查"来取代"司法审查"的呼声甚嚣尘上，而到了一八〇三年，终于用判例的形式把它固定为一项重要的宪法惯例。可以说，美国违宪审查权虽然渊源于英国的司法审查制，但它又是在美国的土壤上经过改造和发展，形成为适应"分权与制衡"需要的一种特殊的制度。

美国联邦最高法院行使违宪审查权的历史发展

美国联邦最高法院行使违宪审查权的历史，按其主要政治倾向和所起作用的不同，大致可以分为三个阶段：从一八〇三年至南北战争爆发时止为第一阶段；南北战争后至一九三七年为第二阶段；一九三七年以后为第三阶段。

从一八〇三年判例的创立到南北战争爆发为止，联邦最高法院主要是致力于扩大和加强联邦权力，侧重于对州立法的审查。这一时期，约有六十件州立法被宣布为"违宪"，而宣布国会立法"违宪"的仅有二件，即"马伯里诉麦迪逊案"和"斯各脱诉桑福德案"。

十九世纪初的美国，政治上面临英国卷土重来的危险，经济上尚未摆脱殖民地位。如何巩固新生的合众国政权和加强联邦的权力，以便更好地应付严峻的国内外局势和协调统治集团内部的各种矛盾，是摆在美国统治阶级面前的一个极为尖锐的问题。联邦最高法院在约翰·马歇尔长达三十五年（一八〇一——一八三五年）强有力的领导下，十分注意调整联邦和各州在政治、经济诸方面的复杂关系，通过一些具体判例，使宪法"概括而含糊地"授予联邦的权力得到了进一步地明确和加强。马歇尔在一八一九年"麦里楼诉马里兰州案"判词中，提出两项宪法原则：其一，联邦制的美国具有"双重主权"，但联邦与各州的权力并非处于完全平等的地位。他认为，联邦政府的权力直接来源于人民，而不是来源于各州，它"虽然是有限的，但是在其权力范围内，它是至高无上的，这是它的性质所产生的结果"。其二，宪法所规定的国会权力并不是唯一的，它还可以通过对宪法的"解释"，加以延伸和扩大。根据以上原则，法院判决"国会有权在各州设立银行，而各州无权对联邦财产征税"。马歇尔在一八二一年"柯衡士诉弗吉尼亚州案"中进一步明确指出：合众国是一个单一的国家，各州只是合众国的构成部分，它们在若干目标下是主权者，在另一些目标下却是从属者，凡与合众国宪法和法律相抵触的一切州法律，概属无效。在马歇尔任

⑤ 《马克思恩格斯选集》，第4卷，257页。

期内，由于有一半以上的州立法被宣布为违宪，因而引起了州权派的深恶痛绝。他们指控法院没有整体观念，造成了对各州主权和人民自由的严重威胁。然而，就当时的情况看，马歇尔所确立的扩大联邦政府支配权和维护联邦宪法至尊地位的一系列判例，对于合众国早期政治上的巩固和经济上的发展，无疑起了重要的作用。

继马歇尔之后，由坦尼（一八三六——一八六四年）所领导的最高法院曾一度侧重于提高和扩大各州权力。这个转变，显然不能单纯地从两名首席法官所倡导的不同的宪法理论中寻找答案。马歇尔竭力强调联邦权力，是因为他着眼于东部和北部工商业资产阶级的实际需要，而坦尼努力扩大各州主权，是因为他立足于保护南部种植园奴隶主的切身利益。

坦尼为扩大南方蓄奴州州权而蔑视国会立法的做法，在一八五七年臭名昭著的“斯各脱诉桑德福”判例中暴露无遗。法院在判词中公然声称，奴隶是奴隶主的一种私有财产，法律严格保护奴隶主的这一财产权利；原告斯各脱具有“黑人”和“奴隶”的双重身份，因此不属于宪法含义上的公民，也不享有公民的诉讼权。随即引用宪法关于保护公民财产权的条款，断定国会无权以北纬三十六度三十分为分界线来划分自由州和蓄奴州，进而宣布国会于一八二〇年达成的“密苏里妥协案”违宪，作出了黑人斯各脱虽在“自由州”居住多年仍无权获得自由的判决。在南北之争以及“堪萨斯冲突”爆发之际，这项赤裸裸的种族歧视的裁决，无疑是火上浇油，“把共和国现存和将来的一切领地从培植自由州的地方变成了培植奴隶制的地方”[⑥]，从而在一定程度上加速了内战的到来。

不难看出，在联邦最高法院行使违宪审查权的第一阶段，总的特点是，因其尚处在形成确立时期，行使的次数不多，且矛头主要是针对州立法，旨在加强联邦权力，以促进经济的发展和国家的巩固。这一阶段，虽然也曾出现过扩大州权这样一种苗头，但联邦权力并未因此受到严重削弱，通过违宪审查权的行使以不断扩大联邦权力为目的的总趋势并没有发生变化。这是与自由资本主义时期资产阶级国家的发展步调相一致的。

从南北战争结束后至一九三七年前的第二阶段，是违宪审查权得以随意运用的时期。一八七四年至一八九八年，有十二项联邦立法和一百二十五项州立法被宣布为“违宪”，一八九八年至一九三七年，有五十多项联邦立法和四百多项州立法被宣布为“违宪”。这说明违宪审查权的行使已变得经常化，并带有很大的随意性。

南北战争的胜利结束，在事实上推翻了“斯各脱诉桑福德”判例的原则，最高法院因此声誉扫地。而新兴工商业资产阶级随着南部奴隶制的崩溃，在全国范围内取得了统治地位，它通过一系列积极的工商业改革措施，使美国资本主义的发展开始进入突飞猛进的新时期。这时，由于最高法院对政府的奖励工商业政策和开发西部措施的支持态度，其势力得以重新崛起。到了十九世纪后期，它凭借手中的违宪审查权，使自己的权力迅速膨胀，在三权政治中大有“司法至上”之势。十九世纪末二十世纪初，美国资本主义发展为“托拉斯帝国主义”。在垄断资本贪得无厌的剥削和压榨下，国内阶级矛盾大为加剧，这一时

⑥ 《马克思恩格斯全集》，第15卷，351页。

期，虽然出现过个别有利于雇佣劳动者的进步判例，如一八九八年“何尔登诉哈代”判例，一九〇八年“穆勒诉俄勒冈”判例等，但从违宪审查权行使的政治倾向来看，联邦最高法院在很大程度上成为垄断集团的喉舌。如它确认了不少损害劳工利益和迫害进步人士的法案为“合宪”，而将许多不利于垄断财团利益的法案宣布为“违宪”。这一时期，大量判例的反动性，主要表现在以下三个方面：

第一，为垄断行为开脱罪责。一八九〇年，国会迫于中小企业主和广大工农所掀起的抵制托拉斯运动的高潮，制定了“谢尔曼反托拉斯法”，规定任何人垄断或企图垄断州际或对外贸易者，均为犯罪行为。但最高法院在一八九五年受理“美国诉麦克公司”一案时，竟无视美国最大的糖业托拉斯——控制了全国百分之八十制糖业股票的美国食糖精炼公司的非法垄断行为，利用“谢尔曼法”含义不清的弱点，判定制糖业属于工业，无碍于“商业贸易”和“州际贸易”，宣布在制造业中搞托拉斯不算违法，驳回了以美国政府为原告而提起的诉讼。与此相反，最高法院在同一时期却利用该法来限制工人组织的活动和禁止工人罢工。它将工人组织的活动“解释”为“谢尔曼法”所禁止的“限制商业”的活动，从而在涉及“谢尔曼法”的百分之八十的案件中，将劳工运动均宣布为非法，起了极为恶劣的作用。

第二，阻碍劳工立法的实施。十九世纪末二十世纪初，伴随美国工业生产的飞速发展，无产阶级的力量也日益壮大，声势浩大的罢工运动此起彼伏，并涌现出了不少工人运动组织和社会主义团体。联邦和各州议会为了缓和阶级矛盾，平息罢工风潮，制定了一些改善工人生活和劳动条件的法律。而最高法院在此期间往往起着阻碍劳工立法实施的反动作用。如一九〇五年“洛克纳诉纽约州”判例，最高法院认定纽约州关于限制面包房工人的工时不得超过十小时的法律，违反了宪法修正案第十四条有关“保护个人权利”的规定，以侵犯劳资间的“契约自由”为理由而宣布其“违宪”；一九〇八年“阿戴尔诉美国”判例，也以同样的理由宣布国会关于禁止铁路公司开除工会工人的立法为“违宪”；一九二三年，宣布哥伦比亚特区关于女工和童工的最低工资法“违宪”。

第三，确认侵犯人权的立法为“合宪”。美国宪法修正案第一至第十条对于公民权利作了明确规定，但没有写上“应当怎样维护此项权力使之不受侵犯”，“或应当对权利受到侵犯的任何人提供什么补救方法”⑦ 的补充说明，从而给立法者任意“造法”和法官灵活“释法”提供了方便。第一次世界大战末期，美国政府根据一九一七年的“间谍法”和一九一八年的“叛乱法”，在全国范围内对所谓“不忠分子”实际上主要对劳工运动和反战运动的激进分子进行了大清洗。联邦最高法院是如何对待它曾受理过的二千多件被指控犯有“间谍罪”、“叛乱罪”案件的呢？它不仅把宪法修正案关于保障人民言论、出版、集会自由的规定，说成不包括战争状态下的特殊情况，因而确认以上两项法律“合宪”，而且还作出了“明显而现实的危险主义”的扩大解释，意即在行使宪法所保护的公民叔利时，应以是否危

⑦ ［美］路易·亨金：《美国人的权利和人权》，1979 年 3 版《哥伦比亚法律杂志》。

及“公共利益”、“社会利益”为限，倘使超越这一界限，则构成“明显而现实的危险”的罪行。据此，最高法院创立了对诸如发表“战时发行公债不如征收重税”，“美国宣战应经人民复决”等言论者均予处罚的判例。

显而易见，到了帝国主义时期，通过对宪法的随意解释来灵活地维护垄断集团的统治，违宪审查权行使的次数不但大增，所起的作用也更为反动。

一九三七年以后，最高法院走上了慎重行使违宪审查权的新阶段。新阶段的开始，以最高法院改变对罗斯福“新政”的态度作为标志。

二十世纪以后，由于大量法律和法令横遭最高法院的无情扼杀，引起了立法和行政部门的不满和怨恨。到了三十年代中期，最高法院对罗斯福“新政”所持的敌视政策，更大大加剧了这种对立情绪。一九三三年开始实施的“新政”，是罗斯福运用凯恩斯的经济理论，通过国家对经济生活的直接干预，以摆脱经济危机和复苏资本主义经济的一项改良措施。“新政”实施后的效果表明，在美国遭受世界性经济危机的惨重打击下，它对于整顿财政金融、调节工农业生产、解决就业问题以及减少国民收入中某些不平等现象等，起了一定的作用。然而，在围绕“新政”的斗争中，最高法院充当了反对派的急先锋。它以“保护州权力免受联邦权力之侵犯”等为理由，先后将十项“新政”法案中的八项加以否决。对此，罗斯福感到非常恼火。但是，罗斯福于一九三六年十一月再度当选为总统。基于前车之鉴，罗斯福为消除最高法院对政府的威胁，提出了一个“法院整顿方案”，建议在最高法院中增派六名法官，代替年逾七十而尚未退休的现任法官（其中有三名七十岁以上的现任法官是“新政”的坚决反对者），试图用人事更动的办法来改变最高法院的态度。国会在讨论这个方案时，赞成派与反对派展开了激烈的争论。但最高法院却由此觉察到自身的危险处境，决定采取退却方针。在首席法官休斯的倡议下，法院自动放弃了一贯奉行的“正当法律程序条款”和“州际商业条款”的原则，实行自我克制；保守派法官第汪德等先后辞职，“摇摆派”法官罗拔兹等开始倾向自由派，致使法院的组成发生了重大的变化。最高法院这种自行退却的新姿态和组成上的新变化，导致了一九三七年以后对“新政”法案改取一种较前截然不同的态度。如一九三五年“谢契特诉美国案”，法院曾以宪法修正案第十条为依据，否认联邦具有管理“州际商业”的权力，宣布新“全国工业复兴法案”违宪；而在一九三七年四月“全国劳资关系委员会诉琼斯洛林钢铁公司案”中，一反前判原则，确认联邦具有“管理州际商业”的权力，宣布“全国劳资法案”合宪。又如在一九三六年“美国诉白特勒案”中，法院以越权行使税收和商业权力为理由，宣布“全国农业调整法案”违宪，而在一九三八年“默福德诉史密斯案”中，却承认联邦具有农业管理权，宣布新的“全国农业调整法”合宪。最高法院的转变，并不纯粹出于权宜之计，而是力图加强联邦政府的权力和作用，使之在动荡不定的形势下能够较快的摆脱软弱无力的状态。

一九三七年至一九四五年，罗斯福陆续任命了八名联邦最高法院的法官，自由派法官占了绝对优势，从而进一步改变了联邦最高法院行使违宪审查权的态度。法院的这个转变，突出表现在战后对待公民权利特别是黑人权利的问题上，采取了更加慎重的方针。五十年代以来，黑人反对种族歧视和争取民主权利的运动迅速高涨，接连爆发了“小石城事件”、“自由乘车运动”、“向华盛顿进军”等黑人运动，一九六八年又掀起了全国性的黑人抗暴斗争。在这种形势下，国会先后颁布了宪法修正案第二十三、第二十四条，制定了四个“民权法”和两个选举法。联邦最高法院也开始将宪法修正案第一条规定的正当诉讼程序和平等保护的适用权限，扩大到穷人和少数民族的范围，并且在黑人权利问题上做出了一系列有助于消除种族隔离的判例。在一九五四年“布郎诉托皮克教育局案”中，法院明确宣布：“在公共学校实行种族隔离”的行为，违反宪法修正案第十四条关于“不得否认任何人应享受法律上之同等保护”的规定，从根本上否认了一八九六年“普来西诉弗格森”判例所确立的“隔离但平等”的原则，第一次为消除公立学校中的种族隔离现象提供了法律依据，并成为以后在社会生活的各个方面逐步消除种族隔离的先声。这对于改善长期以来黑人受奴役受歧视的地位，无疑是一个大的进步。资产阶级自由派称赞最高法院此举为六十年代“民权法”的制定“开创了一场社会革命”，这种说法又未免过于夸大。一九六八年“琼斯诉迈耶”判例和一九七一年“斯旺诉夏洛特—梅克伦堡教育局”判例，为“消除种族隔离”作了进一步的努力。但是，最高法院反对种族歧视的态度并不彻底，尽管它消除了“法律上的隔离”，却在一九七三年的两起案件中，又承认“事实上的隔离”并不违反宪法上“同等保护”的原则，肯定了“事实上的隔离”的合法地位。进入七十年代以后，最高法院的人事关系出现了一些新的更动。由于某些新继任的法官所持的强硬态度，在人权保护和刑事被告的宪法权利问题上施加了一些限制，表明联邦最高法院的保守倾向又有回升的趋势。

综上所述，联邦最高法院对于违宪审查权的行使，到了一九三七年特别是第二次世界大战以后，变得比较慎重而有所克制，与前一阶段大不一样。尽管这一时期仍处于帝国主义阶段，但法院的方针确有变化，因此，可以把它划分为一个独立的阶段。之所以出现这一变化，归根到底，是由国内的政治形势和阶级力量对比发生的重大变化所决定的，也与战后政治民主化形成了巨大的世界潮流有着密切的关系。

英国违宪审查权的本质及其作用

美国违宪审查权作为一项重要的宪法原则，它的本质是什么？西方资产阶级学者在具体解释上说法不一，但有其共同点，即把它说成是保障法律实施和维护“法治”的重要工具。这种说法，真实的一面表现在：它在维护美国宪法的阶级本质以及实现对广大劳动人民的统治，灵活调整统治阶级内部的矛盾和冲突，以适应他们的共同利益和实际需要上，确是一个得心应手的工具。虚伪的一面表现在：联邦最高法院对违宪审查权的行使，总是根据统治阶级的需要对宪法条款加以任意解释，或者歪曲宪法的原意，或者给宪法补充以新的内容，从而给宪法的适用带来很大的伸缩性和可塑性。美国宪法学者霍尔姆斯曾经指出：“美国宪法不是逻辑而是经验”，这也是对违宪审查权实用主义本质的最好揭露。实际上，美国违宪审查权就是统治集团根据它们深谋远虑的统治经验，公开赋予法官“释法”

的特殊权力，作为协调阶级关系和维护资本主义统治秩序的一种政治手段。

列宁指出："宪法的实质在于：国家的一切基本法律和关于选举代议机关的选举权以及代议机关的权限等等法律，都表现了阶级斗争中各种力量的实际对比关系"⑧。考察联邦最高法院行使违宪审查权所起的作用，必须同美国各个时期的阶级力量对比关系以及由此而决定的政治形势紧密联系起来。联邦最高法院作为宪法最有权威的解释者，它在各个时期行使违宪审查权的重心，正是围绕着如何适应资产阶级统治集团的需要和如何协调各阶级相互间的关系这一问题而进行的。联邦最高法院行使违宪审查权的作用，可以概括为以下两个方面：

首先，灵活地维护资产阶级的经济权益和政治统治。

一七八七年的美国宪法，是当时北部工商业资产阶级和南部种植园主共同的阶级意志的反映，它记载和确认了资产阶级的政治统治和保障资本主义私有制的基本原则。约翰·马歇尔曾经预见到，一部宪法必然会"遭遇到狂风巨浪的危险"，必须为此准备好若干自救工具。从自由资本主义时期到帝国主义时期，美国的政治，经济都发生了巨大的变化，而在此期间，国会除了陆续增订了二十七项宪法修正案之外，对宪法本身未作任何更改。美国宪法适用时间长达近两个世纪，这在世界上是颇为罕见的。刻板陈旧的宪法条文能够适应于不断发展的形势需要，其原因何在？这与宪法本身的特点有着很大的关系。美国宪法的最大特点是，既含糊又概括，从而给法官"释法"提供了广泛的回旋余地。最高法院正是利用宪法条款具有伸缩性的特点，将宪法的基本原则灵活适用于各个历史时期的具体情况。在不同的历史条件下，最高法院所作出的裁决，或者着眼于适应统治集团的政治需要，或者基于当时各阶级力量对比关系的实际变化，或者"取决于在特定时间内担任该院法官的几个人的政治观点和社会敏感性"⑨。这些判例往往前后不一，互相矛盾，但在坚持资本主义私有制和维护资产阶级统治秩序的基本原则上，其立场是始终如一的。

以"正当法律程序"为例，法院根据形势需要，在数十年中对它几经解释，其含意已与条款的原意大相径庭。宪法修正案第十四条规定："未经正当法律程序不得剥夺任何人之生命、自由或财产"。其原意主要是保障黑人在南北战争后所获得的人身权利不受各州非法的剥夺或侵犯，且仅限于在一般刑事诉讼中所实行的"正当法律程序"。最高法院在司法实践中，逐渐将其原意延伸扩大为对于一般私有财产的法律保护及民事诉讼程序的保障。从一八七七年开始，进而作了实质性的修改，宣布各州因公共利益而制定损害私有财产的立法均为"违宪"，从而将关于"司法程序"的规定适用于"立法范围"。一八九〇年以后，任何涉及私有财产和契约自由的联邦立法均有可能受到"正当法律程序"的审查。根据这个解释，法院曾于二十世纪初在关于劳动工时、工资标准和物价规定等方面，作出了多起有损于雇佣劳动者利益的裁决。

---

⑧ 《列宁全集》，第15卷，309页。

⑨ ［美］H·特·路宾：《美国法院与公众》，1978年版"刑事司法阅读材料"。

再以公民的“言论自由”为例。本来宪法修正案第一条早已明文规定，国会不得制定任何“剥夺人民言论或出版自由”的法律。但最高法院在一九五一年审理“丹尼斯诉美国案”中，却坚持“明显而现实的危险主义”，确认反动的“史密斯法”对于所谓“企图以暴力推翻政府的言论”的制止措施是符合宪法精神的，裁定原判有效。而在一九五七年受理加利福尼亚州十四名共产领导人的案件时，对“明显而现实的危险主义”又作了实质性的修改，认为“史密斯法”所禁止的只是“以暴力推翻政府”的具体行动，而不是鼓吹这种行动的理论或信仰。一九六〇年在“斯卡里斯诉美国案”中，法院又进一步确认，构成“以暴力推翻政府”的罪名，必须要有确凿的行动上的证据。由此可见，联邦最高法院在公民“言论自由”权利上所作的解释，在各个时期是不同的，时而严，时而宽，出尔反尔，前后矛盾。这种变化，归根结蒂是随着政治形势的变化和民主运动的高涨，以如何更好地麻痹人民群众和维护整个统治阶级的政治利益为转移的。

其次，违宪审查权保证“分权与制衡”原则的实现。

“三权分立”是资产阶级政治制度中的一项基本原则，美国宪法就是按照分权与制衡的原则制定的。然而，如何保证这项原则的实现，特别是司法对行政和立法应当如何进行制约的措施，宪法并没有作出明确的规定。违宪审查权的行使，使最高法院树立起“反对立法上的错误或越权行为的第一道防线”，成为调整行政、立法、司法三权关系的一项有力工具。最高法院通过违宪审查权对国会和政府实行制约的方针，在各个时期轻重不一。进入帝国主义时期以后，最高法院的权力迅速膨胀。在三十年代中期，它对于罗斯福“新政”立法所持的敌对态度，表明司法专横达到了极点。最高法院的这种目空行政和立法部门的强硬政策，常常引起总统、国会以及一些利益集团的怨恨，但同时也迫使国会为避免司法麻烦而在立法上采取较为慎重的做法。第二次世界大战后，由于行政权力的不断扩大和民主运动的新高潮，最高法院对行政法令和国会立法的态度渐趋温和，对于国会在民主运动压力下所制定的一些民权法案也采取了宽容的政策。西方学者将以上两种较为典型的司法方针分别称之为“司法能动主义”和“司法克制主义”。这种“能动”与“克制”的方针并不是一成不变的，而是交替使用，反复出现的，主要受约于统治集团内部权力的对比关系。当然，在不同的历史时期，立法、行政、司法三部门所发挥的威力各有大小，但由于三者都握有一定的实力和特权，它们互相牵制和制约，任何一方都不可能独自驾驭整个政局，从而形成为三权鼎立的政治均势。这对于维护资产阶级的民主与法制，避免暴政专制统治形式的出现，以及保持资产阶级统治秩序的相对稳定，是有积极意义的。

另一方面，最高法院虽然通过违宪审查权取得了对行政法令和国会立法的最终裁决权，但这并不意味着它的司法权力是无限的，可以完全不受行政和立法部门的约束。宪法规定，行政部门对最高法院的人选握有决定权，联邦法官须由总统提名并经参议院同意后任命。历届总统在物色最高法院的人选时，通常都从自己的党派利益出发或着眼于被提名人对总统现行政策的态度，以使被提名人的司法裁决尽可能与总统的现行政策保持一致。事实上，罗斯福总统任命的九名自由派法官都曾经对改变最高法院的保守态度产生过较大的影响。

因此，各股政治力量往往在法官任命问题上激烈争夺。尼克松总统所提名的四名法官人选，曾两次被参议院以“不能胜任”和“持有特殊偏见”为理由加以否决。国会对最高法院的司法限制也不是没有办法补救的，它可以通过宪法授予的立法权力，以宪法修正案的形式使被最高法院否决的立法得以“复活”。如关于“征收所得税”一项，在一八九五年“波洛克诉农民信贷公司”一案中，法院认为所得税属于直接税，援引宪法第一条第九项关于联邦征收直接税应根据各州人口比例加以分摊的规定，宣布联邦征收所得税为非法；但国会于一九一三年制定出宪法修正案第十六条，规定联邦有权征收所得税，“既不必问其所得之来源，其收入不须分配于各州”，也不必由各州按人口分摊，从而使早已被法院否决了的法律重新生效。

美国联邦最高法院行使违宪审查权所作的判例是大量的，涉及到美国政治、经济、社会的各个领域，调整着联邦与各州、政府与人民、黑白人种之间、统治集团内部间的种种法律关系，并且对美国政府的政策制定具有举足轻重的影响。从历史上看，这些判例原则的总的政治倾向是保守和反动的。然而，违宪审查权既然是统治阶级适用联邦宪法的一种灵活手段，在不同历史时期各种力量对比关系的强烈影响下，最高法院也作出过一些有利于劳动人民和含有民主进步倾向的判例。具体问题要具体分析，采取简单否定或简单肯定的做法，都是不符合历史实际的。违宪审查在美国政治中最主要的作用就在于：它是调整各阶级力量之间的关系，特别是调整统治集团内部关系的一项重要工具，以维护资本主义私有制和稳定资产阶级的统治秩序为其基本任务。美国联邦最高法院就是以此为出发点并以此为归宿，来“反映历史”和“创造历史”的。

徐轶民

罗马法学家在罗马法发展中的作用*

简介

徐轶民，男，1925年6月生，浙江常山人。1952年毕业于复旦大学法律系，华东政法学院功勋教授，享局级离休干部，享受国务院特殊津贴。先后在复旦大学、上海社会科学院及华东政法学院任教。中央广播电视大学、杭州大学兼职教授。全国外国法制史研究会的主要发起人之一，并在2000年前任历届副会长。主讲外国法制史、罗马法等。任《辞海》编委，统编教材《外国法制史》（1980～1994年版本）副主编，《法学词典》编委，并为前述三部图书的主要作者；主编《外国法制史纲》、《简明法制史词典》；独著《简明外国法制史》、《外国法制史教学大纲》等。出版译著并发表论文多篇。

* 原发表于《外国法制史汇刊》，第一集。这篇论文作于1982年，专业荒废多年，资料缺乏，仅赖世界史著作、有关辞书及前上海社会科学院张企泰教授编写存档的有关罗马法学家的论文油印稿，仓促完成，故而十分粗糙，甚至存在不当之处，引注也较为难。此次编者要我提供论文，有意选择此篇，意在反映“文化大革命”之后的学术研究状况，敬请谅解，也欢迎指正。——作者注

罗马法是古代法中保护私有制反映商品生产最完备、最典型的法律，对后世剥削者类型的法律，特别是对资本主义国家的民法，有较重大的影响。公元前五世纪中叶，罗马仅有一部主要是将习惯法整理成文的《十二表法》，至公元六世纪三十年代查士丁尼在位（527—565）期间，遂将罗马奴隶制国家以往的法学和法规整理、编纂为后世所称的《国法大全》。罗马法的体系能够逐渐完备，内容能够逐渐充实，固然是随着罗马奴隶制经济的发展，罗马奴隶主阶级统治的需要，由于最高裁判官的司法活动和民众大会、元老院、历代皇帝的立法，而获得逐步发展的，但在这一漫长发展过程中，不能忽视罗马法学家所起的重大作用。

一

罗马奴隶制国家形成之初，唯一的法律渊源是习惯法。公元前450—前449年，平民为限制贵族的专横，颁布了《十二表法》。这是平民在同贵族斗争中的一次重大胜利，是罗马最古老的立法文献，也是罗马法发展的一个重要里程碑。

《十二表法》的条文比较简略，内容不够完备，表述较为含混，许多问题必须加以解释。例如若干法律原则的含义不够清楚，没有明文规定一整套诉讼程序，未曾列举要式法律行为所必需具备的形式等等，都是通过专人的解释和补充之后，才逐步明确的。

古代罗马，自从国家产生直至公元前三世纪，凡属宗教、法学和天文学等方面的知识，均为祭司团所垄断，祭司团既掌管所谓“神明的法”，又掌管“人定法”，他们谙熟祭祀和法律行为所必须采用的形式或仪式，精通各种法律问题，个人和政府官员包括执掌司法权的长官，无不就此求教于祭司团。因而，罗马法的解释和补充工作，最初是祭司团的特权。祭司便是罗马最初的法学家，属于贵族等级。祭司为了将法律知识传授于其后继者，曾将法律的“奥秘”记载成册，藏于密室。古罗马史学家李维所说：“市民法深藏于祭司的神龛之中”，正是形象化地说明了祭司对法律知识的垄断。

公元前304年，一位被释放奴隶的儿子、担任高级官吏秘书的克涅乌斯·弗拉维尤斯(Cnaeus Flavius)当选为政务官。“他公布了以前由大司祭秘密保存起来的民事诉讼规则并在广场四周设置白色的板子，上面写着开庭的日子，以便使所有的人都知道，什么时候可以根据法律来办理案件。”① 他所公布的材料，史称“弗拉维尤斯法”。这些材料的公布，打破了长期由祭司团垄断世俗法学的局面，是对贵族特权的一次沉重打击。

公元前254年，第一任平民出身的大祭司科伦加尼斯（T. Coruncarius），将所有法律资

---

① 李维：《罗马史》，转引自科瓦略夫：《古代罗马史》，1957年中译本，第122页。

料全部披露，并公开解答法律疑问，传授法律知识，才使平民获得学习法律的机会，并有成为法学家的可能，这对罗马法的发展无疑起着一定的促进作用。但是，当时祭司（法学家）的法律解答，纯属尽义务，不取费用；民间对祭司以外的法学家，基于传统看法还不太信任，部分平民，仅仅开始获得法律知识，解释法律还不如祭司熟练。故而，祭司在公元前三世纪以前，仍然把持着法律的解释工作，对罗马法的解释则着重于字义。

二

公元前三世纪中叶至公元前一世纪，罗马世俗法学家的活动获得了初步发展。

这一时期，罗马统治者对外进行多次掠夺战争，领土不断扩大，原来的弹丸城邦已变成一个横跨欧、亚、非的庞大奴隶制国家。大量战俘奴隶涌入罗马，奴隶劳动广泛应用，奴隶制经济空前发展。海外市场和对外贸易不断扩大，手工业和商业更为发达，商品货币经济获得很大发展。使用众多奴隶劳动和规模较大的田庄，遍于罗马本土和被征服地区，小农不断破产。随之而来的，是不断发生奴隶起义和平民的反抗斗争。

面对这些情况，特别是由于经济生活的日益发展和复杂化，罗马居民迫切要求在法律关系方面，进一步明确私人之间的权利和义务关系问题；而从事裁判事务的人员，也要求法律进一步完备并在法律业务上能够得到更多的协助。如果墨守《十二表法》和以往的其他一些法律，显然是不能适应形势发展要求的，也无法满足大土地所有者和新兴大商人等奴隶主的利益。这样，就促使调整私有财产关系的罗马“私法”得到了发展。

在罗马“私法”的发展中，最高裁判官起了非常巨大的作用。最高裁判官设于公元前367年，罗马法学家伯比尼安（Aemilius Papinianus，约146—212）曾经指出：最高裁判官在保证市民法适用的同时，补充了市民法，修改了市民法。在每届最高裁判官接任之初，便颁发一项“告示”，表明在一年任期之内的工作计划，称为“一般告示”；遇有临时发生的个别事件，则颁布“特别告示”。“告示”一般包含两个部分：其一，是裁判官的一般诺言，表明将对哪些事件加以“救济”；其二，写明作为“救济”手段的各种书面程式。至共和国末期，经长期积累，最高裁判官告示（包括其他长官的告示）便形成一整套广泛的、固定而统一的规范，独立于市民法之外，称“最高裁判官法”。它不注重于形式，而是体现所谓“公平合理”的原则。但这些创新部分，都在于适应前述形势的发展变化，满足剥削阶级的实际需要。

必须特别指出的是，市民法只适用于罗马公民，不适用于外国人。事实上，诸如所有权的要式转移，手续繁琐，外国商人都不乐于采用；同时，处理纠纷时，根据属人主义原则，外国人应适用各自的本国法，往往产生很多困难。于是，公元前242年，罗马国家又设置了外事最高裁判官，专职处理涉外案件。外事最高裁判官创立了简便灵活的诉讼程序，并根据清除了形式主义成分的罗马法规、法官认为“公平合理”的观念和地中海商人通用的商业习惯与法规等，逐渐形成了一套适用于罗马公民与非公民之间、非公民彼此之间的

“万民法”。

共和国后半期，罗马法所以获得重大发展，除最高裁判官的重大作用外，罗马法学家的活动也具有一定意义。

首先，罗马法学家是最高裁判官的顾问，他们解释成文法，阐述不成文法的法律观点，对最高裁判官的告示内容和采取的各项创新措施提出建议，对最高裁判官法的形成和发展立下“功劳”。同时，由于当时实际审理案件的是民间审判员，他们并非国家官吏，只是诉讼当事人就是元老院中选定并经最高裁判官授权处理特定案件的公断人。这些人，不全是法律专家，为了解决纠纷，处理争讼，往往需要获得法学家的协助，法学家便不得不在司法实践中，进一步研究和解释罗马法。

具体说来，罗马法学家的实际活动，包含四方面的主要内容：第一是解答具体法律问题；第二是编撰契据；第三是协助当事人进行诉讼行为，指导所应采用的诉讼程式。其中，特别是对于法律疑难问题的解释，往往在法学家之间会产生分歧意见，出现公开论战，从而对罗马法的发展起着一定的推动作用。第四，这一时期的罗马法学家，还在司法实践的基础上，就解答意见和诉讼程式，进行整理汇编，从事著述，这对罗马法和罗马法学的发展起了一定作用。

这一时期，罗马法学家的著述虽已失传，但据《学说汇纂》，略知其梗概。

最早的一部著作是《十二表法释义》，作者系公元前198年任执政官的加托斯（Aelius Paetus Catus）。全书分作三卷：第一卷是十二表法的正文；第二卷是十二表法的解释；第三卷为诉讼程式汇编，是对“弗拉维尤斯法”的修正和补充。

随着解答意见的大量出现，罗马法学家便着手从中整理主要观点，分析原理，编写成书。主要代表人物是古罗马政治家和作家大加图的儿子鲁西尼安·加图（Lucinianus Cato）。

公元前一世纪，出现了影响较大的法学家和著作。其中，著名法学家之一是昆特·采伏拉（Quintus Mucius Scaevola，？—前82），著有《市民法》十八卷，分门别类，试图给予法律概念以科学定义，这是罗马法学家用科学方法阐明法律的初次尝试。这部著作，对后世影响很大，如罗马帝国初期的著名法学家萨宾（Massurius Sabinus，？—64）便受到它的很大启发。另一著名法学家是苏尔毕西（Servius Sulpicius）他曾将各种不同的法律制度加以分类，试图提出一整套法律原则。其主要著作有《最高裁判官告示释义》，是罗马法学家对最高裁判官告示的第一部注释。

三

公元前一世纪末至公元三世纪，罗马处在帝国前期即浦林斯制（元首政治）时期。

这一时期，约在公元一至二世纪时，罗马帝国便已兴盛起来，疆域比过去进一步扩大，共和国后期发展起来的奴隶制经济呈现一片繁荣，城市不断兴起并获得空前发展，产品交换日益频繁，内外贸易异常发达，大商人深入波罗的海，斯堪的那维亚、爱尔兰、北非、东非和西非沿岸，向东与中国辗转相通，并从海路通达印度、孟加拉湾、马来半岛，进入中国。内外贸易的需要，促进了银钱汇兑和信贷的发展。马克思指出："在古代罗马，从共和国末期开始，虽然手工制造业还远远低于古代的平均发展水平，但商人资本，货币经营资本和高利贷资本，却已经——在古代形式范围内——发展到了最高点。"② 在这一发展过程中，个人之间不断发生了新的财产、契约和继承等法律关系，大商人、金融商，包括出身元老但业已投资于商业的奴隶主，都需要法律作出有利于他们的调整。

但是，帝国初期在经济繁荣的背后，却蕴藏着奴隶制的深刻危机。公元二世纪时，罗马帝国对外扩张已达极限，掠夺奴隶的战争不能任意妄为。奴隶来源既已枯竭，同时奴隶又经常采取怠工、破坏生产工具和故意浪费产品等反抗形式进行斗争，甚至不断发生逃亡和杀死奴隶主的事件。在这种情况下，奴隶主被迫释放奴隶，隶农制日益流行。凡此种种，说明奴隶制度最终必将退出历史舞台的征兆已经出现。罗马奴隶主阶级为了巩固特权地位和推迟危机的爆发，便力图加强奴隶制的法律。

帝国前期还出现另一种新情况，即罗马皇帝卡拉卡拉于公元 212 年颁布了著名的"安敦尼努敕令"，把罗马公民权授予帝国全体自由民。公民权的广泛授予，是罗马统治者为了缓和他们同被征服地区异邦居民的矛盾，扩大帝国的社会基础，据史学家卡修士（Qion Cassius）的意见，也在于扩大税源，使一切自由民都和罗马公民一样担负遗产税及其他应纳的捐税。自 1910 年该敕令原文在埃及公布后，才证实出于宗教上的原因。其结果，使罗马帝国除自由民与奴隶的区别外，其他的一切区别如罗马公民和臣民等界限都消失了。同时，使罗马国家从原来的许多城市、行省的结合体，向着一个有机的整体发展。于是，要求统一法律。这样，恩格斯指出，"至少对自由民来说产生了私人的平等，在这种平等的基础上罗马法发展起来了，它是我们所知道的以私有制为基础的法律的最完备形式"③。

但是，这一时期罗马法的重大发展，主要的不是由于立法机关的作用。因为民众大会虽在克劳狄一世（Claudius I）执政时期（41—54 年）还通过为数不多的法律（而且属于私法范围的极其有限），至涅尔瓦（Nerva）在位（96—98 年）时召开最后一次民众大会之后，却已形存实亡了。元老院中有关私法的决议，也为数不多，而且元老院并无立法创议权，往往唯帝命是从，其决议实际上只不过是皇帝"咨文"的一种形式而已。最高裁判官的告示，则于公元 130 至 138 年间，已由皇帝哈德良（Hadriarus，117—138 年在位）命令法学家萨尔维·犹里安（Salvius Julianus）加以整理编纂，使之固定了。因而，此后只有皇帝的敕令（命令）是这一时期比较重要的法律渊源，但真正促使罗马法发展的更为重要的因素，还是罗马法学家的作用。

帝国建立之初，罗马出现了新的法学家派别，即以卡必多（Ateius Capito，？—22）为创始人的萨宾派和拉别奥（Marcus Antistius Labeo，约前 50—后 20）为创始人的普洛库尔

② 马克思：《资本论》，第 3 卷，1975 年版，第 671 页。

③ 《马克思恩格斯选集》，第 8 卷，第 143 页。

派两派的对立，直至哈德良统治时代为止，历代法学家无不分属两派，就政治和法学问题展开争论，这些论战是促使罗马法和罗马法学达到高度发展的重要原因之一。哈德良帝以后，如犹里安、庞波尼（Sextus Pomponius）、盖尤斯（Gaius，约 130—180）等享有盛名的法学家不断涌现。塞维鲁王朝时期（193—235），又有伯比尼安、保罗（Julius Paulus，？—222）、乌尔比安（Domitius Ulpianus，约 170—228）三名杰出法学家。塞维鲁王朝以后，除莫迪斯蒂努斯（Modestinus，？—约 244）为著名法学家外，罗马法学已开始衰退。

帝国前期，罗马法学能够如此繁荣，著名法学家所以人才辈出，主要原因之一是，许多新产生的财产、契约、继承等法律关系和民事纠纷，远非以往的法律所能直接解决，需要根据法律原则结合新情况解释和答疑的远比以往更多；同时，为适应形势需要，这一时期的立法文件增多，而长官与审判人员往往并不精通法律，较之以往，他们更加迫切需要法学家充当顾问；另外，法学家的解答往往比立法更能及时适应形势的变化，更能保护富有者的利益。由于这些主要原因，法学家不仅继承了共和国时期对法律问题解释答疑的传统，而且业务更为繁忙，社会地位更高。

法学家的这种独特地位，显然是与皇帝的特权有所抵触的。不过，奥古斯都（前 27—后 14）并没有禁止法学家的解答，只是采取对著名法学家授予“解答特权”的办法加以限制。实行这一措施的结果，使获得特许权的法学家的解答，具有特殊权威的意义。至哈德良在位时，又进一步规定：在取得特许解答权的法学家之间，如果对于同一问题的意见一致时，其意见即具有法律效力，对于审判人员具有拘束力；意见有分歧时，则审判人员有自由选择援用之权。从而，使取得特许权的法学家的解答，成为罗马法的一个重要组成部分。

罗马法学家的著作，对罗马法的发展也起着巨大的作用，例如公元 533 年完成的具有法律效力的《学说汇纂》，是《国法大全》的最重要部分。据统计，全书共有9 200段，绝大部分均摘自公元前一世纪至公元三世纪即帝国前期著名法学家的著作。其中，摘自犹里安著作的达 457 段，庞波尼的 585 段，盖尤斯的 535 段，伯比尼安的 595 段，乌尔比安的竟达2 462段，保罗的也占2 083段，即使是后期的莫迪斯蒂努斯的著作也摘录了 345 段。④

帝国前期的法学著作琳琅满目，归纳起来约有五类。一是提供初学法律者的读物。如盖尤斯的《法学阶梯》是对罗马“私法”作概括阐述的教科书；乌尔比安的“法学原理”是以简要公式对法律基本原则的阐述；此外，还有“法学提要”、“法律格言”等，不一而足。二是法律解答集、论争集、答疑集等实例汇编。三是专门论述市民法的，其中包括“十二表法释义”，但不涉及最高裁判官法。盖尤斯和乌尔比安等，都以不同体裁写过这类著作。四是论述最高裁判官和其他长官告示中处理各项问题的著作，庞波尼、盖尤斯、保罗和乌尔比安等，都作过这类编撰。五是对市民法和最高裁判官法在形式上合并论述的著作，其中包括对刑事诉讼程序的论述。犹里安等曾有这类著述。

---

④ H. C. 彼列迪尔斯基：《查士丁尼钦定学说汇纂》，1956 年俄文版，第 64 页。

这些著作的共同特点是：进行科学分析和法学理论研究不够，把具体现象提升为一般概念和概括为普遍原则的较少；其主要倾向重在实用，重在解决个别具体问题，对总结实践、解释疑难、运用法律的技术等方面的内容多。这些著作中，有的还根据原有的法规对新问题作出新解释，巧妙地使之符合统治阶级的利益。正因如此，法学家的著作能够成为司法实践的重要依据之一。同时，又在再实践的基础上，进一步总结论述，使运用法律的经验不断提高，从而推动罗马法的发展。

四

公元三世纪起，罗马帝国出现全面衰竭现象。帝国经济濒临崩溃，货币一再贬值以至几乎失去作用。罗马大道和海上，盗匪横行，贸易衰落。公元 253 年至 268 年，出现了所谓“三十僭主”的分裂局面，帝国政权几乎全部瓦解。从公元 284 年戴克里先实行多米那特制（君主专制）直至君士坦丁统治时期（306—337），虽然帝国暂趋稳定，却挽救不了奴隶制度的瓦解。公元 476 年，西罗马帝国终于灭亡。东罗马帝国的情况，虽然有所不同，但是查士丁尼帝的种种措施，如多次发动侵略战争企图恢复旧日罗马帝国的版图，竭力复辟没落的奴隶制度，大规模地编纂法典等等，无非是企图维持奴隶主阶级统治的最后挣扎。

在这种情况下，罗马法学衰落了，罗马法学家的解答活动实际上是停止了。原因之一是，帝国的政体由披着共和国外衣的元首政治，转而公开确立东方式的专制君主制。皇帝总揽一切大权，皇帝被确认为唯一的立法者，其敕令被称为法律，成为罗马法的基本形式。元老院、执政官、最高裁判官等，已名存实亡。再者，狄奥多西二世（Theodosius Ⅱ，408—450 年在位）和西罗马的瓦伦提尼安三世（Valentius Ⅲ，423—455 年在位）于 426 年颁布了学说《引证法》，规定只有盖尤斯、保罗、乌尔比安、伯比尼安和莫迪斯蒂努斯等五位法学家的解答和著作，具有法律效力。遇有成文法未规定的问题，均按五位法学家的著述解决；五大法学家对同一问题的意见不一致时，取决于多数的主张；五大法学家的不同意见势均力敌时，则以伯比尼安的著述为准；若伯比尼安著述中没有涉及争论的问题，可以选择五大法学家中较为公正的意见。除上述规定外，纵使当代法学家认为五大法学家的论述不当，也无法提出具有法律效力的主张。《引证法》的颁布，固然肯定了以往五位著名法学家的地位，正式确认了他们的解答和著作是罗马法的渊源之一，但又使此后其他罗马法学家的解答受到限制，他们只能搬用、引证五大法学家的著述，不能超过这一限度作出更多的贡献。另外，自从公元 313 年君士坦丁大帝颁布“米兰敕令”承认基督教的合法地位后，基督教在罗马广泛流传，影响很大，特别是处在罗马奴隶制度日趋崩溃的形势下，神学具有极大吸引力，对神学研究之风逐渐胜过法学研究。

尽管如此，罗马法学家仍然起着一定的作用，主要表现在三个方面：

第一，从事法律教育工作，培养了研习罗马法的人才。帝国后期，罗马国家将前期由私人开设的法律院校改为国家举办，分设罗马、贝鲁特、君士坦丁堡、雅典、迦太基、亚历山大等地。至查士丁尼时，尚保留着设在贝鲁特和君士坦丁堡的两所。

第二，私人整理法规汇编。由于对罗马法学缺乏创新的条件，有的法学家便将主要精力灌注在汇编法规的工作上。主要的汇编有二种：一是公元约 291 年编成的《格里哥安法规汇编》，包含从二世纪哈德良帝至三世纪末戴克里先帝历年颁布的皇帝敕令，二是约 295 年编成的《格尔摩格尼安法规汇编》，系前者的补编，包括 292—294 年间的敕令。

第三，参加官方组织的法典编纂工作。第一部正式法典是狄奥多西二世组织十多名法学家于 437 年编成的《狄奥多西法典》，它包括四世纪初以来的敕令三千余种，共分十六册，每册又分若干目，曾于 439 年公布施行。西罗马帝国灭亡后，至公元六世纪三十年代，拜占庭皇帝查士丁尼又任命其首席顾问、著名法学家特里波尼主持编纂法典，这就是公元十二世纪时被称为《国法大全》或《民法大全》的著名法典。这部法典，曾组织了如贝鲁特和君士坦丁堡法学院的著名教授以及著名律师多人参加编纂。

《国法大全》集罗马法之大成，系统地搜集和整理了从罗马共和国时期至查士丁尼在位时期的立法和法学家的著作，对后世剥削者类型的所谓“私法”有深远影响，也是后世研究罗马法的主要史料。它不失为罗马法发展史上一个具有巨大意义的里程碑，其成就同罗马法学衰落时期的法学家的辛勤劳动是密不可分的。

张警

《七国考》《法经》引文真伪析疑*

读了杨宽同志的《战国史》修订本《后记》，得知他对明董说《七国考》《法经》条引文有新的见解，认为："桓谭《新论》是南宋时散失的，董说这条引文究竟从哪里转引来的，无从查考，实不足信。"对此，笔者有些疑虑，顺着这条路径，试作进一步的探索。

一、《法经》及存在的问题

新中国成立以后，史学界注意李悝《法经》的人多起来了，这是对历史的认识水平有所提高的表现。无论从春秋战国时期法制变革的总趋势来看，从魏国的变法和当时的形势来看，或者从秦、汉律的立法渊源来看，当时魏国曾经有过一部《法经》，似乎是完全可以相信的。遗憾的是，两汉史籍中根本没有提到过《法经》。《汉书·艺文志》载有"李子三十二篇"，列在法家之首，班氏自注："名悝相魏文侯，富国强兵"，汉代史籍中没有提到《法经》，因而有不少人对它抱怀疑态度。当然，古书中不见记载，可以作为怀疑的理由，但终究不能作为证据看待。在睡虎地秦墓竹简出土以前，谁曾知道秦律有那么多的名目呢？汉代史家对于秦律，似乎是"讳莫如深"的，班固的《汉书·刑法志》就明显地有这种倾向。他们不谈秦律，因而也不谈作为秦律祖本的《法经》，这是很自然的。

根据现有文献，最早提到《法经》的是三国时期的《魏律·序》，其中有这样的话："旧律因秦《法经》就增三篇，而《具律》不移，因在第六"①。这绝不会是陈群、刘劭等人杜撰出来的，必有所本。不过这里说的是"秦《法经》"，问题还是不清楚。直到《晋书·刑法志》的作者，才比较详细地叙说了这段原委：

---

* 原发表于《法学研究》，1983（6）。

① 《晋书·刑法志》《历代刑法志》，第156页。

“是时（指魏明帝制定魏新律之前）承用秦、汉旧律，其文起自魏文侯师李悝，悝撰次诸国法，著《法经》。以为王者之政莫急于盗贼，故其律始于《盗》、《贼》。盗贼须劾捕，故著《网》（当是《囚》之误）、《捕》二篇。其轻狡、越城、博戏、借假、不廉、淫侈、逾制以为《杂律》一篇。又以其律（当做《具律》）具其加减，是故所著六篇而已，然皆罪名之制也。商君受之以相秦”。

《晋书》修定于唐贞观年间，以南齐臧荣绪的《晋书》为蓝本，兼考各家的有关著作改写而成。上面这段记载，最初出于谁的手笔，已很难说。由于唐初参加修《晋书》的都是些“文咏之士”，好博采异闻，因此，有可能就是这些史官，从《桓子新论》一书中找来这片段资料而写成的。稍后，长孙无忌等人撰《永徽律疏》也写进去了。可见在当时，曾一度传为新发现的史料的。

明末董说编著了一部《七国考》，其中《魏刑法》门引有桓谭《新论》中关于《法经》的一段论述。② 虽然只是一鳞半爪，多少填补了《法经》不见于汉人记载的这一缺陷，在中国法制史的史料上，有重要意义。但是，疑问和异议也是不一而足：有的认为桓谭《新论》南宋时已亡佚，董说不可能加以引用；有的断定这是董说根据《晋书·刑法志》所载内容而加以伪造的；也有人认为在这段“引文”中，如“丞相”、“犀首”、“徒禁”、“减律”等名词，确有可疑之点。然而论据似嫌薄弱，也只是揣测和怀疑，还有进一步探索的必要。

二、《桓子新论》明季尚有完书

认为桓谭《新论》南宋时已亡佚的根据是，晁公武《郡斋读书志》、陈振孙《直斋书录解题》都不见提到，《宋史·艺文志》也不载此书，因此断定在南宋时已散失。但是《新论》这部书，从东汉初到北宋，流传了一千多年，引用的人也不少，恐怕不会是孤本吧？宋朝刻书事业发达，说不定还会有刻印本。如此说来，不能排除仍有秘本流传的可能性。特别是明代三吴地区的藏书家，多以秘册相尚，或重价购买，或苦借手抄，搜访不遗余力，

---

② 《七国考》“法经”条引文的全文如下：

桓谭《新书》（当为《新论》）：“魏文侯师李悝著《法经》，以为王者之政，莫急于盗贼，故其律始于《盗》、《贼》。盗贼须劾捕，故著《囚》、《捕》二篇。其轻狡、越城、博戏、假借、不廉、淫侈、逾制为《杂律》一篇，又以《具律》具其加减，所著六篇而已，卫鞅受之，入相于秦。是以秦、魏二国，深文峻法相近。《正律》略曰：‘杀人者诛，籍其家，及其妻氏，杀二人及其母氏。大盗戍为守卒，重则诛，窥宫者膑，拾遗者刖。曰：为盗心焉’。其《杂律》略曰，‘夫有一妻二妾其刑聝（或系‘馘’之误），夫有二妻则诛，妻有外夫则宫。曰：淫禁。盗符者诛，籍其家。盗玺者诛，议国法令者诛，籍其家，及其妻氏。曰：狡禁。越城一人则诛，自十人以上夷其乡及族。曰：城禁。博戏罚金三市（疑是‘布’之误，魏有币面为‘一釿’的园跨布）。太子博戏则笞，不止则特笞，不止则更立。曰：嬉禁。群相居一日以上则问，三日四日五日则诛，曰：徒禁。丞相受金，左右伏诛。犀首以下受金则诛。金自镒以下罚，不诛也。曰：金禁。大夫之家有侯物，自一以上者族’。其《减律》略曰，‘罪人年十五以下，罪高三减，罪卑一减。年六十以上，小罪情减，大罪理减’。武侯以下，守为口（疑是‘国’字）法矣”。

（《七国考》卷十二《魏刑法》，366～367页，中华书局，1956。）

因此，这种可能性是存在的。这样说，并不是徒托空言，还可以举几个历史事实作佐证。

元末陶宗仪编纂《说郛》，“取经史传记，下逌百氏杂说之书，二千余家”③，其中就有桓谭《新论》④。陶宗仪所做的并非辑佚工作。他很有可能见过《新论》原书。清朝孙冯翼在《新论》辑佚本的《序》中说，“陶宗仪《说郛》所引《新论》二十七事，其书不足据，故未采录”⑤。所谓“其书不足据”，当是指《说郛》已非陶南村旧本说的。《说郛》早已散佚，明朝景泰年间上海郁文博校刊此书时，已非陶氏原本，清初姚安陶珽所编的《说郛》，更是错误很多，但不能说陶宗仪的原本不足据。

最值得注意的，就是孙从添著的《上善堂书目》中，有“《桓子新论》十七卷。赵清常校宋本”⑥一条，这可以说是铁证。孙从添是江苏常熟人，有书癖，所藏逾万卷。志书说他对于书是“真知笃好者”⑦。《桓子新论》属于子书类，在封建时代并不怎样为人所重视，大概不至于在《书目》中造假吧？况且还写上“赵清常校”，这也是不利于造假的做法。因为赵清常就是明末赵用贤的儿子赵琦美，自号“清常道人”，也是藏书家。著有《脉望馆书目》。他死后，藏书尽归钱谦益所有。赵清常虽然校订过《桓子新论》，但这书并不是他自己所有，因此《脉望馆书目》不见著录。

清代学者全祖望，在他的《杨子云生卒考》一文中，最后曾提到这样两句话，很可注意。他说：“常熟钱尚书谓：‘《新论》在明季尚有完书，惜无从得一见之’”。⑧钱尚书就是钱谦益，此人交游很广，又是有名的藏书家，钱谦益和赵琦美交往甚密，《上善堂书目》的记载，的确不是没有根据的。

再一个证据，就是董说《七国考》的引文。董说引用桓谭《新论》，不只是“法经”一条，前后共有十六处，计十五条。因其中“楚灵王信巫祝之道”一条，曾两见，只是详略不同，算作一条，共计十五条。这十五条引文，经过与严可均和孙冯翼的辑本核对，见于前人引用过的仅有三条。其余十二条哪里来的？难道说都是董说伪造的？为什么不伪托其他佚书，而偏要伪托《新论》？这都是疑问。因此，反足以推断，董说是看见过《新论》这部书的。

上述四个证据中，有一点很可寻味，就是所提到的那些人，都是淞、湖、苏、常一带的。钱谦益、赵清常、孙从添都是常熟人，董说是乌程人，陶宗仪大半辈子都是在华亭度过的。这一带地方是东南富庶之区，自五代以来，就逐渐成为藏书家集中的地方，藏书之盛，为天下冠。这些藏书家大都嗜书成癖，尤其珍视宋元刊本和秘本书，轻易不以示人。《桓子新论》在当时很可能便是一部秘本书。

---

③ 杨维桢：《说郛叙》（见清顺治四年木刻本《说郛》）。

④ 《说郛》另第五十九。

⑤ 孙冯翼：《桓子新论序》（见《四库备要》本《新论》）。

⑥ 孙从添：《上善堂书目》第二十五页（原燕大藏书）。

⑦ 《常昭合志稿》卷三十二。

⑧ 全祖望：《鲒埼亭集外编》卷四十《杨子云生卒考》。

三、董说的为人和关于他的《七国考》

关于“董说根据《晋书·刑法志》所载内容而加以伪造”一说，没有举出比较站得住脚的证据来，只不过是臆测。对这一说法，也还可以提出一些疑问。首先，按《七国考》的体例说，引用《晋书·刑法志》所载内容已经可以了，为什么还要加以伪造，自乱其义例？其次，被认为“伪造”的那一部分，内容相当具体，却不见于《晋书》。这是董说头脑中虚构出来的呢，还是别有所本？如果是别有所本，那又是根据什么？还有，董说在《七国考》“法经”条之后，又列了十三个条目，其中有些条是不通的，如说：“受金罪薄，故仅用辱刑耳”，显然和“受金则诛”的话不符；又如“罚金”条说：“秦亦有罚甲、罚赋之法，即籍家”⑨。真是不知所云。足见董说自己对这条“引文”并不很理解，他怎么能伪造得出来？况且，董说也不是这样无聊的人。为了使问题能够逐步弄清，我打算先来谈谈董说到底是怎样一个人。

董说（1620—1686），明末清初人。曾祖董份是明朝大官僚，嘉靖间当过礼部尚书。董说父亲董斯张，是个藏书家，“耽于书，手录不下百帙，泛览百家”⑩，著有《吴兴备志》、《广博物志》等书。董说本人也是藏书家，据焦循《剧说》记载：“吴兴董说，字若雨，后为僧，号月涵。每一出游，有书五十担随之”⑪。著书有十多种，因为董说出家后一号“补樵”，所以总题名为《补樵书》。此外，并撰有《七国考》十四卷。

董说为人，是有骨气的。明亡之时，他才二十五岁，便改名换姓，托迹于空门皈依苏州灵岩山的继起大师洪储。洪储并非一般的和尚，而是抗清复明的志士，与当时苏南、浙东的义军有密切联系。清顺治八年（1651 年）洪储被清军逮捕，下了监狱，寺里的徒众都四散逃避，董说独不畏惧，继续在寺中主持香火，因此，深为当时的人所尊重。⑫ 董说还教戒他的六个儿子“弃举业，以韦布终其身”⑬。他的儿子也都确守家训，没有一个入仕途的。由此可见，董说是有操守，有民族气节的，不是一般轻薄文人或贪名嗜利之徒可以和他相比的。

董说所处的时代，正是经历了“扬州十日”、“嘉定三屠”的那个恐怖时代，而董说的思想和志向，主要是寄托在复明的愿望上，志书说他“少未尝作诗，酉、戌以后（乙酉、丙戌即公元 1645—1646 年以后江浙等地已为清朝所控制）始为诗，以写其空坑崖海之思”⑭。董说还写过一本《西游记补》，借孙悟空梦游事寄托其“凿天驱山”之志；其中还谈

---

⑨ 均见《七国考》卷十二《魏刑法》。

⑩ 《乌程县志》卷十五《人物四》。

⑪ 焦循：《剧说》卷五。

⑫ 全祖望：《鲒埼亭集》卷第十四《南嶽和尚退翁第二碑》。

⑬ 《乌程县志》卷十六《人物五》。

⑭ 《乌程县志》卷十六《人物五》。

到："未来世界历日，先晦后朔"。这无疑是悲酸语，谓在光复之前还将有一段异族统治的阴暗时期。这样的时代。这样的人，对那种雕虫小技的作伪玩意儿，恐怕是不会感兴趣的！

再说《七国考》也不是适宜于作伪的书，它大体上仿照"会要"的体例，以类相从，分门编载，只有少数"按语"是董说自己的话。所援引的书，上自先秦，下至明代，种类繁多。过去虽有人指出，这书在资料的选择上不够精审，"间伤芜漫"，但没有人说过"伪造"的话。说实在的，像这种资料汇编性质的著作中，谁愿意去掺假呢？

《七国考》取自桓谭《新论》的资料，其中有关魏国法令的，除"法经"一条之外，还有"魏三月上祀农官读法"⑮ 一条和"魏之令：不孝弟者，流之东荒"⑯ 一条。这些法令的内容，决不是明朝人所能凭空伪造的。明清时候的文人，对于律令法制一般是不研究的。他们认为："法制禁令王者之所不废，而非所以为治也"⑰。《四库全书》这样大部的丛书，政书类法令之属，仅收二部。头脑之冬烘，偏见之深，可以想见。

最后，还应该补充说明一点：《七国考》是一部没有完成的稿本，《四库全书提要》说："观其前后无序跋，而《齐职官》门注：'封君后妃附'，乃祗有封君而无后妃，殆说未成之稿，偶为后人传录欤？"可见书还没有完成，董说生前似乎并不想急于问世。从这个意义上讲，伪造之说，也还有商兑余地。

四、"法经"条引文的内容析疑

《七国考》"法经"条引文，共三百三十九字，简要地记述了我国最早的一部刑法典《法经》的大致内容。"引文"的前一段，九十余字，和《晋书·刑法志》所载内容基本相同，但是，《晋书》抄袭《新论》的迹象，是非常明显的。如"卫鞅受之，入相于秦，是以秦、魏二国，深文峻法相近"几句，原是文从字顺的，可是修史的人考虑到，在《晋书》中没有必要拉扯到魏国，因此改为"然皆罪名之制也。商君受之以相秦"。这前一句"然皆罪名之制也"，在文意上实类"蛇足"。

"引文"中又把《法经》的内容，分为"正律"、"杂律"、"具律"三部分，这当然是桓谭的见解。因为"王者之政莫急于盗贼"，所以把《盗》、《贼》两篇放在首要地位；因为"盗贼须劾捕"，所以又著《囚》、《捕》两篇。这四篇是《法经》的主要部分，所以桓谭称之为"正律"。关于《杂律》中的"轻狡"、"越城"、"博戏"、"假借"、"不廉"、"淫侈"、"逾制"等名词，是《法经》律文中的用语，后世封建法典中也还有沿用的。至于"淫禁"、"狡禁"、"城禁"、"嬉禁"、"徒禁"、"金禁"等说法，可能是桓谭自己的解说。例如"博

---

⑮ 《七国考》卷二《魏食货》。此条全文如下：

《桓子新论》："魏三月上祀农官读法，法曰：'来无十其羽，锄无其涂。春田如布平以直。夏田如鹜。秋田惕惕，如寇来不可测。冬田吴、越视上上之田收下下，女则有罚，下下之田收上上，女则有赏'"。

⑯ 《七国考》卷十二《魏刑法》。

⑰ 顾炎武：《日知录》卷八"法制"条。

戏”是封建法律用语，《唐律·杂律》中也还有“博戏赌财物”的律条，但“嬉禁”则是一种解说性的词语。当然，这里含有揣测的成分，因为桓谭所根据的资料，已无法知道。

同样，“徒禁”也可能是桓谭自己的说法，指禁止人民结集的法律规定。徒是“徒属”、“徒众”的意思。当时在魏国可能有这样的法禁。这和《魏奔命律》：“率民不作，不治室屋，寡人弗欲”⑱ 的法律精神，有相通之处。其次，关于《减律》的问题。如果从《法经》六篇分为三部分的意义来说，应该是《具律》，即：“正律”、“杂律”、“具律”。但是，桓谭在这里只提到《具律》中减轻罪刑的规定，因此，称为《减律》，是可以这样说的。

下面再就两个官名的问题，谈一点肤浅的看法：

关于“丞相”的问题。“法经”条引文中“丞相受金，左右伏诛”的话，似乎很可怀疑，因为魏文侯任用李悝作《法经》时，魏国还没有“丞相”这个官名。不过，还可以考虑有这样一种可能性。因为《法经》自“武侯以下，守为国法矣”⑲，既然成了国家的常法，少不得要根据实际情况的变化而随时修订。“丞相”官名，开始于秦，《史记·秦本纪》载：“秦武王二年，初置丞相”。随后，燕、赵、魏等国也相继采用丞相官号。桓谭所见到的魏《法经》，很可能是后来经过修订了的。这正像《唐律疏议》中的“千牛府”、“别驾”、“金吾”等官署名和官名⑳，都是永徽以后才改称或复旧称的，是一样的道理。

关于“犀首”的问题。犀首究竟是公孙衍个人的称号，还是一般的官名，历来有不同的说法，但是，大多数的解释都认为是古时官名。董说《七国考》便举出了三条例证：“《春秋后语》：‘魏以犀首官公孙衍’。刘向《别录》云：‘犀首，大梁官名。公孙衍尝为是官，因号犀首，盖以官号也’。司马彪曰：‘犀首，魏官，若今虎牙将军’。”㉑ 在《战国策》一书中，就有两个犀首。《宋卫策》有“犀首伐黄”章，这事当在战国初期，比公孙衍早一百多年，自然不会是同一个人，从这里也可看出犀首是官名的可能性比较大。

公孙衍在秦国任大良造，爵位相当高，商鞅由于主持变法获得显著成功，才当上秦国的大良造。因此，在公孙衍入秦之前，一定有过一段比较特殊的经历。他早先在魏国可能当过犀首的官，所以当六国时，人们便用“犀首”称呼他。春秋战国时期，以官名为称号的并不少见，如宋共公子段，号曰“褚师”，就是例子。有人把“褚师”解释为：“食采于褚，其德可师，号曰褚师”。其实“褚师”也是官名㉒，并不是专属于个人的称号。

总之，《七国考》的这段“法经”条引文，是有来历的，其中所引的原始资料，是战国时文体，而且也深切当时魏国的法制掌故，决非董说所伪造，也决非董说所能伪造。这段“引文”的史料价值不应低估，在问题还没有弄清以前，最好不要过早地下结论，可以存疑，留待进一步的探索。

---

⑱ 《睡虎地秦墓竹简》，第 294 页。

⑲ 即见《七国考》“法经”条。

⑳ 《唐律疏议》卷二十一《斗讼一》，“佐职统属殴长官”条及卷二十四《斗讼四》，“监临知犯法”条。

㉑ 董说：《七国考》卷一《魏职官》，“犀首”条。

㉒ 顾炎武：《日知录》卷二十三，“氏族相传之讹”条。

林榕年

西欧封建法制史的几个问题*

——兼谈大陆法系和英美法系的形成

简介

林榕年，1928年5月出生，中国人民大学法学院教授。

主要学术经历：1949年9月，中国政法大学三部学员；1950年3月，中国人民大学法律系本科生、研究生。同年底调任中国人民大学法律系法制史教研室教师，历任讲师、副教授、教授，曾任中国人民大学法律系法制史教研室主任、汕头大学法律系主任。

主要社会兼职：全国外国法制史研究会顾问，曾任中国法律史学会副会长、全国外国法制史研究会会长。

研究方向：外国法制史、罗马法、大陆法、英美法等。

主要成果：《外国法制史讲义》（三卷本），编著，内部交流教材，中国人民大学出版社1980年版；《外国法制史》，统编教材，副主编，北京大学出版社1982年版；《外国法制史新编》，统编教材，主编，群众出版社1994年版；《外国法制史》，"十五"、"十一五"国家级规划教材，主编，中国人民大学出版社2003、2007年版；《谈人权问题》、《陪审制度的起源》、《民主是个过程》、《外国法制史研究中的几个问题》、《罗马法的接受和影响》等论文数十篇。

---

* 原发表于《法律史论丛》，第三辑。

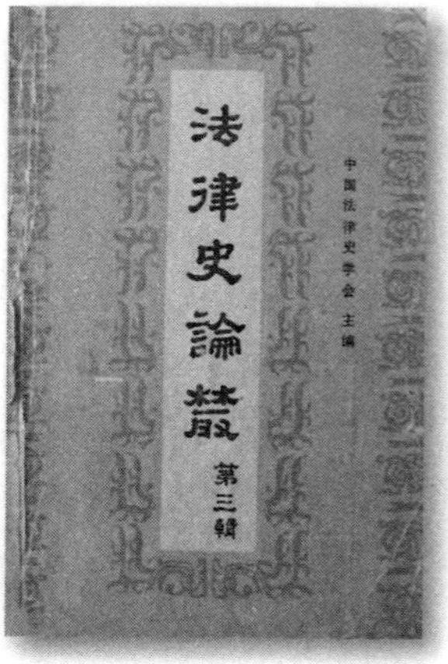

西欧法制史是天主教会法、罗马法、日尔曼法相互融合的历史。研究这三者对欧洲封建法律制度发展的影响，有助于了解西欧封建法制史的特点以及大陆法系和英美法系的形成过程。

（一）

教会法亦称宗规法或寺院法，是天主教会制定的教会法规的总称。包括教会的组织结构、各类制度、教徒的生活守则以及教会与世俗政权的关系等。教会法是在基督教产生以后神职人员掌握国家司法权的过程中逐步发展起来的，开始仅是教徒的信条，没有法律规范意义。

基督教产生于公元一世纪罗马帝国奥古斯都和提比略皇帝统治时期。它的前身是被罗马帝国征服的犹太王国下层居民中流传的犹太教。传说巴勒斯坦一个村庄的那撒勒人耶稣是这个宗教的创始人。基督教会宣称：耶稣是神的化身，为拯救世人，从天降临，由圣灵降孕于童贞女玛丽亚而生。耶稣教人行善，医治病人，驱逐妖魔，能使死人复活。一切受灾难的人死后都会升入天堂，而富人、剥削者死后则进入地狱，他们走进“天国”“比骆驼穿过针孔还难”（《旧约书》）。早期基督教的教义，反映了劳动人民对富人的蔑视，对罗马统治者的斗争以及对美好生活的向往；同时也表明劳苦大众找不到摆脱苦难的正确道路，只好寄希望于来世。

公元三、四世纪，罗马奴隶制度濒临危机，一些精神萎靡、意志消沉而无所寄托的奴隶主，逐渐由憎恨基督教改而信奉并通过向教会捐赠财物控制了基督教。基督教的性质开始发生变化。公元 313 年君士坦丁皇帝颁布“米兰敕令”，承认基督教的合法地位。从此基督教转而为奴隶主阶级的统治服务，着力宣扬“原罪”、忍受、驯服和君权神授。① 教会信条逐渐获得国家认可，成为法律，并且得到广泛传播。

公元四世纪末，罗马帝国正式分裂为东西两部分，即东罗马帝国和西罗马帝国。基督教实际上分为以希腊语地区（东南欧一带）为中心的东派和以拉丁语地区（西欧广大地区）为中心的西派（公元 1054 年，罗马教皇与君士坦丁堡大主教相互革除教籍，东西方教会始正式分裂）。以罗马教皇为首的西部教会，自称“公教”（公选教皇的意思）改名天主教；以君士坦丁堡为中心的东部教会自称“正教”（正统的意思）或称“东正教”；分别对西欧和东南欧国家施加影响。

公元五世纪，西罗马帝国灭亡。基督教继续被侵入西罗马帝国的各日尔曼王国所确认。

公元八世纪，法兰克王国宫相查理·马德的儿子丕平，发动宫廷政变，推翻了墨洛温王朝，篡夺了王位。丕平为使王位合法化，特请罗马教皇给他进行加冕礼，随之将意大利中部地区大片土地赠给教皇，作为对加冕的报酬。从此，西欧各国君主纷纷由教皇加冕，

① 《新约全书》，第 2 章。

借以宣扬王权神授。相应地也提高了教皇的地位。教皇还不断利用宗教迷信，扩充自己的势力，按照“授职式”，在教会内部建立教阶制。教皇为教会的最高首脑，下设枢机大主教(亦称红衣主教，是教皇驻各国的代表)、主教、修道院长、神甫、修士等，主教都有各自的领地，根据职权范围和领地的大小分为教省、主教辖区、教区等，教区内设修道院，最小的村镇也设教堂，置神甫。

公元810年，在阿亨召开的宗教会议上，按财产多少，把神职人员分为三个等级，第一等级拥有3 000到8 000处领地；第二等级拥有1 000到3 000处领地；第三等级拥有不满1 000处领地。德国著名的富尔达修道院拥有15 000处领地。[②]

从遗留下来的格里哥利《通信登录簿》和罗马城居民户籍簿可以看到，教会把领地分成小块出租给农民，收取现金或实物地租。主教在其辖区内享有“特恩权”，世俗官吏无权过问教会领地的事务。教会向居民征收各种苛捐杂税，居民无论从事农牧业生产，所有生禽、家畜、蛋类、奶类、谷物、蔬菜每年都要向教会交纳十分之一，是谓“什一税”；婴儿受洗，成年人受坚振礼，举行婚礼等，都应向教会特别捐献，甚至死人也要将遗产十分之一划归教会。教会对居民拥有司法权、有法庭、有监狱，审理居民各种民、刑案件。教会把居民组织成武装，由主教或修道院长统辖。十字军东征时期，教会还组织了“圣殿骑士团”、“护卫骑士团”等跨国籍的军事组织。每一个教会领地，每年都应向教皇汇报领地经营情况，向教皇献纳大宗金银珠宝和谷物。由此可见，以教皇为首的天主教会已成为中世纪西欧的“国中之国”。

在意识形态领域，由于“中世纪是从粗野的原始状态发展而来的”[③]，僧侣是当时唯一读书识字的等级，教会垄断了文化和教育。于是一切科学都被纳入神学轨道，由其内容是否符合教会的教义来决定取舍。符合者，成了神学的分支；反之，一切革命学说都被宣布为“亵渎上帝”，成了神学的异端。“一切按照神学中通行的原则来处理。教会教条同时就是政治信条，圣经词句在各法庭中都有法律的效力”[④]。

正因如此，教会法成为欧洲封建国家通用的法典，教会法庭甚至凌驾国家法庭之上。教皇经常以国际最高仲裁者的身份干涉各国的内政。

教会法涉及的范围极其广泛，它不仅调整教会内部关系，惩罚神职人员的渎职行为，而且对于俗人具有“罪孽”因素的一切行为都横加干涉。教会宣称：人一出生，就是有罪的（“原罪”)，因此，事实上教会法调整的范围没有任何限制。教会法从维护教会利益出发，将违反教义或宗教信仰行为如叛教、崇奉异教，别立教派，行妖术、巫术，以及亵渎圣物等定为特别重大犯罪；将违反教规如杀人、偷盗、“贪恋他人财物”以及一切破坏封建生产关系的行为定为“违反天意”、“破坏上帝安宁”罪；将破坏婚姻家庭关系的行为定为

② 引自《基督教史纲》(上）三联版，第153页。

③ 《马克思恩格斯全集》第7卷，第400页。

④ 《马克思恩格斯全集》第7卷，第400页。

亲属相奸罪，通奸罪，重婚罪，违背贞操罪（incontinence），谋淫罪（procuration），叛逆尊亲罪等。此外，教会法还根据"不可作假证"的教会戒条演绎出伪造货币罪，伪造文书罪，出示伪证罪，损害他人名誉罪等。⑤ 对上述犯罪，轻者革除教职，没收财产或裸体游行；重者处以死刑（火刑或"点天灯"）。

为了镇压"异端"，巩固教会的统治地位，十三世纪教皇格里哥利九世还勾结世俗政权，在法兰西、意大利、西班牙等国设立专门从事侦察和审判有关"异端嫌疑"的宗教裁判所，以纠问主义的审讯方式对进步思想家、科学家进行极其野蛮的刑讯和屠杀。

在民事法律关系方面，有关出生登记、婚姻登记、离婚、家庭关系、涉及具结宣誓及所谓重利盘剥的契约关系等等，也都由教会法调整。教会法认定"婚姻是上帝的恩赐与批准"，应在神职人员主持下举行仪式，恪守"夫妇一体"的原则，夫为一家之主，严禁离婚。

由于教会法调整的范围如此广泛，使教会成为中世纪主要的法律制定者，相应地，教会法也表现为多种形式：

1.《新旧约全书》即《圣经》，是基督教的经典，教会法的主要渊源。《旧约书》源于犹太教的圣典，共三十九卷，分律法书、先知书和圣著三部分，包括《摩西五经》、《所罗门三书》、《四大先知书》和《十二小先知书》；《新约书》是基督教本身的经典，共 260 章，包括《四福音书》（即《马可福音》、《马太福音》、《路加福音》、《约翰福音》）、使徒保罗和其他使徒的《书札》等。

2. 教皇敕令，包括教皇和罗马教廷向各地或某一地区发布的命令、通谕、教谕等，是教会法的主要部分。

3. 宗教会议的决议，主要是教会国或教区召开的各种宗教会议制定的决议、法规等。中世纪各国君主都想通过教会巩固自己的地位，经常亲自参加或主持宗教会议，并且利用国家名义颁发会议制定的各种文件，强令各地贯彻执行。

此外，还有从罗马法和地方习惯法转借来的某些规范，这些规范渗透在教皇敕令、宗教会议决议以及教会法庭的判例中，没有成为独立形式。

十二世纪后，教会法不仅成为各宗教法庭的判案根据，而且成为各类学校的必修科目；出现了不少教会法学家和教令学家；教会法内容日趋繁杂；阐释教会法的著作和教会法汇编也应运而生。

最早的一部教会法书籍是 1139—1142 年意大利北部波仑那大学的修道士格拉体安（Gnatian）编写的《历代教令提要》（Concordauce of Diseordant Canous），通称《格拉体安教令辑要》（Gnatian's Decretum）。全书分三部分：第一部分论述法律的来源和神职人员的特性；第二部分列举和分析各种触犯教会法的案例；第三部分论圣事的本性。这部著作的特点是采用当时经院学者中流行的所谓"辩诘"方式，先把各种触犯教会法的情况分类编

⑤ 《新约书》，《马太福音》第 19 章。

排；再就每一案件进行法理分析，援引圣经、教皇敕令和宗教会议决议；最后做出结论。这部著作实际上是一部法律汇编和法理诠释。它一经问世，便成为各天主教王国适用教会法的主要依据，后来被教皇收入官方教令集，在天主教会中沿用了五百年之久。

1234 年，教皇格里哥利九世（Gregory 九）又编纂一部《官刊教令集》，称《格里哥利九世教令集》，分五编：第一编规定教会法院及其管辖权；第二编诉讼程序；第三编教士的义务和特权；第四编婚姻；第五编对犯罪的惩罚。以后又相继有三部教令集出现，即 1298 年教皇卜尼法八世（Boniface 八）编纂的《卜尼法八世教令集》（通称为 Liber Sextus）；1317 年教皇克里门特五世（Clement 五）编纂的《克里门特五世教令集》（Clemen Tinae）；1582 年教皇格里哥利十三世编纂的《教会法大全》（Corpus Juris Canonici）。《教会法大全》是中世纪西欧最后一部教会法汇编，它将《格拉体安教令集》及其以后官方教令集汇编在一起，集以往教令集之大成，在中世纪西欧同《查士丁尼国法大全》（Corpus Juns Civiles）相对立，对西欧各国法律制度的发展有巨大影响。成为西欧各国主要法律渊源之一。

（二）

恩格斯指出："罗马法是纯粹私有制占统治的社会的生活条件和冲突的十分经典性的法律表现，以致一切后来的法律都不能对它做任何实质性的修改"⑥。正因如此，当西欧各国货币经济发展的时候，罗马法便作为现成的法律被各国广泛采用。

西欧中世纪重新研究和采用罗马法，首先是从意大利开始的。本来罗马法在意大利固有城市中的适用，就从来没有中断过，十二世纪新城市兴起，市民要求广泛采用罗马法，以适应商品货币经济的发展；从而推动了对罗马法的研究。波仑那成为研究和传播罗马法的中心。当时的研究方法主要是对《查士丁尼法典》、《学说汇纂》的正文从标题到字句逐加阐述和注释，从而形成了著名的注释法学派（Post glossatores）。这个学派的创始人是伊纳留（Irnerrius 1085—1125）。他的两个著名学生是布加鲁斯（Bulgarus）和马丁奴斯（Martinus）。

伊纳留在波仑那举办法学讲座，使法学从神学中分立出来，成为独立的学科。听讲者达万人，不仅有意大利各地的学生，而且吸引了欧洲各国的青年和学者。由此约在 1158 年发展成为波仑那大学，这是欧洲最古老的大学（实际上是法律大学）。伊纳留使几乎被忘却的罗马法复兴起来。获得"法律之光"（Lamp of the Law；Lucerna juris）的尊称。

继意大利之后，欧洲各国也先后建立起大学，对罗马法的研究形成了热潮。在法国，第一所大学使路易九世在位期间（1226－1270）创办的巴黎大学。这所大学最早建立学位制，分博士、硕士和学士。取得"学士"资格应在拉丁文普通班课程学完后举行考试；"硕士"（Licencie 这个词和"讲师"是同义语）资格的考试，则应在每个学院的专门学科修毕后举行，目的是取得教书的资格；"博士"头衔的取得，可以不经考试，只须经过认可仪式。在巴黎大学，罗马法和教会法分庭抗礼，讲师和学生中间经常因意见分歧而引起械斗。

⑥ 《马克思恩格斯全集》第 21 卷，第 454 页。

路易九世还派出大批留学生到意大利研习罗马法；开始起用法学家担任王室法官，从而打破了法学为僧侣垄断的现象。此后二百多年，法国的法学几乎完全被意大利注释法学派的势力所支配，直到十六世纪，法国所有法律学校和司法机关对罗马法的解释，无不采取意大利注释法学派的见解；法国最高法院和派往各地的巡回法官宣判案件，也多半参照罗马法。罗马法已成为法国的国法。

在德国，由于德国王室所建立的神圣罗马帝国被认为是古罗马帝国的延续，罗马法对德国的影响自然更大一些。一个明显的例子是，当时形成了一种制度：法院对疑难案件的判决，事先要征询大学法科师生的意见。十五、十六世纪，是德国全面采用罗马法的时代，德国法学家和职业法官，巧妙地将罗马法同德国习惯法、地方法乃至教会法融合为一体。从而制定出一系列成文法。

此外，罗马法对西欧大陆其他国家如西班牙、葡萄牙、荷兰等也有着巨大的影响。各国都加强了对罗马法的研究。到十三世纪，各国担任法官的首要条件是精通罗马法。罗马法成为西欧大陆国家立法和司法的一个主要依据。因此，资产阶级学者都把十二—十六世纪称作“罗马法的复兴时期”。德国著名法学家叶宁（Ialang）说过：“罗马曾三次征服世界。最初以武力，其次则以宗教，第三次则以法律。后者最为平和，故最有力，能远驾前二者之上”⑦。

即使在英国，罗马法的影响也不例外。在那里，“为了私法（特别其中关于动产的那一部分）的进一步发展，也不得不参照罗马法的诸原则”⑧。盎格鲁—撒克逊时期（五—十一世纪），罗马法伴随基督教的传播和普及扩展其影响。司法权几乎被神职人员所垄断；立法也无一不出自僧侣的手笔。而僧侣都熟悉罗马法，自然会将罗马法输入英国法律之中。英王爱尔弗雷特大帝（Alfred the Great，871－901）和爱德华（Edward the Confessor 1043－1066）都以重视立法著称。爱尔弗雷特曾于855年游历罗马，能阅读和书写拉丁文，从罗马法里学到很多知识。爱德华早年因逃避丹麦人入侵，大部分时间流亡法国，长期生活在诺曼底僧侣中间。当时欧洲正处于罗马法开始“复兴”时期，这样的环境，无疑使他受到罗马法的陶冶。爱德华回国时，带了许多诺曼底僧侣，委派他们担任法官和其他要职，也间接地证明了这一点。

1149年，罗马法学家、意大利学者威卡利亚（Vacarius 1120－1200）应坎特伯雷大主教提奥伯利特（TheoBald）的邀请到英国牛津开罗马法讲座，英国研究罗马法蔚然成风。这个时期发表的一些法学著作，都程度不同地吸收了罗马法原理。例如约在公元1259年左右发表的著名法学家亨利·布拉克顿（Henry Bracton）的巨著《英国法律与习惯释义》（Be Logibuset conswetudins anglias），夙有“中世法律之花”或“王冠”之称。布拉克顿任亨利三世（1216－1272）王室法官十八年，曾向威卡利亚学习罗马法。这部著作共分五卷，第

⑦ 转引自《日耳曼法概说》商务版，第10页。

⑧ 《马克思恩格斯全集》第3卷，第71页。

一卷到第三卷分别为人法、物法和诉讼法，这个编排足以说明它是以查士丁尼的《法学阶梯》为蓝本的，作者本人也公开承认这一点。就内容而言，一至五卷大部分取材于意大利注释法学派的《罗马法摘要》，特别是亚祖（Azo 1150—1230）的《法律大全》和《法典研究》。

十四世纪中叶，为适应工商业的发展，英国又吸收古罗马最高裁判官以所谓“公平”、“正义”的判决弥补“市民法”缺陷的经验，在普通法院之外，设置“衡平法院”、大法官以“国王良心的监督者”的身份断案，主要依据的还是罗马法原则。英国衡平法的主要部分——信托（Trust），正是以罗马法的人役权和信托遗嘱为依据。其他如抵当、遗赠、组合、欺诈、未成年人和心神丧失者的法律行为能力等，也大多渊源于罗马法。在海商法方面，也是以十一世纪意大利的海商法和十二世纪法兰西的海商法为准则，而这两个国家的海商法又都渊源于罗马法。

诚然，罗马法对英国的影响，要比大陆国家小得多。如果说欧陆国家到处都以罗马法为基础，从内容到形式全面接受了罗马法；那么，英国则只吸收了罗马法得基本原理和思想，而没有采纳它的结构和术语。英国接受罗马法重在实质而不追求形式。如同资产阶级学者所说：“无形而继受其思想，非有形而输入其制度”⑨。

同欧陆国家比较，英国法在很大程度上是以自己固有的日尔曼习惯法为基础，在实践中不断吸收罗马法的原理而发展起来的。这样，就在西欧法制史上，逐渐形成一支别具风格的，与大陆法系并列的英吉利法系。

罗马法之所以对西欧各国发生巨大影响，除因为它是奠基在私有制基础上，调整简单商品经济关系即资本主义以前的生产关系之外，还有两个重要的政治因素：

第一，罗马法奉行的一条原则是：“君主决定的事，具有法律效力。”所以各国封建君主都乐意采用罗马法，借以论证君主的权威。这条原则到后来竟被解释成君主可以根据自己的意志制定法律，从而成为专制主义的理论根据。从而，在中世纪西欧普遍的混乱状态中，王权却是进步的因素。“王权在混乱中代表着秩序，代表着正在形成的民族”而与分裂割据势力相对抗。⑩ 市民等级也愿意采用罗马法，因为“当工业和商业进一步发展了私有制（起初在意大利，随后在其他国家）的时候，详细拟定的罗马私法便立即得到恢复并重新取得威信”⑪。同时，罗马法的普及，能促进民族国家的形成，也符合市民等级的政治要求。

正因如此，早在十到十二世纪，国王和市民就开始结成了政治联盟，而无论国王或市民，都从法学家那里得到支持。不言而喻，法学家实质上属于市民等级，因为他们所学的，所教的和所用的法律，按其性质来说是反封建的，在某些方面是市民等级的。这样，罗马法便成为国王和市民共同反对封建割据势力的理论武器。

---

⑨ 宫本正雄：《英吉利法研究》，商务印书馆，第 111 页。

⑩ 《马克思恩格斯全集》第 21 卷，第 453 页。

⑪ 《马克思恩格斯全集》第 3 卷，第 71 页。

第二，罗马法为国王反对罗马教皇和教会势力提供了理论根据。已如前述，天主教会不仅有强大的经济实力和政治影响，而且借助神学插手世俗事务，干预立法、行政和司法。因而各国君主都力图摆脱教皇的控制。继十一世纪德意志皇帝和罗马教皇争夺主教授职权的斗争之后，十二世纪法兰西国王又同教皇展开了一场激烈的斗争。斗争焦点集中在王权是否来自教皇，教皇能否行使世俗权力。市民等级和法学家都支持国王。针对教会“王权来自教皇”的理论，法学家们问道：当罗马帝国皇帝不是教徒的时候，教皇权力在哪里？法王腓立四世（1285—1314）的朋友、巴黎大学校长马锡格里奥写了一本《和平保卫者》，以辛辣的语言，引证大量事实，谴责教会企图侵占国家权力的行为。这本书的结论是：“教士不是法官，不是行政官，而是一名教师”；“福音书不是法律，只是教义”；“教皇是破坏和平的元凶”[12]。为了表示谢意，腓立四世授予法学家以“法律骑士”的称号。

在法理方面，罗马法强调个人意思表示，主张财产自由转移，以及自由人在私法上权利平等。这些是与《圣经》上“不可贪恋他人财物”，“禁止牟利”的戒条相对立的。因此教会经常三令五申，严禁神职人员学习罗马法。1163年，法国都尔举行的宗教会议，作出禁止僧侣研习罗马法的决议；1219年，教皇洪流诺留三世发布敕令，重申禁止神职人员研习罗马法。教会还利用对教育的垄断权，强使各大、中、小学开设教会法课，以争夺法律阵地。欧洲各大学里，师生和神职人员的斗争十分激烈，甚至引起暴乱。

然而，由于教会法缺少债和继承等调整财产关系方面的规范，教会法院在审理这类案件时，不得不引用罗马法。到1235年，教皇格里哥利九世终于取消了以往的禁令，准许一切教徒学习罗马法。教会法院适用罗马法成为普遍现象。罗马法成为教会法重要渊源之一。从而开始了教会法与罗马法既相对立又相融合的新篇章。

（三）

日尔曼法是侵入西罗马帝国的日尔曼人法律的总称，亦称“蛮族法”。日尔曼人是雅利安人（Aryans）的一大支系。日尔曼（Germanic）一词，意为军人，系罗马人以其剽悍善战而为之命名。当日尔曼人占领西罗马帝国以后，建立起许多日尔曼王国，如法兰克、勃艮地、东哥特、西哥特、汪达尔、盎格鲁撒克逊王国等。每一王国，都有自己的习惯和法律。日尔曼法是西欧各封建国家的“普通法”。

早期日尔曼人除口耳相传的习惯外，没有其他法规。每当审判案件，都要回忆祖先遗教，征询故老记忆，一切以具体生活关系为依据，而不以抽象的法规为准绳。整个诉讼过程都诉诸实际行动，宣誓、决斗和神明裁判，是判定是非的通常方法。罪行的处罚，只看行为，不管动机。处罚甚至可以用于动物。在日尔曼人的观念里，习惯法是永恒的、不可改变的，如同“已经说过的话或已经做过的事是不能改变的”一样。国王也应该遵守习惯法。法兰克王国最古老的《撒克利法典》（约公布于公元五—六世纪）关于禁止妇女继承土地的条款，竟成为多少世纪以来法国妇女不能继承王位的根据。

⑫ 转引自《外国国家与法律史教程》1977年俄文版，第72页。

日尔曼法亦称“部族法”，这是由日尔曼人分成许多部族决定的。部族不同，法律亦异。法律的适用仅限于本部族，纵使在一国之内，也必须遵循这一原则，即所谓“属人主义”。俗称“五人犯法，即有五种法律”。及至封建割据时期（约公元九—十一世纪），“属人主义”才转为“属地主义”。各封建领地（包括教会领地和城市）都有自己的习惯法，不管当事人原来属于哪一个部族，都适用案件发生地的法律。

日尔曼法有许多共同特点，它一方面反映了日尔曼人各部族，进入原始公社制度解体时期的阶级分化和土地占有者的特权地位；一方面保留着大量氏族部落习惯的残余，如血亲复仇、同态复仇、武力械斗、神明裁判、公开审判、言辞辩论、公社成员共同决定事务的遗风，等等。在公法方面，日尔曼人早期的国家制度尚有军事民主制度的痕迹；由公社全体成员参加并共同做出决定的民众大会保留了很长时间，国王的决定必须经过民众大会通过才能成为法律；审理案件时主席只提出纠纷问题，而由全体公社成员作出判决；等等。正是在这个意义上，恩格斯称：“原始德意志马尔克制度即整个德意志法的基础”⑬。恩格斯还把日尔曼法中的氏族制度残余归结为“个人自由、地方自治以及除法庭干涉以外不受任何干涉的独立性，即古代日尔曼自由中的精华部分”⑭。例如在英国，农民在领主法庭受审，可由邻居作证而提出抗辩；从亨利四世（1399－1413）到伊丽莎白一世（1558－1603）的二百多年内，经常发生法院认为国王的决定违反法律而宣布无效的事件。法国领主中的“平等法院”实行双方当事人言辞辩论原则，不仅当事人之间以决斗判定是非，甚至当事人可以以法官偏袒一方为理由提出同法官决斗；1673 年以前，最高法院对国王的敕令拥有“谏议权”（国王每逢颁发敕令，须预先征询最高法院意见，最高法院如认为敕令与以往的法律和习惯有矛盾之处，有权以书面意见呈报国王裁决，这已成为惯例）。1673 年 1 月路易十四撕碎了最高法院谏议书并亲临该院，宣布“朕即国家”，从此废除了这一制度。

此外，日尔曼法不像罗马法认为权利主体纯属个人意思主体。在日尔曼法中，没有关于“人”的抽象概念，凡属日尔曼人都必须接受团体的拘束，个人权利义务的取得以其所属的团体为前提，个人不仅为自己而生活，更兼为团体和他人而生活。所有这些，都是日尔曼人原始民主的反映。

总之，日尔曼法除具有明显的阶级性质以外，还具有个人自由和集团性相结合的特点，因而同罗马法虽然属于两种性质不同的法律体系，但是还是有某些相通之处的。因此，在西欧封建法律发展史上，不仅有罗马法和教会法的融合，还有罗马法和日尔曼法的融合，乃至三者互相渗透、互相融合。就连英国也不例外。无论大陆法或英吉利法，都不单纯是罗马法系或日尔曼法系，它们都是日尔曼法同罗马法、教会法相融合的产物，所不同的，只是融合的程度、方法及其表现形式有异罢了。

---

⑬ 《马克思恩格斯选集》第 3 卷，第 215 页。

⑭ 《马克思恩格斯选集》第 3 卷，第 395 页。

（四）

综上所述，西欧封建时期的法制史对大陆法系和英吉利法系（亦称英美法系）的形成和发展有着巨大的影响。毫无疑义两大法系的形成、它们所表现的共同点和相异点、它们至今还存留的深远影响等等，都是从这一时期开始的。

从马克思列宁主义的观点来看，大陆法系和英吉利法系的形成，除了有其社会经济和阶级斗争根源外，也有其历史传统的影响。西欧各国的历史传统，就其政治法律制度方面而言，不外是两个方面：

一方面，古代罗马人继承了自希腊国家特别是雅典共和国以来的民主传统。罗马奴隶制社会的阶级斗争固然十分尖锐，爆发过斯巴达克奴隶大起义以及许许多多平民反对贵族、被压迫者反对压迫者的斗争，但从公元前六世纪到公元一世纪，一直实行共和政体；而在此以前，即所谓“王政时期”，则保留了大量的氏族部落时期民主制度的残余；晚期的君主政体（帝国），不过是奴隶制危机短暂时期的表现（如果从公元三世纪算起，不包括一一三世纪保留共和国外貌的元首制时期，到公元五世纪西罗马帝国灭亡，只有约三百年时间）。

另一方面，日尔曼人征服西罗马帝国以后建立的许多王国，保存了不少原始公社的民主习惯。这些习惯在西欧历史的发展中，长期起着潜移默化的作用。

在公法方面，西欧封建时期的各个发展阶段，阶级斗争都达到比较彻底的结局，因而阶级斗争的结果借以表现出来的政治形式也极其鲜明。早期封建君主政体有不少军事民主制度的痕迹，如墨洛温王朝的“三月阅兵”，盎格鲁—撒克逊王国的“贤人会议”，等等；进入封建发达时期，又建立起等级代表君主政体（如法国的“三级会议”，英国的国会等），由不同等级代表组成的代议机关在立法、行政和司法方面，对王权起着牵制作用；晚期的封建君主专制政体，如果从英国的都铎王朝（开始于1485年）和法国的波旁王朝（开始于1594年）建立时算起，到十七、十八世纪英国和法国资产阶级革命，不过二三百年的时间。

就私法而论，罗马法是“商品生产者社会的第一个世界性法律”⑮。它对简单商品所有者的一切本质的法律关系（如买主和卖主、债权和债务人、契约、债务等），都作了明确的规定；而日尔曼法又有许多原始民主性成分。这方面的历史传统结合一起，迄今还对西欧社会经济及其政治法律制度的发展发生着影响。西欧社会到后来之所以发展迅速，同它的历史传统以及封建时期法律制度的发展不能说没有关系。封建时期是西欧法制史这条锁链中一个至关重要的环节。

---

⑮ 《马克思恩格斯全集》第21卷，第346页。

高潮

略论李斯*

简介

高潮，原名马骥，号千里，字巨澜，1929年生，河北省吴桥县人。中共党员。中国政法大学教授。1947年毕业于东北大学文学院历史系、1948年毕业于晋冀豫边区北方大学文教学院。1944年至1947年曾任东北大学历史系历史学会主席、东北大学民主青年同盟盟员。1948年至1952年曾任华北大学研究部哲学研究室见习研究员、政治研究所学习干事、华北革命大学政治研究院研究委员。1952年后曾任北京政法学院民法教研室副主任、河北师范中文系古典文学教研室副主任及学报主编、中国政法大学汉语研室主任、研室生导师组长、法律古籍整理研究所所长、《政法论坛》主编、中国法律史学会理事、中国法律文献古籍研究会会长，中国法律文书写作研究会会长、《法律文书与公文写作》主编、中国法律文化与法制建设战略研究所顾问、司法部新闻出版职称评审委员会委员、国家教委全国高等院校古籍整理工作委员会委员。

主要研究方向为：中国古代法律文献典籍的整理研究工作、古代法律制度法律思想文化的研究工作和司法文书写作的研究工作。出版有著述十余部，论文数十篇。

---

* 原发表于《中国政法大学学报》，1984（3）。

李斯（公元前208年）是秦代杰出的政治家、法学家，也是秦代唯一的一位文学家。他辅佐秦始皇建立了我国历史上第一个统一的中央集权主义的封建大帝国，制订了许多切合时宜的政治措施和法律制度，在我国历史上影响极为深远。他的一些奏议和刻石文，文采富赡，气势宏伟，称得起是我国古代优秀的散文作品。鲁迅先生在《汉文学史纲要》中指出，“秦之文章，李斯一人而已”。李斯的政论文章，在我国文学史上占据重要地位。研究李斯的法治思想及其文学作品，总结历史经验，对探讨我国封建社会的政治法律思想史和文学发展史都具有重大的意义。

一、李斯的生平

李斯是战国末期楚国上蔡（今河南上蔡县）人。出身于地主阶级下层，与韩非同属荀况的学生，曾做过楚国的“郡小吏”。他在青年时代即怀有远大的政治抱负，认为“楚王不足事，而六国皆弱”，只有封建改革比较彻底的秦国，才能有所作为。于是他于公元前247年入秦，先为吕不韦舍人（门客），后经吕不韦推荐，被任命为郎（宫廷侍卫），颇得秦始皇的赏识，相继被任命为长史（政府秘书长）、客卿（外来人员的高级职务）、廷尉（最高司法官）、丞相等重要官职。秦始皇所进行的统一战争，以及采取的废分封、设郡县，制订和颁布法律、法令，以至焚书坑儒等一系列重大政治措施，多由李斯所建议和襄助。司马迁评价李斯说：“能明其画，因时推秦，遂得意于海内，斯为谋首。”（《史记·太史公自序》）的确，在秦始皇统一中国开创地主阶级中央集权制度的过程中，作为秦始皇的主要助手，李斯所发挥的重大作用，是无人匹及的。

李斯没有留下专门的政治理论著作，现存的他的作品可分为两类：一类是给皇帝的奏议，如给秦始皇的《论统一书》、《谏逐客书》、《论废封建书》、《论焚书书》，给秦二世的《论督责书》、《言赵高书》、《狱中上书》等；另一类是随从秦始皇巡视各地写下的刻石文，有《泰山刻石文》、《琅琊刻石文》，《之罘刻石文》、《碣石刻石文》、《会稽刻石文》等。这些作品都保留在《史记·秦始皇本纪》和《史记·李斯列传》中。

此外，李斯还为了统一文字而作有《仓颉篇》七章。

二、李斯的法治思想

李斯所处的时代，是新兴的封建制全面取代奴隶制的社会大变革时期。当时，新兴地主阶级在各国相继取得了政权，并进行了不同程度的改革。但是，诸侯割据局面仍严重地阻碍着社会经济的发展，特别是诸侯国之间的混战，给人民带来了极大的灾难。因此，消灭诸侯割据，实现国家的统一，这是社会发展的要求，也是广大人民的迫切愿望。李斯正是顺应着时代潮流的发展而登上政治舞台的。

坚持统一，反对诸侯割据。这是李斯的一个重要的政治主张。李斯入秦后，即面临着实现统一还是分裂割据的激烈政治斗争。当时身居相位的吕不韦主张实行分封制。他说："观于上世，其封建众者，其福长，其名彰"，企图继续维持诸侯割据的政治局面。李斯则与之针锋相对，向秦始皇面陈统一的主张。在《论统一书》中，李斯从进化的历史观出发，分析了当时的政治形势，阐述了分封制不合时宜，社会必然走向统一的道理，指出自秦孝公时商鞅变法以来，"周室卑微"，名存实亡，而秦国日益强盛，其政治、经济，军事的实力已在六国之上，依靠秦国的强大力量和秦始皇的政治才能，"足以灭诸侯，成帝业，为天下统一"。同时他还特别强调不能"怠而不急就"，也就是必须当机立断，采取行动，以武力统一中国。他大声疾呼："此万世之一时也!"《论统一书》反映了新兴地主阶级要求统一的思想和愿望，有力地批判了吕不韦等人主张继续维护分封制的错误论点，为秦始皇统一中国，做了思想上和理论上的准备。

李斯力主"任人唯贤"，反对"任人唯亲"，坚持了在用人问题上的进步观点。在秦始皇执政初期，秦国政治斗争是极其尖锐复杂的。公元前238年，秦始皇坚决果断地镇压了吕不韦、嫪毐集团发动武装政变的阴谋。此后不久，代表秦国旧贵族势力的"宗室大臣"又刮起一股"逐客"之风，想把外来客卿统统赶出秦国。秦始皇受"逐客"风的影响，下了"逐客令"。身为"客卿"，的李斯也在被逐之列。为此，他给秦始皇上了著名的《谏逐客书》。李斯总结了秦国任用商鞅、范雎、蔡泽等外来革新人士的历史经验，并从统一中国的战略原则出发，提出了争取民心，信用外来革新人士的主张，强调指出不加区别地驱逐一切"客卿"，等于把军队送给敌人，把粮食送给强盗，这不是"跨海内制诸侯之术"。《谏逐客书》有力地批判了秦宗室贵族的"逐客"谬论，申明了"任人唯贤"的正确主张。秦始皇接受了李斯的建议，取消了"逐客令"，并任命李斯为"廷尉"，组成了以秦始皇、李斯为核心的革新领导中枢，从而确保了正确路线的贯彻执行，从组织上为统一中国准备了条件。

李斯不仅阐明了统一中国的理论，而且协助秦始皇制定了统一中国的战略和策略。他提出的"先取韩，以恐他国"，"离其君臣之计"，对六国实行各个击破的策略，都被秦始皇采纳。经过十年的兼并战争，终于在公元前221年统一了中国。这是我国历史上一件了不起的壮举。毛泽东同志说："如果说，秦以前的一个时代是诸侯割据称雄的封建国家，那么，自秦始皇统一中国后，就建立了专制主义的中央集权的封建国家。"秦王朝的建立标志着中国历史的发展进入了一个崭新的时代。

积极主张推行郡县制，反对分封制，是李斯在秦国政治制度改革中一个突出的贡献。秦始皇统一了中国，建立了封建主义的中央集权制度，这是地主阶级的巨大胜利。但是，统一后的中国面对新的政治形势，是实行郡县制，还是分封制？这是涉及能否巩固新兴地主阶级中央集权制的根本问题。围绕这个问题，在秦国统治集团中展开了一场大论战。丞相王绾竭力主张实行分封制，要秦始皇“置王”，“立诸子”，分封功臣。对于这种主张，李斯给予迎头痛击。他在《论废封建书》中，严厉批判了王绾分封制的主张，并指出，周朝崇尚分封，可是那些被封子弟“后属疏远”，“相攻击如仇雠”，以至形成“诸侯更相诛伐”的混乱局面。如果沿袭这种制度，必然重蹈覆辙，造成历史的大倒退，使统一的中国重新回到四分五裂的时代去。在这篇奏议中，李斯根据全国统一的新形势，明确提出改革国家体制的正确主张。他说：“今海内赖陛下神灵一统，皆为郡县，诸子功臣以公赋税重赏赐之，甚足易制。天下无异意，则安宁之术也。”秦始皇支持李斯的意见，认为“天下共苦战斗不休，以有侯王。赖宗庙，天下初定又复立国，是树兵也，而求其宁息，岂不难哉！”乃免去王绾官职，提升李斯为丞相。划分天下为三十六郡，郡置守、尉，监。并在全国范围内“一法度衡石丈尺。车同轨。共同文字。”当时版图“地东至海及朝鲜，西至临洮、羌中，南至北向户，北据河为塞，并阴山至辽东”。以郡、县为基层政权组织的中央集权的国家体制，有力地打击了春秋战国以来的奴隶制残余影响和封建诸侯的割据势力，巩固了新兴的统一政权，对社会生产力的发展，起了积极促进的作用。

秦王朝建立后，秦国国内和六国贵族保守势力在政治、经济方面受到沉重打击，但他们在思想文化领域的力量还相当雄厚，因此意识形态的斗争还相当激烈和尖锐。当时，六国儒生的“私学”尚广为流传，他们“语皆道古以害今，饰虚言以乱实，人善其所私学，以非上之所建立”，“私学相与非法教，人闻令下，则各以其学议之，入则心非，出则巷议，夸主以为名，异取以为高，率群下以造谤”。这种情况，如不加禁止，则不仅“惑乱黔首”，而且会使“主势降乎上，党与成乎下”，统一的新政权就有覆亡的危险。为此，李斯建议“禁私学”，“史官非秦记皆烧之，非博士官所职，天下敢有藏《诗》、《书》百家语者，悉诣守、尉杂烧之。有敢偶语《诗》、《书》者弃市，以古非今者族，吏见知不举者与同罪，令下三十日不烧，黥为城旦。所不去者，医药、卜筮、种树之书，若欲有学法令，以吏为师。”秦始皇采纳了李斯的建议，在全国范围内，将诸子百家之书包括儒家经典，皆付之一炬。

不久，方士侯生、卢生私下议论秦始皇“天性刚戾自用”，“专任狱吏”，“以刑杀为威”，“贪于权势”。秦始皇大怒，“使御史悉案问诸生”。诸生转相告引，“犯禁者四百六十余人，皆坑之咸阳”。

“焚书”、“坑儒”是我国历史上一次极其残酷与愚昧的事件，一向为历代史家所诅咒。这与秦始皇的刚戾自用和李斯唯法独尊的政治思想是分不开的。它暴露了法家政治路线消极、严酷的一面，同时它也标志着秦王朝的封建专制主义已走向极端，开始了由兴盛转向衰败的过程。“秦，二世而亡”，成为我国历史上第一个短命王朝，“焚书”、“坑儒”事件，不能不是一个重要的原因。

作为地主阶级的政治家，李斯对新兴的封建政权和秦始皇统一天下、实行法治的功绩，曾不遗余力地大肆宣扬。他曾随从秦始皇多次到各地出巡。所到之处，皆刻石留表，歌功颂德，其文皆李斯所拟。在著名的《泰山刻石文》、《之罘刻石文》、《会稽刻石文》、《琅琊刻石文》中，李斯不遗余力地歌颂了秦始皇执行法家路线、平灭六国、完成统一、严明法制的功德。这些刻石文固然不乏夸张溢美之词，但也充分表现了李斯对新兴的统一封建大帝国的由衷赞颂和对秦始皇的竭诚拥戴。

李斯在辅佐秦始皇的过程中，善于出谋划策，把法家的思想路线付诸实施，在秦朝建国初期，在关于"复古"还是"革新"的问题上，在关于实行分封制还是郡县制的问题上，他总是站在斗争的第一线，敢于坚持斗争，协助秦始皇建立了我国历史上第一个统一的中央集权制的封建大帝国，其功绩是不可磨灭的，明朝李贽在《史纲评要》中写道，"始皇出世，李斯相之，天崩地坼，掀翻一个世界"。

李斯是地主阶级的政治家，他的思想必然打着剥削阶级的烙印。他嫉贤妒能，谗害了他的同学韩非，这是他品德上的一大污点。秦始皇死后，赵高策划立胡亥为傀儡皇帝，以实现其篡夺秦王朝政权的阴谋。面对赵高的阴谋篡权活动，李斯为了保住自己的"尊位重禄"，不但没有同赵高进行坚决的斗争，反而在赵高的逼迫面前，一再妥协退让，致使赵高的阴谋得逞，铸成不可挽回的大错。这充分暴露了李斯的阶级本质和他个人的品格特点。

赵高阴谋得逞后，残酷地进行大屠杀，"尽除先帝之故臣"，六国旧贵族纷纷"自置为侯王，叛秦"。面对这种严重局势，李斯忧心忡忡，屡次要求进谏胡亥。然而这个昏庸的傀儡皇帝，不但予以拒绝，反而对李斯大加斥责；李斯既"重爵禄"怕丢官，又不甘坐视秦王朝的垮台，在这种矛盾的思想状况下，他给胡亥上了《论督责书》。这篇奏议，表面上迎合胡亥的欲望和要求，实际上希望胡亥"能明申韩之术，而修商鞅之法"，并一再强调"独操主术，以制听从之臣"，"明君独断，故权不在臣"，要胡亥摆脱赵高的控制，改变傀儡地位，"行督责之术"，以重振朝纲。这篇上书实际上是李斯同赵高的一次较量，表明李斯还想恢复秦始皇时期的政治路线，但文章用笔曲折，若明若暗，再也没有当年的锐气了。因此根本不能打动胡亥使其有所省悟。

李斯的畏缩退让，并没有保住他的爵禄。赵高把他视为实现其独揽朝政、颠覆秦王朝的最大障碍，因而必欲置之死地而后快。当赵高把"谋反"的罪名强加在李斯头上的时候，李斯才下决心公开揭露赵高的真面目。在给胡亥的《言赵高书》中，他愤怒斥责赵高欺主瞒上为所欲为的罪行，戳穿了赵高篡夺国家政权、阴谋颠覆秦王朝的野心。指出赵高"擅利擅害"，有"邪佚之志，危反之行"，如不铲除，"臣恐其为变也"。这次上书是李斯同赵高最后一次针锋相对的斗争，但已为时过晚，秦朝大势已去。胡亥在赵高的操纵下，将李斯投进监狱。李斯受尽酷刑，悲愤交加，写了《狱中上书》，列举他在秦王朝建立过程中的七大"罪状"，实际上是申述自己30年来辅佐秦始皇所建树的巨大功勋，想借以打动胡亥，求得宽恕。但在赵高已完全把持朝政的情况下，这当然无济于事。赵高弃书不奏，反而更加施以酷刑，李斯被迫诬服。于二世二年（前208年）七月"具斯五刑，论腰斩咸阳市"并"夷三族"。李斯死后，赵高更无所顾忌，杀二世，立子婴，实际上篡夺了秦朝的政权。不久，赵高被子婴所杀。在强大的农民革命运动的沉重打击下，秦王朝迅即覆亡。

李斯在辅佐秦始皇创建我国历史上第一个中央集权制的封建帝国过程中，尽管犯了严重的错误，以致最后由于他的这些错误，断送了秦王朝，但他在历史上的功绩，仍然是不可磨灭的。司马迁对他的评价说："李斯以闾阎历诸侯，入事秦，因以瑕衅，以辅始皇，卒成帝业，斯为三公，可谓尊用矣。斯知六艺之归，不务明政以补主上之缺，持爵禄之重，阿顺苟合，严威酷刑，听高邪说，废嫡立庶，诸侯已叛，斯乃欲谏争，不亦末乎！人皆以斯极忠而被王刑死，察其本，乃与俗议之异。不然，斯之功且与周、召列矣！"太史公的这段评论，既肯定他的功绩，也指出了他的严重缺点错误，应该说是比较公允的。

三、李斯的文学成就

在阶级社会中，一切文学艺术都是属于一定阶级的，服务于一定的政治路线的。李斯的政论散文（包括奏议和刻石文）是战国末期和秦代新兴地主阶级意识形态的反映，是为发展和巩固新兴地主阶级政权服务的。他的许多奏议和刻石文，都贯穿着坚持革新进步，反对复古倒退，坚持统一，反对分裂割据的政治思想，洋溢着新兴阶级勇于进取，敢于战斗的精神，这种精神在秦王朝建立的初期，表现得最为明显，成为地主阶级向奴隶制残余和保守势力进行斗争的有力武器。

李斯的奏议旗帜鲜明，尖锐泼辣，富于战斗性。这些奏议论点突出，针对性强。在批判保守势力时能抓住要害，揭露本质。在阐明革新主张时，论点显豁，论据有力，并常在批判谬误论点的同时阐明正确观点，破中有立，文章的说服力很强，批判的锋芒锐不可当。如批判淳于越的复古谬论，以社会发展的历史为依据，痛斥"师古"主张的反动性，指出"师古"的要害是"非今"；并指出这种思想的严重危害性。文辞尖锐、泼辣。李贽评论这篇文章为"大是英雄之言"。李斯的奏议长则不过千字，短则不过百字，短小精悍，文笔犀利，而且笔锋带着强烈的感情，形成了独特的风格。

讲究文采是李斯奏议的又一个显著特点。这在《谏逐客书》中体现得最为充分。这篇奏议，铺张扬厉，笔势纵横，大量使用排比句，音节铿锵有力，辞藻华美，并善于运用比喻来表达作者的思想感情。这篇奏议是一篇出色的议论文，它是由先秦散文向西汉散文发展过程中的一个桥梁，是秦代文学的代表作，在文学史上有重大的影响。

李斯的刻石文可以说是新兴地主阶级的政治思想在文学上的重要表现。这些刻石文，在多方面地赞颂秦始皇的功绩中，热烈歌颂了法治路线的巨大胜利。它朴质苍劲，气势宏伟，鲁迅先生誉为，"质而能壮"（《中国文学史纲》）。李斯所写的刻石文，除《琅琊刻石文》为二句一韵外，其他都是三句一韵，风格别致。但由于秦朝二世而亡，这种文学形式，没有得到充分的发展。

李斯的奏议和刻石文反映了我国第一个统一的封建王朝的社会面貌，反映了秦朝政治、经济、文化诸方面的成就，以及错综复杂的思想斗争，具有较高的思想性和艺术性。它在我国文学史上，应占有不容抹杀的地位。过去有的文学史，对秦代文学较少述及，对李斯的作品，往往不予重视，也很少有人专门进行研究，这是应当引起注意的。

当然，李斯作为地主阶级的政治家、文学家，无论是他的思想或作品，都会具有阶级和历史的局限。例如他过分强调法的作用，忽视文化教育的作用；推崇帝王，忽视人民群众在历史发展中的重大作用；文艺体裁和表现形式单调、滞板，等等。我们今天研究李斯，应当本着历史唯物主义的观点和“古为今用”的原则，肯定其在历史上应有的地位，剔除其思想上和作品中的糟粕，汲取其有益的成分，总结历史经验，作为建设具有中国特色的社会主义法制和繁荣社会主义文艺的借鉴。

孔庆明

“铸刑鼎”辨证*

简介

孔庆明（若然），长期从事法律史学、法理学教学研究。出版专著《中国法律思想史》、《秦汉法律史》、《中国民法史》、《法哲学新论》、《马克思主义法理学》等十余部。副主编《新编法学辞典》。在《法学研究》等杂志发表学术论文五十余篇，代表作有《铸刑鼎辨正》、《马克思恩格斯论权利与法》、《必须维护宪法的尊严》、《黄老思想的法哲学高度》、《孙中山宪政思想精粹》。

* 原发表于《法学研究》，1985（3）。

据《左传》记载，公元前536年郑国子产"铸刑书"，公元前513年晋国又"铸刑鼎"。郑国子产"铸刑书"时，遭到晋国大夫叔向的激烈斥责；晋国"铸刑鼎"时，遭到孔丘的无情批判。春秋时期这场"铸刑鼎"与反"铸刑鼎"的斗争，不仅是中国法律发展史上的重大事件，而且也是整个中国文明史中带有分界标志的重大事件。这个事件一向不被史学界所重视，只是在批判孔子思想时着重提到。近来，学术界重新评价孔子的呼声渐高，持肯定孔子思想的学者，有的对《左传》记载孔子批判晋"铸刑鼎"的话提出疑问，认为此话与孔子的一贯思想不合，因此断定孔子批判"铸刑鼎"的这段文字不可信。还有的同志不愿主观武断抹杀史料，却致力于贬低晋国"铸刑鼎"的意义。孔子说晋国铸在鼎上的法是"夷蒐之法"，指斥"夷蒐之法"是个"乱制"。这些同志就抓住这点，一是贬低晋"铸刑鼎"只不过是个"乱制"；二是孔子反对"铸刑鼎"也只是反对这个"乱制"。如新版《孔子的法律思想》一书写道："孔子说它是个'乱制'，为什么？据杜预说，夷蒐时，'一蒐而三易中军帅，贾季、箕郑之徒遂作乱，故曰乱制。'……这种权臣擅国、任人唯亲的做法终于酿成了晋国的大乱。""凡此种种，说它是'乱制'，名副其实。"（第33～34页）"把一个'乱制'、废法铸在鼎上，有着不可告人的目的。"（第37页）作者认为，孔子集中反对的就是这个"乱制"。

如此看来，现在非常有必要把"铸刑鼎"事件的内在含义加以辨证和申明，以显示历史的内在逻辑和基本规律。

首先把这两篇反对"铸刑鼎"的檄文引述如下：

《春秋左传》昭公六年："三月，郑人铸刑书。叔向使贻子产书，曰：'始吾有虞于子，今则已矣。昔先王议事以制，不为刑辟，惧民之有争心也。犹不可禁御，是故闲之以义，纠之以政，行之以礼，守之以信，奉之以仁，制为禄位，以劝其从，严断刑罚，以威其淫。惧其未也，故诲之以忠，耸之以行，教之以务，使之以和，临之以敬，莅之以疆，断之以刚。犹求圣哲之上，明察之官，忠信之长，慈惠之师，民于是乎可任使也，而不生祸乱。民知有辟，则不忌于上，并有争心，以征于书，而徼幸以成之，弗可为矣。夏有乱政而作禹刑，商有乱政而作汤刑，周有乱政而作九刑，三辟之兴皆叔世也。今吾子相郑国，作封洫，立谤政，制参辟，铸刑书，将以靖民，不亦难乎？……（文王）如是何辟之有。民知争端矣，将弃礼而征于书，锥刀之末，将尽争之，乱狱滋丰，贿赂并行，终子之世，郑其败乎！肸闻之，国将亡，必多制，其此之谓乎！"

《春秋左传》昭公二十九年："冬，晋赵鞅、荀寅帅师城汝滨，遂赋晋国一鼓铁，以铸刑鼎，著范宣子所为刑书焉。仲尼曰：'晋其亡乎！失其度矣。夫晋国将守唐叔之所受法度，以经纬其民，卿大夫以序守之，民是以能尊其贵，贵是以能守其业。贵贱不愆，所谓度也。文公是以作执秩之官，为被庐之法，以为盟主。今弃是度也，而为刑鼎，民在鼎矣，何以尊贵？贵何业之守？贵贱无序，何以为国？且夫宣子之刑，夷之蒐也。晋国之乱制也，若之何以为法？'蔡史墨曰：'范氏、中行氏其亡乎！中行寅为下卿，而干上令，擅作刑器，以为国法，是法奸也。又加范氏焉，易之，亡也。其及赵氏，赵孟与焉。然不得已，若德可以免。'"

这两个相隔二十三年的反"铸刑鼎"的文件，从思想到行文，都何其相似乃尔！一个说："民知有辟，则不忌于上。"一个说："民在鼎矣，何以尊贵？"一个说："民知争端矣，将弃礼而征于书。"一个说："今弃是度，而为刑鼎。"一个说："乱政"、"乱狱"。一个说："乱制也"。一个说："国将亡！"一个说："晋其亡乎！"

在评论孔子反"铸刑鼎"的言论时，决不能忘掉发生在同时期的叔向的内容相同的书信。有人提出：孔子为什么不反子产"铸刑鼎"？这个问题实在蹊跷！子产"铸刑书"时，孔子仅十五岁，他还在为母子的糊口而奔波。到晋国"铸刑鼎"时，孔子三十八岁，他已经登上政治、思想舞台，并且正在为"礼崩乐坏"、"政在家门"而痛心疾首、呼喊正名。孔子这时对发生在眼前的违礼怪事发一通如此这般的议论，是完全合乎他的思想脉搏的。

这两个志同道合的檄文的中心思想是什么呢？是指责"夷之蒐"的"乱制"吗？或者说，是指责"权臣擅国，任人唯亲"的"乱制"吗？绝对不是！

两篇檄文共同具有三个内容：（一）明确提出了两种不同的法制，即两种互相对立的法律形态；（二）维护"贵贱有度"、"制为禄位"；（三）斥责"贵贱无序""民知争端"，是谓"叔世""乱制"。两文的中心思想，就是维护旧的礼法制度，稳定旧的等级秩序。

如果不抱什么主观意图和治学偏见，对于两文所共有的这些内容和中心思想，是一目了然的。不过，为了真正认识"铸刑鼎"与反"铸刑鼎"事件的重大历史意义，必须对这三个内容进行历史的具体的考查和分析。

一、两种法律形态的对立

春秋之际，中国的法律形态确实发生了很大的变革，即从原来的道德习俗与法律混为一体、法与刑分立的"礼法"形态，逐步地变革为道德与法律分立、法与刑统为一体的"法律"形态。这个过程是从"铸刑鼎（书）"开始，到商鞅建立秦律完成的。

现在我们看这两篇檄文是怎样把这个史实公诸世的。仲尼说："晋国将守唐叔之所受法度"。据《左传》定公四年载："分康叔……命以《康诰》而封于殷墟"。杜预注：唐叔晋之祖。这个唐叔所受法度，不言而喻是周公制礼的礼法之制。仲尼又提出："文公是以作执秩之官，为被庐之法"。据《左传》僖公二十七年载："晋侯始入而教其民，二年欲用之，子犯曰：'民未知义，未安其居'。于是乎出定襄王，入务利民，民怀生矣。将用之，子犯曰：'民未知信，未宜其用'。于是乎伐原以示之信。民易资者，不求丰焉，明征其辞。公曰：'可矣乎？'子犯曰：'民未知礼，未生其共'。于是乎大蒐以示之礼，作执秩以正其官，民听不惑，而后用之。出谷戍，释宋围，一战而霸，文之教也。"杜预注大蒐以示之礼曰：

"蒐顺少长，明贵贱。"孔颖达疏：文之教也，《正义》曰："《论语》云：'上好礼则民莫敢不敬，上好义则民莫敢不服……"可见，这个"被庐之法"是一个贯彻"礼治"的"礼法"制度。再看叔向的言论："昔先王议事以制，不为刑辟"。杜预注："临事制刑，不豫设法。"可贵的是，叔向为我们提供了这个"临事制刑，不豫设法"的先王之制的内容。即"闲之以义，纠之以政，行之以礼，守之以信，奉之以仁，制为禄位，以劝其从，严断刑罚，以威其淫。惧其未也，故诲之以忠，耸之以行，教之以务，使之以和，临之以敬，莅之以疆，断之以刚。犹求圣哲之上，明察之官，忠信之长，慈惠之师，民于是乎可任使也，而不生祸乱。"这段话对于"礼法"制度作了一个全面的描绘。第一，要约束、教诲以义、礼、信、仁、忠。第二，要纠之以政，严断刑罚，还要断之以刚。既然"不为刑辟"，为什么还要讲刑呢？这里的"刑辟"就是刑法，不要法律条文，临事制刑，根据情况和需要，断之以刚。可见法与刑是分立的。为了使这种法、刑分立，罪刑擅断的"礼法"制度，不至于滥刑滥罚，所以第三，依靠圣哲之上、明察之官、忠信之长、慈惠之师来行礼义，执行刑罚。最后达到役使奴隶和自由民，稳定统治秩序的目的。

叔向提到"禹刑"、"汤刑"、"九刑"，似乎在夏、商、周曾经有过法、刑一体的刑法典。这个问题，叔向和他同期以及他之前的所有的人和文献，没有提供任何具体的资料。就是说，在春秋之前，我们没有见到法、刑一体（假定、处理、惩罚），罪刑相应的法律文件。我们只是在周代的金鼎铭文中见到了一些"判例"，这些判例有罪名有刑罚，但它没有说依据的是什么法条，而是"临事制刑"的记录。经后人整理而成的《周礼》，可说是周代一部法典，礼法完备，是"礼法"与刑分立，罪刑两断。

这个礼法是擅断的，但不是秘密的。说它是秘密的，是指它定罪量刑不可测，完全由官长意志。但是，当时的礼制是公开宣教的，当时的五刑也是昭然于世的。《周礼》上所提到的"魏阙"，就是宣布法令的。周代有一整套宣教礼法的制度。问题在于人们违犯了礼法的某一条，该受那一等的刑罚，这是不清楚的。这就是所谓"刑不可知，则威不可测"。如果"礼"当时有典章，"刑"也有条文，也可以称为"成文法"。这个成文法也是公布的。所以，笼统地说叔向、孔丘反对"铸刑鼎"是反对公布成文法，是不明确的。他们反对的不是公布"成文法"，而是反对一种新的罪刑相应的法律体系。

现在我们再看叔向和孔丘所贬斥的法是怎样的法律体系或曰法律形态。

叔向说："今吾子相郑国，作封洫，立谤政，制参辟，铸刑书，将以靖民，不亦难乎？"孔颖达疏：制参辟是制定法律条文；铸刑书是将条文勒于鼎。"子产盖亦采取上世所闻见断狱善者以为书也。"就是这个参辟实际上是过去的带有典型性的定罪判刑案例。把这种案例条文化并铸在鼎上，使它具有法律效力，于是就出现了法与刑相统一的、刑罪相应的法律形态。这种法律形态直接告诉人们：违什么礼、犯什么罪、受什么刑的统一规尺，人们都知道这个全社会都必须遵从的统一规尺，相争和侵害的是非曲直和后果都以此衡量之。于是"民知争端矣，将弃礼而征于书"。就是不按旧的礼法办事，而按新的法条办事了。

孔子对于这个新法说了两层意思。首先他说这个法是"弃是度"、"民在鼎"、"贵贱无序”的法。所谓“度”就是按礼法确定的贵贱等级和特权。法与刑分立的“礼法”制度，正是保护这种“度”的法律形态。而现在这个“民在鼎”的法，却抛开这个“度”，另立了一个普天下统一量罪受刑的尺度，它可能是以案例的形式表示的，也可能是简明的条文。这个行为本身就是对等级特权的亵渎。孔子接着又进一步说，铸在鼎上的新法是“宣子之刑，夷之蒐也”。据《左传》文公六年载：晋襄公七年（前六二一年）晋蒐于夷。“（赵）宣子（赵盾）于是乎始为国政，制事典，正法罪，辟刑狱，董（督）逋逃，由质要（用券契），治旧洿，本秩礼，续常职，出滞淹，既成，以授大傅阳子与大师贾佗，使行诸晋国，以为常法。”现在我们先考察“制事典，正法罪，辟刑狱”，其余几条留待二、三题再谈。孔颖达疏：“《正义》曰：制事典者，正国之百事使有常也。正法罪者，准所犯轻重豫为之法使在后依用之也。辟刑狱者，有事在官未决断者，令于今理治之也。”“此谓所为制作法式者，豫为将来使案而遵行，临时决断者将为故事，使后人放习，故得行诸晋国以为常法也。”杜预注曰：“《正义》曰：辟训为法，依法断决是理治之也。”“正法罪谓准状治罪，为将来之法，若今之造律令也。”总之，他们都认为，夷之蒐赵盾（赵宣子）制定了一种新式法律，这种新的“法式”是“轻重豫为”，“依法断决”，“准状治罪”，而且为“在后依用”，“将来使案”的。这显然是不同于“礼法”制度的，而是法与刑统一的法律制度。这种法律形态从“铸刑鼎”开始萌芽，到商鞅变法时基本实现。现在我们看到这种古代法律的典型标本，就是《睡虎地秦墓竹简》所载的《秦律》。与《周礼》这部法典完全不同，《秦律》的条文是一事一例，法刑一体，罪刑相应。例如：偷采别人桑叶，赃值不到一钱，罚服徭役三十天；偷牛，完城旦；五人合伙偷盗，赃一钱以上，斩左趾又黥为城旦；冒领军粮，县令、县尉没有发觉，罚二甲，等等。这种法律形态，必须是条文化的、公开的，否则就不能发挥作用。最初它采取铸在鼎上的办法，加以公开，并以此表示了它的神圣尊严和坚如金石。

两种法律形态的对立是很明显的，从这里可以看出：“铸刑鼎”与反“铸刑鼎”这一事件的重要历史意义。

二、“有度”与“失度”

按照孔丘的说法，“贵贱不愆”就是“度”。叔向说要“制为禄位”。总之就是要使贵贱等级有秩有序，一点不出差错。依礼法制度，天子、公、侯、伯、子、男、卿、大夫、士、庶民，各有自己的政治、经济权利和义务范围、界限，以及为体现和维护这个范围、界限的各自行为规范。下不得僭越，上也不得过夺。僭越和过夺都是“失度”。孔子说：“君子之行也，度于礼，施取其厚，事利举其中，敛从其薄，如是则丘（赋）亦足矣。若不度于礼，而贪冒无厌，则虽以田赋，将又不足。”（《左传》哀公十一年）“度”的标准就是“礼”。全体社会成员都遵守这个“礼”，严格保持等级秩序，奴隶主阶级对奴隶（奴隶不被当作人看待，所以也就无所谓礼法）的统治也就稳如泰山。这样“礼法”秩序无需什么律法，有人行为失度，就任意给予杀、刖、劓、黥、宫刑。

可是，春秋这个时期，已经是“礼崩乐坏”了。从经济上看，不仅土地的所有、占有、使用关系乱了，对土地贡赋征收的方式、数额也乱了；不仅奴隶主贵族在发生大富和破落的跌宕起伏，普通农民也在贫富分化，有的致富，有的破产。这就必然发生财产权利的争夺。当时的晋国“贵货易土，土可贾焉。”（《左传》襄公九年）争田、夺田之讼，不断发生。夷之蒐，赵盾制法，所谓“治旧洿”，就是要整治地界，稳定新的土地占有关系。“由质要”也是用券契来调整财产流转关系，避免争执混乱。破产而无生计的农民与奴隶一起铤而走险，杀人越货，于是郑国和晋国“盗贼公行”，“盗贼充斥”，奴隶也大批逃亡了，所以赵盾制法，立“董（督）逋逃”一条。从政治上看，礼乐征伐自诸侯出、自大夫出；陪臣执国命，下卿干上令，政在家门，公室卑微，宗室瓦解。在晋国最后灭掉两个宗室，并“分祁氏之田以为七县，分羊舌氏之田以为三县”。从行为规范上看，鲁大夫季平子用天子“八佾舞于庭”。鲁国三卿用天子的祭礼，“取于三家之堂”。季氏代天子祭祀泰山，等等，不胜枚举。

这些“失度”的事实，使原来的“礼法”制度失去了效力，社会发生了动乱，于是要求建立新的法度，这就产生了所谓的“乱制”。

三、“乱制”与变革

所有的“失度”，在反对或不理解这个历史进程的人看来，都是“乱制”。但是，这是客观的、必然的历史前进步伐，从经济到政治，从政治到思想，都不依人们的意志而发生着巨大的变革，法制则是这种变革的综合性的反映，“铸刑鼎”与反“铸刑鼎”正是这一历史性转变的集中反映和典型标志，其意义之重大，勿须赘言。

这里我们要说的“乱制”，不是指全面的“失度”，而是专指法律而言。就是孔子所责咎的铸在鼎上的法律，看这个法律是怎样被称为“乱制”的。

在谈这个问题之前应当明确一点：《春秋左传》始终是以“乱制”的眼光来评述这场变革的，因此对《春秋左传》关于人物、事件的评价，应当给予分析。

孔子说铸在鼎上的范宣子的刑书，是本于夷之蒐赵盾之法。夷之蒐本身就是一次乱制，夷之蒐之后晋国更走上混乱。一蒐而三易中军帅，最后是晋襄公听从阳处父的建议，把赵盾推上帅位，并执国政。不管《左传》怎样说明阳处父是出于“党于赵氏”而推举“赵盾能”，赵盾从此以后在晋国执政二十年，基本上是一个贤相。而且晋国自此宗室衰微，六卿专政。晋宗室是西周分封的奴隶主贵族世家，这个世家从晋襄公以后，完全腐朽败落了。襄公以后，灵公荒淫无道，成公昏庸，景公游饮废政，厉公骄侈。六卿实际上是新兴的封建贵族，他们独占土地财产，采取新的剥削方式（如前引范氏、中行氏治田材料），逐渐地扩大了自己的政治、经济势力。

六卿权势的不断扩大，出现两个现象：一是晋宗室进一步走上绝灭。原来宗室的栾、郤、胥、原、狐、续、庆、伯等公族都相继降为皂隶；铸刑鼎的前夜，公室仅余的祁氏和羊舌氏两个枝梢也被剪除，到此，“晋之公族尽矣”。二是这些新兴的贵族，他们之间必然展开权利之争，进行财产和政治权力的再分配。铸刑鼎后十六年，范、中行二族被赵鞅逐出晋国，智氏败落，最后剩下韩、赵、魏三家；三家分晋，春秋时期结束。

铸刑鼎，建立法、刑统一，罪刑相应的法律体系，这是采取新的土地占有方式和新的剥削方式的新贵族们的需要；是从政治取代宗室贵族的新贵族们的需要；是正在互相争权夺利的新贵族们的需要；是新贵族们管理和镇压已经取得“自由”的农民的需要；最后从某种意义上讲，这种法律也是取得土地的独立进行经营的小农的需要，他们要求有一个“公正”的法律，保护自己的人身和财产安全。晋国的这个法律，从夷之蒐赵盾制法开始，中间又经过几次反复，但总的是在不断前进，后来终于铸成了刑鼎。这个传统被魏、韩两家所继承，到了战国时代，魏、韩两国的法律制度有了相当的发展水平。

这个法律制度不是什么乱制，而是社会变革的需要，是新的经济关系的反映。

在这个过程中，晋国确实发生了不少动乱，更君、弑君、卿大夫之间的屠杀和放逐，就是这一变革过程的必然现象。夷之蒐的三易中军帅，也是这个变革过程的初步反映。这里除了无道昏君和无耻佞臣该杀之外，其他的人很难辨白个人的优劣是非。因此，这些现象也不能笼统地称之谓“乱制”。

其实，所谓“乱”者，一是变革，二是变革的副产品。总之，这是一场从经济到政治，从思想到道德的深刻而广泛的变革。“刑鼎”是这场变革的一块丰碑，一块界石。

孔子在这场变革面前，在这个新的法律体系面前，采取了鲜明的保守主义立场，这是无可辩解的事实。那么我们到底应当怎样来评价孔子的思想呢?

孔子是中国古代的一个伟大思想家，他的思想影响聚结了一个古人类四分之一的统一的伟大民族，并且波及到整个东方。从这一点说，他可以说是“亘古一人”。我们评论历史上的思想家，一向只注重于“阶级立场”和“政治立场”。但是，思想家之所以成其为思想家，更重要的是从人类认识发展史上、从认识论上来衡量他的价值。“阶级”、“政治”是十分必要的，没有阶级分析，没有政治观点，历史就成为一团乱麻。但是，只讲阶级和政治，忘掉了人类认识发展史，忘掉从认识论上看问题，我们就会对所有处于没落时期的剥削阶级思想家，采取一棍子打死的态度，就会对当今世界的资产阶级思想家的一切思想成果，都抱着嗤之以鼻的态度，这当然是愚蠢的。

一个伟大的思想家，从认识论上看，如果他的态度是老实的、客观的、科学的，他往往会洞察到人类社会和人类历史的许多真谛。他在社会科学的认识上，往往会超越他的时代、他的阶级，而把一些客观规律呈现给全人类。孔子正是在这一点上做出了伟大成就的人。

从认识论上还应当注意的一点是，在历史的长河中，任何一个有其存在和发展的必然性的阶级，从奴隶主阶级到地主、资产阶级，他们在统治和管理人类社会的长达数千、数百年历史中，在认识史上都对人类作出了巨大的贡献。这些阶级的思想家，无论他处在本阶级的哪个发展阶段，只要他采取严肃认真的态度，总结和提炼这些认识成果，他的思想就会对人类的认识产生影响。

中国的奴隶主阶级统治和管理中国古代社会长达一千五百多年之久，他们积累了丰富的统治和管理社会的经验，从中他们也揭示了许多人类社会存在和发展的规律。总之，他们与奴隶、自由民们一起创造了光辉的古代文明。孔子以求实的态度认真地总结整理了这些认识成果，并作出了精辟的概括。这当中包括：伦理道德思想、政治法律思想、经济思想、教育思想、军事思想等等。这些思想尽管都打上了保守的奴隶主阶级的烙印，但是它终究是那也是个伟大的历史时代的历史真实，它当中包含着社会的必然性，因此它就成为中华民族瑰丽的精神财富，它就对中华民族产生了不可磨灭的影响。

因此，我们不应当以孔子反对铸刑鼎的保守态度和他政治上的保守立场，而否定孔子思想的历史地位；也不应当为了抬高孔子思想的历史地位，而抹杀“铸刑鼎”这个具有时代标志的重大历史事件。

李力

秦刑徒刑期辨正*

简介

李力，男，1964 年 6 月出生。河南汤阴人。北京大学法学学士（1985 年）、法学硕士（1988 年），中国政法大学法学博士（2006 年）。曾任中央民族大学法律系副教授。现为中国青年政治学院法律系教授。

* 原发表于《史学月刊》，1985（3），开封，河南省历史学会，1985 年 5 月。此系原文刊发。作者说明如下：

就在 25 年启蒙的此时，我有幸从塘沽一中走入北京大学法律学系读书。此文即 20 世纪 80 年代初读本科时所写，大概是 1984 年后半年定稿，发表于大学毕业前。二十年后的今天，承蒙中国人民大学法律文化研究中心厚爱，有幸入选其编辑的《百年回眸——法律史研究在中国》。

找出手头仅有的一册《史学月刊》1985 年第 3 期，重新阅读，并一字一字敲进电脑，浮想联翩，感慨万千！似乎感到时空在倒流，仿佛又走进时空隧道，回到了二十多年前的大学生活。

此文是在启蒙老师蒲坚先生的指导下完成的，其发表得益于已故秦汉史学家马非百先生和郑州大学历史系高敏先生（至今未曾谋面）提携。马先生看了该文后，介绍给高敏先生，由高敏先生推荐到《史学月刊》。记得当时收到高敏先生的回信，指出“司寇”之“寇”误写作“冠”字。可惜此信已找不到了。此文的发表，更加坚定了我从事中国法制史研究的信念。20 年过去了，师恩难忘。

2006 年 9 月 10 日记于京西躲进小楼书屋

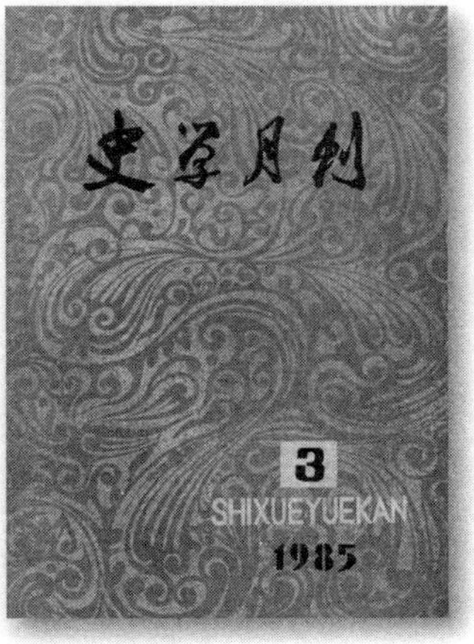

史书上关于秦刑徒刑期这方面的资料太少，就我所见，仅《汉旧仪》有载。1975年出土的《睡虎地秦墓竹简》对刑徒的刑期问题规定得也不明确。但是，其中有几条材料对研究刑徒刑期问题很有帮助。本文拟就《秦简》等有关资料，并参考当前的研究成果，对秦刑徒刑期问题作进一步的探讨。

一、秦刑徒的种类

刑徒，从广义上讲，可以指一切被判处刑罚的罪犯；从狭义上讲，仅指犯罪后被判处徒刑者。本文的“刑徒”是狭义的。

根据史料来看，秦刑徒按轻重等级分为五种：（1）城旦舂；（2）鬼薪白粲；（3）隶臣妾；（4）司寇；（5）候。由于犯罪情节不同，每一种刑徒都可以有附加刑——肉刑或完（耐）刑，有时两种附加刑并用。在出土的“上郡戈”铭文中，也有“工鬼薪戠”、“工城旦□”、“工隶臣稽”、“工隶臣庚”等字样。据专家考证，这些“戈”是秦昭王和秦始皇之间制造的，与《秦简》反映的年代一致。①

（1）城旦舂。最重的刑徒。

《史记·秦始皇本纪》：“令下三十日不烧，黥为城旦。”

《秦简·法律答问》：“殴大父母，黥为城旦舂。”又“当黥城旦而以完城旦诬人，可（何）论？当黥劓（劓）”。

（2）鬼薪白粲。轻于城旦舂，重于隶臣妾。

《史记·秦始皇本纪》载，始皇九年，尽得嫪毐等20人皆枭首，“及其舍人，轻者为鬼薪”。

《秦简·仓律》：“城旦舂、舂司寇、白粲操土攻（功），参食之；不操土攻（功），以律食之。”

《秦简·秦律杂抄》：“有为故秦人出，削籍，上造以上为鬼薪，公士以下刑为城旦。”

舂司寇，不见于古籍。据《司空律》，城旦可减刑为城旦司寇，此处舂司寇可能也是由舂减刑的一种刑徒，即免去城旦舂，改服司寇。②

（3）隶臣妾。《秦简》中的“隶臣妾”不但是刑徒名称，而且是官奴隶名称。由于犯罪而成为隶臣妾者是刑徒，由于其他原因而成为隶臣妾者则是官奴隶。③ 此处“隶臣妾”是刑

① 张政烺：《秦汉刑徒的考古资料》，《北京大学学报》（人文科学），1958（3）。

② 《睡虎地秦墓竹简》（文物出版社1978年版通行本）第52页注释⑤。

③ 详见拙文《亦谈“隶臣妾”与秦代的刑罚制度》，《法学研究》，1984（3）。

徒，轻于鬼薪白粲，重于司寇。

《秦简·法律答问》："公祠未閮，盗其具，当赀以下耐为隶臣。"

又"捕赀罪，即端以剑及兵刃刺杀之，可（何）论？杀之，完为城旦；伤之，耐为隶臣。"

（4）司寇。轻于隶臣妾，重于候。

《秦简·法律答问》："当耐司寇而以耐隶臣诬人，可（何）论？当耐为隶臣。当耐为候罪，诬人，可（何）论？当耐为司寇。"

又"司寇盗百一十钱，先自告，可（何）论？当耐为隶臣，或曰赀二甲。"

（5）候。最轻的刑徒。

《秦简·内史杂》："侯（候）、司寇及群下吏毋敢为官府佐、史及禁苑宪盗。"

《秦简·秦律杂抄》："为（伪）听命书，法（废）弗行，耐为侯（候）；不避席立，赀二甲，法（废）。"

又"当除弟子籍不得，置任不审，皆耐为侯（候）。使其弟子赢律，及治（笞）之，赀一甲；决革，二甲。"

二、秦刑徒是有刑期的

1977年，高恒同志提出："秦时的刑徒，可能就是没有服刑期的终身服刑。"④ 高恒同志又在《法学研究》1983年第六期上发表《秦律中的刑徒及其刑期问题》（以下简称"高文"），进一步阐述了他的观点。

我认为，秦刑徒是有刑期的。根据如下：

（一）汉文帝减刑诏令中之证：

汉文帝十三年诏令曰："其除肉刑，有以易之；及令罪人各以轻重，不亡逃，有年而免。具为令。"⑤

接着，丞相张苍、御史大夫冯敬定律："诸当完者，完为城旦舂；当黥者，髡钳为城旦舂；当劓者，笞三百；当斩左止者，笞五百；当斩右止，及杀人先自告，及吏坐受赇枉法，守县官财物而即盗之，已论命复有笞罪者，皆弃市。罪人狱已决，完为城旦舂，满三岁为鬼薪白粲。鬼薪白粲一岁，为隶臣妾。隶臣妾一岁，免为庶人。隶臣妾满二岁，为司寇。司寇一岁，及作如司寇二岁，皆免为庶人。其亡逃及有罪耐以上，不用此令，前令之刑城旦舂岁而非禁锢者，如完为城旦舂岁数以免。"⑥

上引材料中，有以下几点值得注意：

---

④ 高恒：《秦律中"隶臣妾"问题探讨》，《文物》，1977（7）。

⑤ 《汉书·刑法志》。

⑥ 《汉书·刑法志》。

（1）“令罪人各以轻重，不亡逃，有年而免。”即根据罪犯罪行轻重，且罪犯在服刑期间不逃亡，刑满即释。对“有年而免”，孟康曰：“其不亡逃者，满其年数，得免为庶人。”这个解释是很符合诏令原意的。

（2）“具为令”。颜师古注：“使更为条制”，即更改以前有关肉刑的规定。从诏令来看，这一点是很清楚的。并不像“高文”所说的“即更改以前实行的刑徒终身服役制”，因为诏令是针对“除肉刑”的。张苍、冯敬正是根据“具为令”来进行“以笞代刑”改革的。

（3）虽然《汉书·刑法志》关于张苍、冯敬定律奏言的记载有很多问题解释不通，但有一点是清楚的：张苍、冯敬根据诏令的宗旨，用笞刑代替肉刑，并对原已服刑者进行减免。“罪人狱已决，……如完为城旦岁数以免”，这一部分纯属减刑规定。“高文”认为这一段文字“规定出了刑徒的刑期，也就是改终身服役为有期服役”。这一理解是不符合诏令和奏言原意的。因为在这一段奏言末尾有一句“前令之刑城旦舂岁而非禁锢者，如完为城旦舂岁数以免”（李奇注曰：“谓文帝作此令之前有刑者。”），即在汉文帝十三年诏令以前，凡判“刑城旦舂岁而非禁锢者”，按照“完为城旦舂岁数”减免的规定减免。也就是按照“罪人狱已决，完为城旦舂，满三岁为鬼薪白粲。……及作如司寇二岁，皆免为庶人”的规定来减免。如果说汉文帝以前刑徒城旦舂等是无期限的，那么，“前令之刑城旦舂岁”如何解释？“前令之刑城旦舂岁”证明刑徒城旦舂等是有刑期的刑罚制度并不是源于汉文帝时期，而是在汉文帝以前就存在的。它可以证实，汉文帝颁布“除肉刑”诏令以前，刑徒是有刑期的，但是具体几年，不得而知。这也可证实孟康对“有年而免”的理解是正确的，符合汉文帝诏令的本意。而诏令中的“有年而免”与奏言中的“前令之刑城旦舂岁”是互相照应的。

（二）《睡虎地秦墓竹简》中之证：

《秦简》对刑徒刑期没有明确记载。但是《法律答问》中有几条材料涉及到刑徒的刑期问题，可以作为秦刑徒有刑期的证据。

（1）“葆子狱未断而诬告人，其罪当刑为隶臣，勿刑，行其耐，又系城旦六岁。”

（2）“葆子狱未断而诬告人，其罪当刑鬼薪，勿刑，行其耐，又系城旦六岁。”

（3）“当耐为隶臣，以司寇诬人，可（何）论？当耐为隶臣，又系城旦六岁。”

以上这三条《法律答问》中都提到“又系城旦六岁”，这不是偶然的。如果鬼薪、隶臣是无期的，那么，将罪人判处隶臣或鬼薪徒刑，而又加上六岁城旦，即无期徒刑再加上六岁城旦，这样的判决有什么意义呢？可见，认为刑徒无刑期是站不住脚的。高敏同志曾指出“又系城旦六岁”反映出秦“城旦”刑徒的刑期应为六岁，这是正确的。⑦ 张政烺先生认为，“‘又系城旦六岁’的用意在久系，并不等于城旦刑”，这是没有根据的。⑧

（4）“隶臣妾系城旦舂，去亡，已奔，未论而自出，当治（笞）五十，备系日。”

---

⑦ 高敏：《云梦秦简初探》（增订本），96～98页。

⑧ 张政烺：《秦律“葆子”释义》，《文史》第九辑，中华书局，1980。

如果刑徒“隶臣妾”是无刑期的，那么这里的“备系日”就无意义了。“备系日”反映出刑徒“隶臣妾”是有刑期的。

（5）“毋令居赀赎责（债）将城旦舂。城旦司寇不足以将，令隶臣妾将。居赀赎责（债）当与城旦舂作者，及城旦傅坚、城旦舂当将司者，廿人，城旦司寇一人将。司寇不䠥，免城旦劳三岁以上者，以为城旦司寇。”（《秦律十八种·司空》）

（6）“甲盗牛，盗牛时高六尺，系一岁，复丈，高六尺七寸，问甲可（何）论？当完城旦。”

“城旦劳三岁以上”、“系一岁”也从侧面反映了刑徒是有刑期的。可作为旁证。

三、秦刑徒刑期之辨正

关于秦刑徒的具体刑期，目前学术界有三种观点。

第一种，黄展岳同志认为秦刑徒的刑期是⑨：

城旦舂，四—五岁；

鬼薪白粲，三岁；

司寇，三岁。

第二种，刘海年同志考证的结果是：⑩

城旦舂，五—六岁；

鬼薪白粲，四岁；

隶臣妾，三岁；

司寇，二岁；

候，一岁。

我不大同意黄展岳、刘海年同志的观点。黄展岳同志是直接依据《汉旧仪》、《汉书》的有关记载来推论秦制的。刘海年同志是“从秦简的记载、卫宏对秦刑制的叙述和《汉书·刑法志》等几个方面的材料综合分析”的。《汉旧仪》所载秦刑徒刑期的可靠性是值得考虑的。虽然《汉旧仪》的著者卫宏是东汉初人，去秦不远，他的说法应当有一定的根据，但是，他毕竟去秦已二百多年。而有关秦的文献最少，民间所藏绝大部分为秦始皇下令焚毁；秦末农民战争中，项羽烧掉秦宫室，连官府博士所藏也多付之一炬。因此，他记载秦制的根据不一定可靠。出土《秦简》就证明了《史记》所载秦制有不实和脱漏之处⑪，更何况距秦更远的卫宏的《汉旧仪》!《秦简》证明《汉旧仪》（《汉书》）所载秦制，也有不实和脱漏之处。如《秦简》中的刑徒在司寇下有“候”；而《汉旧仪》、《汉书》所载则无“候”；

⑨ 黄展岳：《云梦秦律简论》，《考古学报》，1980（1）。

⑩ 刘海年：《秦律刑罚考析》，《云梦秦简研究》（中华书局1981年版），186～189页。

⑪ 高敏：《秦简〈编年纪〉与〈史记〉》，《云梦秦简初探》（增订本）。

对于秦“隶臣妾”这种刑徒，《汉旧仪》则根本没有提到（《汉书》对秦“隶臣妾”无载）。因此，依《汉旧仪》来考证秦刑徒刑期是很不可靠的，而依汉刑徒刑期来推秦刑徒刑期更是不科学的。《秦简》的可靠性则是没有问题的。考证秦刑徒刑期的唯一科学的方法是依《秦简》中的有关材料，运用科学的推理来考证出秦刑徒刑期。可以参考《汉旧仪》等有关记载，但只能参考。刘海年同志虽然结合了秦简的有关记载来考证，但我认为他主要还是从《汉旧仪》、《汉书·刑法志》所载出发的。

第三种，高敏同志考证[12]：

城旦舂，六岁；

司寇，三岁。

我同意城旦舂的刑期是六岁。根据是前面所引的（1）、（2）、（3）三条法律答问。其中的三个“系城旦六岁”，不是偶然的巧合，它反映了秦刑徒城旦舂可能是六岁刑。黄展岳同志认为，“‘又系城旦六岁’这应理解为城旦舂有的需服六岁刑的例证，而不宜作其他解释。”这三条法律答问“说的都是旧罪未断又犯新罪的特殊案例，而不是指常例。”“按律，应判葆子刑为鬼薪或刑为隶臣的罪，因犯人是葆子，受优待，不要施加肉刑，改判为耐刑，但在拘系服城旦劳役上给予延长二年。第三条是犯了耐为隶臣的人，又犯诬告他人为司寇的罪，结果，除维持原判‘耐为隶臣’外，又判拘系服城旦劳役六岁，比常例四年延长二年，以示惩戒。”我不这么认为。这三条法律答问讲的都是未决犯又犯诬告罪加重处罚。前两个都是“葆子狱未断”而又犯诬告罪，二者的犯罪情节不同，却都加重处罚，“又系城旦六岁”。第三个按诬告反坐原则，应维持原判，“耐为隶臣”，再判为“司寇”；但却在维持原判的基础上，“又系城旦六岁”。这三者的犯罪情节轻重不同，都加重处罚，并且都重判，“又系城旦六岁”。这用巧合恐怕是不太好解释的。而所谓“常例四年”本身就是依汉制推秦制而得，它本身就不可靠，还谈何“延长二年”。

刘海年同志在《秦律刑罚考析》中说：“晋张斐《汉晋律序注》：‘徒加不过六，囚加不过五，累作不过十一！’照张斐的说法，‘又系城旦六岁’，显然是对刑徒可以加的最长的刑期。”他又结合《汉旧仪》、《秦简》考证：城旦舂，五—六岁。张斐之说只是针对汉晋律来说的，秦制不一定如此，这一根据不可靠。而《汉旧仪》所载秦制也不一定可靠。因此，我认为，刘海年同志考证城旦舂为五—六岁是不可靠的。

我同意司寇三岁。但我认为高敏同志对司寇刑期的考证还不完全。《秦简·司空律》：“司寇不䟿，免城旦劳三岁以上者，以为城旦司寇。”意即如果司寇的人数不足时，可以把已经服刑三年以上的城旦刑徒免去其城旦劳役，而改服司寇劳役。“三岁以上”表明司寇的刑期最多是三年。高敏同志没有注意到“以上”二字。法律文书的文字严谨性告诉我们，这两个字不是可有可无的。如果没有“以上”两个字，可以据此推考司寇三岁；但有此二字，仅推考司寇三岁刑是不够的。司寇还可能是二岁刑、一岁刑。但司寇下还有“候”这

[12] 高敏：《关于〈秦律〉中的“隶臣妾”问题质疑》，《云梦秦简初探》（增订本），96～98页。

一刑徒，因此，司寇只可能是二岁刑、三岁刑。而“候”可能是一岁刑。现在，已考出城旦舂是六岁刑，司寇是二岁、三岁刑，那么居于城旦舂和司寇之间的鬼薪白粲可能是五岁刑，隶臣妾可能是四岁刑。因此，我认为秦刑徒刑期为：

城旦舂，六岁；

鬼薪白粲，五岁；

隶臣妾，四岁；

司寇，二岁、三岁；

候，一岁。

司寇在什么情况下是三岁刑，什么情况下是二岁刑，从《秦简》中看不出来，别的史料对此也无载。但参考《汉书·刑法志》注引如淳曰：“罪降为司寇，故一岁；正司寇，故二岁也。”则秦城旦司寇、舂司寇减刑之徒可能是二岁，司寇可能是三岁。这个推断不一定可靠，但可以作为参考。

从希斌

《周易》中记载的周代刑法*

简介

从希斌，男，天津师范大学法学院教授。政协天津市委第十届、第十一届常委。籍贯山东平原恩城，1941年生于北京。1964年毕业于北京政法学院政法专业大学本科。后被分配到中学任教18年。1982年调到天津师范大学法学院任教，担任中国法制史的教学科研工作至今。

* 原发表于《法学研究》，1985（5）。并无改动，原文刊发。1985年本文发表后，即得到《中国史研究文摘》的摘录。其后，作者在《历史教学》、《法学家》、《天津师范大学学报》等刊物上，就《易经》中反映商、周的有关刑罚原则、刑罚制度、司法制度、婚姻家庭、廉政思想、军事思想、明德慎罚法律思想等内容，陆续发表论文多篇。并在此基础上，撰写了《易经中的法律现象》一书，于1995年由天津古籍出版社出版。以上论文有的篇目被人大复印资料收录；论文中的一些内容，有幸被《十五国家重点图书出版规划项目——中国法制史考证甲编》（第一卷）收录；在曾宪义先生编著的《中国法律制度史研究通览》一书中有所摘录和介绍。

《周易》中的卦辞和爻辞是《易经》的经文部分，它是周人零散筮辞的汇编。占筮是人类思想愚昧的表现。上古之时，人们每做一事都希望得到神灵的启示，从而趋吉避凶。商朝时发明了沟通人与神的方法“龟卜”，周朝人又创为“占筮”，《易经》中的经文部分当是周人占筮的底本。经文内容尽管支离破碎难成系统，但在一定程度上记录了中国奴隶社会的部分史实。正像郭沫若同志所说：“……这些文句除强半是极抽象的观念文字之外，大抵是一些现实社会的生活，这些生活在当时一定是现存着的。”[①] 故此，虽则《易经》是古代人蒙昧的记录，却又无意地把珍贵的史料留给了后世。称为“十翼”的《易传》大约是后世儒家学者的集体创作，他们用儒家思想解释《易经》。要了解我国奴隶制社会的政治、经济、思想、人与自然的斗争等各个方面，总之已把三千多年前中国奴隶社会的生活画面生动地展现在我们面前。随着阶级和国家的出现，刑法作为奴隶主阶级镇压被统治阶级的工具应运而生。让我们通过对《易经》经文部分的分析概括了解一下周代刑法的实施。

卦六“讼”“食旧德[②]贞厉、终吉。”

意思是：如果对奴隶社会的道德规范有所损害是很危险的，将受到控告，遇讼事，所以“贞厉”（不是好兆头）；但受控告后必然自知行为有所收敛，免于铸成大错，这样坏事却变成了好事，所以是“终吉”（结局是好的）。

卦十四“大有”“厥孚[③]交如威如，吉”。

意思是：那掌管刑罚的司法官执法能明如皎月，注意威严就是吉兆。

中国奴隶制社会自夏经商至周已得到充分发展，其标志是以宗法等级制为核心的奴隶专制主义的形成。要加强奴隶专制主义的统治，一方面要“尚礼”，制定健全有利于奴隶主阶级的道德规范，另一方面要弼之以刑，礼刑并用。前一阶段卦辞警告人们要谨守奴隶主阶级制定的道德规范——“旧德”，违背了“旧德”将是不祥之兆，后果不言而喻。后一段卦辞则是警告司法官吏要执法严明，强调实施刑法的威吓作用。总之，奴隶主阶级把礼仪教化当作束缚被统治者的绳索，束缚不住再施以刑罚即残暴的虐杀。这种先“礼”后“刑”或称为“礼刑并用”的两手，反映周朝奴隶主统治阶级统治艺术的一大进步。这种封建思想对后世封建统治者有极深的影响，一直奉为圭臬。

奴隶主阶级的说教，仅仅是抵御被统治者反抗的第一道防线。有压迫就有反抗是历史的必然，被统治者的殊死反抗和统治阶级内部的激烈争夺，迫使奴隶主统治阶级不得不祭

① 郭沫若：《古代社会研究》，第28页。

② 见高亨：《周易古经今注》，第25页。

③ 见高亨：《周易古经今注》，第21页。

起刑罚这一血淋淋的法宝。在《易经》六十四卦的卦辞中记载受到处罚的行为是不少的，这些行为在当时无疑是被视为犯罪的。

《讼》“不永所事，小有言。”④

意思是：统治阶级的成员做事有始无终，不忠于职守就是犯罪。

《萃》“有孚不终，乃乱乃萃……”

意思是：如果执法者行罚不彻底，就会招致奴隶新的反抗。出现动乱。

《比》“比之匪人。”“比之无首。”

意思是：把朋比为奸，结党营私的小奴隶主称为败类。如果严重危及最高统治者的利益是会受到杀头的惩处。

《比》“不宁方⑤来，后夫凶。”

意思是：不愿臣服的诸侯，在朝拜周天子或盟会时迟迟不到，将会受到惩罚。

《泰》“翩翩，不富以其邻，不戒以孚。”

意思是：翩翩富者粗心大意，被邻近的人偷窃而失财，也要受罚。

以上五条筮辞中涉及的几种行为，看来是统治者为了调整统治者内部关系而设的几种“罪名”。“不永所事”和“有孚不终”近似后世的渎职罪。诸侯国不及时朝拜周天子，当然也是一行大罪。“不富以其邻”是对奴隶主不知谨慎守业而定的罪名。总之，对于统治阶级内部成员消弱其专制主义统治或动摇其赖以存在的经济基础，一律视为犯罪。

奴隶主统治者实施刑罚的锋芒当然集中指向被统治者。而被统治者有哪些行为被视为犯罪呢?《易经》上有如下记载：

《遯》“好遯（遁的异体字），君子吉，小人否。”

意思是：被奴隶主驱使的主要劳动力——小人如果逃跑是不允许的。

《小畜》“有孚挛如富以其邻。”

意思是：有人被拘系囚禁，是因为他盗窃了邻近富人的财物。

《兑》“孚于剥⑥。”

意思是：有人因打架斗殴而受罚。

《小畜》“有孚，血去惕出，无咎。”

意思是：在斗殴中伤人者见被害人出血就停手不打了（中止）犯罪了，尽管受罚但处罚不会太重，所以说“无咎”。

《未济》“有孚于饮酒……濡其首，有孚失是⑦。”

意思是：饮酒是要受到处罚的。喝得满头满脸都是酒，醉得一塌糊涂或者酗酒闹事，那就要砍脑袋了。（《尚书》中有《酒诰》一篇，其内容说明酗酒现象在当时已成为严重的

---

④ 李镜池：《周易通义》，第15页。

⑤ 李镜池：《周易通义》，第19页。

⑥ 剥，击也。《诗经》“八月剥枣”。

⑦ “是”，“题”的假借字，即首，人头也，见《周易古经今注》。

社会问题。周统者治重视戒酒，对不听劝戒者是要用刑罚加以制裁的）

从以上几条筮辞看，奴隶主统治阶级为了有效地镇压被统治阶级，所规定的“罪名”就有“逃亡罪”、“伤害罪”、“盗窃罪”、“酗酒罪”。另外，《井》卦中还有一条“井收勿幕，有孚”的筮辞。意思是：打完水收了井绳但没盖盖儿，井水污染会使人生病，也要受罚。

这些史实足以说明周朝统治阶级已经充分认识到刑法的制定和实施对于维护和发展有利于奴隶主阶级的社会关系和社会秩序的积极作用。刑法已成为奴隶主阶级按照自己的意志调整社会关系的得心应手的工具了。

中国奴隶制社会刑罚的残酷在不少古文献都所有记载。《易经》中就记载了周时刑罚的种类。首先，周时已有“自由刑”存在当是无可置疑的。以下摘录的几段筮辞可以作为佐证。

《履》“履道坦坦，幽人⑧贞吉。”

意思是：被囚禁的人占到“走在平坦的大道上”是吉兆。

《渐》“眇能视，利幽人之贞。”

意思是：被囚禁的人占到“眼疾痊愈”也是吉兆。

《困》“困于石，据于蒺藜……”

意思是：罪犯先坐在嘉石⑨上示众，不被关在周围放置蒺藜的监狱里。

《困》“困于葛藟，于鯢卼，曰动，悔有悔。”

意思是：罪犯被关在有葛针和木桩围绕的监狱里，要想逃跑会悔上加悔。

《坎》“系用徽纆，置于丛棘，三岁不得。”

意思是：被拘系的罪犯用绳索捆绑放在周围有荆棘的监狱中三年不得出来。

从以上几条史料看，周时不仅有了囚禁人的监狱，而且在监狱周围设置了蒺藜、木桩等障碍物，还用绳索捆绑罪犯以防止囚犯的逃脱。囚禁的罪犯还要被罚作劳役。《蒙》卦中的一条为“发蒙，利用刑人，用说（脱的假借字）桎梏”。就是说割草伐木利于使用受过刑的罪人，劳动时去掉刑具桎梏。可见当时的拘禁也有了“劳役刑”的性质。除“自由刑”之外，当时还有更残酷的肉刑、放逐和死刑。

《困》“臀困于株木”：罪犯的臀部挨了打。

《噬嗑》“履校灭趾”、“何（荷的假借字）校灭耳”、“噬肤灭鼻”：罪犯戴着桎，脚被砍去了。罪犯戴着梏，耳朵被割去了。罪犯的额头被切开，鼻子被割掉了。这说明墨、劓、刖刑被广泛地使用。所以《睽》卦中有“见舆曳，其牛掣，其人天⑩且劓”的筮辞，说明赶车人曾一身受过墨和劓两种肉刑，可见奴隶社会刑罚的残酷。而《离》卦中又有“焚如、死如、弃如”的筮辞，当时一定有近似后世流放的“弃”和把罪犯活活烧死的“焚”。

---

⑧ 幽人：被囚禁的人。

⑨ 嘉石：周朝罪犯桎梏示众之处。

⑩ 天，天刑，即墨刑。

统治者为了使惨无人道的虐杀合法化，不仅以国家强制力作为后盾，而且利用宗教迷信增加刑罚的震慑力量。《易经》中有“巳日乃罚”的记载。这正是夏朝“不用命，戮于社”[11] 的延续。奴隶主在祭祀之日行罚，一方面借此标榜所谓“代天行罚”，使奴隶主的血腥镇压合法化；同时，祭祀之日庄严肃穆，从气氛上增强了刑罚的威吓力。另外，周统治者鉴于殷商一味实施残暴虐杀而覆灭的教训，提出“明德慎罚”的法律思想，标榜仁厚借以欺骗被统治者缓和矛盾。《周礼・秋官・司刺》载有“三宥三赦之法”。而《易经》《益》卦中也有“有孚惠心[12]勿问”的筮辞。就是说，应该受处罚的，但因统治者施恩惠而不再追究。在刑法实施中运用“宽猛相济”的策略，也当视为奴隶主统治艺术提高的表征。

综上所述，《易经》中的部分史料，反映了中国奴隶制社会的周朝刑法实施的一些情况。笔者认为，当前从法制史的角度研究《周易》是很不够的。充分认识《周易》经文部分的史料价值，进行深入研究，这对于我们进一步认识周代的法制历史将会有所裨益。

---

⑪ 《尚书・甘誓》。

⑫ “心”疑为“止”之误，见高亨：《周易古经今注》。

怀效锋

明代中叶的宦官与司法*

简介

怀效锋，国家法官学院院长、党委书记、教授。1951 年生于江苏省扬州市，汉族。1983 年在西南政法学院获法学硕士学位，1987 年在中国政法大学获法学博士学位，1991 年晋升教授，1993 年经国务院学位委员会批准为博士生导师，1995 年任中国政法大学副校长兼研究生院院长、校学位评定委员会主席，1997 年任司法部法学教育司司长，1999 年任全国政协社会和法制委员会办公室主任，兼任中国政法大学教授、法律史专业博士生导师，中国法律史学会常务理事、中国法学会常务理事，国家司法考试委员会委员。1991 年被国家教委、国务院学位委员会授予“做出突出贡献的中国博士学位获得者”荣誉称号，1992 年获霍英东教育基金会高等院校青年教师奖（研究类）一等奖，并被评定为国家级有突出贡献的中青年专家。著有《嘉靖专制政治与法制》、《四朝政治风云》、《中国法制史》、《明清法制初探》等书。

* 本文原为笔者的硕士论文，曾发表于《中国社会科学》，1985（6），原文刊发。

明清之际的史家多有评说明王朝亡于宦官的。这种说法虽然并不全对，但宦官干政促使明王朝各种矛盾激化，加快了明王朝走向灭亡的步伐却是无可置疑的。宦官干政涉及明朝政治、经济、司法等各个方面，其中，特别是宦官参预司法，使封建法制空前黑暗残酷，从而激化了阶级矛盾，也加深了统治阶级内部的矛盾，这是导致明亡的重要原因之一。

宦官参预司法是明代法制的特色。那么，明代宦官为什么参预司法？如何参预司法？其后果如何？本文拟对这些问题作初步的探讨。

一、明代宦官参预司法的原因

历代封建帝王既要蓄养大批嫔妃，又要保证独家相传的纯正血统，受腐刑的宦官就成为必不可少的宫奴。在一定条件下，宦官干政便应运而生。

历史上，东汉、唐、明三朝宦官气焰最烈，但三朝又各有特色。东汉的宦官品高位重，可以左右朝政、废立皇帝。如孙程等 19 人以立顺帝之功封侯，曹腾以立桓帝之功封侯，单超等 5 人以诛外戚梁冀之功封侯。桓帝以后：宦官势力远在外戚之上；东汉以后的政治史，几乎成为宦官、外戚两大集团的冲突史。唐朝自中期以后，宦官就执掌军权，控制政局，他们可以谋杀皇帝，也可以再立新帝。从肃帝以后共 14 帝，除末代皇帝哀帝外，其余 13 人都是由宦官废立的。明代与汉、唐不同的是，宦官干政主要表现为参预司法，他们的活动基本上没有超出维护皇权的界限，曹吉祥、刘瑾、魏忠贤等一旦权重倾主就被翦除。

明代宦官参预司法有一个逐步发展的过程。太祖朱元璋以汉、唐的覆灭为镜子，深知宦官干政的危害，因此采取了一系列预防措施，多次下令禁止宦官干政，并将此编入《祖训》，令后世永远遵守，不得违反。

明成祖首违定制起用宦官。对此，《明史》等书将其原因归结为“靖难起兵”时得力于宦官，后人亦多沿用此说。我认为，明成祖起用宦官有更为深刻的原因。首先，是他镇压建文余党、巩固永乐继统的需要。成祖以藩王起兵夺取帝位，他所代表的新官僚集团与建文帝手下的旧官僚集团有着尖锐的矛盾，持有封建正统观念的人也对他采取保留态度。对此，成祖采用高压政策，大肆屠杀建文集团。但是，高压屠杀政策可以奏效于一时，却不能长期施行，反对派并没有斩尽杀绝，旧官僚势力还在暗中煽动不满，设法抵抗，民间又盛传建文帝尚存人世。当时，成祖急需巩固统治地位，但他的兵力只能控制北平到南京一条交通线。“士大夫多缩匿，而诸奄无所顾惜，且又多域外人，文皇既借其锋便不能如祖训云云，势使然也。”① 其次，起用宦官也是朱元璋罢相的后果。朱元璋唯恐皇权旁落，除诛杀功臣宿将外，又在洪武十三年借胡惟庸谋反事乘机废中书省，罢丞相，并于二十八年下

① 查继佐：《罪惟录·宦寺列传》。

令："以后嗣君并不许立丞相，臣下敢有奏请设立者，文武群臣即时劾奏，处以重刑。"② 朱元璋是颇具韬略的开国皇帝，他有大批官僚亲信的支持，罢相以后仍能维持局面，而明成祖的情况则大不一样。他面临建文集团残余势力的反对，不但没有大批官僚亲信的支持，而且控制局势的手段也远不如朱元璋，因而需要寻找支持。此外，由于大权不能无所寄，客观上也给宦官干政提供了机会，"彼宫奴者，见宰相之政事坠地不收，从而设为科条，增其职掌；生杀予夺出自宰相者，次第而尽归焉"③。在司法镇压方面，成祖"防微杜渐无所不用其极，初令锦衣卫官暗行缉访谋逆、妖言、大奸大恶等事，犹恐外官徇情，随设东厂，令内臣提督控制之，彼此并行，内外相制"④。从此，明代宦官开始有组织地参预司法。由此可见，宦官参预司法是明代统治阶级内部斗争的产物。

宦官干政是专制政体的派生物，是皇权膨胀的结果。皇帝要不断巩固并扩大皇权，实行绝对专制，不仅对臣僚深怀疑惧，而且与他们常有摩擦。明代的绝对君主专制已经发展到对传统的官僚制度不信赖的地步。皇帝集立法、司法、行政、财政、军事各种权力于一身。个人无法运用所有的权力，但又不愿分权于臣僚，于是托权于具有很大依附性的宦官。宦官出身卑微，又是"刑余之人"，可以任意操纵，调遣方便，所以皇帝自然会以宦官作爪牙以翦除异己。宦官参预司法就这样应皇权膨胀的需要而产生，并且愈演愈烈。

宦官干政产生的原因决定了宦官权势之消长与官僚职掌之增减成反比。明代凌翰曾说，"国家阉宦，实与公孤之权相盛衰。天子早期宴退，日御便殿，则天下之权在公孤。一或晏安是怀，相臣不得睹其面，则天下之权在阉宦。盖公孤虚待君侧，累日积月，朝钟不鸣，章疏之入，司礼监文书房则主之，可否时出于内批，公孤不得而与矣。"⑤ 明代中叶以后，皇帝深居宫中，很少召见大臣。宪宗成化七年到孝宗弘治十年的20多年中，皇帝从未召见廷臣；武宗在位也很少见廷臣；世宗在位45年，仅嘉靖二十九年召见廷臣一次；神宗在位48年，自万历十八年以后，仅因"梃击"案召见群臣一次。赵翼统计，"自成化至天启，一百六十七年之间，其间延访大臣，不过弘治之末数年，其余皆帘远堂高，君门万里"⑥。与此相联系的则是宦官权势日重。"英、宪以后，钦恤之意微，侦伺之风炽。巨恶大憝，案如山积，而旨从中下，纵之不问，或本无死理，而片纸付诏狱，为祸尤烈。"⑦ 于此可见宦官擅权之烈。

② 《太祖实录》卷239。

③ 《明夷待访录·置相》。

④ 《宪宗实录》卷225。

⑤ 《国榷》卷24。

⑥ 赵翼：《引亥余丛考》卷18。

⑦ 《明史·刑法志》。

二、宦官司法的组织与活动

1. 宦官司法的组织

明代中央正式司法机关是刑部、大理寺和都察院，通称三法司。洪武时制定的《诸司职掌》确定：刑部负责审判，大理寺负责复核，都察院负责监察。明代宦官参预司法，主要凭借其特别司法组织东厂、西厂、内行厂等。其中，东厂是常设机构，兼有审判、复核、监察诸方面的司法职能。关于东厂设立的时间，《成祖实录》没有记载，《明会要》记为“永乐十八年十二月，立东厂子东安门北”，兼考《宪宗实录》、《国榷》等书，似可置信。

明代的宦官组织极为庞大，有十二监、四司、八局，总称二十四衙门，而司礼监居于首位。它有掌印太监一员，秉笔太监数名，其中有一名掌“钦差总督东厂官校办事太监关防”，称为提督太监，位居其他秉笔太监之上，是皇帝的心腹。提督太监下设掌刑千户、理刑百户，辖有掌班、领班、司房四十多人，为内勤；外勤有役长一百多人，率领十二班番役计一千多人，均从锦衣卫中挑选。

东厂自设立起，终明之世没有停止过活动。西厂与内行厂先后与东厂并行数年，是临时设立的机构。

成化十三年正月，宪宗觉得光是东厂还不足以确保皇权免受威胁，于是，又建立西厂，由御马太监汪直提督。此事曾受到官僚们的抵制。五月，大学士商辂等接连上书请罢西厂，宪宗只好令汪直归御马监。六月，御史戴缙迎合帝意，上书复开西厂，于是又以汪直出掌西厂。西厂人数比东厂多一倍，管辖范围远在东厂之上。后来，东、西厂互相争功邀赏，屡有冲突，导致成化十八年宪宗批准大学士万安的奏请再罢西厂。宪宗时的西厂与东厂并存五年多。

正德元年，宦官刘瑾等“八虎”结成死党，刘瑾又将西厂恢复，以同党谷大用提督西厂。正德五年八月刘瑾被处死，西厂遂停置。正德七年再次起用谷大用提督西厂，但这次的西厂为时很短。武宗时的西厂也只断断续续活动了五年多。

内行厂设立的时间，有人认为起于正德元年，[⑧] 其实是正德三年八月设立的。[⑨] 内行厂又称内办事厂，设于荣府旧仓地，是包括宦官内部斗争在内的各种矛盾激化的产物。它“以司礼太监刘瑾领之，兼察两厂及内诸司事。”[⑩] 内行厂只存在了两年时间，刘瑾被诛后即被废除。由于西厂、内行厂并非常设，所以下面以东厂概指宦官的司法组织。

2. 厂、卫的关系

宦官参预司法离不开锦衣卫。受东厂控制的锦衣卫可说是东厂的扩大和延伸。

---

⑧ 见丁易：《明代特务政治》，第 34 页。

⑨ 参见《明通鉴》卷 42、《明史》卷 16。

⑩ 王世贞：《弇山堂别集》卷 90。

锦衣卫是明代另一个由皇帝直接掌握的兼有司法职能的组织，其前身是拱卫司，隶属都督府。洪武十五年四月改为锦衣卫，设有都指挥使 1 人，正三品；同知 2 人，从三品；佥事 2 人，四品；镇抚 2 人，五品；千户 14 人，五品。卫下辖南北镇抚司，共掌侍卫、缉捕、刑狱之事，此外，南司兼理本卫刑名等事，北司专理诏狱。宪宗成化十四年给北司颁发印信，规定镇抚所理诏狱必须直接向皇帝报告，卫使不得干预，从而使北司成为特别刑事法庭。镇抚与太监相类的是，品位不高，容易控制，但执掌司法权力很大，这正是皇帝设立厂卫的深意。锦衣卫和东、西厂并称厂卫，同是明代皇帝实行绝对专制的支柱。

厂卫在组织上互相渗透。锦衣卫的人员虽非宦官，但其高级人员多半是宦官私人，高级职位几乎为宦官弟侄所世袭；东厂的低级番役则从锦衣卫中精心挑选，其“最轻黠狷巧者乃拨充之。”刘瑾“选委乖觉官校一百余员名，……不时差出天下司府州县，访察官民贤否过失。”⑪ 锦衣卫仗宦官之势。宦官借锦衣卫之力，他们往往同时活动，共同执行皇帝的命令，共同拱卫皇权。

东厂设立之初，权力就在锦衣卫之上，如厂有侦伺卫的权力，卫却不能侦伺厂事。明代王士贞在《锦衣志》中说：“其钩察出入帷薄间，锦衣二千户理其牍，而中贵人得持牍迳至上御所，稍稍出卫上矣。”通常，锦衣卫听命于东、西厂，而厂卫之上则由司礼太监统一指挥，锦衣卫人员一旦违背太监的命令，轻则撤换，重则治罪。

3. 宦官的司法活动及其权限

侦缉和羁押 明代的司法侦查机关有厂卫和兵马司。兵马司主要负责京城治安巡逻及一般案件的侦查，而政治案件及重大刑事案件都由厂卫负责侦缉。东厂设立之初主要任务就是司法侦查。英宗以后，东厂的权力不断扩大，侦缉范围也更加广泛。

东厂侦缉的重点，首先是京城内外的政治案件，例如对皇帝的不满言论、披露皇族内部斗争的文字（即《明律》中规定的“妖言”）；其次是大小臣僚中的离心倾向，甚至藩王亦不能免。如穆宗常令厂卫密察大臣，故给事中舒化等上疏说：“厂卫檄巡辇下，惟诘奸宄、禁盗贼耳。驾驭百官乃天子权，而纠察非法，则责在台谏，岂厂卫所得干？今命之刺访，将必开罗织之门，逞机阱之术……陛下不信大臣，反信若属耶？”御史刘思贤等亦极谏其害，但穆宗并不听从。⑫

在东厂内，侦缉被称为“打事件”，厂内直房掌有钦赐牙章一方，凡打进事件需要奏闻者，用此印钤盖，可以直至御前。这一制度使东厂的侦缉活动与锦衣卫中北镇抚司的理诏狱活动一样，完全由皇帝直接控制。

厂卫逮捕人犯及处决犯人，起先要送刑部签发驾帖（驾帖是厂卫执行司法行政任务时的公文书）。驾帖下达各衙门时需用司礼监印信，并在刑科挂号。但后来厂卫势大，驾帖往

---

⑪ 谢蕡：《后鉴录》。

⑫ 《明史》卷 220。

往不经刑科签发；嘉靖时刑科给事中刘济坚持恢复刑科签发驾帖，竟被罢免。[13]

东厂逮捕的重犯，一般关押在厂内监狱，轻犯及干连者关押在厂外的代用监狱里。至于锦衣卫北镇抚司管理的诏狱，当然也受其控制。被羁押的犯人往往不待司法判决即被宦官杀戮。如英宗时太监王振将御史刘球逮系诏狱，令其党羽锦衣卫指挥马顺以计杀之。一夕五更，马顺独携一校尉推狱门入，持刀割断刘球颈项，肢解后用蒲包裹了埋在卫后隙地。[14] 因此，当时犯人均以下刑部狱为幸事，可见厂卫狱中之黑暗和惨酷。

司法管辖权 大明令规定：凡犯罪，（杖）六十以下，各县断决；八十以上，各州断决；一百以下，各府断决；徒、流以下，申闻区处。而死罪重狱，则须由皇帝面讯。洪武二十六年定制，令布政使及直隶州、县，笞、杖就地断决，徒、流以上，解刑部审录，死囚罪名上刑部详议。洪武三十年规定，定武臣死罪由皇帝亲审，其余俱以所犯奏请，后代皇帝不能亲理重案，但又不信任法司，于是或由厂卫单独管辖，或派太监与法司共同审理。

一般说来，东厂侦缉的政治案件和重大刑事案件都由东厂自己管辖。例如万历元年军士王大臣带刀入宫一案，太监冯保负责审讯，其后囚禁厂中，案情亦由东厂用揭帖上报皇帝。法司抗议定案不实，皇帝令会审，但仍是冯保主持。首辅张居正插手案情，东厂理刑白一清反责问道："东厂机密重情，安得送阁改乎？"[15] 可见重案不许外臣管辖，连首辅也不得过问。若各地王公重臣犯罪，则由太监组织专案法庭前往会审。如成化十三年，宁王与安乐王相讦，宪宗命太监罗祥、驸马都尉石景、刑部左侍郎杜铭前往按治，二王均被处罚。[16] 如果将罪犯逮捕至京，也是由太监负责审判。如嘉靖二十五年奉国将军充灼谋反，"命械充灼等至京师，司礼监、锦衣卫会科、道官鞫讯得实，充灼首倡逆谋，磔于市。诸宗室从逆者及文博等凡三十人，俱依谋反律弃市。"[17] 至于权势大的太监，还可以临时变制，进行特别审讯。如正德时刘瑾借匿名文书事，令百官跪于奉天门下，面加讯问数小时，许多老弱者当场倒地。

明代法律规定，需要复审的案件由三法司负责进行。同时，沿用历代的录囚之制，由皇帝自己或派官吏向囚犯讯察决狱等情况。中叶之后，复鞫和录囚必须有太监参加。如正统六年，英宗命刑部右侍郎何文渊、大理寺卿王文等会同内官审录在京诸司重狱，后遂成为录囚之定制。

明代的皇帝为进一步控制司法，还在普通审判之外规定了特别审判制度，其中大审、热审由宦官代表皇帝主持。

大审即每五至六年审录一次监禁中的犯人。正统十四年夏，令太监金英"理刑部、都

---

⑬ 《明会要》卷67。
⑭ 《明史纪事本末》卷29。
⑮ 《明史纪事本末》卷61。
⑯ 《国榷》卷37。
⑰ 《明通鉴》卷58。

察院狱囚，筑坛大理寺。英张黄盖中坐，尚书以下左右列坐。自是六年一审录，制皆如此。”[18] 成化十七年，“命司礼太监一员会同三法司堂上官、于大理寺审录，谓之大审，南京则命内守备行之。自此定例，每五年辄大审”[19]。审录结果，轻罪宥还，以供驱使，重罪仍然要由皇帝决定如何处置。

热审起于永乐二年，起初只决遣轻罪，正统十四年，命内臣一员会同三法司堂上官会审见监听决罪囚，以后形成制度。“每年小满后十余日，司礼监传旨下刑部，即会同都察院、锦衣卫，复将节年钦恤事宜题请，通行南京法司，一体照例，审拟具奏。”[20]

总之，重案已由厂卫管辖，而三法司审理的案件中比较重大的又由宦官主持复审，而且宦官还控制着特别审判：至高无上的皇权就这样通过宦官的活动体现在司法上。

宦官在中央的司法管辖情况已如上述；地方上则由镇守太监、守备太监等参预司法，他们具有部分管辖权。

审判中的地位 东厂单独管辖的案件，完全由提督太监定案和量刑。审判一般案件，东厂的一审即为终审。至于东厂管辖的重大案件以及太监参预三法司会审的案件的最终裁决权名义上虽然属于皇帝，实际上是操于太监之手。太监还主持专案法庭的审判及大审、热审、录囚等，并掌握量刑的幅度。东厂在审判中擅权至此，相形之下，三法司就处于极端软弱的地位。“三法司视成案，有所出入轻重，俱视中官意，不敢忤也”[21]，甚至司法官员要想在会审中变更原判，也必须在宦官处打通关节。

审判监督权 审判监督是控制司法的重要一环。厂卫掌有审判监督权。世宗嘉靖六年，厂卫权侵法司，官员们一面上书请加以限制，一面不得不承认“今后凡贪官冤狱仍责之法司提问辨明，然有隐情曲法。听厂卫觉察上闻”[22]。宦官监督三法司审判，被称为“听记”。太监刘若愚记道：凡中府等处会审大狱，北镇抚司拷讯重犯，本厂皆有人听记其口词一本，拶打数一本，于当晚或次早奏进。[23] 明制，六科给事中职专主封驳纠劾等事，“凡六科每日收到各衙门题奏本状，奉有圣旨者，各具奏目送司礼监交收。又置文簿，陆续编号，开具本状，俱送监交收”[24]。司礼监职掌六科题本，就可以对刑科的封驳本状实行监督，从而对刑部的审判进行监督。

弹劾权 明代宦官对在其管辖之外的案件以及法司依律不予追究的事件，可以行使弹劾权，直接向皇帝告劾，皇帝则听信不疑；即使所告不实，被告官员也往往受到制裁。时人评论宦官的弹劾权说：“片纸朝入，严命夕传，纵抱深冤，谁敢辨理？不但破此诸族，又

---

⑱ 《明史·宦官传》。
⑲ 《明史·刑法志》。
⑳ 《明会典》卷177。
㉑ 《明史·刑法志》。
㉒ 《世宗实录》卷80。
㉓ 《酌中志》卷16。
㉔ 《明会典》卷213。

将延祸多人。但有株连，立见败灭。”[25] 为了鼓励宦官告密，宦官往往还享有诬告免罪的特权。他们可以随意诬陷别人而不受任何惩罚。

重案最终裁决权 明代法律规定：地方官只能管辖徒刑以下案件，流刑以上重案由刑部审判，大理寺复核，都察院监督，三法司定案后仍要送皇帝批准，尤其是死刑必须复奏，所以重大案件的最终裁决权属于皇帝，而皇帝的这一权力通常由太监代行，所以重案的最终裁决权实际上掌握在太监手里。太监主要通过“批红”和“矫诏”来行使这一权力。

明代自朱元璋废中书省和罢相以后，各部有关重大事宜的奏章均须经由内阁预拟批答进呈，叫做票拟，然后再由皇帝用朱笔批红。中叶以后太监权重，往往代替皇帝批红。《明史》载，“内阁之票拟，不得不决于内监批红，而相权转归之寺人”[26]，太监竟成了“真宰相”。太监通过批红，六部事宜皆可决定，刑部所奏重案的最终裁决权自然也被太监掌握。“凡每日奏文书，自御亲笔批数本外，皆秉笔内官遵照阁中票拟字样，用硃笔批行”[27]。符合太监主意的，就批“如拟”、“照阁票”等字样，不如意者则任意驳回内阁的票拟。

“矫诏”即假传圣旨。太监矫诏之事史籍中比比皆是，如刘瑾用事五年，矫诏处罚官员就达 53 人之多。矫诏之外，还有“口传天语”。皇帝的命令常常由太监口头传达，太监说“上传某事如何处分”，大臣则“侧耳籍记，惟恐错误”[28]。实际上，这正是太监矫诏的好机会。

明代死刑案件必须复奏皇帝，如果皇帝不同意执行，但又不予答复，就把奏章留下，叫做“留中”。中叶以后，随着宦官的权势日重，他们或压下三法司的奏章不报，或“留中”予以间接否决，这是太监行使最终裁决权的又一种形式。

监杖 明代皇帝借事立威以显示皇权，经常在朝廷上对大臣施杖刑，称为“廷杖”，由太监指挥用刑，称为监杖。明代的廷杖始于朱元璋，中叶以后的皇帝威望虽不可与朱元璋相比，而恣意妄行的欲望却有过之而无不及，因而滥施廷杖更甚，太监也往往挟私施杖，致使许多律不当死的大臣当场被击毙。如正德十四年，因谏武宗南巡，大臣被廷杖者 146 人，其中 15 人被打死。嘉靖三年因争大礼，大臣一次被杖 134 人，17 人被杖死。明代中叶的太监控制了生杀大权，通过监杖甚至可以决定被杖官员的死活。

4. 东厂和法司的关系

法司为维护封建统治阶级的整体利益，主张恪守成文法，依律断狱；东厂则往往对人犯任意科刑，因此二者之间经常发生矛盾。后来，东厂凭借皇权取得了支配法司的地位，形成了“天下之刑狱先东厂而后法司”的局面，重大案件首先由东厂受理，基本上定案后再移交刑部量刑；刑部总是按照东厂的拟断执行，不过是履行一下手续而已。如果法司依

---

[25] 《明史》卷 216。

[26] 《明史·职官志》。

[27] 《明通鉴》卷 19。

[28] 钱谦益：《牧斋初学集》卷 4。

照法律规定断案，违忤太监，太监甚至可以撤换法官。

三、宦官的犯罪与处罚

一般说来，明代宦官的犯罪与处罚不受成文法的限制。宦官的某些活动只要是维护并扩张皇权的，即使违反法律，皇帝也往往因事立法，通过颁发诏旨或敕谕给他们的活动披上合法的外衣。但是，皇帝、宦官在一定程度上，还是受封建文法制约的，因为封建成文法是地主阶级意志的反映，维护的是整个地主阶级的利益，它并不完全是皇帝的个人意志，也不单纯维护皇权。所以，明代宦官权势虽大，仍然有其自身犯罪的问题。对于宦官犯罪的处罚，明代有一系列特别的司法制度，它是明代司法中的重要内容之一。

1. 宦官犯罪的管辖

明初，宦官犯罪分属三法司管辖，例如刑部十三司中，浙江清吏司掌司设监、内官监、御用监等刑名，湖广清吏司带管司礼监、尚膳监、尚宝监、神宫监等刑名，大理寺掌内府各监局之审录驳正，都察院河南道管司礼监等纠察。[29] 总之，宦官有罪俱交法司论处。明代中叶以降，随着宦官参预司法的深入，其权势不断扩大，宦官犯罪转由司礼监管辖，法司屡争也无法改变。《明史·刑法志》载：嘉靖中，内臣犯法，诏免逮问，唯下司礼监治，刑部尚书林俊言："宫府一体，内臣所犯宜下法司，明正其罪，不当祖宗法"，嘉靖不听。神宗时，连宦官犯杀人重罪也由司礼监管辖。本来，《问刑条例》规定：内官，内使、小火者、阍者等犯罪，请旨提问。实际上，上层宦官与中、下层宦官的管辖是分开的。上层宦官的重大案件由皇帝指令组织专案法庭讯治，中、下层宦官犯罪则由皇帝内批之后交司礼监管辖，只是司礼监审结后仍须奏请皇帝裁定。

2. 诉讼中的地位

明代的诉讼参预人包括原告、被告、证人和司法人员。宦官成为被告时，因其特定身份而往往处于特殊的诉讼地位。由于涉及宦官的案件一般都由太监主持审理并须奏请皇帝裁定，所以宦官证词的效力高于官吏，被告常常用反诬原告的方法解脱自己，使原告反转为被告而受到惩处。孝宗二年十月，南京监察御史姜绾等劾奏太监蒋琮罪，刑部请移文于南京法司核实。蒋琮反诬姜绾诸人连谋构陷，并劾奏诸人违法事。孝宗命太监何穆等人同往南京勘查，审理结果证实蒋琮有占管湖地、私嘱勘官及擅收班匠工银等事，其所讦御史等官违法事皆属诬陷；但何穆仍以姜绾等亦有道辱监生及失职事请并加逮问。结果姜绾等人都被逮捕，而蒋琮只是将所占官房、酒楼、湖地归官。[30] 为此，尚书王恕上疏曰：姜绾等与大监蒋琮交相讦奏，互有虚实，姜绾等既降调其职，岂宜独宥蒋琮之罪，反而为之处置乎？疏入得旨：朕意以蒋琮守备，不宜轻动，如何又这等来说，不准。不许再来奏扰，该

㉙ 参见《明会典》。

㉚ 参见《孝宗实录》卷31。

衙门知道。[31] 皇帝声色俱厉，臣僚也只有噤若寒蝉了。

3. 宦官犯罪的处刑

明代对于必须法办的宦官的处刑，除少数法外加重之外，一般都是曲法从轻。明初，朱元璋压抑宦官，对宦官规定了特别严酷的刑罚：中人当刑，无斩首律，国初止剥皮、凌迟二条。以刑余加等，当极刑也。[32] 中叶以后，宦官犯罪加等的规定不复存在，但对铤而走险，谋危皇权的宦官仍以重刑处治。例如天顺五年，太监曹吉祥谋反，磔于市，其姻亲党羽皆伏诛。正德五年，太监刘瑾有谋反企图，武宗令凌迟处死，画影图形榜示天下。

太监若卷入皇族内部斗争，得位的皇帝对成为异己分子的太监也严刑镇压。英宗和景泰帝相争时，送命的宦官很多。《明史》载，英宗复辟，尽磔景帝所用太监王诚、舒良、张永、王勤等。……是时，中官坐诛者甚众。此外，太监若触犯了皇帝的利益，同样加重惩治，如成化五年宦官杜衡盗内府金银，都察院拟罪当死，例得赎。宪宗命立斩于市。[33]

通常宦官犯罪的处刑，死罪以下是杖一百，发南海子常川打更；其次是净军，发往南京孝陵卫种菜，这是比较常用的刑罚；再次是降作小火者，往南京孝陵或凤阳祖陵司香。情节最轻的是令其私宅闲住或发往南京新房闲住。[34]

四、宦官参预司法的后果

宦官干政，尤其是参预司法，对明代中后期的政治产生了深刻影响，造成了恶劣后果。

1. 封建法制受到严重破坏

纵观汉、唐以来各个皇朝，开国皇帝在取代前朝政权之后，一般都注意整饬法制、振肃朝纲并实行休养生息政策，所以能够取得一时的兴盛。汉代文景之治，唐代贞观之治，明代仁宣之治都与法制比较稳定、封建法律秩序能够得到维持有关。但明代中叶以后，皇帝要求享有不受法律约束的最大特权，宦官适应这一需要而参预司法，结果严重破坏了封建法制，促使明王朝迅速转向衰亡。

明代宦官参预司法为害的深度与广度是空前的。首先是变乱成法，任情生杀，致使刑狱更加冤滥。这从正德时太监刘瑾在五年期间的主要司法活动中即可窥见一斑。

明律以六部分类，律外辅之以例。律例并行，同具法律效力，而例比律更灵活、更具体，在司法实际中常常以例代律。刘瑾变乱成法范围很广，数量很多，“廷臣奏瑾所变法：吏部二十四事，户部三十余事，兵部十八事，工部十三事”[35]，甚至废前朝法典。而其变乱

---

[31] 参见《明臣奏议》卷7。

[32] 《罪惟录·宦寺列传总论》。

[33] 《典故纪闻》卷14。

[34] 《万历野获编·补遗》卷1。

[35] 《明史·宦官传》。

成法的重要方式就是另行新例。正德四年四月，“刘瑾矫诏以弘冶中纂修大明会典坏祖宗旧制，杂以新例，悉毁之”[36]，并将自己所创之法经皇帝批准刊行。王世贞考定：正德五年，兵部给事中屈铨奏请刊定正德元年以后见行事例，以六部为序，编集成书，颁布中外。得旨；朝廷因事制法，见行条例，内外官民多有不遵者，其议拟刊行，永为遵守。以后虽因刘瑾谋反而未及刊行，但所行新例已遗患无穷。

清代查继佐在《罪惟录》中考核，刘瑾“更改先朝制令，悉事苛刻，动以微文中诸大臣，各边都御史以下，逮系无虚日，稍不如意辄荷校百五十斤门示”（按：荷校即枷号）。法律规定：“死罪应枷”，但死罪枷重只有二十五斤，徒、流枷重二十斤，杖罪枷重十五斤[37]，枷原是一种戒具，并非刑种。《明律·断狱》篇的《条例》规定：“凡枷号人犯，除例有正条及催征税粮，用小枷枷号，朝枷夜放外，敢有将罪轻人犯用大枷枷号伤人者，奏请降级调用；因而致死者，问发为民。”但宦官公然违背法律，滥用重枷，却不受任何惩罚。英宗时王振用枷有重至一百斤的，而刘瑾“创用枷法”，所用大枷重至一百五十斤，并作为常刑，且被枷号的官员多属罚不当罪者。

《明律·断狱》中还规定：“凡官司决人不如法者，笞四十；因而致死者，杖一百。”可是，刘瑾法外用刑，“非罪滥及良善，三四年来，枷号死者何止数千人”[38]，却从来没有挨过一板子。刘瑾死后，其法沿用至万历年间，又有所发展。沈德符在《万历野获编》中记道：“近来厂卫多用重枷，以施御囚，其头号者至重三百斤，为期至二月，已百无一全。而最毒则为立枷，荷此者不旬日必绝。大抵皆因罪轻情重，设为此法以毙之。或得罪禁廷，万无可活之理。凡枷未满期而死，守者掊土掩之，俟期满以请，始奏闻以埋。若值炎暑，则所存仅空骸耳。故谈者谓酷于大辟云。”

法律还规定，内外问刑衙门，用惨刻刑具拷讯人致死者，“文官发原籍为民，武官革职，随舍余食粮差操，若致死三命以上者，文官发附近，武官发边卫，各充军”[39]。然而，刘瑾法外用刑致使受刑者致死，却从未受到任何处罚。

此外，刘瑾任意扩大株连范围，“凡瑾所逮捕，一家犯，邻里皆坐，或瞰河居者，以河外居民坐之。屡起大狱，冤号遍道路”[40]。我们从刘瑾在司法活动中的恣肆妄为可以窥见明代法制所受到的严重破坏。

宦官参预司法、破坏法制，引起了官僚集团中有识之士的抵制和反对。他们要求限制皇权的任意扩张，终止宦官参预司法，其主要武器是祖宗成宪——《大明律》以及前代皇帝确定而沿用下来的条例，其主要方式是上书进谏。有时，皇帝迫于形势也不得不有所让步。成化十三年，内阁大学士商辂上《请革西厂疏》：“近日伺察太繁，法令太急，刑网太

---

[36] 《明史纪事本末》卷43。

[37] 吕新吾：《实政录》。

[38] 《武宗实录》卷66。

[39] 《明会典》卷171。

[40] 《明史·宦官传》。

密……究其所以，盖缘陛下委听断于汪直一人。……伏愿皇上遵祖宗之成宪，……付刑狱于法司，而申三复五奏之令。收回伺察之人，诛逐奸邪之辈”[41]。群臣附和所请，宪宗只好罢西厂。

宦官任意惩罚官吏，有的导致官吏付诸武力。如万历三十四年，云南卫所指挥贺世勋、韩光大等杀镇守太监杨荣，焚其尸。神宗听说杨荣被杀，为之不食数日，终至诛杀贺世勋等。镇守太监是皇权的替身，官吏诛杀杨荣是皇权与官僚集团矛盾激化的开端。天启时宦官魏忠贤等与东林党人的长期斗争，正是明中叶以来宦官与官僚斗争的继续和发展，不过这场斗争是以有组织的倾轧代替单个的冲突罢了。

宦官参预司法导致了封建法制的紊乱。明中叶以后，许多循吏、“清官”或是被无端惩罚治罪，或是明哲保身，向皇帝“乞骸骨”’而引退。万历末年，朝中大臣弃官回家者大半，监狱中的囚犯因无官审理，淹禁病死众多。阿谀奉承、贪得无厌的酷吏、贪官留下任职，司法日益黑暗、专横。如许多案件地方初审后迭上申详，囚犯淹禁狱中数十年而不加审问；万历时有官员犯罪，长系狱中达 37 年之久，法制的紊乱，竟至于此！

2. 阶级矛盾迅速激化

宦官参预司法之后，法司的活动受到宦官的监督和控制，为免坐失出之罪，官吏宁可深文罗织，重典治民，遂使明代中后期司法更加残酷。隆庆四年七月刑部尚书葛守礼等说：在外有司无以奉承休德，凡有讯鞫，无论轻重，动用酷刑。有问一事未竟而已毙一二命，到任甫期年而拷死数十人者[42]。连世宗在诏书中都承认：在京在外缉获强盗奸细等项，多有贪功图利及无赖戳番之徒，妄拿诬陷重罪……两京三法司并在外问刑衙门官员，不肯用心讲明律例，详谳狱情，惟事笞楚锻炼，甚则怵势徇情，故出故入，又有明知冤抑，拘于成案，回护原问官员，相视不予辨理。[43] 尽管如此，皇帝也不愿意制止宦官参预司法的活动。既然宦官为自己谋取法外特权的非法活动不受法律追究，他们就更加肆无忌惮，终于导致人民起来反抗。如天津税监马堂，“诸亡命从者数百人，白昼手锒铛夺人产，抗者辄以违禁罪之。……州民万余纵火焚堂署，毙其党三十七人”[44]。神宗时，全国各地民变蜂起，清代史家谷应泰议论此事说：为征矿税“……大珰杂出，诸道纷然。矿务之外，天津有店租，广州有珠榷，两淮有余盐，京口有供用，浙江有市舶，成都有盐茶，重庆有名木，湖口、长江有船税，荆州有店税。又有门摊、商税，油、布杂税，莫不设珰分职，横肆诛求，有司得罪，立系槛车；百姓奉行，若驱驼马。……至乃国法恣睢，人怀痛愤，反尔之诫，覆舟之祸，亦间有之。以故高淮激变辽东，梁永激变陕西，陈奉激变江夏，李凤激变新会，孙隆激变苏州，杨荣激变云南，刘成激变常镇，潘相激变江西。当斯时也，瓦解土崩，民

---

[41] 《明经世文编》卷 38。

[42] 《皇明宝训》隆庆二卷。

[43] 《皇明诏令》卷 21，嘉靖十七年十一月二十一日诏。

[44] 《明史·宦官传》。

流政散，其不亡者幸耳!”[45]

宦官参预司法加剧了地主阶级和农民的矛盾，成为明代农民起义的导因之一。宦官参预司法，毫无节制地扩大司法镇压职能，严刑峻法威胁着百姓生存并使国家丧失了大量的劳动力，严重阻碍了社会经济的发展。如宦官监盐，执法犯法，强取豪夺，随意捕人拷讯，大肆奏讨盐引、贩运私盐，致使国家收入减少，财政危机加深，统治阶级又用加税的方法把危机转嫁到农民身上；承担不了沉重赋税的农民弃田逃避赋役，又受到严刑镇压。加之明代中叶以来，各地民田大量被侵夺，国家田地数减少，但田减税不减，官吏按原定数额用里甲赔纳的手段摊派在广大自耕农身上，成千上万的农民因无力完租被迫弃土离乡，形成了严重的流民问题。流民的一个去向就是奔向矿山开矿，这又触犯了皇帝关于“盗矿”的禁令，于是皇帝派矿监、税监去加以镇压。这样，走投无路的劳动人民终于被逼得奋起反抗了。

宦官的肆虐给明代农民带来了深重灾难。因而，正统十三年，福建邓茂七揭起义旗时提出了“进京诛王振”的口号。明祝允明在《江海歼渠记》中云：“逆瑾窃柄，括天下财入私坞，膏血涸竭，莩死填路。其间犷者走险以挺，所在团结最巨者，曰四川贼、山东贼、江西贼、河南贼，呼啸而聚，多者至十余万”。高岱云：“刘瑾用事，贿赂公行，百官非赀入不得迁，且祸及，故贪墨风炽，有司尤甚。连岁值水旱，瑾并征数年积，逋急，使者傍午出，敲扑惨酷，百姓无不嗟怨思乱。”[46] 当朝廷派官员去软化刘六、刘七领导的农民起义军时，刘七就说，“今政在内臣”，拒绝招抚。各地农民起义之后不久，林俊上疏指出：京师、直隶、山东、河南、广东、广西、福建、江西、湖广、四川盗贼之起由刘瑾之致，云南、贵州盗贼充斥，亦由刘瑾多方诛求，剥削匮竭之致。[47] 当明末农民大起义号角吹响时，李自成檄文中有“宦官皆龁糠犬豚”之语。起义军攻占北京后，“各营拷职官追赃，内臣加炮烙尤惨”[48]。可见农民对宦官的痛恨。“在历史上活动的许多个别愿望在大多数场合下所得到的完全不是预期的结果，往往是恰恰相反的结果”[49]，皇权无限膨胀，最终必然与帝王的意愿相反，宦官参预司法不但没有巩固君主的绝对专制，反而成为农民起义的“催化剂”，促使明王朝更快地覆灭。

五、余　论

宦官参预司法，曲折地反映了君主专制极端发展的恶果，是封建专制制度腐朽性的表现。如果说皇权的强大在明代前期对维护国家的统一、建立封建秩序还有积极作用的话，

---

[45] 《明史纪事本末》卷65。

[46] 高岱：《鸿猷传》卷12。

[47] 见《明经世文编》卷86。

[48] 谈迁：《金陵对泣录》。

[49] 《马克思恩格斯选集》第4卷，第244页。

那么到了明代中叶就成了发展生产力的桎梏，社会动荡的震源。尽管皇帝“一个人有独揽的无限专制的权力，什么法律都由他颁布，什么官吏都由他派”[50]，但在皇权无限膨胀的过程中，连法律与官吏也成为皇帝个人独裁的障碍了。翻开明代中叶每个皇帝的即位诏，都写有“凡问囚犯，今后一依大明律科断，不许深文妄引参语、滥及无辜”[51] 等字样，但史实证明：正是皇帝自己撕毁了诏书，使宦官凌驾于法司之上，使法律规定成为具文。

毫无疑问，封建统治阶级中任何一方对司法权的控制和争夺，最终都是为了巩固剥削制度，镇压人民的反抗。但依律断狱、轻刑省罚，多少有利于社会经济的发展；而皇帝通过宦官推行任情生杀、重典绳民的政策，则给人民带来了深重的苦难。明朝皇帝恣意强化封建专制的结果是激化了阶级矛盾与统治阶级内部的矛盾，摧残了新的经济形态的萌芽，严重妨碍了生产力的发展，拖住了历史向前迈进的脚步。

封建统治阶级的倒行逆施总是自掘坟墓，明末农民大起义敲响了明王朝的丧钟。继之而起的清朝统治者深以明朝的覆灭为戒，严禁宦官干政。清世祖顺治十二年六月立铁牌告诫说，“……明朝王振、汪直、曹吉祥、刘瑾、魏忠贤等专擅威权，干预朝政，开厂缉事，枉杀无辜……足为鉴戒。朕今裁定内官衙门及员数职掌，法制甚明。以后但有犯法干政，窃权纳贿，嘱托内外衙门，交结满汉官员，越分擅奏外事，上言官吏贤否者，即行凌迟处死，定不姑贷。”[52] 应当承认，清代前期的兴盛与无宦官之祸是有一定关系的。

---

[50] 《列宁选集》第 1 卷，第 393 页。

[51] 参见《皇明诏制》。

[52] 王先谦：《东华录》。

张彩凤

试论英国衡平法的起源、发展演变*

简介

张彩凤，女，中国人民公安大学法学教授，吉林大学历史学学士（1982年）、法学硕士（1985年），美国加州大学伯克利法学院（1993～1994年）、英国爱丁堡大学法学院访问学者（1999～2000年），主要研究方向为法律史、法理学及比较法律文化。发表论文41篇，出版著作、参译、参、主编教材和辞书25种，代表性专著有《英国法治研究》，代表性论文有《论英国衡平法的发展演变》、《论西方法治传统的思想渊源和观念基础》、《英国宪政：商谈式民主演进模式》、《英国宪政：程序主义结构范式》等。

* 本文为作者1985年法制史硕士学位论文，指导教师徐尚清副教授。曾以缩写的形式发表于《吉林大学研究生论文集刊》（社会科学版），1986（2）。本文于1986年发表时是对1985年提交的6万字的“硕士学位论文”的缩写，因当时篇幅所限而将注释删去。此次只是增加了注释一项，故，本文基本属于“原文刊发”。

延续了八百年之久的英国衡平法（Equity），是现代英美法系的重要组成部分，它几乎扩及半个世界，其重要性不可低估。但是，多年来由于诸种因素，我们未能对此予以足够的重视，甚至到今天，这一名称对一些人来说仍然很生疏。显然，这种状况对我们深入研究外国法律制度的发展史以及从世界各国法制中吸取有益的东西是极为不利的，甚至还大大地影响到我们在与资本主义国家，特别是与英美法系各国进行民事、商业往来中做到知己知彼，以保护我们国家和公民的合法权益。随着我国经济、文化建设的繁荣和对外经济开放政策的落实以及国际交往范围的扩大，涉外案件日益增多，特别是了解和掌握香港的现行法律制度，客观上表明，研究作为私法的衡平法有着重要的现实意义和深远的历史意义。本文试图沿着英国衡平法的脉络，对其含义、产生及发展演变作一初步探索，唯希指正。

一、何谓衡平法？

提起衡平法，在国内外法学界一直没有一个明确统一的定论。① 本文认为，衡平法是一个多层次的概念，其含义基本上有三种："平等"、"正义"、"公道"和"合理"是其广义，自亚里士多德始被普遍运用于社会政治道德哲学和法律哲学中，是一种观念形态的、源于绝对自然法则、由理性发现的、价值指向极为鲜明的一般意义的理念法。狭而言之，是法学上的术语，用来指称一种与"严格法"相对应的"公正原则"，这种原则以其理性精神指导立法、司法实践，匡正主体法之不足，由此衍生出一系列"特殊正义"原则和规则，在法学上统称为衡平法。衡平法因其极富弹性和适应性而以特有的自由裁量权补充、修正主法之不足，满足了不断变动的社会发展之需求，它几乎不同程度地存在于所有法系之中。在此意义上的衡平法旨在法律由自发进入自觉的发展进程中，人类有意识地以"自然正义"、"实质正义"为指导匡正、补充和完善"法律正义"、"形式正义"下法律制度和法律

① 梅特兰认为，要想成功地给衡平法下一定义，是不大可能的，只有列举其内容，追溯其历史予以说明。参见 Maitland，Equity，London，1949，p9. 贝克尔认为，"无论在何种程度上都难以确切表达衡平法的概念。也许，它的准确概念就是一部衡平法发展史"。参见 J. H. Baker，An Introduction to English Legal History，London，1979，p5. "想成功地给衡平法下一定义是不太可能的，它始终是关于普通法的一种补充的司法制度，一种补遗或注释。"参见 Pittit P. H，Equity and Law of Trusts，London，1979，p1. "衡平法乃系普通法之补助法。"［英］梅因，《古代法》，方寿狱等译，23 页，商务印书馆，1933。

实践之不足的主要手段。[②] 衡平法的第三种含义更为具体，在历史上，专门指的是英美法系的衡平法渊源。这是英美法系区别于以公法和私法之分为主要特征的基于罗马法的大陆法系的一个重要而特殊的法的分类。[③] 衡平法是一种针对普通法、独立于普通法的补充性判例法，其产生与发展就是为了补充普通法的不足、修正普通法所造成的不公正。

在历史上，英国衡平法根源于国王权威，由中世纪教士出身的大法官以自己的“良心”和“正义”为标准创制并实施，后在衡平法院内发展，被主要运用于民、商事法律关系中，对普通法予以补充和修正，而加以发展的一种变动性、流动性很大的法律原则和规范。衡平法在早期涂有神秘的宗教伦理色彩，一度被称为“良心法”、“道德法”，其主要渊源有罗马法、教会法、普通习惯法、城市法和商法等。它一经出现因其蕴含着新的、灵活实用的因子而受到普遍欢迎且获得迅速发展。在现代，作为与普通法、制定法并驾齐驱的英国衡平法，主要是一种由衡平法庭强制实施的混合法、补充法和判例法，是实体法与程序法紧密糅合在一起的一种判例法体系，是一种重意图而轻形式、极富弹性的诉讼程序和司法自由裁量权，是一种已由私法而扩及到公法领域的制度法事实和法精神。衡平法的管辖范围比较广泛，在物权法、债权法和人法中，几乎都不同程度地有所涉及，其权利和救济手段很多，典型的有四种：用益权和信托、衡平法上的赎回权、特别履行、禁止令、纠正、撤销、返还和衡平法上之不得自食其言。衡平法的诉讼程序以灵活、便利和经济著称。犹如普通法，衡平法也有许多不同历史时期不同形式的判例汇编和法令。

梅因说：“衡平法是一种具有神圣性质的若干公道的准则，是一切法律的楷模”，是一种“进步的力量”[④]。衡平法在不同的社会历史阶段发挥了不同的社会效能。

二、衡平法的起源

在我国法学界，传统的观点是，衡平法产生于 14 世纪。本文认为，英国衡平法与普通法几乎是同时产生于 12 世纪的封建化时期。当普通法取得了一定程度的自治性但还算不上自足时，虽然绝大多数社会关系主要由普通法调整，但司法实践表明，求助于另一种法律

---

② “至少从亚里士多德开始，如何根据正义的考虑，减轻现行法律可能带来的严酷和不公正就已成为法律理论与实践所面临的一个问题了。”［美］埃尔曼，《比较法律文化》，贺卫方、高鸿钧译，59 页，三联书店，1990。按照梅因的说法，衡平法是指建筑在个别无上神圣原则基础上的与原有法律共存的某些规定。它体现了法日渐强化的目的性、意志性和功利性，以明白的\公开的方式干预一般法律，使之与社会发展相得益彰。衡平法是一般法律必须应当加以遵守的，其功能主要是矫正和补救性的。它发生于人类社会一空虚更为进步的阶段，如古罗马的“裁判官法”和英国的“大法官法”。其权威和效力来自于其特殊的具有伦理性质的原则而非任何人或团体的特权，从而区别于立法。参见［英］梅因，《古代法》，沈景一译，17 页，商务印书馆，1995。

③ 因为在英美等国，衡平法在历史上已发展成为一套独立的法律体系，既有实体规则，又有程序法和实施这种法律制度的独立的司法组织即衡平法院。故，英国的衡平法更具特殊性。衡平法一直是一个引人注目的研究课题。

④ ［英］梅因，《古代法》，方孝狱等译，23 页，商务印书馆，1933。

规则即衡平法的案件在渐渐增多。据有关资料表明，14 世纪之前的英国有许多具有衡平救济性质的案件在“自然正义”、“国王是正义的源泉”的古代观念支配下，由普通法院、国王及其枢密院执行的。这也进一步说明对于一个以实现公平正义为主旨的一般法的普通法，其实效性是离不开特别法的支持的。如用益权的最早形式是日耳曼法中的指定遗嘱执行人，是由教士出身的普通法院法官适用后由大法官予以认可而成为衡平法制度的。梅特兰也认为，早期“用益权”在由大法官使用特殊令状加以保护之前，是由普通法院执行的⑤。这种日益增多的衡平司法请求都是向国王提出的。最初的做法是将这种司法请求转送至普通法院。⑥ 普通法院这种自由裁量权的行使无疑是在个别讼案中以实现“实质正义”为目标的。⑦ 按照布雷克顿所引用的 1 130 个案例进行分析，在 12—14 世纪上半叶，衡平法与普通法被普通法院统一适用。⑧ 在爱德华一世统治时期（Edward I，1272—1307），衡平救济由普通法院、国王和枢密院给予。⑨ 13 世纪时，基本上由大法官依据“衡平”原则和“良心”观念对一些特殊控诉状进行自由裁量。

衡平法的产生及其后与普通法的分离是有其社会历史根源和认识论根源的。其原因：首先，衡平法是在当时英国封建社会简单商品经济已获得相当程度的发展，与之相适应，形成的新权益客观上要求得到新的法律保护，而具有严格诉讼形式（普通法的令状和司法程式化）和内容褊狭的普通法又难以满足的条件下应运而生的。其次，强大的中央集权和集中统一的王室审判机构是其形成的前提条件。再次，衡平法的出现受到中世纪流行的自然法学、复兴的罗马法以及盛行的教会法的深刻影响。在全部古代社会，宗教和道德对法律的影响是相当大的。特别是在西欧特殊的历史条件下，神学一统天下。当时充任法官和行政官的是惟一的“智识阶层”教士们，他们在司法活动中，将道德、宗教以及罗马法和固有的习惯法紧密糅合一起，一方面，赋予道德以法律的强制力；另一方面，将法律纳入宗教与现实伦理的樊笼之内，使硬性的法律规则转化为富有弹性、能左右逢源的道德法或正义法。应该说，在这一特殊背景下，负载着文明社会观念和时代价值而出现的衡平法的别具一格和强而有力是不难理解的。最后，正在形成的普通法的两面性以及国王行使“正义”这一残存的古代司法权等。上述多种因素致使衡平法于 12 世纪末的大不列颠应运而生。

13 世纪英国强有力的中央政治经济集权和统一的中央审判机构，不仅为普通法的形成和迅速发展创造了前提条件，且奠定了衡平法产生、发展的基础，从而促进了英国封建制

---

⑤ Pollock & Maitland，The History of English Law before the Time of Edward I，London，1980，p189. Walson，Treatise on Equity，Chicago，1930，p111. Maitland，Equity，2th. edn，London，1949，p6. Holmes，Early English Equity，An Shout Outline English Legal History，3th. edn，London，1933，p67.

⑥ A. Harding，The Law Courts of Medieval England，London，1973，p22.

⑦ R. J. Rock，English Legal System，5th. edn，London，1980，p105.

⑧ 参见［英］梅因，《古代法》，沈景一译，23 页，商务印书馆，1995。

⑨ Holdsworth，A History of English Law，Vol1，p412。

度的早日确立，加速了资本主义的早日到来。从12世纪中叶起，英国的简单商品经济已十分活跃，新的经济关系在客观上必然向法律提出新的要求。在人类社会的早期，当法律不足以满足社会生活需要，客观上要求一种辅助的手段时，便会自然求助于宗教或政治权威。按照早期中世纪英国的思想观念，当案件在普通法院或地方法院不能获得公正和救济时，当事人有权以"正义"和"良心"的迫切需要为理由，直接向"正义"的化身国王申请以求公正裁决。"衡平法和普通法产生的根源是共同的，它们根源于王权，其踪影可以从伟大的亨利二世奠定的普通法制度中找到。"[⑩] 故，王权是衡平法赖以产生的重要因素。形成中的普通法的两面性也导致了衡平法的产生。作为一种具有旺盛生命力的普通法，一方面因其严格、刻板的形式主义的局限性而需要求助于新的法律手段以满足社会；另一方面因其判例形式而固有的开放性而能够接纳一切其他社会规范精华，以丰富和发展自身。而且，早期普通法本身也含有一些衡平因素。此外，因正值罗马法复兴时期，国王的法官对教会法、自然法和罗马法的大量接受，为衡平法的产生奠定了思想理论及制度基础。

萌芽时期的衡平法属于普通法的一部分，由国王、枢密院等行政权力机构和王室法院（即后来的普通法院）执行并发展。可以说，衡平法原则产生于早期的国王、枢密院和普通法院的司法活动中，衡平法院是建筑在它所取代的这些机构的诉讼程序和救济手段上的。新的法院不是衡平法的创造者，而是在执行王室权力，从事古老法院事业的基础上进一步发展和完善了衡平法。早期衡平法的重要特点：起源于王权初期的衡平法原则零星、模糊，其原始朦胧的规则分散于普通法判例之中[⑪]，其产生及发展有赖于国王、枢密院以及王室法院，没有专司它的司法机构；它的实质是"自然正义"，其权利和救济手段不甚明确，主要有：用益权、禁止令、特别履行等。尽管不成体系，但可以从中看出衡平法的端倪；它具有"准司法"性质和"良心"色彩；早期衡平法所施救济既对人也对物，具有广泛的、无限制的自由裁量权。

如果从具备完整意义的衡平法律体系而言，不可否认，它形成于15世纪。但是，从衡平法的萌芽、起源直至其体系化、组织化和制度化实际约有三百年的历程。

---

⑩ Walsh，Treatise on Equity，Chicago，1930，p5. Adams，The Origin of English Equity，London，1916，p87.

⑪ 如主要有用益权理论。受益制形成于13世纪后半叶，当时，非经特许不准移转地产，且土地权利的移转都是通过宗教仪式进行的受益制成功地冲破了普通法对土地转让的种种固有规则的限制，逃避了国王对自由保有地的种种附属性的税收，受益人的权利得到衡平法的保护，这一制度发展成为现代的信托制。又如禁止令，这种司法程序制度是直接针对被告本人的，是对人的命令。当时凭借禁止令手段，可能命令或禁止教会和其他法院去作为或不作为，也可以阻止被告继续施行非法的浪费行为。再如强制执行令，普通法的传统救济手段只是损害赔偿，在一些土地、契约和商业纠纷中，普通法没有规定适当的救济形式或完全没有。故，利用衡平执行令可以迫使被告特别履行其民事契约义务。

三、衡平法的发展演变

近代衡平法的发展形态（15—18 世纪）

这是衡平法独立、成熟的时期。在这一时期，衡平法由衡平法院专门适用并加以发展。在 15 世纪末，衡平法与普通法完全分离，由从枢密院中独立出来的衡平法院专司，走上了自己独立发展的道路。此后，在英国存在着普通法院与衡平法院各司其法的双轨司法体制。其原因主要有：首先，因为当时社会的进化、经济的发展以及文明的趋势，行政、司法和宗教正经历着一场深刻的变革，三者开始了彻底的决裂；其次，普通法已定型化，其僵化的诉讼形式、狭窄的管辖范围以及陈腐的实体内容，“遵循先例”使它难以应付社会的挑战，普通法已与社会的发展相脱节[12]，难以同步前进，二者矛盾的解决有赖于新的调整手段。再次，当时的巡回法院基本终止，地方法院也被废除[13]，留有大量的讼务需要新的法规，新的救济手段予以调整。因而，人们递交上来的“控诉状”越来越多，作为贫富避难所的大法官厅的司法职能日渐重要，大法官处理的案件与日俱增，1474 年，大法官厅作为独立的衡平法院崛起。[14] 衡平法在与普通法、行政机构和宗教分离的过程中，“它不允许任何一个权利得不到救济”[15]，逐渐走上了自由、独立的发展道路。

在衡平法的发展中，大法官起了显著的作用。由于他们的出身及其职务，决定了衡平法多层次的含义。因而，衡平法素有“大法官法”之称。大法官发展衡平法主要通过三种途径：第一种途径，吸收的方式；第二种途径，大法官的司法活动；第三种途径，大法官汇编判例、确定原则等形成系统化的衡平理论的方式。英国的衡平法能长期地延续下来，并在审判中发挥其作用，与历代大法官的贡献是分不开的。“从某一方面说，衡平法的历史是英国大法官的历史。”[16] 可以说，英国衡平法，正是在其发展的前期，由身兼三职（宗教、司法和行政）的教士出身的大法官，运用自由裁量权，通过其司法活动，吸收了与此相联又互有影响的教会法、罗马法和普通习惯法以及商法的精华，在办案中，将其融为一体，形成自己一套独特的理论和救济。衡平法在其发展的后期，由很多法学家出身的大法官，如卓越的诺丁昂、哈德威克等人，按照普通法的模式将其整理、汇编、组合在一起，并提炼、系统化其原则和理论。到 16、17 世纪，衡平法院的管辖权极为膨胀，时任大法官的培

---

⑫ Ralph. A. Newman，Equity and Law A Comparative Study，1961，New York，p25.

⑬ David. M. Walker，The Oxford Comparation to Law，1980，Oxford，Clarendon，p424.

⑭ 在此之前，大法官厅一直以国王名义和枢密院的身份颁发衡平法令。1474 年，大法官正式以自己的名义颁发了第一个法令，这在英国法制史上被认为是衡平法院独立的标志。此后，衡平法就由大法官厅独立适用。据记载，在 1420—1450 年期间，大法官厅的讼案增加了几倍。参见 Albert Putney，Introduction to the Study of Law，Legal History，1972，London，p162. Pettit P. H.，Equity and Law of Trusts，4th. edn. 1979，p9。

⑮ 同上，p9。

⑯ Maitland，Equity，2th. edn，1949，London，p6.

根说，他仅在一年内就颁发了2 000个法令，共处理了16 000起衡平讼案。[17] 到18世纪末，形成一套独立较完整的实体法规、程序法和法院系统，以至成为今日英国判例法的一部分。由于衡平法与普通法在原则、法规和救济手段以及诉讼程序上有着根本的区别，衡平法院又与王室特权、宗教有着密切的关系，因而，导致英国法中的双轨制即普通法院与衡平法院产生了许多矛盾，甚至公开的冲突。[18] 斗争的焦点是不断扩大的衡平司法管辖权，导火索往往是衡平法院发布的“普通法禁止令”。衡平法的社会根源和阶级根源是这两大法院争斗的根本原因，它们各自在不同的社会历史时期代表不同阶级的政治愿望和经济利益。初期，这种对立和斗争，是封建统治阶级内部争权夺利的反映，到16、17世纪，则是新生资产阶级同王权、封建贵族之间矛盾斗争的主要表现。同样，资产阶级革命的妥协也导致了两大法院之间斗争的和缓。近代衡平法正是在与普通法的长期抗衡中，迎合了社会的需要，弥补了普通法的不足，对社会发挥了其特有的效能，也是在这种斗争中得以进一步形成、发展和巩固的。

16—18世纪是衡平法发展的黄金时代。这一时期，它几乎扩及到债权法、物权法和人法等民商事法律关系的各个方面。它消除了早期原始的宗教、“良心”色彩，由“自然正义”进入了“个人正义”，重蹈普通法的“遵循先例”之辙，较系统、缜密的衡平法理论基本确立。运用自由裁量权行使衡平司法权的前提条件是因缺乏普通法救济或普通法救济不适当而发生的案件；因普通法诉讼程序的弊端或普通法实体规则的不周而否决了的案件[19]；因被告的有钱有势、在王室法院得不到公正裁判的案件等等，衡平法都给予保护和救济。由此将衡平司法管辖权也分为三类：专有管辖、共同管辖和辅助管辖权。专有管辖即衡平法院执行的是普通法院不承认新的权利案件。如信托，已婚妇女的分立财产以及衡平法上关于取回担保物的权利；共同管辖只是给与一个替换的、更为合适有效的救济而已。对同一类案件，两院有着共同的审判权。如契约的特别履行、诈欺、错误和事变等；辅助管辖权是指当民事权利在普通法上予以承认且对不法救济又是适当，也需要衡平法救济，这种救济只是排除普通法的某些诉讼规则，以保护证据的权利等，即法院给与双方当事人以特别诉讼程序上的利益，如要求恢复诉状、给与中间禁止令、指定财产保管人以及发现新的证据等等。

在长期的司法实践中，衡平法形成了一套稳定而高度概括且体现了社会道德原则精神的格言，如衡平法不容有无救济之害；衡平法遵循普通法；有求于衡平法者须行衡平之事；衡平法重意图而不重形式；衡平法是对人的法等格言。[20]

近代衡平法的权利和救济主要有：用益权和信托、衡平法上的赎回权、已婚妇女的财

---

⑰ 同上，p10。

⑱ 1615年时任高等法院院长的柯克与大法官艾尔斯密尔的公开冲突难分难解，最后由国王詹姆士一世裁决平平法院胜诉，由此决定了衡平法的合理生存及其长足发展。

⑲ Herry I. Mcctintock，Hand of Equity，Chicago，1935，p6.

⑳ 同上，p27。

产权，特别履行、禁止令、校正、撤销、清算等等。[21] 衡平法院的诉讼程序也有一从简单到精密的发展过程。[22] 主要特点是“重意图而轻形式”、较简单、灵活、诉讼无需令状，由大法官直接传唤被告出庭，口头审问，不设陪审，法令直接下达被告本人，对人身实行直接强制。

衡平法由古典进入现代是通过19世纪对近代衡平法进行改革而实现的。19世纪司法改革是衡平法发展史上一个重要的环节，是跨入现代衡平法的根本性转折点。促使衡平法改革的原因主要有：其一，司法改革是19世纪英国自由资本主义社会向垄断资本发展的必然结果[23]，客观上要求法律作出相应的变革。其二，在以妥协告终的英国资产阶级革命后，统治阶级承袭了形式主义的诉讼程序和封建的法律传统，错综复杂、名目繁多的法院组织，浩如烟海、彼此矛盾的判例法和制定法，致使整个英国司法制度紊乱不堪，已成为统治阶级不能得心应手的工具，需要统一、简化和协调。其三，衡平法改革的直接原因还有，改革前的衡平法犹如普通法已发展成为一种定型且刻板的判例法，其不确定性和法官的主观武断性，法院诉讼程序冗长繁重、拖沓，没有效率[24]，法院组织机构庞大、审判人员不适当，缺乏科学的管理体制，法院内部腐败、贪污受贿之风盛行。19世纪初的衡平法院已达到声名狼藉的程度，严重地阻碍了社会的进步，改革已势在必行。其四，一些进步的改革家如边沁作出了卓越的贡献，在他们的影响下，带来了英国史无前例的大规模的司法改革运动。

改革的方式主要是通过国会立法。法令分为两种：一种是直接针对衡平法的；另一种是影响到衡平法的。改革过程基本分作两个阶级：前一阶段：首先，集中消除诉讼拖沓、清除积案，提高办案效率。增加法院的审判人员，创设衡平上诉法院。同时，减掉一些闲职人员，便于在司法行政上更有效地控制管理。其次，简化法院繁复的诉讼程序，颁布了许多法令，对诉讼手续、技术结构、书写文书、统一格式以及证据等方面均作了一定程度的改进，使普通法和衡平法的诉讼程序趋于一致。再次，对普通法与衡平法的司法管辖权，各自的实体法规以及救济手段作了某种适度地调整。后一阶段，即1873—1875年《法院组织法》的颁布，使改革达到了高潮。改革的直接结果，统一了全英国的法院体制，建立了最高法院，合并了普通法院与衡平法院的司法行政，实行共同管理，使衡平法院成为最高法院的一个分庭；统一了司法管辖权，确立了“同等权能”原则和“衡平法优先”的原则；简化了诉讼程序，基本上解决了普通法与衡平法的矛盾，为现代英国司法体制奠定了基础，

---

[21] H. Arther Smith, M. A. L. B, A Practical Exposition of the Principles of Equity, 2th. edn, London, 1888, Stevens & Sons, p17.

[22] 一般观点：衡平法的诉讼程序大体上是仿照教会法的，其诉无需令状，只要有原告的不拘形式的请求书即可受理。Herry I. Mcctintock, Hand of Equity, Chicago, 1935, p21. H. Arther Smith, M. A. L. B., A Practical Exposition of the Principles of Equity, 2th. edn, London, 1888, Stevens & Sons, p19.

[23] 参见《马克思恩格斯全集》，第1卷，178页，人民出版社，1965。

[24] Rene' David John E. C. Briertey, Major Legal System in the World, 1978, New York, p319.

使英国衡平法如同普通法一样走上了“遵循先例”的老路。19世纪的司法改革尽管很不彻底，但是，这次改革不仅是英国衡平法，而且，是整个英国法律史和司法制度发展史上的一个里程碑。

现代衡平法及其特征

现代衡平法的内含外延有着不同往日的新的动态及其发展趋势。与近代衡平法院相比较，现代衡平法庭在司法体制、司法管辖权以及诉讼程序上都发生了很大的变化。衡平法庭失去了改革前的独立地位，尽管它仍旧专司传统的衡平法案件，但却受“同等权能”原则的支配，其司法管辖权已由原来的三类合为一体，扩大为共同管辖，其权限仍旧是民事初审和上诉审，其诉讼程序较改革前简单、迅速，许多方面与普通法诉讼程序相近，但在审判活动的原则和方式上，基本上仍然是改革前的那一套[25]，即依据书面的、审问式的方式进行审判，陪审团只起顾问性的作用。

了解现代衡平法的发展、变化，须从它与普通法的关系入手。长期以来，对现代衡平法与普通法的关系众说纷纭，一直争议未决。基本上有两种观点：一种是普通法与衡平法在司法改革后融合了；另一种是没有融合。本文认为，从历史和现实中看，本是同根生的普通法与衡平法二者的融合进程不仅在司法改革以后，而且，在改革以前就开始了。19世纪的司法改革只是加速了这种进程。经过一个世纪联合的司法管辖权，现代衡平法与普通法的关系是相依相存、和平共处、相互吸收和彼此渗透。二者尽管具有某种独立的特征，但始终呈现出一种根本统一的趋向。[26] 二者的融合主要表现于：法律原则、实体法规、理论和救济手段以及诉讼程序等方面。但是，这种部分融合、渗透的过程是在完全没有丢弃普通法与衡平法各自根深蒂固的法律特征的基础上进行的。[27] 二者的主要区别表现于：传统的救济手段，即普通法对一个违约案件始终给与损害赔偿而衡平法却给与多种救济方式如特别履行，只是两种救济可以在同一诉讼中进行。普通法只把那种有形的暴力胁迫作为解除契约的理由，而衡平法则考虑精神方面，即凡属于“不当压迫”下订立的契约都可撤销。在债权转让中，衡平法承认普通法上否决的第三人的利益。在信托法上，衡平法保护的是受托人的利益。现代衡平法庭对于需要各种衡平法补偿的争端，原则上都无权要求进行陪审，须另行登记，至今衡平法庭使用着与普通法相区别的传统的专门术语。现代衡平法发展的根本趋势是由制定法不断补充、修正，它与普通法合流之际，即是被制定法取代之时，走向和谐一致是衡平法、普通法和制定法这三大英国法律渊源发展的必然趋势，三者的统一是由垄断资本主义社会所决定的英国法律制度发展的必然。

现代衡平法对社会仍旧起着不可估量的作用。17、18世纪某些重要的衡平法领域，在制定法的配合下，许多已成为现代法律的重要组成部分，而且，大都有了新的发展，甚至

---

[25] Rene' David John E. C. Briertey，Major Legal System in the World，1978，New York，p320.

[26] 格里弗斯，《英美法总论》，姚淇清译，288页，中正出版社，1976。

[27] R. J. Rock，English Legal System，5th. edn，London，1980，p141. Ashburner，The Principle of Equity，2th. edn，1954，p18.

有某些部门已独当一面，如信托法、专利法、公司法等，其理论和救济手段在现代纷繁复杂的社会生活中，用途更为广泛，并已深入公法领域。如在契约法中广泛使用的特别履行、部分履行的救济手段，不当压迫、对未得到通知的已给付价格的善意购买人的衡平理论、“重意图而轻形式”、“平等”的衡平原则，“不把时间条款作为契约的要素”等等。在现代侵权法中，大量运用各种衡平禁止令，涉及社会公益，无形的财产、个人权利等方面的侵权案件。此外，衡平法上的抵押在现代社会也广为使用，并发展成为一种“留署权”理论。现代衡平法还发展了一种“夫妻财产分别制”理论，旨在保护已婚妇女的财产，维护男女平等的财产观念。现代衡平法依旧奠基于司法判例原则的基础上，由司法解释和法定原则的适用所组成。

现代衡平法具有许多新的特征：

第一，确立了“同等权能”和“衡平法优先”的原则，“遵循先例”的原则伴随着现代法院组织体系的完善也最后确立和巩固。尽管这种情况极大地影响了两大法律体系达到理想的最佳配合，但是，它是现代衡平法适用上的特征，也是英美法系的基本原则。

第二，现代衡平法理念已由古典的“自然正义”、近代的“个人正义”过渡到现代的“社会正义”。

第三，以前时有冲突、现已基本上和平共处、相互融合渗透是现代衡平法与普通法关系上的新特征，二者发展的根本趋势是与制定法合流。

第四，在现代衡平法庭，法官在审理案件方面的权力正日益扩大，这种扩大主要表现为法官有更多的机会发挥自己的“自由裁量权”，它并不像普通法完全固守自己单一的传统的救济手段，而是往往交叉使用某些彼此有联系的、穿插的、混合的调整方式。

第五，现代衡平法庭已不再是一个原来意义上的衡平法院，它是一个完整意义上的与王座法庭、家事法庭并列的现代司法组织。

英国衡平法这些新的特点和新的倾向，无疑是由垄断资本主义社会的物质生活条件决定的。它反映了生活在垄断资本主义这一社会发展阶段上，人与人之间的社会关系。现代衡平法从体系内容都反映了垄断资本主义经济这一特定历史时期的特点。

余　论

概括英国衡平法八百年的发展史，我们应从以下几个方面加以认识和把握：

（一）英国衡平法与历史上其他法的渊源形式一样，是属于一定历史范畴的社会政治法律现象。它在其产生和发展的初期是与封建制生产方式下的简单商品经济发展紧密联系在一起的。换言之，英国衡平法正是在简单商品经济已获得了相当程度的发展，而客观上又要求得到新的法律保护的条件下应运而生的。

（二）英国衡平法能绵延至今、如此顽强地适应几个不同的社会形态，连绵不断地维续下来，除了社会的、民族的、政治的、经济以及传统文化等主要因素之外，其自身在形态上所作的相应变化也是至关重要的。它能够在不放弃“公平”、“正义”原则的前提下，不时充实自己的理论和救济形式，更新自身的制度体系，以迎合时代的潮流，在蓬勃发展的社会挑战面前求得自身的生存和发展。英国衡平法在其历史发展过程中，共经历了三种法律形态：早期衡平法形态：在封建化的基础上，零星、不规则的衡平救济手段，由国王、枢密院等行政权力机构和普通法院发展执行；近代衡平法形态：从资本主义原始积累到自由资本主义末期，已成为一个独立法律体系的衡平法制度，由大法官运用自由裁量权在衡平法院专门适用；现代衡平法形态：进入垄断资本主义社会直到当代，逐渐与普通法、制定法相结合的衡平判例法，不仅由衡平法庭适用，而且，也被英国最高法院的其他法庭适用。由于所处的社会历史时代不同，每一种法律形态所处的地位、表现出的性质、所起的作用，在不同的历史时期是不尽相同的，由此呈现出各自不同的特征。尽管如此，英国衡平法的根本原则因其道德性而至今不衰，它成为资产阶级法学史上的一件瑰宝，对其他剥削阶级法律制度的发展给予深刻的影响。

（三）英国衡平法的形成、发展和演变，表现为三个过程即吸收、分离和组合，即英国衡平法的发展过程是吸收、分离和组合的过程。一是吸收的方式。主要表现在：对罗马法、教会法和普通习惯法以及商法等的吸收。通过“去粗取精”、吸收和消化的过程，将众多封建性质的法律渊源改造成为适合现代资本主义所需要的原则和法规。当然，它对这些法律渊源的吸取是不均等的。可以说，英国衡平法是在全面、广泛地吸收其他社会规范及法律的基础上建立起自己的法律大厦的。二是分离的方式。主要表现为：衡平法院与行政权力的分离；衡平法与普通法的分离；衡平法与宗教、伦理的分离。时代的发展使得它抛弃一些过时的东西，补充一些时髦的东西，表现为新的形式和新的充分的内容。分离使得衡平法得以迅速的发展，完全具备了纯法律的特征，以至成为与普通法制度并列的英国法律史上第二大法律体系。三是组合的方式。主要表现为：一是同类组合，亦可称自我组合。英国衡平法在司法组织上建立了专门的法院即衡平法院，在诉讼程序上形成了一套与普通法诉讼程序相区别的独特的诉讼法，在实体内容上，有案例报告、汇编，已形成体系，力求原则、理论和规则上的制度化。二是混杂组合。将来源不一的法律渊源组合在一起，通过立法进行改革，同国家其他的司法组织在行政管理上和司法管辖权上的合并，使其在诉讼程序上趋于一致，以及在实体原则和规则上相互渗透、合二为一。这种组合的过程当代仍旧在进行着。英国法律发展的趋势如同世界各国的法律一样，是走向全面的统一、和谐以至完善。尽管英国法律的发展另辟蹊径，但是，各民族法律的统一、联合已成为世界法律进化的一个基本规律。

通过上述三种相互贯穿、重叠交叉的途径，使英国衡平法由古典进入现代，其内容随着这一过程形成、发展、充实和变革，其地位、作用随着这一过程在不同的历史阶段表现不一。英国衡平法发展中的这三大过程，是经过法院的司法实践、国会的立法和大法官的司法活动以及法学家的汇编案例、系统化原则、规则、著述这四种途径表现且得以实现的。英国衡平法渊源于中世纪，经过近代英国社会，现又服务于垄断资本主义社会。漫长的历史演变已表明，在社会历史舞台上，衡平法是卓有成效的。现代衡平法仍将继续发挥其特殊的社会作用。

（四）英国衡平法尽管在各个时期所表现出的特征不同，但其共同的特征主要有：一是大法官在司法实践中的自由裁量权；二是衡平法对人执行的救济手段；三是衡平法重意图、轻形式的诉讼程序；四是衡平法作为普通法的一种补充性制度。

叶孝信

试论《唐律疏议》*

简介

叶孝信，1927年10月生，福建省建瓯市人。1951年毕业于北京大学法律系，1953年中国人民大学法律系法理学专业研究生毕业。复旦大学校学术委员会、学位委员会委员，法律系教授、系学术委员会主任。1992年起获国务院颁政府特殊津贴。1994年退休，当选中国法律史学会名誉理事、上海法学会特邀理事。主要论著、译著有：《试论〈唐律疏议〉》（获上海市哲学科学优秀成果奖）、《唐〈律疏〉系据〈永徽律〉考》、《试论孔子法律思想的核心》，主编《中国法制史》及大纲（被国家教委指定为全国高等教育自学考试法律专业统用教材）、《中国民法史》（获国家教委全国高校人文社会科学优秀成果一等奖），合译并统校《布热津斯基言论集》、《第三世界的社会主义》等。

* 原发表于《法律史论丛》，第一辑，获上海市1984年高等学校文科科研成果优秀论文奖。此文与《唐〈律疏〉系据〈永徽律〉考》合在1979年中国法律史学会年会上散发，1985年一并收入《复旦法学》第一辑。此次刊发，限于篇幅，经大量删削，资料出处亦删。观点论据完全依旧，以存时光印记。——作者注

一

七世纪中，当西欧国家还处在封建制形成阶段，它们的法还保留原始公社显著遗迹的时候，在中国早已重建了统一的、封建制高度发展的国家——唐王朝，有了全面系统地反映和维护封建经济、政治制度的法典，而且还有一部对这个法典作详细解说，并于疑难处自设问答的《律疏》——《唐律疏议》。

中国历代封建王朝正史《刑法志》评议前代刑政得失，大率以儒家政治观和法律观为准。“道之以政，齐之以刑，民免而无耻；道之以德，齐之以礼，有耻且格”，儒家始祖孔子表述他的理想政治乃是德治、礼治，至于实行法教和刑罚，已是等而下之的了。故曰：“为政以德，譬如北辰，居其所而众星拱之。”又曰：“听讼，吾犹人也。必也使无讼乎。”

刑之不可偏废，其根本原因在于儒家亚圣孟子一段话：“有大人之事，有小人之事。……或劳心，或劳力；劳心者治人，劳力者治于人；治于人者食人，治人者食于人。天下之通义也。”他更说：“无君子，莫治野人；无野人，莫养君子。”这里所谓大人——君子——劳心者，与小人——野人——劳力者的分界，质言之，即是统治阶级与被统治阶级的阶级对立。君子们虽然百口鄙夷小人，但离开了小人便“莫养”，却是无可奈何的铁的事实。好在早有一条据说是周公定下的法则——“礼不下庶人，刑不上大夫”。这里的“庶人”，在很广泛的政治意义上，亦即上文的“小人”，而大夫，大概一般地总该是君子才能胜任。有了这个基本政策界限，问题就简化了。总的说来，在统治阶级人内部，讲礼；对被统治的广大群众，用刑。“出礼”，便“入刑”。

错综复杂而尖锐的阶级斗争的现实，教会乐汉代统治集团在“好刑名”，“好以法制驭下”的本相上，涂了一层浓重的“缘饰儒术”的油彩；把儒家的经典法典化，把三纲五常、尊尊卑卑的秩序条文化，使蕃（繁）刑与缛礼并举，又熔冶礼于“蕃刑”之中，既约束了君子，也镇压了小人（君子们如竟“犯上作乱”起来，不难立即被转化为小人），一句话，“汉家自有制度，本以霸王道杂之”——内法外儒，汉宣帝训示太子的教言，实际上已成为此后历代封建统治集团的心传。而《汉律》精髓的奥秘，则主要在于“深得三代先王之遗意”，又使后者在当时的历史条件下，大大地发展和提高了一步。同这一实际状况紧相联系，汉代的律学也空前兴盛。《汉律》不仅仅是当代司法的准绳，其理论更被广泛运用于经学和文字学等领域。何休注《公羊》，郑司农注《周官》，都以《汉律》解经，许慎撰《说文》，兼以《汉律》解字（由此亦见《唐律疏议》处处援引经义的历史渊源之一斑）。其佚言散句，现今尚可考见。另一方面，我们还看到儒林啧啧称道的以董仲舒为代表的引用

《春秋》经义决狱。要之，刑与礼相辅相成，律学与经义相互发明，殊途同归，总的目的是为封建地主阶级的政治服务。汉代诸君子对此早有深刻认识。

自从《汉律》为中国古律奠定了基础以后，魏、晋、南北朝各代律书，大多只是适应当时形势，因之损益，且均早已散失。因此，全面总结古律，特别是创造性地发展《汉律》，善于揣摩"三代先王之遗意"，把刑和礼有机地结合起来，又有《律疏》从理论上加以阐发，强有力地维护封建社会制度，只有《唐律疏议》硕果仅存。后世虽有修修补补，增删一些枝枝叶叶，要皆以为根干，不脱其窠臼。而封建法学家们所以礼赞《唐律》"出入得古今之平"，"得其中"者，归结无非鉴于它"一准乎礼"而已。

但是《唐律疏议》没有、也不可能纯粹地"一准乎礼"。反之，事涉根本问题时，却往往直接与古礼相"抵触"。地主阶级学者纵或窥测个中消息，却也习焉不察，心照不宣，不愿透露罢了。

二

以确保专制君主的至尊地位和无上威权为中心，巩固封建主阶级专政，严厉镇压反叛，防范臣下专横，乃至"慎终追远"，强调祭祀的神圣性质和宗庙、皇帝陵墓的不可侵犯，是《唐律疏议》的首要内容。

首先，《唐律疏议》将滥觞于汉代，后世略具，而完备于《开皇律》的"十恶"大罪，列为开宗明义"五刑"之后的第六条。《疏议》阐述其所以然曰："五刑之中，十恶尤切，亏损名教，毁裂冠冕，特标篇首，以为明诫。""十恶"中，又首举直接危害封建专制政权的"谋反"、"谋大逆"和"谋叛"三项。关于"谋反"，《疏议》援引《公羊传》"君亲无将，将则必诛"和《左传》"天反时为灾，人反德为乱"二语作理论根据，把君言与天并提，论证"谋反"罪的严重性：

> "王者居宸极之至尊，奉上天之宝命，同二仪之载复，作兆庶之父母。为子为臣，唯忠唯孝。乃敢保包藏凶慝，将起逆心，规反天常，悖逆人理，故曰'谋反'。"

继总则《名例》篇后，以《卫禁》居诸分则篇之前。《疏议》曰：

> "卫者，言警卫之法；禁者，以关禁为名。但敬上防非，于事尤重，故次《名例》之下，居诸篇之首。"

可见"警卫"，主要在于"敬上"；"关禁"，主要在于"防非"。所以"防非"，主要的落脚点还是在于"敬上"。因此，"警卫之法"又不能不先于"关禁"。

"王者之政，莫急于盗贼"。《唐律疏议》虽把《贼盗》列为第七篇，但镇压反叛的一系列律文，则置篇首，以昭郑重。又，"伪造皇帝八宝"条，亦冠《作伪》篇。

其次，从直接有关律文散居各篇的范围之广，数量之多，亦足以说明《唐律疏议》在这一方面的着力处。

除《名例》篇的“十恶”外，《卫禁》篇凡33条，关于警卫当朝皇帝可能居留、上代皇帝陵墓和神主供奉的处所的律文，竟达24条，从“越州镇戍等城垣”以后的9条，才是有关关禁方面的。在规定职司、法制的《职制》篇58条中，除将“大不敬”的某些项目的罪刑具体列作六个专条外，为了强调皇帝尊严，强调诏敕在法律上的最高地位，强调祭祀、庙享的隆重，直接有关律文为13条，计共19条。在规定畜牧，库藏的《厩库》篇，供大祀牺牲的牛、羊、豕受到法律特殊保护，列作专条。由于武装力量是国家机器的主要部分，《唐律疏议》紧紧掌握了这点，把调遣军队的大权，高度集中于皇帝。在《擅兴》篇，详明规定了发兵、发兵符的法定程序，责成主将忠于职守，严惩间谍活动，防止“征人巧诈避役”，严禁私有和私造兵器等等。直接有关律文凡16条，占全篇三分之二。在《贼盗》篇，除首列属于“十恶”的反叛罪4条外，将盗大祀神御物、盗御宝（玺）……（亦属“十恶”）以及“造祆（妖）书祆言”等等直接有关罪刑分别列作专条，计共13条。在《斗讼》篇，严惩宫内相殴，殴制使及皇祖免亲，不告和诬告谋反、大逆……等罪，计7条。在《诈伪》篇，严惩伪造皇帝八宝、买卖和盗用宝、印、符、节奏对不实……等罪，计6条。在《捕亡》篇，“宿卫人亡”专列一条。最后，在《断狱》篇，专制君主既独揽生杀臣民大权，规定奏画已讫的死罪囚，皆须三度复奏，才可行刑（否则，官司处流二千里），又防止法曹妄引制敕断罪，规定“若辄引，致罪有出入者，以故失论”，并分别列为专条。

可见，《唐律疏议》十二篇中，除《户婚》篇外，无一不载直接有关巩固封建地主阶级专政的律文，粗略统计，总共90余条，将近全部律文500条之五分之一。《户婚》篇的主要内容在于将农民固着于土地上，保证封建国家对他们征发徭役和租税，亦即所以巩固封建专制主义的经济基础，决不能因为没有直接有关律文而忽视它在这方面的严重意义。至于其他未揭的条目，当然也不在话下。

最后，也是主要的，就《唐律疏议》的内容看，关于危害封建专制主义政权的犯罪的断刑，特重于其他犯罪，而维护专制君主人身安全的防范设施，则无微不至。

以有关“谋反”罪为例。

> “诸谋反……者，皆斩。父子年十六以上，皆绞；十五以下及母、女、妻、妾（注：子妻、妾亦同）、祖、孙、兄弟、姊妹，若部曲、资财、田宅、并没官。……伯叔父、兄弟之子，皆流三千里。不限藉之同异。”

应该指出，第一，《唐律》凡称“谋”者，指二人以上的合谋，但如“谋状彰明，虽一人同二人之法”。《疏议》对此强调标明，“谋反”者，“其事未行，将而必诛，即同真反”。亦即反谋未遂，罪仍成立。立法者意犹未足，下文更称，虽“词理不能动众——引者按：‘称众者，三人以上’——威力不足率人者，亦皆斩”。意谓但有反谋，纵使尚未导致任何影响，亦均不能免诛。不仅如此，连“口陈欲反之言，心无真实之计，而无状可寻者”，亦须处“流二千里”。

第二，《唐律》“共犯”分别首犯和从犯论罪，一般以造意为首：随从者减一等。律文断刑，凡无“皆”字者，均依首从之法。反之，凡著“皆”字，则罪无首从，科以同一刑罚。“谋反”既属“十恶”中最严重的犯罪，因而不问是为首、伙从或胁从，只要“谋状彰明”，即一律决斩。又：《唐律》死刑分绞、斩两种，一般犯罪，从重论处而加刑时，只加至绞。斩，可说是极刑。

第三，谋反者不独本犯皆斩，其有关尊卑亲属，虽不与闻其事，亦“缘坐”得重罪，或绞，或流，或没官为奴婢、部曲和其他财产充公。按“罚不及嗣”，犯罪只惩罚本人，与后嗣无关，原是“三代先王”的立法原则之一，向为儒家所津津乐道。《唐律疏议》亦标榜“德礼为政教之本”，批判“周衰刑重”，而“缘坐”之法，则直接承袭儒家斥以“惨刻”的法家商鞅的“连坐”法，只把“夷三族”稍微宽简一些而已。可见只要问题涉及封建统治集团的命根子——政权时，“一准乎礼”，便乌有子虚了。以此为例，余可类推。

第四，与某些罪犯的一定亲属须“缘坐”相对待，《唐律疏议》规定了“凡人”对于一定亲属的犯罪得彼此“相为隐”（瞒），部曲、奴婢得“为主隐”；而且着重规定，“诸告祖父母，父母者，绞。”假乎它是十分“敦伦常”了。可是且慢，上引两条紧接就规定了“但书”，一则在律文曰：“若犯谋叛以上者，不用此律”，再则作注曰：“谓非缘坐之罪，及谋叛以上百故告者。”在事关根本处，又不惜一反儒家教条。或许可以说，“大义灭亲”亦儒家所不非难，但是到处引经据典的《疏议》，却从未援用过这一点。

第五，和上文“但书”密切相关，并且作为这个“但书”的补充，《唐律疏议·斗讼》篇明文规定：“诸知谋反、大逆者，密告随近官司。不告者，绞。……官司承告，不即掩捕，经半日者，各与不告同罪。……”洞若观火，又是“连坐”法的再现，而且较商鞅更进了一步。在商鞅，对不属相邻的九家不告奸，尚可不负刑责；官司如何，亦未规定。《唐律疏议》显然是“全面”多了。密告之责，既尽人皆有，官司处理不力，又“各与不告同罪”。这样就在大唐盛世的“王道乐土”上，撒上了一张防止造反的天罗地网，从父子至亲到路人，从主人到奴婢，从大夫到庶人，知有反谋而不密告者，一律上绞架！

三

以确立父权和夫权为中心，维护封建伦理关系，乃至标榜尊师重道，是《唐律疏议》的另一个主要内容。这里主要是“父为子纲”和“夫为妻纲”的格律化。“一准乎礼”的原则，在这里有了突出的表现。

根据儒家“天下之本在国，国之本在家”，欲治国平天下，首须“齐家”。似乎还是专就“治人者”的君子集团而言的。但是，君子离开了小人便不能生存，鉴于“君子之德，风；小人之德，草。草上之风，必偃”，因此，一方面，君子们必须以身作则，率先为小人树立“齐家”的楷模；另一方面，还必须使“齐家”的教义普遍地在每一个人的思想处扎下根子，成为一种道德风气和舆论力量。其深刻用意则在于移孝作忠，把亲族血缘的自然关系应用到政治上来。故曰：“孝者，所以事君也；弟者，所以事长也；慈者，所以使众也。”进而肯定：“其为人也孝悌，而好犯上者鲜矣；不好犯上，而好作乱者未之有也。”在儒家圣贤看来，诚能人人善事君长，君长又使众有方，治国平天下，便可操之左券。而“犯上”就是“作乱”的祸胎。

至女妇女，在封建圣人眼里，经常被与小人相提并论。孔子曰：“唯女子与小人为难养也。近之，则不孙，远之，则怨。”怎么办？首须确定他们在家庭和社会上的身份和地位——毕生都是男子的从属品。

关于“父为子纲”、“夫为妻纲”的规定和阐发，在《唐律疏议》也占相当篇幅，还得先从“十恶”大罪谈起。

“十恶”之中，四曰恶逆，七曰不孝，八曰不睦，九曰不义，十曰内乱，其全部内容都是直接有关的罪名，细目散见《职制》、《户婚》、《贼盗》、《斗讼》、《诈伪》、《杂律》诸篇，凡二十余条。

何谓“恶逆”？《疏议》曰：

> “五服至亲，自相屠戮，穷恶尽逆，绝弃人理，故曰‘恶逆’。……‘恶逆’者，常赦不免，决不待时。”

注文把殴打祖父母、父母罪也列入了“恶逆”范围。

“不孝”罪的成立，则完全由于触犯了“礼”，《疏议》曰：

> “善事父母曰孝。既有违犯，是名‘不孝’。”

其细目为“告言、诅（《疏议》：‘诅’犹咒也。……诅欲令死及疾苦者，皆以谋杀论，自当‘恶逆’）詈祖父母、父母者（《疏议》：‘子孙于祖父母、父母情有不顺而辄詈者’），绞。”是并偶尔情有“不顺”而“詈”亦不免于死。“子夏问孝，子曰：‘色难’。”可能是估计到这一点的。此外，尚有“祖父母、父母在，别藉异财”——徒三年；“供养有阙”——徒二年；“居父母丧、身自嫁娶，若作乐、释服、从吉”——徒三年；“闻祖父母、父母丧，匿不举哀”——流二千里；“诈称祖父母、父母死”——按《诈伪》篇：“诸父母死，应解官。诈言余丧不解者，徒二年半。若诈称祖父母、父母……死，以求假及有所避者，徒三年。”

这样，就把儒家关于人子奉事父母的孝道的最高原则——“无违”（于礼）：“父母生，事之以礼；死，葬之以礼，祭之以礼”——全面系统地贯注到律文上去。

把家庭内“亲亲”、“尊尊”的原则拓展到有关的亲族——“叶睦九族”，处罚“不睦”，就是惩治“不孝”的继续。

人，不仅生活在家庭和亲族中，而且也在社会上进行活动，其中一部分还从师以“传道、授业、解惑”，“学而优则仕”，则在国家机关供职。因此，弟子之于师长，部属之于长官，也不同于一般关系。又，“夫者，妻之天也”，妻之于夫，尤宜分外尊重。这些人们之间，虽无血缘关系，但均须凭借法的力量，筑起一道防止越“礼”的藩篱。于是有“不义”之目，惩治背仁乖义的行为。值得注意的是，《斗讼篇》“妻殴前夫子”条注文给“见受业师”下了定义：“谓服膺儒业，而非私学者。”同条《疏议》更作了具体解说：“儒业，谓经学。非私学者，非私学者，谓弘文、国子、州、县等学。私学者，即《礼》云‘家有塾，遂有序'之类，如有相犯，并同凡人。"可见所以"尊师"，旨在"重道"。那些非官方的不能讲经"传道"的启蒙老师，视同"凡人"，不受法律的特殊保护。

最后鉴于"帷薄不修"给"齐家"带来祸患的严重性，规定了"内乱"罪。《疏议》曰：

"若有禽兽其行，朋淫于家，紊乱礼经，故曰：'内乱'。"

其细目："奸小功以上亲"——流二千里，强者，绞；"奸父、祖妾"——各绞。前此犯奸，妇女与和者，罪刑各同男子。

"十恶"大罪中，可以说是属于"齐家"违礼方面的，整整占了一半。人们要问：君子们的家，究竟"齐"得怎样？全面讨论这个问题不属本文范围，如果仅仅从"齐家"的角度提出问题而不涉及其他，我想，"玄武门之变"的骨肉相残和"武韦之乱"的宫闱秽闻，这些出自帝王之家的史实，也许足以在一定程度上回答这个问题。

四

以庇护亲贵、品官犯罪和严格划分"良"、"贱"为特征，捍卫封建等级制度，是《唐律疏议》另一个主要内容。直接有关律文在总则篇的《名例》中即占 16 条，此外，散见《职制》、《户婚》、《厩库》、《贼盗》、《斗讼》、《诈伪》、《杂律》、《捕亡》、《断狱》诸篇，不可胜数。"一准乎礼"云者，在这里也有充分体现。

还要求推"三纲"之义于人们的社会纽带，把社会每一个成员的法律地位固定下来，责成他们各即各位，各安其分，不得逾越。其理论渊源则是儒家关于"正名"的教义。

所谓"正名"是制礼的出发点和根据。故曰："名以制义，义以出礼，礼以体政，政以正民。"各个等级名分不一，施用于他们的"礼"也有各种各样："名位不同，礼亦异数"。唯"礼不下庶人"。但决不意味着庶人可以不受礼的约束。反之，恰恰是庶人如果"出礼"，不仅事实上必须依法制裁，而且法律对于他们断罪量刑，较之大夫以上，还远为严苛。

时过境迁，到了唐代，孔子当年等级制度的具体结构，已有很大变化，但孔子关于"正名"理论的基本精神则未少衰。早在唐高祖夺取政权初期的诏书中即已指出："宗绪之情，义越常品，宜加惠泽，以明等级。"太宗更明确规定："止取今日官、爵高下作等级"。"以今日冠冕为等级高下"。《唐律疏议》乃把这一原则提升为具体律文。

先论曲意庇护亲贵和品官的犯罪行为。

"君子怀刑（孔注：安于法），小人怀惠"，"君子喻于义，小人喻于利"……云云，儒家关于君子和小人在道德品质上一系列截然对立的鉴定，视为封建圣人对于君子们进德修业的期望和嘉勉则可，如竟当成事实，必然失之迂阔。历来封建统治集团均姑妄听之，未予轻信。史实表明，由于主观和客观的种种条件，越是君子，就越易"出礼"，而且他们犯上作乱起来，较之小人更有许多方便之处，所以遗患尤烈。但是，第一，任何一个"明智"的君主都不能不竭力罗致"天下英雄尽入吾彀中"以实现其"治人"的任务。第二，君子们虽然很可能犯上作乱，但从整个封建主阶级立场看来，毕竟是内部矛盾，既不能因噎废食，为了防微杜渐而拒人于千里之外；尤其不能将错就错，为了惩戒那些尚可宽贷的犯罪而认真置之重典，以致削弱“治人者”营垒的实力。第三，士，据说是“可杀而不可辱”的，而“徒者，盖奴辱之”一般不至罪大恶极的，既然决不肯妄加屠戮，则并加以刑罚，“凌辱衣冠”，亦王者所不取，可见其义还不简单是为了在“治于人者”面前维持“治人者”全体的尊严。何况推“宗绪之情”于整个品官圈子，各级僚臣，或直接，或间接，或间接的间接，与“至尊”一人均不无关系，即便触犯刑章，还是“加以惠泽”，以示宠异。第四，从君子们有“改过迁善”，戴罪立功的可能性考虑，处理他们的犯罪问题时，也应留下余地，以观后效。……大抵是基于这些原因，所以根据《唐律疏议》，品官犯罪，一般说来，通过一整套互为呼应的律文，绝大部分都大事化小，小事化无，以至完全逍遥法外。

这方面的具体内容，首数“八议”。它在全部律文序列上仅次于“十恶”，为第七条。

“八议”之目：

> “一曰‘议亲’（注：‘谓皇帝袒免以上亲，及太皇太后、皇太后缌麻以上亲，皇后小功以上亲）；二曰‘议故’（注：‘谓故旧’。《疏议》：‘谓宿得侍见，特蒙接遇历久者’）；三曰‘议贤’（注：‘谓有大才业’）；五曰‘议功’（注：‘谓有大功勋’）；六曰‘议贵’（注：‘谓职事官三品以上，散官二品以上，及爵一品者’）；七曰‘议勤’（注：‘谓有大勤劳’）；八曰：‘议宾’（注：‘谓承先代之后，为国宾者’）。”

“八议者”有犯，如果罪不至死，依律：“流罪以下，减一等”处分。可寻味的是，《疏议》就此解说道：“流罪以下，犯状既轻，所司减讫，自依常断。”但从刑名次第看，流刑仅次于死刑，其严重性不待言。可是，唯独对“八议者”而言，忽然便“轻”了。《唐律疏议》素以精详致密著称，但这里就出了破绽。当然，这决不会是立法技术问题上的什么偶然过误。恰恰相反，“小大由之”，正如在其他问题上，有的“一准乎礼”，有的则公然背弃了礼那样，这正是它的“不可企及”处。

“八议者”有犯，虽然优遇备至，无论如何，却绝不能容忍他们“规反天常，悖逆人理”，所以同条煞尾“但书”一笔：“其犯十恶者，不用此律”！

次于“议”一等的，是“请”。

“得请者”的身份既低于“八议者”，因此，除了“请”的程序的郑重程度稍差于“议”以外，他们犯死罪而不得特殊照顾的具体罪名，也多于“八议者”；“其犯十恶，反逆缘坐，杀人，监守内奸、盗、略人，受财枉法者，不用此律。”

再次是“减”。此条有关人员的官、爵又低于“得请者”，所以犯罪的殊遇只限于流罪以下。要之，官品愈卑，犯罪得特蒙优惠限制便愈严。

品官犯了应处流刑以下的罪，即便有上条若干具体例外不得减赎，也还是不一定必须执行刑罚。依律尚有“官当”之法为其开脱。即，品官虽犯流以下罪，可以折作徒罪处理，再依官品高下，分别以官“当”之。身兼二官（这种人很多）的，如其一官不足“当”罪，尚可以另一官补上。现任官品如不足“当”罪，或“当尽”又再犯罪，只要未经科断，尚可以历任之官追抵，仍然不一定必须执行刑罚。

不独此也，在很多场合下，品官犯罪，虽然依“官当”法处理，但实际上官位仍在，并未“当”去：

“诸以官当徒者，罪轻不尽其官，留官收赎。”

也就是说，假如有五品官犯了应处徒刑二年半的“私罪”，依律例减一等，合徒一年半，但五品以上之官，一官可以“当”徒二年，即是“罪轻不尽其官”，因而不必勒令去官，纳铜三十斤收赎了事。与此相对待，同条规定：“官少不尽其罪，余罪收赎。”亦即所有二官及历任的官员都已算上，还是太“少”，不足“当罪，这时虽然不能任官，但对其“余罪”仍不可必行刑，“收赎”而已。

为了强调某些犯罪的比较严重，对于品官犯了律文列举的一定罪行，虽然分别规定“除名”（官、爵悉除）、“免官”（二官俱免）和“免所居官”的处理，并且指出，“其犯除、免者，罪虽轻，从例除、免”，看来似乎已没有通融的余地了。但又不然。同条紧接上句：“罪若重，仍依当、赎法。”可见，在实际处理上，犯除、免罪者，一方面，罪虽轻，仍须除，免，不得官当或收赎；而另一方面，罪若重（指上文“官少不尽其罪”），则执行除、免以后的“余罪”，还是可以官当或收赎结案。只有“品秩卑微”的流外官不用此律。

品官犯罪，即便已经执行“除”、免、“官当”，是否从此终身不入仕途？也不。于律又有“叙法”，责其闭门思过，一俟“叙限”届满，仍可服官。

如果有人虽受处分，而劣根未铲，一切官品又都“当”光，而且在“叙限”以内，还继续犯罪，似乎总该“山穷水尽”，势必认真加刑了，却又不然。同条：

“若官尽未叙，更犯流以下罪者，听以赎论。”

只是“叙限各从后犯十年”。

以上主要是庇护品官本人犯罪的规定。王者还把“宗绪之情”更进一步推及一切品官的一定亲属，是谓“荫”。“妇人无爵，从夫之爵”，凡命夫命妇，不躬坐狱讼。所以，品官之妻犯罪，均可因其夫的官、爵而得荫庇：

“诸妇人有官品及邑号犯罪者，各依其品，从议、请、减、赎、当、免之律。”

若身居“五品以上之官，是为‘通贵’，妾之犯罪，不可配决。”故

“诸五品以上之妾，犯非十恶者，流罪以下，听以赎论。”

又，“母子无绝道”，故

“其妇人犯夫，及与夫家义绝者，得以子荫。”

所以如此，毋宁是为了使妇女进一步明确自己的邀殊恩，无非占了乃夫乃子的光，以从另一个角度上加重妇女“三从”“四德”的义务。最后，品官虽然身死，其“荫”并不因而终止：

“用荫者，存亡同。”

唯“藉尊长荫而犯荫尊长，及藉所亲荫而犯所亲祖父母、父母者，并不得为荫：即殴、

告大功尊长，小功尊属者，亦不得以荫论。”这一“但书”的用意与前同出一辙，可不言喻。此亦《唐律疏议》精详周密之一斑。

尽管有了上述一切，如果“凡人”对于亲贵、品官（或者卑官对于高官），以及他们的一定亲属敢于侵犯，等级制度的神圣性还是受到亵渎。所以《斗讼》篇对于凡人殴打各级亲贵和品官，下级官吏殴上级官，各依其本人和所殴对象的等级高下，分别处以不同于一般同样犯罪的刑罚。当然，本犯如果居官，仍得按上文一整套办法开脱。

由此可见：

第一，总的说来，九品以上的流内官，犯流罪以下，一般均可收赎，无须认真加刑，且并不因而绝其仕进之途。

第二，身为品官，不独本人犯罪得邀曲庇，且可荫庇一定亲属犯罪。

第三，官、爵愈高，资历愈深，则犯罪的处分愈轻，所荫庇的亲属的范围亦愈广，且“用荫”不以本身存没为转移。

第四，同样，官、爵愈高，本人及其一定亲属的身份亦愈高，则犯罪而得特殊庇护的条件便愈优越。

唯其如此，无怪乎千余年之后的薛允升论及这一问题时，还在徘徊赞叹：“其（《唐律》）优礼臣下，可谓无微不至矣！”所以这样，最主要的不过是正等级之名，借朝廷笼络全体官僚的恩泽，企图使之尽瘁王事，为封建君主效死，至于转而可能纵容他们无视法纪，寡廉鲜耻，骄奢淫逸，鱼肉下民，则百所计及，唯严重的犯上作乱，决不姑息，因而，曾否犯了“十恶”大罪，就是区别可否适用以上特殊规定的首要政策界限。

《唐律疏议》对亲贵和品官犯罪处理如彼，可是，对一般人民即所谓“凡人”，特别是对低于他们的官户、杂户、部曲和奴婢的犯罪，则绝不假贷，这些人中，又以凡人为界，严分“良”“贱”。依律，“凡人”（又称良人）对其占有的土地，在一定条件下，可以出卖；可以畜奴，可以纳妾，这些，并非皇帝的什么恩泽。须知“凡人”中的绝大部分在实际上能否行使这些权利（特别是畜奴和纳妾），则是另一回事。更重要的，由于“凡人”是以占人口绝大多数的实际担负国家租税和徭役的主力——农民为其基本成分，他们又是历来造反的主力军。“水能载舟，亦能覆舟”，富于现实感的封建政治家不能不对他们的实际力量有所震慑。但对统治阶级的内部矛盾而言，究竟是对抗性的矛盾，所以，他们犯罪，还是不能不严格绳之以法。

“奴婢贱人，律比畜产”，他们是主人的一种财产，在某些场合下，甚至不如牲畜。《厩库》篇除对“供大祀牺牲”特加保护外，对于一般“官畜产”的放牧、饲养、乘架、调习等等规格和要求均逐一明确规定，不许残害。否则，情节严重的，处刑可至徒三年。私家所有的马牛（“马牛为用处重：牛为耕稼之本，马即致远供军”），也不得故意杀、伤。而杀、伤奴婢，就大大不同了。

至于官户、杂户和部曲，也是一种“贱色”，他们略高于奴婢的，只是在一般情况下，犯罪可以减奴婢一等科刑，以及在身份上不同于资财而已。

《唐律疏议》对凡人、部曲和奴婢彼此之间同罪异刑的规定极多，这里从略。

此外，“人各有耦，色类须同，良贱既殊，何宜配合！”在婚姻问题上，“良”和“贱”的鸿沟亦不得逾越，《户婚》篇分别规定了具体刑责。

五

严惩“脱户”、“漏口”，强调造籍，把农民固着在土地上，保证课役，维护封建剥削的经济基础，是《唐律疏议》又一个主要内容，也是《户婚》篇的重点所在。

如前所述，君子得以从容“勤礼”，端赖小人“尽力”。有鉴于此，《唐律疏议》《户婚》篇首先责成农民安土重迁，惩治那些敢于背乡离散井的人：

申报户口不如实填明年年龄及健康状况，均足影响课役，与“脱口”同罪。

从里正至州、县各级官吏办理户役不力即借此营私舞弊者，亦须节级论处。

依《赋役令》，文武职事官三品以上和郡王的期亲，以及与他们同居的大功亲属和国公同居的期亲等，均免课役。故须防止有人冒认上述有关的同居亲属，企图规避课役。又，父母终亡，服丧已毕，兄弟欲别立户籍者，依《令》应予准可，以增加课役来源。违者均须制裁。

道士、女冠、僧、尼，依《令》亦有免课役的特权，但他们由俗入道，须经“官度”，“官度”又有“官法”，违者均负刑责。

六

最后，应该指出，唐高祖父子是在隋末农民大起义的烽火中夺取政权的。他们对于隋唐得失之间的现实经验教训，自不能无动于衷。在刑政上标榜“胜残去杀”，注意一定程度上的宽简，以及维护封建主阶级专政的“法制”秩序的原则，在《唐律疏议》上亦有相当反映，是它的一个重要特色。

《名例》篇明文规定，一般情况下，从重论处而加刑时，不得加至死刑，其加入绞刑者，亦不得加至斩决。《断狱》篇更规定：妇女犯死罪应处决者，“听产后一百日乃行刑。若未产而决者，徒二年，产讫限未满而决者，徒一年”，以及死囚必须三度复奏待报下然后处决等等，都表现了在死刑的判决和执行方面的一定限制。

对于一般情况下，因无知误犯，以及因老幼残废等年龄或健康状况的限制而不能负刑事责任的犯罪，《唐律疏议·名例》篇分别做了从轻处理的规定。

在审理，诉讼和狱政方面，《唐律疏议·断狱》篇还作了一系列强调依法办事的规定。如责成官司办案必须严格遵守成文法律，即使是皇帝的制敕，一般也不得比为法律，当作断狱依据。办案必须认真审察案情，反对任意刑讯。其必须刑讯者，也有一定的限制。对于责打部位及刑具规格均有具体规定。

官司审理案件时不得以私曲故意出入人罪。

其出入人罪，如果由于过失，则失出的处分轻于失入。

第一审判决徒刑以上的案件后，必须取囚“服辩”。

此外，还规定不得虐待在监囚犯。

上述属于宽简和注意加强封建“法制”的规定，其实行程度究竟如何，煞费推敲。无论怎样，初唐经济的迅速恢复和盛唐经济文化的蓬勃发展，同刑政上的“清明”，应该不无关系。

赵晓耕

试论宋代的有关民事法律规范*

简介

赵晓耕，中国人民大学法学院教授，法学博士，博士生导师。中国法律史学会常务理事，中国儒学与法律文化研究会理事；主要从事中国法律文化和台湾法的科研与教学工作。先后发表论文数十篇，出版个人专著多部（《中国法制史》、《台湾地区法律概论》、《中国古代土地法制述略》、《韩非子》、《宋代官商及其法律调整》），参加撰写专业著作和教材多部，参加并主持多项国家科研项目。

* 原发表于《法学研究》，1986（3）。

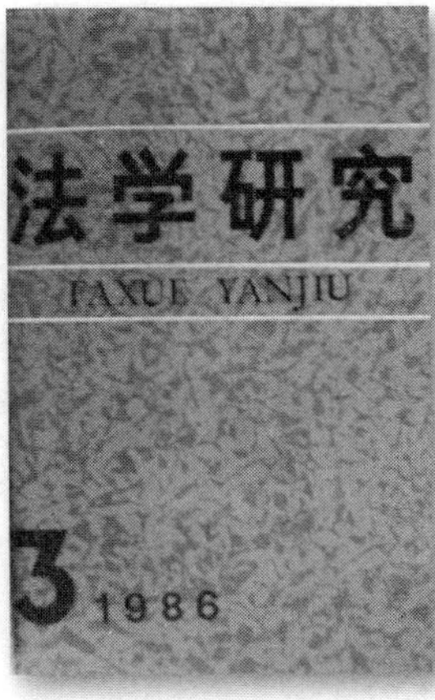

法的关系根源于物质生活关系，民法的本质特征，在于它的调整对象是商品经济关系，所以，在论及宋代民事法律规范之前，有必要对宋代商品经济的发展及相关问题作一简略探讨。

一、宋代商品经济的发展及“重义贱利”思想的改变

经五代长期动乱，到宋统一全国之后，社会经济开始了一个全面跃进的局面，整个经济的组织形态和经营方式也都有了更多本质的变化。[①]

首先，在封建土地制度上，宋代以“不立田制”著称于史，这不仅使“富商”、“大贾”争相买卖土地，连官府也参与其中。尤其南宋，为解决财政困难，更是大量地出卖、出租土地。[②] 可以说，土地买卖和土地兼并的加剧是造成宋代商品经济畸形发展的根本原因。

其次，封建的商品经济，主要表现在导致其产生的商业上，“是商业在这里发展了生产物的商品形态”[③]。在封建社会里，商业是引起封建自然经济各种变化的起点，从而也是导致封建上层建筑变化的重要因素之一。

宋代（尤其南宋）商业比唐代更为发达，这在古籍中有大量记载。如当时的临安“并是金、银彩帛交易之所……每一交易，动即千万。”大小商贩买卖更是“通晓不绝。”[④] 商品范围也比唐代扩大，茶糖已由农村副业变为商品生产；[⑤] 稻米，据叶适上宁宗劄子，也是“民计每岁种食之外，余米尽以贸易。”[⑥] 海外贸易更是空前发展，当时的泉州港是“世界的最大海港，贸易量要超过……他港百倍以上”[⑦]。对外商交易的政府垄断，也主要是对外贸易发展的结果。伴随而来的较高商业经营方法，如预买与赊卖也已相当普遍。商业甚至成为当时封建官僚的副业，官吏“不耻贾贩与民争利。”[⑧] 商业的进一步发展，要求货币流通与它相适应。两宋纸币的发达正是这一要求的反映。可见宋代商品经济的畸形发展，与宋代的商业有着直接的关系。

当时社会经济方面的变化，自然要在政治思想领域有所反映，突出地表现在对自秦汉

---

① 付筑夫：《中国经济史论丛》（上），303 页，150～154 页。

② 付筑夫：《中国经济史论丛》（上），150～154 页。

③ 《资本论》第 3 卷，366 页。

④ 孟元老：《东京梦华录》。

⑤ 付筑夫：《中国封建社会内资主义因素萌芽》，20 页。

⑥ 《水心文集》第一卷。

⑦ 《马可波罗游记》。

⑧ 胡寄窗：《中国经济思想史》（下），10～11 页。

以降“贵义贱利”“讳言财利”观点的批判。宋初，李觏首先提出“贤圣之君，经济之士必先富其国焉”[⑨] 的反传统观点，否定了“圣贤不为利”的传统观点，而后的“永嘉”功利学派的叶适还公开反对抑兼并和抑商政策，强调以“功”受“食”的雇佣关系。[⑩] 但影响最大的要算王安石。他认为“利者义之和，义固所以为利也”[⑪]，“聚天下之人，不可以无财”“治天下之财者莫如法”。甚至宣称“政事所以理财，理财乃所谓义也”[⑫]。这在当时的社会条件下不能不使朝廷有所考虑。如神宗时曾下诏曰：“政事之先，理财为急”[⑬]。并专门颁布了“言财利可采录施行者甄赏”的诏书。[⑭] 宋代商品经济的畸形发展，传统的“重义贱利”思想向“利义均重，利义相辅”思想的转变，是宋代民事法律规范增多的根本的和直接的原因。

二、宋代的部分民事法律规范

1. 权利能力，行为能力，户籍 在封建社会人们的权利能力是依封建等级确定的。法律意义上的权利能力与行为能力是谈不上的。只是在具体立法中涉及到与此有关的年龄、户籍等问题。《宋刑统·户婚律》“户令其男年二十一为丁，妻年二十一以上，同兼丁之限。”丁者成人也，类似现今民法中特殊权利能力年龄的规定。又《宋刑统·名例律》规定，“九十曰耆，七岁曰悼……悼耆之人皆少智力”且“十五以下，七十以上及废疾，既不任徒役”[⑮]。当时似有限制行为能力与丧失行为能力的规定。对户籍，作为民事关系的基本法律文件，当时已有较多规定。如“率土黔庶，皆有籍书”“称人年者，以籍为定”，[⑯] 在继承问题上尤其强调户籍的作用，“即别居无籍，不须为理”[⑰]。

2. 动产与不动产，货币及有价证券 当时对动产与不动产在立法中已有区分。一般称动产为物、财或财物，主要指衣物器具、畜产、奴婢，附着于土地的矿物、植物和货币及有价证券等；称不动产为产、业或产业，主要指田宅和其他“定着物”。动产属私人的，叫私财或私物；属官府的则叫官财或官物。《宋刑统·名例律》规定：“器物（动产）之属，须移徙其地……地（不动产）即不离常处，理与财物有殊。”纸币及有证券的发达，是形成宋代社会许多特点的原因之一。“太祖开宝三年（970）置便钱所”[⑱] 规定“民间典卖田宅、马

---

⑨ 《李觏集》十六卷。

⑩ 《水心文集》。

⑪ 《续资治通鉴长编》卷二一九。

⑫ 《王临川集》卷七十，七十三。

⑬ 《宋史·食货志》。

⑭ 《宋大诏令集》。

⑮ 《宋刑统·职制律》。

⑯ 《宋刑统·户婚律》。

⑰ 《宋刑统·名例律》。

⑱ 《续资治通鉴长编》卷十一。

牛、舟车等如之，全用会子者听。”且“定民间买钞之价……文钞展限等条皆备。”⑲ 到仁宗天圣元年（1023）“置益州交子务”⑳。最初的交子制度，和现在的票据相比较，大约相当于无记名即期支票之类的东西。可见，货币及有价证券已广泛参加当时的民事流转了。

3. 法律行为——无效法律行为 在我国古代的法律文献中，书、券、契、据等指的都是有一定书面形式的法律行为。对其中的无效法律行为《宋刑统·户婚律》规定：“如业主，牙人等，欺罔其邻亲，契帖内虚抬价钱，及邻亲妄有遮悋者，并据所欺钱数与情状轻重，酌量科断”，又《宋会要辑稿·食货》市易条载：“若是内有连保人，别无家，虚作有物力，与店户牙人等通同蒙昧，客旅诳赚……并乞严行决配。”㉑

4. 时效——丧失时效及时效的中止 宋代对时效问题已有较详的立法。太祖建隆三年（962）敕曰；“如是典当限外，经三十年之后并无文契；虽执并文契，或难辨真伪者，本在论理收赎之限，见佃主一任典卖”。㉒ 次年所颁《宋刑统》规定：“经二十年以上不论，即不在论理之限”㉓。以后又改为“如十五年外不令将赎，今详年限稍远，欲乞限十年内许。”㉔此外“分财产，满三年而诉不平，又遗嘱满十年而诉者，不得受理，”㉕ 可以看出，随民事流转加快，时效期限缩短这一民法发展特点，在宋代已有明显的体现。

尤值一提者，至宋已有类似时效中止的立法，《宋刑统·户婚律》规定：“有故滞留在外者，即与出除在外之年”。

5. 所有权——所有权的发生，添附，相邻关系、质权 两宋因土地买卖和战乱，使所有权变更频繁，“人户交易田土，投买契书及争讼界至，无日无之”㉖。为稳定经济秩序，宋初就诏令“垦田即为永业”，“满五年，田主无自陈者，经佃者为永业”。并于太祖开宝二年（969）设立印契制度，以后又完备了税契制度。以法律确保私人所有权。当时，动产所有权的取得，一般以占有为条件；不动产则以管理或收租为条件。

动产所有权（宋称物主权）的取得，如：

埋藏物（宋称宿藏物）的取得，《宋刑统·杂律》规定：“诸于他人地内得宿藏物”，“合与本主中分”。值得一提的是：“若得古器，形制异而不送官者，罪之”。这点颇似文物保护法。

遗失物（宋称阑遗物）的取得，《宋刑统·杂律》规定：所得遗失物皆送随近官府，“其经三十日无识认者，收掌，仍录物包目，榜材坊门，经一周年无人认者，没官”。对遗失家畜的规定尤为详尽，恕不一一例举。

---

⑲ 《宋史·食货志》。

⑳ 《纲鉴易知录》卷六七。

㉑ ［日］加藤繁：《中国经济史考证》，184页。

㉒ 《宋刑统·户婚律》。

㉓ 《宋刑统·户婚律》。

㉔ 《宋会要辑稿·食货》卷一。

㉕ 《名公书判清明集·户婚门》。

㉖ 《宋会要辑稿·食货》卷三。

漂流物的取得，《宋刑统·杂律》规定："诸公私竹木为暴水漂失，有能接得者……限三十日，无主认者，入所得人"。

无主物的占有，《宋刑统·户婚律》规定："诸山野之物，已加功力，刈伐积聚，而辄取者，各以盗论"。反之可见，法律上承认先占原则。

关于添附，景德三年（1006）二月诏："赁官屋者如自备添修……徙居者，并听拆随"，"即委监官相度，如不亏官，亦听"[27]。又"如（田）内有种植林木……估价与所卖田土一处依法召人承买，木价钱给还原栽人户"[28]。这同今日民法中处理添附物的方法原则上相同。

关于相邻关系，《宋会要辑稿·食货》卷五载："（他人）地原从官地上出入者，买者不得阻碍。……城市乡村等紧慢去处，并量度适中，估价务要公当。"又："居住原有出入行路，在见小卖地者，特与存留。"

随着商品经济的发展，动产的质（典当）权也得到发展。当时，凡属动产的物品，均可为典当的标的物。法律对回赎期限及典当利息均有详细规定。

不动产所有权（宋称业主权）的转移：当时的业主权主要有租佃权、典权、押权等，其标的物一般是田宅。业主权的转移须书面立契，且得官府承认始得成交。《宋刑统·杂律》规定："及卖田宅……皆得本司文牒，然后听之。"为了解决争讼，还专门编绘了《鱼鳞画册》，将每处田地标明四至及主人姓名，遇有争讼，作为凭断质证。

6. 债——债的发生、履行与担保，合同

语云：杀人偿命，欠债还钱。把欠债与杀人并提，可见债的重要。宋代，债的范围已很广泛，以形式上可分为口头与书面两大类。关于债的发生，《宋刑统·杂律》规定：债指"依令合理者，或欠负公私财物，乃违约乖期不偿者"。又："其有功修造之物，而故毁损者"。这同现今民法的基于合同及单方行为所生之债的规定，是相近的。债的履行标的，《宋史·食货志》有"约期限、口数、斤重以输"的记载。法律规定"诸买纳、官纳毕，委官定验。如巧伪湿恶……关理欠司"[29]，又"有行滥短狭而卖者……其行滥之物没官，短狭之物还主"[30]。还有履行标的是劳务的规定"诸管押官物……计所亏（损）估纳处价。"[31] 如逾期履行，有"过期不输，息外每月更罚钱百分之二"[32] 的律法。对债的担保，规定较详。诸如"负债者逃，保人代偿"[33]，"听人赊钱……三人相保则径之"[34]，"诸抵保人……身故

㉗ 《宋会要辑稿·食货》卷五五。

㉘ 《宋会要辑稿·食货》卷一。

㉙ 《庆元条法事类·财用门》。

㉚ 《宋刑统·杂律》。

㉛ 《庆元条法事类·财用门》。

㉜ 《文献通考》。

㉝ 《宋刑统·杂律》。

㉞ 《文献通考》。

者，即取问保人本家……如不愿（抵保），即别召人抵保”[35]。对债的免责，《宋刑统·杂律》规定财物“被强盗者不偿……（畜产）以理在者不合赔偿”。《庆元条法事类·职制门》中还规定“诸承直郎以下，预借料钱而身亡者，未纳之数勿理。”在债务关系中，类似现今的合同两宋均有相应的规定，其中以典质为详。《宋刑统·杂律》规定：“质举及卖田宅……皆得本司文牒，然后听之。若不相本问，违而辄与及买者，物即还主，钱没不追”。又“质者非对物主不得辄卖，若计利过本不赎，告市司对卖，有剩还之。”足见管理之严。此外，对以典就卖还特别规定“应有已经正典物业，其业重欲卖者，先须问见典之人承当……别写绝产卖断文契一道……更不须问亲邻”[36]。在买卖合同中，《宋刑统·杂律》规定“卖物及物人，两不和同而较固取者……杖八十”。并有类似瑕疵请求权的规定，如“若立券之后（牲畜）有旧病，而买时不知，立券后始知者，三日内听悔”。在借贷方而，“借”（“假借”、“假请”）指使用借贷；“贷”（“揭”、“便”）指消费借贷。付利息的借贷（多为使用借贷）称为“负债”，不付利息的借贷（多为消费借贷）称为“出举”。对“负债”法律规定“违契不偿官为理索”[37]；对“出举”一般“任依私契官不为理”[38]。对利息也有规定如“出举者……每月取利不得过六分，积日虽多，不得过一倍……又不得还利为本”[39]。有关租赁合同，当时称租房为租赁、借或僦；田园租赁则叫佃；人畜及车船的租赁叫庸、赁或雇；租金称为租、赁、庸等。史籍对官屋租赁有较详的记载，如“景德元年（1004）十月诏：应宜借舍屋……如已有产业，却将转赁，委店宅务常切觉察，收管入官”。“应借官屋，而以人户见赁屋借之者，以违制论。”[40] 规定承租人不得转租房屋，出租人不得将已出租之屋擅自转赁。对租金的规定，如“假每人户赁屋，免五日为修移之限，以第六日起掠”，又“见赁舍屋人，各有赁历……分舍屋间橼、地段、钱数，分月掠日掠数，立限送纳”[41]。此外，关于保管、信托（宋称检校）、合伙等合同，也有详略不同的规定。

7. 继承——财产继承及遗产的分配

封建社会的继承是宗祧继承，同时也有财产继承。凡有宗祧继承权者，必有财产继承权；而有财产继承权的则不一定有宗祧继承权。《宋刑统·户婚律》规定“诸应分田宅者及财物，兄弟均分”，“兄弟亡者，子承父份”。可见同一顺序继承人间所继承份额是均等的，且有“代位继承”的规定。但男女在分配份额上是不平等的，《宋刑统·户婚律》规定今后“户绝（无子）者，所有店宅、畜产、资财、营葬功德之外，有出嫁女者，三分给与一分”，“姑姐妹在室者，减男娉财之半”。此外还规定子女“如有心怀觊望，孝道不全，与夫合谋，

---

[35] 《庆元条法事类·财用门》。
[36] 《宋会要辑稿·食货》卷六一。
[37] 《庆元条法事类·财用门》。
[38] 《宋刑统·杂律》。
[39] 《宋刑统·杂律》。
[40] 《庆元条法事类·职制门》。
[41] 《宋会要辑稿·食货》卷五五。

有所侵夺者……不在给与之限”。“又不同炊，经三载以上……见在可分者，不得辄更论分。”遗腹子的继承权一般与其他亲生子女一样。[42] 关于商旅的遗产继承，法律规定“诸商旅身死，勘问无家人、亲属者，所有财物随便纳官……在后有识认，勘当灼然是其父兄子弟等，依数却酬还”[43]。对长住我国（五年以上）的外商遗产，按其遗嘱处置；若无遗嘱，暂由市舶司保管，待其亲属收领，但其亲属“在中国者，并可给付，其在本土（外国）者，虽来识认不在给付”[44]。对遗嘱法律也有规定，如“今后遗嘱与缌麻以上亲……并估价赴官投契纳税，其嫁资田产，于契内分明声说”，“委可杜绝日后争端”[45]。对无人继承的财产，则规定“限三年许承分人召保请，若出限或无人承分者……依户绝法”。

通观宋代有关民事法律规范，可以说有宋一代是比较注重律法作用的。自宋初颁《刑统》，以后历朝均有大量的立法和编敕活动。两宋之所以累代不绝地修纂法律，以致法网严密到“内外上下一事之小，一罪之微，皆先有法以待之”，[46] 是与当时经济和政治上的发展变化密切相关的。正是这种超越历代的频繁立法，尤其是民事法律规范的增多，对维持两宋三百二十年积贫积弱的统治，起着不可忽视的作用。

一般说，封建时期由于商品经济的不发达，民事法律是落后的。但宋代正处在封建商业突起的时期，加之当时的特殊历史环境及生产水平的提高，商品经济也随之有了畸形发展，致使统治者不得不对传统“抑商”政策在形式上有所改变，更多地采用经济和法律手段来达到目的，从而制定更多更详的民事法律规范。

综所述，我们一方面应看到封建时期民事法律的落后及“重刑轻民”的特点；另一方面也应看到，在某一历史特定时期由于商品经济的畸形发展，封建民事法律规范也随之增多，并因而有其独具的特点。因为“世界历史发展的一般规律，不仅丝毫不排斥个别发展阶段在发展的形式或顺序上表现出特殊性，反而是以此为前提的”[47]。这正是需要我们认真研究的。

---

[42] 《名公书判清明集·户婚门》。

[43] 《宋刑统·户婚律》。

[44] 《宋刑统·户婚律》。

[45] 《宋会要辑稿·食货》卷十一。

[46] 顾炎武：《日知录》。

[47] 《列宁选集》第4卷，690页。

林向荣

应当大力开展法学史研究*

简介

林向荣，男，汉族，河北昌黎人，1928 年 3 月生。1958 年 10 月中国人民大学法律系刑事诉讼法专业博士研究生毕业（只承认学历，未授予学位）后，分配到西南政法大学（原西南政法学院），历任助教、讲师、副教授、教授。1982 年起担任硕士研究生导师，我指导的研究生中，绝大多数在国家机关与高等学校担任要职，如夏勇和王人博等人。1985 年至 1990 年任该校法学研究所所长，《外国法学研究》主编，给本科生和研究生主讲国家与法权历史、外国法制史、西方法学史等课程，主编过《外国法制史教程》（成都科技大学出版社）等书，1996 年 6 月离休。离休前曾任中国法律史学会副会长，全国外国法制史研究会副会长、四川省人民代表大会代表、四川省人民代表大会常务委员会委员等职。

---

* 这是我和夏勇合作写的一篇文章，所以取名林夏，原发表于《法学季刊》（即西南政法学院学报），1987（1），因时间仓促，未及改动，原文刊发。——作者注

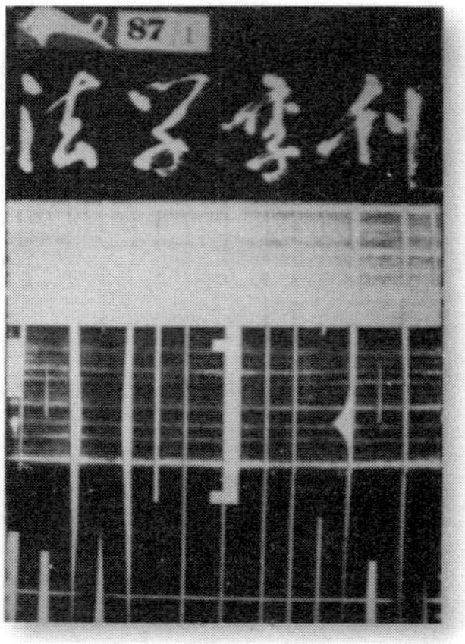

任何事物都是在历史中产生、发展、变化的，因此，任何一门科学都有其自身的历史。新中国成立以来，我国社会科学的许多部门都相继开展了对自身历史的研究，并取得了令人欣慰的成果，逐步建立起马克思主义哲学史、史学史、文学史、经济学史等学科。遗憾的是，法学史的研究至今还非常落后，许多领域几乎还是空白，高等政法院系既未开设法学史的课程，法学界也未编写出这一方面的专著，法学史尚未形成一门独立的学科。这种状况应该说是极不正常的，应当迅速加以改变。

一、长期以来我国法学史研究落后的原因

总的说来，法学史研究的落后是与长期以来我国整个法学的落后状况相联系的。但作为一门尚未成形的学科领域，法学史研究的落后还有其特殊原因。

原因之一，就是我们在法学观念上存在的许多错误认识，直接地或间接地妨碍了法学史研究的开展。

首先是缺乏科学的法学发展观，并由此而产生了法学无历史论。由于形而上学和教条主义的影响，我们通常把法律的产生和发展，简单地看作某种经济必然性在国家意志上的直接反映，把法律的实施直观地视为国家凭借其监狱、警察、法庭等暴力工具的强制实现，忽视了对其中若干重要的中间环节的具体研究（如统治阶级意志如何上升为国家意志，又是如何转化为社会法律生活的，这些过程中的历史的、文化的、宗教的因素怎样，法学家和法学的作用如何，等等），热衷于从经济事实中去寻找或印证某种早有现存答案的所谓“终极原因”。这样一来，似乎知道了古罗马奴隶制经济的高度发展，就解开了《国法大全》博大精神的奥秘；似乎了解了资本主义生产方式的发展，就掌握了《拿破仑民法典》的全部真谛；似乎重视法学以及法学家的积极能动作用，就违反了社会存在决定社会意识的历史唯物主义原理，鼓吹“唯意志论”，“个人创造历史”。其实，这是一种莫大的误解。我们不妨引用恩格斯的一段话作为回答。在回顾自己的研究活动时，恩格斯写道：“被忽略的还有一点，这一点在马克思和我的著作中通常也强调得不够，在这方面我们两人都有同样的过错。这就是说，我们最初是把重点放在从作为基础的经济事实中探索出政治观念、法权观念和其他思想观念以及由这些观念能制约的行动，而当时是应当这样做的。但是我们这样做的时候为了内容而忽视了形式方面，即这些观念是由什么样的方式和方法产生的。”（《马克思恩格斯选集》第4卷，第500页）

由于缺乏科学的法学发展观，法学史研究也就成了空中楼阁，法学无历史论就是这种观念的极端表现。有人试图从经典中去寻找法学无历史的证据，但却忽略了列宁的下列教导：“最可靠、最必需、最主要的就是不要忘记基本的历史联系，考察每个问题都要看某种

现象在历史上怎样产生，在发展中经过了哪些主要阶段，并根据它的这种发展去考察这一事物现在是怎样的。”（《列宁全集》第4卷，第43页）

其次是法学价值观上的片面性和狭隘性。我国法学界在一段较长时期存在把马克思主义词句绝对化、教条化的倾向，反过来又将这些教条作为法学研究的唯一正确方法，作为衡量法学之真伪的唯一标准。同时，我们又将社会科学的阶级性和真理性问题片面地理解为只有革命的无产阶级才能掌握科学真理，一切剥削阶级国家的法学都不过是伪科学。这样一来，所谓法律科学史也就无从说起了；而马克思主义法学的科学性则是不言自明的，只需引述，无需研究，如果从科学学的角度对它进行研究，还往往就会犯忌。因此，法学史研究所能做的只是不作客观分析的否定与批判，或者舍弃具体研究的肯定与赞美。这正是人们往往只愿意将法学史研究局限于现行法学基础理论体系的狭窄范围之内一个重要原因。我们认为，这种观念的错误就在于：它忽视了科学的发展是多种方法共同作用的结果，马克思主义指导不能代替科学方法论这一科学发展的客观规律，而且马克思主义本身也要在实践中不断加以发展。不仅如此，它还用科学的阶级属性抹煞了科学的文明属性，只看到剥削阶级法学的反动性，否认它作为人类科学史上的一个重要环节所具有的历史进步性，看到了社会主义法学先进的阶级性，但却忽视了它作为一门还不成熟的新兴实证科学需要具体研究的现实紧迫性，甚至直接将某一时代的法律观的是否正确当成衡量该时代是否存在法律科学的标准。这不能不说是对马克思主义科学观和历史观的曲解。

原因之二，是我国法学教育和研究的封闭性阻碍和制约了法学史研究的开展。

我们知道，任何科学的形成和发展，都必须以本学科或相邻学科的一定历史材料为基础。任何科学发展到一定阶段，都必然要在研究客观世界的同时，在不同程度和范围研究自身。无可否认，新中国成立以来，特别是近年来，我国法学工作者也曾进行过某些法学史专题的研究，但这种研究至今还停留在不自觉、不系统的阶段，尚未进行在学科意识支配下的宏观全局的研究。这主要归因于：我国法学长期以来不注重研究外国法学，有时甚至采取盲目排外的错误做法，致使我们对外国法学的历史和现状了解甚少，缺乏将外国法学作为一门历史科学进行研究的必要资料。即使是对中国的法学，我们也研究得不够，只满足于一时的适用，很少从整体上、宏观上进行概括、综合和分析，作认真的历史考察。各学科间也互不联系，各自为政，缺乏必要的协调与统一，这种封闭式的研究方法，严重阻碍着具有综合性的法学史学科的形成与发展。

二、大力开展法学史研究的重要意义

所谓法学史，就是关于法律科学的历史，是以法学自身为研究对象的历史科学，主要考察各个国家法学的历史状况，研究法学发展和发挥功能的一般历史规律。具体讲，法学史就是将法学既作为一种特殊的知识体系，又作为一种特殊的社会体制来进行历史的研究，考察历史上人们是如何认识和利用法律发展的客观规律的，研究法学观念、法学方法，法学体系是如何产生变化的，法学教育与法学研究的基本状况，法学繁荣的一般条件，法学在法制建设和社会发展中的地位和作用等一系列重大问题。开展法学史研究，无论在理论上还是在实践上，都有重大意义。

首先，开展法学史研究是法律科学发展的客观要求，也是世界法学发展的当代趋势。

法学史属于科学学的范畴。科学学是一门关于科学自我认识的新兴学科。众所周知，科学的自我认识是科学发展的必然结果，也是推动科学前进的强大杠杆。不过，在二十世纪以前，科学的自我认识一直是很不全面、很不系统的，它在理论体系上还是从属于科学对客观世界的认识。到了本世纪三十年代，科学学才作为一门独立学科建立和发展起来，从而，科学史学作为一门从属于科学学的分支学科或基础学科，也就应运而生，人们对科学史研究愈益重视。英国著名科学家、科学学的主要创始人贝尔纳曾指出："过去的科学家们还可以忽视除了他们的直接前辈以外的其他一切前辈所做的工作，甚至可以把过去的传统当做阻碍进步可能较大而帮助进步可能较小的东西加以排斥。然而到了现在，……人们不得不集中注意力于科学的历史观方面了。"（贝尔纳著《历史上的科学》，序，中国科学出版社，1983 年）。

作为一门科学史的法学史，其情况也是如此。在法学产生以后，每一时代的人们虽然都对先前时代的法学作过研究，但这种研究或基于实用的动机，局限于抄袭、捃摭或承用的狭隘范围，或为了论证某一问题，仅仅进行专题的或片断的考察，而不是把法学作为一门科学加以宏观的历史研究。因而，在相当长的时期内，没有也不可能形成一门独立的法学史学科体系。只是到了最近几十年，随着法学教育的迅速发展和法学学科的高度分化，法学史才作为一个独立学科建立起来。从科学学的角度来看，法学史是一门新兴学科。战后，有些国家在法学史研究上取得了很大进展，并有一批专著问世。日本东京大学出版的《法学史》一书，就是这方面的代表作。七十年代以来，苏联也开始重视法学史研究，并着手编纂《法学史丛书》。法学史学科的出现，为法律科学进行自我研究提供了重要手段，它是法学发展的客观要求和必然结果。国外法学史研究的蓬勃开展，应当引起我国法学界的严重关注。

其次，从我国的现实情况来看，开展法学史研究显得尤为十分重要，理由有三：

第一，开展法学史的研究，是繁荣我国法学研究，完善社会主义法学体系的需要。当前我国的法学无论在深度还是在广度上，都远远落后于哲学、经济学等其他社会科学，而开展法学史的研究，则可以在一定程度上为法学腾飞提供有利条件，特别是能够帮助人们从法律科学的内在规律中去寻找法学落后的原因。

从法学研究的内容和范围来看，任何学术研究都必须以一定的知识体系为基础，知识体系的广狭与学术水平的高低密切相关。法学史至少能为法学工作者提供较为丰富的思想材料，增加必要的历史知识，从而提高学术研究的水平和价值，避免犯常识性的错误。更为重要的是，了解法学研究的历史状况，就能直接继承前人的学术成果，在更高的基点上起步，有助于加快法学的发展速度。

从法学研究的方式方法来看，一切科学在实质上都可以归结为关于方法的学习。每门学科都有其独特的发展方式和研究方法。一部法学史，并不是关于法律科学的历史资料的简单汇集，而是人们提出问题和解决问题的历史，是分析与综合的历史，是继承与创新的历史，研究法学史，无疑能得到科学方法论上的重要启迪。

从法学繁荣的条件和保障来看，法学发展的漫长曲折的历程，是由法学的无数次盛衰兴亡的历史构成的。通过对法学史的研究，我们可以在法学发展的一般条件，特别是法学研究的政治保障和组织管理方面，吸取历史的经验教训。

不仅如此，开展法学史研究，并使之成为一门具有中国特色的社会主义法学历史科学，纳入社会主义法学体系，必将促进社会主义法学体系的完善化。同时，法学史的建立，还将为建立中国社会主义法学提供必要的知识基础和原理原则。

第二，开展法学史的研究，是健全社会主义法制，保证社会主义法律不断完善的需要。随着社会的进步，法律科学在法制建设中的地位和作用愈益重要，它实际上是将统治阶级意志上升为国家意志所必经的中间环节，在某种意义上，可以说，在整个法制系统中具有中枢系统的功能。长期以来，我国法制的不健全以及在立法中的某些失误，是与法学理论水平不高，尤其是政治生活与法律生活相脱离，法制建设与法学研究相脱离的现象分不开的。当然，法制建设的好坏既不单纯是立法和司法问题，也不只是法学自身的问题。法学研究的繁荣，法学体系的完善，固然能够为健全法制提供必要的动力，但是，更为重要的是，如何用法律科学去指导和推动法制建设，如何充分发挥法学的作用，也就是说，如何将政治生活与法律生活相结合，用法律思维支配国家行为，使政治生活法律化。从法学史中，我们会清楚地看到，在各个历史时代具有不同的法律思维方式的国家里，统治者是怎样利用法学研究的成果为自己服务的，法学的功能有哪些，这些功能又是通过何种渠道、何种方式发挥出来的，法学家的活动是怎样与立法和司法实践相结合的，等等，可以从中吸取必要的经验教训。

不仅如此，每个国家、每个时代的法学，无不是关于当时法制建设的经验总结，其中含有大量的关于法制建设的理论阐述和实践材料，即使是剥削阶级法学，客观上也有某些促进社会发展，保护劳动人民的内容。苏联在起草民法典时，列宁就曾指出，“凡是西欧各国文献和经验中所有保护劳动人民利益的东西，都一定要吸收”（《列宁全集》第33卷，第173页）。

另外，在极其丰富的中国法学遗产中，凝聚着民族的智慧和许多东方文明的精华。封建统治阶级在运用法律发展社会经济，维护政治秩序以及巩固国家统一等方面，都积累了大量有益的经验，所谓宽猛相济、刑教结合、因时立法、定期修律等，也对今天有着一定的参考价值。尤其是研究我党领导创建的革命法学，总结正反两方面的经验教训，对于加强社会主义法制，更有直接的现实意义。

第三，开展法学史研究，是改革我国法学教育，更新知识结构和提高教学质量的需要。

法学史的研究应当与法学史教学结合起来，服务于教学改革。开展法学史教学主要有两方面的意义：一方面，它能够通过形象地阐述马克思主义法律历史观，培养学生的法学思维能力，使之树立正确的法学史观。在一定的时代和民族中，什么样的法学思维或法学观念占支配地位，有着重大影响。长期以来，我国的法学教育存在的一个缺陷，就是忽视法学思维和法学观念的培养，满足于法律原理和部门法知识的灌输，设置的课程门类虽多，但缺乏一门联结各学科并为部门法史等学科理出一条基本线索的法学史课程。法国著名物理学家保罗·郎之万在谈到科学史的教育价值时，曾深刻地指出，在科学教育中，加入历史的观点是有百利而无一弊的，“如果认为只须从已经获得的确定不移的定理作出结论就够了的话，那就是一种绝对错误的想法，这种想法会使科学丧失其全部教育价值”（保罗·郎之万著：《思想与行动》，第114～115页，三联书店）。开展法学史教育，有助于克服上述弊端，它能够向学生展示出一幅法学发展的生动历史画卷，能够使学生开阔视野，纵观全局，启迪思维，加深对辩证唯物主义和历史唯物主义法律观的理解。

另一方面，它有助于更新知识结构，完备法学教育的课程体系。先进的法学教育，应当向学生提供关于整个法律文化的系统知识。然而，在当前我国的法学教育中，用于教学的法学知识很不系统，知识老化的现象普遍存在。诚然，开展法学史的研究并不能完全改变这种状况，但它毕竟是填空补缺，纠偏除弊的手段之一，同时，向学生传授法学史知识，还便于他们更好地学习和钻研其他法学课程，有助于培养学生钻研法律科学的精神，提高他们学习法学的兴趣。历史会给人们以鼓舞，给人们以启发。正如美国科学史学家弗·卡约里所指出的：“读一点科学史有助于对科学发生兴趣，并且由阅读科学史而得到的关于人类知识的发展的总的观念本身是鼓舞人心并有助于解放思想的。”（弗·卡约里著：《物理学史》，第一版序，卷前，内蒙古人民出版社）

三、开展法学史研究需要解决的问题

开展法学史研究，建立法学史学科，这是一个十分复杂的课题，需要解决的问题很多。这里，我们仅就自己的认识谈两点想法。

第一点，正确认识和处理法学史与其邻近学科的关系。

一门新学科的建立，面临的首要问题就是如何从整个法学的实际状况出发，处理好与邻近学科的关系，确立本学科在法学体系中的适当地位。实际上，每一门新学科在建立之前，它的某些内容就已经包含在相邻的学科体系中了，这可以说是学科发展的规律。如所周知，我国法学现已建立了法学基础理论、中外法制史、中外法律思想史等学科，有的大学还开设了法学流派、法哲学、部门法史等，这些学科都在不同程度上包含了法学史的内容，那么，怎样认识和处理法学史与邻近学科的关系呢？

我们认为，法学史是邻近学科既不能取代、也不能包罗的。首先，法学史具有特定的研究对象和研究领域，它所研究的既不是纯粹的法律制度，也不是纯粹的法律思想，而是法律科学本身；它着眼于思想与制度、理论与实践的相互关系，进行综合考察并加以概括与抽象，这是其邻近学科无法置喙的。其次，法学史有着独特的学科体系，这一体系由法学史所特有的思维结构和知识体系构成，是现存的一切邻近学科所无法包罗的。例如，古代罗马法学、中世纪注释法学、近代习惯法学、日耳曼法学、公法学、潘德克顿法学，以及我国古代法学、半封建半殖民地法学，是其他学科所不研究或不讲授的，即或有所涉及，也不过是蜻蜓点水。不开设法学史，而把一门完整学科的内容分散于不同学科中一带而过，人为地搞得支离破碎，不能说是明智的处理办法。

基于上述认识，我们主张，必须单独开设法学史学科，法学史与其邻近学科的关系应当是相互配合，相互协调，相互渗透，共同发展，而不能相互取代、相互包罗。在建立法学史学科时，既要划清法学史与其邻近学科的界限，以保证各自的独立性，又要看到二者的联系，充分利用和吸收邻近学科的研究成果，并推动邻近学科的深入发展。

第二点，必须要新法学观念，改进研究方法。

我们必须旗帜鲜明地坚持马克思主义，这是不可动摇的原则。但是马克思主义法学是批判吸收先前法学的优秀成果建立起来的。所谓更新法学观念，主要是指在法学研究上，要有正确的法学发展观，不能对法学史抱虚无主义的态度。

历史唯物主义认为，科学的进步是一个漫长的历史过程，科学的价值就在于它为人们提供了过去所没有的较为系统的知识和方法。在历史上，每一个文明的民族和国家，几乎都有着自己法学的历史。因此，法学史研究应当客观地展示法律科学产生和演变的历史过程，阐明不同时代、不同类型法学的区别与联系，继承和发展。同时，要端正研究态度，努力纠正错误的法学价值观，将法学史研究当做考察和总结人类法律文化的伟大的工作来做，一切从具体的历史条件和历史事实出发，切忌简单的批判和粗暴的否定。

所谓改进研究方法是指改进法学史的某些具体方法。我们建议：(1) 打破封闭型研究方法，大胆进行开放型研究。除了要大量翻译和挖掘法学史资料外，还要做到学科开放，即广泛吸收哲学、史学、经济学，特别是科学学、科学史的研究成果；方法开放，即在唯物辩证法的指导上，兼采多种研究方法，尤其是吸取现代科学方法的最新成果。例如，对于现代西方的“系统法理学”和庞德的“社会法学”，如果我们不谙于系统科学方法，不了解控制论的基本原理，就很难进行有效的研究。(2) 要从介绍叙述转向分析比较。重介绍叙述，轻分析比较，是长期以来我国法学研究的通病。在法学史研究中，重点不在于介绍而在于分析比较，要从分析比较中得出应有的结论，敢于推陈出新。只有这样，才能在内容和体系上有所创新。

“历史不外是各个世代的依次交替。每一代都利用以前各代遗留下来的材料、资金和生产力；由于这个缘故，每一代一方面在完全改变了的条件下继续从事先辈的活动；另一方面又通过完全改变了的活动来改变旧的条件”（《马克思恩格斯全集》第3卷，第5页）。具有两千多年历史的法学就是处于这种既继承又发展的状态中，源远流长，史料浩瀚，是人类宝贵遗产。大力开展法学史研究，是当前我国法学研究的一个不容忽视的重大课题，也是新老法学工作者肩负的一项历史重任。限于篇幅，本文只提出问题，抛一个纲，以唤起同行们的共鸣，引起法学界的关注。愿我们解放思想，群策群力，共同建立具有中国特色的马克思主义法学史学科，让它成为我国社会主义法学园地中一朵绚丽多彩的奇葩。

游绍尹

试论中国法的产生规律*

——兼论中国古代法律文化的若干特点

简介

游绍尹，男，1928年11月生，湖南新化人。1949年5月任《奋生》杂志社副总编辑，1950—1951年，任中原大学校刊《中大生活》编辑，1952—1954年在中原大学政法学院法律教研室任教。1954年9月，赴中国人民大学攻读研究生。1956年7月毕业后，在中南财经政法大学任教。1983年晋升为教授。曾任湖北省法学会法理学法史学研究会理事长，中国法律史学会理事，湖北省社会科学规划学科组法学组副组长，武汉市政协委员兼法制委员会副主任等职。1993年，享受国务院政府特殊津贴。

游绍尹教授主要研究领域为法制史以及古代中国法律文化。先后开设《民法基础》、《中国政治思想史》、《中国法制史》、《中国法律思想史》、《中国法制史史料学》课程。撰写的《中国政治法律制度简史》（古代部分）获湖北省首次社会科学优秀成果三等奖，主编的《中国法制通史》获湖北省首次省级社会科学优秀成果著作类三等奖，主编的《中国法制史》（副主编，群众出版社1982年版）获司法部部级优秀教材奖，主编的《法学概论》（山东人民出版社1985年版）获湖北省法学会优秀科研成果奖，主编的《新编法学词典》（副主编，山东人民出版社1985年版）获1987年全国优秀畅销书奖。此外，公开发表法史学论文数十篇。**

---

* 原发表于《中南政法学院学报》，1987（1）。

** 个人简介引自中南财经政法大学网站。

在我国，法产生于夏朝。“禹传子启”，是中国国家产生的标志，也是中国法产生的标志。那么，中国法的产生规律有哪些特点呢？它对中国古代法律文化的形成和发展具有什么决定性的影响呢？弄清楚这些问题，对于我们认识中国古代法律文化的特质，正确对待历史文化遗产，建设具有中国特色的社会主义法学体系，建立和健全社会主义法制，都是有其必要性的。本文拟就此作些初步探讨，作为引玉之砖，希望引起大家的重视和讨论。

法的产生经历了漫长的演变和发展过程

和世界上其他国家一样，中国法的产生经历了一个由氏族习惯到习惯法又到成文法的漫长的演变和发展过程。由于社会生产力的不断发展，我国社会进入传说中的黄帝时期，已经由母系氏族公社转变到父系氏族公社。父系氏族公社的形成和发展过程，是原始公社解体的过程，是私有制、阶级和国家、法产生的过程，也是原始习惯解体的过程。氏族制度的解体每前进一步，就引起了当时社会习惯的某些重大变化；过时了的原始习惯被废弃了，适应新形势需要的行为规则产生了，并逐步形成新的习惯，如对私有财产的承认和保障，家庭、婚姻和继承制度的演变，以及对氏族部落首领特殊地位和权力的承认和保障，等等。当时随着生产力的提高，引起了原始社会经济基础和上层建筑的局部质变，而新的习惯的形成，正是这种现象的重要表现。这里正孕育着我国最早的奴隶制法的胚芽。在社会由局部质变到完全质变的过程中，这种胚芽也随之不断地发展，与私有制、阶级最终形成和国家出现的同时，便产生了法。据史家考证，从传说中的黄帝时期原始习惯开始解体，至夏朝奴隶制法的产生，大约经历了五百年之久。①

关于我国原始公社解体时期法的胚芽的史实，在古籍中是有所反映的。如《史记·太史公自序》：“维昔皇帝，法天则地，四圣遵序，各成法度”；《汉书·百官公卿表》应劭注：“自颛顼以来，不能纪远，乃纪于近，为民师而命以民事”；《国语·鲁语上》：“尧能单均刑法以仪民”；《尚书·舜典》：舜“同律度量衡”；还有《吕氏春秋》所谓“皋陶造律”，等等。虽然均系传说或推测之辞，渲染自所不免，臆度亦许有之，但是如果依据人类社会发展的一般规律，征诸我国古代文明早期发达的具体情况，这些记载所提供的信息是可以理解的。

法的产生，最初是以不成文的形式出现的，即所谓习惯法。它主要是由原始公社末期法的胚芽发展而来的。如生产、分配和交换产品的行为，无论任何时期，都必须有（也必然会形成）一个共同规则概括起来，使每个成员服从生产、分配和交换的一般条件。这个规则随着社会的进化而不断发展变化，最早表现为习惯，而在父系氏族公社时期则孕育了

① 具体过程略见拙作《略论我国法的起源》，载《中南政法学院学报》，1986（2）。

某些法的胚芽（如当时普遍存在的按各个父系家庭在生产劳动中的贡献分配产品的办法即是）；后来由国家加以确认，并赋予法的效力，便成了习惯法。它虽然在形式上或名称上还是旧的，但在内容上已不再反映原始公社人与人之间的平等关系，而成为反映奴隶主统治阶级的意志和为统治阶级利益服务的工具了。

中国法的产生虽然比较早，但从习惯法向系统成文法的演变却比较缓慢。从夏初形成习惯法到周初的“周公制礼”和周穆王时的“吕侯制刑”，经历了千年以上的漫长岁月，如果算到春秋末叶各诸侯国公布成文法，时间就更长了。这个演进过程和西欧各国形成了鲜明的对比。例如在古罗马，从其法的产生到公元前五世纪中叶公布《十二铜表法》，最长也不过三百年；在古希腊，自公元前七世纪从氏族制度转变为国家的过程中，雅典城邦于公元前594年即公布了成文法——《阿提卡法典》（即“梭伦立法”），其演变过程最长也不到一百年。

中国法由习惯法到系统成文法的演变的缓慢性，既反映了当时社会经济、政治的重大特点，也表现出并规定了中国古代法律文化的保守性。由于夏代社会是自给自足的自然经济形态，以从事农业生产为主，农业与家庭手工业相结合；交换极不发达，保留族居形式的手工业者的产品，主要是为了供应本族或本部落的需要。这是中国古代社会经济的重要特征之一。在此社会基础上便产生了中国奴隶制的专制主义国家。奴隶主统治者在自己的领地内，可以任意发号施令，出言为法。他们不仅对奴隶可以为所欲为，而且也可以随意残害族内的一般平民。他们也有一些法律条款，但只供奴隶主贵族内部参考，在运用中可以任意解释。他们从来不肯颁布犯什么罪判什么刑的成文法，对于奴隶和平民在什么情况下用什么刑，完全由奴隶主贵族临时随意决定，即所谓“先王议事以制，不为刑辟”②。这样，他们就可以肆意武断，滥施刑罚，使奴隶和平民经常处于极端恐怖之中，达到其所谓“刑不可知，则威不可测”③ 的目的。在这种情况下，以不成文为特征的习惯法，自然是他们得心应手的统治工具。当时人们通过立法、执法和守法所获得并加以传播的行为模式，是极端模糊、甚至是神秘莫测的，而法律文化的研究和发展，则必然是极其缓慢的，甚至几近停滞不前的。这就是我国古代法律文化保守性的表现及其根由。

法的形成是建立在农业生产的基础之上的

早在母系氏族社会，中国先民的主体就逐渐超越狩猎和采集经济阶段，黄河流域的氏族部落形成了以农业为主的综合经济。在时间的起始上，大体相当于传说中的神农时期。“古之人民皆食禽兽肉，至于神农，人民众多，禽兽不足，于是神农因天之时，分地之利，制耒耜，教民农作，神而化之，使民宜之，故谓之神农也。”④ 进入父系氏族社会之后，农

---

② 《左传·昭公六年》。

③ 《左传·昭公六年》孔颖达疏语。

④ 《白虎通义》。

业依然是主要的和基本的经济部门，而且随着农业的发展，农业生产在社会经济生活中的地位愈来愈重要，并从而带来了畜牧业和手工业的发展。传说治理黄河水患的成功，也反映了尧、舜、禹时期人们战胜自然、发展农业生产的巨大成就。中原地区的古代夏部落首领能够统有天下，归根结底是发展农业的结果，所谓禹“尽力乎沟洫”⑤，“禹，稷躬稼而有天下”⑥。这种状况，决定了中国奴隶制法的形成过程，始终是建立在农业生产的基础之上的，也说明了过程的长期性和发展的缓慢性。例如，我国奴隶社会以“刑”名“法”，许慎《说文解字》“荆，罚罪也，从井，从刀”又说“井，八家一井，象构韩形”。可见，“荆”本源于农业生产，因为在当时，“井”对人们生活和农业生产至关重要，故须用“刀”加以保护，对违反规定使用或破坏行为，就要予以惩罚。后来，中国更素称“以农立国”，视农业为国家的根本，实行“重本抑末”的治国方针。

农业社会的法律观念也有自己的特点。从事农业生产需要有固定的地域和一定的气候、土壤条件，养成了“安土重迁”的传统习惯。寒来暑往，春播秋收；日出而作，日入而息；周而复始，年复一年。在人们眼里，天地和人世似乎都是封闭着的，不可能也不必要去冲破它。安分守己，与世无争，一切按老规矩办事，是他们的生活准则。他们安于现状，不关心体现国家意志的法律的制订和公布，诉讼意识淡薄，只希望有一个“好皇帝”和清廉的“父母官”。他们很少考虑自己的权利，却在实际上默默地承担着各种义务。

同时，适应农业社会自给自足的产品经济而建立起来的专制主义统治，也需要“一切按老规矩办事”，使民“安居乐业”，以期达到“长治久安”的目的，因为农业劳动者的“安居乐业”，是农业社会存在和发展的前提，如果这种格局一旦遭到大规模破坏，便有可能导致王朝的崩溃。这是早已为一部中国古代史所反复证明了的，因此，统治者既需要坚持习惯法的传统，遵循这个“老规矩”，又必须推行“法自君出”和“法由君断”的立法和司法原则，使法成为他们手中极其灵活的得心应手的统治工具。在他们眼中，法律就是罚罪。他们重视法律的镇压作用，但可以有法不依。为了防避“覆舟”的危险，他们强调“人治”，倡导“王道”、“仁政”学说。秦汉以后，他们虽然公布了众多的法典，但其社会价值是二等的、三等的，远远处于“德”、“礼”的规范之后，并从属于后者。西周以前，法律处于秘密状态，至秦实行“凡欲学律令者皆以吏为师”后，重新扼杀了春秋战国时期曾出现的法学研究热潮，强制中断了法学的自由研究。所以在中国古代，法律文化不仅是农业社会的保守型的，而且具有鲜明的从属性，其发展是极其迟滞的

随着宗族制度的发展演变而形成和发展

中国法的产生过程表明，它是从氏族社会内部生长起来的，而不是从外部强加于社会

---

⑤ 《论语·泰伯》。

⑥ 《论语·宪问》。

的一种力量。法是国家意志的体现。夏朝奴隶制法是在氏族社会内部出现的孕育着法的胚芽的习惯的基础上，随着夏朝奴隶制国家的产生而产生的。后者则是由原始公社末期的社会组织——部落联盟演变而来的。传说为黄帝后裔的氏族部落在进入黄河流域后，逐渐同夷人部落和羌人部落结成新的部落联盟。可见，这种部落联盟已经超出了原来血缘关系的界限，按地域互相结合，是氏族机构到国家的过渡形态。“夏禹传子启”，是我国国家与法最终形成的标志，指的就是这个社会组织的首领权位的世袭。历史上最早的奴隶主，也正是从氏族部落首领和大家族家长中产生的。在掠夺财物和奴隶的战争中，有些氏族部落因战败而亡姓绝氏，沦为奴隶。被征服的氏族部落对征服者承担着贡纳义务，贡献当地出产的方物，同时也包括进贡子女，充当征服部落贵族的臣妾。有时，征服者还保留被征服部落的氏族组织，而整个地把他们变成自己的种族奴隶。历史表明，我们的先民跨入阶级社会的门槛，是氏族首领直接转化为奴隶主贵族，他们过去掌握的氏族统治权转化为国家统治权，参加国家管理的仍然是旧时代的氏族贵族集团，最显赫的家族的家长便是国王。这样，虽然按地域划分居民的原则代替了血缘原则，但是以血缘关系为基础和纽带的氏族贵族的家族统治并没有根本动摇，而是以家族——宗族制度的形式被保留下来，形成了一个以显贵家族为中心的宗族统治集团。这种宗族制度的进一步发展完善，便是在商朝后期开始建立而后统治中国达数千年之久的宗法制度。由于中国社会自然经济的长期延续，为宗法制度的推行和宗法思想的流行，提供了丰润而厚实的土壤。宗族——宗法制度与国家制度紧密地糅合在一起，便成为中国奴隶制国家最重要的基本的政治制度和法律制度。由此可见，中国法的形成过程，是紧紧地沿着宗族制度发展演变的轨迹而运行的。这是中国法的产生，区别于古代西方的一条重要而独特的规律。

宗族制度的发展演变，既然是中国法的产生的特有规律，那么，它就必然决定着中国法区别于古代西方法的特质。这种特质，一言以蔽之曰：宗族伦理法。宗族——宗法制度在法律中的体现，几乎是无处不在的。首先，由于氏族社会的解体在中国完成得很不充分，氏族制度及其意识形态的残余大量积淀下来，在古代法中得到了鲜明的反映 虽然这种反映使它的性质发生了根本变化。如“不孝”之为罪，夏法：“五刑之属三千，而罪莫大于不孝。”⑦ 对不孝行为的惩罚，氏族社会早已有之，夏法关于不孝罪的规定，是对这种习惯的确认。这是维护以血缘关系为基础的宗族制度所绝对不容忽视的。中国古代法对亲等区分之细和严，是世界上罕见其匹的。法律不仅规定了诸如“亲亲得相首匿”等一系列原则，来维护这种温情脉脉的血缘关系，而且明确地确认了尊亲属和卑亲属之间的不平等地位。其范围之广，囊括了人们从家庭生活到社会生活的所有方面，从出生到死亡，都在其支配之中。所谓“立子以贵（指血统的尊贵）不以长，立嫡以长不以贤”的嫡长子继承制度，之所以构成宗法制度的核心，就在于它充分体现了血缘至上的最高原则。

其次，“礼”作为一种法律形式，在整个法律体系中占有的重要地位，是宗法制度在古

---

⑦ 见《孝经·五刑章》。据章太炎《孝经本夏法说》。

代法中的集中体现。宗法制度要求人们的生活方式和行为，符合他们在家族——宗族内的身份和由此决定的社会、政治地位，依据尊卑、贵贱、长幼、亲疏有别的原则，使不同的身份有不同的行为规范，这就是“礼”。可见，“礼”具有鲜明的阶级性和等级差别性。“礼”的规范是不容僭越和违犯的。礼的内容，可以分为两大类：“先王之立礼也，有本有文。”⑧“本”就是“礼”的精神和原则，“文”则指形式或仪节，如婚礼有一套礼节和仪式，同时还有“同姓不婚”、“父母之命，媒妁之言”、“聘则为妻”等具体原则。“礼”的基本精神和原则，不外乎两条：一曰“亲亲”，二曰“尊尊”。“亲亲父为首”，“尊尊君为首”。父亲在家庭可以“君临一切”，君主则是全国的“严父”，对臣民实行家长制统治，对“君”的崇敬，起始是由对“父”的崇敬中引申、借代过来的，宗法关系渗透到社会生活的最高层，也是最深层。后来儒家对周礼虽有所修正，主张“有教无类”，要求“尊贤使能”，但仍然坚持以西周为典型的“为国以礼”，维护以血缘关系为纽带的宗法制度。对体现“礼”的精神和原则的行为规范的任何触犯，都将受到刑罚制裁，这就是所谓“出礼则入刑”。

及至两汉司法审判中的“引经决狱”，再到始自魏、晋的立法定律中的“引礼入律”，确乎使法律发生了影响深远的重大变化。这一过程实即法的儒家化过程，历南北朝至隋、唐而集其大成，致有“唐律一准乎礼”⑨ 之说。除八议、官当、十恶、犯罪存留养亲、依服制定罪量刑等条外，还有不少条文是“礼”的规范的法律化。诸如：依礼，子孙当孝事父母、祖父母，于是有祖父母、父母在而子孙别籍异财者，徒三年；子孙违犯教令、供养有缺者，徒二年；居父母丧（三年），释服从吉、冒哀求仕、生子、嫁娶、兄弟别籍异财者，皆有罪，等等。至此，中国古代法的宗族伦理法特性，表现的更加鲜明和具体，因而也更加典型化了。形成这种特性的根由，则是植根于农业社会土壤中的宗族——宗法制度的发展演变。

中国的传统观念并不排斥法。孔子倡导“礼治”，但也讲“齐之以刑”，也讲“宽猛相济”。自从春秋战国以来，历代王朝都公布有“法典”，也曾出现过许多执法严明的官吏。但在人们的意识中，法不过是一种作用有限的工具，重“人治”而轻“法治”，法律意识极为淡薄。从本质上说，中国古代法律不过是特定时代伦理道德体系的附庸。它的作用，是以国家意志的形式，用强制力来维护这个伦理道德体系。

从使人们服从生产和交换的一般条件到“刑始于兵”

恩格斯说：“在社会发展某个很早的阶段，产生了这样的一种需要：把每天重复着的生产、分配和交换产品的行为用一个共同规则概括起来，设法使个人服从生产和交换的一般

⑧ 《礼记·礼器》。

⑨ 《四库全书总目提要》。

条件。这个规则首先表现为习惯，后来便成了法律。”[10] 无论任何社会，人们为了维持自身的生存和发展，都必须维持正常的生产。为此，都必须有一定的权威，有一定的行为规则，用以调整这种生产关系。否则，生产秩序、社会秩序就无法维持。在中国历史上，这种规则性的调整首先表现为习惯，即原始社会的习惯调整；由母系氏族社会过渡到父系氏族社会后，这种行为规则就包含有某些法的胚芽。发展至阶级社会，便成了维护统治阶级利益而进行的法律调整。

在原始公社解体时期，这种规则性调整中所包含的某些法的胚芽，更进一步说明了中国法是从“使个人服从生产和交换的一般条件”的“共同规则”中首先产生的，即始于生产和交换领域。

由母系氏族社会向父系氏族社会过渡的社会根源，是由于生产力的提高，男女在生产中所处社会地位的变化，以及由此而同时出现的财富逐渐转归各个家庭私有。当时，虽然主要的生产资料——土地仍是公有的，甚至依然定期地按人口平均分配，但在定期内对土地的占有、使用，却是由各个家庭（或家族）独立进行的了。这种脱离氏族成员集体劳动而独立耕作的性质，就必须使原来劳动产品按全体氏族成员平均分配的习惯无法维持了；代之而起的分配规则，在原则上只能是劳动产品归各个劳动者的家族或家庭所有。这里就包含着对私有财产的承认。这样，由于劳动力多少、强弱的不同，工具和技术上的差异，以及其他因素，就必须产生私有制和贫富分化的现象。这种调整分配关系的行为规则，就孕育着法的胚芽。同时，由于男子在生产中日益成为主要力量，并逐步居于主导地位，就必须引起改变原有财产继承办法和婚姻形态的要求。所谓财产继承制度，是以承认私有财产为前提的。那么，在父权制下实施的新的继承制度，就必然扩大了这种对私有财产的承认。在一夫一妻制出现不久，在婚姻缔结上女方索取财物的做法，就更进一步说明了这一点。[11] 承认和维护私有财产制度，正是历史上最早出现的奴隶制法的最根本的任务。

由于氏族部落首领和大家族的家长掌握着交换的权力。久而久之，他们便把交换得来的东西据为己有。交换的发生和发展，促进了私有财产和私有观念的产生和发展。他们利用职权把公共财产变为私有财产，将他人财产据为己有，逐步使自己由氏族的一员变为驾凌于社会之上的贵族。承认和保障这种特殊地位和权力的一切行为规则，都是传统的原始民主习惯所不可想象的，而这正是原始社会解体时期法的胚芽的重要表现。进入阶级社会后，这种行为规则便直接演变为维护奴隶主贵族特权的法律规范了。中国原始社会解体的历史已经证明：正是从这些氏族部落首领和大家族家长中间，产生了最早的奴隶主；也正是在这种承认和保障他们的特殊地位和权力的行为规则的基础上，产生了最早的习惯法规范。

---

⑩ 《马克思恩格斯选集》第3卷，538～539页。

⑪ 如鄂温克人在一夫一妻制出现不久便出现了男方送彩礼和女方送陪嫁的风俗。这种陪嫁的驯鹿虽然归父系家庭公社，但当新婚夫妇单独成立家庭时，陪嫁的驯鹿便归个体家庭所有。见满都尔图：《鄂温克人的“乌力楞”公社》，载《社会科学战线》，1981（1）。

从法的产生过程看，法起始于使人们服从生产和交换的一般条件的共同规则之中，这当是一条具有普遍性的规律。但在中国法的产生过程中，却出现了一种独特的社会现象，即传统说法的所谓“刑始于兵”。

在中国古代，从夏朝由军事长官兼理司法到魏、晋时期，中央司法官吏的名谓多称士、师、司寇或廷尉，都与兵事有关。《国语·鲁语》说：“大刑用甲兵，其次用斧钺；中刑用刀锯，其次用钻凿；薄刑用鞭扑。”东汉班氏写《汉书》，也把兵事放在《刑法志》之中。刑罚的运用，最初似主要用以对异族，所谓“德以柔中国，刑以威四夷。”足见兵刑于古不分，故曰“刑始于兵”。前人所论，其源出此。显然，这里所谓“刑”，主要系指死刑和肉刑两种刑罚手段，而未及其他罚罪方法。何况“兵刑不分”之说，既未说明两者的先后区别，更未明确两者的因果关系。因此，我们对此决不能理解为中国法起源于兵事领域。战争虽然曾经促进了我国原始公社的解体和法的产生，但它只是起着促进剂的作用，而绝不是法产生的根源。法只能是起源于人们的经济生活条件，起源于经济关系。

“刑始于兵”反映了中国法的宗族伦理法特质。它对内强调“德”以“柔”之，以维护温情脉脉的血缘关系，加强宗族、宗法统治；对外则明言“刑”以“威”之，以示“内外有别”，目的也在加强宗族的统治作用。所以，至宗法制度正式确立的西周初年，周公便明确地规定了“明德慎罚”的基本指导思想。孔子从周，为统治者厘定了“德主刑辅”的法律思想和原则。其后，董仲舒附会“阴阳”、“五行”之说，朱熹穿凿“天理民彝”之教，将“德主刑辅”系统化和神秘化，进一步加强了封建纲常名教和伦理道德在封建立法和司法中的支配作用。

在自然经济占主导地位的宗法社会中，商品经济不发达，专制主义统治和人身依附关系长期存在，人们的法权观念极为淡薄，法律关系也比较单纯，法律规范体系也显示出单一性。民事法律关系很不发达，民事纠纷的调整以道德伦理为尚，强调调解；即使诉讼本质为民事纠纷的案件，败诉一方亦被视为“失礼”而入于刑。“重德轻刑，重义轻利”是中国古代法律文化的又一特点。

建立在自给自足的农业社会基础上的宗族、宗法统治，和由此而形成的“重德轻刑，重义轻利”的文化思想，致使统治者标榜“务德”而不“务刑”，人们乐于言“德”而不乐于言“刑”，长期支配人们思想的是“义以为上”的价值观，“利以为上”的功利主义价值观被视为鄙薄之学，这些是所谓“刑始于兵”之说产生的社会基础和思想基础。

中华民族是世界上历史最悠久、文化最灿烂的民族之一。今天，我们的国家正在中国共产党的正确领导下，建设我们的前人所不可想象的社会主义现代化事业。中国法律文化的特点（或特质）问题的提出，正如它的整体——中国文化的特质问题的提出一样，是鸦片战争以来，先进的中国人对自己的民族传统进行深沉反思过程中提出的一个重大课题，是一个民族自我意识趋向自觉的标志。但是传统与现代决不是可以混同的，我们必须以健康的心态在改革与开放中作出自己的选择，建设具有中国特色的社会主义法制和法学的新的发展模式。我们现在正在进行法制建设，如果仅仅依据西方近代法制的思维逻辑和审视角度，很可能把中国古代法律文化看得一无是处。当然，对旧中国的法律制度是必须彻底废除的，这点在新中国建立初期就已经做到了。我们目前也应该借鉴西方法制建设的有益经验，进一步克服党政不分和道德与法律不分的某些现象，克服“有法不依”、“认权不认法”和家长制残余等弊端，逐步肃清宗法思想和等级观念等封建法律意识。但是，从长远来看，我国以伦理道德规范从法外进行调整的传统，重“义”轻“利”的传统观念，在经过改造之后，是可以纳入现代化的法律意识之中的。至于如何认识古代法律文化，如何分析它的保守性、从属性和伦理性（这是最主要的），今天我们在建设具有中国特色的社会主义法制和法学体系中应当如何对待它，这些都是有待探索和极为复杂的问题，需要在进一步发展社会主义民主，健全社会主义法制的实践中，加以认真的探索和总结。

乔　伟

论法制建设中借鉴历史经验的几个问题*

简介

乔伟（1932—1997），又名乔木青，黑龙江人，1955年毕业于吉林大学法律系，1983年应聘到山东大学组建法律系并任系主任，曾任中国法制史研究会会长、山东省人民政府首席法律顾问等职，享有国家授予的“有突出贡献的中青年专家”称号。

乔伟教授以其博通古今而著称于法学界，理论功底深厚，著述颇丰。其《唐律研究》、《荀韩政治法律思想比较研究》、《独立审判，只服从法律》、《论法制建设中借鉴历史经验的几个问题》等许多论著影响深远，对中国法律制度史和思想史的研究以及我国法制建设实践和理论研究都作出了突出贡献，是我国著名的法学家和法律教育家。

* 原发表于《山东大学学报》，1987（2），根据《乔伟文集》修订了部分内容，增加了“一、健全制度，缘法而治”及部分其他内容。

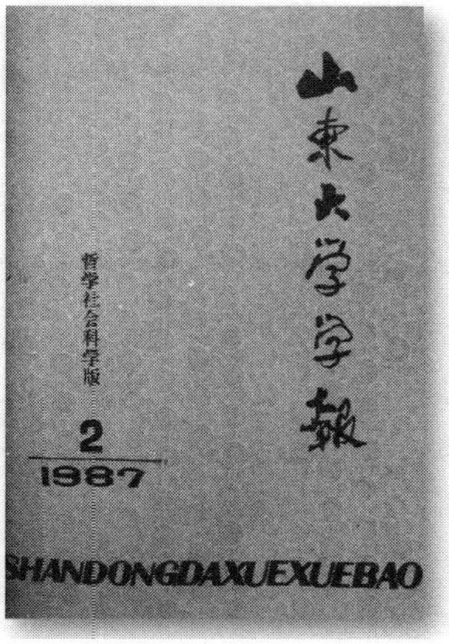

历史是前人走过的道路的总结，既有成功的经验，也有失败的教训，所以历史对后人具有极大的启迪作用。无论哪一个阶级的政治家，在他们探索治国的方略和制定政策措施时，都要借鉴历史上的经验教训，有的是自觉的，有的是不自觉的；有的是吸取历史上成功的经验，有的则重蹈历史上失败的覆辙。唐太宗李世民就说过："夫以铜为镜，可以正衣冠；以古为镜，可以知兴替。以人为镜，可以明得失。朕常保此三镜以防己过。"① 以古为镜，就是以史为镜。这里面包含着极为丰富的经验教训。凡有国家者，如能认真地吸取这些经验教训，就可以取得长治久安。

我们共产党人是马克思主义者。我们不能以虚无主义态度对待历史，而要站在历史的高度，以历史唯物主义观点为武器，去研究历史，总结历史，运用历史上的经验教训来指导我们现实的伟大斗争，这就叫作"古为今用"。毛泽东同志早就说过："我们是马克思主义的历史主义者，我们不应当割断历史。从孔夫子到孙中山，我们应当给以总结，继承这一份珍贵的遗产。这对于指导当前的伟大的运动，是有重要的帮助的。"② 他还特别强调指出："我们决不可以拒绝继承和借鉴古人和外国人，哪怕是封建阶级和资产阶级的东西。"③ 毛泽东同志的这些深刻地论述，揭示了研究我国历史的重要的理论意义和现实意义，也是对那种否定我们民族文化传统的历史虚无主义思想的有力批判。

中华民族的历史不仅从时间上来看是非常悠久的，而且从内容上来看也是极其丰富的。打开我国的历史，呈现在我们面前的，是一幅绚丽多彩的历史画卷。本文仅就中国法制史上一些可以借鉴的主要经验教训，作一个简单的介绍：

一、健全制度，缘法而治

中国封建专制主义政治体制的基本特点，是皇权高于一切。在封建社会里，皇帝居于政治的顶峰，独揽国家的一切大权。但即使在君主专制的条件下，一些有作为的地主阶级政治家也都主张用法律手段来管理国家。例如，管仲就明确提出"圣君任法而不任智，任数而不任说"的主张。他认为统治者若想保住自己的政权并使国家有所发展，必须始终不渝地做到二条："一曰明法而守之，二曰禁民私而牧使之。此二者，主之所恒也。"④ 管仲是新兴地主阶级的政治家，他的主张虽然是以维护封建统治为目的的，但他关于实行法治的

---

① 《贞观政要·任贤》。

② 《毛泽东选集》第2卷，第499页。

③ 同上书第3卷，第817页。

④ 《管子·任法》。

理论还是比较彻底的。他虽然认为："夫生法者，君也；守法者，臣也；法于法者，民也。"但他又强调指出："君臣上下贵贱皆从法，此谓之大治。"[⑤] 正由于管仲在齐国贯彻实施了自己的政治主张，所以使齐国很快地就富强起来。司马迁说："管仲既用，任政于齐，齐桓公以霸，九合诸侯，一匡天下，管仲之谋也。"[⑥] 管仲是春秋时期东方法家学派的代表人物。到了战国时期，商鞅作为西方法家学派的代表而崭露头角。在以法治国这一点上，商鞅比管仲又前进了一步。他认为在战国争雄的那样历史条件下，只要各诸侯国的封建统治者坚持实行法治，就可以达到名尊地广、成就王业的目的。他说："夫利天下之民者莫大于治，而治莫康于立君，立君之道莫广于胜法。"[⑦] 他特别强调指出："圣王者不贵义而贵法，法必明，令必行，则已矣！"[⑧] 商鞅相秦，不仅为秦朝的法律制度奠定了基础，而且还为秦统治者牢固地确立了"缘法而治"的优良传统。后来商君虽死，秦法未败。正由于秦国的历代君主都能奉守商鞅的法制，所以使秦国后来居上，"国富兵强，长雄诸侯，周室归籍，四方来贺，为战国霸君，秦遂以强，六世而并诸侯，亦皆商君之谋也"[⑨]。及至秦始皇统一六国以后，明法度，定律令，建立起更加完备的法律制度。正如始皇二十八年泰山刻石所说："治道运行，诸产得宜，皆有法式。"[⑩] 根据史料的记载并验之以睡虎地秦墓竹简，秦朝正式版本的律文就有三十多种，包括政治、经济、文化、教育、军事、家庭、婚姻等各个方面，法制之完备，前所未有。后来，秦王朝二世而亡，其原因不在于制，而在于政。秦朝的苛政有二：一是赋税重。《汉书·食货志》说："田租口赋盐铁之利，二十倍于古，或耕豪民之田，见税十五。"二是赋役重。秦人口约二千万左右，经常有三百多万人服兵役和劳役。如"北筑长城四十万，南戍五岭五十万，骊山阿房之役七十万，兵用不足而后发谪矣"[⑪]。如此繁重的赋役，弄得怨声载道，民不聊生。古人云："苛政猛于虎。"在人民群众无法生存的情况下，只有揭竿而起，斩木为兵，终于推翻了秦朝的暴政。西汉王朝建立以后，"汉承秦制"，基本上继承和沿用秦朝的法律制度，但在政策上有较大的转变。"汉兴，反秦之敝，与民休息，凡事简易，禁网疏阔"[⑫]。"萧、曹为相，填以无为，从民之欲，而不扰乱，是以衣食滋殖，刑罚用稀"[⑬]。汉初的无为之治，实质上就是地主阶级的法治。无为，并不是无所作为。无为的前提是"法必明，令必行"，然后，"君臣上下贵贱皆从法"。具体要求就是："言不中法者，不听也；行不中法者，不高也；事不中法者，不为也。"[⑭] 一切都按照

---

⑤ 《管子·任法》。
⑥ 《史记·管仲列传》。
⑦ 《商君书·开塞》。
⑧ 《商君书·画策》。
⑨ 《史记·集解》引《新序》。
⑩ 《史记·秦始皇本纪》。
⑪ 《文献通考·兵考》。
⑫ 《汉书·循吏传》。
⑬ 《汉书·食货志》。
⑭ 《商君书·君臣》。

法律办事，就可以达到天下大治的目的。应当指出：自秦汉以后的历代封建统治者，虽然在口头上都咒骂法家，说他们“严而少恩”，但实际上却继承了法家的“缘法而治”的传统。每一封建王朝建立之初，都把修订律令作为一项基本任务，并把颁布律令作为国家的正式大典。例如，唐朝建立之后，仅在武德、贞观、永徽三朝，就三次修订唐律，从而使唐律成为我国封建时代最完备的法典，成为后世及东南亚诸国封建立法的楷模。《唐律疏议》在谈到立法的重要性时指出：“夫三才肇位，万象斯分。禀气含灵，人为称首。莫不凭黎元而树司宰，因政教而施刑法……不立制度，则未之前闻。”明初颁布大明律时，明太祖朱元璋下诏曰：“群臣有稍议更改，即坐以变乱祖制之罪。”[15] 他认为大明律斟酌损益，尽善尽美，故令子孙永远守之。清朝皇帝虽以少数民族而入主中原，也非常重视法制建设。大清律经过顺治、康熙、雍正、乾隆四朝的修订，于乾隆五年完成，“刊布中外，永远遵行”。乾隆皇帝还亲自为之作序，明确指出法律的作用，“非徒示之禁令，使之有所畏惧而已”，尤其重在“弼成教化，以洽其好生之德”，把法律的暴力镇压与封建的道德教化结合起来，借以实现“风俗可正，礼让可兴”的那样一种政治局面。如上所说，历代的封建统治者从维护本阶级的统治需要出发，在坚持君主专制制度的同时，都非常重视法律制度的建设，把运用法律手段管理国家作为一项成功的经验而沿用下来。这一点，对于我们今天的法制建设不是很有借鉴意义吗？

二、礼法并用，罪刑相称

从历史发展来看，我们这个民族既有讲究礼治，又有厉行法治的优良传统。早在西周奴隶制发达时期，就创立了礼法并用的法律制度。到了百家争鸣的战国，对礼与法的关系及其作用，已经在理论上有了充分地研究。司马迁总结说：“夫礼禁未然之前，法施已然之后，法之所为用者易见，而礼之所为禁者难知。”[16] 这说明礼是通过潜移默化的教育作用来消除人们的犯罪意图，故而叫作防患于未然之前；而法则是通过对个别违法犯罪者的惩罚来消除对统治阶级的危害，所以叫作补救于已然之后。应当指出，我国古代的政治家和思想家，虽然都认为统治者在治理国家时，礼与法这两种手段是缺一不可的，但却不把它们放到同等地位，而是主张以礼为主、以刑（法）为辅。孔子说过：“安上治民，莫善于礼。”因为他认为：“道之以政，齐之以刑，民免而无耻；道之以德，齐之以礼，有耻且格。”[17] 他认为对人民用礼义教化来开导他们，比单纯用刑法惩治他们，具有很大的优越性；人民不但有廉耻之心，而且还会心悦诚服地遵守法律和秩序。正如贾谊所说：“礼云礼云者，贵绝恶于未萌，而起教于微眇，使民日迁善远罪而不自知也。”[18] 正是由于儒家学者的提倡与坚

---

⑮ 《明史·刑法志》。

⑯ 《史记·太史公自序》。

⑰ 《论语·为政》。

⑱ 《汉书·贾谊传》。

持，也由于封建统治阶级的反复试验与比较，在我国封建社会形成一整套礼法并用、德主刑辅的法律制度和法律学说，构成中华法系的基本特点，是任何一种别的法系所不具备的。而在如何实行法治这个问题上，一些有远见的政治家和思想家又提出刑罚适中、罪刑相称的主张。所谓刑罚适中，就是说一个国家在制定刑罚时，要根据当时的社会情况，采用一种比较合理的刑罚幅度。孔子说："礼乐不兴，则刑罚不中；刑罚不中，则民无所措手足。"[19] 这里所说的"中"，就是指国家刑罚总体轻重的度量分界，具体说就是无过，亦无不及，一般要采用中典以治世。所谓罪刑相称，就是对个别违法犯罪者来说，对他的处罚应当与他的罪行大小相适应，既不能重罪轻罚，也不能轻罪重罚，既要反对严刑峻法的恐怖主义，又要反对宽大无边的放纵主义。荀子说过："刑称罪则治，不称罪则乱"；"赏不当功，罚不当罪，不祥莫大焉"[20]。这种礼法并用、罪刑相称的学说，是封建刑事立法的指导思想，是我国古代法制建设经验的正确总结。它的基本出发点，是认为犯罪是由社会环境和个人品德等多种因素所构成的，因而也必须采用综合方法来治理。但是，封建政权是地主阶级政权，地主阶级政权的本质是极少数剥削者对大多数劳动人民的残酷压迫与剥削，所以这种政权离开了镇压就很难维持下去。正因为如此，在封建统治阶级内部，对于是否坚持礼法并用、德主刑辅的法律制度，并不是一帆风顺，没有斗争的。据史料所载，汉初，"陆生时时前说称诗、书。高帝骂之曰：'乃公居马上而得之，安事诗、书！'陆生曰：'居马上得之，宁可以马上治之乎？且汤、武逆取而以顺守之，文武并用，长久之术也，……乡使秦已并天下，行仁义，法先圣，陛下安得而有之？'高帝不怿而有惭色……"[21] 刘邦一生南征北战，靠武力夺得天下，建立了西汉王朝，所以他重视与迷信武力，从而漠视礼义教化的作用，这是可以理解的。后来直到汉武帝时，才由董仲舒系统地论述了礼法并用、德主刑辅的法律思想，确立了"独尊儒术，罢黜百家"的政策，儒家学说被奉为汉朝官方的指导思想，成为封建统治者制定法律的理论依据，以此对汉律又进行了重要改革，最后才形成为"霸王道杂之"亦即礼法并用的法律制度。而历史实践证明，无论哪一个封建王朝，凡是能够认真坚持这种法律制度的，一般都取得了长治久安；如果放弃或偏离了这种法律制度的，几乎都以短促而亡而告终。在这方面，最明显的例子就是隋朝。隋统一中国，结束了三百年来的分裂混战的局面，人民群众渴望有一个轻刑省赋、发展生产的安定环境。但隋炀帝杨广弑父杀兄登上皇帝宝座以后，他穷奢极欲，挥霍无度，对外穷兵黩武，对内大兴劳役，从而激起人民群众的剧烈反抗。而为了镇压人民的反抗，隋炀帝"乃更立严刑，敕天下盗以上，罪无轻重，不待奏闻，皆斩"[22]。及至杨玄感起兵失败以后，隋炀帝以追究杨党为借口，大肆屠杀无辜的百姓。血腥的镇压必然激起农民大起义，终于推翻了隋炀帝的暴虐统治。唐朝建立以后，唐初统治者"动静必思隋氏，以为

---

⑲ 《论语·子路》。

⑳ 《荀子·正论》。

㉑ 《史记·陆贾列传》。

㉒ 《隋书·刑法志》。

殷鉴”[23] 把暴政亡隋的历史教训铭记在心。正因如此，唐初的统治者虽以武力取天下，但却以宽仁治天下，采用与隋朝不同的统治方法，即礼法并用，德主刑辅，不单纯使用刑事镇压手段，而是把礼义教化和刑事镇压结合起来，从而推动了封建经济与文化的高度发展，造成了我国封建社会的黄金时代。这历史上正反两方面的经验教训，对我国当前的法制建设，也是很有启发意义的。

三、以法治吏，刑无等级

从立法和司法方面来看，我国古代的一些政治家和思想家都强调把以法治吏作为重点，这也是一个应当肯定的好传统。因为治国之关键，不仅在于选贤任能，起用人才，而且更重要的是保证已经担任各级国家官吏的人，都能正确无误地执行统治阶级的政策和法律。为了做到这一点，封建统治阶级经过长期探索与试验，总结出一整套用法律手段整顿吏治的办法。尽管封建官吏都是骑在人民头上作威作福的老爷，但他们从地主阶级整体利益和长远利益出发，仍然要求各级官吏甚至包括国家的最高统治者，都要成为群众的表率、执法的模范。有一次，季康子问政于孔子，孔子回答说：“政者，正也。子帅以正，孰敢不正。”[24] 很明显，孔子关于“政者，正也”的定义是非常精辟的，他抓住了治国中的根本问题，季康子苦于盗贼太多，向孔子求教，孔子回答说：“苟子之不欲，虽赏之不窃。”[25] 这就一针见血地指出，老百姓之所以去偷盗，正是由于统治者贪求无厌、过分剥削。有一次季康子问孔子：“如杀无道，以就有道，何如?”孔子回答说：“子为政，焉用杀，子欲善而民善矣。君子之德风，小人之德草，草上之风，必偃。”[26] 孔子的这些论述都说明，他认为良好的吏治比严刑峻法更有成效，所以他特别强调官吏个人的品德修养，即“克己复礼，为仁”[27]。应当指出，在以法治吏的问题上，法家比儒家更为重视。为了保证法律的实施，韩非甚至提出“明主治吏不治民”的主张。他说这种办法好比作“摇木之本，与引网之纲”。摇木之本，则枝叶必动；引网之纲，则万目必张。只有首先实现“吏治”，而后方能做到“民治”。他形象地比喻说：“救火者，吏操壶走火，则一人之用也，操鞭使人，则役万夫。”[28] 由此可知，封建统治阶级强调治吏的目的，首先是为了把“操鞭使人”的官吏整治好，然后再让他们去“役使万夫”。所以归根结底，封建统治者治吏的目的，还是为了治民。确切地说，是通过治吏而去治民，并不是仅仅治吏而不治民。马克思说过：“政府当局

---

[23] 《贞观政要·刑法》。
[24] 《论语·颜渊》。
[25] 《论语·颜渊》。
[26] 《论语·颜渊》。
[27] 《论语·颜渊》。
[28] 《韩非子·外储说右下》。

的存在，正是通过它的官员、军队、行政机关、法官表现出来的。”㉙ 因而封建统治阶级通过“治吏”而去“治民”，不失为一条成功的历史经验。而为了达到“以法治吏”的目的，我国古代的一些政治家和思想家首先提出了“刑无等级”的原则。尽管封建的法是维护等级特权的法，但封建统治者除了允许它的官吏享有法律上所规定的特权以外，任何人都不得攫取法外之利益。早在两千多年以前，商鞅就说过：“所谓壹刑者，刑无等级，自卿相将军以至大夫庶人，有不从王令，犯国禁，乱上制者，罪死不赦。有功于前，有败于后，不为损刑。有善于前，有过于后、不为亏法。忠臣孝子有过，必以其数断。”㉚ 商鞅的这一主张是非常彻底的。那就是说，一国之中，除了君主以外，人人在法律上都一律平等，不允许任何人享有超越于法律之外的特权。韩非的见解与商鞅完全一致。他说：“法不阿贵，绳不挠曲。法之所加，智者弗能辞，勇者弗敢争。刑过不避大臣，赏善不遗匹夫。”㉛ 他们都主张在适用法律时，不分亲疏，不别贵贱，一断于法；即使对享有特权的违法官吏，也不能让他们逍遥法外而逃避惩罚。事实上，若想真正做到在适用法律上的一律平等，关键不在普通的平民百姓，而在于那些身居高位的国家官吏。十分明显，商鞅提出的“刑无等级”和韩非提出的“法不阿贵”等原则，其锋芒所向都是针对那些有权有势的封建官吏的。所以他们的这些主张不仅和“以法治吏”思想是紧密相联的，而且就是“以法治吏”的一项重要措施。为了实现“以法治吏”的目的，我国古代还形成一整套的法律制度。例如现在保存下来的最完备的封建法典——唐律，共计五百条，其中有二分之一以上的条款是和官吏职务有关的。此外，唐玄宗时还制定一部完整的行政法典，即唐六典。它对国家机构的设置、各级官吏的职责要求以及违法时的法律责任等都作了极为明确地规定。此后，宋、元、明、清各朝的法律，都有整顿吏治的专门规定。各朝的《会要》、《会典》，则成为专门的行政立法。所以说我国古代不仅有“以法治吏”的传统，而且这方面的法律也是非常完备的。关于官吏的选拔，从汉代的察举制度开始，经过魏晋南北朝的九品中正制，到隋唐时则确立了科举选官制度。凡科举考试及第者称为进士，各州地方官荐举的人才称为举人，均须经吏部考试合格后方能授官。有时还要经皇帝亲自考问，称为殿试。若“贡举非其人及应贡举者而不贡举者”㉜，要判一至三年的徒刑。唐太宗一再强调：“为政之要，唯在得人。用非其才，必难致治。”㉝ 科举制度为中小地主阶级知识分子参加政权打开了方便之门，也为封建统治者从更广泛的范围内选拔人才提供了可能性。宋以后，继承了唐朝的科举取士的制度，但在考试内容上有所改革。在进士科中取消了诗赋，专考经义与时务对策。此外又增加了明法科，不仅考试律令大义，而且还考试对具体案件的审理判决。不合格者，不得授官。关于对官吏的考核，历代都非常重视。唐太宗亲自考核官吏的政绩，把都督、

㉙ 《马克思恩格斯全集》第6卷，第320页。

㉚ 《商君书·赏刑》。

㉛ 《韩非子·有度》。

㉜ 《唐律·职制律》。

㉝ 《贞观政要·崇儒学》。

刺史的名字写在屏风上，“坐卧恒看，在官如有善事，亦具列于名下”。他责令宰相房玄龄和王珪把考察官吏作为一项重要政务，并规定了官吏考核的具体标准。唐朝对流内官考核的标准为“四善”：“一曰德义有闻，二曰清慎明著，三曰公平可称，四曰恪勤匪懈。”[34] 四善之外，还有属于公务方面的“二十七最”。三年一考绩，共分为九等。依照等级，或加官晋爵，或保留原官，或免去官职。“若考校课试不以实，及选官乖于举状，以故不称职者”[35]，按“贡举非其人”法减一等治罪。为了保证官吏忠于职守，人尽其责，虽远在千里之外也不得违反国家的法律，封建统治者除对官吏定期考核外，还在法律上严厉惩治贪赃受贿与渎职行为。唐太宗说：“赏当其劳，无功者自退；罚当其罪，为恶者戒俱。”[36] 唐律对官吏贪赃受贿的罪名规定得非常详密，有“受财请求”、“受所监临财物”、“贷所监临财物”、“受旧属财物”、“因官势乞索财物”、“坐赃致罪”，等等。在处理上又分为“受财枉法与不枉法”，如监临主司受财而枉法者，十五匹即处以死刑，不枉法者罪止加役流。唐律关于渎职行为的规定有：“署置过限”、“非法兴造”、“擅自兴造”、“非法赋敛”、“代署代判”以及“稽误制书与官文书”、“上书奏事有误”、“事应奏不奏及不应奏而奏”、“贻误公事”、“脱漏户口”、“部内田畴荒芜”、“不报及妄报灾害”、“应复除而不给及不应复除而给”、“输课税违期不充”、“不修堤防桥梁”、“漏泄机密”、“旷职”等等，都是犯罪行为，都要给以刑事处分。宋、元、明、清的法律一本于唐，并有所充实与发展。由此可知，在我国封建时代，作为国家最高统治者的专制君主，他如何来管理这支庞大的官吏队伍呢？主要是依靠法律和制度。而在这方面，封建统治阶级的经验积累是十分丰富的。一般说来，每一封建王朝开国之初，由于封建统治者重视整顿吏治，官吏尚多自清谨，政纪也比较严明。但由于封建国家机构固有的矛盾和规律，这种情况并不能维护多久，各朝的吏治就开始变坏。所以在封建社会里，由于封建官僚的贪婪无厌的剥削本性，几乎是无官不贪，无吏不盗，虽有严密的法律，仍然是朝杀暮犯，贿赂公行，吏治比较清明的时候是很少的。至于公正廉明的清官更是凤毛麟角，屈指可数。封建统治者虽然提出并确立了以法治吏、刑无等级的原则，但也很难完全兑现。尽管在封建专制时代政治腐败，吏治很坏，但一些有远见的地主阶级政治家认识到了这一点，并在法律上采取了种种必要的防范措施，虽然不能根本改变那种情况，也还是应当予以肯定的。而他们的经验与教训，对于我们今天的法制建设更有其现实的借鉴意义。

四、有法必依，取信于民

封建统治阶级从其长期统治经验中认识到，对法制建设来说，主要困难不在于立法，

---

[34] 《新唐书·百官志》。

[35] 《唐律·职制律》。

[36] 《贞观政要·择官》。

而在于用法，也就是能否做到有法必依、取信于民的问题。清末修律大臣沈家本说："甚矣！有国家者，非立法之难，而用法之难也。"[37] 为什么说用法比立法更难呢？因为任何一种法律都有两方面的作用，一是调整统治阶级与被统治阶级的关系；二是调整统治阶级内部各阶层的关系。因而法律的作用，不仅在于约束被统治者的行动，也约束统治者自己的行动。正因为如此，法律的执行比法律的制定，更加充满了矛盾和斗争。特别是在历史上，有关改革的法律，更难贯彻执行。因为这种法律总要触犯一部分人的既得利益，因而法律的实施，就不能不遇到保守势力的抵制和反抗。特别是在君主专制的封建时代，除了法律之外，还有一个至高无上的皇帝。皇帝口含天宪，他说的话就是法律。南汉时廷尉杜周不按法律审理案件，专看皇帝脸色行事。有人责问他："君为天下决平，不循三尺法，专以人主意指为狱，狱者固如是乎?"杜周坦然地回答说："三尺法安在哉？前主所是著为律，后主所是疏为令，当时为是，何古之法乎?"[38] 这说明在君主专制的条件下，皇帝的个人意志具有至高无上的权威，可以代替法律，更改法律，甚至废止法律。所以在封建时代对法制最大的破坏，主要不是来自于社会下层，而是来自于专制君主。从来都是"法之不行，自上犯之"；立法者往往自己破坏自己所制定的法律。正因此，为了做到有法必依，取信于民，关键在于封建君主能否以身作则地遵守法制。正如孔子所说："上好礼，则民莫敢不敬；上好义，则民莫敢不服"。"其身正，不令而行；其身不正，虽令不从"。"苟正其身矣，于从政乎何有？不能正其身，如正人何?"[39] 荀子也指出："君者，仪也，民者，景也，仪正而景正。君者，盘也，民者，水也，盘圆而水圆。"又说："有乱君，无乱国，有治人，无治法。……故法不能独立，类不能自行，得其人则存，失其人则亡。"[40] 这就是说，国家虽然制定了完备的法律，如果君主不能以身作则地遵守法律，那么再好的法律也只能是一纸空文，不会在现实生活中发挥其应有的作用。但在封建专制时代，封建君主居于至高无上的统治地位，没有任何一种法律和制度能够约束皇帝的言论和行动。因而为了使君主个人也能依法办事，遵守法制，主要是靠大臣们的谏诤。在我国历史上，确有一些刚正不阿的执法官吏，为了维护地主阶级的整体利益，不惜丢掉高官厚禄甚至身家性命，敢于为维护封建法制的尊严而斗争。例如汉文帝时，有人惊其乘舆马，廷尉张释之依法处以罚金。文帝大怒，以为判刑太轻。张释之驳之曰："法者，天子所与天下公共也。今法如是，足也。更重之，是法不信于民也。"又说："廷尉，天下之平也。壹倾，天下用法皆为之轻重，民安所措其手足。"[41] 由于张释之强调依法断案，取信于民，直接关系到国家的安危，所以汉文帝才不得不同意他的判决。有一次抓住一个盗窃高庙座前玉环的人，文帝交张释之审理。释之根据盗宗庙御服御物的法

㊲ 《历代刑法考·刑制总考三》。

㊳ 《汉书·杜周传》。

㊴ 《论语·子路》。

㊵ 《荀子·君道》。

㊶ 《史记·张释之列传》。

律，判处该人以死刑。文帝还嫌不够重，召释之怒斥曰："人亡道，乃盗器！吾属廷尉者，欲致之族，而君以法奏之，非吾所以共承宗庙意也。"释之免冠顿首，依法力争，他说："法如是足也。且罪等，然以逆顺为差。今盗宗庙器而族之，有如万分之一，假如愚民取长陵一抔土，陛下且何以加其法乎？"[42] 这两个例子都是君违法，臣守法，而最后君臣之间之所以能在法律上统一认识，就在于执法官吏能不顾个人安危，敢于据法力争，说明有法必依，取信于民对于维护封建统治的重要性，因而使封建君主不得不折服。在历史上，一些有远见的地主阶级政治家为了维护本阶级的利益，都强调维护封建法制的权威的重要意义。例如西晋廷尉刘颂说："已令四海，不可以不信为教。方求天下之不慢，不可绳以不信之法。"[43] 这就是说，法律一旦公布，就要坚决依法办事。如果有法不依，那就是对人民的欺骗，其后果不仅会造成法纪废弛的局面，而且必然要引起人民群众的强烈不满。所以有法不依，其害甚于无法。故而他认为："法轨既定则行之，行之信如四时，执之坚如金石"[44]，不得以任何借口破坏国家的法制。封建统治阶级正是基于这种认识，为之保证法律的执行，真正做到有法必依，取信于民，特别强调要制定完备的保证法律执行的法律制度。具体来说，一个国家不仅要有管治一般民众的法律，而且还要有管治执法官吏的法律。这后一种法律比前一种法律更重要，因为它是保证法律实施的法律。根据我国法制发展的历史，这样的法律制度主要有以下三方面：

1. 法律监督制度。封建统治者一向重视对法律执行情况的监督。早在秦朝，就在中央设立御史台，作为法律的最高监察机关，地方设监郡御史，察举地方上的违法事宜。监察制度经过汉魏的发展，到唐朝已达到完备阶段。唐朝的御史台分为台院、殿院、察院等三院，以御史大夫为长官，其职权为"掌以刑法典章，纠正百官之罪恶"[45]。唐代地方划为十道（后增为十五道）监察区，每道设监察御史一人，称巡按使，专门纠察所属州县的违法行为。监察御史品级虽低，但权力很大，是皇帝派在地方上的全权代表。及至明朝，朱元璋为了维护高度发展的君主集权制，大力强化监察机关，改御史台为都察院。明太祖："国家立三大府，中书总政事，都督掌军旅，御史掌纠察，朝廷纲纪尽系于此，而台察之任尤清要。"[46] 都察院作为国家最高法律监督机关，"职专纠劾百司，辩明冤枉，提督各道，为天子耳目风纪之司。"[47] 对全国上下大小官员的一切违法犯罪行为，都有权纠察弹劾，对重大的刑事案件还可以会同刑部、大理寺一同审判。所以明朝的都察院在封建国家机构中占有非常重要的地位。明代地方依当时省制划分十三道监察区，每道设监察御史若干人，全面监督地方的司法审判及其他领域里的一切工作。因为"巡按则代天子巡狩"，故权力很大，

---

[42] 《史记·张释之列传》。
[43] 《晋书·刑法志》。
[44] 《晋书·刑法志》。
[45] 《新唐书·百官志》。
[46] 《明史·职官志》。
[47] 《明史·职官志》。

如发现有违法犯罪者，不论其官品多大，地位多高，都可以“大事奏裁，小事立断”[48]。如在外出巡的御史被授予总督、巡抚的头衔，其权力就更大，可以不请示皇帝而“便宜行事”。封建国家的监察机关，对维护封建法制的权威，惩治贪赃枉法的官吏，起了重要的作用。因为经常有御史的巡察，无疑是在官吏头上悬挂一把尚方宝剑，从而使他们不得不谨慎从事并有所收敛。但由于封建官场的腐败本质，有时监察制度也往往流于形式，甚至监察御史与地方官互相勾结，狼狈为奸，而受害者只能是劳动群众。

2. 法官责任制度。早在春秋时期，法律对法官在审理案件时的责任就有明确的规定。据史料所载：“李离者，晋文公之理也。过听杀人，自拘当死。文公曰：‘官有贵贱，罚有轻重。下吏有过，非子之罪也。’李离曰：‘臣居官为长，不与吏让位；受禄为多，不与下分利。今过听杀人，傅其罪下吏，非所闻也。’辞不受令。文公曰：‘子则自以为有罪，寡人亦有罪邪？’李离曰：‘理有法，失刑则刑，失死则死。公以臣能听微决疑，故使为理。今过听杀人，罪当死。’遂不受令，伏剑而死。”[49] 经过秦汉而至于唐，封建统治者为缓和阶级矛盾，巩固地主阶级的统治，特别注意防止司法官吏在审判案件时营私舞弊和玩忽职守。唐律总结了历代封建立法经验，对法官的责任作出了明确的规定：“诸官司入人罪者，若入全罪，以全罪论；从轻入重，以所剩论，……其出罪者，各如之。”[50] 所谓出入人罪，就是法官在判案时，故意将有罪判为无罪或将无罪判为有罪以及将重罪判为轻罪或将轻罪判为重罪，其手段都是虚构事实，妄立证据，或由于贪赃受贿，或由于偏袒徇私。如果是由于马虎大意，不负责任而判错案件的，其处罚要轻。“即断罪失于入者，各减三等；失于出者，各减五等。”[51] 此外，法官如不按照法律和判决所规定的刑讯及刑罚方法执行的，叫作决罚不如法。如唐律规定有“笞杖决罚不如法”、“流徒决罚不如法”、“死刑决罚不如法”、“孕妇决罚不如法”、“缘坐没放不如法”，等等。凡有决罚不如法的行为，都要追究法官的刑事责任。法官是专司执法的官吏，如果不明确法官在审理案件中的法律责任，若想避免冤假错案是根本不可能的。由于封建立法对法官责任作了明确规定，因而使得他们在审案时小心谨慎，下笔勾决时一字千钧，对保证封建法律的正确实行有重要作用。但由于封建官僚的腐败与专横，因而枉法断狱、草菅人命的事仍然是不可避免的。

3. 审判诉讼制度。诉讼制度是审判案件的程序，对于保证实体法的正确执行非常重要。马克思说过：“审判程序和法二者之间的联系如此密切，就像植物的外形与植物的联系，动物的外形与血肉联系一样。”[52] 我国古代一向注重诉讼程序方面的立法，都把实体法与程序法合二为一，规定在一部法典之中。唐律继承了这一立法传统，是一部兼实体法和

---

[48] 《明史·职官志》。
[49] 《史记·循吏列传》。
[50] 《唐律·断狱律》。
[51] 《唐律·断狱律》。
[52] 《马克思恩格斯选集》第1卷，第178页。

诉讼法而有之的综合性法典。为了追究和惩罚犯罪，唐律对“当告不告及告诉不理”、“监临主司知有犯法不举劾”、“被枉申诉不理”、“犯罪自首不送官”、“讯囚先察辞理”、“对拷囚之限制”、“断罪须引律令格式正文”、“狱结竟取囚服辩”、“死刑覆奏报决”等等，都有极为明确的规定。不论是审判官还是当事人，如果在诉讼中违反了上述规定，都要受到相应的刑事处分。

上述法律监督制度、法官责任制度和审判诉讼制度，都是封建统治阶级保证法律执行的重要制度，是他们试图做到有法必依、取信于民的重要措施。但由于封建时代的君主专制和法外专横是密不可分的，一些大大小小的家长式的封建官吏，随时都可以以言废法，以权代法、贪赃枉法，因而即使封建法律有这些保障法律实施的规定，也很难做到有法必依，取信于民。但是尽管如此，有法必依、取信于民作为我国法制建设的历史传统，仍不失其现实意义。特别是在社会主义法制日益完备的情况下，如何做到有法必依，执法必严，违法必究，从而取信于民，维护法律的尊严，也是一个亟待解决的问题。

五、结束语

综上所述，中国法律制度史作为我们民族文化传统的一个重要的组成部分，是一个非常丰富的历史文化宝库，是我们祖先留给我们的一份珍贵的法学文化遗产。我们现在提出要建立具有中国特色的社会主义法律体系。这个“中国特色”，主要就是指的中国历史传统和中国现实国情。如果抛开了历史与国情，不仅中国特色无从谈起，而且这样的法律因为它脱离实际也必然是行不通的。因此，对于我国今天的法制建设来说，中国法制史有取之不尽、用之不竭的历史材料。历史上有关法制建设的许多经验教训，对于我们都有重要的借鉴意义。但是，对待法学文化遗产，也像对待整个传统文化思想一样，既不能全盘肯定，也不应全盘否定。要对具体问题进行具体分析。对我国古代的法制历史，除了我们上面所谈到的那些可以借鉴的经验教训以外，还有许多应当批判和扬弃的东西。如君主专制，以言代法；令高于律，权大于法；等级特权，官贵民贱；政法合一，行政干预；刑罚残酷，株连无罪；拷讯逼供，冤狱丛生，等等。这些都是我国古代立法与司法实践中最腐朽、最黑暗的一面。总之，要取其精华，去其糟粕，结合现实，古为今用，这就是我们对历史应取的态度。

马建石

对儒法两家犯罪学说的研讨*

简介

马建石，中国政法大学法律古籍整理研究所研究员。曾用名鲁生、鉴石，山东济宁人，1957 年北京大学俄罗斯语言文学系毕业。嗣后，分别在北京政法学院、北京师范学院执教，授法语文、中国古典文学课。1985 年转入中国政法大学法律古籍研究所工作，先后任副所长、所长。1986 年招收法律古籍硕士研究生，任导师，授唐律研读等课程。1988 年晋升为研究员。

马建石同志长期从事教学科研工作，对中国古代法律文献的整理研究，作出了自己的贡献。编著出版的书籍有：《中国古代法学辞典》、《历代刑法志注释》、《御批历代通鉴辑览》（全译本）等十余种。论文有《对儒法两家犯罪学说研讨》等十余篇。

* 原发表于《政法论坛》，1987（3）。

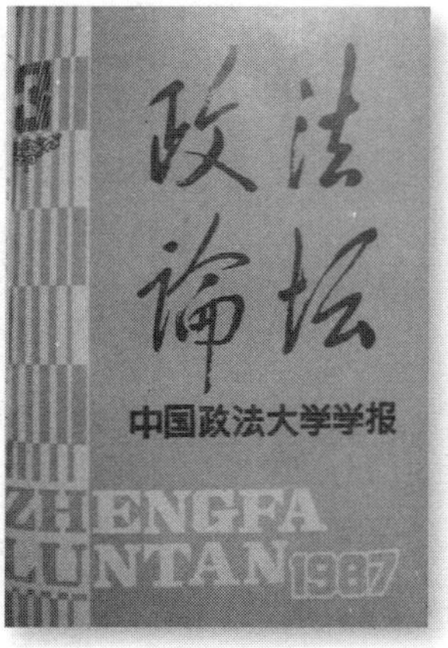

历代统治阶级对犯罪问题都非常重视。为了维护统治秩序，他们经常探索犯罪产生的原因，分析犯罪的表现形式，寻求防范犯罪的措施。

儒、法学派的思想理论（包括他们的犯罪学说）最能体现封建统治阶级的意志和利益。且不说儒家思想两千多年以来，一直指导着中国封建社会的政治生活和精神生活，就是法家学派的学说，也同样是统治阶级的重要思想武器。所以研究儒法两家的犯罪学说，实际上就是研究二千多年来封建阶级维护社会秩序的实践、理论和方法。

一

儒家认为，犯罪的产生，来自两个方面：一是环境逼迫，二是物欲膨胀。前者是客观原因，后者是主观原因。现在分别论述如下：

（一）生活贫困造成犯罪。人活着，必须有起码的延续生命的物质条件。如果统治阶级一味地剥削压榨，使得人们生活不下去，那么，人们就会产生怨恨，就要用“非法”的手段来争取自己的生存权利了，于是就会产生犯罪。孔子说：“贫而无怨难，富而无骄易。”（《论语·宪向》）“君子固穷，小人穷斯滥矣。”（《论语·卫灵公》）孟子说：“饥者弗食，劳者弗息。睊睊胥谗，民乃作慝。”（《孟子·梁惠王下》）都是这个意思。

孔孟的这种看法，一直为后来的儒者所继承。西汉大儒董仲舒说；“富者奢侈羡溢，贫者穷急愁苦；穷急愁苦而上不救，则民不乐生；民不乐生，尚不避死，安能避罪！此刑罚之所以蕃而奸邪不可胜者也。”（《汉书·董仲舒传》）唐代大诗人白居易也有类似的观点。他说：“财产不均，贫富相并，虽尧舜为主，不能息忿争而省刑狱也。衣食不充，冻馁并至，虽皋陶为士，不能止奸宄而去盗贼也。”（《白氏长庆集·策林四》）

物质生活是根本，在“穷急愁苦”、“冻馁并至”的百姓面前，不管多么英明的统治者，都不能防止他们犯罪。所以，杀鸡取卵、竭泽而渔的政策，稍有远见的统治者是不取的，因为他们知道，这样做会给自己的统治造成灾难性的后果。

（二）物欲不加控制便造成犯罪。物欲，又叫人欲，私欲，是指人对外界物质利益的欲望。儒家认为物欲是人人都有的，不能完全抹杀它的合理性。孔子说：“富与贵，是人之所欲也；不以其道得之，不处也。贫与贱，是人之所恶也，不以其道去之，不去也。”（《论语·里仁》）孟子说：“欲贵者，人之同心也。”（《孟子·告子上》）人都希望富贵，也都厌恶贫贱，这一点圣人也不例外。但是物欲毕竟是道德礼义的对立物，不能任其发展，不加节制；只可在一定的限度内加以追求。否则便会成为只知财利的小人，导致犯罪。所以孔子主张“欲而不贪”，孟子主张“养心莫善于寡欲”。

荀子主张人性恶，认为追求物质利益，好逸恶劳，是人之本性。人不可能无欲，应该给以适当的满足。他认为，人有物欲并不可怕，只要人们懂得礼义规范，思想上有一个行为标准，物欲虽多，也没有什么危害。所谓“心之所可中理，则欲虽多，奚伤于治。”（《荀子·正名》）如果做不到这一步，私欲就会恶性发展，成为犯罪的祸根。即“从人之性，顺人之情，必出于争夺，合于犯分乱理而归于暴。”（《荀子·性恶》）

儒家经典之一的《礼记》，对这个问题的论述，颇富有理论色彩：“人生而静，天之性也；感于物而动，性之欲也，物至知知，然后好恶形焉。好恶无节于内，知诱于外，不能反躬，天理灭矣。夫物之感人无穷，而人之好恶无节，则是物至而人化物也。人化物也者，灭天理而穷人欲者也。于是有悖逆诈伪之心，有淫佚作乱之事。是故强者胁弱，众者暴寡，知者诈愚，勇者苦怯，疾病不养，老幼孤独不得其所。此大乱之道也。”（《礼记·乐记》）人性本是“静”的，只是由于外界物质的引诱，才产生好恶的欲望。外界引诱没完没了，人的私欲也越来越多，如果不从内心里加以节制，便会产生悖逆诈伪”的思想，“淫佚作乱”的行动，使社会出现弱肉强食的局面。《乐记》的作者，把人欲与天理完全对立起来，认为是犯罪的根源。

董仲舒认为人性中有善的因素，也有恶的因素，是善是恶，关键在于后天所受的教育和影响。他说：“天有阴阳之施，身亦两有贪仁之性。”（《春秋繁露·深察名号》）性中的贪鄙成分受到外界的影响引诱便会发动起来，这就是人欲，而人欲是作恶的因素。“性者，生之质也；情者，人之欲也。”（《汉书·本传》）“夫万民之从利也，如水之走下，不以教化堤防之，不能止也。是以教化立而奸邪皆止者，其堤防完也；教化废而奸邪并出，刑罚不能胜者，其堤防坏也。”（同上）他认为人欲要加以堤防，否则便会“奸邪并出。”

南宋理学家朱熹，认为人欲是万恶之源，他说：“圣贤千言万语，只是教人明天理，灭人欲。”（《朱子语类》卷十二）那么，人欲是什么呢？他说：“人欲者，此心之疾疢，循之则其心私而且邪。”（《辛丑延和奏札二》）又说“众人物欲昏蔽，便是恶底心。”（《朱子语类》卷七十一）就是说，人欲是为嗜欲所迷惑的恶念，与天理水火不容，当然是犯罪的根源了。

总之，儒家认为，物欲是犯罪的因素，不能放纵，要节制它，提防它，最好使那些不正当的物欲都去掉。

儒家预防犯罪的理论，总括起来就是富、教、刑三个字。富，就是让老百姓能生活下去，教，就是对百姓进行道德伦理的教育，刑，就是对犯罪者给以适当的惩罚。这三者的关系是：富为基础，教是关键，刑是不得已而用之的辅助手段。所谓“先富后教”，“德主刑辅”。

儒家的“富民”政策与法家的不同。法家主张用赏罚的手段来督促百姓务农，发展生产，增加财富，从而达到既富国又富民的目的。儒家认为，百姓贫富，主要取决于统治者的剥削程度。如果统治者不过分压榨，百姓也就“富”起来了。所以，他们主张：一、赋税不可过重，二、农民要有一定的产业。孔子谴责：“苛政猛于虎”。（《礼记·檀弓下》）又说：“有国有家者，不患贫而患不均。”（《论语·季氏》）孟子说：“易其田畴，薄其税敛，

民可使也。有布缕之征，粟米之征，力役之征。君子用其一，缓其二。用其二而民有殍，用其三而父子离。”（《孟子．尽心》）

荀子主张“养人之欲，给人之求”，认为“不富无以养民情”。他的裕民政策，同孔孟的主张一样：“轻田野之税，平关市之征，省商贾之数，罕兴力役，无夺农时，如是则国富矣。夫是之谓以政裕民。（《荀子·富国》）

秦汉以后，儒者们念念不忘的仁政、王道，就其内容讲，较之先秦是具体多了，也丰富多了。但其基本精神，仍不外轻徭薄赋、制止土地兼并两项。这方面的史料很多，勿庸赘述。

当然，真正的富民政策，在封建时代是没有的，即使是儒家的富民思想，也不会得到贯彻实施。这是封建私有制度决定了的。历史上一些有政治眼光的封建统治者，在大乱之后实行过某些开明政策，也收到了一定的政治效果，但那只是暂时的措施，目的不在富民而在安国，因而并不能真正解决问题。事实证明，儒家想以富民预防犯罪，实际成效微乎其微。

生活贫困是造成犯罪的原因，但是否犯罪，还要看主观因素，颜回能够做到“一箪食，一瓢饮，在陋巷……不改其乐”，就是因为他有高尚的道德情操，能够“三月（指长期）不违仁。”（《论语·雍也》）孔子说：“君子喻于义，小人喻于利。”（《论语·里仁》）“君子固穷，小人穷斯滥矣。”（《论语·卫灵公》）孟子说：“无恒产而有恒心者，惟士为能。若民，则无恒产，因无恒心。”（《孟子·梁惠王上》）在孔、孟看来，凡是由于贫困犯罪的人，都是缺乏道德修养和礼法观念的不能克制私欲的小人。仁人君子乐道安贫，即便是饿死，也不会偷窃、杀人，违法犯禁。所以预防犯罪，必须从培养人们的道德观念做起。

先秦的儒学大师们对人性的看法，虽然不同，但都认为，人有极大的可塑性，高尚的道德品质，经过后天的修养是能够保持获得的。没有天生的君子，也没有天生的小人。正是在这种认识的基础上，他们把教育看成是预防犯罪的重要手段，从而形成了别于其他学派的预防理论。

儒家把德礼作为教育的主要内容。孔子说。“导之以德，齐之以礼，有耻且格”。（《论语·为政》）“导之以德”，就是进行道德教育。封建的道德，就其精髓讲，无非是“仁义”二字。韩愈说：“博爱之谓仁，行而宜之之谓义，由是而之焉之谓道，足乎己无待于外之谓德。仁与义为定名，道与德为虚位。”（《原道》）仁，就是爱人（但要分等次亲疏，所谓“亲亲而仁民”）；义，就是按照这种仁爱精神和伦礼原则行事。韩愈的解释是符合儒家的传统观点的。道德的培养，主要是在仁义上下工夫，舍此而求道德的完善，无异于南辕北辙。所以孟子说：“仁，人心也，义，人路也。舍此路而弗由，放其心而不知求，哀哉！……学问之道无他，求其放心而已矣。”（《孟子·告子上》）“齐之以礼”，就是进行伦礼教育。礼的内容繁多，人与人之间的各种关系，都有礼的规定，但其基本精神是尊尊、亲亲，维护封建统治的宗法制度和等级制度。尊尊，要求人们忠；亲亲，要求人们孝。能忠、能孝，就能顺、能敬。人人都做到顺敬君父，犯上作乱，违法犯禁的行为也就不会发生了。孔子说："其为人也孝弟，而好犯上者，鲜矣；不好犯上而作乱者，未之有也。"（《论语·学而》）《礼记·经解》："礼之教化也微，其止邪也于未形，使人日徙善远罪而不自知也。"可见，礼是"经国家，定社稷"，安邦治民，预防犯罪的良方。

仁、义、忠、孝，是封建教化的核心，后经董仲舒改造发展，演变成为三纲五常，从而形成了人们必须恪守的永恒的道德规范和立法、司法的指导原则，教育的防罪作用，就更加突出了。

儒家主张德化，注重教育，但不是不要刑罚。礼、乐、政、刑，是传统的治国方法，就是性善论者的鼻祖孟轲，也不否定刑罚的作用。问题是儒家认为刑罚只能惩办犯罪行为，不能改变犯罪思想，只能起到一时制止犯罪的作用，不能起到永远预防犯罪的作用。"导之以政，齐之以刑，民免而无耻。"（《论语·为政》）民虽畏刑而不敢犯罪，但对犯罪并无羞耻之感，犯罪行为迟早会以某种形式表现出来。所以儒家不像法家那样强调刑罚的作用，不把它看作是根治犯罪的手段。荀子是比较重视刑罚的，但在这一点上，与孔孟并没有根本区别。

在司法实践中，儒家特别强调用刑适中。孔子说："礼乐不兴，则刑罚不中；刑罚不中，则民无所措手足。"（《论语·子路》）荀子说："刑当罪则威，不当罪则侮。……刑罚不怒罪，爵赏不逾德，分然各以其诚通。是以为善者劝，为不善者沮，刑罚綦省而威行如流，政令致明而化易如神。"（《荀子·君子》）《尚书·吕刑》："非佞折狱、惟良折狱、罔非在中。"《礼记·大传》："刑罚不中，故民不安。"刑罚适中，罚当其罪，人心信服，这样，刑罚本身才会受到人们的重视，进而才能起到防止犯罪的作用。如果滥施刑罚，轻罪重判，不仅不能防罪，反而会促使人们犯罪。荀子说："刑罚怒罪，爵赏逾德，以族论罪，以世举贤"，"虽欲无乱，得乎哉！"（《荀子·君子》）儒家用刑适中的思想，与法家轻罪重刑的思想，形成鲜明的对照，其原因在于：儒家希望人服，而法家要求人畏。

德、礼、法、刑的关系是怎样的呢？朱熹有两段对话说得很概括："这德字只是适来说的德，以身率人，人之气质有浅深厚薄之不同，故感者不能齐一，必有礼以齐之。……齐之不从，则刑不可废。""正如齐之以刑亦然，先立个法制如此，若不尽从，便以刑罚齐之"。（《朱子语类》卷二十三）道德、礼制，法制、刑罚，四个层次，两道防线，有主有辅，有先有后，儒家预防犯罪的理论，是相当严密的。

二

法家是性恶论者。他们认为，趋利避害、好逸恶劳、追逐名利，是人的本性。而这种本性是后天不能改造的。他们不去分辨人们对物质利益的索求是否合理，一律斥之为私欲，是性恶的表现，是犯罪的根源。商鞅说："民之性，饥而求食，劳而求佚，苦则索乐，辱则求荣，此民之情也。"（《商君书·算地》）韩非说："人有欲则计会乱，计会乱而有欲甚，有欲甚则邪心胜。邪心胜则事经绝，事经绝，则祸难生。由是观之，祸难生于邪心，邪心诱于可欲。可欲之类，进则教良民为好，退则令善人有祸。好起则上侵弱君，祸至则民人多伤。然则可欲之类，上侵弱君而下伤人民。夫上侵弱君而下伤人民者，大罪也。故曰：'祸莫大于可欲。'"（《韩非子·解老》）这就是说，人欲产生邪心，有了邪心就不免要犯罪。可见，人欲是一切犯罪的根源。

法家既然认为人性是恶的，人欲是难以克服消灭的，由此他们必然会得出这样的结论：社会上人与人之间的一切关系，除了利害之外，再也没有别的可讲。韩非从各个方面论述了这个问题：

地主雇工，供饭食，出工钱，为的是使雇农好好干活，雇农早出晚归，为地主耕种，为的是得到吃喝，挣到工钱。他们都是出于自身利害的考虑，才那样做的。

做车子的人盼人富贵，做棺材的人盼人早死，并不是前者居心仁爱，后者生性残忍，而是因为人不富贵，便卖不出车子，人不早死，便卖不出棺木。

君臣之间又怎样呢？国君计较利害来养巨，臣下计较利害来事君。害国利臣的事，国君不为；利国害身的事，臣下不做。君臣关系就是利害关系。

韩非甚至认为父母子女之间、夫妻之间也都是赤裸裸的利害关系。

人们既有贪鄙之性，又处于计较利害的社会之中，主观上既有犯罪的因素，客观上又有犯罪的土壤，这就是法家关于犯罪原因的基本论点。

法家的性恶说，并没有到此为止。在法家看来，性恶虽是犯罪的根源，但同时也是防止犯罪的枢纽。既然人们事事都计较利害，那么法令刑罚就大有作为了。商鞅说："人生有好有恶，故民可治也。"（《商君书·错法》）韩非说："凡治天下，必因人情。人情有好恶。故赏罚可用。赏罚可用，故禁令可立，而治道具矣。"（《韩非子·八经》）所以，法家不主张"寡欲"、"节欲"，更不主张"无欲"，而主张充分利用人们趋利避害的心理来治理社会。法家的法治学说，就是在这种认识的基础上建立起来的。

法家认为，法令刑罚是防止犯罪的唯一有效武器，必须明确法令，严刑重罚。

为什么说明确法令就能防止犯罪呢？因为法令是定名分的，是人们行为的准绳，是非的标准，赏罚的依据。人们了解了法令，就能趋利避害。名分不定，人们就会相互争夺而犯罪。商鞅打比方说：一只兔子在野地里跑，会有上百人去追赶，集市上兔子再多，就是盗贼也不敢夺取。他说："名分定，则大诈贞信，民皆愿悫，而各自治也。故夫名分定，势治之道也；名分不定，势乱之道也。"（《商君书·定分》）可见明确法令以确定名分，是关系到社会治乱的大问题。

为什么要严刑重罚呢？对这个问题，韩非作了精辟详尽的论述：

"夫严刑者，民之所畏也；重罚者，民之所恶也。故圣人陈其所畏以禁其邪，设其所恶以防其奸。是以国安而暴乱不起。"（《韩非子·奸劫弑臣》）法令是行为的准绳，刑罚是法令得以实现的保证。人们守法，主要是由于畏刑。如果刑罚在人的心目中不具有斤两，为非作乱者便会以身试法。而要使人畏惧刑罚，就必须严刑重罚。这是"所谓重刑者，奸之所利者细，而上之所加焉者大也。民不以小利蒙大罪，故奸必止也。"（《韩非子·六反》）

人人都讲究得失，计较利告，因小利而蒙大罪，智者不取，庸人不为。这是二。

“且夫重刑者，非为罪人也，明上之法揆也。治贼非治所揆也，治所揆也者，是治死人也。刑盗非治所刑也，治所刑也者，是治胥靡也。故重一奸之罪，而止境内之邪，此所以为治也。重罚者，盗贼也；而悼惧者，良民也。欲治者奚疑于重刑！”（《韩非子·六反》）用刑的目的，不只是惩办罪犯本人，主要在于宣明国法，使人不犯。所以罚罪要起到儆戒作用，要有“重一奸之罪而止境内之邪”的威力。而要达到这样的效果，必须实行重刑。这是三。

严刑重罚的道理，如上所述。下面再谈谈重刑的内容。

法家主张重刑惩罪，其主要内容大致包括以下三个方面：

（一）轻罪重判。商鞅说：“行罚：重其轻者，轻者不至，重者不来，此谓以刑去刑，刑去事成”。（《商君书·靳令》）

韩非说：“重罪者人之所难犯也，而小过者人之所易去也。使人去其所易无离其所难，此治之道。夫小过不生，大罪不至，是人无罪而乱不生也。”（《韩非子·内储说上》）小罪易犯也易去，如果对小罪处以重刑，小罪就不会发生。小罪不生，大罪也就不犯了。所以说轻罪重判是预防犯罪的好办法。

（二）罪人必得，告奸、连坐。只要有人犯罪，就一定给以惩罚，不让他逃脱。在任何情况下，对任何犯人，都不能赦免宽宥。商鞅说：“刑重而必得，则民不敢试，故无刑民。”（《商君书·赏刑》）韩非说：“夫有天下，大利也，犹不为者，知必死。故不必得也，则虽辜磔，窃金不止；知必死，则天下不为也。”（《韩非子·内储说上》）

那么，怎样才能做到罪人必得呢？奖赏告奸，实行连坐。“令民为什伍，而相牧司连坐。不告奸者，腰斩，告奸者，与斩敌首同赏。”（《史记·商君列传》）这样犯罪就很难逃脱法网了。所以法家认为告奸连坐是发现犯罪、预防犯罪最有效的措施。商鞅说：“赏施于告奸，则细过不失”（《商君书·开塞》）。又说：“重刑连其罪，则民不敢试。”（《商君书·赏刑》）

（三）“刑用于将过”，“禁奸于未萌”。商鞅说：“王者用刑于将过，则大邪不生。”（《商君书·开塞》）将过，就是犯罪将要发生时。只要人的犯罪思想有所表现，即使没有实现犯罪也要给以惩办。这样，有意识的犯罪行为就可以制止了。如果刑罚只用在犯罪之后，就不能起到这样的作用。“刑加于罪所终，则奸不去。”（同上）“禁奸于萌”，就是禁止犯罪思想的产生。在法家看来，立法用刑，如果能杜绝人们的犯罪思想，那是再好不过的。韩非说：“赏有功，罚有罪，而不失其人，方在于人者也，非能生功止过者也。是故禁奸之法，太上禁其心，其次禁其言，其次禁其事。”（《韩非子·说疑》）用刑不失有罪，还不能彻底止过，要彻底根除犯罪，必须禁其心。怎样才能禁其心呢？韩非说：“严刑则民亲法，……亲法则奸无所萌。故治民者，禁奸于未萌。”（《韩非子·心度》）刑罚严厉，百姓畏惧，犯罪的念头也就没有了。企图利用严刑来消灭犯罪意识，法家的重刑主义思想，真可谓达到了无以复加的地步。

三

从以上分析，可以看出，儒法两家的犯罪学说是完全对立的，儒家认为产生犯罪的因素，主要来自外部世界，主观因素是被动的，因而提出了“富之”、“教之”的预防理论。法家认为，犯罪的根源在于人的天性。外部环境（如生活贫困等）只是犯罪的条件，因而主张用严刑峻罚来制止犯罪。在指导思想上，儒家希望人民能够增强道德伦理观念，成为“有耻且格”不犯罪的良民；法家则要求人们增强法律意识，权衡利害而不敢犯罪。韩非说：“夫圣人之治国，不恃人之为吾善也，而用其不得为非也。恃人之为吾善也，境内不什数，用人不得为非，一国可使齐。为治者用众而舍寡，故不务德而务法。夫必恃自直之箭，百世无矢；恃自圜之木，千世无轮矣。自直之箭，自圜之木，百世无一，然而世皆乘车射禽者何也？隐栝之道用也。虽有不恃隐栝而有自直之箭、自圜之木，良工弗贵也，何则？乘者非一人，射者非一发也。不恃赏罚而恃自善之民，明主弗贵也，何则？国法不可失，而所治非一人也。故有术之君，不随适然之善，而行必然之道。”《韩非子·显学》恃人为善，故隆礼务德，重视思想教育；使人不得为非，故恃刑务法，强调刑罚威力。韩非的这段话，再清楚不过地道出了儒法两家思想路线的分歧点。

儒法两家的犯罪学说，虽然如此不同，但都是维护封建统治秩序的工具，在大多数封建统治者的心目中是不分轩轾的。只不过是出于形势的要求，有时强调德，有时侧重刑，但更多的时候是德刑并用。统治者们非常清楚，在相同的政治经济条件下，思想上的教化和行动上的制裁结合起来，才能收到防止犯罪的最好效果。

马小红

“格”的演变及其意义*

简介

马小红，法学博士，中国人民大学法学院教授、博士生导师，中国人民大学法律文化研究中心副主任；中国人民大学历史与社会高等研究所合作教授。兼任中国法律史学会常务理事，中国法律思想史研究会副会长，董必武法律思想研究会理事，儒学与法律文化研究会理事，明德法律文化论坛主持人，《法律文化研究》执行主编。曾担任中国法律史学会秘书长（2004 年）、《法律史论集》副主编、编辑部主任（1998—2004 年）。独著《礼与法：法的历史连接》获曾宪义法学教育与法律文化研究基金会第一届“中国法律文化研究成果奖”二等奖（2008 年）、司法部第二届全国法学教材与科研成果奖优秀科研作品奖（2006 年）；《百年中国宪政之误区》获《社科研究》（香港）杂志编辑部优秀论文奖（2006 年）；《构建与解析中国传统法——兼论中国传统社会礼与法的关系》获中国人民大学优秀博士学位论文奖（2005 年）；《试析中国古代社会中的“法官”》获中国法律史学会优秀学术论文一等奖（2002 年）。代表性研究成果有《礼与法：法的历史连接》（独著），北京大学出版社 2004 年版；《中国古代法律思想史》（独著），法律出版社 2004 年版。

* 原发表于《北京大学学报》（哲学社会科学版），1987（3）。写作时得到祝总斌、蒲坚二位老师的精心指导，在此表示感谢。——作者注

自商鞅变法以来，直至唐代，律是历代王朝的主要法律形式，律的特点是具有稳定性和威严性，行用时间颇为长久。自唐代后期始，这种状况有所变化，律的地位下降，而能及时反映君权意志的变通的法律形式占据了主导地位。如宋代的编敕、元代的条格、明初期的大诰、后期的例、清代的例。这些法律形式尽管名称各异，但有一个共同的特点，即具有变通性和灵活性，能将皇帝的意志及时地法律化。它们是随时损益皇帝的诏敕，作为正刑定罪的最高法律规范。由于自唐后期这种法律形式的大量涌现，律退居次要地位。格、敕、诰、例中有所规定的内容，则不用律文。许多律文成为空谈。只有在无格、敕、诰、例可依的情况下，律才得以发挥实际的作用。由稳定的法律形式——律向变通的法律形式过渡的中心环节是格的确立。因此搞清楚格的演变及意义，对我们深入理解中国历史上的法律形式与古代社会的关系将有深刻的意义。但是，唐格现在均已散失，而且它又不同于令、式，在史籍中有较为明显的标记可以觅寻，所以至今还没有人作专门的论述，许多问题一直未得到较为满意的解决。譬如：格是怎样出现的？它与律令及其他制度的关系如何？它在当时的作用及对后世的影响如何？等等；本文拟就这些问题进行初步的研究，求教于方家。

一、唐代以前的格及其特点

1. 科之概述

《唐六典·卷六·刑部》注文中记：“后魏以格代科”，由此可以断定格与科有相承的关系，格是科的发展与延续。对科的深入研究，有助于对格的正确理解。但是，由于记载科的史料甚少，全面准确地理解科确非易事，而本文主要探讨的问题又不在此，故仅将前辈学者的研究成果加以概述，以正格之源流。

法制史学界的许多先辈认为科始于汉，如程树德作《九朝律考·汉律考》中列有“科”的条目。沈家本在《汉律摭遗》中亦论及到汉科。关于科的内容，传统观点以为科是将比分类编纂而成的，其作为辅助律的副法而行用。戴炎辉认为“一旦有比，则有类似事项，亦予适用，故日后成为先例或类例，若将这些比例分类集成（经成规的程序）者，即成为科，而附于律令内有关条项之下，共例证如‘轻侮法’”。[①] 程树德、陈顾远及日本的中田薰亦持此观点。一九五八年日本学者滋贺秀三对以上观点提出不同意见。首先他批驳了科始于汉的论点，以为科应始于三国曹魏时期，其次他认为科在曹魏时是作为主法而行用的。[②]

---

① 参考戴炎辉《中国法制史》第一编第二章《汉比及科》。

② 参考《东方学·十七辑·汉唐间法典的二三考证》。

近年来，粟原益男亦发表文章，认为科应是曹魏时期的“临时法典”③。

综合上述两种观点，参考有关史料，我认为科在汉魏期间存在着一个演变的过程，从三国以后科的状况来看，科应为比之分类，是辅律补律的副法。《唐六典·卷六·刑部》注文中记：“梁易故事，为梁科三十卷，蔡法度所删定”，在删制科的同时“增损晋律，为二十篇”（《唐六典·卷六·刑部》）因此在汉晋及南朝时，科是“分类集成”的判例。而在三国时，科因形势的需要而成为主法通行于世。④

2.“后魏以格代科”

后魏初期，科作为副法而被继续使用。《魏书·卷二·太祖纪》略云：“（天兴元年）十有一月辛亥，诏三公郎中王德定律令，申科禁，……吏部尚书崔玄伯总而裁之”。《魏书·卷一一一·刑罚志》中也记载“（太祖）约定科令，大崇简易”。后世以格代科，从其表面形式上推测有两个原因：

第一，格、科的读音相近。格，见母。科，溪母。二者一清一浊，古音可以相通。

第二，格、科的字意也十分相近。《说文解字》释科曰：“程也，条也”。格亦有“条文”之意。《魏书·卷五·高宗纪》：“（和平四年）十二月辛丑诏曰：……有司可为之条格，使贵贱有章，上下咸序，著之于令”。此处所言的“条格”显然不是以后的法律形式的专用名词，而是“条款”之意。

《晋书·卷七一·陈君页传》记：“初，赵王伦篡位，三王起义，制己亥格。”《南史·卷三六·羊玄保传》又记东晋咸康二年定“壬辰之科”，而刘宋时羊希奏“依定格条上赀薄”“停除咸康二年壬辰之科”。不难看出，由于格、科的读音字意相通，晋代时就有二音混用的现象。

当然，科、格的读音字意相近，只是以格代科的表面原因，而更为主要的原因在于魏是少数民族入主中原的王朝，其不可能像南朝那样直接承袭汉制“轥其余轨”（《隋书·卷二五·刑法志》），其对汉文化要有一个接受、融化的过程。这个过程决不是单一的汉化过程，而是一个复杂的相互融合更新的过程，在这个过程中，其即仿效汉制，又更新汉制，格便是这一更新的产物。

3. 唐代以前的格

唐代以前的格可以分为三个阶段论述其发展变化的过程。

北魏中期以前为第一阶段。这一阶段的格刚从科演变而来，在内容上与汉晋之科几乎没有区别。它被作为补律补令的副法而行用。《魏书·卷五八·杨椿传》记：“廷尉奏，椿

---

③ 根据1985年《史学杂志·第五辑》的介绍，未见原文。

④ 科在三国时通行的主要原因，确如滋贺秀三先生总结的那样，有三个方面：“第一，如《晋书·刑法志》所记汉代四百年积累的法律文献加上判决案及诸家释律之说，条文繁多，以至使人无法遍览，汉律的使用与修改都是难以做到的了”，“第二，汉和平时期制定的法律无法应付三国时期的混乱状况”，“第三，主要原因在于魏武帝终生以汉臣为旗号，无论是修改汉律还是将魏国律自称为律令，都有所顾忌，故而创造出与律令相对的科。”参考《东方学十七辑·汉唐间法典的二三考证》。

前为太仆卿日，招引细（疑为佃）人，盗种牧田三百四十顷，依律处刑五岁。尚书邢峦据正始别格奏：椿罪应除名为庶人，注籍盗门，同籍合门不仕。世宗以新律既颁，不宜杂用旧制，诏依寺断，听以赎论。”正始别格，是世宗时制定的律外条文，《魏书·卷一一一·刑罚志》记：“（世宗时）尚书门下可于中书外省论律令，诸有疑事，斟酌新旧，更加思理，增减上下，必令周备，随有所立，别以申闻”。显然正始别格是律令之外的副法，其内容是“疑事”判例的集成，以补律令之不周。当律令格三者相矛盾时，从新制。

北魏后期至北齐初是格在唐之前演变的第二阶段。当时阶级矛盾、民族矛盾及皇室内部统治者之间的矛盾日趋激化，战事频繁。原则性极强的律令条文无法应付多变的动乱形势，不便于皇帝控制局势，元魏王朝对此深感不便。孝武帝于太昌元年下诏，认为“前主为律，后主为令，历世永久，实用滋章，非所以准的庶品，隄防万物”。于是“令执事之官，四品以上集于都省，取诸条格，议定一途，其不可施用者，当局停记，新定之格勿与旧制相连，务在通约，无致冗滞”（《魏书·卷一一·出帝平阳王记》），此时的格取代了律文，成为当时主要的法律形式。陈仲安同志认为这是麟趾格制定之始。[⑤] 时隔不久，北魏政权分裂，而东、西魏、梁三分天下，统治者忙于彼此吞并，更无暇顾及到律令的修纂，断狱一直沿用北魏末期的格，在东魏十七年的历史中（公元534—550）没有修定律令的记载，而在兴和三年十月，颁定了著名的麟趾格。[⑥] 北齐文宣帝时，“议造齐律，积年不成”（《隋书·卷二五·刑法志》）又重新刊定麟趾格，作为正刑定罪的规范。自北魏末至北齐初，格成为当时的“通制”[⑦]。此时的格有别于第一时期。首先，在此时期，修订律令的立法活动已经停止或不了了之，律已成虚设之文，格则作为主法而被经常检修，更定。《洛阳伽蓝记·卷三·景明寺》中记：“法吏疑狱，薄领成山，仍敕（邢）子才与散骑常侍温子昇撰麟趾新制十五篇，省府以之决疑，州郡用之治本。”《北史·卷二四·封述传》中亦记：“天平中，……增损旧事，为麟趾新格。其名法科条皆述所删定”。其次，这一时期的格以尚书省诸曹名为篇目，开创了新的体例。《魏书·卷八八·窦瑗传》中记，东魏天平中，窦瑗上表曰：“臣在东州之日，蒙班麟趾新制……臣伏读至三公曹第六十六条：母杀其父，子不得告，告者死。”总之，由于形势的特殊需要，格已由补律补令的副法而上升为代律令行事的主法，由“疑事”判例的编修变为正刑定罪的条文。

北齐中后期，政局相对地稳定下来，格虽为“通制”，但在人们的传统观念中终非长久之计，律令才是人们所期待建立的正统制度。北齐初期，司徒功曹张老就上疏，反对废律用格，他指出：“大齐受命已来，律令未改，非所以创制垂法，革人视听。”（《隋书·卷二

---

⑤ 《魏书·卷一二·孝静帝记》：“先是，诏文襄王与群臣于麟趾阁议定新制，甲寅，班于天下”。陈仲安先生认为：麟趾格的制定“始于魏”。“作为正式颁布的法律文书则至东魏才形成”。参考《文史·二十一辑·麟趾格制定经过考》。

⑥ 同注5。

⑦ 《北史·卷七·文宣帝纪》：“天保元年八月甲午诏曰：魏世议定麟趾格，遂为通制，官司行用，犹未尽善，群官可更论讨新令，未成之间，仍以旧格从事”。

五・刑法志》）至武成帝即位，频繁地督促制定齐律，终于在河清三年制成齐律十二篇，“是后法令明审，科条简要”，“齐人多晓法律”（《隋书・卷二五・刑法志》）。从《隋书・刑法志》、《册府元龟刑法部》等文献记载来看，以格代律的局面至此已经结束，格复退回为副法的位置，在律无正条的情况下暂时作为定刑的依据。《隋书・卷二五・刑法志》记：“后平秦王高归彦谋反，须有约罪，律无正条，于是遂有别条权格，与律并行。”此处提到的权格与第一时期的别格相类似，都是补律补令而临时制定的律外条目。

就格与律令的关系来说，隋代延续了北齐中后期重律轻格的发展趋势。当时人们认为格令章程“颇伤烦碎”，“非简久之法”（《北史・卷六三・苏威传》）。隋文帝划一制度时，格便在删繁就简之例：“杂格严科并宜除削”（《册府元龟・卷六一一・定律令三》）。查《隋书・刑法志》、《册府元龟・刑法部・定律令》、《通典・刑典》，都没有记载隋格的制定与修改状况，《隋书・经籍志》、《旧唐书・经籍志》、《新唐书・艺文志》中也均没有隋格的条目。与此相反，隋唐的律令却十分发达，著名的开皇律是唐律的底本。隋炀帝时也曾制定过大业律。在修定律文的同时，对令也多有修定。[⑧] 由此可以断定：隋朝虽然“律令格式并行”（《隋书・卷三三・经籍志一》），但格的地位与作用远远不能与律令相比拟。

以上所述自北齐中后期至隋的格，是唐以前格发展的第三阶段。这一时期的格，就其地位及与律令的相互关系来说，其与第一阶段即北魏中期以前有相似之处，它们都是作为补律的副法而行用。但就其内容来说，其比第一阶段要完备得多，而且在制度上也日趋稳定。

二、唐格的发展与演变

唐代，经过太宗的改造，格正式制度化。它的地位也随之巩固。唐格的史料较前一时期丰富。因此我们对唐格的内涵也就可以作更细致的探讨。

概括地说，唐格是皇帝诏令的删辑。《唐六典・卷六・刑部》中记，“凡格二十有四篇，以尚书省诸曹为之目……盖编录当时制敕，永为法则……以为故事”。贞观格就是删武德以来敕三千余条而为七百条（《新唐书・卷五六・刑法志》）而成的。日本学者仁井田陞、滋贺秀三曾对唐格作过一些研究，他们认为格是律令的补充和追加。[⑨] 就唐代某一时期及某一类型的格而言，这种简要的结论无疑是正确的。但是，在唐代近三百年的历史中，格是有发展和变化的。在不同的时期，它有不同的侧重点，不同类型的格有不同的作用，这种简单的结论，概括不了唐格的丰富内涵，只有具体地、翔实地对格加以考察，才能作出比较接近史实的定性。

1. 武德格

高祖李渊起义至京师后，约法十二条：“唯制杀人、劫盗、背军、叛逆者死。”（《唐会

---

⑧ 参考《隋书・卷二五・刑法志》。

⑨ 参考仁井田陞《中国法制史研究・法与道德・法与习惯》第三部分及滋贺秀三《汉唐间法典的二三考证》。

要·卷三九·定格令》）武德元年"废隋大业律令，颁新格"[10]（《旧唐书·卷一·高祖纪》）。武德初期王朝初立，唐统一天下的大势已定，新王朝的确立需要统一号令、划一制度、革新法制。但当时毕竟是战事未息，修定律令的客观条件并不具备。在这种形势下，统治者借用了北魏末至北齐初的法律形式，以格代律。武德初颁布了五十三条格，《唐会要·卷三九·定格令》中记："武德元年六月一日诏刘文静与当朝通识之士因隋开皇律令而损益之，遂制为五十三条，务从宽简，取便于时，其年十一月四日颁下。"武德五十三条格的内容，现已无从考起，但从武德七年"格入于新律"（《唐会要·卷三九·定格令》）的状况来看，武德格的内容无疑偏重于刑狱。

武德格的性质与麟趾格基本相同，它们都是在局势动荡的情况下，统治者采取的临时性措施，是在律令失去效用，或者不具备修改律令条件的情况下，出现的一种较为简易、灵活的法律形式。

2. 贞观时格的变化与留司格的确立

留司格是相对于永徽年间出现的散颁格而言的。留司格的名称始于永徽，但其内容与形式在贞观时就已经确立了。根据史书记载，有关"曹司常务""本司行用"的格即为留司格（《唐会要·卷三九·定格令》）。贞观格"十八卷，留本司施行"（《旧唐书·卷五十·刑法志》）。《通典·卷一六五·刑三·刑制下》注文中记道，贞观格即"国家程式"[11]。滋贺秀三考证道："贞观格七百条十八卷，是留于本司施行的，其全部都是留司格的性质"[12]（《东方学·昭和三十三年十一月·汉唐间法典的二三考》）。

留司格较以前的格有两点不同，第一，其内容偏重于行政制度，第二，其适用范围是各司官吏，因此留司格并不颁行于天下。[13] 各司的格"书于厅事之壁"，以便官吏"俯仰观瞻，庶免遗忘"（《通典·卷一六五·邢制下》）。推测留司格的内容主要包括两个方面：一是各司官吏的工作职责，即"曹司常务"或"百官有司之所常行之事"（《新唐书·卷五六·刑法志》），二是各司官吏所应遵循的制度和纪律，所以其可以"禁违正邪"（《唐六

---

⑩ 《新唐书·卷五六·刑法志》记为"武德二年"。根据《资治通鉴·卷一八五》、《唐会要卷三九·定格令》《旧唐书·卷一·高祖纪》记应为武德元年，《新唐书》误。

⑪ "国家程式"实质上就是国家的行政制度，其来源于汉代的章程、品式。《汉书·卷一·高祖纪》注云："如淳曰：章，历数之章术也。程者，权衡丈尺斗斛之平法也。师古曰：程，法式也"。品式，沈家本认为"凡品物之法是也"。"章程品式""与律令无涉"（《沈寄簃遗书·汉律摭遗一》），唐贞观格则具有汉章品式"与律令无涉"的性质。

⑫ 《旧唐书·卷五十·刑法志》记："删武德以来格三千余件，定留七百条，以为格十八卷，留本司施行，斟酌古今除烦去弊，甚为宽简。便于人者，以尚书省诸曹为之目，初为七卷，其曹之常务，但留本司者，别为留司格一卷"。滋贺秀三在《汉唐间法典的二三考证》中认为，"贞观格七百条十八卷，是留本司施行的，其全部都是留司格的性质……以尚书省诸曹为之目，初为七卷，其曹之常务，但留本司者，别为留司格一卷在六典中所说的是现行格（开元后格）而不是贞观格"。根据史料，我同意滋贺秀三的观点。

⑬ 《旧唐书·卷三·太宗纪》：贞观十一年正月，"庚子，颁新律令于天下"，根据《唐会要·卷三九·定格令》《旧唐书·卷五十·刑法志》等，贞观十一年修订的是律、令、格、式。纪中只曰律令颁于天下，可见格式的适用范围并不是全国。

典·卷六·刑部》)，又可以“应酬功赏”(《通典·卷一六五·刑制》中注文)。

留司格的制度为太宗所创，是有其历史原因的。贞观时，天下已定，但由于长期战争，经济萧条，太宗执政，以“安人宁国”(《贞观政要·卷八·务农》)为指导思想，致力于富民，因此唐贞观时期的政策与汉初有些相仿，从制度上“约法省禁”，力求无为形式下的无不为。前代所遗留的以格断罪的传统，显然不符合此时形势的要求，因为“格式既多，官人不能尽记，更生奸诈，若欲出罪即引轻条，若欲入罪即引重条”。(《贞观政要·卷八·赦令》)，以格定罪，破坏了法律的统一，便于奸吏舞文弄墨，随意轻重，与唐初统治思想相抵牾，因此必须更改，而且此时也具备了取消以格断罪的条件，贞观时期是封建社会中有名的政治清明时期，上下守法，有刑措之风。《资治通鉴·卷一九三》记，贞观四年时“终岁断死刑二十九人。东至于海，南极五岭，昔外户不闭”。在应该更改而又可以更改以格断罪的情况下，太宗果断地将格改造为单一的“国家程式”，留司行用，并明确规定“不可一罪作数种条”(《贞观政要·卷八·赦令》)，维护了法令的统一，格自此成了“不惟刑部所独有”(《唐会要·卷三九·定格令》)的带有行政法性质的独立制度，与律令互相配合，各司其职。

贞观时期，格的变化与留司格的确立是在“安人宁国”的思想指导下，在良好的社会风气中产生的。留司格的确立，减少了皇帝对法律的干涉渠道，便于法律的正常实施，同时也便于国家机关行政制度的进一步完善，这也是唐初期“贞观之治”的重要原因之一。

3. 高宗至玄宗时格的完备及散颁格

高宗至玄宗时，政治局势的主要特点是王朝内部各个集团之间的矛盾激化，斗争主要波及社会上层，全国形势基本上是稳定的。统治者内部的相互倾轧，十分残酷，正刑定罪不可能拘泥于律文，而贞观时的行政制度也不可能一成不变。基于新形势的要求，格逐渐完备，它演变成具有双重内容的制度。

首先，它调整法律制度，将皇帝的意志及时地法律化，如《通典·卷一七〇》中所记的《开元格附》即其一例。《开元格附》是判处酷吏来子珣等二十三人流刑的敕令，后编入格内，成为正刑定罪的依据。来子珣等人的罪名是“残害宗支，毒陷善修”，查《唐律疏议》并没有这一罪名，故发布敕令，以补律之不足。这条格及时地反映了统治集团剪除武后势力的意志，较律更为灵活有力。

其次，这一时期的格仍然保留了贞观时的性质。自永徽始，格分为两部分，“曹司常务者为留司格，天下所共为散颁格。散颁格下州县，留司格本司行用(《唐会要·卷三九·定格令》)。很明显，留司格并未被废弃，但从其发展趋势上来看，篇幅日趋减少，地位日趋下降。永徽时留司格十八卷，垂拱时六卷，开元时仅为一卷。⑭

散颁格显然不同于贞观时期的格，它与北魏末至北齐初的麟趾格及全部入于律的武德

⑭ 《唐六典·卷六·刑部》记，“凡格二十有四篇以尚书省诸曹为之目，共七卷，其曹之常务但留本司者，别为留司格一卷……开元后格十卷，宋璟等删定”。滋贺秀三在《汉唐间法典的二三考证》中认为：“共七卷”的“七”字应为九。加上留司格一卷，即为开元后格十卷。

格是一脉相承而又有所变异的。

说其一脉相承，是因为刑部散颁格完全继承了麟趾格与武德格的性质，以正刑定罪为其主要内容。敦煌文书 P3078 与 S4673，"散颁刑部格"为神龙散颁格中的一篇⑮，整个文书共存一百二十行十七条目，后部残缺。内容多为刑狱之事，如诈伪，赃贿、贼盗、断狱等。除此之外，《宋刑统》中也记载了大量节选的刑部格，多带有定罪与处刑的内容。仅举二例：《宋刑统·十九·强盗窃盗》记"〔准〕：刑部格，受雇载运官物公案，受领因而隐盗及贸易者，并同监主法"。同书卷二十一记"〔准〕刑部格，州县职（左）（在）监临，百姓龙资礼奉，其有谋杀及殴并咆悖陵忽者，先决杖一百，若杀皆斩，不在赦原之限"。显而易见，刑部散颁格是为弥补及修正律文不足而定的，由于其直接来源于皇帝的诏敕，所以能及时地反映形势所需，行用十分灵活，其相对于律来说，是一种变通的法律形式。武则天时，重用酷吏，对反对自己的大臣罗织罪名，"构似是而言，成不赦之罪"（《旧唐书·八八·韦嗣谦附韦嗣立传》），屡兴大狱，刑部地位提高，各司的律令格式皆于"刑部检事"（《通典·一六五·刑三·刑制下》），说明其对刑部散颁格的重视。但是，此时的刑部散颁格也有不同于麟趾格与武德格之处，即它并不是独立行施的刑事法规，而仅是律的补充和追加，一般断狱仍以律为据"引疏分析之"（《旧唐书·卷五十·刑法制》）。此时断狱格律并行，当格律相违时，格轻从格，律轻从律。⑯ 不入格的诏敕与不入新编格的旧格都很快失去法律效力。《唐律疏议·卷三十·断狱律》记，"诸制敕断罪，临时处分，不为永格者，不得引为后比，若辄引致罪有出入者，以故失论"。《唐会要·卷三九·定格令》又记，"李林甫奏：今年五月三十日前敕，不入新格者，并望不任行限"。说明此时主要的法律形式仍然是律。格的内容只是一时期内补律修律的临时措施。

另外，散颁格的确立是对武德格与麟趾格的发展。因为散颁格的内容不只限于正刑定罪，尤其这一时期的散颁格，主要内容是"条流公事"（《册府元龟·六一三·定律令五》）。正刑定罪只是散颁格的一个方面。敦煌文书 S1344 为户部格（或格后敕），前阙后残，存六十九行，由垂拱至景龙年间十七条敕文组成，敕文的内容多是关于修补田令、赋役令、户令、关市令等方面的，基本不带有定罪的条例。另外 P4978V 兵部格亦仅修改了兵部检选劳考制度，也没有正刑定罪的内容。《白氏六帖事类集·二四·市》中记："（金部格）敕松、当、悉、维、翼等州熟羌，每年十月已后，即来彭州互市易法时，差上佐一人，替崔关外，依市法致市交易，勿令百姓与行还。"仁井田陞先生认为它是唐代关市令的补充。

综上所述，散颁格的内容不仅有律的性质，而且也有令及其他制度的性质，它是各项制度随时变通的综合。散颁格为天下共有，适用面广，内容丰富。由于它在形势多变的情

---

⑮ 《旧唐书·卷五十·刑法志》记："中宗神龙元年……敕中书令韦石、礼部侍郎祝叙明、尚书右永苏环、兵部郎中狄光嗣等，删定垂拱格后至神龙元年以来敕，为散颁格七卷"。敦煌文书 P3078 第二行文有"……苏环等奉敕定"等字样。

⑯ 《唐律疏议·卷四·名例律》犯时未老疏议曰："依狱官令，犯罪逢格改者，若格轻，听从轻，依律及令，务以轻法，至于老病者，岂得配流"。

况下能将皇帝及最高统治集团的旨意及时地法律化制度化，因而受到统治者的格外重视，自高宗后，唐几乎历代皇帝都有修散颁格的活动，武则天时亲自为散颁格作序。⑰ 总之，此时的格集前代经验之大成，在制度上已经完备，在实际中发挥着重要的作用。

4. 唐代后期的格及格后敕

唐代后期，格的变化主要有二，一是格演变为格后敕，二是格的内容多偏于刑狱。

唐代后期，藩镇割据，宦官专权，朋党相争，从中央到地方都处在混乱中。拥有雄厚势力的藩镇“喜则连衡而叛上，怒则以力而相并”（《新唐书·卷六四·方镇表序》），正刑定罪根本无法依照统一的律文行事。皇帝或当权者常常根据自己的意志及当时的形势用诏敕断罪，这就造成了刑法格的发达。但是皇帝的诏敕常常“前后矛盾，是非不同”（《唐会要·三九·定格令》），而且针对性又极强，“或事非久要，恩出一时”（《册府元龟·六一二·定律令四》），所以无法形成定制。在这种情况下，格也必须随之演变为更灵活的制度，可及时删简，灵活变通，及时地将诏敕法律化，以便在动乱的局势下维护君权的统一和集中。格后敕，就是格根据形势而作的演化。格后敕始于开元时期，“（开元）十九年侍中裴光廷、中书令萧嵩又以格后制敕行用之后，颇与格文相违，于事非便，奏令所司删撰格后长行敕六卷，颁于天下”（《旧唐书·卷五十·刑法制》）。从此，格后敕就作为格的转化形式而得到了确立并成为唐代后期主要的法律形式。根据史籍记载，开元后，律的修订几乎停止，历次立法活动都是以修订格后敕或格为中心内容。元和二年定开元格后敕⑱，元和十三年定格后敕三十卷，太和七年定新编格后敕五十卷，开成四年定评定刑法格十卷，大中五年定刑法总要格后敕六十卷。⑲ 推测格后敕的内容范围应与散颁格相同，而开成年的刑法格与大中年的刑法总要格后敕应是专门的刑事法规。后唐天成九年九月御史大夫李琪奏：“奉八月二十八日敕：以大理寺所奏见管四部法书内有开元格一十卷，开成格一十一卷……开元格多是条流公事，开成格关于刑狱”（《册府元龟·六一三·定律令五》）。在修定开成格时，刑部侍郎狄兼奏书中称开成格“以正刑名者”（《唐会要·三九·定格令》），都说明了开成格的性质。⑳

总之，就内容及性质而言，这一时期的格或格后敕与以前的格相比，有三点不同之处：

第一，由于此时的格后敕及格在删辑、执行上有一套完整的制度，所以其内容更新比

⑰ 《通典·卷一六五·刑三·刑制三》记：“武太后临朝，又令有司删定格式……又以武德以来，垂拱以前诏敕便于时者，编为新格二卷，太后自制序”。

⑱ 《唐会要·卷三九·定格令》记：“元和二年七月诏刑部侍郎许孟容……等删定开元格后敕。”

⑲ 《旧唐书·卷五十·刑法志》记：“元和十三年八月凤翔节度使郑余庆等详定格后敕三十卷”，“太和七年十二月刑部奏：……（将格）去繁举要，列司分门部，为五十卷”，“开成四年两省详定刑部格一十卷，敕令施行。”“大中五年四日，刑部侍郎刘瑑等奉敕修大中刑法总要格后敕六十卷，……（大中）七年五月左卫率仓曹参军张戣进大中刑法统类十二卷，敕刑部详定，奏行之”。

⑳ 《开成刑法格》在《宋刑统》中有其节录，因而某些片断得以保存。如《宋刑统·卷二·名例律》：“〔准〕开成格，其犯十恶、杀人、监守内盗及略人、受财法并强盗、造伪头首等情状，害不可与□□□□□□会恩至流者，望诸不在官当下缺”。

较及时。就格具体条文的性质来说，它与麟趾格、武德格有相似之处，是一种临时性的措施，但就其整体而言，它已成为一个稳定的制度。

第二，此时的格后敕及格由于刑狱内容发达，废立执行改归刑部掌管。《册府元龟·卷六一二·定律令四》的注文中记：“初以中书门下为删定格式使，至建中二年罢之，其格令委刑部删定”。元和十年刑部尚书权德与曾上疏请求删辑格令，肃清法纪，他认为：“狱理重轻，实系人性命，其元和二年准制删定（格后敕）至五年删定毕，所奏三十卷岁月最近，伏望且送臣本司，其元和五年已后，续有敕文合长行者，望令诸司录送刑部，臣请与本司侍郎郎官，参详错综，同编入本，续具闻奏，庶人知守法，吏绝舞文。”（《唐会要·三九·定格令》）显然，刑部散颁格在这一时期得到了充分的发展。

第三，断罪不同于前一时期的格轻依格，律轻依律，而是格后敕优于格，格优于律。长兴二年八月十一日敕：“今后凡有刑狱，宜据所犯罪名，须具引律、令、格、式，后敕内无正条，即以格文定罪，格内又无正条，即以律文定律。律、格及后敕内并无正条，即比附定刑。”（《宋刑统三十·断狱》）由此看来，格后敕及格已成为唐后期断罪的主要依据，成为当时的主要法律形式。

5. 唐格小结

格是唐代的重要法律制度，在唐三百年间的历史中，格始终存在，并随着形势的发展而变化。武德格上承麟趾格，为代律行事的权宜政策。太宗时，由于局势稳定，法律完备，格被改造为各曹衙门内单行的行政法规，格、律各行其事，互不干扰。唐中期，格的制度发展完备，其作用在于根据形势的变化和皇帝的意志临时变通各种制度，使国家的各项制度都能及时地体现统治者的意图和皇帝的意志，这一时期的格是各项制度与现实形势的调节，是国家制度与皇权的调节。唐后期格演变为格后敕，废立删改更为及时，内容多偏重于刑狱，这种变化显然是由于唐后期混乱的局势所造成的。

从格的发展演变中，我们可以看出封建社会中各项制度都统一于皇权之下，根据皇权及形势而变通。

三、格对后代法律形式的影响

格是一种变通的法律形式及制度，其功能在于及时地反映皇帝的意志，在于根据形势对现实中的各项制度以及法律作及时地调整。这种随时变通的特性，在一定程度上解决了日益尖锐的皇权与法律之间的矛盾，为以后的统治者所效法和借鉴，给后代的法律形式带来了深远的影响。

宋代的律“恒存乎敕之外”（《宋史·一九九·刑法志》），格“设于此以待彼……命官之等十有七，吏、庶之赏等七十有七，又有倍、全、分、之级凡五等，有等级高下者，皆为格”（《宋史·一九九·刑法志》）。宋代的格显然不同于唐代的格。真正继承了唐格变通性质而又作为当时主要法律形式的是“随时损益”的编敕。编敕的特点与格相同，也是随时删辑皇帝敕令，宋代的诸位皇帝都颁布过编敕，可见其之重要。[21]

明代，虽颁布了律，但统治者以为律“行之既久，犯者尤重，故作大诰以示民”（《明史·九三·刑法志》），大诰实际上是判例，“官民过犯，条为大诰”（《明史·九三·刑法志》），它是明初期判案的基本依据，至弘治时“律例并行”（《明史·九三·刑法志》）。

清代继承明制，定刑断狱多用例，《清史稿·卷一四二·刑法志》中记：“清代定例，一如宋时之编敕，有例不用律，律既多成虚文”。例亦是“随时损益，参酌变通”（《大清会典事例·五四·刑部》注文）之制。

通过以上论述，可以看出变通的法律形式的确立是有其历史原因和政治原因的。皇权与法律的矛盾，在封建社会中始终存在。而且愈到封建后期，其矛盾就愈加突出。格，就是围绕着如何解决这一矛盾而演变的。唐代后期，封建社会发展已有近千年的历史，统治者的经验也日趋成熟。像格这种变通的法律形式确立，正是统治者司法经验日趋成熟的表现。变通的法律形式较律来说更具有弹性，更便于皇权的集中，这种形式将皇权与法律密切地结合起来，一定程度地解决了君权与法律的矛盾。

然而应该指出的是，这种法律实施技巧的改进，实际上预示着封建法制走向衰败。因为在这种变通的形式下，法律更加附庸于权力，其御用性更强。与封建社会前期相比，它失去了稳定性和整体性，因此格主导地位的确立与中国封建社会开始走下坡路是同步的，它是封建法制开始衰败的一个标志。

---

[21] 《宋史·卷一九九·刑法志》记：“神宗以律不足以周事情，凡律所不载者，一断以敕，乃更其曰：敕、令、格、式。”编敕明显地取代了律的地位。同书又记，“仁宗尝问辅臣曰：或谓先朝诏令不可轻改，仁然乎？王曾曰：此怜人惑上之言也。咸平之所删，太宗诏令十存一二，去其繁密以便民，何为不可？于是诏中外言敕得失”。说明当时对以敕代律的转变是有争论的。

方克勤

陕甘宁边区惩治贪污罪的立法与实践*

简介

方克勤，河北省涿州人，1927年8月生，1954年毕业于中国人民大学法律专业，在西北大学、西安交通大学、西北政法学院任教四十年。任教期间为本科及研究生讲授苏联法制史、中国法制史、中国刑法史等课程。担任教研室主任及硕士研究生导师组长。对陕甘宁法制史研究，做了大量资料收集工作，取得了一定成果，对中国法制史研究具有补白作用。参加撰写司法部第一部统编教材《中国法制史》、国家社科六五项目《中国革命法制史》、合著《陕甘宁边区法制史稿（诉讼狱政篇）》（高校社科七五重点项目），均获奖。

曾任首届中国法律史学会理事、陕西省法学会事务理事。陕西省政协第五、六届委员、法制组组长。

* 原发表于《西北政法学院学报》，1987（4）。

根据中国共产党《抗日救国十大纲领》中“建立廉洁政府”的要求，1939 年 1 月，陕甘宁边区第一届参议会通过的《陕甘宁边区抗战时期施政纲领》，提出了“发扬艰苦作风，厉行廉洁政治，肃清贪污腐化，铲除鸦片赌博”的行动纲领。1941 年 11 月，边区第二届参议会通过的《陕甘宁边区施政纲领》中，进一步明确规定：“厉行廉洁政治、严惩公务人员之贪污行为，禁止任何公务人员假公济私之行为，共产党员有违法者从重治罪。”

为了贯彻《施政纲领》“厉行廉洁政治，肃清贪污腐化”的精神，边区政府制定公布了《陕甘宁边区政务人员公约》，要求公务人员必须做到“公正廉洁，奉公守法”，“要在品行道德上成为模范，为民表率。要知法守法，不滥用职权，不假公济私，不要私情，不贪污，不受贿，不赌博，不腐化，不堕落。”只有这样，公务人员才能得到边区人民的信任，从而密切党群关系，提高政府在人民中的威信。

为了以法律的强制手段，保障“肃清贪污腐化”，打击抗日民主政府机体上的蛀虫，1939 年边区政府公布施行了《陕甘宁边区惩治贪污条例》（草案）（以下简称《条例》），全文共十一条，规定了贪污犯罪的主体、行为方式与刑罚。根据边区第二届参议会的决议，1942 年起草了《刑法总、分则草案》（初稿），未经颁布。其中，在损害公家财物罪和违背职务罪中，都规定了有关贪污罪的内容。这些法律反映出边区政府坚决与贪污行为作斗争的立法指导思想，本文拟就边区政府的法律规定，结合司法实践，对贪污罪进行初步探讨。

贪污罪是侵害公共财产的犯罪，也是一种渎职罪。边区有时称为贪污罪，有时称为贪污渎职罪。在一般刑事犯罪中，贪污罪被认为是比较严重的罪行，其危害性在于，它是腐蚀公务人员的毒剂，既损害党、政府、军队在人民群众中的威信；又败坏社会风气，破坏边区的经济建设，因而也就削弱了抗日战争的后方支援力量，有着严重的社会危害性。所以，边区政府十分关注肃清贪污罪行，要求做到“在廉洁政治的地面上，不容许有肖玉壁式的莠草生长！有了，就拔掉它！”①

抗日民主政府的工作人员受人民的委托，行使国家权力，掌握一部分国家财物，必须一切从人民的利益、抗战的需要出发，全心全意为人民服务，而不能以权谋私，损害人民利益，这是边区政府的人民民主本质决定的。

但是，在边区，除政治性的严重刑事犯罪之外，贪污罪在一般刑事案件中，仅次于鸦片、赌博罪，占第三位，有时盗窃罪略高于贪污罪。据统计，贪污罪约占边区全部刑事案件的 5%强。从能够构成贪污罪的犯罪主体的范围较窄来看，贪污罪的发案率是比较高的。

众所周知，边区政府一贯大力提倡廉洁政治，并且颁布法律，制定公约约束公务人员，

---

① 肖玉壁是一个犯有贪污、渎职、逃跑罪行的税务分局局长。详见 1942 年 1 月 5 日《解放日报》。

为什么还有不少贪污犯罪呢？其主要原因是，边区相当一部分地区是新解放地区，就是由苏区转化来的“老”区，人民政权的建立也只有六七年的历史，千百年来旧社会的恶劣习俗，不可能瞬息即逝，也不可能因党中央纲领的公布和惩治贪污法律的颁行，即刻销声敛迹。而且，经过艰苦卓绝的长征战斗之后，陕甘宁边区处于相对和平的环境之中，人们的贪图享受的资产阶级思想有所滋长，致使某些意志薄弱者，走上了贪污犯罪的歧途。

但是，从司法实践看，贪污案件数量虽多，但每一案件贪污的粮、款数额并不大。数额巨大者是极少数。由此可见，边区的机关、部队及群众组织的工作人员，没有“官官相卫”，互相包庇的恶习，案件不论大小，一律会被揭发出来。而且，边区各级政府严于执法，对揭发出来的贪污案件，凡构成犯罪者，一无例外地绳之以法，没有借口案情轻微，由党纪政纪处分了事的做法。由此可见，陕甘宁边区贪污罪发案率虽高，但“这非表示我们的政治腐化，而相反地表示政治廉洁”②。

对《陕甘宁边区惩治贪污条例》第一、二条进行概括，可以看出：边区贪污罪是指“边区所属之机关部队及公营企业人员”、“群众组织及社会公益事务团体之人员”③ 利用职务上的便利，盗窃、侵吞、骗取公共财物，勒索敲诈收受贿赂，以及为私人利益，浪费公共财物的行为。

这个概念，较之今天刑法的规定，有两点不同：其一，勒索敲诈、收受贿赂未作独立罪名，而规定在贪污罪之中；其二，为私人之利益，浪费公有之财物者，依贪污论罪。如此规定，一方面反映出人民民主法制建设尚不完善，经验不足，贪污罪的概念不够确切，科学性较差。另一方面表明，处在民族抗战财经困难的形势下，对于为谋取私利而浪费公共财物的行为也是不能容忍的，体现出毛泽东同志早在1934年提出的“贪污和浪费是极大的犯罪”④ 的原则立场。边区政府要求公务人员要善于珍惜与运用每一份人力、物资与钱财，真正做到“一切为着战争”，所花费的一切，在争取抗战胜利中最高度地发挥它的作用，强调追求效率。对于那些为了个人私利，玩忽职守，而造成国家财产重大损失的直接责任者，必须追究刑事责任，非此不足以教育任意糟蹋公物的浪费者，非此不足以平息民愤，决不允许以任何借口来开脱罪责。浪费虽非贪污，但应追究为私利造成浪费者的刑事责任，这一立法精神是应予肯定的。

边区贪污罪具有以下基本特征：

1. 贪污罪的主体是边区政府、军队和公营企业的工作人员、群众组织及社会公益事务团体的工作人员，及一切经手管理公共财物的其他人员。其中，政府工作人员包括各级参议会、各级行政机关和司法机关的公务人员；群众团体工作人员包括职工会、农会、妇女会、青年组织及抗敌后援会等组织的工作人员，社会公益事业团体则包括各种合作社及红

---

② 《陕甘宁边区司法工作报告》1941年10月。

③ 《陕甘边区惩治贪污条例》（草案）第一条。

④ 《毛泽东选集》合订本，第120页。

十字会等等。《条例》规定，群众团体及社会公益事业团体之人员有贪污行为时，经所属团体控告后，即依本条例办理。

总之，依法从事公务是贪污罪主体的本质属性，就是指在边区从事于经手主管粮食、物资及金钱等职务活动的工作人员，他们手中有权，才能构成贪污罪的主体。仅仅从事体力劳动的工人，农民是不能构成贪污罪的主体的，但他们可以成为本罪的共犯。

2. 贪污罪的对象。贪污罪的对象主要是公共财物，指公款、公物、公粮及捐税等。其中，包括边区政府、军队，公营企业所经管、使用的全民所有财产及生产与消费合作社等劳动群众集体所有财产。此外，贪污罪的对象中也有部分私人财产（数量很少），一种是指邮电部门负责邮寄的私人财物，因该部门负有损害赔偿的责任，故这部分私人财产属于贪污罪的对象。另一种，因勒索敲诈，收受贿赂，以贪污罪论处，这类犯罪在边区为数不多，而其对象，可能是私人财产。

3. 贪污罪在客观上表现为利用职务上的便利，非法占有财物的行为。其形式是多种多样的。《条例》第二条规定有下列行为之一者，即以贪污论罪：①克扣或截留应行发给或缴纳财物者。②买卖公物，从中舞弊者。③盗窃侵吞公有财物者。④强占、强征或强募财物者。⑤意图营利，贩运违禁或漏税物品者。⑥擅移公款，作为私人营利者。⑦违法收募税捐者。⑧伪造或虚报收支账目者。⑨勒索敲诈收受贿赂者。⑩为私人利益，而浪费公有的财物者。通过上述这些行为，非法占有公共财物，必须是利用其职权范围内的合法条件，也就是利用其主管或经手这些财物的便利条件，才能构成贪污罪。如某人虽属政府公务人员，但非主管财物人员，仅仅利用他熟悉会计室或仓库等部门的情况，盗走了公款或公物，因其非利用职务上的便利，只能依盗窃罪论处，不能构成贪污罪。由此可见，利用职务上的便利，非法占有公物是构成贪污罪的主要特征。

根据《条例》规定，结合司法实践来看，贪污罪的形式主要是侵吞、盗窃，骗取、挪用公款等。侵吞，是指政府公务人员和群众组织的工作人员，在其主管的工作中，应行下发的财物，加以克扣，应行上缴的财物，又予以截留。盗窃，是指负保管职责的公务人员，监守自盗。这种公务人员利用职务之便盗取财物，是一种渎职行为，与一般盗窃罪不同。其性质则更为严重，故以贪污论罪。骗取，是指政府公务人员和群众组织工作人员，利用职务之便，采取欺骗的方法，非法占有公共财物。表现形式有：经手买卖公物，谎报价格，舞弊取利；伪造单据，虚报收支，涂改账目，从而将公款据为己有。“擅移公款”即挪用公款，也是边区经济犯罪中常见的一种。《条例》规定政府公务人员和群众组织工作人员利用职权，破坏财会制度，擅自移用公款，为私人营利，以贪污论处，笔者没有看到边区政府关于挪用公款期限长短和数额大小的定罪界限的规定。从实践中看，完全依《条例》的罚则论处。此外，还有乘职务之便，以抗战需要为借口，强占、强征或强募财物及未经政府决定，而违法收募税捐，据为己有者都构成贪污罪。

4. 贪污罪的主观特征，必须具有非法占有财物的目的，因此只能由直接故意构成，过失是不能构成本罪的。如果由于业务不熟悉，或工作态度不认真，以致手续不清，账目混乱，造成短钱短物后果的，只能构成渎职罪，而不以贪污论。

根据以上分析，在司法实践中认定贪污罪时，必须全面掌握上述四个基本特征。其中，利用职务之便，非法占有财物为其本质特征。牢牢掌握这一点，就便于划清贪污罪与其他侵犯财产罪的界限，从而达到正确定罪量刑。边区司法实践中掌握得是比较好的。

边区贪污罪的刑罚及量刑原则。

1. 依贪污数目之多少及发生影响之大小决定刑罚之轻重。《条例》第三条规定：“（一）贪污数目在一千元以上者，处死刑。（二）贪污数目在五百元以上者，处以五年以上之有期徒刑或死刑。（三）贪污数目在三百元以上五百元以下者，处三年以上五年以下之有期徒刑。（四）贪污数目在一百元以上三百元以下者，处一年以上三年以下之有期徒刑。（五）贪污数目在一百元以下者，处一年以下之有期徒刑或苦役。”

应该说明的是，由于敌人包围封锁边区，潜入内部破坏金融，边区的财政经济日益困难，通货膨胀，边币大幅度贬值，以后处理案件时，以当时的米价和1939年的米价折算贪污数目，适用《条例》。

贪污数额的大小是衡量这种犯罪社会危害性大小的主要依据，但不是唯一的依据，量刑时，还要考虑其他情节。诸如贪污的动机，为生活困难所迫和出于追求享乐腐化的动机是有区别的。贪污对象的性质不同，也会造成不同影响。如救灾款与商店营业款不一样，贪污前者较之后者，后果严重，影响也更为恶劣。在当时经济困难的条件下，救国公粮属于受法律特别保护的重要物资，也是量刑应予考虑的。

2. 退赃与没收。《条例》第六条规定：凡犯《条例》所列之罪，除依法判处刑罚外，必须追缴其赃款赃物。这样做，一方面，追缴贪污之财物，以挽回国家和集体的经济损失；另一方面，对这种出于贪利动机的犯罪，不能使犯罪者在经济上得到好处也是一条重要原则。当“无法追缴时，得没收其犯罪人财产抵偿。”但是，没收财产时应注意三条原则：其一，罪责自负，不应株连家属；其二，罪罚相当；其三，惩罚罪犯，还要考虑其家人的生活出路问题。这几条原则，既符合刑法原理，又符合人之常情，对司法实践具有指导意义，至今也是有实践意义的。

3. 罚金（包括罚米）。《条例》无此规定，但在司法实践中是认可的。高等法院院长雷经天指出：“以（因）财产为犯罪目的，如贪污、赌博、窃盗……等犯罪行为，除应负之刑事责任外，更可判处罚金，使犯罪者受到经济的损失，以资教育。”⑤

综上所述，从立法和司法实践来看，边区对贪污罪的惩罚，有死刑、有期徒刑（陕甘宁边区没有无期徒刑）、苦役、罚金（罚米）和没收财产。在犯罪者潜逃的情况下，没收可独立使用。

4. 共犯的刑罚。贪污罪的共同犯罪者，各依其在共同犯罪中的作用及贪污所得数额、情节判处刑罚。

---

⑤ 雷经天：《两年半来陕甘宁边区的司法工作》（1939—1941年上半年）。

5. 自首从宽。《条例》第五条规定：贪污罪在未经发觉以前自首者，除依法追缴其贪污所得之财物外，得根据情节减轻或免除其刑罚。这一规定有利于分化瓦解犯罪分子，顺利开展反贪污的斗争。

6. 在司法实践中体现的其他减轻情节有：(1) 经验不足，能力弱的年轻干部；(2) 上级领导不健全；(3) 认罪态度好。

7. 老干部、老党员从严惩处。与上条相反，革命历史长，受党的教育多的老同志背誓忘义，贪污受贿要从严处刑。《陕甘宁边区施政纲领》规定“共产党员有违法者从重治罪。”这一立法精神在实践中得到了贯彻。著名的肖玉壁贪污案即是一例。

政府工作人员是廉还是贪，政府对“贪官污吏”是严惩还是放纵，是关系到一个政府的事业成败的大事，也是政府本质的一个标志。抗日战争时期，毛泽东同志就曾明确指出：“利用抗战发国难财，官吏即商人，贪污成风，廉耻扫地，这是国民党区域的特色之一。艰苦奋斗，以身作则，工作之外，还要生产，奖励廉洁，禁绝贪污，这是中国解放区的特色之一。”⑥ 本文根据有限的资料，对陕甘宁边区的刑事立法和实践进行初步探讨表明，厉行廉洁政治，严惩贪污行为是我党领导的人民政权的优良传统之一，是其人民民主本质的体现。今天，为了保证社会主义现代化建设的顺利进行，我们要继承与发扬“厉行廉洁政治，严惩贪污行为”的好传统，排一切干扰，把严厉打击经济领域的犯罪，尤其是国家干部贪污、受贿、索贿等给国家财产造成重大损失的犯罪的斗争进行到底！

---

⑥ 《毛泽东选集》合订本，第949页。

俞鹿年

中国职官的起源与国家的形成*

简介

俞鹿年，生于 1935 年 10 月，浙江宁波人，毕业于南京大学。1981 年应聘调入中国社会科学院法学研究所，从事法制史研究。历任助理研究员、副研究员、研究员，并兼任中国社会科学院研究生院法学系教授。从 1992 年起享受国务院颁发的政府特殊津贴。曾任中国监狱学会监狱史专业委员会副主任，现为中国法律史学会名誉理事。

长期从事中国职官制度史研究。代表作有《中国官制大辞典》、《中国政治制度通史》隋唐五代卷。代表性的论文有《中国职官的起源与国家的形成》、《中国奴隶社会官制研究》、《从决策与行政两个系统的变迁看北魏国家机关的汉化过程》、《唐代的吏胥制度》、《中国近代职官制度》等。

* 原发表于《政治学研究》，1987（5）。

国家是由原始社会的氏族、部落经过部落联盟阶段发展而成的。本文试从氏族制向国家发展的三个阶段，探讨中国职官的起源与国家的形成。

一、中国氏族社会及其设官情况的传说

中华民族的历史和世界各古老民族的历史一样，曾经经历了若干万年的无阶级的原始公社的生活。这个时期的社会形态，便是氏族公社制度。它又可以分为母系和父系两个相互衔接的阶段，而以母系氏族公社制度为其典型形态。相当于考古学上的旧石器时代晚期，是我国母系氏族社会的形成时期。《吕氏春秋·恃君览》所说："昔太古尝无君矣，其民聚生群处，知母不知父，无亲戚、兄弟、夫妻、男女之别，无上下长幼之道，无进退揖让之礼。"正是这个时期情况的反映。以后大约在六七千年以前，母系氏族社会达到了繁荣时期，新石器时代的仰韶文化早期遗址反映了这一时期的社会面貌。①

大约在四千年以前，我国黄河流域，长江流域的母系氏族公社经过长期的发展，先后进入了父系氏族公社时期，龙山文化以及和龙山文化年代相当的其他文化都反映了这一时期的社会面貌。②

从初期母系氏族公社起，每个氏族都采用一种动物、植物或无生物作为本氏族的徽号，也就是"图腾"（Totem），其作用在于保存具有这一名称的全体氏族成员的世系，借此把各个氏族区别开来，并常用作氏族首领的氏号，也就是最早的官称。氏族都有自己的首领，负责管理氏族的日常事务和处理偶然发生的冲突事件。他们由氏族会议民主选举产生，成年妇女和男子都可以当选，被选的是最勤劳勇敢、能力卓越，为氏族成员所爱戴的人。这些首领和一般氏族成员处于平等的地位，没有特权和私有财产，也不脱离劳动。他们是人类社会最早期的"官"，但他们不同于阶级社会在国家机器中任职的官员，只是管理公共事务的公仆。

古籍记载，最早谈到中国氏族社会中设官情况的要算公元前 526 年郯子的一段话。郯子在鲁君宴会上回答他人关于"以鸟命官"的原因提问时说，我高祖少皞挚即位的时候，凤鸟正好飞来，所以就开始用鸟来纪事，命名官长。并提到了黄帝、炎帝、共工、太皞四个部落分别以云、火、水、龙名官。弄清楚这些部落为什么分别用这些事物来作为官称，可以约略探测出中国职官的起源。

我国传说中的氏族和部落，最早的是炎帝，号神农氏，活动于渭河的支流姜水，从渭

① 见西安半坡博物馆编：《中国原始社会》，文物出版社 1977 年 2 月第 1 版。
② 见西安半坡博物馆编：《中国原始社会》，文物出版社 1977 年 2 月第 1 版。

河流域到黄河中游，是古代羌人活动的地方，炎帝可能就是他们氏族部落的宗神。炎帝部落是一个从事农业的部落，他的后裔中的一支叫烈山氏，其子名柱，善于种谷物和蔬菜，在夏代以上就被奉为稷神。烈山就是烧山种田的意思，于是传说“神农有火星之瑞”，[③] 以火名官，有大火氏、鹑火氏、西火氏、北火氏、中火氏诸名，称为“火师”，疑为炎帝部落诸氏族首领的称号。炎帝的后裔中还有一个部落叫共工，传说共工受命时自以为具有“水德”[④]，以水命官，有东水氏、南水氏、西水氏、北水氏、中水氏诸名，称为“水师”，疑为共工部落诸氏族首领的称号。共工曾经治水失败，其子后土善于平治九土，继续治水成功，被尊奉为土正，死后又被奉为社神。[⑤]

传说中的太皞，号伏羲氏，比炎帝晚些，已进入父系社会。活动在今河南淮阳县附近，大概他是淮河流域的氏族部落想象中的祖先。传说他因为有“龙马负图出于河”[⑥] 的祥瑞，所以以龙名官：有青龙氏、赤龙氏、白龙氏、黑龙氏、黄龙氏、飞龙氏、潜龙氏、居龙氏、降龙氏、土龙氏、水龙氏诸名，称为“龙师”，疑为太皞部落诸氏族首领的称号。

与太皞有关的是关于少皞的传说，少皞号金天氏，与太皋都属东夷部落集团，史籍记载在今山东曲阜，其后裔主要活动在山东半岛上。郯子说他祖先以鸟名官，大概是一个以鸟为图腾的部落。从凤鸟到五雉、九扈，一共有二十四种鸟，可能少皋部落一共包含有二十四个氏族。这二十四个氏族各有分工：凤鸟氏就是历正，主管历法，其下有玄鸟氏分管春分、秋分；伯赵氏分管夏至、冬至；青鸟氏分管立春、立夏；丹鸟氏分管立秋、立冬。祝鸠氏就是司徒；鸣鸠氏就是司马；鸤鸠氏就是司空；爽鸠氏就是司寇；鹘鸠氏就是司事。这五鸠是聚合氏族成员的。五雉就是管理五个手工业部门的工正，他们的责任是改善器物用具、统一尺度容量，使氏族成员得到方便平均。九扈就是管理农业生产的九种农正，其责任是督促氏族成员勤于农事，使他们不能懒惰放纵。

又据《左传·昭公二十九年》记载：“少皞氏有四叔：曰重，曰该，曰修，曰熙，实能金、木及水。使重为勾芒，该为蓐收，修及熙为玄冥，世不失职；遂济穷桑。”也就是说，在少皞的部落群中，有重、该、修、熙四个亲属部落，在农业生产上各以技术特长实行分工。重担任“勾芒”，“勾”是使直木弯曲，“芒”是使木尖保持尖锐，也就是善于制造曲柄尖头的耒耜，有利于耕作，后来被尊奉为“木正”。该担任“蓐收”，也就是善于加工金属，制成蓐草收割用的农具，后来被尊奉为“金正”。修和熙善于防治洪水，担任了治水的职务——“玄冥”，扩大了对卑湿土地的开辟，后来被尊奉为“水正”。由于部落间的分工协作世代相传，使整个部落群逐渐兴旺起来。

传说中的黄帝，是在我国北方发展起来的一些氏族和部落想像中的祖先，与炎帝后裔共工同时。黄帝号有熊氏，又号轩辕氏、缙云氏。这是许多氏族、部落融合到黄帝部落的

---

③ 见张晏：《汉书·百官公卿表》注。

④ 见陈桱：《通鉴续编》。

⑤ 见《国语·鲁语上》。

⑥ 见张晏：《汉书·百官公卿表》注。

反映。《史记·五帝本纪》中记黄帝同蚩尤和炎帝后裔共工作战的时候，曾经训练熊、罴、貔、貅、貙、虎六种野兽参加战斗，实际上就是以这些野兽命名的六个氏族组成了黄帝的部落。所以叫做有熊氏，则是因熊氏族在这六个氏族中居首位的缘故。从黄帝的另一个号——缙云氏，来推测“黄帝受命得景云之瑞”[⑦]，以云名官，有清云氏、缙云氏、白云氏、黑云氏、黄云氏诸名，称为“云师”，疑亦为黄帝部落诸氏族首领的称号。

夷人中后来还有一个分支是颛顼，号高阳氏。颛顼的后裔有祝融，其地在嵩山东麓的外方地区，因善于火耕而被尊奉为“火正”。由于他推动了这个地区的发展，它的后裔发展到八姓之多。其中的芈（音米）姓，传说就是春秋时楚国国君的祖先。[⑧]

上述这些分布在以中原为中心广大地区的氏族部落，长期从事治水、放火烧山，开展农耕，促进了社会生产力的发展。由于社会经济发展，阶级分化的现象就日益加深。夷人部落中传说还有以蚩尤为首领的九黎部落。九黎可能就是九夷，即九个夷人部落。由于其首领被黄帝打败，这些部落酋长对氏族成员的控制有所减弱，氏族成员就利用氏族公社的保护神为全体成员共有的传统观念，利用祭神的手段，假托神灵的意旨，向氏族显贵作斗争，造成了所谓“民神杂糅”[⑨] 的现象。氏族成员直接和神“对话”的局面，对部落显贵的控制不利，所以等到颛顼部落继承少皞而兴起以后，就作了重要改革，“命南正重司天以属神，命火正黎司地以属民，使复旧常，无相侵渎，是谓绝地天通”[⑩]。所谓南正，是部落中掌管宗教职能的巫师之流，从此和神的“对话”的特权只准神职人员享有，成为统治阶级的特权；而氏族成员只能在“火正”之类的管理民事的”民师”管理之下老老实实地劳动。这些管理民事的民师，诸如木正、火正、金正、水正、土正，就是后来国家机关中管理政务的各级官尹的前身。所以，不准氏族成员侵渎天上的神事和以民事名官的措施，反映了部落内阶级分化的加剧，标志着国家将要产生。[⑪]

二、由部落联盟向国家过渡及政权机构雏形的出现

早期的部落联盟是以血缘亲属关系为基础的几个部落结合起来的集团。联盟目的主要是为了自卫，为了维护共同的利益。联盟各部落是平等的，联盟议事会由各部落的首领组成，没有相应的组织分工，或仅有很简单的分工，除处理联盟部落之间的问题外，主要是应付对外的战争。母权制崩溃以后，氏族、部落、部落联盟之间既有兼并，也有融合。上面提到的传说中的西北地区的炎帝部落、北方地区的黄帝部落与东方地区的东夷部落，是远古中国大地上的主要部落。炎帝部落与黄帝部落分别沿着河流向东方发展，终于与东夷

⑦ 《左传·昭公十七年》服虔注。

⑧ 关于中国古代传说中的氏族和部落，参见郭沫若主编：《中国史稿》第一册第108～126页。

⑨ 《国语·楚语下》。

⑩ 见西安半坡博物馆编：《中国原始社会》，文物出版社1977年2月第1版。

⑪ 参见朱绍侯主编：《中国古代史》上册第40～41页，福建人民出版社1982年6月第1版。

部落相遇而发生战争。先是东夷集团的蚩尤战败了炎帝后裔的共工部，接着共工部向黄帝求援，于是黄帝与蚩尤在涿鹿发生战争，战争的结果是蚩尤被杀。这时还没有脱离原始共产制，都不能对战败部落进行奴役，所以在打败对方之后，要么结为平等的联盟，要么把他们驱逐出原有的住区，蚩尤对共工采取的是后一种办法，黄帝对东夷部落采取的是前一种办法，在杀死蚩尤之后，找出少皞来抚绥东夷，自然是结成联盟了。炎帝后裔的共工部落联合黄帝战败蚩尤之后，在结盟过程中，为争当部落联盟的首领，双方又发生了战争，黄帝部落三战三胜之后，也没有把共工消灭掉，而是结成了联盟，共工部落改用黄帝部落的名称，而且在联盟中位在颛顼部落之下。炎黄两部落与蚩尤之间的循环战争和结成联盟，具有重要意义：第一，促进了各氏族、部落之间及其内部的分工和交换，加速了社会阶级分化的过程；第二，促使不同氏族、部落之间融合，产生了华夏族；第三，从血缘部落发展为地域部落联盟，是氏族机构到国家的过渡形态。

反映母权制崩溃以后，氏族、部落、部落联盟之间兼并，融合关系的，是龙的崇拜的出现。龙源于图腾，但高于图腾，比任何图腾都神秘得多。《管子·水地》说："龙生于水，被五色而游，故神"，而且"变化无日，上下无时"。《说文解字》释龙也说它是"鳞虫之长，能幽能明，能细能巨，能短能长"。龙的形象也甚为特别，东汉王符说它像九种动物：角像鹿，头像驼，眼像鬼，颈像蛇，腹像蜃，鳞像鲤，爪像鹰，掌像虎，耳像牛。这正好说明了龙是在氏族、部落的兼并与融合为华夏民族的过程中，各氏族、部落都用本氏族、部落图腾中最具有特征的部分，共同融铸成的。龙的鹰爪是来源于以鸟为图腾的部落，虎掌来源于以猛兽为图腾的部落，蛇颈则是来源于以蛇为图腾的部落。[12] 这个神秘威严的形象，代表着华夏民族勤劳、勇敢、智慧的精神，是华夏民族统一的象征。在融合过程中起作用最大的黄帝，就被奉为华夏民族最早的共同祖先，使几千年后的炎黄子孙，都以龙的传人而自豪。

龙的崇拜的出现，标志着由部落向国家迈进，离国家的产生已经不远了。黄帝部落联盟之后，出现了融合炎黄与东夷三大部落集团文化的颛顼、帝喾时期，颛顼与帝喾两个部落联盟，虽还是属于前期部落联盟的性质，但阶级分化已经很明显了，部落联盟大酋长的权力也较前大为提高。龙被看作是大酋长的化身和部落联盟的保护神。龙的神性，正好象征着大酋长的权力。《山海经·海内经》说颛顼"乘龙而至四海"，就是对大酋长权力的形象描写。随着部落联盟内部阶级分化的加深，部落联盟议事会也相应发生质变，由前期的民主性质蜕变为后期的贵族议事会性质。

尧、舜、禹担任部落联盟大酋长时，已属于后期的部落联盟。这时已处于原始社会的尽头，战争已成为掠取财富的手段，军事首长或氏族、部落首领的权力和财富迅速增长，成为部落中的显贵，部落联盟的议事会也随着蜕变为贵族的议事机关，成为阶级社会权力机构的雏形。据《尚书·舜典》记载，舜担任大酋长时对部落联盟议事会进行了改革，设置了专职的官九名。其官称和职掌如下：司空，由禹担任，管水利；后稷，由弃担任，管

---

[12] 参见傅光宇、张福三：《试论龙崇拜与古代国家的形成》，载《思想战线》，1981（4）。

农业；司徒，由契担任，管民政；士，由皋陶担任，管军事与刑罚（当时已出现刑罚与监狱）；共工，由垂担任，管手工业；虞，由益担任，管山川；典礼，由伯夷担任，管祭祀；典乐，由夔担任，管文化教育；纳言，由龙担任，管内务和外交。九官的设立，使部落联盟议事会俨然成为政权机关的雏形了。

三、中国最早的国家形态与职官设置

恩格斯在《家庭、私有制和国家的起源》一书中指出："掠夺战争加强了最高军事首长以及下级军事首长的权力；习惯地由同一家庭选出他们的后继者的办法，特别是从父权制确立以来，就逐渐变为世袭制，人们最初是容忍，后来是要求，最后便僭取这种世袭制了；世袭王权和世袭贵族的基础定下来了。"从尧的担任部落联盟军事首长，到禹子启的公开破坏部落联盟军事首长的禅让制度，正反映了这个历史阶段的史实。启继位后，自称"夏后"，正式成为夏的君主，开始了我国历史上的第一个王朝。

夏王朝的国家形态，是夏部落奴役、剥削被征服的其他部落，形成一个高出众小邦之上的原始政治机构。夏王是本部落的族长，又是异部落的共主。各部落的酋长成了夏王统治该部落的代理人和夏王朝的贵族。

夏王朝对本部落的统治形式，由原来氏族社会末期出现的农村公社组织转变为国家组织。在氏族社会末期的部落联盟时期，以血缘为中心的氏族组织已经让位于区域性的农村公社组织。到夏王朝建立时，公社的首领变成了国王，公社成员变成了平民。原来的农村公社的土地分配制度，也转变为国家的贡赋制度。《孟子·滕文公上》说："夏后氏五十而贡"。对于"五十而贡"，有人解释为交纳产量的百分之五十为贡赋，也有人解释为"一夫受田五十亩，每夫计其五亩之入，所谓五十而贡也，"⑬ 即向国家交纳产量的十分之一作为贡赋。这种看法可能比较合乎当时的情况。平民的负担，除向国家交纳贡赋外，还有服兵役的义务。奴隶制国家只有平民才可以当兵，因此服兵役也是平民的特权。

夏王除直接统治本部落外，与被征服的部落是共主和从属的关系。被征服的部落整个地沦为夏王朝的种族奴隶，但并不改变其原有社会的结构。如有扈氏被夏启灭亡之后，整个部落沦为放牧牲口的奴隶。各种生产部门的奴隶大多仍保留着族居，如薛部落是专门替夏王朝造车的种族奴隶，其首领并担任了夏王朝的职官——车正，《左传·定公元年》说："薛之皇祖仲居薛，以为夏车正"，指的就是这一事实。夏王朝剥削作为它的集体奴隶的异族部落的方式，是采取贡纳制。不管丰收欠收，被奴役部落必须向王朝交纳定额的粮食、牲畜或指定的其他产物，当然也包括进贡子女，充当夏朝贵族的臣妾。

夏王可以赐给贵族以土地和奴隶，成立新的部落，这就是分封制的起源。⑭

---

⑬ 见金兆丰：《中国通史》，中华书局1935年版。

⑭ 传说夏王少康将其幼子曲列分封于缯，其后裔延续到商周两代，一直列为诸侯。

夏代已经有了国家掌握的军队。早在原始公社末期，所谓军事民主主义时期，军队就占有特殊重要的地位。恩格斯论述军事民主主义时说："所以称为军事民主主义者，因为战争及进行战争的组织现在成了人民生活底正常的职能了。……以前他们进行战争，仅仅为的报复侵犯，或者为的扩大已经感觉不够的领土，现在进行战争，则只是为的掠夺，战争成为经常的职业了。"⑮ 在进入奴隶社会的夏代，它自然成了对内镇压和对外掠夺两种职能的最有力的工具。《左传·成公十三年》列康公所说"国之大事，在祀与戎"，也明确地指出进行战争是奴隶制国家最主要职能之一。

除军队外，夏代也产生了刑法和监狱。《左传·昭公六年》说："夏有乱政，而作禹刑"。'禹刑'是对夏代法律的总称。夏代的监狱，有圜土和夏台。"圜土"，就是用土墙围绕着的、上下周围不通光线的土牢，用来囚禁那些手胝足胼，面目黎黑的奴隶和那些犯法的平民；"夏台"，可能是夏王朝直辖的特殊监狱，夏桀就曾囚禁商汤于此。

夏王朝还利用原始的宗教作为统治人民的工具。从史书记载中，可以清楚地看出当时夏氏族的宗祖神与起源于农村公社的社神已经分化为两种信仰，由于夏启不单是夏氏族的总家长，又是夏王朝的君主，所以他的宗祖神取得了象征国家的社神同等崇高的地位，奴隶主就是利用这种原始的宗教来震慑奴隶和平民。

夏王朝还有作为统治中心的宫殿。考古工作者近年在河南偃师二里头发现了夏代的宫殿遗址。宫殿的出现，表明当时已有了奴隶制的国家机构。夏王朝的国家机构是由部落联盟议事会的管理机构转变来的。在社会分工日益扩大，奴隶不断增加的情况下，国家机构也必然随着阶级对立的发展而日趋强化。《礼祀·明堂位》说："夏后氏官百"，就文献中所见，大致可述之于下：

夏王左右有备顾问的辅臣。《史记·夏本纪》中提到"敬四辅臣"的话。这四辅臣也被称作"四邻"。《尚书大传·皋陶谟》说："古者天子必有四邻：前曰疑，后曰丞，左曰辅；右曰弼。这个辅臣制度是从氏族社会中长老辅佐制度发展而来的。在氏族社会中，长老居于很重要的地位，他们不仅直接掌管火、天时、祭祀、调解等重要事务，而且是部落酋长的老师、辅佐和保护人。氏族组织发展为国家时，他们就成为王的顾问之臣了。

夏代主要的政务官有六种。《尚书·甘誓》说："大战于甘，乃召六卿。"《甘誓》相传为《尚书》中保存的夏启讨伐有扈氏时誓师的誓词，上两句话是誓词前的开头语。所谓"六卿"，当然是指夏启的左右大臣。《墨子·明鬼下》引载本篇，作"乃命左右六人"。"六卿"之官，实始用于春秋中期晋、郑等国。秦代编的《吕氏春秋·先己篇》引用《甘誓》的文字，已有"六卿"二字，可知"六卿"二字可能是编定《尚书》时所改，《墨子》所引可能保持了原文。这六卿无疑是指当时朝廷六位最主要的官。郑玄注说："所谓六卿者，后稷、司徒、秩宗、司马、士、共工也。"这六种重要职官，除"司马"外，均为舜时在部落联盟议事会中所设之官。司马一职，是管军事的官。在部落联盟时代，"兵"、"刑"不分，

⑮ 《家庭、私有制和国家的起源》。

由士兼管，到了国家形成，兵、刑有分掌的必要，就从“士”的职掌中划分出来。所以这六职，可以看作都是部落联盟时期所设之官的延续。

夏代有专门教育贵族子弟的学校，称为“序”，教师多由长老担任。《礼记·王制》说：“夏后氏养国老于东序，养庶老于西序”。东序是大学，西序是小学。教师称为官师，兼有规谏政事的责任。《左传·襄公十四年》所引《夏书》中就有“官师相规”的说法。

夏代有掌管记事，保管档案的史官。原始的文字，夏代已经有了。《左传》、《国语》等书，经常有引用《夏书》的话，可惜《夏书》今天已见不到了，但这至少表明早已有了文字。从考古材料看，近年在山东莒县陵阳河和诸城县前寨的大汶口文化遗址中发现了刻在器物上的图形文字，而大汶口文化早于夏代文化，晚于夏代的商代，则已经有了具有完备文字体系的甲骨文，处在它们中间的夏代，不太可能没有文字。

夏代有掌管历法的官，叫羲和。夏代的历法已比较完善，春秋时期的孔子曾经主张“行夏之时”。“时”，就是指历法，可知夏代的历法是比较适合农业生产的。

夏代有宣示政令、采集民意的官，叫遒人。《左传·襄公十四年》引《夏书》说：“遒人以木铎徇于路，……工执艺事以谏。”木铎是金口木舌的铃，金口金舌的铃叫金铎。用于武事，木铎用于文教。

夏代称乐师为瞽。《左传·昭公十七年》引《夏书》说：“辰不集于房（即发生日食），瞽奏鼓，啬夫驰”。古代多以盲人为乐师，称之为瞽。至于啬夫，是夏代新设的官，掌管贡赋的征收。《左传，襄公九年》杜预注：“种曰农，收曰穑，田夫曰穑夫，谊主乎收敛。”秦汉的啬夫即源于此。

夏代管畜牧的官叫牧正，管王膳食的叫庖正。《左传·哀公元年》记启的后裔少康逃亡时做过有仍氏的牧正，又做过有虞氏的庖正。至于管造车的叫车正，已见上文。

夏代有虞人一职，为部落联盟议事会职官的延设，管山林水产。还有专门为王养蛇的官叫御龙。据《左传·昭公二十九年》记载，舜时有养蛇的官，叫做豢龙氏，世代养龙，后来又有刘累，向豢龙氏学习养蛇，以此侍奉夏王，命他以官名为氏，叫做御龙。

夏代还有一些管理王家事务的家臣，单称“臣”。如《左传·哀公元年》记少康“使女艾谍浇”，杜预注：“女艾，少康之臣。”就是少康派他的臣到浇那里去做间谍。

夏王朝的从属部落的首领称为牧，有的与王同族，有的不同族而为同盟，有的则为夏王的武力所征服，这些相当于商周时代的外服职官。

总之，氏族公社是人类历史上第一个社会形态，氏族首领与部落酋长都是管理公共事务的公仆，常以图腾为氏号或以所擅长的生产技能为官称，这也就是最早的职官；阶级分化以后又有巫史之官。随着生产力的发展，氏族发展为部落联盟，前期联盟各部落地位平等，后期阶级分化加深，部落联盟议事会蜕变为贵族议事机关，大酋长有了主宰联盟的权力，也有了从属的专职官员。到了夏王朝的建立，军队、监狱等统治工具都已出现，国家就从原始社会中脱胎而出了，王朝职官也随之大体形成。

饶鑫贤

中国古代法律思想和法律制度的历史发展大要*

简介

饶鑫贤，别号辛咸，1923 年 2 月生，湖南省沅江市人。20 世纪 40 年代后期毕业于南京国立政治大学，同时加入中国共产党从事革命工作。50 年代调入北京大学，先后担任法律学系讲师、副教授、教授、硕士和博士研究生导师，兼任系学术和学位委员会委员及法律史教研室主任，并兼任中国法律史学会副会长和中国法律思想研究会会长。在此期间，曾相继应邀在国内多所大学和美国华盛顿大学法学院讲学。90 年代初获国务院颁发的"有突出贡献"专家证书，享受政府特殊津贴。在从事中国法律史的教学和科学研究工作中，力主博观约取，厚积薄发，要求在奠定坚实的基础之后，逐步建立自己的学术风格。在最近 20 年当中，曾先后培养二十多届硕士研究生和博士研究生，以及多名国内外进修教师。主要著作有上海辞书版《法学辞典》（编委兼主要撰稿）、《中国大百科全书·法学卷·中国法律思想史分支》（副主编及修订版主编）、《中国法律思想史纲（上下册）》（双主编之一）、国家"八五"重点科研项目《中国法律思想通史》（常务编委及《明代卷》主编）、《北京大学法学百科全书·中国法律思想史分卷》（主编）；其中《中国法律思想史纲》一书曾获国家及北京市优秀教材奖。此外还陆续发表了有关法律史的多篇学术论文。

---

* 本文系 1985 年年底作者应北京市政协学委邀请，在该委所作讲演的提要，曾刊载于北京大学出版社 1987 年 12 月出版的由市政协学委主编的《法律基本问题系列讲座》一书，后收入个人文集《中国法律史论稿》。

一、中国法律思想、法律制度的起源和发展

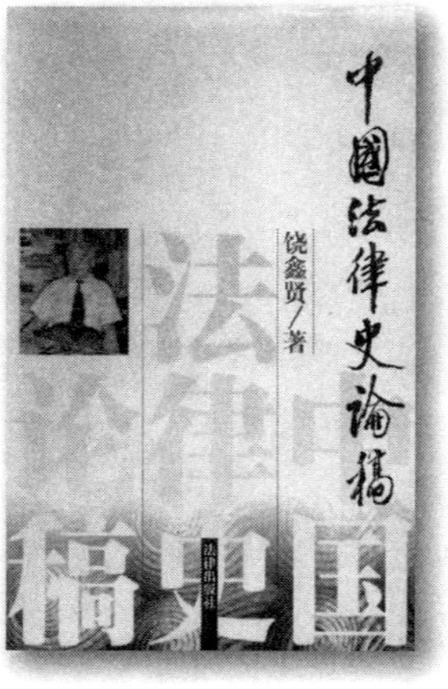

中国法律思想和制度起源于何时的问题，是同历史上第一个奴隶制国家出现于何时的问题密切联系在一起的。根据考古的发现，包括若干甲骨文、金文提供的资料，一般认为我国第一个奴隶制国家夏朝的建立，是在公元前二十一世纪左右，因而确定中华文明史，包括法律史，也就不过四千来年。毛泽东同志在《中国革命和中国共产党》一书里也说，我国从原始公社崩溃、社会生活转入阶级生活那个时代开始，经过奴隶社会、封建社会，直到现在，已有了大约四千年之久。

现在看来这种论断很可能要重新加以研究。1986 年，7 月 25 日《光明日报》头版头条，发表了一则消息。据报道：中华文明起源问题找到了新的线索。在辽宁西部山区的喀喇沁左翼蒙古族自治县东山嘴发现了距今约五千多年的大型祭坛；同时在辽西的凌源县牛河梁发现了一座女神庙和积石冢群址。其布局和性质与北京的天坛、太庙、明十三陵相似。考古学家根据已出土的大批文物初步推断，五千年前，这里存在着一个具有国家雏形的原始文明社会。这一重大发现，不仅把中华古史的研究从黄河流域扩大到了燕山以北的西辽河流域，而且将中华文明史提前了一千多年。我国的文明史，将与古代的巴比伦（今伊拉克巴格达之南）、埃及、印度一样久远。这一考古新成果，将对我国上古时代的社会发展史、思想史、宗教史、建筑史、美术史以至国家和法律的起源问题的研究都会产生巨大影响。

因此，关于我们国家的国家和法律起源问题的研究，完全可以期待不久以后有一个重要的突破。①

现在，我们姑且仍回到夏、商、周奴隶制国家，来考察一下当时的法律思想和法律制度。

在我国，奴隶制取代原始公社制，经历了一个相当长的历史过程。结束这个历史过程有许多基本的标志。比如，父权制的确立和阶级的产生；氏族或部落之间的战争，变成了“纯粹是为了掠夺”的性质；氏族或部落的首领利用职权，将其职位当成财产传给自己的儿子；氏族或部落的管理机构逐渐变为国家机构，即建立了压迫广大奴隶和平民的奴隶主专政的国家，等等。具备这些基本标志以后，最初建立起来的一个国家，便是夏朝。

夏王朝在各方面都具备了一般国家的特征。所谓“茫茫禹迹，划为九州”，当时已把居民按地区划分开来进行统治；“夏后氏官百”（《礼记·明堂位》），建立了以夏王为中心的官

---

① 据 1998 年 10 月 5 日《光明日报》第一版报道：我国考古史上的一次重大发现——江苏省金坛市“三星村遗址揭开历史尘封：大量文物证明五六千年前长江中下游已有发达原始文明”。——作者补注

僚机构；夏王朝还拥有一支用于对内镇压和对外侵略的军队；法律也产生了，所谓“夏有乱政，而作禹刑”（《左传·昭公六年》）。有些史书甚至说“夏刑”多达三千条，还设置了拘禁罪犯的监狱，称为“夏台”或“钧台”。这里的“乱政”，实际上就是奴隶反抗奴隶主的斗争。“禹刑”（古代刑即法），当然不一定都是禹时制定的，而是以禹的名字作为夏的法律的总称，以示对禹的崇敬罢了。

根据这些记载，我国法律的起源，一般都认为是在夏朝或略早于夏朝。

推翻夏王朝，代之而起建立奴隶制统治的是商王朝。随着奴隶制经济的发展和国家机器的强化，商朝的法律制度在夏朝的基础上有了新的发展：即所谓“商有乱政，而作汤刑”（《左传昭公六年》）。由于商朝法律的初具规模，所以周初政治家周公旦在训诫其诸弟时，一再提出要“用其义刑义杀”（《书·康诰》）。荀卿在谈到法律沿革时，也说过“刑名从商”（《荀子·正名》）的话。

总之，夏、商两朝的法律，都是奴隶主阶级的法律。其主要渊源（包括内容和形式）都是习惯法。这个时期的法律思想，主要是受神权和宗法两方面思想的支配：

就神权思想而言，主要的表现是：奴隶主统治者把他们的统治说成是神的旨意的体现，而代表他们的意志的法律，就是神的意志。所以，由他们发号施令，对广大奴隶和平民的镇压以及对不服从他们的统治的其他部族的讨伐，被说成是所谓“天讨”、“天罚”、“代天行罚”或“恭行天罚”。

就宗法思想而言，主要的表现是：以来源于氏族社会末期父系家长制的传统习惯为基础，建立起一种以血缘为纽带，调整家族内部关系，维护家长、族长的统治地位和世袭特权的行为规范。在家长、族长掌握国家政权后，宗法关系和国家组织相结合，进一步形成了以国王为最高统治者的宗法等级制，从而使家法和族规成为法律的主要内容。

中国的奴隶社会发展到西周，法律制度和法律思想又有了重要的发展。它的具体表现主要有以下几点：

（一）“礼治”思想成为法律的指导思想

西周初期，相传在奴隶主贵族的大政治家周公姬旦的主持下，以往昔的宗法传统习惯为基础，制订了一整套以维护宗法等级制为中心内容的行为规范及相应的典章制度和礼节仪式，即所谓“制礼作乐”。礼，就是一般所说的“周礼”。附带说明一下：“礼”在中国法律史领域内是一个极为重要的概念，在下面所讲的内容中，将要经常提到它。

“礼”所包含的内容十分庞杂，从国家的立法和司法，到人们日常的衣食住行，诸如婚丧嫁娶和人情来往，无所不包，不少内容具有法律（主要是民法和行政法）、甚至国家根本大法的性质，是治理国家的凭借，因此有所谓“为国以礼”或“礼治”的说法。其中的基本原则“亲亲”和“尊尊”，是当时立法和司法的基本指导思想。

（二）“亲亲”和“尊尊”

作为“周礼”的基本原则，“亲亲”是指必须亲爱自己的亲属，特别是以父权为中心的尊亲属；子弟必须孝顺父兄，晚辈必须敬重长辈。“尊尊”是指下级必须尊敬和服从上级，特别是天子和诸侯国的国君；必须严格上下等级，不得僭越和犯上作乱。

由于宗法关系和国家组织的密切结合，这两项原则往往是二位一体的。它们鲜明地体现在法律上。例如“不孝不友”，就是不孝顺父母，不友爱兄弟，它必然会导致不尊敬和不服从天子和国君，因而被认为是“罪大恶极”的犯罪，必须给予严厉惩罚，不准赦免。这是因为“罪莫大于不孝”，它是直接违背“亲亲”和“尊尊”的原则的。

（三）“礼不下庶人，刑不上大夫”

记载在古籍《礼记·曲礼上》里面的这两句话，是“礼治”的最重要的特征之一。“礼不下庶人”，主要是指，“礼”赋予各级贵族的权利，特别是世袭特权，奴隶和平民一律不得享受，但奴隶和平民却必须承担“礼”所加给他们的各种义务。“刑不上大夫”，主要是指刑罚的锋芒不是针对大夫这种职位以上的贵族，而是针对着劳动人民的。当然，这些贵族的行为，如果侵犯了奴隶主阶级的根本的和整体的利益，仍然是不免于受惩罚的。

基于这种法律上公开的不平等，各级贵族凭借他们的特权，即使行为违背了礼的规定，一般也不受刑罚的制裁，而只受社会的谴责。纵令用刑，通常也能享受各种照顾。例如“王之同族有罪不即市”，“有赐死而无戮辱”，“命夫命妇不躬坐狱讼”，等等。

（四）“明德慎罚”

这是周公姬旦在刑罚运用方面的一个具有划时代意义的思想。它的意思就是所谓广施德政，慎用刑罚。也可以说是要求德刑并用，反对专任刑罚。

这个思想的产生，是姬旦吸取商朝末年统治者残酷镇压人民因而被人民所推翻的教训的结果。其基本精神是：要求西周贵族以殷商的历史为鉴，注意推行德政以免引起反抗。它在客观上为法律思想初步摆脱神权的羁绊创造了条件。

“明德慎罚”的思想包括下面几项主要内容：

1. 反对“乱罚无罪”。认为统治者应当用“常典”、“正刑”（即正常的法律）来治民，而不要滥用刑罚，杀害无辜。否则，会造成严重的后果。

2. 区分犯罪情节而后量刑。强调定罪量刑时，要区分过失（眚）和故意（非眚）、累犯（惟终）和偶犯（非终）。如果是故意犯罪和一贯犯罪，虽小罪也要处以重刑；如果是过失和偶犯，虽大罪也可减刑。

3. 缩小株连。缩小打击面，反对商朝那种“罪人以族”的做法，即凡与案件无关的人，不承担罪责。例如，要惩办一个人的“不孝不友”的罪，他的父子兄弟可以“罪不相及”，也就是不受无辜的株连。

4. 重视教化。在刑罚之外，还要注意教育和感化。对于一般的犯罪者，首先应当考虑不予杀掉，所谓“勿庸杀之，姑为教之”，即采取教育感化的办法以达到使他改过迁善的目的。

“明德慎罚”思想的出现，是中国刑法史上初步由野蛮走向文明的一个重要标志。这种明智的思想，即使在当时的世界范围内也是少有的。

当然，在姬旦的思想里，并不是、也不可能全然强调宽，有时仍是强调严的。比如，对于“群饮”，如果犯者是殷的遗民，为了笼络他们，他认为可以教而不杀。相反，如果犯者是周人，则应严厉对待。他曾向他的弟弟康叔说，周人如果“群饮，汝勿佚，尽执拘以归于周，予其杀”。其所以这样，是为了防止周人“湎于酒”，因而造成像殷商那样腐败的局面。

二、百家争鸣与法律思想的兴盛

从公元前770年到公元前221年，是我国由奴隶社会过渡到封建社会的春秋战国时期。这个时期，社会生产力的水平提高到了一个新的阶段。当时劳动人民不但积累了比较丰富的生产经验，而且在生产上广泛使用了铁制工具和进一步推广了牛耕。所有这些，对于社会经济、特别是农业的发展，起了重要的促进作用。对于上层建筑而言，则是“礼崩乐坏”，使社会发生了重大的变革，各种思想十分活跃，出现了所谓“百家争鸣”的局面。这时的法律思想也得到了前所未有的发展，主要表现为由“礼治”到“法治”的变革。当时各诸侯国都在酝酿和实行变法。最著名的是商鞅在秦国的变法，在法制方面作了许多重要的改革；法律思想的争鸣，则已经深入到了法理学的范围。不少思想家对法律的起源、本质和作用等，提出了一系列具有不同程度的合理因素的新见解，大大丰富了我国以至整个世界古代法学的内容。

这时在被称为九流十家的儒、墨、道、名、法、阴阳、农、纵横、杂和小说家当中，在法律思想上形成了独立体系的，主要是儒、道、墨、法四家，特别是儒、法两家。下面，作一点简单的介绍：

（一）儒家的法律思想

儒家，是以孔丘（公元前551—前479）为创始人的一个学派，也是当时形成最早和最大的一个学派。所谓“儒”，主要是指具有一定文化知识，熟悉周礼的知识分子。儒家的代表人物，除孔丘以外，还有两个最主要的成员：一是战国中期的孟轲（约公元前372—前289年）；一是战国后期的荀况（约公元前313—前238）。他们都对孔丘的思想作了重要的发展。以上三人的代表作品有孔丘的《论语》、孟轲的《孟子》和荀况的《荀子》。

儒家的法律思想，基本上继承并发展了西周以降的“礼治”和“明德慎罚”思想。他们提出了一系列维护“礼治”、提倡“德治”、重视“人治”的法律观点，对秦、汉及其以后的封建社会有着深远的影响。它的主要之点是：

1. 主张“以礼让为国”。要求各级贵族互相克制，停止争夺，遵守礼制；在刑法上以“礼”作为适用刑罚的指导。所谓“礼乐不兴，则刑罚不中；刑罚不中，则民无所措手足”（《论语·子路》）。认为只有在礼乐的指导下，刑罚才能适用得当，才不致使人们无所适从。孟轲认为“无礼义，则上下乱”，要求“法先王”，遵循旧的规章制度去作。荀况虽然反对礼所规定的贵族世袭制，但却推崇礼所维护的等级制，要求以维护等级制的礼，作为指导立法和司法的基本原则。因此，在礼的指导下，他们要求严格遵守“君君、臣臣、父父、子子”的宗法等级名分。孔丘首创“正名”，反对违反这种等级名分的犯上作乱和僭越行为。孟轲宣扬“内则父子，外则君臣”。荀况则把确立“贵贱有等，长幼有差”的礼，说成是“与天地同理”、“与万世同久”的“大本”，谁敢违反，谁就要受到严惩。他们还坚持“亲亲为大”，主张亲属之间相互为对方隐恶扬善。例如，所谓“父为子隐，子为父隐”，就是孔丘提出的一个著名的原则。此外，孔丘反对铸刑鼎，以维护“贵贱不愆”的等级秩序。

2. 坚持“为政以德”和“以德服人”。他们鼓吹王道，反对霸道；在政治上要求实行“德治”或“仁政”，在法律上强调教育感化的作用而轻视强制的作用。因此，他们主张“省刑罚，薄税敛”。也就是尽量省略刑罚，减轻赋税，反对严刑峻法和苛刻、暴虐的政治，重视犯罪的经济方面的原因。他们强调教化的作用，认为统治者管理国家主要不应依靠刑罚而应依靠教化。孔丘力主“道之以德，齐之以礼”，就是用道德来规范人们的行动，用礼义来齐一人们的行为，用道德来感化人民，反对“不教而诛”。孟轲认为要使人们道德好，不犯罪，首先要“教以人伦”，即君臣、父子、夫妇、长幼、朋友之道。荀况是性恶论者，他强调的是禁恶劝善，既重刑罚，也重教化。此外，在德与刑的关系上，他们还主张“德主刑辅”，“宽猛相济”。总的说来，他们重教化，轻刑罚，但也并不否定刑罚的必要性，只不过他们要求根据形势的需要来运用刑罚，做到“宽以济猛，猛以济宽”；认为在一般情况下，刑罚毕竟只是教化的辅助手段。

3. 重人治、轻法治。儒家主张人治，即认为治理国家，主要须靠统治者个人的作用。这一观点使他们和主张“以法治国”的法家发生了原则的分歧。这就是历史上长期存在关于“人治”与“法治”的论争的渊源。儒家重人治、轻法治的理由是：首先，认为国家的治乱取决于统治者个人的贤或不贤。他们强调“为政在人”，“其人存则其政举，其人亡则其政息”。其次，认为人与法比较，关键在于人。因为法毕竟是人制订的；即使有了“良法”，也得靠人掌握和贯彻，即所谓“徒法不能以自行”。再次，认为社会情况复杂多变，法不能概括无遗，又不能随机应变，完全要依靠人的灵活运用。据此三点，他们认为治理国家起决定作用的是人而不是法。

以上所讲的儒家的法律思想，对中国封建时期的正统法律思想甚至近代的法律思想都曾经产生过重大的影响。

（二）墨家的法律思想

墨家是战国初期以墨翟（约公元前478—前392）为创始人的一个学派，也是最先起来反对儒家的一个学派。儒家和墨家当时被称作“儒、墨显学”，即最著名的两个学派。

墨翟出身于小手工业者，是当时的一个渊博的学问家。他和他的学派的一个主要特点，是反对和批判儒家所推崇的“周礼”。比如，他们反对宗法世袭制度及其所派生的贵族特权，反对贵族任意欺压人民和挥霍享乐，也反对贵族中诸如“厚葬”、“久服”等一套繁文缛节，即所谓“礼制”。他们用来战斗的主要的理论武器是所谓“兼相爱”、“交相利”的思想。“兼相爱”就是主张人与人之间普遍平等、不分远近、亲疏，一视同仁地相爱，打破贵、贱、贫、富的界限。这是一种“爱无差等”的理论。它和儒家主张的“爱有差等”，正好针锋相对。“交相利”就是要求人与人之间互相尊重财产的所有权，实行等价交换，实现互利。也就是既以利己，又以利人。反映这些思想观点的著作，现存有《墨子》五十三篇。

以上述思想为基础，墨家的法律思想，大致有如下几个要点：

1. 法是“兼相爱、交相利”的工具。为了实现“兼相爱，交相利”，一切都必须顺法而行。而由于天是最公正、最仁慈的，因此顺法而行就是要“法天”，即“以天为法”。这种近似自然法性质的法的观念，最后被赋予了传统的宗教迷信的色彩。

2. 法是一种是非的标准。在原始时代，“一人一义，十人十义”，即各人有各人的是非标准，因此发生不断的争乱。为了解决这个问题，必须选择“贤可”的人来“一同天下之义”，也就是统一是非的标准，以达到“兼相爱、交相利”的目的。这个标准就是法。

3. 为了治理好国家，在法律上必须贯彻“不党父兄，不偏富贵”和“赏当贤，罚当暴”的原则。

4. 反对无故杀人，要求“不杀无辜”。但也强调“不失有罪”，认为“杀盗非杀人”，主张“杀人者死，伤人者刑”。

5. 为了实现“兼相爱、交相利”的理想，要求“兴天下之利，除天下之害”；以“利民”作为经济立法的指导原则。

墨家的上述思想，虽然带有各种局限性，但它反映了古代劳动人民对于具有重大影响的“周礼”敢于批判的精神，提出了在一定程度上具有反剥削、反压迫因素的命题。它在法律上提出的关于公正审判、罪刑相称以及以利民为指导思想的经济立法原则等等，都不失为中国古代法律思想中的精粹。

（三）道家的法律思想

道家是以春秋末期的楚国人老子即老聃（生卒年不详）和战国时的宋国人庄周（约公元前369—前286）为主要代表的一个学派。道家思想是当时没落的奴隶主贵族的悲观情绪和既害怕斗争又不甘于失败的思想的反映。

道家是主张以“道”作为万物的本源和人类社会与自然界的最高主宰而得名的。道是什么呢？在他们看来，道是一种脱离物质的、超时空、超感觉、玄而又玄的精神或绝对理念。它是无为而无不为的。在它的支配下，一切事物的发展，都是向相反的方向转化的。这就是他们所说的“反者道之动”。在他们的这个客观唯心主义的思想体系下，包含着比较丰富的朴素辩证法因素。

道家的第一部经典著作叫《老子》。但它并不是老子手著，而只是包含了老子思想的老子的后学者所纂辑的。这部著作分为《道经》和《德经》两个部分。从公元前二世纪以后，一直被称为《道德经》。但1973年在湖南长沙马王堆汉墓中出土的《老子》一书，却是《德经》在前，《道经》在后，原来可能叫作《德道经》，但现在通常仍叫它作《道德经》。

道家的另一部经典著作是《庄子》。它分内、外两篇。内篇七，一般认为是庄周自己的著作；外篇十五，杂篇十一，则是道家后辈所撰，但基本思想和内篇是一致的。

《老子》书中的法律观点归纳起来主要有以下两个方面：

1. 崇尚无为，鼓吹无为而治。认为“为无为，则无不治”。只要统治者“少私寡欲”，不过分压榨人民，并且采取愚民政策，“绝仁弃义”，“绝巧弃利”，那么，人民就不会起来造反。从而就会造成一种“小国寡民”的理想社会，包括法律在内的国家机器就会没有用了。

2. 鄙薄有为，抨击“礼治”和“法治”。认为儒家所鼓吹的仁义道德，是大“道”被废弃后的产物，是社会道德沦丧的结果。有了它，反而会引起祸乱。法家所鼓吹的法制政令，也是违反自然的。越是法令彰明，人民越会陷入贫困和苦难；越是法令繁多，盗贼也会越来越多。

庄周和老子的思想是一脉相通的。《庄子》书中的法律思想，主要是法律虚无主义思想，大致也可以归纳为两个方面：

1. 主张绝对无为，否定包括法律在内的一切的文化和道德。认为只有自然事物才有价值，而社会文化的任何发展，都是对自然的破坏。所以，它主张取消一切制度、规范和文化。认为只有死绝圣人，舍弃知识，大盗才能消失；只有扔掉玉器，捣毁珠宝，小盗才不会产生；只有烧毁符节，打碎印玺，人民才会纯朴；只有打破了斗，折断了秤，人民才不会争斗；只有破坏了圣人订立的法制，人民才可以谈论道理。

2. 追求不受任何约束，包括法律约束的绝对自由。认为人的生死、存亡、穷达、富贵、毁誉等等，都无法自己掌握，只能听之任之，但他们又极端不满现实，不愿受仁义道德、礼法刑政的羁绊。于是主张超然物外，把自己置于似乎是不受任何约束和限制的绝对自由之中。从而他们也完全否定事物之间的差别和判断是、非、功、过的客观标准，完全否定法律和道德等行为规范。

道家法律思想中的积极因素，主要在于对当时的“礼”和“法”进行了比较深刻的揭露和批判。它的关于反对过重的剥削和压迫，要求清静无为的主张，曾在战国中、后期同法家的某些观点相结合，形成“黄老学派”的思想，并对汉初直至唐初的政治法律思想发生重要的影响。但它从维护（企图挽回）奴隶主阶级的利益出发，不惜提倡复古倒退，以至发展到一般地否定法律的作用，甚至像庄子那样鼓吹法律虚无主义，则是糟粕了。

（四）法家的法律思想

法家是战国时期（公元前475—前221）代表新兴地主阶级、主张“以法治国”的一个学派。它的主要代表人物先后有战国初期的李悝（约公元前455—前395）、战国中期的商鞅（约公元前390—前338）和战国末期的韩非（约公元前280—前233）。他们的代表作品中现在保存下来的和比较完整的有《商君书》、《韩非子》；此外还有《慎子》、《申子》等的残篇。

法家在先秦诸子当中，是最为重视法律及其强制作用的一个学派。它对法学的研究也最有成就。法家的法律观和法治理论，主要的可概括为如下两个方面：

1. 关于法律的本质、起源和作用

在法律的本质问题上，一些法家的代表人物下过许多定义。例如有的认为法律犹如计算长短的“尺寸”、校正曲直的“绳墨”和称量轻重的衡石一样，它必须是公平、正直的一种客观标准。有的认为法律和刑罚是紧密结合着的定罪量刑的工具，离开了刑赏，法律也就没有实际意义了。这些定义表明，法家所讲的法，是指体现新兴地主阶级的意志和维护它的利益的一种工具。它具有平等的内容，但它只有替当时作为平民的新兴地主阶级向贵族去争取的那种平等。因此它既不反对等级，也不反对特权，而只是反对各级贵族世袭这种特权。它不同于奴隶主贵族所遵循的“礼”，更不同于后来资产阶级所鼓吹的“在法律面前人人平等”的那种平等。由此出发，法家主张去私为公，认为法律是为整个国家服务的，它高于包括统治者在内的所有社会成员的个人利益。前者为公，后者为私，二者尖锐对立。所以说，“能去私曲就公法者，民安而国治；能去私行而行公法者，则兵强而敌弱”。法家坚决反对“君臣释法任私”。这种观点，在法理学上显然已朝解决法律的本质问题前进了一步。但他们将本阶级的利益说成是全社会的整体利益，却又远远背离了法律的真正本质。

在法律的起源问题上，法家认为法律和国家一样，都是历史发展到一定阶段的产物。在“民知其母而不知其父”的时候，是既没有国家，也没有法律的。只是到了后来，由于人与人、族与族、部落与部落之间发生了争夺，为了“定分”（又叫“明分”），即确定所有权和“止争”（又叫“止暴”），即制止或防止争夺，需要“立禁”、“立官”、“立君”，这才产生了国家和法律。所谓“分”，主要的就是指以土地私有制为基础的财产所有权。这就是说，他们的国家与法的起源论，已完全排除了殷周以来的天命神权思想，并且由于和“定分止争”联系了起来，因而触及了适应保护私有制需要的问题。这些思想，无疑是在法律起源理论方面的一个了不起的贡献。特别是他们把国家和法律看成是“内行刀锯，外用甲兵”的暴力的观点，已接触到了问题的实质。当然，他们把国家和法律的产生完全归功于“贤者”和“智者”，却是对历史事实的一种歪曲。

在法律的作用问题上，他们认为法律的作用主要在于两个方面：一方面是“定分止争”。慎到（约公元前390—前315）曾说：“一兔走，百人追之。兔积于市，过而不顾；非不欲兔，分定不可争也”。后来商鞅也指出，一份财物，如果名分未定，即使是“圣人”，也会像快马一样去追逐；但如果名分定了，即使是强盗，也不会明目张胆地去夺取的。另一方面是“兴功惧暴”。“兴功”是指富国强兵；“惧暴”是指对被统治者的压迫和钳制，使他们不敢反抗。

这些观点，反映了当时以土地私有制为基础的财产私有观念的发展，以及为保证获得兼并战争的胜利以实现全中国统一的需要。

2. 关于“法治”和推行“法治”的原则与方法

“法治”就是“以法治国”的意思。它是法家法律思想的核心。也是和儒家争论的焦点。法治是与儒家的“礼治”、“德治”、“人治”相对立的。“法治”要求“不别亲疏，不殊贵贱，一断于法”，同维护贵族世袭特权的“礼治”相对立；“法治”要求“不务德而务法”，“以力服人”，同强调“以德服人”的“德治”相对立；“法治”强调治国的关键是法而不是人，同强调关键是人而不是法的“人治”相对立。

法家的这种“法治”思想，植基于下列两种理论：

一是“好利恶害”的人性论。即认为人都有“好利恶害”或“趋利避害”的人性，适应着这种人性，只能用刑赏来进行统治。

二是“法与时转则治”的历史观。即认为人类历史是不断发展变化的，一切法律和制度，也都要随着时代的发展而变化，以适应当时的需要。

以上理论为反对儒家的“礼治”、“德治”和“人治”，推行“法治”即“以法治国”的主张，提供了有力的依据。

法家还创造了一整套推行“法治”的原则和方法。它的要点是：

首先，必须“以法为本”。即强调治理国家一定要以法律为依据，按照法律的规定办事。为此，统治者绝不可随意立法，而应遵循一些基本的原则，制定适合时宜的奖励耕战和富国强兵的法令。这些法令必须顺应“好利恶害”的民心，并且必须是人民力所能及的，不要强人所不能。这些论点，主要是前期法家提出来的。

其次，必须使法令成为人们言行的唯一标准。为了做到这一点，要求法令必须以成文的形式“布之于百姓”，即公布成文法；法令必须统一，具有相对的稳定性，不能政出多门；法令还必须具有绝对权威，既要做到法令高于一切，还要使人人都能遵守，要做到“君臣上下贵贱皆从法”。

再次，必须善于正确地运用赏罚。这主要是指必须做好“信赏必罚”和“厚赏重罚”，“不赦死，不宥刑”；必须做到“赏誉同轨，非诛俱行”，就是使赏罚的实行和社会舆论相吻合；必须刑多赏少和轻罪重罚；就赏和罚的比例来说，惩罚要多于奖赏，就刑罚的轻重来说，要加重轻罪的刑罚。为此，他们提出了“以刑去刑”的理论。

最后，必须做到“法”、“术”、“势”相结合。“法”是指法律、法令；“术”是指君主贯彻法令的策略和手段；“势”是指权势。认为这三者是“帝王不可一无之具”，只有这三者紧密结合，才能实现法治。这是韩非总结先秦法家各代表人物的思想得出的总结。

先秦法家的法律思想是十分丰富的。它为繁荣中国古代法学作出了重要的贡献。其中不少精粹的内容，即使在今天也不无借鉴的意义。但是，这当中也包含了许多糟粕。例如后期法家由于迷信暴力，逐渐走向了不顾人民苦难，一味讲求严刑峻法，用极野蛮的手段来实行君主专制和独裁。他们的“以刑去刑”的理论，是建立在抽象的好利恶害的人性论基础上的脱离了物质生活条件的理论。至于他们所鼓吹的法治，只不过是封建君主专制下的“法治”，是根本不同于后世资产阶级提倡的与民主相联系的“法治”的。

除上述四家之外，还有著名的阴阳（五行）家、名家、杂家、兵家等流派，各自发表他们有关法律的主张。兹不备述。

三、封建法制与封建正统法律思想及其特点

我国统一的专制主义中央集权制封建国家的形成，是在公元前221年秦王朝建立的时

侯。从这时起，到公元1840年英帝国主义发动鸦片战争时为止，整个封建时代延续了2 060多年。

以秦始皇为代表的中国第一个统一的封建国家秦王朝的统治者们，继承秦以前法家思想的传统，建立了以法家思想为指导的专制统治。他们把以往法家的重刑主义政策推向极端，采取了横征暴敛、繁刑重罚等“残民以逞”的措施，终于使这个封建王朝仅存在了十几年，便被陈胜、吴广领导的农民大起义所推翻。这个事实为后来的历代封建王朝提供了深刻的教训。当时的各种极端措施，既窒息了原有的诸子百家的思想，也妨害了法家本身法律思想的发展。

中国封建成文法典的编制，始于公元前407年战国时期的李悝。他以魏国国君文侯的相或师的身份，主持了魏国的变法，编制了一部名为《法经》的刑事法典。《法经》共分盗法、贼法、囚法、捕法、杂法（贪污、越狱、赌博）、具法（刑罚的加重和减轻等的规定）等六编，是当时推行法制、加强封建统治的工具。后来，商鞅受之以相秦，改法为律（改六法为六律），增相坐之法，造三族之诛，加车裂镬烹之刑。法典的形式逐渐趋向完备。1975年底，在湖北出土的《睡虎地秦墓竹简》，充分反映了这种情况。

就秦的法律制度而言，过去史家大都以《晋书·刑法志》中的那段话为根据：“汉承秦制，萧何定律，除参夷连坐之罪，增部主见知之条，益事律兴、厩、户三篇，合为九篇。”似乎秦律就只是《法经》六篇，直到萧何定律，才形成所谓九章之律。事实证明，这种论述是不正确的。上述《秦墓竹简》中的法律条文（远非秦律的全部）说明，秦律不仅有《法经》的六篇，而且也包括有后来汉代所增益的内容，甚至还包括比九章律更为广泛的规定。在法律形式上，其中除了律、令之外，还有制、诏、程、式等。其范围是以刑法为主，同时也包括民法、诉讼法以及行政、经济、军事等方面的立法，庞杂而且繁密。格式虽不统一，但比之以往的一切法律都已有了显著的不同。

从这些法律规定的内容来看，其主要特点大致如下：

（一）以刑法为主体，打击锋芒主要指向农民阶级和其他劳动人民，一切以巩固地主阶级的中央集权统治为依归。例如，《秦简·法律答问》中，共列问答187条，其中只有26条是对于一般法律词语的解释，其余大都属于惩治“盗”、“贼”的条文。“窃货曰盗，害良曰贼”（《荀子·修身》）。所谓盗、贼，无非就是侵犯封建地主阶级经济和政治利益的犯罪。又如《秦简·封诊式》所列二十几个案例中的29名被告中，除未注明身份者之外，其余绝大部分是“士伍”和奴隶。

（二）重点在于保护封建的生产关系、维护封建剥削制度和统一的封建国家的经济基础。例如《秦简·法律答问》中有关于“盗徙封，赎耐”一条解释，说的是对于凡私自移动田界（或其标志）的，要判处允许用钱赎抵的剃去须、鬓的刑罚。又如在《秦简·秦律十八种》中，《田律》详细规定了国家对农田、水利、山林、苑囿的管理制度以及百姓的每顷土地应向国家缴纳租税的数额。如有隐瞒土地、少缴或拖延交纳地租的，都要受到严厉的惩处。

（三）维护新的封建等级制度，同时继续允许并保护对奴隶的占有和剥削，确认奴隶制残余的存在。秦王朝建立了新的封建等级和等级特权。一方面是军功地主和用财货买得了爵位的地主，加上各级官吏、皇室宗亲贵戚等，组成了一个封建贵族集团，他们按等级高低，分别享有各种特权；另一方面，是由依附农民、工匠、刑徒和奴隶组成了一个被统治者队伍，他们被剥夺了各种应享的权利。在法律上，前者犯了罪可以逃避惩罚或被减轻惩罚，或者允许用金钱赎罪，或者服役时享受优待。这种不平等待遇也表现在按父权统治为中心的封建家长制组成的尊卑等级方面。这种不平等的情况，当然更明显地表现在奴隶和奴隶主之间。

（四）在重刑思想的指导下，规定了残酷的刑罚和严厉的定罪量刑的原则。《秦律》规定了自己的刑罚体系，有的刑罚十分残酷。在这一点上具有与奴隶社会的刑罚大致相同的特点，表现了地主阶级专政的残酷性。在秦的刑种中，以死刑为例，除了见诸《史记》、《汉书》有关传志中的所谓"具五刑"和"凿颠、抽胁、镬烹"之外，见之于其他史籍和《秦简》中的，还有像磔、戮、弃市、定杀（置水中溺毙）、辕、腰斩、枭首、囊扑、绞、剖腹、坑、夷族等各种。肉刑中则有宫、劓、黥、刖、笞等各种。此外，还有徒刑、籍没刑、迁刑、侮辱刑（主要指剃去头发或须鬓）、赀刑（财产刑）等等。在定罪量刑原则上，也规定得十分苛酷。

继秦而起的西汉王朝，是刘邦攫夺陈胜、吴广领导的农民起义的胜利果实建立起来的。新的封建统治者总结并吸取了秦王朝的教训，改弦易辙，以经过一定改造的战国中期出现的"黄老"学派的思想为指导，制定并推行了一整套"扫除繁苛，与民休息"的政策。

"黄老"学派原来是先秦道家的一个别派，是以传说中的"黄帝"和春秋末期的道家的创始者老聃的学说为指导思想而形成的。这个学派的出现，是儒、道两家的斗争促进各个学派学术思想的分化和重新组合的结果。它最初表现为道家思想和法家思想的结合。到了汉初，则在很大程度上吸取了先秦儒家及其他各家思想的精粹。所谓"采儒、墨之善，撮名、法之要"（《史记·太史公自序》），成为择取各家思想的精华而以儒、道、法三家思想相互渗透为基本内容的结合。

黄老学派法律思想的要点是：

（一）主张"文武并用"，"德刑相济"。既强调"无为"的"道"，力求"道胜"而"反于无为"，又在重视法的作用的同时，反复强调礼或德的功用。在德刑关系上，认为文和武，也就是德和刑的两手，各具用途，必须同等重视，使之相济为用。而在天下罢于兵革，人们刚从秦王朝尚武恃力、苛政繁刑的统治下解脱出来的时候，尤其应当首先重视德治，把刑罚放在第二位，即所谓"积礼义"而不"积刑罚"。这些观点，基本上都是先秦儒家德刑关系理论的翻版。然而它却代表了西汉初期从刘邦到刘启六十多年间为巩固封建统治在政治法律上所采取的基本战略方针，使秦以来被贬抑的儒家思想，表现了新的活力。

（二）强调"明具法令"，"进退循法"。认为法律是"天下之度量"，"人主之准绳"，要求统治者们"明法修身"以为治。所谓"明法"，一方面是立法要明，要明白宣达于天下。

立法不明不论表现为朝令夕改，还是表现为赏罚失度，或者本末倒置，或者繁而寡要，它的流弊所及，都可以危害到国家的命运。而如果已经制定了法律，却秘而不宣，不使人们了解，知所趋避，以致奸吏得以乘机乱法，生杀自恣，同样会造成严重的后果。相反，如果能做到“权衡规矩，一定而不易”，内容明确，具有一定的稳定性，“一日刑（型）之，万世传之”，并且将法律法令随时向人民宣达，那么就可以达到“无为”的境界了。另一方面是执法要明，特别是最高统治者不可失法。这就要求国君“进退循法，动作合度”。法律既经制定之后，执行得好的，要予以奖赏，违背规定的，要加以诛戮；尊贵的人犯了法不应稍加宽贷，卑贱的人犯了法也不应加重处刑；犯法的虽是贤人，也必须予以诛戮，守法的虽是庸人也要宣判无罪。这样，才算是伸张了“公道”，堵塞了“私道”。而这一切的关键，就在于国君能够做到在法律方面的“执一统物”，也就是“执一政以绳百姓，持一概以等万民”。这些观点，和先秦法家的传统观点，并无二致；只不过在这里最后归结到了“名各自名，类各自类，事犹自然，莫出于己”，要求做到“以无为为之”罢了。这正充分说明了汉初黄老所包含的先秦法家思想的因素。

（三）坚持“约法省禁”，“尊主安民”。认为国家立法设刑的目的，乃在于兴利除害，尊主安民以救暴乱。要做到安民，除了使民“足用”，勿夺农时以及“省事”、“节欲”等等之外，还必须依靠法律来“禁暴止邪”，以保护善良，但法令必须简易，刑罚必须宽平。就是说要约法省禁，不可像秦代那样“置天下于法令刑罚之中”。在他们看来，如果法律繁杂，刑罚纵横，密网深文，使人随时可能遭受诛戮，那么必将和预期的结果相反。因为“事愈繁，天下愈乱，法愈滋而奸愈炽，兵马益设而敌人愈多”。秦代律令多如秋天的荼草，法网密似凝聚的油脂，一切的一切“皆有法式”，结果酿成国破人亡的悲剧，就是有力的证明。所以归结起来，要使社会安定，使人民的生产和生活井然有序，并不依赖于坚甲利兵和深刑刻法，相反却要做到约法省禁，蠲削繁苛。要像从前的“圣君贤臣”那样：“块然若无事，寂然若无声”，一切求其“合于人情而后为之”。在他们看来，任务简单便容易完成，事务省约便容易治理，要求不多才容易使人安静；法令简约，通俗易知，才便于官吏和人民遵守，做到先教后刑。这就是“漠然无为而无不为也，澹然无治而无不治也”的道理，也就是返于自然的道理。

（四）要求“刑不厌轻”，“罚不患薄”。要求统治者慎重执行刑赏，废除苛酷、繁重的惩罚，反对过去李斯所主张的“深督轻罪”和所谓轻罪重判可以使“民不敢犯”的理论。因为根据历史的经验，“圣人”之治，都是重在宽平，即所谓“设刑者不厌轻，为德者不厌重，行罚者不患薄，布赏者不患厚”。凡能做到这样的，便可以获得民心，“不言而信，不怒而威”。所以，统治者执行诛赏，务必要十分慎重：要做到“与其杀不辜”，“宁失于有罪”；凡对罪行有一点疑问，就一定不随便诛杀，凡对功劳有一点疑问，就一定不给予赏赐。这样才能切实消除“无罪见诛”，“有功无赏”的现象。他们还认为，罪与刑一定要相称。所谓“法正则民悫，罪当则民从”。只有做到了“罪大者罚重，罪小者罚轻”，才能称为执法“平正”。这清楚表明，立足于道家“无为”基础上的这种刑罚思想，和儒家的“仁政”观点是完全相通的。

黄老学派的法律思想，在中国法律思想的发展史上，发生了重要的作用。它既为两汉（西汉和东汉）法律思想的形成和发展，奠定了重要的基础，同时也为秦王朝的法家的重刑主义思想统治转变为西汉中期以后儒家的法律思想的统治，起到了过渡作用。

从西汉中期开始（一般认为是在汉武帝即位时的公元前140年），在封建大一统的局面之下，在意识形态领域里，也逐渐出现了趋向统一的情况，这就是推崇大哲学家董仲舒（约公元前179—前104）的思想，形成了著名的“罢黜百家，独尊儒术”的方针，使儒学成为官学，并发展为规范人们思想和言行的最高准则。体现在法律方面，是开始形成了深深打上儒家经义烙印的封建正统法律思想。

封建正统法律思想，是以经过改造的先秦儒家学说为指导原理和中心内容、在中国封建社会中占统治地位的法律思想。它和中国封建社会的历史发展相适应，逐渐形成自己的体系，对中国封建法律及其发展，一直发挥着重要的作用与影响。它是中国古代法律思想的主要组成部分，是构成著名的“中华法系”诸特点的决定性因素。

封建正统法律思想的基本内容和主要特点，可概括如下：

（一）则天顺时，法自君出。起源于奴隶社会的神权政治理论，到了封建社会，由董仲舒结合阴阳五行学说，发展成为天人感应的神秘主义的官方思想。它公开鼓吹天子是上天的儿子和全权代表，“受命于天”；在法律上对犯罪实行惩罚，是“天讨有罪”，“顺天行诛”的结果。它使法自君出的观念进一步得到了确认。这种思想，还被用来解释天时与刑、德之间的关系，甚至据以规定在法律执行过程中必须遵循的若干准则。比如它认为，天地间的阳气和阴气，分别代表春、夏和秋、冬四个季节。而春、夏是万物发生、成长的季节，必须施行仁德；秋、冬是萎缩、收敛的季节，这时才可以施行刑罚。这就是长时期影响封建司法的所谓司法时令说。

（二）礼、律结合，法有差等。由于儒学受到重视，过去的“礼”，这时继续被认为是“致王道”之本；礼和法的关系，被认为是“礼者禁于将然之前，而法者禁于已然之后”的关系。这样就形成了礼、法的结合，以礼仪入律，把董仲舒的神学伦理观点，系统化为“君为臣纲、父为子纲、夫为妻纲”的道德规范，而且使它成为封建法律的基本内容之一。这种三纲，以“尊尊”、“亲亲”原则为中心，要求确立并遵循贵贱、亲疏、尊卑、上下、长幼的严格等级次序。据认为，在狱讼当中，只有首先了解这种等级关系，才可能使案件得到正确的处理。这种法律上的等差，在“尊君”和维护其他各种尊者的特权方面，表现得最为明显。

（三）德主刑辅，先教后刑。鉴于嬴秦“专任刑罚”的教训，这时特别重视德的主导作用，强调先德后刑。董仲舒把这种思想纳入他的神学目的论范畴，借用阴阳清暖之说来阐明德主刑辅的关系，使之在法律思想上一直占着支配的地位。两汉以后，关于德刑关系问题，虽有过某些争论，但总的精神仍不外“刑为仁佐”。唐以后各代，大都是贯彻“德礼为政教之本，刑罚为政教之用”的主张。“以德统刑”、“先教后刑”的传统观点，一直影响到封建社会的末期。

（四）“应经合义，论心定罪”。儒家思想占统治地位的结果，使儒家经学得到了进一步的发展；而礼和律的相互渗透，德和刑的相互为用，又使律和经发生了紧密的联系。终致律学作为一项专门学问，逐渐和经学并称，在两汉时期空前兴盛起来。法学和经学的密切关系，主要表现在据经解律和引经决狱两个方面：据经解律，就是在解释法律时，必须“应经合义”，以儒家的经典为依据；引经决狱，就是要求在法律的规定之外，甚至撇开法律的规定，引据儒家的经义来审判案件。到了唐代，由于法典的制定是“一准乎礼”，这种情况才不甚显著，但一切案件的审判仍强调必须“应经合义”，也就是法无明文规定者，要依经义处断。

以上就是封建正统法律思想的几个主要方面的内容和特点。

在这里，需要补充并且特别强调的一个问题，是关于明、清之际的启蒙思想家的法律思想问题。

明、清之际，是指明朝末年到清朝初期，即公元十七世纪初到十七世纪末的这一段时期。这时，随着农业生产的提高和商品经济的发展，私人手工业、矿业和商业都逐渐兴盛起来；封建的生产关系慢慢地解体，资本主义的幼芽开始孕育并逐渐生长。与此相适应，阶级矛盾、民族矛盾和统治阶级内部的矛盾相互交错，日益尖锐。反映在意识形态领域，则是在封建士大夫内部，出现了一批从维护封建国家的整体利益出发、同情农民以至市民阶层、揭露政治流弊、反对封建专制、要求结束满族统治、实现民主自由的知识分子。其中的主要代表人物有黄宗羲（公元1610—1695）、顾炎武（公元1613—1682）、王夫之（公元1619—1690）、唐甄（公元1630—1704）等人。他们不但在政治思想上在中国当时的具体条件下肩负了启蒙的任务，而且在法律思想上提出了一整套发前人所未发的进步主张。

他们的法律思想主要表现为反对君主专制，主张在限制君权的同时，以“天下之法”取代“一家之法”，也就是用像夏、商、周三代以上的那种为天下人谋利益而立的“天下之法”，来代替三代以下为一己、为子孙谋利益而立的“一家之法”。认为前者是“无法之法”、“天下之法”，而后者是“非法之法”、“一家之法”，应当由前者取代后者。以此为指导思想，他们提出了一系列具体的主张。例如，他们要求“申画一之法”，即统一法律，反对法外有例，例外有令；他们主张法律要严上宽下，省刑减杖，做到“刑先于贵，后于贱，重于贵，轻于贱，密于贵，疏于贱”；他们提倡“清议”，也就是主张学校议政，学人议政，“存清议于乡里”以“佐刑罚之穷”，等等。

以黄宗羲为主要代表的这些启蒙思想家，写了许多光辉的著作。例如，黄宗羲的《明夷待访录》，成书于公元1662—1663年，比孟德斯鸠的《法意》（公元1748年）、卢梭的《民约论》（公元1762年）都要早得多。它们在政治法律思想上，甚至对于近代中国的一些先进人物，也发生了重要的影响。

下面，我们再补充讲一讲封建法制的几个特点。

如上所述，我国封建社会经历的时间很长，在这漫长的过程里，它走的是一条缓慢发展的一道路。封建法制在秦代以后，其发展轨迹，也是这样。只是到了唐代（公元618—907年），中国封建法制才进入了成熟的时期。这时除先后制定了《武德律》、《贞观律》、《永徽律》和《开元律》之外，在唐高宗永徽年间（公元650—655年），由以长孙无忌为首的一些人还奉诏撰写了对《唐律》律文逐条作出注解的《唐律疏议》一书。从此以后，五代、宋、辽、金、元、明、清各代的立法，大体都是以《唐律》所确立的规模为准。前面提到的中华法系，也是在《唐律》的基础上形成的。

对中国的封建法律作一个综合的考察，大体上可以概括出它的下列几个特点：

（一）皇权至上，皇帝掌握最高的立法权和司法权

在封建君主专制制度下，皇权高于一切。最高统治者皇帝发布的命令，即所谓诏令，是具有最高权威的法律形式。国家的法律和法律制度，都得以皇帝的名义颁布和规定，称为“钦定”。法律的废除同样如此。

皇帝不仅是最高立法权的掌握者，也是最高司法权的掌握者。这首先表现在一切有关皇亲、国戚、贵族、高官的重大案件应否给予制裁，必须事先报经皇帝核准；其次，任何归由中央司法机关管辖的重大案件，最终要由皇帝亲自主持“廷审”或作出决断；再次，在司法组织上，中央设立掌握司法行政的刑部、掌管监察的御史台（东汉时又名兰台寺，明、清时称都察院）和掌管复核的大理寺（清末称大理院），分理司法，互相牵制；在地方，则是府、州、县统由行政长官兼理司法。司法权与行政权的这种合而为一，主要也是为了保证皇帝对司法的控制。

（二）援礼入律，礼与刑合而为一

中国儒家的礼治思想，自西汉中期以后，一直是封建的正统思想，对封建的法律思想和封建法制都起着指导作用。“出乎礼则入乎刑”，礼所包括的封建伦理道德教条，既是一般的道德规范，也是渗透到了立法和司法活动中的法律规范。但礼、刑二者，在理论上还是有其区别的。所谓“礼不下庶人，刑不上大夫”，“礼者禁于将然之前，法者禁于已然之后”即是。到了公元六七世纪之际的隋、唐时期，由于援礼入律的封建法制已经趋于完备，儒家所提倡的道德规范，大都被融化到了法律规范中去，因而使得封建统治阶级赖以维护他们的统治秩序的礼和刑这两个有力的工具，进一步结合起来，突出显示了封建正统法律思想中强调德主刑辅、德刑并用和道德教化的重要作用等特点。

（三）同罪异罚，实行法律上公开的不平等

礼与刑，或者说礼与法的结合，使作为礼的基本内容的“尊尊”、“亲亲”原则和关于贵贱、尊卑、上下、长幼、亲疏的区别，在法律上明确地规定了下来。最突出的是关于“十恶”和“八议”的规定。封建王朝出于维护它的专制统治的需要，一方面规定十种被认为是触犯了它的根本利益的行为，即谋反、谋大逆、谋叛、恶逆、不道、大不敬、不孝、不睦、不义、内乱为不可宽恕的重大犯罪；另一方面，又规定对于八种有特殊情况的人的犯罪，给予特别的审议，即对于皇亲国戚要“议亲”，对于皇帝的故交旧友要“议故”，对于有所谓大德行的臣子要“议贤”，对于有所谓大才能的臣子要“议能”，对于为封建王朝

建立大功勋者要“议功”，对于高官显爵要“议贵”，对于为封建王朝卓著勤劳者要“议勤”，对于先朝皇族要“议宾”。审议的结果，或者给予免刑，或者给予减刑，鲜明地表现了封建法律的不平等的特点。

（四）法外有法，律与其他各种法律形式并行

从秦开始，法律的主要形式统称为律，如《秦律》、《汉律》、《明律》、《清律》等。但除此以外，还有其他多种法律形式。例如，汉、魏六朝，律令之外，还有科与比。科是“事条”；比是“类例”。唐代律、令、格、式并行。律是主要的法典，规定罪名和刑罚；令是皇帝的命令，规定贵贱等级方面的重要制度；格是关于官吏办事规则的规定；式是官署通用的公文程式。在这四种形式中，以律为纲，以令补律的不足，以格、式辅助律、令的施行。此外还有各种独特的形式，如宋代有《编敕》，明、清有《例》，明还有《大诰》。《编敕》是帝王的诏书和命令的汇编；《例》是和比相类似的成例，但不一定有具体事例。这些法外之法的存在及不断增多的情况，说明了封建法网的越来越严密、封建专横的越来越苛酷和封建法制的越来越濒于崩溃。

（五）诸法合体，民刑不分

从封建制开始形成时出现的《法经》，到封建末世制定的《大清律》，所有封建法典，基本上虽都是刑事法典，但其中还包含着民法、经济法、行政法和诉讼法等方面的内容。这种法典的混合编纂形式，一方面大大妨害了除刑法以外的其他部门法律的发展，特别是像涉及钱债、田地、户籍、婚姻等民事法律关系及其立法和司法的发展；另一方面，却又大大扩大了司法镇压的范围，特别是刑事处罚在民事案件、经济案件和行政案件中的运用。这是自给自足的自然经济长期占据统治地位、宗法等级制度的统治及族规、家法在民事纠纷中起着调节作用、法理学的研究受到禁锢等原因所造成的。

（六）家法、族规普遍存在，成为国家法律的重要补充

家庭和家族是中国社会最基本的组织细胞。在封建社会，家庭不仅在经济上是生产的基本单位和承担国家赋税和徭役的基本单位，而且在政治上是维护封建统治的有力支柱。“家国相通”这种现象反映在法律上，出现了什么情况呢？一方面，封建国家在法典中规定各种条款来确认和保护以家长拥有各种特权，其中包括对家庭内的财产处分权和对卑幼的任意处罚权为标志的封建家长制；另一方面，家、族内部则规定种种得到国家法律认可的“家法”和“族规”来约束家、族内部成员，以作为国家法律的补充。实际上，这些“家法”和“族规”的内容，在很大程度上已属于国家法律的范围了。这种情况自宋代起表现得特别明显。如惩治寡妇改嫁，表彰夫死殉节之类。

此外，还有刑罚残酷和种类繁多等特点。

中国封建法制的以上几个特点，是就它和奴隶制法制，特别是和近、现代法制的比较中作出的概括，远不足以具体地说明它的全貌。

从以上的介绍可以看到，封建的法律思想和法律制度对我们而言，都只能是应当摒弃的糟粕；只有彻底肃清这种封建糟粕及其遗毒，才有可能吸取其中民主性的精华，很好

地实行社会主义的民主和法制。在这一方面，我们的任务仍然是十分艰巨的。但是只要我们有正确的思想指导，在剔除其封建性糟粕的同时，对于作为民族文化遗产的一部分的封建的法律思想和封建法制，也自有其可以为我们今天批判地吸收、借鉴以至继承的成分的。

李启欣

古代印度法的渊源及其发展*

简介

李启欣，1931年出生于印度尼西亚，籍贯广东梅县。1954年毕业于中南政法学院，留校任教（1955年1月至7月在中国人民大学法制史专业研究生班进修）。20世纪70年代后期始，先后任教于广州师范学院、中山大学法学院。主编《外国法制史论文集》、《外国法制史》、《香港法教程》，著译《外国法制史研究文选》等。曾任中山大学法律学系主任，法政学院院长，教授，广东省学位委员会委员，中国法学会常务理事，全国外国法制史研究会理事，广东省法学会副会长、学术委员会主任，广东市社会科学联合会学术委员会委员等。

---

* 原发表于《南亚研究》，1988（1）。本次刊出系以中山大学法学院编《学术的律动：中山大学法学院老教授文集》为根据，删除了注释。——作者注

古代印度法，指的是从吠陀时代（公元前1500—前600年）到笈多帝国时代（公元320年到6世纪末）的奴隶制法，同时它也是以维护种姓制度为核心的种姓制法和以宗教信仰为基础的宗教法。

宗教在古代印度社会生活的一切方面占支配地位。当时居于统治地位的宗教是婆罗门教，因此古代印度法的突出特征表现为婆罗门教法。

古代印度法，无论在世界法制史上，还是在宗教史上，都有其特殊地位，在我国的外国法制史和宗教法的研究中，是一个重要课题，古代印度法的渊源及其发展，又是其中很重要的内容。

古代印度法的主要渊源，随着古印度社会、经济、政治、文化和宗教的发展，顺次表现为吠陀、法经和法论，以及与之相适应的三个发展阶段。

一、吠陀经阶段

吠陀（Vedas）是南亚次大陆最古老的宗教经典，又是古代印度法的最初渊源。

法国学者迭朗善在他所译的《摩奴法论》法文本序言中提到："吠陀的古老是无可争辩的。又，吠陀是最高的正统著作，它的典据不断为法论所援引。"《摩奴法论》宣称："法的根是全部吠陀"（二，6），"摩奴为任何人规定的任何法，全都是吠陀中的教示"（二，7）。

吠陀时代（约公元前1500—前600年）是雅利安人原始公社制度瓦解和奴隶制社会形成的时代，是奴隶制城市国家、种姓制度、婆罗门教和婆罗门教法形成的时代。

吠陀宣称，它规定了古代印度居民的"永世不变"的生活准则和行为规范，即"梨多"（Rta，一般指宇宙理法）和"达摩"（Dharma，意为事物秩序、法）。"达摩"是"梨多"在人类社会中的表现，是神的意志。这便是婆罗门教的基本纲领之一的"吠陀天启"在古代印度法中的具体体现。

吠陀提出了成为古代印度法核心内容的种姓制原则。雅利安人侵入南亚次大陆后，在早期吠陀社会中形成两个种族集团：胜利者雅利安种姓和被征服者黑色种姓或称为"达萨"。雅利安人强迫达萨成为奴隶，奴隶作为一个阶级，在早期吠陀时代开始形成。早期吠陀社会产生了双重的社会规范和法律规范：一种适用于雅利安人，另一种则适用于被征服的达萨。早期吠陀时代，雅利安人中已有祭司（婆罗门）和军事贵族（罗阇尼耶）之分，不过区别尚不显著，身份也非世袭，至于一般平民（吠舍）则已处于他们的统治之下。随着社会阶级分化的进一步发展和早期吠陀时代的结束，终于形成了四个种姓：婆罗门、刹帝利、吠舍和首陀罗。首陀罗中的绝大部分是被征服的达萨。《夜柔吠陀·鹧鸪氏本集》将首陀罗置于与马、运输工具等同的地位。（Ⅶ.1.1.6）《百道梵书》甚至将首陀罗与谎言、罪恶、地狱并列。(14.1.1.31)《他氏梵书》更宣称，依主人之命，首陀罗可以被杀掉。(35·3)由此可见，古代印度最早的法律规范一开始就贯穿着暴力和种族主义的原则，种姓压迫和阶级压迫交织在一起。

与此同时，吠陀还确认了妇女的从属、无权和低下地位。《梨俱吠陀》在述及新娘和女奴时，使用的是同一个词即 Vadhu。(Ⅷ.19.36.37)并且宣称，男孩不得将父亲的财产分给姐妹。(Ⅱ.31.2)《百道梵书》把妇女与首陀罗、谎言、罪恶和地狱并列，并宣布妇女不得拥有财产或继承权。《夜柔吠陀》的《慈氏本集》宣布不准妇女出席萨巴（Sabhā，萨巴可能是由部落长老组成的部落议事会）。吠陀时代印度妇女的这种低下地位及其形成原因，既有与其他古代文明国家相同的方面，也有其本身特殊的方面。雅利安人在侵入南亚次大陆前后，即已存在强固的父权制和形成了最初的阶级压迫，“最初的阶级压迫是同男性对女性的奴役同时发生的”，这是相同的方面。至于特殊的方面，首先是与雅利安人的军事活动和军法有关，雅利安人认为达萨之所以败在自己手下，是因为达萨的军队有大量女兵，而女兵是萎靡不振的——abalā，以后便以 abalā 这个词作为妇女的同义语并长期使用，以示对妇女的轻蔑；其次是与雅利安人中男女比例不协调、男多女少有关，雅利安男子往往从被征服者中劫掠妇女为妻室，而被征服者是处于被奴役和受压迫的低下地位的。《夜柔吠陀》所属的《波罗尸伽罗家范经》的内容表明，出身于被征服种族的妻子是受到猜疑的，她们被猜疑为对丈夫不忠诚并且带来罪恶。因此，丈夫应履行宗教礼仪和祈祷，以使罪恶转移到妻子先前的情人或配偶身上去。古代印度妇女的低下地位，表现为多重性的不平等地位。古代印度的法律规范按照种姓和性别引申出对妇女歧视的准则，这样的歧视，就其本质方面而言，是一切古代文明国家的法所同具的。

吠陀是古代印度最早提出有关司法制度的术语、内容和某些原则的文献。《梨俱吠陀》提到萨巴和萨米提（Sarmiti）这样两个机构。萨巴既是政治的、司法的集会，也是从事掷骰子或其他社交活动的场所。《夜柔吠陀》所属的《波罗尸伽罗家范经》称萨巴为：“纠纷”和“激烈”，表明萨巴是一个激烈争辩和论战的场所，是一个解决纠纷的场所，在萨巴中要取得对问题的确认是十分困难的，为此，《波罗尸伽罗家范经》提供给萨巴成员（Sabhyas）用来击败对手使其无言以对的魔法咒语。以后，萨巴一词被作为法院的同义语使用，Sabhyas 一词也作为陪审法官同义语使用。至于萨米提则是一个比萨巴更大的实体，它辅佐国王执行法律，萨米提包括国王祭司在内，国王祭司还起着首席大臣和军事顾问的作用。《夜柔吠陀》提到，国王是首席法官，国王加冕时接受祭司的祝福，祭司要求国王无论对强者还是对弱者都必须公正无私地行使审判权。(Ⅹ.27；Ⅳ.7.4)《百道梵书》宣布，国王和婆罗门祭司是法律的确认者。(Ⅲ.106)与《波罗尸伽罗家范经》相类似，在《鹧鸪氏本集》中有祈求萨米提成员保持和谐与融洽无间精神的祷文诗句。这些都是为了保证统治阶层能够顺利地实施司法权的反映。在《婆阇娑尼耶本集》和《鹧鸪氏梵书》中，还首次提出了用以表示法官的专门术语 Praśnavivāka，意即讯问或辨明问题的人。(ⅩⅩⅩ.10；Ⅲ.5.6)

吠陀作为古代印度法的最早渊源，不仅提出了传统印度法的理论基础和基本原则，而且吠陀经典本身也成为古代印度的世俗政权制定法律的依据。但是，吠陀并不是法律汇编，也还没有在法律规范和其他的社会规范之间给出任何清楚的界限。吠陀之被认为是规定了印度人永世不变的生活准则和行为规范的圣典，正如马克思所指出的："婆罗门教徒只是以承认自己绝对有权诵读吠陀经来证明吠陀经是神圣不可侵犯的"。

在古印度法发展史上，能称为法律著作的，是约在公元前600—前300年间编纂的"法经"。

二、法经阶段

法经是吠陀文献中经书之一，它宣称为古代圣人所作，使用的是相当古老的语言。法经不同于其他吠陀文献的主要特征，在于法经中法律规范开始同其他的社会规范区别开来，法律概念开始呈现出可以使人们得以理解的轮廓。法经规定了古代印度最初行政法、民法、刑法、继承法和诉讼程序的准则，尽管法经对它们的规定还不很具体、对它们的说明还不很详细，但是，在吠陀文献中能被称为法律著作并起着法的作用的（即使在不完全的意义上），毕竟只有法经。对于研究古代印度法的产生、发展和演变，法经是非常重要的文献。

几部重要的法经及其编年史顺序如下：《乔达摩法经》、《槃达耶那法经》、《阿帕斯檀跋法经》、《伐悉私陀法经》和《毗湿奴法经》。法经编纂的年代（公元前600—前300年），也就是古代印度奴隶制度、种姓制度、城市国家、婆罗门教和婆罗门教法在印度河流域完全确立、发展，并由盛而衰的年代，是南亚次大陆的政治、经济和文化中心东移至恒河中下游各国，次大陆分立各国逐渐走向统一的年代。法经的编纂及其完成，标志着古代印度法发展史进入了一个新的阶段。这可从所列几部重要法经的主要内容中得以了解。

（一）《乔达摩法经》(Gautama Dharmasūtra)

《乔达摩法经》是一部最古老的法经，由散文体写成。它的观点在《槃达耶那法经》和《伐悉私陀法经》中不断地被提到和阐述。

《乔达摩法经》关于民法方面的内容主要有：税制、所有权的来源、地下埋藏财宝的处理规则、未成年人财产的监护、金钱借贷、债务偿还、典押和寄存、证据准则、妇女个人私有财产（Stridhana）、12种儿子、继承权。

关于刑法的主要内容有：诽谤罪、凌辱罪、打人罪、伤害罪、通奸和强奸罪、盗窃罪、婆罗门在受刑时享有的特权。

关于司法制度方面的内容有：确定法官的名称为Prādvivāk（这与出现在吠陀中的Praśnavivāka非常接近），提出了诉讼程序或调解的术语Vyavahāra，意为消除各种疑难。

但是，在《乔达摩法经》全部内容中，纯法律的成分，仅占一小部分，这也是所有的法经同具的特征。

（二）《槃达耶那法经》(Baudhāyana Dharmasūtra)

《槃达耶那法经》以其内容的不系统、松散、重复及其在时间上的不相称为特征。某些内容明显是后人篡改之作，如对湿婆、塞建陀等神祇的赞颂，但从整体上看，这部法经的起源是很古老的，使用的是古体语言，它用 Krsna Varṉa 这个词表示首陀罗，这表明它与吠陀有密切的关系。

关于民法方面的内容有：遗产分割及长子的大份额；12 种儿子及其有继承权和没有继承权的两类划分；对海上输入货物征收 10%的税金。

刑法原则主要是：对谋杀罪的处刑取决于被害者和罪犯的种姓身份，谋杀首陀罗或任何种姓的妇女，处以如同杀死孔雀、乌鸦、猫头鹰、狗等所处的刑罚即罚金，对婆罗门不得施肉刑。

《槃达耶那法经》提出的司法制度原则有：国王应在婆罗门辅佐下，按照吠陀经典、神法、不与神法相悖的地方、种姓和家族的习惯法行使司法权，国王必须始终公正并且通过推理作出结论和决断。法院由 10 名成员组成，婆罗门优先，如找不到 10 名有学问的婆罗门，5 名、3 名即使是 1 名也可以，只要对神法有精深造诣。但当产生疑难时，单个婆罗门不应对案件作出判决。

总的说来，《槃达耶那法经》中纯法律的内容，仍然是贫乏和简单的。这也是古代印度法在其发展的初级阶段上的特征之一。

（三）《阿帕斯檀跋法经》（Āpastamba Dharmasūtra）

《阿帕斯檀跋法经》和《槃达耶那法经》之间有许多经文是相通的，但《阿帕斯檀跋法经》在内容上更简明、系统，而在态度上却更拘谨、保守。

《阿帕斯檀跋法经》否定了《槃达耶那法经》中的某些法律准则，例如否定了“尼育伽”（Niyoga），八种结婚方式中的“毕舍遮”（Paisāica）和生主（Prājapātya）式，长子继承大份额原则。

《阿帕斯檀跋法经》所使用的语言，不仅包括吠陀古体形式，而且包括近似古代俗语（Prākṟtas）的形式；所使用的文体绝大部分是散文，少量却是韵文。这些都是有别于其他法经的，但它的许多内容明显地引自其他法经。

《阿帕斯檀跋法经》中纯法律性的内容，要比《乔达摩法经》和《槃达耶那法经》更为充实和系统，其中的许多准则，不仅为较早的《摩奴法论》和《祭言法论》（又译《述祀氏法论》）所接受，而且也分别为较晚的《那罗陀法论》、《布利哈斯帕提法论》和《迦旃延那法论》所借用并据以形成为社会规范。

《阿帕斯檀跋法经》规定了行政法的某些原则：国王是婆罗门的保护者；国王应在前 3 个种姓中任命官吏以保护人民和征税；在失盗的情况下，官吏须赔偿被盗者所受的损失；对婆罗门、妇女、未成年人、学生、苦行者、为再生族服役的首陀罗、盲人、聋哑人和身体有其他缺陷者均免予征税。

在民法方面较突出的是关于继承权的规定：同种姓妻所生子有继承权；异种姓妻所生子、与他人妻私通所生子、非法婚姻所生子均无继承权；父亲遗产须在儿子中平等分配（阉人、精神病患者、异种姓者除外）；无子者身后遗产的继承顺序为：上下各六代在内的共十三世族亲、死者的教师、学生、女儿、国王。此外还规定不准赠送或买卖儿童。

关于刑法方面的规定主要有：通奸罪的处刑依男女所属种姓不同而异；首陀罗犯凌辱或要求平等权利者应予以惩罚；首陀罗犯杀人罪或盗窃罪处极刑；婆罗门犯杀人罪或盗窃罪扎以蒙眼布蒙眼禁闭于隐蔽处，直至悔过自新，如不悔过才处流放；教师、主持仪式的祭司、“受沐浴者”（Snātaka）、王子等有权保护除犯死刑罪外的罪犯免受刑罚。

此外，还规定了耕种者和土地所有者之间、牧牛者和牛主之间争执的裁判；法官资格；疑难案件应依推理和神裁法判决；对伪证者惩罚的原则。

（四）《伐悉私陀法经》（Vasiṣṭha Dharmasūtra）

《伐悉私陀法经》是一部独立的法经，不从属于任何一部吠陀，而是从各部吠陀中引经据典编成，其经文很多借引自《乔达摩法经》和《槃达耶那法经》，主题内容纯是复制品。

《伐悉私陀法经》关于民法方面的内容有：继承权；兄弟分割财产；由于分割财产而排除在外的土地；财产的1/6作为赋税；埋藏财宝的处理准则；准许的利率；收养准则等。

《伐悉私陀法经》的特征是没有关于刑法方面的内容，虽有诉讼程序的规定但不涉及犯罪与刑罚（经文中虽有大量关于罪和赎罪的叙述，但这都是教律而非刑律）。

《伐悉私陀法经》关于司法制度方面的内容有：法院的组成；司法行政；三重证据；文书、证人和占有物；证人资格；伪证行为的处理。

《伐悉私陀法经》中包含有最古老的社会准则，也有比较晚期的、在《摩奴法论》和《祭言法论》中有反映的社会准则（这显然是后人所加的）。其中古老的准则有：12种儿子；寡妇再婚；“尼育伽”；移民；6种结婚方式等，这些都与上述法经中有关的内容相似。至于禁止种姓外婚，尤其禁止婆罗门娶首陀罗妇女为妻等，则可以肯定是比较晚期的产物，是后人所加的。这种情况在古代印度文献中是经常出现的，不独在法经中。

（五）《毗湿奴法经》（Visnu Dharmasūtra）

《毗湿奴法经》与《伐悉私陀法经》相似，包含有大量的韵文诗句。它的风格和内容类似于以后的法论（传承）。这部典籍的开始部分是伟大的创世之神从海洋中托起大地的神话。

《毗湿奴法经》的主要内容是：创世之神的神话；各种姓的义务；王权；货币和度量衡；犯罪与刑罚；债务规则；利率；担保；文据；证据；神裁法；12种儿子；继承规则；杂种姓；祖祭；污秽及洁净；结婚的形式和规则；人身圣礼；学生身份；不同种类的罪孽；罪孽；由于罪孽而生的疾病；苦行；家长；婆苏天崇拜；公共事业的作业；骨骼等的解剖；学习这部论著的回报。

民法方面的内容有：国王的义务；债务；利率；担保；3种文据；证据；神裁法；12种儿子；土地等的划分、分配；继承；妇女个人私有财产。

刑法的讨论包括犯罪和刑罚。虽然发现有某些早先时代的规则，《毗湿奴法经》的大部分内容显然是属于较晚时代的。许多经文是发现于《摩奴法论》中的韵律形式的文句。在《毗湿奴法经》中还发现了《祭言法论》中的许多韵文。

《毗湿奴法经》中的解剖学的段落，在《祭言法论》中也有发现。对此，乔利博士（Dr. Jolly）认为是《祭言法论》引自《毗湿奴法经》的。迦奈教授（Prof. Kane）反驳这种可能性，他认为，这些“解剖学的细节”必然是首先在医学著作中出现的，法经的作者临摹它们于后。在《毗湿奴法经》和《祭言法论》之间引用的情况下，迦奈断定是《毗湿奴法经》引用《祭言法论》的。

《毗湿奴法经》的语言与法论（传承）的相似。迦奈和乔利都将《毗湿奴法经》的现行版本定于公元400—600年之间。英国梵文学家麦克唐纳教授（Prof. A. A. Macdonell）认为，《毗湿奴法经》是一部根据《黑夜柔吠陀》的迦娑伽（Kathaka）学派的一部古老法经而著成的作品，因为迦娑伽学派的经典是吠陀文献的最古残篇之一。所以，《毗湿奴法经》的最古部分必须追溯到很古的时代。不过，传世的现行版本的时期不能早于公元200年，因为其中有一周7天的名称，例如星期三的名称是惹婆（Jaiva），这是根据希腊名称“宙斯”（Zeus）而来的，又其中叙述焚死寡妇的内容也是公元200年后的事。

古代印度经典有一个普遍的问题即年代难定。无论是法经或法论，都包含有不同时期和不同作者所撰的内容，有时对一个问题也有不同的说法，其不同部分的形成时期也不同。可见，传世的法经、法论的现行版本，其编纂完成有一个过程。

上述几部法经的差异，固然是它们各自产生于不同年代社会需要的反映；同时也由于它们分属于不同的吠陀或虽属于同一吠陀但却属于不同的支派而形成的。

法经确立了吠陀的神圣不可侵犯，四种姓制和婆罗门至高无上的地位与权力。《槃达耶那法经》宣称：“学习婆罗门的建议乃至他的笑话，是最高的法律。”（Ⅰ.1.12）《阿帕斯檀跋法经》规定：“即使高贵如国王，也必须尊敬婆罗门。国王路遇婆罗门必须让道。”（5.11.5～6）法经将雅利安人古老的习俗系统化和“达摩”化了，所有背离社会传统规范和婆罗门教仪轨的行为，都被视为违反“达摩”。但是，法经中的法律概念和诉讼程序都还是比较简单的，法律规范和其他社会规范、法律和宗教仪轨与伦理道德之间的界限，也还没有完全区别开来。这一特征在后来产生的各部法论中也还存在。这既是古代印度法，也是宗教法同具的特征，只是古代印度法表现得更加突出罢了。

三、法论阶段

佛教的兴起和发展（公元前6世纪至前2世纪）给婆罗门教以严重的冲击，婆罗门祭司乃编纂法论以恢复婆罗门教的传统，据此，古代印度法的发展也可以分为吠陀以前阶段和法论阶段这样两大阶段。

法论被认为是婆罗门教复兴运动的产物。婆罗门教复兴运动分为早期复兴时期和后期复兴时期，不同时期产生的法论必然反映出相应时期的特征。

如前所述，在佛教兴起和发展的年代，吠陀传统、婆罗门教仪轨、种姓制度和婆罗门特权，不仅受到非难，而且其根基受到动摇。婆罗门为维护和巩固其统治，便在编纂的法论中声称，由于混乱盛行，恢复被严重搅乱了的社会秩序，编纂法论乃成为十分必要的事。法论的编纂是婆罗门教复兴运动的基本组成部分。法论强调坚持吠陀的正统主张，维护婆罗门至高无上的地位，强化种姓制度。法论规定了种姓、婚姻、家庭、妇女地位、王权、行政机关、18 项法律、司法制度等的原则和具体内容。也许是对佛教反对婆罗门教梵天创世说的回击，几乎每部法论都在第一章开宗明义地宣称法论是神赐的，这与法经之宣称其为圣人所作具有明显不同的特征。此外，法论的文体也异于法经，用的是韵律诗体。

现就几部主要的法论：《摩奴法论》、《祭言法论》、《那罗陀法论》、《布利哈斯帕提法论》、《迦旃延那法论》的基本情况分别概述如下。

（一）《摩奴法论》(Manusmrti)

《摩奴法论》是最早的一部法论，是古代印度法制史上第一部可以称之为正规的法律典籍和最有权威的法律著作，在整个南亚次大陆享有最崇高的地位。《摩奴法论》“阐述了吠陀的全部精义，任何法律如与摩奴公布的法律精义相抵触，就不被承认。”

《摩奴法论》一开始便宣扬宇宙和法律制度起源的神话，从根本上论证神造一切和吠陀神圣不可侵犯。《摩奴法论》因为主张法律直接起源于神，所以它回避了早期的法律论述，没有完全接受法经的准则。《摩奴法论》的直接起源于神的声明，是为了使其基本原则与新形成的社会准则相适应，为了禁止某些古老吠陀准则而提出的根本依据。

《摩奴法论》既强调吠陀神圣，又接受流行的非吠陀的新的社会准则，甚至为此而禁止某些古老的吠陀准则，这显然是一个矛盾。何以如此？这应从《摩奴法论》产生的历史条件中去寻求解答。

《摩奴法论》产生的年代，各派学者说法不一，但从布尤勒（G. Bühler）在 19 世纪 80 年代提出《摩奴法论》成书于公元前 2 世纪至公元 2 世纪之间的说法以来，对《摩奴法论》的这个定年，逐渐为大多数学者所接受。公元前 2 世纪始，古代印度进入被婆罗门教认作是一个危机的时代。古代的吠陀宗教已经分崩离析，并且面临着来自许多方面的威胁，最严重的是来自佛教挑战形成的后果，其次是来自非雅利安的异教，第三是来自入侵者（先有大夏人、希腊人，继之为安息人、塞种人和贵霜人）。为了反对这些威胁，《摩奴法论》从根基上进行论述，宣称“吠陀之外的所谓‘天启’和一切恶见即使自圆其说也都毫无裨益；因为，相传它们的根基是暗。”“无论什么异端都有生有灭；由于晚出，它们既无裨益也不信实。”“四种姓、三界、四生活时期、过去、现在和将来，无一不是从吠陀学到的。”“永恒的吠陀养育万物；因为，我认为它是众生最好的达到目的的手段。”“对于祖先、天神和人来说，吠陀是永恒的眼睛。”（十二・95，96，97，99，94）《摩奴法论》规定，对于异端不得给予尊敬或接待。（四・30）对于外国统治者，《摩奴法论》指出，这些人最初是刹帝利，现在堕入首陀罗的地位，因为他们抛弃神圣的礼仪和不同婆罗门来往。（十・43，44）《摩奴法论》还非难首陀罗为王，认为首陀罗为王是无法想像的，以首陀罗为大多数、为异端之徒盘踞横行而无再生人的国家，就会在饥馑和疾病的折磨下迅速灭亡。（八・22）《摩奴法论》为了强化严格的种姓制度，禁止高等种姓娶首陀罗妇女为妻，重申处刑之轻重依罪犯和受害人的种姓身份而异。为了维护和巩固奴隶制度，确认奴隶的七种来源、奴隶的无权和低贱地位。(八·415，416；十二·70)

《摩奴法论》固然力图恢复吠陀传统、恢复古老的吠陀时代的规范，然而，要完全做到是不可能的。法论的作者对此也是不得不承认的。在法论编纂的年代，普遍流行的社会规范实际上已经否定了某些古老的习俗和传统的惯例，所以，法论对此作了相应的规定，例如，谴责婆罗门娶首陀罗妇女为妻，谴责肉食等。为了强化种姓制度，复兴婆罗门教传统，禁止娶首陀罗为妻，那是自然的。至于禁止肉食，看来是为了争取受佛教影响的群众而规定的，在吠陀文献中并没有对不准杀生作如此强烈的申明。不过，为了执行吠陀经典，《摩奴法论》还是作了某些变通，准许在献祭和祖祭中用某些特定的禽类和兽类作供物。(五·22)《摩奴法论》为了使这种偏离吠陀准则的规定不与其宣扬的吠陀神圣原则相悖，便采用宣布"处于不幸的'争斗时代'的人民，继续遵循古老的吠陀规范是不合时宜的"这种手段以自圆其说。

《摩奴法论》的现行版本共分12卷，其中纯法律部分共包括18项法律及其他各种法规约占全书内容的1/4，远比前述的法经为多。即使如此，《摩奴法论》也不是古代印度的国家政权编纂和颁布的纯法律意义上的法律汇编或法典，而是婆罗门祭司根据吠陀经典、累世传承和习惯法编纂而成的法律、教律和道德规范结合在一起的典籍。《摩奴法论》在法论历史上起着承上启下、继往开来的里程碑作用。继之者为《祭言法论》。

(二)《祭言法论》(Yājnavalkyasmṟti)

《祭言法论》(又译《述祀氏法论》、《耶遮那瓦勒基法论》)，这部法论被称为是著名的吠陀先知耶遮那瓦勒基所创造。《百道梵书》说他接受来自太阳的《夜柔吠陀》的启示，《广森林奥义书》则确认他为哲学家。这部法论作者自认为同是一个耶遮那瓦勒基，这不足信。其实正如摩奴之于《摩奴法论》一样，只是以耶遮那瓦勒基之名来命名这部法论而已。

《祭言法论》是以《摩奴法论》为范本加以压缩编成的，但比《摩奴法论》更为简明和系统。主题内容分为三个篇章：

1. 行为准则。包括绪论、学生身份、婚姻、种姓和亚种姓、家长、"受沐浴者"、食物(禁止的和准许的)、涤罪、礼品、祖祭、象神崇拜、行星崇拜、王权和行政机关等的内容。

2. 司法。包括纯法律的内容，主要为一般和特殊的法律术语及定义，以及关于债务、合伙、典押和寄存、证人、文书、财产分割、边界争执、牲畜主人和放牧人的争执、出卖他人财物、收回赠予物、撤销买卖、违反协约、不付工资、赌斗、神裁、凌辱罪、打人罪、强暴罪、盗窃罪、奸淫罪，各种违法犯罪等的法规。

3. 赎罪和苦行。包括由于死亡或诞生引起的不洁及其清净、处困境（或贫穷）时的行为准则、林居者准则、遁世者准则、一般和特殊的赎罪等内容。

《祭言法论》源于《摩奴法论》又异于《摩奴法论》。《摩奴法论》攻击佛教尚不明显，而《祭言法论》则明显表现出对佛教的攻击态度。《摩奴法论》不承认寡妇继承权，而《祭言法论》则认定寡妇为其亡夫的第一顺序继承人。《摩奴法论》禁止赌博，《祭言法论》却允许在国家管理下的赌博。《祭言法论》比《摩奴法论》更为系统地论述了法律和诉讼程序，更为完整地提出了证明的手段，扩大了神裁法的内容。《祭言法论》的这些特点是它产生时的社会情况的反映。

关于《祭言法论》的定年问题，说法不一。印度学者迦奈教授（Prof. Kane）认为，《祭言法论》编纂于公元 1 世纪到 2 世纪之间。《祭言法论》第二章提到名为拿迦（Nānaka）的钱币，许多学者认定其为流通于贵霜帝国迦腻色迦王（78—102 年在位）统治时期的货币，这可以作为《祭言法论》编纂年代的佐证。

（三）《那罗陀法论》（Nāradasmrti）

那罗陀之名出现在《阿闼婆吠陀本集》、《娑摩术梵书》和《他氏梵书》等吠陀文献中，在《摩奴法论》中，那罗陀是所列的十大仙之一。这部法论即以其为名。

《那罗陀法论》是一部原文保留比较完整的法论。现有的这部法论的原文，有大小两种版本，均为乔利博士（Dr. Jolly）所辑。

《那罗陀法论》编纂于公元 100～400 年间，这是贵霜帝国走向衰落、分裂直至灭亡，笈多帝国建立、发展和趋于分裂的年代，是古印度奴隶制解体和向封建社会过渡的年代。这个时代特征在《那罗陀法论》的基本内容中，特别是在奴隶和财产权的规定上获得一定程度的反映。

与《摩奴法论》和《祭言法论》比较，《那罗陀法论》有它本身的特征。

从渊源上看，《那罗陀法论》，虽然是以《摩奴法论》和《祭言法论》为基础编纂而成的，但有很大的发展和提高，它向人们提供了比较纯粹的法律语言。它没有关于赎罪准则的规定，因此比前述两部法论展现出更多的纯法律方面的特征。《那罗陀法论》也比前述两部法论显得更为“开明”和世俗化，例如，它准许高等种姓娶首陀罗妇女为妻，准许无子寡妇从亡夫的兄弟妊娠而生子和寡妇改嫁，准许对新郎进行身体检查。《那罗陀法论》还确认国王敕令具有最高效力，这是当时建立强大帝国的国王拥有至高权力以及国王并不怎么遵循传统经典的反映。

在结构上，《那罗陀法论》的分类更为详尽，在诉讼程序的论述上比《摩奴法论》的相应部分要先进得多，在条文的规定上细致详尽得多。《那罗陀法论》强调文据和笔录的重要性和可靠性，并指出这种重要性和可靠性超过口头证据和言词诉讼。

在编排上，《那罗陀法论》在关于世界创造、诉讼程序、法院等简短前言之后，详细规定了 18 项法律：债务、典押和寄存、合伙、收回赠予物、违反服务契约、不付工资、出售他人物品的后果、不交付已售的牲畜、撤销买卖、违反合同、边界争执、夫妻义务、继承权（寡妇和养子无继承权）、极凶残的犯罪、凌辱罪和打人罪、赌斗、杂项条款、盗窃罪（这一项在乔利编辑的版本中是作为附录载入的）。在这 18 项法律中，首先是对债务、典押和寄存、合伙等的准则作了详尽的规定和论述，并且对有关文书、证人、证词和各种神裁法也作了大量的、更普遍的规定。《那罗陀法论》认定赌博是合法娱乐，规定可在经批准的由国家管理的赌场中进行，赌博是收入的合法来源。这些都是比较发达的商业社会的反映，也是早期的笈多帝国普遍存在的社会情况的反映。《那罗陀法论》列举出15种奴隶并载明能否解放的种类、解放的条件和仪式。《那罗陀法论》列举出3种财富及21种获得方式，并且确立了土地私有权的法律观念。这些都明显地反映出《那罗陀法论》编纂时代古印度奴隶制正在解体和封建制产生的情况。

（四）《布利哈斯帕提法论》(Brhaspatismrti)

布利哈斯帕提（一译毗诃跋提，或译祈祷主）是婆罗门教所崇拜的一个抽象神，《梨俱吠陀》称其为一仙人之子。如同其他法论一样，只是用其名为该法论命名而已。也如同其他法论一样，《布利哈斯帕提法论》也是用韵律诗体写成的。

《布利哈斯帕提法论》原文没有直接流传下来，其内容仅幸存于有关的评注和汇集即称为《尼邦达》(Nibandhas）的著作之中。富尤雷博士（Dr. Führer）从中收集了《布利哈斯帕提法论》的84节内容，而乔利博士则收集了711节并译成英文载于《东方圣书》第33卷。

《布利哈斯帕提法论》大约编纂于公元300～500年间，这是笈多帝国存在的时期，也是印度次大陆从奴隶制向封建制转变的时期。《布利哈斯帕提法论》的有关内容反映了这个时代的特征：奴隶制走向衰落，雇工、自由佃农、依附农民和学徒等劳动者在生产上排挤奴隶劳动；封建制生产关系逐渐发展，例如所谓“王子侍卫的份地”、“永久赐地”、“赐地文书”，土地占有达三代即不可剥夺等的规定及其表现。

《布利哈斯帕提法论》的编纂时间晚于《那罗陀法论》，但却较少偏离《摩奴法论》的内容和原则。《布利哈斯帕提法论》大量引用《摩奴法论》的内容，详细论述《摩奴法论》的观点，以致往往给人们形成这样的印象即《布利哈斯帕提法论》是《摩奴法论》的评注。其实《布利哈斯帕提法论》并不是《摩奴法论》的翻版，它与上面三部法论既有相同也有相异之处。

《布利哈斯帕提法论》关于法律的内容主要是：起诉、人证和神证、证人和文书、所有权、18项法律。这18项法律中的17项与《那罗陀法论》相同，不同的是以“奸淫罪”代替了“不交付已出售的牲畜”这一项。要强调指出的是，《布利哈斯帕提法论》的编纂者认为这18项法律主要分为两大类，一类源出于财产，另一类则源出于伤害。据此，或许可以这样说，《布利哈斯帕提法论》是古代印度法制史上第一部将民法和刑法、民事诉讼法和刑事诉讼法加以区分的法论。《布利哈斯帕提法论》在18项法律的具体规定中还具有本身的特点，如在继承权方面，承认寡妇、女儿和母亲作为继承人的地位，在12种儿子中，只承认亲生子（Aurasa）和指定女儿之子为继承人，而不承认“田生子”（Ksetraja）和其他儿子的继承权（但能获得生活津贴），父亲和儿子在祖传财产上享有平等权利。在习俗方面，谴责“尼育伽”，准许在公共场所赌博。在司法方面，强调证据和诉讼程序的重要性，谴责法律执行中的武断专横，强调案件的判决不能只是基于法论，还必须验证文书和其他证据，否则便可能错判。《布利哈斯帕提法论》为此对法院组织、诉讼程序、证据制度等作了具体规定。(I. 46～47，57，60～61，86～90，109)

（五）《迦旃延那法论》（Kātyāyanasmrti）

这部法论是借用《夜柔吠陀》的《迦旃延那天启经》之名命名的。《迦旃延那法论》原文没有完整流传下来，其内容散见于有关的评注和汇集的著作中。迦奈将所发现的该法论的主要引文加以汇集，编成包含 975 节的《迦旃延那法论》修复本。迦奈明确指出，原有的《迦旃延那法论》的篇幅肯定比修复本大得多。迦奈根据这部法论对法律和诉讼程序的详细规定及其达到的高级程度的分析，认为其大约编纂于公元 300～600 年间。

《迦旃延那法论》的突出特征是关于财产尤其是妇女个人私有财产的详细规定，不仅对妇女个人私有财产给予明确的定义和详加分类，而且给予妇女处理这种财产的完全权利。除此以外，对其他类型的个人财产也作了比其他法论更为详细的论述和分类，例如对英勇献身获得的财产，由于学识获得的财产都分别作出具体的分类。

《迦旃延那法论》在司法制度方面的规定也有其突出特征，例如，关于判决，其他法论都使用 Jayapatra 这个术语，但《迦旃延那法论》则将判决分为两类，分别使用不同术语，即 Paścātkāra 和 Jayapatra，前者指经过诉讼双方的激烈辩论和法庭调查即经过诉讼四个阶段（起诉、答辩、举证或审问、判决）而作出的判决，后者指由法院仅根据诉讼一方的具体情况而作出的判决。此外，对担保人的分类也佬比其他法论为细，同时还规定法院诉讼应吸收商人参加，让他们倾听审判和监督法律的执行，这都是当时商业发达和商人地位提高的反映

《迦旃延那法论》还反映出对王权的某些限制，宣布国王不拥有对一切土地的绝对所有权，国王在执行司法权时必须遵照法论的准则，在法论和神圣经典没有规定时则必须遵照地区的习惯法，国王不得听凭个人意志行事。

《迦旃延那法论》在它规定的许多问题上，比前述几部法论都更为详尽而精炼，表现出熟练的立法技巧、精于阐明准则和确定定义的特征。

如同前述，《迦旃延那法论》的编纂时间约在公元 300～600 年间，这正是笈多帝国从兴起到覆灭，印度最后完成由奴隶制过渡到封建制的时期。笈多帝国奉婆罗门教为国教。婆罗门教吸收佛教和耆那教的部分教义以及民间信仰，适应封建关系发展的需要，使婆罗门教获得了新的活力，达到新的发展顶点。这个时期也就被称为婆罗门教后期复兴时期。《迦旃延那法论》就是适应了这个时期社会的需要，反映了这个时期社会关系的特征。

上述各部法论，都是在婆罗门教复兴时期由婆罗门祭司编纂而成的，并且构成为一个整体相互补充。各部法论中的纯法律部分实际上形成以《摩奴法论》为中心的印度法律体系，并且越出南亚次大陆的范围形成印度法系。

以《摩奴法论》为中心的法论，作为印度奴隶社会向封建社会过渡时期的主要法律规范，到印度封建社会前期以至政教合一的伊斯兰帝国建立并且推行伊斯兰教法以前一直被当时的统治阶级奉为圣典。在伊斯兰教势力不断扩大和被奉为国教期间，婆罗门教为了在同伊斯兰教及其他宗教的斗争中求得生存和发展，适应形势的变化进行改革，演化成新婆罗门教即印度教。印度教学者对法论作出解释和阐述，产生了称为《尼邦达》（Nibandhas）

的法论评注和汇集，被印度教教徒奉为社会准绳。在18世纪中叶至1947年间的英国殖民统治时期，英吉利法制虽居于统治地位，但以《摩奴法论》为中心的印度教法作为“属人法”和“私法”方面的规范，仍被继续援用和作为制订法律的参考。就是在当代，也还被作为习惯法形式继续保留。当代法国著名的比较法学家勒内·达维德认为：“不管将来的演变如何，对于绝大多数印度人来说，印度教法目前仍然是唯一涉及他们私人生活的法。”（《当代主要法律体系》第463节）

以《摩奴法论》为中心的印度教法，不仅在南亚次大陆影响深远，而且随着印度教由印度移民传入东南亚国家，形成中古时期的印度法系。虽然印度法系现在已成为历史残迹，但是以《摩奴法论》为中心的印度教法的影响，至今在东南亚国家中还不同程度地存在于社会生活中。

因此，了解、研究古代印度法的渊源及其发展，对于我们了解和认识当代印度法及当代印度社会生活的各个方面，对于研究南亚其他国家以及东南亚国家的法制史，都有重要的意义。

郑 秦

清代的民事审判与调处息讼制度*

简介

郑秦，北京市人，中国政法大学教授。1965年北京政法学院法律专业毕业，1982年获中国人民大学历史学硕士学位，1987年获中国政法大学法学博士学位。1993年应聘为美国加州大学洛杉矶分校中国研究中心客座教授，还曾多次应邀赴美、日、韩、荷、法、港的大学和研究机构做访问学者。主要著述有《清代司法审判制度研究》、《清代法律制度研究》、《中华法苑四千年》（合作）、《明清名案》（合作）、《清代“服制”命案》（主编）、《二十六史大辞典》（副总主编）等，及论文四十多篇。

* 节选自《清代司法审判制度研究》，湖南教育出版社。

在清代传统农业社会中的民事法律关系一般都带有浓厚的伦理色彩，因为发生民事关系的社会成员不是平等的权利主体。在租佃、雇佣、婚姻、继承等纠纷中，双方当事人非亲族即乡邻，“名份相关”，法律和社会早已明确了他们的上下尊卑的不同身份等级。即使是市场交易中的债务，异姓间水利山林的使用和归属，也应当重义轻利。于是，对民事关系的调整，依靠的主要不是国家司法程序而是社会组织自己。这是清代民事诉讼的基本特点。

在专制权力极端强化的社会里，国家竟然“放松”或“放弃”了对人民民事活动的干预。如果习惯以发达的商品经济社会为背景来观察清代传统社会的这一“现象”，或许会为之困惑，甚至认为封建专制国家的权力并没有伸延到州县以下，似乎存在什么“自治的村社”。

但是我们对清代的民事诉讼进行深入的具体的研究，一定会得出另外的观点：清代国家的专制权力牢牢地控制着每一个穷乡僻野，百姓无不在民事纠纷中感受到国家权力的存在，国家通过大力推行调处息讼制度把民事关系的调整纳入自己的权力范围。独特的调处息讼制度把国家权力与社会力量紧密的结合在一起，是在自然经济社会中国家对待民事纠纷的最好方法。

民事审判

州县民事自理案件的审理

州县“自理案件”就是州县全权管辖，可以作出发生法律效力判决的那部分案件；从《清律》五刑讲，就是笞、杖刑案件；从诉讼程序上讲，就是不必逐级审转，州县有权终审的案件；从案件性质上讲，就是民事案件及一些轻微刑事案件和治安管理案件，主要是民事案件。

表1　　**宝坻县自理案件分类**　　**嘉庆十五——二十五年**

偷窃	斗殴	赌博	衙蠹	田产	婚姻	钱债	忤逆
47	63	11	3	28	18	29	6

注：此表根据《顺天府全宗》档案统计，由于档案的散失，实际发案数当高于此。此分类也较粗，如斗殴中即有许多是因财产纠纷而起。

表2　　**洛阳府民事案件分类**　　**道光九——十二年**

婚姻	田土	继产	房屋	忤逆	斗殴	钱债	赋役	水利
9	9	14	3	1	6	12	4	2

注：此表根据李梦韶《判语录存》统计。李梦韶，道光九至十二年洛阳知府，表中所列为他办理的审转、上诉、发审案件中有关民事部分的。知府为第二审级。

这些类别的自理案件，州县如何审理？根据《律例》，以下的一些案件，州县有权施以笞杖：

凡斗殴以手足或他物殴人，不成伤者笞二十至三十；致伤（青赤而肿）者笞四十；殴人吐血、出血者杖八十。

凡偷窃未遂者笞五十，窃一两以下杖六十；十两以下杖七十；至四十两杖一百。

单方悔婚约笞五十；一女两嫁杖八十；良贱为婚（贱人娶良妇）杖八十并离异。

产业典、卖不清，混行争告，照不应重律杖八十；凡典卖田宅，不税契笞五十。

父母在世、子孙别籍异财杖一百。

立嫡子违法者杖八十，收养异姓义子以乱宗族者杖六十。

凡欺隐田粮（隐田瞒产漏税）笞四十至杖一百。

子孙盗卖祖产五十亩以下或盗卖义田，照盗卖官田律，每一亩杖七十。

凡脱漏户口杖一百，隐匿成丁者杖六十。

举人、生员欠应纳钱粮杖六十至一百；夏秋两季收粮拖欠限期，不足税额者，里长、户长杖六十至一百。

买卖把持行市（欺行霸市）杖八十。

借贷取利，月息不过三分，长年息不过十分（一本一利），违者笞四十至杖一百。

以上主要引自《大清律例》“户律”，有关斗殴和偷窃两条引自“刑律”。但在“户律”的另外一些条款和《户部则例》的有关部分中还有单纯的民事法律规范，没有规定笞杖，列举如下：

分家析产立“分书”已定，不许重分，告词立案不准。

卖产立有绝卖文契，不准找赎；文契未载绝卖，可以回赎。

父母健在，许令子孙析产者（但不得别籍），听（即允许）。

凡民人争告坟山，应以印契、山地字号亩数等为凭证。

无子者，可以选同宗昭穆相当之侄儿继承。

定婚应两家情愿，写立婚书，依礼聘嫁；男娶女嫁皆应由父母主婚。

这些条款也是州县审理自理案件的法律依据。认为清代只是“用刑罚手段调整民事法律关系”的观点是不够全面的，只注意到了《律例》中的“从消极方面”予以笞杖的制裁性规范，而没有注意到另外一些“从积极方面”的禁止性规范。

在清代民事审判中如何具体应用不同的法律规范？清律有一条极重要的规定——“断罪引律例”，必须援引一定的《律例》条文才可定罪判刑。民事纠纷本来不是犯罪，但由于可以施以笞杖，清代也就称之为“笞杖轻罪”，说是轻罪，终究与刑事犯罪有别。所以，民事审判也就不一定必须引用《律例》（上诉案例外）。顺天府档案的可贵之处在于向我们提供了清代县级审判的实证材料，展示了许多完整的民事诉讼案卷。档案史料说明，清代民事案件——州县自理案件的基本审理原则是调处与责惩相结合。州县官认为要打，就可以“薄责二十”或“重责四十”；认为不需要打，就不打。不论打与不打都伴之以调处，责惩与调处是一致的。具体到案件中，可能会是调处成分多些。有的责惩，有的免予责惩，还有的罚款、赔偿。《吏部处分则例》规定，“民间寻常词讼所犯之罪本轻，地方官酌量示罚以充桥、道、庙宇等工之用”①。档案中发现有光绪十二年宝坻县姜德观被孙成殴伤一案，县批罚孙成付五十吊养伤钱。② 总的说来，调处占有主要地位，辅之以责惩。康熙在一首《巡省江浙见闾阎稍有起色，示诸臣省刑爱民》诗中写道：

齐民但示蒲鞭辱，

报国应同竹节坚。

莫恃才名轻庶物，

冥冥中自有青天。③

他告诫官吏不要任情逞威，要省刑爱民，牧民只须轻拂“蒲鞭”就可以了。

州县民事自理案件的结案与判词

按照清代司法程序，对自理案件的结案形式，并无作硬性规定，而是强调“州县自行审理一切田土户婚案件”，即是“自行审理”，结案形式也就可“自行”规定。在清代州县审判中，通行的做法是在案件审理（包括调解）终结时，由当事人或其监护人、调解人出具甘结、保状、禀呈，表示悔过、服输或和解，州县官作出批示，即可结案。“甘结或保状加批示”就是自理案件的基本结案形式。

甘结是当事人向官府请求结案的法律文书，抄录嘉庆十六年一件甘结如下：

“甘结。具甘结人胡瑞今于与甘结事。依奉结得：武宽禀身赖伊耕毁豆子争吵一案，蒙恩审讯完结，身回家安分度日，再不敢争吵滋事，所具甘结是实。

嘉庆十六年六月二十四日

胡瑞（画押）

批：准结。④

又，同治四年甘结一则如下：

具甘结。萧聚仓今于与甘结事。依奉结得：窃身控萧聚川等捏契霸占房地一案，蒙恩讯明，身之房地身父在日将房卖与萧永亮，地卖与萧安各为业。身系屡次妄告，将身责惩，情愿出具妄告甘结，再不滋事，所具甘结是实。

同治四年十二月初六日

萧聚仓（画押）

---

① 《吏部处分则例》卷48。

② 档案《顺天府全宗》107号。

③ 《康熙诗选》，176页，沈阳春风文艺出版社，1984。

④ 档案《宝坻县全宗》。甘结中的“身”是具结人自称，与“小的”一样是清代法律文书中的常用的第一人称代词。

批：准结。[5]

两件甘结，后者是败诉的原告，受到责惩，表示服输；前者被告显系得理，表现出宽容的精神，两者都向县官作出“再不滋事”的保证，县批“准结”二字表示结案。

保状是由监护人或乡邻族党吁请保释结案，宝坻县嘉庆十八年八月查获夏连、李贵祥宰卖牛肉一案，予夏、李二人枷号示众。八月十三日有当地监生袁乐亭等人出面取保，具呈如下：

“为公吁天恩，法外施仁，乖怜愚昧……夏、李因宰卖牛肉，蒙恩将伊等枷示在案，生等（监生袁等人自称）何敢冒渎？今因夏连之祖母患病沉重，朝不保夕，伊系孤丁……仰恳天恩开一面之法网，施再造之鸿仁，生等情愿公保夏连、李贵祥日后永不作违禁之事……上呈正堂。”

私宰耕牛，律例严禁，重者徒流，轻者杖枷。[6] 本案属于州县自理的轻微刑案，宝坻县枷号夏、李二人也依律合法，但不是一枷了事，而是借此警告教育其他人，所以当监生袁乐亭第一次来保时，知县不准：

“夏连等宰卖牛肉本应从严惩办，本县念系愚民，仅予枷示已属从宽办理。该生等率行连名恳请保释，殊属不晓事体。不准”。

直到夏、李二人的亲属、地方头面人物数次上呈具保，知县才批：

“夏连等宰卖牛肉咎有应得，本应从严惩办，姑念夏连之祖母年老无依，且据尔等合词吁恳，听候从宽发落可也。”在予以责惩训诫后，八月二十一日当堂开释夏、李二人，批“取保疏枷”，此案告结。[7]

州县以责惩与调处相结合的原则审理自理案件，审理结束，是否要制作一道判决书、裁定书？迄今还没有发现过这样的“判决书”。就像斩绞重案以皇帝在三法司题本上的“批红”作为最终判决一样，民事自理案件，州县在甘结、保状、呈状上的批示也就是判决。这种批示通常称为“判词”。

清人好刊刻判牍，常见的不下百数十种，透过判词可以窥见清代基层社会的矛盾和民事、经济活动，这是它的史料价值。如《樊山判牍》、《吴中判牍》、《判语录存》等，确是作者为官自拟，剖析案情，明晰精当，文笔流畅，夹叙夹议，也算是上乘之作。有的是四六骈体，用典频繁，用来舒展作者才华，流露出怀才不遇的情调。著名的《吴中判牍》虽为实判，但系骈体。如钱阿五姐妹案，阿五姐妹因遭兵燹，被人拐卖与柳某，不堪虐待，经同乡协助逃脱，柳某追索甚急，阿五姐妹求诸官府，知县表示“此女必不可归”，掌责柳某，释放了阿五姐妹，其判词曰：

---

⑤ 档案《宝坻县全宗》。甘结中的“身”是具结人自称，与“小的”一样是清代法律文书中的常用的第一人称代词。

⑥ 《大清律例·厩牧·宰杀马牛》条。情节重者，杀牛四只者徒，十只即拟满流，已构成严重犯罪，当然不在州县自理范围内了。

⑦ 档案《顺天府全宗》57 号。

“（阿五姐妹）顿致泥途失足，相煎太急，摧残连理之枝，奋飞不能，盼断乡关之路，因而渡头晚泊。借问同乡，袖里书藏，暗通消息。落花已成泥土，谁惜残痕，小鸟得脱樊笼，仍思故宇，斯亦情有可悯而志有可嘉者矣……”⑧

执法虽公允，伸张了正义，但骈体判词总嫌与审判实际无大关系，似是作者在游戏笔墨。《樊山判牍》（包括“批牍”、“公牍”）基本上为散体，辩理脉胳清楚，判处拟罪准确，是民国后还被指定为法政学校参考书的。⑨ 但如果以为清代州县审理民事案件，每案都要批写出一道有文采、夹叙夹议的判词来，也是一种误解。在审判实际中，清代200多年间、全国1 000多州县，绝少作这样的判词，大多都是千篇一律的公式腔、书吏体。前所举宝坻县判词可见一斑，在档案中看到的多数判词甚至还要简略得多，再录几则如下：

准，从宽免究销案，仍取两造遵允，送查。

钱已清楚，伤已平复，姑准从宽免究，准息销案。

既据吁恳求息，姑准免究销案。

既经处明，即取具遵允送案，以凭查销，勿违。

既已休弃（指休妻）于先，何得以偷卖（指挥他人拐卖己妻）等情混控，殊属刁诈，本应重惩，姑念自行呈明，从宽免究销案。

准息。附卷。

既经尔等调理，两造均已允议，准，据票销案。

如结完案，倘有不符之处，定干重咎。

州县对案件的“批示”还有一种可称“批语”，是收案时或审理中所批拟的，常见的有“候，即验伤拘究”、“着原差刻日拘究”、“着原调处人协同词证查明理处”等。批语和判词虽有区别，但也并非截然不同，经常起着相同的作用。好的批语可在“讼起之初”就使之平释。这些判词批语都是清代州县审案的实录，最常见的就是“销案”、“附卷”等几字。至于长篇批语判词，有，但极少见。比如宝坻县道光年间一件民典旗地的案件，因例严禁旗民交产，县批拟长达一百余字的判词。另一件奸情案件，因事关风化，判词近二百字，当事人分别责三十板和掌四十。在其他一些较复杂的案件里，也有较长的判词。总的说来，这些批语判词毫无特色，与刊刻成集的判牍大不一样。对判词的一般研究都知道，判词从文体上分有骈体、散体，从性质上分有拟判、实判，但清代的实判大多如此简略却不为人所知。⑩

判词的衰落与清代统治者不提倡有关。当初唐朝以身、言、书、判作为取士的标准，

---

⑧ 《吴中判牍》，作者蒯德模，同治初署江苏长洲县，《清史稿》有传。

⑨ 清末以来判牍一类书印行得很滥，除收州县自理案件的判词外，还有批牍（案件批语和各种批文），公牍（上、下公文），应该分清。有的版本错谬百出，如竟有“杖二百徒十五年”、“流五千里”之说，清代何来这种刑罚？对这类书应辨别真伪。

⑩ 本节所引批语和判词等基本上均录自顺天府档案及获鹿县档案，包括宝坻、香河、蓟县、通州等地。另外，笔者曾见巴县档案（复印件）呈状判词格式以至用语均与顺天府大致相同。

使得如白居易等大家也以作判词为时尚。[11] 清朝对判词不重视，对地方官判词的格式无具体要求。科举考试中，判词只是虚应故事，至乾隆二十年乡会试“易表以诗，而去论、判”，二十八年“各省考试选拔生员删去判语”[12]，自此取消了唐以来科举考试中的判词一项。即使清初科考判词也纯属形式，所谓“点表数判”[13]，所重只在八股。笔者从档案中发现康熙年间会试朱卷中的判词：

《官员赴任过限》：“起处不遑，在公之盛节，即日就道，任职之大常，盖简书既已在身，则星轺自当夙驾。今某悠悠，迟迟吾行，乘疑遐于故里，无乃少游乎？恋丝竹于东山，其学安石耶？负父老阳春之望，孤儿童竹马之递，应计日以加笞，惩悠而戒惰。”[14] 应试者是举人，日后可能出仕民社，似这样半通不通的判词对将来的官宦生涯毫无意义。

以往对判词的认识只停留在文体文论上，如果从清代审判程序司法制度上对判词进行研究，是否可以有以下几点值得注意：

首先，关于判词的性质。判词（包括批语）是地方官对诉状的批示。判词与现代审判的判决书不同，判决书是专门制作的、送达当事人的法律文件，而判词批写在呈状上，并不送达。这种区别的实质在于，判词的形式不承认当事人有任何的诉讼权利，当事人连得到一份判决文书的权利也没有，判词是对“公文”（诉状、甘结）的批示，并留待给上司查核而备案。清代州县自理案件一般是口头宣判，有的州县“退堂后，即将谳语（判词）斟酌得当，次日贴于照壁”，或“过朱发榜，实贴头门”[15]，当事人可抄录。有的地方没公布判词，当事人花钱打通关节才得抄录。实际上，一般的简短判词抄去也无用，无须公布，只是州县案件审结存档的记录。如果不与当事人吁请结案的甘结禀呈结合起来看，单单几个字的判词起不到判决书的作用。

其次，关于判词的格式。法律对判词没有统一的要求，可以是精心雕琢的骈体，也可以是洋洋洒洒的宏论，也可以是少到不能再少的“附卷”二字。形式随便，说明清代审理民间纠纷所注重的在于申明人情物理，而非其法律程序。[16]

最后，关于判词的制作。听讼不委属吏，结案必有判词的地方官是有的，刊刻成书的判牍就是他们的作品。但是，正如我们已经知道的，批语判词多为刑名幕友所拟，无须地方官亲自动笔，所以档案中的判词都如出一辙。

---

⑪ 白居易有《甲乙判》之作。

⑫ 法式善《槐厅载笔》卷 1。

⑬ 点表数判，指将科举考试中的表和判，点一点，数一数就过去了，并不仔细评阅。

⑭ 档案《会试朱卷》，康熙甲辰科第 8 号。朱卷是统一差人誊录的密封试卷，既隐去应试者的姓名，也不可辨原卷的笔迹，不使考官作弊。

⑮ 徐栋《牧令书》卷 18。

⑯ 特别是刊刻的判牍经文人修饰，如笞杖只写“例干严禁，予以痛笞”一类。判牍中有些还收入命盗大案州县初审的看语、审语，这本是必须呈报审转的，与自理案件发生法律效力的判词性质不同，不得混淆。这些看语也大都经润色删改，已非原貌，引律例不准确，现存大量清代刑档可以印证。

调处息讼在民事案件中的适用

杨氏兄弟的田土纠纷：州县调处息讼的特点

嘉庆二十二年二月十七日在顺天府宝坻县城北五里厚俗里西河务庄外的农田里，杨氏兄弟发生了斗殴，兄长杨璞和儿子杨景震为一方，弟弟杨玮和儿子杨景仁为一方。弟弟杨玮说，你为什么要来抢我的地？哥哥杨璞说，这三亩地本来就是我的。兄弟相争不下，他们的儿子们按捺不住，动起手来，杨景仁用木棒打伤了杨景震。正在春耕的人们围上来把杨氏兄弟劝解开。地头的争斗平息了，但三亩地的所有权并没有解决。同年三月十一日，兄弟二人分别上县呈递了控告对方的诉状。

其时宝坻县知县公出。典史受权代审案件，受理了诉状⑰，派差役去西河务传唤证人。杨家兄弟的官司早已惊动了西河务的乡邻，一闻传讯，许多人也就进了县。三月十九日典史升堂审问，十一日事件现场见证人魏连生、张金梁等，地邻袁乐生，杨家兄弟的胞叔又系杨家族长的杨士化都到庭“作证”，杨氏兄弟也当堂进行了“辩论”。案情基本上清楚了：原来杨氏兄弟共同耕作八亩典地，兄占五亩，弟占三亩。后来原业主李姓要赎回地亩，兄长杨璞将八亩地契一齐交出，得钱私吞，弟弟杨玮得知当然不答应，兄长只好另拿三亩地补给弟弟。到春播时，兄长心中不服又指派儿子去抢种，于是就发生了地头上的这场恶战。

三月二十九日又升堂审问一次，案情无翻异，典史自然是对二人进行一番斥责训诫，但并未直接判决。与此同时，堂下也在进行着紧张的调处活动，监生袁怡、生员同谦光和其他一些当地头面人物李辉等热心人找兄弟多次调解，最后双方达成协议。监生袁怡领衔四月初七日具禀县里，禀呈略如下：

“生等因与杨姓均系亲谊，不忍伊等因此细故同室操戈，有乖骨肉。公将杨璞兄弟邀集一处，将伊等经分房产、地土、坟地逐一拨清，彼此均无争较。（景震）受有微伤，业经痊愈。蒙捕廉老爷（按指典史）查讯，伊等俱知愧悔，与其父叔均皆磕头认罪。杨璞兄弟亦皆悔悟，兄弟相睦，和好如初，生等素仰天台爱民如子，息事宁人之至意，是以下揣冒昧，公叩仁明老父师太老爷俯鉴舆情，曲全骨肉，施恩免讯。”

即日奉批：“既据理明，准其免讯销案，仍着杨景震等各具甘结送查。”⑱

杨氏兄弟的土地案基本审理——调解完毕了。这是清代非常普通的但又非常有代表性的一件民事案件，经过官府审理，又经亲友调处，财产分割清楚，矛盾消失，案件也就结束。由于杨氏兄弟的纷争已起诉到官府，所以叫作州县调处 。

州县调处息讼的客体是提起诉讼的民事纠纷，可算为诉讼内调解，以区别于不经官府

⑰ 按清朝法律制度，典史作为佐杂官严禁受理词讼，只有在正印官（知县）公出时才可受权代理，《律例》、《则例》都有规定。

⑱ 此案见《顺天府全宗》档案95号。

的诉讼外调解——民间调处息讼。由州县官主持和参与的调处息讼虽广泛适用于清代州县审判，但是，法律并没有规定它的程序，因而在审判中，调处息讼的形式是多种多样的。如果对各种形式的州县调处加以概括，从调处息讼的程序上，可以发现有一些共同的特点。

第一，州县调处息讼带有一定的“强制性”。本来，民事案件的调解必须双方完全自愿，法官只能促成双方当事人的互相谅解，但不得强迫。而清代的州县调处尚不是当事人完全自愿的调解，当事人的意志要服从官府的意志。当事人吁请息讼的甘结都申明自己是“依奉结得”，是遵照县官的审判结论才具结的，是遵命和息。经审理后，不仅败诉一方须具结保证不再滋事，胜诉一方也应具结，双方都承认官府审理的结果，双方也都表示和解。在这种情况下的息讼明显体现着州县审判的意图。

州县官为了促成和解，有时还“不准”状（不受理），批明不准的原因，掷还兴讼者，“善批者可以解诬妄于讼起之初”[19]，迫使兴讼者考虑官府的意图，与对方和息。不顾官府态度，硬要起诉甚至上诉，缠讼不休者，有是有，但很少。

第二，州县调处息讼的“优先性”。虽然清律没有规定调处息讼是必经程序，但州县自理案件的审理必定是先着眼于调处，只有实在不能达成“和解”，才会作强制性的判决。汪辉祖《佐治药言》论息讼：“词讼之应审者十无四五。其里邻口角，骨肉参商细故，不过一时竞气，冒昧启讼，否则有不肖之人从中播弄。果能平情明切譬晓，其人类能悔悟，皆可随时消释。间有准理后亲邻调处吁请息销者，两造既归辑睦，官府当予矜全，可息便息。”实际上很少有不经劝谕调处，直接判决的案件。为了不使民间纠纷变成不安定的因素，所以州县审理始终将调处息讼作首要考虑。

地方官大计考核时，“政事”一项以通达明治为上等，讼清狱结是其重要标志，“自理词讼随到随审，虚衷剖断，从不稽延拖累”的地方官可获大计一等、卓异。[20] 这种考核标准当然也促使地方官把息讼原则作为自己出治为政的追求。

第三，堂上堂下相结合的原则。州县调处息讼本是诉讼程序中的调解活动，但也常和诉讼外调解相结合，堂上堂下同时进行，互相补充。如果当堂不能和解，则命堂下调解，堂下经亲族乡邻调解后再回到堂上具结。本文所举杨氏兄弟争产案即体现这种原则，可谓官府和乡邻的力量一体动员，为调处息讼而努力。

州县官有时认为事属细微，不必在堂上处理，就批令乡里亲族去调解，或再加派差役协同乡保“秉公处理”，调处后回禀县衙销案。例如在田土案上批“饬差确查妥处”，在斗殴案上批“着乡保传谕安分”等。差役勾摄拘拿，人所共知，但一般还没注意到差役可扮演调处人的角色，其实“饬差查处”也是州县经常的做法，把已提起诉讼的民间纠纷又发回到民间去解决。“乡党耳目之下，必得其情，州县案牍之间，未必尽得其情，是以在民所

---

[19] 《牧令书》卷18。

[20] 《通永道大计清册》，见《顺天府全宗》档案12号。

处，较在官所断为更允矣。”[21] 在许多情况下“民间细故”在乡里调解可能较州县“堂断”更容易解决。

清代州县调处息讼的特点与现行民事调解有明显不同，现行民事调解（包括诉讼内调解和民事调解）具有合法性、自愿性与非必经程序的特点。所以，我们一般用“调处”而不是用“调解”来称呼清代的息讼活动。

广泛的民间调处

州县自理案件的调处是诉讼内调处，民间调处是诉讼外调处。在中国封建社会，“无讼”，是儒家传统的政治法律理想，然而面对纷纷争讼的现实社会，遵奉儒家传统思想的统治者则以“息讼”为要务。争讼者，多因田土户婚等“民间细故”，如争讼能在民间得以调处排解，国家绝不会认为这是对国家权力的妨害。实际上，历代政权都鼓励民间纠纷在民间解决，而不要起诉到官府。民间调处息讼由来已久，是中国古代最普通的一种社会生活现象，习以为常。随处可见，大约正因为如此，历代的国家的法律中基本上没有关于民间调处息讼的规定。只有一个例外，就是《大明律》中的“拆毁申明亭”的条款。洪武二十七年四月：“命有司择民间高年老人公正可任事者理其乡之词讼，若户婚、田宅、斗殴者，则会里胥决之。事涉重者，始白于官，若不由里老处分径诉县官，此之谓越诉也。”[22] 其时，“天下邑里皆置申明、旌善二亭”，里老于亭中剖决纠纷，所以刑律规定拆毁申明亭罪拟满流。朱元璋特别重视里甲老人调处民间纠纷的工作，大约与其农民出身有关，但事实证明，用国家法令来规定民间调处似乎是多余的，洪武后不久，至宣德中，申明亭已多废[23]。申明亭虽废，无妨民间调处的照常进行。

清朝政权在全国范围内确立以后，很快就认识到中国传统伦理观念的力量，利用伦理观念和家族的凝聚力来稳定社会基础，有时比军事和法律的力量还要强大。因此清代统治者承认并鼓励各种形式的民间调处，无论是家法族规的调处，还是村邻的调处，政府都不多予干涉，在社会中产生的民事纠纷就在社会中解决。推行民间调处不能认为国家法令所体现的国家权力就终止在州县一级，民间调处不受国家法令约束。其实，民间调处和州县官调处的性质一样，都是为了维护封建法制。中国古代国家的专制权力是建立在小农自然经济基础之上的，国家权力的巩固有赖于家族和农村社会的稳定。国家以强制性的权力影响、维护、保证社会基层的秩序，而不是直接“干预”人们的生活、具体裁决每一件民事纠纷，这样，专制权力更能显示它凌驾于整个社会之上的权威性。道光年间四川某地方官出过一则《劝民息讼告示》，他以自家切身的“经验”现身说法，向百姓们宣传息讼的好处：

“钱债、田土、坟山及一切口角细故，原是百姓们常有的，自有一定的道理。若实在被

---

[21] 《牧令书》卷17。

[22] 见顾炎武《日知录》卷8。

[23] 见顾炎武《日知录》卷8。

人欺负，只要投告老成公道的亲友族邻替你讲理，所以和息也就罢了，断不可告官讦讼……就算有十分道理也要忍气，牢牢记得本官的话，只要投告亲族和息就吃点亏总比到官较有便宜……本县在江西也是百姓，我家二百年来不敢告状讦讼，暗中得了多少便宜，也只是忍气的好处，你们不可辜负我教你一片苦心……”㉔

像这样言真意切的“告示”在清代很流行，有的还编成歌谣，给大家唱。在官府的推动下，民间调处更加盛行。

民间调处息讼作为诉讼外的调解，其形式是多种多样的，没有法定的程序，因各地民情风俗习惯而异，因调解人的身份地位而异，或祠堂公所，或田头村舍，只要能使纠纷平息，什么样的形式都是可以的。对于这种至今随处可见的民间调解，我们并不难以理解。

清代流行的乡规民约和家法族规，许多都有关于止纷争禁告官的规定。我们今天见到的族规多为江浙湖广等地的，这些南方省份由于历史的原因，宗族势力特别强大，人们聚族而居，世代生息在一个地方，宗法伦理观念和亲族关系是约束人们社会生活的重要准则，从下面摘录的族规中可以看到它的约束力量：

“族众有争竞者，必先鸣户尊、房长理处。不得遽兴讼端，倘有倚分逼挟恃符欺弱及遇事挑唆者，除户长禀首外，家规惩治。”㉕

“有不平先鸣户长，再投乡保，复论情实，从公劝释。”㉖

“或因小愤而涉讼，渐至破家，或因争产而涉讼，反至失业，‘讼则终凶’。”㉗

“族中有口角小忿及田土差役账目等项必须先经投族众剖决是非，不得径往府县诳告滋蔓。”㉘

“和乡里以息争讼。居家戒争讼，‘讼则终凶’，诚笃言也。如族中有因口角细故及财帛田产至起争端，妄欲涉讼者，家法必无禀明本房房长理处，或理处不明方许伊赴祠禀告祖先，公议其是非，令其和息。”㉙

“凡同族争闹不能和解，当先遍告族长、支长代为剖断曲直。倘不诉知尊长径自控官者，无论曲直，族长、支长传至祠堂重责，并摈祭若干年。”㉚

南方的族规如此，北方及其他地区的宗法势力或强或弱，但同姓、姻亲、乡邻等自然关系的作用同样不可低估。谁也不会怀疑，有大量的民间纠纷在没有提起诉讼之前，就已经在家族、乡里内部调处息讼了，呈诉到官的只是民间纠纷的很少一部分。这样的民间调处由于亲属身份的尊卑，宗族支派的远近，门房的强弱，嫡庶的差别以及姓氏大小，人口

㉔ 刘衡《庸吏庸言》。

㉕ 安徽桐城《祝氏宗谱》卷1。

㉖ 安徽潜阳《李氏族谱》卷1。

㉗ 江苏晋陵《奚氏宗谱》卷1，讼则终凶，出自《周易》。

㉘ 江西南昌《魏氏宗谱》卷11。

㉙ 浙江萧山《朱氏宗谱》第2。

㉚ 湖北获溪《章氏家乘》第1本。

多寡，财产状况，文化教育，与官府权势的结交等等情况都会造成当事人在调处中的地位不平等，调处可能的偏袒性甚至强制性是显而易见的。

清代州县以下设保甲组织，保甲查核户籍，稽察盗贼，但保甲处理民间纠纷却有限制。清律规定“一切田土户婚不得问及保甲”[31]；“民间词讼细事，如田亩之界址沟洫，亲属之远近亲疏，许令乡保查明呈报，该州县官务即亲加剖断，不得批令乡地处理完结”[32]。若州县辄将词讼批交乡地处理完结，依《处分则例》议处降罚。强调地方官亲自审理民事纠纷，是为了统一行使国家审判权。再者，保甲不同于宗族，也不同于德高望重的里甲老人，是一种行政组织，须防止这些推举出来的地方公务人员“藉事串诈，假公报私之弊”[33]。当然，实际上乡地保甲调处民间纠纷也是常事，是禁所不能禁的，州县官常批令乡地处理也极少见有处分。光绪十五年宝坻县知县章某在张立志、张洪园因五尺土地争殴的呈状上批示：“伤微事细，即自招乡保、首事妥了，毋轻涉讼。”[34] 乡地保甲的介入与清代鼓励民间调处息讼的原则没有根本性的矛盾。各种形式的民间调处是清代司法审判制度的一个方面，有关民间调处的各种习俗和伦理规范是国家立法的重要补充，是国家整个法律体系中的重要组成部分。

调处息讼与清代法制

调处息讼的社会作用

调处息讼的社会作用归根结底是使既定的社会秩序得到稳固。对于生活在专制权力下的从事小农自然经济的人民来说，调处息讼培养的不是“公民的法律意识”，而是传统的道德伦理观念。在封建统治者看来，如果人人都讲究“道德”，那么这个社会一定是父慈子孝、兄友弟恭、夫妇和谐、乡邻相亲的社会。在这个社会里当然应当排除不孝忤逆、见利忘义等等“不道德”的现象。移风易俗，化干戈为玉帛，防止民间细故酿成命盗大案，调处息讼是实现理想的社会价值观念的有力的、行之有效的一种司法制度。

从先秦到清，调处息讼在实行着，它的具体内容和形式可能有变化，但它的基本原则和社会作用不变，因为它总是在维持现存的社会制度和人们的社会关系。掌握专制权力的统治者提倡调处息讼，被统治的人民一般来说也乐于接受它（或者说无更好的选择）。那么，今天如果评价调处息讼的社会作用，就很难简单回答“好”或“不好”。从历史发展来审视，应该说，调处息讼是与其存在的社会相适应的，通过它来保持社会安定——实行法制，有利于这个社会在既定制度内的发展，尽管它所维护的秩序未必尽合理性。

清代调处息讼的主要案件是“田土”、“户婚”。我们具体分析一下这类纠纷中调处息讼

---

[31] 《大清律例·贼盗·贼盗窝主》条例。

[32] 同上，《诉讼·告状不受理》条例。

[33] 薛允升《读例存疑》卷39。

[34] 档案《顺天府全宗》107号。

的作用。

清代的婚姻案件主要不是“离婚”，也不是“干涉他人婚姻自由”，那时人们还没有这样的概念，更没有这样的法律。虽然《律例》对于“若夫妻不相和谐，而两愿离者，不坐（不治罪）”[35]，但绝少发现这样的史料。清代的州县自理案件（民事案件）和调处中的“婚姻”类案件主要是：休弃出妻、良贱为婚、妻妾倒置、抢婚夺婚、奸娶拐逃、辄毁婚约、图财逼嫁等等。在清代的婚姻案中，妇女不是作为享有平等权利的当事人参加诉讼和调处，而只是有关争纷的“标的物”。

顺天府档案中的两件婚姻案具体说明了调处息讼的作用。

道光十七年五月二十一日宝坻县厚俗里马营庄陈六的妻子李氏因“不能做重活”和不堪丈夫和婆母的“终日折磨打骂”，逃跑了。李氏才十六岁（按：其父的呈词说她仅十二岁），“去年腊月二十一过的门”，实在只能算是一个女孩子，无路可走，跑到奶奶家躲了起来。陈家控告到官，传齐陈、李二家，找回了逃走的李氏，经知县审理调处，公婆表示：“素日打架是有的，并不折磨，以后好好教导。小的猜疑（儿媳）被人拐逃，是错了，不该混告。”陈六表示：“小的将李氏领回教训，并不折磨。”李氏表示：“现情愿跟公公回家，听公公、婆婆、男人教训，不敢有违。”公婆、丈夫、妻子三方都表示了态度，各自具结销案。[36]

甘结当然都出自官代书之手笔，李氏是否甘心情愿尽可去怀疑，但对官府来说，重要的是一个分裂的家庭又“团圆”了，至于陈六夫妻以后是否和睦，李氏是否不再被打骂，官府绝无兴趣再去查访。只要通过审理和调处，不再使家庭的矛盾闹到官府，就会被认为不再扰乱既定的社会秩序了。

至于“自由恋爱”，当然更是为理法所不容，在《顺天府全宗》档案里发现过唯一的一件妇女为争取自身权利的案例：

光绪二十年宝坻县民女高锁儿许配给青年罗柏，后为锁儿的父亲嫌罗柏家贫，毁婚，但罗柏已与锁儿真诚相爱，他们不愿分离，于是双双逃走。高氏族人追捕抓回了罗柏捆打，逼他退婚。锁儿“情急”无奈，以“罗高氏”的名义去县告状，“叩乞仁明太老爷作主”。该案的审理结果可想而知：县令痛斥锁儿“实属无耻，不法已极”，将高锁儿交高父“领回速另聘”，罗柏枷责。[37]

高锁儿为自己的爱情而奋争，告状，她是勇敢的，但是“父母官”并没有为她作主。在封建法律和礼教面前，一个可怜无援的姑娘屈从了命运的安排，她违心地具结“小的再不敢妄为了”。对高锁儿和罗柏来说是爱情的悲剧，对知县、高父以至社会来说，却是传统纲常礼教和社会秩序的又一次胜利。知县对高锁儿的痛斥也就是一种说教训导，表明唯父母之命的婚姻的合法性不容动摇。

㉟ 《大清律例·婚姻·出妻》律。

㊱ 档案《顺天府全宗》99 号。

㊲ 档案《顺天府全宗》171 号。

清代的田土案件主要是为调整“合法的”土地所有制关系，这对于一个以农业为主要经济命脉的社会是至关紧要的。以封建土地所有制关系为基础的自由买卖的地权、地丁合一的税制、租佃关系、典押、雇佣、学田、公田、族田等等有关的民事权利，以及清代独特的旗地制度，都是法律保护的对象，调处息讼是解决民事案件的一种重要手段。从档案史料中摘引以下案例：

1. 嘉庆十五年刘明与王自成因所种10亩旗地（某贝勒府产）的承租权构诉。县审查明，刘家早在乾隆五十七年即将该地亩“引”与王家，得东钱六千五百，庄头谢某证明该地已办理了更换姓名，改由王家“认租承种，已经多年”，今刘明忽欲回赎，王自成不允。知县认为“引地即系私典，事干例禁”，但事隔多年，可以从宽免究。经过训饬调处，地仍由王家承种，王家付刘家东钱十八千文，各具结允服，销案。

2. 道光十三年宝坻县张俊炜呈控张美“欠租逞凶逃匿”。张美家属托人说情“又将所欠全年地租八十千文交齐”，张俊炜即请息撤诉。

3. 道光二十二年季庄卖与季云生土地一块22亩，“但未过割”，因应纳钱粮（田赋）不清而纷争呈官。县批“饬差（役）白厚存下乡与乡保传究”，后来白与乡保马得山“将两造邀集一处，从中调处，更名过割，起有印串（办理土地所有权的转移并将地契呈验加印)，“二人磕头服礼，并无异说，两相平允”。以此禀复销案。

4. 不详年月，雇主张鸿儒与雇工人霍希仁发生劳资纠纷禀控到案，经审理调处双方具结息讼，张不再雇霍，霍将已领工价钱八千文东钱（东钱每千文折实钱一百六十五文）退还张，二人“算明工价，两相清楚”㊳。

第一例是关于旗地典种，第二例是关于租佃关系，第三例是关于土地买卖，第四例是关于雇佣关系。第一例旗地一案，反映清代京畿地区普遍存在的旗地典卖的事实，事情发生在嘉庆十五年，在此前两年刚刚奏准“民人不准典买旗地”的条例㊴，清代对旗、民交产屡有所禁，但禁而不止，所以此案知县也以既成事实，事隔多年而不究。后三例各有不同，但都主要依靠调处息讼来解决，维护了以土地私有制为核心的各种民事法律关系：确保地主土地所有权和国家赋税的完纳（佃户不得欠租），土地自由买卖权（应验契取得合法性）以及雇工自由权（雇佣关系的建立不得强迫，协议不成就可终止）等。

以上案例均属州县自理，都在不同程度上采用了调处息讼，使得事态不扩大，矛盾不激化，案销即恢复了原有的土地所有关系，这就是调处息讼的意义所在。相反，田土纠纷解决不好酿成人命案件的屡见不鲜，有佃户殴死田主，看租人打死佃户，争佃相殴致死等等。《清代地租剥削形态》（乾隆刑科题本租佃关系史料）一书收集的近400件案例。都是与地租有关的命案，足资说明。㊵

㊳ 以上四案引自《顺天府全宗》98、97、185、95号。

㊴ 《大清律例·田宅·典买田宅》嘉庆十三年户部奏准条例：“旗地旗房，概不准民人典买。”如有犯者，俱照违制律治罪，房地银两一并入官。

㊵ 《清代地租剥削形态》，中国第一历史档案馆、中国社会科学院历史研究所编，中华书局1982年。

对于体现专制权力的各级官府来说，不但不希望这些命案的发生，最好根本就不要有纠纷，连调处都不必去作。因为专制权力要求的是人们的顺从。

调处息讼与国家法律的关系

关于调处息讼的原则、地位、程序，法律都没有明确规定，但是调处息讼无疑是合法的，是行之有效的一项司法制度。

首先，调处息讼是统治者倡导的。从顺治、康熙的圣训、圣谕到州县官劝民息讼的告示，都在倡导这一调处息讼的原则。

顺治颁布《圣谕六条》，康熙修定为《圣谕十六条》，雍正又阐发为《圣谕广训》，要求州县官每月朔望两次亲自向人民宣讲，并巡回下乡督查讲解，做到家喻户晓。[41] 圣谕重要的内容之一就是息讼。康熙《圣谕十六条》如下：

“敦孝弟以重人伦，笃宗族以昭雍睦，和乡党以息争讼，重农桑以足衣食，尚节俭以惜财用，隆学校以端士习，黜异端以崇正学，讲法律以儆愚顽，明礼让以厚风俗，务本业以定民志，训子弟以禁非为，息诬告以全良善，诫窝逃以免株连，完钱粮以省催科，职保甲以弭盗贼，解仇愤以重身命。”[42]

把“和乡党以息争讼”、“明礼让以厚风俗”、“敦孝弟以重人伦”等与“弭盗”、“完粮”并重，无疑，皇帝以最高的绝对权威肯定了调处息讼的合法性。无论是州县官府调处，还是民间调处都由此具有法律效力。

第二，调处息讼的指导思想是传统的道德，其力量有时比法律大得多，能在更广泛的领域内对社会关系进行调节。传统道德的核心就是以儒家思想为主的伦理纲常，简言之，即“礼”。以礼入法，中国封建法律儒家化，前辈学者已有精辟的论述。陈顾远先生说：“儒家既认为礼系节制约束之标准，为个人如何守分之标准，而又取事之所宜设为纲纪，此在名义虽不称其为法，实际上则已为法矣。”[43] 瞿同祖先生说：“我们如果细加搜寻便不难发现礼教与法律的关系。研究中国古代法律必礼书法典并观，才能明其渊源，明其精义。……后代编制法律时便将这些礼的规范采入法典中，礼加以刑罚的制裁便成为法律。”[44] 一般认为，自“一准乎礼”的唐律制定以后，儒家化的法典即已成定型，断狱决讼即以法律为依据。

或许是由于史料的欠缺，研究者一般没有注意，唐以后的民事审判具体依据什么？礼，还是法？从对清代民事审判的论述中，我们已经清楚地看到（如果不把礼、法放在对立意义上讲）依据的是“礼”，当然是广义的礼。本书所引大量案例、判词以及清人的论述都可以证明这点。州县审判民事案件并不具引《律例》条文，而是“准情酌理，判断自如”。除此而外，甚至还直接引经决讼，“经义决狱”是汉代著名的典故，岂不知在清代的民事诉讼

---

[41] 雍正《钦颁州县事宜》，宣讲圣谕律条。

[42] 《圣祖实录》康熙九年十月癸巳。

[43] 陈顾远《中国法制史概要》第3编，第1章，礼刑合一。

[44] 瞿同祖《中国法律与中国社会》第6章，第3节，以礼入法。

中也有经义决狱的案例并传为美谈。

汪辉祖谈到他在秀水县佐幕办过的一件疑难案件：陶某出继叔父，生有五子。陶某及其长子均亡故，例应由次子继承，但三子谋由己继，诡称次子一房应归宗本生。一时舆情纷纷，有袒次子者，有袒三子者，知县难以定夺，上司又催办。汪辉祖彻夜核拟也难折中，三子继承论理是欠缺些，但如不让次子归宗致使本宗有子孙而绝嗣则于情又不顺。汪辉祖忽然想到《礼记》中“殇与无后者，附食于祖”（原文见“丧服小记”篇，为“殇与无后者，从祖附食”）的文句，据此判定仍由次子继承，并兼祀本宗祖父。此案大为上司所赏识，也平息了多年的讦讼。[45]

这样的疑难案件，在当时如仅仅依“法”是难以平情息讼的，只有搬出儒家经典来进行论证才具有最高的说服力。这种做法不会被讥为迂腐，而是被推崇为“儒者之刑名”，那种只会按法考律，死守章程的不过是“公式之刑名”，而儒者之刑名则能“准情酌礼，辨别疑难，通乎法外之意”[46]。

乡规民约、族规家训作为封建伦理道德的规范化、条文化，不仅是约束人们生活的准则，也是调处纠纷，特别是民间调处的“法规”。国家法律既已融汇了“礼”的基本原则，调处息讼以“礼”为根本依据当然就不成问题了。

第三，调处息讼在国家权力的制约之下，受到国家的法制监督。中国历来没有独立于国家权力之外的社会、宗教组织，正统的伦理道德是经国家奉为官方哲学的。调处息讼作为一种司法制度，处在专制权力结构的层层制约之下。

从调处息讼的范围讲，是严格限定了的，即民事案件和轻微刑事案件，超出即为法律所不容。江西乡间曾“私立规条，贫人有犯并不鸣官，或裹以竹篓沉置水中，或开掘土坑活埋致毙，勒逼亲属写立服状”[47]。沉潭、活埋等私刑不只江西一地，许多地方乡规、族规中都有，并一直延续到清末及至民国。但是，私刑总是不合法的，私和人命也律有所禁。刑事案件的审理是国家对刑事犯罪的追究，不能私和及私刑。只有雍正五年的一条定例是例外，规定可以家法处死不孝子孙，但到乾隆初年就被否定了[48]，因为终归于国家的法制统一有抵触。

从自理案件审判监督上讲，调处息讼也是受法律制约的，我们已反复阐明州县对民事案件拥有完全的管辖权，是“自理案件”，但这是在国家权力监督之下的“自理”。对州县民事审判的司法监督主要是设置《循环簿》，州县应将受理的田土户婚等项案件，按月填入簿内，开明案由、已结、未结，月底报送知府（或者隶州）查核。自理案件的审理期限为20日，逾限则例有处分，不报送《循环簿》也有处分。雍正七年、嘉庆十五年都有关于申

---

[45] 《佐治药言》，读书。

[46] 《牧令书》卷4，居官致用。

[47] 《清朝文献通考》卷198。

[48] 《雍正朝起居注》，五年五月初十日。乾隆十一年定例：尊长指使卑幼殴死本宗亲属分别情形治罪，见《大清律例·斗殴·殴大功以下尊长》。

报《循环簿》的上谕。[49] 可见清廷似是试图以此项制度来监督州县自理案件。所谓《循环簿》实际上分为《循簿》、《环簿》两种，以便于分月呈报“循环轮流注销”。比如单月报送《环簿》，则双月呈报《循簿》，以此往复循环。

除《循环簿》外，我们从档案中看到还有“无四十两以下窃案申报”（因四十两以下窃案属州县自理），以及其他一些种类的呈报册簿。所有这些册簿都填写得工整清楚，并且还扩大了呈报单位，不仅报该管府、州、还直接报督、抚、司、道。但是如果稍加研究就不难发现，这些册簿都如出一辙，公文套语，甚至全年文稿均已事先拟好加印，只待按月发出。顺天府档案中发现嘉庆十九年八至十二月、二十一年三至七月、二十五年六至十二月等月份宝坻县“无四十两以下窃案申文”底稿即显系一次拟就，以后分月抄报的，已经没有任何实际意义。[50] 毋庸置言，这些文稿册簿均出自刑名幕吏的手笔，上司的批复也同样，至使查核监督流于形式。不过从制度本身讲，是要将州县自理案件置于法制监督之下，不致因州县“自理”而任情妄断使调处息讼与国家法制相矛盾。

讼师及其“秘本”

清朝统治者竭力推行调处息讼制度，一心想使社会达到清平无讼的境界，但清代社会上却有一批专门架词唆讼的“讼师”。用法律保障人民的诉讼权利是民主制度的产物，如刑事诉讼被告人有辩护权、陈述权、人身不受侮辱权、人格尊严权、申请调集证据权、上诉权、申诉权等等；民事诉讼当事人有委托代理权、辩论权、申请回避权、请求调解权、申请执行权等等。正是由于人民行使诉讼权利的需要，产生了近代的律师制度。在中国古代社会的专制权力之下，从来只有君权，没有民权，一旦不幸涉讼更是处于听审受刑的地位。刑事被告身陷图圄，刑求逼供，自无“权利”可言，民事诉讼当事人同样被纠问，他们寄希望于官府为自己“作主”。至于像“狱囚取服辩”、“叩阍”、“登闻鼓”等规定，与其说赋予了人民什么诉讼“权利”，不如说是人民向官府“称冤”寻求庇护的一种方式。在人民不能行使自己诉讼权利的情况下，出现了中国历史上特有的“讼师”。在当时的经济、文化、交通条件下，试想一个来自穷乡僻野的老百姓不得已而涉讼，他不能不请人“帮忙”，或者说一定有人愿意帮他的忙，因为他一点也不懂得“法律知识”。

古代“讼师”与现代律师根本不同点在于，讼师没有合法的诉讼地位，不能受委托充当辩护人和代理人，法律甚至根本就不允许讼师的存在。历代法律最大的限度是认可“代作词状”，这也实在是没有办法的，因为“乡民不能自写呈词者”太多了。《唐律疏议》对“教令人告”得实者赏，事虚者罚，惩“为人作词牍加增其状者”和“受雇诬告人者”[51]。

---

[49] 关于循环簿，《吏部处分则例》卷47和《大清律例·诉讼·告状不受理》条约有规定，循环簿又称号簿。

[50] 《顺天府全宗》123号。

[51] 《唐律疏议·斗讼》。

《大明律》设“教唆词讼”条，“凡教唆词讼及为人作词状，增减情罪诬告人者，与犯人同罪”。只是有限制地承认“代作词状”，“其见人愚而不能伸冤，教令得实，及为书写词状而罪无增减者，勿论”[52]，允许“教令得实”目的在于鼓励告发奸慝。清律承袭了唐、明律的规定，又增纂条例来限制、严惩讼师的活动，法令中首次出现了“讼师”的名称[53]虽然以前早已有了这一类人。

清代“讼师”名称的出现和清律的严惩说明讼师的普遍存在，其原因与幕友的出现有其相类似处，可以从清代人口激增，士人寻找出路来考虑，求售不得，其上乘或学幕佐治，其下乘则飞诡钱粮（包税）、包揽词讼（讼师）。由于包揽词讼能谋得好处，所以乐于充当讼师的也不只是不得志的士人，在家闲居的官员、文武生员、举人、乡约、保甲、豪强、代书人，以及胥吏等等都可能充当讼师。不过，由于讼师的非法和打击的严厉——一旦案发则罪至军流，所以谁也不会承认自己是讼师，至使讼师朦胧着神秘的色彩。我们从档案史料中选录几件关于讼师的材料：

雍正五年江西南昌查获一件赌案，牵涉多人，按清律条例，聚赌可罪拟满流，当事人找到南昌一个卸任闲居知县汪某斡旋，汪答应要银6 000两“可上下衙门一总包管无事”，说合了结此案。[54]

乾隆三十二年广西陆川县屠户陈光升、陈应通父子因与邱家争修小堰讦讼，业经讯结，陈应通不服，大闹公堂，从其家搜出状纸数十张，多为代告田土、户婚细事。[55]

嘉庆三年直隶获鹿县西关白源充当乡约，仗势欺人，私抽牙税，又公然顶撞知县。白听说京城德胜门外居住之孙洪泉可以代办呈词，即到京央求孙洪泉至省城作呈，孙又找到义子王嘉瑞代拟呈稿，诬知县“借银不遂挟嫌收禁”。孙、王得银500两、轿车1辆、骡1头。孙洪泉又让其表弟卢仲南将呈词修改，许给银50两。案发后各犯均拟充军。[56]

道光八年陕西某县民赵岭之妻徐氏因与李本智争灌渠水互骂，徐氏气愤投水自尽。赵岭的族弟赵灼教唆赵岭诬告李本智将徐氏投入水沟淹死，赵灼拟教唆诬告。[57]

同治八年广西昭平叶、谢二家争坟山一案，缠讼多年，原因之一就是两家背后都有讼师教唆。谢家的谋主是讼师沈步云、朱色远，为之造假契，倒填远年（道光二十二年）日期以老茶染旧，熏以煤烟，沈得谢家钱后又暗中与叶家通风报信取酬。叶家依仗的是讼师张坦，张是临桂县生员，闻讯，潜住昭平，坐镇叶家指挥。[58]

可以看到，这些讼师的身份不尽相同，活动方式也不完全一样，甚至可以扮演“调解

---

[52] 《大明律集解附例·诉讼·教唆词讼》。
[53] 《大清律例·诉讼·教唆词讼》条例。
[54] 雍正《朱批谕旨》17册。
[55] 档案《朱批奏折》，法律类，审办，12号。
[56] 档案《朱批奏折》法律类，审办，20号。
[57] 《刑案汇览》卷49，诉讼。
[58] 张丹叔《问心斋学治杂录》。

人”的角色，但其目的一般都是为了获利。讼师唆讼有其一套伎俩，“多系以虚为实，以无为有，颠倒是非，播弄乡愚，因得售其奸”[59]。

清朝统治者认为暗中流传的讼师秘本是一大祸害，应查禁销毁才可“拨本塞源”，乾隆七年纂为条例：撰造刻印讼师秘本罪拟满流，并列举了一些秘本书名，如《警天雷》、《相角》、《法家新书》、《刑台秦镜》等。[60] 这些被查禁的秘本大概现已销毁无存了。笔者近在图书馆发现了一本题为《新镌透胆寒》的小书，署名“湘间补湘子原本，大观堂梓行”，无刻印年月，4册，约170页，木板水印，纸质刻印极粗劣。其内容是举某种案情，虚拟一告（原告）一诉（被告）两词，互为辩论，分为奸淫、贼盗、人命、坟墓、房屋、婚姻、田土、钱粮、苗木竹叶、刁拐、赌博等类，共180余例，略录几例如下：

1. 强奸案

《告》：“为破节事。阿孀不幸□良，自觉风无声目无色。狂童某某逾墙，夜入阿房，碎裩强行破节，比号遍觉，踢户被逃。奈□门者受伤而退，致誓舟者抢恨而仇，顾墙□之羞不自掩，而玷玉之罪□恶。容乞怜未亡人，大振无私法。”

《诉》：“为栽奸事。孀妇捏我强奸，有合必有双，若只影谁服？奸恶某某，逋身本银若干，□取图骗，计拴伊嫂居孀，陡捏身强奸，诳切骗恨。指裩碎赃，那家没有几块？虽赵云不能踢户而逃。奸恶图骗之媒，毒孀嫁祸之魁。虚情而坐恶，宪劓烟花。”

2. 贼盗案

《告》：“现获赃名事。贼偷杂物，遗袋一条，上书姓名某某，据名以告。”

《诉》：“拙妇晒袋，路旁夜失。收管遍访四邻皆知，失袋过三日，讵系恶贼拾去偷物而遗。上有姓名，失主指名而告为贼，冤枉事也。”

3. 人命案

《告》：“立杀父命事。某月某日凶恶某某挟前隙与身父辩，横下狼心致身父立毙，地邻某某惨证，可怜头裂髓流。国不加民以无辜之死，擅行大辟，登时气绝。”

《诉》：“为真人命假凶手事。（死者）与身夙隙未平，陡遇孤身，肆恶横加毒打，身幸经人劝释逃回，群凶逐身不及，某某掷将秤锤（不意）将（己）父劈颅致死。某某虎心难驯，狼心反噬，自有公理，爰书必无屈断。”

这本辗转抄刻的讼师秘本，文词鄙陋，令人不忍卒读，我们之所以还愿意摘录几则，是因为难得展示一下这类秘本的原貌。一告一诉，任意黑白，各取所需，讼师如果按此蓝本包揽词讼，确实可以玩弄两造于股掌之中。这类讼师秘本与前已讲过的幕学秘本还是有区别的，幕学多少还有可取之处，而讼师只能教人架词构讼。

讼师为害突出的反映在呈词诉状上，但乡民告状又不能没人代书，于是清朝官府试图以控制代书人来查禁讼师。雍正七年定例：

---

[59] 薛允升《读例存疑》卷40。

[60] 《大清律例·诉讼·教唆词讼》条例。

“内外刑名衙门，务择里民中之诚实识字者，考取代书，凡有呈状，皆令其照本人情词据实誊写，呈后登记代书姓名，该衙门验明，方许收受。无代书姓名，即严行查究。其有教唆增减者，照律治罪。”[61]

考取者取得“官代书”资格，虽称“官”代书，并不是衙门中人，仅是在官府备案，具有办理代书业务的合法身份。明代“代写词状”人的身份还是不明确的，现存明代诉状上印有“状内无写状人的名者不准”一条[62]，“的名”就是确切的姓名，那时还没有“代书人”、“官代书”的专称。清代官代书的设立，使律文中关于“为（人）书写词状”的条款制度化，从而确定了代书人的法律地位。官代书写状用一定格式的状纸，每个代书备有自己专用的“戳记”加印在状纸上，像是商标一样。

官代书确实也在相当程度上获得了代写呈词的“垄断权”，清代状纸上印有“无官代书戳记者不准”。现存《顺天府档案》、《获鹿县档案》中的呈词、诉状及保状、甘结基本上均出自官代书之手。甚至缙绅（在家的官员）、职官投诉民事纠纷，也要请官代书执笔诉状，因为他们也不见得熟悉呈词诉状上的公式套语。[63] 官代书一般长期在一个衙门口操业，阅历既久，如同老吏，衙门内外事情一定会了若指掌。从档案中看，宝坻县官代书朱士先等都身历道光、咸丰朝四十多年。所以地方官对官代书也多加防范，“严谕代书，无论原、被，只要据事明白直书，不许架空装点”[64]，应“令官代书据词从直书写”[65]，唯恐官代书变成讼棍。官代书如不称职，会遭斥责革退，嘉庆十七年宝坻官代书郭庆安、赵松年均因呈状不妥受责，知县曾批示：“该代书并不询明根由，混行缮写殊属不合，从宽记责，倘再玩忽，定行责革不贷！”[66]

建立官代书制度的目的是根本上杜绝讼师，当然这不可能，因为讼师暗中活动的方式多种多样，也并非只有代书人才当讼师，前所举讼师的例子足以说明。讼师禁而不绝的原因也应从社会需求来考虑，清代的经济较前大为发展，人口激增，人们的法律关系也必然复杂起来。但是，在旧的社会模式藩篱下，原始的“专业法律工作者”只能是代书人、刑名胥吏、讼师这类人。不过，他们并不是代表新的社会阶层，仍是旧的政治法律制度——专制权力结构的附属物，他们社会地位卑下，加之他们自己的作为，所以讼师被称为“讼棍”[67]，为人们所不齿，社会上一提起“吃官司饭”的人都是痛恨鄙夷但又无可奈何的。

---

[61] 《大清律例·诉讼·教唆词讼》条例。

[62] 档案《明代文件》9号，万历七年徽州府休宁县诉状。

[63] 官吏告状应由家人“抱告”（代理）不许用公文移送，见《大清律例·诉讼·官吏词讼家人诉》，既为“以存其体”，又为“以抑其私”。既由家人代理，更需求助官代书。

[64] 黄六鸿《福惠全书》卷3。

[65] 《牧令书》卷18。

[66] 档案《顺天府全宗》185号。

[67] 把讼师称为“协助人办理诉讼事务的人”，把讼棍称为“挑唆人兴讼从中谋利的人”（见1983年《辞源》第四册）这种区分没有多大意义，虽然清人也有“不愧讼师之名”，讼棍“安得以‘师’字加之”的说法（见《牧令书》卷18；王有孚《一得偶说》）但在清《律例》和社会上称讼师即有贬义，无讼师、讼棍的区别。

调处息讼的民族特点

调处息讼作为一项司法制度，确实独树一帜，具有浓厚的东方特色，为世人所瞩目。如果西方法学家观察，一定会为之耳目一新，犹如发现一个新天地，特别是民间调处（诉讼外），不请律师，不上法院，总之不是靠司法的力量，而是靠社会自己的力量。可见，调处息讼的民族特点是多么鲜明，实际上已非仅仅作为一项司法制度、审判原则而存在，而是成为人们的一项生活准则和民族传统文化的组成部分。

调处息讼的历史渊源几可追溯到我们民族文明发展之初，早在《周易》论“讼”，就有“中吉，终凶”之说，主张“讼不可妄兴”，“讼不可长”，应适可而止，健讼者必有凶象。“讼”与“狱”相对而言，“争财曰讼”，讼即指财产等民事纠纷。讼虽终凶，但不可避免，《周易·序卦》又说：“饮食必有讼。”注曰：“有生则有资，有资则争兴也。”讼即起，当然要审断，即“受之以师”（出处同上）。《周礼·大司徒》进一步将讼之起归结为“不服教”所致，“凡万民之不服教，而有狱讼者，与有地治者（地方宗藩封建主）听而断之，其附于刑者归于士（司刑之官）”[68]，这里把教化（伦理、道德、礼制）观念引进了人们的财产关系中间，论“讼”则不单单注意“资财”关系。

我们民族传统文化的奠基者们就已经注重“息讼”，防患于未然，礼乐教化先行。孔子感叹道：“听讼吾犹人也，必也使无讼乎！”无讼实际上做不到，只得劝民息讼，而礼乐教化则是息讼的根本。先秦典籍中关于教化的论证极多，《周礼·大司徒》规定“以祀礼教敬则民不苟，以阳礼教让则民不争，以阴礼教亲则民不怨，以乐礼教和则民不乖，以度教节则民知足”等等所谓“十二教”；又有以六德（知、仁、圣、义、忠、和）和六行（孝、友、睦、姻、任、恤）“教万民”之说。这些经义开以后帝王《圣谕广训》一类之滥觞。《礼记·曲礼》论述礼的作用是“定亲疏，决嫌疑，别同异，明是非”，又特别指出“分争辩讼，非礼不决”。《礼运》篇也阐发礼义的意义是“正君臣，笃父子，睦兄弟，和夫妇，设制度，立田里”等等，为我们追述（实际是憧憬）了优美的“大同世界”。

汉代以降，儒家的这些经典著作的理论被奉为正统，向全社会灌输，其影响不可谓不深远。从汉到清凡危害统治秩序的犯罪交付国家以法治罪，而因财争讼的民事纠纷则由国家和社会，甚至主要依靠社会来以礼调处，国家专制权力下的法律建设的重点在刑法。国家依靠礼教不仅可以息讼（民事纠纷），而且可以“预防犯罪”。在传统的农业社会里，商品经济相对不够发达，日常可见的民事纠纷在家族、邻里的范围内就可以解决了，制定单独的民法典、民事诉讼法典的要求，还没有提到社会发展的日程上。

礼乐教化的宣传，调处息讼的实行已深深影响到我们民族的心理素质，书香门第自不

---

[68] 这句话也区分了民事、刑事诉讼，狱讼触犯刑法者则由刑官审理，说明西周当时在分封的各级封建领主（有地治者）之外，还有国家行政系统的士师等官吏。

必说，就是村夫牧子、引车卖浆者流也能通过“融四岁，能让梨”，“礼之用，和为贵”等蒙学读物来深明礼教之“大义”。对于当事人双方来讲，一般有这样一些“诉讼心理”：如家丑不可外扬，尽管家庭（族）内部纷争不已也要尽量对外掩饰；屈死不告状，宁愿不分是非曲直也不愿撕破情面；宁可“私了”不愿“官了”，视涉讼为个人和家庭（族）的耻辱；服输赔礼，得理让人，平情消忿，等等。正如清人所说：“以情而论，在彼未必全非，在我未必全是。况无深仇积怨，胡为喜胜争强，我之所欲胜，岂彼之所肯负乎？以此平情，其忿消矣。”[69] 这种心理不是个别人特有的，而是全社会共有的；也不是某一时期流行，而是二千多年来经久不衰的，这样经过社会的长时间的积淀，终于成为一种民族的传统心理。有争应平，有讼应息，非常容易为大家所接受。我们今天也并不怀疑调解所能起的积极的社会作用，因为我们自己也从小就养成了这种“习惯”。

对于直接受理民事案件的州县官来讲，审断词讼时首要的是公正，“讼”，公言也，公允、折衷、调和是一致的。儒家经义教育出的州县官出官为治，即为百姓“父母”，百姓以“父母官”称之，他们自己也以“父母”自视。国家官吏和他治下的人民之间，似乎被化作了一个家庭的模式，州县官是这个“大家庭”的“家长”，州县官作为一位威严的“父亲”，把他受理的民事案件当作自己的“家庭纠纷”，正是在这个意义上，他主持官府调处，倡导和督察民间调处。即使是杖枷责惩，与其说是执行国家法制进行惩罚，莫若说是一种“家庭教训”，因为自古以来“刑法不可废于国，鞭扑不可弛于家”，国法、家教并论。州县杖枷责惩既“教育”犯者本人，也更着眼“教育”大多数人。清代州县官很讲究大堂办案，为的是能“日与百姓相见”[70]。凡有杖责人时“坐大堂对众杖之”，如“不教不悌者”还要“遣出头门重杖”[71]。枷示者闹市戴枷，为的是在众目共睹之下，使路人都能有所炯戒，当然也可“示以不测之威”[72]。打的目的是为了和，为了促进息讼。

调处息讼体现儒家学说调和、折衷、公允的哲理，也孕含道家“无为而治”的政治哲学，调处结合责惩当然也显示法家的严峻，以儒为主，兼及道、法，汇和而成了中国封建社会正统的政治法律思想。作官为宦者心领神会这正统的思想，调处息讼已成为他们审理民事案件时自然的出发点，是内心政治理想的体验。深文刻法，拘泥律条，不通“情”达“理”，无论如何也不会被时人所推崇。

从统治者与被统治者双方的心理状态讲，调处息讼均已根植稳固。通过对清代调处息讼的全面考察，可以看到产生这种共同心理状态的经济、文化、社会结构的基础。2 000多年以来的农业社会、家族本位制度、礼为核心的价值观念、国家政权的专制权力结构都没有根本性的变化，与此相联系的调处息讼制度也就没有什么变化。传统社会的调处息讼排斥以等价交换原则为基础的平等的民事权利观念，因为不讲重义轻利就无从讲调处，从而

---

[69] 黄六鸿《福惠全书》卷11。

[70] 高廷瑶《宦游纪略》卷上。

[71] 《牧令书》卷18，叶镇《作吏要言》。

[72] 同上书卷17，刘衡《理讼十条》。

说明，调处息讼是商品经济不发达社会的产物。全部现代民法、民事诉讼法的根本点就是权利的平等，人权以及物权的平等，而在公开申明超经济的等级身份的社会里，民事法律规范难以有长足的发展。从这个意义上讲，调处息讼又是法制不够发展的产物。对于生活在传统社会的人们，如果涉讼，最好的选择就是调处息讼；如果身罹重狱，则只能翘首仰望紫禁城里的皇帝和司法官员为自己作主，这就是那个时代人们的“法律意识”和“法制观念”。所以，在专制社会里，赶上了康乾盛世，又能在于成龙式的清官治理下的百姓们是幸运的。

不过，调处息讼制度在讲求民主与法制的现代社会里，也不应当轻率地断言已失去其存在的基础和意义，因为它已融于民族文化传统和社会生活方式之中。一个民族的历史传统在某种意义上说是超越时代的，它可以适应时代的变迁，不断调整，充实新的内容，作自我更新。

曾尔恕

盎格鲁撒克逊时期英国的法律制度初探*

简介

曾尔恕，女，1946 年生人，汉族，祖籍四川。中国政法大学教授兼图书馆馆长，博士生导师。兼任全国外国法制史研究会副会长，中国监狱学会监狱史学专业委员会委员。1982 年于中国政法大学外国法制史专业研究生毕业，获法学硕士学位。长期从事外国法制史的教学与研究。研究方向为外国法制史、英美法律史、比较法。主编《外国法制史》教材多部；著有《社会变革之中的传统选择——以外国法律演进为视角》、《历史上最具影响力的法学名著 30 种》、《汉穆拉比法典》（勘校）、《常识》（编译）等；发表论文《试论独立宣言的思想渊源与理论创新》、《英国的法治传统及其在北美殖民地的保留》等三十余篇。2007 年教育部人文社科项目《中外司法改革对社会变革影响的比较研究》负责人，2007 年教育部哲学社会科学研究重大课题攻关项目《社会转型与法律变革研究》子课题负责人。

* 原发表于《内蒙古大学学报》（哲学社会科学版），1989（1）。

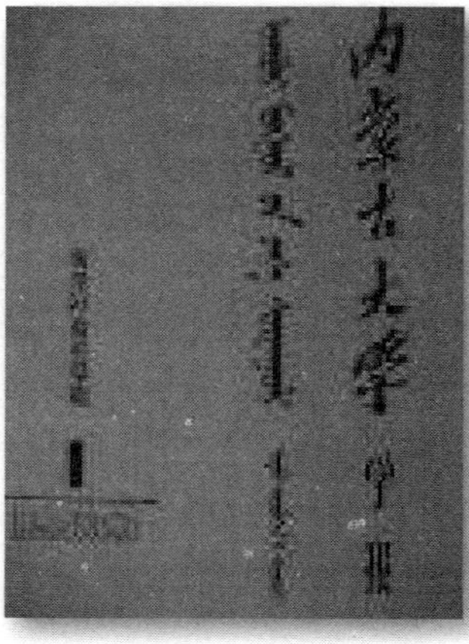

公元三世纪起，日尔曼部落不断侵袭罗马帝国，他们整族地进入罗马帝国境内，成为帝国的“同盟者”，为其驻守边防。经过一个多世纪人口的繁衍，对土地日感不足的日耳曼人开始了规模浩大的民族大迁徙。盎格鲁撒克逊部落联盟便是其中一支远征大军。他们由部落中的长老（Principes）或千户（Pagi）中最有名望的人担当远征首脑，以武力入侵的形式，渡过北海，和裘特人等日耳曼部落征服不列颠岛。民族大迁徙之前就开始瓦解的盎格鲁撒克逊人的氏族制度，在征服中崩溃了。七世纪初，在不列颠形成的诸小王国合并为七个王国，即西撒克斯、南撒克斯、东撒克斯、麦西亚、诺森伯里亚、东盎格里亚和肯特王国。除肯特王国外，前六个王国均为盎格鲁撒克逊人所建。公元829年盎格鲁撒克逊诸王国由西撒克斯国王爱格伯特统一成为一个国家，与入侵的丹麦人进行了长达二百多年的斗争，丹麦王死后盎格鲁撒克逊贵族恢复英王统治，直至一〇六六年诺曼底公爵威廉征服英国。盎格鲁撒克逊人统治英国长达五个多世纪，研究这一时期英国的法律制度有助于了解英国封建法律制度形成的历史。由于资料和作者的水平所限，本文只能就以下几个方面对盎格鲁撒克逊时期英国的法律制度做初步探讨。

一、盎格鲁撒克逊时期英国的土地所有制

盎格鲁撒克逊时期氏族农村公社的土地制度逐步瓦解，英国的封建土地所有制开始形成。

在七世纪初形成的诸王国中，国王享有大地产。有最早颁布的肯特国王《埃塞伯特法典》（约公元602—603年）为证：法典第十一条规定，“任何人如和国王的磨坊女奴同眠，罚二十五先令”①。国王既有磨坊和专事磨坊劳动的女奴，可以断定国王拥有大地产。贵族也有地产。《埃塞伯特法典》第十三条规定：“如果有人在贵族的地产里杀死人，罚十二先令。”②

自由民在农村公社中占有大致相等的份地。份地称作“海得”（hide），据《土地赋役调查书》记载，相当一百二十英亩。份地位于农村公社附近。村社边远的土地用作公共牧场，林木用作柴草或建筑材料。所有的份地有规律地轮种同一种农作物，由自由民共同耕种共同收获。份地的地界犬牙交错，在毗连的份地周围，份地的主人有义务围圈栅栏变耕地为公共牧场。西撒克斯王伊尼（688—726）颁布的《伊尼法典》（公元602—603年）第四十

① D. Whitelock《English Historical Documents，C·500—1042》I，London，1955，p.357.

② D. Whitelock《English Historical Documents，C·500—1042》I，London，1955，p.358.

二条规定："假如在刻尔们[3]公有的草地或其他已经分成份地以便圈围的田地上，有些刻尔已经圈围了自己的份地，而有些刻尔没有圈围，如果〔牧畜〕吃光公共庄稼或青草，对缺口有责任的人应去对那些已经把份地筑起篱笆的人赔偿所造成的损失。"[4] 份地的户主死后，土地只能在男系后嗣之间平分，除非在有邻人参加的情况下，由赠与人履行放弃书。受赠人履行接受的正式礼仪，否则份地不得转让。[5] 由此可见份地的户主只对土地享有占有的权利，份地是由家族世袭使用的，土地的所有权受到公社习惯权利的限制，氏族对土地共有的习惯仍然继续保留。这种保留着农村公社土地所有制习惯的土地，法律史上称作"民田"(Folkland)。

七世纪下半期，加特力教在英国建立。由于基督教化符合盎格鲁撒克逊社会统治阶级加强王权的需要，因而教会得到国王和贵族的支持，从他们那里得到大量赐予的土地。这种土地称作"书田"(bookland)，意即由国王授予赐地敕书(Charter)，贤人会议批准的土地。以后赐地的对象发展到贵族。有些英国学者把接受书田的人称作国王的总佃户"(Tenants-in-Chief)。[6] 肯特王的《维特列德法典》规定，教会享有"免除一切赋税"的权利。麦西亚王乌特里德在赐给他的亲兵伊斯孟德土地的文书中写道："此地居民免除对公家的一切贡纳，并免除一切对国王或公侯的劳役，但是修筑桥梁，防守城堡，并不包括在内。"[7] 书田是世袭的，这在赐地文书中也有明确规定："这块地段共有五个海得，我今赐他对该地享有宗教权利。当他在世时，他可拥有这个地方，在他去世之后，可以将这块地产传给他的儿子和孙子，不管他们是谁，由他自己指定。"[8] "书田"所有人对所赐土地享有绝对所有权。可见，与前面提到的"民田"不同，"书田"已脱离了氏族关系的束缚向封建土地所有制大大迈进了一步。赐地的结果导致领主(Lord)阶级的产生，受封的贵族向封地上的自由农民征收沉重的赋税，加速了自由农民的分化，越来越多的自由农民丧失份地而依附于领主。

七世纪末年，自由农民占有的份地数额已相当不均，他们可以离开自己的份地，但土地仍不属私有。为保障充分利用公社的土地，法律规定自由农民在离开自己的份地前，要在所占份地百分之六十的土地上播种。这在《伊尼法典》中已有反映：法典第六十四条规定，"一个占有二十海得田地的人，如要离去，必须将十二海得田地播上种。"法典第六十五条规定，"一个占有十个海得田地的人，必须在六个海得田地上播上种"[9]。

九至十一世纪，在诺曼——丹麦人入侵英国的三百年间，盎格鲁撒克逊社会封建化的

---

③ "刻尔"古英文为 Coerl，即盎格鲁撒克逊人中的自由农民。

④ 《外国法制史资料选编》上册，194 页，北京大学出版社。

⑤ William F. Walsh《Outlines of the History of English and American Law》pp. 21—22.

⑥ William F. Walsh《Outlines of the History of English and American Law》p. 27.

⑦ 齐思和《英国封建土地所有制形成的过程》，《历史研究》1964 (1)。

⑧ 齐思和《英国封建土地所有制形成的过程》，《历史研究》1964 (1)。

⑨ 齐思和《英国封建土地所有制形成的过程》，《历史研究》1964 (1)。

过程一直持续着。对丹麦人的战争形成了新的地主统治阶层——军事贵族。他们把自己的土地分封给亲兵（thegns），形成亲兵封地（thegnland）。农村公社的自由农民在战争中纷纷破产，份地分裂了，家庭不再和大家族相连系。份地的面积缩小为一个味盖特（Virgate），即四分之一海得（相当于三十英亩）。法律在促使农民农奴化的方面起到特别积极的作用。公元930年的《阿塞斯坦法典》规定，凡是没有领主因而无从法办的人，必须由他的族人逮至法庭，并且在公共集会上替他找一个领主。此项法律颁布后，仍没有领主的人则格杀勿论。十世纪中期的《爱德曼王法典》规定所有地主“皆须对其奴婢，对其家园及土地上之一切人负责”[⑩]。自由农民丧失自由身份沦为依附农，在领主的土地上进行劳动，封建地租的最早形态——劳役地租开始确立。虽然如此，盎格鲁撒克逊末期自由农民仍大量存在，主要原因是英格兰东北部的“丹麦区”的丹麦人较之盎格鲁撒克逊人处在封建社会发展的前期阶段，阶级分化在那里发生得还不够深刻。那里的自由农民虽然处于领主的统治之下，但在身份上他们是自由的，有自己的土地，并可以自由买卖土地。

英国的封建土地所有制是从氏族农村公社的土地所有制转变的，中间没有经过奴隶社会的土地所有制阶段。盎格鲁撒克逊时期英国土地所有制的发展大致经过三个阶段，即农村公社土地所有制；由国王赐地产生的大贵族土地所有制；领主土地所有制。盎格鲁撒克逊后期，封建土地所有制已在英国初步形成。

二、盎格鲁撒克逊时期不同阶级的法律地位

盎格鲁撒克逊时期是英国开始封建化的时期，这一时期社会金字塔的顶层是国王（king），其下是贵族（noblemen或称thane，ealdorman或gesith），再其下是自由农民（Coerl）、半自由农民（laet或welsh peasants），处于最底层的是奴隶（Slaves）。

盎格鲁撒克逊人最初在英国建立的诸小王国带有浓厚的氏族残余，国王是从部族中出身高贵的氏族领袖中产生的，王权不大，杀死国王和杀死普通自由民一样只以偿命金处罚。偿命金（manprice或wergild）是盎格鲁撒克逊法根据自由民的等级规定的人的价格。如果一个人被杀死，杀人者要向被杀者的亲族或领主交纳与被杀者的偿命金相当的赔偿金。[⑪] 七世纪时肯特王国的贵族的偿命金是三百先令，大约相当于三百条公牛的金额。普通自由农民的偿命金是一百先令。七世纪末年西撒克斯的自由民划分成三个等级——“一千二百金人”、“六百金人”、“二百金人”[⑫]。贵族的偿命金是一千二百先令。麦西亚法律规定国王的偿命金是贵族的六倍即七千二百先令。[⑬] 由于西撒克斯的一先令相当于五便士，肯特时期的一先令相当于二十便士，所以贵族的偿命金数量变化不大，而普通自由农民的偿命金数量

---

⑩ 《世界通史》第三卷上册，251页，三联书店，1961。

⑪ Whitelock《The Beginnings of English Society》p. 116.

⑫ F. M. Stenton《Anglo-Saxon England》pp. 116－117，Oxford Univ. press，London，1955.

⑬ Whitelock《The Beginnings of English Society》p. 50.

却下降为肯特时期的一半，贵族的偿命金相对增长为普遍自由民的六倍。由此，我们可以考查出各阶级法律地位的变化。所谓“六百金人”是西撒克斯介于贵族和自由农民中间的一个等级，他们占有少于五海得的土地。半自由人是因被征服而沦于半自由状态的不列颠人，他们的法律地位低于盎格鲁撒克逊自由民，称作利特（Laet），偿命金是普通自由农民的五分之四至五分之二。[14] 此外，威尔士人也是较自由农民地位略低的半自由人。奴隶的地位和牲畜一样，他们是国王或贵族的财产，杀死奴隶不付偿命金，只须付给所有人奴隶的身价。

法律严格保护王室的私人财产，西撒克斯法律规定侵犯国王的私产一般罚款一百二十先令，相当于十二头牛的价钱。[15] 国王和贵族都拥有大量奴隶，侵犯奴隶被视为侵犯财产，《埃塞伯特法典》规定：任何人如和国王的侍女同眠，课以五十先令的罚金。任何人如和一个贵族的侍女同眠，罚二十先令。[16]

随着盎格鲁撒克逊社会封建化程度的加深，国王的权力逐渐增大，九世纪末西撒克斯王阿尔佛烈德（公元871—899）的法律中出现了“背叛”领主的概念，任何背叛领主的人都不再以罚款的方式论处，领主的地位和上帝一样成为神圣不可侵犯的。阿塞斯坦（公元925—940）统治时已称自己为“全不列颠的统治者”。爱德蒙得王（公元939—946）则颁布敕令，规定任何犯过虐杀罪的人，在他悔过和对死者的亲属赔偿损失之前，不得进入到国王住所邻近的地方。[17]

早期的盎格鲁撒克逊社会氏族传统相当牢固，完全被束缚在“民田”上的自由农民，在土地上并不依附某个贵族，因此国王对土地没有直接的处分权。但是，法律规定国王有权向自由农民征收贡赋。据《伊尼法典》规定，贡赋的主要内容是食物，包括蜂蜜、面包、麦酒、啤酒、牛、羊、鹅、母鸡、干酪、牛油、鲑鱼、饲料和鳗鱼。罚金也是国王经济收入的一部分。罚金的来源主要有以下几种：1. 自由民逃避兵役的罚金。如《伊尼法典》第五十一条规定：“假如一个有土地的哥塞特出身的人，玩忽军役，他必须交一百二十先令，并失去其土地；没有土地的，六十先令。一个刻尔，三十先令，作为〔玩忽〕军役的罚金。”[18] 2. 惩罚侵害私人财产的罚金或惩罚刑事犯罪的罚金。如《埃塞伯特法典》规定，强入公社成员的住宅，应付六先令赔偿；强入国王的住宅应付一百二十先令。《伊尼法典》第二十三条规定：“假如一个外国人被杀，国王得偿命金三分之二，他的儿子或亲戚得三分之一”[19]。3. 王权扩大后受理上诉案件所得的罚金。如《阿塞斯坦法典》第三条规定：“凡领主胆敢抗拒法律，保护自己的罪犯，致使受害人只好向国王起诉者，该领主应负责偿还该罪

---

⑭ Whitelock《The Beginnings of English Society》p. 97.

⑮ Whitelock《The Beginnings of English Society》p. 51.

⑯ 齐思和《英国封建土地所有制形成的过程》。

⑰ Whitelock《The Beginnings of English Society》p. 51.

⑱ 《外国法制史资料选编》上册，196 页，北京大学出版社。

⑲ 《外国法制史资料选编》上册，191 页，北京大学出版社。

犯所盗窃的物资，并须向国王交纳一百二十先令。凡不先向犯罪人的领主要求将他治罪而径向国王处申诉者；或经该领主拒绝，而不再行申诉即径向国王处控告者，亦课以罚金，金额与该领主的罚金相同”[20]。

在《伊尼法典》中哥塞特（Gesith）享有许多特权。哥塞特是国王的亲兵，他们在国王周围形成一个贵族统治集团的核心。《法典》第四十五条规定：“进入国王的塞恩的住宅，六十先令；进入一个有土地的出身哥塞特的住宅，三十五先令，拒绝这些，则受相应的〔惩罚〕。”第六十三条规定：“假如一个哥塞特出身的人搬住别处，他可以带走其管家、铁匠和孩子们的保姆。”第六十八条规定：“假如一个哥特塞出身的人被驱逐，只能从住处被逐出，而一定不能没收其耕地。”[21]

十一世纪一篇题目为“各等级的权利”的文件（The Rights of Various Classes）记述了处理大地产的私人契约，其中规定了贵族的权利与义务。贵族一般不向国王纳税和服役，但要负担三项公共义务，即服兵役、筑碉堡、修桥梁。此外可能还要负担监视国王的居民、守卫海防、在军队执行警卫任务，为船只准备粮食等必需的装备，在国王的领地看守鹿苑等义务。[22]

盎格鲁撒克逊早期的自由农民有从祖先那里继承的土地，并可以把土地留给他的子孙。他有义务向教会纳税、服兵役，有权利参加普通会议，对侵害他的住宅的行为申请赔偿。他可以“去他愿意去的地方”[23]。不被土地束缚。到九世纪阿尔佛烈德王和丹麦人缔结和约时，自由农民的社会地位和丹麦自由民一样，只相当于解放的奴隶。十一世纪诺曼征服前，英国社会的基本阶级就已不是自由农民而成为依附农民了。

依附农民分成许多不同的等级，最高的等级称作格尼特（geneatas），盎格鲁撒克逊语意为伴侣（Companions）。格尼特的义务是向领主交纳租税，主要从事非农业性的车马运输服务，即作领主的保镖、饲养领主的马匹、作领主客人的护卫、侍奉领主打猎等。[24] 最广大的依附农称作吉布尔（Gebur）。吉布尔最初的家产是从领主那里得到四分之一海得的土地、两头公牛一头母牛、六只羊、已经播过种的七英亩的土地、劳动工具和家庭生活用具。一年以后他应当每周为领主劳动两天，在收获季节和从圣烛节（二月二日）到复活节（三月二十一日满月后的第一个星期日）他必须每周劳动三天。除非他的马被领主借用的时候他才可以不工作。在圣迈克尔节（九月二十九日）他要交十便士租金。在圣马丁节（十一月十一日）他要交二十三塞斯特（Sesters）大麦和两只母鸡。复活节交一只小羊或两便士。在圣马丁节到复活节期间，他应和其他吉布尔轮流在领主的羊栏内值班。此外，在秋季耕地时，吉布尔必须每周耕一亩地，从领主的谷仓里取出种子额外耕地三亩作为“义务劳动”

[20] Whitelock《English Historical Documents，C. 500-1042》p. 386.

[21] 《外国法制史资料选编》上册，195～198页，北京大学出版社。

[22] Whitelock《The Beginnings of English Society》p. 85.

[23] Whitelock《The Beginnings of English Society》pp. 97－98.

[24] Whitelock《The Beginnings of English Society》p. 99.

(boonwork)，耕两亩地作为他放牧时使用草地权利的回报。作为部分地租，他还要耕三亩地并拿自己的种子播种。他要和他的一名帮工照看领主的猎狗，在领主的放猪人把猪赶到槲、槲、桑林牧场放牧时，他要给放猪人六个面包。在吉布尔死后，由他的领主接受他遗留的财产。[25] 吉布尔的义务在不同的地区是不同的。如在塞温（Severn）和威埃（wye）地区鱼坝是一项主要的收入来源，吉布尔就是担负供给钓杆、帮助修建堰坝的义务。法律地位低于吉布尔的依附农是卡特尔（Cottars 或 Cotstlan）即“棚户”（Cottage-dwellers）。卡特尔。占有五亩地，不交租税。他们是没有自己的家的自由劳动力，由领主供给食物、鞋和手套。

领主并不完全依靠佃农从事生产，他拥有自己的专门的生产者，如他的监工、他的牧人、他的挤奶妇等等。这些人根据习惯得到工作补偿，如：播种人有权得到一篮他播的种子；放牛人可以在公共牧场上把他自己的两头或更多一些的牛与领主的牛在一起放牧，他的母牛可以和领主的公牛走在一起；放羊人在圣诞节可得到十二夜的肥料，一年中可得到一只羊羔和一只系铃羊的羊毛，过了春分可以得到七天他的牛产的奶，整个夏天可以得到一碗乳清或一碗酪乳；制作干酪的女工除了牧人的一份外可得到全部酪乳；谷类管理人得到所有掉到谷仓门上的谷粒；林中每棵落花树都归樵夫所有。[26]

盎格鲁撒克逊时期的奴隶根据习惯保留某些权利。他有权在主人允许的他自己的时间里赚钱。阿尔佛烈德法规定，准许奴隶在斋戒的几个星期里有四个星期三出卖主人给他们的东西或者出卖他们在空闲时能够赚来的东西。有时奴隶还能赎买他们的自由身份。奴隶的劳动是繁重的，一部写于一千年前的《爱尔佛里克的会话》(Elfrijc's Colloquy) 描述了奴隶不自由的悲惨生活状况："我天亮就出去了，把牛赶到田里，把它们套在犁上，无论冬天多么冷，由于害怕主人，我不敢待在家里，在我把牛套上、把犁头和犁刀紧扣在犁上以后，我必须每天犁一英亩或更多的地……我必须把牛槽装满干草，给牛饮水，清扫牛粪。啊这真是苦工”。“对，这是苦工，因为我不自由”[27]。

奴隶和自由农民的区别主要是前者是被束缚在土地上为领主服农业劳役的人，没有人身自由，后者是能离开自己的土地到别处去以服劳役为条件占有土地或交纳金钱地租的人。

法律禁止奴隶逃跑，如果逃跑的奴隶被抓住将受到严厉的处罚。根据阿塞斯坦王（公元 924—939）的法律，逃跑的奴隶要用石头打死。任何唆使奴隶逃跑的人，即使不是故意的，也要赔偿主人的损失。借给奴隶武器被认为是给他逃跑的机会，为此法律专门做了规定。《伊尼法典》第二十九条写道：“假如任何人将一把剑借给别人的仆人，而他跑了，出借者必须代他支付三分之一。假如给他一支矛，则支付一半；假如给他一匹马，他必须支付其全值。”[28] 这里提到的“仆人”就是不自由的奴仆。

---

[25] Whitelock《The Beginnings of English Society》p. 100.

[26] Whitelock《The Beginnings of English Society》p. 100.

[27] Whitelock《The Beginnings of English Society》p. 110.

[28] 《外国法制史资料选编》上册，192 页，北京大学出版社。

盎格鲁撒克逊社会虽然有奴隶阶级，法律也为维护国王贵族对奴隶的压迫作出许多规定，但是，英国并没有从氏族社会走向奴隶制社会，而是在自由农民逐渐丧失自由地位的同时，走上了封建化的道路。盎格鲁撒克逊时期的法律反映了当时阶级分化的真实历史。

三、盎格鲁撒克逊时期的司法和法律制度概述

五世纪前盎格鲁撒克逊人处于氏族社会，部落的管理组织已像恩格斯在他的论文《马尔克》中指出的那样：古代，全部的公共权力，在和平的日子里，只限于司法权力，这种权力由百户、区和全部落的民众大会掌握。”[29] 盎格鲁撒克逊的部族中分为许多称作“培吉”（Pagi）的基层单位，即千户，千户所在的区域称作“培格斯”（pagus）。千户之下分成百户（hundred）。部族会议是部族的中央权力机关，所有的自由人都有资格出席会议，会议选出长老（Principcs），或行政司法官（magistrates），由他们主持设立在每个“培格斯”区域内的“培格法院”（the Court of Pagi）的司法审判活动。有一百人协助长老或行政司法官进行司法评议和判决。[30] 这个时期对刑事犯罪或民事纠纷的解决办法是刑罚和赔款，判决十分草率。

民族大迁徙后，盎格鲁撒克逊社会的初期，社会的基本组织是农村公社。以前部族的“培格斯”区演变成百户村。百户村每月召开一次百户会议。村庄的自由民或他们的代表都可出席会议。会议主要审理百户村内各村庄居民之间发生的诉讼案件。

随着封建关系的发展，盎格鲁撒克逊社会产生了国王，国家的最高权力机关是民众会议。百户村的首领成了国王的官吏，百户村里最有势力的地主和村庄的代表（村长、教士和四个村社中的农民代表）才有资格出席百户会议审理案件。只有百户会议拒绝审理的案件才可以选交国王审理。从九世纪起，在盎格鲁撒克逊诸王国合并的基础上，小王国的民众会议演变成郡（Seir）的大会。这种会议每年召开两次，审理诉讼案件。最初以长老（ealdorman）为首的氏族贵族代表在郡会议中起决定作用，随着王权的增长，长老被国王任命的官吏——邑官（Scirgerefa）代替。他统辖郡并设立了郡法院，他自己可以从中得到三分之一的收益。郡法院由十二个亲兵（thegns）团和主教组成。原告在向他所在的百户村会议请求法律保护，遭到三次拒绝后才可以将案件提交郡法院审理。国王之下设“贤人会议”（Witana—gemot），只有郡的长老、主教、亲兵才能参加。“贤人会议”限制国王的权力，批准法律，是国家的最高法庭。它有权选举国王，可因国王犯有过失而予以废黜。国王的任何赐予不经“贤人会议”同意不发生法律效力。十世纪时，盎格鲁撒克逊社会还存在着都市法院（borough-court），一年开庭三次。[31]

---

[29] 《马克思恩格斯全集》，第十九卷，360页，人民出版社，1963。

[30] William F. Walsh《Outlines of the History of English and American Law》p. 7.

[31] Whitelock《The Beginnings of English Society》p. 139.

和法兰克王国一样，盎格鲁撒克逊封建贵族通过“特恩权”（Soc）取得了领地内的司法审判权（Sak and soc）。九世纪封建国王赐地大量增加，领主在获得册封地的同时，获得了对领地内居民征课捐税，审判争讼，收取讼金和罚金的权力。这种权利即“特恩权”。由此领主法庭相当普遍地建立起来了。在拥有司法审判权的领主控制下的农民称为“梭克人”（Socman），他必须受领主的统治，出席领主法庭并接受其审判。

盎格鲁撒克逊时期英国的法律制度体现了英国封建制度确立前法律的特点，是英国封建法律制度发展的重要因素。这个时期的法律一方面反映了封建私有制以及阶级初步形成的事实，另一方面又表现出日耳曼部族习惯的残余。法律的基本特点归纳如下：

1. 盎格鲁撒克逊法十分分散，不统一。法律因地、因人而异，民族大迁徙造成的混乱局面和频繁战争，使不同部族的人混杂居住，不同地区的法律习惯不周，如前面提到过的卡特尔的义务在不同地区不尽相同的情况便是其中一例；从七世纪诸国王所颁布的法典的内容上看，主要是把习惯法成文化，极不统一、完整，没有抽象的法规。盎格鲁撒克逊法的分散性正是英国封建时期普通法形成的前提。

2. 盎格鲁撒克逊法保留了日耳曼部族习惯的残余。如虽然血亲复仇的氏族习惯已被偿命金或身价金所代替，犯罪仍被认为是私人之间的侵害行为。杀人犯只须向死者家族作出赔偿，而不以国家的名义予以制裁。又如法庭对被告行为的审查仍采用宣誓或神明裁判的方法。《伊尼法典》第三十四·一条规定：“杀死一个强盗的人可以宣誓，宣布他杀死一个正在逃跑的强盗。死者的亲属也要发誓对他不记仇。”[32]《克纽特法典》（公元 1020—1023）第三十条规定：“任何人凡被百户法庭怀疑或常被指控者，他应受三种神判法。”[33]（作者按：即水神、火神、战斗神判）其中，水神判法中的冷水判法即把供神用的水给被告喝，然后将其扔入水中，如果神认为他有罪，他就会浮上来，认为他无罪，他就沉入水中。热水判法即让被告把手插进滚水中取出一块石头，若他手上的伤三天后痊愈而不发生溃烂，就被判明无罪。

3. 基督教对盎格鲁撒克逊法有重大影响。在教会把盎格鲁撒克逊的法律成文化之前，盎格鲁撒克逊社会没有成文法律。肯特国王埃塞伯特是第一个作为基督教徒的国王，他颁布的法典是英国第一部成文法典。法典一开始就写道：“上帝的财产和教会的财产——十二倍偿还”[34]。把教会视同上帝以法律严格保护。《伊尼法典》对教会税、教会对犯人的庇护权都做了特别规定。在盎格鲁撒克逊的历代国王的立法或法律文书中都反映出教会的一些原则，突出了教会在法律中的地位，这是由于教会的僧侣在文化尚不发展的盎格鲁撒克逊社会是唯一掌握文化的统治阶层，他们参与立法、担任法官的缘故。

---

[32] 《外国法制史参考资料》上册，193 页，北京大学出版社。

[33] 齐思和《英国封建土地所有制形成的过程》。

[34] Whitelock《The Beginnings of English Society》p. 134.

刘广安

简论清代民族立法*

简介

刘广安，男，生于1957年3月，汉族，云南师宗人。现为中国政法大学法律史学中心教授，北京大学法学院兼职教授，博士生导师。曾获北京大学法学学士学位（1983年）、中国政法大学法学硕士学位（1986年）和法学博士学位（1989年）。研究过中国家族法史、民族法史、立法史和法学史等领域的问题。在《中国社会科学》、《中国法学》、《中外法学》等学术刊物上发表过数篇论文。出版过《清代民族立法研究》等专著。参与过国家七五、八五哲学社会科学重点项目《中国法制通史》明清卷的撰写工作，任明代卷副主编。担任过司法部1997年立项《中国立法史研究》主持人，以及《二十世纪中华法学文丛》编委等职。1996年获司法部论文优秀奖。1997年获北京大学《中外法学》优秀论文奖。参加课题一项获中宣部“五个一工程奖”（1995年），一项获教育部人文社会科学一等奖（2003年）；两项获国家图书奖（1992年、2000年）。任教过本科生、研究生的中国法制史、中国法律思想史等课程。

* 原发表于《中国社会科学》，1989（6），全文译载于该刊英文版1990（4）。1996年获司法部优秀论文奖。此次选用删去七千余字。

一、清代民族立法发达的原因

清政府在近三百年的统治过程中，制定了大量的调整民族关系、处理少数民族地区事务的民族法规。这些民族法规无论在数量上还是在内容上都超过了以往任何一个朝代的民族法规，达到了中国历代民族立法的最高峰。清代民族立法之所以特别发达，其原因主要有以下几个方面：

第一，为统治以汉族为主体民族的中国，清代占统治地位的满族贵族集团特别重视建立与各少数民族的联盟，由此就需要制定数量众多的民族法规。满族在入关之前，是一个人力不足、物力单薄的民族，但其领导集团通过与蒙古族和其他民族的联盟，壮大了自身的力量。满族得以破关南下，定鼎北京，这一民族联盟的作用不容忽视。入关之后，满族又继续凭借民族联盟的力量，连续进军西北、西南和东南地区，拓土开疆，并主宰全中国。可以说，建立和强化民族联盟，是满族贵族集团夺取和巩固全国政权的最基本的政治需要，而清代特别发达的民族立法，则是基于这种政治需要的产物。

第二，历代民族法制的丰富成果，为清代民族立法的发展提供了前提条件。自秦建立多民族统一的中央集权国家以来，历代杰出的统治者，在他们获取全国政权之后，无不为统治这个民族众多，幅员辽阔的国家而殚精竭虑。他们或建立和亲、互市和贡输关系，或设置羁縻府州、实行土司制度，积累了丰富的民族法制经验。清政府正是在总结这些民族法制经验的基础上，通过进一步的发展，才制定出了更为系统、完善的民族法规。

第三，清朝的历代皇帝都为民族立法的发展作出了巨大的努力。从精明强干的努尔哈赤、皇太极到才识卓越的康熙、雍正和乾隆帝，直至嘉庆之后的清朝诸帝，他们大都亲自主持民族立法工作，为清代民族立法的不断发展发挥了重要作用。特别是雍正帝和乾隆帝，他们确立了因俗制宜的民族立法原则①，提出了系统的民族立法方案，审批了大量的民族法规，为清代民族立法的系统化、制度化作出了巨大的贡献。

二、清代民族立法的发展进程

清代的民族立法奠基于清入关之前，发展于顺治、康熙、雍正年间，成熟于乾嘉时期，转变于光绪“新政”之后。

---

① 雍正帝提出了“从俗从宜，各安其习”的民族立法原则，乾隆朝在少数民族地区“因俗设官”、“因其俗以治之”，落实了雍正帝提出的民族立法原则。参见《清世宗实录》卷八〇，《清朝通典》卷二六。

早在入关之前，努尔哈赤和皇太极就已经对民族立法进行了初步探索。这种探索主要表现在两个方面：一是继承并改造前代民族立法的成果为清（后金）政权所用；二是把清（后金）政权的立法强制推行到少数民族地区。努尔哈赤和皇太极在民族立法方面的探索，为清代的民族立法开辟了道路，奠定了基础。

清入关之后，从顺治到乾嘉时期，清朝的民族立法逐步发展并趋于完备。这一时期民族立法的突出特征是：清政府针对各少数民族地区的特殊性制定了一系列专门法规，并使部分专门法规系统化、定型化。顺治十五年（1658年），清廷制定了适用于蒙古地区的大辟条例十三款。[②] 此项专门法规的内容为后来编纂的《蒙古律例》所吸收。顺治朝因国家尚未完全统一，故有关少数民族的专门立法还不多。康熙年间，清政府统一了漠北喀尔喀蒙古，部分统一了漠西额鲁特蒙古，同时发展了与其他少数民族的关系，促进了当时民族立法的发展。康熙三十五年（1696年），理藩院将清太宗以来陆续发布的125条有关蒙古的法令，进行了整理编纂。[③] 雍正时期，清政府总结了前朝民族立法的经验，先后制定了《青海善后事宜十三条》、《禁约青海十二事》和《西宁青海番夷成例》三部民族法规。这三部法规是雍正时期民族立法的主要成果，它们丰富了康熙朝民族立法的内容，为乾隆时期对蒙古各部和藏族地区立法的全面实现拓宽了道路。乾隆朝，清政府先后平定了回疆、苗疆、西藏等少数民族地区的动乱，巩固了清朝辽阔的疆域，实现了中国各族人民空前的大统一，从而为清代民族立法的大发展开辟了广阔的天地。乾隆朝的民族立法发展迅速，并逐步走向系统化、制度化。这一时期制定的系统的民族法规有《蒙古律例》、《钦定西藏章程》等。其中《蒙古律例》经过多次增修，到乾隆五十四年（1789年）发展成为有12门、209条的一部大型法规。这部法规规定了蒙古地区的各种重要制度，是乾隆朝体系最大、内容最多的一部民族法规，也是清代民族立法走向系统化、定型化的一座重要的里程碑。其内容和体系均为后来编纂的《理藩院则例》所吸收。乾隆时期中国各族人民的大统一和民族立法的大发展，为清政府编纂适用范围更加广泛的民族法规完善了条件。嘉庆时期，清政府在乾隆朝民族立法的基础上，编纂了《理藩院则例》和《回疆则例》两部大型的民族法规。这两部法规内容博大，适用范围较广，编纂体例较严谨，是清代民族立法成熟的标志。

道光朝之后，清朝的内忧外患日益加剧，边疆民族危机此起彼伏，日渐加深。清政府迫于形势，在光绪年间决定向全国推行“新政”。随着“新政”措施的推行，清政府在民族立法中大量地吸收了内地法制的内容，从而促使了民族立法向内地化方向发展。

三、清代民族立法的主要成果

清政府针对各少数民族地区的特殊性所制定的各种民族法规主要有以下一些：

---

② 见《清史编年》第一卷，顺治朝。

③ 参见《蒙古族简史》，第218页，内蒙古人民出版社，1985。

1.《理藩院则例》

《理藩院则例》编纂完成于嘉庆二十年（1815年），刊刻颁行于嘉庆二十二年④，分为“通例”上下和“旗分”等63门，共713条。这部法规是在《蒙古律例》的基础上编纂而成的。《蒙古律例》12门的名称，一部分被《理藩院则例》原封不动地保留下来，一部分被稍加更改后沿用。《蒙古律例》的内容多被《理藩院则例》所吸收，只是在吸收的同时，理藩院根据蒙古地区事务的变化和法律修纂技术的发展，对《蒙古律例》的多数条文作了简化或增删。当然，随着乾隆朝之后清政府对蒙古地区管辖的强化，《蒙古律例》的内容已满足不了清政府治理蒙古地区的需要，因而《理藩院则例》除了吸收《蒙古律例》的内容之外，又增加了许多新的内容（如关于蒙古地区行政区划的规定）。需要说明的是，为了加强对西藏等少数民族地区的管辖，嘉庆朝的《理藩院则例》吸收了乾隆五十八年制定的《钦定西藏章程》的内容，道光朝续纂的《理藩院则例》又吸收了对青海地区少数民族的立法的内容。所以，《理藩院则例》并不只是一部“专为适用于蒙古族人而编订的法典”⑤，而是一部适用于蒙古族、藏族以及西北地区少数民族的综合性法规。《理藩院则例》也不只是一部“法令汇编”⑥，因为编纂《理藩院则例》是清政府的一种立法活动，清政府在编纂《理藩院则例》的过程中，对以往的民族法规进行了“删减”、“归并”、“变通”等工作。⑦

2. 六部治藏章程

清政府与西藏地方的政治联系在清入关之前就建立了，但对西藏地方的立法是入关后才逐步实现的。乾隆朝之前，清政府册封了达赖喇嘛，设置了驻藏办事大臣，但还未制定出系统的法律文件。自乾隆朝起，清政府先后对西藏地方制定了一系列法律文件，其中最重要的章程有以下六部：

“酌定西藏善后章程”十三条，制定于乾隆十六年（1751年）。它是四川总督策楞等人在平定西藏郡王珠尔默特那木扎勒的反叛后，根据乾隆帝“乘此机会，通盘筹画，彻底整顿藏务，酌定善后事宜”⑧ 的指示拟定的。这部章程的核心内容是确立了达赖喇嘛和驻藏大臣共同负责下的四噶伦主持常务的西藏地方行政体制，从而改变了藏王制下西藏地方大贵族权力太大、太集中的状况，为后来的对西藏立法奠定了基础。章程中强调了驻藏大臣管理西藏事务的权力，反映了清政府对西藏地方从间接统辖向直接统辖的过渡。但它还不够系统和完善，它对西藏地方的宗教管理制度、司法管辖制度等重要内容未作专门规定，对驻藏大臣的职权也未列出专条加以规定，已规定的职权内容也不够详细和明确。

“设站定界事宜”十九条，于乾隆五十四年（1789年）由四川成都将军鄂辉等人在收复

④ 关于《理藩院则例》名称的由来，学术界有不同说法。本文根据《理藩院则例》卷一所载“原修则例原奏”的说明，认为最早的《理藩院则例》应是在嘉庆朝出现的。

⑤ 《法学词典》（增订版），第823页，上海辞书出版社，1984。

⑥ 《民族词典》，第965页，上海辞书出版社，1987。

⑦ 参见道光朝《理藩院则例》卷一，原奏。

⑧ 张其勤原稿、吴丰培增辑：《清代藏事辑要》，第167页，乾隆朝。

巴勒布侵占的藏地后奏定。该章程根据乾隆帝的旨意，在具体规定了西藏地方的驻防制度和贸易制度的同时，补充了乾隆十六年所定治藏章程中职官制度和司法制度方面的内容。

“酌议藏中各事宜”十条，于乾隆五十五年（1790年）由四川成都将军鄂辉等人奏定。该章程在上述两部治藏章程的基础上，进一步规定了驻藏大臣和达赖喇嘛对西藏事务的管理权。⑨

“藏内善后章程”二十九条，即著名的《钦定西藏章程》，于乾隆五十八年（1793年）由大将军福康安等人在战胜廓尔喀入侵西藏后奏定。该章程根据乾隆帝亲自开列的六条治藏条款，对西藏地方的宗教管理制度、职官制度、驻防制度、货币制度、赋役制度、贸易制度和司法制度等作了全面的规定。这些规定与以往清廷对西藏的立法相比，有两个突出的特点：第一，规定了确认转世灵童的“金瓶掣签”制度。这一制度使藏族地区活佛继承人的确定有了法律保障，它消除了以往由吹忠作法降神指认活佛继承人的种种弊端，减少了藏族地区大贵族在确定活佛继承人时争权夺利所带来的祸乱，加强了清政府对黄教的利用和控制，巩固了清朝的国家政权。对创立此制所取得的成功，乾隆帝曾颇感自豪地说：“当耄近归政之年，复成此事，辑藏安边，定国家清平之基于永久，予幸在兹，予敬益在兹矣”⑩。第二，明确和强化了驻藏大臣的职权。该章程除了在第十条中总的规定驻藏大臣的职权之外，在其他各条中也分别规定了驻藏大臣的职权。归纳起来有以下一些：监督按“金瓶掣签”确定活佛继承人；监管西藏的商务、币制、户籍、税收、差役、外交和审核达赖与班禅的收入及开支；负责选用西藏地方政府的官吏；负责选任军官、发放粮饷、检阅军队、发给弹药、出巡边界、查究汉官和僧官欺压剥削人民之事；负责检查藏地寺庙管理、批准青海蒙古迎接西藏活佛和西藏活佛到外方朝佛；审批处罚犯罪、没收财产。⑪ 关于驻藏大臣职权的规定，是贯穿于《钦定西藏章程》中的一条主线。该章程处处强调和突出驻藏大臣的职权，反映了清政府对西藏地方直接统辖的加强。与此同时，为了维护达赖喇嘛在宗教方面的权威，使西藏僧俗和外藩部落不敢藐视，别滋事端，清政府在礼仪方面又规定达赖喇嘛稍优于驻藏大臣。如，驻藏大臣与达赖喇嘛相见，达赖喇嘛正坐，驻藏大臣旁坐；达赖喇嘛坐褥层数较多，驻藏大臣坐褥层数较少，等等。

《钦定西藏章程》颁行后，其影响直到民国二十八年（1939年）确认十三世达赖喇嘛的转世灵童时仍然存在。《钦定西藏章程》内容系统完善，集清朝前期对藏立法之大成，定清朝后期对藏立法之圭臬，其历史作用之重大，历史影响之深远，堪称清代对藏立法的最大成果。

“酌拟裁禁商上积弊章程”二十八条，这部章程是道光二十四年（1844年）驻藏大臣琦善等人奏定的。该章程主要是针对《钦定西藏章程》颁行之后出现的问题，作了若干补充

⑨ 《清代藏事辑要》，第246～247页。

⑩ 乾隆：《御制喇嘛说》，见《卫藏通志》卷首。

⑪ 《钦定西藏章程》藏文原本存于拉萨大昭寺和扎什伦布寺内，译文见牙含章著《达赖喇嘛传》，第62～71页。

规定。如职官制度中僧官的选任程序和标准、刑法制度中罚赎的数额，等等。[12] 它使清朝的治藏法制更加具体、更加严密了。

“新治藏政策大纲”十九条，由钦差大臣张荫棠于光绪三十二年（1906 年）在查办藏事中提出，光绪三十三年该章程被清朝中央政府采纳，成为清末对藏立法的主要成果。这部章程改变了乾隆朝以来确立的治藏行政体制，规定设置行部大臣和会办大臣统制全藏。该章程还吸收了一些具有资本主义法制性质的内容，如设巡警、设银行、发展新式教育等，突破了以往清政府治藏法制的范畴，为西藏地方法制从古代社会向近现代社会的转变开辟了道路。但由于这部章程的内容过于简要，加之清朝的迅速灭亡，其内容未能得到充分的实行。

上述六部治藏章程全面地规定了西藏地方与清朝政府之间的政治关系，强化了清朝政府对西藏地方的管辖权。其中所规定的职官制度和宗教管理制度方面的内容，对维护西藏地方社会秩序的稳定，加强西藏地方对清朝中央政府的向心力，起过重要的历史作用。

3. 适用于维吾尔族的专门法规

清政府对维吾尔族的立法在顺治年间已经开始[13]，康熙、雍正时期有了初步的发展，乾隆朝统一“回疆”后进入系统化的阶段。乾隆二十四年（1759 年）七月，乾隆帝在批示参赞大臣舒赫德的奏折时，正式认可了维族地区传统的伯克制度，并以内地官制的品级统一了维族地区的官制，从而使维族地区的伯克转变为清政府的地方官。[14] 同年七月，乾隆帝又批准了定边将军兆惠奏陈的“六条”。这“六条”是清政府对维吾尔族制定的第一个比较系统的法律文件，它主要规定了“回疆”地区的职官制度、贡赋制度和货币制度。[15] 乾隆三十年，乌什地方的维民不堪清朝地方官的压迫，发起了反清暴动。此次暴动被平定后，伊犁将军明瑞等人遵照乾隆帝的指示，拟定了八条治理“回疆”的章程。这个章程在实行伯克制度方面，补充了乾隆二十四年对“回疆”立法的内容，并针对乌什维民暴动的原因，在减轻赋税、差役方面作了较多的规定。[16]

乾隆朝对“回疆”的系统的立法，为后来清政府编纂《回疆则例》奠定了基础。《回疆则例》编纂于嘉庆十六年（1811 年），至道光十七年又进行了修订。《回疆则例》在实行伯克制度、统一货币制度方面，继承了乾隆朝对“回疆”立法的内容，它所作出的新的补充和发展则主要表现在两个方面：一是详细规定了维族地区的职官制度。凡维族地区职官的设置、职掌、品秩、承袭、任用、休致等问题，该则例都一一作了规定。二是具体规定了维族地区的各种管理制度，如年班制度、赏赉制度、度量衡制度、货币制度、赋役制度、贸易制度、驻军管理制度、宗教管理制度、市场管理制度、农田管理制度，等等。《回疆则

---

⑫ 《清代藏事辑要》，第 423 页。

⑬ 祁韵士：《皇朝藩部要略》卷一五。

⑭ 见《清高宗实录》卷五九二。

⑮ 见《清高宗实录》卷五九三。

⑯ 见《清高宗实录》卷七四六。

例》集清朝对维吾尔族立法之大成，在同治朝之前，它对治理“回部”、稳定边疆起到了极其重要的作用。

光绪初年，清政府粉碎了阿古柏政权分裂新疆的动乱。为了加强对以维吾尔族为主体的新疆地区的统辖，清政府制定了一系列新的法律措施，如建行省，推行郡县制；废除伯克制，实行保甲制；推行“新政”，发展近代工商业和邮政业，等等。这些法律措施促使了维吾尔族地区法制的内地化。

4. 适用于青海地区少数民族的三部法规

清代，青海地区居住着蒙古族、藏族等少数民族。雍正朝之前，清政府对青海地区的少数民族还没有进行系统的立法。雍正二年（1724年），清政府平定了青海和硕特蒙古贵族首领罗卜藏丹津发动的叛乱，在这之后，清政府对青海地区先后制定了三部系统的法规。第一部是抚远大将军年羹尧在雍正二年五月奏定的《青海善后事宜十三条》。这部法规规定了青海蒙古地方的札萨克制度、会盟制度、朝贡制度和互市制度，规定了青海地方的驻防制度和屯垦制度，还规定了青海地方喇嘛寺院的管理制度和青海藏民地区的管辖制度。[17] 它基本上是一部行政法规。第二部是年羹尧奏定的《禁约青海十二事》。这部法规除了强调《青海善后事宜十三条》的部分内容之外，还规定了属于刑事和民事方面的条文。[18] 第三部是《西宁青海番夷成例》。这部法规共有68条，其内容多来自康熙朝的《蒙古律书》，是西宁办事大臣达鼐等人于雍正十一年（1733年）编纂完成的。它比较全面地规定了青海地区的刑事法律制度。自上述三部法规制定之后，清政府对青海地区的民族立法直到清末都没有太大的变动。

5. 适用于苗疆地区的诸种法规

清代的“苗疆”，一般泛指西南云贵川三省和两湖、两广一带苗、瑶、壮、彝、黎等少数民族聚居的地区。[19] 清朝官府制定的适用于苗疆地区的法律形式，在清代文献中不称作“苗例”或“苗律”，而称作条例、禁苗条约、善后章程等。“苗例”一词在清代文献中是指苗、瑶、壮、彝等少数民族的习惯法。如，乾隆朝的《大清律例》中规定：“苗人与苗人自相争讼之事，俱照苗例归结，不必绳以官法，以滋扰累”[20]。又如，贵州布政司冯光裕在一奏折中称：“苗人前此不知礼义法度，其苗例杀人伤人赔牛十余条数条而已，弱肉强食得谷十余石数石而止”；“若苗与苗非聚众而自相杀伤偷盗，苗人愿照苗例完结者，免其相验解审”[21]。

清朝官府制定的适用于苗疆地区的条例，编纂在清朝历代律典之中的共有三十余条。这些条例多数是在“改土归流”的过程中，根据皇帝关于苗疆的谕旨和地方官员关于苗疆

---

⑰ 《清世宗实录》卷二〇。

⑱ 同上。

⑲ 《清世宗实录》卷一四七、卷四九。

⑳ 乾隆朝《大清律例》卷三七，条例。

㉑ 中国第一历史档案馆：《朱批奏折》民族类，胶片编号70。

的奏议制定的，少数则是从明朝继承而来。其内容主要是规定了苗疆地区土官的职责、袭职和犯罪处罚方面的问题；苗民的仇杀、劫掠等严重危害地方社会秩序的犯罪问题；苗民与内地民的关系问题；苗疆地区司法制度方面的问题。另外，在清朝编纂的《吏部则例》中有一些涉及苗疆地区的土官的专门规定。其内容包括土官承袭、土官支庶授职、土官缘事、土官降罚、土官阵亡议给世职、土官请封和土官额缺等方面。㉒

清朝制定的适用于苗疆地区的禁约，一般是由清廷派驻苗疆地方的官员根据其管辖的范围制定的，它的公布多采取布告的形式。禁约的内容除少数是劝导安抚方面的以外，多数则是消极防范的措施。如康熙四十二年（1703 年）湖广提督俞益谟制定的“戒苗条约”八条，其内容就主要是禁止苗民出边劫杀抢掠、禁止苗民制造兵器或执刀枪行走、勒令苗民纳粮当差，等等。㉓ 清朝政府在苗疆地区制定的禁约很多，仅黔西南地区保存下来的就有十多个。㉔

章程是清政府对苗疆地区制定的一种比较系统的法规。它一般由经略苗疆地方的官员拟定，然后上奏皇帝审批。皇帝除直接批准实行外，一般先把它交给军机大臣或兵部或其他机关议决。章程的具体名称根据其拟定者和内容而定，如“云贵总督鄂尔泰疏奏经理仲苗事宜十条”㉕、“四川总督鄂山等奏筹议善后章程十条”㉖ 等。章程的内容很广，涉及苗疆地区的行政组织制度、职官制度、教化制度、司法制度、土地管理制度、户籍管理制度、兵器管理制度、营汛管理制度等各个方面。清代对苗疆地区制定的各种章程，多是清政府推行“改土归流”后的整顿措施。这些章程既巩固了清政府“改土归流”的成果，又促使了苗疆地区法制的内地化。但苗疆各地因实现“改土归流”的程度不等，其法制内地化的程度也有差别。

四、清代民族立法的历史经验

清代的民族立法不但维护了多民族国家的巩固和发展，而且留下了大量可资借鉴的治理多民族国家的法制经验。这种经验主要体现在以下几个方面：

第一，重视继承和发展前代民族法制的成果，保持民族立法的连续性。这是清代民族立法的成就超过以往各代的一个重要原因，也是清代治理多民族国家取得较大成功的重要经验之一。

第二，善于吸收不同民族法律文化的内容。中国境内各民族由于生活环境、风俗习惯、文化发展、历史传统等方面的差异，形成了具有各自不同特色的区域性法律文化。随着统

㉒ 嘉庆朝《钦定吏部则例》卷五。

㉓ 严如煜：《苗防备览》卷二一。

㉔ 《黔西南布依族苗族自治州志》第四章。

㉕ 《清世宗实录》卷五四。

㉖ 《清宣宗实录》卷二四六。

一的多民族国家的发展，这些具有民族特色的法律文化，加速了相互影响和相互吸收的进程。到清代，各民族法律文化的融合已达到很高的程度。清政府本着因俗制宜、因时制宜的民族立法原则，在进行各种民族立法时，吸收了不同民族法律文化的内容。

第三，始终以民族立法为治国要务。清朝历代统治者都把民族立法作为治理国家的一件大事来办理。

第四，坚持中央政府的民族立法权。在清代，少数民族地方官员制定较重要的民族法规，都要上奏朝廷，或交理藩院，或交兵部，或交其他中央机关审议之后，再经皇帝批准，方能生效。这种立法制度表明，清朝统治者坚持了中央政府的民族立法权。坚持中央政府的民族立法权，是清代民族立法的一项基本原则。它既保证了清代民族立法的严肃性和权威性，也保证了清代民族立法的统一性和稳定性。

第五，勤于总结本朝民族法制实践的经验。既因俗制宜地制定民族法规，又因时制宜地不断推进民族立法的内地化。清朝的历代统治者不但重视继承前朝民族法制的成果，而且勤于总结本朝民族法制实践的经验。他们经常根据清代民族法规适用的社会效应，调整和改善民族立法的方式和内容。这突出地表现在以下三个方面：一是因时制宜地制定或修纂民族法规，如清政府对《蒙古律例》的制定和多次修纂；二是适当认可其他少数民族习惯法的法律效力，如清政府对“苗疆”地区各少数民族的习惯法的认可；三是不断促进民族立法向内地化方向发展。清朝内地的法律是由秦、汉、隋、唐、宋、元、明诸朝的法律一脉相承而来的，既有很强的历史连续性和稳定性，又有相对的历史先进性。这种包含了丰富历史经验的法律对于维护统一的中央集权的国家政权意义重大。因此，在民族立法中不断地吸收内地法制的内容，促进民族立法向内地化方向发展，是清朝统治者的明智选择。这样做也促进了少数民族地区法律文化的演进，具有进步作用。总之，清代民族立法能取得较大的成功，就在于清政府既能因俗制宜地制定民族法规，又能协调民族法规与内地法律之间的关系，因时制宜地促进国家法制的统一。

五、清代民族立法的法学意义

研究清代的民族立法，不但扩展了中国法制史的研究领域，而且还非常有益于丰富我们对整个法学理论的认识。这后一种意义突出地表现在以下几个方面：

1. 民族法学意义。一个国家的民族情况，如民族构成、民族地位、民族习俗等，对该国法律的制定、性质和作用都会发生重大的影响。清代的民族立法就具体地表明了这种影响。由满、蒙、维、汉等民族组成的清朝国家，是一个多民族、大一统的国家。其统治者制定的民族法规，不仅要反映满族贵族统治集团的利益和愿望，反映满族贵族所实行的民族联盟的共同利益和愿望，而且还要反映各民族贵族的特殊利益和愿望。

清代民族众多，各民族的风俗习惯差异很大。鉴于风俗习惯在民族共同体中的重要作用，要真正处理好各民族的内部事务，立法者就不能不考虑这一因素。清代统治者很早就注意到这点，并总结出相应的民族立法原则。雍正帝明确提出了治理少数民族地区要坚持“从俗从宜、各安其习”[27]的原则。乾隆帝及其后各代清帝则继承和贯彻了这一原则。他们在行政立法方面，实行“因俗设官”，确立了伯克制、札萨克制等具有民族区域特色的职官制度；在刑事立法和民事立法方面，实行“因其俗以治之”，制定了一些认可少数民族习惯法的条例。清代民族立法中对少数民族风俗习惯的这种关照，即清朝人所概括的“修其教不易其俗，齐其政不易其宜”[28]，这为我们提供了有益的经验。

研究清代的民族立法，不但能为民族法学学科的建立提供一些历史材料，而且能为民族法学学科的建立和发展提供大量理论上的启示。

2. 地缘法学的意义。一个国家各地区的地理环境，如位置、交通、物产、气候、人口等，对该国法律的制定、内容和作用会产生很大的影响。清代对西藏、蒙古、回疆、苗疆等少数民族地区的立法就表明了这种影响。如，西藏地区是中国的西部屏障，战略位置很重要。康熙五十五年（1716年），准噶尔军偷袭西藏，占据了拉萨。清廷得知消息后，立即派兵赴藏反击准噶尔军。由于准备仓促，清军作战失利。当时清廷的王公大臣害怕再战败，曾认为藏地险远，不愿再派兵赴藏。康熙帝认为：“西藏屏藩青海、滇、蜀”，倘为准部所占，“将边无宁日”[29]。遂排除众议，决计再次进兵西藏。此次进兵得胜之后，清政府册封了六世达赖喇嘛，授予阿尔布巴和康济鼐贝子职衔，授予隆布奈辅国公职衔，增添驻藏官兵，加强了对西藏地区的行政立法和军事立法。康熙帝重视西藏地区的战略位置，是这次加强对西藏地区立法的基本原因。

3. 宗教法学意义。一个国家中各民族的宗教情况，如，宗教种类、教派势力、信教人数等，对该国的立法会产生相当大的影响。在清代各少数民族的诸种宗教中，喇嘛教中的黄教对清代的民族立法影响最大，形成了清代民族立法的一大特点。黄教的势力比任何其他宗教的势力都大，不仅一般平民百姓信仰黄教，而且作为满族贵族实行民族联盟的基本力量的蒙古贵族和藏族贵族也都信仰黄教。为此，清政府制定了许多保护和管理黄教的法规。在前文所述的六部治藏章程中，每部都规定有黄教方面的内容。特别是乾隆十六年的“酌定西藏善后章程”十三条，条条都涉及西藏喇嘛的权益。乾隆朝《蒙古律例》的十二门中，专列了“喇嘛教”一门。嘉庆朝及以后诸朝的《理藩院则例》中，专列了“喇嘛事例”五门，共一百多条。关于喇嘛教的规定是《理藩院则例》中内容最多的部分。

清政府在民族立法的过程中，除制定了众多的有关黄教的法规外，也制定了一些有关其他宗教的法规。如《回疆则例》中对伊斯兰教的掌门人阿浑（阿訇）的选任就作了专门规定。借助法律保护或限制少数民族地区的宗教，利用少数民族地区的宗教为管理国家服务，这是清朝统治者“因俗制宜，因地制宜”的民族立法原则的应用，是清朝政府治理多

---

[27] 《清世宗实录》卷八〇。

[28] 祁韵士：《皇朝藩部要略》序。

[29] 魏源：《圣武记》卷五，《国朝抚绥西藏记》上。

民族国家的一种重要方式。

4. 深化认识中华法系特点的意义。世界上多民族的国家不独中国，但像中国这样统一时间久长的国家确系罕见。考察自秦始皇建立大一统国家以来的两千多年的中国历史，可以说重视对少数民族的立法是中国历代王朝维护民族统一国家的一种重要的行之有效的治国方式。早在秦代，统治者就制定了规定少数民族地区行政机构和职官制度的《属邦律》[30]，设置了掌管少数民族事务的中央行政机构“典客”。汉代设置了管理西域地方的最高地方长官“西域都护”。秦汉时期，还在部分少数民族聚居地区设置了县级地方政府，称为“道”。在“道”辖地方，一般不设与内地划一的基层政权组织，而是保留氏族、部落、部落联盟这些以血缘关系为纽带的原始组织，借助于氏族酋长来行使管辖权。[31] 唐朝在统一边疆各少数民族地区之后，在原各族首领所辖地域的基础上设置了“羁縻府州”，作为管理少数民族地区的行政单位。“羁縻府州”以少数民族首领任都督、刺史、郡王、长史、司马等，职位都是世袭。宋朝在少数民族地区因袭唐制，设羁縻府、州、县、峒。[32] 宋朝政府还对中国西北地区以吐蕃、党项羌族为主的蕃部首领酋长封授官职，并对蕃官的任用、升迁和俸禄作了专门规定。对蕃官的一般犯罪，宋朝政府以罚羊、牛等牲畜惩处之。[33] 元朝在中央专门设置了管理西藏事务的宣政院，在西北、西南地区设置了由少数民族首领充任并世袭的官职土司。土司按等级分为宣慰使、宣抚使、安抚使等名位。明朝继承和发展了元朝实行的土司制度，在土司的品级官衔方面，除设置宣慰使（从三品）、宣抚使（从四品）、安抚使（从五品）等较高的少数民族职官外，还设置蛮夷官、苗民官及千夫长等较低的少数民族官员，并制定了关于土官承袭、朝贡等方面的专门法规。[34] 清朝在总结历代治理少数民族地区的法制经验的基础上，制定了系统的民族法规，从而建立起一套非常完备的治理多民族国家的法律制度。纵观历史可以看到，中国历代封建王朝的民族立法，是贯穿于中华法系发展过程中的一条重要线索，民族立法的发达是中华法系发展史上一个显著的特点。

法学界过去对中华法系特点的认识，多局限于汉民族的法律文化方面，多注重于唐代以前的法律传统的总结，而对少数民族的法律文化和唐以后的法律的发展在中华法系中的意义则认识不足。我认为，中华法系是在多民族的国土上生长和发展起来的，在此过程中，它吸取了不同民族的法律文化的内容。尤其是在元朝和清朝，中华法系随着多民族国家的壮大和巩固，增添了新的特色。如果局限于汉民族的法律文化和唐以前的法律传统，就不能全面地认识和总结中华法系的特点。

---

[30] 《睡虎地秦墓竹简》，第 110 页。

[31] 罗开玉：《论秦汉道制》，载于《民族研究》1987（5）。

[32] 陈永龄主编：《民族词典》，第 1243 页。

[33] 顾吉辰：《宋代蕃官制度考述》，载于《中国史研究》1987（4）。

[34] 佘贻泽：《中国土司制度》第二章。

钱大群

《唐六典》性质论*

简介

钱大群，1935 年 10 月生，南京大学法学院教授。1950～1954 年在军内做文化工作，1955 年考入复旦大学法律系。1959～1981 年在西北师范大学等校任教文选及汉语课，1981 年调南京大学法律系任教中国法制史。1993 年起领取国家学术津贴，1995～1999 年任中国法律史学会执行会长，1996～2001 年任江苏省政府参事。著有《唐律研究》、《唐律论析》、《唐律与唐代吏治》、《唐律与中国现行刑法比较论》、《唐代行政法律研究》、《唐律疏义新注》、《中国法制史教程》、《中国法律史论考》等法史著作 13 部，汉语著作 3 部。在《中国社会科学》、《历史研究》、《法学研究》等刊物发表论文多篇。

---

* 原发表于《中国社会科学》，1989（6）。此文原为 20 000 字，系与李玉生合著。从杨鸿烈先生在《中国法律发达史》上介绍日本学者织万田在其《清国行政法》中提出所谓“支那行政法典”“端推唐代《唐六典》”的观点后，很多中国学者纷纷附和并撰文论证，我们为反对此说而撰写此文。为了进一步讲清问题，钱大群于《中国社会科学》1996 年第 5 期又发表《〈唐六典〉不是“行政法典”》一文。这两篇文章的发表，基本结束了中国法制史研究领域中《唐六典》“行政法典说”坚冰一块的局面。我们反对《唐六典》的“行政法典说”，但同时承认它作为唐代制度性典籍的权威性。《唐六典》的幸运，在于唐代的行政法律《令》、《式》、《格》等作为典籍都已不复存在，从而造成识别上的困难。假如今天它们都还完整地传于世，那《唐六典》的地位绝不会如此显赫。当然，“行政法典说”也就绝无形成的可能。——作者注

《唐六典》究竟是一部“行政法典”，还是官修典籍，学术界争议颇大。本文从法学角度研究《唐六典》的性质，认为以《周礼》为模式的《唐六典》，内容限于国家机关的组织编制，引入的令、式、礼不具体、不完备，还排斥了“格”的规定，加之不具有在行法律的特征，所以，它只是以国家机关及职官为纲目而抄摘在行令、式的有关内容、显示有唐一代制度盛况为目的的一部官修典籍，它不是作为行政法典在行用，而是作为极重要的典籍被征引。针对后世研究中的误解，作者也通过较为详尽的考辨作了匡正。

《唐六典》是一部什么性质的书，学术界历来看法不一。近几年来国内学人较为普遍地认为《唐六典》是中国古代的“行政法典”，其持论依据，主要源于《唐六典》中有许多关于唐代在行的行政制度与行政法规内容，笔者认为此说实难成立，仅凭书中有这些内容就认为它是“行政法典”，未免失之偏颇。

一

行政法律规范是唐代整个法制的重要组成部分，它是令、格、式、礼等规范的总和；同时，《唐六典》虽然排比了一些当时在行的行政法规，但从其编写过程来看，编撰者却无意使之成为一项立法活动。

先从唐代法律规范的种类来进行考察。《新唐书·刑法志》上说：“唐之刑书有四，曰：律、令、格、式”。《唐六典·刑部·郎中员外郎》条下也说：“凡文法之名有四：一曰律、二曰令、三曰格、四曰式”。

“律”，是指刑律。《新唐书·刑法志》说：“律之为书，因隋之旧，为十有二篇”。其制定的目的及作用是“正刑定罪”，其性质基本属于刑法范畴。

“令”，是系统地规定国家制度的法规，在唐以前就已很发达。基本上是关于国家机关组织编制及国家行政活动制度的法规。其制订的目的及作用是“设范立制”。《新唐书·刑法志》说：“令者，尊卑贵贱之等数，国家之制度也”。《唐六典·刑部·郎中员外郎》条下说，开元时期“凡令二十有七”。其中第一《官品令》，第七《内外命妇职员令》是属典型的规定“尊卑贵贱之等数”的法令，其他概是规定“国家之制度”的令文，但各种“职员令”及“衣服”、“仪制”、“卤簿”等令文，既定“国家之制度”，又实际包含了“尊卑贵贱之等数”的精神。

“格”，《新唐书·刑法志》说：“格者，百官有司之所常行之事也”。格渊源于皇帝的制敕。制敕通常为特定的人、事而发，不具有一般（普遍的）法律效力。但经过“编录”程序后就成为具有稳定的法规性质的“格”。故《唐六典》上说：格“盖编录当时制敕，永为法则以为故事”。唐代开元时期的《格》共有二十四篇，“皆以尚书省二十四司为篇名”。所谓“尚书省二十四司”，即尚书省所辖吏、户、礼、兵、刑、工六部各部中以四位“郎中”为主管官员的部门。

“式”，《新唐书·刑法志》上说：“式者，其所常守之法也”。这里的“其”仍是指“百官有司”而言；这里所谓的“法”，是指“法式”、“程式”而言。比起令、格来，式是更具体地规定公务往来中事务的时限与规格。所以《唐六典》说“式”制订的目的及作用是“轨物程事”。唐代开元时期的“式”共计二十卷，三十三篇。三十三个篇目也以曹司为名，除上述讲“格”时所列的二十四司之名外，还有《秘书式》、《太常式》、《司农式》、《光禄式》、《太仆式》、《太府式》、《少府监门式》、《宿卫式》、《计帐式》等篇。

上述唐代的律、令、格、式四种法律规范，按其所调整社会关系性质的不同，可以分成二类，即律基本上是刑法规范，令、式及格（按：纯属于修正《律》的除外，下同）是行政法规范。令、格、式主要适用于国家的行政管理。违反令、格、式及行凶作恶构成犯罪者一律以律来定罪判刑。在刑法规范与行政法规范的关系上，宋人根据唐代的史实作了概括：“凡邦国之政，必从事于此三者（按：指令、格、式），其有所违及人之为恶而入于罪戾者，一断以律。”①

此外，从唐朝整个法制的确立和实施来说，“礼”也是国家重要的法律规范之一。

这样看来，唐代按现代部门法角度可以划分为“行政法”的有令、式、格（属刑事规范的除外）及礼数种。唐代行政法规范的总和应该是令、格、式、礼等规范的总和。如果唐代要编一部可以被我们称之为“行政法典”的话，那就必须是取代在行的令、格、式、礼四类法规的一次重新立法。但唐代没有哪一朝有哪一位君主这样做过，因为一方面把令、格、式、礼重新立法，综合地编制在一起，在立法技术上，唐代尚不具备这种条件；另一方面，在唐代，虽然以调整行政活动为主的法规及以惩办犯罪为主的法规已经分类，但是以刑为主的思想还深深地占据着统治者的头脑。他们还不可能具有政、刑分离的这种要到近代社会才能产生及确立的思想。司法与行政一体，皇帝、宰相都有审判权，各级行政官同时也是各级审判官。在唐朝统治者看来，根本不存在那种到近现代社会才能形成的行政活动与刑事审判活动的界限。

再从《唐六典》的编写过程来考察。《唐六典》这部书的编写，在指导思想上并未摆脱孔子“郁郁乎文哉，吾从周”的局限。具体地说，是要显示有唐一代特别是开元朝制度的盛况，并表明其承周的正统。“六典”一词就源出《周礼》。无论是韦述、刘肃，还是陈振孙，都一致说，接受命令的撰写官员，所追求的目标是“以今朝六典象《周官》之制”或“象《周礼》六官之制”；所用的编写方法是“检前史之官，以令、式分入六司。”或“始以令、式分入六司。”因为皇帝的指示很具体：“上手写白麻纸凡六条，曰：‘理（本应为

① 《新唐书·刑法志》。

"治"，因讳高宗李"治"名而用"理"）、教、礼、政、刑、事典'，令以类相从，撰录以进"②。所谓"以类相从"，就是以唐代的制度，照《周礼》分为六类，但实际上周唐官制根本不一样。这恰如陈寅恪先生所说："唐代官制近承杨隋，远祖（北）魏、（北）齐而祧北周者，与周官绝无干涉。"③

不仅如此，作为《唐六典》体例范本的《周礼》也不是西周的所谓"行政法典"。周代属于刑法的规范称"刑"，"刑"以外的法律规范主要有"礼"。礼的范围极广，几乎涉及一切方面，依"九礼"之说，则是冠、婚、朝、聘、丧、祭、宾主、乡饮酒及军旅等多方面。现传的《周礼》根本不可能包括当年周公所制之礼的全部内容。西周除"礼"和"刑"外，还有令、诰、训、誓等法律形式。"令"是天子或权臣的命令，周器铭文中记载有周公"舍三事令"，"舍四方令"；诰是天子关于施政的训令，所谓"用之于会同"；"训"是权臣的训令，"誓"是军令。《周礼》在记天官大宰除主要执掌"六典"外，还要"以八法治官府"，但这"八法"则另外有其法规。又如《天官·冢宰·兽人》记"兽人"的职责时，最后说："凡田兽者，掌其政令"。到底执掌有关田兽的什么"政令"？本条没有列出。同样，《天官·冢宰·渔人》条记述"渔人"："凡渔者，掌其政令"。至于捕鱼的"政令"是什么，也未列出。所以，从法典内容具体的要求来说，《周礼》也并不是什么"行政法典"。

由于受《周礼》的影响，《唐六典》的具体撰写人员最终不得不把有关国家机关组织编制的令式填塞到官制的框架中去。这种做法，从立法技术上看，以国家机关与职官为纲目，只能编出以职官为中心，而不是以法规为中心的文献；以官吏为纲目的编排方法，也注定了这一文献的不完整性。

《唐六典》的编写过程证实，唐玄宗考虑不周，指令不当。其表现有三：一是曾经七次修书的第一流学者徐坚弄得身被皇命却"历年措思，未知所从"，结果不得不把这难题推给别人，让主持人增加人马。二是这些正式开始撰写的人为落实最高指示，削足适履，"始以《令》、《式》分入六司，象《周礼》六官之制"④。三是最后编写出来的书，名不符实，虽称"六典"，却无"六"可言。这些极不平常的现象都说明，《唐六典》的编写根本不是为了适应社会实际生活的需要来编制一部"行政法典"，让全国上下一体遵行。如果说这里边有社会实际生活反映的话，那就是编写官们在这部书里摘抄了一些当时在行的《令》、《式》而已。以上这些乃是《唐六典》一书的要害所在，可惜持"行政法典"说者都不愿正视这个事实。

综上所述，我们认为，《唐六典》是以《周礼》为体例，以国家机关与职官为纲目，以摘抄在行《令》、《式》中有关国家机关组织编制的内容为基本内容，以显示有唐一代制度盛况为目的的一部官修典籍。

---

② 见刘肃《大唐新语·著述》及陈振孙《书录解题·职官·唐六典》。

③ 陈寅恪：《隋唐制度渊源略论稿·职官》，上海古籍出版社1980年印行。

④ 刘肃《大唐新语·著述》及陈振孙《书录解题·职官·唐六典》。

二

《唐六典》的内容分正文及注文两个部分。正文分三十卷，排比唐代当时除皇帝外从中央到地方各级机构的设置为其纲。在三十卷之纲下又以各机构设编之官员为其目。如“三师、三公、尚书都省”卷下列有：“太师”、“太傅”、“太保”、“太尉”、“司徒”、“司空”。在“尚书都省”下列有：“尚书令”、“左丞相”、“右丞相”等共一百零五人。

每一职官之目下包括两项内容：一是关于设编官员的名称、员数及品秩的记录；二是关于职责、属部及主要公务制度的记录。如上述尚书省的“左右丞相”，在规定“尚书左丞相一人，右丞相一人，并从二品”之后，又规定其职责是“左右丞相，掌总领六官、纲纪百揆、以贰令之职。令阙则专统焉”。

《唐六典》的注文是分列于正文之下的备注说明。在官员名称、员数及品秩下的注文，主要是系统完整地叙述其历史渊源，包括本朝的沿革、变易情况。公务制度下的注文，主要是关于职权履行及制度实施中的必要说明。

《唐六典》的内容来源是唐代《令》和《式》。所谓“以令、式分入六司”⑤，即以唐代在行的令、式的内容，分别归入国家的六类职官中去。《唐六典》三十卷所列之国家机构及官员职责，实际上是唐朝二十七种《令》文及三十三篇《式》中已经予以规定了的。

尽管如此，《唐六典》所引入的当时在行的令、式，无论是从其引入的完整程度，还是从其排比的方式来看，都一再说明它不可能成为一部在行的行政法典。对此，本文通过以下几个特点作进一步说明。

首先，被分入在《唐六典》中的许多令、式，只是在行令、式主要内容的提示或概括。

如《唐六典》卷二《尚书吏部》“凡天下官吏各有常员”条下注云：“（诸司、监、署、府）其见在员数，已具此书，各冠列曹之首。或未该者，以其繁细亦存乎令、式”。可见，即使《唐六典》以之为纲目的职官的职责，亦只是举其大概，要而言之，而决不能取代规定职官及公文程式的正式法律形式——令和式。也就是说，离开了令、式，《唐六典》无法单独使用。

《唐六典》对在行的完整的令、式的概括或提示，这种编写方法，不符合“行政法典”对收编法规内容具体化、条文化的要求。

第二，《唐六典》所收令、式极不完备，许多重要的在行法规也未收入。

唐代的令是较完备的行政法律规范之一，然而，有些极为重要的令文却被排斥于《唐六典》之外。如《唐六典·兵部》“职方郎中”条下关于边防烽候的令式，竟连《唐律·卫禁律》之疏文所引《职方式》中“放烽讫而前锋不举者，即差脚力往告之”这样极为重要的内容也没有收录。

---

⑤ 见刘肃《大唐新语·著述》及陈振孙《书录解题·职官·唐六典》。

《假宁令》中规定官吏因父母丧的解官制度是行政法令中极重要的内容。而永徽年间关于母嫁，出妻之子与继母改嫁及为长子，并不解官的令文[⑥]《唐六典》并无载。开元七年关于“诸丧斩衰三年，齐衰三年，齐衰杖期，为人后者，为其父母并解官”的令文[⑦]《唐六典》也无载。开元二十五年令：“诸职事官五品以上、散官二品以上、犯罪合禁，在京者皆先奏。若犯死罪及在外者，先禁后奏，其职事官及散官三品以上有罪，敕令禁推者，所推之司皆复奏，然后禁推”[⑧]。此令《唐六典》“刑部”、“大理寺”同样无载。

开元二十五年令：“诸身丧户绝者，所有部曲、客女、奴婢、店宅、资财，并令近亲转移货卖，将营葬事及量营功德之外，余财并与女。无女均入以次近亲，无亲戚者，官为检校，若亡人存日，自有遗嘱处分，证验分明者，不用此令。”此令《白氏六贴事类集》卷二十二有载。《宋刑统·户婚》“户绝资产”条下准引此令。如此重要的令文，《唐六典》也竟无载。

外事法规是唐代重要的行政法规之一。外事在唐代由鸿胪寺掌管，其有关的法规由《格》及《式》规定。如《唐律疏议·卫禁律》的疏文中说：“准别《格》：‘诸蕃人所娶得汉人妇女妻妾，并不得将还蕃内。’又准《主客式》：‘蕃客入朝，于在路不得与客交杂，亦不得令客与人言语。州、县官人若无事，亦不得与客相见’。”这些极重要行政管理法规内容，《唐六典》“礼部”与“鸿胪寺”均无载。

第三，《唐六典》以机关及职官为纲目来引入令、式，那些无法列入某一司的令、式往往付之阙如。

如《唐律疏议》“擅兴律”及“职制律”疏文共引之《公式令》中规定各官府派“使人”传符的令文，《六典》就没有列入。该令文的内容是：“符付使人，若使人更往别处，未即还者，附余使传送。若州内有使次，诸府总付；五日内无使次，差专使送之。用符节，并由门下省，其符以铜为之，左符进内，右符在外应执符人，有事行勘，皆奏出左符，以合右符，所在承用。事讫，使人将左符还，其使若反他处，五日内无使次者，所在差专使，送门下省输纳。其节大使出，即执之，使还亦即送纳。”尽管此令文十分重要，大概因为涉及门下省及州府几个部门的相互关系，不好列入哪一个部门，因此只好舍弃。再如，唐代高品级的大臣亡故，皇帝为表示悼念要停止上朝，即“辍朝”制度，这种国家令文规定的重要行政制度《唐六典》竟也没有收入。

第四，《唐六典》对《格》的内容无所问津，使“行政法典”说难以自圆。

前已述及，“格”是唐代的重要法律形式之一，为“百官有司之所常行之事”。它是由皇帝的制敕经过“编录”而来。唐代“格”的编纂分为两种，《旧唐书·刑法志》云：永徽初，敕长孙无忌等多人撰定律令格式，“遂分格为二部：曹司常务为《留司格》，天下所共

---

⑥ 仁井田陞：《唐令拾遗》，第793页。

⑦ 同上，第740页。

⑧ 同上，第784页；另见《唐会要》卷六二《推事》。

者为《散颁格》。其《散颁格》下州县，《留司格》但留本司行用焉。”在唐代，作为“百官有司之所常行之事”的格，皇帝明敕：“当司格令并书于厅事之壁，”让官吏们“俯仰观瞻，庶免遗忘”⑨。《唐六典·刑部》则从制定的目的和作用说“格”是“禁违正邪”，表明“格”能保障官府及官吏的公务活动服从制敕而不违反。如果唐代排除了“格”而制订“行政法典”，便意味着“法外有法”，这是根本无法想象的。如对僧、道、尼的管理法规，其性质相当于宗教法规，这在唐代非常重要。《唐律疏议·名例律》之疏文说：“依《格》：‘道士等辄着俗服者，还俗’，‘道士等有历门教化者，百日若使’”，而由于《唐六典》排斥了《格》，这类法规也基本排除在外。

第五，从“礼”的内容引入情况来看，《唐六典》也不具备“行政法典”的起码要求。

唐代“五礼”之仪共有一百五十二项，其中“吉礼”五十五项，“宾礼”六项，“军礼”二十三项，“嘉礼”五十项，“凶礼”十八项。可在《唐六典》中，只在“礼部”的“礼部郎中员外郎”条下空列了一百五十二项名称，内容则只字未提，这种编写方法实为“行政法典”起码的要求所不容。我们认为，一部所谓“行政法典”，如若它自身的实施，要参照（或简直离不开）它所不包括的许多行政法的条文，那末，它就不能成其为“行政法典”。如果把限于摘抄国家机关组织编制法规内容的典籍称为“行政法典”，这种做法比今天我们把中央和地方的国家机关组织法妄称是“行政法典”走得更远。

三

判断一部典籍是否具有法律的属性，一个简单的办法是用当时法律具有的特征进行验证。这样，当用唐代法律的特征去检验《唐六典》时，我们便能得出令人信服的结论：《唐六典》是一部没有法律效力，因而在成书之后没有得到必要的修订、增补，行文上亦不便被贯彻执行的典籍。

第一，唐代刑律确认律、令、格、式的法律效力，而不承认《六典》的法律效力。

《唐律疏议》第484条规定：“诸断罪皆须具引律、令、格、式正文，违者笞三十。”这条刑律的内容可以使我们看到两个问题：

其一，如前所述，《唐六典》即使有令、式的内容，则也不是有法律效力的令、式的“正文”，有法律效力的“正文”是在现行的令、式上，而不是在《唐六典》中。也就是说，《唐六典》收录的令、式有法律效力，不是因为《唐六典》本身是法律，而是由于另有正式行用的《令》、《式》存在！上引唐律该条律文的疏文云：“断狱之法，须凭正文。”因此，《唐六典》中抄录的法律内容没有法律“正文”的地位与效力。

其二，从法律的渊源来看，唐代违法与否的界限是律、令、格、式四种法律形式。《唐六典》虽是“以令式入六司”，但是唐代的法律形式，仍是令、式，而不是指称为“六典”

⑨ 《唐会要》卷三九《定格令》。

的“典”；如果《唐六典》是“法律形式”，那末，违反《唐六典》就要受刑事处罚。这样《唐律疏议》第484条最迟在开元二十六年后除律、令、格、式之外，还要加上“典”，从而变成：“诸断罪皆须具引律、令、格、式、典正文，违者笞三十”这样的内容。事实上，在唐代一些行政活动违反了《唐六典》也根本无违反法律的后果。《唐会要》卷六十六“东都国子监”下记穆宗长庆年间，祭酒韦乾度奏请要求礼部遵守《六典》的规定不要侵权，在官吏的引进补缺上应通过国子监，而皇帝的处置只是“敕旨：宜依”罢了，而根本不追究违“法”者的罪责。

在唐代，曾有人提出过要修改《唐六典》使其具有法律强制力。这个人就是《唐六典》成书七十年后唐宪宗时的宰相郑絪。郑絪曾写《请删定施行〈六典〉、〈开元礼〉状》，请求皇帝“特降德音，明下有司，著为恒式，使公私共守，贵贱遵行，苟有愆违，必正刑宪”[⑩]。郑絪说这样的话，说明他身为宰相确实了解唐代的立法程序。他呈《状》上这几句话明确无误地告诉我们三点：一、要成为让公众遵守的法律必须要有皇帝下诏颁行的程序；二、在当时，有法律效力的文书，若有违反，要受刑罚处置；三、《唐六典》要成为法律必须重新修删。《六典》应修删成什么样子，郑絪未说明，他的建议也并未实现。

持“行政法典”说论者认为《唐六典》“以封建国家立法的形式产生，又以编制法典的方式制定”。这些认识必须予以澄清。奉皇帝命令编制图书是否具有了“立法形式”？摘抄在行《令》、《式》所编成的图书是否就是“编制法典”？这些问题，实际上成了关于《唐六典》性质争论中的症结问题之一。

如果说抄录或者汇集了现行的法规及制度的书籍就是“法典”，那末，唐代除了《唐六典》是“行政法典”外，还应有第二部可称为“行政法典”的图书。这部书也记录汇抄了唐代许多令、式、礼及官制的内容，其对制度沿革的考证，比《六典》还详尽，并且也以“典”相称，这就是唐代杜佑著的《通典》。这部书“征于人事，将施有政”，“由食货以讫边防，先养而后教，先礼而后刑，治官以治民，安内以驭外”，“恢恢乎经国之良模矣”[⑪]。那末，这部《通典》不也可以称为“行政法典”吗！

论者或曰：《通典》不是奉御命而撰，《唐六典》是被旨而修。其实，由皇帝下令编撰的图书绝不就成为法律或法典。就以唐代来说，唐太宗因“欲见前代帝王事得失以为鉴戒”，于是魏征等编《群书理要》三十卷；永徽年间孔颖达奉诏疏注《五经》；开元时中书令萧嵩奏请注《文选》；唐玄宗因“儿子等学缀文，须检事及看文体”，于是令张说等“撰集要事并要文，以类相从”而编成《初学记》，这些奉皇命编撰的书都不是法律、法典，都不成为法律形式。

第二，从法律行用后通常要进行修改的特色看，《唐六典》不具有在行法律的性质。

制定法律的目的就是为了通过法律规范去调整一定的社会关系。因此就必须使法律与

---

⑩ 《吕和叔文集》卷五；另见《全唐文》卷六二七。

⑪ 杜佑《通典》；《御制重刻〈通典〉序》。

社会关系之间保持同一性。而保持这种同一性的唯一途径就是法律应该随着社会生活的变化而变化。这一点反映在立法上就是任何有效的法律必须有其修改制度。封建法律于此也不能例外。

虽然封建刑律稳定性较大，但修改刑律有唐一代持续不断。从《旧唐书·刑法志》的记载看，唐代第一部刑律《武德律》事实上只行用了两年多，李世民即位，于贞观元年就"更加厘改"。修改制订历经十一年。《贞观律》行用十二年之后，唐高宗李治于永徽初又敕"旧制不便者，皆随删改"，而制成《永徽律》，永徽四年又制成"律疏"，开元时又有《开元律》，大中年间又有"刑统"。以"令"来说，《武德令》、《贞观令》、《永徽令》、《开元令》的制订，这本身就是修改过程。以"格"来说，在制订《贞观律》的同时，"又删武德、贞观以来敕格三千余件，定留七百条，以为《格》十八卷"。永徽年间有长孙无忌等删定的格，永徽中又令"惟改易官号曹局之名，不易篇目"。以"式"来说，永徽时有《永徽式》十四卷，龙朔二年，因"改易官号"，高宗因敕"重定格式"。到仪凤年间，因"官号复旧"，又敕"删辑格式"。武则天垂拱年间又"敕改格式"，律令也曾改二十四条。唐中宗李显复出后，于神龙元年因"时既改易"，于是又"制尽依贞观、永徽故事"。

开元时期唐代法律的修改亦十分频繁。开元初，玄宗敕"删改格式令"；开元六年，又敕"删定律令格式。"开元十九年，又"令所司删撰《格后长行敕》六卷，颁于天下。"开元二十二年，李林甫"又复诏改修格令"。开元之后，法律制度的局部修改历朝仍不断进行，《旧唐书·刑法志》记载，唐文宗大和年间，刑部认为前《新编格后敕》"前后差殊，或书写错误"，于是奏准"去繁举要，列司分门，都为五十卷"。开成四年，"二省详定《刑法格》一十卷"。唐宣宗李忱大中五年，"敕修《大中刑法总要格后敕》六十卷"，大中七年，张戣进《大中刑律统类》十二卷。

总之，在唐代，属法律范畴的文献历史上都有修改的记录，而惟独《唐六典》史无修改的记载。这足以说明《唐六典》根本不具有法律应该具有的稳定与变动相统一的特点。

第三，《唐六典》对成书以后新制订的制度不予增补，也表明其不具有在行法律的特征。

《旧唐书·刑法志》记载，宪宗元和四年，由于司法机关"决断系囚，过为淹迟"，是年九月皇帝以敕令规定："自今以后，大理寺检断，不得过二十日，刑部复下不得过十日。如刑部复有异同，寺司重加不得过十五日，省司量复不得过七日。如有牒外州府节目及于京城内勘，本推即日以报，牒到后计日数，被勘司却报不得过五日。"这是司法行政上重大的程限规定，但《唐六典》卷六"刑部"、卷十八"大理寺"、卷一"尚书省"程限条下均无此文。

又《旧唐书·刑法志》记，穆宗长庆元年，因"天下刑狱，苦于淹滞"，御史中丞牛僧孺又"请立程限"。其内容是"大事，大理寺限三十五日详断毕，申刑部，限三十日闻奏；中事，大理寺三十日，刑部二十五日；小事，大理寺二十五日，刑部二十日。一状所犯十人以上，所断罪二十件以上，为大；所犯六人以上，所断罪十件以上，为中；所犯五人以下，所断罪十件以下，为小”。《旧唐书·穆宗本纪》记载皇帝“从中丞牛僧孺奏”，“立程”。这种极为重要的行政程式，《唐六典》也不予增补。

第四，从行文上说，《唐六典》的编写不考虑贯彻执行的要求，而主要追求对一代官员编制体系至善至美的记载。

如事实上不是必须的编制而纯属虚设的“三师三公”，赫然列在首位，就是摆西周《周官》的气派，以示堂皇正统。同时，《周礼》六官每篇开头以很长的篇幅专列官员编制的阵营，《唐六典》于各卷的开头也照例排比机构的阵营。只要对《周礼》及《唐六典》稍加注意就可发现，官吏员数阵营的排比全属形式主义的重复。

《唐六典》一书的注释是该书极为重要的组成部分，除了公务制度下的那一小部分注文有关于职权履行及制度实施的令、式引入外，其余写在编制员额、品秩下的注文全是关于历史沿革情况的说明。这些性质的文字虽然无司法实践意义可言，但篇幅却几乎占整部书二分之一以上。这种写法不是哪个编写人任意所为，而是根据皇帝的指令而行，所谓“李林甫等奉敕注”。早于《唐六典》很久的《永徽律疏》的注解则完全以贯彻适用为原则编写，是古代典型的所谓“法律解释”。这部《律疏》总共十二篇，其中讲历史沿革的内容，合在一起也不比《唐六典》中一条的注文长。对比之下，《唐六典》的行文方式显然与在行法律不符。

四

《唐六典》制订后在唐一代并未颁布行用，但后世研究却产生了截然不同的认识，对此，有必要通过考证消除人们对史籍记载所产生的种种误解。

唐代凡有法律效力的律令格式，在制定之后，都要由皇帝专门发布颁行诏令。这一程序，是法律生效必不可少的条件。下诏令颁行，在法律上有两重含义：一是皇帝对法律内容的审核和批准；二是命令公布及予以执行。所以，凡法律规范都不能缺少这一程序。从历史记载看，宋人编写的新旧《唐书》上没有关于《唐六典》颁行的片言只字不说，唐代的史料更是明确地说《唐六典》未曾颁行。现择其要者条陈如下。

韦述是《唐六典》的作者之一，而且是从实际撰写就开始参加，并直至最后成书的重要作者。他说《六典》“二十六年奏草上，至今在书院，亦不行用”[12]，文中的“至今”和“亦”的措词表达的意思明白无误。

《唐六典》编成约七十年后，唐宪宗的宰相郑絪于元和三年请吕温代写《请删定实行〈六典〉、〈开元礼〉状》。《状》中说《唐六典》制成的当时，“草奏三复，只令宣示中外，星周六纪，未有明诏施行”，“《六典》先朝所制，郁而未行”，原因是“损益之间，讨论未尽，或弛张之际宜称不同”。于是他建议“于常参官内选学艺优深，识理通明者三五人”

---

[12] 韦述：《集贤记注》，另见《全唐文》卷三〇二。

"量加删定"[13]。其实，郑絪所言意思清楚，主张明白，既说"只令宣示中外"，又说"未有明诏施行"，是立法行家的话。一部官修典籍要成为有法律效力的文书，"宣示中外"，发出去让朝廷内外观读，并不等于正式颁行，只有"明诏施行"才是正式的公布程序。官修典籍之"宣示"不等于是"颁行"法律，这也是唐代立法与非立法的区别所在。因为《开元礼》同《六典》一样，也未有正式颁行的程序，所以郑絪一《状》同言二书，都请求删定颁布。

对《唐六典》作出"行用"判断的人首推刘肃，此人元和年间任江西浔阳主簿。他在《大唐新语》中说《唐六典》"至二十六年始奏上，百僚陈贺，迄今行之。"这就成了"行用"论者找到的最有分量的史证。只是想不到此"行用"非法典的"行用"，这句话，使多少学者，在"行用"问题上误入迷途。

刘肃所记《唐六典》写作过程的一段文字，列于《大唐新语》卷九"著述第十九"。此书在"著述"栏下共记述了十三段有关图书典籍的事。从刘肃记述看，他饱览群书，学识广博，了解很多著述的内情轶事，因而不至于把属于朝廷的"法典"同一般文史书籍相类举。刘肃把《唐六典》与其他书同列，说明在他看来，《唐六典》在性质上不是国家的律、令、格、式等法律，充其量只是同奉御命官修的《群书理要》及《初学记》等供参考借鉴的汇编书一样。

其实，稍稍用心纵读一下刘肃《大唐新语》"著述"栏的全文，就可以解开关于《大唐六典》"迄今行之"之谜。原来，唐代的图书是否能藏于秘书省供官方阅读，是要经审查批准的。即所谓"行废"制度，或称"行停"制度，允许列为官方阅读的称为"行"，或称之为"依"，不允许则称为"废"或"停"。这里有刘肃第六段记述的用词为证："开元初，左庶子刘子玄奏议，请废郑子《孝经》，依孔注；《老子》请停河上公注，行王弼注；《易传》非子夏所造，请停。"

在唐代，学馆使用的图书版本由《学令》规定。如开元七年《令》曾规定："诸教授正业：《周易》，郑玄、王弼注；《尚书》，孔安国、郑玄注；《三礼》、《毛诗》，郑玄注；《左传》，服虔、杜预注；《公羊》，何休注；《谷梁》，范宁注；《论语》，郑玄、何晏注；《孝经》，孔安国、郑玄注；《老子》，河上公注。"[14] 刘肃《大唐新语》上所载刘子玄的建议，《册府元龟》的记载可为佐证。该书卷六百三十九"贡举部"曾记开元七年左庶子刘子玄奏："《孝经注》请废郑依孔，《老子注》请停河上公行王辅嗣，《易传》非子夏所造，礼部奏议，请准令式，《孝经》郑注与孔传依旧俱行，子夏《易传》无益后学，不可将贴正经。"所以，刘肃说《六典》于开元二十六年奏上之后"迄今行之"，是说直到他写作《大唐新语》的元和年间，《六典》这部书仍被允许列在秘书省国家图书馆作为官方图书阅读，而根本不是说《唐六典》直到元和年间都作为法律被执行。其实，只要把不到二千字的《大唐

---

⑬ 《吕和叔文集》卷五，另见《全唐文》卷六二七。

⑭ 仁井田陞：《唐令拾遗》，第273页。

新语》“著述”栏的全文读完一遍，就不会认为刘肃所说的“迄今行之”是说《唐六典》在贯彻执行。因为刘肃在“著述”中还讲到另外三部书也在“行”。其中第三段说：“贞观中，纪国寺僧慧静撰《续英华诗》十卷，行于代”（“行于代”即“行于世”，唐代避“世”字讳而言“代”）；第十二段云：“诏以《初学记》为名，……其书行于代”；第十三段曰：“襄阳处士王源撰《亢仓子》二卷”后，“更取诸子为相类者，合而成之”，这本书“亦行于代”。刘肃说的这些诗集、文史摘要汇编书及道家书在“行”，难道也是说这些书作为法律在被贯彻执行吗？当然不是。

作为唐代的一部重要典籍，陈寅恪关于《唐六典》只是开元时制订的“在行政上便于征引的类书”[15]的论断，可以看作是《唐六典》所起实际作用的概括。所谓“征引”，是说可供自由地参考仿效，但无法律效力。参考仿效《唐六典》与参考仿效《周礼》的性质一样。《唐会要》上记载，官吏奏事有时有“准《六典》……”的提法，就属于这种性质。这些建议要被接受都得由皇帝批准。凡这种情况，史书都记载说：“敕旨：宜依”，或者“敕旨，准《六典》。”这种做法的本身就说明《六典》不是颁行之成法。否则，执行无必要请示皇帝批准。南宋的程大昌以《唐会要》所记开元后一些同《六典》相合的事例来证明《六典》是颁行之法典，这种本末倒置的做法，是抹煞了《六典》抄摘当时在行令、式而制订的这一根本特点。

前文已经指出，《唐六典》主要是根据唐代当时在行令、式的内容编写而成。而《唐六典》编成后，这些令、式仍像以前一样作为法律继续生效。唐代贞元、元和、大和及开成年间仍修定格、式等就是明证。在评价《唐六典》的作用时，不能把《六典》编写当时及编写以后一直在生效的国家的令、式的效力，都说成是《六典》的作用。唐以后《六典》都被作为历史典籍征引。宋朝与明朝刊刻《六典》，同清朝刊刻杜佑《通典》用意相似。所有这些，丝毫不能反证《唐六典》在唐代当时作为“行政法典”颁布行用。

---

⑮ 陈寅恪：《隋唐制度渊源略论稿·职官》。

潘汉典

比较法在中国：回顾与展望*

简介

潘汉典（1920—），中国政法大学法学教授，博导，2005 年法大校庆授予“学科建设开创者”称号。苏州大学名誉博导。东吴大学中国比较法学院法学士（1944 年），法学硕士（1948 年）。历任光华大学、东吴大学、北京大学、北京政法学院、中国人民大学、广州大学讲师、副教授、教授。中国政法学会研究员、理事，《政法研究》创刊编辑。北京法学会理事，《法学杂志》编委。中国社会科学院研究员（1979—），法学研究所室主任、《法学译丛》创刊主编，中国政法大学比较法研究所首任所长、《比较法研究》主编。中国法学会名誉理事、比较法学研究会顾问。全国外国法制史研究会顾问，获“功勋会员”称号。中国翻译协会首届理事，获“资深翻译家”称号。

曾到麦吉尔（McGill）大学（加）、耶鲁大学、东京大学、罗马大学访问交流。出席“国际法律信息学”第三、四届大会。2007 年春赴台湾东吴大学作比较法学讲演。

著作译述：《论世界法律体系分类若干问题》、《信息与信息科技立法文集》（主编），《世界宪法》（选译），《人权宣言》、恩格斯《十八世纪：英格兰状况》、《英吉利宪法》（译注），《君主论》、《权利斗争论》、《比较法总论》（合译），《元照英美法词典》（总审订），等等。

* 原发表于《比较法研究》，1990（2）。

导 言

比较法作为一门学科第一次成为世界法学专业会议的主题，并且在世界法学界普遍地、正式地获得“比较法”（droit comparé，comparative law）的命名，是90年前即1900年在巴黎举行的“比较法国际大会”的事情。比较法在各国法律教育中的重要意义，也是从法国比较法学者埃斯曼教授（Adhemar Esmein，1849—1913）在大会所作的报告：《比较法与法学教育》（载《大会会议记录与资料》第1册，第445～454页）开始，逐渐引起各国的重视。

但是，在一些国家里比较法有过悠久的历史，却往往没有被人们——包括本国的法学家在内——所认识。正如英国牛津大学比较法教授贝纳德·鲁登（Bernard Ruden）很形象地描述的，“在（法国）莫里哀所作的《想作贵族的布尔乔亚》这部戏剧里，一个角色惊讶地发觉，完全未曾想到自己五十年来就一直在谈论着散文。同样地，英国人同别国的人们一样，老早就运用着外国的法律观念，已有若干世纪了，其后比较法这种技术才习惯于自我分析，也就是说，认识自己的重要性，并且获得一个命名〔比较法〕。”① 因此我们的英国同行在介绍英国比较法时，不得不从几百年前说起。中国的情况亦有某些类似，甚至更有甚焉。所以我们在探索与阐述中国比较法的时候，应从其起源开始。

根据比较法在我国各个历史时期的特点，本文试图将中国比较法的发展划分为四个阶段进行论述，即：一、比较法在中国的起源，二、比较在中国的停顿时期，三、资本主义导向的比较法时期，四、社会主义比较法的探索、挫折与新生时期。

一、比较法在中国的起源（400B.C.）

（一）在世界比较法学史上的西方起源论

关于比较法的起源，东西方许多国家的比较法学者几乎普遍地追溯到希腊梭伦（Solon，640—558B.C.）所从事的雅典立法；罗马十人团（decemvirs，451—450B.C.）所制定的《十二铜表法》；柏拉图（428/7—348/7B.C.）的《法律论》，亚里士多德（384—322B.C.）的《政治学》。这类观点见诸：胡格（Hug）的著名论文《比较法的历史》（载美国《哈佛法学评论》第45期1932年）、法国勒内·达维德（R. David）的《当代主要法律体系》（1982年版，漆竹生译，第7页）、联邦德国茨威格特和克茨（K. Zweigert 和 H. Kotz）的

---

① 贝纳德·鲁登：《英国的比较法》，潘汉典译，载《比较法研究》，1990（1）。

《比较私法导论》（1984年新版，德文本，第53～54页）、日本五十岚清《比较法学的历史与理论》（1977年版）等等。苏联比较法学者季列（A. A. Tulle）在所著的《社会主义比较法学》一书中（1977年版）论述比较法的历史时，亦援用法国比较法学者安谢尔（M. Ancel）关于比较法学起源于希腊罗马哲人和立法家的观点。总之，关于比较法在中国的起源，在英、美、法、德、日、苏等国著名的比较法论著中是阙如的。

因此，我们首先从比较研究的角度探索比较法在中国的起源，以补充世界比较法学史的缺漏。我们的出发点是，通过对我国客观的历史事实的考察，佐证比较法在法律发展史上的一大功能及其普遍性；其次，是通过本国的历史经验，帮助我们认识先民为“变法”的目的运用比较法，曾经取得的成就及其影响，从而策励我们在贯彻执行对外开放的基本国策的法制建设与法学研究中，积极运用比较法以便作出应有的贡献。

正如匈牙利比较法学者萨博（I. Szabo）所告诫的，在比较法的研究中，必须注意防止“民族偏见”②，不夸耀本国“古已有之”以掩今日之短。我们只是致力于实事求是的科学探讨；尊重历史事实，既不妄自尊大，亦不宜妄自菲薄。

（二）比较法在中国的诞生：公元前四世纪

关于比较法在中国的产生，我国有的比较法论述追溯直到我国夏商之际。据说，“我国历史悠久，早在公元前二十一世纪，就形成了夏朝奴隶制国家，出现了《禹刑》。……公元前十六世纪至公元前十一世纪的商朝，参考《禹刑》，有所损益，制定了《汤刑》，其内容比《禹刑》更为充实”，并且认为，“这已是初步采用了比较法。”还说，“公元前十一世纪至公元前七七〇年的周朝，在制定法律时，参考了《汤刑》的某些内容”③。

笔者认为，每个国家在某一时期或朝代从事制定或修订法制时，通常地而且必然地同本国自己直接的过去相联系，势必有所损益，这是各国立法的通例，也是人类思维的普遍现象和客观规律。这不属于在法学领域中通常所特指的或者各国比较法学者公认的比较法范畴，很难说这是比较法的产生。④ 我们没有理由或必要把我国比较法的诞生追溯到公元前十六世纪，好像比西方的古希腊、古罗马的比较法的诞生要早九世纪至十一世纪，比东方的古巴比伦的比较法的诞生（公元前十八世纪的汉穆拉比法典）迟两个世纪。

（三）比较法诞生的时代背景及其作用

我们应该强调指出，战国初期即公元前约四百年，魏文侯师（相）李悝（约455－397B.C.）所撰《法经》不仅如通常众所公认的，是我国历史上第一部比较系统的成文法

② 萨博：《比较法的各种理论问题》，潘汉典译，载《法学译丛》，1983（1）。

③ 参阅吴大英、任允正：《比较立法学》，关于比较法的产生，1页，1985；吴大英、徐炳编著：《比较法基础知识》，3～4页，1987。

④ 值得注意的是，甚至所谓“夏刑”与“汤刑”的具体内容本身就不是没有疑问的：史籍和出土文物迄今也未能帮助我们获得较多的确切的信息。陈顾远教授就曾经指出：“史书所引黄帝之李法，夏之政典，固绝对不可信。即左传昭公6年所载晋叔向语，（‘夏有乱政而作禹刑，殷有乱政而作汤刑’），同一不可信。……禹刑、汤刑之是否有其条文，抑或仅为惯例，仍莫得而明之。”（陈著《中国法制史概要》1977年台北第5版，第61页）

典，而且是世界比较法起源上一部古老而伟大的成就。从当时所产生的社会效果及其后在中国法制史上的深远影响说来，它同东西各国比较法的起源相比较是毫不逊色的。下面我们简述比较法在中国诞生的历史背景。

李悝生活的时代之前——春秋中后期，周王室已经衰微，原有奴隶制的法律制度逐渐失效，代表新兴地主阶级的诸侯国开始制定并公布各自的法律制度。例如，楚文王（689－677B. C.）制作自己的刑法“朴区之法”⑤；晋文公（四年，633B. C.）“为被庐之法”；⑥“（楚）荆庄王（613－559B. C.）有茅门之法”⑦，晋有“常法”⑧；特别引起叔向和孔子等一班人强烈反对的是，536B. C. 郑国“子产铸刑书于鼎，以为国之常法”⑨；继之，513B. C.，晋国赵鞅又“铸刑鼎，著范宣子所为刑书焉”⑩；其后，郑驷歂杀邓析而用其“竹刑”⑪，如此等等，可以充分说明“春秋之时各国多自为法，如晋之被庐、刑鼎、郑之刑书、竹刑、楚之仆区皆非周法也”⑫。——沈家本关于春秋后期中国立法出现多国化的论断无疑是正确的。它恰好为不同国家的法律比较研究提供了充足的前提条件。我们需要进一步指出的是，各国这些新的立法不同于原来周王朝的法律，正好反映原先以井田制为其经济基础的奴隶制的法律制度的崩溃，同时表明新兴地主阶级进行变法和法律改革及其封建法律制度的创立。⑬

作为代表新兴地主阶级利益的魏国创建者魏文侯（在位 445－396B. C.），原来有自己的法令。⑭ 然而“周衰刑重，战国异制，魏文侯师于里（李）悝，集诸国刑典，造法律六篇：一、盗法；二、贼法；三、囚法；四、捕法；五、杂法；六、具法”⑮。这就是说，魏国的统治者，为了适应当代政治经济形势的急剧变化与发展，维护新兴地主阶级的经济利益和政治要求，不受本国原有的法律制度的拘束，大胆地总结了其他各国的立法经验，创制出新的自己的法律。李悝励行变法和“法治”，同时采取了一系列重要的政治经济措施（如“尽地力之教”、及“善平籴”等政策)。历史表明：《法经》不仅（1）是我国比较立法的第一部硕果，开我国编纂系统的法典的先河；（2）而且魏国实行变法，国富兵强成为战国七雄中的强者，《法经》无疑起着重大的作用；（3）《法经》被后世采用，继续发生强有

---

⑤ 《左传》昭公 7 年，“楚芋尹无宇辞曰：……吾先君文王（即楚文王 689－677B. C.）作仆区之法，曰盗所隐器，与盗同罪。”（仆区“为隐匿亡人之法也”。）

⑥ 《左传》昭公 29 年“〔晋〕文公是以作执秩之官，为被庐之法，以为盟主。”

⑦ 《韩非子》第十三，外储说左上第三十四。

⑧ 《左传》文公 6 年（621B. C.）。

⑨ 《左传》昭公 6 年。

⑩ 《左传》昭公 29 年。

⑪ 《左传》定公 9 年。

⑫ 《沈寄籍先生遗书》《律令九卷》之一。

⑬ 例如，韩国有申不害的《刑符》，楚国有屈原作的《宪令》，齐国有《七法》，赵国有《国律》，秦国有《秦律》。

⑭ 根据沈家本的分析，“魏国本有法令之书，不自李悝始。”同前引沈著。

⑮ 《故唐律疏议》卷第一，疏。

力的影响：战国中期（361B. C.），商鞅携李悝在魏国变法的经验到秦国（359B. C.），"商君（鞅）受《法经》六篇以之治秦，终助秦孝公成霸业"⑯。秦国推行封建制的法治，为日后秦王灭六国、一统天下开辟道路。沈家本亦曾指出"此书为秦法之根原，必不与杂烧之列，不知其书何时始亡，恐在董卓之乱"⑰。其后，《汉律九章》就是在《法经》之上，加上汉相萧何所作"户"、"兴"、"厩"三篇构成。⑱ 以后历代封建王朝的法律往往在前代法律的基础上加以修改或增减。《法经》的篇目在中国历代法典上仍然或多或少地保留下来。⑲ 而且作为中国传统法律特点之一的"诸法合体"，可以说也是从《法经》开始的。

如果说，更早的汉穆拉比法典可以称为东方奴隶社会最早一部比较立法的成就，那么也可以说，《法经》是东方封建社会最早的一部比较立法的成就，而且是作为推行改革和促进社会发展的有力工具出现的，两者是东方比较法起源上的双璧。

二、比较法在中国的停顿时期：自秦王朝至清末（221 B. C.—19 世纪末叶）

自从秦灭六国，建立了封建专制统一的中央集权国家以来，尽管中国法律，特别是从唐律开始，对亚洲各国古代法律发生深远的影响，但是中国没有开展对外国法的研究。历代的立法和法学（或曰"律学"）局限于本国的法律及其历史发展与变化的比较研究。举其著者，唐长孙无忌等人所著《唐律疏议》就是一个最好的说明。《疏议》第一卷开篇就阐述"刑律"，"名例"等在中国法制史上的渊源及其在历代法制的演变。这种本国历史的比较常见于旧中国的法学著作之中。清末律学家薛允升著《唐明律合编》比较与剖析我国唐明两代法律源流及其宽严得失，堪称法学要籍。但是这些都不是现代通称的比较法学，即对不同国家或不同法律体系的比较法研究。在悠长的历史时期直到十九世纪末，中国没有出现严格意义上的比较法研究，这是由于中国的地理位置和中国政治经济文化同亚洲邻近各国相比之下在一定时期内具有相对的先进性和自我优越感使然。因此这种现象是不足为奇的，然而对于中国法制的发展却是不利的。但是在帝国主义入侵后，中国面临亡国灭种的危险，清王朝为了逃避灭亡的噩运不得不表示进行变法的时候，中国同世界上一些遭受帝国主义侵略、独立受到威胁的半殖民地国家一样，试图向外国学习。"要救国，只有维新，要维新，只有学外国。那时的外国只有西方资本主义国家是进步的，它们成功地建设了资产阶级的现代国家，日本人向西方学习有成效，中国人也想向日本人学。"⑳ 毛泽东的这段关于

---

⑯ 林咏荣著《中国法制史》1976 年台北版，50 页。又王玉哲编著《中国上古史纲》1959 年第 1 版，第 222～224 页。

⑰ 同前引沈著。

⑱ 《故唐律疏议》卷第一，疏。

⑲ 参阅：林咏荣著《中国法制史》历代法律系统图，历代法典比较表，1978 年增订 8 版，第 48～49 页。

⑳ 《毛泽东选集》1960 年第 1 版，第 4 卷，第 1475 页。

鸦片战争失败以后至二十世纪初期中国人的情况的论述恰好确切地说明从清末开始，以学习乃至模仿为目的，对西方资本主义国家的法律（也包括日本的法律）进行比较研究的历史事实。这一个时期包括从清末直到民国时代。

三、资本主义导向的比较法：清末尝试阶段和民国阶段（19世纪末叶至1949）

（一）“中体西用”模仿资本主义法律的尝试阶段（自19世纪末叶至1911年）

（1）近代比较法的出现

在1840年鸦片战争失败，特别是1860年英法联军侵略之后，当时中国一些有识之士，开始认为，谋求富强不能仅依靠武器和制造机械，更重要的是学习西学的本原。除了众所周知的康有为（1858—1927），梁启超（1873—1929）等维新运动的主帅之外，近代改良主义者郑观应（1848—1921）就提出引进西方资产阶级的政治制度和参酌西方法律进行改革的建议。郑应观自称：“幼猎书史，长业贸迁，愤彼俗之要求，借中朝之失策，于是学西文，涉重洋，日与彼都人士交接，察其习尚，访其政教，考其风俗利病得失，盛衰之由，乃知其治乱之源，富强之本，不尽在船坚炮利而在议院，上下同心……”[21] 在所著《盛世危言》等名著中，有专章评述英、美、法、德等国议会制度及其得失，并与中国相比较，力倡设立议会与选举制度；论述中西律例不同，主张考订西律，制定“通商交涉规则”，培养熟悉中外律例司法人员，特别是效法日本，反对西人以其刑罚严酷，凡有词讼由“驻日西官”审判，应“更定刑章，仿行西例”以便收回领事裁判权。郑观应的论述反映其人开始对西方政制法律研究与比较，而且这些观点和主张正是二十世纪初年清王朝勉强同意变法的要求进行法律改革的要点。

大约与此同时，香港律师和议政局议员，英国留学生何启（1858—1914），除了和胡礼垣先后发表不少政论，编成《新政真铨》刊行外，撰译有《英律全书》；另有丁韪良（William Alexander Parsons Martin，1827—1910）[22] 翻译的《国际公法》（沃顿 Warton 原著）[23] 这是我国近代较早的外国法和国际法译著。

（2）试图模仿西方资本主义法律的比较立法。（1900—1911年）

在八国联军攻陷北京后清王朝危如累卵之际，1901年1月29日“谕”不得不表示，除坚持“不易者三纲五常”的封建专制纲领之外，“可变者令甲令乙，不妨如琴瑟之改弦”“一切政事尤须切实整顿”，“以为取外国之长，乃可去中国之短。”诬指康梁之佞新法“乃乱法也，非变法”，从而打出‘变法”的旗号，确认“晚近之学西法者语言文字制造器械而

[21] 见郑观应《盛世危言》（自序），载中国近代史资料丛刊第8种，《戊戌变法》，第89页以下。

[22] 此人原为英国新教教士。1850年来中国传教，二次鸦片战争时任美国公使翻译。1869—1894年任同文馆总教习，1898—1900年任京师大学堂总教习，义和团运动时，主张各国划定势力范围，瓜分中国，死于北京。

[23] 以上两书名，见《西学书目表》，1896年上海时务报馆出版。

已，此西艺之皮毛而非西学之本原。”“总之，法令不更，锢习不破；欲求振作，须议更张。”通令清廷大臣限两个月内议陈意见。[24] 1902年刘坤一、张之洞即奏复提出了三万六千余言的全盘的改革意见书，包括各项具体的要求与措施，其中有关于“定矿务律、铁路律、商律、刑律”专条，建议博采各国法律，高薪聘请各国著名的“曾办大事”的法律家来华，充当该衙门编纂律法教习，为中国编纂法律，并在该衙内设法律学堂，选职官进士举贡当学生，为纂律助手，学习法律与审判，养成司法人才；又强调多译精译东西各国书，“译多者，准请奖”，能译出有用之书者呈由京外大臣奏闻，从优奖以实官，发交各省刊行，从而为模仿资本主义各国法律，制定本国法律提供资料。[25]

（3）比较立法与法律改革运动的开展与终结。

1902年清政府正式决定，首先从事搜集各国现行律例，责成袁世凯、刘坤一、张之洞慎选熟悉中西律例者送京，开馆编纂从而开展了比较立法运动，其一个直接的目的是希望经过法律改革可以收回领事裁判权，但终极的目的是妄图挽回腐朽的封建专制王朝的灭亡，维持封建剥削制度及其所谓纲常名教的封建道德伦理关系，模仿抄袭某些资本主义法律只是一种手段。此一运动随着清王朝的灭亡而结束。现在我们简单回顾在其历史进程中一些法学者的工作，对近代比较法在中国发展的了解可能是有意义的。

这项所谓改革法律运动是一次具有一定规模的比较立法工作，同时也从事了一系列的研究与教育工作。这项工作的总负责人沈家本，还有伍廷芳博士等，两人都是法律家，沈家本精通中国法制史并热心研究外国法，伍廷芳是英国“大律师”。1904年设专门机构修订法律馆，1906年聘用日本法学博士志田钾太郎、冈田朝太郎、小河滋次郎和法学士松冈义正，分别纂写刑法、民法、刑民诉讼草案。（《光绪朝东华录》第5册，光绪三十四年10月丙辰，1908年10月28日条）。它选用熟悉中西律例人员任纂辑工作，派遣出国考察人员，要求是熟悉中国法并且对外国法有一定素养的专家如董康等人。1904年，曾留日的范源廉等同日本法政大学总理梅谦次郎商议，该校为清国留学生附设法政速成科。从组织工作看立法是有一定的准备的。

1906年中国第一个专设法律学堂，根据沈家本和伍廷芳的建议成立，作为修订法律馆的附属学堂。1907年作为教育事业独立，由法部直辖，改称“京师法律堂”，学校负责人即沈家本，每年办学经费十万两，开设课程有大清刑律、大清法院编制法等若干本国法律，其他如民法，商法、民诉、国际法等等，在没有中国法的情况下，暂就外国法律比较教授。任教的教员是日本的法学家，学制为三年。这样，清末也曾经培养了几百名法律人才。他们获得的不少是日本的、德国的法律知识。

在修订法律的步骤上，沈家本强调调查研究。留学外国的毕业生回国后首先从事翻译主要国家的法律，从日本译本转译以节省时间。从1902年到1905年的三年期间，大陆法

---

[24] 《光绪东华录》中华版，第4册，总第4601～4602页。

[25] 《光绪东华录》中华版，第4册，总第4727～4771页。

系国家如德、法、俄、日各国的刑事法典都翻译成为中文，普通法系的英美两国刑法没有成文法典，则由伍廷芳本人及其助手们编写出英美刑法。此外在清末还翻译了其他各种外国法律和一些法学名著（包括比较法的经典著作——孟德斯鸠的《法意》在内）。日本的法规大全也出版了。这样，立法参考资料的准备工作是相当迅速的，但是许多法律概念是直接从日文搬过来，如现在仍通行的所谓"假释"等等，在中国使用上是很费解的，从而招致清代一些人们，特别是保守派的责难。这是在引进外国法律时相当普遍存在的困难，在我国清末第一次引进外国法时出现，是可以理解的，但却是值得我们注意的历史教训。

在清代末年，制定了一系列的法律和法典草案。日本的法律家参加了法律的草拟工作。这种立法在日本法的强烈影响下，主要模仿德国法以及其他大陆法。在法律体系的结构方面中国法制史上第一次抛弃了过时的作为中国法律传统特征之一的诸法合体的架构，分别制定了大清现行刑律和大清新刑律、民律草案、商律草案、民事诉讼律和刑事诉讼律等等。西方资本主义国家的一些法律观念、立法与司法原则，被抄写在新制定的法律上面，当然同时还保留着某些传统的封建法律观念和制度。但学者们的努力毕竟是史无前例的试图除旧布新，而且是有一定创获的：通过中外法律比较，法学家开始察觉本国法律上某些严重问题，经过各种争论，其中只有很少一些获得了改正，如关于废除某种极残酷的死刑方式，过多的死罪规定，等等，更多的是被保守派阻挠没有获得解决。总的说来，由于政权的封建专制性质和帝国主义对清王朝的压迫与要求，从根本上决定了这项所谓法律改革的性质和范围。它首先要维护封建专制的王权及其剥削制度和封建的伦常道德，只能在极有限的范围内模仿某些资本主义法律制度以赢得西化的面目。这种企图随着清王朝的崩溃而破灭了。

但是笔者认为，沈家本不愧为近代中国的比较法学家，不仅在比较立法与改革和比较法教育中而且在法学理论上作出自己的贡献。他的历史经验和教训，丰富了中国比较法学的宝库。他提出比较研究的一个重要问题，即主张具有历史观点、全局观点，避免片面性和主观性，要"参考古今，博稽中外"。他告诫说："当此法治时代，若但徵之今而不考之古，但推崇西法而不探讨中法，则法学不全，又安能会而通之，以推行于世?"㉖ 他反复强调指出，在立法时对外国进行比较研究必须同时对本国法有深入的理解，才能作出价值判断，不能迷信西方法制而轻视中国法。他在修改法律特别是刑法时，采纳许多进步的现代刑罚观，而没有盲目抄袭西方资本主义法律制度，这是值得我们重视的。自然，沈家本没有完全摆脱中国传统的纲常名教的道德伦理观念，这是时代局限性和阶级性使然，是无庸为贤者讳的。

（二）在资本主义道路上的比较法：民国时期（1912—1949 年）

从 1911 年的辛亥革命起直到 1949 年这段时期，比较法在立法上的运用和比较法教育，总的说，是在西方当代资本主义的道路上进行的。

㉖ 《寄簃文存》，《重刻明律序》，《薛大司寇遗稿序》。

孙中山曾经对欧美各国宪法进行比较研究，他的“五权分立学说”就是他对西方“三权分立”学说的发展。他说过“我们要集中外的精华，防止一切流弊，便采用外国的行政权、立法权、司法权，加上中国的考试权和监察权……完成一个五权分立的政府。”

孙中山也强调比较立法。他指出，开展立法工作必须组织中外专家参加调研，否则不易告成㉗。清末的法律改革家，伍廷芳被孙中山任命为新政府的司法总长。在这个时期中国政府立法更进一步仿效西方各国。除了中国的法律家之外，同清末一样，还聘请了外国的法学教授，如法国的艾斯卡拉（J. Escarra）、宝道（Podeux），美国的庞德（Pound）等人，分别担任中央政府、司法行政部、教育部等顾问，从事有关立法、司法行政和法学教育的咨询工作。

在这个时期里，比较法研究在立法工作中仍然占有重要的地位，而且继续以西方资本主义国家的法律为其研究的主要对象，在法律的制定上与司法行政的管理上，仿效西欧大陆法系各国。在民国初年曾经成立了中国第一个比较法学组织——中国比较法学会。以德国民法典英译著名的王宠惠博士即其主要成员。在第二次世界大战后则进一步仿效美国。上述外国法律顾问的聘用就是一个很好的说明。模仿欧洲大陆法，而不是像清末模仿日本法那样。最典型的例子是1929年的新民法典，在草拟中以法国宝道为顾问，我国法学者公认，其内容百分之九十五是仿效大陆法系的德国与瑞士民法典。如比较法学者吴经熊就曾经坦白承认“就新民法从第一条到第一二二五条仔细研究一遍，再和德意志民法和瑞士民法和债编逐条对照一下，倒有百分之九十五是有来历的。不是照帐誊录，便是改头换面”㉘。

在比较法的学术研究与教育方面，在此期间，仍然是面向西方，并进一步向大陆法和英美法铺开。在北方，北洋大学、北京大学、朝阳大学等大学法律系开设了比较宪法、比较民法等课程。在上海有两所大学开始设立大陆法和普通法的专门课程。其一是东吴大学法学院，其英文校名中译即“中国比较法学院”。（The Comparative Law School of China, Soochow University）在1915年成立，1927年又设立东吴法律学研究院（至1952年上海停办）。校章规定创办宗旨是：“使学生充分掌握世界主要法律体系的基本原理”。在1940—1944年期间，（笔者在该校就读时）本科必修课，除中国各门法律课程外还有一系列外国法比较法课程约共二十种，其中主要包括普通法的各个基本学科和大陆法、民商法、苏俄法等；采取苏格拉底式的教学法，并使用外语及外国课本，以培养学生听说写外语能力。设有“模拟法庭”（moot court）进行演习；出版《法学杂志》和英文版《中国法学杂志》（China Law Review, 1922—1940），是一个比较法论坛。1975年美国已将后者全部复制重版发行。该校原由美国人创办，后由吴经熊、盛振为教授接任。这是中国最早的比较法教育

㉗ 近代史资料《辛亥革命资料》，第353页。

㉘ 吴经熊《法律哲学研究》，第28页。梅仲协也说：“现行民法采德国立法例者，十之六七，瑞士立法例者，十之三四，即法、日、苏联之成规，亦尝撷取一二。”王伯琦则更明确地指出：“我们立法上所采取的全套是西洋的最新法律制度”，见王伯琦《近代法律思潮与中国固有文化》，转引自汪道渊《中国债法比较研究》，《法学论集》1983年，台北版，第295页。

与研究机构，曾经培养了一批比较法学者，如现任海牙国际法院法官倪征燠，即该校的毕业生、教授和教务长。

此外，上海的震旦大学法学院由法国神父办理，设有法国民法等法国法的一些课程。

这段时期，中国比较法的研究主要是围绕各项重大立法的需要而进行，因此《比较宪法》的论著是比较多的。在民法方面有李祖荫的《比较民法》专著。在一些《大学丛书》即标准法学教科书中，一些学者在评述本国法律时也常常征引各国法学者的观点或外国相应的立法例进行比较和评论其得失。在法理学方面，吴经熊以对西方当代各国法哲学代表人物的思想评论著名。

总的说来，这段时期比较法的研究比清末有所发展，但仍然没有越出学习与模仿西方资本主义法的范畴。不待说，这是这个政权的性质所决定了的。

四、社会主义比较法：从探索到挫折与新生时期（1949—）

（一）新中国比较法的三阶段

1949年以来随着中华人民共和国的创建，中国比较法进入了一个新的时期。从比较法的研究与教育的内容及其作用考察，大体上可以分为三个阶段，即（1）1949—60年代初期；（2）60年代初期—1978年；（3）1978年至今。

第一阶段，新中国的法律教育与研究是在马克思主义、毛泽东思想的指导下进行的。对于外国法的比较研究，基本上以苏联作为主要对象。学习苏联的社会主义法学理论、立法、司法经验，成为法律界和法学界的指导方针，而对于西方资产阶级的法律理论与实践进行彻底的批判乃至全盘否定。因此以不同国家的法律、制度和法律秩序的比较为其主要内容的比较法研究，就局限于苏联和一些东欧国家的法律。而另一方面，对于英、美、法、德、日等普通法系和大陆法系的资本主义国家的法律一般地采取了蔑视的态度或者采取所谓“反衬”的方法，旨在阐明社会主义国家法律的无比优越性，谴责封建主义制度和资本主义制度的反动的本质和腐朽性，如此等等。因此比较法作为资产阶级法学的研究法被否定了。

在这个时期里，约在1957年夏中国法学界座谈会上，原上海东吴大学法学院——中国比较法学院比较法教授倪征燠先生（现任海牙国际法院法官）曾沉痛地发出“救救比较法”的呼吁。但是并没获得人们的重视。

但是，应该着重指出，在我国立法领域上，比较法的运用在不同程度上却是始终存在的，虽然比较立法研究，通常作为主要参考或借镜的是苏联以及东欧的法律。例如在1954年制定新中国第一部宪法的前后，也曾经比较研究苏联和东欧各国的宪法，并出版若干资本主义国家的宪法。在草拟刑法典的过程中，也曾翻译出版包括印度刑法和阿尔巴尼亚刑法典等外国刑法资料作为比较研究的基础资料。在法学教育领域，苏联法律与法学教材大量地翻译成为中文。广泛介绍苏联法学理论，包括其比较法的观点，例如苏联著名法学者齐夫斯（ZHbc）的《法学中的比较方法论》（载《苏维埃国家与法》杂志）提出对不同社会制度的（即对资本主义国家的）国家和法比较研究，是一种“反衬”的比较，旨在阐明社会主义制度的国家与法的优越性，而对于相同社会制度的（即社会主义类型的各国）国家与法的比较研究则是探索其共同性。这种观点在中国法学界不是陌生的，

这个时期作为外国法与比较法研究资料出版的主要有中国政法学会和法学研究所编辑的《政法译丛》、《政法研究资料》、《法学研究资料》等期刊，其内容主要包括苏联的法学与法律论述，以及对资本主义国家的法律制度与法学的批判性的文章。

第二阶段，即在“文化大革命”时期，在打着反对“封、资、修”的旗帜下的大批判中，50 年代引进的苏联法学连同早被蔑视的西方法学一道被彻底地否定了。曾经在 1954 年宪法中引进的一些外国的法律原则和制度。如“法律面前人人平等”、律师辩护等制度在“文化大革命”期间制定的第二部宪法中被取消了。比较法研究当然无从谈起。

第三阶段，即“文化大革命”结束以后，直到现在。这是一个新的历史时期，特别是从 1978 年党的第十一届三中全会以后，比较法的研究与教育开始获得了新的发展。

首先，经过十年的惨痛经历，中国人民普遍要求实现法治和尊重公民权利。因此在 70 年代后期制定的第三部宪法，修改了第二部宪法的一些规定，例如，重新肯定“法律面前人人平等”的法治基本原则。

在 1982 年的宪法制定过程中，在总结我国经验的基础上，曾经广泛地收集和研究世界上许多国家的宪法和法律，不少的法学研究机构和法律院校的教授和研究人员都曾参加了各种调查和比较研究的工作。本文作者就曾经为此重新译注当代东西方主要国家（西德、意大利、日本、法国、加拿大、罗马尼亚等国）最新的宪法文本和文献（包括法国的人权宣言在内），介绍当代各国重要法学论著，作为比较研究外国法制的基础资料。在 80 年代修改宪法之前，我国进行了各项比较分析工作。如分解与对照研究东西方许多国家的现行宪法，在宪法的结构上和内容上吸收了对我国人民有益的，适合中国国情的外国立法经验。如关于公民的权利和义务的规定，参照外国宪法而将它提到宪法条文中更前的地位。又如引进关于“宪法的最高原则”（宪法第 5 条）。再如改正了宪法中长期不切当地使用的法律概念，例如关于外国人在中国受庇护的权利（right of asylum），在几部旧宪法中一直称为“居留权”，在第四部宪法中也接受了当代外国普遍采用的法律概念，改为“受庇护的权利”，如此等等。所有这一切都是运用比较法的结果。

特别是自从中国实行改革和对外开放政策以来，完善中国社会主义法制，借鉴外国某些立法经验，不仅局限于涉外的法律领域，而且更广泛地扩大到许多法律部门，如关于环境保护法、企业法、破产法、义务教育法、行政诉讼程序法以及某些税法，等等。在立法过程中相当普遍地研究、参考和借鉴了国外的相应的法律制度，包括不同法系的和不同社会制度的各国法律。例如在制定环境法的准备阶段，不仅研究东西方主要国家的特定的法规，而且广泛调查研究许多国家宪法关于环境保护的基本原则，然后根据中国的国情与需

要和可行性，对外国的经验作出抉择，“择善而从”，而不是“照抄照搬”人家的经验。在这类工作中，比较法正在发挥着日益重要的作用。因此如何正确地、有效地运用比较方法，这是中国比较法学者面临的一项重大课题。

（二）中国比较法研究与教育的新发展

中国比较法研究与教育，和一般的法学研究与教育一样，在70年代末期开始新的发展，这是为了适应中国的新的历史时期的各项需要，首先是比较立法的需要。笔者认为，这个时期中国比较法的研究方向同我国的教育一样，应当是立足中国，“面向现代化、面向世界、面向未来”。

为给比较法研究建立必要的基础资料，约在1976年中国社会科学院法学研究所首先编辑出版了《外国法学动态》，介绍关于苏联东欧各国和美、英、日本、西德、法国的法律和法学的最新信息。从1979年起编辑出版了《法学译丛》，这是新中国一个全面介绍东西方法律和比较法的专门期刊。它根据中国当前立法、司法、行政、国际贸易等实际工作的需要以及教研工作的要求，选择东西方各国法律和法学的重要文献译出。从当代德、法、美、匈、苏著名的比较法学者著述，直到法哲学的各个流派，从古典的如德国耶林的《权利斗争论》(R. von Jhering，Der Kampf ums Recht)，直到当代的新自然法学派的一个代表人物Dworkin等人的著作，也在这个杂志中获得反映。此外，北京大学法律系、中国政法大学、西南政法学院和全国各地许多政法院校，除了出版法学研究杂志外，也纷纷编辑出版外国法的翻译刊物，从而为我国比较立法、司法等实际工作和比较法学的研究，提供东西方各国信息及最新资料。

比较法概论的课程从1980年代初期开始，在广州大学法律系本科，中国政法大学研究生院，北京大学法律系和中国人民大学法律系研究生班以及其他大学和法学院开设了。中国也开始出版了比较法导论的著作。在各大学法学研究生班还开设了外国民商法、外国刑法、外国刑诉法、外国行政法和外国宪法等外国法的课程。在一些大学和法学研究机构也设立了比较法研究室。

1986年在中华人民共和国司法部的指导下，中国政法大学成立了“外国法研究所”，从1988年起已发展成为“比较法研究所”，这是新中国的第一所比较法研究机构，它有几个研究组：大陆法、普通法、北欧法组；苏联东欧法组；日本法组；伊斯兰、印度法组。此外，1986年开始编辑出版了新中国第一部比较法刊物《比较法研究》季刊，已刊登中国和美、德、日等外国学者关于比较法研究的论述，以及译文。

在比较法的出版物中，除了上述各种法律期刊中大量的论文和译文之外，关于各部门法学也陆续出版比较法研究专著或翻译丛书，如比较宪法、比较刑法、比较刑诉法、外国刑法学、外国法律知识丛书等等。法国达维和罗迪埃的比较法概论已有中文译本，茨威格特和克兹 Zweigert 和 Kotz 的《比较私法概论》的许多章已被译成中文。梅里曼 Merryman 的关于大陆法系的论著也已经被介绍到中国。

为了促进学术交流，中国的法学教授、研究生和大学毕业生陆续到欧美澳日各国的大学和研究机构进行讲学研究，另一方面外国法学界人士到中国进行访问，和中国法学界、法律学院合办了法律教育讲座和举办了各种学术讨论会。这一切对于比较法在中国的发展起着积极的作用。可以说，比较法的发展是当代发展中国家的迫切需要。但是要求人们普遍地清楚地认识比较法的价值，把它作为完善社会主义法制、实现改革与开放政策的一个有效工具，把它作为法律科学的独立学科，进行深入的探讨，并且在各法律系本科开设比较法课程，在实际工作中有计划地、正确地运用这一工具，在理论上对比较法学的方法论及其发展的问题取得进一步的认识，这一切尚有待中国法学工作者们作出更大的共同努力。

五、展望：中国比较法研究面临的新课题

这里，我们提出比较法在中国发展中面临的若干迫切的问题，以供共同探讨。

（一）对待不同社会制度国家的法律制度的态度问题

比较法的历史表明，对待不同社会制度的国家特定的法律不进行具体分析，有所区别，一揽子采取完全敌对或者蔑视的态度，不仅不利于日益密切的国际关系和各国人民的友好往来，不符合和平共处五项原则，而且可能导致自我封锁，不利于本国的社会发展；另一方面，如果不加区别盲从或完全赞同也是不正确的；如果甚至盲目照搬别国的法律制度，不顾本国国情，势必导致失败。因此在对待作为研究对象的别国法律，特别是不同社会制度的国家的法制时，必须保持科学的客观的态度，避免民族沙文主义，同时防止盲从。中国作为一个社会主义国家，有着中国特定的国情，在对待资本主义国家的法律和对待社会主义国家的法律时，是否应当无条件地否定资本主义国家的一切法律制度，而无条件地赞赏或仿效社会主义国家的一切法律制度。这是一个必须首先明确的问题。根据笔者的不成熟的看法，资本主义社会制度同社会主义社会制度从总体上考察，确然属于两个不同的历史范畴，和属于不同的社会阶段，因此在某些带根本性的阶级性的法律制度上彼此是不可能取代或者趋同的，但是某些法律制度特别是法律技术、程序，在不存在社会主义或资本主义本质的规定性与排他性内涵的情况下，各国可能取得共识，相互借鉴或吸收，“去粗取精”经过改造是可能加以利用的。这里可能包括资本主义国家的一些法律制度是特定时期人民群众在艰苦斗争中赢得的胜利果实，并不是资产阶级本身或资本主义社会所固有的，相反是人类社会发展进程中创建的历史成就，尽管取得统治地位的资产阶级可能强行据为己有，排斥其他阶级共享，从而加入其阶级特性和独占性，但原来它毕竟是人类法律文化的共同遗产。因此，在比较研究不同社会制度的法制时，必须采取历史辩证法的观点，进行科学的具体分析，恢复其历史地位，辨别其功能和社会效果。在评价借鉴或引进外国法制的问题上，必须在宏观上和微观上进行全面的综合的考察，一切从有利于发展社会主义民主和促进国家富强和本国国情的实际的角度出发。

“法律是一门科学，有自身的体系，左右、上下，特别是与宪法不能抵触，立法要有系

统的理论指导。对外国的经验，不管是社会主义国家的，还是资本主义国家的，不管是英美法系，还是大陆法系，以及对我国历史的经验，都要参考、借鉴。但是要根据我国的实际情况，吸收其中对当前立法工作有益的好的东西，吸取精华，抛弃糟粕。"[29] 这是我国立法的指针，也是我们在进行比较法研究中必须首先端正的基本态度。

（二）比较法的对象问题

在我国当前的比较法研究中，一般地是以法律规范或法律规定为其对象，即甲国的法规与乙国的法规（N′：N″）的比较研究。笔者认为，法律规范或法律规定诚然是法的重要组成部分，但是在现实上法律规范或规定的贯彻执行情况（E）和社会效益（R），与法律规定未必是一致的。而且法律的实施，同人民对法律、法院等等的态度，即各国人民的法律意识，以及执法机构的效能等等都有密切的关系。这一切在比较法的研究中如果缺乏适当的或者缺乏足够的注意，很难保证对他国的法律实际获得正确的了解，从而比较的结果可能是表象的，如果据此作出价值判断或借鉴是很危险的。由此看来，比较法研究应当以法律秩序（L）为其对象，（L′×E′×R′：L″×E″×R″）其中当然首先包括有关的法，同时在一定情况下要广泛地对特定的法律现象进行宏观的考察和微观的社会实际的调研，包括对有关社会、地理条件的考察。例如 1984 年联邦德国政府通告，（模仿日本）为了减少大气污染限令自 1986 年起新批准在德国驾驶的汽车必须安装特殊设备规定，但由于联邦德国位在欧洲中心、国际交通往来自由，而外国没有同类规定，以致引进外国法例草拟的办法在联邦德国不能适用，就是没有考察本国地理条件和有关外国法而造成的错误。[30]

（三）在当代世界法系划分，中国法的归属："远东法"还是"社会主义法"

当代世界法律体系的划分有各种标准，何者较妥当？这是比较法学的基本问题之一，各国学者意见不一，从而在划分法系上存在分歧。但是在当代比较法著作中，世界上一种相当流行的观点，把当代世界主要法律体系分为三大法系，即：大陆法系或罗马日尔曼法系（Civil Law or Romano-Germanic Law），普通法系或英美法系（Common Law or Anglo-American Law），社会主义法（Socialist Laws），还有"远东法"（Far Eastern Law），以及伊斯兰法、印度教法（Islamic law，Hindu Law）等等。（与此观点有别，1950 年法国达维德提出中苏是两个法系）这里值得我们特别考察的是，关于"远东法"的范畴及其内涵问题。按照这种分类，现代中国法和日本等远东国家的法律归入远东法。（参见：达维德《当代主要法律体系》1964 年版即提出这一观点，茨威格特和克茨教授也同此观点）——这种分类取代了美国威格摩尔（Wigmore）教授早先详细的分类（把中国法和日本法分别作为两个法律体系），把当代中国法和日本法归为一个大类。其划分的标准强调该两国的传统的

㉙ 彭真委员长在全国《民法通则（草案）》座谈会上的讲话要点，1985 年 12 月 4 日，载《中国法律年鉴》1987 第 641 页。

㉚ 联邦德国迪特尔·亨利希（Dieter Henrich）《比较法：其目的是什么？》，1984 年 5 月 25 日在日本中央大学比较法研究所讲演，载日本《比较法杂志》第 18 卷 3 号（1984）。

法律文化，（即人们对法律、法院、诉讼等等的态度），对于人们世代相传的非讼倾向(non-litigation inclination)、和睦相处等哲学观念。但从两国法的根本原则观察，当代中国法律制度和日本或其他国家一样，均以宪法为其根本，而中国宪法是一部具有中国特色的社会主义的宪法，中国的法律和各项法律制度都是以社会主义为其指导原则的，因此它是具有中国特色的社会主义法律，现在正在进行的各项改革也是沿着这个方向进行的，具体地说，它是在社会主义公有制的基础之上进行的。再说，特别在经历十年浩劫后中国人民、全党和全国上下的法律意识正在经历着重大的变革和发展，对于法治的渴求和全国范围内开展的普法教育，正在促进中国人民对传统的法律文化观念加以扬弃，抛弃那些有害的、消极的、不利于法治的倾向和封建的意识，而发扬其中有用的、积极的奉公守法、尊老爱幼、和睦团结、重视调解、协商等优良的民族传统，因此强调两国人民某种传统的相似类的意识与倾向，把中国法和日本法归入一类的观点，看来是片面的和日益过时的；另一方面它把日本法所具有资本主义制度的、大陆法系的特性完全无视了，把两国法律和法律制度本身的重大的本质的不同置之度外，而且对于现实的发展与变革没有足够的了解，更多地停留在历史与文献的探索，这就难以得到比较全面的认识，这是比较法学的一个大问题，这里只是略谈个人的初步看法，以供进一步的探讨。

（四）关于外国法的移植问题

这是比较法领域上一个具有重大理论意义和实践意义的课题，在我国今日尤其如此。在相同的社会制度的各国之间，或者在相同法系的各国之间，特别是在具有相同的历史文化背景的各国之间，采纳或者引进外国某些法律或者某些制度是屡见不鲜的。例如；北欧的 Ombudsman 制度，现在已经广泛地被普通法系各国，如新西兰、加拿大等国所采用，而且日本近年也已经作出关于 Ombudsman 的法律草案。

在历史上日本曾经仿效唐律和律令格式的法律体制，建立自己的法律制度，这是比较法制史上移植外国法制取得显著成效的重大历史事实。当代各国引进外国某些法律和法律制度，是不胜枚举的。其中有成功的，也有失败的。如何总结世界各国的立法经验，探索有关利用、借鉴、引进或者移植外国法律和法律制度的各种社会的、政治的、经济的和法律文化的、乃至宗教的诸种条件和历史背景，找出它的规律（如果有规律的话）及其经验教训，这是法学领域一个富有现实价值的学术问题。

在我国进行社会主义现代化建设中，特别是在进行改革和对外开放政策的历程上，这是一个迫切的问题。对于一些经济特区的法制建设尤其具有重大意义，例如关于香港的法律或法律制度可否或者如何引进或借鉴的问题，是必须认真地进行调查研究和及时地适当解决的时候了。关于移植问题，国外法学者持有不同的观点。例如，同英国比较法学者华生教授（A. Watson）相反，美国塞德曼教授（Seidman）夫妇已经阐述法律不可移植性的论点，并且对深圳移植香港法律的妥当性问题提出疑问。[31] 这是有待深入商讨的问题。

㉛ 安・塞德曼和罗伯特・塞德曼：《评深圳移植香港法律建议》，载《比较法研究》，1989 (3/4)。

（五）中国比较法研究的新领域：社会主义中国大陆法制与资本主义香港、澳门、台湾等地区法制的比较研究

在中国，比较法研究正在向着更广阔领域和新的对象扩大。在“一国两制”的构思下，中国面临一个具有不同法律体系或“法族”为背景的多种法律和政治制度并存的局面，这就出现如何调整和协调这些不同法律体系的诸种关系问题，以及如何解决不可避免的法律冲突问题——这种法律冲突包括属于社会主义的中国大陆法律，同属于资本主义范畴的普通法系的香港地区的法律和属于资本主义范畴的大陆法系的澳门地区的法律之间的冲突问题，还有一个互相借鉴、取长补短的问题。这是一个比较复杂的课题。[32] 但是由于中国大陆和港澳台湾各地区的中国人民有着悠久的历史、文化传统，和实现统一和谋求富强的共同愿望，而且维护和平和社会发展是举国一致的要求；这些都是有助于解决问题的有利条件，特别是香港特别行政区基本法的制定为今后妥善协调法律关系提供了一项重要的法律根据。

因此我国法学者包括大陆和港澳台的同行们，共同开展这一领域的比较研究，是急不容缓的一项的历史任务。现在中国政法大学比较法研究所筹建的一个研究室，就是以港澳台的法律研究为其任务。还有法学研究所以及其他一些政法院校也设立相应的机构。已有一些关于香港法律的论述和专著等书籍出版，这只是一个开端。对各地区法的比较研究必须建立在坚实的调查研究的基础之上，对于各地区法制和法律秩序必须掌握第一手的基础资料（法律文献中译、法律实践和历史发展以及社会现实等），同时必须对普通法大陆法有一定的系统的整体的知识。对于某一项法律或法律制度（legal institution）的研究如果同其他有关的法律机制（legal mechanism）和法律体系割裂开来是不能获得比较全面和正确的认识的，特别是法律的实施与执行方面，是不容忽视的。我们愿意和包括台湾和港澳在内的全国同行们在这方面通力合作，做出具体的规划和贡献。

总之，比较法在中国正在重新出发，比较法作为实现改革的有力工具，它在中国起源，正如在希腊、罗马或两河流域的起源一样，曾经发生强大的效用。现在它成为一门近代的学科，在中国高等法学教育中开始重新获得承认，但是要在法律科学中建立自己的理论体系和结构，取得它应有的地位，作为一门独立的学科，充分发挥它的作用和社会效益，则有待我国法学者不懈的和艰苦的共同努力。本文系就我国比较法的历史、现状与前瞻进行初步的探索。作者水平有限，加以有关资料搜集不易，深虞缺漏错误，旨在抛砖引玉，祈学者专家指正。

---

[32] 这种情况比其他具有多种法系的国家似较复杂，如美国同路易斯安那州，加拿大同魁北克省，只存在两种法律体系即普通法与大陆法冲突的问题，而且它们同属于资本主义制度，因此其解决也较易。

吕世伦

菲希特的法律思想探讨*

简介

吕世伦，1934年生，辽宁大连市人。1948年4月加入东北民青。1953年至1957年，中国人民大学本科调干学生。毕业后留校工作至今。现任中国人民大学法学院教授、博士研究生导师。国务院特殊贡献津贴获得者，北京市优秀教师。长期担任中国法制史学会常务理事及西方法律思想史研究会副会长。专业主攻方向：法哲学、西方法律思想史、马克思主义法律思想史。先后发表法学学术论文三百余篇，出版专著四十余部，多次获得科研成果奖。

* 原发表于《法律科学》，1990（5）。

在 18 世纪末、19 世纪初的德国古典法哲学的发展过程中，菲希特起着极其重要的作用。他是康德与黑格尔之间承上启下的代表人物。

约翰·哥特利勃·菲希特（Johann Gottlieb Fichte，1762—1814）出生于耶拿的一个贫穷的织匠家庭，先后在耶拿和莱比锡两大学就读。他早年曾直接受过康德的指教，1794 年成为耶拿大学教授，1798 年因遭到宣传无神论的指责而罢职。此后赴柏林，担任柏林大学教授，进而当选该校首任总长。52 岁时，感染鼠疫而殁。菲希特有关政治法律思想的著作颇为丰富，举其要者有《向欧洲君主索回至今仍受压制的思想自由》（1793）、《纠正公众对法国革命的评断》（1795）、《自然法的基础》（1796）、《关闭的商业国家》（1800）、《现代的特征》（1804）、《对德意志民族的讲演》（1907）、《权利学》（1812）、《国家论》（1813）。

长期以来，国内外学者对于菲希特政治法律思想的理解和评价众说纷纭，颇多歧异，甚至不乏尖锐对立之处。究其原因，这同菲希特一生中不断随着时势变迁而改换自己观点的做法是分不开的。如果仔细地进行分析和研究，菲希特政治法律思想的性质及其发展脉络，还是不难弄清楚的。

批判哲学家康德区分自然世界与自由世界的学说，诱发了菲希特的哲学。菲希特的“知识学”正是演绎、把握康德的这种学说，从“绝对自我”的“存在”出发，并在与自我塑造的“非我”对立统一中，引导出理性运动的法则。知识学哲学经历了康德式的二元论、主观唯心主义和客观唯心主义三个阶段。相应地，以知识学哲学为理论基础的菲希特政治法律思想，也大体上可以划分为三个时期。最先，菲希特追随洛克、卢梭及康德，鼓吹自由主义、个人主义，倡导国家契约论、自然法、人民主权和个人权利诸学说，并充当法国资产阶级大革命最激烈的拥护者和宣传家。其后，在 1800 年前后，菲希特逐渐转向社会本位主义。最终，以拿破仑进攻德国为契机，菲希特变成强烈的民族主义和国家主义者。简单地说，第一个时期是以所谓“法的统治”为核心内容的“法律国家”论；第二个时期是以国家社会主义为理想的“经济国家”论；第三个时期是以民族主义和“祖国”观念为基础的“文化国家”或“教育国家”论。不过，理性和自由的信念却是贯彻始终的。正是这一点清楚地表明，同康德一样，菲希特的学说也是革命的法国理论的德国翻版、一种独具特色的翻版。

一、自由和革命

菲希特把理性当做人的本质，而理性的根本属性是自由和对自由的追求。所以，自由即人性，与人性的自由对立的是非人性的奴性。他的看法是，被别人奴役的人固然是奴隶，而奴役他人的人也是奴隶即具有奴性的人。基于这种观点，菲希特认为做人的第一要义就是认识到自己是自由的，别人也是自由的，能够不惜一切地维护自己作为自由人的尊严，也能够积极地维护别人自由的尊严，只有这样的人，才是真正自由的人。菲希特还深信斯宾诺莎（Benedictus Spinoza，1632—1677）在《神学政治论》一书中提出的见解，也就是在人的自由中最重要的是思想自由。他说，一个人可以放弃一切，“惟独思想自由不能放弃”[①]。纵令他欲放弃，也没法做到。既然如此，思想自由权利更不能容忍他人来剥夺。菲希特严厉地呵斥那些肆意蹂躏人民思想自由权利的封建贵族和君主们：“不！你们不是我们的上帝”[②]。人民只是自己本身的财富，并且知道怎样来保卫这种财富。

当法国大革命发展到雅各宾派专政的高峰时，引起欧洲和德国封建势力和反动文人的疯狂攻击，也有许多不觉悟和不明真相的善良人跟着流露出疑虑情绪。在这种政治形势面前，菲希特奋笔写下《纠正公众对法国革命的判断》，旗帜鲜明地驳斥各种歪曲和诽谤法国革命的谬论，为法国人民助威。书中论证革命的法国人民的行动有充分的根据：一是理性的根据。也就是说，他们觉悟到自己在本性上是自由的。二是法理上的根据。他们要夺回的仅仅是本来就属于自己的“原始权利”。菲希特还宣布，法国革命的狂热，定会是过去封建阶级高压政治的结果，毫不值得奇怪。尽管菲希特觉得“暴力革命确属人类的冒险尝试”，但他毕竟还是断言“运用暴动，运用强力革命与剧变之后，一个民族或许能在50年中获得比平常五百年中更多的进步”[③]。

菲希特的言论与态度表明了与康德的差别。菲希特的理论具有直截了当的政治性，而他本人则不愧是当时的一位有胆有识的革命理论家。

二、自然法和法律

菲希特将人类遵循的规范划分为四种：（1）天理。这是上帝的真理。（2）自然法。（3）社会的一般协议或契约。（4）国家法或国家契约。这样一个规范层次表示，自然法高于一般社会协议，更高于国家法。所以，菲希特强调，国家绝不能逾越自然法，否则便侵犯人民的自由。不但如此，从根本上说，即使像财产、教育、文化，也是独立于国家的。因为，财产是人们为了生存而劳动的权利，教育是家庭和社会的职责，文化是伴随社会的发展自然而然形成的。由此可知，任意扩大国家法的范围没有法理根据，从而是不允许的。菲希特如此贬低国家的地位，在于要提高法的地位，实现“法的统治”，使国家成为“法律的国家”。

从《自然法的基础》一书中看出，菲希特是欧美古典自然法学派传统的继承者。他所

---

① 菲希特：《向欧洲君主夺回至今仍受压制的思想自由》，《菲希特全集》第7卷，第6页。

② 同上书，第7页。

③ 同上书，第50页。

讲的自然法，就是人性法或“纯粹理性形式”。自然法的核心内容是承认和维护每个人生而具有的“原始权利”或“绝对的自由”。正是这个“原始权利”，构成自然法及实定法的基础。其实，菲希特本人也知道“所谓人的原始权利，并非真有此物。”“原始权利这东西全然是一种虚构，然而为了权利学，却是一个必需的虚构。”④

与康德一样，菲希特认为，从本源意义上说，真正的法只是自然法；它是国家实定法的立法原则。所不同的是，康德讲的法是从实践理性中抽引出来；是道德的应用或“绝对命令”。简言之，法是道德论的产物。菲希特不同，按照他的说法，自我活动以他人的存在为前提而形成“个我”，即现实地同他人交往关系中的自我，只是在此领域中各种固有的意志自律才发挥作用，从而才有法。所以，作为纯粹理性形式的法，是认识论的产物。

人是理性动物。那么，人的理性表现在什么地方？就表现在：一个人自知我有理性，他人也有理性，我是自由的，他人也是自由的；从而我在行使自己权利时必须作一定的限制，以保证他人也能行使权利。这样一种内在于理性的自由人格的群体之中，并表现他们相互间必然关系的诸法则和规则便是法。菲希特写道：“法的概念乃是自由人格和相互间必然关系的概念。”“法概念的整个对象，就是自由人格相互间的集团。”⑤ 这一法的概念告诉我们：其一，法存在于理性的人际关系中，也就是存在于由自由人格结合起来的社会群体中；其二，法渊源于每个自由人格以其内部自由（自由思想）约束其外部的自由行动；其三，法的目的是保障每个人格都有机会实现自由，行使自己的权利。如果缺少这三个要素中的任何一个，都不会有法。显而易见，对于现实的社会而言，赋予此种涵义的法是应然法和理想法，而不是实然法和实定法，亦即菲希特心目中的自然法。

法借助国家的法律（实定法）表现出来。因此，法和法律属于同一范畴，而不与伦理属于同一范畴。为此，要了解法与伦理的关系，就必须考察法律与道德的关系。菲希特认为，法律和道德有如下的不同：第一，法律调整人的外部行为；道德调整人的内部精神。第二，法律直接涉及人际关系，因而法律责任是相对的，道德发生于个人的良知，是个人的内心确信，因而道德责任是绝对的。第三，法律表达的是“公意”，所以法律中的义务要经过国民的普遍同意；道德为每个理性的自由人格所共有，所以道德中的义务不需要这种普遍同意。另方面，菲希特还认为，虽然法律与道德有区别，但它们又相互补充。道德没有法律的支持，不道德的人便会无法无天。法律没有道德的支持，就不能实现，甚至它本身或许是“恶法”，而遭到社会的唾弃。在这个问题上，一切取决于人的认识和觉悟的程度。如菲希特所言，“倘若社会中人人遵守道德，那么法律就根本无用了”⑥。可见，没有法律的社会是菲希特的一种美好的向往。

菲希特的自然法和法律的学说，是近代古典自然法的继续。它对德国容克贵族的野蛮

---

④ 菲希特：《自然法的基础》，《菲希特全集》第 2 卷，第 116 页。

⑤ 同上书，第 12～13 页。

⑥ 同上书，第 152 页。

法和等级特权法，无疑地是一种挑战。另外，它所包含的理论观点，尤其关于法与道德关系的论述，不乏精辟之处，对后人有一定的启发。但是，在德国，这种学说没有发挥多大的实际推动作用。因为，当时的德国毕竟不是法国，没有给自然法学说以革命的地盘。更何况，菲希特又尽力使这种学说向着纯哲理方面收缩，使之变得尤为抽象了。

三、国家论

在菲希特的政治法律思想方面的著作中，论述最多、最为集中，并且一生中从未间断探讨的一个主题，是国家问题。

（一）自然状态和国家契约

菲希特假定的人类自然状态，是人人孤立的状态。在那里，每个人都想尽量把自己的“原始权利”运用到最大限度。既然“原始权利”是绝对的权利，那么它当然要包括抗御他人侵犯的“强制权利”，即，在有人侵犯我的时候，我有权利对他施行强制。随着“强制权利”而来的，是“制裁权利”。它指自认为受到侵害的人确定在什么时候、什么事情上需要对加害人施行强制。不难想象，在这三种权利统一于每个人身上的情况下，必然造成人们之间互相抵触、相互争斗的局面。于是，使每个人的“自然权利”都失去保障，大家都没有安全感。从而，“权利”也就形同乌有。

出路在哪里？理性启迪人们去寻求彼此妥协的办法。菲希特说，惟一的办法是每个人都把“强制权利”和“裁判权利”交给一个最有权威的、被普遍信赖的第三者也就是“法律”。而法律只不过是包含每个特殊意志在内的“共同意志”，所以服从法律就是服从理性、服从自己。与此相应，作为表达共同意志和制定法律的国家，必须由契约来产生。

整体的国家契约，可以看做由更为具体的三部分契约所构成：(1) 个人间订立的“财产契约”。每个人在相同的条件下，用自己的财产作为担保，不去侵犯别人的财产。(2) 个人间订立的“保护契约”。每个人保证竭力保护他人的财产。(3) 个人与人民整体间订立的“结合契约”。这种契约无非是要使前两种个人间的契约取得全社会的确认，并获得一体遵行的效力而已。非常明显，菲希特的国家契约论所紧紧围绕的核心就是私有财产；契约国家或法律国家，就是私有财产权的国家。

最后，关于国家契约问题，菲希特还附加三点重要的说明：其一，国家契约是由人和人所订立，而不是人与政府所订立。所以，政府不是作为人民整体的对方之平等当事人，而是处于人民意志（契约）之下的。其二，人民订立国家契约时交给国家的仅是每个人“原始权利”派生物的“强制权利”和“裁判权利”，决不是“原始权利”本身。如同前述，“原始权利”不会也不可能转让。其三，既然国家契约是每个理性人格完全出于自愿而参与的，那么每一订约者也有权随时宣布退出国家而又不离开原有的疆域，或者同其他社会成员一块重新组合一个国家。仅就这一点而言，比洛克、卢梭的主张还要激进。也正因为如此，其幻想性质就更加突出。

（二）政体

按照菲希特的逻辑，人民订立契约建立国家，国家要奉行人民的“共同意志”，那么，顺理成章，国家主权必须是人民的主权。他指出：“不论从事实上说还是从法律上说，人民是至高无上的权力，并且是其他一切权力的渊源；人民只对上帝负责。”⑦ 如果政府篡夺人民的主权，人民当然可以进行反抗，而不承担背叛国家的罪名。因为，“人民全体不能成叛徒，以叛乱之名加给人民全体是绝大的谎谬”⑧。纵然在菲希特的晚期倾向集权主义的“文化国家”或“教育国家”论的时候，他仍坚持说：“君主属民族的一部分，是毫无疑义的”；“以德意志而言，一切文化都来自人民”⑨。

菲希特强调，国家政体必须由“国民全体绝对一致地同意”，而且是“众法之法”的宪法来规定。菲希特的政体学说，有两个基本点：

第一，反对传统的“三权分立”论。菲希特认为，国家权力结构中只应有两种权力，即行政权（包括立法权、司法权）和监察权。他说，“这样一条实属每一合乎理性和合乎法理的国家组织的基本法：行政权和控制或约束行政的监察权二者应当分立。监察权必须留在全体人民手中，而行政权则必须委于特定的人物”⑩。民主制是全体人民兼掌监察权和行政权，就好比行政元首（君主）兼掌监察权一样，都是“专政的统治”。

第二，反对将政体形式绝对化。菲希特认为，只要经过人民的一致同意并载于宪法之中，只要建立独立的监察权，君主政体、贵族政体、共和政体都可以是合理的。一个国家采用什么政体形式，取决于具体环境和条件，他举例说，在国内人民还没有养成守法的习惯，或者与国际邻国之间缺乏法律调整的情况下，就应当有集权的政府，采用“一人政体”；在国内早已建立起良好秩序、法律畅通的情况下，就应当采取“共和政体”。

在菲希特的政治理论中，最富有特色的是关于“监察权”的说教。监察权的根本意义在于，它是全体人民监督和审查政府（行政权）是否遵守宪法和法律。平时，监察权由人民选出的“监察院”行使。监察院不得参与和干涉任何行政活动；它只能在认定政府违法时，有权宣布停顿政府的活动，同时召集人民开会议决。人民集会听取政府与监察院双方的辩论，然后作出判决。政府与监察官，不论何方败诉，都要被判为“叛逆大罪”，而受到处置。假使监察院与政府狼狈为奸、毁法殃民，那么，人民就有权一致地自动集会，废除政府和惩治监察院。由此可知，人民集会之举动，总是包含着撼动国家的巨大危险。不管怎样，菲希特关于监察权的学说，不失为其人民主权论的重要体现之一。

必须说明，上面所谈的契约和政体的论述，都是菲希特的早期思想。以后我们将看到，对于这些东西，菲希特本人也鉴于其非现实性，而渐渐地抛到一边了。

---

⑦ 菲希特：《自然法的基础》，《菲希特全集》第 2 卷，第 386 页。

⑧ 菲希特：《人的使命》，130～131 页，商务印书馆，1982。

⑨ 菲希特：《对德意志民族的讲演》，《菲希特全集》第 7 卷，第 102、113～114 页。

⑩ 菲希特：《自然法的基础》，《菲希特全集》第 2 卷，第 164 页。

（三）国家社会主义

1800 年《关闭的商业国家》问世，标志着菲希特的政治法律思想已由“法律国家”转向“经济国家”，也就是由精神性的个人自由主义转向物质性的、群体的国家社会主义。在该书中，作者开宗明义地反省自己以往的观点，断言国家应当赋有监督一切公民事务的全权及谋求公民功利的全权。其意思是主张国家对社会和公民生活、尤其是对经济进行干涉和控制。

菲希特指出：“人类一切行为的目的在于求得生存，凡自然赋予生命者都有要求能够生活下去的同等权利。所以，经济分配应当以大家都能生活为转移。”⑪ 为此，菲希特便强调公民的所有权和劳动权这两种权利的意义。但是，所有权不是单纯的对物的权利，重要的是将作为素材的自然物进行动作的自由的行为。另外，人的劳动绝非牛马式的苦役。它应该伴有欢乐并可导致精神达到至高境界的效益。这样，就要求国家必须制定广泛的计划和合理的统制。

首先，人民需要依照工作的性质，划分为三大基本阶级和三个附属的社会集团。三个基本阶级是：(1) 生产阶级。(2) 制造者阶级。(3) 商人阶级。每个阶级的人数都有确定的比例，每个阶级所经营的范围也要有比例，均不准随意增减。三个附属的社会集团是：(1) 官吏。(2) 教师。(3) 士兵。他们皆受国家赋税收入供养。

其次，国家的经济水平，惟求达到自给自足，稍有裕余，而无求于他国为限度。过于富裕或过于贫困，都会成为祸乱之源。为此，国家必须绝对地垄断对外贸易，以杜绝国际战争的根源；对内，也要严格控制生产与消费，实行公定的价值制度。

再次，废除“世界货币”，实行“国家货币”。就是说，金银概由国家储存统制，私人间的流通以粮谷为计值单位的国家发行的纸币或皮币作手段。

最后，关闭的商业国家需要以规模和资源适度的“自然疆域”为条件。菲希特说：“每个国家必须有其自然的疆域，才能保证其所需而不再有求于邻国；同样，他国也因此而无求于此国。”这样，彼此方可“不致再扩张”⑫。

《关闭的商业国家》一书的背景是，菲希特正目睹先进的资本主义国家为夺取对外贸易的霸权而频繁地掀起国际战争。另外，虽然这时菲希特的“天赋人权”已不再局限于抽象的理性和自由，而变成重农学派——亚当·斯密式的东西。但菲希特知道，德国尚没有形成真正的产业资产阶级，甚至没有作为自由贸易起码条件的国家统一。在这种情况，自由贸易只能造成这个后进的农业国家的更大灾难。为此，他提出了与斯密截然不同的主张。这个主张看起来确实汲取西方历史上的政治浪漫主义和乌托邦主义的许多思想观点。但实际上，它却含有现实的根据，反映德国从重商主义向近代资本主义转折时期的特征。菲希特把这本书献给普鲁士的财政大臣这一点，也是一个很好的证明。当然，书中也不乏浓厚

---

⑪ 菲希特：《关闭的商业国家》，《菲希特全集》第 3 卷，第 13 页。

⑫ 同上书，第 96～97 页。

的小资产阶级的平均主义及中庸适度的小康主义一类空想成分。至于有许多西方学者们断定“关闭的商业国家”属于什么“社会主义”著作，全然是一种误解。不要忘记，菲希特所讲的这种国家，仍然走以私有制为基础的阶级统治。它同本来意义上的社会主义（更不必说是科学社会主义）是有根本区别的。这种“社会主义”，仅仅是资产阶级国家全面干涉社会经济的“国家社会主义”而已。

（四）“教育国家”论

菲希特后期的国家思想即“教育国家”论，以1804年《现代的特征》一书为正式开端，以1812年《权利学》和1813年《国家论》为终结。这和他在哲学上从主观唯心主义向着神学的客观唯心主义的转变相一致。这个时期，菲希特形成这样一种信念：彻底的“理性王国”或现实的自由世界，只能由纯粹的、永恒的精神所创造。这一艰巨的历史任务，不能指望借助人民群众的自发性来实现，而必须通过有权威的理性共同体即国家的教育来实现。“教育国家”是无限地导向“上帝之国”的地上的神国。这种“悟性的神学政治”，正是菲希特纯粹理性的观察和推理的结论。

既然国家承担教育全体公民的重任，那么，它就要求高度的权威性和强制性。于是，菲希特便不能不对其早年的观点大幅度地加以改变。其一，用社会本位主义修正个人自由主义。菲希特说：根据真理而言：“是不存什么个人，存在的只有人类团体。”“合理性的生活在于，每个人置身人类团体之中而忘掉自己，把自己的生活系于团体生活并为整个团体而牺牲。”⑬ 其二，用国家主权论修正人民主权论。从前菲希特鼓吹卢梭关于人民的整体永远是主权者、“公意”就是主权意志的观点。现在，他则强调“主权是国家的最高意志和权力”，“主权必须寓于个人”⑭，甚至“这一个人可以说是根据上帝命令而设立的强制者”⑮。同样，原先大力渲染的“监察院”也取消了。理由是，这种制度“难以实现”，“人民判断政府未必可靠”；云云。一言以蔽之，他提倡的已经是国家主义了。

菲希特国家学说的发展过程呈现一条由高而低的下降曲线。从“法律国家”到“经济国家”，再到“教育国家”的三部曲，其反封建的锋芒越来越钝化，调门越来越低沉，直至乞灵于宗教的启示。

四、民族主义

菲希特的民族主义大体上是与其国家主义同步发展的，在一定意义上甚至不妨把它视为国家主义的重要组成部分。1807年《对德意志民族的讲演》，是这种民族主义之大成。

---

⑬ 菲希特：《现代的特征》，《菲希特全集》第4卷，第429页。

⑭ 菲希特：《权利学》，《菲希特全集》第6卷，第152页。

⑮ 菲希特：《国家学》，同上书，第68页。

不言自明，菲希特的《讲演》首先在于动员德国人民奋勇抵抗法国军队的侵略，维护国家的独立和民族的尊严。但是，他更深层的想法却是要激发德国人的大民族主义情绪，图取德意志民族在未来的特殊优越地位。他说："请大家想象两种不同的境迁。两者之中，你们必须选择其一。假若你们仍在愚昧和消沉的路上蹒跚，那么奴隶生活的一切灾难如贫乏、耻辱、胜利者的藐视等终将来临，直至你们必须牺牲原有的国籍和语言文字，以换取一种卑贱的生存地位，乃至整个民族的逐渐灭亡。反之，假若你们彻底醒悟，一致奋发，则可以得到能够忍受但却是光荣的生存。不仅如此，你们将看到一个新世纪在自己周围生长出来。它给你们及全体德意志人以获得无上光荣的希望。……你们将看到德意志民族成为全世界新生命的再造者。"⑯ 继而，菲希特又阐发他有关民族主义的一系列的观点。

什么叫民族？以前，菲希特注意民族的地理环境；而现在则认为，文化，尤其是语言文字是构成民族的基本要素。他说："不论在什么地方，凡发现一种特定的语言文字，那就是一个民族。这个民族就有独立地管理自己的事务和统治自己的权利。"⑰ 反之，如果语言文字不同，即令居住在同一个地区，也不是同一的民族。按照这样的标准，菲希特又说：操着同一语言文字的各邦都是德意志民族，普鲁士也不例外。但德意志人与欧洲其他地区各国人，则不是同一民族。就是说，菲希特鼓吹的是德意志民族主义，而没有扩展为日耳曼民族主义或雅利安民族主义。

论及民族和国家的关系问题时，菲希特突出两个要点：首先，民族是"祖国"的实体，它高于国家。他说："民族与祖国，作为尘世间永久性的砥柱而言，远在普通意义上的所谓国家之上。"⑱ 因为，国家仅仅是执行法律以维持社会安宁和人民生存需要的物质条件的手段；而对于民族或祖国的爱，则是达到"至善"这种永恒和神圣事业的途径。其次，是民族主义同爱国主义的一致性。菲希特说："世界大同是一种意志，说的是生命及人类的目的要在人类中实现。而爱国主义说的是上述目的必先在每个民族国家中实现，尔后把这种成功的结果由民族国家扩展到人类。"⑲ 所以，爱人类要先爱祖国，谋世界和平要先谋民族国家的独立。

接着，菲希特便提出"原民族"概念，鼓吹德意志民族的特殊"优越性"。所谓"原民族"。就是指一直保持先进文化传统的民族。照菲希特的说法，在日耳曼人中，惟有德意志人是"原民族"，比其他支派都"超卓"。因为，只有德意志人居住在自古以来的土地上，保持自古以来的语言文字的纯粹性，并使其文化不断地发扬光大。马丁·路德的宗教改革，中世纪德意志城市的繁荣，德意志人倾向共和政体和地方自治，以及德意志人在哲学、诗歌和人才方面的出类拔萃，都有力地证明德意志民族是世界上"最优秀"、"负有引导世界全责"的民族。既然德意志民族最有"保存的价值"，那就应当自信、自强，改善自己的现

---

⑯ 菲希特：《对德意志民族的讲演》，《菲希特全集》第5卷，第232页。

⑰ 同上书，第200页。

⑱ 同上书，第131页。

⑲ 菲希特：《爱国主义及其对方爱国主义者的对话》（1806），《菲希特全集》第6卷，第40页。

状。它不应当蹈袭古希腊的一民族多国家那种分离状态，而应当实现民族的统一；不应当屈从“外来文化”（特别是法兰西文化），而应当振兴自己的传统文化。

最后，菲希特认为，德意志民族复兴图强的根本出路是进行“精神性”的建设或“教育”。他说，德意志民族区别于非德意志民族的东西，集中表现在精神、心理和哲学方面。简言之，它的特点是“在信仰人的本性中具有绝对的原动力，是信仰自由、信仰无穷尽的改善及信仰我们的永远进步”[20]。但这种信仰是离不开教育的保障的。“除了教育，没有别的方法能拯救德意志的独立。”[21] 德意志民族今日处于如此悲惨的处境，都是教育的罪过。所以，“保存德意志民族的惟一方法，是彻底改变现行教育体系”[22]。

菲希特在国家的紧急危难之秋，勇敢地挺身而出，号召德国人民反抗侵略，奋力向上，统一国家，这一股热忱和爱国精神是正当的、无可非议的。不过，他借此而发挥的一通民族主义理论却存在着严重的问题。民族是一个物质生活和文化生活的共同体，在它的内部还有阶级的划分，而物质生活条件是最基础性的。但是，菲希特的民族概念中则仅强调文化、特别是精神性因素，显然是片面的。另外，“原民族”观点也没有什么科学根据。实际上，它不过充当菲希特为宣扬“大德意志民族主义”而制造的口实罢了。尽管在菲希特那里，这种大民族主义并没有引申出民族侵略和扩张主义，而是同世界大同与人类自由联系在一起，但两者的间隔只有一纸之薄。在后来的德国历史上，这种民族主义愈演愈烈，产生了非常不良的后果。还应当看到，菲希特竭尽全力宣扬的教育拯救民族的主张，实质上和他的“教育国家”论是一回事。

五、永久和平和国际法

菲希特是康德“永久和平”论的拥护者，渴望普遍善的、作为伦理共同体的世界。

菲希特认为，世界不安宁的祸殃直接源于各国统治者的自私自利和穷兵黩武的野蛮行径。他对欧洲各国已经和正在兴起的资产阶级国家的扩张和掠夺政策极为不满。菲希特愤怒地说：“人的最残忍的敌人是人。”“即使文明使这一群野蛮人在法律约束之下联合为一些民族，这些民族也仍然利用联盟和法律赋予它们的权力而相互攻击。它们的军队不顾艰辛与匮乏，和平地横穿森林与原野；它们的军队互相遭遇，一见自己的同类就如听到厮杀的号令。海军舰队用人类知性作出的最高成就装备起来，横渡重洋；人们穿狂风、破恶浪，急于到荒无人烟的平原上，寻找同类决战；他们寻找自己的同类，也不怕狂风暴雨，都为的是亲手消灭自己的同类。即使在人们好像都在法律之下平等地联合起来的国度里，以可敬的法律名义占统治地位的东西也仍然大部分是暴力与诡计；在那里战争进行得更加卑鄙

---

[20] 菲希特：《对德意志民族的讲演》，《菲希特全集》第5卷，第12、21、145页。

[21] 同上。

[22] 同上。

无耻，因为这战争是不宣而战，以致受攻击者不可能制定保卫自己，反抗非正义暴力的方案。”㉓

为了避免非正义战争的灾难，菲希特倡导各国要在完全自愿的基础上订立契约。成立“国际联合”，以相互保障独立和解决纷争。国际联合的决议虽然未必永远公正，但不公正的决议也不那么容易得逞。为使决议得到切实执行，国际联合需要有军队维持其权威。军队可临时由各会员国分派，而不是常备的。菲希特认为，“这种国防联合逐渐扩大，及之全球，便可建立永久和平。永久和平是各国之间的惟一合法的关系”㉔。不过，菲希特专门声明，国际联合只是建立在国际法基础上的国家间的秩序，不是“国际国家”或“世界国家”。

勤劳、法治、永久和平，都是有限的“自然”。人类更高的理想应该是“无限的自然”即意志或精神性的，是“伟大的、自由的、道德的共同体”或者“伟大的伦理王国”、“彻底善的世界”㉕。这就是“人的使命”。

菲希特对剥削阶级统治者发动非正义战争的谴责和对大同世界的向往，富有人道主义情味。这和康德的谈法颇多类似。但康德的“永久和平”论的主要倾向是经验性的东西；菲希特则全然是从抽象的理性甚至“天意”中推导出来，充满神秘主义性质。因而，同样没有可能认识到非正义战争的经济的、阶级的根源，更不可能为人类指出一条通向大同世界的正确道路。

㉓ 菲希特：《人的使命》，96～97页，商务印书馆，1982。

㉔ 菲希特：《自然法的基础》，《菲希特全集》第2卷，第386页。

㉕ 菲希特：《人的使命》，130～131页，商务印书馆，1982。

徐尚清

回顾与思考*

——剖析查士丁尼的立法、司法和法律教育活动

简介

徐尚清，1929年生，辽宁清原人。法学教授，研究生导师。1951年毕业于东北人民大学本科（吉林大学前身），之后赴中国人民大学法律系攻读研究生，1953年秋开始在吉林大学法律系任教。在长期的教学生涯中先后讲授外国法制史、罗马法、比较法研究、西方法律思想史、港台法研究等主要课程。与此同时，曾多次参加全国性法学教材的编写，代表性的有：司法部教育司组织的《外国法制史》，全国自考委员会组织的《外国法制史》，国内主要高等政法院校联合编写的《外国法制史新编》。在专著和论文方面，代表性的有：《当代英国法律制度》、《马克思恩格斯历史词典》、《略论汉谟拉比法典》。此外，在任职期间曾任中国法律史学会理事、全国外国法制史研究会理事、吉林省法学会法律史研究会总干事等学术团体职务。

* 原发表于《外国法制史论文集》，第二、三合集。

拜占庭帝国皇帝查士丁尼执政期间，曾进行大规模立法编纂活动，对司法和法律教育倍加重视。回顾这段法律发展的历史，分析其各方面的活动，进行思考，会给我们以种种历史启示。

一

查士丁尼执政后，在立法方面面临一个重要问题，就是当时法律呈现混乱和不完全统一的状态。历代皇帝颁布的敕令数量繁多，内容又有许多矛盾和不一致的地方。各种议会制定的法律、元老院通过的决议和法学家的大量著作，无论在形式和内容上均存在类似的问题。这种混乱现象给帝国上层集团的统治以及法律的适用带来极大的困难。加上国家各个机关根据不同时期制定或颁布的法律、决议，使得法律规范系统化的工作提到了历史议程。另外，在政治上适应当时进一步巩固皇权的需要，客观上要求必须整顿和改革立法，大规模进行立法编纂活动。

必须指出，在公元6世纪中叶进行大规模立法编纂活动之所以有可能，还有几个不可忽视的因素，那就是一个暂时相对稳定局面的形成；罗马著名法学家的大量著述已经出现，设在贝里杜斯、君士坦丁堡等地的法律专门学校开展了许多有益的教学、研究活动等等。

查士丁尼组织的立法编纂活动从执政的第二年（公元528年）开始，至公元534年立法编纂活动基本结束，先后共编出《查士丁尼法典》、《学说汇纂》和《钦定法学阶梯》三部法律汇编。法典编纂工作完成之后，查士丁尼又陆续颁布新的敕令，这些敕令未被收入法典，到其死后的公元565年，由少数法学家编辑成集，称为《新律》。四部汇编当时尚没有统一称谓。《国法大全》或《民法大全》的统一名称出现于何时？国内外学术界有着不同见解，至今未能形成一致意见。传统的说法，统一名称出现于公元12世纪左右，即西欧中世纪时期，注释法学家们着手研究罗马法时，以简明扼要的注释《查士丁尼法典》的条文开始，之后推广到跟法典相关的其他立法文献。为研究方便，将四部汇编合在一起统称为《国法大全》。

上述传统说法有一些值得商榷的地方，其主要依据“声称《大全》是与当时通称的《教会法大全》相对应”，而事实恰恰相反，作为教会法规系统汇编的《教会法大全》共包括五部教规汇编，其中尽管最早的一部《格利蒂安教令集》是1140年编纂的，但其余几部均在12世纪以后公布的。国内外大量资料证实，所有教规汇编后来在1580年或1582年才由教皇格里高利13世编纂在一起定名为《教会法大全》。① 有关外国法的一些资料还表明，

① 《世界大百科全书》第32卷，第495页，东京平凡社，1972；船田亨二：《罗马法入门》（修订版），第37页，有斐阁。

法国著名罗马法研究家戈思弗里兹（1549—1622）于公元1583年为纪念查士丁尼皇帝编纂法典的出版，便将四部法律汇编作为整体给予概括的名称，跟通称的《教会法大全》相呼应。[②] 许多资产阶级学者指出，从那时候起，为各国学者所袭用，在近代有关著作中屡次出现，称作"脍炙语言"[③]。由此可见，《国法大全》的统一称谓定在16世纪前后是比较适宜的。

二

查士丁尼的法典编纂活动，在世界法律发展史上占有重要地位，具有很大的影响。像这样大规模进行法典编纂，组织大批法学家、律师和高级官吏参加，时间长达七年之久，总共编出67卷大部头的立法汇编为世界历史上所罕见。通过这项活动，查士丁尼将西罗马帝国全盛时期罗马法的主要内容和基本制度、原则均以汇编形式予以确认、巩固。不仅如此，在《国法大全》中几乎将古典时期各著名法学家的著作和学说均系统加以搜集、整理而保存下来。因此，尽管古典时代罗马法学家的著作直接流传下来的甚少，但我们通过《国法大全》得以窥见其概貌。同时《国法大全》里所反映的罗马法是它发展的中、后期最发达、最完备的形态，标志着罗马法发展的高峰。所以，这套汇编成为各国研究和制定法律的基础，它对近代欧洲各资产阶级国家的立法也产生很大影响。从这个意义上说，当今学术界所讲的罗马法，主要是指《国法大全》而言。无论从罗马法制建设或对后世研究者来说，查士丁尼的法典编纂无疑是一个重大的历史贡献。许多资产阶级学者一致指出，在查士丁尼整个一生的内外活动中最有意义、并对后世产生重大影响的，不是他的宗教事业和辉煌的武功，而应该是他的立法事业，特别是大规模的法典编纂活动。英国历史学家吉本曾这样称颂："查士丁尼大帝许多战争的胜利记录至今已化为乌有，然而永远不可磨灭的丰碑上都记载着他的立法者的名声"[④]。日本学者户广仓也指出过："查士丁尼皇帝树立的最大纪念碑不是他命令建造的无与伦比的圣托·索非亚大教堂，使其名声不朽的还是他的法典编纂事业"[⑤]。事实上，正是这位皇帝在其执政期间所组织的规模巨大的法典编纂活动才给后世保留下来在探讨罗马法时，不能不依靠的重要原始资料——《国法大全》。

我们进一步剖析查士丁尼的法典编纂活动，会得到历史的启示或提供某些可供借鉴之处。首先，在法典编纂活动中，查士丁尼非常重视法学家和法律专门人材的作用，在先后设立的10人和16人两个法典编纂委员会里，除司法大臣特利波尼安外，还有一些著名法学教授、高级辩护士等参加。工作中注意发挥他们的作用和专长，许多工作让他们大胆去

---

② 戴维·M·沃克：《牛津法律大辞典》，第212页，光明日报出版社。

③ 户广仓：《罗马法の世界史的使命》，第43页，东京严松堂书店。原田庆吉：《ローマ法》（修订版），第30页，有斐阁。

④ 吉本：《罗马帝国衰亡史》第44章。

⑤ 户广仓：《罗马法の世界史的使命》，第41页，东京严松堂书店。

作。另外，在《国法大全》前三部汇编中，几乎占 2/3 的内容是过去罗马法学家的著述、法律解答或最高裁判官的告示，表现出对他们的研究成果和实践活动充分重视和予以肯定。其次，在法典编纂过程中，查士丁尼还注意从当时社会需要出发，不是简单地将以往的法律规范加以汇集，而是考虑变化的社会条件，对所有法律进行整理加工，删掉当时不适用部分，增加一些新的内容。增删遵循的原则，主要有两条：对保护奴隶制私有财产是否有利、与皇权无限制思想是否抵触。凡是符合的部分便保留、继承，违背的部分予以修改或删节。

三

在查士丁尼执政期间，从巩固帝国统治和稳定社会秩序出发，对司法和法律教育倍加重视。为了在帝国境内造就一支训练有素的司法队伍，他对司法官吏的条件做了规定，并提出一些要求，其中之一是执行司法职务的工作人员应受到严格系统的法律教育和司法实践的训练，这在世界历史上开创了充当司法官吏的先决条件为受过专门系统的法律教育这一传统。要求执法人员必须首先学法和懂法的做法，应当给予肯定，它留给我们某些历史启示。

查士丁尼为更好地服务其治国方略，配合立法活动和法典编纂的任务，对以前旧的法律教育进行了改革。要求法律专门学校的学生必须认真学习当时的法令和有关专业书籍；对课程设置、修业年限等，查士丁尼都要亲自过问并加以明确规定。在《钦定法学阶梯》颁布后，查士丁尼曾专门发布了关于如何在法律学校中使用好这部教科书的指示。指示前有个简短的安排说明，其中要求在第一学年，学生们应学习盖尤斯的法学阶梯和四个单编（嫁资、监护、遗嘱和遗产）；第二学年必须学习 Prima Pao Ieyum；第三学年要学习以前课程的剩余部分，以伯比尼安的法律解答为中心；第四学年学生应自学保罗的法律解答，而不听任何的课。以上是四年制的学习计划和课程安排。⑥

对学生进行教育的方法，查士丁尼特别强调要采取课本讲解与实际案件相结合的方法，初学时先了解帝国的法律、法令和教科书的最简明的解释，然后进行深入探讨和研究，最后掌握系统、充分的法学知识。

学生在学习期满要进行考试，成绩及格者发给证书，必须出校作为在帝国境内执行司法职务的条件。

四

查士丁尼统治期间所以特别重视立法的编纂和司法、法律教育等活动，是与他的治国

---

⑥ 乔勒威茨·尼古拉斯：《罗马法研究入门》英文修订版，第 29 章，第 2 节。

方略有密切关系的。可以说这是实现其治国方略的重要步骤和主要措施，是为其治国方略服务的。

他的治国方略概括地说，就是依靠法律治理国家和用武力征服世界相配合。在《钦定法学阶梯》的序言里曾明确指出："皇帝的威严不但必须用武器装备起来，并且必须用法律武装起来，这样无论在战时或平时，国家事务总是可以治理得很好……""罗马皇帝不但在跟敌人作战中要成为胜利者，而且又能采取法律手段铲除那些奸逆的不法行为，成为最崇高的法纪伸张者。"⑦ 由此，我们不难理解为什么查士丁尼在一生活动中不惜牺牲任何代价去竭力完成这两项主要决策的根本原因。

总之，从宏观上扼要阐述查士丁尼执政间进行的种种活动中所体现的一系列事实，如极大关心并领导法典编纂工作；注意司法和法律教育；充分发挥法学家及法律专门人材的作用；重视法学研究与司法实践活动相联系；立法编纂与法律教育相互促进；把依靠法律与重视法律作用提高到治国方略的高度等等，均给我们以启示，具有历史的借鉴意义。当然，我们始终不应忽略查士丁尼的治国方略的最根本目的，在于企图恢复奴隶制罗马帝国的大一统天下，查士丁尼是没落奴隶主阶级的政治代表这一实质。

⑦ 《钦定法学阶梯》序言。

陆昕

从沈家本的生平活动看其变法的核心*

简介

陆昕，1953年出生，1982年毕业于北京师范学院（今首都师范大学）中文系，1984年加入中国政法大学法学古籍研究所，现为中国政法大学人文学院教授。

发表专著有《办案要略·刑幕要略》校注及《大清律例通考》校注、《清史稿·刑法选》校注、《盟水斋存牍》点校、《枕碧楼丛书》点校等（以上皆合著），发表法学论文十余篇，此外有文集《月落集》、专著《闲话藏书》等散文随笔四百余篇。

* 原发表于《沈家本法学思想研究》，北京，法律出版社，1990。

沈家本（公元1840—1913）是我国近代最著名的法学家。他处在中国封建社会逐步沦为半殖民地半封建社会的激烈动荡的时代，面对列强凭凌，山河残破的局面，抱着挽救大清帝国免遭厄运的愿望，企图变法自强。为此，他不仅深入研究并批判总结了中国古代法律的源流和发展，并且大量引进了西方资本主义国家的法律原则和制度，使他不仅成为在中国法律文化史上承前启后的开创者，而且是媒介东西方几大法系进入中国法律系统的杰出法学家。

但是，综观沈家本一生的活动和其思想发展的轨迹，是紧紧围绕着如何巩固大清帝国的统治来进行的。他的法律思想中，虽然有民主、人权、平等以及反对家族主义，提倡国家主义，主张政刑分离，司法独立等等资产阶级改良主义思想，但他的愿望是力图使正处于风雨飘摇之中的清王朝重新得到巩固，并长久而安定地维持下去。正如张晋藩先生所指出的，"半殖民地半封建中国的国情和沈家本所具有的封建官僚与开明思想家的特殊性格，决定了他不可能割断与封建法律的联系。相反，却从中寻求革新的根据和可贵借鉴的因素。"① 本文将围绕沈家本的生平活动，对他的思想进行分析。

一

沈家本的一生大致可以分为三个时期。

第一个时期是从他出生到四十二岁考中进士。

第二个时期是从他考中进士直至他六十二岁时奉旨修订法律。

第三个时期是从他修订法律开始直至最后病逝。

下面本文就以这三个时期分段阐述。

二

沈家本生于道光二十年（1840年）。正是这一年爆发了鸦片战争，外国人的坚船利炮轰开了中国的大门，中国由此逐渐沦为半殖民地半封建社会。沈家本出生在一个世代书香之家，他的父亲沈丙莹进士出身，补官刑部，历任陕西司主事，山西道监察御史等职。沈丙莹勤于职守，敏于用事，精通律学，对疑难之狱多有平反，为时人称道。沈家本随沈丙莹在京读书，受其影响，读书"好深湛之思"。同时他家学渊源，在刑名之学上自然也会受到沈丙莹的很大影响。当沈家本二十岁时，沈丙莹出任贵州安顺府知府。这时贵州正值张秀

① 张晋藩《中国法律史论·论沈家本的法律思想》。

眉领导农民大规模起义，石达开所领导的太平天国农民军也正在进入贵州。沈丙莹作为清政府的官吏，对起义农民进行了无情的镇压，同时，又对受到乡兵团勇杀戮的无辜百姓表示同情。而此时仍留在京城读书的沈家本，则正赶上第二次鸦片战争中英法联军攻陷北京，抢劫，焚烧圆明园。沈家本出城避难，深为时局动荡而惶恐不安。第二年，沈家本到贵州铜仁探视已调为铜仁知府的沈丙莹，旋又买舟赴湖南长沙，一路上看见人民所受战乱之苦，曾作诗以纪之。诗云："击鼓其镗，寇饱远飏，前门拒虎，后门进狼，可怜千万户，一炬成焦土。自来苦贼犹苦兵，夺吾衣食猪吾宇。君不闻，贼如梳，野有庐；兵如篦，村为墟。"②可见他既敌视农民起义，称之为"贼"，"寇"，但也对官军的残暴凶横十分不满，这和他的父亲沈丙莹的思想是相同的。不久，沈丙莹代理贵阳知府，沈家本也离开长沙重入贵州，在他到达时，正值苗民起义军围困，攻打贵阳，他和沈丙莹皆亲自登城抗击起义军，并作诗纪其事。诗中写道："连天烽火逼城隈，鼙鼓声酸画角哀。小丑跳梁偏有技，元戎飞檄岂无才。登陴五夜城乌寂，蜚语三人市虎猜。淮南别风难逆料，趋庭且复掌中杯。"③第二年，沈丙莹被劾去官，回到浙江老家，沈家本则进京到刑部任职，从此开始他在刑部的司员生活。

从沈家本这一段的经历可以看出，他生当乱世，国外列强入侵屡起战火，国内农民起义此起彼伏，清政府江河日下，风雨飘摇。由于他从小受到传统道德教育，使他具有不可避免的忠君救国，力挽时艰的思想。另一方面，动乱的时局把清政府的种种黑暗腐败更加充分地暴露出来，大大丰富了他的阅历，增长了他的见识，这又为他日后作为一个开明思想家奠定了基础。

沈家本到刑部任职后的第二年考中举人，是年他二十五岁。转年他参加礼部会试，但未能中榜。此后他继续参加会试，却连连不中。岁月荏苒，光阴如梭，转瞬他已年届四十。功名未就，事业无成，在刑部充当小吏十几年。虽然他为人勤慎，精于律例，是一名为人称道的干练司员，并得到刑部尚书潘祖荫的赏识，却由于科场失意，断了进身之路。这时，他的父亲沈丙莹已死，两个弟弟也接连早逝。他感慨万端，情绪低沉，这一时期的诗文中主要就是宣泄自己胸中的苦闷之情。

光绪九年（1883 年），沈家本四十二岁。这一年，他时来运转，在会试中考取了进士，仍留在刑部补官，他在《寄簃文存》的"小引"中总结自己考取进士前的活动说："余性钝拙，少攻举子业，进步极迟。乙丑举于乡，复困于礼部试。癸未始脱举籍。此数十年中，为八比所苦，不遑他学。间或从事经史考证之书，若古文词未之学也"。由这段话可以看出，在沈家本进入刑部到考中进士这近二十年的时间里，他最热心的是科举功名。他在经史考证方面所获得的种种成就，也可以说是为准备应付科举而旁及产生的副产品，他走的是一条封建时代知识分子共同经历的"学而优则仕"的道路，其间的喜怒哀乐，由遇与不

---

② 《枕碧楼偶存稿・稿七》。

③ 《枕碧楼偶存稿・稿八》。

遇而生发出的感慨也未能摆脱封建文人的积习。不过，旧时代的读书人汲汲于金榜题名，论其愿望可分两种。一种只求荣华富贵，封妻荫子，及时行乐以了此一生，另一类则以此进身朝廷，匡君辅国，保境安民，以不负平生所学，在政治上做出一番事业。沈家本当然属于后者。

三

沈家本考中进士以后，开始专心研究律例刑名之学。因为这时他虽然还是司员，却是有了进士出身的司员，升迁有望，无后顾之忧，所以才可能把全部精力用在法律上。这一时期，他写出了不少极有价值的法律著述，如：《刺字集》、《压线编》、《律例偶笺》、《律例杂说》、《刑法杂考》、《奏谳汇存》、《驳稿汇存》、《雪堂公牍》、《秋谳须知》、《学断录》、《日南读书记》等等。但是，考中进士后，十年光阴又过去了，他虽然以精熟律例而享有盛名，却一直未获升迁。直至他年满五十三岁，在刑部任职整整三十年后，清政府终于任命他为天津知府，使他第一次有了施展自己才学和抱负的机会。他的心情是十分喜悦的，在留别给同僚们的诗中，他写道："云亭抱牍点朝班，荏苒韶华已卅年；交谈偏多同志乐，援疏幸遇长官贤；谬登上考虚声负，滥叙劳资异数迁，此日一麾津海去，何时重与话尊前"④。诗中流露了他当时志得意满的心情和对提拔他的上官的感激之意。在治理天津时期，沈家本采用宽柔相济的措施，先以宽大为治，遇有哄闹出事者再纠之以猛，于是民风大治。在审理一起拐卖孩童案件时，旧律规定，非用迷药者不处死刑。而沈家本审时度势，不用常例而置人犯以极刑，结果百姓大安。由此可见他不仅精通法律，且善于运用律法，在施行法律的过程中并不拘泥于形式，而是量时量地随机运用，故能体察民情而使地方大治。光绪二十三年（1897 年），沈家本由天津知府调任保定知府，九月，他主持保定的科举考试，在他赠人的诗作中，对徒具虚名而空耗光阴的科考制度进行了抨击，希望能改革科考，挑选出真正有治国安邦的才能的人。但同时，他在诗中又写道："穷通通则变《易》义含恢弘；因循玩岁月，异说将纵横。"⑤ 这首诗的写作时间正是在康梁变法渐次进入高潮的时候。康梁提出废除八股，设立学校，开设报馆，成立学会等等，被当时清廷中的保守派视为异端邪说。沈家本在这几句诗中，希望统治者穷通思变，重开生面，不要一味因循守旧，导致异端邪说纷纭，使人心不宁。从这点看，沈家本对当时以康梁为首的资产阶级改良主义者是不赞同的。第二年四月，光绪皇帝下令变法，百日维新开始。但是西太后随即发动政变，光绪被囚，变法失变，康梁亡命海外，六君子下狱被杀。这时沈家本写了一首时事诗，诗中写道：之奇尽室行，伯玉近关出；君子见几作，必不俟终食；哀哉禨禨子，营营竞触

④ 《枕碧楼偶存稿·稿九》。

⑤ 《枕碧楼偶存稿·稿十》。

热；浮名婴网罗，羁绊曷遗脱；白骨竞同归，青山惨埋骨；千秋万岁后，畴秉董狐笔。”[⑥]这首政治时事诗，很明显地是在写他对参与戊戌变法的六君子的看法。一方面，他认为六君子是一些不通时宜（褦襶，指衣服粗重宽大，既不合身又不合时，用以比喻无能，不晓事）而热衷浮名的人，他们赶浪头，出风头，结果以此而被杀。但另一方面，他又希望后世的史家能像春秋时晋国的史官董狐那样，给六君子以恰当公允的地位。究竟要给六君子以什么样的评价？这里沈家本没有说。但是从他诗中流露出的感情以及所用的典故来看，他对六君子是同情的，最起码是认为他们“罪不至死”，从而也反映出他对清廷统治者滥行诛杀有所不满。

百日维新期间，清军董福祥部调防路过保定时，放火焚烧一法国教堂，酿成交涉案。法国教士借机提出苛刻条件，清政府中某权贵畏惧外国教士，一概应允。而沈家本则据理力争，终于挽回了一些损失，使法国教士的图谋未能全部得逞。光绪二十六年（1900年），义和团运动爆发，山东省一部分义和团转入河北一带活动。沈家本对义和团竭力进行镇压，严厉惩治。据《墓志铭》记载，“拳匪之变，萌于山东，蔓延于畿辅。民初有私习者，公辄货得其首要，重惩之”。但是义和团运动日见壮大，一直发展到京师。不久，八国联军向北京进攻，清政府向各国使馆下宣战书，战争正式爆发。联军攻陷北京后，光绪和慈禧匆忙出逃。九月，沈家本接到光绪任命他为山西按察使的谕旨，正当他要上路时，却被一直怀恨在心的法国教士诬告他附和义和团而遭联军拘捕并被关押。直到第二年年初，经慈禧派李鸿章与联军进行交涉，才最终恢复自由。恢复自由后，沈家本即昼夜兼程赶到西安，朝见光绪和慈禧。不久，清政府和联军达成初步协议，光绪、慈禧准备回京，命沈家本为先导，沿途安排食宿及车驾道路。他曾作诗记述清廷发民工为光绪，慈禧一行车驾返京修筑御道的事。诗云：“省符昨下郡，尅日起周道。列郡檄州县，州县责乡保，挨户齐民夫，兴筑趁晴杲。上户多家佣，弱户寡壮佼……所幸风和日，秋深霜露少，千里成夷途，经营莫草草。天子奉慈舆，西巡归路好，圣仁重节俭，供亿戒苛娆。……我听舆人诵，正言喻耆老。努力勿粥怠，皇恩正浩浩。”[⑦] 清王朝昏庸腐败，战乱迭起，老百姓流离失所，饥寒交迫。在这种时候，沈家本还要人民忍饥受冻为慈禧等人修筑御道，大摆皇家的威风，等候“浩荡的皇恩”，使人读后不禁有“君为贵，民为轻”的感觉，这首诗即使不是阿谀逢迎，至少也表露了他的愚忠。这时，光绪在开封发出谕旨，“以光禄寺卿沈家本为刑部右侍郎”。回到京城后，他立即到刑部就任，从此开始了他一生中功业最为突出的时期。这时，他已年满六十一岁。

从沈家本这一时期的经历中，可以看出他对清廷统治者是忠心耿耿的，对戊戌变法以及六君子的评价，他基本上是反对的，但对六君子的被杀则表示了同情。对外国势力在中国的横行，他态度鲜明地表示反感，并且敢于出面抗争。在对义和团的态度上，他从维护

⑥ 《枕碧楼偶存稿·稿十》。

⑦ 《枕碧楼偶存稿·稿十一》。

清廷的统治出发，进行镇压。在《大元村哭天水尚书》一诗中，他写道："妖氛起畿甸，张皇到山鬼。"[8] 将义和团比作"妖氛""山鬼"。由此看来，他应属于封建王朝中一个有才干讲气节忠于皇帝的官僚。

四

光绪二十八年（1902年），光绪下谕旨准备修订法律，并责成袁世凯，刘坤一、张之洞推荐人才。袁、刘、张不久便保举沈家本和伍廷芳二人修订法律，兼采中西。

光绪三十年（1904年），经过近两年的筹备，修订法律馆正式开馆办事。此后直至宣统三年（1911年），沈家本在修改旧律，创立新法上大显身手，事业达到顶峰。这也是他一生中功绩声望最为辉煌的时期。在这些年里，他做了以下这些事：

一、删除旧律内的重法，如凌迟、枭首、戮尸、刺字、缘坐等项。

二、禁止买卖人口，废除奴婢制度。

三、废除刑讯，重视证据，改良监狱。

四、开办法律学堂，培养新型法律人才。

五、改革司法制度，制订《法院编制法》。

六、建立各种新律，如《大清现行刑律》、《大清新刑律》、《大清刑事诉讼律草案》、《大清民事诉讼律草案》等。

通过沈家本这些法律措施，体现了他的法律思想，大致为：

一、认真研究法理学，实行资产阶级法治思想，对法的概念、性质、作用及其与国家政治的关系进行了探讨，并对法与道德教化的关系作了阐述。

二、反对恪守成法，阐明法律要随世运而转移，不能守旧不变。

三、融合中西，以外为主。如倡导国家主义，反对家族主义；主张政刑分离，司法独立；提出天赋人权，要求民主等等。

四、强调"平恕"为审断之本。"平恕"指持平用法，以恕为心。同时提出教化为先，以刑辅之，并指出执法在人。

在这些年里，沈家本的官职也一再升迁，由刑部左侍郎开始，历任大理寺正卿、法部右侍郎，修订法律大臣，资政院副总裁，是他一生中地位与名望最为显赫的时期。

沈家本对中国封建旧律逐渐被纳入资产阶级新法这一过程进行了开创性工作，作出了巨大贡献。这些方面学术界已有许多阐述，本文不再重复。值得注意的是，一些文章在论述沈家本与张之洞、劳乃宣之间的论争，即"法理派"与"礼教派"之争时，认为沈家本面对封建礼教的巨大势力，在论争中不得不违心地时时搬出圣贤，引经据典，说明自己的某些做法是古已有之，合乎礼教的。诚然，沈家本为了维护自己的某些作法是迫不得已搬

---

⑧ 《枕碧楼偶存稿·稿十一》。

出圣贤来作挡箭牌，但是综合沈家本生平的活动、经历、地位并结合其思想进行全面分析，他在论争中所援引的某些圣人之言以及古代制度，也正是他自己某些封建思想的真实反映，并非都是违心、迫不得已。他所受到的教育、经历以及地位等，使他和封建主义保持着密切的联系，使他不能完全抛弃封建律学的观点。在他制订新律的同时，他也经常自觉或不自觉地从旧律中寻求根据。这和他既具有资产阶级改良主义倾向又要竭力维护封建统治的思想是一致的。所以，不能为了强调“法理派”与“礼教派”之间的对立和斗争，而将沈家本的思想人为地拔高。

其次，“法理派”与“礼教派”之争看上去是一场封建礼教的捍卫者与资产阶级改良主义者的大论争，但究其目的，都是为了维护封建王朝的统治，只是在采用何种方式进行维护这一方面产生分歧，这也就解释了论争的结果为何最后以“法理派”的退让和妥协而结束，却没有闹到流血的地步。例如沈家本在给光绪的奏折上和与“礼教派”的论争中，都以“收回治外法权”为由阐明修律的宗旨并反击“礼教派”对他的“专事摹仿西方法律”的指责。可是在这一点上，“礼教派”的代表人物张之洞就比他看得透彻。张之洞认为，治外法权能否收回，关键是“视国家兵力之强弱，战守之成效以为从违”。言外之意，外国势力假惺惺的所谓“一俟中国司法制度臻善，即放弃治外法权”实际是句空话。而沈家本则信以为真，修订法律以“模范列强为宗旨”，以为只要完善中国的司法制度，列强即可实践自己的承诺。在这点上，张之洞对列强的认识即比沈家本深入一层。进一步说，张之洞搞洋务和沈家本修订法律从目的上看，并没有实质性的不同。收回治外法权，客观上有利于维护国家主权，主观上还是为了巩固大清帝国的统治。假如因为洋务运动而导致资本主义经济的入侵而破坏了封建社会的经济基础，或由于资产阶级法律的介入而启发了民众对于人权、民主的要求而动摇了封建统治的上层建筑，这都绝不是张之洞和沈家本的当初所愿，也是他们难以预料的。当然，在政治法律观点上，沈家本“会通中西”的资产阶级改良主义要远远胜于张之洞以封建礼教为中心的“中体西用”的思想。但是若以沈家本的改良主义思想与十年前康有为、梁启超，特别是谭嗣同的改良主义思想相比，还要差上一大截。可以说，沈家本的政治法律思想是领先于张之洞而落后于康、梁、谭嗣同诸人的。

五

宣统三年（1911年），沈家本由于在修律过程中受到礼教派的诸多指责，迫于压力，他提出辞去修订法律大臣和资政院副总裁两项职务，清廷准其辞职。此后不久，辛亥革命爆发，清王朝覆灭，沈家本闭门隐居，专心著述。民国成立以后，国内由沈家本担任司法总长的呼声甚高，但他“引疾不出”。他在一首诗中写道：“可怜破碎旧山河，对此茫茫百感多。漫说沐猴为项羽，竞夸功狗是萧何。相如白璧能完否？范蠡黄金铸几何？处仲壮心还未已，铁如意击唾壶歌。”[⑨] 从这首诗来看，他的政治欲望还是相当强烈的，他的政治立场也是相当鲜明的。“引疾不出”不过是不愿和新政权的人们共事。一方面表现了他对辛亥后北洋军阀的不满，另一方面也体现了他站在清王朝的立场上，对辛亥革命所持的反对态度。

民国二年（1913 年），沈家本以七十三岁的高龄逝世，京师司法界为他举行了极其隆重的追悼会。

六

综如上述，沈家本法律思想的主流，是民主的、科学的，具有一定人民性的，特别是具有近代资产阶级法律与法学的进步思想性质（李光灿《评“寄簃文存”》第 2 页）。他不仅代表了中国近代的封建法制向资本主义法制过渡的历史趋势，而且还努力地对这种趋势加以推动并竭尽所能地促使它发展成熟。他的这一功绩将永远载入近代法制史史册。

同时，在政治上，他是封建王朝的官僚，忠于皇室，维护君主制度。他的改良主义观点，即便与康梁相比，也是相当温和而怯懦的。他虽然有富强国家的愿望，但是归根结底，他心目中的这个国家是大清帝国，实行的是万世一系的帝制。由此而看，绝不能因为沈家本在近代法律思想的发展史上和法制改革方面的巨大贡献而忽略他的政治态度，不能朦胧而含混地提沈家本抱有“挽救中国”的愿望。正如肯定沈家本的丰功伟业一样，在他维护封建统治，效忠清室这一点上也应该同样加以肯定。

⑨ 《枕碧楼偶存稿·稿十二》。

史彤彪

中西方法律思想家法律价值观的比较思考*

——兼议东西方法律文化的差异

简介

史彤彪，1962 年生，山东昌邑人。1981 年至 1988 年在中国人民大学读法律本科、硕士研究生，毕业后留校至今，法学博士。现为中国人民大学法学院教授、博士生导师。兼任全国西方法律思想史研究会副会长，中国法律史学会理事。研究领域为法理学、法律史和比较法律文化。代表性的著作有：《法国大革命时期的宪政理论与实践》（2004 年）、《中国法律文化对西方的影响》（1999 年）、《威严与尊严——中西法律文化宏观比较》（1998 年）、《西方人权思想史》（1998 年，合著）。

* 原发表于《比较法研究》，1991（1），个别之处有修订。

打开古代世界的法制史册，一幕奇异的法律文化景观每每牵动研究者的目光：罗马第一部成文法是刻在十二块铜牌上存留下来的；中国最早公布的成文法是公元前536年郑国子产所作的刑书，史称“铸刑书于鼎”。后来，邓析另行起草了一部刑法，刻在竹简上，有“竹刑”之称。铭刻的铜牌、竹简以及浇铸的大鼎，已被历史证明是一种比较好的法律保存者。且不论这类法典的分类是否匀称，用词简明与否，它们的价值主要在于代替一个单凭有特权的寡头统治阶级记忆的惯例，在于它们为众所周知，以及它们能够使每个人都知道应该做些什么和不应该做些什么的知识。这是中西法律文化发展中出现的一种相同现象。但如果放弃从平面的角度去看待东西方法典化的过程，而是进行立体性的思维，人们就会惊讶地发现，相同现象的表层之下却有着不同的命运。曾记否，有功于中国法律文化的子产，作了刑书之后，招来的倒是一片责难声，甚至“舆人诵之曰：孰杀子产，吾其与之!”① 邓析私造竹刑，打破“学在官府”的旧传统，聚众讲学，助人诉讼，引起郑国当权者的恐惧，竟落了个“郑驷歂杀邓析，而用其竹刑”② 的结局。子产、邓析两位如果预知自己的下场，还会不会有“刑书”、“竹刑”的出现，这无从考知，也不重要。可是，同在法典化时期，西方为什么就不存在中国式的“以其治人之道，还治其人之身”的事实？翻遍西方法制史，何以找不见有人因法典公开化而被悬赏捉拿甚至杀身的例子？

当年代表晋奴隶主贵族守旧势力的叔向，曾经给子产写过这样一封信：“昔先王议事以制，不为刑辟，惧民之有争心也。……民知有辟，则不忌于上，必有争心，以征于书，而徼幸以成之，弗可为矣。……国将亡，必多制，其此之谓乎!”③ 原来，统治者惧怕人民知道法律之后，会依据成文法进行斗争，而子产制作刑书使法律公开化，加剧了统治者的恐惧感，其结局不难得知。然而，这种解释只是表面的、部分的，因为它不能回答为什么中国统治者会有这种恐惧心理而西方统治者则没有的深刻原因。笔者认为，只有把此问题放在中西法律文化的根本差异这一大坐标系中，在比较中西法律思想家的法律价值观念的基础上，才能得到正确答案。

一、备民论与幸福说

在西方法律思想家当中，不少人都不厌其烦地把法律与公共幸福连结在一起，认为法

① 《左传·昭公三十年》。
② 《左传·定公九年》。
③ 《左传·昭公九年》。

律的源起是为了全体人的安全和幸福。

柏拉图的得意弟子亚里士多德针对“法律只是‘人们互不侵害对方权利的［临时］保证’而已”的说法，专门强调“法律的实际意义应该是促成全邦人民都能进入正义和善德的［永久］制度。”④ 这其中已含蕴着法的目的为公共福利之意。大谈自然状态是一种战争状态的洛克，则从人们联合成为国家契约和置身于政府之下的主要目的，来推究法律的意旨。在洛克看来。人类放弃自然权利、通过契约组成社会，为的是他们的生命、财产能得到保护，因为在自然状态之下，当战争强加于受害者的身上时，他们无法诉请补救。法律的目的，就是为人们提供一种救济的办法，使无辜者得到保护和救济。尽管他把法律的目的限定得过窄，但不无“公共幸福”的道理。最明确提出“幸福说”的，不是古希腊哲学家，也非罗马法学家，而是生活在被人们通称为“黑暗时代”即中世纪的神学家——托马斯·阿奎那。他曾说：“任何为了某种目的而存在的东西必须与那个目的相称。法律的目的是公共福利。因为，像伊西多尔所说的，‘法律的制订不应当只是为了某种个别的利益，而是应当以公民的普遍利益为着目点。’所以，人法必须与公共福利有关。”⑤ 严格说来，“法律的首要和主要的目的是公共幸福的安排。”⑥ 故此，“公共幸福”论是撑托西方法律文化的重要支点，也是我们理解西人思想的关键。

接下来，让我们看看中国的前辈们是如何解说法的目的的。

法家“势治”派主要代表人物——慎到，将“使私不行”作为法之大功。法的作用是“定分”，分定则民无争：“一兔走街，百人追之，贪人具存，人莫之非也，以兔为未定分也。积兔满，过而不顾，非不欲兔也，分定之后，虽鄙不争。”⑦ 法家集大成者韩非，也有同感。他说，圣人治国，正明法，陈严刑，为的是“将以救群生之乱，去天下之祸，使强不凌弱，众不暴寡，耆老得遂，幼孤得长，边境不侵，君臣相亲，父子相保，而立法术，设度数，所以利民萌便众庶之道也。”⑧ 俨然一副代表全民利益的模样。那么，中国思想家的观念是否已初具西人“公共幸福”论的韵味了呢？

其实，以上所说只是慎子和韩非两人思维中极微小的一个层面。尽管有“利民”、“众庶”的字样，但并不意味着他们就倡导幸福是法的旨趣。恰好相反，两位思想家的着目点却是“备民论”。慎到看中的，在于立法定分，能够塞众人之愿望：“法虽不善，犹愈于无法，所以一心也。……使得美者不知所以德，使得恶者不知所以怨，此所以塞愿望也。”⑨ 也就是说，法律的目的，是企图使民众处于糊涂的状态、昏然的境地，以便明君治国，特别是治民。韩非更坦率，在法的定义中把法明确标示为帝王之具：“法者，宪令著于官府，

④ 亚里士多德：《政治学》，138页，商务印书馆，1965。

⑤ 《阿奎那政治著作选》，118页，商务印书馆，1963。

⑥ 《阿奎那政治著作选》，105页。

⑦ 《慎子》佚文。

⑧ 《韩非子·奸劫弑臣》。

⑨ 《慎子·威德》。

赏罚必于民心，……帝王之具也。”[10] 只要法不败，群官社会无奸诈，众民就会安于劳作。不管韩非有无别的考虑，只要他认为法是帝王之具，那就很显明，法的目的并非芸芸众生的幸福，而是帝王用以统治人民的一种手段，最终意图为塞民、治民。

值得注意的是，主张“备民论”的不单单是慎到和韩非。在中国法律文化史中，提出这种法的目的论的人物可以说是大有其人，屡见不鲜。

春秋学术思想界的巨子——管子就曾把法说成圣君的一种实用之器：“万物百事，非在法之中者，不能动也。故法者天下之至道也，圣君之实用也。”

更有甚者，后汉时期的王符，将法提升到君之命的高度，即所谓“义者，君之政也。法者，君之命也”。不止如此，他还认为人民是君主的马，而法是驾驭的鞭子：“夫法令者，人君之衔辔棰策也；而民者，君之舆马也。若使人臣废君法禁而施己政令，则是夺君之辔策而己独御之也。”[11]

再形象不过了——君主只要手不释缰绳和鞭子，民众这匹马就不会也不敢跑离正轨。而一旦马儿尥蹶子或犯浑，则有缰勒、直至重鞭伺候。并且，王符告诫君主，无论如何也不能废法禁，否则，就会被夺去御马之具，最终失去天下。

现在我们似乎可以回答子产和邓析的命运之因了：法律被视为统治者的工具，这是帝王将相们坚定不移的信念，他们对法的目的的认识是和中国法律文化相一致的，“刑不可知，威不可测”一说充分道出了中国古代统治者极力反对法律公开化的真实意图。这样，他们两人遇此厄运实属必然。而西方人从未有过法是帝王之具的想法，认为法律公开化非但无害，而且有利于公共幸福的实现，自然不会对使法律法典化、公开化的人予以残害了。

总之，西方法律思想家重法律的公共福利，而中国古代的代代宗师却偏好于法律的防民效益。虽然都是为法的目的而发，但二者之间却没有一点关涉。为什么西方人强调君主必须服从法律，又为什么把法律视为在很大程度上替代了权威而拥有了一种精神超越的品格？而中国传统社会中的法律却始终摆脱不了婢女和看家狗的角色？推而究之，就是传统法律价值观念在作怪：既然法是为公共幸福而创设，自然便有“君主个人意志应该屈尊于法律”的显明结论。与此同时，法律是治民之具这一观念对中国国民影响至深，以至于人们动不动就把法院同衙门、打官司与过堂、法官与县太爷挂钩，这样又怎能生出对法律的依赖?! 所以，我们应该找见两者在现实生活中的斑斑印痕。法律文化的生命力也正在于此。

既有法的目的一说，就会生出这样一个问题，即背反了法的意旨的法律，是否仍算是法律，用西方人通常的说法表示，就是“恶法是否还为法”。这是一个关于法律正义论的问题。

西方自然法的倡导者多认为，法如果不以正义（公共幸福）为目的或违反正义，应当

---

[10] 《韩非子·定法》。

[11] 《潜夫论·衰制》。

承认私人与司法人员有权甚至有义务反对这一应受遣责的法律。阿奎那、格老秀斯、普芬道夫、洛克和霍布斯等人，之所以对立法者所制定的极恶的、无人道的、明显不合理的法令痛恨十分，因为他们胸有一个揣度实在法规有效的标准——自然法。他们把自然法的基本规范视为具有真正意义的"法律"，将其置于一切法律之上。而自然法是理性的化身，因此，判断一项法律是否有效，是否合乎正义，完全取决于法律是否与理性相合。理性，大多数情形下被作为人性的同义语而存在，这是就其初衷而言。理性的更明确的意蕴，是指理智的人性或正确的人性，有时也常跟公共幸福结伴。西方思想家尚未形成一个统一的理性概念，但并不碍于他们在法律与理性的关系上趋同。这就是：如果人法违背理性，它就被称为非正义的法律，并且不是具有法律的性质而是具有暴力的性质。圣托马斯如是说——

> "暴戾的法律既然不以健全的论断为依据，严格地说和真正地说来就根本不是法律，而宁可说是一种滥用。然而，只要它考虑到公民的福利，它就具有法律的性质。因此，只要它是某一位当权者对他的臣民下达的命令，只要它的目的在于使那些臣民完全服从法律，它就和法律发生关系。"⑫

这里，阿奎那作了一个似乎令人很费解的限定：一种法律如果暴虐，就根本不是法律，但只要它能考虑到公民的福利，就仍然具有法律的性质。实际上他是把公共幸福当标尺，去衡量一切法律。若能合乎阿奎那的尺子的刻度，那么法律的其他要素可以忽略不计。即当一项法律以公共福利为目标，或者所制定的法律并不超出制订者的权力，或者在形式上，法律使公民承担的义务是按促进公共幸福的程度，就仍为法律。所以，把握"公共幸福"这把标尺，便可理解阿氏的底蕴。

通观西方法律文化的历程，就会发现，法律正义问题一直缠扰着人们的心绪，致使几乎每一个时代都会有贤哲对此冥思苦想。对"恶法是否为法"这一论题，作出某种判断是简单之举，但细究起来，就不见得常人之力所能及。按照今人的理解，一旦由国家制定并有强制力作后盾，法律就是一种有效的行为规则。然而西方思想家的思路却特别。其逻辑的中心链条不在"效力"一环上，而是强调"公共幸福"为法律真正具有"法律"的性质之泉源。即便一项法律有强制性并在生活中通行，那么也可否定之。所以，中西方对法的把握的分歧在于，西方人从"应然"的角度去度量法。而我们则为"实然"的考虑来定义法。历史已经告诉我们，防止不合理的歧视待遇，禁止侵损他人，承认基本人权，提倡在职业上自我实现的机会，设定义务以确保普遍安全和有效地履行必要的政府职责，确立一个公正的奖惩制度等，这些某种程度上同人类的共同需要有关系的正义要求，毫无二致地应作为衡量法律优良的尺度。正义并不意味着只不过是一种纯粹的理想和梦想，它作为一种文化价值处处协调着法律。我们不该忘记，"社会正义观的改进和变化，常常是法律改革的先兆。当18世纪的欧洲普遍得出这个结论——使用严刑迫使人们供认所指控的罪行是非

---

⑫ 《阿奎那政治著作选》，110页。

正义的——的时候，人们便发动了一场运动，要求通过一个赋予反对自证其罪的特权的法律，这场运动最终获得了成功。19世纪，当拒绝给予因其同事过失而遭受损害的工人们对其雇主进行起诉的权利是不公正的观点，在美国变得强有力的时候，有关颁布工人补偿法的要求便应运而生”⑬。自有文字记载的历史以来，所有重大社会斗争和改革运动都是高举正义大旗反对实在法中某些被认为需要纠正的不公正规定的。我们之所以对西人把捍卫正义视为一种更高的法律理解不了，是因为未从实质上把握西方的法律文化传统。

作为一个当代中国人，在考察西方正义观的过程中，自然会生出这样的念头：在几千年的文明中，我们古人难道就没有对正义发生些许兴趣？当笔者几乎把典籍翻了个遍之后，摆在面前的是一些片断——废除残酷肉刑、反对重刑主义和提倡任法去私等主张和做法。实际上，古人所留下的思维残片，并非以正义为标尺对法律文化予以检视，而是从统治角度去大发议论。历史上废除肉刑和反对重刑主义的呼号，说明思想家们认为肉刑和重刑会恶化王朝的统治，有“官逼民反”之虞。汉文帝废除肉刑主要也不是出于人道的考虑，而是从其“与民休息”的政策需要和维护封建统治者的根本利益出发的，与正义论关系不大。思想家们要求君主任法无私、精诚无私，为的是君主能够顺利地用法塞民，担心最多的恐怕要数“上梁不正下梁歪”。并非正义的内在力量使然。慎到虽有“法虽不善，犹愈于无法”一说，但丝毫不含价值判断，所强调的是有法胜于无法，即法的作用。

二、斤斧和簝笆的昭示

在中国法律文化史上，有一个值得注意的现象，即思想家们喜欢将赏与罚并列相称，两者俨然是一双连体婴儿。不过，他们却又有些偏爱：尽管“赏”在嘴上叫得甜，但思想家们并未就“怎样赏”谈出多少，却对“如何罚”不厌其详。因为在他们看来，赏的作用至多是一种佐料，有调统治味道之功效，使严苛的惩罚显得不那么火辣辣的。有道是“夫刑者所以禁邪也，而赏者所以助禁也。”⑭ 所以，被古人“钟情”的，并非赏，而是罚。

有了浅显但必要的认识之后，我们看看中国思想家们是如何论述法的作用的。

法家代表商鞅说得明白：“昔之能制天下者，必先制其民者也；能胜疆敌者，必先胜其民者也。故胜民之本在制民，若冶于金，陶于土也。本不坚，则民如飞鸟走兽，其孰能治之？民本，法也。故善治者，塞民以法”。⑮ 这就毫无遗漏地道出法律的作用是塞民、禁民，换言之，法律的功用在于制裁。将礼与法合而为一的荀子，则认为法的作用有三，即“重刑罚以禁之”，“严刑罚以纠之”，“严刑罚以防之”。也就是说，法起禁止、矫正和防范的作用。重礼轻法的贾谊也认为“权势法制，人主之斤斧也”，法律斤斧作何之用？劈也，砍也。

⑬ 博登海默：《法理学——法哲学及其方法》，258页，华夏出版社，1987。

⑭ 《商君书·算地》。

⑮ 《商君书·画策》。

在认知了古代人对法功能的理解之后，再回过头来寻思他们对“罚”的偏重，就不难懂得思想家们对“罚”大喊大叫的缘由，同时，也把握了传统法观念的精神。重刑少赏、重罚轻赏是中国法律文化的一大特色，其源头便为“禁奸止过，莫若重刑”，尤其是中国人所抱定的法律的价值观念。“以刑去刑”的主张可能永远不会被西方人首肯，因为他们有别样的法律价值观。

当然，认为西人完全将“法”与“禁止”分离开来，这不合事实。阿奎那就曾说过，“‘法’这个名词［在语源上］由‘拘束’一词而来，因为人们受法的拘束而不得不采取某种行径。”⑯ 格老秀斯也持此类看法：“法律所指示的，只不过是所谓正义而已。同时，这个正义是消极的意义多于积极的意义。”其意显然强调法律规范的“禁止性”多于许可性。那么，是否可以从中引出西人也把法律的作用仅限于禁止或制裁这样一个结论呢？恐怕不能。其一，阿奎那只是从语源上把法与拘束连结起来，所强调的是法的效力，并没有像中国思想家那样将法律局限于诅暴罚恶。我们古人把法的制裁性用于一切民众（塞民），而阿奎那却认识到“有德行的和正直的人士不受法律的支配，只有坏人才受它的约束”。其二，最关键的是，西方思想家更多的是把法与权利、自由联姻。且不说古希腊和罗马思想家真心诚意地用法作为权利的保证，单引霍布斯和洛克的专门说明法律作用的两段话足可佐证：

> “法律，作为得到批准的法规，其用处不在于约束人民不做任何自愿行为，而只是指导和维护他们，使之在这种行为中不要由于自己的鲁莽愿望、草率从事或行为不慎而伤害了自己。正如同栽篱笆不是为了阻挡行人，而只是为了使他们往路上走一样。”⑰

阿奎那的“拘束”一词在这里得到了更确切的注释。在“拘束”之下，人们可以去掉放荡不羁的传习，为的是不伤害自己，为的是更自由地从事自愿行为。可见，法律的作用只是指导和维护，限制只是实现法律作用而必有的一种属性，当然不是最重要属性。

> “法律按其真正的含义而言与其说是限制还不如说是指导一个自由而有智慧的人去追求他的正当利益，它并不在受这法律约束的人们的一般福利范围之外作出规定。假如没有法律他们会更快乐的话，那么法律作为一件无用之物自己就会消灭；而单单为了使我们不致堕下泥坑和悬崖而作的防范，就不应称为限制。所以，不管会引起人们怎样的误解，法律的目的不是废除或限制自由，而是保护和扩大自由。这是因为在一切能够接受法律支配的人类的状态中，哪里没有法律，哪里就没有自由。这是因为自由意味着不受他人的束缚和强暴，而哪里没有法律，哪里就不能有这种自由。”⑱

“单单为了使我们不致堕下泥坑和悬崖而作的防范，就不应称为限制”，这应该是我们

---

⑯ 《阿奎那政治著作选》，104 页。

⑰ 霍布斯：《利维坦》，270～271 页，商务印书馆，1985。

⑱ 洛克：《政府论》下篇，35～36 页，1964。

所有人理解阿奎那、格老秀斯等关于“法律由拘束而来”和“法律的消极意义多于积极意义”的钥匙。同时握有这把由人类文明观念铸成的钥匙，就不难悟出中西方法律思想家在“法作用”问题上存在的实质差异：一个为了君主统治以法“塞民”，它给众生带来的，是凄凄之苦；一个用于维护和指导平民追求正当利益，人们从中得到的是自由与幸福。一个为民众掘下了大坑，构筑了悬崖；一个却在为人们标示出这些危险的境地，以免不测。

法的作用是法律价值观念的重要组成部分，也是法律文化学研究的中心内容。中西思想家及法学家都为此费神耗力，企求觅出法这个社会调整器的最佳组合。但都受到同一个问题的困惑——法的强制力，而且这个问题现在仍然没有得到正确解决。因而，有必要在这里稍作分析。

作为一般规则，法律、律令具有强制力乃是法律作为社会和平与正义的捍卫者的实质所在。“一个私人无权强迫别人过正当的生活，他只可以提出劝告；但如果他的劝告不被接受，他就无权强迫。可是为了卓有成效地促进正当的生活，法律必须具有这种强迫的力量。”[⑲] 法律强制力的主要表现形式为制裁，任何国家的法律都规定了制裁的条款，而为一个法律制度所承认的制裁形式呈现多样化，如罚款、监禁、设定损害赔偿额以及强行剥夺生命价值等。在绝大多数人眼里，制裁的作用远比其他促进法律命令的有效遵守与执行的手段大得多。已故美国法学家帕特森认为，“每一法律在某种意义上都具有某种法律制裁形式”，而且“制裁是每一法制、每一法律规定的必要特征”。所有这一切，给人造成的印象是“强制力”、“制裁”这两个概念与法律密不可分，进而将法律的作用误解为制裁或镇压。

实际上，制裁只是法律的一个附属物，它本身为法律得以遵行的一个条件，并非绝对必须的条件。因为，在每个法律制度中都有一些促进性而非强制性的规范，如授权性规范和奖励性规范，毋须附设制裁。当然，强制性规范和授权性规范的比例，在最初是极为失重的，这是法律文化尚未成熟发达的结果。随着现代社会的发展，两者的比例也呈失重势态，即授权性规范已大大超过了强制性规范。因此，我们必须在下面这种意义上来理解法的制裁性：就整体而言，强制力乃是法律制度的一个必要的不可分割的部分。

但是，社会大多数成员之所以遵守一个合理的令人满意的法律制度，因为它服务于他们的利益，为他们所尊重、或至少不会在他们的心中激起敌视和仇恨的情感。社会成员由于通过受教育、听劝说以及本人的经验而逐渐相信法律的有益作用，所以习惯于遵守法律。而强制只能用来针对少数不合作的人。在任何正常并运转有效的国家中，必须运用制裁手段加以对待的违法者的人数远远少于遵纪守法的公民。

基于以上分析，笔者认为，法律的主要作用并不是惩罚或压制，法的功能是多方面的，由制裁性所体现出来的限制功能、解决冲突的功能虽决非与法无关，而毋宁被视为法律这株大树的细枝，管理功能才是它的主干。法律这株参天大树，自悠远的年代就一直作为文明的见证，而全部人类生活都在它的荫覆之下。

---

⑲ 《阿奎那政治著作选》，105 页。

段秋关

传统法律文化的形成、演变与更新*

简介

段秋关，1946 年 8 月生，河南洛阳人。西北大学法学院教授，兼任陕西省政府首席法规顾问、中国法律思想史研究会会长、中国儒学与法文化研讨会副会长，深圳、汕头、西安仲裁委员会仲裁员等；曾任北京大学法学院兼职教授（博导）、教育部法学教学指导委员、汕头大学法商学院及法学院院长、中国法学会理事等职。长期从事高等学校法学教学、研究和律师等法律实务工作；完成多项国家、省部级研究项目，共出版法学著作、教材 15 部，在《中国社会科学》、《法学研究》、《中国法学》、《法律科学》等刊物上发表论文八十余篇。

* 原发表于《法律科学》，1991 (4)。

一

法律文化是一个国家或民族经历了几百年甚至几千年的漫长岁月积累而成的结果，其本身的形态随着不同的时代和社会条件而言而发生变化。从横向来看，任何一个民族的法律文化，都是在该民族所处的自然地理环境、社会生活方式、经济结构、政治制度，以及文化观念的基础上形成的。中国古代社会的特点决定了传统法律文化的性质。

首先，中国地处东亚大陆，中华民族起源于黄河流域。从地理环境来看，其北部是浩瀚的戈壁和干旱的草原，东部是一望无际的大海，西南部是号称世界屋脊的连绵高山。这种与外界相对隔绝封闭的地理环境，容易造就与海洋民族或山地民族不同的大陆民族特有的心理和观念。如“溥天之下莫非王土，率土之滨莫非王臣”的“天下一统”观念；“天圆地方”、华夏居中的“华夏中心”观念；优于异族，“化成天下”的“以夏变夷”观念等。同时，与希腊文化、埃及文化、巴比伦文化等古老文化之间由于地处近邻而存在密切交往与彼此渗透所不同，中国传统法律文化的主流生自本土，又是在与其他法律文化相对隔绝的条件下形成的，因此具有自己的术语、概念、范畴和体系；其形态既具有一元和内向的特征，又有较大的包容性和同化功能。

其次，中国古代社会的经济基础是以人力耕作为主的自给自足的农业经济。“日出而作，日落而息”成为古代中国人的主要生活方式；“重农抑商”成为古代中国的基本国策。这种小农经济和小生产方式孕育出一种与海洋民族的商业文化热衷冒险、求华求新所不同的理念、意识，即重视民生、崇拜君权、追求和谐统一，提倡“中庸”稳定和质朴无华的观念心理。它们凝结在中国古代文化的核心层次，构成传统法律文化价值观念的主要取向。

第三，在中国古代，与小农生产力相适应的是以家庭为基本单位，以血缘为纽带的宗法等级社会关系。宗法制源于原始社会的父系家长制，是处理家族内部关系的习惯准则，后来与国家政治相结合，家国一体，君父合一，成为中国古代社会的基本制度和古代法制维护的重要内容。它注重君臣、父子、兄弟、夫妇之间的伦常关系，以“亲亲”的血缘合同，以“尊尊”的等级别异，强调大宗对小宗的支配，小宗对大宗的服从，尊长对卑幼的仁爱，卑幼对尊长的侍奉，以及“君仁、臣忠、父慈、子孝”等等。在这种社会基础上形成的传统法律文化，不仅被蒙上了一层温情脉脉的宗法伦理色彩，而且一直以体现宗法等级的纲常礼义作为中心和指导原则。

第四，广阔的地域、分散的小农经济和家庭，是集权与专制政体的社会基础。建立在宗法等级关系上的君主专制的中央集权制度，是中国古代政治制度的重要形式。这种政治制度要求法律文化与之适应，因此，确立君主至高无上的权威与权力，维持界限分明的官僚等级机构和对民众的控制，便成为传统法律文化的主要内容。建立和巩固中央集权的君主制度是传统法律文化的起点和归宿。

第五，传统法律文化作为传统文化的一部分，其形成又与传统文化息息相关。中国传统文化根植在大陆的、农业的、宗法的土壤之中，世代延续，从未间断，形成了与希腊、罗马等海洋的、商业的、宗教的古代文化迥然不同的民族特点。它以儒家思想为主体，儒法结合，儒道互补，经历了经学、玄学、道学、理学诸个阶段，成为中华民族的象征和凝聚力的来源。在其制约和影响之下，传统法律文化与传统文化连为一体，本身始终未能独立。而其原则、原理与价值取向也都以传统文化的基本宗旨为依归。因此，二者实为同体、同质、同构，表现为部分与整体的关系。欲探求传统法律文化的奥秘，必须把握传统文化的真髓。

中国传统法律文化就是在以上五个方面的共同作用下形成的。其中与外界隔绝的江河平原的地理环境，小农生产方式和自然经济的要求，是其存在的条件和动力；以家庭为本位，以伦理中心，以等差为准则的宗法伦理纲常及其社会关系，是其阐发的主要内容；建立和维护君主专制的政体及其统治秩序，是其主要的目标；而以重民生、重伦理、重群体、重先例、重统一、重和谐、重义务等为特征的传统文化，则是其理论基础和基本精神之所在。

二

从纵向来看，法律文化并非静态的“存在”，而是动态的“演变”。中国传统法律文化的形成演变，具体表现为从“礼治”到“法治”再到“礼法合治”这样三种形态。也就是说，传统法律文化，以“礼治”形态发端，以“法治”形态定型，最后以“礼法合治”形态构成完备的体系。试分别简述之：

第一，“礼治”形态。

作为一种文化观念，“礼治”开始于殷商，盛行于西周，衰落于春秋。它建立在土地“王有”的基础之上，是“王权天授”的神权政治和“家国一体”的宗法制度在意识形态上的反映，是贵族统治集团的道德和法律的统一体。它对于维护殷周王室贵族的统治和稳定社会秩序，起了重要的历史作用；在春秋时期，它又成了社会发展的严重障碍而不断分崩离析。

西周的“礼治”具有神权法观念的特征，要求以“亲亲”、“尊尊”原则来立法，并强调礼、刑相分，用严酷的刑罚维护“礼”所规定的井田制、分封制、嫡长子继承制以及贵族的各种世袭特权，同时主张“明德慎罚”，“罪疑惟轻”等。到春秋时期，坚持“礼治”的是儒家。他们视“礼”为最根本的国家制度和最主要的统治方法，作为制定国策和法令的指导原则与基本纲领，从而使“礼治”更具有法律的性质和内容。这种“礼”多是以不成文的语、令、训、习惯等形式而存在的。

第二，“法治”形态。

这一文化观念起源于春秋，兴盛于战国，定鼎于秦代，破产于汉初。作为法家的口号和学说，是由李悝开其端，商鞅奠其基，韩非总其成，李斯将其推向极端。

“法治”是封建制取代奴隶制的产物，自形成之日起便与君主专制联系在一起，并以刑罚的运用作为主要内容。在这个意义上，它是“礼治”的对立面，其内容、形式、性质以及理论基础等与“礼治”有明显的不同。同时，作为传统法律文化的新的表现形态，它的形成和发展又与“礼治”存在着因果关系，是以“礼治”文化的存在与衰落为前提的。以此为出发点，也可以说整个春秋战国的变革，在制度上表现为从“礼制”到“法制”的变革，在思想观念上表现为从“礼治”到“法治”的转化。

这种变革，既是一场政治斗争，也是一种文化演变。在当时，不仅儒、法两家，其他各主要学派也曾针对“礼治”提出了自己的政治主张和文化样式。如墨家主张“不党父兄，不偏富贵”，建立一种能使人人“兼相爱，交相利”的中央集权政权和富有宗教色彩的“天志”文化体系；道家反对以礼、法束缚人的自然本性，主张以原始公社为模式，实行“无为而治”和自然主义的文化。

由于“法治”学说最适合封建制确立初期的社会需要，所以得以取代“礼治”而成为占支配地位的文化形态，即传统法律文化演变的第二阶段。以“法治”为主体的法律文化，开辟了中国古代的成文法时代，建构了封建法律制度的基本框架。虽然“法治”学说在秦汉之际遭到否定，但是在它指导之下所形成的封建法制体系却一直保持到魏晋时期才得到改变。

第三，“礼法合治”形态。

“礼治”与“法治”虽然彼此对立，却又相反相通，具有同一性。例如“礼治”维护宗法等级而“法治”维护官僚等级，“礼治”强调“身正令行”而“法治”强调“君臣上下贵贱皆从法”，“礼治”提倡君臣“名分”而“法治”提倡君主“独制”，“礼治”主张“一准乎礼”而“法治”主张“一断于法”等。对于中央集权的封建统治来说，离开了“礼治”便无法调整宗法伦理关系，从而失去统治的支柱；离开了“法治”则无法对付民众的反抗和内部对抗性的矛盾。因此，当“法治”在实际政治中破产之后，“礼治”又应运而起，但二者都已无力独立存在，于是便相互结合。

所谓“礼法合治”，是指宗法制与官僚制的结合，家族伦理原则与君主专制原则的结合，道德教化与法律强制的结合，贤人政治与以刑法治国的结合。它一方面表现了礼、法在制度上由原先的对立走向统一，另一方面表现了礼、法在统治方法上的相互补充和交替使用。同时，在礼、法结合的基础上，还吸收、融合了其他有利于维护封建统治的观点和主张。

“礼法合治”开始于战国末期，形成于秦汉之际，确立于汉武帝时期，成熟于隋唐时期，完备于宋明时期，并一直延续到近代。

总之，“礼治”，“法治”、“礼法合治”是传统法律文化依次演变的三大阶段。也可以说，传统法律文化的发展兜了三个大圆圈：一是“礼治”的圆圈，从周公经过孔孟到荀况完成；二是“法治”的圆圈，从李悝经由商、韩到秦始皇完成；三是“礼法合治”的圆圈，从董仲舒开始经过律学及隋唐思想家到宋明理学完成。这三个圆圈又首尾相连，形成了一个螺旋形上升的曲线，即前一个圆圈的终点往往成为后一个圆圈的起点。如荀况之“礼”被其弟子韩非发展为“法”，而秦始皇“别黑白定一尊”以法家统一百家又成为汉武帝“罢黜百家，独尊儒术”以儒家统一百家的前提。这一轨迹说明，中国传统法律文化的发展既是渐进的、分阶段进行的，又是连续的，一直未曾间断；同时还表现出从多元到一元、周期性循环、单向性深化等明显的趋势。

三

趋于统一、周期循环和单向深化是传统法律文化在演进发展中的特征。

首先，先秦时期的法律文化呈现出分立的多样性。诸子异说，百家争鸣，不同的学派都曾对法律现象的性质、起源、地位和作用进行了各自的论证。可以说，中国古代以后各个时期的各类法律观点主张几乎都能从春秋战国的“思想库”中找到来源和雏形。这是当时社会大变动的反映，是中国古代法律文化的辉煌时代。而秦汉时期是春秋战国的直接延续，所以直观地表现出从分立到融合的过程。

当时的分立并行的学说，有两种发展前途；一是各自独立发展，形成彼此对立而又相互联系的思想派别，一是吸收融合，形成统一的体系。历史选择了后者。诸侯割据被统一帝国所取代，“百家殊方”为“大一统”所包容。整个秦汉时期的思想斗争和文化演进，都是围绕着确立统一的封建思想文化这一中心而进行的。

其实，从分立到融合，从多元到统一，不仅是秦汉法律文化的主要倾向，而且是先秦法律文化发展的必然结果。由于当时形式独立的各家各派大都排斥他说，独崇己见，亦不约而同地鼓吹集权，从而预示了百家争鸣的结局不会出现古希腊、罗马的共和政体或者贵族的民主与自由，相反只能导致专制主义法律文化的形成。两汉正统的法律思想，从形式到内容，都有糅合以前各家思想的明显特征。隋唐以后对外来的佛教思想，以及与本土的道教思想的斗争融合，理学的形成，都说明了传统文化的包容性和同化力。

总之，传统法律文化的演进表现了它的一元的、融合的趋势：在渊源上，是融合各种学说作为自己的理论基础；在形式上，是将兵与刑、礼与法、成文法与判例等合为一体；在内容上，是融合各种法律制度、思想并加以改造，在形成过程中，是一家为主综合改造他家；在发展的阶段上，又不断吸收同化外来的文化或思想。这样，传统法律文化在早期形态互异、观点对立，非常丰富多采，而到后来则体系固定，一脉相承。

其次，中国古代社会和法律文化的发展，又有明显的周期性。例如：国家结构上的分久必合、合久必分的中央与地方关系的周期性循环；统治秩序上的从乱到治、从治到乱的周期性循环；生产力发展的从高度发展到大破坏的周期性循环等。

与此相适应，法律文化中的法律制度的周期性循环表现为：立法上的从简到繁、从轻到重，司法上的从宽平到严酷、从守法到坏法，法律形式上的从以律统例到以例破律等。法律观念和思想的周期性循环表现在：日复一日地弹奏“德主刑辅”的主旋律，变本加厉地鼓吹“三纲五常”的神圣性，周而复始地提出“约法省禁”、执法宽平的口号，“不厌其烦地重复”人与法律兼用匀的老调，始终如一地坚持“原情定罪”的原则，等等。

再次，传统法律文化又向纵深发展，这种发展具有单向性，其主要表现有三：一是对于法律、特别是对法理的探讨只能在纲常礼教的范围内进行，因此古代法理学的发展受到严重压抑，与先秦时期的百家争鸣不同，汉以后只允许正统儒家的一家之言。二是传统法律观念形成了区分主次、褒此贬彼的思维特点，如强调重刑（法）轻民（法）、重义轻利、重德轻刑、重农轻商、重古轻今以及皇权至上等。三是封建的立法、司法理论不断健全和完备，如立法方面主张统一立法权，做到循天理、因民情、随时变，量可能、须简约、宜通俗、宽严适中，组成一体等等；司法方面主张罪刑法定、罪刑相称、用法宽平、罪疑惟轻、信赏必罚、及时赏罚、严惩“贪渎”、人与法相结合等等。

传统法律文化正是沿着“礼治”——“法治”——“礼法合治”的路径，通过综合、吸收、同化的方式，在周期性循环和单向性深化之中发展、成熟、僵化和衰落。历史进入近代，西方法律文化的侵入中断了传统法律文化的自然衰落，促使其进一步蜕变：迫于时代的前进和先进文化的冲击，传统法律文化从形式到内容都被迫改观，尤其作为表层结构的法律设施、机构、法律制度方面有了较大的变动，依据传统的力量，它的基本精神和主要特征，又变换形式沉积于近现代法律文化的深层结构，即法律思想、观念、心理价值形态之中。

四

通过以上各方面的阐述，我们可以对传统法律文化获得一个总体的、粗线条的概括：

中国传统法律文化是以封建专制主义法律文化为主体的法律文化，是分散的小农经济和宗法制社会的产物，它一直作为中国传统文化的有机组成部分而存在，从未获得相对独立的文化形态。它本身是一个封闭或半封闭的系统，其形成与发展呈现出一种从多元到一元、周期性循环和单向性深化的趋势，同时又不断吸收融合外来的宗教和文化，具有较大的包容性和同化能力。

传统法律文化的基本精神以维护集权专制、重视宗法伦理、坚持礼教中心、强调义务本位、突出刑法强制、提倡息诉罢讼等为标志，其基本结构由行政司法合一的官僚机构，律（刑事法）令（典政事法）并列、律（成文法）例（判例法）并行、国家法与家族法互补的法律制度，礼法结合、道为补充的法律思想观念，“天人合一”、“天下一统”的思维方式，德主刑辅、出礼入刑的价值观念等部分有机组成。

根据传统法律文化的历史作用，与其他民族或国家的古代法律文化相比较，从现代化建设的需要来衡量，维护君主、缺乏民主，否定个人权利、肯定等级特权，提倡平均、忽视平等，重视德感化、忽视法律调整，视法律为专制工具、提倡严刑峻法，以及主张“奉天法古”、解经笑注，“庶人不议”、学在官府，“为政在人”、言出法随，追求“逍遥”、提倡虚无等等，是传统法律文化中的消极方面或弊端之表现。而提倡道德教化与法律强制相结合，刑罚的实施以使人们弃恶从善为目的，强调国家高于个人，要求牺牲个人利益以维护社会的公共利益，法自人定、不崇宗教鬼神，主张法律与时代、社会的实际情况相适应，根据社会条件的变化而变化。要求任何人都必须严格依法断案，法律的适用不偏阿权贵，主张法令内部的统一和协调，法典与单行法规、成文法令与判例相互补充，要求法律的条文明白准确、公开颁布，强调法律的实施以消灭防止犯罪为目的，提倡用调解的方式处理一般民事纠纷，主张刑罚相当、用刑“中允宽平”，注重法官的道德和能力等等，可以说是传统法律文化中的积极因素。

五

传统法律文化虽然作为一种整体的文化形态在当代已不复存在，但是由于当代中国的特殊情况，它仍然在现实社会之中发生着深刻的影响，其部分因素不仅与马克思主义法律观念相结合构成当代中国法律观念的核心内容，而且它本身在当代还具有发生作用的社会条件，成为中国实现现代化的一种客观的背景和基础。因此，如何对待和处理传统法律文化和社会主义现代化的关系，便是摆在我们面前的一个不容回避的重要课题。笔者仅就其中几个具体问题谈点个人的看法。

1. 不宜责怪历史和传统

历史是人创造的。现代化有其历史的必然，又是一种现实的社会运动，中国的现代化只能依靠当代中国人的不懈努力才能实现。然而，在近几年关于传统文化的讨论中，一些同志在分析近代中国贫困落后的时候，在进行中外文化比较的时候，在论证中国现代化的艰难与阻力的时候，都不约而同地将原因完全归于历史，归于古人，归于传统，以致把对传统的分析变成对传统的声讨，把对历史的反思变成对历史的否定。这种观点在冲破传统的束缚，揭示传统的弊端方面曾起到了积极的作用，但是作为学术观点，且不说其中某些理由论据大有商榷之处，仅是它的简单明确的结论便很难令人赞同。实际上，恨死祖宗，骂倒孔孟，津津乐道于彻底抛弃传统与口不离祖宗、言必称孔孟、念念不忘恢复传统，这两种情绪貌似对立，实则相同，都有点神化古人、神化传统，都缺乏主体意识和独立精神，缺乏应有的自尊和自信。企图割断历史、超越传统，就像一个人企图去掉自身的遗传基因或者重新选择生身父母一样不可能；我们不宜鄙视传统，而应该正视传统；不宜责怪传统，而应该改造传统；不宜抛弃传统，而应该更新传统。

2. 不是“破旧”而是“更新”

“文化之为物，不仅具有时代性质，而且具有民族性质。就时代性而论，不同文化类型之间，或因发展阶段之不同，而生先进落后之分，有其价值上的不同；若就民族性而论，不同文化类型之间的差别，正是不同民族文化得以存在的根据，无可区分轩轾”。传统法律文化已落后于时代，不再适应社会主义现代化的需要，这是确定无疑的。但是由于其中蕴含着中华民族对于法律现象的独特的认知方式和表达习惯，所以要特别慎重，不能满足于简单的价值判断。由于种种原因，我们容易简单化地对待“传统”这个压在中华民族身上的沉重包袱，喜欢采取“打倒”、“抛弃”等激烈态度，但“破”与“立”之间并非都是必然联系，“大破”之后未必是“大立”，却常常出现毁灭、萧条、荒芜或危机；“破旧”的结果并非必然能为新的先进的文化清理出发展的基地，相反却可能成为愚昧无知或者旧文化重新滋生蔓延的条件。“文化大革命”不说明了这一点么?! 因此，对待在历史上起过重要作用在今天仍有重要影响的传统法律文化，正确的态度不应是单纯地“破旧”，而应是包容性更大的“更新”。

传统法律文化的更新，至少应该包括五个层次：

第一，就文化形态来说，现代法律文化既是对传统的否定又是对传统的继承。否定并非抛弃而是扬弃，继承并非原样照搬而是消化吸收。进行扬弃和吸收的途径是对传统法律文化进行批判、剖析、整理和总结。

第二，仅从传统法律文化本身，还很难准确地把握其精神实质和结构特征，还必须把它纳入历史的纵轴和时代的横轴之中。对于不同时代、不同民族、不同国家、不同类型的法律文化进行宏观的与微观的、内容的与形式的、规范的与职能的等各种比较。通过比较了解它的主要特点和发展规律，从而确定其更新的途径、重点和阶段过程。

第三，对于传统法律文化的分析总结、比较反思、吸收舍弃等要求有一个客观的、具体的标准。这个标准既不能以传统文化自己的价值判断为依据，也不能搬用外国某一学派的模式或理论为圭臬，相反，它应该以我国社会主义初级阶段的国情为依据，以适应建设现代的民主、富强、文明、和谐社会为目标。

第四，在批判、选择的基础上吸收、消化外来的先进的法律文化是建设现代法律文化的重要方面也是改造传统法律文化的必经路径。

第五，以上四个层次，只是对法律文化从传统向现代化形态发展的宏观说明，虽有一定的逻辑但并非严格依次进展的过程。只有经过这种改造，传统法律文化才能在整体上消亡，其中的因素才能成为构建现代法律文化的新的质料，进而完成传统法律文化的更新。“补”这一课，是我们不可推卸的历史责任。总而言之，我们对待传统法律文化的态度，应该是在批判的基础上总结，在比较的前提下反思，按照现代化的需要选择，运用先进思想文化改造，在改造的基础上更新。

3. 建设有中国特色的现代法律文化

从文化发展来看，传统法律文化的更新实际上意味着对外来先进法律文化的选择吸收，意味着中国的和异域的法律文化的冲突与融合。意味着法律文化的结构与模式的重建。然而，无论改造传统法律文化还是吸收外来先进法律文化，都有一个方向问题，即如何理解“现代化”。简言之，现代化不是一个地域概念，也不单纯是一个时间概念，它具有生产力发展水平和社会发展阶段的内容。在当代，现代化指实现了工业化，并且实行市场模式、民主政治、科学管理的国家，是一种以商品、民主、法治、科学为标志的社会形态。

正因为现代化表现为在市场经济基础上的民主化、法治化和科学化，所以我国法律文化的现代化也主要包括四个方面的内容：一是以社会主义市场经济为基础，建立和维护以公民人身权、财产权为主体的法律关系；二是以社会主义民主为中心，确保人民的主权地位的实现和对国家权力的监督制约；三是以社会主义法治为内容，依法治国，依法执政，依法行政，司法独立，实现在法律面前人人平等；四是在法律领域里运用先进科学和技术，吸收优秀的知识和理论，形成中国法律文化的科学精神，努力实现法律设施、机构、技术的科学化，法律规范、制度、体系结构和运行的科学化，法律思想、意识、价值观念的科学化等。

最后，值得强调的是，文化并不是社会发展的根本力量，建设新的现代的法律文化不能局限于文化的范围之内。传统法律文化的存在与生产力的发展状况相联系，为社会的经济、政治等件所制约，所以，传统法律文化的更新必须围绕发展经济的中心任务，伴随政治体制改革和健全社会主义法制的步骤去进行。

郑 定

天理、国法与人情：中国传统刑法中的孝道*

简介

郑定（1963—2007），湖北英山人，法学博士。中国人民大学法学院教授、博士生导师，中国人民大学法律文化研究中心执行主任，《法学家》杂志常务副主编，中国人民大学台湾法律问题研究所副所长。兼任中国法律史学会执行会长。在中国法制史、比较法律文化、台湾法等研究领域成果卓著，代表作有《中国法律文化探究》、《台湾的经济发展与法律调整》、《罪之渊源与哲学依据》、《情理法与中国人》（合著）、《中国法制史》（合著）等。系中国大陆第一位以台湾法为研究方向的法学博士。2004 年被列入第一批教育部新世纪高校优秀人才。

* 此文为《情理法与中国人》（北京，中国人民大学出版社，1992）作者所著部分的节选。

一、背法行孝，君子无刑

传说中的圣王舜是个大孝子，被古人尊为“二十四孝”之首。据说，在他成为天子之前，有三个恶棍——他的父亲、继母、异母弟——因为妒忌他的才能，垂涎他的财产，屡次谋害他。尽管如此，舜对这三个恶棍竟不生一点怨恨，好像根本没有发生什么事，对父亲和后母孝敬如初，甚至倍加孝敬；对异母弟友爱如初，甚至倍加友爱。尤其令人气愤的是，恶少爷象是舜的异母弟，是平辈的；他受父母的宠爱，三番五次挟父母之威来欺侮、谋害舜，甚至企图杀兄夺嫂。在这种令常人绝不能容忍的情形之下，舜仍然若无其事，不生怨恨。

这就是舜的孝行。在今天看来，简直就是纵容犯罪，鼓励杀人犯。但这正是中国古代某些道德家们所倡导的。如果是常人这样加害于舜，舜肯定会自卫的，至少会诉诸“牧民者”，以求得到国家保护。但是，仅仅因为加害人是自己的尊亲属和弟兄，舜就从道德上失去了自卫的权利。这种孝行，虽也受到后世一些有识之士的非议，但却是被汉以后的封建正统思想所肯定的行为，也为封建法律所部分地肯定。

1. 从徐元庆到施剑翘：践踏国法报父仇

舜以消极的方式藐视国法：宁肯为别人创造违犯国法的机会或条件，也要谨守“孝道”，这是背法行孝的一种类型。另一种类型，就是自徐元庆到施剑翘的“壮举”：无视国法禁止私自杀人的规定，勇于践踏国法，处心积虑杀死父兄的仇人。这是以积极、主动的方式背法行孝。

徐元庆是唐朝武后当政时的人。他的父亲徐爽大约是因为犯法而被县尉赵师韫依法执行了死刑。元庆处心积虑谋杀赵师韫，以图为父报仇。为了报仇，元庆隐姓埋名到官吏们经常出入的驿站作了差役。若干年后，已升任御史的赵师韫下榻该驿站，元庆亲手杀死了他，报了父仇，然后投案自首。依当时法律，元庆应以杀人罪判处死刑，他本人对这一点十分明白。但是为了复仇，他甘冒践踏国法而被杀头的危险。他主动、积极地践踏了国法，由此可见法律和“孝道”在他心中各自的轻重。依据“孝”道的要求，“父之仇不共戴天”，必须分个你死我活；而法律又禁止私自杀人，并对私自杀人者规定了极刑。要做守法的良民，就不能做父亲的孝子。在良民和孝子之间，元庆选择了后者，这也是在古代极受推崇的选择。

1 000 多年后的1935 年，又出了一位赫赫有名的复仇英雄施剑翘。她本是一名弱女子。她的父亲施从滨，曾为山东省军务帮办、直鲁军混成旅旅长。1925 年，施从滨在直奉大战中被军阀孙传芳俘虏，惨遭孙部慢刀割头之刑而死，并暴尸数日。当时剑翘 20 岁，立志为父报仇。数年里，她精心策划，刻苦磨炼本领，终于在父亲死难后的第十年，在天津的一所寺庙里亲手持枪将孙传芳击毙，然后从容自首。施剑翘的行为与徐元庆的行为何其相似！所不同的，只是一个是男子汉，一个是弱女子；一个的父亲死于和平时代的法律，一个的父亲死于战争。然而，在法律和道德面前，他们所作的选择的性质是完全一样的。他们都甘愿冒绞首的危险，甘愿犯法而去实践孝道。剑翘为父报仇时，军阀战争已经结束，依当时的法律，她仍应判处 10 年以上有期徒刑或无期徒刑、死刑。这一切她是十分清楚的，但也作出了舆论所推崇的选择。这位弱女子因此而成了人们心目中的“伟丈夫”，无怪乎她入狱后上自国民党军政要人冯玉祥、于右任、李烈钧，下至工人、农民、店员，成千上万的人纷纷联名上书，一致要求对她实行特赦。

2. 畏法不复仇，君子所不耻

勇于践踏国法而复仇者是英雄，那么，畏法而不敢复仇者，虽是法律所需要的良民，但却为君子所不耻，为社会舆论所嘲笑，被视为“懦夫”、“小人”。早在春秋战国时代，这种现象就存在了。据《韩非子》说，当时“行剑攻杀”的“暴侥之民”（亦即复仇勇士），本应为法律所惩罚，却反而为世人而赞誉；相反，“重命畏事”的“尊上之民”，应为法律所嘉奖，却为世人所不耻，被认为是“怯懦之民”，是“胆小鬼”。韩非子为此愤愤不平，他把这种现象称之为“反”[①]。即逆反现象。

这种逆反现象自那时起一直持续到近代。施剑翘以一弱女子有持枪杀“孙大帅”的胆量，实与社会舆论的激励有关。她的堂兄和丈夫，也曾允诺为她父亲报仇，但后来都胆怯了，后退了；报仇的重任这才无可选择地落在了她的肩上。据她自己后来回忆说，在她尚未完成复仇大业之前，所到之处均有无地自容感，似乎有很多人在指着脊梁骨骂她和她的堂兄、丈夫是胆小鬼、是懦夫。这使得她一次又一次在沮丧的边缘重新坚定决心。

古时法律多规定有“私和罪”，即对那些私自与仇人和好而不告官府的人施以惩罚。由此看来，复仇的方式并非只有子弟持刀在法律程序之外手刃仇人、提首级自首这么一种，告发于官府通过国家司法机关的执法程序去报仇也是可以的，并是官府赞同的、鼓励的。但是，这种方式的复仇并不为道德舆论所推崇。谁如果眼巴巴地指望官府而不自己去磨刀霍霍准备杀死仇人，他仍可能被社会视为“懦夫”。正因如此，才有一些孝子不惜潜入监狱杀死即将被判死刑的仇人；或劫仇人于发送之途和刑场，以亲手刀刃仇人为快。这种公然向国家司法权力挑战的行为，竟也经常赢得社会的推崇。也正因如此，才有人因为官府久拖不决不杀其仇人，痛感父仇未报无面见人抑郁而死；也有人因报仇无门，不堪社会舆论之嘲讽，愤而自杀。

3. 子为父隐，也是孝行

为父亲申冤报仇，杀死仇敌，这是了不起的孝行，虽为法律所贬，却为舆论所褒。另一类背法的孝行，就是“子为父隐”，也就是主动隐匿父亲的犯罪事实，决不告发，也不出

① 《韩非子·六反》。

庭作证。这两类“孝行”，明显都是与国法的根本宗旨背道而驰，是违背根本的法律秩序或国法的根本利益的。

在中国历史上，重视“亲属相为隐”特别是“父子相隐”，几乎是一贯的传统。即使在以法家思想为指导的秦代，法律在某些地方也仍然允许子孙奴婢为父祖、家长、主人隐匿。可见自西周以来开始形成到孔子时高度发达的儒家正统道德思想的影响之大。据《云梦秦简·法律答问》载，秦代法律（也可能是秦孝公至秦始皇之间的法律）曾把“子盗父母，父母擅杀，刑、髡子及奴妾”，“子告父母，臣妾告主”列为“非公室告”，规定“非公室告，勿听；而行告，告者罪”。所谓“非公室告”，就是禁止卑幼告发尊长；如果卑幼不听劝阻，反复控告尊长，就得问卑幼之罪施以刑罚。这里体现的正是“容隐”精神。汉初，政府仍鼓励告奸，直到武帝时，法律中仍有“首匿相坐”律令。《汉书·梁统传》云：“武帝军役数兴，豪杰犯禁，奸吏弄法，故重首匿之科。”到了武帝中期，“罢黜百家，独尊儒术”，儒家思想开始占统治地位，“首匿相坐律”开始受到猛烈的抨击，“亲属相隐”开始被允许甚至鼓励。昭帝时的盐铁会议上，贤良文学们以儒家思想为武器，猛烈抨击了“首匿相坐”律：“自首匿相坐之法立，骨肉之恩废而刑罪多。闻父母于子，虽有罪犹匿之。岂不欲服罪尔，子为父隐，父为子隐，未闻父子之相坐也。”② 这种思想代表了儒家思想的复兴，代表了重视宗法血缘关系（秩序）、轻视国家法律关系（秩序）的思想抬头。到汉宣帝时，要求承认父子亲属间的隐罪权成为一种普遍的呼声，在这种强大的社会舆论的压力下，公元66年（宣帝地节四年）汉宣帝不得不下诏云：“父子之亲，夫妇之道，天性也，虽有祸患犹蒙死而存之，诚爱结于心，仁厚之至也，岂能违之哉？自今子首匿父母，妻匿夫，孙匿大父母（祖父母），皆勿坐；其父母匿子，夫匿妻，大父母匿孙，罪殊死，皆上请廷尉以闻。”③ 据明人丘浚考证，“亲亲得相首匿”的法律制度真正开始于此。④ 这时容隐的范围还只是父子、祖孙、夫妻，以后逐渐扩大。

“亲属容隐”制度的核心是“子为父隐”（包括孙为祖隐）。其他一切容隐范围，均不过是“子为父隐”派生出来的。“子为父隐”的内在精神就是孝道。“父为子隐”是“慈”，这只不过是“孝”的回报；夫为妻隐、妻为夫隐，其逻辑等同于父子相隐；奴仆为主隐，等同于子为父隐，也是“孝”的推广；无服卑幼为同宗尊亲属隐，同样是“孝”的延伸；弟为兄隐，其义为“悌”，也是“孝”的延伸，因为“长兄当父”；兄为弟隐，其义为“友”，是“悌”的回报。总之，如离开了“孝”这个中国古代最根本的道德，容隐制度就根本不会出现。“孝”是贯穿在“亲属相隐”制度中的一条主线。

“孝”的根本精神就是卑幼无条件地顺从和护卫尊亲属，复仇、容隐体现出的正是这种“护卫”。捍卫父母、祖父母的生命、荣誉、健康，这是“孝”道的原始出发点，也是人之

② 《盐铁论·刑德》。

③ 《汉书·宣帝纪》。

④ 《大学衍义补》卷一百七十。

常情。自这一人之常情出发，就必然产生出这样的矛盾：当父祖的行为侵犯了他人利益和国家利益时，还应不应该为保护他们不受刑罚惩罚而隐匿包庇他们？这的确是古时一个难以解决的矛盾：主动揭发或证实吧，必然使父祖身陷囹圄，使其受刑戮之辱，做子孙的看着父祖受刑辱而无动于衷是不可能的，他必然也产生一种耻辱感，产生哀怜父祖（尽管是罪犯）之情，这是极正常的血缘情感所致；不揭露或积极隐匿吧，国家的又一个奸贼逍遥法外，别人的冤仇得不到伸报，眼看着皇帝的法律被践踏而不报告，这又是对君主的背叛。这就是中国古代死结一般解不开的“忠”与“孝”的矛盾。民众一般都很自然而然地选择了“孝”，即为保护自己亲属的利益而置国家和他人利益的损害于不顾；道德学说也鼓励人们选择前者（因为“忠孝不可两全”）；只有少数特别重视国家利益的人们如商鞅、韩非等人才主张人们选择后者。可惜他们的主张并未真正占过上风。真正占上风的是“子为父隐、父为子隐”、“同居相为隐”的道德观念。依据这种观念，子孙告发父母、证实父母有罪，都是伤天害理的事。例如南朝宋时人蔡廓认为：“鞫狱（审讯）不宜令子孙下辞明言父祖之罪，（否则）亏教伤情，莫此为大。”⑤ 这里所亏之“教”，明显是儒教；所伤之“情”，就是血缘亲属之感情。“父为子天，有隐无犯”⑥，这是当时道德的一贯教导。的确，商、韩之流鼓励亲属之间相互告发，只会使“骨肉之恩废”，也就是动摇了宗法制度的根基——血缘亲属的相互情感。宗法制度是中国封建制度的根基，无怪乎历代法律大多不得不承认亲属间相互隐匿犯罪的权利。

二、不孝之罪，刑之无赦

1．“不孝”为元恶

中国古代社会是以家庭为本位的农业社会。在这种以一家一户的小农耕作为主要经济形态的社会里，自然而然地形成了一个权威，而且必须维护这个权威。如果没有这个权威，社会就会陷入无秩序状态。这个权威就是父权，也即家长权。与维护这一权威的需要相适应，形成了以“孝”道为核心的一个道德观念或道德规范的庞大体系：孝、慈、忠、礼、顺、和、义、听、友、恭等等。这些规范，几乎囊括了当时社会上可能存在的一切人际关系之准则。

“百道之行孝为先”，在古代中国，“孝”被视为一切道德中最根本的道德。因此，父子间的那种命令和绝对服从的关系被视为绝大多数人际关系的蓝本。所谓“纲常”关系，在古时被视为人际关系的几个通用公式，一切关系均可纳入此公式中。父为子纲、君为臣纲、夫为妻纲，“三纲”的核心是“父为子纲”，其余两“纲”不过是推论。依此类推，官为民纲、师为徒纲、主为仆纲，等等，都是命令和服从的关系。只有朋友之间互不为“纲”。虽

⑤ 《宋书·蔡廓传》。

⑥ 《唐律疏议·名例》。

然朋友关系被视为一种次一等的人际关系，但在朋友之中，也常常是“序年齿”即按年龄来分主从的，年长者一般也具有兄长的地位。因此，社会上一切人际关系的道理、准则，几乎都可以由父子间的关系准则（“孝”）推演出来。这就是古时的人们特别重视“孝”的原因。偌大一个“国”，实际上只是一个“家”（因此才有“国家”一语）：皇帝是大家长，臣民是子孙，官吏又是“子孙”中“辈分”较高偶尔能代“家长”传令者。对这个大家长的“孝”，就叫做“忠”，此即“移孝作忠”；一个在小家庭中孝顺家长的人，当然对皇帝这个大家长也能孝顺（除非他不承认某皇帝的合法性）。只要全国所有的人都像孝敬自己的父亲一样孝敬皇帝，天下还有什么事难办？因此，对于封建时代的中国来说，悠悠万事，惟此为大：奖励孝道。统治者们非常明白：“孝”是维系亲亲尊尊等级秩序的生命线，是维系中国封建制度的生命线。

从历史上看，朝廷向“子民们”灌输“子道”（即“孝”）的途径不外两者：一是奖励“孝行”，包括褒奖孝子贤孙，为他们树碑立传（如《二十四孝图》等）；也包括容忍“孝子”们的某些非法行为，如前章所述复仇、容隐等等；二是严厉打击“不孝”者，也即打击乱臣贼子，以绝其怠慢父权之心。

“元恶大憝，矧（Shěn）为不孝不友。”[⑦] 自西周至近代，这一观念一直是中国传统观念的核心。最严重的罪恶就是“不孝”，包括对皇帝这个全国总家长的不孝（“不忠”）。自这一观念出发，古代中国人设计出了许许多多的法律制度，造出了许多严厉的刑罚去打击谋反、谋大逆、谋叛、降、恶逆、大不敬、不孝等一系列“不孝”（广义的）之行，打击一切敢于藐视家长权威的乱臣贼子。即使是在“刻薄寡恩”、“反败道德”、反对家族主义推行国家主义的商鞅直至秦始皇时期的秦国（朝），“不孝”仍被列为严重犯罪；甚至规定，老年人控告子女不孝，不须经过通常的原宥手续，不须调查审理，直接把受控告的子女抓起来按老人的要求处置便可。[⑧] 其他的朝代自不待言。

2. 与仇人私和

私自与杀害祖父母、父母的仇人达成和解协议而不告官者，在古时被视为一种严重的“不孝”行为，唐以后直接规定为“私和罪”。国法虽不公开鼓励复仇，有时甚至严厉禁止复仇，但却不能不严惩“私和”，决不会因为禁止复仇而鼓励“私和”。

私和行为既不见容于道德，也不见容于法律。从道德上讲，孝子与仇人应不共戴天。提着仇人的脑袋去祭父祖在天之亡灵，才算是上等的孝道之行。即使冒犯法杀头的危险也在所不惜，这才是真正的好汉和孝子。退一万步讲，无力手刃仇人，也应立即告官，借助法律的力量为父祖报仇，这仍不失为孝子。但如果私自与仇人握手言和而不告官，那就简直猪狗不如了。私和行为为道德舆论所唾弃，是很自然的事。从法律上讲，受害人子孙纷

⑦ 《尚书·康诰》。

⑧ 参见《云梦秦简·法律答问》。

纷擅自去“手刃父仇”虽不是一件好事而须严格限制或禁止，但他们与仇人私和匿其事而不报比前者更坏更可怕。因为前者虽损害了国家司法权，却弘扬了孝道，有得有失；而后者则只会造成双重损害：即使国家的奸贼逍遥法外损害了司法尊严，又败坏了“孝”道。

因上述两方面的原因，唐以后历代朝廷的立法都注意打击私和罪。其用意在于既部分地满足孝子贤孙们复仇的愿望，但又把其愿望的实现限制在有利于而不是有害于国家司法权的范围内。也就是说，法律公开赋予孝子们的“复仇”权不过仅仅是向官府告发国家所要缉拿凶犯的权利。

《唐律》规定：“诸祖父母、父母及夫为人所杀（而与仇人）私和者，流二千里；期亲（即与杀期亲之仇人私和者），徒二年半，大功以下递减一等；受财重者，各准盗论。虽不私和，知杀期以上亲，经三十日不告者，各减二等。”⑨ 该条疏议说：“祖父母父母及夫为人所杀，在法不可同天。其有忘大痛之心，舍枕戈之义，或有窥求财利，便即私和者，流二千里。”随着亲属关系的逐渐疏远，私和罪的责任也逐渐减轻。明律和清律也规定，祖父母父母被杀子孙与仇人私和者，杖一百徒三年；期亲杖八十徒二年，大功以下递减一等。

“私和罪”所要惩罚的是子孙卑幼的“无亲之心”、“忘大痛之心”。就是说，要惩罚他们对父祖死亡（且是非正常死亡）满不在乎的态度。因为这种态度是对“孝”道的最大蔑视或背叛。如果人们都这样轻视“孝”道，国家就失去了维系的纽带。这种“无亲之心”而引起的“私和”，可能有三种情形，一是贪图财利，被仇人用金钱物资收买而答应不去告官；二是胆怯，害怕仇人加以更进一步的伤害；三是对父祖本就毫无感情，故而对其死抱无所谓态度，甚至觉得仇人帮了自己的忙。无论哪一种情形，都是当时道德所谴责的。如果把区区财利看得比至高无上的骨肉之情、孝慈之义还重要，如果为了保全自己、苟且偷生而不愿为父祖申冤报仇，如果对父祖之死视若路人甚至幸灾乐祸，那么这种人将为万众所唾弃，法律也决不能容忍。

如果杀害父祖的仇人本来就是自己的亲属，那么情况就更复杂了：告发吧，又可能株连自己，不告发，又犯了私和罪。依据“亲亲相隐”之法可以不告发，依据“父仇不同戴天”原则又必须告发。中国传统的法律与道德间的深刻矛盾在这里暴露无遗。例如，清嘉庆二十五年，江苏人胡觐尧为父无道，强奸子媳，被其子胡成琳殴伤致死。胡觐尧之妻胡姜氏因儿子苦苦哀求，又恐儿子受刑而死后自己无人赡养，于是隐匿不报。后被发觉。胡成琳被依律凌迟处死；胡姜氏因夫死隐匿不报（依礼，夫为妻之天），被杖六十徒一年。道光三年，陕西人余均山之父被杀，凶手恰是其胞弟余长才，余均山因恐连累自己，即挟同隐匿埋尸。案发后，余长才被斩首，余均山也因“忘仇纵凶”而被杖一百流三千里。⑩

在这两个案子中，如依“亲属相为隐”之道德原则或法律原则，胡姜氏、余均山都可以免于刑事处分；但是因为他们在行使这一权利或依据这一原则时侵犯了更重要的原则，

---

⑨ 《唐律疏议·贼盗》。

⑩ 《刑案汇览》卷三十六。

即“父为子天”、“夫为妻天”，故皆被处以较重的刑罚。在隐匿自己的犯罪亲属和向杀父祖仇人（此仇人正是自己的至亲）复仇这个二难推理中，封建时代的司法官们当然知道舍轻取重。

3. “干名犯义”

子孙告发父祖、妻妾告夫，在明清时被称作“干名犯义”，法律给予较为严重的惩罚。这里的所谓“名”、“义”，实际上就是封建的伦理纲常；“干”即“犯”。古人认为，告发自己的尊亲属是违犯伦理纲常的恶行，因此要予以制裁。告发父祖及夫时所“干犯”的“名”、“义”，实即“父为子天，有隐无犯”、“夫为妻天，有隐无犯”之义。

对这种胆敢冒犯“天”的尊严甚至忍心将自己的“天”（尊亲属）置于刑狱之中的行为施以惩罚，当然不自明清始。或许早在西周时就开始了。在“崇尚法治”的秦代，法律仍排除不了西周以来传统道德的深刻影响，仍规定子女不得控告父母；即使控告，官府也不应受理；如果他们反复控告，那么就要问他们的罪。[11] 显然，这个所谓“非公室告”的规定与后世“干名犯义”之法精神上是一致的。西汉时期，法律竟规定告发父祖者应处“弃市”之刑。如汉武帝时，衡山王刘赐与淮南王刘安谋反，刘赐之子刘爽跑到京师向武帝告了密，两位诸侯王因而被诛。刘爽的行为对国家（朝廷）有利，捍卫了皇帝，避免了一场叛乱。然而，他非但没有受到任何嘉奖，反而因此丧了命。朝廷认为他“告王父不孝”，应“弃市”（即杀而陈尸于市）。[12] 由此可见，对一个人行为的道德评价是如何凌驾于法律评价之上。法律上告发叛乱者的功臣，竟成了道德上的死囚。南梁武帝时，有个叫任景慈的人出庭证实母亲有罪，法官认为：“子之事亲，有隐无犯，……陷亲极刑，伤和败俗，宜加罪辟。”最后将其流放。[13] 自北魏以后，法律大多都规定对告发父祖者处以死刑。特别是《唐律》，它把告发父祖的行为视为不可赦免的严重犯罪之一。规定，诅骂或告发祖父母、父母者，是为“不孝”推，应处绞首之刑；妻妾告发丈夫，是为“不睦”之罪，也应处绞刑或流刑。甚至还极不人道地规定：即使是嫡母、继母（均为父亲之正妻）杀死了自己的生身庶母（父亲的小妾），亦不许控告，告者处绞刑。[14] 明清时代，法律正式把违犯“亲亲相隐”道德而告发祖父母、父母、夫的行为定为“干名犯义”之罪，但所处的刑罚较唐代为轻，只处杖一百徒三年之刑。如是诬告，则处绞刑。

值得注意的是，自唐以来，法律就明确规定子孙妻妾告发某些犯罪不算“干名犯义”，不受刑事处罚。唐律规定父祖及夫犯谋反、谋大逆、谋叛等“国事罪”，子孙妻妾告亦无罪；明律规定，除上述三类犯罪外，父祖及夫窝藏奸细子孙告发亦无罪；清律更在唐、明律之上规定，父祖及夫犯“内乱”罪（即与亲属相奸），子孙及妻妾告发之亦无罪，从而将某些行为排除于“干名犯义”之外，甚至规定不得相隐匿，如隐匿则有罪。

---

⑪ 参见《云梦秦简·法律答问》。

⑫ 参见《汉书·衡山王传》。

⑬ 《南史》。

⑭ 《唐律疏议》之《名例》、《斗讼》。

4.“供养有阙”

父祖老疾，成年子孙应供给其饮食，给予生活料理，这是“孝”道的最起码要求。古人认为，羊羔尚知跪哺，乌鸦亦知反哺，人如不能供养父母，则是禽兽不如了。所以，对那种不供养父母、遗弃老人的“违反天常、悖逆人理”行为，历代法律都规定了一定的惩罚。例如唐律规定，子孙对祖父母父母供养有阙者，徒二年。但这条立法的用意在于惩罚那些能供养而不供养、无报恩孝亲之心的“逆子”。若子孙家境实在贫穷而致供养不足，则不在此限；同时唐律又规定，此类案子须祖父母父母控告才受理。⑮ 明代以后，对供养有阙的处罚稍轻，只杖一百；⑯ 清代的律中并未加重处罚，但律外之例中实际上加重了对供养有阙的处罚。顺治三年定例：“子贫不能营生养赡父母因致父母自缢死者，依过失杀父母律杖一百流三千里。”乾隆二十七年又重申了这一条例。⑰ 道光二年，广东人谢升儿不能养赡其母，又向其母索钱花，其母气极投河，被人救起。假如其母因此淹死，谢升儿即应照过失杀父母律杖一百流三千里。幸而其母得救未死，谢升儿又被量减一等处徒刑。但后来因其母年老，谢升儿又是独子，母亲恳请官府免予发遣。最后，照存留养亲的规定将谢升儿枷号示众责打四十大板后释放。⑱

自唐以后对“供养有阙”之罪的惩罚似乎不是很重。但唐以前，刑罚重的有相当惊人的，甚至重到可处极刑。例如南朝宋武帝时，有个叫尹嘉的人，家贫无以度日，靠借贷为生。其母熊氏眼看儿子无力还债，即典自身为质钱替儿子还债。有人以“不孝”之罪名将尹嘉告官，初审法官准备判其死刑。当时有名的清官何承天对此提出异议。他说，法律所规定的乃是“谓违反教令、恭敬有亏”的情形。在这种情形下，“父母欲杀之者皆许之”。而现在的情况是尹嘉的母亲自求质钱为子还债。就尹嘉来讲，虽然有亏“孝义”，但其母熊氏并没有提出请杀之辞。她希望的是儿子活下去。如果现在杀他，是违背其母本来愿望的。尹嘉因此得以免死。⑲ 此例说明，当时法律规定父祖可以请求官府将犯“供养有阙”的子孙处死。

5.“别籍异财”

唐以后的法律规定，如果祖父母、父母尚在子孙擅自分家析产者，即是犯了不可赦免的“十恶”之一——“不孝”罪，应予以惩罚。

中国的旧道德鼓励大家族聚族而居，因而有所谓“十世同居”的“义门”。与此相对应，古时的人们特别鄙视那些“见利忘义”、不供养老人而闹分家析产的“小人”。法律专门设置了“别籍异财”这一罪名来惩罚这些“小人”。

《唐律》规定，祖父母、父母在，未经他们同意子孙擅自别籍异财者，处徒刑三年。这

---

⑮ 参见《唐律疏议·斗讼》。

⑯ 参见《大明律·刑律·诉讼》。

⑰ 参见［清］薛允升著《读例存疑》卷四十。

⑱ 参见《刑案汇览》卷四十九。

⑲ 参见《宋书·何承天传》。

种“别籍异财”罪，是“不孝”罪的内容之一，是“常赦所不原”的，是不可赦免的。《唐律疏议》就此一规定解释说：“祖父母、父母在，子孙……无自专之道。而有异财别籍，情无至孝之心，名义以之俱沦，情节于兹并弃。稽之礼典，罪恶难容。”[20] 这说明了这一罪名成立的理由，说明了它的“社会危害性”。就是说，祖父母、父母在，子孙不得自作主张。如自作主张分了家，那就是蔑视伦理、蔑视孝道，使道德礼教“沦丧”，因而是“罪大恶极”。唐律还规定，即使父母亡故，只要丧期未满，仍不得分家析产，违者也要处一年徒刑。[21]

明代以后，处罚稍轻。如明律规定，祖父母、父母在，子孙别籍异财者，杖一百。但须经祖父母、父母亲自告发才追究（如同今日“不告不理”的案件）。清律也作了类似的规定。

惩罚“别籍异财”旨在保障家长的权威，惩罚子孙的“无亲之心”。因此，如果是家长（祖父母或父母）同意了的别籍异财，对子孙来说，似乎与擅自别籍异财一样有亏“孝”道，但却不受追究。因为家长的权威已得到了体现——别籍异财出自他（她）的意志。法律要保护的正是这种权威的实现。如明律规定，凡受父母之命分异财产但未别立户籍者不追究刑事责任；清律也规定，居父母丧期间受父母遗命分家析产者亦不坐罪。[22] 但是，如果父祖强迫子孙别籍异财，也可能受追究，因为这种强迫伤了子孙的“孝”心，有亏“慈”道。如唐律规定：祖父母父母迫令子孙别籍异财或随便将子孙过继他人为嗣，也应处徒刑二年。[23]

6. “委亲之官”

中国古代的道德教义认为，当父母达到一定年龄需要侍养时，做儿子的不管身居何等高位，哪怕远在天涯海角，都应主动弃官回乡孝养父母，以尽天职。《礼记·王制》说，父母年“八十者，一子不从政；九十者，其家不从政；废疾非人不养者，一人不从政”。这是道德经典对弃官回乡养亲问题的具体要求。即是说，父母年届80岁时，至少有一个儿子不去做官，留在家里侍养父母；年90岁，诸子均不得去做官；如父母有残疾生活不能自理，也至少应有一个儿子留在家里侍养，不得外出做官。依据这些教义，自西晋以后历代都有禁止委弃老疾的父母而外出做官的法律规定。从广义上讲，“委亲之官”也是“不孝”罪的内容之一。西晋时，法律规定，父母“年九十，乃听悉归”，如不归家供养父母，轻则免官，重则处刑。例如，当时官为河南尹的庾纯，与权臣贾充不和，贾充弹劾他“父老不归供养”。庾纯理亏，虽赶紧上书自请解职，但仍受到朝廷的申斥并被免官。[24] 北魏时曾作了

[20] 《唐律疏议》之《户婚》、《名例》。

[21] 参见《唐律疏议·户婚》。

[22] 参见《大清律例·户律·户役》及注文。

[23] 参见《唐律疏议·户婚》。

[24] 参见《晋书·庾纯传》。

一些变通规定，如“父母年八十以上皆听居官禄养，留亲就禄”。㉕ 但总的精神仍然是鼓励重孝义而不重禄位的传统道德。唐律正式确定了“委亲之官”的罪名：“祖父母、父母老疾无侍，委亲之官，……徒一年。”㉖ 并规定父母老迈子孙应侍的年龄是80岁以上，但父母有笃疾生活不能自理时则不限年龄。明律规定对“委亲之官”者杖八十。清律也规定：“凡祖父母、父母年八十以上及笃疾者，别无以次侍丁，而弃亲之任……杖八十。弃亲者令归养，亲终服阕降用。”㉗ 处了80大棍的肉刑后还要停职回乡侍养，即便父祖去世服丧期满后回到官场，仍须降级任用。这说明清代对“委亲之官”者的处罚规定是很苛刻的。

值得说明的是，一般情况下，“委亲之官”罪处罚的只是独子弃亲之官或众子都弃亲之官的情形。如众兄弟中有一人留在家里侍养父祖（只要他不是残疾人），则其他外出做官兄弟都不构成此罪。《礼记》要求父祖年届90岁时“一家不从政”，历史上很少有人实践过，也没有这样的法律规定。

父祖老疾时弃亲之官固然构成犯罪，但这并不说明法律无条件地鼓励子孙以侍养父祖为理由不去为国家服务。相反，古时法律常明文规定，父祖未到应侍养的年龄或并没有致令生活不能自理的严重疾病时，子孙如果欺骗官方，诈称父母已达到应侍年龄或有笃疾，以求提前弃官不做，回家侍养父祖，也构成犯罪。如唐代规定对“妄增（父祖）年状以求入侍”者处“徒一年”㉘；清律也规定对“妄称祖父母、父母老疾求归入侍者杖八十”㉙。这种规定是值得玩味的。中国古代崇尚孝道，但不是绝对的、无原则的。“孝”道还必须服从“忠”道。如果借口“孝”道而逃避为国家服务，显然有损朝廷利益。因此，封建法律既要处罚“委亲之官”，也要处罚某些情况下的“委官之亲”。

7．“诈称父祖死亡”

与“委亲之官”相联系的是“诈称祖父母、父母死”的犯罪行为。如祖父母、父母尚在而诈称已死，以逃避侍养责任、贪恋禄位或有其他企图者，历代法律一般都规定了相应的处罚。

祖父母、父母的生死，对子孙来说，是最最应该谨慎关注的事。父祖之死如天崩地裂，孝子贤孙应该痛不欲生。在汉语中常用“如丧考妣”一词来形容人的悲痛之情，可见丧父丧母是人生痛苦的典型。对此当然得万分严肃，丝毫儿戏不得。如果有人竟敢就此开玩笑——或父祖健在而诈称已死，或是父祖死了很久而诈称新丧，都被认为是心存不孝，有亏人子之道，法律对此严加惩处。

诈称祖父母、父母死亡者可能有多方面的动机。或是贪恋禄位、不愿弃官回乡侍养父母，并逃避“委亲之官”之法的处罚；或是诈称父祖死回乡奔丧，以逃避官场上的某些责

㉕ 《北史·魏宣武帝纪》。
㉖ 《唐律疏议·职制》。
㉗ 《大清律例·吏律》。
㉘ 《唐律疏议·职制》。
㉙ 《大清律例·史律》。

任或短期棘手问题；或者是为了演“孝子戏”给大家看以抬高自己的道德地位；或者是心存不敬，拿此事开个玩笑等等。无论哪种原因，都为道德和法律所不容。晋时就有对“诈称父母卒”者处以极刑的法律。据《晋书·殷仲勘传》载，东晋时桂阳人黄钦生父死已久，有一天他忽然重新穿起丧服，说父亲刚死要迎丧。事发，法官先依“殴詈父母律”拟判弃市之极刑。但殷仲勘（当时任司法官）表示反对。他说，法律所要惩罚的是父母在而诈称其死亡的情形，但如父母已死而诈称新丧，只不过是“大妄”，不应弃市。此案说明晋时对父母、祖父母尚在而诈称其死亡者可以处至杀头之极刑。《唐律》也规定，诈称祖父母、父母死以有所企图者，徒三年；若父母已死而诈称新丧者，徒一年半。㉚

8. “冒哀求仕”

古时礼制规定，祖父母、父母死，子孙要服一个时期的丧，也就是在一个时期里穿特定的衣服、吃粗糙的饭菜、不听音乐不看戏、不说笑打闹之类，总之要表现出特别悲戚的样子。例如，为父母服丧的时间一般为 3 年，《仪礼·丧服篇》云：“父母死，当行三年丧。”在这段法定的丧期里（所谓“三年丧”一般以 27 个月计算，前 25 个月为“正丧”，其余为“余丧”，在“正丧”期间犯罪，情节重于“余丧”期间之犯罪），子孙如果不是终日悲戚痛悼亡亲，而是别有所图，则既为道德所谴责，也为法律所惩罚。对于官吏和正在求仕者来说，服丧期间，除了上述要求外，还有一项要求，即：丧期必须停职居家守丧或丧期不得外出求仕。如果有人贪恋禄位不愿停职回乡服丧或出任官职，都是心存不孝，有常刑伺候。如唐律规定，为人子者如在 27 个月的丧期内擅自复职、应考、求官，应处有期徒刑一年，如此事发生在 25 个月的“正丧”期内，则应处徒刑 3 年。㉛ 宋、明、清法律都有类似的规定。清道光二年，浙江监生邵霁申请参加科举考试。学监大人查明他尚在母丧期内。因此，官府依丧制未终冒哀求仕律杖八十。㉜

当然，并非所有在父母丧期求仕或不停职者都要受罚，如皇帝和上司特许、特别慰留的就是例外。唐以后法律多规定，父母去世，做官的子孙应该申报“丁忧”，即申请停职服丧；但如皇帝特旨批准免除“丁忧”而继续留任官职，该官吏即应服从，这就叫做“夺情”，大约是取为国家利益而夺孝子之情的意思。一般“夺情”只是针对一些国家不可一日无之、皇帝不可须臾离之的“肱股重臣”使用。皇帝在“夺情”慰留时，被慰留的官员仍然要哀请多次，以示自己的孝心。如明万历皇帝时的宰相张居正父丧，他三番五次申请“丁忧”，都由皇帝特旨“夺情”予以慰留。㉝ 这表明“孝”要服从“忠”。

9. “匿不举哀”

“闻父母丧匿不举哀”，是处罚不孝者的又一罪名，它与前述罪名有部分重复之处，只是侧重点不同。

㉚ 参见《唐律疏议·职制》。

㉛ 《唐律疏议》之《职制》、《名例》。

㉜ 参见《刑案汇览》卷十一。

㉝ 参见［美］黄仁宇著《万历十五年》，22 页，中华书局，1981。

隐匿父母死亡的消息，动机可能有以下几种：一是为了免除“丁忧”、贪恋禄位不愿弃官；二是为了有利应考求仕。因为有“冒哀求仕”之律，父母丧期不准投试求官做；三是为了有利于婚嫁，因为有“居丧嫁娶作乐”之律不准人们在丧期结婚；四是为了选择比较吉利的时间发丧，害怕正当一件喜事肘发丧讯有煞喜庆之气。无论出于哪一种动机，在封建法律看来，都是罪大恶极的。如《唐律疏议·名例》将“闻父母及夫丧匿不举哀”者，列入“常赦所不原”的“十恶”大罪之中，规定应处流放二千里之刑。如果父母死亡而诈称是祖父母或伯叔、兄弟死亡（依律，祖父母、伯叔之丧不必报“丁忧”，亦不限制其求仕），也属“匿不举哀”，则处徒刑二年半。[34] 明律清律规定的处罚较唐代为轻。如对前者，明律规定杖六十、徒一年；对后者，明律规定杖一百，免其官永不录用。清律仍之。[35] 例如，清嘉庆二十四年，安徽人胡临庄在广东游学，其父在京城为他捐了一个官职，他不知道。不久其父回籍病故，他回家治丧，发现捐官之有关文书，方知自己有官在身。依例，父亲去世，他应到官府申报“丁忧”，但他愚笨而不知法例，未行申报。事发后，官府比照“匿父母丧不举哀”律处其杖六十、徒一年；后因念其愚昧，减为杖一百，并将其所捐之官革去。[36]

10.“居丧嫁娶作乐，释服从吉”

父母之死，对子女来说，应如天崩地裂。子女必须表现出极大限度的悲痛，否则便是不道德的、非法的。《礼记·丧礼》要求人们：“闻亲丧，以哭答使者，尽哀而问其故。”就是说，真正的孝子在听到父母去世的消息后，应该立即以号啕大哭来回答报丧者；要待呼天抢地地把悲痛都哭出来以后（也就是哭够了以后），再去问父母的死因。为什么要表现得如此呢？这是因为“父为子天”，因为“父母之恩，昊天莫报”，所以“荼毒之极，莫若闻丧”[37] ——就是说，父母之死对于子女来说是最大的灾难。

11. 在祖父母、父母被囚期间嫁娶

祖父母、父母犯法被囚，虽于国家来说是“除恶锄奸”，但对子孙来说仍是件值得悲痛的事，仍必须表现出悲哀的样子，不得“大义灭亲”地为此显出任何高兴来，否则法律就要加以处罚。封建法律就是这样无微不至地维护着“孝道”，而丝毫不给蔑弃“孝道”者任何空子钻。“唐律”的规定甚为典型。它规定，如祖父母、父母犯了死罪被囚禁时子孙嫁娶，应处徒刑一年半；如祖父母、父母是因犯了应判流刑的罪而被囚禁，子孙嫁娶者，应处徒刑一年，如祖父母、父母犯的只是应处徒刑之轻罪而被囚禁，此间子孙嫁娶者，应处杖一百。同时，此条律文之后又注明：“祖父母、父母命者，勿论”[38]，即如是父祖命令子孙结婚的，就不追究。可见此种法律规定的立意有二：一是认为子孙在父祖被囚期间结婚是

---

[34] 参见《唐律疏议·职制》。

[35] 参见《大明律》、《大清律》中之《吏律》。

[36] 参见《刑案汇览》卷十一。

[37] 《唐律疏议·职制》。

[38] 《唐律疏议·户婚》。

寻欢作乐，有“无亲之心”，有悖“孝道”，故应惩罚；二是认为子孙在此期间结婚可能是企图回避父祖对其婚姻的决定权。因此要打击此种行为，以维护父祖的主婚权（这是父权的一部分）。

12. 犯父祖名讳

孝子贤孙应回避自己父祖的名字，不可犯讳。如对父祖直称其名，则为“不孝”。礼教向人们传授了一大套避讳的办法。例如，在别人面前提到自己父亲时，称“家严”或“家父”；在行文书信中万不得已要写到父祖名字时，则应用通假字或缺笔（如孔丘写成孔丘）的办法来避开。更为有趣的是，子孙外出为官，一定不能担任与自己父祖名字同音的官职，法律对此规定了相应的处罚。如父亲或祖父名字中有“安”字，子孙便不得担任长安县令；如父祖名字中有“卫”字，子孙便不得在锦衣卫中任职。甚至，文凭、出身跟自己父祖名字有同音字也视为犯罪，如唐人李贺的父亲名晋肃，他终身不得应进士试。《唐律·职制》专有“府号官称犯父祖名讳”条，规定，犯父祖名讳者，官职尽行革去，并处徒刑一年。如果有人明知自己所任官职名称犯了父祖名讳而不主动申报请求回避、改任他职（这就叫“冒荣居仕”），一经查出，即可声名狼藉。在古籍中，我们可以看到常有人在官场以此罪名指控他的政敌，并常常得手。

13. 违反教令

“刑罚不可一日废于国，鞭笞不可一日废于家”，这是中国人治国治家的一句老话。“不听话”是督治子女的永恒性理由。按照传统孝道的要求，子女对父母应该是“乐其心，不违其志”，“父母所爱亦爱之，父母所敬亦敬之”，对父母的教训、命令也应该是“勿逆勿怠”，否则即是“忤逆不孝”。所以在传统社会中，“孝”同“顺”总是连在一起的。对于“忤逆”也就是不听话的子孙，唐代以后的各朝法律都规定了一条弹性非常大的罪名——违反教令罪。由于在日常生活中，父母长辈“教令”的内容是很广泛的，这种“不听话罪”也就包括了许多的内容。按照唐律的规定，子孙对于祖父母、父母的教令，在可以顺从而故意违反时，要科以二年徒刑。[39] 明代和清代则规定处以杖一百。[40] 这里“可以顺从而故意违反”是一个先决条件，意在排除一些父母长辈的“乱命”的情况。按照当时立法者的意图，父母的“乱命”是不应该毫无异议顺从的，因而违背“乱命”即不合礼教的命令同违反正命在立法上有些不同。

综上所述，在形形色色的“不孝”案件中，官府和法律对于不孝子孙施以刑罚的根据，实际上是由“孝道”而产生的一种伦理关系，也就是古人常挂在嘴边的“名分”。按现代人的理解，定罪判刑应该是公平合理。也就是说，刑罚处罚的轻重标准应该是主观意图指使下产生的客观行为，而不能是依照身份关系。但以上所列种种“不孝”罪的处罚，充分说明在传统社会中，法律及官府的关注点在于维护“父慈子孝，兄友弟恭”的社会秩序，因此，一项判决的是非、轻重与否是不足道的。同“天地之至经，古今之通

㊴ 参见《唐律疏议·斗讼》。

㊵ 参见《大清律例·刑律·斗讼》。

谊”的“三纲五常”神圣准则相比较，那些屈死在屠刀下，终老于异乡的“不孝”子孙更是不值得一提的。在这里，“国法”、“人情”达到了最好的融合。但这种“人情”是伦理之情，而丝毫没有人性之情或个人权利的味道。毫无疑问，法律规定种种不孝罪，官府大老爷干劲冲天地惩戒不孝子孙，其目的均在于“教孝”，即促使千千万万的子民们恪守孝道，而使芸芸众生行孝的目的，最终还是为了造就、维持一种家长专制的社会秩序和家庭秩序，使社会上尽量少一些“乱臣贼子”。“忠高于孝，国重于家”的传统说法为“不孝”罪作了很好的注脚。

孙守煌

论康德的法哲学思想*

简 介

孙守煌，男，1929 年生，四川泸州人，1956 年中国人民大学研究生班毕业。曾任原西南政法学院法制史教研室主任，硕士研究生导师，副教授，全国法学统编教材《西方法律思想史》撰稿人，中国法律史学会理事、中国西方法律思想史研究会理事、中国法律史学会西南分会主席。1993 年退休。

* 原发表于《现代法学》，1992（6）。

康德是德国古典哲学的创始人，也是近代西方哲理法学派的奠基人。他继承了古希腊罗马以来西方理性主义法学的优秀成果和传统，坚持了法律的理性原则和正义原则；他从人格主义出发，以意志自由为对象和基础，对人类行为合法的可能性和基本原则作了大量论证；他严格划分了法律与道德的界限：深刻地阐述了法律科学即权利科学的原理原则，比较详尽地讨论了实在法（分为公法与私法）的内容和体系，从而为西方法学由古典自然法学向十九世纪的分析实证法学转变准备了思想基础和理论前提。因此，有学者认为康德的法律思想横跨在自然法学与实证法学之间，具有承上启下的意义。

康德的法律理论是他的哲学思想在法学领域的一种应用，同时也是他的哲学思想的发展和延伸。在康德庞大的哲学体系中，法哲学是实践哲学的一个分支，属于社会伦理学范围，是他的道德理论的一部分，完全是从理性中演绎和引申出来的一个体系。因此，法哲学既是康德哲学的一个重要分支，同时，又是一个内容广泛而完备的理性法学体系。

康德认为，道德论所讨论的是人的内在自由，法律论才讨论人的外在自由。如果人时刻在心中遵守道德法则，那么人是自由的。可惜并不是人人时刻在心中都遵守道德法则。康德认为，个人对专横意志和他人控制的独立，就是法律自由。这是人性中唯一原始的、固有的权利，这一基本权利本身就包含有形式上平等的思想。这意味着每个人都是独立的，是他自己的主人。康德认为，只有在这个基础上，人才有尊严。但是，人作为目的，人的尊严只能实现于现实的政治法律之中。法律的本质就在于维护和保障人的自由、平等，独立的权利。

为什么需要法律呢？康德认为，人类固有自由的天性，天生就有自己确定目的，并根据既定目的采取行动的才能，但远非每个人对自由才能的发挥都是致力于实现理性的绝对命令。人们常常滥用自由，使自由变为专横。他指出，人不是那种有温良本性，善于和平相处的社会动物。有三种欲望燃烧着人心：爱荣誉、爱权力、爱财富，这使每个人都把他人看成敌人。所以，康德的法律思想包含有一个重要含义，就是借助客观存在的普遍自由法则，限制一个人对一些人的专横，从而使法律成为排除社会冲突的条件总和。法的使命就是调和人类行为的外部形式，从外部实现道德规律，限制人的行为放肆，驱逐人的自然冲动。

康德严格划分了法律与道德的界限。康德在《道德形而上学总导言》中多处作了详细论述。他从自由法则所涉及的范围方面作了划分，指出有别于自然法则的自由法则，是道德的法则。如果就这些自由法则仅仅涉及外在的行为和这些行为的合法性而论，它们被称为法律的法则。如果一种行为与法律的法则一致就是它的合法性，如果一种行为与伦理的法则一致就是它的道德性。前一种法则所说的自由，仅仅是外在实践的自由；后一种法则所说的自由，指的却是内在的自由，它和意志活动的外部运用一样，都是为理性的法则所决定的。接着，康德从立法方面根据动机原则和义务原则，进一步分析了法律与道德的区别。康德认为，一切立法，不论是涉及内在的或外在的行为，都涉及义务和动机两个因素。因此，一切立法都可以根据它的“动机原则”加以区分。那种使行为成为义务而同时又是动机的立法，便是伦理的立法；如果这种立法在其法规中没有包括动机的原则，因而容许另一种动机，但不是义务自身的观念，这种立法便是法律的立法。因此，这种立法必须是强制性的。根据法律立法所确定的义务，也只能是外在的义务。如果这种立法的模式要求有一种动机符合于它的法律性质，那这种动机也只能与此法则的外在东西发生关系。伦理的立法则相反，因为它拥有一切属于义务性质的东西，正因为伦理立法在它们法则中包括了行为的内在动机，就如该行为的内在动机被包含在义务的观念之中，使伦理立法含有一种根本无法归入外在立法的特性。因此，伦理立法自身不可能是上述外在的立法。可见所有的义务都属于伦理的范围，可是基于义务所产生的立法，却不能认为都包含在伦理之中，相反，有许多这样的法规存在于伦理之外。例如履行契约规定的诺言，并不必然是道德义务，而是一种权利义务，履行这种义务可能是出于外在的强制力。但遵守诺言，即使不用任何强制力来强迫遵守，它同时是一种合乎道德的行为，并且是道德的证明。因此，法律与道德之间的区别，并不太着重于它们的不同义务，而更多的是它们的立法不同。康德也指出并分析了许多概念对道德哲学的两大分支即法理学和伦理学来说，都是共同的。例如：责任、义务、人、物、是或非、无意违犯（过失）、故意违犯（犯罪）、正义（公正）、非正义（不公正）等等。

关于道德与法律的关系问题，康德虽然严格划分了二者的界限，但在康德的思想体系中，法律和道德是有内在的不可分割的紧密联系，共同属于康德实践哲学（行为哲学）的内容。他把法学看作是道德理论的一大部分，是以自由为基础的内在原则与外在行为的关系。实际上法律是道德原则的保障和实现。在康德的思想中，道德高于法律，法律从属于道德。因此，法学必须回答正义与非正义的问题，必须以公正作为原则和目标。这都反映了康德法学思想的理性主义特征和受古典自然法思想影响的痕迹。

康德在“权利科学导言”中，谈到了法律的一般定义和分类。指出法学研究的对象是：一切可以由外在立法机关公布的法律的原则。这是就整个法学而言的。法律原则通过立法机关的实际工作，即通过立法必将转化成为一个实在权利和实在法律的体系，从而使法学知识划分为两部分内容：即关于“实在权利和实在法律的实际知识”。这可以看作是今天我们所说的应用法学。另一部分是“关于权利和法律原则的理论知识”。这可以看作今天我们所说的理论法学。康德进一步指出，这后一种知识，不同于实在法和经验的案件，而属于“纯粹的权利科学”，“所以权利科学研究的是有关自然权利原则的哲学上的并且是有系统的知识”。说明作为一门公正的纯粹的法律科学，光有实在法经验和实际知识还不够，从事实际工作的法学家和立法家还必须深入研究法哲学，才能提出或掌握全部实在法的不可改变的原则。可见康德十分重视从哲学的角度去深入研究法律理论和原则。因为正如康德所说的，指出某个国家在某个时期的法律认为唯一正确的东西是什么，对具体的实例指出什么是正确的，这很容易，但要决定哪些法律本身是否正确，规定出可以被接受的普遍标准以判断是非，弄清什么是公正或不公正的，就非常困难。在法学的研究探索中，实在法的实际知识和经验，可以提供有益的指导，“但纯粹经验性的体系（对理性的原则是无效的）就像费德拉斯童话中那个木头的脑袋那样，尽管外形很像头，但不幸的是缺少脑子思考”。根据康德的意见，充分说明要加强法制建设，要加强立法和司法的实际工作，不仅要重视应用法学，更需要加强理论法学的研究。

康德以自由为基础，从全部道德原则出发，推演出法律概念的定义。什么是法律呢？“法律就是那些使任何人的有意识的行为按照普遍的自由法则确实能与别人的有意识的行为相协调的全部条件的综合。”在这个定义中有三点意思值得注意：首先是法律概念意味着一个人对另一个人的实践关系，即实际行为之间的关系。这种关系排除了主观动机和愿望，它只表示一个人的自由行为与别人的自由行为之间的关系。这样，康德就把自由概念与法律概念结合起来，把自由观念注入到了法律的定义之中，这在法律思想史上是开创性的，其意义在于使自由与法律的关系由外部关系变成内部关系。由于法律和自由的关系问题，实际上是自由和必然的关系问题。这就加深了对法律本质的认识，为提出科学的自由观提供了可能性。正如恩格斯在《反杜林论》中指出的，“如果不谈谈所谓自由意志，必然和自由的关系问题，是不可能很好地讨论道德和法的问题的”。康德的这一思想为后来黑格尔的自由法学说奠定了基础。其次，法律概念并不考虑意志行为的内容，而是考虑彼此意志行为的关系。行为是由意志支配的，意志是受理性支配的，而实践理性是绝对自由的。因此，一个人的行为按照普遍法则能不能与别人的自由相协调呢？康德认为，这才是法律所要考虑的根本问题。从而确定了法律的基本职能就是协调社会关系，保障社会的和谐和秩序。最后，定义中提出的“普遍的自由法则是指什么？康德认为，“普遍的自由法则”就是“权利的普遍法则”，可以表达为：“外在地要这样去行动，你的意志的自由行使，根据一条普遍法则，能够和所有其他人的自由并存。”这是理性的公设，实质在于说明权利是什么。按照这个普遍法则，凡是妨碍自由的行为就是错误的。换句话说，如果你自由地行使你的自由是对自由的妨碍，那就是错误的，反对这种行为就是正确的、公正的、正义的。可见，任何公正都伴随着对公正的侵犯者施加强制的权利。这也就是说，要获得公正，就必然要对不公正实行强制。因此，公正是和权利结合着的，法律是和强迫的权力结合着的。用我们的话来说，法律与公正是具有强制力的，用康德的话来说，“权利和强制的权限是一回事”。“权利的法则，可以说是权力概念的典型结构”。这也可以说从一个侧面说明了为什么康德把法学称为权利科学的原因。

从严格意义上说，每项权利都是和一种强制的权限相结合的，但是，还有更广义的权利，其所具有的强制的权限不由任何法律决定。为此，康德提出了两个特殊的例外或补充：这就是英国的衡平法和紧急避难权。前一种是没有强制的权利，后一种是没有权利的强制。

康德继承发展了乌尔比安的三个公式。乌氏认为，法即是“公正的生活，不妨害他人，各得其所”。康德将这些发展成为权利责任的三大原则：

（1）“正直的生活！”法律上的正直在于在社会交往中始终维护自己作为人的价值，“不能使你自己仅仅成为供别人使用的手段，对他们说来，你自己同样是一个目的。”

（2）“不侵犯任何人”。其含义可以转换成，“不侵犯任何人，为了遵守这项义务，必要时停止与别人的一切联系和避免一切社会。”

（3）“把各人自己的东西归给他自己”。康德认为这句话可以改成另一种说法：“如果侵犯是不可避免的，就和别人一同加入一个社会，在那儿，每个人对他自己所有的东西可以得到保障”。这三个古典公式，也是法律义务体系分类的原则。结合上述公式，康德将权利划分为两类：（1）自然的权利和实在的权利。（2）天赋的权利和后得的权利。自然的权利以先验的纯粹理性的原则为依据，实在的权利由立法者的意志规定。天赋的权利是每个人根据自然而享有，它不依赖于经验中的一些法律条例。这种权利只有一个，即人生来就有的自由权。后得的权利是以法律条例为依据的权利。从另一个角度也可以划分为在自然状态下的权利和在文明社会里的权利。前者构成私法，后者构成公法，从而为实在法体系构建了模式。

高恒

论中国古代法学与名学的关系*

简介

高恒，中国社会科学院荣誉学部委员，社科院法学研究所研究员。曾任中国法律思想史研究会副会长，《法律史论丛》编委会主编，享受国务院颁发的政府特殊津贴。1930 年 1 月出生于湖北省老河口市，1955 年毕业于武汉大学法律系，后赴苏联留学。1961 年莫斯科大学法律系研究生结业，获得副博士学位。归国后，进入社科院法学研究所工作。

从事法学研究五十余年来，在法律史领域，着眼点始终是秦汉法制史和秦汉时期的法律思想史，与秦汉简牍为伴，不盲从学术潮流，有着“弱水三千，只取一瓢饮”的执著与自信。在学界，对秦律中的“隶臣妾”以及秦代刑期等问题的研究均具有开创性的意义，受到了包括日本法制史学泰斗滋贺秀三等众多海内外学者的高度评价。独著《秦汉简牍中法制文书辑考》、《秦汉法制论考》，合著《中国法律思想通史》（两汉卷）、《中国警察制度简论》、《中国历代治国方略文选》（法治卷）、《中国古代办案百例》等，并有数十篇学术论文发表。

* 原发表于《中国法学》，1993（1）。这次刊出，内容略有删节。

春秋战国是中国古代法学的繁荣时期。当时整个文化的空前发达，为法学的发展创造了条件。其中，先秦名学的形成与发展，对法学的影响最为深刻、广泛。然而对此问题，迄今鲜为学界注意。笔者不揣浅陋，对此试作初探，以寻求中国古代法学理论的特征及其发展规律。

一、名学——中国古代法学的理论基础

名学，亦称辩学，即中国古代逻辑学。它是一门研究概念、判断、推理及其相互联系的规律、规则的学科。① 春秋战国时期，社会发生大变革，一切体现原来社会制度、秩序的名称与新的事物产生了矛盾，出现了所谓“名实之相怨”、“绝而无交”现象②；并因此而掀起了一场“形名之辩”，展开了关于“名”的性质、内容、相互关系的探讨以及对于“辩”的理论的研究。随着这场争辩而出现的名学，在此过程中逐渐完善。很显然，名学不是与社会现实生活相脱离的纯学术。在它形成的过程中，思想家就把它作为论证自己政治主张的方法，甚至直接将其视为一门能够用以治世的学问。如《墨子·小取》说：“夫辩者将以明是非之分，审治乱之纪，明同异之处，察名实之理，处利害，决嫌疑。”《公孙龙子·迹府》说，名辩家公孙龙“欲推是辩，以正名实，而化天下”。在运用这门新兴学问论证自己的政治主张方面，较为突出的有儒、墨、法三家。例如：

孔子强调“正名”，主张“为政必先正名”。《论语·子路》：“子曰：‘必也正名乎！’……‘名不正则言不顺，言不顺则事不成，事不成则礼乐不兴，礼乐不兴则刑罚不中，刑罚不中则民无所措手足’。”他认为只要按周礼规定的等级名分来纠正新出现的一切不符合名分现象，天下即可治理。

墨子主张“取实予名”，即根据客观实在决定名称、概念。按照这种名实观，他认为“天下之君子不知仁”的原因，“非以其名也，亦以其取也”③。当时各诸侯国之所以攻伐争战不息，就因为他们“有誉义之名而不察其实”④。

在先秦诸子之中，法家的治国之道与名学的关系最为密切。法家多好名学。他们之中有的既是法家代表人物，又是名学家。史籍明确记载的就有：

邓析（约前545—前501），这位先秦名家、法家的先驱、名辩思潮的开拓者，在名学方面，提出“按实定名”理论，倡导“操两可之说，设无穷之辞”的名辩之术；在政治上，主张“循名责实”，“视名而出政”的“刑名之治”。商鞅（前390—前338），战国时期政治

① 参见《哲学大辞典》（逻辑学卷）。

② 《管子·宙合篇》。

③ 《墨子·贵义》。

④ 《墨子·非攻》。

改革家、法家主要代表人物，《史记》记载“少好刑名之学”：尸佼（前390—前330），商鞅之师，曾参与秦国变法的法家人物，也好“正名定分”的名辩之术。申不害（前385—前337），战国时期法家的另一位代表人物，也好名学，“申子卑卑，施之于名实”⑤。尹文（前360—前328），主张法治，同时精于名学，“其学本于黄老，大较刑名学也”⑥。韩非（前280—前233），这位战国末期法家集大成者，对于先秦名学也有重要贡献，史家称他“喜刑名法术之学”⑦。另外，以名辩学称著于世，同时主张法治者，也有人在。如以名辩学闻名的惠施（前370—前310），也是一位法家，曾经“为魏惠王为法。为法已成，以示诸民人。民人皆善之”⑧。这些表明，中国古代法学与名学关系密切。

先秦法家之所以喜好名学，原因在于它主张的“以法治国”论是以名学为其理论依据之一，研究名学也就是研究“循名责实”的治世之道。质言之，把名实问题的研究用于政治。如邓析曰：“循名责实，察法立威”⑨；申不害言：“为人臣者，操契以责其名”⑩；韩非云：“循名实而定是非”⑪，无不是要人君运用法律、名分来督责臣民，治理国家。哲学家胡适认为，这里的“名”，即法律（如“杀人者死”）；“实”，指具体案件（如“甲杀伤乙”）；凡符合这条法律的案件，就应当依照这条法律所规定的刑罚给予处罚。⑫ 此说即“循名责实”⑬。显然，“循名责实”既是法家的名学观点，也是他们的政治理论。

既然要“循名责实”、“以法治国”，就必须有体系严密、内容协调、符合逻辑的法律制度（包括立法、司法等各方面的制度）。所以先秦法家无不强调，法律当如“权衡”、“尺寸”、准确公正；立法必须详明、周备，等等。而这个时期形成的名学，则为法制的变革奠定了理论基础。法家（包括立法、司法者）为推行和贯彻自己的政治主张，充分利用先秦各家，尤其是墨家的名学理论，逐步建立起了新的法律制度。遵循名学的思维形式而形成的法学，从此与哲学、政治学、伦理学有了明显区别，成为一门具有独特用语（法言法语）、名词概念精当、断判推理符合逻辑、体系协调缜密系统的科学。此时的名学对中国古代的法理学繁荣和其后专门研究法律规范和法律适用的律学的产生了重要影响。⑭

西汉司马谈批评法家的治国之术，“不别亲疏，不殊贵贱，一断于法，则亲亲尊尊之恩

---

⑤ 《史记·老子韩非列传》。

⑥ 引自仲长统《尹文子序》。

⑦ 《史记·老子韩非列传》。

⑧ 《吕氏春秋·淫辞》。

⑨ 《邓析子·无厚》。

⑩ 《申子·大体》，“为人臣者”，当作“为人君者”。

⑪ 《韩非子·奸劫弑臣》。

⑫ 见胡适《中国哲学史大纲》卷上，第378页，商务印书馆，1987。

⑬ 这个公式与现代逻辑学的“三段论的第一格”（亦名审判格）相合。它的推理过程，典型地体现了由一般到个别（或特殊）的思维过程。

⑭ 中国古代法学的发展，又促进了名学的发展。哲学家冯友兰指出，先秦的“刑名之家，就是名家。所谓名家，就其社会根源来说，是春秋、战国时期各国公布法令所引起的一个后果”（《中国哲学史新编》第一册，第181页）。

绝矣，可以行一时之计，而不可长用也。故曰‘严而少恩’”。并认为名家的缺陷也在于此。所谓“专决于名而失人情”[15]。秦王朝“二世而亡”的历史事实说明，法家的治国之道，或如司马谈所说，不适于作为治理国家的指导思想。但是，他们把“刑名”与“法术”相联系，把名实问题的研究用于政治，从而为中国古代法学的发展奠定了一个科学的理论基础，不能不说这是对中国古代法律文化的重大贡献。

近世有一种观点认为，从逻辑思维方面来说，法家“循名责实”本身的“短处”，使其不适于作为“齐天下之动”的法的理论基础。在探讨古代法学与名学的关系时，有必要首先弄清楚这一问题。胡适认为，先秦法家的“控名责实!”学说，“根本上只是一种演绎的理论，这种论理的根本观念只要‘控名责实’、要‘形名参同’、要‘以一统万’。这固是法家的长处，但法家的短处也在此。因为‘法’的目的在‘齐天下之动’，却不知道人事非常复杂，有种种个性的区别，绝不能全靠一些全称名词便可包括了一切。例如‘杀人’须分故杀与误杀。故杀之中，又可分别出千百种故杀的原因和动机。若单靠‘杀人者死’一条法去包括一切杀人的案情，岂不要冤枉杀许多无罪的人吗？中国古代以来的法理学只是一个刑名之学。今世的‘刑名师爷’，便是这种主义的流毒。”[16] 对于此说，笔者很难苟同。

首先，中国古代以来的法理学，绝非“只是一个刑名之学”（对此今天已无需赘述）。其次，“控名责实”是主张实行法治者提出的一个总的政治原则。在具体论述如何实现这一原则时，法家并没有主张仅用“全称名词”对“非常复杂的，有种种个性区别”的人际关系实行“一刀切”。相反，法家强调处理问题务必区别对待，并提出过一些如何判断、区分事物的办法。如韩非说：“循名实而定是非，因参验而审言辞”[17]，又说“参伍之道，行参以谋多，揆伍以责失”[18]。参，比较；验，验证；揆，度量、考察；伍，同类。就是说，对人的言行作出判断之前，必须用事实、功效来验证，一定要通过“参伍之道”，方可责人过失。不经过“参验”下结论，是愚蠢表现，即“无参验而必之者，愚也。弗能必而据之者，诬也”[19]。所以，韩非主张立法应当详细、具体，符合实际。他主张“明主之法必详事”[20]。近年出土的秦简也表明，以法家理论为指导思想而制定的秦律，对于各类犯罪的惩罚，不是用“一些全称名称”概括一切，如对杀伤罪，有贼杀伤、斗杀伤、共犯、有前谋的伤害、教唆等等区分，而对盗窃罪仅就赃物数量的多少，就有多种不同处罚。

---

⑮ 《史记·太史公自序》。

⑯ 胡适《本国哲学史大纲》卷上，第379页。

⑰ 《韩非子·奸劫弑臣》。

⑱ 《韩非子·八经》。

⑲ 《韩非子·显学》。

⑳ 《韩非子·八说》。

二、名学的范畴理论对法制的影响

先秦名学对中国古代法学的影响主要表现在当时名学中形成的范畴理论，为人们认识和解决法的问题，提供了正确思维形式和规则，从而出现了具有精确的名词概念，论证命题的判断推理符合逻辑，可以称为科学的中国古代法学。我们从战国时期法制变革的结晶——魏《法经》和其后的秦律中，就能够清楚地看到名学的一些重要范畴的理论对法学的深刻影响。

（一）类

“类”是先秦名学中关于定名、立辞、推理的基本概念。“类”字在商周时虽已出现，但把它作为逻辑范畴提出来，则是在春秋时期。人们随着认识能力逐渐提高，这时已能运用“集类”、“分类”方法进行推理和分析处理事物。如孔子曰“有教无类”[21]，邓析说“动之于其类”[22]，《易·睽》提出“天地睽而其事同”，“男女睽而其志通”。睽，违背，不合。即，无论在自然界或社会，事物之间既有差异，也有共性，因而能够以“类族辨物”[23]，用“类”的范畴察辨事物同异。自墨子明确提出“依类明故，推类察故”[24]，把察类、明故作为辨的原则和逻辑方法后，就为先秦名学的形成奠定了理论基础。同时对“类”概念的深刻认识，又反过来直接指导了人们的思维活动。这一时期法律制度中的一些发展、变化，明显与名学“类”的概念的形成有关。

1.“类”理论与法典体例的变化。

战国时期，法典的体例发生了一次重要变化，即改“刑名之制”为“罪名之制”。《晋书·刑法志》载：“魏文侯师李悝。悝撰次诸国法，著《法经》，以为王者之政，莫急于盗贼，故其律始于《盗》、《贼》。盗贼须劾捕，故著《囚》、《捕》二篇。其轻狡、越城、博戏、假借不廉、淫侈、踰制以为《杂》律一篇，又《具》律具其加减。是故所著六篇而已，然皆罪名之制也。”所谓“罪名之制”，即按“罪名”编纂法典。在此之前的“刑书”是按“刑名”编纂的。如《周礼·司刑》云：“掌五刑之法，以丽万民之罪。墨罪五百，劓罪五百，宫罪五百，刖罪五百，杀罪五百”。周穆王时制定的《吕刑》，虽然增加了刑罚数目，但仍无体例变化。《尚书·吕刑》有“墨罚之属千，劓罚之属千，剕罚之属五百，宫罚之属三百，大辟之罚其二百。五刑之属三千。”改“刑名之制”为“罪名之制”，绝非编纂法典的简单技术问题。从认识论的角度来看，按“刑名”定制，仅是对事物表面的一种相同现象的概括，反映的只是事物表面非本质的特有属性的概念。而“罪名”的形成，则需要概括出事物的决定性的特有属性，即本质属性。编出“罪名之制”的法典，所抓住的已经不

㉑ 《论语·卫灵公》

㉒ 《邓析子·转辞》。

㉓ 《易·象》。

㉔ 《墨子·尚贤中》。

是事物的表面和外部联系，而是其本质的内在联系。做到这一点，必须先做到逻辑学上的所谓“审名”、“辨类”。韩非的“审名以定位，明分以辨类”[25]，也就是通过分析各“罪名”的涵义，给它下一定义来确定它的位置，明确其界限，进而找出各“罪名”的差别，将其归为不同的类。如《易·象》所说“以同而异”。显然，若将“盗”、“贼”罪各集为一篇，首先要在形形色色的各类犯罪中找出“盗”、“贼”罪的本质属性。也就是先要对它们有充分认识，才能用“盗”、“贼”的概念，表述出它们的内涵，明确它们外延反映的一切有关“盗”、“贼”罪的行为。这样才可能将“盗”、“贼”罪各列为一篇。再者，由于对“盗”、“贼”罪的本质属性能有所认识，立法者才能进而确定这两种罪对社会的严重危害性，才可能提出“王者之政，莫急于盗贼”，而将其列为刑律的中心篇章。而制定出的法典的其他篇章，则主要是为了保证这个两篇章的实施。

由此可以看出，当时在名辩思潮的影响下，依据名学“类”的理论制定出“罪名之制”的《法经》，明显优于单纯按照事物外部特征而编纂的“刑名之制”的刑书。《法经》按“罪名”编纂法典，遂成为中国古代制定法典的模式。此后不再有按“刑种”或“刑期”制定的法典。明人邱濬评曰：“刑法之著为书始于此（指李悝著《法经》)。成周之时虽有禁法，著于《周官》，然皆官守之事，分系于其所职掌，未有成书也。然五刑之目其属各有多少，五等之刑各以类而相从焉，著之篇章，分其事类，以为诠次，由於此乎始焉。”[26] 当然，“刑法之著为书”，不一定开始于李悝[27]，但是将“五等之刑各以类而相从，著之篇章，分其事类，以为诠次”的法典，绝不会早于春秋，而只能出现于人们对于名学中“类”这一逻辑范畴有了深刻认识之后

2．“类”的理论对于审问罪犯和法律的适用，具有重要的指导意义。

首先，在审判过程中，无论是区分罪与非罪，还是认定罪的性质，都必须以“类”的理论为根据。“类”是判断、推理的前提。《墨经·大取》云：“立辞而不明其类，则必困矣。”即说，对事物作出判断以前，必先“明其类”。由此可见，“类”概念对于审理案件的重要意义。对此，将在下面分析“故”的理论对法学的影响时，一并论述。

其次，法律的适用，与“类”理论的关系更为密切。在此仅以审判机关适用法律判决案件为例而谈。能否依法断决案件，是是否实行法治的一个重要表现。先秦法家曾就此提出过种种主张。如商鞅的“刑无等级”[28]，人君不可行“私善”，“法制设而私善行，见民不畏刑”[29]。韩非的“刑过不避大臣，赏善不遗匹夫”[30]，“法不阿贵，绳不挠曲”[31] 等等。为实

---

[25] 《韩非子·扬权》。

[26] 转引沈家本《历代刑法考》，第 842 页。

[27] 沈家本说：“战国时，各国各有刑法，悝不过集而自居一家言”，“邱氏之言乃臆测之词也”，《历代刑法考》，第 841 页。

[28] 《商君书·赏刑》。

[29] 《商君书·君臣》。

[30] 《韩非子·有度》。

[31] 《韩非子·有度》。

现这一法制原则，法律也有了种种具体规定。然而，能否对案件作出正确判决，还需具备一个重要前提，那就是审判官吏需要具备正确的思维和认识客观实际的逻辑理论，尤其是关于“类”概念的深刻认识。依法判决案件，从逻辑学的角度来说，即先秦名学所谓的“以类行杂，以一行万”[32]的具体化。其中，既要遵守“以类取，以类予”[33]的原则，又要注意“殊类”、“异刑”的问题。《吕氏春秋》言“万物殊类异形”[34]、“物多类然而不然”[35]是说，事物十分复杂，有些事物貌似同类，其实不然，因而并不是所有貌似同类的事物都能类推，所谓“类固不必可推知”[36]。这些关于“类”的理论，为正确适用法律，作出符合实际的判决奠定了理论基础。审判官吏如能运用这些正确反映客观实际的逻辑理论适用法律，自然就能作出符合实际的判决。

（二）故

“故”，指事物形成的原因、条件，或推理、论证的根据。与“类”相同，“故”也是中国古代逻辑学中的一个重要范畴。先秦思想家早已认识到事物的形成必有其原因、条件，所谓“故，所得而后成也”[37]；强调论证问题，必先“辩其故”[38]、“明其故”[39]，将所以成立的根据阐述清楚，所谓“以说出故”[40]；并且认识到“故”有大小之分：“小故”——形成事物的必要条件，“有之不必，无之必不然”[41]，“大故”——事物的充分条件，“有之必然，无之必不然”[42]。总之，凡提出一命题，都必须“言之成理”，“持之有故”。

先秦名学中关于“故”的理论，在古代法学中得到充分体现。从秦简中可知，制定秦律的立法者无论是在区分罪与非罪、确定犯罪的性质，或考虑量刑轻重等问题时，都深入细致地考虑过犯罪形成的原因和条件。因此当人们阅读秦律之后，不管对其内容如何评价，对其论证问题、阐述问题的思维形式，无不折服。正如荀子称赞名家时所言：“然而其持之有故，其言之成理。”[43] 兹列举秦简中《法律答问》二则，分述如下。

盗羊 士五（伍）甲盗一羊，羊颈有索，索直（值）一钱，问可（何）论？甲意所盗羊殹（也），而索系羊，甲即牵羊去，议不为过羊。

这是一件“盗羊”案例。在确定甲的“盗羊”罪时，从法的理论方面来说，“答问”明

㉜ 《荀子·王制》。
㉝ 《墨子·小取》。
㉞ 《吕氏春秋·圜道》。
㉟ 《吕氏春秋·别类》。
㊱ 《吕氏春秋·别类》。
㊲ 《墨子·经上》。
㊳ 《墨子·兼爱中》。
㊴ 《墨子·非攻下》。
㊵ 《墨子·小取》。
㊶ 《墨子·经说上》。
㊷ 《墨子·经说上》。
㊸ 《荀子·非十二子》。

确指出了构成此案的基本要件。客观要件是“盗一羊”，主观要件是“甲意盗羊”。从逻辑学的角度来看，这就是所谓的“以说出故”。“答问”阐明了认定为“盗羊”罪的必要条件和绝对条件。至于案情中的另一情节：“羊颈有索，索值一钱”，“答问”既不把它当作认定“盗羊”的必要条件，更不把它视为绝对条件，因而也就没把仅值一钱的“索”，作为定罪的赃物计算。所以得出的结论是，既然定为“盗羊”，就应该“议不为过羊”。

抉籥 “抉籥（钥），赎黥。”可（何）谓“抉籥（钥）”？抉籥（钥）者已抉启之乃为抉，且未启亦为抉？抉之弗能启即去，一日而得，论皆可（何）殴（也）？抉之且欲有盗，弗能启即去，若未启而得，当赎黥。抉之非欲盗殴（也），已启乃为抉，未启当赀二甲。

“答问”对“抉籥”案件的分析，也同样体现了名学“故”的理论。它认为构成“抉籥”罪，必须具备两个要件，一是“抉籥”行为。没有“抉籥”行为，不可能定为“抉籥”罪。但是，不能把一切“抉籥”行为，都定为“抉籥”罪。“行为”仅是构成“抉罪”罪的必要条件，即墨家所谓的“小故”。定为“抉籥”罪，还必须具备充分条件（或称绝对条件），即墨家所谓的“大故”，也就是“答问”说的“抉之且欲有盗”，即为偷盗而撬门。这一点，现代书法理论称之为构成犯罪的“主观要件”。这则“答问”虽很简单，但清晰地反映出立法者制定法律时是严格严循逻辑理论的。

“故”的理论，对于秦时的司法审判活动也有深刻影响。从当时的审判实践中可以看出，秦统治者要求审判官吏把“察类”、“明故”作为审理案件务必遵循的原则和逻辑方法。《睡虎地秦墓竹简》中有《封诊式》一书。这是一部关于审讯、调查、勘验案情的文书程式的选编，是指导基层官吏审判工作的重要文件。其中反映出，秦立法者从丰富的审判经验中，总结出了一套缜密、严谨、符合逻辑的程序。从逻辑学的角度来看，这些审案程式对讯问案件、勘验现场所作的具体规定无不是“辩其故”的必要环节：审讯者只要依据审问获得的这些已知要点，运用合乎逻辑规则的推理，即可得出正确结论。现举其中的《经死》爰书分析如下。经死，即上吊而死。“经死爰书”是一则关于调查、勘验吊死现场的文书。爰书在详细记录了现场情况后说：

诊必先谨审视其迹，当独抵死（尸）所，即视索终，终所党有通迹，乃视舌出不出，头足去终所及地各几可（何），遗矢弱（溺）不殴（也）？乃解索，视口鼻渭（喟）然不殴（也）？及视索迹郁之状。道索终所试脱头；能脱，乃□其衣，尽视其身、头发中及篡。舌不出，口鼻不渭（喟）然，索迹不郁，索终急不能脱，□死难审殴（也）。节（即）死久，口鼻或不能渭（喟）然者。自杀者必先有故，问其同居，以合（答）其故。

以上所述是关于检验死者自杀还是他杀的要点。它说明，当时的法医学已经相当发达，所列出的检验“经死”尸体的方法，即使今天看来，也仍有科学道理。另一方面从逻辑学的角度来看，这篇爰书严格遵循了先秦名学关于推理的原则。《墨子·经上》云：“故，所得而后成也”。按照其逻辑理论，要断定该案是自杀还是他杀，必须弄清“经死”的原因、条件。爰书认为尸体头脚离系绳处及地面有一定距离、流出了屎尿、舌吐出、口鼻有叹气的样子、绳的痕迹处有淤血、绳套可从头上脱出（如死去已久，口鼻也可能无叹气状）等情节，是定为自缢的条件。此外还需查清死者自杀的主观原因，否则也不能定案。所以该爰书最后说："自杀者必先有故，问其同居，以合（答）其故。"若查不清自杀的主观原因，此案仍是一疑案。

（三）譬

"譬"，又称"辟"，是先秦名学中的一种推论形式。为了阐明某一事实或原理，而找出另一已知的、与其相似的事实或原理，作类比推理说明。这种推论称做"譬"。《墨子·小取》有"辟也者，举它物而以明之也"；惠施的"以其所知喻其所不知而使人知之"[44]，即是"譬"。名学"譬"理论的形成，使人认识事物的能力极大提高，对于中国古代法制、法理论的发展均有重要影响。在秦律中，常见以"譬"这种方式阐明问题。例如：

盗封啬夫可（何）论？[45] 廷行事以伪写印。[46]

大意：问假冒啬夫封印应如何论处？答，依照成例，按伪造官印论罪。

铍、戟、矛有室者，拔以斗，未有伤殹（也）。论比剑。

大意：铍、戟、矛等有鞘的武器，拔出来斗殴，没有伤人，应与拔剑相斗同样论处。

或与人斗，夬（决）人唇，论可（何）殴（也）？比疻痏。

大意：向与人斗，撕破人的中嘴唇，应如何论处？答，与打人造成青肿或破伤同样论处。

臣强与主奸，可（何）论？比殴主。

大意：问奴强奸主人，如何论处？答，按殴打主人同样论处。

斗折脊项骨，可（何）论？比折支（肢体）。

大意：问斗殴折断了颈脊骨，应如何论处？答，与折断四肢同样论处。

上述数则"法律答问"回答问题的方式相同，都是"以其所知喻其所不知而使人知之"。"伪写印"、"拔剑斗殴"、"因斗殴使人殴疻"、"殴主"、"因斗殴折断人四肢"等罪，法律都明确规定有如何处刑。因此，当发生类似犯罪时，只需简单回答"论比剑"、"比殴主"等，就明白对类似犯罪如何处刑了。但是，先秦名学认为，以"譬"的方式推论，仅仅是根据两个或两类犯罪作简单比较而推演出的结论，从逻辑学的角度来说，它不能解决属性的联系性质。这种推论所列举的前提与结论的联系是或然性的。为了提高"譬"所得结论的可靠性，先秦名学家指出，"譬"应"以类行"，"异类不比"[47]。从以上例举的几则"答问"中可以看出，答问者运用"譬"的方式推论时，遵循了这一原则。如"盗封啬夫"与"伪写印"、"强与主奸"与"殴主"、"斗折脊项骨"与"折肢"等，从刑法学的角度来

---

[44] 引自《说苑·善说》。

[45] 古时，文书、通行凭证等，上面都有封泥，然后在泥上加盖玺印。"盗封啬夫"，或为假冒啬夫封印。

[46] 廷行事，官府成例。伪写，假造。

[47] 《墨子·经下》。

说，无论在犯罪的客体和客观方面，还是犯罪的主体和主观方面，以及犯罪的手段都是“最相类似”，从而使得以“譬”的推论方式，能够得出较准确的结论。

人类社会关系繁杂纷呈，法律不能一一作出规定。而先秦名家关于“譬”的理论，很早就为我们解决这一问题，提供了理论依据。以上事例说明，正确运用“譬”的推理，不仅简明、确切地解答了法律条文尚未规定的某些犯罪应如何处刑的问题，并且使人对这些犯罪行为的性质，能立即有一个确切、深刻的认识。这就为法制的进一步完善创造了一个条件。

（四）效

“效”，先秦名学的用语。立论的标准，也可解释为推理的方法。《墨子·小取》曰“效者，为之法也。所效者，所以为之法也。故中效则是也，不中效则非也。”即，立论需要先立一个标准，然后按这一标准检验命题，凡符合这个标准（中效）的命题，就是正确的；否则就不正确。“效”，作为一种推论的方法，对于古代法学同样有深刻影响。

《睡虎地秦墓竹简》中有三十种律令。律名一般都是以该律令所调整事物的名称来命。如《田律》是关于维护乡野社会秩序、管理农事、征收田赋的法律，《仓》律是有关粮食仓库管理的法律，《司空》是调整司空所管理的土木工程的法律，等等。而只有一种律令不是以其所调整事物的名称命名，称做《效》。内容是关于检验都官和县属机关物资的法律。“效”这个词，显然是从当时流行的名学中借来的。有关国家机关物资管理的法律，定名为“效”，虽然抽象，但很贴切。先制定出管理规章，然后以此为准则，检验有关官吏管理的物资，这便是“效”[48]。

新出土的汉简证实，汉也有《效》律。[49] 秦以后不再有以“效”为名的律令。与该律有关的内容，分别写入其他法令了。探其原因，或嫌“效”字过于抽象，意思不明确，不适于用作律名。但是，名家关于“效”的理论，对于古代法制、法学的影响却是深远的。其明显地表现为，历代统治者都懂得一种有效的统治方式是，制定出各种规范，以此作为检验臣民行为的准则，合者（中效）为守法，不合者为非法、违法，进而应该受到惩罚。这种统治方式，已被人们视为“公理”了。就此而言，法家借助名学“效”的理论，推行的“责效主义”[50]，对于树立臣民的法的观念、法的意识起了重要作用。

---

[48] 如《效》律的一条律文规定：“同官而各有主殹（也），各坐其所主。官啬夫免，县令令人效其官，官啬夫坐效以赀，大啬夫及丞除，县令免，新啬夫自效殹（也），故啬夫及丞皆不得除。”“新啬夫”、“故啬夫”均指县令而言；除，免罪。

[49] 见《张家山汉墓竹简·效律》，文物出版社2001年11月版。

[50] “责效”，胡适用语。他说：“守法便是‘效’。不守法便是不‘效’，但不守法即有罚，便是用刑罚去维持法令的效能。法律无效，等于无法。法家常说‘控名以责实’。这便是我所说的‘责效’。”《中国哲学史大纲》卷上，第373页。

李贵连

《法国民法典》的三个中文译本*

简介

李贵连，男，1946年生，广东省人，1965年入湖北大学（今中南财经政法大学）法律系读书，1969年毕业，任职湖北省恩施县人民法院（今湖北省恩施市）审判员，法庭副庭长，法院秘书。1978年考取北京大学法律学系研究生，1981年获北京大学法学硕士学位，留北京大学法学院任教至今。

在北京大学以清朝和民国法为研究领域。曾先后赴日本、澳大利亚、德国、法国等国家和我国台湾、香港地区做专题学术讲座和参加国际学术会议。以研究清末法制改革的主持人沈家本而得国内外学术界的推许。在大陆和台湾出版《沈家本与中国法律现代化》、《沈家本年谱长编》、《沈家本传》、《二十世纪的中国法学》、《近代中国法制与法学》等十余部著作。在多个国家和地区发表《晚清就地正法考》、《中国法律近代化简论》《清末民初寺庙财产权研究稿》、《法国民法典的三个中文译文》、《传统的断裂和断裂的传统》、《光绪二十八年：中国法百年祭》等几十篇学术论文。

现为北京大学法学院教授、博士研究生导师，北京大学近代法研究所所长，北京大学法学院学术委员、学位委员，法学院法律史博士点博士生导师组组长，中国法律史学会常务理事，中国法律思想研究会会长。曾任北京大学法律学系（法学院前身）法律史教研室主任，北京市高级职称评定委员会法学组成员，北京市硕士点评定委员会法学组成员。

* 原发表于《比较法研究》，1993（1）。本文撰写过程中，得到李浩培先生和贺卫方先生大力帮助，谨此致谢。——作者注

引 子

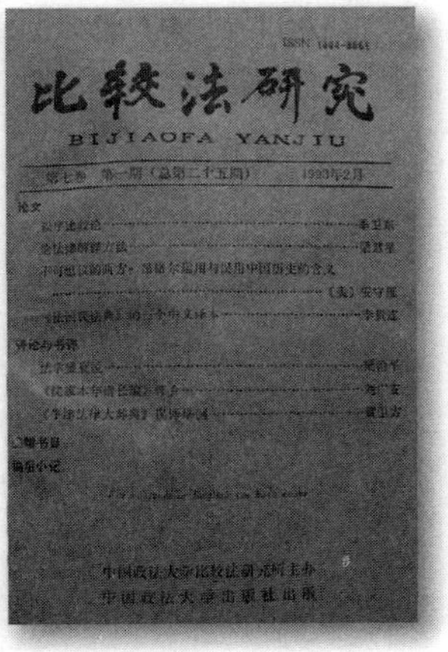

案头上摆着《法国民法典》的四部汉译本：甲、《法国律例·民律》，乙、《法兰西民法正文》（又作《法国民法正文》），丙、《拿破仑法典（法国民法典）》（又作《法国民法典（拿破仑法典）》），丁、《法国民法典》。四部译本的出版前后跨时百年以上，不仅风格不同，文字亦多有歧异。比较研究这些带有不同时代气息的译本，我们饶有兴趣地发现，方块字的译文，不但为不同时期不懂法文的东方人提供了了解典型资产阶级社会法典的材料，同时还能使中外学者从译文的歧异中，探讨东方固有法观念的变化，新旧法观念的转换。

一、百年来的《法国民法典》汉译本

《法国民法典》（Code Civil des Francais）是 1789 年法国大革命胜利的社会成果和法国启蒙运动思想结合的产物。法国法学家在法国资产阶级“彻底消灭了封建主义和专制的警察专横之后，把刚刚诞生的现代社会的经济生活”通过这部法典，“译成了司法法规的语言”①。它于 1804 年 3 月 21 日由当时的法国终身执政拿破仑下令颁布实施。1807 年改称《拿破仑法典》（Code Napoleon）。拿破仑第一帝国崩溃后，1816 年恢复《法国民法典》的名称。1852 年路易·波拿巴第二帝国时又改为《拿破仑法典》，1870 年后，法国政府和法院一般都称之为《法国民法典》。由于这些历史原因，汉译本中如商务印书馆“汉译世界学术名著丛书”译名使用《拿破仑法典（法国民法典）》。

《法国民法典》不仅是法国的第一部民法典，也是世界上第一部资产阶级民法典。马克思主义的经典作家，曾就它对世界法律的影响，做过这样的评价：它是“世界各地编纂新法典时当做基础来使用的法典”②。这部法典从 1870 年重新改名《法国民法典》以后流入东方古国。在以后的一百多年时间里，译本频仍，褒贬互异，对中国特别是学术界的影响不可低估。

《法国民法典》的汉译本到底有多少种？迄今为止尚无精确考证。笔者多年所见，即为本文开篇所列四种。其中第一种，成书于十九世纪八十年代。第二种于二十世纪初期印行。第三种成书于 1979 年，由商务印书馆印行。第四种为二十世纪八十年代北京大学出版社版本。

---

① 《马克思恩格斯选集》第 21 卷第 523 页。

② 《马克思恩格斯全集》第 37 卷第 488 页。

就上述四种译本而言，笔者认为，从翻译的时间、对社会的影响以及译文的准确度而言，前三种最具代表性。[③]

（一）《法国律例·民律》

清朝咸丰十一年（1861年），为培养翻译人才，经恭亲王奕䜣奏请，清朝总理衙门附设同文馆，翌年开学。1866年，法国人毕利干（Billequin，A. A.）应聘来华，担任同文馆化学兼天文教习。毕氏在授课之余，将当时的法国法律翻译成汉文，定名《法国律例》。《法国律例》的《民律》便是迄今为止所发现的《法国民法典》的最早的汉译本。

《法国律例》成书于清光绪六年（1880年），同文馆聚珍版刊行。版中注明“法国毕利干口译，宛平时雨化笔述”。全书包括六种法典：《刑律》、《刑名定范》、《贸易定律》、《园林则律》、《民律》、《民律指掌》。《民律》虽仅为六部法典之一，但是在全书中的比重最大，分量最重。在46册译本中，它就占据22册（从第17册起到38册止），几乎是全书的二分之一。

毕利干何许人也？中国社会科学院近代史研究所翻译室编《近代来华外国人名辞典》（中国社会科学出版社1981年版）云：毕利干（？—1894），法国人。1866年来华，任北京同文馆化学兼天文教习。编出第一本中文化学教科书，名《化学指南》，译有《化学阐原》（Adranced Chemistry）、《法国律例》（Code Napoleon）等书，此外还编有一部《法汉字汇》。[④] 死于巴黎。由当时清朝军机大在臣兼总理衙门大臣王文韶亲笔所做的《法国律例序》则云：“同文馆化学毕教习系法国好学深思之士，著有化学指南阐原各书。”“而于刑名，尤本诸家学。兹后因教课之暇，商同丁总教习，率化学馆诸生，译出法国律例共四十六卷。”“丁总教习”即1869年以后担任同文馆总教习的丁韪良（W. A，P，Martin）。至于笔述者宛平时雨化，其人虽无可考，而据王序，当系同文馆“化学馆诸生”之一[⑤]。“也就是说，他是毕利干的学生。

《法国律例凡例序》[⑥] 对所译法国六种法典曾进行过总的概述。《刑律》，“系分明解说指定，如干某例即获某罪，并应科以何刑。《刑名定范》，“系陈明某项罪案应归某官员所管，该官应遵某例而科定其罪也。”《贸易定律》，“系陈明一切商贾交易之事，并于一切运载各货，或系雇赁车船，并车夫水手及铺户生意赔累例行打帐等事，均归贸易定律，因案按例衡之。”《园林则律》，“实为国家之要务，不唯可取其材，及风雨之调顺与地势之通畅，并

---

③ 第四种译本译者马育民先生据法国达罗斯法律出版社1978年—1979年法文版翻译，时间最近，有其独特的作用，是研究法国现行民法的必读本。因本文旨在通过考察汉译本而探讨中国的法观念变化，故对此译本的探讨从略。

④ 《读书月刊》第2卷第4号吴宣易《京师同文馆略史》所列为《化学初步》（Chemistry for Heginnars）、《拿破仑法典》（Code Napoleon），《高等化学》（Advanced Chemistry），《法华字典》（Franco-Chinese Dictionary）。全都是译本。

⑤ 《京师同文馆学友会第一次报告书》，时雨化列“不知住址者”名单中，归入《艺学（算化格致等门）》。

⑥ 该序未注明作者。

所有国标，有属之于官，有属之于民者，遇事均宜按例遵行。"《民律》，"系制定民间一切私利之事。"《民律指掌》，"系制定各项范围，以便人人行其所执之权也。一遇因事到官，考其所执之权是否切实，如无异议，则其所执之权系为牢不可破之权，应令照权遵行。

学术界使用《拿破仑法典》一词，历来有广狭二义。狭义说专指1804年的《法国民法典》，广义则包括了拿破仑统治时期通过的五部法典：《法国民法典》、《民事诉讼法典》、《商业法典》、《刑事诉讼法典》和《刑法典》。毕利干虽然没有说明《法国律例》中六种法律的原版本，但其中的《民律》，当属《法国民法典》无疑。至于其他几种，笔者手头材料不足，尚难确证。但从其名称（《园林则律》除外）以及《凡例序》对其所做的艰涩的文字概括分析，当是拿破仑统治时期通过的其他四部法典。也许正是这个原因，所以《近代外国来华人名辞典》中《法国律例》附注原文为Code Napoleon（《拿破仑法典》）。吴宣易《京师同文馆略史》称其为《拿破仑法典》，与法文字义正同。是否如此，这与本文已无甚关系。笔者不过行文至此，顺便道及而已。

总结上述，可以得出如下结论：(1)《法国律例》中除《园林则律》以外的五种法律，为拿破仑统治时期颁布的五部法典，即学术界广义所谓《拿破仑法典》(Code Napoleon)。(2)《法国律例·民律》为狭义的《拿破仑法典》，即通常所称的《法国民法典》。(3) 译者毕利干曾经编辑《法汉字汇》，是一个懂得汉文，但汉文水平不是太高的法国化学家。(4) 口译者和笔述者都不是法律专业人员。由 (3)(4) 决定 (5)，《法国民法典》的第一本汉译本不可能是高水平的译作。

（二）《法兰西民法正文》（《法国民法正文》）

《法国律例·民律》问世十八年后，中国爆发一场思想革命。在戊戌变法期间，维新骄子们汲汲于法律之改革，康有为在上书中明确提出，"宜采罗马及英、美、德、法、日本之律，重行施定；不能骤行内地，亦当先行于通商各口。"⑦ 梁启超也大声疾呼，"发明西人法律之学，以文明我中国。"⑧ 但是，改革者的呼喊，得到的却是无情的镇压。洒落在菜市口的"六君子"的鲜血，宣告了改革的失败。法律改革随着政治改革的夭折而夭折。

愚顽的封建统治者凭借自己手中掌握的权力，能够而且可以用残酷的手段消灭改革者的肉体，但是却无法阻挡历史车轮的前进。八国联军之战后，被洋枪洋炮打昏了头的那拉氏统治集团，在穷途末日之际，终于含羞忍垢缝补起被她撕得稀烂的变法旗号，下令改革。同时于1902年任命沈家本、伍廷芳，参酌西法，改革封建旧法。

无论是改革旧法，还是采用西法，都必须有一个参照系数。"参酌各国法律，首重翻译"⑨。主持法律改革的沈家本、伍廷芳对此有十分明确的认识。从修订法律馆成立起，就把翻译各国法律放在一个显要的地位。宣统元年（1909年），沈家本向清廷上疏报告翻译各

---

⑦ 康有为：《上清帝第六书》，《康有为政论集》上册，1981年中华书局版。

⑧ 梁启超：《论中国宜讲求法律之学》，《饮冰室合集》第一册，1959年中华书局版。

⑨ 《修订法律大臣沈家本奏修订法律情形并请归并法部大理院会同办理折》，《清末筹备立宪档案史料》下册。

国法律情况，所译法律中即列“法国民法（未完）”一项[10]。同年十一月，在奏疏中又称译出法国民法总则条文，法国民法身份证条文，法国民法失踪条文，法国民法亲属条文。懂得法文的中国法律专业人员，终于亲自将《法国民法典》译为汉文。

法律馆所译法律供馆中拟订新法草案之用，无须上送朝廷。而沈家本的奏疏又旨在向朝廷报告翻译进展情况，亦无须报告所译法律内容、翻译者和所据版本。故无从知道上述法国民法的汉译者以及当时翻译所据之本。

宣统年间，修订法律馆用铅字印刷的《法兰西民法正文》[11] 问世。这是自《法国律例·民律》刊行三十年后出现的第二个《法国民法典》汉译本。这本正式出版印刷的译本注明了翻译者，其名曰陈箓，是一个名气不大的人物。笔者仅知道他是修订法律的纂修官，清朝外务部主事。据李浩培先生云，民国期间，陈氏仍在外交部任职。把沈家本的奏疏和《法兰西民法正文》结合分析，笔者认为，沈氏奏疏中所云的法国民法，当是这部《法兰西民法正文》。

这本由懂洋文的法律专业人员翻译的《法兰西民法正文》，无论是译意还是文字表述，较之《法国律例·民律》都大有进步。可惜陈氏未能一气将它全部译完，而仅译出第一、二编和第三编的一部分，便付梓行。

二十世纪初年的清朝修订法律馆，为适应清政府实行“立宪”的需要，担负制定立宪所需新法律草案的任务。在制定新法草案的过程中，曾有系统、有目的地组织人员，翻译印刷了世界主要资本主义国家的几十种法典，作为制定新法的参照，《法兰西民法正文》即为其中之一种。主持制定新法的修订法律大臣沈家本，对这一工作十分重视。他认为，新法律必须参照西法。而要参照西法，就必须明了西法的宗旨。而“欲明西法之宗旨，必研究西人之学，尤必编译西人之书”[12]。为此，从修订法律馆成立之日起，他就（1）奏请清朝廷，命令清政府驻外使节，通过外交途径收集购置各国准确、完整的法律版本。（2）千方百计罗致既懂外国语言又懂政治法律的翻译人才。在他看来，考究各国政治法律的入手条件是考究各国政治法律之书。为此，就不但要亲见其书，而且还要精译其书，才能举其大要。而政治法律之要，又非深于政治法律者所不能知。因此，翻译政治法律之书，非深于政治法律者“不能通其义”[13]。据史料记载，通过他的努力，“当时东西洋之习政治法律归国稍有声誉者，几无不入其壳中。”《法兰西民法正文》的翻译者陈箓，显然就是他所罗致的人才之一。（3）力求信达。作为中国近代著名的法学家，沈家本对外国法律的翻译有一个清醒的认识；“译书以法律为最难，语意之缓急轻重，记述之详略偏全，抉择未精，舛讹立见。”因此，在翻译过程中，除要求译员“力求信达”之外，每译出一种法律，他自己还要

⑩ 《东方杂志》1979（3）。

⑪ 该书封面书名为《法兰西民法正文》，目录书名为《法国民法正文》，故本文前面以《法兰西民法正文》（《法国民法正文》）标示。

⑫ 沈家本：《寄簃文存·新译法规大全序》。

⑬ 沈家本：《寄簃文存·政治类典序》。

与“原译之员，逐字逐句，反复研究，务得其解”[14]。《法兰西民法正文》既为法律馆诸译本之一，自当不能越其外。因此，此书虽为陈篆所译，但也贯注了法律馆其他人，特别是沈家本的心血。在某种意义上可以说是一种集体成果。

（三）《拿破仑法典》（法国民法典）

《法兰西民法正文》印刷刊行后不久，中国社会即开始了长达数十年的急剧变动的年代。在此期间，学界是否另有《法国民法典》的汉译文，笔者无暇考究。[15] 1979 年 10 月，由我国著名法学家李浩培先生与吴传颐、孙鸣岗先生合译的《法国民法典（拿破仑法典）》，由商务印书馆单本印行，与读者见面。吴、孙两先生均已辞世。据李先生回忆：五十年代是新中国立法事业蓬勃发展的年代。适应立法的需要，人民政府组织专家翻译各国法律。李先生当时是中央人民政府法制委员会委员，《法国民法典》即于此时由他主笔翻译。脱稿后在内部印行。1979 年商务印书馆即据此印本公开印行。进入八十年代，商务馆认为世界学术名著，“以单行本印行，难见系统，汇编成丛书，才能相得益彰”，将《法国民法典（拿破仑法典）》汇入“汉译世界学术名著丛书”，名称改作《拿破仑法典（法国民法典）》，重新出版印行。

李浩培先生等据 1928 年达罗斯出版社法文版（Libraarie Dalloz，Paris）翻译，该出版社出版的这本书法文名称为 Code Civil des Francais，应译为《法国民法典》。1979 年单行本即用此名，后面括号内标《拿破仑法典》。八十年代汇入丛书改用《拿破仑法典（法国民法典）》。

这部译本的前面，有李浩培先生的一篇《译者序》。李先生的序文讲了三个问题，(1) 阐述了法国民法典产生的原因。(2) 概括了法国民法典的三个原则：自由和平等、所有权和契约自治。(3) 该法典对世界各国法典的影响。对法国民法典过去的汉译本的情况、译者翻译的原因、目的、过程，译者和编辑均未道及。

李先生是我国当代国际法学家，他的外语水平、学术造诣以及他对法国民法的多年研究[16]，加上商务印书馆历来对世界学术名著译作的严格要求，因此《拿破仑法典（法国民法典）》公开印行后，就被学术界视为权威性译本，是目前国内最流行的译本。

二、三译本比较

从上面的分析中，我们可以看出，(1) 这三个译本都不是完全纯粹的民间翻本，都与官方有一定的联系。(2) 它们的公开出版都与当时的对外开放相关。(3) 它们都与当时的立法（特别是后两种）密切相关。阅读三个译本，不但可以深刻感受到译文中的时代气息，同时还可窥见译文中所打下的社会变化的印记。

---

⑭ 《修订法律大臣沈家本奏修订法律情形并请归并法部大理院会同办理折》，《清末筹备立宪档案史料》下册。

⑮ 在撰写本文过程中，笔者曾拜访了李浩培先生，据李先生云，他在翻译《法国民法典》以前，未见任何《法国民法典》的汉译本。

⑯ 早在五十年代，李先生即撰文研究《法国民法典》。

为方便读者了解其中的差异，下面抽出三个译本中的部分编目和条款，列表加以对照（为行文方便，三种译本分别简称为同文馆本、法律馆本、商务馆本）。

表一 **编目名称比较**⑰

同文馆本	法律馆本	商务馆本
第一卷　论举国生众并论有可得例应系法人分中可获者 第一类　论于一切之人有应享受例应与有禁止享受例应者 第一章　论人有应享受例应系于法人分中可获者 第二章　论人有禁止享受一切都会土著可得之例应者（第17～33条） 第一节　论人禁止其享受都会土著可得之例应者，盖因其虽为法国之人，而因事已失其本国可邀之分力，则自应禁止其享受一切福泽利益矣（第17～21条） 第二节　论有禁止享受法国可邀之例应者，系因其人曾经囚罪而被该管官有科断之罪　（第22～33条）	第一卷　人事 第一章　私权之享受⑱ 第一节　有享受私权 第二节　无享受私权（第17～21条） 第三节⑲　因犯罪而失享受私权（按：此节没有译文，下注明：自22系至33条，已于1854年5月31日删去）	第一编　人 第一章　民事权利的享有及丧失 第一节　民事权利的享有 第二节　民事权利的丧失（第17～33条） 第一目　因丧失法国人资格而丧失民事权利（第17～21条） 第二目　因法院判决而剥夺民事权利（第22～33条）
第二部⑳　论一切家资财之事以及名下所属各类之物 第一类　论各项家资财产之区别 第一章　论房屋土地等项为定资者 第二章　论各类动资之物 第三章　论人所有一切产物而有不干系于本物者	第二卷　财产 第一编　财产之分别 第一章　不动产 第二章　动产 第三章　产业与所有者之关系	第二编　财产及对于所有权的各种限制 第一章　财产分类 第一节　不动产 第二节　动产 第三节　财产与其占有人的关系

⑰ 按：《拿破仑法典》共分三大部分，同文馆本以卷（第二、三卷不称“卷”而称“部”、“类”、“章”）编序，法律馆本以卷、章、节（第二卷后，章、节改为编、章）编序，商务馆本统一以编、章、节编序。本表以商务馆本为准，抽出每编编名、第一章章名以及第一章前三节节名。我要请读者原谅，下面的这两个表实在是冗长而枯燥，只是一时尚找不到比这种列表法更使人一目了然的方法。

⑱ 目录为“私权之享受”，正文为“私权”。

⑲ 同文馆本和商务馆本没有与此相对应的第三章或第三节。

⑳ 同文馆本第一卷作“卷”，第二、三均作“部”。

续前表

同文馆本	法律馆本	商务馆本
第三部　论以何法而致有操持物主之权试将其事约略而陈其情 第一类　论相继接产之事 第一章　论开首兴办相继接产之事并有承受遗产之人所得一切利益之事 第二章　论有何等势分始可有相继接产之事 第三章　论一切分应相继接产之次序 第三卷　取得所有权之各种方法	第三卷　取得所有权之各种方法 第一编　承继 第一章　承继之开始 第二章　承继之资格 第三章　承继之秩序	第三编　取得财产的各种方法 第一章　继承 第一节　继承的开始和继承人的占有遗产 第二节　取得继承的资格 第三节　继承的各种顺

表二 **条文比较**

	同文馆本	法律馆本	商务馆本
第1条	凡此律例之设，既经制定，而凡在法国版图中者，均宜钦遵照行。盖此律例既经制定，系由国君颁发宣示，其凡列名于法国版图中者，自无一不应钦遵谨守。惟既经颁发宣示，即应自传知之日为始遵守。如其地系属京都及国君所居之处者，即自宣示知悉之第二日为始遵守而如论及于各处较远之区则应计其每至二百里之遥者，除例限外、再为展限一日。余皆以此类推，以定钦遵谨守之期。	凡所有法律，一经总统颁布，均有实行法国境内之能力。各省遵照之法，以各省奉到颁布示谕之先后为差，如京都乃政府驻扎之区，以奉到颁布示谕之第二日为始，至他省之较远者，则于例限外每二百里加上一日，照此类推。	凡国王公布的法律，在法国全境内有强行力。在王国各部分，自公布可为公众所知悉之时起，法律发生强行力。国王所为的公布，在首都，视为于公布的次日为公众所知悉，其他各省于上述日期届满后，按首都与各省首府间的距离每百公里增加一日。
第2条	凡此例所设一切条款，系惟为嗣后将来所有案件而设也。其所定事中一切关系，不能溯之于前面有所追论，由今追昔而过为核比。	凡本律自颁布之后犯罪者，适用之。	法律仅仅适用于将来，没有追溯力。
第8条	凡无论何项法国之人，均可身沾分中可获之例应。	凡所有法国人民，均有享受私权。所谓法国人民者：……[21]	所有法国人都享有民事权利。

[21] 法律馆本在“所谓法国人民者，下尚有很长五款条文，规定“法国人”的资格。

续前表

	同文馆本	法律馆本	商务馆本
第544条	凡人于一切物件有主管之权。何以言之？盖于其物有措置之例应，并可随己之意，不拘将所有之物作何措置，均可任己之意。或将其物出售于人，或将其物给予于人。其于随意措置之时，惟须遵照律例而行，除于措置之时设有不按照律例者则不准其所行。	业主有措置及享受其产业最完全之权，如其行为一切不为法律或规定所禁止者。	所有权是对于物有绝对无限制地使用、收益及处分的权利。但法令所禁止的使用不在此限。
第545条	凡不论何人，均不能勒令某人将某人之物给予于人。然如其物寔于公众之中大有裨益者亦可勒令使其给予，惟须将所给之物该值若干，存以公道之心，如数补还，以免亏累。	不论何人不得勒令他人将其产业让予，如非有公益理由，既经判断给予赔偿者。	任何人不得被强制出让其所有权，但因公用且受公正并事前的补偿时，不在此限。
第546条	凡不论何人，其于一切产物而有操持物主之权，并享用其所出之利益者，并其产物所滋之利益。或系自然而生发者，或由人力所栽培者，及其产物等一切相随杂件，均可有操持物主并享用其利益之权。㉒	产业之主，不论其为动产不动产，均有所有权。对于产业上所发生之利益及其天然附属之件，或人力附属之件。此项权利名曰并有权。	物之所有权，不问其为动产或不动产，得扩张至该物由于天然或人工而产生或附加之物。此项权利称为添附权。
第711条	凡有操持物主之权于其产业、田地项上者，其事之始，或系实授于人，或由相继接产而得，或如某人有身后所遗之产临危而相接传于其子女者，或又如亲戚友谊等生前曾有付物之情，至没后而为实授之产者，或又如承奉遗书之命而得者，以及分属实尽之责立定文约字据而得者，均可有操持物主之权。	财产之所有权取得及其转移之方法，有由承继、或给予、或遗赠及债务之结果。	财产所有权，因继承、生前赠与、遗赠以及债的效果而取得或转移。

㉒ 此条下有按语云："法例，凡一物于一人既有可享获之利益，则不但于其本物可以享获其益，即其物之相随杂件，亦因之均可享其利也。即如磨碾等物，倘系假以水力者，则不但该磨碾为本物主可享之利益，即所假力之水泉，亦为其应享之利益，盖此水泉即为该磨碾相随之杂件也。"

续前表

	同文馆本	法律馆本	商务馆本
第712条	凡握有操持之权，除上文所言得之之理外，而亦有缘他情而得之者。有如㉓执有晋接安享之例应而得者，并如有因例准援免而得者。凡如此情，亦能有操持物主之权。㉔	财产之所有权取得之方法，亦有由并有、或联合及由时效之结果。	所有权亦因添附或混合以及时效而取得。
第713条	凡如有无主之产而与废业者，均属于国而为其操持之主。㉕	凡无主之财产属于国家。	无主的财产，归国家所有。

从这两个表中，我们可以看出：

1. 同文馆本虽然卷帙繁浩，但是整个译文，不但文字晦涩，佶屈聱牙，而且译意不明，使人很难了解，甚至无法知道律文的含意。这不是用现代的眼光苛求前人。与译本同时代的人，就无法读懂。证据见诸梁启超光绪二十二年（1896年）所写的《变法通议》。在该文的《论译书》中，他就说过："中国旧译，惟同文馆本多法家言。……然彼时受笔者，皆馆中新学诸生，未受专门，不能深知其意，故义多闇曶。即如法国律例一书，欧洲亦以为善本。而馆译之本，往往不能达其意，且常有一字一句之颠倒漏略，至与原文相反者。"这段话讲了两个问题，一是戊戌维新之前，翻译西方书籍的地方和人虽然不少，但是翻译法律书籍最多的唯有同文馆一家。二是同文馆译员由于未接受法律专门训练，所译法律书籍"义多闇曶"。闇者，昏也，曶者，轻也。"义多闇曶"，也就是法意模糊，难以捉摸，《法国律例》即为典型。任公先生在当时虽然是不懂洋文的西学家。但是，连他这样的维新骄子都感阅读困难，他人可想而知。

2. 比较同文、法律两馆本，时间落差虽然仅30年，但是，法律馆本有了长足的、甚至可以说是根本性的进步。晦涩的、佶屈聱牙的文字不见了，基本概念都使用法言法语，法意明确，一目了然。有一般政治法律知识的人，大体都能读懂。

3. 法律馆本与商务馆本，译文虽有繁简之别、精当之异，但是，法意相差无几。如第712条，规定财产所有权取得方法，法律馆本文意稍繁，有欠精当；商务馆本文简而当。至

㉓ 此处当为如有，可能刻版颠倒。

㉔ 此条下有按语云："按：本文所谓归附融合者，系以某物加于某物之上，而该两物即可相连相合若为一物者，此即所谓归附融合之意也。"

㉕ 此条下有按"语云"："按：物莫各有其主，以管属也。然如有某项荒产或系废业，竟尔无人管属。欲以之归给于此人，而在彼人亦孰不欲得之。是因此荒废之产易起争竞之风，且难免因此争竞以致酿成重大案情。故遇有此等荒产度业，按照定例，一概归官。"

于第713条，两个译本的文字，几乎相同。其他条款，类皆如此。编目大体上也是如此。如商务馆本第一编译为“人”，法律馆本译为“人事”；第一编第一章，商务馆本译为“民事权利的享有及丧失”，法律馆本译为“私权之享受”。内容大体相同，基本上没有什么重大的差别。

这里所说的“大体”、“基本”是就整体而言，个别条款，具体说第2条的译文，两者差别很大。不论是译文还是译意，都有原则差别。这一条规定法国民法的溯及力问题。商务馆本译为：“法律仅仅适用于将来，没有追溯力。”而法律馆本则译为“凡本律自颁布之后犯罪者，适用之”。用刑罚手段处理民事行为，这是我国封建法律的传统和特点，中西法律的一大差异。法律馆本的这种译法，显然是受传统法思想的影响，与原文法意不合。同文馆本虽然晦涩，但是，仔细推敲，此条译文并无此意。至于这种译法，是出自译作人之意，还是审定人之意？迄无可查。然而，法律馆本这一条翻译错误是毫无疑义的。

另外，可能是译本所据原版不同的原因，第8条也有重大差异。商务馆本和同文馆本此条均备极简单：“所有法国人都享有民事权利”（商务馆本），“凡无论何项法国之人，均可身沾分中可获之例应”（同文本），对“法国人”或“法国之人”再无条文限定。法律馆本不同，在“凡所有法国人民，均有享受私权”以后，对“法国人”用五款做详细规定，第五款后面，还有加入法国籍的四项规定，内容极为详尽。

查北京大学出版社出版的马育民先生的译本，这一条是这样译的：“第8条（1889年6月26日法律）一切法国人均享有民事权利。”（第2款及以下各款，经1927年8月10日法律第13条废除）。商务馆本据达罗斯出版社1928年法文版翻译，原版在1927年8月10日以后经废除的款项原版中显已删除，译本无此款项那是必然的。而法律馆本在此之前，有此译文也是必然的。问题是，同文馆本也在此之前，为什么没有这些款项的译文呢？马育民本据1978—1979年达罗斯出版社法文版翻译，第8条下注明该条是“1889年6月26日法律”。据此，同文馆本无此款项也是理当如此。但是，马氏译本所说1889年是就整个第8条而言，不仅仅是后面的款项。而同文馆本虽然不明原版时间，但是，它于1880年问世，其第8条虽然没有后面的款项，但整条的译意，与法律馆本、商务馆本、马氏本相似。这显然与马氏所说第8条为1889年法律相矛盾。为什么1889年才有的法律，1880年就有此译文了呢？这些问题，关系法国民法典修改的具体时间和内容，不在本文讨论之列，笔者只好把它留给法国民法史的研究者。

但是，尽管有第2条、第8条的重大差异，就整体而言，除此二条以外的其他条文，以及编目的译文译意，法律馆本与商务馆本都基本相似。读者如详细比照上列两表，我想也会同意笔者的这一结论。法律馆本于1910年或1911年问世。商务馆本完稿于五十年代，与法律馆本时间相差约四十年；如果与成书的七十年代末计算，与法律馆本时间相差约60年。在近半个世纪的时间里，《法国民法典》的中译本，除个别条款外，译文译意，整体上未出现重大的变化。据此，我们可以下这样一个结论：我国的近代民法概念，于本世纪初年初步奠定；传统的民法概念，已经让位给近代民法观念。传统民法观念的痕迹，虽然在外法翻译的译文和新制定的民法中时有所见[26]，但是，就整体而言，我国的民法观念当时已经纳入西方民法的轨道。

三、社会变化带来的观念转换

中国的民法观念，由古典转入近代、由封闭进入国际社会，这不是一个简单的文字变化。它蕴蓄了极为深刻的社会内涵，经历了一个由被动到主动，由自发到自觉的民族思维变化过程。

同文馆本和法律馆本，虽然时间相差仅30年，但是，在这30年中间爆发的戊戌维新运动，它对中国思想界的震荡却是无法用时间来计算的。戊戌维新可以说是一个思想的时代分界。在此之前，中国人向西方学习，处在一种自发的时代，是在列强的大炮下被迫采取的一种民族自卫、自守行动。在这以后，自发转为自觉。虽然列强的大炮比以前更厉害，但是先进的中国人已自觉（或半自觉）将中华民族融入世界民族，在世界民族之林中求取中华民族的自存和发展。这种由自发到自觉所带来的变化，显然不是一种单纯的文字变化和时间变化，而是深刻的观念转换。同文馆本和法律馆本30年内便出现这种差异的内在的原因就在这里。

先看同文馆本。它在光绪六年（1880年）刊版印行时，正是洋务运动的全盛时期。学术界很多人认为，洋务运动是当时的封建统治者在西方列强的压迫下，所采取的自存、自救运动，笔者认为，它既是封建统治者的自救、自存运动，也是当时中华民族所寻求的自存、自救之路。是海关大门被大炮和鸦片敲开，中华帝国被列强强行推入国际社会后的一种自发的、被动的、自卫性的解救。出于办理洋务需要，了解外情、熟悉外情，成了当时极为紧迫的问题。派幼童出国留学，向世界各国派出外交使节以及总理衙门和同文馆、广方言馆的设立、国际公法的大量翻译，等等，所有这些，都适应这种需要而出现，并盛极一时。近代著名的翻译家和启蒙思想家严复，就是在这时被派往英国学习的。人类认识新事物，首先是接触物质层面，然后才是观念。民族间的认识也是这样。在洋务运动中，当时的人首先看到的是西方的物。因此，洋务运动学习西方的重点首先是西方的“器用”。反映到翻译上，就是自然科学书籍翻译得多，社会科学书籍翻译得少，特别是法律这样的社会上层建筑的材料，翻译得更少。但是，体、用不可能完全割裂，西方自然科学的东来，不可避免地要把一些西方社会科学介绍到中国。《法国律例》就是在这种局面下进入中国的国门。

这样，它就不可避免地至少带来下面两种后果。一是由于不被时人所认识，无法被当时的社会所接受，因之影响极小（或有限）。二是社会认识水平，影响翻译水平。由于人们

---

[26] 新制定的民法中的这些问题，需另文专述，这里不作讨论。

的法观念还停留在古典水平上，根本无法理解，无法认识把“现代社会的经济生活”译成了“司法法规的语言”。因此，社会不能给译作者提供相对应的中国语言文字（汉语），而使法典的汉译本通俗化、法言法语化[27]。两方面交互作用，使得这部译本，虽然用聚珍版刊行，最后也只能是高阁聚珍，而不被时用。

十九世纪八十年代，中国社会对西方法律认识达到一个什么样的水准呢？下面是光绪七年（请注意，同文馆本刊刻时间是光绪六年）十月十七日《申报》对美国总统詹姆斯·加菲尔德（James A，Garfield）被刺案的评论——《论泰西办案》。读了这段评论以后，读者大致也能清楚当时的水平。

> 泰西风俗犹近乎古古者，听讼兼尽凭向官一面做主。……今泰西凡有讼诉，必有状师为之辩驳，此法最与古近。盖状师熟读律例深明刑法，见事必明，秉心必公。经其辩驳之后，乃毫无疑窦而遂成谳。如有冤抑，则状师不难侃侃而争，必得平反而后已。此法为中国近来所无。说者谓状师辩驳，刑司静听，似乎权之下移。而不知惟明惟允，其慎其难，正在乎此。然西人之听讼，亦有不免过于拘泥之处。如枪弑美总统嘉斐路（按：即今译加菲尔德）之逆犯奇笃，以弑逆之凶犯，而久稽显戮，尚欲延状师为之申辩，是诚可异之事矣！《王制》又云乎：“凡听五刑之讼，必原父子之亲君臣之义以权之，意论轻重之序，慎测浅深之量以别之”。今状师但知囚犯之冤抑，而不顾君臣之义，故其所以为奇笃辩驳者，惟日详究其是否疯癫。其意盖谓尚讯系疯犯，当罪从末减也。噫不是何言欤？中国刑律，儿子弑父母谓之逆伦罪，当凌迟处死。地方官不能教训管束致酿逆伦重案，亦有应得之处分。……君之与父一而已矣。美国为合众之国，称总统，与他国之称王者不同。然既为一邦之主，则安得不以君道事之。政教号令虽合众谋而成，而其权则总操于君，此而犹曰无君臣之分，是乱民也。……总之，奇笃以一介小民而胆敢枪弑总统，其狂悖之罪，已不可逭，而又敢致书于刑司，谓情罪重大非刑司所能讯断。然则谋反叛逆弑及君父，皆系罪大恶极，如曰非刑司所能讯断，则谁可以断之？……夫各处刑法本自不同，原不可以中国法律相绳。第君臣之义，顺逆之情，中外虽殊，其理则一。……（着重点为笔者所加）

这是鸦片战争四十年后中国知识界对西方法律的认识。在这里，西方的律师等于中国的状师，法院等于中国的刑司，总统与平民，等于中国的君与臣，不分君臣，就是乱民。平民加害总统，就是谋反叛逆。文字、认识观念，全都古色古香。《申报》是当时国内颇具影响的报纸，其认识水平如此，普通的社会认识可知。社会对西方法律的普遍认识如此，

---

[27] 最明显的例子是“所有权”概念的翻译。我国古代没有这个概念，只有与之相近的“分”的概念。先秦诸子常举“百人逐兔”之事以论“分”。例如：《吕氏春秋·慎势》：“积兔满市，行者不顾，非不欲兔也，分已定矣。分已定，人虽鄙，不争。”职是之故，同文馆本对充斥《法国民法典》的“所有权”一词，均未译出。

译文的水平正好与社会的这种普遍认识同步。因此，同文馆本虽有董询、王文韶[28]这样的清朝中央一级大官僚为之题签、作序，但是"驳杂迂讹"[29] 的译文，社会的古典混沌认识，终于使它难于广泛流传。

历史在徘徊，国人在等待。已经进入国际社会的中国，不可能再回到闭关锁国时代。新的生产方式的不断采用，使这种徘徊和等待终究不会太长。同文馆本问世后才15年，中国土地上就响起了震天动地的思想解放惊雷——维新运动开始了。学习、引进西方社会学说的高潮在二十世纪初期出现了。这是一个民族的自觉时期。学习西方，改造中国。这是革命者和青年学生的信念。只有参酌西法，改造旧法，才能维持手中的权力。当权的封建统治者，也不得不痛苦地转换观念。当朝的、在野的、顽固的、激进的、反动的、革命的、年老的、年轻的、男的、女的，带着各种不同的政治目的，都在注视西方，都在不同程度地转换原有的观念。新观念、新意识潮水般地涌入中国，以极快的速度，迅速地取代旧观念、旧意识。古典的传统观念、传统意识虽然仍在顽强地表现自己，但已一步步崩溃。社会的变化，带来观念的转换。在这观念大转换时期，对传统的精华和糟粕，既无暇顾及，对外来的观念和意识，也难免生吞活剥。鱼龙混杂，使人目迷五色，玉石莫辨。这种负面作用甚至一直影响到现在。但是，如果没有这个时期的观念大转换，没有这种民族的自觉，中国的今天更是难于想象。

新的法观念和法意识是新的社会观念和意识的重要组成部分。伴随法律改革的进行，法律学校的开设、法律杂志的发行、法律研究机构的设立，各种西方法学译作的问世，二十世纪初期，它迅速地取代古典的法观念和法意识。法律馆本就是在这种观念更替的过程中，由留学专业人员翻译而成。这就是同文馆本与法律馆本虽然时间落差只有30年，译本差异几有天壤之别的原因。同时也是法律馆本与商务馆本虽然时间落差将近半个世纪，译文并无本质变化的所在。

译本自身出现了这种变化。那么当时的社会能否认识它而接受它呢？换句话说，社会的一般知识层能不能阅读理解，法律馆本是否重蹈同文馆本的覆辙呢？下面的两方面分析或有助于解答这个问题。

第一，从立法方面看，二十世纪初年法律馆组织翻译各国法律，目的十分明确，为立法取得参照系，做借镜。法律馆制定民法草案前，翻译了几个国家的民法，《法兰西民法正文》不过是其中之一。最后，民法草案的起草，主要参照德国民法典。结果如此，能不能说《法兰西民法正文》没有被法律馆接受呢？答案是否定的。因为，法律馆最后虽然主要参照德国民法典起草民法，但是，这是对照、比较，研究了包括《法兰西民法正文》在内

㉘ 王文韶，当时是清朝军机大臣兼总理衙门大臣，《法国律例》由他作序。董询为《法国律例》题签，他是当时清朝中央户部尚书、总理衙门大臣。据钱钟书先生查证，他不但是清朝中央大官僚，还是十九世纪六十年代初，破天荒最早将英国诗人朗费罗（Longfellow）的《人生颂》（A Psalm of Life）这首诗歌译成汉语的人。丁韪良的《万国公法》亦由他作序。参见《国外文学》1982（1）《汉译第一首英语诗〈人生颂〉及有关二三事》。

㉙ 马建忠《适可斋记言四》。

的各国民法以后的一种选择。如果没有前面的比较、对照和研究，就不会有后面的选择。而比较、对照和研究本身，就是一种接受。因此，在立法上应该肯定，《法国民法典》被当时的法律馆接受了。

第二，当时社会的一般知识层能阅读接受这个译本。在法律体系中，根本法中的公民权利的规定必须通过民法而具体化。在译文不再晦涩难懂、译意明确的前提下，一般知识层能否读懂，能否接受，很重要的一个条件，就是他们对自然人权利的认识。中国古典的传统思想，讲求人的"类"权利，而忽视自然人的权利。传统的古典法律，几乎没有对单个自然人的权利作出任何规定。诸法合体，重刑轻民，成了中华法系的一大特征。影响所及，造成几千年社会对个人权利的漠视，个人权利观念十分淡漠。那么，二十世纪初期的观念大转换，是否也转换了社会的这一观念呢？回答是肯定的。我们只要翻开当时的报纸杂志，有关个人权利观念的论说，比比皆是，几乎成了当时的先进分子的口头语。他们毫无疑问地能阅读、理解、接受法律馆本的译文。至于一般知识层的意识，我们不妨以管窥豹，将 1907 年龙门师范学校附属小学校文科毕业考试答卷作个例证。

试题：问吾国学生现在宜具何等宗旨，将来当建何等事业。

答卷：国不能自立，必受人之欺侮；人不能自立，必受人束缚；此天演之公理也。权也者，国际人群所必争之义，亦国际人群所公有之义。一国有一国之权，一人有一人之权。国无权，不可为国；人无权，不可为人。凡政治之隆污、历史之荣辱、种族之进退，莫不视其权之有无、盛衰为衡。"故国权完全无缺，方成国体，否则为半主，……人权完全无缺，始具人格，否则为奴隶，……若人权之设，创自路索，即个人之自由权是也。其意在积人权而为国权，兼侵国权而为人权。盖邦国自有邦国之权，个人自有个人之权，未有个人之权不完，而国权能发达扩充者，亦未有个人之权无缺，而国权不发达扩充者，国权与人权无分也，……然则，吾国学生今日最要之宗旨，在求学术，他日最重之事业，在争回主权而已。"[30]

简短的结语

"我的光荣并不在于赢得四十次战役的胜利，滑铁卢一役便使所有这些胜利黯淡无光。但是，我的民法典却不会被忘记，它将永世长存。"[31]

这是拿破仑的一段被屡屡引用的名言。的确，作为欧洲法律史上的里程碑，作为受到世界范围内广泛借鉴的一个母法，《法国民法典》连同主持制定者拿破仑的英名一道长留青史。但这并不是说，曾冠以拿破仑名字的这部法典也像他的功业一样成为凝固的历史事实；作为调整社会关系的活的规则，法典必须随着社会的发展而发生变化。《法国民法典》自问

㉚ 《龙门师范学校附属小学校杂志》第一期。

㉛ 转引自［德］茨威格特和克茨：《私法领域的比较法导论》，T. 韦尔英译，86 页，牛津大学出版社，1987 年第 2 版，第 1 卷。

世以来，废止以及修改过的条文已接近一半。这些修改无疑可以作为折射法国社会变化的一面镜子。而它的不同时代的中译本——或许也应该包括其他语种的译本——在译文质量与风格上的变化又记录了语种所属国的社会变化与观念进步。拿破仑自然不可能预料到他的法典还会起到这样一份作用。“后之视今，犹今之视昔”。或许今天的通行译本在未来也会变得不符合新时代的语言与观念气候，如美人迟暮，不复光彩照人。后人会动手翻译新的译本，使老朽投胎转世为美少年。原著的青春永驻要以译作变为匆匆过客为代价。对于追求不朽的译者来说，这样的结局不免是一桩憾事。但愿本文这类文章能呼起人们对于那些筚路蓝缕地从事艰苦译事的先驱们的注意，总结他们的成绩，并进而研究社会演变与法律翻译之间的互动关系，为更好地借鉴外国法律提供一些启发。

汪汉卿

许衡的法律思想*

简 介

汪汉卿，男，安徽东至县人，1937年4月出生。1962年7月毕业于北京大学法律系。毕业后曾在北京十四中学、中国社会科学院法学研究所、安徽省繁昌县赤沙中学工作。1980年3月调入安徽大学法律系从事法学教育。1984年起先后任法律系党总支委员、系副主任、系主任、校党委委员。1991年开始，先后担任安徽大学副校长、校党委副书记、常务副校长。曾任教育部法学教学指导委员会委员、中国法律史学会执行会长、中国法学会常务理事、安徽省法学会副会长、安徽省社科联副主席、安徽省学科及职称评审委员会委员等学术职务。汪老学识渊博、造诣精深、成果丰硕，先后主持过国家“七五”重点社科项目《中国法律思想通史》（辽宋金元部分）、国家新闻出版署项目《中华大典·法律典·行政法分典》和安徽省社科重点课题《包拯法律思想与实践》等科研项目，出版专著和教材近十部，发表论文数十篇。

* 原发表于《法学研究》，1993（2）。

许衡（1209—1281），字仲平，称鲁斋先生。金河内（今河南沁阳）人。幼读经书，“聪颖不凡”。金亡前一年，为蒙古“游骑所得”，后应试中选，占籍为儒。宪宗四年（1254），应忽必烈召为京兆提学。至元二年，受命议事中书省，疏陈《时务五事》，中心是“行汉法”，重儒学。六年，与刘秉忠、徐世隆等“同定朝仪”，和王与、张文谦“详定官制”。次年，任中书左丞。八年，任集贤大学士兼国子祭酒，主持元初国学。他以儒家文艺教习蒙古弟子，“教人有法”，后来元朝达官要员，不少是出自其门。十三年，领太史院事，与郭守敬等新制仪象圭表，日测晷景，编定《授时历》。还河南，病死。元廷封他为魏国公，谥文正，从祀孔庙。其著作有《许文正公遗书》、《许鲁斋集》。

许衡与刘因、吴澄是元代三大理学家，而许衡在理学上的影响，又在他俩之上。其主要业绩是奠定元朝国学基础和阐扬程朱学说，使朱熹学说得普及，终至定于一尊，故元代有不少人推崇他是朱熹道统的继承者。其法律思想主要有以下内容：

一、推行汉法，崇尚儒学

元蒙统治者起于漠北，无论就其社会经济、政治制度或就其思想文化来说，与中原地区相比都是落后的。许衡正当元蒙刚刚入主中原，汉蒙文化交流和融合之际，慨然以治天下为己任，出仕元朝。他应忽必烈征召时，刘因问，你一召即起，岂不太急了吗？许衡回答说：“不如此则道不行。”显然在许衡看来，必须积极出来影响元朝统治者，才可以使儒家的道继续流行。否则，在蒙古游牧贵族旧俗支配下，中原封建文明会面临断绝的危险。这正是程颐所谓“圣贤之于天下，虽知道之将废，岂肯坐视其乱而不救?”

许衡认为行道就必须推行汉法，崇尚儒学。

许衡认为唯有推行汉法，元蒙政权才能适应中原地区高度发展的封建政治、经济、文化的现状，并求得巩固和发展。1265年，他上了著名的《时务五事》疏，疏的开头阐述了推行汉法的必要性和紧迫性。先从历代兴亡史实说明行汉法者昌，不行汉法者亡。“国朝土宇旷远，诸民相杂，俗既不同，论难遽定。考之前代，必行汉法，可以长久。故后魏、辽、金历年最多，其他不能实用汉法，皆乱亡相继，史册具载，昭然可考”①。继则从当时形势和环境的变化，说明必须实行汉法，才有出路。“陆行宜车，水行宜舟，反之则不能行；幽燕食寒，蜀汉食热，反之则必有变。”意指元蒙统治者现在入主中原地区，其统治方式亦必须作相应地改变。“必若今日形势，非用汉法不可也。”“以是论之，国家当行汉法无疑也。”而后他分析和估量了推行汉法的困难和阻力，诸如旧的习惯难改；当朝权臣反对；以及民

① 《许文正公遗书》卷七。以下引文凡出自是书者，不注出处。

族心理障碍等。“然万世国俗，累朝勋贵，一旦驱之下从臣仆之谋，改就亡国之俗，其势有甚难者。”然则如何克服这些困难和阻力，使汉法得以推行呢？经过精心考虑，最后他提出了推行汉法的步骤和方法。一是采取渐进的方式，“尝思之，寒之与暑固为不同，然寒之变暑也，始于微温，温而热，热而暑，积百有八十二日而寒气始尽。暑之变寒其势亦然。是亦积之之验也。苟能渐之摩之，待以岁月，心坚而确，事易而常，未有不可变者。”二是按事情之大小、轻重、缓急有秩序地进行。“然事有大小、时有久近，期小事于远，则迁延虚旷而无功；期大事于近，则急迫仓皇而不达。”他认为，关键在于元蒙最高统治者下大决心，持之以恒。“笃信而坚守之，不杂小人，不营小利，不责近效，不惑浮言，……则致治之功，庶几可成也。”他估计“以北方之俗，改用中国之法，非三十年不可成功。”并告诫元蒙最高统治者机不可失，时不再来，一定要当机立断，把推行汉法当作头等大事来抓，“此而不务，诚为可惜”，如坐失良机，“顾乃宴安逸豫，垂三十年，养成尾大之势，”则难以收拾局面了。

许衡认为儒学自秦汉以来，经过千百年的历史选择，已成为中国社会占统治地位的思想，儒学的一整套治国之术已成为历代王朝行之有效的原则和方法。只有服膺儒学，以儒学作为指导思想，才能享国长久。而要崇尚儒学，他认为需要：(1) 尊孔子。他说：“孔子为百王师，立万世法”，“万世法者，当学孔”②。“老氏言道德仁义礼智与吾儒全别，故其为教，不异发隐，伏退缩，不肯光明正大。吾道大全至正，以天下公道大义行之，故其法度森然，明以示人。”因此建议修文庙、祭孔子，“实太平之基，王道之本”③。(2) 用儒生。元代儒生的社会地位低下，许衡提出保护、优待儒生，“养天下名士宿儒之无营运产业者，使不致困穷”④，并要求“访名儒”予以重用。(3) 重“三纲”。他认为“自古及今，天下国家惟有这三纲五常，君知君道，臣知臣道，则君臣各得其所矣。父知父道，子知子道，则父子各得其所矣。夫知夫道，妇知妇道，则夫妇各得其所矣。三者既正，则他事皆可为之；此事未正，则其变有不可测知者，又奚暇他为也。”又说：“春秋大一统，在天下尊王，在国尊君，在家尊父。这三件事起便治，这三处失便乱；在人身尊德性，德性起便治，才性用事便乱。”所以他得出结论：“治乱休戚，必以义为本，纲常不可一日而亡。”

二、治人者法，守法者人，人法相维，上安下顺

许衡认为中书省作为君王辅佐，是天子之下的国家最高行政机关，事务多、任务重，可谓“不胜其烦”。“然其大要在用人、立法二者而已矣。”中书省通过任法和任人去实现对国家的治理，自己就可以“优游廊庙之上，不烦不劳，此所谓省也”。

关于法和人的关系，许衡提出了一个著名的论断：“治人者法也，守法者人也，人法相维，上安下顺也。”在这句话里，他不仅指出法是治国治民的重要工具，有国有民而无法则

---

②③④ 《历代名臣奏议》卷七十六。

乱；法要靠人来遵守和执行，有其法尤贵有好的执法之人。尤其强调法和人之间相互维系、相互制约的作用，从而达到上安下顺，全国归于治。这是从法理学的角度，在法与人的关系上对儒家法律思想所作出的发展，具有重要意义。

关于任法即法律制定和实施方面：许衡指出法律的制定，一要贯彻会古酌今的原则。对祖宗成法，好的要继承，又要因时而立，制定一些新法。他说："今里巷之谈动以古为诟戏，不知今日口之所食，身之所衣，皆古人遗法，而不可违者，岂天下之大，国家之重，而古之成法反可违邪？其亦弗思甚矣。"又说"笞杖之制，宜会古酌今，均为一代之法，使无敢逾越"⑤。二要贯彻法简刑轻原则，"教令既设，则不宜繁。因大朝旧例，增益民去苛宜设者十数条足矣"⑥。许衡强调法律的实施，一要"践言"，即信赏必罚，并做到法律既定后，"虽至亲莫能移"，"是以号令简而无悔，则无不中矣。夫数变，不可也；数失信，尤不可也。"否则"今之所命，而后日自违者，纷更变易，纲纪不得布，法度不得立"，势必"臣下无所持循，奸人用以为弊，天下之人疑惑警眩"，造成"无法无信"的局面。二要先教后刑，"天下之民，未闻教化，现在囚人，宜从赦免"，"教令既施，罪不至死者，皆提察然后决，犯死刑者覆奏，然后听断，不致刑及无辜"⑦。三要禁私狱，废鞭背之刑。"笞有定制，禁私置牢狱，淫民无辜鞭背之刑，以彰爱生之德。"⑧

为了加强监督，许衡主张设御史并发挥其作用。他在《时务五事》中即提出"外设监司以察污滥"。不久又提出："重御史按察之权，严纠弹考劾之任。"后在《汰冗官疏》里，再次强调："必重风宪之权，任廉能之士，使巡行天下，纠弹黜陟无一不当。"这样"天下之民，何患不安乎？"

关于任人即官吏的培养、选拔和使用方面。许衡认为：（1）自古论治道，必须以用人为先务，如用人不得其人，一切法律、制度徒是虚文。他说："近而譬之，发之在头不以手理，而以梳理；食之在器，不以手取，而以匕取。手非不能，而用栉与匕，是即手之为也。上之用人，何以异此，不先有司，直欲躬役庶务，将见日勤日苦而日愈不暇矣。古人谓得士者昌，自用者小，意正如此。夫贤者识事之体，知事之要，与庸人相悬盖十百而千万也。"又说："国家切务，止在得人。人苟未得，制度徒纷更于此，无益也。"（2）君主以知人为贵，知能必用，用其所能。他说："然人之贤否未能灼知其评，固不敢轻用；或已知其孰为君子，孰为小人，复畏首畏尾，患得患失，坐失其弊，而不能进退之。徒曰知人而实不能用人。"因此必须"知能必用"，同时做到"任贤勿贰，去邪勿疑。"（3）用人应建立管理、考核、奖惩制度。他提出："俸给之数，叙用之格，监司之条例，先当拟定。"进而，他提出要裁撤冗官："天下之官有定员，岁取之人有定数，其科举与荐举考课之法具也。"这样使"贤者日进，不肖者日退。"（4）"设学养士"，培养人才。他主持元初国子监教育时，提出"教者当以宽容存心"，教人不仅要因材施教，而且要"随其学之所制而渐进"，"教人与用人相反，用人当用其所长，教人当教其所短。"培养出许多优秀人才，其中一些

⑤⑥⑦⑧ 《历代名臣奏议》卷七十六。

"致位卿相，为一代名臣。"

三、不"患法令难行"而"患法令无可行之地"

许衡虽然充分肯定法律在治国中的作用，但他不是"唯法律至上主义者"。他批评有一些人"徒患法令之难行，不患法令无可行之地。"什么是法律"可行之地"？它就是法律实施的良好社会环境。如何创造一个法律实施的良好社会环境？他认为靠两条：一是从经济上着手，"劝农桑以厚民生"，使人民饱食暖衣；二是从教化上着手，"修学校以善民心"，使人民明礼知义，并且认为经济是实行教化的前提和基础。

如何做到厚民生？许衡提出的措施是：（1）劝农桑，发展生产。许衡劝谏元蒙统治者，"劝农桑"，"直法文景之恭俭爱民"，"专心养民为务"，提议："今地广人微，设劝农官"，能"优重农民，勿扰勿害"。（2）薄赋敛，减轻农民负担。针对当时情况，他建议："减田租"，对于赋税应当"宜比旧减半或三分去一。就现在之民，以定差税，招逃者复业，再行定夺。"为了避免"今穷之者益损，富盛者增加"的情况，还要"宜禁行利之人，勿恃官势。居官在位者，勿侵民利，商贾与民和好交易，不生擅夺欺罔之害"，这样才是"真国家之大利"。同时"以户口增耗为黜陟"[⑨]，又提出："官吏无以养廉，责其贪则苛。"[⑩] 因此，"诸路大小官员有俸者量增，无俸者特给。"否则"不取之于官惟赋之于民"[⑪]。"官吏既有所养不致病民，而民则因此而少增岁赋亦将乐从。"[⑫] 而对"有犯于民"的，则"设条定罪"。（3）对于"鳏寡孤独废疾者，宜设孤老院，给衣粮以为养"[⑬]。

许衡认为"衣食以厚其生，礼义以养其心"是减少和消除犯罪，使法律得到贯彻实施的保证，是治国的根本方法。"此道之行，民可使富、兵可使强、人才由之以多，国势由之以重。"不行此道，则"生民不免于水火"，并极为恳切地说："能行二者则万目皆举，不能行此二者则他皆不可期也"，此"实自古圣君贤相平天下之要道"。

四、君主率先垂范，带头守法

许衡认为君主在国家政治生活中处于最高的地位，"人君处亿兆之上，所操者予夺进退赏罚生杀之权，"对法律的存废、国家的兴亡起到至关重要的作用。如果君主本身不正或"不幸见欺，以非为是，以是为非，"则贻害无穷。但是要当一个好君主是不容易的，"为君难"。因为"天下之大，兆民之众，事有万变，日有万机，而人君以一身之心酬酢之"，在工作中不出失误是不可能的。于是他在《时务五事》中详尽地阐述了如何当好一个君主的问题，特别是在道德上和能力上，对于君主提出了很高的要求。他以历史为鉴，分析提出：

---

⑨⑩⑪⑫⑬ 《历代名臣奏议》卷七十六。

“民之戴君，本于天命，初无不顺之心”⑭，但后来众叛亲离，遂至于亡，这是为什么呢?“人君有位之初，既出美言而告天下矣，既而实而不能副，故怨生焉。”“人君特以己之私而厚一人，则其薄者已疾之矣；况于薄有功而厚有罪，人得不怒于心邪?”⑮ 他认为要当好君主，需要注意六个方面的问题，即践言、防欺、任贤、去邪、得民心、顺天道。其中最根本的是君主要去私兴公，以修身为本，率先垂范，带头守法。要求君主儆到“凡一言一动，必求其所以然与其所当然”，“不牵于爱，不蔽于憎，不因于喜，不激于怒，虚心端其意，熟思而审处之”⑯。则其指挥和决策“虽有不中者，盖鲜矣”。同时要做到“无喜怒”，“无爱憎”，“有喜怒，则赞其喜以市恩，鼓其怒以张势；有爱憎，则假其爱以济私，籍其憎以复怨。⑰这样“赏之罚之，生之杀之，鲜有得正者。”总之君主如能做到“一言一动，举可以为天下之法，一赏一罚，举可以合天下之公”，则“亿兆之心，将不求而自得”⑱。天下岂有治理不好的道理?

许衡一生虽志在从政，实际并未被重用。但其提出的政治法律思想，对元初推行汉法，实行封建化，以及元朝封建法制建设却起了很大的作用。

⑭ 《元史》卷五十八。

⑮⑯⑰⑱ 《元史》卷五十八。

张建国

论文帝改革后两汉刑制并无斩趾刑*

简介

张建国，男，1951年7月出生于天津市，北京大学法学院教授，博士生导师。主要研究领域为中国法制史，成果集中在战国秦汉魏晋时期，主要涉及法典编纂、刑罚制度、诉讼制度等方面的研究。1966年上初二时因“文化大革命”开始而学业中断，1968年12月参加工作，恢复高考后1978年考入北京大学历史系，1982年毕业，获历史学学士学位，同年考入北京大学法律系，1985年毕业，获法学硕士学位，并留校任教至今。期间曾在日本东京大学法学部做客员研究员1年，以客座教授身份在九州大学任职2年。

---

* 原发表于《中外法学》，1993（4），有修订。

一、问题的提出

统编试用教材《中国法制史》论述汉朝的刑罚制度时认为："汉代经文帝除肉刑后，肉刑有三，即笞刑、宫刑和斩右趾。"在稍后具体分析斩右趾刑名时说："斩右趾，西汉文帝时废除。……但到东汉明帝、章帝及和帝的赎罪诏书中均明确提到斩右趾的刑罚。这说明斩右趾的刑罚废于西汉。而复行于东汉"。目前见到的中国法制史方面的诸种教材与论著讲到汉的刑制时，虽在文字上略有不同，但大体上都持上述观点，认为东汉恢复斩右趾这种肉刑几乎成为通论。通过查对史料，笔者认为这是受到后汉书注文的影响。《后汉书·明帝纪》："（中元二年）十二月甲寅（中元为光武帝年号，但此时明帝已即位），诏曰……天下亡命殊死以下，听得赎论，死罪入缣二十匹，右趾至髡钳城旦舂十匹，……"书中此处有注："《前书音义》曰，右趾谓刖其右足，次刖左足，次劓，次黥，次髡钳为城旦舂"。注文给人一种印象，即正文中的右趾是指斩右趾，并由此推论东汉时恢复了这种肉刑。然而根据《汉书·刑法志》（以下简称汉志）的记载，西汉文帝除肉刑已将黥、劓、斩左趾和斩右趾的刑罚废除："当黥者，髡钳为城旦舂；当劓者，笞三百；当斩左止者，笞五百；当斩右止，……皆弃市"（止通趾）。后汉书的注文又将它们逐一列举，似乎是认为明帝纪中"右趾至髡钳城旦舂"之间有从刖右足、刖左足、劓、黥到髡钳城旦舂等四种肉刑一种徒刑共五个等级，结论将会是文帝所废此时全都恢复了，这显然不符合东汉时的实际情况。因此我想也许是注后汉书的人未加详审的误注。文中的右趾一词应如何理解，我想从刖足和斩趾这一刑种的历史和具体形态谈起。探讨右趾在文帝改革前后的不同含义，钛左右趾的使用与其在汉刑制中所处的位置，以及与此有关的班固的法律思想。为节省文字，有些相关史料不能尽引，以能澄清模糊概念与说明问题为限，不当之处，敬请读者指正。

二、刖足与斩趾

《周礼·秋官·司刑》中讲到周的刑制时有："刖罪五百。"注云："刖，断足也。周改膑作刖。"刖字的本意是"断"，但一般很少用于别处，所以刖足至后来便省称为刖。周礼成书年代较晚，其中的制度是否真的符合周代情况尚有疑问，但一般来说，春秋战国时刖足刑的存在应是比较确定的，而在秦汉时代，令人确信无疑的文献中刖足的本名称作"斩止"，如前引汉志，还有近年出土的秦简这种一手资料中也有："五人盗，赃一钱以上，斩左止，又黥以为城旦"。及"群盗赦为庶人，将盗械囚刑罪以上，亡，以故罪论，斩左止为城旦”[①]。这些都说明“止”为本字，常被古人释为足，今人更解释为脚。可是现代汉语中脚往往是指踝骨以下的部分，大致包括足趾、足前掌与足跟等。“足”字在汉字中出现很早，秦汉不称为斩足刑而称斩止刑，我想其本意也许在于并不是砍掉整个脚，或可推论此前存在的刖足刑受刑部位也相同，即只断去脚的一部分。《庄子·德充符》曾提到三名兀者，据注文可知“兀”是指刖足。原文有：“鲁有兀者叔山，无趾，踵见仲尼”。崔譔注云：“无趾故踵行”。这句话的意思是：鲁国有一位受过刖足刑的人名叫叔山，因无足趾，用足跟走路来见孔子。再证之以《左传》，昭公三年时，晏婴论齐国滥用刖刑，致使“国之诸市，屦贱踊贵。”下有注文，意为踊是指被刖足的人所穿的鞋。这说明刖足人也需要鞋，如刖足是将整个足断去，势必没有可以穿鞋之处。因此依据上述史料，我想可归纳出以下二点判断：第一，春秋战国秦汉时，刖足刑只断去脚前面的部分而保留足跟部，即仅断去现代医学所称的足趾最多加上跖骨所在的部位，被刑者没有脚趾或整个足面，不过靠残足穿上特制的鞋仍能行走。第二，载斩趾名称的秦汉文献可信度较高，以此为刑罚名称即既合本义又符合当时刑制现状。因为秦汉的斩趾刑都非单处刑种而是伴有城旦舂徒刑的合并刑，被刑者虽无脚趾或者前脚掌而行动受限，却可因保留足跟穿上特制鞋尚能行走，可以继续从事较繁重的徒役。和完全无脚只能坐着从事劳动相比，无论是从加大囚犯劳动强度以使其备受苦楚，或从有利于统治者获取这种廉价劳动力等方面看，更宜于统治者采用。秦简中所见盗窃犯不像古代世界有些法系那样施行断手刑而用断趾，恐怕正是表明中国古代基于需要驱使犯人从事重劳役的考虑。

文帝在法律中删除断趾刑后，历史上只有两处在右趾之前冠以“斩”和“断”的记载，从实行情况看，都是极短时间内的事情。一次是在汉景帝时，但提及此事却在《三国志·钟繇传》。三国时魏国主张恢复肉刑的钟繇上疏说：“大魏受命，继踪虞夏，孝文革法，不合古道。……陛下（指魏明帝）远追二祖（指魏武帝曹操和魏文帝曹丕）遗意，惜斩趾可以禁恶，恨人死之无辜，乃明习律令，与群臣共议。出本当右趾而入大辟者，复行此刑。”

明帝想恢复斩右趾的刑罚和钟繇的一贯主张相吻合，因此钟繇建议从现在开始，除了审理案件要广为征求各种人的意见外，还要：“使如孝景之令，其当弃市，欲斩右趾者许之。其黥、劓、左趾、宫刑者，自如孝文，易以髡笞。”这里所引用的孝景之令在《汉书·景帝纪》中不见记载，我想这应该是景帝时死囚犯很少，又考虑到想免这些人不死，临时决定下令判处弃市之人可选择斩右趾而不死。而景帝在后来恢复早已废除的宫刑，作为对死刑犯的宽贷，宫刑的恢复解决了死刑过重的问题。也符合古代刑制死刑之下一等为宫的旧制，所以不会再使用斩右趾之法，宫刑在以后，特别是东汉的赦罪诏书中常可见到。而景帝恢复宫刑在景帝纪中能见到记载：“中四年，赦徒作阳陵者，死罪欲腐者，许之”。腐刑又称下蚕室，同为宫刑的别称，继景帝之后的武帝，曾因司马迁为李陵之母说情，一怒之下将其下狱，后被下蚕室。这一切表明，死刑赦减已有宫刑存在，作为特定条件下的免

① 睡虎地秦墓竹简整理小组：《睡虎地秦墓竹简》，150页、205页，文物出版社，1978。

死之法为汉的后继皇帝所使用，不会再出现并行的第二种免死之法，所以汉书中没有记载可能只使用过一次的“欲斩右趾者许之”的孝景之令。还有宫刑在东汉安帝时由于陈忠的建议被最后废除而不再用，恢复与停用都有据可查。而从东汉末一直想恢复斩趾刑的各种议论来看，东汉末肯定无此刑，斩右趾在何时从刑制中消失也无迹可寻。历史上第二次恢复断右趾是正式刑种，但那已到了唐代，是唐太宗时作为免除部分绞刑死罪的替代刑出现的。因房玄龄的意见为太宗所采纳，此刑旋即废除。②

三、右趾并非指斩右趾

稍加留意，可看出右趾在两汉史籍中出现分为冠有“斩”字和没有“斩”字两种，前者出现于文帝前，后者则出现在文帝后，斩右趾我在上面已略加论述，而仅有“右趾”两字的刑名我认为非指斩右趾而是吋右趾。右趾不仅见于有些学者注意到的东汉几位皇帝的诏书中，在主要为论述西汉史实，写于东汉初年的班固的《汉书·刑法志》中也可以看到，不知为什么被主张东汉恢复斩右趾的人所忽略。班固在汉志中分析道：“今汉道至盛，历世二百余载。考自昭、宣、元、成、哀、平六世之间，断狱殊死，率岁千余口而一人，耐罪上至右止，三倍有余”。

上面讲到“右止”都是西汉时期，依本文至少汉昭帝时便有此刑。从昭帝上推分别有武帝、景帝和文帝等时期，如认定右止是“斩”右趾，那么实际就成为文帝除肉刑仅过三代便恢复了斩右趾这一肉刑，并沿用近百年直至西汉末，再沿用到东汉，这显然不符合历史的真实情况。班固在同一汉志中最后论刑的部分也有助于排除这种可能：“今汉承衰周暴秦极敝之流，俗已薄于三代，而行尧舜之刑，……违救时之宜矣。且除肉刑者，本欲以全民也。今去髡钳一等，转而入于大辟，以死罔民，失本惠矣。”文中的除肉刑当指文帝改制，正是因为没有斩趾刑，所以才说只要比髡钳城旦舂再加一等，就要入于大辟死刑，西汉在文帝后刑制中无斩右趾应无疑义，汉志中的“右止”只能是指吋趾刑。

至于东汉时期提及右趾的史料也应做同样理解。为解除疑问，不妨再逐项分析一下。这些赦罪减免诏书除本文开头引述的一例外，还有《后汉书》明帝纪所载永平十五年诏、十八年诏；章帝纪所载建初七年诏、章和元年诏。内容与本文开头所引明帝诏大致相同，都是对逃亡在外、犯了应处右趾之罪的人给予以交纳缣帛赎免本罪的恩赦。而另一例安帝纪中延光三年诏与上述略有不同，“诏郡国中都死罪系囚减罪一等。诣敦煌、陇西及度辽营，其右趾以下及亡命者赎各有差。”此处被判右趾刑的是关押在狱的囚徒而不是亡命避罪之人，说明右趾是刑制中的正式刑种，犯罪者可以被直接判处此刑，而诏书中允许被判右趾刑的人以赎免刑，除此之外还有一例不是诏书的记载也提到右趾刑，安帝永初三年，临朝听政的邓太后录囚洛阳，“理出死罪三十六人，耐罪八十人，其余减罪，死、右趾已下至

---

② 参见《旧唐书·刑法志》,《新唐书》记载略同。

司寇”③。后一句的意思是说对确实有罪应处死刑、右趾刑及其以下直到司寇的徒刑等犯罪之人都给予减等处刑，同样显示了右趾为正式的法定刑。而能够证明它不是“斩”右趾的史料有下列数种。

《后汉书·陈宠传》讲到陈宠在和帝时为廷尉，当时汉代律令中有“死刑六百一十，耐罪千六百九十八，赎罪以下二千六百八十一，”他认为应删除到和吕刑那样“五刑之属三千”的水平，“使大辟二百，而耐罪、赎罪二千八百，并为三千，……”这里有两点可证明无斩趾刑存在。其一，我们上面提到章帝诏和安帝诏中都有“右趾”一词，和帝时期是在这两个皇帝之间即在位顺序是章帝、和帝、殇帝、安帝。陈宠在列举汉刑名时有三大类，即死刑、耐刑（即徒刑）、赎，我们上面已证明右趾为正式刑名，并非像下蚕室那样因属非常用刑不在刑制，肉刑是仅决于死刑之刑制，如果有斩趾的定制存在，陈宠怎么能不提呢？其二，吕刑的五刑为墨、劓、馁、宫、大辟，这里陈宠既然与之对照，却只提死、耐、赎，根本没提斩右趾，如果刑制中真的存在，怎么可能省略不提呢？

再如《后汉书·朗荳传》说朗荳于顺帝阳嘉二年（公元 133 年）上奏“条便宜七事”，其中第七事为“……文帝改法，除肉刑之罪，至今适三百载，宜因斯际，大蠲法令，……”这不用说是将文帝十三年（公元前 167 年）除肉刑一事作为旷世盛典来纪念，并要借三百周年之际修订法律。如肉刑之中最主要的刑种特别是在文帝十三年明令废除的刖足之刑已恢复使用，文帝改法也就失去纪念意义而没必要此时再提起。

以上为东汉中期，东汉末期的记载也颇能说明问题，仲长统提到“肉刑之废，轻重无品，下死则得髡钳。”仲氏认为这是肉刑被废除使刑罚缺少了中间的等级，因而主张恢复肉刑。还有《晋书·刑法志》所云东汉末年，“是时天下将乱，百姓有土崩之势，刑罚不足以惩恶，于是名儒大才故辽东太守崔寔、大司农郑玄、大鸿胪陈纪之徒，咸以为宜复肉刑，汉朝既不议其事，故无所用”。亦可以从一个侧面证明东汉并无斩趾肉刑的存在。

魏晋时期议复肉刑的记载也可说明问题。《三国志·钟繇传》中记司徒王朗反对钟繇复肉刑的主张，认为“前世仁者，不忍肉刑之惨酷，是以废而不用。不用已来，历年数百。今复行之，……非所以来远人也。”王朗反对的正是恢复斩右趾之刑，如果东汉有斩右趾，那么我们以最晚见到右趾一词的安帝延光三年诏来计算，至王朗等人议肉刑的魏太和年间最多不超过 108 年，王朗怎么会说“不用已来，历年数百呢”？显然应指西汉文景之后数百年没使用过。其他如魏的陈群，晋的刘颂等人在主张恢复肉刑时都抨击西汉文帝改法不当，而从来未提及东汉有斩右趾④，若东汉时有此刑名存在，不论是正式的还是非正式的刑种，他们在立论时不可能不加以引用以支撑自己的论点。

---

③ 见《后汉书·和熹邓皇后纪》。

④ 分别参见《三国志·陈群传》和《晋书·刑法志》。

四、钛左右趾的刑制与班固的法律观

汉制中文帝改制这一段有晋代臣瓒的一个注解："文帝除肉刑，皆有以易之，……以钛左右止代刖。"说文帝时便以时代刖，显然不对，因文帝已将斩右趾改为弃市，斩左止改为加笞，而并非直接以钛右趾代斩右趾。但如依此考注考察汉律刑制中有钛左右趾之刑还是可以确认的，并且在刑罚中的等级是紧跟在死刑之后。

文帝将斩左趾改为加笞五百，景帝元年改为三百，景帝至中六年又改为二百，以使加笞者不至于因笞数太多大半被打死，但这又出现班固所说："死刑既重，而生刑又轻，民易犯之"的情况。所谓生刑是相对死刑而言，实际是指徒刑中最高的等级轻，我们可把当时的相关几个等级列举一下，顺便说一句，不少人将文帝的肉刑改为加笞误认为是汉代的笞刑，这是一种错误的理解，还将汉笞刑列为介乎与死刑和徒刑之间的刑罚，所谓笞刑"是比徒刑重的刑"[5]，这是不对的。景帝时改革减为笞一百和笞二百等加笞，是指在髡钳城旦舂徒刑基础上加笞，而汉的独立刑种笞刑不是指这一种（容另文详论）。

死刑最低一级：弃市（原斩右趾并入）

徒刑最高一级：髡钳城旦舂加笞二百（原斩左趾改成）

徒刑第二等级：髡钳城旦舂加笞一百（原劓刑改成）

徒刑第三等级：髡钳城旦舂（原黥刑改成）

由于既不能恢复斩趾的肉刑，又嫌生刑太轻，钛趾作为附加于徒刑最高级的加重措施便出现了，出现的时间大约应在汉武帝时。《史记·平准书》称汉武帝时盐铁实行专卖，百姓未得到官府特许，私下"敢铸铁器煮盐者，钛左趾。"钛左趾出现在武帝时应无问题。钛右趾按汉志武帝之后的昭帝时已有。因此剩下来的问题就是证明它何时作为徒犯加重措施开始出现。史记索隐引用张斐的《汉晋律序》，对时的解释是："状如跟衣，著足足下，重六斤，以代膑，至魏武改以代刖也"[6]。此句文字上有错讹。

考《晋书·刑法志》称魏武帝曹操想恢复肉刑，由于各种原因没有议出结果，"于是乃定甲于科，犯钛左右趾者易以木械，是时乏铁，故易以木焉。"由此而言，魏武之时仅将以铁制成的时趾械具改成木制的，魏武之前的汉末也有郑玄等人主张复肉刑，说明曹操当政前、当政中、当政后根本无刖刑存在，怎么会用时"改以代刖"呢？以张斐这样曾为晋律作注的历史上著名的大法律家，断不会对时隔不久的魏武以木械代铁械之事这样孤陋寡闻，错谬以致于斯。所以我想大胆地推定，张斐文中"魏武"一词当为"汉武"，或者仅书写为"武帝"，因晋代也有武帝，后人恐怕觉得不应为晋武帝时有此变化，晋律留传的时间也较长可以对照，逐上推至魏武。径行将张斐原文改易，此文中前一"足"字也可证明后世传

⑤ 见钱大群主编《中国法制史教程》，174页，南京大学出版社，1987。

⑥ 《史记·平准书》。

抄之人的不经心，显系一讹字。中华书局本的史记认为此字应为“左”，[⑦] 我想恐怕不准确。在张斐原文中仅改为“左”，没有提出排除另一字“右”的证据，立论不足，两字字形与足字也不相近。我觉得此字似应为“之”字，手写体与“足”字有相似之处，笔划稍粗或略草，后人传抄致误。原文似可校订为：“状如跟衣，著之足下，重六斤，以代膑，至武帝改以代刖也”。至于文中称时是代膑而传下来的，目前找不到可信资料证明二者之间的联系，或许时的历史相当早，大概秦简中所示秦法中“鋈足”刑罚是其来源。但鋈足是对应处肉刑的一种免肉刑的宽贷方式，汉代如沿用此刑，文帝除肉刑时也许便一起除去，武帝重新启用作为对徒犯的一种加重惩罚的措施。因为武帝既不能改动文景时除肉刑的祖制，想恢复刖刑而不敢，又要解决其在位时天下纷乱，生刑过轻的问题，只好用象征性的时趾之刑代替。这样解释也许能够说通。

（著者按：此处所提到的看法，因中华书局标点本的底本出现错误，因此根据此版本《史记索隐》之文进行的推测也不正确。《史记索隐》另有正确的原文，著者根据正确的原文所作的解释可参见本书中《魏晋五刑制度略论》一文的有关部分。）

班固写汉书为什么不讲钛趾刑的刑制呢？刑法志本文有“右止”之词出现，食货志也有和史记平准书相同的刖左趾的记载，此制在武昭时期存在是毫无怀疑余地的，且在此后的西汉和东汉一直沿用。东汉明帝的诏书中“右趾至髡钳城旦舂”之间的等级现在就比较好解决了，我推测应为下列各等，在弃市这一死刑之后应有：

1. 钛右趾，髡钳城旦舂加笞二百；
2. 钛左趾，髡钳城旦舂加笞二百；
3. 髡钳城旦舂加笞一百；
4. 髡钳城旦舂。

（此处的推测，后又有修正。新的推测将另文在其他刊物上发表。）

以上前三等判决后立即杖笞，在服髡钳城旦舂这种五年徒刑方面与第四等一致，所以汉代便称“下死则得髡钳”，即死刑之下是髡钳城旦舂。刑制中髡钳虽有四等，差别却在后期执行徒刑中并不很大，所以东汉诏书赦免亡命令其赎罪把这四等归类为一个大等级，赎额是一样的。班固略去这些刑制不讲，一是由于他的刑法志本身就不详列刑等之制，二是和他的法律观有关。他也许是史书记载中最早一位对文帝除肉刑表示不满的人，认为这不合儒家心目中的古制，其所撰刑法志触目尽是儒家的学说与理想。特别是志中最后一部分历数了合于儒家经典的汉代一些改法措施并加赞许之后，仍认为“礼教不立，刑法不明”，“未能称意比于古者，以其疾未除，而刑本不正。”接下来他引用了荀子正论篇一大段否定象刑主张肉刑的学说论点，并加以新的阐发，认为象刑的本意是“象天道而作刑”，不是世

---

⑦ 原文写作时，我曾提到中华书局点校本的沈家本《历代刑法考》刑法分考七中，当谈到张斐《汉晋律序》时，有一按语：“按：上‘足’字当作‘右’。”因此指出沈家本这一说法也不正确。但本论文发表后，后来翻阅沈家本《遗书甲编》，才发现沈家本原文并不是“右”，而是写成：“按：上‘足’字当作‘左’。”虽然把第一个“足”字改为“左”字的说法，我同样认为不正确，但沈家本并未主张这个“足”字为“右”，这是需要说明的。

俗所称的象征性穿上“菲履赭衣”来代刑。他认为即使按世俗之说来解释，汉的除肉刑一事也是错误的，造成重的过重轻的过轻的刑罚不正都是因为没有了肉刑，因此强烈主张应加以恢复，实际提出的具体方案是改回到汉文帝以前的状态。汉代不少儒学之士对汉武帝无好感而颇多非议，班固主张肉刑反对象刑，武帝和象刑都是他抨击的对象，当然认为吋趾刑这种最明显的具有象征形式的象刑不值一提（即便不是草鞋而是铁械），主观的认识很可能影响了对客观的记述。他的观点应当说对后世影响很大，关于象刑概念的新的阐释，以及退一步“因俗说而论之”，认为象刑在民风淳朴的古代尚可行而在当代难于实行，解决了反对象刑之说与儒家经典记载上的令人尴尬的矛盾，使象刑说差不多在后世销声匿迹了。不单是反对复肉刑的人再没有谁以此作为论据，而且在晋以后的刑制中再也不见这种象征性刑罚措施，这不能不说与班固的法律观的影响有一定关联。

曲可伸

从中西传统法律文化比较看中国法制现代化的前景*

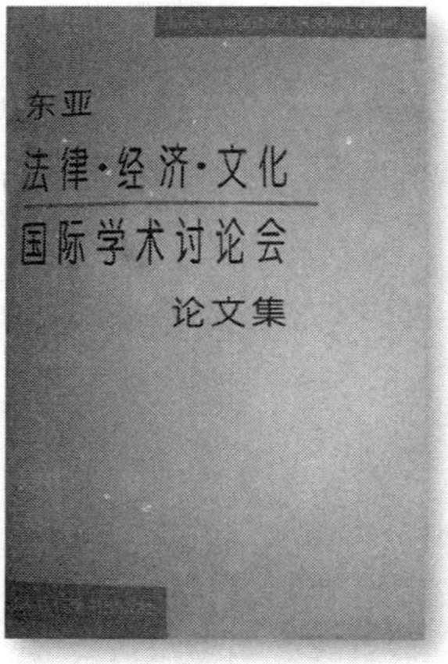

蓬勃发展的我国社会主义现代化建设事业，迫切需要理论上的借鉴和创新，需要我们认真研究和总结古今中外有关历史经验和现实实践，以便从中吸取经验、启迪和借鉴。当然，任何借鉴都代替不了自己的创造，具有中国特色的社会主义现代化理论，要靠我们的理论工作者在马克思主义毛泽东思想指导下，从我国现代化的实践中概括和总结出来。法制现代化也是一样，也需要继承和创新，没有继承就不能创新，没有创新就不能发展。因此，在我国法制现代化的进程中，如何对待我国传统法律文化，其中有无精华可以继承发扬？如何对待西方传统法律文化，能否借鉴和吸收其中有益的东西，为我国所用？以及如何在继承优良传统基础上，广泛借鉴，博采众长，实现我国法制现代化等问题，都是些十分重要，十分复杂的问题。长期以来，我国学界对此争论颇多。本文拟从中西传统法律文化比较角度，对这些问题谈一点不成熟的个人看法，请大家指教。

一、中西传统法律文化比较研究中的两种倾向

这里说的两种倾向是指长期以来中西传统文化（包括传统法律文化）比较研究中的“反传统主义”和“全盘西化论”。这两种思潮在中国均出现于“五四”时代，此后长期成为我国社会的主流思潮和政治目标，至今仍有很大影响。

这里先谈“反传统主义”。众所周知，中国是世界著名文明古国之一，中华民族具有悠久而光辉灿烂的传统文化，在世界文明史上占有重要的历史地位。中国传统文化对欧洲启蒙思想的发展曾起过重要作用，18世纪的思想家，如伏尔泰、莱布尼兹等不仅从东方文化

* 原发表于《东亚法律·经济·文化国际学术讨论会论文集》。

中吸取智慧，而且从中找到了使他们的哲学思想赖以发展的源头活水。中国传统文化当时曾被誉为“理性的完美体现”，中国社会也曾被推崇为处于哲人治理下的“模范社会”。但是从19世纪末20世纪初，随着欧洲资本主义工商业现代化的发展及殖民扩张，中国在外国人心目中的形象每况愈下，几乎没有一个欧洲思想家认为中国社会及其文化有什么积极可取之处。中国社会被视为“一具涂了防腐香料的木乃伊”。中国文化被诋毁为“守旧落后的化身”。那么，中国人是如何看待自己呢？自19世纪西方文化破门而入之后，中国的主流思想先是“师夷之长技以制夷”，继之为“中学为体，西学为用”，一直发展到“五四”时期全盘否定中国传统文化的价值，连当时中国第一流的思想家也认为中国传统文化全是吃人的礼教和封建遗毒。如胡适就完全以中国传统文化的糟粕与西方传统文化的精华相比，而将中国传统文化概括为裹小脚加鸦片烟，将西方传统概括为科学、民主、自由、人权，等等。正像有人所指出的，“五四”以来，否定传统和反传统已经形成为一种“新传统”，其中对传统法律文化否定和反对得更为彻底。这里暂且不说一个民族的传统文化能否尽为糟粕，可否全盘否定，光就这一现象来说在世界史上也是够奇特的了。美国独立战争时强调与英国割断联系，发扬美国传统；德国在近代化过程中向英国人法国人学习的同时，强调发扬日尔曼传统；以色列复国时强调恢复希伯来传统；日本明治维新时期积极向外学习的同时，也大力提倡发扬大和精神，以激发大和民族的自尊心和自信心，结果就使日本从一个封闭落后的封建国家在短短的一百多年中一下子变成当今世界现代化的经济大国。明治维新的志士们既不是一个全盘西化主义者，也不是一个顽固保守的全盘传统主义者。唯独中国在现代化过程中出现了全盘否定传统的“反传统主义”和“全盘西化”思潮。

这对我国人民的爱国情感和民族自尊心及自信心的损伤和影响是极其严重和深远的。“全盘西化”在中国是“五四”时期提出的口号，其政治目标是以西方社会模式全盘改造中国社会。这是反传统主义的必然结论，因为既然已经全盘否定了传统，中华民族就失去了几千年祖祖辈辈辛勤耕耘所创造的一切和引以为荣的过去，剩下的当然也就只有“全盘西化”了。其实说“全盘西化”是“五四”时期一些中国思想家的发明，也未免有点过誉了。“西化论”就其本源来说乃是“欧洲中心主义”或“西方中心主义”的产物。欧洲自黑格尔以后的大部分思想家都认为以欧洲模式发展起来的工业文明是世界历史发展的必然规律和不可抗拒的潮流，世界各民族的发展都必须走欧洲模式这条道路。后来，韦伯（M. Weber）将这种模式概括为“现代化单一性模式”。这种社会发展的铁的单元性模式不仅在理论上是错误的，而且也是不符合历史实际的。历史发展的事实证明人类文明发展伊始就是多元的，有中东文明、古希腊罗马文明、印度文明和中国文明等，其产生和发展模式也是多样性的，各显异彩，殊途而不一定同归。德国学者雅斯伯斯将此称为“轴心文化的多样性”，意思是说世界各民族的历史传统不同，其工业文明和现代化的途径和模式也是多元的，而不是单一的、清一色的。就当今世界来看，既有资本主义的工业文明，也有社会主义的工业文明；既有西方的工业文明，也有东方的工业文明；而在东方的工业文明中，既有日本的工业文明，也有韩国、新加坡和我国台湾、香港地区的工业文明。所以，第二次世界大战后，不再说“西方化”，而说“现代化”，这本身已经证明西方中心主义的狭隘的单一性的现代化模式已被事实突破。

所有国家或地区的现代化都发生与其传统的关系问题，现代化与传统，二者不是绝对对立的。现代化不可能是对传统的绝对否定。任何传统都是一分为二的，既有精华，也有糟粕。任何现代化都是在继承优良传统，扬弃糟粕基础上的创新。没有传统就没有现代化，没有现代化，传统就不能吸纳新血液，就不会迸发出新生机，就会因僵化而死灭。同样，西方传统文化也不全都是精华，也有糟粕，也有其更新演变的历史。西方的文艺复兴就是要复兴西方传统文化的精华，这就是古希腊的科学精神和民主精神、古罗马的法治精神和希伯来的崇拜上帝和个人平等尊严的精神。在文艺复兴中出现了三大思潮使西方传统文化实现了一次历史性飞跃和自我更新，由中世纪形态过渡到近代形态。这三大思潮：一个是人文主义思潮，其后通过启蒙运动又批判了封建专制主义和宗教蒙昧主义，宣扬了人道主义、人权和民主思想，强调了人的尊严和人的自由的价值；另一个就是宗教改革，即通过马丁·路德和加尔文对基督教的改革，使崇拜上帝的希伯来精神与资本主义精神结合，有力地推动了资本主义的发展；再一个就是近代科学的出现。文艺复兴后，西方出现了一大批自然科学家，为资本主义的强大发展奠定了新的自然科学的基础。由此可见，西方文艺复兴中三大思潮的出现不是否定传统，而是继承和更新传统的产物。

那么，中国传统文化，其中也包括传统法律文化是否尽是糟粕，毫无精华可言，而需要全盘否定，连根拔掉呢？有人说中国传统文化与西方传统文化相比，根本不存在古希腊罗马和希伯来三大文明源头，也根本无法引出文艺复兴三大思潮的活水。因此，中国传统文化对于实现中国现代化，从根本上说不仅不能有所帮助，而且是一种障碍，尤其是传统法律文化，更是如此。

首先，我们说任何一个民族都不能，也不可能完全抛弃自己的传统，除非你能完全换掉自己的血液。全盘否定中国传统就是否定中国性，就是否定中华民族性，就是否定中华民族在世界上作为一个独立文化体的存在。试问在否定了中国性，否定了中华民族作为独立文化体的存在，还能建设什么有中国特色的现代化呢？其次，既然任何国家民族的传统都包含有精华和糟粕两部分，而不可能纯是精华，或纯是糟粕。西方传统文化在其悠久的历史发展长河中，创造出了许多非常宝贵而有价值的东西，为人类的幸福和现代化做出了不可估量的重大贡献。但是，西方的现代化也带有其自己的传统在里面。不仅他们的民主带有其自己的民族性，他们的科学也深深带有神学的烙印。西方有许多大科学家都信奉上帝，都把自己的工作看作是为了证明造物主的英明。我们也承认我们的传统文化中存在着许多不利于甚至有害于我国现代化发展的封建专制主义毒素和糟粕，对此我们必须完全否定，彻底抛弃。同时，我们也应当看到我们的国家、我们的民族也有许多优秀的东西，有许多在世界文化史上独放异彩的东西。对此我们不仅不能否定，不能抛弃，而且应当很好继承、发扬光大。当然我们不能因此而夜郎自大，但也不应因为我们的传统中存在有许多落后的东西而自卑，而影响我们前进的信心和决心。总之，我们应当进一步解放思想，广阔胸怀，我们民族的优秀传统，我们要继承，要发扬，我国的优秀传统、全人类所创造的优秀传统，我们都要继承，都要拿来为我所用，只要我们需要。我们的出发点只有一个：就是凡有利于促进我国现代化发展，有利于促进我们民族觉醒，有利于加强和提高我们民族振兴的信心和决心的，不管其是古是今是中是外，都可以拿过来，为我所用。而不应囿于门户之见，加以拒绝。

二、中西传统法律文化差异之比较分析

中国传统文化是以儒家思想为主流的文化，“五四”时代以来，儒家思想被视为封建遗毒的代表，不断受到批评和攻讦，甚至提出“打倒孔家店”的口号。我们今天不是盲目地批判它，愚昧地尊崇它，而是冷静客观地研究它。因为如何看待和评价儒家思想与如何看待和评价中国传统文化（包括传统法律文化）有着不可分割的联系。

儒家的宗师是春秋时代的孔子，孔子是中国历史上最有影响的思想家，孔子学说的核心和基础是他的仁学思想。什么是“仁”呢？《礼记·中庸》篇称：“仁者，人也。”“樊迟问仁。子曰：‘爱人’。”《论语·述而》篇说：“仁也者，仁乎其类也”，“仁乎他物，不仁于人，不得为仁；不仁于他物，独仁于人，犹若为仁。”又说：“生生之谓仁”。故赵岐《孟子》注云：“仲尼重人类”，而不语怪力乱神。孔子的这种重人、爱人、重人事、重现实，对鬼神存而不论的思想充分反映他的无神论倾向及人本主义和人道主义精神。孔子的仁学开人的学说之先河，“走在了欧洲文艺复兴时期资产阶级人道主义和人本主义学说二千年之前。这种关于人的学说是中国历史的产物，是中华民族的智慧结晶。”孔子仁学思想的特色是它的重现实，重实践性。欧洲文艺复兴时期的人本主义和人道主义思想是理想主义的，而孔子的人本主义和人道主义思想则是实证主义的。因此，孔子的人学思想也就不能不带有许多时代的缺陷。他的这种实证主义的人本主义和人道主义思想由于带有浓重的时代性，其发展水平也就不能不受该时代的限制。这就是孔子的人学思想虽早于但却低于西方文艺复兴时期的人本主义和人道主义思想的发展水平的原因。但是，我们绝不能因此而不承认或贬低孔子的人学思想在人类认识史上的价值及其对西方文艺复兴时期人文主义思潮兴起的重要影响。

孔子以他的仁学思想作为他的整个思想体系的基点，扩展运用为解决当时各种社会问题的指导思想，从而提出了他的如何立人做人的伦理道德理想和如何为政治国的仁学政治法律学说。

先秦儒家的政治法律思想中，既有积极的成分，也有消极的成分。其积极成分主要是：

1. 儒家仁学思想中的重人、爱人、关心人和把人当作人的人道主义思想及其“为政以仁”的重民、爱民、利民、惠民的民本主义思想，以及其反对“苛政”、“霸政”，主张为政者要“克己”、“正己”、任人唯贤而不唯亲、不以天下为私和吊民伐罪、为民请命等思想。

2. 儒家主张“德主刑辅”，法律与伦理道德、政治、经济、教育等因素紧密结合，综合

治理，协同发挥其在治国中的作用，而不像法家那样，唯独承认严刑峻罚之可以治国的思想。

3. 儒家主张“直道”执法，不避亲疏、不媚权贵、不徇私情、刚直不阿的思想。这一点与法家主张的法不阿贵、绳不挠曲、不别亲疏、不殊贵贱、一断于法的思想是相通的。

儒家政治法律思想中的消极成分是：

1. 儒家的政治法律思想中虽然体现了以“仁”为中心的民本主义思想，但无论其所说的“仁政”、“民贵君轻”、或“德主刑辅”都是以君主为主体的对广大人民的统治，而与西方近现代的以人民为主体的“主权在民”的民主思想是根本不同的。

2. 儒家虽然将其仁学思想引进法律领域，强调重人、爱人、关心人和把人当作人的人道主义思想，但其与法家一样，他们的法律观念都是与刑、罪、禁民、防民等观念连在一起的，都是以义务为本位的“权力法”，而不是以权利为本位的“权利法”。所以，他们的法律价值观都是认为法是一种统治工具，即“帝王之具也”，而不是人民自由和权利的保障。

3. 儒家从宗法血缘关系出发肯定了宗法伦理道德关系与政治法律关系的一体化，把政治法律关系植根于宗法伦理道德关系之上，以封建伦理道德作为政治法律评价的普遍准则，从而给政治法律关系蒙上了一层温情脉脉的人伦情感的外衣，掩盖了政治法律关系的本质。

从上述我们对先秦儒家政治法律思想的概括分析，可以清楚看出，正是因为先秦儒家政治法律思想中包含有诸多积极因素，尤其是其过分宣扬人道主义、民本主义等内容，便决定了其不可能为当时的时君世主所欢迎，更不可能为秦始皇所容忍。故在群雄逐鹿的春秋战国时代，先秦儒家为寻找实现其政治法律主张的载体，而凄凄惶惶、到处游说，到处碰壁，直到秦始皇统一中国后，视儒家为实现其绝对君主专制的障碍，便断然对儒家实行了焚书坑儒的镇压政策。但是历史总是喜欢捉弄人的。谁知也正是因为先秦儒家思想中包含有诸多消极成分，而在秦亡之后，汉代在充分总结了秦行法家主张，公然实行暴政和重刑主义，滥施刑杀，从而导致了人民的强烈反抗至秦二世而亡的历史教训后，到汉武帝时便采纳董仲舒的建议“罢黜百家，独尊儒术”，把儒家思想推到了独尊地位。此后直到清末，儒家思想一直被奉为正统，对中国传统文化产生了巨大影响。但是，必须指出汉以后的儒学绝非先秦的原始儒学。汉以后的儒学对先秦儒学既有因袭继承，也有篡改发挥。但总体上讲，后儒则更多地继承和发挥了先秦儒家思想中的消极成分，同时各代又不同程度地吸收了法家的严刑峻罚的重刑主义和绝对君主专制思想。所以，汉以后的儒已非“纯儒”，而多是被阉割、被扭曲、被肢解了的儒学，其内容不是“内法外儒”，就是“儒法兼备”或“王霸杂用”。

从以上我们对中国传统法律文化历史发展的概述，已使我们清楚看到中西传统法律文化在很多方面都是大相径庭的。

首先中国在进入阶级社会后，原始氏族公社的脐带脱落未净，血缘关系仍是维系社会政治、经济、文化的纽带，父系宗法家族血缘关系与农业自然经济相结合形成农业宗法社会，个体私有制未能充分发展，法律与宗教、伦理不分，法律的本体概念就是刑，只有义务而没有权利的含义。西方的古希腊罗马属地中海文明，自古工商贸易就比较发达，个体私有制得到了高程度发展。由于居民频繁流动杂居，氏族制度遭到彻底破坏，其法律在产生时就是按照财产的多寡分配权利，故西方法的本体概念就有权利的含义。法律虽与宗教不分，但由于血缘纽带已被破坏，伦理情感自始就被排除于政治法律之外。在古希腊，冲破了血缘纽带束缚的自由公民创造了城邦民主制。在古罗马，从发达的商品货币交换的契约关系中产生了独立的人格权和自由平等的观念。到罗马法的鼎盛时期，在公法范围内虽然法律仍未与宗教脱离，但在私法领域，法律已与宗教分离，而得到独立发展。中国从春秋战国至秦，法律虽短暂地摆脱了宗教伦理，而走上了独立发展的道路，但到汉时法律又因受到儒家思想的影响而走上了伦理化的道路，连法学也成了伦理学的分支，一直到清末而无所改变。在中国，由于始终没有形成高于世俗权力的强大的神权法，法律又走上了伦理化的道路。所以，在中国，法一直匍伏于世俗权力之下，而为世俗权力之奴婢和工具。

中世纪，日尔曼人的征服，把西欧带回到粗野的原始状态，政治和法律都掌握在僧侣手中，法学成了神学的分支。神权和神权法高于并大于世俗权力，上帝面前人人平等。连路易十世也说“根据自然法则，人人都是生来平等的”，英王约翰也宣誓遵守“大宪章”。文艺复兴后，启蒙思想家又把罗马私法的独立人格权和自由平等的契约自由原则扩大运用于公法领域，将中世纪神权法高于世俗权力、上帝面前人人平等等原则改革为天赋人权、法律面前人人平等和法律至上等原则，从而实现了对西欧传统法律文化的近代化改造，创造出了适应资产阶级需要的法治理论。所以，美国著名汉学家费正清说：“中国旧法制是‘非现代’的，然而按其所处的时代环境来看，还不应马上称它是‘落后’的，早期欧洲观察者曾对中国人的秉公执法获有深刻印象，只是到了18、19世纪，西方改革了法律和刑法之后，中国才落后了”。

三、具有中国特色的社会主义法制现代化的前景

法制现代化包括法律制度的现代化和法律观念的现代化两个层面，只有这两个层面同步现代化，法制现代化才能真正实现。

我国从1840年鸦片战争失败后，为救亡图存计，开始以西方法律模式改造中国传统法律制度。辛亥革命后继续西化，到国民党统治末期，中国固有的“诸法合体、民刑不分、以刑为主”的传统法制模式已基本上被西方法制模式所取代。1949年新中国成立后，学习苏联所建立起来的法制仍然是西方模式。所以到目前为止，从法律制度层面的形式来看，我国法制大至模式、架构与分类，小至制度、概念与术语，可以说基本上已“全盘西化”了。但若从深层的法律观念来看，情况则相当复杂。一般分析，我国目前既存在马克思主义的法律观念，也存在西方资产阶级的法律观念，还有中国传统法律观念。如何正确对待和恰当处理这三种法律观念的关系，对我国法律现代化的实现及其前景具有极为重要的

意义。

我国现代化当前所急需的，一是商品经济，二是民主政治，三是法治。

我国法制现代化的目标是要建立一个具有中国特色的社会主义的高度民主的法治国家。它要求我们既要有法律制度的现代化，也要有法律观念的现代化。在法律制度现代化方面我们需要进一步健全和完善我们的法律制度，以适应我国社会主义的商品经济、民主政治和法治发展的需要。在法律观念方面，马克思主义法律观是我们的领导思想，但也有个创造性的运用和发展问题；西方资产阶级的法律观念是我国法制现代化的参照系，特别是其中有关商品经济、民主和人权问题，有个批判借鉴、分析选择、为我所用的问题；以儒家为主流的我国传统法律观念是我国法制现代化的历史背景和文化土壤，也有个批判改造、彻底转型与更新问题。话说来简单，但从我国一百多年来法制现代化的实践情况来看，问题并不是那么简单。我国传统的法律制度虽然早已死灭，但其亡灵——中国传统法律观念却仍在紧紧地抓住我们，使我们在法制现代化的道路上步履沉重，难以起飞。甚至实践中某些方面、某些环节，简直可以说要借尸还魂了。权力交易、钱权交易、以情乱法、徇私枉法、真是礼（物）多人不怪、什么都金钱化了、商品化了。权力关系网、人情关系网到处都在伤害着、吞噬着法，法律遭到人情、金钱利剑的疯狂破坏，哪里还有公道、法理可言。这难道不是重人伦、重人情、重私人关系的传统法律价值观念在回潮吗?！对外来的法律观念往往也是以传统的法律价值观念的“期待视野”加以衡量，或将其纳入传统法律价值体系的“接受屏幕”加以理解。结果接受来的东西不是被歪曲了，就只是浮面的东西，真正有价值的则未接受到。因此，我国法制现代化的建构，当务之急，首先是要彻底改变旧的传统法律价值体系，实现法律制度和法律观念的四个转型：

1. 由伦理型转为法理型

中国传统法律是伦理型的法律，过分重视人情，重视私人关系，干什么事情都是以情为贵，在情、理、法三者面前，往往重情不重理、认亲不认法，用情网去破坏法网，极大地妨碍了建立有效的法制。新中国成立后，通过各种政治、道德教育，使传统道德价值取向发生了很大变化，社会风气明显好转，以情为贵的观念开始改变，既讲人情，又讲法理，法理大于人情的风尚初步形成。岂料“文化大革命”袭来，派情膨胀，有派情而无法理，结果导致封建法西斯专政，无法无天。粉碎“四人帮”之后，拨乱反正，正本清源，人民普遍渴望法理重返人间。但改革开放以来，人情的激流回潮，严重的袭击着还很脆弱的法理。人情严重地被物化了，被金钱化了，人情交易之多超过历史上的任何时代，人情所到之处，几乎无往而不胜，常常使人只问恩怨，不问是非。只求实惠，不求廉正。只讲情面，不讲法理。若不有效地遏止此风，一切健全完善法制的努力都是徒劳的。在人情的海洋上是难以建立起牢不可破的现代化法制的大厦的。因此，要实现法制现代化，必须改变传统法律观念过分重视伦理、重视人情的价值取向，使我国的法律由伦理型转变为法理型。应当是法理大于人情，高于人情并制约人情，而不应是人情大于法理，高于法理并制约法理。否则，就会严重损害社会公理，使法制失去效力。

2. 由人治型转为法治型

中国传统法律观念重人治而轻法治，认为只要有个好君主、好官吏就可以治好国家。新中国成立后，虽然说法变了，但重人治轻法治的传统观念并没有变。长期以来，普遍认为革命和建设事业的成败，人的因素第一，干部决定一切。为对干部群众进行教育，今天一个整风，明天一个社教，运动不断，法制则被放在次要地位。新中国成立后虽然颁布了不少法律，国家并没有走上法治道路。"文化大革命"人治主义发展到了顶点，"四人帮"大搞个人迷信，以言代法，以权代法，以政策代替法律，大搞法律虚无主义。结果导致无法无天，各种冤假错案成堆，人命危浅，把国家推到了崩溃的边缘。粉碎"四人帮"以后，鉴于"文化大革命"无法无天的惨痛教训，党和国家开始强调保障民主，加强法制，使民主制度化、法律化。强调法律的稳定性，连续性和权威性，不因领导人的改变而改变，不因领导人的看法和注意力的改变而改变。强调有法可依，有法必依，违法必究，执法必严。保证公民在法律面前人人平等，任何人都没有超越法律的特权，党也要在法律范围内活动等等。同时，国家也加强了立法工作，制定出了许多重要的法律、法规，证明我国重人治轻法治的传统观念已在改变。但至今若从根本上说，仍未彻底摆脱人治的传统。

现代社会，国家的内政外交，政治、经济、科学、文化教育等等国事千头万绪，人、事关系错综复杂，瞬息万变。加上我国传统重视人情伦理，而且人的觉悟、思想、观点和情绪，喜怒哀乐随遇而变，如果把治理好国家的基点完全放在好领导好干部这一点上，那不仅是不科学的，也是靠不住的。因此，适应国家现代化的需要，必须改变过去重人治轻法治的传统，使我国法制由人治型转为法治型。法律至上，一切以法律为依归，把整个国家的一切活动完全纳入法治的轨道。不仅全体公民要严格守法执法，国家的一切权力也要受法律的制约，不准任何个人或机关单位超越法律，滥用权力。全体公民可以通过代议机关依法行使监督，追究责任，或交由全民公决。只有这样才能保证政治民主化，并使公民的生命、财产、自由和安全得到切实保障。

3. 由"身份型"转为"契约型"

这里借用了英国著名法律史学家梅因在其所著《古代法》一书中所说的一句话，即"所有进步社会的运动，到此为止，是一个'从身份到契约'的运动"。原意是说个人从家族团体的束缚限制之下解放出来向着个人自立自决的新的社会关系（契约关系）和社会秩序状态运动。这虽是梅因研究19世纪中叶西欧社会发展的轨迹所得出的结论，但它表明随着社会的发展，人们将从各种不同的"身份"网罗束缚和限制下解放出来，而获得自主自决的独立人格和自由平等的发展，从而推动社会向着一种新的社会秩序状态移动，就这一点说无疑是正确的。

在中世纪的西欧，或封建时期的中国，人的一切关系都是被概括在家族关系之中的。尤其中国在家族关系中，个人没有独立的地位和价值。新中国成立后，由于社会经济结构的改变，家族逐渐趋于瓦解，家庭逐渐愈来愈小，个人基本上已脱离了家族的藩篱。但是由于政治经济过于集权化，加上各种极左路线和极左思潮的为害，个人权利和尊严未能得到应有的保障，个人的价值也未能得到应有的发挥。

目前，随着我国改革开放的扩大和商品经济的发展，人格独立、个人尊严和自由平等民主的观念将会加强，个人的自治自决及个性的全面发展要求将会提高，我国法制必须从各种清规戒律，各种各样的“身份”限制下解放出来，转为维护个人的自由权利和尊严，充分发挥个人的积极性。当然，这里我绝不是说法律可以忽视社会价值，而只是说只有充分维护个人价值，才能充分发展社会价值。如果法律片面地过分地强调社会利益而忽视了个人价值，它就是无生命力的法律，因为社会是人的社会；反之，法律如果完全忽视了社会价值，那个人价值也是不可能实现的，因为人是社会的人。因此，如何求得个人价值和社会价值的均衡和谐与统一，才是法律应该追求的价值目标。

4. 由封闭型转为开放型

我国改革开放十多年来，已经取得了很大成就，这是有目共睹的。现在人们已经普遍认识到现代社会，科学技术突飞猛进，已经使整个人类社会变成一个血肉相连，休戚与共的有机整体。任何一个国家和民族都不可能离开其他国家民族而独立生存和发展。任何国家和民族如果坚持闭关自守、与世隔绝，那就意味着落后和死亡，就连发达国家也必须与他国进行各种交流、互通有无，取长补短，才可能保住自己已取得的成就，并继续提高。至于发展中国家就更不用说了。我国需要引进外国先进的科学技术、资金、管理科学等，这已成为事实，无庸多说。但是，我们需要不需要外国的法学，需要不需要借鉴和吸收外国的法律呢？在这方面我们过去是搞封闭主义的，一度曾认为外国的都是封资修的货色，只能加以批判，彻底与其划清界限，而一点也不能受其影响。其实，这种看法也太绝对化了。改革开放以来，我国社会出现了大量前所未有的新现象。例如尖端科技、市场经济、管理科学、银行货币、债券股票等等，都迫切需要制定新的法律、法规，加以调整。我国过去不但没有这方面的法律法规，也没有这方面的经验，怎么办呢？是慢慢从自己的实践中摸索总结经验，然后再立法呢？还是借鉴和吸收外国已行之有效的法律呢？当然是后者而不是前者。就是外国的民主制和人权理论，也不是绝对不可借鉴或吸收的。我们应当把西方文艺复兴后发展起来的民主制度和人权理论看成是全人类的财富，其中有不少值得我们借鉴和吸收的东西。当然我们绝不能食洋不化，光从概念上争论是没有什么意思的。问题是我们要有独立自主的主体意识，要从我国现代化的根本需要出发。凡有益于我国实现现代化，有益于我国人民的根本利益，有益于促进我国与世界各国间的平等互利交往的，我们都应借鉴、吸收，而不应拒绝。我们的改革开放是全方位的，我们的现代化是多元性的，不论是西方发达资本主义国家的法律，还是第三世界发展中国家或地区的法律，只要对我们有用，且行之有效，我们都可以，也应当借鉴吸收。我们也可以多方选择，博采众长，综合吸收。

王立民

阴阳五行说与我国古代法律*

简介

王立民，男，1950 年生，浙江宁波人。现任华东政法学院副校长、博士、教授、博士研究生导师。享受国务院特殊津贴。1998 年被评为全国优秀教师。2003 年被评为首届“上海高校教学名师”。2005 年获“上海市第六届教育科研工作先进个人”称号。自 1985 年以来，已经为各类学生开设了中国法制史、中国法律思想史、唐律研究、法文化专题研究、中外法制史比较研究等法学课程 10 门。在美国、德国、日本、韩国、新加坡和我国香港、澳门、台湾地区等的一些高校或研究机构讲学或交流。

已出版个人专著《上海法制史》、《唐律新探》和《古代东方法研究》，《法律思想与法律制度》等。主编、参编了其他著作 40 余部。在国内外发表论文 220 余篇，其他文章 180 余篇。主持、参加了 3 个国家项目、10 余个省部级项目、3 个福特基金项目。已获上海市和司法部等的学术成果奖项 10 余项。

兼任中国法律史学会执行会长、中国监狱史学专业委员会副主任、教育部高等学校法学学科教学指导委员会委员、中国司法考试协调委员会协调委员，上海市政治学会副会长等职。

---

* 原发表于《法学评论》，1994（1）。

阴阳五行说在我国古代的思想理论领域中占有很重要的地位，有人称其为“中国人的思想律”①。自然，它也会影响到法律领域。本文就阴阳五行说与我国古代法律问题作些探索。

一

阴阳五行说曾对我国古代法律产生过深刻影响。可以这样说，我国古代的法律是阴阳五行化的法律，我国古代的阴阳五行说是法律化的阴阳五行说。然而，阴阳五行说对法律的影响及其结合有个过程。

我国古代的当权者很早就把阴阳五行与法律联系起来，并以此为用刑的依据。《尚书·甘誓》载：“有扈氏威侮五行，怠弃三正，天用剿绝其命”，把触犯五行作为受刑的原因。以后的当权者根据阴阳五行化的《礼记·月令》中有关于春夏“省囹圄”、“韦毋刑”和秋冬“戮有罪，严断刑”、“罪无掩蔽”的规定，实行秋冬行刑制度。《左传·襄公二十六年》中也有类似记载，说：“赏以春夏，刑以秋冬。”

秦始皇比前人更重视阴阳五行说与法律的结合。由于周为火德，所以他定秦为水德，以示用水克火，并把自己的法律水德化，规定色为黑、数为六等一系列新内容。《史记·秦始皇本纪》载：“始皇推终五德之传，以为周德火德，秦代周，德从所不胜，方今水德之始。改年始朝贺皆自十月朔。衣服旄旌节旗皆上黑。数以六为纪。符法冠皆以六寸；而兴六尺。六尺为步。乘六马。更为河曰德水，以为水德之始。”从此，阴阳五行说大量侵入法律领域。在具体的法律规定中，也可看到一些类似内容。如秦曾把身高六尺以上者作为应负刑事责任者，即未至六尺者可不负刑事责任。《法律答问》说：“甲小未盈六尺，有马一匹自牧之，今马为人败，食人稼一石，问当论不当？不当论及偿稼。”② 此规定中的“六尺”与“以六为纪”正好吻合。

汉代是法律内容阴阳五行化的重要时期。在这一时期中，阴阳五行说在法律领域中大显身手，法律的阴阳五行色彩更浓。那时，多次强调在秋冬断狱行刑，并严格要求按照《月令》司法。西汉初就把断狱和行死刑定在秋冬季节。《后汉书·陈宠传》载：“萧何草律，季秋论囚，但避立春之月。”“汉旧事，断狱极重，常尽三冬之月。”此处的“极重”即指处理死刑案件。到了东汉也有类似规定。《后汉书·章帝纪》载：“其定律，无以十一月、十二月报囚。”实例也有不少。《汉书·酷吏传》载有这么一件事：王温舒是个“好杀行威”者，常以杀人行刑为乐事。一次，他费劲到邻郡捕获了一批罪犯，但由于时节已是冬去春

① 顾颉刚：《古史辨五》，404页，上海古籍出版社，1982。

② 《睡虎地秦墓竹简》，218页，文物出版社，1978。

来，不允许再刑杀，故叹息说："嗟乎，令冬月益居一月，足吾事矣!"为此，颜师古还作注说："立春之后，不复行刑。故叹之。"还有《汉书》的《夏侯胜传》和《于定国传》中也有此类记载。在汉代，秋冬行刑制度已被人们所接受，不执行这一制度的，便成了一条罪状，当权者还会因此而失民心垮台。王莽曾无视秋冬行刑制度[③]，有人对此作了评论，说："王莽悖暴，盛夏而斩人，此灭亡之时也。"[④] 可见，阴阳五行说深入法律内容之程度。

另外，汉代的"《春秋》决狱"，也是法律阴阳五行化的一个重要方面。《春秋》一书经董仲舒加工后，具有浓厚的阴阳色彩，成为可测阴阳之书。《汉书·董仲舒传》载：董仲舒"治国，以《春秋》灾异之变推阴阳"。以后，此书成了定罪量刑的依据，即"《春秋》决狱"。《汉书·应劭传》载："朝廷每有政议，数遣廷尉张汤，亲至陋巷，问其得失。于是，作春秋决狱二百三十二事。"因此，这种决狱也就是以阴阳五行说决狱。

唐代是法律阴阳五行化的完成时期，也是阴阳五行法律化的完备时期。在这一时期中，阴阳五行说已与法律融合于一体，代表作是唐律。唐律的许多内容直接或间接地反映了阴阳五行说的一些观点或要求。主要是：

第一，用《周易》经句来解释律中内容。《周易》是一部系统阐述阴阳理论的著作。唐律引用其中的经句来论证律中内容的合理性。《唐律疏议·职制》"私有玄象器物"条即援引《周易》中"玄象著明，莫大于日月，故天垂象，圣人则之"之句来说明，自然界的最大阴阳现象是日月，而且只有当权者才能掌握这一现象。因此，此律条规定，有关观察天文气象的用书，包括"玄象器物、天文、图书、谶书、兵书、七翟历、太一、雷公式"等，"私家不得有"，违者要被"徒二年"。

第二，把阴阳五行说作为确定律中制度的依据。唐律中有些制度的确定以阴阳五行说为根据，刑罚制度的"五刑"就是如此。五行以五为数，故刑罚也以五为数，即为五刑。唐律还专为此作了说明。《唐律疏议·名例》"笞刑五"条"疏议"说："孝经援神契云：圣人制五刑，以法五行。"以此来说明唐律确定五刑的原因。

第三，律中的有些内容体现了阴阳五行说的精神。唐律中的有些规定虽无直言阴阳五行，却体现了它们的精神，秋冬行刑即是如此。根据阴阳五行学的观点，一年四季与五行有密切的联系。梁启超先生曾在《阴阳五行说之来历》一文中揭示了这种联系，说："一年四季分配五行：春木，夏火，秋金，冬水；所余之土无可归，则于夏秋交界时为拓一位置。"[⑤] 每个季节各有应做之事，并在《礼记·月令》中加以限定，其中就有只能在秋冬行刑。对此，《唐律疏议·断狱》"立春后秋分前不决死刑"条作了规定，违反者要被"徒一年"。

唐律中一些阴阳五行化的内容，大多被唐后各代沿用，影响到后世的立法，使它们也同样与阴阳五行说结合在一起。

---

③ 《汉书·王莽传》。

④ 《后汉书·邓晨传》。

⑤ 《古史辨五》，352 页。

二

在阴阳五行说与法律的结合过程中，这一学说本身的发展和当权者对其的接受程度，起了关键作用。缺少其中的任何一个方面，它们的结合便会遭到挫折。我国古代法律的发展能证实这一点。

据史籍记载，阴阳和五行作为人们对自然现象的朴素认识，起源很早。《诗经》、《尚书》、《易经》和《史记》中都有阴阳之词。《诗经·大雅》载："既景乃冈，相其阴阳。"《易经·爻辞》载："鸣鹤在阴，其子和之。"另外，《史记·历书》载："黄帝考定星历，建立五行，起消息。"这里的一些阴阳和五行无非是表示日影、方向、天文气象之类，没有政治与法律色彩。

以后，虽有把阴阳五行与用刑相联系的规定，但也只局限在个别方面，主要是因为它们还未形成一种系统的理论。春秋战国时期，百家争鸣。阴阳五行思想经过老子、孔子的发挥，特别是邹衍的发展，逐渐成为一种理论。《史记·孟子荀卿传》载：邹衍"深观阴阳消息而作迂怪之变；始终大圣之篇十余万言"。其内容是"称引天地剖判以来，五德（五行之德）转移，治各有宜，而符应若兹。"可惜，此作已佚失，故现无法知晓其详况。但是，从有关史料来看，邹衍把土、木、金、火、水五行之间依次转移、相胜的关系，运用到朝代的更替领域。他认为，五行中的任何一个后者总克胜前者，而且往复无穷。每个朝代都代表着五行之一，而且新朝的兴起总与旧朝的衰落联系一起，并为旧朝所无法克胜。从这一理论出发，每个新建立朝代的各个方面都应与其所代表的五行之一相一致，包括法律。但由于这一理论未被诸侯们采纳，故对当时法律的影响不大。

秦始皇统一中国后，邹衍理论的信奉者把这套学说进献给他。《史记·封禅书》载："齐威宣之时，邹子之徒论著终始五德之运。及秦帝，齐人奏之"。秦始皇竟欣然接受并"采用之"，付予实践。于是，便有色为黑、数为六等一系列规定。此时，法律向阴阳五行化方面迈出了一大步。

汉代是阴阳五行说的大发展时期。在这个时期里，天人之说盛行，连奏书也言及天人关系。《汉书·翼奉传》载："奉奏封事曰：臣闻之于师曰：天地设位，悬明，布星晨，分阴阳，定四时，列五行，以视圣人，名之曰道。圣人见道，然后知王治之象，故画州土，建君臣，立律历，陈成败，以视贤者，名之曰经。贤者见经，然后知人道之务，则诗、书、易、春秋、礼、乐是也。易有阴阳，诗有五际，春秋有突异，皆列终始，推得失，考天心，以言王道之安危。"在这样的历史条件下，原从自然现象产生的阴阳五行便应运大发展。当时，接受和阐发阴阳五行说的人数及对这一理论的发展都远远超过前朝，甚至连儒生也加入了这个队伍，并起了很重要的作用，其中包括贾谊和董仲舒等人。在他们阐明的阴阳五行理论中，不同程度地与法律有关。贾谊认为，根据阴阳五行理论，秦为水德，汉继秦应"为土德"，因此要有一套符合土德而不同于水德的法律，包括"易服色制度"，"草具其仪法，色上黄，数用五”。总之，要按土德“改行制度”。⑥ 董仲舒则用阴阳来解释刑和德的关系，认为“天道之大者在阴阳。阳为德，阴为刑；刑主杀而德主生”。但是，“天任德不任刑”，所以“为政而任刑，不顺于天。”⑦ 以此来要求当政者施仁政，讲德而不专刑。

儒生的这套理论还为汉当权者所采用，因此秋冬行刑、“《春秋》决狱”便盛行起来，成为定制。《汉书·贾谊传》载，法令所更定，“其说皆谊发之”。为了更好地把握阴阳五行说，国家还把“理阴阳”作为丞相之职。《史记·陈相国世家》载，汉初丞相陈平曾说过：宰相有“佐天子理阴阳、顺四时”之职。此外，班固在撰写《汉书》时专门增加了《五行志》。“班固叙汉史，采其说五行志。”⑧ 从中可见，汉当权者对阴阳五行说的重视和推崇。

隋唐是阴阳五行说的完备时期。集这一学说之大成的《五行大义》在那时完成，可惜的是它已湮没。但是，从新、旧《唐书》中的《五行志》来看，此时的阴阳五行理论已十分完备。首先，认为世上的所有事物都可归为“五行”。唐人把“五行”作为世间一切事物的概括。“万物盈于天地之间，而其为物最大且多者有五：一曰水，二曰火，三曰木，四曰金，五曰土。”⑨ 因此，世上的所有事物也都应用五行来称谓。“天所谓五物者，其见象于天也为五星，分位于地也为五方，行于四时也为五德，禀于人也为五常，播于音律为五声，发于文章为五色，而总其精气之用谓之五行。”结论为：“举天地万物动植，无大小，皆推其类而附之于五物，曰五行这属。”⑩ 其次，认为阴阳五行与人、国政都有密切关系。唐人认为，五行各有所长，“水曰润下，火曰炎上，木曰曲直，金曰从革，土爰稼穑。”它们与人的关系十分密切，“人禀五行之全气以生，故于物为最灵”。因此，人们的行为，特别是当权者的行为，必须符合五行要求，否则就会在五行中得到反映。“弃法律，逐功臣，杀太子，以妾为妻，则火不炎上。”阴阳也是如此。当权者为政不道，阴阳就会失调，以致灾害横行。“若政失其道，用物伤夭，民被其害而愁苦，则天地之气诊，三光错行，阴阳寒暑失节，以为水旱、蝗螟、风雹……，此天地灾异之大者，皆生于乱政。”⑪ 最后，认为当权者能从灾变中得到天的谴告，明白自己的过失，及时修省改过。唐人认为，当权者非一般臣民，能从灾变中得知所以然，并修正自己的为政之过。同时，天异也非告一般臣民，而仅为当政者所知。“天道远，非谆谆以谕人，而君子见其变，则知天之所以谴告，恐惧修省而已。”⑫

在这套完备的阴阳五行理论指导下，唐代的当权者非常重视阴阳五行关系，十分留意国家的自然灾害，企图从中发现当政的失措点。此举两例证之。永徽元年（650 年）四至六

⑥ 《汉书·贾谊传》。
⑦ 《汉书·董仲舒传》。
⑧ 《旧唐书·五行志》。
⑨ 《新唐书·五行志》。
⑩ 《新唐书·五行志》。
⑪ 《新唐书·五行志》。
⑫ 《新唐书·五行志》。

月晋州地区发生两次地震，唐高宗就对侍臣说："朕政权不明，使晋州之地，屡有震动"。侍中张行成回答说："天，阳也；地，阴也。阳，君象；阴，臣象。君宜转动，臣宜安静。今晋州地震，弥旬不休，臣将恐汝谒用事，大臣阴谋。且晋州，陛下本封，今地屡震，尤彰其应。伏愿深思远虑，以杜其萌。"高宗听后，"深然之"。元和七年（813年）八月，京师地区发生地震，唐宪宗问侍臣说："昨地震，草树皆摇，何详异也？"宰相李降也把地震与人政联系起来，认为原因在于人政失措，说："人政乖错，则上感阴阳之气，阳伏而不能出，阴迫而不能升，于是有地震。"⑬

唐后的当权者大多也十分重视推崇和运用阴阳五行说，故这一学说一直被相袭沿用，直到清末。

三

阴阳五行说虽有些合理因素，但随意性非常大，局限性很突出，特别是运用到社会领域以后，其荒谬之处显而易见。人们要以它为依据来推测社会，更是枉费心机，连阴阳五行大师董仲舒也因推算失措而丢失仕途。《汉书·董仲舒传》载："仲舒治国，以《春秋》灾异之变推阴阳所以错行，故求雨，闭诸阳，纵诸阴，其止雨反是；行之一国，未尝不得所欲。中废为中大夫。先是辽东高庙、长陵高园殿灾，仲舒居家推说其意，草稿未上，主父偃候仲舒，私见，嫉之，窃其书而奏焉。上召视诸儒，仲舒弟子吕步舒不知其师书，以为大愚。于是下仲舒吏，当死，论赦之。仲舒遂不敢复言灾异。"

阴阳五行说的随意性易被人们利用，甚至为个人目的寻找理论依据，包括篡权，王莽就是如此。他只是汉室的外戚，要称帝则名不正言不顺。但是，为了达到篡夺汉室的野心，他煞费苦心，利用当时流传的阴阳五行说为己夺位创造条件。那时正值自然灾害频繁。《汉书·谷永传》载："建始元年以来，二十载间，群灾大异交错锋起"。加上武帝以后，国家一蹶不振，天灾人祸一起袭来。于是，社会上有一种舆论，认为这是一种阴阳失调的表现，即"所谓怨气感动阴阳，因之以饥馑，物故流离以十万数。"⑭ 要改变这种状况，只有"急改元易号"，"灾异息矣"⑮。王莽利用这种舆论，把自己打扮成周公，进行了在形式上近似周公的活动，包括制礼作乐等，似乎要改朝换代了。他手下的一批人眼看时机成熟，也为他吹喇叭、抬轿子，帮他坐上了皇帝的宝座。后人在评论这段历史时说：王莽篡位是有预谋的，"费了八年工夫。在这八年中，他费了许多心思，定了许多制度，显现了许多符瑞"⑯。其中的理论基础还在于阴阳五行说。

阴阳五行说涉足政治法律以后，就具有明显的政治目的。一些鼓吹这一学说者从不同

⑬ 《旧唐书·五行志》。

⑭ 《汉书·刘向传》。

⑮ 《汉书·李寻传》。

⑯ 《古史辨五》，523页。

侧面为当权者服务。邹衍当时作“始终大圣之篇”，是为了警诫当权者要好自为之。因为他“睹有国者盖淫侈，若大雅整之于身，施及黎庶矣”⑰。董仲舒则是为了树立君权的绝对地位，他在《春秋繁露·王道三》中说：“古之造文者，三画连其中，谓之王。三画者，天地与人也。而连其中者，通其道也。”“故五者唯天之施施其时而成之，法其命而循之诸人”。同时，一些反对当权者的活动也利用这一学说，这对当权者是一种威胁。因为在它被广大民众接受的年代里，易形成一种反当权者的舆论。为了防止思想混乱，避免对正统思想的冲击，我国古代的当权者很注意把阴阳五行说控制在对自己有利的范围内，并设法打击那些任意扩大、歪曲这一学说的行为。早在北朝魏时就已多次规定，禁止百姓“挟藏谶记阴阳图纬方伎之书”，违者要“以大辟论”⑱，即处死刑。以后，唐律的规定更为具体和完备。它把阴阳五行迷信化的言论及出版物都称为妖言妖书，并严惩行为人。《唐律疏议·贼盗》“造妖书妖言”条把那些“观天画地，诡说灾祥，妄陈吉凶”的书语都认定为“妖书妖言”。规定渲染和制造者中，重者处绞，轻者徒、杖。唐后各代也沿袭唐律中的这些规定。明代的明律和清代的大清律例分别在《刑律》中设立“造妖书妖言”罪，把“造谶纬”也划入此罪范围，规定：“凡造谶纬妖书妖言及使用惑众者，皆斩。”其用刑还严于唐律的规定。我国古代的当权者不惜用重刑防止阴阳五行说被滥用，以免形成不利于自己的舆论。

尽管我国古代法律严惩迷信化的阴阳五行说，把它列入“妖书妖言”犯罪来打击，但是这种犯罪始终没能根绝。阴阳五行说既有被当权者利用来为己服务的一面，也有被反当权者利用来进行反抗活动的一面。他们以阴阳五行说为基础，扩展其内容，形成所谓的“妖书妖言”，来鼓动民众，与当权者对抗。这在大力发展阴阳五行说的汉代已是如此。《后汉书·章帝纪》载：章帝在元和元年（84 年）的诏书中称，“往者妖言大狱，所及广远，一人犯罪，禁至三属。”可见，汉代已有妖言者存在。汉后这种情况仍存。《三国志·魏志·高柔传》载，魏文帝时，“民间数有诽谤妖言”。到了唐代，虽有较为完备的打击此类犯罪的法律，但此类犯罪还没绝灭。《旧唐书·张亮传》载：张亮曾说：“相州形胜之地，人言不出数年有王者起”，“吾尝闻图谶有弓长之君当别都”等。唐后各代也都有类似书语，故各代都未放松对这类犯罪的惩治。从中可知，阴阳五行说的两重性十分显著。

四

在阴阳五行说与法律的关系问题中，还有一些方面需要述及。

阴阳五行说，特别是五行说中的一些合理因素运用到包括法律在内的社会领域后，其合理因素便逐渐丧失。它机械地搬用“五”这一数字来框圈有关制度，使它们脱离社会的实际需要，引起不便。如隋、唐时根据五行制定了五刑，结果使流刑与死刑间的刑等相距

⑰ 《史记·孟子荀卿列传》。

⑱ 程树德：《九朝律考·后魏律考》。

太大，出现一个缺口。为了弥补这一缺口，唐太宗又规定了个“加役流”，作为流刑与死刑间的缓冲刑。《唐律疏议·名例》“应议请减”条“疏议”对此有过说明：“加役流者，旧是死刑，武德中改为断趾”，“贞观六年奉制改为加役流。”它不仅要求罪犯流三千里，还要居作三年，比一般流刑严厉，又轻于死刑，处于流刑与死刑的中介。加役流的产生解决了流刑与死刑间刑等差距过大的矛盾。阴阳五行化法律中的缺陷十分明显。

从汉代独尊儒术起，阴阳五行说逐步与儒学结合起来，成为正统思想中的一个重要组成部分。《易经》成为儒家经典的“五经”之一，阴阳观点及其理论成了儒家思想中不可缺少的内容。一些儒生也大讲阴阳五行说的理论，贾谊、董仲舒等人都是如此，阴阳五行说与儒学密不可分。到了唐代，阴阳五行说作为儒家思想中的一部分与法律结合，代表作是唐律。它既是儒法结合的产物，也是阴阳五行说与法结合的结晶。可以这样认为，自汉以后，我国的正统思想是阴阳五行化的儒家思想，我国法律也是阴阳五行化的法律。

我国虽有阴阳五行化的法律，但并不是任何时期都严格执行这一法律。有些朝代的某些当权者就带头不执行这种法律，不按秋冬行刑的规定执行死刑就是典型一例。《汉书·王莽传》载，西汉王莽在地皇元年（20年）曾规定：“方出军行师，敢有趋讙犯法者，辄论斩，毋须时，尽岁止。”于是，在春夏时节行死刑开禁了，对此还引起人们的反感。“于是春夏斩人都市，百姓震惧，道路以目。”以后，隋文帝也曾在六月棒杀人。《隋书·刑法志》载，隋文帝要在六月以棒杀人，大理少卿赵琸为此争辩，认为此举不妥，但他不听，还说：“六月虽曰生长，此时必有雷霆。天道既于炎阳之时震其威怒，我则天而行，有何不可。”遂杀了此人。阴阳五行化的法律在我国的某些时期执行得不理想。

我国阴阳五行化的法律还对亚洲一些国家的立法产生过影响。唐代是我国古代对外文化交流的重要时期，阴阳五行说及阴阳五行化的唐律也流传到亚洲一些国家，并成为这些国家的立法楷模，大量的内容被抄袭。一位日本学者认为：“隋唐时期的《五行大义》对日本立法带来深刻的影响。阴阳五行思想约在六世纪甚至更早时候传入日本，盛行于七世纪。”[19] 几乎与此同时，日本著名的《大宝律》诞生了。此律大量抄袭唐律的内容，实为唐律的翻版。这一点连日本学者都是这样认为的。池田温先生说：“日本古代的律令开创于中国隋唐时代，日本向隋唐学习过国家制度和文化，也模仿隋唐的国家制度和律令，编纂了自己的律令。”[20] 阴阳五行化的中国法律在日本生根、开花。还有，朝鲜、越南等国家也有相似情况。

二十世纪以后，随着我国封建法制的逐步解体，古代法律渐渐失色，近代的西方法律原则和制度大量侵入我国，我国的法制发生了较大变化。但是，阴阳五行说还在我国近代法制中的某些方面顽强地表现出来。一九一二年一月十日辛亥革命后组建的临时参议院决议，以红、黄、蓝、白、黑五色组合成国旗，即称五色旗。此五色正好与五行色吻合。决

---

⑲ 井上聪：《交叉点上话源流》，华东师大《研究生界》1990（6）。

⑳ 池田温：《隋唐律令与日本古代法律制度的关系》，《武汉大学学报》1989（3）。

议也承认，用五色旗是因为“中国习惯则‘五色’二字早已贯彻人民心理”。同年六月，袁世凯公布决议，正式确定国旗为五色旗。所以，梁启超先生在《阴阳五行说之来历》一文中说：“中华民国国旗实为此种观念（阴阳五行观念）最显著之表象。”[21] 足见阴阳五行说对我国法律影响之深刻矣。

㉑ 《古史辨五》，352页。

米　健

从中西法律文化的冲突与交融看澳门法律制度的未来*

简介

米健，男，1957 年生，教授。现任中国政法大学比较法研究所所长、中德法学院院长等职，兼任比较法研究会副会长、中欧法学研究会副会长和董必武法律思想研究会常务理事。1988 年 1 月至 2007 年 4 月，曾至德国马普外国法与国际私法研究所、波恩大学、意大利罗马第二大学进修或访学，受聘担任澳门政府法律翻译办公室首席中国法律专家、青海省高级人民法院副院长以及德国法兰克福大学客座教授。负责主持“当代德国法学名著”翻译项目，著有《罗马法基础》（合著）、《澳门民商法》、《法以载道》（论文集）等，曾以英文、德文、意大利文、葡萄牙文及日文等发表论文多篇。

---

* 原发表于《法学家》，1994（5）；另，本文亦已收集在如下文集中：吴志良主编，《中西方文化交流》，澳门，澳门基金会，1994；米也天：《澳门法制与大陆法系》，北京，中国政法大学出版社，1996；赵秉志主编：《澳门法律问题》，北京，中国人民公安大学出版社，1997。原文刊发。

由于历史原因，澳门成了近现代中西文化的交汇点，在近现代中西交通中，它扮演着首先承受西方文化，包括政治、宗教、法律、文学艺术及经济等等的冲击，进而逐步实现传统文化改造与演进的重要角色。澳门在中西文化冲突中的这种特殊地位，使它自然成为人们探讨中西交通和中西文化冲突与交融的一个极有意义的典型。正因如此，我们考察和探讨其法律文化的构成、发展及其通过目前正在进行的法律本地化而在将来形成新的法律制度的可能走向，就成为一件十分有意义的工作。

一、中西法律文化的冲突

1. 中西法律文化冲突的历史渊源

文化之间的冲突与交融是与民族之间的交往共始终的，所以，中西文化的冲突与交融也必然与中西交通共始终。考察中西交通的历史，最早可以追溯到公元前四百年左右，至少也有约二千多年的历史。在中西交通的漫长历史中，中西文化的冲突与交融不断发展。大体而言，它呈现出由内在向外在，复由外在向内在递嬗演进的规律，冲突方面尤然；在某种程度上，它可以概括为由精神文化向物质文化，而后又从物质文化向精神文化演化的历史进程。在此进程中，中国文化曾有过截然不同的地位：先主动后被动，而这后一种地位远比前一种地位突出得多，并且尤为持续发生于近现代——中西文化真正开始全面接触以来的一个多世纪。当代中国文化人之所以每每对近现代中国史痛心疾首，反思日甚，其最主要的原因也正在于此。我们今天考察中西法律文化的冲突与交融，实际也主要是以近现代中国史为对象的。总的来说，近现代中西法律文化的冲突与交融是在世界走向中国，中国不得不面对世界的特定历史背景下逐步全面展开的。其整个过程的特点表现为中国传统法律文化受到全面冲击，被迫改革和重新构造。其结果是中国法律制度的现代化实际上成为一个转型改造的过程。

从近现代历史看，中西法律文化的接触是以冲突为主流的，交流则往往表现为冲突的结果。这种冲突始于十四世纪末和十五世纪初。可以说作为早期资本主义殖民强国，作为率先经由海道绕过南非海峡抵达南亚及远东图谋东方之利的一个欧洲民族，葡萄牙人最早拉开了中西法律文化冲突的序幕。正因如此，澳门在研究中西法律文化的冲突中就更有特殊的意义。当然，这种冲突的全面展开，还是自十八世纪末，即清代中叶起。此时，“中国法系……就呈现动摇倾覆的预兆”①。

2. 中西法律文化冲突的焦点——不同的价值取向

① 杨鸿烈《中国法律发达史》，上海书店出版，1990年10月版，下卷，第869页。

中西法律文化的差异总的可以归结为价值取向不同，亦即内在的价值基础的不同。以“礼”及由此展开的伦理道德为价值标准的中国法律文化，基本上是主观的、静态的法律文化，因而也是脱离现实、保守的法律文化；它规范的主要对象是人在社会中的精神活动，而不是人在社会中的物质活动，所以它往往不能适应社会发展的需要，甚至于成为社会前进的阻力；它归根到底是规范如何作人，而不是如何做事，是一种约束人守规矩的义务本位的法律文化。与此相反，西方法律文化则是以“利”及由此展开的平等自由为价值标准；它基本上是客观的、动态的法律文化，因而也是注重现实、进取的法律文化；它规范的主要对象是人在社会中的物质活动，而不是人在社会中的精神活动，所以它每每能反映社会发展的现实需要，从而作为社会前进的动力；它归根到底是一种规范如何做事并让人自由进取的权利本位的法律文化。对于人类社会来说，权利与义务始终是相对存在的，永远也不会有什么绝对的权利或义务。而中国法律文化的关键问题之一，恰恰在于它将义务普遍地绝对化了。当这种绝对义务本位的法律文化面对充满权利的法律文化之时，其弊端就更加暴露无遗。如果我们要探讨近现代中国社会进步缓滞的原因，从而追究传统文化或法律文化对我们民族历史的历史责任的话，那么着眼点就应在此。十七世纪西方传教士围绕中国的“礼仪”问题所展开的对中国文化的讨论，实际上集中体现了代表传统中国文化的儒家思想与当时以基督教精神体现的西方传统文化的差异，它也从一个方面反映了中西法律文化的根本不同。恰恰由于这种文化或法律文化上的深刻差异，决定了中西法律文化的冲突不可避免。而以中国落后的物质文化、封闭腐朽的社会制度，她显然毫无可能继续维持其偏重于伦理道德的法律文化。它从根本上决定了传统中国法律文化瓦解或改造的必然性。

二、中西法律文化的交融

1. 中西法律文化交融的基本内涵——改造传统与接受非传统

清末中国社会所处的特定历史条件，给传统中国法律文化带来了巨大的冲击，迫使中国自觉或不自觉地对自身法律制度加以改造。清朝末年的一系列现代立法活动就是在此情况下发生的。尽管清王朝的法律改革由于它的倾覆而未能最后实现，但它无疑已在改造中国传统法律制度，接受西方法律文化方面走出了第一步，对当代中国法律制度和中国法律文化的发展产生了重大影响。在客观上，它为后来国民党政府初期的现代化立法创造了条件。从法律史的角度看，它实际上规定了当代中国法律发展的基本方向，即使中国传统法律制度开始纳入了近现代世界各民族社会共同的法律生活。当然这并不意味着中国传统法律文化对自身传统文化的背离；相反，在历史渊源、社会基础等方面，中国法律制度的现代化都不可能完全放弃其自身的文化传统。一个要完全放弃自身文化传统的民族，无异于承认自身民族的消亡，而事实上这也是根本不可能的。总之，每个民族国家的法律都不能脱离其赖以植根的自身历史与文化传统，但同时也不应排斥吸收和借鉴异民族的法律文化。

2. 中西法律文化交融的历史进程——传统法律的现代化

近现代中西法律文化交融的直接结果是传统中国法律完成了现代化或世界化的转型。它大致体现为传统中国法律在思想原则、基本制度、创制方式、结构体系以及实施过程等方面程度不同地接受了西方法律——即民法法律或大陆法律的传统。自此，它在很多方面与当代世界各国的法律制度取得了某种程度上的一致和调谐。由于当时中国立法改革的主导思想和特定的历史条件，这个过程的实现基本上是通过继受德国和瑞士的法律而完成的，其中日本法学和法学者扮演了重要的角色。

传统中国法律文化实为礼刑合一的整体。所谓“出礼入刑”和“德主刑辅”正说明了“礼”和“刑”作为传统中国社会行为规范相辅相成的有机统一及其必然联系。而礼多形成于经，刑多形成于律。从现代法律观来看，前者非法条，后者为法条，故刑事、行政规范在中国传统化立法中有史可鉴，而民事、商事规范在中国传统法律中则难以援例。不过，这只是就现代法律的外在形式而言，因为传统中国法律文化中的“礼”，很大一部分长久以来都是起着民事规范的作用。事实上，清末民初的法律改制于后来见诸成就并对当代中国法律发生重大影响的，也正是民事、商事立法。总体上来说，清末完成的立法，包括民法、商法、刑法乃至诉讼法，基本上都是奉欧洲大陆的民法法系传统为模式。如《大清民律草案》——“第一次民法典草案”——就是效仿《德国民法典》，即学说汇纂式的体例。在内容、风格甚至立法精神上也都以德国、瑞士及日本的民法为典范。② 后来北洋政府的第二次修律工作完全以清末的第一次修律为依据，而国民党政府的第三次修律工作又是以第二次修律为基础的。所以，我国台湾地区现行法律制度自然是清末法律改制继续发展的产物。对此，学界一般没有异议。③ 至于中国大陆的法律制度，虽然在立法思想和法律原则等方面与清末立法及台湾地区现行法律有很多重要不同，但它显然与前者有密不可分的历史、文化渊源。这是任何人都难以否认或无视的。

众所周知，现代中国历史以1949年为界分成了截然不同的两个历史阶段，但这主要是就社会政治制度方面而言。至于历史和文化传统却并没有、也不可能因此而完全割断。作为文化的一部分，中国法律文化传统仍在继续，因为它的载体——中华民族——依然故我地生息在他们发源、成长和存在的土地上。简单地以社会政治制度所划分的历史阶段，当然不可以用来作为说明一个法律文化存续与消长的依据。所以，1949年中华人民共和国对

---

② 如民法典分五编，依次为：总则（323条）、债权（654条）、物权（369条）、亲属（143条）和继承（101条），共计1 560条。

③ 当代中国比较法学者，国民党时期曾为东吴大学法学院院长的吴经熊说：“就新民法从第1条至第1225条仔细研究一遍，再和德意志民法和瑞士民法和债法逐条对照一下，倒有95%是有来历的，不是照帐誊录，便是改头换面。”台湾学者梅仲协也指出：“现行民法采用德国立法例者，十之六七，瑞士立法例者，十之三四，而法、日、苏之成规，亦曾撷取一二。”另一台湾学者王伯琦则更明确地说：“我们立法所采的，全套是西洋的最新法律制度。”见［台］《法学论集》（中华学术与现代文化丛书），“中央研究院”编，第294页及以下。

以往国民党政府法律的废除，绝不是法律文化传统意义上的废除，而仅仅是对前此法律政策及体现在法律制度中的某些政治思想观念的摒弃。对于那些建筑在一般社会生活规律、悠久历史文化传统基础上的法律原则、规范化的道德观念等等，新中国必不可免地要予以接受，这是不以立法者意志为转移的法律文化恒素。意识不到这点，就无法对当代中国法律制度的发展与演进作出公允客观的判断。

3. 中西法律文化交融的主要特点

从以上所述史实可知，当代中国法律制度的形成和发展实际上是传统中国法律文化在近代特定历史条件下被动地接受西方法律文化的过程，所谓中西法律文化交融，其主要内涵即如此。在此必须要明确的是，近代中国对西方法律文化的接受，其中虽然也包括着一些思想观念，但总体上主要是形式结构和某些制度原则。贯穿民族历史传统，反映民族精神的思想观念至今使中国法律文化保留着明显有别于西方法律文化的特征。这种由不同民族文化传统决定的区别，从较高的层面上反映着中西法律文化的冲突。对此，前面已略有述及。而此处所言中西法律文化的交融，恰恰是指中国法律文化在不失其自身传统特点的情况下，为了适应社会发展和历史进步的需要而对西方法律文化——就其可继受或可移植部分，亦即人类社会共有的部分——予以吸收或接受。大体上说，近现代中国对西方法律的接受，主要体现在对那些直接关系到近现代社会劳动与生活的实体行为规范的接受，而这恰恰是中国过去的历史发展没有给予当代中国社会的。具体地讲，清朝末年中国虽然已有了民族资本主义生产经济，但仍然是以小农自然经济为主的社会，在这种社会条件下，当然不可能有适应商品生产社会的行为规范。更重要的是，西方资本主义国家不速而来，一定要在中国通商取利，并且还以武力使中国人认识到他们绝对优势的近现代物质文化和许多优秀的精神文化，进而领悟到接受西方法律的必要。但无论如何，所完成或实现了的接受基本上是产生于商品经济社会的那部分西方法律文化。中国大陆和台湾地区的现行法律与法律制度及由此所体现的法律文化发展，都充分地说明了这点。即使是在香港和澳门，虽然由于殖民统治的历史原因而使这两个地区的法律制度完全表现为宗主国的法律制度，但事实上，很大一部分行为规范仍然是中国法律文化的体现。如果将调整商品社会中各种社会交往关系的行为规范视为人类社会所共有，那么，我们就有无可置疑的依据认为港澳法律文化的主体仍是中国法律文化。所以，在不久中国恢复对香港和澳门的主权之后，在可以预见的将来大陆与台湾实现和平统一之后，“一国两制”绝不会成为未来中国法治的困难或障碍。因为大陆、台湾、香港和澳门毕竟是传统中国文化的载体——中国人生息繁衍的地方，毕竟有着共同的法律文化作为其法治的共同基础。正常情况下，更可使人对未来中国法律文化具有信心的是：由于历史原因而长久以来作为中西文化交汇的香港、澳门及较大陆更多地受到西方法律文化影响的台湾，其现实的法律文化及法律制度必然会对未来中国法律文化的丰富和各项法律制度的建设起到积极重要的作用，并会成为中国法律文化和中国法律制度发展到一个新的历史阶段的有利动因。

三、澳门现行法律制度

澳门现行法律与香港现行法律有一共同之处，即都是以宗主国的法律为其基本法源。然而也正因为如此，他们又具有一个众所周知的最大不同：澳门法律整体上是属于大陆法法律体系，即以制定法、法典法为其基本法律渊源；香港法律则是属于英美法法律体系，即以案例法为其基本法律渊源。除此以外，澳门法律与香港法律还有一个很大的不同，即在法律文化的构成方面，前者比后者要复杂得多。至少在现行法律的渊源方面如此。澳门目前的法律基本上是以葡萄牙的几个主要大法典——葡萄牙宪法典、民法典、刑法典、民诉法典、刑诉法典、商法典等六大法典——为框架的。从其法制体系来看，葡萄牙宪法是澳门地区当然的最高法律，但实际上大体是形式上的设置。④ 其他五个大法典则在理论上适用于澳门地区的法院。除此之外，澳门立法会也在其设立之后制定了越来越多的各种法律和法规；与此同时，澳门总督也通过法令、训令及批示等形式制定着大量的法律，这部分法涉及十分广泛，而且甚为具体。所有这些法律构成了澳门现时法律的基本渊源。

但无可争议的事实是，虽然长久以来葡萄牙的法律制度就是澳门的法律制度，但这只不过是在理论或总体制度上。而实际上的情形则是，从葡萄牙管治澳门开始至今，澳门始终并行着两种截然不同的法律制度和两种法律组织机构——即中国的和葡萄牙的。⑤ 在葡国的亚洲殖民地中，除了果阿（GUA）以外情况大体都是如此。关于澳门的法律发展过程，有的在澳葡国人士把它分为三个时期：

a）混合管辖权时期——自 1557 年葡萄牙人长期定居于澳门时起，至拆除中国海关站、阿马留总督（Ferreira do Amaral）拒交地税；

b）殖民时期——1822 年葡国宪法确定澳门为殖民地至 1974 年葡国开展非殖民化运动；

c）由葡萄牙管辖的中国领土时期——始于 1974 年 4 月 25 日开展的非殖民化运动并直至现在。

如果我们把这种分期作为考察近现代澳门法律发展史的一个对象，那么显然可以知道葡国法律制度在澳门的确立，理论上只能是 1822 之后。而且，尽管十九世纪时葡萄牙澳门总督阿马留曾努力推行法律殖民化过程，并竭力把葡萄牙法律适用于澳门中国居民的所有刑事与民事案件，同时又在 1884 年，撤销了曾可以由中国官员担任的，具有一定司法权限

---

④ 这主要是就一般情况而言。在某些普遍的基本原则方面，如人权、公民基本权利等问题，澳门当然和葡萄牙保持一致。如《国际人权公约》已由中葡双方协议延伸到澳门。

⑤ 有的学者也持此观点。参见：《论澳门法律制度之可行性》（《AVIABILIDADE DO SISTEMA JURIDICO DE MACAU》）J. A. Oliveira Rocha，《Administracao》（澳门政府杂志 Revista de Administracao Publica de Macau，以下简称：《行政》），第 13/14 期第 544 页。

的代理行政长官职位，从而把所有司法权归于葡人法官。[⑥] 但事实上，这种法律殖民化的努力从来没有能够彻底实现。例如，在商业活动方面，葡国法律在澳门的实际施行或影响很小。到本世纪初，澳门建立的商社大多不是以葡国法律为依据的，这种情况至今仍不鲜见；在民事活动及其关系方面，特别是在家庭和婚姻关系方面，澳门当地的习惯始终起着很大作用。总之，若从法律文化角度来看，澳门的法律体现为一种由葡国法律、澳葡政府的法律、中葡法律、华南地区，尤其是澳门当地的风俗习惯以及香港的某些法律——特别是商法的一些领域——共同构成的多元法律文化的法律制度。

那么，在澳门这种多元素法律的法制中，葡国的法律制度究竟占有多大的分量？在澳门的法律生活中，葡国的法律究竟起着多大作用？这个问题似乎应当另以专题讨论，不宜遽下断言。不过，有葡国学者已经指出："中国居民则一直以来都是生活在葡国法律以外"，"对葡式法律制度的合法性，我们没有准确看法，但一切表明，居民对澳门现行法律制度模式的认同是微不足道的"[⑦]。在某种程度上，可以说这种判断是客观的。

四、澳门法制的现有问题及紧要的工作

澳门法律制度既是多元法律文化的产物，而其中又以属于大陆法系的葡国法制为基础框架，那么，在目前这种特殊的历史时期中，在澳门这种特殊的社会环境下，在实现澳门法律本地化的过程中，究竟存在着哪些不可忽视的问题和必需要做的工作呢？

第一，法律体系定型。

首先要涉及到对澳门法律制度未来发展的取向及其付诸实现的过程。这似乎并不是大的问题，因为如前所述，澳门的法律制度结构由于宗主国法律制度的缘故，早已具有了大陆法系法制的特点，故它的未来取向也应如此。但是由于澳门的法律制度呈现为一个多元法律文化的集合体，即在葡国法制形式的框架下同时并存着：澳门当地法律、习惯；华南地区（如福建）的习惯；甚至于台湾地区和中国大陆的法律和习惯。若以法律文化是法律制度的基础而论，则澳门的法制从来就没有确定的基础。因为，澳门从来就没有形成过独立确定的法律文化。实际上，法律制度的建立绝不仅仅是一方面的，它也必然应是呈现为立体结构的，包括诸多不可分割的环节，如立法、司法、执法、法律教育以及法律运用等等。总之，在未有确定的法律文化的情况下，澳门法律建设的当务之急是应在未来法律制度发展既有取向的基础上，尽快明确自身法律文化最基本的构成要素，进而构造并确立自身的法律制度。在可供选择的范围内，以既有葡国法律——主要是几大法典——为基本框架，以澳门现政府的法律、法令或法规为主要内容，并在某些具体方面参照中国大陆法律和澳门当地习惯及台湾地

⑥ 《法律翻译——保障澳门法律—政治自治之核心工具及遵守联合声明之必要条件》（简秉达—E·N·Cabrita《行政》第 16 期第 527～531 页。以下简称："简文"。）

⑦ 见前注 J. A. Oliveira Rocha 文《行政》，第 13/14 期第 550 页。

区有关法例，从而建立未来澳门的法律制度，应不失为一种客观和明智的取向。当然，同时亦不应排除在某些部门法的制度中吸收其他法制的内容，如香港的商法。

第二，健全法律制度。

这个问题是澳门目前面临的最严峻问题，也是不那么容易解决的问题，而它又直接关系到未来澳门法治的成败。对此，澳门政界、法律界似乎都有共识，但实际的措施并不得力。这个问题的严峻基本上反映在以下几个方面：

立法方面。作为大陆法系法律制度的一支，澳门法律的构成应是以几个主要法典为躯干。然而由于澳门长期以来仅以葡文为唯一法律语文，甚至“自从葡人治澳以来，澳门的整个法律体制的运转几乎全部是通过葡语来进行的”⑧。故澳门法律的效用与影响似乎也仅仅限于少数澳门居民，即葡国人或土生葡人。即使是“在行政当局内，法律议案之起草人在工作上仍觉困难。因为在中、葡文中间，看葡文文本的人较少”⑨。而且事实上这种所谓“法律起草人”严格来说在澳门还不存在。⑩《澳门基本法》虽然确认了中文的官方法律地位，但因为必须经由翻译，故尚需要有一个相当的过程。仅此而言，澳门这种以几部主要法典为框架的法律制度，实际上大体不过是徒有其名。换言之，一个实实在在地从葡国法律移植过来的法典化法律制度并不是真正存在。所以，目前澳门进行法制建设的首要任务之一，应是加快各大法典的翻译工作。此外，澳门政府应进一步加强立法工作。同时，立法机构要确实本地化，确实具备有效率的立法能力，而不仅仅是徒有形式而已。总之，立法工作的原则应反映澳门地区的实际社会情况、民众利益和长久发展的需要。

司法方面。从组织方面来看，和澳门的立法组织差不多一样，澳门至今也没有完全实现自身司法组织系统的独立。通过澳门现在司法组织解决法律问题，只能适用葡国法律，这就产生了一个较为严重的问题。正如我们所谈到的，澳门的法律规范并不只是葡国法律，而是还有许多其他因素。况且葡国法律从来也没有能深入影响华人社会。根据葡国学者在澳门进行的社会调查表明：即使最近几年司法活动增加甚快，但涉及民事诉讼的某些重要领域的诉讼却相对萎缩。而且，所有增加的司法案件，大部分是要取消其出生登记时有关放弃葡国国籍的声明，其目的显然是为了获得葡国国籍，以防1999年以后的不正常情况。⑪当然，这不仅是司法问题，而且还是立法问题。至于司法人员方面，澳门现今主要的司法专业人员，包括法院的法官，刑事法庭的预审法官，检察院公署的检察官等全是葡国人，几乎没有一个是华人。现今在澳门注册的律师约三十余名，全部接受的是葡国法律教育，多来自于葡国，少数是接受葡国法律教育的土生葡人。⑫ 就澳门现实和未来的发展来看，这

---

⑧ 《论过渡时期法律翻译及双语立法工作的政策》Pedro Horta e Costa e Sergio de Almeida Correia，《行政》第7期，第264页。

⑨ 参见《简文》。

⑩ 《行政》第13/14期，第279页。

⑪ 《行政》第13/14期，第449页。

⑫ 《行政》第7期，第268页。

种情况显然不能满足澳门法制建设的需要。这固然是历史造成的现象，很难归咎于现今某一方面。此外，从审理程序上来讲，如今华人诉诸法庭并由法院审理的案件，绝大多数要由翻译员沟通当事人与法官的对话。当事人既对所适用的葡国法律无从了解，又对翻译员的翻译和法官的理解及各种询问（如律师对他人当事人的质询）毫无所知。在某种程度上，当事人的法律地位和法律境遇可以说完全取决于翻译员的准确理解与翻译，甚至于翻译员的诚实信用。显然，这不仅对当事人的利益是极大的危险，而且也对法律安全构成很大的危险。有的葡国学者明确指出：澳门现在“问题的症结还是澳门日常法律工作中使用中文有限，毫无疑问，这是过渡时期面临的一个大问题”⑬。它既说明了澳门法律翻译的重要性，亦说明了澳门法制建设还远远不只是法律翻译的问题。总之，在司法人员和司法手段等方面，必须要确实实现本地化，即抓紧培训和使用当地华人司法人员，其中包括法官。这个过程越有效迅速，对澳门法制的未来就越有好处。衡量这一工作效果的尺度之一，便是法庭中语言是否已经转为中文及翻译员在司法审判中作用的大小。换言之，中文在法律生活中，特别是在司法实践中使用得愈深入广泛，翻译在司法过程中的作用越小，则法律本地化的收效也就越能被证明。

第三，法律教育与法律普及。

这方面，澳门已做了些实际工作。1988年，澳门大学开办了法律课程，第一批当地华人的法科毕业生可望在今年投入社会。这些人正常情况下将会在未来的澳门法制中起到重要作用。目前，澳门的法律教育完全是葡式法律教育，大体是抄袭葡国现有的东西，与澳门的实际需要和发展有很大的距离，虽然较以前毕竟是一个不无意义的进步。要想更进一步地适应澳门的现实情况，就必须在教学方法上努力避免教条和照搬葡国的法律课程，对当地的习惯，现在适用并且将来仍然要适用的中国法律与香港法律要予以足够的重视。总之，法学教育不能只是理论或教条，要立意于满足澳门的切实需要；同时也不能孤立地看待澳门法律，要把未来澳门法制纳入未来中国、台湾、香港及至整个世界的大格局中，并以此为参照去建立澳门的法律制度。这就需要将澳门的法学教育与外界的法学教育联系起来，以使澳门的法律能够和世界的法律发展相适应。至于法律普及，虽然也开始以传播媒介作些工作，但显然很不够。由于澳门的立法现在仍是单语立法，一些重要法规虽然能以双语发布，但能深入影响民间的还颇为有限。⑭ 另外，在法制环境方面，澳门还欠缺一些起码的基本活动，如法学在澳门几乎没有场合可以体现和发展，甚至一本正式的法学刊物也没有。“严格来讲，除了由公共行政培训中心所办的课程和讲座以外，培训工作实在做得不多。”⑮ 总之，法学研究与交流、民间宣传等等，是要造成一种环境和气氛，使之真正能够

⑬ 毛青文：《澳门法律专业教育之我见》，澳门日报，1990年4月17日。

⑭ 根据1988年2月20日第11/89号法令规定，葡萄牙文的法律，法令，训令及澳门政机构的批示均要附有中文的译本。但中文文本仅具有参考价值。而且，总督亦有权下令在无中文译本的情况下在政府公报上刊登任何法律文件。

⑮ 《行政》第13/14期，第549页。

反映澳门自身的法律取向，体现澳门本地的法律文化，从而在根本上为澳门的法制建设创造条件。

五、澳门法制的未来

以考察中西法律文化冲突与交融的历史背景及其必然性为出发点，我们对澳门现今的法律制度及其社会与文化基础作了大致的分析。毫无疑问，澳门的特殊历史发展背景及其既存的社会现状，为我们考察中西文化的交流相互提供了难得的实际典型。由以上的考察和分析可以得出结论：一个民族的法律制度通常是该民族法律文化的体现。而作为民族文化之重要组成部分的法律文化，乃是起源、形成和发展于特定民族所固有的精神与物质世界历史进程之中的，故在任何情况下都不可能被另一具有完全不同历史进程的民族法律文化所取代。但是，人类社会生活的共性所决定的那部分普遍行为方式和观念却又决定了在特定的历史条件下，一个民族的法律文化对另一民族的法律文化发生影响和渗透直至被部分继受或移植是完全可能的。换言之，只要具备了历史和社会条件，则民族法律文化的转型和改造就有可能发生。这是不足为怪的历史规律。关键在于，这种转型和改造只能在有限的范围内发生，即在人类社会生活的共性所确定的普遍行为方式和观念范围内进行。而产生于这个民族本身固有历史发展的，用以区别另一民族法律文化的那部分行为方式和观念则永远不可能被一朝取而代之。迄今为止的世界法律发展史已充分证明了这一点。澳门为我们提供的考察典型也已经、并且还将进一步对此予以证明。本此认识，我们可以对澳门法律制度的未来作出较客观判断。

1. 澳门未来法制的可能形态和应有的取向。

从澳门现在的政治、社会背景来看，澳门未来法制的形态不外乎有二种可能：(1) 以澳门现行葡式法制为基本框架，当地习惯、香港普通法为补充内容，并在某些个别问题上做出必要调整以同中国大陆法律取得和谐的法律制度；(2) 以中国大陆法律为基础吸收现行葡国法律内容以及当地习惯和某些香港法的法律制度。究竟澳门未来法制会以何种形态出现，这在很大程度上取决于澳门未来在过渡期间所做的努力及其相应的准备工作如何，至少从目前情况及理智正常的角度来看如此。但有一点可以明确，无论将来情况如何，澳门的法律制度特征仍将是大陆法系式的——以法典法为基本法源的法律制度。因为这是中国大陆和澳门地区共有的法律制度特征，双方都没有必要和理由舍此共有而它求。所以，澳门主要法律领域的法典或法律应尽快翻译成中文，以加速澳门法律本地化的过程。对此，澳门有关方面亦有较清楚的认识。[16]

当然，未来澳门法律将在某些方面——特别是商法——不可避免地要受香港法律影响。

---

⑯ 澳门立法事务办公室负责人也在谈及刑法典修订时表示：澳门目前要制定一部切合澳门社会需要的法典，而不是照搬葡国或其他国家的法律。见：澳门日报，1992 年 8 月 21 日。

但其作用充其量只是外来和补充的，不可能反客为主地建立起一个普通法系风格的法制。事实上，从当代世界法律发展趋势来看，两大法系——大陆法系和普通法系现正处于所谓“趋同”（convergence）的发展过程中。如果把握得好，澳门与香港很可能会在两大法系的相互融合沟通方面成为一种典范。

2. 澳门、大陆双方在澳门法制建设中各自应取的态度。

虽说法制与政制是密切相关和不可分割的，但作为调整人们种种社会关系的行为规范，法律又不完全取决于政制。这也是为什么不同时代、不同社会、不同国度或民族的法律何以能够借鉴、继受甚至于移植。

总体上说，澳门政府在诸多方面对未来缺少自信心，虽然不无原委，但也不能构成充分的理由放却目前的必要努力。进一步说，1999 年对不少葡人和土生葡人来说都是一个凶多吉少的未知数，似乎是末日，而不是新的开端，以至于许多措施都是维持性的而不是建设性的；太多短期行为或目标，而太少长期行为或目标。例如，澳门现政界、司法界的绝大多数重要官员（几乎百分之百），非葡人即土生葡人，而这些人将来大多数会离开澳门。对此，政府并非不是不清楚，然而相应的对策却没有，至少未见诸实施。公务员本地化只限于较低级的服务层，领导层却尚未有显著成果。在这种情况下，一旦 1999 年到来，上述大多担任现政府行政、法制领导职务的，在目前澳门政治生活中起着骨干作用的葡人或土生葡人离开澳门而去，则这种空缺如何填补？现澳门当地人已多感到：如今葡人治澳，将来是“京人”治澳。如果在当地人才未能培养出来而原有人才外流的情况下，不得不以大量的内地人员来补充这种空缺，则必然会真形成“京人”治澳而不是澳人治澳的局面。这对澳门民众来说当然是不公平的。果然如此，则澳门现政府自有难以推诿的责任。

在大陆方面，似也不应是观望，而应本着《联合声明》的基本精神积极配合澳门政府的法律转化工作，促进澳门法律本地化、澳门法律工作人员本地化和澳门官方语言中文化的进程。只有这样，才能主动避免将来以内地人来填补澳门人才空缺的局面，从而稳定和增强现今澳门人对 1999 年后在澳门的安全感。而这种安全感对澳门、香港来说同样都是非常非常重要的。

由 嵘

关于法类型划分问题的思考*

简介

由嵘，云南姚安人，1931年出生，北京大学法学院教授。1954年毕业于中国人民大学法律系，同年到北大任教，担任外国法制史罗马法的教学、研究和指导硕士研究生的工作，曾任法律史教研室副主任和外国法制史研究会副会长。1989年春季赴美国华盛顿州立大学法学院访问讲学。1993年起享受政府特殊津贴。主要著作：《中国在百科全书·法学卷》外国法部分分条目、《一国两制与香港基本法律制度》（合著，获国家教委及北京市两项优秀图书奖）、《外国法制史》（高等学校文科教材，获北京大学优秀教材奖）、《北京大学法学百科全书》法律史学卷，外国法制史部分（主编）。发表论文二十余篇。

* 原发表于《中外法学》，1994（5）。

法类型的划分是我国法学，特别是法学基础理论和法制史学中的一个重要课题。法的类型不同于法的分类[①]，它是对所有法律体系从宏观上进行概括和归类，是比法的分类更为抽象的对法的划分。我国法学在传统上是根据所有制和政权性质把法划分为奴隶制法、封建制法、资本主义法和社会主义法四种类型，法制史学也按与这四种类型划分大体相当的历史时期来架构学科体系。[②] 这种划分在革命时期具有其重大的实践意义，在目前也还不失其理论价值，但这只是划分法类型的一种标准，为了法学的繁荣和发展，还应该有另外的标准和方法。着眼于现阶段我国通过发展社会主义市场经济以实现现代化，以及相应的法制建设的任务，按经济关系的结构把法划分为自然经济型（这是东方国家自远古到近代以前盛行的法制）、商品经济型（这是从欧洲到北美一脉相承发展起来的法制，习惯上称为西方法）和混合成长型（即近代以后东方国家在吸收、接受商品经济型法的基础上发展起来的法律），既符合历史发展的过程和规律，又具有更大的理论和实践意义。

一

只要我们对世界历史稍加考察，就不难发现东西方法制根源于其上的经济结构明显不同，这种不同表现在许多方面，但可概括为自然经济（东方）和商品经济（西方）。对这两种经济结构形成的原因进行全面探讨，超出了本文的范围，但应指出，地理环境起了重要作用。[③] 地理环境对社会的影响同生产力、科学技术发展的水平成反比，在文明初期东西方截然不同的自然条件使两者的经济活动在起点上就存在着明显差异，东方国家形成了自给自足的小农经济占主导地位、农村公社及其残余长期保留、商品交换只具补充性质的经济结构，这是一种典型的自然经济；在西方，首先是在地中海沿岸，农村公社瓦解较早，手工业、商业和航海迅速发展起来，成为古代世界商业最发展的地区。这两种不同的经济结构形成之后，由于地理环境的影响继续发生作用，特别是由于在这两种经济结构基础上形成的不同文化、不同政治法律等上层建筑诸因素对社会的反作用和影响[④]，使它们一直沿着

① 法的分类是将法律体系中的原则和规则按一定的标准进行归类或分组，如，公法与私法，实体法与程序法，习惯法与制定法，普通法与特别法，等等。

② 我国外国法制史学科一般由古代法律制度、中世纪法律制度，近代法律制度和现代法律制度组成。

③ 关于地理环境对东方国家社会发展的影响，马克思恩格斯许多论述，曾被收入《马克思、恩格斯论中国》一书。

④ 这种影响只要指出我国古代宗法等级制度和重农抑商政策对商品生产的束缚与摧残，以及罗马私法对商品生产的保护和促进就够了。

各自固有的方向发展。东方国家虽然在某些时期、某些地区，工商业的发展达到了相当大的规模[⑤]，但直至近代被西方资本主义列强用炮舰敲开大门以前，仍维持着自然经济的主导地位，商品经济始终未能突破封建制度的藩篱而为资本主义的成长创造条件。一些东方大帝国的城市虽然繁华富庶，人口众多，但并不具备中世纪西欧自治城市那样的功能，马克思指出："亚洲城市的兴旺，或者说得更好些，亚洲城市的存在，完全与政府的消费有连带的关系"[⑥]。与此相联系，市民也没有形成独立的社会力量，处在从属于封建统治者的地位。

在西方国家，商业在经过公元五世纪"蛮族"（古日耳曼人）入侵西罗马帝国的毁灭性打击，以及封建制度形成的影响而长期衰退之后，11、12 世纪开始复甦，随即以不可阻挡之势向前发展，终于为资本主义的诞生准备了条件。在资本主义社会，商品经济进到了更高阶段。

东西方国家的这种差异，不是商品经济发展程度和规模的差异，如果单从商业发展的程度和规模着眼，东方大国一般来说比西欧要高得多、大得多，众所周知，马可波罗是从当时西欧最繁荣的城市之一威尼斯来到中国的，但他对中国工商业的发达和富庶仍赞叹不已。东西方经济的差异是结构性差异，它们在文明初期所形成的内部结构决定着以后发展的方向和轨迹，这表现为，西方国家从中世纪工商业的恢复到资本主义萌芽，在较短时期内就翻开了资本主义生产方式的历史篇章；东方国家由于封建经济结构所固有的种种特点，严重束缚了商品经济的发展，使资本主义长期无法跨过萌芽阶段。

总之，东西方国家的经济在内部结构上就存在着根本差异，这是两种不同类型经济，即自然经济与商品经济的差异，各国社会的发展和国家的命运均与此有关。

"无论是政治的立法或市民的立法，都只是表明和记载经济关系的要求而已"[⑦]。与上述两种不同的经济条件相适应的东西方国家的法，不可避免地具有不同特征，这同样不是发展阶段和程度的不同，也不能简单加以对比得出孰发达、孰不发达的结论。从固有形态来说，它们两者都是发达的。拿我国古代法来说，其内容的充实，典籍的丰富、完整，在世界法制史上是无与伦比的。东西方法制的区别是质的区别。这种区别可归纳如下：

1. 法观念的不同。东方传统的基本特征之一是以刑法为主。在我国历代封建法典中，大部分内容是规定刑法规范，即使有一些民法规范，以及用现代观点来看具有经济法和行政法性质的法规，也几乎都被纳入刑法体系。这种现象反映着中国固有的法观念，即视法为刑，古籍上说得很清楚，"法，刑也"[⑧]，"惟作五虐之刑曰法"[⑨]。

受中国传统法影响的其他东方国家，例如日本，与此大同小异。

在西方国家，传统观念把法看作是对一定社会权利的确认和实现。法在拉丁语中是 ius

---

⑤ 例如，我国盛唐时期的都城长安，商业的繁盛是举世闻名的，明代还产生了资本主义萌芽。

⑥ 《马克思、恩格斯论中国》，第 22 页，中国人民大学出版。

⑦ 《马克思恩格斯全集》第 4 卷，第 121～122 页。

⑧ 《说文》。

⑨ 《尚书·吕刑》。

一词，它同时还具有权利、公平、正义等含义，按近代德国罗马法学家耶林的解释，ius用于普通约束社会时是法，用以约束义务者时则为权利。[10] 可见，法自始就是与权利义务联系在一起的。而权利的分配和保障又涉及到公平、正义等概念，所以，罗马法学家乌尔比安说："法来源于公正"[11]，"法律的原则是：正直生活，不损害他人，各得其所"[12]，塞尔苏斯也说："法是善良和公平的艺术"[13]。不言而喻，公平、正义这类抽象概念在不同时代会具有不同内容，但认为法是确认和实现一定权利的观念是一脉相承的。

2. 与宗教和道德的关系不同。许多东方国家的传统法与宗教、道德有密切联系。由于宗教在意识形态领域始终占统治地位，信徒与臣民合而为一，基于法律的义务和基于宗教信仰及道德的义务，法律和教规并不加以区别，古代印度就是一个明显的实例。在中国，法虽不含宗教因素，但却深受儒家倡导的礼教的影响，礼教不仅是封建法律的理论基础和重要内容，而且本身就构成一种涉及社会生活各个方面的无所不包的规范体系，并以法（刑）来加以保障。从礼与法的关系来着，礼是最根本的东西。

西方法虽然也深受基督教的影响，这种影响无论从文化背景或各部门法的原则和制度来看都清晰可见，但由于两种权威（王权与教权）的长期并存和对立，法是二元化的，除世俗法外，还发展了教会法，两者各有自己调整的范围，自己的司法系统和诉讼程序，并未结合在一起，近代以后政教分离，教会法地位不断下降，一般只限于在信仰和道德领域发挥作用了。在西方国家，法和宗教、道德规范的界限是比较清楚的，法在社会调整系统中占主导地位。

3. 职能的不同。在自然经济条件下，一般只能维护简单再生产，经济发展缓慢；同时，居民被划分贵贱不同的等级，这种划分甚至是世袭的（例如印度），他们之间的关系悉由等级身份决定，法律调整的空间非常狭小，因而东方法是静态保护职能占主导地位。西方国家在商品生产的推动下，经济发展迅速，个人作为享有平等权利的主体，与社会的联系是通过契约来实现的[14]，这就决定了法不仅具有静态保护职能，而更重要的是它的动态调整职能。

4. 规范性质的不同。宗教、伦理道德规范的特点是义务性、禁止性的，它们在东方国家就表现为要求人们从各自亲疏贵贱的等级序列中所处的地位出发，履行各种义务，而并不同时赋予某种权利，中国的礼教和印度的"达摩"（Dharma）[15] 莫不如此。东方法或以伦理道德为纲（中国），或与宗教道德规范基本重叠（印度），其职能是保护性的，法规范也

---

[10] 参见陈允，应时著《罗马法》，第30页，商务版。

[11] 《学说汇纂》1·1·1。引自亨利·孟罗英译本，剑桥大学出版社，1904。

[12] 《学说汇纂》1·1·10、1·1·1。

[13] 《学说汇纂》1·1·10、1·1·1。

[14] 梅因在《古代法》一书中提出的"从身份到契约"的著名论断是有道理的，但这一转变在东方国家是在法制混合成长时期才逐步实现。

[15] 古印度宗教、哲学和法学的概念，指宇宙间永恒不变的秩序，是人人都必须遵守的圣法。

主要是义务性、禁止性的，也就是通过规定人们“必须怎样”和“不得怎样”来维护现存制度。西方国家把法视为对一定社会权利的确认和实现，法和宗教、道德调整的范围一般来说又有明确的划分，因而规定人们“能够怎样”的授权性规范占重要地位。

5. 法律构成的不同。东方法律主要由刑法和行政法（指规定政府机关的组织、职权与相互关系的法规）等部门组成，民商法比重不大，而且如前所述，或者被纳入刑法体系，或者由习惯或道德伦理来体现，直到近代以前未曾发生变化。西方则民商法占重要地位，罗马法主要指罗马私法是众所周知的，近代法典化国家民法典具有基本法性质，是仅次于宪法的最重要法典，所谓民法法系就是以法国民法典和德国民法典为代表，普通法法系国家也是属于私法范围的法律部门最为发达。

以上两种不同的法制，反映了两种不同类型经济关系的内在要求。

在自然经济条件下，各个生产和消费单位之间的联系是一种“超经济强制”，君主专制制度及以血缘关系为基础的宗法制度、等级制度就是这种需要的产物。在这里，个人没有独立地位，只有处在分属不同等级的家庭团体之中时才有其存在的价值。统治阶级（奴隶主和封建地主）为了自己的利益，要求把这种宗法制度、等级制度固定化、神圣化，通过宗教的、伦理道德的和法的规范加以维护。这就决定了东方法权利观念缺乏。法在社会调整系统中的地位和职能的局限性，以及以刑法为主，民商法得不到发展等本质特征，它们是东方奴隶制和封建制法的共同特征，直到近代西方法侵入之前始终存在。

在商品经济条件下，产品交易有两个前提：个人必须是能自由支配其产品的所有者；交换双方必须是平等的。正如马克思指出：“还在不发达的物质交换情况下，参加交换的个人就已经默认彼此是平等的个人，是他们用来交换的财物的所有者”[16]，同时，商品交换必然是等价交换。这就要求法确认以个人权利为基点的权利与义务的统一，保障个人的意思自由（至少在法律上要有这种自由）和与其他社会成员交往时的平等地位（至少在私法关系上要有这种平等地位）；法应具有广泛的职能及在社会调整系统中占据首要地位；调整和保护私人利益的民商法及其分支应是主要的法律部门。

东西方法的这种“质”的差异，使我们有理由把它们划分为两种不同类型的法制，即自然经济型和商品经济型法制。

二

法与经济关系在相互作用中发展，经济关系决定法，法强化了经济关系。西方法随着近代资本主义的胜利和商品经济进到更高阶段而迅速发展，并不断实现现代化，而东方法却发展异常缓慢，表现出特有的稳定性和孤立性，直到18、19世纪西方法侵入之后，才发生了实质性变化。这种变化是通过东西方法制的冲突与融合逐步实现的，即一方面保留本

---

⑯ 《马克思恩格斯全集》第1卷，第422～423页。

民族的传统，另方面吸收西方法制，尽管这种吸收在初期对大多数国家来说是强加的，充满了民族压迫带来的灾难与痛苦。这就在人类历史上出现了第三种类型（混合成长型）的法。

西方法的入侵随着殖民扩张而到来。西方两大法系国家尽管对殖民地的统治方式有所不同，英国实行地方分权，法、比、葡等大陆国家实行中央集权，但在建立殖民地附属国法律制度的基本政策上是一致的，这就是一方面推行宗主国的法律，另一方面保留原有法律和习惯，并逐步加以改造。一般来说，在宪法、民商法等直接维护殖民统治和调整商业活动的法律部门适用宗主国法，而在身份、婚姻、家庭与继承等同商品经济的关系相对来说比较间接的部门，则保留原有法律与习惯作为属人法。原因是很清楚的，不推行宗主国法律，就无法保障殖民地的商业活动，也就无法实现殖民扩张的根本目的；不保留殖民地原有法律与习惯，将引起社会的极大震动与混乱。同样与殖民利益背道而驰；保留原有法律与习惯而不随着社会的变化而加以逐步改造，它们就不能与实行宗主国法的那些领域所发生的变化相适应，从而影响整个社会的发展。这样，由于西方列强的殖民扩张，使东西方法制的冲突与融合成为 18、19 世纪广大殖民地附属国法律发展进程的基本内容。

在殖民主义侵略的狂潮中，由于种种原因，有的国家（如日本）经过不同道路实现了从封建社会向资本主义社会的转变，另一些国家（如中国）仍保持着独立地位，但在各帝国主义国家的侵略、干涉和控制之下，逐渐沦为半殖民地。无论是实现了从封建社会向资本主义社会转变的国家或没有实现这一转变的国家，社会状况都发生了很大变化，自然经济进一步解体，资本主义有了不同程度的发展，它们为了实现社会进步、国家富强的目标，进行法制改革，采用西方法律，同样走上了吸收与融合西方法制的道路。

历史证明，这是东方国家法制现代化的共同道路。下面以日本和印度的实例来加以说明。

明治维新以后，日本为了发展资本主义，实现富国强兵，在进行社会经济与政治改革的同时，法律现代化的进程也已开始，通过吸收、消化和融合西方国家的法律，逐步建立了资本主义法制。在吸收对象的选择上，由于日本古代接受了中国编制成文法的方法，在传统上比较接近大陆法国家法典化模式，至于普通法国家，因为判例法技术复杂，适用起来困难很多，因而选择了大陆法的模式，最初的民法、商法、刑法和刑事诉讼等法典，是聘请法国法学家以法国相对应的法典为蓝本制定的，从内容到体例都参照法国法典。这些法典因过分法国化而遭到反对，同时，国情与日本更接近的德国在民法典编纂上取得了很大进展，为世所瞩目，因此又转而仿照德国。1889 年帝国宪法简直是 1851 年普鲁士宪法的翻版。民法等法典也在德国法学家协助下按德国法典进行修订，最终确立了日本的六法体系，使日本无可争辩地属于大陆法系中的德国分支。第二次世界大战后，日本所处的国际国内环境发生了巨大变化，加上世界范围内两大法系相互接近、渗透、融合程度的加深，日本法律进入了一个新的发展时期，在基本保护大陆法传统的同时，较多地接受了美国的影响，从对战前立法的修订到战后时期新法的制定，这种影响均明显可见。

日本在引进西方法时有两点值得注意：(1) 根据自己的国情及需要有选择地合理吸收；(2) 并没有抹杀传统，而是和经过改造的传统结合起来，例如，把“和为贵”的传统观念融入民商法之中，制定了各种调停法，保留和发展了日本民间传统的和解制度。

经过以上途径，日本实现了东方法与西方法的融合，以及西方法内部的大陆法与英美法的融合，从而确立了独树一帜的现代日本法形态。

在印度所发生的却是另外一种情况，传统印度法由印度教法、伊斯兰法和浸渗着这两种法的精神的习惯等多种因素组成。英国确立了对印度的殖民统治后，这种法律自然不可能有效地调整已经变化了的政治、经济关系，为了维护殖民利益，英国统治者把包括普通法、衡平法和制定法在内的全部英国法强加给印度，但为了使这种与本地法完全异质的法律制度能被印度社会所接受，统治阶级一方面对英国法在印度的适用规定了某些规则和限制，[17] 并采取循序渐进的方针；另一方面在宗教惯例、身份、婚姻家庭与继承等领域保留本地原有法律和习惯。为了适用和改造本地法，殖民当局花了很大力量研究和编纂印度法和伊斯兰法，使这类含混不清的宗教法确定起来，并将某些英国法的原则和精神贯彻于其中，《摩奴法典》就是在这样的背景下被译成英文的。[18] 在进一步取得经验的基础上，根据英国统治阶级的需要和印度社会的发展变化，至19世纪中期，将在印度实行的英国法加以因地制宜地简化和改造，融合某些原有法的精神，编纂成法典，[19] 使英国法在印度的推行更加系统和完整。这些法典主要有：1858年民事诉讼法、1861年刑事诉讼法、1862年刑法、1865年继承法、1866年公司法和1872年契约法等。这样，在英国殖民统治时期形成了现代印度法体系，它以适用于印度的英国法为主导，同时保留了在英国影响下随着社会发展而不断演进的本土法，因而被称为盎格鲁印度法。由于这一法律体系已经植根于印度社会近两百年，印度宣布独立以后，除与结束殖民统治有关者（如印度政府组织法等）外，共和国政府继承了这一体系，使它成为自己法制的基础。

其他东方国家的发展道路与日本、印度大同小异，即通过东西方法制的融合实现本国法制的现代化。日本是自主进行这种融合并取得成功的代表，印度则属于宗主国所强加的一类。这种融合不同于东方法之间和西方法之间的融合，东方法之间和西方法之间尽管有这样那样的区别，但同属自然经济型的法和商品经济型的法，它们之间的差异多属技术性和枝节性的，例如，中国古代法同日本古代法的差异，大陆法同英国法的差异等，因而相互影响、渗透、吸收是比较容易的，这两种类型的法也正是在内部相互影响、渗透、吸收的过程中形成发展起来的，而东西方法融合则是自然经济型和商品经济型的法之间的融合，自然要困难得多，要经过曲折的道路，但这种融合毕竟是实现了，或正在实现之中。混合成长型法制的出现是不可避免的。

---

⑰ 这些规则和限制参见K.R.瑞伊《联邦与殖民法》，第541～548页，1966年伦敦英文版。

⑱ 《摩奴法典》在18世纪末期由英国法学家W.琼斯从梵文译成英文。

⑲ 这种法典不是大陆式法典，只是有关法规的系统化，由于是19世纪初边沁倡导下的产物，被称为边沁式法典。

三

如果上述把法划分为三种类型的观点能够成立，那么，我国近代以来的法制自然属于混合成长型。

我国古代法制以其历史悠久，具有高度发达的封建法文化著称于世，并具有历史的连续性，在数千年的发展过程中并未受到外来法制的重大影响，它的一统天下延续至清末。这时，由于民族和政治经济危机加深，统治阶级提出了“变法自强”的主张，通过日本的中介，依照西方模式先后制定了刑法、民法等几部法典，初步形成了“六法”体系。尽管这次变法在思想、组织和技术方面缺乏应有的准备，更不具备贯彻实施的政治和社会条件，本身也是极端保守的⑳，但毕竟半被迫、半自主地走上了融合中西法制，即在自然经济型法制基础上吸收商品经济型法制的道路。辛亥革命以后，随着社会内部的变化（资本主义继续有所发展，自然经济进一步解体）和帝国主义经济上掠夺，政治上压迫的加深，中国法制只能沿这个方向发展，别无其他选择，虽几经政治体制的变化与政府的更迭，但却不能对此稍加改变。中华人民共和国成立后，我国社会、政治和法的性质发生了根本变化，进入了社会主义的初级阶段，但由于社会主义社会也必须发展商品生产，只有经过商品经济的高度发展，社会主义作为新的、更高的社会经济形态才能得到巩固。因而借鉴、吸收西方商品经济型法成为我国法制建设基本途径，也就是说，中国法制融合的进程仍应继续。但由于种种众所周知的原因，这一过程虽不能说完全停止，但也极大受阻。十一届三中全会以来，党中央陆续提出了改革开放，发展社会主义市场经济的方针，并着手进行经济体制和政治体制的改革，实现了对社会主义认识的飞跃。在这种新的历史条件下，我国法制建设的任务空前突出起来，而法制建设的战略和方向应是坚持四项基本原则，继承优秀传统，借鉴吸收西方法和总结实践经验。这是法制混合成长过程在我国的具体化，其他东方国家法制混合成长大体上也包括这几个方面的内容。

借鉴、吸收西方法应是我国现阶段法制建设的重要内容，原因很清楚，西方法经过了从简单商品经济阶段到资本主义商品经济阶段，在资本主义阶段又经历了从个人本位时期到社会化时期的发展，已经是一种成熟的法，西方法制之所长，正是我国法制之所短，取长补短，这似乎没有什么选择的余地，因为，有现成的东西不加以利用，而要自己去摸索创造，这不符合事物发展的常理，恩格斯对西欧中世纪采用罗马法原因的分析，在这里也是适用的：“在罗马法中，凡是中世纪后期的市民阶级还在不自觉地追求的东西，都已经有了现成的了。”㉑ 法和其他文化现象一样，从根本上说是全人类共同创造的产物，某一种法

⑳ 宣统元年（1909年）清政府在给修订法律大臣的上谕中指出：礼教纲常为中国“数千年相传之国粹，立国之大本”，“凡我旧律义关伦常诸条，不可率行变革，庶以维天理民彝于不敝”。这是修律的宗旨。（《大清法规大全·法律部》卷首）。

㉑ 《马克思恩格斯全集》第21卷，第454页。

不是哪个国家、哪个民族的专利品，拿罗马法来说，促使它形成为古代最发达私法体系的原因不外：(1) 商品经济的要求；(2) 法学家的创造活动；(3) 希腊哲学的影响；(4) 地中海沿岸各国法律，特别是商业法规和习惯的采用。后者的渊源又可以追索到更古的巴比伦法。历史上存在过的其他稍有活力的法，或多或少都是在同外来法文化的冲突与融合中发展起来的。特别是考虑到目前我国经济面临参与国际竞争，进入国际市场的艰巨任务，各方面均要求与国际上通行的原则和制度接轨。这些原则和制度无论是以条约还是以国际惯例的形式体现出来都与西方法有密切的渊源关系，属于商品经济型法的范围。从这方面来看，我国现行阶段借鉴、吸收西方法不仅具有必要性，而且在一定程度上具迫切性。

钱大群

律、令、格、式与唐律的性质*

简介

钱大群，1935年10月生，南京大学法学院教授。1950～1954年在军内做文化工作，1955年考入复旦大学法律系。1959～1981年在西北师范大学等校任教文选及汉语课，1981年调南京大学法律系任教中国法制史。1993年起领取国家学术津贴，1995～1999年任中国法律史学会执行会长，1996～2001年任江苏省政府参事。著有《唐律研究》、《唐律论析》、《唐律与唐代吏治》、《唐律与中国现行刑法比较论》、《唐代行政法律研究》、《唐律疏义新注》、《中国法制史教程》、《中国法律史论考》等法史著作13部，汉语著作3部。在《中国社会科学》、《历史研究》、《法学研究》等刊物发表论文多篇。

---

* 原发表于《法学研究》，1995（5）。此文原为13 000字。从20世纪80年代起，法史界关于唐律性质的争论，其透视的焦点，实际是从对唐代法律体系的不同了解（包括不了解）而起。我之所以在唐律与《唐六典》的性质上有话要说，与人争论，就是因为站在唐代法律体系的角度，才较清晰地看到了唐律（包括《唐六典》）的性质与特点的。这篇文章其实是在新旧世纪交替前夕，给唐律研究者的一句留言：正确分析与认识唐律的性质，必须从研究唐代法律体系入手。陈寅恪先生早在《隋唐制度渊源略论稿》中就表示：律与其他法律的关系，如果说在汉朝还存在疑问的话，那么，到了魏晋南北朝及隋唐时已不存在问题了。我的这篇文章也可以说是受此启发而作的具体论述。——作者注

律、令、格、式是唐代的法律形式，也是唐代法律体系的基本构件。正确认识律、令、格、式的性质和作用，不但是宏观上了解唐代整个法律体系，也是微观上辨明唐代各种法律及典章性质的关键。近十数年来，律、令、格、式的性质及与之有关的问题，已成了唐代法律乃至中国法制史研究中一个分歧最大、矛盾最尖锐的问题。本文拟在分析律、令、格、式性质的过程中，对争论中最具有代表性的观点提出看法，以使唐代法律制度的研究，通过这些不能回避的争论得到更深入的发展。

一、律、令、格、式是不同性质与种类的法律

第一，在唐代的法律体系中，各种不同性质与种类的法律已形成了互相分工协作的关系。

唐宋史籍及典章上所载关于唐代法律体系与法律种类划分的理论，应是探求唐代各种法律性质的基本根据。无论是新旧唐书《刑法志》或《唐六典》都一致地说，唐代的法律是律、令、格、式四种。这四种法律可以分成两类，一类是作为定罪判刑根据的刑法，一类是主要作为一般政务实施根据的法规。唐代法律的分类同现代法律比较，有相通之处，但差别很大。

1. 作为定罪判刑依据的律与其他制度性法律的界线基本得到了划分。但是必须指出的是诉讼法（无论是民事或刑事诉讼法）还都包括在一般施政的行政法规之中，因为当时司法审判与行政并未完全分离，司法审判机构也未从行政系列中分离而自立。

2. 法律根据国家政务职能的各个方面谋篇布局，而不是完全以不同的调整对象划分部门法。令“二十有七”种，既有依政府机关进行的划分，如中央和地方的六种“职员令”，又有依国家不同管理领域而进行的划分，如“军防令”、“关市令”、“户令”、“田令”等十几种。据日本学者仁井田升《唐令拾遗》的分类，唐代有名称的令已有三十三种之多。格“二十有四篇，皆以尚书省二十四司为篇名”，而式的“三十有三篇”，“亦以尚书省列曹及秘书、太常、司农、光禄、太仆、太府、少府及监门、宿卫、计帐为其篇目。”（《唐六典·刑部》）这里，后三篇是依管理领域作的划分，其他各篇都是依管理机关划分。

3. 令、格、式之间的区分依其位阶及作用效力的不同来划分。令与式都是各种正面的典章制度法规，其中令是“设范立制”，“尊卑贵贱之等数，国家之制度。”而式则是为贯彻律、令而制定的细则性法规，即所谓“轨物程事”，因此成了官司“所常守之法”。《丧葬令》规定：“使人所在身丧，皆给殡殓调度，递送至家。”殡殓调度怎样给法？《兵部式》规定说：“从行身死，折冲赙物三十段，果毅二十段，别将十段，并造灵轝，递送还府。队副以上，各给绢二匹，卫士给绢一匹，充殓衣，仍并给棺，令递送还家。”（引《唐律疏议·

杂律》总407条）格是“盖编录当时制敕，永为法则，以为故事”。（《唐六典·刑部》）格因来自制敕，其他法律都应与格符合，而不得与之矛盾。

4. 唐代的法律，除律作为刑法存在外，其他令、格、式的存在与划分，并不相当于现代意义的部门法。现代的部门法也绝不相当于令、格、式中的任何一种。现代的某一个部门法，往往是涉及令、格、式中的几个篇目或几个种类，它们之间绝对不存在整齐、划一、单纯的对应关系。如现代的民法，唐代与之有关系的内容，除了涉及令、格、式中的许多内容外，还涉及礼的内容。当然，现代有一些专门法规与唐代法律的对应关系有时比较单一，如令中的《田令》，就与现代的土地法相对应，《狱官令》与现代的诉讼法相对应。但是如果要从唐代法律中去找与现代公务员法相对应的法律，那就不但涉及几种令文，而且还涉及格及式中的诸多内容。

第二，律、令、格、式“皆刑法”说，违背唐代已建立起来的法律区分的理论与实践。

近几年来，在唐代法律制度的研究上值得注意的一种观点，是律、令、格、式“皆刑法”说。这种观点所以值得注意是因为持论者认为唐代的律、令、格、式，实际上只是一法：刑法。这种说法的要害是否定律、令、格、式的差别，以律取代令、格、式。现针对其持论的方面条析如下：

1. 律是“刑法”

从篇目结构上说，律是刑律。唐律的十二篇，主要是各领域内违法犯罪条款的罗列。唐律十二篇中“卫禁”、“职制”、“户婚”、“厩库”、“捕亡”、“断狱”等篇，是指这些领域内的有关犯罪规定，而“擅兴”、“斗讼”、“诈伪”、“贼盗”这些篇名本身就是罪名。法律篇目的划分与犯罪统一，只有律具有此特点。

从法律条款制订的形式来说，律条是惩罚性的罪条，而令、格、式的条款情况各异。这是唐代各种法律内容性质上的重大差别之一。同现代刑法一样，唐代刑律的立法条文，其内容在表述上包括罪名、罪状与法定刑三个部分。在唐律现有的502条律文中，只有《厩库律》中一条（总223条）及《断狱律》中一条（总502条）是例外。即使这些例外，也因为是作为其他条款的补充才这样的。这些特点是律作为“正刑定罪”的刑法存在所必须，而不作为刑法条款存在的令、格（补充修改律的除外）、式，其内容则不具有包含罪名、罪状及法定刑的特点。关于这一点，下文中我们举与刑律有照应关系的一些条文来分析，则明显的可以看出。

2. 令文全都不是“刑法”条款

无论是《唐六典》中列的二十七种令文，或是现代人在《唐令拾遗》中收录的三十三种令文，其中没有一种有刑法条款的特征。我们把与律有照应的关系的令文与律去比较就非常清楚。

如关于“七出”，令规定：“诸弃妻须有七出之状，一无子，二淫佚，三不事舅姑，四口舌，五盗窃，六妒忌，七恶疾，皆夫手书弃之。男及父母伯姨舅，并女父母伯姨舅，东邻西邻，及见人皆署。若不解书，画指为记。”（开元二十五年令，《唐令拾遗》162页）这是关于丈夫休弃妻子的条件及手续的规定。此令文不是刑法。违犯此令文的犯罪处置，必须要由刑律来规定。“诸妻无七出及义绝之状，而出之者，徒一年半。”（《户婚律》总90条）这里，罪名是违律出妻，罪状是妻无七出及义绝之状而出妻，刑罚是一年半徒刑，而上述令文则无此特征。

又如《户令》规定：“无子者，听养同宗于昭穆相当者。”（引《唐律疏议·户婚律》总157条疏文）此处概无罪名、罪状与刑罚可言。但是有关的律文说：“诸养子，所养父母无子而舍去者，徒二年。”在此，罪名是辄舍养子，罪状是养父母无子而舍养子，刑罚是二年徒刑，令文无此特征。总之，现见的三十三种令，都不是包含罪名、罪状及法定刑的刑法条文。

即使令中的《狱官令》也不是刑法。如“诸有犯罪者，皆从所发州、县推而断之。在京诸司，则徒以上送大理，杖以下当司断之。若金吾纠获，皆送大理”。这是关于案件在地方及京都的受理权限划分的规定。“诸决大辟罪在京者，行决之司五复奏；在外者，刑部三复奏。若犯恶逆以上及部曲、奴婢杀主者，唯一复奏。”这是关于死刑执行时向皇帝复奏制度的规定。“诸决大辟罪，皆于市。五品已上，犯非恶逆已上，听自尽于家。七品已上及皇族若妇人，犯非斩者，皆绞于隐处。”这是关于死刑执行形式等级差别的规定。“诸鞫狱官与被鞫人有五服内亲，及大功以上婚姻之家，并受业师，经为本部都督、刺史、县令，及有仇嫌者，皆须听换推。经为府佐、国官于府主亦同”。这是关于审判官回避制度的规定。“诸州府有疑狱不决者，谳大理寺；若大理仍疑，申尚书省。”这是关于疑案逐级上报制度的规定。“诸赎死刑限八十日，流六十日，徒五十日，杖四十日，笞三十日。若无故过限不输者，会赦不免。”这是关于在准赎的条件下，赎铜征纳的期限规定。“诸狱皆厚铺席荐，夏月置资料水，其囚每月一沐。其纸笔及酒、金刃、钱物、杵棒之类，并不得入。”这是关于监狱管理制度的规定。“诸杖皆削去节目，长三尺五寸”，“其决笞者，腿、臀分受；决杖者，背、腿、臀分受，须数等；拷讯者亦同。”这是关于刑杖制作规格及杖打部位的规定。“诸有赦之日，武库令设金鸡及鼓于宫城门外之右，勒集囚于决前，挝鼓千声讫，宣诏而释之。其赦书颁诸州，用绢写行下。”这是关于赦令执行程式的规定。

以上是《狱官令》各主要内容的代表性条文，这些条文都是司法审判事务的正面制度性规定，而不是规定某种罪名、罪状及刑罚的定罪判刑的条文。以今天的角度衡量，《狱官令》是诉讼法及监狱法的制度性法规，而不是实体刑法。对唐代《狱官令》，从程序法与实体法的比较上去考察，最能证明令不是刑法。

3. 格大部分不是刑法

格的出现，既保证律令式的相对稳定，又可保证法律随时事的变易而变易。格可以随时涉及任何法律（律、令、式、礼）。格数量较多，为便于查阅贯彻，在编制上格被区分为涉及某一专门机关掌握执行的“留司格”和颁下全国州县的“散颁格”。此外，还有适用于某一特定大事的单行格的汇编（如《选格》）。无论三类中的哪一类，都冠以二十四曹司的名称。“留司格”不用说，即使“散颁格”如与刑部有关的就命名为《散颁刑部格》，涉及武人考选的专门格条的汇编称《兵部选格》。又因为格事实上处于经常补充与调整的势态下，旧的格又一定要被新的敕令所调整，于是又出现了所谓“格后敕”。

因为格是以二十四曹司为目，这就决定了格的绝大部分内容都不是刑法。如《户部格》：“敕：诸色应食实封家，封户一定已后，不得辄有移改。”（敦煌文书《户部格》残卷：景龙三年九月二十日敕）又如：“敕：岭南及各僻远小州，官人既少，欲令参军、县官替充朝集者听。”（同上，圣历元年正月三日敕）总之，现见之敦煌《开元户部格》残卷，实录唐各朝格十七条，内中并无一条是定罪处刑的内容。敦煌《垂拱后常行格》残卷，实录四格条的残片，都是关于口头奏请宫卫门禁及官吏叙补的有关规定。

格是整编公布的敕令，从部门法划分的角度说，格条的性质，以其修改补充法律的性质为性质。涉及吏部的可以说是官吏管理法，涉及户部的可说是户籍、身份、财税法，涉及礼部的可说是礼制，涉及兵部的可以说是军事法，涉及工部的可说是工程法、水利法等。唐人关于格是“禁违止邪”的解释，是就格的内容和目的而言，是对违法及邪行的一种预防和制止，而不是说所有的格都与律一样“正刑定罪”。

格中只有《刑部格》属于“正刑定罪”的法律规范。如：“官人在任，缘赃贿计罪成殿已上；虽非赃贿，罪至除、免，会恩及别敕免：并即录奏，量所犯赃状，贬授岭南恶处及边远官。”（敦煌文书《神龙散颁刑部格》残卷）此条格中规定的赃官处赎铜十斤以上记“殿”的，以及官吏犯其他罪受除名免官处罚后被赦免的，要“贬授岭南恶处及边远官”。这是刑律上所未有的新补充的处罚内容。又如：“宿宵行道，男女交杂，因此聚会，并宜禁断。其邻保徒一年。里正决杖一百。”（《神龙散颁刑部格》残卷）民间举行佛事，所谓“宿宵行道”，男女一起聚会被禁止，而且有此事，邻保及地方基层官要受罚，这完全是新的刑事立法。

关于“烽候不举”及“前烽不举，不即往告”之罪，《卫禁律》（总 90 条）规定刑罚是“徒三年”，而格在这中间又增加规定了新的情节及处罚。如：“于今后，仰放火之处约……述逗留，放火后续状递报，勿稽事……意。致失权宜，辄……刻，捉官别追决三十，所由知烽健儿决六十棒。”（敦煌文书《开元职方格》残卷）唐代修改补充律的格条，基本都在《刑部格》中，而《刑部格》只是二十四篇格中的一篇，因此，把所有的格都说成是刑法，是以偏概全的做法。

4. 式基本不是刑法

比起规定重大典章制度的令来，式的内容常表现为一些在时间、人数、物量等的实施细则内容。迄今为止，比起令的复原整理来，式的系统复原还差得很远。但是，即使在敦煌吐鲁番文书残卷及《唐律疏议》对式不多的引文中，仍可看出绝大部分的式是正面制度性立法，而不是定罪判刑的刑法条文的情形。

吏部是官吏事务的管理机构，以其为名目的式文都是官吏管理法律中的细则内容。如残存的贞观《吏部式》规定说：“隋勋官、散官及镇将、副五品以上，并五等爵，在武德九年二月二日以前身亡者，子孙并不得用荫当，虽身在，其年十二月卅日以前不经参集，并不送告身勘校奏定者，亦准此。”（《敦煌吐鲁番唐代法制文书考释》第307～308页）这是关于前朝隋代官员本人叙限及子孙用荫官当审核时间的规定。唐代对隋朝官员也有品级待遇的优惠，因此发生了虚报隋代官员品级的情况，所以用式来在勘查审核上进行规定。

属于户部曹司的“度支郎中”主管“支度国用，租赋少多之数”，以其为名目的《度支式》是关于赋税物之征输、折抵及调配等的内容。如残存的仪凤年间的《度支式》断片中之一条说：“诸州庸调折纳米粟者，若当州应须官物给用，约准一年段数，先以庸物支留，然后折纳米粟。无米粟处，任取当州以堪久贮之物。”（《敦煌吐鲁番唐代法制文书考释》第312～313页）这是关于庸调折合米粟或折合其他物品纳税之规定。

唐代工部有“水部郎中”，其职责是“掌天下川渎、陂池之政令，以导达沟洫，堰决河渠。”（《唐六典·工部·水部郎中》）以其为名目的《水部式》都是关于水利工程管理法规的实施细则。在现存的唐代开元年间《水部式》残卷中，有式文30条，全是水利管理中的细则。如其中一条规定说：“若用水得所，田畴丰殖，及用水不平及虚弃水利者，年终录为功过附考。”（同上327页）这是关于管理水利官员行政考核功过的处置规定。

从以上所举的《吏部式》、《度支式》及《水部式》的条文看，式是正面的制度性的规定，而不是定罪判刑的刑法。再从《唐律疏议》中所引用式文来看，情形也如此。

《太仆式》：“在牧马，二岁即令调习。每一尉配调习马人十人，分为五番上下，每年三月一日上，四月卅日下。”（转引自《唐律疏议·厩库律》总202条）这是关于公有马匹训练及训练人员配备轮班的规定。《职方式》：“放烽讫而前烽不举者，即差脚力往告之。”（转引自《唐律疏议·卫禁律》总90条）这是关于边境防卫放烽烟报警制度的规定。《监门式》：“皇城内诸街铺，各给木契。京城诸街铺，各给木鱼。”（转引自《唐律疏议·擅兴律》总226条）这是关于皇城、京城各街铺有征调使用鱼符种类的规定。《库部式》：“其甲非皮、铁者，依《库部式》，亦有听畜之处，其限外剩畜及不应畜而有者，亦准禁兵器论。”（同上总243条）这是关于非以皮、铁制作的甲的储存规定。《户部式》：“灵、胜等五十九州为边州。”（转引自《唐律疏议·捕亡律》总464条）这是关于边境州府确定的规定。

总之，唐律中的有名目的式文，都不是正刑定罪性质的条款。

唐代的式，只有《刑部式》的内容是在广义的刑法范畴之内，所谓“广义的”，是指可称为刑事法规，不是“定罪判刑”的刑法内容。如《唐律疏议·名例律》总第17条之疏文说：“先已去任，本罪不至解而奉敕解者，依《刑部式》，叙限同考解例”。《刑部式》规定，对于犯官之罪够不上解职而特别奉皇命解职的官吏，其重新复职的年限，与因考核不及格而解职的官吏相同。其内容不涉及罪与非罪的问题，而只是某些犯官处罚后复职的年限问题。从数量上说，《刑部式》只是式三十三篇中的一篇。

第三，刑律中违反令、式要处罚的规定不足以证明令、式“皆刑法”。

首先，人们违反了非刑法的法律而受罚，那些法律并不因此就具有刑法性质，这是常识。在唐律规定违令、式受罚那一条中，疏文举了两个例子。一是《仪制令》规定：“行路，贱避贵，去避来。”一是《礼部式》规定：“五品以上服紫，六品以上服朱。”这两条令、式，其本身与许多令、式一样，从形式到内容，绝没有刑法的特征。它们遭到违反要受罚，不是因为它们自身有刑法性质，而是另有刑法条款在起作用："诸违令者笞五十；别式，减一等。"（《唐律疏议·杂律》总449条）这条才是"刑法"。违反婚姻法到一定程度要受刑罚，并非婚姻法是刑法，而是有刑法在维护婚姻法。在这一点上，唐代同今天是相通的。其次，唐代并不是违反了所有的令、式都要处刑。违反后要处刑的只是"令有禁制"而"律无罪名"的令、式。

第四，宋代人关于"唐之刑书有四"的结论应予否定。

认为唐代律、令、格、式"皆刑法"的另一个理由是，《新唐书·刑法志》上说："唐之刑书有四，曰：律、令、格、式。"其实，这句话，并不正确反映唐代律、令、格、式的性质。

《新唐书》的作者关于"唐之刑书有四"的结论，与他们紧接着对律、令、格、式所作的解释是自相矛盾的。在对令、格、式作出具体解释之后，作者犹怕读者不清楚，接下去又对上述令、格、式的用处再总结说："凡邦国之政，必从事于此三者。"这其中的"政"，说明令、格、式是国家一般政务实施的根据，而作为刑法的律，则不作为一般"邦国之政"所"从事"的根据。只有专门适用于对令、格、式"有所违"或"人之为恶而入于罪戾"即行凶作恶构成犯罪的，才"一断以律"。面对《新唐书》作者的前后矛盾，如果正确地以现代法律体系的学说去鉴别，我们唯一的出路是取其具体的分析解释，而弃其"唐之刑书有四：曰律、令、格、式"的错误结论。同时，唐代人的结论证实了宋代人结论的错误。唐代集中解释各种法律作用的《唐六典·刑部》卷中说："凡文法之名有四：一曰律，二曰令，三曰格，四曰式。"这里"文法"二字是统指制订的成文法律而言。唐代人把律、令、格、式统称为"文法"，而不像宋代人称为"刑书"，显然是正确的。

二、唐律是刑律，不是"诸法合体"的法典

"律、令、格、式皆刑法"说，就是律、令、格、式无区别说，实质是令、格、式皆律的主张。同这种主张相近似，或者说用这种观点去观察唐律，有人又认为唐律是"诸法合体，民刑不分"的法典。这是关于唐代法律形式研究中产生的另一个不能忽视的代表性观点。同前一种观点一样，这种观点也以确认直至唐代我国立法技术还处于刑法与政制混同不分的状态为前提，这不符合唐宋信史上记载的特别是唐代人自己已阐明的关于法律种类区分的理论。这种观点在法律史学界曾经相当流行，虽然随着唐律研究的深入，其影响逐渐缩小，但迄今为止，它仍是唐代法律体系特别是唐律研究中最迫切需要解决的一个问题。对于唐律"诸法合体"说，我们应通过分析唐律本身的结构体系来解决。

第一，唐代的"诸法"未"合体"于刑律之中。

所谓唐律是"诸法合体，民刑不分"，其中"诸法合体"是核心，"民刑不分"派生于"诸法合体"。只要辨清了"诸法合体"，则其他也就清楚了。

首先，“诸法合体”说的形成，与对唐律疏文措词的误解有关系，疏文中关于解释篇目名称及次序安排的一些话容易使人误解。尤其是介绍第三篇《职制》的用词更不能误解。疏文说：“言职司法制，备在此篇。宫卫事了，设官为次，故在《卫禁》之下。”这里的“法制”不是指正面的法律制度，而是涉及职司的用法制刑；这里的“设官”，是指有关“设官”的违法犯罪（如超编）。第十篇的《杂律》是不能纳入其他各篇的违法犯罪，而不是综合性的法律制度。唐律中其他的篇目，名称本身就是违法犯罪的贬义词，如“擅兴”是指擅自进行军事赋役征调及施建工程，“斗讼”是指非法的打斗杀伤及告发，“贼盗”及“诈伪”当然更没有误解为正面性立法的可能性。

在思考方法上，不能因为从惩罚性的刑律中可以反观到一些正面制度，从而认为唐律就有规定各种正面制度的任务。如《卫禁律》与《擅兴律》中违法犯罪的规定，可以折射出唐代军事法、赋税法及工程法等某些正面的制度内容。但绝不能由此说，这二篇律文就是军事法、赋税法及工程法的“合体”。因为唐代的军事法主要散布在属于令的《卫府职员令》、《镇戍岳渎关津职员令》、《宫卫令》、《军防令》中；在属于格的《兵部格》、《职方格》、《监门格》、《宿卫格》中，在属于式的《兵部式》、《职方式》、《监门式》、《宿卫式》中，在属于礼的《军礼》中间。我们从《职制律》中可以反观到当时官吏编制、职守、考核及邮驿等的制度，但不能说《职制律》是官吏管理法及驿站管理法的“合体”内容。唐代的各种管理性法基本上都是这样，无需一一列举。问题十分明显，依“诸法合体”论者看来，唐律不但“民刑不分”，而且是“经（经济）刑不分”、“行（行政）刑不分”、“诉（诉讼）实（实体）不分”。当然这些都是不正确的。

第二，唐律不是律、令、格、式的“合体”。

唐代的律、令、格、式都是各自单独起作用的法律。如《唐律疏议・卫禁律》（总 90 条）规定了“应放多烽而放少烽”，处徒三年；“应放少烽而放多烽”，处徒一年。而放烽多少的具体要求，不在刑律中规定，而在《军防令》中规定：“诸其放烽，有一炬二炬三炬四炬者，随贼多少而为差。”发现的贼数与烽炬数到底怎样相符，其详情细则有式来规定，此系军事秘密不能公开，律条的疏文说：“放烽多少，具在式文，其事隐秘，不可具引。”这情况使人清楚地看到，令、式在律之外单独存在，而不“合体”于律之中。

又如《唐律疏议・名例律》（总 17 条）之疏文说：“若犯罪未至官当，不追告身，叙法依考解例，期年听叙，不降其品。从现任解者，叙法在《狱官令》。先已去任，本罪不至解官，奉敕解者，依《刑部式》，叙限同考解例。”这里刑律引用了《狱官令》及《刑部式》的名称，说明官吏解现任后的“叙法”及“奉敕解”的具体规定，都应详查令、式，并依其规定内容执行。这又再一次表明，令、式内容根本不能全“合体”到律中，而是各自单独起作用的法律。

其实，“诸法合体”那样的一部综合的、集大成的、取代所有不同形式法律的法典，唐代自始至终都不存在。唐代的整个法律体系就是律、令、格、式各自为典。把律、令、格、式拆散了，揉到其中的某一部中去，体例无法解决，目的性也不明，只有更不方便。

认唐律为“诸法合体”者另一个根据是唐律中不时地引用令、格、式。其实仅根据这一点就判定唐律是“诸法合体”，实在无充足理由。

从立法的法条数目说，唐代承袭隋朝的做法，律的数量最少，只有五百条，而当时的令、格、式的条数则是律的几倍乃至十几倍。史载贞观年间房玄龄等奉命修订法律时，当时定令一千五百九十条，格是“定留七百条”。到开元二十二年，“旧格、式、律、令及敕，总七千二十六条”，删修时其中“三千五百九十四条仍旧不改”。（《旧唐书·刑法志》）这数字减去五百条后，令、格、式的总数应是三千〇九十四条。但是令、格、式被唐律引用的是多少呢？不过是一百三十条左右，这个数字只是开元令、格、式总数的百分之四左右。在唐代令、格、式巨大的数量与庞大的体系中，由于它的百分之四的条目被引用在刑律中，于是就下结论说唐律是“诸法合体”，在这种情况下，绝大部分未被唐律引用的令、格、式岂不被抹煞！一些唐代制度的研究者，在唐律之外，用了很多的时间与精力去收集和复原被佚失的唐代的令、格、式法典，这个行动本身就是对“合体”论的一个否定。

唐代的令、格、式即使被《唐律疏议》所引用，也不能使令、格、式改变性质与刑律“合体”。令、格、式被引用入唐律是从“律疏”才开始的。从唐初到永徽四年“律疏”制订公布前的三十多年间，唐代的令、格、式本来就是各自单独存在起作用的。《永徽律》制订之后，为律制订疏议时，少数的令、格、式才被引入“疏议”部分，尽管“疏议”事实上也成了法律，但并不引起这些被引用的令、格、式在性质上的变化。被唐律引用的令、格、式，只是这种特殊法律解释的一部分材料而已，只有对刑律中的律文及注文规定的罪罚内容作增减、限制或扩大的那些内容才是刑律，而不是作为解释表述材料的令、格、式都成了刑律本身。

被刑法援用的非刑法法律，不会因为被刑事法规引用而成为刑法，唐代和今天都这样。如我国将来的刑法中肯定会出现“公务员”这个词，而那时的刑法或刑法的有权解释中很可能会引用公务员法中关于公务员范围规定的文段。在那种情况下，我们也不能说公务员法中关于公务员范围规定的文段是“补充刑法”，并成了“刑法”了。法律行文表述的材料与法律本身的有效结论不是一回事。如唐律中除引用令、格、式外，也引用礼，不但引用礼，而且还引用《尚书》、《左传》、《孝经》，甚至还引用《食经》，我们不能贸然说他们因对刑律起“补充”作用而成为“刑法”。

第三，唐代在立法上并不是“民刑不分”。

在唐代，很多性质相当于后来民法的法规，并不合体于唐律之中，而是存在于唐律之外。唐代以刑罚处置一些民事关系，并不证明唐律是“民刑不分”。诚然，在唐代相当于现代的一些民事规范常常有刑事处置的特点。如“负债违契不偿”，唐律中除判“各令备偿”之外，还要根据“违约乖期”的时间及债务数量处以刑罚：“一匹以上，违二十日笞二十，二十日加一等，罪止杖六十；三十匹，加二等；百匹，又加三等。”（《唐律疏议·杂律》总398条）但是，唐律中这种民事关系加刑事处罚的做法，仅表现了以刑罚形式处理民事关系的一个处置上的特点，而并不说明整个法律呈“民刑不分”的状态。一项关系在法律处置上，兼有民刑事两种处置，并不证明整个法律“民刑不分”。如现代很多刑事判决中既有刑事判决，又有民事判决，这种情况并不说明现代法律是“刑民不分”的。

从法律存在的独立性来说，最根本的是，大量的未被唐律引用的民事条款在唐律之外作为法律存在着。以“婚姻法”来说，结婚年龄肯定是其主要内容，但唐律《户婚律》中就偏偏无规定婚龄之内容，而唐代规定婚龄之法律在令中：“诸男年十五，女年十三以上，并听婚嫁。”（《司马氏书仪·婚仪》注《文公家礼·昏礼第三》注；见仁井田升《唐令拾遗》158页）从时间上说，唐代很多民事法规之在典与起作用，并不受“律疏”的影响。如“诸男女始生为黄，四岁为小，十六为中，二十一为丁，六十为老”为《户令》内容，《通典·食货七》及《旧唐书·食货志》在考引时，都说该令制订于武德七年，《册府元龟·邦计部·户籍》说制订于武德六年三月。后来《唐六典·户部》又引证，可见至《唐六典》成书的开元二十六年，这条令文仍单独存在于刑律之外。这条法律在《唐律疏议》制订前已有，制订后仍有，怎么能判断唐代是“民刑不分”呢！唐代有一条禁止官吏经商牟利的法律：“工商之家不得预于士，食禄之人不得夺下人之利”。（唐代《户令》，《唐令拾遗》154页）《旧唐书·食货志》记载它始定于武德七年，而唐律则照应地规定，官吏“若卖买有剩利者，计利，以乞取监临财物论。强市者，笞五十；有剩利者，计利，准枉法论。”（《唐律疏议·职制律》总142条）后者作为刑律条文并未与前者“合体”。至于二者之间存在照应关系，正说明同一件事情在唐代的“民”“刑”立法上是区分的，根本不能得出“民刑不分”的结论。

总之，唐代的律、令、格、式中，只有律即唐律（《唐律疏议》）是刑律，相当于现代的刑法。唐律只是刑法，它不包括刑法之外的“诸法”，唐律十二篇不是唐代的诸法，唐代的“诸法”并未“合体”于唐律中。唐代当时的“诸法”，都独立地存在并发挥其作用，唐代的“民法”虽无专典，但它与“刑法”不是不分，而是分得十分清楚，互不兼并干扰。

杨师群

商鞅变法的性质与作用问题驳论*

简介

杨师群，男，1951 年生，上海人。作为老三届，曾颠沛于西南边陲少数民族地区八年。上海师范大学历史学学士、硕士，现为华东政法学院人文学院教授，硕士生导师。主攻法律史、先秦史、宋史、中西方古代社会的比较研究。有专著：《东周秦汉社会转型研究》、《五百年冤狱》（台湾出版）、《大宋王朝之谜》、《中华姓氏谱一孙姓卷》、《中华姓氏谱一萧姓卷》等，参与写作其他著作和辞典多部，重要论文六十余篇，共计个人发表的科研成果三百余万字。

* 原发表于《学术月刊》，1995（6）。《新华文摘》1995 年第 9 期作论点摘要。这里原文刊发，只略作删改。

商鞅变法是战国时期最为重要的一次诸侯国改革运动，由于秦国后来的统一，其变法内容又深远地影响了中国古代社会的结构定型及其发展轨迹。以往那种以阶级斗争为纲而对它所作的基本肯定的评价，只是史学理论公式化的产物，不能真实地反映历史的本来面目。我们从当时社会的实际情况出发，再次对商鞅变法进行全面考察与重新评估，得出了与传统观点全然不同的看法，并在此基础上，以求得对春秋战国社会变革的性质以及中国古代社会运行逻辑诸重大问题的深入探讨。

一、社会背景性质辨析

变法前秦国的社会性质，是我们首先要解决的问题。

李瑞兰说："从《商君书》中，我们发现：变法前秦国力于农耕的主要社会劳动者，和春秋战国时代东方列国一样，是具有独立人格和一定私有经济的'民'，而不是毫无人身自由，被主人当成'会说话的工具'的奴隶。"并指出，秦国民众"有选择职业的自由"，"有择地而居的自由"，"农民耕地由国家统一分配，生产由自己独立经营，部分产品由自己全权支配。"① 可以说，证明当时秦国基本劳动民众绝非奴隶的有关材料，在《商君书》等史籍中可谓俯拾皆是。

有人认为，秦国"野人的身份是奴隶"②。《史记·秦本纪》载，岐山下三百余野人，由于捕吃了秦穆公走失的良马，被官府捕获，准备处以极刑，穆公却说："君子不以畜产害人。"非但宽赦其罪，且加赐以酒。后来，穆公在与晋军作战中遇险，三百余名野人正在军中，立即冲锋陷阵，奋不顾身地搭救了穆公，以报食马不罪之德。秦穆公时"野人"的社会地位尚且如此，何况二百年后的秦国社会。"野人"绝非类似畜产的奴隶，而是人们对地位略低于本族国民的周围其他族居民的俗称，对此已有许多学者进行过详细论证。

有人喜欢用"人牲"、"人殉"一事来论证秦国为奴隶社会，其实它主要应与原始宗教、社会风俗有关，而与社会的生产方式没有必然的直接联系。张广志先生经过缜密考证后指出："所有'人牲'全都不是奴隶，'人殉'中虽有奴隶，但为数不多，且系家内奴隶。用'人殉'、'人牲'的存在去证明商代是奴隶社会，是缺乏起码的说服力的。"③ 况且，公元前384年，秦献公已下令："止从死"④。这样，就从法律上废止了秦国的人殉陋习。总之，要将商鞅变法前的秦国描述为奴隶社会的观点是缺乏基本论据而不能成立的。

当时的秦国社会与东方诸国存在一些差异，其经济、文化发展较为落后，所谓"戎狄

① 李瑞兰：《商鞅变法的性质和作用新探》，载《研究生论文选集·中国历史分册》，江苏古籍出版社，1984。

② 林剑鸣：《秦史稿》，65页，上海人民出版社，1981。

③ 张广志：《商代奴隶社会说质疑》，《人文杂志专刊·先秦史论文集》，70页，1982。

④ 《史记·秦本纪》。

之教”；其政治统治结构模式也有区别。秦国处于边境少数民族聚集地区，同时受到周围民族与东方邻国的军事威逼，为了求得国家的生存与拓展，经常处于战争状态。在这样的形势下，加上一些民族传统的缘故，其国君传位无定制而崇尚武力，常需集中兵力对外作战，因此不宜裂土分封以培植强宗大族，从而宗法制度很不严密。钱杭说：“秦国没有能够和东周时期普遍存在的强宗大族相提并论的异姓宗族。不要说像鲁国的三桓、晋国的韩、赵、魏等一流大族，就像齐国的崔、庆、管、鲍等二、三流宗族，秦国也没有。”“宗族在秦国社会总结构中的地位，较其他诸侯国的大小宗族来，处于一种远为低下的境地。正是在这个意义上，我们才断言秦国缺乏严格宗法制度。”⑤ 同时，“找不到像西周时期那种裂土封疆的事实，秦国国君子弟及王族贵戚，皆无尺土之封，如宣公有九子，成公有七子，穆公有四十子，均莫立，也未见被封于何地，说明秦国确实没有实行分封制”⑥。由此，秦国的领主经济成分相当薄弱，马端临也早就说过：“盖秦之法，未尝以土地予人，不待李斯建议而始罢封建也。”⑦ 这样，如果我们认为，战国初期之前，东方诸国处于一种宗法领主制社会形态，那么秦国的社会性质就另当别论了。

公元前408年，秦国实行“初租禾”，其性质与春秋鲁国的“初税亩”相同，为国家土地税制方式的一次改革。其中不但没有土地私有方面的内容，反而因此加强了国家对土地所有权的直接控制。⑧ 由于秦国没有实行普遍的贵族分封制，其土地国家直接控制程度远高于东方诸国。李瑞兰指出：当时秦的“全国最高土地所有权和行政统治权集中于王室，任何臣民对土地只有占有权和使用权，不得随意兼并和买卖。”却又把变法前秦国社会性质判定为：“是一种以中央集权为前提的早期地主封建制。”⑨ 既然任何臣民都没有土地私有权，那么这“地主封建制”从何而来呢？我们已经论证了战国时期并没有出现新兴的地主阶级，⑩ 秦国尤其是如此，所以判断秦国社会为“早期地主封建制”的设想也纯属虚构。

如何实事求是地来判断变法前秦国的社会性质呢？我们从地方乡邑与国家的关系角度切入分析，或能探到问题的实质。秦国基本不实行裂土分封制度，一般平民的“小乡邑聚”大都直接隶属于国家。公元前375年，秦献公还通过“为户籍相伍”的措施，进一步加强了国家对全体民众的直接统治。李瑞兰说：“从《商君书》中，我们看到，秦国的‘民’是直接依附于国家，并承受其封建性质的剥削的，而不像东方列国是分别隶属于各级封建领主的。”话说得绝对了一些，但“有理由认为：秦政府对广大农民直接进行封建性的剥削，是当时占主导地位的经济成分”⑪。这结论大致不错。

---

⑤ 钱杭：《周代宗法制度史研究》，195、202页，学林出版社，1991。

⑥ 林剑鸣：《秦史稿》，80页。

⑦ 《文献通考》卷二百五十六。

⑧ 参阅杨师群：《东周秦汉社会转型研究》，45～57页，上海古籍出版社，2003。

⑨ 李瑞兰：《商鞅变法的性质和作用新探》。

⑩ 参阅杨师群：《东周秦汉社会转型研究》，75～89页。

⑪ 李瑞兰：《商鞅变法的性质和作用新探》。

同时，随着军事行动的胜利，每攻下一地，都设立由君主直接任命长官的县，或委派庶长对该地区进行军事统治。国家不时可将部分小乡邑直接划分为县，以加强统治。当时东方诸国的县，或可作为卿大夫贵族的封邑，而秦国不存在这种情况。秦国早期的“县”，就已作为政府的派出机构，称为“置官司”[12]，带有较浓厚的军事色彩和国防性质。林剑鸣认为，这种国家统治方式已“具有军事中央集权的特点”[13]。我们认为称“中央集权”还为时尚早，因为当时秦国中央朝廷对各地方直接统治的制度与手段都并不完善。比如我们知道，自秦厉公之后，一些地方贵族庶长的权势日益膨胀，渐成尾大不掉，擅权乱政的局面，甚至操纵了数代君主的废立。

根据上述分析，秦国社会有如下特点：缺乏严格的宗法制度，也基本没有实行贵族分封制，而主要是开始划分为军事行政单位的县，由国家直接派员统治。某些贵族庶长有一定的军事实力和权势，但领主经济薄弱。主要由国家直接控制全国的大部分土地，并对民众进行租税剥削。如果将“封建”这个概念，仅限于农民受田租剥削的生产关系而言，那么我们认为，将商鞅变法前的秦国社会性质，看作是处于一种早期雏形的国家军事封建制状态，应是较为符合实际情况的。这一社会性质为搞专制的法家改革，提供了极好的社会前提条件。

二、变法内容与性质求实

公元前361年，秦孝公即位，面对内忧外患的局面，决心继承父亲的遗志，拓展穆公的宏业，下令召贤图强。总观其诏令内容，目的无非有二：一是解决内忧，加强君权，稳固统治；一是增强军力，开拓疆域，以成霸业。商鞅就在这个时机来到秦国，在秦孝公的支持下，进行了一系列的改革。下面我们将商鞅变法的全部内容分成十个方面，简略分析商鞅是如何贯彻孝公的强国意图，以准确识辨此次变法的性质。

1. 什伍连坐，轻罪重刑。“令民为什伍，而相牧司连坐。”[14]《礼记·祭义》云：“军旅什伍”。注曰：“什伍，士卒部曲也。”《正义》道：“五人为伍，二伍为什，士为甲士。”《商君书·境内》亦说：“其战也，五人来薄为伍。”商鞅将这种军队基层编制应用于民间村邑，将民众置于严密的军队式组织控制之下，并开乡村邻里间告奸连坐之先河，用轻罪重刑等严酷手段，有效地加强了对全体民众的专制统治。

2. 奖励耕织，摧抑工商。“力本业，耕织致粟帛多者复其身。”农耕纺织是国力的根本，发动战争的经济基础，而当时蓬勃发展的工商业却是君主专制下等级社会中的最不稳定因素。商鞅精明地认识到这一点，开始不遗余力地摧残工商业。“事末利及怠而贫者，举以为

---

[12] 《左传·僖公十五年》。

[13] 林剑鸣：《秦史稿》，82页。

[14] 《史记·商君列传》，后面变法内容中的引文，凡不注明者，皆出于此。

收孥。”这一举措虽严重僵化了社会经济的运转机制，却有力地强调了农耕生产和稳固了君主专制统治，重农抑商遂成为此后统治者长期奉行的国策。

3. 奖励军功，严禁私斗。“有军功者各率以上爵”。商鞅规定了按军功大小，授以等级爵位并获得相应经济利益的一系列办法，而杜绝其他加官晋爵的通道。此项措施以其极大的诱惑力驱使民众去为国家（实际上是君主）作战卖命，从而大大增强了秦国的军事实力。同时，禁止任何形式和内容的私人之间的争斗，“为私斗者各以轻重被刑大小。”将民众的主要意向与行为都纳入国家的军事轨道。

4. 增收军赋，保障军需。在原来“初租禾”的基础上，再“初为赋”，增收税赋。⑮ 并要一些大家族加倍交赋，“民有二男以上不分异者，倍其赋。”一般认为此项措施的着眼点在强行肢解大家族方面，其实大家族“倍其赋”，比起一般平民小家庭来还是合算的，而其肢解与否，并不能少交赋，或许要交得更多。所以，它的主要目的应在增收军赋方面，这样来确保战争中庞大军队所需的后勤粮草供应。

5. 按军功调整贵族爵秩。“宗室非有军功论，不得为属籍。”规定宗室贵族也需论军功而定爵位，没有军功者不能入贵族簿籍。并重新按军功大小“明尊卑爵秩等级，各以差次名田宅、臣妾、衣服以家次。”部分没有军功的旧贵族会受到一些打击，这样来调整旧贵族在新君主统治下的地位，以提高贵族军官的战斗力。

6. 推行县制，迁都咸阳。“集小乡邑聚为县，置令、丞，凡三十一县。”普遍推行地方行政区划单位——县制，完善县级官员治理地方制度，初步完成中央集权统治模式。咸阳位于秦国中心，物产丰富，交通便利，迁都于此，也是为了与东方诸国作长期军事抗衡和更有效地指挥全国的人力物力所作的地理方面的准备。

7. 明确与加强国家土地所有制。“开阡陌封疆而赋税平。”其意思应是由国家统一规划各类土地并按面积、土质收取定额赋税。这方面除我们前面已作的有关分析外，张金光先生对“商鞅实行的田制改革，其实质就是土地国有化”诸观点还有详尽论述。⑯ 土地国有制的进一步加强，扼杀着土地私有方向发展的各类萌芽，它成为中央集权政治统治下最可靠的经济基础。

8. 焚烧诗书，禁止游学。《商君书·垦令篇》是商鞅变法时所出垦草令的底本方案，其中要求：“国之大臣诸大夫，博闻、辨慧、游居之事，皆无得为，无得居游于百县。”“声服无通于百县”，使民众“愚则无外交。”《农战》诸篇又极端地将农、战需要作为衡量一切文化生活取舍的标准，从而用“燔诗书”诸野蛮手段竭力摧毁当时优秀的文化成果⑰，把君主专制统治和加强军事力量建筑在牢靠的愚民政策之上。

9. 统一度量衡。“平斗桶权衡丈尺”。其目的是为了便于国家田租、军赋的征收，以及

---

⑮ 《史记·秦本纪》。

⑯ 张金光《试论秦国商鞅变法后的土地制度》，《中国史研究》1983（2）。

⑰ 《韩非子·和氏篇》。

军功赏赐、官员俸禄的发放。当然，它客观上会有利于各地经济文化的交流，但由于变法基本禁止各地的经济文化交流，摧抑着私营工商业的发展，所以这方面的客观作用实在是微乎其微的。

10. 革除落后的戎狄风俗。商鞅说："始秦戎狄之教，父子无别，同室而居，今我更制其教，而为其男女之别。"因此，"令民父子兄弟同室内息者为禁。"这里革除的主要是群婚遗俗，而教以"男女有别"一夫一妻制的中原先进文化。它一方面是家庭婚姻制度的进步，一方面也是要造就有利于专制集权统治的小农家庭基础。

许多人将变法前夕，商鞅募民徙木赏金的做法，赞誉为"取信于民"，其实是不确切的。要知道法家是极其轻视民众而不屑为"取信于民"之类事的。阎步克指出："商鞅列'诚信'为六虱之一，韩非指'不欺之士'、'贞信之士'为不足任用的无用之人。法家以为，有了'法'的无上权威，辅之以'术'、'势'，信用就有了绝对的保证，……所以法家不在乎有无'信'之德行，却注重法令刑赏的可信性。"⑱ 说得十分透彻。商鞅所以采用这一不合情理的做法，要透露给民众的信息是：哪怕是再荒谬的事，只要是政府下的命令，民众就得服从，服从了才会有好处。它是将朝廷法令的绝对权威告诫民众，要民众盲目服从。这件事只是商鞅故弄玄虚，耍了一个愚惑民众的权术而已，以达到加强专制统治的变法目的。

综观上述变法的目的与各项措施，我们找不到任何要改革旧的生产方式的内容。也没有改变奴隶地位的任何动作，反而增加了一些奴隶制度。秦国本来领主经济就相当薄弱，所以谈不上废除什么贵族分封制；事实上，变法后有关军功爵制的封赏反而大量增加，商鞅本人就因受封而成为新贵族封君。变法更谈不上代表什么土地私有制经济集团——地主阶级的利益，前面我们已否定了法家代表新兴地主阶级的传统观点，法家只是代表了当时统治阶级中的极端君主派，商鞅变法也毫不例外。它与旧贵族之间的矛盾，只是当时统治阶级中的派别之争。

商鞅变法基本围绕秦孝公图强诏令的两个目的，在某些方面还有相当大的创造性发挥，使秦国的中央集权君主专制的统治模式基本定型，并把国家的政治、经济、文化各方面的立体运转完全纳入了军事轨道，接着又在对外战争中取得一些胜利，将秦国的早期国家军事封建制状态推向成熟。可以这样结论：商鞅变法是由极端君主派法家领导下进行的一场旨在加强中央集权君主专制统治，又带有相当军国主义色彩的改革运动。

三、历史作用问题驳论

据以上辨析，许多著述在评价商鞅变法的历史作用时，说什么是新兴地主阶级反对奴隶主阶级的改革，从而完成了秦国从奴隶社会到封建社会的过渡之类以阶级斗争为纲的套

---

⑱ 阎步克《春秋战国时"信"观念的演变及其社会原因》，《历史研究》1981（6）。

话，实在已毫无意义。

至于说它加强了秦国的专制集权统治与军事实力，乃至为后来的统一大业奠定了基础，这点无须否认。然而我们认为，评价商鞅变法的历史作用，其关键问题不在于此。

春秋战国之际是中国古代社会一个重要的发展时期，随着旧的宗法社会结构的逐步解体，个体家庭成为社会基本经济单位，生产力在提高中推动了经济的发展繁荣，其中工商业市场经济尤其突出；政局在动荡中打破了僵化的等级秩序，阶级升降变动空前活泼；这样，荒野的大量开发，城市商业都会成分的增加，士人的参政议政，百家争鸣局面的形成，各地经济文化交流频繁，……社会开始爆发出前所未有的活力。那么，在这样一个良好的社会发展氛围中，商鞅变法究竟扮演了一个什么样的角色呢？

在经历了千余年的宗法君主制社会之后，人们在社会转型的动荡中，开始上下求索，寻找一条适合自己的治政之路。其中虽然旧的文化传统仍有明显的烙印，但也不乏一些新思想新气象，比如许多士人提出了重视民众地位和藐视君主权威的思想。师旷说："天之爱民甚矣，岂其使一人肆于民上，以从其淫，而弃天地之性，必不然矣。"[19] 还有孟子的"民贵君轻"之说，荀子的"水则载舟，水则覆舟"的绝妙比喻等，都多少给当时的政治发展带来一些开明的取向。一些诸侯国统治者也采取了某些较为宽松开明的政策，从郑国子产"不毁乡校"，认为："其所善者，吾则行之；其所恶者，吾则改之，是吾师也。"[20] 到齐国创建"稷下学宫"，汇集了当时的一些学人名士，"不治而议论"，专门为齐国出谋划策，评议时弊，讥谏朝政，进退自由。这些开明政策，应该说含有相当进步意义，给当时社会发展起到了促进的作用。

然而法家在这样的社会发展关键时刻，却竭力推销其赤裸裸的君主专制理论，完全不把民众放在眼里，要求实行严刑酷法的恐怖统治。就连当时日益普遍的要求君主兼听、纳谏以制约专权的呼声，法家都不屑一顾。商鞅变法将这一专制理论付诸实践，用连坐法、轻罪重刑诸残酷手段来治理、打击民众，用全面军事化的组织措施来对内强化控制、对外争霸战争。不允许民众有任何议政的权利，"秦民初言令不便者，有来言令便者，卫鞅曰：'此皆乱化之民也'，尽迁之于边城，其后民莫敢议令"[21]。用流放边境的刑罚来压制舆论，哪怕改变初衷，赞成变法者也不例外。并用燔诗书、禁游学等野蛮措施来消灭不同政见，以完成"权者，君之所独制也"这一专制统治模式。[22] 可以说，这样的政治改革方向，在社会发展中无论如何也没有什么进步意义可言。

战国是中国古代商品经济得到相当发展的时期，城镇工商业空前繁荣，货币经济也全面铺开，新兴起一个令人刮目的工商业阶层，部分富商大贾已可与贵族王侯分庭抗礼。商品货币经济得到这样高度的发展，必然对整个社会发展产生巨大影响。比如说它能促进私

---

⑲ 《左传·襄公十四年》。

⑳ 《左传·襄公三十一年》。

㉑ 《史记·商君列传》。

㉒ 《商君书·修权篇》。

有经济的进一步深化蔓延，促进社会秩序在市场经济竞争中进行贫富贵贱的合理调整，从而促发人性的逐步觉醒，改变人们价值观念的取向，并在此基础上发生社会格局崭新的变革。恩格斯说："商人对于以前一切都停滞不变，可以说由于世袭而停滞不变的社会来说，是一个革命的要素。……现在商人来到了这个世界，他应当是这个世界发生变革的起点。"㉓

秦国在公元前378年"初行为市"㉔。然而就在这个起点上，商鞅变法中严厉的摧抑私营工商业的政策，将这一社会发展的重要契机，扼杀在襁褓中。在东方诸国出现众多商业都会的情况下，秦国这方面的发展却几乎等于零。加上其强化土地国有制等措施，完全堵绝了当时的私有制经济发展之路，将其社会的经济结构完全封固僵化起来，极其有效地稳固了君主专制统治体制。抑商政策在漫长的封建社会中为统治者所长期奉行，极大地阻碍了古代社会的正常发展，由此而形成的轻商贱商不良传统，至今还需我们要花大力气给予纠正，而商鞅正是始作俑者。可以认为，抑商政策扼杀了社会中的变革因素，它是一项极为反动的经济政策。

一般都认为，商鞅变法奖励耕织的措施，解放了生产力，促进了经济的发展。其实这论点只看到事物的表面，是十分肤浅的。变法将农业生产发展建立在摧抑私营工商业和愚民政策等项措施之上，这必然为农业生产的进一步拓展，尤其是国家整体经济的长远发展套上枷锁，而这方面恰恰是问题的实质所在。《商君书·垦令篇》要求："使商无得籴，农无得粜"，禁止正当的粮食贸易流通渠道。"重关市之赋，则农恶商。"用提高关税来压制农民经商，从而杜绝农业方面的商品生产。"废逆旅"，禁止农民从事开设旅店等副业以增加收入，更是减断了各地经济文化的交流。"壹山泽"，国家垄断山泽之利，不许人们开发利用。"无得取庸"，甚至不允许富裕人家雇佣帮工。只要农民"愚则无外交"，并在"重刑而连其罪"的强控制下专一农耕。这实在是一种极其狭隘的农耕经济观，是一种强迫生产力只得单一从事农业的短期行为。这种狭隘农耕观一旦实施于国家的经济政策，在短期内或许会有些"效益"，有所谓"家给人足"之誉。但从长远来看，它必将窒息国民经济的全面发展，也会反过来阻碍农业生产的长足进步。这种狭隘的农耕政策传统，直至近期的"以粮为纲"的政策口号，已经长期严重危害我国经济的正常发展，难道这一历史教训还不够深刻吗！

商鞅变法中没有任何改变奴隶地位的举措，恰恰相反，却在某种程度上积极推行，乃至发展了一些奴隶制度。如"事末利及怠而贫者，举以为收孥。"按军功、家次分配"臣妾"，"爵吏而为县尉，则赐虏六"㉕。《商君书·垦令篇》要求："以商之口数使商，令之厮、舆、徒、童者必当名。"即官府录有商家奴仆的名册，令其按顺序到官府服役。如此等等，有人喜欢用"奴隶制残余"一笔带过。上述秦国并非奴隶制社会，何谈什么残余？而且这

㉓ 《资本论》第三卷"增补"，1019页。

㉔ 马非百：《秦集史·国君纪事十三·献公》录自《秦记》。

㉕ 《商君书·境内篇》。

些奴隶制度，都是商鞅的新举措，并非沿袭旧制的某些做法。变法后，秦国的奴隶数量大增，使用也较普遍，这方面《云梦秦简》诸史料上有详尽反映，乃至秦、汉二代成为中国历史上奴隶数量最多的时期。诚然，我们也并不由此而认为秦、汉是奴隶社会，而奴隶数量的大量增加，至少是社会奴役方式的局部倒退。这一倒退，虽还有其他社会因素，但与商鞅变法中的这些举措应有密切联系。

《商君书·垦令篇》还规定："使民无得擅徙"，任何人临时外出，也得有政府开验的证明文书，否则连旅店也不能借宿，"商君之法，舍人无验者坐之"[26]。以此来禁止人口的合理流动，阻隔各地经济文化的交流，将人们的视野局限在极其狭小的天地中。《农战》诸篇要求人们除了积极从事农业耕耘与参军作战之外，必须舍弃杜绝其他一切社会生计与文化生活，"诗、书、礼、乐、善、修、仁、廉、辩、慧"之类都在禁绝之例，与焚烧诗书、禁止游学诸措施配合，把民智、民力限制在一个极其单调、简陋的世界里。这种政策使本来已日渐活跃、不断昌盛的社会再次封闭僵滞起来，要民众在相当蒙昧的状态下，听任统治者的摆布，无法萌发自己的创造力。这样的社会状况，在古代乃至近代给我们中华民族所造成的各类劫难，难道还不够惨痛吗！

《史记·商君列传》赞誉变法道："行之十年，秦民大悦，道不拾遗，山无盗贼，家给人足，民勇于公战，怯于私斗，乡邑大治。"其实在严酷的强控制统治之下，一时取得这些"成绩"并不奇怪。"今卫鞅内刻刀锯之刑，外深铁钺之诛，步过六尺者有罚，弃灰于道者被刑，一日临渭而论囚七百余人，渭水尽赤，号哭之声，动于天地，蓄怨积仇，比于丘山。"[27] 真骇人听闻。要知道，在如此高压统治下所获得的社会暂时安定局面，只是一种虚假的表象，并不值得称道。秦奉行法家政策，二世而亡，便是最好的注解。

如上分析，加上其"刑无等级"的法规，"天资刻薄"的个性，商鞅在秦国处境日渐孤立，每次外出都要"后车十数，从车载甲，多力而骈胁者为骖乘，持矛而操闟戟者旁车而趋，此一物不具，君固不出"[28]。在如此严密残酷的统治之下，商鞅的神经还这样紧张，每次外出都如临大敌，害怕别人暗算已到了杯弓蛇影、草木皆兵的地步，其统治逾益不得人心的境况已不言而喻。孝公一死，商鞅即遭车裂之祸也就很自然了。由于变法对君主专制统治和增强军事力量都很有作用，所以"及孝公、商鞅死，惠王即位，做法未败也"[29]。

《荀子·议兵篇》说："秦人其生民也陿阸，其使民也酷烈，劫之以埶，隐之以阸，忸之以庆赏。鰌以刑罚，使天下之民所以要利于上者，非斗无由也；阸而用之，得而后功之，功赏相长也；五甲首而隶五家，是最为众强长久，多地以正，故四世有胜，非幸也，数也。"《汉书·刑法志》中也有类似的记载。其中将秦民生计穷隘，而统治者专用刑罚和功赏去强迫利诱民众从战，以保持军事强国的概况，刻画得入木三分。在中国古代文化最为

---

[26] 《史记·商君列传》。

[27] 《史记·商君列传》集解引《新序》。

[28] 《史记·商君列传》。

[29] 《韩非子·定法篇》。

灿烂多彩，经济不断发展繁荣，政治步入开明竞争的时代，商鞅变法却要把社会拉向一个极其愚昧单调、统治残酷且军事色彩很浓的专制社会结构中，难道是值得赞誉的历史事件吗？

我们认为，商鞅变法的成功是中国古代社会发展史中的一场悲剧。战国法家所完成的这一整套专制理论及其实践活动，不但在春秋战国的社会变革中产生极坏后果，而且日后一直萦绕在中华文明的中枢神经中作祟，将社会的丰富性异化为最简单暴戾的统治关系，而极难产生新的因素。长期以来，理论界不惜扭曲历史以肯定商鞅变法的做法，造成许多思想理论方面的混乱，需要我们去深刻反省，重新认识。在当前改革开放的大潮中，只有准确而认真地清理这笔文化遗产，我们才能从中吸取沉痛的历史教训，大步迈向现代化。

皮继增

法学家的成长与法典编纂*

简 介

皮继增，男，1928年生。1963年毕业于北京政法学院，后留校从事刑诉及法制史教学和研究。1986年到2003年任法制史教研室主任和法制史硕士生导师组长职务，期间讲授了多层次学历的中外法制史课程，曾被评为“深受学生欢迎的老师”。1995年5月赴日本东京、名古屋、大阪等地大学进行学术交流，并作了“外国法研究现状”学术报告。主要研究成果：专著类有《外国监狱史》、《外国法制简史》；教材类有不同层次教材4本任主编；论文类有《罗马法学家成长和法典编纂》、《近代外国继承制度》、《论伊斯兰教法中的法律规范》等10余篇。此外还参加编写《中国劳动法学大辞典》、《法律辞书》等。

---

* 原发表于杨振山主编：《罗马法·中国法与民法法典化》，北京，中国政法大学出版社，1995。

罗马法自问世迄今已有一千多年的历史，它既是第一个世界性法律，又是经典性的法律实现。它以深刻的法学理论、精湛的法律思想、科学的体系、合理的法律分类征服了诸多国家甚至世界，“经常被人们称为现代社会的主要支柱之一”①。“当然，现代社会仍然有效的罗马法与早期古罗马城市国家的罗马法并非同一个东西。……罗马法也不断地发展变化。取舍存留而至今保持着生命活力”②。然而，罗马法自身发展成为完备的《罗马法大全》或深受其影响的西方诸国民事法典编纂，除“政治因素必定是重要的，也必定有适当的政治环境”③。另外，罗马法学家们为编纂和法典化所付出的艰辛和代价是绝不容忽视的。《查士丁尼法典》（Codex Justinianus）出自乔万尼（Giovanni）和特里波尼安（Tribo－niano）之手；《法学阶梯》（Institutiones）是盖尤斯的杰作；《学说汇纂》（Digsta）是法学家们的言论。可以说罗马法是他们敏锐思维、深邃哲理的精华，罗马法是法学家的法。为此，深化研究考查罗马法学家的出现、形成、发展以及他们在各历史时期的法学活动，对于了解罗马法的编纂及西方国家的法典化，无疑是件有意义的事情。

1. 祭司垄断法学及祭司法学向世俗法学的过渡。

罗马氏族社会后期，罗马城是通过划定地界，修筑城堡而将几个村落统一起来，其目的是为了实现稳定和防卫。为此必须要设置一个凌驾于几个村落之上的权力。也就是要确定一位首领的权力，即王的权力。王和村落的权力关系，深受宗教观念和成分的影响，说明了权力是以首脑的宗教职位为基础的，这就使罗马进入最初的王政时期。因此，罗马王权的出现其核心是宗教权力和军事权力。

宗教权力的行使，依靠两个最重要的罗马僧侣团体，即祭司团体和占卜官团体，直接由王任命的官方僧侣是大祭司和战争祭司，大祭司为15人，其中最著名的是三人（朱庇特大祭司、战神大祭司和罗马大祭司）。他们都享有很高的权威，并具有很大的权力，他们有权拥有侍从官，有权坐镶嵌象牙的贵族席位，拥有治权，甚至能够篡夺王的一切权力。祭司长对于大祭司享有司法权，他还负责组织国家的祭祀活动，监督有关宗教生活的活动，他是“神的事务和人的事务的仲裁人”④。祭司的这些权力是有着深刻的历史渊源的，最早祭司并不是官方的僧侣，他是民间中所有神圣事务的专家，他们的任务是向集体或个人提供关于完成宗教义务的方式。维护神的和平，这一使命使他们自古就拥有很高权威和威望，影响着整个法律组织的宗教观念。因为在早期阶段“祭司不仅控制着私人的和公共的信仰；

---

① 《比较法研究》，55页，1988（1）。

② 同上。

③ 《民法法系的演变及形成》，艾伦·沃森著，李静冰、姚新华译，30页，中国政法大学出版社，1992。

④ 《罗马法史》，朱赛佩·格罗索著，黄风译，41页，中国政法大学出版社，1994。

并通过这种信仰控制着公共生活。他们也掌握着法律知识，尤其掌握着私人关系，即在较小群体社会，在家父们的相互关系中形成的法制”⑤。所以，在法的发展过程中，在法转变为由专职人员掌握的“诉讼”中，在法对生活及其发展的适应中，祭司成为联系的纽带。

占卜官在当时的罗马也很重要，他们的权限主要在于解释占卜。据说执政官虽然自己亲自占卜，但在解释方面出现困难，仍由占卜官作出解答，可见占卜官的地位以及对公共生活的影响。

可以看出罗马王政时期的法律，牢牢地掌握在祭司的手中，他们垄断了法律，世俗界很难介入。人们可以从祭司那里了解到为进行诉讼或实施某些法律活动而需要遵循的程式，还可以从祭司们那里获得从法律上解决某些情况的解答。祭司告诉人们应当采取怎样的行为方式同神保持良好的和平关系，并且避免触怒神。

然而，祭司们的这种垄断，随着历史不断进步而逐渐分崩离析。罗马人对法的认识和理解使他们很快将法从宗教领域中分离出来。《十二表法》的出现就是这种分离的表现。打破祭司垄断的历史标志是：首先是公元前 304 年，聂恩·福劳维将一部记载有对“法律诉讼（legis actiones）”程式和包括一些法律行为的程式的汇集公之于众，人们称它为《福劳维法（ius Flavianum）》，受到了人民的欢迎，为此他也被提升到贵族营造司的职位。这是一件打击祭司垄断、法律走向世俗的具有历史意义的事情。其次是公元前 254 年，一位来自平民的祭司长提比留·科伦卡尼（Tiberius Courncanius），他以宣传和教学的形式，公开向人民提供各种咨询意见。这样随着法律知识和解释的公开，就为世俗法学出现开辟了道路，使得一些人有可能不依靠祭司而取得对法律加以解释的权威，这种世俗法学在罗马共和国后期占据着统治地位，支配着法的发展。

但应注意的是，法学的世俗化进程是逐步完成的，它是通过一种历史和法律的连续性来实现转变的，这里要避免把历史发展硬塞进直线的阶段划分当中。早期的世俗法学家和祭司法学一样，在形式上并不创造规范，因为它不具有制定规范的权力。但是，它是传统的解释者，它揭示规范，它把规范纳入适当的结构，将规范用于具体的情况之中，也就是说进行解释工作。“无论如何，这些人要使法律变为一种合理的体系，并且，他们更倾向于对法律进行认真的充满热情的研究，而不愿听命于更高权威的独断专行的命令”⑥。这种法学不是一种规范强加于人的意志，而是一种用不同态度研究、遵循并调整规范的悟性。

2. 世俗法学家从事实际的法律活动，出现了法学家阶层，从而使解释法学逐渐科学化、理论化，促进了罗马法的发展。

世俗法学家冲破了祭司垄断的锁链，登上了法律的舞台。当然这种更替是一种渐进的历史过程。早期的世俗法学家仍然继续着祭司法学的活动，这种活动主要是：（1）“提供（Cavere）”，即向请求人提供能够达到法律目的的行动方案。（2）“协助（agere）”，即帮助

⑤ 《罗马法史》，朱赛佩·格罗索著，黄风译，41 页，中国政法大学出版社，1994。

⑥ 《比较法研究》，56 页，1988（1）。

当事人选择和采用有关的诉讼程式。(3)“解答(respondere)”,这是法学家对执政官、法官或者任何私人提出的法律问题所做的口头解答,实际上是咨询意见,带有法律顾问的性质。不论谁向法学家提出问题,法学家对这些问题进行的解答都一律不讲场合、不拘形式,有问必答。(4)“办案”,这是法学家指导辩护人如何办案以及指导诉讼当事人如何提起诉讼的活动。具体说来,法学家主要是在如何适用法律方面提出一些指导性意见供他们参考,至于辩论等具体诉讼活动则不负责。(5)代理诉讼当事人书写法律文书,或从事法学研究,著书立说。

法学家属于自由职业者,是不拿官俸和不收报酬的,真正乐于从事这项职业并能为法学家的,不外乎是那些达贵显官。他们受到公共舆论的高度重视,经常被授予“圣贤”、“智者”的称号,他们的形象对于罗马人来说一直是高尚的参照标准。在罗马精通法律被认为是一种荣耀和体面,不知道如何应用法是一种羞耻。因此,一些学习法律的学生跟随法学家们,从事实际的法律咨询活动,制作笔记,然后提出自己的看法。这样从咨询发展到讨论和教学。后来由于希腊自然法及辩证论的传入,因而使罗马法的研究出现了真正的科学创作活动,进入了一个新的境界。

伴随法学研究的深入,这时期涌现了一批卓有贡献的法学家。形成了法学家阶层。在罗马共和国时代有两位伟大的法学家,一位是库尹特·穆齐·斯凯沃拉(Quintus Mucius Scaevola),另一位是塞乐维·苏尔皮其·鲁服(Servius Sulpicius Rufus)。库尹特·穆齐在公元前95年任执政官,后任祭司长,他第一次对市民法加以系统整理,将其编辑成18编,试图系统地建立法学体系。这是一部市民法的基本著作,它构成了后来的理论基础。库尹特·穆齐有很多学生,其中最著名的是阿奎·加卢,他的主要成就是促进了法的具体发展,开创了“欺诈的审判(iudicium de dolo)”,创造了“阿奎利亚要式口约(Stipulatio Aquiliana)”,并制定了关于可设立某些类型的后生子为继承人的条款。塞尔维·苏尔皮其·鲁服,曾在公元前51年任执政官,西塞罗赞誉他是具有把法学上升为科学才能的人。此人学识渊博,精通哲学而且是有名望的演说家,在法学界颇有影响,其观点常被援引。他有180编著作,其中很多编有重要的参考价值。他是库尹特·穆齐的反对派,他的一部《穆齐批判》著作得到了广泛的传播。他的学生中最著名的有奥卢·奥菲里(Aulo Ofilio)和阿尔芬·瓦(Alfeno Varo)。特别是后者,他的一部40编的《学说汇纂》,其中一些被收入到查士丁尼的《学说汇纂》当中。从这些著名法学家的法学理论中,可以看出法学家们从具体现实出发所进行的理论研究的创造性工作。

罗马法学家是如何通过解释法律,创制新规则并上升为理论形成系统体系的呢?他们对法律的解释突破了仅限于法律字句含义的说明(如早期的注释法学派),而是通过具体的法律关系总结出一套系统的理论或规则并使其广泛加以应用。下面借用一篇文章中的例子给予说明。塔提乌斯无偿借一匹马给麦韦乌斯使用,当麦韦乌斯还马时,马受到了损害。麦韦乌斯有义务补偿塔提乌斯受到的损失吗?如果麦韦乌斯提出马将其摔伤用以反驳塔提乌斯的要求呢?再如,如果塞乌斯出于朋友相助,允许塔提乌斯来取酒时,发现酒罐受到损伤而漏了酒，那么，塞乌斯是否有义务补偿塔提乌斯的损失？塞乌斯是否可以就漏酒弄脏了他的地毯而提出反诉呢？这些冲突的解决有这样几个办法：(1) 麦韦乌斯对证明无过错的塔提乌斯的损害负有赔偿的义务，除非损害的确由于意外事件；(2) 如果塔提乌斯明知他的马有危险还借给麦韦乌斯，而不加以说明则有义务对麦韦乌斯的损失进行赔偿；(3) 如果塞乌斯有意损坏酒罐，则他对塔提乌斯有赔偿之责；(4) 如果塔提乌斯知道或从情理上应知道酒罐漏，那么他应对塞乌斯的损失负赔偿之责；(5) 如果双方对马的使用费和酒罐的保管费达成协议，那么对塔提乌斯、麦韦乌斯或塞乌斯由于故意或疏忽所造成的损害，也应由双方协议付赔偿费。对这样一个具体的法律关系，罗马法学家总结了一整套系统的学说，形成了一套规则，这就是如果当事人双方是以互惠的目的进行某项行为，则双方都应表现出应有的让步，但如果仅仅是一方受益，该当事人便应对于由于疏忽甚至意外事件所造成的损害负责，而另一方当事人却只对其故意造成的损害负赔偿之责。这就看出罗马法学家通过具体事实发展法律的方法，它深深地影响着后世法律的进步。“辩证方法的应用把对案例的类推适用发展到对规则的制定；又从这些规则发展到形成系统的体系。就这样，早期谨小慎微的法学逐渐发展成为科学的法学”⑦。这些法学家成为新的发展阶段的标志。

3. 法学家的地位和作用不断加强，法学理论研讨活动广泛而频繁，理论成为法的渊源，而且具有约束力。

罗马法成为法律科学，而且又深深扎根于社会的现实生活，服务于社会。因此它不能不受到罗马统治者们的青睐，法律被君主打上了深深的烙印，“他们希望以某种方式将法学理论功能同君主权力联系起来，并继续遵循法律传统的发展所深深留下的轨迹”⑧。为此，在罗马出现了“经君主批准的解答权（ius respondendi ex auctoritate principis)”。这种权力主要授予那些名望和能力、法律理论造诣很深，有一定权威、出类拔萃的法学家，他们的解答具法律效力并有约束法官的作用。这种特权准确地说是“获准发表具有法律效力的意见的人的判断和看法（sententiae etopiniones eorum quibus permissum est iura condere)”⑨，因此这种解答权不仅使对具体案件的解答有法律效力，同时享有这种权力的法学家在文章、论著中发表的看法也有法律效力。这项权力最早是由奥古斯都皇帝设立的，后来哈德良又进一步发展了，他认为：“如果所有人都赞同一种意见，这种意见就具有法律的效力；如果存在分歧，审判员可以采纳他所赞成的那种意见”⑩。由此看出，法律解释权的出现，标志着一个发展，它承认拥有解答权的法学家所作的解答具有约束力，但其他法学家的相反意见仍可保留，后又发展到赋予“法学家们的共同意见”以法律效力。

随着“解答权”的问世，法学家的地位和作用不断加强，在奥古斯都时期，经授权的法学家通常也都取得共和国官制中的职位，有些法学家在帝国的行政管理领域任职，担任

⑦ 《罗马法史》，朱赛佩·格罗索著，黄风译，264页，中国政法大学出版社，1994。
⑧ 《罗马法史》，朱赛佩·格罗索著，黄风译，342页，中国政法大学出版社，1994。
⑨ 《罗马法史》，朱赛佩·格罗索著，黄风译，343页，中国政法大学出版社，1994。
⑩ 《罗马法史》，朱赛佩·格罗索著，黄风译，352页，中国政法大学出版社，1994。

只有元老院议员才能担任的职务。到了安东尼时期，甚至出现了法学理论官僚化的情况。这种现象的直接后果是使共和国时期法学家创制法的工作更加趋于完善而且范围大大扩大了。

罗马法达到智慧成熟阶段，当然离不开法学家们的艰辛的努力。这一时期学术研究气氛甚浓，形成了法律领域的百花齐放，百家争鸣的局面，形成了诸多法学流派。君主制时期形成两个法学派，一是萨宾学派（Masurio Sabino），一是普罗库勒学派（Proculo），二学派很可能是共和国时期塞尔维·苏尔皮其的“塞尔维学派”和库尹特·穆齐的“穆齐学派”的历史延续或观点近似。萨宾学派的代表卡比多（Ateio Capitone）和普罗库勒学派代表拉贝奥（M. Antistio Labeone）无论在政治立场上还是在学术观点上都是相互对立的。“这两个人创立了两个不同的学派，实际上卡比多继续遵循传统的规范；拉贝奥则因其天赋能力和理论学识投身于许多知识领域，他在法学领域有许多的创新”⑪。可以看出，卡比多比较遵从君主的意愿，迎合统治者在法学理论和政治现实中的要求，他曾获执政官的高职位；拉贝奥则向往早期的自由，所以被指责为不想承认新的现实并且守旧，实际上拉贝奥无论在政治上还是在法学理论方面，都有自己独立见解，特别是在法学理论领域。他虽因循传统，但他擅于在传统中挖掘其强有力的原本根据，他注重的是“理论学识”和“天赋能力”。所以在一个多世纪之后，他仍然能够以“进行了大量创新”的人的形象为世人所瞩目。两个学派的法学家在法律的学术问题上相互分歧、互相争论，从而使罗马法更趋完备和成熟。在以后的哈德良时期、安东尼时期、塞维鲁时期，著名的法学家层出不穷，法学理论界呈现出一派繁荣的景象。在众多法学家中最著名的是盖尤斯、帕比尼安（Emilio Papiniano）、保罗（Giulio Paolo）、乌尔比安（Domizio Ulpiano）和莫德斯丁（Erennio Modestino）。

盖尤斯的《法学阶梯》通俗易懂，早期并不被人注视，只是后来随着罗马国王卡拉卡拉的谕令（授予所有居住在帝国境内的人以罗马市民籍）而不断扩张其适用领域，才开始广为人知，而且影响越来越大；盖尤斯本人也成为“引证法”所列举的法学家之一。在这里有一值得商榷的问题，即《法学阶梯》是否出于盖尤斯之手？有的书中记载是他改写了以前的一部教科书，有的说是因重名而被错用，所以查士丁尼将其改为“查士丁尼学说总论”。对此本人因占有材料所限不敢妄加评论。但我想，罗马法作为人类宝贵财富和遗产，历经一千多年的考验和锤炼，出现假的“盖尤斯”可能性不大。不过提及此事供同仁们评说。盖尤斯除《法学阶梯》外，还著有：《论遗产信托（de fideicommissis）》、《论抵押的方式（de formula hypothecaria）》、《论解放奴隶（de manumissionibus）》等。帕比尼安是罗马塞维鲁时代的法学家，在崇高道德标准上他给人留下美好的名声。这种道德的严肃性也反映在他的著作中，反映在其风格的简明、逻辑论理的深刻和犀利上，反映在他对形势的评估以及对公平和实践的注重上。他的主要著作有：37 篇《问题（quaestiones）》、19 编《解

⑪ 《罗马法史》，朱赛佩·格罗索著，黄风译，393 页，中国政法大学出版社，1994。

答（reponsa）》、2编《定义（definitones）》等。保罗和乌尔比安两法学家，主要致力于官方学说的编纂，他俩都是大区长官帕比尼安的顾问，也是多产的法学家。其著作被《学说汇纂》广泛采用。保罗的主要著作：78编《论告示（ad edicum）》、16编《论萨宾（ad Sabinum）》、26编《问题（quaestionum）》、23编《解答（responsorum）》，除此之外还有一些专著、皇帝裁决汇编、对先前法学家著作的注释等。乌尔比安主要著作：81编《论告示（ad edictum）》、5编《论萨宾》、2编《解答》、10编《争论》、大量的涉及公法的专著等。这两位法学家都追求自己著作的全面性，而且都有自己的独立见解，虽是一起共事的同代人而且职务上互有交往，但观点各异。最后一个法学家莫德斯丁是乌尔比安的弟子，是位治安长官和教师，他曾写过12编《学说汇纂》、10编《规则》、19编《解答》等。以上五位法学家的著作成为查士丁尼《民法大全》的主要的资料来源，为法典编纂创造了条件，打下了牢固的基础。

4. 古典法学的终结和查士丁尼民法大全的编纂。

在君主制时期，尽管“君主喜欢的东西就具有法律效力”、“君主不受法律约束”⑫，已成为一种规则，但是法律在君主制中仍然是“由人民宣布和制定的东西”。

到了专制统治时期，“法律（lex）”这一名词被用来专指皇帝的谕令，罗马人在法律渊源问题上的多元性消失了，这种意义上的“法律”开始成为统一的、活生生的成文法的表现。而不成文法或习惯（由长期习惯确认了的并被常年遵守的东西）的效力仅限于补充法律，不能违反法律。盖尤斯解释说：“皇帝本人通过法律接受治权”。乌尔比安也认为：“人民将自己的所有治权和支配权授予他（君主）。”赋予皇帝敕令以法律的性质，这使皇帝敕令成为专制时期法律的唯一渊源。法律的这一发展必然要导致：一方面权力不断集中于专制者手里；另一方面它使民众的立法活动、裁判官的“告示”、元老院的立法活动和法学理论的创造被扼杀。著名的法学家们，他们的法学理论活动蜕变为仅具有编纂性质的工作。随着皇帝及其官僚机器操纵着法学活动，法学家的“解答权”不再存在，把法学家引向了只能编纂的方向，罗马法学的周期发展随之而完成，法的理论创作活动急剧削弱。“专制时代的官僚主义平庸吞噬了法学家的个性，使得法学学派的水平越来越低。”⑬ 法学立即降到了实践的层面。即法律的实际工作者、编纂专家和教师活动的层面，我们可以称之为核心外围的层面。由此，出现了法律汇纂、对古典著作及文献的整理、法学理论的汇编、使用古典渊源的规定（援引法，即承认帕比尼安、保罗、盖尤斯、乌尔比安和莫德斯丁的论著具有法律渊源的效力）。

罗马的法典编纂，私人在先官方在后。法学家私人编纂开始是汇编整理皇帝的敕令，著名的有：《格雷哥里安法典（Codex Gregorianus）》和《赫尔莫杰尼安法典（Codex Hermogenianus）》。此后不久，官方也开始主持法典编纂活动，如公元5世纪制定《狄奥多西法

⑫ 《罗马法史》，朱赛佩·格罗索著，黄风译，398页，中国政法大学出版社，1994。

⑬ 《罗马法史》，朱赛佩·格罗索著，黄风译，398页，中国政法大学出版社，1994。

典（Codex Theodosianus)》，该法典由 16 编组成，与先前法典的主要区别在于它的公法内容超过了私法内容。

在罗马编纂法典中最有成效和影响最深的应该是东罗马皇帝查士丁尼的《民法大全》。查士丁尼对法学理论和法律进行了一次具有里程碑意义的编纂工作。这一编纂工作汇集了罗马法律的遗产并将其沿传下来，它代表着通过罗马法实现的第二次扩张和征服。查士丁尼上台后为了恢复昔日的罗马帝国雄威，一方面对外扩张进行武力征服；另一方面在国内积极着手从事宗教和立法工作。

查士丁尼于公元 528 年 2 月 13 日发布关于编辑新法典的谕令，任命了一个由十人组成的委员会，由前司法大臣乔万尼主持，成员包括出类拔萃的法学家特里波尼安和法学教授狄菲乐等，授权委员会删除重复和矛盾之处，将已被废除或不再应用的内容删掉，对法律加以划分、编排、删略、补充及必要的修改。这部法典于公元 528 年 4 月 7 日完成，同年 4 月 16 日开始生效。遗憾的是这部法典没有流传下来，只有些索引片断。这是一部罗马历代皇帝敕令的汇编，它的主要内容和编排顺序是：教会法、渊源、高级官吏的职务、私法，刑法以及行政法等等。

查士丁尼进行的第二项宏伟工程就是编纂《学说编纂》，即将罗马法学家的法学理论汇编起来。编辑《学说汇纂》的具体想法是由特里波尼安向查士丁尼提出的。公元 530 年 12 月 15 日查士丁尼发出编辑《学说汇纂》的谕令，因特里波尼安在编纂查士丁尼法典中显露出的才干和理论水平，故将此重任交给了特里波尼安，委托他挑选合作者，成立一个由教授和律师组成的委员会。该委员会成员有：财政大臣康士坦丁、君士坦丁堡学校的教授狄奥菲尔和格拉丁、贝里托学校的教授多罗特和阿那多利以及 11 位君士坦丁的律师。在编辑过程中，材料必须从那些拥有“解答权”的法学家的著作中摘取，凡已过时的或重复的理论或规则不予采纳，承认所有的这些法学家处于平等的地位（废除援引法中等级划分），编委会可以自由选择、删节、增补和修改。经过 3 年的努力完成编辑工作，公元 533 年 12 月 30 日宣布生效，从此以后任何法学家均不得对它加以评论或者对它加以摘编，可以通过援引书名索引的方法使其发生法律效力。《学说汇纂》中的语录选自 38 位法学家的论著，由 50 编共 9 142 条组成，编下分章，每章都有标题，每段语录都先指出法学家的名字，原著的编、章号码。《学说汇纂》中的录用的 2/3 是五大法学家的著作，其中最多的是乌尔比安的著作。

查士丁尼在结束《学说汇纂》的编辑工作之前命令特里波尼安、狄奥菲尔和多罗特编辑一部教材，以取代在教学中使用的盖尤斯的《法学阶梯》，并于公元 533 年 11 月 21 日公布。这部新编《法学阶梯》完全是以盖尤斯的《法学阶梯》为蓝本编纂。不仅内容上这两部《法学阶梯》相近似，在体例上也没多大变化。

从具体内容上看，查士丁尼的《法学阶梯》在理论及他物权和债法概念的阐述上更加详尽、细致。《法学阶梯》是罗马法的重要组成部分，它是研究罗马私法的历史发展和实质内容极为宝贵的历史遗产和财富。

查士丁尼面对社会生活不断发展变化的现实，在法典编纂完成后，继续寻求补充法典不足的办法，最终又颁布了许多新的敕令来调整社会矛盾或改进法典中的缺陷。从这些敕令内容看大部属于国家管理活动和教会制度的规定，涉及公法与行政法的范围。私法方面主要是关于继承制度的规定。查士丁尼死后，法学家对在位期间后 30 年中颁布的敕令进行搜集和整理汇编成册，亦称新律。

以上四部分即《查士丁尼法典》、《学说汇纂》、《法学阶梯》、《新律》，构成闻名于世的《罗马法大全》或《民法大全》。

《民法大全》编纂的完成和问世，无疑对罗马国家乃至世界的影响和意义都是巨大的，随着时间推移这种作用更加明显，迄今为止，大概可以说世界上各个角落都可清晰见到罗马法的痕迹和踪影，如果说世界上的法律都深深打上了罗马法的烙印也不为过。从上文看出，罗马法每发展一步，都是伴随着法学家们的成长和艰苦卓绝的奋斗，没有法学家们的立法思想、理论、立法技术、严密逻辑、敏锐思辨、科学的总结和概括，加之高超的文字水平，编纂法典无从谈起。当然还应有政治的因素，统治阶级的法制观念，法学家们在政界的影响也不可低估，罗马法学家大都是罗马官员，他们的思想会深深影响，甚至左右着上层统治阶级，而造成法治的环境和气氛。反之统治阶级治国方针把法放在首位，也给法学家们制法、用法、总结法创造了优越的条件。法典是对法学家们事业的总结和肯定，只有在法治的沃土中才能枝繁叶茂，在充满着人治和专制的气候中决不会有法学家的真正乐园。像罗马国家这样重视法学家作用和法学教育的情形，在古代世界是独一无二的。

朱勇

论中国古代情与法的冲突*

简介

朱勇，法学博士，中国政法大学教授，法律史学研究院院长，教育部人文社会科学重点研究基地“法律史学研究中心”主任，中国法律史学会执行会长，先后师从于著名法律史学家陈盛清教授、张晋藩教授。1987年7月毕业后任职于中国政法大学，从事中国法律史学教学、研究工作。出版专著《清代宗族法研究》、《中国法制史》、《中国法律的艰辛历程》等，翻译《中华帝国的法律》，并先后在《中国社会科学》、《法学研究》、《中国法学》等刊物上发表论文30篇，部分论文被翻译成英文、法文、德文、日文、韩文发表。

* 原发表于《中国社会科学》，1996（1），此次发表作文字删减。

父慈子孝，天经地义。以血缘关系与婚姻关系为纽带联结而成的亲属团体内部，自然形成包括权利与义务等内容的伦理亲情关系。每一个体依其血缘身份，相对于团体内部其他亲属成员，享受不同权利，并承担不同义务。伦理规范的作用在于维持血缘、婚姻关系中具有自身特征的伦理秩序。与伦理规范不同，法律则专注于人的社会性，调整普遍存在的一般性社会关系。由于直接目的的不同，伦理与法律在履行自身功能过程中，不可避免地产生冲突。伦理与法律的冲突最集中地体现在义务方面，体现在基于伦理关系而形成的亲情义务和以国家统治为基础的法律义务之间的冲突。伦理关系中，关系人被赋予一种超社会的亲情义务。子女孝顺父母，卑幼侍奉尊长，不需要任何涉及社会关系的理由，前者由其自然身份，就必须承担其相应的义务。而与此同时，任何一个社会个体，由其社会地位所决定，他必须承担相对于国家、组织或其他社会个体的法律义务。法律义务的履行，受到国家强制力的驱动。而每一个社会个体，均一身二任。既是特定的家庭成员，又是一般意义上的社会成员；在具有伦理身份的同时，又具有社会身份。两种身份，要求他必须同时履行两种义务。

如何协调伦理亲情与法律的关系，减少二者之间的冲突，以使得它们更有效地维系社会的存续，这是不同的社会文明一直在探寻的问题。伦理亲情与法律的冲突，在主宗法、重伦理的东方社会，表现得尤其激烈。为化解这一冲突，传统的中国文明确立了一条复杂的、具有典型东方色彩的情法关系原则：情法并立、互为轻重。既不以法伤情，又不以情淹法，并重情法，以共同为治。其具体方法是，伦理入于法，亲情义务法律化；区别不同情况，分别采取法就于情、情让于法、或情法互避的解决模式。

中国古代关于情与法的冲突以及为这一冲突而确立的解决模式对于中国社会的影响是深重的。中国古代统治者在制度建设方面，不乏立法者的机智。他们使得与中国传统社会格格不入的法律为人们所接受，尽管与生俱有“恶法”的性质和“息讼”的要求；在礼入于律、情入于法的前提下，立法者通过“情法并立”这一模式，解决了就其性质而言难以解决的矛盾，表明了在立法技术上的较高水平。但同时，这一模式的确立，也使得法律的发展始终未能摆脱伦理道德的限制和约束；从制度到观念，法律都未能达到独立发展的阶段。尤其是由于亲情义务与法律义务并行，甚至在履行保障的力度方面，前者优于后者，使得社会个体在国家政治生活和社会生活中未能获得独立的法律人格，个体独立性的发展在法律上受到极大的限制。

一

法律是一种具有普遍约束力的行为规范。法律自身的性质决定了它要求全体社会成员，不论其社会地位、血缘身份、自然性别等，均得无条件地遵守法律。关于这一点，不仅先秦法家从理论上加以论证，并竭力提倡，统一的中央集权帝国建立以后的历朝皇帝、官吏也多有认识。[①] 然而，由于宗法亲情对于整个社会的深重影响，即便是在思想家与君臣对于法律必须一体遵行、划一标准基本达到共识的情况下，中国古代法律仍然在很大程度上向宗法伦理倾斜：法律规范就靠于亲情关系，因为法律关系人的亲情身份而改变法律自身所具有的内在标准。

首先，亲属关系中的尊卑长幼及家庭中的夫妻之间在法律上具有明显的不平等地位。这种不平等地位集中反映在区别对待尊卑长幼之间及夫妻之间相互侵犯行为的处理规定中。尊卑长幼身份不平等，在中国古代法律中极其明确，其等级落差也极为悬殊，并超出其他一般性社会关系和身份差别。[②] 这种有悬殊落差的身份性不平等的法律关系何以历朝相沿，并未受到重大冲击，其原因不仅来自于社会，也来自于法律本身。尊卑长幼的亲情关系是一种相对关系。尊长并非永远是尊长，卑幼也并非永远是卑幼。在宗法血缘的网状结构上，每一个人都具有与其血缘身份相对应的位置。随着时间的推移，网状结构的血缘伦理关系自然更替，“先为人子，后为人父”，原先处于卑幼地位的人由于自然原因而获得尊长身份。伦常之网在自然力的推动下，缓慢地垂直移动。网上每一节点皆机会均等地经历由卑幼而尊长的旅程。法律承认血缘伦理关系的自然演变，并同样保护新尊长的特权地位。这样，每一名家庭成员在法律上皆受到完全等同的对待：先卑幼，后尊长。某一时刻上身份性差别被一段时间内的机会均等所替代。法律所强调的一体对待原则虽然不在现实的亲情关系中体现，但却完整而真实地反映在由自然力所推动的血缘伦理之网上。因此，法律本身仍然是公正的——它并没有袒护任何一种具体的人，只是保护着一种含有社会内容的自然关系；而在自然关系中，人人机会均等。体现等级身份制的法律扎根于人人机会均等的自然关系基础之上，法律以另一种方式表现其内在的平等性，因而也长期并广泛地获得为社会所接受的理由。

社会制度导致一定程度的不公平，这是难以避免的。如果将这种引起社会不公正的制度建立于一定的自然基础上，那么，这一制度仍然能为社会所接受，或者说，在具体的实施过程中，能有效地减少来自于社会的阻力。尊卑长幼身份不平等及男女地位的区别，均在一定程度上体现了社会制度与自然因素相联结、并以自然差别为基础确立社会不平等的特征。现代法律中的继承制度，也不乏不平等因素，但由于它建立在自然基础之上，因此，也为注重社会公正、讲究社会平等的现代人以及现代法律所接受。

其次，法律确认家庭作为国家统治下的基本单元，并强制保护家庭内部的伦理凝聚力。家庭是社会的细胞，而不是国家的细胞。家庭作为社会组成的单位，主要体现在狭义的社

---

① 不仅秦始皇“事皆决于法”，即便汉文帝、隋文帝、唐太宗、明太祖、清康熙帝以及各代官吏、思想家等，均从不同角度提出“法须划一”、“一断于律”、“以律从事”等公平执法的思想。

② 在中国古代，官与民，师与徒、政府中的上下级之间，其法律身份均有不同。但相比较而言，亲属关系中尊卑长幼的身份性不平等更为显著。

会活动领域和经济领域。在理论上，国家不是家庭的组合，而是国民的组合。每一个个人都是国家统辖下的活动主体，都必须对自己的行为直接向国家负责。但在中国古代，家庭却具有较强的凝聚力。国家统治未能在各个方面均延伸到家庭内的每一个成员。法律确认这种状况，在某些方面，将家庭作为一个整体看待，使其内部成员承担一定的连带责任，并授予家长一定的治理权。在经济上，法律确认家庭是一个整体。家长代表家庭，对外参与经济交往和财产交换；在家庭内部，依法独自享有对家庭财产的所有权。家庭其他成员在财产关系上不具备独立的主体资格，也不得以个人名义从事经济活动，否则构成犯罪。在某些刑事法律关系中，法律视家庭为一个独立的责任主体。法律授予家长在家庭范围内一定程度上的监管权，包括对子孙的教令权、惩戒权等。与家长权相联系，家长相对于家庭成员，也向国家承担更多的法律义务。家庭内部成员犯罪，法律不考虑具体的行为人是谁，而只是将家庭作为一个整体来处罚。其具体的方式是追究家庭法定代表人——家长的法律责任，而不追究实际行为人的责任。

法律强调以家庭为社会构成的基本单位，加强对于家长权的确认和保护，加强家庭成员之间的伦理凝聚力。在某些方面，甚至不惜违反法律的一般原则，以一定程度上损害国家司法权为代价。

财产所有权以同居共财的家庭为基本单位。一个家庭以本家庭财产权的所有者身份与其他财产权所有者均是各自独立、相互平等的所有权主体。如果相互之间发生对财产权的侵害，自应依照法律保护所有权的一般规定加以处理。但古代法律在确定保护所有权一般原则的同时，对于具有特定伦理关系的人群中发生财产侵权行为时，则采取另外一种特殊原则。法律规定，非家庭成员、但属于五服之内、具有亲属伦常关系的成员之间窃盗财产，构成犯罪；但对于行为人不得依照一般窃盗罪处理，而应在普通窃盗罪法定刑罚基础上减等处罚。③

法律保护人身权不受侵犯。非法殴打他人，自然构成犯罪，要受到法律制裁。但法律授予子孙一种救护权。在特定情况下，允许子孙对他人实施殴打行为。这种特定情况专指祖父母、父母被他人殴打。唐律规定：祖父母、父母被他人所殴打，子孙当即殴击对方，子孙无罪；即便殴对方致伤，也较普通殴伤罪减等处罚。④ 他人殴打自己的父祖，其行为已构成犯罪，自应由司法机关依法处理；但此时允许被打者的子孙为救护其父祖而还殴对方，以牺牲国家司法权为代价，强化家庭中的伦理凝聚力。

尽职国家，服务社会，这是文明时代对于社会个体的基本要求之一。中国传统社会也确立了一套鼓励社会个体为官入仕、为国尽职，并对国家官吏给以优厚礼遇的机制。但在为父、母尽孝与为君、国尽忠发生冲突之时，法律又区别不同情况，分别处理。一般情况下，尽忠之职应让位于尽孝之情。

---

③ 《唐律疏议·贼盗·盗缌麻小功亲财物》：“诸盗缌麻、小功亲财物者，减凡人一等；大功，减二等；期亲，减三等。”

④ 《唐律疏议·斗讼》：“诸祖父母、父母为人所殴击，子孙即殴击之，非所折伤者，勿论；折伤者，减凡斗折伤三等。”

不仅在立法上，在司法活动中，也贯穿着加强伦理凝聚力的原则。历朝司法官吏，从州、县正印官乃至朝廷大臣、皇帝，在具体的审案过程中，常以“执法原情”、“为孝子屈法”为由，直接改变对法律的正常适用，而“屈法伸情”。

当然，伦理关系、血缘亲情，这是一个有广泛内涵的概念，其表现方式也多种多样。法律作为维持国家统治与社会存续的最后准则，它不可能处处顾及血缘亲情。即便在极端重视伦理关系、法律向宗法伦理倾斜的中国古代，亦然。法律由其自身性质所决定，必须将其基本点落在国家政治方面，而不是血缘伦理。这就使得在很多法律关系中，伦理亲情的影响作用很小，甚至不复存在。例如：在亲属容隐制度中，历朝法律皆严格限定了适用范围，小功以下亲属，不得容隐。在亲属之间的赡养方面，法律规定：兄弟伯侄之间相互不承担此义务。

二

在情与法发生冲突的情况下，或者法就于情，或者情让于法，其基本依据是各自所反映的社会关系在社会政治生活中的地位。然而，社会生活是复杂的。法律关系与伦理关系的冲突有时会出现势均力敌的状况。即它们所体现的政治、伦理准则在社会政治生活中受到大体相等的重视。对于此种冲突的解决，既不能法就于情，也不能情让于法，否则会在社会生活中引起情法关系比重失调。其结果必然是或者伤情，或者伤法，均不利于社会秩序的规范化。中国古代法律在解决这类问题方面，规定了一种相互避让的基本原则。

在情与法发生冲突、并通过相互避让的方式以实现化解冲突目的的情形，首先表现在复仇制度及复仇观方面。“父母之仇不共天”。血亲复仇，原本是人类的一项权利，也是义务。人类进入文明社会后的很长一个时期，这种复仇权利仍然为人们所享有。随着国家作用的扩大，地缘政治的加强，生杀之权越来越多地受控于国家手中，复仇权也逐渐受到种种限制。《周礼》主张区别不同的杀人行为而给以区别对待，并为报仇行为确定了一定的程序。“凡报仇雠者，书于士，杀之无罪”，“凡杀人而义者，令勿仇。仇之则死”⑤。《春秋公羊传》则进一步明确：“父不受诛，子复仇，可也”⑥。父母被他人所杀，子女若不能为其复仇，而苟且偷生，则于情于理不容，不孝之名难以摆脱；但若复仇杀人，一方面，势必由世代仇杀引起社会混乱，危及国家政权；另一方面，也直接侵损国家主权的重要体现——司法权。在中国这样一个极端重视宗法伦理的国度里，国家法律对私人复仇从认可、允许，到限制、禁止，经历了一个漫长而艰难的过程。直到包括法律制度在内的各项制度健全、完备的唐代，社会对于复仇的禁止问题仍然存在很大阻力。在唐朝，围绕着是否允许复仇，展开了一次较为广泛的大讨论。上起皇帝大臣，下至平民百姓，相当一部分人参与了这次

⑤ 《周公·调人》。

⑥ 《春秋公羊传·定公四年》。

讨论。其观点多有不同，有赞同者，有反对者，也有从中调和者。

唐武则天时，同州人徐元庆因其父为县吏赵师韫所杀而杀赵报仇，并自投官府服罪。如何处置徐元庆，一时朝廷上下议论纷纷，意见不一。谏官陈子昂建议，一方面，对徐元庆杀人行为依照法律定罪量刑，处死徐元庆；另一方面，对徐的舍身尽孝行为据情据礼给以表彰，由朝廷出面，为其立碑设匾，旌表其门。陈子昂还建议，将此种处理方式“编之于令，永为国典”[⑦]。陈子昂的立论基础在于，他肯定法律与亲情之间的冲突；但同时认为，冲突并不表明法律与亲情之间任何一方的不公正、不合理。二者的基点不同，因而有不同的评判标准。而社会对于此二标准，不能采取简单的取此舍彼的方法，而应该分别情况，同时采用。陈子昂的意见，在很大程度上得到君臣上下的认可。

唐顺宗时，礼部员外郎柳宗元对陈子昂的观点提出反对意见。他引用《春秋》之语：“父不受诛，子复仇，可也；父受诛，子复仇，此推刃之道，复仇不除害”[⑧]。如果徐元庆的父亲有罪当杀，那么，县吏赵师韫杀死徐元庆之父只不过是依法办事，是代天子执法。徐元庆杀赵则是仇视法律，仇视天子。对于这样的人怎么能再旌表其门呢。反过来，如果徐元庆的父亲是无辜被杀，赵师愠纯粹是报私怨，而且各级司法机关又不为徐元庆洗刷冤情，那么，徐元庆的行为就符合经义，“是守礼而行义也”，又怎么能对徐元庆定罪量刑呢（在后一个假设中，柳宗元立论的依据仍然是经义）。柳宗元将法律与经义放在一个统一的框架内，否认法律与经义，法律与亲情的冲突。他认为，违法则不得旌表其门，因为它同时也不合经义；符合经义则不得处以刑罚，因为它不违反法律。“旌与诛莫得而并焉。诛其可旌，兹谓乱，黩刑甚矣。旌其可诛，兹谓僭，坏礼甚矣。果以是示于天下，传于后代，趋义者不知所向，违害者不知所立，以是为典，可乎?”柳宗元提出，应严格限定“仇”的含义，通过排除对与法律发生直接冲突的那部分复仇行为的合“理”性，达到法律与亲情，与礼的一致。“礼之所谓仇者，盖以冤抑沈痛而号无告也；非谓抵罪触法陷于大戮。”[⑨]

公元811年（唐元和六年）九月，富平人梁悦为报父仇而杀死秦果，并至县衙投罪自首。对于杀人者梁悦如何处置，在当时社会又引起议论。案件上报至朝廷，宪宗对这种涉及礼法之争的案件处理，仍拿不定主意，于是，颁下诏书，命尚书省评议。宪宗在诏书中再次提及此案处理的难点，也就是礼与法的冲突，“复仇之事，据礼经，则义不同天；征法令，则杀人者死。礼法二事，皆王教之端，有此异同!”职方员外郎韩愈在其给皇帝的上书中分析了对复仇行为难以处置的缘由，以及法律回避复仇之事，既不加以禁止，又不规定允许的原因。提出：“伏以子复父仇，见于《春秋》，见于《礼记》，又见《周官》，又见诸子史，不可胜数，未有非之、罪之者也。最宜详于律，而律无其条，非阙之也。盖以为不许复仇，则伤孝子之心，而乖先王之训；许复仇，则人将恃法专杀，无以禁其端也。”韩愈

---

⑦ 《旧唐书·孝义传》：“如臣（陈子昂）等所见，谓宜正国之法，置之以刑；然后旌其闾墓，嘉其徽烈，可使天下直道而行。编之于令，永为国典。”

⑧ 《公羊传·定公四年》。

⑨ 《柳河东集》卷四，《驳“复仇议”》。

提出的解决方案是："宜定制曰：凡有复父仇者，事先具其事申尚书省，尚书省集议奏闻，酌其宜而处之，则经、律无失其指矣"[⑩]。

唐朝是中国古代在礼法关系、情法关系方面矛盾较为突出的时代。一方面，儒家德治、礼治思想作为治国治民的基本方针，对政治、经济、法律制度产生深重的影响；另一方面，统一的中央集权确立，各项制度趋于完备，国力较为强盛，更需要强化国家政治统治对社会的渗透。司法制度上的国家主义，首当其冲，成为统治者规范社会的第一目标。这样，重亲情的礼与以维系政治统治为目的的法律之间的冲突无可避免，且愈演愈烈。难以，也不可能找到解决的办法。其唯一可取的方法也只能是折衷其义，相互避让。从陈子昂的诛其罪、旌其情，到韩愈的"尚书省集议奏闻，酌其宜而处之"的方法，都体现了这一相互避让的精神。

以相互避让的方式解决情法冲突，尤其明显地表现在移乡避仇制上。杀人者依律应处死刑，但若遇赦，则能免罪。被赦者回居故里，极有可能与原被杀者的子孙同处一地。如果被杀者的子孙为报父祖之仇而再与被赦的杀人者发生仇杀行为，于情，孝子之心不可泯；据礼，"父母之仇不共天"。而就法律本身而言，它当然不能容忍新的仇杀行为。这样，亲情的要求，礼的评价，法律的标准，相互之间又发生直接的冲突。基于国家司法主义的立场，法律尽可以以其强制力，严格禁止任何形式的杀人行为，而无论其有何种理由。但反过来，如果实行这种纯粹的国家司法主义政策，又必然形成对于亲情和礼的直接侵害。因此，唐律再次采取了一种相互避让的立场。杀人者遇赦免刑，而被杀者家中尚有期以上亲属，为执行赦令，又防止仇杀，被赦的杀人者不得再回居故乡，而要移居千里之外落户。[⑪]造成空间上的差距，一则淡化复仇的情绪，二则为复仇造成一定的难度。法律有移乡避仇的规定，并不是说被杀者的子孙或其期亲有权仇杀遇赦回乡的杀人者，如果发生这种仇杀，法律仍然要处罚实施报仇行为的人。一方面回避，另一方面仍然禁止，双重规定，皆为防止仇杀的恶性循环。应该说，移乡避仇，是一种消极的防范措施，而且其实际功效也不会显著。但在既重法，又顾情的原则下，以这种相互避让的方式处理亲情与法律的冲突，也不失为一种理智的选择。

中国古代法律确立了亲属相容隐的制度。家庭内部有人犯罪，其他成员可以向官府隐匿其罪行；甚至可以向其透露消息，使其逃逸，以免受法律制裁。对于子孙来说，为亲者隐，既是权利，也是义务。法律不允许子孙向官府告发祖父母、父母。唐律规定，父母、祖父母犯罪，子孙若向官府举报，即构成"干名犯义"罪。问题在于，子孙告发父祖，侵害了法律所保护的亲情关系，应受法律处罚；但在这种情况下，被告发的父祖应作何种处理。从理论上说，既然被举报的情况属实，则说明被举报人的行为侵害了受法律保护的社

---

⑩ 《旧唐书·刑法志》

⑪ 《唐律·贼盗·杀人移乡》："诸杀人应死、会赦免者，移乡千里外。……疏议曰：杀人应死，会赦免罪，而死家有期以上亲者，移乡千里外为户。其有特赦免死者，亦依会赦例移乡。"又，《唐律疏议·贼盗·亲属为人杀私和》："若杀祖父母、父母应偿死者，虽会赦，仍移乡避仇。以其与子孙为仇，故令移配。"

会关系，触犯了法律，因而，不论举报人是谁，不论举报人的动机如何，也不论对举报人作何种处理，应该由被举报人承担依据法律应承担的刑事责任。唐《斗讼律》规定，子孙告祖父母、父母，子孙处绞刑；而被告之父祖，则不论所告是否属实，均视作自首而免于处罚。这就是说，同样是犯罪，若被外人举报，应依据法律承担责任；但若被子孙举报，罪犯即可免于处罚。如何解释这一规定，其理论依据如何？清代学者即注意到法律中这一非同寻常的制度，并分析说，古代法律之所以作如此有悖常理的规定，只是为了让子孙在父祖犯罪的情况下，能够以极端的方式，舍身救父祖，以自己犯罪受罚为代价，换取父祖的免于处罚。在特定的情况下，法律再次作出退让，允许以连环犯罪的方式，后罪排除前罪，惩处后罪，而免罚前罪，以实现对亲情的肯定和保护。而就法律自身而言，则是以一种曲折的方法，适用罪有所罚原则，在形式上保持国法的严肃性。

另外，父祖告子孙，即使为诬告，也不构成犯罪。若所告属实，告者当然无罪，但如何处理被告者？唐律规定：被告亦同自首法，即免于处罚。这里，与子孙告父祖又有不同。在子孙告父祖情况下，虽然父祖被免罪，但子孙仍得处罚，父祖应承担的法律责任通过子孙违法举告的方式，转移到子孙身上。但在父祖告子孙的情况下，双方均依据法律取得免罚的处理。这一制度的实施，对于社会的危害性是显而易见的。其立法宗旨，我们只能从法律与亲情的相互避让方面来理解。

三

伦理关系本身有亲疏远近之分，表现在亲情义务上有轻重程度的不同，而在法律上，则表现为法律义务的区别。在不同的法律关系中，由于当事人应负亲情义务的不同，必须承担不同的法律义务。这样，在某些法律关系中，由于涉及到两名以上互相具有交叉伦理关系的当事人，因而产生法律关系中的情与情自身的冲突。

为处理情情冲突，中国古代法律引入丧服制度，使伦理关系的亲疏程度数量化。对情情冲突当事人之间的伦理关系及亲情义务进行量的比较，适用“重情压轻情”的原则：法律关系当事人只对与其有较亲伦理关系的当事人承担由亲情义务而演变出的法律义务，而对与其有较疏伦理关系的当事人则不再承担这种义务。

唐律规定，民人犯罪，一定范围内的亲属之间可互为容隐，不承担向官府举报的义务。显然，这一规定是基于对亲情关系的保护而确立的。但就某些案件而言，自己与加害人及被害人均有一定的亲属关系，对于二者均承担一定的亲情义务。在法律的基础上，两种亲情义务发生直接的冲突。子女应为犯罪的父母隐匿罪行。但如果是母亲杀害父亲，子女则处于两难境地。为母容隐，这是子女应尽的基本的亲情义务之一，既为礼所规定，也为法律所确认。“杀父之仇不共天”，仇人之中，其可恶的程度，没有在杀父仇人之上。此时的子女，在履行亲情义务方面，再难两全。如何解决这一冲突，唐律采取了重情压轻情的原则。唐律规定，母亲杀死父亲，不论是嫡母、继母，还是慈母，作子女的皆不再受子孙不得告祖父母、父母禁令的约束，也不再履行为母容隐的义务，可以而且必须向官府告发。[12]唐律“亲属为人杀私和”条则有更明确的规定。

“其有五服内亲自相杀者，疏杀亲，合告；亲杀疏，不合告；亲疏等者，卑幼杀尊长得告，尊长杀卑幼不得告。其应相隐者，疏杀亲，义服杀正服，卑幼杀尊长，亦得论告；其不告者，亦无罪。”[13]

根据杀者、被杀者与自己的亲疏程度，确定完全不相同的举告义务，这是唐代法律解决亲情义务与亲情义务之间冲突的一项基本原则。

清嘉庆二十五年，江苏农民胡觐尧强奸其儿媳黄氏未成，被其子胡成琳殴伤致死。依据法律，胡成琳之行为构成“十恶”重罪，应凌迟处死。被害人胡觐尧之妻、亦即罪犯胡成琳之母胡姜氏，爱子心切，担心在丈夫已死的情况下，再失去儿子，故与胡成琳之妻、胡成琳之岳父等共谋隐匿罪犯之罪行。案发后，胡成琳被处凌迟刑。清律规定，胡姜氏及胡成琳之妻、胡成琳之岳父等与胡成琳本人属可容隐范围，相互可隐匿犯罪。但此案涉及及交叉伦理关系，且原罪所侵害的亲情关系重于容隐关系当事人之间的亲情关系。依据情情冲突中重情压轻情的原则，司法机关对于为被告隐匿罪行的胡姜氏及胡成琳之妻、胡成琳之岳父等分别治罪。[14]

同样，在子孙救护父祖而还殴殴击者的规定中，也体现了这一原则。法律允许子孙在父祖被他人殴击之时为救护父祖而还殴行凶之人，只要符合法律规定，还殴之子孙不承担法律责任。但在亲属之间相殴的案件中，就子孙的救护还殴行为，又产生了亲情义务自身的冲突。祖父母、父母之尊长，殴击祖父母、父母，作子孙的能否还殴，显然，无论是否还殴，子孙均有悖亲情。而且，在这里还不宜简单地适用重情压轻情的原则。为解决这一难题，唐律又确定了一条原则：对于有权殴打者的行为，不得还殴，否则构成犯罪。“依律殴之者无罪，止可解救，不得殴之，辄即殴者，自依斗殴常法。”[15] 另外，“若夫之祖父母、父母，共妻之祖父母、父母相殴，子孙之妇亦不合即殴夫之祖父母、父母，如当殴者，即依常律”[16]。

解决亲亲冲突的关键在于：使亲疏程度数量化，便于具体地比较亲疏关系，从而确定具体亲情义务的轻重程度，再适用重情压轻情的一般性原则，使得亲亲冲突的解决模式，能够更贴近于伦理之情，为社会所接受。

四

社会个体的一身二任——既作为家庭成员，又作为国家公民——决定了在其个体行为

---

[12] 《唐律疏议·斗讼》：“诸告祖父母、父母者，绞。即嫡、继、慈母杀其父，及所养者杀其本生，并听告。”

[13] 《唐律疏议·贼盗·亲属为人杀私和》。

[14] 《比引成案新编·两歧成案新编》卷上“子杀父而母容隐”。

[15] 《唐律疏议·斗讼》。

[16] 《唐律疏议·斗讼》。

及人际关系中亲情与法律的必然冲突。不同的文明，不同的国家，设定了不同的方式以解决这一冲突。而这些各有特色的解决方式，又不同程度地决定了各自法律制度的内容及功能，甚至影响着各自文化的发展走向。

子孙基于家庭伦理关系而向家长承担特殊的亲情义务，这在各国早期立法均有体现。在子孙接受家长监管及惩戒义务方面，罗马法确立了“家父权”。早期家父权在内容上极为广泛。家子在家父权之下，没有独立的人格，没有独立的民事权利能力。家长对家子行使监护权、惩戒权，甚至有权杀死家子；家子无权以自己的身份对外订立契约。但在性质上，家父权却有着严格的限制。“家父权不触及公法”这一基本原则在早期罗马法中即被确立。家父对家子的权力仅限于私法领域。一旦涉及国家或团体的政治行为、社会行为，纯粹的法律关系完全排斥家庭的亲情关系，家子则不再向家父承担基于“家父权”而产生的义务。随着国家司法主义原则的逐渐加强，法律对家父权的作用进一步加以限制，并延伸至私法领域，家子基于家庭关系而应向家父承担的亲情义务也在很大范围内让位于受国家强制力驱动的法律义务。

在日耳曼法中，儿子在财产关系方面拥有更大的自主性，甚至超出罗马法的相关规定。根据日耳曼法，处于父权之下的儿子，可以拥有自己独立的财产；对于儿子的财产，父亲享有管理权、收益权以及对动产的处分权，但对于属于儿子财产中的不动产，父亲则不得擅自处理；若要处理，则必须征得儿子同意，否则构成违法。也就是说，儿子在属于自己的独立财产方面，不承担基于家庭伦理关系而相对于父亲、乃至相对于家庭整体的亲情义务。

通过淡化亲情义务、强化法律义务，或者重法律义务而排斥亲情义务的方式，解决亲情与法律的冲突，既是加强国家政治统治、注重社会个体独立性的结果，反过来，又成为推动其发展的新动力。随着国家政治统治的不断加强，国家法律透过家庭的防线，深入到家庭内的每一个体，把个体从家长权之下解放出来，使之成为国家统治下的独立个体；并使其以国家公民的名义，独立地享受法律权利，承担法律义务。

法律由其自身的价值标准及内在的逻辑结构所决定，它要求所指向的对象具有同等的身份。而这一点，又恰恰与倡宗法、重等级的中国传统社会格格不入。就社会个体而言，由于法律义务与亲情义务之间在性质、功能及调整手段等方面的不同，在具体的履行过程中，也难以避免冲突的发生。古代统治者为了适应重宗法亲情、法律义务和亲情义务并存的国情民风，维护特殊的宗法等级制，又在一般意义上通过对社会成员的一体对待来维系社会的稳定，引礼入律，引亲情入律。在对待亲情与法律的冲突方面，确立了一条情法并立、共同为治的解决方式；既不以法伤情，又不以情淹法。从近两千年的社会现实及司法实践看，古代立法者所确立的这一化解冲突的特殊模式，在一定程度上解决了就其性质而言原本难以解决的矛盾，并为社会的稳定和秩序的建立起到了积极、有效的作用，在立法技术方面表现出较高的水准，成为古代立法的杰出成果。

情法并立的化解冲突模式直接影响社会个体独立性的形成和发展。作为法律义务与亲情义务的双重义务承担者，社会个体在两种规范体系、两种价值标准的共同作用下展开自己的社会实践。个体在其行为方式上，必须综合双重标准，作出常常是艰难的选择。而亲情义务法律化，则使得伦理关系在对人的行为的约束力方面，具有相对于法律更优先的地位。法律的实施，依靠国家强制力；而道德伦理的实现，则依靠社会舆论和人们内在的良心准则。使亲情义务法律化，使亲情义务的履行，在具有内在动力的同时，再加上以国家政权作为最终保障的外在强制力，其目的在于保证亲情关系的切实体现。社会个体在履行法律义务的同时，必须履行与其生活密切相关的亲情义务；而后者由其性质所定，也由于传统的农业社会，人们安土重迁，多生活在大家族范围之内，亲情义务对人们的要求几乎无所不在。社会个体在很大程度上是生活在具有双重约束力的家庭伦理关系之中，是作为家庭内部的一分子，作为家长的附属物而存在；在与国家政治、社会生活密切相关的法律关系中，未能取得完全独立的法律人格。

江兴国

试论中国封建王朝的谏诤制度及对君权的制约机制*

简介

江兴国，1943年出生，安徽省安庆市人，1966年毕业于北京政法学院（即今中国政法大学前身），毕业后分配到广西壮族自治区永福县人民法院工作。1979年考入母校，攻读中国法制史方向研究生，1982年毕业并获得硕士学位。留校任教。现为中国政法大学教授，曾担任多年的中国政法大学教务处长和指导攻读中国法制史硕士学位研究生导师组组长。

参加撰写的教材及学术著作主要有多种中国法制史教材、《中国监狱史》、《检察制度史》、《中国监狱发展简史》、《政府法制监督论》、《中外法律文化大典》、《中国治安管理法学》、《中国司法制度史》等。其中，《中国监狱史》一书曾获司法部优秀教材二等奖。

先后发表的论文有《论上海公共租界会审公廨的实质》、《第一次国内革命时期国民政府法制建设的历史经验与教训》、《试论中国封建社会的谏诤制度及其对君权的制约机制》、《试论西周礼的实质及其与刑的关系》、《试论南京临时政府同太平天国法律制度异同之比较》等。其中《试论中国封建社会的谏诤制度及其对君权的制约机制》一文曾于1997年荣获中国法律史学会学术论文一等奖。

---

* 原发表于《政法论坛》，1996（3）。

一

中国古代的封建国家，是以地主阶级为主的剥削阶级对广大农民和其他劳苦民众的专政。中央集权君主专制，是地主阶级在组织政权中长期实行的基本制度。在这种政权制度下，君主和各级行政长官实行的是不同程度上的独裁统治，全无民主可言。但是，不受任何制约的权力必然带来腐败及危机。由于统治阶级无穷尽的权力膨胀、势术交用和横征暴敛，将百姓逼得只有揭竿而起，以至推翻封建暴君统治的历史事件连绵不断。这就使一些头脑比较清醒的统治者逐渐认识到包括皇帝在内的统治阶级的权力，在实际上并非绝对不受制约，这种权力一旦失去民心的后果只能是统治者政权的垮台。所以历代有远见的政治家，尤其是开国的明君勋臣，对此往往能持有一度清醒的认识，十分重视分析前朝政权兴衰的原因，总结出值得自己警惕的教训，告诫部下并约束自己的权势，使统治阶级的压迫与剥削局限在被统治阶级能够承受的限度以内，避免阶级矛盾的激化，以实现其政权的长治久安。正如唐太宗所言：“天子者，有道则人推而为主，无道则人弃而不用。诚可畏也。”① 他由此认识到“为君之道，必须先存百姓”，“水能载舟，亦能覆舟”的深层道理，并至悟地告诫群臣：“若损百姓以奉其身，犹割股以啖腹，腹饱而身毙”②。为此，他们不断总结经验和教训，建立并逐步完善自我监督机制。“监”字在象形文字中就是一只睁着大眼睛注视着一盆清水，通过水中的倒影观察自身的形状。《辞海》解释为“监视”、“监督”、“监察”之意。在实践中，封建统治者不断完善权力自我制约机制的做法，给我们留下了不少迄今仍有重要借鉴意义的经验。这种自我监督的机制，主要由两部分组成，一是以监督从中央到地方，从亲王贵族、宰执大臣到基层官吏为己任的御史制度，由于在相当长的历史时期内，这种监督权都由御史台行使，故监察官员统称“台官”。二是以劝谏皇帝为己任的谏诤制度，其官员统称“谏官”或“言官”。本文仅就谏诤制度的历史演变及其历史作用试作一探讨和简评。

二

皇帝，是封建国家的最高统治者，其地位至高无上。他是封建地主阶级意志与利益的集中代表。中央集权君主专制制度，又使得他个人的意志往往以国家意志的形式表现出来。

① 《贞观政要·政体》。
② 《贞观政要·君道》。

国家的立法、司法、行政等各项大权皆集于皇帝一身，所谓“朕即国家”就是这种状况的简明表述。自千古一帝的秦王嬴政，灭六国一统天下，建立皇帝制度之时起，法自君出，就是封建社会立法活动最基本的准则，皇帝的敕令高于国家的任何法律，正如汉代酷吏廷尉杜周所言：“三尺法安在？前主所是著为律。后主所是疏为令。当时为是，何古之法乎！”③ 即是说不仅平民百姓的意志不可能在法律上得到体现，即使已用法律形式表现出的前任君主的意志，在同现任君主的意志相左时，往往也得屈从后者。在司法制度上，无论哪一级司法机关，都是执行君主意志的工具。无论何种案件，君主皆掌最高最后的审判权，皇帝还常常直接插手司法审判工作，亲自理狱。秦始皇“昼断狱，夜理书，自程决事，日悬石之一”④。东汉武帝也“留心庶狱，常临朝听讼，躬决疑事”⑤。宋代君主更是实行“御笔断罪”，“太宗在御，常躬听断，在京狱有疑者，多临决之”。只要君主御笔作出了判决，无论对错，都是板上钉钉的铁案，任何人不得申诉、更改，“不许诣尚书省陈述，如违，并以违御笔论”⑥。天下无人非君主之臣民，皇帝可不顾事实真相，不受法律的约束而对臣民任意定罪量刑，生杀予夺，明代皇帝在殿廷之上随意杖责大臣的制度，便是突出的表现；国家内政、外交、财务、军事、人事、监察等各项行政管理权力皆操于君主之手。各级官吏只不过是悉听君命“忠君”的工具而已。

正是由于皇帝独裁国家一切大事，皇帝决策的正误，自然就关系到国家的盛衰存亡。所谓“君主能一言兴邦，一言丧邦”的说法，虽然未免有夸大个人在历史上作用的一面，但还是在很大程度上反映了专制制度下君主贤明与否同国家政权安危的直接关系。统治阶级为维护他们本阶级的根本利益，也注意到在做出重大决策之前，要听取不同方面的意见和建议。这就要从君臣两个方面努力，一方面君主在重大决策时，应当主动地广泛征求臣子的意见，并努力造成一个让臣子敢于发表不同意见的政治生活环境。唐太宗盛赞魏征“有经国之才，性又抗直，无所屈挠”，并能做到“知无不言”，故多次召他入宫。“访以得失”，听取他的意见。太宗还曾问魏征：“人主何为而明，何为而暗”。魏征答曰：“兼听则明，偏听则暗”，若君主“兼听广纳，则贵臣不得拥蔽，而下情得以上通也。”唐太宗还深深体会到：“夫以铜为镜，可以正衣冠；以古为镜，可以知兴替；以人为镜，可以明得失。朕常保此三镜，以防己过。”⑦ 历史上的良臣贤相也往往要求君主广开言路，多听不同意见。三国时期蜀汉丞相诸葛亮在著名的《出师表》中语重心长地告诫后主刘禅“陛下亦宜自谋，以咨诹善道，察纳雅言”⑧。另一方面臣子应当见君有过则谏，甚至要不惜冒着被杀头的危

---

③ 《汉书·杜周传》。

④ 《汉书·刑法志》。

⑤ 《晋书·刑法志》。

⑥ 《宋史·刑法志》。

⑦ 《旧唐书·魏征传》。

⑧ 《诸葛亮集》，6页，中华书局，1960。

险，以死相谏，这才是臣子对君主最大的忠。才符合孔夫子所提倡的“臣事君以忠”⑨ 的原则。对此，历代的政治家、思想家有过许多精辟的论述。如春秋时期的墨翟主张：“夫仁人事上竭忠，事亲得孝，务善则美，有过则谏”，“君有过则谏，此为臣之道也”⑩。同时期的管仲也说：“政谏死节，臣下之则也。”⑪ 东汉名儒马融曾言：“忠臣之事君也，莫先于谏，谏于未形者，上也；谏于已彰者，次也；谏于既彰者，下也；违而不谏，则非忠臣。”⑫ 如果说封建社会衡量武将是否忠于君主的最高标准是看他肯不肯在疆场上与敌人拼命死战保君卫国的话，那么可以说衡量文官是否忠于君主的最高标准是看他在认为君主决策有误时敢不敢诤言劝谏，不失时机地一而再、再而三地相谏，并不怕因此而被诛杀。所以“武战死，文谏死”就成为封建社会思想家对忠臣要求的最高思想境界。封建王朝的君臣是否实现这种政治生活环境和思想境界另当别论，但是在国家机关中设置谏官，建立和逐步完善谏诤制度，就是适应这种需要而建立起的制约机制。

三

“谏”字的本意是下级对上级的直言规劝，“诤”字也是直言规劝之意。谏诤即监察的一种特殊形式，以规正君主不当决策或不妥行动为己任的谏诤官，被称为谏官，亦称“言官”，其“职在谏诤”⑬。汉代刘向解释为：“有能尽言于君，用则留之，不用则去之，谓之谏；用则可生，不用则死，谓之诤”⑭。

早在周代就已有谏官的设置。《周礼·地官·保氏》中就有“保氏掌谏王恶”的记载。《通志》卷 28《氏族四》在论述“以官为氏”时，即有“谏氏”，并说明《周礼》有司谏之官，因以为氏。早期封建社会的谏官主要有：给事中、谏议大夫。《通典》中云：“给事中，加官也。秦置，汉因之。……诸给事中日上朝谒，平尚书奏事，分为左右曹，以有事殿中，故曰‘给事中’”⑮。《汉书》云：“侍中，左右曹诸吏、散骑、中常侍，皆加官”，“侍中、中常侍得入禁中”，“给事中亦加官……皆秦制”⑯。东汉时罢给事中，三国曹魏“复置，至晋不改。在散骑常侍下，给事黄门侍郎上，无员”。并“置散骑合之于中常侍，同掌规谏”，“至晋不改”，“自魏至晋，散骑常侍、侍郎与侍中、黄门侍郎共平尚书奏事，江左乃罢”⑰。

可见，汉代给事中为附加的官职，他们“日上朝谒”，“掌顾问应对”，是在君主身边起

---

⑨ 《论语·八佾》。

⑩ 《墨子》。

⑪ 《管子》。

⑫ 马融：《忠经·忠谏章》。

⑬ 《旧唐忆·张行成传》。

⑭ 《说苑·臣术》。

⑮ 杜佑：《通典》卷二一。《职官三》。

⑯ 《汉书·百官公卿表上》。

⑰ 《晋书·职官志》。

劝谏作用者；他们还掌“平尚书奏事”之职权，即可审查臣下给君主上的奏章，监督百官执行行政事务。这样，就逐渐形成了给事中的封驳制度，一方面，他们对臣下奏章中的不当之处，可以驳正，这是封建社会中央政权在决策方面自我制约的一种重要制度。当然，给事中的封驳权力不是绝对的、无限的，只不过是提出自己的不同意见，请君主对诏书再予斟酌，请大臣对奏章再予审查。如果君主认为诏书无误坚持下发，给事中不能也不敢阻拦，否则会因为抗旨不遵构成“废格诏令”罪。臣下给君主的奏章如坚持上奏，给事中同样不敢扣押不奏，否则会因为“蒙蔽圣听”而获罪。如西汉时哀帝宠佞臣董贤，欲封董贤为侯，丞相王嘉“数谏争，以贤为乱国制度，嘉竟坐言事下狱死”[18]。王嘉死前“喟然仰天叹曰：‘幸得充备宰相，不能进贤退不肖，以是负国，死有余责’。吏问贤不肖主名，嘉曰：‘贤，故丞相孔光，故大司空何武，不能进；恶，高安侯董贤父子，佞臣乱朝而不能退，罪当死，死无所恨。’”[19]

至魏晋南北朝时，中央政府的三省制逐渐形成，封驳制度也趋完备，专人专职化。《通典》云：“给事中……宋、齐隶集书省，梁、陈亦掌献纳省诸闻奏”，“散骑常侍……后魏北齐皆为集贤省，掌讽议左右从容献纳”；“谏议大夫……二汉并属光禄勋，后魏亦曰谏议大夫，北齐有七人，属集书省，后周地官府有保氏下大夫，规谏于天子盖此其任也。”[20]隋代，给事中等谏官移于门下省。

至唐代，鉴于隋朝灭亡之教训，开国皇帝高祖李渊及太宗李世民都颇为重视谏官的作用。李渊曾对尚书右仆射裴寂说过：“隋末无道，上下相蒙，主则骄矜，臣惟谄佞。上不闻过，下不尽忠，至使社稷倾危，身死匹夫之手。朕拨乱反正，志在安人，平乱任武臣，守成委文吏，庶得各展器能，以匡不逮。比每虚心接待，冀闻谠言。”[21] 李世民则从完善三省制度入手，加强对重大决策权的制约。贞观年间，将中书、门下、尚书三省职权划定，三省制定型。各自职责为：“中书主出命，门下主封驳，尚书主奉行。”[22]《资治通鉴》上记载：唐太宗亦曾对黄门侍郎王圭道：“国家本置中书、门下以相检察，中书诏敕或差失，则门下当行驳正。”并注曰：“中书出命，门下审驳。按唐制，凡诏旨制敕，玺书册命，皆中书舍人起草进画，既下，则署行而过门下省，有不便者，涂窜而奏还，谓之涂归”[23]。于是，三省分工明确：中书省系中央决策和出命机关，为君主起草诏令及下行公文，佐天子而执大政；门下省系监督机关，掌审议封驳大权，审查诏令，签署章奏，审阅上行文书，中书省草拟的下行诏令文书要经过门下省长官副署后才成为合法文书，故《唐六典》称其为“佐

---

⑱ 《汉书·佞幸董贤传》。

⑲ 《汉书·王嘉传》。

⑳ 杜佑：《通典》卷二一。《职官三》。

㉑ 《旧唐书·孙伏伽传》。

㉒ 转引自杨鸿年、欧阳鑫：《中国政制史》，63页，1989。

㉓ 《资治通鉴》卷192《贞观元年（627年）》。

天子而统大政者也，凡军国之务，与中书令参而总焉，坐而论之，举而行之，其较大也”㉔；尚书省系国家最高行政机关，负责各种政令的贯彻实施。这样在国家最高决策与执行机构中，形成了三机关间的相互制约机制，其中作为谏官的给事中有着重要的使命与作用。李世民对此十分重视，登基初年（公元627年），他即下诏曰：“自今中书、门下及三品以上入阁议事，皆命谏官随之，有失辄谏”㉕。王圭为谏议大夫，“富有谏论，太宗称善。遂诏：‘每宰相入内平章大计，必使谏官随入，与闻政事”㉖。关于三省之间的相互制约关系，李世民还说道：“人心所见，互有不同，苟论难往来，务求至当，舍己从人，亦复何伤！比来或护己之短，遂成怨隙或苟避私怨，知非不正，顺一人之颜情，为兆民之深患，此乃亡国之政也”。他还以隋亡为鉴告诫臣下不可循私废公：“炀帝之世，内外庶官，务相顺从，当是之时，皆自谓有智，祸不及身及天下大乱，家国两亡，虽其间万一有得免者，亦为时论所贬，终古不磨。卿曹各当徇公忘私，勿雷同也！”㉗ 李世民还深知纳谏首先应从君主做起，“每见人奏事，必假以辞色，冀闻规谏”，并对公卿云：“人欲自见其形，必资明镜；君欲自知其过，必待忠臣。苟其君愎谏自贤，其臣阿谀顺旨，君既失国，臣岂能独全！如虞世基等谄事炀帝以保富贵，炀帝既弑，世基等亦诛。公辈宜用此为戒。事有得失，毋惜尽言！”㉘ 鼓励谏官为治国献策，要敢于对事关国家兴亡的大事提出己见，对君主的失误要敢于规劝批评，决不可为保自身安全而缄默不言，更不可曲意迎合阿谀献谄、招来亡国亡家之害。唐初不仅君主有此清醒的认识，臣子亦深知此理，万年县法曹孙伏伽在直谏书中说：“臣闻天子有诤臣，虽无道不失其天下；父有诤子，虽无道不陷于不义。故云子不可不诤于父，臣不可不诤于君。以此言之，臣之事君，犹子之事父故也。隋后主所以失天下者何也？止为不闻其过，当时非无直言之士，由君不受谏，自谓德盛唐尧，功过夏禹，穷侈极欲，以恣其心，天下之士，肝脑涂地，户口减耗，盗贼日滋，而不觉知者，皆由朝臣不敢告之也。向使修严父之法，开直言之路，选贤任能，赏罚得中，人人乐业，谁能摇动者乎？……陛下勿以唐得天下之易，不知隋失之不难也”。唐高祖李渊对孙伏伽的此番宏论十分赞赏，予以奖励，后孙伏伽“屡奏请改革，高祖并纳焉”㉙。太宗时的魏征更是以敢于诤言直谏而垂名青史：“太宗新即位，励精政道，数引征入卧内，访以得失。征雅有经国之才，性又抗直，无所屈挠，太宗与之言，未尝不欣然纳受。征亦喜逢知己之主，思竭其用，知无不言。太宗尝劳之曰：‘卿所陈谏，前后二百余事，非卿至诚奉国，何能若是？’”㉚ 太宗李世民对宰相说过：“天下万机，一人听断，虽甚优劳，不能尽善。今魏征随事谏正，多中朕失，如

㉔ 《旧唐书·孙伏伽传》。

㉕ 《资治通鉴》卷192《贞观元年（627年）》。

㉖ 杜佑：《通典》卷二一。《职官三》。

㉗ 《资治通鉴》卷192《贞观元年（627年）》。

㉘ 《资治通鉴》卷192《贞观元年（627年）》。

㉙ 《唐六典》卷8。

㉚ 《旧唐书·魏征传》。

明鉴照形，美恶毕见。”㉛ 正是唐初有像孙伏伽、魏征这样敢于诤言的谏官和李渊、李世民这样的能够虚心纳谏的明君，国家权力机关之间的相互制约机制才能发挥较好的作用，才会出现政治比较清明、经济比较繁荣的“盛世”。

封建社会后期，阶级矛盾日趋尖锐化，君主专制的中央集权制度不断被强化。即便如此，封建君主也未完全否定谏诤的重要作用。宋代，创立谏院，直属于皇帝，不再隶属于中书、门下省，与御史台并列为中央的常设机构，从而从相权下摆脱出来。元代，取消专门的谏官，谏官的谏君职责由台官兼理。世祖忽必烈在设置御史台时，曾诏谕御史大夫土察儿曰：“台官职在直言，朕或有未当，其极言无隐，毋惮他人，朕当尔主”㉜。他对御史张雄飞也说过：“卿等既为台官，职在直言，朕为君，苟所行未善，亦当极谏。”㉝ 明太祖朱元璋更加重视监察官在国家政治生活中的地位和作用，他说：“台宪之官，不事于刻察，朝廷政事或有遗缺，皆得言之。”㉞ 明宣宗也曾对六科给事中说：“朝廷置给事中，所以出纳帝命、封驳章奏，朝廷阙失、军民利病，皆得言之，非他职比也”㉟。如明太祖时监察御史周观政“尝监奉天门，有中使将女乐入，观政止之。中使曰：‘有命’。观政执不听。中使愠而入，顷之出报曰：‘御史且休，女乐已罢不用’。观政又拒曰：‘必面奉诏’。已而帝亲出宫，谓之曰：‘宫中音乐废缺，欲使内家肄习耳。联已悔之，御史言是也’。左右无不惊异者”㊱。另一监察御史欧阳韶“尝侍直，帝乘怒将戮人。他御史不敢言，韶趋跪殿廷下，仓卒不能措词，急捧手加额，呼曰：‘陛下不可’。帝察韶朴诚，从之”㊲。清政权于建国初年（崇德元年、公元1636年）设立都察院，皇太极即言：“凡有政事背谬，及贝勒、大臣骄肆慢上，贪酷不法，无礼妄行者，许都察院直言无隐，即所奏涉虚，亦不坐罪。倘知情蒙蔽，以误国论”。并下诏曰：“都察院各官，皆朝廷谏诤之臣。朕躬如有不亲政务，忠良失职，奸邪得位，有罪者录用，有功者降谪等事，尔等有所见闻，即行规谏。”㊳

四

正是由于谏官“掌献纳谏正”之重任，故封建国家十分重视对谏官的选拔和任用。隋代注重任用具有正直、敢言优秀品质的人为谏官。如隋文帝曾下令禁止通行坏钱，当时有两个人“以恶钱易好钱”被抓获后文帝十分震怒，“令悉斩之”。大理寺少卿赵绰进谏，认为这二人依法“当杖”，“杀之非法”，“陛下不以臣愚暗，置在法司，欲妄杀人，岂得不关

㉛ 《新唐书·吴竟传》。
㉜ 《元史·世祖纪三》。
㉝ 《元史·张雄飞传》。
㉞ 余续登：《典故纪闻》卷三，转引自周继中《中国行政监察》第350页。
㉟ 徐学聚：《国朝典汇》卷六八，转引自周继中《中国行政监察》第366页。
㊱ 《明史·韩可宜传》。
㊲ 《明史·韩可宜传》。
㊳ 《大清会典事例》卷九九八。

臣事！”治书侍御史柳“复上奏切谏”，从而规正文帝收回成命。文帝“以绰有诚直之心，每引入阁中，或遇上与皇后同榻，即呼绰坐，评论得失。前后赏赐万计”[39]。柳也被文帝称赞为“正直士，国之宝也”[40]。唐代君臣都很重视谏官的选拔，早在唐王朝建国初年，孙伏伽就曾就谏官的任职条件问题向高祖李渊谏言：“无义之人，及先来无赖，家门不能邕睦，及好奢华驰猎驭射，专作慢游狗马声色歌舞之人，不得使亲而近之也，此等止可悦耳目，备驱驰，至于拾遗补阙（皆谏官），决不能为也”[41]。唐太宗用魏征为谏议大夫，如前所言，也正是由于魏征敢直言谏君。唐肃宗以侍御史高适不仅有才，而且“敢言”，命为谏议大夫。唐文宗则以中书舍人柳公绰“有诤臣风采”亦命为谏议大夫。宋代选拔包括谏官在内的监察官十分注重正直敢言、不惧权贵的品格及资叙相当的资历。为了使监察官将监察的矛头指向朝中的宰执大臣，宋代禁止选拔这些宰执大臣的子弟、亲属或属官为监察官，宰执大臣也不得推荐谏官，谏官须由君主亲自选拔。

不过，封建社会毕竟实行的是人治，不是法治，故谏诤制度能否在实际上对君主起到规正的作用，能否真正地制约君主滥施淫威，关键还在于君主本身的素质。因为对君主权力的制约并未纳入法制的轨道。可以说封建社会有治民之法、治吏之法，却无治君之法，孔夫子所主张的“君君、臣臣、父父、子子”[42]思想，只有“臣臣、父父、子子”在法律上得到落实，而“君君”则只能靠臣子的规劝、靠舆论的监督、靠君主的“觉悟”来实现了。尽管各个朝代都不乏敢于直言敢谏的诤臣，有的确实不惜以死相谏，但历史上君主拒谏，一意孤行从而招致大祸或国亡的例证也不少。如东汉献帝建安五年（公元200年），袁绍欲起兵进攻曹操，谋士田丰分析了袁曹双方的形势，劝袁绍说：“曹公善用兵，变化无方，众虽少，未可轻也，不如以久持之。将军（指袁绍）据山河之固，拥四州之众，外结英雄，内修农战，然后简其精锐，分为奇兵，乘虚迭出，以扰河南（指曹操地盘），救右则击其左，救左则击其右，使敌疲于奔命，民不得安业，我未劳而彼已困，不及二年，可坐克也。今释庙胜之策，而决成败于一战，若不如志，悔无及也”。应当说田丰此论很有见地，但“绍不从”，田丰仍“恳谏，绍怒甚，以为沮众，械系之”。袁绍被曹操打败后，竟对左右说：“吾不用田丰言，困为所笑”，“遂杀之”。像田丰这样有胆有识的忠臣，袁绍帐下还有不少，可惜袁绍不能用之，史书上说绍“外宽雅，有局度，忧喜不形于色。而内多忌害”[43]，在群雄逐鹿的时代，终难成气候。又，建安十六年（公元211年），刘备假相助之名，领兵进入西川，谋取刘璋之地，刘璋部下主簿黄权、从事王累均看出刘备的阴谋，力谏刘璋，史书记载“璋主簿黄权陈其利害，从事广汉王累自倒悬于川门以谏，璋无所纳，敕在所供

---

[39] 《隋书·赵绰传》。

[40] 《隋书·柳传》。

[41] 《旧唐书·孙伏伽传》。

[42] 《论语·颜渊》。

[43] 《三国志·魏书·袁绍传》。

奉先主（指刘备），先主入境如归"[44]。像王累那样"自倒悬于川门以谏"，历史上也是少有的，遗憾的是对这样的忠臣之谏，"璋无所纳"，最后刘璋被刘备取而代之。袁绍、刘璋虽未称帝，但在汉末，他们拥兵自重，都是不受中央节制的一路诸侯，在其所盘踞地盘内，同君主无异。又如，三国时蜀汉章武元年（公元221年），刘备置诸葛亮制定的"联吴抗魏"的基本方针于不顾，也不考虑国家的实力，大举伐吴，很多人都看出此乃战略上的错误决策。大将赵云、丞相诸葛亮都曾一再力谏，然刘备不听劝告，执意伐吴，在这种情况下再上书劝谏是很危险的，但秦宓仍冒死劝谏，"先主既称尊号，将东征吴，宓陈天时必无其利，坐下狱幽闭"[45]。后来刘备果然被东吴陆逊战败，蜀国元气大伤。隋文帝一统天下，结束了我国历史上长达三个半世纪的国家大分裂局面。其历史贡献不容否定。但他晚年，"性多忌克，不纳谏诤"[46]。他的儿子炀帝更是公然宣称"我性不喜人谏"，"除谏官以掩其过"[47]，他甚至说："有谏我者，当时不杀，后必杀之"[48]。御史大夫张衡因劝谏他不要扩建汾阳宫："比年劳役繁多，百姓疲敝，伏愿留神，稍加折损"，被他寻个借口降为榆林太守。门下省纳言苏威也因对他兴起的"长城之役"、"辽东之役"、"东征高丽"一再进行劝阻，而被他罢为庶民。[49]"萧禹谏无（勿）伐辽，出为河池郡守。董纯谏无（勿）幸江都，就狱赐死"。其后果是"自是蹇谔之士，去而不顾，外虽有变，朝臣钳口，帝不知也。身死人手，子孙剿绝，为天下笑"[50]。隋代法制遭到严重破坏，隋朝也很快灭亡，可见君主拒谏带来的后果是十分严重的。唐高宗永徽六年（公元655年），高宗李治欲废王皇后，立昭仪武氏（武则天）为皇后，这在封建社会是件关系到国之安危的大事，尚书右仆射褚遂良、侍中韩瑗皆力谏反对，高宗竟先贬褚遂良、杀韩瑗，后还将韩瑗"发棺验尸，籍没其家，子孙配徙岭表"[51]。此后，再无人敢谏言。

君主的态度，还直接影响谏官的为官风气。唐代后期，为了明哲保身，或进而得到升迁，不少谏官已放弃了谏君的职责，变成阿谀奉承之徒。甚至成为君主除去异己的工具。宋代，为了改变唐末及五代时期藩镇割据臣强君弱的局面，君主提倡台（御史台）谏职责合一，形式上既允许台官谏君，也允许谏官弹劾百官，而实质旨在许谏官弹劾，从而逐步改变谏官主要职责在于谏君的性质，将其监督职责也像台官那样指向朝中宰执大臣。至元代，从体制上取消了专职谏君的谏官，从而从机构上实现了台谏合一。明代，改御史台为都察院，在都察院外设六科给事中，但其职责为规谏君主与监察百官二者兼而有之，并更偏重于后者。有明一代，敢于直言相谏的诤臣并不少见，但在君主的高压独裁统治下，很少能有善终的。如正

---

[44] 《三国志·蜀书·刘璋传》。

[45] 《三国志·蜀书·秦宓传》。

[46] 《隋书·房彦谦传》。

[47] 《资治通鉴》卷182《大业九年（613年）》。

[48] 《新唐书·吴竟传》。

[49] 《隋书·苏威传》。

[50] 《新唐书·吴竟传》。

[51] 《旧唐书·褚遂良、韩瑗传》。

德十四年（公元1519年），武宗意欲南巡，兵部郎中黄巩、修撰舒芬等力谏，武宗竟“廷杖舒芬、黄巩等百四十六人，死者十一人”[52]。金吾卫都指挥佥事张英“自刃以谏，卫士夺刃，得不鞫，鞫治，杖杀之。”[53] 嘉靖三年（公元1524年），为争“大礼”事件，尚书秦金等朝臣215人，在皇宫左顺门外跪伏恸哭力谏，世宗竟逮捕134人入狱，其中17人被杖毙。嘉靖十八年（公元1539年），因饥荒连年，民不聊生，世宗欲南巡，群臣认为不妥，工部郎中岳伦、吏部尚书许瓒、都御史王廷相、御史刘士贤、都给事中曾廷等先后力谏，世宗大怒，废岳伦为民，刘士贤、曾廷被罚俸两月，兵卒孙堂夜入大内御座前，痛诉沿途民众之苦，谏君暂停南巡，也被捕下狱。世宗为求长生之术，听信方士炼丹之乱言，给事中顾存仁、高金等因直谏获罪。嘉靖十九年（公元1540年），工部主事杨最不惧获罪，坚持力谏，竟被世宗活活杖毙，百官无不惊惧，一时朝臣竟“无敢言时政者”[54]。嘉靖四十五年（公元1566年），因“世宗享国日久，不视朝，深居西苑，专意斋醮”，户部主事海瑞上疏谏言，尖锐地批评世宗说“陛下之误多矣，其大端在于斋醮。斋醮所以求长生也。自古圣贤垂训，修身立命曰‘顺受其正’矣，未联有所谓长生之说。尧、舜、禹、汤、文武圣之盛也，未能久世，下之亦未见方士自汉、唐、宋至今存者。陛下受术于陶仲文，以师称之。仲文则既死矣，彼不长生，而陛下何独求之？”[55] 海瑞的谏言可以说论之有理，言之有据，情真意切。然而昏聩的世宗“得疏，大怒，抵之地。顾左右曰：‘趣执之、无使得遁,’”。但海瑞早已做好死谏的准备，“其上疏时，自知触忤当死，市一棺，决妻子，待罪于朝，童仆亦奔散无留者，是不遁也”[56]。神宗时，少理朝政，万历十四年（公元1586年），礼部主事卢洪春冒死上疏劝神宗勤政，被神宗治罪，廷杖六十，革职为民。两年后，吏科给事中李沂上疏批评神宗贪财坏法，亦被神宗治罪，廷杖六十，革职为民。可以说明代忠臣比比皆是，虽有愚忠的成分，但其忠烈程度实在感人，倘若明代君主肯虚心纳谏，朝政何至于那样腐败，清廷又何能如此轻易取而代之？可见有诤臣而无明君，国亦亡矣！至清代，沿用明制设都察院，雍正元年（公元1723年），为加强皇权，雍正下令将六科划归都察院，不再使其成为一个独立的机构，给事中职责与监察御史一样，负责巡视五城、京仓、通仓、巡盐、巡漕等项，六科的封驳权也被取消了，时称“台省合一”。尽管这些做法遭到一些谏官的激烈反对，雍正帝却不予理睬，照并不误。至此，开创于唐代的“台”、“谏”并列局面宣告结束。

五

在纵览了中国古代封建社会的谏诤制度从兴起到发展，以及演变和衰落的历史后，我

---

[52] 《明史·刑法志》。
[53] 《明史·武宗本纪》。
[54] 《明史·海瑞传》。
[55] 《明史·海瑞传》。
[56] 《明史·海瑞传》。

们可以说这种制度有它存在的价值。它在君主专制的社会中，是统治阶级内部实行民主政治的一种方式，也曾对历史的发展起过一定的积极作用。但也正是因为它产生于封建社会，它带来的民主是十分有限的。我们今天的社会主义制度有着极大的优越性，绝非古代封建社会所能同日而语的。但因为我们的社会主义制度是从半殖民地半封建社会过渡来的，根深蒂固的封建制度和由此造成的人们头脑中的特权思想的影响不可能在短短的十几年或几十年就消除掉，同封建制度及特权思想进行坚决的斗争，将是我们长期的任务。去年揭露出来的原北京市委常委、常务副市长王宝森滥用职权，在经济上严重违法犯罪事件，固然根本原因在于王宝森本人的蜕化变质，但也同当时北京市委、市政府对他掌握的权力失去制约有关。这件事再一次告诫我们，权力失去制约就必然带来腐败，而执政党的腐败又必然会导致亡党亡国的严重后果。笔者认为，至少在以下两个问题上，有必要“以古为镜”建立和完善党和国家的自我监督机制：

（一）在党和国家的政治生活中，必须坚持和完善民主集中制，彻底改变在重大问题上个人专断独裁的工作作风。我们治党治国只能靠法治，不能像封建地主阶级那样靠人治。作为执政党的共产党必须建立起权力的自我制约机制。这就要求重大问题必须集体讨论，在讨论中每个与会成员都有平等的权利，领导同被领导之间的关系绝对不能搞成封建家长制中的父子关系。1980 年，邓小平同志在谈到党和国家领导制度的改革时，曾结合我党的历史强调贯彻民主集中制的重要性。他说：“从遵义会议到社会主义改造时期，党中央和毛泽东同志一直比较注意实行集体领导，实行民主集中制，党内民主生活比较正常。可惜，这些好的传统没有坚持下来，也没有形成严格的完善的制度。”邓小平同志还例举了 1958 年“反冒进”和 1959 年的“反右倾”两件事，说从那时以来，我们党和国家的民主生活“逐渐不正常，一言堂、个人决定重大问题、个人崇拜、个人凌驾于组织之上一类家长制现象，不断滋长”。“不彻底消灭这种家长制作风，就根本谈不上什么民主，什么社会主义民主”[57]。如果党的主要负责同志，在 1958 年的南宁会议上和 1959 年在庐山会议上能够头脑冷静地对待周恩来、陈云、彭德怀等同志关于国民经济发展速度与“大跃进”、“人民公社化”运动等重大问题的正确意见，而不是横加指责、乱扣帽子，就能够及时纠正当时已经出现的一系列过左的政策，避免因此给国民经济带来的重大挫折和给人民群众生活造成的严重困难。党和国家政治生活的民主集中制遭到践踏的后果不仅仅是伤害了那些真心实意干社会主义的好同志，而且使得此后党内难得听到不同意见，对最高领导人的决策，只有赞扬与随声附和的舆论，错误难以被发现，更难以得到制止。这使得我们的国民经济建设从 50 年代后期到 70 年代后期，几乎停滞了二十多年。使本来通过建国初期的努力同发达国家已经缩小的经济建设上的差距又被拉大了，给社会主义建设事业带来极大的损失。邓小平同志还明确地指出：“我们过去发生的各种错误，固然与某些领导人的思想、作风有关，但是组织制度、工作制度方面的问题更重要。这些方面的制度好可以使坏人无法任意

---

[57] 邓小平：《党和国家领导制度的改革》，见《邓小平文选》第 2 卷。

横行，制度不好可以使好人无法充分做好事，甚至会走向反面”[58]。这是对历史经验的深刻总结。

（二）有了好的制度，还必须有一大批好的干部去贯彻、去实施。我们提倡法治，也不否定人的作用。我们必须培养和造就出一批能够为祖国、为人民、为社会主义事业敢于坚持真理的“谏官”、“诤臣”。民主集中制是写进了我们的党章和宪法的，但为什么还多次出现破坏这一制度的现象呢，关键在于在用人问题上，要善于区别和审查干部，记取诸葛亮所总结出的“亲贤臣，远小人，此先汉所以兴隆也；亲小人，远贤臣，此后汉所以倾颓也”[59] 的历史教训，特别要警惕那些惯于阿谀奉承的人，只报喜不报忧的人，决不可重用这样的“小人”。唐人孙伏伽也曾就用人问题谏言：“臣闻性相近而习相远，故《书》云：‘与治同道罔弗兴，与乱同道罔弗亡。’以此之言，兴乱其在斯与！臣历窥往古，下观近代，至于子孙不孝，兄弟离间，莫不为左右乱之也。”[60] 诸葛亮、孙伏伽的这些论述，如果用来分析原北京市委书记陈希同与王宝森之间的不正常关系，不是也非常发人深省吗！不知从什么时候开始，在一些党政干部中，放弃了“批评与自我批评相结合”的优良传统，人与人之间变得只能互相表扬、互相吹捧，这种现象被群众讥讽为“表扬与自我表扬相结合”。这种极不正常的人际关系也是一种腐败，它会使党和政府的作风庸俗化，窒息党的生命，使党和政府同人民群众相脱离，同样会带来亡党亡国的严重后果。在腐败风气相当严重的今天，干部队伍中那些敢于直言谏诤的“谏官”、“诤臣”就尤其显得可贵而要倍加爱护他们，这就特别要求各级党政机关的“一把手”，必须做到允许别人发表不同的意见，接受有利于行的意见和建议，绝对不能听到逆耳之言就火冒三丈，就用大帽子压人，非把人一棍子打死不可，真正形成“知无不言，言无不尽，言者无罪，闻者足戒，有则改之，无则加勉”的生动活泼的政治局面。为我们的“谏官”、“诤臣”开展工作创造必要的环境，使他们真正起到监督的作用，收到自我制约机制应有的效果。

---

[58] 邓小平：《党和国家领导制度的改革》，见《邓小平文选》第2卷。

[59] 《诸葛亮集》，5页，中华书局，1960。

[60] 《旧唐书·孙伏伽传》。

梁凤荣

论北宋前期治吏惩贪的特点*

简介

梁凤荣，女，1959年生，河南淮阳人。法学硕士，历史学博士。现为郑州大学法学院教授，硕士生导师，兼职河南省法理法史学会秘书长，河南郑大律师事务所律师。主要研究方向为中国法律史，出版《中国传统民法理念与规范》等学术著作5部，发表科研论文20余篇，承担国家及省部级项目10余项。其中多项成果获河南省社科优秀成果奖。

* 原发表于《史学月刊》，1996（5）。

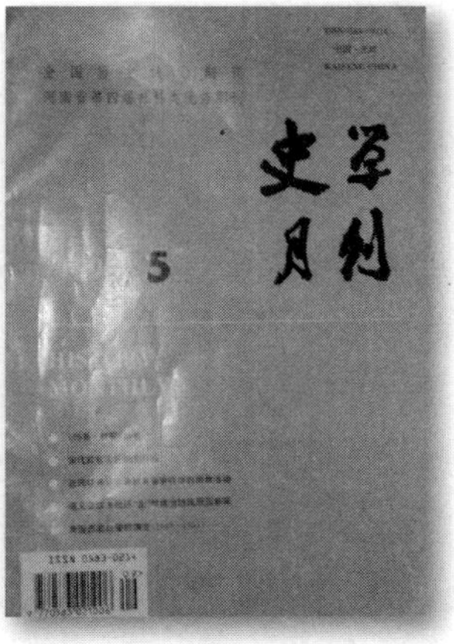

在中国封建专制政权中，官吏贪墨受赇，曲私枉法不绝于书。官风腐败直接损害了统治阶级的根本利益，作为最高统治者的历代帝王都程度不同的对此有所察识，并都自觉不自觉地采取一些防范措施。其中，尤以北宋前期在加强治吏与惩贪方面，举措较为有力，成效也较为明显。

一、用法制规范官吏行为

赵匡胤靠兵变旦夕间夺取政权，所面临的首要问题如何巩固政权。唐末五代以来吏治败坏、官吏横行不法的种种弊端，因没经过农民起义战争的荡涤有丝毫改观。鉴于此，赵匡胤及其继任者断然采取了一些改革措施，其中重要的一环是完善各种立法，尤其是行政立法，用以规范官吏行为。

北宋前期的行政法律规范大多包容于其基本法律《宋刑统》及大量的敕中，其主要内容是有关官司及吏人的行为准则。它要求其文武大小官吏对赵宋政权忠心耿耿，恪尽职守。《宋刑统·职制律》规定，各级官吏要坚守岗位，无故缺勤或不按时番值，要处以罪止徒一年的刑罚。如果没有朝廷命令而擅离治所，经宿不归，杖一百。太宗至道三年，西川巡检石普因擅离本部入朝奏事，“诏下御史台按问”①。宋代对官吏的管理任用采取官、职、差遣分授制度，要求各级官吏绝对服从朝廷的调遣，如果受令到某地为官，超过规定的准备时间而不到任，处一年徒刑。官吏受命出使，不按时回朝报告，处徒刑一年半，如因未按时回朝报告而有误事者，处徒刑三年。各级官吏应在各自职责范围内活动，如果干涉他职他事，或越司侵犯长官职掌，杖七十。就其职责范围内各级官吏对来自朝廷或上司的命令，必须迅速贯彻实施，如果遇事不决，稽留简慢或曲解旨令，根据拖延日期之长短、后果之轻重，处以罪止两年的惩罚。太宗时期湖南路转运使崔宪、副使许奇“坐罢软不胜，临时事稽不决”分别给予“削三任”和“除籍为民，夺先所赐钱五十万”的处分。各级官吏还必须保证下情及时上达，“诸事应奏不奏，不应奏而奏者，杖八十。应言上而不言上，不应言上而言上，及不由所管而越言上、应行下而不行下，及不应行下而行下者，各杖六十”②。

北宋前期各级官吏的升迁皆须经过考课。考课是对官吏政绩的综合考核，由吏部三铨法拟职务的方法对各级官吏“循名责实”，“监司察郡守，郡守察县令，各以时上期殿最”③。官吏“非有劳绩不进秩”，“有才实者，从下位立见超擢，无才实者，守一官十余年不转”④。

---

① 李焘：《续资治通鉴长编》卷39。

② 《长编》卷19。

③ 《宋史》卷426《循吏传》。

④ 《宋史》卷160《选举》。

如果考课不实，负责考课的官吏要负法律责任，一般处以罪止二年的徒刑。

除行政法规外，北宋前期还注重用刑事法律规范官吏赃罪。封建社会的赃罪，是与金钱和物质有关的各种经济犯罪的总称。主要是包括贪污罪、受贿罪以及其他比较轻微的经济犯罪。《宋刑统》把赃罪分为六种：受财枉法、受财不枉法、受所监临、强盗、窃盗和坐赃。“然坐赃者，谓非监临主司，因事受财，而罪由此赃，故名坐赃。”⑤ 犯罪主体均为官吏，这就突出了打击犯赃官吏的立法意图。在量刑上，各种赃罪又有不同，对坐赃罪的处罚“罪止三年”⑥；受财枉法十五匹可绞；受财不枉法三十匹加役流。为人请托而枉法者，准枉法论。监临主司如不因公事而受用所监临财物，若为强取，以枉法论，处以极刑；给予者，也要负连带法律责任。监临主司借贷所监临财物，也以赃论，强贷者罪加二等。如果监临主守私自借贷，又没有收据文记，以盗论，如果私自借贷给他人，而他人又不能按期归还者，监临主守官吏要根据其借贷的财物数量多寡，折价承担相应的赃罪责任。

北宋前期政府严禁官吏私自役使治所人民。如果监临之官私自役使治所人民、部属、牛马、车辆及其他工具，分别折价以所监临财物论，即使用来营建公廨，也要以坐赃论。宋太祖时，曾多次下诏：“文武臣僚奉使出外及受代归阙，所经州县无得辄借官军部送，并津罪行李，违者重治其罪”⑦。对于出外使臣，严禁接受和乞取馈赠，“诸官人因使于使所受送馈及乞取者，与监临同，经过处取者减一等，即强乞取者，与监临罪同”⑧。官吏如果将所监临的财物馈送他人，亦以所监临财物论。

唐末五代以来，封建官吏纷纷加入经商行列，他们利用手中职权，或贩买贩卖，或贩榷卖禁，甚至走私于夷敌，非法谋取暴利。北宋前期对此严加禁止。《宋刑统·职制律》明文规定，如果监临主守在所属部内买卖营利，“计利以乞取监临财物论”，“强市者加笞五十”，如果强市而获利，“计利准枉法论”⑨。

对官吏监守自盗，北宋前期更是严法处置。《宋刑统》规定：“诸监临主守自盗，及所盗临财物者，加凡盗二等到，三十匹绞”⑩。官吏如若与他人合伙监守自盗，监临主守虽非主谋，亦以首犯论处。“诸共犯罪者，以造意为首，随从者减一等，……即共监临主守犯，虽造意，仍以监主为首，凡人以常从论”⑪。

法律是统治阶级意志的体现。北宋前期为矫治五代以来官场流弊，有效地规范官吏行为而加强法制建设，虽终极目的是为赵宋“家天下”的长治久安，但较之唐末五代以来法

⑤ 《宋刑统》卷26《杂律》。

⑥ 《宋刑统》卷26《杂律》。

⑦ 《长编》卷5。

⑧ 《宋刑统》卷11《职制律》。

⑨ 《宋刑统》卷18《厩库律》。

⑩ 《宋刑统》卷19《贼盗律》。

⑪ 《宋刑统》卷5《名例律》；卷9《职制律》。

纪败坏的局面，毕竟是历史的进步。

二、强化官吏行为的监督

北宋前期诸帝深谙中国古代“徒法不足以自行”的治国谋略，为确保各级官吏奉公守法，对官吏行为进行了全方位的监督和管理。

在官吏选任上，注意人选的操守，看其是否谨厚端重，能否遵守法制。正如宋太祖所说：“国初之不轻用人如此，盖其始也择其精……择其精则小人不得滥其选”[12]。北宋前期“重文治”，选用有知识、有才能的士大夫取代武夫治国，与文人硕学便于控制监管不无关系。

为保证任职人员的质量，北宋前期十分重视“以次用人”基础之上的荐举保任制度。州县官员任满常调，一般需要五名举主出面担保，通常要求举主是京官。与荐举保任密不可分的是保任同罪制度的推行。所举荐之官若有过失，其举主即遭免官罢黜，或被处以刑罚，“诸贡举非其人，及应举而不举者，一人徒一年，二人加一等，罪止徒三年”[13]。宋太祖乾德二年，诏令陶谷、窦仪等人，“举荐勘任藩郡通判各一人，不当者连坐”。荐举保任之制的推行，表明宋代统治者希望以“择举主于未用之先，责举主于已用之后”作为监督防范各级官员的一种手段，建立起上下相维的监督网。保任同罪制度的实行，对于防止官吏狼狈为奸，犯赃作乱不失为行之有效的手段。

避亲避籍是北宋前期职官制度中又一重要原则。“避亲”的基本精神是“诸职事相干或统摄有亲戚者并回避”。无论文官还是武将，如请求担任某一职务，都必须按规定格式，在《文武官射阙状》中事先声明：“其职事相干并统摄官不是应避亲”，同时还要有两名官员见证。官吏如隐瞒真实情况，“应避亲而辄之官”，一经发现，不仅官职被夺，而且还要受到“杖一百”的惩罚。与“避亲”相并行的，是“避籍”制度的推行，即当地人不得在当地做地方官，要求官员“去里闾”，目的仍在于“远亲戚”[14]。避亲避籍制度的实施，对防范官吏利用亲属关系、乡邑关系结党营私起到了监督作用。

中国古代传统的监察制度在北宋前期进一步完善，且独具特色。中央设门下省作为言谏机关，其职责之一就是对“大臣至百官任非其人，三省至百官事有过失，皆得谏正”[15]。这是北宋前期监察制度的重大突破，从而使宰相及百官行为首先置于言谏监督之中。御史台仍为主要监察机关，其主要职责为纠弹官邪和稽察官吏经济犯罪。

北宋前期，地方行政区也构置了繁密的监督网络。路一级分设四司：转运使掌一路财赋；经略安抚使掌一路兵民之事；提点刑狱掌司法；提举常平掌赈灾。四司统称“监司”，

---

⑫ 《长编》卷12。

⑬ 《宋史》卷1《太祖本纪》。

⑭ 《宋会要》职官63。

⑮ 《宋史》卷161《职官》。

互不通属，且相互掣肘，又彼此“互察”。即便如此，朝廷仍放心不下，在路一级设专门监察官——走马承受予以监督。四司之中，转运使职责重要，他们实际上是代天子巡守的使臣，对州县官吏有按察之权。州一级主要由通判履行监察权。通判一职始设于宋太祖乾德年间，“诏应荆湖，西蜀伪命官见为知州者，令遂处通判和判官，录事参军，凡本州公事并同签议方得施行”⑯。可见通判设置伊始，其地位就很特别，其权力之大，以及被朝廷亲信的程度往往超过知州。正由于此，北宋前期通判常凌驾于知州之上，“多与长吏忿争，常曰‘我，监州也，朝廷使我来监汝’，长吏举动必为所制”⑰。通判对知州及其所属官吏的监察任务是“纠举年老、病患、赃污，不材四色之人，以行澄汰”⑱。但其主要任务则是财经上的监督，具体内容有二：一是监督钱谷出纳，二是举劾州府官员贪赃。

北宋前期设置的多系统、多层次的监察网络，对防范官吏违法乱纪显然起到了震慑作用。

三、倡廉与惩贪并行

为政清廉，不贪不占，躬履节俭，办事公正、清白尚洁的从政风范，是封建社会廉政的主要内容，也是封建官吏良好道德操守的外在表现。北宋前期最高统治者当然希冀其统治集团的全部成员具备这些品质，为此目的，倡廉与惩贪双管齐下。

宋太祖出身布衣，拔于行伍，显贵后不忘过去，俭朴节约，勤于政事，身体力行。“宫中苇簾，缘用青布，常服之衣，浣濯至再”⑲。并常以此教育宫中眷属及左右重臣。“魏国长公主襦饰翠羽，戒勿复用，又教之曰：‘汝生长富贵，当念惜福’”⑳。平蜀后见蜀旧主孟昶奢侈过度，“宝装溺器”，太祖马上命令“椿而碎之，曰：‘汝以七宝饰此，当以何器贮食？所为如是不亡何待！’”㉑ 宋太宗继承了太祖“服用俭素”的思想遗产，对于搞迷信、修宫观、大兴土木，耗糜国家财富方面尚能节制，告诫臣僚每著一衣，每餐一食则悯蚕妇，念耕夫。仁宗时也曾下诏：“省浮费，自乘舆服御及宫掖所须，宜从简约”㉒，史籍载其本人也颇有能以身垂范，“常服浣濯”。最高统治者的特殊地位，使他们的举动言行都受到其统治集团成员的注目，并有很大的影响力和感染力，所以北宋前期，颇有些好官廉吏出现。太祖时重用的前相范质廉洁刚直，他所得俸禄赏赐，大多施舍给孤儿遗孀。御史中丞刘温叟厚重方正，动必有礼，多次拒收包括开封府尹赵光义等人送给的礼物。太宗时枢密副使钱

---

⑯ 《宋会要》职官 47。

⑰ 《长编》卷 7。

⑱ 范祖禹：《范太史集》卷 22。

⑲ 《宋史·太祖本纪》。

⑳ 《宋史·太祖本纪》。

㉑ 《宋史·太祖本纪》。

㉒ 《宋史·仁宗本纪》。

若水，清介醇勤，慎于所职。仁宗朝包拯更是青史有名。

在道德范畴倡廉的同时，北宋前期还注重对贪官污吏予以严惩。太祖、太宗、真宗和仁宗均下诏，国家每有大赦“官吏受赃者不原”。宋太祖在位十七年，惩处贪官污吏四十多人，其中半数以上被处以死刑。宋太宗赵光义踵随其兄严惩贪官，在位二十二年，诛杀不法官吏十七人。

北宋前期，对渎职官吏也不容不贷。太祖建隆二年，宫内酒坊失火，造成酒工三十余人死亡。酒坊同三司房屋相接，火灾发生当晚，酒坊使左承规，副使田处岩又坐视工匠盗窃三司官署器物，被处以弃市极刑。商河县令李瑶坐赃杖死，左赞善大夫申文纬奉命出使检查田亩，未能发现李之赃罪而奏报，被太祖以“失觉察”之罪削除官籍。开宝二年西京留守向拱被宋太祖降为安远节度使，原因就是向拱怠于政事，终日沉湎于饮酒作乐，致使群盗白昼街上杀人行凶。

与此同时，北宋前期诸帝也颇注重扶植官场正气，嘉奖提拔重用廉洁奉公和敢于检举贪赃不法的官吏。如宋太祖开宝八年，知桂阳监张侃揭发兵部郎中董枢、右赞善大夫孔璘和太子洗马赵瑜合谋侵吞“羡银”，经过调查属实，董、孔被杀，赵瑜杖配海岛，张侃则因此被提升为屯田员外郎。宋太宗淳化二年，“左正言谢泌以敢言擢右司谏，赐金紫、钱三十万”[23]。

封建专制官僚制度是滋生贪官污吏的温床，封建社会政以贿成，北宋前期政权也不能例外。但有比较才有鉴别。北宋前期官风较唐末五代有不少改善，吏治较为清明，这是不容忽视的历史事实，这与北宋前期政权强化治吏举措和注重惩贪是分不开的。

㉓ 《宋史·太宗本纪》。

何勤华

布莱克斯通与英美法律文化近代化*

简 介

何勤华，男，1955 年 3 月生，上海市人。北京大学法学博士。现为华东政法学院院长，教授，博士研究生导师。

自 1984 年以来，已出版《西方法学史》、《中国法学史》（三卷）等 50 多部专著与合著，并发表学术论文 150 余篇。曾两次赴日本东京大学法学部进修法制史。1992 年 10 月起，享受国务院专家特殊津贴。1997 年 1 月起任中国法学会常务理事，2000 年 4 月起任全国外国法制史研究会会长。1999 年，被评为第二届“中国十大杰出中青年法学家”。

---

* 原发表于《法律科学》，1996 (6)，原文刊发。本文写作当时，国内学术界对布莱克斯通的生平和学说的介绍、评述和研究还非常少。但这十年来，随着中国法学界一批英美法学者的成长，我们对布莱克斯通的研究也越来越多，越来越深入。这当中，尤其需要向学界同仁汇报的是，华东政法学院外国法律史专业的硕士毕业生游云庭等人，经过四年多时间的艰苦翻译，已陆续将布莱克斯通的主要作品四卷本《英国法释义》(Commentaries on the Laws of England，1765—1769) 一书译成了中文，第一卷于 2006 年 9 月，作为笔者主持的《世界法学名著译丛》之一种由上海人民出版社出版。我想，这一巨著的面世，一定会给我国法学界研究布莱克斯通以及英美法的历史发展作出有益的贡献。——作者注

英国是世界上最早从事法律近代化并且获得成功的国家。早在17世纪中叶英国资产阶级革命过程中，它就通过国会制定新法律和改造封建时代的旧法律这两个途径，来创建适应资本主义商品经济关系发展的近代法律体系。在这个过程中，英国近代著名法学家布莱克斯通发挥了巨大的作用。本文试就布莱克斯通的法哲学和私法学理论对英国（包括后来的美国）法律文化近代化进程的影响作些论述。

一

布莱克斯通（Sir William Blackstone，1723—1780），生于伦敦一绢商之家，12岁时便成为孤儿，由母亲的哥哥托马斯·毕格（Thomas Bigg）养大。[①] 1738年入牛津大学彭布罗克学院（Pembroke College，Oxford）学习数学、逻辑学、建筑学、希腊和罗马的古典作品，以及莎士比亚的作品。1741年加入“中殿法学协会”（Middle Temple），1745年，成为民法学士（Bachelor of Civil Law）。1746年，获出庭律师（Barrister）资格而开业。1751年，任大学校长法院的陪席法官。1753年6月23日回到母校牛津大学担任英国历史上第一位英国法讲座的教授，从而名声大振，因为它“宣告了英国法的新纪元的到来”[②]。1758年，又担任“维纳讲座教授”（Vinerian Professor of English Law）。1761年，担任国会议员，1770年后辞去教授职务，担任民事诉讼法院和王座法院的法官。晚年致力于刑法方面的改革，如提出废除残酷的刑罚、改革监狱和矫正院的设施等。

布莱克斯通的主要作品有：《英国法分析》（Analysis of the Laws of England，1754）、《大宪章和森林宪章》（The Great Charter and Charter of Forest，1759）、《从1746至1779年威斯敏斯特各法院判例报告》（Reports of Cases determined in the several courts of Westminster Hall from 1746 to 1779，1781）以及不朽的《英国法释义》（Commentaries on the Laws of England，1765—1769）等。而其法哲学和私法学理论，主要集中在后者之中。

该书是布雷克顿以来又一本系统论述英国法整体的著作，而且成就更大。该书不像大陆法系学者那样，仅把法学理论理解为是法律条文的解释学，把法学限制在范围很小的法学家的圈子内，而是试图将法学从法学家的专有领域中解放出来，变为普通市民手中的工具。在该书中，布莱克斯通强调：“英国法的知识，不仅对法律家，而且对所有有教养的英国人都是必要的”[③]。这在当时，无疑是一个伟大的主张。

---

① Sir W. Holdsworth，A History of English Law，Vol，ⅩⅡ. P. 703. London，1977.

② J. H. Wigmore，A Panorama of the World's Legal Systems，Vol，Ⅲ. P. 1094. 1928.

③ ［日］碧海纯一、伊藤正已、村上淳一编：《法学史》第232页，东京大学出版会，1976。

除绪论以外，本书分为：一、人的权利；二、物的权利；三、私的违法行为（侵权行为）；四、公的违法行为（犯罪）等几个部分。很清楚，这种分类是仿照罗马法的模式，但是具体内容，则是以英国法为对象的。如在人的权利这一部分中，除身份法之外，还包括了作为公的关系上的人的权利的国王的权能与个人的自由权，以及关于宪法的阐述；在物的权利中，也对英国封建制度作了论述。至1780年布莱克斯通去世，该书在英国已出了八版。④

在布莱克斯通的法学理论中，对英国法律文化近代化贡献最大的就是他的以自然法为核心的法哲学和私法学理论。

二

与洛克（J. Locke，1632—1704）一样，布莱克斯通也深受早期资产阶级自然法思想的影响，尤其是德国自然法学家普芬道夫（S. Pufendorf，1632—1694）的思想，对布莱克斯通有很大影响。但与洛克不同的是，在布莱克斯通的法学理论中，他已经将自然法思想和历史主义结合了起来，即布莱克斯通在吸收自然法的同时，注意从历史的、发展的角度来观察、认识英国的法律，因此，在布莱克斯通的思想中，已经将自然法具体化，即将普通法看成是自然法、理性法，因而带有了英国化的自然法特色。

在《英国法释义》第一卷中，布莱克斯通对法作了如下论述："在最一般、最概括意义上的法，指的是行动的规则，适用于整个自然界，不管是生物还是非生物、合理的还是非合理的。所谓法，是由某位上级规定下级必须遵从的行动的规则。在这个意义上，人们称法为重力的法、机械的法、动植物的法。但如果将法的范围限制得更小一点，那么，它是指人类行动和行为的规则，由以下几类组成：自然法——由造物主规定的、可以通过理性之光来发现的人类的行为规则；神的法或启示法——在《圣经》中可以看到，它是'原始的自然法'（original law of nature）的一部分；人定法，它与前两种法律相对立；国际法——由于国家之间是平等的，所以国际法是不能由谁来命令的，它依据的是自然法的规则。共同社会之间的相互协定、条约、同盟、合意，其解释也依据自然法；国家法（municipal law）——所谓国家法，'是命令（做）正确的事、禁止（做）恶事，是国家最高权力规定的市民的行动的规则'。"⑤

由于成文法关系到每一个市民的切身利益，所以，布莱克斯通对其定义作了进一步的分析。他指出：这里的"规则"（rule），不是针对特定的个人的一时的命令，而是永续的、统一的，并且是普遍的规定，它与"建议"（advice）、"劝告"（counsel）不同。对后两者，人们可以遵守，也可以不遵守。而法是禁止性命令（injunction）；规则也与契约不同，后者

④ Sir W. Holdsworth，A History of English Law，Vol，XII. P. 712.

⑤ 石井幸三：《布莱克斯通的法学思想》，载《龙谷法学》第10卷第3号，1979年。

是由当事人作出的合意，而法是对当事人发出的命令。契约的用语是“我打算做此事，或不打算做此事”，而法的用语是“你应该做此事，你不应该做此事”[6]。布莱克斯通认为，由于法是国家最高权力作出的关于市民行为的规则，因此，必须要让国民知晓，其方法是多样的。在普通法的场合，可以通过长期的习惯和传统来告知社会；而制定法则是通过政府文件或印刷物向社会公布。由于这当中的原则是必须向社会公布，所以，事后法是必须予以禁止的。

布莱克斯通进一步指出，为了使法达到命令做正确的事、禁止做恶事的目的，法的内部构成应当是：一、宣言性的要素；二、指令性的要素；三、救济性的要素；四、制裁性和惩罚性的要素等。布莱克斯通认为，在上述法的四种要素中，最有效的是惩罚性要素，因为尽管法规定应该做什么、不应该做什么，但如果人们都不予理睬的话，那么，它就等于一纸空文。可见，法与由国家的强制力实施的刑罚相连接，人定法的主要责任、义务也在于此。

三

在布莱克斯通时代，处理私法关系的法律主要是普通法和衡平法，所以，布莱克斯通的私法学理论首先是从对这两种法律的阐述入手的。

他指出：“英国的国家法，可以分为不成文法即普通法和成文法即国家制定法两种。普通法是不成文法中的一种，是普遍的习惯。在古代，它通过记忆和习惯而得以保存流传，现在我们则是通过包含了关于法律习惯的文书（Monuments）和证明书（Evidences）的法院记录、判决报告书、判决文以及著名专家学者的论文来保存这些习惯法，并使其流传下去。……但是，这里产生了这样一个问题，即这些习惯法是如何为人知道的？又是通过谁使其具有效力的呢？回答是，通过各个法院的法官，他们是法的受托者、法的代言人(Orades)，因此，他们的先任的司法决定，是构成作为普通法之一部的习惯的存在的最重要、最权威的证据，同样情况的诉讼被重新提起的场合，遵从以前的先例……是一个被确立下来的规则。……后任的法官，也被要求进行宣誓：不以他个人的感情，而是遵从全国通行的法和习惯来作出决定，不是发明法，而是维持、说明古法。但是，这个规则，在以前的判例很明显的是违反理性的场合，将是例外。……在此场合，以下之事便构成法的原理，即在先例和规则不是明显不合理和不公正的场合，(法官）必须遵从。……这与在（罗马）市民法上，皇帝决定的规则对将来也起导向作用是一样的。”[7]

初看，布莱克斯通的理论是保守的，但他对此又提出了以下近代的观点，即“法官只

---

⑥ 同上石井幸三论文。

⑦ W. Blackstone, Commentaries on the Laws of England, Ⅰ，引自石井幸三：《布莱克斯通的法学思想》(二·补完)，载《龙谷法学》第10卷第4号，1979年。

是宣告、表明法，而不是制定、改造法”，“判决由法官来表明、裁定，但这不是他们的决定和宣告，而是法的决定和宣告”⑧。

那么，这样的普通法和衡平法的关系如何呢？布莱克斯通认为，两者在四个方面是相同的，即第一，衡平法院和普通法院一样，并无缓和普通法之严格性的权限；第二，两种法院都必须遵从立法者的意图来解释制定法；第三，对诈欺、偶发事故、信托，两种法院都有管辖权；第四，在衡平法院初期，虽然不适用遵循先例的原则，但经过弗兰西斯·培根（Francis Bacon，1561—1626）和费因兹（Finch，1621—1682）等人的努力，衡平法院与普通法院一样，也已适用此原则了。布莱克斯通指出，当然，普通法和衡平法之间还是有区别的，如衡平法院进行审判的方法，即证明方法、审理方法、救济方法以及管辖问题等，与普通法是不同的。

土地法，历来是英国私法中的一个重要内容，对此，布莱克斯通作了详细论述。他指出，土地法理论，是一个非常难的领域，对此，必须具备对“封（建）的性质和理论以及封建法的一般了解”。当然，成为论述土地法之基础的，不是“古老的英国的土地保有状态”，而是“新的英国的土地保有状态”的理论，主要是利特尔顿和科克的理论。

布莱克斯通在对封建的土地法作出说明的同时，也开始注意近代资产阶级性质的土地所有状态。因此，他的土地法理论和传统的土地法理论已经不同。比如，按照封建土地法的理论，定期不动产权是属于人的财产的、带有不动产性质的动产。但在布莱克斯通的《英国法释义》（第三卷）中，定期不动产权未被放在人的财产的章节中加以论述，而是作为不动产权的一种，作为“自由保有权以下的不动产权”，置于不动产权的“期间的构成”中叙述的。

同时，在阐述土地法时，布莱克斯通还引入了罗马法的成果，将财产法分为不动产法和动产法（在英国封建土地法理论中，财产一直被分成物的财产和人的财产两类），这样，在论述动产时，也必然带来一些新的观念。布莱克斯通对此解释说，近年来，这种财产（动产）有了很大发展，出现了许多新的形态，而英国的法院，还是用传统的财产分类法（人的财产和物的财产）来处理，这显然是不适当的。因此，许多法官不得不借用罗马法的规则。

此外，布莱克斯通对封建的土地法理论阻碍了近代资本主义商业迅速发展的局面进行了批判。比如，他对将土地置于长期流通之外而予以永久限制（买卖）的做法、对因封建长子继承制（无遗嘱继承）而产生的财产过分集中的缺陷，都进行了批判，并提出了改革的建议。

当然，受时代的限制，布莱克斯通对有些资本主义的经济关系的认识还是不很清楚的。比如，布莱克斯通认为，通过遗嘱来处理不动产，仅仅是与作为无遗嘱不动产继承相区别的、不动产取得方法中的一个方法，而不能赋予其独立的法的地位，等等。

---

⑧ 同上石井幸三论文。

总之，布莱克斯通私法学理论的功绩在于对自布雷克顿以来的英国封建普通法进行了系统的总结和理论阐述，并融入当时已经出现的资本主义法律关系，但对资本主义私法关系作出系统说明则超出了布莱克斯通的使命。

四

以上，我们比较多地引用了布莱克斯通的法哲学和私法学理论。当然，这只是《英国法释义》这部伟大的作品中极小的一部分内容，但仅仅从这些内容中，也已可以看出布莱克斯通的理论与英美法律文化近代化之间的内在联系。

首先，布莱克斯通的理论在一定程度上刺激了边沁的学说的出台。

边沁（J. Bentham，1748—1832），是英国近代著名的法哲学家和法律改革家。他出身于律师家庭，曾在林肯学院（Lincoln's Inn）攻读法律，后从事法理学和立法学研究。1832，出资创办了《威斯敏斯特评论》，全面宣传自己的法学理论和政治主张。由于边沁曾在牛津大学旁听过布莱克斯通的英国法讲座，因此，他也可以算作是布莱克斯通的学生之一。布莱克斯通的理论，在两个方面（自然法和普通法〈判例法〉的完美性质）影响（或刺激）了边沁的法学研究和法律实务活动。正是在反思、批判布莱克斯通的理论的基础上，边沁提出了法律改革的学说，并建立起了功利主义的分析实证主义法学。

边沁认为，法律改革应着重于两个方面：一是改变法律的本质，即改变衡量法律好坏的标准及其价值；二是改变法律的形式，即制定和编纂法典。边沁指出，避苦求乐、追求人类幸福，应从法律改革和立法开始，一项好的符合功利主义原则的法律，必须符合“导养生存、达到富裕、促进平等、维持安全”的目的。而按照这种标准来衡量当时的法律，则可以发现它既古老又不完善，既不能促进平等，又不能保障安全，更不能给人带来任何幸福。因此，决不能像布莱克斯通那样，一味赞美，而是应当进行改革。即对英国的法律，除了批判以外，不管过去的成就如何，都要重新写过，都要重新立法。新制定的法律必须符合：完整性、普遍性、简洁明确性、结构严谨性等要求。边沁不仅在理论上大声疾呼，而且也予以身体力行。他曾经草拟了宪法、民法、刑法以及国会改革要点等。这些努力，虽然未能全部实现，但对英国的立法实践的确发生了巨大的影响。1832年，英国议会选举制度改革的成功，以及对刑法与监狱的改良，1834年济贫法的变更，1848年卫生法规的制定，1873年统一审判制度法的实施，以及证据法的改革等等，都包含了边沁理论和心血的结晶。

与此同时，边沁也竭力反对自然法理论，认为自然法、理性法的说法，都是内容不明确的、使人误入歧途的邪说。他批判了洛克的自然法理论和布莱克斯通的法律来自人们的契约的学说，强调法律是自人类社会的产生起就存在的。边沁认为，法律，就是主权者自己的命令或采纳的命令的总和。它是强加于公民身上的义务，由强制力保证。在君主制下，主权者是君主；在民主制下，主权者是人民（议会是他们的代表）。由于法是意志的体现，而世上只有主权者和上帝是有意志的，故世上只有人为法和神定法两种。而这两种法律的内容实质就是人的本性，是避苦求乐的功利主义。很清楚，边沁关于法律的功利主义、主权命令说、义务性，都是18世纪末以后资产阶级现实的统治在法学理论上的表现，是英国资产阶级要求进一步改革普通法，强调制定法的功能，要求公民的普遍服从，追求资产阶级的更多利益的客观反映。诚如波斯特玛（G. J. Postema）所言："边沁是英美法学史上一位关键性的人物。他第一次对英国的功利主义和法实证主义作出了详细的阐述和论证，并使这两种学说完美地结合在一起。"⑨ 而在边沁的学说中，布莱克斯通的影响（不管是正面还是反面）则是随处可见的。

其次，布莱克斯通的理论对奥斯汀的学说产生了巨大影响。

奥斯汀（J. Austin，1790—1859），近代英国分析法学的主要代表。青年时代服过兵役，后担任律师。1826年在新设立的伦敦大学担任法理学教授。主要著作有《法理学范围的确定》（The Province of jurisprudence Determined ，1832）以及死后由他夫人及学生出版的他的《法理学讲演集》（Lectures on Jurisprudence，1863年）等。

众所周知，构成奥斯汀学说的基础，是主权者命令说。他指出，法律是"在独立的政治社会中单个的主权者或拥有主权的集团，对其社会成员下达的直接或间接创设的一般命令。"⑩ 正是这种主权者的命令，构成了法学之对象的实定法。制定法也好，判例法也好，都是主权者的命令，经过法官承认的习惯也是。当然，作为主权者直接意思表现的制定法，要优先于判例法。至于命令的内容，奥斯汀认为，它是一个人（君主）或一部分人（统治集团）所表明的一种希望，要求他人或另一部分人按照这种希望去进行或停止某种行为，即作为或不作为。这样，奥斯汀就将法律的本质与命令、义务和制裁等联系在一起。由于奥斯汀判断法律与否的标准就是其是否主权者的命令，而法律一经制定，人们就只有执行的义务。因此，法律是否合乎正义，法律好坏、如何，都不影响其效力，从而导致了"恶法亦法"的理论。这是分析法学的一大特色。一般而言，奥斯汀的理论主要是继承了霍布斯（T. Hobbes，1588—1679）和边沁的学说，但他的理论与布莱克斯通的关于法是由国家最高权力命令的规则的理论、关于法是命令做正确的事、禁止做恶事的观点、关于法的构成要素的学说之间的联系，显然是无法否认的。⑪

第三，布莱克斯通的理论对美国资产阶级法的创建也发生了巨大的影响。

事实上，早在18世纪，布莱克斯通的作品的影响就已超出英国国界，波及了美国。1765—1769年，布莱克斯通的《英国法释义》出版后，立即在美国受到了热烈的欢迎，成为美国人学习法律的主要教材，以及了解、掌握英国普通法知识的捷径。1771—1772年，

---

⑨ G. J. Postema，Bentham and the Common Law Tradition，Preface，Oxford，1986.

⑩ ［日］碧海纯一等编：《法学史》第234页。

⑪ 此外，布莱克斯通的理论对英国近代著名法学家梅特兰（E. W. Maitland，1850—1906）、戴雪（A. V. Dicey，1835—1922）和霍兹沃思（Sir W. Holdsworth，1870—1944）等人的理论也产生了巨大影响。参阅Sir W. Holdsworth，A History of English Law，Vol ⅩⅡ，PP. 723～737.

该书在美国印刷发行，16 美元一套的书（四卷），在当时竟然十分畅销。840 名美国订阅者购买了 1557 套。这在当时是一个令人惊奇的数字。[12]

1784 年，美国法官塔宾・里弗（Tapping Reeve）在康涅狄格州的利兹菲尔德（Litchfield）创立了美国历史上第一所法律学校。它实施的讲义就模仿了布莱克斯通的著作的体系，所不同的是它更多地讲授商法，而少讲或不讲刑法的内容。[13] 与此同时，美国历史上第一个开设大学法律教授职位的威廉・玛丽学院（William and Mary College）的第二任教授图克（St George Tucker），于 1803 年出版了布莱克斯通的《英国法释义》的美国注释版（附有详细的笔记和相关参考资料），作为学生的教材。[14]

1826—1833 年，美国著名法学家肯特（J. Kent，1763—1847）模仿布莱克斯通的《英国法释义》的体系，出版了四卷本《美国法释义》(Commentaries on American Law)。该书除了将国际法单独作为一个部分独立出来，压缩了刑法部分之外，其他体例基本上都与布莱克斯通的著作相近。因此，肯特的作品被当时的学者认为是布莱克斯通著作的"美国版"[15]。19 世纪上半叶美国另一位著名法学家斯托里（J. Story，1779—1845）也模仿布莱克斯通的"释义"（commentaries）方式，撰写了《美国宪法释义》（1833)、《冲突法释义》(1834)、《衡平法理学释义》(1836)、《代理法释义》(1839）等大量作品。

一般认为，肯特和斯托里是近代美国资产阶级法律体系的缔造者。当肯特的《美国法释义》出版后，班克罗夫特（G. Bancroft）就指出："现在，我们终于知道了美国法律是什么，我们知道了它是一门科学。"[16] 而肯特和斯托里的理论又是在布莱克斯通的学说的基础上创立起来的，因此，可以说，布莱克斯通也为美国法的形成作出了贡献。

第四，布莱克斯通对英美法学的近代化作出了贡献。从世界法学发展史角度来说，布莱克斯通的理论有三个重大的意义：

首先，它不满足于仅向法律实务家提供技术性的知识，而是将英国法作为一个发展了的统一体看待，将法学从与其他科学分离的状态下解放出来，将其与其他社会科学结合在一起考虑。在这个意义上，布莱克斯通的理论，可以说是开创了一门真正学术意义上的法学学科；

其次，在布莱克斯通的时代，普通法已趋于稳定，从基本原则到各项具体制度，都已有充分的研究。这时，赋予法学家的历史使命，就是将普通法予以体系化、定型化。而布莱克斯通的著作恰恰作到了这一点。因此，布莱克斯通的作品为英国普通法定型化并传至后世（包括世界各地）奠定了基础。

再次，就英国私法学而言，在布莱克斯通之前，曾有格兰威尔（R. Granville，1130—

---

⑫ Lawrence M. Friedman，A History of American Law，PP. 88～89. New York，1973.

⑬ Ibid，279.

⑭ Ibid，280.

⑮ Ibid，290.

⑯ Lawrence M. Friedman，A History of American Law，P. 288. New York，1973.

1190)、布雷克顿（H. D. Bracton，约1216—1268)、利特尔顿（D. Littleton，1407—1481）以及科克（S. Edward Coke，1551—1634）等人的理论，但是，他们的学说基本上还是封建的、旧时代的，因此，尽管格兰威尔关于令状的研究、布雷克顿关于判例的研究以及利特尔顿和科克关于土地法的研究，曾对英国私法学的发展起了巨大的作用，但对英美私法近代化的贡献比布莱克斯通要小得多，而布莱克斯通在系统总结封建时代私法学成就的基础上，结合18世纪英国资本主义商品经济发展实际，对私法领域的各种问题作了系统阐述，因此，布莱克斯通的著作一出版，就马上受到了资产阶级的广泛欢迎。直至20世纪，布莱克斯通的理论仍为人们所尊崇。[17]

所以，虽然布莱克斯通的法学理论后来受到了上述边沁等人的批判，但其在英美法学史上的地位仍是不可动摇的，他对英美法的近代化所作出的贡献也是应当充分肯定的。诚如霍兹沃思所言："正是在布莱克斯通的《英国法释义》和其他著作中所蕴含着的成就，使他在英国法律史上获得了一个不朽的地位。"[18]

---

⑰ Sir W. Holdsworth，A History of English Law，Vol Ⅻ，P. 717.

⑱ Ibid，P. 709.

武树臣

寻找最初的“法”*

——对古“法”字形成过程的法文化考察

简介

武树臣，1949 年 10 月生，1982 年毕业于北京大学法律系，现为北京大学教授，博士生导师。

* 原发表于《学习与探索》，1997（1）。

灋，刑也。平之知水，从水。廌所以触不直者去之，从去。法，今文省；水，准也。北方之行，像众水并流。中有微阳之气也。凡水之属皆从水；廌，解廌兽也。似山牛一角。古者决讼，令触不直。象形，从豸省；薦，兽之所食草。从廌从草。古者神人以廌遗黄帝。帝曰：何食何处？曰：食薦，夏处水泽，冬处松柏。

去，人相违也。从大□声。

——〔东汉〕许慎：《说文解字》

“法”这个汉字是对“法”这一社会现象的真实记录。“法”字的产生也许比“法”这一社会现象要晚很久，但是，当“法”字得以产生之际，由于人们对“法”这一社会现象早已有了约定俗成的统一见解，因此，不管“法”字出自哪位历史人物之手，它都已经具备了非如此表现不可的必然性。这是一个很有趣的文化现象。古代“法”字写作“灋”，这是西周礼器所证明的。然而商代甲骨文中没有该字，而只有其中的“廌”字。那么，古“法”字是何时产生的？又是怎样产生的？有哪些历史人物和事件对此施予重大影响？古“法”字的本义又是什么？……本文试图运用有关文献和考古资料探讨之，并乞教于大方。

一、“水”的原始功能：禁忌与流放

在原始社会，个人必须生活在氏族之中，才能获得安全并生存下去。当“血缘”与“地缘”融合为一之际，氏族便具有了相对稳定的生活空间。这种生活空间常常以“名川大山”为其界限。对氏族内部违犯公共生活准则者是要惩罚的。惩罚的目的也许不是出于对“犯罪”的愤恨，也不是出于“报复主义”或“一般预防”，而是出于集体的自我保护意识，这可以说是中国传统法律文化的集体本位的最初起点。这种集体自我保护意识便是远古的禁忌。

远古禁忌是古老法条和习俗的最初源头。在原始人类心目中，人类社会是受神支配的。社会生活中出现的异常情况都带有渎神性，都可能是神对人的惩罚的征兆。比如，血亲结婚生出怪胎，既是渎神行为的结果，又是厄运的先兆。当人们明白血亲结婚可以产生怪胎这个道理之后，便会严禁之。于是“同姓不婚”这样一条禁忌就产生了。《商君书·画策》说，黄帝制定“父子兄弟之礼，夫妇妃匹之合”，正是对这一禁忌的法律描述。于是才有了该禁忌的演化。如《搜神记》卷十四载：“昔高阳氏有同产而为夫妇，帝放之于崆峒之野”；《淮南子·齐俗篇》载：“帝颛顼之法，妇人不辟男子于路者，祓之于四达之衢”。后世儒家整理的“男女授受不亲”、“男女不同席”之类的礼仪，便是由此排衍出来的。到了战国，甚至产生了嫂子溺水，小叔子当不当“援之以手”的疑问。①

为了免遭神的惩罚，以保证氏族集体的安全，必须尽快把“犯罪”分子逐出氏族生活的空间，让他在荒野中独自领略神的威严。于是便产生了流放之刑。至于流放地点，在以山作分界的地方便以山为标准，如《尚书·舜典》所谓“放欢兜于崇山”；在以水为界限的地方则以水为标准，如《易经》中的“涉大川”。“放逐是原始氏族最可怕的惩罚之一”②。因为，“凡是部落以外的，便是不受法律保护的。在没有明确的和平条约的地方，部落与部落之间便存在着战争”③。因此，流放等于死刑，而且死后灵魂也不能重归故乡。这是同时失去此岸世界和彼岸世界的双重惩罚。

在以水为界的部落，把“罪犯”赶到河那边去，是一个严酷的刑罚。久而久之，江河便同时具有“国界”和“刑罚”的双重职能。从而使“水”具有了行为准则的文化含义。

在部落联盟形成以后，部落联盟便具有调节氏族间各种关系的职能。“罪犯”被甲氏族赶到乙氏族领域，可能被乙氏族视为对其权利的侵犯，因为“罪犯”会把不幸和灾难带给他们。解决的办法有两个：一是把“罪犯”流放到更远的地方；二是将“罪犯”就地“消化”掉。于是族内刑罚产生了，这就是死刑和肉刑。死刑是流刑的代用品。肉刑（不论是残其肢体还是刺墨于额）则兼有向神谢罪和提醒族人免除“传染”两种文化职能。然而，死刑与流刑不同，这就是尸体的处理问题。于是，古人选择了火和水来清除其“不洁”。《周礼·秋官·掌戮》说：“凡杀其亲者焚之。”《礼记·檀弓下》说：“子弑杀，凡在宫者杀无赦，杀其人，坏其室，洿其宫而豬焉。”是说不仅把罪犯杀死，还要毁坏他的住所，用水淹之，以除不洁。《睡虎地秦墓竹简·法律答问》有“疠者有罪”，“定杀水中”的规定，即将患麻风病的犯罪者活活淹死在水中。这样，水便与火一样充当了观念上的“清洁剂”。

古人对死是恐惧而厌恶的，即使死者是君王亦不例外。《周礼·春官·小宗伯》：“王崩，大肆，以秬鬯渳”。即以黑黍香草造的酒浴尸。民间丧礼，则以洗米水加热浴尸。水和酒成了特殊的“清洁剂”。

古代的大难（傩）礼便是在驱逐疫鬼、祈求平安的原始巫术的基础上形成的。《周礼·夏官·方相氏》：“帅百隶而时难，以索室驱疫”；《礼记·月令·季春》：“命国难，九门磔攘，以毕春风；”《论语·乡党》：“乡人傩，朝服而立于阼阶。”可见，大难礼由来者上矣。《续汉书·礼仪志》载东汉大难礼仪式：众人列队，执戈扬盾，作十二兽舞，把想象中的疫鬼投入洛水中。宗懔《荆楚岁时记》亦载民间难仪：“作金刚力士以逐疫，沐浴转除罪障”。水同样起了消灭疫鬼、保障平安的双重作用。

综上所述，古代“法”字中的“水”，并无公平之义。其本义是消除犯罪和确保平安，是强制性行为规范的符号。至于公平、公正之义，是战国法家为了以“法”取代“礼”而

---

① 《孟子·离娄上》。

② 拉法格：《思想起源论》，70页及注，三联书店，1963。

③ 《马克思恩格斯选集》第4卷，94页。

给“法”字新加上去的“添加剂”。

二、蚩尤（廌）的伟业：“五兵”、“五刑”和“法”

蚩尤是黄帝时代东夷集团的领袖，据说他是兵、刑和法的创造者。

在传说时代，蚩尤是能征善战的领袖，并被后世奉为战神。他利用火山爆发形成的金属锻造兵器。《吕氏春秋·荡兵》：“蚩尤作五兵”；《世本》：“蚩尤作五兵”；《尸子》：“造冶者蚩尤。”从而“相兼诸侯”，所向披靡。《管子·地数》载：“葛卢之山发而出水，金从之，蚩尤受而制之，以为剑铠矛戟。是岁，相兼者诸侯九。雍狐之山发而出水，金从之，蚩尤受而制之，以为雍狐之戟芮戈。是岁，相兼者诸侯十二。”

蚩尤凭着武力扩大了领土，把战败的异族降为臣民。在新的社会结构中，产生了私有财产和对于私有财产的犯罪。为维护新的社会秩序，蚩尤创制了新的行为规范——“五刑”和“法”。《尚书·吕刑》载：“蚩尤惟始作乱，延及于平民，罔不寇贼、鸱义、奸宄、夺攘、矫虔。苗民弗用，灵制以刑，惟作五虐之刑曰法。”大意是说：蚩尤开始整肃社会秩序，制定新的行为规则，施及所辖领域内的各氏族，将各种违法犯罪行为总括为五种——抢劫杀人、违犯礼仪、邪恶作乱、抢夺财物、狡诈骗取，以此来约束人们。蚩尤的嫡系苗民积极加以施行，但未能奏效。蚩尤便命令苗民用刑罚惩制违法者，于是产生了五种无情的刑罚并称之为“法”。

“法”的产生无疑是一大进步。但是，背叛古老的传统是不能不受到报复的。而苗民的过激行为又加剧了部落内部的动乱。黄帝便乘势打败了蚩尤。《山海经·大荒北经》：“蚩尤作兵伐黄帝，黄帝乃令应龙攻之冀州之野。应龙畜水，蚩尤请风伯雨师，纵大风雨。黄帝乃下天女曰魃，雨止，遂杀蚩尤。”并对蚩尤部分而制之。《路史·国名纪·己》：“（黄）帝戮蚩尤，迁其民善者于邹，屠恶者于有北。”选择少昊氏统帅蚩尤旧部，以结盟告终。《逸周书·尝麦》：“黄帝执蚩尤，杀之于中冀，以甲兵释怒。用大正顺天思序，纪于大帝，用命之曰绝辔之野。乃命少昊清司马乌师，以正五帝之官，故名曰质。天用大成，至于今不乱。”黄帝将蚩尤部吸收进新的部落联盟之中，仍使他主管兵刑。《管子·四时》：“黄帝得蚩尤而明乎天道，遂置以为六相之首。”《韩非子·十过》：“昔者黄帝合鬼神于泰山之上，驾象车而六蛟龙。比方并錧，蚩尤居前，风伯进扫，雨师洒道。”黄帝还继承了蚩尤的“五刑”和“法”。《龙鱼河图》载：“蚩尤殁后，天下复扰乱不宁。黄帝遂画蚩尤形象，以威天下。天下咸谓蚩尤不死，八方尤邦，皆为珍伏。”这个“蚩尤形象”就是“法”。

其实，蚩尤是世代主管兵刑的部落的名称，后世亦称咎繇、皋陶。其图腾便是廌。它是善于审断疑难案件的“独角圣兽”。《说文解字》说：“古者神人以廌遗黄帝。”人间的伟大创造得到了神的承认。

廌图腾皋陶曾历任尧舜禹时代的法官。《说苑·君道》：“当尧之时，皋陶为大理”，《尚书·尧典》载舜命皋陶掌管刑政：“皋陶，蛮夷猾夏，寇贼奸宄，汝作士，五刑有服”；《尚书·皋陶谟》则详载皋陶与禹的对话。其实，皋陶不是一个人，而是廌图腾部落。因其长于断讼，工于刑政而世代因袭司法之职。《论衡·是应》说：“皋陶治狱，其罪疑者，令羊触之，有罪则触，无罪则不触。斯盖天生一角圣兽，助狱为验，故皋陶敬羊，起坐事之”。显然把皋陶和“一角圣兽”联在一起。《隋书·艺文志》：“夏后氏正刑有五，科条三千。”《左传·昭公十四年》叔向说：“《夏书》曰：‘昏、墨、贼、杀’，皋陶之刑也。”可见，夏的确继承了蚩尤的“五刑”和“法”。

三、甲骨文的“廌”与钟鼎文的“法”

当最初的象形文字产生之际，最先成为文字的恐怕是古老图腾了。甲骨文中有“御廌”一词。1971 年 12 月，安阳小屯西地殷墟发掘出一批完整的牛胛骨卜骨，有刻辞的凡 10 枚。其中有“御臣”、“御廌”、“御牧”、“御众”字样，郭沫若先生考证云：“廌或作豸，是莫须有的一种怪兽——解豸的省称。《说文》‘解廌兽也，似山牛一角，古者决讼令触不直者。’盖古时奴隶主于判处罪状时，将牛角去其一，以神乎其事。故后世司法官所戴之冠名解豸冠。字音读如宰，在此即读为宰，当是执法小吏。”④

在这里需要说明：第一，廌既非“莫须有的一种怪兽”，也非“将牛角去其一以神乎其事”，而是传说时代法律实践活动的真实写照，人为所致，反倒不神；第二，商代以“御廌”为法官之名，并非偶然。这说明商人继承了以往法律实践的成果，而且也是当时神判法习俗的一个反映。比如《易经·大壮》和《履》就分别记载了神羊裁判和神虎裁判的材料。

西周初期的《大盂鼎铭》中首先出现了“法”字。铭文为“天翼临子，法保先王”，“勿法朕命”。而后者在金文中多见。“法”通“废”。清吴大澂《说文古籀补》说：“古文法废为一字。”《管子·侈靡》郭沫若集校云：“金文以法为废字”。“废”有二义：一为“大”，二为“弃”。这是一般的结论。笔者以为，“法保先王”之“法”为“效法”，“保”为“葆扬”，全句为“效法葆扬”之义。“勿法朕命”之“法”乃“废弃”之义。无论“效法”还是“废弃”，都与行为规范有着某种联系。

西周金文中的“法”写作灋，而甲骨文中只有“廌”字，那么，“法”字是怎么形成的呢？其中的“去”字又是怎样添加上去的呢？

四、“去”字的本义——“箕子之明夷”与“法”

许慎《说文解字》将古代“法”字中的“去”释为动词“弃去”，也许是个失误。而他释“法”字为“人相违也”，则必有所本，可惜语焉未详。

---

④ 《出土文物二三事》，人民出版社，1972。

甲骨文“去”字写作谷，该字又由仌∀两部分组成，即“矢”和“弓”字。《管子·轻重甲》：“三月解匋，弓弩无匡輆者”。“匋”即“装弓箭的器具。”⑤《说文解字》：“勹，裹也，象人曲形，有所包裹。”则“去”为弓、矢无疑。有人以为“匋”为“医”字之误。《说文解字》：“医，盛弓弩矢器也，从匸从矢。”“医”如果真是装“弓弩矢”的器具而非装“矢”的器具，那么，“医”字当为“匋”字，道理很简单——“去”为弓、矢，而“矢”不等于弓、矢。

如果说“去”是弓、矢相离之义，那么，“夷”则是弓、矢相合之义。“夷”古字为“寅”，表示弓、矢正好是一套。

弓、矢是远古社会重要的生产工具和武器。当时的人们常常在弓矢上面刻上族徽或记号，在因猎获物的归属或损害赔偿问题发生纠纷时，弓矢上面的记号便成了重要的“法律证据”。发明了以弓矢上面的记号来裁判案件的方法的，就是殷朝末年的箕子。

《易经·明夷》：“箕子之明夷。”是说，箕子发明了“明夷”的方法。同卦还说：“明夷，夷于左股，用拯马壮，吉”。是说一只马被射伤左股，在伤口处发现箭头，据此查到箭的主人，并责令他医治马伤，这样做是对的；“明夷于南狩，得其大首，不可疾，负。”射伤了一只大野兽，一直尾随追到南部村落，因为野兽身上的箭头和猎人手中之弓的符号是一样的，当地人不敢拒绝归还，这样做是正确的；“入于左腹，获明夷之心，于出门庭。”一个猎人追到别人庭院索要一只猎物，从猎物左腹找到箭头，最后满意而去。“不明，晦，初登于天，后入于地”。在争夺猎获物时，不肯出示手中的弓太暧昧了，这猎物不是你射的，就好像朝天射了一箭，又落到地上，你的箭还在那里呢。

“明夷”即出示弓矢，亦即出示证据之义。谁主张所有权，谁就有义务出示证据。“明”又当“盟”讲，“盟夷”，即在出示弓矢之前发誓，宣布自己的主张是真实的，否则会受到神的制裁。其结果，败诉一方将以渎神之罪受到惩罚。

久而久之，在诉讼中出示弓矢和诉讼前发誓两件事，就慢慢合而为一了。《周礼·秋官·司盟》：“有狱讼者，则使之盟诅。”盟诅即发誓，誓又写作矢。《睡虎地秦墓竹简·为吏之道》：“听其有矢。”《周礼·秋官·大司寇》：“以两造禁民讼，入束矢于朝，然后听之。”《国语·齐语》：“坐成以束矢。”韦昭注：“两人诉，一人入矢，一人不入则曲。”“入矢”的本义，是证明自己是正确的。有人认为“入矢”是交诉讼费，有人认为“入矢”是证明自己像矢一样正直，但其原始意义是“明夷”。

《尚书·洪范》是“箕子之明夷”的一个佐证。该篇记述箕子的“洪范九畴”即治理国家的九种大法，其二是五事：“三曰视”，“视曰明”，“明作哲”；“四曰听”，“听曰聪”，“聪作谋”；其七是“明用稽疑，谋及乃心，谋及卿士，谋及庶人，谋及卜筮。汝则从，龟从，筮从，卿士从，庶民从，是之谓大同。”上述两段可能是讲司法审判的道理，即观察和讯问的方法。这些内容和《尚书·皋陶谟》所谓“知人则哲，能官人”，“率作兴事，慎乃宪”，

⑤ 《汉语大字典》，258页，四川辞书出版社，1986。

“屡省乃成”；以及《尚书·吕刑》的“哲人惟刑”，“惟良折狱”等，是相通的。而“明夷”也许就是“明用稽疑”（夷“疑”两字皆有“矢”字）。

箕子创造了“明夷”的审判方法，一方面制止了民间的无谓纷争甚至械斗，另一方面又给败诉一方加上了“闻言不信”的罪名，从而把败诉一方送上流放的道路。当然，这一切要经过法官（御廌）的裁判。当人们创造“法”字的时候，脑海里出现了法官御廌，出现了弓与矢符号不一的场面，还出现了把坏人赶到河那边去的流放之刑。于是便产生了灋。这个字当在箕子以后、西周初期产生。不管当时的人们如何理解它和使用它，它本身所凝结的文化内涵却像化石一般坚硬，不为岁月的风雨所销蚀。

结束语

象形文字是人类生活的缩影，人类历史的活化石。当文字被创造出来的时候，它所包容的文化内涵，已经在远古人类头脑中暗存了若干世纪，并通过口耳相传的方式一代一代地延续下来，因此，通过古代文字来探索古代社会生活，也许是一个行得通的研究方法。

通过对古代“法”字的分析，可以看到，首先，一个世世代代执掌兵刑的部族，在古代法律生活中发挥了持久的影响；其次，水在原始社会中具有禁忌上的和行为准则上的特殊功能；其三，在诉讼活动中证据具有重要意义以及由此可产生严重的后果。以上三方面的因素合起来就是“法”。在古人看来，“法”是一种活动，即当人们产生纠纷时由法官来评判的一种审判活动；又是一种行为准则，即通过审判来宣布、通过刑罚来保障人们必须遵从的行为准则。

传统是不能割断的。当古“灋”字简化为“法”时，那个廌却在法官的官帽上，在衙门的影壁上悄悄存在了多少世纪，向人们诉说着遥远的往事。

冯卓慧

罗马法精神与社会主义市场经济*

简介

冯卓慧，女，汉族，1937 年 10 月生，西北政法学院法学教授，长期从事中外法制史的教学与科研。2002 年 3 月退休前为本院法制史专业硕士生导师。主要研究成果有：《西周法制史》专著，与胡留元合著，1988 年陕西人民出版社出版，1995 年获陕西省教委人文、社科二等奖；《长安文物与古代法制》专著，与胡留元合著，1997 年获陕西省教委人文、社科二等奖，1989 年法律出版社出版；《罗马私法进化论》专著，1996 年获陕西省教委人文、社科二等奖，1992 年陕西人民出版社出版；另有：《罗马私法》专著，与汪世荣、许晓瑛合著，1999 年陕西人民出版社出版；《夏商西周法制史》专著，商务印书馆 2006 年出版，进入商务版《法学文库》，与胡留元合著，后者为遗著。关于卜辞金文法制研究部分的著作与论文在国内外很有反响。发表论文七十余篇。

---

* 原发表于《法律科学》，1997（2），1999 年获司法部“九五”优秀论文奖，原文刊发。

罗马法从它的产生至今已经历了两千多年（公元前753年至今），即以其古典时期私法理论完善至今而论也已有一千七八百年的历史（公元二、三世纪始），甚至以罗马法典的完整编纂（公元6世纪）至今也有1 400年的历史。经历过这样漫长的历史进程，往昔“作为一种强大的法律制度”、一种“辉煌文化的法”[①] 的罗马法本身早已不复存在，但它一直是其他法律制度的重要渊源，并对之产生过重大的影响。尤为重要的是，它是近代民法三大历史渊源中最为重要的一个。罗马法在近代民法中的传播，是由罗马法的精神推广开来的。我们的研究将从这里开始，即罗马法精神与市场经济的协调性，使它成为市场经济下最可适用的最完备的法律形式。

一、何谓“罗马法的精神”

“精神”一词本为哲学名词，指人的意识、思维活动和一般心理状态。唯物主义者常把精神当作和意识同一意义的概念来使用，认为它是物质的最高产物。

罗马法的精神是指人们对罗马法的意识，也就是从对罗马法的具体内容的了解上认识罗马法的实质，并将之随时代的发展继承，创新性地付诸实践，这种认识成为一种法学观念、法学思维方式。实际上，对罗马法的继承从来就是一种对罗马法精神的继承。因此，它绝不仅指对罗马法的某些或全部法律制度的表层化的、皮毛的、实用主义的挪用。正如勒内·达维德说的：“罗马日耳曼法系的各国法是罗马法的继承者，它们完成了后者的演变；然而它们却丝毫不是后者的抄本，而且它们的很多成分并不是来自罗马法”[②]。那么，这种罗马法的精神或称之为罗马法的意识是什么呢？可以概括为以下几点：

（一）法治观。又可称之为法治传统。它的第一个特点是，法支配社会。罗马人接受的观念是“社会应受法的支配”[③]。这种“法”包括自然法和市民法。前者强调法的正义、公正性，如乌尔比安所说：“对于打算学习罗马法的人来说，必须首先了解‘法’（ius）的称谓从何而来。它来自于‘正义’（iustitia）。实际上（正如杰尔苏所巧妙定义的那样）法是善良和公正的艺术。”[④] 后者则强调法对社会全体或多数人有利，如保罗所说：“ius（法）有多种说法。一种是人们把在任何时候公正和善良的事物称为ius，比如人们说自然法；另

① ［澳大利亚］瑞安：《民法导论》引言，PTY有限公司，法律书籍公司，1962；［法］勒内·达维德：《当代主要法律体系》，41页，上海译文出版社，1984。

② ［法］勒内·达维德：《当代主要法律体系》，33页，上海译文出版社，1984。

③ ［法］勒内·达维德：《当代主要法律体系》，38页，上海译文出版社，1984。

④ 查士丁尼：《学说汇纂》1，1，1pr、11。

一种说法是指对某个城邦的所有人或多数人有利的事物，如人们讲的市民法”⑤。无论是自然法或市民法，罗马人的认识都在于强调其对社会总体的适用。乌尔比安说：“法不是为个别人制定的，而是普遍地针对所有人。”⑥ 概言之，这种法治观的第一个特点就是认为社会要受法的支配，法应当是公正、正义的，针对社会所有的人，或保护社会绝大多数人的利益。

罗马人的法治观还在于强调法是社会的最高权威，任何人都得依法生活，即法享有绝对威严。譬如，他们谈到罗马民族的市民法时，特别强调了作为市民法重要渊源之一的法律的作用：“法律是所有人的共同规范；……是整个共和国民众间的共同协议”⑦。“法律就是所有人应当遵守的东西……所有生活在共和国的人都应当按照有关规范约束自己的行为”⑧。这一点甚至皇帝也不例外。虽然帝国时代已经用王位法授权于皇帝，使他们的批复具有“相当于法律”的效力，罗马法学家甚至公开肯定“皇帝是不受法律约束的”⑨，然而法治传统使得罗马皇帝认识到他的统治是要靠法律权威来维护的，法律在社会上有最高的威严。罗马皇帝塞维尔帝和安多宁帝的批复中说过：“虽然朕不受法律束缚，可是朕是遵照法律而生活的。”⑩ 作为一代政治军事天才的查士丁尼帝本人曾凭借武力以数十年的征战实现了在东部同波斯帝国的和平，在西部征服了意大利、非洲、西班牙，重新统一了地跨欧亚非三大洲的大帝国，然而在罗马的法治传统的熏陶下，他也毫不讳言法治的重要作用。他在《法学阶梯》序言中说：“皇帝的威严光荣不但依靠兵器，而且须用法律来巩固，……皇帝既是虔诚的法纪伸张者、又是征服敌人的胜利者。”⑪ 法律的权威至高无上，法律的权威超出皇帝个人的统治权，皇帝“遵照法律”生活，国家政权“须用法律来巩固”，这是罗马人法治观不同于东方专制国家“人治观”的又一明显区别。

法治观的第三个特点为法应当是客观规律的反映，应当是社会需要的产物，而不仅仅是立法者意志的任意立法。罗马法学家在谈到法的适用效力时提出了自然法与市民法的分类，他们不止一次地强调，作为法的准则的首先应当是自然法。“自然法是大自然传授给一切动物的法则”⑫。因此，如彼德罗·彭梵得在《罗马法教科书》中所说：“自然法是指‘不是为体现立法者意志而产生的法，而市民法却是‘至少部分表现为立法者的任意创制的法’”⑬。自然法不是统治者个人意志体现，而是宇宙客观规律的反映。因此，承继了这一观点的拉丁文 ius，俄文 ЗаКОН，英文 Law，都有规律的含意。自然法就是自然规律，万民法

⑤ 同上。

⑥ 查士丁尼：《学说汇纂》Ⅰ，3，8。

⑦ 查士丁尼：《学说汇纂》I，3，1。见《民法大全选译·正义和法》，54 页，中国政法大学出版社，1992。

⑧ 同上，第 54～55 页。

⑨ 查士丁尼：《学说汇纂》I，3，31。同上书第 62 页。

⑩ 《罗马法·中国法与民法法典化》，18 页，中国政法大学出版社，1995。

⑪ 查士丁尼：《法学总论——法学阶梯》，序言，商务印书馆，1939。

⑫ 查士丁尼：《学说汇纂》1、1，1，3。

⑬ ［意］彼德罗·彭梵得：《罗马法教科书》，黄风译，13～14 页，中国政法大学出版社，1992。

是世界各民族共有的法，因此，其中包括许多人类法中共同的规律性的东西。盖尤斯甚至认为万民法就是自然法。其后的法学家才进一步区分了万民法与自然法的不同在于“后者是所有动物共同的法而前者则仅仅是人类自己的法”⑭。在罗马法的排列中，自然法与万民法总是列于市民法之前。市民法虽是“每个民族自己固有的法”，是“每个民族自己为自己所制定的法，是他们的个人法”⑮，但是它也不能完全背离自然规律。“市民法是那一种不完全背离自然法或万民法”⑯ 的法，因此市民法虽是部分表现立法者意志的法，但立法者在制定法律时，应当考虑到其立法的主观意志与社会客观规律是不能截然分开的。换言之，市民法的制定实质上就是立法者主观意志与社会客观规律的统一。再以市民法的表现形式而论，它绝大多数内容体现了社会公意，而不是立法者个人的私意。盖尤斯说过：“罗马民族的市民法是由法律、平民大会决议、元老院决议、皇帝的命令、大官的告示组成。大官们有权根据法学家的解答颁布命令。”⑰ 那么，作为市民法表现形式的绝大部分，如法律、平民决议、元老院决议、大官的告示、法学家的解答都是集体智慧的结晶，皇帝虽有权发布命令，其中不少部分仍是参考了法学家的意见。集体意见创制的法律在很大程度上是反映了社会大多数人的意见，在立法者主观认识的范围内，法律应当尽可能地体现社会的规律性，只有体现规律性的法律规范才可能具有长期性和稳定性，才可能是正确的、公正的、善良的。乌尔比安说：“正义就是给每个人以应有权利的稳定而永恒的意志”⑱，而保罗说自然法“在任何时候都公正和善良”⑲，都是强调了法应当合于社会客观规律。正是这种法治传统使即使进入罗马帝国时代，皇帝已拥有了立法权，“《君王法》将一切统治权（imperium）和支配权（Potestas）授予了他”⑳ 的时候，皇帝的敕令也并没有排斥那些原先具有社会公意的集体意志的立法。甚至法学家还特别强调皇帝针对个人所颁布的敕令不可适用于该个人之外㉑。

（二）私法观。罗马法学对人类的另一个重大贡献就在于它的私法观。罗马法学家在历史上首次将法作了划分，区分为公法和私法。公元 3 世纪的罗马法学家乌尔比安指出，法的“研究对象有两个：公法和私法。公法是有关罗马国家稳定的法，私法是涉及个人利益的法。事实上，它们有的造福于公共利益，有的则造福于私人。……私法……是自然法、万民法或市民法的总和”㉒。查士丁尼《法学阶梯》再次对之予以肯定，写道：“法律学习分为两部分，即公法与私法。公法涉及罗马帝国的政体，私法则涉及个人利益。这里所谈的

---

⑭ 查士丁尼：《学说汇纂》，1，1，1，4。
⑮ 同上。
⑯ 盖尤斯：《法学阶梯》，I 公民法和自然法 1。
⑰ 盖尤斯：《法学阶梯》，1，2。
⑱ 查士丁尼：《学说汇纂》，1，1，10pr。
⑲ 查士丁尼：《学说汇纂》，1，1，11。
⑳ 查士丁尼：《学说汇纂》，1，4，1pr。
㉑ 查士丁尼：《学说汇纂》，1，4，1、2。
㉒ 查士丁尼：《学说汇纂》，1，1，1，2。

是私法，包括三部分，由自然法、万民法和市民法的基本原则所构成”㉓。罗马法学家对立法的划分成为后世法学进一步分类的最基本和最重要的依据。在对法学进行了如此重要的分类以后，罗马法学家将研究的重点致力于私法。事实上，这种分类的观念还要早一些，公元2世纪盖尤斯的《法学阶梯》作为模范法学教科书出现，并影响了此后数个世纪。他的《法学阶梯》的全名即为《市民法四释法学阶梯》，不难看出，该书是专门研究罗马私法的教科书。查士丁尼《民法大全》的前三部，即《法典》、《学说汇纂》和《法学阶梯》被视为罗马法的统一体㉔。其中《法学阶梯》承袭盖尤斯的观点，同样只论述私法；《学说汇纂》也基本如此，只是在50卷中的第一和最后一卷中才涉及公法；《法典》12卷，最后3卷才是公法的内容。由此可见，罗马法学的重心放置于完整地、系统化地研究与私人利益紧密相关的私法。这种以私法为重心的设计安排反映了罗马法的“私法观”。

罗马人的私法观不仅在于他们创立了完整的系统的私法体系、私法概念、私法内容，更重要的在于他们强调私法对个人权利的尊重和保护。罗马法学家强调：“正义就是给每人以应有权利”；“法的准则是：诚实生活，不害他人，各得其所”；“每个人为保护自己而做的一切均被视为合法的”；“整个法就在于不是获得就是保持或是减少。实际上，诉诸法律或者是为了以某种方式使某物成为某人的，或者是某人以某种方式保持自己的物品或权利，或是以某种方式转让或丧失它们”㉕。法的基本精神在于对个人利益的维护，在于“给每个人以应有的权利”。维护个人的正当的合法的权益，这是罗马法能成为私有制经济社会一种永恒法的原因。私法观就是私法治法，就是维护个人权益的私法精神，它一直成为近代以来西方宪法与民法的基本精神。

（三）权利观。从私法观出发，罗马法的中心内容是要保护作为权利主体的权利。从法的观念上看，罗马人改变了古代世界传统的看法，即不是将法作为统治工具，而是将法作为维护权利主体权利的目的。法的目的在于维护权利主体的权利，这个观念至迟在罗马古典法时期已经形成。从已有的成文资料看，早期的法律观几乎都认为法是产生于诉讼之中，法的目的在于维护正义，求得公正。人们在实际生活中发生了争执，便去找司法官，希求得到法律的公正裁决，解决争执中谁是正义一方的问题。因此，早期的法典，如《汉穆拉比法典》或《十二铜表法》在排列顺序上都将诉讼法排在实体法之前。但是罗马帝国时期，随着商品货币关系的发展，法学家对法律观察的着眼点发生了变化，他们首先考虑的不单在于诉讼争执中谁是正义的一方，而在于个人权利尤其是财产权以及与之相关的人身权利如何求得法律的保护。正是在此基础上，罗马法学家不仅在人类法学史上首次提出了公法与私法的概念，而且将私法作为研究的重点。盖尤斯的《法学阶梯》正是以权利为中心的罗马纯私法研究，它紧紧地关注着私人利益。在私法体系上，它构建了人法、物法、诉讼

㉓ 查士丁尼：《法学总论——法学阶梯》，6页，商务印书馆，1989。

㉔ 《正义和法》，29页注释①，中国政法大学出版社，1992。

㉕ 查士丁尼：《学说汇纂》，1，1，10pr；1，1，10，1；D·1，1，3；D·1，341。

法三分法，并且将人法放在首要地位。“所有我们适用的法，或是涉及到人，或是涉及到物（客体），或是涉及到诉讼。首先应当审视的是人法的意义。”[26] 这种分类法说明权利观念在私法中占据着主导地位。法律首先要明确确定什么人可以成为权利主体，权利主体的权利所涉及的客体（物）是什么，权利如何取得和丧失，权利能力及权利能力的变更，权利的保护等。作为权利主体的人，必须是身份自由的人，这种自由是受法律保护的权利，个人的意志不得逾越权利的范围。法律秩序是权利关系，国家则是权利关系的集合体，罗马人的权利观是后世宪政制度的基石。

罗马人的权利观突出了权利平等的观念。他们认为“正义就是给每个人以应有的权利”，“法……是普遍地针对所有人”，“法律是所有人的共同规范……是整个共和国民众间的共同协议”，“法律就是所有人应当遵守的东西”。这种平等观不同于古代中国的身份观、等级观和特权观。只有权利主体真正的平等才能使主体取得或实现权利时达到主体自治，使权利主体的法律生活成为积极的、有进取心的、有作为的生活。这种平等的权利观为社会的进步和发展提供了真正的动力。这种权利观重视人的价值、人的权利、人的自由，它促进了当时罗马商品经济的繁荣。罗马法不仅承认生来自由人的自由权是与生俱来，不因一度曾处于奴役状态而受妨碍，并且承认被释自由人一被释放，立即取得罗马公民资格。他们从自然法角度出发，认为一切人生而自由，因而奴隶是可以由释放获得自由的[27]；这成为后世宪法“天赋人权”思想和法律面前人人平等原则的由来。

二、我国社会主义市场经济与罗马法精神

市场经济是商业经济，是自由企业自由竞争的经济。罗马法正是产生于商品经济条件下的自由竞争经济中。竞争是这种经济的核心。竞争促进了商业经济的繁荣与社会前进。在竞争条件下，没有哪个竞争参与者能以低效率生产而生存下来，它要求竞争的参与者要以最少的资源、最低的成本生产出供市场消费者所需的最优质的合格的产品与产量。当然，这种竞争必须是公平的、合法的、正当的竞争行为。国家要用法律手段保护公平、自由、合理的竞争。因此，竞争经济中出现的罗马法产生了它的一系列原则，主要有权利主体地位平等原则；私人财产权限制和受保护原则；契约自由原则；损害赔偿原则；公平交易和诚实信用原则。罗马法的上述原则使它能成为简单商品经济社会最完备的法律而影响后世。我国社会主义市场经济属于市场经济大范畴之内，也是商品经济，罗马法的精神与罗马法的基本原则绝大多数是可以吸收的，或至少是可以批判地吸收和借鉴的。

（一）吸收罗马法精神的权利观，充分保障我国民法中公民、法人民事权利的实现。

我国《民法通则》在基本原则部分有明文规定：“公民、法人的合法民事权益受法律保

---

[26] 盖尤斯：《法学阶梯》，1，8。

[27] 查士丁尼：《法学阶梯》，1，4～5。

护，任何组织和个人不得侵犯。”但是由于《民法通则》的过分粗线条化，使它在实际运用中常出现不可操作或操作性不强的弊端。

关于法人代表制度，我国《民法通则》仅有一条规定：“依照法律或者法人组织章程规定，代表法人行使职权的负责人，是法人的法定代表人。”然而由于缺乏罗马法的法治意识和权利观，由于我国传统的人治观、专制观的影响，不少法人代表将公民个人、法人、法人代表的概念混而为一，认为我是法人代表，我就是法人，法人的财产就是我个人的财产，我可以对之有任意支配权。缺乏罗马法的精神和法学意识，虽有法律，却不能真正执行。在罗马法和受罗马法精神熏陶的后世西方法中，绝不可能产生如上所述的错误观念。《学说汇纂》明确指出：“社团之物不属于组成社团之个人”，“设若某物属于某一社团所有，则它不为个人所有；个人不能具有社团所有之物”㉘。而承继和发展了罗马法社团观念的中世纪教会法则更进一步认识到社团是具有集团人格和集团意志的法律权利主体。它发展了罗马法中的社团观念，提出了两项崭新原则：其一，一个社团具有通过代表为一定行为的法律能力的原则；其二，社团的权利和义务有别于其官员的权利和义务。㉙ 至近代民法法系形成，德国民法典始规定了法人制度，有了社团法人与财团法人明确的分类。受德国民法典影响的 1898 年日本明治民法典不仅继承了这种法人概念，并进一步有了类似法人代表制度的规定：“法人，须置一人或数人之理事。理事有数人者……法人之事务，以理事之过半数决之。”㉚ 受该民法典影响的 1929 年中华民国民法典不仅承袭了董事会制度，且又发展了董事权的限制，使之不局限于董事长一人之手，“董事就法人一切事务，对外代表法人。董事有数人者，除章程另有规定外，各董事均得代表法人”。此外又增加了对法人的监察制度：“法人得设监察人，监察法人事务之执行。监察人有数人者，除章程另有规定外，各监察人均得单独行使监察权。”㉛ 从上述受罗马法权利观影响的各时代各国法律关于法人制度逐步完善化的规定中，可以看出罗马法权利本位的思想愈来愈周密地在民法法系中反映了出来。而晚于这些法典的我国《民法通则》，虽有法人代表制度的规定，却无对其代表权的约束、制约、监察，再加之我国固有的人治观、专制观的影响，法人代表便可以钻法律疏稀的空当而堂而皇之地实行个人专制、侵吞法人财产。这样的法律规定无法做到真正保护公民、法人的财产权。直至 1993 年底颁布的我国公司法才在一定程度上弥补了缺陷。《公司法》比起《民法通则》来，在考虑公民、法人权利的真正保障方面有了很大的进步。但《公司法》属商法范畴，其规定仅适用于公司。而今的现状是除企业法人外，我国还有机关、事业单位和社团法人以及企业之间或企业、事业单位之间的联营而取得法人资格者，对于这些法人，《公司法》的有关规定并不适用。如何防止这些法人的代表滥用职权侵吞其成员的财产利益，法律还缺乏有效的保障。当然，确保我国民法中公民、法人民事权利的实施绝

㉘ 转引自《法律与革命》，261 页，中国大百科全书出版社。

㉙ 转引自《法律与革命》，261 页，中国大百科全书出版社。

㉚ 1898 年日本民法典第 52 条。

㉛ 1929 年《中华民国民法》第 27 条第 2、4 款。

不限于此。因此吸收罗马法精神的权利观在我国民法通则的修订或新民法典的构架中应是一个考虑重点。

（二）吸收罗马法精神的私法观，尽快制定或完善我国民法中的物权法与债法。

罗马法的私法精神使之将私法发展到完整地步。私法中保护权利主体的财产权又是其重要的内容，因此，无论盖尤斯的《法学阶梯》还是查士丁尼的《法学阶梯》，在四卷篇幅中，物权法与债法都各占两卷的篇幅，其内容之完善周密堪称为最。

罗马法的物权法包括物与物权两部分。首先是对物进行科学的分类，以确定财产的各要素；之后阐述物权。物权中作为重点的是所有权，包括所有权的概念（虽然当时不十分明确）、取得、丧失、保护各部分。其次阐述了其他一系列物权，包括地役权、地上权、用益权、使用和居住权及两种担保物权，这一系列物权因设定在他人之物上，被后世法学家称之为他物权。他物权是对所有权的限制，又是调节各方所有权人关系的必要的法律规定。这种周密的物权制度真正保护了私人的财产权。而我国《民法通则》，已远不适应于市场经济的需要。物权部分在《民法通则》第五章第一节用13条加以规定。它的缺点总括起来有两方面：其一，物权概念不完善；其二，仅注意保护国有资产所有权，而对公民私人及社团财产权注意很少。首先说到物权概念，《通则》仅注意到所有权，很少涉及他物权。13条规定中用于所有权的有12条；而涉及他物权的仅1条。在所有权的规定中，关于其定义、取得方式共有3条，而关于国家及集体所有权的规定为6条。关于个人所有权只有2条，社团所有权只有1条。仅以法条篇幅规定已看出前述两缺点。物的分类根本未提及，那么构成财产的要素便不明确。这种物权法的明显不完善使得它的现实操作意义大受影响。

笔者希望将来制定的物权法应考虑很有影响的罗马物权法的完整体系，使我国的新物权法能符合市场经济的社会发展规律，走向理性化。

债法中存在的问题也是类似的，罗马法高度抽象概括的理性主义特色应为我们注意和借鉴。譬如《民法通则》中债发生的原因，合同之债的种类及其细致规定，侵权行为中损害赔偿的具体原则均无可行性规定。以赔偿法而论，大多数条款均提到“应当赔偿损失”。这个损失仅指直接损失呢，还是包括间接损失？赔偿的金额应有与损害之间的比例。

（三）吸收罗马法精神观，真正树立法律的最高权威。

目前我国的现状是一方面法律不周密不健全，另一方面，有法不依。例如《民法通则》中债的担保一条规定得比较详尽，几乎吸收了全部罗马法系的基本精要。然而，在现实生活中，绝大多数契约不实行担保制度，致使契约常常不能保证履行。某法学院有40多个实体与学校签订了承包契约，然而因为均为无担保之契约，故绝大多数不能履行。研究法的院校还不能树立法治观念，又何论及一般国民呢？法治观的确立的确是一个非常艰巨的任务。

王 哲

论西方法治理论的历史发展*

简介

王哲，北京大学教授、博士生导师，1932年生，河北定州人。1947年加入中国共产党。1954～1959年在莫斯科大学学习并获优秀毕业证书。回国后在北大任教，1979～1981年在贝尔格莱德大学做访问学者。后仍执教北大，从事西方法律思想史及俄罗斯法哲学教学科研工作。著作有《西方政治思想简史》（主编）、《西方法律思想史》（合著）、《西方政治法律学说史》（专著）该书获得北京大学第二届优秀教材奖，译著《法与国家的一般理论》。发表学术论文数十篇。共培养硕士生26名，博士生21名。2000年获得北大指导优秀博士论文奖。2002年退休。

---

* 原发表于《中外法学》，1997（2）。

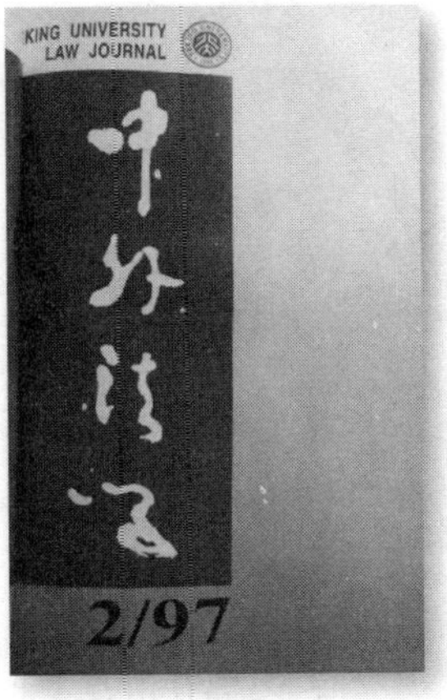

建立社会主义法治国家是改革开放以来我国党和国家领导人关注的重要问题之一。早在1986年邓小平同志就曾指出："进行政治体制改革的目的，总的来讲是要消除官僚主义，发扬社会主义民主，调动人民和基层单位和积极性"，并强调："要通过改革，处理好法治与人治的关系"①。1996年2月8日，在中共中央举办的"中央领导同志法制讲座"上，江泽民同志指出："加强社会主义法制建设，依法治国，是邓小平同志建设有中国特色社会主义理论的重要方针"。他强调"依法治国是社会进步、社会文明的一个重要标志"，必须"实行和坚持依法治国"。而在3月召开的全国人大八届四次会议上，对建立社会主义法治国家这一问题提到了相当高的战略目标。笔者认为，实行社会主义法治是在全面系统地总结了新中国成立以来忽视法治实行人治造成的深刻历史教训的基础上提出来的。依法治国是实行社会主义市场经济的需要；是我国同国际社会交往的需要；是我国人民文化素质和法律意识提高的要求；是顺应民心符合民意的体现。当前，我国的社会经济、政治民主、文化及法制建设诸方面都为我国实现法治创造了一定的前提条件。本着"古为今用，洋为中用"及以史为鉴的原则，本文拟对西方不同历史时期法治理论的主要内容和特点作一概述，以利于我国法治理论的进一步完善和发展。

一、古希腊罗马的法治理论及特点

作为治理国家管理社会的方法和原则之一，在西方历史上，始终存在法治与人治原则的争论。早在古希腊时期，两位奴隶主阶级的著名思想家柏拉图和亚里士多德都提出了不同的治国原则，前者坚持人治理论，而后者坚持法治原则。柏拉图主张的所谓人治，就是"贤人政治"。他认为，理想国必须由哲学家来统治才能治理好。因为在他看来，哲学家具有智慧，是最有学问、最有远见的人，是记忆力最强的人，也是胸襟最开阔的人和最爱真理的人。具备这样才能的人定能治理好国家和管理好社会。柏拉图写道："敏于学习，强于记忆，勇敢、大度是哲学家的天赋。"② 他认为："应当正是让这种人而不是让别种人当城邦的统治者。"③ 因此，柏拉图主张实行人治。而亚里士多德反对柏拉图的人治观点，他总结了希腊各城邦不同政体下法律实施的情况，得出结论："法治应当优于一人之治。"④ 这是基于以下理由：第一，人治容易偏私，而法治可以秉公。因为法律是没有感情的智慧。他指出："凡是不凭感情因素治事的统治者总比感情用事的人们较为优良，法律恰正是全没有感

---

① 《邓小平文选》，第3卷第117页。
② 柏拉图：《理想国》，1994年商务中文版，第244页。
③ 柏拉图：《理想国》，1994年商务中文版，第229页。
④ 亚里士多德：《政治学》，1981年商务中文版，第168页。

情的，人类的本性（灵魂）便谁都难免有感情。”⑤ 第二，法律是多数人制定的，而多数人总比一个人治理国家要好，因为“许多人出资举办的宴会可以胜过一个人独办的酒席……又，物多者比较不易腐败。大泽水多则不朽，小池水少则易朽；多数群众也比少数人为不易腐败。”⑥ 第三，实行人治，容易贻误国家大事，尤其是世袭的君主制更是如此。第四，实行法治是时代的要求，而实行一人之治管理国家实属困难，而在共和制兴起的时代，即“在我们今日，谁都承认法律是最优良的统治者”⑦。作为治国原则，亚里士多德指出：“法治包含两重意义：已成立的法律获得普遍的服从，而大家所服从的法律又应该本身是制订得良好的法律。”⑧ 可以看出，亚里士多德的法治核心思想是强调法律的公允性、权威性、完备性以及普遍遵守法律的重要性。

古罗马著名的政治家和思想家马可·图利乌斯·西塞罗继承了古希腊斯多葛派的自然法理论，认为人的行为要受到约束，国家的行为要受到法律的制约。在国家管理方面，要依法治国。他坚决反对人治，认为要真正使公民获得幸福，国家应当实行法治，不允许任何人享有法律以外的特权。全体公民包括执政官在内，在法律面前应一律平等。坚持法治是西塞罗一贯的立场，也是他法律思想中最有价值的一部分。法律是高于一切的权威的权威。国家政治权力的运作必须正当而合法，法律是国家行使权力的依据，即使是作为最高行政长官的执政官也在法律的约束之下，他在《法律篇》一书中写道：“法律统治执政官，所以执政官统治人民，并且我们真正可以说，执政官乃是会说话的法律，而法律乃是不会说话的执政官。”⑨ 可以认为，这是西塞罗对依法治国的绝妙说明。西塞罗把法治不仅作为他的理想，而且也是他的信仰。他在《法律篇》中勾画了一个理想的法治社会，在这个理想法治社会中国家的一切权力都依照法律行事。《法律篇》在篇名、体裁甚至在内容安排上都竭力模仿柏拉图的《法律篇》一书。西塞罗着重探讨了自然法和市民法的关系。此外，他根据古罗马社会政治和风俗习惯又对宗教法、行政官法和民众集会法进行了全面系统的论述。他对法治主义的探讨是他思想的精华之一，在某种意义上讲，其理论超过了古希腊的法治理论。

笔者对古希腊罗马法治理论的探讨研究，认为这个时期的法治理论具有以下几个特点：其一，无论是亚里士多德还是西塞罗均主张在共和政体下反对人治要实行法治；其二，他们都认为，要制定良好的法律强调法律完备的重要性；其三，两位思想家都重视守法原则，认为这是实行法治的关键所在。守法者既包括一般公民也包括国家各级官吏；其四，亚里士多德和西塞罗的法治理论深受柏拉图《法律篇》中的法律思想和混合政体理论的影响。此外，应该指出，早期西方社会的法治理论尽管尚不完备，还带有古代奴隶主阶级的某些

---

⑤ 亚里士多德：《政治学》，1981 年商务中文版，第 163 页。

⑥ 亚里士多德：《政治学》，1981 年商务中文版，第 164 页。

⑦ 亚里士多德：《政治学》，1981 年商务中文版，第 171 页。

⑧ 亚里士多德：《政治学》，1981 年商务中文版，第 199 页。

⑨ 《西方法律思想史资料选编》，1982 年北京大学出版社，第 79 页。

偏见，但是，应当充分肯定，亚里士多德和西塞罗的法治理论对西方近代法治理论的产生和发展有着重要的影响。

二、近代资产阶级启蒙思想家的法治理论及特点

在近代西方封建专制危机和资产阶级革命时期，英、美、法三国先后涌现出了一批思想深邃、知识渊博的启蒙思想家，如，霍布斯、洛克、伏尔泰、孟德斯鸿、卢梭、潘恩以及杰佛逊等人。他们高举理性大旗，首先把斗争的锋芒指向封建制度的精神支柱——宗教神学，用理性原则来批判中世纪的神学世界观；其次，启蒙思想家们用以"理性"为核心的自然法理论为武器，对以国王为首的封建势力的特权及其整个封建制度的各种弊端进行了深刻的揭露和批判。他们从理论和实践上说明封建制度的存在是违反人类理性的，并指出，封建专制制度必然受到无情的批判和否定；再次，启蒙学者们同样用自然权利说论证新兴资产阶级的经济和政治是合理的，资产阶级反封建的革命斗争必然要发生的，从而为资产阶级反封建革命斗争提供了思想武器；最后，启蒙思想家们以理性主义为指导，提出了建立资本主义社会的初步设想和它的社会经济、政治和法律的基本原则。就法律制度而言，他们推崇法律的权威性，主张在新建立的资产阶级社会要实行法治原则，反对封建社会的人治原则，提倡法律面前人人平等，反对封建特权，在他们看来，只有体现公民意志的法律才能有效地保障公民的生命权、自由权、财产权和追求幸福的权利。法治理论是每位思想家的政治与法律理论的重要组成部分。现将他们之中具有典型性的法治理论作一概述如下：

1. 约翰·洛克是近代资产阶级自由主义的奠基人

为了确保人们的天赋权利——自由、生命和财产权，在社会契约基础上建立的国家，在法律制度的运作上应该实行法治原则，洛克在他的代表作《政府论》一书中，对法治原则的内容作了如下的概括：首先，他认为，人们参加政治社会的目的是为了生命、自由和财产权更有保障，为了实现这个目的，防止权力的滥用，国家权力应该分立。他把国家的政治权力分为立法权、执行权和联盟权，而着重强调立法权和执行权的分立。在洛克看来，如果立法权和执行权同时属于一个机关或一些人，就必然给这个机关或这些人造成方便的条件，使他们有可能攫取权力，"借以使他们自己免于服从他们所制定的法律，并且在制定和执行法律时，使法律适合于他们自己的私人利益，因而他们就与社会的其余成员有不相同的利益，违反了社会和政府的目的。"⑩

洛克把分权和制衡的原则看作是实行法治的前提和基础。其次，洛克强调，一个真正的共和国应该是一个法制完备并认真执行法律的国家，否则是不可思议的，"因为，法律不是为了法律自身而被制定的，而是通过法律的执行成为社会的约束，使国家各部分各得其所、各尽其职能；当这完全停止的时候，政府也显然搁浅了，……如果法律不能被执行，

---

⑩ 洛克：《政府论》，1981年商务版，下册，第89页。

那就等于没有法律；而一个没有法律的政府，我以为是一种政治上的不可思议的事情，非人类的能力所能想象，而且是与人类社会格格不入的。”[11] 再次，政府的法律具有严肃性，它必须以正式公布的法律来进行统治。洛克指出：“无论国家采取什么形式，统治者应该以正式公布的和被接受的法律，而不是以临时的命令和未定的决议来进行统治。”[12] 最后，法律的公允性和对象的普遍性是实行法治的另一重要原则。洛克说：“法律一经制定，任何人也不能凭他自己的权威逃避法律的制裁；也不能以地位优越为借口，放任自己或下属胡作非为，而要求免受法律的制裁。公民社会中的任何人都是不能免受它的法律的制裁的。”[13] 与此同时，洛克把法律面前人人平等的原则看作是实行法治的重要内容之一。洛克曾强调指出，立法机关“应该以正式公布的既定的法律来进行统治，这些法律不论贫富、不论权贵和庄稼人都一视同仁，并不因特殊情况而有出入。”[14]

2. 孟德斯鸠和卢梭的法治观

无论是孟德斯鸠还是卢梭以及其他法国启蒙思想家，无不受到洛克政治法律思想的影响。在法治理论方面，孟德斯鸠和洛克一样认为，任何社会权利必须受到约束，强调法律在政治社会中的权威性。孟德斯鸠认为，自由权是公民的根本权利，要想保障公民的自由权就离不开良好的政体立法，即必须实行三权分立原则，他指出，对公民自由和安全权利最严重的破坏来自权力的滥用，只有在权力不被滥用的地方，公民才有安全的自由。“但是一切有权力的人都容易滥用权力，这是万古不易的一条经验。有权力的人们使用权力一直到遇有界限的地方才休止。”[15] 因此，他特别强调，“要防止滥用权力，就必须以权力约束权力。”[16] 他的结论是，防止滥用权力的根本办法是分权，以权力制约权力，实现各权力的制约和平衡。他把国家权力分成立法、行政、司法三权，认为，只有实行三权分立才有自由，任何权力集中都将导致滥用权力，从而消灭自由。孟德斯鸠把三权分立尤其是把司法独立原则看成是实现法治的重要前提。从这一前提出发，孟德斯鸠的法治观的主要内容是：

（1）强调法律至上，以法为断。他说，自由就是“做法律所许可的一切事情的权利；如果一个公民能够做法律所禁止的事情，他就不再有自由了，因为其他人也同样会有这个权利。”[17]（2）孟德斯鸠强调立法权归于人民享有由议会行使。他说：“在一个自由的国家里，每个人都被认为具有自由的精神，都应该由自己来统治自己，所以立法权应该由人民集体享有。然而这在大国是不可能的，在小国也有许多不便，因此人民必须通过他们的代表来做一切他们自己所不能做的事情。”[18]（3）既注意完善立法更强调立法原则的重要性。

---

⑪ 洛克：《政府论》，1981年商务版，下册，第132页。

⑫ 洛克：《政府论》，1981年商务版，下册，第85～86页。

⑬ 洛克：《政府论》，1981年商务版，下册，第59页。

⑭ 洛克：《政府论》，1981年商务版，下册，第88页。

⑮ 孟德斯鸠：《论法的精神》，1982年商务版，上册，第154页。

⑯ 孟德斯鸠：《论法的精神》，1982年商务版，上册，第154页。

⑰ 孟德斯鸠：《论法的精神》，1982年商务版，上册，第154页。

⑱ 孟德斯鸠：《论法的精神》，1982年商务版，上册，第154页。

孟德斯鸠把立法作为科学来研究，强调制定法律应当尽量减少立法者成见和感情的影响。他提出，立法的根本原则是适中和宽和。他着重探讨了法律应该与本民族的实际相吻合。具体应该是立法与政体的原则相适应；立法应符合民族精神；立法应适合本民族的自然条件和社会条件。

卢梭虽然反对孟德斯鸠的分权理论，但他仍然强调法律的权威性，并认为，实行法治原则是共和制度的标志。因此，他说："凡是实行法治的国家——无论它的行政形式如何——我就称之为共和国；因为唯有在这里才是公共利益在统治着，公共事物才是作数的。"⑲ 卢梭对法律的解释和其他自然法学派思想家不同，认为，法律是意志的创造，而非绝对是理性。他指出，法律是公共意志的运用和体现。卢梭把公意和众意加以区别，认为："众意与公意之间经常总有很大的差别；公意只着眼于公共的利益，而众意则着眼于私人的利益，众意只是个别意志的总和。但是，除掉这些个别意志间正负相抵消的部分而外，则剩下的总和仍然是公意。"⑳ 在卢梭看来，只有体现公意的法律才能保障公民的自由权、平等权和民主及独立权。因此，他首先强调立法权的重要性，把它比做国家的心脏。其次，他认为："人们之有正义与自由应该完全归功于法律。以民权的形式在人与人之间确立自然的平等地位的，就是这个公共意志的有益的结构。"㉑ 再次，他强调，法律保护公民的自由和平等权，认为，就公民的自由而言，是指唯有服从人们自己所规定的法律才是自由的，至于平等是自由存在的前提条件，因为没有它自由便不能存在。卢梭把实现公民的自由和平等归结为一切立法体系的两大主要目标。卢梭认为，法律具有普遍性，即意志的普遍性和对象的普遍性。他以公意的普遍性对抗执政者个人意志对立法的影响，以对象的普遍性反对主权者通过给予特定人物以特权的做法。卢梭指出："我说法律的对象永远是普遍性的，我的意志是指法律只考虑臣民的共同体以及抽象的行为，而绝不考虑个别的人以及个别的行为。因此，法律很可以规定有各种特权，但是它却绝不能指名把特权赋予某一个人；法律可以把公民划分为若干等级，甚至于规定取得各该级的权利的种种资格，但是它却不能指名把某某人列入某个等级之中；它可以确立一种王朝政府和一种世袭的继承制，但是它却不能选定一个国王，也不能指定一家王室：总之，一切有关个别对象的职能都丝毫不属于立法权力。"㉒ 卢梭法治原则的重要内容之一是法律面前人人平等，他说，"社会公约在公民之间确立了这样的一种平等，以致他们大家全都遵守同样的条件并且全都应该享有同样的权利。"㉓ 此外，卢梭还强调，只有实行法治才能保障人的自由、尊严和价值。譬如，他说："一个人抛弃了自由便贬低了自己的存在"㉔，他还说："放弃自己的自由，就是放弃

---

⑲ 卢梭：《社会契约论》，1982 年商务版，第 50 页。

⑳ 卢梭：《社会契约论》，1982 年商务版，第 39 页。

㉑ 卢梭：《论政治经济学》，1964 年商务版，第 9 页。

㉒ 卢梭：《社会契约论》，1982 年商务版，第 50 页。

㉓ 卢梭：《社会契约论》，1982 年商务版，第 44 页。

㉔ 卢梭：《论人类不平等的起源和基础》，1982 年商务版，第 137 页。

自己做人的资格，就是放弃人类的权利，甚至就是放弃自己的义务。”㉕ 由此可以看出，这是卢梭人权论的基础。

纵观洛克、孟德斯鸠及卢梭的法治观，我们不难看出，他们的法治理论具有以下的特点：(1) 针对封建社会的人治理论反对封建等级、封建特权和封建专制主义；(2) 他们提倡的自由观、平等观、民主观和独立观鲜明地反映了资产阶级的要求和它的阶级本质；(3) 启蒙思想家把法治作为法律制度运行的原则，为资产阶级夺取政权以后，奠定了资产阶级的民主与法制的理论基础，美国 1776 年的独立宣言和 1787 年联邦宪法以及法国 1789 年的人权宣言和 1791 年、1793 年的宪法均把他们提出的法治原则的内容以法律形式确定为治国的根本原则；(4) 他们的立法理论对 18 世纪末和整个 19 世纪西方各国的立法活动均产生了深远的影响，并促进了西方自由资本主义的生产关系迅猛发展。

三、当代西方资产阶级思想家的法治理论及特点

当代西方三大法学流派，即：新自然法学派、实证主义法学派和社会法学派，是在西方法学中占主导地位的学派。无论是这三大学派还是其他当代各种法律思潮都不同程度地继承和发展了近代启蒙思想家们关于法治的理论，几乎所有的学派都主张各国在立法、执法和司法过程中都要体现法治原则，以确保公民的公允的各种合法权利和义务的实施。这里着重介绍新自然法学派和新自由主义学派的理论。

1. 新自然法学派理论的基本特征是在新的历史条件下继承和发展了古典自然法学派的法律理论，强调法律的道德性和正义性。譬如，美国著名法学家朗·富勒（1902—1978）曾在 1964 年出版了《法律的道德性》一书，该书的基本思想是，真正的法律制度必须符合一定的内在道德（程序自然法）和外在的道德（实体自然法）。富勒在批判了过去法律制度中违背道德原则的现象以后，着重探讨了法律或法律制度存在的必不可少的最低条件，他认为，法律的内在道德包含着义务和追求的道德，它既是法律制度的必备的条件，也是人们在创制法律时应尽一切力量追求的目标。这两者具有内在的统一性。富勒把法律的内在道德标准或称为合法性原则，归纳为八点：第一，法律的普遍性就是人类社会有章可循；第二，法律要颁布，即法律的公开性的原则；第三，法律的非溯及力原则；第四，法律的明确性，这是合法性的基本要素之一；第五，法律的一致性，以避免法律本身或法律与法律之间有自相矛盾的现象；第六，法律要实施可行性原则，避免法律要求人们做他们不可能做到的事情；第七，法律要具有稳定性，法律不应朝令夕改，变化多端。这是构成法律内在道德的原则之一，是宪法性限制的起码条件；第八，官方行动与已颁布的法律之间的一致性原则。以上八点应看做是富勒对立法的基本要求和实行法治的基本原则。

新自然法学的另一代表，美国的约翰·罗尔斯（1921—）教授在他的代表作《正义论》

㉕ 卢梭：《社会契约论》，1982 年商务版，第 16 页。

(1971年初版)一书中，在论述了制度正义和个人正义之后，强调法治的重要性。他认为，公民的平等和自由必须受到法治的保护，否则，自由就成为一句空话。在罗尔斯看来，法律制度是具有强制力的公共规则。这些公共规则是为了调整个人的行为和提供社会合作的结构而向有理性的个人提出的。他认为，法治就是指法律得到经常与公正的执行。为了确保法治原则的贯彻执行，罗尔斯提出了四条正义准则：其一，法律的可行性；其二，类似案件类似处理；其三，法无明文规定不为罪；其四，自然正义观，即用以保持司法程序完整性的方针。从这里不难看出，罗尔斯把实现正义准则同法治原则紧密地结合在一起，换句话说，他就是把实行法治看做是实施社会正义的前提条件。这也是他的法律思想的重要特征之一。

2. 新自由主义法学家，弗里德里希·哈耶克(1899—1992)的法治理论。

哈耶克是当今西方世界影响最大的政治法律思想家之一。他的法治理论是他政治法律哲学理论的重要组成部分。在哈耶克看来，传统的法治理论在当今西方社会中表现出许多弊端，如行政权力不断扩张，多数原则为金元政治所收买，个人自由不断受到侵犯等等。因此，他对西方民主政治进行了猛烈的抨击，并提出了自己的法治观。哈耶克认为，法治不是一条规则，而是一个政治理想。法治是指所有法律必须依从于某些原则，即关于法应是什么的原则。从专制政府或人治与法治对立的角度来看，法治是指政府在一切行动中都受到事前规定并宣布的规则的约束，以使人们能准确预测政府在某一情况下使用强制权力，并据此来安排个人事务。在哈耶克法治概念里包括以下因素：第一，法律是保护自由的。在法治社会里，法律是人们行为的准则，但法律应该遵循一定的原则，而不是任意制定的，而真正的法律应该是保护个人私人领域不受政府权力侵犯的规则，它是人类长期经验的总结，可以最大限度地保护自由；第二，法律面前人人平等的原则。在法治社会里，个人与组织都要受到一般抽象行为规则(即法律)的制约；第三，政府的权力应严格限制在合法的范围之内，不能侵犯个人自由的领域。从这一概念中可以看出，哈耶克继承了西方法律传统中的法律至上主义，维护法律的权威性。但是，需要指出的是，哈耶克强调法律至上乃是以其进化论为哲学基础来阐明法律的本质，这是他与其他思想家的区别所在。哈耶克在其代表作《自由宪章》一书中对法治原则进行了详细的阐述，其主要内容是：第一，法的普遍性与抽象性。普遍与抽象的规则是实质意义上的法律，它们不涉及特定的人；第二，法的确定性原则，真正的法律必须是明确的，以及人所共知的和确定的；第三，法的普遍有效性和平等原则。所有法规应平等地适用于所有的人，其中包括立法者和执法者；第四，权力分立原则。这是法治的重要内容。要求制定新的普遍规则与将适用于特殊情况的职能分别由若干机关行使。行政机关的强制行为必须受到规则的约束；第五，限制行政裁量权。法治原则意味着行政机关在公民的私人领域中不享有自由裁量权，为此，必须以规则和制度手段严格限制政府行政行为；第六，基本权利和公民自由。个人自由包括所有不被普遍规则明确禁止的行为。公共意见是反对压制自由的唯一保障；第七，程序保障。人身保护令、陪审团审判等程序保障措施是自由的主要基础，司法程序规则和原则的存在的前提是：

个人之间及个人与国家之间的每一个争执都可以适用普遍性法律来解决。㉖

3. 当代西方法治理论的新特点。

纵观当代西方各法学流派的法治理论的内容，可以看出，随着自由资本主义向垄断资本主义过渡，西方各资本主义国家的法律制度及其运行原则或方法都发生了深刻的变化。法律对社会生活具有方方面面的影响。其总的趋势是：从宏观到微观，从抽象到具体，这正如美国法学家博登海默所说："法律保护其国家成员的生命、肢体完整、财产交易、家庭关系、甚至生计与健康。法律使人们无需为防止对他们隐私的侵犯而建立私人制度。它通过创设有利于发展人的智力和精神力量的有序条件而促进人格的发展与成熟。它对那些受本性驱使而去追求统治他人的专制权力的人加以约束，不让他们进行人身的或社会的冒险活动。……通过稳定某些基本行为，法律就能够帮助人们从不断关注较低层次的问题中摆脱出来，并帮助人们将精力集中在较高层次的文明任务的履行上，对低层次问题的关注会妨碍适当履行那些较高层次的职能。"㉗ 具体地说，西方当代法律制度的特点是：（1）加强国家对社会生活的干预，国家积极参与社会财富的再分配，自由资本主义时期通行的绝对所有权和契约自由原则为对所有权的限制和标准化契约所代替，从而大大加强了行政权力。例如，20 世纪的美国兴起的独立行政机构的所谓"第四分支"和"双重主权"就是很好的例证。（2）加强了法官的自由裁量权，法官判决不再只是受既定的法律规则的限制，国家越来越经常发布一些含糊的"不确定规则"和"任意标准"从而使执法者有更大的自由裁量权、行动变通性和灵活性。（3）由于社会法的出现，打破了自由资本主义时期形成的公法与私法的界限。这是资本主义经济结构变化在法律制度上的体现。（4）加强了授权立法、委托立法和行政立法的作用，议会立法的中心地位受到削弱，民法典、刑法典之类的基本立法的作用趋于下降，代之而起的是各种单行法和特种法。（5）在法律理论上，更加重视法外因素对法和法律过程的影响。例如，经济分析法学把"福利的最大化"作为普通法发展的社会基础，而"效益"实际上是法官判决的根据。又如，批判法学提出的"法就是政治"的口号等等都对法理学有重要的影响。

作为法律制度运作的原则和方法的法治受到法学家的普遍重视。他们强调的重点是法治原则应体现在：（1）要维护公民的自由权，在他们看来，享有自由是理性动物的本性要求，这也是人与动物的主要区别之一。（2）保护人权是法治的重要原则，人的尊严、人的价值受到推崇和尊重是当代文明社会的主要标志之一，而维护人权，是实行法治的重要原则的体现。（3）限制行政裁量权，法治原则意味着，行政机关在公民和私人领域中不享有自由裁量权，为此，必须以规则和制度手段严格限制政府行政行为。（4）加强对宪法和法律实施的监督，为此，有些国家设立了宪法法院、宪法委员会或行政法院，另外一些国家由普通法院代行其职权。（5）法律普遍的有效性与平等。法治原则要求，所有的法规，应

㉖ F. A. Hayek：《The Constitution of Liberty》，1960，London，P. 209～219.

㉗ 博登海默：《法理学——法哲学及其方法》，1986 年华夏出版社，第 377～378 页。

平等地适用于所有的人，其中包括立法者和执法者，从而任何压制性的法规都无法确立。(6) 要实现法律的民主化，所谓法律的民主化包含着一系列的民主内容，如，法律面前人人平等，法的可预测性，私有财产神圣不可侵犯，法律不溯及既往，罪刑相一致，人权对权力行使的制约，权力制衡，等等。

通过以上对西方不同历史时期法治理论的探讨，可以看出，作为法律制度运作的原则和方法，法治理论从古希腊罗马产生以来至今具有重大的发展和变化。但这一学说的核心内容是法治的基本属性，即是法的普遍约束力，法律的权威性。只要有法，也就意味着存在法治，就是存在一种人人都应该遵守和执行的规范体系。其另外的一个属性是依法治国的原则，就是说，把法作为治理国家的一种手段。法律是对权力的限制。再者，法治体现了与专制的对立，它指的是，民主的法律化。总之，法治体现了法律是无情的智慧。法治原则还体现了法律实施的公允性。西方社会几千年发展的历史雄辩地证明，实行法治原则完善民主与法律制度对社会的发展与稳定起着重要的作用。从某种意义上来说，法治原则在治理国家和管理社会中具有合理性和进步性。实行法治原则也是现代社会发展的需要，这也是历史发展的必然。这一原则是人类文明的智慧结晶。但是，对西方法治经验的借鉴，要视本国社会、政治经济、思想文化的具体情况而定。

范忠信

中西法律传统中的“亲亲相为隐”*

简介

范忠信，男，1959 年生，湖北英山人。法学博士。现为中南财经政法大学法律文化研究院院长、法律史重点学科负责人。两获全国“杰出中青年法学家”提名奖，获“全国优秀教师”称号，入选“教育部新世纪优秀人才支持计划”，获“国务院政府特殊津贴”和“湖北省有突出贡献的中青年专家”。独著或合著多种，主要有《情理法与中国人》、《中国法律传统的基本精神》、《一国两法与中国的完全统一》、《中国法律文化探究》、《中西法文化的暗合与差异》、《现行法秩序思问录》。另在《中国社会科学》、《法学研究》、《中国法学》等重要刊物发表论文数十篇。有 1 本专著和 3 篇论文被翻译为英、日或韩文在国外传播。

* 原发表于《中国社会科学》，1997（3）。后又英译转载于英文版《中国社会科学》（Social Science of China），1998（2）。文章曾获第三届湖北省哲学社会科学研究成果奖二等奖。原文约三万字，本次节录其中第二、三部分。

亲亲相为隐，是中国法律传统的一个典型特征。过去我们常常认为它是中国封建法制的独有原则，其实这是误解。事实上，从古代中国、古希腊罗马到近现代，从西方到东方，从奴隶制法、封建制法到资本主义法甚至社会主义法，均或多或少或深或浅地存在着“亲亲相为隐”之类的规定。可以说，这一原则或现象的有无，并不能构成任何一个国家法系的特色，也不能构成一个历史阶段或一种社会制度下法律的特色；但这一原则或现象在不同法系、不同国家、不同时代、不同社会制度中各有不同的着眼点、侧重点，或曰各有不同的动机、目的，这的确成为各自法律特色的一个方面。通过中西比较考察，我发现，亲亲相为隐，不仅是中国法律传统中的特有现象，实为中西法文化的共同特征之一。我认为，中西法传统的这一共性，可能反映了不同国家民族在解决人类社会无法回避的家国矛盾问题时不得不采取的共同选择，可能有着某种意义上的追求“社会自治”的意义。

亲属容隐在中西文化传统中的同异

(一) 中西之同或似处

1. 早期的中西容隐制度，均起源于保护家族制、家长制之需要，其目的主要在维护家父（长）权威。

在古罗马，家长权即是家庭权的全部，家长是一家之主；家长起初可以杀子女，后来还一直有权卖子女。家子（包括妻、子、媳、孙子女等）无独立人格，即使贵为元老、将军，只要未依法解除家长权，仍不能成为法律关系主体，不得进行民事活动。家子无财产，不能独立承担民事责任，其造成他人损害由家父应诉和赔偿；别人侵害家子，也被认为是对家父的侵害，家父可以用自己的名义对他人起诉。家父家子被视为一个整体，因此“自己不能起诉自己”，也不能告发自己。甚至同一家长权下的亲属之间（包括家父对家子）也不能互相控告偷盗，因为家长控制下的财产被认定为不可能被家长以外任何一个成员获得[①]，它永远是一个整体。这只是一个方面，即由家团体权利义务的一体化（由家长代行）或不可分的性质引起了为亲属隐（包括为子隐）的制度。另一方面，家父或家长甚至被视为国家的代表，其生杀予夺权被视为国家审判权的一部分或补充。[②] 故国家要特别惩阻告发家长这种有损家长权威、尊严的犯上行为。所以对任何胆敢告发父亲的人，任何公民有权

---

① ［古罗马］查士丁尼《法学总论》，27 页，193 页，201 页，204 页，商务印书馆，1989。［英］梅因《古代法》，81 页，83 页。［古罗马］盖尤斯《法学阶梯》，282 页，中国政法大学出版社，1996。

② 周枏《罗马法原论》，上册，138 页，商务印书馆，1994，［德］蒙森《罗马史》第一卷，135 页，商务印书馆，1994。

对其提起刑事诉讼。[③] 即使在罗马帝政时代以后允许家子控告家父对自己的极少数严重侵害情形，查士丁尼皇帝“为了表示对家长……的尊敬”，仍规定未经裁判官（或大法官）许可不得传唤家长或尊亲属出庭，违者罚金。[④] 这更明显的体现了保护家长权威尊严的意图。

2. 在中西之古代，差不多都有国事重罪不得容隐的限制，但近代以来均取消。

古罗马法曾规定不准对尊亲属提起刑事诉讼，也不准告发卑亲属应处死刑之罪，否则丧失继承权。但又明确规定：叛逆罪和不效忠皇室罪除外。[⑤] 即是说鼓励亲属之间告发谋反等罪。这种限制与《唐律》相似。《唐律·名例六》：“诸同居，……有罪相为隐，……若犯谋叛以上者不用此律。”宋元明清律均同。明清律《斗讼》门“干名犯义”条还增加了“窝藏奸细”听告，也是国事罪。近代社会以来，西律几乎完全取消此种限制。如 1810 年《法国刑法典》，1871 年《德国刑法典》等均无国事罪不得隐匿的规定。相反，现代西方刑法甚至公然规定包庇藏匿犯间谍、叛逆、侵略战争、内乱外患等重罪之亲属者不罚。[⑥] 中国也是如此，自 1910 年《大清新刑律》到 1935 年《中华民国刑法》均无国事犯罪不得隐匿之规定。1928 年《中华民国刑法》甚至明文规定知亲属犯内乱外患等重罪而不告发者免除其刑。[⑦]

3. 从古至今似乎均有容隐亲属范围不断扩大之趋势。

先看西方，古罗马的容隐亲属范围似乎仅在父子夫妇之间，仅指在一个家长权之内的亲属间（有时也可能包括祖孙），未涉及兄弟、伯叔等。到 1810 年《法国刑法典》，容隐亲属范围扩大至所有直系尊卑亲属、现配偶或前配偶、兄弟姐妹或同亲等之姻亲；1871 年《德国刑法典》扩至尊卑血亲姻亲、配偶及未婚配偶、兄弟姐妹及其配偶，还包括养父母子女、养育（意即监护?）父母子女。1976 年《德国刑法典》又增加了“配偶的兄弟姐妹及曾有二亲等以内姻亲关系者。”到 1968 年意大利刑法，在直系血亲姻亲、配偶、兄弟姐妹及同亲等的姻亲之外，明确增入叔伯父母（含姑姨舅等）及堂兄弟姐妹。到 1975 年的《法国刑法典》竟扩大至四亲等以内的血亲和姻亲。这个亲属范围甚至包括自己和配偶的伯叔祖父母、堂（表）兄弟姐妹及其配偶、侄孙子女及其配偶。[⑧] 这大大超出了中国旧律五服图之范围。

中国也是如此。汉宣帝诏书所允容隐范围为父子、祖孙、夫妻。唐律扩大至同居的无

---

③ 查士丁尼《法学总论》第 209 页。

④ 盖尤斯《法学阶梯》，372 页。查士丁尼《法学总论》，208，237 页。这种规定很像《礼记》“命夫命妇不躬坐狱讼”之制，不过对象不同。

⑤ 周枏《罗马法原论》，下册，487～488 页。

⑥ 如 1975 年《法国刑法典》第 100 条，1976 年《德国刑法典》第 139 条，1968 年意大利刑法典第 307 条，见《各国刑法汇编》，下册，1168 页，1552 页，上册，770 页，台湾司法通讯社，1980。

⑦ 《各国刑法汇编》，上册，181 页。

⑧ 《刑法资料汇编》，第七辑，25 页，45 页，119 页，中国人民大学出版社，1955，《各国刑法汇编》上册，671 页，下册，1552 页，1168 页。

服亲属及非同居的大功以上亲属以及夫之兄弟、兄弟妻、外祖父母、外孙、孙之妇。到明清律，在此范围之上又增加了岳父母和女婿。到《大清新刑律》，其容隐亲属范围为：“（一）尊亲属：祖父母、高曾祖父母、父母、夫之祖父母父母；（二）亲属：夫妻，本宗服图期服以下者，外亲服图小功以下者，妻亲服图缌麻以下者，妻为夫族服图小功以下者，出嫁女为本宗服图大功以下者。”⑨ 这实际上包括五服图中（非同居的）“袒免亲”在内。1928年《中华民国刑法》容隐亲属范围为夫妻、四亲等以内宗亲、三亲等以内外亲、二亲等以内妻亲。这也包括玄孙妇、母之祖父母、妻之祖父母或兄弟姐妹等传统的无服亲属，不论是否同居。至1935年《中华民国刑法》和《刑事诉讼法》，容隐亲属范围扩大至五亲等内之血亲、三亲等内之姻亲。这是古今最广的容隐亲属范围。⑩ 这种容隐亲属范围不断扩大之的趋势的确出我意料。我将另行撰文析论。

（二）中西之差异

1. 从容隐制的内容来看，中国容隐制强调尊卑远近亲属间的不平等。西方容隐制则不强调此种差别。

从《礼记》主张“事亲有隐无犯”起，中国的容隐制基本上以“为尊者讳（隐）”为主要内容。先秦各家讨论“父攘羊”，子该不该作证问题时，重心都在“子为父隐”，而“父为子隐”是次要的。秦时“子告父母”不受理，但父甚至可以“谒（请求官府）杀”子女。汉宣帝初定“亲亲得相首匿”法，但仅规定“子首匿父母、妻匿夫、孙匿大父母”勿坐。而“父母匿子、夫匿妻、大父母匿孙”触犯死罪者才“上请廷尉以闻”（由廷尉报请皇帝圣裁），其他不上死刑的首匿罪可能照罚不误。唐律，告父母祖父母者绞，而父祖告子孙甚至诬告以死罪仍不坐；告期亲尊长虽得实徒二年，而告期亲卑幼虽得实仅杖六十。⑪ 这都是在容隐问题上强调尊卑亲属间不平等。

最为典型的是关于“母杀父”的问题，更突出体现了尊卑不平等。本来父母之于子女，同系骨肉至亲，无分厚薄。当时法律不但规定父杀母，子不能告；还特别规定母杀父，子也不能告。故北魏时有律规定“母杀其父，子不得告，告者死”。时人窦瑗极论此法之非，认为：“若父杀母，便是夫杀妻，母卑于父，此（时）子不告是也。而母杀父，不听子告，臣诚下愚，以为惑。……今母杀父而子不告，便是知其母而不知其父，识以比野人，义以近禽兽。且母之于父，作合移天。既杀己之天，复杀子之天。二天顿毁，岂容顿默?”⑫ 他建议将母杀父“附之谋反大逆子得告之条”，结果不知如何。但直到《唐律》仍止规定“嫡、继、慈母杀其父……并听告”⑬，仍未明确规定“所生母杀其父”准不准告。不过到了

⑨ 《大清新刑律》（附平议），宣统年间资政院排印本，18～19页，第82条。另见《中华民国暂行新刑律》第82条，雷同。

⑩ 《各国刑法汇编》，上册，153页，37页，67页。

⑪ 《唐律疏议·斗讼》三、四。

⑫ 《魏书·窦瑗传》。

⑬ 《唐律疏议·斗讼三》。

明清律就明确规定“嫡母继母慈母及所生母杀其父……并听告”。[14] 看来以窦瑗之论为代表的这种思想影响了明以后刑律。本来“子于父母，同气异息，终天靡极，在情一也，今忽视其尊卑，辩其优劣，推心未忍，访古无据”[15]，但明清律以后，父尊母卑观念支配了容隐之律。故直到《大清现行刑律》，母杀父准告，父杀母不准告。这种尊卑不平等就不是仅是出于照顾人情，而重在纲常了。与此有关，《唐律》还规定嫡、继母杀其所生庶母亦不得告（明律未明定，但应亦有此旨）[16]，这也是典型的尊卑不平等之容隐法。本来生母最亲近，真正为骨肉至亲，而嫡、继母只是伦理上的母亲。他们杀生母，允许子告发才合乎亲情。但此时尊卑伦常压倒了亲情。[17]

除上述尊卑不平等的容隐规定外，还有亲疏远近亲属间的不平等。自唐至清律均规定：告越亲近的尊亲属罪越重，告越疏远的卑亲属罪越轻。这实即规定：为近亲属容隐的义务重于为远亲属容隐的义务，为尊亲属容隐的义务重于为卑亲属容隐义务。还有《唐律》规定：“其有五服内亲属自相杀者，疏杀亲，合告；亲杀疏，不合告。亲疏等者，卑幼杀尊长得告，尊长杀卑幼不得告。其应相隐者，疏杀亲，义服杀正服、卑幼杀尊长，亦得论告。其不告者，亦无罪。”[18] 还规定：“所养父母杀其所生父母，并听告”[19]。将尊卑，亲疏两个评价是非之标准的矛盾冲突调和得如此周密细致合乎伦常，实在是西方刑法想都未曾想过的。这的确是中国智慧中特有的本领。

中西异俗，西人根本犯不着在尊卑亲疏伦常名分上那么费心思。西方的容隐法远没有那么复杂，也基本没有尊卑亲疏间严重不平等之规定，相对而言比较平等。在古罗马，对尊亲属和对卑亲属提起刑事诉讼（其中对卑亲属须为死罪之诉告）或虐待、谋杀、遗弃之，为者都一样相互丧失继承权。法律还允许子孙在获得官方准许之后提起控告家长（父）对自己的人身侵害和对自己特有财产的侵害的诉讼。[20] 在古罗马的所谓“弑亲罪”中，最初仅指杀害尊亲属，后来也包括杀死子孙。杀父母与杀子孙者一律依当时的《庞培法》处以“与狗、公鸡、蛇和猴各一一起封闭在袋内”投之水中的刑罚。[21] 说明其时伦理观念视伤害近亲属一样罪重，不论尊卑。西方近代以来的刑事法更强调亲属平等，一般都规定对尊卑亲属的诬告、杀伤等处罚平等。只规定对亲属的人身伤害罪责重于伤害常人，但在亲属圈

---

⑭ 《大明律》及《大清律》之《刑律·诉讼》“干名犯义”条。

⑮ 《唐律疏议·斗讼》三、四。

⑯ 《唐律疏议·斗讼三》。

⑰ 但《唐律疏议》又解释说：所生母若不是庶母，而曾为父之正妻；被出之后，父之继妻杀之，子仍可告发（《斗讼三》）。这是在尊卑名分相等时又回来论血缘亲疏了。

⑱ 《唐律疏议·贼盗一》。

⑲ 《唐律疏议·斗讼三》。直到《大清新刑律》和民国《刑法》《刑诉法》，仍规定诬告尊亲属加重处刑，对直系血亲姻亲尊亲属不得提起自诉，或许仍出于伦常、名分之考虑。

⑳ 周枏《罗马法原论》下册，487～488页，上册，145页。[古罗马] 查士丁尼《法学总论》，208页。

㉑ [古罗马] 查士丁尼《法学总论》，241页。

内却无尊卑之别。[22] 意大利刑法第582条甚至干脆规定：一般伤害罪为自诉，不告不理。但对尊卑亲属、配偶、兄弟姐妹、养父母子女、直系姻亲犯伤害罪者不在此限。[23] 此规定意即，亲属之间的伤害案件，即使没有自诉，也允许他人告诉（发）。其立法宗旨显然是要家庭以外的公众舆论等力量监督家庭，防止家内有人悖逆亲情并利用亲属朝夕共处之方便伤害年幼的卑亲属或年老体弱的尊亲属。一旦发现，应当告发，由检察官提起公诉。这实为对尊卑亲属一视同仁地保护，也一视同仁地责令尊卑亲属在受侵害时不得隐忍不告（不告则公诉之）。

2. 从容隐制的目的看，中国的容隐制稍偏重于维护伦常关系，西方容隐制更偏重于人的基本权利保障。

西方容隐制度在保护个人的基本权利问题上比较着意，常设法弥补此方面的漏洞。如早在古罗马帝政时期，子女和奴隶就可以在受家长虐待、家长侵害其特有财产，或就关于其受解放的遗嘱有争议等情形下控告家长（父），以保护自己的权利（哪怕是比家长少得可怜的权利!）。[24] 而与此同时代，中国的汉律至唐律均规定告祖父母者为“不孝”，处死刑[25]，而不论子孙是否真的受伤害。至于近现代西方容隐制中的种种的规定，几乎无一不是在为保护人权而设置。如拒绝作证或拒绝宣誓权，对自己及亲属犯罪的缄默权、对亲属的护卫权，均通过刑法刑诉法的种种规定体现了出来（前文已述）。又如规定对绝情绝义而伤害亲属者，法律不许其隐忍并要公诉（如意大利刑法第582条[26]），旨在帮助弱势亲属护卫自己权益。规定亲属一般隐匿帮助犯罪亲属的行为不罚，旨在防止株连或对犯罪的无限制报复，保护人权。还有如英国1898年刑事证据法规定，在夫对妻或妻对夫谋杀伤害案中，在夫妻一方猥亵或虐待子女案中，另一方可以或必须为对方（加害方）有罪与否作证，特别是在配偶伤害案中可以强迫受害方作证。再如意大利刑诉法第199条规定，在自己提出控告或近亲属受到犯罪侵害的案件中，任何人应当作证。[27] 这些规定都表达了这样的立法意图：在受亲属伤害或知道自己的近亲属之间有相伤害事实时，不得私和或隐匿犯罪行为。你想考虑亲属情分而隐忍屈辱、自行放弃权利也不行，国家不同意。但这种隐忍在中国法传统中正是要鼓励的。

中国古代法并非如前些年传统批判论者所言完全不讲个人权利，有时也讲。在容隐制上也考虑过卑幼和弱者的权利。如《唐律》规定期亲以下缌麻以上尊长或夫伤害卑幼或妻之人身（或侵夺卑幼财产）者，听（妻或卑幼）告诉，不责以告夫或告尊长之过。又如规

---

[22] 如法、德、意、西、奥、瑞等国均规定诬告、杀害、伤害亲属罪重于对非亲属犯此罪。但《法国刑法典》（1994年）第221～224条，《意大利刑法》576条等规定卑亲属害尊长加重处刑。《法国刑法典》，53页，公安大学出版社，1995，《各国刑法汇编》下册，1627页。

[23] 《意大利刑法典》，载《各国刑法汇编》下册，1629页。

[24] ［古罗马］查士丁尼《法学总论》，208页；周枏《罗马法原论》上册，145页。

[25] 《汉书·衡山王传》：“太子（刘）爽坐告王父（刘赐）不孝，弃市。”

[26] 《各国刑法汇编》下册，1629页。

[27] ［英］特纳《肯尼刑法原理》，571～573页，华夏出版社，1989。《意大利刑事诉讼法》，70页。

定在押囚犯不得告举他事（以防辞连亲友或乱诬他人），但“狱官酷己者听告”[28]，旨在防止狱吏虐待，保护囚犯之权利。这些我们都应该注意到。但是我们又不能不承认：中国的容隐制最初出发点或基础（即人道亲情、人的权利）后来慢慢被太强的伦理纲常追求淹没了，淡化了。主要表现就是过分强调亲亲尊尊、爱有差等。其表现于容隐制或相关问题者有四。

第一，关于隐匿，主要偏重于子孙对父祖的隐匿义务；

第二，关于告发，主要偏重惩罚子孙告发父母即“干名犯义”；

第三，在亲属容隐圈内特别强调尊卑亲疏等级，依等级确定容隐义务和告发权的有无及大小；

第四，关于亲属间的犯罪，也特别依伦常定轻重。如骂詈告讦之犯及人身伤杀之犯，尊对卑而犯越亲者刑越轻，卑对尊而犯越亲者刑越重；人身强制之犯（如略卖、和卖），也是越亲刑越轻（只假定尊卖卑幼）；性侵犯（乱伦），越亲近刑越重（不论对尊对卑而犯。）

这些规则标准，让人眼花缭乱，但其内部逻辑关系极为周密，其宗旨就在于保护以“三纲”为核心的伦常。但是不是说一偏重保护伦常就不能保护个人权利了呢？不是的。在相当多的情况下，保护伦常和保护个人权利并行。但在一些伦常要求与卑幼个人权利要求相冲突的事情发生时（如子孙被父祖虐待），中国的容隐制就舍人权而全伦常了。此即“以理杀人”。

不同社会制度下容隐制之同异，据我考察，在前资本主义制度（包括奴隶制、封建制）下有容隐制，在资本主义制度下有容隐制，甚至在社会主义制度下也曾有容隐制。三种社会制度下的容隐制既有相同处也有不同特征。以下分述之。

（一）共性或基本类似

1. 对基本的人类亲情的宽谅、照顾、维护。

在前资本主义制度下，容隐制的“立法理由”曾被公开表述为主要是照顾人类亲情。如汉宣帝地节四年诏：“父子之亲，夫妇之道，天性也。虽有祸患，犹蒙死而存之。诚爱结于心，仁厚之至也，岂能违之哉！”[29] 据此制定“亲亲得相首匿”之法。古罗马皇帝查士丁尼在废止迫令父亲向受害人交出犯罪子女之诉时也表达了同样的“立法理由”：“古人甚至将上述规则（即交出加害人之诉——引者）同样地适用于处在父亲权力下的子女，但是后人正确地认为这种办法过于严峻。因此，[我决定] 全部予以废止。因为谁能忍心把自己的子女尤其是女儿作为加害人而向他人交出呢？因为父亲由于儿子的遭遇比儿子本人更加感觉痛苦，至于廉耻观念更不容许以这种办法对待女儿。”[30] 唐律规定“得相容隐者不得令为证”及“匿得相容隐者之侣（同案犯）亦不坐”[31]。与古罗马不得令父子互为证人之律，显

㉘ 《唐律疏议・斗讼四》。

㉙ 《汉书・宣帝纪》。

㉚ 查士丁尼《法学总论》，223 页。

㉛ 《唐律・断狱下》，《唐律・捕亡》。关于匿亲属之同案犯亦不坐，《唐律疏议》曰：“若纠其徒侣，亲〈属〉罪即彰，恐相连累”。此条旨在照顾人们不愿连累亲属之情。

然有着宽谅人之亲情，不过分违逆人之常情这一方面的立法意图。

在资本主义社会制度下，其容隐制似乎更为明显地体现着此种立法意图。主要有以下体现。

第一，隐匿亲属之行为必须真正出于爱亲利亲之目的才可免罚，若以自利为目的者仍罚之。如1871年《德国刑法典》第258条，现行阿根廷刑法第279条均规定：若以为自己取得财产利益或物质报偿为目的而藏匿犯罪亲属者，不得免刑。[32] 这实即正告人们：亲情不得歪曲变调，要纯洁。

第二，犯罪若是针对亲属，则不许隐匿。如英国刑法规定：若夫妻一方企图或实行谋杀伤害另一方，受害方就应出庭作证，没有拒绝作证权。[33] 又如意大利刑法第582条、刑事诉讼法第199条规定：一般伤害罪为自诉罪，但伤害近亲属为公诉罪，亲属亦不得隐忍不告，受害者和其他近亲属均有作证义务。[34] 再如西班牙刑法第17条规定：杀害父母妻子之罪必须告发，亲属不得容隐。[35] 这些规定表明的意图是：容隐制只能用于维护亲情，决不可反过来为背叛亲情的恶人掩罪。[36]

第三，任何人可以为近亲属作辩护证人，即有权证明亲属无罪。如1898年《英国刑事证据法》规定：在普通刑案中被告的配偶可以作证，但只能当辩护证人，不能强迫其作证。如果被告不让配偶出庭作证，控诉方也不得对此加以评论。[37]

中国近代法制变革以后产生的新刑法刑诉法也有类似规定，不必赘举，仅举两点为例。一是1935年《中华民国刑法》第167条规定：藏匿人犯及湮灭证据的亲属只有以“图利犯人或依法应逮捕拘禁之脱逃人”时才减轻或免除其刑。这等于说，图利自己或第三人时则不得减免其刑。二是1935年《中华民国刑事诉讼法》第180、186、191条规定：被告的近亲属得拒绝证言，其自愿作证者也不得强令他们具结（誓保无伪）；法官也不得讯问恐做证言有害（并非本案被告的）亲属而不愿作证之人。[38] 总之是不得强迫人们违逆一般亲情，不强人所难。这与资产阶级标榜的人性论是紧密相关的。

在社会主义制度下，仍有容隐制度存在。且仍有此种宽容、维护亲情的考虑。如前捷克斯洛伐克刑法第163～165条，前波兰刑法第247～254条、前保加利亚刑法第110条、

---

[32] 《刑法资料汇编》，第七辑，205页。The Argentine Penal Code，Fred B，Rothman &Co. New York University 1963，P. 103。

[33] ［英］鲁珀特·克罗斯《英国刑法导论》，289～290页，中国人民大学出版社，1991。

[34] 《各国刑法汇编》下册，1629页；《意大利刑事诉讼法典》（1994），70页。

[35] 《各国刑法汇编》下册，1697页。

[36] ［英］特纳《肯尼刑法原理》，571～573页。这种情形，与中国古代母杀父时允许子告母、期亲以下尊长伤害卑幼时允许告发、夫妻义绝对允许妻告夫（见《唐律·斗讼》和《大清律·刑律·诉讼》）等规定极相似。犯罪人既已目无亲情，就不得以亲情匿护之。这当然还有伦常尊卑考虑。

[37] ［英］特纳《肯尼刑法原理》，571页。

[38] 这些规定自1935年以后一直存在，直至今日台湾地区仍保留。见《最新六法全书》，454页，485页，三民书局，1996。

188 条、226 条、264 条等等均规定，为帮助近亲属而实施包庇藏匿罪犯、知犯不举、伪证或湮灭证据、代替受刑、隐匿赃物等行为不罚或减轻处罚。[39] 前民主德国刑诉法第 46 条、49 条，保加利亚刑诉法第 49 条均规定：被告人的近亲属有拒绝作证权，任何证人如恐回答问题会危及自己的近亲属，则有权拒答。[40] 两类规定其立意显然是考虑一般人情，不强人所难。最为典型的是下面两条规定。一是前捷克刑法第 163 条规定：为自己或他人取得财产上利益而为窝藏犯罪亲属行为者不得免罚。[41] 这也是说，只有纯出亲情即只图有利于被匿亲属者才正当，否则不正当。这与前引德国和阿根廷刑法规定用意一致。二是前波兰刑法第 252 条规定，如果犯罪人的犯罪行为给近亲属带来了帮助或为了避免自己或近亲属遭受刑罚而为（如伪证），法庭可以考虑减免其刑。[42] 这也是说为亲属之利益而犯罪近乎人情因而有一定可谅性。

2. 在国家利益和亲情（或亲属利益）之间一般矛盾的场合均偏向后者，旨在保全国家更长远的利益。

在前资本主义制度下，面对“亲属犯罪可不可以隐匿”这种“家国不可两全”的严重问题时，一般均是主张舍国益而保全家益。在中国，孔子主张“父子相隐”，放纵犯盗罪的亲属；孟子主张“窃父而逃”，不惜践踏国家秩序也要保全有罪亲属。战国时，石奢为楚理（司法官），放跑了犯杀人罪的父亲，回宫自杀向楚王谢罪（放纵罪犯脱逃之罪）。表面上“忠孝两全”，实则舍忠全孝：救了父亲、毁了国法。[43] 忠孝两全是很难的。一定要追求亲属犯罪时忠孝两全或家国两全，则不免于成为《吕氏春秋》所描述的那个伪“直躬”者：“楚有直躬者，其父窃羊而谒之上，上执而将诛之，直躬者请代之。将诛矣，告吏曰：父窃羊而谒之，不亦信（忠）乎？父诛而代之，不亦孝乎？信且孝而诛之，国将有不诛者乎？荆王闻之，乃不诛也。”这实际上是个玩弄国法博取名声的伪君子，孔子怒斥曰：“异哉直躬之为信也，不若无信!”[44] 立法者若不想鼓励人们当这种伪君子，就得作出宽谅亲情偏向亲情的选择。这就是中国古代社会几千年亲亲相隐之法的由来。但这种选择对国家归根结底是有利的，因为若不这样，“相隐之道离，则君臣之义废；君臣之义废，则犯上之奸生

---

[39] 《捷克斯洛伐克共和国刑法典》(1950—1989)，71 页，73 页，法律出版社，1956。The Penal Code of the Polish People's Republic, Fred B, Rothman & Co. New York University, 1973. PP. 102～103.《保加利亚人民共和国刑法典》(1950～1989)，29～30 页，51 页，60～61 页，法律出版社，1963。《罗马尼亚社会主义共和国刑法典》，56 页、70 页、74 页、82 页、108 页，西南政法学院科研处翻译印行，1983。

[40] 《德意志民主共和国刑事诉讼法》，14 页，15 页，法律出版社，1956。《保加利亚人民共和国刑事诉讼法》，10 页，法律出版社，1957。

[41] 《捷克斯洛伐克和国刑法典》，71 页。

[42] The Penal Code of Polish People's Republic P. 103.

[43] ［汉］刘向《新序·节士》。石奢之举，甚至可以说是“不忠不孝”，自毁亲赐之躯为不孝，纵国贼又使君失大臣为不忠。

[44] 《吕氏春秋·仲冬纪·当务》，古人讲忠孝不可两全，有两种情形。为国上疆场之时，舍孝全忠；其父攘羊之类情形，则主张舍忠全孝。

矣”[45]。所以国家立法在一般不危及国家眼下存亡的犯罪上允许人们照顾亲情而隐匿，这样有利于亲属间和谐，故也有利于国家和谐。但若是叛国重罪，直接威胁国家生存，就决不允许舍国全家了。立法如此，司法上也如此。南阳梁时人景慈证实其母犯有“诱口”（拐卖人口）之死罪，法官虞僧虬恶之，曰：“岂得避五岁之刑而忽死母之命?”遂流放之。[46] 元时斡鲁思、速怯等告发父亲谋反及母“私从人”（淫奔），元英宗大怒：“讦父母于官，岂人子所为?”诏斩之。[47] 这种选择或判法，用国家的眼下利益来评价均是无法解释的，只能说是忍近害求远利。古罗马的情形与中国相似，罗马法不许对父母提起刑事诉讼，剥夺告发父母者的继承权，不许父子互相证罪等规定，虽有维护家父权之意图，但也不可否认有偏袒一般亲情之意图。最为典型的是家长可以不向受害人交出犯罪子女之制及查士丁尼大帝的解释（均见前引），更说明了此种偏向。因为采取与上述相反的做法似乎更便利眼下的国家司法和治安。至于为什么这种选择或偏向有利国家长久利益？作相反选择为什么会有害国家长远利益？这是个大题目，也有待来日专文研究。

近代现代资本主义制度下，古代强制性为亲属隐的义务虽然取消，但为亲属隐罪的自愿行为之权利仍被肯定下来，并应用于多种情形，前面第一部分引证的近现代两方法许多规定均有屈国全家之意。不过最为典型的是关于国事罪不得隐匿之限制的取消。如 1994 年《法国刑法典》第 434－1 和 434－6 条，1976 年《德国刑法典》第 139 条，《意大利刑法》第 307 条等均规定，故意藏匿图谋或实施叛国、内乱外患等重罪之近亲属者不罚。[48] 这些国家均责令非亲属间告发国事罪（知而不告者有罪），但不责令亲属间告发，显系向亲情让步或屈国全家，比资本主义以前大进了一步：国事罪场合亦不排斥此种偏袒。中国近代法制度变革后也是如此，也不再有国事罪不得隐匿之限制。此点在前已述，不再赘举。

在社会主义制度之下，也可能有此种选择或偏向。以前东欧社会主义国家为例，前已列举，各国均有隐匿亲属的一般犯罪不罚或减罚之规定，这种选择与孔子主张隐匿“攘羊”之父的选择似乎有相同之处，与近代西欧的容隐法似乎也有相同的选择的一面。不过，东欧刑法一般都规定国事罪不得隐匿（详后），这与西欧不同。但波兰刑法第 254 条也规定，任何人知道他人犯叛国等重罪而不通知司法机关者，应处六个月至五年徒刑，但恐近亲属受刑罚而不举告者不罚。前罗马尼亚刑法虽规定藏匿犯叛国、资敌、谋反等罪的亲属者不能免罚，但又明确规定应减轻常人刑罚的一半。[49] 此种“屈国全家”的选择虽比资本主义法稍轻一些，但这种一般情形下的偏向（叛国情形除外）是无可否认的。

㊺ 《晋书·刑法志》。

㊻ 《隋书·刑法志》。另：梁律：“乞鞫不审，降（所乞）罪一等”，即为死罪呼冤呼冤要求再审而实无冤情者，应处减死一等之刑。其时以髡钳五岁刑为减死一等之刑。

㊼ 《新元史刑法志》。告谋反亦惩罚，显系个案，但英宗所宣明的理由显有代表性或一般意义。

㊽ 《法国刑法典》(1914)，166～167 页，公安大学出版社，1995。《各国刑法汇编》，上册，770 页，下册，1552 页。

㊾ The Penal Code of Polish People's Republic，P. 104；《罗马尼亚社会主义共和国刑法典》，56～57 页。

（二）相异或特殊性

1. 前资本主义制度下的容隐制度，特别注重维护家长权、家制度，维护子孙对家长的人身依附，把容隐主要作为子孙对尊长的义务规定下来。亲情的考虑退居次要地位。

在中国，从秦开始，维护家长权威尊严即是容隐制主要目的。秦简载秦律禁止“子告父母”，是与禁止“臣妾告主”并列的。即是说，其立法意图主要是维护家长对子女（像主人对奴隶一样）的支配权；也像严禁奴婢冒犯主人一样禁止子女冒犯家长尊严。此外，其时家长还有送不孝子女到官府“谒杀”之权。[50]《唐律》的容隐制规定，侧重点仍在维护绝对家长权，通过维护家长权威来巩固宗法制度：子孙告父祖处绞刑，十恶不赦；而父祖即使诬告子孙以死罪，仍不坐。[51] 它虽然也规定尊长告发期亲以下卑幼有罪（其刑罚远轻于同亲等卑幼告尊长），这虽有维护亲情，反对“不睦”之用意，但却是针对尊长告自己的家长权支配范围以外的卑幼而规定的。即是说，在考虑家长对直系子孙的支配权时，亲情变得次要；只有在这种支配权以外，才以亲情和睦维系为虑。此种原则直到清末未改。

西方也是如此。古罗马法中的容隐制主要是维护家父权，强调家子对家父的尊敬、服从、依附义务。这在本文第二部分里已经谈及。这里值得补充的是：与秦律一样，罗马法中的这些义务是与奴隶不得告主等义务相提并论的，均视子女为家父的奴隶或财物（家长可以出卖子女，经三次出卖方可解脱家父权控制）。[52] 特别是关于家长可以拒不交出加害于人的犯罪子女之规定，除了考虑到家父不忍心以外，也显然还有赋予家长保护自己的财物或保护自己的“主权”——庇护自己的“臣民”拒不引渡之意。虽然中西家族制度有所不同，但双方古代容隐制所体现出的维护家长权、强调子女对家长的依附和义务的立法意图是大致相同的。至于在中西前资本主义社会的容隐制为什么都不约而同地特别维护家长权、家制度，这是另一个应当专题研究的问题。

2. 资本主义社会的容隐制度，特别着眼于其所标榜的人道亲情和人权，视容隐权利为人的基本权利之一部分；不再有任何为尊亲属隐的义务性规定。它还特别强调拒绝作证权问题，这或许还有反对司法专横和株连之用意。这些特征，我在本文第一部分讲近代西方容隐制四大特征时已经谈及。这里需要补充的是，中国近代刑事法（如果我们也视其为资本主义法的话）也至少在文字上体现了这些特征。以1935年《中华民国刑法》和《刑事诉讼法》、《民事诉讼法》为例可以看出。《刑法》第167、162条、351条分别规定：为亲属之利益而藏匿人犯、湮灭证据、便利脱逃、销赃匿赃者得免刑或减轻其刑。《刑事诉讼法》第180、186、191条及《民事诉讼法》第307条分别规定：近亲属得拒绝证言，其自愿作证者不得令具结（誓保无伪），司法官不得强迫恐证言有害亲属而不愿作证之人作证。这些规定，实际上都是正面赋予人们“隐亲权利”的规定：“得”是当事人的权利；“不得”是法

---

[50] 《云梦秦简》之《法律答问》，《封诊式》。

[51] 《唐律·斗讼四》这里的“子孙”，包括儿子，孙子、外孙、子孙之妇妾及已之妾。

[52] 查士丁尼《法学总论》，209页，237页。盖尤斯《法学阶梯》，50页。

官的义务，一正一反，保护容隐权利防止法官专横和株连之意图甚明。当然，这种规定是否兑现，那是另一回事。不过，挺有意思的是，中国现代所谓资本主义型的刑法还留有保护家长制的影子，还有“隐亲义务”式的规定。如1935年《中华民国刑法》第32条规定：对直系尊亲属（包括姻亲）和配偶不得提起自诉。这还有点惩禁“干名犯义”的味道。这倒实在是中国近代革新后的容隐制的特色之一。

3. 社会主义制度下的容隐制，除了批判继承了资本主义社会容隐制的重视亲情和权利、防止司法专横和株连的特征以外，还特别强调国家利益和集体（公共）利益的保护，特别将国事罪如侵犯公共利益的某些犯罪排除于容隐之外。如前罗马尼亚刑法第170条、173条、234条、264条分别规定：犯罪人的配偶和近亲属明知叛国、间谍、怠工、破坏国民经济、挪用巨额公款、盗窃公财、特别严重的诈骗公财等罪即将发生而不告发者或包庇隐匿者，应受刑罚处罚，但应减常人之刑的一半。近亲属包庇隐匿其他罪刑均不罚。[53] 捷克斯洛伐克刑法第163条规定：近亲属窝藏包庇一般犯罪不罚，但窝藏包庇犯叛国罪、怠工罪、间谍罪之亲属应罚。[54] 前东德刑诉法第46条、49条规定：近亲属有拒绝作证和权利、任何证人有拒答危及自己近亲属之问题的权利，但依刑法规定有检举义务者除外。而其刑法规定的检举义务主要指叛国罪及破坏公共财产等罪必须告发。[55] 前保加利亚刑法第96条规定，任何明知他人实施危害人民共和国罪而不告发者应处三年以下刑，亲属也不例外。[56] 当然，社会主义刑法并非都如此，也有例外。如前波兰刑法第254条明确规定亲属包庇隐匿叛国怠工、间谍、破坏等重罪亦不罚。[57]

结　语

本文的讨论也许印证了西方学者所总结的一条文化法则：“最有民族特色的，通常也最具有世界性！”

通过以上的分析，我们可以看到：亲亲相为隐制度或现象，不是某一国家或民族文化传统中的特有现象，也不是某一历史阶段的特有现象，也不跟特定的社会制度共存亡。这的确可以纠正我们法史学界乃至整个法学界对此问题的一个长期误解。但是，纠正这种误解并不是最重要的。最重要的是，我们要从这一制度在不同的历史阶段、不同的民族文化传统，不同的社会制度、不同的法系中的共性及差异的分析研究入手，去总结和认识这一文化现象在人类文明史中的地位、价值和深层意义。本文所做的仅是这一工程的预备。围绕着这一课题，我们下一步应思考研究许多问题；只有完成对这些问题的切实探究才能把

---

[53] 《罗马尼亚社会主义共和国刑法》，56页，57页，74页，82页。

[54] 《捷克斯洛伐克共和国刑法典》，71页。

[55] 《德意志民主共和国刑事诉讼法》，15页，法律出版社，1956。

[56] 《保加利亚人民共和国刑法典》，25页，法律出版社，1963。

[57] The penal Code of the Polish People's Republic, P. 104.

这一文化现象的研究引向深入。这些问题，我以为主要是：

第一，容隐制起源的历史原因。容隐制产生的最早原因主要是什么？是国家的产生和家国矛盾的出现吗？是法律的出现及法律与原始社会的习惯或血缘主义道德的矛盾吗？抑或还有别的原因？这是亟待探究的。

第二，容隐制的根本宗旨或目的是什么？在前文的分析里，我提到了容隐制“宽谅、照顾、维护基本的人类亲情的动机或立法理由、意图”。这同时也可视为容隐制的根本目的吗？我想只能视为其根本宗旨或目的的一个方面。或许还有其他的目的。

第三，容隐制长期存在的根本原因是什么？即是说，为什么现代社会还会存在此种似乎落后的强调血缘道德的制度？是因为国家和家庭（亲属团体或亲属圈）的矛盾仍然存在？是因为法律与道德的矛盾仍然存在？是因为约束“利维坦”（国家）的需要和愿望仍然存在？抑或是故意或不得已向旧的血缘主义道德和习惯让步妥协？

第四，容隐制的社会意义和价值。广义上讲，亲属团体或亲属圈也是一种社会组织。这种社会组织应否视为一个自治团体？这个自治团体的权利应否得到一定尊重？打破这个自治体的“境”或“疆界”（如“亲不亲，阶级分”、“舍小家，为大家”）也许有眼下便利，但我们能肯定一定有长久之利吗？若说有长久之利，那么长久之利到底是什么？若说有长久之害，那么长久之害又到底是什么？这都是涉及容隐制的社会意义和价值的根本问题，亟待研究。

由于学问功底的限制，本文无法回答这些问题。但是，我相信这些问题一定能引起方家的注意。因为这不是一般问题，而是关系到人类文明根本的、共同的选择和规律、法则的大问题。相信一定能得到方家的指教和同志者的切磋琢磨。

高积顺

"狱"的法文化考察*

简介

高积顺：性别：男；出身：农；民族：汉；籍贯：冀；党派：无；职称：教授；授课：中国法律史；虚名：中国法律史学会理事；文字：课题三四个，编书四五本，著文五六十。

经历：

1. 1955年：时值"工商改造"之际，出生于燕山深处、长城墙下；

2. 1964～1973年：上小学、中学，学《语录》；

3. 1973～1979年：自"文化大革命"之末至改革开放之始，归山回乡，作人民公社社员，干集体农活；

4. 1979～1983年：改革开放初期，由山村到城市，脱离农民户籍，变人民公社社员为南开大学学生，学习历史；

5. 1983～1986年：中国石化总公司第十化工建设公司，从城市到荒山，从大学到工厂，干工作，拿"俸禄"；

6. 1986～2002年：从荒山到"土庄"（天下第一庄——石家庄），从工厂到学校，执教于河北政法学院，这期间：

（1）1986～1987年：西南政法学院进修；

（2）1989～1992年：停课反省；

（3）2000～2001年：奉命进京，出入于中央政法委机关和玉泉山疗养胜地，为一位已故的党和国家领导人立传；

7. 2002年至今：辞别燕赵到江南，从"土庄"到"天堂"，执教于苏州大学法学院。

---

* 原发表于《法律科学》，1997（3）。先后为《新华文摘》、《高校文科学报文摘》、人大复印报刊资料摘编或转载。感谢时任《法律科学》主编刘作翔和编辑何柏生，是二君对本文初稿提出修改意见，惠赠溢美之语以鞭之，并对二稿作技术处理，以要文刊发。原文1.2万字，这里压缩到不足1万字，但观点未改，虽难免片面与偏颇。——作者注

一、狱的原意补考

狱字最早见于周代青铜器《召伯簋》，系钟鼎铭文。既然形成规范性的文字，它所体现的精神理念就一定早于周代，但又必须通过文字本身来解读。汉唐学人虽与周相去不远，但他们往往以当世之事注解狱字，与原意不着边际。清代学者虽远离周代，却触及到了它的本意，但仍未能将其独立出来加以界说，自然不能把握其精神实质。当今一些巨型字词工具书，《辞源》、《辞海》、《汉语大词典》、《汉语大字典》，虽列举了狱的诸多含义，但这些含义都是从原意引申而来，原意却付阙如。狱的原意是什么？至今是个谜。

汉朝许慎《说文》将狱划归犾部，对犾的解释是："两犬相啮也，从二犬"，并说"凡犾之属，皆从犾"。即犾是两犬相咬，凡以它为部首的字均有类似含义。这是大原则。然而许氏对狱的解释却大有出入："狱，确也，从犾从言，二犬所以守也。"既然凡属犾部的字都含有二犬相咬之意，而狱属犾部，为什么成了二犬相守呢？不是原则出了错就是对狱的解释出了错。从构造上看，狱是会意字，会意是用两个或两个以上的形体组成一个字，以其各自的意义组合在一起表达一个新的含义，使人看后能体悟出来。照此，二犬既取相守之意，那么，言又何须二犬相守？这样大的疑问，许慎却置而未答。按他的意思，二犬相守的对象是"确"，实指监狱。关于此，唐代训诂家颜师古作了补充说明："狱之言确，取坚牢之意；从二犬，取守备之意；从言，言者讼也。统而概之，为防守因讼被拘之地也。"这种解释实则是重复许慎的错误。若狱系指监狱，既须看守，又须坚牢，那为什么不取与坚牢相近的部首而取与其毫不相干的言呢？而且守备监狱即使需要犬，也不能以犬代人，为什么不从二人而从二犬呢？唐律《断狱》篇载："夏曰夏台，殷曰羑里，周曰圜土，秦曰囹圄，汉以来名狱。"汉以前没有称监狱为狱的，称其为狱始自汉朝，这为学界所公认，然而狱字早在周代就已经定型了。可见，汉唐学人是用后事注解古字，没有对狱的原意作出令人信服的诠释。

清人段玉裁《说文》注："狱字从犾者，取相争之意。许云所以守者，谓犴（通狴，指恶狗，转为牢狱——引者注）牢拘罪之处也。"段氏的诠释与许氏相反，狱中的犾并非二犬相守，而是二犬相争。孙诒让《古篆拾遗》注："《说文》狱从犾，而犾训两犬相啮。此篆（指《召伯簋》）做两犬反正相对之形"，且"于形尤精"。就是说最早出现在周代青铜器上的狱，其犾绝非两犬和睦相处，共司一职，同守一地，而是活灵活现地表现了两犬奔突狂叫、相争相咬、势不两立的情形，毫无安定祥和之象，厌恶、恐惧之感顿然而生。这就从狱的原初形态上进一步证明了许氏的解释是错误的。徐灏《说文》注笺又通过对狗的习性的观察，作出了精彩的说明："犬不喜群，两犬相遇，往往相啮，故从二犬"。不论以何为据，段、孙、徐三人的结论是相同的，都认为狱字中的狱是两犬相争相咬而非相守。但两犬相咬又何须从言？言出于人之口，犬不言，言何须与犬合为一体？清末法学家沈家本在《历代刑法考·狱考》中写道：“狱，从狱，从言，两犬相啮也。……相啮必先相争，人相争亦类是，故从狱。相争必以言，以言相争而后有狱。”可见，狱中的言是指人，从狱亦指人。若把犬换成人就不难会意了。准确地说狱就是“人以言相争”。

清人发现了许慎的错误，但他们既没有将狱的本意独立出来加以明确界定，更没有说明为什么人相争从二犬而不从二人的深层原因。问题并非如沈家本所云，用犬之相咬比喻人之相争，即不在于比喻，因为本来就无须比喻；人即人，犬即犬，人相争从二人即可，既简洁又明快，用不着绕弯来说明。关键在于，古人把人相争直接当作犬相咬，甚至不如犬相咬。犬相咬本是常理，天性使然，而人是万物之灵，天下最贵，若像犬相咬一样相争，就连犬都不如，其产生的后果、遭致的待遇可想而知，所以从二犬。这既是一种特殊的思维方式，也蕴含着一种重要的文化精神，表达出耻争、厌争、贱争、畏争的态度情感，自然要创制出诸多限争、禁争之法，以期实现不争、无争的境界。一切都围绕一个“争”而展开。这应该是狱的创制者们当初的良苦用心。如何对待争？这是个不同寻常的问题，它无古无今、无中无外、无时无地不困扰着人类，而狱以最简练的形式作出了最明确的回答，显示了强大的生命力，其影响之广之深之远也许不逊于当今社会一个朝令夕改的法规甚至一部法典。因此，应予以特别的关注。

二、狱的派生义梳理

狱的本意是个不竭的源头，它演化出诸多派生义，分出诸多支流。

（一）案件。狱既然视人相争为犬相咬，非人所应为，可耻而可恶，是不得了的事情，故引申为案件。称案件为狱，古籍中随处可见。《易·贲》有“折狱”的记载，汉朝盛行“引经折狱”，唐律专设《断狱》一篇。其中的狱通常解释为案件，但这不外为了方便解释，其实不然，在近现代没有哪个法律术语与中国古代的狱完全相同。案件是中性词，无褒无贬，无善无恶，而且又分很多种类；而狱不仅专指刑案，又不仅仅表示一个事物的名称，还寄寓着特定的情感、态度、观念。这种情形对今天仍产生着不容忽视的影响。比如，某地某单位因长期没有发生过任何案件而被认为是稳定和谐的标志，授予“先进”、“典型”之类的荣誉称号，树为样板。似乎案件多少与文明进步成反比，案件越多越野蛮落后。其实二者的关系并非如此简单，有时专制社会的案件比自由社会少，死秩序里的案件比活秩序里的少。在“鸡犬之声相闻，民至老死不相往来”的社会里，案件自然少，而在社会关系复杂、人的交往频繁的社会里，案件自然多。

（二）诉讼。人生在世，既不能无利益，又不能离群索居；而实现利益，过群体生活，难免不争；争而不决，诉诸官府，以和平手段，公道解决，这也许只有人才能想出来，做得到。因此，诉讼是人类智慧的产物，文明的标志，而古人仍称其为狱，视若两犬相咬，非但不光彩，且可耻可恶。如古籍中常有“狱讼”、“争讼”的记载，讼前冠以“狱”或“争”，表达了对诉讼的鲜明态度。为此，古代法设定条款限制剥夺诉讼权，不仅大量民事纠纷靠家法族规来调处，即使刑案也不准卑告尊、贱告贵、幼告长。同时推行有罪推定主义，只要是被告即认为有罪，进而逮捕、刑讯、关押。审判采取纠问式，连原告的人格也得不到尊重，而达官显贵又不对簿公堂。凡此都强化了人们耻讼、厌讼、畏讼的态度。迄今为止，中国人的诉讼态度仍不够积极，自己合法权益受到非法侵害而白吃哑巴亏者有之，私下了结者有之，诉诸司法而拖延时日、历尽坎坷、劳神伤财、得不偿失者亦有之。打官司难，打官司掉身价，积极性从何而来？有人问，为什么中国人厌诉而西方人好诉？其实，人之好恶大体相同，无中无西，也许西方人权利观念强些，法律意识高些，法制状态好些，打官司所失小所获大，利之所在，何乐不为！他们若处在中国，相信也不会动辄打官司。

（三）罪行。人相争如同犬相咬，非人所为，人若为之，即属犯罪。于是狱就有了罪的含义。古籍中有关“锻炼成狱”、“构造成狱”、“拷掠成狱”等记载可谓俯仰皆是，其意思是用捏造陷害或刑讯拷打等办法致人于罪或使人服罪，从而制造大批冤假错案。时至明清，又大兴文字狱，一些文人动辄因一字一句之著述而被罗织罪名，遭灭九族之灾。反右、文革时期，文字狱史无前例，创中华几千年文明史的最高纪录，人们不仅不得以言争，也不得沉默不言，嘴的唯一功能是自我批判，歌功颂德，争献忠诚，即便这样还有大批文人被视作“牛鬼蛇神”，连狗都不如。

（四）刑罚。人相争如犬相咬，既属犯罪，自应处刑，狱演化为刑罚。董仲舒《春秋繁露·精华》：“教，政之本也；狱，政之末也。”教即德教，是软的一手；狱即刑罚，是硬的一手。两手软硬兼施，本末并用，但又非平均用力，而是德主刑辅，共同服务于政，充当政的工具。称刑为狱，把它作为政的工具，势必把刑人不当作人，体现出古代刑罚的残虐性。如《宋文鉴》载，宋朝对于侵犯君主专制政权的谋反罪采用凌迟刑，受刑者“身具白骨而口眼之具犹动，四肢纷落而呻痛之声未息”，欲活不成，欲死不能；这且不算，还要置诸闹市，用以示众，杀鸡给猴看。诚可谓“对敌人像秋风扫落叶一样残酷无情”。古代刑罚的残虐性不仅表现在行刑之时，更体现在行刑之后；不仅使犯人肉体受苦，更要使其在精神上永远受辱，难以重新做人。如《礼记·王制》载：“公家不畜刑人，大夫弗养，士遇之途，弗与言也。屏之四方，唯其所之。”对刑人“不畜”、“弗养”、“弗与言”，使其远离人群，孤零零游荡四方，是真正地把人当作野犬来处置了。

（五）监狱。人相争如犬相咬，既属犯罪，自然定刑；既定刑，就要行刑，狱遂演化为执行徒刑犯的场所——监狱。古代监狱有各种称谓，但多与犬或其他畜牲有关，如牢狱、监狱、狴牢、狴狱、犴狱，等等。其中的牢原系牛圈，泛指牲畜棚，狴和犴均指狗。为何称监禁犯人的场所为狱？并非许慎等人所云，系指二犬看守犯人，而是把犯人当作犬，关在牢狱中，带有苦人辱人的双重含义。直到清末，沈家本在《寄簃文存·监狱访问录序》中才对此进行了批判。他说：“设狱之宗旨，非以苦人、辱人，将以感化人也。”并着手监狱设施和管理的改革，使中国的监狱制度带有较多的人道色彩。但反右、“文化大革命”期间，又有大批文人被关进牛棚，受尽肉体人格灵魂的折磨。应该说是这狱的传统在当代社会的恶性发作。

狱有上述五种引申义，其含量之大、功能之全、用途之广、影响之深，似乎很难将其称作法律术语，称其为一种独特的法文化现象也许更能说明问题。这些含义都是由狱的原意派生出来的，有源有流，源远流长。如果狱的原意表现了人们耻争、厌争的情感、态度、观念的话，那么由它派生出来的含义则主要是把这些主观的东西外化为客观措施，即通过对争的限制、禁止、惩罚，使人避争、畏争，以净化人类，维护所谓整体的和谐。

三、与狱相关的法文化范畴

下面将要讨论的两组范畴与狱有极为密切的关系，它们或者用不同的文字表达了狱的同一内容和理念，或者与它不同，但从另一方面对它作了极为重要的补充。因此，可以通过这些范畴的诠释来进一步认识狱的含意，同时，也可把狱作为认识的起点来审视传统法文化。

（一）刑、法、律

在名称上，中国传统法文化中的刑、法、律与法律最相近，也许因此之故才受到学界的关注。但法律之为物并非中国所固有，而是随着西学东渐之风远渡重洋而来。刑、法、律与其形似而神离，它们产自中国，带有中国传统特色，其含义虽不像狱那么丰富，却与狱的部分内容重合，且价值取向完全一致。

刑。《说文》：“刑，刭也”。刑即杀头的刑罚，它的字体本身就表明：用刀砍脖子，使身首异处。《礼记·王制》：“刑者，侀也；侀者，成也，一成而不可变也”。刑通侀，侀即成，成又意味着什么？《史记·孝文本纪》记述缇萦上书的一段话很能帮助人们的理解：“死者不可复生，刑者不可复属，虽欲改过，其道无由也”。侀应该包括古代所有残害人的身体的肉刑和剥夺人的生命的死刑，因为人死不可复活，身体残损不可复原，这正是“侀者，成也，一成而不可变也。”如果狱表示把相争害群之人当犬治，刑则把活人治成死人，不是使其离开人群，而是离开人世，或者使其终身受残，难以与人为群。狱和刑是同一的。另外，刑又从井从刀：井即井然有序，井井有条，是整齐划一、群体秩序的象征；刀即刑具。挥舞刀把子，恢复秩序，维护稳定，就是刑。人不同犬，犬害群，人护群，有序，否则即处之以刑，遭致犬一般的待遇。这样，刑不仅在内容上没有超出狱，在理念上又毫无二致。

法。法的古字作灋，由水、廌、去三部分组成。按许慎《说文》的解释，廌是独角兽，专能决断是非曲直，因此法从廌，系审判之意；廌不仅审判且直接用刑，“触不直者去之，从去”；这种审判和行刑不偏不倚，公正无私，“平之如水，从水”。目前，有关中华法史的教材或论著很少不对法作诠释，又很少不遵循许慎之成说，有的还试图从中推演出公正、平等的含义来，而对于精通音韵和训诂的蔡枢衡先生花20年之心血研究而成的《中国刑法史》中有关法的考证却未予留意。参考蔡先生的研究成果，笔者以为法就是刑罚，理念上与狱如出一辙，许慎所云，缺少根据，不足为训。先从音韵上看，法与伐音近，法借为伐，伐者，攻也，击也。这颇有“大刑用甲兵”的味道，实即武装镇压。此外，古法字音废，法废相通，含义相同。废为何？《周礼·大宰》注：“废，犹放也。”把人流放到人群以外，也就是抛弃的意思。《小尔雅·广诂》：“放，弃也。”弃即去，故古法字从去。今天有“开除球籍”、“开除国籍”之类的说法，远古没有，与其相近者是“开除人籍”，即把人不当人，使其远离人群，与禽兽为伍。这可与狱相互为证。从结构上看，灋即廌触水去，再简明不过了，用不着画蛇添足。但这种酷刑令人不堪目睹。把个体的人投诸猛兽，任其角触，该是何等严厉的惩罚！不过，也有其道理，既然不配做人了，就以毒攻毒，用猛兽来对付。这且不算，还要将其投于水上，随流而去。尽人皆知，中华民族自古以来就生息繁衍在黄河流域，而对泥沙俱下、浪涛滚滚、一泻千里的黄河，莫说古人，就是今人也犯难，法哪里会产生公平、平等的含义？再看古籍有关法的解释。《管子·心术》：“杀戮禁诛之谓法。”此法即刑罚，用今人的说法就是“暴力工具”。《盐铁论·诏圣》更直接地称“法者，刑罚也。”《释名·释典艺》又云：“法，逼也，人莫不欲从其志，逼正使有所限也。”所谓“人莫不欲从其志”，就是说人人都有争的天性。狱视相争之人为相咬之犬，以待犬之法以待人，而法则使人不得“从其志”，欲使人不得“从其志”，就只能“逼”，只能靠刑罚了。狱与法的思路是完全相同的。

律。律原是古乐器中调整音律的工具，具有范不一而归于一的功能。通常所说的“一律”即由此而来。律强调整体性和共同性，压抑个体、个性。《管子·七臣七主》：“律者，所以定分止争也。”狱表明了对争的厌恶之心，而律的作用就是“止争”，止争的的方法是“定分”，使每个人都以一定身份各就其位，终身不得逾越，否则受到惩罚。《尔雅·释名》：“律，累也，累人心使不得放肆也。”连心都不得放肆，何争之有！这与商鞅的“刑用于将过”、韩非的“太上之法禁其心”一脉相通，而他们不外把人以言相争即为犬的“狱”字精神发展到极致而已。

通过上述考证可知，刑、法、律三者名虽异而实同，法即律，律亦刑，其基本含义是刑罚，比狱的内容狭窄，精神理念一致。它们在古籍中出现频繁，交替使用，但作为中国古代法的基本形式却有先后之分。夏商周三代主要称刑，如“禹刑”、“汤刑”、“吕刑”。刑前冠以人名，表明人大于刑，权大于法，刑是当权者手中的暴力工具。用狱作形象的表达，这法实是帝王手中挥舞的打狗棒。春秋战国之际主要称作法，如晋国有“被庐之法”，楚国有“茅门之法”，而魏国的《法经》则被学界公认为中国历史上第一部较为系统的成文法典，并往往在成文法典前加“封建”二字以修饰，以示法的性质发生了变化，其实不然。按《晋书·刑法志》的记载，李悝“以为王者之政莫急于盗贼”，才制定《法经》。把这个引语的主要词作一排列：王→政→盗贼，先为王，次为政，最后为盗贼。《法经》不外是王者推行暴政严惩盗贼的暴力工具。商鞅携带《法经》去秦变法，自他改法为律始至清朝，中国古代法的基本形式称律，如秦律、唐律、清律。各朝之律代代相因，虽有发展，但本质上与刑、法没有区别。这从《商君书》就可找到足够的证明，商鞅的律不外是要全民皆兵，全民皆农，全国一盘棋，或强迫人们农耕，为国尽力，或强迫人们参军，为国效死，以实现帝王称霸之业。这里的律进一步强化了法的专制性、镇压性、工具性，或许因此而为以后历代王朝所沿袭。

（二）仁、礼

如果刑、法、律与狱的部分含义相同，那么，作为中国传统法文化的另一组极为重要的范畴仁、义、忠、孝、礼之类就与狱大不相同。但这种不同既非互不相干，又非互相对立，而是相辅相成，是一个问题的两个方面。狱视人相争为犬相咬，以待犬之法待人，强迫人们不得为一定行为；而仁、义、忠、孝、礼则要求人们必须为一定行为，只有为才配做人。然而，仁有仁学，礼有礼文化，忠、孝、义等亦各有其丰富的内含。这里只就仁、礼而且仅从一个角度略作阐释。

仁。狱从二犬，而仁从二人。在构造上，狱与仁适得其反，但二者的出发点和目的却惊人的一致，是再好不过的同义词。狱视人相争为犬相咬，耻争，厌争，限争，禁争，带有极明显的消极性，仁则从积极的方面要求人们应该怎样做，做什么。如《孟子·离娄下》说："仁者，爱人。"《吕氏春秋·爱类》："仁也者，爱乎其类者也。"人的核心是爱人、爱类，而非自爱。狱表明，与人争不是人，仁则表明，只有爱人才是人，人若不仁同样不是人。如《孟子·尽心下》："仁也者，人也。"仁要人主动地爱人爱类。反过来，若人或类不爱自己怎么办？《释名·释言语》："仁，忍也。"任劳任怨，忍辱负重，逆来顺受，甘做国家社会的螺丝钉，是仁的另一方面。总括起来，从内到外，仁要求人积极地去爱，没有代价，不讲条件；从外到内即使有害加于身，也要被动地忍，做忠臣孝子顺民。有了这两条又怎会相争呢？所以《淮南子·本经》一语破的："仁者，所以救争也。"这正与狱殊途而同归。

礼。夏有夏礼；殷有殷礼；西周的礼已相当完备；汉朝开始礼律结合；盛唐则礼律一体，天衣无缝；清末虽有礼法之争，礼受到欧风美雨的吹洗，但作为"数千年相传之国粹"的地位未能动摇。那么，礼是什么？它与狱有无关系？《左传·襄公十二年》："让，礼之主也。"不管礼包含多少内容，说一千道一万，可以归结于一个"让"字，让是礼的核心与灵魂。狱是如何对待争，礼是如何对待让。一争一让，绝然对立，然而狱对争厌恶至极，礼对让则推崇备至，二者名异而实同。孟子主张人性善，为礼制造理论基础。《孟子·公孙丑上》："辞让之心，礼之端也"。辞让是人性，礼生于辞让之心，人若不辞让，不循礼，也就没有人性，不是人；故"无辞让之心，非人也"。狱表明，与人争不是人，礼进一步表明，不让也不是人。与人争当然不可，不与人争也不可，唯一的选择是刻己以奉人，屈己以从人，跟孔子的"克己复礼"一脉相承。荀子虽大讲人性恶，但他以此来论证礼的必要性和重要性，礼在他那里与狱的关系更为密切。《荀子·礼论》："人生而有欲，欲而不得则不能无求，求而无度量分界则不能不争，争则乱，乱则穷。先王恶其乱也，故制礼义以分之。"荀子把争与礼直接联系在一起，一方面对争做了十分可怕的估计，一方面极力强调礼的作用。狱与礼虽字意不同，但在如何对待争的问题上却传达了同一信息。这且不算，《荣辱》篇甚至认为，若为争个人利益而冒风险，那就不仅仅是个人问题，而是重大的社会问题、政治问题，荀子称其为“忘其亲也”、“忘其君也”，如此则“狗彘不若也”，对争的厌恶、憎恨比狱有加。既然争是大忌，那么应该提倡什么呢？物极必反。《性恶》篇：“今人之性，生而有好利焉，顺是，故争夺生而辞让亡焉”，所以“必将有师法之化，礼义之道，而后出于辞让”。不是争夺就是辞让，唯一的选择是遵行后者。从上述引文可知，礼的核心是主让，而狱的关键是恶争；前者强调对外的付出与服从，后者禁止对外索求与抗争。

四、狱的大义评议

（一）狱形象地表明，传统法文化过于强调人兽之别，很少重视人兽之同，甚至视人与兽相同或相近的自然属性为天敌，更不注意二者的统一。或者把人的道德属性称为至善，无限拔高；或者把人的自然属性称为至恶，极力贬低。压制人的自然性，把道德性绝对化，甚至把人与兽不同之处作为人的唯一品性来对待，必将带来灾难性后果。道德性以自然性为基础，没有后者势必伪善盛行。而且依靠这种理念不可能对权力产生怀疑，无法建立权力制约机制。同时，即便统治者推行暴政，传统法文化都为其提供了道德的外衣。而作为权力客体的一方既履行道德义务又仰仗于人。好的时候，感恩戴德；因权力侵害而喘不过气来时，则起而反抗。或做顺民，或做暴民，顺民终成暴民，暴民再做顺民，循环往复，永无穷期。这种情况决定了传统法文化很难走上法治的大道。

（二）狱视争为大忌，而争与当今的法律术语权利最为相关；仁与礼带有明显的道德性，用它指导立法、上升为法律就与“义务”最为接近。然而，由于上帝的造化，人们对权利的关注和追求是普遍的、永恒的。相对而论，义务不具有这些属性。将义务上升为法律用以限制禁止对前者的追求，势必抑制人的积极性创造性的发挥，至多换来一种僵死的稳定，且必不长久。重在义务，又无法培养出积极正确的义务观，因为就个体来说，付出是为了所得，履行义务是为了权利。同时，没有权利的法律，或者法律不确立权利的核心地位，很难提高全社会的法律意识，树立对法律的信仰。一个视法为凶器的国家是难以走上法治之路的。

（三）犬不喜群，人则反是，人若害群就等于犬。因此，狱又揭示出传统法文化无视个体崇尚群体的特征。固然，个体离不开群体，但无个体同样无群体。如果只见树木不见森林患的是近视病，而只见森林不见树木就患了远视病。通常认为大河无水小河干，实际上却是无数小溪才会成滔滔江河。个体为了自身的利益而组成群体，群体只有服务于个体，保证个体的自由与平等，这个群体才能充满生机与活力；反之，不外外强中干的庞然大物而已。甚至群体的过分发达，个体的不断萎缩，还会激起人怒，盼望“时日曷丧，吾与汝皆亡”，愿天塌大家死，与群体同归于尽。另一方面，个体是具体的，群体是抽象的，抽象的群体只能由特殊的人物来体现。这样一来，片面地强调群体，不仅淹没了个体，又使群体架空，只是为特殊人物的统治提供了依据，难以建立法治国家。

（四）狱视相争之人为相咬之犬，以待犬之法以待人，表明了传统法文化暴力镇压的性能。学界通常认为，传统法制的指导思想是德主刑辅，其中不乏合理性，但认识有待深入。把不道德行为上升为法律，用法律加以制裁，并非德主刑辅，而是地道的泛刑主义。而且不道德即违法，违法即受刑，受刑即可耻，可耻者不配做人，不论对其怎样残虐都自在情理中。而统治者即使缺德无德也会以德的化身出现。泛道德主义与泛刑罚主义是同一的，从而挤占了旨在调整平等主体间人身财产关系的民商法地位。无法发展商品经济，也从根本上摧毁了法治国家赖以存在的基础。

（五）狱视法为打狗的棍棒，鲜活地表明了传统法文化的工具性特征。中国古代法不论称作什么，刑也好，法也好，律也好，都是刑具。操作刑具者无法不把它作为实现目的的手段，无法不滥用而导致天下大乱；而面对工具者又势必望而生畏，如临大敌，不可能产生好感。总之，不论工具的使用还是受制者，都不把法作为信仰，无法树立法的至上权威，从而走上法治的道路。

（六）使用刑具者从不对自身行刑。强迫他人服从才是使用刑具的根本目的。因此，狱又预示传统法文化的核心在于维护专制权力。传统法文化在如何有效地解构、限制专制权力方面没有做出应有的贡献。确实，历史上有一些帝王非常重视立法，注意维护法的统一性、连续性及适用上的平等性，但这一切都是为了确保帝王的家天下统治，而且无论立法、执法、司法，最终权力都掌握在帝王手中。一种不受限制的专制权力，不要说它的客体，就连它本身当然包括用以维护它的法制在内，迟早会走向毁灭。中国历史上的一治一乱，恶性循环，说到底是专制权力自身发展的必然逻辑，它从根本上堵死了通向法治的道路。

狱含孕或预示传统法文化的上述六种特性，即道德性、义务性、群体性、暴力性、工具性、专制性。六者是相互联系不可分割的全封闭型整体，从一定角度看，它们又以一个“争”字作为出发点，并围绕着它而展开。传统法文化非但没有为争提供公开、公平、公正的条件，反倒憎恶它、限制它、禁止它、惩罚它，甚至强迫人们朝着相反的方向努力。然而，争植根于人性之中，只要是正常的活人并活在人群之中，就不能不争。不明争必暗争，不直争必曲争，不按普遍平等的法律规则去争必凭借势力或关系去争；不争所得而争所失，不争做事而争献殷勤，不争自尊而争受宠。从而使社会变得更加复杂、叵测、虚伪、险恶，最终酿成大规模的暴争，争垮一个旧世界，争来一个新王朝。

狱视相争之人为相咬之犬，鲁迅则“哀其不幸，怒其不争”。先生的感叹对于认识传统法文化大有启发。不幸因不争，不争必不幸；要做人，摆脱不幸，不能不争。应该独立地争，平等地争，公开地争，脚踏实地地争，不屈不挠地争；应该争独立，争平等，争权利，争自由，为民主法治而争。从来没有救世主，要走出传统法文化的困境须全体国人的觉醒。

袁兆春

析孔氏家族宗族法对当时国家政权的影响*

简 介

袁兆春，1962 年生，男，山东省临沭人，汉族，中共党员，博士，中国法学会会员、中国法律史学会理事。曲阜师范大学法学院院长、教授，硕士生导师，山东师范大学、烟台大学等高校兼职教授。中国人民大学法学院博士后。

其研究专长：中国法律史。代表论文有《析孔氏家族宗族法对中国封建国家政权的影响》、《宗法继承对孔氏家族爵位继承的影响》、《中国经济立法史》、《孔氏家族经济特权地产考》等。先后主持国家社科基金及司法部、山东省教委等国家、省部、厅级科研课题项目 8 项，出版专著 5 部，合著、主编和参编著作、教材 18 部，发表专业论文 40 余篇，其中多篇被转载、获奖。

* 原发表于《政法论丛》，1997（4），计 7 000 余字，并被中国人民大学复印资料《法理学·法史学》1997 年第 12 期转载。该文荣获 1998 年山东省社会科学优秀成果三等奖。对于该文的部分观点，现在看起来有些不成熟，需要继续完善。但是，为了请专家给予斧正，保持了其原貌而未加改编。——作者注

人类社会进入国家状态的第一个社会组织就是家族，中国的封建社会就是一个以血缘为纽带、以地缘为基础、以家庭为其基本结构式的社会，它从原始社会末期的父系家长制家族，发展到明清时期聚族而居的封建型家族。而产生于夏、形成于西周的宗族制度又严重影响着中国封建社会的家族制度，并进一步形成了宗族法。所谓宗族，是指“由男系血缘关系的各个家庭，在宗族观念的规范下组成的社会群体”①。封建家族的宗族法，就是指封建社会的大家族为了调整家族内部的各种社会关系、维护家族秩序而制定的一系列家规、家训式的道德规范，它主要集中规定在其家训、家谱等之中。但到明清时代，由于家族组织的进一步发展，宗族法在内容与形式上都已经具备了法律规范的基本要求，其内容涉及到家族组织生活的一切领域。本文拟根据有关家谱、档案等资料，论述中国封建社会大家族的典型代表——孔氏家族明清时期的家族法对当时国家政权的诸种影响。

一、孔氏家族宗族法概述

汉武帝“罢黜百家，独尊儒术”，使孔子思想成为封建社会的统治思想，其后对孔子后裔“恩渥备加，代增隆重”，绵延达两千余年，从而使孔氏嫡裔子孙特别是坐落在山东省曲阜的衍圣公（孔府）成为“与国咸休”、“同天并老”的圣人之家，以孔府为代表的孔氏家族遂成为中国封建社会中一个特殊的社会阶层。孔氏家族也因此号称“天下第一族”，其内部关系及其与当时封建国家政权的关系都具有特殊性，这种特殊性集中反映在孔氏家族宗族法——祖训与家规的内容之中。

在孔府所存万余份的明清档案及孔氏族谱等材料中，有许多孔氏大家族内部制定的族训家规，孔府以此为依据严格约束着孔氏族人的言行，其内容涉及到当时社会生活诸方面。孔氏家族的族训家规基本上分为三部分：《原颁条例》，即孔府所颁布的《祖训箴规》；居住在山东曲阜以外地方的孔氏族人所自订家规；孔氏家族修谱时所订立的条规、行辈。其中，后两部分是前一部分的补充性规定，孔氏族人对这些规定都不得触犯。

（一）《祖训箴规》

居住在山东曲阜的衍圣公，是孔氏全家族的大宗主，它不仅是孔氏正宗嫡传，也是官府的化身。如明政府于洪武十年（1384 年）授衍圣公光禄大夫（正一品），百官朝会时居文臣之首；清政府授衍圣公一品顶戴及其他一系列特权。孔府为加强对全部孔氏族人的管理，

---

① 冯尔康等著：《中国宗族社会》，浙江人民出版社，1994 年 1 月第 1 版，第 10 页。

于明万历十一年（1853年）颁布了具有纲领性质的族规——《孔氏祖训箴规》[②]，计有10条，其基本内容为：春秋祭祀、谱牒家规之设、崇儒重道、孔氏子孙优免差徭与正供国课、婚姻嫁娶、孔氏子孙出仕、族长的设立、对孔氏裔孙的从业要求（如男不得为奴，女不得为婢，勿甘为下人等）。它具有总体的指导作用，各地孔氏族人须严格遵守，孔氏各支族管理机构也有义务保证它得到贯彻实施。

（二）寓居曲阜外地孔氏族人自订之家规

流寓曲阜外地的孔氏族人，依据《祖训箴规》的精神及其自身的具体情况，分别制定了一些于本族内部有效的更细致入微的族规、家规或家训。但这些家规必须呈报曲阜的衍圣公之后才能具有规范效力，实际上它仍是代表孔府对孔氏家族宗族法制度的维护。在这些家规中，以《福建建宁县巧洋孔氏族规十二条》、《湖北枝江县孔氏族规》（十则）、江苏《丹阳孔氏天启族谱家规纪》（八项及其十五条细则）、《江西临川孔氏支谱家规条规》（二十条）、孔氏南宗衢州《孔氏家规》（明正德年间官修，七条）等为典型代表。[③] 上述家规规定的基本内容有：作兴文学、恪守祭事、培植祭产、护理祠墓、惩治不率、禁祠讼、严防乱宗、屏绝邪教、节制财用、慎藏谱籍、义同居、立房长、贵教子、正婚姻、禁赌博、诛不孝、除淫乱、禁僧尼道师、禁拖欠钱粮、禁结交恶党等。

（三）孔氏族人修谱时所订条规及行辈

孔氏家族的家谱，在我国历史上是延续时间最长、内容最为丰富的族谱，堪居私人家谱之冠。孔府历代修谱时对于入谱条件都作了严格的规定，如明天启（1622年）修谱时规定："义子不能入谱"[④]。清乾隆修谱时规定："以义子承祧者、以赘婿奉祀者、再醮带来之子承祀者、流入僧道者、干犯名义者、流入下贱者"，皆不许入谱等[⑤]。

孔子后裔为使其族属代代不乱、长幼有序、老少尊卑各有条理，还建立了统一的姓氏行辈制度。根据1937年孔德成主修的《孔子世家谱》载：在孔德成修谱之前，孔氏行辈已编列到了第105代。其中，明代钦赐二十辈；清代又赐十辈，孔府在乾隆九年规定：凡不依"世次随意妄呼者，不准入谱"[⑥]。

二、孔氏家族宗族法对当时国家政权的积极影响

本文在此依据上述孔氏家族宗族法的基本内容，分析说明其对当时国家政权政治、经济、法律、文化等方面的积极影响。

---

② 山东省曲阜市孔府博物院所存孔府档案（以下简称《孔府档案》）1114之1。

③ 分别见《孔府档案》1115之5、1123之1、1055、1099之1、0736之18。

④ 明天启·孔宏颙主修《孔氏家谱》序。

⑤ 清乾隆·孔尚任主修《孔子世家谱》。

⑥ 《孔府档案》0737之3。

（一）在政治方面，宗权是当时国家政权的补充，也是封建统治的主要支柱。

孔氏家族作为当时国家基层社会生活组织的一个组成部分，与当时国家政权相结合的出发点就在于其组织结构与社会的等级结构相吻合，从而使宗族中的上层成员成为等级社会政权的统治基础；同时，宗族把族众组织成一个有严格等级结构的群体，也就有了为等级政治统治服务的可能性。宗权为政治统治服务的具体内容有许多，如孔氏家族宗族法所规定的维护尊长权力、表彰忠孝子孙、保护公有族产；宗族组织与政府的里甲制度互相配合；以及为维护其既得的政治、经济利益，极力维护稳定的政权、反对社会动荡等内容。这些都说明了宗权在维护封建社会的专制制度、实行封建统治方面的积极作用，从而弥补了当时国家政权的某些薄弱环节。

（二）在经济方面，宗族经济是当时国家经济的主要组成部分。

封建经济的繁荣发展离不开封建大家族经济的繁荣发展，这在自给自足的经济状态下尤为明显；宗族经济的繁荣又是基层社会民心稳定、社会安定、政治稳定的必要前提条件。如孔氏家族宗族法规定许多诸如督促其族众完纳国家赋税、祭产及族产的管理等方面的规定。

同时，各大家族的公有族产作为弥补国家、社会救济不足的有效办法，也可以解决许多的社会问题，有益于抚育儿童、赡养老人、照顾鳏寡孤独及残破家庭，使贫穷族人基本上能够生活下去，这对于缓和社会生活矛盾、稳定社会经济秩序就显得更为重要了。

（三）在法律方面，宗族法是当时国家法律的有效补充。

宗族法的这种补充作用主要表现在以下四个方面：

(1) 从孔氏家族宗族法规定的处罚体系看，它包括身份制裁、经济制裁、身体制裁直至剥夺生命的一整套处罚体系，它所规定的处罚方法主要有训斥、赔礼、记过、停（革）胙、罚布（或谷、银等)、笞责、责令改嫁、不准入谱、不准葬入孔林、逐出境外、鸣官、拘押、枷号示众、处死等 26 种之多。其强制性在得到国家法的认可之后，就补充了当时国家法律处罚体系中的不足之处。

(2) 从孔氏家族宗族法的内容看，它既有刑事方面的规定，又包括了关于婚姻、家庭、立嗣、继承、亲属、所有权、债权、交易、租赁等各种民事关系的规定，而封建社会的统治者也特别重视宗族法对民事关系的调整作用，允许族长处理诸如分家析产、婚丧嫁娶、立嗣继承、族产经营等事项，各州县官也常将一些投诉到官衙的民事纠纷批转到宗族内部处理。其主要原因，就在于封建社会法律中有关民事关系的规定相对少些，其中对财产关系的规定尤其少，而宗族法在这方面却能起到强有力的补充作用。

(3) 从司法审判的角度分析，自宋徽宗始，历元、明、清，州县官皆亲自坐堂审案，但实际上并不能对其辖区内的各类纠纷案件进行妥善的法律处理，而大宗族却能以其严密细致的宗族法调整其族内的各种关系，由宗族组织直接处理族内纠纷，承担了族内绝大多数纠纷的法律调整任务。因此，宗族法既为封建国家地方政权的行政与司法合一创造了有利条件，同时也弥补了当时国家司法力量的不足，将社会矛盾与冲突消灭在萌芽状态。

（4）儒家重视以礼治天下，孔氏家族宗族法更重视礼的作用、礼的教育以及礼的维持，强调“以罚示惩”，惩罚犯者，威慑余众，特殊预防与一般预防相结合；宗族法还利用宗族内部同族共宗的血缘关系，注意并重视教育感化作用，坚持惩罚与教化两手并用，从而迫使全族成员一体就范，在这方面也就弥补了封建国家法律的不足。

（四）在文化方面，孔氏家族宗族法主要表现在社会教育作用，它为当时基层社会成员提供了一种精神寄托。

由于孔氏家族是中国封建社会中的一个典型家族，在其自身发展、完善的过程中，对同一时代甚至后期的其他家族的发展、完善也起到了示范作用，成为其他家族对族人进行儒家伦理教育的楷模，这种教化作用促进了基层民众正统政治观、伦理观的形成，并由此产生了极大的社会影响。例如，宗族举办私学、以族产资助教育、教学中以儒家传统伦理思想为主，从而促进了我国封建社会社区文化的形成与发展；同时又反对族人介入以下的社会病：赌博、贩卖或吸食鸦片等毒品、酗酒、溺婴、信从歪门邪道等。这就使儒家的意识形态经过孔氏家族，渗透到全社会的每一个家族及其成员，达到了封建社会教化的目的，成为维护基层社会程序、促进社会稳定的一个重要因素。

由于孔氏家族宗族法的上述诸种积极功能，从东汉明帝、东汉章帝、北魏孝文帝、唐高宗、唐玄宗、后周太祖、宋真宗、清高宗（先后六次）到蒋介石，都屈尊降贵亲临孔庙祭孔，这一方面说明了封建国家加强了与各大家族的联系，以及对大家族的控制；另一方面也说明了封建统治者明确承认了宗族法的社会效益，更多的利用宗族法去稳定其社会秩序。

三、孔氏家族宗族法对当时国家政权的消极影响

孔氏家族的宗族法虽然有以上诸种积极功能，但在其形成与发展的过程中也产生了多种消极因素，这主要表现在以下四个方面：

（一）由于宗族法特别强调族权、父权、夫权，它们是中国封建专制政治的一个组成部分，所以，宗法思想如家长制、保守主义、独断专行，就成为我们中华民族的一种精神负担，从而部分地阻碍了历史的顺利发展。

（二）由于宗族中的族产实行公有制，这就逐渐地在广大族众中产生了大锅饭思想，妨碍了族众个人充分发挥他们的积极性、创造性去创造财富，不利于个体（家庭）经济的顺利发展。

（三）因宗族法特别强调家族、宗族派系、族与族之间的关系等，这种狭隘的、保守主义的宗族文化教育，妨碍了人们之间的正常交往，极易促成小团体主义、保守主义、地方主义的形成和发展，并导致宗族之间的武装械斗，从而破坏了地方社会秩序与社会治安。

（四）宗族中族长权力的行使，又与当时国家的地方政权产生矛盾，并在实际上造成了宗族法破坏国家地方司法权的局面等。如发生在乾隆六年的曲阜衍圣公孔广棨与曲阜知县孔毓琚互诉案⑦，就充分说明了当时的清政府虽厚待孔子后裔，但碍于孔氏大家族在地方上的势力不断增大，不得已又设法对其加以约束的情形。

⑦ 《乾隆六年衍圣公与曲阜知县互诉案》，中国第一历史档案馆编选。载《历史档案》，20～25 页，1995 (3)。

郝铁川

法典的法家化*

简介

郝铁川，男，1959 年 12 月 31 日出生于河南汲县（现卫辉市），汉族，祖籍河南南阳，史学博士、法学博士后、法学教授、博士研究生导师。现任上海市宣传部副部长，中国法律思想史学会会长、中国比较法学会副会长、中国国家法制讲师团成员，华东政法学院、上海交通大学、山东大学等院校兼职教授、博士生导师，享受国务院政府特殊津贴。主要研究方向为法理学、宪法学、法史学，出版学术研究性专著 13 部、学术研究论文百余篇，获省部级以上科研成果奖励 7 项。代表作有《秩序与渐进——中国社会主义初级阶段依法治国研究报告》、《中华法系研究》、《当代中国与法制现代化》等。

* 原发表于郝铁川：《中华法系研究》，上海，复旦大学出版社，1997。

中国封建法律儒家化始于汉，成于唐，古人如是说，近人亦如是说，今人还如是说。千余年来，众口一辞，似乎成了难以更改的定论。然而，经过近年来的收集资料与梳理抉微，我发现，与其说封建法律是儒家化，毋宁说是法家化。古人说《唐律》“一准乎礼”，其实不过是阳儒阴法而已，近人为古人所蒙蔽，遂得出了中国封建法律儒家化的皮相之说，今人则习焉不察，陈陈相因。现在则应该给予纠正了。

一、法家创立的《法经》、《秦律》是后世封建法典的基础

李悝创制的《法经》是我国第一部封建法典。“商鞅受之以相秦”①，而制定了《秦律》。《法经》与《秦律》均出自法家之手，都以法家学说为指导思想，都是法家化的法律，学术界对此从无疑问。我将这两部法家化的法典与后世封建法典作了对比之后，深切感到它们一脉相承，都带有深深的法家烙印。

1. 从法典的篇章结构来看

据历代《刑法志》记载，李悝编纂《法律》分《盗》、《贼》、《囚》、《捕》、《杂》、《具》六篇。商鞅将《法经》从魏国带到了秦国，改法为律。汉承秦制，萧何定律，增加《兴律》、《厩律》、《户律》三篇，合为九篇。《曹魏律》在汉《九章律》的基础上，将《具律》改为《刑名律》，置于律前，将《盗律》中的“劫略”、“恐猲”、“买卖人”等内容分离出来，另立《劫略律》；将《贼律》、《囚律》中的有关诈伪事项，增为《诈律》；将《囚律》、《厩律》中有关告劾事项，增为《告劾律》；将《盗律》中“贼伐树木、杀伤人畜产及诸亡印”等内容分离出来，增为《毁亡律》；将《囚律》中“系囚、鞫狱、断狱之法”和《兴律》中“上狱之事”等内容分离出来，增为《系讯》、《断狱律》两篇；将《盗律》中“受所监受财枉法”和《杂律》“假借不廉”等内容分离出来，增为《请赇律》；将《盗律》中“勃辱强贼”、《兴律》中“擅兴徭役”、《具律》中“出卖呈”等内容分离出来，增为《兴擅律》；将《兴律》中“乏徭稽留”、《贼律》中“储峙不办”、《擅律》中“乏军之兴”等内容分离出来，增为《留律》；将《兴律》中“烽燧”等内容分离出来，增为《惊事律》；将《盗律》中“还赃畀主”等内容分离出来，增为《偿赃律》；将汉代“监临部主、见知故纵之例”加以整理，定为《免坐律》，计为十八篇。《晋律》将《曹魏律》中的《刑名律》分为刑名、法例两篇；删去《劫略》、《惊事》、《偿赃》、《免坐》四篇；新增《卫宫》、《水火》、《关市》、《违制》、《诸侯》五篇；恢复汉之《厩律》一篇，计为二十篇。《北魏律》与《晋律》相同的有十八篇之多，只去掉《晋律》的“诸侯律”，加上“什律”一篇而已。《北

① 《晋书·刑法志》。

齐律》对《北魏律》进行了合并简化，分名例、禁卫、婚户、擅兴、违制、诈伪、计讼、贼盗、捕断、毁损、厩牧、杂律十二篇。隋《开皇律》只删去《北齐律》中的《毁损》一篇，另改《违制》为《职制》，《厩牧》改为《厩库》，《婚户》改为《户婚》，《禁卫》改为《卫禁》，分《捕断》为《捕亡》、《断狱》两篇。唐《永徽律》篇目次序完全相同。《宋刑统》篇目和《永徽律》相同。《明律》虽仿《元典章》，将《永徽律》十二篇改为以名例冠首，次为吏、户、礼、兵、刑、工六篇，但其基本内容仍以《永徽律》为蓝本，只不过是量刑较为苛重而已。关于《大清律例》，《四库全书总目提要》指出，其篇目或沿用《永徽律》，或从《永徽律》中分割出来，或与《永徽律》名异实同。

从上述《法经》到《大清律例》的法典编纂简史可以看出，中国封建法典的篇章结构，肇始于法家李悝所撰之《法经》，中经法家商鞅、秦始皇之《秦律》，为后世法典所继承，学术界对此是没有疑问的，故不赘述。

2. 从法典总则《名例律》来看

封建法典中的《名例律》，大致相当于现今的总则篇，它源于《法经》中的《具法》，历经演变，至《北齐律》定名为《名例律》，此后为历代法典所袭用，它是整个法典指导思想和基本原则的集中体现，具有统帅整个法典的重要作用。

隋唐以后的《名例律》，大多包含以下主要内容：十恶、八议、官当（明清删去）、老幼病残犯罪、共同犯罪、同居有罪相为隐、自首、累犯、二罪以上俱发、类推等。经过考辨，我发现这些内容大多渊源于法家制定的《法经》和《秦律》。

（1）五刑

隋代以降，奴隶社会的墨、劓、刵、宫、辟五刑制度为新的笞、杖、徒、流、死五刑制度所代替。从目前资料来看，新五刑中的笞、徒、流、死源于秦。根据云梦秦简、《汉旧仪》、《汉书·刑法志》等几个方面的材料综合分析，秦的笞刑分为“笞十”、“笞五十”、“笞百”等不同的等级；秦的迁刑实即后世的流刑；秦的徒刑分为城旦舂（5～6年）、鬼薪白粲（4年）、隶臣妾（3年）、司寇（2年）、侯（1年）；秦的死刑有斩[②]、绞[③]。因此，可以说，封建五刑制中有四种刑种源于秦朝的刑律。

（2）十恶

《北齐律》制定了“重罪十条”，隋《开皇律》略加修订改为“十恶之条”，为后代法典所沿用。然而“十恶之条”里，只有“不睦”、“不义”两恶尚未找到与秦律的联系，其他八恶均渊源于秦。对此，笔者在《中华法系研究》一书中专门作了详细考证[④]，限于篇幅，在此仅以“谋反”为例作一说明。例如：十恶之条中的“谋反”，是指图谋反对皇帝，推翻封建君主政权。秦朝亦有此种罪名。《史记·李斯列传》载：“二世乃使（赵高）案丞相狱，

---

② 《史记·秦始皇本纪》。

③ 《战国策·秦第五》。

④ 见郝铁川著：《中华法系研究》，29～32页，复旦大学出版社，1997。

治罪。责（李）斯与子（李）由谋反状，皆收捕宗族宾客。……二世二年七月，具（李）斯五刑，论腰斩咸阳市，……而夷三族。”此外，商鞅亦死于“谋反罪”[⑤]。秦律还把属于煽动反对秦王朝的言论定为“妄言”，“妄言者无类”[⑥]，“无类”就是灭族。《唐律》把“妄为狂悖之语”亦视为谋反，与秦之“妄言”完全相同。不仅“谋反”源于秦，“谋叛”、“谋大逆”、“恶逆”、“不道”、“大不敬”、“不孝”、“内乱”均渊源于秦。

（3）八议

“八议”是八种官员、贵族犯了罪可以享有减免刑罚的特权制度。秦律中规定享有减免刑罚特权的人有三类：一是有爵位的人；二是臣属秦朝的少数民族政权的君主；三是秦皇宗室成员。这大体上相当于八议中的议功、议贵、议宾、议亲等。

议功。“八议”中的议功，是指那些“斩杀敌将、拔取敌旗”，立有大功勋的人[⑦]，如果犯了罪，可享有减免刑罚的特权。秦朝有一种议爵制度，与此大体相同。秦朝的爵制是军功爵制，《史记·商君列传》载商鞅变法规定：“有军功者，各以率受上爵。”爵以酬功，官以任能，爵位的高低意味着功劳的大小。秦律规定，有爵位的人享有减免刑罚和赎罪的特权。秦简《法律答问》载：“将上不仁邑里者而纵之，何论？当系，坐如其所纵，以须其得；有爵，作官府。”意思是，押送犯人的人，把被押送在乡里作恶的罪犯放走，应如何处理？答复是：应当抓起来，拘禁劳作。但由于押送者是有爵位的人，可罪降一等在官府服役。同样是放走犯人，对有爵位者处理就轻，对无爵位者处理就重。《汉官旧仪》和《商君书·境内》、秦简《秦律杂抄》中的有关内容[⑧]都说明秦朝的议爵与八议中的议功是基本相同的。

议贵。《唐律疏议·名例律》规定，议贵的对象是三品以上职事官及有一品爵者，这与秦律中的议爵是相通的。

议宾。“八议”中的议宾，是指那些被征服的前朝君主的后裔。秦简《法律答问》载：“臣邦真戎君长、爵当上造以上，有罪当赎者，其为群盗，令赎鬼薪鋈足；其有腐罪，赎宫。其他罪比群盗者亦如此。”意思是，臣服于秦朝的少数民族政权的君主，拥有相当于上造以上爵位的，有罪应予赎免。如果群聚为盗，就判赎鬼薪鋈足。如果犯有应判腐刑的罪，就判为赎宫，其他犯有与群盗相同的罪，也照此处理。《后汉书·南蛮传》载：“及秦惠王

---

⑤ 事见《史纪·商君列传》。

⑥ 《史记·郦生列传》。

⑦ 《唐律疏议·名例律》。

⑧ 《汉官旧仪》载：“秦制二十级爵，男子赐爵一级以上，有罪以减，年五十六免；无爵为士伍，年六十乃免老，有罪各尽其刑。”有爵位的人犯罪可以减刑，如果年龄到了五十六岁，还可以免其劳役；没有爵位的人犯罪则要处以相应的刑罚，只有到了六十岁方可免其劳役。

《商君书·境内》载：“其狱法，……爵自二级以上，有刑罪则贬；爵自一级以下，有刑罚则已。”前者属于“降爵赎罪”，后者属于“以爵抵罪”。

秦简《秦律杂抄》载：同样犯的是帮助别人出逃秦国的罪，上造以上爵位的人判三年刑，公士以下爵位的人则判四年刑。说明爵位高者刑轻，爵位低者刑重，以此推论，无爵位者，量刑当更重。

并巴中，以巴氏为蛮夷君长，世尚秦女，其民爵比不更，有罪得以爵除。”这与八议之一的议宾是相通的。

议亲。“八议”中的议亲，是指皇帝的亲戚。秦简《法律答问》载：“内公孙无爵者当赎刑，得比公士赎耐不得？得比焉。”意思是，秦朝君主的宗室公孙虽无爵位，但亦可像公士那样享有减刑特权。

因此，后世的八议，其中有四议都渊源于秦。

（4）官当

官当，即指官员犯罪，可以用官品抵当，也就是当官者享有减免刑罚的特权。秦律中亦有当官者享有减免刑罚的规定。栗劲先生在《秦律通论》中指出，同是逃亡罪，官吏和百姓却不同罚；同是监领犯人使其逃亡，官吏和百姓也不同罚；同是在军队中冒领军粮，对于官吏和百姓也不同罚；官吏虽然也居住于平民之中，但不编入“士伍”，不适用邻里连坐法；葆子在尚未出任官吏时就享有不受肉刑及赎刑等特权。

（5）老幼废疾犯罪减免刑罚原则

历代法典中的《名例律》没有刑事责任能力一词，但对于一定年龄的老、小及一定程度的病残者的一般犯罪，分别规定了不同的宽宥办法。秦律中亦有年幼者、年长者和病残者享有减免刑罚特权的规定。关于年幼者，秦律不是采取年龄的标准，而是以身高为标准。秦简《法律答问》载：“甲小未盈六尺，有马一匹自牧之，今马为人败，食人稼一石，问当论不当？不当论及偿稼。”于此可知，身高不满六尺者不负民事和刑事责任。清孙诒让在《周礼正义》中考证，六尺相当于十五岁。关于年长者，《汉官旧仪》载：“秦制二十级爵，男子赐爵一级以上，有罪以减，年五十六免；无爵为士伍，年六十乃免老，有罪各尽其刑。”这里将五十六岁和六十岁作为能否免除劳役的标准，秦律还规定，超过六十岁以上的老人控告儿子不孝，可以不经过“三宥”程序，立即拘捕。这些都表明秦代的年长者享有一定的法定特权。关于病残者，秦简《法律答问》载：“罢癃守官府，亡而得，得比公癃不得？得比焉。”日本学者崛毅在《秦汉法制史论考》一书中指出，公癃是专门从事官府役务的残疾人，此条表明对这类残疾人的刑罚要比普通人轻。

（6）共同犯罪

历代法典中的《名例律》都有关于共同犯罪的规定。秦律亦有此种规定。秦简《法律答问》载：“甲、乙素不相知，甲往盗丙，才到，乙亦往盗丙，与甲言，即各盗，其赃值各四百，已去偕得。其前谋，与并赃以论；不得，各坐赃。”意思是，甲、乙素不相识，都有盗窃丙的意图，事先未曾预谋，到达丙处后才相遇交谈。交谈后又分别进行盗窃活动，各盗取财物值四百钱。区别他们是共同犯罪，还是单独犯罪，就在于甲乙在丙处的交谈是否进行了盗窃的预谋。如果预谋了，就构成了共同犯罪，就以盗窃八百钱赃值定罪科刑；如果未有预谋，就算单独犯罪，分别各自以盗窃四百钱定罪科刑。汉律在秦律“共犯加重”规定的基础上，特别注意追究共犯中的首恶犯，晋张斐从理论上区分了共犯中的首犯与从犯，《唐律》则予以吸收。

（7）同居有罪相为隐

历代法典中的《名例律》都规定：凡同财共居者，以及大功以上亲属、外祖父母、外孙、孙媳妇、夫之兄弟及兄弟妻，皆可相互容隐其犯罪，奴婢亦可为其主人隐罪。这一规定于秦律中初见端倪。秦律规定的诉讼形式有两种：一是公室告，二是非公室告。前者的含义是，凡属杀伤或盗窃他人财物的犯罪行为，由官府进行追究；后者的含义是，凡属子女盗窃父母，父母擅自杀死、杀伤、髡刑子女及奴婢的，官府不代为告诉；并且“子告父母、臣妾告主，非公室告，勿听。而行告，告者罪”；“父子同居，杀伤父臣妾、畜产及盗之，父已死，或告，勿听，是谓家罪。”这些资料说明秦律禁止儿女控告父母，奴婢控告主人，如果违背，反治其罪，这与后世《名例律》“同居有罪相为隐”的规定是息息相通的。

（8）再犯、累犯加重

历代法典中的《名例律》都有对累犯和再犯实行加重处理的原则。秦律中亦有类似规定，秦简《法律答问》载：“司寇盗百一十钱，先自告，何论？耐为隶臣，或曰赀二甲。”通常的盗窃犯，如果盗得了百一十钱，要处以赎罪。但是，服司寇刑的罪犯又犯了盗百一十钱的罪，构成了累犯，适用于加重处罚的原则，故处以“耐为隶臣”的刑罚。如果考虑“先自告”的从轻的条件，或给赀二甲的处罚。

（9）二罪从重

《唐律·名例律》有“二罪以上俱发，以重者论”的规定，即在被告发之前，犯有两罪以上，即按其中一个重罪处刑，而将轻罪吸收于重罪。秦律亦有此种规定。秦简《法律答问》载：“上造甲盗一羊，狱未断，诬人曰盗一猪，论何也？当完城旦。”上造甲盗一羊为一罪，诬人盗一猪又为一罪，秦律一般采用计赃论罪的原则，所以盗一猪比盗一羊处刑要重，甲按盗一猪罪处罚。

（10）类推

《唐律·名例律》有“律无正条，比附为罪”的类推规定，秦律亦有类似规定，其类推分为律文比附与案例比附两种。前者是在律无明文规定的情况下，可以比照最相类似的罪名来科刑，如秦简《法律答问》载：“殴大父母，黥为城旦舂；今殴高大父母，何论？比大父母。”意思是，殴打曾祖父母的可以比照殴打祖父母的规定同样处理。这与《唐律》的规定是相同的。

（11）故意犯罪从重、过失犯罪从轻原则

历代法典中《名例律》规定，故意犯罪从重，过失犯罪从轻。秦律亦有类似规定。秦简《法律答问》载：“论狱何谓‘不直’？何谓‘纵囚’？罪当重而端轻之，当轻而端重之，是谓‘不直’。当论而端弗论，及偒其狱，端令不致，论出之，是谓‘纵囚’。”端，故意也。故意轻重其罪者为不直，故意免除其刑罚者，为纵囚。不直和纵囚，均由故意所构成。如果是由于工作上的粗心而少估算了犯罪者的赃物，致使判刑过轻或偏轻的，则以“失刑罪”论处。⑨

3. 从刑法的分则方面来看

在刑法分则方面，我们更可以找出许多条文来论证法家创立的《法经》、《秦律》与后代法典的规定一脉相承，并无二致，下面略举数例。

盗罪。秦简《秦律杂抄》“田律”规定：不得擅自移动田界（即“盗徙封”），对违者处以赎耐刑。《唐律·户婚律》规定不准卖口分田、占田过限、盗耕公私田、在官侵夺永田等；秦律实行计赃为罪的原则，即根据赃物价值的大小划分等级，分别给以轻重不同的刑罚，唐律与此完全相同；秦律规定，盗牛、马、羊都是严重犯罪，唐律亦规定“诸盗官私马牛而杀者，徒二年半”。

杀人罪。秦律将杀人行为分预谋杀人、故意杀人、过失杀人。唐律亦有此种规定。秦律规定，凡对他人身体造成损坏的伤害行为要负刑事责任，唐律在此基础上规定得更加细致，主观方面区分故意与过失，客观方面区分伤害程度、伤害工具及伤害的情节等。

失火罪。秦律规定主管官吏违反管理法纪而造成官家府库失火，要以重罪论处，唐律亦规定放火和失火行为都要负刑事责任。

诈骗罪。秦律规定，官吏有弄虚作假行为者，处以罚盾以上的刑罚，并坚决执行判决，撤销职务，永不叙用；凡假冒啬夫封印的，都按伪造官印论罪。唐律在秦律基础上，对诈骗官爵、伪照盗用文书印信等其他诈骗行为亦作了相应的刑罚规定。

贪污罪。《法经》规定：“丞相受金，左右伏诛；犀首受金，则诛也。”秦律规定，官吏“以奸为事”，处以迁刑。唐律将贪污罪主要分为“受财请求”、“受所监临财物”两种，分别给予相应的刑罚。

失职罪。秦律中有任人不善、搁压制书等失职罪规定，唐律亦有“贡举非其人”、“稽误制书”及官文书的规定。

出入人罪。秦律对法官断狱的责任按其情节区分为“不直”、“纵囚”两种。所谓“不直”，是指故意加重和减轻罪刑；所谓“纵囚”，是指故意免刑。唐律亦有法官故意出入人罪，以其所出入之罪论处的规定。

另外，如泄密罪、劳役失期罪、淹禁不决罪、通奸罪、脱漏户口罪等内容在秦律中有规定，在唐律中同样有相关规定。⑩

综上可知，法家创制的《法经》、《秦律》在篇章结构、刑法总则和刑法分则三个方面奠定了历代封建法典的基础。也就是说，《法经》、《秦律》和后世封建法典一脉相承，皆属法家化的法典。

---

⑨ 参见乔伟著：《唐律研究》，124页，山东人民出版社，1985。

⑩ 详见郝铁川著：《中华法系研究》，40～41页，复旦大学出版社，1997。

二、法家学说是历代封建法典的指导思想

学者们公认，三纲（君为臣纲、父为子纲、夫为妻纲）是封建法典的指导思想。我认为，除此以外，连坐和法自然亦是封建法典的指导思想。

三纲学说来源于法家。《韩非子·忠孝》载："臣事君，子事父，妻事夫，三者顺则天下治，三者逆则天下乱，此天下之常道也。"董仲舒《春秋繁露·基义》曰："王道之三纲，可求于天"，"君臣、父子、夫妇之义，皆取诸阴阳之道。君为阳，臣为阴；父为阳，子为阴；夫为阳，妻为阴。"由此可知，"三纲"学说首先由法家提出，而汉董仲舒又以天道的阴阳关系为三纲作了论证。尽管人们一般都把董仲舒视为儒家，但关于他的三纲学说，人们莫不认为来自法家。正因为董仲舒吸取了法家、黄老、阴阳家思想，学说驳杂，所以他不被后来的儒家视为孔孟之道的传人，唐韩愈和宋明诸儒都持这种看法。

至于连坐、法自然等思想，那就更明显地属于法家所独有的观点。

1. 君为臣纲

三纲中最主要的是"君为臣纲"，其他两纲均从属于此纲。法家主张臣应服从君，儒家亦主张臣应服从君，区别何在呢？

第一，法家主张臣应绝对地、无条件地服从君，而儒家则主张臣相对地、有条件地服从君。法家认为，不管是昏君，还是暴君，臣都应服从。《韩非子·忠孝》云："人主虽不肖，臣不敢侵也"，"忠臣不危其君"；儒家不是这样，孔子说："君使臣以礼，臣事君以忠"⑪，君主对臣若能以礼相待，臣下方能事君以忠。"君君，臣臣，父父，子子"⑫，君要符合君道，臣要符合臣道，这里亦不是只要求臣尽其职，同样也要求君尽其道。"君子和而不同，小人同而不和"⑬，从"和"的要求出发，臣对君要'勿欺也，而犯之"⑭，即臣下不要曲意逢君，而要敢于犯颜直谏。"邦有道，谷；邦无道，谷，耻也"⑮，国君贤明，则可以当官；国君昏庸无道，去当官则是可耻的。孟子进一步发扬光大了孔子的思想，他说："君之视臣如手足，则臣视君如腹心；君之视臣如犬马，则臣视君如国人；君之视臣如土芥，则臣视君如寇仇"⑯，还说："欲为君，尽君道；欲为臣，尽臣道"⑰。他认为"逢君之恶，其罪大"⑱，即大臣如果跟随君主做坏事，便属罪大恶极。《荀子·臣道》曰："从命而利君，谓之顺；从命而不利君，谓之谄；逆命而利君，谓之忠；逆命而不利君，谓之篡。"显然，

---

⑪ 《论语·八佾》。
⑫ 《论语·颜渊》。
⑬ 《论语·子路》。
⑭ 《论语·宪问》。
⑮ 《论语·宪问》。
⑯ 《孟子·离娄下》。
⑰ 《孟子·离娄上》。
⑱ 《孟子·告子下》。

荀子也反对一味地盲从君主。

第二，法家坚决反对臣民推翻暴君统治的正义行动，儒家则主张臣民有权利推翻无道之君的罪恶统治。韩非子认为，即使像夏桀、殷纣那样的暴君，臣下也不能谴责、诛杀。《韩非子·忠孝》云："汤、武为人臣而弑其主、刑其尸，而天下誉之，此天下所以至今不治者也。"显然，韩非反对殷汤推翻夏桀、周武推翻殷纣的革命行动。儒家与此不同，他们主张臣下可以谏（进谏）、放（流放）和诛杀无道之君。孟子主张"君有大过则谏，反复之而不听，则易位"[19]，对"汤武革命"，孟子热烈赞颂。《孟子·梁惠王下》载："齐宣王问曰：'汤放桀，武王伐纣，有诸?'孟子对曰'于传有之。'曰：'臣弑其君，可乎?'曰：'贼仁者谓之贼，贼义者谓之残。残、贼之人谓之一夫。闻诛一夫纣，未闻弑君也。'"《荀子·臣道》提出了"从道不从君"的主张，他说："君有过谋、过事，将危国家殒社稷之惧也，大臣父兄，有能进言于君，用则可，不用则去，谓之谏；有能进言于君，用则可，不用则死，谓之争；有能比知同力，率群臣百吏而相与强君、矫君，君虽不安，不能不听，遂以解国之大患，除国之大害，成于尊君安国，谓之辅；有能抗君之命，窃君之重，反君之事，以安国之危，除君之辱，功伐足以成国之大利，谓之拂。"荀子也强调诛伐暴君的合法性，称颂汤武诛杀桀纣"若诛独夫"。

总之，儒家认为对君主要加以区分，对贤君要忠；对暴君则不但不要忠，而且还要勇敢地将他们诛杀。法家对君主则不论贤愚，一律都要绝对顺从。

那么，历代封建法典究竟是采取了儒家的主张，还是采取了法家的主张呢？答案显然是后者。因为没有任何一部封建法典对君主作过贤君、暴君的区分，也没有任何一部封建法典规定过臣下可以诛杀暴君。儒家提出的君主"修身、齐家、治国、平天下"的主张不曾在任何一部封建法典中得到体现。

2. 父为子纲

父为子纲的内容就是儿子应对父母竭尽孝道。儒家提倡孝，此为人所周知。但法家同样讲孝，《韩非子》即有《忠孝》篇，言孝道："孝子不非其亲"，"孝子之事父也，非竞取父之家也"。那么儒家之"孝"与法家之"孝"有什么区别呢?

第一，儒家讲孝，是与"父慈"相对立的，也就是说对"父"也提出了一定的要求；法家讲孝，则对"父"没有什么要求，单方面地要求"子孝"。孔子说："父父、子子。"[20]父要尽父道，子方能尽子道。《礼记》曰："父慈、子孝。"《荀子·君道》曰："请问为人父？曰：宽惠而有礼。请问为人子？曰：敬爱而致恭。"这一切都表明，儒家并不一味地单方面要求"子孝"，而放弃对父的要求。法家不是这样，通观《韩非子·忠孝》篇，未见他对"父"有什么要求，而只是一味地要求儿子顺从父亲："臣事君，子事父，妻事夫，三者顺则天下治，三者逆则天下乱，此天下之常道也。"

---

⑲ 《孟子·万章下》。

⑳ 《论语·颜渊》。

第二，儒家讲孝，强调的是从内心真诚地敬事父母，反对不辨是非，盲从父命。而法家讲孝，强调的是绝对地服从父命，提倡愚孝。孔子讲“为亲者讳”是对外而言，并非是对父母不要提意见。孔子反对盲从父命，提倡对父母进谏。[21]“鲁哀公问于孔子曰：‘子从父命，孝乎？臣从君命，贞乎？’三问，孔子不对。孔子趋出，以语子贡曰：‘向者君问丘也，曰子从父命，孝乎？臣从君命，贞乎？三问而丘不对，赐以为何如？’子贡曰：‘子从父命，孝矣，臣从君命，贞矣，夫子奚对焉。’孔子曰：‘小人哉！赐不识也。昔万乘之国，有争臣四人，则封疆不削；千乘之国，有争臣三人，则社稷不危；百乘之家，有争臣二人，则宗庙不毁；父有争子，不行无礼；士有争友，不为不义。故子从父，奚子孝？臣从君，奚臣贞？审其所以从之之谓孝，之谓贞也。’”[22] 在这里，孔子要求儿子要做“争（诤）子”，盲从父命，不算“孝”。荀子更直截了当地提出“从义不从父”，“孝子所以不从命有三：从命则亲危，不从命则亲安，孝子不从命，乃衷；从命则亲辱，不从命则亲荣，孝子不从命，乃义；从命则禽兽，不从命则修饰，孝子不从命，则敬。故可以从而不从，是不子也，未可以从而从，是不衷也。……传曰：从道不从君，从义不从父，此之谓也。”法家与儒家不同，法家提倡愚孝，儿子盲从父命，《韩非子·忠孝》篇曰：“孝子不非其亲”，“臣事君，子事父，妻事夫，三者顺则天下治，三者逆则天下乱。”

只言对子的要求，不言对父的要求；提倡愚孝，盲从父命，这是法家与儒家言孝的不同之处。那么，历代封建法典究竟是采取了法家的主张，还是采取了儒家的主张呢？答案显然是前者。因为历代封建法典从来都是单方面规定儿子的义务，而未曾规定其权利；从来都是单方面地规定父母的教令权、主婚权、财产权，而未曾规定其应尽的义务。把一切权利都归于父母，把一切义务都归于儿女，儒家倡导的“父慈”、“从义不从父”等主张，根本未被封建法典所吸收。

3．夫为妻纲

儒、法两家都主张妻子要顺从丈夫。但差别在于，儒家讲妻子顺从丈夫是有前提的，那就是《礼记》所说的：“夫义，妇听”，首先是丈夫要“义”，其次才是妻子要“听”。《荀子·君道》曰：“请问为人夫？曰致功而不流，致临而有辨。请问为人妻？曰：夫有礼则柔从听侍，夫无礼则恐惧而自竦也。此道也，偏之而乱，俱立而治，其足以稽矣。”荀子虽未提倡妻子要做“诤妻”，但毕竟对丈夫亦提出了要求，并不是要丈夫为所欲为。而法家只讲妻子要顺从丈夫，不言丈夫应尽的义务。通观《韩非子·忠孝》篇，即可得出这样的结论。

历代封建法典究竟是采取了儒家的主张，还是采取了法家的主张呢？答案显然是后者。因为历代封建法典都规定丈夫对妻子拥有财产权、监护权，而未规定丈夫对妻子应尽的义务，“七出”更是丈夫的一种特权，妻子则处于无权地位。儒家倡导的“夫义”并未在封建法典中得到体现。

---

[21] 《论语·里仁》。

[22] 《荀子·子道》。

4. 连坐思想

儒家主张一人犯罪，一人承担，反对株连。《尚书·康诰》强调“父子兄弟，罪不相及”，孟子说：“行一不义，杀一不辜，而得天下，皆不为也。”[23] 荀子主张“无罪不罚”[24]反对“以族论罪”，认为“一人有罪而三族皆夷”是暴政，应予废除。[25] 法家则与此相反，强烈主张实行族诛连坐原则，商鞅说：“守法守职之吏有不行王法者，罪死不赦，刑及三族”[26] 士兵违犯军令，不但处死本人，还要连坐其父母、兄弟、妻子[27]。从《商君书》一书来看，商鞅变法规定的连坐的种类颇多。有举家连坐、什伍连坐、职务连坐、同伍连坐等。

那么，历代封建法典究竟是采用了儒家“父子兄弟，罪不相及”的主张，还是采用了法家一人犯罪，“刑及三族”的主张呢？答案显然是后者。《唐律·贼盗》篇规定：“诸谋反及大逆者，皆斩；父子年十六以上，皆绞；十五以下及母、女、妻、妾、祖、孙、兄、弟、姊妹、若（以及）部曲、资财、田宅并没官。……伯叔父、兄弟之子，皆流三千里，不限（户）籍之同异”；《明律》亦规定，凡犯“谋反”、“谋大逆”等罪，本人凌迟，其祖父母、子孙、兄弟及同居之人，不分异姓，及伯叔父、兄弟之子，凡年十六岁以上，不限籍之异同，不论笃疾残废，一律处斩。

5. 法自然

孔子、孟子、荀子都没有把法律的实施与自然季节相联系，而法家首先提出了这一问题。法家认为，人生于天地之间，人与自然要形成一种协调适应的关系，并称之为“天道”[28]。立法上的循“天道”主要表现为“立公去私”和“法四时”两个方面，关于“立公去私”，《管子·明法解》云：“法天合德，象地无亲，日月之明无私。”意思是，仿效天地公而无私的品格，制定法律。关于“法四时”，《管子·明法解》云：“四时者，阴阳之大经也；刑德者，四时之合也。”意思是，赏罚应与春夏秋冬四季相适应，应与“天象”相适应，“日食则修德，月食则修刑”。

封建法律采用了法家的主张，形成了秋冬行刑、遇灾异则大赦等一套因循四时、天象的制度。

综上可知，历代封建法典的指导思想——三纲、连坐、法自然等，盖来源于法家学说。其实，宋儒朱熹早已经看出此点。《朱子语类》载：“黄仁卿问：‘自秦始皇变法之后，后世人君皆不能易之，何也？’（朱熹）曰：‘秦之法尽是尊君卑臣之事，所以后世不肯变。’”《朱文公文集》卷36载朱熹答陈亮曰：“尧、舜、三王、周公、孔子所传之道，未尝一日得行于天地之间也。”

---

[23] 《孟子·梁惠王下》。
[24] 《荀子·君子》。
[25] 《荀子·君子》。
[26] 《商君书·君臣》。
[27] 《商君书·画策》。
[28] 《慎子·因循》。

这里还需要讨论的一个问题是，后世儒家是否继承了先秦儒家限制君权、父权和夫权的思想？诚然，秦汉间儒法有所交融，后世之儒当然不完全相同于先秦之儒，但熟悉思想史的人都知道，后世儒家或多或少地都继承了先秦儒家限制君权、父权和夫权的思想，特别是限制君权的思想，都没有放弃区分对待贤君、暴君的立场，而正是这一根本点，把他们与法家分开了，亦使他们的学说未能成为封建法律的灵魂。

三、汉唐间法律未曾儒家化

学术界普遍认为，自汉至唐，中国封建法律经历了儒家化的转变过程。其根据不外有三：一是出现了春秋决狱（又称引经释律）；二是形成德主刑辅的正统法律思想；三是一部分礼进入了法典（引礼入律）。其实，在我看来，春秋决狱并不意味着法典的儒家化，而是儒学法家化；德主刑辅只是一种思想观念，充其量是在司法领域产生了一定影响，而并未进入立法领域，亦即没有法律条文化；引礼入律的“礼”，已非单纯的儒家之礼，而是法家之礼。

1. 春秋决狱与儒学的法家化

春秋决狱，又称“以经断狱”、“经义折狱”，是汉代董仲舒首倡的以儒家经典，主要是《春秋》的精神和事例作为审判案件的依据。其特点就是“原心论罪”，依据犯罪的动机而定罪。动机与《春秋》相背的，即使犯罪未遂也应论罪；动机纯正，即使违法，亦可从轻论处。

春秋决狱的实质是什么呢？亘古以来，有见识的学者都一针见血地指出，它是披着儒家的外衣，贩卖法家的货色。元代马端临论董仲舒《春秋决事比》时指出：“决事比之书与张汤相授受，度亦灾异对之类耳。（武）帝之驭下，以深刻为明；汤之决狱，以惨酷为忠，而仲舒乃以经术附会之。……盖汉人专务以春秋决狱，陋儒酷吏遂得因缘假饰。往往见二传（即《公羊传》、《谷梁传》）中所谓‘责备’之说、‘诛心’之说、‘无将’之说，与其所谓巧诋深文者相类耳。圣贤之意岂有是哉。”㉙ 清代学者也曾指出：“《春秋》（即指董仲舒的《春秋决事比》、《春秋公羊传》、《春秋繁露》）近于法家”㉚。

汉代的法律因袭秦律，春秋决狱并没有从立法上改变律文，法典依旧是法家化的，而春秋决狱，不过是试图给法家创制的法典披上儒家的外衣。从儒学发展史来看，它是儒学法家化的表现。

2. 标榜德主刑辅是为了掩盖法律法家化的实质

儒家提出的德主刑辅，有如下几层含义，一是德刑并用，以刑辅德；二是注重教化，以德去刑；三是恤刑慎杀，先教后刑。

㉙ 《文献通考》182卷。

㉚ 转引自金春峰著：《汉代思想史》，208页，中国社会科学出版社，1987。

我查遍历代封建法典，没有找到任何体现上述德主刑辅内容的法律条文。尽管唐律在《名例律》正文前面，说到“德礼为政教之本，刑罚为政教之用”，但这只是说说而已，并没有贯彻在总则和分则里。在法典的实体法内容里，没有以刑辅德，以德去刑的规定；在法典的程序法内容里，也没有什么注重教化，先教后刑的规定。

因此，我认为，德主刑辅只不过是儒家的一种理想，它未被统治者真正接受，法典依旧是法家化的法典。

3. 引礼入律之礼是法家之礼

汉唐间，封建法典在《法经》、《秦律》的基础上，不断得到补充。“亲亲相容隐”，在汉宣帝时作为刑法原则确定下来；“八议”进入《曹魏律》；“准五服以制罪”进入《晋律》；官当进入《北魏律》；“重罪十条”进入《北齐律》。学术界把这些事情称为“引礼入律”，并作为封建法典儒家化的证据，其实，这是皮相之谈。

前面已论证过，亲亲相容隐、官当、重罪十条大多渊源于《法经》、《秦律》。重罪十条即后来的十恶，是封建君权绝对化的反映，是法家的一贯主张。亲亲相容隐、官当等皆不适用于谋反、谋大逆、谋叛。在绝对的君权面前，一切都等于零，这正是法家所追求的目标。准五服以制罪是法家所未论及的，但它只是处理家族内部犯罪的一种原则，与法家在绝对忠君的前提下亦注意稳定家庭秩序，亦讲求孝的思想并无矛盾之处。

另外，法家也不是一概否定礼。在春秋时期，礼和法是对立的，那时的礼是奴隶社会的礼。在战国时期，礼和法并不是对立的，而是平行的。《商君书·更法》曰：“三代不同礼而王，五霸不同法而霸。……各当时而立法，因事而制礼。礼法以时而定，制令各顺其宜。”商鞅将礼法并称，他还是需要礼，他并不反对礼，他反对的是拘礼，主张的是“更礼以教民”。《韩非子》亦有类似的言论。因此，我们不能一见到礼，就说是儒家的。秦始皇也有一套礼仪，后来叔孙通还把它传给了汉代，使刘邦高兴地说“吾乃今日知为皇帝之贵也”。

上面从各个角度论证了中国封建法律是法家化的法律，那么，从古及今，为什么人们一直说中国封建法律是儒家化的法律呢？

第一，在中国古代，宋儒朱熹、明儒王阳明、清儒王夫之已经觉察到历代封建王朝沿用的都是法家主张的一套制度，但为什么封建皇帝都总是自称儒家，讳言法家呢？我认为，原因就在于秦朝是独尊法家的，但却短命而亡，为世人痛骂，因此就没有皇帝再愿意公开承认自己用的是亡秦的制度。但表面上排斥法家，暗地里却运用法家学说。例如，汉武帝表面上“罢黜百家，独尊儒术”，但实际上正像汉宣帝说的那样：“汉家自有制度，本以霸王道杂之，奈何纯任德教，用周政乎？且俗儒不达时宜，好是古非今，使人眩于名实，不知所守，何足委任！”[31] 所谓霸（法）王（儒）道杂之，就是一方面运用法家创制的法典，另一方面表彰那些德行较高的人。一是刽子手的职能，一是牧师的职能。晋代的司马氏号

---

[31] 《汉书·元帝本纪》。

称儒学大族，而晋元帝即位后第一件事便是赐韩非书给太子。明太祖朱元璋“诵洛（程）闽（朱）言，又自谓法家也”，“清宪帝（雍正）亦利洛闽，刑爵无常，益以恣难”[32]。可以说，历代皇帝都惯于玩弄阳儒阴法的把戏。

第二，近人和今人盲从古人，认为中国封建法律是儒家化的法律，一个重要原因是，近代的学术研究分工过细，搞法律制度史研究的，对法律思想史不去深钻；搞法律思想史研究的，对法律制度史不去细研，因此被封建统治者阳儒阴法的把戏迷惑了。此外，过去的许多学者不曾看到 1975 年才出土的云梦秦简，对法家创制的《秦律》与后代封建法典的源流关系不甚了了。

有鉴于此，我依据新出土的秦简，从法典编纂史和法律思想史相结合的角度，重新检讨封建法律和儒家、法家的关系，得出了不同于前人的看法。当然，我认为中国封建法律是法家化的法律，这并不是说，封建法律丝毫未受儒学的影响，但我强调的是：中国封建法律的核心和主体是法家学说。

㉜ 《太炎文录初编》卷一。

严存生

自然法、规则法、活的法*

——西方法观念变迁的三个里程碑

简介

严存生，男，生于1940年，陕西大荔人，1964年毕业于西北政法学院法律系本科。国家级有突出贡献专家。陕西省政府参事室参事。曾任教于复旦大学、西藏大学、华东政法学院，1981年任教于西北政法学院，历任教研室副主任、主任、研究生处处长，兼任全国法理学研究会理事，陕西省法学会法理学专业委员会主任委员。自1984年开始担任法学理论研究生指导小组成员，1993年作为访问学者在澳大利亚悉尼大学、新南威尔士大学访问。1995年开始担任法学理论学科点学科带头人，研究生指导小组组长。

严存生教授近年来主持国家社科基金重点项目一项，教育部重点项目一项，司法部重点项目、一般项目各一项，陕西省教委教改项目一项，西北政法学院重点项目二项。多年来，严存生教授潜心治学，相继出版了《法的理念探索》（个人专著）、《法的价值研究》（个人专著）、《法律与自由》（个人专著）、《法律的价值》（个人专著）、《论法与正义》（个人专著）、《原始人的法》（合译著）等一批有影响的著（译）作，主编国家“十五”和“十一五”规划教材《西方法律思想史》和《法理学》、《新编西方法律思想史》、《大学法律基础教程》等多种教材，在《法学研究》、《中外法学》、《社会科学》等20余种学术刊物上发表论文110余篇，多篇文章被《新华文摘》、中国人民大学复印资料《法学》、《法理学·法史学》、《高等学校文科学报文摘》等转载、转摘。先后获得司法部、陕西省哲学社会科学优秀成果三等奖各一项，全国法学会优秀论文奖一项。目前主要从事法学理论、西方法律思想史研究。

---

* 原发表于《法律科学》，1997（5），有修订。

概念和范畴是人类认识网上的钮结，是人类理解和把握客观事物的钥匙，它们随着客观事物和人的认识的发展而变化。这种变化有时是很大的，会引起一场认识革命，彻底改变人们对某种事物的认识，此称之为观念更新，而这种更新往往伴随着一个新概念的产生。在西方法学史上就有着反映这一法学世界观变迁的三个概念：自然法、规则法和活的法。它们产生了三种法律观或者说标志西方法观念的发展经历了三个阶段。因此，它们像三个里程碑或三种仪器一样，能把我们对法的认识引向一个新的领域或层次。所以，认真地研究这三个概念，不仅可以使我们了解西方法观念变更的基本脉络，而且可以使我们从三个不同的角度更全面地认识法。

一、自然法

“自然法”（英文为 natural law 或 law of nature，拉丁文为 jus naturale）是西方自然法学派所使用的一个概念。这个概念从字面上看似乎指的是一种法，这种法不同于国家制定法，它是自然产生的和客观存在的，而且初期的自然法学家也是这样认为的；但从实际上看，它所指的并不是一种法，而是对法的一种基本看法或一种法律观。这种法律观在西方已经存在了几千年，中间发生了许多变化，但有些共同的特征或基本的观点，台湾学者马汉宝对之作了如下的归纳。他说：“依归纳之结果，各时代自然法学家有共同之处，可说在于认为人类社会生活所适用之行为规则并不限于国家和政府制定之法律。国家所制定之行为规则之外，尚有性质更为普遍之行为规范，适用于一切的人而非只适用于某一个人或某一时间或空间内之某一社会。此等人类行为规范并非由任何人所创制，而系根据有理性（reason）的人之基本需要而存在着；故人凭借其理性即得察知之或认识之。此等规范形成一切个别行为规则之泉源，并构成批判一切人为规则之内容为善为恶、公平与否之标准。换言之，自然法学者可说无不承认有一种较高法或理想法之存在，以为实证法之终极根据；同时此等学者亦可说无不相信绝对的价值，无不追求绝对的正义。”[①] 具体说来，这种法律观包括以下几个方面的基本内容或观点：

第一，法从本质上说就是人的规律，因此，立法者所制定的法律必须以客观规律为基础，其对人们行为的规定不能有悖于客观规律。如孟德斯鸠说：“法是由事物的性质产生而来的必然关系”。自然法就是人在自然状态下“所接受的规律”[②]。他认为那些违反人们的体力和智力发展规律的法律规定是恶劣的。法就是一种规律这一观念在西方影响很大，哲理

① 马汉宝：《自然法之现代的意义》，载台湾大学《社会科学论丛》第 17 辑。

② ［法］孟德斯鸠：《论法的精神》，上册，张雁深译，1，4 页，商务印书馆，1963。

法学派的主要代表黑格尔也说："法律分为两类，即自然规律和法律。"③ 社会法学派的狄骥也坚持这一点，不过他指出，法作为一种社会规律不同于自然规律，它对于自觉存在的人来说，只是一种应当或应然，不是必然，所以只能叫做社会规范。

第二，法根源于人的永恒不变的本性：社会性和理性（自觉性）。真正的法律或自然法应与之相符合，特别是与理性相符合或以理性为基础，或者说就是由人的理性所发现的人的规律或行为准则，是"理性之光"，它能照亮人的前进道路。正因为如此，国家制定法应建立在理性意志的基础上，而不应是个人任性意志，即私欲和成见的表现，正因为如此，理性就是衡量实在法好坏的一个重要标准。

第三，法的功能和目的就在于实现正义。所谓正义就是基于公共幸福的合理安排，就是人人在社会中"得其所哉"，即享受到他应该享受的权利和平等地承担义务。正因为如此，应纠正个人交往中的不正义行为和阻止对人们正当权利的侵犯活动。如果它违反了这一些，它就是一种不正义的法律。

第四，法律作为一种行为准则，它能使人们辨是非、知善恶。正因为如此，它应与人们的价值观念，特别是其中的道德观念相一致，也就是说不能有悖于道义，或者用富勒的话来说，它应具有道德性。这种道德性不仅体现于实体价值目标方面，而且体现于其形式和程序方面。因此，不符合道德的法律就不是良法和不具有正义性。这样一来，道义就成为衡量实在法良恶的标准。不过自然法学家们并不一定认为所在社会的道德就具有这一性质，也就是说，自然法不等于所在社会的道德，而是适用于所有社会的道德，或者说实际正是人们所不断追求的终极性的价值目标。登特列夫（A. P. d'Eutréves）在谈到这一点时说，自然法理论"就是一项主张，主张可以拿一个终极的尺度，一套理想的法律，来检验一切法律之效力，这个终极的尺度，这套理想的法律，可以比一切现有的法律更确切的被认知和评价。自然法是人类寻求'正义之绝对标准'的结果。"④

从以上可看出，自然法学家特别重视和强调法律存在的客观性和同一性，认为不同国家和时代的不同法律，都有着共同的客观基础（或根源）和共同的价值目标，这就是人的本性和规律，就是理性，就是由正义所综合的一系列价值目标，如自由、平等、秩序等。正因为如此，自然法学家特别重视法律的终极价值目标和客观基础的探索，并以此为标准来评价实在法。这种探索和这种评价是非常重要的，特别是在人类认识和研究法律这种社会现象的初期。因为人们对每一类事物的认识都是先外后内的，都是首先注意此类事物与其他事物之间的联系和同类事物之间的同一性，然后方注意研究它们之间的区别或差异性的；还因为法律产生的初期其主要表现形式是自发产生的习惯，而不是今天的成文的规范性法律文件。这使法的产生具有自然的非人为的色彩，使法律与其他社会规范之间界限模糊。但是法律是发展的，人们对它的认识也不全停留于外部。当成文的规范性法律文件已

③ ［德］黑格尔：《法哲学原理》，范扬、张企泰译，14页，商务印书馆，1961，序言。

④ ［意］登特列夫：《自然法——法哲学导论》，李日章译，96页，联经出版公司。

成为法律的主要形式和人们对法的认识从其外部转向其自身时，自然法学作为一种法律观已难以承担此认识任务，这时候一种新的法律观就应运而生了。

二、规则法

“规则法”指的是那种认为法是一种纯粹的规则或规范体系的法律观。这种法律观是由分析法学在批判和否定自然法学的基础上提出来的。在创作过程中，他们在一定程度上吸收了历史法学派的研究成果。因为分析法学的创始人奥斯丁在提出其理论之前，曾拜倒在萨维尼的脚下。而历史法学派在批判自然法学的时候，特别否认关于各国法律在本质上同一的观点。分析法学则彻底否定了这一点，奥斯丁的法律命令说是把法律作为一种很主观的东西，即主权者的命令看待的。只是到后来，新的分析法学家才纠正了这一片面性，不再把法律归结为主权者的命令，但他们并没有探索法律的客观基础。分析法学反自然法学之道而行之，把注意力从法的外围转向了法律自身，而且把研究的焦点集中于国家法的形式结构上。正因为如此，他们提出了一种与自然法学的法律观完全不同的法律观，即规则法律观。其主要内容包括以下几个方面：

第一，真正的法或“严格意义的法”、“适当意义的法”不是什么自然法，而是国家制定的法律，即“国家法”。由于这种法律能为经验所感知和真实存在着，所以叫“实在法”或“实证法”（positive law）。至于其他所谓的“法”，如自然规律、自然法、荣誉法则等，只是有比喻意义，有些实则“实在道德”。

第二，实在法或国家法是由法律规则（rule of law）构成的，是一个法律规则或法律规范的体系。所谓法律规则是指以规范性法律文件形式对人的行为模式所作的带有普遍意义的明确规定。它有固定的逻辑结构，能昭示人们于某一条件下应该做什么和不应该做什么，以及由此产生的法律后果。分析法学家们还详细论述了法律规则和法律规范的种类和结构，包括微观结构和宏观结构，即每一规范的逻辑结构和每一个国家的法律规则体系的结构。

第三，法律规则或法律规范是中性的，与价值无涉。也就是说是一种纯技术性和工具性的东西，或者说与政治道德等价值观念无必然的和内在的联系。因此不能从政治上和道德上进行评价，也不存在什么道义与不道义、良与恶的问题。他们说，你不能因某一法律与道德相悖就否认它不是法律，由此他们提出“恶法亦法”的命题。这就是说，法律不从属于政治或道德，它有自己的独立性，它应超脱于政治斗争，也不应受社会舆论的影响。

第四，一个由立法机关制定的好的法律规则体系，即形式上合理性的法律规则体系足以解决各种社会问题，执法者或法官只要遵循推理规则就可以很好的审理各种案件，也就是说执法者只是法律推理的机器，不应享有任何的执法自由裁量权。韦伯对此作了形象的概括，他说：“现代的法官是自动售货机，投进去的是诉状和诉讼费，吐出来的是判决和从法典上抄下来的理由。”

规则法律观在西方统治时间虽然不长，但造成的影响是非常大的，它极大地推动了现代西方的立法活动，使西方在几十年里法律规则迅速发展，成为一个庞大的规则体系，几乎涉及人的一切生存领域。但是这种法律观只注意到法与国家的密切关系，有的学者如凯尔逊甚至把国家和法律视为一个事物两个名称，而否认和割裂了法与其他社会事物，特别是政治、道德的不可分割的联系。它们揭示了法的技术性和工具性，却否认了法的价值性和目的性，强调了法的独立性，却否认了法对其他事物的依赖性。这些观点的局限性和片面性，随着人们认识的深化和法制建设的发展，越来越显示出来和遭到不断的批判。社会法学派就是这一批判的产物和主要承担者，在批判中他们创立了一种新的法律观和创立了一个新的概念——“活的法”。

三、活的法

“活的法”（英文为 living law，德文为 lebendes recht）又叫“行为中的法”（英文为 law in action）、“事实上的法”（英文为 law as fact）。与之相对应的是“纸上的法”（英文为 law in paper）、“本本上的法”（英文为 law in book）或“国家法”。这个概念最初是由埃利希提出来的，后来由庞德、弗兰克等人作了进一步阐述，作为一种新的法律观它主要包括以下几个方面：

第一，法扎根于社会之中，本质上是一种社会秩序。如埃利希说：“无论是现在或者是在其他任何时候，法律发展的重心不在立法，不在法学，也不在司法判决，而在社会本身。”⑤

第二，真正的和主要的法律不是国家立法机关制定的法律规则，而是社会立法中的秩序或人类联合的内在秩序。埃利希说：“人类联合的内在秩序不仅是法律最初的形式，而且直到现在为止，还是它的基本形式。”⑥ 这种法律叫“活的法”。所谓活的法指“支配生活本身的法律，尽管这种法律并不曾被制定为法律条文。”“活的法的科学定义，不限于对法院适用的，供判决之用的规范或对成文法的内容有影响。活的法律知识还具有一种独立的价值，它构成了人类社会法律秩序的基础。”⑦ 这就是说，活的法律是社会生活中真正起作用的，能建立秩序的法律。国家立法机关制定的成文法规在未对人的行为发生效力和未对社会秩序的形成发生作用前，只是一种纸上的东西，一种本本上的东西。相反，非立法机关制定的如法院审判案件中所形成的法律，即判例法，社会的风俗习惯，甚至社会团体的规章制度，只要它们对社会秩序的形成起作用，就都是这种法律。因此，国家立法机关所制定的成文法并不是法律的主体和根本。

第三，法律与国家之间并没有不可分割的联系，它并非一定由国家机关特别是立法机

---

⑤ 转摘自沈宗灵：《现代西方法理学》，271 页，北京大学出版社，1963。

⑥ 转摘自沈宗灵：《现代西方法理学》，273 页，北京大学出版社，1992。

⑦ 转摘自张宏生主编：《西方法律思想史》，394 页，北京大学出版社，1983。

关所制定和实施。在没有国家的时候和地方，也存在着法律。这个思想后来特别为社会法学中的法人类学家所发挥，他们提出了“原始法”（the law of primitive men）和非国家法的概念。

第四，法律绝非仅仅是规则的体系，法律是很复杂的，由多种要素构成，除了规则之外，还有原则、政策等。对此庞德作了明确的论述，他说：“法律比之许多法规的集合体具有更多的东西，这使法律成为正义的活工具。”⑧ 他论述道：“法律的功能是在于纠正各方面的人群关系，而一切人群关系又错综百出，国家必不能预先制定一部规则，使法院以之御繁应变于无穷。故法律的本身必不是单纯的一种规则。换言之，少数规则可以用条文记载，但法律不局限于条文。在任何法系，法律本体实为原理，原理实蕴蓄于条文内之字里行间。必有原理，法吏乃能有所依据，复由类推方法而求出新例。然后可以御繁，可以应变。由此观之，法律的界说，与其说其称为一部规则，毋宁称为一部规则及原理。”⑨ 后来其他人，包括现代自然法学家德沃金等，进一步发展了这一思想，认为法律是由规则、原则和政策等要素构成的。

第五，法律不是作为一个规则体，而是作为一个过程和一种事业。在这种过程和事业中，规则只有在制度、程序、价值和思想方式的具体关系中才具有意义。⑩ 正因为如此，社会法学派普遍重视法律的实现过程及其结果的研究，有个别学者甚至认为法律的实现过程，特别是法官的行为才是法律自身。他们也不拒绝对法律的价值问题的研究，不否认法对实现正义的作用，虽则对正义等作了实证主义的解释。

活的法的观念作为一种法律观，尚未完全取代规则法的法律观，现在还处在发展之中，远未取得前两种法律观的地位。

很明显，社会法学的活的法观念从某些方面恢复了自然法观念中合理的而被规则法观念在批判时否定的方面，如法律的客观性，法与政治、道德观念的密切关系，法与价值的关系等。

四、几点思考

（一）自然法、规则法和活的法三种法观念在西方历史上的不同时期的产生过程，和一个对一个的批判与否定，使我们清楚地认识到，法本身以及人们对法的认识都是发展变化的。而且这种发展变化还遵循着辩证法的否定之否定规律，即在三个环节中，自然法观念处于肯定阶段，规则法观念处于否定阶段，活的法观念处于否定之否定阶段。西方的法观念正是通过这一肯定⟶否定⟶否定之否定的过程，发展到一个新的水平，它克服了人

---

⑧ ［美］庞德：《法律、道德和正义》，张文伯译，154 页，台湾，1959。注：“原理”一词书中用英文 principle，现在通常被译为“原则”。

⑨ ［美］庞德：《法学肄言》，雷沛鸿译，16 页，商务印书馆，1934。

⑩ ［美］伯尔曼：《法律与革命》，贺卫方等译，13 页，中国大百科全书出版社，1993。

们以往在对法的认识上的片面性和表面性，使之更加接近真理。这突出的表现在两个方面：其一，坚持这三个法律观的新自然法学、现代分析法学和社会法学，在观点和研究方法上的互相靠拢和吸收，使它们之间的分歧不再那么截然对立；其二，是从各派中新产生出一些综合性的分支学派，如社会法学派中分化出的综合法学（integrative jurisprudence），分析法学中新出现的制度法学（institutional theory of law）。它们企图综合三个学派的优点而创立一种兼顾三者的新学派和新法律观。虽然他们实际上是站在某一学派的立场上进行这一工作的。

值得注意的是，这三种法律观不仅存在于西方不同的历史发展阶段，而且共同存在于当今世界，成为当今西方三足鼎立的法律观。这一现象说明，三种法律观并不完全是西方法律观发展的三个历史阶段，后产生的法律观并没有完全取代先前的法律观，因而其批判和否定只是相对的和暂时的，这更加说明三种法律观各有其合理性和局限性。所以，在我们创立新的法律观时，不能只参照和吸收某一种法律观，而应该共同予以重视。当然，我们应更多地考虑后产生的法律观的观点。

（二）西方的三种法律观从历史上产生的顺序看，是自然法在先，规则法次之，活的法最后。这个顺序虽然符合人类的认识法律的规律，但并不一定完全符合法律产生和发展的规律。从历史和现实看，法律的产生，是先有习惯法后有成文法，是先有广大群众所创造的种种富有新意的设想和办法。对于法学家来说，法律规则是被发现的，而不是被创造的，是社会本身自生的，而不是外加的。即使是从外面移植法律，也必须立足于自己的社会，以自己的国情为依据进行选择和改造，否则制定出来的法律与社会之间始终是两张皮，难以发挥其应有的作用。由此看来，无论是从历史上法的起源上还是从现实中法的产生看，都是“活的法”在先，“规则法”在后，国家制定的正式法律规则，必须以“活的法”为基础。而“活的法”的发现则有赖于法社会学的方法。只有在对社会进行法社会学研究的基础上，国家机关才能进行有效的立法活动，制定出符合实际的和为广大人民所接受的法律规则。所以我们说，规则法应该以活的法为基础，分析法学的研究应该以社会法学的研究为基础。不仅如此，已制定出来的规则法，并不都是好的，更不可能是完美无缺的，它需要给以评价和不断的改进。需要用统一的理想和价值目标来协调统一，使它如德沃金所说的具有“统一性”和“整体性”（law as integrity）。这就需要自然法学，只有它才能完成这一任务。而“自然法”就是“理想的法”，就是衡量实在法的标准和为之树立的永恒性的奋斗目标。因此，在获得规则法之后，我们还必须追求“自然法”，在运用分析法学研究的基础上，还必须使用自然法学的方法。当然这一追求应以已有的对“活的法”和“规则法”的研究为基础，不能用空想和假设的方法。这样看来，三种法观念和三种研究方法不仅是互补的，而且有着某种次序。而这种次序恰恰与其在历史上它们产生的次序相反。

（三）正确认识和评价西方的三种法观念，对我国的法学研究和法制建设都有着不可忽视的意义。因为西方的三种法观念从不同的角度和层次向我们揭示了法这种复杂的社会现象，这有利于我们树立正确的法律观，阻止我们以某一种法律观来概括对法的认识。例如当前在我国就有不少的人片面地认为法就是一种规范或规则体系，这种看法显然基本上属于规则法观念和明显落后于时代。如果我们了解了西方的"活的法"观念之后，自然就不会抱住这一观点而停步不前了。与此相联系的是大部分人对"法治"的理解：严格地遵照已有的法律规则办事，而不问这些法律规则是否合乎实际和情理，只要这些法律规则是立法机关制定出来的。这种法治观念显然也是落后的规则法的产物和表现。由此看来，仅仅了解和接受西方的某一种法观念是不够的，它必然导致片面的结论和不良的后果。所以，我们应该研究和借鉴西方的三种法观念，丰富和更新我们的法观念，并以之指导我国的法制建设。

陶广峰

清末民初中国比较法学的产生*

简介

陶广峰，1959年生，安徽省人。南京大学法学院教授、经济法学博士生导师。中国法律史学会常务理事，中国比较法学会理事，江苏省经济法学会副会长；并在国内多所大学法律院系任兼职教授。

承担的主要课程有：比较法专题、法律文化专题、中国法律史专题、法理学专题、经济法理论专题研究、经济立法与司法研究、经济法前沿问题研究、法学方法专题研究。

* 原发表于《法学研究》，1998（1）。

比较法作为法学的一门分支学科，在国外已有近二百年的历史，但在中国，至少在近代以前，应当说是不存在的。这期间，虽也产生了《唐律疏议》、《大学衍义补》、《唐明律合编》等法学著作，但由于它们仅限于对本国法律的比较研究，没有对外国法的比较研究，因而不能称之为比较法学。因为比较法学不仅是以比较的方法研究法的问题，更是对不同国家的法律制度进行对比研究的学科。所以，上述各典籍依现代比较法学的标准来衡量，都不能算作比较法学的著作。也就是说，至19世纪末止，中国并未出现严格意义的比较法学。只有到了清末，中国面临亡国灭种的危险，清廷不得不进行法律改革，方才开始对西方资本主义国家的法律（包括日本的法律）进行学习，开始对西方法律进行比较研究。也就是说，中国严格意义上的比较法学的出现，是在西方列强入侵之后伴随着清王朝的法律改革开始出现的。本文就是在这个意义上使用比较法学一词，并叙述其产生的条件与过程的。

一、中国比较法学产生的历史条件

中国的比较法学是在民族危机深刻、不得不变法图存、不得不重新认识自己一向视为优越的文化传统和不得不尊重被自己视为“夷狄”的法律文化的历史条件下产生的。因此，它一开始就带有一些鲜明的特点，如批判自己和尊崇对方、与社会改革紧密联系、全面研究各种法学问题等。这些与生俱来的特点一直深深地影响着以后百年来的中国比较法学。

（一）“今日立国不能不讲西法”的认识

鸦片战争后，一批中国知识分子在经世致用的务实精神指导下，为探寻鸦片战争失败的原因，开始睁眼看世界，去了解“西洋岛夷”，并出版了一批由中国人自己编著的世界政治历史地理书籍。著名的如林则徐和他的幕僚们编译的《四洲志》、《滑达尔各国律例》、《华事夷言》，姚莹的《康辎纪行》、杨炳南的《海录》、魏源的《海国图志》、徐继畬的《瀛寰志略》、梁廷枬的《海国四说》、陈逢衔的《英吉利考略》、汪文泰的《红毛英吉利考略》等等。这些著作中包含了大量的西方法律文化信息，为当时的中国人将中国的政治法律制度与西方诸国进行初始比较，提供了便利。实际上，这批著作出版的本身，便是在比较思想指导下取得的。从这些著作在叙述西方政治法律制度时使用的赞美、褒扬之词，即可得到证明。如《海国图志》认为西方的议院制度“议事听讼，选官举贤，皆自下始，众可可之，众否否之，众好好之，众恶恶之。三占从二，舍独徇同，即在下预议之人，亦先由公举，可不谓周乎？”认为美国的总统由选举产生，四年一换，“可不谓公乎。”

《瀛寰志略》是这样介绍和评价华盛顿总统和美国的政治制度的：华盛顿“既定国，谢柄欲归田，众不肯舍，坚推立当国主。顿乃与众议曰，得国而传子孙是私也。牧民之任，宜择有德者为之”，“美利坚合众国以为国……不设王侯之号，不循世及之规，公器付之公论，创古今未有之局……”，“每国设刑官六人，主谳狱。亦以推选充补，有偏私不公者，群议废之”；美国总统“以四年为任满，集部众议之，众皆曰贤，则再留四年”，“退位之统领，依然与齐民齿无所异也”；“统领虽总财赋，而额俸万圆之外，不得私用分毫”。

梁廷枏的《海国四说》对美国的总统制、联邦制、选举制、三权分立制度以及刑法、税法，对英国的国会、刑法、诉讼、监狱等，也进行了介绍。该三书对西方各国社会、风土人情，尤其政治法律制度不乏肯定，乃至赞美的介绍，虽不能完全地说就是一种中西比较，但其蕴含的比较之意却是颇为明白的。

正是上述一批有关西方的著作出版以及中西方交往的增多，渐使中国的士大夫们了解了西方政治法律制度之于富国强兵的关系，并进而认识到，中国谋求富强，不能仅依靠武器和制造机械，更重要的是学习西方的本原，对西方的器物文化，有待于从它的制度文化得到解释。而最早看到这种差异并进行简单比较的，当是19世纪70～80年代清廷派驻国外的使臣。

1875年8月被清廷派往英国的中国第一位驻外使节郭嵩焘就认识到“西洋之所以日致富强也”，就在于制度民主，在于议院制度，因为有“议政院”，执政者“所行或有违忤，议院群起攻之”，“故无敢有恣意妄为者”①。他们发现西方各国国民的思想观念和法律制度，同清朝比有很大的不同。清帝居于法律之上，君王口出法随，西方国家则“君主不尊，律例为尊”②。使臣们从比较的角度，明确提出了“今日立国，不能不讲西法”③ 的口号。

“今日立国，不能不讲西法”这一呼声在当时是极其微弱的，但对比较法之在中国兴起而言，却是关键性和方向性的。因为比较法之所以能发展成为法学的一门分支学科，正是由于近代以来国际交往日益频繁，交往范围日益扩大，交往内容往往涉及法律问题，各国亟需了解外国法制的现实需要。中国认识到讲求西法的重要性是一大进步。

从比较的角度，对西方文化作出“洞本见源”认识的先驱当数改良派的郑观应。郑观应在其《盛世危言·自序》中说：“（观应）涉重洋，日与彼都人士交接，察其习尚，访其政教，考其风俗利病得失盛衰之由，乃知其治乱之源，富强之本，不尽在船坚利炮，而在议院上下同心。……中国遗其体而求其用，无论竭蹶步趋常不相及，就令铁舰成行，铁路四达，果足恃哉？”不仅如此，他还在《盛世危言》等书中，专章评述英、美、法、德等国议会制度及其得失，并与中国相比较，力倡设立议会与选举制度。他还论述中西律例不同，主张考订西律，制订“通商交涉规则”，培养熟悉中外律例司法人员，主张效法日本，提出“更定刑章，仿行西例”，以便收回领事裁判权。

维新派的康有为、梁启超、严复等对中西法律的比较，则较上述清廷驻外使节更进一

① 郭嵩焘：《伦敦与巴黎日记》。

② 刘锡鸿：《英国轺私记》。

③ 薛福成：《出使英法意比四国日记》。

步。尤其严复的比较，更令人耳目一新。他在《论世变之亟》一文中说：中西“自由既异，于是群异丛然以生，粗举一二言之：则如中国最重三纲，而西人首倡平等；中国亲亲，而西人尚贤；中国以孝治天下，而西人以公治天下；中国尊主，而西人隆民；中国贵一道而同风，而西人喜党居而州处；中国多忌讳，而西人众讥评。其用财也，中国重节流，而西人重开源；中国追淳朴，而西人求观虞。其接物也，中国美廉屈，而西人务发舒；中国尚节文，而西人乐简易。其于为学也，中国多夸识，而西人尊先知。其于祸灾也，中国委天数，而西人恃人力。”黄遵宪更在《日本刑法志序》中比较了中西刑法的差异。他说：“中国所重在道德，遂以刑法为卑卑无足道也。而泰西论者专重刑法，谓民智日开，各思所以保其权利，则狱讼不得不滋，法令不得不密，其崇尚刑法以为治国保家之具，尊之乃若圣经贤传。然同一法律，而中西立论相背驰至于如此者，一穷之本，一究其用故也。”

总之，自鸦片战争失败到19世纪末，中国的比较法学研究，始于“师夷长技以制夷”，渐至认识到中国的技艺、练兵不如人，正由其政教国体不如人。由此可见，比较法学在中国自产生伊始便显示出其重大的实用价值和有着巨大的用武之地。而当时这些中国的比较法学先驱们对西方政治法律制度的比较研究，也正是后来清廷进行政治法律改革的重心。

（二）清末法律改革实践的需要

就清末的比较法研究而言，无论上述的驻外使臣，还是改革派、维新派，他们所起的作用之于比较法学在中国的诞生来说，充其量也只能起到舆论先导的作用，即以其亲身阅历和学识，指出“今日立国，不能不讲西法”，即指出比较法有益于“今日立国”，在“今日立国”中有重大作用，但真正促使比较法学在中国土地上产生的则是比较法本身的功能，是“比较法可以为立法者提供高质量的可供本国立法参考乃至移植的外国法资料”④ 这一比较立法作用使然。从历史上看，比较法学最初便是从比较立法开始的，是人们在从事立法工作时方认识到比较法学的价值的。事实上，中国的比较法学即是随着清廷大规模的比较立法的开始而出现的。二者的关系可从以下事实中表现出来：

1. 确立“兼取中西”的指导思想

甲午、庚子战后，民族危机加深，一些政治家、法律家纷纷上书朝廷，要求修改固有的法律，而且以日本为例，说明参酌西方，修改现行法律便可达到强国之目的。如沈家本即认为：“日本则我同洲同种同文之国也，……明治以后，采用欧法，不数十年，遂为强国”⑤。两广总督岑春煊也上书朝廷，要求“组织立法机关，明定法律宗旨，讲明法律性质，编纂法律成典，以及陈请钦差大臣，并延聘外国法律名家以备询问。”戴鸿慈也认为：“讲求新政，以长驾远驭之资，任启后承先之重，允宜采取各国之法，编纂大清国法律全典，于守成、统一、更新三主义兼而有之”，又说“振兴法治，实属当今切要之图”⑥。清政府

④ 沈宗灵：《比较法总论》，30页以下，北京大学出版社，1987；[德] 茨威格特、克茨：《比较法总论》，27页以下，贵州人民出版社，1992。

⑤ 沈家本：《新译法规大全序》。

⑥ 《清末筹备立宪档案史料》，下册，第833页以下。

1901 年 1 月 29 日的上谕也提出应“取外国之长……去中国之短”，并认为“晚近之学西法者语言文字制造器械而已，此西艺之皮毛而非西学之本原”[7]。后又令沈家本和伍廷芳为修订法律大臣，令其“兼取中西”，“修订法律”[8]，成立修订法律馆，专主修律事宜。

2. 研究西法从译书开始

沈家本等人到修订法律馆后，确立了“参酌各国法律，首重翻译”的指导思想，广招欧、美、日本留学生，翻译外国法典、单行法规及法学专著达百种以上。名目甚多，据沈家本光绪三十一年三月二十日《删除律例内重法折》记载，修订法律馆“自光绪三十年四月初一日开馆以来，各国法律之译成者，德意志曰刑法，曰裁判法，俄罗斯曰刑法，日本曰现行刑法，曰改正刑法，曰陆军刑法，曰海军刑法，曰刑事诉讼法，曰监狱法，曰裁判所构成法，曰刑法义解，校正者法兰西刑法。至英、美各国刑法，……该二国虽无专书，然散见他籍者不少，饬员依类辑译，不日亦可告成。”由上可知，修订法律馆虽不满一年已译出德、俄、日、法四国刑法等 11 部，法学著作日本《刑法义解》1 部，其工作效率应当说还是相当可观的。同时，从上述还可看出，修订法律馆的早期翻译重点在刑法，且以日、德，主要是日为主。

至光绪三十三年五月，修订法律馆已开馆两年零一月，沈家本在《修订法律情形并请归并法部大理院会同办理折》中又对其翻译成果作了介绍，已译出的是：法兰西刑法、德意志刑法、俄罗斯刑法、荷兰刑法、意大利刑法、法兰西印刷律、德国民事诉讼法、日本刑法、日本改正刑法、日本海军法、日本陆军法、日本刑法论、普鲁士司法制度、日本裁判所构成法、日本监狱访问录、日本新刑法草案、法典论、日本刑法义解、日本监狱法、监狱学、狱事谭、日本刑事诉讼法、日本裁判所编制立法论等共 26 种[9]；已译而未译完者计 10 种：德意志民法、德意志旧民事诉讼法、比利时刑法论、比利时监狱则、比利时刑法、美国刑法、美国刑事诉讼法、瑞士刑法、芬兰刑法、刑法之私法观等。[10] 沈家本的这次统计，虽包括建馆一周年时的统计，但我们也可以看出，从光绪三十二年到三十三年的工作成绩远较第一年为大。这一时期虽为配合新刑律的制订，仍较多地翻译了刑法，尤其日本刑法等，但所涉国家、所涉部门法已远远超过开馆第一年的范围。特别是这一时期，还翻译了更多的法学著作，为以后的比较法学研究奠定了基础。

光绪三十三年（1907 年）民政部等奏请编订民律。为配合民法的制订，修订法律馆在其后两年的翻译工作中，又将重点移至对外国民法的翻译方面。这一时期主要译出了：德国民法总则条文、奥国亲属法条文、法国民法总则条文、法国民法身份证条文、法国民法失踪条文、法国民法亲属条文、日本奥田义人所著继承法、奥国民事诉讼律、德国强制执行法及强制竞卖法、日本法律辞典。尚未翻译完毕的有：日本冈松参太郎著民法理由总则

---

⑦ 《义和团档案材料》，下册，第 914 页以下。

⑧ 《张文襄公全集·奏议》54 卷。

⑨ 沈氏称已译出 26 种，经核实为 23 种。待考。

⑩ 《清末筹备立宪档案史料》，下册。

物权债权、德国改正民事诉讼法、德国破产法条文等。[11]

光绪三十三年十一月，修订法律馆改组，脱离原法部而独立，沈家本再次被任命为修订法律大臣，并于十一月二十七日正式开馆办事。至宣统元年，沈家本又对第二次开馆以来的翻译成果作出统计，共有：法律名词、日本商法、德国海商法、英国国籍法、美国国籍法、德国国籍法、奥国国籍法、葡萄牙国籍法、各国入籍法异同考、比较归化法、日本民法（未完）、德国民法（未完）、法国民法（未完）、奥国民法（未完）、西班牙国籍法、日本票据法、美国破产法、美国公司法论、英国公司法论、亲族法论、日本加藤正治破产法论、罗马尼亚国籍法、意大利民法关于国籍各条、德国改正民事诉讼法（未完）、日本条约改正后关于外国人之办法、德国强制执行及强制竞卖法（未完）、日本改正刑事诉讼法、日本改正民事诉讼法、日本现行刑事诉讼法、日本现行民事诉讼法、法国刑事诉讼法（未完）、奥国法院编制法、奥国民事诉讼法（未完）、裁判访问录、国籍法纲要及调查员志田钾太郎意见书、日本民事诉讼法注解、日本刑事诉讼法论、日本民事诉讼法论纲、德国高等文官试验法、德国裁判官惩戒法、德国行政官惩戒法、国际私法等42部。上述42部翻译成果，不仅所涉国家、所涉法律部门又较前增加，同时，还适应了当时编订诉讼法、商法等的需要。尤其需指出的是，该42部译作中，法学著作不仅占到四分之一强，而且还出现了《各国入籍法异同考》、《比较归化法》等两部西方比较法学专著。这些法学著作的翻译，对近代中国的比较法学有直接的促进作用。

清末的宪政编查馆对比较法学诞生于中国所起的作用也是不应低估的。光绪三十三年七月五日，庆亲王奕匡在奏请“改馆”的奏折中称：“预备立宪以来，天下臣民，喁喁望治。现在入手办法，总以研究为主。研究之要，不外编辑东西洋各国宪法，以为借镜之资；调查中国各行省政俗，以为更新之渐。”[12] 清廷在上谕中也要求宪政编查馆“择各国政法之与中国治体相宜者，斟酌损益，纂订成书”[13]。为此，这个仿自西方国家法制局的宪政编查馆，还专门设了“译书处”，“凡各国书籍为调查所必需者应精选译才陆续编译”[14]，同时，还“另设图书馆一所”，专门“收储中外图籍”。不仅如此，各省设立的调查局也收集和翻译外国的法律、法规及法学著作。正是由于宪政编查馆及各省调查局的研究工作和大力宣传，加之宪政编查馆较好地使用了奕匡提出的：“研究之要，不外编辑东西洋各国宪法，以为借镜之资”的方法，也使得“比较宪法”这一分科远较比较法学其他分科在中国更早产生。同时，翻开清末群臣关于立宪的奏议，不论立宪派还是反对派，都能大谈西方宪政历史和宪法理论，这表明了宪政知识已在一定程度普及，这也有利于促进“比较宪法学”在中国的早日诞生。

除上述沈家本等人主持的修订法律馆组织翻译了一大批西方法律、法学资料外，清末

---

[11] 《大清宣统新法令》。

[12] 《宪政编查馆全宗档案》，《档案史料》，上册，第45页。

[13] 《设立考察政治馆酌各国政法纂订成书呈进谕》。

[14] 《清末筹备立宪档案史料》，上册，第50页。

其他各派势力如外国传教士、洋务派、改良派、资产阶级革命派也大都进行了翻译法律、法学资料的工作，并倾注了很大的热情。如梁启超即认为："夫政法者，定国之本也。故今日之计，莫急于改宪法。必尽取其国律、民律、商律、刑律等书而译之"[15]；康有为也认为："宜采罗马及英、美、德、法、日本之律，重定施行，不能骤行内地，亦当先行于通商各口，其民法、民律、商法、市则、船则、诉律、军律、国际公法，西人皆极详明，……故宜有专司，采定各律以定率从"[16]。

中国第一部西方法律译书——《万国公法》，即系美国传教士丁韪良于1862年，即同治元年译出。由于1864年总理衙门的官员依据该书的原则，迫使普鲁士释放了在中国领海捕获的一艘丹麦船，因而颇得恭亲王奕䜣称道："此乃吾所急需者也"，并说："虽然此书所记之外国律例，与中国体制大不相同，仍不乏有用之处"，认为"这本书尚有羁縻外国领事之法，可为我援"，因而下令刊印三百本，分发各省官员。[17]

1880年京师同文馆化学和天文教习法国人毕利干翻译了中国第一部西方专国法律——《法国律例》。该书由丁韪良作序，内容包括：刑律、刑名定范、贸易定律、园林则律、民律、民律指掌六个部分。

这一时期译介的主要外国法学书籍还有：《公法会通》、《公法便览》、《公法千章》、《中国古世公法》[18]、《公法总论》、《各国交涉公法》、《各国交涉便法》、《比国考察犯罪纪略》、《西法洗冤录》[19]、《公法总论》、《法使指南》、《欧洲东方交涉记》、《中西关系略论》、《英俄印度交涉书》[20]、《佐治刍言》[21]、《国政贸易相关书》、《列国岁计政要》、《美国宪法纂释》、《东方交涉论》、《各国交涉公法论》、《东方交涉记》、《日本东京大学规制》[22] 等，并出版有专论法政或法律类的西学丛书，如《西政丛书》、《质学丛书》、《西学富强丛书》、《续西学大成》、《新学大丛书》等。另外，像卢梭的《社会契约论》（当时译为《民约论》）、孟德斯鸠《论法的精神》（当时译为《万法精神》）、斯宾塞的《代议政体》（当时译为《原政》）、《美国独立宣言》（当时译为《美国独立檄文》）等，也是这一时期被介绍到中国的。

不仅如此，当时民间的出版机构如上海的商务印书馆，也借助租界这块"自由土壤"大量译介西方政法书籍。从其宣统元年（1909年）出版的《大清光绪新法令》第一册末插页上刊发的商务印书馆政法书目（上、下），即可知晓商务印书馆当时出版政法类书籍数量之大。该书目计分11部类，除第1部类"法令部"为清廷筹备立宪和改律所制颁的法律、

---

⑮ 《清末筹备立宪档案史料》，下册，第838页。

⑯ 《康有为政论·上清帝第六书》。

⑰ 《筹办夷务始末》咸丰朝，第72卷；[美] 乔纳森·斯潘塞：《改变中国》，134页，三联书店，1990。

⑱ 梁启超：《西学书目表》。

⑲ 《江南制造局记》。

⑳ 参见李贵连：《近代中国法律的变革与日本影响》，《比较法研究》1994（1），阿涛、祝环：《清末法学输入及其历史作用》，中国政法大学编《法学论文集·法制史》，1990年第三卷。

㉑ 《出版史料·江南制造局翻译馆史略》，1989（1）。

㉒ 熊彤：《西学东渐与晚清社会》，517页，上海人民出版社，1994。

法令，第 10 和 11 两类分别为“财政部”和“统计部”，即财经类书籍外，其余 8 个部类全系翻译，或国内人士写作的政法类书籍。兹将第 2 部类“政法总类部”始录于次，以作了解西方法律、法学之对中国的影响和了解中国法学发展状况、尤其比较法学情况参考之用。

政法总类部：法制经济通论、日本早稻田政法理财讲义、汉译日本法律经济辞典；

法律部：日本法规大全、日本六法全书、比较国法学、国法学、法学通论、日本法制要旨、日本明治法制史、行政法泛论、行政法各论、民法原论、严译孟德斯鸠法意；

警察监狱部：警察讲义录、日本警察法述义、日本监狱法详解；

外交部：国际公法大纲、中国合于国际公法论；

政治部：列国政要、欧美政治要义、泽公考察政治要义、严译政治讲义、政治学、政治泛论、政治一斑、列国政治异同考、严译社会通诠、严译群学肄言、严译群已权界论；

宪政部：万国宪法比较、政治及比较宪法论、宪政论、宪法研究书、日本预备立宪过去事实、汉译日本宪法义解、宪政初纲、立宪国民读本；

议会部：议会政党论、十六国议院典例、日本议会法规、日本议员必携、日本议会纪事全编；

地方自治部：欧洲大陆市政论、地方自治财政论、地方自治浅说。

商务印书馆所出政法类书籍，与别处译书的最大不同是法学著作多于法律、法典类书籍，可见商务印书馆之于比较法学在中国的诞生功不可没。同时，也正是清末上述各派势力译介的这一大批西方法律、法学书籍，为清末的比较立法工作提供了大量的可资借鉴的外国法资料。

3. 派人出去实地考察学习

1905 至 1906 年清廷派载泽、戴鸿慈等五大臣组成九国政治考察团，出洋考察各国宪政。五大臣出洋考察既是清末从“变法新政”到“预备立宪”的一个中间环节，也是清廷从事比较立法的重要组成部分。九国宪政考察团在考察过程中收集了大量日本、欧美法律、政治方面的书刊。这些资料对清末的立宪起到了重要的参考作用。

除五大臣出洋考察外，对比较立法活动推动比较大的派员出国学习活动还有：输送了大批法科留学生赴日本、美国、英国等学习，并于回国后委以重任，著名的如：王宠惠、严锦荣、章宗祥、曹汝霖等；修订法律馆 1906 年 4 月派出赴日考察团；另有大批奏请自费人员赴日本考察法政制度、监狱警察等事宜。

光绪以前已有赴欧美的留学生，其中学习法政者不乏其人。如 1872 年何启已在美国就读于帕尔玛学校，1879 年又入英国林肯法律学院学习。后被清廷任命为修订法律大臣，并成为民国名人的伍廷芳也是在 1875 年入英国林肯法律学院学习法律的。一般讲，中国第一批赴欧美学习法政的留学生是在第二次鸦片战争后。20 世纪初，清政府为推行“预备立宪”，加快了法政人才的培养，并制订了相应的考核奖励措施。如 1906 年清政府举行第二次留学欧美毕业考试，据李喜所《近代中国的留学生》所载，考生中从欧美来的毕业生经考试得到进士出身者 8 人，其中法政科 5 人。1908 年，美国出台了庚款议案，使得中国留学欧美学习法政的人数大增，加之清政府挑选严格，因而学生学业水平普遍高于留日学生，且大都进入高质量学校学习。这一时期留学欧美习法政的学生，呈现出量少质高的特点。

赴日学习法政的学生较之留学欧美的稍晚。据已知材料记载，中国最早名副其实赴日学习法科的是广东顺德人罗普。罗普系康有为万木草堂嫡传弟子，1897 年只身来到日本，次年初“由日本当道举人”早稻田专门学校学习法科，“讲习万国律例之学”㉓，揭开了留学日本习法政的序幕。此后人数逐年递增，仅光绪二十四年（1898 年）四月开始回国的就有日本帝国大学、东京都法学院、日本法律学校政法类毕业生 18 人，知名的如吴振麟、章宗祥、曹汝霖、丁文江等。另据 1902 年印发的《清国留学生会馆第一次报告》，学法政、军事、警察类的留学生即占当时统计人数 608 人的一半以上。1903 年留日学生 1 300 余人，习法政等学科者仍占首位。以早稻田大学为例，最初入该校本科和政法理财科学习的为 762 人，1907 年便增加为 850 人。1904 年曹汝霖等与日本法政大学校长梅谦次郎议定，在专为教育游历官绅的法政大学附设速成科，并于 5 月 7 日改为一般法政学校，6 个月为一学期，3 学期毕业，教授法律、政治、理财、外交等，该科虽仅毕业 4 期，却达到 1 145 人。又据《中国留学教育史料》提供的材料，1908 年 9 月至 1909 年 7 月各省公费生 1 147 人，学习法政者仅 124 人，比率为 10.7%；而在 1909 年 7 月至 1910 年 6 月各省公费自费生 974 人，学习法政者竟达 462 人，比率达 47%；1910 年 6 月至 1911 年 7 月各省公费自费生 814 人，学习法政者 372 人，占 45.7%。

上述的译书、考察、学习活动，对清末的修律过程，无疑起到了重大推动作用。

清末修律的结果，使得中国法律与当时世界上发达国家的法律开始接近。在当时人看来，比较法学的作用就是通过对外国法的研究、认识，为本国法律变革提供可资借鉴的资料，为最终改进本国法、实现所谓超国家的“法律统一”服务。晚清法部尚书、九国宪政考察大臣戴鸿慈在清廷修律前即对此有过精彩的表述：“方今世界文明日进，法律发达，已将造乎其极，有趋于世界统一之观。中国编纂法典最后，以理论言之，不难采取各国最新之法而集其大成，为世界最完备之法典。”㉔ 由是可见，清末的法律修改工作一开始即是在比较的思想指导下进行的。比较立法在清末的大规模展开，为比较法学在中国的产生奠定了厚实的现实基础，并向当时的中国人切实展示了比较法学的价值。

（三）礼法关系是当时中西方法理比较的中心议题

对比较法学在中国的产生有着重大推动作用的一件大事是发生于清末修律中的礼法之争。这场争论主要是围绕着民刑诉讼法特别是刑法的制定而展开的。“当刑法草案告成提交资政院议决之顷，朝野之守旧者将法制与礼教观念混而为一，多不慊于新法，群起而讥议之”，以致“新律几有根本推翻之势”㉕。两派之所以对纲常名教的条款看法截然不同，根本

㉓ 《旅日本中华士商创兴要事汇记》，《知新报》第 51 期，1898 年 5 月 1 日。

㉔ 《清末筹备立宪档案史料》，下册。

㉕ 江庸：《五十年来中国之法制》。

点在双方所持立法宗旨不同，用当时的《法政浅说报》的话说："新刑律为采取世界最新之学理，与我国旧律统系及所持主义不同，故为我国礼教派反对。"[26] 因此，礼法之争的焦点是取什么样的立法宗旨，即应当采取旧的纲常名教还是西方资产阶级的法理为立法宗旨的问题。中国封建礼教和资产阶级的法理，作为两种不同的立法宗旨，其根本又在家族主义和国家主义的对立。由于两派所争事关立法宗旨，事关新刑律的存废，其实质又在于要不要以资产阶级的法理原则来改造中国的封建法律，所以这次礼法之争若从1906年算起，直至辛亥革命爆发，前后持续7年之久。时间之长，为中国法学史所仅见。再就是参与争论的人数之多，范围之广，也是中国法学史上所仅见。当时不仅清政府的一些重要朝臣，一些留学生，甚至一些在华的外国人也分作两派参与论战。如法理派一方有日本专家冈田朝太郎、松冈义正，其论著主要有：《论大清新刑律重视礼教》、《冈田博士论刑律不宜增入和奸罪之罚则》、《冈田博士论子孙违犯教令一条应删去》、《松冈判事书劳提学新刑律说帖后》等。礼教派一方有德国人赫善心。赫氏时为中德两国政府合办、德国人经营的青岛高等专门学堂的教员。他以访问记的形式参与了论争，并发表了《德国法科进士赫善心与蒋员外楷问答》和《德儒赫氏中国新刑律论》两篇文章。

清末修律中的礼法之争，与前述几个方面的问题相比，最大的不同是，前三项重在展示比较立法之于中国比较法学产生方面的作用，而修律中的礼法之争，则向我们展示了当时双方是如何开展中西法理方面比较研究的，这些都预示着比较法学即将诞生于中国。

二、中国比较法学产生的标志

在讨论了清末孕育比较法学的过程和条件之后，现在我们看一下比较法学在中国产生初期的情况。

正如前述，中国的比较法学是伴随着比较立法开始的，是被一步步认识、发现其价值的。作为一门学术，其产生的标志，遵照国际比较法学界通行的看法，以及法学发生学的一般原理，结合当时中国法学的实际水平，我认为可以有三条：学会、杂志和讲座的创立。

（一）学会

据已知资料，我国本世纪初年约有以下几个学会（或说组织）与法学研究有涉：

一是受梁启超1898年在《湘报》发表《论中国宜讲求法律之学》的文章影响，湖南维新知识界中出现的"专集同人讲读律令"的"公法学会"和"法律学会"。这两个学会虽仅存在几十天便因戊戌变法的失败而自行解散，但"它毕竟是19世纪出现在中国社会的新事物，是中国近代社会的第一个法学会。它的出现，预示中国近代法学即将诞生。"[27]

二是1900年由留日学生在东京成立的"励志会"。励志会最初的五条会章已佚，据

---

[26] 《法政浅说报》，宣统三年第11期第17页。

[27] 李贵连：《二十世纪初的中国法学》，《中外法学》1997（2）。

1902年改正会章，其主要内容为："研究实学以为立宪之预备"；"调查国势，凡关乎国家之大问题，本会均当实际调查。"[28] 其主要会员有留学日本攻读法律的章宗祥、曹汝霖、吴振麟等。从其会章和其主要成员可知，这是一个以实现"立宪"为目的而研读政法书籍的组织。

三是20世纪初的某些商会。商会虽然不能算是严格意义上的学会，但商人为了维护自身利益，也需要了解、运用商法。1907年5月，上海商务总会、上海预备立宪公会、商学公会等酝酿发起大会，以讨论自己起草的商法典草案。6个月后，即1907年11月19日在上海召开了第一次商法讨论会，两年后又在上海召开了第二次商法大会。[29] 商人、商会在上述活动中对西方各国商法的研究、借鉴，对法学或者说是比较商法学在中国的发生，都有着重大推动作用。

迨及1910年11月，由于清王朝从事多年的比较立法的推动，法学研究已达相当水平。于是在沈家本的资助下，经法律学堂学员熊煜、王克忠等人的努力，成立了中国第一个专门的法学研究组织——"法学会"，"会事属汪君子健总其成"[30]。这是一个以法学各科为研讨对象的法学综合研究会。至于以比较法为研究对象的专门的比较法研究会的出现，则是民国初年的事了。

（二）杂志

据已知资料，中国第一本以法学各科为研究对象的杂志，系1911年3月由沈家本等人创刊的北京法学会会刊——《法学会杂志》（月刊）。该杂志自1911年3月出版，到8月已出版5期，后因辛亥革命停刊。1912年复刊。复刊之时沈家本以73岁高龄专门撰文对该杂志、对中国法学寄予厚望："自后吾中国法学昌明，政治之改革，人民之治安，胥赖于是，必不让东西各国竟诩文明也。"[31]

中国专门以比较法作为研究对象的杂志是东吴大学法学院的《法学杂志》，英文版名为China Law Review，创刊于1922年，是当时著名的比较法论坛。稍后，中国北方的朝阳大学也出版了在北洋政府时期被奉为法学权威刊物的《法律评论》。该《法律评论》虽非专以比较法学为对象，但由于该校教学、科研水平高，因而发表了大量的比较法学专论。

虽然，中国专以比较法为研究对象的刊物出现并不早，但刊载外国法、或对不同国家不同法律体系进行研究的杂志早在维新变法时即已出现，如《时务报》、《湘学新报》、《国闻报》，以及稍后的《清议报》、《新民丛报》等就曾刊载过大量的研究西方法律、法学的文章。另外，资产阶级革命派也在19世纪末20世纪初出版了一批杂志，如《译书汇编》、《国民报》、《游学译编》、《湖北学生界》、《浙江潮》、《江苏》、《醒狮》、《民报》、《复报》、《河南》、《江西》等等。这些杂志也很重视研讨西方法学。《译书汇编》是1900年留日学生

[28] 桑兵：《清末知识界的社团与活动》，150页，三联书店，1995。

[29] 参见帅天龙：《二十世纪中国商法学之大势》，《中外法学》，1997（4）。

[30] 沈家本：《法学会杂志序》，《寄簃文存》卷六。

[31] 同上。

翻译团体——译书汇编社创办的，该社 14 名社员中有明治法学院学生曹汝霖、帝国法科学生钱承志等。其创刊号中西方政治法律学说方面的译文有美国伯盖司的《政治学》、德国伯伦知理的《国法泛论》、日本鸟谷部铣太郎的《政治学提纲》、德国海留司烈的《社会行政法论》、法国孟德斯鸠的《万法精神》、日本有贺长雄的《近时外交史》、日本酒井雄三郎的《十九世纪欧洲政治史论》、法国卢梭的《民约论》、法国伊耶陵的《权利竞争论》。由是可知《译书汇编》对中国法学、对中国比较法学是有贡献的。

不仅如此，这一时期还出版了一批法律专刊，如 1903 年出版了《法政学报》，1906 年出版了《东京法政杂志》、《北洋法政学报》、1911 年出版了《上海法政杂志》，如此等等。这些杂志虽并非以比较法为专门研究对象，但却刊登了大量的比较法文章。正是从这个意义上，我们也可以说，上述众多杂志的出版，在一定程度上也标志着中国比较法的产生。

（三）讲座

比较法是否被列入大学法科或法律专门学校开设的课程，一向被视为比较法诞生与否的几大标准之首。诚如德国比较法学者茨威特格和克茨所说："比较法最终被承认是一门新的学科，也许必须从比较法被列入大学教学活动来认定。"[32]

中国专门法律学校的设立首推 1906 年 9 月，沈家本等于修订法律馆内设立的法律学堂。关于该学堂设立的目的、过程，沈家本说："余恭膺简命，偕新会伍秩庸侍郎修订法律，并参用欧美科条，开馆编纂。伍侍郎曰：'法律成而无讲求法律之人，施行必多阻阂，非专设学堂培养人才不可。'……于是奏请拨款设立法律学堂，奉旨俞允。择地庀材，克日兴筑。而教习无其人，则讲学仍托空言也。乃赴东瀛，访求知名之士，群推冈田博士朝太郎为巨擘，重聘来华；松冈科长义正司裁判者十五年，经验家也，亦应聘而至。于光绪三十二年九月开学，学员凡数百人，昕夕讲贯，晌经三学期矣。吾中国法律之学，其将由是而昌明乎。"[33] 该法律学堂 1907 年改归法部直辖，并易名"京师法律大学堂"，学制三年，另设速成科学制一年半。据《大清光绪新法令·教育三·学堂章程》之光绪三十一年（1905 年）《修律大臣订定法律学堂章程》，知其三年开设课程是：

第一年科目：大清律例及唐明律、现行法制及历代法制沿革、法学通论、经济通论、国法学、罗马法、民法、刑法、外国文、体操；

第二年科目：宪法、刑法、民法、商法、民事诉讼法、刑事诉讼法、裁判所编制法、国际公法、行政法、监狱学、诉讼实习、外国文、体操；

第三年科目：民法、商法、大清公司律、大清破产律、民事诉讼法、刑事诉讼法、国际私法、行政法、财政通论、诉讼实习、外国文、体操。

速成科科目，共一年半：大清律例及唐明律、现行法制及历代法制沿革、法学通论、

[32] ［德］茨威格特、克茨：《比较法总论》，105 页，贵州人民出版社，1992。

[33] 沈家本：《法学通论讲义序》，《寄簃文存》卷六。

宪法大意、刑法、民法要论、商法要论、大清公司律、大清破产律、民刑诉讼法、裁判所编制法、国际法、监狱学、诉讼实习。

于京师法律学堂稍后建立的法政学校，著名的当数“京师法政学堂”，由学部于光绪三十二年筹设，次年招生。由其“立学总义”可知其办学宗旨为：“本学堂以造就完全法政通才为宗旨。五年毕业，前两年习预科，后三年习正科。正科分两门，一政治门，一法律门。俟预科毕业后再行分门肄业”；“本学堂为造就从政之才以应需要起见，另设别科三年毕业”[34]。京师法政学堂政治门、法律门、别科开设课程是：

政治门：人伦道德、皇朝掌故、大清律例、政法学、政法史、宪法、行政法、民法、刑法、商法、国际公法、国际私法、理财学、财政学、社会学、外交史、统计学、日本语、英语、体操。计二十门。

法律门：人伦道德、皇朝掌故、大清律例、中国法制史、外国法制史、宪法、行政法、民法、刑法、商法、民事诉讼法、刑事诉讼法、国际公法、国际私法、监狱学、日本语、体操。计十七门。

别科（政法合为一门）：人伦道德、皇朝掌故、大清律例、政治学、法学通论、理财原论、宪法、行政法、民法、刑法、商法、裁判所构成法、国际公法、国际私法、财政学、伦理学、世界近世史、地理略说、日本文、体操。计二十门。

1910年清政府改定京师法政学堂章程，法律门由三年改为四年，各门学科也略有调整。

清末大学法学教育所设外国法、比较法课程比之政法学堂尤有过之。据光绪二十九年（1903年）十一月所订《大学堂章程》[35]，当时的政法科大学分二门，一政治门，二法律门。政治学门科目的主课有：政治总义、大清会典要义、中国古今历代法制考、东西各国法制比较、警察监狱学等。补助课有：各国政治史、法律原理学、各国宪法民法商法刑法、各国刑法总论。

法律学门科目的主课为：法律原理学、大清律例要义、中国历代刑律考、中国古今历代法制考、东西各国法制比较、各国宪法、各国民法及民事诉讼法、各国刑法及刑事诉讼法、各国商法、泰西各国法。[36] 补助课为：各国行政机关学、全国人民财用学、国家财政学。合计十三门课。

另据该《章程》之商科大学的贸易及贩运学门科目，主课中有各国商法及比较科目，在其关税学门科目主课中，不仅有各国商法，还另有一各国金银价比较科目。

同京师大学堂一样，大量开设外国法和比较法课程的，当时还有北洋大学法科、山西大学堂等大学。

至民国初年，各大学比较法课程所占比例更大，也更合理。如北方的北洋大学、北京

---

[34] 《大清光绪新法令·教育三·学堂章程》之《学部奏筹设京师法政学堂酌拟章程折》（并章程）。

[35] 《大清光绪新法令·教育一》。

[36] “泰西各国法”据该《章程》解释，指：“罗马法、英吉利法、法兰西法、德意志法”。

大学、朝阳大学等大学法律系开设有比较宪法、比较民法等课程。南方如上海即有两所大学，即1915年建校的东吴大学法学院，英文院名为：The Comparative Law School of China Soochow University（苏州大学比较法学院），另一所即1927年设立的东吴法律学研究院，其办学宗旨为："使学生充分掌握世界主要法律体系的基本原理"，因而其为本科生仅开设外国比较法课程就约达20门，如普通法的各个基本学科、大陆法、民商法、苏俄法等。

统观上文可知，清末民初中国比较法学的发育已初步达到国际比较法学界通行的标准即有了自己的学会、杂志和大学讲座。可以说中国在清末民初之时开始有了自己的比较法学。当然这个时期比较法学的独立程度还很低，在许多方面还混在一般法学里面，还没有形成自己的系统的理论，也没有出现公认的比较法学专家。但是不容否认，中国比较法学的雏形此时已经形成。

中国比较法学产生的历史条件的特点决定了这门学科的若干特点：首先，社会变革的紧迫现实需要决定了这门学科从一开始就不可能成为书斋里的纯学问而是紧密结合现实、寻找对策。其次，东西洋各国的法制都比中国先进，因而人们在学习先进时就没有产生倾向性的先见，不论是大陆法系还是英美法系都是人们比较研究的对象。再次，中国人被迫承认西方文明的先进性，同时又对自己几千年悠久文明传统抱有深深的眷恋之情。人们在对两种不同质的法制文明进行比较研究时，无法摆脱"法理"和"情感"之间矛盾的折磨。此外，还有其他一些特点，如学术研究中的官方影响深刻、重视全面和原始的资料的翻译工作等。所有这些特点都对这门学科日后的发展起了重要的积极或消极的作用。本文在此不再赘述。

中国的比较法学是海禁大开的产物，从这个意义上说，比较法学是面向世界的学科。中国人欲自立于世界法学之林，必须抛却各种偏见，汲取世界各民族法律文化的一切优秀成果，而这又正是比较法学之长。正是在这个意义上，比较法的研究状况也就成了测量一国法学整体水平的"晴雨表"。因此，我国今日的法学研究亦必须高度重视比较法学的研究，以全面地认识世界和深刻地认识自己并指导法制建设。

徐永康

中国百年宪政梦的追寻*

简介

徐永康，男，1956年12月出生，江苏无锡人。华东政法学院教授，法律史专业博士生导师。中国法律史学会常务理事，中国儒学与法律文化研究会副会长兼秘书长，中国法学会法理学研究会理事。1982年1月毕业于华东师大历史系，获历史学学士学位；1984年12月华政法制史研究生毕业，获法学硕士学位，2002年南京大学博士生毕业，获历史学博士学位。曾任上海《法学》月刊社副主编、华东政法学院科研处处长、学报副主编、研究生教育院院长等职。主要从事法律史和法律文化的教学和科研工作。撰写和主编《中国法制史》、《法理学》等专著教材。享受国务院政府特殊津贴。

* 原发表于《华东政法学院学报》，1998年创刊号（原文刊发）。

对于中国人来说，在1998年，有两件非常值得纪念的历史事件，一是在100年前的1898年，发生了具有重大影响的戊戌变法，二是在20年前的1978年，中国共产党召开了举世瞩目的十一届三中全会。这两件事看似互不相关，但却有着不少相近的特征。特别是在中国宪政运动史上，它们都是值得大书一笔的事，它们寄托着无数中国人对宪政理想的追求，代表了中国人在实现宪政目标过程中迈出的极为重要的两步。如今，时处世纪之交，不禁生出许多感想，特作此文，以作为对这两次历史事件的纪念。

一、百年的回响

100年前发生的戊戌变法是中国近代第一次将变封建专制为君主立宪民主制度提到实践日程的政治运动。从社会效果和影响来看，戊戌前后兴起的变革思潮是中国资产阶级思想运动的正式起点，是资产阶级对封建专制文化的第一次冲击波，它带来了近代中国的第一次思想大解放，因而具有划时代的转折意义。

在中国近代，资产阶级启蒙思潮的先驱可以追溯到龚自珍和魏源。龚自珍身处封建末世，大胆批判现实社会，力倡变法改革，指出："自古及今，法无不改，势无不积，事例无不变迁，风气无不移易"①；而魏源"师夷之长技以制夷"的主张更是影响了一代中国人。到19世纪80年代的中法战争以后，一些先进知识分子不断从洋务派集团中分化出来，提出了更加鲜明的资产阶级要求和改革主张，其代表人物有薛福成、马建忠、何启、王韬、郑观应、陈炽和陈虬等人。此时变法主张的重点几乎全都放到了实现"君民共主"的政治制度和重商的经济制度上，如出身买办、但颇具爱国热忱的进步思想家郑观应说："欲张国势，莫要于得民心；欲得民心，莫要于通下情；欲通下情，莫要于设议院"②。封建士大夫出身的维新人士陈炽说：议院是"英美各邦所以强兵富国，纵横四海之根源也"③。这批先进思想家从纷繁复杂的西方文明中找到了变法自强的枢纽，成了维新运动的直接先驱。

如果说，戊戌以前的启蒙思想家还只是零星地、个别地表达了引进西方文明（其内容已由器物文化层面向制度文化层面又向意识文化层面不断深化）以进行民族自救的某种愿望，那么，戊戌期间则是由康有为、梁启超和有关志士领头，发出了整个中华民族要求全面变法维新，建立宪政国家的集体呐喊。维新派正式登上中国社会的政治舞台是在马关条约签订之后，甲午战后中国社会政治、经济、思想的变动已使原先的统治方式发生了根本

---

① 《上大学士书》，见《龚自珍全集》，319页。

② 郑观应：《议院》，见《盛世危言》卷1。

③ 陈炽：《议院》，见《庸书》外篇，卷下。

性的动摇，维新志士不再只是关注西方的船坚炮利、声光化电，他们公开提出要以君主立宪、议会民主的模式来改革封建专制政体，这在中国历史上，确实是破天荒的大事件。

以康有为、梁启超为代表的维新派提出的变法维新主张内容很广，涉及到经济、政治、法律、文化教育和军事等方面，但最引人注目的毫无疑问是他们关于建立“三权分立”的君主立宪政体的主张。康有为将设议院、开国会看成是实现“庶政与国民共之”的第一步，要求光绪皇帝仿行日本和西方国家的做法，召开国会，以走上富强之路。为实行新政，他又提出设立制度局作为制宪机关，制定宪法，以作为新政之保障。他还将君主立宪视为全面政治改革的根本，1898 年 8 月在代内阁学士阔普通武所草的《请定立宪开国会折》中明确提出了“外采东西强国，立行宪法，大开国会，以庶政与国民共之，行三权鼎立之制”④的主张。虽然在戊戌变法期间，由于维新派认为当时中国“民智未开”，变法须循序渐进，光绪皇帝既无意也无力实行君主立宪，导致定宪法开议会之类的建议均成纸上谈兵，但维新派提出的关于君主立宪的一整套理论对封建专制制度及其理论的冲击是非常巨大的，它对中国民主宪政思想的发展也产生了重大影响。从这个意义上说，戊戌变法运动是中国宪政运动的一次预演。

戊戌变法失败后，维新派总结教训，满怀热情地把运动的重点转移到深入开展社会启蒙上，先后创办了多种报刊，广泛宣传西方各国资产阶级理论，特别是资产阶级的民权主义和民族主义，经过 1899 年短暂的沉寂期后，于 1900 年至 1903 年形成了戊戌思潮的又一个高峰。⑤ 而且，就在戊戌变法失败以后短短几年，曾经被慈禧太后和后党坚决拒斥的变法方案却又大部分被他们接了过去，闹哄哄上演了一场“预备立宪”的骗局。维新派的口号也并没有被人们忘却，“从此以后，宪政被视作中国富强的必经之路，被一代又一代的先进人士高扬着、咏唱着，而一次又一次的腥风血雨又使他们心痛、悲怆，然后又有人从这悲怆中站出来走下去至死不渝。”⑥

二、又一次警醒

时隔 80 年，我们又看到了一群先进的中国人为了民族的命运而作出了影响中国历史进程的重大决策。在 1978 年底召开的中共十一届三中全会决定了此后 20 年中国社会发展的走向和轨迹。中共中央《关于建国以来党的若干历史问题的决议》评价它“是建国以来党的历史上具有深远意义的伟大转折”，这次会议堪称影响中国当代社会变革的伟大事件，乃在于它开辟了中国式的社会主义现代化道路，在国民心中树立了合乎时代潮流的价值观及全新而科学的精神信念。

---

④ 中国史学会编：“中国近代史资料丛刊”《戊戌变法》第二册，237 页。

⑤ 参见吴廷嘉：《论戊戌思潮的兴起及其过程》，载胡绳武主编：《戊戌维新运动史论集》，79 页以下，湖南人民出版社，1983。

⑥ 王人博：《宪政文化与近代中国》，63 页，法律出版社，1997。

十一届三中全会是一次历史转折，它解决了把全党工作重心和全国人民的注意力转移到社会主义现代化建设上来这样一个历史课题。这一转折的关键就在于思想的转变，从整个历史发展的过程来看，三中全会不仅是“文化大革命”结束后两年徘徊时期思想解放运动发展的必然结果，而且也是对这一时期思想解放运动的成果的深化，并把它体现在了重新确立的指导思想和路线、方针、政策中。十一届三中全会对中国社会的影响是多方面的，李步云先生把1978年以来中国执政党和政府作出的具有深远历史意义的重大战略决策概括成了四个方面：一是由以阶级斗争为纲转变为以经济建设为中心；二是由闭关锁国走向对外开放；三是从计划经济转变为市场经济；四是从人治向法治过渡。⑦ 每一个从这段时期走过来的中国人都感觉得到，二十年来中国发生的沧海桑田似的巨大变化。

十一届三中全会无疑也是我国法制建设的转折点。中国的法制历史从此进入到一个新的历史时期，它标志着共和国的法制历史掀开了新的一页。这次会议的文件虽然没有明确提出“法治”口号，但全会公报在许多地方已体现出了法治思想。公报提出，“为了保障人民民主，必须加强社会主义法制，使民主制度化、法律化”，“做到有法可依，有法必依，执法必严，违法必究”；强调“法律面前人人平等”，“检察机关和司法机关要保持应有的独立性，要忠实于法律和制度，忠实于人民利益，忠实于事实真相”。全会公报还在我党历史上第一次用明确的语言指出了法律的崇高地位：必须“使这种制度和法律具有稳定性、连续性和极大的权威”，“不允许任何人有超越法律之上的特权”。自此以后，我国的立法速度迅速加快，用相当短的时间，在一片法律的荒漠上架构起了具有中国特色的社会主义法律体系的框架，以宪法为基础的一大批法律法规已在社会生活中发挥着越来越大的作用。

三、共同的追寻

在中国宪政运动史上，曾经发生过许多具有重大历史意义和深远影响的事件，如第一部资产阶级宪法文件《中华民国临时约法》的颁布、孙中山对五权宪法论的系统阐述、1931年11月中华苏维埃共和国中央政府的建立对工农民主专政的新型国家政权和宪政模式的确立、1949年新民主主义宪政运动的结晶——《共同纲领》的公布，等等，但它们都不像戊戌变法和中共十一届三中全会那样，伴随着规模如此巨大、影响如此深远的理论宣传和思想解放运动，并如此强烈地唤起了人民对宪政梦的追寻。梦者，理想也。假如说，中国人在追求宪政目标的道路上曾经迈出了一个个或大或小的步伐，那么在这过程中，有两个带有关键性的、决定前进方向的步子就是由戊戌变法和十一届三中全会跨出的。这两起相隔80年，都发生在世纪后期的事件不仅对各自所在世纪走过的路作了历史的总结，而且在某种程度上揭示了中华民族在下一世纪发展的路向。

我们可以从中国民主政治和法制的发展、现代化（包括宪政制度现代化）的进程、文

---

⑦ 李步云：《中国法治的理想与现实》，载《湘潭大学学报（哲学社会科学版）》1998（4）。

化思想和宪政文化的更新等不同的角度，来考察和评判戊戌变法及中共十一届三中全会的历史地位与意义。

宪政就是民主的政治。如果我们追寻一下近代意义上的中国民主政治的踪迹，就有充分理由将戊戌维新运动视为中国近代化民主政治的首次尝试。虽然维新派所追求的宪政的基本模式仍是模仿西方或日本的君主立宪制，既无自身的特色，又有很大的局限性，但他们毕竟试图搬用作为西方近代民主政治形态之一的君主立宪制的理论到中国的政治改革实践中，使理论宣传和政治行动结合了起来。它代表着一种方向，标志着近代中国知识分子力图使中国政治制度近代化的宝贵实践的发端。此后清末预备立宪的活动、南京临时政府的成立和《临时约法》的颁布、北洋政府和国民政府一部部宪法或宪法性文件的制定，等等，无不是这一实现宪政努力的积极的或扭曲的反映。

十一届三中全会是在新的历史条件下提出了重建和完善社会主义民主和法制的问题。1949 年新中国的诞生，标志着一个新时代的开始，但是国家的政治生活和法制建设却走过了一条曲折的道路，党的领导方式和执政方式也经历了从主要依靠政策到既依靠政策又依靠法律、再到主要依靠法律的转变。在新中国成立初期，严峻的形势不允许通过严格的立法程序制定详细的法律法规来指导行动，当时的法律少而简单，法律在社会生活中的作用远不如党的政策。随着社会主义改造的基本完成，1956 年 9 月党的八大政治报告提出了加强立法，健全法制的思想。但没过多久，由于错误估计形势，又重新强调阶级斗争，人治思想再度抬头，依靠政策来治国的局面并未改变，发展到“文化大革命”，更是演变为彻底毁坏法制的一场浩劫。三中全会是治国方式转变的标志，中国自此真正开始了建设法治国家的历史进程。这次会议以后，党和国家的工作重心转向经济建设，确立了以经济建设为中心，坚持四项基本原则，坚持改革开放的基本路线。随着经济体制逐步向社会主义市场经济转变，政治体制积极而又稳妥地朝社会主义民主政治方向改革，法律的作用也越来越大，作为一种过渡，治国方式也转为既依靠政策又依靠法律。自中共十四大明确提出建设社会主义市场经济体制以后，立法步伐空前加快，法律在治理国家的过程中已迅速占据主导地位。十五大则第一次明确而完整地提出了依法治国，建设社会主义法治国家的目标，这一我们党领导方式、执政方式和治国方略的重大进步，已成为社会主义民主法制建设新的里程碑。

“宪政制度的现代化是法制整体系统现代化不可缺少的最重要的内容之一。这是因为：一方面，在现代民主和法治国家中，宪政制度向来被认为是国家最重要的法律制度，它集中体现了现代国家社会制度和政治制度的基本原则和基本结构；另一方面，宪政制度现代化的程度对于社会法律制度整体系统的现代化具有特殊的意义。”⑧ 从三中全会以来我国民主与法制建设的进程可以看出，我国宪政体制的进步和民主法治的发展是同步进行的，“依法治国，建设社会主义法治国家”目标的确立，必将促使我国民主宪政的完善有新的突破。

---

⑧ 公丕祥主编：《中国法制现代化的进程》（上卷），197 页，中国人民公安大学出版社，1991。

戊戌变法和中共十一届三中全会在另一方面的联系是，它们是中华民族走向现代化[9]的非常重要甚至是关键的两步。其中，戊戌变法是先辈们试图解决中国现代化问题的真正开端。面对甲午战争后中华民族深刻的民族危机，维新派接受了西方的进化论，大声疾呼“变者，天下之公理也”，空前提高了民族觉醒的程度，使国人的思想得以突破传统的循环论，开始确立起自然进化论的世界观与历史观，从而具备了观察国家和民族命运的广阔视野及全新的思想工具。从要求改革的内容来看，维新派突破了洋务派的局限，力主君主立宪，为国人确立民权观念，最终结束中国两千年君主专制制度打开了通道。由于维新派的大力宣传，戊戌以后的进步人士在致力于发展实业的同时，注意力已更多地集中到政治目标——兴民权上来了，这和此前几十年人们大多把主要注意力集中于经济相比，有了明显的变化。兴民权必须以其主体的质量为基础，维新派由此又极大地关注到民族素质的问题，提出了开民智、新民德、厚民力的“新民”主张，从而揭出了国民性改造的重大时代课题。百余年来，先进的中国人正是在此基础上，为争取民族独立和社会进步，不断奋斗牺牲，并取得了社会和历史的巨大进步。而中共十一届三中全会之所以能够推动中国社会全面进步的进程，从而刷新中国当代史的社会面貌，也正是在于它恢复了中国社会主义现代化建设的机制，重新开始了中国社会主义现代化的进程。

谈到现代化，我们还有必要引述学者们的一些观点。对中国现代化的独特进程有着特殊关注的以色列学者 S. N. 艾森斯塔特曾将中国的现代化划分为三个阶段或时期，其中第一阶段是中华帝国与西方最初的接触和外部现代化对中国最初的冲击；第二阶段是自帝国秩序的崩溃，经过 1911 年的辛亥革命、军阀时期，最后到国民党统治时期，其突出特征是为建立一个新的国家政体而努力；第三阶段是 1949 年迄今，为共产主义政体时期。[10] 中国学者周积明则将 1840 年以来长达一个半世纪的中国现代化历程分为四个阶段。其中从 1840 年的鸦片战争到 19 世纪中叶的洋务运动是现代化的预备阶段；1860 年左右到 20 世纪初是中国早期现代化开始走向制度层次的阶段；中华民国时期是现代化进程“有限发展”和不同的现代化模式反复较量的阶段；1949 年以后是中国现代化任务全面展开的新阶段。[11] 无论是哪一种划分法，戊戌维新和中共十一届三中全会都在它们所处的历史阶段占有重要位置。戊戌维新使中国早期现代化在传统制度和权力结构的范围内开始启动，十一届三中全会则使中国人在接受和认同现代化上达到了前所未有的理性化水平及普遍、广泛的程度。

在现代化的理论模式中，法治是现代化的重要标志，一个现代化的国家，必定是一个

---

⑨ 关于“近代化”和“现代化”的界线及划分方法，“中国早期现代化”和“近代化”在涵义上的区别，学术界有着不同的看法。如果我们将近代中国的历史变迁纳入中国现代化的总进程，那么，作为现代化的一个阶段，近代中国的历史变迁在时间特征上属于早期，在变化特征上体现为现代化变迁的最初发动。参见周积明：《最初的纪元——中国早期现代化研究》，16～19 页，高等教育出版社，1996。

⑩ 转引自孙立平：《传统与变迁——国外现代化及中国现代化问题研究》，198 页，黑龙江人民出版社，1992。

⑪ 周积明：《最初的纪元——中国早期现代化研究》，8～10 页，高等教育出版社，1996。

法治国家，而法治的基础则是宪政，由此可见，宪政是现代化的题中之意。戊戌期间民族精英对早期现代化的追求和三中全会中国共产党人再次明确现代化的目标有一共同之处，就是他们的改革方案都包含了宪政制度的内容。

中国宪政运动的发展也和西方文化的传入有着密切的联系，而戊戌变法和中共十一届三中全会正是中国人的文化观念发生重大变化的关键阶段。戊戌以来的一百年，是中国文化进入现代转型期的一百年，戊戌变法正是这个转型期的开端性标志，它代表了中国新文化的方向。从整个中华民族发展的历史来看，中国文化曾发生过三次历史性融合。其中，汉代学者对先秦文化进行了整理和发挥，这是中国文化的第一次融合，也是它的第一次转机。通过融合，实现了中国文化的多元综合，确定了儒学的主导地位和伦理政治、伦理教化的原则。佛教的传入极大地改变了中国文化的面貌，它全面渗入到中国的思想、伦理、文学、艺术以及社会生活的各个方面，成为影响民族心理素质的重要因素和中国文化不可剥离的内涵。这是中国文化的第二次融合，也是它的第二次转机。戊戌变法则标志着中国文化和西方近代科技法制文化全面融合的时代的到来，这是中国文化的第三次融合，也是它的第三次转机。以上三次文化融合的对象都不同，第一次文化融合是中国文化的自我调适，是本土文化即先秦诸子百家的综合提升。第二次文化融合是中国文化和印度佛教文化的融合，属于东方文化的局部交流。第三次融合是中国文化和西方文化的融合，具有了全球化的时代意义。⑫ 戊戌以来，从清末“新政”到孙中山设计的美国式的宪政模式，从“五·四”时期马克思主义的传播到十一届三中全会改革开放政策的确定，都包含了中西文化融合的结果。可以说，中国的宪政文化是随着第三次文化融合的不断深入而得到发展的，“从戊戌知识分子的‘兴民权’，到孙中山的‘建立民国’，到陈独秀的‘德先生’，到‘加强民主法制建设’，到建设‘民主的开放的法治的社会’，到‘依法治国’，是中国第三次文化大融合时期的进步政治与思想传统”⑬，也是中国一百年来宪政文化和法治思想发展的基本脉络。由于中国几千年的政治法律文化的主要内容均是和现代文化相背离的，新文化的崛起对中华民族赶上世界现代化潮流就显得格外重要。从戊戌变法到十一届三中全会，正表现了中华民族不断迎接世纪挑战的积极姿态和非凡勇气。

四、宪政路漫漫

戊戌变法和中共十一届三中全会虽然相隔了 80 年，但都联系着中国人百年萦绕的宪政梦，它们所要解决的，在本质上同是近世中国面临的两个主要问题，即救亡图存和民族复兴。前者在甲午战争后空前的民族危机面前，引他方火种，点燃“自强”、“救亡”的火把，揭开了中国宪政运动史的序幕。后者在本世纪（指 20 世纪）50 年代以来接连不断的政治运

⑫ 参见李良玉：《新文化的起源——纪念戊戌变法一百周年》，载《开放时代》1998（3）。

⑬ 李良玉：《新文化的起源——纪念戊戌变法一百周年》，载《开放时代》1998（3）。

动直至毁坏一切纲纪的"文化大革命"之后，猛然警醒，紧跟世界潮流，继续现代化的进程，掀开了中国宪政运动史上最新的篇章。戊戌以来的100年，已经过了辛亥革命、五四运动和人民共和国成立等多次重大的社会变革，然而，为当时戊戌维新人士热衷的许多话题，如民主、自由、人权平等、法治等等，直到如今仍频频成为我们讨论的内容。这也从一个侧面表明，十一届三中全会乃至我们今天都在继续走着戊戌维新没有走完的路。

当然，戊戌变法和十一届三中全会掀起的变革浪潮有很大不同，我们不必去分析它们在历史背景、性质等方面的区别，而且即使它们在某种程度上或许都带有"自上而下"的特征，但群众基础和目标指向也截然不同。同时，这一次改革及其采取的措施也有别于本世纪（指20世纪）以来的历次宪政举措和政治经济决策，美国学者罗兹曼主编的《中国的现代化》说："1978年底，讲究法律成了一种风尚。这种变化在最近几十年里有先例可循，但这一次的起因不同于1923年、1946年、1954年，或1956—1957年。这一次，官方是在国家最重要的政策已疏远了那些能为国家提供所必需的技能和创造性的人们这样一个时代之后，企望为国家招徕更多的人才。"⑭ 这种变化带给当今中国的，实际上是对新的政治民主方式的选择，中国共产党在批判地吸收资产阶级民主合理成分的同时，开始为建立全新的社会主义政治民主体制而努力，这就是政治体制方面的改革。

所谓政治体制改革，在政治学的意义上，就是"政治领导集团根据社会发展需要，对政治体系、政治权利结构、政治运行机制等，有计划有步骤地进行旨在优化政治体系、调节政治关系、巩固和完善政治统治的政治作业过程"⑮。政治体制改革是宪政制度现代化和建立法治国家所不可缺少的。改革开放以来，我国坚持和完善人民代表大会制度、坚持和完善共产党领导下的多党合作和政治协商制度以及民族区域自治制度、加强民主和法制建设、完善社会主义法律体系、废除领导干部职务终身制、改革党和国家的领导体制，一步步推动了政治体制改革，也为中国宪政制度的现代化打下了良好的基础。而且，在市场经济的发展、现代政治民主化的思潮、外来先进的民主宪政文化的冲击、社会主体的推动等诸种动力的合力作用下⑯，我国宪政制度的现代化是一个必然的历史趋势。

戊戌变法和十一届三中全会的不同结局肯定也是人们感兴趣的。100年前，戊戌变法维持了103天，终因遭慈禧太后暴力镇压而告失败；20年前召开的十一届三中全会掀起的改革大潮则澎湃不息，至今仍为中国社会带来无限的生机和活力，个中自有很多东西可以总结。在戊戌期间，维新志士为解决中国的生存危机曾经开出了不同的药方。康有为、梁启超等人把专制主义看作是阻隔中国不能像西方那样强大的障碍物，希望用君宪制、民权打破专制主义，清洗堵塞国家富强的通道，并坚信议院是达到国家富强不可替代的工具；而严复却深切关怀国家富强问题，把王韬那一代人对西方议院的理念直接发展为一种"富

⑭ ［美］吉尔伯特·罗兹曼主编：《中国的现代化》，409页，上海人民出版社，1989。

⑮ 王邦佐、秦德君：《政治体制改革与政治发展》，载《学术月刊》1997（12）。

⑯ 参见公丕祥主编：《中国法制现代化的进程》（上卷），221页以下，中国人民公安大学出版社，1991。

强为体，宪政为用”的文化范式，这反映了面对民族生存危机维新人士生发的两种不同的思路。⑰

1913年5月受袁世凯之聘来华任宪法顾问、后又为袁复辟帝制大造舆论的美国法学家古德诺实际上对中国的情况颇为了解，他在本世纪（指20世纪）20年代写成了对中国进行全方位描绘和分析的《解析中国》一书。他认为中国的根本出路在于社会经济的发展，经济问题才应该是中国的核心问题。在书中他批评“中国的年轻人太急于求成，他们不注意从基础的方面开始做起，其实在中国社会混乱的表层下，经济基础已在发生一种持续而深刻的变化，可是遗憾的是肩负着中国希望的中国青年过分热衷于哲学领域的全面变革，而不愿意去领导经济生活中正在发生而且还要继续下去的变革。”“刚开始接受西方思想的中国更多地把注意力投向哲学领域而不是科学技术的研究，其结果必然是忽视了政治制度与社会经济实际状况之间的紧密关系。他们忙于照搬国外的各种制度，对设计在纸面上的方案抱过高的希望，而很少注重研究中国的现状。”⑱ 他提出了这样一个观点：在落后的经济基础之上不可能建立先进的制度。如果经济基础本身不改变，就难以使人们的思想发生真正的改变和实现真正的民主政治。戊戌知识分子在当时危急情况下直接从制度切入以求解决中国问题似乎自有其理由，以后数十年，从何处入手变革中国的难题也一直困扰着各个时期先进的中国人。十一届三中全会非常明智地首先解决了党和国家工作重点的转移问题，社会主义现代化建设成了全国人民的总目标，其他方面的问题和任务则随着经济建设的发展而渐次解决与提出，既不影响经济的发展，又不放弃民主法治和宪政制度的追求，可以说是中国人民解决现代化问题的崭新思维和实践。

在三中全会路线的指引下，中国人民正在成功地进行着现代化的实践。不过，我们也应清醒地看到，中国宪政的现代化还有很长的路要走。因为宪法的制定不等于宪政的实现，完备的法制不会自动带来法治的现实，比如在标榜立宪主义的许多亚洲国家，真正奉行宪政的就为数不多，在中国，问题可能更多。戊戌以来的百年历史已经告诉我们，中国走上宪政之路所经历过的艰难曲折。十一届三中全会以来的历史和法治现状同样告诉我们（甚至是在更加深刻地警示我们），在一个缺乏民主与法治传统的国度，在宪政思想和法治精神薄弱的情况下，要实现宪政理想和步入法治化状态并不是一件容易的事。面对存在的问题，我们唯有发扬戊戌志士的精神，高举三中全会的旗帜，坚定地朝着民主政治和法治政治的目标前进。我们相信，不需要又一个百年，中华民族一定能圆自己的宪政梦。

---

⑰ 参见王人博：《宪政文化与近代中国》，“引言”，第4～5页。

⑱ ［美］古德诺：《解析中国》，蔡向阳、李茂增译，45页，国际文化出版公司，1998。

杨永华

边区民主政治建设与净化执法环境*

简介

杨永华，男，1937 年 2 月 4 日出生，山东省东营市东营区龙居乡龙居村人，西北政法大学法学教授、硕士生导师。1957～1962 年，北京大学法律系本科学习。1962～1965 年，北京大学法律系中国法制史专业研究生。毕业后分配到西北大学中东研究所，从事法律研究工作。1978 年调入西北政法学院法律系。1982 年定为讲师。1987 年被评为副教授。1989 年升为教授。历任学院中国法制史教研室主任、中国革命根据地法律研究中心主任、中国法律史专业硕士研究生导师组组长、西北政法学院学术委员会委员、西北政法学院学位委员会委员、西北政法学院职称评定委员会委员、西北政法学院督导专家组成员。

杨永华教授经过二十多年的艰苦努力和潜心研究，通过查阅档案、分析案例、整理书刊和实地访问，基本上弄清了边区法律的轮廓和状况，掌握了边区法律制度的主要内容，找到了边区法律制度发展的客观规律，撰写了分量比较大的《陕甘宁边区法制史稿》，奠基了边区法制史学，填补了革命法制史研究的空白，有力地推动了中国法制交的教学和教材建设。有的论文和部分专著，被外国学者翻译出版，有的外国学者在本国法制史学会上，介绍他的研究成果；有的外国专家慕名专程来访，交流经验，互换学术成果，并给予很高评价。

杨永华教授是国务院特殊津贴首批获得者，全国优秀教师，西安市劳动模范。曾任中国法学会理事、中国法律史学会副会长、中国法律史学会执行会长。现任陕西省学位委员会委员、中国法制史研究会会长、西安市法学会副会长、陕西省学位学科点评审法律组组长、陕西省高等学校职称评定专家组成员、陕西省律师职称评定委员会委员。

* 原发表于《甘肃政法学院学报》，1998 (1)，本文系与木可同志合著。

在全国人民满怀信心开始实施“九五”计划，向2010年宏伟目标迈进的时候，党中央明确提出，要依法治国，建设社会主义法制国家。这说明我国社会主义法制建设，在经过将近半个世纪人治伤痕之后，进入了更加文明的法治阶段。当前，要依法治国，建设社会主义法制国家，在有几千年封建专制统治历史的中国，不仅立法有困难，而且执法更困难。而解决执法困难的关键，是在净化执法环境问题上。陕甘宁边区创造了许多丰富、宝贵的历史经验，值得我们结合现实情况学习、继承和发扬。这些经验主要有：

一、日臻完善的民主环境，奠定了边区执法的良好基础

陕甘宁边区的民主政治，经过了一个不断发展的完善的过程。1937年边区政府制定和颁布了《陕甘宁边区议会与行政组织纲要》；1939年，边区主席林伯渠在《解放》周刊上发表了《由苏维埃到民主共和国制度》的重要文章，谢觉哉在《新中华报》发表了《边区政府的组织与建设》以及1941年担任边区参议会副议长后，撰写了许多论文。这些法规和论文，阐发了无产阶级的民主观，提出了建立以普遍、直接、平等、无记名的选举制度为核心内容的民主政治具体方案，基本上奠定了抗日民主政治的理论基础。这种民主理论，由下列几个部分组成：

第一，阐发民主的重要性。要抗战，必须加强各民族各阶级的团结，团结是抗战胜利的主要保障，而将全国人民团结起来的关键，是实行民主。只有民主，才能保障全国人民的大团结。抗战、团结需要民主，民主只有在抗战、团结之中，才能展开、深入和发展。

第二，确立了民主的科学含义。谢觉哉同志在1941年说：“什么是民主？民主就是大家的事，大家来议，大家来管。”那时所谓大家，是指抗日人民，除了汉奸、卖国贼，凡是主张抗日的人们，都属人民之列，按照谢觉哉这个观点，民主赋予人民两种权力，一是有议国家事务的权力，二是有管国家事务的权力。两种权力，都属于人民，两种权力不可分割，缺一不可，否则，就不叫人民当家作主。

第三，提出了“民主政治，选举第一”的观点。按照边区民主的基本要求，就是大家的事，大家来议，大家来管。可是边区人民上千万，不可能人人都来议、来管，最基层的自然村、行政村，由于人数少，集合方便，可以实现大家的事大家来议，大家来管，这就是直接民主。而上层从乡、区到县、边区，由于人数很多，无法集合一起，就不可能实现大家的事大家来议来管，就只能依靠选举，由大家通过选举，选出忠于自己、最能代表自己意愿的人，来代表自己来议来管，这就是间接民主。间接民主，不如直接民主好，但是，人们如果没有间接民主，就不能实现民主，就没有民主。从这个意义上来说，民主政治，

选举第一。

第四，划清了无产阶级民主与封建地主阶级“明主”的界限。边区干部大部分来自半殖民地半封建社会，加之马列主义理论教育还处在启蒙阶段，往往分不清哪些是无产阶级民主，哪些是封建地主阶级的“明主”。林伯渠、谢觉哉二位领导同志，多次指出，一个政权，只有把议和管的权力，交给人民，并由人民亲自来议来管，才能叫民主政权或民主政治。如果一个政权，不允许人民亲自来议来管，只是政策或法律在客观上暂时代表或符合人民某些利益，这种政权，不是无产阶级的民主，而是封建地主阶级的“明主”。这种区分，意义重大，它对于防止干部包办代替人民议、管国家大事，对于防止干部由人民公仆转化为人民的主人，彻底实行人民当家作主，有着重大的理论和现实意义。

第五，阐发了民主与人权的关系。革命运动历来都是人民争取民主的伟大运动。革命与反革命的分野，只在于要不要民众，给不给民众以民主，而民主与不民主的尺度，主要看人民的人权及其他各项权利是不是得到切实的保障，不做到这点，根本谈不到民主。从而引出，要制订专门法律，保护人权；要认清国民党政府宣传的“人民没有民主习惯，只能实行训政”的胡说，大搞什么“宪政”的欺骗；认识到不仅自己要树立法制和人权观念，严于执行，而且去教育民众，树立主人意识、公民意识，有捍卫自身的权利的自觉。

第六，批判了某些领导干部吝啬民主的错误观点。谢觉哉同志总结边区的历史经验，多次讲过，我们有些领导干部，在反动派统治下，领导人民革命，去争取民主和自由，当时他们表现得非常出色，不愧为人民的英雄。但是，一旦推翻地主资产阶级，自己掌握政权之后，视人民用鲜血和生命换来的民主和自由为私有物，吝啬民主，不给人民民主。在这种民主观念的支配下，他们把自己当成人民的主人，民主的主宰者，而把人民群众看成自己的奴仆和施舍的对象。这种干部，如不认识错误的严重性，痛下决心，认真彻底地改正，就有可能在不民主的环境下，由人民的好干部，变为新恶霸而被人民所唾弃。在这些理论的指导下，边区始终围绕选举这一核心，完善各项民主制度。

在延安时期，为了提高广大干部和司法人员的法制观念，使他们正确认识民主意义、本质以及民主与非民主的界限，1941 年 5 月 26 日《解放日报》刊登题为《切实保障人民权利》一文，可以说这是边区制定人权立法的理论基础。1941 年 11 月边区第二届参议会，根据这个理论，制定了《陕甘宁边区保障人权财权条例》。从此，揭开了革命根据地用法律保障人权的新纪元。

人权条例对人权的内容作了具体规定：“边区一切抗日人民，不分民族、阶级、党派、性别、职业与宗教都有言论、出版、集会、结社、居住、迁徙及思想信仰之自由，并享有平等之民主权利。”从这个规定，我们可以清楚地看到，边区的人权包括两个方面的内容，一是人民享有的政治自由权利，如言论、出版、集会、结社、居住、迁徙、思想信仰等自由；二是人民享有的平等之民主权利，如法律面前人人平等、选举权平等、男女平等、民族平等。其次，人权条例还规定了人权的保障措施。边区政府一向忠于它对人民的诺言，一向是言行一致的。因此，人权立法中的每一条文与每一句话，都是兑现的，从不空谈保障人权。

人权立法的规定，不仅开拓了统一战线的新领域，加强了人民的团结，而且对于提高干部的法制和人权观念、严于执法的精神，对于提高群众的公民意识，捍卫自身权利的自觉性都有重大的意义。同时，在干部和人民之间，沟通了几千年传统形成的隔阂，架起了主人与公仆密切合作又互相制约共同保障人权和执行法律的桥梁，是净化执法环境的一个重要措施和条件。

在延安时期，按照《陕甘宁边区议会及行政组织纲领》的规定，实行“边区长官的俸禄，不得比熟练劳动者的所得为多”的原则。各级干部的津贴，“边区主席、副主席、政府委员、边区参议会议长、副议长、常驻议员、各厅、处、会、院负责人，每人每月 5 元；专员、副专员 4 元；县长、副县长、县参议会议长、副议长 2.5 元；区长 1.5 元；乡长（包括办公费、津贴、伙食费在内）小米 90 斤；一般工作人员 1 元至 1.5 元。”在干部伙食供应标准上，除病员、休养员、荣誉员、伤员适当照顾外，都完全一样。通过经济民主制的施行，在广大干部中形成了勤俭节约的风尚，激发了他们以苦为乐、艰苦奋斗的积极性和创造性，有利于减轻人民的负担，加强政府同人民群众的血肉联系，有利于巩固领导干部与普通工作人员之间的团结，有利于廉政洁政的实行和防止浪费腐化现象的滋生。

二、卓有成效的思想教育，净化了边区执法的社会环境

世界上，不论哪国的无产阶级执政党、政府，都是非常重视党员、国家机关工作人员的思想教育和思想作风建设的。延安时期在这方面的努力和成效，则更为生动和全面。可以毫不夸大地说，延安精神所包括的思想、作风、制度和经验，在无产阶级专政的历史上是最丰富、最系统、最成熟的，它具有深远的历史和现实意义。它进行以共产主义教育为中心的各项教育，使广大干部和革命群众，始终保持无产阶级的纯洁性，把全心全意为人民服务作为自己永远坚持的宗旨，永保劳动人民的本色，争做人民忠实的公仆，誓为共产主义事业奋斗终生。同时，也净化了社会，陶冶了人们的灵魂，为执法创造了良好的环境。

（一）共产主义教育

1939 年和 1940 年，毛泽东先后发表了《〈共产党人〉发刊词》、《中国革命和中国共产党》、《新民主主义论》等著作，科学地分析了中国社会和中国革命的性质及特点，全面地总结了中国共产党领导中国革命的经验，创立了关于新民主主义革命的理论。其中，着重阐述了中国革命的历史进程必须分两步走：第一步是新民主主义革命；第二步是社会主义革命。这是两个性质不同、互相区别又互相联系的革命过程，前者是后者的必要准备，后者是前者的必然趋势。陕甘宁边区正处在新民主主义革命时期，虽然此时的政治、经济、文化思想纲领和政策仍与社会主义革命的要求有差别，但是，我们的党并不因此忽视共产主义教育，相反，大力进行共产主义教育，始终坚持共产主义的方向，使干部在思想上不局限于新民主主义，时刻想到和准备经过新民主主义和社会主义，稳步地达到共产主义的

理想。通过以共产主义为中心的干部教育，使广大在职干部形成了一面工作一面学习的优良作风，并使广大干部真正领会马克思主义理论实质之所在，开始具体应用于中国的革命实践，为以后的中国革命事业培养了一大批能为共产主义事业奋斗终生的优秀干部，并保证了无产阶级政党的纯洁性。

（二）艰苦朴素教育

在边区，对干部进行艰苦朴素教育体现最深刻、开展最为热烈的要算大生产运动。我们知道，1941 年和 1942 年是抗日战争期间陕甘宁边区财政经济最困难的时期。1942 年 12 月西北高干会上，毛泽东作了《经济问题与财政问题》的著名报告，教育、号召全党努力领导人民发展农业生产和其他生产事业，组织机关、学校、部队尽可能实行生产自给，同时号召“精兵简政”。这种教育机关、学校、部队参加生产的运动，是一场伟大的革命，打破了“轻视体力劳动”的传统观念，真正体现了“劳工神圣”真理，并使艰苦朴素、自力更生更加深入人心。

（三）为人民服务教育

凡是在延安学习、工作或到过陕甘宁边区的人，对共产党干部为人民服务的工作精神，体验和观察都很深。在边区政府中，那些追求或斤斤计较个人这样那样利益得失的人或巧谋私利的人，相形之下，都会不无愧色，也都会受到批评或帮助。许多人离别亲人奔赴延安，经过学习，接受教育后，不管是在边区工作，还是在抗战前线，很少有人想做什么官，要什么钱，更不甚恋及身家，一些人还为此而牺牲宝贵的生命。1944 年 9 月 8 日，中共中央直属机关举行追悼张思德大会，毛泽东亲笔写了挽词：“向为人民利益而牺牲的张思德同志学习致敬!”并作了《为人民服务》的著名讲演，从而树立了一个好样板，一个好标准，并开始对全体干部进行这方面的有目的、有意识的教育，用全心全意为人民服务的人生观来教育和武装各级干部，使他们当好人民的勤务员。到 1948 年底，林伯渠在延安大学开学典礼上，再次重申为人民服务的重大意义，并作了“努力学习为人民服务的本领”的题词。正因为边区政府长期贯彻了这种正确的思想教育，才使得党的各项工作都蒸蒸日上，并赢得了人民的信任和拥护。

（四）公仆意识教育

边区各级政府以及工作人员都是由边区人民选举产生的，受人民监督，对人民负责。可以这样说：边区政府是人民自己的政府，边区政府的一切工作人员都是人民忠实的公仆。延安时期，在政府任职的公务人员，从乡村干部到边区政府主席，不谋私利，不贪污，不受贿，不腐化。他们也不争权势，不做官老爷，不摆官架子，而是勤勤恳恳为人民服务，为边区百姓办事，夜以继日，不知疲倦，善于倾听群众的意见，随时改进自己的工作。这正是共产主义教育、全心全意为人民服务教育和艰苦朴素教育在政府工作中的集中体现，因此，通过对干部公仆意识的教育，在边区，人民群众真正成为主宰政府的“上帝”，人民群众的地位是永远至上的，人民的权利得到广泛尊重，政府与人民的关系达到了空前的和谐，从而杜绝了任何把人民当作仆人，去任意指挥人民的现象。那时，官民一家，干部与群众平等，干部服务于人民，人民拥护干部，政府凝聚力不断增强。

三、从重治罪的刑法原则，带动了各种法律的执行

从创建革命根据地的那天起，我们党领导的政权，就废除了旧中国遗留下来的等级划分，消灭了地主资产阶级的一切特权。但是，由于以王明为代表的小资产阶级狭隘自私报复思想的干扰，使苏维埃根据地的某些法律，沾染上了封建的色彩，出现了领导干部与一般干部及人民群众的不平等。1934 年 4 月中华苏维埃共和国颁布的《中华苏维埃共和国惩治反革命条例》第 35 条规定："凡是对苏维埃有功绩的人，其犯罪行为依照本条例各项条文的规定减轻处罚。"如季振同、黄仲岳反革命案件的判决，就是如此。苏维埃临时最高法庭认定季、黄等人犯有反革命罪，并判处他们死刑，没收其一切财产。但中央执行委员会却以"季、黄等均是参加宁都暴动者，对革命不无相当功绩"为理由，改判监禁。这种对于有功之臣给予法律照顾和优待的规定，显然是受了封建法律"八议"的规定的影响，是和无产阶级法律意识形态和共产党人的宗旨格格不入的。这在当时也是错误的。到了抗日战争时期，这种法律规定与我党提出建立和发展抗日民族统一战线，团结一切赞成抗日与民主的人们，共同反对日本帝国主义的侵略政策，是很不适应的，完全成了在抗日炮火中诞生的陕甘宁边区政府法制的精神负担和累赘。党中央和边区政府抓住黄克功案件来改正这个错误，实现法制上的转变。毛泽东为此案，公开发表《致雷经天的复信》，废除了对革命有功绩的人在法律上的照顾和优待，确立了他们与一般干部和老百姓完全平等的法律地位。1937 年 10 月 5 日，抗日军政大学第六队队长黄克功因逼婚未成，在延河畔枪杀了陕北公学学员刘茜。对此案如何处理，在陕公、抗大展开了激烈的争论，一种意见认为，黄克功身为老革命、共产党员不顾国难当头，个人恋爱第一，达不到目的就杀害革命同志，实属革命阵营中的败类，应处以极刑，以平民愤。另一种意见认为，黄克功资格老，早年当红军，参加过井冈山斗争和两万五千里长征，有光荣的革命历史。根据苏区法律的规定，应免除死刑。可以想象，那时废除对有革命贡献的人在法律上的照顾，实现法律面前人人平等，对于长期生活和战斗在苏区的干部群众来说，并不是轻而易举的事。因此，党中央、毛泽东和边区政府，都非常重视此案的判决，同年 10 月 11 日，边区高等法院在陕北公学举行公审大会，当庭宣布判处黄克功死刑。接着，审判长雷经天宣读了毛泽东的复信。毛泽东在信中指出："共产党与红军，对于自己的党员和红军成员，不能不执行此比较一般平民更加严格的纪律，当此国家危急革命紧张之时，黄克功卑鄙无耻残忍自私至如此程度，他之处死，是他的自己行为决定的，一切共产党员，一切红军指战员，一切革命分子，都要以黄克功为前车之鉴。"毛泽东的这封信，从马列主义法学理论出发，深刻地阐述了民主法制中的平等原则，奠定了陕甘宁边区法制的理论基础，指明了法制建设的方向。

适应边区健全"民主政治"的要求，在 1941 年 1 月边区第二届参议会召开的前夕，针对过去我们学员犯了法有些地方不处罚，说"这样会损害共产党的威信"的错误观点，中

共中央西北局在提出的新的施政纲领中，根据毛泽东的建议，增加了“共产党员有犯法者从重治罪”的条文，按照边区政府的解释，这一原则也适用于一切非党的公务人员。“共产党员有犯法者从重治罪”，其法律含义是，共产党员是群众的先进分子，应该做遵守法律的模范，如果他们犯了法不予处罚，不仅破坏了共产党员在人民群众中的光辉形象，而且把自己放在与群众不平等的地位，则违背了边区法律面前人人平等的原则。共产党员犯了法，应该处罚，还需要加重处罚，这是无产阶级严于律己精神和品格的体现，是真正的马克思主义的观点，如此，才能真正实现他们之间的法律平等。

从边区法律规定和审判实践上看，对干部确实实行了从重治罪的原则。1939 年陕甘宁边区参议会颁布了《陕甘宁边区惩治贪污条例》，条例规定了贪污罪、浪费罪和受贿罪。贪污罪包括：1. 克扣截留应行发给或缴纳财物者；2. 盗窃侵吞公有财物者；3. 擅移公款作为私人盈利者；4. 伪造或虚报收支账目者等。浪费罪指“为私人利益而浪费公有之财物者”。受贿罪指“勒索敲诈收受贿赂者”。对以上行为处罚“以其数目之多少及发生影响之大小依法惩治”，“数目在 1 000 元以上者，处死刑；数目在 500 元以上者，处三年以上有期徒刑或死刑；数目在 300 元以上 500 元以下者，处三年以上五年以下之有期徒刑；数目在 100 元以上 300 元以下者，处一年以上三年以下有期徒刑；100 元以下者，处一年以下有期徒刑或苦役”。同时规定：还应追缴其贪污所得之财物；无法追缴时，得没收其犯罪人财产抵偿。而对人民群众犯罪，按照边区副主席李鼎铭先生的说法，则实行轻刑主义。人民群众犯罪，只要不带政治性或有阶级背景，一般判刑很轻，多不监禁，交乡执行。然而，那时在贯彻法律面前人人平等，以及公务人员犯法加重治罪的原则，仍是有一定的阻力而不是一帆风顺的。难能可贵的是，在延安有一股人间正气，支撑着民主与法制的大厦。

沈厚铎

试析中国古代的赦*

简介

沈厚铎，中国政法大学法律古籍整理研究所研究员，1939年生，1963年毕业于北京师范学院中文系。先后在北京西城区业余学校、西城区职工大学任教。1983年进入中国政法大学，1985年中国政法大学法律古籍整理研究所成立，即进入该所从事法律古籍整理与研究工作。参与了《中国古代律令集成》、《大清律例通考》等重要古籍的整理工作。花费了大量的时间，参与了其曾祖父、我国近代法学家沈家本先生著作的整理研究工作，贡献出珍藏的沈家本先生原著，与中国社会科学院法学研究所法律史研究室合作编纂了《沈家本未刻书集纂》、《沈家本未刻书集纂补编》，编纂整理了《中国古代珍稀法律典籍集成》丙编第三册《沈家本未刊稿七种》。撰写了《沈家本未刻书考释》、《秋审初探》、《试论中国古代的赦》等多篇论文。现正参与沈家本先生故乡浙江省湖州市人民政府与中国政法大学法律古籍整理研究所合作编纂的《沈家本全集》的整理编纂工作。

2003年退休。

---

* 原发表于《中外法学》，1998（2）。

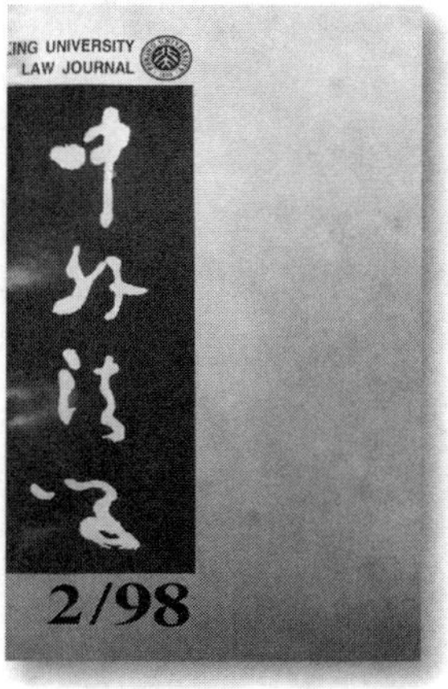

赦，在中国封建时代，是体现皇权的重要标志。所有赦令概出于帝王，其他任何人都不可能颁布赦令。帝王颁布各种赦令，出于各种不同的原因，都是要达到笼络人心以期巩固其统治地位的目的，所以赦也是帝王们的一种政治手段。

一、赦的起源

据史书记载，舜的时代就已有“赦”。《舜典》：“眚灾肆赦”，孔颖达疏曰：“若过误为害，原情非故者，则缓纵而赦放之。”是说有过错而造成的“害”，究其本意，并非故意的，就可以缓纵并且可以赦免。可见，这时的“赦”尚不具有后世对“罪”宽免的全部意义，至多也只是对“过失犯罪”的宽免而已。郑玄说：“过失，虽有害则赦之。”① 《周礼·秋官》：“司刺，掌三刺、三宥、三赦之法以赞司寇听狱讼。一刺曰讯群臣，再刺曰讯群吏，三刺曰讯万民；一宥曰不识，再宥曰过失，三宥曰遗忘；一赦曰幼弱，再赦曰老耄，三赦曰蠢愚。”由此可知这一时期，不论“赦”还是“宥”都不含有对故意犯罪宽免的含义。

到了西周中叶《吕刑》成，其中则规定“五刑之疑有赦，五罚之疑有赦”，即不论当刑之罪，还是当罚之过，只要有“疑”就可以赦。与《秋官》之赦宥有很大不同。邱浚说：“按此所谓有赦者，赦其有疑者耳，非若后世不问有疑无疑一概蠲除之也。”是对这一时期的赦的判断。《礼记·王制》曰：“赦从重”。对此郑玄注曰：“虽是罪可重，犹赦”。《王制》又曰：“疑狱，汜与众共之，众疑，赦之。”虽罪可以入重刑，但由于他并非故意犯罪，如果量刑是个“疑狱”，向众人征讯意见，众人亦以为很难以重罪量刑，于是“赦之”。这也是罪疑之赦。《王制》又有“凡作刑罚，轻无赦”。郑注说：“法虽轻，不赦之，为人易犯。”孔颖达对此提出了很好的解释：“此非疑狱，故虽轻不赦也。若轻辄赦，则犯者众也。故《书》云：刑故无小，虽轻不赦之，为人易犯也。”就是说，这里所指的“轻”是确确实实的犯罪，虽属轻罪，也是不能“赦”的。

可见，在西周时代“赦”仍局限在“非故意犯罪”的范畴之内。到了春秋时代，赦的含义已经与后世之赦十分相近了。《文献通考》卷一百七十一载：楚国陶朱公的次子因为杀人而被缉捕入狱。陶朱公派他的长子给楚王的近臣庄生送去了千金之重礼，请他在楚王面前说情。庄生去进见楚王，劝说楚施德政，于是楚王准备发布赦令。消息传到陶朱公长男耳朵里，他以为既然发赦令弟弟本来就当出狱，觉得送给庄生那贵重的礼物是白扔了。于是又去见庄生，并说楚王打算发布赦令。庄生觉得被这种小人收买很惭愧，于是就把收的千金还给了陶朱公长男。后来，他又见到楚王，就说：大王想修德。但是我在路上，听说

---

① 见郑玄：《史记集解》《五帝纪》。

陶朱公是很富有的人，他花了大量的钱贿赂王的左右近臣，如今要是发了赦令，别人就会认为您是为了陶朱公之子而发了。楚王听了大怒，下令论陶朱公之子死罪。第二天才下了赦令。由这一件事，可以看出，这时的赦已经和西周时的赦不同。这时已经有了类似后世大赦的形式了。陶朱公子杀人，不可能是疑罪，陶朱公之子虽然是在赦前先论了死罪，但楚王在决定发布赦令时，确是包括了陶朱公之子的。沈家本认为“古之赦者乃过失之类。如《司刺》所言者，尚无后世大赦常赦之事。唯春秋春之肆大眚，似为大赦之权舆。……可见春秋之初已有此事，但不知实起何时耳。自汉以后，遂为常法矣。”② 正如沈家本所说，史籍中汉代以前关于赦的记载极少，如后世之大赦之事的记载更是寥寥。而从汉开始有关赦的记录才逐渐多起来。

汉代是我国历史上最早正式设赦的朝代，也是帝王把赦作为自己的政治手段的开始。汉高祖五年（公元前202年）令：“兵不得休八年，万民与苦甚，今天下事毕，其赦天下殊死以下。”八年的战争给百姓造成了很大的痛苦，“天下事毕”正是应该休养生息的时候，刘邦颁布了“其赦天下殊死以下”的赦令。目的何在呢？据史书载，刘邦的这道赦令在公元前202年农历正月发布的。这时项羽已在乌江自刎，刘邦在中原地区已经确立了自己的绝对优势，刘邦以汉王的身份发布大赦天下的命令，是向文武官中发出了称帝意向的信息。天下初定，需要安定人心，那些被征服的人口中不少尚存敌意，赦免除死罪以下的犯人正是显示其宽仁的政策，用以怀柔。诸侯王也正是在刘邦发布大赦令之后，上表“请尊汉王为皇帝”的。汉王刘邦也就在二月即皇帝位。

登位次年又发布赦诏曰：“天下既安，豪杰有功者封侯。新立，未能尽图其功。身居军九年，或未司法令，或以其故犯法，大者死刑，吾甚怜之，其赦天下。”这次赦令是他逮捕韩信之后颁布的。这是刘邦削弱跟随他争战多年的将领的势力的开始。韩信功劳最大兵权最盛，是刘邦征讨全国不可缺少的支持者，也是他皇帝宝座的最大威胁。逮捕韩信，削其兵权，但又怕因而引起其他将领的不安，于是曰“天下既安”又赦免了军中犯了法的人犯，以此安定其他文武官员的心理。可见汉高祖颁布赦令，完全是根据政治的需要，而并非出于恤刑与宽仁之心。自高祖开始，赦事已经成为皇帝的重要政务；成为重要的政治手段。纵观汉的一代，大体上是盛时赦少，乱时赦多。高祖因国家初定，在位十二年竟九赦天下；灵帝在位二十二年，达二十赦，几乎无岁不赦。然而文帝在位二十三年，只六赦；惠帝在位七年，只一赦。汉代在位最长的武帝，五十五年只有十八赦，平均三年一赦。已经表现出乱世多赦的历史现象。

赦作为一种由皇帝亲自颁布的减免犯罪人处罚的法令，正式为社会确认。

二、赦的分类

汉代以前，赦事并无分类，史书记载一般曰赦、赦天下、赦罪人之类统而言之。汉开

---

② 见沈家本：《历代刑法考·赦考》。

始赦事渐多，也分出了不同层次，于是赦的类别也就逐渐形成。赦的分类，依沈家本《历代刑法考·赦考》可以分为大赦、特赦、减等、曲赦、别赦、赦徒六类。

大赦与特赦一般是指全国性的重大赦事。此类赦事，有赦死罪与死罪以下的区别，前者是包括死罪囚在内一概都赦，后者则除死罪囚不赦外一概皆赦。这类赦事又常与减等同时颁布，其中对死罪囚行“减死罪一等”其他一概皆赦之。减等之赦是在原刑之下减免部分处罚。曲赦是赦部分地区之罪囚，所赦地区随意性很大，所涉赦的罪囚有时从死罪开始，也有以限定某刑级或某刑种，均由当时的情况而定。别赦则常因人而设，专赦某人或某些人或某些刑种。所赦免的程度亦因时因人，或因当时的实事需要而定。赦徒则指专门只赦徒刑的赦事。

不论是哪一类赦事经常附有“常赦所不原”者除外的条件，一般是指犯“十恶”的罪犯。当然，有时也特别指定哪些罪犯不在赦的范畴内。赦的分类是逐步形成的，赦类的含义，各朝未必一致，赦的名称也不全吻合。然从汉始至清逊，先后二千年间，能够大体不变也可以说是中华传统法之大观了。

赦，不论哪类，总应有某种因由，或因事因时，或因人地，一般不会毫无因由而随心所欲。

汉代以前，没有什么固定的赦因。贾谊《新书》有：“惟稽五赦，以绥民中，一曰原心；二曰明信；三曰劝功；四曰褒化；五曰权计。”从这五赦之中，可以看出赦的根本原因，在于达到帝王稳定政局的目的。

汉代开始，赦必有引因。汉代赦因大体有践阼、改元、立后、建储、后临朝、大丧、帝冠、郊、祀明堂、临雍、封禅、立庙、巡狩、徙宫、定都、从军、克捷、年丰、祥瑞、灾异、劭农、饮酎、遇乱等二十余种。

“践阼”是帝王登极。帝王登极是大喜之事，因喜而恩及在押之囚，故从汉代起有践阼大赦的习惯。据《汉书·高后纪》记载，公元前188年汉惠帝刘盈崩，太子立为皇帝，皇帝年幼高后吕雉临朝称制，大赦天下。可以说是汉代最早的践阼大赦。虽然这不是传统的皇帝登极但毕竟是太后临朝称制，所以这一赦事，称为最早的践阼大赦似无不可。汉代第一次由登极的皇帝亲自颁布赦令，是公元前179年孝文帝刘恒为陈平、周勃等拥戴诛诸吕，登帝位诏曰：“制诏丞相、太尉、御史大夫。间者诸吕用事擅权，谋为大逆，欲危刘氏宗庙。赖将相列侯、宗室大臣诛之，皆伏其辜。朕初即位，其赦天下”。这是名符其实的最早的践阼赦事。自此，历朝历代皇帝登极赦天下即为常事。直到清朝末代皇帝溥仪即帝位，于宣统元年（公元1909年）“颁诏天下，罪非常赦所不原者，咸赦除之”。虽然这一赦事并不是幼小的溥仪亲自颁布，但也是尚不懂事的小皇帝初登大宝而颁布的。这就是我国历史上最后的一道践阼之赦的诏书。③

“改元”之事自汉始有，文帝登基之年的年号称“元年”，经十六年后又重改称“元年”

③ 见《清史稿·宣统纪》。

即将年号顺序改从元年始，但这次改元并没有设赦。历史上第一次因改元设赦是汉景帝七年改称“中元年”（公元前149年）“夏四月赦天下”。中元经六年又改称“元年”史称“后元”“三月赦天下”④。景帝两次改元，两次设赦，是改元设赦的开始。真正登极设年号的首当汉武帝。武帝初登大宝，是景帝后元三年，次年改称“建元”元年，“春二月，赦天下。”⑤。自此，武帝十改元而七赦。但是使改元设赦事成为帝王之常赦是东汉光武帝刘秀时的事。刘秀称光武帝建元“建武”是公元25年，经三十二年于公元56年，改元“中元”是年“夏四月己卯，大赦天下。”⑥ 明帝未改元，章帝“其改建初九年为元和元年。郡国中都官系囚减死一等，勿笞，诣边县。妻子自随占著在所。其犯殊死，一切募下蚕室，其女子宫。系囚鬼薪、白粲以上，皆减本罪一等，输司寇作。亡命者赎，各有差。”虽未明言赦，其实为赦。元和经四年改元“章和”，是年秋七月壬戌诏曰：“今改元和四年为章和元年。秋，令是月养衰老，授几杖，行糜粥饮食。……死罪囚，犯法在丙子赦前，而后捕系者，皆减死勿笞，诣金城戍。”⑦ 章帝在位十三年两次改元皆赦。自此，东汉诸帝除明帝、殇帝在位一年未及改元亦未赦；又少帝二改元未赦，献帝即位改元。后三改元二赦外，几乎每改元必赦之。其时改元设赦似已成为常赦。

立后乃帝王之家的重大事件，当然也是国家大事。但是否设赦，则与当时时事而定，与践阼、改元不同。最早的立后赦事，当属《汉书・武帝纪》所载：“元朔之年（公元前128年）春三月甲子，立皇后卫氏。诏曰：朕闻天地不变不成施化，阴阳不变物不畅茂，《易》曰：通其变，使民不倦。诗云九变复贯，知言之选。朕嘉唐虞而乐殷周，据旧以鉴新。其赦天下与民更始。”沈家本认为“此年之赦，系于民更始。似是改元之意。今两系之。”⑧ 而真正单独为立后而设赦事，是汉昭帝始元四年，这一年立上官氏为后，赦天下。（《汉书・昭帝纪》）

“建储”之赦，始汉高祖二年（前205年），“立太子赦罪人”。此处不言赦天下，是因刘邦尚为汉王，而且项羽仍然势力强大，战争尚在进行，“赦天下”根本不可能，而其以汉王颁赦天下也是根本办不到的。两汉立储并非每立必赦。而后世各朝亦未成为必赦之事。

“后临朝”常类践阼且历史上后临朝之事本不多见，不可能形成常赦之制。“大丧”、“帝冠”、“郊”、“祀明堂”、“临雍”、“封禅”、“立庙”、“徙宫”、“定都”、“从军”、“支捷”、“年丰”、“祥瑞”、“灾异”、“劭农”、“饮酎”、“遇乱”、“巡狩”诸种赦事皆从汉时起，虽均为大赦，但亦非常事。有的是因为本来这类事件就不是常有的事，如“定都”、“立庙”之类。有些则因时而便，也是因为当时帝王本人或要臣对这一事件的重视度而定，如祥瑞之事可信可不信，大臣们如果认为事件可信或曰可喜可贺或有人认为当赦，于是可促成皇帝颁布赦令。

以上均为有因之赦。一般都是大赦之属，此外还有许多无因之赦。这类赦事，沈家本

---

④⑤⑥⑦ 见《汉书・景帝纪》、《汉书・武帝纪》、《后汉书・光武帝纪》、《后汉书・章帝纪》。

⑧ 见沈家本：《历代刑法考・赦考》。

称其为“特赦”[9]，如《史记·秦纪》中记载的秦代的赦事：昭襄王二十一年，“错攻魏河内，魏献安邑。秦出其人，募徒河东赐爵，赦罪人迁之”。二十六年，“赦罪人迁之穰”。二十七年，“错攻楚，赦罪人迁南阳”。二十八年“大良造白起攻楚，取焉、郑，赦罪人迁之”。“孝文王元年赦罪人。”“庄襄王元年，大赦罪人”。其时这类赦事未必无因，或者史书未记，或者本来就是有因而赦，只是颁赦不便于明言罢了，如《汉书·高帝记》有“九年……春正月……丙寅，前有罪殊死以下皆赦之。”其实在刘邦，他因为十二月刚刚逮捕了赵王敖，并下诏曰：“敢有随王，罪三族。”然而，忠于赵王敖的郎中田叔、孟舒等十人，自己剃去了头发，套上戒钳装作犯人跟随赵王入狱。刘邦也知道自己这种过河拆桥翦除功臣的做法不得人心，所以又假仁假义释放赵王，但废了他的王位降为宣平侯，实际上是为了剥夺赵王敖的兵权。事成，刘邦为了安定人心，发布了这一赦令，从而使田叔、孟舒等十人得免罪而感恩于刘邦，拜官而为刘邦所用。这难道不是赦因吗？只是这种“赦因”不登大雅罢了。

减等之赦，每赦各不相同。《汉书·景帝纪》有中元四年“死罪欲腐者，许之”的记载，是史书上最早减等的记录。沈家本说：“宫刑，文帝已除，此贷死为宫也。”[10] 这是把死刑减为宫刑。东汉明帝永平八年（公元66年）十月“诏三公募郡国中都官死罪系囚，减罪一等，勿笞，诣度辽将军营，屯朔方、五原之边县；妻子自随……其大逆无道殊死者，一切募下蚕室。”[11] 依汉制，死罪减一等为斩左趾，文帝除肉刑后，可以代之笞二百。明帝此赦是招募这些罪囚，免去死刑徙戍边防，所以“勿笞”。以上两赦虽都是死刑减等，但各不相同。东汉和帝永元三年有“减弛刑徒从驾者刑五月”[12]，是只减除五个月。汉制徒，最低刑为一岁，此赦只减五个月。汉代减等之赦，随意性很大，全凭皇帝一时兴起。甚至看不出什么可以依照的标准。东汉桓帝永兴二年（公元153年）“减天下死罪一等，徙边戍”[13]，是以减等为主的最后一赦。沈家本也认为“自此以后，逐无减等之文”[14]。

曲赦的有关记载，最早也是出现在《汉书·高帝纪》。汉高祖十年（公元前196年）七月“赦栎阳囚死罪已下”，是赦一地之罪人。但汉代尚无曲赦之名，所以《汉书》记载没有明示“曲赦”。《宋史·刑法志》有“凡曲赦，惟一路或一州。或别京，或畿内。”是对曲赦的概括。从西晋惠帝时才正式出现了曲赦的名目。《晋书·惠帝纪》有永平元年（公元291年）六月“曲赦洛阳”的记录，是最早出现的曲赦名目。但即使是出现“曲赦”名目以后，在历代帝王颁布的赦令中，没有明示出“曲赦”，但实质上是“曲赦”的仍然不少。例如《北史·魏文帝纪》有大统五年（公元359年）二月“赦京城内”。又如：《周书·明帝纪》有明帝元年（公元557年）十月二日，“赦长安见囚。”再如《唐书·睿宗纪》有“睿宗景云元年（公元684年）十一月，“葬孝和皇帝，赦灵驾所过”等不胜枚举。总之以局部地方

---

[9][10] 见沈家本：《历代刑法考·赦考》。

[11][12][13] 《后汉书·明帝纪》、《后汉书·和帝纪》、《后汉书·桓帝纪》。

[14] 见沈家本：《历代刑法考·赦考》。

为赦事范围之赦是为曲赦。其刑种赦因设有定准。

别赦则很少有在赦令中直接明示别赦，多冠以大赦、特赦、赦或释之类词语，按其内容则所赦是专人专事或某些刑种范围以内，与前面所说到的大赦、特赦有明显的区别。如汉高祖五年（公元前202年）“初，田横归彭越。项羽已灭。横惧诛，与宾客亡入海。上恐其久为乱，遣使者赦横，曰：‘横来，大者王小者侯。不来，且发兵加诛。’横惧乘传诣雒阳，未至三十里，自杀。上壮其节，为流涕，发卒二千人以王礼葬焉。”这是单为田横一人所发之赦令。《晋书·元帝纪》大兴四年（公元321年）五月诏曰：“昔汉二祖及魏武皆免良人。武帝时，京州覆败，诸为奴婢亦皆复籍，此累代成规也。其免中州良人遭难为扬州诸郡僮客者，以备征役。”这是专门赦免因战争被处置为奴隶的未成年人。《北齐书·孝昭帝纪》有皇建元年（公元560年）“诏官奴婢年六十以上，免为庶人。”这是为赦因罪被处籍没为官奴婢的人中六十岁以上年老罪犯而发的赦令。《宋史·太祖纪》开宝六年（公元973年）十月“特赦诸官吏奸赃”，是专门赦免犯有奸赃罪的官吏。《辽史·太宗纪》天显五年（公元930年）三月，“皇弟李胡请赦宗室舍利郎君以罪系狱者，诏从之”是专赦部分宗室以罪入狱的人。明成祖永乐十一年（公元1415年），“敕奸党齐黄等远亲未拿者，悉皆宥之，有未告者，勿论”⑮，此条专赦主犯连坐的远亲而且必须是尚未拿获的。总之，别赦专门赦的是某人、某些人或某事件牵涉的人员，其或全部或部分人员。

赦徒是专门降减被科以徒刑之人。赦徒有不同情况，可能属于曲赦的范围，也可能是大赦的范围，或者是大赦但限定专指徒。《汉书·景帝纪》中元四年“秋，赦徒作阳陵者。”此专赦在阳陵服役的徒刑罪犯。《晋书·明帝纪》太宁二年正月“赦五岁刑以下”，此赦所有五岁刑以下徒刑犯。《辽史·道宗纪》大安四年正月“曲赦西京役徒”，冠以“曲赦”之赦徒。《清史稿·高宗纪》乾隆十八年（公元1753年）四月“以旱命刑部清理庶狱，减徒以下罪”，是赦徒刑以下的罪犯。“赦徒”之所以能单成一种，是因为这些有罪之人，所犯之罪与死流相比，相对较轻，对皇权与国家安全的威胁相对较小，因而遇赦的机会也更多。

三、赦的程序与仪式

赦，在封建帝王时代，是重大事件。因为既可以宣示帝王恩德，又可以显示帝王权威；既能表现帝王的恤刑仁爱，又可以达到笼络人心的目的。所以历代王朝大多十分重视颁赦的程序与仪式。

据《汉旧仪》的记载，汉代遇有践阼、改元、立皇后、太子等大事颁布赦天下诏书时，首先由帝王正式颁诏，然后丞相、御史复奏有关情况，待一切就绪，分别由丞相、御史乘专用的传驾车到郡国解放囚徒，宣布诏书。郡国又派官吏乘传厩车马到所属的县治传达赦

⑮ 见《历代刑法考·赦考》，此条沈家本按曰：“此条见《明大政记》”。

诏，解放囚徒。[16] 其间对传达诏书使臣的接送也有相当隆重的仪式。据《隋书·刑法志》记载，《齐律》规定，“赦日，则武库令设金鸡及鼓於阊阖门外之右。勒集囚徒于阙前，挝鼓千声，释枷锁焉。”可以想象，“挝鼓千声”的气势，当场“释枷锁”的场面，在一千五百年前恐怕是十分热闹隆重的了。设金鸡以示赦诏的形式，不知从何时开始，但魏晋南北朝时期始见于北齐的有关史料。《佩文韵府·碼韵·赦下》记曰：“《北齐书》：武成大赦，于殿门外建金鸡。不详其义，问于司马膺之，对曰：《海中日占》云：天鸡星动，当有赦，帝王以为候。”此后，历朝宣诏赦令，有设金鸡为徵候的传统。宋金时代有了发展，赦仪更为复杂庄重。元明虽不设金鸡徵候，但仪式都更加复杂隆重，特别是明代始将颁赦诏的仪式推而广之，凡颁诏均行大典，并增加了很多地方迎接诏书的仪式规定，使朝廷颁诏的隆重延伸到全国各地，进一步扩大皇威与皇德的影响。清代则延续了明代的方式，所有诏书，均以“颁诏仪”[17] 行之，且把金鸡演化成金凤，而且增加了用彩绳把诏书从金凤口中衔下的礼节，显得更加严肃且蒙上了一层神秘的色彩。

四、赦的评说

赦，在封建社会的中国，历朝历代没有停止过，由于政治形势的不同，帝王本身及其左右大臣们的观点不同，赦的次数多寡悬殊。大体上乱世赦多，几乎是历朝历代的规律。三国吴的孙皓，在位十七年十五赦。孙皓为政残暴因而政治局势动荡，所以迫不得已屡行赦事以笼络人心稳定政局。晋统一中原，武帝司马炎时期，是司马氏的多年经营之后立国的初期，这一时期也就算是西晋盛世了，司马炎在位二十六年，大小赦事十四起。而到了惠帝时，二后肇祸，八王构乱，政治形势动荡不安，惠帝不得不运用赦的手段为自己岌岌可危的宝座增加一点威慑力，短短十七年间，改元十一次，大小赦事二十八次，其中永宁元年一岁三赦，永兴元年竟岁颁七赦。是两晋赦多之冠。纵观南北朝诸国，大都立国时短，战乱时多，赦事频繁亦不足道。一年再赦，或一年多赦是常见。盖时局动荡，而帝王们不得已为之而已。

对于赦，封建时代的许多理论家、思想家、政治家、法家都是持否定态度的。管仲认为“上赦小过，则民多重罪，积之生也”[18]。匡衡认为：“大赦之后，奸邪不为衰止，今日大赦，明日犯法，相随入狱。此殆导之未得其务也”[19]。都认为赦非但不能劝导人们向善，而且是引导人们去犯罪。王符尖锐地指出：“洛阳主杀人者，高至数十，下至四五，身不死则杀人不止，皆以数赦之所致也，由此观之，大恶之资终不可化，虽岁赦之，适劝奸耳。”[20]《三国志·孟光传》记载延熙九年秋，大赦之后，孟光于众中责大将军费祎谓曰：“夫赦者，偏枯之物，非明世所宜有也。”也认为赦不是明智之举，是“小人之幸，君子之不幸”。然

---

[16][17][18][19][20] 见《初学记》二十、《清史稿·礼志·颁诏仪》、管仲：《管子·法法篇》、见《汉书·匡衡传》、《潜夫论·述赦篇》。

而邱浚却认为："当承平之世，赦不可有，有则奸宄得志而良民不安。当危疑之时，赦不可无，无则反侧不安而祸乱不解。"是比较公允的说法。赦是对犯罪人的宽宥，如果这些罪犯是因为伤害了百姓而就刑的，如其被赦，则使受害者之冤无处申诉，势必形成不公正的结果。所以持否定态度的意见历朝皆有的。

赦，作为封建帝王的一种政治手段，历代帝王没有不用的，然而，赦对于历代帝王从来都是有限度的。所以赦文中常加以限制，如赦中加上诸如"殊死以外"或"死罪真犯以外"等一些限制性的语言，把对社会，主要是对皇权威胁较大的罪犯，限制在可原罪之外。明代开始出现了"常赦所不原"。有时在赦诏中即行指明"常赦所不原者除外"，意思是依法律规定犯有常赦所不原之罪的人犯，不论所判刑种量刑等级，均不在这次赦的范围，即不得援赦免罪。

"常赦所不原"，唐宋律文均不见有此条目。唯明律《名例律》中始见，其律文曰："凡犯十恶、杀人，盗系官财物及强盗、窃盗、放火、发冢、受枉法不枉法赃、诈伪、犯奸、略人略卖、和诱人口，若奸党及谗言左使杀人，故出入人罪，若知情故纵，听行藏匿、引送，说事过钱之类，一应真犯，虽会赦并不原宥，其过误犯罪及因人连累致罪，若官吏有犯公罪并从赦原。其赦书临时定罪名特免及减降从轻者不在此限。"自此，赦文才有了"常赦所不原"的条目。清律沿用此条，文字亦相同，只是《大清律例》此条下有九条例文，作了大量补充。明清两代，是我国封建社会发展的极盛与衰亡的时代。当然作为帝王政治和法律手段的赦也就更成熟更加完备，其立法也更符合统治阶级的利益。"常赦所不原"律文的出现就成为历史的必然。从律文中对赦的范围的限制，也不难看出"赦"作为帝王手中工具的实质。

马志冰

中国古代法律制度特点若干成因质疑*

简介

马志冰，男，1992年毕业于山东大学历史系，获博士学位。现任中国政法大学法学院教授，法律史研究所所长，监狱史学研究中心主任，国土资源法律研究中心、体育法研究中心研究员；中国监狱学会监狱史学专业委员会委员，中国法律史学会理事等。近年主要从事中国法律史及中国传统社会结构的教学与研究。

---

* 原发表于《比较法研究》，1998（3）。现根据本书编辑部的字数要求压缩了部分内容，但仍保留了原文的体例结构和基本观点。——作者注

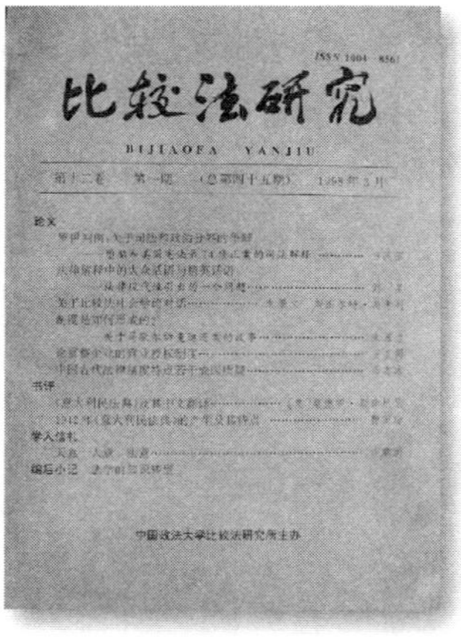
比较法研究

BIJIAOFA YANJIU

中国古代法律制度，在其发展过程中形成了许多特点，其中有些是其他国家或民族所不具备的。正是由于这种独自具有的特点，使中国古代法律制度与其他国家或民族相比，呈现出某种差异性。这些特点究竟是如何形成的？对此，法制史学界结合中国古代的地理环境、历史条件、国情特色、民族性格等诸多因素进行了许多研究，并且取得了大量成果。但是，由于主客观原因所致，有的研究结论未必中肯。本文无意全面评述这些研究成果，也无力系统探讨其形成那些特点的全部成因，仅对其中一些影响较大而问题也较多的观点略述己见，以期澄清某些历史事实。

关于中国文明起源的“早熟性”问题

迄今为止，法制史学界的许多学者认为：中国是一个地处东亚大陆的多民族大国，特殊的地形、环境、气候、土壤条件及自然资源，使中国社会很早就跨入了文明社会的门槛。中华民族是以黄河流域为摇篮发展起来的，这里地处平原，气候温和，雨量充沛，土质松软，天然具备发展原始农业的良好条件。因此，早在公元前22世纪左右，活动于中原地区的夏部落，便在木石器类生产工具的基础上发展农业生产，积累社会财富，出现了私有财产和阶级分化，为国家的产生准备了物质条件。所以，中国古代文明的起源和夏代国家的形成具有“早熟性”特征。

所谓“早熟性”，实际是文明起源“不正常”或“变态”的同义语，类似于“早产儿”。它最初是西方人在不完全了解古代东方社会的情况下，用来概括东西方古代文明起源及社会历史发展的差异性时所使用的一个概念。人们使用这一概念时，都是以西方尤其是古希腊、古罗马文明起源与社会发展模式为范本的。马克思在1857年的《〈政治经济学批判〉导言》中，就曾经使用这个概念描述过古代文明起源这一“历史上的人类童年时代”他说：“有粗野的儿童，有早熟的儿童。古代民族中有许多是属于这一类的。希腊人是正常的儿童。”[①] 在这里，发育“正常的儿童”是指希腊古代文明，“早熟的儿童”是指古代东方社会，而“粗野的儿童”则指日耳曼蛮族。这种表述基于一种认识，即古希腊的文明起源与社会发展是正常的，后两者则是不正常或者说是变态的。这种看法显然不符合历史事实。如果把上述三个民族的古代文明起源排个顺序就会发现，古希腊、古罗马那种所谓发育成熟者，都是文明起源较晚的；而古代东方社会这些所谓发育不良者，文明起源都比较早。也就是说，古希腊、古罗马的文明起源及社会发育比较成熟，其文明发展程度比古代东方国家高，是因为它们接受了比自己文明起源早得多的古代东方社会的先进生产力，在外来

① 《马克思恩格斯选集》第2卷，114页。

影响的“催化”作用下迅速趋于成熟。因此，与其说古代东方社会的文明起源“早熟”，毋宁说古希腊、古罗马的文明起源“早熟”更符合事实。

众所周知，中国是古代东方社会中文明起源最早的地区之一。在世界文明起源的时间表上，西亚两河流域和北非尼罗河流域名列第一，可以上溯到公元前4000年左右；中国黄河流域和南亚印度河流域不相上下，位居第二，可以上溯至公元前3000年左右；毗邻西亚的东地中海爱琴文明位居第三，约在公元前2000年以后；古希腊、古罗马只能排在第四，约在公元前1000年左右；最后是中美洲玛雅文化以及南美洲中央安第斯文明，估计公元前300年以后才出现。在这几支古代文明中，西亚、北非、欧洲以至南亚印度河流域之间是有相互联系的。自新石器时代农业文明产生以来，东起印度河流域、西至地中海周围的广大地区就是一个互有关联的整体。在这一区域内，相继产生了西亚苏美尔和阿卡德、巴比伦和亚述的美索不达米亚文明；伊朗文明；安那托利亚和叙利亚・巴勒斯坦等地中海东岸文明；南亚印度河流域上古文明；北非古代埃及文明和马格里布各国文明；南欧爱琴文明和伊达拉里亚文明；希腊文明；罗马文明；等等。而位于东亚的中国古代文明，虽然不能完全排除来自中亚的影响，但总的说来是独立发展起来的。② 至于中美洲玛雅文化以及南美中央安第斯文明，基本也是相对独立地发展起来的——尽管学术界有人认为，美洲原始土著居民印第安人和爱斯基摩人，是从亚洲东北端曾被称为“白令陆桥”的白令海峡，经由北美西北角的阿拉斯加迁移过去，并陆续南下的蒙古人种。

人类古代文明起源，最初是与农业生产的发展密切相关的。所有古代文明起源最早的国家或民族，都是立足于农业发展起来的。游牧民族虽然也能进入文明社会，但一般都比农耕民族要晚一些。③ 这首先是因为农业是人类对自然体系的一种人为改造，通过这种植物驯化的改造过程，能够使可资利用或可供栽培的植物种类变得丰富起来④，并且使这些被驯化的植物产量逐步提高，为人类自身的进化和人类社会的发展提供更多的生产生活资料。而早期的游牧经济，其物质生活来源以及社会生产基础则相对不太可靠。由于农业最初是从采集或利用天然野生谷物的采集农业开始，逐步发展成为人工种植农业的，所以，它最先发明于那些具有天然野生谷物的地区。西亚、北非的农业，最初起源于中亚至西亚的山地丘陵地区。它西起约旦河谷和安那托利亚，东至扎格罗斯山地，形成一个新月形（或伞形）地带。⑤ 这一区域包括今土耳其以南、伊朗以西的叙利亚、黎巴嫩、巴勒斯坦、以色列及伊拉克北部的广大地区，分布着各种原型野生小麦和大麦等野生谷物，故其最先发展成为以小麦和大麦为主的种植农业。在两河流域和尼罗河流域，这种

② 参见田昌五：《中国历史体系新论》，10页，山东大学出版社，1995；《世界上古史纲》编写组：《世界上古史纲》下册，108页，人民出版社，1981。

③ 田昌五：《古代社会断代新论》，10页，人民出版社，1982。

④ 《泰晤士世界历史地图集》中文翻译组：《世界史便览——公元前9000年—公元1975年的世界》，99页，三联书店，1983。

⑤ 《世界上古史纲》下册，1页。

种植农业较早地发展成为灌溉农业，因而这两个地区文明起源最早。古代中国的北方以种植谷子（粟）为主，南方以种植水稻为主，都不需要什么水利灌溉工程。谷子和水稻原本也是两种野生植物，前者的野生品种称为莠草，俗名狗尾巴草；后者是由普通野生稻培植而来的。谷子属旱地作物，可以在平原或丘陵山地大面积推广。而南方的水稻，最初只适宜小面积种植。这也是中国古代文明起源晚于西亚、北非，其中心又长期在北方黄河流域的主要原因——尽管长江流域的文明起源并不算晚。⑥ 南亚次大陆的印度河流域，与两河流域有些类似，也以种植小麦和大麦为主。后来在恒河流域，才出现了稻米的种植生产。所以，古代印度⑦文明最早出现在印度河流域，恒河流域的文明则发生较晚，后来才成为南亚次大陆古代政治、经济、文化的中心。在古代欧洲，包括文明起源较早的爱琴地区在内，据说只有小粒品种的野生植物，缺乏西亚、东亚那种野生谷物。那里的农业文化，包括种植的作物、使用的农具以及采用的农耕方式等，都是从邻近的西亚输入的。⑧ 古希腊、古罗马是从游牧经济转向农业经济的，其文明起源就晚多了。新大陆的中美洲基本也是独立地由采集农业发展到种植农业的，那里最早进行人工栽培的植物品种主要是玉米。据考古学者的研究，中美洲生长着一种一年生的野生大禾草植物“假蜀黍”（Teosinte）。一般认为，这种植物就是玉米的祖先。⑨ 不过，中美洲玛雅文化以及南美中央安第斯文明也是从半游牧经济转向农业经济的，当地印第安人的农业经济形成较晚，其文明起源的时间也晚得多。

古代东方社会的文明起源，都是建立在铜器时代的生产力发展水平上的。从这种意义上说，奴隶制时代一般是与铜器时代基本同时的。这是古代文明起源和社会发展的正常发育道路。由于铜器尚不能完全排除石器，故铜器时代往往是铜石并用时代。根据考古学者的研究，在世界几大文明起源区域中，安那托利亚是目前所知最早使用铜矿石的地区。据说公元前8000年代，那里的人们就已广泛交换着一种名叫孔雀石的含铜量较高的绿色矿石。到公元前5000年代，有效的熔炼技术发展起来，人们开始铸造矛头和斧头之类的铜器。从安那托利亚至伊朗高原山地一带普遍盛产铜，而一些有锡或邻近有锡的地方则进入青铜时代。⑩ 早在公元前4300年左右，西亚埃利都·欧贝德文化，北非上埃及塔萨·巴达

⑥ 《中国历史体系新论》，10、48～49页；中国社会科学院考古研究所：《新中国的考古发现和研究》，145页，文物出版社，1984。

⑦ “印度”一名，源于印度河，梵语称“信度”（Sindhu），义为“海洋、江河”。在古代各国文献中，最早提到“印度”这一名称的是波斯大流士铭文。司马迁《史记》对印度历史也有过较为详细的记载。在我国古代史书中，印度一般被译为天竺、身毒等，唐代名僧玄奘《大唐西域记》开始译为印度。古代印度是南亚次大陆的地理总称，各国另有其自己的国名。据《大唐西域记》卷二称：“详夫天竺之称，异议纠纷，旧云身毒，或曰贤豆，今从正音，宜云印度。印度之人，随地称国，殊方异俗，遥举总名，语其所美，谓之印度。”（参见《世界上古史纲》上册，341页，人民出版社，1979。）

⑧ 《世界上古史纲》下册，10～35页。

⑨ 蒋祖棣：《玛雅与古代中国》，20页，中国社会科学出版社，1993。

⑩ 《世界史便览》，105页；《世界上古史纲》下册，36页。

里文化，已进入典型的铜石并用时代或其晚期。南亚印度河流域则自公元前3000年左右的哈拉巴文化起，开始进入铜器时代与青铜时代。[⑪] 古代中国在公元前3000～2000年的龙山文化、马家窑文化、齐家文化、二里头文化等遗址中，也先后发现了相当数量的铜器或青铜器；夏商以后进入青铜时代的鼎盛期。由此可见，古代东方社会的文明起源，基本是与铜石并用的铜器时代的生产力水平相适应的。即使东地中海爱琴文明，也是公元前3000年代中叶开始进入铜器时代，公元前2000年代初又进入青铜时代的。[⑫] 至于中美洲玛雅文化，在最初文明起源时甚至还没有进入金属器时代，而仅仅停留在以特有的黑曜石为代表的石制工具阶段。

铜器不能完全排除石器，但铁器却能排斥石器。铁的使用最早也在西亚。公元前2000年代后期，西亚各国王公就曾用铁制成装饰品或武器，并作为珍贵器物赠予埃及法老。传说从公元前14世纪起，小亚东部卡帕多细亚的赫梯帝国，一度成为独占铁制品的国家。公元前1200年，赫梯帝国崩溃后，铁器在西亚各地广泛扩展开来，铁器时代随之出现。欧洲的铁器文化，显然也是由西亚、尤其是由安那托利亚传播过去的。而西地中海地区在铁器时代最早出现的文明社会，则是东部文明先进地区各国向西方殖民的结果。古希腊、古罗马以及西地中海古代文明起源较晚，到公元前1000年代它们在古代社会的历史上兴起时，东方那些文明先进地区已经结束青铜时代而开始进入铁器时代了。[⑬] 在吸收和接受了东方先进的铁器生产力后，它们迅速发展到个体劳动阶段，故其文明发展速度较快，发达程度也较高。应该说，它们这种受外来影响而迅速发展起来的古代文明才是“早熟”的。

综上可见，把古希腊、故罗马的“早熟”文明说成是发育“正常的儿童”，而把古代东方社会正常发育的道路却说成是不正常的或变态的“早熟的儿童”，是一种黑白颠倒、本末倒置。特别还应注意的是，这种说法实际是会自觉或不自觉地堕入“欧洲中心论”的窠臼的。尽管马克思、恩格斯一向反对这一理论，但由于他们对古代东方社会认识上的局限性——他们对印度的认识，就只来自一些欧洲人的旅行记和东印度公司雇员的报告[⑭]；而对古代中国社会，他们甚至一无所知——因而他们试图探讨古代东方社会所得出的结论，最终也未能完全挣脱“欧洲中心论”的束缚。所以，将中国古代文明起源说成是“早熟”的，不仅不符合历史事实，而且还暗含着一个错误的理论背景。正因如此，重新辨析和澄清“早熟性”的理论，是非常必要也是极有意义的。

关于中国古代社会的“封闭性”问题

长期以来，法制史学界还流行着一种影响较大的观点，认为中华民族所处的地理环境

---

⑪ 《世界上古史纲》下册，123、240、344～349页。

⑫ 《世界上古史纲》下册，38页。

⑬ 《世界上古史纲》下册，55～57页。

⑭ 《中国历史体系新论》，24页。

具有“封闭性”特征，海上交通不便，商品经济不发达，自给自足的自然经济长期占据主导地位，造成了中国古代法制具有“独立性”特征。由于长期与外界隔绝，这种“独立性”很少改变，又显示出一种“孤立性”。这种“封闭性”的地理环境，一方面使中国古代文明起源较早，决定了中国古代社会发展的历史途径；另一方面也影响着后来两千多年的社会政治与经济，使中华法系的发展长期未受外来因素的影响而改变或者中断，以至它在陈陈相因的缓慢发展中表现出一种保守性、连续性和特殊性。总之，这种观点主要是从中国地理环境的所谓“封闭性”立论的。

这种观点看似很有道理，因为地理环境是一个社会存在与发展的必要条件。由于地理环境直接或间接地影响着社会的发展变化，因而对某个民族或国家的社会制度和政治历史特点的形成具有不可忽视的作用。正因如此，研究一个民族或国家的社会历史，应该从它所处的自然环境入手。尤其是人类社会早期还需要完全依赖自然界而生存的阶段，自然地理环境的影响更是不容忽视或低估的。然而，自然地理环境并不是人类社会发展的最终决定因素，制约人类社会发展的决定性因素主要是人类社会的内部机制。具体说来，中西方社会历史发展途径的不同，中西方文化传统与法制特征的差异，是不是由于中国的地理环境是“封闭性”的，海上交通不便，商品经济不发达，自给自足的自然经济长期占据主导地位，而西方则不是如此呢？倘若我们认真比较一下，事实真相显然并非如此。

首先，人类古代文明的起源及古代社会的发展，并不存在封闭不封闭的问题。因为所有古代文明的起源，最初都是像海洋中的岛屿一样，总是先在几个点或几个区域出现的。古代社会的发展，最初也都是单株的、封闭的，其势力范围都很狭小。正如英国著名学者杰弗里·巴勒克拉夫主编的《泰晤士世界历史地图集》所说的那样：“最初的文明兴起于少数几个分散的地点，像茫茫夜境中的几座灯塔，像辽阔无人或人烟稀少的欧亚大地上的几片绿洲。公元前1000年至公元500年之间，情形开始发生变化。”⑮ 列宁在《论国家》中也曾谈到：“当时的社会和国家比现在小得多，交通极不发达，没有现代的交通工具。当时山河海洋所造成的障碍比现在大得多，所以国家是在比现在狭小得多的地理范围内形成起来的。技术薄弱的国家机构只能为一个版图较小、活动范围较小的国家服务。”⑯ 随着人类社会的发展和生产、交往的扩大，直到封建社会才发展成为一大片，到资本主义阶段则形成一种世界性的经济体系。所以，从世界文明起源与古代社会发展的角度来看，“封闭性”并不是唯独中国所仅有的特征。就世界史的范畴而言，即使到了封建社会也仍然如此。整个中世纪，尤其是其前半期，西方国家同样是各自封闭的。到它打破这种“封闭性”的时候，已经进入封建社会晚期了。与此相反，根据文献记载和文物考古资料，中国倒是早在纪元前的西汉前期就打通了途经西域的丝绸之路，北朝以后又开辟了北方的草原丝绸之路，唐

⑮ 《世界史便览》，150页。

⑯ 《列宁选集》第4卷，48页。

代还开通了南方的海上丝绸之路。而据西方学者研究考证，中国的丝绸被带到西方，还可能比中国资料所证明的时间要早得多，甚至可能在公元前6世纪便到达了多瑙河河岸。[17] 与此同时，不仅汉代有匈奴西迁，唐代有突厥西徙，元代有成吉思汗西征，而且还有一些外国使节或商旅曾多次来到中国。其中亚洲各国无须列举，仅以远在西方东地中海的大秦（罗马帝国）为例，就多次派遣使节前来通好。例如：东汉桓帝延熹九年（166年），大秦国王安敦就曾派遣使节沿南部海路前来通好，并送给东汉政府象牙、犀牛角、玳瑁等礼物。[18] 西晋武帝太康五年（284年），大秦国王又派遣使节前来贡献。[19] 另外，自汉代以来，大秦商人也常常来到中国南部的扶南（在今柬埔寨境）、日南郡（在今越南境）、交趾郡（在今越南境）一带通商贸易。东吴孙权黄武五年（226年），大秦商人秦论来到交趾郡后，还被太守吴邈送往京师建康，受到孙权的接见。秦论向孙权详细介绍了大秦的风土习俗，并得到丰厚的馈赠。[20] 尤其值得注意的是，考古工作者曾在我国境内的丝绸之路沿线发掘出土了大量3～6世纪的西方文物，其中数量最多的是波斯萨珊银币、拜占庭金币及玻璃制品、金银器皿等，它们大都是经过通商贸易或遣使交往的渠道传入我国的。[21] 特别是唐代长安，已是一个国际性的大都会，居住着来自各国的侨民、商人、政府使节、留学人员等。面对这样一些历史事实，为什么西方社会不具有"封闭性"，而中国就成了"封闭"的呢？显而易见，中国古代法制特征的形成，是不能用"封闭性"进行解释的，而是有其社会发展的自身原因的。

其次，商品经济发达与否，自然经济占什么地位，并不是由于地理环境造成的，与海上交通也没有多少必然联系。诚然，古罗马帝国的商品经济是比较发达，但它并不是由于地中海之类的地理环境因素造成的，而是受其社会发展的内在机制制约的。如前已述，古代社会一般是建立在铜器时代的经济基础上的，由于社会生产力发展水平有限，生产方式需要采用集体简单劳动协作形式，个体劳动、个体家庭及个体经济很不发达。因此，中国古代文明起源及夏商西周社会发展所经历的道路，是在氏族公社转化为家族公社后，由父权家族制形态发展为宗族制国家形态。尽管当时广泛存在着一夫一妻制的个体家庭，但它们并不是作为独立的法律主体自立于宗法社会之中，而是以构成家族制社会形态的基本细胞的形式出现的。而古希腊、古罗马文明起源较晚，当它们出现于文明时代的地平线时，东方这些文明古国已经开始进入先进的铁器时代。在吸收和接受了东方的铁器生产力后，它们迅速由父权家族形式一跃而发展为个体私有阶段。于是，产生了中西方古代社会发展途径和社会结构模式的不同。中国古代社会由家族制国家发展到宗族制国家，土地属宗族组织公有，社会分工带有自然分工性质，由宗族组织内部进行调节，故宗族组织内部的社

---

⑰ 崔瑞德、鲁惟一编：《剑桥中国秦汉史》，498～499页，中国社会科学出版社，1992。

⑱ 《后汉书》卷七《桓帝纪》、卷八十八《西域·大秦国传》。

⑲ 《晋书》卷三《武帝纪》、卷九十七《四夷·西戎·大秦国传》。

⑳ 《梁书》卷五十四《诸夷·海南传》。

㉑ 详见拙文《魏晋南北朝时期西域与中原的贸易往来》，载《新疆社会科学》1988（3）。

会分工比较发达，而宗族组织外部的商品经济不够发达。西方古代社会是由父权家族形态直接发展为个体农民，土地兼有公有与私有的二重性，个体农民之间的社会分工不发达，而个体农民以外的商品经济比较发达。因此，在古代文明起源与古代社会发展的历史途径方面，中国走过的是一条“维新”道路，其变化是连续性和渐进式的；西方走过的是一条“革命”道路，其变化是破裂性和突变式的。[22]

再次，海上交通不便，商品经济不发达，自然经济长期占主导地位，也并不是中国与西方社会的根本区别。就古代社会而言，夏商西周的商品经济是没有古希腊、古罗马发达；但就中世纪而言，中国的商品经济却比西方发达得多。自3世纪末叶起，罗马帝国的古代文明就“暴露出无可否认的衰落现象”。4世纪以后，除帝国东部以外，“不复存在真正的大城市”[23]。随着5世纪西罗马帝国的灭亡，“几乎所有西方的罗马城市都迅速衰败”[24]。尤其经过7世纪伊斯兰教的扩张和阿拉伯帝国的西进，城市与商品经济遭到灭顶之灾。“从8世纪末以后，西欧已退回到一种纯粹的农业状态。土地是生活的唯一来源，是构成财富的唯一条件”。“从各种观点看来，9世纪以后，西欧在本质上是一个农业社会。在这个社会里，交易与商品流通已经降到最低限度。商人阶级消失了”，“商业已不再是社会活动的一个部门，每个大地产都以供给自己的一切需要为目的”。“成为中世纪早期大地产特征的作坊或‘家庭作坊’的建立，就是为了补充商业与工业的缺乏”。在这种情况下，作为“主教们驻节”的“教区行政的中心”，即使还存在一些罗马城市，也“已经失去了经济的重要性与市区行政的意义。这些城市呈现出普遍的贫困”[25]。当时仅存的所谓城市，其居民是“以耕种土地为生”，而不是“从事商业和工业”。它既不“拥有自己特有的法律和制度”，也不具备“近代城市的两个基本属性——市民阶级的居民和城市组织”[26]。可见，西方中世纪的农奴制社会完全是一个自给自足的自然经济社会，除了乡村领主庄园外，几乎没有什么城市和商品经济可言。所以马克思说，西欧的古代是城市的历史，中世纪则是乡村的历史。西方的城市是10世纪以后在农村之外兴起的，经过11～12世纪的发展，到13～14世纪才显露出来。中国夏商西周社会的商品经济固然并不发达，但到战国秦汉以后，有的时代的商品经济却是比较发达的。因为中国从早期国家建立时起，城市就是作为统治者的政治、经济、军事、文化中心发展起来的。与西方中世纪不存在城市，农村庄园内部分工发达及自给自足的情况不同，中国城乡之间的分工相当发达，城市工商业独立发展，故商品经济在战国、两汉、唐宋、明清等许多时期十分可观。只不过商业资本没有及时转化为产业资本，一部

---

[22] 关于“维新”路径与“革命”路径，侯外庐先生早有论述，见《中国思想通史》第1卷，11页，人民出版社，1957。在比较中国与西方文明起源的不同途径时，张光直先生曾使用过“连续性”、“突破性”、“破裂性”等概念。见《考古学专题六讲》，17页，文物出版社，1986；《美术·神话与祭祀》之《后记》，辽宁教育出版社，1988。本文所使用的概念，与张先生概念，内涵并不完全相同。

[23] 亨利·皮雷纳：《中世纪的城市》，1～2页，商务印书馆，1985。

[24] 伯尔曼：《法律与革命——西方法律传统的形成》，434页，中国大百科全书出版社，1993。

[25] 亨利·皮朗：《中世纪欧洲经济社会史》，4～11页，上海人民出版社，1964。

[26] 《中世纪的城市》，第35页。

分被统治者消费掉，另一部分则转化为土地投资罢了。这也是中国自秦汉以后商品经济有所发展，但却始终没能发展到资本主义阶段的重要原因。所以，笼统地说中国历史上商品经济不发达，自然经济长期占主导地位，是不符合事实的。至于说海上交通问题，西方也是到中世纪后期才发展起来的。而在此之前，中国也并不是完全没有海上交通。例如：孙吴黄龙二年（230年），卫温、诸葛直就曾率领万人船队航海夷洲。[27] 不久，朱应、康泰等又出使南海，“其所经及传闻，则有百数十国”[28]。朱应回国后还著有《扶南异物志》，康泰也著有《吴时外国传》。至于明代郑和率船队航海南洋，并进行大规模通商贸易，更是世人皆知。因此，用海上交通、商品经济、自然经济之类的原因来说明中西历史发展途径、文化传统及法制特征的差异，难免有些隔靴搔痒，并未找到根本原因。

关于中国历史上的“专制性”问题

学术界还有一种观点认为，中国古代社会及其法律制度从一产生时起就是“专制性”的。从这一认识出发，有人进而给中国扣上了一个“东方专制主义”的大帽子。其实，这完全是一种误解。中国古代特别是夏商周三代的法律制度的确是十分野蛮残酷的，各级宗主贵族对于法律的垄断控制也是相当严密的，但它并不属于专制主义的范畴。

在人类历史上，无论东西方，所有古代社会都属于城市政治国家，又叫城邦制国家。这种带有民主制性质的古代国家，属于全体自由人亦即城市政治公民的国家，也就是那些拥有政治权利和享有政治自由的社会集团的国家。古代的自由人或称自由民，不仅仅是指他们有人身自由，因而有别于奴隶和刑徒；更重要的是他们享有政治自由，拥有政治权利，是国家政治公民。在古代社会中，既有奴隶主与奴隶、自由人与非自由人的矛盾，也有自由人中贵族与平民的矛盾。但是，所有自由人都是国家的主人。因此，这种城市政治国家实际是一种城邦民主制性质，而不是什么专制主义的。

中国古代社会亦不例外，只不过它不是像古希腊、古罗马那样的一般意义的城市政治国家，而是表现为一种宗族城市政治国家。其最突出的特征是以家族和宗族集团为内涵，每个国家都由一个或几个宗族组织构成，国家形态与宗族结构是合二而一的。具体地说，中国古代城市政治国家的特点是存在着家族和宗族组织结构，其自由人与非自由人都是以家族和宗族集团的形式出现的。因此，家族和宗族组织也分为政治上自由与非自由的两大类。中国古代国家，归根结底是自由的家族和宗族的国家，掌握国家政权、决定国家命运的是由自由人构成的自由的家族和宗族。

在这种宗族城市政治国家中，国体是宗族城邦制和有限民主制的，政体是宗主世袭制和贵族共政制的。作为国家政治公民，所有自由人即自由的宗族及其成员都享有政治权利。

---

[27] 《三国志》卷四十七《吴书·吴主传》。

[28] 《梁书》卷五十四《诸夷·海南传》。

例如：按照规定依法占有土地的权利，充当甲士的权利，接受教育的权利，参与国家祭祀特别是祭祖的权利，享受国家救济的权利，受国家保护免于沦为奴隶的权利，尤其是参与决定国家大事的权利。所以说，中国古代社会同样存在着民主制。但是，由于中国古代国家是以宗族城邦形态出现的，其民主制也有自身的特点。最突出的是宗族城市国家的国君就是宗主，宗主按规定是世袭的，执政的贵族也是从小宗的宗主中产生的，略有不同的只是执政贵族不一定从固定的某个宗族中世代产生。尽管普通平民拥有议论或反对执政贵族的政治权利，并且可以发表废立国君的重大意见，但这并不能改变宗主世袭制的宗法规定。所以，无论国君还是执政贵族，换来换去仍是各级宗主，而且执政贵族照例要由国君委任，普通平民并没有直接推举执政贵族的权利。由此说来，由于存在着宗主世袭制度，中国古代的民主制又是有限的，实际属于一种宗族民主制。这种宗主世袭制与有限民主制互相结合，相辅相成，构成了以夏商周为代表的中国古代社会的基本特征，片面地强调其中任何一个方面都是错误的。[29] 因此，给中国古代社会扣上一顶“专制性”的大帽子是不合适的。

中国历史上的专制主义的产生，是夏商周宗族城市国家与城邦民主制瓦解以后出现的。春秋战国时期，周王室的权势地位急剧下降，周天子已无法有效控制天下，便出现了大国争霸的局面。在兼并称霸战争中，大批宗族城市国家和宗主贵族集团相继灭亡，以周王国为中心的宗族城邦国家联合体最终瓦解，他们原有的封国封邑被划为新的行政单位，或置郡县，或设都邑，统一纳入专制君主的集权控制之下。他们的家族、宗族组织离散后，所有成员变为按地域组织重新编制的臣民，由专制君主任命的地方官员统一管理。原来的国家政治体制，从贵族政体转变为官僚政体，由专制君主任命的各级官僚辅助执政。整个国家的各级政权都集中到君主一人之手，其他任何人都不再享有政治权利与政治自由，专制主义制度由此而产生。那种认为中国古代社会从一产生时起就是“专制性”的之说法，是不符合历史事实的。

综上所述，研究中国古代法律制度的特点及其成因，应当从中国社会发展的历史实际出发；比较研究中西方法制传统的差异，也要抛弃任何先入为主的成见。只有这样，才能更加接近历史的真实，也才能公允地做出正确的价值判断。

---

[29] 田昌五：《中国古代社会发展史论》，387～389页，齐鲁书社，1992。

张国华

《中国法律思想史新编》绪论*

简介

张国华，湖南省醴陵县人，生于1922年11月1日。1942年考入中山大学工学院建筑系，1943年转入湖南大学机械系。1944年至1946年分别在昆明西南联合大学文学院和法学院，攻读哲学、政治学。抗战胜利后联大解散，选取北京大学法学院完成学业。1949年毕业后留校任教，同年6月加入中国共产党。先后担任北京大学法律系法律史教研室副主任、主任。1983年出任北京大学法律系主任兼学术委员会主任，同时担任北京大学职称评审组成员，中国法学会副会长、中国法律史学会会长、中美法学交流委员会中方主席、中华全国法律函授中心教学委员会副主任、全国自学考试委员会委员兼法律专业委员会主任、国家社会科学“七五”规划法学组组长等职。张国华教授长期从事法学研究和法学教育，是最早一批享受政府特殊津贴的学者。主编第一本全国统编教材《中国法律思想史》以及国家重点大型项目《中国法律思想通史》等，并著有专著《中国法律思想史新编》。

---

* 本文系《中国法律思想史新编》（北京，北京大学出版社，1998）绪论。

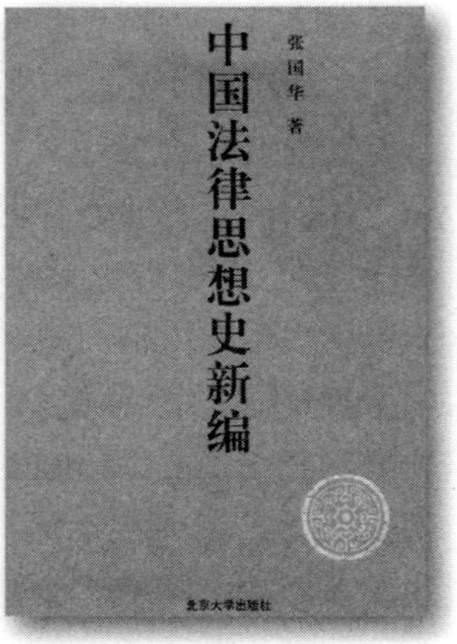

中国法律思想史是一门具有中国特色的法学分支学科。它对于了解中国自古以来的法律文化遗产和取其精华、去其糟粕，建设我们的社会主义法制与法学，都有重大意义。

但长期以来，它并没有受到法学界应有的重视，从事该学科的教学研究工作者，包括海峡两岸在内，为数不多。这是一种令人遗憾的不应有的现象。与此相反，某些发达国家对包括法律在内的中国古代文化却越来越感兴趣，研究者日多，深度和广度都有所增加，某些方面甚至超过国人。长此以往，丰富多彩的中国古代文化，有朝一日，很可能也变成“出口转内销”，岂不令人愧对祖先。有感及此，从 60 年代开始，大陆的一些法律院系都开设了这门课程，有的必修，有的选修。根据国务院学科分类的规定，法律思想史与法制史一样分别列为法学中 13 个分支学科之一，全国高等学校考试指导委员会法律专业委员会也分别将这门学科列为大学本科必修课，从而站稳了脚跟并开始受到应有的重视。

为了便于初学者掌握本学科，下面仅就几个带全局性的基本问题分述如下。

一、中国法律思想史的研究对象

中国法律思想史的研究对象是：中国自古以来各种法律观点、学说和理论的内容、本质、作用、特点及其产生、发展、演变和相互斗争、相互吸收、相互影响的过程与规律。这些观点、学说和理论反映了各个历史时期不同阶级、阶层或集团的经济、政治利益，以及他们所要维护或反对的法律与社会秩序。

法律思想有别于法律和法制。法律和法制，只有掌握国家政权的统治者才能创制，尽管他们也要受包括被统治阶级在内的其他阶级的制约和影响，并以“国家意志”的代表形式自居。而法律思想则不限于统治阶级，被统治阶级也可以有自己的法律思想，但不占统治地位。因此，中国法律思想史既包括历代占统治地位的统治阶级的法律思想，也包括历代不占统治地位的被统治阶级的法律思想。

法律思想也不等于法理学或法律哲学。所谓“法理”，据清末大法学家沈家本的说法，一般指“法律之原理”或法律的基础原理。它是法律思想的核心，但非全部。除法理学外，法律思想还可以包括法律的某一部门、某一方面或某些具体问题带全局性的基本观点或主张。所以，中国法律思想史的范围要比中国法理学史更加广泛。

法律思想的产生不但有其经济、政治、社会和历史等方面的原因，而且它同经济思想、政治思想、哲学、伦理道德观念都有不同程度的联系，甚至是某种内在的难以分割的联系，并曾和宗教神学长期结合。由于“法律是一种政治措施”，是国家意志的体现，因而中国法律思想史同以国家政权问题为核心的中国政治思想史的联系尤为密切。

另一方面，历代统治阶级的法律思想同他们的法律与法制更是息息相通。来自社会实践的统治阶级的法律思想是统治阶级制订法律、确立法制的思想理论指导，而法律和法制的实施又不断促进统治阶级法律思想的发展和演变。至于被统治阶级的法律思想则是根据自身的利害，在同统治阶级的法律思想及其法律与法制的基本对立和斗争中产生和发展起来的。

所有这一切也就使得中国法律思想史的内容和范围更加丰富和广泛。

二、中国法律思想的历史发展

中国法律思想从其开始产生到辛亥革命与“五四”运动，曾经历过奴隶制社会、封建社会、半封建半殖民地社会和这三种社会中由于部分质变所形成的各个不同发展阶段或时期。

（一）夏、商、西周时期

这是中国奴隶制社会的形成与发展时期。当时作为统治者的奴隶主贵族，在意识形态中主要是利用“受命于天”和“恭行天罚”的神权法思想和以“亲亲”、“尊尊”的宗法思想为指导原则的“礼治”来进行统治。当时占统治地位的法律思想，也受这二者支配。

（二）春秋战国时期

这是一个由奴隶制社会到封建社会的变革时期，也是中国古代政治、学术思想最活跃的时期，出现了“百家争鸣、百花齐放”的繁荣局面。这时的法律思想也得到前所未有的大发展，并深入到法理学的领域。不少思想家对法律的起源、本质、作用以及法律与社会经济、时代要求、国家政权、伦理道德、风俗习惯、自然环境乃至人口、人性等问题，都提出了一系列具有合理因素的新见解，大大丰富了中国乃至整个世界的古代法学。

在这一时期中，原来维护贵族统治的神权法和宗法礼治思想受到了很大冲击，神权动摇，礼坏乐崩，诸侯异政，百家异说。当时参加争鸣的各家都曾涉及到法律思想，但主要是儒、墨、道、法四家，特别是儒、法两家。以孔子、孟子为代表的儒家，基本上坚持“亲亲”、“尊尊”的立法原则，维护“礼治”，提倡“德治”，重视“人治”。他们的思想对秦汉以后的封建社会影响很大，曾被封建统治者长期奉为正统。战国末期的荀况虽然是儒家的另一位大师，但有别于孔、孟。他既“隆礼”又“重法”，是在新的封建制基础上，以儒为主，使儒、法合流和以礼为主，使礼法统一的先行者。秦汉以后的封建正统法律思想的形成，受他的影响最大。正如清末改良派主将谭嗣同指出的：“二千年来之学，荀学也。”

儒家思想在春秋战国时期并未取得统治地位，当时其他各家几乎无不反对“礼治”，因而也反对维护“礼治”的儒家。

以墨翟为代表的墨家是最早起来反对“礼治”和儒家的一个学派，曾与儒家并列为“显学”。墨家的法律观是以“兼相爱、交相利”为核心，追求“天下之人皆相爱”的理想社会。他们反对“别相恶交相贼”的“损人利己”、“亏人自利”。他们还要求“赏当贤、罚当暴”，反对各级贵族任人唯亲的宗法世袭制，主张法律面前贵贱平等，反映了当时广大小私有者的平等观。

以老聃、庄周为代表的“道家”，主张“道法自然”，崇尚“无为而无不为”的“天之道”，鄙薄一切违反自然的人定法。老聃认为，“天之道”的特征是“损有余以补不足”，而儒家所维护的“礼”和法家所提倡的“法”等人定法，则是“损不足以奉有余”，是违反自然法的“人之道”；统治者必须与民休息，无为而治。道家的后继者庄周更从消极方面发展了老子的思想，认为人类的一切物质和精神文明，包括法律和道德等都是对自然的破坏，都应予以否定，鼓吹法律和历史虚无主义。

李悝、吴起、商鞅、慎到、申不害等前期法家和韩非、李斯等后期法家，是先秦时期对法律和法学最有研究的一个学派。他们主张“以法治国”的“法治”，认为“法”是衡量人们言行是非功过，据以行赏施罚的标准，是人人都必须遵守的行为规范。他们强调法律的客观性、平等性和统一性，并从“好利恶害”的人性论出发，非常重视法律的强制作用，轻视甚至完全否定道德的感化作用，极力主张用严刑峻法的手段打击贵族和加强对广大人民的统治。他们是先秦儒家的主要对立面，代表了当时新兴地主阶级的利益。

除上述四家外，还有解释人类社会发展原因和规律的阴阳五行家，以及糅合诸家的杂家。他们对后世都有相当深刻的影响。

（三）秦汉到鸦片战争时期

从公元前221年秦始皇统一六国建立统一的秦王朝到1840年鸦片战争，是中国封建社会由缓慢发展到逐步衰落的时期。统一全中国的秦王朝是在法家思想指导下建立的。由于法家主张“法治”，一贯重视法制建设，所以到秦始皇时，各个方面已“皆有法式”，为建立和巩固统一的多民族的封建中央集权制国家作出了贡献。这从1975年出土的云梦睡虎地秦简记载的秦律中进一步得到证实。但重视法制并不等于重视法学。秦王朝在政治、经济、文化上都实行极端的专制主义，“天下之事，无大小皆决于上”，只许“以法为教”、“以吏为师”，严禁私学。这不但窒息了其他诸家思想，也阻碍了包括法家本身在内的法律思想的发展。秦王朝还将法家主张的严刑峻法推向极端，倚仗暴力，横征暴敛，滥用民力，终于激起了农民大起义，很快被西汉王朝所取代。

西汉初期吸取秦亡的教训，在经济极为凋敝的情况下，找到了战国中期开始流行的道、法结合的黄老思想作为指导，崇尚清静无为，约法省刑，休养生息。这实际上是想用道家之长弥补法家之短。黄老思想虽然有利于经济的稳定和发展，但因过于消极，不利于封建经济的聚敛和封建中央集权君主专制政体的巩固。随着封建经济的复苏和政治势力的加强，为了解决封建制度本身日益暴露出的各种矛盾，谋求封建统治的长治久安，汉武帝终于接受汉代大儒董仲舒等的建议，“罢黜百家，独尊儒术”，开始奉儒家思想为正统。但这时的儒家已不同于先秦儒家。它是以儒为主、儒法合流的产物，并吸收了先秦道家、阴阳五行家以及殷周以来的天命神权等各种有利于维护封建统治的思想因素。董仲舒等正是在这一基础上，将封建意识形态概括为“君为臣纲、父为子纲、夫为妻纲”的“三纲”，用天命神权“天人合一”和“阴阳五行说”等炮制了“天人感应”的神学目的论。把父权、夫权特别是君权神化，并认为“道之大原出于天，天不变道亦不变”，将“三纲”和“德主刑辅”绝对化为永恒不变的真理，终于形成了统治中国长达两千多年的封建正统法律思想。

封建正统法律思想要求以“三纲”为核心的封建礼教作为立法、司法的基本原则。从此以后，维护“三纲”的伦理道德规范进一步纷纷入律。历代封建法典，特别是最有代表性的《唐律》，即被概括为“一本于礼”。直至清末封建王朝行将灭亡之际，清朝统治者仍然宣称“三纲五常，实为数千年相传之国粹，立法之大本”。另一方面，从儒家传统出发，“德主刑辅”或“明德慎罚”则被奉为统治人民的主要方针。但实际上，封建统治者从来都是德刑并用，并根据阶级力量对比关系的变化有所侧重或交替使用。

在牢固的封建自然经济的基础上和持久的封建专制主义统治下，这个时期中国法律思想出现了以下两方面的情况。

1. 由于对法律，特别是对法理的探讨，不能超越纲常名教的雷池一步，所以造成春秋战国以来欣欣向荣的法理学得不到进一步发展，甚至一蹶不振。在中国两千多年的封建社会中，只有历代“无视君臣上下”的起义农民对“三纲”进行过冲击并提出过“均贫富、等贵贱”等思想；明清之际适应资本主义萌芽发展的需要，由黄宗羲、王夫之、顾炎武等启蒙思想家提出了包含一定民主色彩的思想。他们主张以“天下之法”取代“一家之法”，以“工商皆本”取代“重农抑商”，反映了城市工商市民们的某些要求。此外，还有汉唐以来的朴素唯物主义者，如桓谭、王充、柳宗元等对“天人合一”、“天人感应”的神秘主义及其派生物谶纬迷信和“司法时令说”等进行了谴责。这个时期的法律思想不但没有先秦那样的百家争鸣，也没有儒、法两家壁垒森严的礼、法对立。这当然不是说在封建主内部已无儒、法的矛盾，但主要是在礼法统一和儒法结合的前提下，因侧重点不同所产生的分歧。这种分歧不但表现在重礼轻法或重法轻礼，重德轻刑或重刑轻德，重人治、轻法治或重法治、轻人治等基本倾向上，更大量地表现在肉刑的废复，亲属应否相容隐，复仇、赦罪、刑讯、株连、以赃论罪是否恰当，子孙能否别籍异财，同姓能否通婚等刑事、民事的具体问题上。这些问题的争论对于法律思想，特别是刑法思想的深化也曾起过重大作用，并提出了不少具有进步意义的看法。比如：主张废除肉刑、禁止刑讯、同罪同罚；反对八议、复仇、亲属相隐、族诛连坐；等等。但对立双方的意见，往往均以儒家的德治、仁政和法家的严明赏罚、法不阿贵为依据，没有也不可能越出儒、法结合的封建正统思想范围，在法理学上没有取得大的突破。

2. “引经注律”、“引经断狱”盛极一时。随着儒家思想占据统治地位和“三纲”成为立法的主要原则，以阐述这类思想为基本内容的儒家经典遂身价百倍，或口授身传或破壁而出，以至经学大兴，并逐步深入到立法、司法领域。在这些领域里都要求应经合义，使儒家的经义既是立法的指导，又是审判的准绳。从西汉中期的董仲舒等开始，就不断实行“春秋决狱”。“春秋经义”不但可以补法律之不足，其效力往往高于法律。董仲舒等在决狱中还提倡“论心治罪”的动机论，后来又发展为“志善而违于法者免，志恶而合于法者诛”，为罪刑擅断大开方便之门，并使法律从属于经义。“引经断狱”之风延续了六七百年，直到隋唐因封建法制已臻完备才逐渐减弱。另一方面，引经注律、引经讲律的“律学”，作为经学的一个分支，也乘运而兴，一花独放。早自西汉，在引经断狱的同时，就出现了“治律有家，子孙并世其业，聚徒讲授至数百人”的现象。东汉的叔孙宣、郭令卿、马融、郑玄等曾注汉律，各为章句，十有余家。晋代杜预、张斐等又注晋律。东晋以后私家注律之风始衰。唐初集律学之大成的《唐律疏义》以及后来的《宋刑统》、《明律集解附例》、《大清律集解附例》等均出自官方。明代丘濬的《大学衍义补》，清代薛允升的《唐明律合编》，分别对前代法律和法律思想进行了总结和比较，有所创发，是研究古代法学和律学的重要作品。总之，无论引经断狱或引经注律，其作用都在于使儒家经义法律化。

（四）鸦片战争到“五四”时期

从1840年鸦片战争开始，中国在外国资本主义、帝国主义侵略下，由封建社会逐步沦为半殖民地半封建社会。中国人民为了反抗外国侵略者的入侵不断展开了反帝反封建的斗争，进入了近代史上的旧民主主义革命阶段。他们一方面反对侵略者，另一方面为了适应民族资本主义微弱发展的需要，又不断向西方寻求真理，同时也引进了一些西方资产阶级革命时期的政治、法律制度与思想，并逐步结合中国国情以之作为救亡图存的武器。鸦片战争前后以龚自珍、包世臣、魏源、林则徐为代表的地主阶级改革派，是最早从地主阶级中分化出来的先进人物。他们既主张抵抗列强的入侵，又主张向西方学习，提出了“变法图强”的口号。由洪秀全领导的太平天国农民革命，除以武装起义的行动猛烈冲击封建法制礼教的罗网外，并破天荒地提出废除封建土地所有制，主张按人口平均分配土地的《天朝田亩制度》，以及男女平等和“天下婚姻不论财”等民主思想。太平天国后期的领导人洪仁玕，还撰写了鼓励发展资本主义的《资政新编》，主张任人开厂采矿，雇佣劳动力，保证私人投资以及与外国平等往来，自由通商，反映了当时发展资本主义的时代要求。但由于历史和阶级的局限，太平天国主要领导人洪秀全始终没有跳出封建皇权思想的窠臼，其政权最终也完全封建化了，终归失败。嗣后，以康有为、谭嗣同、梁启超、严复等为代表的资产阶级改良派，更热衷于向西方学习，并以孟德斯鸠的“三权分立”学说作为主要武器，兼取黄宗羲的启蒙思想，打着孔子改制的招牌，主张变法维新，要求设议院，开国会，定宪法，实行君主立宪。以孙中山为领袖，以黄兴、章太炎等为代表的资产阶级革命派，则在法国大革命的“自由、平等、博爱”和美国总统林肯“民有、民治、民享”等思想影响下，将西方资产阶级的民主与法治和中国原有的“天下为公”的大同思想、“民为邦本”的重民思想糅合起来，提出了以“三民主义”、“五权宪法”为内容的资产阶级共和国方案，主张实行主权在民的资产阶级“法治”。另一方面，清朝统治者在内外交困的情况下，也分化出以曾国藩、李鸿章、张之洞、刘坤一等为代表的洋务派。他们鼓吹“中学为体、西学为用”的口号，有别于固步自封的顽固派，实际上已为引进某些西法、西学打开旁门。义和团运动爆发和八国联军入侵以后，以慈禧为首的顽固派迫于形势，为了抵制革命和乞求帝国主义恩许撤销领事裁判权以平民愤，也接过“戊戌变法”时改良派的口号，不断下诏

“变法”和“预备立宪”，并于1902年以“兼取中西”为方针着手修订法律。由对中外法律和法学都有较深研究的沈家本主持修订了《刑事民事诉讼法》、《大清新刑律》等一系列新法新律，但遭到了以张之洞、劳乃宣为首的礼教派的猛烈攻击。他们指责新法新律败坏礼教，违背君臣、父子、夫妇之伦及男女之别与尊卑长幼之序，实际上是根本不许触动封建礼教。这次的礼法之争不同于往昔封建统治阶级的内部之争，实际上是中国的旧律要不要资产阶级化的问题。在当时封建顽固派的控制下和礼教派的鼓噪下，结果不能不以沈家本的退让而告终。但通过修律，长期形成的以儒家思想为中心的中国封建法律思想终因西方资本主义学说的侵入而被突破。

中国的资产阶级是软弱的。辛亥革命推翻封建帝制后，革命果实又被北洋军阀所篡夺。“五四”运动以后，伟大的革命先行者孙中山先生在苏联十月革命和中国共产党的影响与帮助下，决心实行联俄、联共、扶助农工的三大政策，并在中国共产党的领导下联合进行了反帝反封建的新民主主义革命战争，终于取得了推翻北洋军阀反动统治的胜利。遗憾的是孙中山先生于1925年遽尔逝世，他的门徒们没有真正遵行孙先生的遗教，以致国共合作的大好局面被破坏了，发生了旷日持久的内战。直到1938年，为了联合抗战，结成了国共两党的第二次联合。经过八年抗战，终于取得了抗日战争的伟大胜利，拯救了民族危亡。在国共两党的关系上，从历史实践中，我们可以总结出这样一条规律，即“和则两利，分则两伤”。但愿今后在一国两制的前提下，实行海峡两岸的和平统一，则全国人民对中华民族的振兴愿望必能达到。

三、中国法律思想史的特点与规律

中国的法律在其不同的发展阶段有其不同的特点，但从整体看又有其不同于世界某些国家或地区的带全局性的特点。其中最突出的是：作为封建正统的儒家法律思想曾长期占据统治地位，后来在整个半殖民地半封建的社会中，仍然起着很大作用，并渗透到资产阶级思想领域。在儒家思想统治下，历代立法和司法活动长期受以“三纲”为核心的礼教的指导与束缚。鸦片战争后，虽因西方资产阶级法律和法学的移植与引进，只此一家的一统天下被打破，但在整个半殖民地半封建社会中仍起主导作用，甚至其流毒至今尚待彻底肃清。因此，儒家法律思想的特点，不只是古代统治阶级法律思想的特点，或以封建法制为主的中华法系的思想特点，也是“五四”运动前整个中国法律思想的主要特点。其主要表现如下：

1. 以家族为本位的宗法思想渗透一切，并指导立法。中国古代从奴隶制社会到封建社会都是建立在自然经济基础之上的。以家族为本位的宗法思想始终是历代立法的根本原则，而且渗透到社会各个领域。

2. 皇权至上，法自君出。中国从进入阶级社会直到清末，在政体上都是不同程度的君主制，特别是君主专制，只有君主才有权立法，“法自君出”已成天经地义。

3. 等级特权观念浓厚，经久不衰。儒家思想源于西周“礼治”，礼重尊卑贵贱，等级森严，“天有十日，人有十等”。在贵族内部，等级不同所享有的特权也不同。级别愈高，特权愈多，所谓“名位不同，礼亦异数”。其流毒之深，至今犹未完全除尽。

4. “重德轻刑”、“重义轻利”。儒家素倡“德治”，鼓吹“仁政”，主张省刑薄税。在治国方法上重视道德感化作用，相对轻视法律（主要是刑法）及其强制作用，即所谓“德主刑辅”。这种思想虽有可取之处，但却产生过不利于法律发展的副作用。“重义轻利”及其相应的“重本抑末”、“重农抑商”亦复如此，有其合理的一面，却不利于商品经济的发展。

以上几个方面，在儒家思想中形成了以皇权为中心的有机整体，指导着封建法制长达数千年之久。这在世界所有法系中都是绝无仅有的。而所有这些特点，虽然都有利于维护封建统治，却又都不利于商品经济以及与之相适应的“私法”观念的发展。特别是在封建社会后期，更严重地阻挠了以商品经济的发展为前提的资本主义经济的萌芽和发展。正因为中国古代包括中世纪社会始终以自然经济为基础，商品生产和交换都不发达，又受儒家正统思想的严重束缚，所以在中国古代根本不可能有恩格斯在《论住宅问题》中所谈到的“形成一个法学家阶层”。这也使得中国古代正统法律思想与后来西方资产阶级民主法律思想格格不入。所以，即使在半殖民地半封建社会，资产阶级的民主法律思想也从未能占据统治地位。这正是五四运动前中国法律的另一重要特点，也是包括孙中山先生在内所从事的民主革命不可能照搬西方的模式，必须另辟新路的重要原因。

总之，五四运动以前的中国法律思想尽管存在着以上主要特点，但从整个历史发展来看，它仍然在曲折地沿着由野蛮走向文明的道路前进。而且在这一过程中，即使长期处于奴隶制社会和封建社会，也还涌现了一大批具有世界先进水平的思想家，积累了管理一个多民族大国可供后人批判继承的宝贵历史遗产。

这一历史发展的总趋势，归根到底，是历代人民群众的生产斗争和革命斗争不断推动的结果。人民群众的斗争也是推动法律思想向前发展的主要动力。中国奴隶制社会的法律思想如果没有社会生产力的逐步提高，此伏彼起的奴隶起义、国人暴动和新兴地主阶级力量的壮大，就不可能冲破神权和宗法思想的堤坝，更不可能有春秋战国的百家争鸣。秦汉以后，随着社会经济的发展，如无历代农民大起义，也不可能迫使封建统治者为了团结内部和缓和阶级矛盾而不得不从礼、法斗争走向礼、法结合，并使其法律思想日益严密。与此同时，也不能有“律学”的兴盛以及各种具体法律问题和不同观点的论争。虽然秦汉以后，对比春秋战国，在天命神权和宗法思想方面都有所复苏，但已改变形式，不同于商周。而且，每一次农民起义本身在不同程度上都是对维护封建统治的神权和宗法思想的冲击，并促使封建地主阶级中分化出个别反对封建正统思想的异端，以及各种思想之间的互相吸收和融合。中国法律思想之所以经历了由神权到礼治，再到法治和礼法合治诸阶段，既有互相斗争的一面，也有互相吸收、互相融合的一面。特别是鸦片战争以来，中国人民反帝反封建的革命斗争终于推动了封建法律的资本主义化，推翻了数千年不变的帝制，攻破了纲常名教的一统天下。

但是，我们也应当看到，根深蒂固的封建专制主义和宗法思想始终是阻挠法律思想向前发展的严重障碍，不清除这一障碍，就谈不到法律思想和整个法学的繁荣昌盛。在中国，不但没有发展资产阶级民主和法学的经济、政治条件，而且资产阶级民主和自由化不但无力清除封建专制主义和宗法思想的流毒，反而会成为保存它们的庇护所。中国近现代史早已对此作出了结论。

四、学习中国法律思想史的意义

学习中国法律思想史，不但具有历史和理论意义，而且具有现实意义。具体说来，可以提出以下几点。

（一）有助于增强我们的民族自尊心、自豪感和爱国主义思想

中国法律思想的内容是很丰富的。从奴隶制社会以来，上下数千年，涉及法律思想的人物不可胜数，单是知名人士就不下一二百人。与其有关的史料更是浩如烟海，甲骨金石、秦简汉帛、经史子集、奏折案例、小说笔记，无所不有。但是，过去由于缺乏挖掘和研究，曾使人们产生一种错觉，似乎一谈法律思想史根本轮不到中国，言必称希腊、罗马。实际情况并非如此。中国历史上的法律思想，不但涉及的人物多，而且质量也不低，在某些时期或某些方面甚至还名列前茅。

纵观历史，早在公元前11世纪，西周初年的大政治家周公（姬旦）就是一个很了不起的人物。在他的法律思想特别是刑法思想中，便有很多值得称道的东西。他主张对犯罪行为进行具体分析，要求把故意和过失、累犯和偶犯等区别开来，在定罪量刑时，如系故意累犯则加重处罚；如系过失和偶犯则可减免，即使是死罪也可不杀。这种思想，在西方的一些国家中，直到资产阶级革命时期才提上日程。周公也反对殷商“罪人以族”的族诛连坐，而主张“父子兄弟，罪不相及”；禁止各级贵族“乱罚无罪，杀无辜”。这一思想不但在当时高人一筹，而且直到今天仍有其不可磨灭的价值。继西周以后的春秋战国，是我国古代百家争鸣的黄金时代。当时的诸子百家，很多都谈到法律问题，而且深入到法理学的领域。儒、墨、道、法四家，特别是儒、法两家，关于立法的指导原则和法律的起源、本质、作用以及法律与时代要求、社会经济、伦理道德、风俗习惯、地理环境乃至人口、人性等基本理论问题，都或多或少地提出了具有一定合理因素的独到见解，为繁荣中国和世界古代法学作出了重大贡献。他们的见解在不少方面已经达到甚至超过当时世界的先进水平。

春秋战国以后的封建社会，虽然法理学的发展受封建专制主义的严重压抑，但就封建法律和注释这些法律的“律学”来说，中国是最完备的，比西方中世纪要系统和细致得多。特别难能可贵的是，明清之际还涌现出了一批反映资产阶级萌芽要求的启蒙思想家。他们在法律思想方面破天荒地提出了变“一家之法”为“天下之法”的口号，包含有“主权在民”的因素，把矛头指向了封建君主专制制度。这种含有一定民主因素的法律思想，在当

时的世界更是得风气之先。当时最有代表性的著作——启蒙思想家黄宗羲的《明夷待访录》，曾被一些学者比喻为法国卢梭的《民约论》（《社会契约论》）。尽管前者基本上仍未摆脱封建的思想体系，但它的问世却比后者约早一个世纪。

中国的落后始于鸦片战争。其罪魁祸首就是外国资本主义和帝国主义的侵略以及为虎作伥、顽固不化的封建专制统治。但在“长夜难明赤县天”的黑暗岁月中，中国人民从未屈服，从未放弃反对帝国主义和封建主义的斗争。大批先进人物提出了变法图强的口号，为振兴中华而前仆后继，并掀起了一个向西方学习的热潮。人们对西方的东西如饥似渴地什么都想学，其中也包括西方的法制和法学。但即使在旧民主主义革命时期，一些有识之士也感到不能盲从。他们提出了两种发人深思的见解：一是西方先进国家并非尽善尽美，它们的“法治”也非万能，根本无法消除各种社会矛盾，而且使贫富日益悬殊，中国必须另展宏图；二是学习和引进西方的东西，应当适合中国的国情，不能削足适履。虽然提出这些见解的出发点不尽相同，甚至各异，所欲达到的目的也五花八门，但他们得出的结论却无可非议。其中最有针对性和进步性的代表人物和著作要属康有为的《大同书》和孙中山的《五权宪法》。康有为的《大同书》在一定意义上是他向西方学习并从而主张变法维新走西方道路的自我否定。孙中山的《五权宪法》则是主观上希望弥补三权分立之不足和要求与中国国情相结合的产物。当然，《大同书》也罢，《五权宪法》也罢，都不是完美无缺的救世救民之道，但他们的精神则是可取的、宝贵的。

以上种种，绝不是想拿古人来自我安慰，而是说明我们的祖先在法律思想上曾经对世界作出过伟大贡献，我们今天没有理由妄自菲薄。

（二）有助于加深对法学的理解

中国历史上的各种先进法律思想不但在促进中国社会向前发展方面起过积极作用，具有重大历史价值，而且从各个不同侧面提出了不少真知灼见，深化了对法律问题的认识，又具有重大的理论意义。这对我们进一步理解凝聚着人类优秀文化成果的马克思主义法学无疑很有帮助。在这个问题上，就古代来说，贡献最大的莫过于先秦诸子和明、清之际的启蒙思想家。

先秦诸子的法律思想有许多生花妙笔。主要表现为：他们在不同程度上都想摆脱神权的羁绊，力求从人类社会本身来探讨法律问题。尤其可贵的是，有不少杰出思想家还试图用朴素唯物论来观察包括法律在内的各种社会现象，发动了既对神权又对形形色色的主、客观唯心主义的挑战。这在认识论上是一大飞跃，比当时世界许多国家要先进得多。正因为这样，所以先秦某些思想家能够以其出色的智慧和勇气把法律的起源问题从天上拉到人间，觉察到国家和法律不是人类一开始就有的，而是发展到一定阶段的产物，并且敢于承认法律（主要指刑法）具有以国家暴力为后盾的强制性。甚至达到了这样的高度：即当时的法律是统治者用来治理国家、维护社会秩序和镇压人民反抗的工具。某些先进阶级或阶层的代表人物还俨然以全体社会成员的代表自居，认为法律应当体现“公意”，强调法律的平等性和公正性。这种“公法观”显然比那些把法律看作“单个的个人恣意横行”要来得高明，在一定意义上已朝法律的本质问题前进了一大步。

明清之际的启蒙思想家对法律思想的最大贡献，就在于他们触及到"主权在民"的问题，提出了"天下为主，君为客"的观点。他们认为法律应当是"天下之公器"，并以此为武器指斥秦汉以来专制君主所立之法为"一家之法"、"非法之法"，而要求代之以"天下之法"。他们反对君主个人专制的"独治"，而主张让他们那样的士大夫及其知识分子都有权议政和参与立法的"众治"。黄宗羲、王夫之、顾炎武等启蒙思想家虽然穿的仍旧是封建的袍服，而且往往大发思古之幽情，想借古人的酒杯来浇自己的块垒，但字里行间却隐藏着反对专制政体的深意。他们的"天下之法"比先秦的"公法观"之所以来得高明，就在于它孕育着民主的胚芽，开始把"法治"思想和民主而不是和专制挂上了钩。

从先秦诸子到明清之际的启蒙思想家在法律问题上的见解，都是一些使认识逐步深化的重要环节。他们既有某些合理因素又有不少谬误。其合理因素可给我们以启迪；其谬误则可使我们懂得前人是在什么地方失足的，又是怎样失足的，因而在认识论上不致重蹈覆辙。这样，就可帮助我们从正反两个方面的比较中进一步认识到马克思主义法学的科学性，加深对法学的理解。

（三）有助于我们建设具有中国特色的法制和法学

这是一个振兴中华的具有战略意义的重大课题。既然是中国特色，就或多或少地含有中国历史和民族的影响，其中也包括以往法律思想的影响。

中国历史上的法律思想，特别是春秋战国时期以儒、法两家为主的法律思想，对后世的影响是很大的。它们不但对秦汉以后封建正统法律思想的形成起过直接的指导作用，并演变为封建正统法律思想的主要组成部分，而且通过封建正统法律思想又影响近现代，甚至影响到我们今天。这就向我们提出了一个问题，即怎样对待这份历史遗产？是全盘否定或肯定，还是批判地继承，使其古为今用。正确的态度当然只能是后者。古为今用这个提法显然是对的。因为总不能说学习历史的目的是为历史而历史，是古为古用。另一方面，为了古为今用，也不能搞实用主义，随心所欲地歪曲历史来为我们所用。那样做，只能得出一些违反历史的错误结论。这往往是一切腐朽势力为了达到其反动目的所采取的手法。我们今天学习中国法律思想史，一定要从历史的实际出发，实事求是地研究其发展规律，总结其经验教训；取其精华，去其糟粕，来为我们建设具有中国特色的法制和法学服务。

应当注意的是，中国历史上的法律思想无论精华和糟粕对我们都有影响。对其糟粕，我们必须予以肃清和防止；对其精华，则应加以改造和吸收，从而发展我们民族的优良传统。在中国历史上的各种糟粕中，流毒最深的莫过于因受封建专制主义和宗法等级观念长期盛行的影响所派生的独断专行和目无法纪。对此绝不能掉以轻心，等闲视之，必须从思想上进一步批判，从制度上严加防范。又如，男尊女卑、重男轻女的思想也根深蒂固。溺婴（女婴）的现象在先秦就很严重。先秦法家思想的集大成者韩非曾以"产男则相贺、产女则杀之"为例来论证他们所宣扬的"好利恶害"的人性论。我们今天为了根绝这类行径，除加强教育外，还必须用法律手段来加以制裁。对中国法律思想上的糟粕，我们在建设现代法学和法制中，就有必要采取相应的措施来对症下药。这也就必然会使我们的法学和法制建设不同于某些没有或很少有这种历史包袱的国家。

不言而喻，在我国法律思想的历史遗产中并不只是糟粕，还有大量可供参考和借鉴的精华。以儒家的法律思想为例，他们强调统治者立法必须考虑民心的向背，并且认为要想维持社会治安不能单靠法律及其强制手段，而应使人民在经济上能够维持最低限度的生活，不致衣食无着，饥寒交迫，然后在这一基础上加强道德教化。他们这种思想和我们今天所主张的综合治理尽管有着本质的区别，出发点也截然不同，但作为一种维护社会治安的方法毕竟具有一定的历史联系，会使我们自觉或不自觉地受到某种启发。而且儒家并不否定刑法的作用，也不一味主张轻刑。他们的基本观点是：刑罚的轻重应随形势的变化和需要为转移。类似这样的情况当然远不限于儒家，也不限于儒家的这一思想。如果我们能掌握一些中国法律思想史方面的知识，就可以尽可能多地对中国传统文化加以批判继承并发扬光大，使其作为优秀成果凝聚在我国的法学和法制中。所以，我们认为，学习中国法律思想史，从正反两个方面都有助于我们建设具有中国特色的法学和法制。

如前所述，中国法律思想史的内容如此丰富，但是，编写一部教材或专著如果按人物排列，大细不捐，面面俱到，势必卷帙浩繁，这对于一般法律院校的学生和政法工作者来说，完全没有必要。而且这种写法很难从中理出一条有规律可循的历史发展线索，何况不少人物的思想大同小异，交叉重复的现象也一定很多。为了弥补这一缺陷，我们主张采取综合的办法，将“五四”运动以前的中国法律思想史中最有代表性的思想，特别是最富理论价值的部分（参见目录），提炼出来按历史顺序分作许多专题来讲授，既可独立成篇，又是一个整体，可分可合，比较灵活。

周训芳

20 世纪上半叶大众思想启蒙与社会制度取向*

简介

周训芳，男，1965 年 2 月出生，湖南沅江人。中南林业科技大学法学院院长，教授，博士生导师。湖南省重点学科环境与资源保护法学学科带头人。曾获得复旦大学历史学学士学位和法律史学硕士学位。在法律史研究领域发表的论文主要有：《20 世纪上半叶大众思想启蒙与社会制度取向》、《20 世纪中后期的观念变迁与社会变革》、《20 世纪外国的环境权理论》、《20 世纪各国环境刑法法益保护观的变迁》等。

* 原发表于《江西师范大学学报》，1998 (4)，原文刊发。

20世纪上半叶大众思想启蒙运动的功绩在于，它使大众在急剧变革的时代潮流中，初步认清了实践于中国现代社会中的传统观念及各种外来观念的面目，最终选择了马克思主义的新民主主义理论，从而带动了中国社会制度的伟大变革，为中国走向现代化、民主化道路奠定了思想文化基础。

一个世纪的外族入侵、国内战争与二千多年封建专制的社会现实，使中国的大众思想接触了众多的观念形态。中国传统观念、西方18世纪以来三个世纪里思想家们提出的各种观念以及马克思主义观念在大众的政治、思想、文化生活中产生了激烈的撞击和选择。在战争环境下，没有人能够不作出选择而置身于是非之外。在半殖民地半封建的痛苦社会现实面前，追求社会进步的人们首先从古老文化的陶醉中苏醒，向骄傲的过去告别，然后认同了西方文化的优越；在急速的社会革命洗礼中，又使执着于西方民主、自由、宪政理想的大部分知识分子放弃了构建资产阶级民主共和国的理想，终于走进了新民主主义革命的行列，与共产党人和农工大众一起确认了新民主主义的社会制度。

然而也正是由于大众在苦难的年代里必须作出观念选择，使得各种思潮形成了如白驹过隙的奇特场面，人们往往来不及细细品味，就付诸社会实践或将其遗弃。思想论争伴随着五四爱国运动、国共合作的大革命浪潮、土地革命战争、抗日救亡运动，与抗日战争、解放战争一起，紧锣密鼓地开向了一个新的时代。因而思想的火花有如流萤，中国大众在没有彻底受到思想启蒙的情况下，匆匆走进了社会现代化、民主化的历程。由此，引导大众思想启蒙的思想家们在这种特定社会环境里形成了三元二分法的思维模式，构建了两种重破轻立的新观念体系。

三元二分法思维模式认为，中国的社会制度取向存在三元，即封建主义取向、资本主义取向、新民主主义（社会主义）取向，而又将这三种取向区分为新与旧、民主与专制、进步与保守、唯物与唯心、文明与愚昧等两个对立的阵营。尤其是资本主义取向与新民主主义（社会主义）取向一直处于水火不容的对抗之中，导致了当时和以后一场接一场的思想政治运动与批判浪潮，极大地左右着中国现代化、民主化进程。

一、思想的“典范形式”：大众思想启蒙的思想前提

恩格斯说过：“历史从哪里开始，思想进程也应当从哪里开始，而思想进程的进一步发展不过是历史进程在抽象的、理论上前后一贯的形式上的反映；这种反映是经过修正的，然而是按照现实的历史过程本身的规律修正的，这时，每一个要素可以在它完全成熟而具

有典范形式的发展点上加以考察。”① 人类思想史的发展实际上反映着人类社会的发展，我们可以从思想史中找出历史发展的规律。20 世纪上半叶思想史的演变也恰恰是当时历史演变的逻辑结果。但问题在于，当时的中国社会不是一种独立发展的社会形态，很难找到一种占主导地位的思想的“典范形式”。相反，社会生活的多层次和多元化造就了各式各样的“典范形式”，以至发展为三种社会制度取向，并以观念的形式存在于被裂变为众多社会阶层的大众的心灵中。因此，大众的社会制度取向也只能取决于几种主流观念的对垒状况以及被拟制为某种社会制度化身的各派政治势力的斗争状况。各种观念似乎都已现成地摆在大众面前，谁优谁劣，最后必须回到社会实践中去。大众在社会实践中选择观念的过程也就成了大众完成社会制度取向的过程。

中国的大众思想启蒙是在特定的民族危机的环境下催化，围绕着政治、军事斗争展开，以封建主义、西方民主主义与马克思主义（新民主主义）的三元对垒为主要表现形式并在极短暂的时间里完成的。思想启蒙家们把主要精力集中在互相辩驳、论争这个问题上，而未能各自完成其观念的“典范形式”，让大众了解各种观念的范畴体系和实质内涵。因而，“文化快餐”式的新观念从一开始就体现出重破轻立的理论特点。也由此，西化还是复古（全盘西化还是本位文化）、西化还是苏化（资产阶级民主共和国还是从新民主主义到社会主义）、新民主主义还是旧民主主义（无产阶级民主还是资产阶级民主）、民主还是独裁（宪政还是一党专政）、科学还是迷信（社会进步还是因循守旧）、唯物主义还是唯心主义（无产阶级世界观还是剥削阶级世界观），这种三元二分法思维模式，形成为 20 世纪上半叶大众思想启蒙运动的一个最主要特征，也成为大众社会制度取向的特征。

“五四”以前的思想启蒙形成为 20 世纪上半叶民主主义思想的“典范形式”。较早时期能够体现出思想启蒙特点的，是士大夫们自我启蒙的“洋务”与“维新”。士大夫阶层在西方强国炮舰进攻下终于发现中国的失利是技不如人，因而在“师夷长技以制夷”的基础上提出“中学为体，西学为用”，并指导了洋务运动；但他们在洋务实践中进一步发现，技不如人是由于社会制度、思想观念落后，因而严复、康有为、梁启超等人发出了“物竞天择、适者生存”、“优胜劣汰”的猛喊，紧接着又试图把自由、平等、民权、宪政等观念引入中国政治。这导致了维新运动的发生。他们相信，古老的帝国在习得了西方制器之术与民主、自由、宪政制度之后便能再生。然而，帝国统治者葬送了这一事业。但也正由于洋务、维新使一代新人的出现成为可能。在留学热、兴办新式学堂热与新式文化运动中，一整代新式知识分子群体成长起来，他们较多地接触了西方文化和政治观念，在社会制度取向上认同了资产阶级民主共和国，从而打起了反清旗帜，葬送了帝制。以孙中山为旗帜的这一代人，他们改换了自身的观念；然而他们倡导的思想启蒙未能改变大众的观念——无论是“华老栓”还是“阿 Q”②，都不可能懂得辛亥革命的真正意义所在。因而到“五四”时代，

---

① 《马克思恩格斯全集》第 2 卷，第 122 页。

② 鲁迅作品《药》、《阿 Q 正传》中的文学形象。

出现了大众思想启蒙。新文化运动的兴起就是以改变了知识分子而未改变大众的思想“典范形式”对大众进行思想启蒙，并因白话文的推广而变得现实可行。

而马克思主义在“五四”后的广泛传播标志着一种与民主主义思潮抗衡的新的观念体系开始在中国诞生。这种新观念体系在经过一段时间的宣传、介绍之后，即被用来指导社会实践，并加入到大众思想启蒙运动的行列。“五四”以来，无论是思想界的人生观论战、文化论战、宗教问题论战还是哲学论战，也无论是共产党知识分子对中国革命性质、中国社会性质、中国社会史、中国农村问题的争论，都为马克思主义发展到中国的“典范形式”——新民主主义创造了条件。

因而，儒家思想、民主主义思想、新民主主义思想，成为20世纪上半叶大众思想启蒙运动的思想前提。

二、“五四”大众思想启蒙：三元二分法思维模式的最初表达

封建主义、民主主义（资本主义）、新民主主义（社会主义）三种观念体系，在20世纪上半叶的思想启蒙运动中形成为三元，而它们又是被人们在二分法的思维模式中加以选择的，即封建主义排斥民主主义与社会主义，民主主义排斥社会主义与封建主义，社会主义排斥封建主义与民主主义，并均以被排斥的两个异己作为同类加以批判。这种状况，直到20世纪末甚至还可得见。③

新文化运动的兴起是大众思想启蒙运动的开始，也是三元二分法思维模式的最初表达。启蒙开始时的社会现实是，存在于中国的全是矛盾的社会现象。巡警与更夫、民国与清室、迫人尊孔与信仰自由、禁止重婚的法律与允许纳妾的习俗等等，那么不协调地整合着中国大众的生活与观念。就像李大钊指出的，“新旧之间，纵的距离太远，横的距离太近，时间的性质差的太多，空间的接触逼的太紧，同时同地不容并有的人物、事实、思想、议论，走来走去，竟不能不走在一路来碰头，呈出两两配映、两两对立的奇观。”④ 在这种社会生活环境里，以何种观念来对大众进行思想启蒙呢？从新文化运动开始，各种新思想、新观念如关不住的闸门里汹涌的流水，闯进了中国人复杂的世界里；许多思想家以导师的身份站在思想启蒙的前沿，引发了一场接一场的思想论争。

当时影响最大的《新青年》杂志在《本志宣言》中宣称：“我们相信世界各国政治上道德上经济上因袭的旧观念中，有许多阻碍进化而且不合情理的部分。我们想求社会进化，不得不打破‘天经地义’‘自古如斯’的成见；决计一面抛弃此等旧观念，一面综合前代贤哲当代贤哲和我们自己所想的，创造政治上道德上经济上的新观念，树立新时代的精神，

③ 如坚持社会主义，以唯心、剥削作为封建主义、资本主义的共性加以批判；鼓吹全盘西化，以集权、独裁为封建主义、社会主义的共性加以抨击。

④ 李大钊：《新的！旧的！》，《新青年》四卷五号。

适应新社会的环境。”[5] 它一面发出向旧观念宣战的号角，一面主张思想家创造新观念来指导新社会。

新与旧之分，是三元二分法思维模式的最初表达形式。

然而什么是新观念呢？实用主义、生命哲学、工读主义、互助论、泛劳动主义、新村主义、无政府主义、行会社会主义、平民教育理论以及马克思主义，从孔教问题、妇女问题、劳动问题、社会改造问题抑或文字上的文学问题到人生观的哲学问题、从平民教育问题到“到民间去”、“到法国去”，都在这一时期兴起，萦绕着当时的中国思想界。“正如久壅的水闸，一旦开放，旁流杂出。虽是喷沫鸣溅，究不会自定出流的方向。”[6] 因而此时的新思想偏重于向大众（尤其是青年）传播，而欠研究与创造，更谈不上区分何种更合于中国的国情。也正因为这样，新思想从一开始就孕育着多元与分化的可能。实际上，对各种新思想的吸纳与容忍，也正是五四思想启蒙的“民主”精神所在。

随后马克思主义在十月革命成功后也作为一种新观念广泛传播到中国的思想界。从李大钊、陈独秀这样的思想界巨擘，到毛泽东、蔡和森这样的青年学子，都满怀激情地向中国大众宣传、介绍马克思主义学说的基本理论、俄国十月革命后的社会现状以及国际共产主义运动的进展，并进而发展到探讨在中国组织共产党仿效俄国发动中国革命的具体办法。

同时，胡适派启蒙思想家提出，新思潮的意义在于“研究问题、输入学理、整理国故、再造文明”[7]。他们认为：“凡是有价值的思想，都是从这个那个具体问题下手的。先研究了问题的种种方面的种种事实，看看究竟病在何处，这是思想的第一步功夫。然后根据于一生经验学问，提出种种解决的方法，提出种种医病的单方，这是思想的第二步功夫。然后用一生的经验学问，加上想象的能力，推想每一种假定的解决法，该有什么样的效果，推想这种效果是否真能解决眼前这个困难问题。推想的结果，拣定一种假定的解决，认为我的主张，这是思想的第三步功夫。”[8] 因而他们认为此时在中国实行马克思主义是好听的“空谈”，“好比医生单记得许多汤头歌诀，不去研究病人的症候”[9]，是无用而又危险的。

有的学者甚至攻击马克思主义宣传者说：“他们就看见马克思主义的一小点长处，他们就信仰马克思主义，甚而至于高谈马克思主义，哄骗一般无知识，最易受人愚的劳动者，以实行他们的宣传计划。然而能看到一点长处（不是好处），这还是好的，还是有一点人的灵性的人。最可怜而最可恨的那般无聊的青年，他们硬说马克思主义一无可訾，俄国实行了马克思主义，（其实，俄国哪里实行了马克思主义）中国也得实行马克思主义才对。于是，他们就大吹大擂，为俄国捧场，好像戏园里流氓怪声呼好的一般模样。他们一面捧俄

---

⑤ 《新青年》七卷一号。

⑥ 瞿秋白：《饿乡纪程》之四，《瞿秋白文集》第一卷，人民文学出版社，1953。

⑦ 胡适：《新思潮的意义》，《新青年》七卷一号。

⑧ 胡适：《多研究些问题，少谈些主义》，《胡适文存》一集二册。

⑨ 胡适：《多研究些问题，少谈些主义》，《胡适文存》一集二册。

国，说俄国是乐土，是天堂；一面更努力宣传马克思主义，播其毒于中土。”⑩

当新潮思想家批评马克思主义时，守旧派也在痛斥这些批评者和被批评者“不顾是非利害，不计将来的效果，信口狂言，以全国天真烂漫之少年为其试验品，为其功利名誉之代价，是可忍孰不可忍！”⑪ 更有甚者，林琴南竟把所有新潮思想家的宣传当作“禽兽之言”，恨不得“骈二指按其脑”，“更以足贱”，使他们“怕死如猬，泥首不已”⑫ 而后快！

就这样，“五四”思想启蒙运动按其本身发展的逻辑蕴含着三种社会制度取向；在思维模式上，初步显露出三元二分法的特点。

然而，新思想未能在大众思想中占据绝对优势。固然，封建主义思想在戊戌维新、辛亥革命中已遭到致命打击，但毕竟在农业中国存在着广阔的生长环境，难以一蹴而就；知识分子群体所向往的西方民主、自由、民权、宪政，在辛亥以来的社会实践中也显得那么苍白无力：“革命数十年，议论三十载：上不能破坏旧军事组织解除军阀的武装而使封建残局孳乳延长；下不能将革命潮流普及于全国最深最广大的群众唤起浩大不可抵御的革命势力，而坐失了许多可以扩大兴奋的宣传运动之机会；每每失败一次又踏一次的故辙，萦情于现成的势力及不可得到的外力帮助而不能自己，致使可以膨胀的革命潮常因而收缩。”⑬ 而一点一滴的改良、好人政府主义、废督裁兵、联省自治种种，也无法根除封建军阀势力生长的思想渊源，造就一个真正民主、自由、法治的中华民国。因而各种新思想在经过了新旧思潮论战、问题与主义论战、无政府主义论战、社会主义论战、人生观论战以及东西文化论战等几场激烈的思想论争之后，再也激不起大众的热情；马克思主义宣传者队伍数量的弱小以及他们社会实践活动的单薄，显然也不可能使马克思主义在大众思想启蒙中征服大众。由新文化运动肇始的大众思想启蒙遂接近尾声。

三、新启蒙运动：根据地大众社会制度取向的定型与辐射

当毛泽东的红军队伍行进在乡村田园小径的时候，一天天扩大的农村革命根据地不断地吞噬着新旧军事势力的地盘，在望不断的农家炊烟中延伸着走向新社会的具体道路。但如毛泽东所指出的：“现在工农兵面前的问题，是他们正在和敌人作残酷的流血斗争，而他们由于长时期的封建阶级和资产阶级的统治，不识字，无文化，所以他们迫切要求一个普遍的启蒙运动，迫切要求得到他们所急需的和容易接受的文化知识和文艺作品，去提高他们的斗争热情和胜利信心，加强他们的团结，便于他们同心同德地去和敌人作斗争。”⑭

---

⑩ 勉人：《为谈主义者进一解》，钟离蒙、杨凤麟编：《中国现代哲学史资料汇编》（以下简称《汇编》），辽宁大学哲学系，1981年7月版，第一集第二册第29页。

⑪ 梅光迪：《评提倡新文化者》，《汇编》第一集第一册第61页。

⑫ 林琴南：《荆生》，《汇编》第一集第一册第35页。

⑬ 蔡和森：《武力统一与联省自治》，《汇编》第一集第二册第47页。

⑭ 《毛泽东选集》，第二版，861～862页，人民出版社。

因此，在30年代，在抗日救亡运动的高潮中，共产党知识分子发起了一场“新启蒙运动”。

1936年下半年，陈伯达在《读书生活》四卷九期上发表《新哲学者的自我批评和关于新启蒙运动的建议》，最早提出了“新启蒙运动”的口号。随后，《现实月报》首先以“特辑”来响应和推动新启蒙运动，开始引起了普遍注意。1937年“五四”前后，张申府、吴承仕、程希孟、黄松龄、张郁光、田佩之、张友渔、吴觉先、谭培桢等名教授在北平发起了启蒙学会。张申府称：“五四所对付的问题，正是今日所应对付的问题。这个问题，经过十八年的岁月，非特未得解决，简直变本加厉。”“因此，今日的启蒙运动不应该真只是启蒙而已，更应该是深入的、清楚的。对于中国文化，对于西洋文化，都应该有个真的深的认识。”⑮

陈伯达、艾思奇、胡绳、何干之等共产党知识分子发表了大量文章，论述新启蒙运动的意义、方法和内容。陈伯达说：“我们现在需要组织全民的抵抗，来挽救民族大破灭的危机。我们必须唤起全民族自我的觉醒。所以，我们这里需要自由，需要理性，需要光明需要热，需要新鲜的空气，需要奋斗，需要集体的力。我们反对异民族的奴役，反对旧礼教，反对复古，反对武断，反对盲从，反对迷信，反对一切的愚民政策。这就是我们当前文化上的救亡运动。”⑯

然而，国统区的“新生活运动”与陶希圣等人的《中国本位文化建设宣言》以及中国文化问题论战中的“尊孔读经”的读书运动与复古思潮，与新启蒙运动的文化救亡恰成鲜明对照。陶希圣认为，“封建主义和资本主义都反对社会主义。封建主义和社会主义都反对资本主义。社会主义和资本主义都反对封建主义。一场大战，打个不休。但是，封建主义抹杀了现在。资本主义和一派社会主义抹杀了中国。”因此，“要使中国能在文化的领域抬头，要使中国的政治、社会和思想都具有中国的特征，必须从事于中国本位的文化建设。”⑰与此相呼应，陈立夫也在“中国文化建设协会”的讲坛上大谈“读书运动与民族复兴”。实际上，他们的宣传乃是蒋介石倡导的“新生活运动”与“尊孔”、“读经”的继续，客观上又与日本军国主义者的“王道复古”论一道，起着阻碍大众启蒙的作用。

更有甚者，北平师范大学物理系杨立奎通电全国，声讨组织启蒙学会的“文化教育界败类”张申府等“诋毁忠孝节义”、“蛊惑青年”，号召民众“全力铲除此灭伦丧德之枭獍”⑱，从新启蒙运动一开始就发起了进攻。但是，文化界的民主主义者与共产党知识分子在抗日救亡运动中结成了文化同盟，继承“五四”时代精神，对中国大众作深入的再启蒙。在抗战的炮火中，新启蒙运动更明确地把握和推进了“五四”以来弘扬的以民主、科学为主要内容的文化运动的方向。知识分子开始检讨过去的文化运动，开始从知识分子的小圈

---

⑮ 张申府：《五四运动与新启蒙运动》，《汇编》第二集第六册第31页。

⑯ 陈伯达：《论新启蒙运动》等，《汇编》第二集第一册第32、34页。

⑰ 陶希圣：《为什么否认现在的中国》，《汇编》第二集第六册第74～75页。

⑱ 何干之：《新启蒙运动的争战》，《汇编》第二集第六册第25页。

子里冲出来，喊出了“大众文化”的口号。抗日战争的客观环境使得文化生活深入到内地，接触到农村成为可能，因而新文化开始真正面对大众，走进大众，成为大众思想启蒙的精神力量。

在大众思想启蒙中，马克思主义者利用根据地的有利政治环境，创作出了《哲学讲话》（即《大众哲学》）、《新哲学论集》、《社会学大纲》、《矛盾论》、《实践论》等一系列大众化哲学著作。他们已经认识到，“马克思主义决不是一种不变的教条，我们应该进一步研究它，用实际斗争的经验去充实它，并把正确的马克思主义的理论，有系统地普及于一般的群众，使之成为一种具有伟大力量的群众化的革命理论。”⑲ 在大众思想启蒙中，根据地的农民、士兵和知识分子，以历史上不曾有过的规模和精神面貌投入了抗日战争和解放战争的洪流。也正因为这种启蒙，才使得农民大众最大程度地参加了中国革命，使大众的社会制度取向与中国共产党领导的革命战争指向合二为一。在战争洪流中，根据地大众的社会制度取向进一步向广大的解放区农村大众辐射，成为中国农村大众不可逆转的社会制度取向。

毛泽东曾豪迈地宣称：

> “中国的命运一经操在人民自己的手里，中国就将如太阳升起在东方一样，以自己辉煌的光焰普照大地，迅速地荡涤反动政府留下来的污泥浊水，治好战争的创伤，建设起一个薪新的强盛的名副其实的人民共和国。”⑳

这是对大众思想启蒙成果的总结，同时也反映了大众社会制度取向的期待。这种期待，正是中国走向现代化、民主化的思想文化基础。

---

⑲ 梁平：《中国社会科学运动的意义》，《汇编》第二集第一册第 57 页。

⑳ 《毛泽东选集》，第二版，第 1467 页。

胡旭晟

描述性的法史学与解释性的法史学*

——我国法史研究新格局评析

简 介

胡旭晟，湖南益阳人，1963年12月生，法学博士（中国人民大学）。现任全国政协委员、湖南省社会主义学院副院长、湘潭大学法学院教授、博士生导师、湖南省法学会副会长、长沙市人大常委会副主任。主要从事法史学和法理学的教学与研究，主要学术活动有：发起并参与主持《二十世纪中华法学文丛》，创办《湘江法律评论》，曾在《法学研究》、《比较法研究》、《光明日报》等报刊发表学术论文七十余篇，已出版《解释性的法史学》、《法的道德历程——法律史的伦理解释》、《法学：理想与批判》、《民事习惯调查报告录》（点校）、《法理学》（主编）等多部著作。

---

* 原发表于《法律科学》，1998（6）。

一、新格局的出现

本世纪80年代中期，当文化热席卷我国学术界之时，法史学界兴起一种新的学术趋向：一种现今已为人们所熟知、而最初系由一批青年学者倡导起来的法律文化研究或法律传统研究。这一新的学术趋向与此前中国法史界一贯之学术风格迥然不同，它不再像以往那般强调考据，更准确地说，它不再满足于对既往法律史状况的描述，而试图追寻诸种法律史现象之深层根源；它尤其不满于传统中法律史研究与法律思想史研究的分离，更不满于法律史研究与其他社会史研究的脱节，而主张将法律史视作整体文化史之一部分，不仅将制度、思想以及往昔被学者们所忽略的观念、心理和行为习惯等等有机结合起来，而且强调从政治、经济、哲学、伦理、审美等等多种侧面和层次对法律史进行综合性的考察，并同时关注法律史对其他社会史的影响，用梁治平的话说，就是“用法律去阐明文化，用文化去阐明法律”。在这里，法律史研究与其他文化史、社会史的研究几有走向统一之势。

不仅如此，这种新兴的学术趋向也甚至不满足于对历史本身的文化阐释，它还力求从历史之中挖掘出某些具有现代价值的东西，总结出一些具有普遍意义的东西，甚而由此对当今的法制现实“指手画脚”，这在传统的法史学眼里已着实有些离经叛道了。与此同时，倡导这种学术趋向的青年学子还试图追求一种新的文风，一种生动、活泼、流畅、甚或有些俏丽的文风，这在许多过于严肃的中老年学者看来亦有华而不实、乃至哗众取宠之嫌。

当然，这种新兴的学术趋向虽历经十余年的发展，至今依然不是我国法史学的主流，但是，其影响与日俱增、其“市场”日见扩大（尤其在青年学者中）却也同样是毋庸置疑的，甚至，它对其他专业和学科的影响力与辐射力也远大于传统的法史研究。可以断言，这种新兴的法史学有着巨大的生命力和广阔的发展前景，它将逐渐与传统的法史学并驾齐驱，共同构成我国法史研究的新格局。

二、新格局之存在基础

上述法史学新格局的出现有其深厚的存在基础，因为它不仅与学术研究的深入、与学者们主体意识、现代意识和现实意识的增强有关，而且在根本上取决于法史学研究对象自身的丰富性。

史学研究的对象是“历史”，这是再简单不过的常识，人们在习惯上也总是将史学的最高宗旨界定为“还历史以本来面目”。其实，这些说法本身还需做进一步的深究和推敲。且不说现代哲学解释学对传统史学观念的根本性动摇，单就对象自身的逻辑而言，“历史”呈现于史学家的视野中，原本就是三个不同的“世界”：一是现象世界，即历史“是什么”；二是根源世界，即历史“为什么是什么”；三是意义世界，即历史能为我们的现在和将来提供什么，或者说，“过去”与“现在”和“将来”的统一体中意味着什么。很显然，这三个世界于学术研究的要求各有不同：现象的世界需要描述，根源的世界需要追究，意义的世界需要探求。但从现代史学的发展路向来看，后二者之间往往具有更多的共同性和相通性。有赖于此，我倾向于将史学研究划分为描述性研究与解释性研究①两类，并有意将此种区分引入我国的法史学。

从这样的区分来看，本世纪以来中国法史学的主流无疑是描述性的，它的目的在于真实地揭示出既往的历史究竟“是什么”，其主要工作方式便是对史籍的收集、整理、归纳和分析；学者们试图以自己的努力尽可能详尽、逼真地展现出古代法制之状况，以及当时人们对于法律的种种认识。与之不同，80年代中期以来兴起的上述学术趋向则是解释性的，它既以描述性的法史学为基础，又是对前者的超越；尽管作为解释性的法史学，它还发育得不够完全、不够充分，但其与传统法史学分庭抗礼的格局已基本形成。

三、两种法史学之差别

诚然，这两种法史学的界限远不是绝对的，因为严格说来，一切历史学都要描述，也都在解释（近十年“法律文化”热的影响尤其强化了描述性法史学的解释性）；这里的区分完全基于各自的主要倾向，而立足于事物的本质或主流原是一切界定得以存在的基础和前提。

由这一立场出发，我们不仅要承认“描述性法史学”与“解释性法史学”之差别，而且得承认其中的差别是绝对存在的。甚至，若以中国传统的眼光来看，庞德的《法律史解释》简直算不上是法史学著作，因为，这里的法律史研究已不再如中国传统法史学那般单纯，它更多地与哲学、文化及其他社会史研究纠缠在一起，乍看之下，有时的确会变得不像是法史研究。

大致而言，描述性的法史学以史料的考证为根本，而解释性的法史学则以对历史现象的学理分析和文化阐释为特征；如果说描述性法史学也是学者对法律史的解释，那么解释性法史学则常常是对“解释”的解释。不过这样的说法容易让人产生“史”“论”之想，以为描述性法史学更近于“史”、而解释性法史学更近于“论”。实质上，后者固然也还是“史”，但其区别于前者，却恰在于它不再是一般性的“议”和“论”，而在于它更是一种理论创造，在于它的根源追究与意义探求已使之在本质上成为一项哲学化的工作。

---

① 本文所说的“解释性研究”或“解释性法史学”均是在哲学解释学的意义上使用“解释”一词，与国内一度流行的“注释法学”之“注释”有着根本性的差别。

再进一步说，前者的“解释”乃是一种客观性考察，它需要如自然科学一般将法律史当作对象来分析，它实质上是一种“发现”。后者的“解释”则不同，它是一种主体性的“理解”，它需要将法律史视作特定时代的生活经验，要求主体溶入其中，去理解其精神，把握其脉搏，因而，这种研究实质上是两个时代的精神接触和灵魂对话。同时，解释性的法史学还需要开掘历史之意义，延续传统之生命，它应当在“过去”与“现在”和“未来”之间建立起联系，或者说，应当“以创发性的理解，让历史有意义进入现代，并延伸向未来”②。因此，这样的法史研究就不能满足于对既往法律现象的描述，而必须以新的学术角度重新审视、解释和阐发一切旧有的法律文化现象，并力求从历史的流变中探究出普遍意义，甚至从往昔的经验里厘定出某些现代文明秩序中一般性的原则和规律，以便为当代之法律文明提供必要的参照视境和有益的建设资源。显然，这样的法史研究已主要不再是“发现”，而更是一种“创造”。

就其根本而言，此二者在学术定位上的上述差别实源于各自不同的史学观念，即，在如何理解和对待历史之真实的问题上，两种历（法）史学之间存有极大的分歧。在描述性的历（法）史学看来，“真实的历史”原来外在于研究主体而独立存在着，也只有由史料所展现出来的历史才是真实的历史；因而，史学研究必须排除研究者自身的主观性，必须以完全中立或不带任何偏见的立场去对待历史；由此，传统法史学一贯强调要绝对忠实于历史原貌，主张“还历史以本来面目”。于是，其研究工作在本质上便是如何客观地“发现”历史之真实。但是，依据解释性历（法）史学的学术观念，“还历史以本来面目”乃是不可能之事，因为，“历史从根本上讲，是人的经验生活”③，而人的经验与生活具有某种不可重复性。另一方面，现代的研究者亦是生活经验的携带者，他不可能立足于一片精神的空白状态去进行历史分析，他必须在接受一定的教育之后，带着自己对法律和历史的理解去研究人类的法律史，因而，历史研究只能从先见开始，决不可能完全中立或毫无偏见。再者，史学研究既是主体进入历史视野的过程，也是历史对象进入主体视野的过程，这种双向式运动的实质便是对话；尽管尊重事实也是解释性研究的基本前提，在“任意曲解中，不会再有对话”④，但既然是对话，便会有相互修正的可能和必要，这意味着历史的意义不可能由它自身单独完成，只有通过研究者的参与，历史才能显现出它的真正意义，才能与“现在”和“未来”建立起联系，并构成为整体。所以，“真实的历史”之完成既需要史料，也需要研究者的创造性参与。自然，这种学术观念多少有“歪曲”历史之嫌，无疑是传统的描述性法史学所难以接受的。

上述歧异决定了二者的学术价值也会存在一定程度的差别。描述性的法史学作为对历史原貌的发现和展示，它为解释性的法史研究，也为其他学科提供再研究、再解释的素材，

② 殷鼎：《理解的命运》，141页，三联书店，1988。
③ 殷鼎：《理解的命运》，151页，三联书店，1988。
④ 殷鼎：《理解的命运》，93页，三联书店，1988。

故而，其价值主要是学术性的（首先是资料性的）；而解释性的法史学作为对历史意义的挖掘和创造，它为其他学科、甚至为社会实践提供可以直接接受的思想、观念和理论，其价值主要是文化性的和社会性的，其研究成果具有更大的启发性、扩张性和辐射力，因而也远比前者更为其他学科所关注。但与此同时，描述性法史学的对象性研究及其在研究过程中对主观因素的排挤又使得其成果具有更多的原始性、客观性，从而更具有时空上的持久性；而解释性法史学的主体性研究则使得其成果带有更多的主观色彩、个人色彩和时代性，从而也更面临着时空的严峻考验。

四、两派法史学者之差异与沟通

两类法史学不同的性质和特征还会影响到各自的研究队伍，因为它们各自对研究者素质和学养的要求颇有不同，而这又多少会导致两派学者之间的种种风格差异。比如，描述性法史学首先要求其研究者具有扎实的史学功底、甚至受过严格的史学训练，它需要一种考据的功夫；而解释性的法史学则更要求其研究具有开阔的理论视野，甚至拥有多学科的学术背景，它需要一种思想的素质。因而，在较为通俗的意义上，从事前一研究的学者不妨称之为“考据派”，而从事后一研究的学者则可称作“理论派”（就当前而言更宜称作“文化派”）。与此相适应，尽管史学工作者有其共通的精神品格，但“考据派”无疑更需要甘于寂寞和孤独的学者风范，也更需要经受毅力和耐心的考验；而“理论派”则尤其需要勇于开拓和批判的人文精神，也尤其需要独立的立场和冷静的思索。同时，对学者本身而言，描述性的法史研究实际上是一个持续积累知识的“发现”过程，随着研究的深入，学者们将逐渐修炼成为知识渊博的学问家；而解释性的法史研究则不同，它更主要地是一个不断开掘智慧的“创造”进程，这一进程的深入终将使学者们更多地磨炼成为睿智的理论家、甚至思想家。

面对这样的差异，学者们对学术道路的选择总是与其经历和学养密切相关，但更主要地还是取决于其自身的学术情趣。一般而言，投身于描述性法史研究的学者大多执著于历史之“真”，他们对史料、古籍以及“恢复”历史本来面目等等怀着猎奇或者探险般的浓厚兴致；而热心于解释性法史研究的学者则往往抱有更多的理论兴趣、甚或有强烈的现实关怀情结。此种学术趣味上的差异，加上各自研究路向之特定风格的影响，就势必导致两派学者的学术趋向亦常有大的不同。前一派学者将日益学术化、专门化，也大多会固守法史学的专业阵地，因而具有较大的稳定性；但后一派学者则会表现出某种程度的流动性和开放性，其中相当一部分将随着其理论兴趣的发展和理论阅历的增长——解释性研究原本就是一种向多学科开放的理论探索——而走出最初的专业范围（至少不再局限于法史学）、迈向法理学等等其他理论研究领域，而这种不稳定性在许多坚定的描述性法史研究者看来多少有“背叛”师门之嫌。

从现今中国来看，描述性法史学仍以中老年学者为主体，他们大多以治学严谨和功底深厚著称；而解释性法史学则以中青年学者为骨干，他们大多以思想敏锐和视野开阔见长。不过，这种年龄结构上的差别只具有当下的时代性，而决不具有长久的普遍意义。真正值得我们注意的是，这两派学者之间至今仍缺乏足够的相互沟通和相互理解。诚然，由于学术观念和学术传统的差异，二者间的分歧总是存在的。在这里，我认为最重要的乃是以学术规范为前提，倡导学术宽容之精神；或如台湾学者韦政通先生谈及不同民族间的文化殊异性时所言："承认这殊异事实之后，第一件要学习的大事，就是互相宽容，学习同情地了解对方，并进而能彼此欣赏，这是未来世界中每一个人必须培养的襟怀，也是人类学习和平相处的新起点。"⑤ 其实，无论是描述性研究还是解释性研究，它们都不失为学术发展的正当进路，我们不应当在这两种学术路向之间作任何价值优劣的判断。更何况，它们不仅不能截然两分，并且，其间还有着天然的共性和联系，亦存在相互支持的内在需要，因为，对历史事实的尊重原是解释性法史学的底蕴，若无描述性的法史学作基础，则解释性的研究便是空中楼阁；另一方面，关照自我⑥与延续历史也本是描述性法史学的深层动因和内在机制，若无解释性的法史学，则描述性的研究便无以显示出真正的意义和价值。所以，两派学者相互尊重、理解、乃至互为呼应和支持原是学科本身的要求。

五、能超越两种法史学之差别吗？

描述性法史学与解释性法史学虽然存在较大的差别，但学者们超越差别却是完全可能的。当描述性的研究因了某种契机而对理论和现实产生出浓厚的兴趣、或对其研究对象之意义有了某种深刻的领悟，此时，他就会转而进入解释性研究的领域（哪怕只是一时的）；同样，当解释性的研究者在某一领域不满意于学界已有的描述性成果，并自信有足够的兴致和能力进行考据式工作时，他也会依据自己的学术构想去作些必要的描述性研究。自然，这样的整合性研究无论是对学者个人的学术发展还是对学界整体的学术繁荣都是十分有益的，因为，倘若描述性研究能以一种极深刻的思想作灵魂，或者解释性研究能抱持一种极严谨的考据作基础，那实在是"锦上添花"之事，而全面、普遍地超越差别、并臻于高度繁荣，更是法史学发达的极境。

但鉴于眼下学者们不同的学术趣旨和学术素养，也鉴于我国法史学的现有水准，上述超越差别的法史研究至少在目前还只能是偶发性的；若要同时在两个不同领域大展"拳脚"、并卓有成就，则只有个别极优秀者方才可能。在此情形下，两种法史研究齐头并进，既各司其职，又相互理解、相互支持，以共同谋求法史学的繁荣，这恐怕才是当今中国法史研究的基本状况。

---

⑤ 韦政通：《伦理思想的突破》，42页，四川人民出版社，1988。

⑥ 此处之"关照自我"既包括研究者自身的情趣、生活和追求，也包括现实社会的状况和需求等等。

六、现今法史学之突破口

现代意义上的法史学在中国发展至今日，作为描述性的研究已有近百年之积累，作为解释性的研究也历经了十余年的喧闹。如今，法史学若要真正更上层楼，取得新的实质性进展，依笔者个人之见，我们当须有新的突破口。

就描述性的法史学而言，它既然是客体性（或对象性）研究，既然以史籍的考证为根本，则突破性的进展当在全新之法律史资料和典籍的发现、整理和出版。诚然，即便是一般性的古代典籍，其中仍蕴藏着大量未知的法律史资料，可供描述性研究施展身手的空间依然十分广阔，这样的研究也始终有其不可替代的价值。但我以为，更具广阔前景和深远意义的工作或许还是对目前尚不为人熟知之法律史料——如民间古代典籍和地下文物等等——的发掘和研究。原因在于，只有这些全新的史料才能真正为我们开启观察历史的新门径，也才能真正为我们展现出一片全新的天空、甚至从根本上改变我们认识法律的范式。而这样的工作在我国其实大有活动的舞台，也的确应当引起社会各界的高度重视。

再就解释性的法史学而言，它也许是另一番景象。作为一种主体性的研究，其根本性的进展应取决于研究者（主体）学术素养的提高，尤其取决于新的解释工具的掌握。因为，一切原始的法律史资料，连同其描述性研究的成果（作为对史实的分析、归纳和整理），它们对于“现在”和“将来”而言都仅仅是一种“文字上的存在”，它们的意义尚处于未决状态，若用黑格尔式的语言来表述，就是尚处在转向“意义”上的待发点上。要让这种“文字上的存在”转化为“意蕴上的存在”，抑或说，若要真正显现其对于“现在”和“将来”的内在关联与真正意义，我们的研究者须独具慧眼。而能够赋予我们“慧眼”的只能是独特的（至少于中国法史界而言是）或全新的解释工具和解释方法，只能是取自于外学科的理论、思想和观念：从传统的哲学、经济学、社会学、伦理学、人类学理论到新兴的哲学解释学、现象学、结构主义、符号学观念等等。可以说，我们每多一种解释的工具，“历史”便会在我们面前多显现出一层意义，我们也就会多一份创造的收获。因此，当今中国解释性法史学的研究者（或通常所说的“文化派”）所面临的当务之急乃是迅速提高自己的学术素养，充分吸纳其他学科领域，尤其是哲学、社会学和人类学的前沿成果，让自己真正“武装”起来、锐利起来。否则，一切描述性法史学的成果，从珍贵的古代民间契约到新出土的远古法律史料，于我们都永远只是一种文字上的存在，都始终只能停留在转向意义的“待发点”上，也都永远与我们社会的“现在”和“将来”无关，更与学术的发展和理论的创新无涉。

七、结语

若将20世纪中国之法学发展视作一个整体，则法史研究当是其中最卓有成就的门类。

但以近四十年大陆学界的情形而论，法史学却颇有被部门法学赶超之迹象。如今的法史学要图振兴，要想对其他学科有大的贡献，既需要我们法史学者切实提升自身的学术素养和学术品位，也需要两派学者之间摈弃门户之见，努力达于宽容、理解和相互支持，从而共同臻至繁荣、发达。

杨鹤皋

程颢、程颐法律思想研究*

简介

杨鹤皋，1927 年 8 月生，湖南长沙人。1947 年入长沙明德中学高中部学习。不久，参加中共中原局城工科驻长沙的地下组织，并任长沙市北区学联主席、长沙市学联副主席。1950 年考入北京大学法学院，院系调整时并入北京政法学院，毕业后留校任教。历任中国政法大学教授，南开大学法学研究所及中国人民公安大学兼职教授、苏州大学客座研究员、中国法律史学会秘书长、中国法律思想研究会副会长等职。

他长期从事中国法律思想史教学和研究。1983 年，在中国政法大学创建了法律思想史硕士点，任研究生导师组长。他笔耕不辍，著述颇丰，出版了《先秦法律思想史》、《两汉法律思想史》（主编）、《魏晋隋唐法律思想研究》、《宋元明清法律思想研究》、《中国法律思想史》、《中国古代法律思想论集》、《春秋战国法律思想与传统文化》、《中国预防犯罪史》等二十余种著作。

* 原发表于韩延龙主编：《法律史论集》，第一卷，北京，法律出版社，1998，原文刊发。

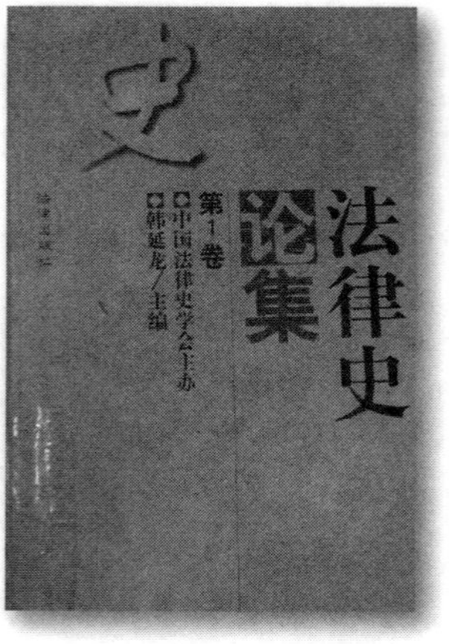

程颢、程颐兄弟（简称“二程”），河南洛阳人。二程是宋明理学的奠基人。宋明理学是中国封建社会后期的官方统治思想，支配着我国政治、法律、文化的发展，其影响十分深远。就二程的法律思想来说，虽然带有理学的迂腐气息，但也蕴含着一些有价值的观点，现扼要地加以评述。

遵循旧章　反对变法

唐末黄巢农民大起义和宋初王小波、李顺起义，给封建统治以沉重打击，而在人民群众中留下了深刻的影响。到北宋中期，农民阶级与地主阶级的矛盾日益激化，封建统治危机不断加深。王安石描绘当时的社会状况是：“节义之民少，兼并之家多，富者财产满布州域，贫者困穷不免于沟壑”①。官僚大地主控制了中央政权，大肆兼并土地，广大农民的贫困日甚一日，甚至连中小地主也成为被侵夺的对象。在这种情况下，如不变法改革，北宋王朝的统治很难维持下去，大规模的农民起义随时可能再度爆发。这样，在宋神宗统治时期，终于出现了王安石变法。

与王安石同时的二程也看到了当时阶级矛盾的严重性，害怕再次发生农民大起义，危及赵宋王朝的统治。二程认为，春秋战国之世，侯国林立，彼此隔绝，一国虽乱，他国可以不乱。自秦统一中国后，形势就不同了，“陈涉一叛，天下遂不支梧……今天下却似一个万顷陂，要起卒起不得，及一起则汹涌，遂奈何不得”②。这是说一方农民起义，四方响应，如江海波涛，不起则已，一起就汹涌滔天，波及全国。这是他们所深为忧惧的。所以他们极力主张：“便只要安宁，不宜使动摇”③。连王安石那些并未触及封建制度的根本的改革，他们都拼命反对。他们说：

> 居今之时，不安今之法令，非义也。若论为治，不为则已，如复为之，须于今之法度为处得其当，方为合义。若须更改而后为，则何义之有！④

这明显地是针对王安石变法说的。他们要求严守祖宗成法，遵守旧章，不要轻易变更。如果变法改革，那就是“非义”。

程颐在《明道先生行状》中着重记述其兄程颢拼命攻击王安石变法而不遗余力的情况，如说：“荆公浸行其说，先生（指程颢）意多不合，事出必论列，数月之间，章数十上。尤极论者：辅臣不同心，小臣与大计，公论不行，青苗取息，卖祠部牒，差提举官多非其人及不经封驳，京东转运司剥民希宠不加黜责，兴利之臣日进，尚德之风浸衰等十余事”。这

① 《临川先生集·仓制置三司条例》。

② 《河南程氏遗书》卷二上，以下简称《遗书》。

③ 见《遗书》卷二上。

④ 《遗书》卷二上。

样看来，王安石变法中的每一项重大政策措施，程颢都拼命反对，所以数月之间，就上了数十奏章。程颢堪称旧党反对新法的死硬分子了。其所上数十奏章，我们不妨摘录一些来看看。

熙宁二年（公元1069年），程颢为监察御史里行时，上《论王霸札子》云："得天理之正，极人伦之至者，尧舜之道也；用其私心，依仁义之偏者，霸者之事业"。王道是本乎人情，合乎礼义的；而霸道是出乎私心，不合乎天理人情的。程颢主张尊王贱霸，并把王安石新法喻为霸道，攻击它是"异端""邪说"，他要以所谓王道与之抗衡。

熙宁三年（公元1070年），程颢又上疏，更猛烈地抨击王安石变法。他说："……况于措置失宜，沮废公议，一二小臣实与大计，用贱陵贵，以邪妨正者乎？……设令由此侥幸，事小有成。而兴利之臣日进，尚德之风浸衰，尤非朝廷之福。矧复天时未顺，地震连年，四方人心日益摇动，此皆陛下所当仰测天意，俯察人事者也"⑤。这段话道出了程颢等旧党人物反对王安石变法的主要理论观点。他们认为，新法的总目的是"兴利"，变法派都是一些"兴利之臣"。然而，"兴利"和"尚德"是根本对立的，如果"兴利之臣日进"，必然会使尚德之风日衰。这就关系到人的思想和社会风气，如果人心不正，大家孜孜求利，那一切事情都不会成功。所以，即使新法小有成效，也是不可行的。

程颐也是极力反对王安石变法的。熙宁八年（公元1075年）他代吕公著起草一篇上皇帝书，书中请神宗首先要"省己之存心"。他解释说："所谓省己之存心者，人君因亿兆以为尊，其抚之治之之道，当尽其至诚恻隐之心，视之如伤，动敢不慎？兢兢然惟惧一政之不顺于天，一事之不合于理。如此，王者之公心也。若乃恃所据之势，肆求欲之心，以严法令举条纲为可喜，以富国家强兵甲为自得，锐于作为，快于自任，贪惑至于如此，迷错岂能自知？若是者，以天下徇其私欲者也。"⑥ 这段话可视为程颐对王安石变法的一个总批评。在程颐等旧党人士看来，富国强兵，可能是"兴利"，但要看居上位者的动机如何，即为公还是为私。如果出于一片"至诚恻隐之心"，为"养民"而富国，为"保民"而强兵，那就是出于公心，富国强兵可以成为好事。如果是为了巩固自己的权力，满足自己的欲望，不惜恣意妄为，严刑峻罚，那富国强兵就可能变成坏事。在程颢看来，王安石变法是属于后者，所以应当反对。

总的看来，二程在政治上属于王安石新法的反对派。当程颢被贬退居洛阳后，又与其他退居洛阳的重要人物司马光、吕公著、文彦博、富弼等频繁往来，二程在政治上、学术上的言论，成为旧党反对王安石变法的理论依据。

毫无疑问，被列宁誉为"中国十一世纪时的改革家"的王安石的变法改革的进步作用是应该肯定的。通过新法的实施，在一定程度上打击了豪强兼并势力，促进了农业生产，增强了国家的经济实力和军事实力。后来陆佃曾描绘过王安石变法所取得的成就，他说：

---

⑤ 《河南程氏遗书》卷一《再上疏》，下引此书简称《文集》。

⑥ 《文集》卷五，《代吕公著应诏上皇帝书》。

“既而储积如丘山，屋溢不能容，又别命置库增广之……迨元丰间，年谷屡登，积粟塞上盖数千万石，而四方常平之钱不可胜计。余财羡泽，至今蒙利。”⑦ 可见变法取得了很大的成就，这对国家有利，对中小地主有利，对农民也有好处。所以说，二程反对王安石变法，是错误的。

三纲五常　源于“天理”

二程是宋明理学的奠基人。“理”这一哲学概念，在宋代以前就已经有了，但把理（又叫天理）强调为哲学的最高范畴，则是从二程开始的。程颢说过：“吾学虽有所受，天理二字却是自家体贴出来。”⑧ 这是说，所谓“天理”，是他自己体会出来的。二程把自然观、认识论、人性论、政治观、法律观、伦理观等等联系在一起，建立起一套完整的理学唯心主义体系。程颐在《明道先生行状》中说，程颢“泛滥于诸家，出入于老释者几十年，返求诸六经而后得之。”这说明理学也是诸家（主要是儒佛道三家）融合的产物。

在二程看来，理或天理是永恒存在的，不生不灭，不增不减，永远是那样。“天理云者，这一个道理，更有甚穷已？不为尧存，不为桀亡。人得之者，故大行不加，穷居不损。这上头更怎生说得存亡加减？”⑨ 这种理或天理是宇宙万物的本源，先于事物而存在，人和物“都自这里出去”⑩，“天下只是一个理，故推至四海而准。”⑪

二程对于理或天理的认识，并不是单纯从本体论的角度来论述它为天地万物的本源，而是强调人类社会的三纲五常都源于理或天理。他们说：“父子、君臣，天下之定理，无所逃于天地之间”⑫；“为君尽君道，为臣尽臣道，过此则无理”⑬。可见二程所注重的是君臣关系、父子关系的原则以及上下尊卑的封建等级制度，并从宇宙论的高度来论证其合理性和永恒性。在他们看来，君子观《履》卦，是为了区分上下富贵贫贱，使之各安其位，不得僭越。有了这一条，才能谈得上治理天下。父慈、于孝、君仁、臣敬都是人们各安其位的表现，是他们各自应当遵守的行为准则。所以程颐又强调说：在人类社会生活中，“父止于慈，子止于孝，君止于仁，臣止于敬，万物庶事莫不各有其所，得其所则安，失其所则悖。圣人所以能使天下顺治，非能为物作则也，唯止之各于其所而已”⑭。讲来讲去，无非说父子君臣这一套伦理纲常和封建等级制度，是源于“天理”而不可改变的。“圣人奉天理

---

⑦ 《陶山集》卷十一，《〈神宗皇帝实录〉叙录》。
⑧ 《遗书》卷二上。
⑨ 《遗书》卷二上。
⑩ 《遗书》卷二上。
⑪ 《遗书》卷二上。
⑫ 《遗书》卷五。
⑬ 《遗书》卷五。
⑭ 《周易程式传》卷四。

物之道”，“差等有别，莫敢逾僭”[15]，封建地主阶级是统治人民的，人民只能被奴役受剥削，维护这种等级差别，才是符合天理。农民起义军要求“等贵贱，均贫富”，就是违反天理。所以归根到底，二程讲的理学就是为封建统治阶级利益服务的。

二程为了把封建的纲常伦理说成是人的本性，又提出了人性有两种的说法：一为“天命之谓性”的性，这种性“即理也”[16]，也就是三纲五常。“自性而行，皆善也。圣人因其善也，则为仁义礼智信以名之”[17]。这是说性的内容就是仁、义、礼、智、信。实际上，他们把地主阶级的伦理道德硬说成是一切人固有的先天的本性。一为气禀之性，“气有清浊，禀其清者为贤，禀其浊者为愚”[18]；“有自幼而善，自幼而恶，是气禀有然也”[19]。这种性是贤愚之分、善恶之别的根据。

由于人的这种两重性，引起“不是天理，便是私欲”的矛盾和斗争。程颐特别强调要存天理去人欲。他说：“视听言动，非礼不为，即是礼，礼即是理也。不是天理，便是私欲。”“人虽有意于内善，亦是非礼。无人欲即皆天理”[20]。可见封建社会的礼（一切制度）就是天理。不合于理，就是人欲。人们应该克服人欲，保持以天理为内容的本性。在他看来，“天讨有罪”，“天命有德”，即“天”惩罚有罪过的人，奖赏有德行的人，都是“天理自然”，人们对此不能有丝毫意见，否则“便是私意”[21]。这就是说，人人都必须服从天命，服从封建统治，而不得有任何反抗的行为，否则就要受到天的惩罚。

“饿死事小，失节事大”

二程除维护儒家所坚持的君臣、父子的尊卑原则外，还继承和发展了儒家男尊女卑、“三从四德”的思想。

先秦儒家历来主张男尊女卑、男贵女贱。他们说：“天尊地卑，乾坤定矣；卑高以陈，贵贱位矣……乾道成男，坤道成女”[22]。这种思想表现在婚姻家庭方面，就形成“妇人，从人者也。幼从父兄，既嫁从夫，夫死从子”[23]的“三从”观念。东汉的“国宪”（根本大法）《白虎通义》也特别强调：“女者如也，从如人也。在家从父母，既嫁从夫，夫殁从子也。《传》曰：‘妇人有三从之义焉’”[24]。它认为男子的主要任务是成就地主阶级的功业，妇女天

---

[15] 《文集》卷一，《论十事札子》。
[16] 见《遗书》卷二十二上。
[17] 《遗书》卷二十五。
[18] 《遗书》卷十八。
[19] 《遗书》卷一。
[20] 《遗书》卷十五。
[21] 《遗书》卷二上。
[22] 《易传·系辞上》。
[23] 《礼记·郊特性》。
[24] 《白虎通义·嫁娶》。

生是服从男人的，只能服服帖帖地做男人的附属品。它还明确规定丈夫有恶行而不准妻子离去："夫有恶行，妻不得去者，地无去天之义也"㉕。这种最不公平的、压迫妇女的规定，正是二程的妇女"失节事大"的主张的滥觞。儒家的这种男尊女卑、"夫为妻纲"的思想，是封建国家关于妇女立法的主要依据。历代封建王朝在法律上都确认夫权的统治地位，制定了许多歧视妇女、压迫妇女的法律法令。

二程也是极力主张维护"夫为妻纲"，歧视和压迫妇女的。他们说："一阴一阳之谓道。阴阳交感，男女配合，天地之常理也。归妹（少女），女归于男也，故云天地之大义也。男在女上，阴从阳动，故为女归之家"㉖；"男女有尊卑之序，夫妇有倡随之礼，此常理也"。㉗所谓"常理"就是天理，他们认为男尊女卑、女从属于男是合乎天理，是天经地义的。而且，他们由此而推论出所谓"饿死事小，失节事大"的道理来。他们写道："问：'孀妇于理似不可取（娶，下同），如何？'曰：'然。凡取，以配身也。若取失节者以配身，是己失节也。'又问：'或有孤孀贫穷无托者，可再嫁否？'曰：'只是后世怕寒饿死，故有是说。然饿死事极小，失节事极大。"㉘ 在二程看来，"天理"规定男子不可娶寡妇，寡妇不可再嫁。如若娶了寡妇，不但寡妇失节，男子也有失节之罪。即使寡妇饿死了也算不了什么，再嫁就是失节，那就罪莫大焉，不可饶恕。南宋集理学之大成者朱熹十分推崇二程的寡妇"饿死事小，失节事大"之说，并要求地方将"保内妇有孝子、顺孙、义夫、节妇事迹显著，即仰具申，当依条旌赏。其不率教者，亦仰申举，依法究治。"㉙ 正是在二程的"饿死事小，失节事大"思想毒害之下，不知摧残了多少妇女的生命！清人戴震曾愤怒地指出，理学家"以理杀人"，比酷吏以法杀人更阴险、更毒辣、更残酷。他说："其所谓理者，同于酷吏之所谓法。酷吏以法杀人，后儒以理杀人，浸浸乎舍法而论理，死矣，更无可救矣！"㉚ "人死于法，犹有怜之者；死于理，其谁怜之！"㉛ 这是对二程等理学家们的无情揭露和血泪控诉。

清人方苞曾考察过历史和各地方的文献记载，妇人所谓"守节死义"的，"周秦以前，可指计"，用手指可以计算出来；"自汉及唐亦寥寥"，为数也不多；"北宋以后，即数之不可更仆矣"㉜，即多到不可数计了。另据戴震家乡的《休宁县志》记载，这个仅有六万五千人丁的县，在理学的影响下，在明代，已有"节妇"、"烈妇"四百余人，而从清初至道光年间竟增加到二千余人。㉝ 多少无辜女子的青春，都被杀人不见血的理学所葬送了。

㉕《白虎通义·嫁娶》。
㉖《周易程式传》卷四，《归妹》。
㉗《周易程式传》卷四，《归妹》。
㉘《遗书》卷二十二下。
㉙《朱文公文集》卷一百。
㉚《孟子字义疏证》卷上，《与某书》。
㉛《孟子字义疏证》卷上，《理》。
㉜《休宁县志》卷十六。
㉝《休宁县志》卷十六。

修刑罚　明教化

礼法并用，德主刑辅，是儒家的传统主张。孔子说："道（导，下同）之以政，齐之以刑。民免而无耻；道之以德，齐之以礼，有耻且格。"㉞ 这说明德、礼的作用远远超过刑法的作用，治国必须把德、礼放在第一位，当然也不能否认刑、法的作用，德、礼必须有刑、法作为辅助。孟子也强调"以德服人"，注重礼义教化，"省刑罚，薄税敛"㉟，以仁政统一天下。后代儒家一般都继承了孔孟这种礼法并用、德主刑辅的思想，二程也不例外。

二程说："圣王为治，修刑罚以齐众，明教化以善俗。刑罚立则教化行矣，教化行而刑措矣。虽曰尚德而不尚刑顾岂偏废哉。"㊱ 在二程看来，对人民进行德礼教化，可以使人为善，而刑罚则无强人为善的力量，只能消极地禁人为恶。所以先王治国总是以"教化为先"㊲，而后代统治者却反其道而行之："先王以仁义得天下而教化之，后世以智力取天下而纠持之，古今之所以相绝者远矣。"㊳ 二者的作用和效果是大不相同的，所以说"相绝者远矣"。从这种"以教化为先"的思想出发，二程反复强调德礼教化的优越性。他们说：让人们"修其孝悌忠信周旋礼乐"，"一以道德仁义教养之"；"不数年间，学者靡然丕变矣"㊴；"至神之道，莫可名言，惟圣人默契，体其妙用，设为政教，故天下之人涵泳其德而不知其功，鼓舞其化而不测其用，自然仰观而戴服。"㊵ 由此可见，二程虽然继承了儒家的重德礼教化的传统，但他们所强调的是：天理或"至神之道"是"政教"的本源；而"政教"是圣人体察天理而设立的，是天理的具体运用。他们主张用教化来消弭人民的"邪欲之心"，因为"知天下之恶不可以力制也，则察其机，持其要，绝塞其本原，故不假刑法严峻而自制也"㊶。说穿了，他们认为用理学来教化人民，实行思想钳制，比严刑峻法更为有效。

然而，二程并未否认刑罚的作用，主张"设刑罚以齐其众，明教化以善其俗。"在教化和刑罚的关系问题上，有时他们甚至主张刑罚是教化的前提，如说："立政之始，立法居先，治蒙之初，威之以刑"㊷。

㉞ 《论语·为政》。

㉟ 《孟子·梁惠王上》。

㊱ 《河南程氏萃言》卷一。

㊲ 见《明道先生行传》。

㊳ 《河南程氏萃言》卷一。

㊴ 《文集》卷一，《请修学校尊师儒取士札子》。

㊵ 《周易程氏传》卷二。

㊶ 《周易程氏传》卷二。

㊷ 《周易程氏传》卷二。

足衣足食　预防犯罪

二程保持着儒家的传统，还是讲所谓仁义、仁政，并特别强调足衣足食，预防犯罪。

在二程看来，统治者施政立法，应“本诸人情”。人情喜好什么？好利。“利贞者，性情也”[43]，“凡顺理无害处，便是利”。“顺理”就是“顺礼”，也就是“安分”。大家都“安分”，就是大利，“仁义未尝不利”[44]。这样，他们就把仁义和利统一起来了。显然，这是由于时代的变化和商品经济的发展，他们看到“民可明也，不可愚也；民可教也，不可威也；民可顺也，不可强也；民可使也，不可欺也。”[45] 完全不考虑人民的“利”是不行的，多少考虑一些人民的利益，最终对维持封建统治这一大利是有好处的。

程颐在进入仕途之前，就看到官吏“诛剥于民”，“急令诛求，竭民膏血，往往破产亡业，骨肉离散”[46]。人民饥寒交迫，挣扎在死亡线上，随时可能起来造反，危及赵宋王朝的统治。他以平民资格向仁宗上书，力陈治国安民之道。他认为当时的中国，表面上太平无事，实际上是危机四伏，一触即发，一发就不可收拾。“方今之势，诚何异于抱火厝（措）之积薪之下，而寝其上，火未及然（燃），因谓之安者乎”[47]。要挽救危机，救民于水深火热之中，唯有实施仁政，足衣足食，安民为本。“《书》曰：‘民惟邦本，本固邦宁。’窃维固本之道，在于安民；安民之道，在于足食。今天下民力匮竭，衣食不足，春耕而播，延息以待，一岁失望，便须流亡。以此而言，本未得为固也”[48]。在程颐看来，宋仁宗有仁心而不能行仁政，致使人民因饥寒而流亡四方，违法犯罪者数以万计。然而，“三代之民，无是病也。岂三代之政不可行于今邪？州县之吏有陷人于辟者，陛下必深恶之，然而民不知义，复迫困穷，放辟（僻）邪侈而入于罪者，非陛下陷之乎”[49]。他敢于把人民因饥寒而违法犯罪的责任归到皇帝头上，这算是十分大胆的了。

二程认为，君之于民，不但要有仁爱之心，而且要在国家实际措施和经济政策上体现出来，使人民能够足衣足食，过上温饱的生活，他们才不会“放僻邪侈”，违法犯罪了。他们说：“天生蒸民，立之君使司牧之，必制其恒产，使之厚生”[50]，“衣食足而有恒心，知孝悌忠信之教，率之易从，劳之不怨，心附于上，固而不可摇也……民心和而阴阳顺，无水旱虫螟之灾，虽有之，不能为害，盖仓廪实而府库充，官用给于上，民食足于下也。”[51] 这

[43] 《遗书》卷十一。
[44] 《遗书》卷十八。
[45] 《遗书》卷二十五。
[46] 《文集》卷五，《上仁宗皇帝书》。
[47] 《文集》卷五，《上仁宗皇帝书》。
[48] 《文集》卷五，《上仁宗皇帝书》。
[49] 《文集》卷五，《上仁宗皇帝书》。
[50] 《文集》卷一，《论十事札子》。
[51] 《文集》卷五，《为家君应诏上英宗皇帝书》。

些说法并无新意，只不过重复了孟子“为民制产”和孔子“足食”的观点，但在北宋时期，它却有进步意义。当时，由于统治者不抑兼并的政策，豪强地主残酷的经济剥削和沉重的赋税负担，农民丧失土地的越来越多，从而导致社会矛盾日益激化。二程正视这种社会现实，主张“为民制产”，使农民过上温饱的生活，以达到缓和阶级矛盾的目的。无论如何，这在客观上是有利于人民的。

轻徭薄赋　富国利民

二程认为，统治阶级对劳动人民的盘剥应当有一定限度，不可竭泽而渔，诛求无厌，否则就会官逼民反。所以他们极力主张“轻徭薄赋”，让人民能生活下去。然而，二程生活的北宋中期，全国耕地已有百分之七十左右归大地主大官僚所有，而且他们还享有免税免役等特权，结果是“有田者未必有税，有税者未必有田，富者日以兼并，贫者日以困穷”[52]。如果不改变这种状况，势必造成土崩瓦解之势，“强敌乘隙于外，奸雄生心于内，则土崩瓦解之势，深可虞也”[53]。到那时就悔之晚矣。所以二程一再呼吁要“宽赋役”，并把它作为当世急务之首：“今首当世之务者，必曰所先者，宽赋役也，劝农桑也，实仓廪也，备灾害也……”[54]

程颐在分析当时赋敛繁重的原因时指出：“……不曰待哺之兵众乎？夷狄之遗重乎？游食之徒烦乎？无用之供厚乎？”[55] 这个分析是合乎事实的：宋太祖开国时军队不过二十万左右，到仁宗时已超过100万，每年支出的财物就占了国家全部收入的5/6；朝廷对辽、西夏的侵扰和掠夺采取妥协投降政策，每年送给他们几十万两白银和几十万匹绢，而这些沉重的负担又都转嫁到劳动人民身上；当时存在着大批“浮民”、“游手”，仅京师一带就超过百万之众。这些人不事生产，空耗现有的衣食；封建统治集团“无用之供厚”更是一个严重的问题，他们不顾人民死活，一味追求“峻宇雕墙”、“酒池肉林”，拼命搜刮民脂民膏。针对这种状况，二程提出的解决办法是：

1. 对军队实行少而精的原则，“汰其冗而择其精”，让削减下来的“冗兵”从事农业生产。这样，不仅他们本身的衣食不再要国家负担，而且还能向国家缴纳赋税。

2. 积极抵御辽、西夏的侵扰和掠夺，庶可缓解“国帑虚竭，民人十室九空”[56] 的状况。

3. 将“浮民”、“游手”驱之归农。“厥惟生民，各有常职……惟王谨以政令，驱之稼穑，且为生之本，宜教使以良勤，则从上也轻，盖丰余之自得。”[57] 把社会上的“浮民”、

---

[52] 《宋会要辑稿·食货》卷七十。

[53] 《文集》卷五，《上仁宗皇帝书》。

[54] 《文集》卷五，《为家君应诏上英宗皇帝书》。

[55] 《文集》卷二，《南庙试题第四道》。

[56] 见《续资治通鉴长编》卷一五零。

[57] 《文集》卷二，《南庙使佚道使民赋》。

“游手”都“驱之稼穑”，使他们辛勤耕作，是完全可以生产出足够的粮食和布帛的。

4. 依照封建主义的“等差分别”原则，解决统治集团内部的物质享用问题。“古者冠婚丧祭，车服器用，等差分别，莫敢逾僭，故财用易给。”[58]

显而易见，上述第 4 项在实践中是难以推行的，享有特权的贵族、官僚等统治者是不会受“等差分别”限制的，要他们戒奢从俭，无异于与虎谋皮。而其他三项是可能实行的，如果切实贯彻，那将有利于改变赵宋王朝“积弱积贫”的局面，可以少征赋税，从而也有利于人民的休养生息，避免大规模农民起义的发生。

在差役问题上，二程的基本主张是宽厚民力。他们认为，当时从中央到地方摊派给百姓的差役太重，“府吏胥徒之役，毒遍天下，不更其制，则未免大患”[59]。主张由国家确定统一标准，防止各地自行其是，擅自征发。在差役方面，二程赞同王安石改差役法为募役法（至于王安石变法，二程认为其余的都应废除），让各类人户都出役钱，取消贵族官僚不服徭役的特权。募役法的推行，使原来轮班充役的农村居民回乡务农，增加了劳动人手。这些，都有利于发展农业生产与缓和社会矛盾，其富国利民的积极作用是应该肯定的。

综上所述，二程的理学是维护当时现存的封建制度的哲学，其法律思想也是如此。突出地表现为进一步为封建君权、父权、夫权提出了理论根据，用以巩固地主阶级的统治，企图把封建社会的阶级压迫和等级制度长期维持下去。同时，吃人的礼教也是在二程及后来的朱熹的思想影响下最后确立起来的，它严重地毒害了人们的灵魂，禁锢了人们的思想，束缚了人性的自由发展。但二程又重视人民生计，主张减轻对人民的剥削，轻徭薄赋，足衣足食，民富国强；注重礼义教化，减省刑罚，宽以待民；要求调整君民关系，反对暴政，以缓和社会矛盾，维护国家的长治久安；这些主张中确实包含不少进步因素，对后人有启迪作用。

---

[58] 《文集》卷一，《论十事札子》。

[59] 《文集》卷一，《论十事札子》。

夏新华

非洲法律文化之变迁*

简介

夏新华，男，1966年11月生，湖南省武冈市人，法学博士（中国人民大学），湘潭大学法学院教授、博士生导师，湘潭大学非洲法律与社会研究中心副主任。兼任全国外国法制史研究会常务理事、副秘书长，中国法学会西方法律思想史研究会理事。

近年出版《法治：实践与超越——借鉴外域法律文化研究》（独著）、《非洲法导论》（合著）、《近代中国宪政历程：史料荟萃》（整理）、《民事习惯调查报告录》（点校）等著作多部，参编“十五”国家级规划教材《外国法制史》，发表中外法律史、法律文化方面的学术论文五十余篇。

---

* 原发表于《比较法研究》，1999（2），共3万余字，现有修改。本文的写作得到湘潭大学法学院胡旭晟博士和洪永红先生的帮助指点，谨此致谢。——作者注

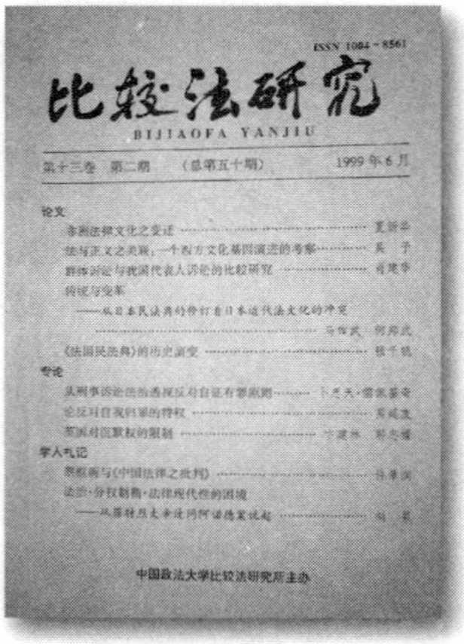

法律的历史就其本质而言是一部变迁史。非洲历史上发生了多次剧烈的社会和文化变迁，与此相适应，非洲古老而独具特色的法律文化在其漫长的发展进程中因为不断经受着外来法文化的巨大冲击也不断发生着变迁。笔者认为，从非洲大陆法律文化发展的整体性考察，非洲法律文化的发展经历了三次重大变迁：第一次变迁发生于公元7世纪，主要是伊斯兰法文化与非洲传统习惯法文化的交汇与融合，并形成了一种新的法律文化构架；第二次变迁发生于16世纪中叶，持续到20世纪50～60年代，主要是西方法文化伴随欧洲殖民统治而在非洲全面移植，其后果是形成了西方法与残存的且具有顽强生命力的非洲习惯法以及可适用的伊斯兰教法三者同时并存的法律格局；第三次发生于20世纪50～60年代非洲各国纷纷独立之后，当代非洲国家继承了殖民时代的法律遗产，并重视传统法律资源，正在努力探索一条适合非洲的未来法律文化发展之路，这很可能在一定程度上代表了第三世界国家法律文化的发展方向，将是非洲对人类法律文明的巨大贡献。

对非洲法文化变迁的研究无论是在外国法制史学界还是在非洲史学界均是一个极为薄弱的环节，故本文拟对这一变迁的历史过程加以初步考察，以期抛砖引玉，求教于学界。

一、远古非洲习惯法及其特性

在远古非洲法的起源时代，各民族国家法律制度一般经历了由习惯发展为习惯法，再向成文法转化的漫长的历史时期。非洲古代国家形式的出现和发展相对缓慢，较其他大陆更呈现出突出的不平衡现象，从整体上看，可以称之为北高南低的状态。非洲北部的国家组织出现得很早，且一般比较发达，越往南，国家组织出现得越晚，且发展程度越低，直至晚近的公元15世纪前后，南部非洲很多地区全然没有出现国家的条件。[①] 因此特点，大多数国家和民族的法律状态还停留在习惯法阶段，因此，我们要了解的古代非洲法律，通常指的是存在于古代非洲人日常生活中的习惯法。

要探讨远古非洲习惯法，首先必须对“非洲习惯法”本身的概念有一个清楚的了解。学术界对此向来存在多种认识，例如，Francis Snyder认为“非洲习惯法”是近代的产物，是殖民时期的一种创造，作为一种历史现象，它是在特殊的历史环境下发展，并与殖民国家有密切的联系。[②] Simon Roberts赞成Francis Snyder的上述观点，他认为这种习惯法

① 何芳川、宁骚主编：《非洲通史》古代卷，5页，华东师范大学出版社，1995。

② Francis Snyder：《习惯法与经济》，载《非洲法杂志》（英文版）1984年1、2期合刊，34页。

只是一种同过去有些联系的法，为殖民主义制度所支持，甚至被有些人生动地喻为“创造出来的传统”③。Simon Roberts 进一步说，上述意义上的“非洲习惯法”被应用于在殖民时代建立起来的法院系统中，存在于移居国外的政府官员的头脑中，也广泛存在于非洲人的头脑中，这样，习惯法才可能流传至今。一些研究非洲文化的法学家和人类学家在他们的著作中（特别是反映殖民时代的作品）常常把存在于非洲传统社会中的法律冠以各式各样的称呼，如“土著法”（native law）、“土著习惯法”（native customary law）、“土著法律和习惯”（native law and custom）、“地方法”（local law）、“部落法”（tribal law）等，而当旁注和引证是针对某一特定种族的法律制度时，就称之为“布干达人法”、“努尔人法”或“芳蒂族习惯法”等等。在他们看来，欧洲基督教文明社会的法律居于支配地位，而非洲特别是撒哈拉以南的非洲则是异教的未开化地区，这里拥有的不是法律，而仅仅只是惯例。④

对于上述观点，笔者认为，它们都是试图以欧洲法律种类的术语来重新解释非洲法律形式，将这种法律形式与西方殖民国家的法律形式相比较，因而称非洲法为“习惯法”。所谓“土著法”、“土著法律和惯例”、“习惯法”等术语并不是产生于名副其实的词源解释，而是产生于外国的种族主义偏见，显然，这代表的是一种殖民统治的观点。由于非洲本土习惯法普遍是不成文的，结果，许多非非洲（no-African）学生和学者据此认为本土非洲法没有资格称之为法律，在他们眼中，一种法律的存在只能通过对成文出版物的注释才能被确定。笔者认为，这种看法显然又是错误的，因为在传统的非洲社会中并没有专门法律职业这样的东西，正如伦敦大学著名非洲法学者 Allott 教授指出的那样，这儿的专门法律工作者极其稀少，培养律师的非洲本土法律学校过去没有听说过，现在仍然没听说。法律“铭记在法官的心中”，它源于社会经验而非正规教育。⑤ 不过，尽管学者们对非洲习惯法的理解产生种种歧义与偏见，但是，从其法律的起源和发展进程考虑，使用“非洲习惯法”这个特别的名称仍然有利于研究非洲法的过去和未来。

综合几种观点，结合非洲社会的特点，笔者认为，本文中所讨论的非洲习惯法乃是这样一些规范：它是非洲各个传统社会中（主要指村社）属于各个族体的人民在长期的生活与劳作过程中逐渐形成的，被用来分配人们之间的权利、义务，调整和解决他们之间的利益冲突，且主要是在一套特殊的崇拜神灵、崇拜祖先等关系网络中，以口述方式被贯彻实施的。

非洲习惯法的特性主要表现在以下几个方面：

（一）形式上表现为“口头非洲法”。专门研究非洲黑人传说的当代马里学者 A. 哈姆

---

③ 参见 Simon Roberts：《非洲习惯法的一些注解》，载《非洲法杂志》（英文版）1984 年 1、2 期合刊，1～3 页。

④ A. Kodwo Mensah-Brown，Introduction to Law in Contemporary Africa，Conch Magazine Limited (publishers)，1976，p. 19.

⑤ 前引 A. Kodwo Mensah-Brown 书，23 页。

帕特·巴认为：在非洲传统社会里，深远而神圣的联系把人的行为与言语结合为一体，人们必须信守自己讲过的话，并受其约束，他就是他的言语，他的言语就是他自身的证明。社会的协商依靠言语的价值和对言语的尊重。[⑥]“口头非洲法”（Oral African Law）因其形式是口头而不是文字记载的，它活生生地存在于非洲各族人民的日常生活中，世代口耳相传，反复适用，形成了约定俗成的规则和程序，深深地影响了人的行为方式。

（二）精神上反映了非洲人特殊的价值观。比如，解决争端重在和解，首先要能保证集团的一致和恢复集团成员间的协调与谅解。对个人而言，社会道德主张宽容和谦让，胜诉的人常常放弃判决的执行。达维德说：“他们所关心的只是与时间毫无关系的集团（部族、等级、村庄、家族等），而不是像西方那样关心个人、夫妇、家庭这样一些不持久的因素。”[⑦] 这是很有见地的。所以，在精神上，非洲习惯法最鲜明的特性就是尊奉神灵，崇拜祖先，尊重传统，注重集团本位，强调社会和谐。

（三）内涵上主要是民事法律方面的规范。Orde-Browne 认为，非洲习惯法“与其说属于刑法性质的，还不如说是属于民法性质的，几乎所有最严重、最特别的犯罪都是采用类似于仲裁而不是惩罚的制度进行处理”[⑧]。这与梅因的观点相反。梅因认为，社会和法典愈古老，它的刑事立法就愈详细、愈完备。一个国家文化水平的高低，看它的民法和刑法的比例就能知道。大凡半开化的国家，民法少而刑法多；开化的国家，民法多而刑法少。[⑨] 而笔者认为，用梅因的这种“普适性”观点来看待非洲习惯法是不恰当的，因他并不了解古代非洲习惯法之特性，我们只有对古代非洲习惯法起源之特性有一个清楚的全面认识，才能还历史以本来面目。

（四）诉讼中通行神明裁判方式。例如，在南非的巴罗朗部族里，如果发生纠纷，酋长就会拿出珍藏的图腾标志铁锤，让双方对着铁锤发誓，理亏的一方据说就会受到神灵的惩罚。之所以如此，是因为“在部落中，占统治地位的思想不是理性，而是神明。对部落而言，神明裁判是公正的，而理性裁判却是不公正的。在部落审判中，无须说明理由，因为它是非理性的”[⑩]。

通过以上分析，笔者认为，古代非洲人的习惯法观念，在内涵和表现形式等方面与西方思想观念迥然不同，而与东方民族的法律观、价值观颇为相似。但正是由于习惯法的权威性、独特性，在非洲，特别是在撒哈拉以南的非洲和马达加斯加，习惯法的统治长达若干个世纪之久。

---

⑥ 参见 J. 基一泽博主编：《非洲通史》第 1 卷，中文版，122 页，中国对外翻译出版公司和联合国教科文组织出版办公室，1991。

⑦ 勒内·达维德：《当代主要法律体系》，漆竹生译，515 页，上海译文出版社，1984。

⑧ T. Olawale Elias, The Nature of African Customary Law, Manchester University Press, 1956, p. 115.

⑨ 梅因：《古代法》，沈景一译，207 页，商务印书馆，1959。

⑩ 前引 T. Olawale Elias 书，28 页。

二、伊斯兰教法与非洲传统法律文化的交汇和融合

非洲法律文化的第一次重大变迁发生于公元7～16世纪。

公元7世纪，当阿拉伯人挟着《古兰经》，高举伊斯兰圣战的大旗奔逐在北非大地时，非洲国家发展史上的伊斯兰时代来临了。伊斯兰教通过武力与和平两种方式征服了非洲广大地区——埃及和马格里布地区经过长期的武力征服，到10世纪左右，先后完成了阿拉伯—伊斯兰化。在北起撒哈拉沙漠以南，南至热带森林边缘地带，西起塞内冈比亚，东至瓦代直到东非沿海的辽阔地域，则主要是通过以商业贸易为媒介的和平征服方式传播伊斯兰文明。到16世纪，伊斯兰教已成为非洲具有普遍意义的宗教。本文着重讨论的是伊斯兰教法与非洲传统法律文化的交汇和融合。

伊斯兰教在非洲传播的过程，也是伊斯兰教法在非洲移植的过程。当非洲土著居民皈依伊斯兰教后，他们开始受到了沙里阿法的约束。然而，伊斯兰教法与非洲当地的传统，特别是与班图部落习惯法之间存在较大差距和矛盾，这在有关家庭和财产继承的原则问题上尤为突出。尽管如此，伊斯兰教法并没有遇到多大的阻力就有效地移植到非洲传统法律文化的土壤之中。主要原因是：首先，当伊斯兰教法随阿拉伯人的强有力扩张而在非洲各民族中进行移植时，相对落后的非洲并没有能够形成一股抵挡这种外来法律文化的有效力量，这是无可置疑的事实。其次，非洲人的习惯法观念与伊斯兰教的法律观念并不存在根本性的抵触，“伊斯兰教与地方信仰制度有时可以取得一致”⑪。例如，在尼日利亚，一夫多妻是一个古老的习俗，对非洲人来说，这似乎是一种合理的而且是必要的制度⑫，因此，做一个穆斯林并不需要同一夫多妻的传统根本决裂。再次，非洲各族的统治者出于加强统治的需要，往往在伊斯兰教法与传统宗教、习惯法之间保持妥协、调和的立场。事实上，像伊斯兰教这样具有普遍性的宗教正符合统治者的需要，它可以在各不相同的氏族和部落中建立起一种有较强凝聚力的共同的文化纽带。

伊斯兰教法律文化在非洲的全面移植，在地域上是有区别的，撒哈拉以北地区是全部的伊斯兰化，而撒哈拉以南地区则是伊斯兰教法的本土化和民族化。伊斯兰教法对古代非洲国家和社会影响之深厚，英国学者库尔森指出，伴随着伊斯兰教传入撒哈拉以南地区，“历史造成了二种法律之间不同程度的融合，从传统习惯法庭尝试性地、零星地应用沙里阿的法律规范，到沙里阿法庭有限地承认习惯法的成份不等”⑬。

伊斯兰化使非洲传统习惯法的权威动摇了。但传统习惯法仍然顽强地在伊斯兰信仰中找到自己生存的机会和位置，当习惯法与新的宗教法—沙里阿法发生抵触时，非洲各传统

---

⑪ 金宜久主编：《伊斯兰教史》，420页，中国社会科学出版社，1990。

⑫ 参见艾伦·伯恩斯：《尼日利亚史》，400页，上海人民出版社，1974。

⑬ 库尔森：《伊斯兰教法律史》，吴云贵译，113页，中国社会科学出版社，1986。

社会仍经常地继续适用传统习惯法。

尽管非洲习惯法的存在和发展受到种种限制，但它们在实际生活中的作用不应低估。它们不仅成为伊斯兰法内容的重要来源，使伊斯兰法得以发展成为一个复杂的体系，而且也在伊斯兰法之外补充了伊斯兰法，回应了变动不居的社会要求。美国著名伊斯兰史学家艾·拉皮斯德在《伊斯兰社会史》一书中指出：伊斯兰范式之所以能够在这一时期被广泛地应用于非洲各式各样的社会，一个内在的原因就是这些社会都是以契合伊斯兰文化精神的家庭—社会型、宗教—伦理型为基本特点的社会。因此，伊斯兰教与这些地区的政治、经济、道德伦理的文化模式都具有“相互作用”的关系。

因此，7～16世纪北非和撒哈拉以南非洲法律文化的变迁史，并不是一部纯粹的伊斯兰文明史，而是伊斯兰法律文化随伊斯兰教的传播而不断地影响、逐渐地深入到当地各族人民社会和政治生活的各个方面，并与他们固有的法律文化发生冲突、摩擦、撞击，以致最终相互妥协、容纳与融合的历史。在变迁过程中，非洲传统宗教与伊斯兰教相结合，形成了敬拜安拉，信奉黑人自己的先知、礼拜仪式和宗教习俗非洲化的一神教，实现了从“自然宗教”向“人为宗教”的历史性演变。而各国上层统治阶级接受伊斯兰教，更加深了这些国家政治法律文化的变迁。从总的趋势看，这种变迁也是一种文化进化，它不仅推动了非洲传统社会的整体进步，也推进伊斯兰法律文化的更广泛移植。总之，伊斯兰教法与非洲传统习惯法经过几个世纪的交汇，在信奉伊斯兰教的非洲广大地区，逐渐形成了一种在政治法律制度建设、法律教育、经世治国之道、宗教信仰规范等方面以伊斯兰教法为主体，并辅之以非洲传统习惯法的新的法律文化构架，这便是非洲法律文化的第一次重大变迁。

三、西方法在非洲的移植

非洲法律文化的第二次重大变迁发生于16世纪至20世纪50～60年代，即黑奴贸易和殖民统治时期。其间以1884年欧洲列强瓜分非洲的柏林会议为界。1884年以前，欧洲殖民主义的入侵主要集中在非洲大陆沿海地区，法律方面的移植不多，且以商法为主，这是一个过渡阶段。此后，欧洲列强掀起了瓜分非洲的狂潮，西方法律随之全方位地移植到非洲法律文化的土壤中，并扎根成长起来。外来的法律文化又一次对非洲法律文化展开了全方位的、大规模的冲击，影响十分深远。

西方法与非洲法律文化的冲突虽然广泛存在，然而，这并不能抵挡法律移植的进程。一种先进的法律文化移植到一种相对落后的法律文化之中，通常要具备两个优势条件：国力的优势和文化本身的优势，也即所谓的力量问题和质量问题。法学家科沙克尔指出：“法律继受的发生至少是基于被继受法律在思想和文化方面的强有力地位，而这种强有力地位又复以该法律乃属强大的政治力量的法律为条件，假使这种力量仍然实际存在，假使这种力量及其文化至少还生机盎然和记忆犹在。”⑭ 就法文化所依恃的物质文明而言，近代西方资本主义国家的综合国力远远超过了尚处于社会发展不同阶段的非洲各民族国家，这是无庸争辩的事实。而就文化本身而言，优劣不可一概而论，但西方法无疑是一种符合历史发展潮流的先进文化。所以，西方法是以一种单向移植的方式融入到非洲法律文化之中。

西方法在非洲的移植，“总的来说，各宗主国都首先引用自己的法律制度或其法律制度的不同部分作为殖民地的根本法和一般法律，然后才允许非洲法律和司法制度的调整具有其连续性，但上述法律并不包括其违反殖民机构要求或被认为和正义与人性的‘文明’概念相抵触的部分。”⑮ 但具体的移植方式则随殖民国家的不同而变化，尤以英国的“间接移植”方式和法国的“直接移植”方式最具代表性。这是因为英法两个殖民大国在非洲推行的殖民统治政策不同的缘故。

与大陆法相比，英国法的判例体系、推理方法、复杂的程序和独特的概念术语，使其在向外传播中遇到更大的困难。对于继受国来说，接受以判例法为特征的英国法，并不像接受大陆法的法典那样直截了当，常常发生接受哪一个时期的英国法和英国法包括哪些内容之类的问题。最终的解决办法是：大多数殖民地在接受英国法时规定一个日期，所接受的是该时期生效的英国法，即通过英国国王签发的枢密院令，或者通过殖民地立法机构的法令，规定殖民地采用同时期在英国生效的普通法、衡平法和制定法。例如，加纳于1874年，塞拉利昂于1880年，尼日利亚于1900年，相继采用了英国法，其他英属非洲殖民地的情况大抵如此。英国法的间接移植方式产生了两个特殊的后果：第一，如果英国殖民者认为非洲习惯法和伊斯兰教法并不违背“自然、正义和道德”，它们对于当地土著居民仍继续有效。第二，由部落酋长和其他贵族主持，适用习惯法的原有非洲法院基本上保持不变，殖民官员主要是监督某些基本的程序规则，以使其特别是在刑事案件中得到实行，使其中的某些案件上诉到高等法院，并最终能够上诉到由英国法官主持的终审法院。因此，通过这种间接移植方式，“在英帝国的非洲领土上，输入的英国法、非洲习惯法和可适用的伊斯兰教法同时并存”⑯。

法国对非洲殖民地实行的是高度中央集权的“直接统治”政策，它倾向于瓦解非洲人的权力，极力鼓吹殖民“同化”。与此相适应，法国法在非洲的移植表现为一种“直接移植”的方式，即在政治强制力的驱动下，直接移植到非洲传统法律文化的土壤中去。法国人在非洲每占取一块殖民地即不失时机地输入法兰西法典，特别是《法国民法典》和《法国商法典》。例如，阿尔及利亚、突尼斯和摩洛哥这些马格里布国家的债法和商法在很大程度上与法国法是相同的。在法国大革命的平等观念和法兰西文明优越性的信念鼓舞下，法国殖民地的立法者在法律领域中始终不懈地为了让非洲人能够选择法国法律提供种种机会。

---

⑭ 转引自茨威格特、海因·克茨：《比较法总论》，潘汉典等译，184页，贵州人民出版社，1992。

⑮ 前引A. Kodwo Mensah-Brown书，11页。

⑯ 前引茨威格特、海因·克茨书，412页。

其结果是“把它们的土地置于和习惯法制度截然不同的制度管辖之下”⑰。

无论是英属非洲殖民地还是法属非洲殖民地，西方法经过长时间的渗透和移植，逐渐占据了主导地位，尤其是公法、民商法和诉讼法等领域。在新的西方法影响下，非洲传统习惯法和以伊斯兰教法为主的宗教法的适用范围日趋缩小，仅仅局限于涉及家庭继承、土地制度和纯“民法”债务的私法关系领域。在依附其他欧洲列强的殖民地中也出现了类似的情况。

西方法移植的后果最终使非洲的法律状态形成了三种类型：其一是属于普通法系类型的英属殖民地和附属国，主要有西非的冈比亚、加纳、尼日利亚、塞内加尔；东非和中非的肯尼亚、马拉维、苏丹、坦噶尼喀、乌干达、赞比亚等。1922年以前处于英国控制下的埃及受英国法的影响也很深。其二是属于大陆法系类型、具有民法传统特色的欧洲大陆国家如法国、葡萄牙、西班牙等国的殖民地和附属国，主要分布在非洲的东部、西部、中部、北部的广大地区，它们是，北非的阿尔及利亚、摩洛哥、突尼斯、利比亚；西非的贝宁、几内亚、象牙海岸、马里、毛里塔尼亚、尼日尔、多哥、上沃尔特、塞拉利昂、几内亚比绍、圣多美和普林西比、佛得角、赤道几内亚；中非的乍得、扎伊尔、加蓬、刚果等；东非的科摩罗、塞舌尔、布隆迪、莫桑比克、马达加斯加等。还有南部非洲的安哥拉。此外，一直保持国家独立，没有沦为殖民地的基督教国家埃塞俄比亚在法律上也深受大陆法系成文法传统的影响。其三，兼具大陆法系和普通法系两大法律特色的混合法类型的国家和地区，主要分布在南部非洲和西非的喀麦隆以及东非的索马里共和国。⑱

综上所述，西方法在非洲的全面移植产生的直接后果是改变了非洲的法律状态，形成了在殖民宗主国主导下的占统治地位的西方法律与残存的且具有顽强生命力的非洲习惯法以及可适用的伊斯兰教法同时并存的法律格局，从而实现了非洲法律文化的第二次重大变迁。伦敦大学非洲法教授安东尼·阿诺特对此指出：“欧洲殖民国家的入侵，引起了非洲法律编排上一次本质性的革命，至今仍对非洲法律有影响。”⑲ 非洲法律文化从此真正开始了从传统向现代化变迁的历史进程，这必将对非洲法律文化的未来走向产生深远的影响。

四、当代非洲法律文化的现代化变迁

非洲法律文化的第三次重大变迁发生于20世纪50～60年代撒哈拉以南非洲各国独立之后。

非洲国家的独立为非洲法律文化真正走向现代化创造了前提条件。独立后非洲国家法律状态表现出现代法律与传统法律相结合，归属于大陆法系和英美法系的基本特征。鉴于

---

⑰ 前引达维德书，524页。

⑱ 详见《当代非洲法导论》（英文版），8～16页。

⑲ 前引《当代非洲法导论》（英文版），11页。

学者对此已有论及[20]，这里不加详述。本文侧重于从法文化变迁的角度来考察：一方面，西方法律文化得到了继承和发展，从而扎根于非洲各民族法律文化的土壤之中；另一方面，独立后的非洲各国在坚持法律现代化发展方向的同时，更加重视利用本土法律资源，发挥习惯法的积极作用。这便是当代非洲法律文化现代化的历史进程。

西方法律和非洲传统习惯法的双重作用，促进了当代非洲国家法律文化的发展和现代法律秩序的逐渐建立。概括地说，非洲国家宪政发展之路虽然曲折多变、跌宕起伏，但西方范式的宪法原则及其宪政制度还是确立起来了；许多非洲国家以西方国家的刑法为基础，制定和颁布了刑事法律法规，并且废除了原有刑法中落后的制度和观念；民商、经济法律体系也得到调整、更新，许多非洲国家对传统法律进行编纂修改，制定了现代意义上的民商法典，这使民商法律的核心内容《家庭身份法》既保留传统的风格，又与现代世界潮流相协调；独立后的非洲国家的宪法一般都确定了司法独立的原则，这就使司法权从行政权中分离出来，在司法独立原则的指导下，许多国家对传统的司法机构进行改革，建立了现代法院组织。

非洲法律文化从传统转入现代化这一历史性变迁，是世界近代法律史上最重大的事件之一，它使非洲传统社会中丰富多彩的法律文化都趋向以西方为范式的现代型法制，这便是非洲法律文化的第三次重大变迁。这次变迁是在变革和继承传统的基础上进行的。在经过相当长时间的实践后，大多数非洲国家逐渐认识到，脱离传统、割断历史最终还是不能使自己完全成为现代型的法制社会，引进与改造并举才是大多数非洲国家走向现代法制社会的正确道路。尼日利亚史学家 A. E. 阿菲格博指出："非洲文化对西方新事物的反应是多种多样的，非洲不光是扬弃和改变了某些风俗习惯和信仰，而是在社会的一个阶层里保留了些，同时在另一阶层里又作为新的选择对象被接受。"事实上，"没有任何非洲社会同欧洲接触而不受相当程度的影响，也没有任何非洲社会在接触中遭受破灭。"[21]

展望第三次法律文化变迁，二十一世纪非洲法律文化的现代化进程将会继续延续下去，将会更加移转到与各民族历史文化传统相联系的轨道上来。在法制类型上继续朝混合法类型演进。扬弃后的传统习惯法会更加适应现代社会发展的需要。这种趋势很可能在一定程度上成为第三世界国家法律文化发展的未来方向。

要实现这一历史性的转变，绝非易事，我们认为，非洲各国未来在走向法律文化现代化的进程中，应该注意解决以下几个方面的问题：

（一）要重视利用本土法律资源，充分发挥传统习惯法的合理作用。很显然，非洲 80％以上的人口生活在农村，如果能充分发挥传统习惯法的积极作用，这对于稳定社会治安、和睦友邻关系与促进社会进步是大有裨益的。

---

⑳ 参见由嵘、胡大展主编：《外国法制史》，398～400 页，北京大学出版社，1989。

㉑ A. E. 阿菲格博：《殖民统治的社会影响：新的社会结构》，参见 A·阿杜·博亨主编：《非洲通史》第 7 卷，394～395 页。

（二）要推进伊斯兰宗教法的改革，努力寻找宗教准则与世俗力量之间的合理结合点。既不使法律完全抛弃宗教基础，以免使法律改革失掉社会基础而遭致失败；又应该使法律摆脱对宗教的依附地位，享有相对独立的结构和形式。

（三）要重视法的实施条件，不能简单照搬欧洲法。简单地模仿照搬欧洲国家的模式而脱离本国实际将会对非洲国家的发展带来负面干扰。因此，在实施现代法律时，必须从非洲国家的国情出发，努力创造法的实施条件。

（四）要继续朝混合法类型演进，体现出更多的非洲特色。经过独立前后的发展演变，许多非洲国家的法律格局正在朝混合法类型演进，已不能说它们是纯粹的大陆法国家或英美法国家了。一些国家除继续参照资本主义国家法律外，还吸收了一些社会主义法律的原则和制度。

（五）要克服法律地方主义，促进非洲法律统一化进程。非洲国家要实现立法、司法的统一，要加强法制教育，强化国民的法律意识。这种统一化既包括非洲国家内部的法制统一化，减少法律冲突，也包括整个非洲大陆的法制统一化，以克服狭隘的民族主义化，促进整个非洲大陆的现代化。

伯尔曼说："法的理论除了研究西方的法律体系和法律传统之外，还必须研究非西方的法律体系和传统，研究西方法律与非西方法律的融合，研究人类共同法律语言的发展。只有朝着这个方向前进，才能发现摆脱 20 世纪后期西方法律传统所面临的危机之路。"[22] 我们研究非洲法律文化的变迁，将以此为勉。

---

[22] 伯尔曼：《法律与革命——西方法律传统的形成》，贺卫方等译，53 页，中国大百科全书出版社，1993。

于语和

王宠惠法律思想与实践评述*

简介

于语和，男，汉族，天津宁河人，中共党员，法学博士，中国人民大学法学院博士后，南开大学法学院教授，博士生导师，历任天津大学法学系主任、党支部书记，现任南开大学法学院法史法理教研室主任，2004～2005年，受中组部和团中央委派，赴宁夏司法厅挂职，任司法厅党委委员、厅长助理。2002年，获得第三届“全国杰出中青年法学家”提名奖。2004年，被评为天津市首届十大杰出中青年法学家。

主要研究方向：中国法律史（法制史，法律思想史）、中国民间法、西方法律思想史、中外法律文化比较研究、中西政治文化比较研究。

* 原发表于《天津大学学报》，1999（3），原文刊发。

王宠惠（1881—1958），字亮畴，广东东莞人。1895年考入北洋大学法科，1900年毕业。1901年留学日本，研究法政，后转赴欧美留学，获美国耶鲁大学法学博士学位，取得英国律师资格，不久被选为德国柏林比较法学学会的会员。王氏早年追随孙中山，加入同盟会，从事革命活动。王氏为我国近代著名的法学家，曾参加民初、北洋政府和南京国民党政府的立法、司法工作，在宪法、民法、刑法、国际法等方面，均有很高的造诣和独到的研究，对我国近代法制的改革和建设影响很大。据笔者所知，自新中国建立至今，大陆学者尚未对王氏进行全面研究，这不能不说是我国法学研究的一个空白点。有鉴于此，笔者不揣浅陋，拟就王氏的法律思想和实践作一初步评述。刍荛之言，就正方家。

一

“懂不懂宪法学，决定了一个人能不能成为一个近代法学家，因为这是中国传统法学与中国近代法学的根本分野所在。”① 中国的法律近代化便是从清末“预备立宪”开始的。尽管清政府立宪的主观目的是拉拢立宪派，抵制革命派，维护腐朽的封建统治，但在客观上开启了中国近代宪政之路。辛亥革命后建立的南京临时政府以及后来的北洋政府、国民党政府，无不制订宪法，推行宪政。生逢其时的王氏，深谙东西各国的法律，辛亥革命后，又亲任南京临时政府外交总长，因此他欲在中国宪政上有所作为，乃是情理之中的事。早在1913年初，王氏即撰有《中华民国宪法刍议》一书，此书包含着王氏关于宪政的思想，书后附有以其个人之力草拟的宪法草案。此书奠定了王氏在中国宪法学研究史上的地位。

首先，王氏强调宪法的重要性。他认为“宪法为一国之根本法，故西人亦有称宪法为根本法者，极言其要且重也。而政体之确定，三权之分配，自由之保障，法令之依据，咸在斯焉。”② 宪法乃国家根本大法，众法之母，立国之本，有了它“譬诸广厦，必其基础巩固，方能巍然卓立，虽疾风暴雨弗经受破坏也。惟国亦然，必其宪法良好，国本巩固。乃足以自存，而不为政海波涛所摇动”③。正因宪法对国家、社会如此重要，王氏进而认为其必有一定的恒定性，反对草率立宪，反对频繁改宪。宪法的制订尤其要谨慎。“宪法之制定，有二要义焉。一曰，宪法者非因一人而定，乃因一国而定也。二曰，宪法非因一时而定，乃因永久而定也④”。王氏立此说时，袁世凯已窃取了辛亥革命的胜利果实，袁为了摆

① 范忠信：“认识法学家梁启超”，《政治与法律》1998（6）。

② 中国国民党中央委员会党史委员会：《王宠惠先生文集》，第3页，台北天一出版社，1981。

③ 同上，第2页。

④ 同上，第2页。

脱革命党人制订的《中华民国临时约法》的束缚，维护军阀独裁统治，准备制定一部符合其需要的宪法。值此之际，王氏站出来捍卫宪法的尊严，“宪法之条文，字字句句，盖莫不以国家为前提，未曾因人而有所轻重损益也”⑤。王氏认为为了个人独裁统治而制订或修改宪法的行为，即使在专制时代人们都会引以为耻的，在民国就更行不通。王氏号召“举国之人果能同心戮力，共济时艰，念国家之前途，泯一己之私见，制定一巩固宪法，组织一良好政府，俾各安其居而乐其业，无相僭忒，国以保焉，民以宁焉。他日转贫为富，转弱为强，端赖乎此”⑥。

其次，王氏主张民国宪法应为刚性宪法。从制宪或修宪的程序难易上划分，可分为刚性宪法与柔性宪法。王氏从我国历史传统与国情着眼，提出民国的宪法应为共和国单一制成文宪法。在宪法为刚性或柔性问题上，王氏论述颇详。所谓刚性宪法，即以特别程序或特别机关，甚至特别程序加特别机关制订或修改宪法，这种宪法的制订和修改，与普通法律的制订和修改迥然不同。所谓柔性宪法，即以普通程序和普通机关制订和修改的宪法，此种宪法与普通法律没有或稍有区别。刚柔两种宪法各有利弊，但刚性宪法较之柔性宪法有两个特殊的优点：一是比较稳定，由于制订和修改的程序和机关比较特殊，所以它不轻易改变；二是可以引起国人对它的尊敬和重视，因为它的地位比其他法律要高。王氏权衡利弊，从我国实际出发，并根据世界宪法发展的趋势，主张我国的宪法应以刚性宪法为目标。

最后，王氏从理论上勾勒出民国宪法的轮廓。外国的宪法，有的甚繁，多达二百条；有的甚简，仅数十条。王氏认为“作为宪法”既不能过繁，包含普通法的内容，也不能过简，使有关国本的条文遗漏。他认为民国宪法必须包括总纲、国民、立法、行政、会计、司法、省制和附则等八部分内容。总纲、附则规定宪法通例；国民章确定民权；立法、行政、司法三章本着共和国体制规定三权分立原则；会计章规定国家财政管理；省制章规定中央与地方的权力划分。如此，则宪法内容繁简适中，折衷至当。根据法理，政府的行政命令和一般法律如果与宪法抵触，政令和一般法律则无效，这就需要宪法解释。关于宪法解释机构，欧洲大陆与美国做法不一。王氏分析二者的利弊，提出应效法美国，将宪法解释权委之以法院。王氏参照世界各国国会的产生与职能，提出民国国会应分参、众两院。弹劾权属众议院，审判权属参议院，而国务院应对众议院负责。关于总统产生的办法各国宪法规定不同，大体上有直选和间选两种途径。前者在大选时，临时组织全国选举委员会，后者则以常设机关为选举的组织。王氏认为民国初定，历史上缺乏民主传统，进行直选易引起纷扰，但若照搬法国的做法搞间选，以国会两院为选举机关，也不符合我国的实际(我国是个人口众多的国家，如果像法国那样选举总统，限制了人民行使民主权利)。王氏提出以各省为选区，以各省的地方议会为选举机关，这样既不易影响政局引起混乱，也不会使总统的产生丧失民意。在中央与地方的权力划分上王氏既反对中央集权说，又反对地

---

⑤ 同上，第3页。
⑥ 同上，第2页。

方分权说，提出在各省分权基础上的中央集权说。这样，中央与地方的权限，"犁然有当，绝不致妨害全国之统一。而各省于列举范围内之事，亦可措置裕如"⑦。

此外，王氏根据上述的宪法理论，独自拟就一宪法草案，以期作为民国立宪的参考。此草案共分总纲、国民、立法、行政、司法、会计、省制、附则等八章、一百条。每条之下，附有详细的说明，指出此条文的来源、根据或理由。在拟订此草案时，王氏主要参照了《中华民国临时约法》，并对其进行了增删、更改，修正了约法中许多与法理、实情不符的地方。由于王氏对外国法律特别是宪法十分熟悉，在拟就草案具体条文时，对东西方各国多有借鉴。就其条文说明来看，至少参考了美、法、德、日、意、墨西哥、巴西、智利、丹麦、挪威、比利时、加拿大、奥地利、荷兰、澳大利亚等国的宪法。对此王氏不是直接引用而是认真地做了一番分析比较、辨证折衷、舍其所短、取其所长的工作。由此可以看出王氏在近代立宪上用心良苦。因此，王氏草案参酌中外，繁简适度，既有一定的学理根据，又比较符合我国国情，在近代宪政史上有一席之地，对我国以后的立宪有很高的参考价值。

二

在国际法理论研究和实践上，王氏也颇有建树。早在上个世纪末，各国就试图建立一国际司法机关，以便以和平的方式解决日益增多的国际争端，这一设想在第一次世界大战结束后随着国际联盟的创立实现了。1922 年 2 月，国际联盟所属的国际法院正式建立。王氏被选为国际法院候补法官。1929 年，王氏又被选为国际法院正法官。"此一职位，非法学精深、经验丰富而资历崇高者，莫由当选充任"⑧。王氏出任此职，一方面表明他法学识见高深，在世界法学界有极高的声望；另一方面，当时中国是个弱国，由中国人出任国际法院法官，提高了中国在国际社会的地位。自国际法院成立，到 1946 年 1 月宣告解散止，此间共处理争端案件 65 件，其中作出判决的 33 件，提出咨询意见的 28 件，在和平解决国际争端上有一定的作用。王氏在任期间，"屡曾参加重要判案，其法学见解与贡献，得到同侪法官之尊重"⑨。

由于封建王朝实行闭关锁国的政策，19 世纪中叶以前，国人对国际法一无所知。自鸦片战争以后，清政府被迫同东西列强频繁打交道，国际法学开始传入我国。但在相当长的一段时间里，我国学界只是对一些外国的国际法学著作进行翻译介绍，谈不上研究。1925 年 6 月，王氏结合其在国际法院的工作实践，在《东方杂志》第二十二卷第十四号上，发表《国际法庭》一文。对国际法院的建立、司法审判所依凭的国际条约和习惯、国际法院的组织结构、国际法院法官的产生和任期及职责、国际法院的管辖、审判程序、判决效力

---

⑦ 中国国民党中央委员会党史委员会：《王宠惠先生文集》，第 44～45 页，台北天一出版社，1981。

⑧ 浦薛凤："驰名世界之法学家王宠惠博士"，《王宠惠传记资料》（三），第 13 页，台北天一出版社，1985。

⑨ 同上，第 13 页。

以及几宗典型案件的审判过程等，作了详尽的介绍和评论。此文内容详备，资料充实，行文活泼，加强了国人对国际司法的了解，丰富了国人国际法知识，对国内学界加强对国际法的研究也有促进作用。

王氏在民法的研究上，也有很大的成绩。首先，王氏强调民法的重要性。他认为凡国家制定的法律，不论是公法还是私法，都是为了维护社会秩序，借以实现法治的目标，因此很难说哪个法律重要，哪个法律不重要。但就法律与个人的关系而言，则民法是最重要的。"盖吾人自有生之始，民法即规定其权利能力，及其长也，民法又规定其成年之时期，进而婚姻，民法复规定夫妇父子乃至家族之种种关系，逮至死亡，民法并规定遗嘱继承之法则"[⑩]。人的一生从出生到死亡，一言一行，可以说都和民法有关系，民法的重要性也在于此。随着时代的进步，商品经济的发展，各国民法日益发达。各国的民法因其各自的历史传统、风俗习惯、地理气候、宗教信仰的不同而各具特点。在日益频繁的国际交往中，国际私法的适用也和民法发展有很大关系，因此加强我国的民事立法和民法学研究是非常重要的。基于这样的认识，王氏积极参与民国的民法立法活动，并卓有成效。1928年，国民党政府组织民法起草委员会，王氏被聘为顾问。他提出的意见，基本上被起草委员会采纳，为中国有史以来第一部正式民法典的产生做出了贡献。

其次，王氏在比较民法学上颇有建树。他认为世界法学研究有四大派别。即自然法学派、分析法学派、历史法学派和比较法学派。在此四派中比较法学派最重要，比较法学中特别是比较民法学对法律实践的作用最大。世界各国由于法学传统不同，相关国家组成五大法系，就目前对世界各国的影响而言，罗马法系和英国法系影响最大。清末修律以来，我国立法主要参考德国和日本等罗马法系国家的法律，因此我国大致属于罗马法系。王氏进而对两大法系民法进行比较，认为它们主要在法典编纂、判例效力、民商法关系等三方面存在着差异。罗马法系各国主张编纂法典，这对统一全国法制，改革法制有帮助，并与我国的法律传统有很大的相似性，因此王氏主张我国民法应采用此制，制定统一的民法典；英国法系诸国不崇尚法典编纂而沿用习惯，王氏认为也有可取之处，不应一概否定。罗马法系诸国否认判例的效力，而英国法系诸国承认判例的效力。王氏认为判例制度有三利，即"法律之确定"、"法律之发达"、"法律之缜密"。亦有三弊，即"法律之固执"、"法律之强辨"、"法律之繁赜"。权衡利弊，王氏对两大法系关于判例的不同态度，没有绝对肯定或否定，而提出我国对此要有所取舍，变通融合，以建立一个"趋于适中制度"[⑪]。在民商法关系问题上，罗马法系诸国主张民商法分立，英国法系诸国主张民商法合一。王氏对二者进行比较，主张我国应民商法合一。王氏比较民法学的研究方法和学术观点对当时及以后的比较民法学发展有促进作用。

王氏强调民法和民法学的重要性，并把我国的民法学研究置于国际大背景之中，搞比

---

⑩ 同注②，第115页。

⑪ 同注②，第127页。

较研究。他“既赞赏大陆法系的法典编纂，但也承认英国法系判例的作用与意义，并根据中国的历史与现状以及民商法实际情况，主张商法与民法合并。这是民法的研究要博取各法系之长并与中国国情相结合的一种思想反映”。[⑫]

三

王氏在近代中国司法建设上的努力也有值得称道之处。首先王氏主张司法独立。他多次出任司法部长和司法院长等要职，司法独立是他法学研究和法律实践的一个重要的价值追求。早在1913年撰《中华民国宪法刍议》中所附宪法草案的第五章第七十六条就提出："中华民国之司法权以法院行之"，第八十条提出："法官独立审判不得干涉之"。王氏坚持资产阶级的立法、行政、司法三权分立与制衡原则，提出司法权应属法院，对中国封建专制主义中央集权制度和司法、行政合一制度进行了批判，体现了历史的进步性。如何从制度上保证司法独立呢？王氏提出法官的任命应当依据法律，总统和司法总长不能随意任命，而且任命最高法院法官一定要得到议会的同意。法官的官俸应“以法律定之”，法官在任期间“不得减俸”，以便从经济上给法官以保障，保证其独立地行使审判权。法官在任中不得“转任非法官之职”，“非依法律之规定受刑罚宣告，或应罢职之惩戒处分，不得罢其职”，保证法官任职的连续性和权力的独立性。王氏认为，法院的权限也应得到宪法的保证。在其所拟的宪法草案的第七十八条规定："法院有解释本宪法之职权"，第七十九条提出："法院有依法律之规定，受理诉讼案件，及非诉讼事件"。

其次，王氏对司法制度的改革提出很好的意见。1920年，他在《东方杂志》第十七卷第二十号上发表《改良司法意见》一文，针对各级法院的刑事案件牵连羁押、预审不得用辩护人、审判拖延、诉讼费用、上诉制度等问题，提出批评和改进意见；针对大理院的办事章程太繁和权限不清、大理院终审与二审法院案件往来关系及效率太低、大理院解释法令范围等问题，提出了建议。王氏的议论有的放矢，击中时弊，对当时的司法建设有指导作用。1930年，身为国民党政府司法院院长的王氏，针对司法院成立一年来的实际，提出了统一法权、筹议撤销领事裁判权、训练法官、健全司法院各机关组织、推广各县法院和新监狱及废除县长兼理司法的制度、改良法院制度与诉讼程序等主张，使国民党政府的司法建设较之北洋政府时期，前进了一大步。

再次，在王氏的领导下，收回了上海租界法权。1843年领事裁判权的确定，标志着我国司法制度半殖民地化和列强破坏我国司法主权的开始。特别是帝国主义控制下的上海公共租界会审公廨于1868年的建立，使我国司法主权进一步丧失，而会审公廨成为帝国主义镇压中国革命，屠杀中国人民的工具。辛亥革命前著名的“苏报案”，即是由清政府勾结帝国主义利用上海会审公廨制造的。上海会审公廨由租界内的帝国主义领事团委派会审人员

⑫ 华友根：《中国近代法律思想史》（下册），第79页，上海社会科学出版社，1993。

主持，虽然1926年江苏省政府曾与领事团签订协定，并于转年成立上海临时法院，但协定仍规定由外国人任书记官长，法警仍由工部局调派，监所也在领事团的控制之下。1928年王氏出任国民党政府司法院院长，力主收回上海领事裁判权。他命司法部上海临时法院自1930年元旦起归司法院直接管辖。同时，王氏多次出面和列强谈判，最终成立上海特区地方法院，并设立上诉机关，这些机构完全适用我国法院组织法以及民事、刑事诉讼法等一切法规，使它成为我国管辖的正式法院，收回了上海领事裁判权，同时为40年代收回全国范围的领事裁判权打下基础。⑬

纵观王氏一生的法学研究和法律实践活动，我们认为其有如下特点：

其一，厚积薄发，取精用弘。王氏早年就读香港圣保罗书院和皇仁书院，学有根基，古文与英文、旧学与新学俱佳，为其以后治学打下坚实的基础。1895年，王氏以优异成绩考入北洋大学法科。此大学是我国近代国人创办的第一所新式大学，它的教学管理、师资力量、图书资料、学习环境等都是国内一流的。王氏在这里接受了良好的法学教育。大学毕业后不久，王氏东渡日本，研习法政。以后游学欧、美多年，在美国取得博士学位，并获英国律师资格。这样的学习经历，使王氏不仅精通中国古典法律，而且深谙罗马、英国两大法系的法理和律典。加之王氏一生不论为官、治学，始终刻苦自修，孜孜以求。正因为王氏法学基础厚实，积累丰富，才能在理论研究上有所创新，超迈群伦；才能在法律实践上应付自如，游刃有余。

其二，多所涉猎，融会贯通。法学所属学科众多，领域宽阔；法律实践部门庞杂，工作千头万绪。而一个人的精力是有限的，如何处理好“博”与“约”的关系，是治法学的人首先要解决的难题。王氏在法学研究上于宪法最精，但他又不仅仅是宪法学专家。他在精研宪法的基础上，对民商法、国际公法和私法、比较法研究，乃至司法行政、立法学、司法审判等领域，均有所涉猎，有所建树。他在法学研究上专攻而不褊狭，博取而不庞杂，堪称法学大家。在这里仅举一例可窥见王氏学问渊博。1907年，王氏时年二十七岁，将《德国民法》一书译成英文，由英国伦敦斯蒂芬斯书店出版。此书“问世之后，立即博得称赞，风行一时，卒成为英、美各大学法律学院所指定之参考必读课本”⑭。

其三，学以致用，志在报国。王氏虽为知名学者，但一生未选择过平静的书斋生活。他不是为学术而学术，也不是从书本到书本。他认为法学本身是一门实践性很强的学科，单纯的学术研究会使法学自身的发展脱离现实，失去动力。王氏幼年居住香港，受革命党人的影响，立志报效祖国，振兴民族。游学日本期间，加入同盟会，追随孙中山，投身于民主革命的洪流之中。留学美国耶鲁大学时，曾为孙中山撰写英文对外宣言。辛亥革命胜利后，王氏就任南京临时政府第一任外交总长，为建立民国献计献策。此后，王氏在反对袁世凯复辟帝制、反对日本提出的灭亡中国的二十一条、改革司法制度、收回上海领事裁

⑬ 参见郑彦芬“王宠惠对民主法治的贡献”一文，同注⑧，第11页。

⑭ 同上，第13页。

判权等活动中，奔走呼号，不遗余力。这一切无不体现王氏的爱国之情、报国之志，反映了他为学经世致用的思想。

虽然王宠惠对我国近代法律理论研究和法制建设有一定的贡献，但由于阶级和历史的局限性，他的法律思想和实践，都有为北洋军阀政府和国民党反动政权服务的一面。对于这样一位复杂的历史人物，我们要坚持历史唯物主义的观点，将其政治立场和学术贡献分离开来，还其本来的历史面目。法学虽离政治最近，但它同时是一门独立的社会科学；法律虽是统治阶级意志和利益的体现，但它同时又是社会的综合调解器。明乎此，我们对王宠惠法律思想和实践进行深入研究，吸收其中有利于加强社会主义法制建设的成分，是一件非常有意义的工作。具体说，王氏宪法理论和宪政实践对我们今天实现依法治国和建设社会主义法治国家、进一步完善宪法体系、批驳“台独”分子散布的旨在分裂祖国的“两国论”，都有重要作用；王氏民法思想和立法实践对我们今天完善社会主义市场经济条件下的民法体系、妥善处理民法、商法、经济法之间的关系、编撰我国新型的民法典、协调法制建设中的“开发本土资源”与“国外移植”的关系等，都有参考价值；王氏的立法活动和司法行政经验对我们今天司法制度改革、司法廉政建设、司法队伍建设也都有借鉴作用。

陈汉生

法治、吏治：历史与现实*

简介

陈汉生，男，生于1940年9月，福建惠安县人。1961年毕业于上海社会科学院法律系。上海大学法学院教授，上海对外贸易学院客座教授，中国小城镇建设研究院研究员，上海国泰律师事务所律师。曾任上海大学法律系主任，中国法律史学会理事、名誉理事，中国法制史研究会副会长，上海市高等学校教师高级职务任职资格评审委员会法学学科评议组成员。

主要从事中国法制史、中国法律思想史教学科研工作。主要著作有《中国古代经济法制史纲》，主编《中国法制史》，担任国家重点项目《中国法制通史·三国魏晋南北朝》卷副主编，参加《中国法律思想通史》近代部分编写工作，发表论文六十余篇，其中《秦汉货币立法略论》获上海市哲学社会科学优秀学术成果奖。

* 原发表于《华东政法学院学报》，1999（5）。

依法治国，建设社会主义法治国家，是党的十五大确立的党领导人民治理国家的基本方略，这是邓小平理论关于民主法制思想的具体应用和发展。从党的历史观之，依法治国从1995年中共中央法制讲座会上，江泽民同志作了《依法治国，保障国家的长治久安》的讲话，进一步从长治久安的长远目标重申了其精神。在1996年3月17日八届人大四次会议上，将依法治国，建设社会主义法制国家作为战略目标加以规定。而党的十五大首次将依法治国、建设社会主义法治国家作为党领导人民治理国家的基本方略提出来了，其深刻意义正如江泽民同志所说："依法治国是社会进步，社会文明的一个重要标志，是我们建设社会主义国家的必然要求。"

江泽民在党的十五大中的报告主题是"高举邓小平理论伟大旗帜，把建设有中国特色社会主义事业全面推向二十一世纪"。而依法治国正是邓小平民主法制思想的基本内容和核心，也是邓小平理论的重要组成部分。因此说，依法治国是我们党和国家进入二十一世纪的治国方略。它是直接关系到下一世纪奋斗目标能否实现，跨世纪的宏伟蓝图和行动纲领实现到什么程度的大事。

（一）

法律是创造新型社会的工具，还是权力的工具这一问题，已被人们重新认识，这一认识的出现是实现法治代替人治的转折点。依法治国在中国这块东方古老的土地上出现，是中华民族幸运之举。

对于法的认识，中国古代不同学派的思想家有不同的看法。先秦儒家提倡"礼治"、"德治"，实质上就是"人治"。儒家代表人物孔子提出"为国以礼"（《论语·先进》）的"礼治"，进而指出"礼乐不兴则刑罚不中，刑罚不中则民无所措手足"（《论语·子路》）。那么谁来行使"礼乐"？孔子说："天下之道，则礼乐征伐自天子出"（《论语·季氏》）。这是典型的"人治"思想。所以公元前513年晋国赵鞅"铸刑鼎"，孔子大肆反对，认为公布成文法是乱了法度。但是儒家并不一味反对法律，只是主张"礼法结合"，"德主刑辅"，把儒家经典及其思想法律化或注入到法律中去。荀子应该说最具有代表性，他在《君道》篇中说："有治人，无治法"，管理国家是人而不是法，法不过是"治之端也"，因为法是由人来制造，来实施的。

中国古代主张法治最具代表性的是战国时的法家学派。韩非是法家思想的集大成者。他主张法家的"法"、"术"、"势"三个学派必须结合起来，"抱法处势则治"（《韩非子·难势》）。又强调"术"的重要作用，"术"则是"南面之术"；是帝王"不可一无之具"（《定法》）。法、术、势缺一不可。法家强调法治的原因在于对法律的本质有充分的认识，早期法家管子就认为，法是"尺寸也、绳墨也、规矩也、衡石也、斗斛也、角量也"（《管子·七法》）。商鞅强调"法者，国之权衡也"。这里充分说明法家主张"事断于法"、"以法为本”，强调法律的平等性。最为明显的如商鞅提出的“刑无等级”的“重刑”思想，则相当资产阶级革命时期提出的“法律面前人人平等”思想。法家还主张法律的公开化，让百姓知晓，主张“信赏必罚”，取信于民。但是回过头看一下，法家很多主张是在地主阶级将取代奴隶主统治时提出的，他的平等性无外乎是为地主阶级走上政治舞台而鼓吹，一旦地主政权确立之后就从法律上确立了地主阶级特权，这里的平等性就荡然无存。

所以在中国，法家的法治主张和儒家的人治主张虽然是对立的，但主要是统治方法的不同。自汉代起，确立了儒家思想为正统的统治思想，儒家的法律观也成为法律的主导，但儒法两家并未因此分道扬镳。《唐律疏议·名例》中“德礼为政教之本，刑罚为政教之用，犹昏晓阳秋相须而成者也”便是一个很好的例证。儒法之间主张虽异，但走的道路却是为了巩固封建统治，最后就必然合到一起来，法律最后都是为了这一目的服务。所以有的学者称法家为“法治中的人治”。这就是儒法两家历史发展的归宿在中国历史上的体现。

近代中国发生了翻天覆地的变化，法律也首当其冲。1908年，清政府颁布了《钦定宪法大纲》。尽管这是一部“徒饰宪法之外貌、聊备体裁，以慰民望”的宪法大纲，但统治者也不予实施。近代思想家魏源、康有为、谭嗣同等都提出了“师夷变法”、“以法治国”、“诸法并重”、“君宪共和”、“司法独立”等主张，特别是孙中山主张的以民权主义为核心的三民主义，并于1912年通过了《中华民国临时约法》，把国家称为“民国”，则人民的国家，人民当家作主，提倡民权，提倡“主权在民”原则，当然是“民国”。但是，这个“民国”仅仅只是一具躯壳，“主权在民”也只是一句空洞的口号，国家权力和法律也沦为独裁者的工具。

所以说，几千年来，中国的特点就是法律是权力的工具而已。由于封建专制主义统治，中国人民长期处于无权的地位，形成了中国法文化的一种严重的惰性，老百姓法律意识相当薄弱，只求有个好皇帝就行了。新中国成立后30年，尽管是工人阶级为领导，人民翻身作主人，也制定了宪法及土地改革法、劳动法、婚姻法等法律，可是竟然没有自己的刑法典、民商法典、诉讼法典等国家基本法典，形成党的政策代替法律，强调集中，忽视民主，司法又不独立，领导说了算的“权大于法”的局面。更谈不上用法律手段去调整经济关系、民事关系、行政关系。这一切实际上是“人治”的继续，甚至走上了极端。“文化大革命”的出现，使全国十亿人口上上下下尝到了无法无天的苦果。这个教训是惨重的，也让党的第二代领导人从中吸取了重大的教训，决心改变这一状态。

邓小平1978年12月13日在中央工作会议闭幕会上在讲到民主问题时，提出：“为了保障人民民主，必须加强法制，必须使民主制度化、法律化，使这种制度和法律不因领导人的改变而改变。现在的问题是法律很不完备，很多法律还没有制定出来。往往把领导人说的话当做‘法’，不赞成领导人说的话叫做‘违法’，领导人改变了，‘法’也就跟着改变。”并重申了社会主义法制的十六个字原则。邓小平在此明确指出，要实现民主政治，不改变包括新中国成立30年来实行的“人治”的思想和实际，不实行“法治”，就谈不上民主制度的建立，国家也就没有希望。把“法治”提到作为治国方略的高度。

在邓小平法制思想指导下，我们对法律的作用有了新的认识。法律过去一直作为权力的工具。当代社会正经历着巨大的变化，生产力经历了一个大的发展时期，为了适应世界新形势的发展，党的十五大制定了国家进入21世纪的伟大战略目标，中国的现代化事业正向质量型、内涵型发展。因此，从经济上、政治上、思想上中国将经历一个巨大的变化，而作为上层建筑的法律已不是单纯被作为解决纷争的手段，而应成为可以创造新型社会的工具。这一点已为人们所认识。马克思说过："社会不是以法律为基础的，那是法学家们的幻想。相反地，法律应该以社会为基础。"这一点在十五大报告中得到了体现，"依法治国"能作为治理国家的基本策略，其深刻意义是不可低估的。

（二）

法律是以社会为基础，建立社会主义市场经济是我国经济制度的一场根本变革。由于我国长期以来实行了计划经济，使我国生产力的发展很不理想。为此，邓小平同志早在1985年就对爱国时代公司组织的高级企业家代表团说到："只搞计划经济束缚生产力的发展，把计划经济和市场经济结合起来，就更能解放生产力，加速经济发展。"如果邓小平同志在1985年关于市场经济的论述还留有余地，还没有引起人们的重视，那么1992年的南方讲话就明确提出了计划经济不等于社会主义，市场经济不等于资本主义，他们都是经济手段。小平同志说不要去争论姓"资"姓"社"的问题，只要能发展生产力就是我们的目的。因此党的十四大确立了经济体制改革的目标，就是建立社会主义市场经济。

市场经济就是法治经济，加强法制建设是市场经济内在的必然要求。所以小平同志坚持"两手抓"的思想，指出要搞社会主义市场经济建设必须有一个稳定的环境和政治局面，而稳定的政治局面要靠法制建设，通过法制建设保障社会主义民主。

哈耶克在《法律、立法和自由》中说到："市场秩序是一种特殊类型的自发秩序，是人们在财产法、侵权法和合同法之内行动经由市场而形成的。"因此说，没有适当的法律制度，不可想象市场会产生一种有价值、有效率的自然秩序。依法治国的提出就是基于一定的社会经济基础，法治的产生是基于市场经济的要求，以行政命令为手段的资源配置是计划经济的需要，它易于产生人治，而市场经济是通过市场为基础配置资源，这必然通过法律手段进行调整，才能体现其特殊类型的自发秩序。哈耶克的说法是我们认识市场经济与法律关系的方向，实践证明其不无道理。

党的十五大提出必须坚持公有制为主体，多种所有制经济共同发展的基本经济制度，公有制实现形式可以而且应当多样化。我们必须要对公有制重新认识，才能对社会主义市场经济中主体多样化有个正确的认识，才能进而了解利益分配市场化，才能完整认识以公有制为主体，公有制实现多样化这一中国特色的社会主义市场经济，才能进而理解市场经济就是法治经济，经济靠法律调整为主要原则，而非以"人治"为主要原则。

21世纪临近，知识经济将成为21世纪经济的主流。有人分析，所谓知识经济就是促进人类和自然协调、可持续发展的经济，它是以无形资产投入为主体的经济，它是以知识决策为导向的经济，即决策和管理知识化。而且知识经济还是在世界经济一体化条件下的经济。因此重新组合中国的知识新体系，狠抓高科技产业化已成为当务之急。由知识经济引发的一场社会革命已出现在我们面前。美国乔治·华盛顿大学管理系教授威廉·哈拉尔指出，当今世界企业正经历三大变革。他在《无限资源》一书详细进行论述，认为知识是一种独特而又无限的资源，它将对经济的发展产生革命性的影响。增强协作、分散经营和建设智能基础设施正是世界企业经历的三大变革，它将创造出生产力更高、盈利能力更强的新型企业。

中国，作为东方的一个大国，她在世界政治、经济地位发生了巨大的变化，特别是20年来的改革开放，经济发展速度在世界上是罕见的，因此，进一步发展我国经济，重要的是要尽快占领知识经济和循环经济的制高点，把依赖物质资源推动的传统经济模式，转向主要依赖智力资源推动的经济增长模式。在这种形势下，依靠传统的行政手段来管理发展经济已经不合时代要求，而更加需要用法律手段进行调整，加强法制建设，加强与世界经济、法制的接轨。从这个意义上说，依法治国的提出，反映了中华民族的一种历史发展要求和渴望，绝对不能把依法治国看成是一种政治策略或权宜之计。

（三）

要实现依法治国，必须而且应该造就一支素质较高的文官队伍，这已经被历史和现实所证明。

黑格尔在《历史哲学》一书中说："只有才能胜任的人得做行政官吏，因此，国家公职都由最有才智和学问的人充当。"道出了官吏在国家机构的作用。

法律是人制定的，要依法治国，实现法治还需要通过人的行为去实现，而国家机器的运转，法律的执行就必须依靠国家的各级官吏，由他们去依法行政，由司法人员去严格执行法律。考察中国历史，我国古代很早就知道这一道理，因此非常重视吏治，并形成一套严格的吏治制度。法家代表人物韩非指出："明主治吏不治民"，他们认为"法之不行，自上犯之"。法律制定虽然重要，这叫"明法"，但要做到"一断于法"不是那么容易，而破坏法律的执行却是"上"，即当权者、有权者，他们可以运用手中权力，任意解释法律，破坏法律。为此，统治者要巩固政权，必须制定一套选官及治吏的标准，并在立法上加以肯定，所以"吏治"就成为中国古代法制建设的一个重要组成部分。秦律中有"为吏之道"专篇，《唐律》12篇502条，除了《职制》专篇外，几乎每个篇目均有吏治的法条规定。

中国古代很早就出现了选官制度及为官标准，奴隶制时代是"世卿世禄"制，弊病多端，所以公元前651年，齐桓公在"葵丘之会"的盟词上就说"士无世官"，宣布废除"世卿世禄"制。春秋战国是我国政治大变革时代，因此战国出现了以军功、荐举方式选官，并对各级官吏进行考核，以定升迁或免职。秦汉任官既有政治标准又有道德标准，主要以能力和功劳大小作标准。汉时办"太学"培养官吏，也有通过荐举。曹魏实行"九品中正制"，虽然反映其腐朽性，但九品却为后世所承继。隋唐以降，基本上采取科举制选官，各朝均予重视。

中国古代提出了"居官，惟公则生明，惟廉则生威"的为官的标准及原则。秦时国君虽暴，但《秦简》中有专门的“为吏之道”，强调官吏要依法办事，官吏首先要精通法律，把精通法律与否作为划分良吏与恶吏的首要标准：“凡良吏，明法律令”，“恶吏，不明法律令”。秦律规定为吏的品格是：清廉正直、不徇私舞弊，审当赏罚，不刚毋暴、宽容忠信、平和不刻，最重要的要以国君为代表的国家利益为重。在评价优秀官吏标准有五善：忠信敬上、清廉毋谤、举事审当、喜为善行、恭敬多让。能达五善者必有大赏。

为官者凭其特殊地位易于贪污受贿，也是对法律上所称为权利义务关系的扭曲。所以我国历代均用立法形式规定处罚官吏的贪污行为。早在商代制定的《官刑》中就有对“三风十愆”的犯罪行为予以重处，提出“货”（即贪污）的犯罪则属于此。西周称贪污为“窃贿”，与盗同罪。秦称“通钱”罪。晋代著名律学家张斐称“货财之利谓之赃”。晋律规定，凡贪污价值达一口羊即处死。唐律首创“六赃”之名，规定贪污十五匹处绞刑。唐以降各朝均有赃罪规定，或称“赇”、“受赇”。明朝朱元璋“重绳赃吏”，将贪污官吏的“剥皮揎草”置于衙门官座之旁，以示警戒。

唐代名相姚崇从自己作为行政官员的体会，写了一套从政经验之谈，俗称“五戒”：《持衡戒》、《弹琴戒》、《对镜戒》、《辞令戒》、《水壶戒》。他认为从政之人“当须如镜之明断可以平，如镜之洁断可以决”。作为官吏应保持廉洁，“辞金者取其廉慎也。”“当官明白者，有类是乎。故内怀冰清，外极玉润，此君子水壶之德也。”姚崇比较全面总结了吏治、吏德的经验，这也是平时所说的为吏的素质问题。

吏治除了行政官员外，很重要的是司法机关的官员，国家制定法律再完备，也都要靠人去执行，以实现国家立法之初衷，这个任务较多地落到司法官员身上。依法办事、依法治国最起码的要求是司法公正。明代蒋瑄就曾总结过“治狱四要”，则公（不偏）、慈（不刻）、明（明镜高悬）、刚（能断），历来被推崇为司法官员的作风、品格、素质之要求。司法机关如果出现“市场化”、“商品化”，那就是腐败的表现，将会出现非常不公正的司法审判。培根说过：“一次不公正的裁判，其恶果超过十次犯罪，因为犯罪是无视法律，而不公正的审判是毁坏法律。”此言至善。

由于古代中国司法行政合一，因此对官吏要求是统一的，选官标准是一致的。考察历史，古代对官吏有一套比较完整的法律要求，这里很多东西值得我们借鉴。因为建立一支素质较高的行政、司法干部队伍是保证依法治国的最重要措施。但不论从哪一个角度看，为官首先要知法，要依法办事，这样才能从依政策治国转化为依法治国，才不会置法律于虚无漂渺的法律虚无主义之中，才能树立法的权威性，才能把以义务为本位转化为以权利为本位，一切服从法律而非跟着权力的指挥棒转圈圈，这样的干部队伍才能成为我们依法治国的保证。应该看到，这个任务还是相当艰巨的，非一蹴而就之事，还要相当大的努力才能实现，但又非实现不可，否则一切无从说起。

（四）

我们的国家是人民当家作主人，因此依法治国最重要的是人民依据宪法和法律来管理国家和社会事务，决不允许任何个人和组织有超越宪法和法律的特权。不容置疑，由于我国处于社会主义初级阶段，封建思想意识的影响还将长期存在，权大于法的现象仍然存在，何况我们很多官员根本上不懂也不想懂法律，因此，要实现对领导干部监督工作的法制化，通过法律规范，确保干部监督部门依法监督，敢于监督。

中国古代封建社会，为了保证国家机关正常运转和官吏守法，设置了一定的监督机构，形成了一整套监察制度。从中国监察史看，这套制度还是很起作用的。

古代御史纠弹制度形成于秦汉。秦时御史机关可以制约相权，故称为“丞相之贰”，成为当时皇帝的重要工具，也是国家机关三大块之一，御史大夫掌握监察百官过失，强化皇权的控制力，地位显赫。汉代与丞相府并列为“二府”。秦汉在地方也设立监察机构，汉把全国分为十三道监察区，设部刺史行使监察权。御史机关的权责为：典正法度，掌制律令；纠弹违失，察举非法；考课百官，荐举人才；治理大狱，鞫谳疑案，甚至可以督军征战。

三国两晋南北朝时，御史职务更为扩大。晋时“自皇太子以下，无所不纠”。南梁御史称端右，可以“风闻奏事”，哪怕是捕风捉影也可奏于皇帝。北魏孝文帝时，御史中丞“其出入千步清道，与皇子分路，王公百辟咸使逊避，其余百僚下马驰车止路旁，其违缓者以棒棒之。”当时皇太子、皇姐都得让他三分。隋唐以降，御史台、都察院的监察百官权力仍然十分大，成为皇帝的重要耳目。

以上叙述并非美化古代御史台，而是从中窥见古代已形成一套监督百僚的监察制度。而我们现在还未出现一整套完整的监督干部的机制，从而使得有的干部实施行政行为过程中，在执法过程中权钱交易、唯利是图、贪污受贿、投机钻营等不正之风和违法行为而不能及时发现和制裁，这不能不说是一种制度上的缺陷。因此要实现依法治国，没有一套干部监督机制是不可能实现的，这就是我们强调干部监督工作重要意义之所在。

干部监督机制内容并非限于建立一套制度，笔者认为它包括多方面。

首先，增强干部的法律观念，首先选拔懂法能依法办事的干部到各部门中去，这样的干部具有法制观念，才能肩负起领导责任，廉洁自律，克己奉公，因为他们可以充分运用自己的法律知识、法律观点去分析问题和认识问题，从而提高依法办事的水平，才能达到依法治国。

其次，干部的选拔、工作离任应与一定的法律制度相结合。为建立干部的法律考试制度，不知法者免之，干部离任必须进行审计，在平时必须有定期的检查监督制度。

再次，建立干部监督机构，除了党的组织部门之外，必须在人民代表大会、政府机构建立强有力的监督机构，这些机构不能对某个人负责，而必须对全党、全民负责，其权力必须有相对的独立性。

复次，机构消肿。官僚主义往往同机构臃肿分不开，过去我们机关人员太多，见官冗员。这个问题古代统治者就已注意到，所以唐太宗说过“千羊之皮，不如一狐之腋”。一定要精兵简政。唐代六部中的刑部，按编制定员 191 人，而照样出现“贞观之治”，而我们的部有的多达几万人，队伍庞大，效率不高，难以适应市场经济发展的需要，如不改变，要达到依法行政是不容易的。

我国目前尚未建立一套比较完整的干部监督机构，更谈不上形成一种具有法制化的机制，但不这样做又不行，因此任重而道远，而最根本的途径是通过立法，强化法律意识，让广大干部自觉地接受监督法规的约束，相信最后一定会在中国建立一个完整的合乎民心的干部监督机制，使我国最后达到依法治国的目的，这样才能真正建立起一个社会主义民主政治的国家。

叶秋华

希伯来法论略*

——古代东方法律文化中的一枝奇葩

简介

叶秋华，1950年6月生，1976年首都师范大学历史系毕业。自1978年10月进入中国人民大学法学院从事外国法制史教学与研究至今，历任讲师、副教授、教授、博士研究生导师。1997年至2009年4月先后担任中国人民大学法学院常务副院长、副院长。主要社会兼职：全国外国法制史研究会副会长、中国法学会法学教育研究会常务理事兼秘书长、中国人民大学法律文化研究中心副主任。1997年、1999年、2003年曾先后赴日本立命馆大学、英国牛津大学、法国艾克斯一马赛大学访问学者、进修。主要研究方向：外国法制史、西方经济法律制度、比较法律文化。作为项目主持人先后完成“大陆法系研究”、“西方市场经济与法律调整”、“西方宏观调控法与市场规制法”等国家级项目。

主要代表性成果：独著《外国法制史论》、《西方经济法律制度》；合著《大陆法系研究》、《西方宏观调控法与市场规制法》；主编国家“十五”、“十一五”规划教材《外国法制史》等。个人发表的学术论文主要有《希伯来法论略》、《西欧中世纪法制发展特点论析》、《论日耳曼国家的形成与法兰克王国的法律》、《关于罗马法的几个理论问题》、《古代印度法的两大特征》、《西欧中世纪的城市法与商法》、《论法国民法典承上启下的历史地位》、《论英国法制传统的形成与英国法体系的确立》等。

---

* 原发表于《法学家》，1999（5）。

希伯来法是古代东方法中颇有影响的一支法律体系。虽然希伯来国家独立存在的时间不长，希伯来法的发展中断的时间比较早，其内容和立法技术也并不发达完善，然而幸运的是，希伯来法律文化因为被基督教继承吸取，成为其经典《圣经》中的一部分，因而不仅得以完整保留，而且通过宗教规范的特殊方式传播至今，影响了全世界基督教国家。就古代法律而言，如果说罗马法是以其精深的法理和发达的私法制度影响了人类从古至今的历史，那么，希伯来法则是以其朴实无华的法律文化及其宗教道德规范，在意识形态领域同样影响了人类从古至今的历史，并且是从东方影响到了西方。当然，希伯来法与罗马法无论从哪个方面都是不可相比的，也是无法相比的，但它们却是人类法律文化遗产中不可相比的两枝奇葩。

命运多舛的犹太民族怎样创造了希伯来法，保存在《圣经》中的希伯来法律又是怎样一种风貌，它具有什么样的特点，又因何能够影响如此长久？本文试对上述问题作一述评。

一、希伯来法的形成与传播

希伯来法是指公元前 11 世纪至公元 1 世纪古代希伯来国家法律的总称。因犹太人使用的语文称希伯来文而得名。

希伯来法的形成与发展同希伯来国家的形成与兴衰紧密相连。

希伯来人由犹太和以色列两个部落组成。据《圣经·旧约全书》中的《出埃及记》记载，希伯来人本是两河流域地区的游牧民族，在公元前 2000 年代中期，因寻找牧场，进入西亚的巴勒斯坦（当时称迦南）一带地区，遭到本土迦南人的强烈抵抗，只好另寻生路。希伯来人流浪至埃及时，曾有一段相对安定的生活，但因人口繁衍过速，竟然形成 12 个部落群体，致使埃及法老感到自己的统治可能会受到威胁，于是将希伯来人全部沦为奴隶。受尽奴役的希伯来人后来终于在先知摩西的带领下逃出埃及，在沙漠中流浪了 3 个月后又回到迦南，并在迦南定居下来。此后，居住在南部山区的称犹太部落，居住在北方地区的其他部落统称以色列部落。

公元前 12～前 11 世纪中叶，是希伯来人从氏族部落向国家过渡的时期。希伯来人将征服迦南夺来的土地划为份地，分给部落的各个氏族和家庭，将土著迦南人沦为奴隶或“臣服者”。值得指出的是，希伯来人进入迦南前，迦南人的文化及生产力水平已有一定发展，文明程度高于希伯来人，迦南人先进的经济生产方式对犹太人由畜牧业转向农业具有重大影响。随着农业定居和财富的增长，希伯来各氏族部落内部逐渐出现两极分化，产生了领导部落的贵族会议和称为“士师”的军事领袖，希伯来氏族制度开始解体，国家随之形成。

公元前11世纪中叶，由民众会议选出的扫罗（约公元前1040年在位），成为以色列第一位国王，标志着奴隶制国家的确立。接踵而来的是犹太部落的首领大卫（公元前1013～前973年）也在南部建立起犹太王国。后来，大卫又从扫罗儿子手中夺取王位，建立起统一的以色列——犹太王国，定都耶路撒冷。大卫的继承人所罗门（公元前973～前933年）继续推行强化国家的政策，对内横征暴敛，强迫劳役，兴建王宫和神庙；对外则与埃及和邻国结盟，扩大贸易往来，使国家的政治、经济有了前所未有的发展。《圣经》将大卫和所罗门赞颂为“英明”的君主。在这一过程中，希伯来统治者不仅需要国家机器，也同样需要法律进行统治。于是，希伯来法应运而生。

同其他古代法一样，希伯来法最初的法源也为习惯法。当时，解释法律和执掌司法权的是国王和祭司。国王的宫廷，既是神殿，也是最高法庭的所在地。在推行神权统治的希伯来国家，祭司的地位十分显赫，他们对希伯来法的形成与发展起了重要作用。据史书记载，扫罗王与大卫王统治时代，习惯法的传播与推行已受到相当程度的重视。例如，每逢节日人们就聚集起来，听祭司们宣讲自古以来流传下来的律法。这种口传下来的律法便成为以后相当长的时期内希伯来人必须遵守的法律规范。

然而，希伯来民族命运多难，希伯来法的发展也历经坎坷。所罗门去世后，以色列和犹太两个部落为争夺统治权发生了激烈的内战，先是统一的国家于公元前925年遭到分裂，北方的以色列人定都撒马利亚形成独立的以色列王国，南方的犹太人则仍以耶路撒冷为国都形成独立的犹太王国。分裂后的以色列和犹太王国又因民族矛盾常常互相征伐，战事不断，致使国力大衰，民不聊生。公元前722年，两河流域北部兴起的亚述王国在国王萨尔贡二世率领下攻陷了撒马利亚，将以色列王和臣民27，000多人迁往两河流域，以色列王国随之灭亡。此后，犹太王国也遭到西亚强国的轮番进攻，公元前587年，新巴比伦王国在围困耶路撒冷长达3年之后，终于攻陷城池，将犹太人整族掳到巴比伦，这就是著称于世的“巴比伦之囚”，犹太王国不复存在。至此，希伯来人再未复国，希伯来法的独立发展也相应中断。在这以后，公元前538年新巴比伦王国被波斯征服，公元前333年波斯帝国又被马其顿帝国征服，直至公元1世纪中叶，罗马帝国摧毁耶路撒冷，将大多数犹太人驱散到世界各地，希伯来民族法制的发展彻底中断。

那么为什么希伯来法又在后世得以流传呢？这就要作一番历史考察。早在希伯来统一王国分裂前，希伯来人由于多次受到外族的威胁和侵扰，当时的统治者逐渐认识到国家稳定的重要性，而国家稳定的前提，则是使人们懂法和守法。所以，希伯来人很早就有由祭司向人们宣讲律法的习惯，而祭司们在向人们宣讲律法时，经常将它们记录和保存起来。公元前9世纪犹太王约沙法（公元前874～前849年）在位期间，希伯来国家出现了由祭司们编写的最早的成文法，即“律法书”，包括希伯来人的习惯、宗教戒条和国王敕令等内容。传说，著名的《摩西律法》，就是在这种律法书不断增多的基础上，于公元前6世纪最终形成的。《摩西律法》又被称为《摩西五经》，也就是后来被收入《圣经》中的著名法律文献，它是希伯来法的集中体现。不过，应当指出，我们今日从《圣经》中看到的《摩西律法》，已不是公元前6世纪形成时的原貌，而是经过了几个世纪的发展和学者们不断整理、加工和修改，有很多内容是后来加进去的。

考察希伯来法坎坷的发展历史，分析其有限的史料与法律文献，深感公元前6世纪中叶至公元1世纪中叶这段时间，是希伯来法发展的最重要时期。这是因为：第一，希伯来法获得了相对稳定的受限制的发展空间。公元前538年，波斯帝国在征服新巴比伦王国后，出于政治统治的需要，满足了沦落异乡的希伯来人渴望返回故乡耶路撒冷、民族重聚的愿望，犹太人一批批回到家乡，并被获准在波斯人的控制下采取一定程度的“自治”。与此同时，希伯来人成立了以神庙为中心的神权统治的城市公社，由希伯来贵族和祭司等社会上层分子组成城市公社会议遵照希伯来律法对公社进行管理。希伯来人从此享受到按照自己的法律生活的“自由”。这种具有一定“自治权力”的统治形式，一直延续到公元前333年马其顿帝国统治时期。享有一定自治权的城市公社的统治形式虽然不能说是获得了完全的独立，但毕竟使希伯来法获得了一个有限制的发展空间。在“自治”的宗教公社统治下，公社会议不断为公社制定出调整各种关系和城市管理的法规，这无疑对希伯来法的发展有重大意义。第二，诞生了希伯来法最重要的法律文献《摩西律法》。希伯来人的法律虽然在公元前11世纪伴随国家的产生已出现，但在相当长的时期内，限于文化水平和缺少社会安定的条件，统治者和立法者在法制上并无多大建树，习惯法长期存在，而祭司对律法的有限记载既不正规也不系统。所谓希伯来法，在很大程度上，是后人所称的形成于公元前6世纪的《摩西律法》。《摩西律法》的诞生，是希伯来法成文化的最重要标志。第三，外国先进的法律文化的侵入，对希伯来法的发展具有积极影响。希伯来国家独立存在的时间很短，不断地被强国所征服，征服者先后带来的西亚和希腊等地区先进法律文化及其立法成就，必然对希伯来法的发展产生影响和渗透，使其在一定程度上摆脱原有的落后性与原始性。第四，增加了新的法律形式，判例构成法律渊源之一。这一时期，耶路撒冷的“犹太公会”既是高级宗教会议与高级宗教法庭合一的机构，也是最高的政权组织形式，其成员包括大祭司、贵族、学者和少数部族首领。一般城邑和地区则设立中级的“公会”，最基层的是“乡村法庭”。各级“公会”法庭审判案件的判例，对以后审理的同类案件，具有约束力，从而形成了一种法律渊源。在希伯来法律文献中，有不少称之为“塔尔默”（Talmud）的《判例法汇编》，详细记载了法庭的庭辩和审判以及法律的适用过程。因此，一般认为，公元前6世纪中叶至公元1世纪中叶前的500余年间，是希伯来法发展的重要时期。

公元70年，希伯来人为反抗罗马帝国的统治，爆发了起义。起义遭到统治者的残酷镇压，耶路撒冷被焚毁，多数希伯来人不得不逃亡，流散到世界各地，适用居住地的法律；少数留下的居民则开始适用罗马法。至此，希伯来法作为一种由国家强制力保证实施的法律规范已不复存在。然而，它却在流散各地的犹太人中以一种自我约束的宗教信仰和法律文化继续得到传播。

公元175年，在犹太教领袖的倡导和主持下，开始了汇编前辈律法家口传资料的工作，约公元200年（或210年）成书，称《密西拿》（mishnān）[①]；公元5世纪下半叶，又在《密西拿》的基础上编集了《革马拉》（Gĕmārā）[②]，作为《密西拿》的释义和补编，后来，两者合编在一起称《塔木德》(Talmūdn)。[③] 由于《塔木德》是分别由巴勒斯坦律法学校和巴比伦律法学校编纂的，在内容编排上也有区别，故习惯上又被分称为《巴勒斯坦塔木德》和《巴比伦塔木德》。这两部《塔木德》作为希伯来人仅次于《圣经》的经典，在中世纪广为流传，欧洲学者对这部希伯来律法集的研究十分活跃。其内容不仅讲律法，且涉及天文、地理、医学、算术、植物学等。与此同时，北非的一位希伯来法学者迈蒙尼提斯，又对这部律法集进行了深入研究，用阿拉伯文写成《希伯来法律及其传播》一书，影响颇广。公元18世纪，散居在欧洲各地的犹太学者继续将《塔木德》译成多种文字，于是，希伯来法作为一种法律文化遗产，其影响已超出了欧洲范围而遍及世界各国。

综上所述，希伯来法自公元前11世纪形成后，其发展演变可归纳为两个时期：1. 公元前11世纪至公元前6世纪中叶，为独立发展时期。这一时期法律的发展虽然缓慢，但基本上是以希伯来民族法律的发展为主线，并实现了习惯法到成文法的过渡。2. 公元前6世纪中叶至公元1世纪，为法律的混合发展时期。这一时期因不断被别国征服，外国和外族法律不断侵入、渗透，希伯来法的独立发展受到限制，并吸收了不少外来法因素。

关于希伯来法的形成问题，西方学术界有两种不同说法：1. "神授说"，这是根据《圣经》中的故事而认定的一种说法，即"上帝赐法"。按照这种说法，约在公元前1320年，希伯来人在先知摩西率领下逃出埃及后，流浪旷野满三个月的那一天，聚集在西奈山下，耶和华作为希伯来民族的主神降旨给摩西，让摩西来到西奈山，由耶和华将"流着奶与蜜"的地方——迦南赐给希伯来人，同时也将刻有律法与诫命的两块石板赐给了摩西，命令摩西以它教训希伯来人必须严格遵守，否则便不得安居乐业。从此以后，希伯来人便在迦南定居下来，并有了"上帝恩赐"的法律。"神授说"给希伯来法的产生披上了一件神圣的外衣，但这显然是十分荒诞的，因为法的产生取决于经济的发展和阶级关系的状况，"上帝赐法"，不过是统治者和立法者为提高和强化法律的地位而创造的神话而已。事实上，希伯来人逃出埃及时，尚处在原始公社时期极端落后的游牧状态，当时的文明程度是根本不可能产生具有较高概括性水平的律法与诫命的。2. "立约说"，宣称希伯来法的产生是基于摩西与人民订立的一种契约。[④] 当年希伯来人逃出埃及后，摩西作为上帝的代表，为整肃内部纪律，在西奈山与希伯来人"设立公仪之律法"，"以此教训人民，并树立社会道德之基础。"[⑤]
"立约说"虽不似"神授说"那样荒诞，但也仍然将法说成是神意的体现，是由摩西代表耶

① 希伯来文的音译，原意为"教导"。共6卷，63篇，包括犹太教的教规、诫条和婚姻、家庭、宗教生活等守则。

② 亚兰文的音译，原意为"补全"。

③ 原意为"教学"是犹太教口传律法集，亦称"口传托拉"。

④ 布郎（L. Brown）著，倪秀章译：《犹太民族史》，12页，商务印书馆，1939。

⑤ ［美］都孟高著，黄叶秋编译：《希伯来宗教史》，21页、26页，中华圣公会，1925。

和华创立的，既无科学根据，也不符合历史事实。那时的希伯来人还只有原始氏族的习惯，还没有产生真正意义上的法律。

关于希伯来法的发展问题，学术界也有不同观点。最有代表性的观点是美国学者威格摩尔（J. H. Wigmore）在《世界法制概览》一书中提出来的。他将希伯来法的发展划分为5个时期，并将其一直延续到中世纪和近代。[⑥] 威格摩尔显然是将希伯来法律文化的传播和后世学者对希伯来法的研究及注释，看成为希伯来法自身的发展了，这显然是不能成立的。其他如美国法学家莫理斯在《法律发达史》一书中提出：希伯来法是“自然法”，含有永恒真理因素，自世界开始之日便具有约束力，并会持续到世界末日等等[⑦]，更是没有根据的。

二、希伯来法的主要渊源与总纲

希伯来法的主要渊源是《圣经》首部《旧约书》中的《摩西律法》，又称《摩西五经》，由《创世记》、《出埃及记》、《利未记》、《民数记》、《申命记》组成，具有法典性质。

《创世记》作为《旧约书》的首卷，共50条，由散文体写成，分前后两编。前编11章陈述了上帝创造世界和人类的过程，以及人类始祖历经的遭遇；后编叙述了希伯来人祖先的故事，中心说明希伯来民族的历史是在上帝的旨意下展开的。值得一提的是，该卷描述的创造世界、洪水方舟、伊甸乐园等神话传说，考古学家已在两河流域古巴比伦时代的泥版上发现早有记载，这说明希伯来人的文化曾受到巴比伦的影响。

《出埃及记》是《旧约书》的第2卷，也是涉及希伯来法内容最多的一卷，共40章。前18章叙述希伯来人从埃及出走前后经过，以后各章则分别详细阐述了律法与诫命制定和颁布的经过。该卷第19章至23章以及第34章，历来被认为是最古老的希伯来法律，特别是第20章宣布的“摩西十诫”，是希伯来法的根本法，也是贯穿希伯来法的总纲。该卷不少条文与两河流域伊新王国的《李必特·伊丝达法典》以及古巴比伦王国的《汉穆拉比法典》相似，从而再次证明了两河流域法律文化对它的影响。

《利未记》为《旧约书》第3卷，此卷也被称为“先知法典”或“祭司法典”，因犹太教祭司按规定均应出自利未部落而得名。全卷共27章，内容主要叙述了祭司的权利与职责、敬奉上帝所应持守的节期和应举行的祭祀仪式、百姓应恪守的洁净律法，以及取洁赎罪及婚姻制度等。此卷是犹太教教规律法的汇集，其宗旨是要求希伯来人作为上帝的“选民”，必须时刻以内心的虔诚严守礼仪律法。据说，犹太教祭司之所以只能出在利未部落，是因为希伯来人在逃出埃及流浪旷野的艰难时刻，其他部落丧失了对上帝的信心而进行偶像崇拜，只有利未部落坚定不移地信仰上帝耶和华。因此上帝在与希伯来人立约时规定，只有利未人才能担任祭司，才能接触放有约书的柜子。这种说法虽不可信，但祭司只能出

---

⑥ 引自张天福著：《希伯来法系之研究》，4～5页。

⑦ ［美］莫理斯著，王学文译：《法律发达史》，12页、16页，商务印书馆，1933。

在利未部落的规定，肯定有特定的历史背景和历史原因。

《民数记》亦译《户籍记》，为《旧约书》第4卷，因记有不少户籍调查和士兵登记的内容而得名，共36章。该卷有相当内容叙述了希伯来人出逃埃及后，在摩西带领下，从西奈起程历经磨难到达约旦河东岸的行程，历数上帝以种种方式对其选民进行考验，以坚定其信仰，并记述了一些有关祭祀的律法。该卷内容广泛但失严谨，是多种资料的汇编，其法律性质不及前两卷明显。

《申命记》为《旧约书》第5卷，取“重申此命”之意，共34章。根据《旧约书》中《列王记》下卷（22章）与《历代制》下卷（34章）的记载，在犹太王约西亚当政时期，曾依据《律法书》对犹太教进行了改革，史称“约西亚改革”。《申命记》的内容很可能是为重申旧法，“托古改制”而编。《申命记》相当于一部小型的法规汇编，从其内容和立法技术来看，比之《出埃及记》中的法律要完备而精密，反映了希伯来法的发展。从这卷内容看，原始的习惯法规范明显减少或已被修改；法律由严转宽；宗教教规和仪式更加繁琐，礼仪、祭祀、伦理、道德等规范增多。《申命记》是研究希伯来法的重要文献。

“摩西十诫”是希伯来法的总纲，也是《摩西五经》中的根本性法律。载于《出埃及记》的第20章第1～17节，但从各方面情况分析，它不像是初期的希伯来法，很可能是以后增补进去的。从文字考证看，《出埃及记》第19章结尾与第20章的第18节文字衔接紧凑，十诫的插入显出了不协调与前后文重复现象；就立法水平而言，具有概括性与纲领性的十诫律条，不可能诞生在希伯来民族所处的原始时代；以宗教发展分析，早期希伯来民族崇尚多神，耶和华只是各部落信奉的主神，各部落还有各种部落神以及宗族神、氏族神等。直至“巴比伦之囚”时期，为摆脱民族压迫，寄希望于“救世主”，耶路撒冷贵族代表以西结才提出了一神教观念，并在返回故里的“自治统治”时期，正式建立了崇拜一神的犹太教。而“十诫”的1～4诫所反映的却是犹太教成熟时期一神教的宗教观，这显然与历史不符。

“摩西十诫”亦称“十条诫命”，主要内容包括：1. 只崇拜唯一上帝（耶和华）而不可信仰别神；2. 不可制造和敬拜偶像；3. 不可妄称耶和华名字；4. 须守安息日为圣日；5. 须孝敬父母；6. 不可杀人；7. 不可奸淫；8. 不可偷盗；9. 不可作假见证陷害人；10. 不可贪恋他人妻子财物。“十诫”作为希伯来法的总纲，其精神贯穿于《摩西律法》的各卷、各章的具体规范之中，或者说，它们都是从“十诫”中引申而来的。犹太教以“十诫”为最高法律，后来的基督教也奉它为经典。

三、希伯来法的基本制度

（一）财产法和债权法

根据《圣经》里的文献分析，希伯来人的社会是一个从游牧向农业过渡的社会，土地的价值与意义还尚未被希伯来人所真正认识，因而有关土地所有权的规定极其有限。《摩西律法》认定，土地为上帝所有，是上帝赐予百姓耕种的，“地是我（耶和华）的，你们在我面前是旅客，是寄居的”⑧。当时既不存在土地私有，也未形成所有权概念。土地只能用作抵押，不能完全转移，即“绝卖”。私有财产主要指牛、羊、谷物、果品、蔬菜以及衣物、奴婢等。但这些财产也并非绝对私有，要以“献祭”的形式将农产品的收获部分和牲畜的增殖部分奉献给上帝（耶和华），实际上是以捐税方式贡献给国家。此外还要将一部分收获物缴纳给上帝的“受命者”，即从事神意传达的祭司。上帝与祭司紧密相连，成为国王统治权的重要支柱，也体现了希伯来国家政教合一的特点。

奴隶的主要来源仍是外族，但已出现债务奴隶，而且显然是为了缓和阶级矛盾并受《汉穆拉比法典》的影响，对债务奴役进行了限制。《出埃及记》第21章第2节规定：“你若买希伯来人作奴仆，他必服侍你六年，第七年他可以自由，白白地出去”。《申命记》第15章第12、13节作了如下补充：“你弟兄中若有一个希伯来男人或希伯来女人卖给你，……你在他自由的时候，不可使他空手而去，要从你羊群、禾场、酒醡之中多多给他”。《申命记》尚有一项债务豁免的规定：“每逢七年末一年……债主要把所借给邻舍的豁免了，不可向邻舍和弟兄追讨”。但“若借给外邦人，你可以向他追讨”⑨。奴隶主要用于家内服役。逃亡奴隶并不处死，亦可由其他家庭收养。

《申命记》里比较详尽地规定了买卖、借贷、雇佣、租赁、寄托等法律规范，不过有关债法的规定还比较原始落后。订立契约的主要形式是口头盟誓，盟誓是向上帝表示忠诚，因而盟誓人“当守约束”，“不可食言”。当时虽已出现了物的担保，但债权人只能等待债务人自行交出担保物，而“不可进他家拿他的当头（质物）”⑩。签订雇佣契约则要求雇主“当日给他（雇工）工资，不可等到日落”⑪。由此可见，希伯来法在确认债权人权利的同时，又对其加以适当限制，这一方面说明其商品经济的不发达，也说明犹太教反对重利的观念对债权的制约与影响。

（二）婚姻家庭与继承法

希伯来人的婚姻家庭法具有以父权为中心的家长制特征。父在家庭内享有最高权力，妻、子女及奴婢是家庭主要成员。实行一夫多妻制，允许丈夫纳妾、娶蓄奴婢。从夫妻关系来看，妻须绝对顺从丈夫，夫有出卖妻为奴的权力，妻若与人“行淫”而妻父又拿不出“贞洁凭证”，夫可将妻“带到她父家门口，本族人要用石头将她打死”⑫。在婚姻方面，实行同族婚、买卖婚，并保留有抢夺婚的遗风，“有男子遇见没有许配人的处女，抓住她与他行淫，被人看见，这男子就要拿50舍克勒银子给女子的父亲，……就要娶她为妻”⑬。希伯

⑧ 《利未记》第25章第23节。
⑨ 《申命记》第15章第1、2、3节。
⑩ 《申命记》第24章第10节。
⑪ 同上第24章第14节。
⑫ 《申命记》第22章第21节。
⑬ 《申命记》第23章第28、29节。

来法允许离婚，离婚的主要形式是“休妻”，实际上就是丈夫可以任何理由将妻逐出家门。妻被休后，可以改嫁，但前夫不可再娶其为妻。希伯来法还规定，男人不可娶继母为妻；不可与儿妇同房；不可娶其母和其姐妹；不可娶其姑母、姨母或婶母为妻，否则将视为“逆伦”，要“用火焚烧”治死。⑭ 在亲子关系方面，子女须服从父的支配，父有出卖子女为奴或以子女“献祭”的权力。子若不听父训，“就要用石头将他打死”⑮。

实行长子继承制。继承的顺序为长子、兄弟、叔伯和近亲。从希伯来法中，尚未发现遗嘱继承制。

《申命记》第25章中还有这样的规定：兄死无后，其弟必娶其嫂为妻，“尽弟兄的本分”，为兄续后。寡妇下嫁弟兄被视为权利，可因弟兄不从而投诉于本族长老，要求强制执行。拒绝执行的弟兄要被寡嫂脱去鞋子，朝脸上吐唾沫，然后被咒为“脱鞋之家”，受本族人的蔑视和谴责。此规定的目的，是为了避免家族财产外流和使家族延续。

（三）犯罪与刑罚

希伯来法中，危害国家和社会的犯罪行为与侵权行为尚无区别，而且违法行为多与宗教因素相联系。《摩西律法》规定了大量关于亵渎上帝、背叛神意、违反宗教教规的规范，触犯这类规范往往处以死刑，情节严重者会遭致灭族等的制裁。

希伯来法依然保留有氏族时期血亲复仇和同态复仇的习俗。血亲复仇此时已发展为可用财物赎取。《申命记》记载：遇见被杀的人倒在田野，不知凶手是谁，当地长老和审判官“就要从被杀的人那里量起，直量到四周的城邑，看哪城离被杀的人最近”，该城长老就得用折断母牛犊颈流出的血洗手祷告，来“祈求赦免”⑯。同态复仇是实施惩罚的基本原则。所谓“以命偿命，以眼还眼，以牙还牙，以手还手，以脚还脚，以烙还烙，以伤还伤，以打还打”⑰。但“以命偿命”不适用于奴婢。奴隶主打死自己的奴婢当场毙命者仅受罚，过一两天才死的，可以不罚，“因为是用钱买的”⑱。如果是打伤了奴婢一只眼或一个牙，则只应将他们解放成自由人。⑲ 同态复仇原则也适用于动物伤人，牛若触人致死，“必须用石头打死那牛”；“牛主放任素来触人的牛触死人”，牛主也要治死，但牛主可用金钱赎命；若牛触死奴婢，也要将牛打死，奴主并不偿命，仅以银三十舍克勒偿给奴婢的主人。⑳

法律已将故意和过失加以区分，并对因过失伤人致死采取了避免同态复仇的措施，先是设立所谓“坛”，后来设立了“逃城”，使误杀人的逃到哪里，“得以存活”㉑。但故意杀人

---

⑭ 《利未记》第21章第11～20节，《申命记》第23章第30节。

⑮ 《申命记》第21章第21节。

⑯ 《申命记》第21章第1～8节。

⑰ 《出埃及记》第21章第24节。

⑱ 《出埃及记》第21章第21节。

⑲ 《出埃及记》第21章第27节。

⑳ 《出埃及记》第21章第28～32节。

㉑ 《申命记》第19章第4节。

犯逃到那里，该“逃城”长老就要“打发人去，从那里带出他来，交在报血仇的手中将他治死”㉒。对过失伤人而未致残，或伤害有孕之妇甚至造成堕胎后果而未致残的，亦可用赔偿金钱代替同态复仇。

法律列举许多适用死刑的犯罪类别，如打骂父母、拐卖人口、夜间盗窃、作伪见证陷害人、女人行邪术、男人对他人之妻行淫、与畜淫合等等，总计不下三十种。除死刑外，尚有伤害器官、四肢刑、鞭刑、咒诅刑、罚金等。罚金和赔偿金没有区别。

（四）诉讼制度

希伯来国家还没有明确的司法审级划分和案件的管辖范围。一般来说，司法审判掌握在国王、审判官、祭司和地方长老手中，而审判官和祭司往往是一身兼两职。在证据制度中，有关刑事案件要求至少有证人2人，证据才能成立，如《申命记》中强调“要凭两三个人的口作见证，不可凭一个人的口作见证”㉓。此外，当事人的宣誓和神明裁判被看作是重要的证据形式。《民数记》第5章规定：夫疑妻与人“行淫”而无见证人，妻应被带到祭司面前，饮用尘土和祭司书写的咒语搅拌成的“圣水”向上帝起誓，如果水到腹中“变苦”（“苦水”），“肚腹发胀”，“大腿消瘦”，则证明妻“行了污秽的事”，妻将被治死。

希伯来法律还强调案件审理应秉承神的意志，审判官和祭司应遵行上帝“指示的判语”，公平断讼，不可“屈枉正直”，反映出宗教对诉讼制度的介入。

四、希伯来法的基本特征与历史地位

（一）希伯来法的基本特征

希伯来法受其政治、经济、宗教以及历史条件的影响，体现出自己鲜明的特征。

1. 法律与宗教相互交融

希伯来法与犹太教的发展几乎同步进行。希伯来法产生时，犹太教尚未定型，但其影响已经存在，正是由于宗教因素的影响，希伯来法从一开始便被套上神圣的光环，被视为“上帝赐法”。希伯来法的发展也与犹太教始终相伴。参与国家立法，执掌司法审判实权的宗教祭司，在希伯来法与犹太教之间起到了将两者合而为一的作用，他们在传达教义的同时也在宣讲律法，在编纂法律的同时也在撰写教规，这就使得法律与宗教在希伯来国家成了一对孪生姐妹。例如，《摩西律法》既是希伯来国家的法律规范，同时又是犹太教的经典，在希伯来国家存在之时，它们是国家强制力保证实施的法律规范，在希伯来国家灭亡之时，它们是约束教徒行为的教规。此外，希伯来法中体现的诸多原则与制度也与宗教观念紧紧相连，如土地被视为耶和华所有、证据制度中的神明裁判与宣誓、刑法中的大量宗教犯罪等等。

㉒ 《申命记》第19章第12节。

㉓ 《申命记》第16章第6～11节。

2. 浓厚的民族主义色彩

由于宗教因素的影响，希伯来民族将自己视为上帝的“选民”，犹太教祭司也以此为依据，大肆宣扬希伯来种族的优越性，而希伯来法对维护民族的纯洁性也极为重视。如“摩西十诫”最重要的诫律就是坚信上帝（耶和华）是唯一的神，不可敬拜别的神，从而在信仰上与别的民族相区别。又如，为保持本民族血统的纯洁，《摩西律法》严禁与外族人通婚，凡娶外族妇女为妻者，要劝告其退婚，并将妻子送回原籍。再如，制定许多有关洁净的律法，从生活习惯等方面与外族人严格区别开来，如不得与外族人一起食肉，放债只向外族人收取利息等。希伯来法具有浓厚的民族主义特性决非偶然，与其被别国不断征服的历史命运有关，统治者只有利用民族主义精神振奋人们斗志，才有望获得国家独立，而不至被同化和灭亡。

3. 保留许多原始社会习俗

希伯来法中还保留不少原始氏族时期的习俗，比较典型的如，婚姻制度中的抢夺婚以及兄死无后，弟应娶其寡嫂的规定；刑罚制度中的血亲复仇、同态复仇；证据制度中的神明裁判等。这显然与希伯来国家不发达的经济状况有关。

（二）希伯来法的历史地位

公元 1 世纪对希伯来法而言，是一个不幸亦有幸的世纪。在这一世纪，由于罗马帝国的镇压与统治，希伯来法彻底失去了发展的机遇与条件，成为失效的法律。然而也正是在这一世纪，希伯来法的精华《摩西律法》被基督教所吸取，成为《圣经》的重要组成部分，从而使希伯来法的历史地位与影响发生了根本性的变化。

公元 5 世纪，西罗马帝国为日耳曼人所灭，西欧从此进入中世纪时代。日耳曼人虽然摧毁了罗马人的城市与经济，并废弃了罗马法，但却对作为罗马国教的基督教发生了极大的兴趣，不仅很快皈依信奉，而且对其倍加尊崇，基督教在西欧各国的政治、经济与意识形态领域获得了十分重要的地位。随着基督教势力在西欧广大地区的扩展与确立，教会法作为一支独立的法律体系获得迅速发展，并在公元 10～15 世纪达到了高峰。《圣经》（包括《旧约书》和《新约书》两部分）成为中世纪西欧各法庭中具有最高效力的法律，而希伯来人创立的《摩西律法》，作为教会法的主要渊源之一，其地位与作用可想而知。在中世纪数百年的历史中，不仅“摩西十诫”成为基督教教徒和教区世俗居民的行为准则，而且希伯来法中的什一税制度、禁止牟利、严禁巫术与邪术、镇压异教、神判与誓证等，也都成为教会法的重要内容。

希伯来法对伊斯兰法也有直接影响。公元 7 世纪，穆罕默德在阿拉伯地区传教时，吸收了犹太教和基督教的许多思想，并承认摩西和耶稣是“先知”。伊斯兰教的经典《古兰经》，包含了不少希伯来法的准则，如独尊一神、净身、禁止牟利、禁食不洁净食物、土地为“安拉”（真主）所有、教徒须进行宗教施舍等。

希伯来法奉行属人主义原则，是所有犹太人适用的法律。直到今天，一些正统的犹太人，不论在什么国度或什么地方，仍将犹太法律即希伯来法视为自己的行为准则。实际上，遵守犹太法律已成为犹太教宗教信仰的一个组成部分。

希伯来法也是现代阿拉伯地区以色列国家法律的重要渊源。以色列国家使用的法律概念和对法律的解释受希伯来法的影响很深。尤其在有关个人身份的认定，结婚与离婚，法律管辖，以及宗教教规和礼仪等方面，几乎完全恪守希伯来法。

教育部哲学社会科学研究重大课题攻关项目资助
北京市社会科学理论著作出版基金重点资助项目

曾宪义 主编

百年回眸

法律史研究在中国

第二卷 | 当代大陆卷（下）

中国人民大学出版社
· 北京 ·

百年回眸：法律史研究在中国

第二卷 | 当代大陆卷

主　　编　曾宪义

执行主编　马小红

副 主 编　叶秋华　赵晓耕　王云霞

本卷编辑　庞朝骥　李　彤　蒋家棣

中国人民大学法律文化研究中心
曾宪义法学教育与法律文化基金会　|　组织编写

CONTENTS

目 录

肖周录**

陕甘宁边区的破产立法*

起源于罗马法的破产法律制度，在19世纪末传播到了东方，并为日本、中国等亚洲国家所接受。据典籍记载，1906年（光绪三十二年）清政府始仿日本法制，制定了破产律。中华民国时期，1915年曾拟定破产律草案，1934年颁布商人债务清理暂行条例，1935年公布破产法，1937年曾加以修订。[①] 最近发现的史料证明，抗日战争时期，陕甘宁边区政府也曾运用破产法律手段处理社会经济事务。边区政府在一些重要的法律法规中增加了关于破产问题处理的条款，边区高等法院专门制定了《陕甘宁边区破产处理办法》（以下简称《破产办法》），成为审理此类案件的直接法律依据。笔者依据新近发现的有关史料，对边区破产立法的制定及主要内容作一简介。[②]

一、《破产办法》的制定背景

抗日战争时期，由于国共两党第二次合作局面的形成，陕甘宁边区处在相对和平的环境之中，这就为边区农业、工业、商业以及财政金融事业的发展提供了有利的条件。当时，陕甘宁边区对私人资本主义采取保护的方针，鼓励其发展。边区的私人资本主义主要是商

---

* 原发表于《法学研究》，1999（6）。

** 陕西省社会科学院法学研究所副研究员。

① 参见《中国大百科全书》（法学），456页，中国大百科全书出版社，1984。

② 《陕甘宁边区破产处理办法》及立法的说明书《为什么要制定破产处理办法》刊登在《陕甘宁边区政府文件选编》第九辑，第449页至453页。这套丛书由陕西省档案馆、陕西省社会科学院联合编写，1990年由档案出版社公开出版。丛书的编纂者在整理这份文献时，虽然找到了边区破产处理办法及立法说明书的全文条款，但没有详细考证这份文献由什么机关、在1945年的什么时候制定，只是落款为1945年。那么，边区破产处理办法究竟是在什么样的历史背景下，在1945年的什么时候由什么机关制定的？依据该书提供的线索，笔者到陕西省档案馆找到原件和相关史料，进行了研究。本文即是在这个基础上写成的。

业。据史料记载，由于边区政府的鼓励和支持，陕甘宁边区的私人商户发展很快。以延安市为例，1937 年 150 家，1940 年 280 家，1941 年 355 家，1944 年 473 家，资本总额十万万零七百一十三万元（不算产业资本，只算流通资本），其中大商户数占 3.4％，资本额占 23.9％；中商户数占 28.7％，资本额占 49.1％；小商户数占 67.9％，资本额占 27％。③ 而同年延安市 67 家公营商店的资本大约也是十万万元。这个数字说明，到抗日战争胜利前夕的 1944 年底，延安市 473 家私人商店所拥有的资本已大致与公营商店的资本相等。

1945 年 8 月，日本投降后，由于国统区经济情况的变化，特别是物价猛跌，对陕甘宁边区的经济建设和物价带来了很大影响。一是边区物价也跟着暴跌。延安市 8 月 10 日码子布每尺券币 90 元，麦子每斗券币 1 300 元。到 9 月 10 日，分别跌至券币 20 元和 425 元。黄金 8 月 10 日每两边币 250 万元，到 9 月 4 日跌至 90 万元。二是由于国统区的物价跌落比边区快，以致区外物资大量渗入边区，使边区生产的商品更难销售，导致边区部分自给性工业不得不停工减产。三是由于物价下跌，销售困难，商业信用发生危机。据边区银行的统计，1945 年 9 月，边区物价“续跌百分之四五十，本币退藏，工商业停滞，特别是工厂工业与合作社发生了严重的困难”④。对边区内的商号商民来说，损失同样严重。原因在于，抗战期间，由于物资匮乏，物价不断上涨，只要一抓到货就可赚钱，因而，各地商民商号争相抢购，以期发财。正值热潮之中，忽然日本投降，物价狂跌，负债商人的存货贬值，难以抵偿所欠债务；同时别人欠他的债务也难以追回，各地债务纠纷大量增加，形势日益严重。据延安市地方法院的统计，自 1945 年 8 月至 10 月，该院接收债务纠纷案达 82 件，亏损大者，已经危及家产生命。延安市商号已破产者有十家；有破产危险者，已知的就有六、七家；逃跑的就有五、六家。估计延安市当时所发生纠纷的债务在 20 万万元以上。⑤在农村地区，债务纠纷也极为严重。一方面，因粮价大跌，农民还债困难；另一方面，随着物价猛跌，货物大量由城镇市场转入农村，店家将货物赊给小贩及合作社，小贩及合作社又赊给农民，赊出的货价有的竟高出市场价一倍以上。因而农村中除了旧账之外，又增加了许多新账。有的债务人无力还债便出逃他乡，甚至出现了自杀现象。

为了安定社会秩序，解脱破产商民债务负累，保护社会各阶层利益，陕甘宁边区高等法院在征得政府同意之后，于 1945 年 10 月召集边区审判员联席会议，制定了《陕甘宁边区破产处理办法》。后经修改于同年 12 月 6 日由边区高等法院代院长王子宜签署意见，正式上报边区政务委员会，拟请以边区政府的名义公布实施。12 月 18 日，边区政府召开第 117 次政务会议，专门研究高等法院呈报的破产处理办法。会议由边区政府主席林伯渠主持，政务委员刘景范、李维汉等 14 人参加，边区参议会负责人谢觉哉等 4 人列席会议。大家经过讨论认为，边区破产处理办法自制定以来，在前一段试行中社会各界反响良好，以

③ 参见《抗日战争时期陕甘宁边区财政经济史料摘编》（四），301 页，陕西人民出版社，1981。

④ 参见杨天希等主编：《陕甘宁边区金融史》，196 页，中国金融出版社，1992。

⑤ 参见《陕甘宁边区政府文件选编》（第九辑），300 页。

后仍可由高等法院作为办理此类案件之依据，不需再以边区政府名义颁行。最后，会议决定：在边区债务处理办法中增列关于破产处理一项，以作为破产处理办法配套使用之法律规定。

二、《破产办法》的指导思想

陕甘宁边区高等法院从当时的社会经济实际出发，确定了破产处理办法的基本指导思想。边区高等法院在关于《为什么要制定破产处理办法》⑥ 的说明中指出："本办法的基本精神是要安定社会秩序，防止狡诈之徒随便破产……其次是照顾各阶层利益。"

1. 安定社会秩序

从上述关于制定破产处理办法的社会背景可以看出，当时社会秩序的安定已受到严重危害。如果不采用破产办法，将债务人从沉重的债务中拯救出来，他们就会一辈子不得翻身，债权人的债权也将难以实现，社会秩序必然会发生紊乱。但另一方面，由于社会的传统看法，债务人一旦被宣告破产，就意味着他将失去信用，所以，许多债务人又不希望被宣告破产。对于债权人来讲，债务人被宣告破产，其债权也只可以部分实现或全部不能实现，因而，他们中的一些人也不情愿让债务人破产。这些都可能成为实行破产时，影响社会安定的因素。因此，陕甘宁边区高等法院对破产采取了极为慎重的态度。例如在《破产办法》的第 1 条，严格规定适用破产的条件，只限于债务人现有总财产，不能清偿债务全部，其不足清偿的数额很大者和双方或一方受损害在继续状态中两种情况。第 2 条规定"在破产宣告前，得进行调解"。从而，使许多破产纠纷，可尽量通过调解解决，不使债务人破产。

2. 防止狡诈之徒随便破产

当时的破产债务人中，以小商人债务居多。他们中的一部分人企图在物价下跌中骗账，将比较值钱的东西隐藏，宣布破产。如果让这些狡诈之徒的企图得逞，必然会损害债权人的利益，影响社会秩序之安定。因此，陕甘宁边区高等法院就把防止狡诈之徒随便破产作为制定破产处理办法的指导思想。这一指导思想在《破产办法》中得到了很好的体现。《破产办法》第 1 条规定，债务人现有之总财产，不能清偿债务全部，不足清偿额很大者或者双方或一方受损害在继续状态中者，债务人得依本办法规定申请破产。但同时该条第 2 款又明文规定"前项规定以债务人无隐藏财产，欺诈行为或其他不法之行为者为限"。第 3 条规定"债务人依第 1 条申请破产后，应提出财产状况说明书及债权人债务人清册"。第 6 条规定"如有对破产人之财产及业务状况不明了时，得传唤破产人及破产人之亲戚或其他关系人讯问之。破产人经传唤不到者，得予以拘提"。这就为防止债务人隐匿财产提供了有力的法律措施。第 20 条规定，"破产宣告前一年内，债务人之欺诈行为专以损害债权人为目

---

⑥ 同⑤引书，451 页以下。

的者，处以三年以下有期徒刑，如有浪费赌博或投机行为，致负过重之债务者，处以一年以下有期徒刑”。第 21 条规定，“破产宣告一年内，发现债务人有隐匿财产者，经证实后，得再分配于债权人，其不分配者，没收之，并按其情节轻重予以处罚”。

3. 照顾各阶层利益

当时的债务纠纷量大面广，涉及社会各阶层利益。既有公与公之间，公与私之间，也有私与私之间的；而其中以农民和小商贩负债最多。因此，处理破产问题，也须照顾各阶层利益，才能安定社会秩序。这一指导思想体现于《破产办法》中对债权人和债务人利益的全面保护及其二者的协调。如第 9 条关于破产范围的规定，明确规定债务人及其家属一个月以上、六个月以下的生活必需品，生产上必要的工具，债务人所受他人供给的生活费或救济费，因亲属关系而得的扶养费等不属于破产范围。这就保证了破产债务人及其家属破产后有生活与生产必需品，为其渡过难关提供了可能。第 14 条规定，“未到期附有利息之债权，在破产宣告时，视为已到期，其利息不论是否付出，或付出多少，一律截止之。未到期之债权，名义上虽无利息，而实际上已预先附加于物价内者，得扣除自破产宣告时起至到期时止之法定利息”。第 15 条规定，“破产债权已得到利息足够原本者，本利一并消灭，其利息不足原本之半数者，除利算本”。这两条的基本精神就是“保本除息”，从而使债权人的基本债权得以实现，又使债务人的债负得以适当减轻，达到二者利益的兼顾。第 16 条规定，“以劳动力而取得债权者，有不受折扣之优先清偿权”。这是保护广大劳工阶级利益的具体体现。第 19 条规定，“破产财产之分配，得视债权人之经济状况与债权性质按等合理分配之”。这条规定，不是以债权数额作为分配破产的标的，而以债权人之经济状况与债权性质按等合理分配，其目的就是为了照顾贫苦群众之利益。第 17 条关于享有担保权之债权人有就担保物优先受偿权利的规定；第 18 条关于破产宣告时，债权人对债务人负有债务者得相互抵销的规定，都体现了照顾各阶层利益的精神。

陕甘宁边区高等法院上述处理破产问题的基本指导思想，不仅在制定《破产办法》时得到了反映，而且在司法实践中也得到了很好的贯彻。如延安市法院 1945 年 5～11 月共处理破产案件 11 件，其中 1 件为假破产。他们的处理原则就是：经营事业亏损，确无窝藏财产行为及全部财产不能偿清债务者才许破产。由法院和债权人清理债务人财产，然后将全部财产除保留其家庭半年的生活必需品外，公平摊还债务。

三、《破产办法》的主要内容

《破产办法》共有 23 条，包括破产的条件、破产宣告的程序、破产财产的范围、破产管理人的责任、债务人在破产中的义务、债权清偿与破产财产分配、债务人破产诈骗行为的制裁等等。

破产的基本条件是债务人现有之总财产不能清偿全体债务。具体来讲，包括两种情形：一是债务人之财产不足清偿数额很大者，二是双方或一方受损害在继续状态中者。符合其中一种情形，而且债务人无隐匿财产、欺诈行为或其他不法行为，债务人就可以申请破产。

破产宣告的程序。《破产办法》只规定了破产由债务人申请，即自愿破产。债务人在申请破产后，应提出财产状况说明书，及债权人、债务人清册。司法机关在宣告破产前应进行调解。宣告破产时得任命破产管理人，司法机关并应决定申报债权期间、债权人会议日期、宣告破产年月日及破产管理人姓名住址。经债权人申报债权，并对债务财产、账目审查后，破产管理人编制债权表与破产人之资产表，任利害关系人自由阅览。然后由债权人会议对破产之财产作出处理决定，如债权人会议无处理决定时，得予以拍卖。最后，由法院以判决形式确定破产财产的分配额。此判决为终审判决，当事人不得提起上诉。破产管理人按照判决确定的份额，将财产分配完结后，应向法院提出报告。至此，破产宣告程序就结束。

破产财产指债务人的现有财产，但下列财产不属于破产之范围：(1) 债务人及其家属一个月以上、六个月以下之生活必需品；(2) 生产上必要的工具；(3) 债务人所受他人供给的生活费；(4) 因亲属关系而得的扶养费。

破产管理人的权利和责任主要有：(1) 对破产人之财产，应负善良保管责任；必要时对该财产应提供担保。(2) 对债务人所为的损害债权人权利的行为有向司法机关报告的职责。(3) 对破产人有就其财产及业务询问的权利。(4) 有编造债权表与破产人资产表，并供利害关系人阅览的职责。(5) 如需要报酬，由司法机关确定，其报酬费有优先受清偿的权利。(6) 负责破产财产的最终分配，并于分配完结后，向司法机关提出报告。

债务人在破产过程中的义务主要有：(1) 在破产中，不得为赠与或自由清偿债务，亦不得以较市价过低价格处分其财产。(2) 对破产管理人、司法机关为查明其财产状况的询问有答复的义务。(3) 受破产宣告后，对其财产丧失管理权与处分权，同时不得收受债务人之清偿。(4) 不得为隐匿财产、欺诈或其他不法行为。

债权清偿与破产财产分配的主要内容有：(1) 未到期附有利息之债权，在破产宣告时，视为已到期，其利息不论是否付出，或付出多少，一律截止；未到期之债权，名义上虽无利息，而实际上已预先附加于物价内者，得扣除自破产宣告时起至到期时止之法定利息。(2) 破产债权已得利息足够原本者，本利一并消灭，其利息不足原来之半数者，除利算本。(3) 以劳力而取得债权者，不受折扣优先清偿。(4) 债权人之别除权，即破产宣告前，债务人对债权人有以其动产、不动产作担保者，债权人得就其担保物优先受清偿；但乘人之危而取得担保物者，不得优先受清偿。(5) 破产宣告时，债权人对债务人负有债务者得相互抵销。(6) 破产财产之分配，得视债权人之经济状况与债权性质按等分配。

关于破产债务人诈欺行为处罚的规定主要有：(1) 破产宣告前一年内，债务人之欺诈行为专以损害债权人为目的者，处以三年以下有期徒刑。如有浪费赌博或投机行为，致负过重之债务者，处以一年以下有期徒刑。(2) 破产宣告一年内，债务人有隐匿财产者，经证实后，得再分配于债权人，其不分配者，没收之，并按其情节轻重予以处罚。这里的“再分配于债权人”是对原破产债务的民事处理；“其不分配者没收之”则是对犯有藏匿财产罪的债务人的刑事处罚，即给予没收财产的刑罚处罚。对此，陕甘宁边区高等法院关于《为什么要制定破产处理办法》的说明中指出，“为什么破产要附以罚则？破产是一种特殊情形，不适宜于在普通刑法内规定，所以另设专条（第 20 条、第 21 条）。同样是为了制裁狡猾的债务人”。由此可见，这两条是特别刑事条款。这说明，当时对破产诈欺行为的处罚是多么的严厉。

四、与破产处理有关的其他规定

考察破产法律制度在陕甘宁边区的形成和发展，我们会发现，除了 1945 年边区高等法院制定的《破产处理办法》之外，有关破产问题处理的法律规定，还分别体现在《陕甘宁边区民事诉讼条例草案》（1942 年）、《陕甘宁边区债之处理办法草案》（1945 年）等重要民事立法之中。

1.《陕甘宁边区民事诉讼条例草案》关于破产问题处理的规定

1941 年 11 月陕甘宁边区第二届参议会在延安召开。会议期间，通过了雷经天、何思敬等代表关于起草边区急需之民刑事法规的提案。会后，边区政府委托李木庵依据《陕甘宁边区施政纲领》及《陕甘宁边区保障人权财权条例》之规定，起草了陕甘宁边区《刑事诉讼条例草案》和《民事诉讼条例草案》。⑦《民事诉讼条例草案》共有总则、第一审诉讼程序、上诉程序、再审程序、执行程序等 5 章、50 条。关于破产一项，该条例第 27 条规定，“债务人声请破产者，法庭得依其声请，用公示程序，催告各债权人于一个月内来公示机关申报权利予以判决”。关于债务破产案件判决的执行，该条例明确规定：（1）强制履行。第 43 条规定，“当事人有不履行确定判决之义务者，执行机关得用强制力执行之，但判决确定之案经调解人在外调解成立，呈经原判机关销案者，停止其执行”。（2）查封。第 25 条规定，“债务人有逃亡之虞，而又无保可交者，法庭得依债权人声请宣告假执行，查封其财产”。第 42 条规定，“查封拍卖债务人之动产或不动产，应酌留债务人及其家属生活费用与其必要之生活器具，由执行机关酌定之，债务人职业所必需之物应酌留为债务人职业上之使用”。（3）拍卖。第 45 条规定，“拍卖动产或不动产，由执行机关评定价额，当众拍卖，拍卖之卖得金，除偿还债务外，有余者返还债务人”。第 46 条规定，“拍卖动产或不动产成立之后，司法机关应给与权利移转之书据交买得人收执其由案内，债权人买受者亦同”。第 47 条规定，“共有物之拍卖，应将价额通知其他共有人优先买受，如共有人不买时，再由他人买受”。后来，陕甘宁边区高等法院为了解决此类案件在司法实践中执行难的问题，在《边区民事审判大纲》中再次明确规定，对债务破产案件的执行，应该采取这些行之有效的

---

⑦ 《民刑事诉讼条例》草成后，为慎重起见，陕甘宁边区政府决定，先在内部试行，作为办案之参考，不得公开引用，发现问题，随时进行修改，待成熟之后，再正式颁行。因此，这两个条例在当时没有正式公布——笔者注。

措施，即查封、拍卖和强制履行。

2.《陕甘宁边区政府关于处理探买探卖问题的原则》关于破产问题处理的规定⑧

探买青苗原是一种高利贷的剥削方式。在边区“土改”前，这种现象很普遍，抗战期间部分地区仍存在这种现象。其原因主要是一些地区集市缺乏，交换不便，农民急需时，出售剩余农产品，换取货币或日用品；有的农民还不得不出卖青苗。因此，就发生了若干投机商人乘机大批探买，借图高利，致使大批卖主（农民）遭受严重损失。针对这种情况，边区各级政府一方面大力兴建集市，减除交换的困难，帮助有紧急需要的农民获得信用借款，以减少投机商贩乘机操纵和高利探买的机会；另一方面在1945年8月制定了《关于处理探买探卖问题的原则》，对于探卖行为给以限制，要点如下：（1）绝对禁止做投机探买高利剥削的行为（特别是滚利转探），如有故意违犯者，其探买行为无效，并酌以处罚。（2）无论公私商贩，凡公平探买之青苗，在收回实物时，如因天旱或其他变化而使农户有破产的损失者，应减少其收回的实物至农民不致破产的程度。如有强迫催收者，卖主得随时报告当地政府，当地政府应根据以上原则酌量情形处理。（3）在农户虽不致破产，但因金融物价变动过大，而遭受过重损失时，各地政府应按上列原则酌情调处，或按现时物价由买主补足价后取回实物，或酌给利息归还用款（最高利息不得超过当地信用贷款的利率）。

3.《陕甘宁边区债之处理办法草案》⑨ 中关于破产问题处理的规定

1945年11月，在制定边区债之处理办法过程中，边区政府办公厅曾对延安市及附近地区债务纠纷情况做过详细调查。从抗战胜利后这些地方发生之债务纠纷的性质来看，主要分为三种类型：第一类：商业来往及赊欠、暂借、暂欠等债务关系。第二类：信用社存、放款。这种情况主要是在农村，经过合作社集中起来而又分散出去的债务关系，而且凡成为滥账者，大都数目比较大，不易收回。第三类：政府发放给工厂和群众的贷款，尤其是许多工厂因亏本停业，贷款收不回来。从当时债务纠纷的特点来看，其中大部分是从市场到农村，由店家经过小贩到农民成为连锁关系，中间如有一人赖账，即牵连到许多人不能还账。解决这种债务链纠纷的有效办法，就是破产处理。只要将其中一个债务人宣告破产，并依法清理其债权债务，由其制约的债务链就会立即被打开，其他债务人或债权人也会得以解脱。根据以上情况，边区办公厅提出《债之处理办法草案》。其中关于破产问题，该办法规定，“非因事业遭受损失，确无隐藏财产，而全部财产不足抵偿债务者，不许破产。无故骗债和假破产，应受法律制裁。处理破产时，须按债务人的家庭情况，酌量保留其必要的生产工具和一定时间内的生活必需品（粮食、衣物等）”。但是“凡公营商店及机关部队生产部门欠人之债务，一概不得引用此项规定”。同时，为了照顾各阶层利益，协调债权人与债务人的关系，力争使债务人在今后经济上能有翻身的机会，该办法对债务破产过程中双方的权利义务作了规定。第2条规定，“债权人不得以非法手段强迫债务人履行债务，其

⑧ 同⑤引书，246页。

⑨ 同⑤引书，421页。

因此而使债务人受有损害者，债权人负赔偿之责。”第 4 条则规定，“债务人故意不履行债务，致债权人受损害者，应对债权人负因不履行债务所受之损害”。第 7 条又规定，“债务人如因贫穷而不能履行债务时，得减少其履行额或分期偿还之。但因债务人浪费而至于不能履行者，得依破产办法之规定处理。”这些规定体现了边区政府在处理债务同破产问题中既保护债权人的利益，又照顾到债务人，特别是贫苦群众的利益。

五、历史的几点启示

陕甘宁边区破产立法的史实证明，早在民主革命时期，我们党领导的边区政府就已经运用破产法律手段处理社会经济事务，解除商民的债务负累，实现了边区社会的安定。在半个多世纪后的今天，重温陕甘宁边区破产立法的指导思想和基本内容，仍给我们以深刻的启示：

1. 破产制度的实行与社会稳定是辩证统一的

破产法律制度同商品经济的发展密切联系。从当时陕甘宁边区债务纠纷所涉及的社会经济关系来看主要是商品经济关系。其纠纷类型以商业来往及赊欠、暂借等关系为主，负债者多为商人、小贩和农民；其形式有买卖、投资、短欠、承包、工资、损失等。这些纠纷发生的直接原因在于商品竞争和市场风险。一些商品竞争者经受不了市场风险的打击而破产。对此，如果不加以妥善解决，就会引起经济秩序的紊乱和社会的动荡不安。破产正是处理社会经济矛盾，实现社会稳定的行之有效的办法。有鉴于此，陕甘宁边区在一些重要的民事法规中增加了破产问题处理的条款，并及时地制定了《陕甘宁边区破产处理办法》，防止狡诈之徒随便破产，照顾社会各阶层利益。这一史实证明了陕甘宁边区政府以“安定社会秩序”为破产立法的重要指导思想的正确性与先进性，揭示了实行破产法律制度与维护社会稳定的辩证统一关系。

2. 对进一步完善我国的破产立法有重要的借鉴意义

从近现代世界各国破产法实施的情况来看，其适用范围已发生了很大变化。1807 年《法国商法典》第 3 卷规定的破产法，仅适用于商人，只能对商人宣告破产。现代意义上的破产法，不仅适用于商人，而且也适用于非商人。1986 年我国颁布的破产法，适用范围仅限于全民所有制企业。从我国现行破产法制定的社会背景来看，当时虽然已经开始了改革开放，但经济体制仍以计划经济为主。党的“十四大”以来，有两项根本性的发展方针已经被我国的宪法所明确肯定，一是经济体制必须沿着社会主义市场经济的方向进行改革，二是政治体制必须沿着依法治国，建设社会主义法治国家的方向发展。在社会主义市场经济条件下，商品生产和交换的主体不仅有企业法人，而且有公民个人。由于破产对商品经济的主体是普遍适用的，所以，作为商品经济主体的企业法人或公民个人，都可以开展公平的竞争，都要承担竞争的风险。换言之，在市场经济优胜劣汰的客观规律面前，他们都有破产失败的可能性。《陕甘宁边区破产处理办法》主要是针对商民、小贩以及农民等债务人制定的，主要用于处理小商品生产者的个人债务的破产问题，并且取得了很好的社会效果。这段实践告诉我们，对个人债务人的债务纠纷，也可以运用破产的办法来处理。有鉴于此，我们说，现行的全民所有制企业破产法，已不适应我国经济发展的客观需要。在社会主义市场经济的体制下，为了保证不同经济主体的公平竞争，有效地处理公民个人的债务纠纷，维护社会的安定团结，我们不但要有全民所有制企业破产法，还应该制定有关个体工商户、个人合伙及其他个人债务人的破产法规。从这一点讲，陕甘宁边区的破产立法为我们提供了极为有益的历史借鉴。

张大元

《明史·刑法志》勘误示例*

简介

张大元，汉族，1936 年 3 月生于重庆市。中国政法大学法律古籍整理研究所原副所长，教授。数十年来，他在我国法律古籍整理和古代行政法、监察法研究方面作出了一定贡献。他先后主持编写或参与编写了十几部著作，独立著译四百余万字。其中，被列为国家级或省部级的出版项目有：《中国历代刑法志注释》、《中华律令集成·清卷》、《中国司法大词典》、《中华监察大典》（法律卷）、《中华监察大典》（思想卷）、《中华监察执法执纪大典》等。由他任主编的《中华大典·法律典·刑法分典》已编写完成，将于近期出版。

他曾参加许嘉璐先生主讲的全国训诂研修班，代表性论文有《谈法学词语的训释问题》、《〈明史·刑法志〉勘误示例》等。

* 原发表于《中国古代法律文献研究》，成都，巴蜀书社，1999。

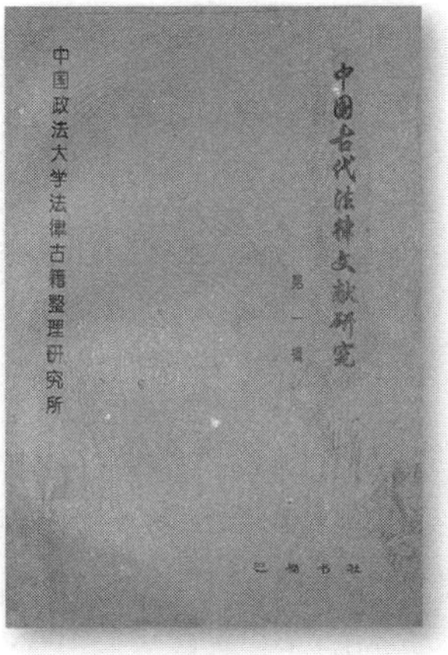

凡整理古籍，首先须认真校勘，发现并更正其中各种差误。这项工作极为重要，因涉及能否准确训释语义，能否按历史本貌论述问题，以免传讹布谬，望文臆测，贻误后人。

汉朝的刘向、应劭、郑玄重视校书，其后颜师古、陆德明等也曾访求异同，匡正过典籍中的错误。自清代乾嘉年间始，众多语言大师专精校勘训诂，成果丰硕，开启谨严的朴学之风。尽管存在琐屑附会等缺陷，考证亦主要限于经书范围，其光辉仍不可磨灭，尤能给当今法律文献、法制历史的研究以深远影响。

勘误当以引证原书、互文校雠为主，有时也可据有关典章、按上下文义，冠以“疑似”等词补脱、去衍或纠错。如近人刘俊文点校《唐律疏议》，就以最早和最完整的古本作主校本，并把大量敦煌、吐鲁番文书作为重要依据，因而所出“校记”理据坚实，精确详尽。对于中华书局1974年点校本《明史》，黄云眉进行了全面考证，他主要根据明实录，间或参照其他史料，补遗勘误，功力颇深。

《明史》中刑法志的修纂，主要由清初姜宸英承担。它内容丰富，重点突出，详述了明代立法与执法的概况，受到王士祯等学者的称赞。虽如是，仍存在史实和文字方面的讹误。中华书局编辑部勘校欠细，疏漏较多，黄氏考证也仅指出一小部分。为此，中国政法大学法律古籍整理研究所在注译该书时，经反复核查，新发现、更正不少原书、点校或他人考证中的失误。现仅列举本志第二章的部分例子，按姓名、职任、时间、数字和一般记事等分类归纳，以就教于名家学者，期待补正与完善。

【姓名误】

(1)“于是御史张骥、刑部郎林厚、大理寺正李从智等十三人同奉敕往”(P. 2310)

此乃指正统六年因受旱、蝗等灾，英宗于四月二十八日、五月十九日颁敕遣三法司官详审天下疑狱。据实录载，十三人中另有：监察御史李匡、方册、姜永，刑部郎中周得琳、彭谦、方彰，员外郎萧维祯，主事竺渊，大理评事王亮、马豫。黄云眉《明史考证》所引人名为“李廷芳”而非李匡，缺方册（以所画方框替代）。显然黄氏依据的实录版本有残误，不是北京图书馆藏明内阁副本。

(2)“遣刑部郎中郭恂”(P. 2311)

疑“恂”当为“循”。志文称正统十一年派遣他和员外郎陆瑜审直隶狱囚，未查明实录与史书中的相关记载。郭乃永乐时进士，宣德中任刑部主事，正统初升刑部郎中。其任职时间与所记之事相符，故疑“循”误为“恂”。

(3)“学正孙询讦税使孙必贵为胡党”、“直登闻鼓给事林富言”(PP. 2313～2314)

应分别为曾必贵、年富，前者因承上孙询之“孙”而误，后者或系音近而误。此二处，黄云眉已指明。

（4）“给事中李复礼等言”（P. 2324）

“李”字误写，应为许复礼。据《明世宗实录》记载，正德十六年十一月乙卯日，当帝命再对三十八人缓决时，“刑科左给事中许复礼等上疏言：鹏等皆江彬、钱宁之党，王法所必诛而不赦者。今宁彬既磔于市，而鹏等乃屈法缓刑，朝野闻之，相顾骇愕”。嘉靖帝未采纳，仍暂予囚禁。同年十二月丁未，许复礼升兵科都给事中，后多次奏请整顿边防。

【职任误】

（1）“吏部尚书缺，以户部尚书杨俊民主之。”（P. 2308）

此指万历二十六年霜降后朝审。据实录和史书记载，当年四月吏部尚书蔡国珍因病免职后，六月即召李戴继任，可见朝审时其职未缺。下文称“三十二年复缺，以户部尚书赵世卿主之”。赵于万历三十至三十八年间为户部尚书，三十二年时吏部尚书之职先由他兼，五月则改为杨时乔兼任。这里所说“缺”，或指任职者因故未至，临时由别人替代。

（2）“刑部侍郎沈应文以狱囚久滞，乞暂豁矜疑者。”（P. 2308）

据《明史·七卿年表》载，沈于万历三十三年以侍郎职兼刑部尚书，三十六年八月始专任尚书职，三十八年致仕。志文称沈应文乞豁事在三十九年，显然与实情不符。

（3）“无巡抚者命巡按。清军御史、行在都察院亦以疑狱上，通审录之。”（P. 2322）

清军御史为外出督察军务的巡按御史。因不了解此项职务，即产生明显的标点错误。这可从实录原文得知究竟。《明英宗实录》在魏源奏陈疑狱后叙述道：“上以为然，诏无巡抚者命巡按清军御史审录。仍令行在都察院亦以疑狱上，通审录之。”

（4）“给事中严用和等亦以为言”（P. 2326）

据实录记载，严用和在神宗即位后任刑科都给事中，曾多次纠劾各地巡按御史玩忽职守、审案暴酷。他于万历五年二月乙酉升太常寺少卿，由周良寅接任都给事中。志文写张居正谏阻免刑在五年九月之后，再称严用和“亦以为言”，并冠以给事中职衔，明显与事实相悖。

【时间误】

（1）“明年，又逾两月，命未下，会暑雨，狱中多疫。”（P. 2309）

明年指万历四十五年。据实录载，当年五月初，以“三事交章上请”的是礼部左侍郎何宗彦；而过九日，刑科给事中姜性等奏请行热审，就提及“今小满已一月有余二”，可见称“逾两月”不准确。另说“会暑雨”亦失实，因实录载当年五月无雨，至六月间内阁与法司仍以暑季亢旱、狱中多疫为由请热审。此事黄云眉考证较详，可参阅。

（2）“五日之内系两尚书”（P. 2309）

五日疑当为“五月”。据《明史》记载，李日宣、陈新甲被捕的时间分别为崇祯十五年六月、八月，故不可能“五日之内”。另，志文称黄道周是当年四月进言，也与史实不合。因他被谪广西后，于十五年八月乙丑才从戍所释放。史传载他奏事在崇祯十年闰四月，又和系两尚书的时间矛盾。

（3）“宣德四年十月，以皇太子千秋节，减杂犯死罪以下，宥笞杖及枷镣者。”（P. 2309）

十月当为“十一月”。据《明实录》所载月朔推算，宣宗长子朱祁镇生于宣德二年（1427年）十一月十一日，次年二月立为太子。至宣德四年十一月癸丑千秋节时刚满两周岁，而宣宗下令减宥犯罪则在头一天的壬子日。令称减杂犯死罪以下“运砖赎罪”，其余均宽宥，如“复还职后挟妓饮酒者，仍罚俸三年”。

（4）“宣德四年冬，以天气沍寒，敕南北刑官悉录系囚以闻，不分轻重。”（P. 2310）

按下文所述上谓夏原吉等语和“此寒审最著者”的评断，这次寒审的时间当在宣德元年十二月而非四年十月。根据实录，元年十二月丁卯日载有天气沍寒、不分轻重等语，所记对夏原吉的圣谕与本志引文也基本相同；且三日后的辛未，还详述了“上亲览决”重囚，以及“凡发遣三千余人”情轻者等史实。所谓四年十月癸未寒审，只有“上谓三法司曰”后的十八个字提及决囚事。由此得知，对繁杂史实，撰志者常有失于稽考、混淆错乱的差误。

（5）“及再请始刑，时已过酉，大非刑人于市，与众弃之之意。请自今决囚，在未前毕事。”（P. 2317）

过酉当为“过酉戌”，“未前毕事”亦应为“申酉前毕事”。古代以地支计算时辰，“午”相当于今之上午11时至下午1时，未、申则分别为下午1时至3时、3时至5时。过酉戌即超过下午5时至7时或7时至9时行刑，显然与定制不符。如处决前须“三复奏”，就易延迟行刑时间，故嘉靖七年定议“过午行刑，不复奏”。据《明世宗实录》记载，嘉靖元年十一月丁巳日刘济的奏文称：“再请而后行刑，则过酉戌时，殊非明示市人、与众弃之之意。请自今决囚，务在申酉。鼓下不得受民词，应留应决，皇上宜参之众论。”

（6）“先是十五年空印事发”（P. 2318）

空印案当发生在洪武九年九月之前。《明史》太祖本纪、郑士利传中均有记载，另，方孝孺《逊志斋集》记其父方克勤任济宁知府时，“会印章事起，吏又诬及，九年十月二十四日遂卒于京师”。李光壁《明朝史略》和杨一凡《明初重典考》对此曾予辨正，可参阅。

（7）“是年冬，以慧见，停刑。”（P. 2326）

是年，指上文所述崇祯十一年。按《明实录》记载，“彗星见参分”实际在崇祯十二年十月丙戌日，并非十一年冬。当时认为彗星出现是凶兆，须停刑以消灾。

【数字误】

（1）“贯索七星如贯珠”（P. 2305）

七星当为“九星”。贯索即今之北冕座，由九颗星构成环状，其中七颗较亮，古占星术认为它主法律、禁强暴，因此明代于钟山之阴所建三法司称“贯城”。《晋书·天文志》：“贯索九星在其前，贱人之牢也。一曰连索，一曰连营，一曰天牢，主法律，禁强暴也。”另，《史记·天官书》张守节正义称“贯索九星在七公前”，晋志之说即源于此。

（2）“宣德二年五、六、七月，连谕三法司录上系囚罪状，凡决遣二千四百余人。”（P. 2308）

据《明宣宗实录》载，宣德二年五月甲辰谕录囚，决遣二千一百九十余人；甲戌又谕，决遣六百余人；七月丙申复谕，决遣二千四百六十五人。殿本志文原为"决遣二千八百余人"，是五、六两月的合计数；中华书局刊印时改八百为"四百"，又仅为七月决遣的约数。均欠妥当。实际经减判令服刑者，三个月共五千二百五十余人。按黄云眉考证，《野获编》卷十八谈及热审，虽仅举七月之数，"盖但以七月为例，故不及前两月"，与志文的失误不同。

（3）"又请释楚宗英嫶、蕴钫等五十余人"（P. 2309）

万历三十一年发生的楚王后裔以治狱不平殴死巡抚赵可怀一案，最终按叛逆罪惩处，于三十三年四月"斩二人，勒四人自尽，锢高墙及禁闲宅者复四十五人"。见《明史·诸王传一》。万历四十五年后又请释的人数与史传所记不合。

（4）"凡杂犯死罪下约二百，悉准赎发遣。"（P. 2309）

实录原为"约二日"。史志改二日作"二百"，指人数而非时间，与上下文义相合。黄云眉称："上言系囚数凡数百人，既无确数，此赎遣者，岂能指出确数耶？志作二百，系臆改。"恐黄氏之说难成立，因"约"字即表明非确数；二百人说大约尚无不可，岂简单的"二日"宜称"约"乎？

（5）"崇祯二年钦定逆案凡六等，天下称快。"（P. 2326）

六等或应为"七等"。据实录记载，对天启年间魏忠贤结党乱政的案子，思宗即位后，在崇祯二年春召阁臣钱应龙和刑部尚书乔允升等议定此案，结果"以七等定罪：曰首逆同谋，崔虽秀等六人；曰结交近侍，刘志远等十九人；曰结交近侍次等，魏广微等十一人；曰逆孽，魏志德等三十五人；曰谄附拥戴，李实等十五人；曰结交近侍末等，顾秉谦等百二十八人；曰祠颂，施凤来等四十四人。死戍罢职，轻重有差"。同时颁诏，赦宥情节微者，并告诫不要"借题纠举"，以安定社稷。对于这样的处置，"天下翕然称之"。《明史·庄烈帝纪》亦作定逆案"六等"，等次为首逆同谋、交结近侍、充军、论徒赎为民、革职闲住、亲属及内宫党附，人名与人数也有出入。或许其另有所据，但等次的归类混乱，多数均非罪名。由此推知，实录的记载应更坚实可信。

【记事误】

（1）"热审始永乐二年，止决遣轻罪，命出狱听候而已。"（P. 2309）

《明成祖实录》中诏书原文称："凡死罪成者，俟秋后处决，轻罪皆即决遣，有连引待办未能办者，皆令出狱听候。"黄云眉考证，以为"志文过简，于义有漏，当于'决遣轻罪'下，增'未有能决者'语"。黄氏之说正确，因按志文所记，易将两事误为一事。

（2）"洪武末年，小民多越诉京师，及按其事，往往不实，乃严越诉之禁。命老人理一乡之词讼，会里胥决之，事重者始白于官，然卒不能止。"（P. 2313）

明太祖严禁越诉并命乡老理讼之事，在洪武二十七年四月壬子日，实录与志文略同。而顾炎武著《日知录》卷八则称："若不由里老处分而径诉县官，此之谓越诉也。"而《大明律附例》对越诉的解释是，"若越本管官司，辄赴上司称诉者"。里胥即里正、里长，乃基层小吏，其职责主要是"催办钱粮，勾摄公事"。乡里非一级官署，只是临时处理各种纠纷，减轻县衙负担，减少越县而诉的案件数量。顾氏之说恐难成立，不知另有何据。

(3)“其大诰所定十条，后未尝用也。”(P. 2316)

此十条乃《明会典》撮举大诰初编、续编、三编之目，志文作者误为整个大诰的条目。因撰志者未见过原书，以致记述失实。黄云眉考证较详，尽列三编大诰细目。见所著《明史考证》卷三868页至870页。

(4)“自仁宗立赦条三十五，皆杨士奇代草，尽除永乐年间弊政。”(P. 2317)

志文无误，但沈家本称“仁宗赦条，今无可考见”。或当时他未见到实录，以致断言无可考。查《明仁宗实录》卷一，所谓赦条，指永乐二十二年八月丁巳日，仁宗即位时颁布的大赦天下的诏书。其中包括尽行蠲免以前拖欠未缴的税粮和赃罚钱物、依例存恤鳏寡孤独和笃废残疾等许多内容，而直接宽免犯罪的，如：首条指明除十恶外，“其余已发觉未发觉、已结正未结正，罪无大小，咸赦除之”；第五条谓“各处逃逸人户，悉宥其罪”，并许“发回原籍复业，免其差徭二年”；第二十一条令罚做劳工的官吏、军民等“复还职役”，而“风宪官有犯赃罪，不许复职，放回原籍为民当差”，等等。另还告诫“法司论囚，今后一依《大明律》科断，不许深文”。

(5)“明年著《帝训》五十五篇，其一恤刑也。”(P. 2321)

“明年”承上文，具体指宣德二年。据实录载，是宣德三年二月制成了《帝训》二十五篇。粗略统计，其“序”约1 300字，“跋”约280字，而近6 200字的正文篇目为：君德、奉天、法祖、正家、睦亲、仁民、经国、勤政、恭俭、儆戒、用贤、知人、去邪、防微、求言、祭祀、重农、兴学、赏罚、黜陟、恤刑、文治、武备、驭夷、药饵。第二十一篇的“恤刑”中，又提及“四凶之罪止于流放窜殛”等语，与志文相符。

本句包括时间和数字之误，故统归记事类。

【文字误】

(1)“部持旧制不可废。帝命审例仍旧，复如详审例，选按察官司一员与巡按御史同审。失出者姑勿问，涉赃私者究如律。”(P. 2311)

正统九年四月末，山东按察副使王裕奏请“罢会审之例”。据《明英宗实录》载，持旧制不可废意见的，是都察院而非刑部。院官以为“会审著令已久，难遽罢”。据此，英宗即“命会审例仍如旧”，并指明对“原问官吏失出入者姑勿问”。可见志文“命审例仍旧”句漏一“会”字，“失出者姑勿问”句漏一“入”字。审与会审，失出与失出入，二者含义相去甚远，撰志者或点校者都不应疏忽。

(2) “京外官五品以上有犯必奏闻请旨，不得擅勾问罪。在八议者，实封以闻。”(P. 2311)

此处标点有误。这与下页末段的文字对比，就能明显看出问题。陕西巡抚项忠言：“祖制，京外五品以上官有犯奏闻，不得擅勾问。”“凡罪在八议者，实封奏闻请旨，惟十恶不用此例。”因此，正确的断句应为：“京外官五品以上有犯，必奏闻请旨，不得擅勾问。罪在八议者，实封以闻。”原首句未断开，亦不合语意和语气的要求。

（3）“停刑之月，自立春以后，至春分以前。”（P. 2315）

春分当为“秋分”，中华书局据殿本排印而未予勘正。《明律·刑律·断狱》：“若立春以后、秋分以前决死刑者，杖八十。其犯十恶之罪应死，及强盗者，虽决不待时，若于禁刑日而决者，笞四十。”此制源于《唐律》：“诸立春以后秋分以前决死刑者，徒一年。其所犯虽不待时，若于断屠月及禁杀日而决者，各杖六十。”处刑较明清为重。

以上示例，引证不充分，说明亦欠详尽，或许欠周密、准确之处更不少，恳请有识者指正。就笔者而言，本意是通过本文以引发某些思考：

其一，整理与研究古籍，是一项非常艰苦细致的工作，绝不能马虎对待，只按辞典解释作粗略说明，或照其他书本转抄；或似是而非，囫囵吞枣；或以讹传讹，贻患无穷。必须继承优秀传统，树立严谨学风，本着对当今和后世负责的精神，一丝不苟，敬业献身。

其二，要消除误区，纠正对校点、注释古文献的偏见。曾几何时，亦不知何人所倡，认为标注或翻译古书，乃至编纂词典，一律不算学术著作；而只有依据别人提供的资料引发议论，海阔天空、洋洋大观者，全是有学问的表现。或者口头不如此说，心里却真正这样想。实际上，两者都可以见功夫、有学问，也可以是它的反面，关键要具体分析，切忌简单划线。

其三，应重视出版工作，无论是出古书还是出现代读物，都必须严把文字关，反复精细校勘，尽量避免差错。有错难免，但像目前常见那种文字、语句或常识性错误成堆的现象，实在令人赤面汗颜，深感与当今繁盛文明的时代不相配。而且这会给后辈添麻烦、留隐患，使他们为弄清真相，去费时费力地通过网络媒体输录、传送“校勘记”之类东西。作者、编辑诚然有责任，但相关的管理部门真就无能为力？假若“质量万里行”也包括书刊、音像成品的质量评比、列榜、奖惩、曝光，相信会标树一代新风，国民幸甚。

思考还有，恕不冗叙。如再发议论下去，就离题离谱，陷入自己所设的“误区”了。

冯 潇

论晏子的法律思想*

简介

冯潇，1938年出生于吉林省四平市，祖籍山东黄县，民盟盟员，南开大学法学院退休教授，北京庞标律师事务所首席律师。

1981年1月调入南开大学法学系任教，主讲中国法制史、中国法律思想史、婚姻家庭法学等课程，拥有著作权的学术作品有：《逻辑学辞典》、《普通逻辑教程》合作；长篇学术论文有《论晏子以民为本的"治国方案"》、《论晏子与孔子天合鬼神观之研究比较》（《晏子研究文集》，济南，齐鲁书社，1998）、《论晏子廉政的法律思想》（《法律史论丛》，第5辑，北京，中国华侨出版社，1997）、《论晏子的法律思想》（《管子学刊》，1999年增刊号）、《郑板桥"判牍"研究》（《潍坊文化三百年》，第五章，北京，文化艺术出版社，2006）。

* 原发表于《管子学刊》，1999年增刊号。

晏子（公元前580？—前500）名婴，字仲，谥平，齐国夷维（今山东高密）人。齐灵公二十六年（公元前556年）晏子入阁投正卿，历任灵公、庄公、景公三世，是管仲之后辅国靖民的齐国良相，他既是我国春秋时期显名于诸侯的杰出政治家和外交家，又是务实革新的法律思想家。然而，两千多年来，直至目前，尚未见到专题评论晏子法律思想的文章。海内外出版的中国法律思想史教材或专著，均未提及晏子的法律思想。屈指可数的几篇评析晏子思想的文章，论者大都认为，尽管记载晏子事迹最详的是《晏子春秋》一书，但是，自唐代柳宗元对该书作者和学派提出怀疑后，有些人便把它看作“伪书”。而1972年山东临沂银雀山西汉墓中出土的《晏子》残简与今本《晏子春秋》大体一致，才使以柳宗元为代表的“伪书”说，雪化冰消。目前学术界较一致的看法，《晏子春秋》并非晏子本人自撰，其中有关的晏子言行并非完全是伪造的，可能是“晏子殁后，传其学者，采缀晏子之言行而为之也”[①]。不能说完全违背晏子的思想。但是，又有论者觉得对《晏子春秋》中的内容无法详加考定，所以他们研究晏子的思想，还是以《春秋左传》中有关晏子言行的记述为可靠史料，至于《晏子春秋》及其他古籍，只取与《左传》相一致的史料，其余则不采用，只作参考之用。[②] 这无异于给以后研究晏子思想的人们定下条戒律，抛出一个“紧箍咒”：有谁想研究晏子思想么，你就必须到《春秋左传》中，去找可靠的史料。如果以《晏子春秋》为史料去研究，则你的观点和结论便立不住，不可靠！而如果遵照戒律去研究晏子的法律思想，那么必然是徒劳的。这是因为《春秋左传》为春秋时代史料的大宗，亦载往古及西周史事不少，它不可能将春秋时期各诸侯国显要人物的言行详尽记述。另一方面，《春秋左传》的编撰者，是以儒家正统观念对各显要人物的言行加以取舍的，晏子法律思想必然被视为旁门左道，不会在《春秋左传》中有多少反映。

新中国成立以来，国内出版的《中国法律思想史》教材或专著，在论述法家学派时，大都受杨东莼先生的观点所左右。我国已故学者杨东莼教授于1932年出版了《中国学术史讲话》。该书写道：

> 韩非是法家的建立者。前此如管仲、申不害、商鞅、慎到政治主张，虽近于法家，但是，他们只可算法理学者，并不曾树立有体系的法治主义。至韩非出，始集前此诸子之大成，本于荀子与道家之言，而建立一学派。[③]

---

① 张纯一：《晏子春秋校注叙》，载《诸子集成》，第四册，中华书局版。

② 参见吴枫：《中国古典文献学》，198页，齐鲁书社，1982；陈高华等：《中国古代史史料学》，58页，北京出版社，1983；周立升：《晏婴》，载刘蔚华等编：《山东古代思想家》，4页，山东人民出版社，1985；蔡德贵：《晏婴的哲学思想》，载周立升等编：《春秋哲学》，140页，山东大学出版社，1989。

③ 杨东莼：《中国学术史讲话》，原书于1932年由上海北新书局出版，今由钟叔河主编的《凤凰丛书》收入重印（62页，岳麓书社，1986）。

在这一观点影响下，大多数教材或专著都认为，法家有前期后期之别。前期法家有李悝、吴起、商鞅、慎到、申不害等。按韩非的意见，他们又分为三派：商鞅重法、慎到重势、申不害重术。后期法家主要有韩非、李斯。其实，这种观点仅就晋秦地域范围内而言才是成立的。从全国角度来看，法家分两种类型：齐国式的法家和晋秦式的法家。而晏子的法律思想，在齐法家学派形成发展进程中的历史地位和作用不容忽视。笔者认为，齐法家肇端于管仲的法治思想，中兴与竟绪于晏子的法律思想，集其成于战国时期稷下学士的法律思想。

本文试以《晏子春秋》为基本可信史料，论述晏子的法律思想，为法史学界深入研讨晏子的法律思想抛引玉之砖。

晏子入阁辅国所面临的齐国政局，已非百年前齐桓公（小白）时那样虎虎有生气的霸业，而是由于桓公死后，五公子争位引起了连年战乱，几代君王忘却了先祖创业之惟艰，轻视了守成之非易，王纲解纽，逆道失德，穷兵黩武，不顾礼义，重赋暴敛，民不堪命，法制废弛，国君随意赏赐利禄、肆刑滥罚，以致国都临淄的市场上“踊贵而履贱”（《晏子春秋·杂下·二十一》，下引《晏子春秋》，仅注篇目），社会秩序无比浑浊复杂。为了实现辅国靖民的宏图伟业，尽快扭转“世乱不遵道，上辟不用义”（《问下·二十一》）的混乱局面，晏子立足齐国，眼观天下，审时度势，借鉴三代兴亡盛衰及桓管治齐改革的历史经验，坚持以“内安政，外归义”（《问下·八》）为治国原则，一手抓廉政建设和外交建设，一手抓法治建设，以法治建设为廉政建设和外交建设开路、护航。

晏子的思想博大、精深，是一位务实革新的法律思想家。他极力推行以法治为主，礼义为辅，法礼并举，经纬交织的法律思想为特征的法治建设。为了调整各方面的社会关系，理顺浑浊杂乱的社会秩序，晏子提出一系列具有春秋晚期时代特色的法治主张：

（一）关于君主的法律地位

晏子摒弃了管仲“尊君”、“牧民”的君本位之观点，修正为民本位，主张以民为本，社稷为主，君主为次。

管仲论君道，宣扬“生法者君也”（《管子·任法》，下引《管子》只注篇名）；“君子之所以为君者，赏罚以为君”（《君臣下》）。人君一身既然为全国治乱之所系，故“安国在乎尊君”（《重令》）。如此“尊君”，旨在赋予君主以至高无上专有独断之权位而勿使其动摇。所以，管仲主张“君之所以为君者势也”（《法法》），君主能守其势，则“威不两错，政不二门，以法治国，则举错而已”（《明法》）。就君主的法律地位而言，君之当尊实由其所居之职位。至于君主本人之品格或道德，与尊君似乎并无直接关系。齐桓公尝自称有“好田”、“好酒”、“好色”之“大邪三”，而管仲对以“恶则恶矣，然非其急者也”（《小匡》）。管仲还认为：“凡人君之德行威严，非独能尽贤于人也。曰人君也，故从而贵之，不敢论德行之高下。”（《法法》）此说最能表明管仲“尊君”之精义。

另一方面，管仲认为，原始社会乃一斗争世界，智诈愚，强凌弱，个人要保全生命和财产，只有依靠自己的腕力。“故智者假众力以禁强虐，而暴人止；为民兴利除害，正民之德，而民师之。是故道术德行，出于贤人，其从义理，兆形于民心，则民反（返）道矣。名物处违是非之分，则赏罚行矣。上下设，民生体而国都立矣。是故国之所以为国者，民体以为国，君之所以为君者，赏罚以为君。”（《君臣下》）由此看来，在管仲心目中，君与国为一体，君主就是国家，换言之，社稷就是君主。臣民对君主贵而从之，就等于对社稷贵而从之。

至于民的法律地位，在管仲看来，只能是被统治的对象。他说：“凡牧民者欲民之可御也。”（《权修》）“计上之所以爱民者为用之，故爱之也。”（《法法》）所以，管仲所有重视民生的主张，都是为了用民。民既为君主之用具，则君与民的关系，便是君有所令，民无不从。君之意志有绝对之权威，而民之意志却无丝毫之力量。正所谓“明君在上位，民毋敢私议自贵者”，而“倨傲易令、错仪画制作议者，尽诛”（同上）。刑杀的血腥气令民胆战心惊。且人君行独断之政，虽逆民意而利于社稷者，则必厉行之而对民无所恤怜。“夫至用民者，杀之危之、劳之苦之、饥之渴之，用民者将致之此极也，而民毋可与虑害己者。明王在上，道法行于国，民皆舍所好而行所恶。”于是，“引而使之，民不敢转其力；推而战之，民不敢爱其死。不敢转其力，然后有功；不敢爱其死，然后无敌……是故仁知者有道者不与大虑始”（同上）。

由上可以看出，管仲力倡君本位，主张“尊君”、“用民”、“牧民”。这是管仲鼎力辅佐齐桓公治齐、称霸而奉献于桓公的法治主张，显然具有春秋早期的时代特色。

而晏子生当春秋晚期。他先后辅佐的灵公、庄公、景公，可以说都是庸君。晏子“之于灵公也，尽复而不能立之政”，“及庄公陈武夫，尚勇力，欲辟胜于邪。而婴不能禁，故退而野处”，“今之君（指景公），轻国而重乐，薄于民而厚于养，藉敛过量，使令过任”（《处上·十九》）。针对齐国的现实，晏子毅然摒弃了管仲的君本位观点，修正为民本位，以民为本，社稷为主，君主次之。

首先，晏子主张民本观，力倡以民为本。晏子熟知《尚书》“民为邦本，本固邦宁，民安邦固”的古训，深刻认识到：

卑而不失尊，曲而不失正者，以民为本也。苟持民矣，安有遗道！苟遗民矣，安有正行焉！（《问下·二十一》）

意莫高于爱民，行莫厚于乐民。意莫下于刻民，行莫贱于害身。（《问下·二十二》）

同时，晏子还将自己的人生观与其民本观相融合：

君子有利于民，则进爵禄，不辞富贵；无力于民而旅食，不恶贫贱。（《杂上·一》）

晏子主张“贤君治国”应当：

其政任贤，其行爱民；其取下节，其自养俭；在上不犯下，在治不傲穷；从邪害民者有罪，进善举过者有赏；其政刻上而饶下，赦过而救穷……不从欲以劳民，不修怒而危国。（《问上·十七》）

节欲则民富，中听则民安。（《问下·七》）

而臣事君，晏子提出三等“事君之伦”，其上等为：

知虑足以安国，誉厚足以导民，和柔足以怀众，不廉上以为名，不倍民以为行。（《问下·二十》）

晏子综合“安国”、“导民”、“怀众”和“不倍民行”（即不违背民意行事）四者，作为臣吏事奉君主的最高准则。

由上，足以表明晏子是主张民本位的，力倡以民为本。晏子虽身为国相，但他却以普通人自居，做百姓的公仆，时时处处与齐国百姓同呼吸，共命运。可以说，民本观是晏子人生观的核心。

其次，关于国家（即社稷）与君主的关系，晏子并不等价齐观，而是绝对地忠实于生他、养他的齐国“母亲”，他无比热爱自己的祖国；他以爱民之“一心”相对地“事三君”（《外上·十九》）。在他心目中，社稷重，君主轻。

晏子自幼就立下了辅国靖民的伟愿宏图。入阁后，当齐庄公“奋乎勇力，不顾于行义”，非但不听晏子忠谏，反而令人乐人奏歌奚落晏子时，晏子则冒死“坐地讼”：

婴闻之，众而无义，强而无礼，好勇而恶贤者，祸必及其身，若公者之谓矣！且婴言不用，愿请身去！（《杂上·一》）

晏子“不以谀持危”（《问下·十八》），辞官“徒行而东，耕于海滨”、“退而穷处，堂下生蓼藿，门外生荆棘”（《问下·二》）。他的崇高信念是：

婴则齐之世民也，不维其行，不识其过，不能自立也。

君子独立不惭于影，独寝不惭于魂。（《外下·四》）

决不背叛自己的祖国而游说、投奔外邦诸侯国。当齐国发生崔氏弑庄公之祸时，晏子对其仆道出他久蕴胸中的至理名言：

君民者，岂以陵民，社稷是主，臣君者，岂为其口实，社稷是养。故君为社稷死则死之，为社稷亡则亡之。若君为己死而为己亡，非其私暱，孰能任之？（《杂上·二》）

这足以表明，晏子认为，忠于“社稷”，是君主与臣吏应当共同遵守的最高道德准则。鉴于此，关于臣事君，晏子提出两点独具特色的见解：一是主张“忠臣之事君”“不与君陷于难”，“有难不死，出亡不逃”。他认为：

若言不见用，有难而死之，是妄死也；谋而不见从，出亡而送之，是诈伪也。故忠臣也者，能纳善于君，不能与君陷于难。（《问下·十九》）

二是主张“君子之事君”，宜“进不失忠，退不失行”：

事明君者，竭心力以论其身，行不逮则退，不以诬持禄；事惰君者，优游其身以论其世，力不能则去，不以谀持危。晏婴闻君子之事君，进不失行。不苟含以隐忠，可谓不失忠；不持利以伤廉，可谓不失行。（《问下·十八》）

晏子以民为本，以社稷为主，君主为次的主张，被战国时期的孟子所接受，概括为：“民为贵，社稷次之，君为轻”。（《孟子·尽心下》）

（二）反对“令自君出，肆刑滥杀”

晏子很清楚，早在百年之前，桓管图强革新，管仲就“尊君”、“重令”，主张：“凡君国之重器莫重于令；令重则君尊，君尊则国安；令轻则君卑，君卑则国危。故安国在乎尊君，尊君在乎行令，行令在乎严罚，严罚令行，则百吏皆恐。罚不恶，令不行，则百吏皆喜。故明君察于治民之本，本莫要于令，故曰，赝令者死，益令者死，不行令者死，留令者死，不从令者死，五者死而无赦，惟令是视。”（《重令》）另一方面，管仲说：“有生法，有守法，有法于法，夫生法者君也，守法者臣也，法于法者民也。”（《任法》）所谓“生法”，即制定法令，是君主的权力；所谓“守法”，即执行法令，是臣吏的义务；所谓“法于法”，即服从法令，是民的义务。既然“生法者君也”，则君主制定的法令，君主本人理应带头守法。然而，君主却有明庸之分、贤惰之别。明君贤主制定法令，必然能带头遵守，自不待言；倘若庸君惰主制定了法令，又带头违反法令，毁坏法令怎么办？由谁来管制？如何解决这个怪圈？事实上，管仲已注意到这个问题，他不得不求诸先王的德治，借用礼、义、廉、耻，称之为“四维”。想以“四维”约束君主遵守法令，使君主“不逾节”，真是勉为其难了。这是没有办法的办法。这是管仲辅佐齐桓公图强革新称霸而提出的法治主张，在春秋早期的齐国显然是有积极意义的。

但是，到了一百多年后的春秋晚期，齐国的国君皆是庸君惰主，尤其齐景公，常常“从欲而轻诛”（《谏上·二十四》），亲自传令，肆刑滥杀。晏子由民本观出发，体恤齐国百姓的身家性命，校正了管仲“尊君”、“令重”的主张，坚决抵制景公“令自君出，肆刑滥杀”的暴虐行轻。诸如：

针对“景公病久不愈欲诛祝史以谢”“上帝”，晏子谏曰：“刑无罪，夏商所以灭也。”（谏上·十二）

针对“景公欲诛骇鸟野人”，晏子谏曰：“野人不知也。臣闻赏无功谓之乱，罪不知谓之虐。两者，先王之禁也。以飞鸟犯先王之禁，不可，今君不明先王之制，而无仁义之心，是以从欲而轻诛。”（《谏上·二十四》）

针对“景公所爱马死欲诛圉人”，晏子谏：“公以一马故而杀人，百姓闻之，必怨吾君；诸侯闻之，必轻吾国……使公怨积于百姓，兵弱于邻国。”（《谏上·二十五》）

此等谏言，《晏子春秋》中所载多有。晏子循循善诱，谆谆告诫，发景公之深省，启迪其萌生仁爱之心。景公终有所悟，情愿接受晏子谏言，不再传令杀人。晏子趁热打铁，再三请求景公接受忠告：“刑死之罪，日中之朝，君过之，则赦之。婴未赏闻为人君，而自坐其民者也！”（《外上·九》）“且吾闻之，君人者宽惠慈众，不身传诛。”（《谏下·三》）晏子以辅国靖民为出发点，对庸君随意出令害法，勇敢地犯颜直谏，甚至舍命强谏，匡正庸君之廖，坚决抵制、反对“令自君出，肆刑滥杀”，向世人揭示一个无可辩驳的道理：国君以一己之好恶，从其欲而出令，其最大弊端，就是以言代法，以言害法，以言废法。可以说，晏子开创了中国古代谏诤制度的先河。

晏子反对“令自君出”的主张，显然与晋秦法家主张相壁垒。察秦始皇，乃中国封建社会的“千古一帝”，受秦法家学说蛊惑，“天下之事无小大皆决于上”，君言独断，法自君出，是二世而亡的原因之一。秦鉴当为戒，不可不戒。

（三）重视“赏罚”

晏子重视“赏罚”源于管仲的法治思想。管仲由人性论出发，认为世人皆有好恶之念，“民之情莫不欲生而恶死，莫不欲利而恶害”（《形势解》）。他指出：“明主之道，立民所欲，以求其功，故为爵禄以劝之；立民所恶，以禁其邪，故为刑罚以畏之。”（《明法解》）“君之所以为君者，赏罚以为君。”告诫人君为政之道，就是以“刑赏”为治国工具。晏子深明此意，也认为“刑罚在君，民之纪也”（《外上·十五》），非常重视“赏罚”。

首先，晏子反应对君主随意赏罚，主张“喜乐无羡赏，忿怒无羡刑”（《问上·八》）、“不因喜以加赏，不因怒以加刑”（《问上·十七》）。晏子为景公讲解国君行使刑赏之权，须以功罪为标准，不可单凭一己之爱憎，滥施赏罚。他指出国君随意赏罚的恶劣后果可能“覆社稷危宗庙”，景公才意识到自己“燕赏无功而罪有司”的严重危害，曰：“寡人不知也，请从士师之策。”（《谏上·七》）

其次，晏子主张赏罚要掌握“从邪害民者有罪，进善举过者有赏”（《问上·十七》）这个准则。

没过多久，景公又在嬖妾的挟制下，不得不陪同婴子观看翟王子羡用 16 匹马驾 1 辆车做嬉戏表演。婴子还极力怂恿景公，欲赏翟王羡以“万钟”俸禄。晏子闻之，抱病强谏。（《谏上·九》）晏子着力揭示景公“赏不中以劝善，罚不足以防非”（《问下·九》）的要害，动之以情，晓之以理，谆谆告诫，用心良苦。景公即使是铁石心肠之人，也会被感动，“遂不复观，乃罢翟王子羡，而疏嬖人婴子”。

再次，晏子反对“赏罚失中”、“赦有罪”，主张“信赏必罚”。

管仲曾指出：“明主虽心之所爱，而无功者不赏也；虽心之所憎，而无罪者弗罚也。”（《权修》）晏子汲取了管仲“信赏必罚”的法治主张，也强调“赏无功谓之乱，罚不知谓之虐”。（《谏上·二十四》）君主不可“肃于罪诛，而慢于庆赏”（《问上·二十五》）。他希望实现“民无怨治，国无虐刑”（《问下·九》）。例如：齐景公“信用谗佞，赏无功，罚不辜”，晏子则历数景公“赏罚失中”之弊端，并在说罢时，“遂鞭马而出”，以辞官的果断举动抗议景公“信用谗佞，赏罚失中”的邪僻行为。而景公的可称道之处就在于闻过当即表示悔改，他用极其真诚的话语，派韩子休追赶晏子予以挽留。晏子为景公的至诚所感动，“鞭马而返”（《谏上·八》）。

最后，晏子主张执法要“诛不避贵，赏不遗贱”。

所谓“诛不避贵，赏不贵贱”（《问上·十一》）是消化了管仲的“匹夫有善，可得而举也；匹夫有不善，可得而诛也”之法治主张，而提出的一条主要执法原则。这一原则要求，“贵者违法必诛之”，即不论出身多高贵，手中权力有多大的人，如果敢以身试法，必定依法惩处；“贱者有劳必赏之”，即不论地位多么低贱的人，即使庶民百姓，如果有功劳于国家，必定依法经以奖赏。这是对西周“礼治”下的宗法等级原则、世卿世禄制度、“刑不上大夫，礼不下庶人”原则的进一步否定，体现执法平等精神。

（四）主张“国有常法，依法治国”

早在桓管治政时，齐国就有“修法令，广政教”（《谏上·九》）的法治风尚。

在先秦诸子中，管仲实乃提出“法治”主张的第一人。“法治”是管仲由“礼治”条分缕析而得出。他说：“法出于礼。”（《枢言》）又说：“义者，谓各处其宜也。礼者因人之情，缘义之理，而为之节文者也。故礼者谓有理也。理也者，明分以谕义之意也。故礼出乎义，义出乎事，理因乎宜者也。法者所以同出不得不然者也。”（《心术上》）《礼记·曲礼上》有云：“分争辨讼，非礼不决。”即礼除仪节之外，又含有现代意义上的民刑法二法，所以，礼法之间，并无绝对分野。考察管仲提出的“法治”，乃由国本位出发，以“尊君”、“尚贤”为原则，以“民情好恶”为中心，以“论功察罪”为基础，以“赏罚”之法维护君主集权政体和君臣上下等级秩序，以礼义教化为赏善罚恶的辅助手段，简言之，以刑罚之威为维持制度的主要方法，而以仪文差等辅之。其主次关系为“明刑”而“弼教”。而西周的“礼治”，则是由家本位出发，以“亲亲、尊尊”为原则，以伦理为中心，以差等为基础，以道德教化维护贵族政体和宗法等级秩序，以刑罚作为确立和推行“君臣父子”道德准则的辅助手段，简言之，以仪文等差之教维持制度为主，辅之以刑罚，其主次关系为“出礼”则“入刑”。

晏子精通西周“礼治”的含义，也谙熟管仲的法治思想。晏子深知，管仲“以法治国”的主张系植根于姜太公开创的以“尊贤尚功建国本”的齐国传统文化土壤里，开花结实于桓管治政、革新图强称霸时期，衰落于齐国后世几位不肖君侯手中，乃至齐景公当政时，法治传统已经荡然无存，所以景公才“燕赏无功而罪有司”（《谏上·七》），“信用谗佞赏罚失中”，（《谏上·八》），“爱嬖妾随其所欲”而“不厚禄贤人而厚禄御夫”（《谏上·九》），随意传令，“自坐其民”（《外上·九》），肆刑滥杀，致齐国“踊贵而履贱”（《杂下·二十一》）。

晏子多次向齐景公宣传齐国先世“修法治，广政教”以法治国的传统，呼吁恢复“国有常法，民有经纪”，以法治国的主张。

他在答景公问“古者离散其民，而陨失其国者，其常行何如”时，历数“国无常法，民无经纪”之弊害。所谓“国无常法，民无经纪”，引申一步说，就是“国无常法，民无经纪，则乱；国有常法，民有经纪，则治。”要想“国有常法，民有经纪”，就必须继承齐国先世“修法令，广政教”的法治传统，重新制法修令，以法治国。而重新制法修令，必须有立法原则。

（五）关于立法原则

晏子接受了管仲的“修旧法，择其善者而业用之”（《国语·齐语》）的法治改良思想，欲求“国有常法，民有经纪”，一是修复行之有效的旧法令，二是适时制定新法令。而制定新法令，就得有恰当的立法原则。

1. 晏子主张“明王修道，一民同俗”。

晏子是在回答“景公问明王之教民何若”，告诫景公如何实施“以法治国”时，提出

“明王修道，一民同俗”这一立法原则的。在这里，晏子借讲解“明王之教民何若”之机，告诫景公，要想效法先君齐桓公“修法令、广政教”的优良传统，以法治国，从宏观上看，必须做到三件至关重要的大事。

第一件，国君在向臣民自己政教法令之前，要以大“义”善待百姓，不可“苛政猛如虎”。

第二件，国君制定的政教法令，要根据国情与民情，法令不可过于宽疏，也不可过于严密，做到百姓当为则为，不当为则不为，恰到好处。有司断狱决案，要公正廉明，不可徇私枉法，肆刑滥杀而害法失民心。这样，臣民就不会犯上作乱，社会秩序就会安定。

第三件，是立法原则问题。“明王修道，一民同俗”这一立法原则要求，国君制定法令，要事前调查研究，深入下层考察地域与民情，社会风尚与习俗，做到因地、因民、因习俗而制宜。如此才能使臣民顺从法令。

2. 晏子主张“刑罚中于法，废罪顺于民”。

“刑罚中于法，废罪顺于民”（《问上·十一》），是晏子在答“景公问古之盛君其行如何”时，提出的又一条立法原则。

应当指出，在张纯一著《晏子春秋校注》一书里，将古本“废罪顺于民”，一句中的“罪”字改为“置”。其注云：“置旧讹罪。”俞云：“废罪当作废置，字之误也。举直错诸枉则民服，是谓废置顺于民。纯一案俞说是，今据正。”这里的“俞说”，是指“俞荫甫《诸子平议》说”；而俞荫甫所引“举直错诸枉则民服”一句，乃《论语·为政》中的话，原文是：“哀公问曰：‘何为则民服?’孔子对曰：‘举直错诸枉，则民服；举枉错诸直，则民不服。’”很显然，鲁哀公是向孔子讨教如何正确使用人才的问题。《论语》原文中的“错”字，同“措”，固然可训为“搁置”或“废置”④，然而，俞荫甫也当作移花接木之举。细察“刑罚中于法”与“废罪顺于民”两句，整齐骈俪，“刑罚”对应“废罪”，“中于法”对应“顺于民”，关系到立法原则问题，的确是晏子向景公表达的真实建议。尤其是“废罪”，当指删削或废除那些过于繁杂、酷虐的罪名法条而言。

“刑罚中于法”，就是说，在制定犯罪和刑罚条文时，既不可繁苛，也不可疏漏，宜取于“中”，合乎法度，恰到好处。晏子使用“中”这个概念，甚为精当，值得称道。这说明他曾潜心钻研过中国古代尚中思想。早在《尚书·吕刑》中，载有周穆王关注制定刑法原则、决狱断案原则而对吕侯嘱托的一番话，训曰：“非佞折狱，惟良折狱，罔非在中，察辞于差，非从惟从。哀敬折狱，明启刑书，胥占，咸庶中正。”晏子接受了前人的思维模式，总结“中”字的用法，从方法论的层面上，欣赏这个概念所具有的不偏不倚、中正适宜、恰到好处等丰富内涵，灵活运用。他充分认识到，如果制定刑罚偏于繁苛，严刑峻罚，迫

④ 参见词条“错”：“（二）（cù醋）通‘措’”；词条“措”：“（一）④废置；搁置。如：刑措不用。《淮南子·说山训》：‘物莫措其所修，而用其短也。’高诱注：‘措，置也。’”［《辞海》（缩印本），1719页，698页，上海辞书出版社，1980。］

使百姓动辄得咎，无所措手足，加重恐惧心理，就会出现百姓不是四散奔逃，就是以死相拼的混乱局面；而如果倚于疏漏，则谗谀佞臣与奸宄狡诈之徒相互勾结，徇私枉法，卖官鬻爵，兴风作浪，无恶不作，则社会秩序势必混乱，难以治理。所以，立法宜取于“中”恰到好处。后世的晋秦法家，尚武重法，不善于缜密的理论思考，指导秦朝立法畸重，“秦法繁于秋荼，而网密于凝脂”（《盐铁论》），严刑峻罚，是使陈胜、吴广揭竿而起，加速秦二世而亡的重要原因之一。而后世的唐律，在总结隋亡的教训基础上，立法删繁就简，“章程靡失，鸿纤备举”（《唐律·名例律疏》），疏而不漏，是中华法系的代表作，它对后世的宋、元、明、清以及东亚各国的立法，皆有立法体例上的深远影响。

“废罪顺于民”，就是说，在恢复废弛了的旧法令时，要体察民情，损益其罪名及罪类，该删则删，该加就加，该修则修，该并就并，做到百姓能够接受，合乎国情民心，则百姓就愿意守法。即使有犯上作乱者，也可举国诛伐，无碍大局。应当指出，晏子“废罪顺于民”的主张，与管仲提出的“修旧法，择其善者而业用之”、“下令于流水之原者，令顺民心”（《牧民》）之主张，是一脉相承的。

（六）关于司法原则

前文已经提到，管仲认为：“凡君国之重器莫重于令。令重则君尊，君则国安。令轻则君卑，君卑则国危。故安国在乎尊君，尊君在乎行令，行令在乎严罚。严罚令行，则百吏皆恐；罚不严，令不行，则百吏皆喜。”主张严刑罚，使民“畏威如疾”。而晏子从民本思想出发，结合他以“内安政，外归义”（《问下·八》）为核心的治道思想，修正了管仲“令重”、“严刑罚”的执法原则，主张“弛刑罚”、“省刑罚”；还主张决狱断罪宜“谨听”、“中听”，反对“慢听”。

1. 主张“弛刑罚”

“弛刑罚”，就是减免刑罚。这是晏子在辞谢“景公禄晏子平阴与棠邑”之后，提出来的法治主张，可以说是第一条执法原则。

平阴与棠邑两座城镇中做买卖的计“十一社”，合 275 家。景公欲禄以晏子，晏子辞谢不受。景公不知“曷以禄夫子”。晏子从民本观出发，趁机对曰：

君商渔盐，关市讥而不征；耕者十取一焉；弛刑罚：若死者刑，若刑者罚，若罚者免。若此三言者，婴之禄，君之利也。（《杂下·十六》）

晏子要求景公准许做到三件事，就算做是景公赏赐给他的厚禄：第一件事是放宽渔盐业的税收，对关卡、市场只稽查罪犯而不征税；第二件事是只收取农夫十分之一的地租；第三件事是减免刑罚：改制罚罪囚免罪释放。对此，景公很痛快地同意准许了。

推行的社会效果，非常显著：

公既行此三言，使人问大国，大国之君曰：“齐安矣。”使人问小国，小国之君曰：“齐不我加矣。”

很显然，晏子“弛刑罚”的司法主张，与后世的晋秦法家主张严刑峻罚，“轻罪重罚”，肆刑滥杀无辜的暴虐行径，不可同日而语。

2. 主张“省刑罚”

齐景公想给晏子更换一处府邸，认为晏子的旧宅“近市，湫隘嚣尘，不可以居”，换一处“爽垲者”，即明亮干爽、地势较高的房子。晏子以“君子之先臣容焉，臣不足以嗣之，于臣侈矣。且小人近市，朝夕得所求，小人之利也，敢烦里旅”为由辞谢。景公笑曰：“子近市，识贵贱乎？”对曰：“即窃利之，也不识乎？”公曰：“何贵何贱？”在春秋晚期的齐国，盛行一种砍脚的刑罚，称为刖刑。都城临淄受刖刑者甚多，故市场上“有鬻踊者”，即贩卖假脚的商人。鞋子没多少人买，价格便宜；买假脚的人多，则价格比较昂贵。针对景公询问市场上“何贵何贱”，晏子便趁机进谏省刑罚而对曰：“踊贵而履贱！”一言如石破天惊，景公“愀然改容”，心旌摇撼，深感惭愧，遂“为是省于刑”，下令废除了残酷的刖刑。这与晏子主张“废罪顺于民”，“弛刑罚”，有同样重大现实意义。晏子无时无刻不在关注、同情、怜恤齐国百姓的疾苦，的确是以民为本。废刖刑，省刑罚，保护生产力、发展农业生产，繁荣经济，显然作用巨大。

3. 主张断狱“谨听”、“中听”，反对“慢听”。

所谓“听”，断狱也，就是审理案件，所谓“谨”，慎重也。“谨听”，就是小心慎重地决狱断案。所谓“中”，前文已述及，不偏不倚谓之“中”，就是恰到好处。“中听”，就是公正无私地审理决断案件。所谓“慢”，轻忽也。任性放纵或漫不经心，不拘礼法。“慢听”，就是轻率地决狱断案，草菅人命。“谨听”与“慢听”，一正一反。

主张断狱“谨听”、“中听”，反对“慢听”，是晏子提出的又一执法原则。进入春秋时期，“礼崩乐坏”，法制废弛，各诸侯国决狱断案，大多盛行擅断主义，肆刑虐杀，冤狱丛生。晏子生当春秋末世，能够提出断狱宜“谨听”、“中听”，不宜“慢听”的执法主张，无异于拨乱反正。遍览先秦诸子学说，可知晏子是独树一帜的。

更为可贵地是，晏子在提出这一主张时，是将“谨听”与“节敛”、“中听”与“节欲”相提并论的。晏子在答“鲁昭公问安国众民”时，对曰：

婴闻傲大贱小则国危，慢听厚敛则民散；事大养小，安国之器也，谨听节敛，众民之术也。（《问下・十四》）

晏子在答景公问“富民安众，难乎”时，对曰：

易。节欲则民富，中听则民安，行此两者而已矣！（《问下・七》）

晏子的这一见地，其意义是极为深刻的。自秦朝以来，两千多年的封建社会，统治者审理狱讼，惯用封建擅断主义，虐杀无辜，冤狱丛生，生灵涂炭。晏子断狱宜“谨听”、“中听”、不宜“慢听”的司法主张，对于我们今天的依法治国，加强司法审判工作力度，仍有不容忽视的借鉴意义。

（七）修正礼义，法礼并举

晏子辅国之初，面对“礼崩乐坏”的颓衰景象，为强化国君权势，稳定政局，对传统的礼予以改良，修正，给旧范畴注入顺应时代变化的新思想，激发礼的活力，作为维护封建新贵族的宗法统治服务的工具。这与孔子极力主张的“克己复礼”有本质区别。晏子弘扬饶有新意的礼：

礼之可以为国也久矣，与天地并立。君令臣忠，父慈子孝，兄爱弟敬，夫和妻柔，姑慈妇听，礼之经也。君令而不违，臣忠而不二，父慈而教，子孝而箴，兄爱而友，弟敬而顺，夫和而义，妻柔而贞，姑慈而从，妇听而婉，礼之质也。（《外上·十五》）

一方面，晏子强调礼的治国作用，在于维护国君的权威，防止和反对政在家门、大夫收公利、臣代君君民的僭越行为。景公当政时期，齐国大夫“田无宇，二世有功于国，而利取分寡，公室兼之，国权专之”，导致“君臣易施”，齐姜政权将有被田氏取代的危机。怎样遏止这样的“臣代君君民”的僭越行为呢？晏子指出：“维礼可以已之！”唯有“在礼”，才可以收到“家施不及国，民不懈，货不移，工贾不变，土不滥，官不谄，大夫不收公利”的抑制效果，突出表现“礼之可以为国”的“君令臣忠”、“君令而不违，臣忠而不二”的规范作用。另一方面，晏子发展了礼的内容，突破了“礼不下庶人”原则的藩篱。对黎民百姓，晏子认为：“礼者，所以御民也。”（《谏下·二十五》）“夫礼者民之纪；纪乱则民失。乱纪失民，危道也。”（《谏下·十二》）

晏子阐述了“去礼”的危害：

上若无礼，无以使其下；下若无礼，无以事其上……人君无礼，无以临邦；大夫无礼，官吏不恭；父子无礼，其家必凶；兄弟无礼，不能久同。（《外上·一》）

景公初当政，意“饮酒酣，原诸大夫无为礼”，晏子以“今君去礼，则是禽兽”的强硬口气，指出君臣之间违礼的严重恶果。晏子还当面演示了“去礼”的无序状态，启发景公觉悟。其后，景公“饬法修礼以治国政，而百姓肃也”（《谏上·二》）。

在崇礼的同时，晏子还尚义，礼义并提。早在辅佐齐庄公之初，晏子便欲以礼义规谏庄公“奋乎勇力，不顾于行义”的刚愎自用行为。

由上可知，晏子礼尚义，礼义并提，其目的在于将礼义作为维护君臣之间、君民之间、父子之间的伦理关系工具。晏子崇尚礼义，倡言法治，两者并行不悖，可以说，都是他辅国靖民所凭借的工具。晏子的法律思想是以法治为主，礼义为辅，法礼并举，经纬交织为特征的，无疑具有春秋晚期时代特色。

综观上述晏子提出的法治主张，我们有理由说，晏子是我国春秋时期当之无愧的务实革新的法律思想家。晏子的法律思想，是在继承和弘扬法治思想的基础上，有长足的发展和创新。在齐国法治思想发达史上，晏子的法律思想占有中兴的地位和竟其绪的传承作用，为战国中、后期齐国稷下学士中齐法家学派的形成和发展奠定了丰厚的思想基础。晏子的法律思想对后世诸子的法律思想的影响不容抹杀。

高浣月

清代刑名幕友的办案方法*

简介

高浣月，法学博士，中国政法大学教授，硕士生导师。曾参与出版《中国官制通史》、《中国法制通史》（多卷本）、《新中国法制建设五十年》等著作。代表作为《清代刑名幕友研究》（中国政法大学出版社，2000）。

* 本文是在作者博士学位论文《清代刑名幕友研究》的基础上改编而成。该论文已于2000年由中国政法大学出版社出版。

清代刑名幕友以处理刑名为务，对案件，特别是刑事案件中如何发现证据、如何通过证据找出与案件有关系的人员，确定罪犯，最后适用法律惩治罪犯，都有一套自己的理论。这些理论比较典型，足以反映中国古代司法审判独有的一些特点。

一、重视证据与剪裁供证

清代刑名幕友重视证据。《刑幕要略》中提到“办案总要脚踏实地，无凭据不入详，有疑心不落笔”[①]。王又槐在《办案要略·论命案》也谈到：“疑难之案，若无真正凶犯，切实供据，只可详报缉凶，俟访获明确，再行审办。不可捕风捉影，悬端刑求。倘率混详报，一经翻驳，措手无及。抑或别处拿获真凶，失入之咎难辞。即使始终屈抑成招，而天良何在？冤枉必报，秉笔者不可不慎也。”命案关系重大，证据必须扎实可信，其他案件也不能没有证据。《居官资治录》“幕论一”非常形象地描述了证据与案件的关系：“……要之案情期于结实，证据层层期结实矣。证据不牢即为虚松，全无证据即为无骨肉，尚当推鞫，慎毋草率定案。”证据是案件罪名成立的关键，办案的过程实际是搜集证据、鉴别证据、以其说明事实真相的过程，只有“结实”的证据，才能使“案如铁铸”，南山可移，而案不可翻。怎样才能使证据“结实”？

第一，口供是传统的证据形式，但不可盲目相信口供，口供必须与其他证据形式，如物证、书证相结合。特别是“谋杀人命”、“昏夜械斗”、“并一切暧昧案件”缺少人证、物证，“只凭犯供数语，安知非畏刑而诬认，难保不翻供而呼冤。即反复刑讯，部院照供成狱，而清夜问心，终难自信。幸而法得其当，可无惭于衾影，设使罪非其人，恐难质诸鬼神”[②]。

汪辉祖在《续佐治药言》中记录了他本人亲自办理过的一个案件。乾隆二十七年（1762 年）汪辉祖在浙江府平湖县幕中作刑名幕友。是年年底，邻县孝丰境内运河上发生一起商船抢劫案，平湖县也接到通报缉捕。过年期间，平湖县捕到一名叫盛大的逃军，他纠集同伙抢劫。经平湖刘知县审讯，盛大供认孝丰县的抢劫案也是自己一伙所为。于是刘知县着人请回家过年的汪辉祖速归。汪辉祖反复检阅供词，发现从如何起意、如何纠结、如何拦截抢劫、如何打伤船主到如何瓜分赃物，所有细节一一俱全，还有赃物蓝布棉被一条，已经事主确认。人赃俱在，毫无疑问是盛大一伙所为。当晚汪辉祖嘱刘知县再次审讯，他在堂后听审，只听八个犯人个个供认不悔，所述供词竟如出一辙，全部流利如同背书一般。汪辉祖不禁产生怀疑。次日晚，汪辉祖请刘知县再审，并将犯人分开，故意将原供轻犯的犯人讯为重犯。果然犯人的口供开始互相矛盾，漏洞百出，有的甚至大叫冤枉。正在堂后

① 佚名：《刑幕要略·办案》，《官箴书集成》第五册，黄山书社，1997 年影印本。
② （清）王又槐：《办案要略·论命案》，《官箴书集成》第四册，黄山书社，1997 年影印本。

听审的汪辉祖见目的达到，便着人告诉刘知县审到此为止。在汪辉祖的授意下，书吏弄来了二十余条一模一样的蓝布棉被，汪辉祖亲自将那条作为赃物的棉被标上记号，混在其中。当刘知县再次开庭，要众犯人辨认赃物时，竟无一人认出。众犯终于供认孝丰县的抢劫案不是他们干的，所以“冒认”，是因为盛大认为自己本是逃军，犯抢劫死罪已无生路，再多认几个罪也是死路一条，索性胡乱供认一气，而他的同伙都是死党，见他这样做，便一一效仿附和。至于那作为赃物的蓝布棉被，不过是盛大自己所用，有缝被人为证。根据后来的审讯，汪辉祖拟判盛大等人行劫未成，按律发遣新疆，其他从犯分别充军、徒刑。

此案该是口供与证据相结合的最典型的案例。如果按照盛大等人的口供定罪，知县刘国烜一定会为破获这样一起大案要案而升官，可偏偏汪辉祖甘受同仁的指责，从众犯口供中发现疑点，借助于本案最关键的物证——蓝布棉被，使事情真相大白。两年以后，孝丰县抢劫案的主犯落网，已升任江西九江知府的刘国烜特意到杭州府仁和县来看望在此作刑名幕友的汪辉祖，夸赞他断案如神。所以汪辉祖深有感触地说：“罪从供定，犯供最关紧要。然‘五听之法’，辞止一端，且录供之吏，难保一无上下其手之弊。据供定罪，尚恐未真。”③“余自此益不敢以草供为信。”《刑幕要略》特别提出“命案无证见，必须据供查起凶器，或死者遗落衣物并血衣等类，方为敷实”。

第二，证据必须经过鉴别。证据本身也有真有假，去伪存真是对刑名幕友能力的考验。按规定，州县初审案件中水利、田土、坟山的界址，盗案的现场，赃证的起获，凡有必要者，州县官应去勘验。“凡人命呈报到官，该地方印官立即亲往相验，止许随带仵作一名、刑书一名、皂隶二名”④，而幕友“办案者踏勘非亲临、犯证非亲鞫，终是隔膜一层”⑤。刑名幕友所看到的检验记录已经经过仵作和书吏两道加工。如尸伤，仵作验尸喝报，书吏登录《尸格》。其中且不说故意蒙骗作弊，就是稍有大意马虎，都为日后留下重重障碍。特别是“仵作多不谙检验，往往有无名尸首，伤痕鳞比，以深入者为枪伤、齐截者为刀伤。紫赤青肿为拳伤棍伤，信口乱报”⑥。这种情况要求幕友对所有人证、物证、供词一一进行研究、鉴别，彼此反复分析、印证。下面的案子就很能说明这一点。

乾隆四十六年（1781年）正月十三，龙游“县民卢标戏镫，与邻人余某争道互殴，卢被余某踢伤小腹，不能言语，当晚舁至余某家，禀典史验伤痕，取保辜，延外科调治，至二十八日伤痊送归。二月初二日文昌神会，卢赴饮，酒醉归。越夕身热，嘱其弟延内科汪姓诊治，至初九日病故”。当时因本县知县不在，邻邑汤溪何君代验，认为小腹伤痕与典史原报伤分寸颜色相符，“止叙迎镫争踢一节录供”，不提后来请汪医生治病之事。

当本县知县王晴川返回复审时，师爷汪辉祖提出几点疑问：其一，通常小腹受伤，都是致命之伤，理应速死，一般不会超过三日。而今从卢标小腹受伤到死亡已过二十七天，

③ （清）汪辉祖：《续佐治药言·草供未可全信》，《官箴书集成》第五册，黄山书社，1997年影印本。
④ 《大清律例》卷三十七，《刑律·断狱下》，天津古籍出版社，1993年排印本。
⑤ （清）张廷骧辑：《入幕须知五种·赘言十则》，光绪十年刻本。
⑥ （清）万枫江：《幕学举要·命案》，《官箴书集成》第四册，黄山书社，1997年影印本。

超过保辜正限。其二，正月二十八，卢标是自己步行很长一段距离回家的，这说明他的伤已经痊愈。其三，二月初三卢请内科而不是请医生，可见是治病，不是疗伤。果然而后传到的汪医生证实卢得的是伤寒。汪辉祖又指出，卢受伤二十七天后死，验尸时的伤痕不可能和典史检验时完全一样，一定是原验不准。他建议请何知县同验。到十月复审时，何知县坚持原来的意见。王晴川只好请上级委员开棺验尸。检验结果"尸腹腐烂，牙根顶骨并无红色"，但"委员兰溪梁君不敢填格"，王晴川只好携骨赴杭州。其时虽然何知县已被参为才力不及，但杭州臬司李某是何知县的旧友，欲包庇其错，委处州府和衢州府太守"复检卢标牙根顶心无故"，李某亲自出检，"以方骨黑色为小腹阴伤，令将余某拟抵"。汪辉祖据理力争，他以《洗冤录》中并没有小腹受伤须验方骨之说，和自己前述的三点理由"反复禀辩，臬司俱不批阅，惟云王君倔强。总督兼抚军陈公颇讳晴川之论"。为余某该不该抵罪，王晴川、汪辉祖主幕二人和臬司、督抚意见对立，轰动了杭州城。其他官员为了缓和僵局，以"卢标死于限外十日之内，余某拟绞亦须奏请，罪可减流"，劝王、汪二人放弃己见。而汪辉祖称："居停，吏也，吾以律例佐吏，知奉法耳，法止于笞而欲入之于绞，分不敢安。"而后托故辞馆。此案在当时被称为"方骨案"。

对"方骨案"所以有不同看法，就是因为各执一据。很明显，汪辉祖的判断不仅在逻辑上、而且在医学上都有可靠的根据，遗憾的是出于个人的恩怨，臬司李某和督抚等人竟置王知县和汪辉祖的意见于不顾。由此可见，清代的司法活动受到了更多的人为因素的影响，"重证据"在很大程度上，只是一种理想的要求，更切合实际的是那种"剪裁"供证、"锻炼"详文，铸成"信案"、"铁案"的办案方法。这样的办案方法竟然得到普遍的认可。

有些幕友提出"办案全要晓得剪裁"。这里"剪裁"二字用的的确是十分形象和生动。如何"剪裁"？剪裁的技巧何在？幕友也作了系统的解释：

首先要"立定主意"。《刑幕要略》说："办案要识得归注。""办案要预先打算出路与结穴。"所谓"识得归注"、"打算出路"，就是案件办成什么结果，心中要有主见，即"办事以见解为主"⑦，有了主见才好"立干删枝，逢弯取直，如水落槽，绝无骑墙之弊，则案归一是矣"⑧。

其次，根据法律的规定，决定剪裁的内容。《刑幕要略》的作者用龙和珠来比喻两者之间的关系，"案犹龙也，律犹珠也，左盘右旋，总不离珠"。也就是说案件事实是要围绕法律，而不是用法律来适用事实。律不可改，但事实证据可以为我所用地剪裁，可谓是"削足适履"。"如起初张三调戏他女人，争闹劝散后，又斗殴致死。若问寻常斗殴，要将调戏一层划开，另因它事起衅。若要问擅杀罪人，要将调戏一层接拢，实因调奸起衅，不使夹杂，便是归注。"

再次，为了办案的需要，情节、供词可以剪裁，人证、物证、书证都可以大刀阔斧地

⑦ （清）万枫江：《幕学举要·总论》，《官箴书集成》第四册，黄山书社，1997年影印本。

⑧ 佚名：《居官资治录》，"幕论一"，抄本。

删削。因为“多一情节则多一疑窦，多一人证则多一拖累”，所以被告已认罪的案件中只要列入确实能指证犯罪的证人足矣，其他证人证词都应删除。物证、书证和勘验结果的取舍也应服从于案情。如盗案中的赃物是定案要件，“贼以赃定”，但实际上，破案以后很难起获原赃的全部，这其中有一些是被盗贼挥霍，有些被捕快据为己有，有些可能是事主的虚报。对此幕友大可不必强求赃物与“失单”的一一相符，只要有若干正赃就可定案，而其他的用“已被挥霍殆尽”、“卖与过路行人”之类的含糊词句一笔带过。

伤痕、尸体的检验结果也能剪裁。如尸检，只将致命伤列上，其他无关紧要的伤痕裁去，“同谋共殴、伤多人众，伤痕未能一一分认明晰，不如问‘乱殴不知先后’，则受伤虽多，不必分点，有原谋坐原谋，无原谋坐初斗，其余均问余人”。这样就可以免去“何人击成何伤，难于一一确认”。如果死者伤痕有可疑之处，就要添叙仵作的口供，以便将来万一上司驳诘责怪，可以把责任推给仵作。伤痕检验时，尽量将伤势写得模糊，用幕友的行话，叫“浑括”。万枫江说：“填生伤总以浑括为上（如用布包裹，用药敷护，不便揭验之类）。其所以浑括者，一则人已受伤，当调护之不暇，岂可量其分寸？二则生伤如此分寸，死伤何能相同？此中大有漏洞。三则生伤报得凿凿，万一身死，填伤处多有窒碍。不如浑括，使将来可以活动。”另外“微伤可删，相连可并，伤多填重叠，因复审时总称：查验某人，伤痕业已平复故也”。

“浑括”的好处在于为办案人留下了回旋余地，也可以重罪轻判。如同谋共殴问成乱殴后，余人“有刃伤者拟徒，有凶器者拟军。（因办秋审以乱殴不知先后，未知死于何人之伤，罪疑惟轻，可请入缓，若分认伤痕，以下手伤重者拟绞，情节凶残必入情实），乱殴不必定在黑夜，即白昼亦可以，其实在人多，一时乱殴不能辨认，不妨有认伤，有不认伤者，如五人共殴三人，能认定自殴之伤系非致命，二人不能确认，即不能坐以下手致命，即使二人认定各伤，有致命两伤，一轻一重，不能确认，亦不能悬拟为何人所殴，情理之最平者也，然白日不如黑夜为妥”⑨。

这样经过刑名幕友的一番剪裁，该虚处则虚，该实处则实，案件的人证、物证、供词高度统一，枝枝杈杈皆无，既做到了天衣无缝，又使自己左右逢源，回旋有路，就象曾经“由幕而官足迹几半天下，历宦途者三十年”的葛士达在《审看拟式》一书的后记中说的：“……审看中须将案中真情与当日之形势用笔描写一一活现，宛如在场亲见一般，然后参论其是非曲直之理，斟酌比拟，再三推敲，如权之轻重，累黍无差，如度之洁，长短毫厘悉协。狱成之后，便如铁铸，审转解省之时即或犯者受人唆弄，断不能于非情非理之中别图翻异。”这样办成的案子，非但犯人无从翻异，就是同为办案老手的上级幕友也难识破其中的手脚。刑名幕友的高超本领尽显其中。如此先立主见，再行剪裁，而后铸成信案的办案方法，固然可以少牵扯旁人，减少办案时的周折，避免上司的驳诘，达到辅助主官升官晋职的目的，但其“客观”和“公正”又何在呢？

---

⑨ 佚名：《刑幕要略·人命》，《官箴书集成》第五册，黄山书社，1997年影印本。

二、程式之刑名

清人谢金銮曾将地方政务分为公式之刑名、钱谷和儒者之刑名、钱谷两个部分。所谓“公式之刑名，有章程可守，按法考律，不爽而已，此幕友之可代者也；儒者之刑名，则准情酌理，辨别疑难，通乎法外之意，此不可以责于幕友者也”⑩。可见，照章办事，是刑名幕友要做的事情。为此，刑名幕友必须精通律例，准确掌握律例之精神。不仅如此，幕友还必须熟悉和使用成案。

和有限的律例比较，清代的成案更是繁杂混乱。张廷骧、汪辉祖等幕友一向主张慎用成案。张廷骧在《赘言十则》中将律例比做“古方本草”，办案如“临症行医”，他认为：“徒读律而不知办案，恐死于句下，未能运用；徒办案而不知读律，恐只袭腔调，莫辨由来。”他批评直隶一带学幕，盛行先学成案，从成案中了解办案的程序和规则的作法，是“仅以一二成案为式，于全部律例置之不讲，则无源之水，其涸可待”。汪辉祖则把成案比作“程墨”。所谓“程墨”，是为应付科举考试而编辑的时文，士子们有了它，就可以抛开经书，找到一条应考捷径。汪辉祖认为“成案如程墨……必援以为准，刻舟求剑，鲜有当者”。原因是即使同为贼盗、斗殴，案情也各有一别，正所谓“人情万变，总无合辙之事。小有参差，即大费推敲”。既然案情明了，“自有一律一例适当其罪，何必取成案，而依样葫芦耶？苟必成案是循，不免将就，增减毫厘，千里误事匪轻”⑪。

张、汪的话并非无的之矢，恰恰是因为现实生活中“依样画葫芦”的事太多了。从朝廷的角度，允许使用成案和驳案，目的是在“断罪引律令”的前提下，有限制地比附类推，弥补律例的不足，然而结果却适得其反：“今之幕客往往以秋审成案比较，非州县治狱所需不甚检阅。”⑫ 为了断案有更多的依据，师爷们广为搜罗成案，特别是对于前人判断精当、可为法式的疑难重案，更是用心收集，详加抄录。道光年间刑名师爷祝松庵还专门编辑《刑案汇览》，共收录成案九千多个。幕友们在司法实践中处处参照成案，尽量规避驳案，结果是削足适履、移情就案，牵强附会、千案一面。故乡绍兴的周建人在《鲁迅故家的败落》一书中回忆说他的表兄郦荔臣想学刑名，“不知从什么地方借来的刑名师爷办案的底稿，要我帮他抄录。我在抄了以后，有这样的感觉，凭这样的办案例子办案，那时非常难做到公正合理的”⑬。

参照成案还带来办案程式化的后果。经过一些幕友的归纳总结，形成了各种案件的办案程式。如《刑案汇钞》中例举盗案叙供的“程式”：

其法必先将一前后知情之人首先问起，令其将某人行线，某人起意，窝家某

---

⑩ （清）谢金銮：《居官致用篇》，见（清）甘鸿《从政闻见录》，同治六年刻本。

⑪ （清）汪辉祖：《佐治药言·勿轻引成案》，《官箴书集成》第五册，黄山书社，1997年影印本。

⑫ （清）葛士达：《审看论略》，（清）刚毅《审看拟式》卷末，光绪十五年江苏书局刊本。

⑬ 周建人：《鲁迅故家的败落》，湖南人民出版社，1984。

人某人，纠约某人，于何年月日在何处聚齐，某某共人若干；某人执何器械，何人到何事主门首，某人如何撞门进院，分布人如何把风，某人如何搜赃，某人架事主送路，于何处分赃，某人主分，共作几份，小的分的是何物件，卖在何处，何物已起来了，别人分的，小的已记不清了。必将前后纠约及上盗情形，俱于一人口内，从头至尾，弯弯曲曲，详细供明，则此一案情节全在目前矣。

其余各盗不必如此细叙，只须照依前盗供内摘出本身是何人，于何年月日，至何处齐聚共盗，某某几人。小的执何器械，别人拿的，小的已记不清了。于何时到何事主门首，某某如何撞门进院，某某把风，其余如何入室；小的与某人某人作何事，他们乱哄哄的，小的记不清了。到何时候某人架事主送路，何处分赃，共作几份，是某人主分，小的分的是何物件，卖在何处，何物已记起来了，别人分的记不清了。其余各盗无论多少，尽皆如此，总要跟着第一说，不之繁文之处稍加减省。如此则各盗口供自然一气呵成，再无舛错。

如此一篇“标准格式”，确实可以使“秉笔者省无数之力，复核者一目了然”，方便自己，也方便了别人。但其中的弊病，正如光绪九年（1883年）三月刑部奏言中说的：“臣部核复各省案件，每年不下数千起，而情节相似者比比皆是，不特参观一省之案前与后如出一辙，即合校各省之案彼与此亦多雷同，其所叙内只寥寥数语，驳之无隙，实移情就案，悉属故套。”[⑭] 这种想驳亦无从驳起的局面实在令刑部尴尬。做过刑名幕友的吴炽昌在笔记小说《客窗闲话·鸾仙》中借一位老师爷之口说出了幕友办案的诀窍，即“办案无不叙套，一切留心套熟，则不犯驳饬”。

更为可怕的是，程式化的办案方法以“向来所用之套语”扭曲是非，掩盖真相，“生死关头视同儿戏”。如杀人斗殴案，“总说死者先骂，凶手回殴，死者先行扑殴或用刀戳，凶手回殴回扎回戳，并夺刀吓扎等语——百案几同一辙”[⑮]。许仲元在《三异笔谈》中记述云南幕友时，说幕友脯修，滇省最腆，“然案牍则易易也。命案止两套，一索欠理直，衅起还殴；一衅起调奸，殴由义愤”。所以有人不无讽刺地说这样办案“可刊两板，但填姓名可耳”。而且所有的案件都是“死者万分强暴，凶手一味温柔，凶器无不金刃，皆受刃者自备资斧，从无有操刀而来者”[⑯]。晚清曾入张之洞幕府的许同莘也说，幕友“其最究心者，刑名惟命盗两端，然于斗殴杀人，必甲先下手而乙格杀之，为乙罪可以未诚也。于城厢盗劫之案，必县令先期以公事下乡，而倒填年月，呈报备案，为可以稍宽吏议。如此之类，千篇一律”[⑰]。

从“公式”到“程式”，从研习律例、领会执行到生搬硬套各种成案，有“奉行故事规避处分”的动机，但这也是幕风日趋败坏的结果，这种败坏在乾隆年间日见明显。据汪辉

⑭ 档案《刑部案卷》91号。

⑮ （清）葛士达：《审看论略》，（清）刚毅《审看拟式》卷末，光绪十五年江苏书局刊本。

⑯ （清）许仲元：《三异笔记》卷2，《滇省命案》，重庆出版社，1996年排印本。

⑰ （清）许同莘：《公牍诠义》，石印本。

祖说："往余年二十二三初习幕学，其时司刑名钱谷者，俨然以宾师自处；自晓至暮，常据几案治文书，无博弈之娱，无应酬之费。遇公事，援引律义，反复辩论；间遇上官驳饬，亦能自申其说。为之主者，敬事惟命，礼貌衰，论议忤，辄辞去；偶有一二不自重之人，群焉指目而讪笑之，未有惟阿从事者。至余年三十七八时（乾隆三十一、二年）犹然，已而稍稍委蛇。又数年，以守正为迂阔矣……甚至苞苴关说，狼狈党援，端方之操，什无一二。"⑱

身正不阿、"自处宜洁"这样的职业道德，对于仅靠幕业谋生的人来说，是更高层次的要求，但对工作认真负责却是最基本的职业道德，然而幕友工作的辛劳、特殊的地位和由此产生的压抑心态使之连起码的职业道德也弃之不理。清代大量使用幕友的一个原因就是官不懂法，且忙于官场上的各种应酬、交际，无暇静心处理法律事务，故而托付于幕友。可是万万没有想到，幕友们案牍劳形，日久天长之后，对这种纯粹为他人作嫁衣的职业不胜厌倦，满腹牢骚。在幕友的书信中，到处可见幕友们感喟和抱怨的词句。师爷许葭村说自己是"以孱弱之躯，寄劳形之地"，"笔耕墨耨，日埋头于尘牍之中"，踏入幕馆，"几如身到山阴，有万壑千岩，应接不暇之势"⑲。而另一位师爷龚萼也说自己是"一片血心，埋没于簿书钱谷之中"。他深叹"案牍浩繁，深劳擘画"，经常是"自早至三更，不使有片刻之暇"⑳。

如此置身于案牍，"年年压线、日日帮佣"，却又是替他人做嫁衣；"风尘仆仆，无非芸人之田"，使幕友们陷入了无处宣泄的"自怜亦自堪笑"的境地。可以想象带着这种苦不堪言又无可奈何的心态，面对堆积如山的公文，幕友们该会怎样。当然像汪辉祖那样"守身持正"、"援引律义，反复辩论"者有之；沉溺于博弈、应酬之乐，甚至"苞苴关说，狼狈党援"者也有之；但大多数幕友则是应付公事、敷衍塞责。对此葛士达痛心不已地说："每见官幕二者或以糊涂瞻徇而误入人罪，或以深刻曲笔而枉滥杀人，方其时似若无甚关系，不及数年而死囚相继，身罹惨报，备诸苦毒，宛转呼虎，活现地狱，变相甚且殃及子孙，虽不必指其姓名而所阅者不止一二人。天道昭昭，近在咫尺，膺牧民之任与夫幕中人可不加之意哉。"㉑

如果将办案程式化完全归咎于幕友，似乎不够公平，因为这种程式化已经遍及国家事务的方方面面，幕如此，官亦如此，有时甚至公文中连套语官话也懒得照录，只以"云云"二字替代。以致时人以此为笑谈曰："吏云云，幕云云，官亦云云，速将该承办书办提解来辕，仰候本部堂当堂云云。"㉒ 这种程式化表面上看是官幕的责任心问题，实质上是官僚政治腐败堕落到极点的表现。

---

⑱ （清）汪辉祖：《学治臆说·得贤友不易》，《官箴书集成》第五册，黄山书社，1997年影印本。
⑲ （清）许葭村：《秋水轩尺牍》，江苏广陵古籍刻印社，1997年排印本。
⑳ （清）龚萼：《雪鸿轩尺牍·寄甘林侄》，江苏广陵古籍刻印社，1997年排印本。
㉑ （清）葛士达：《审看论略》，（清）刚毅《审看拟式》卷末，光绪十五年江苏书局刊本。
㉒ （清）徐珂辑：《清稗类钞·诙谐类》，中华书局，1984年排印本。

三、追求福报、从宽治狱

清代刑名幕友有“四救先生”之名，此名乃出自纪昀的《阅微草堂笔记》。所谓“四救”是幕友中相传的一个口诀：“救生不救死，救官不救民，救大不救小，救旧不救新。”理由是：

> 救生不救死者，死者已死，断无可救，生者尚生，又杀以抵命，是多死人，曰故宁委曲以出之，而死者含冤与否，则非所计也。救官不救民者，上控之案，使冤得伸，则官之祸福不可测，使不得申，即反坐，不过军流耳，而官之枉断与否，则非所计也。救大不救小者，罪归上官，则权愈重谴愈重，且牵累必多，罪归微官，则责任轻者罚可轻，且归结交易，而小官之当罪与否，则非所计也。救旧不救新者，旧官已去，有所未了，羁留之恐不能偿；新官方来，有所委卸，强抑之尚可以办，其新官之能堪与否，则非所计也。[23]

这种“四救”的说法，“不知起于何时，佐刑幕者尤持此论，牢不可破”[24]。所以如此，是因为在幕友看来这种“从宽治罪”是“以君子之心，行忠厚长者之事”，是儒家“仁恕”思想的体现。

汪辉祖说：求生“实千古法家要诀，法在必死，国有常刑，原非幕友所敢曲纵，其介可轻可重之间者，所争只在片言而出入甚关重大，此处非设身处地诚求不可”[25]。他特别说明“求生非故出”，象凶杀等案，多出无心，苟非情重伤多，皆得缓决邀恩。他的房间里一直挂有一副对联：“苦心未必天终负，辣手须防人不堪。”做刑幕二十六年，汪辉祖身体力行，“入于死者六人而已”。从乾隆二十六年在秀水县幕的“许天若案”、二十七年的“徐姓等九人邪教案”、二十八年平湖县幕的“盛大抢劫案”、三十年的“杨极等三十余人洋匪案”、四十六、四十七年龙游县幕的“卢氏方骨案”和“族人逼嫁寡妇孙叶氏案”等等案件的处理中，汪辉祖“设身处地诚求”的态度处处可见。阮元的《循吏汪辉祖传》评论说：“君才识开敏，年十七补县学生，练习吏事，前后入诸州县幕，佐人为治，疑难纷屑，一览得要领，尤善治狱，平情静虑，侔境揣形，多所全活。”[26] 这“平情静虑，侔境揣形”八个字恰到好处地再现了汪辉祖的刑幕生涯。如此奉“求生”为圭臬的不止汪辉祖，万枫江、张廷骧等名幕也都一而再、再而三地强调执法要“宽”，不要“刻”，“与其杀无辜，宁失不经”。绍兴师爷龚萼告诫初入幕业的侄子甘林：

> 刑名、钱谷之事实为官声、民命所关，则“哀矜而勿喜”，求其生而不得，方可死之。幕中人当常存此念。不仅以轻心锻炼、草率粗略为戒也；差传片稿，亦

---

[23] （清）纪昀：《阅微草堂笔记》卷十八，《姑妄听之四》，巴蜀书社，1995年排印本。

[24] （清）梁章矩：《退庵随笔》卷四，江苏广陵古籍刻印社，1987年排印本。

[25] （清）汪辉祖：《佐治药言·求生》，《官箴书集成》第五册，黄山书社，1997年影印本。

[26] （清）钱仪吉：《碑传集》卷113，《汪君楷传》，中华书局，1993年排印本。

不可轻。“官府一点朱，百姓一碗血”。滥差妄拘，则破家荡产之祸，自我而肇。吾乡业于斯者，不可胜数；不及秦二世而亡者，亦不可胜数。岂尽由于心术之不正哉？即侈然自放，而造孽无穷。[27]

刑名幕友对“宽仁平恕”的共识，有“爱民省事”的目的，但更主要的是为了追求“福报”。中国传统文化有“报应”之说，“积善之家，必有余庆；积不善之家，必有余殃”[28]，“积德之家，必无灾殃”。佛教传入中国以后，因果报应、六道轮回之说与传统的福报观念相结合，产生更大的影响。清代官府中一向以“公门好修行”作为警戒，理由是官府中人直接掌握生杀予夺之权，依法公断、扬善抑恶，是他人无法做到的，所以积善积德全在自己把握。然而反之，积怨积恶也在自己，正所谓“作孽易，造福亦易”[29]。

和官比较，幕业中人的这种观念更加强烈。因为官如流水，幕则不然，“幕府宾佐，非官而操官之权，笔墨之间，动关生死，为善亦易，为恶亦易，是必冤谴相寻”[30]。清代笔记小说中像以下所录的“冤谴相寻”的故事实在不少。

山阴沈曲园，游幕河南，为光州陈刺史所聘，甚倚重之。光州有老贡生某，一子远游，数年不归；媳少艾，有姿色，有一女，仅五龄。翁媳相依，纺织度日。其子出门时，曾贷邻某钱若干，久未偿。邻某窥其媳美，书一伪卷，言以妻作抵，状托署州吏目朱景轼，夤缘贿嘱，具控于本州。曲园判以媳归邻某。贡生不从，发学戒饬，以夏楚辱之，愤甚，亦自经。其媳痛翁之含冤身死也，知必不免，先将幼女勒毙，亦自经。越一年，陈刺史擢开封守去，朱景轼遂署州篆，而曲园亦别就杞县周公幕……乾隆丙午正月七日，曲园夜见一戴顶者，携一少妇幼女登其床，教之嗽咳，旋吐粉红痰。自此，三鬼昼夜缠绕，遍身扭捏。至十五日……曲园在卧房大叫一声而绝。[31]

沈曲园遭冤魂之报，起因于他不辨真假、冤屈，以一面之词而定夺，葬送一家三命，然而有些并非人命冤债的，也无例外地遭到报应。

绍兴顾某在苏习幕，偶游妓馆为娼家所轻，遂衔之。后就馆府署，适知府李璋煜莅任，素负理学名，因怂恿严禁娼妓，签差提究群姬。星散到案者十余人并遭掌颊。顾意甚自得，扬言于众曰：“若辈再敢轻慢师爷否?!”始知其挟有夙嫌也。后知府桂超万到任，有讼案牵涉妓女者，审讯时亦当堂受责，府吏有识之者，曰：“此乃顾某幼女也，父死后流落卖娼，因及于此。”两事相距十余年耳，天道之巧可畏哉。[32]

---

[27] （清）龚萼：《雪鸿轩尺牍·寄甘林侄》，江苏广陵古籍刻印社，1997年排印本。
[28] 《周易正义》卷一，《十三经注疏》，中华书局，1979年影印本。
[29] （清）汪辉祖：《学治说赘·福孽之辨》，《官箴书集成》第五册，黄山书社，1997年影印本。
[30] （清）纪昀：《阅微草堂笔记》卷十三，《槐西杂志三》，巴蜀书社，1995年排印本。
[31] （清）梁恭辰：《北东园笔录四编》卷三，《沈曲园》，上海进步书局，1912年石印本。
[32] （清）汪坤：《寄蜗残赘》卷十一，清同治11年刻本（1872）。

是天道使然，还是事情巧合，在今天看来是很容易解释的事，然而在当时那种强烈的畏惧心态下，这所有的一切都是“鬼物报应”的结果。幕友们说“人言深夜办案，常有鬼物。余亦时觉有之，然亦未尝确有所见”㉝。“陟降固有定时，鬼则无时无之，亦无处无之，惟日中之顷，众鬼遁形，过此则往来充斥，犹人之行道肩相摩、踵相接也。”㉞ 这“无时无之”、“无处无之”的鬼物如何不令“笔下生杀人”的刑名幕友心悸。

不仅冤魂屈鬼要来索命复仇，“一报还一报”，就是神灵也要扬起惩恶的利剑。汪辉祖在《续佐治药言》中叙述了一件自己在浙江秀水县幕耳闻的故事。秀水县衙内有座“爱日楼”，“天阴雨辄闻鬼泣声”。据署中老吏讲，雍正初年，该县的刑名幕友胡某在此楼上突然剖腹，弥留之际，他道出自己的死因。原来胡某作幕于湖南某县时，“有妇与人私，夫为私者所杀，妇首于官”。按清律规定，妇向官府自首，可免死罪。然胡某“恐主人罹失察处分，作访拏详报，疑妇凌迟”。胡某被剖腹是“金甲神率妇上楼”所为。后胡某呼叫一夜而亡。可以想象，日夜伴在“爱日楼”旁、踵胡某之后的汪辉祖该是怎样的一种心境。他在这个故事后说：“夫律例一书于明刑之中，矜恤曲至犯罪自首一条，网开一面，乃求生之路。删改而致之重辟，是死于我，非死于法也，鬼之为厉宜矣。”㉟ 像这般法有情而人无情的事，自然招致会天地鬼神之怨。

在惩恶罚奸的神灵中，幕友提到最多的是“城隍”。前面第二章说到妇女不该轻易传唤时，提到过的那位叶师爷，他就是受到“城隍神”的惩罚。《北东园笔录三编》和《寄蜗残赘》等书中同时记述“城隍惩恶幕”的故事。

> 绍兴师爷沈小隐就幕漳州府戴某署，历五年之久，宾主甚相得，后戴调首府，欲偕沈往，沈决计不可，戴甚疑之。后访得其积年撞骗各案，枉法得赃甚多，而己之声名因此大坏，遂自作一疏，历叙赃款，明己之绝无所染，而自认失察之咎，亲赴城隍庙焚之。是日沈即骤病……死。

中国古代各个行业都有自己的行业神，以求神灵的保佑和心灵的安慰。就官府而言，其行业神是官府所在地的“城隍神”。“群邑之有城隍，正如府县之有守令”㊱，“朝廷庙祀之神，无一不当敬礼，而城隍神尤为本境之主”㊲。“城隍神”守护着一方土地，也保佑着土地上的官民过上安宁的生活。清代官场惯例，官员到任，先要到城隍庙拜谒，以后每月朔望都要去行香，春秋二季还要祭祀。幕既然是佐官之人，官之神即幕之神。汪辉祖说自己“向就幕馆，次日必斋戒诣庙焚香，将不能不治刑名及恐有冤抑、不敢不洁己佐治之故，一一摅诚默祷”㊳。无独有偶，刑名幕友杨恩寿也是“晨起谒城隍庙，为七命一案，求神佑缉

㉝ （清）王贤仪：《家言随记》卷一，《阅历偶谈》，同治素风堂刻本。
㉞ （清）王有孚：《不碍轩读律六种·一得偶谈》，嘉庆刻本。
㉟ （清）汪辉祖：《续佐治药言·删改自首之报》，《官箴书集成》第五册，黄山书社，1997年影印本。
㊱ （清）宛委山民：《寄龛杂著》甲志卷四，光绪25年刻本。
㊲ （清）汪辉祖：《学治臆说·敬城隍神》，《官箴书集成》第五册，黄山书社，1997年影印本。
㊳ （清）汪辉祖：《学治臆说·敬城隍神》，《官箴书集成》第五册，黄山书社，1997年影印本。

凶也”[39]。

出于对鬼神恶报的畏惧，人们把作幕，尤其是做刑名师爷视作有损阴骘、会断子绝孙的行当，对作幕采取“远而避之”和“不得已而为之”的态度。当年汪辉祖见入幕诸君中，惟刑名岁修最丰，欲操之，其嫡母、生母同声诫止，理由就是汪家三世单传，“何堪此业！”结果，汪辉祖跪下乞求二母，说自己别无他长，只有以此为生，“惟誓不敢负心造孽，以贻吾母忧。苟非心力所入享，吾父或吐及不长吾子孙者，誓不敢入于橐”。二母也知道儿子是生活所迫，无奈同意后叮嘱汪辉祖要履行自己的誓言，危言耸听道：“不惟汝父实闻此言，天高听卑，鬼神皆知之矣。”在汪辉祖二十六年的幕业生涯中，“夙夜栗栗，不敢违先人之训，重吾母九原怨恫”[40]。

可见因果报应的思想不光使人在选择幕业时慎而又慎，而且在入幕之后，如履薄冰，洁身自好。对于为幕者来讲，这样一种制约是十分必要的。因为幕友在清代行政体制中是一个特殊的群体，他虽身在公门，介入公事，却没有地位与名分，也不受行政体制的制约。幕友一切活动的结果，不论好坏，都要由官员来承担。幕友享受权力（当然其权力是以官的权力为依托），而不为自己的行为负任何责任，试想在任何时代这种权力与义务的不对等都是危险至极的。以伦理道德制约其非法活动只是一种正面的手段，对于讲道德、有良知的人可以行之有效，而对注重私利者，颇有对牛弹琴的感觉。然因果报应的说法对于任何层次、任何道德水准的人来说，都不啻为灵丹妙药，对报应的恐惧心理使任何人在“恶”面前三思，从反面制约了刑名幕友的违法活动。

以上主要说的是“恶报”，其实在清代“福报”、“善报”的故事也不少，汪辉祖在《佐治药言》的结尾，罗列出一批名幕，这些人共同的特点是为幕始终以平恕宽仁为原则，结果都毫无例外地得到善报，或官至高位，或儿孙满堂，或长命百岁。汪本人也是金榜题名，三个儿子都有功名，令汪家门楣光耀、人丁兴旺。

值得指出的是，幕友在司法实践中的“平恕宽仁”，对缓解法律的残酷性有一定作用。但是无论是汪辉祖，还是其他的刑名幕友，这样做都是为自己“积德积善”，而不是以实现法律的公平、正义为目的。他们的出发点是个人而不是社会，只要能够为自己积德，为子孙造福，就可以将“平恕宽仁”发展到置事实和法律于不顾的极端。所以掩盖事实真相、规避法律是达到“四救”惯常的作法。用幕友的话说，就是“彼犯死法，不能自匿其必死之情，吾据其实而声之则无救，吾略为减省之，移其重以就其轻则可救”[41]。例如弟杀兄，乃卑幼杀尊长，按律弟当处以死刑，但如果将弟杀兄改作兄杀弟，就变成了尊长杀卑幼，凶手只处以斩监候，以后有可能缓决不死。一字之变，师爷就能从刽子手的刀下救出一条人命。以下也是一“四救先生”的杰作：

---

[39] （清）杨恩寿：《坦园日记·北流日记》，上海古籍出版社，1983年排印本。

[40] （清）汪辉祖：《佐治药言·序》，《官箴书集成》第五册，黄山书社，1997年影印本。

[41] （清）裕谦：《救生不救死论》，（清）费山寿《官幕同舟录》卷中，同治六年刻本。

（云南）元江某村中忽殇幼孩三四，其父母聚而谋曰，此必尸头蛮为祟……今某家新娶妇，眼多白可疑，不亟毙之，一村无幼孩矣。强其夫执而倒埋之，后母家知而讼之，相验审讯既确，而案第以口角斗殴结也。[42]

一桩证据确凿的谋杀案最终以口角斗殴了结，当逃脱死刑制裁的村民涕泪横流地感谢幕后策划的师爷时，死者的冤屈又有谁来过问，法律的威严又有谁来理睬呢？

道光年间一直出任地方官的张集馨，曾愤而抨击"四救先生"的"本领"："'救生不救死'之说，乃劣幕邪说，最足造孽。凶徒漏网，死者含冤，犷悍之夫，益无忌惮……曲法循之，独不念死者之冤耶！"[43] 纪昀在《阅微草堂笔记》中则以鬼魂之语控诉了"四救"的弊端：

余某者，老于幕府，司刑名四十余年。后卧病濒危，灯月下恍惚似有鬼为厉者。余某慨然曰：吾存心忠厚，誓不妄杀一人，此鬼胡为乎来耶。夜梦数人浴血泣曰：君知刻酷之积怨，不知忠厚亦能积冤也。夫茕茕孱弱，惨被人戕，就死之时，楚毒万状；孤魂饮泣，衔恨九泉，惟望强暴就诛，一申积愤，而君但见生者之可悯，不见死者之可悲。刀笔舞文，曲相开脱，遂使凶残漏网，白骨沉冤。君试设身处地，如君无罪无辜，受人屠割，魂魄有知，旁观谳是狱者，改重伤为轻，改多伤为少，改理曲为理直，改有心为无心，使君切齿之仇，从容脱械，仍纵横于世，君感乎怨乎？不是之思，而诩诩以纵恶为阴功，被枉死者，不仇君仇谁乎？余某惶怖而寤，以所梦备告其子，回手自挝曰：吾所见左矣，吾所见左矣，就枕未安而殁。[44]

庇护罪犯、开脱罪责而最终置国法于不顾，是"四救"最大的危害。一两个人的蒙冤受屈尚在其次，关键是如此做法，使国家法律威信扫地，任何人都可以凌驾于法律之上，尤其是那些知法懂法者，更是可以玩弄法律于自己的股掌之间。当法律被亵渎到这种地步时，又何谈它惩恶扬善的公平和正义！"四救"于国法祸患之无穷，于幕友本人则是"种瓜得瓜，种豆得豆。夙业牵缠，因缘终凑，未来生中不过亦遇四救先生列诸四不救而矣"[45]，所以幕友出身的方大湜在《平平言》一书中恳切地告诫为幕者"勿出入人罪以求福报"，他说："死者不可复生，爰书之所以不遽定者，乃慎重民命之意，非故出入人罪，救生不救死也，朱子曰今之法家，惑于罪福报应之说，多喜出人罪以求福报，夫使无罪者不得直，有罪者幸免，是乃所以为恶耳，何福报之有。"

说到底，这种以个人阴德代替国家、社会公德，在为国家、为社会执法时顾忌个人阴德的观念，是传统文化"公私不分"特色的典型体现。这使法律在具体执行中营私舞弊、枉法擅断成为不可避免的现象，也使法律更难起到公平、正义代表的作用。

---

[42] 葛建初辑：《折狱奇闻》卷一，台北文海出版社影印本。

[43] （清）张集馨：《道咸宦海闻见录》，中华书局，1981年排印本。

[44] （清）纪昀：《阅微草堂笔记》卷九·《如我是闻三》，巴蜀书社，1995年排印本。

[45] （清）纪昀：《阅微草堂笔记》卷十八，《姑妄听之四》，巴蜀书社，1995年排印本。

四、以智惩奸、以诈坏法

郑克《折狱龟鉴》卷六论断狱法云："凡推事有两：一察情，一据证。审其曲直，以定其是非。据证者，核奸用之；察情者，挞奸用之。盖证或难凭，而情亦难见，于是用谲以挞其伏，然后得之。此三事也。"察情、据证、用谲为古人断狱的基本手段，用谲一般是在案情比较复杂，用常规方式难以澄清的情况下而采用的手段。

康熙十三年（1674年）一布店伙计祝二宝到余姚县收账，夜宿李记客栈，将装有银子的钱袋寄存在店主处。岂知第二天，银子竟变成铜钱，店主以祝说过是"存钱囊"为由，百般抵赖。祝二宝告官未准，走投无路，跳江自尽，遇绍兴师爷范某和镇海县令杨伯茂的搭救。范师爷设计派两名衙役化装客商到余姚住进李记客栈。官幕二人继而亦到余姚，声称镇海的二名强盗逃到余姚，要求与余姚共审此案。很快两名假客商被捉到官府。在公堂之上，二人"供认"自己偷盗官库银两，并将银两寄存在店主处。店主大叫冤枉。范师爷声称自己有祖传"圣水"，能分辨是非。于是用"圣水"在店主手心上写一"银"字，并令其在堂后天井中晒太阳，并说如果拿过赃银，此字经太阳一晒便会消失。每隔片刻，范师爷就问店主"银"字在不在。与此同时，店主之妻也被带到县衙，听到丈夫连声不迭的说"银字在、在、在"时，以为丈夫招认"银子在"，便如实供认昏赖之罪。㊻

上述是一则流传至今的野史故事，它为我们塑造了一位足智多谋的师爷形象。的确，无论是在过去还是现在，师爷留给人们的都是明敏睿智和老谋诡诈交织在一起的印象。他们以对社会的切身体会、对国法民俗的洞悉、对人情世故的老道，周旋于官场，在司法审判中一显身手。晚清时许同莘评论自己的同行们是"机牙足以应变，智计足以解纷"，否则就端不起师爷的饭碗。

乾隆二十七年（1762年），汪辉祖在平湖作幕时，当地有徐某为首等九人在家拜佛，被以邪教名义捕到县衙，同时起获一箱经卷。经汪辉祖检查，经卷内有一部已被虫蛀的千疮百孔的《无为教经》，经卷的后面断断续续地写有"万历十七年历城并妻王氏"等字，其他的就都是金刚楞严观音阿弥陀心经等等。汪辉祖认为，"虽无为系邪教名，然经已历久残蚀，徐姓等恐非教党"。在他的建议下，平湖县令亲自到徐某等人家中勘察，并没有发现其他的违禁器物。于是汪辉祖又令人当堂给九名人犯端上猪、羊肉，见"无不啖者"，断定这些人并非教徒，因为无为教的教规是教徒必须长斋食素。"讯经由来，则并诸经皆鬻自乞食游僧之手，遂照私家拜斗例分别责处。"㊼ 一碗肉决定了九名犯人的生死，显然处理这样比较疑难的案件，光靠法律常识、证人证据、良心道德是不够的。

然而刑名幕友的智计不光用在对付邪恶上，幕友中以"避律"为看家本领。会不会

㊻ 《绍兴师爷故事》，绍兴市文联、群艺馆，1984年编印。

㊼ （清）汪辉祖：《病榻梦痕录》卷上，《汪龙庄先生遗书》，同治刊本。

“避律”，避的高明与否，一取决于法律的功底，二决定于智能的高低。汪辉祖说：“神明律意者，在于避律，而不仅在引律。如能引律而已，则悬律一条以比附人罪，一刑胥足矣，何借幕为?”[48] 所谓“避律”，明白说就是灵活用法，使之为我所用。要做到这一点，汪辉祖认为必须精读《名例律》。“一部律例精义全在名例。”中国古代法典中的《名例律》相当于现代刑法的总则部分，汇集整部法典的原则和精神，是“神明律意”，达到“避律”的主要突破口，而其他各律中对罪名、量刑都已作了严格的规定，几乎没有自由裁量的余地。

在《学治说赘》中，汪辉祖现身说法，“余初习法家言，邻邑拿获私铸，以所供逃犯起意，案已咨部完结。越二年，逃者获讯，不承为首，例提从犯质鞫。犯已远戍，诸多掣肘。适松江友人韩升庸在座，谓可依原供改捕获为闻拿，自首，则罪仍不死，案即可完。邻令用其言，犯亦怡然输供。余心识之。后遇情轻法重者辄袭其法，所全颇多”[49]。汪辉祖所以愿意把他的“避律”心得公之于世，是因为他灵活运用自首律条，达到了为犯人求生的目的，是“义尽仁至”的表现。然而并非所有的幕友都是出于同样的动机和达到这样的目的。

绍兴师爷素有“刀笔吏”之称。刀笔原为古代的书写工具，然后世所说的“刀笔吏”中的“刀笔”，则是比喻讼师幕吏们借助于神明律意之方便，可以使手中的笔发挥刀的作用，翻云覆雨、颠倒黑白，这也是一种“智慧”的体现。

相传曾国藩于奏折中自陈“屡战屡败”，其手下的幕友改为“屡败屡战”，仅二字前后之颠倒，便救下了曾手下战将鲍超的性命。徐哲身的《绍兴师爷轶事》中也记录了一件与之相似的事情。光绪十一年（1885年），浙江一渔民为报生母之仇，将父妾乱刀砍死。徐父素知渔民为有名的孝子，有心救他，向浙江巡抚求情。巡抚认为案情清楚，难以开脱其罪。徐父便找到一位刑名师爷，师爷只将“看语”中“情有可原，法无可赦”前后对调为“法无可赦，情有可原”，渔民便死里逃生。

幕友的“刀笔”之功听来有些像天方夜谭，然的确是真真切切的实事。在幕友的笔下，合法变非法，非法变合法；罗织罪名，出入人罪；想重则重，想轻则轻，可谓是随心所欲、心想事成。刘体智《异辞录》卷二“刑幕功用”条记述说，其父刘秉章任四川总督时，重庆发生教案，教绅罗元义以乱民将攻教堂，雇众拒斗，杀伤踏毙十余命。刘秉章有心将罗元义枭首示众，但缺欠足够的证据，于是请幕友参谋。刘秉章幕中的臧吟樵、胡山农都是当时的名幕，他们答道：“案有由，其可哉。”而后共定判词曰：“死由于踏，踏由于追。罪坐所由，比以械斗为首之例，尚觉情浮于法，应拟斩枭。”结果一报而准。[50]

《大清律例》有本夫捉奸，格杀勿论的规定，但在时间、地点上严格限制为“奸所”、“登时（通奸时）”。光绪年间，广东有犯奸男女逃离家乡，两年后被本夫于异乡捉而杀死。

---

[48] （清）汪辉祖：《佐治药言·读律》，《官箴书集成》第五册，黄山书社，1997年影印本。

[49] （清）汪辉祖：《学治说赘·名例切须究心》，《官箴书集成》第五册，黄山书社，1997年影印本。

[50] 刘体智：《异辞录》卷2，中华书局，1988年排印本。

本夫被援例拟释其罪，但刑部认为不合律例，予以驳回。省衙幕友杨莲府见状，提笔将判词改为："窃负而逃，到处皆为奸所；久觅不获，乍见即系登时。"经此一改，刑部立准其请[51]。《异辞录》中还收录另一奸案的判词。一女子在楼上，见一男子在墙外小遗，且指其阳示之，女子羞愤自尽。县官欲重治男子罪，但苦于其既非言语调戏，又非手足勾引。而师爷批曰："调戏虽无言语，勾引甚于手足。"晚清有名的"杨乃武与小白菜"案中，浙江巡抚杨昌浚因对酿成冤狱负有重要罪责而被查办，他承认自己犯有"官官相护、袒庇恶少，诬陷无辜"等罪状，据说其师爷金宝书在这一连串的罪状前加了"意欲"二字，一下就使犯罪的事实转变成了犯罪动机，此举保住了杨昌浚的脑袋。

类似这样的故事在清代笔记小说中多有记载，如"纠众自大门入"改为"自犬门入"；"用刀杀人"改为"甩刀杀人"。幕友坦然承认"反复颠倒，无所不可"乃自己的秘诀。难怪官场中称幕友"八面玲珑剔透"。在现代司法体制下，这样的事情似乎是不可想象的，因为无论犯人的口供、还是证人的证词，都要经过核实查证，甚至以科学的手段作出鉴定，一词一字的改动并不足以影响最终的判决。然中国古代则不然，"夫听讼者，或从其情，或从其辞"，在既无论辩又无证据查证程序的情况下，一词一字之差，便可谬之千里，决定生死。当然笔记小说中的记载不无夸张与传奇，但都赋予幕友更多的"狡智"色彩，使其在百姓心中既是聪颖过人的智者，又是诡计多端、老谋深算的阴谋家。与普通人不同的是，刑名幕友的智慧和诡诈与他特殊的身份地位结合在一起，便造成了更大的影响。比如同被称为"刀笔吏"的讼师，哄词架讼，臭名昭著，但他毕竟属于民间职业，他的影响只局限于一个或几个案子，而刑名幕友的影响范围则是在一县、一府、一省，甚至是对整个国家的司法活动。总之，古代的司法体制和刑名幕友的特定地位为幕友们施展自己的专业技能提供广阔天地的同时，也为其展示聪明才智和狡诈诡黠提供了舞台。

正如前面提到的，像汪辉祖那样忠厚之人，尚能利用法律的漏洞，使重者轻判、出人于罪，其他的幕友又何尝不能做到轻罪重判、陷无辜于法网呢？更严重的是一案一罪的出入，如蚁蛀长堤，在一点点地瓦解人们依法办事的意识，当法律在执法者手中遭到玩弄和亵渎时，法律的末日就已经到来了。

---

[51] 刘体智：《异辞录》卷2，中华书局，1988年排印本。

阎晓君

两汉“故事”论考*

简介

阎晓君，陕西省武功县人，理学博士，历史学博士后，现任西北政法大学法学教授，中国法律史学会常务理事，兼任吉林大学法学理论专业博士生导师。主要从事法律史、法律文化以及秦汉史的研究，在利用出土文献研究秦汉法律方面取得了突出成就，曾出版专著以及在国内外权威等期刊上发表论文近四十篇，多次获省部级以上奖励。近年来对张家山汉墓竹简《二年律令》进行研究，先后主持了相关课题的国家社会科学基金项目以及省部级项目。此外，还对晚清刑部出现的“陕派律学”进行研究。其代表作有：《两汉“故事”论考》[载《中国史研究》，2000 (1)]、《秦汉时期的法医检验》(载《国学研究》，第11卷)，《张家山汉简“告律”考论》[载《法学研究》，2007 (6)]、《秦汉盗罪及其立法沿革》[载《法学研究》，2004 (6)]。

* 原发表于《中国史研究》，2000 (1)。

众所周知，两汉的法律形式主要是律、令、科、比，除此之外，两汉的“故事”也应是当时一种重要的法律形式。关于这一点，前人已经注意到。沈家本在《汉律摭遗》[1] 中将“故事”附于“决事类”，程树德在《九朝律考·汉律考》中将“故事”附于“比”，自有其一定道理，惜未深究。本文拟对两汉故事做一些粗浅的探讨。

一、“故事”与“掌故”

“故事”从字面上看，指旧事、已往之事，但实际上两汉的所谓“故事”有其特定的含义。一般来说，“故事”指朝廷的典章制度，是“法令”、“法度”、“制度”等的同义词。《汉书·孔光传》[2] 载孔光“以高弟为尚书，观故事品式，数岁明习汉制及法令”，“凡典枢机十余年，守法度，修故事”。《佞幸传》载弘恭“明习法令故事，善为请奏，能称其职”。《杜周传附杜钦传》说成帝时，大将军王凤“不能自立法度，循故事而已”。《风俗通义·正失》：“孝成皇帝好诗书，通览古书，闲习朝廷仪体，尤善汉家法度故事。”[3] 有时“故事”是指某一时期朝廷关于某一方面的政策、原则或具体做法，《刘歆传》：“是时，宣帝循武帝故事，招选名儒俊材置左右。”《何武传》：“宣帝循武帝故事，求通达茂异士。”《郊祀志》：“宣帝修武帝故事，盛车服斋祠之礼。”《王吉传》：“是时，宣帝颇修武帝故事，宫室车服盛于昭帝。”《张放传》：“上（成帝）欲遵武帝故事，与近臣游宴，放以公主子开敏得幸。”《后汉书·桓帝纪》诏曰：“其舆服制度，有逾侈长饰者，皆宜损省。郡县务存俭约，申明旧令，如永平故事。”故事的第三种含义是指某一具体事例。《元后传》：“是日，诏尚书奏文帝时诛将军薄昭故事。”《贡胜传》：“自昭帝时，涿郡韩福以德行征至京师，赐策书束帛遣归。”在王莽专权时，将邴汉和贡胜也遣归，“赐帛及行道舍宿，岁时羊酒衣衾，皆如韩福故事”。

汉代“故事”又称“行事”、“成事”、“旧事”等。王念孙说：“行事者，言已行之事，旧例成法也。汉世人作文，言行事、成事者，意皆同。”[4]《魏相传》载魏相“好观汉故事及便宜章奏，以为古今异制，方今务在奉行故事而已。数条汉兴以来国家便宜行事，及贤臣贾谊、晁错、董仲舒等所言，奏请施行”。王念孙曰：“所谓行事者，即故事也。”[5]《贾谊传》引“鄙谚曰：不习吏事，视已成事”。故事又称“旧事”、“旧制”。《后汉书·陈忠传》：“汉典旧事，丞相所请，靡有不听。”《后汉书·朱浮传》：“旧制，州牧奏二千石吏不任位

① 沈家本：《历代刑法考》册三，《汉律摭遗》，中华书局，1985。
② 文中所引《汉书》，皆径称某传或某志。
③ （汉）应劭撰、吴树平校释：《风俗通义校释·正失》，天津人民出版社，1980。
④ 王念孙：《读书杂志》之《汉书》第十二。
⑤ 王念孙：《读书杂志》之《汉书》第十二。

者，事皆先下三公，三公遣掾史按验，然后黜退之。”

汉代专门设有掌故一职“主故事”。《史记·晁错列传》：“以文学为太常掌故”，《集解》引应劭曰：“掌故，百石吏，主故事。”《汉书》颜师古注引应劭曰：“六百石吏。”按《汉官仪》太史令为太常属官，“秩六百石。望郎三十人，掌故三十人”⑥。“掌故”一职选任，据《汉旧仪》云：“太常博士弟子试射策，中甲科补郎，中乙科补掌故。”⑦《儒林传》：“房凤字子元，不其人也。以射策乙科为太史掌故。”《兒宽传》：“以射策为掌故。”

从以上材料看，汉代对“故事”相当重视，因为“故事”作为一种不成文的习惯法和可以援引参考的事例（论述见后），在汉代政治法律生活中起着重要作用，因此，由太史令的属官对之加以搜集整理，作为一代的典章制度，以备修史之用。

二、故事的形成与废止

两汉的故事有两种形式：一种是惯例性故事，一种是事例性故事。

惯例性故事一般没有严格的立法程序，这类故事大多是通过对具体行事先例的长期遵循、仿效和类比而形成的一种惯例和定制，具有普遍性，并为封建统治者所认可，实际上是一些不成文的习惯法，这一类故事较多。试举几例，《公孙弘传》：“元朔中，代薛泽为丞相。先是，汉常以列侯为丞相，唯弘无爵，上（武帝）于是下诏曰：‘……其以高成之平津乡户六百五十封丞相，弘为平津侯。’其后以为故事，至丞相封，自弘始也。”《朱博传》：“故事封丞相，不满千户，而独臣过制，诚惧，愿还千户。”《丙吉传》：“居相位，上宽大，好礼让，掾史有罪，不称职，辄予休告，终无案验。客或谓吉曰：‘君侯为汉相，奸吏成其奸，然无所惩艾。’吉曰：‘夫以三公之府有案吏之名，吾窃陋焉。’后人代吉，因以为故事，公府不案吏，自吉始。”《后汉书·何敞传》载东汉时，宗室都乡侯刘畅奔章帝丧，被权臣窦宪指使人刺杀于“城门屯卫之中”，“而二府以为故事三公不与贼盗”，“公纵奸慝，莫以为咎”。《王嘉传》载王嘉犯罪，“使者既到府，掾史涕泣，共和药进嘉，嘉不肯服。主簿曰：‘将相不对理陈冤，相踵以为故事。君侯宜引决。’”《薛宣传》载：“宣为相，府辞讼例不满万钱不为移书，后皆遵用薛侯故事。”

惯例性故事作为一种不成文的习惯法，其废止一般也没有严格的法律程序，如丞相封侯制度在东汉时被废止就是如此，据《后汉书·侯霸列传》，东汉初，侯霸担任大司徒时未按西汉制度受封列侯。侯霸去世后，刘秀诏曰：“汉家旧制，丞相拜日，封为列侯，朕以军师暴露，功臣未封，缘忠臣之义，不欲相逾，未及爵命，奄然而终。”因追封侯霸为则乡哀侯。此后，丞相受封列侯制度渐被废止。对一些关系国家重大制度的故事废止时，一般采取审慎态

⑥ （汉）应劭撰、（清）孙星衍校集：《汉官仪》卷上，（清）孙星衍等辑、周天游点校：《汉官六种》本，中华书局，1990。

⑦ （汉）卫宏撰、（清）孙星衍校集：《汉旧仪补遗》卷上，（清）孙星衍等辑、周天游点校：《汉官六种》本，中华书局，1990。

度，须征得最高统治者的同意或授权。如《魏相传》载："故事诸上书者皆为二封，署其一曰副，领尚书者先发副封，所言不善，屏去不奏。相复因许伯白，去副封以防雍蔽。宣帝善之，诏相给事中，皆从其议。"《后汉书·何进传》载东汉末年，宦官专权，何进欲除宦官，而"太后不听，曰：'中官统领禁省，自古及今，汉家故事，不可废也'"，"进难违太后意"。

对一些无关紧要的故事和不良惯例的废除则轻而易举，不在话下。《朱博传》载"齐郡舒缓养名，博新视事，右曹掾史皆移病卧。博问其故，对言：'惶恐，故事二千石新到，辄遣史存问致意，乃敢起就职。'博奋髯抚几曰：'观齐儿欲以此为俗邪！'乃召见诸曹史书佐及县大吏，选视其可用者，出教置之，皆斥罢诸病吏，白巾走出府门"。《杨恽传》："郎官故事，令郎出钱市财用，给文书，乃得出，名曰'山郎'。移病一日，辄尝一沐，或至岁余，不得沐。其豪富郎日出游戏，或行钱得善部。杨恽为中郎将，罢山郎，移长度大司农，以给财用。其疾病休谒洗沐，皆以法令从事。"

除惯例性故事以外，一般的故事均属事例性故事。这类故事本身没有法律约束力，但它可以作为处理某些事件、案件的参考、依据和标准。只有在这种情况下，事例性故事才被赋予一定的法律效力，所以对这类故事的援引实际上是一个立法过程，常用的术语有皇帝下诏曰"如某某故事"或"依某某故事"，臣下也可以奏请"依某某故事"。例如，《外戚传》："乃壬寅日大长秋受诏：'椒房仪法，御服舆驾，所发诸官署，及所造作，遗赐外家群臣妾，皆如竟宁以前故事。'"《王莽传》："群臣因奏言太后，委任大司马莽，定策安宗庙，故大司马霍光有安宗庙之功，益封三万户，畴其爵邑，比萧相国，莽宜如光故事。"汉代援引的事例性故事也常常包括前代的故事，如《王莽传》载王太后下诏："及秦惠王并巴中，以巴氏为蛮夷君长，世尚秦女，其民爵比不更，有罪得以爵除。其君长岁出赋二千一十六钱，三岁一出义赋千八百钱。其民户出賨布八丈，鸡羽三十鍭。汉兴，南郡太守靳强请一依秦时故事。"事例性故事一旦未被援引或不再援引，其本身就没有法律效力或失去法律效力，其稳定性和普遍性都较差，但针对性很强，成为统治者灵活处理一些较复杂问题的一种有效手段。

三、两汉故事的内容

两汉故事按其调整的社会关系的范围或涉及的内容，可以分为这样几类：

（一）有关官吏选举、迁除、设置、监察等方面的故事

关于官吏选举，应劭《汉官仪》曰："世祖诏：'方今选举，贤佞朱紫错用。丞相故事，四科取士。一曰德行高妙，志节清白；二曰学通行修，经中博士；三曰明达法令，足以决疑，能案章覆问，文中御史；四曰刚毅多略，遭事不惑，明足以决，才任三辅令，皆有孝悌廉公之行。'"⑧

⑧ （汉）应劭撰、（清）孙星衍校集：《汉官仪》卷上，（清）孙星衍等辑、周天游点校：《汉官六种》本，中华书局，1990。

关于官吏迁除，往往也依循故事。《孔光传》：“窃见国家故事，尚书以久次转迁，非有踔绝之能，不相逾越。”《朱博传》：“故事，选郡国守相高第为中二千石，选中二千石为御史大夫，任职者为丞相，位次有序，所以遵圣德，重国相也。”又“故事，居部几岁举为守相，其异财功效著者辄登擢，秩卑而赏厚，咸劝功业进”。《续汉书·百官志三》注引《决录注》：“故事，尚书郎以令史久缺补之。”《后汉书·郑弘传》：“旧制，尚书郎限满补县长令史丞尉。”

关于官吏设置方面，往往也有故事可循。《后汉书·朱穆传》：“汉家旧典，置侍中、中常侍各一人，省尚书事、黄门侍郎一人，传发书奏，皆用姓族。”这种惯例一直沿用至东汉，“自熹和太后以女主称制，不接公卿，乃以阉人为常侍，小黄门通命两宫”。一些官吏也可以依循“故事”自己选置吏员，《毋将隆传》：“大司马车骑将军王音内领尚书，外典兵马，踵故选置从事中郎，与参谋仪，奏请隆为从事中郎，迁谏大夫。”颜师古注：“踵犹蹑也，言承蹑故事也。”这些制度也见于尹湾汉简之《东海郡吏员考绩簿》[9]，在木牍背面第1，9，14，15行有：

今掾史见九十三人，其二十五人，员；十五人，君乡门下；十三人，以故事置；二十九人，请治所置，吏赢员二十一人。

五人以故事置

亭长一人以故事置

掾史八人以故事置

对于官吏的监督，往往也循故事。《薛宣传》载薛宣在成帝时为御史中丞，上疏曰：“大率咎在部刺史，或不循条职，举错各以其意。”师古注：“刺史所察，本有六条，今则越故事，信意举劾，妄为苛刻也。”《后汉书·马严传》：“故事，州郡所举上奏，司直察能否以征虚实，今宜加防检，式遵前制。”《后汉书·朱浮传》：“旧制，州牧奏二千石长吏不任位者，事皆下三公，三公遣掾史按验，然后黜退。”

（二）礼仪故事

两汉的礼仪故事较多，《萧望之传》：“故事，丞相病，明日御史大夫辄问病，朝奏事会庭中，差居丞相后，丞相谢，大夫少进，揖。”《翟方进传》：“故事，司隶校尉位在司直下，初除，谒两府，其有所会，居中二千石前，与司直并迎丞相、御史。”这些礼仪故事均为不成文法。西汉时期，一切制度皆在草创之中，到了东汉，封建政府开始注意对这些行之既久的习惯法进行整理，并使之成文化。《后汉书·应劭传》：“时始迁都于许，旧章堙没，书记罕存，劭慨然叹息，乃缀集所闻，著《汉官礼仪故事》，凡朝廷制度，百官典式，多劭所立。”《后汉书·郑弘传》：“建初为尚书令，弘前后所陈有补益王政者，皆著之南宫，以为故事。”上引两条，似应包括在“礼仪故事”之中。据《续汉书·礼仪志》刘昭注引《谢沈书》，对汉代礼仪故事进行整理的人物除应劭外，还有胡广、蔡邕、谯周等：“太傅胡广博综旧仪，立汉制度，

---

⑨ 连云港市博物馆：《尹湾汉墓简牍释文选》，《文物》1996（8）。

蔡邕依以为志，谯周后改定以为《礼仪志》。”这些礼仪故事大多保存在《续汉书·礼仪志》中。如丧葬礼仪方面，《后汉书·陈忠传》：“孝文帝崩，遗诏薄葬，以日易月凡三十六日释服，后以为故事。”《续汉书·礼仪志下》：“故事，百官五日一会临，故吏二千石、刺史、在京都郡国上计掾史皆五日一会。天下吏民发丧临三日。先葬二日，皆旦晡临。既葬，释服，无禁嫁娶、祠祀。佐史以下，布衣冠帻，绖带无过三寸，临庭中。武吏布帻大冠，大司农出见钱谷，给六丈布直，以葬，大红十五日，小红十四日，纤七日，释服。”

（三）律令故事

两汉律令故事应当包括一些用以比附断罪的典型案例，如两汉时即有之“决事比”、“辞讼比”等，此外应包括一些有关律令、狱讼方面的惯用“行事”。连劭名曾撰文指出行事与决事比的区别：“行事者，虽律文所无，然事属多见，已无须引证旧案，法庭处理时自有定则惯例也。而决事比多奇情怪事，世所罕见，论处时颇感棘手，一经判定，后世可援引比附，更有无旧例可寻，处理时比照他例比取决者，亦可称为决事比。”[⑩] 东汉应劭即撰有《决事比例》[⑪]，后人对汉代律令故事也进行了整理，《新唐书·艺文志》录有“《汉建武律令故事》三卷”，《唐六典》卷六注曰：“汉建武有《律令故事》上中下三篇，皆刑法制度也。”惜已佚失。备考史籍，间或也有两汉律令故事的记载。《淮阳宪王传》：“故事，诸侯王获罪京师，罪恶轻重，纵不伏诛，必蒙迁削贬黜之罪，未有但已者。”师古曰：“故事，言旧制如此也。”《酷吏传》：“（严）延年后劾大司农田延年持兵干属车，大司农自讼不干属车。拿下御史中丞，谴责延年何以不移书宫殿门，禁止大司农而令得出入宫，于是覆劾延年内罪人，法至死。延年亡命。”师古注引张晏曰：“故事有所劾奏，并移宫门，禁止不得入。”《杜邺传》：“故事，大逆朋友坐免官，无归故郡者，今坐（淳于）长者归故郡，已深一等。”《游侠传》载陈遵为京兆史，“日出醉归，曹事数废，西曹以故事谪之，侍曹辄诣舍白遵曰：‘陈卿今日以某事谪。’遵曰：‘满百乃相闻。’故事，有百谪者斥，满者，西曹白请斥”。师古注曰：“案旧法令而罚之也。”《翟方进传》载司隶校尉陈庆“有章劾，自道‘行事以论，今尚书持我事来，当于此决’”。王先谦《汉书补注》引刘敞曰：“汉时人言行事成事，皆谓已行已成事也。”《朱博传》载朱博迁廷尉，召见属吏曰：“廷尉本起武吏，不通法律，幸有众贤，亦何忧！然廷尉治郡断狱以来且二十年，亦独耳剽日久，三尺律令，人事出其中，掾史试与正、监共撰前世决事吏议难知者数十事，持以问廷尉，得为诸君覆意之。”正、监等属吏以为朱博“未必能然，即共条白焉”；博“为平处其轻重，十中八九”。师古注引如淳曰：“但欲用意覆之，不近法律事故也。”“法律事故”疑为“法律故事”之误。廷尉正监等共条奏“决事”之中吏议难知之数十事，让朱博“用意覆之”，看是否与“故事”中的判决结果相近。《疏勒河流域出土汉简》[⑫] 中也有依“决事”断狱的例子：“弃

---

⑩ 连劭名：《西域木简所见〈汉律〉》，《文史》第29辑。

⑪ 《后汉书·应劭传》，中华书局本。

⑫ 林梅村、李均明：《疏勒河流域出土汉简》，文物出版社，1984。

市，乐见决事与霸德、安汉所坐不同，即上书对具□。”武威旱滩坡出土汉简亦有“行事”，简3：“民无爵里名胜，吏擅事使，有行事颍川东乡佐坐论□”；简10：“代户父不当为正，夺户，在尉令第五十五。行事大原武乡啬夫□□。”[13]《后汉书·马援传》记载马援在镇压征侧起义后，“条奏越律与汉律驳者十余事，与越人申明旧制以约束之，自后骆越奉行马将军故事”。

（四）百官有司常行之故事及其他

《后汉书·应劭传》载应劭曾撰《尚书旧事》，内容当为尚书常行之事，沈家本说：“旧事即故事。观《孔光传》，是尚书省中有此官书，随时所编纂者。”[14]《王嘉传》：“故事，尚书希下章，为烦扰百姓，证验系治，或死狱中，章文必有‘敢告之’字乃下。”《魏相传》：“又故事诸上书者皆二封，署其一曰副，领尚书者先发副封，所言不善，屏去不奏。”《后汉书·胡广传》注引《续汉书》曰：“故事，孝廉高第，三公尚书辄优之，特劳来举将。”以上为尚书常行之事。《后汉书·朱晖传》：“故事，少府给壁。”《后汉书·何进传》：“故事，黄门侍郎但当给事省内，典门户，主近署财物耳。”《后汉书·朱穆传》：“臣闻汉家旧典，置侍中、中常侍各一人，省尚书事、黄门侍郎各一人，传发书奏。”《食货志》：“故事，岁漕关东四万斛，以给京师，用卒六万人。”这些为百官有司所常行之事。汉以后将之成文化，《晋书·刑法志》：“其常事品式章程，各还其府，为故事。”晋故事有三十卷，唐代称格，《旧唐书·刑法志》：“其曹之常务但留本司者，别为《留司格》一卷，编录当时制敕，永为法则，以为故事。”“格者，百官有司之所常行之事也。”

其他的故事还有与少数民族关系方面的，《后汉书·段颎传》：“汉故事，供给南单于费直岁一亿九十余万，西域岁七千四百八十万。”帝王常行之事如《儒林传》载：“故事，上常夜人庙。”《外戚传》：“汉家故事，常以列侯尚公主。”《王莽传》：“故事聘皇后黄金二万斤，为钱二万万。”《金日磾传》：“故事，近臣皆随陵为园郎。”《谷永传》：“故事，公卿病，辄赐告。”

从此可以看出，两汉故事涉及面极广。

四、两汉故事的法律效力与地位

惯例性故事作为一种习惯法，其约束力较强，一般官吏都能自觉遵循。《魏相传》载魏相“以为古今异制，方今务在奉行故事而已”。《翟方进传》：“及后母终，既葬三十六日，除服起视事，以为身备汉相，不敢逾国家之制。”《朱博传》：“故事封丞相不满千户，而臣独过制，诚惧，愿还千户。”如果有人违反或未遵循故事，就要承担相应的法律责任。《翟方进传》：“初，方进新视事，而涓勋亦初拜为司隶，不肯谒丞相，御史大夫，后朝会相见，

[13] 李均明、刘军：《武威旱滩坡出土汉简考述》，《文物》1993（10）。
[14] 沈家本：《历代刑法考》册三，《汉律摭遗》，中华书局，1985。

礼节又倨。”涓勋的这些行为不循故事，被“方进阴察之”。而涓勋又“私过光禄勋辛庆忌，又出逢帝舅成都侯商于道路，下车立，须过，乃就车。于是方进举奏其状”，而“上以方进所举应科，不得用逆诈废正法，遂黜勋为昌陵令”。《萧望之传》载望之为御史大夫，不循故事，“今丞相数病，望之不问病；会庭中，与丞相钧礼”。再加上其他不法行为，结果被宣帝策免。《酷吏传》载严延年劾大农田延年，却又不循故事移书宫门，去禁止大司农而令得出入宫，结果被“覆劾”以“内罪人，法至死”。但无论如何，故事的法律效力要比成文法的律令要低，在法律无明文规定的情况下才循故事，故事为第二法源。据《冯野王传》，野王病满三月赐告，与妻子归杜陵就医药，大将军王凤让御史中丞劾野王赐告养病而私自出界归家，奉诏不敬。杜钦时在大将军幕府，上书王凤为冯野王辩护，其理由之一便是：“二千石病赐告得归有故事，不得去郡无著令。传曰：‘赏疑从予，所以广恩劝功也；罚疑从去，所以慎刑也，阙难知也。’今释令与故事而假不敬之法，甚违阙疑从去之意。即以二千石守千里之地，任兵马之重，不宜去郡，将以制刑为后法者，则野王之罪，在未制令前也。”

如前所述，事例性故事本身没有约束力，而一旦被援引，就有很强的法律效力。对事例性故事的援引本身是一种立法过程，一般有两种形式：其一以皇帝下诏令的形式，蔡邕《独断》：“诏书者，诏诰也……其文曰告某宫，官如某故事。”是指在律令无明文规定的情况下，帝王诏告大臣援引某故事，授权大臣援引某故事。例如《后汉书·顺帝纪》：“诏民入山凿石发泄藏气，有司检察，所当禁绝者，如建武永平故事。”其一是“比”的形式，即官吏在司法实践中援引判决之典型案件作为参照。《后汉书·张敏传》：“建初中，有人侮辱人父而其子杀之，肃宗贯其死刑而降宥之，自后因以为比。”后来还被议定为《轻侮法》。违反或不遵循已被赋予法律效力的事例性故事，也会受到应有的处罚，甚至连皇后也不例外。《外戚传》载成帝曾制诏许皇后：“椒房以仪法，御服舆驾，所发诸官署，及所造作，遗赐外家群臣妾，皆如竟宁以前故事。”许皇后上书：“诏书言服舆所造皆如竟宁前，吏诚不能揆其意，即且令妾被服所为不得如前，设妾欲作某屏风张于某处，曰故事无有，或不能得，则必绳妾以诏书矣。”

两汉故事是汉代成文法体系的重要补充，在汉代法律生活中占有重要地位。事实上，以故事决疑狱起源甚早，《尚书·康诰》载周公既诛“三监”之后，以殷遗民封康叔，并告诫他：“外事，汝陈时臬司，师兹殷罚有伦。”孔颖达疏：“周承于殷后，刑书相同，故兼用其理者。谓当时刑书或无正条，而殷有故事可兼用，若今律令无正条求故事之比也。”又《周礼·秋官·士师》：“掌邦之八成。”郑玄注：“八成者，行事有八篇，若今时决事比。”秦朝也以故事决疑断狱，有所谓“廷行事”，睡虎地秦简《法律答问》中有：“告人盗百一十，问盗百，告者可（何）论？当赀二甲。盗百，即端盗驾十钱，问告者可（何）论？当赀一盾。赀一盾应律，虽然廷行事以不审论，赀二甲。”[15] 汉代也继承了这种传统，以故事

---

⑮ 睡虎地秦墓竹简整理小组：《睡虎地秦墓竹简》，167页，文物出版社，1978。

断狱决疑，这是因为在秦汉时期，封建社会的典章制度还不健全，对有些事情，法律还没有作出较为明确的规范，因此对一些疑难案件和重要问题的处理，往往要借鉴参考以前的经验和做法，那么循故事就成为一种较有效和实用的处理办法。故事也因此受到人们的重视，官吏以“明习故事”相夸。《后汉书·阳球传》：“补尚书侍郎，闲达故事，其章奏处议，常为台阁所崇信。”《后汉书·刘祐传》：“闲练故事，文札强辩，每有奏议，应对无滞，为类所归。”随着封建法制的日趋完善，汉以后的封建政府将一些故事成文化，例如晋编定《故事》三十卷，唐将故事上升为格。但毋庸置疑，仍然有大量故事保持着习惯法的不成文性质，这一点从历代修纂的文献目录中可以看出。自《七录》中初设“旧事”部，两唐书继之，《宋史》改“旧事”为“故事”，与“仪注”、“刑法”并列，追记一代之典章制度，《明史》因之。清朝在编修《四库全书总目》时，将“旧事”与“仪注”、“刑法”合并为“政书”类。以上足见封建王朝对“故事”的重视，也足见“故事”具备着与法令同样之性质及其在封建法律体系中的地位。

也应指出，两汉故事在其形式和运用过程中所形成的“乐因循而重改作”的官场风气，给两汉的政治法律生活产生了一定的影响，一些大臣如王凤、魏相辈“不能自立法度”[16]，“务在奉行故事而已”[17]，因循苟且，庸庸碌碌，无所作为。也有一些奸臣如弘恭、石显等“议论常独持故事”[18]。拒谏饰非，迷君误国，更有一些故事彻头彻尾是一些官场陋习。

⑯ 《汉书·杜钦传》。

⑰ 《汉书·魏相传》。

⑱ 《汉书·萧望之传》。

王云霞

印度社会的法律改革*

简介

王云霞，中国人民大学法学院教授、博士生导师。1984年7月毕业于华东政法学院法律系，获法学学士学位；1984年至1993年，中国政法大学法律系任教；1996年1月毕业于中国人民大学，获法学博士学位，并留校任教至今，历任副教授、教授、博士生导师。

主要成果有《东方国家法律改革比较研究》（专著）、《东方法概述》（二人合著）以及《印度社会的法律改革》、《〈法国民法典〉的时代精神探析》、《近代欧洲的法典编纂运动》、《法律移植二论》等论文三十余篇。

主要研究领域为外国法律史、东方法、比较法律文化。

主要社会兼职为全国外国法制史研究会常务理事。

---

* 原发表于《比较法研究》，2000（2）。收录时有删改。

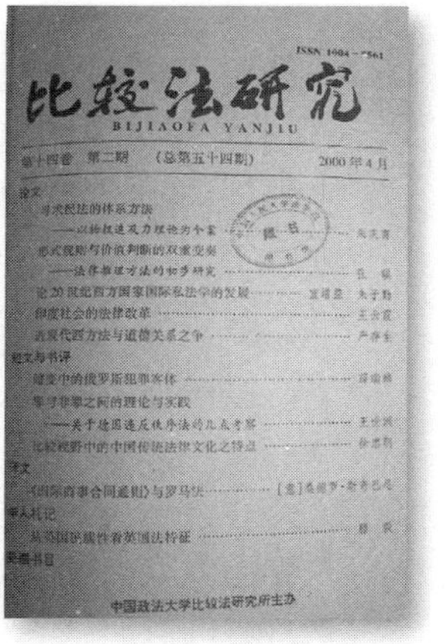

印度[①]是一个文明古国，拥有悠久而灿烂的法律文化。这种法律文化具有深厚的宗教哲学基础和鲜明的民族特征，在古代东方曾大放异彩。它曾经伴随着宗教传播到东南亚、东亚一带，因此形成了东方三大法律文化圈之一的“印度法系”。经过两千多年相对稳定而缓慢的发展，至近代沦为英国殖民地以后，印度传统法律文化发生了翻天覆地的变化，印度社会接受了现代西方法制文明，加入了普通法系的行列。

然而，如果说印度传统法律的变革仅仅是英国殖民统治的必然结果，那就过于武断了。事实上，印度社会的法律改革有其复杂的宗教、政治、社会背景，其后果也绝非简单的英国化。

一、印度社会法律改革的动因

印度是一个盛产宗教的国度，先后孕育了印度教、佛教、耆那教、锡克教等著名宗教。对世界影响最广泛的是佛教，而对印度社会影响最深远的却是印度教。印度教法是印度教义的制度化、法律化，是印度教徒在宗教、世俗生活中一切行为规范的总称。它以印度教“梵我一如”、“业力轮回”等基本教义为哲学基础，以种姓制度为基本内容，以村社制为社会经济基础，以宗教、伦理、法律规范的综合体为表现形式。

在相对封闭的社会环境中占据统治地位千余年以后，从13世纪起，印度教法的发展遇到了来自异族法律的强大挑战。随着穆斯林的征服，伊斯兰法成为印度半岛占统治地位的法律，印度教法则降为习惯法。当然，印度教法不是一般的习惯法，它仍是印度教社会的最高法律，印度教徒之间有关财产、婚姻、家庭、继承纠纷以及各种姓的权利义务问题仍以印度教法为唯一依据。伊斯兰法虽为国法，但穆斯林毕竟是外来者，人数也远不及印度教徒[②]，其影响力远不如在穆斯林占多数的国家。而且伊斯兰法和印度教法同属宗教属人法，穆斯林征服者既然无法使多数印度教徒改宗伊斯兰教，伊斯兰法自然不能取代印度教法。更重要的是，在穆斯林统治印度期间，印度教法赖以实施的社会经济基础——村社制未曾受到根本的触动，印度教徒的生活方式没有任何改变，所以印度教法的发展并未受到本质的制约。

随着1600年英国东印度公司的建立，英国势力开始介入印度事务。该公司在印度的殖民活动及19世纪中叶以后英王对印度的直接统治，使印度的社会状况发生了根本的变化。传统印度教法在转变了的社会环境中显示出种种不适应性，而统治者与被统治者各阶层的利益都需要法律加以明确界定，印度社会的法律改革势在必行。

---

① 本文所称“印度”是一个历史地理概念，大致相当于整个南亚次大陆，包括现在的巴基斯坦、孟加拉等国。

② 直至印巴分治前夕，印度教徒占全部人口的2/3以上，而穆斯林人口不足1/4。

1. 殖民统治破坏了印度教法赖以实施的社会经济基础和政治秩序

东印度公司以强大的军事和经济实力为后盾，攫取了印度的许多国土，并从莫卧儿皇帝手中获得征税权。为了更多地从印度搜刮财富，东印度公司对印度各地的土地田赋制度进行调整。1793年，东印度公司颁布了《永久租佃法》，在孟加拉、贝拿勒斯、比哈尔、奥里萨、德里、亚格拉、阿拉哈巴德以及马德拉斯北部地区推行永久租佃制，土地实际上被确认为柴明达尔的私有财产，农民从此失去了世代拥有的土地占有权，成为一无所有的佃户，印度自古形成的村社制度被彻底瓦解。村社制的瓦解使土地私有制日益发展，农村经济与市场的联系密切起来，劳动力市场逐渐形成，商业高利贷资本日趋积累，为印度民族资本主义的产生和发展创造了条件。失去了生存土壤的印度教法，除非改变自己以适应新的社会经济条件，否则，终究会丧失生命力。

东印度公司充分利用从英王手中获得的垄断东方贸易、拥有武装、宣战媾和以及司法审判等特权，以马德拉斯、孟买、加尔各答三个管区为基地，迅速向印度全境扩张，并建立各种殖民统治机构。公司实际上成了殖民地的最高国家权力机关，各种统治机构一应俱全，除设印度总督作为最高行政首脑外，还设有总督参事会作为决策机构，并在加尔各答建立了高级法庭以审理涉及英国人的案件。1858年东印度公司在印度的统治权被剥夺以后，英国议会和政府代表英王直接对印度进行统治，进一步加强了殖民地的国家机构。印度总督兼副王由英王直接委派，代表英王在印度执政；总督下设立法委员会和执行委员会，吸收部分印度上层人士参加国家管理，但实权仍掌握在总督和印度事务大臣手中；殖民地的司法机构也进一步完善，在三大管区分别建立了统一的高级法院和各省地方法院；土邦越来越直接受制于殖民当局，逐渐成为大英帝国的一个组成部分。

英国殖民者的统治改变了印度社会的政治秩序。大大小小的穆斯林和印度教封建主甚至王公贵族都失去了原有的政治特权，被迫接受殖民者强加给他们的各项制度；农民失去他们世代拥有的土地后，或者成为佃农，或者成为殖民者的雇佣，被剥削的程度进一步加深。殖民者为了巩固这种政治秩序，维护其既得利益，也为了使其统治更有效、更合理、更为印度各阶层人士所接受，必然要对印度社会的法律秩序进行调整。

2. 法律多元化的局面阻碍了印度法律的发展

英国人统治印度之前，印度社会就是一个法律多元化的社会，各宗教人群皆有自己的属人法，除适用面占四分之三的印度教法外，尚有伊斯兰法等属人法。英国人统治印度之初，为了博得印度人的好感，并未立即以英国法取代印度法，而是允许印度教徒适用印度教法，穆斯林适用伊斯兰法，两种属人法处于同等地位。在当事人分属两个不同社会的案件中，则适用被告的法律和惯例。当然，属人法的适用并非毫无限度，到1772年便只局限于“涉及继承、婚姻、种姓等宗教惯例和制度的诉讼”③。由于英国法官缺乏印度教法和伊斯兰法的基本知识，婆罗门权威学者和伊斯兰教法解释官的意见颇受英国法官的重视。但

③ 参见丘日庆主编：《各国法律概况》，257页，知识出版社，1981。

是，这种局面与英国殖民者要求简化司法程序、迅速快捷地处理法律纠纷以稳定社会秩序的愿望相左。殖民地时期的居民成分较过去复杂得多，不光有印度教徒和穆斯林，还有基督教徒、犹太教徒、锡克教徒、袄教徒等少数民族，他们各按自己的属人法生活，这些属人法五花八门，既有成文法亦有习惯法，很难统一掌握。即便是印度教法和伊斯兰法也很难切实执行，因为这两种法律本身流派林立、渊源众多，缺乏统一标准，各派学者的不同意见往往使英国法官无所适从。随着古老的印度法律著作和法律汇编越来越多地被翻译成英文，随着众多印度法律教科书和评论集的出版④，英国法官逐渐熟悉了印度法律，19世纪60年代以后，他们便很少求助于婆罗门权威学者和伊斯兰教法解释官，而是按自己的理解来进行判决。这多少使印度教法和伊斯兰法这两种主要属人法得到一定程度的统一，但法律多元化的局面并未得到完满的解决。

问题的复杂性还在于，除属人法外，殖民地印度已有无数属地法的存在。英国人统治印度以后，一方面为了满足其殖民统治的需要而制定了大量有关土地、税收、司法、国家组织等领域的属地法规；另一方面为了协调各种属人法之间的矛盾，并使那些大量涌入印度的不受任何宗教法律约束的居民不致处于无法可依的状态，殖民当局也制定了数量可观的属地法。这样，如何使属人法和属地法相协调、如何减轻法律多元化带来的司法混乱局面就成了法律改革的重要课题。

3. 传统印度教法自身的缺陷阻碍了它与现代社会的接轨

印度教法的哲学基础是主张“善恶因果、业力轮回”的印度教义。这种教义令人更关注来世的幸福而不是今生的权利，重视神与人的关系甚于人与人的关系。这种教义控制下的社会是一个出世的社会，没有人在乎如何用法律的手段来维护自己应得的利益，没有人在乎谁来统治他们以及用什么方法统治，没有人在乎别人如何对待自己。相反，尘世的一切都不过是过眼烟云，婚姻、家庭、财产和一切享乐都可能是来世的负担，政治社会的种种许诺远不如神明世界有诱惑力。也许正是这种出世哲学使印度教成为宽容的宗教，并使印度社会成为超稳定的社会，但它与商品经济的发展却是格格不入的。

此外，印度教法的核心内容种姓制度已经发展到令人发指的地步。经过几千年发展的种姓制度到近代社会已荒唐不堪：相互排斥、分工各异的大小种姓已达3 000多个，它们各自遵循不同的行为准则，互不通婚往来；“不可接触者”贱民的数量已达5 000万人，约占全印人口的1/6，他们仍被排斥于种姓之外，从事低贱职业，政治权利和社会权利皆被剥夺。各种姓的相互排斥和隔绝使印度社会产生了离心力，社会成员之间缺乏沟通，没有共同语言，犹如一盘散沙。

4. 宗教社会改革家的活动促进了法律改革

改造印度社会绝不仅仅是英国人的愿望，也是印度一大批受过开明教育、具有社会责

---

④ 婆罗门权威学者贾根那撒（Jagannatha）于1797年编纂的有关继承和契约的印度教法律评论集《破诤讼之海》是其中较为出色的一部。该评论集很快由科尔布鲁克（Colebrooke）译成英文，更名为《科尔布鲁克氏汇编》。

任感的宗教社会改革家的愿望。

19世纪初，印度的资本主义逐步发展起来。但是，传统宗教及其法律束缚着人们的行动与思维，与发展资本主义和建立国内统一市场的要求相矛盾。一批受过开明教育的知识分子清醒地意识到这一点，猛烈抨击传统宗教及其法律的腐朽性，倡导宗教社会改革。被誉为“印度近代之父”的启蒙思想家、宗教社会改革家拉姆莫罕·罗易（1774—1833）便是其中最有号召力的一位。罗易认为，印度教种姓隔绝，宗派林立，阻碍着印度教徒的政治觉醒和印度民族国家的形成；印度教法的清规戒律和繁文缛节束缚着人们的个性，与资本主义发展的要求不符。因此，罗易提倡以一神教代替多神教，以便消除教派纷争和种姓隔阂；按理性原则来解释和取舍经典，把西方自由、平等、博爱观念和印度教经典结合起来；以内心崇敬取代繁文缛节，取消婆罗门的特权地位；反对消极遁世，提倡积极的现实生活。萨蒂制、多妻制、童婚制、种姓歧视等传统法律制度和社会现象均受到罗易及其追随者的猛烈抨击，并通过殖民当局的支持，在一定程度上限制了这些陈规陋习。罗易等人还积极创办报刊和民族学校，开展启蒙教育，提倡近代科学文化。

在印度教改革运动的推动下，伊斯兰教和锡克教也创建了自己宗教改革组织和教育机构，广泛推行宗教改革和近代教育。宗教社会改革运动唤醒了印度人的民族意识，他们运用报刊、出版物等媒介宣传民族主义思想，制造改革舆论，组织群众集会、请愿，要求参与国家管理，主张法律面前人人平等，建立民主的立法、行政、司法体制。这些活动和主张为近现代印度的法律改革奠定了雄厚的社会基础。

二、印度社会法律改革的进程

印度社会的法律改革分为近代和现代两个阶段。一般说来，近代印度的法律改革较为艰巨，步伐较大，反复也多；而现代印度的法律改革则较为缓和，起伏不大。

（一）近代印度的法律改革

英国人统治印度之初，并无彻底改革印度法律的打算，所以才会宣布允许印度教徒适用印度教法、穆斯林适用伊斯兰法，以便取悦印度被征服者。但是，随着殖民统治的加深，英国人逐渐意识到法律改革的必要性，便开始有步骤地对印度法律进行改革。

1. 适用英国法

适用英国法的状况在印度各地并不平衡。在英国直接统治的孟买、加尔各答、马德拉斯“管辖区”内，1726年建立的各皇家法院即适用1726年通行的英国法。在这以后颁布的英国法原则上不适用于印度，除非一项法律的条款明文规定适用于印度。皇家法院的管辖权最初只限于涉及英国人的诉讼或当事人同意由其管辖的诉讼；1781年扩及管辖区内所有的诉讼，但在涉及印度教徒和穆斯林的民事上诉时，法院将视具体情况按其属人法裁决。在非英国直接管辖的地区，印度属人法被允许继续发挥效力。但各种属人法都相当古老，而且缺乏统一的规范，在许多重要社会关系上甚至未加规定，如印度教法并未对债务人不如期还债规定相应的惩罚措施，这使属人法的效力大打折扣。1772 年以后，印度属人法的适用就被限制在继承、婚姻、种姓以及与宗教有关的习惯或制度方面，其他领域的纠纷则根据“正义、公平和良心”的原则进行裁决，其后果是间接地适用英国法。对于印度教徒和穆斯林以外的宗教信徒和那些越来越多地涌入印度的无宗教信仰者则直接适用英国法。经过英国法的适用，英国法的许多原则和制度逐渐为印度人所熟悉。甚至当他们可以选择属人法来处理他们之间的纠纷时，有些人也宁愿选择英国法，因为在他们看来，“英国法更可靠，何况印度法本身常常是由一些对印度文明完全外行的法官进行英国式的解释”⑤。

2. 引入英国法律原则

被引入印度的最重要的英国法原则当数“正义、公平和良心”原则（the doctrine of justice，equity and good conscience）。该原则在印度最初适用于税收方面的案件。1774 年，加尔各答高等法院条例宣布，该法院应该是一所衡平法院，应拥有类似英国大法官法院的权力，并以类似的规则和程序办案。这使“正义、公平和良心”原则的适用有了法律依据。1781 年，一项法律规定，在所有案件中，如果缺乏特定的法律依据，法官应根据“正义、公平和良心”原则来判决。⑥ 至 19 世纪中期，各地法院都已广泛采用这一原则。通过“正义、公平和良心”原则的适用，英国法律的各项制度源源不断地嫁接到印度法律中去，连英国枢密院都不得不承认，这一原则的内容可以“一般地解释为英国法的规定，如果它们适应印度社会状况的话”⑦。

另一项英国法律原则——“遵循先例”原则也被移植到印度的各级法院。英国枢密院在一份司法公告（Mata Prasad v. Nageshwar Sahai）中明确肯定了在印度法院中实行遵循先例原则的作法。第五届法律委员会也认为：“虽然高等法院的判决并未被制定法赋予法律的权威，但下级法院要受其高等法院判决的约束，并且不得拒绝服从高等法院所解释的法律，这项原则已经固定下来。”⑧

既然要遵循先例，那么，判例集的汇编和出版就是必不可少的了。判例集的汇编始于 1774 年加尔各答最高法院的建立以及随后马德拉斯和孟买最高法院的建立。最初的汇编纯属私人性质，汇编者大都是法官和律师。随后，各地法院亦开始进行半官方的汇编。为了解决因为越来越多的私人和半官方判例集的出版所带来的混乱局面，1875 年，殖民当局颁布了“印度判例汇编法令”，规定了官方判例集的权威地位，意在减少判例集的数量，提高其质量。

3. 对属人法加以改造

如前所述，印度属人法存在许多不尽如人意之处。英国人虽然表示过尊重属人法，但随着其殖民统治的加深，逐渐意识到属人法的分散、落后阻碍了印度法律改革的进程，于是开始对属人法进行大胆改造。

---

⑤ ［法］勒内·达维德：《当代主要法律体系》，漆竹生译，465 页，上海译文出版社，1984。

⑥ 参见 J. K. Mittal，Indian Legal History，P282，Allahabad Law Agency，1984.

⑦ 转引自 J. K. Mittal 前引书 284 页。

⑧ 转引自 S. K. Puri，Indian Legal and Constitutional History，P175，Allahabad Law Agency，1983.

首先，对属人法中明显落后于时代的内容加以修改。印度教法是印度影响最大的属人法，对其进行改造就越是重要。殖民当局于1829年颁布法令，禁止举行萨蒂，凡怂恿或强迫寡妇殉夫者皆以杀人罪论处。1850年，政府颁布了《排除种姓无能力法》，宣布种姓权利必须服从于政府法令，不得因宗教信仰和种姓原因剥夺某些印度居民的财产及其继承权。1856年，又颁布《印度教寡妇再嫁法》，禁止种姓会议对寡妇再嫁进行干涉。1872年颁布的《特别婚姻法》明确禁止童婚和多妻制，并承认那些逾越种姓鸿沟的婚姻为合法婚姻。这些法令的颁布虽未最终消灭种姓歧视、萨蒂制、童婚制、多妻制，但毕竟是对印度传统法律的重大革命，使其在现代化道路上迈出了可喜的一步。

其次，对属人法进行适当的编纂和整理。以麦考莱勋爵（Lord T. B. Macaulay）为首的第一届法律委员会（成立于1834年）曾计划编纂三种法典：印度教法典、穆斯林法典和有关属地法的法典。虽然该计划由于折中主义色彩过浓未被采纳，但殖民当局从此开始注意对属人法进行一定程度的编纂和整理。除上述《排除种姓无能力法》以及《印度教寡妇再嫁法》等法规外，19世纪中期以后殖民政府颁布的重要印度教法还有《土著改宗者婚姻法》（1856年）、《印度教遗嘱法》（1870年）、《印度教继承法》（1925年）、《限制童婚法》（1929年）、《印度教知识收益法》（1930年）、《印度教妇女财产权法》（1937年）、《阿亚婚姻有效法》（即“不同种姓间婚姻有效法”，1937年）、《印度教已婚妇女分居及扶养法》（1946年）等。这些法规虽然只是在某一方面对印度教法属人法进行的编纂和整理，但它们在形式和内容上都与传统印度教法具有本质差异，是英国法律原则和技术与传统印度教法的有机结合，因而它们被称为“盎格鲁一印度教法”（Anglo-Hindu Laws）。

4. 属地法典的编纂

1833年的《特许状法》确定了编纂属地法典的计划，并由此掀起一场大规模的法典编纂运动。根据该法设立的第一届法律委员会于1840年提出的属法报告虽未被采纳，但麦考莱等人起草的刑法典、民事诉讼法典、刑事诉讼法典和时效法等草案却是以后法典编纂的基础。立法工作的实质性进展是在1857年民族大起义以后所进行的宪政改革基础上取得的，第二、三、四届法律委员会（分别设于1853年、1861年、1879年）最终完成了大批被称作“盎格鲁一印度法典”（Anglo-Indian Codes）的编纂。至1882年，相继颁布了《民事诉讼法典》（1859年）、《刑法典》（1860年）、《刑事诉讼法典》（1861年）、《时效法》（1859年）、《继承法》（1865年）、《契约法》（1872年）、《证据法》（1872年）、《特定履行债法》（1872年）、《流通票据法》（1881年）、《财产转让法》（1882年）、《地役权法》（1882年）和《信托法》（1882年）等重要法典和法律。这些法典和法律的颁布标志着印度社会的法律改革已经达到巅峰状态，并取得了重大进展，它不仅使印度摆脱了法制混乱局面，而且将印度法制完全纳人普通法系的轨道；它们不仅构成了现代印度和巴基斯坦法制建设的基础，同时也为英国的其他殖民地如苏丹、尼日利亚的法律现代化提供了榜样。

（二）现代印度的法律改革

1947年，印巴分治，印度获得独立。独立后的印度在着力发展民族经济的同时，继续推行法律改革，以便更好地发挥法律在改造社会、促进经济发展方面的重要作用。现代印度的法律改革主要有以下几个方面：

1. 设立第五届法律委员会

殖民地时期的四届法律委员会为印度的法律改革和法制现代化作出了重要贡献，“由杰出的英国法学家组成的这些法律委员会，经过半个多世纪的努力，奉献给印度一个包括民事、刑事在内的实体和程序的重要法典体系”⑨。1955 年 4 月 5 日，印度政府建立了由杰出法官和律师组成的第五届法律委员会。成立之初，它的任务大致是对修订法律和法律现代化提出建议，减少判例法的总量，解决高等法院判决之间的冲突以实现“简单、快捷、低费用、高效率和实质性的司法”⑩。至 70 年代，其职权范围进一步扩大为：“（1）简化法律，尤其是程序法；（2）弄清是否有任何条款与宪法不一致，提出必要的替代或删节意见；（3）消除由高等法院的判决冲突或一致所造成的异常和含糊现象；（4）考察在并存领域中邦立法所引起的地方多样性，以便重新引入和维护统一；（5）用必要的技术性修订把涉及同一主题的法规合成一体；（6）检查现行法律是否符合指导原则，对不符合指导原则的法律提出修正意见；（7）提出修订法律的总体政策；（8）对任何新立法的可行性和必要性进行考察以实现指导原则；（9）审查宪法的实施情况，为使不同机构能够根据宪法更有效地履行指导原则提出修正意见。”⑪ 该委员会的工作成果以“报告”的形式公之于众。至 1980 年 8 月 27 日，它已提出 87 份报告，除少量未向国会提交或被推翻，大部分或被采纳或等待被采纳。该委员会虽然遭到许多批评⑫，但它对印度法的现代化毕竟起了巨大的推动作用，尤其是在修订、整理独立前的法律方面更是劳苦功高。

2. 整理独立前的法律

独立后的印度并未割断与英国的联系，它仍是英联邦的重要成员，仍是普通法系的国家。对独立前英国殖民当局在印度实施的种种法律，印度政府原则上予以保留。《印度共和国宪法》（1950 年）第 372 条宣布：“……一切在本宪法实施前在印度领土内有效之法律，应仍继续生效，至由适当之立法机关或其他机构变更、废止或修正时为止。”在此原则下，独立前已经扩及印度的英国议会的某些法令继续有效，但最高法院认为，一项独立前的英国法律如果与“独立的民主的共和国”的概念相抵触的话，该法律就不能再适用于印度。⑬议会亦对独立前的法律进行检查，对明显不符合印度独立的事实或印度社会发展需要的部分进行废止或修正，1960 年的《英国法规（适用于印度）废止法》废除了构成印度法律一

---

⑨ 转引自 J. K. Mittal 前引书 334 页。

⑩ J. K. Mittal 前引书 335 页。

⑪ The Hindustan Time，2nd September 1971.

⑫ 如 Upendra Baxi 在 The Crisis of the Indian Legal System（New Deli：Vikas Publications，1982）一书中指责法律委员会“日益成为最高法院和高等法院退休法官的天堂”；其工作和研究方式“充满教条主义，濒于专断甚至独裁”，而且其每年 3.7 份报告的产量也太多了。

⑬ 参见《各国宪政制度和民商法要览》（亚洲分册），318 页，法律出版社，1987。

部分的 258 条英国法律；大部分独立前颁布的法律包括许多“盎格鲁一印度法典”都经过法律委员会的仔细检查，并建议议会作了不同程度的修改，如《民事诉讼法典》、《刑事诉讼法典》、《刑法典》、《契约法》、《财产转让法》及过去种种结婚和离婚法规等都有重大修改，而《特别履行债法》、《时效法》和《货物买卖法》等则分别被新的法律所取代。

3. 对属人法进行法典化编纂

独立前的第一届法律委员会曾打算在编纂属地法典的同时，对印度教法典和穆斯林法典进行编纂。该计划由于过于折中、不切实际而受到各方面的指责。独立后，印度政府意识到属人法尤其是印度教法的混乱状态是法律现代化的巨大障碍，决定对印度教法进行整理和编纂，使其法典化、系统化。1955—1956 年间，印度议会先后通过了《印度教婚姻法》、《印度教未成年人和监护法》、《印度教收养和赡养法》、《印度教继承法》四项法规，统称《印度教法典》。《印度教法典》不仅从内容上对传统印度教法进行了系统整理，清除了其中野蛮落后的规定，肯定了印度教法的精华；同时，还从形式上统一了印度教法的规范，这在印度这个宗派林立的社会是史无前例的。

三、印度社会法律改革的特点

印度社会的法律改革是一个艰难而漫长的历程。相对于其他东方国家而言，它起步较早，手法多样，涉及面更广。从理论上说，其法律改革本身是卓有成效的。但从其社会效果来看，它本应起到更大的作用。出现这种尴尬的结局，与印度法律改革的独特风格有关。从总体上看，印度社会的法律改革具有如下特征。

1. 受宗教状况的牵制

传统印度社会是一个宗教的社会，法律不过是构成这个社会的一个部件，并无独立的地位。但是，既然法律是宗教的组成部分，法律改革当然就会牵动控制着整个印度社会的宗教。而印度宗教成分之复杂，也是其他东方社会无法比拟的。尤其在近代，教派的对立不仅造成国家的分裂，也直接影响了法律改革的进程和方向。

法律改革受制于宗教的明显例证之一是印度属人法的多样性和顽固性。属人法的多样性不仅是法律改革的主要诱因之一，也是影响法律改革进程和内容的重要因素之一。第一届法律委员会就曾把编纂印度教法典和穆斯林法典作为重要目标，但却遭到宗教人士甚至英国法学家的强烈反对。人们认为这种做法不仅不能解决法律多元化问题，而且违背了宗教法的基本特征，侵犯了印度人民的宗教感情。因此，第二届法律委员会放弃了编纂属人法的计划，并在其报告中郑重指出：“印度教法和穆斯林法的权威明确地来自印度教和伊斯兰教。因此，既然英国立法机构无法创造印度教和伊斯兰教，也就不能创造印度法和穆斯林法。”此后，虽然殖民政府曾颁布过一些印度教法和穆斯林法方面的法令，对属人法进行了一定程度的编纂，但它们无论在内容还是形式上都未对属人法作本质的改变，只是出于“公共利益”的需要而作了某些谨慎的修改。

独立以后，印度政府重新考虑解决属人法的混乱状态。由于独立后穆斯林人数骤减，印度教法成了印度唯一主要的属人法。但是，刚刚赢得独立的印度教徒的宗教感情异常强烈，对传统的扬弃问题非常敏感，立刻在全国形成了两大派别："改革派"和"正统派"。改革派要求政府或者颁布统一的民法典，使私法世俗化、现代化；或者简化和改善印度教法，消除其陈旧的内容和互相抵触的条文。正统派则"要求回归法经，重新界定达摩，重新阐释吠陀和法典，以便建立一种能把印度教徒的良知和法律实践结合起来的新的印度教法"⑭；坚决不同意私法世俗化，不同意修改印度教的法律原则，只同意对印度教法作少许非实质性修改，以适应社会政治、经济的变动。当印度教法典草案再一次提交印度议会时，一场反对草案世俗化、反对改革印度教法的斗争立即在全国出现。正统派攻击草案"是对整个社会、文化和印度哲学全部结构的挑战"，否认任何世俗政权有颁布违背吠陀的法律的权力。改革派不敢再公开侵犯传统，只得依赖法律本身的权威及其目的性和合理性，为草案作些微辩解。在改革派快要淹没在正统派的声讨声中的时候，尼赫鲁总理以自己对宗教的深刻理解，毫不留情地批评了正统派的顽固守旧，给改革派以极大的安慰。经过长期争论，改革派作出许多让步，法典草案终于在1955—1956年间获得通过。印度教属人法的改革总算取得了重大进展，进一步促进了印度法律的现代化。

属人法的法典化完成以后，印度仍有许多改革人士主张制定一部适用于全体印度公民的民法典，以消除属人法和属地法并存的局面，完成制宪者的夙愿。政府也多次打算制定民法典，但都由于国民的强烈反对而作罢。迄今为止，属人法和属地法的并存仍是印度法律体系的一大特色，并且这种特色在相当长的时期内不会消失。

2. 受英国法的影响极深

印度社会的法律改革是在英国的统治下开始的，并在英国统治下完成了其大部分使命，确定了其基本方向和原则；而且改革过程中颁布的绝大多数法律都出自英国人之手，尤其是"盎格鲁－印度法典"，完全是英国法学家的作品，甚至是英国法学家在英国为印度编纂的⑮；此外，印度法院的英国法官们长期实施英国法，使印度人对英国法的原则和制度非常熟悉，法律改革以英国法为模式就很自然了。从总体上说，受英国法影响的主要表现是：

(1) 英国法的观念和原则已被印度接受。印度传统法律与英国法在观念和原则上本无相通之处。然而，经过英国法在印度的长期适用，经过一大批以英国法为基础制定的法律的实施，英国法的自由、平等、权利等观念已被印度所接受。而英国法的种种原则更是在英国法的实施过程中就已被嫁接到印度法中。尊重判例的英国法传统不仅在数不清的印度官方和非官方法律报告集里得到印证，还可以从"盎格鲁－印度法典"和独立后各法典中包含的大量例解中找到痕迹。

(2) 以英国法为基础的法律体系建立起来。在19世纪的法典编纂运动中完成的"盎格

---

⑭ J. D. M. Derret，Hindu Law：Past and Present，Calcutta，1957，P57.

⑮ 在编纂法典工作中作出重要贡献的第二届法律委员会从1853年至1885年都在伦敦办公。

鲁一印度法典”打下了印度法律体系的基本框架，而这些法律之所以被冠以“盎格鲁”字样，除了因为英国法学家编纂了它们，并且是为了英国对印度的统治而编纂的以外，更重要的是因为它们完全是在英国法的基础上编纂的。首先，从立法技术看，法典编纂似乎更是大陆法系而非英美法系的常见手段，但“盎格鲁一印度法典”却在大陆法最常见的立法形式下将英美法的特征发挥到极致。这些法典虽然有着大陆法的外在形式，但却醒目地多了两项内容：“说明”（explanation）和“例解”（illustration）。前者附在疑难条文后，进一步说明条文的含义和适用范围；后者附在疑难条文和“说明”后，以举例的方式对它们进行解释。两者都是法典的有机组成部分，与正式条文具有同样的法律效力。这正是判例法成文化的生动写照：条文力求周密、详尽而非概括、简明；以演绎的方法去阐明法律、理解法律。其次，从法律分类来看，除刑法典、刑事诉讼法典和民事诉讼法典具有与大陆法相同的名称外，其他涉及民商领域的法律基本上采用了英美法的分类，如契约法、财产法、信托法、地役法、特别履行债法等，除未法典化的侵权行为法以外，基本上与英国法相当。另外，这些法律无论名称如何，其概念和术语基本上来自英国法，许多具体制度亦来自英国法。

（3）司法体系以英国为模式。经过英国统治时期的若干司法改革，印度已逐步建立起英国式的司法体系。联邦制的国家结构形式并未在法院组织中得到充分的体现，除最高法院外，印度未设联邦法院。换句话说，印度的法院组织是单一制的，所有法院同时适用中央和各邦的法律，这不能不说是受到英国高度统一的司法体制的影响。各邦法院组织基本分为三级：市或县法院（基层法院，民、刑分开）、届审法院（上诉法院）和高等法院。受英国公、私法不严格区分的观念的影响，印度未设单独的行政法院和商事法院，涉及行政和商事的纠纷由民事法院审理。英国的诉讼制度也深深地影响了印度，对抗制、律师制、陪审制等都已成为印度诉讼制度的有机组成部分；司法独立、正当程序等英国司法原则也在印度落了户。

3. 并非完全英国化

许多迹象表明，印度的法律改革虽然深受英国法的影响，但却并非完全英国化。前述宗教属人法与世俗属地法的并存就是明显的例证。除此以外，这方面的表现还有：

（1）在法律渊源上，没有普通法与衡平法之分。虽然“正义、公平和良心”原则的运用与衡平法在英国的实际作用很相似，但是，衡平法并不仅仅是一种法律运作方式，更是一整套法律规则，是一种法律表现形式，需要由专门的司法机构来实施。而印度却从未建立过真正的衡平法院，更没有单独的衡平法规则。所谓根据“正义、公平和良心”的原则判案，不过是英国法官根据印度的实际需要选择合适的英国法，它们既可以是普通法，也可以是衡平法、制定法，与大法官法院运用“正义、公平和良心”来创制法律规则是完全不同的。因此，一位作者说：“在印度，衡平法在普通法中而不是在与普通法的对立中找到了自己的地位。”⑯

⑯ 语出 M. C. 塞塔尔瓦德，转引自勒内·达维德前引书 477 页。

(2) 在属地法中亦有不少独创。法律改革的关键——"盎格鲁一印度法典"的编纂虽然深受英国法的影响，但不能就此认为这就是英国化的结果。事实上，就连法典的起草者们也不想让印度的法律改革成为英国法的简单移植。一方面，他们清楚地看到了印度与英国完全不同的法律传统，希望法律改革符合印度的实际需要。正如第一届法律委员会主席麦考莱爵士所说："我们无意让所有的印度人都生活在同一种法律之下，远远不是这样……尽管我们知道这个目的有多吸引人，但我们也知道这是无法实现的……我们的原则不过是：在能够统一的地方统一；在必须不同的地方不同；但在任何情况下都要确定……"⑰ 基于这种认识，法典起草者们没有强行用英国法去统一印度的法律，而是尽量引入切实可行的英国法律制度，同时参照印度的实际情况加以变通。比如，《刑法典》在罪名设置上就照顾到印度传统刑法的特点，单列"有关宗教的犯罪"一章。另一方面，法典起草者们试图使他们在印度所从事的改革能够与当时英国正在进行的法律改革相适应。当时的英国正在边沁的倡导下，进行着旨在简化司法程序和提高制定法地位的法律改革。印度法律委员会中不乏边沁的追随者，他们很自然地将英国法律改革的宗旨贯彻到印度，甚至比英国的改革者们走得更远。比如，在《民事诉讼法典》中一步到位地取消了陪审团；将在英国无法法典化的契约法法典化，并在内容上进行创新；以及在《继承法》中简化了遗嘱格式，等等。

4. 在一定程度上与社会改革脱节

总的说来，印度的法律改革是成功的，它既竭力使法律现代化，又适当照顾到居民的宗教感情和法律传统。但是，从某种角度看，仍然存在一些问题，最明显的就是与社会改革的一定程度的脱节。殖民地时期，当局已经在法律改革的同时，注意到社会改革的问题，曾以法令限制了许多社会陋习，如萨蒂、禁止寡妇再嫁、童婚、种姓歧视等。但并未进一步规定具体措施，以保证这些法令得到切实的实施。独立后的法律改革继续对这些陋习进行抨击、限制或禁止。如《印度宪法》明文废除了种姓制度，并对贱民和山林部落（宪法上称为"表列种姓"和"表列部落"）在受教育、就业及选举等方面的权益实行保护和优待政策。1955 年，政府又颁布《侵犯贱民法》，禁止阻止贱民进入公共场所，对歧视贱民的行为进行惩罚。但贱民问题仍是印度最严重的社会问题之一。至 70 年代初，贱民人数已达一亿，几占总人口的 1/5。90%以上的贱民生活在农村，其中 95%的贱民没有土地，他们大多是雇农、佃农及债务奴隶，有的仍在从事清道夫之类低贱的传统职业。贱民的受教育权得不到保障，文盲率高达 87%⑱；其就业权亦得不到保障，业主公开拒绝雇佣贱民的现象十分普遍；贱民参与国家管理的机会更是微乎其微，选举权和被选举权对于贱民来说只是装饰品；贱民甚至连人身权利都得不到保障，迫害、凌辱、残杀贱民的暴行时有发生。贱民境遇之所以得不到法律所允诺的改善，保障贱民权益的法律之所以成为一纸空文，其原

---

⑰ 转引自 C. C. Rankin, Background to Indian Law, P20, Cambridge, 1946.

⑱ 参见陈君峰主编：《印度社会述论》，375 页，中国社会科学出版社，1991。

因固然主要是宗教传统在作梗，但与统治者忽视了政治、经济、文化教育等配套措施的保障作用不无关系。宪法明文废除的种姓制度尚且如此，其他社会陋习如萨蒂、童婚、妆奁制等也由于同样的原因而屡禁不止。

法律改革是一项综合的社会工程，不仅需要对传统法律文化作些符合时代潮流的修正，还需要政治、经济、文化等各个领域的协调和配合。印度的法律改革者确实为法律现代化绘制了一幅美好的图景，但由于未能与社会改革的各个环节相衔接，缺乏社会改革的配套措施，法律改革终究未能全面发挥其应有的社会功效。

田　涛

清末翻译外国法学书籍评述*

简介

田涛，上海大学法学院教授，上海政法学院教授，清华大学法学院兼职教授，武汉大学兼职教授，中国人民大学法律文化研究中心特聘教授；中国法律史学会理事，著名拍卖法专家、法律文献学家。著有《第二法门》、《被冷落的真实》、《我说·我想·我自由》、《田藏契约》、《西方人眼中的中国法律》、《拍卖法案例指南》、《拍卖法实务》、《黄岩诉讼档案及黄岩调查报告》、《中华传世法典·大清律例》、《珍稀法律典籍集成》、《中国官箴书集成》、《清末城市管理法规三十九种》等多部，并撰写论文百余篇。

* 原发表于《中外法学》，2000（3）。后收入田涛：《第二法门》，北京，法律出版社，2004。

本文是我和李祝环副教授在20世纪80年代中期完成的，最初刊登于《政法论坛》1990（6），当时的题目为《清末法学输入及其历史作用》，那时这方面的研究尚未引起学界的普遍重视，因此1990年的那篇文章也随之湮没无闻。十年后，随着比较法学的兴起，国内学者对于中西法律文化交流的历史开始关注，我应《中外法学》主编贺卫方先生之邀，写一篇西方法学在近代中国的引进与吸收研究方面的文章，这让我想起十年前的那篇旧著，于是翻出原稿作了部分修正拿出去塞责。

最初本文在《政法论坛》发稿时曾经有一个附录，其主要是将清末外国法学引进的作品编成了一个较为详尽的书目，我个人认为这个书目在一定程度上比那篇论文更重要，为了编写那篇书目，几乎耗用了好几年的时间，走访了十家以上的图书馆，查阅了很多公私目录，当时这样一个介绍三百余种清末外国法学引进作品的书目，在我们的心中几乎如同一颗明珠，而那篇介绍性的论文实际上是一个盛放这颗明珠的盒子。奇怪的是当时的《政法论坛》拿走了我们的盒子，却把明珠还给了我们。整整过了十年，北京大学《中外法学》2000年第三期刊登了我们的这篇经过修改的旧作，这次他们把盒子和珠子一起拿走了。此文发表以后，国内有数家刊物和网站纷纷进行了转载，甚至引起了国外学者的关注，有的看中的是盒子，有的看中的是珠子。近年来我陆续发表了好几篇论文，大部分是应杂志社的邀请而发的，有些其实是在十来年前完成的，或是不敢拿去发表，或是让人家退了回来，总是费了很大心力写成的，舍不得扔掉，不想十年后竟然都派上了用场。呜呼！天道酬勤乎！人道公允乎！彼一时乎！此一时乎！呼乎!!

中西法律文化，经历了17世纪以来的早期接触。19世纪以来，传统法律的代表《大清律例》被当时的“西人”译成了英文、法文和意大利文，在欧洲引起很大反响。同时，一大批涉及中国法律及司法制度的著作也先后出现。① 而当时以中央大国自居的大清帝国，却在被西方人称作“他们习惯于保持永久不变的谦虚和自我克制的态度”② 里沉睡不醒。

19世纪中期，被誉称为“睁开眼睛看世界”的林则徐等人，较早地接触到了外国法律制度。在林则徐主持下，将瑞士法学家和外交家瓦特尔（Vattel，旧译滑达尔）的《国际法》中的一些段落翻译成中文，定名为《各国律例》。③ 而梁廷枏《海国四说》中也涉及一些英、美等国的法律制度，这些我们似乎可以视为中国人认识西方法律的起点。④ 由于当时条件的局限，这些只是一些较为零散的了解，还不能称为是正式的有组织的对外国法律与法学著作的引进。

一

鸦片战争以后，清政府首先面临大量的国际交涉，随着一系列条约的签订，了解国际公法成为当务之急。郑观应在《易言》中谈到“欧洲各国，动以智勇相尚，我中国并立，不得不亟思控制，因变达权，故公法约章宜修也”⑤，便是当时“有识之士”见解的写照。由于清代法律规定严禁私通洋人，禁止民间学习“夷人”文字，甚至对能用外语与西方人进行交流沟通的人要加以治罪⑥，因此，能够直接进行翻译工作的国内人士难以找到，不得不提出“今语言不通，文字难辨，一切隔膜，安望其能妥协”，只是延请“认识外国文字通解外国语言之人，携带各国书籍来京”⑦。这种放宽实际上等于解除了禁止私与外人往来的禁令，为后来广泛地翻译与引进包括各国法律在内的西方学说奠定了基础。

---

① 关于十七世纪开始的中外法律交流与西人翻译《大清律例》的情况，详见田涛《十七世纪以来西方人眼中的中国法律》，载《法学前沿》2000（1），法律出版社。

② ［英］威廉·米勒（William Miller）《中国的刑罚》（The Punishments of China，London 1801）。引文出自于《中国的刑罚》中的第十图《手指的折磨》（“Torturing the Fingers”，Plate Ⅹ）。

③ 关于《各国律例》的研究近年来比较多见，本文采用了李贵连先生的研究成果。详见李贵连主编《二十世纪初期的中国法学》，北京大学出版社，1998。

④ 梁廷枏（1796—1861）《海国四说》中涉及英、法、荷、葡、意、西等一些西方国家的政治、经济与法律情况。此书由骆驿、刘骁点校，中华书局，1993。

⑤ 郑观应《易言》卷上“论公法”。

⑥ 关于禁止民间私习洋文禁令及其有关案例可参见秦国经、高焕婷《乾隆皇帝与马戛尔尼》中引用的《乾隆五十八年英吉利入贡始末》，北京紫禁城出版社，1998。方流芳先生的近作《公司词义考：解读词语的制度信息》一文中也使用了相似的材料。

⑦ 《咸丰朝筹办夷务始末》卷七十一，咸丰十年，奕䜣等“酌拟章程六条”。

外国传教士的涌入和洋务运动的兴起，为当时大量翻译“西学”书籍作了人员上的准备。在传教士当中，有相当一部分人兼办教育与进行翻译工作，如丁韪良（Martin，Willian Alexander Parsons，1827—1916）、李提摩太（Timothy Richard）、林乐知（Young J. Allen）、傅兰雅（John. Fryer，1839—1928）等均参加过包括法学在内的“西学”书籍的译述。而其中尤以丁韪良与傅兰雅两人最为突出。⑧

丁韪良原为美国北长老会教士，1850 年来华，先在宁波传教。1858 年担任美国首任驻清公使的翻译，参加过《天津条约》的起草。同治二年（1863 年）入同文馆教授英语，兼讲授国际法，同治八年（1869 年）出任总教习，丁任此职达 25 年。1898 年京师大学堂成立，丁韪良被聘为洋人总教习，恭亲王因此赠他“冠西”的字号。1916 年丁客死于北京。丁韪良主持翻译的《万国公法》是我国官方组织翻译的第一部外国法学著作。此外，丁韪良还主持出版了我国近代史上第一部科技杂志《中西闻见录》，共出刊 36 期。

同治元年（1862 年）七月，总理各国事务衙门大臣奕䜣等奏请在北京设立同文馆，专门从事“西学”的引进兼讲授西方语言。以丁韪良为代表的一批传教士进入同文馆，从此揭开了中国官方有组织地正式引进与翻译西方法律与法学著作的序幕。为了适应办理国际交涉的需要，加之此时的清廷已开始认识到“九州外之国林立矣，不有法以维之，其何以国”⑨，随着门户开放，国际公法已成为“西洋各国公使大臣、水陆主帅、领事翻译、教师商人以及税务司等莫不奉为著蓍蔡”⑩。于是在设立同文馆不久，即由当时任总理事务衙门大臣奕䜣亲自交办，在同治三年（1864 年）经丁韪良翻译了美国韦登（原译惠顿）所著《国际法》。由于中华帝国向以中央大国自居，且张斯桂在此书序言中仍称“尝观天下大局，中华为首善之区，四海会同，万国来王”，可见“万国”一词，在当时即指“国际”，故丁韪良的译本定名为《万国公法》。

《万国公法》是清末正式翻译的第一部“公法”类的书籍。稍后，同文馆又在丁韪良主持下陆续翻译了《星轺指掌》、《公法便览》、《公法会通》。其中《公法会通》最初译名为《公法千章》，后经董恂题签改为《公法会通》。⑪

《星轺指掌》译成于光绪二年（1876 年）。此书除使国内人士进一步了解“公法”内容以外，译者还在翻译凡例里向国人介绍了世界上各国政体的区别，“各国政式不一，有君位世传而君权无限者，有君位世传而君权有限者，二者皆谓君主之国，复有庶民公举国主而其位限有年数者，是谓民政之国。凡君权有限之国与民政之国，皆公举大臣会议国政，是谓国会，君位虽尊而权执往往操之于国会也。凡君权无限之国，莫不设有议政院，其大臣

⑧ 关于丁韪良与傅兰雅等来华译书及出版情况，详见田涛《从〈中西闻见录〉到〈格致汇编〉》，载《藏书家》，108 页，齐鲁书社，1999（1）。

⑨ 董恂《万国公法·序》同治三年同文馆聚珍版排印本，卷首。

⑩ 张斯桂《万国公法·序》。

⑪ 《公法会通》与《公法千章》为同书异名，由于同文馆在出版时由董恂题签时定名《公法会通》，故易造成混乱，近人多以为此为两种译著，实误也。

皆由国君简派，而君权有限之国及民政之国所设国会亦以议政院称之。君权有限之国及民政之国率由国会公议以制法，国君秉权而行法，复有专设法司以执法而审讯不法之事者，此谓之法院或曰法堂”⑫。这大段凡例的内容已经远远超出了《星轺指掌》所介绍的“公法”的含义，实际上所谓的“民政之国”，即今日所称之“民主国家”，而“君权有限之国”，即指“君主立宪制国家”，至于“复有专设法司”，则旨在介绍“司法独立”。这是一段十分值得注意的文字，虽然对于各国政体之异同，类似《瀛环志略》及《海国图志》等书中也稍有涉及，但均没有如此之详尽。《星轺指掌》是当时总理各国事务衙门直接领导下的同文馆的官方出版物，这使它在中国引进“三权分立”原则的历史上意义更加突出。《星轺指掌》一书所用底本为法文本，翻译工作由当时在同文馆学习的联芳、庆常初稿，后交荣贵、杜法孟稍加润色，再经丁韪良审定，最后报经总理各国事务衙门审定后出版，其中荣贵、联芳、庆常等皆为八旗中挑选出的旗人子弟，经入同文馆学习外语及翻译，此时已经能够担负起大部分的翻译工作。

光绪三年（1877 年），丁韪良率同文馆生汪凤藻、汪凤仪、左秉隆、德明四人共同翻译了《公法便览》，此书在凡例中将《星轺指掌》中关于“三权分立”的内容又全文重复了一遍，足见其鼓吹之意。

光绪六年（1880 年），丁韪良等又将瑞士步伦《国际法》译成中文。此书中共收有“国际公法”八百六十二章，附“行军训戒”一百五十七章，共计一千零一十九章，故最初译名为《公法千章》，后出版时改名为《公法会通》。此书据英文译本转译而成，由已升任副教习的联芳、庆常、联兴等负责翻译了大部分，其余为丁韪良口译，副教习贵荣及前同文馆生贵林笔述，最后由贵荣审定而成。书前凡例除对本书的来历与内容稍加提示外，又再次将有关民主国家与“三权分立”的原则重复了一番，可见用心良苦。

北京同文馆的设立及翻译“西学”的成就，使各地纷纷效仿。继丁韪良之后，傅兰雅在上海江南制造局掀起了第二个翻译“西学”书籍的高潮。傅兰雅原为英国教士，1861 年来华，曾任北京同文馆英文教习。1865 年江南制造局成立之初，即应李鸿章之邀，转任上海江南制造局翻译馆。这一期间傅兰雅主持翻译了大量包括外国法律在内的“西学”书籍，在他的带动下，“西学”书籍的翻译重心转移到了上海，在此之后上海一直是西方文化在中国传播的中心。

此后，上海开设广方言馆、江南制造局、广学会，广东开设同文馆、实学馆，福州开设船政学堂等等，都陆续开始翻译各种不同文本的国际公法，使此类书籍的引进形成一股潮流。据不完全统计，自同治初年至中日甲午战争为止，各地翻译公法类书籍达 40 部以上，其中上海江南制造局在傅兰雅主持下先后翻译了《四裔编年表》、《各国交涉公法论》、《各国交涉便法论》，金楷理等译有《公使指南》，广学会在林乐知组织下翻译了《欧洲东方交涉记》、《中英关系略论》等。此外，上海新学会、湖北官书局、上海开明书局、广智书

---

⑫ 丁韪良等译《星轺指掌·凡例》，光绪二年同文馆聚珍版排印本，卷首第 5 页。

局、商务印书馆、汉口文明编译局、天津北洋学报、广州南洋官报等国内数十家公私出版机构均参加了这股“公法”引进的潮流。

对公法的引进，各地翻译方法基本相同。早期一般先由洋人口译，再由国内人士笔述，最后加以润色而成。这种翻译方法造成的差错是十分显见的，如英国费利摩罗巴德《各国交涉公法论》的翻译，即先由英国传教士傅兰雅口译，再由国人俞世爵笔述，最后经汪振声等校正而成，结果是译本行文错漏之处甚多，而且语言也艰涩难懂。后期则同文馆已培养出一批同文馆生，上海江南制造局也吸收了包括徐寿、华衡芳、李凤苞、赵元益等中国人士参与其事，使翻译质量有了很大提高。

门户开放到洋务运动的兴起，这一时期的法学译著以国际公法为主。但是，这些“公法”，按照丁韪良自己的说法，也仅仅是保护“有化之国，自强之国”，而当时中国这样的“内政不修，外交不明，营私舞弊，气象愁惨”之国，不在所谓“公法”保护之列。⑬当时任大清海关总税务司的赫德在《局外旁观论》中十分明确地道出了此类“公法”的性质，“在民间立有合同，即国中立有条约，在万国公法准至用兵。败者必认旧约，赔补兵费，约外加保方止”⑭。尽管如此，我们仍应该肯定当时大量引进“公法”的作用及其价值。首先这些书籍可以使当时一部分人的头脑得以清醒，知我中国远非中央大国，而是“内政不修，外交不明”的停滞不前与妄自尊大，那种万国来朝的局面早已是昨日之梦。虽然是出于“交涉”之需，在引进“公法”的同时，必然要进一步了解到世界各国政治与法律的异同，从而透过所谓“公法”这种介于政治与法律之间的空隙，使不少有志之士观察到了九州以外的世界。其次，如此系统的有组织的翻译外国的“公法”类书籍，不但在中国历史上是空前未有的，而且也为随之到来的更大规模的外国法律与法学著作的翻译与引进奠定了基础。

二

中国古代社会高度发展的封建专制中央集权，其法律制度始终是以刑事惩罚为主。尽管近年来的一些学者努力设法为中国古代不发达的民法“注册”到某些成文法的规定当中，但没有成文的民法典可能仍是中国法律发展史上区别于其他法系的显著特征。大清光绪六年（1880年）在当时任刑部尚书的王文韶倡导下，同文馆任教的法国人毕利干，将《法国民法典》译成中文，定名为《法国律例》，这是我国历史上第一部由官方组织系统翻译的外国法典。此书的序言中这样写道：“民律系制定民间一切私利之事也，而此民律总为三纲，共计二千二百八十一条，其中一纲论人，二纲论资财，三纲论以何法能获得资财利益。”⑮

---

⑬ 丁韪良《邦交提要》卷下，上海商务印书馆，1904。

⑭ 《同治朝筹办夷务始末》卷四十，同治五年，赫德《局外旁观论》。

⑮ 《法国律例·凡例序》，光绪六年同文馆聚珍排印本卷首。

《法国律例》翻译出版之后被一再加以翻印，曾被作为法学教育的教学用书。[16] 现在可以看到的主要有同文馆聚珍版排印本、湖北官书局本、上海点石斋石印本、求富强斋石印本等多种，是清代翻译引进外国法律中印量最大的书籍之一。

中日《马关条约》签订以后，中国的政局发生了巨大动荡，朝野上下对“洋务运动”提出了批评，并且进一步提出了变法维新的政治主张。就连张之洞这样的朝廷重臣也已经认识到“从前旧法，自不能不量加变易，东西各国政法，可悉者亦多，取其所长，补我所短，揆时度势，诚不可缓”[17]。这一时期对于外国法学与法律的翻译也已经发生了变化，上海广学会翻译了英国人甘格尔的《泰西民法志》，求是斋翻译了《泰西商律》，这些作品与同文馆的《法国律例》前后呼应，构成了近代民商法在中国的启蒙与传播。特别值得一提的是，成立于上海的文明书局、广智书局、商务印书馆等中国民间出版机构，已经陆续取代了北京同文馆、上海江南制造局等官办机构的位置，成为了翻译外国法学著作的主要力量。上海文明书局在光绪二十八年（1902 年）出版了由杨廷栋翻译的卢梭（旧译路索）《民约论》，译者杨廷栋在序言中大声疾呼：“民约之说，泰西儿童走卒，莫不蒙其庥而讴其德，亚东之国，则倏乎未之闻也……今并力营之，书始成，从此茫茫大陆，民约东来。吾想读其而乐者有之，惧者有之，笑者有之，痛哭者有之，欢欣歌舞者又有之，丑诋痛詈者又有之。吾唯观其后而综其比例之率，而觇吾中国旋转之机，斯以已耳。论指如何？则天下万世，自有不可没之公论在也。”[18] 此书的译者江南吴县才子杨廷栋将当时西方法律思想中最突出的部分介绍给中国这片“茫茫大陆”，“一国法律，归于平等，自天子达于庶人，莫不遵守，且有一定之权限，而非一人所得而私”；“一国之法律，人民有遵守之义务，即有干预之权力”[19]。不但译笔流畅，而且如“天子、庶人”之类，更显然是译者“润色”的结果，在当时条件下，确实需要有惊人的胆魄与卓越的见识。与此可以相提并论的是张相文于光绪二十九年（1903 年）据日本何礼之本转译的孟德斯鸠的《万法精理》，此书虽无严复译本《法意》严谨，但早于严复译本六年之久。其他如留日学生在日本翻译出版的《比较行政法》、《平民政治》等，均先后在光绪二十八年（1902 年）前后相继成书。这些全新的法学思想的引进，不但极富挑战精神，而且矛头直指日渐没落的封建法律制度，为此后的法学著作的翻译也带来了不少活力与生机。

清末出洋学生中有相当一部分投身于法律学习，这部分留学生中有不少参加了外国法学著作的翻译工作，其中尤以赴日留学生所作的贡献最为突出。“清国驻日留学生会馆”在日本出版由留日学生翻译的法学著作，主要有卢弼、黄炳言等人翻译日本著名宪法学家清

---

[16] 关于利用《法国律例》充作教材的情况，本文借鉴了李贵连先生的研究成果，详见李贵连《二十世纪初期的中国法学》（下），李贵连引用时务学堂公法门、掌故门课程表中于专门学中有《法国律例》一书，另外在公法门中有《英律全书》一书，唯《英律全书》未见著录，故本书附录中未另加收录。

[17] 张之洞《张文襄公全集》卷三十七“变法陈事疏”，湖北官书局刊本。

[18] 杨廷栋《译路索民约论·序》，光绪二十八年上海文明书局本卷首第 1 页。

[19] 同上书，第七章《立法者》第 9 页至第 10 页。

水澄的《行政法》、美浓部达吉的《国法学》、田中穗积的《租税论》等。留日学生还组织了"译书汇编社"，专门从事政治与法律书籍的翻译出版。其中日本学者井上毅的《各国国民公法权力考》、中村孝的《国法学》、葛冈信虎的《法制新论》等都是比较成功的译著。译书汇编社是当时留日学生在东京从事翻译引进外国法学书籍最多并且最有代表性的组织。此外，日本东京并木活版社（按：日语中并木即活字版印刷）和作新社等民间出版机构也参加了向中国输出法学书籍的翻译出版工作，而且这些出版物有很多是在日本印刷装订成书后才飘洋过海运至中国，其间的困难与波折可想而知。就国内而言，上海、广州、汉口等地日益壮大的民间出版机构也更多地从事此类书籍翻译出版，加之这些出版机构大多采用在当时较为先进的石印技术和铅字排印，使出版物出版周期大大缩短，成本也相应降低，加速了此类出版物的普及过程。其中上海启新书局在光绪三十年（1904 年）翻译的《罗马法》，是目前所知我国最早的介绍罗马法的著作。

19 世纪末，日本在明治维新修订本国法律时，曾大量参照了欧洲各国特别是当时德国的法律，这自然会给中国的法学引进与翻译带来影响。沈家本曾指出"日本旧时制度，唐法为多，明治以后，采用西法，不数年遂为强国"[20]。中日两国距离较欧美为近，交通上的方便也为人员上的交流提供了便利，甚至当时还有人认为两国文字相近，而且日本也是君主政体，因此，效仿日本的种种思潮必然会影响到法学的输入。清廷曾派董康、麦秩严等人于光绪三十一年（1905 年）以官方身份赴日进行司法考察，这次考察的结果是在董康等人主持下先后编译了《裁判访问录》、《监狱访问录》、《司法访问录》、《调查日本裁判监狱报告书》、《日本裁判沿革大要》、《死刑宜止一种论》等，内容主要以明治维新以后的刑法和司法为主。

此时民间交流的成果明显要大于官方的"考察"，如日本宪法学家高田早苗的《国家学原理》、《政治史》，户水宽人的《法律学纲领》，织田万的《法学通论》等大量作品被翻译引进到中国。就目前统计，从日本直接翻译的法学书籍约二百多种，占清末全部引进法学书籍的一半以上。此外，以日本学者翻译的欧美书籍作为底本，间接翻译的书籍也不在少数，如法国美佐的《代议政体原论》是王纯根据日本山口五松译本转译的，英国希西利洛度利科的《英国地方政治》是赵必振据日本久米金弥译本转译的，张相文翻译的孟德斯鸠的《万法精理》也是据日本何礼之的日文译本转译的。总之，直接或者间接通过日本翻译与引进的外国法律与法学著作，已成为主要渠道。中日甲午海战的结果，使国人对军事以外的国家政治与法律的作用更加关注，朝野上下形成一种"今之言政者，莫不范于日本之制"[21]，是取道日本翻译法学书籍最多的原因之一。引进日本法律最为全面的一部书籍，即《新译日本法规大全》（后附《解字》）。这部《法规大全》最初是由南洋公学张元济、刘崇杰等据明治三十四年（1901 年）内川义章编《现行类聚法规大全》第 2 版翻译的，1904 年

---

[20] 沈家本《裁判访问录・序》，宣统元年南洋公学排印本。

[21] 载泽《日本法规大全・序》，宣统元年南洋公学排印本。

又据第5版作了补译订正。全书收集的内容十分广泛，包括日本宪法、皇室典范、议会、刑法、民法、商法、民事诉讼法、刑事诉讼法、官制、官规、统计、外交、地方制度、警察、新闻、著作权、卫生、财政、森林法规等25类，这是翻译日本法律书籍中最大的一部书。同时，书末附刊的《解字》对日本有关法律的专门术语作了对照。这部书籍的翻译不仅对清末的法制改良有着重大影响，而且在中国近代法律发展史上也有着深远意义。

大量从日本直接与间接翻译"西学"书籍，引起欧洲学者的注重。英国人斯克罗敦、普南等为此专门写了《版权考》一书，对如此广泛地取道日本转译西学提出了批评。他们在《版权考·例言》中写到"今者译书之出版不下数千百种，然多译自东籍，译自西籍甚少，夫东学不如西学，无智愚皆知，以东学无一不从西来也"㉒，并提出关于版权争议的要求，但由于西方亟力向中国输出"西方"，关于版权的争论最终只限于向中国官方申请保护。《版权考》的翻译出版，使国人始知有"版权"这种特殊的权利保护，对清末推出《大清著作权律》（宣统二年）也有直接的推动作用。

戊戌变法失败以后，中国的资产阶级改革浪潮直接冲击着清王朝的统治，国内形势发生了新的变化。原来的部分洋务派及满族统治阶级内部的"新派人物"，为了挽救清廷的危机，提出所谓封建性的"君主立宪"主张，企图通过"立宪"缓和日益激化的国际与国内的矛盾。1904年，驻法使节孙宝琦上折奏请立宪。1906年江督周馥、鄂督张之洞、粤督岑春煊等上书请求立宪。此后，"立宪"呼声日高。同年六月直隶总督袁世凯上书请派亲贵大臣分赴各国，"考察政治，以备立宪"。清政府派载泽、端方等出国考察，这次考察的目的是"择各国政治之与中国体治相宜者，斟酌损益，纂定成书，随时呈进，候旨裁定"㉓。考察后编译成的《列国政要》，收辑了德、意、奥、俄、美等国有关宪法、官制、行政、军事、法律、警察制度及教育等内容。当然这种输入是经过了严格选择的，加之"斟酌损益"，以便能够为清廷寻找出所谓君主立宪的模式。光绪三十三年（1907年）庆亲王奕劻等奏"将考察政治馆改为宪政编查馆"，并且提出"现在入手办法，总以研究为主，研究之要，不外编译东西洋各国宪法，以为借鉴之资"㉔。

新兴的中国资产阶级，此时也开始形成了一种力量，并且也促使清代朝野，注意对有关宪法、行政法及其他资产阶级法律学说的翻译与输入。资产阶级为了达到实现改良的目的，统治阶级为了搞所谓的"立宪"，于是对"宪法"及有关书籍的翻译形成了高潮，大量的关于"宪法"、"行政法"及法学理论书籍得到出版发行。海外留学生和他们的组织，资产阶级革命党人及"立宪派"都醉心于对各国宪法的输入，有些人甚至以为通过立宪，有了宪法，就可以使中国强大起来。在这类翻译书籍中，较有代表性的是"作新社"从日本转译的《各国宪法大纲》，收辑了英、法、德、日等国关于宪法、君主、立法等内容。留日

㉒ [英] 斯克罗敦、普南，[美] 罗白孙《版权考》，光绪二十九年商务印书馆第2页。

㉓ 《光绪朝东华录》，总页第5439。

㉔ 同上书，总页第5714。

学生卢弼、黄炳言据清水澄的《宪法篇》在日本翻译出版《宪法》，周逵据日本天野为之译本转译的《英国宪法论》，江南制造局舒高第翻译的《美国宪法纂述》及《美国宪法》。蔡文森据日本元老院的《欧美各国议院典例要略》译本编译的《十六国议院典例》，书中收集了奥地利、匈牙利、比利时、丹麦、荷兰、法国、德国、意大利、葡萄牙、西班牙、瑞典、挪威、瑞士、美国、英国及日本等16国议院的组织情况。

此时上海商务印书馆已经发展成为国内最具规模的出版机构，并且拥有了相对稳定的读者群体。商务印书馆推出一套"宪政丛书"中，收录了《宪政研究书》、《日本预备立宪之过去事实》、《宪政论》、《日本议会纪要》、《新译日本议员必携》、《议会常识论》、《宪法大纲》等，将内容相近的书籍比较系统地一起推出，显示出了从翻译到出版已具有相当的能力和水平。

三

各种各样的外国法律与法学著作的引进，使封闭的传统法典《大清律例》的地位产生了动摇。为了达到维护封建统治的目的，清政府一方面迫不得已对现行律例进行删修，另一方面"著派沈家本、伍廷芳等将一切现行律例，按照交涉情形，参酌各国法律，悉心考订，妥为拟议，务期中外通行，有裨治理"[25]。沈家本在《删除律例内重法折》中还提到的自光绪二十八年（1902年）奉上谕"遴选谙习中西律例司员分任纂辑，延聘东西各国精通法律之博士、律师以备顾问，复调取留学外国卒业生从事翻译"。这一时期的法学输入，除各地译馆外，主要是在修订法律馆的主持审定下进行的，先后译出《德意志刑法》、《德意志裁判法》、《俄罗斯刑法》、《日本现行刑法》、《日本改正刑法》、《日本陆军刑法》、《日本海军刑法》、《日本刑事诉讼法》、《日本监狱法》、《日本裁判所构成法》、《日本刑法义解》及《法兰西刑法》等十二种。至光绪三十三年（1907年）又增加了《荷兰刑法》、《意大利刑法》、《法兰西印刷律》（一名《法兰西印件律》）、《德国民事诉讼法》、《日本刑法论》、《普鲁士司法制度》、《日本监狱访问录》、《日本新刑法草案》等。此外，还有尚未译完的十数种，计为《德意志民法》、《德意志旧民事诉讼法》、《比利时刑法》、《比利时监狱则》、《比利时刑事诉讼法》、《美国刑法》、《美国刑事诉讼法》、《瑞士刑法》、《芬兰刑法》以及《刑法之私法观》、《法典论》、《监狱学》、《狱事谭》、《日本裁判所编制立法记》等[26]共计三十余种。在上述各书中，值得提出的是《法兰西印刷律》这一专门法规的译出，是由留法学生沈纮翻译，并请出使法国公使刘瑞芬作了鉴定。这个译本距法国1881年颁布《印刷法令》原本只隔了十几年，在当时，应当说反应是很迅速的。此外，其他各国法律实际翻译

---

[25] 沈家本《寄簃文存》卷一"删除律例内重法折"。

[26] 《清末筹备立宪档案史料》下册"修订法律大臣沈家本奏请修订法律情形并请归并法部大理院会同办理折"。

成书的情况，与沈家本原奏的翻译计划有些出入。如《德意志刑法》，据 1871 年《德意志刑法》译出后，附加翻译了 1872 年《德意志刑法改正规则》及《德国司法制度要略》等；同时还接着翻译了 1877 年颁布的《德意志治罪法》。增译的三种均不在沈家本原奏中提及。这一现象说明在大量输入各国法律的过程中，存在一个从盲目到有选择的过程。

沈家本作为清末法部大臣，出于法制改良的需要，先后由修订法律馆翻译了大量的外国法律，这是清代历史上由官方进行的最集中也是最为系统的对外国法律的引进，就此而言，将沈家本称作“中国法律近代化的第一人”，或许并不为过。但是，由沈家本主持翻译的外国法律，主要是以刑法为主，这与中国传统的法律意识是相互一致的。在沈家本之前，西方法律的引进工作已经开始，从同文馆、江南制造局到文明书局、译书汇编社，从传教士、洋教习到出洋留学生、国内学人，各种不同渠道引进的外国法律及法学著作无论是题材范围还是译著数量，都远远超过沈家本及其领导的修订法律馆。就出版发行角度而言，沈家本主持的译著，绝大多数是官书局印刷的非卖品，印刷数量一般很少，往往仅作官府参考，因而流传不广。而其他的各种民间机构，则发行范围广，读者面较大，因而影响广泛。就目前的统计，清末从外国翻译的各种法学书籍约在四百部以上，而沈家本主持翻译的外国法律书籍不足总量的十分之一，至于思想性与法学意义上的广泛性，沈家本也带有明显的局限。因此，笔者认为，沈家本并不是外国法律引进的开山者，而仅仅是清代官方主持翻译外国法律著作的富有远见与开放精神的代表人物。这样的评价，并不会降低沈家本在中国近代法学中的地位，而通过这种比较后所作出的定位，有利于人们更全面地了解清末外国法学引进与翻译的全部过程。

四

随着法律书籍的大量引进与翻译，相应的工具书也开始出现，光绪三十三年（1907 年），留日学生张开文、郭春涛译成清水澄主编的《法律学大辞典》，分别于东京、上海的出版社发行，这是我国翻译的第一部法学工具书。在其他有关法规的译述方面，还应提到李家鏊在光绪二十九年（1903 年）据俄文本翻译的《海参崴公董局城治章程》、《俄租辽东暂行省治律》以及林杼翻译的《大英巡捕房律例》三种殖民地地方法规，为我们研究中国封建社会末期殖民地法规，留下了宝贵的材料。

对于警察制度与市政管理的输入，一般多直接取道于日本，其中包括警政、警察制度、卫生及社会治安等多项内容。警察制度的输入，使中国传统官制和行政治理都受到影响，为此，清末都察院“将旧有台规详加酌覆”㉗，并在《京察例章》㉘ 中增加了对警官一职的考察事例。

㉗ 《光绪朝钦定台规》卷一，清光绪朝御史台官刻本。

㉘ 《京察例章》，清光绪三十四年邮传部官纂，邮传部印刷所排印本。

中国曾经是世界历史上法医学较为发达的国家，南宋时宋慈的法医学专著《洗冤集录》曾被译为多国文字，在世界上产生过很大影响。但长久以来，中国传统的法医学由于排斥解剖学及分工制度不合理等原因，自明清以来停滞不前，甚至由于历代封建政府将法医检验加以格式化、法定化，极大限制了中国传统法医学的发展。到19世纪，中国的法医学远远落后于当时世界法医学的发展水平。因此，出现了从外国输入“西洗冤录”的计划，这就是江南制造局在光绪二十五年（1899年）由傅兰雅译述的英国弗里爱等著的《法律医学》，它系统地介绍了血液、骨骼、解剖、化学药物中毒等司法案例。这部法医学专著的翻译，给坚持体表检验和封闭式的中国传统法医学以极大的冲击，并且动摇了中国传统官验和仵作检验制度。此后，宣统元年（1909年）留日学生王佑又翻译了日本学者石川清忠著的《实用法医学大全》、李绵沅等编译的《法医学》、吉林官报馆译刊的《检验新知识》。这些法医学的引进，结束了以《洗冤集录》为代表的中国传统法医学的统治地位，为中国近代法医学的发展奠定了基础。

清代末期对法律书籍的输入始终是随着国内外政局的动荡而变化，经历了引译“公法”，翻译外国法律，发展到对“宪法”和法学理论的输入三个主要阶段。我们可以参照当时有关的统计资料了解到这种变化。按傅兰雅1878年《翻译西学事略》中所称，江南制造局共译各类西学图书143部，其中“公法交涉”类仅两部[29]，占1.3%，这个统计仅限于江南制造局所译已刊及未刊的书籍，不包括北京同文馆等所译书籍。此后到1896年，据《西学书目表》所作的不完全记录，这一时期共翻译了各类西学图书354部[30]，其中“法律”类13部，尚不包括官制等在内，占这一时期译书的3.8%。再据1899年《东西学书录》所作的统计，此时期译书数量达568部，其中“政治法律”类及“交涉”类共计为20部，占总数的3.4%。

到1904年，情况又开始变化，“政法”类所占比重大幅度上升。如据《译书经眼录》的记载，此时翻译书共计533部，其中“法政”类70部，占13.1%，另外还有“交涉”类9部，占1.7%，两项共计79部，占总数14.8%，仅次于史志类书籍的输入，已经成了译书的主要内容。

以上四种统计大体上是彼此相衔接的，我们可以从中看到清末法学输入的一些发展变化。首先，在1878年前，法学书籍所占的比重较小，并被称为“公法交涉类”，至1896年则比例增加，并改称为“法律类”，至19世纪最后一年时，不但译书数量增加，并被译为“政治法律”类。到1904年，法学引进出现高潮，所占比例急剧增加，在分类上，开始出现“法政类”和“交涉类”并称，而这时所输入的“交涉类”，也发展到“国际公法”、“国际私法”及其他有关外交事务法规。这种变化说明在法学输入过程中的选择曾经历了“公法交涉——法律——法政”三个过程。

---

[29] 傅兰雅《翻译西学事略》，载《格致汇编》第三年夏季册。

[30] 梁启超《西学书目表》。

此外，清末的“西学”输入是在“中学为体，西学为用”的指导思想下进行的，但作为法律制度的输入，虽然可能在引进者未必能分清是“体”还是“用”，但其本质，当是关系“国体”。因此，法律制度及法学思想的输入，是以清末“西学”引进为形式而进行的政治上的变革。

从同治三年（1864年）《万国公法》的出版到宣统三年（1911年）清廷被推翻，在短短的四十余年里，翻译各种外国法学书籍达数百种之多，也印证了当时那场政治变革的剧烈程度。清代末年在外国法学书籍的引进与翻译过程中，有以王文韶、沈家本为首，具有改革思想的官方代表人物，也有杨廷栋、严复等一代新的思想家，甚至也包括了大量留学生、驻外使领馆官员以及张元济那样的出版家。没有如此广泛的参与，在短短四十余年中，不可能取得如此巨大的成就。同文馆设立之初，董恂等在《奏请京师同文馆添设天文算学馆疏》中曾提到“若夫以师法西人为耻，此说尤谬。夫天下之耻，莫耻于不若人……独中国狃于因循积习，不思振作，耻尤甚焉。今不以不如人为耻，而独以学其人为耻，将安于不如而终不学，遂可雪其耻乎?”这样的疾呼，虽云痛心疾首，在“夜郎自大”的中央大国，更是首发其难，只是过了很久很久，尚未被后人所真心地乐于接受。

附录：清末外国法学引进书目*

一、公法类

书名	著者	译者	出版年份	出版机构
万国公法	［美］惠顿	丁韪良	同治三年	同文馆刊
列国岁计政要	［英］麦丁富得力	傅兰雅	光绪元年	江南制造局刊本
星轺指掌	［德］马尔顿	丁韪良等	光绪二年	同文馆刊本
中西关系略论		林乐知	光绪二年	上海广学会
公法便览	［美］吴尔玺	丁韪良	光绪三年	同文馆刊本
公法会通	［德］布隆智利	丁韪良	光绪三年	同文馆刊本

* 本目录最初曾计划附刊于笔者发表在《政法论坛》1990年第6期的《清末法学输入及其历史作用》一文，后因该杂志篇幅限制，发稿时将此目录删去。现根据当时的书目又参酌10年来所见之书加以增补而成。

由于历史原因，本目录仍使用了当时出版时原译的著者署名，其中有些译名与今日已有很大变化，为了解当时翻译情况，仍按当时译名，未加改动。

本目录只收录各类以书籍形式的译著，对于在报刊、杂志中发表的论文，凡未成书者一律不加收录。同书异名或一部书多种版本，本目录只收录初版本。

本目录所收之书籍，大多经过与原书核对或参酌公私藏书目录中可靠的记载。此外，还有一些译著，只是见于个别文章中，而经查未见于其他著录，故本目录暂未收入，留待日后查实后加以补充。

本目录所收书籍的出版年代因著录不一，版别不同，不一定是初版本，因此，关于出版年代的著录仅供参考。

续前表

书名	著者	译者	出版年份	出版机构
欧洲东方交涉记	［英］麦高尔	林乐知、瞿昂来	光绪六年	江南制造局
华英通商事略	［英］伟烈亚力	王韬笔录	光绪十五年	
各国交涉公法论	［英］弗利摩罗巴德	傅兰雅	光绪二十年	江南制造局
各国交涉公法论		俞世节等译	光绪二十二年	小仓山房
公法总论	［英］罗柏村	傅兰雅、汪振声	光绪二十八年	上海新学会
万国通典辑要	［日］冈本监辅成饴		光绪二十八年	四明玫愧轩
支那国际论	［法］铁佳敦	作新社	光绪二十八年	东京作新社
交涉要览类编初集	陈钰辑	郑贞来	光绪二十八年	湖北官书局
亚东各国约章	［英］佚名	陈肇章编译	光绪二十八年	湖北官书局
现今中俄大势论	［日］渡边千春	梁武公	光绪二十九年	上海益新译社
英国外交政略	［日］高田早苗	胡克猷	光绪二十九年	汉口文明编译局
世界政策	［美］兰赛罗特	支那翻译会社	光绪二十九年	上海支那翻译会社
国际公法志		蔡锷芋编译	光绪二十九年	上海广智书局
最近公法提要		何祐	光绪三十年	
中立国法则		吴振麟	光绪三十年	日本东京并木活版所
国际公法精义		林棨	光绪三十年	闽学会丛书
支那外交表	［日］织田一	蒋簋方	光绪三十年	广智书局
十九世纪末世界政治	［美］灵绥	罗普	光绪三十年	新民译书局
欧洲新政书	［德］米勒个		光绪三十年	上海商务印书馆
万国公法要略			光绪三十年	上海广学会
万国公法要略	［日］沼崎甚三	袁飞	光绪三十二年	译书汇编社
欧洲各国比较财政局组织	［德］海开路	译书汇编社	光绪三十二年	译书汇编社
国际法上之蒙洛主义		（不著译者名）	光绪三十二年	译书汇编社
国际中立法提纲		王鸿年编译	光绪三十二年	南洋官报
局外中立国法则		吴振麟	光绪三十二年	战时公法调局

续前表

书名	著者	译者	出版年份	出版机构
十九世纪外交通观		（不著译者名）	光绪三十二年	译书汇编社
万国国力比较	［英］默尔化	富士英	光绪三十三年	商务印书馆
最新万国政鉴	［日］太阳报辑	赵天择	光绪三十三年	国民丛书社
公法论纲		杨廷栋编译	光绪三十三年	开明书局
国际公法关系诸条约及法规		叶良	光绪三十三年	上海科学编译社
新译国际公法	［日］中村进午	袁希濂	光绪三十三年	上海中国图书公司
平时国际公法		文溥编译	光绪三十三年	
国际私法	［日］山国三良	李倬	宣统三年	上海商务印书馆
条约名义问题		北洋学报编辑		北洋学报
英俄印度交涉书	［英］马文	瞿昂来等		江南制造局

二、外国法律类

书名	著者	译者	出版年份	出版机构
法国律例		［法］毕利干	光绪六年	同文馆刊本
海军章程	［英］		光绪十四年	同文馆印
泰西民法志	［英］甘格尔	胡贻谷	光绪二十八年	上海广学会
泰西商律		求是斋主人	光绪二十八年	求是斋刊本
德意志刑法	（1871 年刑法）		光绪三十年	修订法律馆
德意志刑法施行规则	（1872 年规则）		光绪三十年	修订法律馆
德意志刑法改正规则	（1876 年改正规则）		光绪三十年	修订法律馆
德国司法制度要略			光绪三十年	修订法律馆
德意志裁判法			光绪三十年	修订法律馆
俄罗斯刑法		萨荫图	光绪三十一年	修订法律馆
印度刑律	嘉托玛·美巴俚	山雅各口译 邱起霖笔述	光绪二十九年	上海广学会
比利时国法条论	1900 年颁布	曾仰东	光绪三十年	湖北洋务译书局

续前表

书名	著者	译者	出版年份	出版机构
法兰西律书			光绪三十年	上海点石斋石印
（日本）现行法规大全		译书汇编	光绪三十年	译书汇编社
日本现行刑法			光绪三十年	修订法律馆
日本改正刑法	（日本刑法改正案）	陆宗舆 杉荣三郎订正	光绪三十一年	修订法律馆
日本海军刑法			光绪三十一年	修订法律馆
日本陆军刑法			光绪三十一年	修订法律馆
日本刑事诉讼法			光绪三十一年	修订法律馆
日本监狱法	［日］佐腾信安	张宗弼	光绪三十一年	修订法律馆
日本裁判所构成法	据明治二十二年 第六号文	唐宝锷	光绪三十一年	修订法律馆
日本刑法义解	［日］高木丰三	张仲和、董康	光绪三十一年	诵芬室丛钞
法兰西刑法正文	陈箓		光绪三十二年	修订法律馆
荷兰刑法	（1881年颁）		光绪三十三年	修订法律馆
意大利刑法			光绪三十三年	修订法律馆
法兰西印刷律	（一名法国印件律）	沈	光绪三十三年	修订法律馆
德国民事诉讼法			光绪三十三年	修订法律馆
日本刑法论			光绪三十三年	修订法律馆
普鲁士公司法制度			光绪三十三年	修订法律馆
日本监狱访问录	［日］小河滋次郎	董康	光绪三十三年	修订法律馆
日本新刑法草案			光绪三十三年	修订法律馆
德意志民法			光绪三十三年	修订法律馆
德意志民事诉讼法			光绪三十三年	修订法律馆
比利时刑法			光绪三十三年	修订法律馆
比利时监狱法			光绪三十三年	修订法律馆
比利时刑事诉讼法			光绪三十三年	修订法律馆
美国刑法			光绪三十三年	修订法律馆
美国刑事诉讼法			光绪三十三年	修订法律馆

续前表

书名	著者	译者	出版年份	出版机构
瑞士刑法	（委员会案）		光绪三十三年	修订法律馆
芬兰刑法			光绪三十三年	修订法律馆
德意志治罪法	1877 年颁		光绪三十三年	修订法律馆
日本海陆军制法规全编		段殷兰编译	光绪三十三年	军事编译社
日本行政法		顾昌世编译	光绪三十三年	通社丛书
日本盐专卖法规	明治三十八年颁布	吴嘉荣	宣统二年	东三省盐务总局
和兰治理属地章程	1906 年新条文本		宣统二年	外务部排印
袖珍六法全书	[日] 范迪吉		宣统二年	

三、法学理论类

书名	著者	译者	出版年份	出版机构
民约论	[法] 路索	杨廷栋	光绪二十八年	文明书局
国家学原理	[日] 高田早苗	稽镜	光绪二十八年	译书汇编社
政治学（三编）	[德] 德那特硁	冯自由	光绪二十八年	广智书局
政治一班	[日] 桧前保人等	留日学生	光绪二十八年	上海商务印书馆
政治泛论	[日] 永井惟直	谢小石、杜子英	光绪二十八年	金陵东文学堂
政治原论	[日] 岛谦吉	张少海	光绪二十八年	笃斋主人印本
比较行政法	[日] 浮和田民	白作霖	光绪二十八年	东京译书社
政治史	[日] 高田早苗	张少海	光绪二十八年	
平民政治	[美] 勃拉司	留日学生	光绪二十八年	译书汇编社
泰西政治类典			光绪二十八年	杭州译林社
万法精理	[法] 孟德斯鸠	张相文	光绪二十九年	据日本何礼之本转译
政治泛论	[美] 威尔逊	麦鼎华	光绪二十九年	上海广学会
政群源流考	[美] 韦尔孙		光绪三十年	南洋公学
行政法	[日] 有贺长雄	陈运鹏	光绪三十年	
欧美政治记原	[日] 井上园了	林廷玉	光绪三十年	新民译书局
欧美日本政体通览	[日] 上海贞吉	巅涯生	光绪三十年	译书汇编社
各国国民公私权力考	[日] 井上毅	留日学生	光绪三十年	译书汇编社

续前表

书名	著者	译者	出版年份	出版机构
国法学	［日］中村孝	章宗祥	光绪三十年	译书汇编社
法制新论	［日］葛冈信虎	朱孔文	光绪三十年	译书汇编社
罗马法			光绪三十年	启新书局
民法要论		作新社	光绪三十一年	东京作新社
代议政体原论	［法］美佐	王纯据 ［日］山口五松 本重	光绪三十一年	太宣书局
法律学纲领	［日］户水宽人	巅涯生	光绪三十一年	译书汇编社
国法学		湖北法政编辑社	光绪三十二年	湖北法政编辑社
清国行政法	［日］织田万	陈兴年、梁继栋等	光绪三十二年	上海广智书局
民法学教科书		廉隅编译	光绪三十二年	上海文明书局
刑法总论	［日］牧野英一	卢汝翼	光绪三十二年	上海普及书局
比较国法学	［日］末冈精一	商务印书馆	光绪三十二年	上海商务印书馆
法学通论		作新社	光绪三十二年	上海作新社
加腾弘之讲演录	［日］加腾弘光	作新社	光绪三十三年	作新社
民法财产论		曾遇贤等编译	光绪三十三年	日本东京并木所
法学通论		赵征宇编译	光绪三十三年	
行政法	［日］清水澄	卢弼、黄炳言	光绪三十三年	
国法学	［日］美浓部达生	孙云奎	光绪三十三年	
刑事诉讼法新论	［日］丰岛直通	陈宗藩	光绪三十三年	上海普及书局
民法原论	［日］富井政章	王双歧	光绪三十三年	日本东京渊书社版
法学通论	［日］岸本长雄	陈崇基	光绪三十三年	日本东京留学生会馆
狱事谭	［日］小河滋次郎	董康	光绪三十三年	修订法律馆
调查日本裁判报告书		董康	光绪三十三年	农工商部排印
死刑宜止一种论	［日］冈田朝太郎	董康	光绪三十三年	农工商部排印
日本裁判访问录	［日］斋腾十一郎	董康	光绪三十三年	农工商部排印
国际民法商法论	［瑞士］买利	潘承锷	光绪三十四年	
法学通论	［日］织田万	刘崇佑	光绪三十四年	政法学报

续前表

书名	著者	译者	出版年份	出版机构
法学通论	［日］布谷幸次郎	王国维	光绪三十四年	上海金粟斋
法学探原		马建忠	光绪三十四年	会稽徐氏政艺新书
法学泛论		求是室主人	光绪三十四年	求是室主人刊本
法学门经书	［日］玉川次	李广平	光绪三十四年	开明书店
国际民商法论	［瑞士］罗利	潘承锷	光绪三十四年	上海中国图书公司
日本司法访问录	［日］青浦奎吾	唐宝锷	宣统元年	
法意	［法］孟德斯鸠	严复	宣统元年	上海商务印书馆
国际学讲义		金民澜编译	宣统二年	上海商务印书馆
中国新刑律论	［德］赫善心	张祖廉	宣统二年	张篁溪新著汇存丛书
伦理学教科书	［日］服部宇之		宣统三年	商务印书馆
佐治刍言	［英］傅兰雅	应祖锡等		江南制造局
日本国会纪原	［日］细川广原			译书汇编社
美国民法考	［美］渤拉斯	章宗元		上海文明书局
法学肆言	［美］滂恩	雷沛鸿		上海商务印书馆

四、宪政类

书名	著者	译者	出版年份	出版机构
美国治法要略	［美］培特曼	范槿	光绪二十八年	上海广学会
各国主权宪法对照	［日］川泽清太郎		光绪二十八年	政治学报
英国宪法论	［日］天野为之	周逵	光绪二十八年	上海广智书局
英吉利宪法史		政治学报	光绪二十八年	政治学报
法兰西宪法	（1793年法国宪法）		光绪二十八年	群学社译本
英国议事章程			光绪二十八年	上海广学会
万国宪法制		周逵编译	光绪二十八年	上海广智书局
美国宪法提要		章宗元	光绪二十八年	文明书局
日本制度提要	［日］相泽富藏	陶珉	光绪二十八年	译书汇编社
日本变法次第类考	程思培编	程尧章	光绪二十八年	政学社
日本行政法纲领		董鸿祎辑译	光绪二十八年	译书汇编社

续前表

书名	著者	译者	出版年份	出版机构
日本各省官制二十八条		樊炳清	光绪二十八年	教育世界
日本文部省官制十二条		樊炳清	光绪二十八年	教育世界
十七国宪法正文汇纂		齐雨和等	光绪三十二年	
宪法	[日] 清水澄	卢弼、黄炳言	光绪三十二年	东京留学生生会馆刊
宪法		张仁静	光绪三十三年	日本东京并木版
宪法	[日] 穗积八束	河北宪政研究社	光绪三十三年	上海群益书局
议会政党论	[日] 菊池学而		光绪三十三年	商务印书馆
英国通典	[英] 高尔敦	许士熊	光绪三十三年	文明书局
普通选举法	[日] 丸山虎之助	李铭又	光绪三十三年	开明书局
日本预备立宪之过去事实		林志钧	光绪三十三年	上海商务印书馆
美国宪法（附续增宪法）		舒高弟	光绪三十三年	江南制造局刊
美国宪法纂释	[美] 海丽生	舒高弟	光绪三十三年	江南制造局刊
宪法	[日] 穗积八束	河北宪政社	光绪三十三年	
列国政要		戴鸿慈	光绪三十三年	官书局刊本
十六国议院典例	[英]	蔡文森	光绪三十四年	据日本元老院本转译
普鲁士地方自治行政说	[德] 英塞	商务印书馆	光绪二十九年	据日本野村本转译
地方自治论	[法] 马塞	汪贡夫	光绪三十二年	广智书
英国地方政治	[英] 希西利洛度利科	赵必振据日本久米金弥译本重译	光绪三十二年	新民译印局
地方自治	[日] 桑田雄三	陶懋立	光绪三十三年	文明书局
地方自治财政论	[日] 石冢刚毅	友古斋主人	光绪三十三年	商务印书馆
市町村治		孟继旦编译	光绪三十三年	东京东华书局
伊比西河地方行政论	[美] 阿尔伯韶	自治学社	光绪三十三年	保定官书局印本
地方自治模范	[日] 江木翼	王运嘉	光绪三十三年	上海至诚书局
府县郡制要义	[日] 美浓部达吉	谷钟秀等	光绪三十三年	东京东华书局

续前表

书名	著者	译者	出版年份	出版机构
地方行政要论	［日］岛村他三郎	李傥	光绪三十三年	上海开进学社
市町村自治行政论		孟继旦	光绪三十四年	日本东华书局
自治行政例规	［日］市町屯杂志社	李吉芳	光绪三十四年	丁未学社
市町村自治行政论		孟继旦编译	光绪三十四年	东京东华书局
自治论	［日］独逸协会	谢永	宣统二年	上海商务印书馆
日本府县制郡制要义	［日］小合伸	陆辅	宣统二年	
地方自治精义		商务编译所	宣统三年	上海商务印书馆
欧洲大陆市政论	［英］肖伯纳	胡尔森重译	宣统元年	上海广学会
欧美强国宪法汇编		李佳白	宣统元年	上海华美书局排印
英国宪政辑要	［英］威克斯	徐惟岱	宣统元年	上海广学会刊
英美法	［日］永久享	林万里	宣统元年	上海中国图书公司
日本议会纪要全编		蔡文森	宣统元年	上海商务印书馆
宪政研究书	［日］富冈康郊	吴兴让	宣统二年	上海商务印书馆
宪政论	［日］菊池学而	林棨	宣统二年	上海商务印书馆
新译日本议员必携	［日］小原新三	王我臧	宣统二年	上海商务印书馆
宪法大纲		商务编译所	宣统二年	商务印书馆
日本议会法规			宣统三年	商务印书馆

五、其他法律、法规及著作

书名	著者	译者	出版年份	出版机构
英国水师律例	［英］德麟等纂	舒高第、郑昌炎	光绪二十六年	江南制造局
富国策	［英］法思德	丁韪良	光绪六年	同文馆
支那教案论	［英］宓克	严复	光绪十八年	
法律医学	［英］该惠连·弗里爱	傅兰雅	光绪二十五年	江南制造局刊本
文部省外国留学生规程	［日］明治三十年敕令	沈纮	光绪二十七年	教育世界
日本中学校令施行规则	［日］松田正文	钱恂	光绪二十七年	

续前表

书名	著者	译者	出版年份	出版机构
师范学校卒业生服务规则	［日］明治二十五年文部省令	陈毅	光绪二十七年	辛丑教育
高等女子校令施行规则	［日］明治三十四年文部省令	沈纮	光绪二十七年	
日本小学校令	［日］明治二十年敕令	胡钧等	光绪二十七年	辛丑教育
欧洲各国变法史	［英］赛那布	许士熊	光绪二十八年	上海文明书局
政史撮要	［英］金克司	广学会	光绪二十八年	上海广学会
列国陆学制	［美］欧泼登	瞿昂来	光绪二十八年	
（日本）中学校令施行规则	［日］明治三十四年敕令	仇毅等	光绪二十九年	翔飞鸾社
版权考	［英］斯克罗敦、普南［美］罗白孙合著	周仪君	光绪二十九年	商务印书馆
大英治理印度新政考	［英］罕忒	任保罗	光绪二十九年	上海广学会
海参崴公董局城治章程		李家鏊	光绪二十九年	
俄租辽东暂行省治律		李家鏊	光绪二十九年	
英国租界地律例	［英］巡捕房	林杼	光绪三十年	鸯湖外史稿本
美国名君言行录	［美］具德礼		光绪三十年	上海广学会
英华谳案订章考	［英］哲美森		光绪三十年	上海广学会
英国钦定公司定例			光绪三十年	上海广学会
俄国政俗通考			光绪三十年	上海广学会
法国政教通考		刘式训编译	光绪三十年	驻法公使馆编印
日本学校章程汇编		陶森甲编译	光绪三十年	商务印书馆
日本各学校章程		姚锡元编译	光绪三十年	商务印书馆
日本法律教科书		留日学生	光绪三十年	东京作新社
日本法律参考书概译		留日学生	光绪三十年	译书汇编
日本新法学字典			光绪三十年	政法学报社
历代法制史	［日］浅井虎夫	邵修文等	光绪三十二年	上海古今书局

续前表

书名	著者	译者	出版年份	出版机构
中国历代法典编纂沿革史	［日］浅井虎夫		光绪三十二年	上海古今书局
日本教育行政法	［日］祷苗代	徐志绎	光绪三十二年	
最近警察法教科书	［日］大道良太等	周仲曾	光绪三十二年	上海文明书局
汉译警察通规	［日］丸尾昌雄	唐士杰等	光绪三十二年	日本东京中国书林社
警察宝鉴	［日］田山宗尧	区枢等	光绪三十二年	日本东京并木活版所
德国警察法	［日］津田精吉	贾浦	光绪三十二年	警务编辑所
外事警察	［日］有贺长雄	李锦源	光绪三十三年	武昌荆门学社
警察服务		罗厚焜编	光绪三十三年	日本东京并木活版所
司法警察		陈英等编	光绪三十三年	日本东京并木活版所
行政警察		孙富时等编	光绪三十三年	日本东京并木活版所
卫生警察		王益等编	光绪三十三年	日本东京并木活版所
消防警察		文艺辉等编	光绪三十三年	日本东京并木活版所
高等警察		方仁元等	光绪三十三年	日本东京并木活版所
警察与人民	［日］樋山广业	匡裕祥等	光绪三十三年	日本东京中国书社
警察学总论		濮钜南等	光绪三十三年	日本东京并木活版所
警察全书	［日］宫国忠吉		光绪三十三年	东华译书社
警察学	［日］宫国忠吉		光绪三十三年	译书汇编社
日本警察法令提要		唐宝锷	光绪三十三年	译书汇编社
侦探学		虞驾新编	光绪三十三年	日本东京并木活跃版
法医学		李锦源	光绪三十三年	
日本邮政全书	［日］邮政研究社		光绪三十三年	日本东京秀光社
邮便法规		张凤鸣	光绪三十三年	
军队内务书	［日］陆军省颁，稻村新六校订	杨志洵	光绪三十三年	南洋公学
宪兵制度		赵曾典编译	光绪三十三年	
日本海陆军法规全编		段瑞兰编译	光绪三十三年	军事编译社
日本军制		覃鋆钦编译	光绪三十三年	上海普及书局

续前表

书名	著者	译者	出版年份	出版机构
邮便行政要论初编		胡光智编译	光绪三十四年	湖南编译社
监狱作业论	［日］小河兹次郎	徐金熊	光绪三十四年	东京警察学校印
法国学制		林行规编译	光绪三十年	北京京师学部教报局
（日本）学校制度	［日］限本繁吉	程家柽	光绪三十二年	北京京师译学馆
日本教育行政法	［日］祷苗代	徐志绎	光绪三十二年	
支那铁路分割案	［日］复藤山重	南山旧隐	光绪二十九年	东京上田书社
墨西哥共和国铁路律		彭祖庚	宣统二年	邮传部图书通讯局
德国干线铁路律		彭祖庚	宣统二年	邮传部图书通讯局
法律经济辞典	［日］清水澄	张开文、郭春涛	宣统元年	按国内出版日期
农业经济及法规	［日］农业教育协会	孙钺	宣统元年	
实用法医学	［日］石川清忠	王佑	宣统元年	
法律顾问	［日］清水铁太郎	刘积学	宣统三年	
法院编制法讲义		王士森	宣统三年	上海商务
现行警察法通解	［日］秋保良之郎等	卢弼等	明治四十三年	日本东京警服社铅印本
违规约指	［英］白起德	傅兰雅、徐建寅		江南制造局

程汉大

12～13 世纪英国法律制度的革命性变化*

简介

程汉大，汉族，1948 年 3 月生，山东省昌乐县人。1975 年 1 月毕业于山东师范学院政史系历史专业。现任山东师范大学政法学院教授、中南财经政法大学法学院博士生导师。曾执教世界近代史多年，现主要从事外国法律史和西方宪政史的教学与研究工作。出版著作《英国政治制度史》、《文化传统与政治变革——英国议会制度》、《英国法制史》、《英国司法制度史》4 部，与他人合著 9 部，发表学术论文五十余篇。

* 原发表于《世界历史》，2000（5）。收录时略有修订。

建立在习惯法和判例法基础之上的英国法律制度素以历史的连续性和渐进性而著称于世。一部千余年的英国法制史，就像一条波澜不惊的长河，和缓而平稳地向前流淌。即使在国内发生动乱，内战或革命的非常时期，也未出现大起大落的剧烈变化。然而，这并非意味着各个不同历史时期的“流速”和“流量”都是相同的。回顾历史，有几个时期的发展变化是特别重大的，个别时期甚至可以说发生过革命性的变化。笔者认为，12～13 世纪就属于这种革命性变化时期，因为在这一时期，英国的法律制度发生了全面而深刻的变化，并由此确定了未来英国法制发展的独特走向与模式。

一、司法体制的集权化与法律体系的统一化

12 世纪以前，英国虽然已是一个政治统一的国家，但司法体制和法律体系尚未实现全国统一。此前先后入侵英伦的朱特人、盎格鲁人、撒克逊人、丹麦人、诺曼人随身带来了各自不同的原始习惯法，使早期英国法长期保持着混杂无序状态，即使晚至 12 世纪初仍能清晰地分辨出 3 种不同的法律，即威塞克斯法律、麦西亚法律和丹麦法律。①

与法律体系多样性相一致的是司法管辖权的多元性。大致说来，那时英国有三种主要司法权，即公共司法权、封建司法权和国王司法权。公共司法权最为古老，其渊源可追溯到古代民众大会的公共权力；封建司法权产生时间稍晚，是封建制度的伴生物；国王司法权则呈现某种双重性，因为国王既是全国最大的封建领主，又是国家的最高统治者。

三种司法权分别通过三套不同的法庭组织得以实施，即包括郡法庭、百户区法庭和村镇法庭在内的公共法庭，由领主法庭和庄园法庭组成的封建法庭，以及被称作库里亚即王廷的国王法庭。公共法庭有权受理各种民事刑事案件，带有明显的地域性特点，其权限范围与国家的行政区划完全吻合。封建法庭的分布极不规则，因为英国大贵族的领地很少连成一片，多数分散在几个或十几个郡内，因此，一个领主的封建法庭往往被分割成若干部分，像“孤岛”一样散处于全国各地。封建法庭以民事审判为主，主要是协调领主与封臣之间以及封臣或维兰内部的封建关系。国王因为既是最高领主，又是一国之君，其法庭的司法权限本应最为广泛，但在 12 世纪以前，领主角色在国王身上居主导地位，国君角色尚在其次，国王法庭的实际司法权只限于直接涉及国王利益的诉讼和有关国王直属封臣的案件，所以那时国王法庭受理的案件总量远少于郡法庭和百户区法庭。

---

① J. H. 贝克：《英国法律史导论》（J. H. Baker, An Introduction to English Legal History），第 12 页，伦敦，1979。

总之，那时“整个英格兰王国的司法体系被撕成若干碎片”②。但是，这种局面在12～13世纪发生根本变化。在此期间，国王政府通过多种途径，不断扩大国王法庭司法权，逐步削弱、蚕食公共法庭、封建法庭、特许法庭的权力，最后终于把全国司法置于国王法庭直接和间接的控制之下。这一变化过程是通过下列措施完成的：

（一）扩大“国王诉讼”范围。“国王诉讼”是指破坏“国王安宁”的犯罪案件，“国王诉讼”只能由国王法庭审理。在英国，“个人安宁”的法律概念早已有之，在盎格鲁一撒克逊时代，所有自由人均享有不受他人侵犯的“个人安宁”权利。国王作为最高领主和国君，其“个人安宁”权利的外延自然比普通人宽泛得多。不过，直到11世纪，“国王诉讼”的范围还只限于特定时期（如三大宗教节日）、特定地点（如王宫或交通大道）和针对特殊个人（如王室成员、国王仆人等）的凶杀、抢劫等刑事案件。进入12世纪，随着国王的国君角色的逐步增长和王权的日趋强大，“国王诉讼”的范围迅速扩大，几乎囊括了所有危害国家、社会和基督教会安全的刑事犯罪。约于1118年问世的《亨利一世的法律》一书明确写道，审理各种严重刑事犯罪“是英格兰国王所专有的、并可施行于任何人的权力”③，这说明刑事审判权归国王所有这时已得到法律的承认。

（二）大量使用司法令状。令状最早出现于9～10世纪，原有一种信件式的国王命令，由王室文书处大法官厅发出，主要用于行政管理事务。亨利二世时，令状被大量用于土地纠纷等民事案件的司法审判，并开始形成若干不同的固定格式，每一种形式的令状只适用于某一种案件。凡自由人，如有冤情均可向国王申请（须交纳一定申请费）相应的司法令状，然后根据令状规定的程序进行诉讼。令状具有崇高权威，无视或违抗国王令状，以蔑视王权论处。司法令状是12世纪中叶以后国王干涉和侵蚀地方公共法庭、封建领主法庭原有司法权、促进司法权集中的有力手段。

（三）建立巡回审判制度。巡回法庭最早出现于亨利一世时期，亨利二世时期成为固定制度。进入13世纪后，进一步完善化，这主要体现在两个方面：一是确立了综合巡回法庭、普通民事巡回法庭和清审监狱巡回法庭三种不同形式。综合巡回法庭有权受理各种民事、刑事案件，同时就行政财政管理等问题进行全面调查；普通民事巡回法庭主要受理民事案件，其中尤以土地纠纷案件居多；清审监狱巡回法庭负责提审地方监狱中的在押犯人，以刑事审判为主。④ 二是巡回审判定期化。综合巡回每7年一次，普通民事巡回和清审监狱巡回每两年一次。由于“巡回法庭把越来越多的重要案件从郡长手中抽走，纳入自己手中……甚至侵入到独立于郡法庭或百户区法庭之外的特许领地和庄园，审查它们的决定，

---

② A. T. 卡特：《英国法制史》（A. T. Carter, A History of English Legal Institutions），第23页，伦敦，1906。

③ M. T. 克兰奇：《1066—1272年的英国及其统治者》（M. T. Clanchy, England and its Rulers, 1066—1272），第144页，牛津，1982。

④ R. V. 特纳：《格兰维尔和布莱克顿时代的英国司法人员》（R. V. Turner, The English Judiciary in The Age of Glanvill and Bracton），第196～199页，剑桥大学出版社，1979。

干预它们的判决”[⑤]，因此，巡回审判制度的建立加速了司法管辖权的集中。

通过上述措施，国王司法权延伸到全国各个角落和各个领域，国王法庭，包揽了全部刑事案件和自由土地纠纷案件。“到 13 世纪末，几乎找不到一件自由地产案件是在领主法庭上审理的。”[⑥] 郡法庭只保留了案值 40 先令以下的小型民事案件审判权。

司法体制的集权化促进了统一法律体系的形成。伴随着巡回法官的足迹，各地不同的习惯法逐步融为一体。巡回之余，法官们要汇集中央，交流办案经验，研讨法律疑点。许多被公认为合理的判例、习惯自然成为大家共同遵奉的审判准则，久而久之，便作为普遍有效的统一法律固定下来，形成通行全国的普通法。

二、审判机构的专职化与审判方法的理性化

12 世纪中叶以前的国王法庭、地方法庭和封建法庭，都是兼有多种职权的综合性机构。随着司法权日益集中于国王手中，使担负繁重行政管理任务的王廷越来越不堪重负。另外，当时王廷总是跟随国王四处巡察，驻无定所，不便于当事人投诉。诉讼量的增加，当事人的不满，促使国王从王廷中分流出部分成员，组成单一职能的专职法庭。

最早建立的专职司法审判机构应是普通巡回法庭和清审监狱巡回法庭，但二者都不是常设性的，所以学术界普遍认为，1178 年建立的普通诉讼法庭是英国第一个独立于其他政府工作之外的专职法庭。它由 5 名王廷成员（2 名教士、3 名贵族）组成，常驻西敏斯特大厅，随时受理来自全国的投诉。[⑦]

另一个常设专职法庭是从财务署中分离出来的财政法庭。财务署创建于亨利一世时期，主要负责国王岁入的收缴、核算与管理，若遇有财政争议问题，则即席裁决。因此，它从一开始就兼有财政和司法两种职能。后来，两种职能分别由“下财务署”和“上财务署”行使。掌管司法的“上财务署”发展为财政法庭，其成员称作“财务署男爵”。

第三个常设专职法庭是王座法庭。1268 年，罗伯特·德·布鲁斯被任命为“在国王面前受理诉讼的首席法官”。他带领三四名法官，专注于案件审理，不再兼理其他工作。王座法庭由此产生。

普通民事法庭主要受理普通人之间的民事案件；财政法庭主要受理财政案件，但偶尔也受理普通民事案件；王座法庭地位最高，除受理国王诉讼外，还对前两个法庭的错判案件拥有复审纠错权，这是因为王座法庭在法理上是“国王亲临法庭”，尽管实际上国王并非总是出席。三大中央法庭固定于西敏斯特，再加上定期巡回全国的巡回法庭，一套系统较

---

⑤ 《英美法律史论文选》（Select Essays in Anglo-American Legal History）第 1 卷，第 131 页，波士顿，1907。

⑥ F. 波洛克和 F. W. 梅特兰：《英国法律史》第 1 卷，第 133 页。

⑦ A. 哈汀：《中世纪英国的法庭》（A·Harding，The Law Courts of Medieval England），第 54 页，伦敦，1973。

为完备的新型专职司法机器宣告建成，而原有的非专职性的地方公共法庭和封建法庭日趋衰落，其作用和意义越来越微不足道。新式专职法庭采用富有理性的新式审判程序与方法，因此，法庭专职化的过程亦即审判程序与方法理性化的过程。

在12世纪中叶以前，案件审判方法是极为落后、原始的。审案不是依据事实证据和法理分析，而是诉诸神灵、上帝和超自然力量，带有明显的迷信色彩和不可预测性。审理过程分为法庭陈述、验证和宣判三个步骤。开庭后，首先由原告、被告进行陈述。陈述前要郑重宣誓，保证自己所说的一切皆为事实，绝无谎言。如果陈述内容中有可疑之点，或陈述人流露出惊慌、犹豫等情绪，则说明他“心中有鬼”，所言不足为信，据此法庭将判其败诉。若双方均顺利通过陈述则开始验证。验证方法主要有以下四种：

（一）证人誓证法。即由当事人双方各提供证人若干名，经宣誓后如实讲述案情。若证人的证词互有矛盾或与当事人陈述内容不符，则判其败诉；若双方证人的证词均无漏洞，则根据证人数量作出判决，多者胜诉。

（二）公证昭雪法。即由当事人一方通常是被告面对一定数目的公证人进行宣誓与陈述，若2/3的公证人认为他的陈述是“清楚可信的”，则判其胜诉，否则判其败诉。公证人数目通常为12人。最初，当事人有权从邻人中自由选择公证人，结果多是当事人的亲朋好友，难以保证公正判决。为避免亲亲相护，后来改由法庭指定公证人。

（三）神判法。神判法又分多种形式。一是热铁神判法，即由当事人手捧一块热铁，前走几步，扔掉铁块，当众将其双手包裹起来，数日后，根据伤势轻重判其有罪无罪；二是热水神判法，即将当事人手臂浸入热水中，再取出包扎，数日后看伤势轻重作出判决；三是冷水神判法，即将当事人扔进池塘或河流中，若沉入水底，说明“被上帝接纳”，据此判其无罪，否则判其有罪。

（四）决斗法。即由当事人双方或代表他们的决斗士各执一件古代兵器，相互格斗，直到一方服输为止，若天黑之时仍胜负未分，则判原告方败诉。

显而易见，上述各种审判方法都是违背理性的，尤其是神判法、决斗法，可谓荒谬至极，根本不足为凭。不合理性的审判方法导致冤假错案司空见惯。1100年，有一次共有50名犯罪嫌疑人付诸神判验证，结果全部顺利通过，被“无罪释放”，对此结果威廉二世曾深表怀疑，并公开嘲笑神判法。⑧

在普遍的怀疑和反对声中，旧审判方法于13世纪先后被废弃。1215年，拉特兰宗教大会后，神判法被废除。从1216年起，在英国的司法档案中再也找不到一件适用神判法的记录。⑨ 决斗法的适用率自12世纪80年代起急剧减少，到13世纪中叶，平均每年适用决斗法的案件不超过20件。⑩ 公证昭雪法虽保持了较长时间，但在13世纪以后也仅仅作为一种

---

⑧ R.C. 冯·卡内基姆：《英国普通法的产生》(R.C. Van Caengem, The Birth of the English Common Law)，第69页，剑桥大学出版社，1973。

⑨ F. 波洛克和F.W. 梅特兰：《英国法律史》第2卷，第599页。

⑩ F. 波洛克和F.W. 梅特兰：《英国法律史》第2卷，第633页。

残余形式而存在。

取代旧审判方法的是建立在理性基础上的陪审团审判制。陪审团起源于欧洲大陆，原是法兰克国王用以保护自身利益的一种特权性调查方法，后因法兰克王国分崩离析，王权衰落，陪审团随之消失。但幸运的是，在法国西北角的诺曼底公国，由于公爵权力强大，陪审团调查法得以保存下来。1066年诺曼人把它带进了英国。⑪ 亨利二世时期，陪审团成为一种经常性的司法工具。陪审团分为起诉陪审团和审判陪审团两种，前者被后人称作大陪审团，后者被称为小陪审团。陪审制首先被用于刑事审判，其标志是1166年的《克拉伦顿法令》。该法令规定，当巡回法庭开庭时，郡长应从各百户区内遴选12名合法居民，从各村遴选4名合法村民，经宣誓后检举自亨利二世继位以后发生在自己百户区或村镇内的所有刑事犯罪，被检举者立即由郡长逮捕，交付巡回法官审判。1176年的《北安普顿法令》扩大了陪审团的起诉权限，明确了陪审团和法官的不同职权，从而使大陪审团起诉制度趋于完善。⑫

小陪审团成员最初由大陪审团成员兼任，这种将起诉和审判两种职能合二为一的做法势必影响判决的公正性。到爱德华一世时，二者分开，审判职能由单独组成的小陪审团（通常由12名合法居民组成）行使。⑬

在民事领域采用陪审团审判制始于1179年。这一年，亨利二世颁布《大敕令》，规定：自由地产讼案的当事人若不同意采用决斗法，可向国王购买大敕令令状，采用陪审制。其方法是：先由郡长从当地居民中遴选4名骑士，再由4名骑士从邻人中选出12名骑士组成陪审团，经宣誓后裁决地产应归谁所有。新方法一出现就深受社会欢迎，很快便在民事审判领域占据主导地位。在1256、1269、1279年纽卡斯尔巡回法庭受理的83件民事案件中，有81件采用了陪审制。⑭

采用陪审制是一项伟大的创举，因为与旧审判方法相比，陪审制具有明显的优越性。陪审员均为当地居民，有可能是案件的知情人。陪审员选定后，通常留有两周时间供其调查取证，此间，陪审员可以自由询问有关证人。因此，陪审制的实行大大提高了判决的公正性。正如查默斯所说："我对陪审团考察得越多，对它们的裁决就越尊重……它们具有发现欺蒙诈骗行为的奇特本领。"⑮

三、司法人员的职业化

12～13世纪英国法律制度的另一重大变化是司法审判人员的职业化，亦即职业法官

⑪ T. F. T. 普拉克内特：《普通法简史》，第103～105页。

⑫ D. C. 道格拉斯：《英国历史文件》（D. C. Douglus, English Historical Documents）第2卷，440～446页，伦敦，1981。

⑬ F. 波洛克和F. W. 梅特兰：《英国法律史》第2卷，第649页。

⑭ F. 波洛克和F. W. 梅特兰：《英国法律史》第2卷，第641页。

⑮ W. S. 霍兹沃斯：《英国法律史》第1卷，第348页。

与职业律师阶层的产生。11世纪时，严格意义上的法官是无从谈起的。那时，各级各类法庭都是由非专业法律人员组成的集会式法庭。出席法庭者统称为诉讼人，案件的判决由诉讼人集体作出，法庭首脑只是诉讼人的召集人、审判过程的主持人和法庭判决的执行人。

地方公共法庭堪称为集会式法庭结构模式的典型代表。无论郡法庭还是百户区法庭，都是由辖区内的全体自由人组成。诺曼征服后，随着封建制度的确立，出席公共法庭的权利与封建土地保有制联系起来，诉讼人被限定于自由土地持有人的范围内。在中世纪的英国，自由土地持有人是一个十分庞杂的社会群体，所有通过提供非劳役性义务而领有土地者皆包括在内，只有维兰排除在外。所以，诉讼人队伍是相当庞大的。不过，由于出席法庭是义务性的，费用自理，加之交通不便，人们总是寻找借口逃避出席。因此，郡法庭的诉讼人数量一般不超过百人，百户区法庭则只有数十人或十几人。此外，作为一项习惯性特权，地产分布在数郡之内的教俗大贵族很少亲临法庭，通常委派其总管代为出席。总管因为长期负责大贵族的家务和地产管理，富于组织才能和处事经验，在法庭上总是居于支配地位，所以史书上称他们为诉讼人的“领头羊”⑯。

那时的国王法庭同样是集会式的。按照封建主义原则，国王法庭由国王的直属封臣组成，包括直接领受国王一块采邑的一千余名小骑士。由于小骑士位卑言轻，在法庭上不受重视，也很少能发挥作用，因而他们不愿耗费时间和旅资前去充当大贵族的陪衬。再者，在当时的条件下，也没有可能经常召开如此庞大的全国性会议。所以，除在三大宗教节日时召开大型会议外，平时出席国王法庭的诉讼人只是少数得宠的教俗大贵族、王室官员和国王顾问。国王作为法庭主持人，对审判结果自然有较大影响，但判决仍是由诉讼人集体作出。封建领主法庭和庄园法庭的组织结构和审判方式与国王法庭相仿，不同之处仅在于，领主法庭的诉讼人是依附于该领主的自由土地持有人，庄园法庭的诉讼人是庄园内的成年男性维兰。

专职法庭建立后，职业法官逐步萌芽。最早出现的巡回法庭、普通诉讼法庭等皆由国王特别任命的三五名专职法官组成。不过，在以后的近一个世纪内，法官还不是训练有素的专业法律人员，而是王廷官员或地方政府官员，其中多数出身教士或兼任教职，这大概是因为教士文化素质高，熟悉法律，精通法庭通用的拉丁语和法语所致。此外，这时的法官虽以司法为主，但仍未完全脱离其他政府工作，特别是综合巡回法庭的法官，除受理案件外，继续肩负着财政、行政、督察地方官员等政治任务。

确切地说，职业法官是13世纪中叶以后产生的。1268年，劳伦斯·德·布鲁克被任命为普通诉讼法庭的法官，他是第一个既非政府官员又非高级教士而仅凭自己渊博的法律知识和丰富的办案经验而进入普通诉讼法庭的法官。此后，出身行政官员的法官越来越少，

---

⑯ S. F. C. 米尔逊：《普通法的历史基础》（S. F. C. Milson，Historical Foundations of the Common Law），第14页，伦敦，1981。

到 13 世纪末，在普通诉讼法法庭的审判席上已看不到行政官员的影子。[17] 约于此时，教皇下令禁止教士学习世俗法律和参加世俗法庭的审判工作，这一禁令大大加速了法官的世俗化进程。1316 年后，除了斯坦恩顿的哈维（1326 年任法官）一人外，再没有教士出任法官。[18] 法官必须从精通法律的专门人才即刚刚兴起的律师阶层中任命，作为一条不成文的习惯法原则从此确立，一支专业化的法官队伍出现了。

与法官专业化互为因果、同步发展的是律师阶层的出现与成长。12 世纪后期，随着司法令状的大量适用，法律规则日趋完备，审判程序和方法更加复杂和严格，诉讼审判工作的专业性、技术性越来越高。特别是陪审制采用后，增加了法庭辩论程序，诉讼双方须在公堂之上互相质疑、即席答辩，这需要丰富的法律知识和相当的辩论技巧，对于普通当事人来说，已难以独自完成诉讼过程。况且，司法令状种类多达数百种，分别适用于不同的案件，令状选择失当往往导致败诉。令状是用拉丁文写成的，而法庭陈述和辩论则使用法语，平时说英语的普通当事人要精通以上两种语言绝非易事。于是，一个以协助或代表当事人进行诉讼为业的新兴阶层——律师就应运而生了。

早期的律师有陈述人、代诉人、法律顾问等多种称谓。12 世纪后期，有少数代诉人的名字不止一次地出现于司法档案中，足见这些人已开始以代理诉讼为职业。到 13 世纪中期，代诉人已十分普遍。有人随时应当事人之请代为诉讼，有人则被王室、教会或大贵族聘为常年法律代理。无论何种形式的代诉人，都是靠提供法律服务换取的报酬为生。“各种迹象表明，到亨利三世时，律师已经成为一种新型职业。”[19]

需要特别指出的是，一套富有英国特色的法律教育制度也开始萌芽。法律的职业化产生强烈的社会吸引力，殷实之家的子弟纷纷趋之若鹜。他们参照当时手工业中盛行的学徒制，首先投拜于某一开业律师的门下，通过协办诉讼案件、起草法律文书、提供法律咨询等方式学习法律知识和技能。于是，一个被称作“法律学徒”的特殊社会集团开始出现。为方便业务学习，法律学徒们麇集于三大中央法庭的所在地西敏斯特区，并自由结合，寄宿于某一客栈或酒馆，聘请开业律师讲课和辅导。居住在一起的一批法律学徒便组成一所简易法律学校。进入 14 世纪，其中的 4 所脱颖而出，形成了著名的林肯、格雷、内殿和中殿四大律师会馆，法律教育从此步入正规。各个会馆均采用理论与实践相结合的教学方式，一方面聘请开业律师开设讲座，讲授法律知识、典型案例分析等，另一方面让学徒们参加模拟案件讨论会或者旁听法庭辩论。[20] 这样，一批又一批受过系统专业教育与训练并具有较强实践工作能力的律师，从四大学院源源不断地输送到司法界，律师队伍日益壮大。

---

⑰ T. F. T. 普拉克内特：《普通法简史》，第 214 页。

⑱ W. S. 霍兹沃斯：《英国法律史》第 1 卷，第 197 页。

⑲ T. F. T. 普拉克内特：《普通法简史》，第 194 页。

⑳ J. H. 贝克：《英国法律史导论》，第 137～138 页。

四、余论

综上所述，12～13 世纪英国法律制度的方方面面均发生革命性的变化，这些变化汇合一起，使英国完成了一次被称为“法制大跃进”[21] 的历史性跨越。如果说在 12 世纪以前英国尚未走出原始法制阶段的话，那么，到 13 世纪结束时，一套被人们称作普通法的系统完整的全国性法律体系已经建立起来，而且在它身上已清晰地显露出近代法律制度的若干基本特征。所以，英国法律史学泰斗梅特兰认为，英国是一个法律制度早熟的国家。他说：“如果把 1272 年的英国同当时的西欧各国加以比较，那么，英国法律制度最突出的特点就是它的早熟性，至少可以这样说，那时英国的法律制度在本质上足以与近代的文明制度相比拟。它已荡涤了各种原始性特征，而这些特征在法国和德国仍程度不同地存在着。”[22]

法律制度的早熟使英国从此与欧洲其他国家分道扬镳。在以后的几个世纪内，英国循着自己的道路独自向前迈进，普通法日趋完备，并深深地融入英国的社会生活和民族文化传统中。与此构成鲜明对照的是，欧洲大陆各国继续徘徊于原始法制阶段，保持着芜杂混乱的地方习惯法，这种局面使罗马法向这些国家的渗透成为可能。尤其是到中世纪后期，当大陆各国开始加强王权，着手创建近代民族国家时，带有集权主义倾向的罗马法恰好迎合了这一时代需要。于是，一场声势浩大的罗马法复兴运动迅速席卷欧洲大陆，罗马法也在这场运动中摇身一变成为国际规模的法律体系，即大陆法系。而这时的英国，普通法传统早已根深蒂固，它像一道坚固的长城，成功地抵挡住了罗马法的冲击。不仅如此，在随后兴起的殖民扩张浪潮中，普通法还伴随着英国殖民者的足迹走出了国门，传播到美洲、大洋洲、亚洲、非洲的许多国家，从而也发展为一个世界性法律体系。由此可见，当今西方世界普通法系与大陆法系并立格局的历史基础，实际上是通过 12～13 世纪英国法制的革命性变化奠定下来的，从这个意义上说，12～13 世纪不仅在英国法制史上，而且在整个西方法制史上都留下了深远的影响。

这里，有一个无法回避但又耐人寻味的问题：为什么在历史文化背景基本相同、社会发展水平大致相当的欧洲各国中，惟独英国在 12～13 世纪出现法律制度早熟的奇特现象呢？特别是联想到当时正值英国与大陆各国政治经济联系最广泛、最密切的时期，这个现象尤其发人深思。正因如此，许多外国学者对该问题表现出浓厚的兴趣，试图解读其中的奥秘。但是，西方学者特别是英国学者大多从抽象的民族特殊性出发，认为这是由于英吉利民族固有的“民族性格”、“民族传统”所导致的结果。这种立足于民族优越论的解释是无法令人满意的。因为在 12～13 世纪时，英吉利民族并未形成，根本谈不上什么特殊的

---

[21] D. M. 斯坦顿：《1066—1215 年的英国司法》（D. M. Stenton, English Justice, 1066—1215），第 53 页，费城，1964；M. T. 克兰奇：《1066—1272 年的英国及其统治者》，第 150 页。

[22] F. 波洛克和 F. W. 梅特兰：《英国法律史》第 1 卷，第 224 页。

“民族品质”、“民族精神”，更何况具体完成这次法制革命、创建普通法的恰恰不是原英吉利人，而是刚刚入主英伦的法裔诺曼王朝和安茹王朝。再者，就普通法的早期实体法内容而言，也主要是由导源于法国的封建土地法构成的。

那么，导致英国法律制度早熟的真正原因是什么呢？笔者认为，特殊的历史现象只能从特殊的历史原因中寻找答案。英国法制的早熟主要是特定历史机缘所促成的。其中，有两个因素至关重要：第一，英国较早建立了强大的中央王权。马克·布洛克说，英国“成为一个真正统一的国家比任何大陆王国要早得多”㉓。而这一点又与丹麦人入侵和诺曼征服两个偶发事件密切相关。8～10 世纪时，原盎格鲁一撒克逊人的 7 个王国在联合抗击丹麦入侵者和收复“丹麦法区”的斗争中，逐步凝聚为一个统一国家，并创建了以分郡制为主干的三级地方统治体制。在此基础上，诺曼王朝借助军事征服获得的生杀予夺大权，建立起当时欧洲最强大的封建集权君主制。㉔ 王权的强大为根本改造原始法律制度提供了必要的动力源泉。回顾 12～13 世纪英国法制发生的所有变化，从“国王诉讼”范围的扩大、司法令状的采用、专职司法机器的建立、陪审制的推广到司法管辖权的集中、法律体系的统一，无一不是仰赖强有力的王权推动实现的。从本质上说，普通法就是英国的“王室法”㉕。与此相反，自 9 世纪法兰克王国解体后欧洲大陆各国长期处于分裂割据状态中，王权式微，诸侯肆虐逞强。在这种政治局面下，法律制度的统一当然不可企望。第二，与前一因素紧密相连的是英国的法制近代化起步较早。12 世纪，正当欧洲封建制度处于鼎盛之际，英国便提前叩响了近代法律制度的大门。当时，罗马法复兴运动尚未兴起。特定的历史机遇使英国轻而易举地跳出了欧洲法制发展的正常轨道，走上了一条独具特色的法制之路。反观大陆各国，由于王权虚弱，又经过数个世纪之后，法制近代化的车轮才姗姗启动，而这时罗马法复兴运动正以不可抗拒之势风靡欧洲。结果，接受罗马法成为大陆各国惟一的历史选择。在这里，“时差具有最重要的意义”，“在英国与大陆之间的历史差异中，始终能够看到时机选择的重要性”㉖。比利时学者卡内基姆的这个看法无疑是颇有道理的。

㉓ M. 布洛克：《封建社会》(M. Bloch，Feudal Society)，第 430 页，伦敦，1967。

㉔ 参见程汉大：《英国政治制度史》，第 17～60 页，中国社会科学出版社，1995。

㉕ 哈罗德·J·伯尔曼：《法律与革命》，第 538 页，中国大百科全书出版社，1993。

㉖ R. C. 冯·卡内基姆：《英国普通法的产生》，第 90、108 页。

张少瑜

先秦兵家法律思想概要*

简介

张少瑜，1952年生于北京。早年入建筑公司当学徒，当过木工和技术员，后毕业于北京大学，获法学硕士学位。现任《法学研究》编审，编辑部副主任，主要社会兼职为中国法律史学会秘书长、中国法学会比较法研究会秘书长、北京市军事法学会常务理事兼副秘书长。

本人主要研究兴趣为军事法学和法律史学。代表性作品有专著：《兵家法思想通论》(人民出版社，2006)；主要的论文有：《中国军事法学的过去、现在与未来》、《中国古代军事法溯源》等。

本人理想的生活乃是一介布衣，自由自在，冬夏读书，春秋远游。虽碌碌无为，然外顾无求、内省无疚，也可算是孔夫子说的“不忧不惧”了。我愿意与学界的朋友交流各方面的心得，切磋学问，享受生活。欢迎各位随时赐教！

---

* 原发表于《法学研究》，2000(5)，约三万字。此次刊登的只是该文中最后一部分综合分析的内容。作者对兵家法律思想研究的最终成果是《兵家法思想通论》，北京，人民出版社，2006。

先秦兵家以研究军事问题为中心。《孙子兵法》被世界公认为古代兵学经典，与克劳塞维茨的《战争论》并称为东西方兵学代表作。兵家在军事学上的意义已被人们认识，但他们的法律思想尚未引起学者们的充分注意。我国自汉唐以来研究先秦法律思想史的专家们都没有将兵家作为一个学派去专门研究。人们讲到先秦法律思想时，几乎众口一词指称儒、法、道、墨四大家，却极少有人提到兵家。这方面最典型的例证是梁启超的《先秦政治思想史》和张国华的《中国法律思想史纲》。

现存大量史料证明，兵家有着丰富的法律思想。它对军法的认识具有独创性，它对德教与赏罚、将威与法治、法令与人心、赏罚与形势以及军法与国法等种种关系都有较深刻的认识。它将法治的正义性与现实操作策略很好地结合起来，既少空谈，又少偏颇，最适合于实践中的运用。它在发展中受到儒法两家的许多影响，同时又对它们两家尤其是法家产生了很深的影响。因此，对兵家的法律思想进行专门研究，无论对我们更好地了解先秦法律思想史，还是理解军事法一般原理的形成都有着很重要的学术意义。

本文探讨先秦兵家的法律思想，研究对象仅限于春秋战国时期的兵家主要人物，所据材料主要为先秦兵书。此外，其他文献和文物中有关先秦兵家人物的言论和事迹也是本文的重要参考资料。

一、兵家法律思想的主要内容

先秦兵家经历了春秋战国几百年间经济、政治生活和军事技术、军事制度等方面的巨大变化，经过了几代人的思考，形成了一套相对独立的、以解决治军问题为中心的法律思想。虽然前后期兵家人物思考问题各有侧重，但作为一个学派，他们又有许多共同的见解。对此，我们可以从法律观、法治论和法治术三个方面进行归纳：

1. 法律观

（1）法的概念

兵家以言兵为中心，只将法作为一个工具来使用，因而对它的观察只是从各种具体形式的作用来进行，没有更深入地追究法理。孙武在两个意义上使用法的概念：一是从作战指导的规律意义上用，此为兵法、战法和用众之法等；一是从人定的各种制度规范意义上用，此即五事七计所讲的法和法令等。军中的分数形名和约束也属于后一种意义上的法。这说明在孙武时兵家还未形成严格意义上的法律的概念，对客观法与人定法、国法与军法的区分还没有明确的认识。

此后，吴起、孙膑也未明确说清法是什么，其论述核心在将令，其所讲的“法令必行”，实际指“将令必行”；《司马法》对法的定义比较杂，使用的词也很多，初步提出军中法的概念及其与国法有区别，如“礼与法，表里也”、“在军法”、“凡战……约法，省罚”等；《尉缭子》对军制思考最多，他的制实际上就是法。可以说，无论前期或后期的兵家都没有从法理学的角度对法律进行明确的阐释，但他们从法的实在形态上进行的观察和分析在法理学的发展上还是非常有意义的。

（2）法的特性

兵家注意到了法有公开性、规范性和强制性。这主要来自于对军中法的观察。孙武在军中设约束，并三令五申之，对“已明而不如法者，罪之”即典型地反映了兵家的看法，后世之论述无出其右者。

（3）法的作用

兵家认识到法可以在军内和军事活动中建立一种秩序，此即军中的制或治。只有在这种秩序下，将才能把一盘散沙一样的民组织成“挥左而左、挥右而右”的军队，才能顺利地贯彻将的指挥意图。孙武把这叫做用众之法，吴起则叫做治。

（4）法要与人心、情势相合

这种看法突出反映在兵家对赏罚的认识上。他们认为法的强制性靠罚来实现，而罚则的制定与使用必要注意到“兵之情”与“势便地利”。这一点孙武、孙膑阐述最多、最充分。

由于认识到法有这样的特性和作用，兵家主张在治军中实行法治，并对如何运行法治进行了思考。

2. 法治论

兵家的法治论可分三点简述其要：

（1）以法（制）治军

兵家都强调军中要有严格的法制，在这一点上，主要代表人物的观点是一致的。孙武强调法令执行是战争胜负重要因素之一，为此军中要建立严格的约束纪律，而且任何人不论其地位如何尊贵都要执行，“吴宫杀姬”是生动一例。孙膑的军中要“以信为本”，《吴子》的“以治为胜”和《尉缭子》的“制论”则是孙武以法治军思想的深化和系统化。其重要论点和论述可见前文。

为什么要治军以法？兵家以为军中法治最基本的作用是使纷乱的士兵形成一个整体，从而形成战斗力。如果军队成了一盘散沙，那么“虽有百万，何益于用”。为了治众、斗众，就要用“分数形名”将其组织起来，并具有统一的纪律和统一的指挥，从而统一行动。孙武立约束、杀吴姬，吴起临战杀材士，司马穰苴杀庄贾，都是为了保持军令的威严，从而使部队整齐一致，按照将的部署去作战。

（2）德教为先、爱威并下

兵家的法治观不同于法家的“严而少恩”和“以刑去刑”的冷冰冰的态度，而是与德教相结合，具有重人心、重“兵之情”的较温和的特点。

兵家不主张高压，而是强调“令文齐武”、“爱与威”并下，要以爱为基础，多次讲到

“爱兵如子”，视战士如“婴儿爱子”等。其认识基础在于部队的战斗力来自于人心凝聚力，即“上下同心”、“众相得”、“卒亲附”等。有了这种凝聚力，才可使战士们自觉地作战，“与之俱死”、“交兵接刃而人乐死”。

兵家认识到除了教育士兵为正义战争而献身外，最重要的是将领对兵要“爱护”。这种爱在许多时候高于厚赏的作用，可使许多壮士为报君将之爱而“死不旋踵”。这是由于军事活动、军队的特点决定的。

(3) 树立将威

兵家讲法治总是与将威结合在一起。从根本上说，军中的法治从属于将威，这是兵家的共同观点，兵家以《孙子》为经典，《孙子》以统率为中心，统率之要在于维护将威。他把将与法并列为五事之一，主张军令在军中要有最高的权威，强调将在军，君命有所不受。孙膑提出将要得主专制，君令不入军门。司马穰苴杀庄贾和孙武杀吴姬的故事也从实践方面反映了兵家的这一主张。

兵家为什么极为重视将的至高权威？孙武从将领的职任和军事活动的特性方面作了论述，孙膑则从军令的专一性方面作了论述。这都是极有见地的。从原理上说，国家总是在两种状态中存在，一种是平时状态，一种是战争状态。在战争状态下，军事活动的胜负就是决定国家命运的最重要的因素，是“死生存亡”的大事。将领受命统军，不仅全军战士的死生存亡，而且整个国家的死生存亡均系于一身，因而不能不让他握有决断的全权，让他的军令成为军中和战时的最高的法律。兵家对此有充分的认识。

3. 法治术

兵家都很重视军中法治的实行办法，论述之先在于孙、吴，集大成者在于尉缭。这里略作概括以明其要：

(1) 军中立法的原则包括：

简约。《吴子》主张军中之法要“约”、“法令省而不烦”；《司马法》：“凡战……约法，省罚”。

稳定。孙膑：“令数变，众偷，可败也。”

统一。孙膑：“令不行，众不一，可败也。”

合众心。孙武认为军令要考虑“兵之情”；孙膑也强调合民心，才能“令行如流”；《司马法》：“凡人之型，由众之求……人生之宜谓之法。”

(2) 军法要广泛宣传，让士兵都清楚明了

孙武主张将军中纪律对士兵“三令五申之”如果“约束不明，申令不熟，将之罪也”。吴起与秦战，对全军申明军令，也表明了这种看法。

(3) 执法要严明有信

孙武认为智信仁勇严是将之五德；《吴子》主张进有重赏，退有严刑，行之以信；孙膑提出“将军不可以无信，不信则令不行……”他们还主张将领要以身作则。《司马法》说军法要“身以将之”；吴起与士卒同衣食、分劳苦。

（4）执法要平等、公正

孙武讲赏善始贱、罚恶始贵；孙膑讲不维其人，不阿外臣；司马穰苴杀庄贾等都表明了这种主张。

（5）令文齐武，教育与强制相结合

此方法孙武最先提出，吴起、孙膑、尉缭等论之极详，此处不赘。

（6）适当的赏罚

这是爱与威的最主要的手段。孙武讲特殊情况下“施无法之赏”，不滥赏滥罚，不能“先暴而后畏其众”；孙膑讲治兵要“严而示之以利”，但不以赏罚为兵者之急。

从以上简单归纳的内容中，可以看出兵家论法的特点，即把法作为一个工具，其思考以带兵实务中如何控制部队为中心。他们指出了法所具有的特性，着眼于熟练地运用、操纵这个工具，因而其法治方案有很强的实用价值。这是其长处。但同时，由于他们不是以法作为思考的中心对象，没有对法现象做深刻地法理分析，因而其法律思想就显得不那么深入和成体系。通过下文中与法家的比较我们可以对此看得更清楚。

二、兵家法律思想的认识基础

兵家以研究作战指导为中心，广泛思考哲学、政治、道德、外交和战争等方面的问题。简略地认识一下兵家在这些问题上的观点，有助于我们理解其法律思想。

1. 现实主义哲学观和辩证思维方式

与理想主义的儒家和超越主义的道家不同，兵家、法家、纵横家等对人性及当时的社会变革都持现实主义的态度。他们认为人性是恶的，是好利恶害的。在社会急剧变动时期，人的这种本性表现尤为明显。个人是这样，由个人组成的社会集团也是这样。对此，不能用启发人心中善性的办法来说服之，只能用利益来引导之，用武力来控制之（当然他们更反对超脱和逃避现实）。因此，就有了赏罚、法治、耕战等各种手段的运用。兵家主张以法治军和树立将威的主张与这种认识有关。

兵家在思考力之运用时使用了“虚实”、“正奇”、“利害”等辩证思维方法，孙武、孙膑表述最为清楚。在他们看来，力有不同的表现形式：正面的力和侧翼的力、运动中的力和静止的力、明显的力和隐藏的力等。它们有不同的功效，要善于综合运用。这样的思维方式在治军中就表现为善于运用爱与威、赏与罚、文与武等手段来控制部队。

2. 义战和慎战的战争观

兵家均持一种道义战争观，即认为战争应从属于正义的政治。如孙武将“上下同心”的道列为五事之一；孙膑认为只有知天道、民心等才可兴兵，主张“立义用兵”；吴起认为国家之安“在德不在险”；《司马法》主张“仁本”、“礼治”、“武德”；《尉缭子》主张“兵者所以诛暴乱禁不义也”、“不攻无过之城，不杀无罪之人”等，都体现了这样一种观念。这种观念给战争赋予一种正义的性质，即战争只是为了推行良好政治而迫不得已的手段。

义战的观念引申出慎战的观念。孙武："不尽知用兵之害者，则不也知用兵之利"，要求"兵不顿而利可全"。战争具有空前的破坏力，对交战双方都没有好处。因此兵家都主张尽可能通过外交、谋略等手段解决争端，不要诉诸武力，认为"上兵伐谋"、以"不战而屈人之兵"为上策。即使万不得已非要打仗，也要尽可能将战争限制在局部并在短时间内结束。真正的兵家"从古知兵非好战"，是最反对滥用暴力的。

从义战观出发，兵家合乎逻辑地引申出"正义法律观"，即法律要具有正义的性质和价值取向。同时，由慎战观引申出慎刑的法律观。正是从道义、武德、民心、上下同心等价值要求出发，兵家多数都主张治军手段以亲爱为主、以德教为主，对于刑罚的执行持一种宽容的态度，即不滥杀滥罚，更反对不教而诛。

三、兵家法律思想与儒法两家的关系

1. 兵家与儒家的关系

春秋末兵、儒并起，两家有共同特点。首先表现于刑兵正义观上。儒家主张复三代之礼，赞美汤武革命的正义性，一般反对以暴力服人。兵家也主张战争的正义性质，前文已有介绍。虽然双方对正义的理解不同，但双方都重视正义的价值，因此在许多问题上可以有共同语言。正由于这一点，兵家的观念可以为儒家所接受，儒家的观念也可以为兵家所接受。战国末西汉初成书的《司马法》、《吴子》及《六韬》、《三略》等兵书中浓厚的儒家倾向证明了这一点。

其次，兵家在治军中上重视德教与亲爱的作用，主张使用"令文齐武、爱威并下"的方法，这一点与儒家的德治论有许多相似之处。儒家主张以德服人、宽猛相济，反对不教而杀，其倾向与兵家惊人地相似。但双方的立论依据不同。儒家从治民需要出发，吸取了以往统治经验，重视民心向背，避免引起人民的反抗；儒家思想的核心是"仁"，从人性本善出发而倡德爱。而兵家从治军需要出发，认识到部队的战斗力在于人心凝聚和士兵的积极性与主动性，因此格外重视人心的亲附和上下同心；兵家讲德与爱有很强的功利性。

兵家与儒家在人治问题上也有一致观点。兵家的法治与将威相结合。法与将比较起来，将是第一位的。将对全军甚至国家的生死存亡都有关键影响，岂止是政举政息而已。兵家也非常重视将领的素质与修养，对将的五德要求丝毫不亚于儒家对贤人的要求。

兵家重将领，但论述基点与儒家不同。儒家从法先王、复礼制的政治理想出发，认为政治的好坏主要取决于统治者，尤其是最高统治者个人的好坏，其结论自然是"为政在人"、"人存政举、人亡政息"。兵家则从国家死生存亡系于兵事，兵事成败系于统帅决策的角度论述将的重要性。应该说，兵家从这一角度强调将威的确有其合理性。

儒、兵二家也有许多不同点，最大的不同在于兵家主张法治，设计了一套自己的法治方案，并在治军的实践中身体力行。正是这一不同，将兵家推向铁马金戈的战场，而儒家则退隐到宁静恬淡的书舍。

2. 兵家与法家的关系

法家与兵家的关系十分密切，以致在许多时候，你都分不清谁是兵家、谁是法家。因为兵家和法家人物大都是军政要人，在内持国，在外治兵，典型者如吴起和商鞅。这使得两家在许多问题上看法非常接近。

首先，两家有共同的法治观。法家主张以法治国，其中心是法。法家先驱管仲及其后的李悝、商鞅、韩非等提出了完整的法治论。他们主张“以法为本”、法令要“布之于百姓”、“法莫如一而固”、“刑不阿贵、绳不挠曲”，贯彻法令的手段是“信赏必罚”和“厚赏重罚”。这些观点与前文提示的兵家的法治论简直如出一辙。可以说，在治军治国要以法的问题上，兵法两家是完全相同的。

其次，在树立君将权威上，两家也基本一致。法家法治的轴心是君主，立法、执法、司法权力均掌握于君手，君主具有绝对的权威。商鞅提出“君尊而令行”，而要尊君，就要使其集权，此即“权者君之所独制”、“权制断于君则威”。慎到认为法治必要“民一于君、事断于法”，君主“权重位尊”才能“令行禁止”。兵家的法治论则更是强调将的中心地位，其法治完全是将的工具。与法家相比，兵家可谓有过之而无不及。

再次，两家都重势，但兵家的论述更胜一筹。兵家在势的本意即力学意义上使用，指的是力与力的关系。孙膑曾以弓弩来说明势，“口（羿）作弓弩，以势象之……何以知弓奴（弩）之为势也？发于肩应（膺）之间，杀人百步之外，不识其所道至，故曰弓奴（弩）势也”。在他看来，势是一种由高速运动产生的冲击力，使静止的物体形成一种不可阻挡的力量。在这点上，他与孙武的“激水之疾至于漂石者，势也”和“转圆石于千仞之山者，势也”的意思是一致的。法家在引申的意义上使用势的概念，如慎到将君主的势比喻为飞龙和云雾，飞龙有云雾才能高飞，一旦云消雾散，飞龙也就成了地上的蚯蚓。这用于人与人的关系，是原义的引申。

最后，双方对术的认识也一致。兵家在力与力的控制中讲求技巧，用兵指导即是术。兵家最早讲“虚实”、“诈”、“诡道”、“示形”、“不动如山、侵掠如火”等。法家研究的是驭人之术，他们要解决的是由于君主专制而突出的君臣矛盾。申不害讲的术为“操契而赏其名”、“藏于胸中示天下无为”，韩非讲“因能授官、循名责实”、“藏于胸中，以偶众端，潜御群臣”。这些术里就包含了兵家那些用兵之术，即真真假假地迷惑人，从而使自己处于主动地位。在这方面，二者的思维方式是一样的。

法、兵二家的观点如此接近与其哲学观念、政策主张等很有关系。二家均为现实主义者，思考的中心是如何以力控制他人。在有统治关系情况下，如何控制对方是法家思考的问题；在平等较量关系中，如何控制对方是兵家思考的问题。兵家在考虑控制对方时，也不得不考虑控制本方（治理军队），这就与法家发生了重合。正是由于这样的原因，兵家与法家的思想接近，互相影响最深。二家持国治兵的目的都是推行耕战政策，提高综合国力，对外战胜而强立。这种共同目的也促进了两家的共同语言。

法、兵二家又有不相合之处，集中反映在对德爱的认识上。法家持人性恶观点，一般都反对德教与施爱，而兵家却将爱兵放到极为重要的地位。原因何在？除了兵家不过分强调人性恶以外，恐与对治军与治民不同特点的认识有关。民众生活之基为经济活动。民之情，追求高者要提高生活水平，低者则维持当前水平亦可忍耐。而军队的职能是打仗；打仗是双方你死我活的较量。兵之情是“围则御，不得已则斗”，不存在保持现状之可能。与民相比，军队尤需要有高昂的士气，有战斗的积极性和自觉性。为此，军队格外需要讲亲爱团结。兵家看到了“师多务威则民屈”这一点，理解部队的战斗力与内部的凝聚力紧密相关，因而格外强调德教、爱护的重要性，不主张过多地使用刑罚。法家思考之点在治民。民心民气在经济生活中的作用，远不如军心士气在战斗生活中表现得那样突出、紧迫和明显，因而法家对德教、亲爱等手段的重要性也就远不如兵家认识地清楚（当然还有别的原因）。

四、兵家法律思想的贡献

兵家以法治军的思想在实践中产生和发展，对我国古代法治理论及军事法一般原理的形成作出了重要贡献。

1. 最早提出以法治军理论

如前所示，孙武早在春秋末年就提出了军事活动要有法的观点，提出了制定分数形名以管理部队、制定约束以控制部队、令文齐武以贯彻军令和将帅相对独立于君权的一系列原则和办法。这就构成了最早的军事法理论。以后吴起、孙膑、司马穰苴和尉缭等从不同侧面发展了孙武的思想，至西汉中期形成了完整的古代以法治军理论。这是一个了不起的贡献，为后世近两千年的封建军队的管理提供了法律思想的基础。

兵家思想对今人理解军事法学的基本原理也有经典性的指导作用。兵家对治兵与治民的不同之处、军容与国容的划分及各自的特点、军中约束的公开性、战时从严的掌握、军中法令的优先性、保护战区平民利益、不虐待战俘等问题都有所观察和论述。虽然由于兵家思想的重实用而不深究其理的做法使这些论述还都显得零散或不深入，但已经足以构成军事法学的一些基础性观点了。

兵家认为将在军中处于绝对权威的地位，法只是将的工具之一，此即“将威”。这种观点从军法的角度看有一定的合理性。军队的性质和使命决定了它必须高度集中统一，军中法制一定要维护这一点。军队集中统一的标志是统帅；强调将的权威实质在于强调军队的集中统一。这是军队法制的特点，与平时法或国家法有所不同，其根本原因在于军队这个武装集团特殊的内部关系与一般社会关系有不同的特点。如果在军中也强调私法的平等自治性和公法的权力制约性等，军队就无法保持它的性质，也无法完成其职能。兵家认识到并极力宣扬这一点，在军事法学上有重要的意义。对此，我们不能简单地用普通法的原理去评判。

2. 丰富了当时的法治理论

从法律思想的来源看，法家与兵家的某些见解同出一源，甚或兵家早于法家。如法令要简单、明示，并公开宣传，使人知晓，不能不教而诛等。孙武在春秋末年就做出了法治实践的榜样（吴宫试兵之事），此事广为流传，对后世影响甚大。法家主张明法、以法为教等皆在其后，是对兵家实践经验总结出来的理论。另外，法家的势、术等观点也显然是受兵家启发而发展出来的。

从法律思想的特性来看，兵家的观点最少偏颇。兵家主张“令文齐武、爰威并下”、两手齐抓，是最适当有效的方法，持国治军者皆不能摒其于外。战国末年出现的融合各家理论之长，互为补充的思潮，究其思维方式之源实起自春秋末年兴起的兵家。

对兵家法律思想的历史贡献不容低估。春秋战国是整个社会制度发生彻底变革的时期。这些变革通过两个途径进行，即诸侯国内的改革变法和诸侯国之间的兼并战争。战争与变法紧密相连。许多变法都是通过暴力手段甚或家族之间的战争进行的，如吴起在楚国的变法和三家分晋等；同时许多兼并战争的目的就是把新制度推广到邻国甚至全天下，如秦并六国之战争。从这个意义上说，当时的战争与国内变法均具有进步的意义。兵家与法家共同对当时的法治思潮和法制变革起到巨大的推动作用。

总而言之，虽然兵家的法律思想还存在种种不严密、不完善的地方，但不可否认它在先秦诸家的法律思想中的确具备自己的特色。它对后世正统法律思想的影响、对封建时代军事法制的影响，以及它所提出的军事法基础原理问题，如军事法与普通法的关系、军人的特殊权利义务、军队内部关系的性质及其法律调整等，都值得我们重视并进一步研究。

张铭新

论中国古代法的双轨式公法体系*

简介

张铭新，又名明欣，1942 年 9 月出生，北京市人，蒙古族。清华大学法学院教授。1964 年毕业于北京政法学院（现中国政法大学），长期从事司法实务；1978 年考入北京大学法律系攻读中国法制史研究生，1981 年毕业并取得法学硕士学位，同年开始在武汉大学法学院执教；1995 年调入清华大学。

独著、合著《中国法制史纲》、《中国婚姻家庭制度史》、《中国法制史（新编本）》、《清朝命案选》等专著和教材十余部，主编《中华小百科全书法学卷》，发表学术论文四十余篇。

* 原发表于《清华法治论衡》，第 1 辑，北京，清华大学出版社，2000。题为“中国古代‘法治’形式的演进轨迹及特点”，署名“明欣”。收录时作了大幅度删节和适当调整，并易为本题。

沈宗灵先生在论述古代法治的时候，曾将“罗马法的鼎盛时期”与“中国历史上的‘贞观之治’等盛世”相提并论①；充分肯定了罗马法与唐律在世界法制史上的重要地位。罗马法学家将法律区分为公法和私法。由于简单商品经济的高度发达，古代罗马虽然也有许多“公法”，但它的“私法”无疑处于主导的地位。与罗马法迥然不同，在农业自然经济的基础之上，以盛唐时期法律为代表的中国古代法律以“公法”为本位，独立的“私法”是不存在的。即使有一些私法的规范，也包容在公法之中，几乎完全地“公法化”了。惟需注意，传统的“公法”并不限于刑事法。由西周直至清末，行政管理法一直处于非常重要的地位。几千年的法律制度始终在刑事法和行政管理法的两条轨道上运行，古代的政权大厦一直由两个法律支柱在支撑着。

西周的礼与刑

古代的“刑”，作为名词使用时大体有两种意义，一是指刑名，二是指作为刑事法律规范的“刑罚犯罪之法”。我们这里所说是指后者，即行为规范意义上的“刑”。

古人将原始社会后期对异族的征伐视为刑的前身，杜佑《通典》考察刑的起源与发展时曾说：“黄帝以兵定天下，此刑之大者。陶唐以前，未闻其制。”《国语·鲁语上》的“大刑用甲兵”就是这个意思。到了国家产生以后，刑自然而然地转化为对内镇压的工具，这就是所谓“夏有乱政，而作禹刑”，或曰“士制百姓于刑之中”②。中国古代的刑与罪紧密相连，惟由于对实体法与程序法没有严格的区分，它并非单一的刑法而是包含了刑事诉讼制度在内。

与刑不同，关于西周“礼”的性质，长期以来众说纷纭，莫衷一是。在法学界较为通行的是“综合规范说”。如有的学者说它是“维持社会、政治秩序，巩固等级制度，调整人与人之间的各种社会关系和权利义务的规范和准则”③；有的著作认为礼是“西周‘经国家、定社稷、序民人、利后嗣’的根本大法”④；有的书籍则称其为“调整行政、经济、军事、教育、婚姻家庭、诉讼各方面关系的综合大法”，是“包括除刑法以外几乎所有部门法的法律”⑤ 等等，严格地说都难称确切。

从现存可利用的有关资料看，周礼大体由基本原理和行为规范两大部分组成，即《礼

① 沈宗灵：《依法治国 建设社会主义法治国家》，《中国法学》1999 年第一期第 11 页。
② 《尚书·吕刑》。
③ 《中国大百科全书·法学卷·礼》，中国大百科全书出版社 1984 年第一版 363 页。
④ 薛梅卿、叶峰：《中国法制史稿》，高等教育出版社 1990 年 5 月第一版第 25 页。
⑤ 叶孝信主编：《中国民法史》，上海人民出版社 1993 年 7 月第一版第 19 页。

记·礼器》所说的“本”和“文”。

礼的“本”，主要指其基本精神，即如《礼记·大传》所谓“亲亲也，尊尊也，长长也，男女有别，此其不可得与民变革者也”，以及《左传·昭二十六》所载之“君令、臣共、父慈、子孝、兄爱、弟敬、夫和、妻柔、姑慈、妇听，礼也”等等。

礼的“文”，则是指的具体行为规范，主要包括三类。

一类是道德准则。《礼记·礼运》说：“圣人之所以治人七情，修十义，讲信修睦，尚辞让，去争夺，舍礼何以治之?”一方面，“礼节民心”⑥，引导人们以宗法信条自律，节制“喜、怒、哀、惧、爱、恶、欲”的内心情感，防止“悖逆诈伪之心”，杜绝“淫佚作乱之事”。另一方面，礼教导人们恪守“父子有亲，君臣有义，夫妇有别，长幼有序，朋友有信”⑦ 的伦常纲纪，协调人际关系，维护宗法秩序。

另一类是各种民间礼仪。《礼记·昏义》说：“夫礼，始于冠，本于昏，重于丧祭，尊于朝聘，和于射乡，此礼之大体也。”从性质上看，冠礼、婚礼、丧礼、射乡礼等大体属于宗法制下的民间习俗惯例，虽有规范的意义却并无强制执行的效力。与《周礼》记载的那些政治性礼仪有着重大区别。⑧

第三类是行政管理制度。它们集中反映在《周礼》当中。所谓“惟王建国，辨方正位，体国经野，设官分职，以为民极”，就是指建立一套国家管理机构和管理体制。依《左传·文公十八年》载鲁大史克所说，“周公制周礼”时曾指出：“则以观德，德以处事，事以度功，功以食民。”杜预注：“则，法也”；“处，犹制也”。由此观之，“周公制礼”的主旨在于完善国家行政管理的法则和制度，而不是制定一部无所不包的综合性法典。现在流传的《周礼》一书虽不乏后人理想的成分，但应该说它大致反映了西周时期政权体制的格局，其中包含了治、教、礼、政、刑、事六大部门机构的设置、官吏的配备、各自的职责和办事的准绳。从内容看，它确实涉及一些民事、刑事、诉讼制度等方面的内容，这也是导致一些学者认为周礼是“综合大法”的主要原因。其实，只有“设官分职”才是《周礼》的唯一主题，大凡涉及其他方面的法律规范者，无不围绕着官吏职责这一中心，指明处理相关行政事务的原则和办法。例言之。《周礼·地官·质人》一条，旨在规定“质人”的职掌权限，即“掌成市之货贿”和“掌稽市之书契”，“同其度量，一其淳制，巡而考之，犯禁者举而罚之，凡治质剂者……期内听，期外不听”，也就是管理市场贸易，监督买卖契约，保证交易公平，维持商业秩序，处罚违法行为，处理契约纠纷。尽管涉及作为契约形式的“质剂”，但它们应该是属于附属规范的性质而非专门的契约制度。古今中外，附属条款的存在是一种普遍的立法现象，包容某些其他方面的内容并不影响《周礼》作为行政管理法的基本性质。

---

⑥ 《礼记·乐记》。

⑦ 《孟子·滕文公上》。《礼记》讲“人义”，主体指父、子、兄、弟、夫、妇、长、幼、君、臣。

⑧ 《周礼·春官·大宗伯》将属于国务活动范畴的政治性礼仪概括为吉、凶、军、宾、嘉五个方面，它们局限于上层贵族，率皆以“建邦保国”为宗旨，带有明显的强制性，违反者要承担严重的法律后果。

在周礼包容的三种行为规范中，道德和民间习惯都具有自己的特点和作用，尤其是道德，在宗法社会里具有非常重要的，无可替代的地位。但无论如何，只要它们以独立的形态存在，就不是兼有国家意志性和国家强制性的法律。至于一些习俗与惯例，也不具有强制执行的效力。譬如作为结婚程序的“六礼”，本是一种聊供选择的仪节，《周礼·地官·媒氏》：“仲春之月，令会男女，于是时也，奔者不禁。”这里的“奔”系指“六礼不备”，可见当时六礼并非具有普遍意义的成立婚姻必备的“要件”。见之于《礼记》、《仪礼》的这类习惯颇多，倘若把它们统统视为法律，就难免失于偏差。⑨

综上所述，周礼中属于法律规范的唯有行政管理制度一端。行政管理法和刑事法是西周法律的两大支柱，行政管理与刑事镇压并用就构成了西周“礼法合治”的基本内容和主要特征。

战国时期的“改法为律”

自春秋始，虽说是“百家争鸣”，但到战国时期，较为后起的法家学说却迅速在意识形态领域中占据了上风。法家学者许多都是亲身参与“变法”实践而且卓有作为的政治家，他们如何来处理礼与刑的关系就不能不是一个值得特别关注的问题。

《汉书·艺文志》将《李子》列为法家著作之首，李悝当为法家的开山鼻祖，他在魏国主持变法的最大成就之一就是“撰次诸国法，著《法经》”。其盗、贼、囚、捕、杂、具六篇，“皆罪名之制也”⑩，可见从一开始，法家在立法实践中就把刑事法置于首要的地位。此后商鞅相秦，也以《法经》为基本的依据，其一系列改革措施无不以刑为后盾，至于“借刑以去刑”、“重刑轻罪”等等著名理论及实践更是人所共知，集中反映了法家学说及其应用的突出特色。

法家学者固然把刑事法放到了无以复加的重要地位，但他们多出身于“理官”，且以挽救社会、治理国家为己任，自不能完全忽视对行政制度的改革与相应的法律建设，尤其是面临着如何巩固政治与经济改革成果的时候，如何对待法律规范意义上的“礼”，就必然是一个不可回避的重大课题。

应该看到，商鞅在最初是并不完全否认“礼”的作用的。他初到秦国，在秦孝公面前与甘龙、杜挚辩论时首先肯定“法者所以爱民也，礼者所以便事也”，承认礼与法各有分工，不可或缺；惟站在改革家的立场上，他极力强调礼法绝非一成不变，必须从发展了的形势与“强国利民”的需要出发，“当时而立法，因事而制礼”⑪，主张抛弃旧有的精神，建立全新的准则。

---

⑨ 有些亲属法著作常将西周的“六礼”视为一种规定结婚程序的强行性法律规范，似未为确。

⑩ 《晋书·刑法志》。

⑪ 《商君书·更法》。

“法”既然不包含原来的制度意义上的“礼”，而治理国家又断然不可缺少行政管理手段。旧的制度已“破”，新的制度如何来“立”？这就涉及商鞅的另一重要举措，即“改法为律”。

《唐律疏议·名例》说：“魏文侯师于李悝，集诸国刑典，造法经六篇……商鞅传授，改法为律。”沈家本先生尝言：“改律之事，乃变法之大者也。”惟依唐律旧疏所说，商鞅不过是将李悝的“六法”改为“六律”，似乎仅仅是易字而用；沈家本先生则认为是增加了“收司连坐、告奸、匿奸、私斗被刑、怠贫收孥各法”之故。[12] 是否仅限于此？“律”之与“法”究竟有何区别？

从字源上说，“律”与“吕”原来均指“音律”，以后才被引申为特定的行为规范，即如《正韵》所说：“律吕万法所出，故法令谓之律。”后人释“律”，角度不同，各有侧重。《说文》段注：“律者，所以范天下不一而归于一”，是从它的规范性而言的；《尔雅·释诂》：“律，常也”，郝疏：“俱一定而不可变，是有常意”，是从它的稳定性而言的；《尔雅·释名》：“律，累也，累人心使不可放肆也”，主要是从它的强制性而言的；《管子·七臣七主》：“律者，所以定分之争也”，则是就其作用而言的。将各种解释加以综合就可看出，“律”的含义远比“法”、“刑”为宽。然而到底宽到什么程度，其内涵究竟包容了哪些具体的规范，只是到1975年湖北云梦《睡虎地秦墓竹简》出土以后，才使我们有了一个比较清楚的认识。

综观《睡虎地秦墓竹简》，除去《编年记》、《语书》、《为吏之道》和《日书》之外，其他属于法律文件的内容大体可以分为两大部分。一部分是规定“罪与罚”的刑事法律规范，其冠以《秦律杂抄》的简文即属此类，该书中称为《法律答问》的简文，大多数是对刑律律文的正式解释。当然，云梦秦简里可归类为刑事法的不过是一些零星的规定，不但很不完备，甚至并没有收录最主要的相关法律，更多的刑事法应当集中在承袭《法经》的秦国“六律”中。另一部分是属于行政管理制度的法律规范，相对集中在该书冠以《秦律十八种》的简文中，律名有《田律》、《厩苑律》、《金布律》、《仓律》、《工律》、《军爵律》、《置吏律》等，其内容都属于行政管理范畴，最多的是规范经济生活的具体规则，如：“春二月毋敢伐材木山林”；“畜鸡离仓”；“百姓市用钱，美恶杂之，毋敢弃”等等。这些律文只规定如何作为或不得作为，违反者应当追究刑事法律责任的，也只是指明“有罪”、“以律论之”而不规定应科的刑罚，显然不是刑法。另外，云梦秦简原简标称为《封诊式》的简文，主要是国家机关的办事程序和公文格式及写作的范本，也应属于行政事务方面的规范。李学勤先生曾撰文对秦简和《周礼》的部分内容做了考证性对照分析，结论是它们有诸多相通乃至基本相同之处。[13] 总之，战国时期出现的“律”，名称虽已划一但内容仍分为二，各

---

⑫ 沈家本：《历代刑法考》，847页，北京，中华书局，1985。

⑬ 参见李学勤：《秦汉律与〈周礼〉》，《中国法律史国际学术讨论会论文集》，147～156页，陕西人民出版社，1990。

与西周的“刑”与“礼”相对应。换言之，商鞅的“律”已经冲破了“刑”的局限，成为“礼”、“刑”合一的法律形式。

两汉以后律的变迁

汉初承继秦朝制度，相国萧何筛选秦律制成《九章律》，其前六章袭《法经》篇目，应为“刑律”；后三篇“兴律”、“厩律”、“户律”则合称“事律”⑭。这说明《九章律》含有刑事法与行政管理法两大部分，与“秦律”的构成无异，惟其重大发展是将零散的单行法律作了整合，归纳到一部统一的法典之中。此后叔孙通又有“傍章”之作，以为“九章”之补充。武帝时张汤作《越宫律》二十七篇，赵禹作《朝律》六篇，后人将以上四种合称“汉律”。汉代律文虽多已散失，无法窥其全豹，然根据诸多学人的考证，其中大量规范都属于行政管理制度的范围，或者说是礼制的延续。章太炎先生就曾明确指出，“通号”所称之“周礼”，“汉世乃一切著之于律”；“汉律之所包络，国典官令无所不具，非独刑法而已”⑮。程树德先生也说：“汉时去古未远，合礼与律为一”；“朝觐宗庙之仪，吉凶丧祭之典，后世以之入礼者，而汉时则多属律”⑯。近年出土的江陵张家山汉简，其中有诸如《置吏律》、《效律》、《行书律》、《尚方律》、《史律》等等，也为这些论断进一步提供了佐证。

到曹魏制定新律，情形大为改观。法史学界对这部法律的立法成就一向评价甚高，认为它“将战国秦汉以来的法典大加修改并从新编列次序，成为后代法典的典范”⑰。在技术上学者们大多强调两点：一是“都总事类，多其篇条”，将两汉繁杂的傍章科令删削整理并入一部法典，由九篇增加为十八篇；二是调整了篇章体例，将总则置于全律第一篇。这些无疑都是相当重要的。但人们一直忽略了曹魏新律的另一个特别值得重视之处，就是它完成了“律”的刑事法化。后人论及《九章律》，皆以为其具有总则性质的“具律”位列第六，“非篇章之义”。其实萧何的这种做法并非毫无道理。须知，《九章律》的突出特点是“刑、事合一”，即刑事法与行政管理法合编，继承《法经》“具法”的“具律”规定的仅是刑事法的适用问题，并不统领或者补充行政管理法，而构建一个刑事法律与行政管理制度的共同适用的准则是绝对不可能的。将“具律”放在中间，恰是“刑律”与“事律”的分水岭。可见，《九章律》的结构取决于它的内容，倒不全是萧何的疏忽或“无知”。到了曹魏，改朝换代使得法律形式的彻底变革成为可能，并最终完成了基本法律的刑事化。曹魏新律将集中了“罪例”的《刑名》律放在首篇，在法典结构趋于“合理”的背后，是法典内容的单一化。综观其余十七篇，除盗、贼、囚、捕、杂律外，增加劫掠、诈伪、毁亡、

---

⑭ 《晋书·刑法志》：“……益事律兴、厩、户三篇。”

⑮ 章太炎：《检论》卷三《汉律考》。

⑯ 程树德：《九朝律考·汉律考·律名考》。

⑰ 杨鸿烈：《中国法律发达史》，195页，商务印书馆，1930。

告劾、系讯、断狱、请赇、兴擅、警事、偿赃、乏留、免作各篇[18]，皆系刑事法规范，这自然就实现了总则和分则的统一。就基本法典的性质变化而言，曹魏新律在中国古代立法史上不啻具有里程碑的意义。

曹魏对基本法典性质的改革影响极其深远，西晋以后以至明清，历朝历代凡称之为“律”的，无不是刑事法典，而非像有些著作和教材所说的“诸法合体”的法律形式。所谓“诸法合体”，应是多种不同性质的法律集为一体，并无主从之分，这是不符合中国古代大多数时期“律”的实际的；而派生于此的“民刑不分”等等说法也都毫无根据。杜预讲“律以正罪名”[19]，《唐六典》说“律以正刑定罪”，都确实无误地说明了魏、晋、隋、唐“律”的本质。就内容而言，不管是晋律的《刑名》和《法例》，还是北齐以后的《名例律》，各代基本法典的第一篇，所规定的无非是刑名、适用刑罚的原则以及专用名词的释义，纯属单一的刑事法总则。其他各篇的条文采用“以罪统刑”的体例，大多是“诸×××者，何论”的模式。仅以《唐律》为例，其“分则”第一条（《卫禁律》首条）为：“诸阑入太庙门及山陵兆域门者，徒二年”；最后一条（《断狱律》末条）为：“诸疑罪，各依所犯，以赎论”，皆是普通刑事法规范；间有个别条款涉及一些其他内容，但在其后无不有“违者何论”的规定，一律立足于刑事法。

五代和宋，承袭晚唐宣宗大中年间的做法，基本法典直称“刑律统类”或“刑统”，就更加名副其实了。惟须注意的是，“刑统”采用律文与相关的敕、令、格、式合编的体例，极容易使人产生“诸法合体”的错觉。薛梅卿教授的大著《宋刑统研究》无疑是近年来一部学术力作[20]，但有两个基本观点笔者不敢苟同：其一，书中说《宋刑统》于律、疏之下“尽统令格式敕”，恐未见准确。一方面，自唐以后，中经五代，令格式敕数量繁多，《宋刑统》所收不过一百七十余条，远难称“尽”；另一方面，所有令、格、式、敕都是经过严格选择，与刑律有直接关系者，目的在于对律文作必要的补充，似应是“附”而非“统”，所以“尽统”者，实际只是“选附”而已。其二，书中说：“《宋刑统》增编的内容还有户婚民事律条，是《唐律疏议》所无的”，并分民事行为能力、所有权、继承、债法等做了论述。以此推之，如果说唐律是单一刑典，宋律就增加了民法条文而成为“刑民混合”的法典了。这种表述的方式及可以引出的结论是颇值商榷的。因为收入《宋刑统》中的令、格、式、敕，文前皆有“准”字，显系征引，其目的仍然在于说明令中的规定从而明确哪些行为构成犯罪，而不在于把“令”改变为“律”。例言之，律文有增减户口及年状的罪名，“刑统”增引了唐朝关于成丁、老小具体年龄的令文，其意图是为了确认这类犯罪的年龄标准，以免在定罪时发生出入，并非是刻意在律典中增设“民事行为能力”的条款。因此，尽管附有令、格、式、敕，《宋刑统》仅是内容更加丰富，不说明法典性质发生了变化。

---

⑱ 这些篇名系综合《晋书·刑法志》和《唐六典》所记列出。

⑲ 《太平御览》卷六三八，引杜预《律序》。

⑳ 参见薛梅卿：《宋刑统研究》，法律出版社 1997 年 11 月第一版。本文中有关引文均出自该书，不再一一注明页码。

令及其他法律形式的性质与作用

秦代用“律”为主，这是毫无疑问的。除此之外，从《睡虎地秦墓竹简》和有关史料的记述中可以看出，当时还有用于考核的“课”（如《牛羊课》）、用于制定标准的“程”（如《工人程》）、用于规范办事原则与文书格式的“式”（如《封诊式》），以及“廷行事”和“令”。其中，由于“课”与“程”主要规范国家直接管理的经济活动，随着私有经济比重的日益增大，其作用日渐削弱，除了汉初高祖命张苍“定章程”外，以后很少适用。“廷行事”则是秦代的司法惯例。[21] 在秦“律”以外的各种法律形式中，影响最为深远的是“令”和“式”。

《尔雅·释诂》：“令，告也”；《释名》：“上敕下曰告”；《说文》：“令，发号也。”沈家本先生将一般的令和法律意义上的令作了区别，说“上敕下之辞”为令，“著之书册，奉而行之”叫法令。[22] 令在秦地位非常重要，商鞅变法并非先制律而是先用令，其“告奸令”、“奖本惩末令”、“分户令”、“什伍连坐令”等在建立新制度中发挥了重要作用。始皇嬴政时对令做了明确的区分，规定“命为制，令为诰”，相应的法律文件分别称为“命书”和“制书”；《史记集解》引蔡邕言：“制书，帝者制度之命也。”直至秦二世仍“遵用赵高申法令”。不论秦国还是秦朝，律令一直相间而用。两汉的令，应用极广，通过不断的积累数量愈大，以至于后来不得不分为“令甲”、“令乙”、“令丙”等类别。从现在可知的资料看，与“刑、事合一”的汉律对应，汉令大致可以分为“刑令”和“政令”两大类别，其“夷三族之令”、“议宗庙者弃市”令、“箠令”、“首匿令”等等都是刑事法令；“养老令”、“傅令”、“胎养令”等等是民政法令，“田令”、“金布令”、“水令”等等属于经济行政法令，而“品令”、“秩禄令”、“任子令”等等则是官制方面的法令。

三国两晋南北朝时期，在律典刑法化与规制化的同时，对其他法律形式，尤其是令，也做了重要调整。曹魏政权处于战乱之中，屡制军令是其一大特点，如《通典》所载之《军令》、《船战令》、《步战令》，《晋书》所记之《军中令》等；同时它把汉朝许多属于刑事法的令并入了“新律”，如将《令乙》之“呵人受钱”纳入《请赇律》，将《令丙》之“诈自复免”并入《诈律》等；其他的令则多用于“存事制”。也就是说，曹魏已经着手将“令”的功能加以调整了。西晋则进一步发展。《唐六典》注说，“晋命贾充等撰令四十篇”，内容完整，自成体系，形成了“令典”，其中包括官制（如官品、吏员、俸廪、尚书、三台、秘书），民政（如户、服制），教育（如学令），财政（如户调令），经济（如关市令），军政

---

[21] “行事”，据王念孙《读书杂志》说系指“已行之事，旧例成法”。廷行事，现在通行的解释是“秦朝的判例”，恐怕值得商榷。查阅“云梦秦简”，凡是讲到“廷行事”者，没有一处涉及某一具体的案件事实，而是指对某一类法无明文的犯罪在以前的审判中是如何处理的，比如“斗杀人，廷行事为贼”，“廷行事，（仓）鼠穴三以上赀一盾”等。所以，说秦的“廷行事”是“司法惯例”似乎更为准确。

[22] 沈家本：《历代刑法考》第二册，中华书局 1985 年 12 月第一版第 812 页。

（如军战、水战、宫卫），司法行政（如狱官令、捕亡令、鞭杖令）等等。北魏孝文帝太和十七年作《职员令》二十一卷，十九年定《品令》，“为大选之始”㉓。北齐曾“令王叡等撰令五十卷，取尚书二十八曹为其篇名”㉔，显然完成了令作为一般行政管理法规形式的演进历程。两晋至南北朝的第二类令为权设之法，据《晋书·刑法志》说，基于局势，西晋将“军事、田农、酤酒”等“未得尽从人心”的令，“权设其法，太平当除”；北齐亦有“不可为定法者”的《权令》。按照“晋志”的说法，这些令的目的在于“实行制度，以此设教”，因此并不规定刑罚，“违令有罪则入律”，可见它们也都不同于刑事法。

隋朝建立之初，曾制《开皇令》三十卷。唐高祖时裴寂主持制《武德令》，盖袭隋旧。太宗命房玄龄等撰《贞观令》，对《开皇令》多所分合损益，计“一千五百九十条，为三十卷”㉕。此后，高宗时源直心、刘仁轨，武后时裴居道，中宗时苏瑰，睿宗时岑羲，玄宗时姚崇、宋璟等人都曾奉命加以刊定。据《唐六典》载，唐令“二十有七”，由官品、中央及地方机关的设置和官员配备，到选举、考课、仪制、公式、赋役、关市、丧葬、杂令等，完全是正规的常行行政管理制度，不再有“权设”之法。令的作用在于“设范立制”㉖，即规范国家典章制度和对官员的日常管理；正式的“令典”具有行政管理法典的性质，应是毫无疑问的。在以后朝代，律令并行，一直是封建法律体系中的两大基本形式。

“式”作为一个法律概念，在出土西周铜器铭文中就可以见到，而作为一种法律形式则最早出现在《睡虎地秦墓竹简》里，即前文谈到的《封诊式》。从内容看，秦的《封诊式》当属于司法行政管理法规。虽说“汉承秦制”，但两汉不见式的应用，不知何故。一直到了北朝西魏，才复见以“式”为名的《大统式》。据《隋书·刑法志》、《周书·文帝纪》、《唐六典》等所记，这部法典是西魏因“典章多阙”，遂“命有司斟酌今古通变，可以益时者”，于大统十年制成，此后，“搜简贤才，以为牧首令长，皆依新制而遣焉”。如此看来，它仍然是一部行政典章，并未代替《魏律》，且因其时实权执掌在宇文氏手中，应被北周沿用。隋文帝废周自立，曾由苏威撰成《开皇式》，炀帝时有《大业式》；唐初《武德式》率同于开皇，太宗时定《贞观式》二十卷，高宗时条定为《永徽式》十四卷，以后之“垂拱、神龙、开元式并二十卷”㉗。按照《唐六典》和《旧唐书》所说，唐代的式“三十有三篇”，以尚书省二十四曹司加秘书、太常、司农、光禄、太仆、太府、少府、监门宿卫、计帐为篇目。其作用在于“轨物程式”，规范国家机关的活动细则和公文格式。

隋唐的另一种法律形式是“格”，据说源于东汉以后的“故事”，南梁改“故事”为“梁科”，后魏“以格代科”，制有《麟趾格》。其实，汉、魏、吴、蜀就有“科”或“科

㉓ 《魏书·高祖纪》。

㉔ 《唐六典》注。

㉕ 《旧唐书·刑法志》、《新唐书》作一千五百四十六条。

㉖ 《唐六典·卷六·刑部》。

㉗ 《旧唐书·刑法志》。

条”，大体是一种刑事单行法，而“故事”、梁科以及《麟趾格》也只是“决狱定罪”的“变法”。隋唐之“格”，只取其文，大异其实，皆“以尚书诸曹为之目”，“以尚书省二十四司为篇名”。其特点在于“编录当时制敕”㉘，将皇帝对政府机关有长期效力的指示加以编辑，使临时行用的行政命令法律化。唐朝德宗后往往格敕连称，如《贞元定格后敕》、《元和格敕》之类。

综上可见，经过长期的发展演进，到了隋唐时期，已经形成了一个由令、格、式组成的，既有分工，又相互配合的行政管理法律体系，正如《新唐书·刑法志》所说：“令者，尊卑贵贱之等数，国家之制度也；格者，百官有司之所常行之事也；式者，其所常守之法也。凡邦国之政，必从事于三者”。它们本身都不规定刑罚，只是“有所违”且“入于罪戾”时，才“一断以律”。这个体系是与以《周礼》为表现的西周行政管理法相对应的，只不过因形势的发展与社会的复杂化而改换名称，分工趋细而已。宋代以降，虽在形式上有所调整，但这种独立的行政管理制度一直延续到20世纪初。

关于《唐六典》及明清《会典》

在许多中国法制史教科书中，都称《唐六典》和明清的《会典》是封建时期的“行政法典”，钱大群先生在1989年的《中国社会科学》第六期上发表《〈唐六典〉性质论》一文，曾针对“六典”加以驳正；1996年，钱先生又发表《明清〈会典〉性质论考》，主张不但《唐六典》不是“行政法典”，而且明清的《会典》也不是“行政法典”，如明会典仅是“供备考的一部法律制度的汇编书”㉙。钱先生的论证是颇为值得重视的，其中许多观点确有道理。但笔者也有一点其他看法，简述如下以就教于诸位学界同人。

关于《唐六典》的问题。《唐六典》有正文，有注释，正文录制度，注释述沿革，使用了一种颇有特色的体例。但论正文，可以称为“政典”，附加注释，似可称为“政书”。《唐六典》是否正式发布行用，史料间存有矛盾。唐人韦述和吕温皆言其未曾行用，语见《直斋书录题解》和《吕温集》；宋朝范祖禹也说：“唐《六典》虽修成书，然未尝行之一日。”㉚宋代法律多袭唐旧，未见有行用“六典”的记述，也可作为佐证。但是，唐德宗时卢杞奏事曾引用“六典”，唐宪宗时刘肃撰《大唐新语》称“六典”于开元“二十六年始奏上，百僚称贺，迄今行之”，似乎又是已行的证据。笔者认为，玄宗时期编撰《六典》，并非是完全的创制，乃是对建唐以来有关行政管理法律制度的一次全面整理、厘定，其正文的内容皆从有效的法规中归纳而来，故其实质的规范作用是不容置疑的。范祖禹讲“未尝行之一日”是就其非原始法律而言，刘肃讲“迄今行之”当指其正式规范的实际效力而言，二者

㉘ 《唐六典·卷六·刑部》。又，唐朝的格有“散颁格”、“留司格”、“太极格”、“前格”等分类或名目。

㉙ 参见钱大群：《明清〈会典〉性质论考》，载《法律史论丛》第四辑，江西高校出版社1998年第一版第78页。以下有关引文皆出自该书第75～87页。

㉚ 《范太史集》。

角度不同，并无根本的冲突。

关于明清的《会典》。从基本编辑体例来说，明清的《会典》一同于《唐六典》，即"百司庶府，以序而立，官各领其属，而事皆归其职"[31]。然而在内容上和具体的处理上做了较大的调整。这主要表现为：第一，《唐六典》中的历史沿革考据，在明清会典中一律删除，不复保留。第二，明朝曾将刑律也刊印在会典之中，且间有礼制等规范，这一做法影响到清会典的编制。第三，明朝会典及清朝前期往往典、例合编，清朝中后期的把"典"和"会典事例"分别编订，典文具有较强的稳定性，而事例则可述其始末，多有变通。钱大群先生否定明清会典是"行政法典"，其理由主要有二：一是会典中包括刑律，因此，"在刑法早已独立出去的前提下"，把收入刑律的会典"仍名之为'行政法典'，这至少是无视立法史上的事实"。二是明清的会典仅是法规的汇编，而"条例"、"事例"、"则例"等才是主要的"行政法"，一旦进入会典"就成了备考的史料了"。笔者虽然不赞同"行政法典"的具体称谓，但对钱先生所提的理由也不尽以为然。

一方面，明清会典中固然收录了刑律的条文，但从地位看，它不过是"附录"而已。尚在明朝弘治时期初制《大明会典》时，其"凡例"就已明言："《大明律》已通行天下，犹当遵奉，故于刑部照执掌律令条下分类备载。"这里明明白白地说是在刑部"执掌"之下"备载"，显然已经道明了它的附属性，并非是会典的主体，自然也不影响会典"以本朝官职制度为纲，事物名数仪文等级为目"，"以成一代之典"的地位和作用。当今有些法律在颁布时将刑法有关条款附在后面，我们总不会因此怀疑它的本来性质，考察明清会典也同此理，其中的刑法不是被"合编"，而是被"附入"。

另一方面，笔者认为有两个最基本的问题是不应忽视的：其一，不管是《唐六典》还是明清《会典》，尽管技术处理有别，但都是遵从皇帝命令，由国家按照严格的程序进行的正式立法活动，其目的在于制定一套"与《虞书》、《周礼》并行不刊"[32] 的行政管理法律制度。正如清《乾隆会典御制序》所说："凡职方官制，郡县营戍，屯堡觐飨，贡赋钱币诸大政，于六曹庶司之掌，无所不录"，冀图完善国家机器及其运行机制，而绝不是搜罗、编辑一些聊供查阅的历史资料；担其纲者，都是在朝大员，而非史官。其二，明清会典不但内容相当完整，而且典文中的规范基本都有强制执行的效力。明孝宗在《御制大明会典序》中说，会典须"颁示中外，俾自是而世守之"；明神宗在《御制重修大明会典序》中尝言："惟是内外臣工，展采错事，务一禀于成宪。执此之政，坚如金石；行此之命，信如四时。"足见它并不是仅供"备考"。同时，一些后来颁布的"事例"、"则例"往往与会典并行（这里不谈"条例"，因为"条例"一般指单行刑事法），这并非是另成一套体系，只是因时所需，对已编会典的补充，一旦重新编订会典，大体会将它们收录进去。被会典收入只意味着单行行政管理法规法典化，而不意味着它们"史料化"。

---

[31] 《大明会典·卷首》。

[32] [清] 雍正：《御制大清会典序》。

简单的归纳

通过以上回顾与探讨，我们可以理出这样一个大概的线索：从法律规范的意义上说，以西周规制为代表，上古时期的“礼”和“刑”实际是行政管理制度和刑事法律制度，它们构成了当时整个法律体系的基础。经过春秋时期的社会变革，以商鞅“改法为律”为标志，包括秦汉在内的中古封建社会前期，“律”包含了刑事法与行政管理法，体现出概念上“礼刑不分”的特点。自三国两晋而南北朝，法律形式进行了频繁的调整，其重点是刑事法与行政管理法的分离，并最终形成了以隋唐为代表的中古典型的法律结构模式，即律典是单一的刑事法典，承继了上古“法”和“刑”的内容；令、格、式为行政管理法典，由明朝中期开始集中归纳在《会典》之中，它们与《周礼》的性质和范围大体一致。

这里有一个颇为耐人寻味的现象，即西周是“礼”、“刑”分立的，战国将它们合二为一，魏晋之后又加分离，体现出一种“否定之否定”的规律。究其原因，西周的法律体系是长期积累发展的结果，与高度发达的奴隶制社会相适应，保持了一定的稳定性；但这种稳定被剧烈的社会变革破坏了，出于改革的需要，它们被统一到“律”中；而一旦封建制度固定下来，逐步进入它的稳定时期以后，将行政管理法从形式上独立出来又成了一种必然。看来，形式体系上的合二为一反映了社会变革的需要，而一分为二则是建立比较稳定的“法治”机制的根本要求。然而这种“否定之否定”并不是对上古制度的简单恢复，而是有了适应着新时代“治国”需求的发展升华。

我们研究中国法制史，往往比较偏重于古代刑事法，对之给予了充分的关注；近年来不少人又尽力挖掘古代的“民法”和“经济法”，这都无可厚非。笔者想在这里呼吁的是，应像对待刑事法一样，高度重视对中国古代行政管理制度的研究。这固然是借鉴优秀法律文化遗产的需要，更重要的是要正确估量行政管理法在传统法律体系中的地位以及其重大作用，全面观察中国古代法制发展的道路和经验教训。“重刑轻民”是历史的事实，而如果“重刑轻行”就是我们的过失了。

曹旅宁

释秦律“拔其须眉”及“斩人发结”兼论秦汉的髡刑*

简介

曹旅宁，1965年生，湖南益阳人。1988年毕业于陕西师范大学，获史学硕士学位；2001年毕业于中山大学，获史学博士学位。现为华南师范大学法学院教授、中国秦汉史研究会理事，主要从事中国法律史、宗教史及古文献学的研究。出版专著《秦律新探》（中国社会科学出版社，2002）、《张家山汉律研究》（中华书局，2005），发表论文《从秦简〈公车司马猎律〉看秦律的历史渊源》、《秦汉律篇二级分类说辨正》、《玉门花海所出〈晋律注〉的初步研究》等三十余篇，现负责承担司法部法制建设与法制理论研究课题“秦汉法律的传承与社会控制功能”（05SFB2008）。

* 原发表于《中国史研究》，2001（1）。收录时有修改。

唐律中有拔发徒一年半或杖八十的规定。在云梦秦简中则有“拔其须眉”、“斩人发结”完为城旦的规定，日本学者堀毅曾试图以“面子”观念加以解释。[①] 高敏先生则在相关书评中指出：“堀毅先生还提出一个耐人寻味的问题：即因斗殴致伤他人颜面及须发，要处以特别重的刑罚……为什么要处以重刑呢？堀毅氏认为是因为伤了他人的‘面目’，要影响到他人的面子，而‘当时能否保存体面甚至关系到其整个人格’。所以秦律中对此特别要科以重刑。如果结合秦律中的髡刑、耐刑、完刑等刑罚名目及其变化来看，更可见能否促使形体的完整确是一个至关重要的问题。”[②] 虽然我们不尽同意堀毅氏的见解，但他对秦律这两条条文的重视以及高敏先生的敏锐眼光为我们提供了重要的启示。本文拟在前人研究的基础上[③]，试图从法人类学的视角对这两条法律条文加以诠释，并阐述相关的问题。

（一）

秦律《法律答问》中有“斩人发结”、“拔其须麋（眉）”加以刑罚的条文：

或与人斗，缚而尽拔其须麋（眉），论可（何）殴（也）？当完城旦。

拔人发，大可（何）如为“提”？智（知）以上为“提”。

士五（伍）甲斗，拔剑伐，斩人发结，可（何）论？当完为城旦。[④]

完城旦即指不但剔去头发，而且还要科以六年劳役的法定刑，可见“斩人发结”、“拔其须麋（眉）”的刑罚是相当重的。为什么秦律中会出现这样的规定？其社会、思想根源何在？这就是我们在下文中试图解答的问题。

头发，须麋（眉）对于今天的人来说，除了具有一定的保护及美观功能外，再无其他深奥的含义。然而古人的看法却不是这样的。《左传》昭公三年：“齐侯田于莒，卢蒲嫳见，泣，且请曰：‘余发如此种种，余奚能为？’公曰：‘诺，吾告二子。’归而告之。子尾欲复之，子雅不可，曰：‘彼其发短而心甚长，其惑寝处我矣。’九月子雅放卢蒲嫳于北燕。”杜注：“嫳，庆封之党，襄二十八年放之于境。种种，短也。”庆氏是齐国大族，庆封曾独自当国，后被逐流亡楚国，为楚共王所杀。其死党卢蒲嫳以发短自证精力衰竭，不能再为乱了。又东汉应劭《风俗通义·怪神》：“汝南汝阳西门习武亭有鬼魅，宾客宿止多死亡，其厉厌者皆亡发失精。寻问其故，云先时颇已有怪物。”北部督邮西平到伯夷为民除害，“徐

① 堀毅：《秦汉贼律考》，载《秦汉法制史论考》，318～319页，法律出版社，1988。

② 高敏：《评［日］堀毅著〈秦汉法制史论考〉》，载《简帛研究》第二辑，400页，法律出版社，1998。

③ 陈直：《关于两汉的徒》，载《两汉经济史料论丛》，陕西人民出版社，1956；吴荣曾：《胥靡试探——论战国时的刑徒制》，《中国史研究》1980（3）；王森：《秦汉律中髡耐、完刑辩析》，《法学研究》1986（1）；杨广伟《“完刑”即“髡刑”术》，《复旦学报》1986（2）。

④ 睡虎地秦墓竹简整理小组：《睡虎地秦墓竹简》，186～187页，文物出版社，1978。

以剑带去魅脚，呼下火上照视，老狸正赤，略无衣毛，持下烧杀，明旦发楼屋，得所髡人结百余，因从此绝”⑤。《太平广记》卷四七七《孙严》条云：“后魏挽歌者孙严，取妻三年，妻不脱衣而卧，严私怪之，伺其睡，阴解其衣，有尾长三尺，似狐尾，严惧而出之，甫临去，将刀截严发而走。”《魏书·灵征志》中则载：“太和元年五月，有狐魅截人发。熙平二年自春，京师有狐魅截人发，人相惊恐。至六月，灵太后诏诸截发者，鞭之于千秋门外。”上述材料表明古人对头发的看法不同于后世。古人认为须发乃是人身精气之所在，而人精气一旦丧失，其性命就得丧失。此外，古人认为自身与发须有同感关系，发须若落入仇人或妖物鬼怪之手，人的意志会被控制，寿命及健康也会受到影响。⑥

古人由上述观念推衍出，发须可作为人身的替代品移过或自赎。《吕氏春秋》卷九《顺民篇》记载商汤因天大旱乃以身祷于桑林，“剪其发，鄌其手，以身为牺牲，用祈福于上帝，民乃甚悦，雨乃大至。则汤达乎鬼神之化，人事之传也”。又《太平御览》卷八十三引《帝王世纪》：“汤自伐桀后，大旱七年，洛川竭……殷史卜，曰：‘当以人祷。’汤曰：‘吾所请雨者民也。若必以人祷，吾请自当。’逐斋戒，剪发断爪，以己为牲，祷于桑林之社。”这两条材料反映了古老的活人祭祀的习俗⑦，也就是说以人为牺牲去祭鬼神。古人在天灾、瘟疫出现时，常把活人献给天神、地祇或人鬼，以求他们息怒。由于汤的身份特殊，便以自己的发爪代替自身以为牺牲。“祭”字本是残杀之意，《说文》也说“祭”字是“以手持肉”。在殷墟出土的人头骨残片上刻有“夷方伯”等字，这是夷人首领被俘后作为人牲。⑧《左传》僖公十九年：“宋公使邾文公用鄫子于次睢之社。”这是春秋时代其遗风未泯。以发须代替自身以为牺牲在《吴越春秋·阖闾内传》中也可以看到：

干将作剑，采五山之铁精，六合之金英，候天伺地，阴阳同光，百神临观，天气下降，而金铁之精，不销沦流。于是干将不知其由……莫耶（干将妻）曰：“夫神物之化，须人而成之。今夫子作剑，得无得其人而后成乎?”干将曰：“昔吾师作冶，金铁之类不销，夫妻俱入冶炉中，然后成物。至今后世即山作冶，麻绖蓑服，然后敢铸釪山。今吾作剑不变化者，其若斯耶?”莫耶曰：“师知烁身以成物，吾何难哉!”于是干将妻乃断发剪爪，投入炉中，使童女，童男三百人，鼓橐

---

⑤（汉）应劭撰，吴树平校释：《风俗通义校释》，353～354页，天津人民出版社，1980。

⑥［英］弗雷泽著，徐育新等译：《金枝——巫术与宗教之研究》，344～350页，中国民间文艺出版社，1987；江绍原：《发须爪》，138～141页，上海文艺出版社，1987年影印本；郑振铎：《汤祷篇》，载《郑振铎文集》第四卷，468～495页，人民文学出版社，1985；段塔丽：《〈太平广记〉中动物成精变怪初探——侧重狐狸精》，陕西师范大学硕士论文，1987。

⑦ 顾颉刚在《金縢篇今译》中研究了周公以身为武王祷的故事，并列《蒙古秘史》中拖雷以身代窝阔台而死的故事印证。见《古史辩》第二册，63～74页，北京朴社，1930年初版本。另可参见《左传》成公十二年及昭公十五年载范文子、叔孙昭子使祝宗祈死事。

⑧ 陆宗达：《训诂学简论》，136～137页，北京出版社，1983。又参见黄展岳：《中国古代的人牲人殉》，文物出版社，1980。

装炭，金铁乃濡，遂以成剑。阳曰干将，阴曰莫耶。⑨

这个故事反映出古时人开矿或冶矿要举行活人祭祀以息神怒，莫耶剪发爪以代替人牲，始铸剑成功。这种习俗一直持续到南北朝时期。《魏书・崔浩传》："初，浩父疾笃，浩乃剪爪截发，夜在庭中仰祷斗极，为父请命，求以身代，叩头流血，岁余不息。"又《魏书・僚传》记载古代云南地区："其俗尚鬼神，尤尚淫祀，所杀之人多美鬓髯者，乃剥其面皮，笼之以竹，号之曰鬼，鼓舞祀之，以求福利。"所杀之人以鬓须稠密者为佳，意味着今年稻谷长得必然茂盛没膝。

由此，古人是非常注意保护头发的。《孝经》中有"身体发肤，受之父母，不敢毁伤，孝之始也。"《云笈七籤》卷四十七云："凡梳头发及爪，皆埋之，勿投水火，正尔抛掷；一则敬父母之遗体，二则有鸟曰鸺鹠，夜入人家取其发爪，则伤魂。"就是死者身上的发须，在丧礼中也要加以特别处置，或埋入土坎，或盛以小囊，置棺内某处。⑩

关于发须的迷信，世界各国都有流传。《旧约全书・士师记》载大力士参孙的超人力量来自他的一头长发，被髡剃后便丧失了力量；古代波斯人认为发须等人体之物，若落入恶魔之手便会成为恶魔的武器，因此剪发爪要依特定的宗教仪规，并要在户外掘穴掩埋；古印度《阿闼婆吠陀》载波罗门僧侣割自身的发、皮、肉等作为燔祭的供品以求赎罪；古代日本以"拔手足之爪赎其罪，身代之义也"⑪。古代欧洲法兰克人也视髡首为剥夺生命一般。⑫ 制定于公元 11～12 世纪的《罗斯法典》是俄罗斯最古老的法律汇编，其第 67 条规定："如果某人的胡须被他人拔掉，而且提供出实物和不止一个证人，那么处以凶手十二格里夫纳的罚金。"在古代俄罗斯，人们把胡须当作身体的一个重要部分。那时人们认为，胡须是人体灵魂凝聚的地方，也是人体中最神圣的地方，一旦被拔，此人便会因此而身败名裂。⑬

以上说明了古人对发须的迷信观念，回过头来看秦律中"拔其须麋（眉）"、"斩人发结"加以刑罚的条文，对文义的理解就较深刻了。

"须"字的本意是面毛，所谓在颐为须，《左传》昭公二十六年："君子白皙，鬒须眉，甚口"，疏："鬒须眉皆稠多也。"《韩非子・观行》："目失镜则无以正须眉，身失道则无以知迷惑。""发结"之"结"读为"髻"。《睡虎地秦基竹简》注释曰："《汉书・陆贾传》：'尉佗魋结踞见贾。'注：'结发为髻。'"《史记・李广传》："臣结发而与匈奴战也。"是结发犹言束发也。汉桓宽《盐铁论・贫富》："丈夫曰，余结发束修，年十三幸得宿卫。"《盐铁

⑨ （东汉）赵晔撰、周生春辑校：《吴越春秋辑校汇考》，40 页，上海古籍出版社，1997。

⑩ 《礼记・士丧礼》、《礼记・丧大记》。

⑪ 关于波斯、印度及日本的相关"迷信"，参见［日］中田薰《古法与触秽》，载《法制史论集》第三卷下，1189～1236 页，岩波书店，1972。

⑫ ［英］弗雷泽前揭书第 344 页。

⑬ 弗雷泽前揭书第 344 页。王钺：《〈罗斯法典〉译注》，兰州大学出版社，1987；王立民：《〈罗斯法典〉的罚金制度透析》，载《法制史论集》第 4 卷，法律出版社，2002。十二格里夫纳银锭的重量有 2.457 公斤重。

论·遵道》：“文学结发学语，服膺不舍。”秦人发结式样在秦始皇兵马俑出土后已有明证。秦律《法律答问》对“斩人发结”、“拔其须麋（眉）”加以刑罚的思想认识根源在于当时人认为发须麋（眉）是人身体内的精华所在或者就是人体的替代物，伤人发须就是伤人身体，因此必须严惩。这也是秦国法律在法典化过程中吸收原始习惯规范的例证之一。

至于《法律答问》：“拔人发，大可（何）如为‘提’？智（知）以上为‘提’。”《睡虎地秦墓竹简》注释：“提《礼记·少仪》注：‘犹绝也。’意思是把头发拔脱。推测秦律有关于‘提’发应如何惩处的规定。所以本条就‘提’专门作出说明。”译文：“拔落他人头发，拔多少根称为‘提’？被拔者感觉以上称为‘提’。”我们拿《唐律疏议》卷二十一《斗诉》中的有关内容来加以对照。其中第302条疏议曰：“谓他物殴人伤及拔发方寸以上，各杖八十。方寸者，谓量拔发无毛之所，纵横径各满一寸者。若方斜不等，围绕四寸为方寸……其拔发不满方寸者，止从殴法。其有拔鬓，亦准发为坐。”其中第303条：“髡发者，徒一年半。疏议曰：及髡截人发者，各徒一年半。其髡截不尽，仍堪为髻者，止当拔发方寸以上，杖八十。”⑭ 由此，我们可看出一方面唐律与秦律的渊源关系，另一方面《睡虎地秦墓竹简》对此条内容的推测是正确的。

（二）

髡的本意是剪发。《左传》哀公十七年：“初，公自城上见己氏之妻发美，使髡之以为吕姜髢。”杜注：“吕姜，庄公夫人。髢，髲也。”《诗·鄘风·君子偕老》：“鬒发如云，不屑髢也。”疏云：“髢，一名髲。故云髲发也，《说文》云：‘髲，益发也。’言己发少，聚他人发益之。”⑮《仪礼·少牢馈食礼》：“主妇被锡。”注云：“被锡读为髲鬄，古者或剔贱者、刑者之发，以被妇人紒为饰，因名髲鬄焉。”⑯ 长沙马王堆汉初墓出土的老贵妇便头戴假发。古时男子亦用假发。如《仪礼·既夕礼》“主人说髦”注云：“儿生三月剪发为鬌，长大犹为饰存之，谓之髦，所以顺父母幼小之心。”⑰ 古人以假发为饰，除了美观外，还有更深层的用意，那就是还想借此把旁人的精力元气移一部分给自己。《水经注》卷三十六“温水注”：引王氏（范）《交广春秋》：“朱崖、儋耳两郡，与交州俱开，皆汉武帝所置……人民可十万余家，皆殊种异类，被发雕身，而女多姣好白皙，长发美鬓，犬羊相聚，不服德教。”又《太平御览》卷三七三引《林邑国记》：“朱崖人多长发，汉时郡守贪残，缚人割头取发，由是叛乱，不复宾服。”《三国志·吴志·薛综传》：“珠崖之变，起于长吏靓其好发，髡取为髲。”《东观汉纪》卷一七：“献帝幸弘农，郭汜日掳掠百姓，妇女有美发者，皆断取之。”⑱ 上述材料除反映以刑人贱者之发为饰之习一直从春秋延续至东汉末年以外，还说明髡发作为一种刑罚，历史是相当久远的。

---

⑭ （唐）长孙无忌等撰，刘俊文点校：《唐律疏议》卷二一《斗诉》，384页，中华书局，1983。

⑮ （清）阮元校刻：《十三经注疏》，314页，中华书局，1980。

⑯ 前揭《十三经注疏》第1200页。

⑰ 前揭《十三经注疏》第1161页。

⑱ （东汉）刘珍等撰，吴树平校注：《东观汉纪校注》，767页，中州古籍出版社，1987。

秦律《法律答问》："主擅杀、刑、髡其子、臣妾，是谓非公室告，勿听，而行告，告者有罪。"这反映出秦国的家长有权对其子弟和奴隶用刑和髡者。私家奴隶髡首之风也盛行于关东各国。《史记·滑稽列传》："淳于髡者，齐之赘婿也。"淳于髡为赘婿而从髡名，即《史记·季布传》所谓"髡钳，衣褐"之意。家奴髡者戴钳，西汉初年此俗犹存。战国时期罪犯也要髡首，如《周礼·秋官·掌戮》"髡者使守积"。这也是髡发被明确列入刑名的开始。

秦律中有"死罪"、"刑罪"之分。刑罪即指役作。秦役作制又分为"黥劓"、"完"、"耐"三种轻重不同之级别。"完"是《周礼》所说的"不亏体"。不伤体为完，这正好和伤体的肉刑相对立。我们进一步认为秦律中的完刑就是髡首。云梦秦简中明确提到"髡"的有两条，似乎都是私刑。作为刑名的"髡"在新出土的张家山汉简所载秦律及云梦龙岗秦简中都未见到。有学者认为："尽管它不是直接对犯某种罪的人处髡刑，而是在谈到犯罪人的非法行为时提到的，但既然法律中出现了这种刑名，并且是同刑、杀并列提到的，说明秦存在髡刑是无疑问的。"⑲ 此外，汉承秦制，《汉书·贾谊传》载汉文帝时贾谊上疏："今自王侯三公皆天子之所改容而礼之也"，"而今与众庶同黥、劓、髡、刖、笞、伍、弃市之法"。《汉书·贾山传》山称文帝之德曰："赦罪人，怜其亡发，赐之巾；怜其衣赭，书其背，父子兄弟相见也，而赐之衣。"这里的"亡发"应当是受髡刑所致。《汉书·王吉传》：昌邑王被废时，其群臣皆坐罪诛死，"唯吉与郎中令龚胜以忠直数谏正，得减死，髡为城旦"。这也反映出死刑在某种情形下可减免为髡刑，看来髡刑与宫刑具有类似的摧残生命力的用意存在其间。

那么，在秦律中髡刑究竟是以什么刑名出现的呢？

《周礼》中有"髡者使守积"之句。东汉的班固（32—92）在《汉书·刑法志》中转引这句话时则写为"完者使守积"。有学者认为班固是根据《周礼》郑玄注改写的。⑳ 其实，郑玄（127—200）生活的时代晚于班固，班固改写此名，显然别有依据。

云梦睡虎地秦简提到"完"的有两处，提到"完（为）城旦"有二十二处；除一处"完"指"因受肉刑而形体残缺"外，都指完刑。龙岗秦简中也有两处提到"完为城旦"。张家山所出西汉初年竹简中亦载有秦国律令："当黥，公士、公士妻以上，完之。"㉑ 这为我们解决完刑就是髡刑提供了关键的证据。将它与睡虎地秦简《法律答问》中"女子为隶臣妻，有子焉，今隶臣死，女子北其子，以为非隶臣子殹（也），问女子论可（何）殹（也）？或黥颜頯为隶妾，或曰完，完之当殹（也）"相对照，可知秦律中黥罪可因某种原因减为完刑。班固《汉书·刑法志》载汉文帝时丞相张苍、御史大夫冯敬议定律曰："当黥者，髡钳为城旦舂。"据此，我们不难明白，完刑就是髡刑。此外，"完"字在秦汉时期还有宽免的

⑲ 刘海年：《秦汉刑罚考析》，载《云梦秦简研究》，192页，中华书局，1988。

⑳ 王森前揭文。

㉑ 彭浩：《谈〈奏谳书〉中秦代和东周时期的案例》，《文物》1995（3）。

意思。《汉书·惠帝纪》：“民年七十以上若不满十岁有罪当刑之，皆完之。”㉒

髡刑是否就是剃光头发呢？有学者据孔融《肉刑论》及居延汉简中的材料认为古代髡刑是断长发为短发，其长度一般是三寸左右。㉓ 也有学者指出：按髡者，剃其周遭之发，以顶发作为辫下垂，并以汉墓所出奴俑为证。㉔

与髡刑相关联的有耐刑。耐刑即剃去须鬓，这又较髡刑为轻。《汉书·高帝纪》颜注引应劭曰：“轻罪不至于髡，完其耏鬓，故曰耏，古耏字从彡，发肤之意也。”清人黄生指出：“此说非也，耐正留发去须鬓之名，吾乡妇人以线缴面毛者，谓之耐面。其名犹沿古义，因此诶订应误。”㉕

但是“髡”、“耐”之为刑，其法理何在？秦汉时期的学者却不甚了解。司马迁在《报任安书》中认为髡刑虽较肉刑为轻，比笞刑却重。但东汉时的郑玄为《周礼》“髡者使守积”作注说：“此必王之同族不宫者翦其类，髡之而已。”似乎与司马迁的见解不同。《三国志·魏书·陈群传》记其与曹操议复肉刑时引其父陈纪曰：“且杀人者死，合于古制；至于伤人，或残毁其体而裁剪毛发，非其理也。”可见他对“髡”、“耐”为刑之理已是毫无所知。其实，根据我们所述古人对发须的迷信观念，可知髡、耐刑都属于同害刑，而同害刑则是来源于古老的同态复仇。

秦汉时期，髡首除了以私刑髡剃家奴外，更以一种刑罚对刑徒适用，此外还有另一层用意，那就是自缚待罪，这种事例如《汉书·高祖纪》：“九年十二月，郎中田叔孟舒等十人，自髡钳为王家奴，从王就狱”。《汉书·韩延寿传》：“行县至高陵，民有昆弟相与讼田自言。延寿大伤之……因入卧传舍，闭阁思过……此两昆弟深自悔，皆自髡、肉袒谢。”《三国志·魏武帝纪》裴注引《曹瞒传》谓曹操因马腾入麦中自刑髡法以行军令。《三国志·吴范传》载吴范为好友魏腾向孙权请罪，“乃自髡首自缚诣门下”，使孙权最终免腾罪。《后汉书·邓骘传》谓邓骘子邓凤涉嫌与坐盗粮的中郎将任尚有关联，邓骘“畏太后，遂髡妻以谢”。这也同样反映了当时人对头发的“迷信”观念。

㉒ 堀毅：《秦汉刑名考》，载《秦汉法制史论考》，164页，法制出版社，1988。

㉓ 刘海年前揭文，192页。

㉔ 顾颉刚：《史林杂识》“赘婿”条，“被发、左衽”条，107、152页，中华书局，1977。

㉕ （清）黄生：《字诂义府合按》，166页，中华书局，1984。龙岗秦简中有“耐为隶臣妾”的条文，则耐刑是否也施用于女性呢？有学者认为秦律中的耐刑没有一条是明显针对女性的。见杨广伟前揭文。

陶　毅

婚姻无效制度的历史考察与借鉴*

简介

陶毅，汉族，北京市人，1942年出生，法学教授。1965年毕业于北京政法学院（现中国政法大学）。曾任武汉大学法律系民法经济法教研室主任，武汉大学法律咨询部副主任，武汉大学香港台湾法研究所常务副所长，北京航空航天大学法律系主任兼法学研究所所长等。主要著述有：《中国婚姻家庭制度史》、《新编婚姻家庭法》（主编）、《婚姻家庭法》（主编）、《婚姻家庭与继承法学案例教程》（主编）等专著、教材十余部，以及《宗法制度与传统法律文化》、《中国古代婚龄的考察》、《中国古代的宗族外婚制》、《试论外国的夫妻财产制》等学术论文五十余篇。

---

* 原发表于《法律史论丛》，第7辑；曾获中国法律史学会优秀论文一等奖。收录时略有修改。

一

亲属制度是人类历史中最为久远的一种社会制度。在中国古代的宗法制之下，亲属关系是各种社会关系的基础，各个政权无不注意对它进行道德与法律调整。调整亲属关系的成立、效力及解除的法律规范，上古时期主要表现在礼制当中。中古时期没有独立的成文民事法，因而也没有独立的成文亲属法，一部分涉及亲属关系的礼制规范以习惯法的形式沿袭下来，另一部分则被律、令等所容纳，并因时而立法，多有发展和补充，成为刑事法和行政管理制度的重要附属性规范。

在亲属关系中，古人对婚姻行为十分重视。《易·序卦传》说："有天地然后有万物，有万物然后有男女，有男女然后有夫妇，有夫妇然后有父子，有父子然后有君臣，有君臣然后有上下，有上下然后礼仪有所措"；《礼记·中庸》说："君子之道，造端乎夫妇"，把婚姻看成是其他社会关系和行为规范的本源。由于婚姻具有"合二姓之好，上以事宗庙，下以继后世"① 的重大意义，"婚礼"就成了礼之"本"②。

依周礼，履行"六礼"的仪式是婚姻成立的程序要件。"六礼"主要适用于"士"以上的人，"士"以下"六礼不备"的婚姻关系也为国家承认，即所谓"中春之月，令会男女，于是时也，奔者不禁"③。这种民间仪式制的结婚程序一直被古代后世所宗承，只是不断被简化，北宋初士庶婚礼减六为四，南宋朱熹《文公家礼》再减为三，元、明、清多以之为准，其影响直至近代。

在以西周为代表的上古时期，结婚行为貌似任意，实则相当严格。宗法组织的严密、舆论力量的强大，加之有专门的机构管理，比较有效地杜绝了违法婚姻的发生，看不到系统的婚姻无效制度。进入春秋战国以后，原有的宗法制度遭到极大的破坏，而仪式婚制仍然保留下来，这就不能不造成婚姻关系一定程度的混乱，出现了"桑间濮上"④ 之类的现象。针对这种情况，中古时期一方面加强了立法，设置了更多的婚姻禁例；同时，逐渐形成了比较严格的无效婚制度，并对因违法而被宣告无效的婚姻关系当事人给予相应的刑事处罚，冀图以严厉的刑事制裁手段来弥补行政管理方面的不足。

限于资料上的原因，我们对隋唐以前的有关法律规定所知不多，只是通过唐朝及以后

---

① 《礼记·昏义》。

② 《礼记·昏义》："夫礼，始于冠，本与昏。"

③ 《周礼·媒氏》。

④ 《汉书·地理志》。

的法律对它有比较详细的了解。但是，既然唐律处于承先启后的地位，其婚姻无效制度必然是长期发展的结果，而绝不是自隋唐始。故我们仅以唐律的有关规定为主，兼及后世法律的部分内容，对中古婚姻无效制度作一些粗略的探讨。

二

中国古代实行专权离婚制度。在上古时期，婚姻关系的解除不称“离”或“离婚”，而称“出妻”或“弃妻”。《诗经》虽有“仳离”之说，但毛传解释为“室家相弃”，可见它不过是文学用语，正式的说法仍然是“弃”⑤。这种情况一直到秦汉似乎都没有很大的变化，如秦律中有“弃妻不书，赀二甲”的规定⑥，汉律有“弃妻畀所赍”的条文。⑦ 西晋正式出现了“离婚”一词。如《晋书・刑法志》有“毋丘俭之诛，其子甸妻……诏听离婚”的记述，《王衍传》有“自表离婚”的说法等。但这时的“离婚”，用法似乎较为特殊，也较为概括，仅指解除婚姻关系的事实，并非指某种具有普遍意义的法定离异方式。

从隋唐的法律看，离婚形式已经多样化，出现了包括“出妻”、“义绝”、“和离”等解除婚姻关系的方式，他们大体上仍各有专称，并不以“离婚”相概括。对于唐律及以后法律的户婚部分中的“离”、“离之”、“离异”等概念，若干法制史和婚姻史著作往往将他们与当代的“离婚”相提并论，这是颇为值得商榷的。

从《唐律疏议》的《户婚》篇看，它曾在两个地方使用“离”字。

一是用于“义绝”与“和离”。它规定：“诸犯义绝者离之”，“若夫妻不相安谐而和离者不坐”。应该明确的是，（1）隋唐以后法律中的“义绝”，具有其特殊的性质和意义。它缘于发生在一定亲属之间的人身侵害，如“夫殴妻之祖父母、父母”，“妻殴詈夫之祖父母、父母”，“妻欲害夫”以及夫妻双方的近亲属“自相杀”之类，这类亲属相犯被视为严重犯罪，必须追究侵害人的刑事责任。而派生于此的“义绝”，并非独立的离婚方式，而是一种刑事案件引起的民事后果，带有强制性。因此，这里的“离之”，是“使离异”的意思，双方当事人都处于完全被动的地位，与通常意义上的自为离婚殊不相同。（2）“和离”固然是一种法定的离异方式，但它是一个完整的概念，代表一种特定的行为，指当事双方采用一种比较平和的方式解除婚姻关系，这里的“离”是不能与“和”分割的。实际上，它不过是“出妻”的变通方式，旨在维护家庭的声誉和双方家庭之间的关系，从实质上看，“出妻”、“休弃”仍是最重要的离婚手段，反映着古代离婚制度男方专权的根本特点。

二是用于“违律为婚”。《唐律疏议・户婚律》“违律为婚”条：“诸违律为婚，当条称

⑤ 《诗・王风・中谷》及传。

⑥ 《睡虎地秦墓竹简》，224页，文物出版社，1978。

⑦ 《礼记・杂记》郑注引汉律。

'离之'、'正之'者，虽会赦，尤离之、正之。"这里的"离之"、"正之"在明清法律中称"离异"、"改正"。"离之"、"离异"与"正之"、"改正"的区别，缘于当事人身份的贵贱。"离之"、"离异"的当事双方无良贱之别，而"正之"、"改正"的当事人有一方是贱民，指其身份必须恢复到以前的状况。唐律的疏议说："违律为婚，谓依律不合作婚而故违者。"关于这一规定，应该特别说明这样两点：(1) 前面"诸犯义绝者离之"虽也使用了"离之"的说法，但只有一条；而这里所说的应"离之"、"正之"的"当条"，有 12 条之多，可见"离之"一词，基本上是用于"违律为婚"的。(2) 它所说的"违律为婚"，是指故意违反法律规定的结婚要件而缔结婚姻，也就是今天所说的"违法婚姻"。显而易见，"离之"、"离异"在古代主要并不是指有效婚姻关系的依法解除，而是指违法婚姻关系的宣告无效。

三

在中国古代的法律中，违律为婚指违反结婚法定实质要件而成婚，主要包括：

第一，重婚。中国古代原则上是实行"一夫一妻"制的。有些著述认为中国古代实行"一夫多妻"制，更有人主张换一个提法，最好称"一妻一夫"制，以示一个妻子只能有一个丈夫，而一个丈夫可以有多个妻子。这都是将男子纳妾看成了正式的婚姻。其实，在聘娶婚制之下，"聘则为妻"⑧，妾名缘于女奴，乃契买而来，与妻处于完全不同的地位。少数男子可以纳妾甚至多妾，但不得多妻。所以，《唐律》的疏议说："一夫一妇，不刊之制。有妻更娶，本不成妻"，不管女方是否知道男方有妻，重婚的婚姻无效。而若以妻为妾、以婢为妻及以妾为妻，都须"各还正之"。除了男子"有妻更娶妻"之外，女方重婚的婚姻亦属无效，即"诸和娶人妻乃嫁之者……各离之"。

第二，禁婚亲间的婚姻。自西周始，就确立了"同姓不婚"的原则，这一方面是基于优生学方面的原因，即"男女同姓，其生不蕃"⑨；另一方面是出于维护宗法秩序和加强宗族关系的需要，即所谓"娶于异姓，所以附远厚别也"⑩。经过春秋战国的动荡和变革，上古时代的宗法制已经解体，西汉以后的宗法制出现了许多新的特点⑪，"附远"的意义已不复存在，但优生方面和伦理方面的理由并未消失。在长期的发展中，姓氏的变化很大，已不完全是血缘群体的象征了，同姓不同祖的现象愈益普遍。为此，《唐律疏议》采取了"本质主义"的解释，以"即尝同族"的"同宗共姓"为禁婚范围。到了明清，改唐律的"本质主义"为"形式主义"，机械实行凡同姓皆不得为婚的原则，"其范围大非唐律之本意，

---

⑧ 《礼记·内则》。

⑨ 《左传·僖公二十三年》。

⑩ 《礼记·郊特牲》。

⑪ 参见陶毅、明欣：《中国婚姻家庭制度史》，113 页～130 页，东方出版社，1994。

此由未明乎同姓之义故也”[12]。但不论禁例的宽与严，违背这一规定都是当然的婚姻无效原因。另外，为防止“尊卑混乱，人伦失序”[13]，娶宗亲之妻（不论丧偶或离异）以及外姻尊卑为婚也为古代多数时期的法律所禁止，隋唐之后，这类婚姻同属无效。

第三，妄冒。古代实行包办婚姻，婚前男女不识，听由父母及媒妁做主，订婚为婚姻成立的程序要件，具有人身约束力。法律要求婚约的订定和实施遵从诚实原则，如有违约妄冒行为，即嫁娶双方主体的情况，如嫡庶、长幼等与婚约所定不符，即使婚事“已成”，也不被法律所认可。

第四，强娶强嫁。这里包括三种情况：(1) 监临之官枉法为自己或亲属娶所监临妻女，或者受监临人有意“行求”，将妻女嫁与监临官或其亲属；(2) 丧偶妇女“欲守志”，而其非直系亲属“强嫁之”者；(3) 明清时期规定，“豪势之人”抢夺良家妻女者。上述三类皆须“离之”或“妇女给亲”。

第五，居丧嫁娶。(1) 居父母丧嫁娶。古人特重孝道，礼制要求，父母之丧，人子要“寝苫枕块”，“哭泣无时”[14]，嫁娶自不准许，即所谓“三年之内不图婚”[15]。在汉朝，“未除服奸”即为死罪[16]，嫁娶亦当在禁止之列。《唐律疏议》说：“父母之丧，终身忧戚，三年从吉，自为达礼”，若丧期婚娶，须“各离之”。(2) 居夫丧而嫁。征之《左传·成公六年》，有夏姬夫死不久即下嫁巫臣之例。可知，上古时期的礼制中无丧偶妇女“禁婚期”之设，惟须待原夫下葬后成婚。汉朝法律沿之，规定“妇人夫丧，既葬，始得改嫁，未葬而嫁为不道”[17]。由隋唐以至明清，法律发生了变化，虽不禁止丧偶妇女再婚，但须于为夫服丧期满之后，否则，再婚的婚姻无效。这与西方法律关于妇女“待婚期”规定的主旨殊不相同。西方丧偶或离异妇女的“待婚期”，是出于对未出生子女继承权的考虑；而中国古代丧偶妇女“服丧不婚”，则是基于宗法伦理观念的要求。

第六，良贱为婚。古代法具有等级法的基本属性，等级关系同样反映到婚姻关系当中。按照上古时期的礼制，“大夫之女女于大夫，士之女女于士”[18]。魏晋南北朝时期也要求实行等级内婚制，北魏文成帝诏：官贵及士民之家“不得与百工技巧卑姓为婚”[19]。隋唐以后，士卒门阀势力渐消，“取士不问家世，婚姻不问阀阅”[20]，但平民与奴婢通婚仍在所不许。《唐律疏议》说：“人各有耦，色类须同。良贱既殊，何宜配合?”因此，“奴娶良人女为妻”须“离之”；而“妄以奴婢为良人，而与良人为夫妻者”，应“各还正之”。

---

[12] 沈家本：《寄簃文存·同姓为婚议》。
[13] 《唐律疏议·户婚律》疏议。
[14] 《礼记·问丧》。
[15] 《公羊传·文公二年》。
[16] 《汉书·功臣表》。
[17] 薛允升：《唐明律合编》引汉律。
[18] 《国语·越语》。
[19] 《魏书·高宗纪》。
[20] 《通志·卷二五》。

以上为古代法律中婚姻无效的主要原因。值得提及的是，中国古代虽有婚龄之设，但下限甚低，基本以有性行为能力为已足；兼之早婚相沿成习，国家不事干预，是故任何朝代皆无早婚的婚姻无效的规定，倒是在上古后期和中古前期时见强制早婚的法律，这应是在高死亡率的背景下，急需增殖人口补充兵员和劳动力的缘故。

四

违律为婚的法律后果大体包括三个方面：

首先，基于中国古代的民事法律，包括亲属法规范大多从属于刑事法这一特点，违律为婚的有关当事人首先须承担刑事方面的后果。如依唐律，同姓为婚各徒二年（明朝本“轻其轻罪”精神，减为杖六十，清沿之）；有妻更娶徒一年（明律减为杖九十）；居父母丧为婚徒三年（明律减为杖一百）等等。惟需注意的是，对违律为婚行为，刑事责任的承担者区别甚大：如果由祖父母、父母主婚，“独坐主婚”；但凡属“以奸论”的，当事男女并科；如果由族亲尊长主婚，“主婚为首，男女为从”；如由其他亲属主婚，“事由主婚，主婚为首，男女为从；事由男女，男女为首，主婚为从”；但如“男女被逼”，或者“男年十八以下及在室之女”，亦独坐主婚（明律改为男年二十）。同时，由于媒妁在违律为婚中具有重要作用，罪不容逭，亦需“各减首罪二等”论处（明律改为减一等，并规定“不知者不坐”）。另外，古代有订婚与成婚之别，成婚者固须依律制裁，即使未成，也非完全不负责任，只不过“各减已成五等”而已。

其次，一般身份法方面的后果。违律缔结的婚姻一旦被宣告无效，夫妻身份关系即不复存在，当无疑义。问题在于自成婚到宣告无效这一段时间里，此项“婚姻”有无身份法上的效力？在大多数朝代的法律中找不到相关的规定，惟从清代法律中可以一窥端倪。从有关资料看，当时采取的是分别对待的态度。依嘉庆时期《大清律例·户律》的附例，“凡嫁娶违律应行离异者，（妻）与其夫及夫之亲属有犯”，按两种情形作不同处理：“如系先奸后娶，或私自苟合，或知情买休”，即使有媒妁婚约，也认为该项婚姻自始无效，按照“凡人互犯”科断；如果“止系同姓及尊卑良贱为婚，或居丧嫁娶，或有妻更娶，或将妻嫁卖娶者果不知情，实系明媒正娶者”，则认为该项婚姻自宣告无效之日起失去一般身份法上的效力，在此之前女方与夫或夫家亲属互犯，“仍按服制定拟”。

再次，财产法方面的后果。在“女子无私财”的古代财产法原则下，即使婚姻无效，双方离异，也不存在女方分割男家财产的问题。这里的财产法方面的后果，主要指“聘财”的归属。依唐律，违律为婚被宣告无效后，原则上“聘财不追”，仍留在女家，似乎含有对女方给予补偿的意义；但如果责任在于女家，比如女方妄冒，聘财则须“追还”给男方，大概是使无过错之男方不至于“人财两空”的意思。明律对此有重大修正，采取否定女家权益的态度，而视男方有无故意决定聘财的去向：“财礼，若娶者知情，则追入官；不知者，则追还主。”

五

早在革命根据地时期，婚姻立法就成为法制建设的一个重要方面，先后制定了《中华苏维埃共和国婚姻条例》和《婚姻法》、《陕甘宁边区婚姻条例》、《晋冀鲁豫边区婚姻暂行条例》、《山东省婚姻暂行条例》等等法律、法规，为新中国成立后的婚姻家庭立法积累了经验。新中国成立后制定的第一部重要法律就是1950年的《中华人民共和国婚姻法》。这部法律开宗明义规定："废除包办强迫、男尊女卑、漠视子女利益的封建主义婚姻制度。实行男女婚姻自由、一夫一妻、男女权利平等、保护妇女和子女合法利益的新民主主义婚姻制度"，在婚姻家庭领域里，从根本上否定了以"四权"（政权、族权、神权、夫权）为中心的封建宗法的思想和制度。正如当时中央人民政府法制委员会在起草报告中所指出的，这是一场"中国婚姻制度的大革命"。1980年《婚姻法》的制定和实施，则把我国的婚姻家庭制度全面推向了社会主义的新阶段。

从立法精神、法律原则和一系列重要规则来看，当代中国的婚姻家庭制度无疑处于世界上最先进的行列，但也不是已经十全十美。为了适应建设社会主义法治国家的需要，对现行的婚姻法进行修改已经提上了议事日程，其中的一项重要内容，就是建立婚姻无效制度。

在国家形态下，合法性是婚姻关系的基本属性。我国1950年和1980年的两部《婚姻法》都规定了结婚的实质要件和程序要件，但都没有规定欠缺法定要件的结合将发生什么样的法律后果。这不能不说是一个立法漏洞。由于缺乏必要的规范，司法实践中曾将一些发生纠纷的违法结合按照离婚程序处理，这不管在法理上还是在实践上都是有失妥当的。尽管《婚姻登记管理条例》和某些司法解释涉及一些违法婚姻问题，惟由于其层次较低和因事而设，既没有必要的权威性，也不成体系。在国家基本法律中增设婚姻无效的规定，无论从加强婚姻家庭领域的法治建设、维护结婚法的严肃性和权威性看，还是从保护合法婚姻关系，预防和减少婚姻纠纷，制裁有关违法行为看，无疑都是十分必要的。

建立和完善我国的婚姻无效制度，首先必须坚持社会主义婚姻家庭关系基本原则。从我国现阶段的国情出发，使之具有社会主义中国特色，符合发展社会主义婚姻家庭关系的需要；其次，也不应排斥对外国的和我国历史上的有益经验的合理借鉴。有的学者在论及这一问题时，往往着眼于西方的立法例，而轻视甚至不承认中国古代法的有关制度。我们认为，使外国优秀的东西为我所用是必要的，中国传统法律中可资借鉴的因素也不应忽视。固然，在我们这样一个有着数千年封建社会历史的国家里，否定封建主义婚姻家庭制度的精神和原则，是建立和发展新型的民主的婚姻家庭制度的前提，但这并不是主张婚姻家庭法制方面的历史虚无主义。比如，张国华先生就曾经指出，中国古代"唯物主义思想产生较早"，"在全国范围内始终没有形成一种凌驾于世俗政权之上的具有莫大权威的教权和教会，因而在政治法律思想上比西方减少了许多麻烦”[21]。从婚姻家庭制度的角度说，中国古代认为婚姻是一种世俗的民事关系，而不是神的意志，始终采取许可离婚主义，而不像中世纪的欧洲那样奉行禁止离婚主义，至少确立于隋唐的“和离”方式，尽管局限性极大，绝不能与当代的协议离婚同日而语，但它毕竟产生了深远的影响，使得近代的“两愿离婚”能够很容易地被社会所接受。诸如此类，都不是完全消极的。就婚姻无效制度来说，中国古代将违法婚姻规定在层次很高的基本法律之中，给予全面规范，不像某些西方国家那样作无效婚和可撤销婚的区别，而是持绝对无效的主张；还有在原则上采用有溯及力的无效制等等，都对维护当时的婚姻法制起到了重要作用，对中华民族的婚姻观念和习惯有直接的影响，现在看来仍有其一定的合理性和可承继性。

本文对中国古代的无效婚制度作了初步的探讨。不管是深入批判其落后的因素，还是适当借鉴其合理的成分，对加强我国社会主义婚姻法制建设都是会有所助益的。

㉑ 张国华：《中国法律思想史新编》，405页，北京大学出版社，1998。

丁凌华

宗祧继承论*

简介

丁凌华，1952 年生于上海。1982 年 1 月毕业于吉林大学历史系，获学士学位。现任华东政法学院法律学院法制史教研室主任，教授，兼中国法律史学会理事、中国儒学与法律文化研究会副秘书长。已出版专著及主编《中国丧服制度史》、《中国法律制度史》、《中国法律思想史》、《走向 21 世纪的中国法文化》等十余部著作，发表论文《唐律疏议家族主义法研究》、《中国古代守丧之制述论》、《家族主义法渊源略论》、《改良与革命》等五十余篇。曾获司法部优秀论文奖、司法部法学优秀科研成果二等奖、上海市育才奖、上海市教学成果奖一等奖（合作）、上海市高校优秀教材二等奖等。

---

* 原发表于《法律史论丛》，第 7 辑。作者于 2006 年 10 月补记有关事项如下：

（1）本文按 2000 年发表时的原文刊发，只对原文中的错字及标点作了修正。

（2）本文第一部分“宗祧正源”最后称：“‘祧’之成为宗庙、祖先祭祀之泛称，凡夫俗子之皆可侈言‘宗祧’，也许是六朝甚至唐宋以后之事了。”本次重印，笔者全面查阅了电子版二十五史，前四书确未出现“宗祧”一词，《晋书》出现 3 处，《宋书》出现 2 处（均为抄《晋书》），《南齐书》出现 1 处，《梁书》出现 2 处，陈书出现 3 处，《北齐书》出现 1 处，《魏书》、《周书》、《南史》、《北史》均无，《隋书》出现 1 处，《旧唐书》出现 16 处，《新唐书》出现 2 处，《旧五代史》出现 13 处，《宋史》出现 5 处，《元史》出现 3 处，《新元史》出现 1 处，《辽史》、《金史》均无，《明史》出现 4 处，《清史稿》出现 4 处。从以上二十五史中出现的 61 处“宗祧”一词的内容看，基本可以断定，清代以前，“宗祧”一词只是社稷、国祚、帝王宗庙与血统的代名词。明确用“宗祧”一词表示平民的祭祀与血统只是在清代，据《清史稿·礼志十二》：“道光九年，礼臣增议两祧服制：以独子之分承两房宗祧者，各为父母服斩衰三年。”又《清史稿·金顺传》记同治、光绪年间新疆都统金顺之妻托莫洛氏言：“太夫人老矣，宁能涉万里？吾义不得独行。且彼处有姬侍，宗祧不坠，吾又何求！”可见臣民可以用“宗祧”一词始于清代后期。此后“宗祧继承”泛指自古以来以祭祀祖先为目的的男系宗统的继承。

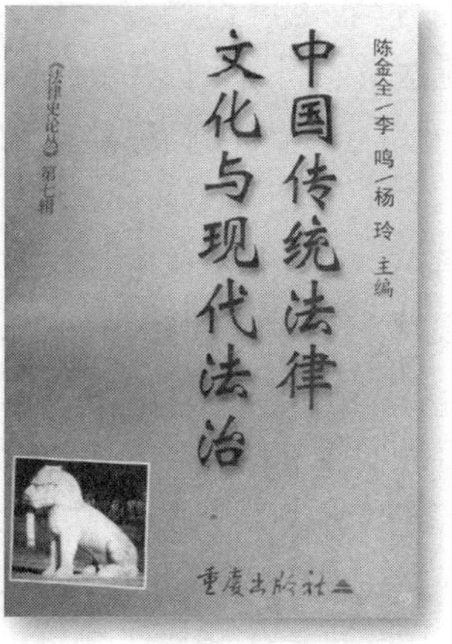

宗祧继承制度是中国传统法律制度的重要组成部分，宗祧继承观念也是儒家思想的理论基石之一。在儒家尚实致用的理性主义传统中，宗教精神极为缺乏，庶几仅限于家庭对于祖先的崇拜。反映在礼法实体中，就是宗祧继承制度。对于宗祧继承的概念，学术界包括法制史学界在内，始终未有明确的界定。历来的中国法制史著论中，有认为“宗祧继承即嫡长继承”者[①]，甚至于认为“宗祧继承……源于宗法制度的嫡长继承制”[②]。因此，对于宗祧继承的源流、演变、法律适用以及与嫡长继承之区别等，均有做进一步探索、研究的必要，以期对于宗祧继承有一个客观、全面的了解。

一、“宗祧”正源

“宗祧”一词，起源于先秦宗庙制度。宗庙在先秦时，是贵族供奉、祭祀祖先牌位的地方。据《礼记·祭法》及汉郑玄注、唐孔颖达疏：西周天子共立七庙，准确地说是五庙二祧。五庙即考（父）庙、王考（祖）庙、皇考（曾祖）庙、显考（高祖）庙、祖考（始祖，即后稷，也称“大祖”）庙，二祧即文王庙、武王庙。七庙中，父、祖、曾祖、高祖四庙称四亲庙。四亲庙只是祖先死后冥路上必经的四个客栈，一旦后死者挤上来，先死者就要被挤出去。始祖庙与二祧庙则有固定的祭祀对象，即后稷与文、武二王，此三庙也是最终寄藏被挤出四亲庙的祖先神主（牌位）之所。后稷以后、文王以前之先公神主寄藏于始祖庙，武王以后之先王神主被挤出四亲庙后则按昭穆辈行分别寄藏于文、武二祧庙。[③] 二祧是天子宗庙之特例，约在西周穆王、共王时，文王、武王先后被挤出四亲庙，二王神主本应迁藏入始祖庙，但由于二王开国之功德，故特留二庙，称祧而不称庙，专祀文、武二王。孔颖达疏云：“（二王）本应迁之例，特为功德而留，故谓之祧。”可见祧专祀功德之主，非指始祖，祧也是宗庙制度中后起之制。所以郑玄注明确说：“天子有二祧，诸侯无祧。”这就是说，有祧无祧是天子宗庙与诸侯宗庙的一大区别。因此可以说，“宗祧”一词的最初含义仅指天子宗庙而言，也借指天子血统。

郑玄在《礼记·祭法》注中称“天子有二祧，诸侯无祧”。但在《仪礼·聘礼》注中却云：“迁主所在曰祧。周礼天子七庙，文武为祧；诸侯五庙，则祧始祖也。是亦庙也言祧者，祧尊而庙亲。”这就是说，凡寄藏被挤出四亲庙以外的祖先神主（即迁主，也称毁庙之主）之所都可称祧，诸侯以始祖庙（诸侯五庙为：始祖庙、高祖庙、曾祖庙、祖庙、父庙）

---

① 《中国法制史纲》，112 页，浙江人民出版社，1986。

② 《中国法律制度史》，119 页，同济大学出版社，1986。

③ 《周礼·春官·守祧》郑玄注。

寄藏迁主，于是诸侯始祖庙也可称祧。既然如此，天子始祖庙即后稷庙也可称祧，天子应是三祧，为何止称“二祧”？唐时，孔颖达已看出这一问题，但无法解释郑玄的这一矛盾。清胡培翚在《礼仪正义·聘礼》中打了个圆场，认为西周本为三祧，因为“以后稷庙称太庙，故止二祧也”。但这一解释总显牵强。

其实郑玄的两种解释都不错，只是时代不同，前者指西周时期，后者指春秋时期，这就是礼法制度与称谓的“因时损益”的一面。西周人重德，一改夏商宗庙制度而特为文王、武王两位功德之主留庙不毁，又因为二王的建国功德实际已超越了其始祖后稷，故又专门起了个“祧”的名称。郑玄注：“祧之言超也，超上去意也。”④ 而诸侯是分封的，非由功德而立，所以宗庙也就没有“祧”。“祧”成为天子宗庙之特制。由于西周历代天子之地位不能超越于二王，故在迁出四亲庙后其神主均寄藏于文武二祧，祧之实际地位逐渐高于始祖庙，始祖庙反而被冷落了。这样一来，“祧”成为实际上的始祖，“祧”也就具备了“功德”加“始祖”的双重含义。春秋时期，诸侯势力渐盛，天子权制下移，诸侯争霸天下，各各以图一统。其野心表现在宗庙称谓上，就是诸侯对其始祖也开始僭称为“祧”，“宗祧”一词成为“宗庙”的代名词。《左传》一书，言“祧”凡两处（见襄公九年、昭公元年条），言“宗祧”凡七处（见襄公二十三年、二十六年，昭公四年、七年、二十年、三十一年，哀公二十三年条），多为诸侯宗庙之代称，就是这个道理。甚至连在西周时只有立亲庙资格而无立始祖庙资格的卿大夫这时也将“祧”作为祖先的代名词了。《左传》昭公元年：“其敢爱丰氏之祧。”杜预注：“祧，远祖庙。”孔颖达疏云：“此公孙段（丰氏）是穆公之孙子丰之子，其家唯有子丰之庙，君若特赐，或得立穆公之庙耳，其家无远祖庙也。杜（预）言远祖庙者，顺传文且据正法言之。”可见当时“祧”之称谓已不据正法了。《左传》襄公九年注：“诸侯以始祖之庙为祧。”《后汉书·祭祀志》注：“一世为祧。”这些记载都反映了这一后起概念。

“宗祧”一词始于《左传》，但其后在前四书（《史记》、《汉书》、《后汉书》、《三国志》）中，未见再出（据原哈佛燕京学社引得编纂处编印之前四书《引得》），或与秦以后之强化中央集权、削抑藩权有关。“祧”之成为宗庙、祖先祭祀之泛称，凡夫俗子之皆可侈言“宗祧”，也许是六朝甚至唐宋以后之事了。

二、宗祧继承的理论基础——血食观念

吕思勉先生曾经指出：“中国人所以必欲立后，盖出于‘不孝有三，无后为大’之说。古人所以为此说，则以其谓鬼犹求食之故。”⑤ 可谓一语中的。远古的中国人是相信灵魂不灭的，人死了以后成鬼，从天子至庶民都是一样的。《礼记·祭法》云：“山林、川谷、丘陵能出云，为风雨，见怪物，皆曰神……其万物死者皆曰折，人死曰鬼，此五代（指黄帝、

---

④ 《礼记·祭法》注。

⑤ 吕思勉：《中国制度史》第八章“宗族”。

尧舜、禹、汤、周）之所不变也。”古人认为肉体已灭的鬼仍然有饮食的欲望，“鬼犹求食”，所以需要人间的子孙定时杀牲取血，通过祭祀方式来供养，这就叫血食。《汉书·高帝纪》注：“祭者尚血腥，故曰血食也。”血食祭祀的方式即是杀生之后，“以血滴于地而祭之”⑥。古人对祭神、祭鬼的方式区分得很清楚。祭神如昊天上帝、日月星辰、风师、雨师等皆以禋祀、实柴、槱燎的方式，都是积柴而焚祭物，盖因烟气上升可招来神灵；祭地、祭山林川泽则用狸沈（狸、埋也，沈，沉也）祭物的方式以直接达于神灵；祭祖先则以牲血滴于地⑦，因鬼魂的主要活动场所在地下，血渗于地则可招致鬼魂，同时牲血又隐含血统之意，只招那些与祭者有血统关系的鬼魂来享用祭物。笔者相信远古时期最早的血祭可能是祭者刺己血滴地以招祖先，以后才演化为以牲血滴地的。

血食祭祀的一个基本原则，是血食必须要与死者有血统关系的男系男性子孙来提供，否则鬼魂是不能享用的。古训“神不歆（享食）非类，民不祀非族”⑧，就是这个意思。如果血统关系一旦中断（即无男系继承人），死去的祖先享用不到血食，就会变成“馁鬼”。春秋时楚国令尹子文见其侄子越椒有雄虎之状、豺狼之声，认为其将来必有“狼子野心”，对若敖氏宗族不利。子文想除掉子越椒，但遭到其弟子越椒之父子良的拒绝。子文临终遗憾的对族人说：“鬼犹求食，若敖氏之鬼，不其馁而?”后若敖氏宗族果因子越椒反叛而被楚王所灭。⑨后人因以“若敖氏之鬼”或“若敖鬼馁”来比喻绝嗣。如果以异姓为后，也等于自灭其嗣，故鄫子以外孙为后，《春秋》书“莒人灭鄫”⑩。

鬼魂对血食的需要如果得不到满足，就可能成为“厉鬼”而害人。郑国伯有（良宵）反叛被杀，不应立其后祀，据说有人梦见伯有之鬼魂披戴盔甲而来，扬言要杀死驷带与公孙段。后二人果死，人心大惶。于是，子产为安抚民心，立良止为伯有之后，并封大夫，使伯有之鬼魂有享用祭祀之所。此后伯有之鬼魂果然消匿。有人问子产为何替反叛之人立后，子产说：“鬼有所归，乃不为厉，吾为之归也。”⑪ 所以在古人看来，血食的延续真是死人活人、天上人间的头等大事。因此孟子言：“不孝有三，无后为大”；《通典》卷九也云：“三千之罪，无后为重。”

儒家继承古代传统，宣扬血食祭祀的重要，只是将其作为维系家族制度的一种手段，而不是为了宣传鬼神迷信。相对而言，墨家倒是竭力宣扬鬼神迷信的，只要见《墨子·明鬼篇下》即可明白，但其也是为了达到天下不乱的目的，也着力于现世精神。孔子不语怪力乱神，血食祭祀可以说是儒家理性主义传统中的唯一缺口。所以，对于鬼魂在地下究竟是如何生活的，儒家从不愿深究，也不承认鬼神对现世生活的干预作用。《左传》记载了伯有为厉一事，

---

⑥ 林尹：《周礼今注今译》卷五注采金鹗说。

⑦ 《周礼·春官·大宗伯》。

⑧ 《左传》僖公十年。

⑨ 《左传》宣公四年。

⑩ 《公羊传》襄公六年。

⑪ 《左传》昭公七年。

还遭到后人的抨击，杜预认为："左氏以此令后世信其然，废仁义而祈福于鬼神，此大乱之道也。"⑫至于地狱之说与来世投胎之说，则是释教东传及道家成为宗教以后的事了。

在血食观念的基础上，衍生出了宗祧继承制度。宗祧继承即是以祭祀祖先为目的的男系宗统的继承。一般说来，无论男子或女子死后均可享受子孙的血食祭祀，但由于血食的提供者只限于男系男性子孙，所以宗祧继承也仅限止在男系男性的范围，女子不能参与祭祀，也就丧失了宗祧继承权。无疑地，以血食观念为理论基础的宗祧继承制度主要作用之一就是确立了男子在人间社会中的统治地位。

先秦以来偶有"巫儿"之俗，由女主祭。《汉书·地理志下》载齐襄公时"令国中民家长女不得嫁，名曰'巫儿'，为家主祠。嫁者不利其家，民至今以为俗"。《左传》哀公六年注也云："齐妇人首祭事。"即巫儿主祭之事。但这个别地区的风俗毕竟敌不过强大的正统血食观念，汉以后其俗渐亡，史不继书。

三、宗祧继承的形式流变——从大宗祧到小宗祧

由于政治制度的变异，历代宗祧继承的形式也有所不同。西周宗法制下的宗祧继承采取嫡长主祭、大宗立后的形式，以嫡长子为宗族血祀的正统继承人，代代相承，称为"大宗"，也叫"宗子"，嫡长子以外均称为"小宗"。一个宗族中，宗子只有一人，而小宗无数，小宗之嫡长子，至五世迁宗以后才成为宗子。宗子之责任，在于祭祖、敬宗、收族。宗子握有主持祭祀之权，小宗则只能陪祭。祖先之血食只仰赖于宗子，故小宗无子不需立嗣，《公羊传》庄公二十四年解诂："小宗无子则绝。"小宗死后只要附祭于宗庙，称为"祔食"，不必担心死后的血食问题。但宗子主祭，是血食的提供者，故宗子必须有继承人，如宗子无子，则以小宗之庶子过继给宗子。《仪礼·丧服》传云："大宗者，尊之统也，大宗者，收族者也，不可以绝。故族人以支子后大宗也。"即使小宗只有一个儿子，也要过继给大宗为后，即汉石渠议所谓"族无庶子，则当绝父以后大宗"⑬是也。小宗绝后只不过断绝了日后五世迁宗、另立祖庙的可能，血食仍不会绝。但宗子断不能绝后，因为宗子是宗族存亡、血食存亡的标志。所以在先秦宗祧制度中，只有大宗立后，而无小宗立后，我们姑且称之为"大宗祧制"。黄宗羲曰："古来宗法，有大宗，有小宗，余子无后者祔祭于宗子之庙，大宗不可绝，故族人以支子后大宗。非大宗而立后者，古未有也。今一人必求一继者，世俗之瞽说也。""一人一继"即小宗祧，黄说未看到大宗祧向小宗祧过渡的必然性，故斥之为"瞽说"。在先秦世卿世禄制下，保证了宗子拥有稳固的政治世袭地位与爵禄收入；在宗族同产制下，又保证了宗子拥有支配宗族财产的权力。《仪礼·丧服》云："异居而同财，有余则归之宗，不足则资之宗。"这就使宗子的祭祖、收族得到了不可动摇的政治

⑫ 《春秋左传集解》昭公七年疏。

⑬ 《通典》卷九六"总论为人后议"。

地位与取之不竭的经济来源的保证。由此也可见，大宗祧制只有在祭权、政权、财权三位一体的大气候下才有可能得以实现与巩固。

官僚政治的形成，导致宗祧继承的形式由嫡长主祭、大宗立后的大宗祧制向家自为祭、人皆立后的小宗祧制转化。秦汉以后，一方面由于历经战乱，宗系荡然，分不清谁是小宗，谁是宗子，所谓“汉家求三代之后弗得”[14]（《史记》中姓与氏不分的情况也反映了这个问题）。小宗一旦无后，则死后不知何处可以“祔食”。另一方面，由于废除了世卿世禄制，宗子失去了世袭政治地位与爵邑收入，所以即使知道谁是宗子，其也无力收族，主祭之事当然也无从谈起。大宗无力主祭，小宗也就失去了“祔食”的依靠，如果没有儿子，死后的血食必须自己生前早为谋划，于是小宗无子也开始立嗣。同时，由于宗族同产制瓦解，分居风气普及，也使无子之家必须考虑死后的财产继承问题。这样一来，人人无子都可以立后，家家祭祖都可以自为。秦汉以后这种家自为祭、人皆立后的形式解决了西周大宗祧制瓦解以后的血食提供问题。我们可以称之为“小宗祧制”。

在“大宗祧制”下，长兄即大宗无子，可以立弟之子为后，反之则绝无弟立兄之子为后之事；而在“小宗祧制”下，人人无子均可立后，于是就出现了弟立兄子为嗣之事。反过来说，有弟立兄子为嗣之事，也就证实了“小宗祧”的存在。如《后汉书·儒林列传》记，伏氏兄弟三人，老大未显达，老二伏湛位至司徒，老三伏黯位至光禄勋，伏黯无子，立长兄之子伏恭为后。[15] 伏恭后位至司空。

甚至还有立异姓为嗣之事。刘备生子刘禅之前，曾养外甥寇封为嗣，改刘姓，事见《三国志·蜀志·刘封传》；吴国朱治无子，争得孙策同意，以外甥施然为嗣，改朱姓，事见《三国志·吴志·朱然传》。立异姓为嗣说明小宗祧制盛行后，人皆立嗣已成为风气，如无兄弟之子或同姓之子，往往立姊妹之子即外甥为嗣。这就将男系男性的继承扩大到女系男性的继承，锋芒直逼宗祧继承的理论基础——血食观念，关系到宗祧继承制的存亡，故唐以后对异姓为嗣在法律上严禁之。

四、宗祧继承的法律保障——立嗣制度

宗祧继承的目的，是要解决死后的血食祭祀，这在多子家庭中，无论是嫡长主祭还是轮流当祭，都不影响实质问题，只是血食提供渠道改变而已。所以，宗祧继承的关键所在，始终是无子立嗣问题。所谓无子立嗣，即指自身未能生育儿子而立他人之子为自己的宗祧继承人，也称立后。嗣子和养子同为收养之子，秦汉以后在财产继承上也少有区别，但前者为宗祧继承人，负责养父母的老来奉养与死后的血食祭祀；后者则只承担养老义务。故嗣子在礼法上也称“为人后者”，其养父母也称“所后父母”，以区别于普通养子与养父母

---

⑭ 《通典》卷九六引晋范汪《祭典》。

⑮ 《后汉书·儒林列传·伏恭传》，《太平御览》卷五一二。

的关系。由于血食祭祀必须男性，所以不仅未能生育者需要立嗣，有女无子之家也要立嗣。

秦汉以后虽然小宗无子者皆可立嗣，但受血食观念的影响，法律上（特别是唐代以后之法律）对立嗣范围有严格的限制：

首先，必须同姓同宗方能立嗣。历代法律中严禁立异姓为嗣，如《唐律·户婚律》规定："即养异姓男者，徒一年；与者，笞五十。"不仅禁止收养异姓男子，而且将己子给予异姓为子者也要处罚。《疏议》曰："异姓之男，本非族类。"正是"神不歆非类，民不祀非族"论的翻版，认为死去的人无法享用异姓人的祭祀供奉。由于女子本不能承嗣，所以养异姓女法律上并不干预。另外出于人道主义的考虑，古代法律上允许收养3岁以下的异姓弃儿（宋以后凡3岁以下抱养亦可），并改从养父之姓。这种从小收养之子，感情上容易融通，几同亲生，其养父母往往不愿再另立嗣子。唐宋法律对此采取不干预态度，遇到养父已亡而族人与其异姓养子争继夺产之事，官府也往往尊重死者本人的意愿。这一点，体现了中国传统法律通达的一面，"人情到处便是法"。如南宋时人丁一之无子，生前抱养了异姓王安未满3岁的儿子为后，丁一之死后，其弟丁用之告到官府，想以自己的儿子去顶替其兄的养子以承继家产。法官赵庸斋判决："一之生前抱养，与亲生同，而一之既自有子，用之不得干预。"[16] 明清时由于竭力维护宗族利益，防止外姓乱宗，法律上虽允许收养3岁以下之异姓之子，"但不得以无子遂立为嗣"[17]，这就断了异姓为后之路。因此，明清时无子之家虽已收养异姓养子，仍需另立一同姓同宗嗣子以延续香火，否则死后只要族人告官，仍须立继。

其次，同姓同宗中只能以昭穆相当者为嗣。《唐律·户婚律》疏议引《户令》云："无子者，听养同宗于昭穆相当者。"昭穆即辈分，立嗣子必须在同宗诸侄辈中选择，立嗣孙必须在同宗诸孙辈中选择。昭穆相当是儒家人伦之大要，决不允许混淆的。在诸侄辈中究竟选择谁为嗣子？从血食观念言，当然以血缘关系愈近者祭祀效果愈佳，因此兄弟之子自然成为第一继承顺序，习俗上也以兄弟之子为嗣子者最为普遍。故古代兄弟之子也称"犹子"，犹如己子之意。但考虑到感情和睦等因素，法律中一般并不强制规定立嗣顺序。如《清律·户律》"立嫡子违法条例"一方面规定："先尽同父周亲，次及大功、小功、缌麻，如俱无，方许择立远房及同姓为嗣。"同时又网开一面："无子立嗣，若应继之人平日先有嫌隙，则于昭穆相当宗族内择贤择爱，听从其便"；"其或择立贤能及所亲爱者，若于昭穆伦序不失，不许宗族指以次序告争"[18]。实际仍然是允许立嗣者在同宗诸侄辈中自由选择（"立爱"），以避免因立嗣导致家族内部矛盾的激化。

再次，嗣子年龄不得大于养父。如南宋《隆兴敕》规定："其生前所养，须小于所养父之年龄。"可见主要限于生前立嗣，死后由族人立继或无此限。

最后，他人之独子不得为嗣。这是为了保证人各有祀，防止祭祀系统的紊乱。南宋人

---

⑯ 《明公书判清明集》卷八"生前乞养"条，中华书局，1987。

⑰ 《明律·户律》，《清律》同。

⑱ 《吾学录》卷二十。

张清有田二亩，死后无子，其侄张七四伪冒曾过房于张清为嗣，以图田产。经查实，张七四本生父只生张七四一人，实为嫡子。法官吴恕斋依法“为人后者不以嫡”，判此田照绝户条法没官。[19]《清明集》卷七也有“不可以一人而为两家之后别行选立”条。明清时期由于法律严禁以异姓养子为嗣，又规定独子不得为两家之后，一旦遇宗族人丁不旺，近亲无多丁，远房无支子，却无昭穆相当者可立的情况，宗祧继承、死后血食就成了无法解决的难题。故清乾隆四十年“特旨允以独子兼祧”[20]，允许兄弟两人共以一子为后，其本质殆在救异姓不得乱宗之穷。其后习俗上就出现了一子双娶嫡室即两房各为之娶一嫡妻之事，而妻所生之子再分承两房宗祧。

实际生活中在立嗣问题上往往会出现许多特殊情况，律条不能包罗净尽，只能依赖法官的推理。譬如父在子亡，是否应为子立嗣的问题，历代判例一般认为未成年未婚之子死亡不宜立嗣，但如果民间私下立嗣，官府也不主动干预，只有在因此而酿成纠纷时，官府才依此推理判决。[21] 至《清律·户律》“立嫡子违法条例”对此始有较为详尽的规定，规定父在子亡，“其寻常夭亡未婚之人不得概为立嗣”，只有“虽未娶而因出兵阵亡者”才能为之立后；如所亡是独子，属于应立嗣者，但宗族内无昭穆相当者可为之后，也可先为其父立嗣，待嗣子生孙后再为独子立后；如所亡独子未婚，不应立嗣，但宗族中无昭穆相当之人可为其父立嗣，亦准为未婚之独子立后。[22] 法官有时也以立嗣、夺嗣作为主持公理、惩罚罪人的一种手段。如明代崇祯年间，宁波府平民吴学礼丧独子吴应凤，立侄吴应龙为嗣，应凤之妻王氏青年守寡，又无子嗣，受吴应龙之欺虐而自缢身亡。宁波府推官李清认为吴学礼不为子、媳立嗣而为己立嗣不大近人情，王氏又因受吴应龙虐待而死，故判以吴应龙之子为应凤、王氏之嗣子，以奉其祀。这道判书等于绝了吴应龙之后，以示惩戒。[23]

古代立嗣因立嗣决定人之不同，可以分为生前立嗣与死后立嗣。生前立嗣即男子生前亲自选立嗣子。死后立嗣又可分为立继和命继，“立继者谓夫亡而妻在，其绝则其立也当从其妻。命继者谓夫妻俱亡，则其命也当惟近亲尊长”[24]。夫亡未立嗣，则立继“从其妻”，他人包括公婆均不得强行干预。夫妻俱亡，则由父母、祖父母命继；如无祖父母、父母，则有近亲尊长命继。[25] 但至清代寡妇立继已无选择权了。《清律》规定：“妇人夫亡无子守志者，合承夫分，须凭族长择昭穆相当以继嗣。”[26] 无论生前立嗣还是死后立嗣，均须写立文书，“当官除附，备榜县门”[27]，立嗣才为合法。所谓除附，即改变所立人的户籍。乡民无

---

[19] 《明公书判清明集》卷六“陆地归之官以息争竞”条。

[20] 《清史稿·礼志十二》。

[21] 《明公书判清明集》卷七“下殇无立继之理”条。

[22] 《吾学录》卷二十。

[23] 《折狱新语》卷二“虐节事”条。

[24] 《明公书判清明集》卷八“命继与立继不同”条。

[25] 《明公书判清明集》卷七“双立母命之子与同宗之子”条。

[26] 《清律·户律》“立嫡子违法条例”。

[27] 《明公书判清明集》卷八“已立昭穆相当人而同亲妄诉”条。

知，往往有立嗣而不除附者，但历经多年，宗姓皆知，已成既成事实，官府也不加追究，一旦造成立嗣纠纷，官府一般也据公正而承认既成事实。这也是儒家化法律“情礼重于法”固有特征的体现。

历代法律虽有立嗣之各种限制规定，但并无强人立嗣之法。《唐律疏议·户婚律》所引《户令》：“无子者，听养同宗于昭穆相当者。”《清律》也云：“无子者，许令同宗昭穆相当之侄承继。”[28] 既曰“听养”、“许令”，非强人之意显明，立嗣不立嗣，皆应出于自愿。《宋刑统·户婚律》“户绝资产”条准引唐《丧葬令》：“诸身丧户绝者，所有部曲、客女、奴婢、店宅、资财，并令近亲转易货卖，将营葬事及量营功德之外，余财并与女。无女均入以次近亲，无亲戚者官为检校。若亡人在日，自有遗嘱处分，证验分明者，不用此令。”可见，唐宋时期即使有近亲，也不必非要立嗣，近亲自然也不能来争嗣，近亲代为处理丧事后，余财仍然传之亲女。至清代后期，遂有强人立后之“例”，上引“立嫡子违法条例”：“妇人夫亡无子守志者，合承夫分，须凭族长择昭穆相当之人继嗣。”另“男女婚姻条例”：“招婿养老者，仍立同宗继者一人，承奉祭祀，家产均分。如未立继身死，从族长依例议之。”从这两条看，无子必须立后，并将财产留与嗣子，即使有亲女并招婿养老，亦只能保家产之半。天下不近情理之事，于斯为甚。

古代一般情况下虽不强制立嗣，但立嗣关系一旦成立，法律上为维护宗祧继承起见，着力于保护立嗣者之利益，被立者的利益往往被忽视。唐宋法律《户婚律》“养子”条均规定：“诸养子，所养父母无子而舍去者，徒二年。若自生子及本生无子，欲还者，听之。”《疏议》曰：“依《户令》，无子者听养同宗于昭穆相当者。既蒙收养而辄舍去，徒二年。若所养父母自生子，及本生父母无子欲还本生者，并听。即两家并皆无子，去住亦任其情。若养处自生子，及虽无子不愿留养，欲遣还本生者，任其所养父母。”这里的“养子”，显然是指嗣子。一旦立嗣关系成立后，欲去欲留，主要决定于养父母之意愿。本生父母只有在自己无子为后时，才能领回己子。嗣子私自终止收养关系，法律上严予处罚。法律上虽不准嗣子单意终止收养关系，但对嗣子之继承权却妥加保护，不许旁人染指，已如上述。即使立嗣者在立嗣以后又生子，只要不遣回原立子，可与亲生子均分家产。[29]

五、宗祧继承与嫡长继承之比较

学者著述中往往将宗祧继承与嫡长继承混为一谈，实则两者有明显之区别，有必要加以比较论证：

第一，两者是实质与方式之不同。宗祧继承具有明确的继承标的即血食祭祀，因此，宗祧继承要解决的是继承实质问题，宗祧继承与政治继承（身份继承）、财产继承构成中国

㉘ 《吾学录》卷二十。

㉙ 《清律·户律》“立嫡违法条例”。

古代继承的三大实质内容。嫡长继承所要解决的是继承方式问题，即继承人之顺序。正由于两者是实质与方式之不同，因此有时呈现交叉状态，宗祧继承既可以采取嫡长继承、嫡长主祭的方式，如西周，也可以如后世采取各房轮祭的方式。而嫡长继承既可以作为宗祧继承的一种选择方式，也可以作为政治继承与财产继承的选择方式，当然，宗祧、政治、财产三大继承内容也可以均不采取嫡长继承的方式。

第二，两者之目的与重心不同。宗祧继承之目的是防止血食之失坠，其重心在于无子立嗣；嫡长继承之目的是防止子孙争竞，其重心在多子中立嫡。即使同样解决继承顺序问题，嫡长继承重在解决多子情况下的立嫡顺序，宗祧继承则重在解决无子情况下的立嗣顺序。

第三，两者之理论基础不同。宗祧继承之理论基础是血食观念，已如上述。血食观念源于何时虽不可考，但认为其与父系统治的确立大致同步则大概不能算武断。嫡长继承的理论基础是嫡庶观念，嫡庶之制产生于西周。“商人无嫡庶之制”[30]，王国维以后，学术界已有定说。因此，认为血食观念产生在前而嫡庶观念产生在后，应该是没有疑义的。

第四，两者之发展沿革不同。秦汉以后血食观念依旧，故法律上无子立嗣之规定独详；嫡庶观念淡化，故立嫡之法几付阙如。嫡庶观念的淡化是与长子地位的下降成正比的。秦汉以后，在宗祧继承方面，由于家自为祭、小宗立后，长子已无主祭特权；在财产继承方面，由于诸子均分制的实施，长子与诸弟的财产继承权已完全平等；在政治继承方面，嫡长继承仅限于极少数有国者立储，有爵者承袭。唐宋律中仅“立嫡违法”与“非正嫡诈承袭”两条与嫡长继承有关，且均是指贵族袭爵而言，故一般官吏与平民之家除存留嫡长名分外，无所谓立嫡不立嫡。再从服制上看，先秦时由于嫡长承重，《仪礼·丧服》中原有小宗为大宗服齐衰三月，父母为长子服斩衰三年的规定；秦汉以后，“世无宗子之法”[31]，故汉时宗子法已废，晋初庾纯云：“未闻今代为宗子服齐衰者。”[32] 父母为长子之服虽礼典中仍有规定，但实际上秦汉以后已“不复行此礼”[33]，至明代初年正式改为长子之服同于众子。[34] 可见，嫡庶观念、嫡长继承确已日趋淡化。而血食观念、宗祧继承在秦汉以后仍盛行不衰，《史记·陈胜传》云：“高祖时为胜置守冢于砀，至今血食。”《后汉书·邓骘》载朱宠疏：“宜收还冢次，宠数遗孤，奉承血祀，以谢亡灵。”曹操建安七年令：“为存者立庙，使祀其先人，魂而有灵，吾百年之后何恨哉！”[35] 再从制度上看，后世律令中有大量关于立嗣的条文，一如上文所述。可见，整个封建社会中血食观念、宗祧继承制度未见淡化，甚至反而有日趋强化的势头。

---

[30] 王国维：《观堂集林·殷周制度论》。

[31] 《读礼通考》卷五。

[32] 《通典》卷八八。

[33] 《魏书·礼志四》。

[34] 《孝慈录》。

[35] 《三国志·魏书·武帝记》。

戴建国

唐“天宝律令式”说献疑*

简介

戴建国，1953年生。1982年年初毕业于云南大学，先后于上海师范大学、四川大学获历史学硕士、博士学位。现为上海师范大学教授、博士生导师，历史学博士后流动站负责人，古籍整理研究所所长，杭州社科院兼职研究员，中国法律史学会理事，中国宋史研究会副会长。曾在美国亚利桑那大学和日本上智大学做访问学者。并多次赴日本和我国台湾地区访问讲学。曾获全国百篇优秀博士论文提名奖，上海市第四、六、八届哲学社会科学优秀成果奖。

* 原发表于《法律史论集》，第3卷，北京，法律出版社，2001。收录时有补充。

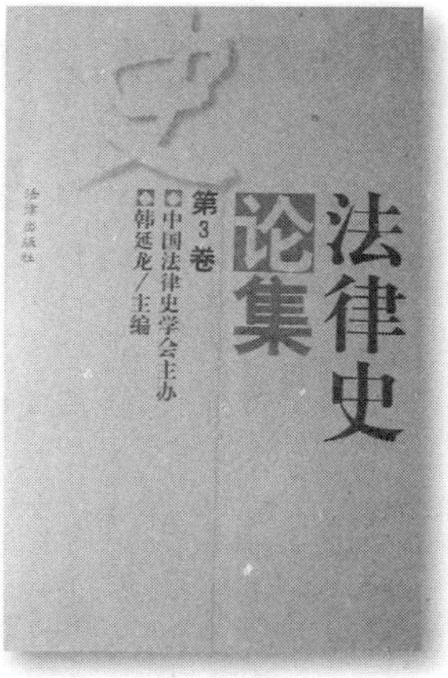

在敦煌所出唐代文书中，有一件比较独特的法制文书残卷，其以表格的形式，录载了唐国忌、田令、禄令、假宁令、公式令、平阙式、不阙式及官品令等条款。① 日本学者及我国的金毓黻、刘俊文先生对此文书都进行了深入的考证研究。经中外学者的不懈努力，其已被确定为天宝时期的法律文书。日本学者定其名为“唐职官表”。刘俊文氏进一步认定其是修订于天宝四载（745年）的“天宝令式”的节录手卷②，并认为天宝四载同时修订的还有律和格。这一观点引起了法学界的重视。③ 然而，关于天宝律令格式的制定，除了格以外，现存史书并无明确记载。由此引发了一个问题，即唐代究竟有没有制定过天宝律令式。本文就此提出一些疑问，希望能引起进一步的讨论。

为便于讨论，在此先移录此残卷的部分内容。④

第一格

国忌

皇八代祖宣皇帝

皇七代祖光皇帝讳天赐

右件忌日，不设斋，不废务。

皇六代祖景皇帝讳　九月十九日忌

皇后梁氏五月九日忌

皇五代祖元皇帝讳丙四月廿四日忌

皇后独孤氏三月六日忌

右件忌日，设斋，不废务。

皇高祖神尧皇帝讳渊五月六日忌

皇后窦氏五月廿一日忌

皇曾祖玄宗文武圣皇帝讳世五月廿六日忌

皇后长孙氏六月廿一日忌

皇高祖太宗天皇大帝讳治十二月四日忌

皇后武氏十一月廿六日忌

---

① 卷藏法国巴黎国立图书馆，卷号伯二五〇四。

② 刘俊文：《天宝令式表与天宝法制——唐令格式写本残卷研究之一》，《敦煌吐鲁番文献研究论集》，北京大学出版社，1986。后稍加修改，收入其所著《敦煌吐鲁番唐代法制文书考释》，中华书局，1989。

以下所引刘俊文观点均出此，不俱引出处。

③ 马克林：《敦煌法制文书研究综述》，《中国史研究动态》1999（5）。

④ 据刘俊文《敦煌吐鲁番唐代法制文书考释》录文移录，并参考山本达郎、池田温、冈野诚《敦煌吐鲁番关于社会经济史文书》录文，东洋文库，1980。

皇伯考中宗孝和皇帝讳显六月二日忌
皇后赵氏四月七日忌
皇考大圣真皇帝讳旦六月廿一日忌
昭成皇后窦氏正月二日忌

右件忌日，京城七日行道，外一七日，并废务。

章怀皇太子二月廿七日忌
让帝十一月廿三日忌
孝敬皇帝四月廿五日忌
哀皇后裴氏十二月廿一日忌

右件忌日，设斋，废务。

第二格第一栏

田令

二品职田十五顷，三品职田十二顷，
四品职田九顷，五品职田七顷，
六品职田五顷，七品职田四顷，
八品职田三顷，九品职田两顷五十亩。

第二格第二栏

禄令

正二品禄五百石，从二品禄四百六十石，
正三品禄四百石，从三品禄三百六十石，
正四品禄三百卅石，从四品禄二百六十石，
正五品禄二百石，从五品禄一百六十石，
正六品禄一百石，从六品禄九十石，
正七品禄八十石，从七品禄七十石，
正八品禄六十石，从八品禄五十五石，
正九品禄五十五石，从九品禄五十石。

第二格第三栏

平阙式

宗庙　社稷　陵号
乘舆　诏书　昭诏
天恩　敕旨　圣化
朝命　中宫　御车驾

右已上字，并须平阙文。

第二格第四栏

不阙式

宗庙中　陵中　行陵

陵中树木　待制　车中驾

皇太子舍人

陵庙召为官，愸不阙。

第三格第一栏

新平阙令

中书门下　牒礼部

大道　至道　玄道　道本　道源　道宗　昊天　旻天　苍天　上天　皇天　穹苍　上帝　五方帝　九天　天神　乾道　乾象　乾符　地祇　后土　皇地　坤道　坤德　坤珍　坤灵　坤仪

牒　奉

敕：以前语涉重，宜令平阙。其余泛说议类者，并皆阙文。诸字虽同，非涉尊敬者，不须悬阙。如或不可，永无隐焉。牒至，准

敕。故牒。

天宝元载六月十二日牒

第三格第二栏

旧平阙式

天帝　皇祖　皇祖妣　先帝

先名　皇帝　天子　陛下

至尊　太皇太后　皇太后

皇后　皇太子　庙号　皇祧

皇考

右已上字，并须依平阙。

泛论古典，不在此限。

第四格第一栏

装束式

敕：今年新授官过谢后，计程不到任所者，宜解所职。仍永为恒式。

开元廿八年三月九日

第四格第二栏

假宁令

诸外官授讫，给假装束：其千里内者卅日，二千里内者五十日，三千里内者六十日，四千里内者七十日，过四千里者八十日。并除程。其假内欲赴任者，听之。若有事须早遣者，不用此令。若京官身先在外者，装束假减外官之半。元日、冬至，并给七日。节前三日，节后三日。寒食通清明，给假四日。夏至、腊，各三日，节前一日，节后一日。正月七日、十五日，晦日，春秋二社，二月八日，三

月三日，五月五日，三伏，七月七日、十五日，九月九日，十月一日及每月旬休假一日。外官，五月、九月给假，田假、授衣假，分为两番，各十五日。

第四格第三栏

公式令

诸行程：马，日七十里；步及驴，日五十里；车，日卅里。重船逆流，河日卅里，江日卅里，余水卅五里；空船，河日卌里，江日五十里，余水六十里。重船、空船顺流，河日一百五十里，江日一百里，余水七十里。其三硖、砥定之类，不拘此限。若遇风水浅不得行者，即于随近官司申牒验记，听折半功。

第四格第四栏

文部式

诸妇人不因夫而别加邑号者，子孙听准正三品用荫。

第五格至三十五格

官品令

文武官共卅阶，朱点者是清官。

正一品

太师 太傅 太保 太尉 司徒 司空 王 食邑一万户

…… ……

刘俊文先生认为确有天宝律令式存在的根据之一是此残卷中所选录的田、禄、假宁、公式、官品等令，祠部、文部等式均为唐天宝通行之制，其内容亦较开元二十五年之令式有不少差异。笔者以为，残卷中所选录的令式虽为天宝通行之制，但是这并不能说明天宝时制定过天宝律令式。所谓律令式的制定，笔者认为应当是指对律令式的原文加以修定删改，然后以整部新律、新令的形式颁布执行。如唐之《贞观令》、《永徽律》、《永徽令》、开元七年的《开元令》和开元二十五年的《开元律》、《开元令》等。如果仅仅是以皇帝诏敕的外在形式对某些律令条款的内容进行修改和补充的话，是不能算作新修律令的。

《旧唐书》卷四十二《职官志》载永泰二年（766年）时的《官品令》，备录了官制的沿革变化，并注引了永泰以前唐历代官品令，计有《武德令》、《贞观令》、《永徽令》、《乾封令》、《垂拱令》、《神龙令》、《开元前令》（即《开元三年令》）和《开元令》（即《开元七年令》）。此外还引用了武德元年、武德四年、武德九年、贞观初、贞观二年、贞观三年、贞观二十三年、永徽二年、显庆元年、显庆三年、龙朔二年、总章二年、咸亨年、前上元年、永淳元年、光宅元年、永昌元年、天授二年、如意元年、长寿二年、圣历三年、大足元年、长安三年、神龙元年、景云二年、太极年、开元初、开元二十四年、天宝初、天宝五载、天宝八载、天宝十三载、至德二载、后上元二年和广德之制。唯独没有引《开元二十五年令》和“天宝令”。其中虽然未提到《开元二十五年令》，笔者以为，开元七年（719年）制定官品令后，到开元二十四年时官制有过变化，这在永泰二年时的《官品令》注中已有所交代，所以没有必要再提及《开元二十五年令》。但残卷所载天宝时《官品令》与永泰二年时的《官品令》的某些差异，在《旧唐书·职官志一》里，我们却找不到其间变化的踪迹。例如残卷所载《官品令》正二品栏录有尚书令职事官。《通典》卷二十二《职官四》尚书令条云：“武德初，太宗为秦王时，尝居之，其后人臣莫敢当。故自龙朔三（二）年，制废尚书令。”其下注曰：“至广德中，郭子仪勋业既盛，乃特拜焉。子仪以文皇帝故，让不敢受。”唐尚书令之职既因唐太宗曾任之故，于龙朔三年罢废。按理，后来的人臣是不敢再居此职的。即使象郭子仪这样立有不世之功的大臣都辞不受。撰成于开元时的《唐六典》卷一云：“皇朝武德中，太宗初为秦王，尝亲其职，自是阙不复置。”前引《通典》并未言及天宝时期复设之事。如果说《通典》漏载的话，那么我们再看《旧唐书·职官志一》的记载：“《武德令》有尚书令，龙朔二年省。自是正第二品无职事官。”又《唐会要》卷五七《尚书令》云：“武德初，因隋旧制，尚书令置官一员。龙朔二年二月七日废尚书令官员。贞观元年六月一日除秦王，广德元年七月十一日除雍王……德宗既封雍王，为天下兵马元帅，收复东都。至广德元年，遂拜为尚书令。自太宗为此官，尔后废省。至是代宗以德宗有大勋，特拜焉。至建中二年十一月，除郭子仪。寻亦恳让而罢。”两书言之凿凿，根本就不存在天宝时期复设尚书令一事。即使是天宝之前，自唐太宗后，尚书令亦阙不复置。残卷所载尚书令，与同卷余文的一般性衍一字、夺一字情况不同，并非简单的衍文。其何以会收录此官职，所依据的是何种文献，实是一个谜。残卷所录天宝时期《官品令》中的尚书令之职，其可信度是要打问号的。

又此残卷载官品令从七品下阶有桼（漆）园监，而《开元二十五年令》无之，《旧唐书·职官志一》于永泰二年时的官品令仅注云：“《神龙令》有漆园监。”[⑤] 亦未提及“天宝令”。《通典》载《开元二十五年令》从八品下阶有挈壶正，而残卷载天宝时《官品令》则无之，《旧唐书·职官志一》载永泰二年时的官品令有此官，但其并未注录天宝时官品令之变化。凡此种种，使人很难相信唐代天宝时期有过令的编修刊定。残卷载《官品令》正三品职事官有宗正卿，正四品上阶有宗正少卿，而《旧唐书·职官志一》于永泰二年时的官品注云：宗正卿“天宝初升入正三品也”。未言宗正少卿，可能宗正少卿也是在此时调整的。这一事例表明残卷所反映的《官品令》，其中有些仅是天宝年间一段时期官制变化的结果，其不足以证明天宝时期有过令的正式刊定。就象《旧唐书·职官志》所录永泰二年官品令，仅是截至永泰二年时官品变化的记录，并非永泰二年有过令的刊定一样。

《旧唐书》卷四三《职官志二》于侍中条下注曰：“武德为纳言，又改为侍中。龙朔改东台左相，光宅元年改为纳言，神龙复为侍中。开元元年改为黄门监，五年复为侍中。天宝二年改为左相。至德二年复改为侍中。武德定令，侍中正三品，大历二年十一月九日，升为正二品。”侍中一职，自武德至至德凡九改。其中真正是因新修令而更改者，恐怕仅有武德和神龙两次。除此以外的修改，无疑是以皇帝的单项诏敕临时下达的。有关部门接受

⑤ 《旧唐书》卷四十二《职官志一》。

到更改的诏敕后，在相关的文书里做出相应的冲改。皇帝的诏敕可以破令，上述每一次修改，必然在与《官品令》有关的文件中反映出来。因为法令的原文虽然不能据此直接予以修正，但是由此涉及的文书却是必须随时要修正的。据刘俊文考证，敦煌出土的残卷第五格《官品令》正三品阶有门下左相。这是天宝二年时对侍中官名所做的更改。残卷的抄录者，或者更早的其所据以抄录的文献作者在抄录唐令时，完全有必要据新颁布的规定更改相应的条款内容。

《通典》中摘引了不少唐令文。其中引用最多的是《开元二十五年令》。《通典》的撰写始于大历初年（766年），成于贞元十七年（801年），远在天宝之后。其所撰“上自黄帝，至于我唐天宝之末”⑥。如果说天宝有过新令的刊定颁布的话，对杜佑来说，应用天宝新令而不当用开元旧令，否则有悖于常理。但整部《通典》里偏偏没有引用过一条“天宝令”文。《通典》在叙述唐制时，并非没有谈及天宝年间的变化。如卷二七《职官九》将作监条云：“天宝中，改大匠为大监，少匠为少监，领左校、右校、甄官、中校四署。”又同卷军器监条云：“天宝六载，复于旧所置军器监，监一人，领甲坊、弩坊两署”，既然天宝时期的制度变化并在杜佑的引述之中，如果确实制定过“天宝令”的话，为何就不引天宝时期制定的“天宝令式”呢？

我们再以宋初宋令的法源来说明问题。宋初法令多用唐令。《宋会要辑稿》刑法一之一曰：“国初用唐律、令、格、式外，又有《元和删定格后敕》、《太和新编后敕》、《开成详定刑法总要格敕》、后唐《同光刑律统类》、《清泰编敕》、《天福编敕》、周《广顺续编敕》、《显德刑统》，皆参用焉。”唐开元天宝之际，是唐制度发生重要变化的时期，变化后的制度亦多为宋代所沿用。宋制定法令，其必定要参照唐令，如果唐确曾修定过“天宝令”的话，无论从相距的时间，还是制度的沿承来说，“天宝令”比开元令更为合适。但是宋没有这样做。宋王应麟著《玉海》引《中兴书目》曰：“唐式二十卷，开元七年上，二十六（五）年李林甫等刊定。皇朝淳化三年校勘。”⑦ 王应麟说：“太宗以开元二十六（五）年所定令式修为淳化令式。”⑧ 宋为什么以开元二十五年令式为本修为淳化令式，而不以开元之后的“天宝令”为准呢？我以为道理很简单，唐根本不存在所谓的“天宝令”。换言之，《开元二十五年令》乃唐最后一部令，对宋来说，这也是最新的一部令。法令的适用通常从新不从旧。据此原则，宋初制定的淳化令式，理所当然地要以开元二十五年令式为其蓝本。结合《通典》引唐《开元二十五年令》而未引“天宝令”来看，两者所反映的问题是一致的：唐代不存在“天宝令式”。

再从文献记载来看，无论是唐文献，还是去唐不远的宋文献，都不见有关于“天宝令式”的记载。晁公武《郡斋读书志》及陈振孙《直斋书录解题》等宋代书目亦不见有唐编

⑥ 李翰：《通典序》，载中华书局点校本《通典》。

⑦ 王应麟：《玉海》卷六六《唐开元前格》。

⑧ 《玉海》卷六十六《淳化编敕》。

修“天宝令”的痕迹。

刘俊文先生以《通典》卷一七〇《刑法·宽恕》所载一条史料来证明唐天宝律令格式的存在。为了说明问题，此引述如下。《通典》曰：

天宝元年二月敕：官吏准律应犯枉法赃十五匹合绞者，自今以后，特加至二十匹。仍即编诸格律，著自不刊。

《唐律疏议》卷十一受财枉法条载：“诸监临主司受财而枉法者，一尺杖一百，一匹加一等，十五匹绞。”天宝元年敕改“十五匹”绞为“二十匹”绞，并要求“仍即编诸格律，著自不刊”，刘先生认为“这不就是天宝时期曾经修定格律之证明吗?”

关于天宝元年二月敕改律枉法赃的问题，检诸《宋刑统》卷十一《职制律》枉法赃不枉法赃条，于监临主司受财枉法十五匹绞下云：“准唐天宝元年二月二十日敕节文：官吏应犯枉法赃十五匹合绞者，自今以后，特宜加至二十匹。仍即编诸格律。”这条材料说明律的原文并没有被改动过。因为如果确有天宝律的修定的话，那么律文监临主司受财枉法十五匹绞必定会据天宝元年二月敕修正为二十匹绞。从《宋刑统》所载来分析，天宝元年敕是修入格的，以格的法律形式对律进行修正，并没有直接修改律文。天宝元年的这条新规定始终没有修入律。到五代宋时，以往格的法律形式被编敕所取代。天宝元年的这一规定也就由格而入编敕。宋初法律多承唐律，其相关的法令无疑为宋代所沿用。北宋嘉祐二年(1057年)，宰相韩琦等奉仁宗诏修定《嘉祐编敕》时，把《宋刑统》所附的敕文以及参详条款进行了一次全面整理，韩琦说：“《刑统》所附诸敕及参详条件，凡一百三十四道，事杂前朝，率多冲改，审核之际，典者为劳。今取其见今可行者，已入逐门收载外，其《刑统》内诸敕并参详条件，伏请更不行用。”⑨ 前述《宋刑统》所附唐天宝元年改律监临主司受财枉法“十五匹”为“二十匹”之敕也就随着这次修改而入《嘉祐编敕》。南宋以后所修编敕，又以《嘉祐编敕》为蓝本，唐天宝元年的这项规定遂演变成为宋代的敕。宋《庆元条法事类》卷三十六《库物门·仓库受乞》职制敕曰：“诸监临主司受财枉法二十匹，无禄者二十五匹，绞。”这一刑罚正是承袭了唐天宝元年敕的规定。

我们再举两例天宝三年时的材料来论证此问题。《宋刑统》卷十二《脱漏增减户口门》载：

准《户令》，诸男女三岁以下为黄，十五以下为小，二十一以下为中。其男年二十一为丁，六十为老。无夫者，为寡妻妾。

…… ……

准唐天宝三载十二月二十五日制节文，自今以后，天下百姓宜以十八以上为中，男二十三以上成丁。⑩

---

⑨ 韩琦：《安阳集》卷27《进〈嘉祐编敕〉表》。

⑩ 按：“三载”原误为“十三载”。据《旧唐书》卷九《玄宗纪》、《通典》卷七《食货》、《唐会要》卷八五《团貌》校正。今中华书局点校本、法律出版社点校本《宋刑统》均失校，误作“十三载”。

《宋刑统》罗列了唐《开元二十五年令·户令》规定，男子以二十一为丁，其后又列天宝三年制节文，规定男子以二十三为丁。如果天宝五年确曾制定过《天宝令》，那么必定按天宝三年的规定，将《户令》令文改为男子以二十三为丁。但是据《宋刑统》所记载的情况来看，记载的只是天宝三载制文，没有《天宝令》。

又《通典》卷六《食货·赋税下》云："天宝三年制：每岁庸调征收，延至九月三十日。"这条规定发生在所谓的天宝五年修订《天宝令》之前。但在新发现的天一阁藏《天圣令》卷二十二《赋役令》所附唐令第2条，作"诸庸调物，每年八月上旬起输"。并没有按天宝三年制更改为九月起输。换句话说，根本不存在有《天宝令》。实际上上述天宝三年颁布的两条制文收入了唐代的格，以格的形式对唐令内容做调整。现存《天圣令》证明自唐开元二十五年之后，再也没有正式修订刊布过令典。

这里须要指出的是，律令的修改有两种方式：其一，对律令原文不直接改动，而是另用皇帝的制敕予以修正、追补。如《通典》卷二十五《职官七》卫尉卿条曰："天宝六载四月，敕改《仪制令》，庙社门、宫门每门各二十戟；东宫每门各十八戟；一品门十六戟……"唐玄宗以所颁敕对《仪制令》进行了修改。修改敕通常附于相关的律令后，而律令原文不必改动。关于这种修改方式，武则天垂拱元年（685年）颁布的一条敕文颇能说明问题，《旧唐书》卷四三《职官志二》于左拾遗条下注曰："天后垂拱元年二月二十九日敕：'记言书事，每切于旁求；补阙拾遗，未弘于注选。瞻言共理，必藉众才，寄以登贤，期之进善。宜置左右补阙各二员，从七品上，左右拾遗各二员，从八品上，掌供奉讽谏，行立次左右史之下。仍附于令。'"垂拱元年设置的左右补阙、拾遗之职，乃是以诏敕的形式，而非以新修令的形式增立。"仍附于令"，就是说，敕文的这一规定是附于正式的《官品令》令文之后的，享有与令文同等的法律效力，起着补充《官品令》的作用。这一例子表明，唐某一时期官制的变更，可以诏敕附令的形式予以完成，而不必修改官品令原文，也不必以新颁令的形式来实现。据此，我们是否可以推测，国家法令一定之后，具有相对稳定性，它的局部修改，可以政府颁布的规定依一定的程序来进行。这些规定通常附录于相关法令之后。当这种修改敕达到一定程度时，便会来一次整理删修，将适宜普遍和长久使用的敕法律化，编撰成法律文件，以格的法律形式颁布。所谓格，"盖编录当时制敕，永为法则"[11]。如垂拱时编格，"以武德以来、垂拱已前诏敕便于时者，编为新格二卷"[12]。

其二，直接修改律令原文。修改后将令文重新刊布，如《永徽令》、《永徽律》、《开元七年令》和《开元二十五年令》、《开元律》便是直接修改后的结果。

上述两种方式是有区别的。如果以此标准来衡量的话，可以证明唐天宝时并没有直接修定过"天宝律令式"。敦煌所出残卷所记录的，是天宝时期部分令文和制度。它包含了这一时期唐颁布的一系列关于官品令、田令、公式令等方面的规定。残卷第三格第一栏云：

---

⑪ 《旧唐书》卷五〇《刑法志》。

⑫ 《唐会要》卷三九《定格令》。

新平阙令

中书门下　牒礼部

大道　至道　玄道　道本　道源　道宗　昊天　旻天　苍天　上天　皇天　穹苍　上帝　五方帝　九天　天神

乾道　乾象　乾符　地祇　后土　皇地　坤道　坤德　坤珍　坤灵　坤仪

牒　奉

敕：以前语涉重，宜令平阙。其余泛说议类者，并皆阙文。诸字虽同，非涉尊敬者，不须悬阙。如或不可，永无隐焉。牒至，准

敕。故牒。

天宝元载六月十二日牒

这里天宝元载六月十二日牒，是中书门下奉唐玄宗敕，牒礼部，要求在公文中对“大道”等二十七条词语作平阙处理。并对其余有关词语处理方式作了相应规定。根据天一阁藏宋《天圣令》残本载唐宋令文体例来看⑬，令文之中，绝不会出现如“天宝元载六月十二日”之类有某皇帝具体年号日期的文体。很显然，这一牒文并非《公式令》中的平阙令原文。而是作为外在的新规定附于平阙令后的，对平阙令作进一步的补充。这一补充规定是奉敕而作，因此与平阙令有着同等的法律效力。对“新平阙令”，笔者的解释是，残卷的抄录者将中书门下颁布的牒作为平阙令的一个重要补充规定加以摘录。由于是条天宝元载的新规定，所以抄录者在此平阙令前冠以“新”字。同样的在第四格第一栏“装束式”里，也附录有一条唐玄宗开元二十八年的敕文，其云：

敕：今年新授官，过谢后计程不到任所者，宜解所职。仍永为恒式。

开元廿八年三月九日

据敦煌写本唐《开元水部式》，可以得知在唐式原文里也是不收载署有具体年号日期的皇帝敕文原文之类的文体的。笔者认为，此装束式里的“开元廿八年三月九日敕文”原本是作为唐政府的新规定附于《装束式》后的，而为残卷的抄录者所摘录。

残卷的抄录者在节录令式原文时，虽然摘录了一些原附录在令式之后的新规定，但更多的却采用了直接更改令式原文的方法。当然这种更改是依据朝廷有关规定进行的。如天宝元年改侍中为左相、中书为右相，无疑是根据诏敕或中书门下颁布的规定对《官品令》涉及的官名直接加以修改的。

《新唐书·刑法志》云天宝四载又诏刑部尚书萧炅“稍复增损”（《开元后格》）。《唐大诏令集》卷八二在天宝四载敕与贞元八年（792年）十一月敕之间载有一篇由孙逖撰写而未署颁下年月的《颁行新定律令格式敕》，敕文云：

敕：简易而从，疏而不漏，二者之义，良有旨哉，朕思正国纲，举为大化。至于律令格式，政之提防，岂唯沿袭，亦致增损。条流既广，繁冗遂多，或轻重

⑬ 参见拙作《天一阁藏明抄本〈官品令〉考》，《历史研究》1999（3）。

不伦，或交互相背。侮法之吏，因以情坐；得罪之人，何妨悮入？触类而长，颇乖折中。永言于此，是用兴怀。先令中书门下及明法人等，商量刊定，兼亦采诸群议，偏示具寮，洎乎毕功，已淹岁序；近者亲览，又历旬时。如此再三，事亦详慎。不刊之典，固亦庶乎。适时之方，斯其宜矣。可颁告天下。

刘先生认为此所颁行的律令格式，即《新唐书·刑法志》所云天宝四载诏刑部尚书萧炅增损的法令，以此作为天宝令式制定的重要依据。然而证之文献，这一依据是有疑问的。

严耕望《唐仆尚丞郎表》卷十九《辑考七上·刑尚》考证，刑部尚书萧炅之前任为韦坚，韦坚乃于天宝五载正月二十一日癸酉被贬为缙云太守，罪名是“构谋规立太子”[⑭]。严氏推测，天宝四载冬末韦坚已坐事停官，而由萧炅接任刑部尚书。笔者以为这一推测是合理的。韦坚此案，为宰相李林甫所发，从立案到被贬，是有一过程的，不可能二、三星期便告了结。案发后，身为刑部尚书的韦坚自然不宜再在任上行使职责，因此天宝四载冬末萧炅已接任刑部尚书。《新唐书》云天宝四载诏刑部尚书萧炅“稍复增损”（《开元后格》），则此事不会早于天宝四载冬末。如果这一结论不误的话，那么萧炅“稍复增损”的新格决不会在天宝四载便有结果。刘先生推定天宝律令式颁布于天宝四载的说法不能成立。如果天宝新格的颁布在天宝五载，那么又有一个问题，撰写颁行新定律令格式敕文的孙逖，于天宝五载因病辞去了中书舍人之职（尚不能考知其辞职的具体月份），改任太子左庶子，不再职掌撰写敕诰之责。[⑮] 因此其能否有机会于天宝五载撰写《颁行新定律令格式敕》，实难确定。

孙逖所写敕文中言“先令中书门下及明法人等，商量刊定（律令格式）”。而天宝四载的法令修定者，《新唐书》仅言刑部尚书萧炅，不及中书门下和其他明法官员。两者所言，无法吻合。就这点而言，很能说萧炅修定的就是孙逖所撰敕文中提到的新定律令格式。

笔者以为，《唐大诏令集》的作者宋敏求之所以把《颁行新定律令格式敕》放在天宝四载七月《宽徒刑配诸军效力敕》后，是因为不能确定此敕的颁下时间。笔者推测，据敕文言“先令中书门下及明法人等，商量刊定（律令格式）”，这篇《颁行新定律令格式敕》乃开元二十五年九月所下，所云新定律令格式是指开元二十五年所定律令格式。理由如下：

其一，《旧唐书·刑法志》曰：“（开元）二十二年，户部尚书李林甫又受诏改修格令。林甫迁中书令，乃与侍中牛仙客、御史中丞王敬从，与明法之官前左武卫胄曹参军崔见、卫州司户参军直中书陈承信、酸枣尉直刑部俞元杞等，共加删缉旧格式律令及敕”，修成律令格式，于二十五年九月奏上。参加修定的人员有中书门下的宰相，有明法官员，这与上述孙逖撰敕文所云“令中书门下及明法人等，商量刊定（律令格式）”是一致的。

其二，《旧唐书·孙逖传》云，孙逖于开元二十四年任中书舍人，后因父丧免官，二十

⑭ 《旧唐书》卷一〇五《韦坚传》。

⑮ 《旧唐书》卷一〇九《孙逖传》。

九年服阕复官。期亲丧服制三年。唐假宁令：“诸丧，斩衰三年，齐衰三年者，并解官。”[16]依此推算，则父丧免官事在开元二十六年以后。在此之前的开元二十五年，孙逖仍在中书舍人之位，掌书敕诰之职。开元二十五年《颁新定律令格式敕》，孙逖完全有可能撰写。孙逖撰敕文云“已淹岁序”，“岁序”者，年次也，指岁时的顺序。唐元稹《酬窦校书二十韵》曰：“款曲生平在，悲凉岁序迁。”[17] 宋曾巩《太平州与本路转运状》中有“伏念更移岁序，阻越道途”之语。[18] 据此，孙逖撰敕文云“洎乎毕功，已淹岁序”，是泛说法令的修改活动，隔越了一个年份，而非指耗时一年。《旧唐书·刑法志》云李林甫受诏改修格令事在开元二十二年，但真正动手修改却在迁为中书令后。李林甫于开元二十四年十一月二十七日壬寅兼中书令。[19] 换言之，开元二十四年十一月后李林甫等人正式刊修律令格式，至开元二十五年九月完成。李林甫等人的立法耗费时间与敕文“洎乎毕功，已淹岁序”的说法是相符的。

笔者以为，此残卷乃是天宝时期，以唐开元二十五年令式为基础，依据目前尚不能确知的文献及当时的新规定所作的部分节录。节录者的态度随便而马虎，这一点可以从刘先生对残卷的考订一文得到证实。此残卷分量并不算大，刘氏的校补却达一百零六处（不包括疑似之校）。残卷的脱、衍、错讹实是惊人。我们知道，唐代对皇帝下达的诏敕等文书的抄写质量有着严格的要求。《唐律疏议》卷九《职制律》云：“诸受制忘误及写制书误者，事若未失，敕五十；已失，杖七十。转受者，减一等。”“制书”者，“誊制、敕、符、移之类皆是”[20]。笔者推测这中间的错讹有些可能是此残卷所据底本本身就存在的。因此，这份残卷不大可能是书于官司厅壁的律令格式的直接录文。

总之，唐天宝时仅制定过《天宝格》，没有刊修过天宝律令式。

以上是笔者对天宝律令式说提出的一些疑问，草成此文，尚待学界同仁不吝指教。

---

[16] 仁井田陞：《唐令拾遗·假宁令》。日本东方文化学院东京研究所1933年发行。

[17] 元稹：《元氏长庆集》卷十一《律诗》。

[18] 曾巩：《南丰先生元丰类稿》卷三十七《启状》。

[19] 《旧唐书》卷八《玄宗纪》。

[20] 《唐律疏议》卷九《职制律》诸稽缓制书条。

夏锦文

21世纪中国法律史学研究的基本思路*

简介

夏锦文，1964年生，江苏宜兴市人，法学博士，现任南京师范大学法学院教授、博士生导师、教务处处长。兼任中国儒学与法律文化研究会副会长、中国法律史学会常务理事、中国法学会法理学研究会理事、江苏省人大常委会立法专家咨询委员会委员、江苏省人民检察院专家咨询委员会委员等职。

主要从事中国传统法律文化、法制现代化和现代司法理论的教学与研究。先后主持国家社科基金课题2项、全国教育科学规划项目1项、司法部“十五”规划重点课题1项，主持江苏省级基金课题5项，参加国家级和省级科研项目十余项；在*Annual Survey of International & Comparative Law*（U. S. A）、《法学研究》、《中国法学》、《中外法学》、《法学家》、《政法论坛》等国内外期刊发表学术论文一百一十余篇，公开出版《唐律与中国现行刑法比较论》、《社会变迁与法律发展》、《法学概论》等个人专著、合著和教材共29部。其中，《法学概论》荣获教育部全国普通高等学校优秀教材一等奖，《唐律与中国现行刑法比较论》、《社会变迁与法律发展》等著作分获江苏省哲学社会科学优秀成果奖。

1999年荣获第二届“全国十大杰出中青年法学家”提名奖，2000年被评为首届“江苏省十大优秀中青年法学家”，2001年被评为江苏省“333工程”新世纪学术带头人第二层次培养人选，2003年6月荣获江苏省人民政府颁发的“江苏青年五四奖章”，同年9月荣获江苏省首届高等学校“教学名师”称号，2006年9月被人事部等七部委评为“新世纪百千万人才工程”国家级人选。

---

* 原发表于《学习与探索》，2001（1）。

一、审视研究背景：新世纪的呼唤和全球化的时代挑战

21世纪即将来临，随着两极对峙的“冷战”局面的瓦解，人类真正迈入了全球共存、互助、竞争的新时代——全球化时代。全球化时代作为前所未有的全球社会整合运动，已经和必将对社会生活、社会结构和社会观念等各方面产生革命性的冲击，作为与社会紧密相连的法律的变革也在所难免，且已经产生了巨大的变革。21世纪的中国法律史学研究必须充分审视这一研究背景和事实前提。

现代科技的进步改变着人类的交往和生活方式，把全球生活联结成了一个有机的整体，从而产生了社会发展的全球意识。而随着资本、商品、劳动力等经济要素的全球化流转，各国经济也在相互渗透、依存、合作与竞争中形成了一个整体；但与此相应，各国在经济交往中的矛盾和冲突也日益增多，这就需要共同的“法律基点”或“法律语言”来妥善解决这些争端。同时，工业化进程加快、经济发展所产生的日益突出的全球性生态问题（诸如物种保护、生态环境危机等等）以及全球性政治问题（恐怖主义、维护和平行动、可持续发展等等）也迫切需要解决。这使得国际社会愈益认识到协调各国行动共同解决面临的问题的必要性和紧迫性。在这种种因素的推动下，法律发展的国际化趋势锐不可当。“人类的法律文明是社会主体在特定的社会历史条件下创造和累积起来的，体现着不同民族或国度独特的法律精神、概念和规则。每一种法律文明的形式与实体、意义与价值，都自成一个特殊的系统”[1]，但也确实存在着体现着人类法律文明属性的共同性的构成要素①，当各国间的交往日益增多及复杂化时，不同的法律文明必将超越国界进行各种形式的交流与沟通。虽然那些差异性的因素将不可避免地相互碰撞，但同时共同性的因素也会以各种方式和途径显现出来。随着全球化的进程，法律文化无国界会成为不可逆转的潮流，全球法律文化相互影响、吸纳、竞争、冲突，在保持法律多样化的同时形成了一个趋于接近的法律格局。例如，法律创制的程序与技术的相似性、法律适用与执行机制方面的相似性，法律价值追求的相似性。法律国际化的趋势正反映出人类社会对法律普遍价值的信仰和对法治理想的执著追求。

经济、政治和文化的全球化必然导致法律的全球化，从而给我国传统法学研究、特别是法律史学的研究提出了极富时代性的挑战。以研究思维封闭性、研究对象单一化、研究

① 人类居住的环境无疑存在着许多相同的特质，不同民族或国度下的人们都会遇到一些共同性的自然与社会问题；同时，为了解决这些共同性问题，生活在不同国度中的社会主体会创造出诸多具有普遍意义的调整规则。具体参见公丕祥：《法制现代化的理论逻辑》，365页，中国政法大学出版社，1999。

方法简单化为特征的传统法律史研究已经无法应对汹涌的全球化浪潮。鸵鸟政策是对全球化趋势和民族振兴的漠视；而以不变应万变，把全球化问题统统纳入传统研究的框架的有效性也值得怀疑。出路何在？这是任何一个有社会责任感和时代感的法律史学家应当认真思考的。在我看来，问题的关键在于：（1）寻找我国本土法律传统中我国法律精神的支撑点，以此作为嫁接和移植外域先进法律制度的本源和依托；（2）考察不同国家法律史，借鉴和吸收其中能动的合理部分，以架构我们的法治国家。当然，要实现这一目标，21 世纪中国法律史学研究的首要任务便是应着眼于全球化这一背景，以开放、合作的思维方式看待问题，及时转变研究思路，关注现代化、全球化和后现代化思潮对法律史学研究的影响，赋予法律史学新的时代意义和现实价值。

二、拓展研究对象：从单一化走向复合化

传统法学的研究对象呈单一化状态，思想史与制度史分离、通史与部门史割裂、纸上的法与实践中的法隔绝、历史与现实脱节，造成的后果是从法律到法律，从历史到历史。在全球化时代，担负着延续民族精神、吸收国外有益经验任务的中国法律史学，其研究对象应从单一化走向复合化，以体现法律史学的深厚文化底蕴、历史精髓和时代价值，为我国法治建设提供有益的学理借鉴。

（一）法制度史与法思想史的结合

传统的法律史学研究存在“两张皮”的现象，即法制度史研究和法思想史研究是彼此分离的。法制度史只研究（描述）历史上的法律制度状态及其历史沿革，而不解释这种法律制度是在谁的什么样的法律思想指导下建构的；法思想史也只研究（描述）历史上杰出人物的法律思想及其派别，而不解释这种思想对当时社会及后世的法律制度所产生的影响。[②] 但事实上，法历史有着三个不同的“世界”：一是法的现实世界，即法历史“是什么”；二是法的根源世界，即法历史“为什么是什么”；三是法的意义世界，即法历史能为我们的现在和将来提供什么。[③] 很显然，这三个世界对学术研究的要求也各有不同：现象的世界需要描述，根源的世界需要探究，意义的世界需要解析；而且，从现代史学的发展来看，后二者又往往具有更多的相通性和共同性，对现实社会也更有价值和意义。传统法律史研究更多强调了第一方面，而对后两者熟视无睹。

我认为，未来的法律史学研究既应强调法制度史和法思想史并重，更应强调两者的融通和结合。其实，这两者在本质上是彼此联系，相互支持的。法制度史的研究为法思想史的研究提供了基础和对象；法思想史的研究又是为建设现实、延续历史服务的。新的学科

---

② 实际上，研究对象的单一化在法制度史研究中主要表现为对立法制度的研究，尤其是对法典内容的描述；在法思想史研究中主要表现为对历史人物关于法律作用的思想的描述。

③ 受胡旭晟教授的启发作如此概括，参见胡旭晟：《描述性的法律史学与解释性的法律史学》，载《法律科学》，73 页，1998（6）。

调整，将“法律制度史”与“法律思想史”合并为法律史，给法律史研究带来了新的契机，有利于法律史学者摆脱学科束缚，开展宏观的、综合的研究，我们应抓住这一契机，进行深入而具有开创性的研究。从而真正让制度与思想对接，研究法制度的思想基础和渊源，研究法思想的制度形态，让法律史真正成为法制度和法思想相结合的历史，真正成为一部法律文化史。

（二）历史与现实的结合

当法律制度与法律思想以及种种社会要素有机结合起来的时候，一部法律史也将是一部完美的文化史，这就是人们常说的“用法律去阐明文化，用文化去阐明法律”。传统的法律史学研究的目的在于“还历史以本来面目”，即真实地揭示出既往的法历史究竟是“什么”，其主要的工作方式是对史籍的收集、整理、归纳和分析；学者们极力再现古代法制的状况，以及当时人们对法律的种种认识。然而，一部法律史不仅是法律自然发生发展的历史，而且也是法律史学家写出来的历史。因而，不同的时期、不同的法律史学家写成的法律史是不同的。尊重历史，发掘法律传统的底蕴是法律史研究的前提但非目的，研究历史的目的在于创造性地转变历史，让历史与现实对话，让历史走进现实，让历史走向未来。

21世纪的法律史学研究已不能仅满足于对既往法律现象及其历史发展的描述，而应以一种新的学术角度深入历史，追寻各种法律史现象背后的深层根源，并重新审视一切旧的法律文化现象，把握其精神，“力求从历史流变中探究出普遍意义，甚至从往昔的经验里厘定出某些现代文明秩序中一般性的原则和规律，以便为当代的法律文明提供必要的参照视境和有益的建设资源”[2]。对中国现代法的考察，也应有效地运用法律史的研究成果，将历史与现实一并纳入研究视野。在现时代的法律制度中，“仍然可以看到与传统法制之间某些连续的没有历史中断的继承关系”④，仍然可以挖掘出适合现代法生存的深厚的中国传统法律文化底蕴。这也说明历史对现实不仅可以，而且已经发挥着借鉴意义和参照价值。可以说，在“历史”与“现实”和“未来”之间建立联系的过程，也是法律传统文化走向现代化的过程，这也是新世纪法律史学研究需要注意的重要着眼点。

（三）法律通史与部门法律史的结合

法律史与其分支学科，部门法律史、断代法律史等之间的关系是宏观与微观，一般与特殊的关系。法律史学者应擅长于将宏观与微观，一般与特殊相结合，对法律史进行全方位，多角度的考察。对某些具体问题的研究应当深入、具体、细致，作“微观研究”。这种专业研究、专题研究的方法已为传统法律史学研究者所熟悉。在现实背景下，对传统研究课题的研究对象和角度应作更新，不能忽视法律史学对具体部门法学所起的提供历史借鉴的指导作用。现实的部门法既需要法学理论的指导，也需要法律史学的支撑。21世纪的法律史学研究应加强对部门法律史的研究，为当今中国部门法的发展提供历史的逻辑的解释

---

④ 滋贺秀三：《清朝的法制》，转引自林明：《日本对中国法制史研究的现状与特色》，载《烟台大学学报》，39页，1998（4）。

和说明。如果法律史学离开这门学科的根本任务，过于琐细地去研究某一具体领域的历史现象，不但无法从总体上认识和把握法律所处的不同经济政治背景、历史文化传统及其发展规律，吃透其精神实质，而且会从根本上削弱法律史的基础地位。合理的研究方法应是在从不同的角度、方位和局部进行“微观研究”的基础上，宏观把握法律历史的总体轮廓。部门法律史与通史应被置于同等重要的位置，前者是后者的前提和基础，后者又为前者提供指导性作用。

（四）纸面上的法与实践中的法的结合

传统的法律史学研究有一个弊端，那就是热衷于考证“纸面上的法”，至于这些“纸面上的法律”是否实施过，或实施的状况如何，实施对当时的社会产生了什么影响却很少有人去深究。于是，造成了一种现象：花了大量财力、物力、人力去考证的法律事实上根本没有实施过，只是一部“废法”。如果也有人再去深究那部法律为何没有实施，那么或许他的研究仍可对我们有所启发，但遗憾的是没有人去这么做。

现代的法律史学研究应不仅对每一时代法典的编撰、立法状况及法典内容等进行所谓的“静态”研究，而且更应注重对法在社会和民众中实施状况的考察。法律的实施，是使规则变成现实的法律关系和法律秩序的过程。历史上往往存在着“纸面上的法”与“行动中的法”之分歧，法律制度是健全的，却无人执行或执行困难，如果仅仅从写在纸上的成文法来研究法律史，则很难真实地把握某个时代法制的全貌。我们在研究法律史的过程中，不仅要重视利用大量的传世的契约文书、刑案判牍及近代社会习惯调查等资料，更应进行法律在民众中的实施状况，即法律的实践的研究，从而使得许多研究成果更具整体性和动态性。

三、更新研究方法：从简单化走向多样化

传统法律史学的主要分析方法是简单化的，通常仅采用描述的方法对静态法律制度进行阐述。众所周知，只有不断更新发展，不断提出和解决时代问题的学科才是真正有生命力的。面向21世纪，为适应法制现代化的要求，我们有必要采用多种研究方法，运用法理学、社会学、历史学、文化学的研究方法进行多角度、多层次的研究，以提高法律史学科的研究水平和质量。

（一）法史学方法与法理学方法的结合

当下我们正处于一个“科际整合”的时代，学科间的渗透与合作成为科学发展的一个总趋势。法律史学需要注重与其他学科，特别是法理学的交流与合作。法理学在整个法学体系中具有基础理论的地位，它是建立在诸应用法学之上的具有普遍意义、属性和职能的法学学科，其内容具有根本性、一般性、普遍性和抽象性，从而可对法律史学给予理论上的指导；法律史学也是法理学的研究基础，只有在对历史中的法、现实中的法考察的基础上才能总结、归纳出一般的法学理论，离开了对法律史学的研究，法理学的研究便成了空

中楼阁。最合理的方法是将两者结合起来，彼此支持，相互印证。这里要避免两种不良倾向：一是从法律到法律，无视其间的内在规律性，无法对现实生活提供有利的借鉴；二是以论带史，研究一个法律史问题，在没有系统地搜集有关此问题的材料，没有进行严肃的整理分析的基础上就仅凭片段的材料或孤证而轻率地下断语。史论结合要求我们既要积累广博厚实的材料，为理论分析提供扎实的基础，又要以法理学方法分析、论证历史。其原因在于："法律史是一门建立在具体材料基础上的学问，而不是一门建立在抽象推理基础上的学问"[3]，更不是一门可以脱离"推理、论证"的学问。

（二）法历史学方法与法社会学方法的结合

法律是社会生活的一部分，它现实地存在着，并规制着现实生活。法律制度的内容深受社会现实的影响，它的最终渊源或根据来源于社会。法律与社会之所以有如此关系，原因在于：第一，创造法律的人在现实中生活着，他的法律思想不可能脱离当时的社会生活而独立存在。第二，法律制度规制社会生活的使命决定了它必须以某个社会现实作为自己的目的。⑤ 缺乏现实性的法律是空洞而无意义的。既然法律与社会存在如此密切的关系，那么法律史学家们应将法律制度史置于整个社会发展过程中加以考察，并以实证的方法进行研究，既关注法律规范是什么，又研究法律规范所维持的现实社会关系是什么，法律在社会中的实施状态如何，从而挖掘出深藏在各种法律制度、法律体系和法律思想背后的社会历史关系的实质及其必然性，为当今社会正确的立法、司法提供有实用性的科学根据或基础。这也是法律史学家所肩负的历史使命。

（三）静态描述方法与动态解释方法的结合

以静态的方法考察法律史可以把握具体法律制度的外在表象和内在本质，但它毕竟是描述性的，"文明并不是死的东西，而是不断变化发展着的"[4]。从这个意义上说，法律也必然是一部不断发展着的历史。所以，我们还应以动态的方法来解释法律史，从法律发展和法制现代化的角度来研究法律史。"有研究表明，每一种类型的法律都有自己进化的历史，但它的一些基本特征往往在其原始的发生阶段就已萌芽，并渐趋显现又代代相承，既遗传变异又万变不离其宗。"[5]这一结论的得出更有力地支持我们以动态方法研究问题。反映现代文明及发展趋向的法制现代化本身就是一个从混沌走向文明的历史进化过程，它包括法律精神的现代化、以法律规范为核心的具体法律制度的现代化以及法律技术手段和物质设施的现代化。以动态的方法，从法制现代化的角度对历史中具体法律制度进行考察，可以探寻出法律发展的模式、途径或方式，可以发现到法律制度间所具有的历史继承性和一般规律，从而为当今社会的法治建设提供借鉴。

（四）个别考察方法与比较分析方法的结合

从方法论层面看，对某一国家的法律史进行个别考察，或对几个国家的法律史展开比较分析，都是重要的学术研究方法。传统法律史学研究更多是对一国（即中国）的法律史

---

⑤ 其主要观点可参见川岛武宜：《现代化与法》，229～232 页，中国政法大学出版社，1996。

进行孤立、封闭式研究，缺乏比较的意义。21世纪的中国法律史研究更应体现一种开放的视角，更多运用比较分析的研究方法。法律史学研究既要有纵向的比较即古今法律的比较，也要有横向的比较即中外法律史的比较。运用比较的方法对材料进行分析、研究、鉴别、取舍等等将达到事半功倍的效果。一方面，通过比较可以加深对我国法的历史和西方法文化史的认识。比如西方法的发展及内容基本上都立足于共同文化背景上，而中国古代社会特定的生产方式造就了中华法系自己独特的发展过程和特点，如儒家思想的影响、宗法观念等等。由此，我们更能加深对中国法律文化的认识和了解。另一方面，通过比较可以挖掘出中国传统法律文化中的精华部分为今所用，可以吸收、借鉴国外先进的适合我国国情的法律制度为我所用。这就需要在注重本土文化资源的同时，加强信息沟通、国际交流与合作，及时掌握和了解国外法学的研究动态和信息，把握国外法学的历史和最新发展动向，处理好本土法律文化与外域法律文明的关系。在比较中鉴别，在比较中选择，在比较中发展。因而，比较法律史或比较法律发达史的研究乃至建构这一学科体系，应当成为21世纪中国法律史学研究的一个重要领域。

参考文献：

［1］公丕祥：《法制现代化的理论逻辑》，365页，中国政法大学出版社，1999。

［2］胡旭晟：《描述性的法律史学与解释性的法律史学》，载《法律科学》，73页，1998（6）。

［3］刘广安：《二十世纪中国法律史学论纲》，载《中外法学》，79页，1997（3）。

［4］福泽渝吉：《文明论概略》，102页，商务印书馆，1994。

［5］俞荣根：《法律文化的冲突与整合——从韦伯到亨廷顿的启示》，载《现代法学》，36页，1994（5）。

洪永红

非洲习惯法初探*

简介

洪永红，1962年6月生，湖南攸县人。1984年毕业于南开大学；1986年借调到郴州地区检察院工作；1992年，通过全国律师资格考试；1996年，破格晋升为教授；1997年，到北京大学进修；2001年，晋升为教授；2003年10月至2004年10月，国家公派到南非开普敦大学法学院进修；2005年11月至2006年1月，应邀到博茨瓦纳大学和比勒陀利亚大学访学。现为湘潭大学非洲法律与社会研究中心主任、教授、法学博士，国际法专业硕士学位点负责人。

主编《非洲法导论》（2000年）、《非洲刑法评论》（2005年）、《非洲法律发达史》（2006年）等著作9部。在《比较法研究》、《西亚非洲》、《人民日报》、*Journal of African National Affairs*（南非）等杂志发表论文七十余篇。

---

* 原发表于《比较法研究》，2001（2）。

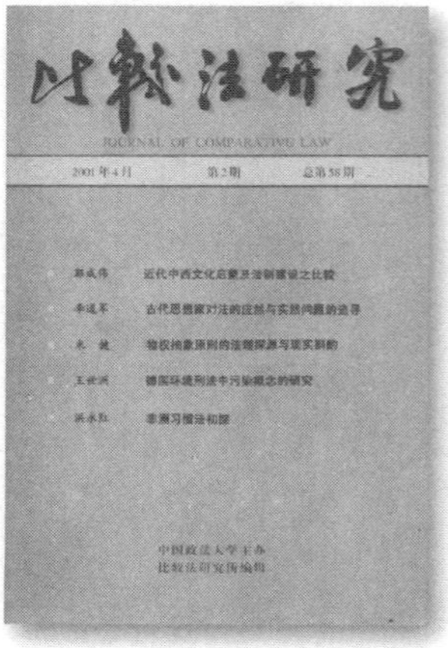

现代非洲在法律方面的重要特征之一是各国仍普遍适用习惯法，不少国家还保留或成立专门的习惯法法院或类似法院适用习惯法，这与世界上其他大陆相比，是独一无二的。早在20世纪50、60年代英国非洲法学家阿洛特（Allott）研究非洲习惯法之前，非洲人和欧洲探险者就对非洲习惯法有过研究。

非洲习惯法从时间上划分，大致可分为前殖民时期、殖民时期和独立以后三大时期。但从其基本原则和基本内容来说，非洲习惯法没有根本性的变化。本文限于篇幅，对非洲不同时期的习惯法不详加区别，主要探讨非洲习惯法的概念、主要内容、适用范围、立法形式、司法程序以及习惯法的现代化等问题。

一、非洲习惯法的概念和主要内容

（一）非洲习惯法的概念

对非洲习惯法记载得较早较多的是欧洲传教士，他们把非洲本土习惯法仅看成“异端邪说”，是非理性的图腾崇拜。这类观点反映了殖民初期欧洲人对非洲法文化的普遍看法。这既是一种偏见，也是一种无知。

殖民初期的欧洲殖民当局对非洲习惯法的态度同传教士截然相反，自吹一套“推崇当地风俗”理论。例如英国任命的加纳第一任总督乔治·麦克里恩在审理案件时要求英国人尊重非洲习惯法，而英国法院如果要管辖非洲人，则必须依据加纳统治者的授权，才可行使。

欧洲一些学者认为，形成这一情况的原因是殖民当局“对非洲风俗规则的通常不精确理解”以及执法中的“偏差”所致。笔者认为欧洲殖民者在殖民初期“尊重”非洲习惯法，没有将欧洲法强加给非洲人，没有强制移植宗主国法律，是由于这一时期欧洲殖民者在非洲的各种政治力量对比所决定的。主要表现在：第一，他们与非洲土著人力量相比处于劣势，其势力仅限于非洲沿海；第二，欧洲殖民者最初的主要力量放在对美洲和亚洲的争夺上，非洲只是掠夺其他地区的中转站；第三，欧洲殖民者在15世纪侵入非洲后，在非洲从事长达400多年的奴隶买卖，他们只把非洲当作一个奴隶的买方市场，而根本没把非洲人当作“人”来考虑，也就让非洲人继续沿用本土习惯法。

欧洲人类学者对非洲习惯法的研究也作出过很大的贡献。他们花了很多时间和精力对非洲习惯法进行调查整理，但对非洲习惯法的认识很不一样。这些学者认为非洲法的渊源和类型完全适用非洲的社会环境和经济背景，并始终随着时代的变化而发展，也符合现代的法制思想和精神。

殖民时期的立法对“习惯法”下过一些定义。如加纳《土著法院（殖民地）条例》的定义是："'土著习惯法'（native customary law）就是关于权利及其密切相关的义务的规则或规则体，这种规则或规则体来自于已确立的土著惯例（native usage），适合于所有特别的原因、行为、诉讼、事件、争议或问题，也包括任何依据1944年《土著政权（殖民地）条例》第30条和第31条所记载或修正的土著习惯法。"独立后非洲国家对习惯法也在立法上作了界定，如加纳1960年《解释法》对习惯法的界定是："习惯法"包含于加纳法律之中，是由加纳特殊群体所适用的习惯中的法律规范（rules of law）所组成。一些国家则使用"习惯"（custom）、"地方习惯"（local custom）这些术语。

非洲习惯法的概念也受到学者的关注。1959年年底至1960年年初在伦敦召开的非洲习惯法会议上，"本土法律"和"习惯法"在整个会议文件中交互使用。到1963年为止，"地方法院"和"习惯法"已成功地取代"本地法院"、"土著法"、"非洲法"或"非洲人法院"等术语。也有学者提出使用"起源于习惯的法律或规范"这一概念，这样"在某些场合下用习惯法区分不同起源的规范便很方便"。另一些非洲法学家认为应当把这种法称为"土著法"或"土人法"。还有一些非洲法学家主张采纳"传统非洲法"概念[①]，因它能够更多地倾向于反映它的历史的或发展的特性，而不是它的词源特性。

实际上，笔者认为，非洲大陆并没有一种统一的习惯法，而且在一国之内也不只有一种习惯法。非洲习惯法是非洲大陆各民族、各部落习惯法的统称。并且，非洲大陆不同部落、不同民族、不同种类的习惯法尽管存在诸多不同程度的差异，但它们都源于非洲本土习惯，彼此之间也有许多相似之处，故我们可以把它称之为非洲习惯法系。

（二）非洲习惯法的主要内容

非洲习惯法的内容很丰富，除商法几乎未作规定外，在家庭法、继承法和土地租赁法等领域能自成体系，而且在其他方面也以各种不同的形式广泛地存在。

1. 刑法。现代非洲国家都接受刑法应当成文化的原则，如加纳和尼日利亚宪法和地方法院法都禁止不成文法刑事惩罚。在一些国家尽管刑事习惯法被废除，民事制裁仍保留。法院通常可以在刑事诉讼程序中通过判予补偿的方式解决。如苏丹，普遍存在按习惯法给受害者家属以赔付"血钱"（blood money）来制裁杀人犯。

实际上，独立后的非洲国家根据各国具体国情，采取了不同的做法。肯尼亚将刑事习惯法以制定法形式编纂出来，继续适用。尼日利亚则完全以刑法典取代刑事习惯法。加纳将刑事习惯法合并到刑法典，但下列习惯刑事犯罪除外：（1）使人变成神；（2）不计后果的、非法的、愚昧的发誓；（3）持有有毒的或其他危害物品试图危及、伤害或骚扰他人。

2. 婚姻法。非洲国家一般认可五种形式的婚姻：根据婚姻法或条例结婚的婚姻、根据地方习惯法结婚的婚姻、根据穆斯林法结婚的婚姻、根据印度教法结婚的婚姻、根据基督教规结婚的婚姻。目前非洲国家很难以单一的婚姻制度取代各种不同的婚姻制度。

非洲习惯法大多允许一夫多妻，一般也不规定结婚的最小年龄，而是由父母决定什么

① 传统非洲社会是指各种族群体，如加纳的阿肯族、肯尼亚的南迪族和博茨瓦纳的茨瓦纳族。

时候女孩子可以结婚。人们尤其喜欢“亲上加亲”式（cross-cousin）的婚姻。同时也盛行像古代中国习惯婚姻中的“转房制”，即同一家兄弟娶亡兄弟的遗孀。在许多非洲国家，如果一方提出离婚，通常先是努力寻求和好。如果和好无望，大多由双方家族协商离婚。

3. 关于未成年人的法律。非洲习惯法特色之一是关于未成年人的法律规定也比较多。主要有关于监护权、文身和割礼等规定。

（1）监护权。在非洲大多数父系社会，送聘礼的主要目的之一是保证妻子生的小孩都是丈夫家族的成员。抚育儿童是家族的共同责任，因而，非洲小孩常常在大家庭里抚养，父母只是大家庭里抚养人之一。父母一旦离婚，未成年人的监护权归父亲的家族。

（2）文身。文身的习惯是指在小孩的脸上或身上划刀痕。文身的作用之一，是给小孩刻上种族或家族的记号，以确保他们能终身对本族人认同和忠诚。

（3）割礼。男孩女孩实行割礼，是许多非洲国家的习惯。割礼在非洲人心目中是成年的象征。在殖民时代，男性割礼被认为是一种外科手术，对婴儿造成伤害的危险很小而允许。现在，非洲实行割礼的越来越少，尤其是对女性实行割礼这一规定大多废除。

4. 继承法。继承法与婚姻法密切相关，但继承方式的确定不只取决于婚姻的种类，而且与生活方式和死者的遗愿也相关。许多非洲国家现存的继承法适合各种特殊情况。1963年的《加纳结婚、离婚和继承法案》规定，遗嘱仅适用于登记结婚的婚姻，不适用于习惯法结婚的婚姻。

5. 土地法。习惯法和一般法在关于土地所有和转让方面存在巨大的差异，法律冲突严重。非洲习惯法认为土地是公有的，不承认土地买卖，只允许土地租赁，因而习惯法中的土地法主要是关于土地租赁的内容。

6. 合同和民事侵权。在所有统一法或合同法中，习惯法中的合同法与英美法一样，也包括某些对价（consideration）因素。习惯法中有一些特别的或简易的合同形式，如婚姻合同、借贷合同、服务合同等。合同原则也强调诚实、平等、公平。

二、非洲习惯法的效力

非洲习惯法的效力即是指非洲习惯法的适用范围，即它在什么样的效力范围内生效。在殖民时期，欧洲殖民当局以成文立法形式对习惯法的适用加以规定。这些规定大致分为三类。第一类规定，法院对审理非洲人之间的民事纠纷案有义务适用习惯法；第二类规定，上级法院在审理当事人是非洲人的案件中接受习惯法原则指导；第三类规定，审理当事人是非洲人的案件，法院可自由选择适用习惯法。

非洲习惯法的效力也可分时间效力、空间效力和对人效力。

1. 非洲习惯法的时间效力。欧洲殖民政府对此一般未作规定，他们是把习惯法当作自古就有的。实际上，往往由酋长或其他德高望重者在公众大会上通过特定程序宣布实施或废除某一法律，该习惯法才可生效或终止。非洲国家独立后，则大多通过立法形式，“认可”习惯法，习惯法才生效。

2. 非洲习惯法的对人效力。欧洲殖民政府对此无一例外地规定，一般只适用“非洲人”或“土著人”。塞拉利昂《保护地条例》规定：“‘土著人’是指居住在保护地内或塞拉利昂领地附近的非洲原始种族或部落的普通居民。”葡萄牙《土著法》规定：“个体的父母亲是土著人，即使在他父母亲居住的外国地区出生，也被视为土著人。”也就是说，非洲黑人即使在非洲以外的地方（如葡萄牙本土）出生或定居，即使他（她）从未去过非洲，也因其肤色和不符合“同化”条件，仍然是非洲“土著人”。

从这些成文法规定看来，前殖民地的欧洲法对非洲人和非非洲人都适用。而非洲习惯法只适用非洲人，而不适用在非洲的欧洲人。但事实上并非如此，如非洲人一般适用殖民地制定的刑法，而很少适用非洲刑事习惯法；或者非洲人与非非洲人发生纠纷时可能情愿（如根据合同）或不情愿（如因为侵权）地适用非非洲习惯法；以及非洲人因为成为“文明人”而不再适用非洲习惯法等情况都有出现。

独立后的非洲国家则不再以是否“非洲人”来确定习惯法的对人效力，一般依据该人所属部落或民族确定适用哪种习惯法。

3. 非洲习惯法的空间效力。殖民政府对此规定得比较笼统，如肯尼亚《非洲人法院条例》第 17 条规定：“根据本条例，非洲人法院应当实施法院管辖区盛行的土著法……”“盛行”意味着习惯法在这一地区：(1) 既“已发现”或“存在”，又 (2) “占主导地位”。在雷吉（Reg）一案中清楚地表明，“盛行”意味着在某一地区“占主导地位”，并在该地区只有一种习惯法体系。

非洲习惯法不完全是属人法，也是属地法。非洲国家独立后一般以某一地区占主导地位的部落或民族法作为该地区的习惯法。

三、非洲习惯法的表现形式

非洲习惯法不是简单地由习惯“自然地”上升为习惯法，而必须通过一定的立法形式才可实现。一般一种习惯是否成为有效的习惯法必须具备三个要素：(1) 由一定的机构或具有特殊身份的人物提出立法建议；(2) 在公众大会上公议，得到大众认可；(3) 由当地具有最高权威的公共机构宣布违者重罚。当然，由于非洲习惯法的立法主体不同，立法形式也就不同。

1. 酋长立法。它是指酋长只根据他本人的意志通过颁布敕令的形式制定法律。如酋长可以颁布一些有关动物饲养与庄稼收割的行政命令等。但这种立法方式在非洲并不多见，一般只限于该酋长是独裁的统治者和骄横的军事统治者才只根据自己意志制定法令。

2. 酋长会议立法。在非洲，绝大多数酋长通过酋长会议民主讨论方式通过法律。即使在社会经济比较发达的约鲁巴族和阿散蒂族也大多是通过酋长会议立法。约鲁巴族的最高酋长（也有人称“国王”）在首府奥约组建酋长会议，负责为“国王”提供各项建议，讨论重大问题，制定和修改法律。在一些不如约鲁巴族和阿散蒂族的具有高度组织性的社会里，对立法而言，也有自己的体制。

3. 公众大会立法。这是作为对国王或酋长会议立法的补充或替代。公众大会通常是为了讨论公共事务而召开。大会制定或修改法律能否通过往往是由大会上辩论获胜的一方决定，而不是通过正式投票来决定。这种立法方式和态度在那些有着强大政治组织和等级制度的非洲社会是比较少见的，因此，它几乎在约鲁巴未得到采用。然而在伊波、坎巴和巴苏陀等地却十分盛行。

4. 团体立法。[②] 这是指由一些特殊团体对其内部规则的制定。如非洲某些贸易协会制定的规范地区内贸易和地区间贸易的团体规则，此外还有数不清的铁匠、画匠等行会规章。这些行会或其他团体制定的规则适用于内部成员，并且一般不得与任何习惯法规则或任何王室或酋长法律相冲突。

5. 长老会议立法。长老会议也有权制定和修改习惯法规则。例如在乌涂族（Utui）曾有一个年老的男子娶了一个年轻女子。他很想要孩子但又不能生育，他的两个继子（他的前妻与前夫生的儿子）和他后娶的这位年轻的妻子通奸又生了两个孩子。按当时习惯法，这两个孩子属于年轻女子与老年男子在婚姻存续期间所生，因而毫无疑问属于老年男子。但该女子及其亲属提出离婚时坚持对孩子的监护权，而那个男子又确实年老体衰难以抚养年幼的孩子。于是长老会议通过新法律，规定："如果女儿的父母不满意自己的女婿，可以告知他们想退婚的意图，如果长老们认为理由充足，就会要求他们将聘礼如数退回。这个女婿便对其妻所生儿女不再享有任何权利。"

6. 法官立法。格雷关于立法的定义是"社会立法机构的正式语言"。这一观点很明确地把法官立法排除在外。而赫兰德则认为"我们法官确立的一般秩序……是真正的立法。"这是西方学者关于法官立法的争论中的两种十分极端的观点。而在非洲社会，由于法院体系很不完善，一般而言难以普遍存在法官立法现象，但也不能完全否认。例如在欧洲人到来之前，茨瓦纳族习惯法通过三种途径来改变：（1）酋长的敕令；（2）法庭判决；（3）附近地区法律的影响。其中，法庭判决便是法官立法的具体体现。殖民政权建立以后，通过法院判决修改习惯法的情况则很普遍。

四、非洲习惯法的司法程序

一些学者认为，非洲习惯法程序的实质是仲裁，非洲习惯法不存在诉讼程序。这种观

② 有些学者将团体立法称之为"自治立法"（autonomous legislation），显然混淆了二者的本质区别。这些所谓的"自治立法"只是某些团体的自治章程，不被传统法庭接受，因而它不是法律。团体立法则不仅仅是该团体的内部规则，而是可以广泛适用的法律。团体立法是"自治立法"（确切说应该是内部规章）的升华，是将某一团体内部规章上升为法律规范，或由某一团体为全社会拟订的法律。在争议双方当事人都属于同一团体时，传统法院可根据该团体内部规章判决。这样，某一团体的内部规章便通过"认可"的方式，上升为法律规范。

点忽视了一个基本事实，即非洲有着刑事责任与民事责任之分，非洲法中有公法和私法之分。审判违犯公法行为的程序具有诉讼法的特性；在处理违犯私法的行为时，却既有仲裁特性又有诉讼法特性。

德利伯格认为：“在公法的实施中，首领或任何其他的法律上的权威，被当作法官，并做出合适的裁决，但对于私法案件的审理与其说是审判，还不如说是仲裁。”这种观点尽管没有否认非洲习惯法的司法程序，但他严格地以公法和私法来划分私法和仲裁，也有不妥之处。实际上，在非洲习惯法语境中并没有明确的“仲裁”一词，其意义并不明确。非洲法的司法程序并非主要是由仲裁组成的。也就是说，非洲人虽没有严格区分仲裁与诉讼，但他们确实存在解决争议的司法程序。习惯法司法程序中的主要步骤是：

（一）起诉与受理

起诉的方式很多，取决于被指控的罪行是民事的还是刑事的，以及社会是否有国王或酋长。在一个君主制或者酋长制的社会里，社会中每个人都有责任把罪犯缉拿归案，此外还有许多政治组织、行政机构和军事机构等来行使各种各样的维持治安职能，包括强行将不驯服的罪犯带到国王或者酋长面前。像加纳的阿散蒂王国、南非的祖鲁王国等都有类似这样的机关。一些社团组织也有权履行司法职能。③

有国王或酋长的非洲社会的法庭同样审理民事纠纷。民事争议中的受害方可以向一位中立的长者投诉。但是有两种案件，长者可能拒绝处理：一是问题太细微，二是问题太复杂。

无酋长社会的司法和行政组织比较起来则非常不正规也没有制度化，但也有一些非常明确的司法程序。长老会是社会秩序的最终保证者和公共财富的维护者。归纳起来，其起诉方式有 7 种：(1) 调解。如果他们对调解不满意，可以将案件送交长者仲裁。(2) 击鼓鸣冤，请求长老调查裁决。(3) 直接要求长者处理争端。(4) 向某些解决纠纷的职业组织请求裁决。(5)“长矛程序”④。(6) 也可以自由选择机会起诉。这种起诉方式选择在葬礼、婚礼或其他重大聚会上。(7) 特别的起诉方式。当被告还不知道，又没有正规的警察或者侦查机构，原告只能采取先向神控告，借助神来确定被告的方式。

（二）审判

1. 审判模式。非洲的审判方式很多。无论是有酋长社会还是无酋长社会，均依案件类型而采取不同的审判方式。根据被告确定与否，程序可以划分为两种：

(1) 被告已确定。有酋长社会中采取的程序往往要比无酋长的社会中采用的程序严格。然而，两者并没有实质上的不同。一般审判程序包括起诉、举证、被告辩护、裁决等。负

---

③ 这些组织如尼日利亚约鲁巴人的奥博尼（Oyboni）和塞拉利昂的博罗（Poro）等组织在某些事物中可主持正义。因为这些社团组织由当地大部分有影响的要人组成，而且与统治王朝关系紧密。

④ 起诉者如果要状告某人，就将一把“神圣之矛”放在被告的房子外面，如果被告是未成年人就放在他父母的房子外。在伊波人眼里，这相当于把黑色魔法或者毒药附着于被告或者他的父母。这样就迫使长老们立即采取行动，听审双方争执，及时予以裁决，以避免冲突升级。

责审判的长老一般具有长期的实践经验，当证据确凿，便召集所有的人来听长老历数他及其同谋的种种罪恶，并请受害人或其亲属和旁人来作证。当大家都认为罪行属实，便当众宣判。

（2）被告尚不确定。对于已发现犯罪结果，但不知晓被告的情况下，必须先进行侦查，确定被告。不同的非洲国家采用多种多样的侦查方式。但残酷考验、发誓、占卜是三种最为常用的诉诸超自然力的侦查方式。

2. 诉讼代理人。非洲习惯法中担任代理人的往往是当事人的家长或其他家庭成员。

3. 审判庭。在有酋长社会，审判庭的座位安排经常是马蹄形，酋长或有资历的长者坐于中央，而资历稍浅者则坐于两旁，原告和被告则分坐在法庭对面。在无酋长社会中，则比较宽松，没有固定严格的座位排定。

4. 庭审。阿散蒂人认为，一个理想法官在法庭上的形象，就是能让他人畅所欲言，而他自己只有在发言人讲话离题太远时才插话。在非洲没有陪审团制度，但法官在断案时，常常参考公众的意见。

5. 证据。非洲的司法判决的做出是基于证据。非洲司法程序中的一条基本原则是，公开审判，不得偏听偏信。约鲁巴族有一句流行的格言说：“偏听一面之词来判案的人是有罪的。”

（三）惩罚的形式

对败诉者惩罚的形式通常比较灵活，可根据当事双方的意愿和败诉者的实际情况进行量刑。主要考虑的因素是败诉一方是否有能力偿付罚款或赔偿，如果败诉方无能力以某种物品偿付，在征得胜诉方同意的情况下，可以其他替代物补偿。这种灵活性，被一些学者视作是习惯法不精确、不严肃的明证。但实际上，这种观点是不符合非洲人法律观念的。

（四）执行

有酋长的集权社会里，不仅有常设的军事和行政机构，也有常设的执行官。在无酋长社会，并没有有组织的、常设的执行官，但也有自己的执行制度。非洲社会里存在着各种各样的执行模式，但一个共同点是，都力求债务人自觉履行。

（五）诉讼费

非洲习惯法中虽然没有诉讼费这一法律术语，但也要给法官支付费用，习惯法上称作“感恩酬金”，感恩酬金往往由胜诉者而不是败诉者支付。败诉方如果服从判决，可以将感恩酬金还给胜诉方，争端也就解决了。

五、非洲习惯法的现代化

与其他地区相比，非洲法律的现代化更显迫切。应当知道，非洲现行法律的外在表现形式十分驳杂。在非洲本土既有大陆法系的成文法，又有英美法系的判例法，还有非洲早已有之的习惯法、伊斯兰法和印度法等，可以说是世界法律的“万花筒”。非洲习惯法的现代化主要从两个方面进行：一是非洲习惯法内容和形式的现代化，二是非洲习惯法法院的现代化。

（一）习惯法内容和形式的现代化

非洲习惯法现代化问题，最关键的是作为本土法的习惯法与作为外来法的欧洲法的关系问题。直到非洲国家独立时，非洲已形成一个以欧洲法为主体、多种法律并存的局面。鉴于这种情况，非洲国家普遍认为习惯法应当是非洲法律体系的重要组成部分，应实现习惯法与其他法的统一。独立后非洲国家采取对习惯法进行搜集、记录、修改以及编写法律报告的方式，不断加快非洲习惯法的现代化历程。

（二）非洲习惯法法院的现代化

要研究非洲习惯法法院的现代化，必须先了解殖民时期欧洲殖民政府对非洲习惯法法院的政策变化。

1. 殖民时期非洲习惯法法院的演变。在欧洲殖民者到来以前，非洲人自有一套法院体制。在殖民统治时代，这一非洲固有的法律制度受到了摧残或改造。在殖民时代，由于地区的不同，欧洲殖民统治方式的不同，以及殖民统治政策的变化，这些法院的历史发展也有所差异，但我们仍然可以看到一个最基本的发展模式。

在原英殖民统治的普通法地区，法院的发展阶段大致如下：不予承认或默认阶段；承认阶段；行政监管阶段；立法控制阶段。

（1）不予承认或默认阶段。殖民刚刚开始时，欧洲法律体制只能移植到非洲某些特定地区。在这些地区，不承认非洲法的实施。而在非洲广大的内陆地区，殖民政府默认非洲法院适用非洲法。

（2）承认阶段。对非洲本土法律体制的承认是与欧洲殖民者“间接统治”政策伴随而生。这种承认使得法院的组成没有发生变化，习惯法除极少数的限制外也几乎没有改变。但在刑事审判方面予以了某些限制，而且一般来说，非洲法院的管辖权只限于双方当事人都是非洲人的案子。

（3）行政监管阶段。随着殖民政权在非洲的巩固和加强，殖民中央政府渐渐开始对非洲习惯法法院加强控制。殖民政府授予地方行政官员广泛的权力，大肆推行“行政监管司法”的方针。

（4）立法控制阶段。在对非洲习惯法法院进行行政监管的同时，还加强了立法控制。通过立法，规定所谓建立“土著法院”的审批程序，削减非洲习惯法法院数量和法官人数。此外，通过立法，逐步将非洲殖民者的“平行体制”（parallel system）逐渐过渡到“统一体制”（integrated system），以降低非洲习惯法法院的地位和作用。⑤

---

⑤ 所谓“统一体制”，是指将非洲习惯法法院通过上诉审程序与欧洲殖民者建立的司法组织特别是高等法院（最高法院）相联系。即当事人不服非洲习惯法法院的判决，可以向按殖民者法律组建的法院提起上诉，殖民者的法院有权改判。所谓“平行体制”，是指非洲习惯法法院与殖民者建立的司法体制分离，殖民者法院与非洲习惯法法院没有上下级关系，二者平行不悖。由于殖民者认为“统一体制代表了未来的发展方向，因此，至1956年已几乎没有什么国家还采用平行体制”。

综上所述，殖民政府虽然对非洲习惯法法院采取了种种限制和打击，但最终没有完全废除。

2. 达累斯萨拉姆国际会议。1963 年的达累斯萨拉姆国际大会对非洲习惯法的现代化问题主要围绕地方法院的建立与发展问题进行探讨。大会确定的六大议题中有五大问题是针对司法程序，即：地方法院的最终发展目标；地方法院的监管；习惯法的发展；非洲地方法院的司法管辖权；地方法院的诉讼代理人制度；非洲地方法院法官和职员的选拔与培训。

3. 非洲国家对习惯法法院现代化的实践。大多数非洲国家主张将习惯法法院改为地方法院，并保留原习惯法法院的优点。

4. 习惯法法院的监控。独立后非洲国家主张，习惯法法院应该成为该国独立的司法系统的一部分，并且大多认为，习惯法法院的控制权应授权于独立的司法系统。

5. 习惯法法院法官及其他工作人员的选任和培训。

（1）审判权与行政权分离。非洲国家普遍赞同习惯法法院的审判官和行政官员的分离、审判官与执行官的分离。⑥

（2）习惯法法院法官的初任资格。初任习惯法法院法官必须具备如下资格：1）受到过基本的教育，具有一定的阅读和写作能力；2）受到过必要的法学教育；3）具有必要的习惯法知识，所有习惯法法院法官或将要成为当地法院的法官，应当懂得在他们将要上任地区的习惯法；4）在伊斯兰教徒定居的地区，必须掌握有关伊斯兰法的知识。

（3）法官的任免。独立前，习惯法法官一般由殖民政府或当地酋长任免。独立后，非洲任免法官的机构有两种：一种是由国家司法行政部门任免，一种是由专门的委员会任免。

（4）习惯法法官和职员的培训。培训的内容包括：1）习惯法法院法官常用的制定法和制定法的解释；2）语言教育，主要学习本国通用的英语、法语或葡萄牙语等，也包括当地语言。

6. 诉讼代理制度。在殖民时期，非洲殖民地法律和条例通常拒绝律师参与习惯法法庭审理。如独立前的坦桑尼亚，不允许律师在“本地人法院”担当辩护人，但允许律师在英式法院充当代理人。

非洲国家独立后，对于是否允许律师担任非洲习惯法法院的诉讼代理人，其基本原则是：（1）习惯法法庭如果允许律师出庭，则审判人员必须是具有专业知识的法官。（2）当一个案件从地方法庭上诉到高等法院时，应该允许诉讼代理人参加。（3）当习惯法法院审理的是小案件时，就可以不要律师参加。（4）如果不允许律师参加习惯法法院的庭审，应允许律师在法庭外给予当事人法律援助。

---

⑥ 独立后非洲国家规定，传统行政长官如果担任习惯法法院法官必须符合条件：①必须放弃他们传统的行政权力，除非只担任纯礼仪性的职务；②必须像其他地方法庭的法官一样，通过一定的考试或进行相应训练。

付子堂**

新中国建立前中国共产党的法律探索*

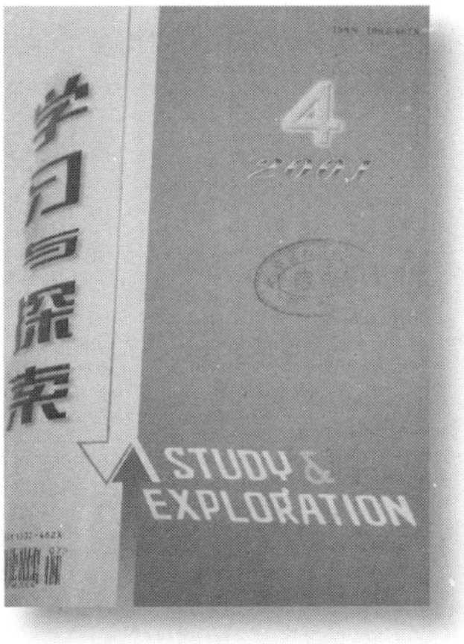

中国社会主义法制的产生有其自身的历史特点，它是革命根根地法的继承和发展。同这种法律实践紧密相连，在新民主主义时期逐步形成了毛泽东法律思想和法学理论。而在新民主主义时期，中国革命又分为三个阶段，即工农民主革命根据地阶段、抗日民主政权阶段和解放战争阶段。综观这一时期的各个阶段，中国共产党的法律探索，主要可以概括为以下六大方面。

一

保障人权是中国新民主主义革命的重要纲领之一。中国共产党重视人权保障，加强人权法制建设，以团结广大群众，争取民主革命的胜利。中国共产党领导人民进行的革命斗争，从广泛意义上来说，就是争取和实现人权的伟大斗争。然而，在不同的历史阶段，人权所要解决的具体问题不同，人权法制建设也各有侧重。

在工农民主革命根据地阶段，革命的首要任务是实现工农民主专政，政权问题是第一位的问题。因此，这一时期的人权立法主要侧重于以法律形式将人民夺取政权后应当享有的政治、经济权利予以肯定和确认，以显示工农民众真正成了国家的主人。这一时期享有人权的主体主要是工人、农民、士兵及其他劳苦大众，而地主、资本家、军阀等剥削者的政治经济权利不在保护之列。人权的内容主要是选举权与被选举权，也包括出版、言论、结社、集会之类的政治权利。

在抗日战争阶段，为了结成广泛的抗日民族统一战线，拯救民族危亡，人权立法具有新的特点，阶级差别不再是区分是否享有人权的依据，而是否抗日才是根本标准。毛泽东

---

* 原发表于《学习与探索》，2001（4）。谨向责任编辑冯向辉老师致谢。

** 付子堂，河南南阳新野县人，法学博士，现任西南政法大学教授、博士生导师，国家重点人文社会科学研究基地吉林大学理论法学研究中心研究员。

曾指出，在边区政府“关于人民权利。应规定一切不反对抗日的地主资本家和工人农民有同等的人权……政府仅仅干涉在我根据地内组织破坏和举行暴动的分子，其他则一律加以保护，不加干涉”①。因此，这一阶段受人权法律保障的主体范围扩大了，不仅包括工农，也包括拥护抗日的地主、资本家和其他社会阶层。《淮海区人权保障条例》规定，“凡本区人民除勾结敌伪，破坏抗日，违反政府法令者外，一律依法保护”。“本区人民无阶级、性别、宗教、信仰、地域之分，其政治法律上的地位一律平等。”这一时期保障人权的内容也大大发展了，不仅规定要保障抗日人民的政治、经济、文化权利，而且着重保障个人的人身自由权。

而在解放战争阶段，人民同国民党反动派的矛盾迅速上升为国内主要矛盾，中国共产党的具体任务是领导人民为夺取全国政权，为建立起一个独立、民主、统一和富强的新中国而斗争。哪些人享有普遍而平等的人权，划分的标准是拥护革命或反对革命。在《陕甘宁边区宪法原则》、《晋察冀边区行政委员会施政要端》、《内蒙古自治政府施政纲领》等宪法性文件中都规定，保障人民的人权、财权、政权。这里的“人民”不分性别、种族、阶级、信仰、职业、教育程度，也就是工人、农民、独立劳动者、自由职业者、民族资产阶级和开明绅士等社会阶层的人权都受到保障，而死心塌地的反革命，如汉奸、卖国贼、美蒋特务、恶霸地主、政治土匪等则“褫夺公权”，但对他们的人身自由权并未加以剥夺。

总之，人权立法是中国共产党在民主革命各个阶段法规体系的一个重要部分。这对团结广大人民，孤立和打击敌人，夺取革命的最终胜利，起了不容忽视的重要作用。

二

1937年9月6日，陕甘宁边区政府成立。10月5日黄昏，抗日军政大学第六队队长、曾参加过井冈山斗争和二万五千里长征的黄克功（时年26岁），因逼婚未遂，在延河畔枪杀了陕北公学学员、革命青年刘茜（时年16岁）。案发后，对于凶手黄克功如何进行处罚，人们议论纷纷。许多人认为，黄克功资格老，少年当红军，曾为革命屡建战功，当此民族危亡紧要关头，应予从轻处罚。审判长雷经天当即写信向党中央、毛泽东主席请示，并很快得到了复信。10月11日，在公审大会上，边区高等法院审判庭经过认真审理后当庭判处黄克功死刑，并遵照毛泽东的指示宣读了10月10日所写的复信，全文如下：

> 雷经天同志：
>
> 你的及黄克功的信均收阅。黄克功过去斗争历史是光荣的，今天处以极刑，我及党中央的同志都是为之惋惜的。但他犯了不容赦免的大罪，以一个共产党员、红军干部而有如此卑鄙的、残忍的、失掉党的立场的、失掉革命立场的、失掉人的立场的行为，如为赦免，便无以教育党，无以教育红军，无以教育革命者，并

---

① 《毛泽东选集》第2卷，人民出版社1991年6月第2版，第768页。

无以教育做一个普通的人。因此，中央与军委便不得不根据他的罪恶行为，根据党与红军的纪律，处他以极刑。正因为黄克功不同于一个普通人，正因为他是一个多年的共产党员，是一个多年的红军，所以不能不这样办。共产党与红军，对于自己的党员与红军成员不能不执行比较一般平民更加严格的纪律。当此国家危急革命紧张之时，黄克功卑鄙无耻残忍自私至如此程度，他之处死，是他的自己行为决定的。一切共产党员，一切红军指战员，一切革命分子，都要以黄克功为前车之鉴。请你在公审会上，当着黄克功及到会群众，除宣布法庭判决外，并宣布我这封信。对刘茜同志之家属，应给予安慰与抚恤。②

毛泽东为黄克功案致雷经天信，是指导中国新民主主义革命时期，由工农民主法制向抗日民主法制转变的光辉文献。在中华苏维埃工农民主专政时期，适应当时形势的需要，以及由于革命法制处于草创时期，缺乏经验等原因，1934 年 4 月 8 日颁布的《中华苏维埃共和国惩治反革命条例》第 35 条规定："凡对苏维埃有功绩的人，其犯罪行为可按照本条例各该条文的规定减轻处罚。"主张对黄克功从轻判处的人包括黄克功本人在内，都希望仍适用这一规定。但实际上，他们忘记了，从 1937 年 9 月 6 日起，陕甘宁苏维埃政府已经改组为陕甘宁边区政府。这个抗日民主政府的最高宗旨是，团结全国各党各派各军结成抗日民族统一战线，实行全民族总动员，打倒日本帝国主义。1937 年 8 月 25 日，中国共产党提出的十大救国纲领第三条中早已规定："废除一切束缚人民爱国运动的旧法令，颁布革命的新法令。"所以，如果不及时适应变化了的形势，依然用工农民主法律的眼光来看待发生在抗日民主政权下的犯罪行为，就肯定会产生错误的认识。应该看到，过去刑律中同罪异罚的规定，已经同我党要求保护一切抗日阶级和阶层的权利和利益，发展和巩固抗日民族统一战线的新形势极端不适应，可以说也属于十大纲领中所指的"束缚人民爱国运动的旧法令"，因而必须废除。毛泽东在这一转折关头，通过公审黄克功大会，公开发表致雷经天信，确立了抗日民主法制的平等原则，意义重大。从这封信的历史背景，我们还可以更清楚地看到，法律、政策和形势是怎样的一种辩证关系。

毛泽东在信中指出："正因为黄克功不同于一个普通人，正因为他是一个多年的共产党员，是一个多年的红军，所以不能不这样办。共产党员与红军，对于自己的党员与红军成员不能不执行比较一般平民更加严格的纪律。当此国家危急革命紧张之时，黄克功卑鄙无耻残忍自私至如此程度，他之处死，是他的自己行为决定的。"一个革命者，有光荣斗争历史，对人民有功，得到人民的尊敬是理所当然的。但是，另一方面，从党的性质和共产主义事业来说，为人民建功立业又是党员应尽的义务和责无旁贷的天职。从党的历史长河和个人发展历程来讲，这些也只能说明过去。如果他一旦触犯党纪国法，损害了人民的利益，就应该和"一般平民"一样受到惩罚。无产阶级大公无私，不仅要消灭一切剥削阶级及其特权，而且也不允许自己阶级的任何成员谋求特权。共产主义者必须身体力行，贯彻实现

② 《毛泽东书信选集》，人民出版社 1983 年 12 月第 1 版，第 110～111 页。

民主法制的平等原则。而且，老党员、老红军、老干部说明他们参加革命早，受党的教育时间长，经受革命锻炼多，应该有更高的政治觉悟，在各方面做群众的表率，成为遵守党纪国法的模范。所以，我们党对自己的党员要求更高更严。在抗日民主政府中，共产党员处于领导地位。按照马克思主义观点，共产党员应成为人民的公仆，以人民的利益为最高利益。共产党员违法犯罪，就意味着公仆反对人民的统治权，受到比一般平民为重的法律制裁是理所当然的。反之，则貌似平等，实为不平等。黄克功不能正确对待自己的光荣斗争历史，自恃是人民的有功之臣，因而是不受党纪约束的党员，是不受法律制裁的公民，有凌驾于党纪国法之上的特权，终于把光荣的革命历史当成包袱，最后以身试法，沦为人民的罪人，受到了严厉的制裁。

革命的法律应体现阶级性和人性的统一。阶级性和人性的关系问题，本来就是一个比较复杂的问题，又是某些政治家和学者搅得一塌糊涂的问题，也是某些革命者搞不清的一个问题。而正确认识二者的统一性，对于建设抗日民主法制，分析案件的性质，寻找犯罪根源，有着重大的意义。毛泽东在信中写道："黄克功过去斗争历史是光荣的，今天处以极刑，我及党中央的同志都是为之惋惜的。但他犯了不容赦免的大罪，以一个共产党员红军干部而有如此卑鄙的、残忍的、失掉党的立场的、失掉革命立场的、失掉人的立场的行为，如为赦免，便无以教育党，无以教育红军，无以教育革命者，无以教育做一个普通的人。"无产阶级革命的法律反对超阶级人性，但并不是不要人性或反对一切人性，而是要坚持无产阶级阶级性和人性一致的原则。陕甘宁边区高等法院的判决书也明确指出："刘茜今年才十六岁，根据特区的婚姻法律，未达结婚年龄。黄克功是革命干部，要求与未达婚龄的少女刘茜结婚，已属违法，更因逼婚不遂，以致实行枪杀泄愤，这完全是兽性不如的行为，罪无可恕。"黄克功违反人性，惨无人道，对于像他这样残害革命同志，非杀不足以平民愤的严重刑事犯罪分子，如果错误地给以赦免，无疑丧失了无产阶级的阶级性，也背离了人性。只有处以极刑，才能顺乎天理，合乎人情。

边区高等法院对黄克功一案的正确处理，极大地提高了边区司法工作在全国人民中的威信。国民党统治区的一些有识之士赞扬陕甘宁边区司法没有"法制小人，礼迁君子"的态度，而"充满平等与正义的精神"。李公朴也称赞边区司法工作是"将来的新中国建立法律的好榜样。"毛泽东的指示和边区高等法院对黄克功案的处理是由陕甘宁边区抗日民主政权的人民民主本质所决定的，由此开创的革命法制的平等原则和民主精神揭开了边区民主法制的新篇章，其中所蕴含的宝贵经验已成为我国法制建设方面的重要财富。

三

政治的核心问题是国体和政体问题。1940 年 1 月，毛泽东在《新民主主义论》中研究了世界上现存的几种国家体制之后，写道："这里所谈的是'国体'问题。这个国体问题从前清末年起，闹了几十年还没有闹清楚。其实，它只是指的一个问题，就是社会各阶级在国家中的地位。"[3] 毛泽东用马克思主义的观点，正确地揭示了国体的实质：国体就是指国家政权的阶级性质。而政体与国体虽有联系，但却是和国体不同的另一个概念。"至于还有所谓'政体'问题，那是指的政权构成的形式问题，指的一定的社会阶级取何种形式去组织那反对敌人保护自己的政权机关。没有适当形式的政权机关，就不能代表国家。"[4] 总之，国体是就国家的阶级本质而言，而政体是就国家的政权组织形式而言。

新民主主义共和国的国体和政体应该是怎样的呢？毛泽东认为，在国体上，新民主主义的中国既不同于欧美式的资本主义共和国，又不同于苏联式的社会主义共和国，在抗战时期，中国要建立新民主主义共和国，即几个革命阶级联合专政的共和国。"这是一定历史时期的形式，因而是过渡的形式，但是不可移易的必要的形式。"[5] 在政体上，为了与国体相适应，"中国现在可以采取全国人民代表大会、省人民代表大会、县人民代表大会、区人民代表大会直到乡人民代表大会的系统，并由各级代表大会选举政府。但必须实行无男女、信仰、财产、教育等差别的真正普遍平等的选举制，才能适合于各革命阶级在国家中的地位，适合于表现民意和指挥革命斗争，适合于新民主主义的精神。这种制度即是民主集中制"[6]。毛泽东在这里第一次指出，新中国的政体即政权组织形式应该是民主集中制的人民代表大会制，为新中国的宪法建设初步奠定了理论基础。

抗日战争初期，蒋介石大搞实行宪政的欺骗宣传，迷惑了一些人，以为国民党或许真会实行宪政。为了揭露蒋介石的这一骗局，把宪政宣传的旗帜夺到党和人民的手中，变为启发人民觉悟，向蒋介石要求民主自由的一个武器，延安各界宪政促进会于1940年2月20日成立。《新民主主义宪政》就是毛泽东在成立大会上所作的演说，这也是毛泽东关于宪法问题的第一篇专论。

"宪政是什么呢？就是民主的政治。"[7] 民主政治的不同决定了宪政的不同。毛泽东把民主政治分为欧美式的、苏联式的和新民主主义的三种。欧美式的是旧式的民主，已经处于没落阶段；苏联式的虽然好，但在当时的中国还行不通。"现在，我们中国需要的民主政治，既非旧式的民主，又还非社会主义的民主，而是合乎现在中国国情的新民主主义。目前准备实行的宪政，应该是新民主主义的宪政。什么是新民主主义的宪政呢？就是几个革命阶级联合起来对于汉奸反动派的专政。"[8] 新民主主义是由资产阶级宪政向社会主义宪政过渡时期所实行的民主政治。

既然宪政就是指民主政治，因此，宪政同宪法既有联系又有区别。有了宪法，并不等于就有了宪政，宪政必须以民主政治为前提。中国宪政的前提有二：一是要争取民主。"世

---

③ 《毛泽东选集》第2卷，人民出版社1991年6月第2版，第676页。
④ 《毛泽东选集》第2卷，人民出版社1991年6月第2版，第677页。
⑤ 《毛泽东选集》第2卷，人民出版社1991年6月第2版，第675页。
⑥ 《毛泽东选集》第2卷，人民出版社1991年6月第2版，第677页。
⑦ 《毛泽东选集》第2卷，人民出版社1991年6月第2版，第732页。
⑧ 《毛泽东选集》第2卷，人民出版社1991年6月第2版，第733页。

界上历来的宪政，不论是英国、法国、美国，或者是苏联，都是在革命成功有了民主事实之后，颁布一个根本大法，去承认它，这就是宪法。中国则不然。中国是革命尚未成功，国内除我们边区等地而外，尚无民主政治的事实……所以现在的宪政运动是争取尚未取得的民主，不是承认已经民主化的事实。”⑨ 二是要戳穿假宪政的骗局，实行真正的宪政。宪政的实质是民主，蒋介石实行独裁，却也口谈宪政。中国要真正实现宪政，就必须揭露宪政的骗局，不能以为有了宪法就有了民主，有了宪政。毛泽东讲道：“他们的宪政，是骗人的东西。你们可以看得见，在不久的将来，也许会来一个宪法，再来一个大总统。但是民主自由呢？那就不知何年何月才给你。”“中国现在的顽固派，正是这样。他们口里的宪政，不过是‘挂羊头卖狗肉’。他们是在挂宪政的羊头，卖一党专政的狗肉……他们一面谈宪政，一面却不给人民以丝毫的自由。”⑩ 总之，真正的宪政必须经过艰苦的斗争才能取得。中国只有变为新民主主义的国家，才能实现真正的宪政。

四

1940 年 8 月 20 日，董必武在陕甘宁边区中共县委书记联席会议上发表讲话，其中的一部分——《更好地领导政府工作》集中阐述了如何正确处理党法关系的问题。

首先，党组织和党员应成为服从法令的模范。董必武针对当时边区党内有些同志不愿做政府工作的思想，论述了政府工作的重要性。他认为，党领导人民把政府这一国家机器从地主军阀手中夺了过来，就应该领导人民好好地使用它，使它能为自己服务。但是，党和人民政府是两种不同的组织系统，党要加强对政府工作的领导，但绝不是形式上的直接管辖，决不能以为，党领导政府就是党在形式上直接指挥政府。“政府在党领导下所颁行的法令，所公布的布告，所提出的号召，我们的党组织和党员首先应当服从那些法令，遵照那些布告，响应那些号召，成为群众中爱护政府的模范。”⑪ 法令已体现出了党的政策精神，法令得不到良好的遵守，便不能很好地实现党的领导。

其次，“党员犯法应加重治罪”。十月革命后，列宁曾强调，加重对共产党员的判罪乃是社会主义国家的一个法律常识。董必武又专门论述了这一问题，坚持并发展了列宁的法律思想。董必武从党和政府的关系的角度分析了党员违法应受制裁的根据。“那些法令和秩序是我们公共生活所必须，而且法令是经过了一定的手续才制定出来的，秩序是经过一定的时间才形成起来的。在制定和形成时已经渗透了我们自己的意见和活动。我们如果违背了政府的法令，破坏了社会的秩序，我们自己必须负责，受到国家法律的制裁。”⑫ 董必武还从党和群众的关系的角度分析了党员犯法应加重治罪的原因。党员应当自觉地遵守党所

---

⑨ 《毛泽东选集》第 2 卷，人民出版社 1991 年 6 月第 2 版，第 735 页。

⑩ 《毛泽东选集》第 2 卷，人民出版社 1991 年 6 月第 2 版，第 736 页。

⑪ 《董必武政治法律文集》，法律出版社 1986 年 2 月第 1 版，第 3 页。

⑫ 《董必武政治法律文集》，法律出版社 1986 年 2 月第 1 版，第 6 页。

领导的政府的法令。如果违反了这样的法令，除受到党纪制裁外，应比群众犯法加重治罪，为什么呢？因为群众犯法有可能是出于无知，而我们党员是群众中的觉悟分子，觉悟分子犯罪是决不能宽恕的，是应当加重处罚的。不然的话，就不能服人。从前封建时代有“王子犯法，与庶民同罪”的传说，从这传说中很可以看出人民希望法律上平等的心理。难道说我们共产党不应当主张比封建时代传说下来的一点法律上的平等更前进一步吗？董必武告诫人们，要以国民党为鉴，国民党正是由于其党员普遍地不遵守法令而遭受到国人的痛恶。共产党如果逃避政府的审判和处罚，就会失去人民的拥护。因此，董必武请求党通过一个决议，警告党员必须遵守边区政府的法令，党员犯法，加等治罪。他说：“这不是表示我们党的严酷，而是表示我们党的大公无私。党决不包庇罪人，党决不容许在社会上有特权阶级。党员毫无例外，而且要加重治罪，这更表示党所要求于党员的比起非党员的要严格得多。”⑬ 1941年5月1日，由中共边区中央局提出，中共中央政治局批准的《陕甘宁边区施政纲领》采纳了董必武的主张，在第八条中规定：“共产党员有犯法者从重治罪”，从而使这一司法原则正式确立下来。今天，我们无疑仍能从中得到很多的启示。

五

人民革命胜利后，必须废除旧宪法，摧毁旧法统。法律是统治阶级意志的集中体现，这是一条马克思主义法学的根本原理。在新民主主义革命时期，中国无产阶级和广大劳动人民处于被统治地位，因而不可能把自己的意志上升为国家意志，制定出自己的法律。为了取得人民民主革命的胜利，必须彻底摧毁旧法体系。

早在1927年3月，毛泽东在其著名的《湖南农民运动考察报告》中就指出，宗法封建性的土豪劣绅和地主阶级，是几千年封建专制政治的基础，打倒这个封建势力，乃是国民革命的真正目标，可是孙中山领导的旧民主主义革命历经四十年却未达到。农民通过革命行动，把“……一切权力归农会……”不仅打倒了土豪劣绅，而且“……旁及各种宗法的思想制度”⑭。对此，毛泽东给予了高度的评价和热情的歌颂。从在井冈山开辟第一个农村革命根据地时起，就在革命根据地废除旧法，制定新的法规。抗日战争时期，随着民族矛盾成为主要矛盾，阶级矛盾降至次要地位，1937年8月25日，毛泽东又及时地在“十大救国纲领”中规定：“废除一切束缚人民爱国运动的旧法令，颁布革命的新法令。”⑮ 这一思想后来体现在《陕甘宁边区施政纲领》等法律文件中。

在中国人民解放军的打击下，国民党反动政府即将土崩瓦解。为了挽回自己彻底覆灭的命运，蒋介石于1949年1月1日发表元旦声明，要求确保“中华民国的国体”，不违反

---

⑬ 《董必武政治法律文集》，法律出版社1986年2月第1版，第6～7页。

⑭ 《毛泽东选集》第1卷，人民出版社1991年6月第2版，第14页。

⑮ 《毛泽东选集》第2卷，人民出版社1991年6月第2版，第355页。

"神圣的宪法"，不中断"中华民国的法统"等等，以此作为和平的前提。1月5日，毛泽东发表评论《评战犯求和》，对蒋介石的元旦声明逐条加以驳斥；1月14日，毛泽东又正式代表中共中央发表了《关于时局的声明》，指出："……为着保持国民党政府的残余力量，取得喘息时间，然后卷土重来扑灭革命力量的目的，中国第一名战争罪犯国民党匪帮首领南京政府伪总统蒋介石，于今年一月一日，提出了愿意和中国共产党进行和平谈判的建议。中国共产党认为这个建议是虚伪的。这是因为蒋介石在他的建议中提出了保存伪宪法、伪法统和反动军队等项为全国人民所不能同意的条件，以为和平谈判的基础。"[16] 并且，毛泽东还针锋相对地提出了中国共产党的八项和平条件，其中，第二项是"废除伪宪法"，第三项是"废除伪法统"。

那么，究竟"法统"是什么意思？毛泽东为什么坚决要求废除国民党的伪法统呢？蒋介石所谓的"法统"，是指国民党统治权力在法律上的来源而言，即国民党政府是"合法的正统"。也就是说，国民党的统治权力的根据是宪法，宪法的根据又是国民大会，国民大会的根据是"训政时期约法"；如此层层上溯，直至于国民党政府的成立。蒋介石在元旦和平声明中提出"只要法统不致中断"，其用意就是要求中国人民承认国民党的反动统治为正统，要求承认其合法地位，而不去推翻国民党政府。这是一种欺骗，似乎先有一定的法统，一定的宪法和法律的传统，然后才根据这种传统的宪法和法律而产生的某种国家政权。马克思主义认为，任何法统，任何宪法和法律，在阶级社会中只能由一定的阶级在阶级斗争中来创造，在取得国家政权后来创造。有了什么性质的国家政权，才有什么样的宪法和法律系统，才有什么样的法统。革命阶级必须用暴力彻底打碎旧的国家机器，废除反动统治阶级的旧法统，重新建立自己的革命的新法统。毛泽东提出废除伪宪法，废除伪法统，其实质就是要求彻底推翻国民党的反革命统治，号召人民坚决不能承认在国民党反动政府统治下制订和建立的一切法律、典章、政治制度、政治机构和政治权力。人民民主政权的权力不是根源于任何先前存在的法统，而只能是人民革命胜利的结果。

在上述思想指导下，1949年2月，中共中央发布了《关于废除国民党的六法全书与确定解放区的司法原则的指示》，规定："在无产阶级领导的工农联盟为主体的民主专政下，国民党的六法全书应该废除，人民的司法工作不能再以国民党的六法全书为依据，而应该以人民的新的法律为依据。在人民的新的法律还没有系统地发布以前，应该以共产党政策以及人民政府与人民解放军所发布的各种纲领、法律、条例、决议作依据。目前在人民的法律还不完备的情况下，司法机关的办事原则应该是：有纲领、法律、命令、条例、决议者，从纲领、法律、命令、条例、决议之规定；无纲领、法律、命令、条例、决议规定者，从新民主主义的政策。"这是马列主义关于废除旧法，建立新法的原理在中国具体条件下的运用和发展，也为新中国成立后摧毁旧法制，创立新法制，提供了基本依据。

---

⑯ 《毛泽东选集》第4卷，人民出版社1991年6月第2版，第1388页。

六

1949年6月30日，毛泽东发表《论人民民主专政》，总结了中国共产党成立二十八年间中国革命的实践，认为中国人民已经取得的主要的和基本的经验有两个：其中之一就是，“在国内，唤起民众”，结成国内的统一战线，并由此发展到建立人民民主专政的国家。毛泽东写道：“中国人民在几十年中积累起来的一切经验，都叫我们实行人民民主专政，或曰人民民主独裁，总之是一样，就是剥夺反动派的发言权，只让人民有发言权。”“……对人民内部的民主方面和对反动派的专政方面，互相结合起来，就是人民民主专政。”[17] 所谓人民，包括工人阶级、农民阶级、城市小资产阶级和民族资产阶级。工人阶级是领导阶级，民族资产阶级不能充当革命的领导者，也不应当在国家政权中占主要地位。因此，毛泽东又说：“总结我们的经验，集中到一点，就是工人阶级（经过共产党）领导的以工农联盟为基础的人民民主专政。”[18]

另外，毛泽东在这里还初步阐明了两类不同性质矛盾中的法律问题。人民民主专政是对人民实行民主，对反动派实行专政。为了保护人民，就决不能对敌人施行仁政。“军队、警察、法庭等项国家机器，是阶级压迫阶级的工具。对于敌对的阶级，它是压迫的工具，它是暴力，并不是什么‘仁慈’的东西。”[19] 这种意义上讲，人民民主专政就是对反动派实行“独裁”。相反，对人民内部，则只能实行真正的民主，但并不是说可以随便超越法律的范围。毛泽东正确地处理了民主和法律的关系问题，他指出：“我们在这方面使用的方法，是民主的即说服的方法，而不是强迫的方法。人民犯了法，也要受处罚，也要坐班房，也有死刑，但这是若干个别的情形，和对于反动阶级当作一个阶级的专政来说，有原则的区别。”[20] 新中国建立后，毛泽东、董必武等中国共产党第一代领导集体又进一步发展了这一理论。中国共产党在新中国建立前的法律探索成为毛泽东思想对马克思主义法学理论的一个伟大贡献。

---

⑰ 《毛泽东选集》第4卷，人民出版社1991年6月第2版，第1475页。

⑱ 《毛泽东选集》第4卷，人民出版社1991年6月第2版，第1480页。

⑲ 《毛泽东选集》第4卷，人民出版社1991年6月第2版，第1476页。

⑳ 《毛泽东选集》第4卷，人民出版社1991年6月第2版，第1476页。

龙大轩

羌族习惯法文化的民族个性及其儒家化倾向*

简介

龙大轩，汉族，1965年3月生，重庆市梁平县人，历史学硕士，法学博士。现为西南政法大学法律史学教授，主要从事民族法文化和法律史学研究。公开发表论文五十余篇，其中多篇为《新华文摘》、《中国社会科学文摘》、《中国学术年鉴》、中国人民大学复印报刊资料、《高等学校文科学报》等刊物转载；出版学术专著7部，获司法部、重庆市政府学术奖励4项。2006年获得“重庆市高校优秀中青年骨干教师”荣誉称号。

---

* 原发表于《浙江大学法律评论》，2000。

羌族，与汉族同为炎黄子孙，其传统古老而悠久，数千年的历史熔铸了它独特的民俗文化，习惯法资源十分丰富。对于羌族习惯法，笔者自1994年以来，在田野考察的基础上进行实证研究，发表过一些文章，提出过一些看法，却因偏重对习惯法民族个性之探讨而忽略其与外部文化环境的关联。近来才发现，在文化品质上，羌族习惯法与中原主体民族——汉族的国家制定法有惊人的相似之处，表现出儒家化的倾向。习惯法是在该民族特有的民情土俗、行为禁忌、宗教信仰等基础上约定俗成，其文化个性强而共性弱、实验性强而抽象理性缺乏，与汉族正统的官方文化——儒家何以搭上关系？提出这个问题，或许让人费解！儒家以人伦为基点来思考伦理、道德、政治、法律等社会问题，该学说的渗透力不可低估。在它的影响下，封建国家法制直接以儒家的纲常名教作为法律条文，或者用法维护纲常名教，法律儒家化的特征非常突出。对周边少数民族，儒家学说的外张力也很强。《左传》曰："用夏变夷"就是用"诗书礼乐"、纲常伦理去变革、同化少数民族的文化结构。自秦汉"郡县治羌"以来，羌族一直生活在封建国家多民族的大家庭中，在思想文化上为儒家学说所濡染，乃情理中事，此为论证羌族习惯法文化特征变异之大前提。

一、羌族习惯法文化的民族个性

秦末汉初以前，羌族主要活动于我国西北部，"所居无常，依随水草。地少五谷，以产牧为业"①。此时羌族的经济形态是游牧经济，居无定所的游牧生活经历史积淀形成独特的游牧文化，以致今天的羌族民歌中还有"我生来就是打猎的，不是吃人奶而是吃狗奶长大的"② 的唱词，反映羌民对自身民族里程中曾经拥有的游牧文化的眷恋。这种源于经济生活而植于心理观念的文化传统，制约着羌族习惯法的文化特质，使之显现出鲜明的民族个性。

（一）神法文化特征

在世界文化史上，很多民族在早期的法文化体系中都存在着法律权威等同于宗教权威的阶段，因而梅因在19世纪就指出：世界所有古代法制系统都要经历"任意之裁决"阶段。在这一阶段，裁决权被认为是神授的，其法文化体现出以神权为中心的神法文化特征。③ 这个论断，同样适用于羌族习惯法。羌族是个多神民族，所信仰的神，从大地到人间，从山川河流到草木鱼虫，万物皆有神，概其类别，不下百种。《汶川县志》卷五对此曾

---

① 《后汉书·西羌传》。

② 《羌族民间长诗选》，北川县政协文史委1994年4月编。

③ 参见郭锦《法律与宗教：略论中国早期法律之性质及其法律观念》，见《美国学者论中国法律传统》，中国政法大学出版社，1994。

有述评："下则木石之怪，龟蛇之灵，妖由人兴，罔问男妇。即今世所谓拜物教。"[④] 在这种"泛灵论"的文化环境中，羌族习惯法自然无法抹去神法文化的色彩。

在战争习惯法中，神灵旨意被作为是否采取军事行动的衡量标准。"西夏（党项羌）旧俗，凡出兵先卜，卜有四：一炙勃焦。以艾灼羊髀骨卜师，谓之厮乩，视其兆谓之死跋焦。其法兆之上为神明，近脊处为坐位，坐位者王位也；近傍处为客位。盖西戎之俗，所居正寝常留中一间以奉鬼神，不敢居，谓之神明，主人乃坐其傍，以此占主客胜负。二擗竹。擗竹于地以求数，若揲蓍然。三咒羊。先咒粟以食羊，羊食其粟则自摇其首，其夜牵羊焚香祷之，又焚谷火于野。次晨屠羊视其五脏，羊肠胃通则吉；羊心有血则败，谓之生跋焦。四矢击弦，听其声知胜负及敌至之期。[⑤] 党项羌是古羌的一支，所谓"西夏旧俗"即战争习惯法，对战略上是否用兵出师、分析敌我主客态势，战术上估计敌军人数和行动日期等都有所规范，但不管是战略上还是战术上的判断决策都不是取决于人，而是取决于神。

在婚姻家庭习惯法中，神灵被拟制为创设婚姻制度的主体，而且神灵意志还是缔结婚姻不可逾越的前置条件。羌族民间传说"羊角婚姻"即一夫一妻制就是鹅巴巴女神制定的[⑥]，现代羌族婚仪上的红爷（即羌民中的媒人）唱词也说明了这一点："世上万事有来由，羌人婚配说从头。理不讲时人不知，此制本是木姐（天神木比塔的三女儿木姐珠女神）兴。所有规矩她制定，后人不敢有减增。一代一代传下来，羌人古规须遵行。"[⑦] 习惯法中神灵定亲的规范，使得羌民的婚配行为必须以神旨作为终极评判标准，缔结婚姻须将男女双方的"庚书"置于家中神龛下，七日内家中不打烂家具、禽畜无异状，则视为神同意该项婚姻，"请了瑞公算生辰，神灵定就这门亲"[⑧]，反之，则视为神不同意该门亲事，如果男女双方坚持要结婚的，就不符合神意，也不具备习惯法效力。笔者采访的汶川县羌羊村民周远芳的姑姑，说亲后回家中蒸子被摔烂，认为与男方八字不合，得不到神的认可，遂废婚约。

神明裁判是神权法文化最集中的体现，羌族习惯法中对案件的调处，以神判作为至关重要的方式。神判在羌族社会，一方面发挥着对案件的侦、控功能，如在盗窃案件中无法确认犯罪嫌疑人时，可借助这种方式来寻找谁是罪犯的神示证据；另一方面起着排忧解难、决断纷争的社会调控作用，个案的是非曲直难以判定时，则以神的旨意来认定，神灵昭示谁有罪就惩罚谁，虽有失武断，却对维持羌区安定团结、和平宁静大有帮助。清同治《理番厅志》记载羌区保城（今理县薛城）西有一石，"略似人形……羌民畏以为神，凡有争辩未决，不愬官司，就此立誓，终身不敢更异"。这就反映，羌民纷争，多数是经由神判解决的，这与羌族家族内部纠纷由家族长辈处理，村寨内或村寨之间纷争由寨首、乡约或行政

---

④ 民国《汶川县志》卷五・风土章，见《中国地方志集成・四川府县志辑》，66页，巴蜀书社，1992。

⑤ 《西夏纪事本末》卷十，元昊僭逆。

⑥ 《羌族故事集》，阿坝州文化局编内部资料。

⑦ 王康等《神秘的白石崇拜》，231～232页，四川民族出版社，1992。

⑧ "羌族喜庆祝酒词"，见《大禹故里——北川》，内部资料北川县委宣传部编。

首领调处的情形并不矛盾，常常是案件的疑难复杂程度致使人力难以明判是非时则求诸于神，故神明裁判是羌族习惯法中调处案件的终极裁判方式。元朝时，碉门羌人在市场因与人争价而杀人，被鱼通司逮捕，“羌酋怒，断绳桥，谋入劫之”，中央政府派张庭瑞前往处理，羌酋长见张庭瑞骑白马而来，立即奔枪弩罗拜，说：“我近者袭羊髀卜之，视肉之文理如何。则吉其兆曰：‘有白马将军来，可不劳兵罢。’今公马果白，敢不从命。”[⑨] 此例说明，元朝时羌族仍按本族习惯法处理族人的刑事案件，不受国家统一法的制约，但习惯法的裁判标准又在于神灵旨意，所以该酋长因占卜得到神的指示后，才愿将杀人的羌民交给政府处理。羌族习惯法中的神判，主要有占卜、诅咒发誓、砍鸡吊狗、枪打草人、捞油锅等几种。

从以上几方面分析可以看出，神的意志被视为羌族习惯法的最高准则，但这不等于神就真的存在，神只不过“是支配着人们日常生活的外部力量在人们头脑中的幻想的反映，在这种反映中，人间的力量采取超人间的力量的形式”[⑩]，是被扭曲了的客观世界的主观反映。羌民族限于环境、文化、经济等因素，对自然界种种神秘现象难以认识和解释清楚，只能将其理解为有一个“超人间的力量”在主宰着这个世界，那就是神。故羌文化中的神灵意志，乃是羌民对客观世界认识不清而形成的且为众人所认同的是非评判标准。质言之，习惯法中的神灵意志，实际就是羌民自我的受自然界局限的意志。

（二）原始民主性特征

羌族习惯法文化是调整羌民行为及其社会关系和社会秩序的文化系统，又是一种带有自治意味的文化系统，原始民主性的特征昭然易见。羌族自西北移居西南，一直未形成统一的国家政权（游离到宁夏、甘肃的党项羌曾建立“西夏”政权，这是极为例外的情形），“不立君臣，无相长一”[⑪]，整个民族经母系氏族历父系氏族公社，最后为农村公社所取代。这种经济结构一直维系到20世纪50年代，由于自然环境恶劣，“处万山之中，无直禾之地”[⑫]，“天无时不风，地无处宅土”[⑬]，生产力很难提高，以至于千百年来羌村社会依然处于难以高度自给自足的小农经济形态之中。在这种经济形态下，虽然生产资料家庭私有制已经形成，但羌民之间的阶级划分尚不明显，贫富悬殊并不严重，民族内部的矛盾冲突也不突出，民众对酋豪十分拥护，酋豪对部众也寄予关切，如东汉“时烧何豪（羌民之一种）有妇人比铜钳者，年百余岁，多智筭，为种人所信向，皆从取计策”[⑭]，反映了民众对首领的爱戴。在这样的社会背景下，羌族习惯法对族众采取平等保护的原则，培育其参与社会活动的自主意识，群策群力，以维护种族的共同利益，是符合历史规律的。这是羌族习惯

⑨ 《元史・张庭瑞传》。

⑩ 《马克思恩格斯选集》第3卷，354页，人民出版社，1972。

⑪ 《后汉书・西羌传》。

⑫ 道光《茂州志》卷五《杂记》，见《中国地方志集成》，66页，巴蜀书社，1992。

⑬ 民国《汶川县志》卷五《风土》，见《中国地方志集成》，66页，巴蜀书社，1992。

⑭ 《后汉书・西羌传》。

法文化具有原始民主性的社会物质基础。

羌族习惯法中，体现出原始民主性特征的内容很多，如首领选举的习惯法规范，就是以被选举人的品德能力作为标准。史诗《羌戈大战·必格纽》中唱道："地盘业主选寨首，选公正的人，选善战的人，选善牧放的人。"[15] 尤其能显示这一特征的习惯法内容当首推"议话坪"制度。

民国以前，羌区各村、寨都施行"议话坪"制度，在每个村、寨选定一块平地作为议话地点，每一年或两年召开一次会议，由乡约、寨首召集，每家派一成年男子来议话坪集体讨论和处理问题，所涉议题有：（1）关于寨首、乡约的选举、产生和更换；（2）乡村民约的制订、修改和废止；（3）重大祭祖活动（如祭山会、还愿会、天旱求雨等）的安排；（4）实施血亲复仇，部落、村寨械斗，决定出兵打仗等；（5）对民刑案件的讨论处理；（6）对政府差役的安排与分摊，公益事业（如修桥铺路、挖水沟等）的分担。议话会上，人人都有发言权，经"议话"认可的诸种公约，即成为习惯法规范，具有约束力和强制执行力，村寨民众必须遵行。有的地方还有几个寨子共同使用的"大议话坪"，是联寨之间最高的议事机构和裁决机构，参与者要携刀带枪，开会时周围布有警戒，即使政府官员也不能前往参与或干涉。[16] 从文化学角度考虑，"议话坪"制度的原始民主性特征可概括为三个方面：

首先，民众共同参与制定公约。羌族谚语称："男子十五穿铠甲，枪法好；二十在议话坪讲话，就算好小伙子。"反映了羌民积极参与议话制度的民主意识。议话坪制定规约，亦为民众共同创设，如茂县曲谷乡河东村议话坪碑约记载，该碑为"咸丰九年（1857年）八月十五纳木什勺立，河东十二寨大众尚议"[17]。

其次，议话公约的内容是民众共同意志的体现。上述河东村议话坪碑约，有"两寨不打一寨，两家不打一家"，"上不打民房，下不打门坎，不仗势欺人"的规定，反映了羌民追求公平、正义的共同愿望，借议话坪的立法功能，将之形成村规、寨规，便于民众遵守。又如理县桃坪乡增头村每年七月五日召开议话坪会议，为保护处于成熟期的庄稼，会议上要形成防止和处置盗窃行为的公约，与会人全体盟誓，"要杀鸡一只，血淋纸旗，插于田地森林中，鸡不吃，吊于树上，表示如有触犯乡规民约者，像鸡一样死去"[18]，表达了民众保护私有财产的初衷，对维护农业生产起到了积极作用。

最后，议话坪处理案件具有民主性。对羌民中的民事纠纷以及伤害、杀人、盗窃、抢劫等严重刑事案件，议话坪采取"公议"、"公决"、"公断"等方式来处理。茂县合心坝《永远章程条规》规定了八种禁止性行为，凡有违反者，人人都可向"首人、老人"投诉，

---

[15] 《羌族民间长诗选》第31页，内部资料，北川县文史委、民宗委1994年编。

[16] 该则资料叙述人：何国成、苏家国，分别为茂县政协的正、副主席。

[17] 《茂县羌族自治县志》第二稿第五册，茂县地方志编委会编印。

[18] 《羌族社会历史调查》，181页，四川省社会科学院出版社，1986。

"若投明首、老人，众等公断"⑲。一般的民事诉讼，议话坪可以径行裁决，遇重大刑事犯罪，或自裁，或报官，分别情形处理，皆以是否符合民愿为准。如民国初年，茂县沟口羌民冉国太杀害同寨的唐某某，秘藏尸体后被发现，寨子里年岁最大的老人便打锣召集众人到议话坪，对冉进行审讯示众，并问众人如何处理，众人说"杀掉"，于是将冉押至离寨远处用火枪击毙，没有报官。⑳

（三）血缘法文化特征

羌族习惯法的血缘文化特征表现为习惯法规范对一脉相承的血缘共同体之维护。同宗繁衍而来的部落或种族，都有调整该部落成员行为以及相互关系的习惯法规范。依据这些规范，部族成员只是该部族生命延续长河中的一滴水，部族整体利益高于个人的现实存在，个体必须归属于群体，每个部族成员都要依习惯法对其血缘传统给予认同，利用血缘纽带的作用增强内部凝聚力，大家互助互救，共谋发展，由此获得生存安全感。早期的游牧生活使羌族四处奔走，居无定所，如果缺乏血缘这一联系纽带，部族就会因分散而终归消亡，所以羌民把对血缘祖宗的膜拜仪式搞得极具功利主义色彩，"家无祖堂，立石插小旗，谓之家神。有事誓焉"㉑，与汉族纷繁复杂的祭祖仪式相比较，羌族对祖先的血缘认同仪式来得简单而实用，以适应其逐水草而徙的流动性特点。但这并不意味着羌民的血缘共同体就由此淡化，相反，为了应付部落战争，使同宗支脉的族人得以壮大，羌族的血亲复仇之俗极盛，习惯法由此显现出血缘文化的个性。

古羌在春秋、战国时期尤为活跃。当时正值西北部落林立争霸之际，东方又有强大的秦国虎视眈眈，羌族和其他民族或为争夺牧场、耕地，或因婚姻纠纷，彼此间常常发生战争；羌族内部也有150种之多，各以其祖宗姓名为号，称为某某种，"其俗氏族无定，或以父名母姓为号"㉒，不同部落之间也会因争夺资源财富发生战争。生存之战迫使不同部落的羌族以血缘为标准对外实施战斗，如本族人员为外族所杀，或受欺凌，则要发誓报仇，"尤重复仇，未得所欲者，蓬首垢颜，跣足草食，杀已乃复"㉓。即使是力量弱小的部落，也要集中本族的壮妇，饱食牛羊酒食之后，到仇家去纵火，"焚其庐舍"㉔。羌族迁居西南后，复仇之习仍然保留无异，从岷江中上游的羌式建筑可看出历史遗存，"其俗多有世仇，不相往来"㉕。为防仇家贸然来攻，羌族村寨大都建于高山或半山上的易守难攻之地，住房附近还筑有坚固的高达数丈乃至十余丈的碉楼，"累石为室，高者至十余丈为邛笼"㉖，碉楼与民房

---

⑲ 《永远章程条规》碑，以前的文献资料均无记载，现藏于茂县三龙乡文化馆馆长王国亨（羌族）家中。

⑳ 该则资料叙述人：冉朝善，羌族，茂县政协副主席。

㉑ 乾隆《石泉志·番俗》。

㉒ 《后汉书·西羌传》。

㉓ 《新唐书·党项传》。

㉔ 《西夏纪事本末》卷十，元昊僭逆。

㉕ 《宋史·宋琪传》。

㉖ 《后汉书·冉駹传》。

相交通，形成完整的战役工事，便于储存粮食，传达命令，攻击敌人。

血亲复仇作为羌族族习惯法的重要组成部分，其文化要素可粗略剖析为：（1）复仇为荣、不能复仇可耻的习惯法观念。复仇未达目的前则自丑形象以激励斗志，直到达目的后方恢复正常。（2）复仇坚持“杀人偿死”的报复性惩罚原则。（3）“不伐丧家”的禁止性规范。仇家有丧事，复仇者不得在治丧期间实施报复，丧家“负甲叶于背识之”㉗。（4）复仇协助的义务性规范。羌族向外族复仇，其他羌人都落有协助义务；种落内人员向其他种落复仇，种落内人员有协助义务。如公元89年，汉朝金城郡安夷县吏抢夺卑浦种羌妇为妻，羌妇之夫将县吏杀死，安夷县吏宗延“追之出塞”，激起卑浦种羌人公愤，“遂共杀（宗）延，而与勒姐及吾良二种相结为寇”㉘。这一案例说明，羌妇之夫杀县吏的行为符合习惯法的要求，是为妻复仇的行为，故得到种落中人在观念上的认可和行为上的支持，同时也从反面说明，不依习惯法要求承担复仇协助义务的种落和羌民亦将失去其他种落和羌民为之提供复仇协助的权利。

二、羌族习惯法的儒家化倾向

前述足以让人理解：习惯法的民族个性与羌族的游牧文化息息相关。这是否意味着羌族一旦脱离游牧生活，其习惯法的民族特征就随之而消失呢？回答是否定的。正如一个需要输入血液的人完全没有必要把固有的血液全部排干一样。公元前384年，羌族为秦国所威逼向南迁徙，历时百余年，到公元前3世纪末期的秦末汉初，才在岷江上游的高山峡谷地带定居下来。从此，他们告别了驰骋纵横的游牧生活，迈入了恬淡宁静的农耕文明，旧有的民族习惯法还在一如既往地庇护着本族的子子孙孙，但是新型的经济生活使他们的视野得以开阔，他们仰慕汉族的先进文明进而学习之，这就为羌族文化包括习惯文化注入了新的血液。

汉族文化自西汉武帝“罢黜百家，独尊儒术”以来，一直以儒学为思想正统，儒家的“礼治”、“德治”思想影响着国家的政治、法律领域，封建法制建设表现出礼、法结合的特征，伦理道德规范直接演变为法律规范，法律规范维护伦理道德规范，法律儒家化成为不可逆转的总体趋势。

两汉时期，羌族对儒家文化已表示出兴趣，西南益州的“白狼羌”部落自编了三首《白狼歌》，为“远夷乐德歌”、“远夷慕德歌”、“远夷怀德歌”，歌中内容反映了羌民“去俗归德”的愿望，即抛弃原有陈规陋俗而向往儒学的德礼教化。但是，儒家文化在这一时期究竟对羌族习惯法文化产生过实质性影响没有？无史可考。儒家宣扬忠、孝、节、义之道，通过维护家庭内部秩序进而巩固政治秩序，深为封建统治者所喜爱。唐宋时的统治者力图

㉗ 《西夏纪事本末》卷十，元昊僭逆。

㉘ 《后汉书·西羌传》。

用它来同化周边民族，唐朝“声教所暨，皆边州都督、都护所领，著于令式”[29]；宋朝元丰七年（1084年）所立的《广仁禅院碑》中记云：“西羌之俗，自知佛教……必全以中国法教驭之。”[30] 这两则资料提到的“教”，即儒家的道德教化。中央政府在羌族地区推行儒学的单方努力，是否已使羌族习惯法文化特质因此而产生改变呢？答案同样是四个字：无史可考。

羌族习惯法文化的儒家化倾向是在明清时代得以表现的。这一时期，羌族建立州学、县学、乡学，开展文化教育，在姓名、服饰、丧葬、考试诸方面都与汉族十分接近。如参加国家统一的科举考试，“卷面不必分别汉羌，取额不必加增，一体凭文去取”，此时的羌民已达到“与齐民无异”的程度，综合文化素质今非昔比。[31] 尤其是文化教育以儒学为核心，培养了羌民族对儒家文化的亲近感。立于清道光七年（1827年）的茂县“水磨坪治安管理碑”的碑文规定：“教民之道，莫有（‘有’疑为‘善’字）于圣谕广训十六条”，“□前奉刊刻圣训六谕，敬衍养蒙诗及劝孝歌，皆有益于身心，该保甲户内各有□□□□□□□□□□□□□蒙以养正之功，并令其背诵纯熟，讲解透澈”[32]。潜移默化之中，羌族习惯法已被注入忠、孝、节、义、悌的文化基因，呈现出明显的儒家化倾向，可以从以下两个论题证实这个观点：

（一）定姓名论辈分——儒家化之基点

姓名在汉儒家文化中实在很重要，孔子首倡“正名”，抛出“君君、臣臣、父父、子子”的“正名”公式，就是要求不同人物按其名分享有不同的权利，承担不同的义务，因而姓名不仅是人物的代号，而且还要用这一代号反过去确定该人物的法律地位，所以汉人取名特别讲究辈分，以符合“长尊幼卑”的礼制原则。

姓名辈分是推行儒家伦常道德的形式载体，因此，在羌族未有汉式姓名之前，其习惯法文化接受儒家文化影响的可能几乎为零。明清以前，羌民无汉式姓名，“凡我本族，身居山地，未有定姓名”[33]。自明代始，羌民改用汉姓。如万历年间，白草等羌二十八寨，男妇8 494人“俱愿各换姓名，每年万圣寿节至，各番叩头”[34]。对这种情况，当地的巡抚官王延赡非常诧异，向朝廷报告说：“威茂诸羌，愿为编氓者有之矣，而变异番姓则前此未闻；愿贡方物者有之矣，而以习汉化至今始见。”[35] 又如明朝诗人孙復纮在《羌佣行》中将来成都一带打工的羌民描绘为“朱离音解变华言，雅有名姓人皆熟”[36]。盖此前羌人使用本族语言——羌语（属藏语系藏缅语族），但无本族文字。明清时开始学习汉语即“华言”，并按汉姓定姓名、排字辈。如茂汉县三龙乡勒依寨羌民在嘉庆十三年（1808年）立《世代宗枝》

[29] 《新唐书·地理志》。
[30] 碑文见张维《陇右金石录》卷三，该碑为羌人“荔非恭”所刻，《通志·氏族略五》云：荔非，古羌姓也。
[31] 同治《理番厅志》卷四，《边防》。
[32] 《阿坝州志·文物志》第204页，阿坝州文物志编写组内部编印。“□”为碑文脱字。
[33] 四川民族调查组：《羌族地区土司资料汇辑》，1963年11月印。
[34] 道光《龙安府志》卷五《土司》，又见嘉庆《四川通志·边防》
[35] 道光《龙安府志》卷五《土司》，又见嘉庆《四川通志·边防》
[36] 嘉庆《汶志纪略》卷四《艺文》。

碑云："我等会同一处，商议言定：派行尊卑上下，勿得紊乱，依字取名。"㊲

论字排辈的目的就是要把人分出上下尊卑来，以便"遵依五伦"。所谓"五伦"，即儒家倡导的君臣、父子、夫妇、兄弟、朋友这五种伦常关系，这种做法渐而形成习惯法规范，且以"开列于碑"的形式固定下来。㊳ 羌习惯法对此的承认与采纳，表明它已经受到儒家文化的影响，因此，按辈分定姓名实为羌族习惯法文化儒家化之起点。

（二）维护纲常伦理——儒家化之表现

儒家倡导的"五伦"，概括了古代所有的人际关系。在家庭中，子对父要"孝"，弟对兄要"悌"，妇对夫要"节"；在社会上，朋友之间要守"义"；在国家中，臣对君要"忠"。儒家这种由己及人，由家庭而社会而国家的外放性逻辑思维方法，符合世俗民众的口味，很容易被人接受；强调处于卑位的人向处于高位的人尽单方面的法律道德义务，又深受统治者青睐，具有顽强的生命力，所以被封建国家奉为立法和司法的指导。明清时期，羌族引进忠、孝、节、义、悌作为习惯法的基本准则，用习惯法维护纲常伦理，儒家化倾向十分明显。清光绪三年（1904 年）立于茂县水草坪的巡检司祖莹（祖莹为苏姓羌人）墓碑的碑文中，直接将儒家的纲常伦理作为苏氏家族习惯法的原则，"盖闻孝悌、忠信、礼义、廉耻，世道之根本"㊴。

羌族习惯法吸收儒家的孝、悌思想并进行适当变革，以维护"父为子纲"的纲常原则。比较典型的变化有两方面，一是丧葬习惯法的改革。羌人在游牧文化形态中形成"火葬"习俗。庄子云："羌人死，燔而扬其灰。"㊵ 两汉时汶山郡（今汶川县）的羌人"死则烧其尸"㊶。这种习俗上升为习惯法规范，一直延续到明清时期。由于儒家文化的深入，孝悌之道为羌族所接受，"夫孝悌也，□□人之本兴（性）"㊷，他们也认为传统的"火葬"制度是对死去先人的凌辱，与孝道相悖，遂改行土葬。㊸ 按民间传说，"康熙四十二年（1703 年）归大朝，六衣六木行土葬"㊹。按文献记载，羌族土葬要晚 104 年，即清嘉庆二十二年（1817 年）静州长官司法从武之母死，"殓用棺椁，筑坟以葬，悉如华制，人羡其善变"㊺，开土葬先例。二是成文的家法族规大量涌现。此前习惯法乃约定俗成，靠口耳相传。明清时的羌人不但有了汉式姓名，还借用汉文厘定成文的"家谱"或称"宗枝簿"，家法族规散见于这些谱簿之中。如汶川县三江乡的"刘氏家谱碑"，茂汶县三龙乡勒依寨的"世代宗枝碑"，皆为羌人家族所刻。以谱簿形式表现的家族习惯法之功能在于确认家族成员不同的身

㊲ 四川民族调查组：《羌族地区土司资料汇辑》，1963 年 11 月印。

㊳ 四川民族调查组：《羌族地区土司资料汇辑》，1963 年 11 月印。

㊴ 《阿坝州志・文物志》第 203 页，阿坝州文物志编写组内部编印。

㊵ 《太平御览》卷七九四，《四夷部》。

㊶ 《后汉书・西南夷传》。

㊷ 《阿坝州志・文物志》第 203 页，阿坝州文物志编写组内部编印。该资料出自于"水草坪巡检司祖莹墓碑"，"□□"为碑文脱字。"兴"，疑为"性"字笔误。

㊸ 该则资料叙述人：汪友伦，男，羌族，原汶川县文化馆馆长。

㊹ 《阿坝州志・文物志》第 231 页，阿坝州文物志编写组内部编印。

㊺ 《后汉书・西羌传》。

份地位，并要求他们按照自己的角色做出相应的行为而莫敢僭越，如少事长、子孝父、弟悌兄等，精神实质与儒家孝悌思想趋于一致。习惯法在这两方面的变化使得父权在羌式家族中得以进一步尊显，男性长辈对家庭成员享有支配权。笔者 1994 年在居处海拔 3 500 米之上的理县蒲溪村半坡组调查得知，当地的长者韩春山时年 91 岁，下有两子，长子韩双云 70 岁，次子韩双石 62 岁，再下还有近 40 岁的孙子和 21 岁的曾孙，韩双云、双石皆已古稀、花甲之人，但每逢生日都不能庆贺，因为按其习惯要求，父亲健在儿女不能做寿，与孔子"父母在，不远游"的说教如出一腔，耐人寻味。像这种情形在蒲溪村还有 12 家，喻示着儒家纲常伦理对现代羌民生活所产生的潜在影响。

羌族习惯法吸收儒家的贞节思想并作相应变革，以维护"夫为妻纲"的纲常原则。古羌的婚姻习俗非常独特，"父没则妻后母，兄亡则纳釐婹（嫂）"[46]，俗称"转房"，为其婚姻习惯法所认可，反映古羌的心理观念中缺乏长尊幼卑的伦理等差意识。前述提及的东汉烧何羌的酋长比铜钳是女性，党项羌甚至让妇女担当起焚烧仇家房屋的复仇责任，男女在社会地位上的差别并不存在，也未形成男尊女卑的观念。明清时期，封建国家对羌族无视长幼之差、男女之别的"转房"等陋习极为不满，认为其"大干法纪"，与儒家人伦道德相违背，多次下令严加禁止。在其影响下，习惯法作了相应调整，"转房"等习俗被渐次废止，歧视女性的习惯法不断增多，使她们在家庭内丧失财产继承权，在家庭外没有资格参与重大社会活动，她们被习惯法置于受男人压迫的地位，惟有对丈夫竭尽义务而莫言权利。笔者在汶川县羌丰村 87 岁高龄的周罗氏家收集到的"周氏家训"之内容，足以说明这一点，"女儿经，仔细听，早早起，出房门，烧茶饭，敬双亲，勤梳洗，爱干净，摊针线，莫懒身，做菜饭，须认真，敬公婆，要专心，待兄弟，要喜兴，有儿女，敬老人"，个中内容简直是汉族家训的翻版。

习惯法文化沿着纲常伦理这一路径不停地向儒家文化靠近，乃中国传统文化强大整合力作用之结果，虽为历史必然，却不得不以牺牲本族特定群体（如卑幼、女性）的利益为代价。

本文在分析羌族习惯法文化的民族个性的基础上，论及其儒家化倾向，意在提出两个问题供同仁作进一步研究。第一，羌族的习惯法文化通过儒家文化这一联结体融入了国法文化，那么，我国作为多民族的统一国家，其他众多少数民族那异彩纷呈的习惯法文化，是否也适时地通过某种联结体而融入国法文化，共同构成中国法律传统呢？如果回答是肯定的，那么第二，这种联结体是什么？是儒家文化抑或其他什么呢？

---

[46] 《后汉书·西羌传》。

张全民

髡、耐、完刑关系考辨*

简介

张全民，1968年生，汉族，安徽省桐城市人。现为湘潭大学法学院教授、博士生导师。主要研究方向为中国法律史与法律古籍整理。已出版个人专著《〈周礼〉所见法制研究（刑法篇）》（法律出版社，2004）、古籍整理著作《历代刑法考》（点校，中国检察出版社，2003）。在《法学研究》、《社会科学战线》、《吉林大学学报》、《现代法学》、《法制与社会发展》等刊物上发表学术论文二十余篇。其中，《秦律的责任年龄辨析》、《髡、耐、完刑关系考辨》、《中国古代直诉中的自残现象探析》、《郑克的法律思想初探》等为代表作。

* 原发表于《湘潭大学社会科学学报》，2001（5）。

髡、耐是我国自先秦至六朝（尤其是秦汉）时常见的两种毛发刑，而“完”也是这一时期刑罚体系中习见的刑罚。那么，髡、耐与完究竟有没有联系？它们之间有着什么样的关系？这是我们研究中国法制史时不应回避且无法回避的问题。

一

关于髡刑，《说文》云：“髡，鬄发也”，“鬄，鬀发也”。后人对此亦无疑义。至于耐刑，《说文》作“耏”，并说：“耏，罪不至髡也。”清人段玉裁解释说：“不鬄其发，仅去须鬓，是曰耐”①，也已得到绝大多数人的认同。据此可见，髡与耐是两种差别甚大的刑罚：髡是去发留鬓须，而耐则是去鬓须留发，二者在头发与鬓须的存留上正好相反。对于“完”，《说文》曰：“完，全也。”颜师古注《汉书》时指出：“完谓不亏其体。”② 更多的学者则是从其与髡、耐刑的关系这个角度来对“完”进行界定。

在“完”与髡、耐二刑关系的问题上，前人的见解大致不出以下三种：

1. 完是髡刑。持此说者，以蔡枢衡、杨广伟及日本学者堀毅为代表。其立论的依据来自文字、音韵、训诂等方面。就文字学角度而言，古书有借“完”为“髡”之例③；就音韵学角度而言，“髡”从兀声，或从元声，而“完”亦从元声④；就训诂学角度而言，《集韵·没韵》云：“髡、完，去发刑”，“髡”与“完”同训。

2. 完即耐刑。段玉裁认为，耐“亦曰完。谓之完者，言完其发也”⑤。程树德云：“完者，完其发也，谓去其鬓而完其发，故谓之完。”⑥ 沈家本《历代刑法考》则干脆列“完”、“耏”为一条。⑦ 这种说法在目前的学术界也很流行。许多专著、论文及教材、词典都坚持这种观点。

3. 完既非髡刑，亦非耐刑。今人王森说：“既不加宫、刖、劓、黥等肉刑，又不加以剃发的髡刑，也不加去鬓须的耐刑，保全完好的身体，这就是所谓的‘完’。从这种意义上来

① 见段立裁《说文解字注·而部·耏》，上海书店，1992。

② 班固《汉书·刑法志》注，中华书局，1962。

③ 段玉裁在《说文解字注》中已指出这一点，并举《汉书·刑法志》为证。杨广伟认为，“完是宽的别字……宽和髡是双声字，髡变为宽，宽借为髡……完又是髡的别体字”。见《“完刑”即“髡刑”考》，载《复旦学报》1986（2）。

④ 堀毅另辟蹊径，认为“完”与“丸”同韵，作鬄光头解。见《秦汉刑名考》，载堀毅《秦汉法制史论考》，法律出版社，1988。

⑤ 见段立裁《说文解字注·而部·耏》，上海书店，1992。

⑥ 见《九朝律考·汉律考·刑名考·完刑》，中华书局，1963。

⑦ 沈家本《历代刑法考·刑法分考十一》，中华书局，1985。

说，‘完’不是一种刑罚。”“完”是由髡刑、耐刑沿着从宽的方向发展而来。[⑧]

我认为，上述三说都不能很好地解决传世典籍与出土文献中的诸多问题，因而皆无法令人信服。简单地、笼统地说完刑是髡刑或耐刑，都是不准确的，都将复杂的问题简单化了。因为，完刑在不同历史时期有着不同的含义：从先秦一直到汉初，完刑就是指髡刑；而到了汉文帝改制以后，完刑的内涵发生了变化，它又成了耐刑的同义语。

二

在先秦至汉初，“完”一直是与“刑”或具体的肉刑相对而言的。云梦睡虎地秦简《法律答问》载：“女子为隶臣妻，有子焉，今隶臣死，女子北其子，以为非隶臣子殹（也），问女子论可（何）殹（也）？或黥颜頯为隶妾，或曰完，完之当殹（也）。”[⑨] 在这里，“完”与“黥颜頯”对言，意思仅为免除肉刑而保持身体完全。与此相反，受过肉刑、形体残缺的人即为“不完”。《秦律十八种·军爵》云：“工隶臣斩首及人为斩首以免者，皆令为工。其不完者，以为隐官工。”[⑩] 可作明证。在这种场合，“完”不是一种刑罚。《汉书·惠帝纪》：“民年七十以上若不满十岁有罪当刑者，皆完之”。王先谦释“完”为“免”[⑪]，是完全正确的。

然而，问题并非如此简单，“完”有时又的确是一种刑罚。作为刑罚的“完”，除了具有上述与“刑”或具体的肉刑对言这一特点外，还有一个限制，那就是仅限于特定的刑种——城旦舂。[⑫] 据统计，在睡虎地秦简中，“完城旦”之名出现过8次，“完为城旦”也出现了3次。所谓“完城旦”，是与“刑城旦”相对而言的。比如，其中的2次“完城旦”便与“黥城旦”对言。[⑬]《汉书·刑法志》也说：“前令之刑城旦舂岁而非禁锢者，如完为城旦舂岁数以免”。“刑城旦”或“刑城旦舂”是复合刑。“刑”在这里作“肉刑”解。“刑城旦”即是在判处“城旦”这种徒刑外，还附加黥、劓等肉刑。见诸睡虎地秦简的“刑城旦”就有“黥为城旦”、“黥劓以为城旦”、“斩左止为城旦”、“斩左止，有（又）黥以为城旦”等

---

⑧ 见王森《秦汉律中髡、耐、完刑辨析》，载《法学研究》1986（1）。按：这种观点与栗劲在《秦律通论》第250～252页（山东人民出版社，1985）中的表述一模一样。

⑨ 《睡虎地秦墓竹简》，225页，文物出版社，1978。

⑩ 《睡虎地秦墓竹简》，93页，文物出版社，1978。

⑪ 王先谦《汉书补注》，中华书局，1983。

⑫ 睡虎地秦简只出现“完城旦”之名，但据《法律答问》“夫、妻、子五人共盗，皆当刑城旦”、“夫、妻、子十人共盗，当刑城旦”之“刑城旦”为“刑城旦舂”的简称，我们可以认为“完城旦”在很多情况下其实是“完城旦舂”的简称。而且，云梦龙岗秦简出现过“完城旦舂”、“完为城旦舂”的刑名。张家山汉简《奏谳书》第21件引“律”曰：“鞪（敖）悍，完为城旦舂，铁纍其足，输巴县盐……弃市之次，黥为城旦舂。当黥，公士、公士妻以上，完之”，并出现“完为舂”的刑名。《奏谳书》此处所引之律系秦律，可以与睡虎地秦简律文相印证。详见《江陵张家山汉简〈奏谳书〉释文（二）》及李学勤、彭浩二位先生的论文，并载《文物》1995（3）。

⑬ 《睡虎地秦墓竹简》，203页，文物出版社，1978。

数种。

作为刑罚、用为"城旦舂"的附加刑的"完"究竟是髡还是耐呢?⑭ 我认为，它应该就是髡。因为汉承秦制，汉初与秦制基本相同，所以，这里仅以秦为例，说明其理由如下：

首先，在秦律的刑罚体系中，由轻至重依次为：赀、耐、完、肉刑、死刑，"完"是轻于肉刑而重于"耐"的刑罚。⑮ 睡虎地秦简《法律答问》在述及家长的私刑时说"擅杀、刑、髡"，相同的字样共出现过3次。⑯ "杀"、"刑"、"髡"应该是由重至轻的刑罚排列。"刑"（即肉刑）之下便是"髡"。将其与秦律的刑罚相对照，我们可以很清楚地看出"完"即是"髡"。

其次，在云梦睡虎地秦简所见秦律的律文中，"完"与"耐"同时出现，且分别作为不同劳役刑的附加刑："完"仅与城旦舂相连，"耐"则常常与鬼薪以下的劳役刑并科。云梦龙岗秦简简226云："人及虚租布程者，耐城旦舂□□□"。同时，简279与简271分别出现"完为城旦舂"、"完城旦舂"之名。⑰ 虽然"耐"可与城旦舂相连，为我们以前所未明见；但"完"与"耐"同时出现，这与云梦睡虎地秦简所载并无本质不同。这说明"完"、"耐"有别。

再次，"耐"虽然有时也能与"刑"对言，但用法与"完"不同。《法律答问》云："葆子狱未断而诬告人，其罪当刑为隶臣，勿刑，行其耐，有（又）𣪠（系）城旦六岁。"⑱ 又，"葆子狱未断而诬［告人，其罪］当刑鬼薪，勿刑，行其耐，有（又）𣪠（系）城旦六岁。"⑲ 葆子本应处"刑为隶臣"、"刑鬼薪"之刑，因受优待而被免除肉刑、服6年的城旦刑，不说"完为系城旦六岁"，而说"勿刑，行其耐，有（又）𣪠（系）城旦六岁"。这说明，"耐"即使为城旦舂的附加刑，也应与"完"有所区别。

我已注意到，在秦律的刑罚体系中，并未出现髡刑之名。但在当时的司法实际中，髡刑确实是存在的。其证据有二：

其一，云梦睡虎地秦简的《法律答问》中，"髡"字出现过3次："擅杀、刑、髡其后子，谳之。"⑳ "子盗父母，父母擅杀、刑、髡子及奴妾，不为'公室告'。"㉑ "主擅杀、刑、髡其子、臣妾，是谓'非公室告'，勿听。"㉒ 虽然这里的髡是作为私刑出现的，但应该能反

---

⑭ 先秦至汉初的刑罚有一个明显的特点：城旦舂等劳役刑在与附加刑搭配使用时，一般情况下，劳役刑越重，其附加刑对身体的伤害也越重。因此，仅作为城旦舂的附加刑的"完"肯定要比主要作为鬼薪白粲以下劳役刑的附加刑的"耐"重，这时的"完"轻于"耐"是不太可能的。

⑮ 参见堀毅《秦汉法制史论考》，160～165页，法律出版社，1988。

⑯ 《睡虎地秦墓竹简》182、195、196页，文物出版社，1978。

⑰ 见《云梦龙岗6号秦墓出土简牍释文》，《考古学集刊》第8集。按：简号为出土登记号。

⑱ 《睡虎地秦墓竹简》，198页，文物出版社，1978。

⑲ 《睡虎地秦墓竹简》，199页，文物出版社，1978。

⑳ 《睡虎地秦墓竹简》，182页，文物出版社，1978。

㉑ 《睡虎地秦墓竹简》，195页，文物出版社，1978。

㉒ 《睡虎地秦墓竹简》，196页，文物出版社，1978。

映出当时髡刑流行的情况。

其二，《史记集解·秦始皇本纪》载如淳所引《律说》曰：“论决为髡钳，输边筑长城。昼日伺寇虏，夜暮筑长城。”《太平御览》、《北堂书钞》引《风俗通》皆云：“秦始皇遣蒙恬筑长城，徒士犯罪亡依鲜卑山，后遂繁息，今皆髡头衣赭，亡徒之明效也。”将《律说》与《风俗通》佚文相对照，可以看出在秦的“输边筑长城”的刑徒中一定有“髡头”之人。[23]这里的“髡”绝不是私刑。

正因为先秦至汉初的“完”即髡刑，所以传世典籍在涉及此时的髡刑时，有以“完”代之的例子。《周礼·秋官·掌戮》说：“墨者使守门，劓者使守关，宫者使守内，刖者使守囿，髡者使守积”。班固作《汉书·刑法志》采录此文时，径直将“髡者使守积”改为“完者使守积”。又，《汉书·刑法志》载文帝除肉刑之事云：“诸当完者，完为城旦舂；当黥者，髡钳为城旦舂；当劓者，笞三百；当斩左止者，笞五百；当斩右止……皆弃市”。对于“诸当完者，完为城旦舂”一句，前人多致疑诘。唐颜师古注引臣瓒曰：“文帝除肉刑，皆有以易之，故以完易髡，以笞代劓，以钛左右止代刖。[24] 今既曰完矣，不复云以完代完也。此当言髡者完也。”臣瓒所指出的文帝改制“以完易髡，以笞代劓”的现象是完全正确的，他的“此当言髡者完也”的看法也是有道理的。班固在《汉书·刑法志》中，两次改“髡”为“完”，一则变“髡者使守积”作“完者使守积”，一则以“诸当完者，完为城旦舂”表达“诸当髡者，完为城旦舂”之义。这大概不会是他的偶尔失误。除了说明他知晓这个时期的“完”刑即为髡刑外，很难找出其他更为合理的解释。

三

“完”刑内涵的变化是以汉文帝刑制改革为标志的。

在前引《汉书·刑法志》所载文帝改制之文中，紧接着“当”字的“完”、“黥”、“劓”、“斩左止”、“斩右止”等，是改制前的刑罚体系。将“完”刑与“黥”、“劓”等肉刑并列，而“完”又是指髡刑，这与《周礼·掌戮》将“髡”与墨、劓、宫、刖四种肉刑并列的做法是一致的，而且也与秦律次于“刑”或肉刑的刑种为“髡”或“完”相同。这说明，汉初的刑罚的确沿袭了秦制。

用以取代旧制的“完为城旦舂”、“髡钳为城旦舂”、“笞三百”、“笞五百”、“弃市”，构成了改制后的刑罚体系。在这种新刑罚体系中，“完为城旦舂”与“髡钳为城旦舂”是截然不同的。这一点，从东汉诸帝的弛刑诏书中看得尤为清楚。汉明帝即位诏书、永平十五年

---

[23] 沈家本据《律说》与《风俗通》佚文，认为“秦之徒皆髡矣，汉之髡钳，承秦法也”，说对了一半。汉代的髡钳乃承袭秦法，这是对的；秦代的刑徒，仅有一部分城旦舂须髡头，余皆不髡，故“秦之徒皆髡”一语不确。沈说见《历代刑法考·刑法分考十一·髡》之按语。程树德也以为髡是秦制，说见《汉律考·刑名考·髡刑》。

[24] 汉文改制，本以笞五百代斩左止，将斩右止变为死刑。臣瓒却说以“钛左右止代刖”，不确。

诏书[25]以及汉章帝建初七年诏书、章和元年诏书[26]，在谈到以缣赎罪的问题时，都将当时的刑罚分为“死”、“右趾至髡钳城旦舂”、“完城旦舂至司寇作”或“完城旦至司寇”[27] 三个等级。这表明，“髡钳城旦舂”与“完城旦舂”有明显的区别。就刑罚的严重程度而言，二者不是同一档次的。

这时的“完”刑已非髡刑，还有另外两个证据：

其一，《后汉书·明帝纪》章怀注云：“完者，谓不加髡钳”。此注应反映了当时的实际情况。

其二，《晋书·刑法志》载魏刑制云：髡刑四，完刑、作刑各三，魏明确地将“髡刑”与“完刑”分开，当是继承了汉制。

从目前所能见到的材料看，“完城旦舂”与“髡钳城旦舂”的区分大概最早始于汉文帝时。《汉旧仪》与《汉官旧仪》以为秦代的城旦舂即分为“髡钳”为“完”两种，这恐怕是靠不住的。难怪有些学者对其所述是秦制表示怀疑了。[28]

文帝改制后，“完”既然已非髡刑，那么它又是什么刑罚呢？我认为，此时的“完”就是耐刑。其理由如下：

其一，“完城旦舂”比“髡钳城旦舂”要轻[29]，也就是说，作为附加刑的“完”要轻于“髡钳”。而东汉经学大师、号称“五经无双”的许慎释耐为“罪不至髡”[30]，与许慎同时代的律学名家应劭也说耐是“轻罪不至于髡”[31]。可见，“完”与“耐”同为毛发刑，又均比髡轻，它们很可能是同一种刑罚。

其二，《史记索隐·廉颇蔺相如列传》引江遂曰：“汉令称完而不髡曰耐”，明确地说“完”就是“耐”。江遂所引之“汉令”，应该颁行于文帝改制之后。

这里有一个问题需要加以说明。在汉文帝以后的刑制中，“完”与“耐”同时出现，分别作为不同劳役刑的附加刑，这是为什么呢？我的理解是，耐可并科于自城旦舂至司寇的劳役刑。对于鬼薪白粲、隶臣妾及司寇，因一般只附加“耐”刑，当然不存在相互混淆的问题。唯有城旦舂，其从刑有“髡钳”与“耐”之分，为了便于与髡钳城旦舂相区别，就将附加于城旦舂的耐刑称为“完”。这与秦时的情况看似相同，实则有本质的区别。要很好地理解这一问题，关键是要明白，随着时代的变化，人们已赋予“完”以不同的含义。

㉕ 范晔《后汉书·明帝纪》，中华书局，1965。

㉖ 范晔《后汉书·章帝纪》，中华书局，1965。

㉗ 汉明帝即位诏作“完城旦舂至司寇作”，其余3次皆为“完城旦至司寇。”

㉘ 粟劲就曾由其所记徒刑皆有刑期，推论其“基本上是汉制，不是秦制”，见《秦律通论》，282页。

㉙ 除了东汉诸帝弛刑诏书外，出土汉简也有明证。《居延新简》E. P. T56：36云：“赎完城旦舂，六百石，直钱四万。”E. P. T56：37云：“髡钳城旦舂，九百石，直钱六万。”

㉚ 段玉裁《说文解字·而部·耏》，上海书店，1992。

㉛ 班固《汉书》，颜师古《汉书注·高帝纪》引，中华书局，1962。

四

在先秦至汉初，“完”是与“刑”相对而言的。“刑”是指黥、劓、刖等对身体造成无法消除的终身损伤的肉刑，与之相比，对于身体的损害仅限于剃去头发的髡刑当然算得上保全了身体。正是在这个意义上，先秦至汉初的髡刑被当作了“完”刑。

在这个时期，虽然由于头发在人体中的特殊地位，人们对其也颇为重视。如睡虎地秦简《法律答问》就规定：“士五（伍）甲斗，拔剑伐，斩人发结，可（何）论？当完为城旦。”[32] 而“或斗，啮断人鼻若耳若指若唇，论各可（何）殴（也）？议皆当耐”[33]。对“斩人发结”比伤人鼻、耳、指、唇等的处罚还要重。但是，在人们的认识当中，与毁伤人身体器官且造成无法消除的终身痛苦的肉刑——“刑”相比，受髡刑没有损失身体的任何器官，且所造成的伤害不久即可消除。所以，当时人们认为仅仅髡发是够轻缓的，它无疑保持了身体的完全。

导致“完”刑含义发生变化的主观方面的原因是人们关于保持身体完全的认识有了转变，而这是由于儒家“孝”观念——尤其是《孝经》中的“孝”观念的影响造成的；客观方面的原因则是文帝改刑制，废除了肉刑。

先看主观原因。儒家“孝”观念要求人们善事父母，不仅要赡养父母，而且要使父母精神愉快，甚至还要不违背父母的意愿，不使父母蒙羞。[34] 所以，西汉司马迁在受宫刑后写信给任安说：“仆以口语遇遭此祸，重为乡党戮笑，污辱先人，亦何面目复上父母之丘墓乎？”[35] 认为受刑便是污辱了先人，没有尽“孝”，无面目对父母进行墓祭。《孝经·开宗明义章》云：“身体发肤，受之父母，不敢毁伤，孝之始也。”将“发”与“身体”、“肤”相提并论，认为头发与肢体、肌肤同等重要，只有不使它受到“毁伤”，才算得上真正做到了“孝”。以这种思想来衡量，倘若受了髡刑，不能保全受之于父母的“发”，就与受肉刑者不能保全“身体”、“肤”一样，自然不能算保持身体完全了。《论衡·四讳》在解释当时相沿已久的“被刑为徒，不上丘墓”的原因时说：“孝者怕入刑辟，刻画身体，毁伤发肤，少德泊行，不戒慎之所致也。愧负刑辱，深自刻责，故不升墓祀于先。”认为“毁伤发肤”亦是“负刑辱”，可见这种思想已经深入人心。[36]

在这时人们的思想观念当中，髡已非保持身体的完全，还有另外两个证据：

其一，东汉初郑众在为《周礼·掌戮》“髡者使守积”作注时说：“‘髡’当为‘完’。

---

[32] 《睡虎地秦墓竹简》，187页，文物出版社，1978。

[33] 《睡虎地秦墓竹简》，186～187页，文物出版社，1978。

[34] 这些思想，在《论语》中表现得尤为明显。

[35] 见《汉书·司马迁传》所载《报任安书》。

[36] 关于汉代儒家“孝”观念的传播及与法制的融合情况，请参看侯欣一《孝与汉代法制》[《法学研究》，1998（4）]和《孝与汉代社会及法律》（《法律史论集》第1卷，法律出版社，1998）二文。

谓但居作三年，不亏体者也。”[37] 所谓“当为”，乃训诂学术语，通常用于改正误字的场合。[38] 郑氏所说“完”是“居作三年”虽有问题，但他将“髡”与“完”区别开来，以“不亏体”释“完”，则是正确的。郑氏的观点应该可以反映当时人们的看法。

其二，东汉末的曹操曾因“马腾入麦中”，触犯了军令，而“援剑割发”，并称之为“自刑”[39]。所谓“割发”，其实就是行髡刑。[40] 可见，“髡”已属于“刑”的范围，不再算保全身体了。因为，如前所述，在文帝改制之前，“刑”是专指肉刑的。

再看客观原因。文帝改革刑罚制度的一个重要举措便是基本上废掉了肉刑。[41] 指代肉刑的“刑”已不复存在，所以，与之相对应的“完”便完成了自己的历史使命。此后刑制中的“完”已被赋以新的内容，与改制前的“完”是名同实不同了。正因为如此，所以《汉书·刑法志》中才出现了“诸当完者，完为城旦舂”这一让后人百思不得其解的律文。两个“完”字，由于所处刑罚体系不同，已具有不同的含义了。可以说，班固抄录的这条律文，为我们今天探讨“完”刑的历史演变提供了不可多得的线索。

正是由于人们对保持身体完全的标准在不同历史时期、不同文化背景下有着不同的理解，“完”刑的含义发生了由髡到耐的转变；而文帝改革刑制，则是正式对人们的这种认识用国家公布的法律加以认可。

“完”刑含义发生变化的另外一个重要原因是其词义本身具有模糊性、不确定性。正如许慎、颜师古等人所指出的那样，“完”是“全”，是“不亏其体”[42]。这些定义本身并没有明确告诉我们究竟是剃去头发算“完”呢？还是仅去须鬓算“完”？也就是说，对于“完”的标准，人们可以有不同的理解。因此，这就为人们在不同时期、不同场合赋予它以不同的含义提供了可能。

需要指出的是，不独“完”，“刑”、“耐”二词在历史上也出现过词义变化的现象。[43] 比如，南朝梁之耐罪，包括二岁刑、三岁刑、四岁刑与髡钳五岁刑。[44] 在先秦、秦汉时期，“耐”与“髡”的区别是非常明显的，二者是不容混淆的。梁朝的耐罪包括髡钳在内，这只能说明此时“耐”的含义已发生了变化。弄清了这些事实，我们对“完”曾经历过由髡向耐的转变，大概就不会感到迷惑不解了。

㊲ 阮元《十三经注疏》，《周礼·秋官·掌戮》郑玄注引，中华书局，1980。

㊳ 见周大璞主编《古代汉语教学词典》，120页，岳麓书社，1991。

㊴ 陈寿《三国志·魏书·武帝纪》裴注引《曹瞒传》，中华书局，1982。

㊵ 参见沈家本《历代刑法考·刑法分考十一·髡》的按语及张建国《中国法系的形成与发达》，112～115页，北京大学出版社，1997。

㊶ 关于文帝改制后肉刑的存废问题，学术界意见分歧，所以，本文用了“基本上”三字。

㊷ 见《说文·宀部·完》及《汉书·刑法志》注。

㊸ 参见堀毅《秦汉刑名考》，载堀毅《秦汉法制史论考》，160～165页，法律出版社，1988。

㊹ 魏征等《隋书·刑法志》，中华书局，1973。

五

为了进一步探讨“完”刑含义发生变化的主观方面的原因，有必要对秦到汉初“孝”观念的流传作一番简单的回顾。

在秦代，人们对“孝”很重视。睡虎地秦简《法律答问》规定：“殴大父母，黥为城旦舂。”[45]“免老告人以为不孝，谒杀，当三环之不？不当环，亟执勿失。”[46]《封诊式·告子》载：“某里士五（伍）甲告曰：‘甲亲子同里士五（伍）丙不孝，谒杀，敢告。’”[47]江陵张家山汉简《奏谳书》第21件引秦“律”曰：“教人不孝，次不孝之律。不孝者弃市。”[48]在法家思想盛行的秦代，就如此重“孝”，的确让人感到意外。这说明，不论什么时候，统治者都不会忽略对社会的基本细胞—家庭的治理。

汉立之初，尊崇的是黄老“无为而治”的思想。但这种思想与儒家主张有相通之处[49]，社会对包括儒家在内的各派学说持比较宽容的态度。汉初统治者除“挟书律”，广求典籍，以及允许儒学传授，即可为证。正是在这种相对轻松、宽容的环境中，儒生的地位在逐渐改变，儒家思想又有所抬头。从叔孙通为汉高祖制礼仪，到贾谊建议“礼不及庶人，刑不至大夫”，再到传授《尚书》的伏生受青睐，一直到经学博士的设立，这些都是明证。

汉统治者标榜“以孝治天下”，因此，自汉惠帝以后，除光武帝等极少数皇帝外，绝大多数汉帝的谥号中都有“孝”字。作为儒家经典之一的《孝经》，主要宣传的是“孝”的思想，这很合汉统治者的胃口，因而，受到他们的重视。汉文帝时，置《孝经》博士[50]，《孝经》正式为官方所认可。在民间，《孝经》也有传授。《隋书·经籍志》说：“遭秦焚书，为河间人颜芝所藏。汉初，芝子贞出之，凡十八章，而长孙氏、博士江翁、少府后苍、谏议大夫翼奉、安昌侯张禹皆名其学。”在这种情况下，《孝经》所宣传的学说便在社会上逐步传播开来，并潜移默化地支配着人们的思想。司马迁在《史记·太史公自序》中说：“且夫孝始于事亲，中于事君，终于立身。扬名于后世，以显父母，此孝之大者”。引用《孝经》之语，便说明了这一点。因此，《孝经》所主张的“身体发肤，受之父母，不敢毁伤，孝之始也”的观点受到上层统治者与广大民众的普遍认同也就在情理之中了。值得注意的是，受《孝经》影响而导致的“完”刑含义的变化与置《孝经》博士，都发生于汉文帝时期，

---

[45] 《睡虎地秦墓竹简》，184页，文物出版社，1978。

[46] 《睡虎地秦墓竹简》，195页，文物出版社，1978。

[47] 《睡虎地秦墓竹简》，263页，文物出版社，1978。

[48] 江陵张家山汉简整理小组《江陵张家山汉简〈奏谳书〉释文（二）》，《文物》1995（3）。

[49] 参见金眉《西汉法律儒家化散论》，《江海学刊》1991（4）。

[50] 赵岐《孟子题辞》云：“孝文皇帝欲广游学之路，《论语》、《孝经》、《孟子》、《尔雅》皆置博士”，可以为证。

这应该不是巧合。可见，虽然儒学独尊地位的取得是在汉武之时，但其社会基础奠定则经历了相当长的时期。

六

在这里，我想对两条史料略加辨析。

其一，《汉书·高帝纪》颜注引应劭说云："轻罪不至于髡，完其耏鬓，故曰耐。"应劭对"耐"的解释无疑是非常准确的。在这里，"完"是动词，其义为"去"、"剃"，属于段玉裁所说"古或假'完'为'髡'[51]"的情况，所以，清代经学家桂馥便说："古者犯罪，以髡其鬓，谓之耐罪。"[52] 这本来倒可作为古时"完"指代髡刑的一个例证，但有些研究者看到其中有个"完"字，就拿来证明"完"即是耐刑。严格地说，这实在是张冠李戴。如果说它恰好与文帝改制之后"完"即指"耐"的事实相合的话，那纯粹是歪打正着。因为，"完其耏鬓"的"完"与指代耐刑的"完"根本不是一回事。

其二，《汉书·惠帝纪》颜注引孟康释"完"曰："不加肉刑髡鬄也。"由于可施以不同的标点，对这句话的理解也就不同。沈家本将其读为"不加肉刑，髡鬄也"，认为"孟康以完为髡"[53]；有人将其读为"不加肉刑髡鬄也"或"不加肉刑、髡鬄也"[54]，则孟康似乎又主张"完"即是"耐"。由同一条注解推出两个迥然不同的结论，假如孟康泉下有知，不知将作何感想？不过，结合《惠帝纪》"民年七十以上若不满十岁有罪当刑者，皆完之"这一具体语境来考察，则沈家本的理解似乎更接近孟氏的原意。

参考文献

[1] 段玉裁．说文解字注［M］．上海：上海书店，1992.
[2] 班固．汉书［M］．北京：中华书局，1962.
[3] 程树德．九朝律考［M］．北京：中华书局，1963.
[4] 沈家本．历代刑法考［M］．北京：中华书局，1985.
[5] 睡虎地秦墓竹简整理小组．睡虎地秦墓竹简［M］．北京：文物出版社，1978.
[6] 王先谦．汉书补注［M］．北京：中华书局，1983.
[7] 堀毅．秦汉法制史论考［M］．北京：法律出版社，1988.
[8] 范晔．后汉书［M］．北京：中华书局，1965.
[9] 阮元．十三经注疏［M］．北京：中华书局，1980.

---

[51] 段玉裁《说文解字注·髟部·髡》，上海书店，1992。
[52] 沈家本《历代刑法考·刑法分考十一》，中华书局，1985。
[53] 沈家本《历代刑法考·刑法分考十一》，中华书局，1985。
[54] 中华书局标点本《汉书》即将其连读，见《汉书》第1册，88页，中华书局，1962。

[10] 周大璞．古代汉语教学词典［M］．长沙：岳麓书社，1991.

[11] 陈寿．三国志［M］．北京：中华书局，1982.

[12] 魏征等．隋书［M］．北京：中华书局，1973.

[13] 江陵张家山汉简整理小组．江陵张家山汉简《奏谳书》释文（二）［J]，文物. 1995（3）.

[14] 金眉．西汉法律儒家化散论［J］．江海学刊．1991（4）.

王　健

西法东渐：外国人与中国法的近代变革*

简介

王健，1965年生，法学博士，西北政法大学法学教授，研究生教育院院长；吉林大学兼职教授，博士生导师；中国法律史学会常务理事，中国法学会法理学研究会理事，中国法学会法学教育研究会理事兼副秘书长。主要研究领域为法律史、法律教育、比较法。代表作有《沟通两个世界的法律意义：晚清西方法的输入与法律新词初探》（2001年，获司法部三等奖）、《中国近代的法律教育》（2001年，获首届中国法学教育研究成果一等奖）等。近期主要研究课题是中国现代法学学科制度的演变与法律人才培养模式的比较研究以及中国法律教育史。

* 本文为《西法东渐》（中国政法大学出版社，2001）代序。原文发表。

一

任何国家欲图其本国法律的改进，都不可避免地要学习和借鉴外国的法律。而学习的途径不外有两种：一是国人往学，一是外人来教。自从洋务运动开风气以来，中国以“模范列强”为挽救朝纲、收回法权与利权的唯一选择，务使中国法律通行于中外。因此，这两种方式同时并举，交替进行。就后者而论，以 1949 年为分界，前有英、美、德、法、日的法学专家，后则有苏联的“红色”法学专家，相继来华，先后移植或传授了大陆法、英美法以及社会主义法，对中国法律由传统导入近现代具有不可忽视的作用。他们参与了近现代中国法转变的实际过程，也因而成为法律历史活动主体中的一个部分。中国法不断地与外界发生联系，也就不断地在和外国人打交道。整个一部近代中国的法律史，其实就是一部中国法与外国法、中国政府与外国法学家之间冲突而又调适的历史。

考诸历史，外国人（“夷人”）来华并受雇于中国政府者古已有之。马可·波罗（Marco Polo，1254—1324）在元朝政府下曾供职多年。明清以降，更有任用欧洲传教士来华效事朝廷的实践。传教士以传播福音为最终目标，西学只是吸引国人皈依的手段。不过，在封建皇帝的心目当中，他们是编制历法、测绘舆图和建造洋楼的技巧之人、中俄谈判中的翻译或者私人拉丁文秘书、比中国画更能满足帝王形象传世需要的画师、珍爱礼品的采办、有趣的谈话对象、可靠的家庭医生，总之，都只不过是作为皇家财产和私人工具的所谓“朝廷供奉”，是“服朕水土，出力年久”（康熙语）的来朝属臣。[①] 如果夷入中国而非中国之，便是不得言说中国经书大理的西洋小人。这与晚清任用外人的性质完全不同。

一般来讲，外国人得以来华用事，大体取决于两方面因素：一是中国方面是否有意聘请，二是外国一方能否接受聘请。

中国一方面，从总体上讲，由于 19 世纪以来的世界充满着重重复杂的矛盾和冲突，西方文化骎骎然而成强势话语，中国在“国势蹙迫”的情态下只有接受西方知识，被动地推行现代化，因此，无论是否真心情愿，都不得不有外人的参入。尽管延聘西人、“奉夷为师”的做法从一开始就受到了保守势力的激烈批评，被认为是“上亏国体、下失人心”的举动，但主张者还是凭着“中体西用”的旗号和“以夷制夷”的现实目的，聘来了各种各样的“洋幕宾”。当然，在近代化初期，延聘洋人的做法并非中国独此一家，日本明治维新

① 参见李天纲：《中国礼仪之争》，75 及以下页，上海古籍出版社，1998。

后，亦于政府部门中先后招聘过法国、英国、美国、荷兰、德国的法学家帮助实施新政。[2]晚清修律之际，由于懵于西方法律知识而必须聘请；到了抗战胜利之后，官方舆论对于庞德的来华，已是推崇到了无以复加的地步。且看《中央日报》“欢迎庞德教授”的社论中毫无节制的几段文字[3]：

> 中国政府聘来了庞德教授，是中国法律界的光荣。我们不但感觉光荣，我们有绝对的必要，接受庞德教授的意见，作为我们改造中国的实体法和程序法的指针……
>
> 我们理解了庞德教授学说的重心，就可以推定庞德教授实验主义的法学，将改正我国一般法学家与法律实务家若干基本观念，将指点他们对于中国实际社会具体的生活规律，在实体法与程序法上有充分的反映。如若我们能够接受庞德教授的影响，则我国的法律学与现行法必将开一新时代纪元……
>
> 杜威先生从前来到中国，对于中国新文化运动给予宝贵的影响。庞德教授今日来到中国，对于中国新法学的建立，其影响必将相等。杜威先生是实验主义的论理学、伦理学、教育学家。庞德教授是实验主义的法律学家。他们对于中国的贡献，都是在纠正教条主义、形式主义和重外轻内、舍己从人的倾向，都是在引导中国学界走上革命与创造的路程。庞德教授留驻中国的时期虽短，但是他在这短时期以内，必将指点中国的法学家与法律学，成为社会工程学与社会工程师，适应中国社会迫切需要。影响之深长是可以预卜的。

把中国法的未来命运全都寄托在了一个外国法学家身上，并给予如此之高的评价，这是中国近代法律史上罕有的。

至于外国一方面，并没有禁止“人才外流”之类的限制，有的甚至出于为本国谋取更多利益的对外政策考虑而积极向中国政府加以推荐（如日本为了实现独占中国、排斥他国的目的，就打着“清国保全论”的口号积极向中国输送顾问或教习，同时还大量吸收中国学生留学日本）。从实际效果来看，当外人得到中国政府的任用后，也往往被本国视为一件极荣耀的事，仿佛国产影片在外国博得了大奖，其本人在本国的身价也随之升高，或被尊为中国问题专家、或被冠以权威汉学家之类的各种荣誉头衔。丁韪良（W. A. P. Martin，1827—1916）在当上了京师同文馆总教习后的第二年（1870年），旋被纽约大学授予名誉法学博士学位；1898年清廷聘丁韪良为京师大学堂总教习（并非校长），《纽约时报》（当年9月23日）随即发表了《中国挑选一个美国人——丁韪良博士任新京师大学堂校长》的报道，为此，普林斯顿大学于1899年授以丁氏名誉法学博士学位。[4] 这多少反映了中国文化在有些西洋人的心目中还是占据着崇高的地位的。

---

② 详见北川善太郎，《日本学习德国法》（李毅多译），载《中外法学》1992（4）。

③ 《中央日报》1946年7月3日第2版。

④ 顾长声，《从马礼逊到司徒雷登》，上海人民出版社，1986。

二

自清末推行现代化事业以来，究竟有多少人担任过中国政府的官员或顾问，目前尚未见有专门完整的统计资料，笔者亦无力逐一考证。不过，由于近代中国社会不断推新，各项现代化事业又在急需人，因此估计这类人员当时一定不在少数，特别是在本国的复制拥有西方知识的新式人才的教育机制建立之前。

英国人赫德（Robert Hart，1835—1911）自1863年起即开始了大清海关总税务司一职的漫长生涯。作为总理衙门的高级顾问，虽然他最早向清政府提出了改善政务和法律的意见，但涉及“体”的问题在当时是不予讨论的。

正式以法律顾问的名义招聘外人，是在20世纪初期改革法律的方针确定之后。在1902年刘坤一、张之洞和袁世凯的联名奏折里，最早提出应在民法和刑法方面各聘一名日本法律博士帮助中国编制现代法典，理由是日本法律发达，“该国系同文之邦，其法律博士，多有能读我之会典律例者，且风土人情，与我相近，取资较易”[⑤]。4年以后，冈田朝太郎（1872—1936）、松冈义正（1870—?）、志田钾太郎（1868—?）、小河滋次郎（1861—1925）、岩谷孙藏（1867—1918）等一批日本法学家陆续来到北京，成为弥补缺乏西方法律知识的修律大臣沈家本的得力助手。

进入民国以后，日本人有贺长雄（1860—1921）、美国人古德诺（F. J. Goodnow，1859—1939）、威罗贝（W. F. Willoughby，1867—1960）、威罗璧（W. W. Willoughby，1867—1945）兄弟、法国人宝道（Georges Padoux，1867—?）、爱师嘉拉（Jean Escarra，1884—1955）等，先后受聘于北洋政府和南京国民政府的法律顾问，继续从事清末法律编纂未完的事业。1946年来华的大名鼎鼎的庞德（Roscoe Pound，1870—1964）教授，则是中国近代法律史上最后的一位法律顾问。

既然聘请外国顾问是为了满足本国政府急于变革、赶上时代的需要，因此他们享受到的待遇自然不菲。虽然嘉、道以降，国力衰微，财政日渐形绌，但是由于需要，一般来讲，受聘来华的外国顾问都受到了东家极优厚的款待，无论是荣誉性的或者物质利益上的。

例如，海关总税务司及邮务总办赫德在华期间受到清廷赏赐的各种荣典就有赏加按察使衔（1864年）、赏加布政使衔（1869年）、赏赐头品顶戴（1881年）、赏赐双龙二等第一宝星（1885年）、赏戴花翎（1885年）、赏加三代正一品封典（1889年）、赏加太子少保衔（1901年）、赏加尚书衔（1908年）。[⑥] 受聘于总理衙门下属的同文馆总教习丁韪良，也以翻译西方国际法著作有功而得以跻身于清廷上流社会，受到三品进而二品顶戴的赏赐。

---

⑤ 《袁世凯奏议》卷十四，天津古籍出版社，1987。

⑥ “中国海关总税务司及邮务总办赫德爵士所受荣典表”，载马士《中华帝国对外关系史》（中译本），影印本，第三卷，附录五，505～508页，上海书店出版社，2000。

晚清开馆修律之际，财政支绌。修订法律馆在经费极紧张的情况下，仍付给日本法律顾问极高的酬金。[⑦] 1906 年 9 月到北京任职的冈田朝太郎接受了月薪 850 银元为期三年的订约；同年来华的松冈义正的月薪略低一些，和小河滋次郎的月薪一样，均为 800 银元。而在商法改革方面聘请的志田钾太郎，则开出了月薪 950 银元破纪录的高价。[⑧] 当然，这不仅包括他们充当法律学堂教习的薪金，还有他们担任修订法律馆各种工作的部分。

把他们的薪俸与同时期受聘于各地法政学堂的日本教习所得的酬金进行比较，我们可以对这些日本法律顾问的身价有一更具体的印象。

当时受聘于中国学堂的日本教习的薪俸少则不足百元，多则 500 元左右，通常都在 150～500 元之间。担任湖北铁道顾问的原口要（工学博士）的月薪是 12 000 元，大概是最高的了。担任京师法政学堂总教习的岩谷孙藏（法学士）的月俸是 600 元，副总教习杉荣三郎（法学士）和教习矢野仁一（文学士）都仅为月薪 360 元，可见其悬殊之大（此外，他们三人还同时享有每月 45 元的住宿津贴）。尽管有这样的差距，但他们的月薪数要比日本国内同样职务的最高俸，至少要高三倍以上，比中国同等情形的人员则高出得更多。如当时京师法政学堂的中国总教习林棨（1884—?）的月薪仅为 150 两。[⑨]

庞德同时受聘于南京政府司法和教育两部的顾问。蒋介石对于庞德的到来曾作过专门指示（1946 年 9 月 8 日），要求对于庞德的聘约，次年“必须续订，待遇须从优厚”[⑩]。作为战后形势下来自美国的法学大家，又有钦命，所以可以想象，他所享受的待遇，必更优裕。

既然多蒙主人的隆恩厚爱，受聘者自然就要为东家卖力工作。外国法律家之能够受聘于中国政府的法律顾问，雇佣双方要建立良好的关系（特别是私人关系）自然是必不可少的前提。不过他们处于这种角色之中的真实心态究竟如何，目前由于缺乏这方面翔实的资料（如私人日记或通信）而尚难断言。这里摘录几段赫德在其工作系统内部曾经发布的通令中的一些言论，权作参考。

赫德自从上任海关总税务司起，就不断向他的司员灌输这样的思想，“要永远清楚地记住，海关税务司署是中国的机构，不是外国人的机构，因此，每个成员就有责任避免冒犯这中国人和中国官员，不要伤害他们的感情……那些领取薪俸当中国政府公仆的人，至少不能去做伤害感情、引起中国人妒忌、怀疑和讨厌的事……每个人要记住的一件事是，我们是中国政府花钱聘请来执行特定的工作，我们首先要关注的是把工作做好”（总税务司 1864 年 6 月 21 日第 8 号通令）。“我们来这里是为了和当地政府一起工作，帮助他们，不是要排斥他们，取代他们。”（总税务司 1873 年 12 月 18 日第 24 号通令）“我们必须接受我们作为中国人的助手，而不是老板的地位，这是我的主题思想。”（1874 年 7 月 18 日给金登干

⑦ 李贵连：《近代中国法律的变革与日本影响》，载《比较法研究》1994（1）。

⑧ 引见［美］任达：《新政革命与日本——中国，1898—1912》（李仲贤译），193，203～204 页，江苏人民出版社，1998。

⑨ 汪向荣：《日本教习》，109～112 页，三联书店，1988。

⑩ 谢冠生：《追怀庞德教授》，载（台湾）《中央日报》1964 年 7 月 10 日。

的信）不过，赫德的心理也十分清楚：对于中国人来说，聘用外国人来担任领导职务，是件不痛快的事。[11]

三

近代来华外国顾问的任务和作为，随时势而有侧重和不同的体现。

在1901年发布新政上谕以前，各种“洋幕宾”的作用主要体现在参办各种洋务事宜方面，或鼓吹变法，积极劝说清政府整顿财政、加强外交、改革教育，采行各项近代化措施。赫德是这个时期的典型代表，他担任清政府总税务司前后长达45年，除了海关业务外，还时常为总理衙门办理交涉提供咨询意见，最早向清政府建议应设立外交机构、向外国派驻大使，并为此翻译了美国法学家惠顿《国际法》一书中有关使节权的全部内容。美国人丁韪良、法国人毕利干（Anatole Adrien Billequin，1826—1894）、英国人傅兰雅（John Fryer，1839—1928）等一批受雇于洋务机构的西学教习和翻译，则在中国学者的协助之下，译出了当时西方的最先进的国际法著作、法律典籍以及其他相关的社会科学书籍；这在一定程度上满足了培养中国第一批外交人员和促进西学知识在中国早期传播的需要。由于当时中国社会尚未进步到需要进行制度变革的境地，因此这一时期他们提出的大量的改良建议，或被认为是不够现实或未中要害，或以“究系局外议论，且亦非急切能办之事”而予搁置。

至20世纪初，由于推行新政，中国开始按照西方的法典模式改造传统的法律体系，但这是一项前所未有的重大举措。沈家本精熟传统律学，但他毕竟未曾受过西方法律知识的专门训练；伍廷芳虽系英伦法律家会馆科班出身，但他长期办理交涉或驻劄外洋，职事繁多，且在馆时间有限，实际上很难有完全精力投入到修律的具体繁杂事务当中，因此，延聘外国法律家帮同修律必不可少。

然而有趣的是，来填补西方法律知识空缺的，不是西洋，而是东瀛日本的法学家。由于冈田、松冈、志田、小河四人的到来[12]，仅在短短的五六年时间里，刑法、民法、商法、诉讼法、监狱法等一批被冠以“大清”题头的不东不西的法典草案首次用中文写了出来。这一时期是中国移植西方法律的最关键时期，也是最困难的时期，不惟当时起草各种新法需赖日本法律顾问的帮助，理解和述说这些陌生的法律概念、术语和名词亦有赖于他们的解说和诠释。[13] 例如当时推行新式审判机制，鉴于司法人员“多未谙习，临事每有龃龉”，京师高等检察厅检察长徐谦遂于1907年冬发起检察研究会，请四法学家（又称“四博士”）

---

⑪ 以上均引自［英］魏尔特：《赫德与中国海关》（中译本），上册，353～354，386页，厦门大学出版社，1993。

⑫ 有关聘请日本法学家的论述，可参见李贵连《沈家本传》，265～270页，法律出版社，2000。

⑬ 可参见受聘四人在京师法律学堂讲授内容，即《汪辑京师法律学堂笔记》或熊氏编辑的《京师法律学堂笔记》，均为22册，这些讲义在当时印量极大。

"担任演讲，都凡一月蒇事，于是在京司法人员乃益知检察职务"[14]。四法学家在京师法律学堂的讲台以及各种讲座的场合，讲授了他们自己才消化过不久的整套的西方部门法知识，而如此系统专门的讲授在中国法律史上还是第一次。

20 世纪二三十年代，中国的新式法典编纂在清末所创规模的基础上继续推进，新政府仍聘请顾问参与修律，但日本法律顾问很快就退出了中国的法律编纂部门（1914 年冈田朝太郎最后一次参加了刑法的修订工作，即刑法第一次修正案），取而代之的，是美、法等国的法学家；他们当中有的（如爱斯嘉拉）甚至工作了很长时间。这里除了国内外政策关系的变化等因素外，最主要是，伴随着接受过西方法律训练的一代留学生陆续回国，以及朝阳、东吴等法科机构源源不断地输送的新的力量的出现，因而清末修律时对日本法学家过分依赖的情形迅速消逝。事实上，北京政府的修律机构这时已能够主动地组织起一批本国的出色的法学家从事各种重要法典的编纂工作了，后来的南京政府立法院更是如此。这一时期，是中国法学家开始并且能够用本国文字起草近代化法律的时期。而外国法律顾问仍就委托他们的具体法律问题发表意见，提出草案或立法建议。

四十年代后期，中国近代法典编纂运动的高潮已经过去，中国法的总体走势也已转入司法以及与之相关的设施建设领域中的具体层面，因此，庞德这时来华的工作重点，显然已经不在起草法典方面。面对这种现实状况，一方面，他对清末以来的法律发展作了带有回顾和阶段总结性质的评价，同时，他又根据西方法律发达的经验，从维护已经建立起来的中国法典体系的合理性出发，提出了应当加强法律解释、法学著述和促进统一完善的职业法律家的训练等许多富有远见的建议。

四

所有来华的外国法律家都无一例外地以一种天然的比较法的视角来观察和认识中国法。这一点只要指出支撑他们思考和写作的母语和汉语之间的差异就足够了，尽管他们有的在华年头长，学过甚至掌握了一定程度的汉语。这样，作为一个非中文母语的群体，当他们面对着一个与自己熟识的生活环境、文化观念和法律传统有着根本差异的社会时，自然也为我们展现出中国法图景的另一个视界。

从一般的方面来讲，大概多少由于作为政府顾问这种身份特殊的原因，在他们所留下来的大量论著里，至少从表面上，我们除了看到他们委婉地奉劝、批评或建言之外，对于中国法律制度的激烈的言辞几乎是见不到的。这与早期被限令不得进入或强行闯入中国之境的、或者一些在野而不在朝的外国人对于中国法的那种无所顾忌的激烈的批评态度已然不同；尤其在中西早期（推翻帝制以前）的接触中，这一点表现得尤为明显。

一直把自己视为中国政府的公仆的赫德，自以为他之所以将自己如此定位，乃是基于

---

⑭ 《检察制度》（郑言笔述），宣统三年（1911），上海中国图书公司印。

这样的一种理想，即“寻求唤醒这个文明中的一些兴趣，把西方经验证明能普遍产生有益效果的文明介绍进来”。而要使这些前进的计划和行动成为有益并取得成功，“就必须要用理智来引导，要耐心等待机会，要表现出实实在在的优越性，要努力使他们信服，而不是向他们发号施令，对于暴露出的缺陷的补救，不能使人感到不舒服”⑮。

丁韪良为了劝说清朝政府接受西方的国际法（不无证明自己工作业绩的功效），便颇费心思地考证了大量的中国古典文献，破天荒地写出了《中国古世公法论略》（International Law in Ancient China）一文，提出古中国实有公共之法，以行于干戈玉帛之间，特行之有盛有不盛耳；《周礼》、《三传》、《国语》、《国策》等书皆足以资考证的论说。

实际上，在许多来华的外国法律家身上，都隐约闪现着利马窦的影子。他们对中国文化抱有热情或兴趣，对于中国传统法律文化的价值，也往往表现出某种程度的理解或者同情。曾经参与东吴法学院的筹建并在该校任教多年的美国驻华法院法官罗炳吉（Charles Summer Lobingier，1914—1924年在任）通过研究体会到，中国法律制度的独特性，并不仅仅在于它是世界上最为古老的一种，更在于它对整个东亚地区法律的支配地位，这使得中国古老的法律制度成为世界性的法律制度。他指出，近时以来，“中国试图以西方法典为框架改造其法典，要说中国在这一进程上进展缓慢，是对其不适当的批评；因为要改造一个业已存在了逾四千年的法律制度，以适应有四亿人民的国家的需要，这绝非易事。危险伏于急遽而非慎重之中。萨维尼（Savigny）以来的法学家已经指出一国的法律全部依赖他国是荒谬的。若当两国的法律代表了完全不同的文明类型时，则这种荒谬就达到了极致”⑯。

在关于中国传统法的现实改进、或者在创制中国新式法律体系等重大问题上，他们大都强调中西之间法律文化类型上的差异，认为改造中国的传统法律是必要的，但首先应当考虑的是维护传统的价值，并以满足中国人民的生活实际为前提。关于这一点，在他们的各种作品中有许多反映。

例如，在清末宣统年间围绕制定大清新刑律而发生的激烈论争中，青岛特别高等专门学堂（亦称“德华大学”，Deutsch Chinesische Hochschule）法科教授德国人赫善心，就曾为当时中国“自置其本国古先哲之良法美意于弗顾，而专求之于外国”而深感可惜。他为此撰写了专文《中国新刑律论》⑰，指出“中国修订法律，须以《大清律例》为本。他国之律，不过用以参考而已。倘中国修订法律不以《大清律例》为本，则真可为不知自爱者也”。他甚至还非常自信地说，假如中国废弛《大清律例》，“不久必有势不得不再行启用之一日”。

在他看来，中国立法并非不可以借鉴外国法律，但“要在以本国为主，必于本国有益，而后舍己以从人；以本国国民之道德为主，必与本国国民之道德不悖，而后可趋时而应变”。他认为劳乃宣的说帖和陈宝琛的平议“俱极精当”，而“其最中肯者，系中国万不可

---

⑮ 引见注⑪，上册，355页。

⑯ 罗炳吉，An Introduction to Chinese Law，in *The China Law Review*（1930），Vol. 4，No. 5

⑰ 此文收于劳乃宣《新刑律修正案汇录》，宣统二年（1910年），亦见于刘锦藻《清朝续文献通考》。

自弃其文明之礼教以迁就外人也”。至于收回领事裁判，那本属于国际公法方面之事；修订律例，只不过是为其事之预备而已，“万不可引以为权衡”。此外，他还不无所指地说，“中国修订法律一事，惟熟悉自己国民之道德及其旧律之中国人，方能胜其任。”

不过，赫善心也并非简单一味地维护《大清律例》的价值，他认为中国当时宜就大清律予以改订，与泰西不甚相违。只是“若全改，甚非所宜”。具体在关于“子孙违犯教令”存废的问题上，他就提出，此点“中国亟须改良，须明定条律，谓：凡祖父母、父母之对于子孙，不得专用此权以图利己”；不但须合法律、道德，“尤须声明凡人之对于他人有权者，亦须对于其人承认其公允之责成，万不得尽享其利益”。

爱师嘉拉在《关于修订中国商法法典之报告》中认为，“中国旧有之商事惯习，所有商会组合及其他制度，必不可废；唯稍加改革，增益其职务可耳。弃旧有之习惯，徒剿袭外国法，作纸上空谈非所取也。修订中国商法法典，能保存中国旧有之商事习惯，复参合以新商法运用之条规，庶法典一颁，自无窒碍难行之虞矣”。若“纯取外国法律，太远于国情，即不足以供人民之需要。名为法典，实则具文耳”。总之，修订法典的良好方法，不在拘泥外国之律文，而在于那些足以影响一国立法的各种因素，如国民习惯、地理关系、一般历史政治而定倾向。⑱

曾经于二三十年代参与法典编纂工作的法国法学家宝道，亦坚持与爱师嘉拉同样的主张。在关于修订刑法典的讨论中，他指出，民国元年刑法典之原本，“显受日本刑事立法之影响，它是西方文化之国家所编纂，极少中国之特征。中国之编纂法典也，反于欧美法典之编纂，完全脱离中国遗传之法律，即由中国旧律继续沿革而发达者，从唐律以迄于民国前二年所颁之《大清律例》。”如此，“惟对于占全国百分之九十五之守旧民众，则未尽合用”。他认为“新立法之编纂，颇属审慎准确并深识最新法学”，“诚可认为有卓著之成绩”，但关键是如何能使之施行有效。他比较了中西的情形后发现“……中国民性并不易接受以权威相加之新制度；自上而下之文化改造，非中国人所喜欢。凡彼以为不公正、不合理之命令，彼必不肯遵守之”。而在中国欲求维新，必须从劝导入手。但这又在极复杂之情形中，更增一层困难。⑲

庞德对于近代中国的法典编纂成就抱着十分欣赏的态度，认为那是中国法学家对现代法典精心研究和明智的选择的结果。与此同时，他也关注这些法典到底能在多大的程度上适合中国人民的实际生活这个问题。他主张中国法典的解释和适用未必非要借鉴其他国家对现代法典的解释和适用，甚或受其重大的影响。因为法典是中国的法典，是适用于中国人民的，规范中国人民的生活的。也就是说，现代法律制度不止是由权威的法律规定和技术组成，也是由为人民所接受的权威理念所组成的。为此，他主张，应当把对中国法典的解释和适用置于中国的历史和社会环境背景，以及它们是否显示了历史上的中国制度、传

---

⑱ 此份报告系北京政府法制局抄本，发表于1925年1月《法学季刊》第2卷第3期。

⑲ 宝道，《中国刑法典之修正》，载《中华法学杂志》1934年第5卷第5期。

统的民族习惯和理论的基础之上。[20]

尽管西洋顾问如此重视中国传统文化的价值和中国的生活实际状况，然而由于各种复杂的原因，他们的观点或意见未必都能为中国人所接受，有的甚至还受到了严厉的批评。1929年立法院商法起草委员会多取顾问爱师嘉拉所拟的海商法初稿，因船商业者群起反对而重加审查，几经研议，将原定草案修改泰半，方得通过。[21] 1946年12月13日庞德关于中国宪法的意见公开发表后，立即受到当时较有影响的媒介方面的批判，特别是他的“总统集权的五权院制合于国情”、“内阁制不合国国情”、“民主不能移植”等观点，被指斥为“外毒”[22]。这从一个侧面反映了当时围绕着颁布宪法的各种势力进行较量的历史背景。

事实上，近代中国在创制或修订法律的过程当中，一直存在着如庞德所说的两种观念的冲突：一是模仿或者借鉴西方国家最新的法律概念、理论和制度，二是发展和改良中国古代传统的制度和理论。它们常常成为批评新法典或为之辩护的基础，而且在经由解释和适用来发展这些法典的过程中，它们二者之间仍然不断地发生交锋。如何继受西方法的因素，并使之适应或融合到中国的社会生活环境中去，这本来已是一个十分显见的困难，可是除此之外，中国近代以来的法学家（法律家）未曾致力于统一的法律训练，这便使问题更趋复杂。

19世纪以来如何为中国法寻求一条既能超越传统、又能摆脱西方个别经验的发展之路，这个问题不仅困扰着参与这一过程的外国法律顾问，它也同样是摆在中国法学家面前的一个难题。这个问题的解决，最终需要、而且也只有中国法学家才能完成；特别是，只有当中国法学家对自己固有的各种法律制度加以全部的清理和辨识（以一种外在的眼光来审视这一过程是不可缺少的），并且直到对西方的各种法律体系用自己的母语做了彻底地研究之后，方能解决。

---

[20] Roscoe Pound，Comparative Law and History as Bases for Chinese Law，in *Harvard Law Review*（1946），Vol. 61.

[21] 《中华民国史法律志》，465页，台湾历史馆，1994。

[22] 1946年12月23日上海《大公报》第一、三版即发表了社评《辟“不合国情”说》和戴文葆《异哉，所谓内阁制不合国情！》两篇批评文章，戴文之末尾注“未完”，但该报以后各期未见续载。

陈景良

讼学、讼师与士大夫*

——宋代司法传统的转型及其意义

简介

陈景良，1958 年生，河南鹿邑人。教授，博士生导师，河南大学法学院院长。1996 年毕业于中国政法大学，获法学博士学位。学术兼职有中国法学会理事、中国法律史学会常务理事、中国儒学与法律文化研究会理事等。2001 年获国务院特殊津贴。主要研究方向：中国法律史，唐宋法制研究，中西诉讼文化比较研究。

* 原发表于《河南省政法管理干部学院学报》，2002（1）。本文在写作中曾与公安学院张继成先生多次磋商，受益颇多，并曾就有关问题请教过贺卫方教授及史学博士戴建国、苗书梅教授，特此致谢！原文有近三万字，此次结集出版有删节。

近代思想家严复说："古人好读前四史，亦以其文字耳！若研究人心政俗之变，则赵宋一代最宜究心。"① 唐宋之际，中国古代的社会结构发生了深刻的变革，随着土地私有制的深化及商品经济的繁荣，宋代民间"好讼"之风兴起，尤其是江南一带，还出现了专门教人打官司的学问和职业，这就是"讼学"与"讼师"。对此，学界虽有所论及②，但却很少从司法的角度去讨论"讼学"与"讼师"何以在宋代产生，更没有注意到这种现象的产生与宋代司法传统的关系。本文将在考订"讼学"、"讼师"材料的基础上，重点阐述宋代的司法传统及其历史地位。

一、民间"好讼"之风的形成

"兴讼"、"嚣讼"、"健讼"等词语在宋代的史料中俯拾皆是③，其意皆为善于或喜欢打官司的意思。宋朝，至迟在宋仁宗之后，随着私有制的深入发展及商品经济的繁荣，经济利益多元纷呈，民间善讼之风已初露端倪。《宋史》卷八十五《地理志》称"登、莱、高密负海之北，楚商兼凑，民性愎戾而好讼斗"。生活在北宋中期的沈括也在其《梦溪笔谈》中记载："世传江西人好讼，有一书名《邓思贤》，皆讼牒法也（即打官司的方法）。其始则教以侮文（即教人舞文弄墨写诉状）；侮文不可得，则欺诬以取之；欺侮不可得，则求其罪以劫之。邓思贤，人名也，人传其术，遂以之名书。村校中往往以授生徒。"④ 另外，欧阳修、司马光、郑克等人的文集和笔记中亦有民间喜讼的记载。⑤

宋室播迁江左之后，长江流域的经济愈加发展，江南民间田土、房屋等财产流转关系加快，争利兴讼之风遂为世俗所尚，鼠牙雀角，动成讼端。其范围之广、手段之多，涉讼人员身份之杂乃为世所罕匹。

先就"好讼"之风的范围而言，百姓争讼绝非一州一县之孤立现象。史料有记载的，南宋所有疆域几乎全部涉及。《宋会要辑稿·刑法》2之137记载：南宋开禧年间（大约1205年后），"州县人间，顽民健讼，不顾三尺。稍不得志，以折角为耻，妄经翻诉，必侥幸一胜。则经州、经诸司、经台部。技穷则又敢轻易妄轻朝省，无时肯止。甚至陈乞告中惩尝未遂其意，亦敢辄然上读天听，语言妄乱，触犯不一"。为避免所引史料的重复，现将

---

① 《严复集》第3册，668页，中华书局，1986。

② 河北大学的郭东旭教授较早地论述了讼学在宋代的产生，但郭先生没有进一步阐述讼学与司法传统之间的关系。参见氏著：《宋代之讼学》，133～147页，河北大学出版社，1990。

③ 胡颖称："故兴讼者胜亦负，负亦负；故教唆者胜固然，负亦胜。"《名公书判清明集》卷12《责决配状》，下册，476页，中华书局，1987。"嚣讼"、"健讼"因下文需详述，不再列出。

④ 沈括（1031—1095）字存中，钱塘（今浙江杭州）人。他的《梦溪笔谈》被列为我国古代八大科学名着之一。该书中与司法有关的材料约10条。参见《梦溪笔谈全译》卷25《杂志》2，李文泽，吴文泽译，339页，巴蜀书社，1996。

⑤ 参见《欧阳修全集·居士外集》卷11，438页，中国书店，1986。司马光《涑水纪闻》卷14，郑克，《折狱龟鉴》卷6，详述见后。

有关描述宋代各地“好讼”风俗的材料汇集如下，以便明晰：

《宋会要辑稿·刑法三之二六》（宋代）记载：“江西州县百姓好讼，教儿童之书有如四言杂字之类，皆词诉语。”（江西地区）

《袁州府志》卷十三（明代）记载：“袁人好讼，闻之久交”，“锥刀必争，引条指例而自陈，讦私发隐的相报，致有讼一起，而百夫系狱，辞两疑而连发不决”。（今江西宜春）

《豫章先生文集》卷1（宋代）记载：“江西细民险而健。以终讼为能。”（江西赣州一带）郑克《折狱龟鉴》卷8（宋代）记载：“韩琚司封尝通判虔州，其民善讼。”（江西赣州一带）

《宋史》七、《地理志》四十一，中华书局点校本，第2192页（元代）记载：“江南东西路，盖禹贡、扬州之城，当牵牛、织女之分、东限七闽。西略夏口，南抵大庾，北际大江。川泽活衍，有水物之饶，其谷性悍而急，丧葬或不中礼，尤好争讼，其气尚使然也。”（今安徽江西）

《欧阳修全集·居士外集》卷11，中国书店1986年版，第438页（宋代）记载：“歙州民习律令，家家自为薄书。”（安徽徽南）

《名公书判清明集》卷十二《讼师官鬼》，第473页（宋代）记载：垄断小人，嚣讼成风。”（饶州，今江西景德镇一带；信州，今江西上饶一带；徽州，今安徽）

《淳安县志》卷十四（作者时代不详）记载：“吏奸民隐，百出无穷。文书讼牒。牵连纷纤，日惟不暇。”（淳安，今浙江金华一带）

《名公书判清明集》卷十三，第489页（宋代）记载：“婺州东阳，习俗顽嚣，好斗兴讼，固其常也。”（浙江安徽交接处）

《名公书判清明集》卷十二，《专事把持欺公冒法》第474页（宋代）记载：“西安词讼所以多者，皆是把持之人操持讼柄，使讼者欲去不得去，欲怵不得休。”（今浙江衢州一带）

《名公书判清明集》卷十二，《专事把持欺公冒法》第484页（宋代）记载：“浙右之俗，嚣讼成风。”（今浙江）

《惠州府志》（宋代）记载：“广南海丰之民刚悍嚣讼，五尺之童庭白是非，无端恐。”（广东）

《鸡肋篇》（宋代）记载：“广州妇女凶悍喜斗讼。虽遭刑责而不畏。”（广东）

《邵武府志》《龙溪县志》卷一（宋代）记载：邵武百姓“健讼而耻不胜”。龙溪百姓“巧避法网”，“讼牒充庭”。（今福建）

司马光《涑水记闻》卷14，第288页（宋代）记载：“王罕知潭州，州素号多事……有老妪病狂，数邀知州诉事。”（今湖南长沙）

林语堂著《苏东坡传》，海南出版社，1992年版，第18页（现代）记载：古今四川人都善争辩，最会写雄浑长篇，就连中产社会谈话间也充满渊博的案例和明智的典故……因为这个原因，眉州人得到“难管”的恶名，苏东坡有一次辩解说，这里的人不象低文化区的人们，他们不会轻易地被长官吓倒，仕绅家中都有法典，畅谈法律和条规“不以为非”。(今四川)

再就好讼的方法而言，宋代，民之“好讼”不仅范围广泛，且手法千姿百态，蔚为壮观。应俊在《琴堂谕俗编》(下卷)中说：“今每见词讼，动涉诈欺……本因喧争，便称被打，本因讨索，便称打劫。情态万状，虚伪百端，皆是自欺其心，以欺他人。”⑥ 应氏之言，并非儒士之偏见，实乃于史有据。现就其典型手段，略为申说：

1. 荆湖地区（今湖南、湖北），民之诉讼常以榉柳叶涂肤伪造伤表，以惑视听。司马光《涑水记闻》卷14记载：“李南公知长沙县，有斗者，甲强乙弱，各有青赤，南公召使前，自以指捏之，曰：‘乙真甲伪也。’诘之，果服。盖南方有榉柳，以叶涂肤，则青赤如欧伤者，剥其皮，横置肤上，以火熨之，则如棓伤者，水洗不落。南公曰：‘欧伤者血聚为内硬，伪者不然，故知之。’”⑦

2. 食毒草以诬人。《范文正集》卷13记载：在江西、福建等地，民间争讼更有因“与人有怨，往往食毒草而后斗，即时弊仆，以诬其怨者”。

3. 伪作冤状，以耸视听。郑克《折狱龟鉴》卷八《韩考枉》条称：“韩琚司封尝通判虔州（今江西赣州——引者注），其民善讼，或伪作冤状，悲愤叫呼，似若可信者，会守缺，琚行郡事，究其风俗，考其枉直，下莫能欺，辞伏者自以为不冤。”

4. 收集阴私，以佐讼证。欧阳修写道：“歙州（今安徽徽州、歙县一带）民习律令，家家自为薄书。凡闻人之隐私，毫发坐起语言日时，皆记之。有讼则取以证，其视入陛牢就桎梏，犹冠带偃簀，恬如也。”⑧

5. 妄起讼端，诬赖他人，或从中谋利，或昏赖田业。宋朝，浙右、袁州、饶州、信州、徽州一带（今浙江、安徽、江西），民间因田产财利之争，多起讼端，其间除正当争讼外，多有无赖嗜利之人或虚指债负，或昏赖田业⑨，或挟仇报复⑩，或以亲属病、废疾、死亡之事诬赖报怨，以为骗胁之资。蔡久轩（即蔡杭）称：“江东风俗，专以亲属之病者及废疾者诬赖报怨，以为骗胁之资。蒋百六自因病死于家，其兄蒋百五却拖移诬赖朱百八官。既以死事诬人，又因持刀拒追，可谓凶恶之最者。”⑪

---

⑥ 此段史料引自郭东旭：《宋代之讼学》，载漆侠主编《宋史研究论丛》，河南大学出版社，1990。郭先生于宋代法制研究颇有建树，其成果见其专著《宋代法制研究》，河北大学出版社，2000。笔者多受先生启发，并对郭先生惠赠大作深表谢意。

⑦ （宋）司马光，《涑水记闻》，邓广铭、张希清点校，288页，中华书局，1989。文中“榉柳”，又称柜柳，一种木质坚韧的树，其叶、皮可入药。类似的记载，另可参见《折狱龟鉴》卷6《李南公捏痕》条。

⑧ 《欧阳修全集·居士外集》卷一一，439页，中国书店，1986。

⑨ 吕陶在《奏乞放坊场欠钱状》中说：“或虚指债负，妄起讼端，横赖讼诉。”引自《汉语大词典》第11册，79页，汉语大词典出版社，1993。

⑩ 参见《名公书判清明集》卷十三《以累经结断明白六事诬罔脱判昏赖田业》条，下册，509～510页。参见《名公书判清明集》卷十三《挟仇妄诉欺凌孤寡》条，下册，504页。

⑪ 《名公书判清明集》卷十三《以死事诬赖》，下册，508页。

二、讼学与讼师

伴随着民间“好讼”之风的兴起，一种专门教人打官司的学问与职业也应运而生，这就是“讼学”与“讼师”⑫。

讼学在宋代究竟产生于何时？大体说来是在北宋仁宗时期，因为沈括的《梦溪笔谈》里已有了江西产生“讼学”的记载。⑬ 宋室南渡后，江南的“讼学”更为盛行。《袁州府志》卷十三称：江西一带，“编户之内，学讼成风；乡校之中，校律为业。”这时期的“讼学”已成为民间的时尚。说它成为时尚，主要是有以下三种表现形式：

第一，民间出现了专门教人词讼的机构——“讼学业觜社”。周密《癸辛杂识》续集上称：“江西人好讼，是以有簪笔之讥，往往有开讼学以教人者，如金科之法，出甲乙对答及哗讦之语，盖专门于此。从之者常数百人，此亦可怪。又闻括（即沈括——引者）之松阳（今浙江省）有所谓业觜社者，亦专以辩捷给利口为能，如昔日张槐应，亦社中之铮铮者焉。”⑭ “讼学”一词在这里首次出现，并且它明确指出这是专门教人诉讼的学问。

第二，民间有人专门编撰教人打官司的书籍。上述沈括记载的江西的邓思贤，即是以人为书名，其内容皆为教人诉讼之语。⑮

第三，教授学习诉讼的对象不仅仅局限在成人，而且还扩及儿童。史称：“江西州县有舍席为教书夫子者，聚集儿童授予非圣之书，有如四言杂字，名类非一，方言俚鄙，皆词诉语。”⑯

再说“讼师”。“讼师”作为一个与法律活动有关的专有名词及教人打官司的职业，何时在中国古代社会出现，学界一般认为是在宋代。⑰ 这是因为讼师的活动需要经济、法律、

---

⑫ 学界对“讼学”与“讼师”的研讨，已有所论及，宋史学界代表性的成果有：(1) 陈智超：《宋代的书铺与讼师》载《刘子健博士颂寿纪念宋史研究论集选编》(日) 同朋舍 1989 年 9 月出版；(2) 戴建国：《宋代法制初探》，黑龙江人民出版社，2000。其中《宋代的公证机构——书铺》一文与讼师有密切联系；(3) 郭东旭：《宋代之讼学》，载《宋史研究论丛》，河北大学出版社，1990。对明清时期讼师及诉讼制度、诉讼思想的研究，较为深入的成果可参见 (1) ［日］夫马进：《明清时代的讼师与诉讼制度》，载滋贺秀三等：《明清时期的民事审判与民间契约》，王亚新、梁治平编，王亚新、陈少峰、范愉译，法律出版社，1998。(2) 梁治平：《法意与人情》，海天出版社，1992。另可参见拙著：《崔述反息讼思想略论》，法商研究，2000 (5)。

⑬ “讼学”一词的出现，从严格的意义上讲，当首见于周密的《癸辛杂识》，详见下。

⑭ 周密 (1232—1298)，字公谨，号草窗，又号四水潜夫、弁阳老人，祖籍洛南，曾祖周东随宗室同渡，定居吴兴，始为湖州人。《癸辛杂识》为一部丰富的史料笔记，现有吴企明点校本，中华书局，1988。

⑮ (宋) 司马光：《涑水记闻》，邓广铭、张希清点校，中华书局，1989。

⑯ 《宋会要辑稿》刑法二之一五〇。另本书刑法三之二六也有此类文字，所谓“江西州县百姓好讼教儿童之书有如四言杂字之类，皆词诉语”。

⑰ 茅彭年先生认为，唐朝已有讼师出现，参见茅彭年、李必达主编：《中国律师制度研究》，33 页，法律出版社，1992。但该书作者所依据的材料仅为《唐律疏议·斗讼》条之一条文，其他皆无史料予以说明，而此条也无“讼师”二字，况且该条的意思是说：被人雇用请去写作牒诉状，如果擅自增加告人罪状的，处笞刑五十。以此断定唐代已有讼师，似欠周详。

文化三方面条件的支持。讼师的称呼在宋代大概有以下几种；

第一，“珥笔之民”。宋人黄庭坚《江西道院赋》称：“江西之俗，士大夫多秀而文，其细户险而健，以终讼为能，由是匠石俱焚，名曰珥笔之民。”

第二，“佣笔之人”，即不在官府登记，专在民间代写诉状，招揽诉讼的人。根据《宋会要缉稿》刑法三之四三的记载，早在北宋仁宗天圣年间桂州（今桂林）就有这种以佣笔为生的民间自由人士。史称：“仁宗天圣七年五月十一日（1029 年）太常博士王告言：昨通判桂州，每岁务开，民多争析财产。自令追鞫，多是积年旧事。按伪刘时（指南汉创始人刘隐建立的政权），凡民祖父母、父母在，子孙始娶，便析产异烟，或敏于营度、资产益繁；或惰不自修，田亩荒废。其后尊亲沦逝，及地归中国，乃知朝廷编敕，须父母亡殁始均产，因萌狡计，以图规夺，或乡党里巷佣笔之人，替为教引，借词买状，重请均分。”

第三，“茶食人”。根据史料的记载，“茶食人”是宋代民间机构——书铺里专门负责开雕诉状的人员之一，由于其出身寒微，生活无计，便也经常以本身职业的方便而从事诉讼活动，且从中收取费用以充生活之资。《朱文公文集·约束榜》谓：“人户陈状，本州给印字，面付茶食人开雕，并经茶食人保识，方听下状，若人户理涉虚妄，其犯入并书铺、茶食人一例科罪。”这是宋代官方对茶食人职业活动的正面记载，其他三则史料，则出自士大夫司法判决之手笔，不免多从伦理道德角度对“茶食人”的活动大加指责，但我们却可以从中了解到“茶食人”活动的另一个侧面。蔡九轩在判决中写道：“成百四，特闾巷小夫耳！始充茶食人，接受词讼，乃敢兜揽教唆，出入官府，与吏为市，专一打话公事，过度赃贿。”⑱ 另一则判词则称：“李三六系茶食人，行赇公事，受钱五十贯，欲决脊杖十三，配三百里，并监赃所夺钱业，送案别呈。”⑲

第四，“健讼之民”。宋代假托陈襄之名而编写的《州县提纲》一书在卷二和卷三中写道：“健讼之民朝出入官府，词熟而语顺，虽译译独辩庭下，走吏莫敢谁何”，这说明号称“健讼之民”的讼师，一是熟谙官场，二是口齿伶俐，三是争辩之雄姿足以让那些刁钻的奸胥滑吏也得让他三分。

第五，“讼师官鬼”与“哗鬼讼师”。这两个名词分别见于《名公书判清明集》卷十二与卷十三，后者与前者略有不同。前者的身份是士人或“假儒衣冠”。后者又称“哗魁讼师”，“哗”，本为吵闹之意，这里指喜欢拨弄是非、聚众兴讼的人。“魁”乃是头子之意，这种人的身份多是些有劣迹的吏人子弟，有劣迹的吏人，宋朝多称之为“罢吏”。

通过上面的分析，我们可以看到：在宋代的社会生活中，存在着一个与老百姓的物质利益密切相关的群体和职业，尽管对这个群体的称呼不同，他们的出身也不全然一致，但他们都有着一个共同的特点：有一定文化、通法律、晓官府事务，且资助当事人，以诉讼为业，从中收取一定的费用，他们非官非吏，而是民，这个群体就是“讼师”。现在的问题

⑱ 《名公书判清明集》卷十二《教唆与吏为市》，476 页，中华书局。

⑲ 《名公书判清明集》卷十二《检法书拟》，464 页。

是，讼师的助讼活动虽然主要发生在民间，且他们不可能像现代的律师那样成为诉讼活动的主体，但助讼作为诉讼活动的一个侧面毕竟关涉到当事人的利益和统治者的司法秩序，而在宋代的司法舞台上，士大夫作为各级官衙的执法主体，则势必要与讼师发生关系。

三、讼师与士大夫的冲突

讼师与士大夫作为两个鲜活的群体，活动于宋代司法秩序中的两极，前者在民间，后者在官府。二者的冲突常常通过不同的话语及宋代的法令表现出来，略言之，有以下三个方面：

首先，在司法秩序的期待上，讼师试图通过广泛参与民间的助讼活动，而维持其生业；士大夫则尽量以俗化民，把诉讼减少到一个最低的限度。故宋代官方多从立法的角度，对民间习讼学律予以禁止，甚至惩治讼师的教讼、助讼活动。李涛《续资治通鉴长编》记载说，北宋元祐元年（1086 年）四月："立聚集生徒教授辞讼文书编配法及告获格，从之。"[20]南宋高宗绍兴七年（1137 年）九月二十二日："明堂赦：访闻吉、虔（今江西省）等州专有教学教习词讼，积久成风，胁持州县，伤害善良，仰监司守令偏出文榜，常切禁止，犯者重置以法。"[21] 六年之后，比教讼之风不但未息，反而愈演愈烈，且教讼对象由成人扩及至儿童，且以四言之杂字流传，其方言俚语充斥其间，引起了士大夫及官府的恐慌。《宋会要辑稿》刑法三之二六载："绍兴十三年（1143 年）八月二十三日礼部言江西州县百姓好讼，教儿童之书，有如四言杂字之类，皆词诉语。乞付有司禁之。国子监看详[22]，检准绍兴敕诸聚集生徒，教词讼文书者，杖一百，许人告；再犯者，不以赦前后，邻州编管[23]；从学者各杖八十。今四言杂字皆系教授词讼之书。有犯合依上条断罪。欲乞行下诸路、州、军、监司、依条施行、从之。"

其次，就身份地位而言，讼师多由吏人、假儒衣冠、干人及其子弟等构成；而士大夫的绝大多数是庶族地主及孤寒之家出身的知识分子，他们通过科举考试获得了晋身于宋代各级司法官员的资格。就法律地位而言，讼师不是诉讼机制中的权利主体，其诉讼资格和大部分诉讼活动（不是全部）不被官方认可，故这个群体中的绝大多数只能活动在民间，而不能走向司法公堂；而士大夫则是诉讼权力结构中的唯一主体，他们不仅是各级审判衙门的判断者或司法活动的主导者，而且也是官方法律的执行者与解释者。身份和法律地位的差异自然决定了二者活动方式的不同。前者常在司法活动的狭缝中，通过

---

⑳ （宋）李涛：《续资治通鉴长编》卷，哲宗之佑元年 10 月癸巳条，三册，3509 页，上海古籍出版社，1986。

㉑ 《宋会要辑稿》刑法二之一五〇。

㉒ 看详：宋代官方专门法律术语。意谓中央上管官署根据过去敕文或其他案卷所作出的决定。

㉓ 编管：宋代专门法律术语，指官员被贬谪或其他人等触犯皇帝，送指定地区以管制，称"编管"。见《中国历史大辞典·宋卷》，478 页，上海辞书出版社 1984。

五花八门的手法，打点吏人，伺探案情，从而展示自己的身手，赢得助讼中的一席地位；后者则端坐司法大堂，俨然是整个司法秩序的守卫者。故宋代官方常立法禁，惩治讼师与吏人的交接行为。宋高宗绍兴十八年（1148 年）二月十四日，刑部言："臣僚奏请，在法，放停人吏（指停上服刑的胥吏）加一等，受财重者，自从重，此良法也。然于放停人吏则知畏，而见役人吏及虽横有力之家与健讼之人阴为奥援，表里相通，致使良善之人深被其害。欲望更加参定，重立法禁。本部看详：见役人吏与词讼之人交涉，欲元条徒一年加一等，从徒一年半；若因而为计嘱公事，更加一等，从徒二年断罪。各系递加一等，从之。"㉔

再次，讼师言利，士大夫尚义；讼师兴讼，士大夫息讼。义利观是中国传统文化的核心，处在社会结构大变、民俗喜讼的世风下，宋代士大夫的义利观并非没有变化，但从主导价值而言，我们仍能从典籍中感受到士大夫对讼师的嗜利性充满着道德的义愤。《名公书判清明集》卷 12 至 13《惩恶门》把讼师与哗徒、豪横并列，视为民间巨蠹，其中"把持、哗徒、告讦"三类载有 18 篇判词，集中代表了士大夫对讼师的看法，其中尤以胡颖（字石壁）的两篇判词为其典型。他说："大凡市井小民，乡村百姓，本无好讼之心。皆是奸猾之徒教唆所至。幸而胜，则利归己，不幸而负，则害归他人。"㉕ 这样的批评，我们在《清明集》的作者判词中还能经常看到。这说明传统的人伦道德仍具有强大的生命力。问题在于，宋代社会生活的复杂性及经济利益的多层面性，将会不断地撕开这道防线，从而为讼师与士大夫之间的交融提供了契机。

四、士大夫与讼师：矛盾语境下的交融

士大夫与讼师在秩序期待、身份地位、活动方式、道德伦理、时代语境诸多方面都存在着矛盾与冲突，这是一个不争的事实。但我们为何又说，二者不是简单的对立，而在对立的背后还有着交融呢？

讼师与士大夫的矛盾源自中国古代的"礼法结构模式"。支撑这一诉讼模式的价值体系是自孔孟以来流传于世的"重义轻利"的道德观与"无讼"的轻讼理念。这些古老的道德观和诉讼观在宋代正悄悄地发生着裂变。讼师与士大夫本属于两个不同群体，镶嵌在宋代司法传统转型的网络中，两者在整个社会"义利观"转变、诉讼观念增强的背景下，找到了一个虽不自觉，但却是客观上交融的契合点，即民事诉讼中对百姓财产利益的关注。现进一步论述：

（1）讼师兴讼与士大夫不讳言"讼"与"利"。大体包括三个方面：

㉔ 朱瑞熙：《中国政治制度通史·宋卷》，467 页，人民出版社，1996。

㉕ 《清明集》卷 12《责决配状》，下卷，476～477 页。

其一，士大夫中事功学派“义利”观念的裂变。自孔孟以来，儒家知识分子严“义利之辩”，大力鼓吹“义”高于“利”。问题在于：这种价值观念在宋代士大夫的群体意识中悄悄发生着裂变。王安石在吸取李觏“利分善恶”思想的基础上，对传统的“义利观”进行改造。他说：“利者，义之和。义固所为利也。”㉖ 到了南宋时期，士大夫反传统的功利主义思想进一步发展。陈亮说：“古者官民一家也，农商一事，上下相恤，有无相通。民病则求之官，官病则资诸民。商籍农而立，农赖商而行，求以相补，而非以相病。”㉗

其二，“息讼”语境下，士大夫以务实的态度纳讼利于司法活动的视野之中。宋代士大夫最大的一个特色是他们“以天下为己任”的忧患精神与参政意识。这在南宋著名的士大夫胡颖的判词中有典型的体现：“当职观所在豪民因谋小民田业，设心措虑，皆是如此。当务开之时，则迁延月日，百端推托，或谓寻择契书未得，或谓家长出外未归，乃至民户有词，则又计嘱案司，申案司，申展文引，逐限推托，更不出官，展转数月，已入务限矣，遂使典田之家终无赎回之日。且贫民下户，尺地寸土皆是汗血之所致，一旦典卖与人，其一家长幼，痛心疾首，不言可知。日夜夫耕妇蚕，一勺之粟不敢以自饱，一缕之衣不敢以为衣，忍饿受寒，铢积雨累，以为取赎故业之计，其情亦甚可怜矣!”㉘ 在宋代，胡石壁之判并非孤立之现象，司法官员在讼师、讼学蔚然成风的时代风尚下，置“利”于士大夫视野之下已成为司法活动中人们的共识。

其三，士大夫与讼师的交融，我们还可以通过《清明集》一书所收的士大夫处理诉讼纠纷的模式进行深入分析。尽管“息讼”还经常出现在士大夫的判词中，但那主要是适用于宗法人伦之间。一般的发生在常人间的民事诉讼，息讼的比例较少，就《清明集》而言，依法判决的案件占70%以上㉙，尽管这些数字并非准确精当，不过在这样的案例中总能够看到士大夫身后私有财产观念及商品经济思想对固有的人伦道德防线的冲击，判词作者以务实的态度对待纷争，从而不再羁绊于僵化的教条中，促进了私有制深化下民事法律关系的发展，这一点又恰恰与讼师兴讼背后的社会思潮不谋而合。

（2）官方及士大夫对讼师中代书人及写状钞书铺户的调整与承认。

其一，规范代书人的行为。宋代社会，田宅交易频繁，民事诉讼日多，尽管宋代官方不可能给讼师以权利主体的地位，士大夫也不可能不以儒家人伦的眼光审视其诉讼中的嗜利行径，但民众对诉讼的需求，在官方不能从制度及诉讼运作的框架内予以满足时，讼师的助讼活动便不得不对此罅漏进行补充。代理当事人书写诉状便是其中的一项重要活动。宋制，凡田宅交易引起的诉讼纠纷，欲向官府起诉必须以书面诉状的形式进行，加之当事人多不识字，或不熟悉诉讼程序，由代笔人代书是宋代社会生活中普遍存在的现象。代写

㉖ 陈植锷：《北宋文化史述论》，274页，中国社会科学出版社，1992。

㉗ 《龙川文集》卷1《四弊》。

㉘ 《清明集》卷之9《典主迁延人务》（上册），317页。

㉙ 原文中附有统计图标，此次结集基于篇幅的原因予以删节。

诉状的个人在北宋有不同的称呼如“佣笔之人”[30]、‘代笔人”[31]、“代写状人”[32]、‘鬻书之人”[33] 等。宋代官方对这些人并非全都禁止其活动，而是以敕令的形式，从事与理两个方面加以约束与调整。在一定程度上承认代笔人的合法地位。北宋真宗咸平六年（1003 年）十一月十七日诏：“其代写状人不得增加词理，仍于状后著名，违者勘罪。州县录此诏当厅悬挂，常切遵禀。”[34] 景德四年（1007 年）五月十三日，朝廷又颁发诏令说：“如是令代笔人为状即不得增添情理，另入言词。并元陈状人本无枝蔓论奏事，被代笔人诱引，妄有规求者，以代笔人科罪。”[35]

其二，承认“写状钞书铺户”的合法地位。书铺出现的确切时间，已不可考。现据成书于宋徽宗政和七年（1117 年）的李元弼的《作邑自箴》看，铺户已广泛存在于民间。该书的第三、第八卷对铺户的代笔职能进行了详细规定。《作邑自箴》卷三《处事》载：“告示：写状钞书铺户，每名召土着人三名保识，自来有行止不曾犯徒刑，即不是吏人勒停[36]、配军拣放、老疾不任科决、及有荫赎之人，与本县典吏不是亲戚，勘会得实置薄，并保人姓名籍贯。各用木牌书状式并约束事件挂门首，仍给小木印，印于所写状钞诸般文字年月前，如违县司约束指挥断讫，毁劈木牌印子，更不得开张，书铺内有改业者，仰赍木牌印予赴官送纳，亦行毁弃，他人不得冒名行使。身死者，妻男限十日送纳。”[37] 文中所说的“约束事件”，《作邑自箴》卷八《写状钞书铺户约束》款有详细记载：“词状前未书事目；状销中急切处不得揩抹改动；据人户到铺写状先须仔细审问，不得添借语言，多入闲词及论诉不于己事……百姓年七十或笃疾及有孕妇人并不得为状头。”[38] 北宋时，民户投诉，若自能写状，可以不经书铺。宋室左迁江南之后，随着商品经济的进一步发展及“民讼”[39] 的日益繁杂，作为亲民之官的士大夫在司法中对代写诉状的书铺户更加重视，对其代书行为的规范亦愈趋细密。见诸史籍的黄震之《词诉约東》及朱熹的《约束榜》便是这方面材料的极好说明。

---

[30] 《宋会要辑稿》刑法三之三四。

[31] 《宋会要辑稿》刑法三之一二。

[32] 《宋会要辑稿》食货三五之三。

[33] 《宋会要辑稿》刑法三之一二。

[34] 《宋会要辑稿》刑法三之一二。

[35] 《宋会要辑稿》刑法三之一四。

[36] 勒停，宋代法律术语，指停止服刑的人吏。

[37] （宋）李元弼《作邑自箴》卷 3，线装书，商务印书馆，1934。据上海涵芳楼借常熟瞿氏铁琴铜剑楼藏影销宋淳熙本影印。

[38] 状头，即状首。宋制，告状不实，要受杖责。基于儒家仁爱精神，70 岁以上、孕妇及笃疾之人不得加刑。故朝廷自北宋宗以来屡发诏令，除重大事项外，禁止这些人到官府论诉，可令依次家人陈状。见《宋会要辑稿》刑法三之第 10～12 页。

[39] “民讼”为宋代尤其是南宋时民事诉讼的简称，在《清明集》及《宋会要》之书中大量出现于士大夫的民事判词中，如“凡听民讼，惟理之行”（下册 504 页），民讼各据道理，交易各凭干照”（上册 112 页），“州县遇民讼之结绝，必给断由”（宋会要刑法三之三七），“州县凡有民讼，随时断遣”（宋会要刑法三之四二）等，足可参考。

综上，以诉讼为生业的代笔人及写状钞书铺户，广泛地存在于宋代社会生活中，官方及士大夫在约束其行为时，亦同时对其资格予以承认，且发其牌记，系官登记注册，并规定注销的条件及手续，这说明士大夫与讼师并非全面对立，而是有所交融，即士大夫在一定程度上承认对方的合法性，而不是一味地否定，讼师也乐于接受这种规束。究其原因，当与宋代的司法传统的转型密切相关。

五、结　论

苏轼说："风俗之变，法制随之。"[40] 唐宋之际，中国古代的社会结构发生了深刻变化，司法传统也随之转型。中国古代法律受儒家人伦道德影响较深，故司法活动中，形式逻辑推理的运用与西方相比较，大为逊色，但这决不意味着，古代中国的司法没有运用理性的能力。宋代司法传统正向知识理性过渡，其含义有四：第一，就诉讼理念而言，宋代执法主体——士大夫不再视民讼为"民间细故"，而是精心审理，倍加关注。南宋吴雨岩的话是其典型代表。他说："此其（指民讼）有关朝廷上下纪纲，未可以细故视之。"[41] 这不仅仅是士大夫的认识，也是南宋朝廷的一致意见。南宋自高宗至宁宗，屡发诏令，要"为政者皆知以民事为急"[42]。第二，诉讼机制中适应社会发展的技术性知识增多。就民事诉讼而言，首先，是反映物权关系及田宅交易的活动术语专门化。如：业主、典主、断骨卖、典、抵挡与倚当、批凿、声载、众分之产、批破祖关、支书、关书、管业等不胜枚举；其次，田宅交易程式化。其内容为：（1）典卖、倚当物业，先问房亲，房亲不要，次问四邻，四邻不要，他人并得交易；（2）房亲四邻不愿买者，可在出卖契约上注明，法律谓之批退，此为必经程序；（3）立书面，并由牙人担保；（4）到官府交割，办理过户手续，并加盖官府印章。上述程序既不能漏掉，也不可错乱。[43] 第三，民事判决中须给当事人断由，并在多种条件下允许当事人越诉，这也是汉唐所未曾有的。第四，司法活动中，尤其是在审理发生在亲属人伦关系范围内的民事案件时，法律的判决经常会冲破人伦道德的界限，苍白的说教往往被法律的理性判决所代替。

宋代司法传统的转型与讼学、讼师、士大夫之间有着密切的关联及影响，它反映着宋代官方及士大夫努力调适其法令及心态，去适应社会生活需要的时代特征。在这层意义上，宋代对讼师，尤其是对讼师中的代笔人之业务、资格等，也并非概不承认，而是积极加以规范。因为讼师助讼的动因正在于其身后经济发展的力量，这种力量代表着社会前进的方向，也是统治者乐于用法律加以调整的，此其一；其二，转型时期的司法传统对诉讼制度

---

[40] 《苏轼文集》卷 25，2 册，孔繁礼点校，723 页，中华书局，1996。

[41] 《名公书判清明集》，卷 12，《豪民越经台部控扼监词》，下册，459 页。另可参见赵晓耕：《两宋法律中的田宅细故》，《法学研究》，2001（2）。

[42] 《宋会要辑稿》刑法三之四一。

[43] 此段的史料出处，可参见《宋刑统》卷 13《典卖指当论竟物业》条及《宋会要辑稿·食货》六一之六一至六三。

不断进行调整，以适应社会发展的需要。如要官府给出断由，限期结绝，允许越诉等，这些措施虽不是直接支持讼学与讼师的，但其机制运转中蕴涵着对法律知识的诉求，这在客观上有利于讼学、讼师的发展；其三，讼师助讼，民间兴讼，固然难免嗜利之徒从中渔利，但私有制发展下经济利益所引起的冲突，远非传统的道德说教所能解决，老百姓生活于现实之中，他（她）们对那些与自己生活密切攸关的田宅、财产、牛马之类的生产与生活资料，不能不视为头等大事。官方不能从官的数量及胥吏的质量上为庶民提供足够的诉讼帮助，更不消说，即便是能从正式的司法制度自身提供数量充足的司法人员予以帮助，在此种只有官方审判人员享受诉讼主体权利的时代，欲其民讼皆清，亦无疑是痴人说梦。这就是形色各异的讼师活跃于宋代舞台的真正原因。

综上所述，宋代司法传统在转型中孕育着多种转向知识理性和近代的新因素[44]，讼学、讼师也是其中之一，若能健康发展，必冲破儒家传统司法伦理的结构框架而走向近代。可惜的是，宋代司法传统的转型与士大夫诉讼观念的矛盾裂变依然在儒家语境内部进行，这就不能不表现为各种矛盾的冲突与交融。“好讼”与“兴讼”意味着宋代社会各阶层个体意识与私有财产观念的觉醒，“息讼”乃是儒家义利观在司法上的必然反映。二者既对立冲突，又互相融合。司法传统转型中的宋代士大夫作为一个司法群体，不少人接受了商品经济的功利主义思想，即便是与理学密切相关的南宋“名公”们也并非一味恪守儒家人伦道德的教条，而是于司法中有所突破。至于在时代的潮流下，承认讼师中代笔人及抄状书铺户的地位并规范其行为、系以名籍，则是宋代独具的时代特色，也是宋代司法传统于转型之中所彰显出来的鲜活基因，对此，我们应该给予足够的关注。

㊹ 参见拙作：《人文精神与宋代司法传统的转型》，未刊稿。

高鸿钧**

心寄治邦*

诗云："天生烝民，有物有则。民之秉彝，好是懿德。"①

一

先民群聚巢居，上祖弓猎火烹。三皇之传邈邈，迹犹可循；五帝之说纷纷，事则可鉴。姬黄北来，败东夷而据中原；夏禹南向，服苗蛮而统九州。天下为公，三代禅让，选贤任能；黎民为贵，四岳群牧，平章百姓。三皇设言而民不违，五帝画象而民知禁。丹服以象劓，墨体而征膑，犯者无皮肉之苦；杂履以兆宫，去领而示辟，违禁免生死之罚。

物寡欲增，锱铢之夺遂起；强凌弱抗，曲直之争愈烈；夏有乱政而作《禹刑》，五刑之属三千，慎罚而倡赎赦；商有乱政而作《汤刑》，科条之数三百，重孝而增苛罚。周承五刑之法，尚礼明德，慎刑省罚。三典刑邦国，厘分轻重缓急；五听察民情，详鉴曲直是非；三宥辨衍过，无知者得宽免；三赦悯幼老，无能者受怜恤。

周道既衰，礼崩乐坏。诸侯蜂起，九鼎非属一家；群雄逐鹿，八卦难卜孰赢。悠悠春秋，多事之秋；凛凛战国，战乱之国。志士奔走，献富国强兵之策；百家争鸣，寻救世安民之途。克己复礼，明德慎罚，儒家奔走呼号；立制操刑，缘法而治，法家身体力行；道法自然，无为而治，老聃之真谛；节用非攻，兼爱尚同，墨翟之要旨。春秋以降，诸国弗用周制，纷立其法：魏有《法经》，韩有《刑符》，楚有《宪令》。郑铸刑书，叔向责之，恐

---

* 原发表于《清华法治论衡》，第 2 辑（卷首语）。自拙序出笼，承蒙学界友人关注，笔者不胜惶悚。其溢美之词，实弗敢配受；斧正之语，何敢不察。借此重印之机，权作微改，并向贺卫方教授、马庆洲博士、沈明和马建银同学及其他热心读者诸君诚致谢忱。

** 高鸿钧，本科毕业于吉林大学法律系，研究生毕业于中国政法大学研究生院，先留校从事比较法研究，后到中国社会科学院法学所工作若干年，现为清华大学法学院教授、全国外国法制史研究会副会长，主要从事法理学、比较法学和外国法制史研究。

① 《诗经·大雅·烝民》。

民知有辟不惧于上；晋铸刑鼎，仲尼叹之，忧民在鼎矣贵贱无序。然德礼曲高和寡，儒士少佐于王政；刑宪调低用灵，法家每聘于君前。齐用管仲，修法治，广政教，九合诸侯，一匡天下；秦听卫鞅，变旧法，行新制，五年而强，诸侯毕贺。邓析遭诛，私造之竹刑犹用于郑；商君受磔，所立之律法仍行于秦。

秦缘法而强，恃力而霸，灭六国一天下，置郡县统六合。治道运行，皆有法式，法繁于秋荼；机枢转动，尽布罗网，网密于凝脂；酷刑惨诛，赭衣塞路，囹圄成市；横征暴敛，饿殍盖地，悲号惊天。焚书之灰未散，陈胜、吴广揭竿于田垄；坑儒之土方干，刘邦、项羽起事于里巷。数百年基业，二世骤毁；几十年教训，千载长铭。

汉鉴秦弊，改弦易辙，宽政尚礼，蠲繁削苛。然一家之尊，独教化不足安邦治世，遂辅以刑名之学；三章之法，务简约难济御奸止暴，继补以九章之律。

二

殷袭夏礼，损益可知；汉承秦制，利弊详察。由汉至清，王姓几易，德主刑辅弦歌不辍；由清至汉，官法多变，重刑轻民一以贯之。唐之律疏，宋之刑统，立名稍异，其义颇近；明之律诰，清之律例，处时不同，其旨相通。

仁为趋善膏梁，法乃惩恶药石。兵刑一旨，惟有大小之分；法刑同源，复存广狭之辨。天秩有礼而制五礼，天讨有罪而作五刑。礼唱法随，出于礼而入刑；德施法循，准乎恩而免罪。五刑常悬，期刑去刑，念绳墨弃之不用，官常以讼多自责②；十恶务诛，以杀止杀，盼斧斤废而不举，君每为刑重怀忧。条之繁简，网之疏密，乃历代所虑；刑之轻重，罚之宽严，为累朝所思。科条时繁时简，量刑世轻世重。效四时之兆，察灾异之变，先春风以播恩，后秋霜而动宪；逢吉行赏，眚即肆赦。鹊巢共树，刑部沾光③；日蚀暗天，太尉倒霉④；彗星现而停刑⑤，妖狐出则设厂。⑥ 依人理而审兽，斩低头之虎⑦，循梦境而责实，雪鬼诉之冤……⑧

梨洲有言：三代以上，法为天下之法；三代以下，法为一家之法。敕例滋彰，国定常律化作具文；人主躬狱，官设法司堕为傀儡。期尧、舜之王，而桀、纣之君接踵，法毁刑滥；盼管、晏之臣，而来、周之吏比肩⑨，律亡罚酷。罪逐情加，情恣法偃，赏罚常凭人主

---

② 《后汉书·韩延寿传》、《后汉书·刑法志》。

③ 参见《旧唐书·刑法志》。

④ 参见《后汉书·刑法志》。

⑤ 参见《明史·刑法志》。

⑥ 同上。

⑦ 《后汉书·童恢传》载童恢为官青州，审害民之二虎，杀低头闭目者，谓其“垂头服罪”。由此“吏人为之歌颂”。

⑧ 参见《后汉书·刑法志》。

⑨ 此处分别指管仲、晏婴、来俊臣、周兴。——笔者。

喜怒；刑随意改，意妄理障，轻重每依法官好恶。文帝感缇萦之义，遂有肉刑之废[10]；太宗观图人之躯，即禁鞭背之罚。[11] 捶楚之下，何求不得，无辜不容清白之辩；重刑之逼，避仕不能，名流难兴山林之思。[12] 象由齿毙，光泽之玉先毁；漆因汁割，芳茂之桂早折。官逞嗜杀之癖，吏逐鬻讼之利；欲活则生议，将死则死比。举手挂罗网，动足触机陷。法书明于帙里，冤魄结于狱中。连坐之法，覆巢岂有完卵；三夷之诛，涸川焉存活鱼？割舌之酷，口将言而嗫嚅；刖膑之惨，足将进而趔趄。求长生于重典，若索游虾于滚釜[13]；一钱之偷弃市；瓢之窃行决；望速死于酷刑，如乞全叶于蚕齿。炮烙之烟翻腾，凌迟之刃飞转。求消心头之恨，君赐叛逆之肉于臣下[14]；为解胸中之忿，帝坐贼人之皮于臀底。[15] 直言之臣，以蝼蚁之命，进逆耳忠言，多遭廷杖之苦，汤镬之刑；阿谄之徒，凭机巧之心，施舔痔狐媚，常受心腹之宠，紫绶之贵。烈烈忠骨，却为屈死之鬼；炳炳史家，竟成刑余之人。登闻鼓常响，难罄民间冤声；听讼观[16]躬临，靡详狱讼实情。“京控”之队络绎，龙体烦劳；“扣阍”之躯匍匐，圣驾常惊。亘古乏民主，子民身贱犬马；历朝有秦政，黎庶命轻鸿毛。法，治民治吏不治君，礼，及上及尊不及卑。

三

朝日西去，秋风动而蝉不觉；西人东来，犬爪近而兔不知。软膏之欺，病夫愈病，病夫怎敌屠夫；利炮之攻，土枪益土，土枪难对洋枪。列强骤来，万世弦歌忽断；群狼突至，一统疆土瓜分。国破徒遗山河之景，兵败枉论华夏之尊。睡狮之梦终醒，夜郎之狂遂灭。御外安内之议遽起，变法图强之论因生。或举泰西之新制证之于古，或援汉家故物用之于今。西法东渐，法治之倡得势；古礼今废，德治之声失时。然戊戌变法胎死腹中，洋务运动转瞬破产，辛亥革命半途而废，“五四”运动昙花一现。期间羼以华夷之辨，体用之争，新旧之别，中西之鉴。统一法权之条虽立，治外法权未归；民主共和之宪纵颁，域内专制仍存；泰西新法广采，形具而无根；华夏旧法尽废，名亡而实存。外无独立之尊，奢谈自由；内有战乱之患，遑论法治；民乏民主之求，“德先生”水中之月；国多国殇之难，“赛小姐”镜中之花。百年浩劫，累世罹难，悠悠苍天，曷此其极！

磨难过后，江山复归一统；祸乱终结，国家终获安宁。以新为据，旧法一笔勾销；以俄为师，新宪方兴未艾。花缘自怯，难耐狂飙；柳本易折，怎禁骤雨？运动频繁，政策代

---

[10] 参见《汉书·刑法志》。

[11] 《新唐书·刑法志》载：“太宗览《明堂针灸图》，见人之五脏皆近备……遂诏罪人无得鞭背。”

[12] 明《大诰》十条罪目之一为“寰中士大夫不为君用”。见《明史·刑法志》。

[13] 《隋书·刑法志》。

[14] 隋炀帝将反叛者处以极刑之后，“命公卿以下脔啖其肉”。见《隋书·刑法志》。

[15] 明武宗正德五年，将罪犯磔后，“以皮制鞍镫，帝每乘骑之”。见《明史·刑法志》。

[16] 《晋书·刑法志》：“及明帝即位，常临听讼观，录洛阳诸狱。”

替法律，宪法束之高阁；内斗升级，民权搁置一旁，律师打入冷宫。小波未平，大浪又起；山雨欲来，黑云压城。一夜秋风，神州残花遍地；十年劫难，山河满目疮痍。帮凶械斗，有枪有棒；和尚打伞，无法（发）无天。法院门可罗雀，法典付之一炬，法学弃如敝屣，法治荡然无存。牢狱之中，正直之士含冤；棍棒之下，无辜之魂赴冥。堂堂国家主席，冤魂难寄尸骨；区区巷间恶少，邪气竟瘴宪纲。是非颠倒，直言烈女死前遭断喉之刑；黑白混淆，忠谏元勋身后受口诛之罚。名曰民主之制，万岁呼声山响；号称共和之体，同室相煎湍急。高山低头，涧水无语，苍天叹息，大地抱憾。呜呼！吾华夏民族何此灾多难众？吾炎黄子孙何此时乖运蹇？

乱后思治，劫余议生。拨乱反正，重演平反昭雪故剧；正本清源，复议实事求是旧题。亡羊补牢，“德先生”又成座上之宾；迷途思返，“赛小姐”再登大雅之堂。修宪明制，拟置方圆于规矩；立法设范，试度轻重于衡石。遂有权界群己之宪，防遏奸暴之刑，厘定分争之则，生殖财货之规，对簿公堂之式，救助残弱之条……短短旬年，母法携子法并进；匆匆廿载，公法与私法偕行。法治之盛，历代未有；民主之隆，亘古无双。然律文少本土之根，规范多舶来之品。萱爱家乡，种河阳而不茂；桔恋故土，移淮北而味异。立法如雨后春笋，条文繁而实效微；普法似阵前誓师，口号响而行动迟。官恣术势，人治余患尚存；民乏权能，法治公理未昌。禁条迭出，“三乱”悍吏不绝；法袍几易，“三盲”法官犹存；良驹期伯乐慧眼，政绩凭数字游戏。僧穷方丈富，民瘦官吏肥。横行恶霸，多借“严打”运动铲除；当政贪官，每赖高层批示就法。富奸行贿于外，贪吏枉法于内，高官弄权于上，小民惧法于下。黑字法条不敌红头文件；金色天平屈从方孔铜钱。红尘滚滚，贪心荡漾，小人见利忘义，良药竟成毒饵；黄浪滔滔，嗜欲横流，奸商为富不仁，鸩酒却充佳酿。无辜蒙冤，九泉含恨；有罪逍遥，万民不平。

四

审堂下之荫，知日月之行；观往古之制，明今日之理。民为邦本，无黎民则无国君；法为常典，有治法而有治人。古之法治，生乎本土曩昔；今之法治，引自泰西近世。泰西古时，希腊罗马之盛，毁于蛮族之侵；教会专权，领主任势；农奴卑贱代承，贵族特权世袭。迨至近世，文艺复兴，宗教改革，科学昌兴，理性优位，民主生而君主隐，法治行而神治衰，理性扬而情感抑，平等显而特权除。西人凭科学而强，恃武力而霸，奉民主而昌，尊法治而盛。古之法治，民主之义少有；今之法治，自由之韵多涵。纵观当今寰宇，神治隐形，德治匿迹，人治难凭，武治弗久欲国强民富，舍民主无途；期长治久安，非法治莫属。守古律以治今世，刻舟求剑之愚；移西法而栽中土，缘木求鱼之幻。徒念先贤之治，如同望梅止渴；生搬外来之法，画饼充饥。

临渊羡鱼终无鱼，守株待兔何有兔。已往不谏，来日可追；东隅已逝，桑榆非晚。侪辈同道，世纪之交，聚集水木清华，申报法治理论之题。承学校资助，学院支持，课题同仁戮力同心，以自由之意志，独立之精神，穷学人之思，究法治义理：曰法治起源之理、价值之理、运行之理以及未来嬗变之理。近年成书数册，名曰“清华法治研究系列”：论涉古今，择善而从；言及中外，唯宜是采；瞩望方来，未雨绸缪。探索幽隐，意在明理；陈说兴衰，略备省鉴。侪辈冀尘雾之微，补益山海；期荧烛之光，增辉日月；望积跬步以至千里，聚小流以成江海，为民主推波助澜，于法治添砖加瓦。忧国忧民之心，形诸文墨；求治求强之情，萦于笔端。著者其旨虽同，论说各抒己见；其义虽近，行文自有特色。编者才疏学浅，孤陋寡闻，舛误偏颇，在所难免，愿聆教于读者，就正于方家。

日月昭昭，天行有常；山河巍巍，地孕其藏；众生芸芸，心寄治邦。

苏亦工

大志与王法辨*

简介

苏亦工，中国社会科学院法学研究所研究员，专业领域是中国法律史和比较法律史。1980—1984 年就学于河北师范学院历史系，获历史学学士学位；1984—1987 年就学于北京大学法律学系，获法学硕士学位；1997—2000 年就学于北京大学法学院，获法学博士学位。自 1987 年 8 月迄今一直在中国社会科学院法学研究所从事研究工作，其间曾先后赴美国圣路易斯市华盛顿大学、香港大学、韩国首尔市国立汉城大学、澳大利亚堪培拉市澳洲国立大学、瑞士弗里堡市弗里堡大学等地从事访问学习和研究，已发表学术论文四十余篇，出版《明清律典与条例》、《中法西用——中国传统法律及习惯在香港》等专著，合著有《中国近代警察史》，译著有《法律现代主义》，并参与整理法律古籍多部。

* 原发表于《人文杂志》，2002（1）。

法律经常被解释为人类的意志，所谓意志即思想与志向。不同的志向可以创造不同的法律，法律之不同也正基于志向的不同。中国古代的法律向称“王法”，“王法”是基于什么样的志向呢？值得一探。

中国人尚志，由来已久。《红楼梦》第二回“冷子兴演说荣国府”说起贾宝玉周岁时，贾政要“试他将来的志向，便将世上所有的东西摆了无数叫他抓，谁知他一概不取，伸手只把那些脂粉钗环抓来玩弄；那政老爷便不喜欢，说他将来不过酒色之徒，因此不甚爱惜”①。贾政期望宝玉有何志向呢？从后文的交代看，显然是科举入仕，出将入相，封妻荫子。这种志向，虽然不算小了，但还是称不上大。我们读古书正史列传或野史小说之类，看到那些做过开国皇帝的“英雄”们或者想要做皇帝的潜英雄们大抵都是“少有大志”。最典型的莫过于《史记·陈涉世家》载陈胜少时辍耕垄上说的那句名言：“燕雀安知鸿鹄之志哉！”《明史·太祖本纪》说朱元璋“志意廓然，人莫能测”。《三国演义》第一回称刘备也是“素有大志”。

仔细考究一下这些“大志”，可以发现其内容大抵相同。所谓吞吐四海、经纬天地云云，方可称之为“大志”。说白了，无非是要打天下、坐江山，当皇帝罢了，而且还要“传之子孙，万世一系”。可见，一般所说的“大志”，不过是“帝王之志”的代名词。项羽看到秦始皇的威仪后，说了句“彼可取而代也”；刘邦看到后说了句“大丈夫当如此也”。真不愧是英雄所见略同啊！

帝王之志，观之似大，究其实则至小、至薄，至自私。在孟子看来，不过是“好货”、“好色”、“好小勇”的“寡人之疾”而已。用黄黎洲的话说，乃是：“后之为人君者不然。以为天下利害之权皆出于我，我以天下之利尽归于己，以天下之害尽归于人，亦无不可。使天下之人不敢自私，不敢自利，以我之大私为天下之大公，始而惭焉，久而安焉，视天下为莫大之产业，传之子孙，受享无穷。”“是以其未得之也（指未当皇帝之前——笔者），荼毒天下之肝脑，离散天下之子女，以博我一人之产业，曾不惨然。曰‘我固为子孙创业也’。其既得之也，敲剥天下之骨髓，离散天下之子女，以奉我一人之淫乐，视为当然，曰‘此我产业之花息也’。然则天下之大害者，君而已矣。向使无君，人各得自私也，人各得自利也。呜呼！岂设君之道固如是乎！”②

不幸的是，这样的帝王之志，不独秦皇、汉武、唐宗、宋祖，一代天骄成吉思汗之辈等公认的大“英雄”们向存于胸，就是那些草民百姓、宵小无赖，耿耿于怀者也不在少数。即便是在辛亥革命以后，怀有帝王之志者，也绝不仅袁世凯一人。不过受时代所限，只能

① 曹雪芹、高鹗：《红楼梦》，19页，人民文学出版社，1972。

② 《明夷待访录·原君》。

行帝王之实，不便张旗加冕罢了。因此有人得出结论："中国人在君主时代，个个都有身为帝王的资格，人民见了帝王，多数都有一种'取而代之'的思想。"[③] 正是因为有这类"大志"的人太多，而大位又只有一个，所以便免不了你争我夺，频频厮杀，中国社会的长期周期性政治动荡盖缘于此。一言以蔽之，所谓帝王之志不过是一种无穷大的私心，力图由一个人、一家人或者一种特定的宗派势力垄断政权、把持天下、包揽一切资源，严禁他人染指。这种"大志"，易名为"大盗之志"或许更为贴切。更不幸的是，自秦汉以降，两千多年来的中国法律恰恰都是这种大志的产物。

古人归结人世间的不平事大抵有三种，即：强凌弱，智欺愚，众暴寡。[④] 古人解决这种不平的办法主要有两种：一种是法家路线，或称申韩之术。这是中国历史上长期采用的办法[⑤]，即将帝王之志上升为法律，用法律明定现政权是唯一的强者、智者、众者，再用国家强制力支持这种强凌弱、智欺愚、众暴寡的秩序，并用暴力手段强迫弱者、愚者、寡者接受这人世间的不平。这就是帝王之志所创设的秩序。黄宗羲说"此三代以上之法也，固未尝为一己而立也"，所以"三代以上有法，三代以下无法"，秦汉以后之法都是"一家之法"，是"非法之法"。他又说："后之人主，既得天下，唯恐其祚命之不长也，子孙之不能保有也，思患于未然而为之法。然则其所谓法者，一家之法而非天下之法也……此其法何曾有一毫为天下之心哉，而亦可谓之法乎？……后世之法藏天下于筐箧者也；利不欲其遗于下，福必欲其敛于上……天下之人共知其筐箧之所在，吾亦鳃鳃然日唯筐箧之是虞，故其法不得不密，法愈密而天下之乱即生于法之中，所谓非法之法也。"[⑥] 真是不平则鸣。正如牟宗三先生所说"后人总不满意君主专制，而向往三代的王道"[⑦]。张载说："为政不法三代，终苟道也。"司马光也说"汉魏以下盖不足法"[⑧]。

现代西方的法学家们也在讨论法律的合法性问题。这里面至少有两层含义：其一是制定和实施法律的机构以及法律的规定"都是适当的或正当的，而且，现政权运用其权力时，它不但从法律上而且还从政治上（或道德上）都可以被证明为正确的"；其二是它"要求某一特定制度在被认可之前，要具备一些有说服力的法律和政治上的理由"[⑨]。简言之，法律是否合法不完全在于它是否被宣布为法律，还在于它是否符合人类公平、正义和道德的基本价值取向。譬如某个人或某个团体制定一部法律规定只允许他一人、一家或某个特定的

---

③ 谢晋青：《日本民族性研究》。转自潘乃穆编：《潘光旦文集》，第 1 卷，419 页，北京大学出版社，1993。

④ 《荀子·富国》谓："强胁弱也，智惧愚也。"《商君书·画策》说："以强胜弱，以众暴寡。"

⑤ 毛泽东"读《封建论》呈郭老"诗曰："劝君少骂秦始皇，焚坑事业要商量。祖龙虽死秦犹在，孔学名高实秕糠。百代都行秦政法，十批不是好文章。熟读唐人封建论，莫从子厚返文王"（见胡为雄编著：《诗国盟主毛泽东》，223 页，当代中国出版社，1996）。

⑥ 《明夷待访录·原法》。

⑦ 牟宗三：《中国哲学十九讲》，176 页，上海古籍出版社，1997。

⑧ 分见《张载集》，386、387 页，中华书局，1978。

⑨ 彼得·威斯莱一史密斯：《香港法律制度》，9～10 页，三联书店香港有限公司，1990。

团体享有国家政权，其他任何人觊觎政权都是犯罪，这种规定本身就是不合法的，是非法之法。

遗憾的是，长期以来，这种隆一姓而贱万民，尊一家而屈天下的法律却常常被称之为“王法”。真可谓偷换概念、张冠李戴。考之典籍，所谓王法，是基于“王道”的法律。《尚书·洪范》说：“无偏无党，王道荡荡；无党无偏，王道平平；无反无侧，王道正直。”偏党一人、一家、一姓、一个集团，偏党强者、智者、众者之法，岂可称之为王法，只能称之为“霸法”，即“霸道”之法，用谭嗣同的话说就是“大盗”之法，用美国人德沃金的话说就是“邪恶的法律”[10]。孔子讲正名，我看首先应给“王法”正正名。

中国古代，另有一种志向，那就是孔子之志。孔子自道其志是：“老者安之，朋友信之，少者怀之。”与那些“大志”相比，孔子的志向乍看起来似乎是太小了点，但若细加品味，孔子之志其实至大无伦，不仅关心同代人，还虑及前人和后世，正所谓“慎终追远，民德归厚矣”。古今中外能实现这一志向的，纵非绝无其人，也是凤毛麟角。西人华盛顿庶几近之，亦未必能当之无愧。成吉思汗不消说了，“只识弯弓射大雕”。秦皇、汉武、唐宗、宋祖，或者再加上汉高祖，文、景二帝，明太祖、康熙、雍正、乾隆这些古今公认的、屈指可数的几个明君，也无一能够企及。秦始皇正应了前引黄宗羲的那段话“其未得之也，荼毒天下之肝脑，离散天下之子女，以博我一人之产业……其既得之也，敲剥天下之骨髓，离散天下之子女，以奉我一人之淫乐”。是个地地道道的独夫民贼，老者不能安，朋友不敢信，少者且恶之，留下千古骂名。汉武帝在位54年，为奉其一人之淫乐，“外事四夷之功，内盛耳目之好，征发烦数，百姓贫耗，穷民犯法，酷吏击断，奸宄不胜”[11]。“唐太宗虽英明，亦不可谓之仁主，（汉）孝文（帝）虽有仁心，然所施者浅近，但能省刑罚，薄税敛，不残酷而已。”[12] 宋太祖、明太祖，或夺位篡权，或屠戮功臣，朋友安敢信之。康雍乾三朝，号称太平盛世，实则承乱继恶，满汉倾轧、贪风横行，府库虚耗，文字狱泛滥，流毒至今不息，少者厌之犹不及。

清朝有个读书人叫曾静，写了本《知新录》，声言：“皇帝合该是吾学中儒者做，不该把世路上英雄做。周末局变，在位多不知学，尽是世路中英雄，甚者老奸巨滑，即谚所谓光棍也。若论正位，春秋时皇帝该孔子做；战国时皇帝该孟子做；秦以后皇帝该程、朱做，明末皇帝该吕子做。今都被豪强占据去了。吾儒最会做皇帝，世路上英雄他那晓得做甚皇帝。”[13] 有学者说这“是绝无仅有的狂夫之语”[14]。其实自孔子以后，发这种狂语的远不止曾静一个。孟子曾扬言“自生民以来，未有盛于孔子也”，因此他终生的志向便是“乃所愿，

---

⑩ 德沃金：《法律帝国》，93页，中国大百科全书出版社，1996。

⑪ 《汉书·刑法志》语。

⑫ 《张载集》，第251页。

⑬ 中国社会科学院历史所清史研究室编：《清史资料》，第4辑，48页，中华书局，1983。

⑭ 霍存福：《权力场——中国人的政治智慧》，第三版，11页，辽宁人民出版社，1998。

则学孔子也”[15]。先秦儒家的另一大师荀子也认为孔子与古帝王舜、禹的差别仅在于圣人得位与不得位而已。他称孔子：“无置锥之地，而王公不能与之争名；在一大夫之位，则一君不能独畜，一国不能独容；成名况乎诸侯，莫不愿以为臣。是圣人之不得执者也，仲尼、子弓是也。”[16]

孔子受到后儒如此推崇，是否纯出于门户之见呢？我看不是。后儒认为只有孔、孟这样的大儒才配做帝王，也并非没有道理。这道理就在于孔子之志大、孔子之道阔。用宋儒张载的话来概括，孔子之志乃是“为天地立心，为生民立命，为往圣继绝学，为万世开太平”[17]。以今人眼光观之，孔子之志确实有包容万物的雅量，涵纳千古的胸襟。

要探讨孔子之志，首先必须明了孔子之道。孔子之道是什么呢？依笔者拙见就是“仁”。孔子曾说：“吾道一以贯之。”曾参解释说：“夫子之道，忠恕而已矣。”杨伯峻先生认为，由曾参的这段话“可以推知‘仁’的真谛”。“所谓‘吾道’就是孔子自己的整个思想体系，而贯穿这个思想体系的，必然是它的核心。分别讲是‘忠恕’，概括讲是‘仁’。”[18]所谓“忠”，就是仁的积极面，“己欲立而立人，己欲达而达人”；所谓“恕”就是仁的消极面，即“己所不欲勿施于人”。这就是孔子著名的“忠恕之道”，也就是孔子处理人与人关系的理想标准。按照这个标准创制出来的法律，方可称得上“王法”，即“王道”之法。

古人解决前述世间三种不平的另一套办法正是孔子之志的思路，这就是所谓的孔孟之道，亦即王道。这套思路历来未被官方接受，只是在口头上偶尔表示肯定或褒扬。这种思路反对偏袒强者、智者、众者，主张人人各得其所[19]，用现代的术语来表述就是要保障每个人的权利。班固曾做过一个形象的比喻：“古人有言：‘满堂而饮酒，有一人向隅而悲泣，则一堂皆为不乐。’王者之于天下，譬犹一堂之上也，故一人不得其平，为之凄怆于心。”[20]所以儒家历来主张：“行一不义，杀一不辜而得天下，皆不为也。”[21]

《礼记·礼运》也记述了孔子之志：“子曰：‘大道之行也，与三代之英。丘未之逮也，而有志焉。大道之行也，天下为公，选贤与能，讲信修睦，故人不独亲其亲，不独子其子。使老有所终，壮有所用，幼有所长，鳏寡孤独、废疾者皆有所养，男有分，女有归。货恶其弃于地也，不必藏于己，力恶其不出于身也，不必为己。是故谋闭而不兴，盗窃乱贼不而不作。故外户而不闭，是谓大同。’”

虽然《礼运》这段话是否孔子原话尚有争议，但比较《论语》中所记孔子言行，笔者以为这段记载是符合孔子一贯的思想的。[22] 因此从这段话里，我们可以看到孔子之志的更具

---

⑮ 《孟子·公孙丑上》。

⑯ 《荀子·非十二子》。

⑰ 《张载集》，396 页。

⑱ 杨伯峻：《论语译注·试论孔子》，中华书局，1983。

⑲ 《周易·系辞下》：“日中为市，致天下之民，聚天下之货，交易而通，各得其所”。

⑳ 《汉书·刑法志》。

㉑ 《孟子·公孙丑上》。《荀子·儒效》也说：“行一不义，杀一无罪，而得天下，不为也。”

㉒ 参见任铭善：《礼记目录后案》，23～35 页，齐鲁书社，1982。

象的画面，也可以想象“王道”、“王法”运行的结果。

在儒家看来，人是天地万物之灵，人之所以能生存于世界且能雄居万物之上就在于人的“能群”，即人与人的团结合作。作为群居的动物，人类如果不能相亲相爱、相互扶助，而是终日尔虞我诈、钩心斗角、自相残杀，就不可能健康生存。要维持人与人的团结合作关系就必须确立人与人相处的理想标准。这个理想标准的内在原则就是“仁”，外部表现就是“礼”㉓，在西方人看来就是法（law）。㉔ 的确，如果人人都能做到“己欲立而立人，己欲达而达人，己所不欲勿施于人”，人与人的关系就不难和谐。本着这种“仁”的精神制定出来的一国法律就不难使一国人民彼此团结。如果有朝一日，世界各国都能按照这种“仁”的精神制定出通行全世界的法律，就能使全人类团结起来、和平共处。这样的法律，中国古人称之为“三代之法”，是名副其实的“王法”；用今人的话说就是合法之法、公平之法、正义之法，是可以畅行于全球化时代的法律。

美国人华盛顿可以说是真正的王者，至今受到各国人民的景仰，真正做到了“少者怀之”，称其为西方圣人亦不为过，因为他真正实践了孔子之志。有机会做皇帝而不做，可以终身当总统却任满两届后坚决退隐。㉕ 自己做了总统，也让别人有相同的机会；自己名垂青史、耀祖光宗，也给别人创造同样的条件；自己不愿意久居人下，终生贫贱，也不强加于人。这就叫做“己欲立而立人，己欲达而达人，己所不欲勿施于人”。他所创立的制度，就是孔孟儒家所推崇的尧舜禅让之制，就是《礼运》所说的“选贤与能”之制。难怪清季的谭嗣同、唐才常等特别称赞华盛顿：“若夫轨唐虞之盛心，绵仁学之公理者，其华盛顿、林肯之为君乎？旅天位，宅民权，屣功利，弢兵祸，廓然夷然，是谓大公。”㉖

孔子之志、孔孟之道至大且通，已如上述。然而在两千多年来的中国，却始终未被官方名副其实地接受，所谓中国传统法律的儒家化也只是形式主义的。㉗ 所以有人说：“圣如孔子，不得位而不得行其志。”㉘ 与中国的情形相反，如果我们考察一下近现代西方的法律文化，却可以发现一个惊人的事实，在西方文化孕育下成长起来的现代文明法律普遍充满了仁的精神。自晚清以来，我们引入了“公平”、“正义”、“人权”之类许多新名词，非常抽象，难以理解。但是如果我们用“仁”的精神去理解，大都会八九不离十。罗马法系各国民商法及要英美普通法普遍确立了“诚实信用”、“权利不得滥用”的基本原则，所谓

㉓ 《汉书·刑法志》。

㉔ 严复曾经说过：“西文‘法’字，于中文有理、礼、法、制四者之异义，学者审之。”又说“西人所谓法者，实兼中国之礼典”（《孟德斯鸠法意》，上册，3、7页，商务印书馆，1981）。有西人也说：“礼被译作‘礼节’，而法被译作‘LAW’”，“礼这个术语包含的意思远较‘礼节’这两个苍白的字眼丰满得多。另一方面，西文中‘law’‘droit（法）‘recht’也包含着丰富的含义。礼最终可能带有law中的某些词意。而‘法’则绝难包含law中的大量意蕴”（见 John H. Barton，Law In Radically Different Cultures，West Publishing Co. 1983，p. 105）。

㉕ 李富明等编：《美国总统全传》，23～38页，国际文化出版公司，1996。

㉖ 《唐才常集》，69页，中华书局，1982。

㉗ 参见拙著：《明清律典与条例》，10～19页，中国政法大学出版社，2000。

㉘ 胡寅：《崇正辨·斐然集》，下册，705页，中华书局，1993。

"诚实信用"正是"己欲立而立人，己欲达而达人"准则的法律化；"权利不得滥用"则是将"己所不欲勿施于人"的精神上升为法律，正古人所谓"君子爱财，取之有道"。《反垄断法》、《反不正当竞争法》及《消费者保护法》体现了抑强扶弱、损有余补不足的精神，使强者不能凌弱、智者不能欺愚、众者不能暴寡，可谓先义而后利。现代知识产权法的基本精神也是在保护产权人利益的同时，最大限度的满足公众和社会的利益。现代的环境保护法则更进一步，不仅仁民，还要爱物，不仅照顾当代人的利益，还要为子孙后代留下一块净土。

当然，最能表达《礼运》大同精神，全面贯彻"人人各得其所"原则的还当属以美国宪法为代表的近现代文明下的宪法和宪政制度。宪法，质言之就是政治上的反垄断法。普选制、代议制，议会两院制、多党制、三权分立、司法独立等第制度的确立，都是要避免政府垄断权力，严防某个人、某些人或某个集团把持政权。1940 年 2 月 20 日，毛泽东在延安各界代表召开的宪政促进会上明确表示："宪政是什么呢？就是民主的政治……但是我们现在要的民主政治，是什么民主政治呢？是新民主主义的政治，是新民主主义的宪政……从前有人说过一句话，说是'有饭大家吃'。我想这可以比喻新民主主义。既然有饭大家吃，就不能一党一派一阶级来专政。"㉙ 1945 年 6 月 5 日，董必武赴美国出席联合国大会时曾在华侨举办的演讲大会上郑重承诺："在各阶级、各党派的关系上，我们的口号和任务是：实行民主政治。在行政和议事机关中，包括各阶级、各党派和一切抗日人民的成分，大家都是经过民主选举产生，都是在一起商讨和决定事情，并且一致实行这些决定……中国共产党是主张民主政治，反对一党专政的。从共产党本身起，就不做一党包办或专政的事。"㉚ 同年 9 月 27 日，毛泽东在重庆谈判期间接受路透社记者甘贝尔的提问时，曾对"中共对'自由民主的中国'的概念及界说"作出了纲领性的描述："'自由民主的中国'将是这样一个国家，它的各级政府直至中央政府都由普遍、平等、无记名的选举所产生，并向选举它的人民负责。它将实现孙中山先生的三民主义，林肯的民有、民治、民享的原则与罗斯福的四大自由。它将保证国家的独立、团结、统一及与各民主强国的合作。"㉛ 我国现行宪法第二条明文规定："中华人民共和国的一切权力属于人民"。这里所说的"人民"，包括所有中国人亦即每一个中国人，而不是指哪个人、哪个阶级、哪个党派或者哪个团体。所以宪法第五条又规定："一切国家机关和武装力量、各政党和各社会团体、各企业事业组织都必须遵守宪法和法律。"宪法纳入这两条规定的含义非常清楚，中国是属于全中国人民的，也是属于每一个中国人的，不是属于哪个人、哪些人或哪个集团的。这既是"共和"的含义所在也是"宪法"的宗旨所在。

显然，在现代文明下，经济的、政治的、文化的，乃至任何绝对的垄断都是可耻的、

㉙ 中共中央毛泽东选集出版委员会编：《毛泽东选集》，人民出版社，1964。

㉚ 《董必武选集》，105～112 页，人民出版社，1985。

㉛ 中共中央文献研究室编：《毛泽东文集》，第 4 卷，27 页，人民出版社，1996。

违背人类道德的、非法的。因为任何绝对垄断都势必导致己欲立而不许人立，己欲达而不许人达，己所不欲而强加于人的结局。反过来说，禁止垄断正是要保证每个人的正当权利不受干扰和侵犯。这就是西人所鼓吹的自由、平等、人权的制度性保证。人类之所以创造出宪法，就是基于这个目的。无怪乎清末许多维新人士盛赞西洋良法美政深合中国古圣人之制。戊戌变法时在湖南主持新政的黄遵宪曾说："本署司屡衔使命，遍历泰西，观其国、观其政，求其富强之故，实则设官多本乎《周礼》，行政多类乎《管子》……此周公所以致太平者也，而西人法之……故能官民一气，通力合作，互相保卫，事举令行，实中国旧法而西人施之。"[32] 谭嗣同也说："于此不忍坐视而幡然改图，势不得不酌取西法，以补吾中国古法之亡。正使西法不类于古，犹自远胜积乱二千余年暴秦之弊法，且几于无法。又况西法博大精深，周密微至，按之《周礼》，往往而合，盖不徒工艺一端，足补《考工》而已。斯非圣人之道，中国亡之，独赖西人以存者耶？"[33]

以上，我们将帝王之志或称大盗之志与孔子之志作了一番比较，二者孰大孰小人们当不难明了。进而，我们还比较了大盗之法和真正的王法，从中可以看清两种法律各自包含的不同志向。人类呼唤真正的王法，而真正的王法，非常简单，就是要在强弱、智愚、众寡之间求得平衡，使彼此相安，使人人都有机会，人人各得其所。

---

[32] 《湘报》第3号，黄遵宪："臬辕批示。"

[33] 《谭嗣同全集》，增订本，201～202页，中华书局，1981。

徐祥民

中国古代法制研究中的几个思维定式及其消极影响*

——兼论战国前法制研究的方法

简介

徐祥民，（1958— ），又名徐进，山东汶上人，历史学博士，法学博士，中国海洋大学教授、博士生导师、法学院院长。主要著作有《中国古代正统法律思想研究》（山东大学出版社，1994）、《韩子亡秦论——商鞅韩非法律思想之比较》[《法学研究》，1994（4）]、《礼治的精义及其影响》[《文史哲》，1997（1）]、《春秋时期法律形式的特点及其成文化趋势》[《中国法学》，2000（1）]。

* 原发表于《中国社会科学》，2002（1）。收录时有修订。

以往的研究者在长期的古代法制的研究中形成了三个基本思维定式。这三个定式束缚着研究者的头脑，妨碍了战国前法制研究的深入，导致了对战国前法制的许多不当判断。挣脱这些定式的束缚，对战国前法制这个在整体上大致可以归于未知领域的课题采取更为适合的研究方法开展研究，不仅可以还战国前法制以其本来面目，而且还可能发现一个与秦汉法制模式迥异的法制类型。本文将揭破存在于以往的研究者头脑中的对战国前法制研究具有消极影响的这三个思维定式，并就战国前法制研究的方法谈一点不成熟的见解，以求教于方家。

一

中国古代法制是一个十分巨大的研究对象，它的历史画卷是那样漫长，让观瞻者有决眦难容的压迫感；它的文献资料是那样浩繁，让翻检者有毕生难尽的惆怅。当研究者面对这样的压迫和难以排解的惆怅而不得不截取其中的一个或若干个画面、一部或若干部典籍进行“解剖”时，我们常常忽略了树林里并非只有“麻雀”，鸟群并非只由单一品种的麻雀组成。不管解剖多少只“麻雀”，我们获得的都只是关于“麻雀”的信息；解剖麻雀的人总忘不了选择典型，但不管多少典型的麻雀都只是麻雀。汉代法制是古代法制的典型①，唐代法制更是典型②，明代法制也是典型。③ 这些典型反映了古代法制的一种范式，这种范式未必是研究者们关注的焦点，也不必是研究者直接得出的结论，但却留给他们极深的印象。这种印象是那样深刻，以至于不仅变成了研究者们理解古代法制的基本知识和逻辑准备，而且对进一步研究古代法制发挥了心理引导的作用。这种范式和由此产生的对古代法制研究的心理引导，亦即宏观上的古代法制研究的思维定式主要包括以下三个方面：

（一）有法制必有法典

前述几个“典型”各有自己的法典：汉代有《九章律》，唐代不仅有传世的《永徽律》，

① 瞿同祖先生的《中国法律与中国社会》（商务印书馆，1947）对汉代着墨较多。张建国先生的《帝制时代的中国法》（法律出版社，1999）也以对汉代法的讨论为重点。

② 乔伟先生认为“唐朝的封建法律制度是我国封建专制主义法律制度高度发展的标志”，“达到了空前完备的程度”。（见乔著《唐律研究》，1页，山东人民出版社，1985）钱大群先生有“唐律系列研究”的五部著作出版，它们是（1）《唐律译注》（江苏古籍出版社，1988）、（2）《唐律论析》（南京大学出版社，1989）、（3）《唐律与中国现行刑法比较论》（江苏人民出版社，1991）、（4）《唐律与唐代吏治》（中国政法大学出版社，1994）、（5）《唐律与唐代法律体系研究》（南京大学出版社，1996）。

③ 杨一凡先生著有《明初重典考》（湖南人民出版社，1984）、《明大诰研究》（江苏人民出版社，1988）和《洪武法律典籍考证》（法律出版社，1992）等。尤韶华先生著有《明代司法初考》（厦门大学出版社，1998）等。

而且还有《武德律》、《贞观律》、《开元律》等[④]，明代有《大明律》和《大诰》等。那些没有被我列为“典型”的王朝也各有自己的法典，如曹魏有《魏律十八篇》、晋有《泰始律》等，有的还有经过多次删修的法典，如《大清律》。[⑤] 正是因为历代都有法典，人们在讨论法制的历史时便自然都把注意力集中在法典上。《清史稿·刑法志》在总结了“古先哲王”的“制刑之精义”后，对古代法制发展的历史做了如下的概括：

周衰礼废，典籍散失，魏李悝著《法经》六篇。流衍至于汉初，萧何加为九章。历代颇有增损分合，至唐《永徽律》出始集其成。虽沿宋迄元、明而面目一变，然科条所布于扶翼世教之意未尝不兢兢焉……

作者心目中的“维持礼教”[⑥] 的法制的历史就是法典的历史。

法典法制的范式只是战国以来的法律制度的存在形式，然而由于研究者们看惯了这种范式，长期沉浸在这种范式的书海中，一代又一代地追寻这种范式的制度流程，这种外在的法制范式便逐渐变成了人们内心的法制范式。在人们的内心深处，法典法制几乎成了唯一可能存在的法制范式。有了这种虽未必明确的法典法制概念，研究者在涉及先秦法制时便同对待汉唐法制一样热衷于讨论法典，而寻找汉唐法典那样的先秦法律文件的尝试的一再受挫，更表现了人们对法典的钟情。沈家本先生的《历代刑法考》有“律令”九卷，其书中的排列顺序是从三皇五帝到唐宋元明，但他并不是先认识了“黄帝”或“唐虞”建造的某部法典，然后顺历史发展之流而下，一直展开到明王朝，而是因为汉唐宋元均有法典，为把“先入”的法典历史续写完整，故而在《九章律》之前到处寻觅多少与法典有些相像的词汇，诸如“彝”、“刑”、“辟”等。尽管实不知“彝”、“辟”为何物，亦不知“黄帝李法”、“唐虞”之“律”之有无，但沈先生仍宁信其有，宁信其为法典。关于所谓“黄帝李法”的记载只有一条，本不足凭信，但沈先生对言及该“法”的有关著作却丝毫没有“托古”之疑。

不独沈家本先生对三皇五帝有刑法的内心确信如此强烈，其他许多研究者也都对先秦法典的存在深信不疑。蔡枢衡先生精通音韵、训诂，在他的通假、转韵等方法的支持下，法典的历史进一步向历史的深处延伸。在他的著作里，不仅“远在黄帝时代，就已有了刑法典”，而且可以说自有用文字写的历史以来都有刑法典。因为“五典、五礼、降典、士和彝，都是唐、虞刑法的名称”[⑦]，所以其他的许多词汇或也可通假为刑法。在没有历史事实支持，只有可通假的词汇时，研究者内心深处的法典法制的范式对是否可以溯法典历史之

---

④ 《旧唐书·刑法志》。

⑤ 《大清律》初成于顺治三年，名《大清律集解附例》。此后经多次修订。顺治十三年曾“复刊满文大清律”。康熙朝对大清律做过三次重大修订：(1) 康熙九年，“圣祖命大学正管理刑部尚书事对喀纳等将律文复行校正”；(2) 康熙十八年制为《现行则例》；(3) 康熙二十八年，将《现行则例》附入《大清律》，并“酌定名例四十六条”。雍正朝经汤之旭建议，又对大清律“详加分析”，于雍正三年完成，五年“颁布”。(《清史稿·刑法志》)

⑥ 《清史稿·刑法志》。

⑦ 蔡枢衡：《中国刑法史》，96～97页，广西人民出版社，1983。

溪而上便具有决定性意义。

（二）实体规范是法制的核心

有法制必有法典的确信不仅指导研究者为寻找法典而努力，而且使研究者相信规定于法典之中的法律规范是法制的核心，也是法典的核心。这种定式指导研究者把研究法律规范、寻找法律规范当成最重要的任务之一。

《尚书·吕刑》就是甫侯（或称吕侯）所做的《吕刑》[⑧]，而这篇《吕刑》是夏、商、周三代保存最完好的法律文件。但是，以往的研究者却不愿接纳它为周代的法律。沈家本先生的《律令考》不称《吕刑》，而称其为《周赎刑》，并将其内容归入专门考查刑罚制度的《刑法分考》。在他看来，《吕刑》更接近于刑罚制度，而不是他所需要的周代刑法。今天的研究者对《尚书·吕刑》的理解仍是颇多歧见。蒲坚先生对此做了总结。他说：

> 传统的看法认为《吕刑》是西周的法律形式之一，既是一部成文的法典，又是一部阐述中国古代法学理论的著作（张晋藩主编《中国法制史纲》第27页，中国政法大学出版社1986年版）；有的则认为《吕刑》不是一部法典，而是一份关于适用刑罚的指示性文件（曾宪义主编《新编中国法制史》第28页，山东人民出版社1987年版）；也有的认为《吕刑》不是一部刑法典或诉讼法典，而是中国古老的具有刑诉法性质的文献（薛梅卿主编《中国法制史教程》第25页，中国政法大学出版社1988年版）。

以上三种观点都没有痛痛快快地把《吕刑》接受为西周官方的法律文件。那么，蒲坚先生自己的看法是怎样的呢？他告诉我们说：

> 从《史记·周本纪》及今文《尚书》中《吕刑》篇来分析，吕侯受命所制《吕刑》是一事，今文《尚书》有一篇为《吕刑》又是一事。两个《吕刑》虽同名，却异实……前者是吕侯受命所制定的法典，后者是依据西周官方档案整理所遗存下来的历史文献。但是，二者又有密切的联系。《尚书·吕刑》篇吕侯制定法律后遗存的官方档案文献经后人整理保存在《尚书》中，成为其中的一篇。而作为法典的《吕刑》，其原件已失传，但其有关内容却由于《尚书·吕刑》篇得以保存下来。[⑨]

蒲先生对《尚书·吕刑》与吕侯所制之《吕刑》为两个不同的文件这一结论没有提供有说服力的论证。我们可以说蒲先生的结论可能更为合理一些，但我们却难以相信蒲先生的结论比其所引述的三种观点更为接近历史的真实。那么，从沈家本到今天的研究者为什么都不情愿接受《尚书·吕刑》为周代“法典”呢？最重要的原因是《尚书·吕刑》不是法律规范，不符合研究者们先入的法典必由规范组成的成见。因为《尚书·吕刑》包含当时人对法律和刑罚的认识，所以才有《吕刑》是“法学理论的著作”的评价；因为《尚

---

⑧ 对此吾拟另文详述。

⑨ 张晋藩主编：《中国法制通史》第一卷，196～197页，法律出版社，1999。

书·吕刑》有关于适用刑罚的内容，所以才有《吕刑》是“关于适用刑罚的指示性文件”的解释；因为《尚书·吕刑》完全不象后世的法典那样具有明显的尺度、准则的特征，与当时的其他诰、誓等没有明显区别，故蒲先生才称其为“遗存的官方档案文献”的“整理”件。

许多中国法制史教科书在写到汉唐及其以后的法律制度时，都设有“基本内容”之类的章节，这些章节主要是以有关朝代的法律规范为依据的。张警先生在撰写关于商、周法制的著作时很费了一番寻找当时的法律规范的工夫。他曾写道：

> 《礼记·王制》中有一段关于刑法的记载，说：“析言破律，乱名改作，执左道以乱政，杀；作淫声异服，奇技奇器以疑众，杀；行伪而坚，言伪而辩，学非而博，顺非而泽以疑众，杀；假于鬼神，时日、卜筮以疑众，杀。”《礼记·王制》一篇是汉文帝时博士诸生根据古代的制度而编写的，据说多半是殷代的制度。[10]

张先生明知这段文字为汉初博士所“编”，并非先秦原典[11]，但却仅用一个“据说”就轻易地把它们变成了“殷代的制度”。

在西周法制一节中，张先生列了“刑事法律规范”一目，但该目之下所见者却首先是“刑事政策”、“刑名”等，不是法律规范，而其中所涉及的“世轻世重”、“明德慎罚”等可称做法律原则，不好命为法律规范。张先生在这些内容上标目为“刑事法律规范”，足见其寻找周代法律规范之艰苦。当张先生述及《尚书·费誓》“无敢寇攘，踰垣墙，窃马牛，诱臣妾，汝则有常刑”等语句后接着说：“（这些）虽是军令，普通刑法中也必有类似规定。”张先生希望在《费誓》之外还能看到“普通刑法”[12]，看到与《费誓》中的誓词相近的法律规范。

（三）立法权是法制的前提，中央集权制度为法制的当然的后盾

汉、唐法制的基本流程是先有立法，再有司法，然后是主要表现为御史及其工作的法律监督。这个流程的起点是由立法机关或有立法权的人赋予行为规范以强行性效力。以往的研究者之所以对寻找法典和法律规范那样执著，就是因为他们心目中的法制是以这种强行性效力为必备条件的，而他们所追寻的法律规范和包含法律规范的法典内含了这种强行性效力。按照这个定式，研究者把注意力放在寻找和解释立法权，包括寻找中央集权意义上的立法权和君王的专制权上。

叶孝信先生在谈商代法制时说到：

> 商王掌握国家一切大权。国家大事由商王决定，王命即是法律。商王的裁判具有最高法律效力……商王盘庚在动员迁都的讲话中着重要求群臣“听予一人之作猷”，即听从他的安排。他还说“用罪伐厥（其）死，用德彰厥善”，说的是你

---

⑩ 张晋藩主编：《中国法制史》，23页，群众出版社，1985。

⑪ 此段文字的一部分出自《荀子·宥坐》，所不同的是《宥坐》重在列述“言伪而辩”之类的罪名，而《王制》在每一个罪名之后都紧跟着一个“杀”字。后者显然是根据成文法的语言习惯改“编”前者而成。

⑫ 张晋藩主编：《中国法制史》，40～41页，群众出版社，1985。

们有罪恶的要处死，有功德的要表扬。类似这样的内容还不少，是商王拥有立法、行政、司法权的反映。

尽管叶先生比较客观地指出了“商王实力所及的主要是‘王畿’之内直接统治的地区”，而非全天下，“在司法上商王虽是当然的最高司法裁判者，但其权只限于畿内，畿外则无力干预”，但他还是把“立法、行政、司法大权”授予商王，并根据某种未曾实际演示的逻辑得出了“王命即是法律”⑬ 的一般结论。同样，在讨论“西周的刑法”时，叶先生也断定“以‘誓’、‘诰’、‘命’等形式发布的王命具有最高法律效力”⑭。很明显，叶先生把寻找和叙述立法权，尤其是天子的立法权当成自己论述商周时期的法律制度时的重要任务，并希望按汉唐范式塑造商周法制。

尽管树立天子的无上权威会遇到诸多不好解释的难题，比如周公在法制建设中的地位与成王的无上权力之间有着明显的冲突，但我们的研究者还是尽心尽力地寻找那时的立法权。周密先生相信，由“周公所制”的《周礼》“实际上具有法的效力”⑮，尽管他从未证明过这种效力。在周先生的笔下，“朕即国家”不仅是秦汉帝国的通理，在商周时代亦属于“颠扑不破”之例。他所解释的“朕命”在从商周到明清的漫长历史中从未发生过任何变化，从来都与明清之制无别。尽管“习惯法”很难与“现行法”具有相同的法律地位，君王“说谁有罪，谁就得受刑”的表述也不足以说明法律的权威，但这些都可忽略不计，因为周先生要得出的结论只是或主要是“最高的法律效力”等等。

二

以上三个定式对战国前法制的研究产生了消极的影响，尽管并不是所有的研究者都同时在同等程度上受这些定式的控制。这些不良影响主要表现为：

第一，按先入之见解释历史资料。法律史学家研究古代法制，尤其是战国前法制的任务之一是寻求当时的法律制度、概念、观念的本意，但许多研究者却因无法挣脱头脑中的定式的束缚而轻易地加给战国前的制度、概念等以秦汉以来的甚至是当代的含义。

叔向批评子产所讲的“叔世作刑”的道理本来没有太多的歧义，但在蔡枢衡先生的笔下，叔世成了“朝代初期”，“作刑”变成了“增订刑法”⑯。蔡先生之所以对叔世作刑做如此解，是因为只有把作刑解释为增订刑法，才能与黄帝、唐虞时代就有成文法的先入之见相一致。

在先秦典籍中罚、刑等可做动词解的词汇常与具有规范意义的词汇相联系，如“殷罚有伦”中的伦、“罚蔽殷彝”中的彝等。这些词汇可以解为规则或原则等，但不必一定是法

---

⑬ 叶孝信主编：《中国法制史》，18～19页，北京大学出版社，1989。

⑭ 叶孝信主编：《中国法制史》，27页，北京大学出版社，1989。

⑮ 周密：《中国刑法史》，73页，群众出版社，1985。

⑯ 蔡枢衡：《中国刑法史》，119页，广西人民出版社，1983。

律规则。王国维先生曾把“周之制度典礼”概括为“民彝”，并称这“民彝”是“道德之器械，而尊尊、亲亲、贤贤、男女有别四者之结体”⑰。他没有说彝是法律或者刑法。杨鸿烈先生根据王国维先生的这一论断认定“周代是一个把道德伦理和法律混合的宗法社会”⑱，但也没有把彝等同于刑法。而今天的研究者们为了完成先有法律规则，后有刑罚制裁的逻辑结构，便把彝等明确宣布为法或刑法。张警先生称殷彝为“殷刑法”⑲，马志冰先生说殷彝是“常法性质的成文刑书”，是“成文法”⑳。

第二，所谓书缺有间的借口妨碍了战国前法制研究的深入。以往的研究者在按照上述定式对战国前法制做了研究的尝试之后，得出的一般结论是缺乏资料。前引《清史稿·刑法志》，一句“周衰礼废，典籍散失”便把春秋法制史掀了过去。作者用这八个字说明了文献的缺少，也给他的述春秋而不详找到了理由。《汉书·刑法志》以“春秋之时，王道寖坏，教化不行”引出子产铸刑书，然后以叔向之非议及孔子师徒论刑数语结束对春秋法制的记述，最后又以“陵夷至于战国”一语转入战国后的法制。大概作者也是因缺乏他所需要的春秋法制资料才使用了“寖坏”、“陵夷”之类的词句。文献“不足征”的苦恼也在今之学者的著述的字里行间流露出来。

宁汉林先生说：

> 春秋初期没有颁布成文的刑法，至春秋中后期有郑晋两国的刑书，而这些刑书都已失传。因此，研究春秋时期的刑法史，主要是依据《左传》所保存的有关刑法史资料。可以肯定，春秋时期的刑法史料比《左传》所保存的史料要多得多，因其失传，难以考证，只能就《左传》所保存的史料探讨春秋时期的刑法史。㉑

“郑晋两国的刑书”的“失传”让刑法史专家感到遗憾，那“比《左传》所保存的史料多得多”的刑法史料的“失传”也让人痛心，此外，“春秋初期没有颁布成文的刑法”，从而也没有留下有关“成文的刑法”的资料更加重了法史学家们的失望。杨鸿烈先生在考查春秋法典时也不无惋惜地说：

> 可惜这些原始的法典，（指春秋时期“才有的法典”）都不曾传下来，我们关于他们的内容，只好阙疑了。㉒

陈顾远先生在中国法制史研究中非常注意史料的可靠性问题。他曾提出“推测之辞不可为信”、“设法之辞不可为据”、“传说之辞不可为确”的三不观点。正因为他重视资料，所以才对史料缺乏有更深切的感受。当他谈到春秋法制时，禁不住提起了“秦皇之焚”、

---

⑰ 王国维：《殷周制度论》，《王国维文集》第四卷，55页，中国文史出版社，1997。

⑱ 杨鸿烈：《中国法律发达史》，34页，商务印书馆，1933。

⑲ 张晋藩主编：《中国法制史》，22页，群众出版社，1985。

⑳ 郑秦主编：《中国法制史》，11页，法律出版社，1999。

㉑ 李光灿、宁汉林：《中国刑法通史》（第二分册），369～370页，辽宁大学出版社，1986。

㉒ 杨鸿烈：《中国法律发达史》，50页，商务印书馆，1933。

“咸阳之火”和“伪著之杂”[23] 等让他心酸的事。

第三，用秦汉模式“构造”战国前法制。“考证”或许是历史学所具有的重要特点之一，然而，在古代法制研究定式驱使下的研究者对战国前法制的论述却更象是“构造”，即按照秦汉模式描述一部战国前的法制历史。这种构造或者借助于经研究者解释加工过的历史资料，或者发挥研究者的想象力的作用。研究者们构造的战国前法制的大致情形是：在统一的夏或商、周政权下，天子是立法权的握有者。他的话就是法律，且具有最高的法律效力。国家有专门的司法机关负责审判案件，且有以司寇或士为最高长官的司法机关系统。司法机关审理案件遵循由立法机关创制的法律，并且有义务遵循这些法律。与天子及其群官众吏相对的，或者被国家管理的是民众。民众接受国家的管理，也包括司法管辖，并向以天子为代表的国家尽各种义务。司法机关依据其从天子那里获得的授权对臣民行使司法管辖权，其加给民众的罪名和刑罚都是由法律规定好的，它们不过是担当执行的任务将违法者绳之以法。[24]

这幅图画（以下称其为“构造法制”）与秦汉制度相差无几，所不同的只是在有些人看来子产铸刑书之前的法律是秘密的[25]，而秦汉法律都是公开的。然而，这“构造”的历史并不是真实的历史。夏、商、周时期并无统一的立法权和统一的立法。研究者们津津乐道的“皋陶之刑”、“文王之法”、“周公之礼”等既否定了统一的立法的存在，也否定了立法权的统一性。[26]

三

人们总是运用已有的知识认识未知的世界，拿自己熟悉的事物鉴别知之不详的对象。这是人类在探究未知世界的过程中固有的思维习惯。用地球的“不动”说明月亮、星星和太阳的动，用礼仪之邦的开化来判断西方“蛮夷”的野蛮，用当今的或近代的制度来解释古代的现象等，都与这种思维习惯不无关系。这种思维习惯曾是人类认识新事物的钥匙，但也会导致认识上的谬误，正像历史上出现的“地球中心说”的谬误那样。在由已知到未

---

[23] 陈顾远：《中国法制史》，4～10页，商务印书馆，1934。

[24] 在中国法制的环境中，受封建时代的和现代的中国法的样态的影响，在最初走进战国前法制这个连轮廓都比较模糊的领域时，按秦汉模式猜测、“构造”战国前法制，是正常的，也是难以避免的。我们不能要求研究者对未知领域的最早的探索所采用的方法一定是正确的，所做出的判断一定是无懈可击的。事实上，正是借助于“构造”、猜测的方法，战国前法制的研究才取得了长足的进步，人们对战国前法制的认识才越来越接近历史的真实。本文对“定式”思维所提出的批评正是用“定式”方法所进行的研究本身产生的成果，也可以说是学术自身的进步所导致的“自我否定”，如果学界前辈和同仁能接受我的结论的话。

[25] 杨鸿烈先生依据英国学者梅因在其《古代法》一书中所做的“一切国家在未有法典以前，大都经过了一个秘密法时期”的判断，认为中国在春秋以前也经历了一个秘密法时期，而“子产是中国首先打破法律秘密主义的第一人”（杨著《中国法律发达史》，50～51页，商务印书馆，1933）。后来不少人接受这一结论。这一结论的可靠性是值得怀疑的。但因这个问题超出本文的主题范围，故不予分辨。

[26] 参见拙作《战国前的多元立法权及其由来》，载《法制与社会发展》1999（2）。

知的认识活动中，已知的有限性和相对的单一性不能包容丰富的甚至是无限的未知世界，往往造成认识主体把丰富的未知事物硬塞进单一的和有限的知识框中。定式方法就是以秦汉法制模式为已知的知识框，把战国前的事实上不知其是否与秦汉模式相同的法制在这个框中“对号入座”，“构造”成与秦汉模式相同的法制。在这种定式的影响下，学者们在战国前法制的研究中的基本思路表现为：

战国前法制 A——秦汉法制 a

战国前法制 B——秦汉法制 b

战国前法制 C——秦汉法制 c

…… ……

这种研究思路运行的两端都是概念，即 A 概念与 a 概念通，B 概念与 b 概念对。研究者把近端概念的含义赋予远端概念，便实现了秦汉法制与战国前法制的“贯通”。战国前有具有规范意义的命、誓、刑书等，秦汉有律、令、科、比，秦汉的律令具有国家强制力，所以战国前的命、诰也具有必须付诸实施的效力；战国前有墨、劓、刖等加害于人的残酷手段，秦汉有黥、斩趾等刑罚，而秦汉刑罚是由法律规定的用来对付犯罪的国家暴力手段，所以，战国前的墨、劓等也都与一定的罪名相对应；战国前有从事对人施加暴力的机构司寇等，秦汉有廷尉、廷平等政府机关，秦汉的这类机关负责审理案件、适用法律，所以战国前的司寇或士也取得了司法机关甚至与秦汉中央的廷尉相同的身份……沿着这个思路不仅可以把战国前法制中的各种现象都与秦汉法制一一对号，而且可以在不了解战国前法制的许多细节的情况下描绘出其法制的整体情状。因为秦汉法制是一个完整的法制系统，那诸多制度都与秦汉制度相对应的战国前法制也必有自己的完整的系统，而这个系统与秦汉系统大致相同，就像这个系统中的刑罚、规范等都与秦汉法制中的刑罚、法律大致相同一样。如果秦汉法制除了上述的 a、b、c 之外还有 d、e 等，而在战国前的史料中没有发现与之相应的现象，研究者们也会给战国前的法制“构造”出与之相应的制度或规则 D 和 E 等，而把于史无征简单地归结为“典籍散失”、“书缺有间”。前述一些学者关于战国前的最高立法权、立法思想、最高审判权等的论述便属此类构造。

显然，按这种思路来研究战国前法制这个对今人来说在整体上不得不归于未知的领域是难以取得成功的。我们必须另寻出路。

西方学者所使用过的法人类学的方法用于探求战国前法制会比上述定式思维更有效。梅因（Henry Sumner Maine）好象预见到中国法律史学界所遭遇的困境。他说：

“十二铜表法”的公布并不能作为我们开始研究法律史的最早起点，这是毋庸多说的。古代罗马法典，是属于这样一类的法典，几乎世界上每一个文明国家都可以提出一个范例，并且以罗马和希腊而论，它们是在彼此之间相距并不过分遥远的时代中在它们各自的领域中广泛地传布着。它们是在非常类似的情况下出现的，并且据我们所知，也是由类似的原因产生的。毫无疑问，在这些法典的后面，存在许多法律现象，这些法律现象在时间上是发生在法典之前的。[27]

我们在春秋及其以前没有找到真正令人信服的法典，事实上包括郑刑书、晋刑鼎究竟是何物我们仍不确知，尽管围绕它们展开的讨论是那样的热烈。既然法律史工作者的任务并不只限于研究“十二铜表法”之后的历史，研究中国法律史的学者的任务也不必一定只写法典法的历史，那我们就不必孜孜以求春秋法典和商、周法典。如果假定这些时期不存在法典，这些时期处于“十二铜表法”公布以前的时代，法律史工作者对这些时期仍有大量的工作要做。按梅因先生所说，就是研究法典后面的“法律现象”。梅因先生认为，在知道法典历史的起点的情况下应当研究“发生在法典之前的”的“法律现象”，我们既然不能断定春秋及其以前的法制历史是法典法的历史，或者做这种“断定”的根据不足，那就更应该研究这些时期的“法律现象”。也许这些时期的法制历史就是法典之外的“法律现象”的历史。如果结论是这样的，研究法律现象就不仅可以使我们真正认识这段历史，而且可以使无数法律史研究者免受古代法制研究定式的折磨。

美国法人类学家 E. A. 霍贝尔先生在研究“初民的法律”时运用了“行为主义”的和“经验主义”的方法，或者叫“功能的现实主义”的方法。他的一般认识是：“一切人类的法律都存驻于人的行为之中。它必须通过对人与人之间的交互行为以及各种自然力对他们的影响进行客观而认真的观察来加以辨明。”他及与他使用相同方法的学者相信，“法律的生命不在于逻辑，而在于经验”，因而，他们所做的重要工作是“对社会各种制度进行经验的观察和解剖”[28]。战国前的法制，尤其是商、西周、春秋法制毫无疑问要比霍贝尔先生讨论的“初民的法律”的发展水平高得多，但商、西周、春秋时期的法律，也必然地“存驻于”春秋人的“行为之中”，战国前法律的生命也并非系于逻辑，它的存在和发展都决定于商周人和春秋人的经验，并留在他们的生活经历之中。因此，研究商周人和春秋人的行为、对商周和春秋时期“人与人之间的交互行为”等进行“客观而认真的”考查，尤其是对他们的“法律”生活进行细致的考查，便可使我们更多、更真切地了解战国前法制。

法人类学的方法说到底就是到生活中去寻找法律，从最简单的法律现象着手理解未知的法律制度的发生和发展，而不是向载于典籍的概念要结论。这种方法的出发点是“未知”，而不是把研究者头脑中的模式先加给研究对象。其基本手段是观察，而不是训诂和比附，或者其他仅在文字上做文章的办法。按照法人类学的方法，我们对战国前法制的研究可以采取以下三个步骤：

第一，深入战国前人的“法律生活”，考查那时的法律现象。这一步骤的任务是从各种社会现象中搜寻法律现象。我们无法像霍贝尔先生走进爱斯基摩人、切依因纳人等的生活那样，去体验战国前活的法律生活，但《左传》、《国语》等先秦典籍记录下了商周人、春秋人的生活。只要我们认真检索，便会从中感受到春秋人的生活节律，发现他们生活中的法。

---

[27] ［英］梅因：《古代法》，1页，商务印书馆，1959。

[28] ［美］E. A. 霍贝尔：《初民的法律——法的动态比较研究》，5～6页，中国社会科学出版社，1993。

第二，对战国前的法律现象做类处理。偶然出现的现象不是法学研究的对象，因为只有反复出现的事物、规范、制度才具有法律意义。法律现象一定是类现象。对法律现象做类处理，就可发现具体的法律制度、法律规范、法制原则等。这项研究工作的基本思路是：

法律现象 A ⟶
法律现象 B ⟶ } 制度甲
法律现象 C ⟶
…… …… ⟶

法律现象 a ⟶
法律现象 b ⟶ } 规范乙
法律现象 c ⟶
…… …… ⟶

这里制度甲或规范乙是通过横向的归纳发现的，不是通过古与今的纵向的比附构造出来的。这样发现的制度、原则、规范等客观地存在于古人的法律生活中，表现为古代历史中的活的法律现象。正因为如此，我们通过这个途径发现的战国前法制不同于按照古代法制研究定式所构造出来的法制。比如，对战国前的具有规范意义的诰、命、誓等做类处理，我们发现，它们的基本存在形态是先例，其有效性以其合理性为前提，而不是因其出自某个特殊的主体而自然取得强行性效力。[29]

第三，对战国前的各种法律制度做系统处理。这个步骤的工作是要把握战国前法制的整体形态和基本特征，析取其基本精神。受定式影响的学者曾向读者提供了一幅构造法制的图画，但这幅图画是不真实的。对战国前的法律形式、刑罚制度等所做的类处理已让我们发现，战国前法制与秦汉法制大不相同。我们要对战国前的法律制度做系统分析，因为只有做好了这项工作，才可能充分认识和理解战国前法制，搞清楚战国前法制与秦汉法制的区别和联系。

法律史学界对中华法系的研究是关于古代法制的整体性研究。学者们在这项研究中发现了中华法系的诸多特点。[30] 但正象乔伟先生所注意到的那样，学者们所讨论的中华法系实际上是与中国的封建专制制度相始终的。这个法系所指向的制度是“以李悝所编纂的《法经》为其开端的”[31]。战国前的法制与战国以后的中华法系是有区别的。在对有关制度做了充分的类处理的基础上对战国前的法制做整体性研究，将会进一步丰富人们对“中华法系”的认识，因为这一研究所发现的很可能是既对后来的中华法系的形成有直接影响，同时又可以使我们看到与秦汉法制大异其趣的另一法制类型。

---

[29] 拙作《战国前法的形式、生成及其时代特点》［《吉林大学社会科学学报》1997（6）］得出这一结论，兹不赘述。

[30] 见陈朝璧《中华法系初探》［《法学研究》1980（1）］、张晋藩《中华法系特点探源》［《法学研究》1980（4）］等。

[31] 乔伟：《法治论》，56页，山东大学出版社，1993。

刘惠荣

洛克对英国近代宪政制度的贡献*

简介

刘惠荣，中国海洋大学法政学院教授，博士生导师。青岛市第十三届人大常委、法制委员会委员。1963 年出生，山东省济南市人。1981 年至 1988 年就读于北京大学法律系，获得法学学士、法学硕士学位。硕士阶段师从王哲教授研究西方法律思想史专业。2004 年获得博士学位。先后任教于南京大学和中国海洋大学。法律史及相关研究主要代表作有：《政体学说史》（合著，北京大学出版社）、《多头政体——参与和反对》（译著，商务印书馆）等。

* 原发表于《山东社会科学》，2002 (2)。

优良的宪政制度应当是对一国政治经济以及社会生活全面而准确的总结，是一国在特定历史阶段政治力量对比关系的根本反映。但是，宪政制度不可能自发地浮现出来，它需要由人来总结、归纳，以成文或不成文的形式制定。研究洛克思想的学者们几乎一致认为，约翰·洛克（John Locke，1632—1704）的宪政思想奠定了“光荣革命”之后英国资产阶级宪政制度的理论基础。恩格斯曾经对洛克做过如此评价：“洛克在宗教上也像在政治上一样，是1688年的阶级妥协的产儿。”① 本文非欲简单重复前人的结论，而是力图深入研究洛克对英国近代宪政制度的建立作出了哪些具体贡献，对制度的发展完善产生了哪些影响。

17世纪的英国资产阶级革命是第一次具有世界历史意义的资产阶级反对封建制度的革命。经过内战、共和、护国制和复辟的起伏，以1688年“光荣革命”的阶级妥协而告终。之后，英国政府先后颁布实施了1689年《权利法案》和1701年《王位继承法》等宪法性文件，初步确立了独特的君主立宪制的宪政制度。几十年的政治斗争中先后出现了长老派、独立派、平等派和掘地派等多种政治派别，洛克的思想只是其中的一个支派。洛克的人生经历中，有父辈的清教影响，也有来自著名科学家波义耳和牛顿、哲学家培根、笛卡儿等人的影响。1666年，他结识了艾希利勋爵即后来的沙夫茨伯里伯爵（革命时期辉格党的领袖），做过其秘书、顾问和私人代表，因此又深受辉格党人思想的影响。1683年，因躲避斯图亚特王朝的迫害，洛克追随艾希利避居荷兰。1688年“光荣革命”后返回英国，在新政府中先后担任上诉法院院长、贸易殖民部部长等职。洛克的代表作有《政府论》（上下篇），其他著作有《论宽容异教的通信》（1689年）、《人类理解论》（1690年）等。洛克在《政府论》中所表达的议会至上、分权、君主立宪以及法治思想在1688年之后的《权利法案》、《王位继承法》等宪法性法律文件中得到充分体现。笔者认为，洛克对近代英国宪政制度的贡献主要体现在以下三个方面。

一、娴熟地运用流行的自然法理论为建立新兴资产阶级宪政制度奠定理论基础

奠定在理性主义基础上的古典自然法学说是新兴资产阶级反封建神学和封建专制主义思想的进步思想家的锐利武器。从荷兰的格劳秀斯、斯宾诺莎，到英国的霍布斯、弥尔顿、洛克等人，无不追求时尚，高举古典自然法学说的理性主义思想大旗，论证天赋人权的存在，阐述推翻封建蒙昧主义、专制主义统治，建立维护所谓天赋人权的资产阶级新政权的

① 《马克思恩格斯选集》第4卷，第485页。

理论。洛克与同时代的许多思想家一样，将自己的理论建立在自然法学说的基础上。《政府论》上篇是洛克针砭时弊的即兴之作，他驳斥了保皇派菲尔麦的父权说，从而否定了君权神授的观点。许多研究该书的学者分析，洛克在上篇中之所以选择菲尔麦这样一个“倘使不经洛克批判便早已被人忘掉”的敌人，而不选择更激进地主张君主专制的霍布斯来批判，其主要原因在于霍布斯的理论也建立在理性主义的自然法学说的基础上。更进一步说，霍布斯的绝对主义或专制主义思想可以为任何政府形式所采用。洛克与霍布斯同样运用了当时最为流行的理性主义自然法学说。[②] 在《政府论》下篇中，洛克系统地阐述了自己的自然法观点。

1. 自然状态说　为了说明政治权力的产生，洛克描述了人类进入文明社会以前曾存在过的自然状态。他把自然状态描述为完备无缺的自由状态、平等的状态、有秩序而不放任的状态。因为“自然状态有一种为人人所应遵守的自然法对它起着支配作用；而理性，也就是自然法，教导着有意遵从理性的全人类：人们既然都是平等和独立的，任何人就不得侵害他人的生命、健康、自由或财产。”[③] 但是，洛克又认为自然状态也存在三个缺陷：一是缺乏一种明确规定了的、众所周知的标准作为区分是非的规则；二是缺乏一个有权依照既定的法律来裁判一切争执的知名的和公正的裁判者；三是缺乏权力来支持正确的裁判，使其得到应有执行。因此，在自然状态下，人们的生命、自由、健康和财产权利实际上得不到保障。要保障人的自由，就必须从自然状态过渡到政治社会。

2. 天赋人权论　洛克在分析自然状态的基础上，又系统地论证了天赋人权说。他指出，人人享有自然权利，即生命权、自由权和财产权。其中财产权是洛克天赋人权论的核心。洛克的天赋人权理论带有强烈的个人主义色彩。他强调，最高权力“未经本人同意，不能取去任何人的财产的任何部分”[④]。自然法“教导着有意遵从理性的全人类：人们既然都是平等和独立的，任何人就不得侵害他人的生命、健康、自由和财产”[⑤]。洛克还在上述三权的基础上，进一步引申出反抗权、同意权。由此可见，洛克的天赋人权说是高扬个人主义、维护个人权利的学说。高扬个人权利，在英国人经历了詹姆斯一世以来的斯图亚特专制统治，尤其是查理一世长达 12 年不召开议会的恐怖统治之后，已成为资产阶级最强烈的呼声。当然，洛克的天赋人权论并非是他的独创。在他之前和与他同时也有一些思想家曾指出过，他只是进一步将其系统化和理论化。例如，生命权是日耳曼法的重要原则之一。自卫权在霍布斯的《利维坦》中就被阐述为人类唯一的自然权利。自由权在弥尔顿的著作中已有深入探讨。至于财产权，不丹、胡克、格劳秀斯早有论述，他们认为财产权是家庭的神圣权利，国家主权者亦不得侵犯。洛克只是进一步发展了这些思想。

3. 社会契约论　洛克指出，尽管人类在自然状态下享有生命、自由、财产等自然权利，

---

② 参看《政府论》序言“论洛克的政治思想”，吴承裕著，vii 页，商务印书馆，1983。

③ 《政府论》，第 6 页。

④ 《政府论》，第 86 页。

⑤ 《政府论》，第 6 页。

但由于自然状态存在三个缺陷，人们在理性（自然法）的指示下不得不脱离自然状态而建立政治社会。人类通过订立社会契约而进入政治社会即国家。人是天生自由、平等和独立的，要使任何人服从另一个人的政治权力，只有得到他本人的同意；而这种许多人的同意必须经由契约表现。洛克认为，按照社会契约方式建立政治社会的原则应该是：第一，每个结合者只是放弃部分权利交给全社会，即个人惩罚罪犯的权利；第二，每个结合者把部分权利交给整个社会而不是某个个人，而社会全体由此产生了两个功能：一是决定什么是对自然法的违反；二是如何惩罚对自然法的违反，这是整个社会的政治权力；第三，政治社会的行动应取决于社会的大多数。多数人有权采取行动，而其余的人必须服从；第四，政治社会依靠社会集体的力量，仍然保护公民的生命、自由和财产权，这些权利由自然权利变成公民享有的不可剥夺的权利。洛克指出，武力征服不可能是国家的起源，国家的起源只能来自社会契约。

洛克的社会契约论与霍布斯的社会契约论有一定区别。霍布斯认为，人类进入文明社会时完全放弃了他们在自然状态下的自然权利，通过订立社会契约，把权力交给主权者或者是君主，从此便应服从于主权者的统治；洛克则认为，人们只是放弃了自然状态下单独执行自然法的权利，而保留了不可剥夺的生命、自由和财产权，而且人们订立社会契约把权利转让给整个社会，不是转让给一个人或一部分人组成的议会，而且君主也是社会契约的参加者，也应受契约的约束。因此，政府的权力是有条件的，政府是有限政府。

洛克运用当时方兴未艾的自然法理论，阐述了主权（或称立法权）与人民的关系，说明新建立的君主立宪的议会制下立法权的来源、它受到的限制、对人民的责任和对人民的从属性。从表面上看，洛克的自然法学说与同时代其他学者的自然法学说并无本质差异，但洛克的理论更为系统，尤其是他通过社会契约论得出有限政府的结论，并为论证分权和法治论提供了逻辑前提，所以，其自然法学说便显得意义格外重要。

二、坚持经验论哲学观，汲取英国传统习惯中的合理内涵，适应妥协式革命的发展要求

洛克虽是英国革命的卫道士，但他不属于激进派；作为一个经验主义哲学家，他在著作中大多运用已被证实的或已被普遍接受的经验认识阐述自己的观点，极其重视传统习惯法的作用。他的宪政思想显得尤为稳健。自然法学说和社会契约论是17、18世纪欧洲资产阶级革命的主要思想武器。由于各个国家国情不同，社会契约论在不同国家、不同社会阶层代表那里产生了不同的效果。在法国，社会契约论是卢梭激进的人民主权说的重要组成部分，并成为法国大革命中流行的战斗口号。在英国，社会契约论被辉格党人所利用，推导出君主立宪的结论；被霍布斯采纳，演化为绝对专制的理论。与法国人相比，英国人的社会契约论比较保守。究其原因，就在于英国人从经验论出发，把自格劳秀斯以来的新兴革命理论与本国的传统契约观念混淆在一起。洛克在《政府论》一书中所运用的研究方法

也体现出这一特点，意在使更多的英国人接受他的观点。

早在诺曼征服不列颠之后不久，英国就建立起分封制的封君与封臣关系。这种关系带有双向约束的契约性质，当然这不是一种平等的关系。这种契约关系形成英国的习惯法，为历代君主遵从。威廉一世、亨利一世、亨利二世、约翰王等君主都承认，国王宣布的法律就是习惯，但必须得到封臣的同意，否则无效。这表明，贯穿着契约意识的习惯法早已成为英国人的历史传统，用以维系君主与臣民、君主与议会之间关系。到了17世纪，英国人在传统的外壳中装进新内容。洛克在《政府论》下篇中便显示出对本国传统观念的灵活运用。他为了论证自然状态说的真实性，引述英国神学家胡克尔的《宗教政治的法律》一书作为根据。为了证实社会契约是建立国家和政府的基础，他甚至引用詹姆斯一世于1603年在议会中的演说作为其君主立宪议会制理论的根据。⑥

为什么洛克要用传统观念来阐释新思想呢？英国的资本主义是从封建社会内部缓慢蜕变而来的，许多新贵族是从封建贵族演变过来的。当社会经济基础发生质变时，他们或许尚未在主观意识上深刻领会这场革命的历史意义，而是把它仅仅看作是一种“复旧”，即恢复英国《自由大宪章》以来君主与贵族之间的契约关系。这一点可以从1689年1月议会通过的王位继承文书中得到证实。文书极为含糊不清地写道：“国王詹姆斯二世破坏了国王和人民之间最原始的契约，蓄意推翻王国的宪法”，“蹂躏了基本法律，离开了国境，放弃了政权，因此王位虚悬”⑦。可见当时的领导者并未充分认识到一个新的历史时代的到来。或许当时的精英们即使认识到革命促使社会制度已经发生了质变，为了实现政权的平稳过渡也需要沿用就理论来加以阐述。总之，正如我们无法否定洛克学说反映了资产阶级的利益与要求一样，我们也无法否定他的理论带有17世纪英国资产阶级所特有的保守性。

三、发展古代的分权理论、混合政体理论和制衡观念，创造性地提出了英国的近代宪政理论

分权理论、混合政体理论以及制衡观、法治观早在古代就已存在。维尔在《宪政与分权》一书中指出，“分权学说始终没有独自为一个有效稳定的政治制度提供一个足够的基础。因此，它已经结合了其他政治观点，如混合政体理论、均衡观念、制衡理论，从而为现代西方政治制度提供了基础”⑧。洛克认识到英国当时社会结构的复杂性，认识到纯粹的民主制和绝对权威在英国难以奉行，他将上述古代思想加以综合，系统地提出了自己的宪

⑥ 詹姆斯一世的演说：“国王以一种双重的誓言来约束自己遵守他的王国的根本法律：一方面是默契的，即既然作为一个国王，就必须保护他的王国的人民和法律；另一方面是在加冕时用誓言明白地表明的。因此，在一个安定的王国内，每一个有道的国王都必须遵守他根据他的法律与人民所订立的契约，并在这个基础上按照上帝在洪水之后和挪亚订结的契约来组织他的政府。”《政府论》，第122页。

⑦ 韦斯顿：《君主制和革命》，第307页。

⑧ 维尔：《宪政与分权》，第2页。

政理论。

1. 混合政体理论 洛克将政体划分为民主制、君主制、寡头制和混合政体。所谓“混合政体”，其实是将民主制与君主制相结合，也就是指经过1688年“光荣革命”建立起的君主立宪议会制。混合政体不是洛克的理论创新，因为早在古希腊罗马时代，该理论已经产生，并且在欧洲中世纪得到了回应和重申，被用来支持这样的观点，即王权应当受到封建主和大众的限制。随着代议制在英国的发展，最佳政府制度是一种君主、贵族院和平民院分享政府权力的结合体的思想发展起来，直到17世纪，混合政体理论在英国成为当时占主导的政治理论。1682年受封的哈利法克斯侯爵曾被誉为宪政革命时代“最富于启蒙精神的英国人”，他对英国应建立哪种政体形式的探讨耐人寻味。他认为，君主专制在英国行不通，这不仅因为英国人酷爱自由的民族传统，而且还因为贸易乃英国的命脉，贸易离不开自由。因此，从理论上看共和制优于君主制，但在英国共和制也行不通。因为英国人不喜欢它，其原因恐怕又是因为“英国对共和政体的一次实验乃是以军事独裁而告终的”⑨。他的结论是：英国唯一实际可行的宪政形式是“混合君主制”，即国王与议会分权。

洛克在《政府论》下篇中沿着两条线索论证混合政体的必要性：一是从英国“王在法下”的习惯法传统，二是从个人主义色彩浓厚的社会契约论来论证。从前者看，英国是一个注重习惯法传统的国家，长期形成的惯例比君主更有权威。法治和“王在法下”的传统一直制约着君主不能肆意妄行。1215年英国贵族迫使国王签署了《自由大宪章》。其中规定：“国王不经议会批准不得征税；除按国家法律外，不得逮捕或监禁任何”。《自由大宪章》以及后来陆续制定的一系列法律一直约束着君主与议会合作，使英国议会在中世纪时期也能占据一定的政治地位。因此，即便在专制时期，英国君主也无法像法王路易十四那样自称“朕即国家”，自命为“太阳王”。1543年的议会上，都铎专制君主亨利八世正式承认了“国王在议会中”的原则。⑩ 英国封建议会在“国王在议会中”、“王在法下”原则的支配下，获得了控制征税权和其他立法权。法治传统与议会传统相结合，形成了后来为资产阶级所利用和发挥的独特的英国宪政传统。洛克在《政府论》中表达的混合政体思想在一定程度上是英国的宪政传统与1689年《权利法案》精神相结合的产物。从第二方面，洛克的君主立宪议会制观点也是从社会契约论中推导出来的。主权来自人民，立法权是最高的，“一个国家的成员是通过立法机关才联合并团结为一个协调的有机体的，立法机关是给予国家以形态、生命和统一的灵魂”⑪。“人民的这种最高权非至政府解体时不能产生。”⑫“只要政府存在，立法权就不能重归于人民。”⑬ 洛克的混合政体理论符合英国国情，与英国资产

⑨ 引自蒋劲松：《议会之母》，第59页，中国民主法制出版社，1998。

⑩ “朕在任何时候都不像在议会召开期间那样，高高地站在王位上，在那里朕作为头脑，你们作为肢体，组合在一起，形成一个国家。”埃尔顿：《都铎宪政》，第270页。

⑪ 洛克《政府论》下篇，第129页。

⑫ 洛克《政府论》下篇，第92页。

⑬ 洛克《政府论》下篇，第151页。

阶级和新贵族的保守性情相适应。正是这一点吸引了法国的伏尔泰和孟德斯鸠，使他们对英国宪政大加赞赏，认为它多少兼顾了贵族的利益，而且社会变革运转得比较平稳，不至于发生较大的社会动荡。

2. 分权与制衡理论　洛克从主权和国家的具体权力两个层面展开国家权力的论述。一方面，他沿着社会契约论的思路阐述主权在民、有限政府的观念。另一方面，他把国家权力分成三部分：立法权、执行权和对外权。其中，他认为最高权力是立法权，但他又认为这种权力不是绝对的、无限的。如果它侵犯了人民的利益，人民有权解散议会，以武力推翻政府的暴虐统治。我们应相对地理解洛克的议会“最高权力”一词，因为它只是表示立法权与执行权和对外权相比所具有的地位。

洛克着重论述分权理论和制衡观点。他强调分权的目的在于防止权力滥用和专制。国家权力分为立法权、执行权和对外权三部分。立法权和执行权性质不同，应当分立。执行权和对外权虽然本身有区别，但难以分而由不同的人执掌。因为两者的行使都需要社会的力量，而如果这两种权力掌握在可以各自行动的人的手中，就会使公共力量处于不同的支配之下，迟早会导致纷乱和灾祸。由此可见，洛克的分权与其说是三权分立不如说是两权分立。洛克的分权理论的特征表现为三点：一、他的分权主要是指立法权与另外两权的分立。他始终强调三权中立法权是最高的权力，政府形式也是由这个最高权力的隶属关系决定的。执行权和对外权都是辅助性的，隶属于立法权；二、洛克表达了权力相互牵制的思想。他认为，权力要受到各种牵制，立法权和执行权之间存在着外部的制约关系，各种权力还要受自身的内在约束，牵制的目的是保护人权；三、尽管强调权力分立，他仍赋予国王很大的特权，肯定君主特权的合理性。洛克的权力分立说围绕着一个主题，那就是“人民的福利是最高的法律，的确是公正的和根本的准则，谁真诚地加以遵守，谁就不会犯严重的错误”⑭。这正是“光荣革命”后所建立的宪政制度的最终目的和最高准则。当然，洛克所谓的“人民”是那些有财产的资产阶级和新贵族，而不是那些因圈地运动而流离失所的贫民。

四、结语

我们从对洛克的宪政理论的分析中可以受到许多启示：

其一、对宪政制度影响较大的往往是那些进步而又稳健和颇具包容性的理论。17 世纪的英国虽然各种流派观点纷呈，但真正对政治体制产生巨大实际影响的是洛克的思想。因为他的理论便具有上述特点。他驳斥菲尔麦的“君权神授论”而不全盘否定君权，他拥护议会主权论基础上的君权。他采纳流行的自然法学说，但同长老派、独立派、平等派、掘地派相比，其宪政主张既融合流行观点，又剔除其中较为偏激的内容。因此，洛克被人称

---

⑭　洛克《政府论》下篇，第 97 页。

为英国当时思想界的集大成者，颇受统治者的重视。

其二、拉德布鲁赫说过：“一部宪法不是靠个人的聪明来完成的，人的机敏和聪明只是宪法的助产士，——宪法是由全能的历史完成的。”洛克机智地将传统与现实融会贯通，解决了妥协式革命后政治体制平稳过渡的问题。洛克的理论较为客观地阐释了“光荣革命”的伟大意义，后人往往通过洛克的《政府论》来认识英国革命，通过英国革命以及后来所确立的制度来印证洛克的理论。这正是构成洛克在西方政治法律思想史上卓越地位的原因所在。1689 年的《权利法案》和 1701 年的《王位继承法》从法律上确认了英国君主立宪制的两个基本原则——法律高于一切，议会高于王权。这些原则不但反映了资产阶级和新贵族的政治愿望，而且也反映了英国特有的《自由大宪章》以来习惯法所确立的“王在法下”的宪政传统。

唐永春

苏联法学对中国法学消极影响的深层原因*

——从马克思东方社会理论出发所作的分析

简介

唐永春，1965年2月生，黑龙江省密山市人。现任黑龙江大学法学院教授、法理学教研室主任、法学理论及法律硕士研究生导师、黑龙江省人文社科重点研究基地法理学研究中心副主任，黑龙江省法学会法理学分会秘书长，中国法学会法理学研究会理事。学术专著有《法理学问题研究》（合著）、《法社会学导论》，在《法学研究》、《政法论坛》、《法律科学》、《政治与法律》、《学习与探索》、《求是学刊》等刊物发表学术论文三十余篇。

* 原发表于《法学研究》，2002（2）。收录时有删缩。

一、问题的提出

新中国的法学曾经受到过苏联法学的深刻影响。我国学者普遍认为，这种影响既有积极的一面，也有消极的一面。消极一面的影响主要表现在以下几个方面：

1. 片面强调阶级意志论的法本质观。传统苏联法学把法的阶级性摆在压倒一切的地位上，我国学界自新中国成立以来到“文化大革命”结束的30年间，基本上承袭了苏联的这一观点。重视法的阶级性，这本身是无可非议的，但把法的阶级性提到压倒一切的高度，却是对马克思主义和列宁主义的误解。

2. 纯粹工具论的法功能观。传统苏联法学把法单纯视为统治阶级进行专政的工具，中国法学接受这一观点并加以强化，形成了关于法功能的“唯工具论”。法律功能上的纯粹工具主义是法律本质观上的片面阶级意志论的必然引申，都是对马克思主义、列宁主义的阶级斗争理论、暴力革命理论及法律理论的教条化的理解。

3. 法学中的国家主义倾向。传统苏联法学片面、教条地理解和运用马克思、恩格斯、列宁的国家理论，以国家为中心构建法学理论，抬高国家在法的生成、实施、功能等方面的地位和作用，突出法对国家的依附性，忽视乃至抹杀法对国家权力的制约作用，强调权利的国赋性。对此，中国法学也未加辨别地全盘吸纳过来。

那么，苏联法学何以能够对中国法学产生如此深刻的影响，尤其是消极的影响呢？一般说来，下列的几个原因是显而易见的：（1）制度的同质性。总体而言，我国和苏联都实行社会主义公有制的经济制度、无产阶级专政的国体以及人民代表大会制的政体。（2）意识形态的同质性。我国和苏联都信仰马克思主义，在革命和建设的道路选择及发展策略上都是以俄国的马克思主义——列宁主义为指导的。（3）国际环境因素。新中国在成立之初，受到西方资本主义国家的仇视和孤立，面对它们的封锁和包围，为求得政权的巩固和发展，我们采取了“一边倒”的政策，全面学习苏联，包括法学理论和法制实践。很显然，制度及意识形态上的同质性及由此产生的两大社会主义政权的天然亲和性，再加上当时国际环境压力的催化，使得迫切希望发展和强大的新中国全面学习已经取得辉煌成就的社会主义革命和建设的先行者、成功者苏联。由此，在学习和引进苏联法学理论上良莠兼收也就是可以理解的事情了。[①]

---

① 关于以上所述苏联法学对我国的影响情况及一般原因，我国学者均有相当的认识，较集中的表述请见《苏联俄罗斯法学与中国法学学术研讨会纪要》，《法学研究》2001（5）；蔡定剑：《关于前苏联法学对中国法制建设的影响》，《法学》1999（3）；王勇飞、张贵成主编：《中国法理学研究综述与评价》，中国政法大学出版社，1992。

然而，这几个原因对于解释和说明苏联法学对中国法学的消极影响来说，还远不够那么充分。因为：（1）它们只能说明苏联法学对中国法学形成消极影响的一定的潜在可能性，而无法说明为什么中国法学在学习、引进苏联法学时几乎是无可避免地受到了它的消极影响。（2）这几个原因无法令人信服地说明为什么那个时期自上至下的整个中国社会都轻易地接受了苏联法学中的消极因素。毕竟，对于一个刚刚脱胎于旧社会的农业大国的绝大多数人口——农民而言，制度、意识形态、国际环境等，都是十分陌生的东西。

由此，苏联法学所以能够对中国法学造成深刻的消极影响，除上述外，还隐藏着更深层次的原因。这个深层原因，就是中苏两国传统政治文化的同质性——古代东方亚细亚生产方式基础上形成的专制主义传统的遗存和影响。② 认识和理解这一问题的线索及要领，蕴涵于马克思的东方社会理论之中。

二、解决问题的钥匙：马克思东方社会理论

马克思东方社会理论是马克思主义理论体系的极为重要的组成部分，从马克思主义创立之初对东方问题的关注到19世纪70年代对东方问题认识的历史性飞跃——提出东方社会（主要是当时的俄国）跨越资本主义“卡夫丁峡谷”的伟大设想，它贯穿于马克思的毕生理论探索过程中。③

总体而言，马克思的东方社会理论由亚细亚生产方式理论、东方专制主义理论和俄国跨越资本主义“卡夫丁峡谷”预想三大部分构成，这三大部分分别对应、论述并说明了古代东方社会的经济（及社会）、政治和未来发展趋向。其中，亚细亚生产方式理论处于核心地位，东方专制主义理论和跨越资本主义“卡夫丁峡谷”预想都是在它的基础上构建起来的。④

（一）亚细亚生产方式理论

事实上，马克思终其一生也未给“亚细亚生产方式”下过定义，也未明确指出过它在社会发展序列中占据何种位置，不过，问题的答案都已蕴涵在马克思的论述之中。在马克思看来，古代东方社会在社会经济形态上普遍属于亚细亚生产方式。亚细亚生产方式的基本特征是：（1）在所有制方面，不存在土地私有制，实行的是土地公有制——土地国有或王有。“在亚细亚（至少是占优势的）形式中，不存在个人所有，只有个人占有……”⑤ 这是亚细亚生产方式最根本、最突出的特点，是理解东方社会的关键所在。马克思称这是“……了解东方天国的一把真正的钥匙”，恩格斯也称它是“……东方全部政治史和宗教史

② 本文所说的“中苏两国传统政治文化的同质性”主要是在“东方专制主义传统”的意义上使用。

③ 参见张奎良：《时代呼唤的哲学回响》，387页以下，黑龙江人民出版社，2000；刘启良：《马克思东方社会理论》，49页以下，学林出版社，1994。

④ 参见张奎良：《时代呼唤的哲学回响》，387页以下，黑龙江人民出版社，2000；刘启良：《马克思东方社会理论》，49页以下，学林出版社，1994。

⑤ 《马克思恩格斯全集》第46卷上册，481页。

的基础”⑥。古代东方社会所以采取土地公有制形式，在很大程度上与地理环境有关，“……部分地取决于部落的天然性质，部分地取决于部落在怎样的经济条件下实际上以所有者的资格对待土地，就是说，用劳动来获取土地的果实；而这一点本身又取决于气候，土壤的物理性质，受物理条件决定的土壤开发方式，同敌对部落或四邻部落的关系，以及引起迁移、引起历史事件等等的变动”⑦。(2) 在经济形式上，实行一种简单的自然经济——村社经济。这种经济形式表现为两个层次：第一个层次是，单个的人同自己的家庭紧密地结合在一起，独立地在分配给他的份地上劳动，男耕女织，最基本的生活资料可以从自己的劳动产品中获得；第二个层次是，在一个村社内部，实行一定程度的分工，从而使整个村社的生活资料可以从村社内解决。(3) 在社会组织形式上，采用一种自然组成的共同体——村社。村社是一种“天然的共同体”，或者说是“部落共同体”，是社会基本单位。对于生活在亚细亚公有制条件下的古代居民来说，村社就是他们的生存保障，也是他们赖以同他人交往的媒介。在这个封闭的王国里，人们按血缘关系居住在一起，同外界很少交往。(4) 由上述三方面因素所决定，亚细亚生产方式在政治上采取的是国君至上的专制主义政体——“东方专制制度”⑧。上述四个方面构成马克思亚细亚生产方式理论的主干，为马克思终生所坚持。⑨

（二）东方专制主义理论

从古希腊的希罗多德、亚里士多德到近代的孟德斯鸠、黑格尔，再到亚当·斯密、理查德·琼斯，东方专制主义理论在西方有着极其深远的历史渊源。马克思的东方专制主义理论就是在批判地继承这些先行思想家的理论、思想的基础上创立的。一方面，马克思吸收了前人的合理思想，如认为东方社会普遍存在一种专制主义政治制度，东方社会是一种缺乏历史创造精神和发展缓慢的社会，东方社会存在“普遍的奴隶制”，东方社会由中央集权政府负责治水事业，等等；另一方面，马克思一反以往思想家的单纯地理决定论或唯心论的解释以及“欧洲中心论”或“西方中心论”的偏见，从唯物史观出发，立足于世界历史和人类历史的宏观视野审视东方社会，对东方专制主义进行系统的分析。

马克思认为，亚细亚所有制形式下的国家大多在公社之上耸立着一个“总合的统一体”，即君主。他是“最高的所有者”，也是“唯一的所有者”；他以父家长的身份统领全国，所有的国民甚至包括王公大臣都是他的子民，都处在奴隶的地位上。君与臣的关系，也就是父与子的关系。⑩ 而且，在中国这样的亚细亚形态社会，就像皇帝通常被尊为全国的君父，皇帝的每一个官吏也都在他所管辖的地区内被看作是这种父权的代表。

---

⑥ 《马克思恩格斯全集》第28卷上册，256页、260页。

⑦ 《马克思恩格斯全集》策46卷上册，484页。

⑧ 这里，“东方专制制度”是作为亚细亚生产方式的概念的要素存在的。关于东方专制主义理论，详见下文。

⑨ 参见前引③，刘启良书，231页以下；另参见荣剑：《社会批判的理论与方法》，25页以下，中国社会科学出版社，1998。

⑩ 马克思认为，形成这种关系的一个很重要的原因就是，在东方社会结构里，血缘关系以及由其形成的宗法制度是君权维系统治的社会基础。参见前引③，刘启良书，263页。这个分析对古代中国来说是再贴切不过的了。

那么，为什么亚细亚社会会形成政治上的“东方专制制度”呢？首先，根本的原因是它的所有制的特点。东方社会的土地公有制决定了它的政治形式只能是以王权为中心的专制制度，因为在亚细亚的所有制形式下，公有制并非真正的公有，而是王有。“如果不是私有土地的所有者，而象在亚洲那样，国家既作为土地所有者，同时又作为主权者而同直接生产者相对立，那末……国家就是最高的地主。在这里，主权就是全国范围内集中的土地所有权。”⑪ 其次，东方专制制度具有得以存在的社会条件和基础——村社制度。一方面，村社经济是一种自给自足的自然经济，“各个小公社彼此独立地勉强度日，而在公社内部，单个的人则同自己的家庭一起，独立地在分配给他的份地上从事劳动……”⑫ 在这样的简单的生产方式下，村社农民关心的是自己的小块土地和家庭的生活所依，而对于国家政权形式漠不关心；另一方面，由村社自然经济所导致的村社的孤立性、封闭性，不仅造成了生产力的落后和人民生活的贫困，更造成了人民的愚昧和不开化，各村社之间既没有经济上的联合，更不可能进行政治上的联合去反对专制王权的统治。最后，东方专制制度很大程度上也跟亚细亚的地理环境有关。在东方，广袤的耕地和沙漠形成了灌溉农业，使利用渠道和水利工程的人工灌溉设施成了农业的基础，但亚细亚所有制下的一家一户小农业经营和画地为牢的村社组织无法形成自愿联合，无力完成治水事业，这就迫切需要中央集权政府的干预。就是说，在亚细亚所有制形式下，亚洲特定的地理环境及由之所产生的治水事业，使人们需要专制政府，需要王权。⑬

（三）跨越资本主义“卡夫丁峡谷”预想

马克思晚年时期，世界形势的发展变化使他开始思考东方社会超越资本主义社会发展的可能性问题。此外，马克思跨越资本主义“卡夫丁峡谷”的预想也带有一定的道德考虑，即不希望已承受了太多的苦难和奴役的东方人民再遭受“资本主义的灾难”⑭。在批判地继承俄国民粹派“村社社会主义”思想的基础上⑮，马克思提出了俄国跨越资本主义“卡夫丁峡谷”的设想。他认为，由于一些原因，像俄国这样的国家可以不通过资本主义的“卡夫丁峡谷”而直接进入社会主义。但是，这种跨越是有条件的：一方面，必须有俄国革命，“如果革命在适当的时刻发生，如果它能把自己的一切力量集中起来以保证农村公社的自由发展，那末，农村公社就会很快地变为俄国社会复兴的因素，变为使俄国比其他还处在资本主义制度压迫下的国家优越的因素”⑯。另一方面，必须有一定的历史环境，“假如俄国革

---

⑪ 《马克思恩格斯全集》第25卷下册，891页。

⑫ 《马克思恩格斯全集》第46卷上册，473、474页。

⑬ 马克思曾在《不列颠在印度的统治》和《1857—1958年经济学手稿》中两次强调治水事业与东方专制主义的内在关系。但必须看到，马克思并没有把地理环境因素及由此而产生的治水事业看作东方专制主义产生和长期延续的主要原因，更没有看作唯一的原因。

⑭ 参见前引③，刘启良书，23页以下；张奎良书，408页以下。

⑮ 参见前引③，刘启良书，第六章；前引⑨，荣剑书，4页以下；尹树广：《晚年马克思历史观的变革》，39页以下，黑龙江人民出版社，2000。

⑯ 《马克思恩格斯全集》第19卷，441页。

命将成为西方无产阶级革命的信号而双方互相补充的话，那末现今的俄国土地公社公有制便能成为共产主义发展的起点”⑰。这些都是“严格的限定条件”，不具备这些条件，“跨越”的设想就无法变为现实。

显然，在俄国跨越资本主义“卡夫丁峡谷”的问题上，马克思既考虑了生产关系问题，也考虑到了生产力、技术形态、经济形态、文化形态等问题。无疑，马克思所说的“跨越”，是对资本主义的整体性的超越，包括：(1) 直接跨越资本主义私有制的生产关系及资本主义发展所带来的深重的苦难，这需要在俄国农村公社公有制的基础上，通过俄国革命予以实现；(2) 资本主义所创造的先进的、肯定性的成就——发达的生产力、科学技术——以及与这些成就的创造过程相伴随的商品经济形态却是无法像生产关系那样跨越的，但是，这些成就却可以直接从西方拿过来。所谓俄国革命与西方无产阶级革命“互相补充”，核心即强调西方无产阶级革命胜利乃是俄国得到西方资本主义肯定性成就的必要前提；(3) 亚细亚生产方式下积淀的消极文化精神和传统不可能在短期内被轻松甩掉，俄国所以必须要有革命，其意义之一也在于切断专制主义传统，实现旧的集体主义精神向共产主义精神的创造性转化。因此，如果仅仅以为建立了社会主义公有制，跨越了资本主义生产关系，就实现了对资本主义的超越，那无疑是对马克思“跨越”理论的严重误读。还需要指出，尽管马克思的“跨越”设想仅是在当时的历史条件下针对俄国提出的，但由于俄国与其他落后国家的生产方式及相应文化的基本同质性，所以该预想对亚细亚社会具有一定的普遍意义。恩格斯在谈到“跨越”问题时曾讲到，一切落后国家都可能跨越资本主义“卡夫丁”峡谷，他所说的跳跃问题“……不仅适用于俄国，而且适用于处在资本主义以前的发展阶段的一切国家”，只不过，“但比较起来，这在俄国将最容易做到……”⑱

三、马克思东方社会理论的观照：中苏传统文化同质性与法学同构

（一）古代中国和俄罗斯的文化同质：专制主义传统

马克思所概括的土地公有、村社组织、专制主义三位一体的现象，正是亚细亚生产方式的最本质的特点。以此观照古代的中国和俄罗斯，二者在总体上都属于亚细亚生产方式的社会经济形态——在某些方面符合或近似于亚细亚社会典型特征，同时又各具一定的独特性。确言之，依照马克思的概括，中国属于典型的亚细亚生产方式，俄罗斯则属于“半亚细亚”的生产方式。⑲

就中国而言，它与亚细亚生产方式总模式的差异在于经济和法律方面。在经济方面，

---

⑰ 《马克思恩格斯全集》第 19 卷，326 页。

⑱ 《马克思恩格斯全集》第 22 卷，502～503 页。

⑲ 马克思在论述亚细亚社会问题时，曾多次提到或援用中国、俄罗斯的例子，并对二者做过相应的分析。对此，梅洛蒂曾做过详尽的统计。参见［意］翁贝托·梅洛蒂：《马克思与第三世界》，高铦、徐壮飞、徐光楠译，88 页及注 208、216，商务印书馆 1981。

中国在夏、商、周时期，确实存在过完整的土地国有即王有制，但自春秋战国以后，逐渐形成了国有、地主所有及农民个体所有的三位一体的土地所有制，具有一定程度的私有因素。就法律而言，与多数亚细亚国家不同，中国很早就形成了系统、完备的成文法体系。而其所以被视为亚细亚生产方式的典型，主要在于它具有大多数亚细亚社会所共有的一个典型特征——大规模的治水工程及以此为基础形成的专制主义传统。此外，还有它突出的封闭性、稳定性等。

就俄罗斯而言，它与亚细亚生产方式总模式的差异，主要在于"它缺乏水利的特点"[20]，但是，它却具有比较完整的土地公有制和村社组织，并且也具有专制主义传统。马克思所以称之为"半亚细亚"，主要是因为它的专制主义的形成，并非基于地理和气候条件——大多数亚细亚社会专制主义赖以形成的典型的原因，而是出于保护定居居民、抵御邻近游牧部落入侵的缘故。[21]

从上面简要的概括中我们可以看到，在亚细亚的中国与半亚细亚的俄罗斯之间，存在着一个重要的共同之处，那就是专制主义传统——马克思所指陈的东方专制主义。古代中国和俄罗斯的专制主义各有其自身产生的原因和发展历史，但是它们的精神及表现总体是一致的——权力构架上的高度中央集权，权力行使上的君主独裁擅断。[22] 在中国，大一统、高度中央集权、奴隶制的家长式统治、全面的文化专制等构成专制主义皇权的显著特点；而在俄国，沙皇则"独揽了政治、经济、军事和宗教大权"，"没有任何集团或机构能够对专制权力进行限制"[23]。并且，为了维护君主专制权力的存在和巩固，无论是古代的中国还是俄罗斯，都建立了庞大的官僚机构去执行君主的意志；官僚阶层是"普遍奴隶制"下君主奴仆的一部分，又是这个社会的剥削阶级。[24] 此外，就古代中国和俄罗斯的专制主义存在基础而言，也具有总体上的一致性：它们都存在于自给自足的自然经济基础之上；存在于封闭、孤立的村社组织社会基础之上；存在于压抑个性自由、个人主义精神的整体主义社会思想基础之上。[25]

在这里，"普遍奴隶制"的君主集权专制、与大众相对立的官僚阶层、压抑个性的整体主义三者是一种共生现象，有机地、天然地关联在一起——官僚体制和整体主义有力地支撑君主集权专制，君主集权专制反过来又不断强化官僚体制和整体主义。因此，可以说，从更广阔的意义上看，东方专制主义作为一种文化传统，乃是君主专制、官僚主义、整体

---

[20] ［意］翁贝托·梅洛蒂：《马克思与第三世界》，高铦、徐壮飞、徐光楠译，88页。

[21] 参见前引[20]，梅洛蒂书，第十四章"半亚细亚式的俄国"。

[22] 专制是集权与独裁的复合体。无论是专制国家，还是民主国家，都存在不同程度上的集权。所以，不能在集权与专制之间画等号。有集权未必就是专制，但专制必须以集权为前提。

[23] 前引[20]，梅洛蒂书，95页以下。

[24] 参见前引[20]，梅洛蒂书，39页以下；［美］魏特夫：《东方专制主义》，徐式谷等译，314页以下，中国社会科学出版社，1989；张今田：《亦主亦奴——中国古代官僚的社会人格》，浙江人民出版社，2000。

[25] 参见前引[20]，梅洛蒂书，第十章，第十四章，第十七章；安启念：《东方国家的社会跳跃与文化滞后——俄罗斯文化与列宁主义问题》，138页以下，314页以下，中国人民大学出版社，1994。

主义的复合体。

公允地说，无论在亚细亚的中国，还是在半亚细亚的俄罗斯，专制主义作为特定历史的产物，曾经是一种社会进步，也曾经发挥过某些积极的作用。然而，这种进步和积极作用是有根本的局限性的，它不仅具有严格的、强烈的历史性、时代性，而且具有惨烈的代价性——以牺牲社会的开放性和独立性，牺牲个人的积极性和创造性，牺牲自由、民主、法治为代价。人类历史的车轮旋转至近代，专制主义已彻底成为人类社会进步的障碍，彻底清除专制主义几乎成为全人类的共同愿望和呼声。然而只要专制主义赖以存在的经济、社会土壤还没有被彻底清除，专制主义的幽灵也就不会彻底消失。

（二）文化困扰：专制主义传统在特殊“跨越”后的苏联和中国的遗留

马克思晚年提出的俄国跨越资本主义“卡夫丁峡谷”的设想，为俄国乃至其他落后国家的未来发展指明了一条光明大道。但当历史行进至 20 世纪，由于经过了斯托雷平的改革，俄国的村社已遭受了彻底性的破坏。[26] 由此，马克思典型意义上的跳跃——“严格限定条件”的跳跃——的最重要的条件和根据已不复存在。然而，以列宁为代表的布尔什维克党人发展并创造性地运用马克思跨越理论的精髓[27]，通过十月革命，对资本主义“卡夫丁峡谷”实现了一场“特殊的跨越”：先由工人农民夺取政权，然后自觉地运用政权发展生产，创造建立社会主义制度所需要的各种条件。这是列宁主义的精髓及其真正价值所在，它为一切落后国家指出了一条以特殊形式跨越资本主义“卡夫丁峡谷”走向社会主义的道路。正是在列宁主义的指导下，以毛泽东为代表的中国共产党人也带领中国人民实现了对资本主义的特殊跨越。

但我们必须清楚，这个特殊跨越模式是列宁在逝世前总结革命经验教训时才梳理出来的，此前列宁对此也没有清晰的认识。关于“跨越”问题，普列汉诺夫与列宁存在着不同的认识。1883 年以前，普列汉诺夫曾是“跨越”理论的热情的支持者和倡导者，但 1883 年后，他的观点发生了逆转，成为“跨越”理论的坚决反对者。他认为，俄国所要走的道路，是在资产阶级民主革命之后，经过一段长期的资本主义发展过程，直到条件成熟时再进行社会主义革命，否则，非但不能达到社会主义革命的目的，而且还会使已经打倒的专制主义传统重新复活。如果说普列汉诺夫给跨越理论以明确的、否定的回答，那么列宁的态度则要复杂很多。从早期对民粹派空想式的跨越论的批判，到 1915 年提出社会主义的“一国胜利”理论，再到 1917 年起形成的国际无产阶级革命思想，列宁的思想经历了一个漫长曲

---

[26] 参见金雁、卞悟：《农村公社、改革与革命——村社传统与俄国现代化之路》，第六章，中央编译出版社，1996；林举岱、陈崇武、艾周昌主编：《世界近代史》，590 页以下，上海人民出版社，1982。

[27] 这里所讲的“精髓”主要指以下两个方面：一是跨越理论所反映的马克思的灵魂深处的热切企望——落后国家的人民不必遭受资本主义的深重苦难而走上社会主义道路；二是跨越理论所表达的主动创造精神，即“俄国等东方国家既不应消极等待资本主义来为共产主义奠定物质基础，也不应坐等革命自然发生，而应利用资本主义时代提供的各种条件和机会，主动地推进革命，自己为自己创造物质前提”。参见前引③张奎良书，465 页。作为一个真正的马克思主义者，列宁是深谙马克思的跨越理论及马克思的心境和苦衷的。

折的变化过程。但总体来说，在1922年以前，列宁一直是在俄国革命与欧美无产阶级革命的关系中思考跨越问题，认为落后国家可以避免走资本主义道路的命运，但要做到这一点，最重要的是先进资本主义国家的工人阶级必须成功地完成社会主义革命，从而给落后国家以积极帮助使之获得资本主义创造的“肯定性成就”，而先进资本主义国家的社会主义革命，又要由落后国家的革命来引发。这既是马克思的思想，也是列宁的一贯主张。正如列宁自己多次指出的，整个十月革命，思想基础就是建立在俄国革命必然引发西欧国家的社会主义革命，并从那里得到帮助从而使自己免受资本主义苦难这一点之上的。然而，到1922年，列宁病情日重，康复无望，这时俄国无产阶级夺取政权已有5年，而列宁以及全体布尔什维克所热切企盼的西欧无产阶级革命高潮却始终没有出现，且似乎是遥遥无期的事了。俄国革命和社会主义的出路在哪里？这一问题深深地刺痛并折磨着列宁，他开始对前进道路做最后的探索。显然，苏维埃的出路只有一条，那就是：靠自己的努力去创造社会主义建设所需要的条件，走出一条在俄国这样的落后国家中建成社会主义的新路来。这样一来，人们就面临着两个至关重要的问题：第一，单独与资本主义世界对抗，苏维埃俄国能否坚持到社会主义革命在全世界兴起的那一天？第二，依靠自己，俄国能否获得建设社会主义所必需的物质文化基础？对这两个问题列宁都给予了明确、肯定的回答。对于第一个问题，列宁寄希望于印度、中国等东方国家的革命群众运动；而对第二个问题的回答，就形成了他的特殊跨越理论。[28]

显然，无论是马克思的“典型跨越”理论，还是列宁的“特殊跨越”理论，都清楚地告诉我们，这场特殊跨越并非是对资本主义的整体超越。它仅仅是直接越过了资本主义生产关系。资本主义创造的肯定性成就——生产力、科学技术无法跨越，商品经济形态无法逾越，建立于这些肯定性成就和经济形态之上的文化形态也不可能简单跳过。至少，从逻辑上说，社会主义文化是对资本主义文化的“扬弃”，资本主义文化则是对古代文化的“扬弃”。因此，从亚细亚社会文化——压抑个性自由的专制主义、整体主义到社会主义文化——个人与集体、社会有机协调、统一的民主政治和集体主义，必然是一个长期的、艰巨的创造性转化过程。在从来没有经历过资本主义发展的中国以及没有经历过资本主义充分发展的俄国，这个转化只能靠社会主义政权自身的艰苦努力去完成。因此，无论是俄国还是中国，在跨越了资本主义生产关系之后，都遇到了严重的文化滞后问题——长期积淀的深厚的专制主义传统没有被彻底斩断，在新社会形成很深的遗毒。这种遗毒突出地表现为：(1) 对领袖的盲目的个人崇拜，以至于领袖的个人理论观点“成为各个不同的政治主

㉘ 参见前引③，安启念书，第五章；前引③，刘启良书，171页以下。客观地说，对于普列汉诺夫与列宁的不同、甚至对立的观点，很难、也不应该以对或错来予以判别。应当说，普列汉诺夫的观点与马克思的典型跨越理论是一致的；而列宁的观点则是对马克思理论的发展。后来苏联社会主义建设中出现的失误、错误，尤其是苏联的解体，证明了普列汉诺夫的担心绝非多余；而中国社会主义制度的确立及后来改革开放的成功，也证明了列宁的特殊跨越理论的科学性、现实性。结合二人的观点得出的结论应是：特殊的跨越是可行的，但跨越后的任务——发展生产力、商品经济、文化建设——是极端艰巨的，道路也不可能是一帆风顺的。

体、劳动阶级的政治意识，成为各个不同的利益阶层的惟一价值取向”㉙；（2）不自觉地运用一些专制主义文化的内容和方式开展社会主义建设；（3）过分集中的领导体制和管理体制，没有建立适应商品经济、社会主义民主政治建设所要求的政治文化的、以法治为基础的适度分权模式；（4）片面强调集体主义，忽视乃至抹杀个人权利和利益的合理性；（5）严重的官僚主义，一些党员干部脱离群众，逐渐演化为一个特权阶层。㉚

不可否认，专制主义的遗留有着深刻的历史及现实原因。（1）俄国和中国跨越了资本主义生产关系，但专制主义得以存在的经济土壤——落后的小生产和自然经济——却不能在短期内完全消除㉛，专制主义传统也就不会即刻消失。更何况，无论是苏联还是中国，在社会主义建设过程中都出现过严重的认识上的失误，“没有充分认识到社会技术形态和经济形态的不可逾越性，把资本主义所处的商品经济形态和它的所有制形态完全混淆在一起，错误地认为在落后的小生产和自然经济基础上就可以建设社会主义”㉜，从而不自觉地为专制主义的遗存留下了更大的余地。（2）刚刚脱胎于旧社会的苏联和新中国都还属于农业大国，农民占人口中的绝大多数，而这绝大多数人口正是传统专制主义“普遍奴隶制”的受害者。历史中长期积淀的对专制主义的“依赖”感还强烈地留存于他们的观念之中，不可能马上消除，这就使得专制主义传统的遗留有了一定的社会基础。（3）革命胜利后面临的发展现实——一方面必须依靠自己迅速发展生产经济，摆脱落后挨打局面；另一方面文化严重滞后，社会自身缺乏相应的动力和创造性——迫使苏中两国都采取了集权化的政治、经济体制，以提高管理效率，推动经济迅速发展。应当说，在当时的历史条件下，一定时期内及一定程度的集权是必要的、合理的，但这种集权制却在早日迈入共产主义的“急躁症”的催化及滞后的社会文化的支撑下，不仅得以长期保留，而且被不断强化。（4）作为观念、文化形态的专制主义有着自身的“相对独立性”，尽管专制主义制度及其赖以生长的社会、经济、政治基础被推翻，专制主义观念仍以其强大的惯性强行滑入新社会，并在一定时期内发生影响。

㉙ 张志明：《从民主新路到依法治国》，261页以下，江西高校出版社，2000。

㉚ 关于这方面的问题，西方一些学者将其概括为“官僚主义集体制”，并视其为亚细亚专制文化传统在跨越后的俄国和中国的主要表现。参见前引⑳，梅洛蒂书，157页以下。更有甚者，魏特夫出于攻击社会主义的用心，直接将此视为“亚细亚复辟”、“东方专制主义复辟”。参见前引㉖，魏特夫书，464页以下。这些观点当然是充满了偏见甚至是反动的，但是，也说明了专制主义遗留的严重性。

㉛ 关于这一点，也许列宁对十月革命后的俄国的描述最能说明问题了。1921年，他在论《粮食税》中写道：“看一下苏俄的地图吧。在沃洛果达以北，顿河岸罗斯托夫及萨拉托夫东南、奥连堡和鄂木斯克以南、托姆斯克以北这些漫无涯际的空旷地带，可以容下几十个文明大国。然而在这些空旷地带上笼罩的却是宗法制度、半野蛮性和十足的野蛮性。那么在俄国所有其余那些穷乡僻壤又是怎样呢？到处都是几十里几十里的羊肠小道，确切些说是几十里几十里的无路地区，这样就把乡村和铁道隔离了开来，即和那些联结文明、联结资本主义、联结大工业、联结大城市的物质脉络隔离了开来。这些地方，难道不也是到处为宗法制度、奥勃洛摩夫精神和半野蛮所统治吗？”见《列宁全集》第32卷，330页。

㉜ 前引⑨，荣剑书，20页。

（三）法学同构：文化同质与苏联对中国法学的消极影响的深层内在关联

专制主义传统的遗留及其影响，与苏联法学对中国法学的消极影响之间存在着深刻的内在关联，构成这一影响的深层原因。

首先，从整体上看，专制主义传统创造并提供了一种法律文化的土壤和温床——“人治”主义。“人治”总是与政治上的专制主义相伴生的，而由于古代中国和俄罗斯都有着较为深厚和强大的专制主义传统，因此，它们也形成了深厚的人治传统，并对后世产生重大影响。人治主义同民主和法治相悖，而与“权力本位”、国家主义、政治独断同气相求，从而为苏联法学中消极因素的生成及其对中国法学的影响提供了基础性的法律文化的前提。

其次，具体地看，每一方面的消极影响的发生都与专制主义文化传统有着密不可分的联系，甚至有时是其直接促成的。

1. 苏联法学关于法本质的唯意志论、片面阶级意志论的教条主义错误的产生及其对中国法学的深刻影响的形成，更深刻的原因即在于传统文化。其一，既然东方传统文化中天然地缺乏个体权利观点及利益多元化观念，因此，东方人，尤其是专制主义、整体主义传统深厚的中国和俄国，更惯于从两极对立的角度去看待国家、社会的分化和矛盾；其二，“唯意志论”作为一种教条化的理论得以产生、传播和强化，其根本失误之处即是对领袖、导师的某些个别论断或颇具时代性的论断作无限普适性的推演。而这种做法的深层原因，正是专制主义传统下形成的“个人崇拜”或“权力崇拜”。

2. 苏联法学关于法功能的纯粹工具主义的形成及其对中国法学的深刻影响，深层原因也在于专制主义传统及其顽固的遗存。“传统文化的因素、适宜的土壤是接受苏联法影响的基础。中国和苏联有些相似，在古代社会有强大的专制帝王，没有什么民主传统和权利观念。人们对法律的全部理解大都停留在衙门的严威和刑罚的残酷上面。而苏联法学家极力主张的统治阶级意志和专政工具的法学观点，有意无意地抹杀了法律含有的保护公民权利和维护社会公平、正义的本质。‘法’就是‘刑’，刑就是惩罚的中国传统法律文化，与苏联法学理论中法就是统治阶级意志，是国家强制力和专政工具的观点，在法律文化传统较深层次上达成了默契。”[33] 尤其需要指出的是，在专制主义传统文化严重遗留的苏联和中国，法律工具主义——法律乃君主专制的工具——本来就是深存于社会意识深处的观念，因此，作为君主专制工具论的延伸的阶级专政工具论，能够被中国顺利接受并更加严重地膨胀，自在情理之中。

3. 苏联法学的国家主义倾向及其对中国法学的深刻影响的形成，也主要源于专制主义文化传统。一方面，法学中的国家主义倾向就是专制主义传统、国家主义传统的遗留在法学中的表现，是这些旧传统遗留后的必然结果；另一方面，这一倾向之所以能站得住脚，并得到推广，为全社会所接受，无非是因为在当时的历史条件下，传统专制主义、国家主义所造就的权力崇拜、国家崇拜的观念还深深遗留在社会大众的内心深处，从而提供了相

㉝ 前引①，蔡定剑文。

应的社会思想基础。

至此，对于苏联法学为什么能够对中国法学造成深刻的消极影响的问题，基本上可以得出一个比较清晰、完整的解释和说明了：第一，新中国成立后所面临的国内国际形势——迫切发展又缺乏经验且遭受封锁，是中国全面接受苏联法学影响的现实环境条件。第二，中苏两国在制度及意识形态的同质性和亲合性，是中国全面接受苏联法学影响的政治前提。第三，中苏两国革命的“特殊跨越”模式及由此带来的困惑的相似性，使二者在对法的本质、功能等一系列问题的看法上不谋而合。这是中国法学接受苏联法学全面影响的认识原因。第四，中苏两国历史上由亚细亚生产方式形成的深厚的专制主义传统及其在新社会的严重遗留，为中苏法学中的消极、片面的“左”的思想因素提供了天然的文化资源和强大的社会思想和心理基础。这是中国法学全面接受苏联法学影响的深层原因，是苏联法学对中国发生消极影响的根源。因此，“可以肯定，如果没有前苏联这样一套法学理论供我们选用，那么中国法学家也会创造出一套与此类似的法学理论”[34]。

四、几点启示

苏联法学的消极影响，曾使我国的法学研究和法治建设走了很长的一段弯路，付出了惨痛的代价，因此，我们必须从对这种消极影响的深层原因的分析中获得应有的启示。

1. 经验教训的总结，必须着眼于反思中国自身的政治文化传统。中国自身也具有独立的、深厚的、自成一格的法律文化传统，这一法律文化传统包含了大量的消极因素，这些消极因素的生成与专制主义存在着内在关联。当今中国社会依然普遍存在的消极法律观念如人治、法律工具主义、官本位、权力本位等，都是传统法律文化消极因素的遗留，并与专制主义遗毒存在着千丝万缕的联系。为此，我们必须充分认识到：（1）当前的中国，仍然处于社会转型时期，专制主义传统得以遗存的经济土壤仍未彻底清除，由此，专制主义传统的影响仍会在一定范围、一定历史时期内存在。我们必须对专制主义遗毒保持高度的警惕性并通过清除其赖以存在的经济土壤而彻底铲除它。（2）今天的中国，农民人口仍占全国人口的绝大多数，这仍然是专制主义遗毒得以生存的主要社会基础。为此，必须努力加强和改善农村的文化教育，提高农民文化素质，大力推进农村工业化、城市化的进程，从根本上解决农村发展问题。这是中国现代化的关键，也是中国法治化的关键。

2. 中国法学所出现的片面化、教条化的“左”的失误和错误，责任主要在于我们自己对苏联法学中消极、错误的因素缺乏应有的鉴别力和批判认识能力，在于我们自身也存在着严重的教条主义倾向。为此，我们应该注意：第一，法学研究必须从中国社会主义初级阶段的现实国情出发，真正做到把马克思主义、列宁主义的法律理论同中国实际相结合，自觉抵制教条主义错误；第二，创造一个宽松的政治、学术环境和氛围，在争鸣中鉴别和

---

[34] 同前引①，蔡定剑文。

把握科学的法律理论；第三，对外来法学必须保持一种清醒的辩证性、批判性的思维，不能照搬照抄。

3. 跨越资本主义“卡夫丁峡谷”后的苏联和中国都在不断地进行着反思。反思的结果是：苏联解体了，俄罗斯再一次开始了它的西方化历程；中国共产党人则以其大智大勇的气概拉开了改革开放的序幕，继续在“特殊跨越”的道路上勇敢前行。从文化的意义上看，由于俄罗斯文化的西方、东方的二重性，俄罗斯一直摇摆于西方化与东方化之间；而有着自成体系的东方文化传统的中国，选择改革开放道路，继续实践和发展马克思尤其是列宁的跨越理论。尽管今天的中国与俄罗斯的道路不同，但文化上的同质性仍然存在。[35] 所以，相比较而言，中国的法学与俄罗斯的法学仍旧具有较密切的亲和关系。[36] 因此，加强对俄罗斯问题——包括法学研究和法律实践问题—的研究，增强与俄罗斯文化和法学的交流与合作，对我国今后法学、法治乃至整个社会的发展和现代化，都具有极其重要的现实意义。

㉟ 此处的同质性既包括传统的，也包括社会主义的（长期以来形成的苏联社会主义文化在当今的俄罗斯仍有很大影响）；既包括积极方面的，也包括消极方面的。

㊱ 当前俄罗斯权威的法理学教材中既有传统的俄罗斯思想观点，又有当代西方法学流派的观点，还有70年来形成的社会主义观点。参见［俄］B.B. 拉扎列夫主编：《法与国家的一般理论》，王哲等译，法律出版社，1999。

方立新[**]

从权力制衡角度探索监督理性[*]

——质疑现行检察监督兼及权力监督系统的历史学、比较学的思考

一、从“最高监督”到检察监督

众所周知，检察机关是我国的法律监督机关，宪法与诉讼法以及检察院组织法上对此都有明文规定。于是，监督权和检察权成为检察院的两项基本权力。[①] 我国检察院行使的法律监督权，从理论上讲，它负有“主动监督一切法律实施”的职责，不仅负责监督国家机关和国家工作人员执行法律，而且还负责监督一切公民、社会团体和组织遵守、执行法律。[②] 法律监督的范围，从侦查、刑事审判、刑事判决的执行、监所以及民事诉讼等传统司法领域，到任何其他受法律规范调节的社会层面。覆盖面之广，职责之重大，实非常人之所能。尽管，目前检察监督的范围实际上已大为限缩，但是，基于法律和传统理念而形成的检察机关行使监督权的范围、权限之大以及与司法（审判）权之间冲突之剧都是颇具国情特色的权力运作场域的一道景观。较之类似制度的其他国家，检察官大多负公诉之职，而我国检察官则在公诉之外

---

* 原发表于《中外法学》，2002（3）。

** 浙江大学法学院副教授。

① 关于检察院是法律监督机关的规定，产生了两个令人困惑的问题。其一，为何在众多拥有法律监督职能的国家机关中，惟独明定检察院是法律监督机关；其二，检察院享有的监督权与检察权这两项权力是一种什么关系，属于并列关系，还是派生关系？无论从法律规定还是实际职能看，检察院主要行使检察权，即以公诉权为核心，查究刑事犯罪。检察权作为一项独立的权力，它以维护刑法秩序为己任，具有指挥或启动，并且监督刑事侦察与诉讼的权力，以及有条件地参与包括民事诉讼和行政诉讼在内的司法活动的权力。这一权力与法律监督权并没有实质性联系，更没有逻辑上的从属关系。即使人们了解较多的检察机关在司法过程中为保证审判公正而具有的某些制约职能，纯粹是检察职能的一种延伸。至多，是一种司法监督（暂且不论这种安排是否适当）。

② 熊先觉：《中国司法制度新论》，85页，中国法制出版社，1999。

还负有法律监督之重任，这支旁生的法律监督权由于在实际中颇有非议且功效甚微，这一切都引发了笔者对其进行考证的兴趣。

试图揭示一种制度弊端的企图也许其最佳的实现方式是从开掘其制度的源流开始。毫无疑问，我国检察院法律监督权的理论基础、制度变迁的根源应该从苏联的检察理论特别是从列宁的法制（检察）理论中去寻找。这不仅在于政治制度和社会理想方面的一脉相承——也许这正导致了制度移植时的不假思索，更因为在翻阅史籍资料的寻根路上，文本的语境所带给我们的有关“家族相似”的某种启示。

（一）背景及理论

上溯至沙皇俄国时期，那时的检察院履行着对全社会进行监督和控制的职责，曾被称为“沙皇的眼睛”[③]，这种体制对后来苏维埃政权的检察理论与实践具有一定影响。十月革命以后，苏俄面临一系列的社会问题：一方面要巩固政权，中央政府针对许多急迫问题制定了不少法律、法令，而地方各加盟共和国却拥有相当大的立法权，往往自行其是，法制统一性问题在受到威胁的背景下提出来了[④]；另一方面，根据马列主义理论，新的革命政权必须对旧有的资产阶级国家机器进行革命性的摧毁并代之以崭新的法制和国家机器，其中包括保障法制的新机构和新型检察系统。原有的检察机关、法院被视为压迫人民的有组织的力量而为新的机关所代替。[⑤] 苏俄人民委员会的第一号《关于法院》的法令，不仅废除了革命前的法院，而且废除了“以往的法院、侦查员制度、检察制度……”[⑥] 在颠覆一切之后，面临的就是重建，这种重建不仅是物质性的有形实体，更是一种意识形态，一种新颖的理论模式。苏联检察机关的建立和运作在很大程度上都来源于列宁的思想体系。

列宁认为，维护统一的法制是极为必要的，必须反对地方主义，因为这会危及国家政权的稳定。列宁特别重视建立新型的检察机关，作为国家专门的法律机关。列宁认为，检察机关不仅是国家的公诉机关，更重要的是国家的法律监督机关，是国家法律的维护者，是国家政权的“眼睛”，它要对刑事违法、民事违法、行政违法，即对国家机关、社会团体、企事业单位以及国家公职人员和公民实行全面监督。[⑦] 列宁强调指出：检察长的唯一职权和必须做的事情只是一件：“监视整个共和国对法制有真正一致的了解。”[⑧] 所以，这种语境预设中的检察机关必须是全联盟范围内统一的代表，它对准确执行法律实行最高

---

③ 参见贺卫方：《重新定位检察权——答〈中国律师报〉记者王岚问》，《中国律师报》1999年12月17日。

④ 参见中南政法学院编：《苏联宪法学习文件选编》，81页，1986。

⑤ 参见《马克思恩格斯全集》中文版，第17卷，588～589页；《列宁全集》，中文版，第34卷，146～149页。

⑥ 《苏俄法令汇编》，1917（4），第50号。

⑦ 程荣斌主编：《检察制度的理论与实践》，12页，中国人民大学出版社，1990。

⑧ 《列宁论国家和法》中文版，第3卷，257页，法律出版社，1960。参看斯克沃尔佐夫等（梁启明译）：《苏联东欧国家的检察长监督》，36页，中国检察出版社，1990。

监督[⑨]，而为了维护最高监督，必须使检察机关具有专门监督的权力和独立的宪法地位。所以列宁特别重视从组织上保证检察机关独立行使职权，否决“双重”领导，即确定地方检察当局只服从中央领导，不服从地方的执行委员会，从而确立检察系统内部自上而下的垂直领导原则。[⑩] 另外，苏联宪法也规定，苏联总检察长及其下属各级检察长对各部、主管机关、公职人员和公民是否准确执行法律实行最高监督；各加盟共和国和自治共和国宪法规定，苏联总检察长既可直接地，也可通过其下属各级检察长对法律的执行情况实行最高监督，检察机关在执行自己职能时不受任何地方机关的干涉而只服从苏联总检察长。[⑪]

产生这种类型的法律监督，除了政治时势的缘由，还有它固有的有关人性及人的认识能力的前见。这种前见认为人民群众是需要反复教育和正确指引的，只有全民守法的法制才是健康、完善的法制。列宁认为，公民不懂法律和国家机关工作人员经常违反法律是当时法制建设和社会秩序的主要祸害之一。[⑫] 所以这种更为关注法律实行与实效，片面追求守法、维法的保障贯彻执行权的思维定式，必然会使统治者加强监督的力度，提升监督者的法律地位，从而使法律监督成为日常性、习惯性的行为方式而无处不在，因而法律监督也就成为社会主义法制的重要环节。[⑬]

（二）质疑之一：监督主体与监督客体的角色混同

苏联检察监督系统存在一些自相矛盾之处，其中之一就是监督主体与监督客体的角色混同。在这种由一个机关予以最高监督、全面（一般）监督的体制下，监督的客体无疑就是全苏的各大国家机关、社会团体与公民（可以概称为全民），而广大民众和由民众选举出来的机关及其官员本身（全民）又通过人民主权赋予此监督机关（此处是检察机关）以监督权，所以行使监督权的最本质的幕后人物还是监督的客体——全体民众。如果这种逻辑

---

⑨ “最高监督又称检察长监督，它是对遵守统一的社会主义法制的监督。检察长有责任及时采取措施消除一切破坏法律的行为，不论它来自什么人。检察机关以这种活动方式捍卫统一的社会主义法制，促进正确、统一地适用法律及其他法规，不管任何地方差别，不受任何地方影响。”参见前引⑧斯克沃尔佐夫等，28 页。“共产党和苏维埃国家的杰出活动家加里宁说过，我们要求检察长这样来安排他的工作，这样来组织他的为保卫社会主义法制而进行斗争，就是要使人人都深信自己的合法权利和利益受到保护，深信有苏维埃政权专门设置的检察长去捍卫他们的权益。”参见前引⑧斯克沃尔佐夫等，27 页。

⑩ 同注⑧，36 页。

⑪ 需要指出，1918 年苏俄宪法未对检察机关作出规定，1924 年苏联宪法仅规定在最高法院设置检察长、副检察长之职，行使检察权，直到 1936 年苏联宪法，才把列宁关于检察职能的思想法定化，不仅规定了检察机关的检察权，而且突出了检察机关作为法律监督机关的职能。有趣的是，该宪法授予总检察长以法律监督权，却未用“监督”一词：“苏联总检察长对于所有的部和这些部所属的机关、公职人员和苏联公民是否严格遵守法律，行使最高检察权”（113 条）；以至 1977 年苏联宪法的表述，也无二致。反观我国 1982 年宪法，并未授予检察机关如此广泛的监督权，却明确规定其为国家法律监督机关，并将监督权与检察权加以区分（129，131 条）。

⑫ 参见前引⑦，程荣斌书 11 页。

⑬ 在讲到法制时，国内的理论往往将社会主义法制简单概括为四个方面：立法、执法、守法和法律监督。认为立法是前提，执法是关键，守法是目的，法律监督是法律实施的保障。守法和法律监督总是被放到重要的标志性地位，似乎这才是法制的真义。参见周其华：《中国检察学》，39 页，中国法制出版社，1998。

推演不至于是一种循环论证的话，那么此处监督主体与监督客体就不幸重合在一起。如果大家本来就是你中有我、我中有你，隶属于同一个系统（同一道德评价体系以及同一利益集合），那么又怎么进行有效的监督？如果人民选举出来的机关不信任人民的守法信念与热情而生发出监督的动机与渴望，人民就有被他们自己的意志奴役和压制的荒谬和危险——所以这种体制的设计者无法回答“谁来监督监督者”这一疑问。虽然借公意（全民之意）之名对少数违法乱纪之徒进行监督也是维护国家法制之必需，但是任何权力都有被滥用和僭越的可能（何况是不受约束和监督的最高监督权），而且更为可怕的是被利用的所谓体现公意之行为。⑭

信任最高监督权，相信公意无疑是一种可以理解的良好的浪漫主义情怀，但是何以证明大多数人的意志就是正确的？何以证明最高检察官以及属下是最英明、最全知全能的人？这种制度建构本身就是奠基于一种“建构理性主义”⑮。建构理性主义者不承认每个人都有探索和发现真理的同等权利和每个人在知识水平和范围上的绝对局限性，而把发现真理的权利和垄断知识的资格交给“全知”的天才。在这里，信任并运用最高监督权对全社会进行统一的、普遍的监控，是对人的“全知全能”的一种狂信。笔者认为，这样的预设所建立的制度往往会在实效上受到一定的挫败，而且这种权力的行使也会走向虚权和专制两种极端。

（三）质疑之二：第几种国家权力

在理论上，监督权应该作为国家权力的一种形态，但在实践中，监督权有没有可能独立出来成为一种实体权力，并由一个固定的机关去执行这种实体权力？

然而即便是想这么操作的苏联检察院，仍行使着林林总总的其他权力（如提起公诉等）。检察机关一方面要履行诉讼职能，另外要充当国家监护人之职，除了在职能的交错和累积上有不堪重负之感，另外又给相对弱小的被告（公民）以压倒性的国家恐吓力，使公民与国家之间在冲突中永远处于绝对的劣势。这样的政治格局不利于培育市民社会，当然也难以产生与之相匹配的公民文化与市场经济形式，国家的大一统（监督统一性的法制）牺牲掉的是多元主义的文化（意识形态）以及对抗性的以竞争为主导的政治格局。

---

⑭ 第三帝国初期，希特勒政权通过大量宣传欺骗了多数德国人，获得了他们的支持，在这种意义上，代表了卢梭所说的公意。当时几乎所有的德国人都在不同程度上参与了虐犹运动，这是稍具历史常识的人都熟知的。但这是否说明，那些使几百万犹太人流离失所、死于非命的残暴行径乃是合理的、合法的？美国内战之前，南方各州的多数白人皆为种族主义之偏见宿毒所染，而不幸的黑人相比之下不过是少数，但这并不能证明他们被任意侮辱、虐待、出卖和杀戮就是正当的。

⑮ 建构理性主义有三个基本主张：一是所有的知识构成一个完整的整体，而且其总和是固定的；二是所有的知识尽管是分散的，但却是可以集中的，并且被少数（政治）天才所掌握；三是知识可以通过人为的手段被合理配置到社会的各个角落。这种知识观极其颂扬人的理性能力，对人类认识世界的能力抱有绝对的信心。建构理性主义有这样一种妄想：确有某个（些）人能够掌握所有的相关知识；而且，根据这种巨细无疑的知识，可以通过设计建构一个理想的社会秩序，就像柏拉图设计的理想国那样。参见刘军宁：《无知与自由》，http://go6.163.com/fanyafeng/wuzhiyuziyou.htm。

所以，虽然此处检察权作为一种国家权力被分离出来，对其他国家权力有一定的制约能力，但由于它的意志隶属于虚幻的公意志且其权力的行使规则是单向的自上而下式的，而非与其他国家权力之间因权能的彼此牵制而内生监督关系，所以，这种制度的权力形态是集权式而非分权式的。最高监督权代表的超国家的权力本身破坏了分权所需要的权力之间的平等、商谈、牵制的内在运作机理，当然也不能达到分权本身带来的抑制腐败、限制滥权、民主对等等制度优势。而监督本身是一系列多主体、多层面的复杂行为，是一个相当宽泛的概念，是权力运作中的一个具体环节：立法中存在监督、行政中存在监督、在司法中也存在监督。所以，监督权不是最基本的权力分工的结果，只能是它们在运行中的某种表现。

（四）质疑之三：什么是法制的保障

苏联创设检察机关的初衷之一就是使其能有效的保障社会主义法制的实现，守法监督是法制的重要保障，其中重点强调公民的守法以求法制的完善。[16] 在这里有三种可能的理论预设：（1）立法是不完善的，制定出来的法律与民众之间没有足够的亲和力；（2）公民是愚昧、冥顽和躁动的，不能理解立法、执法者的良苦用心，需要以强制力为背景加以循循善诱；（3）执法暴虐不合理，需要事后监督，强制民意来达成立法本意。在这三种不良揣测下，公民与国家之间的缓冲余地似乎都被封杀了。

在经典法治的语境中，公民（民众）应该是守法的主体、是法治的主体，而非是自己异化力量监视下的法制的客体。将公民视为法制的客体，其实是一种对权利的漠视和藐视。这固然与苏联的国家主义观念相关，即个人要服从集体，国家（社会）利益高于个体利益；另一方面，这种漠视恰恰背离了国家的服务宗旨：体现最大多数人的最大利益。在监视、扼杀少数人权利（利益）的同时，无意中取消了个人权利这个概念，从而使大多数人的权利陷于虚无[17]，而对权力的智慧与能力的唯理主义的强调，也使权利渐趋萎缩成不能对抗权力、政府和国家的一极，结果极权的局面偷换了平等、民主和人权的理想。

真正法治的保障是什么？是政府权力受到监督、限制和制约。几乎所有的法治经典理论都将“限权”作为第一或核心的要义。如果苏联法制与法治有分野的话，那么区别之处

---

⑯ “检察工作者在捍卫劳动人民、国家组织和社会团体的权利和合法利益方面执行着重要任务，他们的全部活动都有助于以共产主义道德、尊重法律和社会主义公共生活准则的崇高原则来教育苏联人民。”参见《消息报》，1972年5月27日。“苏联共产党提出，要进一步加强社会主义法制，加强国家纪律和劳动纪律，要进行守法教育。”参见《苏联检察院组织法诠释》，中国检察出版社1990年11月版，第2页。“事实上，检察机关的职责中包括对敌人违法的监督，但大量的多数的法律监督不是对敌人违法监督，而是对人民内部的执法和守法的监督。”同前注⑧，66页。

⑰ 德沃金（Ronald Dworkin）在《认真对待权利》中写道：“如果能够凭借多数人的权利剥夺个人的权利以实现政府的意志，那么现有的与政府有冲突的权利将会受到威胁。与政府相冲突的权利必须是即使多数人认为是错误的也可以做某事的权利，甚至这会使多数人处于更坏的境地。如果我们现在说为了公众的利益社会有权利做任何事，那么，我们已经取消了（个人）权利。”转引自［美］皮文睿：《论权利与利益及中国权利之旨趣》，载夏勇：《公法》，第1卷，107～108页，法律出版社，1999。

不应体现在对权力与权利关系的态度上，因为这种区别无法解释它能克服权力和人性天然的弱点，甚至提不出更好的方案以使政府在对公民权加以无限监控的同时自身能严格守法以控制自身——存在这样极为理性的又拥有无限权力的实体吗？

德沃金认为，如果政府不认真对待权利，那么它也不能够认真地对待法律。[18] 试想，如果连政府都视法律为其下之工具，那么怎能建立人们对于法律的尊重？所以片面要求民众守法的法制本身就存在严重的悖论。

（五）中国传统监督文化与现行检察监督

中国古代没有专门的行使法律监督权的检察机关，但有行使监督权的机构。古代中央最高监察机关，早期一般通称御史台，从明朝开始，御史台改为都察院，其间经历了漫长发展变革的历史过程。专门监察机构的建立和发展是在秦汉封建中央集权制国家建立以后。古代监察机关是封建君主实行中央集权专制最重要和有效的工具。封建监察机构和监察官吏根据统治阶级的根本利益，严密纠察、监督百官臣僚，使整个官僚机构成为皇帝一人手中得心应手的统治工具，维护皇帝至高无上的绝对权力和封建法制。它的作用体现在三方面：(1) 纠弹京城百官，肃正朝廷纲纪，维护皇帝最高尊严和权威；(2) 监察地方官吏，维护中央集权；(3) 参与司法，审狱察冤。在监察形式上主要有：弹劾、巡察、参审、谏议、议政。为发挥监察机关的这些功能和作用，封建统治者给监察机关极其尊贵的地位，历代君主都十分重视提高监察机关的声威，使各级官吏对其有所畏惧，而且为了使监察机关维护皇权，纠弹百官，赋予监察官吏比普通官吏更大的权力，不少朝代的御史台，其监察权在皇帝之下、百官之上，并且保障其相对独立，虽然直接受皇帝指挥，但独立于其他一切机关。[19]

从我国古代传统的监察制度可以看出，它与苏联的“最高监督”有一部分的制度相似。比如在地位、权威、机构的相对独立上，另外两者都包括对官吏的监督和对司法审判的监督。当然两者的社会制度、政权组织形式是截然不同的，“最高监督”主要是一种法律监督，是一种对全社会执法、守法的监督，而封建监察偏重于对封建官吏行为与品行的监督。

如果从制度形态与政治文化的源流来考察，我国无疑是在文化传统和政治经验上对两者都有所吸收和借鉴，特别是苏联的检察模式。但是随着具体国情的不断变化，我国的检察制度呈现出一定的自我更新（虽然从法律文本上不易察觉这种变化），比如，我国的检察机关已不复是一般法律监督机关，而是专门法律监督机关，它的监督职能主要限缩在司法、侦查领域；检察机关与法院、行政机关在权力等级上基本平行并共同隶属于人大。但是检察机关的一般法律监督权仍为宪法、法律所肯定，并且它行使着对于司法的监督权，从这点上看，检察机关的地位还略微高于法院。检察机关在刑事诉讼程序中既要代表国家行使

---

⑱ ［美］德沃金：《认真对待权利》，信春鹰、吴玉章译，270页，中国大百科全书出版社，1998。

⑲ 蔡定剑：《国家监督制度》，32页以下，中国法制出版社，1991。

公诉权，又要行使对司法审判的监督权，破坏了由法官、公诉人和被告形成的等腰三角形的关系，检察院身兼公诉人的身份，就难以从有利被告的角度保护被告的诉讼权利不被侵犯。同时，检察院行使司法监督权，使司法判决的稳定性亦受到削弱。所以，前苏联的“最高监督”模式虽然在一定的历史、政治环境中具有制度意义（尽管有违有效监督的一般法理），但是其制度的理念部分投射到我国现行检察监督制度上，必然使改变了的政治文化环境对其产生一定的“抵抗”，从而使一般监督（特别是审判监督）落入具文，并随着司法的中立化、独立化、公正化的要求，而使反对检察监督的呼声日渐高涨。那么“一般法律监督”、“司法过程和判决监督”是否应予以取消？整个社会权力系统需要怎样的监督？如果要有监督者存在，那么又由谁来担当呢？

二、怎样的监督是可欲的

笔者认为，监督是必要的，而且法律监督甚为重要。但是重要的是要改变监督模式，寻找一种更为科学合理的监督理论来构建整个权力监督的框架。⑳

（一）两种监督模式

用系统学的观点来考察，监督有两种理论模式，一种是系统内自循环监督，另一种是系统之间的交互监督。所谓系统内自循环监督，是指某个确定的系统内实行纵向的、从上至下或从下而上的自我监督，监督的主体和客体一般都存在于同一系统内。这类监督的最大特点是系统内的决策权与执行权通过监督而获得统一，监督权隶属于决策权，系统内的最高决策者一般不受监督。这种监督的优点是能保证决策权的有效实施，提高办事效率。缺点是不能对决策权本身进行监督，因而也就不能纠正决策的失误。

所谓系统间交互监督，是指不同的系统相互之间进行的交叉监督，包括各系统决策权之间横向相互监督，不同系统执行权之间的监督，不同系统的决策权对执行权或执行权对决策权的监督等等。这类监督的最大特点是，相互监督的两个权力互不隶属，也不直接隶属于某个统一的权力之下，在这个监督系统中，没有不受监督的绝对权力，所以该种监督又可称为制衡。在这种监督模式中，没有特定的监督者，监督的主体多元化，监督的方式和途径更加开放和灵活，是双向的、多主体的互动。系统间交互监督无疑能在一定程度上保证制度的民主性质，它是现代监督制度的典型形式。这种监督的主要功能是保证权力的合法行使，由于各系统的决策权或执行权都能得到监督，因而有可能避免决策的失误，从而能有效地防止权力的滥用。同时，各系统执行权在职能交叉点上的相互关系也能得到协调，从而避免越权和失职行为的发生。这类监督一般具有较严格的法律形式，因为，监督

⑳ 当然，本文因篇幅和能力之限，不可能兼及全社会的各种监督力量和机构，而只能在检察监督这一致力点上，寻求更好的类似一般法律监督功能的监督模式，而这一模式探索是以解构和否认检察监督（尤其是中国现行的对司法之监督）为逻辑起点的。

要涉及不同权力的职能，要求有较强的规范性。但另一方面，该种监督可能在一定程度上影响决策的时间和执行的效率。[21]

（二）权力制衡视野中的监督

从大的国家范围来看，我国人大领导下的“一府两院”制的权力结构无疑是一种系统内的自循环监督。由人大（立法机关）行使最高监督权，其下根据政治地位和权力级别形成自上而下的层层监控。由于监督者的地位一般应高于被监督者（否则很难实现有效的监督），所以检察机关在法律监督权的意义层面上又高于法院。尽管人大之下的权力监督格局中存在着一定的交互监督，如：行政机关对法院的监督，检察院对行政机关的监督等，但是宪法等实体法特别赋予检察机关专门的法律监督权，而使检察机关与法院之间的交互监督难以实质性地实现，而且由于法院在人事和财政上受制于行政机关及其他机构[22]，使法院也难以对行政机关进行有效的监督，从而在行政与司法之间也难以形成交叉监督。这就使得我国的政治格局与权力配置呈现出：人大“大一统”监督领导之下，以行政为主导的（大多数学者认为检察权应归入行政权），同时旁生出一支检察院法律监督权的权力景观。在这样的格局中，法院无疑是最“势单力薄”又“孤苦无依”的。鉴于司法权天然的弱小、消极和中立性[23]，西方学者的理论和大量较为成功的政治实践均将增强司法权能和提高法院地位作为法治国家的保障，然而我国却反其道而为之，不能不让人追问：这样的制度建构，结果实现的是一种法治理想还是一个空想乌托邦？

“法治国思想的核心历来是国家权力配置问题，而这一核心显然又离不开政治体制的构造问题。当代法治国思想更把它集中在立法权、行政权和司法权三种权力的关系及其体制本身的完善问题上。”[24]“分权制衡与法治是在一定程度上相互重叠、互为因果的。立法机关制衡行政机关的其中一个主要方法，便是制定法律——对行政机关有约束力的法律，要求行政机关遵守和执行。从这个角度看，法律及法治原则（在这里或可称为‘宪法’原则——宪法是最根本的法律，确定政府架构及对政府权力作一般性的规范）是判断行政权力的工具。但法律的解释和应用及法治原则的实践，仍有赖于独立公正、不偏不倚的司法机关，而司法权独立于行政及立法权，正是分权制的重要环节。由此可见，法治与分权概

---

[21] 参见前引⑲，蔡定剑书，15页。

[22] “中国的司法，无论是静态的司法体系还是动态的司法过程，都是混沌一片：在人事体制上，法官和检察官的遴选是先由各级党委组织部确定而后由各级人大及其常委会选举或任命的；在物质分配上，司法系统的办公用房、设备、车辆等，司法工作人员的住房、工资和福利待遇等均来源于政府的供给。”参见李栖：《法官培训与司法改革》，转引自戚渊：《司法如何公正——一种尊重常识的论述》，载《法学》，5～6页，1999（12）。

[23] “大凡认真考虑权力分配方案者必可察觉在分权的政府中，司法部门的任务性质决定对宪法授予的政治权力危害最寡，因其具备的干扰与为害能力最小。行政部门不仅具有荣誉、地位的分配权，而且执掌社会的武力。立法机关不仅掌握财政，且制定公民权利义务的准则。与此相反，司法部门既无强制、又无意志，而只有判断，而且为实施其判断亦需借助于行政部门的力量。”参见［美］汉密尔顿、杰伊、麦迪逊：《联邦党人文集》，商务印书馆，1980。

[24] 孙笑侠：《法治国家及其政治构造》，载《法学研究》，18～19页，1998（1）。

念是有不可分割的关系的。”[25] 而我国政治体制，虽然有分权，即有立法权、行政权、司法权与检察权的划分，但并没有在权力配置上考虑到权力内在制衡之机理，有形式的分权而无实质的制衡。

由于现行政治体制在宪法的大的框架上必须保持稳定，所以只能在检察权与审判权之间的关系上在理论上作一些制度性的小调整。从理论上而言应废除检察机关对法院的审判监督，因为审判独立是一项为现代法治国家普遍承认和确立的基本法律准则，排斥外在的监督和干预是其独立的内在要求。[26] 有学者也主张检察官应定位成为政府雇佣的律师，隶属于司法行政部门领导，在业务上以律师的身份与全国律师协会保持联系。这种权力定位有助于从根本上改变检察权与审判权相冲突的局面，有助于理顺司法机关之间的关系。检察院与司法部合并之后，主要行使公诉权，对司法机关的监督权建议由人大及其常委会来行使。[27]

但我国现行的法院是否真正可以脱离检察监督而有足够的司法公正？或者在脱离监督之后比监督时做得更好？挣脱了监督情结，就赢得了更多的制度正义？这些都是“坐而论道”者在书斋中困惑的另一方面，而这种困惑更多地是来自于对中国现行司法制度自身种种弊端[28]的不信任，但是有关司法领域的独立化和精英化等问题的探索并非本文的任务和意图所在。笔者亦深惧失却了致密的检察监督的司法系统就像“猴子下山，拣了芝麻，丢了西瓜”，在公正问题上陷入无助，然而，这一切并不影响和削减我们对检察监督加以理论批驳的勇气。

㉕ 陈弘毅：《法治、分权、资本主义与香港前途》，载《香港法律与香港政治》，71页，香港广角镜出版社，1990。

㉖ 我们承认检察机关在实现司法公正中的特殊作用，但是现行法律对于检察机关职能的界定，明显存在着权力配置的错位与角色混同。

㉗ 参见前引③，贺卫方文。

㉘ 近日报载辽宁省沈阳市中级人民法院的工作报告未获人大通过，原因之一便是法院的几位主要领导均因犯事下马。详见人民网2001年4月10日。

柏　桦

明清州县的监狱*①

简介

柏桦，北京市人，1953年生，自1979年始，在中国人民大学、中央民族大学、日本大阪大学学习和工作，先后获得法学硕士（中国人民大学，指导教师：韦庆远教授）、历史学博士（中央民族大学，指导教师：王钟翰教授）、文学博士（日本大阪大学，指导教师：滨岛敦俊教授），历任中国人民大学档案学院助教、讲师、副教授，日本和歌山大学经济学部非常勤讲师，日本大阪大学文学部客员研究员，现任南开大学法学院、周恩来政府管理学院双聘教授、博士生导师。主要专业为中国政治制度史、中国法律制度史。

* 原发表于《中国史研究》，2002（4）。

① 古代对监狱的称呼不一，直到明代才出现监狱一词，而直到清末也没有把监狱作为专用名词使用，可以说在这个时期所讲的监狱，还不是现代意义的监狱。虽然不是现代意义的监狱，但是关押囚犯的根本功能是存在的。本文以监狱为题，则是基于关押囚犯的根本功能，与现代意义的监狱还是有所区别的。

从国家法律制度角度来看，州县是最基层的司法审判单位，从“洪武初决狱，笞五十者县决之，杖八十者州决之”，“至二十六年定制，布政司及直隶府州县，笞杖就决；徒流、迁徙、充军、杂犯死罪解部”②，到清代“直审以州县正印官为初审”，“凡诉讼在外层递至于督抚，在内归总于三法司”③，州县一直承担司法审判事务。从刑罚制度来看，州县又是具体刑罚的实施机构。所谓“赃罚有上司批准追赃，拟罚者有本州县申详，追赃拟罚者，总属徒杖以下。赃物寄库，罚赎追完，按各衙门批解，掣批附卷”。是州县负责具体实施，而州县“自理所罚，不过谷石，存以备赈，照律所限，不可过多，每年上司查取赎锾起数，开报达部”④。这种缺乏自主的权力而又负责具体实施的州县，对他们管辖范围以内的监狱是怎样实施管理，则是研究地方司法审判制度所必须了解的问题之一。

一、明清州县监狱的设置

明清两代的州县都设有“监”，也称为“狱”或“牢”，这是朝廷规定设置的监狱，除了负责关押罪犯之外，对犯罪嫌疑人也进行收押。为了审讯上的方便，有时也收押原告。为此，在法律上有明文的规定，可以说这个“监”包括了关押和羁押的功能。

监狱的设置是按统一的规制建立的。古代的公署的建筑格局不是考虑使用上的方便，而是根据传统理论形成。中国古代所推崇的主要是“天”，因此，天文便成为主要的依据。按古代天文学所讲，主管狱事的是昴星，“昴主狱事，典治囚徒也”，“昴者，天子之耳也，主西方”⑤。明清州县监狱的设置就是根据这个理论而成的，其设置地点就在州县衙署正堂的西面。

州县监狱建立在衙署院内的西侧，有独立的院墙和门户，里面建有监房和狱神庙。监房一般分重监和轻监两种，原则上要轻重监分开。⑥ 清代则规定：“各监有内监以禁死囚，有外监以禁徒、流以下，妇人别置一室，曰女监。”⑦ 在此基础上，有些州县在内外还分开层次，“犴狴门内分为四层。第一层，近狱神祠者，为软监，一切重案内从轻问拟者，应追赃未完及拟徒候遣者居之。第二层，稍进者，为外监，流罪及人命窝逃正犯、偷窃未结者

② 《明史》卷94《刑法志二》，中华书局标点本，2306页。

③ 《清史稿》卷144《刑法志三》，中华书局标点本，4206页。

④ （清）黄六鸿：《福惠全书》卷8《杂课部·赃罚》，日本汲古书院影印本，1972。

⑤ 《太平御览》卷7《天部·祆星》引《天文录》中华书局影印本，1960。

⑥ 如康熙《翁源县志》卷2《营建志》：“监，轻重二间，重监在仪门内右，轻监在县堂右。崇祯十年，知县朱景运加造监房三间，栅槛一围，围墙筑高二尺，加蜈蚣木，用瓦覆。”

⑦ 《清史稿》卷144《刑法志三》，4217页。

居之。其两层专令狱卒掌管。第三层，又进者，为里监，所谓重监是也，人命重犯已结拟辟及强盗审明情可矜疑者居之。第四层，最深邃者，为暗监，所谓黑狱是也，强盗历年缓决及新盗拟辟者居之。其两层令本监狱罪囚轮流充五长管辖，而狱卒为之总理”⑧。

狱神庙规模不大，一般建在监狱大门内，与监房隔开。狱神庙所供主神应该是蓐收，他是传说中的西方之神，主管刑罚，一名司秋。⑨ 监狱大门上画有名叫“狴犴”图案，狴犴是野兽名，根据古代传说，龙生九子不为龙，九子的说法不一，传说狴犴是第四子，“平生好讼，今狱门狮子头，是其遗像”。另一说狴犴也名“宪章”，“其形似兽，有威性，好囚，故立于狱门上”⑩。这种图形的主要意图是为了震慑罪犯，增加恐怖感。

按规定，州县狱是收押拘禁人犯场所，但研究者发现，在州县实际上还存在一些拘禁人犯的场所，那就是“铺”、“仓”等。⑪

铺，本来宋代出现邮递驿站名称，元代完善这一制度，州县凡十里一铺，大事遣使驰驿，小事文书由铺吏传送。明清因循此制度，按不同的地理环境，设置驿、站、塘、台、所、铺等负责邮传事务，总归兵部所辖管，其具体监督和指挥则归所在地的地方长官负责。铺有兵役，负责兵部及军事文书和军事物品的传递押运。兵役是由本地州县选派的力差。当时的地方官认为“铺司兵在力差中是极轻者”⑫，因此常常被地方官差遣，让他们负责一些地方治安事务。正因为如此，有些地方官常常把一些轻罪犯人或人证交与他们看管，这样铺就成为羁押场所，具有监狱的性质。本来铺关押人犯是没有得到朝廷认可的，但在明代中叶以降，社会急剧动荡，铺兵参与地方捕盗，铺内关押人犯成为朝廷默许的，到清代则成为惯例。

仓，储粮为仓，存物为库。库设库子以管理本州县各库，一般州县都有三五人，分别管理本州县各仓库。一般州县有本州县的库、架阁库、廪给库和儒学库等库，有驿站的州县还有驿库。仓设仓老、仓斗级，亦称仓夫，负责看守本州县各仓。一般州县有预备仓（嘉靖以后，许多州县改为常平仓）、水次仓、官仓、学仓等。仓老则仓设一人，领力役数人以防卫本仓，不涉仓物出纳之事。仓斗级负责仓物的出纳，一般是每仓设二人以上，以

---

⑧ （清）黄六鸿：《福惠全书》卷13《刑名部·监禁》。

⑨ 《国语·晋语二》：“虢公梦在庙，有神，人面白毛虎爪，执钺立于西河……觉，召史嚚占之，对曰：‘如君之言，则蓐收也，天之刑神也。’”注曰：“蓐收，西方白虎金正之官也。”

⑩ （明）徐应秋：《玉芝堂谈荟》卷33《龙生九子》，该条对龙的九子说法进行考证，居然列出：囚牛、睚眦、嘲风、蒲牢、狻猊、霸下、狴犴、赑屃、螭吻（蟕吻）、徒牢、宪章、蟋蜴、蛮蛤、饕餮、金猊、鸱尾、蚣蝮、椒图、鳌鱼、兽吻、金吾等十余种名目。实际上九子之说是产生于明代，在当时还没有形成定说，以后也没有划一。

⑪ 如日本学者滨岛敦俊先生认为：明朝末年在州县曾经普遍出现“铺”、“仓”等种类的牢狱，这些牢狱是在明末佃农抗租，诉讼案件增多，现有的监狱人满为患的情况下而出现这种新的羁押人犯的场所。经过考证他推断这类牢狱是在嘉靖年间出现的，但他忽略了“铺”、“仓”原来就已经存在的事实。参见滨岛敦俊：《明末东南沿海诸省の牢狱》，载《东アジァ史における国家と农民——西嶋定生博士还历记念》，473～486页，山川出版社，1984。

⑫ 《海瑞集》上编《兴革条例》，102页，中华书局，1962。

期相互监督和相互核对；学仓一般只设一人，因其主管发放生员廪粮，生员是不好欺蒙的。在一条鞭法实行以前，库仓是最重的役，所谓“均徭莫大乎仓库。又惟粮多是任，重其大也”。是“役之苦莫若斗级，过有主守之苦，有监临之苦，有查盘之苦”[13]。以此之故，“应者往往破家”[14]。又因赔补责任太大，故得此役者往往想方设法逃避。[15] 一条鞭法推行之后，库仓服务的都是雇役，虽无关支赔补之责，但有糜烂损坏之咎，更有主官冒领而无凭证之苦。[16] 既然身处财富之所聚处，必有生财之源泉。从海瑞“禁库子不许送各衙油烛供锡砚冬夏桌帏”[17] 的禁约来看，库子的经济情况应是不坏，故此差往往要通过谋充的手段获得。由于各仓设有防守力役，而完纳粮米又在仓房，地方官往往把一些没有完纳粮米的“顽户”拘系在此，逼令他们完纳，这就使仓具有监狱的性质，后来地方官时常在仓羁押一些轻罪人犯干证，久而久之，仓便被看成为一种正式牢狱。至清代“抗粮顽户，及公事未完，恐其逃逸，不得已而拘系者，但须寄仓”[18]，仓成为常设的监狱。

除了铺、仓之外，在特别时期和特别情况下，地方官还经常利用一些现成的建筑以羁押人犯干证。如洪武末年的昆山县，“旧有催粮勾军官校，久事邑中，辄以籍官屋为牢禁，里甲辈淹滞时月，多死”[19]。可以利用官屋作为临时牢狱。这种方式在明代时有发生，至明末则更为普遍，凡寺庙观坛、公馆官屋、酒肆饭馆，无不可以作为临时羁押人犯干证的场所。[20] 这种不成文的规定，在清代却得到朝廷的默许。《清会典》规定：“其犯笞杖等轻罪，递回安插者，承审衙门于递解票内注明不应收监字样，前途接递州县，即差役押交坊店歇宿，仍取具收管，毋得滥行监禁。”[21] 既然有此规定，就给地方官以分别等第随地羁押人犯干证的特权。如清顺治十六年（公元 1659 年），江宁巡抚朱国治“又以苏、松、常、镇四府钱粮抗欠者多，分别造册，绅士一万三千五百余人，衙役二百四十人，请敕部察议”[22]。因为牵连人数过多，各州县的监狱已经是人满为患，便“分三等羁管，全完者羁玄妙观承

---

[13] （明）叶春及：《石洞集》卷 8《均徭议》，台湾商务影印文渊阁四库全书本，1986。

[14] 《嘉靖黄岩县志》卷 3《食货志·徭役·均徭》。

[15] 《大诰续编·民间差发第五十九》云：“官府一应差发，皆是细民应当。正是富家，却好不曾正当官差。算起买嘱官吏，不当正差。私下使用钱物，计算起来，与当差不争来去，不知何愚到至极之处。你这等豪民，却买免不当，贪官污吏故差豪民，使你等买免。卖尽豪户，然後定差贫民。贫民无物可买，著实应当。”可见在洪武时期规避重差的现象就很普遍。

[16] 如（明）西周生：《醒世姻缘传》第 17 回《病虐汉心虚见鬼，黩货吏褫职还乡》中讲通州知州“在那库吏手里成十成百取用，红票俱要与银子一齐同缴，弄得库吏手里没了凭据，遇到盘查官到，叫那库吏典田卖舍的赔偿，倾家不止一个”。248 页，上海古籍出版社，1981。

[17] 《海瑞集》上编《禁约》，188 页。

[18] （清）黄六鸿：《福惠全书》卷 13《刑名部·监禁》。

[19] 《嘉靖昆山县志》卷 9《名宦》。

[20] 参见（清）黄六鸿：《福惠全书》卷 11《刑名部·设便民房》。

[21] 《清会典事例》卷 838《刑律断狱·囚应禁而不禁》，清光绪二十五年刻本。

[22] 《清史稿》卷 488《朱国治传》，13474。

天寺，完半者羁铺，全欠者监禁”㉓。

对于这种非正规的牢狱，在清代康熙四十五年（公元1706年）曾经核准：“问刑衙门设有监狱，将仓铺所店尽行拆毁。除重犯羁监之外，其干连轻罪人犯，即令保候审理。如有私设仓铺等项，将轻罪人犯私禁致毙者，该督抚即行指参，将该管官照例治罪。”㉔ 而在实际上并没有根除这种非正规的监狱，只是在名称上有些变化，从嘉庆四年（公元1799年）公布“前因地方官私设班馆及自新所，曾降严旨敕禁”。道光十六年（公元1836年）讲“近来外省州县，竟有设立班馆羁押人证，甚至经年累月，随意拖延，以致胥役勒索，民冤难伸”。到光绪二年（公元1876年）提出“各省每于轻罪人犯及干连人证，因一时骤无妥保，即交地方官派役看管，拥挤拘押，甚于牢狱”㉕。五朝《会典》在修订过程中，全都提到这种非正规牢狱的问题，可以看出，有清一代的地方从来就没有从根本上废除这种非正规的监狱。

为什么这种非正规的监狱不能废除呢？原因是州县官要经常接受上面的核查，如果不能及时把人证传到，处分是难免的。在《刑部则例》中有“凡一应重犯仍行监固外，其余情罪轻小事件在外散审。若各问刑衙门并无可候之处，应即完事件不行速完，迟缓耽延，将干连人犯监禁者，听科道官员指名题参，以凭议处”㉖ 的规定，轻犯人证不能收入正规监狱，“无如州县惧其延误，每有班馆差带诸名目，胥役籍端虐诈，弊窦丛滋，虽屡经内外臣工参奏，不能革也”㉗，这种非正规的监狱一直存在。在这种基础上，州县逐渐形成收容重罪犯的“监”，拘禁轻罪犯人的“羁铺”，羁押欠债罚赎人质和人证的“差馆”等有层次的三级牢狱体系。㉘

二、州县监狱的管理

州县主要的牢狱是监，这个监可以收容各种罪犯人证，有专门的人员进行看管，还有专门的官员负责；监犯有轻重男女，监房有内外层次，在管理上有监规，在处置上有刑具，有一套比较完整的管理制度。铺仓等非正规的牢狱，虽然没有专门的管理制度，但也有一定的管理方法。

（一）监管人员

“州县监狱，以吏目、典史为管狱官，知州、知县为有狱官，司监则设按司狱。”㉙ 州县

㉓ 徐珂：《清稗类钞·狱讼类·嘉定浮赋三大狱》，1019页，中华书局，1984。

㉔ 《清会典事例》卷838《刑律断狱·囚应禁而不禁》。

㉕ 《清会典事例》卷839《刑律断狱·故禁故勘平人》。

㉖ 《刑部现行则例·断狱》，中国珍稀法律典籍集成，丙编第三册，558页。

㉗ 《清史稿》卷144《刑法志三》，4217页。

㉘ 参见滨岛敦俊：《明末东南沿海诸省の牢狱》，载《东アジァ史における国家と农民——西嶋定生博士还历记念》，481页。

㉙ 《清史稿》卷144《刑法志三》，4217页。

监狱的管理人员分为官、吏、卒三等。非正规的牢狱的管理人员与正规的牢狱虽稍有不同，但也纳入正规管理的范畴。

1. 官

州县监狱的主管官员是州吏目、县典史，他们负责监狱的各种事务，身为“管狱官”，但他们没有决定和处置监狱事务的权力，所有事务都必须向本州县的正官——知州、知县请示。

吏目官阶从九品，刚刚入流；典史是未入流（京县典史从九品）。在编户不及二十里的小县，不设佐贰官，典史则分领佐贰之职。

按《明会典》规定：吏目、典史是首领官，以典文移出纳为主要职责，故称为幕职。但在明中叶以后，人们不再以首领官为幕职，而称之为属官。首领官由幕职转变为属官，是经过很长一段时间演变。

以典史而论，此官是在元代才出现的，以统率掾吏为主要责任。明因元制，亦以之为吏典之首。《嘉靖兰阳县志》卷6《官师志》典史条云：“叙曰：按历代史书，典史之官，古未有也，元始置之。其禄秩，月俸米八斗，钞四十两。夫典，主也；史，吏也；统主掾吏，掌书以赞治也。言乎爵级，虽不列於丞簿；言乎责任，则有兼於丞簿也。国朝因元之旧，以置典史，待礼加优而所司亦重。吾邑居是职者，致身多由法律文移，刑名皆出素讲也。若恪谨勤劳，革吏弊而考成於令长，庶无负其首领者矣。”在嘉靖以前的编纂的地方志中，都明确地注明典史为幕职，言其职责亦以典领簿书为主。可见在嘉靖初期时，吏目和典史仍然是被称为幕职的首领官。嘉靖中期以后，首领官的权限发生一些变化。如海瑞在任淳安知县时给典史的评语是：“掌巡捕民间盗贼，争斗微事尽属之。”㉚ 沈榜在《宛署杂记》中说：“今典史，即尉也。”㉛ 而《古今图书集成·明伦汇编·官常典·县尉部》索性将典史比做县尉。海瑞是嘉靖后期任知县，沈榜是万历时期任知县，这时的吏目、典史的职责发生一些变化，是以掌司奸盗、察狱囚、典录簿为责任顺序，与《明史·职官志》所言：“典文移出纳”有很大的区别。再从明末和清代编纂的县志来看，所讲典史的职权，全是以捕盗稽囚为职任。由此，大概可以推定典史由首领官的幕职变为属官的巡捕的分期，应该设定在嘉靖中期以降。

吏目、典史的地位不高，州县官可以对他们实行责罚。明清两代虽律有明文，令有禁止，不许主官责罚打骂首领官。㉜ 但上官巡视，小不如意，对首领官棰杵相加是经常事。而主官对他们叱责辱骂，即使对他们施以刑杖也不为过，故时人以卑微之职目之。即便如此，他们在本州县也有自己的衙署，手下有几名胥吏及一些衙役和捕手，他们常来往于州县属

㉚ 《海瑞集》上编《典史参评》，147页。

㉛ （明）沈榜：《宛署杂记》卷3《光字·职官》，25页，北京古籍出版社，1980。

㉜ 《大明令·刑令》云：“凡各衙门首领官，果有过犯，自有常宪。本衙门正官，毋得擅问。”而《大明律·刑律·骂詈·佐职统属骂长官》云：“凡首领官及统属官，骂五品以上长官，杖八十。若骂六品以下长官，又各减二等。”是纳入以卑欺尊的范围，却没规定长官骂佐职统属的罪名。

地巡捕。因此，乡村市镇百姓对他们的畏惧，往往超过对主官的畏惧。典史下乡，“那些耕田的农夫，有几个认识得是典史老爷的，连忙丢了锄头铁耙，近前磕头”；典史捕人，“庄上人见典史亲来捉获，不知一件什么天大的事，生怕惹火烧身”㉝。这正是“四乡八镇的地保、乡约、图正、董事，哪一个敢欺我”。该州县子民又“谁敢不来奉承!”㉞ 因为他们更接近民众，而把官的权势直接施加于民众。

除了吏目、典史之外，佐贰官因为有缉捕的责任，也有权对监狱实施管理，但他们必须要经过主官的同意，也就是委署。由此可见，州县官才是监狱的直接责任者和最高管理者，只有他们才能对监狱负全面的责任，所以称为“有狱官”。

2. 吏

吏是操办具体事务的人员，他们要经过吏部注册，有一定的工食银和任期，经考满可以进入官的行列。《嘉靖尉氏县志》卷2《官政类·设官》云：“其县吏以三年为一考，六年两考在京衙门，又拨当该一考，吏部考试中式，冠带挨次，附选出身，而官职高下，以历役衙门之大小为准，授职有差。”按《明会典》规定：州县有司吏、典吏、承发等名目的吏员，但因“在外各衙门事体繁简不同，吏典数目，多寡不一，俱不开载”㉟，使后人很难了解州县吏典的具体数目。

吏的主要来源有三种：一是佥拨农吏，是从军、民人户中佥充的㊱；二是一些生员、监生、官员因犯过失而被谪充的；三是以不正常手段而谋充的，称之为非法充吏。这些非法充吏在明清“为数甚多，为害也最大”㊲。

州县衙门的吏分掌各房，一般州县都设有吏、户、礼、兵、刑、工六房，故俗称“六房书吏”。实际上各州县不止六房，最起码要有承发房和架阁库，而这两个部门要排列在六房之前，其办公地点也排列六房之前，离正堂较近。

主管监狱事务的是刑房，刑房一般设司吏一人，典吏一到四人。刑房主管的事务很多，据《明会典》的开具，凡见禁罪囚、见问人证、境内警迹人、未完事件、境内为官犯法被刑、断发他所工役迁徙安置、犯死罪家小见存、境内民人犯法被诛者，都要逐一开报。㊳ 他们除了管理这些刑案文书之外，监狱的管理也是他们的要责之一。按规定：刑房要派一人到监狱去夜晚值宿，白天也有人固定值班，负责监狱的簿书登记事务。

除刑房参与管理之外，还有“捕房”参与，要求“直宿刑书与捕书，分班直宿”㊴。有关这个捕书的归属问题，迄今为止，还没有学者进行探讨。根据《巴县档案汇编》所载的

㉝ （清）东鲁古狂生：《醉醒石》第3回《假淑女忆夫失节，兽同袍牧姓诓妻》，41页，上海古籍出版社，1985。

㉞ （清）李宝嘉：《官场现形记》，342页，人民文学出版社，1979。

㉟ 《明会典》卷7《吏部·吏员》，342页，人民文学出版社，1979。

㊱ 参见《明会典》卷8《吏部·佥充吏役》。

㊲ 李洵：《论明代的吏》，载《下学集》，188～205页，中国社会科学出版社，1995。

㊳ 参见《明会典》卷9《吏部·关给须知》。

㊴ （清）黄六鸿：《福惠全书》卷13《刑名部·监禁》。

《巴县皂班快班争办差务案》的档案，知负责州县治安的捕、皂、快三班衙役是有具体分工的。捕班负责城内及里甲赌博、宰杀、娼家、窃盗、刀伤、私铸、抢夺、啯匪等案件，皂班负责本城放债、酗酒、打架、拐逃及小差案件，快班负责户婚、田土、酗酒、打架、潮银、奸拐等案件。[40] 这三班衙役虽然负责地方治安和侦缉案件，但没有专设的捕房，也没有捕书这一职缺。本文推定，这名为“捕书”的吏，当归属于典史。因为清代典史也称巡捕，下属有几名胥吏。监狱事务是典史的重要职责，因为典史也是官，官不值宿，应该由吏来承担。

3. 卒

州县监狱设有额定的狱卒负责看管犯人，其编制在 4 到 20 人不等。狱卒通称禁子或牢子，享受工食银两，一般是 2 到 10 两。其实禁子的主要收入不在工食银，是来自犯人的常例。如明代福建惠安县“囚常不满二十，而禁子岁编七人定于官，人三两六钱，取诸民则四五倍矣”[41]。由于禁子的主要收入不是依靠工食银，所以不在正役人数很多。如《大诰续编·松江逸民为害第二》中指出松江：“牢子，其名曰正牢子，曰小牢子，曰野牢子，除正牢子合应正役外，余有小牢子、野牢子九百余名，皆不务生理，纷然于城市乡村扰害吾民。”由此可见，各地依据人犯多少，可以扩充禁子人数，但不占编制，也不享受工食待遇。

狱卒只是负责监狱内和狱门看守的事务，狱外的巡逻有禁卒、火夫。火夫亦称更夫、巡卒，负责夜间敲梆巡逻。在事态紧急时，典史所辖的捕手也参与戒备。在特殊的情况下，直属州县官的三班衙役也参加防守。铺、仓、所等非正规牢狱的看守，除所在地铺兵、仓夫等之外，三班衙役则承担主要责任。

所谓的三班衙役，一是在县衙内站堂值班看守大门的皂隶，其人数最少，一般大县多者达四十余名，小县亦在 10 名左右；州比县虽稍多一些，但事简的州往往比事繁的县少。如武定州有皂隶 30 名[42]，而夏邑县就有 40 名[43]；二是负责缉捕的快手，一般有 20 名左右，多者达百余名；快班分马快和步快两种，马快的工食银是步快的一倍[44]；三是负责治安和防卫的民壮，各州县的人数不等；地处要冲，治安情况不好而有内乱外患的县，多可达千余人；地偏而民安的县，也有不设的；一般的县都有一二百名。民壮是付工食银的，一条鞭法推行后，其银随粮带征，故经常员有定额而人无实数。银照样征收，人不必足数，这其

---

[40] 《清代巴县档案汇编（乾隆卷）》第 226 页载乾隆二十七年九月二十一日刘贵禀云：“查该书公同捕快各头役议，将本城及里甲赌博、宰杀、娼家、窃盗、刀伤、私铸、抢夺、啯匪归捕班承办。其户婚、田土、酗酒、打架、潮银、奸拐归快班办理。皂班原系承办本城债银、酗酒、打架、拐逃及小差案件。”这禀文的起因是皂班在承办里甲事务时推卸责任，知县批文云：“尔房协同三班役头妥议，再行公复候夺，毋致更烦扰干咨。”由此可见，三班的分工不明确在清代尚存在，明代这种问题也应存在。

[41] （明）叶春及：《石洞集》卷 8《均徭役》。

[42] 见《嘉靖武定州志》卷 7《赋役志·差役》。

[43] 见《嘉靖夏邑县志》卷 3《田赋志·徭役》。

[44] 见《嘉靖邓州志》卷 10《赋役志·差役》。

中自然是弊端百出。[45] 衙役除在编之外，不在编而谋充进来的白役数量很多，如《大诰续编·松江逸民为害第二》云："皂隶，其名曰正皂隶，曰小弓兵，曰直司。"除正皂隶是额定之外，其余都是谋充不在编的，这些人往往超过正规编制人员。这种情况到清代也没有得到解决，以致"吏书皂快除经制外，类多帮身白役，县务殷繁之处，过汰则不足供役，滥用则匪类滋奸。每有父子渊亲盘踞年久者，有巨棍势豪串党窜入者，弊窦熟滑，胆大手辣。本官长厚可欺，则恣为不法；严刻过甚，则朋谋暗算。结劣衿为爪牙，通内丁为线索。本官稍有瑕疵，辄指为把鼻；讲呈说告，恐吓多端；卖访勾窝，陷害无罪。于是，长厚者受其挟制，莫敢伊何；严刻者化为痴呆，惮于用罚。而侵蚀钱粮，凌虐良懦，官民均被其毒，有不可胜言者矣"[46]。他们成为地方上的势力，州县官不能不用，也不能放心去用。

（二）管理方法

在明清的律令中有关于监狱的法规，但规定得很不具体，因此，常常出现并使用一些例来作为补充。刑名是地方要务之一，朝廷对地方重大案件的处置比较重视，但对羁押囚犯人证的问题却比较放松，所以，地方官对监狱的管理拥有较大的自主权。

1. 明清律中有关监狱的法规

明清律是在唐律的基础上修订的，其中断狱律增加最多，有关监狱的法规主要是集中在断狱、捕亡律中，此外在则例、诏令中也有一些有关监狱的规定。可以说虽然没有专门的监狱法规，但是明清有关监狱的规定已经比前代具体。

断狱律有：囚应禁而不禁、故禁故勘平人、淹禁、凌虐罪囚、与囚金刃解脱、主守教囚反异、狱囚衣粮、功臣应禁亲人入视、死囚令人自杀、老幼不拷讯、鞫狱停囚待对、依告状鞫狱、原告人事毕不放回、狱囚诬指平人、官司出入人罪、辩明冤枉、有司决囚等第、检验尸伤不以实、决罚不如法、长官使人有犯、断罪引律令、狱囚取服辩、赦前断罪不当、闻有恩赦而故犯、徒囚不应役、妇人犯罪、死囚覆奏待报，断罪不当、吏典代写招草。共计 29 条，而直接关系到监狱管理的只有囚应禁而不禁、凌虐罪囚、与囚金刃解脱、主守教囚反异、狱囚衣粮、功臣应禁亲人入视、死囚令人自杀、妇人犯罪等 8 条。

捕亡律有：应捕人追捕罪人、罪人拒捕、狱囚脱监及反狱在逃、徒流人逃、稽留囚徒、主守不觉失囚、知情藏匿罪人、盗贼捕限，共 8 条。有关监狱管理的实际上只有狱囚脱监及反狱在逃、主守不觉失囚 2 条。

囚应禁而不禁：该条是对狱囚应禁而不收禁，应锁杻而不用锁杻，及囚本有锁杻而为脱去者的处罚规定。除律文规定之外，还有条例。条例在明代有一条，清代则增为两条：一是对轻罪犯人使用重刑具处罚规定，二是对地方官在催比钱粮时监禁追比不力的处罚规

---

[45] 张萱：《西园闻见录》卷 97《恤民·前言》引张涛云："今天下有司，不用里甲者谁？一切征解酌量则金收头矣，管押则差官吏矣。郡邑里排又未见不在粮柜也，水陆转输，赔补羡耗，未见不累里排也……然且旁立名色，本一里排也，又改为坊长、厢长矣。又遴为殷实大户矣，又控为抽闲矣，又并为朋当帮贴矣。日生之名色有故，田野之归宁无期，殊不知条鞭法行，各项征银在官矣，何乃纷营如此甚也。"哈佛燕京学社排印本，1940。

[46] （清）黄六鸿：《福惠全书》卷 3《莅任部·驭衙役》。

定。除条例之外，清代还有刑部则例，则例中与此有关的有二条：一是规定各大小衙门所使用刑具的规格，二是规定在监人犯使用刑具的等级。

凌虐罪囚：该条是对狱卒纵肆非理在禁凌虐殴伤罪囚的惩罚规定。除律条规定之外，条例的规定更为具体。条例在明代只有一条，清代则增为十条。明例和清例的第一条是讲押解人犯方面的问题及处罚规定；第二条是对狱官、禁卒在使用刑具违例方面的处罚；第三条是讲押解犯人在途中出现的问题及处罚规定；第四条是对官员、狱官、禁卒等致死监犯的处罚规定；第五条是对在监狱中非法使用匣床的官役处罚规定；第六条是对在押解途中押解官役奸污犯人妻女及凌虐勒财的处罚规定；第七条是对狱卒受犯人仇家嘱托而谋死犯人的处罚规定；第八条是要求提牢、司狱官在犯人出监时必须查问的规定；第九条是对徒罪以下人犯患病问题的处置规定；第十条是对私拷取供的番役处罚规定。除条例以外，刑部则例中还有五条相关的规定。一条是对承审官审取口供于限内出现监毙人犯的轻重情节的处分规定；二条是对承审官审取口供在审理逾限情况下出现监毙人犯的轻重情节的处分规定；三条是对押解途中虐待和致死人犯的责任人处分规定；四条是对官役非法致死监犯的处罚；五条是对官役在狱中使用非法刑具匣床的处罚。

与囚金刃解脱：该条是对狱卒、犯人亲属、管狱官等在犯人使用金刃及他物在逃及狱中自伤或伤人等情出现以后的处罚规定。

主守教囚反异：该条是对司狱官、典、狱卒等教令囚犯翻改成案的处罚规定。此条在清代有条例三条，是关于中央刑部衙门和监狱的纪律和处罚的规定，涉及衙门、监狱、衙门和监狱外的治安，虽事不涉及州县，但州县可以比附此例。

狱囚衣粮：该条是为了维护狱囚应该得到的衣粮、医药、治疗、看视等基本生存条件，对应给与而不给与的监狱管理人员，视情节轻重给以处罚。此条在明代有成化“在监囚人患病拨医调治”、嘉靖“狱囚衣粮”等条例，清代在明代基础上增补为七条，规定的更为具体。除条例之外，清代刑部则例中还有与此相关的两条，一是关于囚粮的报销，二是关于医治人员的考核。

功臣应禁亲人入视：该条是对功臣和五品以上文武官在囚禁上的优待，除允许他们的亲人入视之外，还允许他们的亲人随行发配。

死囚令人自杀：该条是对已经被判死刑的囚徒因畏罪而请人自杀，而按被请之人的尊卑长幼实行处罚规定。

妇人犯罪：该条是对违反妇女监禁的责任人进行处罚的规定。明清妇女除犯奸罪、死罪在监狱实行监禁之外，其余都在外随衙听候；妇女怀孕及产后百日，不许进行拷讯和行刑；违反上述规定该当官吏分责任轻重进行处罚。此条在清代有条例两条，一是规定对孕、产妇拷讯没有造成恶果的处罚，二是禁止对非奸盗人命案以外的妇女提审。

狱囚脱监及反狱在逃：该条是对狱囚脱监和反狱等越狱行为的处罚规定。因为脱监和反狱是重大案件，所以对当事人和责任者处罚要加重。此条在明代有例一条，是对越狱事件责任者的处罚规定。清代则增加为六条，一是关于建立内、外、女监的规定，二是对于入监犯人进行搜查的规定，三是对擒获越狱犯人处罚的规定，四是对给越狱犯人提供方便者的处罚规定，五是对越狱犯人自首者处罚的规定，六是对死刑人犯在监强横和赌博等行为的处罚规定。于这些规定除当事人之外，责任者也要视责任轻重受到处罚。

主守不觉失囚：该条是对看守责任者丢失罪犯的处罚规定。在狱卒不觉丢失罪犯要受到罪犯所犯之罪减二等的处罚基础上，按情节轻重来区分责任，对司狱官、典、狱卒等进行不同的处罚，在非自身能力所能制止罪犯脱逃的情况下可以免罪。此条在清代有例三条，是对在外押解和看守的责任者脱逃人犯的处罚规定。[47]

除律例之外，还有一些相关的诏令。如《大明令·刑令》司狱令："凡各府司狱，专管囚禁。如有冤滥，许令检举申明。如有本府不准，直申宪司。各衙门不许差占。府、州、县牢狱，仍委佐贰官一员提调。其男女罪囚，须要各另监禁，司狱官常切点视。州、县无司狱去处，提牢官点视。若狱囚患病，即申提牢官验实，给药治疗，除死罪枷、杻外，其余徒、流、杖罪囚人病重者，开疏枷、杻，令亲人入视。笞罪以下，保管在外医治，病痊依律断决。如事未完者，复收入禁，即与归结。"牢狱令："凡牢狱禁系囚徒，年七十以上、十五以下，废疾，散收，轻重不许混杂。枷杻常须洗涤，席荐常须铺置。冬设暖匣，夏备凉浆。无家属者，日给食米一升，冬给絮衣一件，夜给灯油，病给医药，并于本处有司系官钱粮内支散，狱司预期申明关给，毋致缺误。有官者犯私罪，除死罪外，徒、流锁收，杖罪以下散禁，公罪自流以下皆散收。司狱官常切拘钤，狱卒不得苦楚囚人，提牢官不时点视。违者：禁子严行断罪，狱官申牒上司究治。"

明清两代的律、例、则例、令、成案等相互交差，在实施过程中比附成俗。正如《明史》卷93《刑法志一》所讲："因律起例，因例生例，例愈纷而弊愈无穷。"《清史稿》卷144《刑法志三》也说："盖清代定例，一如宋时之编敕，有例不用律，律既多成虚文，而例遂愈滋繁碎。其间前后抵触，或律外加重，或因例破律，或一事设一例，或一省一地方专一例，甚且因此例而生彼例，不惟与他部则例参差，即一例分载各门者，亦不无歧异。辗转纠纷，易滋高下。"这样在具体实施过程中，就给当事者留下许多可乘之机。

2. 州县有关监狱管理的措施

州县监狱的主要责任者是知州、知县，因此，州县的监狱实际是在律例的基础上，由知州、知县亲自负责具体实施的。

州县监狱划分为软监、外监、里监（重监）、暗监（黑狱）四个层次，另外设置女监，在监狱之外还有仓馆店铺。

软监和外监是朝廷所规定的外监，这里将外监分为两层，主要是按罪犯罪责轻重来分别关押；软监关押重案内从轻问拟、应追赃未完及拟徒候遣者；外监关押流罪及人命窝逃正犯、偷窃未结者；这两层采取狱卒专管的办法。

里监和暗监是朝廷所规定的内监，分层也是按照罪责；里监（重监）关押人命重犯已

---

[47] 以上各条参照《明会典》、《唐明律合编》、《大明律直解所载明律》、《大清律例》、《刑部现行则例》。

结拟辟及强盗审明情可矜疑者；暗监（黑狱）关押强盗历年缓决及新盗拟辟者；这两层以本监狱罪囚轮流充任五长进行管辖，以狱卒为之总理。罪囚轮流之法是：将黑狱囚犯按“修心悔过，孽障自消”八字为号，重监囚犯按“诸恶莫作，众善奉行”八字为号，每号各编五人，按顺序为五长以管辖本号，每人各管五天，轮流充当，周而复始。实际上，大多数州县还是由狱卒指派牢头。

女监设在外监之侧，有专门的院墙，门上醒目之处榜有“女监”二字，以便与男监区别。女监虽然也由狱卒管理，但出于避嫌的考虑，在门内留有便溺的隙地，门傍壁上设小转桶以传递饮食。早间放风，不许男犯靠近；晚间锁闭，不许狱卒进入或与男犯相通。

仓馆店铺虽非正规监狱，但也限制人身自由。仓、铺有仓夫、铺兵看守，出入必须登记簿书，早晚还要锁闭；若是女犯，须有官选媒婆、稳婆看管。馆店则由馆店主取具看管，限制出入。

作为囚犯头领的囚犯，俗称牢头，“牢头系年久罪囚，欲为牢头，例有顶首钱，狱卒居中交易，故一为牢头，便肆横作恶”。为了除去这种弊端，黄六鸿采用囚犯轮流充任五长的办法，“凡所管辖四名之内，有生事争斗，饮酒赌博，不守法度，俱令此一名禁饬；如不遵禁饬，即说知狱卒，对众笞责。又于两监门外，各置铜锣一面，如五长借端需索凌虐，及狱卒无故作践，许本囚即鸣锣叫喊，守外禁卒，值日提监刑书，立刻禀报，以凭严究。如五长凌虐众囚，狱卒不举，狱卒并坐，如狱卒作践众囚，欲行谋害，如五长不举，五长并坐。本官任仍须亲身不时监临查点讯问，有无前项惨恶诸事，凌虐情形”。这样便使囚犯与囚犯、囚犯与狱卒、囚犯狱卒与在外禁卒书吏之间构成一种相互监督的关系，便于长官督察。

囚犯一旦入狱，“性命悬于狱卒之手，所谓生死须臾，呼天莫应者也”。在那个时代，狱卒掌握囚犯的生死已经成为公认的事实。黄六鸿归结狱卒致死囚犯的原因有五种：一是狱卒索诈不遂，买命无钱而百般凌虐以死者；二是有共案诸人欲要犯身亡，希图易结，因而致死者；三是有仇家买嘱，随机取便，谋害以死者；四是有婪官利其赃私，致之死而灭口者；五是有神奸巨蠹，恐其悻脱，而立取病呈者。无论何种原因，致死都要经过狱卒之手，如何对狱卒实行监督管理，便成为州县官的施政要务之一。

州县监狱的主管是吏目、典史，俗称捕官，他的责任是常常去监狱查看，“房垣详加看视，少有毁裂，即时修补，恐半夜坍塌、逃逸、压死，均属未便。早间除放风，冬间除曝日，五长、狱卒看守片时，便要进监，不许在外闲散，彼此探望，致有疏虞。日间各犯项锁，无论重轻，皆不宜去，重犯惟盛夏日间当午暂卸左手之杻，略与松动，脚镣虽日间不可去。遇晚定上双杻，或墩或槛，各锁一处，不可徇情宽纵。各监门禁卒俱要上锁看守，不得贪睡。直宿刑书与捕书，分班直宿，严加巡视，不得偷安在监”。监狱是捕官的重要职责，律例中规定的处罚事项也很多，稍不小心，不但关系到自身的荣辱，还关系到身家性命，而荣辱性命在很大程度上是掌握在州县长官之手。

州县监狱的直接责任者实际上是州县长官，他不但对监狱责任者有监督之责，也要承担监狱发生各种事件的责任，这就要求他们“宜照会捕官，严饬刑胥，亲身不时督责看视，违者，禁卒刑书，一并重责”，还要求他们直接参与监狱的管理，按黄六鸿的体会，“印官于起更后，不时携带监簿笔砚，先至监外默听，火夫有无敲梆巡逻（火夫躲奸，尝有在被窝中敲梆者，不可不察），然后密启监门，监门仍令掩闭把守，不许余人出入，查看刑书有无直宿，狱卒有无熟睡，各监门有无上锁。然后开门，逐犯点名，有无遗漏，再验逐犯有无手杻足镣及项锁。若应杻铐而不杻铐，应墩槛而不墩槛，与不应杻铐而杻铐，应锁项而不锁项，有五长者，五长狱卒之罪；无五长者，止狱卒之罪；俱注明监簿与贪睡之狱卒，不巡逻之火夫，不直宿之刑书等，并于次日早堂提拿，分别惩处”。黄六鸿要求州县官必须参与监狱的管理，因为这不但关系到监狱的安全，也关系到他们的前途。其实州县官参与监狱事务也有很大的危险，在光绪年间，广东有位知县就因为巡查监狱而被狱囚劫持，酿成大案。[48]

州县监狱囚犯的衣食主要由犯人家属负担，犯人无家属不能负担者，由本州县措置。衣食事关犯人性命，也关系到与监狱相关的官吏经济利益，所以要求“各犯口粮，宜刑书亲看，三日一散，每日五合，各犯亲领，不可迳给狱卒，以致侵蚀。即草荐棉袄之类，须捕官亲散均匀，不得强梁多夺，致有偏枯”[49]。一切有关囚犯监禁、饮食、卫生、医疗，都要求立有簿书，具结甘结，做到有凭有据，才是称职的州县官。

三、州县监狱的弊病

朱元璋曾经在其颁布的《大诰》中专门谈到刑狱，在强调监狱的重要作用之后，就讲到监狱的弊端。朱元璋认为：“其为司狱、狱典、狱卒，不观是囚之貌态，不度囚之忧心，又不以己推之，是致囚买生而离死。其主典者见利忘害，径受财而趋死焉。所以趋死者，教囚翻异，接受赃私，纵囚自在，走泄狱情，纵囚在逃，令服毒药，狱杀囚徒。”[50] 要求这些主管监狱的官吏，“不分囚之轻重，常以善言以妥之，苦寒则置温之，炎暑则置凉之，饮食则节之，病则医之”[51]。为了消除这些弊端，他动用了严刑酷法，要知狱者畏法知法；号召他们的父母妻子、亲戚朋友要经常加以劝诫。尽管如此，监狱的弊端也没有根除，反而越来越显得弊病百端，以致“谳狱之际，视人命如草芥；锻炼成狱，问拟斩绞罪名；监候呈详，或有词未明，或称冤不服，恐其反异不便，及未成狱囚犯，一概辄令狱卒多方致死”[52] 的现象经常存在。“又况偏州下邑，督察不及，奸吏悍卒倚狱为市，或扼其饮食以困之，或徙之秽溷以苦之，备诸痛楚，十不一生”[53]，已经成为习俗。这种风气久而不变，至

---

[48] 徐珂：《清稗类钞·狱讼类·狱囚囚县令》，1142 页，中华书局，1984。

[49] 以上引文未注出处者，均见（清）黄六鸿：《福惠全书》卷 13《刑名部·监禁》。

[50] 《明大诰续编·刑狱第四十》。

[51] 《明大诰续编·再诰刑狱第四十一》。

[52] 《明经世文编》卷 89，引屠勋《为应制陈言疏》，中华书局影印本，1962。

[53] 《明史》卷 94《刑法志二》，2315 页。

清代更是“籍端虐诈，弊窦丛滋”[54]。

弊窦丛生，百禁不止，究其基本原因，无非是两种，一种是来自制度上的，一种是来自人为的。

来自制度上的，在律例中有明显体现。如在禁囚衣粮问题上，本来条例有明文，“凡在禁囚犯日给仓米一升，冬给絮衣一件，夜给灯油，病给医药，并令于本处有司在官钱粮内支放，狱官预期申明关给，毋致缺误”[55]。但在《刑部则例》中规定：“监禁犯人有亲属家人送饭者不给口粮外，如无亲属家人者每囚每月给米三升，俟年终听各该抚开明事件，罪囚名数与给过口粮数目，造册保部销算。”[56] 在条例中规定有狱囚的衣粮，而且明文规定从在官钱粮内支放，而在实行过程中又强调亲属家人自行送饭。这样，不但容易使监狱管理者从中舞弊，而且申报手续烦琐，多报而被上司误解为克扣，少报则狱囚衣粮必缺。更何况日给一升与月给三升的差别很大，这就造成州县监狱经常缺少狱囚衣粮，因此，“州县遇有囚粮，犯众未必足给。若囚粮全无，须得多方措置。或僚佐共捐，或词讼罚赎……如资用不敷，广为劝助，绅衿富庶，谅亦乐输”[57]。本州县财政、官员捐助、地方富绅捐输，再加上官府钱粮，多方筹措，实际上给管理者中饱私囊提供了便利。如康熙时，“旧制，方冬狱囚月给煤，狱吏率干没，囚多以寒疾死”[58]，刑部尚书杜臻虽然力行禁止狱吏中饱，但“囚犯煤、油、药料，皆设额银定数”[59]，在使用多少问题上却没有具体规定，也没有增加入条例，以致杜臻去任，狱卒干没如故。

来自人为的则是官吏们的具体行为，而这些行为一方面表现在他们追求个人私利上，一方面也表现在法律的缺陷上。如在刑具使用上，《名例律》的条例规定：“凡监禁人犯，止用细练，不用长枷。其应枷号人犯，除律例开载应用重枷枷号者，仍照遵行外，其余枷号，俱重二十五斤。”[60]《断狱律》的条例规定：“如狱官、禁卒将轻罪滥用重锁，重罪私用轻锁，及应三道而用九道，应九道而用三道，将狱官题参，禁卒革役，受贿者，照枉法从重论。”“凡问刑衙门，不许于狱内使用匣床。”[61] 但没有具体实施上的规定，以致有些狱卒在禁用匣床之后，“将两板夹其身，以足套于楞木之外，环以铁锁，使身不得动转”[62]。这种处置虽称不上匣床，其效果与匣床无异。在用锁上，道数可以不变，使用上则区别甚大。锁放松则长，犯人活动较方便；锁加紧则短，犯人动弹不得。统治者对这种弊端是相当清楚的，早在朱元璋时就指出：“今之主典者不然，内外通情，教囚翻异，刑具颠倒临人。所

---

[54] 《清史稿》卷144《刑法志三》，4217页。
[55] 《大清律例·刑律·断狱上》，中国珍稀法律典籍集成，丙编第一册，461页。
[56] 《现行刑部则例·断狱》，中国珍稀法律典籍集成，丙编第三册，562页。
[57] （清）黄六鸿：《福惠全书》卷13《刑名部·监禁》。
[58] 《清史稿》卷268《杜臻传》，9985页。
[59] 《明史》卷94《刑法志二》，2316页。
[60] 《大清律例·名例律·五刑》，中国珍稀法律典籍集成，丙编第一册，76页。
[61] 《大清律例·刑律·断狱上》，中国珍稀法律典籍集成，丙编第一册，457页。
[62] （清）黄六鸿：《福惠全书》卷13《刑名部·监禁》。

以颠倒临人者，应枷而枷，应枷而锁，应杻而脱去，应锁而不锁；非枷而枷，非枷而枷，非锁而锁，非杻而杻。为何？为财欲也。”[63] 虽然使用重典来加惩治，但没有从根本上得到改变，那些酷吏依然是“用梃棍、夹棍、脑匝、烙铁及一封书、鼠弹筝、拦马棍、燕儿飞”等非刑，依旧出现“今囚或淹一年以上，且一月间瘐者九百三十余人，狱吏之毒所不忍言”[64] 的现象。

因为监狱的经费、狱卒的薪水，由国家固定投入的很少，地方更是难以维持，州县官们虽然经常“广为劝助”，但是这些劝助又有多少能使用到监狱？能否改善狱卒和狱囚的生活？却只是疑问，也可以说，根本运用不到监狱管理，监狱的经费主要是来自于囚犯，在明清两代，狱囚是狱卒的衣食父母的观点是牢不可破的。所以州县官“不分人数多寡，事情重轻，概行寄监、寄仓、寄铺”，无非是敲诈钱财，给官吏们增加收入，所以才有“追赃之犯，有以斗粟贯钞久为拘系，有以家属姻党幽令代偿”等情况出现。至于“忽慢因循，动淹岁月，被犯之人，坐井观天，悲叹抑郁；被诬之家，晨昏供给，生理俱废”[65]。于是，“官吏交征，里老颠倒，有钱者先求挽该吏指引见官，说事过钱；无钱者捉拿到官，分外逼勒拷打，含冤无诉，强要招承。又不随即发落，久禁长监，无奈责令妻子生钱揭债，典当产业，变卖儿女，先赂禁子、兵牌、吏典至于主文书手，后到正佐同僚上下皆同”[66]，监狱成为地方官吏走卒的利薮。

地方官既然不能提高和改善狱卒的生活条件，也就不可能完全杜绝狱卒勒索狱囚。黄六鸿认为狱卒牢头的惨毒是难以枚举的，仅列数端就有打攒盘、湿布衫、上高楼、雪上加霜、铺监、打抽风、请上路、卧湿草、终夜站、加短锁、打脚底、剥衣服、焚柏香等 13 种之多。[67] 他们使用这些手段，无非是敲诈钱财，地方官对这些也往往不加深究，因为他们毕竟建立在互惠互利的基础上。这正是：“下官拼万个头，向上司磕去；尔等把一生血，待本县绞来。”[68] 正是这种荣辱利益与共、唯上是尊，才会出现“望风承应，唯恐或后，上下之间，贿赂公行，略无畏惮，剥下媚上，有同交易，贪污成风，恬不为怪”[69] 的政治局面，在这种

---

[63] 《明大诰续编·刑狱第四一》。

[64] 《明史》卷 94《刑法志二》，2309 页。

[65] （明）张萱：《西园闻见录》卷 97《听讼》引毛恺曰。

[66] 《皇明条法事类纂》卷 46《刑部类·禁约久禁罪人例》，中国珍稀法律典籍集成，乙编第五册，829 页。

[67] （清）黄六鸿：《福惠全书》卷 13《刑名部·监禁》：“本管牢头与众牢头群来帮殴，名曰打攒盘。夜间倾水湿地，逼令睡卧，名曰湿布衫。将犯人足吊起，头向下而卧，名曰上高楼。捏称某犯出入，难以提防，既是其杻，又笼其匣，名曰雪上加霜。新犯入监，有钱者本管牢头先设酒款待，私与开锁松杻，以示恩惠，次早众牢头俱来拜望送礼，三日本管牢头开帐，派出使费，名曰铺监。牢头诈饱，又唆散犯各出钱五六文，买鸡肉等，送与新犯，本管牢头又派一帐，如不遂意，即唆散犯成群凌辱，名曰打抽风。无钱使用者，遇亲属送饭来，故令饿犯抢去，甚明绝其食，名曰请上路。又有泼湿草荐，令卧其上之恶。有逼勒终夜站立，不许睡倒之恶。有私加短索，扣锁过夜之恶。有以手扭撞犯人腌额，枷板痛打脚底之恶。有穷犯无钱，即剥取衣服之恶。有新经杖责之犯，故将柏香熏焚，托言鲜臭，刑处触妥，流血不止，不得生肌之恶。”

[68] 徐珂：《清稗类钞·讥讽类·赠知县知府联》，1594 页，中华书局，1984。

[69] 《明经世文编》卷 21 载邹缉《奉天殿灾疏》。

政治局面下，大部分州县官都不会去尽全力来整饬监狱，致力于维持则是普遍而在所难免的。

对狱卒牢头的敲诈勒索行为，朝廷有明确的律条，只要发现，一定是从重处罚。但这种前提是在事发之后，而不是在防患于未然，这就给官吏们在规避上提供方便，让法律成为具文。如清代“郡县狱中重囚，例皆镣足桎手，钳口锁颈。其后狱规不肃，每一囚入狱，狱卒皆有例定规费，仅于州县典史巡狱时，为之上刑具，官去即弛去，官亦知之，不深究也”[70]。官不深究，是为了保官；狱卒明知故犯，是为了自身的利益；而他们官吏相护，也都是谋求利益，这正是：“朝廷三尺法与天下臣民公守之者也，近来有司既以意为上下，法司亦以情为重轻。书云：士制百姓于刑之中。记云：刑者，成也；一成而不可变也。今不中不成，民安所措手足哉！且罪外科罚之禁严矣，而罚纸、罚谷、折色入私橐者何限，甚至有以斗殴小事而罚乡宦三千金始得安枕，以杀人大故而罚豪恶一万金遂获漏网。法纪荡然，一部大明律，竟可付之祖龙烈焰火中矣。”[71] 这些贪官污吏所巧取豪夺的钱财，并不是完全据为己有，他们“全取于民，而半致之上，或且全致之，以贡媚而营私，上下固结，牢不可破”[72]。正是这种“上下固结”，才能把法律变成具文。

---

[70] 徐珂：《清稗类钞·狱讼类·狱囚囚县令》，1142页，中华书局，1984。

[71] （明）伍袁萃：《林居漫录·别集》卷四，285页，台北伟文出版社，1976。

[72] 吴庆坻：《蕉廊脞录》卷8《赵大鲸论巧宦》，230页，中华书局，1990。

李交发

论古代中国家族司法*

简介

李交发，湘潭大学法学院教授、博士生导师，湘潭大学学术委员会委员、法学院学术委员会主任、中国法律史学会理事、中国儒学与法律文化研究会理事。主要从事中国法律史和法律文化教学和科研。出版《治赌史鉴》、《中国诉讼法史》等著作，发表学术论文多篇，曾获湖南省社科优秀成果奖及湖南省“五个一工程”一等奖。

* 原发表于《法商研究》，2002（4）。原文刊发。

中国传统诉讼的一个重要特征是其二元结构，即国家司法与家族司法并存。之所以出现这种诉讼景观，主要原因是"古代社会的单位是'家族'……在古代法律中，这个差别有着重大的后果。法律的这样组成是为了要适应一个小独立团体的制度。因此，它的数量不多，因为它可以由家长的专断命令来增补。它的仪式繁多，因为它所着重处理的事务，类似国家间的事务的地方，多于个人间交往的迅速处理。尤其重要的，它具有一种特性……团体永生不灭，因此，原始法律把它所关联的实体即宗法或家族集团，视为永久的和不能消灭的……既然家族集团是永生不灭的，其担当刑罚的责任是无限制的。"[①] 梅因的家族单位永久存在决定家族法长期存在的观点，很符合中国古代诉讼的历史实际。当然，我们也应该认识到中国古代家族司法所特有的几个问题：一是其萌芽、发展、定型的渐进过程，二是其特定的时空背景条件、独特的运作方式，三是其特有的社会整合作用等等。只有注意到这几个方面，我们才能正确理解中国古代的家族司法。

一、依据

（一）存在依据

在国家产生以后，中国不同于西方的地方是，社会最基础的单位是"家"和"族"，在血缘关系基础上，集家而成"族"，聚族而成国，而国是最大的社会组织。并且，在家、族与国的组织结构关系上，呈现出一种严谨的一体性：家国同态、家国一体。也就是说，家族是国家的微缩，国是家族的扩大，二者表面形式不同，实质内涵无异。无论家政和国政都以血缘和政治的二重原则为依据。因此，家内重亲，强调子女对父母之孝；国中重顺，强调臣民对君王之忠，而且孝忠一体，由此延伸下去就是家长至高的家族统治权、君主不可侵犯的国家统治权，因此，子弟必须无条件地服从家长，臣民必须无条件地听命于君主。

如何理家和治国，又是一个异常重要的问题。大体可以认为，在国家层面上，统治阶级主要通过教化手段和惩处手段治民治国，其中惩处手段是指法律的制定和适用。然而在成文法国度中，由于成文法典和法律的制定颁布受到各种条件的制约，每个时代总凸显出用成文法调整社会关系的乏力，适时地创制判例因而成为一种值得肯定的制度。中国古代长期以来就靠二者结合而比较好地调整了复杂多变的社会关系。

但是，中国地广民众，多民族一体，各地经济、文化发展的不平衡，国家法律往往难

---

① ［英］梅因：《古代法》，沈景一译，72～73页，商务印书馆，1984。

以实施于各地，特别是在一些经济落后、地理闭塞的地方，天高皇帝远，法律鞭长莫及。然而，无论对国家而言，还是对人们而言，总需要一种相对安定的社会秩序，以保障人们从事正常的生产和生活，否则，人们就会生活在一种无秩序的混乱之中。这样，必定需要有一种其他的行为规范代替国家法律来调整社会关系。尽管各民族在选择时各有不同，或宗教性规范，或家法族规，但不管何种行为规范的产生和适用，都必须符合民族或各地域的民情风俗，适合人们的价值取向。相对古代中国而言，由于是建立在血缘基础上的宗法制国家，所以存在严密的宗族组织和根深蒂固的宗族意识。正如孙中山所言："中国人最崇拜的是家族主义和宗族主义，所以中国只有家族主义和宗族主义，没有国族主义。"② 因此中国是一个"家庭化的国家"，或说是一个"家族化的国家"。国家不过是一个大家庭、大家族，皇帝犹如家长、族正。这种家国同态、家国一体的特点便决定了家法族规能作为国家制定法的一种重要的补充形态而存在于世。

另外，中国古代家族法的适用经久历长，已达炉火纯青之地步。因"家之有规，犹国之有典也，国有典则赏罚以饬臣民，家有规寓劝惩以训子弟，其事殊，其理一也"③。此道理确实既浅显又深刻，在家国一体的古代中国，讲齐家不就是强调治国与平天下吗？对此，古代不少思想家们是深谙其中奥妙的。正因如此，明代大思想家方孝孺在《家人箴》中大声疾呼：立家法训子弟，乃"君子之所尽心而治天下之准也，安可忽哉！"

由上可见，在中国古代，家族团体是国家组织结构的基础，家法族规与国家制定法，实际上是社会认可的合二而一的行为规范，这就决定了家法族规的社会功能以及它在齐家治国平天下中的特有地位，它不仅是齐家的有用规范，而且是治国的重要基础。它在维护家族内部秩序和调整家族关系时，实际上承担了维护国家秩序和调整社会关系的任务，因此，这就决定了家族司法存在的合理性和必然性。

（二）司法依据

由于家国一体的社会结构特征，国家认同家族的地位，承认家长的治家之权，肯定家法族规的社会功能，甚至允许家族组织代行国家基层行政组织的许多职能，以家法族规处理轻微刑事案件和几乎所有的民事案件，因此，家族司法就具有司法的根据。

当然，家族司法具有司法根据，不是封建国家简单的借用结果，也不是缺乏条件的强作之合，而是统治阶级在充分认识其客观作用基础上加以利用的结果。随着封建专制统治的日益强化，国家赋予家族组织的权力也愈来愈大，甚至形成家法族规和国法的融通与合一："立宗法实伸国法也。"④ 无论国家最高统治者或家长、族正都深深地认识到，在由家而族、由族而国的血缘关系基础上的宗法制政体中，"国与法无二理也，治国与治家无二法也，有国法而后家法之准以立，有家法而后国法之用以通"⑤。可见，在古代中国有家国一

② 《孙中山选集》，147页，人民出版社，1981。

③ 《仙原东溪项氏族谱·祠规引》。

④ 《潜阳呈氏宗谱》。

⑤ 《桐城麻溪北氏族谱》。

体的政制必定有家国一体的法制，因而由家法族规和国家法构成的古代法律体系便是中华法系最重要的特色之一。

家法族规本是与国家制定法相对立和矛盾的，制定和运用家族法势必破坏国家法的一体性和权威性。但在中国则是另一番景象，除了家法族规对国家法的有益弥补外，可能更重要的原因还在于：当制定家族法的指导思想被钦定或官定后，便带来国家对家族法内容的认可和理解，这就使家族法直接成为了一种合法的司法依据。如孔子后裔在制定家族法时得到明太祖朱元璋的肯定。朱元璋对孔氏族长说："主令家务，教训子孙，永远遵守。"⑥到清代，山东曲阜孔氏家法又得到乾隆皇帝的认可，乾隆对宗主孔尚贤赐令："令尔尚贤，督率族长、举事，管束族众……如有恃强挟长，明谋为非，不守家法者，听尔同族长查明家范发落，重则指名具奏，依法治罪，尔其钦承之。"⑦ 可见，在封建社会，一些名门望族制定的家族法往往由皇帝出面予以肯定，其法律效力无疑非同一般，它成为司法的依据，就无人敢疑了。另外，一般家族的家法族规，每当制定以后，为了获得官府的肯定以发挥其更有效的作用，往往主动送到地方官府批准后再使用。如明朝万历年间湖南长沙擅山陈氏把制定的陈氏家训送呈长沙府批准后再实施。可见，受到地方官府肯定后的家法族规具有对族人的普遍法律效力，因而，家族法理所当然地成为了家族长的司法依据。

在这种文化背景下，即使没有得到皇帝御批或官府呈批的其他家族法，也同样可用作家族内司法的根据。关于这一点，我们从历史上一些著名的家法族规中杀气腾腾的硬性规定和家族内审断是非的森严场面可以看出。如清末宣统年间河北张氏制定一部《族规》，在族规后郑重说明："以上各条系参酌族中情形而定，经全族议决，即当视家族公法，不可违犯。"也还有这样规定的："已定完成家规永为定约。"⑧

综上所述，家法族规制定的指导思想被御定，内容、措施被官府批准后，家法族规实际上就成为了封建社会的一种法律渊源，理所当然地成为家族内调整民事纠纷和处理轻微刑事案件的司法依据。

二、主体与客体

（一）司法主体

家庭组织毕竟不同于国家组织，它纯粹以血缘亲族关系为纽带，父子兄弟为一家、数家成一族。因此，家族司法不需另外设置专门司法机构，宗族组织就是司法机构。中国古代宗族组织一般为三级设置：族、房和家。

族是最高宗族机构，设族长。族长由全体族人选举产生，即实行"公举族长"的制度。

---

⑥ 转引自刘广安：《论明清的家法族规》，《中国法学》1988（1）。

⑦ 《曲阜县志》卷29。

⑧ 福清：《郭氏支谱·家规》。

虽然在具体标准上各地不尽相同，但基本的要求是一样的：族长应年长有望、品优德高。如清代湖南省地方宗族选举族长的条件为："品行端正，身家殷富，办事干练。"而福建省要求人选族长者必须具备的资格是："或属族中殷实，或厕身庠序，或属明白事理。"⑨ 还有些地方则注意从致仕官吏或"年弥高则德弥卲"的人中公举族长。族长是族内最高权力掌握者，统管全族事务，包括宗族行政权、经济权、立法权和司法权。在立法权方面，对宗族法的制定、修改、增删都由族长负责，其方式主要是由族长主持，组成一个"立法"班子，参加者一般是族内贤达之人，制定后由族长当众公布。即使是由全族议决，也必须由族长签署，才能生效。在司法方面，实施宗族法一般也由族长主持，无论处理族内民事纠纷或轻微刑事案件或送官的严重刑事案件。湖南新市《李氏宗规》说："倘族人有家务相争，投明族长，族长议论是非，从公处分，必合于天理，当于人心，轻则晓谕，重则责罚。"族长实施族法，对违犯者除晓谕道理令人改恶从善外，还包括实施各种体罚、笞打、杖击、绞死、沉塘、令其自杀，等等。对于族内不法匪徒，族长有权"捆送州县审办"。因此，族长犹如族内法官，对族人握有最高的惩罚权。值得注意的是，有的地区在族长以下还设有"族副"和"察一族之是非"的"通纠"、"宗纠"等，他们都是在族长总领下辅助族长或专司本族纠纷的司法官。

族以下设房，房有房长。房长由房内"才德兼优"者充任，掌管一房之事务，处理房内之纠纷，审理房内案件，俨然房内之法官。需要说明的是，房长位处族长与家长之间，其司法官角色既不如上之族长也不如下之家长作用那样突出，但他毕竟作为宗族内一级司法机构而存在（主要是参加族一级的司法）。

家作为宗族中最基层的司法机构，地位极其重要。有学者认为家不构成一级"管理机构"⑩，此说似不妥。如果在家族法存在的古代社会，否定了家的宗族管理地位，何谈其作用？如果忽视其司法地位，又何谈家法族规的实施？同时此说也不符合历史实际。家同样是家族司法的主体，是最基层的一级司法机构。⑪ 家长虽是由严格的血缘关系基础上的继承制而非公举制产生，但它是一家之长，握有一家管理、教育、惩罚之大权，特别在家内司法方面尤为突出。家长对子女的惩罚权，形式多种多样。《宋史·儒林传·陆九韶》记载，在陆九韶家，家长拥有广泛的对子女的惩罚权，如果子弟不遵家训，犯有过错，"家长令诸子弟责而训之；不改，则鞭挞之；终不改，度不容，则言之官府，屏之远方焉"。从中可以看到在宋代的家中，家长对子弟有训斥权、执行体罚权、送官府惩处权。从执行第二项权

⑨ 朱勇：《清代宗族法研究》，56页，147页，湖南教育出版社，1987。

⑩ 朱勇认为："房下有家，但家是宗族社会的最小的血缘单位，不构成一级管理机构。"朱勇：《清代宗族法研究》，66页，湖南教育出版社，1987。

⑪ 安徽环山《余氏家规》规定："家规议立家长一人，以昭穆名分有德者为之；家佐三人，以齿德众所推者为之；监视三人，以刚明公正者为之；每年掌事十人，二十以上五十以下子弟轮流为之。凡行家规事宜，家长主之，家佐辅之，监视裁决之，掌事奉行之，其余家众毋得各执己见，拗众纷更者，倍罚。"像余氏家规审判违规子弟时，主审、副审、监视、掌事齐全，又各司所职，俨然于司法公堂者。这是最典型的大家司法的例子。

力看，家长犹似国家司法机关的司法官实施笞、杖刑一样；从执行第三项权力来看，家长犹如国家司法中第一审级，将家法与国法相结合，把家刑与国刑相结合。

送官权是封建时代家长最重要的一项司法权。表面来看，被送官府的子弟，在国家司法机关（州、县一级）依国法惩处其罪，尽管司法官可以进行调解（主要表现在犯违反礼教罪方面），也可以执行较轻的刑罚（如笞、杖刑），还可以处以重刑，体现了国家法的神圣性和权威性，但实际上是家长掌握施用刑罚的权力，家法起着重要作用。因为家长将犯法的子弟送官后，国家司法官执行刑罚是以家庭“司法官”的意见为准的，父母求免，皆免之，“父母欲杀，皆许之”⑫。由此不难认识到古代中国家长的“司法官”身份和在家内司法的极大权威性。

（二）司法客体

家法司法的主体是家长，家长以下的其他成员都是家长司法的对象，只要家庭成员犯家法，都由家长以家法惩治。虽然家法的内容各有不同，有多至160条的家范（元代《郑氏家范》），也有简单十几条的家法（清代江南宁国府太平县馆田《李氏家法》）；有惩治内容从宽的《颜氏家训》，也有处治手段从严乃至包括死刑的诸多家规。但不管家法是软约束还是硬制裁，都是子弟必须遵循的规范，凡违背伦理都要受到家法的处置。如清代江南宁国府太平县馆田《李氏家法》规定：子孙“以同姓之亲而操入室之戈，是祖宗之罪人也。被害者果有明证，投之祠堂，或责或罚，毋得宽贷。”“好色狂徒……贪花浪子……家长宜及早朴责锁禁，使之痛惩。”又如元代《郑氏家范》规定：“子孙受长上呵责，不论是非，但当俯首默受，不得分辩。”“女子年及八岁，不许随母到外家，虽至亲之家，亦不得住。违者重罚其母。”

族内司法一如家内，甚至更烈于家内，族长、族副及专司成员在实施族规时，广大的族人（包括家法惩治对象的家人）都是其依法调整的对象，违反家法族规的人和行为都是族长依族规惩治的对象。族长以族规调整族内关系的内容相比家内广泛得多，类似于国家法模式，包括族人在政治、经济、道德伦理等各方面的所谓犯罪行为，诸如民事方面的田土财产之争，刑事方面的盗、抢、赌博，伦理上的违礼犯尊、奸非乱伦，等等。族长对此类行为适用族规时，轻则批评教育（叱责之类），次则鞭笞加身，重则死刑以之。族长俨然如法官，广大族人是其管制的对象，因而比较充分地体现出类似国家施用法律的特色。

值得一提的是，由于族长、房长都是公举产生，强调族长、房长必须“德高望重”，公正少私，如果他们“挟私受贿”、“营私舞弊”、滥用权力，同样要受到族规的约束，族众可以族法惩处之。如安徽桐城《麻溪姚氏家谱·家规》就规定了这样的内容：房长“倘公事怠惰、处事徇情，族众查确，会齐公所，将房长革退；若有受贿之弊，加之责罚。”因为族长也好，房长也罢，他们首先是家族中的一员，不像国家中的君主那样被神化，对国君而

⑫ 《宋史·何承天传》。

言，法律是其所定，为其所改，法律当然就不能适用于他；而族规却是经全族议决，即当视为家族公法，不可违反，房长、族长作为家族成员，族规自然对他们同样起作用。当然，我们也应看到，在实践中，由于他们是司法主体、执法之人，族规对他们的约束毕竟是很有限的，真正对他们执行族规也是很艰难的。这样，他们在司法中的客体地位远远地被其主体角色所掩盖。

但是，家长与族长、房长有所不同，在家族司法中，他充当绝对主体角色，而在宗族司法中却要同时充当相对客体的角色，因为“一户人口，家长为主”。在家内绝对行使权力，这决定了其前一方面的地位。同时，家长有向家人承担责任的义务，这又决定了其后一方面的角色。因此，如果家人违犯族规和国法，除犯法的子弟受到宗族法的惩处外，家长也应当受到惩处。浙江会稽《顾氏族谱·家则》规定：“有不肖子孙入于非类者，皆由父兄不能预禁之故。被族长觉察实情，赴祠禀告祖先，公议，将父兄议罚，其不肖者重责。”甚至还有地方的宗族法规定，行为者本人可以免责，只追究家长的责任：子孙“越礼犯分，皆由父兄，如不安分守己者，即以父兄是究”⑬。

三、运行机制

（一）程序

家族法是家人和族众必须遵守的行为规范，家人族众如有违犯，即构成违法犯罪行为，必受到家族法处罚。由于家族立法犹如国家立法，同时，家法族规又不完全同于国家制定法，所以家法族规与国法既一体又有所不同。因此，在执行家族法的程序上也不可能完全套用国家法的规定，而往往是在国家程序法的影响下拟制出家族法的一套司法程序。

首先，家人违反家法，必先受到家法的处罚，由家长实施司法权力。据《嘉靖重修扬州府志》卷221记载：“泰州人，四世同居，每日家长坐堂上，卑幼各以序立，拱手听命，分任以事毕，则复命。其有怠惰者，辄鞭辱之。”这是家长对家人直接用家刑的例子，像此类现象在历史上普遍存在。需要注意的是，因家为最小的宗族组织，父母子女少则数人，多则三代四世几十人或上百人，因此，在家内施法，一般不需要以“告”的形式进行，通常只在家长的直接管束中及时发现并随时惩处。虽然家长拥有惩戒权，但是，对于家人间发生民事纠纷或轻微刑事案件，大多数情况下，由家长禀申房族依规处置。

其次，告族处置。在家族司法中，族是“真正意义”上的一级机构，族长是相对完全意义的一级法官，真正负责审理家族之中的犯法违规行为。而且，在审理犯罪时，往往模拟国家司法机关的形式，以“告”的方式提起诉讼、审理案件，并且还有固定的宗族审判场所——祠堂。清朝浦江郑氏《义门规范》明文规定，“子孙倘有私置田产”等行为，首先必须言于家长，再由“家长率众告于祠堂，击鼓声罪”。乾隆年间彝陵陈氏《训诫》也强

⑬《柳峰朱氏宗谱·计开条规》。

调："合族中设有以卑凌尊，以下犯上，甚至辱骂斗殴，恃暴横行者，须当投明族长及各房宗正，在祠堂责罚示戒。"福建闽县《林氏族规》也有类似规定："我族……有忤逆悖伦，凶横无忌之徒，该父兄投鸣户首族长，捆送入祠笞责。"

家族司法中最耐人寻味的是，"家"内的家法处置并不是主要的，更大量的是集中在族一级审理，而且往往是家长或家长率人把犯法之子弟送交族里，由族长会同各房房长在祠堂进行审理。其主要原因，一是集家而成的族实际上是一个血缘关系很强的大家，又是一个得到了国家法律认可的地方"行政单位"，有的甚至就是一个自然行政村社。因此，族规也就基本相当或接近于一种乡规民约，而乡规民约的制定和实施都得到国家的授权（家法也类似如此，但不是普遍得到国家授权）。而且，乡规民约的内容也多按国家法律操作，因此，其法律效力更大，其惩治作用更强。这样，用族规比使用家法当然更加有效。同时，族规又与法律相通，也就更符合统治阶级的需要。二是由于族内血缘关系相对家庭要疏远些，有的已在"五服"亲以外，这样，在执行惩罚措施时，从情理上和政策上相对地放得开，少有顾忌和限制，效果更好。加之，如同执行家法，受族长之罚也就等于受家长之罚，这使受罚者在亲情与肃严的交织中同样绝少怨言。这样，二者相得益彰。这恐怕也是中国传统社会在依家法族规惩罚中轻家法重族规的重要原因。

最后，送官府惩处。家族司法，家长、族长对民事纠纷和轻微刑事案件虽有独立的审断权，但对于重大刑事案件或疑难案件，如反叛、人命等重案，牵连他族的复杂案件，则必须送交官府审判。如《光绪常熟席氏世谱》规定，对于家族之人中有不安本分，流入败类者，以"家法处治"，如果属"怙恶"者，则"送官究治"。《乾隆豫章黄城魏氏世谱》也规定，凡属偷鸡摸狗，窃菜盗果的族人，"拘赴祠重责三十板"；对穿壁大盗则"送官治罪"。还有族规规定对"奸淫盗窃"、"污乱伦常"的子弟，由"族长公送到官，尽法处死"[⑭]。这样，家族司法就与国家司法有效地衔接成一体，使家族司法发挥更有效的作用。

（二）手段

家族法中规定的惩戒措施难以数计，使用的情况也不尽相同，确实难以弄清其"庐山真面目"。如果对其进行源流追溯的话，那么起码我们可得到这样的认识：宋代以前还显得比较简单，宋元以后，由于大量的家训、家范、家法、族规、宗谱被保留下来，家族司法中众多惩处手段也基本可知了。有学者依据对唐以后约 3 000 个家族法的研究，认为自唐代至民国间各地宗族陆续采用的惩罚办法大致可分为 12 类。[⑮] 也有学者认为一般较常见的处罚方法自轻及重有 11 种。[⑯] 也有学者认为家族法所设立的处罚方法，较常见的有 10 种。[⑰] 实际上，家族法中的惩罚手段远不止这些。如果再把众多少数民族地区使用的手段合并计算就更不是这个数字了。其中普遍施用的刑罚手段有：辱名、罚跪、罚拜、锁禁、罚停、

⑭ 《民国濡须崔氏宗谱·家规》。

⑮ 参见费成康：《论家庭法中的惩罚办法》，《政治与法律》1992（5）。

⑯ 参见朱勇：《清代宗族法研究》，98 页，湖南教育出版社，1987。

⑰ 参见刘黎明：《契约·神裁·打赌》，15 页，四川人民出版社，1993。

革胙、罚钱、记过、出族、除位、活埋、沉塘、沉潭、迫其自缢，等等。

由此可见，古代中国家族司法中的种种刑处措施近似国家制定法之规定，从轻到重，从耻辱刑到财产刑直到死刑，形成一套完整的刑罚体系。

（三）与国家司法之关系

从总的方面看，古代中国家国一体的政治和组织制度，决定了家国一体的司法制度，即家族司法是国家司法的一部分和重要的内容，因而形成一套家族司法—国家地方司法—国家中央司法的完整体系。

其一，家族司法是中国传统国家和社会最基层的司法审级。古代中国按照法律规定形成三级（秦汉时期的县、郡和中央）或四级（唐宋时期的县、府、州、中央）或五级（清代的县、府、省、巡抚、中央）的司法等级制度。县或相当县一级的州等地方审级是第一审机构，受理、审判民、刑案件，拥有独立的民事审判权与不完全的刑事审判权。县以下虽有诸如乡、里、保、甲、亭、村等行政机构，但均无司法审判权。这样，偌大一县全部的从小至窃瓜盗鸡、口角斗殴到大至杀人放火、谋财害命案件，都要呈诉县衙，显然，县衙要全部理案是困难的，特别是在宋代以后规定知县必须亲自坐堂审判的情况下。实际上，县一级往往难管全县司法，从而出现县一级司法乏力、混乱的局面。在此条件下，家族司法作为一种最理想的补充形态，特别是在宗族组织与乡里组织合一的地方，具有特殊作用和占有特殊地位。这样，家族司法就演变成国家司法机构以外的实际上的第一级司法审级，恰好填补了县以下广大区域内司法机构虚置的空缺，由此构成实际上的家族—县—府—省—巡抚—中央（清代）的司法体系。正如清代御史周作楫（道光时期人）所云："每姓有族长绅士，凡遇族姓大小事件，均听族长绅士判断。"接着又说："如有不法匪徒人，许该姓族长绅士捆送州县审办。"[18] 这样，家族与县州一级的司法关系犹如县州与府省一级的关系。家族听断族内"大小事件"，重大案件送交州县审判。甚至，家族在某种意义上还拥有比州县更大的司法权力，最能说明问题的就是国家谨慎地给予了家族死刑处置权。清朝雍正皇帝曾谕令：家长族正"训诫子弟，治以家法，至于身死，亦是惩恶防患之道，使不法子弟知所儆惧悛改，情非得已，不当按律拟以抵偿。嗣后凡遇凶恶不法之人……或以家法处治，至于身死，免其抵罪"。皇帝谕令后，刑部为了便于操作，特做三点明文规定：一是"倘族人不法，事起一时，合族公愤，不及鸣官，处以家法，以致身死，随即报官者，该地方官审明死者所犯劣迹，确有证据，取具里保甲长公结"；二是"若实有应死之罪，将为首者照罪人应死擅杀律，杖一百；若罪不至死，但素行为通族之所共恶，将为首者照应得之罪减一等，免其拟抵"；三是"倘宗族之人捏称怙恶，托名公愤，将族人殴毙者，该地方官审明致死实情，仍照本律科断"[19]。

由此可知，家族司法与国家司法有着统一的关系。由此也可认识到古代中国家族法为

⑱ 《清实录》道光十二月戊戌。

⑲ 《钦定大清会典事例》卷811《刑律·斗殴》。

什么那样受到国家的重视：为其确立立法的指导思想，官府又批准其颁行的家族法内容，更承认其司法用刑的合法性。此等问题的真正原因即在这里。

其二，家族司法为国家司法的延伸和重要补充。家族法虽然只适用于本家族，而且无固定的立法模式和司法模式，但在古代中国宗法制国家里，家族法与国家制定法有着天然的血缘关系：国家立法“一准乎礼”，家族立规也“以礼治尔”（江南宁国府太平县馆田《李氏家法》序言中语）。国家司法之目的是“安上治民”，家族司法亦强调“佐国家，养民教民之原本也”。国家司法的原则是“德主刑辅”、“明刑弼教”；家族司法也重视“犯者惩之，且能改者，恕焉，亦明刑弼教之意也。”⑳ 由此便形成一个历代难变的共识：“欲明德于天下者，先治其国；欲治国者，先齐其家。”“资于治家以治国。”这样，家族司法和国家司法便浑然一体。

为了说明问题，我们再从刑罚适用上看看二者的紧密联系。

自隋至清国家刑罚实行笞、杖、徒、流、死五刑二十等制度，在家族法中也有清代南海廖氏《家规》中确立的“处罚制度分作四种十三等”㉑。从具体内容看，比较清代湖北麻城鲍氏《户规》与封建五刑的异同，也许更能说明问题。《鲍氏户规》共48条，除国家规定的徒刑和死刑外，其余三类笞刑、杖刑和流刑都有类似规定，并且也按封建五刑制度规定每种分为若干等差，如笞刑分为笞20、30、40和70四等；杖刑分为杖20、30、40、80、90、100和200七等；流刑不分等，一概定为“逐出族外”㉒。特别要注意的问题是家族法中的“送官治罪”规定相当普通，通过送官治罪的处罚方法，实际上就将家族法之处罚措施与国家之五刑手段紧紧地衔接起来。如果我们将家族法视为“准国法”，国家法视为“最高家族法”的话，那么家刑、族刑、国刑便构成一个既相重叠又相补充的庞大的刑罚体系。

如果我们再从家族司法的广义角度看，那么其内在联系就更能说明问题了。有如上述，《鲍氏户规》中没有徒刑和死刑的规定，但并不说明在家族法中没有这二刑之规定和适用。《民国义门陈氏大同宗谱》卷4《义门家法》中规定有“罚苦役”刑，凡是家族子弟因有赌博：斗殴行为的，除杖打15～20杖外，还要“罚苦役一年”，即相当国家法中的徒一年。至于家族法中规定处死刑者也不在少数，如据《曲阜孔府档案史料选编》记载，建宁孔氏公然把族长处死族人的权力写进族规：族众中有“反大常”（指殴打父祖、反逆等）者，“处死不必禀呈”。江苏镇江赵氏也实行族中“干犯名教伦理者，缚而沉之江中”的处以死刑的制度。㉓ 由此可见，国家实行的五刑制度被全面地搬进家族法，只是家族司法用罚时不如国家司法那样规范。如果抛开这一因素，完全可以认为，家族司法是国家司法的初级形

---

⑳ 江南宁国府太平县馆田《李氏家法》。转引自朱勇：《清代宗族法研究》附件1，湖南教育出版社，1987。

㉑ 朱勇：《清代宗族法研究》，56页，147页，湖南教育出版社，1987。

㉒ 湖北麻城《鲍氏户规》。转引自朱勇：《清代宗族法研究》附件2，湖南教育出版社，1987。严格地说，“逐出族外”类似“流刑”的处罚。

㉓ 参见徐扬杰：《宋明家族制度史论》，224页，中华书局，1995。

态，国家司法是家族司法的高级反映，表面看来，两者颇有差异，但其实质相同，紧密联系成一体。

四、评价

（一）积极作用：有效地调整基层社会关系，稳定社会秩序

在重治国先齐家的古代，国法难行，家法立。因此，家族司法在稳定基层社会秩序方面起了极其重要的作用。

其一，完赋役。封建国家的经济来源于农民，由于封建剥削的苛重，农民往往抗交粮、拒服役，甚至发展到武装抗粮斗争。尽管封建国家屡令急催，地方官府也往往无能为力。在此情况下，家族法的作用非同一般，家族司法颇能见效。如《民国义门陈氏大同宗谱·义门家法》规定："公赋乃朝廷军国之急，义当乐输者，凡我子侄差粮，限及时上纳。"甚至还规定即使有困难，也"只得省用，不可侵支输纳之资"㉔。如果族人拒交钱粮，家族司法处置。又如山阴吴氏家法规定："完纳钱粮，成家首务，必须预为经划，依期完纳。如有持顽拖欠者，许该里举鸣祠中，即行分别责罚，以示惩戒，决不轻纵，致累呈扰。"在这里，家族司法的作用是国法难以比拟的，它以温情的伦理说教和恐怖的处罚措施相结合，较好地解决了家族内的抗粮拒役行为，轻而易举地调整了农民与国家因此而产生的紧张关系，对稳定社会秩序起了积极作用。

其二，化解矛盾。家族犹如一个小社会，各种矛盾并存于家族内。如何化解家人族属之间的矛盾，是稳定基层社会的关键所在。家族司法从宣扬和维护封建伦理纲常出发，无不在家庭内提倡、褒奖"敬祖宗"、"孝父母"、"睦兄弟"，禁止和处罚"乱伦常"、"犯尊长"、"相忿争"等行为。事实证明，在家庭内运用一种对违反者进行正面教育与实行处罚相结合的方法，显然便于化解家内矛盾。家内矛盾解决得好，为族人间矛盾的解决奠定了基础。同时，加上严格的族规调整，效果更好。家族司法确实比较理想地化解了族内矛盾，调整了族内关系。

家族司法还能够调整族际关系，解决族际矛盾。在古代广大的农村，基层社会最大的矛盾是族际矛盾，自"五服"制度形成后，亲不亲五服分，所以以"五服"为基本标准产生的房际间纠纷以及与外姓族际矛盾常灭常生，调整关系、化解矛盾的难度很大。但是，如果重视家法族规的调整，情况则异焉，因家族法调整的基本原则是重从内控制，不鼓励对外强服。如广西西林岑氏家族法规定："若与他姓有争，除事情重大始禀官公断。倘止户婚田土闲气小忿，无论屈在本族，屈在他姓，亦以延请族党委曲调停于和息。"《训俗遗规》卷 2《讲宗约会规》也强调："倘本族于外族有争，除事情重大，付之公断。若止户婚田土，闲气小忿，则宗长便询问所讼之家，与本族某人为亲，某人为友，就令其代为讲息。屈在

㉔ 《袁氏世范》，载《知不足斋丛书》第 107 册。

本族，押之赔礼；屈在外姓，亦须委曲调停，禀官认罪求和。”这种委曲求和的化解矛盾之法，对防止族际矛盾的激化，特别在防止族际之间动辄械斗、复仇，甚至在解决长年累月、世代为敌方面，的确起了重要作用，为社会秩序的稳定提供了可靠的保证和基础。

其三，夯实封建统治的基础。封建统治成一个大金字塔形态，以民为基础，以官为中腰，皇帝盘踞顶尖，而巩固统治的基础则在民。在农业国家里，广大人民生活在农村，因此，农村基础巩固与否是决定国家统治稳固的关键。有如前述，广大农民又被编织在农村家族的小金字塔结构中，也就是说，家族是决定国家统治的基石，家族的作用非同一般。统治阶级和思想家们都深谙一个至理：家族的正常运行只有靠家法族规才能得以实现，因此，通过家族司法调整家人族众种种关系就显得十分重要。如前所说，以家族法调整赋役关系，农民抗粮、抗役的行为就在家族司法中解决了；特别以家族司法帮助巩固封建基层政权，调整农民与基层政权的对立关系，其作用尤为明显。因为在很多情况下，许多里正、甲首、村头实际上就是族长，国家政权基层组织即为宗族组织，在基层政权组织缺乏法律手段来调整社会关系时，家法族规就充当了地方法律，并较理想地解决了农民的户婚、田土、财产等民事纠纷以及赌博、斗殴、盗窃等轻微刑事案件。因此，这种以“保甲为经，宗法为纬”的治理方式一直被封建统治者奉为最理想的基层政权统治模式。

（二）消极影响：窒息诉讼意识

古代中国一直有贱讼、畏讼、息讼的传统，从《易经》宣传“讼，惕，中吉，终凶”开始，经孔子“无讼”观的提出，到封建正统法律思想形成，人们意识中便形成了一个基本概念：“无争讼，便是天堂世界。”㉕ 但是，道理并不是这么简单，人们总是生活、生存在错综复杂的社会关系中，任何个人都不可能超然物外，与世无争、与人无争。特别在宋明以后，随着商品经济的长足发展，社会关系更趋复杂，人们的诉讼意识也在强化。据《清代吏治丛谈》记载：不仅经济发达的江浙地方“民好讼”、“讼益繁”，而且经济欠发达的山东章邱县也“民好讼，月收讼牒至两千余纸”，甚至连穷乡僻壤的湖南宁远地区竟“积逋而健讼”。然而，社会的好讼之风又总是与儒家提倡的息讼主张相违。在统治阶级和思想家们那里，要实现理想的“天堂世界”，只能靠对无讼的大力宣扬和对诉讼的大力抑制和化解。要做到这一点，又无非使用三种手段：“第一是道德感化，以绝讼源；第二是多方调解，以消讼意；第三是惩罚讼徒，以儆效尤。”㉖ 而其中最有效的方法是“不能使民无讼，莫若劝民息讼”㉗。

在这方面，家族司法是成功的典范。虽然家族司法仿效国家司法使用了不少刑罚手段，但是大量运用的还是调处和劝民息讼的办法。事实也是这样，各地家长、族长都是首先强调家族内纠纷家族内解决，不准径自呈讼于官府。《民国濡训崔氏宗谱·祠规》规定：“族

㉕ 《得一录·宗祠条规》。

㉖ 范忠信等：《情理法与中国人》，185 页，中国人民大学出版社，1992。

㉗ 《福惠全书》卷 11。

中小有不平之事，必须俟次日鸣诉族正、族长，孰曲孰直，自有理处。”《民国义门陈氏大同宗谱·家范》曰：“凡同宗有衅，无论事之大小，皆当先请族正、长来祠问明理处。万难解释，然后可白于官。倘未经评，率先控告，公同议罚。”族人“如有径赴呈词者，即为目无尊长，先为议处，而后评其是非。”㉘ 这样，广大农民生存、生活在狭小的宗族里，思想、意识局限在狭小的宗法组织内，事端、争讼解决在狭小的家族司法里。家族组织、家族司法如一张恢恢大网，罩盖着全体族众，束缚着人们的思想，其结果是使人们头脑迟钝、神经麻木。正如马克思所说：“使人的头脑局限在极小的范围内，成为迷信的驯服工具，成为传统规则的奴隶，表现不出任何伟大和任何历史首创精神。”㉙ 加之，在儒家思想的感化下，人们自觉或不自觉地“贱讼”并崇尚“息讼”和“止讼”，形成“无讼”观，追求实现“片纸不入官府”、无争无讼的“天堂世界”。

总之，家族司法是国家司法的一种变形，从法理上说，它是不科学的，但它在古代中国又具有一定的合理性，或许可以认为，它是中华民族的一种创造，也是中华法系诉讼的一大特色。正因如此，它的存在和长久运作又具有一定的价值，有值得肯定的地方，即它在很大程度上弥补了国家司法的不足，在辨别是非、惩治犯罪方面起了积极的作用。我们之所以这样说，是基于一个基本的道理：历史的问题应历史地、辩证地看待。何况法律本身就是一种地方性知识，极具本土性特点。当然，除此以外，我们还应该指出，它同时也具有极大的消极性，即破坏和影响了国家司法的唯一性和权威性，扭曲了民族的诉讼意识。在这一点上，它的消极影响不仅表现在当时，而且影响到后世，即使在今天，人民的法律意识不强也与之有着一定的渊源关系。但是，它毕竟作为一种法律文化而存在下来，因此，我们又不能不从一个更新的角度审察它，科学地总结它内含积极和消极的“因子”，以利于我们今天建设现代法制时在如何利用本土资源上求得一些有用的经验与教训。

㉘ 《光绪永定邵氏世谱·祠规》。

㉙ 《马克思恩格斯选集》第2卷，67页，人民出版社，1972。

张兆凯

朱元璋重典惩贪得失新论*

简介

张兆凯，1953年生，湖南桃江人。恢复高考制度后首届大学生，1981年12月毕业于湖南师范大学历史系，并先后于1988年、1994年毕业于厦门大学、武汉大学，获硕士、博士学位，1996年评为教授。

主要从事中国政治制度史、法制史、法制思想史研究。目前已出版专著8部，主编教材3种，在各级杂志发表学术论文五十余篇。其中专著获湖南省社科二等奖、三等奖各一项。现为湖南工业大学法学院院长、教授。

* 原发表于《求索》，2002（4）。原文刊发。

贪污腐败几乎是所有特权社会的通病。惩治贪污成了衡量一个国家进步与否，一个最高统治者贤明与否的标准。作为社会层面来说，自古及今，社会对贪污腐败始终抱着一种敌视、憎恨又无可奈何的心理。如果有这么一个最高统治者，其对贪污腐败行为的憎恨比老百姓更强烈，对贪污腐败的打击甚至超过一般百姓的想象与期望程度，从社会共趋心理的角度来说，这个统治者就会理所当然地受到赞扬与崇敬。

六百多年前即位的明朝开国君主朱元璋，就是这么一位皇帝。他即位伊始，就颁布了打击贪污的法令。一次，他对入京觐见的府州县令说："天下新定，百姓财力俱困，如鸟初飞，勿拔其羽，勿撼其根，然惟廉者能约己而爱人，贪者必朘人而肥己。尔等诫之。"① 并向群臣宣布："使遇官吏贪污，蠹害吾民者，罪之不恕。"②

朱元璋绝对是个言行如一的人，他在对官吏们发出警告后，其打击贪污的法令一个比一个严厉，不计其数有贪污行为的官吏受到了各种酷刑的"款待"，因之朱元璋也赢得了后世学者和百姓的赞美。但若撇开社会憎恨贪污行为的共趋心理，实事求是地考察朱元璋重典惩贪法令的得失，我们不难发现，朱元璋重典惩贪法令之本身就存在不少弊端。也正是由于这些弊端的存在，因而大大影响了朱元璋惩治贪污腐败的成效。另外，由于朱元璋的任情刑杀，法外施刑，酷刑叠出，冤狱不断，严重毒化了当时的社会与政治空气，尤其是吏治吏风被严重扭曲。由于没有从引起贪污腐败的根本原因方面对症下药，因此重典惩贪虽然在当时起到了对百官的震慑与威吓作用，在某种程度上对贪污有一定的抑制，但并没有从根本上解决问题。甚至连朱元璋自己都感叹："弃市之尸未移，新犯大辟者即至，然则风俗之未能移易，重刑云乎哉!"③ 至于朱元璋以后，尽管重典惩贪的法令并未放宽，但贪污腐败则是愈演愈炽。终明一代，贪污腐败比历代都甚。万历时宰相张居正在《陈六事疏》中谈到当时的官场上下，贪污成风，"官以赂升，罪以赂免，辇毂之下，贿赂公行，郡县之间诛求无忌，小民受害，殆不忍言"④。明代的贪污腐败为什么累禁不止？贪赃犯法官吏为什么累杀不绝？这说明朱元璋的重典惩贪法令有缺陷，其重典反贪之举措是有得亦有失，且失大于得。关于重典反贪之得，人们已从各方面作过总结，此不赘言。这里主要就其失的方面作些探讨与阐述。

一、重典惩贪是朱元璋褊狭或偏激心理的体现

朱元璋出身于社会的下层，从小受尽了社会的虐待。他目睹的是元朝政治衰乱、官吏

① 《明史》卷281《循吏传序》。
② 《明太祖实录》卷38。
③ 沈家本：《历代刑法考：明大诰峻令考》。
④ 《张文忠公全集》奏疏5《民财空虚疏》。

贪污横行的现实。因此，朱元璋从小就充满了对贪官污吏的仇恨心理。他即位伊始，就告诫群臣说，“朕向在民间，尝见县官奸而弄法，蠹政害民，靡所不至。遂使君听不宣，政事日坏，加以凶荒，弱者不能聊生，强者去而为盗”⑤。正如明代的思想家李贽所指出的，朱元璋“盖自其托身皇觉寺之日，已愤然于贪官污吏之虐民，欲得而甘心矣”⑥。由于自小具有对官吏的一种憎恨心理，即使他做了皇帝，对他自己任命的官吏，他也仍然改变不了“是官皆贪”的观念。他认为自己任命的官吏也大多是“居官不知民艰，刻剥虐害，无仁心甚矣”⑦。

在《大诰》中，朱元璋宣称：“县官，从古至今，本为牧民，曩者新任之官，皆是不才无籍之徒，一到任后，即与吏员、皂隶不才耆宿及一切顽恶泼皮，夤缘作弊，害吾良民多矣。”⑧ 他甚至认为“各处有司，惟务奸贪不问民瘼，政声目陋”⑨。既然将各级行政部门的官吏都看成“惟务奸贪，不问民瘼”的贪赃枉法之徒，对他们施以重典惩治就是理所当然了。朱元璋的一系列重典治贪的法令都是在这一认识的指导下出台的。

前面已经谈到，贪污腐败是一种社会现象，无朝不有，无时不有。但任何时候人都有良莠之分，官亦有廉贪之别。朱元璋作为皇帝，而将自己亲自建立的官僚系统视为一伙“不知民艰”，只知“刻剥虐害”的民贼，这就大为偏颇了。而在这大为偏颇的认识之下制定的惩贪法令之偏重偏激就不足为怪了。由于认识上的错误，导致法令上的偏激，在实际执行中其扩大化也就不可避免了。近代法律家沈家本先生对《大诰》所载案例逐条进行考证，其结论是几乎所有《大诰》刑案都存在或法外用刑或处刑不当、或枉施刑罚的弊端。而就朱元璋时期发生的多起所谓贪污大案来看，都明显地扩大化了。如洪武十八年（1385年）发生的郭恒案，其扩大化就非常突出。郭恒官至户部侍郎，有坐盗官粮的贪赃违法行为，朱元璋给予打击是必要的。但是由郭恒而推测“天下诸司皆赃罪”⑩，把几个部的尚书及侍郎以下全部处死，甚至连吏部尚书亦未能幸免。案件涉及地方官吏，辗转株连，所杀达数万人，其中连及平民百姓更不在少数。如果说，朱元璋对郭恒案的处理只是株连扩大了打击面，那么对另一桩发生在洪武十五年（1382年）的所谓贪污大案“空印案”，则是一桩大冤案。“空印案”起因于当时各地方官吏去户部考核各省、府、县的钱粮册书时，因路途遥远，预持空印文书。至部后，随驳随改。朱元璋发现后，认定这些官吏是想从中作弊贪污，被处死的主印官有数百人，佐贰受杖戍边的达数千人。

携带空印文书本是一种惯例，在此之前，并无利用空印文书进行贪污舞弊的先例。朱元璋将一种尚未成为事实的行为推定为犯法，并将其立为大案，诛杀数百人，牵连数千人，

⑤ 《明太祖实录》卷174。

⑥ 李贽：《续藏书》卷1《小引》。

⑦ 《皇明大事记》卷9。

⑧ 《大诰三编·民拿害民该吏第三十四》。

⑨ 《大诰初编·吏殴官长第十六》。

⑩ 《明大诰·朝臣优劣第二十六》。

这本身就是滥刑滥杀，是朱元璋“是官皆贪”观念作祟的结果。“空印案”的当事人之一郑士元，时任湖广按察使佥事，参与考校钱谷册书。“空印案”发，士元坐是系狱，其弟郑士利曾上书朱元璋，透彻地分析了空印文书的来龙去脉，指出空印文书不可能贪污作弊。郑士利的依据是，考校钱谷册书，需合两缝印，一印一纸不能考校钱谷册书。而各地的钱谷之数先由府合计到省，再由省合计到部。每次合计文书，即使得到也不能作弊。因为各府省都留有存根，何况根本就得不到。各地官员之所以带空白印书，因在户部审查核对时，必然与原府、省提供的数字有出入之处，这些有出入的数字在户部最后确定，造成册，原府、省必须加盖公印，以示确认。而当时府、省离京城近则三千里，远者有六七千里，册成然后盖印，往返需要一年时间。在封建社会，大印是绝不能带在身上走的。各府、省为了节省时间，只好带盖印的空白文书至户部，以备计账有出入时使用。郑士利认为这种权宜做法，历来都是如此。朝廷如果认为此举为不合法，必须事先告之天下，禁止带空白文书至京。朝廷既然无禁令，各府、省官员自然不知其为犯罪。但朝廷突然将其作为重案来判，主印者处死，佐贰者戍边，未免太过严厉，不能令人心服。郑士利还尖锐地指出，将要诛杀的这些郡守，都是朝廷多年培养的通达廉明之士，今无罪冤杀，朝廷这是草菅人命……郑士利深知朱元璋的刻暴，此书一上，难免杀身之祸。但他幼稚地认为，他的死可能挽救“空印案”被羁押的数百人的性命，如此则死亦无恨，于是毅然上书。朱元璋果然大怒，下丞相、御史对郑士利严加讯问，要找出指使郑士利上书的人来（朱元璋认为郑士利一介书生，没有胆量上此言辞激烈的书）。遭到郑士利的否认后，遂将郑士利与其兄郑士元一起输作江浦为徒。而牵涉空印案者则大多未能免除或杀或徒之命运。⑪

从朱元璋时期发生的几桩大案要案来看，几乎无一不存在扩大化与滥施刑杀的弊端。尤其是那些被牵扯进来的官员，更是感到了莫大的冤枉。但刚愎自用的朱元璋既不会听取受冤人申诉，也不会考虑其他官吏的提醒。朱元璋的这种滥施淫杀与我行我素的性格，使得在朝的百官屏声静气，小心翼翼，终日如履薄冰。所谓“帝初即位，惩元宽纵，用法太严，奉行者重足立”⑫。而不在朝的士人，不但对入仕从政毫无兴趣，而且还千方百计躲避朝廷的征召、任用，“韬迹自远者，亦不乏人”⑬。有的知识分子为躲避官府征召，居然自断其指（古代刑、残之人不得为官）。对于故意躲避朝廷征召的士人，朱元璋采取的是严厉的镇压之策。洪武十八年十月，朱元璋颁布《大诰》，其起因就是士人不愿为官。在《大诰》十条里，最后一条就是“寰中士夫不为君用”⑭。编著《明会要》的清代史学家龙文彬对朱元璋的这条法律有过一段比较客观的评述。他说：“贵溪儒士夏伯启叔侄断指不仕，苏州人才姚润、王谟被征不至，皆诛而籍其家。此寰中士夫不为君用之科所由设也。太祖立法严峻，而此一条尤非国体。兴狱之云沛膏泽，在山之泉砥风节。有三杰既有四皓，有冯、邓

⑪ 《明史》卷139《郑士利传》。

⑫ 《明史》卷138《周祯传》。

⑬ 《明史》卷298《隐逸传序》。

⑭ 《明史》卷94《刑法志》。

既有严、周，或出或处，皆于世道有裨。必欲尽天下士夫而科以不臣之罪，虽秦、隋不忍出此。”⑮

龙文彬认为朱元璋“寰中士夫不为君用”之条尤非国体，即使残暴的秦朝、隋朝都不会制定如此苛残的法律来，其说实为允当。士人入仕为官，为历朝历代士人之毕生追求的奋斗目标。而明初士人断指不仕，要靠采取残暴之刑法来逼迫士人入仕，可见朱元璋之滥刑滥杀给当时的社会带来了多深的恶劣影响，给天下的读书人造成多大的心理伤害！

二、操纵司法、法外用刑、任意刑杀、实行恐怖政治

朱元璋以重刑绳下，企图“出五刑酷法以治之，欲民畏而不犯”⑯。因此，他在位时多次修订的《大明律》，其刑罚“较前代往往加重”⑰。对官吏的贪污行为，其重典打击更是不遗余力。当然，朱元璋针对元末以来政衰民乱的现实，怀着对贪赃枉法官吏誓要除恶务尽的决心，虽矫枉过正，尚可理解。但朱元璋是把司法权力作为一种恐怖工具，对百官任意生杀予夺。各种久湮不闻的酷刑被朱元璋反复使用，株连的范围不断扩大。明初的大案不断，株连所及，动辄几万人。以至明初的官吏，人人自危，朝不保夕，官吏动辄罹法。百官“犹行荆棘中，寸步不可移，纵得出，体无完肤也”⑱。

从明朝的法律来看，虽然《大明律》是效仿唐律制定的，但《大明律》比《唐律》往往加重处罚。如《大明律》规定附余钱粮，若不尽数报官，私下销补别项事故亏折之数，视为“监守自盗论”。明律规定监守自盗 40 两即可判处斩刑。⑲ 洪武十八年颁布的《大诰》更是法外用刑的“典型”，其用刑又往往比明律加重。《大明律》规定，官吏犯赃计赃科罪，凡不枉法之赃罪，均不处以死刑。但《大诰》中所列官吏犯不枉法之赃罪被凌迟、枭首者众多。赃罪在《大明律》里有轻重之别，或杀或徒或杖或笞，均根据贪赃之数量而定。朱元璋认为赃官不杀惩罚太轻，在《大诰》里规定“犯赃者，不分轻重皆诛之”⑳。

酷刑、肉刑、族诛等均为秦代之常用刑，但自孝文帝废肉刑，除连坐之法后，酷刑、肉刑后代虽偶有所用，但毕竟不是正常之政，因而会受到社会的谴责。朱元璋以重典惩贪法外加刑，各种名目的酷刑、肉刑、族刑等则大行其道。而朝廷中又极少有人提出歧见，否则身家性命不保。根据沈家本所撰《明大诰峻令考》考证，朱元璋时期的酷刑有：族诛、凌迟、枭首；肉刑有：墨面纹身、挑筋去指、去膝盖、剁指、断手、刖足、阉割为奴、斩趾枷令、枷项游历、充军等。更有甚者，还行剥皮实草之法以恐吓百官。据清人赵翼《廿

⑮ 《明会要》卷 64。
⑯ 《大明律·序》。
⑰ 《明史》卷 94《刑法志》。
⑱ 《明太祖实录》卷 38。
⑲ 《唐明律合编》卷 15 下。
⑳ 刘辰：《国初事迹》。

二史札记·重惩贪吏》条载“帝初即位，惩元政弛纵，用法太严，奉行者重足而立。官吏有罪，笞以上，悉谪凤阳屯田，至万余人”。又案《草木子》记明祖严于吏治，凡守令贪污者，许民赴京陈诉。赃至六十两以上者，枭首示众，仍剥皮实草。府州县卫之左，特立一庙，以祀土地，为剥皮之场，名曰皮场庙。官府公座旁，各悬一剥皮实草之袋，使之触目惊心。其实，这岂止是触目惊心，实在是令人毛骨悚然。朱元璋为了惩治贪吏，不惜恢复早已湮没无闻的多种酷刑和肉刑，在百官中造成一种恐怖气氛，使百官不敢越贪赃之路一步，期企实现官清吏洁，达到民殷国安的目的。但朱元璋忽视了或者说他根本看不到这种恐怖政治给社会尤其是给官场带来的严重负面影响。在朱元璋时期担任过平遥训导的叶伯巨，于洪武九年（1376年）上书朱元璋，对朱元璋的“用刑太繁求治太速”提出批评。叶伯巨对朱元璋重刑酷法的种种弊端，以及对社会带来的负面影响均有深刻论述。

叶伯巨指出，朱元璋的重刑酷法有三失：

一失用刑务求深刻，无平恕之仁，无德洽之声。

笞、杖、徒、流、死五刑，本为常刑。如果依法行事，对犯法者根据其罪行分别以五刑处之，这自然不失公平允当。但是朱元璋作为皇帝，操纵司法权力，“用刑之际，多裁自圣衷”，随意轻重。而治狱之吏，投皇帝所好，趋同皇帝意旨，用刑务求深刻。而在朱元璋“深刻者多功，平反者得罪”的思想指导下，朝廷不闻德洽之声，更不见平恕之条，举朝充满刑杀之气。㉑

二失在官者朝不保夕，士人裹足不前（不愿入朝为官）。

士人读书求仕，本为自古之常情，但明朝士人则“以溷迹无闻为福，以受玷不录为幸。”在朝之官，则“以屯田之役为必获之罪，以鞭挞捶楚为寻常之辱……一有差跌，苟免诛戮，则必在屯田工役之科，率是为常，不少顾惜。”㉒ 在朱元璋重刑酷法之下，读书人视入仕做官为畏途，唯恐避之不及。但朱元璋制定的“寰中士夫不为君用”之罚规定，凡士人逃避朝廷征用者，处罚十分严酷。本人诛杀，家中人员亦遭株连。对于躲避不及的士人，有司如捕重囚，敦迫上道。在这些既残暴又荒诞的举措之下，明朝文人视入仕为畏途也就不难解释了。赵翼《廿二史札记》列《明朝文人多不仕》一节，列举了十数位文人不愿为仕的例子，也列举了文人入仕后因小过而遭惨杀的十余事例。㉓ 这些都只是列在“文苑传”中比较典型的例子，其他被诛杀而未列传的文人究竟有多少，则不难推测。胡惟庸案、蓝玉案坐死者达十余万人，其中又有多少文人学士被枉杀呢？明朝练子宁在奏疏中说：“陛下以区区小过，纵无穷之诛，何以为治？”㉔ 在这样一种恐怖氛围之下，欲士人尽心尽责为朝廷效力，实难！

三失重刑枉法之下，官吏人怀苟且，廉耻不立。

朱元璋以重刑、酷法处置与恐吓官吏，意欲以此杜绝官吏的贪赃行为。如上所述，明朝的四大案，被杀以及遭株连的达十余万人。诛杀的官吏不可谓不少，但违法犯罪的人为

㉑㉒ 《明史》卷139《叶伯巨传》。

㉓㉔ 赵翼：《廿二史札记》卷32。

何仍然层出不穷呢？叶伯巨认为这是“激劝不明，善恶无别，议贤议能之法既废，人不自励，而为善者怠也”[25]。叶伯巨的这番话可谓一针见血地指出了明朝之严刑酷法为什么不能达到恐吓官吏的目的，而贪赃违法官吏又屡杀不止的原因。明初朱元璋实行的严刑酷法对贪赃违法的官吏来说，无论其贪赃的情节恶劣与否，贪赃的数目多少不论，一律给予严惩。如果说惩罚有贪赃违法行为的官吏还只是存在一个执法不平的问题，那么更为严重的则是出现了大量的冤假错案，成千上万的官吏被无辜牵扯，有的甚至从未涉及贪赃行为而被冤杀。如“空印案”，本就不是贪赃之案，空印官员至少在空印文书中没有贪赃，也不可能贪赃，但他们受到的惩罚却是如此的残酷。这些被冤枉的官员及其家属对朝廷、对法律又会有怎样的认识呢？暂时还没有罹上罪名的官吏，当他们亲眼目睹了那些一贯洁身自好、清廉勤政的官员亦不免刀斧之祸后，他们又会怎样看待朝廷，怎样看待法律，怎样看待贪赃与清廉呢？既然贪赃是杀，清廉是杀，贪多是杀，贪少也是杀，廉、赃之间的区别自然就不存在了。正为叶伯巨所指出的，“为善之人皆曰：某廉若是，某智若是，朝廷不少贷之，吾属何所容其身乎！致使朝不谋夕，弃其廉耻，或事掊克，以备屯田工役之资者，率皆是也。若是非用刑之烦者也”[26]。

如果一个政府的官吏没有了廉耻的观念，而最高统治者企图通过滥施淫威、任意刑杀来迫使众人去耻为廉，其结果也只可能是适得其反。朱元璋当皇帝时已经验证了这一点，整个明朝的贪赃腐败政治更是有力的佐证。

三、明朝官俸太薄，超出了作为一个廉吏所能忍受的极限

中国古代的思想家、政治家对俸禄与廉政之间的关系有过许多深刻的论述。管子说：“仓廪实则知礼节，衣食足则知荣辱。”[27] 汉代晁错认为：“夫寒之于衣，不待轻媛，饥之于食，不待甘旨；饥寒至身，不顾廉耻。”[28] 说明古代政治家、思想家很重视精神与物质两者之间的关系。没有一定的物质作基础，礼义廉耻就不能建立起来。“人情，一日不再食则饥，终岁不制衣则寒。夫腹饥不得食，肤寒不得衣，虽慈母不能保其子，君安能以有其民哉！”[29] 君又安能保其官吏廉洁哉！因此，历代统治者在制定官俸时，必须遵循两个基本原则：一是最低级官吏的俸禄收入不低于上等农夫的收入，所谓“诸侯之下士视上农夫，中士倍下士，上士倍中士，下大夫倍上士”[30]。二是一般官吏的俸禄足以养家，使其无后顾之忧。考察中国封建社会的历史，在大多数朝代都是实行厚禄政策。汉宣帝明确指出：“吏不廉平则治道衰。今小吏皆勤事而俸禄薄，欲其毋侵渔百姓，难矣。其益吏百石以下俸十

---

[25][26] 《明史》卷139《叶伯巨传》。

[27] 《管子校正》卷1《牧民第一》。

[28][29] 《汉书》卷24上《食货志第四上》。

[30] 《礼记》卷11《王制》。

五。”[31] 宋代更是“思逮于百官者唯恐其不足”[32]。赵翼认为，“宋待士大夫，可谓厚矣。惟其给赐优裕，故入仕者，不复以身家为虑，各自勉其治行”[33]。因之，这些时期，官吏贪赃枉法的行为相对较少，吏治也清明多了。

明朝的情况则恰恰相反。朱元璋从一个贫苦的农民登上皇帝的宝座，其朴素的生活方式未曾有多大的改变，他自然也要求百官效法他的清廉寡欲。因此在制定俸禄标准时，与汉律相比，明显偏低。不久以后，随着国家财政消费越来越大，天灾人祸又不断降临，国库空虚，对百官的俸禄也只好一减再减，甚至采取异地领俸禄（其路费尚不足抵所领之俸禄），或折钞等办法，实际上等于取消了俸禄。

不过，即使在正常情况下，明代的俸禄标准也远远低于唐、宋时期。现以七品县令的俸禄作为对象，可以比较出唐、宋、明时期的俸禄差距究竟有多大。唐朝官吏的俸禄，由职分田、永业田、禄米、俸料钱四个部分构成。永业田可以继承，授在本乡本土。职分田又称公廨田，离职时交下任。唐朝有 300 年天下，前后变化较大，现以唐玄宗开元二十四年为例计算一个正七品县令的俸禄收入为：①职分田，400 亩，田租的法定标准为亩收租六斗，地不毛者，亩给二斗。[34] 取中间数亩收三斗计，为 0.3×400＝120 石；②永业田，250 亩，0.3×250＝75 石；此为粟，折成米，根据《通典·食货典》，“折粟一斛，输米六斗”，计为 195×0.6＝117 石；③禄米，年 80 石；④月俸钱，4 100 文。如将米折成钱，根据当时米价，“米斗价钱十三，绢一匹钱二百”[35]，米折钱为（117 石＋80）×130＝25 610。总计唐代正七品县令每月俸钱为 25 610÷12＋4 100＝2 134＋4 100＝6 234，若折以绢，为 6 234÷200＝31 匹。

再看宋代七品县令的俸禄收入情况。以宋神宗元丰初的情况为例：①职田 600 亩，0.3×600＝180 石，月平均为 180÷12＝15 石；②禄粟月 7 石，两者折米（15＋7）×0.6＝13.2 石；③月俸钱 22 000 文。宋元丰时期的米价不见记载，《宋史·食货上》载有南宋高宗绍兴六年（1136）之米价为“每匹折米二石”。而绢之价格起伏较大，元丰时每匹 1 500～2 000 左右。以此推算，则宋元丰时的七品县令月俸为 22 000＋13.2÷2×1 600＝32 560，折成绢 13.2÷2＋22 000÷1 600＝20.2 匹。

明朝的情况又如何呢？明朝削减或取消了唐朝的公廨田、永业田和月俸钱，保留了禄米。一个正七品县令每月只有 7 石 5 斗，全年合计不过 90 石，仅与唐代的禄米年 80 石相当。

洪武初年米 1 石值银 1 两，7 石 5 斗值银 7 两 5 钱。当时又多以细布充百官俸禄。据余继登《典故纪闻》卷 15 载：“官吏折俸布，旧于甲字库折支者，每阔白布一匹折米四十石。成化十六年（1480 年），户部以为言，始改折三十石。然布极细者不过值银二两，而米遇

---

[31] 《汉书》卷 8《宣帝纪》。

[32][33] 赵翼：《廿二史札记》卷 25《宋制禄之厚》。

[34] 《唐会要》卷 92《职分田》。

[35] 《新唐书·食货一》。

贵，石值银一两，以有悬绝，后又以粗布值银三四钱者支与，是粗布一匹，准价银三十两矣，从古所未有也。”

一匹细布按40石折给官吏，而一匹细布价值二两白银，一个正七品县令的俸禄每月7石5斗，实际值银只4钱。即使成化后按一匹细布30石折算，也只有5钱银子。后以粗布一匹值三四钱银子，按30石折给官吏，一个正七品县令的官俸7石5斗被折成不到一两银子。㊱ 官俸如此之薄，官吏需维持正常的生活已非常不易。如果要做一个“一担明月，两袖清风”的廉洁官吏，则免不了要忍饥挨饿，甚至会沦落到卖儿卖女的下场。明洪武初年有个叫曾秉正的官吏，先是在“洪武初授海州学政，后为刑部主事。洪武十年（1377年），擢陕西参政。会初置通政司，即以秉正为使（通政司使为正三品），在位数言事，帝颇优容之。寻竟以忤旨罢。贫不能归，鬻其四岁女。帝闻大怒，置腐刑，不知所终”㊲。一个堂堂的正三品官，一旦遭罢免，竟连返乡的路费都没有，只能出卖四岁女儿作盘缠。可见明代官俸之薄，实出常人想象之外。对明代官俸之薄，明末清初的思想家顾炎武、清乾隆时的考据学家赵翼在其所著《日知录》、《廿二史札记》里均有所论及。顾炎武认为：“今日贪取之风，所以胶固于人心而不可去者，以俸给之薄而无以赡其家也。”又说：“古代官吏皆有职田，故其禄重；禄重则吏多勉而为廉……（明）国初此制未废，不知何年收职田以归之上，而但折俸钞，其数复视前代为轻，始无以责吏之廉矣。”其书又引《潘氏曰》：“先师有言：忠信、重禄，所以劝士。无养廉之具，而责人之廉，万万不能。汉制，官最卑者食禄百石，明为百石而月俸十六石，实岁百八十余石也。唐、宋自俸田外，又有职田，春冬衣仗身人役等，以优其力，而县令圭租有至九百斛者。夫既厚禄之，而犹贪污不去，置之重典，夫复何辞！当今制禄，视前代已薄，兵兴以来，又加裁省，官于京师者，舆从衣裘常苦不给。”㊳ 顾炎武已经非常明确地指出：明代官俸太薄。在百官无以赡养其家，甚至连衣食都常苦不给的情况下，要求百官廉洁奉公，实难做到。即使置之重典酷法，也无法使官吏去贪为廉。

前面已经论及，自周代以来，历代的统治者都知道厚禄养廉的道理。朱元璋作为一代有作为的开国之君，不可能不知道这一常理，但至少有两个主要原因使朱元璋不愿正视这一常理。一是明代的财政一直很紧张。财政紧张的原因则主要是天灾频仍，影响了国家的财政收入。二是明初封王太多，耗费很大，国家全年的财政收入，还不够封王半年的花销。㊴ 在财政紧张的情况下，只好一而再再而三地削减百官的俸禄。三是朱元璋过分相信重典惩贪的功用，以为只要对犯贪赃罪的官吏给予严厉镇压，必将对百官起到震慑作用，减少甚至杜绝贪赃犯法行为的发生。但是他不知道人有为饱肚暖身而不择手段的共性，无论是官吏还是平民，只要是处在饥寒交迫之中，各种信念或信仰就会置之脑后。在饥寒交迫

㊱ 以上数据参见王培生、贺东民《中国古代反贪》，西北大学出版社，1997。

㊲ 《明史》卷139《曾秉正传》。

㊳ 顾炎武：《日知录》卷12《俸禄》。

㊴ 《明史》卷88《食货志六》。

的状态之下，重典酷法固然有恐慑作用，但在更多的时候，侥幸的心理会超出或压倒对重典酷法的恐惧。加上朱元璋的滥刑滥杀，几乎使所有的官吏都处在朝不保夕的状态。奉公、守法、廉洁、自爱等信念或信仰很难形成一种社会风气，也难成为百官的共识。这就是为什么朱元璋用超乎想象的重典酷刑对待贪赃犯法之官吏，而贪赃官吏则如春天韭菜一样割之不绝的根本原因。

杨一凡

科学地认识中国法制史*

简介

杨一凡，中国社会科学院法学所研究员、博士生导师，北京法律文化研究中心主任。主要著作有《明初重典考》、《明大诰研究》、《洪武法律典籍考证》等，合著有《明代法制考》、《中国法律思想通史·明代卷》、《中国法律与道德》等，主编有《中国法制史考证》（15卷本）、《新编中国法制史》、《中华人民共和国法制史》、《中国珍稀法律典籍集成》（14卷本）、《中国珍稀法律典籍续编》（10卷本）、《历代判例判牍》（12卷本）、《中国律学文献》（14册）、《古代榜文告示汇存》（10卷本）、《中国地方法律文献》（甲编，10卷本）等。近年来，学术成果获三项国家级奖、五项省部级奖。

* 本文首次发表于《法治论丛》，2002（5）。后经增补收入《新编中国法制史》，北京，社会科学文献出版社，2005。因原文较长，收录时作了较多文字删节。

任何一门学科的发展和完善，都经历了长期的不断探索的过程。回顾多年来法史研究走过的路程，我们既应充分肯定前人和当代学者为繁荣法律史学做出的贡献，也应清醒地看到，由于绝大多数法律文献尚未来得及整理和研究，许多研究领域还未涉及或刚刚探索，总体来说法律史学还处在开拓阶段。鉴于目前影响法史开拓研究的症结，多是与如何认识中国传统法制、法律文化及相关的一些重大问题有关。因此，正确对待传统法律文化，科学地认识和阐述中国法律发展史，是推动法律史学走向科学必须解决的关键问题。

一、正确看待中国传统法制和法律文化

如何看待中国传统法制和法律文化？从理论上讲，似乎这个问题已经解决了，人们都认同对其应持批判、继承的态度，取其精华，去其糟粕。然而，时至今日，人们在论及中国传统法制和法律文化有哪些优良传统时，仍是泛泛而论、空洞无物，而在说到其消极因素时却生动具体，给人一种传统法律文化“糟粕大于精华”的感觉，好像一部中国法律史除君主专制、刑罚残酷、控制和镇压人民之外，没有多少积极意义。为什么会出现这种状况？除了对基本的法律资料了解和研究不够外，一个重要的原因就是囿于先入为主的框架，还没有完全按照实事求是的认识论去审视中国法律史。

近二十多年来法史研究的实践表明，凡是有建树的学术成果，其成功之处都在于能够实事求是地对待和评析传统法律文化，注重依据大量的史料得出研究的结论。但也应当看到，在法史研究中，一些非科学的认识论和研究方法论仍有市场。主要表现在脱离历史实际，把中国传统法制视为现代法治的对立物，割裂二者的传承关系，简单地以现代法学理念为尺度，凡是古代法制不符合现代法学理念的地方，就不加分析地认为是落后的、反科学和反民主的东西予以否定；或无视古今法制的概念、内容及其他方面是否相同，以现代法治的概念套用、描绘古代法制，得出似是而非的结论。受这种非科学的思想方法论的影响，就很难对中国传统法制做出恰如其分的评价。

要科学地认识和阐述中国法制史，必须坚持实事求是的认知论。实事求是是治学的基本原则，也是研究中国法律史的基本方法。把实事求是原则运用于法史研究，就是要以史实为依据，按照科学的发展观和辩证唯物主义的观点，客观地再现中国法制史的本来面目，探讨其发展的内在规律性，并科学地区分它的精华与糟粕。

其一，要以尊重历史而不是人为塑造历史、实事求是而不是“实用主义”的态度去研究中国法律史。中华民族在创建人类文明的进程中，创造了博大精深的法律文化。历朝在不断完善法制的过程中，编纂和颁行了大量的法律和其他法律文献。虽因年代久远，明代以前的大多法律典籍已经失传，但现存的历朝法律仍有数千种，涉及法律和法律文化的古

籍至少有上万部。在法史研究中，只有在全面阅读、分析所研究课题的有关资料，坚持“论从史出”，方能得出符合历史实际的结论。反之，如果不是尊重历史，而是各取所需，摘录史籍中的只言片语去证明自己预设的观点，就难免导致谬误。譬如，忽视中华法系多种法律形式并存、刑事法律之外的其他法律占整个古代立法总数绝大部分这一基本事实，局限于律典的研究，就必然把一部中国法律史描绘为“以刑为主”的刑罚史；不研究现存的大量的古代律学文献而去阐述中国法律思想史，就很难揭示唐代以后法律思想的变化和发展，必然得出这一历史时期“律学停滞、衰败”的推论；不研究数量可观的地方法律和民间规约，就无法对古代民事和民间事务管理法律制度有正确的认识；不挖掘和研究历代判例判牍资料，甚至把案例当作判例研究，就会曲解和错误地论述古代判例制度。因此，要科学地认识中国法律史，必须尊重历史，彻底清除历史虚无主义的影响，摒弃不注重基本史料而妄下论断的不良学风。

其二，要以科学的发展观而不是形而上学的观点去认识中国法律史。中国传统法制和法律文化是中华文明的重要组成部分。尽管古代法制与现代法治在许多方面理念不同，在今天看来也存在不少消极因素，但它总体上是同当时的社会、经济状况和历史进程相适应的。中华法系曾在相当长的历史时期内，较之世界其他法系更为发达，并对周边国家法制产生了重大影响。全面评析中国古代法制，应该说其在历史上的积极作用是主要的。在中国历史上，社会在进步，法制也随着不断完善，后一代法制都是在吸收前一代法制建设经验教训的基础上发展起来的。即使当代中国的法制，也与历史上的法制在许多方面有着传承关系。因此，我们不能苛求古人，不能割断历史，更不能以今天的进步否定古人的贡献，而应当以科学的发展观对历史上的法制产生的原因、社会作用、功过是非作出客观的评价。

其三，要用辩证的而不是绝对的观点，对中国传统法制和法律文化的精华和糟粕进行科学的分析。大量的资料表明，中国传统法律制度、法律文化精华与糟粕并存，但精华毕竟大于糟粕。中国历史上法制建设的许多优良传统和经验，比如，重视法律在治国中的作用；因时制法、变革法制的精神；强调法的严肃性、统一性和稳定性；注重道德教化，先教后刑，德刑结合，刑罪相当，反对酷法；强调法制以民为本，严法治吏，扶弱抑强；主张慎刑、司法公正、法律与社会相和谐；重视预防犯罪等等，都是古今相通，值得认真总结、继承和发扬。中国历史上许多有关行政、经济、民事、司法、学校管理的法律制度和许多行之有效的法律措施，也值得我们总结和借鉴。对于传统法制和法律文化的糟粕，则应按照实事求是的精神，认真地进行分析，正确汲取历史教训。对于那些在我们今天看来属于消极的部分，在当时可能也有其存在的合理性，也应实事求是地作出评价。

二、全面认识中国古代法律体系

要科学地阐述中国法制发展史，必须对中国古代法律体系有一个全面的认识。在中国古代法律体系中，律典是国家的刑法典，其内容是对有关违反国家和社会基本制度以及侵犯他人人身、财产犯罪行为进行刑事处罚的规定。律典属于刑事法律的范畴，只是诸多法律中的一种。从古代法律的立法形式看，不仅名目繁多，有关法律形式的名称以及各朝注重的法律形式也不尽一样。如秦有律、命、令、制、诏、程、式、课等；汉有律、令、科、品、比；晋为律、令、故事；唐有律、令、格、式；宋于律、令、格、式之外，重视编敕、又有断例和指挥；元有诏制、条格、断例；明、清两代于律和各种法律形式的单行法外，广泛适用例等。此外，历朝还颁布了多种法律形式的地方法规。每一种法律形式都有其独特的功能。以唐代为例，“律”是有关犯罪与刑罚的规定，“令”是指国家组织制度方面的规定和行政命令，“格”是皇帝临时颁布的各种单行敕令、指示的汇编，“式”是国家机关的公文程式的办事细则，各种法律形式共同组成唐朝的法律体系。我们在了解中国古代法制的面貌时，不能只偏重刑事法律，而忽视其他形式的法律。

中国古代法律如按内容分类，是由行政、经济、刑事、民事、军事、文化教育、对外关系等方面的法律共同构成的法律体系，其中行政法律是大量的。各种形式的法律，其体例结构既有综合性编纂方式，也有大量的各类单行法律法规。以明代为例，除《大明律》、《问刑条例》和一些单行刑事法律外，有关行政方面的单行法规有数十种之多，如《诸司职掌》、《六部条例》、《吏部条例》、《宪纲事类》、《宗藩条例》等。明代还制定了不少经济、军事、学校管理等方面的单行法规，制定了《教民榜文》这类民间诉讼和乡里管理的单行法律，县以上地方长官或衙门还以条例、则例、禁约、告示等形式颁行了大量的地方法规。要全面地认识中国法制的全貌或某一朝法制的全貌，必须对各种形式的法律有一个全面的了解。虽然我们不可能对每一种法律都进行深入研究，但起码应做到不能把中国古代法律仅仅理解为刑事法律，不能把古代法制仅仅理解为是打击犯罪。

在中国古代法律体系中，朝廷立法与地方立法并存。地方立法在中国古代出现较早，《睡虎地秦墓竹简》中的《语书》就属于地方法律性质。这说明由地方长官发布政令、法令的做法，至迟在战国时期就已存在。汉代时，地方法律形式有教令、科令等。宋元时期，发布榜文、禁约是地方长官施政经常采用的法律形式。明清时期，地方立法空前繁荣，法律形式更加多样化。在清代地方立法成果中，“省例”的编纂标志着我国历史上地方立法已进入成熟阶段。省例适用于当时省级所管辖的地域，在本省范围内具有普遍的、长期的约束力。现见的代表性省例有《乾隆朝山东宪规》、《治浙成规》、《江苏省例》、《福建省例》、《广东省例》等。地方立法在清末达到高潮，各级地方政府制定了数百种的专门性的单行地方法规，其内容涉及实业、财政、商业、税务、教育、行政管理、治安管理、社会救济等各个领域。清末地方立法与清前期中期比较，具有立法数量多、专门性法规多、内容更加近代化的特点。古代地方立法作为国家法律体系的有机组成部分，发挥着补充和辅助国家法律实施的功能。只有把朝廷立法和地方立法结合研究，才能揭示中国古代法律体系的全貌。

三、客观地论述中国古代的社会矛盾与法律的功能

中国历史上任何一种法律和法律制度，都有其形成的深层社会原因，都是为了解决某些社会矛盾，适应时局的发展而制定的。因此，研究中国古代法制必须正确分析社会矛盾。传统观点在阐述法律思想和法律制度形成的历史条件时，往往把当时的社会矛盾概括为阶级矛盾。然而，无论是古代还是近、现代社会，并非只存在阶级矛盾，还有大量的并不属于阶级斗争范畴的各类社会矛盾，有统治集团内部的矛盾，平民与平民之间的矛盾等。由少数民族建立的王朝，还存在严重的民族矛盾。在社会矛盾之外，还存在着人与自然的矛盾。不同历史时期、不同的朝代进行的各种立法活动，所面临和需要解决的社会矛盾并不完全相同，每次立法的针对性也是很具体的。在分析古代社会矛盾时，应当采取实事求是的态度，对那些用于解决阶级矛盾、镇压劳动人民反抗的法律，自然可以运用阶级分析的观点予以评判。但对于那些用于行政、经济、文化和其他社会生活管理以及处理民族矛盾和一些对外关系方面的法律，就应当按照历史实际客观地阐述当时的社会矛盾和立法的背景。

历史上的各种类型的法律，因其内容不同，发挥着不同的功能。如西晋的《晋令》，南北朝时期的《梁令》，隋朝的《开皇令》、《大业令》，唐代的《贞观令》，宋代的《天圣令》等，其内容都是以行政法律为主，详细规定了国家的各种基本制度，属于令典性质，是治理国家的基本法典。而宋代的《吏部条法》、明代的《诸司职掌》、清代的《钦定吏部则例》，其内容是有关国家官制及其职掌的规定，是吏治方面的单行行政法律。至于行使国家经济管理职能方面的法律，内容也十分丰富，其内容涉及农业、手工业、商业、对外贸易、财政税收、货币金融等各个方面。就保障国家财政收入的法律而言，汉以后各朝，都制定了盐法、茶法，禁止私人经营，实行国家专卖。唐代的两税法、均田法，明清的一条鞭法，也都是为了简化税制、减轻人民负担，确保国家财政收入而制定的。至于明清两代颁行的“里甲法”、“保甲法”，其功能是为了加强基层政权建设，及时处理民间纠纷，维护社会治安。可以说，历朝颁行的上千种法律，每一种法律都有特定的内容和功能，这些法律共同发挥着维护统治集团的权益、维护社会秩序、实行社会经济生活管理、协调社会各阶层人们的相互关系和权益等各种功能，因而具有阶级性和社会性两种属性。只有正确地认识和区分法律的属性和功能，才能正确地评价不同形式、不同内容法律的历史作用。

传统观点由于只肯定法律的阶级性而否定法律的社会性，所导致的后果不仅是许多著述忽视了对大量的刑事以外的其他形式法律的研究，还在评价律典与其他形式法律的相互关系和历史作用时，把两者对立了起来。如在对宋代的编敕、元代的条格、明清的条例等论述和评价方面，多是不加分析地对后者采取贬低或否定态度。事实上，律典的刑事职能，并不能包罗万象般地替代古代国家的行政和社会经济生活管理的多种职能。律典颁行后，因在较长时间内保持相对稳定，历代为了适应社会发展和时局变化的需要，有针对性地解

决社会生活和司法实践中出现的新的问题，往往是通过各种形式的立法来补充律典的不足。离开了其他形式的法律，律典在司法实践的许多方面也很难操作。因此，我们绝不能贬低律典以外的其他立法的作用。以明清两代为例。虽然在某一时期也曾出现过“以事制例”、“条例浩繁”的弊端，但从现知的数百种条例来看，基本上是按照“例以补律”的立法原则制定的，与律文和律义冲突的条例极其罕见，这就要求我们应当重新审视以前的研究结论是否正确。

四、科学地阐述中国法制发展的基本线索和规律

在中国古代社会里，法律作为历朝治理国家和管理经济、社会生活的工具，是随着社会的发展而不断变革和完善的。由于历史的发展是曲折复杂的，法律在其发展的进程中因受到各种因素的影响，也呈现出极其纷杂的现象。但纵观两千多年的中国法律发展史，从总体上说，“因时变革，不断发展、完善”是法律制度演进的主旋律。法律条文从表面上看是静态的，而法律的制定过程和实施历来都是动态的。即便是在国家政局比较稳定的时期，法律也是随着社会经济的发展和司法活动的实践，在逐步发展和完善，并未处于停顿状态。因此，我们应当用发展的、动态变化的观点去论证和阐述中国法制史。

关于中国法制史的发展进程，学界通常是按照不同的历史分期阐述它的发展线索。然而对于中国法制史的发展阶段的断限，因对我国古代的社会性质和法律的属性认识不同，存在着不同的意见。一种见解是从阶级和社会形态分析的角度上阐述的。认为中华法系是指中国古代的法律，是奴隶制和封建制法律的泛称，至 20 世纪初期，随着封建社会的解体，中华法系也就寿终正寝了。也有一些学者认为，中华法系历经古代社会、近代社会的演进，与当代中国法制相比较，虽内容和性质有重大变化，但许多重要的法律立法、司法原则和法律规定是古今相通的，作为法系的外貌依然存在，认为中国自有法以来，直到当代中国的社会主义法律，均属中华法系。争论的焦点，实际上涉及中华法系是死法系还是活法系、古今法系有无传承关系的问题。对于这一争论，包括中国有没有经历过奴隶社会和是否存在奴隶制法制的问题，应继续予以探讨。然而，无论按照何种标准划分法制的发展时期，古今法制存在着传承关系这一点却是无疑的。

对中国法律史的基本线索和规律，学界也存在一些不同看法。其中需要商榷的一个重要问题是，有些著述认为唐代以后法律制度没有大的发展。事实上，宋元至明清是中国古代法制走向更加成熟的时期，也是中华法系进一步完善的时期。随着生产力的发展和明代中后期资本主义萌芽的出现，颁行了大量的经济类法律，其涉及内容之广泛，为前代所不及。随着中央集权制的强化，行政方面的立法多方位完善。地方立法在明清两代成绩斐然，仅现见的这类单行法规就达上百种。在民族立法方面，清代颁行了许多重要的法律，达到了中国历代王朝民族立法的高峰。即便刑事法律，无论从内容上还是法典编纂体例上，也都有创新和发展。这一历史时期的西夏、辽、金、元、清诸朝的法律，因融入了契丹、女

真、蒙古文化及其民族习惯，更体现出了中华各民族共创中华法系的特色。因此，不能只依据几部律典而贬低唐以后法律制度的发展。

法律思想是中国法律史的重要组成部分，研究中国法制史必须与研究中国法律思想史相结合，这样才能深刻揭示法律形成的深层原因，揭示法律思想对立法司法的影响。中国历朝的立法和司法活动，都是在一定的法律思想指导下制定和实施的。一些著述认为自西汉中叶"德主刑辅"成为立法、司法的指导原则之后近两千多年中，法律思想基本处于停滞乃至僵化、衰退的状态。这种观点显然是与历史实际相悖的。在封建社会中后期法律不断完善、历朝颁行了上千部法律的情况下，法律思想反而一成不变，这是令人难以理解的。固然，封建社会中后期历朝奉行的是经官方改造了的儒家法律主张，其发展变化是在儒家学说的总框架内进行的。但随着社会政治、经济、文化状况的不断变化和治国实践的需要，儒家的法律思想也在调整和发生变化。比如，形成于两宋、盛行于明清的宋明理学，就对中国法律制度产生了重大影响；行政、经济、民事、军事诸方面的法律思想得到了进一步的发展；"明刑弼教"思想经过朱熹新的阐发，强调先刑后教，成为明初重典之治的理论支柱；明清两代的律学不断开拓了律学研究的领域，在律学理论、注释律学、应用律学、比较律学、律学史、古律辑佚和考证方面，取得了令人瞩目的成就，如明人何广的《律解辨疑》、张楷的《律条疏议》、王肯堂的《律例笺释》、雷梦麟的《读律琐言》，清人王明德的《读律佩觿》、吴坛等的《大清律例通考》等一大批著述，都不同程度地对律学有所建树。现存大量的判例判牍及题本奏本，也包含了极其丰富的司法思想。明清两代在法律思想领域最重大的建树，是确立了律例关系理论，这一理论曾长期指导了立法和司法活动。我们应当开阔视野，以发展变化的观点研究中国法律思想与法律制度的互动关系，科学地阐述中国法律史。

五、实事求是地评析中国古代司法制度

中国古代的诉讼经过漫长的历史发展，积累了丰富的司法经验，形成了"德主刑辅"、"明德慎刑"、便民诉讼和慎刑等司法指导原则，建立起诸如起诉与管辖制度、上诉与直诉制度、听诉回避制度、会审制度、录囚制度、死刑复奏制度、审判监督制度、司法官员责任制度、民事纠纷调解制度等相当完善的司法制度，在审判中确立了区分公私罪、首犯与从犯、过失罪从轻、自首免罪或从轻、二罪俱发以重论、刑事年龄责任等一系列详细的审判原则，这些制度和审判原则与现代司法有不可分割的传承关系，其中许多值得我们继承和发扬。

长期以来，司法制度研究一直是法史研究的薄弱环节。近年来，一些学者注意了这方面的研究，发表了一些有价值的著述，但与古代立法研究相比较，司法研究仍显得滞后。加强对古代司法制度的研究，仍然是我们面临的重要课题。

研究中国古代司法制度，同样需要坚持实事求是的原则。我国古代的一些司法制度不

符合现代法治的精神，但在当时的条件下却有其存在的合理性，是若干代人的智慧的产物。我们在研究这类制度时，必须结合时代条件做出有分析的、恰当的评价。比如，人们通常把“司法与行政合一”概括为古代法制的特征，认为这是导致司法腐败的重要根源。诚然，在现代法制建设中，必须坚持司法独立，反对行政干涉司法，清除历史上“司法与行政合一”的消极影响。但在评价古代这一制度时，采取简单否定的做法却是不公允的。其一，这种概括并不完全符合事实，古代地方的司法与行政机构是合一的，但中央的司法机构，如唐代设有大理寺，明清两代设有刑部、大理寺，专主司法审判和复核，称其为司法行政合一就欠妥当。其二，对地方官府的司法与行政合一，应就这种机制形成的原因和作用做出正确分析。就县级机构而言。当时各县管辖的人口有限，商品经济很不发达，县官的主要职责是理讼和征收钱粮，每县只设几名官员和数额有限的吏员，在这种情况下，无论是国家的财力还是从老百姓的承受力，都不可能设立行政与司法、立法分立的庞大机构。其三，就古代知县的审判权限而论，主要受理人命重事、诈伪和奸、盗等重大案件，对刑事案件只有判处笞、杖刑的权力；对于徒罪以上案件，则只能拟出审判意见，供上级官府复审。至于流罪以上案件，决定权在中央司法机构，死刑案件还需经中央司法机构复审乃至皇帝批准。因此，我们在阐述古代“司法与行政合一”这一历史现象时，应客观地阐述其历史面貌，正确评价它的历史作用及历史局限性，只有这样才能正确地说明这一制度的来龙去脉，以及为什么在现代社会中不能继续沿用。

一些著述以“一任刑罚”概括古代司法审判的状况，不加区分地把历朝司法都描绘为君主专横、官吏任意用法、冤狱泛滥。这种结论缺乏历史根据。在中国历史上，确实存在着司法腐败的现象，也存在着某一君主在一定时期内因政治斗争的需要滥杀官吏和臣民的问题。但纵观一部中国司法制度史，几乎所有的王朝都反对“一任刑罚”。从现存的历代判例判牍看，司法审判程序是很严格的，绝大多数案件的审理是依法进行的。因此，对各个历史时期的司法审判情况，应依据史料作出具体的有分析的判断，而不能笼统地概括为“一任刑罚”，全面否定。

要科学地认识和阐述中国古代司法制度，必须把立法与司法结合研究，把司法制度与判例判牍结合研究，把民事诉讼与刑事诉讼结合研究。民事诉讼是司法研究中最为薄弱的领域，存在的争议也较多。现存的民事诉讼资料相对较少，且散存在历史档案、地方志、古人文集、野史笔记和判例判牍中，应当加强这方面资料的搜集和整理。另外，关于古代社会中讼师、书吏、刑名幕友的作用等，学界也存在不同看法，都应当按照实事求是的原则进行探讨。

六、准确地表述中国传统法制的基本特征

中华法系是世界五大法系之一，在人类文明发展史上占有重要的地位。正确地表述中国传统法制的基本特征，有助于揭示中华法系区别于世界其他法系的特色，也有助于人们

从整体上认识古代法制。鉴于不少法史教材都在其前言、序或总论中论述古代法制的特征，对中国古代法制特征的表述是否得当，直接影响着后学者对中国法律史的认识。

传统观点对古代法制特征的论述各种各样，概括起来无非是“德主刑辅，礼法结合”、“家族主义”、“义务本位”、“以刑为主，民刑不分”、“司法行政合一”这几点。全面审视中国法律发展史，我认为传统观点对于古代法律制度特征的概括，尚有不全面乃至偏颇之处，应当重新进行探讨。譬如，“以刑为主，民刑不分”、“司法行政合一”这类表述，并不完全符合中国古代法制的实际情况①，似应予摒弃。传统观点认为“德主刑辅，礼法结合”、“家族主义”是中国古代法制的特征，这种提法应当说是成立的，问题是在论述这些特征时，往往局限于对其消极方面的揭示和批判，没有对当时形成这种特色的原因及其历史作用给予恰当的分析，也没有对其中发挥过积极作用的部分，如慎刑、恤刑精神等，给予必要的论述。

又如，不少著述认为“义务本位”是中国传统法制的一大特征，并把这一特征视为“民主”、“权利本位”的对立物加以批判。与古代希腊、罗马及中世纪的西欧国家的法律制度比较，不难看出，无论是古代希腊的雅典“宪法”、古代罗马的罗马法，还是中世纪西欧的罗马法、城市法、商法和英吉利王国的普通法等，都渗透着一定的民主气息，法律上规定了社会成员的“权利”、“义务”或“自由”等。而中国传统法律只规定义务，不书权利，说它具有浓厚的“义务本位”的色彩，这是有一定道理的。然而，用“义务本位”表述中国传统法制的特征似不够全面，也不能明确地界定它与其他法系中“义务本位”的区别。中国古代法律中的义务同古代埃及、印度法律中的义务有所不同，后者系个人对君主、奴隶对奴隶主的单方面义务，是一种片面的义务。中国古代法制则不同，法律规定的义务是社会各阶层的相互之间的义务，体现了为社会、国家和他人尽义务的精神。中国古代把人际关系概括为“五伦”，即君臣、父子、夫妇、兄弟、朋友，其相互的义务关系是君礼臣忠、父慈子孝、夫良妇顺、兄友弟恭、朋友有信。法律中凡与五伦相涉者，均体现了相互的义务关系。按照法律规定，官吏必须恪守职责、忠君报国；朝廷给予官吏一定的俸禄和礼遇。平民必须按时交纳税粮，承担差役；国家有“爱民”、“教民”、“保民”之职责。在家族内部，尊长有抚养、教育、保护卑幼之责任，卑幼有服从、赡养尊长之义务。家庭以家长为中心，但同时对于出现脱漏户口、欺隐田粮、税粮违期、逃避差役等承担法律责任。在朋友之间，彼此承担互信的义务。在无服制的社会成员之间，彼此对侵犯他人人身、财产承担法律责任。在长官和下属之间，彼此因公务失错承担连带责任。历朝法律对各阶层人士违背法定义务的行为如何惩处，都做了详细的规定。所有这些都说明，中国古代法律中的义务，在许多方面包含属于社会义务、国家义务的内容。社会成员在对他人、社会、国家履行义务的同时，也接受他人、社会、国家对自己的义务，具有“义务互负”的性质。

---

① 参见拙作：《中华法系研究中的一个重大误区——“诸法合体，民刑不分”说质疑》，《中国社会科学》，2002（6）。

因此，在研究中国传统法制的这一特征及进行中外法律比较时，一定要坚持全面而不是片面的、辩证而不是形而上学的思想方法论，不能因为古代法律中未有“民主”、“权利”的字样，就不加分析的全面否定。

这里需要指出的是，在表述中国古代法制的特征时，应当对中华法系区别于世界其他法系的、具有积极意义的重要特征，也给予实事求是的表述。

“以民为本”、“抑强扶弱”，是我国古代法制的最本质特征之一。与世界上延续时间较长的其他法系相比，中国古代并不把法律视为神的直接或间接旨意，而是视为人的行为的规范体系，奉行民本主义。中国传统文化中有丰富的民本思想。汉朝以后各代，几乎所有的王朝都把“以民为本”作为治国的指导思想和法制建设必须贯彻的原则。民本思想贯穿于古代法制的许多方面，主要表现为：一是严法治吏，严厉打击官吏贪赃枉法、赋役不均、丁夫差遣不平、私役部民夫匠、上下勾结盘剥平民等不法行为；二是法律严厉打击地主、强豪兼并土地、盗耕种官民田、强占良家妻女、欺行霸市、哄抬物价、违禁取利等不法行为；三是法律对契约关系、商业贸易、度量衡器、器物制造、物价评估、买卖自由等做了详细规定，维护市场交易秩序，为平民百姓提供安定的生产和生活环境；四是法律上对老小、废疾、妇女等弱势群体给予适当优待；五是救济灾民，对官吏坑害百姓和隐报灾情的行为予以严厉制裁；六是制定了不少便民诉讼的法律措施，实行了匭函、登闻鼓等制度，以方便百姓申冤和减少冤狱。

“追求和谐”、“注重调解”，是中国古代法制的又一突出特征。基于“法须与天道相和谐”、“与社会相和谐”的理念，“刑期于无刑”被视为刑罚的根本目的，“以德去刑”、“先教后刑”、预防犯罪成为法制的重要指导思想，“贵存中道”成为必须遵循的立法原则。注重调解是中国传统法制的一大创造。为了尽量减少社会纷争，实现社会和谐，历代都建立了调解制度。就民事纠纷的审理或处理而言，汉代乡为初理，唐代由里正初理，元代由社长初理，明代由里甲老人初理。这些所谓初理，实际上属于民事调解。清代民事纠纷由族正房长、村正及村之贤德者调解，不果，再由巨绅里保评之，然后上达官府。不少朝代为了防止大量户婚田土纠纷矛盾上交官府，也为了更好地息讼宁人，对民事纠纷案件上诉官府的范围作了严格限制。如通行于有明一代的《教民榜文》规定：“民间户婚、田土、斗殴相争一切小事，不许辄便告官，务要经由本管里甲老人理断”；“乡里中，凡有奸、盗、诈伪、人命重事，许赴本管官司陈告”[②]。也就是说，除涉及刑律的案件外，其他均先由里甲老人调解审理，不服者方可上诉官府。其他朝代处理民事案件的办法亦大多如此。中国古代实行的由乡里组织调解解决民事纠纷的制度，使民间发生的绝大多数纠纷得以解决，既有利于正确处理乡里发生的矛盾，息事宁人，也极大地减少了官府的负担，应当说是一种值得肯定的法律措施。

---

② 《教民榜文》，明太祖朱元璋钦定。参见中国国家图书馆藏《皇明制书》14 卷明刻本。

陈顾远先生在《从中国法制史上看中国文化的四大精神》[③] 一文中，将中华法系的特质和基本精神概括为："天下为公的人文主义"、"互负义务的伦理基础"、"亲亲仁民的家庭观念"、"扶弱抑强的民本思想"。我赞同陈先生的见解，并在吸收其他学者论述的基础上，认为应把中国古代法制的特征概括为五点，即"礼法结合，一准乎礼"、"以民为本，抑强扶弱"、"家族主义，家国一体"、"天下本位，义务互负"、"追求和谐，注重调解"。这种表述是否妥当，恳请学界同仁不吝指正。

③ 陈顾远：《中国文化与中国法系》，120～137页，（台）三民书局，1969。

吴建璠

商鞅改法为律考*

简介

吴建璠（1926—2004），湖南常德人，汉族。生前为中国社会科学院法学研究所终身研究员、终身教授。曾任中国社会科学院法学研究所副所长、全国人大香港特别行政区基本法起草委员会委员、澳门特别行政区基本法起草委员会委员、香港特别行政区基本法委员会委员、第八届全国政协委员。精通古代汉语和英语、俄语，学问渊博，治学严谨。其代表作有《关于唐律研究的几个问题》、《宋代的巡尉两司制》、《清代律学及其终结》、《商鞅改法为律考》、《清代的犯罪存留养亲》。此外还与有关学者一起撰写了《香港特别行政区基本法导论》、《澳门特别行政区基本法导论》等著作。

---

* 原发表于《法律史论集》，第4卷，北京，法律出版社，2002。

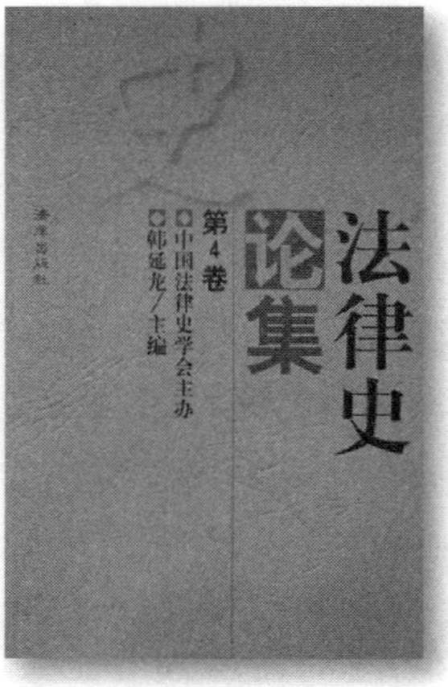

商鞅受李悝《法经》以相秦，改法为律，本是我国法制史的通说。老一辈的法制史学者，如沈家本、程树德、杨鸿烈、陈顾远等，对此说均无异议。20世纪30年代，我国史学界兴起的一股疑古风也刮到法制史的领域，有少数学者对通说提出质疑。他们说，此说所依据的《晋书·刑法志》、《唐律疏议》、《唐六典》都是唐代编纂的书，已在商鞅变法千年之后，而《史记》记述商鞅变法颇为详细，却无只字提到受《法经》以相秦及改法为律之事，《商君书》对此也无任何记载，因此此说并无确证，未可信据。1975年出土的云梦秦简证实了秦法经和秦律的存在，大大增强了通说的可信度，但争议却未由此解决，仍有学者著文，称商鞅改法为律绝无可能。有些教本、辞典采用其说，表明该说对法制史学界颇具影响。商鞅是否传《法经》至秦，有无改法为律之事，改法为律的目的何在，是我国古代法制发展的大问题。我们法学工作者有责任把这些问题搞清楚。作者不揣固陋，拟对商鞅改法为律的问题作一考证，以就教于法制史学界同仁。

一、商鞅传《法经》至秦始见于何书

一说谓始见于《晋书·刑法志》，此说不确。在《晋刑志》以前，《魏书·刑罚志》已有这方面的记载。该志说："逮于战国，竞任威刑，以相吞噬。商君以《法经》六篇入说於秦，议参夷之诛，连相坐之法。"《魏书》为北齐人魏收所撰，比唐贞观年间成书的《晋书》要早一个半世纪。

还有一说，谓始见于桓谭《新论》。桓谭是西汉末东汉初的人，其《新论》已佚，明人董说所著《七国考》的"法经条"引有《新论》（原书误作《新书》，今正）一段文章：

> 魏文侯师李悝著《法经》，以为王者之政莫急于盗贼，故其律始于盗贼。盗贼须劾捕，故著囚、捕二篇。其轻狡、越城、博戏、假借、不廉、淫侈、逾制为杂律一篇。又以具律具其加减，所著六篇而已。卫鞅受之，入相于秦，是以秦魏二国深文峻法相近。正律略曰：杀人者诛，籍其家，及其妻氏。杀二人，及其母氏。大盗戍为守卒，重则诛。窥宫者膑，拾遗者刖，曰为盗心焉。其杂律略曰：夫有一妻二妾，其刑贼；夫有二妻则诛，妻有外夫则宫，曰淫禁。盗符者诛，籍其家；盗玺者诛，议国法令者诛，籍其家，及其妻氏，曰狡禁。越城一人则诛．自十人以上夷其乡及族，曰城禁。博戏罚金三市，太子博戏则笞，不止则特笞，不止则更立，曰嬉禁。群相居一日以上则问，三日四日五日则诛，曰徒禁。丞相受金，左右伏诛。犀首以下受金则诛。金自镒以下罚，不诛也，曰金禁。大夫之家有侯物，自一以上者族。其减律略曰：罪人年十五以下，罪高三减，罪卑一减。年六十以上，小罪情减，大罪理减。自武侯以下，守为口法矣。

《七国考》此条是否可信，中外学者颇有争议。《七国考》引桓谭，除本条外，还有“剖腹”、“赦”、“金刀”、“流东荒”等条，均不著出处，似董说曾得见《新论》原书。捷克斯洛伐克学者鲍格洛夫认为，《新论》至明代已佚，董说无从引用，“法经条”系董依《晋刑志》所伪造。日本学者守屋美都雄则谓，董说之父董斯张是一位藏书家，其家可能藏有《新论》之孤本秘笈，故董说得见而引之。我国学者杨宽之《战国史》和缪文远之《七国考订补》均不以《七国考》“法经条”为可信。我们认为，此条引文的疑点颇多，确有使人难信之处。大略言之，有以下几点：

（一）桓谭之书名《新论》，见《旧唐书·艺文志》所著录，引文称其为《新书》，误。

（二）引文首段几乎逐字逐句与《晋刑志》完全相同，大有抄袭之嫌。

（三）引文所言“丞相”与魏文侯时的官职不合。史称翟璜、李悝相魏文侯，《史记·魏世家》也载有魏文侯择相的故事，魏文侯时有相是没有问题的，然此相与丞相不同。春秋战国时期，凡正卿当国均可谓之相，史称管仲相齐，子产相郑，李悝相魏，百里奚、商鞅相秦，都是这个意义上的相。丞相则是一种官职，《史记》云“秦武王二年，初置丞相”，已在商鞅任相后五十余年。魏文侯时不闻设有丞相之职。

（四）老幼减刑并以年龄定老幼，与先秦的制度不合。老人和未成年人犯罪得减免刑罚，并以年龄作为是否老人和未成年人的标准，是到了汉代才兴起的一种制度。秦统一前实行的是未成年人犯罪减刑以身高定是否成年的制度。云梦秦简《法律答问》中有一条问答：

> 甲小未盈六尺，有马一匹自牧之，今马为人所败，食人稼一石，问当论不当？不当论及偿稼。

身高六尺是当时成年的标准，甲未盈六尺，也就是尚未成年，他牧的马食了别人的庄稼，免予处罚，也不赔偿损失。云梦秦简的法律文书常常提到身高若干尺，这是为了解决是否成年的问题，以决定其应否承担刑事责任。从云梦秦简还可看出，秦时调查犯人，通常的格式是“定名事里”，亦即确定其姓名、职业、籍贯，没有年龄一项。《史记·秦本纪》：“始皇十六年，初令男女书年。”直到此时秦国才开始实行年龄登记制度，以年龄定老幼的办法不能早于此时出现。秦律源于《法经》，可知《法经》决不会有引文所称以年龄定老幼的内容。

（五）《七国考》所引桓谭《新论》各条均不见于唐、宋两代所编类书，如《群书治要》、《艺文类聚》、《意林》、《初学记》、《太平御览》、《太平寰宇记》等，亦不见录于清人孙鸿翼、严可均二家辑本。

（六）《新论》佚而复出之说无证明。据史家考证，北宋时编纂《太平御览》、《太平寰宇记》，采自桓谭《新论》的条目甚多，是此书北宋时犹存。至南宋已不见于载籍，可知《新论》之佚当在此时。倘此书复出于明代末年，以桓谭名气之大，时人必当珍如拱璧，什袭藏之，断无得而复失之理。然而有清一代不闻有桓谭《新论》存于世间，清代孙、严两家辑本皆转引自他书，未见桓谭原书。

综上所述，“法经条”实有伪托之嫌，不能作为商鞅受《法经》以相秦始见于桓谭《新论》的依据。但亦非如论者所言，此条为董说所伪造。《七国考》是一部严肃的著作，《四库全书总目提要》对它的评价甚高，说：

> 春秋以前之制度，有经传可循；秦汉以下之故事，有史志可考。惟七雄云擾，策士纵横，中间一二百年，典章制作，实荡然不可复徵。说能参考诸书，排比钩贯，尚一一备得其崖略，俾考古者有徵焉。

明人编书，不尚考据，很少认真查考资料来源之真伪虚实。董说之书，亦伤此病。其所征引，不厌繁博，乃至稗官小说，亦收而录之。《提要》谓其“间伤芜漫”，即以此故。董说未能将“法经条”引文考据明白诚有之，谓其有意伪造，则厚诬古人矣。

二、《唐律疏议》是唐王朝集中全国法律专家的力量编成的释律专著，其所言法律渊源必有所本

《唐律疏议》是唐高宗永徽年间由当时的首辅大臣长孙无忌领衔编写的一部释律官书。永徽三年（公元652年）下诏：“律学未有定疏，每年所举明法，遂无凭准。宜广召解律人，条义疏奏闻，仍使中书门下监定。”诏书中说的“解律人”，换成现代用语，就是法律专家。此书的《进律疏表》中保存了一个修书班子的名单，列名其上的人有：太尉长孙无忌、司空李勣、尚书左仆射于志宁、尚书右仆射褚遂良、中书令柳奭、刑部尚书唐临、大理卿段宝玄、黄门侍郎韩瑗、中书侍郎来济、中书侍郎辛茂将、尚书右丞刘燕客、颍州刺史裴弘献、御史中丞贾敏行、刑部郎中王怀恪、盩厔令董雄、大理丞路立、始平县丞石士逵、大理评事曹惠果、律学博士司马锐，共计十九人。前十一人都是尚书、中书、门下三省的长官，应该是监修人。后八人是中央司法部门的官员、州县令丞、律学博士，这就是“解律人”了。清人朱彝尊在其所书的《唐律疏议跋》中说：“所列县令丞博士，盖系召至解律人”，只把县令丞博士算做解律人，未免过于狭窄。其实中央司法部门官员如御史中丞、刑部郎中、大理丞、大理评事，在这里的身份也是解律人。我国古代，学问同官府有密切关系，执掌法律的官府也就是法律人才荟萃之地。直到清代末期，仍是如此。清末的律学名家，如薛允升、沈家本、程树德诸人，均为刑部官员。在唐代，刑部、大理寺、御史台都是执法机关，从这些机关挑选的官员，一定都是熟悉法律的专家。《进律疏表》的名单最后有一个“等”字，表明参加编书的人不止此数。诏书说要广召解律人，除了表上有名的八人之外，一定还有不少不获列名的解律人参与其事。《唐律疏议》确实是唐王朝集中全国法律专家的力量编成的释律专著。

这部书完成得很快。永徽三年下诏编书，次年十一月书就编成进呈皇帝了。《唐刑志》只说了下诏的年份，不著日月。假定为年初，到次年十一月，也只有不到两年的时间。像《唐律疏议》这样的大制作，在如此短的时间内编出来，而又达到了划时代的高水平，绝不会是偶然的。其原因就在于它有过去历代律学的研究成果做基础，又集中了全国法律专家

的力量来从事此项工作，再加上有当时最权威的大臣任监修之责。我国古代律学到秦统一六国前已经相当发达，这从云梦秦简中的《法律答问》可以看出来。两汉是律学的发达时期，名家辈出，其中包括服虔、马融、郑玄等经学大师。魏、晋两代是对传统法律进行改革的时期，律学研究十分活跃，产生了像张斐、杜预这样的注律大家。南北朝时期的修律和解律工作都有重大成就，北齐律的产生表明法律改革取得了重要成果。《唐律疏议》的编纂者广泛利用和吸收了前人的研究成果，《进律疏表》说他们“摭金匮之故事，采石室之逸书”，“网罗训诰，研核丘坟”，正是此意。《唐律疏议》集唐以前历代律学之大成，又将其推进到一个新高度，故能成为后世公认的划时代的律学著作。

《唐律疏议》对唐律十二篇篇名的历史沿革作了注释，讲了篇名始于何代，后来有哪些分合变化，一直讲到唐代制定律典为止。其中有五篇篇名注释（名例、贼盗、杂、捕亡、断狱）追溯到李悝著《法经》，并且讲了商鞅受《法经》以相秦、改法为律之事。我们知道，《唐律疏议》的每条注释都冠以“疏议曰”三字，表明注释是编书人共同研究所得。由此可知，此书关于《法经》及商鞅受之以相秦、改法为律的说法，反映了唐代律学专家对这个问题的共识。值得注意的是，比《唐律疏议》晚八十年成书的《唐六典》，仍然保持这个说法。《唐六典》也是一部在首辅大臣主持下，由绩学之士如韦述、徐坚等人，费时十六年编写而成的官书，被当代及后世视为一部大制作，它的观点也是很有分量的。尽管《唐律疏议》和《唐六典》都没有交代出处，但此说必有所本，则无可怀疑，在没有坚实有力的反证以前，我们不应轻易否定这个说法。

三、《晋书·刑法志》所记与《唐律疏议》、《唐六典》并无矛盾

唐代记有商鞅受《法经》以相秦的书，有《晋书·刑法志》、《唐律疏议》和《唐六典》三部。《晋刑志》成书在贞观年间，时间最早。《唐律疏议》成书于永徽四年（公元653年），《唐六典》成书于开元二十六年（公元738年）。为了便于比较，现将三书的有关段落引在下面：

《晋刑志》：“是时承用秦汉旧律，其文起自魏文侯师李悝。悝撰次诸国法，著《法经》。以为王者之政莫急于盗贼，故其律始于盗贼。盗贼须劾捕，故著网捕二篇。其轻狡、越城、博戏、借假、不廉、淫侈、踰制，以为杂律一篇。又以具律具其加减，是故所著六篇而已，然皆罪名之制也。商君受之以相秦。”

《唐律疏议》：“魏文侯师于李悝，集诸国刑典，造《法经》六篇：一盗法，二贼法，三囚法，四捕法，五杂法，六具法。商鞅传授，改法为律。”

《唐六典》：“魏文侯师李悝集诸国刑书，造《法经》六篇：一盗法，二贼法，三囚法，四捕法，五杂法，六具法。商鞅传之，改法为律以相秦。”

《唐六典》所记，与《唐律疏议》完全一致，可略而不论。在这里，我们只将《晋刑志》与《唐律疏议》作一比较。二书记述相同的有：

（一）魏文侯师李悝著《法经》。

（二）商鞅受《法经》以相秦。

（三）《法经》有六篇。

二书记述不同之处为：

（一）《晋刑志》称《法经》第三篇为“网”，而《唐律疏议》称之为“囚”。

（二）《晋刑志》称《法经》篇名为“律”，而《唐律疏议》称之为“法”。

（三）《晋刑志》未提“改法为律”，而《唐律疏议》则明著其事。

就第一个不同点而言，应当说《唐律疏议》是对的，而《晋刑志》有误。汉代的《九章律》是在《法经》六篇之后加上户、兴、厩三篇而成，《九章律》第三篇作“囚”，可知《法经》第三篇当作“囚”。《晋刑志》误囚作网，可能是因为网字篆文作网，字形与囚相近，传抄间遂误囚为网。

谈到《法经》的篇名，我们要注意二书的表达方式不同。《唐律疏议》称：“《法经》六篇：一盗法，二贼法，三囚法，四捕法，五杂法，六具法。”这是对篇名的确称。《晋刑志》说的盗、贼、网、捕、杂、具则是对篇名的略称。确称与略称并存，当然要以确称为准。从文义的角度来看，也以《唐律疏议》的提法为长。《法经》之名是从它由六种法所组成而来，书名与篇名本是一致的。如果六篇原本名律，《法经》恐怕就不叫“法经”，而要叫“律经”了。汉代确有“律经”的名称。《汉书·宣纪》：“地节四年，令甲，死者不可生，刑者不可息。”注文颖曰：“萧何承秦法所作律令，律经是也。”萧何的《九章律》由九种律组合而成，故汉人称之为律经。这个例子也可以帮助我们理解《法经》六篇篇名不是律，而是法。

《晋刑志》介绍《法经》内容时，称之为“其律”，又明确提到“杂律”、“具律”，似乎《法经》六篇本来就以律称。有学者根据这一点认为《晋刑志》与《唐律疏议》有矛盾，商鞅改法为律之说未必可信。其实，二书所记表面似有矛盾，实则并无不同。自秦以来，历代都把朝廷制定的法条称为律，律的概念已为世人所熟悉。《晋刑志》以律称《法经》各篇，不过是用当代习知的名词术语讲古代的事物，并非《法经》名篇原本名律。正如我们现在讲古代的民法、经济法、行政法、诉讼法等等，并非古代就有这些法律名称。

至于《晋刑志》未提改法为律，可视之为失载，《唐律疏议》成书在后，是对《晋刑志》的重要补充。

四、《史记》不载，不能断言商鞅受《法经》以相秦之说不实

有学者说，《史记》秦本纪、商君列传讲述商鞅变法的事迹颇为详细，甚至对商鞅与他人的辩论都有绘声绘色的描写，商鞅传《法经》至秦、改法为律是变法的一项大举措，而《史记》却只字不提，难道不足以证明此事原不存在吗？

仅仅根据《史记》不载就认为其事不存在，这是由于不了解司马迁的写作方法而产生

的误解。史学家吕思勉的《读史札记》中有一条“《史记》于众所习知之事皆略而弗论”，引证了司马迁自己的话以阐明这条论断。《史记·管晏列传》：“太史公曰：吾读管氏《牧民》、《山高》、《乘马》、《轻重》、《九府》及《晏子春秋》，详哉其言之也。既见其著书，欲观其行事，故次其传。至其书，世多有之，是以不论，论其逸事。”《老庄申韩列传》：“申子、韩子皆著书传于后世，学者多有。余独悲韩子为《说难》而不能自脱耳。”吕氏在此处加一句按语：“篇中独颇载《说难》之辞，余皆不及焉。”《司马穰苴列传》：“世既多司马兵法，以故不论，著穰苴之列传焉。”《孙子吴起列传》：“太史公曰：世俗所称师旅，皆道孙子十三篇、吴起兵法，世多有，故弗论，论其行事所施设者。”《商君列传》：“太史公曰：余尝读商君《开塞》、《耕战》书，与其人行事相类。”吕氏于此处加按语曰：“传中亦不及其书，是书为世所多有者，皆弗论也。”吕氏认为，不仅有书行世众所习知者，史公弗论，“行事之为众所习知者，史公亦多弗论也。”《楚元王世家》：“太史公曰：国之将兴，必有祯祥，君子用而小人退。国之将亡，贤人隐，乱臣贵。使楚王戊毋刑申公，遵其言；赵任防与先生；岂有篡杀之谋，为天下僇哉！”《索隐》云：“此及《汉书》虽不见赵不用防与公，盖当时犹知事迹，或别有所见，故太史公明引以结其赞。”为何《史记》于众所习知之事多弗论呢？吕氏说：“此盖古人著书，但求大意得，不以详密为贵。抑其时简策繁重，缣帛价贵，不如后世楮墨之便易，势亦不得不然也。”

吕思勉的论断是对的。重要史实，由于众所习知，《史记》不载的例子很多。秦昭王的相邦范雎，《史记》雎本传只讲到他去职为止，未交代最后结局如何。从云梦秦简《编年记》才知道，他与王稽同死于秦昭王五十二年。王稽是范雎入秦时的引见人，因与诸侯交通被诛，范雎大概是牵连在内就一齐被诛了。另一个例子是昌文君。昌文君和昌平君都是楚国的公子，归降秦国，因平嫪毐有功，受封为列侯。秦始皇二十三年，楚将项燕立昌平君为王，反秦于淮南，被秦军击灭。《史记·秦本纪》对昌平君之死有记载，而昌文君的下落如何未作交代。从云梦秦简得知，昌文君也是死于此次平叛之役。我们下面再举一个《史记》失载的例子。汉初定律，除萧何的《九章律》九篇外，还有叔孙通的《傍章》十八篇，赵禹的《朝律》六篇，张汤的《越宫律》二十七篇，合计六十篇。《史记》、《汉书》叔孙通本传及《汉书·刑法志》均不言通定《傍章》之事，因此有人提出质疑，叔孙通定《傍章》之事是否存在。后来有一位细心的学者从《汉书·礼乐志》读到“今叔孙通所撰礼仪与律令同录，藏于理官”，才恍然大悟，礼仪就是《傍章》，叔孙通定律之说不虚。

这里我还想举一个因史书不载而引起误会的例子。孙武是春秋时期的一位大军事家，著有《孙子兵法》十三篇。他为吴王阖闾出谋划策，在破楚之战中立了大功。《左传》对吴王阖闾的事迹讲述得很详细，但却只字不提孙武。有人根据《左传》不载竟然认为历史上根本无孙武其人，传世的《孙子兵法》是齐国的孙膑所著。1972 年山东临沂银雀山出土了《孙子兵法》和《孙膑兵法》两书残简，证明历史上确有一个孙武，与孙膑是两人，他们各写一部兵书，这才消除了因《左传》不载而引起的疑团。

既然《史记》于众所习知之事皆略而弗论，史书不载或失载之事又往往而有，单凭

《史记》不载商鞅受《法经》以相秦、改法为律之事，决不能由此作出史无其事的结论。

五、《商君书》不载，也不能由此认定商鞅受《法经》以相秦非实

先秦诸子书，大都非本人自编，而是其门弟子甚至其再传、数传弟子所编。《商君书》也是这样。据高亨教授考证，“今本《商君书》即自汉以来相传之本，这部书的内容都符合商鞅的思想实质，没有重大的自相矛盾之处；但各篇并非作于一人，也非写于一时，可以说它是商君遗著与其他法家遗著的合编”。《商君书》有五篇谈到商鞅身后发生的事情，其中《弱民》篇谈到楚将唐蔑之死、庄跻之造反和秦军攻占郢都，《徕民》篇谈到秦魏华阳之战、秦赵长平之战、秦灭周之战，这些事件均发生于商鞅死后数十年，可知《商君书》是由后人在商鞅身后数十年才编成的。当然，《商君书》也可能经过一再编辑，但最后定编必在商鞅死后数十年。

商鞅受秦孝公的信任，主持国政长达二十一年（公元前359—前338)。孝公死，惠王立，商鞅被诬谋反，受车裂族诛之刑，商鞅的著作必然受影响而遭到禁止。从李斯《谏逐客书》盛赞商鞅的功绩，说“孝公用商鞅之法，移风易俗，民以殷盛，国以富强，百姓乐用，诸侯亲服，获楚魏之师，举地千里，至今治强”，可知商鞅后来得到平反，其著作也必得到解禁。从商鞅受诛到平反这段时间，他的著作遭到某种程度的流失恐怕是难以避免的。所以战国后期韩非看到的商君之书，已经不是商鞅著作的完本，《汉书·艺文志》著录的《商君书》更非完本，今本篇数少于《汉志》所录，当然就更不完整了。

这里我们还要考虑另一方面的问题，即商鞅把他在主持国政时采取的措施写成文章的可能性有多大。今本《商君书》从内容来看，讲的都是变法改制、富国强兵的法家理论，至于商鞅在秦国怎样贯彻这套理论，采取了哪些重要措施，办法如何，则甚少涉及。今本中可信为商鞅本人所作部分，如《垦令》、《农战》、《开塞》等篇，都是向国君献策之类的文章，像是入秦以前或初入秦时的著作。而有些包含有措施、办法的篇章，如《境内》、《徕民》，又不是或者不能确定是商鞅的作品。看来商鞅在秦主政期间没有给我们留下多少文章，这是什么缘故呢？宋代的朱熹在谈《管子》非管仲所著时提出过一个解释，可能对商鞅也适合。他说：“仲当时任齐国之政，事甚多。稍闲时又有三归之溺，绝不是有闲工夫著书底人。著书者不见用之人也。其书老庄说话亦有之，想只是战国时人收拾仲当时行事、言语之类著之，并附以他书。”① 商鞅得君之专，任事之重，与管仲无异。商鞅主政时自然也不是有闲工夫著书的人。《商君书》看来也是战国时人收拾商鞅当时行事、言语、遗文之类著之，并附以他书而成。

传世的《商君书》既不是完本，商鞅自己又未必写文章讲他主政时的设施作为，单凭《商君书》无记载，是不能得出商鞅受《法经》以相秦非实的结论的。

---

① 《朱子语类》卷第137。

六、秦法经是《法经》的发展和继承

关于李悝《法经》，由于文献不足征，我们所知甚少。但还是要感谢古代史家，他们毕竟把最重要的情况保留下来，使后人能够看出这部《法经》的基本特点。下面让我们看看《法经》有哪些基本特点。

（一）《法经》是一部博采众长的法典。李悝是怎样制定《法经》的呢？《晋刑志》说他“撰次诸国法著《法经》”，《唐律疏议》说他“集诸国刑典造《法经》”，意思是一样的，但我以为《晋刑志》的提法更清楚。所谓撰次诸国法，就是把各国的法律依次编纂起来，然后以之作参考，起草《法经》。尽管《晋刑志》没有交代李悝怎样撰次诸国法，但从事理上不难推知，他一定是分门别类把各国法的有关条文编在一起，比较其优劣短长、得失利弊，从中找出起草《法经》的最佳方案。这是一种比较研究法，直到今天我们起草法律还是在用它，哪知李悝早在两千四百年前就已经使用了。

（二）《法经》是一部体系完备、重点突出的法典。《法经》由盗、贼、囚、捕、杂、具六篇组成。“盗”是指对公私财产的侵犯，“贼”是指政治上的犯罪和对人身的侵犯，是打击重点，各立一篇，摆在首要地位。除此而外还有各种犯罪，总立一篇名曰“杂”，摆在次要地位。“囚”是有关断狱的法律，“捕”是有关捕亡的法律，“具”是有关根据具体情节加重或减轻刑罚的法律。由此可见，《法经》是一部实体法和程序法兼而有之、具有自足体系的刑事法典。《法经》确定的这种体系，支配了中国古代法律长达两千多年。从秦一直到清，历代律典都脱离不了它的格局。

（三）《法经》提高了法的规格。春秋时期，各诸侯国为了富国强兵，纷纷立法改制，制定的法律很多。据史传记载，齐有“宪法”、“轨里连乡之法”；晋有“被庐之法”、“士蔿之法”、“范武子之法”、“范宣子之法”、并把范宣子所作刑书铸为“刑鼎”；楚有“仆区之法”、“茅门之法”、“鸡次之典”；郑有子产“刑书”、邓析“竹刑”等等。李悝制定的法律与众不同，在法之下加了一个经字。经者，常也。法经的意思是，天地之常法，这就把法的地位大大提高了。李悝想出来的这个名称对后世影响很大，秦代不用说，法的地位很高，在汉代法律被视为“亚经”，即可与经媲美，经师以兼通律法为能。在封建时代，法被称为“金科玉律”，把法的规格抬得很高，都是沿袭《法经》的传统。

商鞅入秦前在魏国做官，是魏相公叔痤的中庶子。此时《法经》在魏国已经实行了半个世纪，有魏文侯和武侯两代的实践经验，商鞅一定认为实践效果很好，才会向秦孝公推荐这部法典，作为改革秦旧法的样板。秦国采用《法经》，当然不会一字不改，全部照搬。《唐六典》说：“商鞅传之，改法为律以相秦。增相坐之法，造参夷之诛，大辟加凿颠、抽胁、镬烹、车裂之制。”从这段话看出，商鞅对《法经》作出的变动主要是两项。一项是保留了秦国的某些旧制。《史记·秦本纪》：“秦文公二十年，法初有三族罪。”可见参夷之诛本是秦国旧制，而且已有三百多年的悠久历史。死刑中增加的车裂和镬烹，本是战国时期常见的酷刑，齐、楚、魏莫不有之，看来也是秦国旧制。凿颠和抽胁不见于他国，似是秦国独有的酷刑，是否旧制待考，然以旧制之可能性为大，因为商鞅改革伊始，不大可能创立这样两种酷刑。法家本来主张重刑，参夷之诛等等酷刑又原为秦所固有，商鞅于是将其作为威慑手段保留下来。商鞅对《法经》作出的另一项变动是增加了自己的变法措施。“相坐之法”即“相收司连坐之法”，其内容是要同什伍的人彼此监视，彼此揭发，告奸者有赏，不告者连坐其罪，此为商鞅变法之一项重要措施。除此而外，商鞅还有一系列措施，如《史记·商君列传》所记“民有二男以上不分异者倍其赋。有军功者各以率受上爵。为私斗者各以轻重被刑。大小僇力本业，耕织致粟帛多者复其身。事末利及怠而贫者举以为收孥。宗室非有军功论不得为属籍。明尊卑爵秩等级，各以差次。名田宅臣妾衣服，以家次”等等。商鞅作为一位特别看重立法的法家人士，不会不把他的变法措施以法律的形式表现出来，云梦秦简也证实秦律中确有体现变法措施的各种规定。从上述情况可知，秦在采用《法经》之初，已经往里面增加了不少新的内容。此后在长期实践过程中，自然还会根据需要增加许多新规定。所以秦国实行的《法经》，是李悝《法经》的继续和发展，《魏律序》称前者为“秦法经”以别于后者，是很有道理的。

七、“改法为律”是商鞅变法的一项配套措施

商鞅为什么要改法为律？在回答这个问题之前，我们要看一看春秋战国时法与律二字作何解释。

法是一个很古老的字。法的古文作灋，法是将灋字中的廌省略而成，原是灋的简体字。云梦秦简中之法均作灋。西汉今文典籍中的法字作法，而古文典籍中的法字作灋，可见法字到西汉才被承认为通行字体。《说文解字》：“灋，刑也。平之如水，从水。廌所以触不直者去之，从廌去。”依照《说文》的解释，灋是个会意字。从水，是说用刑要像水一样平。廌，也称解廌，是古代传说中的一种神兽，似羊（另说似牛）独角，能识别曲直，遇到疑难案件，让它来参加，它会用角触不直之人。解廌触人判案，后人会觉得荒诞不经，不足凭信。但如果我们想到远古时代天地神祇享有极大的权威，人们采取任何重大行动，都要在神前占卜以定吉凶，那么遇到疑难案件决断不下时，要通过神兽触人以定曲直，就容易理解了。东汉的王充在《论衡·是应篇》对解廌作了一个合理化的解释。他说：“鲑 （按即解廌——作者）之性，徒能触人，未必能知罪人。皋陶欲神事助政，恶受罪者之不厌服，因鲑 触人则罪之，欲人畏之不犯，受罪之家没齿无怨言也。”王充认为神兽只会触人，不能识罪人，皋陶不过利用神兽触人给自己的判决增添一层神意的色彩，好使被判刑者和公众信服；同时还可使人们对神兽怀有畏惧之心，不敢为非作恶，可起预防犯罪的作用。现代学者大都认为“解廌触人”是一种神判法，世界各种古老法制大都经历过这个阶段，我国古代也确实存在过这种审判方式。只要看封建时代总是把解廌作为司法公正的象征，在法官的官服上绣有解廌的图像，就不难想像这种神判法是多么受人尊敬，对后世起了多么

大的影响。不过它毕竟是早期法制不发达的产物，后来审判制度日益完善，这种方式逐渐被淘汰，才不大有人提起了。灋字的出现，一定是在神判法盛行的年代，造字者才会用“廌去”做为此字的组成部分，以表达用刑要公平无私的意思，而用刑公平无私正是法字的本义。

有人著文称法字本义为废，理由是两周金文的灋字多作废解，云梦秦简的灋字也有作废解者，后来由废义引申，才有规范、制度、法律的含义。此说的最大弱点是解释不出何以灋作废解。文字学家杨树达解释金文“勿灋联命”时说，此灋字为废的假借字，灋废双声，故可通假。[②] 我认为杨先生的看法是正确的，在西周时或者更早，废的概念已经有了，但相应的文字尚未造出，于是借用一个声音相通的灋字表达废的意思，这样灋也就有了废的含义。既然灋作废解是一个假借字，那么废就只能是灋的引申义，而非本义。金文和云梦秦简中的灋字作废解，只表明此时灋字已有废的引申义，殊不能证明灋字本义为废。

律也是一个很古老的字，甲骨文有律字，我国公认最古的历史文献——《易经》和《尚书》也有此字。《说文解字》：“律，均布也。从彳，聿声。”依照清人王筠《说文句读》的解释，“均”是一种木制的工具，长八尺，上面有弦，用以调声。布是分布的意思，用“均”将十二种音调和谐地分布在乐器上，就是“均布”。按照《说文解字》的体例，字的本义总是摆在最前面，也就是王念孙说的“《说文》之训，首列制字之本义”[③]。《说文》将“律”字解释为“均布”，可见音律为律之本义。我国古时有六种律，合称“六律”；有五种声：宫、商、角、徵、吕，合称五声。古时的音乐，要用六律来校正五声。六律是很严密的，不能有丝毫误差，由此律字得出“范天下之不一而归于一”的引申义。《尚书》：“同律度、量、衡。”这里的律字作动词用，是说要校正度量衡器，使“度长短者不失毫厘，量多少者不失圭撮，权轻重者不失黍絫”[④]，用的便是律字的引申义。律字在师旅中又引申为纪律、约束的意思。《周易》：“师出以律。”王弼注：“为师之始，齐师者也。齐众以律，失律则散，故师出以律。”孔颖达疏：“师出以律者，律，法也。”往下又说：“使师出之时，当须以其法制整齐之，故云师出以律也。”再往下又说：“令则法律也，若失此法令，虽有功劳，军法所不容。”依照王注、孔疏的解释，律是指使军队行动整齐划一的军纪、军令。《左传》宣十二年记载一个故事，楚侵郑，郑求救于晋，晋派荀林父率师救郑。晋军师次邲水，郑已与楚讲和，荀林父欲退兵，晋军将领先縠不听命令，带领所部渡过邲水。荀林父担心先縠的部队有失，只好下令全军渡河。晋楚交战，结果晋军大败。晋军的另一将领荀首见先縠不听命令，预言晋军必败，他的依据就是《周易》“师出以律，否臧凶”这句话。他说，军队的行动一定要遵守命令听指挥，不照命令行动，即令有功，对于军队来说也是凶兆，更不用说有失了。从《左传》这个故事可知，荀首所讲的律，也是指军纪、军令。

---

② 杨树达：《读容庚君古石刻拾零》。

③ 参见《说文解字注》王念孙序。

④ 参见《汉书·律历志》。

在商鞅改法为律之前，律字已经具有军纪、军令的含义，在军队里广泛使用。

现在让我们转入正题，商鞅为什么要改法为律？我国老一辈法制史学者，除陈顾远外，都未涉及这个问题。陈顾远在其所著《中国法制史概要》中说：

> 商鞅何故以律改法而不用其他名称？间尝思之，律原为六律六吕之律，亦为度量衡标准之律，罪之轻重不容锱铢之差，此或刑书之以律名欤？或云，古代竹制之器曰律，刑书书于竹简之上，邓析竹刑之得名以此，或为商鞅改法为律之故也欤？然律之如上解释，多为后起之义，当非商鞅所熟知也。意者，《易·师卦》既有"师出以律"、"失律凶也"之语，乃得对军法而用者，商鞅为避免法刑用语之混杂，遂以军法之律，移刑典之称，亦不得已而为之耳，其或然欤？

陈顾远这里提出了三个说法：(1) 借用音律之律，以示罪之轻重不容锱铢之差；(2) 借用竹器之名，以称书于竹简上之刑法；(3) 移军法之律作刑典之称。第二说，他自己以竹器名律之义晚出，非商鞅所能知，加以排除，实际上他只提出一、三两说。陈氏的看法大有见地，特别是第三说实为不刊之论，可惜他用了"意者"、"其或然欤"之类推测性词句，没有把意见肯定地表述出来。我想，如果他能够联系春秋战国时期法律发展的大势、商鞅变法的战略意图，由此看出"改法为律"的必要性和必然性，便不难作出肯定的论断了。

我国从春秋时代起进入一个社会大变动时期，作为西周王朝经济基础的井田制开始解体，以"世卿世禄"为标志的贵族分封制度也开始动摇。周王室失去了对各诸侯国的控制。各诸侯国内部也屡屡发生弑君易位的政权斗争。各诸侯国之间不断进行强凌弱、大吞小的兼并战争。大国为了争雄定霸，小国为了守土自保，竞相讲求富国强兵之道。各种学术流派都想一试身手，出现了百家争鸣的局面，然而最受时君宠爱的是法家，各诸侯国都或多或少采用法家的方略进行改革，法家思想大行其道。在商鞅变法以前，我国古代法律已经取得了重大发展。一是由单项立法进入到制定法典。前面我们谈过，春秋时各国的立法活动极其活跃，制定了形形色色的法律。有些法律如管仲的"轨里连乡之法"、"火宪"，晋国的"被庐之法"、"士蔿之法"，楚国的"茅门之法"、"仆区之法"，从历史文献中的简单记述来看仍是单项立法。叔向称郑子产"制参辟，铸刑书"，所谓"参辟"是指禹刑、汤刑和九刑三种刑法，可见子产《刑书》是以三代刑法为基础而制定的，一定具有相当规模，而不是简单的单项立法。邓析的《竹刑》比子产《刑书》晚三十余年，据说它对子产《刑书》作了修改。《左传·定九年》："郑驷歂杀邓析，而用其《竹刑》。"这部《竹刑》一定写得很不错，比原来的《刑书》有改进，否则驷歂决不会杀其人而仍用其书，可惜没有留传下来，我们看不到了。李悝《法经》是一部参考诸国法律而写成的体系完备的刑法典，我们前面谈过了，这里不再重复。李悝《法经》的制定，标志着我国古代法律进入了法典化的阶段。

商鞅变法前，我国古代法律的另一重大发展，是由官府内部掌握走向公开化。最重要的标志是子产铸《刑书》和晋国铸《刑鼎》。鼎是宗庙重器，将《刑书》铸在鼎上，除了向全国公开，还有与国人信守，天人共监的意思，在此以前的"议事以制，不为刑辟"，法律由官府内部掌握的传统被打破了。古代法律迈出这一步，曾有过尖锐的斗争。子产铸《刑书》后，晋国的叔向写信给子产，表示反对，要他恢复老办法。子产不为所动，回信说“吾以救世也”。在社会关系大变化的时期，老办法再也行不通了。统治者面对官吏们独断专行，擅作威福，为所欲为的现实，不得不公布刑法，使大家都知道法律是怎样规定的，好对官吏们鱼肉百姓的行为起一定的抑制作用，所以子产说我是用这个办法挽救郑国啊。晋国铸刑鼎，也遭到孔子的批评，看来晋国的统治者也是由于同样的原因没有接受孔子的意见。

商鞅是在先辈们推行法治思想取得重大成果的情况下开始变法的，他要乘胜前进，进一步贯彻法家的主张。商鞅主张“立法分明”，使法成为判断是非功过和行使赏罚的公平标准。他认为“为法，必使之明白易知”，力求做到家喻户晓，妇孺皆知，“万民皆知所避就”，“吏不敢以非法遇民，民不敢犯法以干。”在商鞅看来，法应该是百官万民甚至君主都必须遵守的行为规范，法令既颁，就要按照法令办事，不能动摇。灋字本义是用刑要如水一样平，如解廌一样大公无私，都是向执法者提出的要求，对于表达商鞅心目中的大家都必须遵照执行的法条来说就远远不够了。商鞅看中了军队中习用的律字，因为律是从将军到士兵都必须遵守的规范，违反军律，不管是谁，都要受军律的处分。借用军律的极大权威性来强化成文法的地位与作用，使之成为人人必须遵守的准则，以利于贯彻执行他提出的变法措施，这就是商鞅改法为律用意之所在。

商鞅的变法措施中，有一些原本就是军事制度，比如“令民为什伍，而相收司连坐。不告奸者腰斩，告奸者与斩敌首同赏，匿奸者与降敌同罚”。谓予不信，有《尉缭子》为证：“军中之制，五人为伍，伍相保也。十人为什，什相保也。五十人为属，属相保也。百人为闾，闾相保也。伍有干令犯禁者，揭之免于罪；知而弗揭，全伍有诛。”《尉缭子》过去被怀疑为后人伪托之书，1972年山东临沂银雀山汉墓出土《尉缭子》残简，证实此书确为战国时期的著作。尉缭子曾在魏国活动，见过魏惠王，与商鞅同时。《汉书·艺文志》以《尉缭子》属兵家，尉缭子称同什伍的人相互揭发为军中之制应该是可信的。既然有些变法措施原为军事制度，商鞅名之为律乃自然之理。

“商君之法”在秦国作为军律加以推行，人人奉命惟谨，取得成功的事实，对别国自然会产生影响。云梦秦简中，我们看到有两条魏安釐王二十五年（公元前252年）制定的魏律，可知魏国不晚于公元前3世纪中叶已经仿效秦国改法为律了。《韩非子·饰邪篇》：“当赵之方明国律，从大军之时，人众兵强，辟地齐燕。及国律慢，用者弱，而国削矣。”赵武灵王和他的儿子惠文王在位时（公元前325—前266）灭中山，破齐，攻魏，败秦，称胜一时。《韩非子》说赵“人众兵强，辟地齐燕”，当在此时。由此可知，赵国比秦稍晚一些也把自己的法条改称为律了。历史文献中没有楚国改法为律的记载，但律字在楚国一定不是一个陌生的字眼。荀卿晚年客居楚国兰陵时写的通俗读物《成相辞》，多处使用律字，如“进退有律”、“罪祸有律”、“君教出，行有律”、“后世法之成律贯”，表明作为法律解的律字此时在楚国已经广泛使用，连普通老百姓也能理解了。当然，商鞅改法为律取得成功最有力的证明是，自汉而下直到明、清，都把主要法律规范称做律，历时长达两千二百余年之久。一直到现在，律字与法组合而成的法律一词仍然是我们的常用词汇。

八、评“商鞅改法为律绝无可能说”

本文一开始曾提到，云梦秦简出土证实秦统一六国前确有秦法经和秦律存在后，仍有学者主张商鞅改法为律绝无可能。他的理由是，公元前4世纪中晚期的商鞅与重要的兵家、儒家的著作，以及保存了商鞅变法可靠史实的后代著作，全都找不到法律意义上的“律”字。这位学者下了很大的工夫，将上述著作一本一本地查看，一共用了多少律字，每个律字作何解释，有没有法律意义上的律字。他发现找到的律字都作音律、约束、纪律、效法解，没有作法律解的律字。《商君书·徕民》有一处律字确为法律之律，但《徕民》非商鞅自作，其写作时间晚于商鞅约七八十年。《荀子·成相辞》有四处律字应作法律解，但《成相辞》是荀卿晚年作品，其写作时间当在公元前3世纪下半叶。因此，这些情况均不足以改变前述结论。尽管我对这位学者下的工夫深感敬佩，但对他作出的结论则深觉不安，下面我想谈谈自己的看法。

（一）“改法为律”是一个创举。如果在商鞅以前有人已经这样做了，商鞅不过沿用别人的办法，写史志的人就不会特意交代一句“商鞅改法为律”。“改法为律”既然是商鞅的创举，那么与商鞅同时代和较早的古籍没有作法律解的律字，就是理所当然，不足为怪了。至于商鞅本人的著作《商君书》为什么不提“改法为律”，为什么不使用作法律解的律字，前面有专门一节讲这个问题，这里不再重复。我的看法是：《商君书》及其他古籍无法律意义上的律字，殊不足以证明“改法为律”非实。

（二）《周易·师卦》：“师出以律。”这里的律字，作者解释为纪律、约束，我觉得远远不够。在春秋战国时代，战争规模越来越大，各国的军队都有一整套制度。《尉缭子》中有不少这方面的记载，让我们引几段来看看。“将军受命，君必先谋于庙，令行于廷，君身以斧钺授将。曰左右中军，皆有分职，若逾分上请者诛。军无二令，二令者诛；留令者诛，失令者诛。”（将令第十九）“出卒陈兵有常令，行伍疏数有常法。”（兵令上第二十三）“兵戍边一岁，遂亡不候代者，法比正军。父母妻子，知之者与同罪，弗知赦之……卒逃归至家日，父母妻子弗捕执及不言，亦同罪。诸战而亡其将吏者，及将吏弃卒独北者，尽较斩之。”（兵令下第二十四）为节省篇幅，更多的就不引了。从《尉缭子》不难看出，“师出以律”的律，是指军法、军令、纪律、约束，商鞅改法为律，不过是把律字借过来，作为对平民普遍适用的成文法的名称。

（三）云梦秦简充分证明，秦国的法律文书在统一六国前就已经叫做“律”。秦简记载的法律文书有早有晚，《法律答问》引律：“公祠未产阑，盗其具，当赀以下耐为隶臣”，而下面的解释则把“公祠”改为“王室祠”。研究秦简的学者认为，律本文是在秦称王前制定的，故称公祠，解释则作于称王之后，故改称王室祠。我们知道，秦孝公之子惠文王于公元前 324 年称王，这条律文的制定时间不应晚于此年，也有可能是秦孝公在位时制定的。那位学者却弃此不取，挑了两条魏律制定的时间即公元前 252 年，作为我国古代法律文书始称律的下限，这恐怕是不妥当的。

（四）商鞅改法为律，只不过把《法经》的盗、贼、囚、捕、杂、具六篇的名称由法改律，后来适用范围有所扩大，也只用律来称朝廷制定的法条亦即成文法，而不是一般地以律代法，废法不用。法字的其他含义仍然保持不变，继续使用。如作名词泛指规范、制度，作动词表达效法、正法之意，人们还是使用法字。即使在法律意义的律字得到广泛使用之后，写书的人如果不专门谈成文法的问题，书中仍然不会出现作法律解的律字。我曾仿照那位学者的办法，查看了《吕氏春秋》、陆贾《新语》和贾谊《新书》三书，结果是书中使用的律字都为音律、纪律之律，没有作法律解的律字。如果我们以此为根据，便说三书写作之时尚无法律意义上的律字，岂不是闹笑话！由此不难看出那位学者使用的方法上存在的缺陷，即他没有把古籍可能由于不涉及律的问题而不用律字考虑在内。

我只有一些初步的想法，未必妥当，提出来不过想引起进一步思考，使问题得到应有的解决。

杨景凡

关于荀子的法律思想的几点看法*

（请作引玉之砖而备参考）

简介

杨景凡**，西南政法大学教授，司局级离休干部，中共党员。1916年11月生于四川省渠县。抗日战争时期在成都参加党领导的学生运动，1939年4月加入中国共产党。1938年—1941年受中共地下党指派在四川渠县从事革命的文化青年工作。1942年—1949年在渠县、成都、西康等地从事党的地下工作。1950年—1954年在西南公安部工作，先后任西南公安部四处成都情报站站长，四处二、三科科长。1954年—1987年9月在西南政法学院工作，从事法权理论、中国政治思想史、中国法律思想史的教学和研究。先后任国家与法的理论教研室、国际共产主义运动史教研室、国家与法权的历史教研室、语文教研室（含语文，外语，体育）主任。1978年创建西南政法学院法律史学科并任法制史教研室主任。1979年起担任中国法律史学科研究生指导教师，兼任《西南政法学院学报》主编。1982年—1984年任院学术委员会秘书长兼科研处处长。同期担任四川省高级专业技术职务评审委员会法学组组长。1979年起兼任中国法律史学会副会长、顾问。1985年被聘为南开大学研究员兼任法律史研究室学术指导。同期被聘为中国通俗文艺研究会法制文艺委员会顾问。1987年9月离休。

* 原发表于《景凡文存》。

** 关于杨景凡教授的生平简介，摘自原西南政法学院院长杨炳勋教授的《杨景凡教授大事记》，载《景凡文存》，484～485页。

一

荀子的法律思想跟踪孔子的伦理法思想，在新的时代又有所发明。

孔子的法律思想表述最为明白的是：

“导之以礼，齐之以刑，民免而无耻；导之以德，齐之以礼，有耻且格。”

礼是社会生活的最高规范，德是这种社会规范的最高准则。孔子的仁德思想，统率政刑，是伦理法。

汉代以后，有人认为荀子对于孔子思想是“大醇小疵”。不外指他的性恶论导致了重礼法。重礼法，“导之以礼，齐之以刑”，在礼的指导下，想齐一于法（刑），不是荀子的创造，而是孔子的固有的伦理法思想，也不是看荀子采自法家的理论。所谓“小疵”，以及借此给他的“杂家”的称号，不一定准确。

德与礼、礼与刑（法）是相通的，相辅相成的。荀子明确了它们之间的主次关系。在战国时期，统治阶层都不讲“礼”的时候，荀子特别重视礼，荀子一书，随处都在讲礼。孟子捍卫孔子的仁学，突出了“义”，对仁学作了进一步的阐释。荀子则是从对孔子重视的礼出发，发扬了孔子的伦理法思想。两人都扣紧孔子学说的精义。

“礼者，所以正身也。”（《修身》）

“礼义者，治之始也……君臣、父子、兄弟、夫妇，始则终，终则始，与天地同理，与万物同久，夫是之谓大本。”（《富国》）

荀子把伦理道德看成是社会生活的最高原则。政刑服从于伦理道德。

“礼者，贵贱有等，长幼有差，贫富轻重皆有称者也。”（《礼论》）五伦是社会政治、经济生活的常德。这是重申孔子的君君、臣臣、父父、子子的伦理法思想。荀子进一步明确“礼以定伦”（《致士》）。

礼者，法之大分；

礼者，道德之极；

礼者，道德之成。

荀子认为人伦道德是治国的根本，是礼的最高准则，没有它，礼法无以依从。仁德、人道高于礼法。对孔子的伦理法作了进一步的诠释。

“隆礼贵义者，其国治；简礼咸义者，其国乱……故坚甲利兵不足以为胜，高城深池不足以为固，严令繁刑不足以为威。”（《议兵》）这是遵循孔子的“有耻有格”思想而不是掇拾于前期法家思想。

礼与刑（法）

《荀子·成相》中说："治之经，礼与刑，君子以修百姓宁。"荀子《礼论》说，"礼者，法之大分，类之纲纪也。"礼是法度的准则。礼与法的产生和对社会所起的作用是一致的。古人在思路上，讲刑法，多指制度，而不是指法律条文。从法的广义上说，法就是礼，礼包括了法。荀子还认为礼是治国的根本。他说："隆礼尊贤而王，重法爱民而霸。"荀子推崇的礼治，是孔孟的仁治的实现。他的最高理想是王道而不是霸道。

荀子视礼高于法（刑），并说明了礼与刑的关系和作用，治国推行的是"道德之威"，不是刑罚的"暴察之威"（《强国》）。

荀子一书中，有时讲法，有时礼法并提，是因为在战国末期，礼制、法制有了急剧的变化，旧礼处于崩溃、消亡之际，新礼、新法应运而生。在奴隶制和封建制交叉的情况下，荀子隆礼，仍和儒家的《礼运篇》指出的由霸道而王道而大同世界的途径相似。在诸侯厮杀、各行其是的时候，荀子讲礼法并涉及法律措施，是退而求其次的办法。尽管如此，他的礼治是以儒家仁义为归依的。他说"仁眇天下"、"义眇天下"，就是搞仁义治国，是礼治的依据和归宿。所以他许君子儒为大儒："故圣人化性起伪，伪起而生礼义，礼义生而制法度。"

正名与定分

正名之法，一是复古。

在新旧制度交叉之际，法制混乱，荀子提出了正名与定分，寻求一种结束社会混战局面的新的礼制与法制的融合。他提不出与旧制度决裂的革新主张。相反他认为旧制的合理，有复古的言论。"声，则凡非雅声者举废；色，则凡非旧文者举息；械用，则凡非旧器者举毁。夫是之谓复古。"（《王制》篇）这是古代思想家孔子等人托古改制的认识方法。

二是联系礼法。

《正名》篇说："王者之制名，定名而实辨，道行而志通，则慎率民而一焉。故推辞擅作名以乱正名，使民疑惑，人多辩讼，则谓之大奸；其罪称为犹为符节、度量之罪也。故其民莫敢托为奇辞以乱正名，故其民悫。悫则易使，易使则公。其民莫敢托为奇辞以乱正名，故悫于道法而谨于循令矣。如是，则迹长矣。迹长功成，治之极也，是谨于守名约之功也。"荀子鉴于天下无"道"无"法"，名实混淆，贵贱不明，同异不别，明贵贱，辨同异，故正名联系礼法及至遵守律令。论者今指为近于法家，偏离儒家。但他的主张仍不出孔子的正名落脚到"刑罚中"、"民无所措手足"之意旨。

二

荀子是先秦儒家最后一位钜子。汉扬雄称荀子为"大醇小疵"的儒者；有人称荀子为"别儒"；还有人认为他兼采各家思想而将其列人杂家。荀子的思想体系，是跟踪孔子思想在新的时代有所发挥的。荀子的法律思想继承了孔子的伦理法思想。

《荀子》一书论礼最为频繁。他把礼的内涵扩大了。礼本来就是一朝的典章制度，包括法律法令，生活仪式和风俗习惯。春秋以来，礼乐崩坏。但春秋时代统治者一面坏礼，一面还在讲礼，其至把坏礼的行为反说之为礼。战国时代，统治者都不讲理了。这个时代，礼改变了内容，诸如田制、军制、官制等都有极大的变化。总的说来，礼的内容随着生产的发展，社会分工而繁多了。但旧的制度和思想并未彻底绝灭，新的制度又处于不稳定的状态。新旧制度的交叉，正是从奴隶社会向封建社会过渡的一种表现。所以荀子专门写了《正名》篇论证崇礼的必要。

有人认为荀子崇礼而重刋，是受了法家的影响；或者说他礼法并重，向法家过渡。似不是的论。

孔子论礼，“为国以礼”。荀子也说，礼所以治国。

孔子论礼，以仁德为准则。“人而不仁如礼何?”“导之以礼，齐之以刑，民免而无耻；导之以德，齐之以礼，有耻且格。”孔子明白指出礼是社会政治生活的最高规范，德是诸种社会规范的最高准则。孔子的仁德思想涵盖、统率政治法律思想。

荀子的礼的伦理解释：

1. 先仁后礼。“先王之道，仁之隆也，比中而行之。曷谓中，曰：礼义是也。”“道者，非天之道、地之道、人之所以道也，君子之所道也。”行礼必须依于仁，依于仁才能实行礼义。如他所说：“故王者先仁而后礼。”(《大略》)

2. 为仁由礼，礼立而王。“仁、义、礼、善之于人也，辟之若财、货、粟、米之于家也，多有之者富，少有之者贫，至无有者穷。”(《大略》)

3. 荀子的礼是以人伦关系为中心的社会规范。

“礼者，法之大分也。”“大分”是以礼为标准，指导法的制定和适用。没有礼的指导，就没有法。从这个意义讲，荀子说，“故非礼是无法也”。这是说礼高于法。同孔子的导之礼、齐之刑（法），毫无二致。

“礼之于正国家也，如权衡之于轻重也，如绳墨之于曲直也。故人无礼不生，事无礼不成，国家无礼不宁。”“君臣不得不尊，父子不得不亲，兄弟不得不顺，夫妻不得不欢；少者以长，老者以养。”(《大略》)

“故人道莫不有辨，辨莫大于分，分莫大于礼，礼莫大于圣王。”(《非相》)

“礼者，贵贱有等，长幼有差，贫富轻重皆有称者也。”

“少事长，贱事贵，不肖事贤，是天下之通义也。”(《仲尼》)

“遇君则修臣下之义，遇乡则修长幼议，遇长则修子弟之义，遇友则修礼节辞让之义，遇贱而少者则修告导宽容之义。无不爱也，无不敬也，无与人争也。恢然如天地之苞万物。”(《非十二子》)

三

他集了儒家之大成，而且集了诸子之大成。汉人所传的诗书易礼以及春秋的传授系统，都与荀子直接间接有关。

荀子阴阳说

《礼论》篇："天地合而万物生，阴阳接而变化起。"

《天论》篇："四时代御，阴阳大化，风雨博施，万物各得其和以生，各得其养以成。"

这是他从"易"、从子弓那里移植过来的观念。但他不大主张穷究：

"唯圣人为不求知天。"（《天论》）

荀子反对迷信和易的占数：

"善为《易》者不占。"（《大略》）

一切天变地开，自然界中的反常现象，他认为是"天地之变，阴阳之化"，而不足畏的东西。因此他富有"战天"精神，所谓"人定胜天"。一如孟子云："天时不如地利，地利不如人和。"

"大天而思之，孰与物蓄而制之；从天而颂之，孰与制天命而用之。"（《天论》）

制天命的说法，便是"非命"。

荀子论"诚"，他有时用孟子的"诚"来解释"万物之变化"："天不言而人推高焉，地不言而人推厚焉，四时不言而百姓期焉，夫此有常，以至其诚者也……天地为大矣，不诚则不能化万物。"（《不苟》）

论性

"性者，天之就也，不可学，不可事。"（《性恶》）

天生就是如此："生之所以然者谓之性。"（《正名》）"伪"是他所谓的后天的人为。外在的蓄积。

"人之性恶，其善者伪也。"（《性恶》）

"性也者，吾所不能为也，然而可化也；积（情）也者，非吾所有也，然而可为也。"（《儒效》）

荀子很注意"注错习俗"。注错是安置的意思，明白自己的环境，比如自然吧："蓬生麻中，不枝而直，白沙在涅，与之俱黑。"

性恶："苟无之中者必求，于外，苟有之中者必不及于外。"自己没有了的便求之于外，自己已经有了便不向外求。人之所以要求善，正是因为自己内部没有善，学礼义也正是因为自己没有礼义。

他的性恶论的证据，有大的矛盾，他说人与禽兽草木有别，在于，人有气、有生、有知，"故人道莫不有辨。辨莫大于分，分莫大于礼义"。这岂不是阐扬人性中的美质！是在提出人性不恶的证据。

荀子主张性恶，但又主张心善，这是一个大矛盾。荀子的"心"，主张虚静，怎么能说，性完全是恶的。

孟、荀学说相反，但结论相同：都注重学习。孟子注意环境影响："居楚而楚，居越而越，居夏而夏。"

孟子的心说，直接继承了宋钘的。“养心莫善于寡欲”，这是宋钘的“情欲寡浅”说的翻版。而荀子有时还主张“纵欲”，“圣人纵其欲，兼其情而，制焉者理也”（《解蔽》）。它不过是孔子的“从心所欲而不踰矩”。

荀子的社会观

他认为，人能“群”，何以能群，曰分（分工）；分何以能，曰义。故“明分使群”，天下平矣。无群则争，无分则乱，乱则穷矣。

分：分工、分职、定分。有时又称为辩。

荀子谓礼义，含义甚广，包括父子，士农工商以及一切秩序，甚至宇宙。

“天地以合，日月以明，四时以序，四时以行，星辰以行，江河以流，万物以昌；好恶以节，喜乐以当，以为下则顺，以为上则明，万变不乱。贰之则丧也。礼岂不至矣！”（《礼论》）一切文化活动及成品都是人为的礼。

荀子走向法政：“士以上不以礼乐节之，众百姓必以法数制之。”他把“士”阶层提升了，是“刑不上大夫，礼不下庶人”的复写。“凝士以礼，凝民以政”更把士与民对立了。

“人君者隆礼尊贤而王，重法爱民而霸。”（《强国》）

他也谈到“君人者，欲安，则莫若平政爱民”（《王制》）。

“隆礼义”是广义的，包含着“尊法听制”，以“法数制人”。

而孔子论礼乐政刑：

“导之以政，齐之以刑，民免而无耻，导之以德，齐之以礼，有耻且格。”显然是以刑政待民不如以德礼待民。他说的德礼刑政，都是以民为对象。他在这里说的礼，是狭义的礼仪揖让。孔子的德礼，礼是狭义的礼，即政刑了。郭沫若是这样解释的。如果把礼从仁出发来解释呢？那就是广义的礼了。广义的礼，包括法制刑政。荀子的《王霸》篇，所谓“曲（局部）辨”，突出了以法制治国的锋芒。

倪正茂

论隋律对北周律之因袭*

简介

倪正茂，上海政法学院教授。已出版《隋律研究》、《中国法律思想简史》、《中华法苑四千年》、《中国近代法律思想史》、《批判与重建：中国法律史研究反拨》、《苏联国家与法的历史》、《法史思辨》、《新编中国法制史》、《中国法律思想通史》等专著、合著、编著、译著。另已出版科技法学、生命法学、比较法学、法哲学、逻辑学等著作三十余种。

* 原发表于《中西法律传统》，第2卷。

引　言

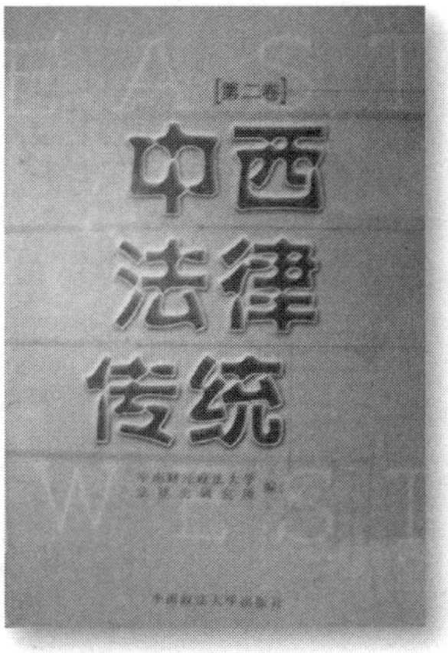

关于隋唐法典的历史渊源或因袭问题，史学家、律学家多贬北周而扬北齐，认为隋律“因北齐而不袭北周”。最先主此说者是史学大师陈寅恪先生。陈先生断言：“隋受周禅，其刑律亦与礼仪、职官等皆不袭周而因齐，盖周律之矫揉造作，经历数十年而天然淘汰尽矣。”① 陈先生此论一出，隋律“因北齐而不袭北周”几成“不刊之论”。但是，这一看法是值得商榷的。今天，我们有证据证明：隋律同时因袭了北周律。

隋律“因北齐而不袭北周”说，与西晋以后中国法典分为“南北二支”的论点密切相关，前者是从后者而来的。

陈寅恪先生在《隋唐制度渊源略论稿》中提出了隋唐制度源出有三：“隋唐之制度虽极广博纷复，然究析其因素，不出三源：一曰（北）魏、（北）齐，二曰梁、陈，三曰（西）魏、周。所谓（北）魏、（北）齐之源者，凡江左承袭汉、魏、西晋之礼乐政刑典章文物，自东晋至南齐其间所发展变迁，而为北魏孝文帝及其子孙摹仿采用，传至北齐成一大结集者是也……所谓梁、陈之源者，凡梁代继承创作陈氏因袭无改之制度，迄杨隋统一中国吸收采用，而传之于李唐者……所谓（西）魏、周之源者，凡西魏、北周之创作有异于山东及江左之旧制，或阴为鲜卑六镇之野俗，或远承魏、（西）晋之遗风，若就地域言之，乃关陇区内保存之旧时汉族文化，以适应鲜卑六镇势力之环境，而产生之混合品。所有旧史中关陇之新创设及依托周官诸制度皆属此类，其影响及于隋唐制度者，实较微末。故在三源之中，此（西）魏、周之源远不如其他二源之重要。”

但是，在论及隋唐制度的渊源而提到苏威时，陈寅恪先生却得出了与他的上述观点几乎相反的结论。陈先生引《隋书·苏威传》所载隋文帝对杨素、苏威的比较评析，曰：“上（高祖）因谓朝臣曰：杨素才辩无双，至若斟酌古今，助我宣化，非威之匹也。”用以说明苏威在隋代制度创设中的特殊重要地位。又引同传所具体指明的苏威在厘定隋律中的重要作用：“隋承战争之后，宪章踳驳，上令朝臣厘改旧法，为一代通典，律令格式，多（苏）威所定，世以为能。”又进而引《周书·苏绰传》说明苏绰、苏威的父子关系以及苏绰在北周制度创设中的巨大作用，并结论曰：“故考隋唐制度渊源者应置武功苏氏父子之事业于三源内之第三源，即（西）魏、周源中，其事显明，自不待论。”简言之，这“自不待论”的“显明”之事是：苏绰、苏威父子相继为北周、隋初的制度建设包括法律制度建设作出了极大的贡献，“律令格式，多威所定，世以为能，所修格令章程并行于当

① 陈寅恪：《隋唐制度渊源略论稿》，113 页，三联书店 1954 年版。

世”，而“考隋唐制度渊源者应置武功苏氏父子之事业于三源内之第三源，即（西）魏、周源中”。既然如此，又怎能不与前述的第三源“其影响及于隋唐者，实较微末”严重矛盾呢？

近人程树德先生与陈寅恪先生的观点大致相同。他在著名的《九朝律考》中也持西晋之后的中国法制分为“南北二支”的观点。对此，杨廷福先生在《唐律初探》中已作比较明确的批评，同时还表达了对陈寅恪先生的批评意见。他写道：“程树德先生《九朝律考》中……立论强调中国法律的南北分派，说：‘自晋失驭，海内分裂，江左以清谈相尚，不崇名法。故其时中原律学，衰于南而盛于北。北朝自魏而齐而隋而唐，寻流溯源，自成一系，而南朝则与陈氏之亡而俱斩。’又谓：‘今唐、宋以来，相沿之律，均属此系。而寻流溯源，当以元魏之律为此系之律为嚆矢，北魏多承用《汉律》，不尽袭魏、晋之制。’又认为：‘自晋而后，律分南北二支，南朝之律，至陈并于隋，而其祀遽斩；北朝则自魏及唐，统系相承，迄于明清，犹守旧制’，复作律系表，来说明南北两派法律的承受关系。作者受时代的局限，没有从社会制度、生产关系、阶级关系以及在当时社会与统治地位的所有制去探讨它们之间的历史渊源和内在的关系，徒以南北对峙和朝代的兴亡作截然的划分，认为‘南朝之律至陈并隋而其祀遽斩’，似可商榷。陈寅恪先生……认为北魏颇传汉代律学，而北魏、北齐、隋、唐为一系相承的嫡统，还是有商榷的余地的。”[②]

如果按程、陈二位的观点看中国的律学，那么它有“南北二支”之分。且西晋以后发生了南律“遽斩”、隋律则越过北周直接承袭北齐的格局变化。这种中国律学传统观，同样是不符合历史事实的。关于南北分派，应另文考论；本文则将继续正面考析隋律既因袭了北齐律，又因袭了北周律。这一考析，一以证明中国律学传统之一脉相传、而无断裂，二以弥补杨廷福先生虽然提出了观点却未展开论证之不足。

一、从参撰人员看隋律的因袭问题

《隋书》记载，开皇元年（581 年）应诏参与更定《开皇律》的，有尚书左仆射高颎、上柱国郑译、上柱国杨素、大理前少卿常明、刑部侍郎韩浚、比部侍郎李谔、兼考功侍郎柳雄亮七人。[③] 程树德先生的《九朝律考》还考出有李百药、杨瓒、刘焯、赵轨四人。据我的考证，程先生所云有悖史实，参撰《开皇律》的至少有 15 人。

《隋书·裴政传》云：“开皇元年……诏与苏威等修定律令。政采魏晋刑典，下至齐梁，沿革轻重，取其折中。同撰著者十有余人，凡凝滞不通，皆取决于（裴）政。”这告诉我们，当时与裴政一起修撰开皇律令的，共有十几个人；裴政在其中起了特别重要的作用。

除《隋书·刑法志》所揭载高颎等七人和裴政外，其余还有苏威、牛弘、李德林、王

② 杨廷福：《唐律初探》，69～70 页，天津人民出版社 1982 年版。

③ 《隋书》卷二十五，《刑法志》。

谊、元谐、赵芬、于翼，可以见诸《隋书》有关本传：

苏威："隋承战争之后，宪章踳驳，上令朝臣厘改旧法，为一代通典。律令格式，多威所定，世以为能。"④

牛弘：开皇初，参修律令。"牛弘笃好坟籍，学优而仕，有淡雅之风，怀旷远之度，采百王之损益，成一代之典章。汉之叔孙，不能尚也。"⑤

李德林："开皇元年，敕令与太尉、任国公于翼、高颎等同修律令。""事讫奏闻，别赐九环金带一腰，骏马一匹，赏损益之多也。"

王谊、赵芬："开皇初，（赵芬）拜尚书左仆射，与郢国公王谊修律令"⑥。

元谐：开皇初进位上大将军，封乐安郡公，"奉诏参修律令"⑦。

于翼："开皇元年，敕令（李德林）与太尉、任国公于翼、高颎等同修律令。"⑧

程树德先生"考"出的《开皇律》修撰人员如何呢？

一为李百药。李百药为李德林之子。《隋书》记载："（开皇）十九年，袭父爵安平公。仆射杨素、吏部尚书牛弘爱其才，署礼部员外郎。奉诏定五礼、律令、阴阳书。"⑨ 显然，他不是《开皇律》的修撰者。程树德先生在《九朝律考·隋律考》之"开皇定律年及修律诸人"条中，列有李百药之名，但所引《新唐书·李百药传》一节却略去了前文"（开皇）十九年……"从而将李百药在开皇十九年（599年）"奉诏定……律令"误为定《开皇律》。不能不说是明显的错误。

二为杨瓒。程树德先生引《隋书·滕王陛传》所云"寻拜大宗伯，典修礼律"为证。但查该《传》有关文字为："未几，（周宣）帝崩，高祖（隋文帝杨坚）入禁中，将总朝政，令废太子勇召之，欲有计议。瓒素与主不协，闻召不从，曰：'作隋国公恐不能保，何乃更为灭族事耶？'高祖作相，迁大将军。寻拜大宗伯，典修礼律。进位上柱国、邵国公。瓒见高祖执政，群情不一，恐为家祸，阴有图高祖之计，高祖每优容之。及受禅，立为滕王。"可见，杨瓒为大宗伯"典修礼律"，事在杨坚登上隋文帝位之前，所"典修"的是北周律而非《开皇律》。把风马牛不相及的两回事扯在一起，亦属明显错误。

三为刘焯。程先生据《隋书·刘焯传》之"焯又与诸儒修定礼律"，把他列为《开皇律》修撰人员。但刘焯修律定礼，事在蜀王杨秀被废为庶人之后，即仁寿二年（602年）之后⑩，同修撰《开皇律》亦无关。

四为赵轨。赵轨开皇初（前4年）在齐州任上，开皇四年（584年）之后才"受诏与奇

---

④ 《隋书》卷四十一，《苏威传》。

⑤ 《隋书》卷四十二，《李德林传》。

⑥ 《隋书》卷四十六，《赵芬传》。

⑦ 《隋书》卷四十，《元谐传》。

⑧ 《隋书》卷四十二，《李德林传》

⑨ 《隋书》卷四十二，《李德林传》。

⑩ 《隋书》卷七十五，《刘焯传》。

景公牛弘撰定律令格式”的，而《开皇律》初撰于开皇元年（581 年），再撰于开皇三年（583 年）。因此，赵轨没有参修《开皇律》是肯定的。程树德先生引《北史·赵轨传》已不甚妥；引文又不注意前文后语，粗疏地“考”定赵轨为《开皇律》修撰人员，确难苟同。

我们花了较多笔墨“打”关于《开皇律》修撰人员的“官司”，实出无奈。不过，不弄清楚这一点，又怎能考析隋律参撰者与隋律因袭问题的关系呢？但是，行文至此，还只是考及谁为隋律参撰者的问题，至于他们与隋律因袭的关系，还有待分析。下文正要分析这一关系。

我认为，考析隋律参撰人员对于考察隋律之因袭极为重要。参撰人员头脑里有隋律所依托的活的蓝本。前文已略涉笔主修隋《开皇律》者之一的苏威，其父苏绰就是北周法制的主要设计人，子承父业的苏威本人即是活生生的一部北周律。他在修撰《开皇律》时怎么可能“皆用北齐而不袭北周”呢？现在我们再来看其他几位主要的撰修《开皇律》的人：

开皇元年（581 年）应“诏与苏威等修定律令”的裴政，在《开皇律》的制定中所起作用最大，而裴政初为北周散骑侍郎，曾“受命为北周建立制度”，后“官至北周刑部侍郎、少司宪”，因“明习故事”而受诏“参定《周律》”⑪。

《隋书·刑法志》所载《开皇律》制定人中名列首位的高颎，其父高宾是“背齐归周”的北齐叛臣，为此周大司马独孤行“引为僚佐”。高颎本人，方“年十七，周齐王宪（即）引为记室”。周武帝时，“袭爵武阳县伯，除内史上士，寻迁下大夫”，官场上平步青云，颇为得意。不久又“以平齐功，拜开府”，把北齐打败而高升。⑫

《隋书·刑法志》所载《开皇律》制定人中位列第二的郑译，其父郑道邕为北周司空。郑译从祖郑文宽所娶之妻平阳公主是周太祖元后之妹。因周太祖元后无出，“太祖令译后之。由是译少为太祖所亲，恒令与诸子游”。至“周武帝时……拜银青光禄大夫，转左侍上士”。与仪同刘昉恒侍帝侧……为御正下大夫，俄转太子宫尹。至周宣帝时，“超拜开府、内史下大夫”。北周末年，郑译更拜“柱国、相府长史、内史上大夫”，“兼领天官都府司令，总六府事”，“俄而进位上柱国……”⑬

此外如杨素、常明、韩浚、李谔、柳雄亮、牛弘、李德林、王谊、元谐、赵芬等参修《开皇律》的人，无一不曾是北周重臣。我在《隋律研究》中曾指出过：“……从撰修隋律的人员来看，北周律也不可能不是隋律的蓝本之一。”那些“参修隋律者，大多为周室旧臣，其中也有不少人曾参加北周律、令、条、式的修撰。这些人，可说是一部活的周律。由他们来修撰隋律，而断言‘与北周律无涉’、‘不袭北周’，是难以令人信服的”⑭。

这里应加指出的是，法律传统的存亡绝续，不能仅仅看前后相承的两个朝代中，后续

⑪ 《隋书》卷六十六，《裴政传》。

⑫ 《隋书》卷四十一，《高颎传》。

⑬ 《隋书》卷三十八，《郑译传》。

⑭ 倪正茂：《隋律研究》，103～104 页，法律出版社 1987 年版。

朝代的帝王们是如何宣称的。一般地说，“革故鼎新”，取而代之的后续朝代，总想标新立异并总想否定乃至贬低前朝的政绩与制度。最为典型的是汉朝。明明是“汉承秦制”，刘邦及其御用文人们却把秦制中最重要的秦法攻击得一无是处。何况，隋文帝并没有这样做，他在《开皇律》“定讫”时的颁律诏书中说：“帝王作法，沿革不同，取适于时，故有损益。夫绞以致毙，斩则殊刑，除恶之体，于斯已极。枭首轘身，义无所取，不益惩肃之理，徒表安忍之怀。鞭之为用，残剥肤体，彻骨侵肌，酷均脔切。虽云远古之式，事乖仁者之刑，枭轘及鞭，并令去也。”[15]“枭首轘身”，即《隋书·刑法志》所云“蠲除前代鞭刑及枭首轘裂之法”，前代当然包括北周；“鞭”刑，则北齐律、北周律中都有规定。“枭轘及鞭并令去也”恰恰给北齐、北周的刑制各打了五十大板，何来仅袭北齐而不因北周之说？尤可注意的是，隋文帝的颁律诏书中，特地说明了“……虽云远古之式”，但若不“追于时”，是要“并令去也”的。所以，隋初之制定律令，实无“皆因北齐而不袭周”之证据。

还应指出的是，法律传统之绝续存亡，不能仅仅以制度性法律文化为唯一的考析指标，尤其不能仅仅以法律文本的部分字句条款为考析指标。对法律传统之存亡绝续，应考察法律文件之各个组成部分，还应考察其整体及其内在联系。在我看来，法律文化以制度法律文化为载体、以心态法律文化为灵魂、以行为法律文化为动态表现、以物态法律文化为固态表现、以主体法律文化为基础进行综合运作。所谓“主体法律文化”，包括立法机构与立法队伍、司法机构与司法队伍、执法机构与执法队伍、守法者与违法犯罪者等各种权利义务关系人。其中，立法机构与立法队伍是全部主体法律文化的基石与前提。而法律传统是法律文化各个组成因素的有机统一体。因此，考析一个国家、一个朝代、一个时期的法律传统，绝不能仅以制度法律文化为出发点和归宿，而当考虑到主体法律文化所由构成的主要因素——立法机构与立法队伍。而当考虑到这些主要因素时，就很难把上述几乎可说是纯由周室旧臣组成的《开皇律》修撰队伍完全弃而不顾，以至于得出隋律“皆因北齐而不袭北周”的片面结论了。

二、从增删条目看隋律因袭问题

陈寅恪先生说隋律“不袭周而因齐”，其主要依据之一是他省略引用的《隋书·刑法志》：

“高祖既受周禅，开皇元年，乃诏尚书左仆射高颎等更定新律奏上之，多采后齐之制，而颇有损益。三年又敕苏威、牛弘更定新律，自是刑网简要，疏而不失。”

但是，以上述引文论断隋律之因袭，是值得商榷的。

首先，从“多采后齐之制”一语不能直接推定隋律“皆不袭周而因齐”。以偏概全，难以令人信服。

---

⑮ 《隋书》卷二十五，《刑法志》。

其次，陈先生引文有断章取义之嫌。正确地引录《隋书·刑法志》的有关文字，应作：

高祖既受周禅，开皇元年，乃诏尚书左仆射、渤海公高颎……更定新律，奏上之。其刑名有五……而蠲除前代鞭刑及枭首轘裂之法……又置十恶之条，多采后齐之制，而颇有损益。

从上述引文可见，"多采后齐之制"是接着"又置十恶之条"而说的。因此，所云"多采后齐之制"，是指修撰隋律时参照北齐律所规定的"重罪十条"更名而立的"十恶之条"。不能仅仅以此而作为隋律"因北齐而不袭北周"的可信依据了。

关于这一点，还可证之于隋律的律条数目。关于隋律条数，《隋书·刑法志》有以下文字记载：

（开皇）三年，因览刑部奏，断狱犹至万条，以为律尚严密，故人多陷罪。又敕苏威、牛弘等更定新律，除死罪八十一条，流罪一百五十四条，徒杖等千余条，定留惟五百条，凡十二卷。自是刑网简要，疏而不失。

这些文字所涉之刑名、具体条数都一清二楚，言之凿凿地说明，开皇三年（583年）修订开皇元年（581年）之《开皇律》时，总共删去了1235条以上。而我们知道，《北齐律》总共只有949条，如果开皇元年（581年）修撰《开皇律》时"因北齐而不袭北周"，显然难以令人置信。因为：从《北齐律》的949条"因"而"袭"之制定的《开皇律》多达1735条以上，条数几乎比《北齐律》的条数翻了一倍，这多出的"一倍"从何而来呢？"因北齐"显然说不通。倒是《北周律》的1537条与开皇元年（581年）颁行的《开皇律》1700多条比较接近。因此，如果断言其"因北周而不袭北齐"似乎比较说得通些，至少在律文条数上是如此。

三、从篇名之设置看隋律的因袭问题

仅凭北周旧臣参加了《开皇律》的修订，或者条文的删除数量的可能性，即论定《开皇律》一定承袭了北周律，也许仍然缺乏说服力。因此，我们必须从《开皇律》的条文中找出系北周律遗文而非北齐律遗文的证据。

要从《开皇律》的条文中找出系北周律遗文而非北齐律遗文的证据似乎并不难。

《开皇律》中有《断狱律》篇，恰与北周律同，而北齐律无此篇，这显系隋律承袭北周律的铁证。对此，《唐律疏议》已作比较客观的记述："断狱律之名起于魏，魏因李悝囚法，而出此篇。至北齐，与捕亡律相合，更名捕断律。至后周复为断狱律。"但是陈寅恪先生却不以为然，他说："由北齐律合后魏之捕亡与断狱为一，名捕断律，隋律之复析为二，实乃复北魏之旧，非意欲承北周也"；并进而推断"北魏、北齐、隋、唐律为一脉相承之嫡统，而与北周律无涉也"[16]。北周律有《断狱律》篇，隋律承而用之，硬要说与之"无涉"，将隋

---

[16] 陈寅恪：《隋唐制度渊源略论稿》，113页，三联书店1954年版。

律与北周律割裂开来，不能不说是先入为主的偏颇。

北周《大律》计有二十五篇，除《断狱》外，还有《诈伪》、《杂犯》篇与《开皇律》同；而《刑名》与《法例》、《婚姻》与《户禁》、《卫官》与《关律》、《劫盗》与《贼叛》、《逃亡》与《系讯》等，也与《开皇律》的有关篇目大体相当，只不过在北周一析为二，而隋时合二而一罢了。

北齐律篇名与《开皇律》篇名相较，完全相同的有《名例》、《擅兴》、《斗讼》、《诈伪》、《杂律》五篇。不同的是：《开皇律》有《捕亡》、《断狱》篇而无《毁损》篇，北齐律则有《毁损》篇而合《捕亡》、《断狱》为《捕断》篇，此其一。其二，篇名排列顺序不同，北齐律列《捕断》于篇九，后随《毁损》、《厩牧》、《杂》，在逻辑上有顺序颠倒之弊。《开皇律》“拨乱反正”，将《断狱》列于末篇。这里所“拨”之“乱”，即北齐律之置《捕断》于篇九。“反正”之“正”，恰恰是北周律。北周《大律》末篇为《断狱》，其前为《系讯》，复前为《逃亡》，再前面则为各种犯罪。这样安排篇目顺序，颇合逻辑：犯了罪，要逃亡，抓住后加以审讯，而后“断狱”。隋律之篇目顺序显系从北周律而来。

因此，从《开皇律》篇名的设立来看，隋律既因北齐律，亦袭北周律，是对北齐、北周这些“前代”的优长的综取。退一步说，至少不是“皆因北齐而不袭北周”。

四、从刑名之设置看隋律的因袭问题

《隋书·刑法志》中“蠲前代鞭刑及枭首镮裂之法”一语中的“前代”，既可指隋朝以前的北魏、北齐，更可指隋朝直接承袭的北周。而且，北齐死刑四等，重者为“镮”，不作“裂”的刑名；北周死刑五等，五为“裂”，不用“镮”的刑名。这恰好说明，“前代”者，既指北齐，也指北周。由此可见，修撰隋开皇律时，北周律至少为蓝本之一，隋律对北周律既有所蠲除，亦有所承袭。正如同隋律对北齐律既有所承袭，亦有所蠲除一样。

北齐律刑名有五，为死、流、刑（耐）、鞭、杖；《开皇律》刑名亦有五，为死、流、徒、杖、笞。这些，除刑名五等、从重到轻两点相同外，颇有不同点：其一，北齐律规定的死刑，分“镮”、“枭首”、“斩”、“绞”四种，而《开皇律》仅“斩”、“绞”二种，削除了北齐律中的“镮”与“枭首”二种，隋文帝的颁律诏书还特地对此作了说明；其二，流刑在北齐律中规定得相当笼统，即将处以流刑的犯人“鞭笞各一百，髡之，投于边裔，以为兵卒，未有道里之差”⑰。而在《开皇律》中则规定得比较具体，即“流刑三，有一千里，千五百里，二千里。应配者，一千里居作二年，一千五百里居作二年半，二千里居作三年……”⑱ 其三，徒刑在北齐律中称“刑”或“耐”，分“五岁、四岁、三岁、二岁、一岁”五等；《开皇律》中则为“一年、一年半、二年、二年半、三年”五等，排列顺序相反，而

⑰ 《隋书》卷二十五，《刑法志》。

⑱ 《隋书》卷二十五，《刑法志》。

且减轻了刑罚。其四，《开皇律》改北齐律之“鞭”、“杖”刑为“杖”、“笞”刑，也是为了减轻刑罚。

非常值得注意的是，隋律之流刑分等，实肇始于北周律。在北周之前，秦、汉、魏、晋、齐历朝历代，虽都有流刑之设，但均不分等。只是从北周开始，才在《大律》中明确规定五等流刑：“流卫服，去皇畿二千五百里”，“流要服，去皇畿三千里”，“流荒服，去皇畿三千五百里”，“流镇服，去皇畿四千里”，“流蕃服，去皇畿四千五百里”[19]。《开皇律》也规定了流刑虽减为三等，但分等用以道里为差，毫无疑问是因袭北周而与北齐“无涉”。

显然，从刑名看，隋律至多只是“多采后齐之制”而决非“皆因北齐而不袭北周”。此外，从“十恶”、“八议”、“赎”与“官当”等方面考析，我们同样只能得出隋律既有因袭北齐律之处，也有因袭北周律之处。

总之，说隋律“皆因北齐而不袭后周”，不仅不符合历史事实，从史料也找不出可信证据。

实际上，封建制法律是朝朝代代一脉相承的。将北齐、北周和隋加以比较，封建制生产关系没有发生变化、地主阶级独占政治统治地位的情况没有发生变化、基本的社会矛盾即农民阶级与地主阶级的矛盾没有发生根本变化、统治阶级内部的利害关系也没有发生变化，而且，其时的社会思潮、宗教习俗等也无明显变化。这一切，都决定了隋律一脉相承了北周律、北齐律。

我把制度法律文化、心态法律文化、行为法律文化、物态法律文化与主体法律文化五者概念称为本体法律文化；此外便是存体法律文化，包括经济法律文化、政治法律文化、思潮法律文化、宗教法律文化、语言法律文化、心理法律文化等等。隋律之因袭，离不开本体法律文化的传承，也离不开存体法律文化的制约或助推。不作这些方面的任何考察，仅凭史料的某些字句，即得出隋律“皆因北齐而不袭后周”的论断，显然是无视事物及其发展的本质方面，而仅仅抓住了现象与形式。而从上面的分析我们又看到，即使是仅仅从现象与形式上看，所谓隋律“皆因北齐而不袭后周”、“与北周律无涉”的观点，也是站不住脚的。

五、从司法实践看隋律的因袭问题

前文谈隋律之因袭，多从制度法律文化方面考析，再从行为法律文化之司法行为方面作些考析，以为佐证。

隋初制定《开皇律》时，除了去除“枭首轘身”之法外，实际上还去除了宫刑。这是隋文帝颁律诏书中未提及而在已有史料中可以考出的。据《尚书正义》云：“汉除肉刑，除墨劓耳，宫刑犹在。大隋开皇之初，将除男子宫刑，妇人犹闭于宫。”又据《周礼·秋

---

⑲ 《隋书》卷二十五，《刑法志》。

官・司刑》疏曰："宫刑至隋乃赦。"隋代宫刑之赦，虽仅及男身，但也是重要的社会进步。查《北齐书》载：北齐后主高纬天统"五年春二月乙丑，诏应宫刑者普免刑为官口"[20]。根据这一诏令，可以了解到《北齐律》中确有关于宫刑的规定，否则便无颁此令之必要，措辞中也不会出现"应宫刑者"的字样。事实上，《北史》也记载了北齐执行宫刑的案例。据载："（崔）季舒等家属男女徙北边，妻女及子妇配奚宫、小男下蚕室，没入资产。"[21] 我们至今未能从史料中查出北周实行宫刑的记载。因此，将隋代之在司法实践中去除宫刑与北齐有宫刑而北周无宫刑联系起来看，隋律"皆因北齐而不袭后周"一说，显然是苍白无力的。

《隋书・刑法志》还提到司法实践中"除孥戮相坐之法"一事："……又诏免尉迥、王歉、司马消难三道逆人家口之配没者，悉官酬赎，使为编户。因除孥戮相坐之法。"事在开皇六年（586年）。由此可推论，开皇元年（581年）撰订《开皇律》时，内容有"孥戮相坐之法"，而在开皇三年（583年）修订《开皇律》时，虽大量删繁去苛，削去了一千多条，却仍保留了"孥戮相坐之法"。考起源极早，夏后氏发兵攻打有扈氏时所下的军令中即有。[22]至汉初实行"宽简之法"时，仍未废除。《汉书・刑法志》载："当夷三族者，皆先黥、劓、斩左右趾、笞杀之，枭其首，菹其骨肉于市；其诽谤詈诅者，又先断舌，故谓之具五刑。彭越、韩行之勇，皆受此诛……"[23] 汉代以还，魏有夷三族之刑，晋、南朝梁、后魏等亦有孥戮相坐至族诛之法。[24] 有意思的是，北齐时倒是将族刑却除了的。《北齐书・杨愔传》载："…… 子献、天和皆帝姑夫云，于是乃以天子之命，下诏罪之，罪出一身，家口不问……"《北齐书・尔朱文畅传》载："令胄令仲礼藏刀于袴中，王晞固谏，谋为窃发，韦捷之后，共奉文畅为主。为任氏家客薛季孝告。高祖问，皆惧伏，以其妨宠，故止坐畅一房。"程树德先生之《九朝律考・北齐律考》谓："按北魏有门房之诛，齐盖沿魏制。族诛仅《祖廷传》有因（斛律）光府参军封士让启告光反，遂灭族之语，他不概见，盖不常用也。"将隋初实施"孥戮相坐之法"与北齐律之"罪止一身，家口不问"等相较，也可见隋律并非处处"因北齐"的。

---

⑳ 《北齐书》卷八，《后主妃》。

㉑ 《北史》卷三十二，《崔季舒传》。

㉒ 《尚书・甘誓》："有扈氏威侮五行。怠弃三正。天用剿绝其命。今予惟恭行天之罚……用命，赏于祖；弗用命，戮于社，予则孥戮汝。"又见《史记・夏本纪》。

㉓ 参见《汉书・崔寔传》、《汉书・王温舒传》等。

㉔ 参见《三国志・魏书・毋丘俭传》、《晋书・武帝纪》、《晋书・东海赵王传》、《晋书・帝纪》、《晋书・明帝纪》及《北史・刘洁传》等。

孙光妍

苏联法影响中国法制发展进程之回顾*

简介

孙光妍，1958年生，黑龙江大学法学院教授，法律史学硕士生导师。现任黑龙江大学法律史学硕士点导师组组长，法律史教研室主任，法学理论与法制发展研究中心副主任。主要代表作：《苏联法对中国法制影响之回顾》[《法学研究》，2003（1）]、《新民主主义宪政立法的有益尝试——1946年〈哈尔滨市施政纲领〉考察》[《法学研究》，2006（5）] 等文章50篇，出版《中国法律史简论》、《先秦法律思想史》等专著近十部；主持完成省社科基金项目及省教育厅基金项目3项。

* 原发表于《法学研究》，2003（1）。收录时有修改。本文系与于逸生合著。

20世纪初期，中国法制的发展离开了传统的轨道，开始了向西方学习、走向现代化的历程。在此进程中，苏联法对中国法制的影响时间最长，程度最深。从孙中山领导的民族民主革命时期，到中国共产党创建农村革命根据地时期，再至新中国成立后50年代都曾经大量移植了苏联法制。苏联法制已经深入到当代中国法律之中，成为新中国法律传统的一个组成部分而无法抹去。本文试从阐述中国法制发展进程受苏联法影响的史实入手，分析总结其经验教训，以期对当代中国法制的改革提供借鉴。

一、孙中山领导的民族民主革命时期：以俄为师

20世纪的历史是从孙中山领导民族民主革命、为建立共和国而斗争开始的。孙中山先生经过二次革命、护国运动、护法运动等一次又一次的失败，最终认识到“吾等欲革命成功要学俄国的方法组织及训练，方有成功的希望”。他决心向俄国的各种制度学习。

1. 新三民主义思想的产生及“以党治国”法制原则的确立

俄国十月革命胜利后建立的苏维埃国家政治制度，使孙中山看到了一种崭新的政权模式。在苏俄共产党和列宁的帮助下，孙中山开始改组国民党，决心把它变成一个“和俄国的革命党一样”的有力量的革命政党。召开国民党一大则是他学习苏俄经验的一个极重要的步骤。尤为突出的是大会通过的宣言对孙中山的三民主义做了与共产国际几乎一致的解释，成为新三民主义。

改组后的国民党明显地带有苏俄式的烙印。首先，党内采取“民主集中制”的组织原则。每一个党员既有应享之权利，亦有当尽之义务。其次，采用了代表大会制及委员会制的领导制度，使党的权力集中于各级党组织而不是集中于个人。最后，以党治国的原则。在国民党一大上孙中山明確提出：“现尚有一事可为我们模范，即俄国完全以党治国，比英、美、法之政党，握权更进一步。”他认为苏俄革命之所以成功，“因其将党放在国上”。国民党“应重新组织，把党放在国上”①。以党治国是孙中山进行政体新设计的过程中师法苏俄的结果。

孙中山领导下的革命政权的组织体制就是仿照当时苏联的制度建立的。按照“以党治国”的原则，《中华民国国民政府组织法》第一条规定：“国民政府受中国国民党指导和监

---

① 参见《孙中山全集》第9卷，103页，中华书局，1986。

督，掌握全国政务。”② 这是仿效苏联政权体制下所采用的一种新的领导制度。同时，在国民政府的机关里还实行以党治国与议行合一相结合的民主主义集权制原则。国家的行政、立法、司法等权力，由国民党中央执行委员会和国民政府委员会实行统一集中领导，下设行政各部在它们统一的号令下分别行使有关职权。这种既非三权分立，也非五权分立的体制，也是仿照苏联的政权组织体制建立的。

2. 广州、武汉国民政府的法制改革

从 1924 年到 1927 年，广州、武汉国民政府在苏联及中共的影响下进行了法制改革，主要内容包括：

劳动及土地立法。孙中山“联俄、联共、扶助农工”的政策确立后，国民党及其革命政府曾为改善工农的地位而做出了努力。中国国民党一大宣言《国民党之政纲》、《对内政策》中规定，“严定田赋地税之法定额，禁止一切额外征收”③。1926 年 1 月，中国国民党第二次全国代表大会《关于农民运动决议案》中又规定：“严禁对于农民之高利贷”，“规定最高租额及最低的谷价”④。

国民党一大宣言《民党之政纲》中还规定：“制定劳工法，改良劳动者之生活状况，保障劳工团体，并扶助其发展。”1924 年 11 月，孙中山领导的大元帅府颁布了《工会条例》21 条，这是我国革命劳工立法的开端。这个条例承认了工会的合法地位，并赋予工会一定的自主权利。在《关于本党最近政纲决议案》中也提出要制定劳工法和劳动保险法等。⑤

刑事立法。为了巩固革命政权，武汉国民政府在反革命特别猖狂的 1927 年 3 月颁布了《反革命罪条例》明确规定：“凡意图颠覆国民政府，或推翻国民革命之权力，而为各种敌对行为者，以及利用外力或勾结军阀，或使用金钱而破坏民国革命之政策者，均为反革命行为。”⑥

婚姻立法。受苏联婚姻家庭法的影响，在国民党一大宣言中，确定了男女平等的原则。国民党二大通过的关于“妇女运动决议案”，进一步规定了女子有财产继承权以及结婚离婚绝对自由的原则等。而全俄中央执行委员会和人民委员会于 1917 年 12 月通过的《关于公民婚姻、关于儿童与户籍的办理》及《关于离婚》的法令，已规定了婚姻家庭关系中男女平等的原则，以及婚姻关系存续的自愿原则。

苏联法对广州、武汉国民政府法制改革的影响更突出地表现在司法方面，核心是司法权的党化。其改革要点为：

---

② 《中华民国国民政府组织法》见荣孟源编：《中国国民党历次代表大会及中央全会资料》（上），520 页，光明日报出版社，1985。

③ 《中华民国国民政府组织法》见荣孟源编：《中国国民党历次代表大会及中央全会资料》（上），21 页，光明日报出版社，1985。

④ 《中华民国国民政府组织法》见荣孟源编：《中国国民党历次代表大会及中央全会资料》（上），134 页。

⑤ 《中华民国国民政府组织法》见荣孟源编：《中国国民党历次代表大会及中央全会资料》（上），22 页。

⑥ 转引自肖永清主编：《中国法制史简编》下册，214 页，山西人民出版社，1982。

第一，确立审检合一制度，即废止检察厅，在法院内设置检察官。1923 年 11 月，苏联中央执行委员会主席团曾批准《苏联最高法院条例》，规定设立司法检察署，隶属于苏联最高法院。⑦

第二，确立司法行政委员会制度。由于受到中国传统司法制度的影响，民国初年的司法机关中实行的是长官制。这种制度容易造成权力的集中化和司法腐败，所以国民政府司法改革委员会借鉴苏联经验废除了法院内部的长官制，成立了由庭长、检察官、书记宫组成的司法行政委员会，使国民政府的民主集中制原则在司法上得到充分实现。

第三，确立参审制与陪审制。1927 年初，武汉国民政府制定了专门的《参审陪审制度》，而在 1922 年 11 月全俄中央执行委员会通过的《苏维埃俄国法院组织条例》中已明确规定了审判员和人民陪审员的资格和任期等。参审员与陪审员参与法律事实的审判工作体现了主权在民的思想，有助于保障审判的公正性。

二、中国共产党领导的革命根据地时期：建设苏维埃渐与中国国情相结合

革命根据地时期法制受苏联法的影响程度最深的是第一次国内革命战争时期的工农民主政权阶段的法制。它摧毁旧法创建新法，奠定了新民主主义法律的基本精神和主要制度。但由于在创建过程中主要模仿苏联法制，某些方面存在严重不适合国情的问题。抗日根据地的法制建设，继承并发扬了老苏区的成就，纠正了“左”倾错误，对苏联法兼有吸收和改造，把苏联法制建设经验，创造性地同中国革命实践相结合。解放战争时期，随着人民民主制度日趋完善，法制建设也更加成熟。根据地时期的法制也是新中国法制的直接来源。

1. 坚持党对国家法制的领导

土地革命时期的工农民主政权在建制上有明显仿照苏联国家政权的痕迹，其名称“苏维埃”一词就是直接从俄文“СОВЕТ”译音照搬来的。在政权组织方面接受苏联的影响主要有：

党的领导原则。无产阶级政党作为俄国苏维埃政权的缔造者，对苏维埃政权的所有工作负有绝对的领导责任。1919 年俄共（布）第八次代表大会就曾提出应“把最坚强、最忠实的共产党员提拔到苏维埃中去工作，以此在苏维埃中夺取绝对的政治统治，确立对苏维埃活动的真正监督”⑧。中共也提出：“党随时随地都应作苏维埃思想上的领导者，而不应限制自己的影响。”⑨ 这与孙中山“以党治国”的主张同出一源。

---

⑦ 1933 年苏联的检察机关均纳入最高法院。

⑧ ［苏］A. A. 别祖格洛夫主编：《苏维埃建设学》，刘家辉、马国泉等译，246 页，中国人民大学出版社，1983。

⑨ 中国人民解放军政治学院党史教研室编：《中共党史参考资料》第 5 册，316 页。

集体领导和个人分工负责的领导原则。受列宁思想的影响[10]，土地革命时期，中央工农民主政府明确提出“在苏维埃的机关内必须实行集体的讨论，明确的分工，并建立个人负责制”[11]。抗日战争时期，各根据地在坚持集体领导的同时，更加注意建立个人负责制，从而在新的历史条件下，充实和发展了集体领导与个人分工负责这一重要的领导原则。

议行合一原则。广州、武汉国民政府也曾试行这一原则，即由国家权力机关统一行使立法权和行政权，使二者不相分离。它是民主集中制原则在国家机关间工作关系上的体现。根据这一原则，各级政权机关既是议事机关，又是工作机关。这就形成了苏维埃新式民主制度。

工农兵代表大会制。1917 年苏俄建立最高权力机关——全俄苏维埃代表大会，并规定在其闭会期间由苏维埃中央执行委员会代行其职责。《中华苏维埃共和国中央苏维埃组织法》也规定：“全国苏维埃代表大会是中华苏维埃共和国的最高政权机关。”“中央执行委员会是全国苏维埃代表大会闭幕期间的最高政权机关。”[12] 苏维埃工农兵代表大会制度是中华苏维埃共和国的基本政治制度，它保证了千百万工农大众参加国家管理，便于工人阶级及其政党的领导。这是吸取苏俄的历史经验和总结红色政权建设经验所创制的一种崭新的政治制度，并被新中国宪法所沿用。

2. 各项具体法制建设

中国共产党在创建农村革命根据地时期建立的人民民主政权各阶段的法制建设中，工农民主政权主要以模仿苏联法为主，而抗日民主政权和解放区民主政权则兼有吸收和改造。

（1）宪政立法

根据马列主义关于国家和法的学说，仿照 1918 年和 1924 年苏联宪法，1931 年 12 月中华全国苏维埃代表大会制定和公布了《中华苏维埃共和国宪法大纲》。这是中国历史上的人民立宪的最初尝试，也为后来的民主宪法提供了经验。

由于受苏联宪法的影响及缺乏经验，这部宪法大纲也规定了一些脱离实际的条文。如关于民族问题，完全照搬社会主义联邦制形式下的苏联宪法的同类条文是脱离国情的。关于民族问题的这一规定，直至解放区民主政权时期才得到纠正，代之以民族区域自治的政策。

关于选举法的问题。受苏联法的影响，中华苏维埃政权认为选举权及被选举权属于劳动群众，对于剥削阶级则不加区分，一概剥夺选举权。《中华苏维埃共和国宪法大纲》规定：“军阀、官僚、地主豪绅、资本家、富农、僧侣及一切剥削人的人和反革命分子，是没有选举代表参加政权和政治上自由的权利的。”这个规定与苏俄宪法中所规定的剥削分子和革命的敌人没有选举权和被选举权的条文相同。随着形势的发展和阶级力量对比的变化，

---

⑩ 列宁在谈及俄国苏维埃国家机关领导原则时，曾强调把集体领导和个人分工负责有机地结合起来。

⑪ 《苏维埃中国》第 2 集，318 页，1935。

⑫ 韩延龙、常兆儒编：《中国新民主主义革命时期根据地法制文献选编》第 2 卷，86 页，中国社会科学出版社，1987。

抗日民主政权的选举制度规定：工人、农民、小资产阶级和一切赞成抗日和民主的地主、富农、资本家以及国民党人士，均享有同等的选举权利，他们可以不受任何限制地参加各级权力机关的选举，而且都有被选为人民代表和公职人员的权利。这对中华苏维埃选举制度中关于剥削阶级一概不享有选举权的规定是一个重要的修正。

（2）土地立法

列宁关于农民土地问题的思想和苏俄土地立法经验深刻影响了创建革命根据地时期的土地立法，其中尤以土地所有权国有和消灭富农问题最为典型。

1917年11月8日，全俄工农兵代表苏维埃第二次代表大会第二次会议通过了由列宁起草的《土地法令》。该法令规定，没收地主、皇家、寺院和教会的土地，废除土地私有制，将国内的一切土地转归国家所有，成为全民的财产。1926年11月共产国际执行委员会第七次扩大会议在莫斯科召开，斯大林做了《论中国革命前途》的报告，随后召开的共产国际执委会第八次扩大会议上通过的《关于中国问题的决议》指出，土地革命应包括没收土地和土地国有。会议期间，共产国际给中国共产党发出重要指示，要“开展土地革命，坚决主张从下面实际夺取土地”，在“中国革命新阶段实行土地国有”。

根据上述思想，中国共产党在1927年“八七会议”上确定了开展土地革命的方针，并提出土地国有口号。1930年以前革命根据地的土地法规都规定，没收的土地归苏维埃政权所有，农民分得的土地，只有使用权，没有所有权。

此后根据地的土地法有所改变，但也是按照苏联指示精神做的。1930年7月23日，共产国际执委会政治秘书处通过了《关于中国问题的决议案》，1931年2月共产国际远东局与中共中央为中华苏维埃共和国第一次全国代表大会联合起草《土地法草案》，其中规定：“现在仍不禁止土地的出租与土地的买卖。”按照共产国际和中共中央的指示，1931年12月中华苏维埃中央政府公布的《中华苏维埃共和国土地法》纠正了以前关于土地国有的错误，在土地权力归属及使用上，采取了灵活变通的规定，指出：土地国有化是消灭封建关系的必由途径，但在目前阶段，分配给农民的土地应允许农民出租、买卖。

对富农的政策也由于苏俄及共产国际的影响而表现出错综复杂的情形。1928年12月，毛泽东主持制定《井冈山土地法》，仍然继承了“没收一切土地”的政策。1928年7月，党在苏联召开第六次全国代表大会，会议通过《土地问题决议案》、《农民问题决议案》等文件，对富农的政策作出了原则性的规定和调整，指出“故意加紧对富农的斗争是不对的”，“党的目前阶段中的任务，乃在使这种富农中立，以减少敌人的力量”。此后，1929年4月毛泽东在《兴国土地法》中即根据“六大”精神改变《井冈山土地法》中“没收一切土地”的政策，规定为“没收一切公共土地和地主阶级的土地”⑬。

1929年秋，中国共产党对富农的政策急转直下，这个变化是由共产国际执委会同年6月7日给中共中央的一封《关于农民问题》的信引起的。这封信是共产国际根据苏联在农

⑬ 参见《第一、二次国内革命战争时期土地斗争史料选编》，277页，人民出版社，1981。

业合作化运动中消灭富农的政策而写成的。它忽视了苏联社会主义革命与中国新民主主义革命之间的本质区别，夸大了中国富农剥削的残酷性和反革命性，把富农看得比地主还要坏。接到共产国际的信后，中共中央立即于同年 9 月通过了《接受国际对于农民问题之指示的决议》，承认过去在富农问题上的“错误”，认为富农“在土地革命的过程中，就是动摇、妥协以至反革命。所以党的策略决不应企图联合富农在反封建势力的战线之内，而应坚决的反对富农”。

1931 年 12 月，第一次中华全国苏维埃代表大会通过的《中华苏维埃共和国土地法》中明确规定：“中国富农性质是兼地主或高利贷者，对于他们的土地也应该没收。富农在没收土地后，如果不参加反革命活动而且用自己的劳动耕种这些土地时，可以分得较坏的劳动份地。”在富农问题上奉行过“左”的土地政策，扩大了土地革命的打击面。

1935 年，遵义会议确立了毛泽东在中央的领导地位，摆脱了共产国际脱离中国国情的指挥和束缚。同年 12 月，毛泽东主席发布《关于改变对富农策略的决定》，认为对于富农应只没收其出租剥削部分的土地，其他财产是不应没收的，如果当地实行平分土地，富农也应和其他农民一样分得同等的土地。由是，我党对富农的政策趋于合理。

（3）劳动法

1931 年 12 月，中央工农民主政权仿照 1918 年苏俄劳动法典颁布了《中华苏维埃共和国劳动法》。该法废除了对工人的一切封建剥削和一切不合理的旧制度。

在工时和休假方面，《中华苏维埃共和国劳动法》与 1918 年苏俄劳动法典完全相同，也规定 8 小时工作制，夜班 7 小时，凡在危害身体健康部门中工作的，可以减至 6 小时以下。还规定工人每周须有 42 小时的连续休息。

在保护女工、青工、童工方面，《中华苏维埃共和国劳动法》规定特别繁重危险的工作部门禁止雇用女工、青工、童工。女工与青工如与成年男人做同样工作，须得到同样的工资，即所谓“同工同酬”。允许女工有哺乳时间，享受产前产后 8 周带薪假期。1918 年苏俄劳动法典从保护妇女和未成年人角度出发，也规定了相类似的条文。

在工人的民主权利方面，《中华苏维埃共和国劳动法》规定工人可以成立职工会，其任务是代表工人保护一切雇佣劳动者的利益。而 1922 年苏俄劳动法典同样规定，职工会不仅可以作为集体契约的一方，而且在劳动纠纷和日常生活的一切问题上均代表职工。

实行《中华苏维埃共和国劳动法》后，工人得到了保护，工人的革命积极性大大发扬起来，从而在革命战争及革命政权建设与经济建设中发挥了重要作用。但是，由于硬性照搬苏（俄）法模式，主观划一地规定过高的物质福利待遇，脱离了中国国情和根据地实际。

（4）刑事立法

当时刑事立法的主要内容是镇压反革命。中华苏维埃共和国成立前后，借鉴苏俄肃反经验制定的刑事法规的内容主要有：

反革命罪概念。1917 年至 1918 年的苏俄刑法规定反革命行为的构成要件即准备、组织反革命叛乱和暴动并参与其中。参与旨在推翻苏维埃政府的阴谋和组织，不论是否已经实行，均视为反革命行为。1934年4月中华苏维埃共和国中央执行委员会公布的《中华苏维埃共和国惩治反革命条例》以苏俄刑法为蓝本规定了反革命罪的概念为：凡一切图谋推翻或破坏苏维埃政府及工农民主革命所得到的权利，意图保持或恢复豪绅地主资产阶级的统治者，不论用何种方式都是反革命行为。

镇压反革命的司法机关——肃反委员会。中华苏维埃肃反委员会与苏俄国内战争时期的肃反委员会在其任务上基本一致。在红军占领的地方所建立的临时革命政权——革命委员会中，均设置肃反委员会的专门机构，其任务是团结与领导工农群众，消灭当地一切反革命武装力量，镇压被推翻的剥削阶级的反抗，打击反革命组织和反革命分子的阴谋破坏活动和其他形式的犯罪活动，以确保革命政权的巩固和发展。

三、新中国建立后50年代前期：全面学习苏联

新中国成立后，由于多种原因，中苏关系全面热化，为引进苏联法制提供了条件。这种学习与移植是全方位的，从法学教育、法学研究直至立法、司法实践。

在法律教育方面，国家明确提出了全面学习苏联的方针。[14]“法律教育工作是和学习苏联分不开的。新中国成立后不久，有些高等学校的法律系主要是或者完全是学习苏联的。”[15]

苏联法学基础理论也称为“国家与法的理论”。由中国人民大学编写的《国家与法的理论》一书中，中国法学家将以维辛斯基为代表的苏联法学家关于法律是统治阶级的意志，由国家强制力保证其实施的观点，奉为经典的马克思主义法学理论。至80年代的法理学教科书中，此理论仍延续不衰。

在刑事诉讼法学方面，1956年制定的《中华人民共和国刑事诉讼教学大纲》，是在中国尚未颁布刑事诉讼法典的情况下制定出来的，其体系结构很明显受到了苏联刑事诉讼法的影响。“大纲”中各章内容排列的顺序、中国刑事诉讼基本原则以及对刑事证据理论体系的设定都与苏联法相似，基本上采纳了苏联学者通行的观点。

在婚姻家庭法学方面，《苏维埃亲属要义》、《苏维埃婚姻与家庭的立法原则》、《苏维埃婚姻——家庭法》相继翻译出版。苏联婚姻家庭法学理论认为，婚姻家庭法是社会主义国家独立的法律部门之一，不是民法的组成部分。在此影响下，20世纪50年代的中国婚姻家庭法学强调婚姻家庭的阶级性，认为将婚姻家庭法划归民法部门是资产阶级意志和利益的体现，社会主义婚姻家庭关系不是商品关系，所以不能归属于民法范畴。婚姻家庭法之独立于民法被标榜为社会主义婚姻家庭法先进性、革命性的表现。这些理论观点对中国的婚姻家庭法学说产生了长久的影响。

---

⑭ 1953年教育部推出统一法学课程，规定法学院（系）开设的课程是：苏联国家与法权史、苏联国家法、苏联刑法、中国与苏联民事诉讼法、土地与集体农庄法、中国与苏联法院组织法、人民民主国家法、中国与苏联劳动法、中国与苏联行政法、中国与苏联财政法。参见汤能松等：《探索的轨迹——中国法律教育发展史略》，485页。

⑮ 陈守一：《法学研究与法学教育论》，4页，北京大学出版社，1996。

苏联法律影响的痕迹最为明显的是我国宪法的制定。毛泽东给宪法起草委员会委员开具的参考书目包括苏联的历部宪法及斯大林《关于宪法草案》的报告，并强调每个宪法起草委员会成员都要熟读苏联宪法。[16] 刘少奇在1954年宪法草案的报告中也明确指出：我们所走过的道路主要是苏联走过的道路。[17] 我国"五四宪法"仿照了苏联1936年的宪法结构，总纲、国家机构和公民的基本权利和义务三章中不少内容都明显地参考了苏联宪法的有关规定，甚至有的条文的行文措辞也与苏联宪法相差无几。

在司法制度方面，关于法院的设置和上下级法院的关系、人民陪审员制度、审判的组织、刑事审判原则、审判程序也都仿照苏联程序法。而设立独立的检察机关并赋以法律监督职权，则完全是移植苏联的检察制度。

苏联法制被运用到中国法制建设的理论及实践的各个方面。同时，苏联法中重实体、轻程序的倾向也被中国法学界接受。可以说新中国法制是在完全引进苏联法律和法学理论的基础上建立起来的，从那时起，就开始了苏联法学对中国法学几十年的"统治"，直至20世纪80年代中期。

四、结语：如何认识和评价苏联法对中国法制建设的影响

根据以上的简略回顾，我们可以看到苏联法对我国影响的大致情况。从时间上看，这种影响从20世纪的20年代开始，至80年代中期后逐渐消失，大约60年的时间，其中规模最大、影响最深入和最全面的时期是50年代前期。从影响的对象来说，国共两党皆曾是苏联法的忠实信徒。尤其有一个有趣的现象值得注意，那就是国共两党最迫切地接受苏联法时，都是在其刚刚建立自己的政权之时：国民党深受苏联法影响时是在其刚刚建立广州革命政权时，共产党深受苏联法影响时是在其刚刚建立农村根据地和刚刚取得全国政权时期。这难道是一种偶然的巧合吗？苏联法到底是一种什么性质的法？它为什么能适合国共两种不同性质的政党的需求？它适合不适合中国的国情？若说它不适合，国共两党为何皆趋之若鹜？若说它适合，国共两党为什么在取得政权，尤其是取得全国性政权后不出若干年就开始改革其法、另寻出路？这都值得我们深入思考。

考虑以上问题的答案，我们不要忘记这样的历史事实。

20世纪初期的中国处于半殖民地半封建社会，中华民族的先进分子的任务是领导人民推翻帝国主义和封建势力的双重压迫，并在胜利后建设工业化的强大国家。这个历史的要求决定了作为中国资产阶级和无产阶级的政治代表——国共两党的共同使命：民族民主革命和工业化建设。在当时资本主义列强控制的地球上，有哪一个世界大国同情与支持中国革命？英、美、法还是德、意、日？都不是。只有伟大的列宁及他领导的苏联。因此，孙

---

⑯ 参见蔡定剑主编：《中国宪法精粹》，13页以下，中国民主法制出版社，1996。

⑰ 参见蔡定剑主编：《中国宪法精粹》，13页以下，中国民主法制出版社，1996。

中山、陈独秀、李大钊等都不约而同地成了列宁的学生，“走俄国人的路”是当时先进的中国人的共同的结论。国共两党都能接受苏联法的外在原因就在于此。

苏联法是什么性质的法？一言以蔽之，是革命的法。如前所述，苏联法强调党的领导，强调法的阶级性质，在具体制度上实行民主集中制、议行合一的苏维埃制、土地国有制、严惩反革命罪、重视保障工农的利益等，都与这种革命的法制有关系。只有这样的法制才能确保工农的权益，集中一切力量去完成革命的任务。国共两党为完成革命的任务也就必然要选择这种革命的法制。这是广州、武汉革命政府及红色根据地政权采用苏联法的内在原因。

新中国成立初期为什么也要全面学习苏联呢？这时候革命的任务已经完成，而巩固政权和进行经济建设也需要这种革命的法制吗？除了革命历史的惯性以外，新中国全面学习苏联与当时所处的国际环境和工业化的特点有关系。新中国成立之初，西方国家在外交、经济等各方面实行孤立中国的政策，尤其是美国，甚至把战火烧到鸭绿江边。我们无法获得必要的国际援助和经济建设的经验，而苏联及其他社会主义国家不仅承认我们，而且取得了举世公认的巨大成就。倾向于苏联自是势所必然。发展工业的重要性和当时的战后恢复重建的条件也决定了我们需要采用计划经济的办法。苏联法制的强调集中性、强调阶级意志而不重视个人权利；强调用行政法制手段管理经济生活、不重视民法的作用等等诸多特性，恰恰符合了中国人当时发展计划经济的需要。这是新中国成立初期全面学习苏联法制的根本原因。

苏联法制这种革命的性质和从属于高度集中的经济、政治体制的特点运用于中国的60年中，有它的优点，起了好的作用；也有它的不足，起了坏的作用。就其性质而分析，可以说革命的法制有利于夺取政权，但并不适用于执掌政权。因为执政要求的是稳定与秩序，那就必须顾及大多数人以至于全体人民的利益，而不能只是照顾工人、贫下中农的利益。执政之基在于发展经济。长期而稳定地发展经济，就要按平时的经济规律办事，就要发展市场经济，而不能像战争时期或战后恢复时期那样只靠自上而下的计划去组织生产，当然更不能靠“打土豪、分田地”的办法去抢得财物。根据这样的分析，可以说，在20世纪50年代后期，中国共产党的执政地位稳固了、工业化经济体系也初步奠定下来，苏联法制在中国适用的基础也就开始动摇，其历史进步作用也就开始减退和削弱了。法制改革的时代即将来临。

如何看待苏联法在中国法制建设中的“功与过”？学界已有过许多的评价，本文不想说太多的了。标准还是那一条，即要把问题提到一定的历史范围之内分析。要实事求是地评价历史，尊重我们的前辈在当时的历史条件下的选择。只有这样，才能使我们吸取更多的经验教训，学会怎样在新的条件下选择正确的行动。

徐静琳

演进中的香港法启示录*

——关于比较法的思考

简介

徐静琳，上海市人。上海大学法学院教授。从事高校法学教学和研究二十余年。研究方向为：比较法学、香港法学、行政法学。曾承担并主持多项研究课题，如“教育信息均等性研究”、“规章编纂研究”、“和谐社会与法律法规建设研究”等。发表专著和合著8部、论文八十余篇。代表性论著有：《演进中的香港法》（2002年）、《法的编纂模式比较》（2004年）、《行政法与行政诉讼法学》（2005年）等。

* 原发表于《上海大学学报》，2003（1）。

在历史上，香港未曾成为独立的政治实体，从中国封建中央集权制统治到英国殖民治理，它都是以一个地方行政实体的地位存在的。而弹丸之地的香港，“在近代中国史的特殊环境下，却为中华民族提供了一个独特的、宝贵的、有价值和意义的‘历史文化空间’，在这个面积细小而能量巨大的空间里，出现了不少对受尽苦难的现代中国的文化重建具有积极意义的事业。香港特殊的地理、政治和社会状况，为这些事业提供了有利的条件，使它们得以发展和壮大，从而对中西文化的交流和中国的文化更新作出贡献”①。

纵观香港法的百年发展演变史，同样可以发现，凭借“借来的时间”和“借来的空间”，香港成功地移植和吸收了外来法，并在此基础上融会中西，使之本地化，形成独特的具有普通法传统的香港法。香港回归祖国以后，在“一国两制”下，香港法体系及其普通法传统得以保留和延续；香港基本法和其他部分全国性法律开始在香港实施；香港法制与内地法制发生新的互动。香港法在新的历史条件下接受挑战，并进入了一个全新的发展阶段。演进中的香港法所给予世人的启示是多方面的，包括宪政理论、法治经验，还有法律文化层面的深刻内涵。在中国法律发展的历史长河里，香港法以其独特而创新的发展，在中华法学宝库中占有重要一席。

普通法传统的植入

“移植”一词，原本是生物学上的词汇。人体器官移植在于弥补肌体中的某种缺陷；植物上的移植，有助于扩大原苗圃的株行距和植物的继续培育。社会科学也有一个移植的问题。“在中国，现今意义上的法律学和社会科学皆产生于本世纪初，它们同是文化移植的产物。从某种意义上说，包括语言变革在内的极广泛而深刻的‘文化移植’的发生乃是我们探究百年来中国社会及学术时要面对的事实。”②

关于法律移植的动因，大体有两种情况。一种情况是，因本国创制和改善法律之需要，以积极态度引进他国法律和法制，借鉴其中合理部分，继而仿效或采纳，这类法律移植属于主动式，通常是基于本国利益的需要；另一种情况是，因政治原因而迫于强权接受他国法，并非出于自愿或本身的需求，这类法律移植属于被动式。由于历史的原因，外来法（在很大程度上是英国法）在香港的植入属于被动式，它是英国殖民政策的副产品。

事实上，香港移植的不只是英国法的条文或制度，更多的是普通法的传统。关于普通

① 陈弘毅．香港：一个特殊的历史文化空间．法治、启蒙与现代化的精神．北京：中国政法大学出版社，1998．356．

② 梁治平．法律的文化解释［M］．北京：生活·读书·新知三联书店，1998．

法的扩展，英国学者戴西（A. V. Dicey）认为有三种类型：种植式（seeded）、移居式（settled）和征服式（conquered）。他认为，印度和香港属于第一种，美国属于第二种，南非则属于第三种。这一分析比照香港法的形成，在逻辑上有一定的合理性。的确，在英国殖民者初踏上香港之时，当地的刑事案件适用《大清例律》，民事纠纷沿用华人习惯和宗族规范，大量涉及民商事关系的问题并无法律依据可循。由此，在殖民者的强权政治之下，英国法制的扩展表现为直接而广泛的“种植式”，不仅在法律的数量和形式上，还涵盖到部门法的各个领域，包括判例法体系、法院组织模式、司法制度、律师服务等，特别是蕴涵在部门法中特有的原则和制度，影响和推动了香港法的形成和发展。

从法律形式而言，原在香港推行的英国法，有部分英国国会的制定法，有英国为其殖民地及属地制定的法律，还有英国专为香港制定的法律。由于英国法理念的植入，无数体现普通法和衡平法原则的判例也在香港适用。因而在相当长时期里，外来法成为香港法极为重要的组成部分。在涉及香港地位的领域，如香港的宪政，包括总督、行政局、立法局的组成和职权等，均由英国立法《英皇制诰》和《皇室训令》等予以规定，香港本地对此不得立法规定。涉及移民、航运、专利、版权等重要领域的法律问题，均适用英国法例，在形式上透过英皇会同枢密院颁令引进香港。在一些涉及主要社会关系的领域，如财产法、合约法、侵权行为法、家事法、诉讼法、刑法等，也无不体现了英国普通法的内容和原则。在港英政制下，外来法“种植”的结果是，香港主要立法的实际控制权在英国，英国法渗透了香港法的各个领域，因而香港法的相当部分实际上就是英国法。

因此，近代以来，香港法通常有两部分组成：香港本地的法律和香港以外的法律，其中外来法构成香港法的重要组成部分，致使香港法制从形式到内容无不烙有英国法的印记，而香港法的精神和体系更是普通法传统的充分体现。

结合本地实际的适用

以“柔性政策”对其属地治理乃是英国一贯采用的手法。11 世纪威廉征服不列颠岛后，在加强王权的同时，保留了当地盎格鲁·萨克逊人的习惯法，反映了一种“妥协”的人文精神。就香港来说，即便是在外来强力下接受外来法制，但被允许在某些条件下可以根据本地实际情况灵活适用，这或许是外来法在香港存活的重要因素之一。在法律移植的过程中，任何供体与受体之间存在的差异性，要求克服法律适用上的僵化。在这里，考虑受体的社会环境和内在需求是至关重要的。或者说，外来法在香港的成功植入，固然是凭借了殖民强权政治，而外来法竟能长久存活于异土，则需要两者作出某种调和或适应性改变。法律移植在世界范围内并不是个别现象，殖民者强行在非洲实施法律的例证说明，若一味以强权推行只能在短时间内获得效果，并不能真正使受体法制发生根本性转变，也不可能给其带来社会进步和发展。因此，无论是何种原因引致的法律移植，都有一个使外来法在异地存活并发展的问题，适时作出某些调整或处理是必要的。

英国将香港视为它的一个海外属地，在向香港大面积强行"种植"其法律的同时，并非认可所有的英国法例或判例自然在香港实施或适用。对于英国制定法在香港的适用，1966年《英国法律适用条例》规定，须符合三种情况：一是英国法例本身明文规定它适用于香港或所有英国海外属土；二是虽然英国法例本身没有明文规定适用于香港或所有英国海外属土，但根据法例的性质和内容，可以推断英国国会有意将该法例施行于其海外属土；三是英国国会立法也可以透过英皇特权立法如英皇会同枢密院颁令或引进香港。③ 因而英国法例适用于香港的仅是其中的一小部分，但对香港来说，香港的宪政及其重要领域，主要由英国立法控制。据统计，在1997年以前，约有三百余项英国法例适用于香港。

香港在司法实践中如何适用普通法和衡平法？是全部照搬还是有所改变呢？在"张威根诉女王"案中，法官哈金斯认为："普通法可以发展，但不能改变。是不是英国的法院独自就能规定什么是现在的（以及1843年的）英国的普通法呢？凡经英国上议院明确提示的普通法原则，毫无疑问就可成为规定香港普通法的决定……作为一项一般原则，殖民地法院应遵循上诉法院和刑事上诉法院所作的关于普通法的提示。因为这种提示在实际上具有很高水平的说服力。但我很遗憾地认为，我们只是盲目地照搬这些法院的判决。"④ 这一问题的提出，尔后在1966年《英国法律适用条例》里（Application of English Law Ordinance）得到了解决。该条例订明："普通法和衡平法的准则应在香港发生效力，只要它可适用于香港或其居民的情况或根据情况作了必要的修改。"表明普通法和衡平法在香港具体运作上有其特殊原则。

归纳起来，香港适用普通法和衡平法有以下特点：1. 英国普通法和衡平法的原则如果适用于香港，在香港均被视为有效。2. 适用于香港的普通法和衡平法，不因英国枢密院或议会根据英国情况所作的修改而发生变化。3. 香港立法局在适用时若认为普通法和衡平法有悖香港情况，可以作出修改。4. 由香港最高法院统一适用普通法和衡平法。1976年香港《最高法院条例》(Supreme Court Ordinance) 订明："在一切民事案件中，普通法和衡平法应由最高法院执行，如同在英国高等法院和上诉法院执行一样。" 5. 香港法院援用英国判例遵循以下原则：英国枢密院司法委员会、上议院的判决对香港所有的法院具有约束力；英国上诉法院的判决及英联邦其他国家的判决对香港法院具有相对约束力。

香港在适用英国判例法的基础上，积累并发展了本地判例法。香港判例法的效力机制如下：1. 香港最高法院上诉法院的判决对所有下级法院具有约束力。1974年以后明确，除非上诉法院的判决有明显错误，上诉法院也受本院以往判例的约束。1965年一项判决的"附论"还明确，除非能证明存在滥用或曲解法律的情况，上诉法院的独任法官也须遵循行使同等管辖权的其他上诉法院法官的判决，若上诉法官相信以前的判例对法律有误用或误解时，则不在此例。2. 香港地方法院须遵循上级法院的判决，但不受本院先前作出的判决

---

③ 陈弘毅等．香港法概论［M］．香港：三联书店（香港）有限公司，1999。

④ 瓦莱里夫·安·彭林顿．香港的法律［M］．上海：上海翻译出版公司，1985.

的约束。3. 香港裁判司署（Magistrates Court）受最高法院的高等法院和上诉法院判决的约束，而不受其他裁判司署和地方法院判决的约束。[⑤]

法的融合及本土化

法律的移植毕竟不同于生物学上的移植。法是由人类创造的行为规则，具有强烈的社会属性，它所体现的人的意志性，渗透着人的需要和智慧，表现在对社会关系的需求、理想和价值。在现代社会中，法不仅是国家意志的反映，还是社会公共管理的手段。[⑥] 法因其社会属性，与一定地域的政治、经济、文化、宗教、传统、人口、自然资源等因素密切相关。一位先人说过，从某种意义上看，法律没有自己本身的历史，是指法律植根于特定的民族文化土壤。设想，一个在“本土”运作良好的法制，移植于“异地”之后，如果失去原有培育条件，未必会产生同样良好的效果。普通法所以能在香港移植成功，自然有其独特之道：它在移植其有形的法制的同时，移植了无形的法律精神，包括普通法赖以生存的法治环境。

因此，对于外来法，仅仅移植静态的“法制”（法律、制度和法律秩序）尚不足以使外来法存活及推动异地法制发展，在立法成果之外，如何移植动态的“法治”，包括法的价值、执法经验和法的社会功能等诸多因素，才是影响和发展本地法制的实质性条件。意大利学者萨科（R. Sacco）在《比较法导论》一书中提出，法律不仅由制定法规则、判例和法学家论述构成，而且还由立法者、法官、法学家所作出的各种非行为规则（如法律解释等）构成。这一动态视角的表述，是“基于对特定制度运行中各种成分的实际观察”[⑦]。以客观的动态的研究方法观察香港法的全景发展，不仅有助于对香港法内涵的深入理解，也是摆脱“先入为主”观点，客观审视和评价外部体系，以把握法制发展规律的有效方法。

历史发展到今天，由于经济迅速发展和各国频繁交往，法律移植已经不是个别地区的个别现象了，甚至已成为各国文化交流中吸收和借鉴外国法制的必然趋势。因此，构建本土特色的法制体系，不仅要求研究外国法制之“术”，更应关注其“道”。在法律移植的过程中，不可避免地将产生法律文化的冲突和碰撞，通过法的交汇和融合之后，即便当强力移植的外力不再存在时，外来法仍在产生影响和发挥作用，或者当本土确因需求而对外来法作了适应性调整并实现了法的本土化之时，法律移植的价值才能真正显现。

香港法的本土化其实早已在外来法的移植中不知不觉地开始了。如前所述，香港对于英国法并非全盘“拿来”：英国制定法在港适用是有条件的；英国判例法的原则可因不适合香港情况被修改。在 20 世纪 60 年代以后，随着香港经济的迅速发展，随着立法局职能的

---

⑤ 李泽沛．香港法律概述［M］．香港：三联书店（香港）有限公司，1989。

⑥ 张文显．法理学［M］．北京：法律出版社，1997。

⑦ 沈宗灵．比较法研究［M］．北京：北京大学出版社，1998。

转变，本地制定的条例及附属立法逐年上升，无论在数量上还是在涉及领域方面，均获得了前所未有的发展，越来越显示出本地立法在香港法体系中举足轻重的地位。从香港条例与适用于香港的判例比较，两者的来源及地位不同：条例经香港立法机关依立法程序而产生，判例则产生于法官的审判实践；条例可以对不适合于香港现实状况的判例原则作出更改或废除，判例则不可更改现行条例；条例通常不具有追溯效力，而判例具有惊人的溯及力，判例的历史延续性就在于此。

香港法律本土化主要反映在两个方面：一是指香港本地的法律，包括条例、附属立法以及法院判例，在整个香港法律体系中居有主要地位，有着不可替代的重要作用。二是指原来由英国颁令在香港实施的英国制定法，改由香港立法实施。1985 年 5 月，根据《中英联合声明》成立的中英联合联络小组，将“法律本地化”纳入工作计划，港英政府组织成立了一个法律本地化的专家小组。这些工作富有成效。原来香港有不少法律是直接适用英国法或英国专为香港制定的，如民航法、商船法、逃犯转送等，为了使香港回归后在法律上实现平稳过渡，不致出现“法律真空”，法律本地化是极为必要的。1989 年香港“最高法院（修订）条例”规定，最高法院有权审理的民事海事案件依据的法律，改英国颁令为本地法例。

为了完善香港法制和推动香港法的发展，1980 年 1 月，香港成立了法律改革委员会(Law Reform Commission)。该机构负责研究律政司和高等法院首席大法官转介有关法律改革的议题，并将研究结果向政府制作报告。研究报告可供市民公开索阅。委员会的研究范围甚为广泛，如涉及商业仲裁、人身伤亡、赔偿、保释、欺诈、年龄的法律效力、未建成住宅物业售楼说明等方面。经研究提出的大多数有关法律改革的建议，都经立法局程序修订并付诸实施。

当 1985 年中英两国政府关于香港问题的联合声明生效后，港英当局意识到英国制定法在香港回归后将一律予以废除的前景，于是对所有在港适用的英国法例进行全面检讨，决定采用其中约一百五十余项英国法例的内容，并以香港本地立法的形式制定。这项颇具规模的“法律本地化”工作并非是对原有英国法的抄袭或照搬，而是结合香港实际情况将法律重新修订，包括对原来完全适用英国法的空白领域，需制定新法，如专利法、版权法等，并对已有条例规定但不尽完善之处作出重新修订。对涉及有关国际协议的法例，如有关引渡内容的规定，还须征询中英双方及有关缔约国的意见。从广义上讲，以香港基本法全面审查“香港原有法律”（主要是对条例及附属立法）的工作，也是法律本土化的组成部分。20 世纪 70 年代在香港立法和司法部门开展的法律双语化活动，更促进和推动了法律本地化进程。法制是社会稳定和发展的基本保障，香港法本地化的实现对于香港的平稳过渡和继续繁荣起了积极的作用。香港回归后，随着基本法的实施，特别行政区立法机关继续进行了法律的“适应性”调整，使特区法律符合香港基本法的规定，与香港特区新的法律地位相适应。

超越法域：完善法治体系

香港特别行政区成立之后，法制的发展进入了一个崭新的历史时期：在政治上，香港割断了与英国的从属关系，在法律上却延续了普通法的传统，基本保留了原有法律体系和司法制度；香港特别行政区基本法和部分全国性法律（体现国家主权内容的）在香港实施；在“一国两制”的多法域格局中，香港与内地（中国主体）法域的关系面临新的发展。从一定意义上讲，内地法对于香港法同样是异域法的外来法。因此，香港法在新的历史条件下，正经受新的挑战，并在不同法制的碰撞中获得协调和发展。在香港法的发展史上，外来法对本地法的影响或制约、冲突或交融，法律在互动的演进中不断完善，这似乎正是香港法不断发展的生命力所在。

香港回归以来，涉及基本法的争讼此起彼伏。特别是由此引发的颇多争议，深为法律界关注。事实上，围绕香港基本法的冲突和争议，并非如有些人所称是因基本法的设计欠周详所致，相反，香港基本法在实施过程中面临的诸多挑战，恰恰展示了香港新宪制秩序在建立过程中必经的磨合阶段。例如，在居港权案件及其他诉讼中，因基本法条款解释引发的争议，往往涉及两地宪政文化、法律解释和司法程序等问题，甚至涉及对“一国两制”运作的理解。

任何法律都不可能对其调整的社会关系规定穷尽，其发展还有赖于法律解释予以完善。内地法域实行以立法解释为主的法律解释制度，立法解释旨在进一步明确法律规定的具体含义，或因新的情况发生后为明确适用法律依据之需。在中国人民代表大会制度的政体下，全国人大既是权力机关，也是立法机关，全国人大常委会的法律解释在内地法律解释体系中具有最高效力，因而内地法院不具有“司法复审立法”权力。香港法域实行司法解释制度，法院有权行使违宪审查权以监察立法活动，同时，普通法奉行司法解释为权威解释，认为司法解释具有以“司法公平”弥补“法律公正”的特殊功能。正是两地在法制理念和文化基础上的差异，在普通法司法区实施基本法而发生冲突现象并非异常。关键在于，如何理解和实施基本法条文及有关基本法的解释；如何在切实执行基本法的同时，保证普通法司法区法官的独立审判；如何使基本法精神与普通法价值得以在香港法域和谐地体现。这既是“一国两制”在法制领域的考验，也是发展中的香港法的新问题。

从另一方面看，基本法在香港法域的实施也为香港法的发展提供了良好的发展空间。有香港学者认为：“这些近期的经验使我们注意到，尽管基本法的起草者已尽了最大的努力，香港特别行政区和中国内地之间仍存在着一定程度的法律和宪政上的真空。在某种意义上，这是件好事。它显现出基本法的基本元素的运作是良好的。正是由于这个基本法律架构正有效地发挥其功能，我们才有机会去留意两地法律互动关系的‘尚未建构’的方面。”⑧

在香港基本法之外，其他部分全国性法律在港实施时，中央根据不同情况予以灵活处理。如对于香港实施“国籍法”，全国人大常委会附以具体解释，对香港居民的国籍选择和登记问题作了变通处理；如关于“驻军法”的实施，全国人大按香港特区的实际情况专门制定法律，对香港驻军的职责和纪律作了明确规定。总之，全国性法律在香港特区实施，应切实保证“一国”原则在香港特区充分体现，包括特区立法会须按基本法规定立法实施，特区法院须依照基本法规定行使审判权；同时，也要充分考虑“两制”的灵活性，给予香港特区以特殊政策。由于这类全国性法律均涉及与香港特区有关的防务和外交事宜，均不属于香港特区自治范围，因而在实施中若发生难以处理的情况，法律解释权均在全国人大常委会。

鉴于香港与内地存在法制上的差异性和司法管辖上的独立性，两法域之间发生的区际法制互动，主要反映在司法协助等诸多方面。区际司法协助的范围甚为广泛，包括民商事和刑事司法协助。在司法程序上的内容有调查取证、文书送达、仲裁及判决的承认和执行、司法管辖等，刑事司法协助还有交付执行、引渡案犯、赃物移交等问题。随着两地民间交往日益频繁，司法协助的领域也不断扩大，包括互相承认法律事实，如互相承认婚姻、互相承认领养、互相承认遗嘱和遗产安排等；互相承认和执行判决和仲裁裁决，也包括赡养令的承认和执行、破产令和清盘令的执行等。

1999年内地与香港达成的两个协议，即最高人民法院《关于内地与香港特别行政区法院相互委托送达民商事司法文书的安排》和《关于内地与香港特别行政区相互承认和执行仲裁裁决的安排备忘录》，开创了两法域司法协助的新思路。上述文件公布后，两地法院都已认真执行，在手续办理和程序操作均按协议进行。司法实践证明是可行的。然而，两法域司法协助领域尚有很大的空间有待填补，如关于法院判决的承认和执行、关于调查取证的协助等问题需要进一步研究：围绕法院判决的承认和执行事宜，需要解决管辖权的冲突、判决的审查标准等核心问题；在调查取证方面，存在有关取证主体和取证方式差异的问题；在移交和引渡案犯的交涉上，是适用国际通用的引渡原则还是进行变通处理？按照“一国”原则协调和处理区际司法协助事宜，需要充分认识两地法制的差异，寻求适当的解决途径和办法，同时也应考虑国际司法互助的基本原则，力求法制原则的和谐和协调。香港和内地在实体法和程序法上的差异和冲突，也反映了两种法律制度蕴涵着不同的价值取向和文化传统。因此，在“一国两制”下两地法制的互动，在更深层面上还涉及法律文化的碰撞、影响和渗透，这对于推动两地法制的协调和完善无疑是极为有益的。

香港法成功地融合了中西法制和法律传统，其演进过程为比较法研究提供了一个鲜活

⑧ 陈弘毅．回归后香港与内地法制的互动：回顾与前瞻［A］．中国内地、香港法律制度比较研究［C］．北京：北京大学出版社，2000。

的例证。香港适用外来法也有一个识别、选择和借鉴的过程，正是这种比较方法的实践和理念，使香港法在不同历史阶段能够继续发展和完善。由此，法律比较研究并非是对不同法制作优劣上的对比，而在于考察相异法制是在什么样的历史条件下产生和发展的，了解它们选择了什么以及是怎样进行选择的，考虑这些经验是否适合本地区，是否可以为本地“接受”、“拿来”或借鉴。

中国在实现法制现代化的进程中，同样需要“参考古今，博稽中外”。特别是在全球经济一体化浪潮到来的21世纪，以跨越国界和文化的观点来研究世界范围内的法律制度，已成为本国法律进步的一个必不可少的环节。中国内地法域借鉴和吸收外来法制，既包括不同国家和不同法系的法制，也包括特别行政区法域的香港法及其法治经验。同样，吸收和借鉴外来法制的最佳办法，并不一定是去做他人已经做过的事，而是理解问题的核心价值，认识和比较不同法制，思考这种差异的文化基础，作出适合本地情况的选择，以便驾驭本法域法制变革的过程。

在“一国两制”下的多法域格局中，加强内地与香港之间的相互认识和沟通，拉动法域间良性的互动关系，具有十分重要的现实意义。一方面，两法域法制存在事实上的差异，彼此可以相互学习和借鉴，促进学术研究，深化法制建设；另一方面，两地民商往来日益频繁，客观上要求对涉港或涉内地的法律关系进行处理和协调。

“一国两制”方针是实现中国统一大业的基本国策，也为中国的法制建设和法学研究开辟了一个十分广阔的前景。香港特别行政区成立五周年的实践证明，法律和司法制度在遭遇诸多挑战的过程中，香港法获得了新的发展空间。以比较法的视角考察香港法的演变，从文化层面上梳理香港法原理，其意义在于：超越法域，以更宽的视野，通过认识、比较、选择和借鉴，促进法学繁荣，实现“一国两制”下多法域之间协调，构建并完善中国法治体系。

曾代伟

《大元通制》渊源考辨*

简介

曾代伟，1947年生，重庆人，西南政法大学教授、法律史专业博士生导师、重庆市人文社会科学重点研究基地西南民族法文化研究中心主任，兼重庆市重点学科法律史学科负责人、重庆市政府兼职督学、中国法学会会员、中国法律史学会常务理事、民族法文化分会秘书长、中国西南民族研究学会常务理事。

主要研究方向为中国法律史、民族法文化、简牍文书法制等，近年来尤其关注民族法文化研究。在《法学研究》、《民族研究》等重要期刊发表论文三十多篇；出版专著《金律研究》(台湾)、《金元法制丛考》、《中国经济法制史纲》及合著十多部。获全国普通高等学校人文社会科学研究成果奖、司法部、四川省和重庆市优秀成果奖多项。承担国家社科基金项目（批准号04XFX002）“中国区域法律文化的独特类型：渝湘鄂黔相邻地区‘巴楚民族法文化圈’的演变与现代化研究”；主持国家“十一五”重大出版工程“中华大典”之“法律典·法律理论分典”的编纂工作（副主编）。

---

* 原发表于《现代法学》，2003（1）。中国人民大学报刊复印资料《法史学·法理学》2003年第5期全文转载。收录时有修订。作者说明如下：

本文初稿约4万字，除采摘《元史》等基本史料外，还尽可能地从《元典章》、《通制条格》、《经世大典》及有关杂史、政书、奏议、民族史志、碑刻、诗文集、总集、笔记、类书搜辑资料。论文发表文本近2万字，现作删节，保留约1万字。

本文选择学术研究比较冷落的蒙元基本法典《大元通制》为考察对象，从法律史学、民族学和社会学的角度，对学术界的传统定论进行考辨，力图复原其历史本来面目，以达成对其重新审视的目的。

其学术创新及价值在于：其一，正本清源。针对20世纪以来相关学术论著，包括一些权威论著关于《大元通制》本原的传统观点，从追溯蒙元前期艰难的修律历程入手，结合当时社会政治生态环境，对《大元通制》的本原作了详尽的考辨，提出新的结论：认为学术界迄今的定论，是对传世文献的“误读”而造成的一桩学术“悬案”。《大元通制》是世祖以降数十年修订律书的摸索与奋斗的产物，而仁宗“延祐律书草案”则是《大元通制》凭据的直接蓝本。

其二，关于《大元通制》“难产”的社会及政治生态原因考察。《大元通制》乃有元一代具有代表性的成文律典。自1271年始议修律至其颁行，历时长达五十余年，在中国古代法制史上颇为罕见。究其主要缘由，一是至元年间，世祖时专注于军事扩张及稳固统治，且蒙古贵族集团内部帝位之争频仍；主张修律的至元“汉法派”势单力薄；蒙古贵族集团根深蒂固的游牧文化意识，在“祖述”与变通和“附会汉法”之间摇摆不定；权臣阿合马、卢世荣和桑哥把持朝政，屡毁汉法；二是延祐、至治年间，仗恃兴圣太后权势的“后党”保守派与皇帝为首的“帝党”改革派之间激烈政争，都是《大元通制》难产的重要原因。

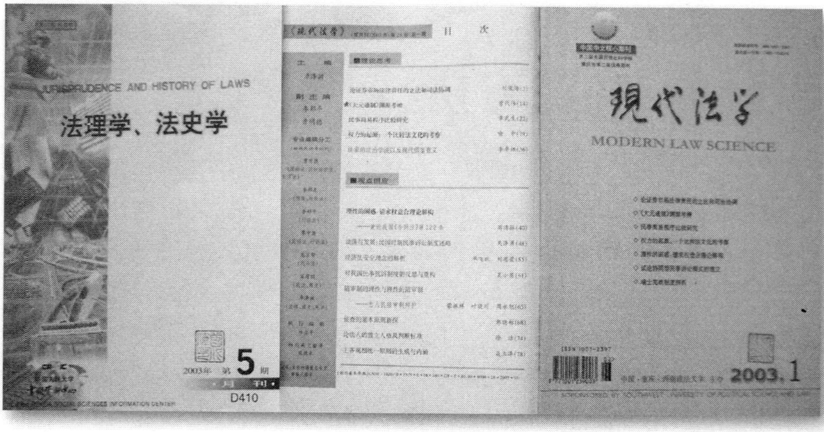

一、一桩因史料的误读造成的法律史“悬案”

《大元通制》作为有元一代具有代表性的成文律典，早已湮没在历史的尘烟之中。当年洋洋2 539条的鸿篇巨制，如今仅存其中《通制条格》646条①，以及散见于《元史》（纪、传、志等）、元代政书、类书、文集、笔记中的零星记载，其全貌已难以复原。传世史料的贫乏，亦使《大元通制》的渊源扑朔迷离。《元史·刑法志》的一段简要而含混记述，通常成为人们判定其“身世”的直接依据：“仁宗之时，又以格例条画有关于风纪者，类集成书，号曰《风宪宏纲》。至英宗时，复命宰执儒臣取前书而加损益焉。书成，号曰《大元通制》。”② 自20世纪以降，研究中国法律史的许多论著，皆根据此段史料记叙的逻辑关系，直观地理解为：仁宗时，以格例条画类集成《风宪宏纲》一书。英宗则对“前书”加以损益而成《大元通制》。故《大元通制》的制定是以《风宪宏纲》为渊源和基础的。③

稽诸史籍，笔者以为，上述“结论”可能是由于传世文献的缺乏和后人对《元史·刑

① 黄时鉴点校《通制条格》，浙江古籍出版社，1986。郭成伟点校《大元通制条格》，法律出版社，2000。

② 《元史》，卷一〇二《刑法一》，北京，中华书局，1976。下引本书同此版本。

③ 诸如：白寿彝总主编《中国通史》（哲学社会科学六五期间国家重点项目）第八卷《中古时代·元时期（上）》：“元仁宗即位之初，允中书所奏，‘择耆旧之贤，明练之士……由开创以来政制法程可著为令者，类集折衷，以示所司’。其大纲有三：一《制诏》、二《条格》、三《断例》……书成于延祐三年夏五月，名为《风宪宏纲》，命监察御史马祖常作序。……到英宗至治二年（引者注：应为至治三年，1323年）才审定颁行，题名《大元通制》。”（6页，上海人民出版社，1997。）杨鸿烈《中国法律发达史》：《大元通制》是“英宗时命宰执儒臣取仁宗已编纂成书的《风宪宏纲》加以损益”而成。（685页，上海商务印书馆，1933。）大体上采用此说的论著和教材还有：陈顾远《中国法制史》，121页，上海商务印书馆，1934；黄秉心《中国刑法史》，368页，福建改革出版社，1940；张金鉴《中国法制史概要》，33页，台北正中书局，1973；林咏荣《中国法制史》第六版，61页，台北，1976；张晋藩主编《中国法制史》（高等学校法学试用教材），261页，群众出版社，1982；张晋藩主编《中国法制史》（高等学校文科教材），355页，群众出版社，1991；张晋藩《中国古代法律制度》，570页，中国广播电视出版社，1992；叶孝信主编《中国法制史》第二版，244页，北京大学出版社，2000；韩玉林主编《中国法制通史》第六卷《元》，16页，法律出版社，1998；曾宪义主编《中国法制史》，190页，北京大学出版社、高等教育出版社，2000等。

法志》此段记述的“误读”，而造成的一桩法律史“悬案”。本文拟通过元代前期艰难而曲折的修律立法历程的追溯，结合当社会政治生态环境，就作为《大元通制》本原的“前书”，《大元通制》“难产”的缘由，《大元通制》与《风宪宏纲》的关系诸问题，做一些探索性的考辨，以就正于学术界同仁。

二、《大元通制》所据“前书”探原

在我国古代法制史上，历代王朝具有代表性的法典的颁行，都经历了一个不断修订、完善的时期。它们作为王朝开创以来立法建制之集大成者，代表着当时立法的最高水准。《大元通制》亦不例外，作为有元一代最为完整、系统的成文法典，尽管它可能以某一“前书”为直接蓝本，但其渊源仍应溯及至世祖、成宗、武宗、仁宗、英宗五朝。

（一）金《泰和律》的废止与至元修律之议

元世祖入主中原后，鉴于蒙古部族习惯法已不敷适用，遂一方面循用金《泰和律》，同时仿行汉法，参照辽、宋、金制，开始了漫长的立法修律历程。史称：“元兴，其初未有法守，百司断理狱讼，循用金律。”④ 在中国法制史上，一个新兴王朝开创之初，暂行沿用前朝行之有效的法律制度，几成惯例。蒙古统治者亦然。对于初定中原、马未卸鞍的忽必烈来说，这样既有助于稳定中原各族民众的人心，也由于蒙古旧制已不足以承担在中原维护正常“法制秩序”的重任，亦符合其本人“祖述”与“变通”相结合的法制思想。忽必烈在中统元年（1260 年）四月发布的《皇帝登宝位诏》即提出了“祖述变通”的治国方略；同年五月《中统建元诏》又宣称“稽列圣之洪规，讲前代之定制”⑤，表明忽必烈“祖述”与“变通”相结合的法制思想已经形成。

随着蒙古汗国伐宋战事的胜利推进，世祖统治地位日趋稳固。至元八年（1271 年）十一月，世祖正式改国号为“元”朝，也许是为了彰显新朝更始，万象更新，遂诏令“禁行金《泰和律》”⑥。而此时尚无一部足以替代《泰和律》的“新律”。金《泰和律》突然被废置，在元帝国的法律体系中留下了一时难以填补的空白！同年十二月，监察御史魏初上奏，对世祖仓促禁行金律之诏令提出了委婉的批评：“泰和之律非独金律也，旁采五经及三代、汉、唐历代之遗制耳。若删去金俗所尚及其敕条等律，益以开国以来圣旨条画，及奏准体例以成一书，即至元新律也。”⑦ 认为《泰和律》乃荟萃历代法制精华之产物，不应遽行废置，而应在损益金律基础上修订大元新律。同时，鉴于废置《泰和律》之诏已覆水难收，

---

④ 《元史》卷一〇二《刑法一》，2603 页，中华书局，1976。此处应指沿用金章宗泰和二年（1202 年）以唐宋律令为蓝本制定颁行的《泰和律令敕条格式》。此乃有金一代最完备的律典。参见拙作《金律研究》，13 页，台北五南图书出版公司，1995。

⑤ 《元典章》卷一《诏令一》。

⑥ 《元史》卷七《世祖四》。

⑦ （元）魏初《青崖集》卷四，《奏议》，《四部珍本丛书初集》本。

魏初倡言尽快制订新律，以弥补金律废止后留下的缺憾：“法者，持天下之具，御史台则守法之司也。方今法有未定，百司无所持循，宜参酌考定，颁行天下。”⑧

此后，崔彧、王恽、胡祗遹等人也相继提出修律动议。至元十八年（1381 年）治书侍御史王恽上《便民三十五事》，第一事就是“立法制”⑨。至元二十年刑部尚书崔彧上书“言时政十八事：……八曰宪曹无法可守，是以奸人无所顾忌。宜定律令，以为一代之法”⑩。至元年间官至提刑按察使的胡祗遹亦曾历数国家无法可循之害：“法者人君之大权，天下之公器。法立则人君之权重，法不立则人君之权去矣。”⑪

然而，至元儒臣们的大声疾呼似乎收效甚微。元中期著名理学家吴澄说：“皇元世祖皇帝既一天下，亦如宋初之不行周律，俱有旨：‘金《泰和律》休用’，然因此遂并古律俱废。中朝大官恳恳开陈，而未足以回天听。”⑫ 究其缘由，一是至元年间正值蒙古汗国通过军事扩张而迅速膨胀，进而攻灭南宋，一统中华大地的动荡时期。蒙古贵族集团内部帝位之争频仍，稳定蒙古政权的在中原的统治地位乃首要任务；二是世祖本人虽然在蒙古诸王中最早接受中原儒家政治学说，但其自幼所受游牧文化的长期影响亦根深蒂固。故他在“祖述”与变通和“附会汉法”之间，常常摇摆不定，时有变化；三是至元年间，世祖先后重用阿合马、卢世荣和桑哥三个权臣，朝政紊乱。

权臣当国，“屡毁汉法”，严重制约了当时儒臣们修律之议的实现。在三个权臣得势期间，太子真金的悲剧就是一个典型的例证。至元十年（1273 年），忽必烈正式立嫡子真金为皇太子。真金自幼师从儒学大师姚枢、窦默等，深受儒学说的熏陶。至元十六年，真金开始实际参与国家政务，随即擢选郭祐、杨居宽等一批名儒为其僚佐，以辅国政。他勉励这批儒臣：“汝等学孔子之道，今始得用，宜尽平生所学力行之。”⑬ 儒臣们亦将太子视为实现其政治抱负的依靠，竭力辅佐真金太子。然而，正当以太子真金为首的“汉法派”逐渐得势的时候，至元二十二年发生的“禅位风波”，使守旧派找到了一个搞垮皇太子的绝好机会。当时，江南行御史台有人“封章上言”，称“帝春秋高（按：世祖时年 70 余岁），宜禅位于皇太子”。守旧势力即趁机以此离间忽必烈和真金父子之情，致使真金在忽必烈的追查下，忧惧交加而病逝。由此可见，连贵为“皇储”的太子，亦因亲儒生，行“仁政”，仿汉法而招致守旧势力的忌恨和陷害，一般儒臣要实现自己的主张，其艰难可想而知。

另一个例证是堪称至元立法之最的《至元新格》的面世。至元二十八年（1291 年）五月时，何荣祖奉命“以公规、治民、御盗、理财等十事缉为一书，名曰《至元新格》”⑭。然

---

⑧ 《元史》卷一六四《魏初传》。

⑨ （元）王恽《秋涧先生大全集》卷九〇，《四部丛刊》本。

⑩ 《元史》卷一七三《崔彧传》。

⑪ （元）胡祗遹《紫山先生大全集》卷二二《杂著·论定法律》，《三怡堂丛书》本。

⑫ （元）吴澄《草庐吴文正公全集》卷十一《大元通制纲目后序》，乾隆刻本。

⑬ 《元史》卷一一五《裕宗传》。

⑭ 《元史》卷十六《世祖十三》。

而，由于何荣祖多次参与弹劾权臣阿合马和桑哥，遭到嫉恨，如“荣祖条中外有官规程，欲矫时弊，桑哥抑不为通”[15]。直到至元二十八年正月，在桑哥已成为众矢之的的情况下，世祖罢免其职务，并下令追究其罪责；五月，何荣祖转任中书省右丞，才得以将其所纂辑的《至元新格》奏上，世祖“命刻版颁行，使百司遵守”。

但《至元新格》也只是“条格”一类的规范，并非替代《泰和律》的律典大法：其一，《至元新格》所辑“十事”的内容是：“公规，谓官府常守之制也；选格，谓铨量人才之限也；治民，谓抚养兆民，平理诉讼也；理财，谓关防钱谷，主平物价也；赋役，谓征催钱粮，均当差役也；课程，谓整治盐酒曲税之类是也；仓库，谓谨于出纳，收贮如法也；造作，谓董督工程，确其物料也；防盗，谓禁弭奸宄也；察狱，谓推鞫囚徒也。”[16] 其二，据今人黄时鉴先生考证，在传世的《通制条格》和《元典章》可辑出其96条内容。但“它仅仅是格，基本上没有《唐律》那样的条文”[17]。其三，民国初年柯劭所纂《新元史·刑法志》考出《至元新格》条文13条，称其“大致取一时所行事例，编为条格而已，不比附旧律也”[18]，认为是当时通行的法令、断例的汇编。

由此可见，尽管《至元新格》的颁行，被明初编纂《元史》者称为“始定新律”，但时人并未视之为“律”。何荣祖本人于八年后奉成宗之命修律时，亦未以《至元新格》为据，而是以金《泰和律》为蓝本。以致至元末年自称“东平布衣”的赵天麟所上《太平金镜策》仍说“国家未有律令，有司恣行决罚”[19]。终至元之世，修律之议未能实现。

（二）《大德律令》的夭折

至元三十一年，世祖忽必烈去世，成宗继位，承袭至元修律未竟之业，继续开展制定律典的活动。大德三年（1299年）三月，“命何荣祖等更定律令”。翌年二月，成宗再次过问催促此事：“谕何荣祖曰：律令良法也，宜早定之。”何荣祖等遂将拟订的律令草案（时人称之为《大德律令》）奏呈：“臣所择者三百八十条，有一条该三四事者。”但成宗对此法律草案似乎并不满意，责令何荣祖等：“古今异宜，不必相沿，但取宜于今者。”[20] 考其缘由，笔者以为何荣祖此次更定律令，其蓝本显然是世祖初年废止的金《泰和律》。《大德律令》的380条律文，亦是对金《泰和律义》的条文（563条）加以整理归并而成，以致成宗做出上述评论。

大德七年（1303年）郑介夫上《太平策》，亦对此事进行了抨击：“昔先帝尝命修律，未及成书。近议大德律，所任非人，讹舛益甚。宜于台阁省部内，选择通经术，明治体，

---

⑮ 《元史》卷一六八《何荣祖传》。

⑯ （元）徐元瑞《吏学指南》。

⑰ 参见黄时鉴：《至元新格辑存》，载《元代法律资料辑存》，浙江古籍出版社，1988；《大元通制考辨》，《中国社会科学》，1987（2）。

⑱ 《新元史》卷一〇二《刑法志》。

⑲ （明）黄淮、杨士奇等编《历代名臣奏议》卷六六。

⑳ 《元史》卷二〇《成宗三》。

练达时宜者，酌以古今之律文，参以建元以来制敕、命令，采以南北风土之宜，修为一代令典，使有所遵守，生民知所畏避，庶政体归一，狱无久淹矣。”[21] 这无疑决定了《大德律令》胎死腹中的命运。

终成宗之世，修律大业未成，司法混乱现象依旧。如郑介夫上《太平策》所议：“自三代而下，国家立政，必以刑书为先。历观古今，未有无法而能一朝居也。今天下所奉以行者，有例可援，无法可守，官吏因得并缘为欺。”[22]

（三）延祐律书草案的出台

大德十一年（1307 年），武宗继位。中书省臣建言：“律令者，治国之急务，当以时损益。世祖尝有旨，金《泰和律》勿用，令老臣通法律者，参酌古今，从新定制，至今尚未行。臣等谓律令重事未可轻议，请自世祖即位以来所行条格，校雠归一，遵而行之。”[23] 武宗在位四年，朝政紊乱，统一修订汇编条格、政令之事，进展缓慢，成效甚微。

至大四年（1311 年）三月，时年 26 岁的仁宗登基伊始，即锐意更张，开明治道，亟欲革除历朝弊政，将整理汇编世祖以来制敕格例，制订划一律典，作为当务之急。即位当月，刑部尚书谢让上言：“古今有天下者，皆有律以辅治。堂堂圣朝，讵可无法以准之，使吏任其情，民罹其毒乎！”仁宗“嘉纳之，乃命中书省纂集典章”[24]。谕省臣曰：“卿等裒集中统、至元以来条章，择晓法律老臣，斟酌重轻，折衷归一，颁行天下，俾有司遵行，则抵罪者庶无冤抑。”[25] 孛术鲁翀《大元通制序》亦对此事有记载：“仁庙皇帝御极之初，中书奏允，择耆旧之贤，明练之士，时则若中书右丞伯杭、平章政事商议中书刘正等，由开创以来政制法程可著为令者，类集折衷，以示所司。”但修律工作进展似乎并不令仁宗满意。延祐二年（1315 年）四月，仁宗再次诏令“李孟等类集累朝条格，俟成书闻奏颁行”[26]。李孟曾为仁宗师傅，时任中书平章政事，深受仁宗尊重和倚宠。

在皇帝的一再督促下，延祐三年（1316 年）五月，律书草成。“其宏纲有三：曰制诏，曰条格，曰断例。经纬乎格例之间，非外远职守所急，亦汇辑之，名曰别类。”仁宗“敕枢密、御史、翰林、国史集贤之臣，相与正是”[27]。“延祐律书草案”的完成，初步实现了世祖、成宗、武宗、仁宗历代皇帝制定有元一代律书大典的夙愿。

（四）至治《大元通制》的诞生

但是，延祐律书草成后，“凡经八年，事未克果”[28]。直到至治三年（1323 年），才将

[21] 《新元史》卷一九三《列传第九十・郑介夫》。

[22] （明）黄淮、杨士奇等编《历代名臣奏议》卷六七。

[23] 《元史》卷二二《武宗一》。

[24] 《元史》卷一七六《谢让传》。

[25] 《元史》卷二四《仁宗一》。

[26] 《元史》卷二五《仁宗二》。

[27] （元）孛术鲁翀《大元通制序》，载《大元通制条格》，法律出版社，2000。

[28] （元）孛术鲁翀《大元通制序》，载《大元通制条格》，法律出版社，2000。

“延祐律书草案”的审议工作重新提上议事日程：正月辛酉（29日），英宗“命枢密副使完颜纳丹、侍御史曹伯启、也可扎鲁忽赤不颜、集贤学士钦察、翰林直学士曹元用，听读仁宗时纂集累朝格例”㉙。二月朔（1日），完颜纳丹等“奉旨，会集中书平章政事张珪及议政元老，率其属众共审定”；辛巳（19日），中书右丞相拜住“以其事奏，仍以延祐二年及今所未类者，请如故事。制若曰：‘此善令也，其行之。’由是堂议题其书曰《大元通制》”㉚。《元史》亦记载此事：至治三年二月辛巳“格例成定，凡二千五百三十九条，内断例七百一十七，条格千一百五十一，诏赦九十四，令类五百七十七，名曰《大元通制》，颁行天下”㉛。

至此，有元一代之典《大元通制》最终颁行。从探索元初以来立法建制的轨迹，我们不难发现，《大元通制》所据“前书”的本原，应追溯到世祖以降数十年修订律书的摸索与曲折，而仁宗“延祐律书草案”则是《大元通制》凭据的直接蓝本。《大元通制》全书大部分已佚，其全貌今已难以复原。《元史》对其内容梗概的记述有两处，除上文《英宗本纪》外，另一处大同小异，称其“大概纂集世祖以来法制事例而已”㉜。其中“诏制”（亦记为“诏赦”），因其乃一种灵活且不稳定的法律形式，散见于史籍；“条格”一纲（共30卷）今存《大元通制条格》二十二卷，其面貌大致可概见㉝；至于“断例”一纲，经当代论者据《元文类》等史籍考得，即唐、宋、金律典之“律”十二篇。㉞ 此外，还有“别类”（《元史》作“令类”），并附有延祐二年至至治三年初的诏制、条格等。

综观《大元通制》产生的历史轨迹，以及论者对其内容的考析，笔者以为，这恰恰说明了元前期五十年立法修律的艰难曲折，实际上绕了一个大圈，最终又回到了宋以后修律“以唐律为楷模”的固有模式。除其内容之主体部分“断例”的篇目，与《宋刑统》、金《泰和律义》完全一致之外，从法典体例结构上看，《大元通制》亦酷似金《泰和律令敕条格式》。这与唐后期宣宗大中七年（853年）之《大中刑律统类》所开创，五代、两宋以至金朝所承袭的以律为主，律令格式汇编的综合性律典体例是一脉相承的。正如《大元（通制）条例纲目后序》所议：《大元通制》于古律“暗用而明不用，明废而实不废”㉟。

世祖建元伊始即宣布废止金《泰和律》，以粉饰新朝初始，诸事更张的新气象；加之世祖以降历代皇帝虽接受部分儒臣建言，仿行汉制，但在立法上却报定“稽列圣之宏规，讲前代之定制”，“古今异宜，不必相沿，但取宜于今者”。这就是为什么统治集团一方面虑及

㉙ 《元史》卷二八《英宗二》。

㉚ （元）孛术鲁翀《大元通制序》，载《大元通制条格》，法律出版社，2000。

㉛ 《元史》卷二八《英宗二》。

㉜ 《元史》，卷一〇二《刑法一》，中华书局，1976。

㉝ 如前注所揭，目前有黄时鉴、郭成伟两种点校本行世。

㉞ 参见黄时鉴《大元通制考辨》，《中国社会科学》，1987（2）；方龄贵《通制条格新探》，《历史研究》，1993（3）。

㉟ （元）吴澄《草庐吴文正公全集》卷一九，乾隆刻本。

无划一之法的弊端，屡有修律之议，而数十年却无法制定一部法典的缘故。他们明知蒙古习惯法（旧例）已无法适应中原的需要，却又对仿照“古律”立法心存疑虑。经过多年的尝试，最终不得不回到“以唐律为楷模”的老路。于是才有了《大元通制》的诞生。

三、《大元通制》“难产”的缘由蠡测

如前所述，仁宗延祐三年五月律书草案定稿后，即敕令群臣“相与正是”进行审议。但直到英宗至治三年二月，《大元通制》才正式颁行。其间长达八个年头。其中缘由论者尚未述及。

笔者以为，延祐、至治年间，仗恃兴圣太后权势的“后党”保守派与皇帝为首的“帝党”改革派之间激烈政争，是《大元通制》难产的主要原因。仁宗、英宗父子自幼师从名儒，深受中原文化的熏陶，在位期间都崇尚儒学，重用儒臣，推行汉法，力矫弊政，革新政务。这必然触及蒙古权贵的切身利益。他们聚集在兴圣太后的周围，形成势力强大的“后党”集团。兴圣太后答己乃武宗、仁宗生母，英宗嫡祖母，史称其“不事检饬，自正位东朝，淫恣益甚，内则黑驴母亦烈失八用事，外则幸臣失烈门、纽邻及时宰铁木迭儿相率为奸，以至箠辱平章张珪等，浊乱朝政，无所不至”[36]。依仗太后宠信而擅权一时的嬖臣，首推贵族出身的铁木迭儿，因其“桀黠奸贪，阴贼险狠，蒙上罔下，蠹政害民”，屡遭御史群起弹劾，“然以皇太后故，终不能明正其罪”[37]。尽管以仁宗为首的改革派始终为立法修律而努力，但却收效甚微。

英宗即位后，与乃父仁宗不同，多了一点英气少了一些怯懦。对于其祖母（已尊为太皇太后）所庇护的保守派势力，既坚毅果决又讲求策略，雷厉风行又有理有节。两派势力的消长发生了微妙的变化。

例证一：延祐七年（1320年）正月，仁宗逝世刚4天，铁木迭儿以“皇太后旨，复入中书为右丞相”[38]，再次复辟抢先占据中枢要津，并趁英宗尚未正式登基大肆翦除异己，进而要求英宗撤换仁宗帝党集团的大批重臣。英宗曰：“此岂除官时耶？且先帝旧臣，岂宜轻动。俟予即位，议于宗亲、元老，贤者任之，邪者黜之，可也。”[39] 让后党碰了一个不硬不软的钉子。

例证二：延祐七年三月，英宗即位伊始，就将后党骨干中书左丞相阿散贬出京师，以出身蒙古勋贵之家却喜好儒术的拜住任中书左丞相，作为控制政务中枢的第一步。不久，有人举劾阿散等一帮后党重臣“谋废立，拜注请鞫状。帝曰：‘彼若借太皇太后为词，奈

㊱ 《元史》卷一一六《后妃二》。

㊲ 《元史》卷二〇五《奸臣传》。

㊳ 《元史》卷二〇五《奸臣传》。

㊴ 《元史》卷二七《英宗一》。

何?’命悉诛之，籍其家”[40]。干净利落，狠狠打击了后党势力。

例证三：御史中丞赵世延被诬案。延祐七年八月“铁木迭儿以赵世延尝劾其奸，诬以不敬下狱，请杀之，并究省台诸臣”[41]。英宗识破其伎俩，以“彼罪在赦前，所宜释免”[42] 敷衍，保护了一位难得的诤臣。

由此可见，自仁宗延祐三年律书草成至英宗初年，正值朝廷帝党和后党之争趋于白热化的时期。双方剑拔弩张，反复较量，此消彼长，陷入激烈的政争漩涡之中。各派势力当务之急是自身的生存及权力地位的巩固。立法修律之类“庶务”只能退居次要位置，而无暇顾及。况且，元代立法多为儒臣主导，延祐修律更具有革新除弊的色彩，必为保守派旧贵族所诟病和抵制。同时，元代历次重大律书草案拟订后，均有元老大臣集议的惯例。延祐律书草成时，仁宗亦曾敕令朝臣“相与正是”。在当时的政治形势下，此草案要获得多数朝臣的认同，是不现实和不可能的。

至治二年（1322年），铁木迭儿（八月二十五日）和太皇太后（九月二十二日）相继死去，保守派顿时群龙无首。英宗迅即率改革派大刀阔斧，厉行新政。十月二十五日，拜住升任中书右丞相；十一月十五日，御史李端重提立法之议：“世祖以来所定制度，宜著为令，使吏不得为奸，治狱者有所遵守。”[43] 翌年正月二十九日，审议延祐律书重新提上议事日程；二月十九日，《大元通制》顺利诞生。短短几个月的遽变，恰恰反证了“后党”保守派与“帝党”改革派之间近十年的激烈政争，正是《大元通制》难产的主要原因。

四、《大元通制》与《风宪宏纲》

如前所述，由于明代编纂的《元史》中关于《大元通制》与《风宪宏纲》二者关系的一段含混不清的记述，导致后人屡屡误读。清乾隆年间官修的《四库全书总目提要》“至元新格”条即据《元史·刑法志》转述为：“仁宗时，又以格例条画类集成书，号曰《风宪宏纲》。英宗时，复加损益。书成，号曰《大元通制》。”[44] 似乎给人们传递了一个明确无误的信息：《大元通制》与《风宪宏纲》有着直接的传承关系。此说至今在学术界仍被广为采信。

然而，若据史实深入查考，就可以发现上述结论疑点颇多。

其一，《风宪宏纲》的名称及史籍相关记载表明，它应是一部专门的监察法规，不足以成为有元一代之典《大元通制》的蓝本。如前揭《元史·刑法志》载：“仁宗之时，又以格例条画有关于风纪者，类集成书，号曰《风宪宏纲》。”又如仁宗时监察御史马祖常作《风

---

[40] 《元史》卷二七《英宗一》。

[41] 《元史》卷二七《英宗一》。

[42] 《元史》卷二〇五《奸臣传》。

[43] 《元史》卷二八《英宗二》。

[44] 《四库全书总目提要》卷八四《政书类存目二》，中华书局，1965。

宪宏纲序》称："今国家肃清宪纲，汲引言路，其见诸训辞者，光大深厚，粲然有章，宜编缀成书，载在简册，垂告内外，俾当察视司持平者，有所征焉。既奏上，制曰可。呜呼盛哉。凡我耳目之官，尚知佩服之，毋怠"[45]，揭示了《风宪宏纲》渊源及其立法宗旨。自古以来，"风宪"、"宪司"、"宪台"等，皆为御史监察机构及其官属的别称，了无歧义。如此例证，在《元史》中俯拾即是。

其二，《大元通制》与《风宪宏纲》各自有着自成体系的渊源和传承关系。前揭史料显示，《大元通制》立法渊源是"开创以来政制法程可著为令者"、"世祖以来所行条格"、"世祖以来所定制度"、"中统、至元以来条章"、"累朝格例"、"累朝条格"等。正由于《大元通制》是蒙元建国以来制诏、条格、断例及其他规章制度之集大成者，才被视为有元一代之典。

而《风宪宏纲》则仅仅渊源于累朝格例、条画中"有关风纪"的部分，只是世祖以来振肃宪台纲纪而进行的风宪立法的产物。事实上，尽管中原华夏王朝早在战国时代即有御史监察组织，起自塞外的蒙古汗国却无监察机构之设，直至世祖"仿行汉法"，才于至元五年（1268年）采纳高智耀、张雄飞之议[46]，仿金制设置御史台。基于蒙元统治集团治理如此广袤的国土和人口众多的华夏各民族的需要，作为帝王耳目之器的监察机构设立伊始即受到格外倚重。至元五年七月，世祖诏谕御史大夫塔察儿曰："台官职在直言，朕或有未当，其极言无隐，毋惮他人，朕当尔主。"[47]《草木子》载："世祖尝言：'中书朕左手，枢密朕右手，御史台是朕医两手的。'此其立台之本意也。"[48] 因此，从无到有的监察组织迅速发展为由中央御史台、地方行御史台、各道提刑按察司（后改称肃政廉访司）组成的监察网络。由于监察系统在元统治体系中的特殊地位，振肃宪台纲纪，规范宪司官员行为，对于巩固蒙元贵族集团的统治，至关重要。故自世祖以降历代监察立法就备受重视而卓有成效，形成了比较系统、颇具特色的监察法规体系。

例如，至元年间的重要监察立法就有：至元五年《设立宪台格例》36条[49]、至元六年《察司体察等例》31条[50]、至元十四年《行台体察等例》30条[51]、至元二十一年《禁治察司等例》12条[52]、至元二十三年《察司巡按事理》2项[53]、至元二十八年改各道提刑按察司为

---

[45] （元）马祖常《石田先生文集》卷九，《元四大家集》本。

[46] 《元史》卷一二五《高智耀传》："智耀又言：'国初庶政草创，纲纪未张，宜仿前代置御史台，以纠肃官常。'至元五年立御史台用其议也。"《元史》卷一六三《张雄飞传》：忽必烈召见张雄飞等，问曰："今任职者多非材，政事废弛，譬之大厦将倾，非良工不能扶，卿辈能任此乎？""雄飞对曰：'古有御史台，为天子耳目，凡政事得失，民间疾苦，皆得言；百官奸邪贪秽不职者，即纠劾之。如此则纲纪举，天下治矣'。帝曰：'善。'乃立御史台。"

[47] 《元史》卷六《世祖三》。

[48] （明）叶子奇《草木子》卷三下《杂制篇》，中华书局《元明史料笔记丛刊》本。

[49] 《元典章》卷五《台纲一・内台》。

[50] 《元典章》卷六《台纲二・体察体复附》。

[51] 《元典章》卷五《台纲一・行台》。

[52] 《元典章》卷六《台纲二・体察体复附》。

[53] 《元典章》卷六《台纲二・按治》。

肃政廉访司，次年正月定《廉访司合行条例》5条[54]等。成宗、武宗、仁宗亦屡颁敕令整饬台纲。从而为《风宪宏纲》的制订奠定了厚实的基础。

其三，从作者看，《风宪宏纲》由专职监察官编定，《大元通制》则由中书省臣主持修纂。《风宪宏纲》的主纂赵世延（1260—1336），自世祖入仕，至元末顺帝，凡历事九朝，久居宪台要津，几为职业监察官。仁宗对其尤为倚重，任为侍御史、中书参知政事，跻身宰执之列；延祐二年（1315年）迁御史中丞（正二品），权位达到其人生顶峰。此间，主持"校定律令，汇次《风宪宏纲》，行于世"[55]，乃是顺理成章之事。值得注意的是，如前揭所述，由中书平章政事李孟、刘正、中书右丞柏杭、刑部尚书谢让等"省臣"拟定的"延祐律书草案"亦在此期间完成。但据传世文献所载，赵世延并未参与其事。由此似可推断，赵世延主笔的行政监察法规《风宪宏纲》，与"延祐律书草案"几乎是同步完成的。它们皆为仁宗时为建立划一法制而不懈努力的阶段性成果，二者并无交叉，亦说不上有传承关系。

---

[54] 《元典章》卷六《台纲二·体察体复附》。

[55] 《元史》卷一八〇《赵世延传》。

周少元

近代西方刑法新旧派理论对《钦定大清刑律》的影响*

简介

周少元，汉族，中共党员，1962年生，安徽寿县人。法学博士，中国社会科学院法学研究所博士后流动站出站人员，中共安徽大学法学院党委书记，法律史专业硕士生导师，中国法学会会员，中国法律史学会常务理事，安徽省法学会法律史研究会总干事，安徽省高校拔尖人才，安徽大学中青年骨干教师。主要从事法制史、法律思想史和传统法律文化的教学与研究工作。出版专著3部（合著），主编、副主编教材各一部，参编教材多部。公开发表学术论文近四十篇。主持或参与完成科研项目8项。现担任国家级科研项目“中华大典法律典行政法分典”副主编，主持司法部项目“中国法律教育问题研究”，主持安徽省教育厅项目“中国古代文官制度研究”，参加国家社科项目“明清民事规范的法律调整”、教育部项目“明清时期徽州法律文书研究”。科研成果多次获奖，学术论文多次被中国人民大学报刊复印资料全文转载，教学获安徽大学青年教师优秀教学成果奖一等奖。

* 原发表于《安徽大学法律评论》，2003（2）。

晚清时期，中国社会面临着前所未有的历史剧变。与此相关的沿袭了几千年的传统法律制度的变革亦时不我待。《钦定大清刑律》① 便是晚清修律的标志性成果。19 世纪末 20 世纪初，正是西方刑法理论新旧两派激烈争论的时期。东邻日本，刑法学界也掀起了新旧学派理论争论的热潮。日本 1907 年的刑法典就是在新派理论指导下制定的。深受传统律学影响的中国法学界，当时还无力形成刑法学派，更谈不上参与新旧两派刑法理论的争论，但这并不说明晚清刑律的变革未受到新旧刑法学派理论争论的影响。事实是，清末的修律者已注意到西方刑法学派的理论差异，在起草刑律时是有取舍的。很难说模仿日本近代刑法，移植大陆法系刑法制度的《钦定大清刑律》是在哪个刑法学派影响下制定的，但通过日本刑法学家冈田朝太郎及其他渠道传入中国的新旧刑法学派理论的烙印的确打在了《钦定大清刑律》上。探讨近代西方新旧两派刑法理论对《钦定大清刑律》的影响，既可以探明中国刑法近代化迈出第一步时的理论高度，又有助于理清民国刑法变化的理论脉络。

一、刑法基本原则

西方三大近代刑法原则对《钦定大清刑律》产生了全面而深远的影响，这三大原则均是西方启蒙思想的产物，是构成近现代刑法的柱石。旧派理论视为圭臬，晚清刑律改革在基本原则的采用上倾向于古典的旧派理论，特别是罪刑法定主义的明确规定，删除比附，禁止类推，较集中地体现了旧派的理论。基于三权分立和心理强制理论的罪刑法定主义原则首次引入中国，具有划时代的意义，也体现了古典刑法学派的强大生命力。同时，立法者们也注意到了新派理论关于刑法基本原则含义的诠释，比如，《钦定大清刑律》在吸纳了

---

① 《钦定大清刑律》这一名称并不为学人经常提及，人们更习惯称之为《大清新刑律》。其实，此种称谓并不准确。李贵连教授较早注意到这一问题，在《沈家本与清末立法》一文的注释中提到了《钦定大清刑律》。（参见李贵连：《沈家本与清末立法》，载《北京大学法学论文集》，北京：光明日报出版社，1987，或参见李贵连：《近代中国法制与法学》，286 页注，北京大学出版社，2002）。朱勇教授认为《大清新刑律》应称为《大清刑律》"关于《大清刑律》的名称，学界一直多称为《大清新刑律》。经查，其依据有二。第一，清末宪政编查馆、资政院于光绪三十四年八月初一日会奏'《宪法大纲》暨《议院法》、《选举法》要领及《逐年筹备事宜》折'中，《逐年筹备事宜清单》多次提及'新刑律'。宣统二年十二月十七日宪政编查馆大臣奕劻等'拟呈《修正宪政逐年筹备事宜》折'，也多次提及'新刑律'。第二，宣统二年（1910）在正式颁布《大清刑律》的《上谕》中，也有'新刑律'字样"。朱勇教授进一步指出："《刑律》之前冠以'新'字，仅是在表述中为区别于当时正实施的《大清现行刑律》所用。该《刑律》从制定到正式颁布，其正式名称中均无'新'字……宣统二年（1910）颁布的该刑律以《钦定大清刑律》为正式名称。"（朱勇：《中国法制史》，482 页注①，法律出版社，1999）。笔者在撰写此文时，查阅了有关资料，诚如朱勇教授所言，无论是官方的奏折、上谕，还是人们的习惯，几乎均称《大清新刑律》，但据中国政法大学图书馆所藏宣统三年六月刊印的殿本以《钦定大清刑律》为正式名称。故本文采用之。

罪刑相适应原则时，除了旧派的报应论的思想基础外，也接受了新派功利论的思想，注意教育刑的价值，对未成年人犯罪的感化教育便是例证。

（一）《钦定大清刑律》中的罪刑法定原则

第一，明确宣告罪刑法定原则，否定比附类推。《钦定大清刑律》第10条规定："法律无正条者，不问何种行为，不为罪。"② 这是我国刑法史上第一次明确规定的"罪刑法定主义"，沈家本在奏进呈刑法草案折中详细陈述了立法理由："本条所以示一切犯罪须有正条乃为成立，即刑律不准比附援引之大原则也。凡刑律于无正条之行为，若许比附援引及类似之解释者其弊有三；其一，司法之审判官得以己意于律无正条之行为比附类似之条文致人于罪，是非司法官直立法官矣。司法立法混而为一，非立宪国之所应有也。其二，法者，与民共信之物。律有明文乃知应为与不应为。若刑律之外参以官吏之意见则民将无所适从。以律无明文之事忽援类似之罚，是何异于以机阱杀人也。其三，人心不同，亦如其面。若许审判官得据类似之例科人以刑，即可恣意出入人罪，刑事裁判难期统一也。因此三弊，故今惟英国视习惯法与成文法为有同等效力。此外欧美及日本各国无不以比附援引为例禁者，本案故采此主义，不复袭用旧例。"③ 冈田朝太郎认为，《钦定大清刑律》"禁比附援引，可谓中国刑律上之一大革命"④。

第二，严格刑法解释。《钦定大清刑律》虽然明确了罪刑法定原则，否定了比附类推，但并不排斥对刑法的自然解释，若需要对刑法进行解释，必须符合严格解释的原则。民国初年刑法学者在解释这一条款时作了补笺："本例虽不许比附援引，究许自然解释。自然解释者，即所犯之罪与法律正条同类或加甚之时，则依正条解释而通用之也。同类者，例如，修筑马路正条只禁止牛马经过，则象与骆驼自然在禁止之例是也；加甚者，例如，正条禁止钓鱼，其文未示及禁止投网，而投网较垂钓加甚，自可援钓鱼之例以定罪是。"⑤

第三，法不溯及既往。《钦定大清刑律》第1条规定："本律于凡犯罪在本律颁行以后者适用之；其颁行以前未经确定审判者亦同，但颁行以前之法律不以为罪者不在此限。"沈家本先生在1907年的草案中阐述了立法理由："本条定刑法效力之关于时者。第一项规定本于刑法不溯既往之原则，与第十条规定采用律无正条不处罚之原则相辅而行，不宜偏废也。第二项前半指犯罪在新律施行前，审判在施行后，定新旧二律之中，孰当引用也。关于本题之立法例有二：一为比较新旧二法，从其轻者处断之主义。法国刑法第四条，比国刑法第二条，德国刑法第二条，匈牙利刑法第二条，荷兰刑法第一条第二项，纽约刑法第二条，日本现行刑法第三条第二项，日本改正刑法第六条第二项，挪威刑法第三条等皆本乎是。二即不分新旧二法，概从新法处断之主义，英国用之。我国明律亦主此义。本朝虽

② 本文所引《钦定大清刑律》条文均出自宣统三年六月刊印《钦定大清刑律》，中国政法大学图书馆藏。

③ 《大清法规大全·法律部》卷11。

④ 冈田朝太郎：《日本冈田博士论改正刑律草案》，留庵译自日本《法 学协会杂志》二十九卷第3号，引自《法政杂志》，第一年第1期。

⑤ 葛遵礼：《中华民国新刑律集解》，14页，上海会文堂，1914。

有第一主义之例，然律之本文，仍有犯在以前并依新律拟断之规定。议者谓被告犯罪之时，已得有受当时法律所定之刑之权利。诚如此说，应一概科以旧律之刑，不应复分新旧二律之轻重也。况人民对于国家并无所谓有受刑权利之法理也。或又谓若使新律重于旧律，而旧律时代之犯人科以新律之重刑，则与旧律时代受旧律轻刑之同种犯人相较，似失其平。诚如此说，则使新律施行之后，仅此旧律时代之同犯犯人科以旧律之轻刑，彼新律时代之犯人据新律而科重刑者，若互相比较，则又失其平矣。或又谓刑失之严不如失之宽。从新律之轻者，所以为宽大也。然刑不得为沽恩之具，非可严亦非可宽者。夫制定法律，乃斟酌国民之程度以为损益。既经裁可颁布，即垂为一代之宪章，不宜复区别轻重宽严也。欧美及日本各国多数之立法例，所以采用第一主义者，盖受法国刑法之影响。而法国刑法之规定则其时代之反动耳，于今日固无可甄择者。我国自古法理，本有第二主义之立法例，此本案所以不与多数之例相雷同，而仍用第二主义也。第二项后来颁行以前之律例不为罪者，不在此限。其旨与前微异，盖一则新旧二律俱属不应为之罪恶，不过轻重之差。一则新律虽为有罪，而旧律实认许其行为，因判决在后，遽予惩罚，有伤期刻也。”进而，沈家本在案语的“注意”部分指出：“第一项既采用刑法不溯既往之原则，新刑律施行以前之行为，在新刑律虽酷似有罪之行为，不得据新律之规定而罚之。第二项指未经确定裁判者，虽已有宣告，仍得依上诉而变更之。凡案件具此情节，检察官即得上诉而请求引用新律。其上诉方法及其限制一以诉讼法为据。”⑥

第四，《钦定大清刑律》分则中规定了具体犯罪。在总则罪刑法定原则的精神指导下，在分则中对各种犯罪作了明文规定。分则中共规定了侵犯帝室罪等36类罪名，从而为司法实践的定罪活动提供了明确的标准。

第五，分则中规定了具体犯罪的法定刑。《钦定大清刑律》采取的是相对确定的法定刑，即在法律条文中规定一定的刑种、幅度，并确定其最高和最低期限。它体现了相对罪刑法定的精神。例如，第四章“妨害国交罪”中的第120条规定：“对外国君主或大统领有不敬之行为者，处二等至四等有期徒刑或二千元以下二百元以上罚金。”分则中类似规定，比比皆是。这样，可以使司法官在法定刑的刑种和幅度内根据案情做出正确宣判，同时也避免了绝对罪刑法定原则过于僵化的弊端。

（二）罪刑相适应原则在《钦定大清刑律》中的体现

《钦定大清刑律》引入了罪刑相适应原则，并将其精神体现在众多的具体条文中，大体看来，以下方面较集中地体现了罪刑相适应原则。

第一，法律适用的主体平等。法律适用上的主体平等是罪刑相适应的前提。如果有人犯了罪可以享受种种特权，便谈不上罪刑相适应了。为此，《钦定大清刑律》第2条至第8条规定了刑律对人的效力。其中，第2条规定：“本律于凡在帝国内犯罪者，不问何人适用之。其在帝国外之帝国船舰内犯罪者，亦同。”从而否定了因身份不同而导致适用法律上的

---

⑥ 沈家本：《修订法律大臣沈家本等奏进呈刑律草案折》，载《大清法规大全·法律部》卷11。

不平等，取消了中国封建法律中长期存在的议、请、减、赎、当、免等特权，在立法上为平等的适用法律创造了条件。

第二，确立了近代刑罚体系。罪刑相适应需要有科学的刑罚体系相配套，《钦定大清刑律》第37条规定："刑分为主刑及从刑。主刑之种类及重轻之次序如左：第一，死刑；第二，无期徒刑；第三，有期徒刑：（一）一等有期徒刑——十五年以下，十年以上。（二）二等有期徒刑——十年未满、五年以上。（三）三等有期徒刑——五年未满，三年以上。（四）四等有期徒刑——三年未满，一年以上。（五）五等有期徒刑——一年未满，二月以上；第四，拘役：二月未满，一日以上；第五，罚金：一元以上。从刑之种类如下：第一，褫夺公权；第二，没收。"《钦定大清刑律》所确定的刑名，深受1907年《日本刑法》的影响，1907年《日本刑法》废除了重罪、轻罪、违警罪的划分，取消了徒刑、流刑的名称；将主刑分为死刑、惩役、禁锢、罚金、拘留、科料六种，没收为附加刑；剥夺公权由特别法加以规定，未列入刑法典中。《钦定大清刑律》中的刑罚体系比日本新刑法中的刑名更简洁、更概括、更清晰。虽然有些地方尚待完善⑦，但总体上看，这个刑罚体系按照各种刑罚方法的轻重次序分别加以排列，相关刑种互相衔接，结构严密，主附配合。这样，既能根据已然的犯罪的社会危害性程度予以适用，具有给犯罪人带来一定痛苦的惩罚性，从而体现报应的意蕴；又能根据未然的犯罪的可能性大小加以适用，例如剥夺自由，限制自由，剥夺财产等刑罚，都具有遏制再犯的功能，从而达到功利的目的。科学的近代刑罚体系的确立，为实现罪刑相适应原则奠定了基础。

第三，规定了轻重有别的处罚原则。《钦定大清刑律》根据犯罪的社会危害性程度不同，规定了轻重有别的处罚原则。其一，防卫过当，紧急避险减轻处罚。第15条规定："对现在不正之侵害，而出于防卫自己或他人权利之行为，不为罪；但防卫行为过当者，得减本刑一等至三等。"第16条规定："避不能抗拒之危难、强制而出于不得已之行为，不为罪；但加过当之损害者，得减本刑一等至三等。前项之规定，于公务上有特别义务者，不适用之。"其二，未遂犯、中止犯减免处罚。第17条规定："犯罪已着手，而因意外之障碍不遂者，为未遂犯。其不能生犯罪之结果者，亦同。未遂犯之为罪，于分则各条定之。未遂罪之刑，得减既遂罪之刑一等或二等。"第18条规定："犯罪已着手，而因己意中止者，准未遂犯论。得免除或减轻本刑。"其三，在共同犯罪中，规定从犯减轻处罚。第31条规定："于实施犯罪行为以前帮助正犯者，为从犯。得减正犯之刑一等或二等。教唆或帮助从犯者，准从犯论。"其四，数罪并罚。第五章为俱发罪，分别情况，对俱发罪进行了详细的规定。以上种种轻重有别的处罚原则，都体现了《钦定大清刑律》中的罪刑均衡原则。

第四，规定了近代刑罚制度。《钦定大清刑律》的立法者们洞察世界刑法理论发展态

---

⑦ 徒刑采用等级制，将有期徒刑分为五等，等差高达五年，分则中只规定有期徒刑适用的等级，这种立法技术大大增加了有期徒刑适用的繁琐程度，也影响了量刑的准确性，这种现象在1928年的《中华民国刑法》中得以改变。

势，借鉴了新派刑法理论规定了一系列刑罚制度。其一，累犯制度。第五章为“累犯罪”规定，“凡已受刑之执行，复再犯罪，此其人习于为恶，实为社会之大憝。若仍绳以初犯之刑，有乖刑期无刑之义，故本章特设规定”⑧。所谓特设规定，主要指累犯加重的规定。其二，自首制度。第九章为“自首制度”。第 51 条做了一般规定：“犯罪未发觉而自首于官受审判者，得减本刑一等。犯亲告罪向有告诉权之人首服，受官之审判者，亦同。”沈家本阐述了自首减轻的理由：“自首减刑为奖励犯罪者悔过投诚而设。各国多数之例，惟认特别自首者，著之于分则。其有规定于总则者，盖缘于中国法系也。自首必须备具四要件：（一）自己之犯罪；（二）必于觉前，若于发觉后告言己罪，乃自白非自首；（三）告知于官，惟例外告知被害者亦准自首法；（四）于官署就审判。四者不备即不得将予自首也。”⑨ 符合自首条件者可减轻处罚。其三，酌减制度。第十章为“酌减”，第 54 条规定：“审按犯人之心术及犯罪之事实，其情轻者，得减本刑一等或二等。”沈家本解释说：“为裁抑犯罪，制定分则以下各条。然同一犯罪，情节互异，若株守一致，则法律之范围过狭，反致有伤苛刻。故予裁判官以特权，临时酌量犯人之心术与犯罪之事实，减一等或二等也。”⑩ 其四，缓刑制度。冈田朝太郎不仅把西方的缓刑制度首次引进日本刑法，而且又把这一制度引入中国。《钦定大清刑律》第十二章为“缓刑制度”，第 63 条规定：“具有下列要件，而受四等以下有期徒刑或拘役之宣告者，自审判确定之日起，得宣告缓刑五年以下，三年以上：（一）未曾受拘役以上之刑者；（二）前受三等至五等有期徒刑执行完毕或免除后逾七年，或前受拘役执行完毕或免除后逾三年者；（三）有一定之住所及职业者；（四）有亲属或故旧监督缓刑内之品行者。”其五，假释制度。第十三章为“假释”，第 66 条规定：“受徒刑之执行而有悛悔实据者，无期徒刑逾十年后，有期徒刑逾二分之一后，由监狱官申达法部，得许假释出狱；但有期徒刑之执行未满三年者，不在此限。”其六，时效制度。第十五章规定时效，第 69 条规定了追诉时效：“提起公诉权之时效期限，依下例定之：（一）系死刑者，十五年；（二）系无期徒刑或一等有期徒刑者，十年；（三）系二等有期徒刑者，七年；（四）系三等有期徒刑者，三年；（五）系四等有期徒刑者，一年；（六）系五等有期徒刑、拘役、罚金者，六月。前项期限，自犯罪行为完毕之日起算。逾期不起诉者，其起诉权消灭。”第 74 条规定了行刑时效：“行刑权之时效期限，依下例定之：（一）死刑，三十年；（二）无期徒刑，二十五年；（三）一等有期徒刑，二十年；（四）二等有期徒刑，十五年；（五）三等有期徒刑，十年；（六）四等有期徒刑，五年；（七）五等有期徒刑，三年；（八）拘役、罚金，一年。前项期限，自宣告确定之日起算。逾期不行刑者，其行刑权消灭。”

第五，按刑罚阶梯理论设置了分则的顺序。《钦定大清刑律》分则共三十六章，各章顺序基本上按照犯罪性质的严重程度从重到轻依次排列。

---

⑧ 《修订法律大臣沈家本等奏进呈刑律草案》，载《大清法规大全·法律部》卷十一。

⑨ 《修订法律大臣沈家本等奏进呈刑律草案》，载《大清法规大全·法律部》卷十一。

⑩ 《修订法律大臣沈家本等奏进呈刑律草案》，载《大清法规大全·法律部》卷十一。

（三）刑罚人道主义原则在《钦定大清刑律》中的体现

针对西方封建中世纪的刑罚残酷性、暴虐性，启蒙思想家提出了刑罚人道主义原则。人类的人道精神促使刑罚的严厉性在长期的演变中日趋缓和，刑罚体系从以死刑为中心，到以肉刑为中心，再到以自由刑为中心的历史发展，背后的决定性力量是人道精神。因此，刑罚人道主义与宽容、柔和、人性等德性词汇相联系，与野蛮、残酷、恐怖、折磨等相对立。刑罚人道主义表现出国家在规定和运用刑罚时对犯罪以及犯罪之实施者的一种宽容的态度，其实质是将犯罪人作为伦理主体对待，而不是作为物体来处理。刑罚人道主义意味着对于人的自主性的承认。可见，刑罚人道主义的基本含义实际上是人道主义形而上学原则的直接套用。只有将这一原则展开为一系列人道主义刑罚规则，才具有刑法上的意义。这些规则包括否定性规则和肯定性规则两个基本方面。否定性规则是人不能被作为手段对待之形而上学原则的展开，一般以"禁止……"、"不得……"的语言结构形式表达；肯定性规则是人应当作为目的对待之形而上学原则的展开，一般以"应当……"、"尽量……"的语言结构形式表达，这两个方面统一在一起形成一个规则体系，确保人道主义的实现。而且，否定性规则是刑罚人道主义的基础，肯定性规则是在此基础上的进一步提升。

经过沈家本等清末修律者们的努力，西方近代的刑罚人道主义原则得以在《钦定大清刑律》中确立。主要表现为以下几个方面：

第一，删除重法，设置近代刑种。

沈家本、伍廷芳受命修律后，对中西刑律进行了比较研究，"综而论之，中重而西轻者为多。盖西国从前刑法，较中国尤为残酷，近百数十年来，经律学家几经讨论，逐渐改而从轻，政治日臻完善。故中国之重法，西人每訾为不仁。其旅居中国者，皆借口于此，不受中国之约束"。"臣等窃维治国之道，以仁政为先。自来议刑法者，亦莫不谓裁之以义而推之以仁。然则刑法之当改重为轻，固今日仁政之要务，而即修订之宗旨也。现行律例款目极繁，而最重之法，亟应先议删除者，约有三事。""一曰凌迟、枭首、戮尸"，"一曰缘坐"，"一曰刺字"。"以上三事，皆中法之重者。参诸前人之论说，既多议其残苛，而考诸今日环球之国，又皆废而不用，且外人訾议中法之不仁者，亦惟此数端为最甚。"⑪

《钦定大清刑律》确定近代刑种为主刑和从刑两类。其中，主刑为死刑、无期徒刑、有期徒刑、拘役、罚金；从刑为褫夺公权和没收。沈家本认为旧律应变通者有五端，"更定刑名"便是其中之一。⑫ 杨鸿烈先生对此也给予了高度评价，他说："将中国法律最落后不合时宜的部分真能剀切披陈，可算是对中国法系加以改造的一篇大宣言。"⑬

第二，酌减死罪，确立死刑唯一制度。

死刑条款的多少是衡量一部刑法人道与否的重要标志之一。沈家本等人对死刑的立法

---

⑪ 《修订法律大臣奏请变通现行律例内重法数端折》，《大清法规大全・法律部》卷3，1～2页。

⑫ 沈家本：《修订法律大臣沈家本等奏进呈刑律草案折》，载《大清光绪新法令》第19册，26～28页。

⑬ 杨鸿烈：《中国法律思想史》，312页，商务印书馆，1998。

极为重视，虽说废除死刑的条件不成熟，但减少死刑的适用，也是刑罚人道主义的体现。“死罪之增损代各不同，唐沿隋制，太宗时简绞刑之属五十，改加役流，史志称之。宋用《刑统》而历朝编敕丽于大辟之属者，更仆难数，颇伤繁细。元之刑政废弛，问拟死罪者，大率永系狱中。《明律》斩、绞始分立决、监候，死刑阶级自兹益密。欧美刑法，备及单简，除意大利、荷兰、瑞士等国废止死刑外，其余若法、德、英、比等国，死刑仅限于大逆、内乱、外患、谋杀、放火、溢水等项。日本承用中国刑法最久，亦止二十余条。中国死刑条目较繁，然以实际论之，历年实决人犯以命盗为最多，况秋审制度详核实缓，倍形慎重，每年实予勾决者十不逮一，有死刑之名而无死罪之实。持较东西各国，亦累黍之差尔。兹拟准《唐律》及国初并各国通例，酌减死罪；其有因囿于中国之风俗，一时难予骤减者，如强盗、抢夺、发冢之类，别辑暂行章程，以存其旧，视人民程途进步，一体改从新律。顾或有谓罪重法轻，适足召乱者。不知刑罚与教育互为消长，格免之判，基于道齐。有虞画像，亦足致垂拱之治；秦法诛及偶语，何能禁胜、广之徒起于草泽；明洪武时所颁大诰，至为峻酷，乃弃市之尸未移，新犯大辟者即至。征诸载籍，历历不爽。况举行警察为之防范，普设监狱为之教养，此弊可无顾虑也。”⑭ 沈家本在指出酌减死刑的必要性的同时，也批评了酷刑的不人道。

在死刑的执行方法上同样能反映刑罚的残酷与人道，沈家本主张“死刑惟一”。“旧律死刑以斩、绞分重轻，斩则有断脰之惨故重，绞则身首相属故轻，然二者俱属绝人生命之极刑，谓有轻重者，乃据炯戒之意义言之尔。查各国刑法，德、法、瑞典用斩，奥大利、匈牙利、西班牙、英、俄、美用绞，俱系一种，惟德之斩刑通常用斧，亚鲁沙斯、卢连二州用机械，盖二州前属于法而割畀德国者，犹存旧习也。惟军律所科死刑俱用铳杀，然其取义不同，亦非谓有轻重之别。兹拟死刑仅用绞刑一种，仍于特定之行刑场所密行之。如谋反大逆及谋杀祖父母、父母等条，俱属罪大恶极，仍用斩刑，则别辑专例通行。至开战之地颁布戒严之命令，亦可听临时处分，但此均属例外。”⑮《钦定大清刑律》第 38 条规定：“死刑用绞，于狱内执行之。”

第三，对未成人犯罪的惩治教育。

《钦定大清刑律》第 11 条规定：“凡未十二岁人之行为，不为罪；但因其情节，得施以感化教育。”沈家本对此解释为：“夫刑者，乃出于不得已而为最后之制裁也。幼者可教而不可罚，以教育涵养其德性，而化其恶者，使为良善之民，此明刑弼教之义也。凡教育之力所能动者，其年龄依各国学校及感化场之实验，以十六七岁之间为限。故本案拾辨别心之旧说，而以能受感化之年龄为主。同十六岁以下无责任之主义。诚世界中最进步之说也。”沈家本在说明理由之后又提出了注意事项：“因其情节而命以感化教育。盖以未满十六岁者，虽有触罪行为，不应置诸监狱，而应置诸特别之学校。至感化场规则，当另行纂

⑭ 沈家本：《修订法律大臣沈家本等奏进呈刑律草案折》，载《大清光绪新法令》第 19 册，26～28 页。
⑮ 沈家本：《修订法律大臣沈家本等奏进呈刑律草案折》，载《大清光绪新法令》第 19 册，26～28 页。

定，不在刑律之内。所谓情节者，非指罪状轻重而言，乃指无父兄或有父兄而不知施教育者。感化教育者，国家代其父兄而施以德育是也。”⑯ 宪政编查馆认为，刑事责任年龄十五岁太宽，主张改为十二岁。最后由皇帝钦定为十二岁，但同时在第 50 条“宥减”中加上未满十六岁人得减本刑一等或二等。⑰

沈家本把惩治教育视为《钦定大清刑律》的重大变化之一，特别看重。“犯罪之有无责任，俱以年龄为衡。各国刑事丁年自十四迄二十二不等，各随其习俗而定。中国幼年犯罪，向分七岁、十岁、十五岁为三等，则刑事丁年为十六岁以上可知。夫刑罚为最后之制裁，丁年以内乃教育之主体，非刑法之主体。如因犯罪而拘置于监狱，薰染囚人恶习，将来矫正匪易，如责付家族，恐生性桀骜，有非父兄所能教育，且有家本贫窭无力教育者，则惩治教育为不可缓也。按惩治教育始行之于德国，管理之法略同监狱，实参以公同学校之名义，一名强迫教育，各国仿之，而英尤励行不怠，颇著成绩。兹拟采用其法，通饬各直省设立惩治场，凡幼年犯罪，改为惩治处分拘置场中，视情节之重轻，定年限之长短，以冀渐收感化之效，明刑弼教，盖不外是矣。”⑱

第四，对精神病人、喑哑人行为的特别规定。

关于精神病人行为，《钦定大清刑律》第 12 条规定：“精神病人之行为，不为罪；但因其情节得施以监禁处分。前项之规定，于酗酒或精神病间断时之行为，不适用之。”草案“案语”说明了立法理由：“本条系规定痴与疯狂等精神病人，虽有触罪行为全无责任。精神病人之行为非其人行为，乃疾病之作为，故不应加刑，而应投以药石。若于必要之时，可命以监禁。各国之规定皆与本条同。”⑲

关于喑哑人的行为，《钦定大清刑律》第 50 条规定得减本刑一等或二等处罚。沈家本认为“聋哑精神不完备者不能与普通之犯罪者同论，故酌量情节减轻本刑一等或二等。聋哑有生而聋哑者，有因疾病或受伤而聋哑者。生而聋哑乃自来痼疾，不能承受教育，能力薄弱，故各国等诸幼年之列。若因疾病或受伤而聋哑者，不过肢体不具，其精神、知识与普通无异，则不能适用此例。即有可原情形，自有宥恕之例在也”⑳。

第五，对老者的宥减规定。

《钦定大清刑律》第 50 条规定满八十岁人犯罪者，得减本刑一等或二等。沈家本解释说：“八十岁以上精神渐昏炘自不能与普通之犯罪者同论，故酌量情节减轻本刑一等或二等。”㉑

---

⑯ 《大清法规大全·法律部》卷十一，法典草案一。

⑰ 参见宣统二年十二月二十五日上谕，载《钦定大清刑律》卷首，宣统三年六月刊印，中国政法大学图书馆藏。

⑱ 沈家本：《修订法律大臣沈家本等奏进呈刑律草案折》，载《大清光绪新法令》第 19 册，26～28 页。

⑲ 《大清法规大全·法律部》卷十一，法典草案一。

⑳ 《大清法规大全·法律部》卷十一，法典草案一。

㉑ 《大清法规大全·法律部》卷十一，法典草案一。

二、犯罪论

（一）未遂犯

有学者认为，“旧派与新派之争在未遂论方面的分歧至为明显，可以认为，客观未遂论与主观未遂论是两派争论的缩影”㉒。旧派注重犯罪行为所产生的法益侵害。法益之侵害为犯罪行为之本质，刑法的目的是保护法益。因此，犯罪行为仅限于既遂时，才有处罚之必要。对于重大犯罪，为防止犯罪的发生，也可就犯罪人的危险性给予处罚。如果仅存犯罪的意思，没有发生法益侵害的客观危险性，也不能作为未遂犯予以处罚。对于未遂犯“理应采取较既遂为轻的处罚”㉓。新派认为，未遂犯的处罚根据在于显示出犯罪人的性格危险性的、与法相敌对的犯罪意思。如果某种行为已将这种犯罪意思表现在外部，则未遂犯的意思与既遂犯的意思没有差异。行为的既遂及其结果并非重要，犯罪意图的显示就是犯罪本质的表现，因此，未遂与既遂本质上相同，两者均应同等予以处罚。虽可根据情节采取较既遂为轻的处罚，但不是必须如此。《钦定大清刑律》第 17 条规定：“犯罪已着手，而因意外之障碍不遂者，为未遂犯。其不能生犯罪之结果者，亦同……未遂罪之刑，得减既遂罪之刑一等或二等。”此条关于未遂犯的规定，以肯定未遂犯罪受罚为前提，对其刑罚的适用是较既遂罪之刑“得减”一等或二等。“得减”不是“必减”，也不是“应减”，而是“可以减”。不难看出，《钦定大清刑律》关于未遂罪的规定，明显地倾向新派理论。关于这一点，沈家本在立法案语中有详细说明：“现行律所载，有谋杀已行未伤及伤而未死，强、窃盗未得财，强奸未成等，皆属未遂罪之规定，惟散见各门，并不到诸名例。隋唐以降，后先一轨。然此固不应仅属二三种犯罪，实系通乎全体之规则，本案故列于总则之中。欧美各国及日本之法殆莫不然也。未遂罪者照原则皆在应罚之列……未遂罪致罪之主义有二：一，未生既遂之结果，损益尚属轻微，于法律必减轻一等或二等；一，犯人因遭意外障碍乃至不得遂而止，其危害社会与既遂犯无异，故刑不必减。惟各按其情节亦或可以减轻。此二主义，前者谓之客观主义，后者谓之主观主义。客观主义已属陈腐，为世所非，近时学说及立法例大都偏于主观主义。本案亦即采此主义。”㉔

（二）不能犯

行为人依犯罪之意思而实行一定之行为，在客体与行为性质上，从一开始就不能实现犯罪之结果者，称为不能犯，也称不能未遂。旧派学说认为，不能犯的行为未侵

㉒ 张明楷：《刑法的基本立场》，8～9 页，中国法制出版社，2002。

㉓ ［日］藤木英雄：《刑法上的学派对立：旧派和新派、客观主义和主观主义》，引自《外国刑法研究资料》第 1 辑，北京政法学院刑法教研室一九八二年六月编，122 页。

㉔ 《大清法规大全·法律部》卷十一，法典草案一。

害法益，也未对法益构成威胁，这种既不能发生犯罪结果又无危害性的行为，没有处罚的必要。新派认为，行为人的犯罪意思已于外部明显表现出来，其性格的危险性暴露无遗，对不能犯进行惩罚，实属当然。《钦定大清刑律》采纳新派学说，把不能犯视同未遂犯，同样规定在第17条中。沈家本解释说："未遂罪者，即分则所定之犯罪行为着手而未完结，或已完结而未生既遂之结果者是也……第一项后半，在于不能生结果之情形者。如用少量之毒物，不致于死，及探囊而未得财物之类。在学术上谓之不能犯，其为罪与否颇属疑问，学者之所争论而未决之问题也。然此实应与一般未遂罪同论，故特设此规定。"㉕

（三）共犯

共犯理论是新旧两派争论最为激烈的焦点之一，也是极为复杂的刑法理论问题。旧派主张犯罪共同说，共同犯罪必须是数人共同实行特定的犯罪，或者说，二人以上只能就完全相同的犯罪成立共同犯罪。根据旧派的基本立场，刑事责任的基础是表现在外部的行为及其实害与危险。所以，共同实行犯罪，意味着各共犯人共同实行了符合相同构成要件的行为。新派主张"行为共同说"，该说不要求共同实施特定的犯罪，也不要求数人必须具有共同实现犯罪的意思联络。根据新派的基本立场，犯罪行为是行为人反社会性格的表征，只要客观行为相同，即使犯意有别，也能说明相同的反社会性格。因此，共同犯罪并非符合特定构成要件的犯罪的共同，而是以共同行为而实现各自的犯意。

《钦定大清刑律》第29条规定："二人以上共同实施犯罪之行为者，皆为正犯。各科其刑。"本条规定源自《日本刑法》规定："二人以上共同实行犯罪的，都是正犯。"日本学者认为："犯罪共同说的观点与这一规定符合。因为'共同实行'意味着有共同的实行行为，而不同的犯罪有不同的实行行为，故只能就相同的实行行为即相同的犯罪成立共同正犯。"㉖就共犯的本质而言，《钦定大清刑律》采纳了旧派的犯罪共同说，但不是完全的旧派理论，它也吸收了新派的"行为共同说"，承认过失共犯。《钦定大清刑律》第35条规定："于过失罪有共同过失者，以共犯论。"沈家本先生解释说："过失罪之有无共犯，各国学说与判决例亦多有不同。本案取积极之论。例如，二人共弄火器致人于死伤或肇火灾，应照过失或失火之共犯处分也。"㉗ 第34条规定："知本犯之情而共同者，虽本犯不知共同之情，仍以共犯论。"第36条规定："值人故意犯罪之际，因过失而助成其结果者，准过失共同正犯论；但以其罪应论过失者为限。"既然过失可以构成共犯，当然不要求数人必须具有共同实现犯罪的意思联络，具备"行为共同"即可。在共犯的问题上，晚清立法者们试图调和新旧派理论。

㉕ 《大清法规大全·法律部》卷十一，法典草案一。

㉖ ［日］西原春夫：《刑法总论》（下卷），成文堂1993年改订准备版，374页。早稻田司法考试研究室：《刑法总论》，215页，早稻田经营出版社，1990。

㉗ 《大清法规大会·法律部》卷十一，法典草案一。

三、刑罚论

在刑罚论方面，旧派主倡所谓“报应刑论”以至于“赎罪论”，认为刑罚是对犯罪人所科处的与犯罪行为相均衡的一种恶害，并依此使犯罪人赎罪；还认为刑罚威吓、警戒一般人以期防止将来的犯罪，即所谓的一般预防主义。新派认为刑罚是为了防卫、保全社会，教育犯罪人兼以使其再社会化为目的，与其说威吓、警戒一般人，不如说是使犯罪人自身得到改造，预防犯罪，更为重要一些。新派重在特别预防，而且从犯罪人的社会危险性以至社会适应性出发，提倡刑罚个别化，从扩张法定刑的范围起，更进一步主张采用不定期刑，并认为刑罚与保安过分作为对犯罪人的教育、改造的一个手段来说，其性质是相同的，两者之间具有当然的可代替性。新派提出了缓刑、假释、时效等制度。

关于缓刑制度，它是近代西方刑法中富有促进机能的刑罚制度。无疑它是对短期自由刑所产生的弊端的一种补救措施。对初犯、偶犯或犯罪较微、情节可悯者，免塞其自新之路，予以反省后悔之机。它最早起源于1842年英国的缓予宣告制。1879年的简易裁判法和1888年的初犯者考验法使之法律化。1870年美国于波士顿开始适用缓予宣告制之后，各州相继适用。1878年美国马萨诸塞州制定了保护观察法。1907年，英国制定了保护观察法。1888年法国，1895年德国相继采用缓刑制。1907年《日本刑法》第四章为“刑之执行犹豫”，第25条规定：“左列之人受三年以下惩役或禁锢或五千元以下罚金之宣告时依情状得自裁制确定之日起于一年以上五年以下之期内犹豫其执行。”第27条规定：“刑之执行犹豫宣告未被取消而经过犹豫之期间时刑之宣告失其效力。”

《钦定大清刑律》第63条规定：“具有下列要件，而受四等以下有期徒刑或拘役之宣告者，自审判确定之日起，得宣告缓刑五年以下、三年以上：（一）未曾受拘役以上之刑者；（二）前受三等至五等有期徒刑执行完毕或免除后逾七年，或前受拘役执行完毕或免除后逾三年者；（三）有一定之住所及职业者；（四）有亲属或故旧监督缓刑期内之品行者。”第65条规定：“逾缓刑之期而未撤销缓刑之宣告者，其刑之宣告为无效。”沈家本认为规定缓刑制度很有必要，他说：“习染罪恶，不思湔濯，虽不乏人，然亦有出于一时之错误者，若遽投监狱，官吏监督偶弛，往往互相谈论罪恶，是监狱乃研究犯罪之学校也。按列国统计，以平均计算，罪犯百人之中，累犯者居四五十人，而采用此种制之国，于轻微之初犯及本案第六十三条第二款之再犯，不投之于监狱，但警告将来以试验之。其在试验期内，犯罪者常平均计算，百人中仅十五六人。二者相衡，利害得失，了如观火。则此制度为今世舆论所归固宜，故本案采用之。”㉘

关于假释，它是一种附条件的提前释放，从而补救了长期自由刑的弊端。近代刑法上的假释制度确立于英国，19世纪中叶盛行于西方各国。1820年英国于殖民地澳大利亚，把

㉘ 《大清法规大全·法律部》卷十一，法典草案一。

流亡的囚徒，附条件地提前释放，乃系假释制度之滥觞。19 世纪后期的欧洲国家刑法普遍采用假释制度。日本新旧刑法均有假释制度。1907 年《日本刑法》第五章为“假出狱”，其第 28 条规定：“被处惩役或禁锢者有悛悔情况时有期经过其刑三分之一后，无期经过十年后得以行政机关之处分许假出狱。”

《钦定大清刑律》第 66 条规定：“受徒刑之执行而有俊悔实据者，无期徒刑逾十年后，有期徒刑逾二分之一后，由监狱官申达法部，得许假释出狱；但有期徒刑之执行未满三年者，不在此限。”沈家本在“案语”中对假释的作用及新派的思想做了明确解释：“假出狱者，乃既经入狱之人，其在执行之中尚有悛改之状，姑与以暂行出狱之法，以奖其改悔也。盖入人于狱，古时原欲以痛苦惩戒其人，近年惟以使人迁善为宗旨，故执行刑法之时，倘有人有改过迁善之实即不妨暂令出狱，此其制之所由生也。”㉙

关于时效，它是刑法中具体的现实刑罚权消灭的原因之一。时效分为刑罚请求权的消灭和刑罚执行权的消灭。两种时效的完成，均须经过一定时间；时效完成后，国家即不行使追诉权和行刑权。这是新派理论的业绩之一。在大陆法系国家中，法国率先采用时效制度，其他各国相继仿效，英、美也随之采用并加以推广。

《钦定大清刑律》第十五章专门规定了时效制度。第 69 条为追诉时效，第 74 条为行刑时效。“时效云者，乃泰西旧语。惟本案则新采用也。凡既经过律例预定之时限，则生取得权利或免除义务之效力，此制度谓之时效。时效有得权时效、免责时效二种。然在刑事法之范围内，无有与得权时效相匹者。惟有属于免责时效一部之公诉时效与行刑时效二种而已。”追诉时效的规定有利于法律的公正与效率，如果不在一定期限内起诉，“则有罪之证据与嫌疑人有利之证据均已散逸，势不得以不确实之证据，而审理判决不确实之人。暧昧科罚最为刑事所忌。故本案特以第六十九条确定公诉提起权之时效期限也……行刑权之时效与起诉权之时效不同，须俟有罪之事实既明，刑之宣告已经确定之后，方始适用，故不虑证据散逸。是以其期限较起诉权时效期限延长一倍。有罪之事实即明，刑之宣告已经确定，虽经易数年，仍应执行。然使犯人在第七十四条之长年月间，不受执行而照常生计于社会，其因此所生之普通生计关系必已不胜枚举。例如，人于二十岁时，受死刑宣告，乃脱逃后经三十年，是其人年岁已满五十，此其时或已立家室或已就正业，得有相当之地位。倘于此际，以三十年前之罪致之大辟，是直破坏三十年间普遍生计关系。犯人以外之人，虽未身被其刑，而受恶果，或更有甚者，是使人忘刑之威严，而但觉刑之残酷，实非刑事政策所宜。死刑如此，其余可类推矣。”㉚

《钦定大清刑律》在会通中西、调和新旧方面做出了大胆的尝试，仅就西方近代刑法新旧两派理论而言，《钦定大清刑律》的制定者们在刑法基本原则方面更多地倾向于旧派理论，特别是罪刑法定主义原则的明确规定。在犯罪论方面倾向于新派理论并试图调和新旧。

㉙ 《大清法规大全·法律部》卷十一，法典草案一。

㉚ 《大清法规大全·法律部》卷十一，法典草案一。

在刑罚论方面明显地倾向于新派观点。《钦定大清刑律》对西方近代刑法旧派理论的吸收，构建了我国近代刑法的基本框架，立法上较顺利地完成了传统旧律向近代刑法的转型。《钦定大清刑律》的制定者们对近代刑法新派理论的甄采，使中国近代刑法起步之初即直抵刑法理论前沿，但中国社会的滞后性，使《钦定大清刑律》中的不少内容停留在纸面上。这是一种历史的遗憾。笔者无意评价《钦定大清刑律》的得失，有一点似乎不该否认，即在西方近代新旧两派理论共同影响下制定的《钦定大清刑律》探索出了一条中国刑法走向近现代的道路，尽管这条道路有些崎岖，我们还是沿着前人的足迹走到了今天。

刘艺工

中西法律文化交流简论*

简介

刘艺工，1962 年生，汉族，山西原平人，先后毕业于郑州大学和兰州大学，现为兰州大学法学院副教授（2002—2004 年为院聘教授），法学博士，院长助理。兼任中国法学会法理学研究会理事，中国外国法制史学会理事，中国加拿大研究会常务理事。1988—1989 年在西南政法大学进修。曾赴西欧、北美、日本访问、研修、讲学。学术兴趣为法史学、法理学、比较法，已在国家级、省市级出版社和报刊上出版或发表法学论著七十余部（篇）。

* 原发表于《科学·经济·社会》，2003（4）。

一

文化是人类创造的物质财富和精神财富的总和。广义的文化即文明，泛指人类一切活动及其所创造出的所有事物之总和。狭义的文化专指语言、文字、文学、艺术、风俗、习惯以及人类其他精神活动及其产物。

在我国，“文化”一词可以追溯到早期的典籍《易经》。《易经》中称“观乎人文，以化成天下”。西汉以后，“文”与“化”两个字合成为一个词。如“文化不改，然后加诛”（《说苑·指武》）、“文化内辑，武功外悠”（《文选·补之诗》）。但这里文化一词的含义显然与我们如今在学术研究和现实生活中使用的文化一词有较大差异，它更强调的是“文治教化”以与“武功”和“加诛”相对应的。现代意义上的文化概念，系由西文“culture”转译而来，而从词源学的角度考察，“culture”一词最早来源于拉丁文“cultura”，最初的含义为“耕耘”、“居住”等意，后来引申为对人性情的陶冶，品德的教养，这就与中国古代“文化”一词的“文治教化”内涵比较接近。所不同的是，中国的“文化”一开始就专注与精神领域，而“culture”却是从人类的物质生产活动生发，继而才引申到精神活动领域的。

现在世界上有关文化的定义已达200多种。但比较权威并系统归纳起来的定义源于《大英百科全书》引用的美国著名文化学专家克罗伯和克拉克洪的《文化：一个概念定义的考评》一书，这本书共收集了166条文化的定义，这些定义分别由世界上著名的人类学家、社会学家、心理分析学家、哲学家、化学家、生物学家、经济学家、地理学家和政治学家所界定。

但文化一词真正成为一个较为技术化的学术概念，还得归功于人类学学者。在1971年，享有人类学之父美誉的英国学者泰勒对文化一词做出如下定义：“所谓文化，即是包括知识、信仰、艺术、道德、法律、习惯以及其他人类作为社会成员而获得的种种能力、习性在内的一种复合整体。”这个概念也可以说是迄今为止最为经典的文化概念，虽然后来的学者对泰勒的文化概念进行了程度不等的修订和补充，以使之更符合时代发展和学术研究的要求；但都遵循了泰勒的这种将文化视为一复杂整体的基本定义思路。

法律文化作为人类文化的有机组成部分，是指“在一定社会物质生活条件的作用下，掌握国家政权的统治阶级所创制的法律规范、法律制度或者人们关于法律现象的态度、价值、信念、心理、感情、习惯以及学说理论的复合有机体。法律文化有其独特的内在结构。这一结构由两个层面所构成，其一是物质性的法律文化，诸如法律制度、法律规范等，亦曰制度形态的法律文化；其二是精神性的法律文化，诸如法律学说、法律心理、法律习惯等，这可称为观念形态的法律文化。如果说制度形态的法律文化旨在建构一定的法律调整机制，那么，观念形态的法律文化则充分展示了人类关于法和法律的精神世界的活动”。

严格意义上的法律文化的概念，最早是由美国法学家劳伦斯·弗里德曼于1969年发表于《法律与社会评论》杂志上的一篇题为“法律文化与社会发展”的文章中提出的。我国对法律文化的研究开始于20世纪80年代，1985年，中央电视大学印发孙国华教授的《法律基础理论》，此书中设专节讨论“法律文化”。从此，法律文化研究便在中国法学界迅速开展起来。迄今为止，国内学者已发表了大量有关法律文化的论著。目前法律文化已经成为法学界普遍使用的概念，然而直至今天，关于法律文化概念的具体内涵仍然是莫衷一是，不同的研究者对法律文化概念有着不同的理解和看法。

本文认为：法律文化作为人类精神文化的重要组成部分，包括内在与外在两个方面。内在方面是表现为法律心理、法律意识、法律思想、法律精神等的观念形态，外在方面是表现为法律制度、法律技术等的制度形态。

二

古代中国和西方在经济和文化方面的交往源远流长，丝绸之路筑起了横跨东西方文明的友谊桥梁。从汉朝开始的路上丝绸之路已有2 000多年的历史，它东起长安，西到罗马，全程7 000余公里，跨越今日的陕西、甘肃、宁夏、青海、新疆，翻过帕米尔高原，延伸至中亚、西亚，最后到达地中海东岸及欧洲。中国的四大发明沿着这条道路得以西传，西方文明也从这条道路传到中国。宋代以后，随着中国南方的进一步开发和经济重心的南移，从广州、泉州、杭州等地出发的海上航路日益发达，形成了从南洋到阿拉伯海，甚至远达非洲东海岸的“海上丝绸之路”。我国陆上“丝绸之路”兴起于西汉，繁荣于汉朝和唐朝；海上“丝绸之路”形成于西汉早期，发展于唐宋，鼎盛于元明两代。

丝绸之路开通之后，东西方的交流日益增多。然而遗憾的是，历史上保存下来的有关文献资料十分有限，政治、法律方面的资料就更少了。我们只能从这十分有限的资料中探寻中西法律文化交流的蛛丝马迹。根据英国科学技术史专家李约瑟博士考证，大约公元2世纪，中国的儒家和道家学说可能就已经通过丝绸之路传播到欧洲。我们知道，儒家学说在中国古代长期是占统治地位的法律学说，儒家的“德主刑辅”以及“礼治”、“德治”思想在中国存在了几千年，直到今天仍有相当的影响力。道家的“无为而治”、“道法自然”思想，也对后世产生了很大影响。

公元二、三世纪之交的罗马帝国东部叙利亚省作家巴尔德萨纳斯（Bardesanes，154—222）在他的著作中谈到中国法律的情况：“在每一个国家中，人们制定了不同的法律，有些是成文的，有些是不成文的。我将从世界肇端的地方（亦即远东）开始，谈谈我所知道，以及我能记得的。在产丝之国（中国），法律禁止谋杀、卖淫、盗窃和偶像崇拜。在这个幅员广大的整个国土上，看不到庙宇，看不到妓女，也看不到淫乱的妇女；没有盗贼被拘入官衙，没有谋杀者，也没有被谋杀的人……”

4 世纪时，罗马人凯撒里乌斯（Caesarius，？—368）也指出，在中国，人们所根据的是习惯而不是成文法。而“在每一个国家中，在别的民族中，也像在我们中间一样，存在着皇家的法律，不管是成文的还是不成文的。有些地方有成文法，而另一些地方只有习惯法（习惯具有法律的效力）。对那些没有成文法的民族，祖先传下来的习惯起着控制的作用。在这些民族中，首屈一指的是中国人。他们住在大地的极东部。他们把祖先的习惯作为法律，禁止卖淫、盗窃、通奸、崇拜偶像和祈祷诸神……在中国人中间，祖宗的法律比由星宿决定的命运更有威力”。

这一段文字在 9 世纪和 11 世纪对东罗马帝国的史学家和作家多次转载。由于上述学者对中国古代法律的记载较为具体和准确，因此李约瑟认为，当时的中西方“一定有过真正的来往”。

在中国古代文献中，也有一些有关西方政治法律制度的描述。

中国在原始社会末期，就有关于西域和西方的传说，然而中国真正对西方有所了解，还是在汉代张骞出使西域之后。根据《史记》记载，西汉建元年间（公元前 140—公元前 134 年）张骞应募出使西域，到过中亚的不少地方，开拓了丝绸之路。张骞从中亚返回后，除了提到中亚的一系列国家外，还提到安息之北是犁轩，这大概是中国最早关于罗马的记载。汉和帝永元九年（公元 97 年），班超在中亚一带击败匈奴侵扰，重新开通了连接西亚的丝绸之路，并派遣部将甘英出使大秦（即欧洲的罗马帝国），以便打开我国与欧洲的直接联系。甘英等人向西进发，到了条支国的西海（即波斯湾）边上，打算乘船进入红海经海路前往大秦。由于安息国（即今伊朗）一向用汉丝和丝织品同罗马交易，不愿意中国和大秦国开辟直接通商的道路，因此当地的船人不想让甘英前去大秦，便极力夸张海上风疾浪大，非常危险，即使顺风而行，也需很长时间才能到达。甘英等人轻信了他们的谎言，为海所阻，中止了前去大秦的行动，折而返归，成为历史上一件令人遗憾的事情。甘英出使大秦国虽未成功，却到达了西亚的条支国（在今伊拉克境内），成为中国出使波斯湾一带的第一个外交使节，丰富了当时对中亚、西亚、欧洲罗马各国的知识。

在汉代，罗马也派遣使者前往中国，据《后汉书》载，东汉安帝永宁元年（公元 120 年），掸国（在今缅甸东北部一带）国王雍由遣使至东汉献幻人（魔术师），幻人自言海西人，“海西即大秦也，掸国西南通大秦”。这是大秦人到达中国的最早记载。又据《后汉书》记载：“其王（大秦王）常欲通使于汉，而安息欲以汉缯采与之交市，故遮阂不得自达。至桓帝九年（公元 166 年），大秦王安敦遣使自日南徼外献象牙、犀角、玳瑁，始乃一通焉。”这是欧洲国家使者访问中国的最早记录。

随着中国和罗马的交往，中国对罗马的政治和法律制度也有了较多的了解。《后汉书》称：“其人民（大秦人）皆长大平正，有类中国，故谓之大秦。”认为罗马人身材高大，处事公正，类似中国秦朝人。《后汉书》中对罗马的贤明政治十分赞赏：“常使一人持囊随王东，人有言事者，即以书投囊中，王至宫发省，理其枉直。各有宫曹文字，置三十六将，皆会议国事，其王无有常人，皆简立贤者，国中灾异风雨不时，辄废而更立，受放者甘黜不怒。”这大概是中国最早对罗马民主政治的记载。

写成于公元五世纪的《三国志》中称：“大秦国……其国无常主……人长大平正，似中国人而胡服，自云本中国一别也，常欲通使与中国，而安息图其利，不得通过……王出行，常使从人持一韦囊自随，有白言者，受其辞投囊中，还宫乃省为决理。”提到罗马人身材高大，处事公平，为人正直，同中国人类似（这里指的可能是中国北方人），只是衣着不同而已。魏晋南北朝时期，虽然中原战乱不断，但中国与沿丝绸之路中亚、西亚和欧洲国家的交往从未间断。

唐代是中国封建政治、经济和文化高度发展和繁荣的时代，也是丝绸之路最为繁荣的时代。在这一时期，中国同西方的接触也比以前大为增加。来自阿拉伯、中亚和欧洲的商人、使者云集长安。在这一时期，中国开始以拂菻（拜占庭，即东罗马帝国）取代以前对罗马的旧称“大秦”。据中国史料记载，从公元643年拜占庭第一次派使者到长安谒见唐太宗李世民开始，到公元742年最后一次派使节到中国，前后共有七次。

随着中西直接往来的增多，中国和罗马之间政治、法律方面的了解也在不断增加。因此国内某些学者大胆地提出，从汉代到唐代，在中国对外贸易的契约关系中，很明显地吸收了不少罗马法的因素。不过这种观点也受到国内其他学者的质疑。汉至唐，印度的佛教、欧洲的基督教、西亚的伊斯兰教也通过丝绸之路相继传入中国，与三大宗教相关的宗教法律规范也传播到了中国。

元朝时期，蒙古人建立了从山海关到布达佩斯，从广州到巴格达的辽阔的大帝国，使得东西方的交通变得大为便利，也使得中西文化交流变得更加直接。在这种历史背景下，意大利商人马可·波罗（Marco Polo，1254—1324）等人一行来到中国，马可·波罗早年学习法律，到中国后“颇受优礼。大汗颇喜其至，垂询之事甚多。先询诸皇帝如何治理国土，如何断决狱讼，如何从事战争，如何处理庶务。复次询及诸王宗王及其他男爵。”由于马可·波罗一行的到来，使得中国得以更直接地了解西方的社会制度，包括法律制度，马可·波罗在元朝担任官职达17年之久，谙熟中国文官制度。而马克一行返回意大利后，又把中国文化和制度情况带回意大利，在欧洲引起轰动。

三

明清时期，新航路已经开通，陆上丝绸之路逐渐走向衰落，海上丝绸之路开始兴起和繁荣，中西文化交流开始了一个新的时代。以利马窦（Matthaeus Ricci，1552—1610）、汤若望（Johann Adam Schall von Bell，1591—1666）等为代表的欧洲传教士大批涌入中国。他们除了把基督教教义、欧洲自然科学带到中国之外，还广泛介绍欧洲的风物及社会制度。这些传教士在回国之后，又把中国的历史文化、社会制度介绍给欧洲，促进了中西法律文化的交流。曾在明朝居住中国达30年之久的利玛窦，熟悉中国的文官制度，他在《中国札记》中都对中国的政治、经济、文化作了深入介绍，表现出他们对中国文化的钦慕之情。

18 世纪欧洲启蒙运动时期，再次出现了学习和研究东方文化，特别是中国文化的热潮。在当时的欧洲各地，到处可以看到中国文化的影子，如日常生活中的茶叶、陶瓷、中国式的服饰、园林。在高层次文化研究方面，学者们翻译出版中国哲学著作，学习中国语文，编写汉语字典，出版中国地图，评论中国政治制度，辩论中国哲学思想，探讨中国天文学、生物学、医学等，上演中国题材的戏剧……当时的启蒙思想家们经常引用中国作为例子，来说明某种价值观和理论。法国大哲学家伏尔泰和孟德斯鸠等人还参照中国模式批判西欧的宗教狂热与政治制度。伏尔泰认为中国的宗教没有迷信，没有荒唐的传说，没有蛮不讲理、违背自然的教条。中国的文官制度与科举制对欧洲启蒙思想家留下深刻印象，他们纷纷撰文表示赞扬。伏尔泰认为中国文官专制政府“乃建立于自然的最神圣的法制之上”，他“惟有信服赞叹，心向往之”。对中国的科举制他也赞不绝口，竟然说“人的头脑肯定想象不出一种比这更好的政府了。在这个政府里，一切都由一层层的大法庭所决定，而只有经过若干次严格考试才能被录用充当为法庭的成员。因此在这样的政府里皇帝就不可能为所欲为地行使权力”。18 世纪前后在欧洲风起云涌的反对宗教神学、呼唤理性精神的社会思潮中，不少启蒙思想家纷纷从中国文化中寻找思想理论武器。儒家思想所论述的天人合一、以人为本、摆脱神学独断、律己修身、刚健有为、伦理有序、和谐人际关系、注重整体利益和以个人对国家、民族贡献为人生意义的价值观等，深刻地影响了被誉为“欧洲孔子”的法国伏尔泰和魁奈、德国莱布尼兹和沃尔夫、英国坦布尔等人。伏尔泰认为中国文化博大精深，呼吁欧洲人在中国文化面前一要赞美，二应自惭，三须模仿。他将儒家的哲学思想、政治理论、道德伦理、人性观念、社会法则等加以综合研究，建构了一套对西方社会产生过很大影响的新的社会学说。

当时的欧洲启蒙思想家对中国的文化和文明推崇备至，甚至创造出种种有关中国的神话，然而他们所理解的中国并不是真实的中国。尽管如此，启蒙思想家在中国文化影响下所倡导的原则和精神却成了欧洲社会现代文明发展的基础，不少西方学者都承认，英、法等国近代建立的文官选拔制度，就是在中国科举制的启发下，按照西方人所理解的中国模式所创建的。

明清时期西学东渐以来，中国与西方有了越来越多的直接接触，西方的法律制度也日益被越来越多的中国人所知晓。鸦片战争之后，中国不少有识之士更是认识到研究和借鉴西方法律的重要性，而清末的沈家本（1840—1913）的立法改革就是以与罗马法有着密切渊源关系的大陆法为基础进行的。沈家本是中国近代著名法学家、清末法制改革的倡导者，修律大臣。沈家本在刑部供职期间，就浏览了历代法典和刑狱档案，对中国古代法律制度和法学文献进行了大量的考订工作。1902 年清政府成立修订法律馆，派沈家本、伍廷芳充任修订法律大臣。沈家本热心探索西方资产阶级法律制度和法律思想，他或亲往欧洲各国，或派人东渡日本，进行考察，了解资本主义法律制度的历史和现状，积极引进资产阶级法律。在沈家本主持修订法律期间，把《大清律例》删改成了《大清现行刑律》，并参考资本主义国家刑法，主持制定了中国第一部近代化的刑法典《大清新刑律》。在沈家本还主持下，还制定了中国近代最早的民商事法典《钦定大清商律》和《大清民律草案》等一系列前所未有的近代化的法律。这些法律对中国法制近代化起到了极为重要的作用，所以沈家本被称为是“中华法系的掘墓人”。

参考文献：

1. 刘在平、秦永楠主编：《中国小百科全书》。
2. 张岱年：《中国文化概论》，北京师范大学出版社，1999。
3. 刘作翔：《法律文化理论》，商务印书馆，1999。
4. 张文显主编：《法理学》，高等教育出版社，2002。
5. 沈福伟：《中西文化交流史》，上海人民出版社，1987。
6. 李约瑟：《中国科学技术史》，科学技术出版社，1990。
7. 胡留元、冯卓慧：《罗马法与中国古代契约法》，《法律科学》，1995（5）。
8. 徐忠明：《与罗马法与中国古代契约法一文作者商榷》，《法律科学》，1996（3）。
9. 冯承均译：《马可波罗行纪》（上），中华书局，1955。
10. Etiemble，L'Europe Chinoise，Gallimard，1989.
11. Voltaire，Essai sur les moeurs et l'esprit des nations. Paris，1962.

邱远猷

张之洞与清末法律近代化*

简介

邱远猷（1932—），四川资中人。1953 年西南政法学院毕业。1956 年中国人民大学法律系研究生毕业，并留任助教。1960—1972 年中央财经学院任讲师。1972 年调入首都师范大学，历任副教授，研究生导师，校务委员会委员，校学位学术委员会委员，校图书馆馆长，东方文化研究所副所长，校教代会副主席，北京地区高校图工委副主任，北京市图书资料系列高级职称评委会副主任。兼任中国人民大学法律史博士生导师组成员，中国政法大学法律史研究所研究员，中国青年政治学院教授，中国法律史学会理事等。独撰、合著、主编、参编著作 25 部，在报刊发表文章 150 篇。2005 年入选“当代中国法学名家”。2007 年获“首届钱端升法学研究成果奖”。

---

* 2002 年 9 月初，由武汉大学、武汉市社会科学院、武汉市政协联合主办了“张之洞与武汉早期现代化国际学术研讨会”。时年古稀的我应邀赴会，撰写的论文是《张之洞与中国法律近代化》，并在大会上作报告，受到好评。会后收入论文集《张之洞与武汉早期现代化》（中国社会科学出版社，2004），刊载于《中西法律传统》，第三卷（中国政法大学出版社，2003）。由于篇幅较长，《首都师范大学学报》2003 年第 4 期发表时，我作了较多删改，并改题为“张之洞与清末法律近代化”。中国人民大学复印报刊资料《法史学》2003 年第 10 期转载。2004 年 6 月和 10 月我先后在西北政法学院与南京大学法学院，以此题内容向法律史专业研究生作学术报告。——著者

中国古代传统法律以儒家宗法伦理价值为内在精神，以刑为主、诸法合体的法律结构体系为其外部形式。从20世纪初清政府法律变革开始，中国传统封建法律向近代资本主义法律转型。在清末法律近代化的开端时期，张之洞的立场态度如何？其思想主张是什么？起着怎样的作用？对此过去中国法律史学界颇多歧议，甚至否定，比如认为张之洞的“整顿中法，采用西法”“始终没有超越‘中学为体，西学为用’这一反动纲领”[1]（p.513～514）；张之洞“在清末礼、法之争中，被奉为反对触动封建纲常伦理的礼教派的首领”，“在本质上与封建顽固派实别无二致”[2]（p.268，p.270）。究竟应该如何评价张之洞在清末中国法律近代化过程中的地位与作用？本文略抒己见，以就教于学术界同仁。

一、率先倡导变法修律，举荐修律大臣

19世纪末20世纪初，中国民族资本主义经济已有初步发展，民族资产阶级力量日益壮大，资产阶级革命与改良运动开始兴起。在西方国家的侵略威胁以及外来先进经济文化的刺激之下，在晚清政治腐败、内外交困、危机四伏的沉重压力之下，具有忧患意识和爱国精神的朝廷重臣、洋务派后起之秀张之洞，为了“自救”、“自强”，率先倡导变法修律。早在1883年，他即在《延访洋务人才启》中提出“以商务为体，以兵战为用”，“以周知各国……政令……公法、律例为根柢”[3]（卷89，奏议89，p.24），表现出对“西政”、“西法”的关注。1895年甲午战败，张之洞更进一步明确提出“西人政事法度之美备”“十倍精于”其军事技术的见解。[4]（p.158）

1898年4月，张之洞在其代表作《劝学篇》中又提出了政制、法制改革的主张。他说：“不变其习不能变法，不变其法不能变器”；“西艺非要，西政为要”；“学校、地理、度支、赋税、武备、律例、劝工、通商，西政也”；“大抵救时之计，谋国之方，政尤急于艺。”又说：“夫不可变者伦纪也，非法制也”[3]（卷202，卷203）。那么如何变革“法制”呢？张之洞认为：“泰西诸国无论君主、民主、君民共主，国必有政，政必有法，官有官律，兵有兵律，工有工律，商有商律，律师习之，法官掌之，君民皆不得违其法。”[3]（卷202）显然，他推崇西方那种法律至上、任何人都要受法律制约的“法治”国家。1901年1月29日清政府颁布“变法诏”，要求大臣们就变法事宜“各抒所见”。是年7月，两江总督刘坤一、湖广总督张之洞连续上奏《变通政治人才为先遵旨筹议折》、《遵旨筹议变法谨拟整顿中法十二条折》、《遵旨筹议变法谨拟采用西法十一条折》，此即有名的《江楚会奏变法三折》[3]（卷52，奏议52，pp.9～29；卷53，奏议53，pp.1～33；卷54，奏议54，pp.1～32）。针对“上年京畿之变，大局几危”的严重形势，奏折强调了变法的必要性与紧迫性，

指出“方今环球各国，日新月盛。大者兼擅富强，次者亦不至贫弱”，其原因何在？“盖立国之道，大要有三：一曰治，二曰富，三曰强。国既治，则贫弱者可以求富强。国不治，则富强者亦必转为贫弱。整顿中法者，所以为治之具也，采用西法者，所以为富强之谋也”；“自强之根本”在于“采用西法”；“不变何以为国”，变法修律乃是中国由贫弱走向富强的必由之路。奏折中提出 27 条具体变法措施，包括“兴学育才”4 条，“整顿中法”12 条，“采用西法”11 条，建议朝廷推行全国。清廷对“变法三折”十分重视，于 1901 年 9 月发布上谕：“其中可行者即著按照所陈，随时设法择要举办。各省疆吏，亦应一律通筹，切实举行。”[5]（p.4771）这样，“变法三折”的基本主张与内容大抵成为清末政府变法修律的行动纲领。清末的变法修律就此提上日程。

谁来担任变法修律重任呢？当时朝政腐败已入膏肓，“变法三折”提出的各项措施推行起来困难重重。慈禧太后的亲信、大学士荣禄曾对人说：“刘张奏，慈圣称好。我对：法是好，只是无人办。”[6]（卷 4）慈禧太后苦于人才难得，于是在 1902 年 3 月 11 日下诏：“中国律例，自汉唐以来，代有增改。我朝《大清律例》一书，折中至当，务极精详。惟是为治之道，尤贵因时制宜，今昔情势不同，非参酌适中，不能推行尽善。况近来地利日兴，商务日广，如矿律、路律、商律等类，皆应妥议专条。著各出使大臣，查取各国通行律例，咨送外务部。并责成袁世凯、刘坤一、张之洞，慎选熟悉中西律例者，保送数员来京，听候简派，开馆纂修，请旨审定颁行。总期切实平允，中外通行，用示通变宜民之至意。”[7]（卷 495）

这道从内容到文字大多来自刘坤一、张之洞。奏折的谕旨下达后，1902 年 4 月 1 日，袁世凯、刘坤一、张之洞三总督向清廷联衔上疏，一方面进一步阐述变法修律的重要意义：“窃维经世宰物之方，莫大乎立法。律例者，治法之统纪，而举国上下胥奉为准绳也”，“遐稽法、德，近考日本，其变法皆从改律入手。而其改律也，皆运以精心，持之毅力，坚苦恒久，而后成之。故能雄视全球，自得自主之权，而进文明之治，便民益国，利赖无穷”。而“中国自开禁互市以来，近百年矣，当其初不悉外情，不谙公法。又屡次订约，皆在用兵以后，权宜迁就，听人所为。国权既见侵削，民利尤多亏损。浸寻至今，国威不振，几难自立。近者交涉益繁，应付愈难。教士纷来，路矿交错。游历之辈，足迹几遍国中。通商之议，乘机而图进步。我如拘守成例，不思亟为变通，则彼此情形，终多扞格。因扞格而龃龉，因龃龉而牵制，群挠众侮，我法安施；权利尽失，何以为国”。另一方面保举熟悉中西法律之人员主持修律，并建议聘请外国法律专家协助修律：“查刑部左侍郎沈家本久在秋曹，刑名精熟。出使美国大臣伍廷芳，练习洋务，西律专家。拟请简调该二员，饬令在京开设修律馆，即派该二员为之总纂。其分纂、参订各员，亦即责成该二员选举分任。伍廷芳并可遴派西国律师二三人挈同前来，拔茅连茹，汲引必当。近来日本法律学分门别类，考究亦精，而民法一门最为西人所叹服。该国系同文之邦，其法律博士，多有能读我之会典律例者，且风土人情，与我相近，取资较易。亦可由出使日本大臣，访求该国法律博士，取其专精民法、刑法者各一人，一并延订来华，协同编译。”[8]（卷 14）

慈禧太后采纳张之洞等人推荐，于1902年5月13日发出上谕："现在通商交涉，事益繁多，著派沈家本、伍廷芳，将一切现行律例，按照交涉情形，参酌各国法律，悉心考订，妥为拟议，务期中外通行，有裨治理。俟修定呈览，候旨颁行。"［7］（卷498）从此变法修律进入实际操作阶段，中国法律近代化的历史进程开始起步。

二、修律主张初步体现中国法律近代化的时代趋向

张之洞倡导的变法修律的具体内容是什么？有何历史意义？笔者认为，可大致概括为以下四个方面。

（一）大胆挑战君主专制，主张引进君主立宪制之"西法"

早在《劝学篇》中，张之洞在诠释"外洋民权"时就说过：其意义在于"国有议院，民间可以发公论，达民情"；"国必有政，政必有法……君民皆不得违其法"［3］（卷202）。可见当时他已有以民权、以"法"限制君权的最初想法。

1901年4月4日，张之洞在给刘坤一、陶谟、袁世凯、盛宣怀等8位地方大吏的电稿中大胆明确地提出："其实变法有一紧要事，实为诸法之根，言之骇人耳。西法最善者，上下议院互相维持之法也。中国民智未开，外国大局茫然，中国全局、本省政事也茫然。下议院此时断不可设，若上议院，则可仿行……督抚由司、道、府县公举；司道由府县公举；府由州县公举；州县由通省绅民公举，但不能指定一缺，举员多者用之。京官除枢垣不敢轻议外，部院堂官，由小九卿翰詹科道部属公举；科道，由翰詹部属公举；司员掌印补缺，由本部候补者公举。每一缺举二、三员候钦定，岂不胜于政府数人之心思耳目乎？"［3］（卷171，电牍50）这份电文的核心，一是明确提出仿行"议院之法"，这是变法修律的根本；二是建议各级官吏应多由选举产生，而非全由皇帝任命。这些主张带有政治民主化的色彩，可谓是对清朝君主专制制度的大胆挑战。①

1904年五六月间，张謇、赵凤昌、汤寿潜等人在上海为湖广总督张之洞、两江总督魏光焘草拟《拟请立宪奏稿》，内有"请求仿日本立宪之制，宣布定为宪法帝国，并派大臣出国考察宪法"等语。② 张謇曾多次与张之洞商谈立宪，其印象是"抱冰（指张之洞）来漫谈立宪，其论甚明"［9］（光绪三十三年三月二十八日）。

1907年张之洞授大学士、军机大臣入京，进入清政府中枢决策机构。当年9月，他在与慈禧太后对话时，敦促清廷即刻仿行君主立宪："立宪实行，越速越妙"，"预备两字，实在误国"，"现在日法协约、日俄协约，大局甚至可危。各国视中国之能否实现立宪，以定

---

① 张之洞为什么会提出"立宪"？为什么后来在《江楚会奏变法三折》中又没有提出？对此可参见孔祥吉《张之洞与清末立宪别论》一文，载《历史研究》，1993（1）。

② 参见国家图书馆藏《赵凤昌藏札·奏为时局艰难谨参考各国政史拟请采宪法实行新政以振积弱而图自强折稿》；黎仁凯《张之洞与清末革命与改良》，载《张之洞与中国近代化》，130页，中华书局，1999。

政策。臣愚以为，万万不能不速立宪者，此也”③。他还坚持主张“速立民选议院”［10］（p.453）。军机首辅奕劻昧于大势，又竭力维护满洲贵族特权，企图阻挠宪政改革。1908年7月，曾赴外洋考察宪政的侍郎于式枚奏请缓行宪政，缓开国会，引起争论。江西、江苏、安徽、广东、浙江等省公派代表入京，纷纷要求在一二年或短期内开设议院，实行宪政；并且要求限制满洲贵族权利。这场争论反映到清廷上层，“张之洞、袁世凯拟以预定年限，即开议院”，奕劻则认为“不可预定年限”，“今本朝立宪，一切应办各事，尚未举办，先宣布开设议院年限，无此办法”，但“张之洞总以定准年限为是”。奕劻以意见不一且“此事关系甚大”，遂于1908年8月向慈禧太后呈递密折，“恭请圣意坚持”④。慈禧太后经过权衡，于1908年8月27日颁布上谕：“自本年起，务在第九年内将各项筹备事宜，一律办齐，届时即行宣布宪法，召开议会。”［7］（光绪三十四年八月初一日）

1909年10月张之洞病势危笃，临终之际，推荐主张立宪的陆润庠、戴鸿慈继其相位，并在遗折中恳请：“立宪为维新之本，不可视为缓图。”［11］（p.123）

张之洞力主“君主立宪”，当时朝野共知。时人评论：庚子后“预备立宪之风乃大盛。废科举、试特科、引用留学生、设资政院及省咨议局，以为君主立宪张本；复派五大臣出洋考察宪政，以新外人耳目。凡此诸端，胥由张之洞、袁世凯合折奏请，或赞同办理”［12］（p.109）；“环顾疆吏之行新政最力者，莫若文襄”［11］（p.105）。

（二）改革重农抑商传统法律，主张订立保障资本主义经济的工商立法

张之洞在《劝学篇》中指出：“大抵农工商事，互相表里，互相钩贯，农瘠则病工，工钝则病商，工商聋瞽则病农，三者交病，不可为国矣。”［3］（卷202）他认为三者之中，农为基础，“工为体，商为用”［3］（卷202），主张以“兴利”为目标，推动农工商三业协调发展。

如何发展工商业？张之洞还在地方总督任上，即提出“官倡民办”的发展资本主义经济方针。茶叶产销“官为之倡，商为之续”；银行“俱归商办，官为扶持保护”；兴办近代企业“非赖国家提倡维持，不足以鼓舞商情”［13］（pp.514～515，p.813，p.826，p.840）。他还把这一思想纳入1901年变法修律建议中，使之成为在全国推行的措施。

《遵旨筹议变法谨拟采用西法十一条折》“劝工艺”条强调：“西国之富实以工”，“富国之要策重工”；“劝工之道”有四：一为“设工艺学堂，堂中设机器厂”，二为“设劝工场”，三为“良工奖以官职”，四为奖励科技发明，制定专利保护法［3］（卷54，奏议54，pp.16～18）。“定矿律路律”条指出：“中国矿产富饶，蕴蓄而未开，铁路权利兼擅迟疑而未办。二事久为外人垂涎。近数年来，各国纷纷集股来华，知我于此等事务尚无定章，外国情形未能尽悉，乘机愚我攘利侵权，或藉开矿而揽及铁路，或因铁路而涉及开矿……各省利权将为尽夺，中国无从振矣。”他建议：“必须访聘著名律师采取各国办法，秉公妥订矿路划

③ 《八月初七日张之洞入京奏对大格》，转引自孔祥吉《张之洞与清末立宪别论》。

④ 参见中国第一历史档案馆藏《庆亲王奕劻据实声明请旨折》，转引自孔祥吉《张之洞与清末立宪别论》。

一章程”，首先“务使……国家应享权利”，同时亦“保护有资华洋商人一律均沾”［3］（卷54，奏议54，pp. 18～19）。根据此议，清政府于1903年制颁《铁路简明章程》，1906年制颁《大清矿务章程》。“定商律”条指出：“互市以来，大宗生意全系洋商，华商不过坐贾零贩，推原其故，盖由……洋行皆势力雄厚，集千百家而为公司者。欧美商律最为详明，其国家又多方护持，是以商务日兴。中国素轻商贾，不讲商律……视集股为畏途，遂不能与洋商争衡……若再不急加维持，势必至华商尽洋商之后役而已。必中国定有商律，则华商有恃无恐，贩运之大公司可成，制造之大工场可设，假冒之洋行可杜……且征收印花税，其公司、工厂、行栈、挂号等费，皆系与商律相辅而行之事，必有商律方能兴办。”［3］（卷54，奏议54，pp. 19～20）根据此议，清政府于1903年决定成立商部，令载振、袁世凯（旋请开缺）、伍廷芳先订商律。1904年编定《商人通例》9条，《公司例》（又称《公司律》）131条，合计140条，上奏后定名为《钦定大清商律》颁行［5］（光绪二十九年十二月）。这是中国历史上第一部商律。

（三）打破“以刑为主，诸法合体”的传统格局，建立诸法分立的新型法律结构

在1907年9月3日《遵旨复议新编刑事民事诉讼法折》中，张之洞说：“盖东西诸国法律皆分类编定。中国合各项法律为一编，是以参伍错综，委曲繁重。今日修改法律自应博采东西诸国法律，详加考酌，从速厘订。”［3］（卷69，奏议69，p. 4）当时先进的西方国家如法国、德国、日本，其法律制度皆属大陆法系，其法制主要内容和特征均为“六法”格局。可见张之洞是力倡改变中国传统的“以刑为主、诸法合体”的法律体系，而以大陆法系的“诸法分立”为取向。

首先，张之洞主张尽快立宪，制定宪法。如前所述，1904年五六月间，湖广总督张之洞与两江总督魏光焘向清廷上《拟请立宪奏稿》，明确请求仿日本立宪之制，宣布定为宪法帝国，并派大臣出国考察宪法。

其次，在1902年张之洞与袁世凯、刘坤一联衔奏折中指出：“近来日本法律学分门别类，考究亦精，而民法一门，最为西人叹服”［8］（卷14）；“各国已为通例，未有与刑法相混淆者。而民法一项，尤为法律主要，与刑法并行”；而“中国法律向以刑律、户律为大纲”，“详刑事而略民事，即以刑事而论，亦与西律悬殊”［3］（卷69，奏议69，pp. 4～5）。为改变中国重刑轻民、民刑不分的法律传统，他们向清廷建议：日本“系同文之邦，其法律博士，多有能读我之会典律例者，且风土人情，与我相近，取资较易。亦可由出使日本大臣，访求该国法律博士，取其专精民法、刑法者各一人，一并延订来华，协同编译”［8］（卷14）。正是在张之洞等人倡议下，由沈家本主持，前后聘请冈田朝太郎、松冈义正、志田钾太郎、小河滋次郎4位日本法学专家来华协助制定新律。事实证明，“聘请外国专家参与中国立法的发明者，不是沈家本，而是张之洞”［14］（p. 265）。以后在日本专家协助下，按照民、刑有分原则，由沈家本主持制定了《大清民律草案》，制颁了《大清现行刑律》和《大清新刑律》。

再次，如前所述，张之洞在1901年7月20日的“采用西法”奏折中首次提出单独制

定商律，清廷据此于1903年成立商部，并令载振和伍廷芳率先制定商律。沈家本赞同张之洞的主张，先后主持制颁了《钦定大清商律》、《公司注册试办章程》、《公司律》、《银行注册章程》、《大小轮船公司注册给照章程》、《运送章程》，还起草了《改订大清商律草案》等。

最后，张之洞在1907年9月3日的《遵旨复议新编刑事民事诉讼法折》中指出："编纂法律，有体有用，先体后用"，"西洋各国，皆先有刑法、民法，然后有刑事民事诉讼法。即日本维新之初，亟亟于编纂法典，亦未闻诉讼法首先颁行"[3]（卷69，奏议69，pp.3～4）。姑且不论实体法、诉讼法的制定孰先孰后更为合适，这段话中主张突破中国古代实体法与诉讼法不分的传统，以及"息讼"、"无讼"的价值取向是十分明确的，也是具有近代法制意义、因而应予充分肯定的。沈家本接受这一建议，继1906年编纂《刑事民事诉讼法》之后，于1911年1月分别编订了《大清刑事诉讼法律草案》与《大清民事诉讼法律草案》等。

（四）改革旧的司法制度，确立近代司法原则与司法制度

在1901年7月19日的《遵旨筹议变法谨拟整顿中法十二条折》之"恤刑狱"条⑤中，张之洞批判道："《大清律例》较之汉、隋、唐、明之律，其仁恕宽平，相去霄壤。徒以州、县有司，政事过繁，文法过密，经费过细，而实心爱民者不多。于是滥刑株累之酷，囹圄凌虐之弊，往往而有，虽有良吏，不过随时消息，终不能尽挽颓风"；同时他赞赏说："外国百年以来，其诉讼之详慎，刑法之轻简，监狱之宽舒，从无苛酷之事。以故民气发舒，人知有耻，国势日强"，进而他提出了改革旧的司法制度的建议。

首先，率先倡议禁止刑讯逼供，主张"重众证"。张之洞指出，"中外情形不同"之一，即"外国案以证定，中国案以供定"，"外国问案专凭证人，众证既确，即无须本犯之供"。因此，中国改革司法制度的内容之一，就是要"重众证"："重众证则无辜少拖毙"，"拟请以后断案，除死罪必须有输服供词外，其军流以下罪名，若本犯狡供拖延至半年以外者，果系众证确凿，其证人皆系公正可信，上司层递亲提复讯皆无疑义者，即按律定拟，奏咨立案。如再京控上控，皆不准理"。另一"中外情形不同"者，即"外国诉讼从不用刑求"，而中国却是"反复刑求"，于是"有拷掠之惨"，"敲扑呼謈，血肉横飞，最为伤和害理，有悖民牧之义。地方官相沿已久，漠不动心"。于是张之洞提出"省刑责"："拟请以后除盗案命案证据已确而不肯认供者，惟其刑吓外，凡初次讯供时及牵连人证，断不准轻加刑责。""省刑责，廉耻可培养。"

其次，主张改革苛酷刑罚，减轻或慎用刑罚。张之洞在奏折中，备述西方国家"刑罚之轻简"，"刑律少死罪"，"重罪罕至大辟"；中国则"滥刑株累之酷"，"刑罚较严"。因而提出"省酷刑"：封建制五刑之中的"笞杖等罪，应由地方官体察情形，酌量改为羁禁，或数日，或旬日，不得凌虐久系"；"除军罪皆系重情照发遣外，其流、徒两项由地方官酌量

⑤ 参见文后"参考文献"（卷53，奏议53，pp.13～20），此节中凡不另注出处的引文均见于此。

情节，详报咨部，令缴赎罪银若干，以为监狱经费”。同时“改罚。锾赎罚之刑，古经今律皆共有之。惟其途尚隘。查命盗案应按律治罪，窃贼、地痞、恶棍、伤人、诈骗、讼棍应量予扑责监禁，藉以儆其悍暴，昭示良民。此数项应不准罚赎外，如户婚、田土、家务、钱债等类之案，其中多系绅衿，且两造必系亲族乡邻，不宜苦辱过甚，致本人有碍上进，并使两造子孙永为仇隙。初按其曲直审断外，其曲者按其罪名轻重酌令罚缴赎罪银若干，以为修理监狱经费。举贡生监职员封职犯事罪不至军遣者，除褫革外，并罚缴修理监狱经费，看管数月，免其刑责”。

再次，主张完善监狱制度，改善监狱管理。张之洞说，清代“州县监狱之外，又有羁所，又有交差押带等名目。狭隘污秽，凌虐多端，暑疫传染，多致瘐毙。仁人不忍睹闻，等之于地狱。外人尤为痛诋，比之以番蛮”。他提出“修监羁”的建议：“夫监狱不能无，而酷虐不可有。宜令各省设法筹款，将臬司府厅州县各衙门内外监，大加改修，地面务须宽敞，屋宇务须整洁，优给口食及冬夏调理各费，禁卒凌虐随时严惩。”“各处羁所，务须完整洁净，不准虐待，亦不准多押。”同时需“派专官监羁”，“专司稽查各属监狱之事”。总之，“修监羁则民命可多全”，“设专官则狱囚受实惠”。张之洞还建议清政府：“应令天下各州县有狱地方，均于内监外监中，必留一宽大空院修工艺房一区，令其学习。将来释放者可以谋生改行，禁系者亦可自给衣履。”“教工艺，则盗贼可稀少。”1907 年 7 曰 9 日，张之洞在《新造模范监狱详定章程折》中，就中国近代第一所模范监狱——湖北省城模范监狱开办后如何管理提出 10 条建议，强调一定要“设有工厂”，令罪犯“学习各项手艺”，并“时刻教以改过迁善之道，寓劝于惩”，“如能学艺有成，痛知改悔者，酌其犯事轻重，量予省释”；“若幼年犯并教以小学课程，以迪愚氓，期于涤染自新”［3］（卷 68，奏议 68，pp. 33～39）。

此外，在“恤刑狱”条陈中，张之洞还提出了“除讼累”、“省文法”、“恤相验”等建议。

以上所有这些建议，均体现了“尚德缓刑”的人道主义精神，以及参照西方司法制度，使中国司法从封建野蛮走向近代文明的趋向。这些建议不少被沈家本所接受，并体现在其变法修律实践中。诚如有的学者所说：“晚清重提禁止刑讯，其议始发于刘坤一、张之洞。修订法律馆奉清廷之命核议刘、张之请，光绪三十一年（1905 年）三月，沈、伍上《议复江督等会奏恤刑狱折》，赞同废除刑讯（有保留）。”［14］（pp. 214～215）沈、伍二人还特别上奏，要求先实行其中“重众证”、“修监羁”和“派专官”三项，并得到上谕批准［15］（奏 244，p. 9883），为制定新刑律打下了基础。

综上所述，在中国封建传统法律向近代资本主义法律转型的初始阶段，张之洞是重要的促进派，对于转型起了积极的推动作用。

三、应当如何看待张之洞与沈家本之间的论争

张之洞变法修律的主张与建议，与沈家本主持的变法修律实践，在诸多方面存在共识，

同时也有相当多的歧议甚至争论。1906年沈家本的《刑事民事诉讼法》草案拟定后，清政府发交部院督抚大臣签注，张之洞于1907年9月3日上《遵旨复议新编刑事民事诉讼法折》予以辩驳。1907年9月沈家本主持拟制的《大清新刑律草案》第一稿脱稿，由修订法律馆上奏，张之洞以军机大臣监管学部的身份再次辩驳。有学者将这些争论认定为“礼教派与法理派之争”，并称张之洞为“礼教派的首领”。现行高校中国法制史与中国法律思想史教材多沿此说。笔者对此不敢苟同。

“法律近代化”的概念，既指法律变革的总体目标，即要最终实现法律的资本主义近代化（民主化、法治化、科学化、市场经济化）；同时也指法律变革的历史演变过程，即实现总体目标的过程会呈现若干阶段，需要逐步推进。总体性的全面改革与阶段性的逐步推进相统一，是“法律近代化”本身的规律性要求。张之洞的变法修律主张，其总体目标是要“变中国旧法从西法”[3]（电牍50，卷170，p.22），“以西法为主，抱定旨中“采西法补中法、浑化中西之见’二语作主意”[3]（电牍50，卷171，p.30）。但他知道，“外国法学家讲法律关系，亦必就政治、宗教、风俗、习惯、历史、地理，一一考证”[3]（卷69，奏议69，p.2），因此从中国的政教、习俗、史地等实际国情出发，他认为，“惟是改定律例，事纂繁重，既非一手一足之烈，亦非一朝一夕之为”。他举例说，法国、德国、日本等国，“其变法皆从改律入手，而其改律也，皆运以精心，持以毅力，坚苦恒久，而后成之”[8]（卷14）。事实确实如此。日本从1868年开始“明治维新”，经历二十多年，直到1889年颁布《大日本帝国宪法》，才正式确立天皇制君主立宪政体。所以张之洞认为，中国的变法修律也应该采取渐进模式，而不宜采取“过于西化”、“过于西制”的激进模式。中国犹如一个生命垂危的病人，遽下猛药只能促其速死，“必先调其服食，安其脏腑，行其气血，去其腐败，然后施以药物针石而有功”[3]（卷53，奏议53，p.1），所以只能是徐图自强。

与此同时，还应当考虑清末变法修律的背景与环境。西方国家的法律近代化是在资产阶级革命或改良获胜后，由资产阶级政权进行的，而中国的法律近代化是由封建专制王朝主持的。当时在清朝统治阶级内部，满洲皇族亲贵与汉族地方督抚之间的权力斗争相当尖锐，前者企图趁变法修律之机削弱后者的权力，集权于中央和满洲亲贵集团。张之洞作为后者的主要代表人物，他的“政治性格具有趋时和附权两个特点”，“一方面怕操之过急，会招灾引祸，重蹈戊戌维新的覆辙；另一方面不愿在官制改革中削弱自己的权力”[16]（p.312）。从这个角度出发，他也认为变法修律不能骤改，而必须渐进。譬如司法独立问题。沈家本出于“司法独立与立宪关系至为密切”的初衷，认为“司法独立为及今刻不可缓之要图”[14]（pp.242～243）。满洲亲贵则企图通过司法独立改革，将历来集行政、司法于一身的督抚权力分散而削减之，并以垂直控制的方式，达到集权于中央和满洲亲贵的目的。而且当时清政府财力不足，新型司法人才匮乏，实现司法与行政分开，司法独立，也确有一定困难。出于这两方面的顾虑，张之洞不同意立即实行司法独立和省设高等审判厅，而是主张“从容整理、旧制暂勿多改”，高等审判厅可待10年后再推行全国；并且申明，此“非阻立宪也，盖深盼立宪之局之必成者，莫洞若也”[3]（卷65，p.29，p.33）。

可见，从法律近代化的总体目标上讲，张之洞并无不赞同司法独立之意，但是由于当时的形势与条件而主张暂缓。

张之洞对沈家本主持制定的《刑事民事诉讼法》草案与《大清刑律草案》的辩驳，言辞十分尖锐激烈，数量亦相当之多，如《刑事民事诉讼法》草案共260条，他对其中59条作了辩驳。有学者据此而评论说，这是“礼教派的重要首领”向法理派主要代表人物沈家本一再“发难”，是“最具代表性”的“守旧派的一份杰作”［14］（pp.300～306）。笔者承认这种评论有其正确一面，张之洞也确实说过“中国即制刑以明臣民之论”、“夫妇之论”、“男女之别”、“尊卑长幼之序”［14］（pp.300～306）之类明显不合时宜的、错误的话；但是，如果用公正客观的态度和全面细致的方法来考察，则这种评论似有缺乏具体分析、一概而论之嫌。

张之洞与沈家本的争论，大体可分三种情况：其一，张之洞明显是错的，如“无夫奸”应否入律定罪，“子孙违反教令”如何制裁，等等；其二，在基本原则方面张、沈之间并无歧异，只在细节上各有主张，因此难分孰是孰非，孰礼孰法；其三，张之洞对沈家本辩驳有理，未必都是张非沈是、张礼沈法。如《遵旨复议新编刑事民事诉讼法折》第257条：“外国人在内地犯罪，将该犯解交驻割最近之该国领事官按该国律例治罪。”张之洞辩驳道：“按此条虽循旧案办理，但外国法权得行于中国土地，本极可痛心之事。今日修改法律期挽主权，则失权辱国之文断不宜于载于法律。西人有言，法律有最强效力，凡法律所承认者，虽人主不得夺之。诚以法律为全国人民所同守。今法律认外国人犯罪用外国法，是不啻全国人民同认外国主权得行于中国领土也。昔埃及、土耳其认外国有混合裁判权于其境土内，埃（及）既不国；土（耳其）亦垂危。环球之人，莫不哂笑。中国前事不忍复言，然尤幸无法律以为承认。为今日计，中外交涉案件只可另订一暂行章程。盖法律永远遵行，章程随时更改。舍法律而用章程，犹为彼善。于此国本所关，不可不察。”在该奏折前言中他更语重心长地说：“在法律大臣之意，变通诉讼制度以冀撤去治外法权，其意固亦甚善。惟是各国侨民所以不守中国法律者，半由于中国裁判之不足以服其心，半由于中国制度之不能保其身家财产……致为外人窃笑。而谓变通诉讼之法，即可就我范围，彼族能听命乎？纵使所定诉讼法条理完善，体例精详，亦必指瑕索瘢，借端责难，又安能尽餍其欲耶？……已失之法权，不能仅恃本法为挽救……其实则专视国家兵力之强弱，战守之成效，以为从违。”［3］（卷69，奏议69，pp.2～3，pp.38～39）以上张之洞对沈家本不切实际的幻想所作的辩驳有理有据，确实不能说张非沈是、张礼沈法。

实事求是地、全面具体地逐条分析，在张之洞提出的诸多辩驳中，真正够得上封建礼教标准的并不多，相对两个法案共600多条款来说，恐怕超不过1%～2%。因此张之洞并非是用封建礼教标准彻底否定两个草案。

沈家本在辩驳中，主要以仿行“西法”、“模范列强”、“务期中外通行”为宗旨［17］（p.85），［7］（卷498），但亦有不少以封建传统礼教作为立论依据。如他说过：“新订法律只有不戾乎我国世代相沿之礼教、民情”［18］，“旧不俱废，新亦当参”［19］才能融会贯通，一无扞格。诚如有论者所说：“不管从封建官僚家庭出身还是幼年便已接受封建文化的熏陶去分析，作为封建王朝的修律大臣，沈家本都不可能，也不会完全离开清王朝根据三纲五常的原则制定法律的指导原则。”[20]

由是可见，在主张立宪、变法修律、“采行西法”的总体目标上，张之洞与沈家本并无根本矛盾，他们之间的争论，主要是采行“西法”多一点或少一点、照顾中国礼教风俗多一点或少一点之争，是激进或是渐进之争，并不具有“代表了资产阶级与封建阶级的两大阶级、两种法律观的斗争”、“拥护社会改革进步，还是反对社会改革进步”的斗争的性质。

由于历史的与阶级的局限，张之洞在辩驳中不可避免地带有某些封建礼教色彩。但即便如此，从总体来看，在清末法律近代化的初始阶段，张之洞仍不失为一个重要的促进派，起了积极的推动作用。

参考文献：

[1] 杨鹤皋．中国法律思想史．北京：北京大学出版社，1988.

[2] 张国华．中国法律思想史新编．北京：北京大学出版社，1998.

[3] 张之洞．张文襄公全集．北平：楚学精庐刊本，民国二十六年（1937）.

[4] 蔡尚思，方行．谭嗣同全集（修订本）．北京：中华书局，1981.

[5] 朱寿朋．光绪朝东华录（第4册）．北京：中华书局，1958.

[6] 胡钧．张文襄公年谱．北京：天华印书馆，民国二十八年（1939）十二月．

[7] 钱骏祥，陆润庠．大清德宗景皇帝实录．北京：中华书局，1985.

[8] 天津图书馆，天津社会科学院历史研究所编．袁世凯奏议．天津：天津古籍出版社，1987.97～126.

[9] 张謇．张謇日记．南京：江苏人民出版社，1962.

[10] 丁文江，赵丰田．梁启超年谱长编．上海：上海人民出版社，1983.

[11] 张文襄公事略．清代野史（第6辑）．成都：巴蜀书社，1987.97～126.

[12] 刘禺生．世载堂杂忆．北京：中华书局，1960.

[13] 张之洞．张文襄公全集（第1册）．北京：中国书店，1990.

[14] 李贵连．沈家本传．北京：法律出版社，2000.

[15] 刘锦藻．清朝续文献通考·刑考．台北：新兴书局，1959（影印本）.

[16] 黎仁凯．张之洞与清末革命与改良．苑书义，秦进才．张之洞与中国近代化．北京：中华书局，1999.300～312.

[17] 故宫博物院明清档案部编．清末筹备立宪档案史料（下册）．北京：中华书局，1979.

[18] 中国第一历史档案馆馆藏．奏刑律分则草案告成由．档、法、律例80号．

[19] 沈家本．法学名著序．寄簃文存（六）.

[20] 李贵连．沈家本中西法律观论略．中国法学，1990，(3)：110～118.

李玉生

魏晋律令分野的几个问题*

简介

李玉生，1964年生，南京师范大学法学院教授，法学博士。1990年毕业于南京大学法律系，获法学硕士学位；2005年毕业于中国人民大学法学院，获法学博士学位。1990年起在南京师范大学任教，2002年被评为校优秀中青年骨干教师，1998年起任中国法律史学会理事。先后主持、参加省部级以上科研项目7项；出版《唐令与中华法系研究》等著作、教材十余部；在《中国社会科学》、《法学研究》等刊物发表论文三十余篇；科研成果多次获得省部级奖励。

* 原发表于《法学研究》，2003 (5)。原文约一万六千余字。关于本文，作者说明如下：

长期以来，中国法律史学界在魏晋律令区分问题上一直存在着褒晋贬魏的倾向，我在我的硕士论文中虽然对魏晋时期令法典的编撰及其原因进行过探讨，但并没有解决这一问题。后来，读到北京大学张建国先生的《魏晋律令法典比较研究》一文，才促使我将魏晋作为中国律令法体系发展的同一个时期来看待。于是决定以“魏晋律令分野及其意义”为题写一篇论文，以揭示魏晋律令分野的史实、成因及其在中国法制史上的意义。由于种种原因，论文的写作时断时续，最终于21世纪初得以完成。本文发表时改为现在的题目，第一部分主要得益于其他学者的研究成果，第二部分是在我的硕士论文相关部分的基础上修改、充实而成，第三部分则是我对此问题的体悟和认识。在此，我要向文中提及的各位学者特别是张建国先生表示诚挚的谢意。

从法律渊源来说，中华法系又被称为律令法系，即指中国古代以律、令为主要形式的法律体系。而中国古代律令法体系的形成，实肇始于中国古代法律发展史上的一个划时代的事件——魏晋律令分野。因此，研究魏晋律令分野的本质性特征，进而揭示其形成原因以及所蕴涵的意义，对于进一步明确魏晋律令分野在中国古代法制史上的地位，改变法律史研究中重律轻令的现状，全面把握中国古代法乃至中华法系的总体特征，具有十分重要的意义。

一、律令分野始于魏晋的史实辩证

律令分野是指律、令作为两种正式的法律形式，不仅在法典编撰上，而且在内容和规范性质上分别独立。这种独立是在魏晋时期完成的。

按照一般的看法，律在中国古代有着久远的传统。夏、商、周三代的法称“刑”。战国时魏文侯师李悝集诸国刑书，撰《法经》六篇，开创了中国法典编撰以罪统刑的新体例。其后商鞅受之以相秦，又改法为律。从此，律成为秦汉以后一种主要的法律形式。至于令，目前法律史学界大都认为令起源于秦汉。①

然而在秦汉，律与令处于混同状态，两者既没有成为各自独立的法典，在内容和规范性质上也没有明确区分。如云梦秦简《置吏律》规定：“县、都官、十二郡免除吏及佐、群官属，以十二月朔日免除，尽三月而止之。其有死亡及故有缺者，为补之，毋须时。”秦律官吏任免之规定，明显属于行政法律的内容和性质。而秦始皇因李斯建议而制定的“焚书令”却包含刑法规范：“史官非秦记皆烧之。非博士官所职，天下敢有藏诗、书百家语者，悉诣守、尉杂烧之。有敢偶语诗、书者弃市；以古非今者族；吏见知不举者与同罪。令下三十日不烧，黥为城旦。”② 汉代律令不分更为大量的史料所证实，章太炎针对汉律中有官制、有驿传法式、有度数章程的现象，称“由是言之，汉律非专刑书……亦以见汉律之所包络，国典官令无所不具，非独刑法也”③。程树德则断言：“魏晋以后律令之别极严，而汉则否。”④ 秦汉时期律与令的关系，一般是律文先具，令文后下。云梦秦简《语书》云：“圣

① 日本学者明确地认定：“令的起源可以说是始于汉代。”参见［日］仁井田陞：《唐令拾遗》序论《唐令历史的研究》。对于令的起源，大陆和台湾地区学者虽未明言始于何时，但从他们言令必自秦汉始来看，可以说他们是确信令产生于秦汉的。参见《法学词典》（增订版）“令”条；陈顾远：《中国法制史概要》等。近年来更有学者明确肯定了秦令的存在。参见张建国：《秦令与睡虎地秦墓竹简相关问题略析》，《中外法学》，1998（6）。

② 《史记·秦始皇本纪》。

③ 章太炎：《检论·汉律考》。

④ 程树德：《九朝律考·汉律考·律名考》。

王作为法度，以矫端民心，去其邪僻，除其恶俗。法律未足，民多诈巧，故后有间令下者。”[⑤] 西汉廷尉杜周亦说：“前主所是著为律，后主所是疏为令。”[⑥]《汉书·宣帝纪》地节四年文颖注曰：“天子诏所增损，不在律上者为令。”可见，秦汉时期令的内容往往是对律所不周不备处的补充与修正，令处于律的追加法地位，其性质自然无法分别。

那么，中国古代律令分野始于何时？对此，法律史学界传统的看法一直认为，律令分野始于西晋。我认为，中国古代律令分野自曹魏修订魏法时即已基本实现。根据《晋书·刑法志》记载，魏明帝时陈群、刘邵等人受命“删约旧科，傍采汉律，定为魏法”。他们本着“都总事类，多其篇条”的原则，从大量的魏科及汉代律令中取舍分合，制定了“《新律》十八篇，《州郡令》四十五篇，《尚书官令》、《军中令》合百八十余篇”。关于《新律》十八篇的篇名，晚近的研究有了突破性的进展。首先是日本学者滋贺秀三根据《晋书·刑法志》所引“魏律序”，认为《新律》通过把汉《九章律》中的“囚律”内容分解到新设的系讯、断狱二律之中的办法取消了囚律，因此，魏新创的“乏留律”并非如沈家本所言属新律之外的单行律，从而得出了《新律》十八篇的完整篇名及顺序。[⑦] 与滋贺氏的研究相似的是，一些中国学者在几乎完全独立的情况下，从辨析《晋书·刑法志》“魏律序”与《唐六典》所载的史料价值入手，认为应当根据《晋书·刑法志》而不是《唐六典》来考定曹魏《新律》的篇目及其顺序。因此，“魏律序”所明确记载定增的十三篇，加上《九章律》中除去囚律、具律、兴律、厩律后剩下来的五篇，就是《新律》十八篇的篇目。[⑧] 虽然他们之间对《新律》十八篇的篇目顺序的看法仍稍有差异，但却有一个共同的观点，即“在魏编纂新律后，历史上不再存在所谓的单行律了”[⑨]。这种观点无疑具有开创性意义。也就是说，由于犯罪和刑罚问题都已经被《新律》“都总”了，因而除了律，就不应再有什么刑法规范了。既然如此，与《新律》同时制定的“魏令”当然也就不会或基本不会包括刑法规范，律令界限自然区别得非常清楚了！

比较魏晋律令法典的编撰方法，可以更加明确这一认识。关于晋律的制定，《晋书·刑法志》云：“就汉九章增十一篇，仍其族类，正其体号，改具律为刑名、法例；辨囚律为告劾、系讯、断狱，分盗律为请赇、诈伪、水火、毁亡；因事类为卫宫、违制；撰周官为诸侯律，合二十篇，六百二十条。”可见，晋律是依据汉《九章律》为蓝本增订的，其编撰方法同魏律比较，诚如滋贺秀三先生所言：“与其说晋律是基于修正魏律的意图编纂的，毋宁

---

⑤ 文中“间令”的“间”，秦简整理者释为：“间，读为干，《淮南子·说林》注：乱也。”因此，所谓“间令”就是“干扰法令”。对此，有学者提出：“间令的真正涵义，是指间于相对简略的律条文空隙中的令，起到补充法的作用。”我认为后者所见甚是。参见前引①张建国文。

⑥ 《史记·杜周传》。

⑦ ［日］滋贺秀三：《曹魏新律十八篇篇目考》，载《日本学者研究中国史论著选译》第 8 卷，83 页以下，中华书局，1992。该文作于 1955 年。

⑧ 参见怀效锋：《魏律中无“囚律”》，《争鸣》，1983（3）；张建国：《魏律篇目及其次序考辨》，载《帝制时代的中国法》，法律出版社，1999；徐进：《魏律篇目考》，《山东大学学报》，1990（2）。

⑨ 同前引⑦书，92 页。

说是直接以汉代以来的法规累积为素材编纂的，是重复一次魏律编纂者所尝试过的同样的整理组合工作。”[⑩] 因此，其结果虽有所不同，但对律的性质的看法恐怕并无二致。同样，晋令的编纂也是如此。西晋《泰始令》的篇目，据《唐六典》所载依次为：户、学、贡士、官品、吏员、俸廪、服制、祠、户调、佃、复除、关市、捕亡、狱官、鞭杖、医药疾病、丧葬、杂（上中下）、门下散骑中书、尚书、三台秘书、王公侯、军吏员、选吏、选将、选杂士、宫卫、赎、军战、军水战、军法（计六篇）、杂法（计二篇）。同魏令比较，日本学者堀敏一认为，晋《泰始令》四十篇分别由户令至杂令、门下散骑中书至赎令、军战令至杂法三部分组成，它们“分别继承了魏的州郡令、尚书官令、军中令。因此，即使在令方面我们也必须重视由魏代开始的此一整理法典事业的意义。”[⑪] 况且，魏晋律令法典的制定时间前后相隔仅仅四十年左右。在这短短的四十年间，采取几乎同样编纂方法的律令法典竟会出现一个律令界限不清，一个界限明确的截然不同的结果，这恐怕也是令人难以想象的。

因此，西晋泰始律令的制定和颁行实际上不过是更加有意识地继承和发展了魏代律令分野的成果罢了。其发展之处在于：对律令界限作出了理论上的概括和说明，将令在形式上统一为单一的法典，并明确律令关系为“违令有罪则入于律”。至于律令的界限，与魏律令并无本质上的不同。总之，我倾向于将魏晋作为中国律令法体系发展的同一时期看待。[⑫] 在这一时期，中国古代法实现了律令分野，两者不仅在法典形态上分别独立，而且有了内容和规范性质上的区分，即律主要为刑事法规，而令则为正面制度性法规，或者称非刑法规范。

二、魏晋律令分野的主要原因

如上所述，以魏晋时期区分律令界限并进行律令法典的编纂为标志，中国古代法实现了律令分野。但是，魏晋律令分野的原因何在？换言之，中国古代为什么在魏晋时期分别完成了律令法典的编纂？在我看来，魏晋律令分野尤其是系统的令典编纂作为中国古代社会及其法律文明发展的产物，绝不是偶然的历史现象，而有其深刻的社会历史背景。具体表现在四个方面：

1. 魏晋律令分野是秦汉以来中国古代国家各方面制度渐趋成熟而导致国家职能分化的反映

我们知道，秦汉时期中国刚刚建立起统一的中央集权制度。面对如此庞大的帝国，客观上需要建立一整套的制度，把国家的日常治理纳入规范化的轨道，并以法律的形式固定下来，以实现社会的长治久安。魏晋令典作为“存事制”的法律，它的形成正是中国早期帝制时代各方面制度发育渐趋成熟的反映。例如，就国家的政权体制而言，中央和地方官

---

⑩ 同前引⑦书，91页。

⑪ ［日］堀敏一：《中国律令法典的形成》，（台北）《大陆杂志》，1985（1）。

⑫ 参见张建国：《魏晋律令法典比较研究》，《中外法学》，1995（1）。

僚机构的建立是推行中央集权制度的必要条件。在中央，秦汉实行三公九卿制，以丞相、太尉、御史大夫组成辅佐皇帝的中央政府。但由于宰相三公位高权重，日渐威胁到专制皇权。于是，东汉光武帝鉴于西汉末年皇帝“数世之失权，忿强臣之窃命”，因而“矫枉过直，政不任下，虽置三公，事归台阁”⑬，以西汉末年成立的尚书台取代了相府，成为国家行政事务事实上的最高管理机关。曹魏时，尚书台最后脱离少府，演变为完全独立的中央政府。西晋时，尚书台更是“总齐机衡，允厘六职，朝政之本也”⑭。可见，魏晋之世，尚书令仆是皇帝以下握有实权的最高官职，被正式称为“宰相”，开创了后世三省六部制的先河。面对中央政府体制的这一实际变化，魏晋颁修令典时不能不反映出来，故曹魏有《尚书官令》，晋有《尚书令》之篇目。同样，魏《州郡令》的制定，无疑也同地方行政体制的发展有关。秦汉地方政权实行郡县二级制，但自汉武帝分全国为十三个监察区，置十三部刺史后，监察区逐渐演变为地方最高一级行政区域——州。因而到魏晋时，地方政区不再郡县连称，而称州郡。故曹魏定令，有《州郡令》四十五篇。晋令之所以取消《州郡令》之名，显然同其立法技术的改变有关。

这样，对于魏晋统治者而言，国家的职能就表现为相互关联的两个基本方面：一是实施国家的日常管理，以实现社会的稳定与发展；二是镇压各种反抗统治秩序的犯罪行为，以维护社会的基本秩序。与此相应，国家的法律也自然地划分为两大部门。这两大部门法，在历史的演进过程中，前者被称为“令”，后者则仍称为“律”。这一点，从晋令的不少篇名同晋律存在对应关系也可以看出。

2. 魏晋律令分野是汉代律令不断向规范化、系统化发展的结果

法律发展同其他社会现象一样，有其固有的内在规律和要求，即法律条文必须规范化和系统化，魏晋律令法典的编纂正是遵循法律演进内在规律的必然结果。中国古代的律，战国李悝所制定的《法经》不失为一部体例合理的系统法典，并为秦所继承。但汉初萧何定律，于其六篇之后增加户、兴、厩三篇，致使“罪条例既不在始，又不在终，非篇章之义”，打破了《法经》以来的合理体系。其后稍增，内容更加错糅无常。正是鉴于“旧律繁芜，未经纂集”的状况，魏明帝下令重新修律，贯彻“都总事类，多其篇条”的原则，制定了《新律》十八篇，终于将律体例合理地统一起来。

就令而言，魏晋令典的编纂更非偶然，而是汉令演变和发展的总结。秦汉时期的令与皇帝的命令有关。在汉代，作为汉令内容来源的是皇帝的制书和诏书，简称制诏。但是，汉代皇帝的制诏是否全部都被编入汉令？对此，一般认为只有制诏文中或者结尾特别附有“著于令”、“具于令”等著令用语的制诏才转化为具有长期遵行效力的令。⑮ 仔细研究

---

⑬ 《后汉书·仲长统传》。

⑭ 《晋书·羊祜传》。

⑮ 汉代制诏与令的关系，确实是一个重要而饶有趣味的问题，值得进一步深入研究。参见沈家本：《历代刑法考·律令二》；中田薰：《法制史研究》第3卷“律令法系的发达补考”下篇以及大庭修：《秦汉法制史研究》第3篇，上海人民出版社，1991。

这些制诏可以发现，令的具体内容往往不由诏书直接规定，而由有关部门官员讨论制定为规范性条文，再作为诏书的一部分公布施行。这种由国家有关职能部门行使令的实际制定权，使得令的内容摆脱特定化而走上规范化的道路，并为系统的令典编纂准备了主体条件。

与此同时，随着诏令的积累，为了便于检索和施行，汉代官方还不断地将单行诏令汇编成册，反映了令在汉代向系统化、法典化发展的努力。汉代编令大致有以下几种方法：(1) 以令的发布时间先后为序编排，称为令甲、令乙、令丙。(2) 根据令的内容来编令，把同一内容的令编在一起，称为“××令”。举如功令、金布令、宫卫令、秩禄令、品令、祠令、狱令等。(3) 以国家有关机构的执掌为中心编令。比如廷尉挈令、光禄挈令、兰台令、御史令等。(4) 按照令所适用的地区来编排，并以该地区命名。如乐浪挈令、北边挈令等，这类令多适用于边疆地区。

因此，汉代律令的发展为魏晋律令分野提供了历史的基础。从魏晋令典编纂的方式来看，魏令的编纂同汉代编令的第三种方式有关，而晋令则似乎采用了汉令编排的第二种方式。

3. 魏晋律令分野也是西汉以来儒法合流、律学发达的结果

汉武帝“罢黜百家、独尊儒术”后，在治国方略上提倡“德主刑辅，礼法并用”，即在强调德礼的同时，又注重发挥法律的作用。汉宣帝更是一语道破天机：“汉家自有制度，本以霸王道杂之，奈何纯任德教，用周政乎!”⑯ 这样，在统治者崇儒重法政策的推动下，先秦截然对立的儒法两家开始了合流的进程。一方面，法家逐渐放弃排儒立场，许多继承法家传统的律家逐渐学习经学。另一方面，自董仲舒首倡“《春秋》决狱”后，儒家也开始兼修律令，以改变过去迂腐无用的形象而求进用。

在这种儒法合流的时代潮流影响下，中国古代自战国兴起的律学进入了兴盛时期，曹魏更置律博士。律学的兴盛，尤其是经儒学改造后的律学，为律令分野提供了强大的理论支持。因为儒家向来重礼，所谓“礼者，经国家、定社稷、序民人、利后嗣也”⑰。但早期儒家言礼，往往偏重于说教，更富于道德准则的意味，因而具有很大的随意性和不确定性。在汉代儒法合流的趋势下，律学就必然要思考礼与法的关系问题。其结果，就是陈宠所说：“礼之所去，刑之所取，出礼则入刑，相为表里也。”⑱ 为了使礼具有更大的确定性和强制性，就需要使礼以法律的形式表现出来，而这个直接固定礼的规范的法律又要同刑律在一定程度上相区别。最终，令成为这种法律的载体。因为令在古汉语中除了具有命令、号令的意思外，还有“教令”之义。《盐铁论·刑德》云：“令者，所以教民也。”可见在这一点上，令与礼的意义与功能是相通的。基于此，儒家学者提出：“春夏生长，圣人象为令；秋

---

⑯ 《汉书·宣帝纪》。

⑰ 《左传·隐公十一年》。

⑱ 《后汉书·陈宠传》。东汉王充在《论衡·谢短》篇亦云：“出于礼，入于刑，礼之所去，刑之所取。”

冬杀藏，圣人则为法。故令者教也，所以导民人；法则刑罚，所以禁强暴。”[19] 正是在前人律学研究的基础上，西晋杜预才提出“律以正罪名，令以存事制”这一最终区分律令两种法律形式的结论。他还认为“令以教喻为宗，律以惩正为本，二者并以仁为旨”。这些观点，无疑构成了魏晋律令分野的理论指导。

4. 改朝换代推动了律令分野的最终完成

汉初萧何等人定律以后，基本上保持了法律的稳定性和连续性，文景时期还不断有减刑诏书下达，以致“刑罚大省，断狱四百，有刑措之风”。但汉武帝以后，汉代律令不仅数量庞大，而且体例和内容更加混乱。《晋书·刑法志》云：汉代律令“世有增损，率皆集类为篇，结事为章。一章之中或事过数十，事类虽同，轻重乖异，而通条连句，上下相蒙，虽大体异篇，实相採入。盗律有贼伤之例，贼律有盗章之文，兴律有上狱之法，厩律有逮捕之事。若此之比，错糅无常”。司法实践中“或罪同而论异，奸吏因缘为市，所欲活则傅生议，所欲陷则予死比”[20]。

面对这种情况，西汉宣帝时著名的律学家、涿郡太守郑昌就上疏要求“删定律令”，并认为这是“正本清源，以开后嗣”之举。[21] 光武帝建立东汉政权后，本来正是大举修订律令的好时机，加上大臣桓谭、梁统均有建议，但由于东汉光复的是汉家天下，而汉代律令正是祖宗之法，因此光武帝仅仅“解王莽之繁密，还汉世之轻法”[22]。到了章帝时，针对“汉兴以来，三百二年，宪令稍增，科条无限”的状况，尚书陈宠又建议“宜隆先王之道，荡涤烦苛之法”。章帝虽采纳了他的意见，但也仅仅“诏有司，绝钻钻诸惨酷之科，解妖恶之禁，除文致之请谳五十余事，定著于令”[23]。等到陈宠进一步钩校律令条法，要求朝廷“平定律令，应经合义者，可使大辟二百，而耐罪赎罪二千八百，并为三千，悉删除其余令，与礼相应，以易万人视听，以致刑措之美，传之无穷”时，却因抵罪而未及施行，使汉代律令失去了一次大规模整理的机会。曹操“挟天子以令诸侯”，实际掌握汉朝政权后，曾两度议复肉刑，但终因“难以藩国改汉朝之制，遂寝不行”[24]，只好另外制定《甲子科》。连恢复肉刑这样对汉代律令的局部改动也难以进行，更不用说重新制定新的律令了。最终，这一任务就历史性地落到了代汉而起的曹魏政权身上。因此，魏晋律令分野也是以改朝换代为前提的。如果没有改朝换代，律令分野恐怕依然实现不了，律令关系仍将在既有的框架中持续下去。

三、魏晋律令分野的意义

魏晋律令分野作为一个划时代的历史事件，不仅在中国古代法律发展史上具有重大的

---

⑲ 《盐铁论·诏圣》。
⑳ 《汉书·刑法志》。
㉑ 《汉书·刑法志》。
㉒ 《后汉书·循吏传》。
㉓ 《后汉书·陈宠传》。
㉔ 《晋书·刑法志》。

意义，而且对于我们重新认识中华法系的特点有着重要的意义。具体表现在以下几个方面：

1. 魏晋律令分野标志着中国古代独特的法律体系的形成

比较法律史的研究日益表明，中国传统法律文化有着自己独特的个性。这种独特性表现在法律的分类上，就是中国古代法对法律部门的划分并不是以法律规范的调整对象为标准，而是从国家统治职能的角度，把全部法律区分为正面制度法与惩罚性法律两大部分，即所谓“律令法”体系。虽然律、令作为两种独立的法律形式早在秦汉时期即已出现，但由于这时统一的中央集权制度刚刚建立，新的国家制度尚处于探索之中，加之法家思想的兴盛和广泛传播又破坏了西周以来传统的礼刑关系，因而律和令不得不承担起既要惩治犯罪以维护基本的社会秩序，又要为新的帝国确立各方面制度的任务。这就导致律、令中不仅有惩治犯罪的刑法规范，而且也有各种国家制度的制度性规范，其外在表现就是律令混同。但是，魏晋律令分野，尤其是令法典的系统编纂，打破了这种局面，使律、令成为古代立法中同等重要的法典，开始重建中国古代法律体系。

律令必须同时制定，这一观念至迟在北魏时人们就已经树立。史载，北魏时期曾先后多次更定律令，但十余年间每次“律令并议”，往往“律寻施行，令独不出”。针对这种不正常的现象，曾与常景等共修律令，“好言得失”的孙绍上表认为：“令之为体，即帝王之身也，分处百揆之仪，安置九服之节，经纬三才之伦，包罗六卿之职，措置风化之门，作用赏罚之要，乃是有为之枢机，世法之大本也。”故“律令相须，不可偏用。今律颁令止，于事甚滞。若令不班，是无典法，臣下执事，何依而行?”[25] 强烈要求颁行令典。因此，从魏晋开始，中国古代法律有了律、令两大法律部门的划分，形成了中国古代特有的律令法体系。随后，公元541年“后魏以格代科，于麟趾阁删定，名为《麟趾格》”，西魏大统十年（544年）又制定《大统式》。至此，另外两种法律形式——格和式又相继产生。隋则“律令格式并行”，并为唐朝所继承，终于建立了隋唐完备的律令格式法律体系。而这一切，都是由魏晋律令分野始作其俑的。可见，魏晋律令分野在中国古代立法史上有着十分重要的意义，它开创了中国古代律令法体系的先河。

2. 魏晋律令分野使“律”成为中国古代刑法典的专称

自从商鞅改法为律以后，律就成为中国古代一种基本的法律形式，直至清末。然而，律在中国古代也经历了一个发展演变的过程。这一过程大致可以分为两个时期：秦汉是一个时期，魏晋以后是第二个时期。在秦汉时期，由于律令关系表现为律为主、令为辅，令是对律的补充与修改，因而律的性质并不单一，基本呈现出综合性或诸法合体的特点。秦汉时期律的这一特点现在已被考古发现的云梦秦简和张家山汉简所证实。但是，魏晋以后情况就大不相同了。随着魏晋律令分野，律令的分工日益明确，所谓“律以正罪名，令以存事制”。因而律的性质日趋单一，开始刑法化。因此，那种认为中国古代的律是“诸法合体”的观点是不妥当的，它显然没有看到由魏晋律令分野所导致的律的性质的

---

[25] 《魏书·孙绍传》。

变化。

另一方面，学术界也有学者提出律的刑法化至唐代才得以实现。如章太炎先生在《检论·汉律考》中写道："周世书籍既广，六典举其凡目，礼与刑书次之，而通号以《周礼》。汉世乃一切著之于律……讫唐，有《六典》、《开元礼》。由是律始专为刑书，不统宪典之纲矣。上稽皇汉，则不然也。"㉖ 另有学者在比较了古代东西方法典编纂的历史和研究了《唐律疏议》后，提出《唐律疏议》是世界上最早颁布的一部部门法法典，而且是最早的一部刑法典的观点。㉗ 我认为，这种观点看到汉律并非纯粹的刑法，同时认为唐律是一部刑法典，无疑是正确的。但说唐律或《唐律疏议》是中国古代最早的一部刑法典，同样也忽视了魏晋律令分野的成绩和意义。在我们看来，至少从现有的资料来说，曹魏的《新律》才是中国古代最早的一部刑法典。

总之，魏晋律令分野以后，律在中国古代就成为刑法典的专称。这是我们深入研究魏晋律令分野所得出的又一结论。

3. 魏晋律令分野对于我们进一步深入认识中华法系的特点有着重要的意义

我们知道，以中国古代法律文明为中心，影响及于古代东亚各国，形成了世界五大法系之一的中华法系。但过去我们往往将唐律视为中华法系的代表，未免有失偏颇。因为律在中国古代是有其特定含义的，以唐代为例，律就是特指现存的被称之为《唐律疏议》的这部法典，并不能作为唐代所有法典或所有法律部门的泛称。因此，中华法系作为一个法律体系，就决不能仅仅"以唐律为代表"，而应当还包括其他的法典或法律形式。这其中，除了律以外，一个重要的法律部门就是令。令作为一部法典的专称，从现有的史料来看，则始于魏晋律令分野。之所以我们过去常常忽视对令的研究，固然有史料缺乏的因素，同时也与研究者望文生义、不加深究有关。因为"令"在汉语中有"命令"之义，这就造成研究者往往有意无意地忽视"令"在中国古代法律体系中的地位和价值。即使看到了令是中国古代的一种法律形式，也往往把它和君主、皇帝的诏令等同看待，而没有看到它也是中国古代的一部法典以及它在中华法系中的地位。

其实，在中华法系的形成过程中，律、令都起了极大的作用，甚至令的作用更为巨大。受中国传统法律影响并共同组成中华法系的东亚国家主要是日本、朝鲜和越南，而这些国家在接受中国古代法的影响时，首先接受的是令，而不是律。例如，日本接受唐代法律影响最早就是从"令"开始的。日本自大化改新之后，处处学习唐制，于天智天皇近江朝（公元668年，唐高宗总章元年）首次颁行了由留学中国达33年的高向玄理和僧旻等人制定的《近江令》22卷。对此，日本现存的《令集解·官位令集解》云："上宫太子并近江朝廷唯制令不制律。"㉘ 直到天武天皇十年（公元683年，唐高宗永淳二年）才命留学唐朝的

㉖ 《章太炎全集》第三卷，438页，上海人民出版社，1984。

㉗ 参见王立民：《我国古代法的一个重要特点》，《法学》，1996（2）。

㉘ 转引自杨鸿烈：《中国法律对东亚诸国之影响》，180页，中国政法大学出版社，1999。至于有无《近江律》，日本法律史学界有争论，但多数学者倾向于否定说。

伊吉博德等人分别制定《天武律》和《天武令》，至此日本方始有律。又如朝鲜。《高丽史·刑法志》记载："高丽一代之制，大抵皆仿乎唐，至于刑法亦采唐律，参酌时宜而用之。"㉙ 所谓"高丽一代之制，大抵皆仿乎唐"，应当就是模仿唐令，因为唐令是规定国家基本制度的法典。日本和朝鲜当时之所以首先学习唐令，主要是因为其国家初立或进行改革，首要的是国家制度的建设而不是刑法的制定，而唐令作为国家制度的法典，自然成为引进的首要对象。

由此可见，令在整个中华法系中具有重要的地位和影响，而这显然同魏晋律令分野后令法典的编纂是分不开的。正因为如此，日本学者在研究中国古代法和日本古代法时，才将这种以律、令为主导的法律体系称之为"律令法系"或"律令制度"，把中日古代国家称为"律令国家"㉚。因此，如果说礼法结合是中华法系的本质特征的话，那么，律令法体系则是中华法系一个重要的形式特征。

明确了上述认识，我们可以澄清关于中华法系是诸法合体的误说。从法律体系角度而言，中华法系并不是诸法合体的，而恰恰是诸法并立的。一方面，中华法系的"诸法"并不是现代意义上的刑法、民法等诸法，而是中国古代特有的诸法，即以律、令为主要表现形式的诸法。另一方面，从法典编纂结构上看，它们并非"合体"，而是各自独立的。即使从现代部门法的角度考察，也不能得出"诸法合体"的结论。因为律自魏晋以后，已成为纯粹的刑法典。因此，无论从哪个角度来看，诸法合体都构不成中华法系的一个总体特征。

㉙ 郑麟趾等撰：《高丽史》八十四《志》卷第三十八《刑法》一。转引自前引㉘杨鸿烈书，34页。

㉚ 参见周东平：《律令格式与律令制度、律令国家》，《法制与社会发展》，2002 (2)。

汤唯

宗教文化的法律定位*

——兼论伊斯兰教与伊斯兰法的变革趋向

简介

汤唯，烟台大学法学院教授，1958 年 11 月出生，1982 年毕业于北京大学法律系，(1977 届)，1992 年 10 月至 1994 年 3 月，由国家教委公派作为访问学者赴希腊亚里士多德大学进修一年半。先后任新疆大学法律系副主任、代主任；烟台大学法学院党总支书记、院长。现为全国法理学学会理事、全国外国法制史学会常务理事、山东省法理学学会副会长、山东省法学教育研究会副会长兼秘书长。从事法理学、法史学教学科研工作 25 年，现为法理学硕士生导师，法理学系列课首席教师，山东省教学名师。

任职期间主持国家社会科学基金课题 2 项，主持与参加省级社会科学基金课题 5 项，主持和参加省教育厅基金课题 2 项；主持省级教改课题、学科建设 4 项。出版专著 3 部，参编专著及工具书 3 部，发表论文三十余篇。任职期间获厅局级以上奖励 17 项。

* 原发表于《文史哲》，2003 (5)。

所谓定位，在自然科学中，指设立坐标、确定位置、度量距离：在社会科学范畴，则表明某一事物的性质、地位、功能、效力及由此而引申的该事物与他事物之关系。

在各国，宗教的地位与影响由于意识形态、文化背景的不同而各色各样。然而，无论发达国家抑或发展中国家，宗教世界观与国家的政治、经济、社会生活都有着千丝万缕的联系，抬举宗教的地位或忽视宗教的存在，都是一种错误。现代中国，民众对佛教、基督教的信仰趋于广泛，伊斯兰教对西北边陲的影响亦不可低估；当今世界，诸多政治变革、民族纷争、国家聚合也与宗教和宗教法的发展有关。因此，对宗教文化的评判应该列入法史学的重要范畴。

一、宗教、政治、文化之关系——宗教的内涵和外延

宗教是主观的、无形的、虚幻的意识、观念、信仰，是对社会现实的曲折反馈和精神折射；宗教组织是俨然国家机构的，具有虔诚教徒、礼仪制度、组织体系的社会形态；宗教法是国家认可、依托神意、约束教徒的行为规范。

1. 宗教与政治

宗教不仅建立在信仰基础上，而且建立在行为基础上，要求服从主神命令于世间的行为准则。因此，在中世纪宗教思想观念中，教徒和社会不分，教会和国家不分，教义和教法不分，经典和法典不分。直到近现代，神与人、宗教与世俗、教会与国家才成为对应关系。

在宗教文化的发展史上，佛教法起源最早。它曾经于公元前 6 世纪至公元 4 世纪在印度本土起过一定的作用，并作为历史法源对奉佛教为国教的东南亚国家的法律制度发生过微弱影响。然而，佛教法涉世未深、无为而治、较早异化，不曾形成与世俗法相抗衡的力量。究其原因，乃在于宗教可以是官方的，也可以是民间的，而宗教法则必须以国家认可和强制保障作为后盾。佛教法未能与国家政权长期紧密结合，故而一直是王权束缚下的神学变态。

西欧封建法律文明，是通过日耳曼人的战争征服、基督教传播等手段，在破坏罗马发达的法律文明基础上重建起来的。教会法长期被奉为正统的法律意识形态，与世俗法并驾齐驱，构成西欧封建法律文化的一大特色。在“黑暗的中世纪”，教会法曾身份显要地通行全欧，从神事到人事、从物质到精神实现着全面的、立体的、跨国的统治。而教会法的发展范围愈广泛，世俗法的领地就愈萎缩，在教会法和世俗法的斗争中，前者长期是胜利者。直到文艺复兴、宗教改革，人类的精神活动才从天上转向人间，人与世俗法才在最后的较量中反败为胜。

公元七八世纪，阿拉伯人又树起了伊斯兰旗帜，并将这面威武的大旗直插到北非和欧洲的桥头堡西班牙。伊斯兰文化的崛起，为世界文化史增添了独具特色的一页，即在阿拉伯世界形成了影响巨大的伊斯兰教和伊斯兰法。而伊斯兰新兴力量诞生之际正逢它的敌人拜占庭帝国衰落之时，于是阿拉伯人在政治上、军事上、文化上、法律上锐不可当，节节胜利。

国家政治与宗教精神结合的典型，是伊斯兰国家推行的政教合一的哈里发体制。哈里发既是国家元首，又是最高教长，表现了协调精神权威与政治权威为一体的统治结构，这种结构又进一步成为伊斯兰社会的传统特点，并使伊斯兰法得到了国家机构的不遗余力的推行。在这种政体形态中，伊斯兰教既是穆斯林虔诚信仰的行为方式，也是政治权威的象征和表现权威的手段。作为前者，宗教强调的是宗教社会的教义理想，维护着宗教集团的特殊利益，甚至可以被用于制裁异端和反对政府；作为后者，统治者需要宗教赋予其神圣的外衣，因而将宗教视为政权的精神支柱，而宗教也在绝大部分场合支持政府，以期获得政权的庇护和赞助。这就是宗教与政治的关系。

但另一方面，国家与宗教决非同一的可以相互替代的概念。从历史上看，奥斯曼帝国崩溃之前，伊斯兰国家就处于诸国分裂、战争频仍、社会动乱、教派分歧的状态，几乎任何政府形式都可以宣称自己在伊斯兰教范围内合法，又被同样的标准非难为不符合伊斯兰精神。就现状言，现代伊斯兰国家政治制度形形色色，经济发展水平不一，主权利益各不相同，无法组成一个不分国界和采取统一政治经济军事行动的联合体，使伊斯兰教自古至今只能达到一种精神上的统一作用。这种宗教和国家表面统一实际矛盾的状况，严重影响着政局的稳定，而政局的不稳，又会引起反政府势力的非难，造成宗教精神和国家管理之间矛盾的不良循环。故此，要信仰还是要政府、要“神治”还是要“法治”的问题不得到根本解决，伊斯兰国家的政治团结、社会进步就是一句空话。

2. 宗教与文化

宗教是一种历史的社会的现象，它属于古老悠久的传统文化的组成部分。即宗教属于文化范畴，但不能涵盖文化。这种关系，使研究宗教问题颇有文化意义，又需要将两者予以区分。从文化范畴中溯源，法文化的发展当然离不开对宗教意识形态的透析，即法文化的发展中，打下了宗教文化长期发展的历史烙印；反之，观察宗教法文化又是理解宗教地位的基本途径。

宗教之所以具有长久的生命力，乃在于人类从古至今都有着解释宇宙人生奥秘的精神渴望。当这种渴望与大众文化联系时，就会变成想象中的本质，为一些崇信的人们臣服。因此要根据宗教借以产生和取得统治地位的历史条件去说明它的起源和发展。尤其佛教法、教会法、伊斯兰法等宗教法律文化，作为一种特殊的社会现状和社会实践的反映，同所处时代的民族宗教变迁有着千丝万缕的内在联系，必须从文化历史的进程中予以寻源。

以伊斯兰教为例，随着阿拉伯帝国的历史性覆灭，没有一个政权能够继续统治伊斯兰世界，这似乎要断送伊斯兰文化。但奇特的是，伊斯兰文化并没有在政治的衰败中毁灭。究其原因，在于伊斯兰教发展到中世纪后期，已不仅仅作为一种政体、一种制度而存在，而是作为一种观念、一种理想、一种感情联系、一种社会秩序流传至今。它主要靠思想信仰的力量影响着世界。这使伊斯兰教超越了阶级、阶层、民族、社团、地域的界限，联合起所有信教的阿拉伯人、波斯人、埃及人、突厥人、中亚人，使具有民主思想的、代表社会下层的、强化宗教统治的、极端恐怖主义的等等形形色色的势力、派别和集团，都被集合在伊斯兰文化的旗帜下，也是宗教文化难以被政治纲领、世俗意识替代的原因。

值得指出，当代世界各国发展虽然以政治、经济、军事实力为中心，但国家的较量也是人心与人力的抗衡，国民意志与民族凝聚力是至关重要的因素。伊斯兰文化、基督教文化、佛教文化，都超越了国家政治控制的范畴，形成了世界主义的发展体系，必然羁束着国家与社会的历史进程。因此，我们不可漠视宗教在思想上行动上对现代社会所产生的凝聚力和制约力；不可希求先进的物质文明会改变所有教徒的行为举止从而使他们的生活方式必然向着消除宗教影响的方向演变；不可幻想宗教文化一蹴而就地被其他文化所战胜。

3. 宗教与法律

宗教法的发展，首先取决于国家的认可和权威保障。佛教法由于缺乏政权的强力推行而昙花一现；教会法受到资产阶级革命的冲击而效力不再；唯有伊斯兰法仍然是“活着的法系”，伊斯兰法的地位探讨也由此具有特殊意义。

在伊斯兰国家，宗教和法律的区别并不十分缜密。“从严格的法律观念上看，在伊斯兰教里教会与国家是没有界限的。伊斯兰教认为自己不仅是一种宗教，也是法律的渊源，是治国的指南和它的教徒社会的行为的仲裁者。”①《古兰经》开宗明义，确立了这样的法律原则：一个穆斯林必须以教法为行为准则，其信仰伊斯兰教的过程，就是接受伊斯兰法的过程。具体而言，宗教法的特性有四：

神权性。宗教法是上苍降示的启示和制度，法律意识的神权化首先构成宗教法的基本概念和特征。根据宗教法原理，神不仅创造了精神世界，而且创造了物质世界，宗教法就是神规范人、地服从天的神的意志和神的命令。因此，从立法权上看，宗教法不是由世俗的国家机关制定的，而是假以神的名义，由宗教精神领袖、宗教僧侣、宗教贵族根据宗教教义创制、解释和完善的。

教义性。宗教法的内容主要发源于宗教教义，教义是教法的立法基础，教法是教义的规范化。某种法律体系是否属于宗教法，取决于法律规范与宗教教义的结合程度，如果这种结合是零星的、偶然的，则世俗法的性质仍将不变；只有当基本教义都上升为法律，被国家认可和推行，具有宗教规范和法律规范双重属性时，宗教法才作为一种独立于世俗法的体系而存在。

---

① 托马斯·李普曼：《伊斯兰教与穆斯林世界》，陆文、岳英娴译，引言第3页，北京，新华出版社，1985。

伦理性。宗教法是法条禁戒、礼仪习俗、道德惯例、义务规范的混合物，法律结构的包罗万象构成宗教法与世俗法的明显区别。佛教法在梵语中称为“达摩”，意即“任持自性，轨生物解”，近似于宇宙万物自然规则的自然法观念，其纯法律性质的规范并不多见。教会法除民刑规则外，还规定有教会内部的教阶制度、神职人员的权利义务、大量的宗教犯罪等。可以说，从笃信主神到国家管理，从婚姻家庭到处罚罪恶、从食物戒律到战事处理，都是宗教法律体系的组成部分，其充满价值信仰色彩的规定是世俗法所没有的。

永恒性。有别于变化多端灵活务实的世俗法，神权统治下的神的意志被赋予了普遍通行、至高无上、万流归宗、永无谬误的权威效力。在理论上，神的意志如已开凿成型的渠道，来自不同源头的思维细流都要沿着这一渠道静静流淌；任凭时代风云变幻，宗教法始终是亘古有效的社会理想的象征。这种宗教法的神圣性，决定了它不是按客观、流动、进化的规律去发展，而是按主观、固有、原则不变的标准去铸造，社会需要和社会变革不被作为宗教法的进化要素。因之，佛教的僵化与无为，伊斯兰法的神秘与排他，教会法对人权理性的束缚等，都可以从宗教文化的自身局限中得到溯源。

二、悖论——革新和复古的斗争

宗教文化在经历了数世纪发展后，遇到了唯物主义、民族主义、资本主义、科学社会主义的严重挑战，迈开了内部调整、外部变革的步伐。

反观历史，宗教与宗教法在进化中退化是社会进步的必然结果。早在封建社会后期，新兴的文化势力就以给予了教会法重大冲击。被称为“三 R 运动”的文艺复兴、宗教改革、罗马法复兴，作为不可抗拒的文化潮流，引导着反信仰束缚的方向，提供着世俗法发展的土壤。特别在当代，自然科学全面挺进，科学发现联翩出现，使古老传统的宗教文化所面对的已不再是粗蛮古朴的马背上的战胜者，不再是宗教意识形态所向披靡的社会基础。觉醒的人类理智、丰富的文明技能、崭新的生活方式、发达的政治体制等，都在向宗教文化争夺着人类的灵魂；政教分离、世俗政权的加强以及新型文化的缔造，也在不断地向宗教文化发出挑战。这种世界性的冲击波，不仅早就断送了佛教法的前程，击溃了教会法的稳固防线，而且从 20 世纪初开始，掠过了穆斯林海岸，使堡垒最为坚固的伊斯兰法开始脱离它固定不变的铸模，迈向了自身改革的里程。而这种现代化改革集中表现为三个方面：

一是举起理性、进化论、实用主义的大旗。按照现代派观点，宗教的本质是真理，宗教精神与先进技术并不矛盾；理性为宗教法所固有，现代民主、法制、宪政理论在宗教法中也早已有所体现；主神从未表现出主张僵化的观点，相反却允许按照现代条件对法律作出不同的解释和运用；法律调整的目的在于人们主观上感觉到的生活方式和权利义务，不必关心彼岸世界的赏善罚恶；人类可以在传统观念与现代变革之间建立联系，借助时代精神的力量，建造具有政治民主、经济自由、思想开放性质的法律体系。

二是实现政治与宗教的分离。现代国家的统治者，从国家管理的实际需要出发，更多考虑的是经济发展、政治稳定和对外关系。特别在外向国际交流中，很少顾及相互间的宗教信仰联系，因此将宗教置于次要地位。在此过程中，大多数神职人员演化为政府的工具，国家立法也朝着既定的世俗方向发展。例如，土耳其、埃及等国家，发起了影响深远的宪政运动，采纳了共和制、内阁制、多党制等民主管理形式，使伊斯兰教的传统权力（哈里发、乌里玛、卡迪法院）被世俗权力（议会、政府、政党、军队、工会）所替代。

三是告别精神圣坛走向物质领域。由新技术革命刺激起来的现代经济，使追逐丰厚利益的人们开始涉足石油工业、国际贸易、军火投资和旅游事业，导致在语言、服装、观念、行为方面的大量非宗教化的生活方式进入了以往封闭落后的社会。同时，通过颁行仿西方的民法典、商法典、婚姻家庭法典、诉讼法典，建立起新型的政治制度、经济制度、司法制度，诱发了民主、自由、开放、竞争的法律体制的诞生，使社会科学与自然科学一道摆脱了传统束缚的桎梏。

上述理论与实践，对于现存的宗教观念具有一种批判的意义。它标志着古老的宗教法在一定时间与空间里丧失了官方立法司法体系的权威地位，预示着宗教法盛行时代的结束和一个新的思想时代的肇始。

但值得指出，在宗教盛行的国度，由于根深蒂固的宗教文化的影响，法律文化的现代化改革往往借助“托古改制”的名义进行，不免受制于经训和传统。而且，由于宗教思潮已发展为不受政治势力左右的世界性体系，并未因改革之风盛行而销声匿迹，当代伊斯兰复兴主义思潮就是这种影响的突出表现。其中，伊朗是伊斯兰教勃兴的国际中心。1979年，伊朗通过了《伊斯兰共和国宪法》，宣布神权统治高于一切，教士根据《古兰经》和安拉传统发挥永恒的领导作用，在行政、财政、民事、刑事、文化、防务等所有领域推行伊斯兰准则，甚至号召输出“伊斯兰革命”，“在真主的旗帜下成立一个大伊斯兰政府”。紧步后尘，一些较为保守的伊斯兰国家，如沙特、苏丹、巴基斯坦、利比亚也采取了相应的复古措施；一些泛伊斯兰化的党派集团和国际组织，如土耳其的救国党、埃及的穆斯林兄弟会、中亚的伊斯兰复兴党及伊斯兰世界联盟、伊斯兰会议组织等，也异常活跃，成为联络伊斯兰信徒的国际力量。

有鉴于此，必须对引人注目的宗教复古主义现象予以洞察，为国家宗教法律的政策调整提供依据。而深刻分析伊斯兰教仍是重要的宗教文化，原因有四：

第一，伊斯兰教历来是伊斯兰国家实行政治治理的工具，统治者要想在政治上立于不败之地必须利用伊斯兰教，这是伊斯兰教得以存在的政治基础。当代伊斯兰社会，政治经济文化生活虽然已经发生了根本性变化，但作为政治工具，宗教从未动摇过理论上的统治地位。在伊斯兰国家，任何思想和观点、任何变革与创新，都必须谋求与经训相协调，才能得到社会的认可；执政者如果违背沙里亚的要求，作出显然与伊斯兰教冲突的决定或立法，也要冒政治风险。因此，伊斯兰教并没有从根本上与政治分离。

第二，伊斯兰文化难以通过点滴改良改变其基础和性质，更没有被西方文化或其他任何文化所取代，内在的保守性是伊斯兰教继续生存的内部条件。在伊斯兰国家，不存在基督教衰落时期所面临的思想环境，后者有资产阶级完整的思想理论体系作为势不可挡的文化潮流与之抗衡。而信奉伊斯兰教的亚非国家虽然摆脱了殖民统治的束缚，但却没有酿成像西欧宗教改革那样的伟大历史运动，且自古以来对西方文化有所排斥，这使传统的伊斯兰教理论与实践一旦时机成熟，就会东山再起。

第三，伊斯兰旗帜已使各伊斯兰国家在精神上团结成为整体，构成民族共性与历史传统的组成部分，这是伊斯兰教发展的社会根源。经过十几个世纪的发展，穆斯林积聚了较大的政治力量，控制着亚欧通商之路，伊斯兰教也已根植于社会思想文化之中。因此，我们与其将宗教作为一种行为规范，毋宁将其作为一种强大的社会思潮；与其在意那并不现实的宗教教义，不如探究它在精神上对众多教徒的政治观念、法律意识、生活方式所产生的影响。这种影响不如政策法规那样单刀直入、直接明确，但却有着无比的潜在威力。它使伊斯兰思想表现出整齐划一的特征，使全世界的穆斯林建立了一种超出血缘关系和法律关系的亲族关系，激发出罕见的宗教热情。这种宗教热情被用于建立荣耀的阿拉伯帝国，用于传播和推广伊斯兰法，用于抵抗气势汹涌的十字军东征，也用于左右当代伊斯兰国家的政局。

第四，伊斯兰教的复兴通过非政治力量的活动而加剧，宗教团体、宗教组织、宗教人士、极端分子举足轻重，构成伊斯兰复兴运动的直接先驱。众所周知，宗教的发展条件有二：一是有宗教理论作为思想基础；二是有政权化的组织机构作为实体形态。伊斯兰宗教界自古至今都拥有不依赖世俗政治统治存在的强大独立势力，经过近现代的积聚，这类非政治集团在各国有不同程度的恢复。许多宗教组织接管政党，制定内部行为规则，干预国家立法司法活动，甚至发起推翻现行政府的各种运动，成为一种土生土长的监护伊斯兰文化的不可忽视的国际力量，对国家政治走向与国际关系发展具有一定影响。

总而言之，在今天的国家活动中，并非看不到宗教的影子了，人们告别的只是特殊的宗教法律规范，而不是宗教信仰的实质。忽视宗教的功能和影响，不能不说会走向片面或表面。

三、新时代要求新文化——当代宗教趋向概说

受制于国家协调合作的国际化因素、民族国家主权利益因素、经济繁荣社会进化因素、法制发展的世俗化因素，未来宗教的定位与前景还会发生相应变化。预测这种变化，对于国家安定与振兴意义重大。笔者以为，基本趋势可以归述如下：

第一，宗教凝聚意识逐渐为国家整合意识取代。如前所述，宗教自创立以来，往往被统治者奉为实现政治治理的官方意识形态，但现代文明国家更多强调的是国家利益而非宗教联系。因此，创建以团结统一为荣的现代国家，形成具有内聚力的国家结构，进行国家指导的社会改造，取代宗教的、地方的、集团的忠诚和特性，是当代政治统治追求的现实目标。现代社会需要国家号令天下，而不是依赖宗教排除对立与杂多。特别作为占统治地

位的法律体系，其所规范的政治、经济、社会、文化关系，对全体公民都具有约束力，效力和权威远远大于宗教的影响。相比之下，宗教对于国家的整合作用会被利用却不会被重用。在国际联系中，各国更要以民族和睦、尊重主权为原则制定国策，防止相互的宗教势力影响国内政局。

第二，渐进实现民众生活领域的现代化和世俗化。现代国家中，政治家、企业家、商人、知识分子基于自身的文明修养，在政策法制措施的选择方面相对比较开明，使世俗的、现代的法律措施主要推行于城市的地域范围和工业的领域范围。而那些受传统思想熏陶的基层民众并没有在接受新思想新事物的过程中受益；相反，官吏腐败、贫富差距、社会不公、战争动乱使其易于求助于宗教的指导和慰藉。因此，宗教控制的思想领域，历来是进步文化难以触及的场所和角落，也因此，在农民、反对党、激进分之中实现文化观念的现代化转变更为重要。国家需要引导民众的宗教思想感情，以民族主义、世俗主义逐渐取代对宗教的信服和崇拜；需要强化政治权力，使传统宗教依附国家并为政策服务；需要推行为大众所能接受的意识形态，使社会拥有安全和道德保障；需要将改革措施推广到广大农村，使基层的群众都能在这种改革中受益。这也是现代国家的社会治理目标和神圣艰难使命。

第三，追求社会正义的理想。宗教思想之所以拥有一定的社会影响力，乃在于其宣传中体现了一些慷慨仁慈、善良正义、追逐平等的“奇贝异石”。诸如为人诚实、节制欲望、救济穷人、禁止重利等吸引人的规定，使广大教徒在对世俗政治的怀疑和失望中，将遵从教义教法作为解决社会问题的灵丹妙药。从中可见，人类对公平正义、社团福祉和个人权利的追求，不论在世间还是在天国都是一种美好的愿望和目标。最大限度地发挥这种优势，弥合政治举措和宗教理想之间的差异，实现社会控制手段方式上的互补联合，对于国家和公众都是一种明智选择。因此，在政治认同和社会整合方面，宗教所起的作用应该得到关注和发挥。这也正是宗教一定程度延续流传的政治法律意义。

第四，寻找宗教改革的中间道路。宗教在近现代的发展一直是在政治动荡、战争频仍、故步自封的条件下进行的，反对西方的民族主义、折中改良的现代主义、多元文化的离心主义、强调信仰的复古主义等，很容易使人们各取所需。现代民族国家，需要建立一个相对稳定繁荣和谐的社会，需要在文化形象上焕然一新，需要形成富有活力、开放进取的法律体系，唯其如此，才能摆脱一成不变、抱残守缺的境地。但另一方面，作为一种传统文化的代表，宗教会随时代车辙而逐渐地向后流逝，却绝非靠消灭能够消亡。因而，大多数国家在宗教改革中选择着一条持中路线。一方面，反对复古，反对保守，反对僵化，主张政治观念的更新、社会解放的落实、经济发展的持续和法律文化的世俗。另一方面，守旧与改革两种思潮对应，复古主义与现代主义交织，传统文化与新的观念共存。宗教势力既不能彻底实现神的意志的统治；国家政府也不能完全排斥宗教思想的影响。于是，答案显然介于两者之间。

第五，通过法律实现对宗教的认同和约束。在我国，宗教信仰自由已纳入公民权利义务规定的宪法范畴，是宪法赋予公民的一项基本权利。但我国是一个非宗教化的社会主义国家，宗教信仰自由权必须在法律限度内行使。目前，我国出现了宗教干预国家行政、司法、婚姻、教育的现象；出现了强迫公民，特别是青少年参加宗教活动的现象；出现了非法宣传讲经、传播邪教、煽动民族分裂的现象。高度重视这类现象，强化制约非法宗教活动的法制措施，应为我国法制建设的重要方面。具体原则有四：（1）宗教既非国教也非国法。在我国，公民应该奉行的主流的、普遍的意识形态是唯物主义的世界观和方法论，宗教被定为一种民间的、自愿的信仰形式，不具有官方意识形态的法律地位。（2）引导宗教与社会进步相适应。所谓引导包括积极的改革和消极的制止两个方面。一方面，要引导信教群众和宗教人士热爱祖国，遵守法律，学习掌握科学技术和文化知识，追求全国各民族人民共同的、一致的、根本的利益。另一方面，也要从法制的角度，制止已被废除的宗教陋习卷土重来，查禁与社会主义文化相背离的宗教迷信活动。（3）宗教信仰自由权不得滥施。我国的宗教管理法规明确要求："宗教活动应坚持小型、就地、分散的原则进行，宗教活动场所以外的大型宗教活动要履行审批手续"；"严禁利用宗教活动场所制造矛盾、挑起教派纠纷、影响民族团结和社会安定"，"严禁私人开办任何形式的宗教学校、经文班、义工班"等。这类规定为加强宗教活动的管理提供了法律依据。（4）宗教违法行为受法律制裁。宗教信仰自由并不意味着信奉反人类、反科学的邪教自由。在任何国家，危及公民生命健康、制造社会恐慌动乱、公然挑衅对抗政府、破坏国家稳定统一的行为，都是被法律所禁止和取缔的。我国也采取劝阻、制止、警告、责令停止违法活动、取缔非法宗教活动场所、没收违法物品等法律制裁措施，对相关违法行为进行行政处罚；构成犯罪的，由司法机关依法追究刑事责任。

在政治、法律、文化发展的历史长河中，伴随政治昌明、经济开放、社会进化，思想文化的园地里更加百花齐放、百家争鸣，这是民主社会不断自我完善的时代征兆。但同时，理智的人们也应对宗教的负面影响有所认识，以维护国家的最高利益、追求大众的终极目标为原则进行精神活动。

曾宪义

中国传统法的结构与基本概念辨正*

——兼论古代礼与法的关系

简介

曾宪义，现任中国人民大学一级教授、法学院名誉院长，法国名誉博士、日本国名誉博士。兼任中国人民大学法律文化研究中心主任，《法学家》杂志社社长兼主编。担任教育部社会科学委员会副主任委员，中国法学会法学教育研究会会长，教育部高等学校法学学科教学指导委员会名誉主任，全国法律硕士专业学位教育指导委员会第一副主任。同时担任最高人民法院特邀咨询专家，最高人民检察院专家咨询委员会委员，司法部国家司法考试协调委员会委员等。

* 原发表于《中国社会科学》，2003（5）。本文系与马小红教授合作完成。

由于从文化背景、语境到法的体系、特征等各方面，中国传统法与现代法都有着很大的差异。所以在研究或阐述中国传统法时我们都会面临着尴尬。

这种尴尬在教学中反映尤为突出。比如许多高等院校的“中国法制史”教材在阐述中国古代法制时以“律”为主线索，这样就难免得出中国古代法制是“以刑为主，诸法合体”的结论。从某一角度来看，这个结论并非全无道理；然而，如果就传统法进行全面的考察，这一结论就显失偏颇。暂且不说浸透了中国古代社会方方面面的“礼”是传统法不可或缺的内容，在古代就是“法”的含义也远非“律”可以涵盖。“中国古代法律思想史”的研究和讲授，所遇到的问题也许更为尴尬：人们会依据现在的标准质疑中国古代究竟有没有法学家或法律思想家，有没有法学，甚至有没有法律意识，等等。可以说，目前的研究，尤其是教材给学生心目中留下的是一个被今人用现代“理论”和“语境”阉割（而不是研究）了的根本就不曾存在过的“传统法”或“传统法律”。当我们费力地从浩瀚的史籍中归纳出中国古代的民法、经济法、行政法、诉讼法……时，我们起码应该告诉读者和学生：所谓中国古代的“民法”、“经济法”等等，从概念、本质上说决非是今日的民法、经济法。就如法家的“法治”决非今日之法治一样。否则，只要读者或学生对史料稍加接触，就会疑窦丛生，古籍中不仅寻觅不到部门法的体系，甚至连相关的名词都不见踪影。在此，我们碰到了一个无法回避的问题：我们所研究和讲授的究竟是不是“中国古代法制”，或我们所研究、所讲授的法律史究竟在多大的程度上反映出了那个在现实中早已支离破碎但又顽强影响着现实的“传统法”的原貌？

追求真实客观，是历史研究的使命。其实，略加反省，就不难发现我们的研究和教学在误区中已徘徊良久。首先，百余年来我们对传统法的研究实质上是以西方的法律模式为标准，用西学的理论来机械地剖析传统法的“得失”、“优劣”的。这种割裂的剖析，一方面要竭力证明西方有的，我们早已有之。所以在法律史的教材中，我们见到的只是已经按“西法”模式重新组装了的“传统法律”；另一方面，面对西方的“强势”，我们不能不反省自己的传统，这种反省在民族存亡之时不但被动而且急切。它是以民族的不平等和以国力的强弱论文化的“优劣”为历史背景的。因此，用西方的理论批判传统法的“缺陷”不可避免地成为学术的主流思潮。今天，如果我们对反省进行再反省，我们就会发现：传统，包括传统法的许多“缺陷”只是现代人的一种分析结果或感觉。其次，相对传统法的学术价值而言，人们似乎更注重探讨它的现实功能。更愿意把传统法的研究作为服务于现实理论和观念的“宝库”，从中寻章摘句以证明自己的论点有所谓的“历史依据”。当我们津津乐道中国古代的民法、诉讼法、经济法、行政法等等的时候，历史的真实早已被破坏殆尽。当我们承认中华法系的特征是“以刑为主，诸法合体”时，传统法的更多内容已经被我们人为地摒弃于“法”外。

鉴于此，笔者认为研究传统法的当务之急——套用考古学器物复原的术语来说——也许应该首先是“复原”传统法。当然这个“复原”要比古代器物的复原艰难得多，而且永远无法做到像古代器物那样完全。但这毕竟是研究传统法的基础工作。因为“皮之不存，毛将安附”？如果不首先去探讨历史的真相，对传统法的研究只能是不顾事实的闭门造车之作。梁启超在《中国历史研究法（补编）》中讲到的历史研究的目的有四：“甲、求得真事实”；“乙、予以新意义”；“丙、予以新价值”；“丁、供吾人活动之资鉴”。无论是新意义，还是新价值都必须建立在“真事实”的基础上。

复原传统法是一个复杂系统的工程，它涉及传统法的基本概念、发展演变、体系构成、形式分类等内容，笔者认为这些内容在一篇文章中即便是蜻蜓点水也很难囊括。因此本文只从传统法中的一些基本概念入手，描述传统法的构成。以期对传统法能有一个大致完整的认识。

一、古代的法与律：“法”的起源与“律”的起源

中国人以形象思维见长，对一事物、一现象的阐述多从感悟出发，因时因事而变通。有时甚至因为谈话的对象不同而对同一事理的阐述在内容方面也有不同的偏重。这种思维方式造成中国古代学术与西方学术的差异，与现代学术也有所不同。牟宗三在《中国哲学十九讲》中讲到名家发展的中断时说到“中国人喜欢的是具体的思维”。“抽象的思维属于重智之学，在中国只有先秦名家昙花一现，以后就没有了。”“中国把抽象的逻辑思考藏在具体的玄理里面，并不用抽象的头脑把它单独提出来研究。”[①] 孔子对学生的“因材施教”便是最好的例子：擅长经商的子贡问孔子“何如斯可谓之士矣”，即什么样的人才可以称为“士”，孔子答道：“行己有耻，使于四方，不辱君命，可谓士矣。”（用羞恶之心来约束自己的行为，出使外国，完成君主赋予的使命，这样的人便可以叫做“士”。）这种“士”显然是对官吏贵族而言。孔子同时又言次一等的士，应该作到“宗族称孝，乡党称悌”（宗族称赞他的孝顺父母，乡里称赞他的恭敬尊长）。这种“士”显然是对平民而言。勇敢、诚实又有些鲁莽的学生子路同样请教孔子“何如斯可谓之士矣”时，孔子对子路的教导则不同于子贡，孔子言：“切切，怡怡如也，可谓士矣。朋友切切，兄弟怡怡”[②]（相互友善地指出对方的不足，和睦相处，可以称为士。朋友之间互相批评，兄弟之间，和睦共处）。由此可见，对时常身负君命、处世灵活的子贡，孔子强调“士”诚信、忠厚的品格；而对为人正直、疾恶如仇、对朋友侠义的子路，孔子则强调“士”的文雅、友善的修养。同样，一部《论语》言及“仁”、“礼”的地方不下几十处，而每一处都有不同的侧重点——不孜孜营造准确而严格的定义、概念及不刻意地构造学说体系，这正是中国传统学术的特征。

---

① 牟宗三：《中国哲学十九讲》，219～220页，台湾学生书局，1983。

② 《论语·子路》，白话文翻译参见杨伯峻《论语译注》，中华书局，1958。

古人对法的阐述也是如此，我们通过阅读古籍可以领会或归纳出古人对法的认识，但却无法在古籍中寻找到古人对“法”所作的完整而严格的表述。对古人来说不言而喻、习以为常的事正是我们今天研究的难点。因此，笔者对传统意义上的“法”的归纳，也只能做到尽可能的客观。

1. 字书中的“法”

从古代的一些字书中看，在法起源或初起时，人们对法的认识大致有这样几点内容：第一，法的主体是刑；第二，法是客观、公正的规范；第三，法是依照神意而进行的裁决。

东汉许慎《说文》释古文之“灋”（今文写作“法”）曰：“灋，刑也，平之如水；廌，所以触不直者去之。”③ 可以认为许慎对古文“灋”的解释，反映了古人对法最初的认识，即法就是用刑来惩处有过错的人，其公平如水。而法的公平性是依靠神力来实现的。神兽“廌”有识别曲直的能力，可以“触不直者去之”。后代的字书大致都沿用了这一说法而侧重点略有变化，清人段玉裁注《说文解字》释“法”，言：“刑者，罚罪也。易曰‘利用刑人以正法也。’引申为凡模范之称。木部曰：模者，法也；竹部曰：范者，法也；土部曰：型者，铸器之法也。”此注说明，法字所具有的“刑”之义就如同“模”、“范”、“型”为各种器物的规范一样，法是人的规范。段玉裁又分别解释了构成“灋”字的“水”部、“灋”部和“去”部的含义：“从水之意，张释之曰：‘廷尉天下之平也。’”“从灋、去之意，法之正人，如 之去恶也。”其意为，“灋”字中的“水”是汉代张释之所讲的“执法者应公平如水”之义；“灋”字中的“灋”与“去”是说法能规范人的言行如同“灋”能去恶。

从字形的演变和解释的变化来看，我们还可以发现随着社会的发展，古人越来越强调法的规范性，而神判的观念日趋淡漠：从古文“灋”字到今文的“法”，公平、去恶成为法的主要内容。《康熙字典》集古人对“法”的解释有十种含义：第一，长久不变。《尔雅·释诂》：“法，常也。”第二，制度也。《礼记·曲礼》：“谨修其法而审行之。”第三，礼法也。《孝经·卿大夫章》：“非先王之法服，不敢服。”第四，刑法也。《尚书·吕刑》：“惟作五虐之刑曰法。”第五，象也。《文心雕龙·书记篇》：“申宪述兵，则有律令法制。法者，象也。兵谋无方，而奇正有象，故曰法。”第六，效法也。《易·系辞》“崇效天，卑法地。”第七，执法星名。《史记·天官书》注：“瑞门次东第一星为左执法，廷尉之象；瑞门西第一星为右执法，御史大夫之象。”第八，姓。《后汉书·法雄传》：“齐襄王，法章之后。”第九，拂，音 fu。第十，废，音 fei。《康熙字典》对“法”字法律意义上的解释较《说文》有这样几点变化：第一，神判的色彩减弱，从《康熙字典》中已经看不到

③ 有些学者认为《说文》释“法”，是东汉人将自己对法的认识附会为前人的观点，理由是甲骨文中未发现灋字，而金文中的灋字又皆做“废”解；所以这些学者认为“废”为“法”字本意，而《说文》中的“法”意为后起。其实，灋字形成于何时，根据现在所掌握的资料尚不可作出定论。因为许多考古、文字学家认为甲骨文已经是一种比较成熟的文字，其形成必有一个漫长、积累的过程。许慎亦言：“黄帝之史”。而今日所能见到的甲骨文和金文只是古文字的一部分，远远不能反映出文字最初的形态和全貌。另外，甲骨文中已经有“廌”字，可见神兽“廌”的传说至少在商朝就已经存在。

神意对审判的左右。古文“灋”字中的灋已经不再出现。第二，“平之如水”之意不再被强调。第三，法的内容包括了习惯与风俗，如法可释为“常也”、“礼法也”。第四，法与自然之“象”及规律相联系。如星象等。除不同之处外，法的“刑”、“规范”、“制度”之意则一脉相承。

从《说文》到《康熙字典》对法的诠释，确切地反映出中国古代法观念的演变与特征，即法的御用性、强制性日益加强，而其内容不仅包括了国家制定的制度规范，同时还包括了民间习以为常的习俗与自然的约束。法的这一特征与律有着密切的关系。

2. 音律与法律

“律”在古人的观念中主要含义有两种：一是音律（或声律），一是法律。在现今看来这两种毫无关联的“律”，在古代却是密不可分的，而且时代愈古，两者的关系就愈见密切。

“律”的本意是用“声”或“音”来展示或表现自然变化的规律。制造这种音的器物称为“律管”。律管在考古发掘中已屡屡出现。④ 文献记载律管或以竹为之，或以玉为之，或以铜为之。⑤ 那么出自律管的声音如何体现自然的变化呢?《汉书·律历志》记律按节气分为十二音，称为十二律（或称六律，即阳六为律，阴六为吕。律“所以述阳气”⑥，“吕，助阳气也”⑦）。十二律的名称为：黄钟、太族、姑洗、蕤宾、夷则、无射、林钟、南吕、应钟、大吕、夹钟、中吕。⑧ 其相应的节气据《礼记·月令》记：十一月“仲冬之月，律中黄钟”；十二月“季冬之月，律中大吕”；元月“孟春之月，律中大簇”；二月“仲春之月，律中夹钟”；三月“季春之月，律中姑洗”；四月“孟夏之月，律中中吕”；五月“仲夏之月，律中蕤宾”；六月“季夏之月，律中林钟”；七月“孟秋之月，律中夷则”；八月“仲秋之月，律中南吕”；九月“季秋之月，律中无射”；十月“孟冬之月，律中应钟”⑨。所谓“律中黄钟”，即以黄钟之音为正，以此类推，每一个节气都有自己的“音律”。传说十二律为黄帝所定，这种音律反映了自然界阴阳节气的变化规律。这种规律是不可抗拒的，永恒的。简单地说，律在古人的眼中就是万物所由出的根本的自然法则。《尚书·尧典》中有“同律、度、量、衡。”“度”是计算长短的标准，“量”是计算体积的标准，“衡”是计算轻重的标准。“律”则是反映阴阳节气变化的“正音”。由于律具有自然规律的意义，所以在崇尚自然、认为天人合一的中国古人心目中，它的地位就格外重要。司马迁这样解释了人类法度与律之间的关系：“王者制事立法，物度轨则，一禀于六律，六

④ 参见谭维四：《江陵雨台山 21 号楚墓律管浅论》，载《文物》，1988（5）。

⑤ 参见《尔雅·释器》、《史记·律书》、《汉书·律历志》、《康熙字典》等。

⑥ （汉）刘熙：《释名》。

⑦ 《汉书·律历志》。

⑧ 据《汉书·律历志》。《礼记·月令》记：“太族”为“大簇”、《史记·律书》为“太蔟”；“姑洗”为“如洗”；“亡射”为“无射”。

⑨ 《史记·律书》、《汉书·律历志》同。

律为万事根本焉。"⑩ 律反映的自然变化的法则当然也包括了人间的法则，或人间的法则原本就是“王者”效法自然的产物。

音律究竟起源及完善于何时，已无从考证。但从人类社会发展的一般规律来看，这种与自然节气变化密切相关的声音之“法度”应与人类文明相伴而来。因为生活于文明伊始的人类对自然界的变化虽极为敏感，但反映自然、宣泄情感的手段却极为有限。声音、歌舞、简单的音乐可以说就是他们表现自然、宣泄情感的主要手段。柳诒徵在汇集分析了传说资料后总结道：“至黄帝时，诸圣勃兴，而宫室、衣裳、舟车、弓矢、文书、图画、律历、算术始并作焉。”⑪ 如果将黄帝作为部落时代的代名词来看，这些传说及柳诒徵的总结是可信的。所以音律的起源应是十分古老的，它古老到我们已无确切的资料来探究它的源头。这种古老的“律”传至汉代就已经有模糊不清的地方了。《晋书·律历志》记：“汉室初兴，丞相张苍首言音律，未能审备。”

“律”作为法律、法令的意义出现，最晚不会迟于商。甲骨文中有“师惟律用”⑫。其与《易》经中的“师出以律”相印证。此处的“律”释为“法”、“法制”⑬，自古无疑义。⑭ 但应该指出的是此时此刻“法”意义上的“律”与“音”意义上的“律”是息息相通的，“法律”甚至就是音律的演化形式。两者关系的形成如下：

古代的战争主要靠“声”“音”划一行动，指挥兵士，所谓“鸣金收兵”、“击鼓奋进”，《史记·律书》记：“武王伐纣，吹律听声，推孟春以致于冬季，杀气相并，而音尚宫。同声相从，物之自然，何足怪哉?”《史记》正义引《兵书》言：“夫战，太师吹律，合商则战胜，军事张疆；角则军忧多变，失士心；宫则军和，主卒同心；徵则将急数怒，军士劳；羽则兵弱少威焉。”商、角、宫、徵、羽是古人总结出的“五声”。在此，音律不仅反映了自然变化的规律，而且可以指挥兵卒、预测战争的成败。在战争中，律被赋予了法令的意义。司马迁的《律书》简洁地归纳和论证了“律”所具有的音律、军律、法律的内容和关系：“王者制事立法，物度轨则，一禀于六律，六律为万事根本焉。其于兵械尤所重，故云

---

⑩ 《史记·律书》，此处司马迁所说的“六律”指宣泄阳气的六种声音。故“索引”释为：“律有十二。阳六为律：黄钟、太蔟、姑洗、蕤宾、夷则、无射。阴六为吕：大吕、夹钟、中吕、林钟、南吕、应钟是也。”

⑪ 柳诒徵：《中国文化史》，上册，14页，中国大百科全书出版社，1988。

⑫ 徐进雄编著：《怀特氏等收藏甲骨文集》，1581页，加拿大皇家博物馆，1979；考古研究所：《小屯南地甲骨》，119页，中华书局，1980。

⑬ 《周易正义》卷二：“初六，师出以律。否臧凶。”王弼注：“为师之始，齐师者也。齐众以律，失律则散，故师出以律，律不可失。失律以臧，何异于于否。失令有功，法所不赦。故师出不以律，臧否皆凶。”孔颖达疏：“师出以律者，律，法也。初六，为师之始，是整齐师众者也。既齐整师众，使师出之时当须有其法制整齐之。故云师出以律也。否臧凶者，若其失律行师，无论否之与臧，皆为凶也。否谓破败，臧为有功。”

⑭ 参见《易学精华》，齐鲁书社，1990年。此书汇编了唐、宋、元、明、清治《易》成就颇为卓著的学者的著作。如：唐李鼎祚的《周易集解》；宋张载的《横渠易记》、程颐的《伊川易传》、朱震的《汉上易传》、朱熹的《原本周易本义》、朱元升的《三易备选》；元吴澄的《易纂言》、《易纂言外翼》、黄泽的《易学滥觞》；明来知德的《周易集注》；清毛奇龄的《仲氏易》、惠栋的《周易述》、张惠言的《周易虞氏易》、《周易虞氏易消息》、焦循的《易通释》。以上学者在其著作中皆将“师出以律”之“律”释为法律意义上的律。

'望敌知吉凶，闻声效胜负'，百王不易之道也。"这段话简洁地说明了法律意义上的"律"肇始于战争中的军律，而军律来源于音律。这与古人反复强调的"刑起于兵"可以说是殊途同归。

在明确了律的演化和内容后，我们还应该对法律意义上的"法"与法律意义上的"律"作一考察和区别。首先应该注意的是在一般情况下，法与律是相通的，都表示必须遵守的规范和秩序。不仅如此，其他如典、彝、则、宪、刑等也都与法、律有相通之处。《尔雅·释诂》："典、彝、法、则、范、矩、庸、恒、律、矩、戛、职、秩，常也；柯、宪、刑、范、辟、律、矩、则，法也。"其中刑、法、宪、典、律、辟等在夏、商、西周及春秋时不同的诸侯国中分别作过法律的名称。[15] 秦之后，律虽然在一定程度上取代了法律的其他名称，成为王朝统一颁行的稳定的法典的专用字[16]，但在日常生活中人们往往仍是法、律通用。违法通常就是指违反了律条。其次，法在古代有广义狭义之分，广义的法可以指一切制度，甚至风俗习惯，战国法家之"法"即指制度而言。而古人常常"礼法"并用，此处的"法"指礼的纲纪和习俗。而狭义的法专指律典。俗语"王子犯法与庶民同罪"，此处的"法"即为"律"义，主要指刑法而言。应该说狭义的法观念直到现在对中国社会也具有深远的影响。"在相当长的一段时间里，当人们说'法律'的时候，他们在很大程度指的是刑法。'某人犯了法'的意思基本上等同于'某人犯了罪'。"[17] 正因为"法"有广义、狭义之分，也正因为中文表述的复杂性，所以学界才产生了中国古代的法究竟是否"以刑为主"的争论。从某种意义上讲，两者都有一定的道理，认为中国古代法律"以刑为主"是从狭义的"法"的角度论述的，而认为中国古代法不单指"刑"，是从"法"的广义上论述的。

从字意释"法"与"律"，其区别有这样几点：首先，从字意的起源上说，"法"含有"平之如水"、"去不直"的观念。同时还可以悟出神判至上的古老含义。而律则更注重制度、规则。注重统一人们的言行。《说文》释律"均布也"。段玉裁注曰："易曰'师出以律'。尚书正曰'同律度量衡。'尔雅坎：'律，铨也。'律者，所以范天下不一而归于一，故曰均布也。"也可以这样说，法注重的是裁判及裁判的效果，而律最初表现的是周而复始的规律，在法律的意义上其更注重制度的划一与稳定。法给人一种"动"的感觉，而律给人一种"静"的感觉。其次，法所涵盖的内容广泛，除律外，一切规章制度都可以用"法"来表示，如令、科、格、式、比、故事、例等。从制度上说，法的层次更为丰富一些，朝廷颁行的统一的规则可以称法，地方、衙门、甚至家族制定的规则也可以称法。而法律意义上的"律"自秦以来专指"律典"。律典虽然不是法的全部，但却是法的最高层次，只有

---

⑮ 据《左传·昭公六年》记夏有《禹刑》、商有《汤刑》、周有《九刑》。据《左传·定公九年》和《韩非子·外储说右上》记春秋时晋有"被庐之法"、楚有"茆门之法"。据《战国策·楚策》记楚昭王时有"鸡次之典"。据《战国策·魏策》记魏国在李悝纂《法经》前有"宪"。《韩非子·饰邪》记魏有《立辟》、赵有《国律》、燕有《奉法》。

⑯ 律作为法律形式的演变参见拙作《礼与法》，第十五章，经济管理出版社，1997。

⑰ 信春鹰：《中国的法律制度及其改革》，2页，法律出版社，1999。

朝廷才有权制定颁行，其具有唯一性和权威性。这种权威性与唯一性随着社会的发展越来越严格，秦汉时尚律外有律，如汉《九章律》外，有《越宫律》、《朝律》。[18] 经魏晋改革后，律典制定和颁行的程序更为严密，任何机构和个人都无权添加改动，只有在皇帝下诏，亲自主持或委任大臣主持的情况下，律才可以修订。因此，无论律在具体司法实践的过程中作用如何，在名义上只有律才可以称为国家的大法。再次，由于律所指的范围比较狭小，所以其往往只出现于案件的讨论和书面语言中。在人们的日常用语中使用“法”的频率要远远高于“律”。

在此需要更正的是许多学者将“法律”一词说成是近代的舶来品。认为古代“法”、“律”二字不连用。事实并非如此。法律作为一个专名词在古籍中并不罕见。《史记·李斯传》中就有“（秦）二世然（赵）高之言，乃更为法律。”汉之后在人物传记中尤其是律学家的传记中“法律”一词经常出现。[19] 如《后汉书·张敏传》记张敏上书言“孔子垂经典，皋陶造法律。”《三国志·陈矫传》记陈矫之子“不读法律而得廷尉之称。”当然，古人的“法律”与近代以来我们接受了西方法文化后所说的“法律”无论是体系还是内容都有很大的不同，近代中国及一些在中国的外国法学家对西方“法”（law）的翻译，先普遍译之为“律”，后又普遍译之为“法”，严复认为西文之“法”与中文有“礼”、“理”、“法”、“制”之异译[20]，其反映了中西法观念艰难的磨合过程，关于这一问题笔者有另文论述。[21] 在此，笔者欲强调的是，中西法的相通之处，因为不同类型的文化，其优秀成分都是相通的，或有相通之处，否则就无法互相沟通、吸纳。

从“法”、“律”的字意及起源发展的过程中，我们可以体会到古人对“法”的定位，传统文化中的“法”主要指规则条文，而其价值层面的认定和论述在“法”的范畴，尤其是秦汉之后中几乎阙如，只是在初起的“法”字中可以看到一些对依赖于神意的公平（“平之如水”）的向往。当神意淡化后，法的价值、法的灵魂何在？这便是我们下面所要叙述到的“礼”。

二、礼的起源、礼制（仪）、礼义、礼教：法的价值取向与追求

法的制度完善而思想匮乏是学界对传统法文化的普遍看法，而这一认识恰恰是对传统

---

[18] 《汉书·刑法志》记：汉武帝时“招进张汤、赵禹之属，条定法令……律令凡三百五十九章，大辟四百九条，千八百八十二事，死罪决事比万三千四百七十二事。”《晋书·刑法志》记：“汉承秦制，萧何定律……合为九篇。叔孙通益律所不及，傍章十八篇，张汤《越宫律》二十七篇，赵禹《朝律》六篇，合六十篇。”由此可以看出汉时“律”可以是稳定的“典”，也可以是单行的法规和补律典之不足的追加法。关于汉律的体系可以参见程树德：《九朝律考·汉律考》。

[19] 参见张鹏一：《两汉律学考》所列律学家传记，日本东京大学东洋文化研究所藏。

[20] 参见王健编：《西法东渐——外国人与中国法的近代变革》，中国政法大学出版社，2001；《严译名著丛刊·孟德斯鸠法意》上册，2～3、7页，商务印书馆，1981。

[21] 参见拙文：《中国传统法在法的现代化进程中的几个问题的研究》，《法制与社会发展》，2003（2）。

法文化的误解。

中国传统文化以整体的和谐（或圆通）为最大特征。而这样的和谐若用我们现代的“规则”标准评判，恰恰是有缺陷的。因为圆通，整个社会就是一个体系，法律也好，宗教也好，科技也好，艺术也好，都是这个体系中的一个有机组成部分，若将它们一一剥离出来，用今人的眼光将它们作为一个个单独的体系去考察，它们都带有“缺陷”，但若将它们放到整个传统文化背景中去考察，就会发现这些“缺陷”又是那么恰如其分，正是这些带有缺陷的各个“部分”组合成了一个和谐有机的整体。在传统社会中，这些“缺陷”都是合理的，因为这是整体和谐所必须付出的合理的代价。而“礼”正是这和谐文化的核心。无论人们对“礼”持有何种见解和评价，“礼是传统文化的核心”已是学界公认的不争的事实。古人以“中国有礼义之大”[22]而自豪，今人以为礼是传统文化的根本。[23]外国学者更是被中国的礼所深深吸引，见仁见智，评说不一；只要论及传统的中国，他们就会谈到中国的“礼”[24]。

因此在中国古代社会中，礼与法的结合是不言而喻的事情。从法的意义上说，礼从习惯逐渐演变为习惯法，在法典时代到来时，礼的制度有些被淘汰、有些继续存在、也有些演变为社会制度。但礼所体现的精神自汉以后一直是法的价值取向，传统法的组成可以说就是礼与法（古代意义上的法）的组成。所以礼不但是中国古代法的渊源，更重要的是，它是古代法的精神和价值的体现，是法的灵魂所在。若将礼与法结合起来研究，就不会得出诸如“古代法的制度发达而思想匮乏”或“传统法文化只将法作为工具而忽视其价值”这样的偏颇之论。[25]

六十年前杨鸿烈作《中国法律思想史》时，卓有见树地指出：研究各国的法制史“应该先寻觅到几个总枢纽，然后才能触类旁通，左右逢源，这所谓总枢纽即是贯通一个法系的根本思想。我中国自前清鸦片战争，英法联军两役以后，欧美帝国主义领事裁判权确立，

㉒ 参见《左传》、《战国策》、《礼记》等史籍及后人的注疏，可以看出古人认为区分文明与野蛮民族的标志主要是看其有“礼”与否。

㉓ 这一点从近代以来人们对传统文化的反思和批判集中于“礼”及“礼教”方面可以看出。此外最近出版的一些学术著作亦对“礼”为传统文化之根本有所论证。参见邹昌林《中国礼文化》，社会科学文献出版社，2000。

㉔ 参见［法］伏尔泰：《风俗论》（商务印书馆，1997）、［法］孟德斯鸠：《论法的精神》（商务印书馆，1987）、［德］黑格尔：《历史哲学》（商务印书馆，1963）、［法］弗朗斯瓦·魁奈：《中华帝国的专制制度》（商务印书馆，1992）等名著中有关中国的论述。

㉕ 改革开放初期到九十年代，学界许多人认为中国古代是一个“专制无法”的社会，“人大于法”、“权大于法”、“言大于法”。这些观点给社会以广泛的影响。笔者曾撰写文章《试论中国封建社会的法律形式》［《中国法学》，1991（2）］、《中国封建社会两类法律形式的消长及影响》［《法学研究》，1993（5）］、《中国古代的“人治”与“法治”之争》［与武树臣老师合作，《文史知识》，1991（11）］等对上述观点进行了辨正，认为中国古代是一个“法制严密”的社会。但由于当时的学识所限，提出了古代社会法的特征是“法制完备但法律意识淡漠”、“法制发达但法的思想枯萎”的观点。今天看来，这些观点并不妥当。其是脱离了古代社会文化背景而孤立地研究“法”的原因所致。

中国大部分的法典从光绪末年起也都模仿大陆法系的形式和内容，但在人民方面除通都大邑的人民和知识阶级稍微能够了解而外，一般林林总总的民众仍抱持几千年来所沿袭的中国旧有的法律思想，所以要想彻底了解所谓世界五大法系之一的中国法系的内容，最先的急务即在要懂得贯通整个‘中华法系’的思想”[26]。而贯通整个中华法系的思想也可以用博大精深的“礼”来概括。

我们从礼的起源和发展中，可以了解到古人对法律作用与价值的认识、了解到传统法的价值取向，但若要全面地论述礼的起源与发展则非笔者功力所能及。故而，本文只从法的角度对有关“礼”的几个概念进行阐述。[27]

1. 礼的起源

礼源于原始社会后期的祭祀活动，《说文》释礼“履也，所以事神致福也”。部落时期对祭祀的隆重，从考古发现的距今五、六千年的红山文化与良渚文化的祭祀台可以得到印证。[28]《礼记·礼运》记，孔子为了研究礼，亲自到夏人生活的集居地杞国，又到商人的集居地宋国进行考察。得到了《夏历》和《坤乾》。从这两部书来看，孔子说最初的礼是从人们将饮食献给神灵和怀念死去的亲人开始的：“夫礼之初，始诸饮食，其燔黍捭豚，污尊而杯饮，蒉桴而土鼓，犹若可以致其敬于鬼神。及其死也，升屋而号，告曰：皋，某复。然后饭腥而苴孰。故天望而地藏也，体魄则降，知气在上，故死者北首，生者南向，皆从其初。”[29] 从文献记载来看，夏、商、西周时代十分重视祭祀，《礼记·祭统》中有言：“凡治人之道，莫急于礼；礼有五经，莫重于祭。”就是因为祭祀是礼之发端。以祭祀为中心内容的礼在甲骨文中也有充分的反映。[30]

所以可以这样认为，礼是由部落氏族社会向国家转折时期的产物。由于礼是祭祀的产物，所以它在人们的心目中具有神圣性和权威性。又由于礼产生于部落氏族的后期，所以

---

[26] 杨鸿烈：《中国法律思想史》，6～7 页，商务印书馆，1936。

[27] 最近出版了许多关于“礼”的论著，笔者见到的有从制度方面的研究，如陈戍国：《先秦礼制研究》、《秦汉礼制研究》（湖南教育出版社，1991 年、1993 年）；杨志刚：《中国礼仪制度研究》（华东师范大学出版社，2000）。丁凌华：《中国丧服制度史》（上海人民出版社，2000）。有从文化方面的研究，如杨华：《先秦礼乐文化》（湖北教育出版社，1997）；邹昌林：《中国礼文化》（社会科学文献出版社，2000）。从法律角度研究的专著有马小红：《礼与法》（经济管理出版社，1997）；张仁善：《礼·法·社会——清代法律转型与社会变迁》（天津古籍出版社，2001）；于语和：《礼治与法治》（香港天马图书有限公司，2002）等。

[28] 关于红山文化所反映的原始祭祀状况，可参见郭大顺：《牛河梁红山文化遗址的新发现与新认识》，载（香港）《故宫文物》187 期；《红山女神问世记——辽河文明巡礼三》，载（香港）《故宫文物》162 期。关于良渚文化所反映的原始祭祀状况，可参见浙江省文物考古研究所：《余杭瑶山良渚文化祭坛遗址发掘简报》，载《文物》，1988（1）。张明华：《良渚文化六十周年纪念》，载（台湾）《中国文物世界》133 期。

[29] 译文可参见王梦鸥：《礼记今注今译》，天津古籍出版社，1987。

[30] 王国维：《观堂集林·卷六·释礼》对甲骨文卜辞中出现的“ ”字进行了考证，其总结道：“盛玉以奉神人之器谓之‘ ’，若‘ ’推之而为奉神人之酒醴亦谓之‘醴’，又推之而奉神人之事通谓之‘礼’。其初，当皆用‘ ’若‘ ’二字，其分化为醴礼二字盖稍后矣。”又，参见李力：《出土文物与先秦法制》，15～16 页，大象出版社，1997。

其必然带有血缘社会的烙印。

2. 礼制（礼仪）

礼起源于祭祀，祭祀必有其程序和仪式——这就产生了礼的最初规范，或可称为礼制、礼仪。这些规范一般来说是容易而且被严格遵守的，因为它凝聚了同一氏族人的崇敬和信仰。如礼与否关，系到上天和祖先的喜怒，关系到是否能得到神灵的庇护，关系到生者的幸福和氏族的兴衰。从孔子对夏禹“致孝乎鬼神”的赞美和商人的甲骨卜辞中也可以印证人类伊始对天意的敬畏与遵从。

由于产生于祭祀，礼的最大特点就是“敬”，释礼之义的《礼记》开篇则言“毋不敬”。但祭祀的程序与规范并不是礼的唯一规范，礼自产生后，内容随着社会的发展而不断扩大。人们长期生活中自然而然形成的风俗习惯成为礼制的渊源，这就是《礼记·曲礼》所说的“君子行礼，不求变俗”的含义。《汉书·礼乐志》根据礼制的内容，将礼作了分类：“人性有男女之情，妒忌之别，为制婚姻之礼；有交接长幼之序，为制乡饮之礼；有哀思思远之志，为制哀祭之礼；有拳拳敬上之心，为制朝觐之礼。”可见，礼的作用主要是节制人情。礼制的内容十分繁杂，流传至今的儒家经典《仪礼》、《周礼》是总结三代的礼制而成，其成书的时间历来是学界聚讼的热点话题，根据今人的研究，一般认为《仪礼》成书于战国之时，略早于《礼记》。而《周礼》作于战国的晚期。[31] 无论《周礼》、《仪礼》作于何时，有一点是可以肯定的，即自成书之时起，《周礼》、《仪礼》对中国古代制度的影响就从未停止过。它们既是以往历史制度的总结，也是未来理想制度模式——当然也包括法制模式的规划。汉代之后，国家机构，尤其是在行政方面确实逐步按照《周礼》描绘的天（吏）、地（户）、春（礼）、夏（兵）、秋（刑）、冬（工）六官的模式组成。《仪礼》十七篇则主要记述冠、婚、丧、祭、射、乡、朝、聘等仪式、规程，甚至连不同等级与身份的人参加这些仪式所应具有的心情和表情也作了详细的规定。尽管《仪礼》中的一些制度由于过分烦琐而被逐渐搁置，但《仪礼》所反映的精神却在《礼记》中得到解释和阐发，成为中国古代社会人们的追求和信仰、成为人们生活的准则、成为国家设法立制的方针和原则。

从法律的角度说，礼制在氏族社会后期及夏、商、西周时期已经具有习惯法的性质。梅因对习惯法的定义是：“法律寡头政治现在所主张的是要垄断法律知识，要对决定争论所依据的各项原则有独占的权利，我们在事实上已到了‘习惯法’时代。”[32] 从《尚书·吕刑》记载的颛顼“绝地天通”、《左传》记晋国贵族叔向言“先王议事以制”[33] 来看，传说中的颛顼已经垄断了祭祀权力——从而也就垄断了立法与解释法律的权力。而叔向所说的“先王”们所掌握的“议事”之权，实际上也说明贵族已经垄断了“法”[34]。这种被王与贵族所垄断的、

---

[31] 参见钱玄：《三礼通论》。南京师范大学出版社，1996。

[32] ［英］梅因：《古代法》（中译本），7页，商务印书馆，1984。

[33] 《左传·昭公六年》。

[34] 关于部落风俗习惯演变为礼的过程以及礼制与部落习俗的异同参见武树臣、马小红：《传说时代的国家与法律》，载李光灿、张国华主编：《中国法律思想通史》，19～26页，山西人民出版社，1994。

通过“神意”而产生的节制人情、渗透于社会各个领域中的礼制就是梅因所言的习惯法。夏、商、西周之后，在保留习惯法性质的同时，礼制的许多内容转化为成文法中的条款。

具有习惯法性质的礼制与风俗习惯有着明显的区别：风俗习惯产生与人们生活的环境息息相关，所谓“十里不同风”。礼制虽与风俗习惯有着密切的联系，但是其发源于人们对天地鬼神的敬畏之心。因此礼制较风俗习惯更具有权威性和神秘性。如果说风俗习惯只依靠人们的“知耻之心”就足以维持，而礼制在依靠人们的羞耻之心的同时，更要依靠“神”的权威和人们的“敬畏之心”而维持。除国家制定颁行的律外，中国传统法中关于诉讼、婚姻、家庭、宗族、继承、身份等方面的制度都可以在礼制中找到相应的规定。

3. 礼义

礼义是礼制（礼仪）的精神体现。春秋战国成文法盛行并成为定制以后，礼义也是法制精神之所在。用通俗的话来说，礼制与法制是一些具体的条文规范，它规定人们应该怎样做，不应该怎样做。而礼义则是解释这些条文规范设立的目的及礼制与法制为什么会有如此的规定。

阐述礼义的经典著作是儒家的经典《礼记》。根据《史记》、《汉书》的记载，《礼记》为孔氏门生所记。[35] 经今人考证，《礼记》“除可以确定为西周文字及秦汉人所作之外，多数篇目大致撰于战国时期”[36]。其与成书时代略早的《仪礼》是姊妹篇。按宋代大儒朱熹的解释，《仪礼》与《礼记》的关系是：“《仪礼》皆载其事，《礼记》只发明其理。”[37] 即《仪礼》是记载礼的制度的书，而《礼记》是阐发礼制原理的书。由于《礼记》主要阐发“礼之义”，所以当《仪礼》中所记的繁文缛节经时变世移与现实社会日益疏远、为后人不解或难解时，《礼记》的地位就越来越重要。

如前所述，礼是血缘社会中敬畏天地鬼神的产物，礼的特征是强调冥冥之中的神力和血缘的亲情。所以礼义竭力提倡的是天地人的相通，是缘于人情的伦理道德。《礼记・丧服四制》谈礼的缘起时说：“凡礼之大体，体天地、法四时、则阴阳、顺人情，故谓之礼。訾之者，是不知礼之所由生也。夫礼，吉凶异道，不得相干，取之阴阳也。丧有四制，变而从宜，取之四时也。有恩有理，有节有权，取之人情也。恩者仁也，理者义也，节者礼也，权者知也。仁义礼知，人道具矣。”礼在沟通人与天地的和谐关系的同时，将伦理道德作为“人道”的基础，并强调实践这些伦理道德是人类社会以及每一个人人生的最终目的。这也是孔子强调“不学礼，无以立”、“不知礼，无以立也”[38] 的原因。鉴于此，《礼记》中多次提到一些礼的制度、仪式是可以随时代的改变而修正的，但礼的精神即体现人伦道德的“亲亲”（简言之即孝敬父母）、尊尊（简言之即尊敬身份高于自己的人）的“礼义”则是不可改变的永恒的原则。比如《礼记・大传》解释“制”、“义”与时代的关系是：“立权度

---

[35] 《史记・孔子世家》记：“书传，《礼记》自孔氏。”《汉书・艺文志》：“《礼记》，七十子后学所记也。”

[36] 钱玄：《三礼通论》，48 页，南京师范大学出版社，1996。

[37] 《朱子语类・八七》。

[38] 《论语・季氏》、《论语・尧曰》。

量，考文章，改正朔，易服色，殊徽号，易器械，别衣服——此其所得与民变革者也。其不可变革者则有矣：亲亲也，尊尊也，长长也，男女有别——此其不可得与民变革者也。”“制”是达到目的的方法，可以因时变通；“义”是人类社会永恒的目标，这个目标与永恒不变的自然规律相通，与与生俱来的人情相合，所以是永恒存在的。《礼记·礼运》对礼义的概括是：“故礼义也者，人之大端也，所以讲信修睦而固人之肌肤之会，筋骸之束也。所以养生送死事鬼神之大端也。所以达天道人情之大宝也。”因此，衡量制度价值，包括法制价值的标准是“礼义”。夏、商、西周的礼制因最大限度地体现了礼之义，所以为后世所向往；战国至秦兴起的法治，严重地背离的礼之义，因此为后世所讳言；汉之后对礼义的宣扬目的就在于将一切制度，包括社会风俗习惯、法、律都纳入到体现礼义的范畴中。总之，在古人的观念中，法必须体现礼义所倡导的精神，失去了礼义，法就失去了价值，违背了礼义，法就成为不祥之物。

在此需要辨正的一个较为普遍的学术观点是，一些学者认为中国古代社会法律与法学没有独立的地位，只是被狭隘地理解为治国的工具。这是以西方近代法为标尺所得出的结论，也是我们近代以来对西方法的翻译解释失之于狭隘所造成的误解。严复早在翻译孟德斯鸠《法意》(《论法的精神》)时，察觉到中西方“法”字的不同，西方“法”字字义十分宽泛，与中文相比有所不同：“盖在中文，物有是非谓之理，国有禁令谓之法，而西文通谓之法……西文‘法’字于中文有理、礼、法、制四者之异译。”严复还认为，西文的“法”融“人意”(法之价值观)与“理法”(所禁所许之制度)为一体是“理想为文字所累。”而中文用“理”、“礼”、“法”、“制”区分“人意”与“理法”的不同“较西文有一节之长”[39]。在谈到西方民法时，严复又言西方法有“公”、“私”之分，而中国有“礼”、“刑”之分，“西人所谓法者，实兼中国之礼典。”“故如吾国《周礼》、《通典》及《大清会典》、《皇朝通典》诸书，正西人所谓劳士（laws——笔者加注）。若但取秋官所有律例当之，不相侔矣。”[40] 尽管严复将《周礼》等书亦纳入“劳士”这一说法有待商榷，但认为西文的“法”，包含了法的价值、法的制度以及公法和私法的分类，其与中文相应者应有理（礼义）、礼法（国家制度、社会制度、家族制度）、法律（狭义之法）这一结论无疑是卓有见识的。如果不是将礼与法对立割裂，而是将礼与法作为一个有机的整体来理解中国传统法，我们就可以对中西法进行更为全面和科学的比较，而不是局限于只用中国传统法之一端——刑律与西方法进行比较，这样也许可以避免一些偏颇之论。

4. 礼教

《辞源》释“礼教”为“礼仪教化”。实际上，礼教不只局限于教导人们礼仪，礼教更

[39] 《严译名著丛刊·孟德斯鸠法意》，2～3页：“盖在中文，物有是非谓之理，国有禁令谓之法，而西文通谓之法，故人意遂若理法同物，而人事本无所谓是非，专以法之所许所禁为是非者，此理想之累于文字者也。中国理想之累于文字者最多，独此则较西方有一节之长。西文‘法’字，于中文有理、礼、法、制之异译，学者审之。”

[40] 《严译名著丛刊·孟德斯鸠法意》，7页。

重要的是通过国家、社会、宗族、家庭等各种教育手段，以礼义来统一人们的思想、指导人们的言行。自孔子主张“有教无类”㊶，又广收弟子三千，学在官府的传统被打破，重教蔚然成风，成为中华民族的优良传统。由于重教，自汉始，师的地位竟可以与天地君亲并列。

礼教的主要内容是人伦道德，《孟子·滕文公》言：“教以人伦——父子有亲，君臣有义，夫妇有别，长幼有序，朋友有信。”孟子“教以人伦”的主张自汉武帝时起，就被作为治国的根本，一直绵延至清代。这些人伦道德正是古代法的精神价值之所在。所以，中国古代的立法与司法都十分强调法制与礼义（即人伦道德）的统一。《礼记·王制》有这样的论证：“凡制五刑，必即天伦，邮罚丽于事。凡听五刑之讼，必原父子之亲，立君臣之义以权之。意论轻重之序，慎测浅深之量以别之。悉其聪明，致其忠爱以尽之。”

在中国古代社会，礼教所提倡的价值观浸透社会的每一个角落，也浸透法的规范之中。传统法中的礼义与法制的关系颇有些类似西方法的正义精神与法的规则之间的关系。礼义是人们心目中的“大法”，法制只是实施这个大法的一个渠道，而教化——包括国家的正规教育、民间的教育，更重要的是潜移默化的社会环境的熏陶、社会舆论的诱导等等，则是实施礼义更重要的渠道。因为礼教的约束对象是全社会，帝王将相亦在其中，所以它的威力较具体的法制、律典更为强大。㊷

三、中国传统法结构：礼与法的完美结合

“法”字在漫长的历史发展中，意义并非一成不变。如前所述，初起时的“法”字具有浓厚的神判色彩，而秦汉以来的“法”字更注重的是规则的含义。近代以来，尽管严复等强调西文法字与中文应有理、礼、法、制之义，并认为西文将法的价值观与法的制度统称为“法”，不如中文礼、法之分明晰，是“理想累于文字”之例。但不管严复等如何评价中西文“法”字的短长，在以国力强弱论英雄的时代，中文的“法”字在社会的变革中、在学理的解释上都越来越趋同于西文的“法”——其不仅包含了法的制度，也包含了法的精神与价值（即古人的“礼”字）。当我们用今天已经大大拓展了内涵的“法”字，去机械的对照古人所说的“法”时，常常会武断地认为古人对法缺少价值层面上的认识。如果用发展的观点去研究，我们就会将“礼”纳入我们的视野，就会得出中国传统法的结构是礼与法的完美结合这一显而易见的结论。当然礼与法的结合同样也不是一成不变的，其发展大致经历了三个时期。即夏、商、西周的“礼治”时代，此时法仅作为礼治体系的一个组成部分而存在。春秋战国至秦的“法治”时期，此为礼治衰败而法治兴起、重制度而轻道德

㊶ 《论语·卫灵公》。

㊷ 关于礼教的作用参见拙作《礼与法》，60～68页，经济管理出版社，1997。

的时代。汉中期以后的礼法结合时期，此为以法为制，以礼为灵魂的时期。[43]

1. 夏、商、西周“礼治”体系

夏、商、西周是“礼治”的全盛时代。后世所言的“法”（或“律”、“刑”）在三代则仅为礼治的一个有机组成部分。从内容及实施方法上划分，夏、商、西周，尤其是西周的“礼”可以分为两部分。第一，“礼义”。即礼的宗旨、精神之所在。其以人情为基础，以道德为核心。礼义的实施途径主要是教化。第二，“礼仪”或“礼制”。即礼的条文、外在规范。其中也包括了法的内容。在古代典籍中“礼法”也常常连用，其意多指礼的制度。礼制所包括的内容十分广泛，其中也包括法的制度，主要依靠刑罚保障实施，即“出礼入刑”。

礼义与礼仪、教化与刑罚在“礼治”体系中显然是前者，即礼义与教化占据主导地位。《尚书·吕刑》言刑必言德，如：“惟敬五刑，以成三德。”“朕敬于刑，有德惟刑。”在《尚书·康诰》、《酒诰》、《召诰》等诸篇中，也皆体现出了敬礼、敬德的思想及刑罚目的在于辅助道德的实现。王国维总结道“周之制度典礼乃道德之器械。”“周制刑之意，亦本于德治礼治之大经。”[44] 程树德亦认为：“三代皆以礼治，孔子所谓殷因于夏礼，周因于殷礼，是也。《周礼》一书，先儒虽未有定说，而先王遗意，大略可现。其时八议八成之法，三宥三赦之制，胥纳之于礼之中，初未有礼与律之分也。”[45]

三代的法在“礼治”体系中虽然不占据主导地位，但其与道德、制度、习俗皆有着密切的关系，“礼治”赋予三代法兼容并蓄的功能与博大精深的内容。三代礼治体系可以用表格做一简单地归纳，如下：

	体系构成	内　　容	实施方式	作　　用	目　　的
礼治	礼义	亲亲、尊尊等礼的宗旨	教化（或礼教）	注重意识形态的控制	正其心
	礼仪	习俗、制度（包括法）等礼的规范	刑罚	注重制度完善	正其行

从以上的表格中可以看出，法与刑在礼治最盛时期都是礼的附属物。礼治体系最大限度地发挥了教化的作用，而法与刑的锋芒却被深藏，在不失威严的情况下副作用也得到有效的控制。被置于突出地位的礼义、礼教可以缓和社会矛盾。重礼义、重教化自三代起便形成了传统。与西方有别的是，中国传统社会最大特征是“教”而不是“法”，是“礼治”而不是“法治”。中国“礼仪之邦”的美称也许正缘此而起。

2. 春秋至秦的“法治”时代

春秋战国至秦是礼治崩溃，法治迅速确立并发展的时代。在这历史性的转折时期，思

---

[43] 因为篇幅所限，只作简单叙述，详论参见拙作《中国法在法的现代化进程中的几个问题的研究》。

[44] 《王国维遗书·观堂集林》卷十《殷周制度论》，上海古籍书店，1983。

[45] 《九朝律考·汉律考》，中华书局，1963。

想家提出了各种各样的改良之策。其中儒、法两家的影响最为深远。

儒家提出了中庸之策，儒家认为在社会变革中，应维护传统中孕育的永恒之精神，革除传统之弊病。“过犹不及”[46] 是孔子对世人的告诫。儒家对传统的“礼治”基本持肯定态度，他们改造或改良“礼治”的设想是继承弘扬“礼义”，因时而损益“礼制”。

与儒家针锋相对的法家以“人性好利恶害”为基点，对“礼义”及儒家所倡导的道德持否定的态度。法家认为“竞于道德”，“逐于智谋”的时代已一去不复返，而在争于气力的当今之世，道德的说教显得过于迂阔，而且无济于乱世的治理。治国安民的上策莫过于以力制暴。鉴于此，法家对制度及维护制度的手段——刑罚格外感兴趣，因而主张“无书简之文，以法为教；无先王之语，以吏为师”[47]。在法家理论体系中，法在中国历史上具有空前绝后的权威与地位。为了维护国家制度的权威性，法家主张重刑重赏，并主张淡化甚至抛弃儒家提倡的有碍于法令实施的道德。

但是，无论是儒家提倡应维护、弘扬的礼之义，还是法家竭力鼓吹的法治与刑罚，都可以在三代礼治体系中找到源渊。只是在礼治体系崩溃的情况下，儒家对礼治体系中价值观念的强调与法家对礼治体系中制度，尤其是法与刑的强调，使礼与法一分为二，成为两种不同治国手段并反映出两者不同的价值观。我们可以用表格简单归纳出儒家与法家的区别。

主张 学派	强调	内容	实施方式	特点	目的	源渊
儒家	礼义	伦理道德	教化	以理服人	王道	礼治中礼义
法家	法治	制度法律	刑罚	以力服人	霸道	礼治中礼仪

春秋至秦统一，儒法两家之争，以法家的胜利而告终，这场争论对中国古代法律发展最具有意义之处在于原本附于礼治的法获得了独立的发展时机。但是，应该注意的是法家的“法”并不是我们今天意义上的“法”：第一，法家之“法”泛指制度，偏重刑罚；第二，法家的法治与君主专制相辅相成。

3. 汉中期后礼法融合时期

汉承周、秦之后，对周、秦两代历史经验与教训的总结格外用心。周王朝六百余年的礼治盛世与秦统一后十六年而亡的法治给汉人以深刻的印象。因此，汉代的政治家、思想家几乎一边倒地倾向礼治，主张恢复传统。

但是，经过春秋至秦，法的制度发展日臻成熟，其在实践中也颇具成效。不管汉人如何诋毁秦朝暴政，完全恢复礼治、抛弃秦制不仅不必要，而且不可能。法家理论的缺陷在于只追求制度的功效，而对制度，尤其是法的精神、价值极少阐述。这一理

---

[46] 《论语·先进》。

[47] 《韩非子·五蠹》。

论的缺陷，为汉儒融合礼法，复兴礼义和礼教留出了空间。在汉儒看来，法制，尤其是偏重刑罚的“律”若失却了礼的精神，就等于丢失了灵魂。汉代中期的贤良文学们认为“二尺四寸之律”，古今相同，但殷、周用之则治，秦用之则乱，原因就在于“汤、武经礼义，明好恶，以道其民，刑罪未有所加，而民自行义，殷、周所以治也。上无德教，下无法则，任刑必诛，劓鼻盈累，断足盈车，举河以西，不足以受天下之徒，终而以亡者，秦王也”㊽。三代礼治的精神在人们对传统的怀念中，在汉儒对秦法的批判中重新登上历史舞台。

汉代礼法融合主要有两条途径，一是立法以儒家提倡的伦理道德为指导，二是在司法实践中引经决狱，体现礼所提倡的精神。自汉时起，礼法融合的进程始终没有停止。儒家的精神，法家的制度构成中国传统法的主要内容。我们亦可以用表格简要归纳汉中期以后传统法的体系的构成。

	构成	内 容	融合方式	相互关系
法的体系	礼义	伦理道德	指导立法、司法	法的灵魂
	法制	律、令、科、比等法规、条例	纳礼入法	体现礼的宗旨和精神

在此，我们应该对某些观点或误解作一点纠正。有人认为汉代儒家学说成为官学，礼的恢复，是“习惯法再次获得胜利”而“成文法的思想便又失去了它的重要性”，从而造成了“中国的国家几千年来一直给我们一种同古埃及相似的僵固凝滞的印象”㊾。其实，汉代之后，法虽愈来愈充满着礼的精神，但自春秋以来至秦所建成的法的制度并未被抛弃，成文法无论是在理论上，还是在制度上都未失去它的重要性。否则，我们就难以解释唐律的出现，难以解释唐律对东南亚地区的巨大影响。另外，汉儒及统治者虽对三代礼治推崇备至，但具有习惯法性质的、繁文缛节的礼之仪毕竟已被时代抛弃，不可能全面恢复。据《汉书・礼乐志》记汉统治者几度欲制礼仪皆未能成功，因此，自汉后，人们所说的“礼”，多偏重于礼义，即礼的宗旨与精神——传统法的精神之所在。传统法正是因为有了“礼”的精神，才具有了圆通、和谐之貌，并呈现出开明的特征。

在结束本文时，简要归纳本文的两个要点如下：

1. 今天我们所说的“法”，包括制度与观念两个层面，这是近代以来，尤其是近二十余年来，中西文化交融的结果。若以已经发生了巨大变化，并还在继续发生着变化的“法”字机械僵化地解释中国古代的“法”就会产生误解。如中国古代缺乏对法的精神的探讨、缺乏对法的价值的认定等等。其实，相应今日的“法”而言，中国传统法应该包括两个方面，即礼与法。礼是法的精神和价值的体现。因此礼与法的结合并不意味着法失去了独立

㊽ 《盐铁论・诏圣》。

㊾ 参见［德］罗曼・赫尔佐克：《古代的国家——起源和统治方式》（中译本），365页，北京大学出版社，1998。

的地位。

2. 中国传统法的体系结构自有特色，这些特色于传统法的基本概念如法、律、法治、礼、礼仪、礼义、礼治中有集中的体现。中国传统法是独树一帜的法系，近代以来的一些研究对传统法特征的描述或以西方法为标准认为中国传统法“诸法合体，民刑不分”，或强行将中国传统法分为民法、刑法、经济法等加以论述，都是有失客观公正的。

胡留元

卜辞金文法制资料论考*

简介

胡留元（1936—1999），甘肃天水人，生前为西北政法学院法学教授、法制史专业硕士生导师，政府津贴享受者。长期从事中国法制史的教学与研究，主要从事先作法制史研究，以出土文物卜辞金文中法制资料印证古籍文献进行填补空白性研究。主要研究成果有：《西周法制史》（与冯卓慧合著），1988 年陕西人民出版社出版，1995 年获陕西省教委人文、社科二等奖；《长安文物与古代法制》（与冯卓慧合著），1989 年法律出版社出版，1997 年获陕西省教委人文、社科二等奖；《中国民法史》（与孔庆明、孙季平合著），1996 年吉林人民出版社出版，国家教委人文社科“八五”规划项目，获第十一届中国图书奖；《夏商西周法制史》（与冯卓慧合著），2006 年商务印书馆出版。发表论文六十余篇。论文与专著在国内外有较大反响。

---

* 原发表于《中国法制史考证·甲编第一卷》，北京，中国社会科学出版社，2003。为胡留元先生遗作原文刊发。本文系该文章之第一部分，第二部分为金文法制考辨，按编审之要求，因文章太长，故斫去第二部分。

商周法史研究的主要障碍在于史料贫乏，而商周法制史资料的主要来源却是考释颇为艰难的金石龟甲文字。因此，金石龟甲文字的整理、考辨和研究，对法史学界尤其是先秦法史学界来说显得特别重要。

卜辞中的刑种、刑具和监狱

（一）刑种

据史籍记载，自远古至商周的刑罚，主要为五刑。但是，何谓五刑？五刑中的五种刑罚究竟是哪五种刑罚？史籍记载却大不一样。《尚书·舜典》："流宥五刑。"此五刑据《史记·五帝本纪》"五刑有服"马融注，当为墨、劓、剕、宫、大辟。这是传说时代五刑的第一种说法。而据《汉书·刑法志》引《国语·鲁语》臧文仲给僖公讲五刑："大刑用甲兵，其次用斧钺，中刑用刀锯，其次用钻凿，薄刑用鞭扑"，似乎传说时代还存在着第二种五刑。夏五刑，古籍记载基本一致。《周礼·司刑》郑注："夏刑大辟、膑辟、宫辟、劓、墨。"此五刑商代沿用。到了西周，五刑名称又发生了变化。《周礼·秋官·司刑》称五刑为墨、劓、宫、刖、杀，《尚书·吕刑》则称墨、劓、剕、宫、大辟。

以上记载，至少给我们提出了四个问题亟待解决：第一，传说时代至商周的五刑，究竟是墨、劓、剕、宫、大辟，还是甲兵、斧钺、刀锯、钻凿和鞭扑？第二，剕、膑、刖，哪种称谓正确？第三，五刑的排列次序应当先重后轻还是先轻后重？第四，刖刑和宫刑究竟哪个应排在死刑之下？诸如此类的问题，只要我们加强对卜辞和金文法制资料的整理与研究，均可迎刃而解。

1. 墨刑

又称黥刑。《周礼·司刑》："墨罪五百。"郑注："墨，黥也。先刻其面，以墨窒之。"但卜辞中无墨、黥二字。墨刑又称天刑。《易·睽六三》："其人天且劓。"《释文》："天，黥也。马云：'黥凿其额曰天。'"《集解》引虞翻语也说："黥额曰天。"卜辞中有天字，写作天、天、天。罗振玉、王国维等皆据《说文》释其为天字。谓大象人形，二即上字，口象人之颠顶，人之上即人之颠顶，意为天。而卜辞天字表颠顶之义的仅有个别辞例，大都当读为大，也有释方国名和人名的。即使表颠顶之义的天字也无黥刑之义。那么，商代有无黥刑？卜辞中能否找到黥刑的痕迹？这点，郭沫若在《甲骨文字研究·释干支》一文中作过尝试。卜辞有辛字，写作䇂或辛。䇂、辛同字异音，象形字，由其形象判断，当为古之剞、劂二字。《说文》："剞劂，曲刀也。"一作剞劂。剞劂，刻镂刀也。《甘泉赋》应劭注："剞，曲刀；劂，曲凿。"同是刻镂之器，黥刑刑具。䇂，《说文》读为愆，古音在元部，此为剞之音转。剞在歌部，歌元阴阳对转，故剞可变为愆音。据此，则䇂辛之为剞劂或剞劂，对转而有愆罪之意。古时犯罪较轻者，便黥其额而奴使之。黥刑很难表现于简单的字形中，故借黥刑刑具剞、劂以表示之，此乃甲骨文中有黥刑之佐证。

其实，甲骨文中之凿字，就是黥刑的别称。《国语·鲁语》：“中刑用刀锯，其次用钻笮。”韦昭注：“笮，黥刑也。”笮，通凿，马融《长笛赋》：“刻镂钻笮。”《汉书·刑法志》笮写作凿。可见，笮即凿，是黥刑的另一称谓。

凿，卜辞写作[1]或[2]或。[3] 此字唐兰释为璞[4]，高明释为凿之古体字[5]，后说为是。卜辞凿字是一词两意的。、、，象高山之状，取颠顶之义。，辛字，即前述刻镂之器剞劂。，又，手字。后两字，动词，意为用一手或两手握剞劂，刻镂凿中之玉；而前一凿字，名词，即黥刑。整个字形，象双手持辛（剞劂）黥凿人的颠顶（额部）。左上方刀旁两点，含黥额之后所流的血迹之义。由此可见，史籍所称的墨刑、黥刑，卜辞称作凿刑。正因为如此，《易·睽六三》才把黥刑称作天刑。所谓“黥凿其额曰天”、“黥额为天”之说便由此而产生了。

如果说卜辞的凿刑即墨刑、黥刑的结论能够成立的话，那么前引《国语·鲁语》的五刑说和其他史籍载的墨、劓、刖、宫、大辟五刑说为什么差异那么大，道理便很容易说清楚了。在我国，从原始社会末期直到夏、商，都是兵刑结合，以兵为主的。兵，本指干戈、兵器，泛指军队，引申为征伐、战争、甲兵。因此，《国语·鲁语》才称甲兵为刑，叫大刑，列五刑之首，其他刑罚斧钺（斩刑）、刀锯（刖刑）、钻凿（膑刑和黥刑）和鞭扑（笞杖刑）为小刑，在其后，兵刑是不分的。兵刑不分是法制不健全的表现。甲兵——战争，只能用于征伐，当统治者取得战争胜利之后，大刑甲兵便再也无法取代巩固胜利成果的刑罚了。所以，在历史的进程中，统治者总认为需要通过他们自己硬性制定的法律，来赋予他们凭暴力得到的原始权利以某种社会稳定性。就这样，《国语·鲁语》所说的五刑，才逐步被夏、商、周法定的奴隶制五刑墨、劓、刖、宫、大辟所代替，大刑甲兵从刑罚中分离了出去，宫刑取代鞭扑，钻凿分别成为独立刑种刖刑和墨刑。

2. 劓刑

卜辞中劓字较多，写作[6]、[7]和[8]，从自从刀，当为劓的古体字。自，鼻之象形初字，一旁从刀，取以刀割鼻之意。卜辞中，劓字之刀，可在右，也可在右。劓，金文写作[9]，《说文》沿用作臬，臬：“刖鼻也，从刀，臬声。”段注：“臬，法也，形声包会意。”可见臬、劓同意，臬是劓的初字。[10] 劓，也可写作臲。臲，乃劓之异体。

---

① 王襄：《簠室殷契征文》以下简称《簠》34。

② 罗振玉：《殷虚书契前编》，以下简称《前》5.7.7。

③ 同上书，7.31.4。

④ 见唐兰：《殷虚文字记》，中华书局1981年版。

⑤ 见高明：《古文字类编》，中华书局1980年版。

⑥ 《前》4.32.8。

⑦ 刘鹗：《铁云藏龟》250.10，以下简称《铁》。

⑧ 董作宾：《殷虚文字乙编》3299，以下简称《乙》。

⑨ 见早周：《辛鼎》。

⑩ 臬，《广韵》、《集韵》同劓。

卜辞中的劓字并非金属劓刑的劓字，也有作动词用的劓，宰、杀的意思。如《铁云藏龟》二五〇·一有一条卜辞是：

丁巳卜，亘，贞劓牛𠂤。

很显然，这是一条卜问宰牛的卜辞，似为用牲法。

3. 刖刑

刖刑是一种极其残酷、野蛮而又经常、广泛使用的刑罚，但古籍对其记载相当杂乱，因此，刖刑的概念、制度，众说纷纭，莫衷一是，至今还是人们研究古代刑罚种类的一个相当棘手的问题。中国科学院考古研究所安阳发掘队于1971年在安阳后冈一座殷代长方形土坑竖穴墓M16中，发现我国首具殷代缺少一下肢骨的刖刑骨架，为研究殷代刖刑提供了线索。接着，人们从这一线索入手，对甲骨文有关刖刑记载进行系统研究，殷代刖刑的秘密才算揭开。

为了全面了解甲骨文刖刑的含义，首先须对古籍在刖刑名称记载上的杂乱现象作一简要澄清。如果对史籍所载刖刑名称作一粗略统计，就有兀、趴、踂、刖、腓、踕、剕、髌、膑、止、趾等11种之多。对于这些不同称谓，古今学者说法很多。有的说，膑和剕是两种完全不同的刑罚手段，而剕与刖则名异而实同[11]；有的说，膑，脱其髌（膝盖骨）也；剕，断其趾（脚趾）也；刖者，断其足也，膑、剕、刖三者全异。[12] 有人还对各种不同名称从处刑轻重上进行比较，诸如踂是断趾刑，髌是剔膝盖骨刑，前者穿踊尚可走路，后者则足废而不能行，故髌重于踂（刖）。[13] 其实，以上11种不同名称，都是刖刑的别称。

《庄子·德充符》："申徒嘉，兀者也。"李颐《集解》："刖足曰兀。"[14] 成玄英疏："刖一足曰兀。"可见，兀就是刖。由于兀是刖足之刑，故加足旁以示意，便成趴字了。趴，也是断足的意思[15]，是兀的通假字。[16] 而趴、踂又是刖的通假字或本源字。王念孙说："《说文》踂，断足也，或作趴，踂、趴并与刖通。"[17] 孙诒让说："踂，正字；刖，假借字。"[18]《说文》："刖，绝也，本作踂。"由此可见，兀、趴、踂既与刖通假，也是刖的本字，刖则由兀、趴、踂通变而来，是后起字。

腓、踕、剕和刖也是彼此通假，或音、义相同。《说文》踦字下说："腓与剕通。"《吕刑》："剕辟疑赦。"传云："刖足曰剕。"《尔雅·释言》，"剕，刖也。"郭注："断足也。"疏："踕，剕，音义同。"

---

⑪ 参见杨鸿烈：《中国法律发达史》。

⑫ 黄以周：《礼书通故》。

⑬ 沈家本：《刑法分考》六。

⑭ 陆德明：《经典释文》引李颐《庄子集解》。

⑮ 陆德明：《经典释文》引崔譔《庄子注》："兀，又作趴，断足也。"

⑯ 奚侗：《庄子补注·德充符》说："兀，借为趴。"

⑰ 王念孙：《广雅疏证》刖字下。

⑱ 孙诒让：《周礼正义·司刑》。

至于膑（髌），由于有“孙子膑脚”[19] 的传说，说法就更多了，大都取去膝盖骨之意。《说文》：“髌，厀耑也。”段注：“厀，胫头节也。”《尔雅·释骨》、《大戴礼记》同。其实，膑（髌）和刖其义亦同。《说文》无膑，作髌，髌同膑，和刖一样是断足刖刑。所谓“孙子膑脚”，也绝非去膝盖骨，而是“以法刑断其两足”[20]。董说《七国考》引《法经》“窥宫者膑”下引应劭注，还是“膑，断足也”。

止、趾二字，自《庄子·德充符》“鲁有兀者叔山无趾，踵见仲尼”崔譔注“无趾故踵行”之后，止（趾）是断脚指的说法更盛极一时，以至于“履贱踊贵”[21] 成了家喻户晓的典故。趾，又称作止，取受刖刑断一足后走路时一足进一足静止不能动之意。《尔雅·释言》、《玉篇》均说：“趾，足也。”称足为止或趾的习惯，直至秦、汉、唐还在沿用。《秦简·法律答问》：“五人盗，臧（赃）一钱以上，斩左止，有（又）黥以为城旦。”《汉书·刑法志》：“当斩左止者笞五百。”新旧《唐书·刑法志》有太宗推行“断趾法”的记载。

从以上音、形、义上考察，11 种刖刑名称，有的是刖的字源，如兀、跀、朗；有的与刖通假，如跸、腓、剕；有的和刖字义全同，如膑、髌以及止、趾等。或各个朝代对刖刑的称呼有所差异，如夏叫膑，周叫刖，《吕刑》作剕[22]，到了春秋时期，又有止（趾）的说法。或同一古籍，因版本不同而写法不同，如古文《尚书》叫剕，今文《尚书》叫作髌，儒家经传多称朗。因此，讨论各个朝代的刖刑，不应受古籍所载不同名称的限制。

甲骨卜辞中有[23]、[24]、[25]等字样。字的一旁（或写作、）象锯形；（或写作、、）似锯形而属于刀类；（或写作、）所从之（又）即手，象以手持锯。另一旁从正面人形“大”，一足长，一足短，有的长足还写作（或）即带刑具桎状。整个字形，象用锯或以手持锯截断人的一足之形。胡厚宣先生在安阳后冈刖刑骨架启发下，纠正了罗振玉将此字释陵之误后，很有见解地说，这个字形正是刖形字的象形[26]，刑具是金属锯。

甲骨卜辞中关于刖刑的记载较多，现根据前人的研究成果加本人多年来在教学中积累的资料，举其典型者列述于下并分条予以简介。

（1）乙酉卜，过殸，贞。[27]

（2）辛卯卜，殸，贞。[28]

---

[19] 司马迁：《报任少卿书》。

[20] 司马迁：《史记·孙子列传》。

[21] 《左传·昭公三年》。

[22] 《周礼·司刑》。

[23] 《前》6.55.5。

[24] 《前》7.10.1。

[25] 罗振玉：《殷虚书契续编》172，以下简称《续》。

[26] 胡厚宣：《殷代刖刑》，《考古》，1973 年第 2 期。

[27] 郭沫若：《殷契粹编》，257，以下简称《粹》。

[28] 《前》7.10.1。

（3）□寅卜，㱿，贞其㞢𡯁。㉙

（4）丁巳卜，亘，贞𡯁若。㉚

（5）戊午卜，𠂢，贞𧺆不𣦵。㉛

（6）贞𡯁百。㉜

（7）□□卜，□，贞其㱿百人𣦵。㉝

（8）□其出百人其㞢𣦵。㉞

（9）𡯁十宰。㉟

（10）贞𡯁宰不𣦵。㊱

（11）贞𡯁宰八十人不𣦵。㊲

以上（1）大意为：乙酉日占卜，贞人㱿问卦，问对某人处以刖刑可以吗？㱿，武丁时期的贞人名。（2）大意为：辛卯日占卜，贞人㱿问卦，问对某人处以刖刑可以吗？此两辞之刖字，前辞仅有锯形丬，后辞锯形下加“又”即手，表示以手持锯，作𢦏形。前刖字应是后刖字的原始字。（3）大意为：□寅日占卜，贞人㱿问卦，问对某人处以刖刑可以吗？㞢，读为有，语助词。王引之《经传释词》：“有，语助也。一字不成词，则加有字以配之。”（4）大意为：丁巳日占卜，贞人亘问卦，问对某人施行刖刑顺利吗？亘，武丁时期贞人名。若，《尔雅·释言》：“若，顺也。”此处为顺利的意思。（5）大意为：戊午日占卜，贞人𠂢问卦，问要对某人处以刖刑，不会发生死亡吗？𠂢，武丁时期贞人名。𣦵，丁山、胡厚宣均释为死字。字形像一人在棺椁之中，或写作𣦵，多加几点，以示泥土，使其象形更加逼真。此处作动词用，死亡的意思。（6）大意为：问要对一百人处以刖刑可以吗？该辞贞问前之占卜时间和贞人名均已残缺；刖字后亦残缺，其意不详。（7）大意为：□□日占卜，贞人□问卦，问要对一百个人处以刖刑，会发生死亡吗？该辞占卜日期及贞人名残缺。其，犹“殆”，表拟议或揣测。《易·系辞下》：“《易》之兴也，其于中古乎？”（8）大意为：问将要对一百人处以刖刑，会发生死亡吗？该辞占卜日期、贞人名残缺。辞中前“其”表示将、将要。《诗·唐风·蟋蟀》：“我今不乐，日月其除。”后“其”表示揣测之意。（9）大意为：对十名奴隶处以刖刑可以吗？宰，奴隶的称谓。甲骨文中，宰多为战争中俘虏的异族人，或充当奴隶，或用作祭祀的牺牲品。（10）大意为：问对奴隶处以刖刑，不会发生死亡吗？（11）大意为：问对八十个奴隶处以刖刑，不会发生死亡吗？

㉙ 《存》1194。

㉚ 贝塚茂树：《京都大学人文科学研究所藏甲骨文字》S0334，以下简称《京人》。

㉛ 《续》1560。

㉜ 《续》6899。

㉝ 胡厚宣：《战后京津新获甲骨集》图版四，9，以下简称《京》。

㉞ 《存》上1178。

㉟ 《前》6.30.6。

㊱ 《前》6.55.5。

㊲ 《续》33.5。

从甲骨卜辞看，殷代刖刑已初步形成刑罚制度：刑具用金属锯；不分刑等，受刑者或被锯去右足，或被锯去左足㊳；处刑前，受刑者要戴刑具桎；殷代刖刑只有锯足一种，无后世所谓去膑骨等假托之词。

4. 宫刑

仅次于死刑的一种残酷刑罚。传说此刑始于苗民的五虐之刑。五虐之刑据《尚书·吕刑》记载为劓、刵、椓、黥。椓刑即宫刑，宫刑又称淫刑。《尚书·吕刑》："宫辟疑赦。"传："宫，淫刑也，男子割势，妇人闭幽，次死之刑。"疏："伏生《书传》云，男女不以义交者其刑宫。"据此可知，宫刑的施刑方法是，男子割势即割掉人的生殖器，女子是闭幽。如何闭幽，历来说法不一，据《大雅》"昏椓靡共"郑注："昏、椓，皆奄人也。昏，其官名也。椓，毁阴者也。此假椓为斀。"可见女子"闭幽"，宫刑称作椓或斀，其施刑方法是毁阴。那么，怎么毁阴呢？《说文》的解释是："椓，击也。"也就是通过击打（可能是腹部）破坏女子的生殖系统。女子闭幽宫刑，甲骨卜辞尚无记载，而割去男子生殖器之宫刑，卜辞中已见几处，如：

（1）□寅□，□，贞。㊴

（2）庚辰卜，王，朕羌不。㊵

此两辞之和，从从刀。一旁为男子生殖器之象形，另一旁为刀，刀可在左，也可在右。整个字形，像以刀去势之状，即宫刑。辞（1）意为：□寅日占卜，贞人□问卦，问对某人处以宫刑可以吗？辞中占卜日期和贞人名残缺不详。辞例（2）意为：庚辰日占卜，商王问卦，问要对羌奴处以宫刑，不会引起死亡吗？王，指商王。商朝晚期，商王直接控制占卜权，在本辞中商王充当贞人。朕，第一人称代词，古人自称之词，自秦以后，才专用作皇帝的自称。羌，古族名，此辞中指战争中所获之羌隶。

5. 大辟

死刑。殷代死刑种类繁多，行刑手段极其残酷，仅卜辞记载的已有下述四种：

戮：（1）□□卜，□，贞戮。㊶

（2）贞戮。㊷

（3），贞戮若。㊸

（4）庚己卜，宁，贞戮。㊹

以上（1）大意为：□□日占卜，贞人□问卦，问要对某人处以死刑可以吗？该卜辞占

㊳ 从刖刑骨架有锯一足，也有锯两足的来看，似乎又有刑等之分，轻者去一足，重者去两足。

㊴ 《甲骨文合集》5996。

㊵ 《前》4.38.7。

㊶ 《甲骨文合集》6012。

㊷ 同上书，6014。

㊸ 同上书，6017。

㊹ 同上书，6011。

卜时间及贞人名字缺。戮，从奚从戈，象用戈砍杀人头之形，古代死刑之一种。一旁为一直立人形，头被抓起，此象形当为奚之初字。《正韵》："奚，隶役也。"此处引申为罪隶。卜辞奚字，有的人形已身首异处，似已执行死刑；有的身首未分意为即将执行死刑。该卜辞中戮之奚字人形，头部无"爪"，当为奚之简体字。其双臂弯曲，以示双手被缚之状。（2）大意为：问要对某人处以死刑可以吗？该卜辞日期及贞人名已缺。（3）大意为：贞人㞢问卦，问对某人执行死刑顺利吗？此辞缺日期。㞢，贞人名。若，顺利。（4）大意为：庚己日占卜，贞人穷问卦，问要对某人处以死刑可以吗？穷，同寕，贞人名。

途：（1）贞勿乎途。[45]

（2）贞王途首勿。[46]

（3）丁卯卜，□，□途若。[47]

以上（1）大意为：问不对什么人处以死刑吗？途，于省吾《殷契骈枝》谓借为"屠"，杀的意思，死刑之一种。乎，疑问词，表示疑问语气。勿，否定词。（2）大意为：问商王要对某人处以死刑不可以吗？此条卜辞左上方似为首之残字。首即头，途首，杀头也。卜辞中途（杀）的对象为首或众人的颇多。（3）大意为：丁卯日占卜，贞人□问卦，问要对某人施行死刑顺利吗？

伐：（1）甲辰贞又祖乙伐十羌。[48]

（2）㚒上甲三牛又伐十羌。[49]

以上（1）大意为：甲辰日贞卜，祖乙要杀十个羌人可以吗？又，通"有"。祖乙，商代国王，汤的第六代孙，仲丁之子，居于庇，甲骨文中称为中宗祖乙，并以大乙、大甲、祖乙合称"三示"。伐，从人从戈，象用戈加在人的颈上而击杀之形。甲骨文中伐字异形颇多，[illegible]、[illegible]、[illegible]等象以戈击人之形，或省戈作[illegible]，[illegible]、[illegible]等则象以钺或斤（斧）杀人之形，皆会杀伐之意。（2）大意为：对上甲进行㚒祭用三头牛并杀十个羌人。上甲，据王国维考证，为殷人祖先。卜辞中的祭上甲是一种常祭，并非独指对上甲的祭祀。[50]

醢：（1）辛酉卜，巹，贞醢。[51]

（2）□□卜，□，贞醢。[52]

以上（1）大意为：辛酉日占卜，贞人巹问卦，问对某人处以醢刑可以吗？巹，贞人的名字。醢，殷代把人剁成肉酱的一种酷刑。《史记·殷本纪》："九侯女不熹淫，纣怒，杀

---

[45] 《甲骨文合集》6034。

[46] 同上书，6031。

[47] 同上书，6038正。

[48] 《粹》246。

[49] 《甲骨文合集》162。

[50] 王国维：《观堂集林》卷八。

[51] 《甲骨文合集》6025。

[52] 同上书，6026。

之，而醢九侯。”甲骨文，意为在一巨大巢臼之中，有一踡曲拱背人形而跪，其上是双手所持的大锤，朝人砸去，顿时人被砸得血肉四溅。人形两旁的四点，表示溅起的血肉。（2）大意为：□□日占卜，贞人□问卦，问要对某人施以醢刑可以吗？此卜辞醢字写作，少一人形，当为醢的简体字。

6. 聝刑

甲骨文卜辞中，除五刑之外，还发现聝刑。甲骨文聝字写作[53]，虽构形不甚明确，但印证西周铜器，《虢季子白盘》和《小盂鼎》所载聝字，与卜辞相似，此卜辞疑为聝字，割耳刑罚。

7. 敊刑

敊，甲骨文作[54]，挞的初文。《集韵》：“敊，挞也。”一旁为刑具幸（手铐），以示罪犯被缚；另一旁为又，即手持大鞭挞笞犯罪人。此字形当为后世鞭或笞之原始字。挞刑，多用于对失礼行为的惩罚。《周礼・地官・闾胥》：“凡事掌其比觵挞罚之事。”注：“挞，扑也。”疏：“有失礼轻者，以觵酒罚之；重者，以楚挞之。”《礼记・乡饮酒礼》：“罚不敬，挞其背。”

（二）刑具、狱政

1. 刑具

据史籍记载，殷代刑具有桎、梏、拲三种，在甲骨卜辞中这三种刑具都得到印证。

桎：（1）壬午□，□，□桎。[55]

（2）贞桎。[56]

以上（1）大意为：壬午日占卜，贞人□问卦，问给某人戴上脚镣可以吗？（2）大意为：问给某人戴上脚镣可以吗？前卜辞残缺严重。同刖、宫、死刑卜辞句式相比较，此句午字后当缺卜字、贞人名和贞字。桎，甲骨文写作，刑具桎（脚镣）的初字。从止从幸，意为足上戴了刑具幸。或作，止，通趾。甲骨文中，止既表示趾，也可指代脚。《易・蒙》：“初六，发蒙，利用刑人，用说桎梏，以往吝。”《释文》：“在足曰桎。”《广雅》云：“械谓之桎。”

梏：（1）丁未卜，穷，贞幸。[57]

（2）乙卯卜，㕜，贞禽弗其幸。[58]

以上（1）大意为：丁未日占卜，贞人穷问卦，问给某人戴上手铐可以吗？（2）大意为：乙卯日占卜，贞人㕜问卦，问给禽不戴手铐可以吗？禽，人名，商王小臣。幸，古代刑具梏。甲骨文幸字作或，本为夲，幸是后起字。使用时，将罪犯手腕钳入刑具中，然

[53] 《甲骨文合集》6457。
[54] 同上书，5992。
[55] 同上书，5926。
[56] 同上书，5928。
[57] 同上书，5845。
[58] 同上书，5843。

后用绳索将刑具的两端捆住，使其不得自由行动。这是一种最原始的木手铐。用作名词，为刑具名称；用作动词，意为用此刑具将人的手缚住。《易·蒙》下《释文》曰："在手曰梏。"《广雅》云："杻谓之梏，杻音丑。"

拲：《甲骨文合集》5896有一条卜辞："□卯卜，㱿，贞拲。"大意为：□卯日占卜，贞人㱿问卦，问给某人加戴刑具拲可以吗？拲，刑具名。《说文》："拲，两手同械也。"《汉书音义》韦昭注："两手共一木曰拲。"《周礼·秋官·掌戮》："凡囚者，上罪梏拲而桎。"郑注："拲者，两手共一木也。"甲骨文拲字作，会两手同在一梏（幸）中失去自由之义，后世枷由此发展而来。

2. 拘捕

甲骨卜辞"执"即拘捕犯罪人的意思，写作[59]或[60]或[61]，后两字是一字的省写。执，从幸从丮，象用刑具幸箝制人之两手腕。本作㚔，后世楷书写作執，会捕执之义，动词，引申为捕捉罪犯。

（1）己未卜，𡧊，贞乎執。[62]

（2）辛巳卜，王，勿执。[63]

以上（1）大意为：己未日占卜，贞人𡧊问卦，问将某人拘捕起来可以吗？（2）辛巳日占卜，商王问卦，不拘捕某人可以吗？

3. 监狱

甲骨卜辞中以"圉"表示监狱。圉，从□从執，会用土墙锤筑而成的圜土（狱城）之义。執，甲骨文写作，似以刑具幸（梏）箝制人的两手，会捕执之义。整个字形象人戴一木制手铐，囚禁于监狱之中。圉可写作，也可简写作或。圉，通圄。《说文》图圄作图圉，所以拘罪人也。《礼记·月令》："省图圄。"注："圄，止也，所以止罪人出入于舍。"据此，圉，即图圄，古狱名。

（1）丁寅卜，宊，贞圉。[64]

（2）贞勿圉。[65]

（3）壬辰卜，執于圉。[66]

（4）入圉。[67]

以上（1）大意为：丁寅日占卜，贞人宊问卦，问将某人加械入狱行吗？（2）大意为：问对某人不予监禁可以吗？（3）壬辰日占卜，问将某人拘捕入狱行吗？（4）投入监狱。

---

[59] 《甲骨文合集》5966。
[60] 同上书，5971。
[61] 同上书，5970。
[62] 同上书，5966。
[63] 同上书，5971。
[64] 同上书，5977。
[65] 同上书，5978。
[66] 《前》4.4.1。
[67] 《乙》9057。

刘 斌

敦煌所出买卖、借贷契约考评*

简介

刘斌，1956年生，山西朔州人。硕士，民建成员，现为中国政法大学教授、人文学院常务副院长、法制新闻研究中心主任、新闻传播研究中心主任，兼任中国法律文献专业委员会秘书长等职。

主要研究领域：曾从事法律史、法律文献的整理与研究工作，现主要从事法制新闻学、新闻法的研究。

主要研究成果：个人专著《中国法制古籍目录学》、《中国古代债法研究》、《中国的传统文化》和《法制新闻的采访与写作》，与他人合著《法制新闻的理论与实践》，在《中国法学》、《法学研究》等十余家核心刊物发表学术论文五十余篇，承担省部级科研项目2项、校级科研项目1项、横向联合科研项目1项。

敦煌石室的大量文献发现于21世纪初，其中有一部分属于法律文书。虽然这些法律文书所占比例很小，但其史料价值极高。可惜的是，法学界对此没有给予应有的重视。1960年，中国科学院历史研究所编成的《敦煌资料》第一辑中，收有法律文书120余件，本文拟对其中的25件买卖契约和49件借贷契约的内容、形式及其相关问题作些初步探讨。

---

* 原发表于《中国法制史考证》，乙编第4卷，北京，中国社会科学出版社，2003。本文系与高潮合著。

一、敦煌所出买卖契约

（一）

中国古代买卖契约的渊源可以追溯到原始社会末期，作为有文字的买卖契约，至迟可以在周代追寻到。《周礼·地官·质人》曰："凡卖价者，质剂焉，大市以质，小市以剂。"《秋官·司约》亦云："凡大约剂书于宗彝，小约剂书于丹图。"从现存的文物资料来看，西周中期以后的铜器铭文中已有这方面的资料，不过不是录契约原文，主要是记述立契的经过。汉以后，有把买卖契约书于简牒者，也有书于石质和铅、铁等材料者。纸契的使用，在魏晋之后日广，但是流传下来的极少。另一方面，史籍虽然载有一些契约，但载有完整的契约录文则主要是宋朝以后的事。因而，作为实物的敦煌买卖契约，其价值之重要就不言而喻了。

25件买卖契约中，有4件完整，6件基本完整，10件残损，5件残损较大。最早1件有年号的契约是《唐大中五年（851年）僧光镜负傢布契》，最晚的1件为《宋淳化二年（991年）韩愿定卖妮子契》。订立契约的当事人有普通百姓，也有僧尼以及都头、押衙、兵马使等基层官吏。买卖的对象，既有动产，也有不动产，不动产主要是田地、宅舍，动产包括牲畜、什物、人口。其中属买卖田地的5件，宅舍11件，牲畜4件，物什3件，人口2件。

敦煌买卖契约的内容主要包括：立契时间，当事人籍贯、身份、姓名，买卖缘由、对象、价格、时限，违约的处罚以及当事人、见证人的画押等。土地买卖还要在契约中写明土田的四至、亩数，宅舍买卖要写清方位、尺寸、通道，牲畜买卖要标明颜色、年岁、有无印记、什物买卖要记载件数、容量等，人口买卖则要讲清姓名、性别、年龄、与当事人的关系等。兹录《未年安环清卖地契》为例，以见敦煌买卖契约的一般形式：

宜秋十里西支地壹段，共柒畦拾亩（东道、西渠、武再，南索晟、北再），未年十月三日上部落百姓安环清为庞田债负，不办输纳，今将前件地出买（卖）与同部落人武国子。其地亩别断作斛斗汉斗壹硕陆斗，都计麦壹拾伍硕、粟一硕，并汉斗。一卖已后，一任武国子修营佃种，如后有人干拯识认，一仰安环清割上地佃种与国子。其地及麦，当日交相分付，一无悬欠。一卖口如若先翻悔，罚麦伍硕，入不悔人。已后若恩敕，安清罚金伍两纳入官。官有政法，人从私契，两共平章，画指为记。

母安年五十二 地主安环清年廿一见人张良友 师叔正灯（押）

姐夫安恒子

敦煌买卖契约就其内容看，无论是土地、宅舍买卖，还是牲畜、什物、人口买卖，其性质都是绝卖契、一次卖断，财产所有权随即永久转移，因而契约中常有自卖以后，一任买主世代为主之类的约言。

（二）

由于残损，敦煌所出25件契约中仅10件存有签名画押，从当事人的角度看，清一色的都是一方署名，在《未年尼明相拍卖牛契》的结尾，虽然写有麦主（即买主）的字样，然而并没有署买主的名。因此，我们认为这些契约均系单契，即一方出给另一方收执的契约。唐代以后，单契与合同契并行，单契在立契、转移权利手续上较为简便，所以采用日渐增多。这种契约，虽是单方出给，但根据其内容，仍是以当事人双方协议为基础，因而同样具有法律效力。在这些契约中，署名的具体情况也比较复杂。其中，有5件是卖（买）主及其亲属同时作为当事人署名，其关系有弟兄，也有父子、叔侄、夫妻。我们分析，之所以会发生这种亲属同时作为当事人署名的情形，与宗法礼制有很大的关系。古代只要父母在，子女不得有私产，财产的处分权在父母之手，甚至子女也可以作为父母的财产而被处分，如《丙子年阿吴卖儿契》所反映的即是。因此，当儿子在处分财产时，必须有父亲的署押，父亡母在，则要求有母亲的署押，如《安环清卖地契》、《杨忽律哺卖宅舍契》。而兄弟和叔侄共同作为当事人，极大可能是由于尚未析产别居，如《令狐宠宠卖牛契》、《阴国政卖地契》。至于夫妻同为当事人署押，见于《韩愿定卖妮子契》，这不是一份一般财产的买卖契约，而是人口买卖，因此要有男女主人的共同署名。

在契约上署名者除当事人之外，还有保人、见人（知见）、同商量人、邻见人、同院人、书契人等。一份契约中，见人最多者达七人。更值得我们注意的是，其中有的契约还有官吏的署名，如《阴国政卖地契》末有“节度押衙本乡□□□”、“河西管内都指挥使兼□□□□□”，有的官吏则径为见人或邻见人，如《杨忽律哺卖宅舍契》末有“见人押衙邓万延（押）”、“邻见人兵马使邓兴俊（押）”，《张骨子买宅舍契》末有“见人兵马使兼乡官李”等等。这表明，在双方当事人订立契约时有官府吏员在场监督，这些契约是得到过官府认可的。

古代契约，在署名之后一般还要画押，画押分两种情形：一是画指，一是押字。从敦煌所出的10件有署名的买卖契约看，押字者3件，未画押者4件，仅一见人签名其余未画押者1件，仅一亲属押字其余未画押者1件，既押字又画指者1件。这种参差不齐的画押情形向我们提出一个问题，即为什么有的契约上无人画押，有的契约里既有画押者、同时又有未画押者？结合这25件契约系不同时代、不同乡里、不同身份的当事人订立，然而却都集中保存在一起等情况，我们推测，这批契约非当事人所执的正本，极大可能是存于官府的副本。

如果我们从契约责任的角度来对敦煌所出买卖契约作些分析的话，也许更能了解一些敦煌地区当时的民事法律规范。依照我们的归纳，这批契约所反映出的法律责任主要是卖方的担保责任、违约责任和亲属及保人的代偿责任。卖方的担保责任又可以分为以下几种情况，一是追夺担保责任，这是对财产所有权的担保，出卖后的财产如果受到他人的追夺，应由卖主一面负责，如《张义全卖宅舍契》："其舍一买已（以）后，中间若有亲姻兄弟兼及别人称为主已者，一仰旧舍主张义全及男粉子、支子抵当还替，不干买舍人之事。"类似这样防止发生产权争执的担保见于敦煌所出大部分买卖契约。二是庇瑕担保责任，这种情况主要见于动产中的牲畜买卖契约，如《令狐宠宠卖牛契》："如立契后在三日内牛有宿（疹不食水草，一任却还本主。三日已（以）外，依契为定，不许休悔。"契约中的这种担保责任与《唐律·杂律》中牲畜买卖在立券之后，有旧病者三日内听悔的规定以及《疏议》中"三日外无疾病，故相欺罔而欲悔者，市如法"的补充是完全相符的。第三是在遇有恩敕大赦的情形仍然履行担保责任，遇有恩赦可以免除担保责任，这种情况在唐律中称为"经恩不尝"，宋代也有不少相关的记载，如洪迈《容斋三笔》卷九"赦放债负"条："淳熙十六年二月登极，赦凡民间所欠债务，不以久近多少，一切除放。"但是在敦煌所出买卖契约中，有12件明言"或有恩敕大赦流行，亦不在论理之限"。有一例特别，在《安环清卖地契》中，契约先对翻悔者作了处罚规定，然后有"已（以）后若恩赦，安清罚金伍两，纳入官"的约言。这就是说，卖主尽管在遇有恩赦的情况下可以免除所要履行的担保责任，但仍要处以罚金。

违约责任主要是针对先反悔者，而且绝大多数契约都有对先悔者惩处的规定。惩处的手段主要是罚物，罚物包括布、绞、麻、麦、黄金、耕牛、羯羊等，所罚财物入不悔人者13件，入官府者2件，没有规定处罚先悔者的2件，因残损情形不明的8件。买卖契约属民事关系，处罚财物是民事制裁，但是我们在敦煌买卖契约中也发现在使用民事制裁的同时也使用刑事制裁的规定，如《僧张月光易地契》曰："如先悔者，罚麦贰拾驮入军粮，仍决丈（杖）卅。"这种在处理民事关系中使用民事制裁并不排除刑事制裁的情形，在当时是有法律依据的。唐律规定：负债违契"一匹以上，违二十日笞二十，二十日加一等，罪止杖六十；三十匹加二等，百匹，又加三等，各令备偿"。

亲属及保人虽不是当事人，但由于其为契约一方的直系亲属或保人，那么，他们也要承担一定的法律责任。这种责任除督促当事人履行契约外，更主要的是在契约订立后，一旦发生买卖纠纷，要承担代偿的责任。如《令狐宠宠卖牛契》："如后牛若有人认识，称是寒盗，一仰主保知当，不干卖（买）人之事。"即使契约不署保人，当事人的直属亲属亦为当然的承担代偿责任者，如《张骨子买宅舍契》："其舍一买后，任张骨子永世便为主记。居住中间，或有兄弟房从及至姻亲干麑，称为主记者，一仰舍主宋欺忠及妻男邻近稳便买舍充替，更不许异语东西。"

（三）

从敦煌所出有年号记载的买卖契约所反映的时代（851—991）来看，这正是一个特殊的历史时期。公元848年爆发的震撼河西的人民大起义，结束了70余年吐蕃对敦煌地区的管辖。851年，唐王朝任命张议潮为归义军节度使，此后180余年，史称归义军时期。这个时期，正是我国封建社会商业繁荣、生产发达的时期，但是由于敦煌所处的地理位置和当时这一地区仍然存在的寺户制度等诸多因素，因而商品经济并不像关中地区及内地那样发达，这种情况同样在敦煌所出的买卖契约中得到反映。首先，从能够充当一般等价物的商品看，我们注意到25件买卖契约中没有一件是以货币作为一般等价物的，而用来充任其职的是麦、粟等粮食作物，牛、驴等牲畜，还有手工业制品布、绢等等；其次，从发生买卖关系的缘由来看，大多数的情况是由于卖方“负债深广，无物填还”或“家中用度不攮”以及“无年粮种子”而变卖财产的，这种为了偿债或为了维持最简单的再生产而发生买卖关系本身正好从反面说明敦煌地区当时的商品经济并不发达；再次，从契约所反映的等价物来看，近四丈的生绢与近二十硕麦、一头七岁左右的紫挞牛、一头七岁左右青草驴加一匹细布、七亩上下田地、一具车脚加钏的价值大致相当，另据《汜流□卖铛契》，一口铛作价三十硕麦粟。如果我们把上述财产的价值与内地的情况再作些比较的话就不难看出，敦煌地区的手工业制品价格偏高，而农产品的价格偏低。因此，我们不能赞同史学界有的学者关于归义军时期敦煌地区商品经济较为发达的观点。

在敦煌所出买卖契约的当事人中，有不少是僧尼或部落百姓、常住、常住百姓，这些身份的人属于“都司”管理，他们参与财产买卖，反映了寺院经济制度及其规范的一些状况。“都司”即“都教授司”，亦即都教授的“衙门”。都司依照内律行使司法权力。其组织系统是在都教授下设副教授，副教授下设都法律、都司仓、倸司，都法律下又设负责巡检的判官和由寺主、上座、都维那等组成的寺纲，各寺所辖人员有违反内律者，由寺纲或判官报呈都司惩罚治罪。其中的倸司，系专门主管布施接受与分配的机构，因此《僧光镜负倸布契》倸中有“其布限十月已（以）后于倸司恒纳”之言。僧尼有属于自己的财产，如尼明相有牛可卖，而《张月光易地契》中，当事人僧吕智通先以十一亩地换得僧张月光地二十五亩，又以六岁青草驴一头、麦一硕一斗、布三丈三尺买得张月光有围墙和水井的果园一处。更值得我们注意的是二僧买卖成交之后，要“入官措案为定”，这说明契约的成立要经过官府的认可。当然，这里的官府非世俗地主的官衙，而是僧侣地主的都司。

“部落百姓”系吐蕃管辖时期对寺户规制的名称，敦煌买卖契约当事人身份出现这样的称谓①，我们推测很可能该件契约成于去吐蕃管辖时期来远的归义军初期。

“常住”本指僧道的寺舍、什物、田园、仆畜、粮食等，归义军初期，开始有用“常住”指寺院隶属的人口，敦煌买卖契约中的“常住”明系指人户，如《寅年常住易牛契》中云：“正月十八日，报恩寺常住为无牛驱使……”即其证。至于“常住百姓”的称谓，至迟出现在索勋政变时期（890—894年），经姜伯勤先生的考证，常住百姓系寺户的改称②，亦为寺院隶属人口。史学界有的学者认为常住和常住百姓是终年长役的奴婢或雇农，依据《寅年常住易牛契》、《韩愿定卖妮子契》等资料提供的证据③，我们认为他们是依附于寺院、但有一定家产的个体经营人户。

---

① 《未年安清卖地契》，参见《敦煌资料》第一辑，293页。

② 姜伯勤：《唐五代敦煌寺户制度》，152～153页，中华书局，1987。

③ 根《寅年常住易牛契》，报恩寺常住七岁青草驴一头，外加细布五匹向寺主僧换（买）得牛一头；《韩愿定卖妮子契》载，常住百姓朱愿松一家以生熟绢五匹向押衙韩愿买得一名年纪二十八岁女婢胜。

二、敦煌所出借贷契约

（一）

敦煌所出49件借贷契约，完整无损的23件。较为完整的13件，有残损的10件，严重残损的3件，保存状态算是比较好的。

契约的当事人中，有百姓、部落百姓、寺户、都头、押衙、兵马使、寺僧、上座、法律和教授等。如果做一个粗略的划分，那么，前三种是最基层的庶民，其中的“部落百姓”与寺户性质相近，当为吐蕃统治时期规制的旧称。中间三种系一般官吏，其中的“都头”，盖为县役的通称。据《庸闲斋笔记》，唐代曾以都头为官名，而兼平章事务，今以都头为县役之通称；“押衙”本为节度使衙的僚佐，属武职军将系统，职在亲从近卫，但敦煌文书中的押衙极多，似为一般官吏或豪富的衔称；“兵马使”系唐代藩镇自置的部队统率官。后四种属于僧侣教团，其中的“教授”和“法律”，是居于各寺院之上的司法权力机构——都司中的官员。为了明确起见，我们依据姜伯勤先生的研究，将都司统属系统图援引如下：

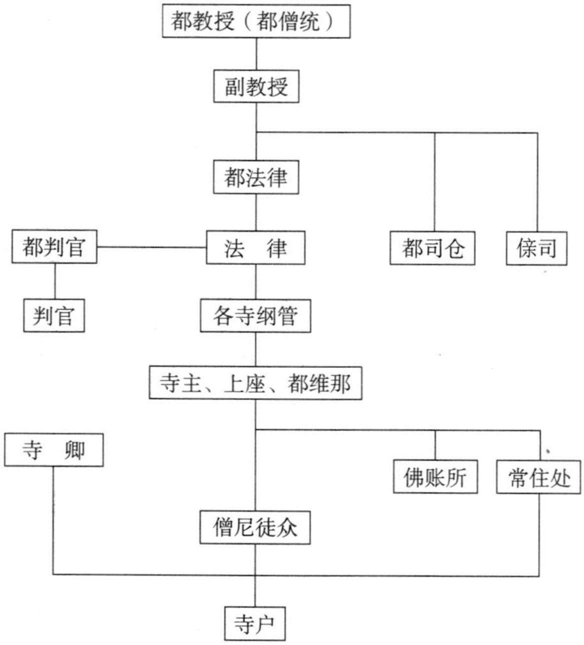

发生契约法律关系的双方可以分为两种类型：第一种是私人之间的借贷，这类契约除残损不清者外共22件。其中有的当事人是百姓与百姓，如《辛巳年康不子借生绢契》、《癸未年彭顺子便麦粟契》；有的是押衙与押衙，如《乙未年龙弘子贷生绢契》；《辛丑年

罗贤信贷生绢契》；有的是兵马使与兵马使，如《康员进贷生绢契》；有的是僧与僧，如《丙辰年僧法宝贷生绢契》；有的是兵马使与上座，如《乙巳年徐留通还杂绢契》、《戊申年徐留通借绢契》；有的是部落百姓与寺僧，如《酉年曹茂晟便豆种契》、《曹清奴便麦契》；有的是押衙与百姓，如《壬寅年龙钵略贷生绢契》、《辛亥年康幸全贷生绢契》；有的是百姓与上座，如《甲午年邓善子贷生绢契》、《辛丑年贾彦昌贷生绢契》；有的是百姓与寺僧，如《乙丑年陈佛德贷褐契》、《己丑年何愿德贷褐契》；有的是百姓与法律，如《甲子年汜通兄弟贷生绢契》、《丙午年翟信子便麦粟契》；还有的契约涉及都头，都僧统（教授），如《乙丑年王保定还舍价契》、《戊寅年僧绍进贷粮契》等。第二种是私人向都司所属有关部门的借贷，这类契约除残损不清者共23件。其中，有的是寺僧向佛账所借贷，如《灵图寺僧神宝借契》，更多的则是当寺人户（包括部落百姓）向佛账所、都司仓、常住处的借贷，如《灵图寺索满奴借契》、《开元寺张僧奴等贷麦种牒》、《卯年张和和便麦契》等，也有彼寺寺户向此寺佛账所借贷的情形，如《灵图寺贷麦契（二）》、《普光寺户借麦契（一）》等。

从上述借贷契约中，我们可以发现：第一，在当时敦煌地区的各阶层人士中，存在着相当普遍的借贷关系；第二，虽然法律一再禁止官吏与其部民发生借贷关系，但实际中仍有这种现象发生。寺户所以要与佛账所、都司仓、常住处发生借贷关系，是因为寺户隶属于都司，在寺院抑配的土地上实行个体经营。寺院有向寺户借贷种子耕畜的规定，寺户有在都司和各寺自营地以及其他劳务部门上役的义务。寺户在土地、人身和法律上都依附于寺院封建主。

（二）

敦煌所出借贷契约依其性质又可以分为借贷契、请贷牒、偿还契三种。

借贷契凡41件。其内容包括借贷时间、借贷人的身份、姓名、借贷缘由、向何人借贷何物。如果是绢帛，要写明长度和幅宽，如果是粮食作物，要写明粮种和数量，如果是生利借贷，要写明利息名称和数量。契约上还要规定偿还时限和违约处罚，并在契约正文的末尾写上诸如“恐人无信、故立此契、用为后凭”之类的习语，最后由借贷人、保人、见人等签名画押。兹录两件借贷契约以见其一般形式：

其一，《辛丑年罗贤信贷生绢契》：

辛丑年四月三日立契，押衙罗贤信入奏充使，欠阙疋帛，遂于押衙范庆住面上贷生绢壹疋，长叁丈玖尺，幅阔壹尺玖寸。其押衙回来之日还纳，于疋数本利两疋。若身东西不善者，一仰口承人弟兵马使罗恒恒抵当。恐后无凭，故立私契。

贷绢人押衙罗贤信（押）

口承弟兵马使罗恒恒（押）

见人兵马使何

送路次玉腰带一呈细帛一帖

其二，《酉年曹茂晟便豆种契》：

酉年三月一日下部落百姓曹茂晟为无种子，遂于僧海清处便豆壹硕捌斗。其豆自限至秋八月卅日已前送纳。如违不纳，其豆请陪（倍），一任制夺家资杂物，用充豆直。如身东西，一仰保人代还。中间或有恩赦，不在免限。恐人无信，故立此帖，两共平章，书指为记。

豆主

便豆人曹茂晟年五十

保人男沙弥法珪年十八

见人

见人僧慈灯

笔者在上文中从法律效力的角度探讨过签名画押的问题。敦煌所出借贷契约的签名画押与买卖契约相同，也都是清一色的一方署名，即这些借贷契约均系单契，是借贷人出给物主收执的契约。如前例《酉年曹茂晟便豆种契》，虽然写有“豆主”（即物主）的字样，然而并未有物主的署名画押。再如《卯年张和和便麦契》、《未年张国清便麦契》等也是如此。这些契约。虽是单方出给，但根据其内容，仍以当事人双方的协议为基础，因而与合同契一样具有法律效力。署名之后，一般还要画押。画押分两种情形：一是画指，二是押字。在敦煌借贷契约中没有发现画指的情形，但押字的情形要较敦煌买卖契约普遍。

请贷牒凡6件，都是寺户向都司有关部门请贷麦种。这些牒文的内容包括请贷者上属的寺名（有的还要具上贷麦人的身份、姓名）、贷麦的缘由、请贷的数量、偿还期限、违约处罚，再加上诸如“伏望商量、请乞处分，牒件状如前、谨牒”之类的习语，然后是请贷的时间及请贷者的署名。此外，尚有都司头目的批复。兹录《张僧奴等牒》以见其一般形式：

开元寺　状上

人户请便都司麦肆拾驮。

右僧奴等户，今为无种子年粮，请便上件斛斗，自限至秋依时输纳。如违限请陪（倍）。

伏望商量，请乞处分。

牒件状如前　谨牒。

丑年二月　日寺户张僧奴等谨状

户石奴子

付所由，晟奴已上　　户石胜奴

五户各便伍驮，　　户石蕉

已下三户各與壹　　户张晟奴

驮半，至秋收纳。　　户张弟弟

十四日，　　户石弗弗

正勤　　　　　　　　　　　　　　　　　　　　　　　　户石曲落

这类请贷牒与借贷契的不同之处在于：借契是已借到什物而立的契约，而请贷牒是申请借贷的文书，类似今之申请报告；借契是双方协议后订立的契约，请贷牒则是请求借贷者一方先立文字而后由都司头目批复的文书。（按：6件请贷牒中，《刘进国等牒》未作批复。）

在敦煌所出的6件请贷牒中，有4件是“团头”并“头下户”共同向都司请贷的，这里又涉及一个寺户的编制问题。据姜伯勤先生的研究，隶属于都司的寺户，在各寺寺纲及寺卿的管理下，其最基层的编制是“团”。“团”由“团头”及“头下人户”（即头下户）组成。团头的职能是率领寺户执役，负责请贷种子年粮，同时对于头下户的违章行为负有某种法律责任。[④] 这样，都司就利用“团头”，把一团中的头下户紧紧控制起来。另外，在5件有批复的请贷牒中，寺户不向各寺申请种子年粮，却向都司申请，而且都要由正勤来批复，这说明都司系居于各寺之上且统属全体寺户的机构。经查，正勤全名宋正勤，原系灵图寺僧人，后为都司教授，系敦煌地区的教团头目。他在批复中，并非所有的请贷牒都按请贷数目批复，如前例开元寺张僧奴等请贷牒，请贷四十驮，实批借予二十九点五驮；再如安国寺氾奉正等请贷牒，请贷三十驮，实批二十四点五驮。批复之后，由都司仓的“典仓”及“所由”支付。

偿还契约仅2件。一件是《乙丑年王保定还舍价契》，内叙都头王保定于舍地价已全部偿还，但“屋木价未取看好，若取替，若两家折当不得者，其居木延朝本取”。而后是还舍价人王保定和知见人王再定的署名。另一件是《乙巳年徐留通还杂绢契》，内叙兵马使徐留通借到龙兴寺上座恩择绢七匹，偿还杂绢两匹半，另外四匹半，限五年内偿还，“其绢壹契，断价贰拾贰硕”。后有还绢人徐留通弟兄及见人的署名，还有“丁未年三月十三日还得高三匹半麦粟拾硕通”几句附言。这里的问题在于，借贷要立契，为什么偿还也要立契？考其内容，很可能是因为偿还了部分，还有部分尚未偿还。契约是在偿还了部分后订立的，因而借贷一方的当事人在契约中便以还债人的面目出现了。

（三）

现在，我们来分析一下敦煌借贷契约所反映出的利息情况。

在上述契约中，有一部分是无息借贷，其中又分为两种情形。一是契约全文未涉及利息之事，如《寅年镜兴逸等使麦契》两件、《报恩寺人户刘沙沙请贷麦牒》、《金光明寺团头史太平等请贷麦牒》；二是契约规定在商定的时限内偿还不生利，如果违限不还，就要生利。如《癸未年沈延庆贷牒契》规定：“本牒于月还不得者，每月于乡元生利”；《甲午年邓善子货生绢契》规定：“若违时限不还，于乡元生利。”《酉年曹茂晟便豆种契》规定“如违不纳，其豆请陪（倍）”。灵图寺张七奴等人的11件借麦契也均有“如违限不还其麦请倍”的约定。

---

④ 姜伯勤：《唐五代敦煌寺户制度》，54～56页，中华书局，1987。

有息借贷的利息比较复杂，因为除利率不同外，有些契约规定偿还利息的什物并非本物，这样就很难用百分比来估算利率了。

《戊寅年僧绍进贷粮契》约定：绍进等五人所贷粮食“逐年于先例加柒生利，年支算会不得欠折”。“先例”不详，但利息还要“加柒”。

《癸未年彭顺子便麦粟契》载：彭顺子五月中旬“便麦两硕，至秋肆硕；便粟两硕，至秋肆硕”。三个多月内生利一倍。

《丙午年翟信子便麦粟契》载：翟信子与其子定君在“辛丑年于氾法律面上便麦陆石、粟两石，中间其麦粟并总填还多分”，到丙午年六月下旬“与算会智定欠麦四硕、粟陆硕”，“至午年秋还本拾硕”。石、硕，古文相通，从辛丑至丙午，相隔五年，其间虽然“填还多分”，但本由麦粟八石增为拾硕。

《甲子年氾怀通兄弟贷生绢契》载：氾怀通等人头年三月初贷绢一匹，“到秋还利麦粟肆石，比至来年二月末填还本绢”。等于一匹绢在一年内生利“麦粟四石”。

《乙丑年陈佛德贷褐契》载：陈佛德头年十二月中旬贷红褐两段、白褐一段，至来年三月中旬“著还出褐叁段，白褐一段”。三个月内生利褐一段。

《癸未年王㺃敦贷生绢契》载：王㺃敦贷生绢一匹，“绢利白毡一令，长八尺，横五尺”。

《己丑年何愿德贷褐契》载：何愿德去南山做买卖，“贷出，褐三段，白褐一段，比至南山到来之日，还褐六段”。其间生利褐二段，利润为百分之五十。

《辛丑年贾彦昌贷生绢契》载：贾彦昌充使西州，贷生绢一匹，帛花棉棱一匹，“利头好立机两疋，各长二丈五尺”。

《辛丑年罗贤信贷生绢契》载：罗贤信充使贷绢一匹，“回来之日还纳，于疋数本利两匹”。利润为百分之百。

《壬寅年龙钵略贷生绢契》载：龙钵略贷生绢一匹，“其绢利头立机牒一疋”。

《辛亥年康幸全贷生绢契》载：四月中旬，康幸全充使伊州，贷生绢一匹，“其绢利头，锷锉一个，重断贰拾两。本绢幸全到城日，限至九月填还，若限满不还者，义须利”。

《辛酉年富长贷绢契》载：富长贷绢一匹，“其绢利润，见还麦肆硕”。

《康员进贷生绢契》载：康员进充使西州，贷生绢一匹，“其绢断当利头，见还麦四硕”。

从上述13例有息借贷的利息来看，较有规则的是，如果借绢以粮偿还利息，那么一般是一匹绢生利四硕麦或粟；但无论是借绢还是借粮、或是违限不还，利息最高的是一倍。唐宋时期官府对利息率有一些规定，如《旧五代史·唐明宗纪》云：长兴元年，圜丘赦制：“应私债出利已经倍者，只许征本，已经两倍者，本利并放”；《晋高祖纪》载，天福六年诏：“私下债负，征利一倍者并放”；《宋刑统·杂律》“公私债负”门引来令：“诸公私以财物出举者，任依私契，官不为理。每月取私不得过六分，积日虽多，不得多一倍。”敦煌地区的借贷在实施中与官府关于一本一利、生利不得过倍的法令基本上是吻合的。

（四）

敦煌借贷契约从时限上来看，一般都是短期借贷。有的借贷期在三个月以内，如《寅年镜兴逸等便麦契》中，第一件是六月借贷，“限至秋八月内还足”，第二件是七月六日借贷，亦“限至秋八月内还足”；多数借契是春借秋还，如《未年张国清便麦契》、《酉年曹茂晟便豆种契》、《癸未年沈延庆贷牒契》、《曹清奴便麦契》以及灵图寺《严君为借契》、《僧神宝借契》、《僧义英借契》、《赵卿卿借契》等等；因充使而借贷，一般时限为充使回来之日，如《辛丑年贾彦昌贷生绢契》、《辛丑年罗贤信贷生绢契》、《丙辰年僧法宝贷生绢契》等；有的借贷期限为一年，但较少，如《辛酉年富长贷绢契》、《甲子年氾怀通兄弟贷生绢契》；只有一件借契的时限较长，为五年，即《乙巳年徐留通还杂绢契》。

借贷的偿还形式分三种。第一种是原物偿还。绝大多数契约规定采取这种偿还方式，如《己丑年何愿德贷褐契》、《甲午年邓善子贷生绢契》、《丙午年翟信子便麦粟契》等等；第二种是以他物偿还。如《辛未年梁保德买（贷）斜褐契》，押衙梁保德向穆盈通处“取斜褐壹拾肆段”，断偿还生绢一匹，长叁丈玖尺，幅贰尺一甲。第三种是力役偿还。如《卯年张和和便麦契》，部落百姓张和和因无种子，于永康寺常住处借麦一番驮。双方协定，张和和为寺院“造芘蓠贰拾扇，长玖尺，阔六尺”，作为偿还，并规定在二十五日内造就，否则为违限，要加倍编造。再如《令狐善奴便麦契》，令狐善奴因缺粮向麦主借麦一硕六斗，要在麦熟季节为麦主“刈麦壹拾□”作为偿还。如果延误农时或在期限内收刈不完，则加倍偿还所借麦粮。

我们还发现，在敦煌借贷契约中有质押的现象。《曹清奴便麦契》载：“如违限不还，其典铛壹口，没□□请倍。仍任掣夺家资杂物，用充物直”；《癸未年彭顺子便麦粟契》载：彭顺子在借贷麦粟同时，“典紫罗裙一要（腰）”；《普光寺李和和借契》载；李和和“于灵图寺常住处便麦肆汉硕，粟捌汉硕，典贰升铛壹口”。

这种要求借贷者作质押的现象在《宋刑统·杂律》“公私债负”门准唐元和五年十一月六日敕和《户婚律》“典卖指当竞论物业”门准杂令中是可以找到法律依据的。

对于违限违约之罚，几乎每件契约都有明确的规定。其惩罚的办法包括生利、加倍偿还、掣夺家资杂物和保人代还等种类。当然并不一定每件契约都是几种惩罚并用，有的只用其一，如《甲子年氾怀通兄弟贷生绢契》约定：“如若于时不还者，于看乡元逐月生利”；《开元寺张僧奴等牒》载，所借种子年粮“自限至秋依时输纳，如违限请陪（倍）”。有的用其二，如《寅年镜兴逸便麦契》约定：“如违限不还，一任掣夺家资杂物，用充麦直；如身东西不在，一仰保人等代还”；《康员进贷生绢契》约定：“若于限不还者，便于乡□（元）生利；若身东西不平善者，一仰口承人男员进面上取本绢。”这里的“身东西不在”、“身东西不平善”系指借贷一方的当事人逃匿或死亡。有的则数罚并用，如《未年张国清便麦契》约定：“其麦并息至秋八月末还，如不还，其麦请陪，仍制夺（家资）。如中间身不在，一仰保人代还”；《酉年曹茂晟便豆种契》约定：“如违不纳，其豆请陪，一任制夺家资杂物，用充豆直。如身东西，一仰保人代还。”再如《灵图寺僧神宝借契》载：神宝于佛账所借麦两硕捌斗，双方约定：“如违限不（还），其麦请陪伍硕陆斗，仍任将契为领六（疑为令律），制夺（家）资杂物，用充麦直。如身东西，一仰保人代还。”

（五）

考察敦煌借贷契约中发生借贷的缘由，多种多样。从其中书明缘由的契约来看，有的是欠少疋帛，如《甲子年汜怀通兄弟贷生绢契》、《辛巳年康不子借生绢契》、《甲子年邓善子货生绢契》等；有的是没有种子，如上文提到的6件请贷麦种牒，再如《卯年张和和便麦契》、《曹清奴便豆麦契》等；有的是无粮或缺粮，如《癸未年彭顺子便麦粟契》、《寅年镜兴逸使麦契》、《令狐善奴便麦契》等；有的是因为负债，如《灵图寺僧神宝借契》、《灵图寺僧神寂借契》等。最多的是由于充使，其中有充使西州的，如《乙未年龙弘子贷生绢契》、《辛丑年贾昌彦贷生绢契》、《戊申年徐留通借绢契》等；有充使伊州的，如《癸未年王㺃敦贷生绢契》、《辛亥年康幸全贷生绢契》等；有充使甘州的，如《辛未年粱保德买斜褐契》等。还有的是因外出做买卖而借贷，如《己丑年何愿德贷褐契》等。

如果我们再从借贷物的角度来看，那么这些契约大致可以分为借贷粮食作物和借贷绢褐等两大类。借贷粮食作物（包括麦、粟、豆）的契约凡30件。它反映出不少寺户及一些僧人濒临难于维持再生产的境地，反映出寺户制度衰微的历史趋势。《癸未年彭顺子便麦粟绢》载：彭顺子因缺少粮食，遂向高通子借贷，“便麦两硕，至秋肆硕，便粟两硕，至秋肆硕”；《龙兴寺团头李庭秀等贷麦种牒》云：李庭秀等并头下人户，“家无着积种莳，当时春无下子之功，秋乃凭何依讬？今人户等各请贷便，用济时难，伏望□□商量，免失年计……”《金光明寺团头史太平请贷麦牒》云：史太平、安胡胡等寺户，“粮食罄尽，种子俱无，阙乏难为，交不存济”，于是向都司请求借贷、并保证“至秋依数填纳”；《灵图寺僧神宝信契》载：神宝因欠任七七麦贰硕八斗，于是向寺佛账所便麦两硕八斗；《灵图寺僧神寂借契》载：“僧神寂为负债，今于当寺佛账物内（便）麦两硕六斗”，类似上述的借契绝非少数，这种情况向我们展示了寺户与僧人生活的贫弊窘困，寺院再生产也就当然要步入困境了。

借贷绢褐的契约凡18件，其中有8件是因充使而借贷，有1件是因外出做买卖而借贷。借贷绢褐是为了充使和做买卖期间的费用，也就是说当钱用的，因而这里所借的绢褐显然能够担负等价物的职能。另外9件，除残损不明者外，借贷原因皆是家中“欠少匹帛”。究竟这些绢帛在借来之后是充当等价物购买东西，抑或用作衣着？由于契约未明，因而不敢安断，问题在于为什么在当时敦煌地区的流通领域充当等价物的不是钱币而是绢帛？对此，笔者曾在前文中作过初步探讨，这里有必要作两点补充。第一，敦煌以及整个河西地区由于所处的地理位置原因，缺乏以钱币替代绢帛的条件。河西是丝绸贸易的必经通道，当时许多胡商因此而客居河西，凉、沙等州城成为对外贸易的中转站，大量的丝绸绢帛充塞流通领域。唐时全国铸钱量不大，河西五州又无产铜地，也未设铸钱监，因而也无法供应铸钱。在敦煌文书中，有一件属于唐代但年次不详的《河西节度使判集》，载有节度使勒令停罢瓜州铸钱一事，然而判文是虚拟的，即便此事属实，那么这次铸钱不久也停罢。第二，以绢帛作为等价物也是唐代货币政策的内容。唐玄宗《令钱货兼用制》云："绫罗绢布杂货等，交易皆合通用。如闻市肆必须见钱，深非道理。自今已后与钱货兼用，违法者准法罪之。"⑤ 这样，在敦煌地区缺少钱币的情况下，流通领域中充当等价物的不是钱币而是绢帛也就是自然而然的了。

⑤ 《全唐文》卷二五。

谷春德

西方政治法律思想与中国的民主法制建设*

——兼论批判继承和借鉴问题

简介

谷春德，中国人民大学法学院教授、博士研究生导师，兼任中国人权研究会常务理事、中共北京市委研究室研究员、中国人民大学人权研究中心副主任、中国法律史学会名誉理事。研究方向为西方法律思想史、法律基础和人权理论。

* 原发表于《人权·民主·法治论丛》，北京，中国检察出版社，2004。

西方政治法律思想最早产生于古希腊奴隶制城邦国家。两千多年以来，它随着人类社会生产方式的进步，阶级关系和阶级斗争的更新和变化，依着一定的规律渐次向前发展。作为剥削阶级意识形态的重要表现，无疑它们相互之间是有继承性的。不管是进步的还是反动的政治法律思想，它们都会在新的社会环境和生产方式中显现其力量和作用，或保护和促进生产方式的形成和发展，或阻挠和破坏新的生产方式。即使是同一种政治法律思想，有时也会被相互对立的阶级或社会集团按照各自的需要加以改造和利用。因此，我们在研究西方政治法律思想的时候，在评价代表某个阶级意志和利益的政治法律思想的时候，必须坚持历史主义和阶级斗争统一的观点，具体问题具体分析，坚持批判和继承统一的观点，既不能恋旧谤新，搞复古主义，也不能割断历史的联系，搞虚无主义。

一

发展社会主义民主，健全社会主义法制，是我们党和国家坚定不移的基本方针。目前我们国家正在按照这一方针，进行民主建设和法制建设，进行党和国家领导制度、政治制度以及经济制度的改革。这是加速我国社会主义现代化建设事业发展的需要，是从制度上保证国家政治生活民主化，保证人民群众能够真正行使管理国家各项事业权力的需要，是切实解决人民群众必须当家做主和如何当家做主的问题，是使国家长治久安所必需。通过改革领导制度，通过民主建设和法律建设，必将使我国人民民主专政的国家制度、社会主义的法律制度进一步完善起来，使社会主义制度的优越性充分发挥出来，极大地激发人民群众建设社会主义的积极性和创造性，信心百倍地去夺取社会主义现代化建设的胜利。

我国政治制度的改革、民主法制的建设，必须是认真总结我国人民民主专政三十多年的经验，特别是“文化大革命”的沉痛教训的基础上，在四项基本原则的指导下进行。必须坚持从实际出发，立足于中国的国情，不能照抄照搬外国的模式。但是，也必须注意学习和借鉴外国的经验；研究各个历史时期各个国家的政治制度和法律制度，吸取外国的进步因素，特别是资产阶级国家那些进步的对我国有益的民主思想和民主原则、法律思想和法律制度。为此，就应当重视对西方剥削阶级特别是资产阶级的民主思想和民主制度、法律思想和法律制度的研究。搞清楚资产阶级的民主思想和民主制度，法律思想和法律制度的产生和发展过程，正确估价它的历史作用，以及它同社会主义民主和社会主义法制的区别和联系，为社会主义民主建设和法制建设服务。

长期以来，尤其是从 1957 年以后，由于“左”的思想影响，人们怕谈资产阶级民主法制问题，更没有人敢于研究资产阶级民主法制问题。对于资产阶级民主法制即使“研究”也不能说它在历史上所起过的进步作用。只能宣布它为反动的唯心主义、超阶级的；对它不能谈继承和借鉴，而只能去批判去斗争。不然的话，就要挨棍子，受批判，甚至被戴上“右派”之类的帽子。所以，资产阶级民主法制问题，相当长的一个时期实际上成了“禁区”，人们忌讳谈它，生怕招来身败名裂、家破人亡之大祸。本来开设时间就不长又不被重视的《政治学说史》课程，1957年以后竟被取消了。粉碎“四人帮”以后，情况有了很大改变。随着拨乱反正的进行，随着对“左”的思想的揭露和批判，随着对封建专制主义思想残余的斗争，人们开始冲破了“禁区”，思想解放了，许多过去不敢谈的忌讳研究的问题，现在敢碰、敢研究了，《西方政治法律思想史》课程比较快的恢复了，开始为人们注意和重视了。对资产阶级民主法制问题的研究也开始被重视了起来。人们已经越来越感到，对资产阶级民主法制问题的认识，不能再停留在过去水平上，而应该结合它产生的具体历史条件，联系资产阶级国家的现状，具体分析，全面认识它的过去和现在，既要揭露和批判它的虚伪性、反动性，又要肯定它的历史进步作用，吸取其有益的进步的因素，以利于我们创造出比它更高的更切实的民主制度和法律制度，即社会主义民主和法律制度，并使我国的社会主义民主和法律制度更加完善起来。对资产阶级民主制度和法律制度采取全盘否定，一笔抹杀，或全盘肯定，崇拜迷恋的态度，都是不正确的，都不是马克思主义历史唯物主义的态度。

二

资产阶级民主思想和制度、法律思想和制度，是由资产阶级启蒙思想家最先提出来的，是在反封建专制主义的斗争过程中逐步建立和完善起来的。

早在17、18世纪，继文艺复兴运动之后，在西方一些封建制国家里兴起了启蒙思想运动。许多资产阶级政治法律思想家，在同封建神学统治和宗教迷信束缚的搏斗中，以人性和理性为出发点和理论基础，提出并阐明了民主法制思想。荷兰的格老秀斯、斯宾诺莎，英国的霍布斯、洛克，美国的杰弗逊、潘恩，法国的孟德斯鸠、伏尔泰、卢梭，德国的普芬道夫等人，在这方面都曾作出不朽的伟大贡献。尽管他们各自所处的时代不同，国度不同，各人的阶级立场和所代表的阶级利益不同，因而他们各自的具体思想观点和主张也不免有若干差异，但是在反对封建专制和神学统治这一点上却是共同的。他们中有些人虽然坐了牢、被驱逐、流放、治罪，甚至书籍被禁止和焚烧，但都未能动摇他们反对封建的坚强意志和对民主、法制的向往。有的人为了自己的理想和信念奋斗了一生，最后献出了生命。这些伟大思想家们提出的民主法制思想，内容极其丰富，概括起来主要是：第一，“天赋人权”思想，如说“一切人生而平等”，“生命、健康、自由和财产是人的天赋的自然权利”。第二，自然法、契约论思想，如说“国家是人们缔结契约的结果”，“国家的目的在于谋求大多数人的幸福”，“君权神授是邪说”，“封建统治者破坏了契约，不合人的理性，应加以改变”，“自然法是理性的命令”，“自然法不可改变，即使上帝也不能改变”。第三，“主权在民”思想，卢梭是倡导这一思想的著名代表，他说，“人民是惟一主权者”，“主权只能属于人民，任何人不能代表”，主权既不能分割，也不能转让。第四，法制思想，潘恩说，“在专制政府中，国王便是法律，同样地，在自由国家中，法律便是国王”。洛克在其《政府论》中特别强调了建立法制的重要性和严格执行法律的必要性。他说：“法律一经制定，任何人也不能凭他们自己的权威逃避法律的制裁，也不能以地位优越为借口，放任自己或任何下属胡作非为，而要求免受法律的制裁。”他们都强调公民在法律面前一律平等，任何公民都享有法律规定和保护的平等权利和义务，反对封建等级特权。第五，“三权分立”思想和“牵制平衡”的理论，以及“司法独立”、“罪刑法定”、“法无明文规定不为罪”、“罪刑相应”、“无罪推定”、“预防刑罪”、“人道主义”等刑法思想和原则。所有这些民主和法律思想成了鞭笞封建专制主义的锐利武器，为资产阶级革命作了舆论准备，为资产阶级夺取政权、建立资产阶级国家制度奠定了理论基础。研究和了解这些思想，今天仍有现实意义。

资产阶级取得政权以后，便把上述民主和法律思想和原则制度化、法律化，建立起来比较完备的资产阶级民主制度和法律制度。它的主要内容体现在各资本主义国家的宪法和其他法律文件中，比如英国 1688 年的《民权法》、1918 年的《国民参政法》，美国 1776 年的《独立宣言》、1787 年的《宪法》及后来的《权利法案》，法国 1789 年的《人权宣言》以及革命后通过的几部宪法等。在这些宪法和法律文件中都肯定了资产阶级革命取得的民主和法律成果，宣布了“天赋人权”，规定了选举制度、议会制度、司法制度、三权分立原则，公民在法律面前一律平等的原则，以及公民的各项民主自由权。直到 1958 年法国宪法还公开宣布“自由、平等和博爱”为法兰西人民共同理想基础和共和国的基本口号。需要特别指出的是，这些相当完备的资产阶级民主制度和法律制度是资产阶级革命的胜利成果，而这一成果是资产阶级和广大劳动人民一起同封建专制主义作斗争获得的。它是对封建专制主义的根本否定，是剥削阶级民主和法律思想发展的最高水平，是人类的宝贵思想财富，是历史的一大进步。正如列宁指出的：“资产阶级法制为资产阶级所建立”，“资产阶级民主它在启发人们的思想解放、巩固和发展资本主义生产关系，促进人类科学文化事业发展、推动社会历史的前进中，发挥了重要作用。

随着自由资本主义发展为垄断资本主义，资产阶级政治上由倾向民主而转为倾向反动，资产阶级的民主制度和法律制度也发生了重大变化，它受到某些破坏甚至被公开抛弃。二次世界大战前出现的德、意、日法西斯主义是对资产阶级民主制度和法律制度的彻底摧残。二次世界大战结束后即 50 年代初期，美国曾一度加紧实行法西斯主义，制定和施行了一系列法西斯法律。如 1950 年制定的《国内安全法》（即麦卡伦法案），强迫共产党人进行登记，对共产党人和民主进步人士进行残酷迫害。1954 年又制定和施行了《共产党活动管制法》（即布朗纳尔-巴特莱法），宣布共产党为“非法”，更加疯狂地镇压共产党和一切民主进步活动。与此同时，1947 年和 1953 年，当时的总统杜鲁门和艾森豪威尔都先后发布了“忠诚调查”的命令，对包括教师、律师、文艺工作者、公职人员在内的广大群众进行所谓“忠诚调查”，严重侵犯人身权利，践踏宪法原则。1953年至1954年间“麦卡锡主义”的推行，在美国国内掀起了法西斯恐怖活动的高潮，成千上万的美国人民惨遭迫害。美国统治者的这些反动的恶劣行径激起了广大美国人民的强烈反对。在人民的坚决斗争和强烈抗议下，美国政府不得不停止或取消了若干反动法律规定，法西斯主义急先锋麦卡锡本人在人民的怒斥声中很快地垮了台。从50年代末期到60年代，美国的情况开始有了一些变化，随着民主运动的高涨，特别是广大黑人不断掀起反对种族歧视的斗争，迫使美国垄断资产阶级不但放缓了推行法西斯主义的步伐，而且对广大人民不得作出某些让步，人民群众取得不少民主斗争的成果。这些成果反映在对宪法某些条文的修改和民主权利的扩大上。二次世界大战后美国国会通过和批准了五条宪法修正案，主要内容都是有关民主制度的问题。如关于总统的任期限制和继任问题。1951年生效的宪法第22条修正案中规定任何人当选总统职位不得超过两次（每次4年）。1947年国会制定的《总统继任法》规定在总统副总统两人被免职、死亡等情况下由众议院议长或参议院临时议长或国务卿担任总统或副总统。1967年生效的宪法第25条修正案中又规定在副总统职位出缺时，总统可提名一副总统，经国会两院批准后任职。又如关于选举权问题，1961年、1962年生效的宪法第23条、第24条修正案规定，在选举中公民的投票权不得以未交人头税或其他税为理由而加以否认或剥夺，承认并给予了黑人以选举权。1971年生效的宪法第26条修正案规定，18岁和18岁以上的合众国公民的选举权，不得以年龄限制为理由而加以否认或剥夺。这说明在美国有关公民选举权的限制比较过去有一定的减少。选举权有所扩大。例如，仅以降低选民最低年龄一项就增加了约1 050万选民。美国无论众议员还是参议员都实行直接选举。总统则实行间接选举。据美国书刊所载，现在美国全国约有75万个选举产生的官职。其中包括总统、国会议员、州长、法官以及其他某些行政官吏。再从法国的情况来看，也有类似的变化。如前述法国1958年通过的宪法，后来有四次重大修正，其中最主要的是明确规定总统由普遍的直接的选举产生，任期7年；议会每年召开两次例会，各为80天和90天。法国前总统德斯坦曾宣布公民可以公开地、直接地批评总统。这都进一步扩大了资产阶级民主制度的内容和范围。至于像瑞士、瑞典、西德、日本这些资本主义国家的民主制度变化的情况在法律上的表现也是很明显的。所有这些事实说明，当今资产阶级国家的民主制度（包括选举制度、议会制度等）已经或正在发生变化。看不见或者不承认这种变化是不现实的，也是不符合资本主义国家的实际情况的。当然我们承认，资产阶级民主制度作为资产阶级专政工具的这一阶级实质，没有，也根本不可能改变。所谓“变化”仅是形式上的变化，具体做法上的变化。资产阶级民主制度对资产阶级来说是真实的，对资本主义国家的广大人民来说是虚伪的、形式的，但在法律规定上还是存在的。例如选举权、人身自由、言论自由、在法律面前人人平等，住宅和财产不受侵犯等等，尽管有这样或那样的限制，但它至少是法律上明文规定了的，人人都享有这些民主权利和自由。当然这绝不是出于垄断资产阶级的本意，而是广大人民同垄断资产阶级及其政府长期斗争的结果。

尤其要看到，当代西方法律思想已经出现了新的发展趋向。一是，新自然法学、新分析实证主义法学、社会法学三大法学流派相互接近、相互渗透、相互影响、相互结合。这种发展趋向的集中表现就是“综合法理学”的出现。其代表人物是澳大利亚悉尼大学法理学教授朱利叶斯·斯通。他强调社会、正义、法律三者的统一，强调法律要维持社会利益，要支持和体现正义的要求。二是，随着资本主义经济的发展和科学文化的进步，自然科学中的控制论、信息论、系统工程越来越被广泛应用于法学之中，它的集中体现就是逻辑实证主义法学和行为主义法学的出现及其作用的加强。三是，个人本位为团体本位所代替。由过去强调个人主义、个人权利、个人利益变为现在强调个人是国家的一员，是社会的一员，属于许多“利益单位”；个人没有权利，只有对国家对社会的义务，法律要保护社会利益。60年代英国牛津大学法理学教授哈特提出的“最低限度内容的自然法”理论、70年代美国哈佛大学哲学教授罗尔斯提出的“新的正义论”理论，无不是强调法律要保护社会利益。从近年资本主义国家的立法情况来看也反映了这种趋向。在工人和广大劳动人民的强烈要求下，资产阶级国家不得不通过诸如“最长工时法”、“最低工资法”、“童工保护法”、“失业救济法”、“社会安全法”、“劳资仲裁法”等等。这些社会经济立法，在很大程度上反映了“社会利益”。但是必须指出，在当今的资本主义社会中的法学并没有，也根本不可能完全放弃个人主义、自由主义，相反，是在继续鼓吹个人主义，认为个人利益不但是效率的诱因，而且也是促进社会生产力和完成任务的动力，应当大力提倡。

我们研究资产阶级民主制度和法律制度、民主思想和法律思想的历史和现状，分析它产生、发展的规律性，看到它的发展变化，可以帮助我们更全面地认识它，更深入地理解资产阶级反对封建专制主义的斗争经验，特别是广大人民群众反对封建专制主义及反对垄断资本主义的斗争经验，从中受到启发。

三

应当肯定，资产阶级的民主思想和民主制度、法律思想和法律制度，同马克思主义的民主理论和法律理论，同社会主义的民主制度和法律制度，既有本质的区别，又有历史的和形式的联系，存在着批判继承关系。马克思主义的民主理论和法律理论是人类思想和文化的最新最高成就，但是，它是在批判地继承和借鉴剥削阶级的尤其是资产阶级的民主思想和民主制度、法律思想和法律制度的基础上，由马克思、恩格斯创立的，由列宁和毛泽东同志发展和完善的。正如列宁指出的：“马克思主义这一革命无产阶级的思想体系赢得了世界历史性意义，是因为它并没有抛弃资产阶级时代最宝贵的成就，相反却吸收和改造了两千多年来人类思想和文化发展中一切有价值的东西。只有在这个基础上，按照这个方向，在无产阶级专政（这是无产阶级反对一切剥削阶级的最后斗争）的实际经验的鼓舞下继续进行工作，才能认为是发展真正无产阶级的文化。”① 无产阶级不仅要批判地继承或借鉴资产阶级的民主和法律思想，而且也应当批判地继承或借鉴资产阶级的民主和法律制度。马克思主义经典作家们早已这样做了，在社会主义国家的民主和法制建设的实践中也早已吸收了。这已经是毋庸置疑的事实。这方面的表现有很多，其最主要者有：第一，民主共和国。恩格斯说：“如果说有什么是毋庸置疑的，那就是，我们党和工人阶级只有在民主共和国这种政治形式下，才能取得统治。民主共和国甚至是无产阶级专政的特殊形式……”② 巴黎公社也好，苏维埃也好，人民代表大会也好，无不是这种“民主共和国”思想和制度的运用和发展。第二，“三权分立”、“牵动平衡”论。虽然社会主义国家不能搞资产阶级的“三权分立”，但是国家机关分工合作，相互制约相互监督总还是需要的，国家机关之间、中央和地方之间也都有个如何分权问题，否则的话，又如何保证国家机关活动正常，健康地运转呢？第三，代议（表）制及其责任制。社会主义国家是人民当家做主的国家，但是由于种种原因的限制，人民群众还不能直接管理国家，还必须通过选举代表去行使管理国家这一根本的权利。因此，代表制度在社会主义国家同样适用。人民的代表必须对选民负责，接受选民的监督。第四，普选制。这就是“把行政、司法和国民教育方面的一切职务交给普选出的人担任”③。马克思主义经典作家们对资产阶级普选制的作用曾给予肯定评价。毋庸置疑，这种普选制，社会主义国家也同样实行的。在社会主义国家人民群众不仅有选举权，而且还有对“社会公仆”的罢免权。第五，地方自治制。列宁说：“理论上值得特别注意的是把无产阶级专政同最完全的地方自治结合起来。”④ 不但联邦制形式的社会主义国家有地方自治权力问题，就是在单一制形式的社会主义国家里也有地方自治权力问题，更不必说多民族的社会主义国家实行的民族区域自治制度了。第六，宪法和法制。资产阶级要把资产阶级民主制度化、法律化；无产阶级也要把社会主义民主制度化、法律化。国要有国法，治国要有法。社会主义国家必须实行以下原则：“有法可依、有法必依、执法必严、违法必究”，公民在法律和制度面前一律平等。第七，关于公民的各项民主自由权利的规定。社会主义国家的一切权力属于人民，人民享有广泛的政治的、经济的、文化教育的、科学技术的民主自由权利，特别是管理国家事务、管理经济和文化事业、管理社会事务的权利。国家采取各种措施，创建各种途径和形式，保证人民行使这一根本权利。社会主义民主“比资产阶级民主高一百万倍”。

从上述事实不难看出，社会主义国家的民主制度和法律制度同资产阶级的民主制度和法律制度确有某些相似之处，存在着历史的思想联系。资产阶级的民主制度和法律制度中的某些内容和形式，我们今天进行领导制度、政治体制改革的时候，在进行社会主义民主建设和法制建设的时候，应当借鉴和参考，也是可以借鉴和参考的。那种认为对资产阶级

① 《国家与革命》单行本，42 页。

② 《马克思恩格斯全集》第 22 卷，274 页。

③ 《法兰西内战》单行本，13 页。

④ 《马克思主义论国家》单行本，17 页。

民主制度和法律制度只能全盘否定，彻底批判，而不能继承和借鉴的想法和做法，不但在理论上不正确，而且对实践也是有害的。

那么我们在进行党和国家领导制度、政治体制的改革时，在进行社会主义民主和法制建设时，应当和可以借鉴资产阶级民主制度和法律制度中的哪些有益的内容和形式呢？我认为，资产阶级选举制度中的直接选举的方式做法，议员同选民经常联系的制度和方式，议会中设立各种常设的专门委员会，发挥议会作为权力机关立法机关的作用，加强议会对政府工作监督的制度，议会和议员质询政府工作的制度，对失职的国家机关公职人员罢免和弹劾的制度，选举国家机关公职人员的制度，对国家机关公职人员包括总统、总理、部长的工作态度和工作作风可以公开进行批评的制度，司法独立、公民在法律面前一律平等以及律师、公证制度等，就可以和应当借鉴和参考。这对于解决和改变我们国家长期存在的诸如权力过于集中，党政不分和以党代政、人代会不健全未能起到权力机关应起的作用，领导职务终身制，特权现象，有法不依，执法不严，违法不究，轻视法、忽视法等现象和问题，无疑是有作用的，对发展社会主义民主，健全社会主义法制也是有意义的。当然要从我国实际出发，要极其慎重，要有选择，要有分析和批判，不能简单照搬资产阶级的民主制度和法律制度的模式。简单照抄照搬是不会成功的，同时，一定要把资产阶级民主制度和法律制度的本质和形式，原则和做法严格区分开来。我们应当借鉴的是其形式和做法，对其本质和原则必须加以批判。对于资产阶级的两党或多党制、议会制、竞选制等等，我们决不能“借鉴”。

总之，正像经济上、科学文化上不能闭关锁国一样，我们在进行社会主义民主和社会主义法制建设上同样也不能闭关锁国，而要把眼界放宽些、远些，要看看当今世界各国的情况。只有在学习世界上其他社会主义国家的民主和法制建设的成功经验中，只有在借鉴和吸收资产阶级民主制度和法律制度中那些有益进步的因素的过程中，我国的政治体制的改革才能收到较好较快的成效，社会主义民主和法制才能真正加强，社会主义制度本身的优越性也才会充分显示出来，中国特色的社会主义制度才会以自己的英姿屹立于世界。

最后，我想顺便说一句，我们了解了西方政治法律思想产生和发展的历史，了解了它在人类思想和文化发展中的重要地位和意义，认识了它同马克思主义政治理论和法律理论的历史联系，认识了它对我国社会主义民主和法制建设的借鉴和参考作用，它既然如此重要我们就不难得出如下结论：必须重视和加强对西方政治法律思想尤其是对近现代资产阶级政治法律思想的研究，加强《西方政治法律思想史》课程建设，把它摆到法学教育中适当位置。任何轻视它、忽视它、削弱它的想法和做法都是错误的，都不利于我国法学的繁荣以及社会主义民主和法制建设的发展。

李昌道

美国平权措施的宪法争议*

——析联邦最高法院的两项判决

简介

李昌道，1931年生于上海市。长期在华东政法学院、复旦大学任教。现任复旦大学法学院教授、市政府参事、上海法学会副会长、上海仲裁委员会副主任。曾任复旦大学法学院院长、新华社香港分社高级研究员、上海市高级人民法院副院长、市政府参事室主任，全国政协第八届、九届委员，九三学社上海市委副主委。多次赴美、加、欧、日等国讲学、访问，出版各种论著达百余篇（部）。对香港基本法和香港法制素有研究，在新华社香港分社任职时，参加香港基本法的制定工作及研究香港普通法，其后一直长期追踪研究香港法制。在境内外出版《香港法制漫谈》、《香港基本法透视》、《香港法例三十章》、《香港政治体制》等多部著作，有关香港法论文近八十余篇。近期又发表《香港基本法第二十三条立法研究》、《香港近期事局》等论文。

* 原发表于《复旦学报》，2004（1）。

美国平权措施是在某些领域，给予少数族裔以特殊优惠，弥补长期来白人与少数族裔的历史不平等，保障宪法赋予少数族裔的平等权。但是从上一世纪七十年代以来，它却受到了白人挑战，白人提出这是对白人的不平等，违反了宪法的平等权。这一宪法争议特别反映在大学入学政策上，近期，美国联邦最高法院对此作了两项判决。

2003年6月23日，美国联邦最高法院宣布了两项判决，这将是2003年最重要的判决。第一项判决是《格鲁特对伯林杰》(Grutter V. Bollinger)，针对密歇根大学法学院的入学政策。第二项判决是《格拉斯对伯林杰》(Gratz V. Bollinger)，针对密歇根大学部的入学政策。密歇根大学是美国著名的八所“常春藤联盟”学校之一，为实现学生群体的种族多元化，该校在招生录取过程中实行少数族裔配额制的特殊政策。伯林杰是前任密歇根大学的校长，格鲁特是一位白人青年，于1996年申请密歇根大学法学院入学许可被拒。格拉斯也是白人学生，于1995年申请密歇根大学部入学许可被拒。[①] 格鲁特和格拉斯两人分别向联邦地方法院控告密歇根大学的入学政策对白人“反歧视”，违反联邦宪法第14条修正案所保护的“平等权”。两宗案由联邦地方法院一直打到联邦高等法院，各有胜负，最后一起上诉到联邦最高法院。

入学中的平权措施

密歇根大学法学院为了促进非洲裔、西班牙裔和印第安裔考生，在全院学生总数的比率，采用一项入学政策，将申请人的种族，列为优先考虑的因素；其他因素包括：大学平均成绩、法学院测验分数（LSAT）、社区服务、特殊才能等。至于密歇根大学部则更进一步规定，申请人总评分为150点；其中特殊才能最高可获5点，密歇根州居民获10点，校友的子女获4点，社区服务得5点等。可是非裔、西裔、印第安裔，学校自动给每一申请人加20点。满分虽是150点，但一位申请者若得到100点以上，便会被录取。换言之，只要是特定的少数族裔，便可自动得到1/5的优待加分。因此，一位白人和一位黑人如果其他成绩相同或相近（20点之内），黑人会被录取，而白人将被拒绝。

因此，所谓入学中的平权措施，就是大学在录取新生和分配奖学金时，在成绩相同或相近的条件下优先考虑非裔、西裔和印裔考生。密歇根大学院对上述三个族裔实行低于白人和其他族裔的招生标准，并还制定一套综合计分标准，凡综合分数超过100分的即自动录取。

---

① 陶龙生，平权措施与种族多元化，世界杂志（加拿大），2003（7）。

平权措施的宪法依据

上述两案受到全国关注，因为它们关系到平权措施是不是符合美国宪法这一关键问题，其主要宪法依据是美国宪法第 14 条修正案规定人民受平等的法律待遇。多年来，最高法院一再解释，政府对人民，不得种族歧视，政府既不能用种族去歧视和剥夺少数民族的权利，也不能用种族去优待少数民族；因为政府如果优待了特定的一群人，便是亏待了其他的族群。因此，应否在平权措施下，保留给少数族裔在某些范畴下的特许配额的优惠。

美国宪法第 14 条修正案于 1866 年通过，它与第 13 条修正（1865 年通过）、第 15 条修正案（1869 年通过），都是美国南北战争后给黑人公民权的宪法保障。宪法第 13 条修正案共两款，规定在合众国境内或受合众国管辖的任何地区内，除了用以惩罚已正式定罪的罪犯外，不准有奴隶制度或强迫劳役存在。宪法第 14 条修正案共五款，与此有关的为第一款规定，凡在合众国出生或归化为合众国而受其管辖的人，皆为合众国及其居住州的公民；并又规定，众议员人数，按各州人口分配，即黑人人口不再以 3/5 计算（不纳税的印第安人除外）。这使得黑人也包括在“出生或归化”美国的人，被赋予公民权。宪法第 15 条修正案共两款，宣布合众国或任何一州对于合众国公民的投票权，不得因种族、肤色或曾为奴隶，拒绝或剥夺之。由此可见，这三条修正案使联邦政府解放奴隶的政策宪法化，以宪法保障黑人的私人权利和公民权，抵制各州的歧视。这是美国黑人解放斗争的伟大胜利，是美国人民反奴隶制斗争的伟大胜利。②

但是，这些宪法修正案并不能给黑人真正宪法保障，长期以来，广大黑人仍遭受极端野蛮的种族歧视和隔离，主要在南方各州，并在全国普遍存在着法律上歧视和事实上歧视。第二次世界大战后，特别是进入六十年代，随着民族斗争日益尖锐化，黑人反对种族歧视、争取解放运动有了重大发展，进入一个新的更高的发展阶段。声势之猛，规模之大，发展之快，持续之久，在美国历史上是空前的，面对美国黑人日益高涨的斗争形势，美国政府一面进行残酷的镇压，一面又通过所谓民权法案，欺骗黑人和国内群众，转移群众视线。

二十世纪六十年代，在原有的民权法案基础上又颁布了四个：1957 年、1960 年、1963 年、1958 年。其主要内容为：规定“在选民登记中对不同种族的人，要采用统一的标准”不得歧视；规定“在使用公共膳宿处和公共设备方面，不得实行种族歧视”；规定“公立学校中要以消除种族隔离”；规定“就业机会均等”，取消在就业方面的种族歧视；规定“保障黑人公民权利的诉讼程序”等，都具体补充了美国宪法修正案。在此浪潮中，有些大学不仅取消种族隔离，而且又实行特许配额的优惠；并又扩大到西裔、印裔，因而引起全国

---

② 李昌道，美国宪法史稿，法律出版社，1986。

的争议。[3]

平权措施的最高法院解释

美国宪法第14条修正案等规定，人民受平等的法律待遇，法律面前人人平等，最高法院在适用此项宪法原则时有一项重要例外，即在下列两种情况之下，政府可以用种族为执行法律的标准，一是为了保护国家安全，二是为了弥补历史上的歧视后果。

“为了保护国家安全”而可以用种族作执行法律标准，这是从国家利益出发，如第二次世界大战时，政府隔离美裔日人是一例；目前美国政府加强监控阿拉伯裔居民又为一例。

“为了弥补历史上的歧视后果”，这是平权措施被视为合宪的基本理由，正如1965年美国总统约翰逊说“如果我们要受奴役二百年的黑人家庭的子弟，与处处受优待的白人子弟，在一条起跑线上起跑，怎么会有平等的结果？平权措施是弥补少数族裔在社会所面对的先天不利的环境，使他们得以和白人公平竞争”。

最高法院又一再宣布，凡使用种族作区分标准的法律，必须运用“严格的透视”（Strict Scrutiny）。“严格的透视”是必须寻求政府有什么“急迫的利益”（Compilling Interest），才会接受这种法律，确定它没有违反宪法所保护的平等权。如上所述美国政府为了国家安全，可以适度用种族作为执行法律的标准，这是因为政府有“急迫的利益”，必须保护国家安全，相反的，如果一项法律对某一群种族的人民特别不利，法院便要追问，这项法律是不是为了保障公众的“急迫的利益”。从这项“严格的透视”的严格标准来看，大部分人种歧视的法律，都过不了这一关，被宣布违宪。

上述的两种判决中，所面临的问题是：入学中的平权措施，既然使用种族作为区分标准（少数族裔特殊加分），它是否代表了政府的“急迫的利益”，而没有违反美国宪法？密歇根大学辩称，它的入学政策代表了“急迫的利益”，那便是促进校区的“种族多元化”。控告密歇根大学的几位学生则指控，“种族多元化”不是政府应保障的“急迫的利益”，平权措施是对白人的“反歧视”。因此，密歇根大学入学政策违反美国宪法。[4]

平权措施与布什政见

布什政府本来与本案无关，不必插足。但布什为了向右派分子讨好，便涉与诉讼，主张平权措施违宪。

美国著名民权领袖黑人牧师马丁·路德金于1968年被杀后，每年的1月15日作为他诞辰纪念日，按照惯例，美国政府要在这一天组织各种宣扬“种族平等”的纪念活动。而

---

③ 李昌道，美国宪法纵横论，复旦大学出版社，1994。

④ 徐冰，“倾斜”的“常识”，星岛月刊（加拿大），2003（1）。

今年（2003 年）布什却一反常态，在白宫发表讲话，点名批评密歇根大学对少数族裔学生的种族优惠政策。他在白宫罗斯福厅公然对记者说：这“容易造成纠纷，是不公平的，而且与宪法不符”。又说：“无论作为一个国家、一个政府还是个人，一旦发现现有歧视存在就必须格外小心对待。我们正在努力寻找种族歧视方面犯下的错误，因此不能以同样的手段（种族歧视）造成另外的错误，使得这种种族划分成为永恒。”⑤

布什这番话在美国国内引起轩然大波，公开挑拨白人和少数族裔矛盾，抨击所谓的对白人“种族歧视”。美国国内有人评论，这是布什在玩政治花招，借此推行他的极端化的民权立场。种族问题，一直是美国一块去不掉的伤疤。种族歧视，美国历史上有，直到今天，也依然存在。在此问题上，任何人随手可以拈出一大堆美国的不足。当然，美国有其自己国情，那就是历史上形成的种族不公平造成了事实不公平，到目前为止，有色人种的教育水准远低于白人。从这个角度来讲，在一定时间内和一定范围内，对有色人种实施政策倾斜，也是情理之中。有人说，分数面前人人平等，当然不应该是白人面前一律平等，或者少数族裔面前一律平等。但它应该有个时间概念，不应该在有那么多人还在号召向白人讨一个公道的时候，竟然大讲其公平，这不是无视历史吗？不是政治作秀吗？

平权措施的最高法院判决

联邦最高法院依据宪法原则，审查的理念，对有关平权措施作过多次判决，最近一次与本案相似的判决，即 1978 年巴基（Bakke）案。案情简况为，原告艾伦·巴基，两次申请加入加州大学医学院，两次遭拒。他向联邦法院控诉，指加州大学“反歧视”。原来加州大学医学院，每年招生名额 100 名，其中 16 名保留给特定少数族裔的申请人。巴基是白人，成绩优于受“保留名额”保障而入学的一些少数族裔学生，但巴基与那些给白人学生的 84 个名额竞争，却不成功。他在诉状中说，这种保留名额的入学政策，有利于少数族裔而有害于白人，以种族作为区分标准，这种政策违反了联邦宪法。

1978 年 6 月，最高法院宣判如下：(1) 公立学校不得以种族为基础而设立配额（Quota），保障特定少数族裔的入学名额。所以巴基胜诉。(2) 但公立学校仍然可以有弹性地对种族背景作优先考虑，以确保少数族裔与白人在竞争中机会平等。种族仍可为有利因素，因此，平权措施并未违宪。

上述两案，实质是向巴基案挑战，最高法院面临一项抉择，是遵从巴基案这项原则，还是去推翻它。2002 年 6 月 23 日，联邦最高法院对密歇根大学法学院入学政策，和对密歇根大学部政策，作了两项不同的判决。

有关前者，即格鲁特对伯林楼案，联邦最高法院 9 名法官以 5 票对 4 票裁定，密歇根大学法学院在招生时，对非洲裔、西班牙裔和印第安裔考生的政策，不违反宪法。因为法

⑤ 美国联邦最高法院维持大学招生中“平权措施”，东方网，2003 年 6 月 25 日。

学院没有设立“配额”，它们在审查申请人资格时，仅视种族为因素之一。对每一位申请人个别审查，对个人的成绩、考分和背景等作整体考虑，而种族虽然是有利因素，却不是决定性的因素。因此，密歇根大学法学院的入学政策，没有违反宪法赋予白人学生的平等权。⑥

由此可见，联邦最高法院一方面确认巴基案是有拘束力的前例，另方面又进一步发展，认为“种族多元化”是政府应保障的“急迫的利益”。平权措施是达到保障“多元化”的目标的必然手段。尽管平权措施是以种族为基石，但是，由于它是保障“多元化”的“急迫利益”，因此，在“严格的透视”之下，仍然是合法的。

结　语

平权措施是以种族来决定待遇，区分执行法律的依据，是一项“可疑”的法律观念和行为。对此，美国司法实践、法学教学，不同政治倾向人士，不同肤色人种，长期来都有争议。今日联邦最高法院判决，比25年前的巴基案更进一步，它认为“多元化”为政府应保障的“急迫的利益”，而视平权措施为保障这项利益的要途。也就是说，如果有“急迫的利益”作基础，再通过法院的“严格的透视”，用种族分类标准的法律，仍可认定为合宪。这两项新判决，都有利于“种族多元化”和平权措施，认定在一定条件下的合宪。由于美国是判例法国家，联邦最高法院的判决犹如一言九鼎，这是当前美国对平权措施宪法争议的最新认定。

参考文献：

[1] 陶龙生，平权措施与种族多元化，世界杂志（加拿大），2003，(7)。
[2] 李昌道，美国宪法史稿，法律出版社，1986。
[3] 李昌道，美国宪法纵横论，复旦大学出版社，1994。
[4] 徐冰，“倾斜”的“常识”，星岛月刊（加拿大），2003（1）。
[5] 美国联邦最高法院维持大学招生中“平权措施”，东方网，2003年6月25日。
[6] 麦世文，平权议论，星岛月刊（加拿大），2003（1）。

⑥ 麦世文，平权议论，星岛月刊（加拿大），2003（1）。

林 明

多元思想背景下的伦理法制*

——兼议东晋南朝法律思想的时代特点

简 介

林明，1955年生，山东栖霞人。1982年毕业于山东大学历史系。1988年在山东大学法律系中国法制史专业研究生毕业。现任职山东大学法学院教授、副院长，兼任中国法律史学会常务理事。主要从事专业为中国法律制度史和中国法律思想史。

* 原发表于《法学论坛》，2004（1）。

东晋南朝时期，玄学的实际影响日益扩大，已深入到社会生活的各个领域，儒家独尊的地位发生动摇。晋室南迁后，作为晋王朝统治支柱的北方士族大批逃往江南，在剧烈的社会动荡面前空虚绝望，而其在意识形态上的主要表现，就是玄学的发展和佛教的盛行。一般认为，在东晋和南朝时期，由于江左士人大都崇尚释老，热衷玄学，轻视名法，咸不以鞫狱为要务，而以清谈为高逸，以致造成“江左以清谈相尚，不崇名法，故其时中原律学，衰于南而盛于北”[1]的局面。那么，儒家正统思想在受到玄佛等思想的冲击而发生动摇之后，在江左统治集团治国方略中处于何种地位？真的毫无作为了吗？他们是如何看待、修复和适用儒家学说的？儒家思想在与各家思想的论争和融合过程中是如何继续对封建法制产生影响和发挥作用的？这一时期的政治法律思想是否修正了传统的儒家学说？这都是值得研究和回答的问题。

一

东汉后期，尤其经过东汉末年黄巾大起义的荡涤，以谶纬迷信为中心的儒家神学宣告破产。东汉统治阶级所提倡的儒家名教之治，已丧失维系人心的效能而渐趋衰微。在曹魏政权支持下，一部分封建士大夫又看中了“独尊儒术”后被罢黜的先秦诸子学说中的名学和法学的思想学说。因为名法之术，能适应曹魏时期“术兼名法”、“用人唯才”的政治需要；而名法思潮则成为后来魏晋玄学思想的萌芽。西晋时形成门阀世族统治，玄学思想即在西晋士族腐朽生活的基础上得以泛滥。在这一时期的意识形态领域中，儒家思想已经丧失其支配的地位，进入衰运。虽然在西晋时期，由于统治者采取了一些改良办法恢复生产，使中原经济出现活跃现象，形成所谓太康之际的“繁荣”，反映到地主阶级的思想意识上，被认为是儒家政治复兴的象征，于是一度沉寂的儒家思想开始给予玄学派以猛烈抨击。但是在西晋儒玄两家的思想交锋中，儒家思想一直处在劣势的地位。

到东晋南朝时期，道、佛二教兴起，成为维护门阀世族统治的新的思想武器。由于佛学的兴盛和儒、佛、道、玄四家分离结合，争论调和，在古代思想发展史上呈现出战国时期以来的又一次“百家争鸣”的局面。东晋时期，就玄学而言，思想界讨论的主题已不是名教与自然的关系，因为这一命题已经在郭象哲学那里得到了解决，标志着玄学理论的发展达到了自身的极限，以至东晋时期玄学理论再难有重大突破。当然，这并不表示玄学理论家完全沉默。面对当时严重的阶级和民族矛盾，以及战乱带来的生离死别等痛苦，思想界关注的中心已不是现实政治问题，而是个人的生死解脱问题。在这个问题上，玄学派仍然力图予以解答，张湛的《列子注》就是代表作。张湛的思想是复杂的，在当时的社会背景下，他一方面宣扬“任其自然”的纵欲主义思想，在《杨朱篇注》中他说：“当生之所乐者，厚味、美服、好色、音声而已耳。而复不能肆性情之所安，耳目之所娱，以仁义为关健，用礼教为衿带，自枯槁于当年，求余名于后世，是不达乎生生之乐趣也”。就是要人们冲破封建礼法的一切束缚，尽情地去追求人生之乐趣，至于国家兴衰，政权存亡，都不用去考虑。这种放纵人生的观点，充分反映了东晋统治者和世家大族在阶级矛盾和民族矛盾十分尖锐的情况下，既无力解决这些矛盾，又想苟且偷安、追求享乐的颓废没落的思想情绪。另一方面，张湛也试图去解答生死解脱这一时代课题。他在《列子注序》中，提出了其解脱理论的命题是：“群有以至虚为宗，万品以终灭为验。”就是说，太虚是宇宙的母体，万事万物都要最终消灭，融汇到太虚之中去。与太虚为一体，则得到了永恒的解脱。但是，执著于现世生命价值的贵族士大夫们，不可能从最终肉体消灭的理论中得到解脱，相反，他们最能接受的是肉身成仙或灵魂不朽。在这个问题上，玄学的回答是软弱无力的，而佛教道教的优势则正在于此，尤其是佛教，由于它更适应玄学造成的注重思辨求理的理性主义文化环境，所以迅速发展起来，成为东晋南朝的思想主流[1]，以至于当时一些帝王都崇尚释老，弃道归佛。

与佛教成为江左思想主流的同时，玄学的影响仍在日益扩大。据思想史的一般规律，某种理论创新的停滞并不等于实践影响的削弱。相反，一种学说的真正流行，有时并不与某种思想学说的创立同步。玄学也是如此，东晋时期，尽管玄学理论创新不多，但其社会影响却日益扩大。这种影响扩大的主要表现是，它不仅仅是一种理论，而且转化为一代知识分子官员的自觉实践。面对由于过度放纵导致政务弛废而加速西晋覆灭的历史教训，士族名士们大都身体力行名教与自然同一的玄学主张，表现为礼玄双修，清谈与政务两不误。当时，像王导、谢安之类的风流名士，同时又是支持东晋偏安局面的政治家和军事统帅。此外，玄学在江左影响扩大的另一标志是，它开始逐渐渗入政府的官学中，与传统的经学并列。自正始玄学创立直至东晋，尽管玄学著作大量出现，并在知识界广泛流传，但却一直没有取得正式的官学地位。这一状况自东晋中期以后才有所改变。据《宋书·隐逸·雷次宗传》：元嘉十五年，宋文帝征雷次宗到京师开馆办学，“会稽朱膺之、颍川庾蔚之并以儒学监总诸生。时国子学未立，上留心艺术，使丹阳尹何尚之立玄学，太子率更令何承天立史学，司徒参军谢元立文学。凡四学并建”。《建康实录·卷第十二》说，元嘉十五年冬十月，“立儒学于北郊，延雷次宗居之……明年，丹阳尹何尚之立玄学，著作郎何承天立史学，司徒参军谢元立文学，各集门徒，多就业者”。由此可见，玄学作为一个独立的学科在南朝宋时的官学中已开始与经学并立，此后玄学作为独立的学科，一直存在于南朝的官学中。总之，在这一时期的思想界中，玄学与佛学处于主流地位。

二

毫无疑问，玄学是魏晋时期影响最大和最富有时代特色的学术思潮，但是我们又看到它并没有取得像汉代儒学以及后来的宋明理学那样的官方独尊地位。魏晋南朝的思想界是多元的，官方哲学也是多元的。从纵向发展看，玄学对官方意识形态的影响随着时间推移而日益加深，但从横向断面看，即从意识形态各个层次的影响看，其作用程度并不尽相同。

首先，江左时期封建皇权仍是主要统治形式，作为封建皇权伴侣的儒家的天命观始终是其存在的精神支柱。这一点，并没有因为玄学的出现而对其发生动摇。在这一时期，每当王朝更替之际，新兴的皇权都把天命和谶纬神学作为登基根据。东晋元帝司马睿建立东晋王朝时，就用了谶纬之学来论证自己登位的合理性。南朝的换代之时，新登基的皇帝也都是用接受天命来解释王朝变更的。另外，所谓"祥瑞"、"灾变"都被视为天人感应的大事对待，以此决定军国大计和重要官员任免的例子不胜枚举。

其次，在统治者治国的实际指导思想方面，儒家学说仍然占据主导地位。南朝宋武帝刘裕称帝之后，重视儒学，广兴学校，下诏曰："故爰自盛王，迄于近代，莫不敦崇学艺，修建庠序"。要求"选备儒官，弘振国学"[2]。宋文帝刘义隆在当政的三十年间，实行安国宁民的政治法律措施，以传统的儒家思想作为统治之术，强调"本立化成"，他所谓的"本"，即儒家思想的精义，封建的伦理纲常。南陈统治者鉴于梁季丧乱，刑典滋繁，思革其弊，重申儒家德刑并用，务存平简的立法指导思想，主张治民必须以礼义教化为主，反对苛法严刑，认为"惟刑止暴，惟德成物"。南朝一部分士大夫官僚代表人物，出于巩固中央集权统治的需要，提出了许多重建儒家思想统治的观点与建议。他们作为上层统治集团的重要组成部分，这些观点和主张对当时的政治法律制度以及南朝的法律思想都产生过重要影响。元嘉年间曾任御史中丞的傅隆强调礼义纲纪是治乱兴亡的根本。他在申明礼之大义时说："夫礼者，三千之本，人伦之至道。故用之家国，君臣以之尊，父子以之亲……所谓极乎天、播乎地、穷高远，测深厚，莫尚于礼也。"[3]孝武帝时录事参军周朗亦说："凡治者何哉？为教而已。今教衰已久，民不知则，又随以刑逐之，岂为政之道欤。"他主张"男子十三至十七，皆令学经；十八至二十，尽使修武。训以书记图律，忠孝仁义之礼，廉让勤恭之则"。通达礼教经书者擢之，"经不明"者则"不足取"。在他看来，礼教是经国治世的根本，若不能掌握，则无入仕的资格。[4]南齐崔祖思强调，治国必以礼教为先。他说："《礼》、《诰》者，人伦之襟冕，帝王之枢柄。"在论及德化的作用时他认为："论儒者以德化为本；谈法者以刻削为体。道教治世之梁肉，刑宪乱世之药石，故以教化比雨露，名法方风霜"，他同意这种比喻关系，并说："是以有耻且格，敬让之枢纽；令行禁止，为国之关楗。"[5]可见，他们这些人仍是以正统儒家所主张的纲常礼教和德主刑辅说作为立论出发点的。

最后，江左时期以儒家学说为治国的指导思想，还表现在儒家思想对立法实践的影响上。众所周知，南朝以因袭晋律为始终，各朝虽有自己的法典，但其基本精神和内容都是晋律的继续。而晋律在法律史上的地位，则是以礼律并重著称。① 礼律并重并非始自晋律，但在唐律之前，晋律在这方面表现尤为突出。一是晋律在汉律一定程度儒家化的基础上，

---

① 瞿同祖先生在《中国法律之儒家化》一文中，引陈寅恪语云："古代礼律关系密切，而司马氏以东汉末年之儒学大族创造晋室，统制中国，其所制定之刑律尤为儒家化。"瞿先生评价说："确为定论。"

进一步遵循和吸收儒家礼的精神和某些规范原则，如晋律重奸伯叔母之令；父母死，吏民必须依礼居丧；崇嫁娶之要，以下聘为正等规定，都反映了礼的精神和规范已被吸收进法律内容之中。二是首创以服制定罪，明确提出“竣礼教之防，准五服以制罪”的刑法原则，成为封建社会法律依服制定罪的开端。三是立“存留养亲”制。从孝道的“尊亲养老”和家族主义“慈孝”原则出发，凡罪名在十恶以外，即使犯死罪也往往因亲老疾废而留养，缓其执行。从晋代开始就有罪至弃市而亲老无侍，特免死刑执行的案例记载。南朝法律在继承了上述制度外，南陈律还创立了“官当”制，允许封建官吏以官当徒，这同样也是儒家所主张的“刑不上大夫”思想的法律化表现。

总之，儒家思想在实际政治生活中的指导地位，在整个东晋南朝时期，并没有发生根本动摇。即使在西晋末年，放达之风部分影响政治实践的情况下，官方的文告也从未放弃承认儒家政治观点的合法地位，至东晋，政治生活中的自由倾向被迅速克服，外儒内法的治国方略被进一步确立并坚持下去。

三

情、礼（或理）、法的结合，在中国传统宗法社会中，是一个永恒的话题，也是封建统治者在司法实践中力图协调解决的一个棘手问题。东晋南朝的统治者已经开始认识到“情礼兼列”② 的方法，即要以情来充实、改革礼法内容，使情礼法协调，也即缘情制礼、因礼施法，礼法的施行不能违背人情。实际上，关于情与礼的关系以及礼与法的关系，在儒家那里早就有了定论和解决的方法。江左时期重提这一问题，并且实行断案过程中强调礼律必须与情理相适应的原则，说明了儒家学说在重建过程中对司法实践的影响。《晋书·刑法志》说：“及于江左，元帝为丞相时，朝廷草创，议断不循法律，人立异议，高下无状。主簿熊远奏曰：礼以崇善，法以闲非，故礼有常典，法有常防，人知恶而无邪心……凡为驳议者，若违律令节度，当合经传及前比故事，不得任情以破成法。”虽然熊远在谈及礼、法、情的作用时，主张“皆当引律令经传，不得直以情言”，但却清楚地说明东晋南渡之初“任情以破成法”的做法，在司法领域中已经习以为常。并且，礼与律并论、情与法相应，一直延续到整个南朝时期而未有改观，尤其晋律所创制的一些法律原则和礼教化的法律思想，直接对南朝各代产生了重要影响。因而这一时期，除了法典的内容已为儒家伦理思想所支配外，在司法实践中对待和处理一些具体案件时，时常可以看到司法者们既坚持用法律维护最基本的统治关系，又用礼教的基本精神提出符合伦理人情的处理原则和方法，其中许多原则和方法已成为古代法律儒家化内容的重要组成部分。以下试举几例为证：

（一）关于亲属复仇

两汉以来，封建法律不再允许民间私相复仇。为制止复仇事件的发生，法律并有移乡

② 《晋书·袁宏传》：“君亲自然，匪由名教；爱敬既同，情礼兼列。”

避仇之制。南齐永明年间，吴郡人朱谦之为报父仇刃杀朱幼方，后自系诣狱请求处罚。齐武帝萧赜知道此事后，“嘉其义”，赦其死罪，又恐两相报复，遣谦之于他乡以避仇。临行，朱幼方子恽为报父仇，伺杀谦之，谦之兄选之又刺杀恽。对于这样一起为报家仇，互相残杀之案，按当时历朝严禁民相报私仇的法令，是应当予以严惩的。但有司报于萧赜，他却说：“此皆是义事，不可问”，悉赦之。[6]同案，南齐廷尉孔稚圭公开以礼义观点为朱谦之开脱，他说：“礼开报仇之典，以申孝义之情；法断相杀之条，以表权时之制。谦之挥刃斩冤，既申私礼；系颈就死，又明公法。今仍杀之，则成当世罪人；宥而活之，即为盛朝孝子。杀一罪人，未足弘宪；活一孝子，实广风德。”[7]可见，这种因“义”犯法，“理”有可原的做法，自帝王至执法者皆认为是“义举”，并想方设法原宥其罪。缘情定罪、以情理而屈国法之意溢于言表。用情理断狱还有一种情况，按礼，父之仇不共戴天，但家族内部祖孙应否相仇呢？宋元嘉年间，有郯县人黄初妻赵氏打死儿媳王氏。这是一起按礼与法都很难处置的棘手案件，因为王氏之子如果复仇，其对象就是他的祖母。当时，赵某遇赦应徙送他乡以避孙仇，临川王刘义庆认为应当“求之法外，裁以人情。且礼有过失之宥，律无仇祖之文”。他主张，其孙应“忍愧衔悲，不违子义，共天同域，无亏孝道”[8]。这就是说，常人之仇，“义许必报”，而家内骨肉相残是“道乖常宪”，应当忍辱含悲才是。对于此案，御史中丞傅隆认为：“原夫礼律之兴，盖本之自然，求之情理，非从天堕，非从地出也。”礼律原本就是适应情理而适用的。他根据法令“凡流徙者，同籍亲近欲相随者，听之”的规定，主张赵氏的子孙都应相随而去，此“孙祖之义，自不得永绝，事理固然也”[9]。按律移乡避仇，此案赵氏应避儿媳期亲于千里之外，但傅隆却主张赵的仇人即其孙也应当随去，这岂不与避仇之制大相径庭？然而这正是傅隆的本意，即“子孙无仇祖之义”，父子祖孙不应互相残杀，全家合睦，才大通情理。这种以情亏法的做法，从根本上讲，仍是遵循了儒家“导民以孝，则天下顺”的信条。

（二）关于不孝治罪

古代人的孝观念和对于孝道的尊崇在古代伦理政治中占举足轻重的地位，使之从很早就与刑罚产生了关系。南朝各代对于这种违犯封建礼教的行为，虽然没有概括成像北齐律中“十条重罪”之一的“不孝”罪那样具有明确、具体的特定含义，但“不孝”是违背情理的重罪，必须严惩，则早已深入人们的法律意识中。

刘宋大明年间，沛郡民唐赐因得病吐蛊虫，临死嘱其妻死后刳腹出病，妻照办。后郡县以其妻忍行刳剖，其子又不禁止，“事起赦前，法不能决”。三公郎刘勰认为，其妻遵其留言，其子识理，“考事原心，非存忍害。谓宜哀矜”。吏部尚书顾觊之以为不然，他说：“法移路尸，犹为不道，况在妻子，而忍行凡人所不行。不宜曲通小情，当以大理为断，谓副（其子）为不孝，张（其妻）同不道”，诏如觊之之议。[4]本案遵嘱刳剖死人，判为不道，而其子因不能制止，竟被以不孝罪名弃市。这种因服制关系重判的做法，被阐释为“以大理为断”，“大理”，也就是儒家一贯倡导的纲常名教和家族伦理关系。

而个案的例外宽宥又反衬出以情理断案的做法。宋永初年末，民人尹嘉家贫，其母自卖贴钱为嘉偿债，嘉坐不孝当死。当时法律规定：母告子不孝，欲杀者许之。治书侍御史何承天认为："其所告惟取信于所求而许之。谨寻事原心，嘉母辞自求质钱，为子还债。嘉虽亏犯教义，而熊（其母）无请杀之辞。熊求所以生之而今杀之，非随所求之谓。"就是说，律文是父母所求官府欲杀，皆许之。而其母自愿卖身质钱为子还债，并无请杀要求，案之情理，则应宽减。何承天说："明德慎罚，文王所以恤下；议狱缓死，中孚所以垂化。言情则母为子隐，语敬则礼所不及。今舍乞宥之评，依请杀之条，责敬恭之节，于饥寒之隶，诚非罚疑从轻，宁失有罪之谓也。"[10]其主张用儒家的明德慎罚观和原心定罪的方法处理此案，既不妨碍统治阶级的利益，又可收封建法律"以德化人"的功效，这也正是他们的虚伪和高明之处。

（三）关于亲属有罪相为隐

自汉律首开亲亲得相首匿制之后，历代都承认亲属相容隐的原则，同时亦禁止亲属相告讦。在亲属相隐的原则下，南朝在审案时令家人出庭作证"明言父祖之罪"，被认为是"亏教伤情"的不孝行为，自然须加禁止。自此，法律不再要求子孙作证。但是，如果尊长告卑幼，且所告为重罪而属实，如何处理呢？是适用亲属相隐还是自告免罪呢？何叔度在东晋末年任尚书时就遇到这样的情况。吴兴民王延祖为劫，其父王睦告官并缚送官府。按法律规定，凡劫身斩刑，家人弃市。其父既自告，如何处置于法有疑。何叔度认为："设法止奸，本于情理，非谓一人为劫，阖门应刑。所以罪及同产，欲开其相告，以出为恶之身。睦父子之至，容可悉共逃亡，而割其天属，还相缚送，螫毒在手，解腕求全，于情可愍，理亦宜宥。"[11]本案，王睦父子按容隐之制"可悉共逃亡"，但其大义灭亲，"割其天属"，这种做法在他看来合乎立法者"设法止奸本于情理"的初衷，因此，"于情可愍，理亦宜宥"，其他家人也应并合从原，他的意见被采纳。可见在人们观念中既许容隐，以严干名犯义之禁，同时又许对重罪自首免罪，情、理、法在这里得到了完美的结合，家与国的利益都得到了照顾。

总之，类似上述案情，无论其性质如何，司法者们都是以儒家伦理人情的基本原则和服制上亲疏尊卑关系之远近作为执法依据的。

四

儒家思想在呈现衰运后在法律中的地位没有发生动摇，仍然是东晋南朝法律的指导思想，并贯穿到司法实践中而呈现出鲜明的时代特色，这是因为：

第一，建立在一定经济社会基础之上的政治、法律制度以及与其相适应的社会意识形态，总是随着经济基础和社会发展变化而相应调整变化的。但社会意识不仅仅是社会存在的消极反映和表现，它还有相对独立性的一面，即社会意识在反映社会存在的同时，还具有遵循其自身独特发展规律而存在和发展的性质。其相对独立性的表现之一，就是社会意识形态的发展具有历史继承性和延续性。儒家学说自西汉武帝时被确立为统治阶级思想意识形态以来，至魏晋南朝时期已有四五百年的历史，在此时虽然受到各家思想的严重挑战，其统治地位大为下降，但其思想影响仍然很大。江左的士族门阀既提倡“尚自然”、“崇名教”的玄学，利用道家老庄思想，但也宣扬儒家的纲常礼教思想，以维护门阀士族的等级制度，儒学的礼教观念仍占一席之地。封建统治者们设立太学，讨论经义，经学的研究始终没有中断。稍后佛教的流行虽对思想界影响极大，但也始终未能完全取代儒学的传统地位。如以南梁为例，佛教到梁武帝时已进入全盛时期，但梁武帝萧衍并不是废弃儒学，而是倡导使用儒学和佛教两套办法，他下诏提倡经术，在建康设立五经馆，置五经博士，并修成五礼千余卷颁布施行。这就说明，儒家思想在这个时期即使衰落，在政治上仍然保持崇高的名义。作为一种传统的政治统治工具，废弃儒学而专行佛道，在事实上也是行不通的。要想维持和巩固封建统治秩序，还必须依据儒学的整套治国方略。

第二，换一个角度看，儒学在官方政治法律思想中的指导地位与学术界的主流思想即玄学的理论和实践并不矛盾。正统玄学的政治理论特点就是要求将外王与内圣相结合，名教与自然相结合。在政治实践中，要求行以儒法之术，以成为“外王”；在个人生活领域，则自由放任，以心性自然去冥内达到“内圣”。这是士族的双重性格，也是玄学理论的双重性格。因此，假定正统玄学既使成为官方哲学，那它在政治生活中的表现形象必定也只能是以礼法的面貌出现，而与传统儒学无根本差异。由此可见，玄学本身的特点，就决定了它在这一时期意识形态中的作用，不可能表现在经邦治国方面，而是作为一种人生哲学，调节双重人格的士族阶级的心理平衡，并通过士族社会文化心态的平衡，间接地为社会的安定和发展创造条件。此时的社会意识形态虽呈现多元局面，但玄、儒、佛、道各家思想并行不悖，都是从各自不同方面，为封建统治阶级的不同需要提供思想服务而已。

综上所述，东晋南朝的统治者，虽然面对社会动乱和南北民族冲突的现实，借用玄学和佛学思想作为统治工具，但是玄佛思想并未根本动摇以儒学理论为基础的正统法律思想的地位，儒家思想仍然对江左各朝的立法和司法实践活动产生了直接影响。在这一时期，随着社会大变化导致巩固政权的政治需要以及统治阶级长期政治经验的积累，中国封建法律儒家化的进程进入了一个新的阶段，并为隋唐法制正式完成这一进程打下了理论与实践的基础。

参考文献：

[1] 程树德．九朝律考（卷四)．南朝诸律考．上海：商务印书馆，1955. 311 页

[2] 王晓毅．中国文化的清流．北京：中国社会科学出版社，1991. 286 页

[3] 沈约．宋书．卷三．武帝下．北京：中华书局，1974. 51 页

[4] 同前书，卷五十五．傅隆传．北京：中华书局，1974. 1550 页

[5] 同前书，卷八十二．周朗传．北京：中华书局，1974. 2089 页

[6] 萧子显．南齐书．卷二十八．崔祖思传．北京：中华书局，1972. 517 页

[7] 萧子显. 南齐书. 卷五十五. 朱谦之传. 北京：中华书局，1972. 962 页
[8] 沈约. 宋书. 卷五十一. 宗室列传. 北京：中华书局，1974. 1475 页
[9] 沈约. 宋书. 卷八十一. 顾觊之传. 北京：中华书局，1974. 2079 页
[10] 沈约. 宋书. 卷六十四. 何承天传. 北京：中华书局，1974. 1701 页
[11] 沈约. 宋书. 卷六十六. 何尚之传. 北京：中华书局，1974. 1732 页

吴永明

民国前期新式法院建设述略*

简介

吴永明， 1970年生，江西大余人，中共党员，上饶师范学院副院长，法学教授。2003年毕业于南京大学，获史学博士学位，同年进入中国人民大学法学博士后流动站从事研究工作，主要研究领域为法制现代化理论、经济行政法、法律文化学等。

先后出版《理念、制度与实践：中国司法现代化变革研究》（法律出版社，2005）、《太阳旗下的罪恶——侵华日军上饶细菌战揭秘》（江西人民出版社，2005）专著二部，出版《中国政治通史◎第九卷》（泰山出版社，2003）等合著三部，在《中国工业经济》、《经济社会体制比较》、《民国档案》等发表论文三十余篇，多篇文章被《新华文摘》、人大复印资料《法理学、法史学》转载；主持国家博士后基金项目、全国教育规划项目、教育部重大招标项目等省部级课题近二十项，并承担侵华日军江西细菌战与战争遗留问题调查研究国际合作项目。

荣获江西省第八届、第十一届社科优秀成果著作类二等奖，江西省高校第十届人文社科优秀成果二等奖，全国纪念抗战胜利六十周年优秀论文成果一等奖等。曾应邀赴美讲授《中国现代法制》本科课程，作为外交部“中国青年科学家代表团”成员赴法学习交流。

入选江西省新世纪“百千万”人才工程一、二层次人选，江西省高校法学学科中青年带头人，江西省社联理事、省青联常委，江西师范大学法理学、宪法与行政法学、法律硕士研究生导师，江西财经大学法学院兼职导师。被评为江西省第十五届“十大杰出青年”，享受省政府特殊津贴。

* 原发表于《民国档案》，2004（2）。

民国建立，援用前清法律，《法院编制法》得以继续施行。审判采四级三审制度，新式法院分为初级审判厅、地方审判厅、高等审判厅、大理院四级。民刑案件分为初级管辖、地方管辖、大理院特别管辖三种。初级厅管辖案件以地方厅为第二审，高等厅为终审，地方管辖案件以高等厅为第二审，大理院为终审；大理院特别管辖案件，第一审即终审。此一时期，共和新建，司法独立的宪政理念处处流布，自理论上而言，法院建设应当适逢其时。然而，历史现实却是民国开基十数年间，政潮迭起，军阀割据，财政也匮乏无源，社会生活秩序无常，实属近代中国最为动荡的岁月。新式法院建设即在这样的时代背景下逐步开展。

一

1912年2月，南京临时政府司法部即咨文各省都督，要求调查审判厅、检察厅及监狱建设情形，文曰：

> 本部成立，拟实行司法独立，改良全国裁判所及监狱，以保护人民生命财产，亟应统筹全局，力图进步，现正督饬各职员分科办理。但因民国初建，本部既无卷案可稽，各省司法事务多不一致，非自行调查明确，不足以谋司法之改良。特请各省都督办理下列事务：（1）咨送裁判所及监狱调查两表样式，请转饬所属各府厅州县，将所有审判、检察各厅及监狱，已成立者若干处，按表式分别填写；（2）凡未成立审判、检察各厅及监狱者，应规仿新制，赶速设置，总期逐渐改良完善，一扫从前黑暗时代之恶习。①

同时，司法部根据《临时政府组织大纲》中“临时大总统得参议院之同意，有设立临时中央裁判所之权”的规定，拟定《临时中央裁判所官制令草案》，呈送大总统。呈文指出：本部经已成立，所有全国裁判所各官职令，自应陆续编定，以重法权，而便执行。该草案由孙中山发送法制局审定呈复，但在南京临时政府存续期间并未完成立法程序。②

由于南京临时政府存续时间短暂，加之政局未定，军事浩繁，无法进行大规模建设。新式法院的组织建设，主要在北京政府时期得以逐步实施。

1912年5月，袁世凯发布大总统令，称：“司法总长王宠惠呈称，大理院正卿刘若曾等辞职，已蒙批准。审判不可中断，即法官不可虚悬。惟大理院正卿、少卿等官名不适于民

① 转引自张晋藩总主编：《中国法制通史》第9卷，415页，法律出版社，1998。
② 《大总统令法制局审定临时中央裁判所草案文》，《民立报》1912年3月12日。

国制度，现在《法院编制法》修正颁布尚需时日，新法未施行以前，应先更正其名称，而宜暂仍其组织，以便继续执行等语。大理院正卿可改为大理院长，少卿一席著裁撤，余暂如旧。俟《法院编制法》修改后，一律更正。”③

当时，全国有县制行政区域1 700余处，若遍设法院，略计需法官15 000人，岁费则在5 000万元以上。④ 面对如此艰巨任务，从事司法建设的中央地方各界，努力求进，按照《法院编制法》⑤ 要求，在前清新式法院建设的基础上，次第筹建。截至1914年初，全国共建成大理院1所，高等地方厅120所，初级厅179所，设立审检所之县有900余处。⑥ 达到自清末司法改制以来的高潮，可谓是新式法院建设的“全盛时代”⑦。

对于新式法院的建筑方式、内部构造及布置，司法部没有定式。以直隶高地审厅为例。直隶高等地方两厅同在一处，位于天津商埠内，前临马路，交通便捷。法院房屋建自前清，坐北朝南，前有围墙一道。正中四合形二层楼房一座，四周皆有平房，规模尚属可观。高审厅共有法庭四处（民刑各二），评议室二处，复设有民刑候审室、律师休息室等。地方厅共有法庭八处，除大法庭一处在前楼下东头，面积颇为阔大外，其余民事法庭四处，刑庭二处，预审庭一处，均极狭小，旁听席亦少，且多未设围栏。其民事候审室及刑事候审室，系分别男女设置，民事男候审室并分别原被告。证人、鉴定人亦各设专室。各室设于前平房及东平房之内，面积均小。律师休息室、华洋诉讼人候审处，则设于东楼下面，面积颇为宽阔，设备亦属完善。所有厅内房屋，尚属清洁。⑧

其余如山东高地审厅，与高地检厅四厅同在一处；山西高等审判厅署，系前清臬司衙门改造而成，局面宏敞，气象庄严；河南高等审判厅署为前清考棚，面积虽甚宽广，而房屋颇不适用；江苏高等审判厅署原为前清臬司衙门，前面改建洋式，局面颇为宏壮；安徽高等审判厅署系由前清提学使署附设之学务公所改建，前筑西式门墙，外表颇为壮丽；江西高等审判厅署原为前清学院衙门，局面虽然宏敞，而房屋颇嫌散漫等。⑨

但是，随着袁世凯帝制自为思想的膨胀，北京政府的主要精力在于控制军事，强固集权统治，加之财政拮据，故对法院建设，逐渐取消极态度。不仅态度消极，袁世凯还对独立之司法常感芒刺在背，欲除之而后快，“当民一（年）时，袁氏颇欲尽废新立法院，恢复

③ 《临时大总统令》，《政府公报》1912年5月18日。

④ 参见季手文：《司法制度刍议》，载《法学会杂志》第3期。

⑤ 1912年12月，中央司法会议曾公布《法院编制法草案》，与前清编制法相比，只是做了一些称谓上的改变，如推事改称判事官、检察厅改为检事局、检察官改称检事官，承发吏改称执达吏等，并无实质上的改变。但民国前期实际施行的仍为前清之编制法。参见《司法例规》，司法部1915年重刊，上册，16～30页。

⑥ 参见王宠惠：《二十五年来中国之司法》，载《中华法学》，第1卷第1号。

另据 The China Year Book 1913年统计，中国22省中有高等审判厅19所，地方厅113所，初级厅197所。转引自张朋园：《梁启超与民国政治》，125页以下，食货出版社，1981。

⑦ 张一鹏语。参见张一鹏：《中国司法制度改进之沿革》，载《法学季刊》，第1卷第1期。

⑧ 法权讨论委员会编：《考查司法记》，编者刊，58页，1924。

⑨ 法权讨论委员会编：《考查司法记》，59页。

旧制。任公（即梁启超）力争之……其间几费周折，司法新制始保存以有今日”⑩。1913年宋教仁被刺，案涉袁党要角、时任国务总理的赵秉钧，上海地方审判厅票传赵氏出庭候讯，赵颜面尽失，不得不称病请辞总理职。袁世凯更是愤懑难耐，“知欲锄异己，法界必当收为我用”⑪。同时，由于各省新立法院颇多，“又系初办，弊病自不能免，遂贻旧派人口实，攻击甚烈”⑫。于是，裁撤新式法院之议遂出。

先是1913年12月，袁世凯颁大总统令整顿司法事宜。令曰：“建国以来，百政草创，日不暇给，新旧法律，修订未完。或法规与礼俗相戾，反奖奸邪，或程序与事实不调，徒增苛扰。大本未立，民惑已滋……应饬令各省民政长官，会同高等审检厅，揆度情形，分别划改。”⑬ 这一命令实为日后裁撤审检厅之张本。

次年3月，热河督统姜桂题迎合袁氏需要，会同各省都督民政长电呈大总统，内称：

> 窃维司法独立，固属宪政精神，而建设法庭，亦为文明国所不可少。固必审国家财力奚若，人民程度何如，而后因地因时，循序渐进，乃能推行尽利，不至于病国害民。溯我国近数年来，效法泰西，各省既设高等审检两厅，更于各属分建地方初级各厅并审检所。侈谈美备，不惜资财，藉口法权，专工舞弊，甚且审判案件，任意藐法，数见不鲜。糜国家无数金钱，反增吾民无限痛苦，长此以往，宁不痛心。……桂题等往复电商，佥以为地方初级审检两厅，及各县审检所帮审员，均宜暂行停办，应有司法事件，胥归各县知事管理，以节经费。至于交通省份，及通商口岸，仍设高等审检两厅，延揽人才，完全组织，以为收回领事裁判权之预备。其余偏僻各省及边远地方，暂行停办，以节财力，即以最高级之公署，为人民上诉机关，暂设一二司法人员，专司其事。徐俟财力充裕，国民均具有法律知识，再议扩充，更于此时预储司法人才，留备他时使用。⑭

对于姜桂题的攻击和撤废审检厅的建议，时任司法总长章宗祥呈文辩驳：“窃维司法制度，关于国体，设计听划，期在必行。故自改组以来，已成立者渐行巩固，未成立者方在经营。以国库空虚，人才缺乏，两者交病，着手遂难。前任总长，于是分别缓急，及维持之谋，继复奉大总统知事兼司审检之令，无非深维国度，因时制宜，为暂时救济之方，并非永久成法。乃外间未明斯旨，辗转讹传，以为现制动摇，方针改变，甚至谓各省已设高等以下各厅，均可一律裁撤，纷纷谣惑。误会滋多。”同时章总长也提出设厅办法六条，希望能有两全之策。这六条内容包括：

“（一）各省高等审检两厅，一律仍旧。（一）各省已设之高等审检分厅，除系距省较远，或诉讼较繁者，一律仍旧外，其有应行裁并者，由部随时办理，至重要地方，应设高

---

⑩ 参见丁文江、赵丰田编：《梁启超年谱长编》，第7册，687页，上海人民出版社，1983。

⑪ 参见沃邱仲子：《民国十年官僚腐败史》，载《近代稗海》，第8册，40～42页，四川人民出版社，1985。

⑫ 据余绍宋回忆。参见丁文江、赵丰田编：《梁启超年谱长编》，第7册，687页。

⑬ 转引自许国英：《民国十周纪事本末》，文海出版社影印本，“裁减法官”。

⑭ 转引自许国英：《民国十周纪事本末》，“分别裁留各省司法机关”。

等分厅，尚未成立者，仍应陆续筹设。（一）各省省城地方初级厅，一律仍旧。（一）各省商埠地方初级各厅，已设者仍旧，未设者筹设。（一）东三省已设之地方初级各厅，一律仍旧。（一）各省除省城商埠外之已设地方初级各厅者，仍应设法维持，如实因财力万难维持，应由各该长官，就地论地，就事论事，将某县法院如何不能维持之处，报由本部酌核，后定裁并。”⑮

袁世凯把两案均发交御用的政治会议讨论，结果议决裁并各地审检厅。不过自清末改订官制后，司法改良与司法独立，已经是社会一般舆论，袁政府不敢将新式法院悉数裁减，致招清议，故保留省城及通商大埠之高等地方审检厅。对于各地诉讼，另于1914年4月5日，以教令公布《县知事审理诉讼暂行章程》，规定未设审检厅之地方各县，第一审应属初级或地方审判厅管辖的民刑诉讼，均由县知事审理。司法部呈文表明，此次变动“计裁并各省地方审检厅90所，裁撤京外初级审判厅135所”⑯。各省新立的地方初级审检厅大为减少，新式法院建设骤然受挫。

以湖南省为例。湖南是最先响应辛亥革命的省份之一，省内激荡着宪政共和的革命意识。1912年初省城高等地方初级三厅即正式开厅审案，自1912年8月至1913年7月，全省各地还陆续开办地方、初级审判厅23处。然而，裁厅之令出台，湖南仅保留高等审判厅及长沙、常德地审厅而已。⑰

其余各省法院建设，情形与湘省大致相同，如江西省司法机关沿革表记载，自1912年6月至1914年5月，全省陆续建成高等地方初级等审检厅，复于1913年12月初级厅大部分并入地方厅，1914年5月裁撤地初各厅，仅留省城高地两厅，由县知事兼理司法。江苏省“自光复以后，省议会议决本年司法经费至百八十万之巨，各县审检厅成立至百四十处之多。问其官吏，则法政速成之人才殆已搜索罄尽。问其经费，则议案有其名而实际无着”⑱。经过裁撤后，江苏省新式法院也所剩无几。

从各省法院兴革大略中，我们可以看出，实际上新式法院的机构变更是沿着两个方向开展的，一为二审司法署改为地方审判厅，由地方审判厅改为地初合设厅，再由合设厅改为审检所；一为一审司法署改为审检所，由审检所而帮审员，而承审员。换言之，即完全组织与特别审判机构之分别。经费变更的沿革，始则地方负担与司法收入备抵，继则完全由国库开支，终则国库限制支出，添以截留司法收入补助之，并且具有机构变迁视经费为转移的特点。

此外，1914年9月，司法部还公布《高等分庭暂行条例》，通令各省得于道行政区域设置“高等分庭”。次年1月公布《高等分庭管辖权限暂行条例》，使高等分庭的权限与“高等分厅”几乎没有实质区别。⑲ 4月，司法部批示有条件之高等分厅可附设地方庭（1915年

---

⑮ 转引自许国英：《民国十周纪事本末》，“分别裁留各省司法机关”。

⑯ 《司法公报》，第34期。

⑰ “调查湖南司法附属机关沿革表说明书”，中国第二历史档案馆（以下简称“二史馆”），一〇四九，2831。

⑱ 前者参见二史馆，一〇四九，2831；后者参见“江苏司法独立之现象”，《法政杂志》，第3卷第1号。

⑲ 参见黄源盛：《民初法律变迁与裁判》，27页，台湾政治大学，2000。

4月7日部批）。另外，撤废初级厅后，1915年5月，司法部通饬各省筹设地方厅简易庭，办理原初级厅管辖案件（1915年5月7日司法部通饬）。1915年6月，司法部呈准将《法院编制法》分别修正刊行，1916年2月该法又再次得以修正。其修正要点，大略有四：(1) 删除关于初级审判厅、初级检察厅的规定，改设分庭，管辖初级案件，变为虚四级制；(2) 删去"各省提法使监督本省各级审判厅及检察厅"；(3) 大理院废置正卿、少卿，及民事科、刑事科，改置院长、民事庭，及刑事庭；(4) 高等审判厅厅丞、京师地方审判厅厅丞，均改为厅长，总检察厅厅丞改为检察长，各审判衙门、各检察厅分置的典簿、主簿、录事，分别改为书记官长、书记官。[20] 这些修正把清末制定的《法院编制法》所规定的职官名称，予以改革，使之更具有新式民主共和国的色彩。

截止1916年，据日本东亚同文会调查编纂部编的《支那年鉴》统计，中国仅存大理院1所，高等审判厅22所，高等审判分厅4所，高等审判分庭11所，地方审判厅38所，地方审判分庭6所。[21] 可见袁世凯统治时期新式法院建设之顿挫。

二

袁世凯帝制败亡后，1916年11月，司法部举行第二次全国司法会议。与会人员包括司法部次长、参事、司长，大理院庭长、总检察厅检察长、各特别区域审判处长，以及各省高等审检两长。会议以谋求司法统一与进步为宗旨，就司法改良、司法机关之推广等内容展开讨论。期间提出"议请各省旧府治宜增设地方厅各县设地方分庭案"，要求"于各省旧府治增设地方厅，依法编制而减少其员额，即以府之行政区域为其管辖区域，所属各县仿照日本地方裁判所分设支部办法增设地方分庭，视案件之多寡置推事一员或二员，由司法部委任分庭所在地之县知事兼充检察官，即以县之行政区域为其管辖区域"[22]。但是，此一时期，全国从中央到地方，处处军阀林立。各派军阀以扩充军事实力、争权夺利为己任，对于国家的现代化建设，漠不关心。国家有限的财力，被权随人转的北京政府用于军事征伐之中，无暇顾及司法建设。各省依案施行的也寥寥无几。

1919年，巴黎和会期间，中国以战胜国的身份出席。在和会上，中国代表提出"请求撤销领事裁判权案"，提案称：

（前略）诸友邦正式惠允抛弃领事裁判权之约既如此明显，则首应解决之问题

---

[20] 参见罗志渊：《近代中国法制演变研究》，405～406页，台湾正中书局，1986。

[21] 《支那年鉴：第三回》，日本大正七年初版，464页。转引自朱浤源：《社会犯罪与治安维护》，《中华民国史社会志》抽印本。

另据张国福统计，到1916年间，经过裁撤审检厅及改设地方分庭或简易庭，全国新式法院仅存大理院1所，高等审判厅23所，高等审判分厅26所，地方审判厅（包括地方审判分厅）89所。参见张国福：《中华民国法制简史》，179页，北京大学出版社，1986。不过，笔者认为张文统计有误。

[22] 本次司法会议之经过情形，参见《司法公报》，第68期，"特别记录"。

> 即现实中国法律状况、审检办法是否已臻妥善，足使英美日本及其他有约国咸觉满意，俾可抛弃领事裁判权是已。我人虽未敢遽谓中国现实司法情形已足媲美先进诸国。然上述商约缔结以后，中国司法改良之成绩固已斐然可观，此实中外所共睹而共信。……因是中国亦请求有约诸国允于一定期间内下列两项条件施行后，将现行于中国境内此种陋制（即领事裁判权制度）实行撤废。一、刑法民法商法及民事诉讼法刑事诉讼法完全颁布；二、各旧府治所在地（实际上外国人普通居住之地）地方审检厅完全设立。㉓

此建议案提出后，与会诸大国以和会时间紧迫，所议以对敌条件为限，协约国互相条件则须俟诸国际联盟会议为借口，置之不议。

两年之后的华盛顿会议，中国政府继续提出“撤废领事裁判权案”。据称，当华盛顿会议时，中国代表王宠惠博士以法律专家身份，坚执中国司法，业经改良，堪与各国司法等量齐观。王代表并“发表言论，遍登报章，谓领事裁判权殊无利益于各国。因各国领事，多属外交官，法律知识，未必充分，何如让与中国司法专家任审判之为愈”。“此种论调，本具充分理由，外人颇乐闻之。于是始承认有让中国收回（领事裁判权）之必要。惟对于中国司法内容，究不免于怀疑，遂同时声明须俟派员到中国考察后，方能实行。”㉔ 该提案交付大会详细研究后，于1921年12月10日议决，由美国、英国、比利时、丹麦、法国、意大利、日本、荷兰、挪威、葡萄牙、西班牙、瑞典等国组成调查法权委员会，前往中国调查法权现状。该委员会于1926年成行，而有关法院之建设实为考察的重点之一。㉕

以撤废领事裁判权为契机，新式法院之建设推广又成为社会热点问题。财政司法两部拟定添设法院新监并分年筹备表，会呈大总统。筹备表对法院建设取渐进主义原则，“拟分两期筹划，期以二十年各县正式法院一律成立”。第一期自1920年起至1924年止，筹设各省旧道治高等分厅，并旧府治地方审检厅；第二期自1925年起至1940年止，筹设各县地方审检厅。大总统令“应准如议办理，即自民国九年（1920）会计年度开始次第实行”。并由国务院把该筹备表分电出席巴黎和会的陆征祥专使，及驻英法日美等国公使，“请其就近接洽”㉖。

为了迎接调查法权委员会的来华考察，司法部还专门组成“法权讨论委员会”，委员长由曾任司法总长的张耀曾担任。张带队前往10省考查司法现状，在考查途中，几乎每到一处，即发表演讲，表示“收回领事裁判权，徒向他人（即外人——引者注）要求，不如向自己要求”，“图谋改良（司法），非多设正式法院不可”等，督促各地开展司法建设。㉗ 社会舆论也纷纷吁请广设法院，如上海律师公会及法治协进会发表时论，认为“推广法院为

㉓ 有关中国向巴黎和会所提之“请求撤销领事裁判权案”之详情，参见《司法公报》，第118期，“别录”。

㉔ 参见法权讨论委员会编：《考查司法记》。

㉕ 参见《法权会议报告书》，《东方杂志》，第24卷第2号。

㉖ “添设法院新监并分年筹备表”，《司法公报》，第109期，“官制”。

㉗ 参见法权讨论委员会编：《考查司法记》，“演说录要”。

当务之急”，如此即不授外人以口实，而延误领事裁判权之撤废。[28]

在东北关外，由于俄国十月革命后，苏俄政府宣布中俄旧有之领事裁判权条约一律废止，中东铁路附属地内诉讼事件，概归中国政府管理。[29] 这样，北京政府在东省特别区域设立东省特区法院，管理东省铁路附属地内中俄诉讼、俄人诉讼及其他诉讼案件。

1920 年 10 月，北京政府公布《东省特别区域法院编制条例》（教令第 25 号），于哈尔滨设高等审判厅及地方审判厅各一，并在铁路沿线酌设地方分庭（参见附表 1）。地方厅对于铁路沿线地方案件，得用巡回裁判制度，从而有别于内地法院采用的特定法院制度（即法院必须在固定的司法官署内开设）。

附表 1　　东省特别区域地方分庭设置地点暨管辖区域表

庭名	设置地点	管辖区域
第一分庭	哈尔滨石头道街第三七、第三九、第四十号房	哈尔滨警察总局之第一第二两区、水上警察区域之江沿九站、地方及呼兰县属地之江北沿并迤西路界之一段，至富拉尔基站西方之车站标志止。
第二分庭	哈尔滨公司街第三十六号房	哈尔滨警察总局之第三第四两区、及迤东路界一段至一面坡站东方之车站标志止。
第三分庭	哈尔滨铁路街第三五、第三八号房	哈尔滨警察总局第一第二两分驻所、及路警处管辖之车站附近地、并迤南路界全段、至长春车站止。
第四分庭	横道河子站	东路之一段，由一面坡站、东方之车站标志起至绥芬河边界止。
第五分庭	海拉尔站	西路之一段，由富拉尔基西方之车站标志起至海拉尔站西方之车站标志止。
第六分庭	满洲里站	西路之一段，由海拉尔站西方之车站标志起至满洲里边界并满洲里铁路附属地。

资料来源：司法部 1921 年 2 月 14 日部令第 120 号，载《政府公报》，1921 年 2 月 18 日。

根据编制条例规定，特区法院对于东省特区辖境内的所有民刑案件，不分中外人民，均有管辖权。初级管辖案件以地方审判厅附设简易庭及地方分庭为第一审法院，以地方厅为第二审法院，以高等厅为第三审法院；地方管辖案件以地方厅为第一审法院，以高等厅

---

[28] 参见孙祖基：《各国来华考察司法之缘起与吾国应有之准备》，《东方杂志》，第 21 卷第 10 号。

[29] 铁路附属地之历史可略述如下：1896 年 9 月 8 日，中俄缔结东省铁路公司合同，中国政府以建造及经理中东铁路之权利给予华俄道胜银行。该合同第五条云：“凡该铁路及铁路所用之人皆由中国政府设法保护，至于经理铁路等事要用华洋人役皆准该公司因便雇觅，所有铁路地段命盗词讼等事由地方官照约办理。”第六条规定：“凡该公司建造经理防护铁路所必需之地，又于铁路附近开采沙土石块石灰等项所需之地，若系官地由中国政府给予，不纳地价……该公司在此项土地上有完整的惟一的行政权。”俄国政府据此设立保护铁路之军警，对于在铁路附属地以内所有一切人民行使政治上之职权。参见《调查法权委员会报告书》，法律评论社，1926，附件一，“中国委员对于在中国治外法权现在实行状况之意见书”（1926 年 3 月 23 日）。

为第二审法院，以大理院为第三审法院。不过，1921 年 2 月 3 日公布的司法部令中，复规定特区法院仅办理外人与外人，或外人与华人涉讼之事，对于特区内纯粹华人之间的争讼事件，划归吉林、黑龙江两省之法厅或监理司法之县知事受理。

东省特区仿日本等国检察制度，不另置检察厅，而于高等审判厅内配置首席检察官、在地方厅内设立检察所置主任检察官，与审判厅处于对峙地位，独立行使职务。会计庶务等行政事项概归审判厅掌理。这也与以往审检两厅机构分立对峙、司法行政事务由检厅支配的制度明显有异。

条例还规定，东省特区法院审理案件须用中国文字，"俄民固难通晓，然俄民居住中国境内，又与中国法院为诉讼之请求，自有谙习中国语言文字之义务，即其未能谙习者，亦可自延翻译"㉚。审判由特区法院法官独立行使，外人不得干涉。此外，各厅内由司法部酌委外国人为谘议调查员，调查员应受咨询及担任调查的范围有（1）关于俄国法律之存废及其解释，（2）关于俄国习惯，（3）关于俄国宗教规律，（4）其他俄国章程命令制度。谘议调查员任期二年，如有侵越权限或其他不称职行为者，虽在任期中亦得由该管监督长官随时呈请高等审判厅厅长转呈司法部撤换等。㉛ 这些规定均体现了中国的国家主权，同时也兼顾东省特区撤废领事裁判权后过渡时期的特点。

经过建设，此一时期新式法院数目，在裁撤审检厅之后开始出现缓慢的增长。根据有关资料统计，此时全国共有各类正式法院 138 所（参见附表 2）。㉜

附表 2　　1926 年各省新式法院一览表

省别	高等审判厅	高等分厅	地方审判厅	地方分庭	合计
京师	1		1	4	6
直隶	1	1	3	1	6
奉天	1		11	4	16
吉林	1	2	3	2	8
黑龙江	1	1	2		4
河南	1	1	2		4
山东	1		3	1	5
山西	1	2	1		4

㉚ 司法部"复俄人宜作夺甫所呈请求书函"，《司法公报》，第 133 期。

㉛ "东省特别区域法院谘议调查员办事及任免章程施行细则"，《司法公报》，第 133 期。

㉜ 根据同年日本东亚同文会调查编纂部编《支那年鉴》统计，是年中国设有新式法院 133 所。与调查法权委员会报告书统计之法院数相差 5 厅（庭）的区别之处在于：直隶 1 地方分庭、山东 1 地方分庭、福建 2 地方分庭年鉴未列入计算；此外吉林 2 地方分庭在年鉴中 1 庭被计入地方审判厅，1 庭未被计算在内。参见该部编：《支那年鉴》，昭和二年版，23～114 页。转见朱浤源：《社会犯罪与治安维护》，《中华民国史社会志》抽印本。

续前表

省别	高等审判厅	高等分厅	地方审判厅	地方分庭	合计
江苏	1	1	4		6
安徽	1	1	2		4
江西	1	1	2		4
浙江	1	2	4	7	14
福建	1	1	5	2	9
湖北	1	2	2		5
湖南	1	1	2		4
陕西	1	1	2		4
甘肃	1	3	1		5
四川	1	4	4		9
广东	1	1	2		4
广西	1	1	3		5
云南	1		1		2
贵州	1		3		4
东省特区法院	1	1	3		5
总计	23	27	66	21	137

说明：原报告书中称有新式法院 139 所，把总检察厅也列入计算。此外，表中对于东省特区法院的数目统计也有出入。

对于北京政府时期的新式法院总数，《民国司法志》的统计数据也略有不同：“终北京政府时代，全国计有高等厅二十一所，高等分厅二十六所，地方厅六十七所。”（汪楫宝：《民国司法志》，8 页。）由于笔者目前没有找到更翔实的档案资料，姑且存疑。

资料来源：根据《调查法权委员会报告书》（法律评论社，1926），第二编，附录一“中国新式法院地点及法官员缺一览表”相关内容统计并制表。

到北京政府末期，张作霖以军政府大元帅执掌政权，其唯一目的在维持军阀统治，以对抗国民革命军的北伐。此时中央财政更形困窘，法院建设因之停滞不前，甚至出现萎缩现象。如大理院原有民事庭 5 庭、刑事庭 2 庭，为资撙节，裁撤民一庭、民二庭㉝；京师高等审判厅历来人少事繁，人员原本不敷支配，但受军政府裁员减薪之影响，也不得不裁减推事 2 人、书记官 4 人、录事 5 人，“闻被裁者皆系十年以上之人员”㉞。同时，由于新式法院人少案多，常常导致积案累累。以京师高等厅论，民事积案常有百数十起，京师地方厅

㉝ 参见《法律评论》，第 236 期、第 237 期。

㉞ 参见《法律评论》，第 253 期。

民事积案有时竟达一千多起，民众啧有烦言。[35]

综上所述，民国前期十余年间，新式法院建设历经曲折，已设法院主要集中在省城或通商大埠，广大基层法院建设始终没能摆脱困境。基层民刑案件，大部仍然交由县知事讯问处断，只有经过上诉后，才能进入高等地方审判厅审理。与此同时，由于受到治外法权的束缚，县知事及各级新设司法机构的管辖权，无法及于租界地区以及享有治外法权国家的公民。为了处理这些区域内的华洋争诉案件，在东三省尚设有特区法院，在上海、武汉、厦门也分别设有会审公廨。整个审判体系呈现出新式法院与行政机关二元化并行发展的趋势，既有现代化的进步倾向，也有封建传统的束缚，统系庞杂，杂糅新旧。新式法院的极度缺乏，不可避免地影响了民国前期现代司法的推广与普及。

㉟ “通行京外各法院限期清理民事积案以舒民怨”，载《法律评论》，第241期。

刘　星

历史主义法律移植研究与接受法律移植的社会共识建立*

简介

刘星，中山大学法学教授，中山大学法学理论专业博士生导师，中国法学会法理学研究会常务理事。曾在《中国社会科学》、《法学研究》等专业杂志发表论文数十篇。主要著作《法律是什么》（1998 年）。曾获第四届中国高校人文社会科学优秀成果奖二等奖、第三届中国高校人文社会科学优秀成果奖二等奖、司法部第二届全国法学教材与科研成果奖二等奖、广东省首届哲学社会科学优秀成果奖一等奖。

* 原发表于《中国社会科学》（英文版），2004 年秋季号。

针对法律移植而展开的理论研究一直存在着一种“历史主义”倾向。这种倾向的主要表现是：借助历史事例、历史过程的叙述平台，以建立法律移植的可能性、条件、过程等普遍理论。其主要目的，是从历史的经验教训角度去论证法律移植的成功或失败的根据，在历史中寻求某一时刻（比如当下）法律移植行动的正当性。在本文中，我将论证，历史主义的法律移植研究实际上不能解决法律移植的根本问题，尤其当这种研究的隐含目的指向未来的时候。在论证过程中，我将提到一个重要命题：在基本层面上，法律移植是广义“立法”的一种表现方式。这一命题，也许能使我们更为深入地理解历史主义法律移植研究的困难，此外，也许能使我们从另外的角度去理解法律移植的未来途径。我论证历史主义法律移植研究的局限，提出法律移植是广义“立法”的一种表现方式，其目的在于阐述当下社会共识的建立对于法律移植的真正意义。

一

过去历史中存在的法律移植事件①，总是存在着人们认为的成功范例或失败范例。通过历史档案的搜寻链接，没有人会否认，我们可以建立法律移植成功或失败的背景框架，以及移植后的成功法律或失败法律与背景框架之间的所谓“必然”联系。

但是，我们至少应该注意一个问题。尽管以往学者所建构的法律移植与背景之间的相关联系在历史的意义上是“必然”的，然而，未来的法律移植事件，作为一个具体的时空现象，并不必然紧跟已经出现或者可能出现的某一事件。法律移植的最终结果就未来而言总是不确定的。即使是在历史中，我们也可以发现这样的“不确定”。我们至少可以注意颇为重要的16—17世纪罗马法未在英国成功移植的“偶然性”②。

在我看来，“法律移植的最终结果就未来而言总是不确定的”这一观点，应该是比较容易接受和理解的有关法律移植的历史观念（仅仅限于法律移植问题）。毕竟，我们有理由去拒绝“未来必然的信念”。首先，许多潜在的可能因素，作为法律移植的影响函数，是人们总是无法预先得知的。这些作为函数的因素，在后来的时间序列中，完全可能打乱我们在历史经验中获得的“预见谱系”，从而，使我们的预见或者预测处于成功/失败的双重可能之中。关于这一点，我们完全可以在自己今天身处其中的情景里有所发觉。我们都有这样的经验感受：当下许多因素是我们未知的；对于某些事件，当偶然因素出现或发挥作用的

---

① 一般来说，法律移植要么是通过他者殖民主义的方式展开的，要么是通过本土自觉接受的方式展开的。本文主要涉及后者。

② 参见K. 茨威格特和H. 克茨：《比较法总论》，潘汉典等译，354～355页，贵州人民出版社，1992。

时候，我们都会“恍然大悟”。另一方面，与此相连，在法律移植中“试点”这一关键词从经验角度来说实质上也在指示未来影响函数的复杂性。我们频繁使用“试点”一词，并在实践中频繁采用“试点”，比如诉辩制、证据开示等，不是因为我们对现世中的相关因素知之甚少，而是因为我们终究不知道还有多少另外的影响因素尚未进入我们的知识视野。其次，微小的事件，也有可能在未来的法律移植历史游戏中发挥至关重要的作用。换言之，即使是我们现在认为的所谓重要历史事件，在当时的历史环境中，完全可能被人认为并不是至关重要的，甚至是微乎其微的，但是，它们却影响了法律移植的未来发展方向。

当然，指出“法律移植的最终结果就未来而言总是不确定的”这一观点，并不意味着历史主义的法律移植研究全然没有意义。这种研究，当然可使后来者得知较多的可测信息，进而，可以发挥“思想节约”的经济原则。但是，其未能触摸从而不能解决法律移植的根本问题。

二

此外，在展开历史化的法律移植研究的时候，我们应该注意，在相当程度上，人们是在主观价值背景中从事建构的。这里的意思是说，我们是在法律价值的多元化背景之中，以及由此而来的多元法律价值斗争之中，展开乃至推进有关法律移植的话语言述的。法律移植的历史研讨，通常来说，是在要么可能接受要么可能拒斥法律移植的环境中展开的，而不论接受还是拒斥，都有可能引来实践中的利益得失。一个重要的例子就是，19 世纪初期至中期德意志法学家曾以法国陪审制、程序公开制和法典编纂为代表的系列法国法律制度移入德意志这一问题展开过激烈争论。这一争论背后存在着许多重要的冲突。③

此外，与“法律移植研究的主观价值背景”这一问题相关的是，我们应该注意，有关法律移植的历史探讨尤其是带有普遍性结论的历史探讨，不是也不可能是遵循这样一种程式的：先从经验的法律历史材料开始，然后选择自己认为重要的研究对象，最后得出具有价值意义的法律移植是否应该的具体结论。因为，遵循这样一种程式在逻辑上是十分可疑的。毕竟，我们如何可能在穷尽所有的法律移植历史资料之后再作选择和结论？其实，这从另外一个角度说明了为什么法律移植的历史研究时常是“主观价值背景化的”，同时，也从侧面说明了，为什么通过法律移植历史研究而得出的结论“针对未来是或然的”。

三

在看到“法律移植的或然性”和“法律移植研究的主观价值背景”的同时，还需看到：法律移植的实质在基本层面上和广义“立法”是同一的。之所以认为是同一的，因为：第

③ 参见 Michael John，Politics and the Law in Late Nineteenth-Century：The Origin of the Civil Code，Oxford：Clarendon Press，1989，pp. 15～26。

一，我们完全可以发现，法律移植的讨论总是（尽管并不完全是）涉及了两个相互对立的假定前提——“法律移植是应该的”/“法律移植是不应该的”。这样两个对立的假定前提，显然，与其他“应然”的法学或法律实践问题有着互换性质。这里的意思是说，法律移植时常是变相的其他法学或法律实践问题，比如，“是否应该制定、补充、修改、废除法律”、“是否应该通过司法来弥补法律”、“是否应该法律变革”等问题的一种表达方式。毕竟，我们能够明显地看到，其一，法律移植的最终结果只能通过制定、修改、废除法律或某种司法解决的方式加以实现；其二，在谈论法律移植的时候，人们总是期待着“如何实现法律变化”这一实践目标。

第二，反向来看，在广义“立法”中，或者，在总体上进行法律变革的时候，一般而言，都存在着一个广阔的争论背景。一条法律规定、一项法律草案或一个司法活动，都有可能引起人们的不同主张，要么赞成，要么反对。这个背景提醒人们注意，法律移植的要求极为可能（当然并不必然是）是背景中的不同主张中的一个，而且，有时（这当然是更为重要的）是以一种制定、补充、修改、废除法律的意见，或者一项法律草案的建议的方式，来直接表达自身的。在这里，我们可以注意法国学者勒内·罗迪埃提到的两个十分明显的具体例子：其一是20世纪初期移植国外“带工资休假”法律制度；其二是20世纪上半叶移植国外“社会保险”法律制度。④

四

在这样的理解中，我们显然可以深一步地发现法律移植实践中的价值态度立场问题，进而，可以从另外一个更深的角度去理解与此相关的法律移植研究的价值态度立场问题。

就价值态度立场问题而言，毋庸置疑，法律变革的任何主张，即使是以“来自域外的法律制度”话语作为表现形式，其也是时常包含了我们本身的一个法律变革的价值倾向，也是时常包含了一个广义的“立法式”主张的价值倾向。不论我们赏识或者不屑的“法庭诉辩制”、“财产信托制”，还是我们赞叹或者贬抑的“证券交易制”、“财物拍卖制”，尽管总是明显地表现在域外的法律制度之中或者来自其中，但是，这些制度之于我们，其所引发的我们态度的产生，却时常和我们对制度变革、广义“立法”的价值预期，是密切相关的。

由此，我们就能更为深入地理解本文第二部分所揭示的一个重要问题：在法律移植的实践讨论以及理论讨论中，为什么当思索应该接受法律移植的时候，人们总会倾向于搜寻历史中有益法律移植的档案资料；反之，当认为应该拒绝法律移植的时候，为什么人们总会倾向于发掘历史中不利法律移植的档案资料。其实，在这里，我们也就在看到法律移植的实质特性之时，看到了历史主义法律移植研究与广义“立法”价值问题的勾连关系。

---

④ 参见勒内·罗迪埃：《比较法导论》，徐百康译，32～33页，上海译文出版社，1989。

五

从前面的分析中，我们还能推出进一步的结论：法律移植的要求，有的时候，甚至在相当多的情况下，不过是运用“号称先进”的一类鼓动话语去激励各类制度设计中的一个政治主张，甚至正是当下“政治”设想的一个组成部分。

从此出发，我们可以深入理解另外两个与法律移植密切相关的问题。

第一，一种法律制度的设计，即使披上“来自先进国家（或地区）”的话语新衣，也同样可能因为争论，或者复杂的社会政治斗争，或者复杂的思想观念冲击，而成为成功的或失败的。提到这种状态，目的在于提示这种状态所能表达的一般含义，也即法律移植尤其是以本土自我接受方式表现出来的法律移植，其潜在包含的“先进域外制度”寓意，不会因为其所谓的先进寓意，就可以产生“现代性”的域外位移，就可以必然地进入所谓落后的本土。在这里，不是所谓的“移植条件”是否具备，而是法律语境中的当下“政治化”的复杂斗争，既有可能使具体的法律移植“顺产”，也有可能使其“流产”。就移植先进法律制度如何“流产”而言，对于中国法律人来说，整部中国近代史甚至现代史中可能包含了最为刻骨铭心的例子。

第二，“所谓先进”的域外法律制度主张，其过程的成功并不一定和当下的看似优势的社会、政治、经济、文化力量存在正比关系。法律移植的制度运动过程、话语操作过程，从来都是在广义的社会、政治、经济、文化斗争中，并且在一定意义上，被动地展示自己的机制的，尽管，在一定意义上我们同样可以认为法律移植也在积极地干预社会政治。在这里，使用“当下”、“看似”一类的语词，其意义在于表明，社会、政治、经济、文化的力量对比是在动态过程中演化的。如此看待问题，仅仅意在强调，在特定的法律移植语境中作为场景的社会、政治、经济、文化是十分复杂的，这种复杂又和具体个人的具体态度是密切关联的。因为，法律移植和每个人的具体利益，最终是相互联系的（只是存在直接/间接之分罢了）。而个人，基于个人的具体利益，总会穿梭于社会、政治、经济、文化的现实舞台，施展“政治”策略，增添法律移植的变幻函数，使法律移植的运作从一角度转向另一角度，从一方向转向另一方向，而且不断往复。

六

如果“法律移植的最终结果就未来而言总是不确定的”，法律移植是广义“立法”主张的一个组成部分，并且，我们人人都在法律移植的过程中可能遭遇具体利益的获得和丧失，那么，“在当下展开社会共识建立的工作”就是一个重要的基本选择，那么，我们就需要在“法律与政治”应然关系的基础上将“现在进行时”的社会共识建立提到议事日程。

在本文中，“法律与政治”的应然关系是指：法律的建设从来都是政治解决方案的基本方式（至少应该是），因此，法律的生产应当在政治的自由交往、平等对话之中获得自己的正当性；同时，如此获得的正当性，又能顺带反向促使法律拥有社会成员尊重的“通行证”，进而促成法律的社会流通。在这种应然关系的基础上，我们可以认为，法律移植因其是广义“立法”的一种表达方式，是法律建设的一种“政治”诉求，从而，其实际上也是社会法律生产的一个组成部分，并且，牵涉了社会具体利益的各种冲突。于是，针对法律移植而产生的不同观念，在应然的意义上，去展开政治意义的交往对话，正是法律移植过程中各类主体所能、尤其是所应采取的行动担当。只有这样，法律移植的结果才能具有正当性，并且，当法律移植的结果不成功的时候，使人人来承担这样的后果也就具有正当理由。

就此而言，当下的关于法律移植的社会共识建立变得十分重要的，其中，存在着解决法律移植根本问题的可能途径。所谓“当下建立”，是指成功的法律移植所依赖的社会共识，完全可以，或者具有可能，在当下的语境中加以建立；是指在面对法律移植问题的时候，最为重要的是需要从事“现在进行时”的社会观念沟通事业，而不是在历史主义的法律移植研究中去探求某种移植的成功经验失败教训，去将其作为当下法律移植行动的根据理由。

当然，在此我们需要分辨两个看似相同、实为不同的问题：其一，作为法律移植条件的社会共识；其二，在当下建构中生发的社会共识。许多探讨法律移植的历史化的学术文本，时常是将“社会共识是否已经形成”作为一个基本前提来思考的。与此不同，本文讨论的社会共识，以及其和法律移植的关系，并不关心是否已经存在一个作为基本前提的“社会共识”，而是关心，如何在“法律与政治”的应然思想推动中，行动起来地建构一个社会共识。

七

为了在微观上理解“当下社会共识别建立”的意义，理解其中的“法律与政治”的不可回避的应然关系，我们可以检视一下法律移植的具体机制。

就法律移植而言，法律精英、政治精英、经济精英，以及文化精英，实际上总是处于了“前沿”位置。无论在欧洲中世纪出现的罗马法移植，还是在近代亚洲、非洲、拉丁美洲出现的欧洲法移植，以及在近代以来的所谓先进国家之间出现的法律移植，我们大体上都能发现，在初始阶段，各类精英的思想跃动时常发挥了旗帜作用。

我们可以发现，各类精英的话语运作，在其尚未和社会各个阶层集团的利益发生实质勾连的时刻，隐藏着导引未来社会观念发展方向的控制作用，而这样一种控制作用又可影响其他阶层集团对各自利益的重新体验，以及重新认识，进而，影响这些阶层集团对法律移植可能采取的态度立场。毕竟，我们完全可以理解，各类精英，掌握着跨语言的文化优先资源、跨权力的政治优先资源，以及跨资本的经济优先资源，而在今天时代，他们同时掌握着与话语运作方向直接相关的跨技术的媒体优先资源。

在这里，一个明显的问题是：各类精英，在“发现”外来制度之际，以及在后来的举荐或贬抑的过程中，时常会“删减”或者“添增”对象制度的周边要素。从这个角度来看，首先经由各类精英发动的域外法律制度的认识时常不是而且也不可能是事物原本的“精确捕捉”，而是伴随一定价值想象的一种“对象生产”。毕竟，各类精英的认识意识总是受控于广义的物质文化和精神文化的征服与反征服、争斗与反争斗的价值意念，受控于广义“立法”的价值期待。这种价值意念和价值期待，恰恰预示了它们之间极易引发相关认识的“领导权”斗争。

在我看来，正是因为各类精英的认识意识与广义“立法”的价值期待不可分割，所以，他们只有而且应当在“法律与政治”的应然关系中，通过“政治化”的交往对话，去证明自己“领导权”的正当性，去努力推动社会共识的初始建立，从而形成具有全社会指导意义的法律移植方案。

法律移植的另外一个具体机制是：对法律移植的具体关注，主要是一个各类精英（指前述的法律、政治、经济、文化精英）的思想活动，至少，在法律移植话语开始运作的时候是如此；而大多数人，准确来说，大多数一般民众，对法律移植的关注时常是松散的。这一具体机制包含了这样的引申意思：大多数人，尤其是作为一般民众的大多数人，实际上不是通过直接对法律移植的态度立场来表达自己的不同意见，或者对立意见，而是通过对自身利益的关注来间接地对法律移植作出反应。

正是因为存在着第二个特殊的具体机制，所以，我们可以期待，或者可以寻找这样一种方向：通过话语的潜在“领导”作用，在不断的法律实践中，引发大多数一般民众对法律移植正面话语的不懈支持。

当然，在他们之间，尽管存在着教育与被教育，或者引导与被引导，或者启蒙与被启蒙的权力位置关系，然而，同时也存在着十分重要的同类“法律与政治”含义的关系，因为，各类精英与大多数一般民众之间，同样存在着利益分配。所以，掌握思想观念“领导权”的各类精英，其所引导的“教育式”、“引导式”、“启蒙式”的法律移植话语运作这一过程，同时也必定是同类“政治化”的，是在和大多数一般民众的“政治”交往过程中展开的，也必须要在这一过程中证明自己的正当性。

八

需要特别指出，本文所说的当下社会共识建立不是单纯的思想化、想象化的话语活动，不是纯粹的“主观理想”活动，和现实的物质世界制度世界割裂开来。这种社会共识建立，应该而且也必将是，以真实的现实利益交换作为基础，和现实的物质化制度化的事物相互裹挟。现有的各方面社会条件，尤其是物质化制度化的条件，是法律移植的一类前提基础。

然而，我们首先应该发觉，当开始谈论“是否法律移植”的时候，法律移植所需要的一些基本的物质化制度化条件，总是“部分在场”的，恰如赞同移植的作为部分社会观念的话语理论总是“部分在场”的，否则，从逻辑上说，我们本身就缺乏必要的条件进行“是否移植”的讨论，或者，我们是根本不会讨论“是否移植”的。

从这一角度来看，我所论证的观点，也就包含了这样一个重要内容：当下社会共识的建立要比物质化制度化条件的理解，更为重要，更为关键。当然，这仅仅是就“法律移植”这一相对具体语境来论的。因为，我们已是在前提基础“部分已经存在”的条件下，来讨论“是否法律移植”的。

同样是在这个意义上，面对是否法律移植的时候，我们的真正任务，不是看看物质化制度化的条件，至少，不仅仅是“盯住”这些条件。我们的真正任务，与此极为不同，恰恰是需要着重建设社会共识。法律移植的讨论，由此，也就将“条件是否具备”变成了“行动起来”的话语运作、共同的话语前进。毕竟，法律移植是广义“立法”的一种表现，其具体方案从而既有可能成功也有可能失败，而且，在最终意义上，法律移植是应当在“法律与政治”的应然关系中展示自己正当性的。

宋四辈

近代中国宪政建设制约因素的法律文化分析*

简介

宋四辈，郑州大学法学院教授、硕士生导师、兼职律师，法学院副院长、法律史学科负责人、教研室主任，中国法律史学会理事、河南省法理法史研究会副会长。1983年本科毕业后留校任教，并先后在北大法律系、司法部师资进修班、郑大刑法硕士课程班进修或学习。湘潭大学诉讼法专业诉讼法律文化方向博士生。在《中国法学》、《中国社科院研究生院学报》等报刊发表论文二十余篇，其中5篇被中国人民大学复印报刊资料转载，1篇被《新华文摘》观点摘编，1篇编入《中国法史学精萃》。主编、参编或独立撰写教材、专著8部。获得省社科优秀成果、中国法律史学会优秀学术论文等奖项5个，2次获得校级教学优秀奖。

* 原发表于《郑州大学学报》，2004（3）。原文刊发。

宪政是一种与君主专制相对立的民主政治。自从林则徐、魏源、郑观应等第一批睁眼看世界的中国人把宪政思想及其理论介绍到具有长达五千年文明历史的中国开始，近代中国也曾发生了诸如以“戊戌变法”为表现形式的宪政运动，清末新政和变法中立宪派组织和发动的以“开国会、定宪法”为内容的宪政运动，民国初年的精英和领袖们开展的以维护辛亥革命胜利成果、巩固民主共和制度为核心的宪政运动，北洋政府时期发生的以建立“好政府”、“废督裁兵”、“联省自治”为特征的宪政运动，国民政府时期由人权派发起和进行的“以人权保护为中心”的宪政启蒙运动。也曾制定并公布或者起草了诸如《钦定宪法大纲》、《十九信条》、《中华民国临时约法》、“袁记约法”、“贿选宪法”、《中华民国训政时期约法》、《中华民国宪法》以及“天坛宪草”、“五五宪草”等宪法或宪法性文件或宪法草案。也曾进行了诸如君主立宪宪政、民主共和宪政、人民民主宪政等宪政模式的探索和建设。但是，历次宪政运动无论由谁领导，也无论规模多大、时间多长，最终都因破坏或镇压而失败。制定公布的宪法、宪法性文件和宪法草案要么主观上不愿实施，要么客观条件限制不可能实施或者不可能很好地实施。几种模式的宪政建设要么失败流产了，要么没有条件而流于形式。近代中国宪政建设的制约因素是多方面的，本文试从法律文化的角度分析近代中国宪政建设的制约因素。

一、“人治”传统的根深蒂固而“法治”观念的十分淡薄是观念因素

以自由、平等、人权保护和法治为价值观的宪政理论是在西方文艺复兴、民主启蒙的过程中产生和形成的，是在欧美资产阶级革命的过程中成为现实并植根于资本主义的市场经济之中的，是对以等级特权、君主专制和赤裸裸的人身强制、经济掠夺为特征的黑暗野蛮的欧美中世纪社会的否定。它既是欧美资产阶级革命的旗帜、与封建势力进行斗争和战斗的有力武器，又是资本主义宪政建设的信念和目标。当然，资本主义的宪政建设由于生产资料私人占有的所有制决定，使其具有不可避免的资产阶级色彩和资本主义经济剥削的特征，但其以自由、平等、人权保护和法治为价值观的宪政理论及其所包含的国家与社会的理想治理模式，则是全人类善良本性的体现和努力发展的方向和目标，具有切实的普适性。

在长达几千年的中国古代社会里，“由于中国传统文明起源条件、发展途径的特定性和特殊性，农业经济结构的单一性，社会组织结构的宗法性，国家政治体制的中央集权性，国家公权力的无限扩张性等方面的原因”所决定[①]（p71），人们不仅不会产生以自

① 宋四辈．中国古代刑法典的编纂体例和结构特点．郑州大学学报，2003（4）。

由、平等为内容的社会主流法律意识，不会重视以个人为主体的人的基本权利的保护，然而得到社会广泛认同且长期存在的国家与社会的治理模式、治国方略则是“人治”的。循环往复的“人存政举，人亡政息”的历史就是这方面真实的写照。“人治”是指在治理国家和社会的过程中，人与法相比较起决定作用的是人而不是法。它的基本特征是某一个人或者集团通常凌驾于法律之上，在权力与法律发生矛盾时往往是权力的地位高于法律、法律的效力低于权力。在立法方面的表现一般为个人的命令（或诏令或手谕等）本身就是一种最重要的法律渊源，具有最高的法律效力，可以补充法律、更改法律、代替法律、废除法律，法律在以命令为形式的权力面前简直成了可供使唤的百依百顺的婢女，掌权者则依其统治需要随心所欲地立法和废法而不受任何约束和限制。在行政方面的表现一般为机构庞大、职能无限，国家权力渗入到社会生活的方方面面，拥有最高行政权力的人或者集团通常还掌握着最高立法权、司法权、军事指挥权等一切国家最重要的权力，行政权力行使时奉行的原则是“凡是法律没有限制和禁止的，都是我所拥有的”教条。在司法方面的表现一般为人们所信仰的教条是“有钱能使鬼推磨，有权可让死变活”，公开或实际遵循的法律适用原则是“礼不下庶人，刑不上大夫”，某个人或集团公开地不受法律追诉和制裁，司法机关则难免通过刑讯逼供获取证据，依据人们身份的贵贱、地位的高低来判决案件，导致确定的法律责任尤其是刑事责任的大小与人们的身份地位成反比。

在近代中国的宪政和法制建设中，这种“人治”传统和法律文化是充斥其间且根深蒂固的，有时甚至达到了甚嚣尘上的地步。仅从立法方面来说，从慈禧太后的懿旨到光绪皇帝的诏令，从袁世凯的教令到蒋介石的手令，公开地或实际地均具有最高的法律效力，是近代中国最重要的法律渊源。宪法或者宪法性文件的制定更是唯前前后后大大小小的最高统治者之命是从。清末为了敷衍立宪派的要求、阻止民主革命的进程、延缓清朝的灭亡，公布了以“大权统于朝廷，庶政公诸舆论”为根本原则的《钦定宪法大纲》和没有“臣民权利”规定的《宪法重大信条十九条》。袁世凯在废除了束缚自己手足的《中国民国临时约法》、破坏民主共和制度前后，一方面指令御用机构参政院修订《大总统选举法》使自己当上了终身总统甚至世袭总统，另一方面为了使自己形同帝王的总统权力具有合法性、合宪性而授意北洋军阀的代理人组织所谓“约法会议”，制定了明为总统制实为总统专制的《中华民国约法》，甚至在戴上皇冠之后企图制定帝制宪法。以后，北洋政府的历任统治者对袁世凯的制宪先例和宪政模式心领神会并如法炮制，先后起草或者制定了原本就不打算实行的“贿选宪法”、“段记宪草”。国民政府虽然制定公布了《训政时期约法》、《中华民国宪法》和“五五宪草”，但最终都是秉承个人意旨，对国民党一党专政的独裁政治制度的确立和肯定。尤其是1931年和1943年对《国民政府组织法》的两次修订更能说明国民政府在立法方面的因人立法、因人废法的人治做法，如“九一八事变”之前蒋介石担任国民政府主席时，1928年公布的组织法规定国民政府主席的职权包括担任国家元首、兼任三军总司令、协调五院之间关系以及公布法律发布命令等，因事变原因当蒋介石不再担任国民政府主席而于1931年12月对该法进行修订时，国民政府主席的职权就只剩下不负实际政治责任的国家元首职能，并不得兼任其他官职，连颁布命令也必须经有关院长部长副署才能生效。可当1943年蒋介石再次兼任国民政府主席职务并对该组织法进行修订时，就原封不动地恢复了1932年修订之前的国民政府主席的所有职权。② 就连民国事业的开拓者孙中山先生在担任临时大总统之时就坚决主张在中国实行总统制，而当被迫辞去大总统职务把政权拱手让给袁世凯的时候，则不仅将《临时政府组织大纲》中的政治制度由总统制坚决地改为责任内阁制，而且还匆忙制定了《中国民国临时约法》，幻想这样就可以保卫辛亥革命成果、维护民主共和制度、防止袁世凯背叛民主共和制度了。这里面固然充满了血雨腥风，饱含孙中山先生对共和制度矢志不二的良苦用心，但不能不指出这种做法本身也包含了很浓厚的因人立法、因人废法的“人治”色彩，孙中山与袁世凯之间的政治关系也因此由原来的通过“议和”途径实现最高权力的和平转移，很快地走向分道扬镳并出现严峻的军事斗争。之后十余年的南北对立军事对抗，恐怕与这个时候早已埋下的仇恨种子有着密切关系。

总之，在近代中国，宪法不仅不是国家统治者观念上和行为中的最高行为准则和治国的根本大法，不仅不是国家法制建设和实行法治的标志和保证，而且还成了专制者或独裁者办公桌上摆放的花瓶、隐藏其见不得人的丑行的遮羞布、确认和维护其反动统治的工具。革命者在进行武装斗争和政权建设的过程中则偏重于宪法和法律的工具作用，而忽视了宪法和法律在人类文明和制度建设中的价值功能。这种“人治”的法律文化传统和十分淡薄的“法治”观念对近代中国宪政建设的制约作用是可想而知的，可以说是中国近代及其以来法治建设的大敌。

二、“民智未开”、“保姆训政”等理论、主张的影响是思想因素

近代中国的宪政思想应该说是从西方发达国家移植来的，如要在中国由理论变成现实也就是说进行宪政建设，实事求是地说，是应该具备一定主、客观条件的。正因为宪政思想是从西方移植而不是从中国这块土地上自发生长的，因此，近代中国宪政建设的条件起码说是不充分的。而指导思想的发育不成熟就是其中的重要方面。“民智未开”、“保姆训政”等理论和主张就是指导思想发育不成熟的主要表现。

关于“民智未开”、“保姆训政”的理论和主张，近代中国的思想家、政治家、革命家在这方面多有论述。梁启超在1906年写的《开明专制论》一文中认为“凡国民有可以行议院政治之能力者，即其有可以为共和国民之资格者也……以吾今日之中国而欲行议院政治乎，吾固言之矣，非顽固之老辈，则一知半解之新进也，此非吾敢为轻薄之言，实

② 叶孝信．中国法制史．北京：北京大学出版社，1989。
曾宪义．中国法制史．北京：北京大学出版社、高等教育出版社，2000。

则平心论之，其程度不过如此也。”“故今日中国国民，非有可以为共和国民之资格者也；今日中国政治，非可采用共和立宪制者也。”他不仅以国民不具备实行议院政治能力为理由，认为在中国不适宜进行民主共和宪政建设，实行共和立宪制，而且还强调在“民智未开”的条件下，建设君主宪政，实行君主立宪制也是不可能的。梁启超在谈到议院政治下的议院弹劾权的行使时指出：“不宁惟是，弹劾无效，则议院势不得不被解散。屡滥用弹劾，则重解散以解散，而议院将虽有若无，万一国民厌于选举，或君主怠于召集，则宪法根本为之摇动也。夫学识幼稚之民，往往沐猴而冠，沾沾自喜，有权而滥用矣，其常态矣。故吾以为今日中国之民，非稍经训练后，其必不免此弊也。”因此主张“中国今日尚未能行君主立宪制”[③]，只能实行开明专制。从梁启超的观点来看，国民在不具备民主意识和参政能力的情况下，不仅不能进行共和宪政建设，也不足以进行君主立宪的宪政建设，而只能实行开明专制。梁启超的这种“意识能力决定论”，一方面反映出与戊戌维新时期变法和立宪的鼓吹者、推动者梁启超相比大大落后；另一方面也反映出他们的悲观失望情绪，主观上不愿意在国民的民主意识培养、参政能力提高诸方面再做什么具体工作，而是把中国社会政治进步的希望全部寄托在开明君主身上；同时，梁启超的这种理论也为清末统治者以“规制未备，民智未开”为借口实行所谓的“预备立宪”[④]，大搞立宪骗局，提供了理论的支持。北洋政府初期，袁世凯在约法之治与宪法之治二阶段理论掩盖下大搞军阀独裁统治、总统专制及所提倡的洪宪帝制的理论与政治实践，恐怕与此也不无历史渊源关系。

作为中国资产阶级革命先行者的孙中山先生，积几十年革命斗争之经验，提出了著名的“建国三时期”革命程序理论和“五权宪法”、“权能分治”宪政理论。这些理论固然为中国资产阶级民主革命规划了进程，指明了方向，设计了民主政治原则和宪政体制模式，但我们也应该看到它们本身的不足之处和对近代中国宪政建设所产生的巨大影响。应该承认，作为“真实的民主主义者”的孙中山先生的理论基础是民主主义，最终建立的国家是民主政治的国家，但他的关于“中国四万万之人民，由远祖初生以来，素为专制君主之奴隶，向来多有不识为主人、不敢为主人、不能为主人者，而今皆当为主人”的看法及其要实行民主政治“不有一度之训政时期以洗除其旧染之污，奚能享民国主人之权利”的主张[⑤]（p211），他的由革命党作为保姆对不会作主人的人民像对待婴儿那样进行文化知识教育、民主意识启蒙、参政能力训练的理论，他的有权的四万万人民皆为阿斗而有能的政府官吏均为诸葛孔明的观点[⑥]（p570），确实有伊尹、周公训政的英雄史观色彩和不相信人民的一面，并且对近代中国的宪政建设产生了重大影响。之后以蒋介石为首的国民党反动集团在背叛革命、血腥镇压工农运动、攫取大革命胜利成果的基础上建立的中华民国国民政府，

③ 张枏，王忍之编．辛亥革命前十年间时论选集．北京：生活·读书·新知三联书店，1963。

④ 中国人民大学法律系法制史教研室．中国近代法制史资料选编第一分册．北京：1980年11月内部印刷。

⑤ 中山大学历史系孙中山研究室等编．孙中山全集（第六卷）建国方略．北京：中华书局，1985。

⑥ 杨鹤皋主编．中国法律思想史．北京：北京大学出版社，1988。

就是在对孙中山先生的上述理论进行断章取义地裁剪后，以“训政”为名义，以既非国会制内阁制又非总统制的政权体制为幌子，把“政权”和“治权”统统独揽在国民党手中，大张旗鼓地实行一党专政个人独裁。在蒋介石国民党于大陆进行22年的“训政”统治中，每次立宪活动都不是通过制定宪法保证人民的基本权利，推进中国的宪政进程，在中国建立一个近代化的“法治”社会，而是把立宪活动当作与地方军阀和其他实力派争夺政治制高点的一个途径和方式，把宪法看作是确立和维护自己独裁政治地位和独占经济利益的工具，此时的宪法成了具文，宪政活动成了非法，宪政建设遭到了严重的破坏并出现了加速度的倒退。

总之，以“明君”、“圣主”为特征，具有浓厚“人治”色彩的“民智未开”、“保姆训政”的思想和理论，既反映了近代中国的宪政建设存在着环境不好的客观情况，又影响和指导着近代中国的志士仁人为祖国的宪政建设进行着大量的默默无闻的工作，同时也被腐朽反动政府和落后保守势力所利用，成为他们制约和扼杀近代中国宪政建设的理论根据和保护伞。

三、以军权统治为形式的独裁统治是政治因素

军队是国家的重要组成部分和坚强柱石，对于国家政治法律制度的建立和维护具有举足轻重的作用。在通过“刑起于兵”的途径建立国家政权和法律制度、在儒家“暴君放伐论”思想指导下实现政权更替、法制变革的古代中国，军队的作用尤其更为重要。在中国分封制和帝制时代，以贵族专政和君主专制为主要特征的政治法律制度，就是由以国王为代表的贵族集团和以皇帝为代表的家族势力所拥有的军队建立和维护的。随着辛亥革命的隆隆炮声，以君主专制为核心的封建政治法律制度退出了中国的历史舞台，开辟了中华大地民主政治建设的新时代。但是，也许是历史遗留的包袱十分沉重的缘故，也许是中国由君主制到共和制走了一条武装斗争兼“议和”道路的缘故，作为国家柱石的军队从性质、宗旨、职能来看并没有完全近代化，特别是在近代中国民主宪政制度建设的过程中所起的作用如同一把锋利的双刃剑，既促进和推动了民主宪政的建立和发展，又为民主宪政的建立和发展设置重重障碍甚至成为扼杀民主宪政制度的刽子手。

一位法律史教授在《中国宪政史》一书中指出：“是什么推动了中国的宪政建设呢？……是军事力量推动了中国的宪政。中国宪政建设的每一步都与军事参与分不开。”⑦在资产阶级革命运动所表现出来的强大军事力量的威逼下，清末统治集团被迫进行了一场仿行宪政、预备立宪的所谓改革；在清末腐朽统治集团制定“形式性宪法”、将君主制度宪法化、用宪法公开限制和剥夺人民基本权利和自由的时候，是辛亥革命的军事力量推翻了清朝政权，结束了在中国统治长达二千余年的君主专制制度，使中国走上了共和宪政的建设道路；在袁世凯倒行逆施、公然复辟帝制的时候，是蔡锷领导的护国运动所表现出来的

⑦ 徐祥民等．中国宪政史．青岛：青岛海洋大学出版社，2002。

军事力量维护了共和宪政的体制，粉碎了守旧势力的美梦；在袁世凯之后的历任北洋统治者为争权夺利把宪政建设搞得面目全非的时候，是孙中山先生发动和领导的北伐革命所表现出来的强大军事力量以摧枯拉朽之势结束了名为民主共和实为军阀独裁的反动统治；在以国民党为代表的国民政府建立名为三民主义、五权宪法的中华民国，实为国民党一党专政、蒋介石个人独裁的国家政权的时候，是中国共产党领导的人民革命运动所表现出来的无比强大的军事力量推翻了压在中国人民头上的三座大山，结束了近代中国长达几十年的分裂割据的军阀独裁统治局面，使近代中国的宪政建设进入了人民宪政的新纪元。在近代中国，革命的军队和军事力量促进和推动了民主宪政的建立和发展。

同时也应该看到，反动的军队和军事力量也是阻碍甚至破坏近代中国宪政建设步伐的决定性因素。在武昌起义爆发、十几省纷纷宣告脱离清政府而独立、清朝政权和二千余年的君主专制制度行将土崩瓦解的时候，是以北洋军队为主的军事力量用武力阻止了革命的进程，使近代中国的宪政建设一开始就建立在暗流滚滚的“南北议和”的基础之上；在南京临时政府已经成立、以三权分立为原则、以总统制为形式的共和宪政体制已经确立的时候，又是以北洋军队为主的军事力量迫使就任不到四个月的临时大总统孙中山先生被迫让出总统职位和权力，从而使刚刚起步的近代中国共和宪政遭受了第一次重大挫折；在民国初年政党政治崭露头角、议会道路方兴未艾、责任内阁呼之欲出的时候，还是以北洋军队为主的军事力量破坏了政党政治，废除了责任内阁制，解散了作为共和宪政重要组成部分和象征的民国第一届国会，几乎断送了辛亥革命的所有成果包括宪政建设的成果；并且以这支军事力量为基础，才建立了袁世凯的总统专制和洪宪帝制政权及其以后的段祺瑞、曹锟、吴佩孚、张作霖的军阀独裁政权，并使近代中国宪政建设的成果荡然无存。之后的中华民国国民政府，虽然以北伐革命积蓄起来的军事力量打败了北洋军队，结束了北洋政府的统治，扫荡了反动势力，但是从黄埔军校起家的蒋介石在攫取北伐革命胜利成果的同时，也窃取了军队的调动指挥权并把这支军事力量改造成为一党专政、个人独裁、镇压人民宪政运动和玩弄共和宪政骗局的工具。因此，正是反动的军事力量才使近代中国多次丧失大力建设和发展宪政的机遇，导致了近代中国君主立宪宪政、共和宪政的破产。

近代中国宪政的历史证明：军事力量是推动或阻碍近代中国宪政建设的决定性力量。这一历史经验和沉痛教训使我们不能不思考军队的性质、宗旨、职能及军队在国家政治生活中的地位、在宪政建设中的作用等一系列重大的理论和实践问题。同时也使我们认识到作为国家柱石的军事力量一定要牢牢地掌握在人民手中，革命的军事力量在推翻反动统治、建立革命政权之后，也应及时妥善地处理好由军权政治向民权政治的过渡问题，为宪政建设奠定一个良好的基础和开端。

四、宪政模式的频繁更替和脱离实际的选择是体制因素

宪政就其本质来讲就是民主政治，是主权在民原则在国家政治生活中的体现。而要把

民主政治由理论变成活生生的政治状态，也就是说进行宪政建设，就必须选择适当的宪政模式也就是政权体制与其相适应，否则，与宪政建设的实际相脱节、与民主政治的需要相对立的宪政模式只能起到阻碍甚至破坏宪政的作用。宪政模式就当时的世界来讲主要有以美国为代表的总统制、以英国为代表的虚君式责任内阁制、以法国为代表的总统加内阁副署制、以普鲁士和日本为代表的二元君主制等。清末在进行“彷行宪政”的君主立宪过程中选择的是比普、日更为保守的二元君主制模式，但因其立宪进程的被动性、敷衍性及其所制定宪法的君主专制性和反动性，理所当然地随着立宪骗局的破产，其选择的宪政模式也被扫进了历史的垃圾堆。辛亥革命胜利之后，资产阶级革命家们在《临时政府组织大纲》中规定和实际选择的宪政模式是总统制，但因其制定时间的仓促、内容规定的粗疏，尤其是不同势力之间斗争的尖锐复杂性和预防袁世凯专制独裁的迫切需要，使得总统制的模式很快被《中华民国临时约法》规定的责任内阁制所取代。资产阶级革命家们在制定《中华民国临时约法》的过程中为了维护辛亥革命的胜利成果、确立民主共和制度和以法律制约袁世凯的需要，虽然在这个宪法性文件中扩大了参议院的权力，赋予了内阁副署权，规定了严格的宪法修改程序，采用了责任内阁制的宪政模式，但是，一方面该约法可能是由于疏漏或者是专门规定的缘故，其内容本身就没有关于参议院拥有对内阁的不信任案通过权和内阁拥有对参议院的解散权的规定，没有很好地体现权力分立制衡的原则，从而为日后宪政方案具体实施过程中发生不必要的掣肘和摩擦埋下了伏笔；另一方面也由于资产阶级革命家因人设法，临时将已经实行的总统制改为责任内阁制，使总统只具有象征性的统一国家元首的地位而不能独立地行使具体的法律职能，从而一开始就引起手中握有军事实权且将要担任临时大总统职务的袁世凯的嫉恨；同时，约法的制定者由于没有考虑到辛亥革命之后树立合法性最高权威的需要、列强早已选定自己的代理人袁世凯的情况、地方军事实力派拥兵自重的形势，不切实际地选择了责任内阁制的宪政模式并轻而易举地抛弃了也许是适合当时中国实际需要的总统制模式，从而在很大程度上为日后近代中国宪政模式的选择和体制的确立惹下了不小的麻烦。袁世凯在窃取了辛亥革命的胜利果实、攫取了临时大总统、正式大总统的职位之后，一方面破坏责任内阁制，解散共和国象征的国会，废除临时约法使责任内阁制的宪政体制荡然无存；另一方面制定公布以行政权为核心且不受任何约束的《中华民国约法》，使军阀独裁政体合宪化，形成近代中国历史上总统专制的宪政体制并被以后历任北洋政府的统治者所袭用，从而导致了近代中国历史上宪政模式选择的大倒退。国民政府建立后，在推翻北洋政府的军阀独裁统治和宪政体制的同时，以孙中山先生的“建国三时期”、“权能分治”、“五权宪法”等宪政理论为指导，建立了以“五院并存、五权分立”为特征的宪政体制，这种体制一方面具有鲜明的中国色彩，是宪政理论的中国化；另一方面由于居于主导地位的国民党肆意歪曲孙中山的宪政理论，别有用心地无限期地实行所谓训政，从而使其既非总统制又非内阁制也非议会制的宪政体制成为有利于一党专政个人独裁的统治。这种宪政体制由于逆历史潮流而动，最终被中国历史上更为进步的宪政体制即以人民代表大会为形式的宪政体制所替代。由此可见，在近代中国宪政建设的过程中，所选择的宪政模式或体制经历了二元君主制、总统制、责任内阁制、名为共和实为军阀独裁制、训政分权制的先后变化与更替。近代中国宪政模式的这种变化更替的速度之快、次数之多，在世界各个制定宪法、实行宪政的国家中都是罕见的。这一方面反映出在一个有着长期封建传统的国家，要实行宪政、建立法治社会是多么地艰难；另一方面也表明宪政模式的选择只有从宪政建设的实际情况出发来确定，才能起到促进宪政建设、保障宪法实施的进步作用。否则，脱离实际的宪政模式只能起到阻碍甚至破坏宪政的倒退作用。从辛亥革命胜利、清朝皇帝退位、孙中山让位于袁世凯前后出现的地方政府纷纷脱离中央政府、少数民族上层分子蠢蠢欲动企图分裂祖国所导致的合法性中央权威遭到严重削弱的情况看，从北洋政府统治期间所出现的皖系、直系、奉系军阀先后控制中央政权来看，从国民政府统治期间所出现的蒋、桂、冯、阎四大军阀的混战来看，近代中国应采用以总统制为形式的集权宪政体制为宜。

总而言之，近代中国的宪政建设之所以举步维艰以至于最后失败，其制约因素是多方面的。从法律文化的角度来看，既有传统观念的束缚，又有思想理论的影响，还有体制选择的失当和军权统治的干扰。进入21世纪的今天，总结和分析近代中国宪政建设的这些制约因素，既有一定的现实意义，也给予我们许多重要启示。首先，我们要坚定不移地坚持和贯彻“依法治国，建设社会主义法治国家”的治国方略和大政方针，毫不犹豫地确立和维护宪法在国家政治生活和社会生活中的绝对权威，树立尊重自由、维护平等、保障人权和坚持法治的宪政理念即治国理念，自觉地同以言代法、以言废法、权大于法、等级特权等人治现象作斗争，主动地推进国家的法治建设进程。其次，我们在进行法治建设的过程中，既要看到人口素质差和文化水平低、法律意识弱和法治观念薄、参政程度低和参政能力弱等不利的一面，又要从改革开放、民主法制建设二十多年的国情尤其是当今法治建设、加入世贸、小康社会建设的实际出发，认识到社会成员的文化水平和整体素质在提高、法律意识和法治观念在增强、参政程度和参政能力在提高等有利的一面，满怀信心和主动热情地对以宪政为核心的法治建设，多做文化普及、普法宣传、政治文明建设等方面的工作，而不能因条件不成熟就悲观失望甚至对法治建设失去信心，更不能以条件不具备为借口干扰破坏国家以宪政为核心的法治建设，实行“一言堂”和家长制等人治管理。再次，坚决与一切轻视和践踏人民代表大会制度的言行作斗争，坚持发展和完善我国以人民代表大会制度为特征的宪政体制即政权体制，维护国家最高权力机关的地位和权威，认真遵守和坚决执行已制定公布的宪法和法律，自觉接受人大实施的各种法律监督，在宪法和法律规定的范围内处理好国家的政治、经济和社会等一切事务。最后，一定要把国家的军事力量掌握在人民手中，确保国家军队的子弟兵性质，强化人民军队爱人民的宗旨意识，极大地发挥党领导下的人民军队在国家以宪政建设为核心的法治建设中的柱石作用、促进作用；同时，还要重视人民军队对内对外的重要职能，努力营造既有自由又有纪律、既讲民主又讲法制那样一种生动活泼的法治环境，通过依法治国尤其是其中的核心部分—依法行政，早日把我国建设成为既有发达的物质文明、精神文明，又有高度的政治文明的法治国家。

张　生

《大清民律草案》摭遗*

简介

张生，1970 年出生，2000 年在中国政法大学获得法学博士学位，同年留校任教。2002 年 7 月被聘为副教授，2004 年 9 月被聘为教授，2005 年 1 月被聘为博士生导师。研究方向为中国近代法律史、比较法律史。代表作有《中国近代民法法典化研究》。2002 年获霍英东教育基金研究基金，2004 年获“北京市优秀教师”称号。

* 本文为霍英东青年基金项目——《中国近代民法法典化研究》的一个子课题。原发表于《法学研究》，2004（3）。收录时有修订。

《大清民律草案》是中国第一部近代意义上的民法典草案，其编纂体例与制度内容是否妥当，自民国时期以来即成为法律学者讨论的重要问题。然而，由于清末政局动荡，档案资料散失严重，近代以来的法律学者对《大清民律草案》编订过程的描述却甚为简略。例如，江庸的《五十年来中国之法制》①、董康的《前清法制大要》② 和《中国历届修订法典之大略》③，虽然都论及《大清民律草案》，但是对其编订过程却略而不谈。再有，民国时期的学者杨幼炯在《近代中国立法史》一书主要依据《修订法律大臣俞廉三等奏编辑民律前三编草案告成缮册呈览折》④，简略地介绍了《大清民律草案》的编订过程："迨至光绪三十三年宪政编查馆议覆修订法律办法，认立法应设专官。遂于是年派沈家本、俞廉三、英瑞为修订法律大臣，创设修订法律馆，招致欧、美、日本之留学生分科治事。聘日人松冈义正氏担任起草民律，宣统三年，前三编告成，后二编由法律馆会同礼学馆订立，亦于是年脱稿，即所谓《大清民律草案》者，实为我国第一次民法草案也……前三编为松冈义正氏起草，后二编则由朱献文、高种和两氏分任起草。"⑤ 杨幼炯的这段文字已经是对《大清民律草案》较为详细的描述了。

此外，民国时期的学者谢振民编著的《中华民国立法史》⑥，当代中国台湾地区民法学者潘维和编著的《中国近代民法史》、《中国历次民律草案校释》⑦，中国台湾历史馆编撰的《中华民国史法律志（初稿）》⑧，日本法律家松本蒸治主编的《中华民国民法·总则》⑨，日本学者岛田正郎所著《清末近代法典的编纂》⑩，其中亦有大体相同的简单描述。二十世纪八十年代以后，中国大陆出版的有关近代民法的著述，多采纳杨幼炯和谢振民对《大清民律草案》编订过程的描述。⑪

---

① 载《最近之五十年——申报五十周年纪念》，申报馆，1924。

② 载（民国）《法学季刊》，第 2 卷第 2 期，1924 年 10 月。

③ 载《法学新报》，第 44 卷第 2 号。

④ 收录于故宫博物院明清档案部编《清末筹备立宪档案史料》，下册，中华书局，1979。

⑤ 杨幼炯：《近代中国立法史》，商务印书馆，1935 年初版，本文引自中国台湾商务印书馆 1966 年增订版，第 73 页。依据《最近官绅履历汇编》第 1 集（北京敷文社编，1920，中国台湾文海出版社 1970 年影印本）。杨幼炯所称"高种和"，应为"高种"；谢振民编著，张知本校订的《中华民国立法史》（正中书局 1937 年初版）也将"高种"误为"高种和"；而潘维和在《中国历次民律草案校释》中，将"高种"误为"高种分"。

⑥ 谢振民编著，张知本校订：《中华民国立法史》（正中书局 1937 年初版），中国政法大学出版社，2000。

⑦ 均为中国台湾汉林出版社 1982 年出版。

⑧ 中华民国史法律志编纂委员会编撰：《中华民国史法律志（初稿）》，中国台湾历史馆 1994 年刊行。

⑨ 松本蒸治主编：《中华民国民法·总则》，日本中华民国法制研究会刊行，昭和十七年刊行。

⑩ 载岛田正郎主编：《东洋法史论集》，第 3 集，日本，创文社，昭和五十五年。

⑪ 需要特别指出的是，李贵连先生在《沈家本传》（法律出版社 2000 年版）中，有对《大清民律草案》编订过程的进一步考证，超出了民国时期的成说。

笔者挖掘《清末预备立宪档案史料》中有关的民事立法材料，广泛查阅了清末政治官报、清末民国时期出版的法律书刊等，并对中国第一历史档案馆馆藏的民事立法资料进行了初步的梳理。在此基础上，笔者对《大清民律草案》的编订过程进行了较为深入的考证。从目前所收集到的资料来看，清末编订民律草案是一个艰难而曲折的过程。其间，虽未发生如德国民法史上的"法典论争"，日本民法史上的"施行派"与"延期派"的论争；但是，清政府职司立法的大臣们在筹议编订民律草案的过程中，曾发生过"修订法律权"之争；修订法律馆为编订民律草案开展了内容广泛的民事调查，民律草案的篇章结构也曾由"瑞士与德国的混编体例"改为"德国式编纂体例"；至宣统二年（1910 年）年底修订法律馆匆忙完成了民律草案的"条文稿"[12]，宣统三年（1911 年）九月以后，又在"条文稿"的基础上形成了附具立法理由的"说明稿"[13]。由于当时清政府国势阽危、编订时间紧迫，最后修订法律馆仓促完成的《大清民律草案》只有前三编的"说明稿"；直至清政府覆亡，民律草案后两编（"民律亲属编草案、继承编草案"）的"说明稿"仍由修订法律馆会同礼学馆核议，尚未定稿。

一、修订法律权之争

光绪六年（1880 年）同文馆曾翻译出版《法国律例》，其中第五种法律为法国《民律》[14]，这是中国近代全面了解西方民法之始。但是，《法国民律》的汉译，未能促进中国法律家以此入手深入研究欧陆民法理论，也未能推动清政府开展编订本国民法草案的工作。[15]

光绪二十七年（1901 年）八月，慈禧太后颁布《变法自强谕》，砥定仿行西法之政策；次年四月，清政府再下《派沈家本等修订现行律例谕》，命沈家本、伍廷芳将一切现行律例按照交涉情形参酌各国法律，悉心考订。此后，沈家本先后主持修订了《刑事民事诉讼法草案》（光绪三十二年成稿）、《大清刑律草案》（光绪三十二年完成预备案、光绪三十三年完成第一案）、《法院编制法草案》（光绪三十三年成稿）；在各项重要法典之中，唯独编订民律草案的工作迟迟未能展开。

至光绪三十三年（1907 年）四月初四日，《南方日报》刊载了一篇题为《急宜编订民

---

⑫ 依据笔者在中国第一历史档案馆发现的《奏为民律草案告成谨缮具条文进呈御览折》（草稿，收录于修订法律馆全宗 524—10—1，第 7 档），宣统二年完成的民律草案只有法条，没有详细立法说明，笔者将其称作"条文稿"。

⑬ 相对于宣统二年完成的"条文稿"，笔者将附具立法理由的《大清民律草案》前三编和"民律亲属编草案、继承编草案"统称为"说明稿"。

⑭ 参见［法］毕利干译：《法国律例》，同文馆，光绪六年（1880 年）版，其中《民律》共为 22 卷。

⑮ 日本开始全面研究近代民法理论、制订本国民法典都是以翻译《法国民法典》为契机的；在中国，《法国民律》翻译完成以后，虽康有为、梁启超师徒曾以该书作为新学教本，但却未见有研究民法学的专门著述，其影响比较有限（参见王健著《沟通两个世界的法律意义——晚清西方法的输入与法律新词初探》，中国政法大学出版社 2001 年版，第 207 页以下）。直到光绪三十三年十一月，修订法律馆为编订新律草案，才通过外务部，向同文馆索取汉译《法国律例》四部，以为立法参考。［参见中国第一历史档案馆藏档案：修订法律馆全宗（524—10—1），第 18 档，《外务部为片复事 接准片》］。

法》的文章。这篇文章一经刊出，随即被当时颇具影响力的《东方杂志》转载[16]，在朝野上下产生了较为广泛的影响。就在《急宜编订民法》刊出的这个月，清政府民政部在上奏中提出，民法与刑法均关乎国家治道，二者不可偏废，并奏请："饬下修律大臣，斟酌中土人情政俗，参照各国政法，厘定民律，会同臣部奏准颁行。"根据光绪三十二年（1906 年）清政府颁行的新官制，原来的户部分为民政、度支两部，而民政部继承了原来户部管理户籍、财产的职权。因此，民政部参与编订民律的请求尚属合理。于是，清政府迅即批复民政部："如所议行"[17]，从而将起草民律的职责交由修律大臣和民政部共同承担。

清政府确定编订民律草案的权责之后，大理院正卿张仁黼、法部尚书戴鸿慈相继对修订法律大臣把持"修订法律权"提出异议。[18] 光绪三十三年（1907 年）五月初一日，主要针对"修律大臣会同民政部厘定民律"的问题[19]，大理院正卿张仁黼一日之内连上《修订法律请派大臣会奏折》、《修订法律宜妥慎进行不能操之过急片》两道奏折。在这两个奏折中，张仁黼提出了全面的"修订法律办法"：其一，应"组织立法之机关"，由法部、大理院主持修订法律，其他部院堂官、地方督府参订；其二，"明订法律之宗旨"；其三，"讲明法律性质"；其四，"编纂法律成典"；其五，"修订法律宜妥慎进行，不能操之过急"[20]。

张仁黼的两个奏折，虽然是泛论"修订各种法律之方法"，但是他的奏议以德国、日本编订民法典为佐证，侧重讨论民法典的起草，可以说是自清末修律以来对修订民律的第一次全面讨论。很显然，张仁黼试图通过展现他对民法的深入了解，来改变清政府令"修律大臣会同民政部共同厘定民律"的决定，进而将民律的起草权及其他法律的修订权，从修律大臣手中夺至法部和大理院的掌控之下。

光绪三十三年（1907 年）六月，在修订法律大臣沈家本愿意交出民律起草权的情况下[21]，法部尚书戴鸿慈再上《修订法律办法折》。戴鸿慈在比较分析了德意志、意大利、日

---

[16] 参见《东方杂志》第四卷第六期。

[17] 朱寿朋编：《光绪朝东华录》，第 5 册，5682 页，中华书局，1958。

[18] 自清政府开始修订法律、施行官制改革以来，张仁黼、戴鸿慈即与沈家本存在理论分歧和权力摩擦。关于张仁黼、戴鸿慈与沈家本的矛盾，可参见张从容所撰博士论文：《晚清司法改革的一个侧面：部院之争》，第二章、第三章（中国政法大学法律史专业博士论文，2003 年，指导教师朱勇）。

[19] 张仁黼（及以下提到的戴鸿慈）在奏折中所指的"修订法律权"，应包括除宪法以外的刑律、民律、商律、法院编制法、刑事民事诉讼等法律的修订权，但当时刑律草案、法院编制法草案、商律草案、刑事民事诉讼法草案多已完成初稿或将近脱稿，当时只有民律草案的编订权是最后一个可以竞争的领域；再者，民律与礼教风俗的关系更为密切，张仁黼、戴鸿慈等所持的礼教法律观有更大的发挥空间。由此可见，张仁黼、戴鸿慈所谓的"修订法律权"不仅包括编订民律在内，而且张仁黼、戴鸿慈在奏折中所争取的修订法律权，主要是指向民律的编订权。

[20] 收录于故宫博物院明清档案部编：《清末预备立宪档案史料》，下册，833～837 页，中华书局，1979。研究近代法律史的学者比较熟悉这两个奏折的内容，在这里不做更多的分析；笔者只是特别提起注意的是，这两个奏折都与修订民律密切相关。

[21] 《修订法律大臣沈家本奏修订法律情形并请归并法部大理院办理折》，收录于故宫博物院明清档案部编：《清末预备立宪档案史料》，下册，837～839 页，中华书局，1979。沈家本之所以做出妥协，一则，他正忙于《刑律草案》、《现行刑律》和《法院编制法草案》的收尾工作，无暇他顾；二则，沈家本也自感对民律及民法理论不甚了解，难以担当起草之责；三则，当时沈家本以法部右侍郎之职出任修订法律大臣，在职级上与大理院正卿张仁黼相同（都是正二品），但是要受到法部尚书戴鸿慈的节制。

本编订民法典以及英国在印度的立法之后，提出了中国修订法律所应采取的“主事之政策”、“行事之机关”、“议事之方式”。其中，戴鸿慈所主张的“主事之政策”，颇为合理，略谓：“于守成、统一、更新三主义兼而有之”；而“行事之机关”、“议事之方式”则与张仁黼的主张相呼应，旨在由法部与大理院主持修订法律。

光绪三十三年（1907年）九月，经宪政编查馆建议，清政府对大理院和法部争夺修订法律权的上奏作出批示。清政府的谕旨包括了以下内容：（一）依照三权分立理论，否定了由法部、大理院主持修订法律的主张，而“修订法律馆仍归独立，与部院不相统属”，并“著沈家本、俞廉三、英瑞充修订法律大臣”；（二）采纳法部尚书戴鸿慈的建议，修律应“兼用守成、统一、更新三主义”，参考各国成法，体察中国礼教民情，妥慎修订新律，具体办法由修订法律大臣负责另行拟定；（三）明定起草民律及其他法律草案的期限，在刑律草案第一次草案定稿之际，特别强调修律工作“应以编纂民法、商法、民事诉讼法、刑事诉讼法诸法典，及附属法为主”，限定三年之内，“所有上列各项草案一律告成”[22]。该上谕否定了法部和大理院主持修订法律的主张，明确了修订法律馆独立的修订法律权，同时也限定应在三年内完成民律及其他法律的起草。至此，修订法律权之争暂告一段落。

光绪三十四年（1908年）五月，修订法律馆已开始进行民律等法律草案的编订，辽沈道监察御史史履晋再次挑起修订法律权之争。该御史在上奏中称：“礼学馆宜专派大臣管理，与法律馆会同商订，以维礼教而正人心。”[23] 当时清政府正在讨论刑律草案和刑事民事诉讼法草案，礼教派与法理派争论极为激烈，监察御史史履晋主张由礼学馆与法律馆会同商订起草民律及其他法律，即是站在礼教派的立场上，以礼学馆分削修订法律馆的编订权，意图将礼教派的主张贯彻于新律之中。鉴于礼教为封建王朝意识形态之根基，特别是修订法律馆在修律过程中也存在忽略本国礼教、一味模仿西方的问题，清政府从平衡礼教派与法理派的角度考虑，既不能断然否定史履晋的提议，又不能妨碍修律的专业性和工作进度。于是，清政府会议政务处在议复该御史的奏折中，首先指出，“近日修律大臣多采外国法律，于中国礼教诚不免有相妨碍之处”；继而又认为，“礼学馆会同修律大臣详细商订一节，揆诸情事，似多窒碍”。至于在新律中应保存礼教的问题，会议政务处建议：“应请敕下学部，择其有关礼教伦纪之条，随时咨会法部暨修律大臣虚衷商榷，务期宜于今而不戾于古，庶几责任不纷，而可以收补偏救弊之益。”[24] 最终，清政府采纳了会议政务处的建议，编订民律草案的工作仍由修订法律馆独立完成，只是由学部、法部、修律大臣会商议订“有关礼教的法律条文”（主要是亲属、继承两编的条文）。

---

[22] 参见《宪政编查馆大臣奕劻等奏议复修订法律办法折》，载《光绪朝东华录》，第5册，5765页；又见于故宫博物院明清档案部编《清末预备立宪档案史料》，下册，837～839页，中华书局，1979。

[23] 《掌辽沈道监察御史史履晋奏礼学馆宜专派大臣管理与法律馆会同商订折》，载《政治官报》，光绪三十四年五月二十四日，第234号。

[24] 《会议政务处奏议复〈御史史履晋奏礼学馆宜专派大臣管理与法律馆会同商订折〉》，载《政治馆报》，光绪三十四年八月初一日，第300号。

在修订民律草案的过程中，发生了上述两次修订法律权之争，清政府每次均坚决地维护了修订法律馆相对独立的权力地位，这主要是由于当时的最高统治层深知，民法是各种法典之中条文最为繁杂的，私法理论又是极为艰深的，唯有专业人员才能胜任此项工作。因而，并未准许大理院、法部、礼学馆介入修律工作。

二、拟订《编纂民法之理由》（草稿）与确定编纂计划

（一）《编纂民法之理由》（草稿）所反映的民律草案大纲

从光绪三十三年（1907年）四月到九月，依照清政府的上谕，由“修订法律大臣会同民政部共同厘定民律”。在这五个月内，虽然法部、大理院曾向修订法律大臣争夺民律草案的编订权，但是修律大臣与民政部却并没有观望等待，而是迅速着手拟定民律草案的大纲。修律大臣与民政部的起草意见集中体现在当时拟定的《编纂民法之理由》（草稿）[25] 之中。

《编纂民法之理由》（草稿）首先说明了拟定民律草案的必要性：“凡私法上之法律关系须用法律明示，使人民知之与使人民由之也，不然则易生无益之争议而害及国家之秩序矣。夫规定私法上法律关系之法令古来中国亦存在，然多散见于各处，于实际上既为不便，又多系不成文法，终无法确知；加之，从国家统一之政策上计，亦已编成一法典为最良之方法。此所由斟酌中国古来之习惯与近世之学理而编纂本草案也。”

其次，阐述了民律草案应采取民商分立的体例，以及民律草案规范的范围：“本草案虽规定私（法）上之关系，然关于商事者，则让诸商法，不规定于本草案中。原来民商二大法典之并存，多数之立法例虽亦如此，其学理上果正当与否，现尚为未决之问题。惟在中国，民商二法典使之并存于（世），实际上颇为便利也。又本草案虽规定私法上之关系，然于公法上之关系并非全不规定。公法上之法律关系以规定于本草案为宜者，则收入本草案中。盖法典虽须尊重学理，然于实际上之便宜亦不得轻视也。此外，私法上之法律关系亦非网罗于本草案中，因立法上及实际上之便宜，委诸特别法、条约及习惯等不少。”

最后，在比较法国、意大利、日本、瑞士民法典的基础上，论证了本国民律草案应采取的篇章结构：“编纂民法法典之次序，其立法例不一。法国民法首冠以法例，其第一编人事，第二编财产及所有权之变更，第三编所有权取得之法。意大利民法略与法国同。日本民法第一编总则、第二编物权、第三编债权、第四编亲族、第五编承继。德国民法第一编

---

[25] 中国第一历史档案馆藏档案：修订法律馆全宗（524—10—1），第7档，《编纂民法之理由》（草稿）。修订法律馆全宗第7档，共收录光绪三十二年至光绪三十三年间的九件档案材料，第一历史档案的编目名称为“民政部等咨送法律馆关于违警律、民律、粤省惩治赌博专章等律例之抄奏稿及唐宗愈编《法律学概论》”。《编纂民法之理由》为草稿，书写于法律学堂的格纸之上。《编纂民法之理由》中没有注明拟定机关和具体完成日期，但从其行文方式来分析，该件很有可能是由民政部主持、由执教于法律学堂的教席或是该学堂学员拟定的（因为修订法律馆拟定的草案文稿之中，都有“本馆字样”，而该件中没有），在修订法律馆成立以后，自民政部移交给修订法律馆的。

总则，第二编债权，第三编物权，第四编亲族，第五编承继。瑞士民法首冠以法例，第一编人事法，第二编亲族法，第三编承继法，第四编物权法（虽无债权法将来置诸第五编可想而知）。本草案斟酌中国之习惯与诸国之民法，第一编总则，第二编亲属，第三编继承，第四编债权，第五编物权。总则为各编共同之法则，固列于首编。关于亲属及继承是人事中之重大事件，其须重视之者，是中国古来之习惯，故以之为第二编、第三编，于民情亦相协。又债权法系为种种法律关系之准则，其应用之范围颇广，固以为第四编，以物权为第五编。”

《编纂民法之理由》（草稿）的内容有两点最为值得注意。第一点，该理由书建议民律草案采取法国、德国、日本通行的“民商分立”的体例；此种选择主要不是基于学理，而是根据中国立法之实际需要：“（民商分立）其学理上果正当与否，现尚为未决之问题。惟在中国，民商二法典使之并存于（世），实际上颇为便利也”。第二点，该理由书编列的民律草案大纲，采纳了当时世界上最新的民法篇章结构——第一编总则、第二编亲属、第三编继承、第四编债权、第五编物权，主要受瑞士民法的影响，同时具有与德国民法混编的特征。[26]

（二）宪政编查馆与修订法律馆的编订计划

宪政编查馆是清末预备立宪的中枢机关，清政府整个修律计划都由它议定，并统筹协调各部门付诸实施。对于修订民律草案，宪政编查馆从宏观协调的层面，曾先后制定了三个时间表。第一个时间表是在光绪三十三年（1907 年）九月提出的，在确定由修订法律馆负责修律的同时，限定三年之内完成民律、商律、法院编制法、刑事民事诉讼律草案。[27] 由于起草民律是修律工作中最为繁巨的一项，在准备不足的情况下，三年之内完成起草工作是相当困难的。于是光绪三十四年（1908 年）八月，宪政编查馆与资政院会奏《宪法大纲暨议院法选举法要领及逐年筹备事宜折（附清单二）》，在“预备立宪逐年筹备事宜清单”（第二清单）中，列明：自光绪三十四年（1908 年）编订民律，修订法律馆办；于第四年（即 1911 年）核订民律，宪政编查馆办；于第六年（即 1913 年）馆颁布民律，宪政编查馆与修订法律同办。[28] 这是宪政编查馆关于编订民律的第二个时间表，起草民律的时间仍然是三年多，但除了起草之外还有两年核议定稿的时间。因此，第二个时间表与第一个时间表

---

[26] 瑞士联邦议会于 1907 年 12 月 10 日议决通过了《瑞士民法》，并于 1912 年 1 月 1 日将《瑞士民法》和修订后的《瑞士债法》（作为民法的第五编）同时施行，该法为当时最新民事立法方案。《编纂民法之理由》（草稿）所拟民律草案的五编体例，除第一编总则，受德国民法影响以外，第二至五编与瑞士民法（引言、第一编人法、第二编亲属法、第三编继承法、第四编物权法、最后为独立的《瑞士债法》）大体相同，总的特点是身份法律制度在前，财产法律制度在后；所不同的是，在《瑞士民法》采取“民商合一”的编纂方式；并且物权法在债法之前，债法为独立的单行法。

[27] 参见《宪政编查馆大臣奕劻等奏议复修订法律办法折》，载《光绪朝东华录》，5 册，5765 页；又见于故宫博物院明清档案部编：《清末筹备立宪档案史料》，下册，837～839 页。

[28] 故宫博物院明清档案部编：《清末筹备立宪档案史料》，《宪政编查馆大臣奕劻等拟呈修正宪政逐年筹备事宜折》，上册，61～65 页，中华书局，1979。

相比，在时间上显得稍微宽松一些。

可是到了宣统二年（1910 年）十月，国内政治局势日益紧迫，立宪派的请愿运动与革命党的反清起义此伏彼起。清政府被迫将预备立宪期限由九年缩减到五年。相应地，预备立应筹备事宜均须提前完成。按照宪政编查馆大臣奕劻修正的“预备立宪逐年筹备事宜清单”，民律草案应在宣统三年（1911 年）年颁布，在次年正式施行。㉙ 这是编订民律草案的第三个时间表，该时间表将颁布民律草案的时间提前了两年，把原来起草（用三年时间）与核定（用二年时间）共五年完成的工作，压缩在三年内完成，这无疑增加了修订法律馆起草民律的难度。

为了编订民律草案，修订法律馆从技术操作的层面，也制定了严密的编订计划。光绪三十三年（1907 年）十月至十一月间，沈家本连上《修订法律大臣奏拟修订法律大概办法折》、《修订法律大臣沈家本等奏议复朱福诜奏慎重私法编别选聘起草客员折》、《修订法律大臣奏开馆日期并拟办事章程折附章程》、《修订法律大臣奏馆事繁重恳照原请经费数目拨给折 附清单》等数道奏折，从而形成了修订法律馆编订民律的具体计划。

光绪三十三年（1907 年）十月二日，沈家本在《修订法律大臣奏拟修订法律大概办法折》中，陈明编订民律的全面工作计划：一、购置、翻译外国最新法典及参考书籍，以便参考采用，调查本国礼俗、习惯；二、慎选通晓外国法政之人才，任提调、纂修，延聘外国法律专家帮同编订；三、经“再三确核”，每年需经费十万两，并坚持此项经费已“无可再减”㉚。

光绪三十三年（1907 年）十一月十四日，沈家本上《修订法律大臣奏开馆日期并拟办事章程折》。修订法律馆上奏的《修订法律馆办事章程》，旋即得到清政府的批准。据《修订法律馆办事章程》规定，修订法律馆分设两科，第一科掌关于民律、商律之调查起草，第二科掌关于民事诉讼律、刑事诉讼律之调查起草（第二条）；同时设译书处、编案处、庶务处，为编订新律之辅助机构（第三、四、五条）；仿照各部设咨议官之例，甄访通晓法政、品端学萃之员，分省延请，不必到馆办事，专备随时咨商（第十一条）；馆中修订各律，凡各省习惯有应实地调查者，得随时派员前往详查；其关于各国之成例，得随时咨商各国出使大臣，代为调查，并得派员前往详查（第十二条）。㉛ 以上可见，修订法律馆第一科专门负责有关民律的调查与起草；而民事调查既包括对国外民法资料的调查，也包括本国有关民事的礼制、习惯，其调查方法有间接调查和直接调查两种。

㉙ 故宫博物院明清档案部编：《清末筹备立宪档案史料》，《宪政编查馆大臣奕劻等拟呈修正宪政逐年筹备事宜折》，上册，91、92 页，中华书局，1979。

㉚ 《修订法律大臣奏拟修订法律大概办法折》，载《政治官报》，光绪三十三年十月初二日，第 19 号。又见《光绪朝东华录》，第 5 册，5766 页。

㉛ 《修订法律大臣奏开馆日期并拟办事章程折 附章程》，载《政治官报》，光绪三十三年十一月十四日，第 61 号；又载《光绪朝东华录》，第 5 册，5803 页。

光绪三十三年（1907年）十一月十四日，针对度支部对修订法律馆的拨款意见[32]，沈家本上奏了《修订法律大臣奏馆事繁重恳照原请经费数目拨给折 附清单》。在该奏折中他特别指出，修订法律馆每年十万两的预算，“委系再三确核，无可减省”。沈家本开列出了一个“每年需银十万零一千八百零八两”的预算清单。在该清单中，除了经常费用以外，其主要开支有三项：其一为聘用外国法律专家，招揽本国留学人员；其二为购置、翻译外国法律书籍；其三为调查本国礼制民情、印制各种资料。[33]

从修订法律馆光绪三十四年以后的经费收支来看，清政府在经费十分拮据的情况下，仍然基本满足了修订法律馆在经费上的需要，每年给予十万两左右的拨款。[34]

（三）关于“私法编别与选聘外国法律专家”的论争

自光绪三十三年（1907年）十月二十七日，修订法律馆正式开馆办事，至同年十一月十四日，沈家本已将本国修订人员调配到位[35]，唯有选聘外国法律专家一事尚在踌躇之中。沈家本在奏折中曾说：“提调二员，业由臣等开单请简，仰蒙准派在案；奏调任用各员，自奉旨后，亦均陆续到馆……至延聘外国法律专家，尤宜慎重，臣等现正详细斟酌，俟聘定后另行具奏。”[36] 光绪三十三年（1907年）十一月二十二日，翰林院侍读学士朱福诜上《奏慎重私法编别选聘起草客员折》，就修订法律馆采取的“私法编别”，提出了质疑；就“选派外国法律专家”的迟疑不决提出了建议。从目前的材料来看，朱福诜与沈家本关于“私法编别与选聘外国法律专家”的论争，是清末编订民律草案过程中发生的唯一一次具有法

---

[32] 光绪三十三年十一月初四日，度支部提出，“现在庶政待兴，无事不需经费”，修订法律馆请求每年拨款十万两，数额“未免过巨”。最后议定：仍照每年三万两的额度给修订法律馆拨款。度支部的奏议参见《修订法律大臣奏馆事繁重恳照原请经费数目拨给折 附清单》，载《政治官报》，光绪三十三年十一月十四日，第61号。

[33] 《修订法律大臣奏馆事繁重恳照原请经费数目拨给折 附清单》，载《政治官报》，光绪三十三年十一月十四日，第61号。

[34] 中国第一历史档案馆藏档案：修订法律馆全宗（524—10—1），第16档，《修订法律馆三十四年收支经费年表》表明修订法律馆在光绪三十四年获得拨款“平银十万五千一百六十八两五钱六分”；又根据修订法律馆全宗（524—10—1），第15档，《修订法徝馆试办宣统四年岁入预算报告册（附比较表）》，该馆岁入经常门为九万五千二百九十二两二钱八分八厘；岁入临时门为一千五百两。以往认为，清政府“最后确定，照原法律馆之数，每年拨给三万两”的说法（见李贵连：《沈家本传》，261页，法律出版社，2000），似乎不确。

[35] 根据《最近官绅履历汇编》第一集，（北京敷文社编，1920年初版，中国台湾文海出版社1970年影印本）和《民国人物大辞典》（徐友春主编，河北人民出版社，1991年版），参与民律草案修订的人员均为经清政府考试及格的留学生，包括章宗元、朱献文、高种、陈箓。章宗元字伯初，浙江吴兴（今湖州）人，光绪四年（1878年）生，章宗祥之兄。肄业于上海南洋大学，1900年赴美国留学，入加利福尼亚大学。光绪三十三年毕业，应清政府游学回国人员考试，成绩列为特优第一名，清廷授予法制科进士，曾翻译有《美国民法考》（上海文明书局刊行）。朱献文，字义堂，光绪二年（1876年）生，浙江义乌人。毕业于日本东京帝国大学法科，回国后历任翰林院检讨，修订法律馆协修。高种，字子来，福建闽侯人，日本中央大学毕业，应清政府留学生考试，被授予法科举人。陈箓字任先，福建闽侯人，光绪二年（1876年）生，留学法国巴黎大学，1907年获法学学士。1908年回国，任职于外务部、法部；同年8月授法科进士，曾任修订法律馆纂修，曾翻译《法兰西民法正文》（商务印书馆，1913）。

[36] 《修订法律大臣奏开馆日期并拟办事章程折 附章程》，载《政治官报》，光绪三十三年十一月十四日，第61号；又载《光绪朝东华录》，第5册，5803页。

学学术性的论争。[37]

在《奏慎重私法编别选聘起草客员折》中，针对“私法编别”问题，朱福诜反对修订法律馆所采取的“民商分立体例”，他认为：“日本修订民商法时，梅谦次郎曾提议合编，以改约期近，急欲颁行而不果。中国编纂法典之期后于各国，而所采主义学说不妨集各国之大成，为民商法之合编。”就“聘请外国法律专家”的问题，朱福诜主张：“请聘日本法学博士梅谦次郎为民商起草员，而以中国法学生参议。”[38] 归结到一点，朱福诜的建议就是：中国编订民律应借鉴日本的经验，聘请日本最好的法律家梅谦次郎帮助中国起草民律草案，并采纳梅谦次郎的学说，采取民商合编体例。[39]

将近一年以后，修订法律馆才对朱福诜的意见做出反应。光绪三十四年十一月，沈家本上《修订法律大臣沈家本等奏议复〈朱福诜奏慎重私法编别选聘起草客员折〉》，在该奏折中沈家本首先肯定了起草民律应以日本、德国民法为范本：“臣等伏查欧洲法学统系约分德、英、法为三派，日本初尚法派，近则模范德派，心慕力追。原奏所陈确有见地，臣等自当择善而从，酌量编订。总之无论采用何国学说，均应节短取长，慎防流失。”其次，反驳了朱福诜“民商合编”的主张：“查自法国于民法外特编商法法典，各国从而效之，均别商法与民法各自为编。诚以民法系关于私法之原则，一切人民均可适用；商法系关于商事之特别例，惟商人始能适用，民法所不列者，如公司、保险、汇票、运送、海商等类，则特于商法中规定之，即民法所有而对于商人有须特别施行者，如商事保证、契约、利息等类，亦于商法中另行规定。凡所以保护商人之信用，而补助商业之发达，皆非民法之所能从同。合编之说似未可行”。再次，关于“聘请外国法律专家”的问题，沈家本解释道：“臣等一再斟酌，以聘用外人至有关系，不得不加意慎重。遂于今年三月馆事粗定后，派令臣馆提调、大理院推事董康前赴日本详细访察。该员在日本将及半载，深悉梅谦次郎为该国政府随时顾问，必不可少之人，断非能轻易聘用。访有日本法学博士志田钾太郎为商法专家，名誉甚著。禀经臣等公同商酌，聘充臣馆调查员。电请出使日本国大臣胡惟德妥定合同，约其来京。此外，另订旧在京师之日本法学博士冈田朝太郎、小河滋次郎、法学士松冈义正，分任刑法、民法、刑民诉讼法调查事件，以备参考。臣等仍督同编纂各员，限定课程分类起草，一面派员调查各省民商习惯随时报告，总以酌采各国成法而不戾中国之

---

[37] 本文第一部文所述“修订法律权之争”，其中虽然包含“礼教与法律关系的问题”，“外国制定民法的经验问题”，但是就这些问题并未产生争议。“修订法律权之争”本质上是政府机构的权力之争。

[38] 《修订法律大臣沈家本等奏议复〈朱福诜奏慎重私法编别选聘起草客员折〉》，载《政治官报》，光绪三十四年十月十五日，第373号。

[39] 梅谦次郎（1860—1910年）日本明治民法的三位主要起草人之一，1906年作为日本法政大学的总裁来中国访问，其民法学著作《民法要义》曾被译成中文（《日本民法要义·总则编》，孟森译述，商务印书馆，1910；《日本民法要义·债权编》，孟森译述，商务印书馆，1911；《日本民法要义·亲族 编》，陈与燊译述，商务印书馆，1911；《日本民法要义·相继编》，金泯澜译，商务印书馆，1911；《日本民法要义·物权编》，陈承泽、陈时夏译述，商务印书馆，1913）。笔者推测，清修订法律馆当时极有可能提出聘请梅谦次郎的要求，但是梅谦次郎由于事务繁忙并未允诺。

礼教民情为宗旨。此臣等日与编纂各员所兢兢致慎者也。"[40] 依照沈家本的看法，梅谦次郎确实是日本最好的民法学家，但是难以聘得；在时间较为紧迫的情况下，最便捷、有效的办法，就是聘用已在中国国内的日本法学家松冈义正。因此，就在议复《朱福诜奏慎重私法编别选聘起草客员折》的这个月（光绪三十四年十月），沈家本还奏请聘用松冈义正帮助编纂民律草案。该请求，迅即得到清政府的批准。[41]

从理论上讲，朱福诜所主张的"实行民商合编"、"聘用梅谦次郎为民律起草员"，都是合理的。可是，若如其所言，再翻译相关外文资料、深入研究"民商合一"的理论，再等待日本政府和梅谦次郎本人的同意，那是绝对不能按时完成编订任务的。因此，沈家本在"私法编别"和"聘用外国专家"的问题上，只能退而求其次，做出较为现实的选择。

三、开展民事调查与编订民律草案条文稿

仿法国、德国、日本编订民法典的先例，当时修订法律馆计划以民事调查作为编订民律草案的事先预备，在民事调查的基础上再进行民律的编订工作。可是，在编订民律草案的过程中，由于时间紧迫，修订法律馆不得不在从事民事调查的同时就开始了民律草案的起草。

（一）民事调查[42]的开展

依照沈家本在《修订法律大臣奏拟修订法律大概办法折》中的陈述，清末民事调查应包括三方面的内容，即调查外国民事法律资料（外国民法律、民事法律著作等）、调查本国礼制、调查全国各地的民事习惯。

自光绪二十八年实行变法以来，清政府即开始通过多种途径调查收集外国法律资料。清政府的驻外使节，派往欧陆、日本的考察大臣，以及专门的司法调查员，一般都负有购置、收集外国法律资料的任务。修订法律馆还聘请多名日本法律家为调查员，通过日本法律专家调查欧陆各国的有关法律资料，其中日本法律家松冈义正曾专门负责调查民事法律资料。光绪三十三年（1907 年）十月，修订法律馆成立以后，该馆还曾通过外务部收集外国法律资料。[43]

从修律大臣历年的办事情形来看，调查、收集、整理、翻译外国法律资料，与修律任

---

[40] 《修订法律大臣沈家本等奏议复〈朱福诜奏慎重私法编别选聘起草客员折〉》，载《政治官报》，光绪三十四年十月十五日，第 373 号。其调查职务应为：冈田朝太郎帮助从事刑事法律调查，松冈义正帮助从是民事法律调查；小河兹次郎帮助从事诉讼法调查。

[41] 《光绪朝东华录》，第 5 册，6001 页。

[42] 民事调查与民事习惯调查是两个概念，民事调查包括民事习惯调查。

[43] 中国第一历史档案馆藏档案：修订法律馆全宗（524—10—1），第 18 档，保存有《咨外务部等索取外国法律图书资料之文书》。

务相一致。光绪三十三年（1907 年）五月，修订法律大臣主要从事编订刑法草案、诉讼法草案，当时翻译完成的外国法律资料有二十六种，基本都是有关刑法、诉讼法方面的；还有已开始翻译尚未完成者十种，其中一种为德意志民法。[44]

至宣统元年（1909 年），在修订法律馆翻译的外国法律资料之中，民法已占相当比例。宣统元年二月，修律大臣报告，作为起草民律的准备，已开始翻译了日本民法（未完）、德国民法（未完）、法国民法（未完）、奥国民法（未完）。[45] 宣统元年十二月，修律大臣报告，已编辑完成释法律名词，译德国民法总则条文，译德国亲属法条文，译奥国民法总则条文，译奥国亲属法条文，译瑞士民法总则条文，译瑞士亲属法条文，译法国民法总则条文，译法国民法失踪条文，译法国民法亲属条文，译日本冈松参太郎所著民法理由总则、物权、债权（未完），译日本奥田义人所著继承法，译日本法律辞典（未完）。[46] 从修订法律馆在宣统元年翻译完成的民法资料中，我们可以看到，当时翻译最多的外国民法资料是有关民法总则、亲属两编的，正是已拟定好的民律草案大纲（第一编总则，第二编亲属，第三编继承，第四编债权，第五编物权）的前两编。

对本国礼制的调查是民事调查工作的一个重要方面。实行变法以前，清政府没有独立民法的观念，调整民事法律关系的规则散见于地方志、官府通例、官绅牧令书和民间习惯。而地方志、官府通例、官绅牧令书包含了地方官绅依照礼制调处民事纠纷的具体规则，因此，这些材料对编订民律具有重要的参考价值。光绪三十三年（1907 年）十一月，修订法律馆曾通过宪政编查馆向礼学馆及各地方政府收集地方通志、官私刊印各书，以调查礼制资料。[47] 从民律草案的最后文本——“说明稿”来看，传统礼制对编订民律草案的亲属、继承两编产生了直接影响。[48]

民事习惯调查是民事调查工作中最为艰巨的一项调查任务。光绪三十四年（1908 年），清政府为编纂民、商法典，由修订法律馆主持，在全国展开了大规模的民商事习惯调查。[49] 光绪三十四年（1908 年）以后的民商事习惯调查，大体可以分为两个阶段。光绪三十四年（1908 年）至宣统元年（1909 年）为第一个阶段[50]，宣统二年（1910 年）正月至宣统三年

---

[44] 故宫博物院明清档案部编《清末筹备立宪档案史料》，《修订法律大臣沈家本奏修订法律情形并请归并法部大理院会同办理折》，下册，838 页，中华书局，1979。

[45] 《修订法律大臣奏筹办事宜折 并单》，载《政治官报》，宣统元年二月初二日，第 471 号。

[46] 《修订法律大臣奏筹办事宜折 并单》，载《政治官报》，宣统元年十二月四日，第 798 号。

[47] 中国第一历史档案馆藏档案：修订法律馆全宗（524—10—1），第 18 档，保存有《修订法律馆咨宪政编查馆具奏编纂法典需用各省通志府州县志及官私刊行各书片》，据该片记载，宪政编查馆曾按照修订法律馆要求，送达广州通志一部一百二十册。

[48] 参见民国北京政府修订法律馆 1926 年编辑刊行的《法律草案汇编》第一册，《大清民律草案·民律亲属编草案》、《大清民律草案·继承编草案》。

[49] 光绪二十九年（1903 年）至光绪三十二年（1906 年），清政府先后编定完成《商人通例》、《公司律》、《破产律》，在此期间为配合商事立法，清政府已开始从事商习惯调查。

[50] 修订法律馆在光绪三十三年十二月奏请派员调查民商事习惯，实际自光绪三十四年获准实行。

(1911 年）春为第二阶段。两个阶段的调查工作，都有极强的针对性和应急性。第一阶段的调查工作主要为编纂商律草案而进行，由修订法律馆派调查员到直隶、江苏、安徽、浙江、湖北、广东等地调查。[51] 第二阶段的调查工作，主要为编纂民律草案做准备，调查的内容侧重于民事习惯。在总结第一阶段调查经验的基础上，宣统二年（1910 年）正月，修订法律馆制定《民事习惯调查章程》10 条和《调查民事习惯问题》213 问，以规范调查工作。[52] 可以说，修订法律馆对民事习调查工作的部署极为周详，对调查的程序要求极为严格，更是对调查结果寄予了厚望。然而，民事习惯调查的进展却比预定计划要慢，调查资料的运用也存在极大困难。修订法律馆原计划在宣统二年八月基本完成对全国民事习惯的调查；可是由于财政拮据、人员短缺，各地大量报送民事调查资料一般延迟到宣统三年二月以后。[53] 并且，甄别采纳民事习惯也存在着困难，诚如当时任职于修订法律馆的董康所言：“法律馆调查报告已汗牛充栋，资料愈多编辑愈难”[54]。实际上，民事习惯调查既没有按期完成，对调查所得的资料也难以甄别采纳，因此可以说，民事习惯没有对编订民律草案产生直接影响。[55]

（二）民律草案“条文稿”的编订

光绪三十三年（1907 年）十月修订法律馆改组成立以后，即按照《编纂民法之理由》（草稿）中开列的民律草案大纲（第一编总则，第二编亲属，第三编继承，第四编债权，第五编物权）开始编订。在宣统元年（1909 年），修订法律大臣先后两次将修订法律馆已办事宜缮具清单恭呈御览，在“已办事宜”中涉及编订民律的有：宣统元年二月已“拟订民律亲属法总则及第二章，拟订民律承继法总则”[56]，宣统元年十二月已“拟定亲属法草案第三

---

[51] 详参《修订法律大臣奏编订民商各律照章派员分省调查折》，收录于《大清宣统新法令》，第 16 册，商务印书馆编译所，1911。

[52] 分别载于《江苏省自治公报》，第 51 期；《江苏省自治公报》，第 51～60 期，1911。

[53] 自光绪三十二年实行新政以来，清朝中央政府需要地方调查的事项极为繁多，宪政编查馆、度支部、巡警部、民政部等均有委托地方调查事项。在中央委托地方进行调查带来了巨大的财力及人力负担，各地不能按期完成调查任务实属正常。纵然是财政情况较好、交通近便的直隶，也难以完成项目繁多调查任务。修订法律馆原本计划向全国派出调查员，后来因为经费紧张，改为由地方调查局承担民事调查事务，亦将民事调查的财政负担转嫁给了地方政府。陕甘总督和陕西巡抚的公函清楚地表明：“因限期迫促”，“势难依限答覆”，只是由于修订法律馆“一再严催”，陕甘总督才“按期”（实际已经迟延了一个月）汇编完成三册民事习惯调查资料（实际上只有一册，为一式三份，一份留总督衙门，一份呈送宪政编查馆，一份呈送修订法律馆）；陕西巡抚在宣统二年九月仅完成调查报告的上编（占全部调查资料的百分之二十），中编、下编（占全部调查资料的百分之八十）都在宣统三年三月以后才完成。参见中国第一历史档案馆藏档案：修订法律馆全宗（524－10－1），第 18 档，《钦命督察院督御史总督陕甘等处地方军务粮饷兼理茶马馆巡抚事 长为咨送事》、《咨头品顶戴督察院副督御史巡抚陕西等处地方提督军务兼理粮饷会办盐政 恩为咨明事》。两广大量报送民事调查资料亦在宣统三年二月亦后，参见中国第一历史档案馆藏档案：修订法律馆全宗（524－10－1），第 18 档，《咨头品顶戴署理两广总督兼管广东巡抚粤海太平两关事务 张为咨送事》。

[54] 董康：《前清法制大要》，载《法学季刊》，第 2 卷，第 2 期，1924 年 10 月。

[55] 关于民事习惯对编订民律草案的影响，笔者将专门撰文讨论。

[56] 《修订法律大臣奏筹办事宜折 并单》，载《政治官报》，宣统元年二月初二日，第 471 号。

章至第七章，拟定继承法草案第二章至第六章”[57]。

至宣统二年（1910年）十二月，也就是清政府所定的最后期限，修订法律馆编纂完成了民律草案的“条文稿”（只有条文1596条，没有详细的立法理由）。在修订法律馆拟定的《奏为民律草案告成谨缮具条文进呈御览折》[58] 中，修订法律大臣对民律草案的编纂进程、立法依据均作了说明。该奏折（草稿）称：

“兹民律草案业已告竣，内分五编三十七章，都一千五百九十六条，谨将修订之程序与本律之大旨，敬为我皇上缕析陈之……我国关于民事之法令，向乏专书，然权利义务之间，民俗已有其习惯，且其中有优尚各国者，臣馆迭经派员分赴各省详细调查陆续报告前来，业由臣等斟酌采用。惟是我国幅员辽广，各地习惯未能纤悉皆符。传曰：百里不同风，千里不同俗，戢若画一势所不能。本律为统一全国之典章，其必画一者，当以本律为标准，故悉著诸条文；其前（强）难画一者，不与本律相背驰，自可任依习惯。总则第一条所谓凡民事本律未规定者，依习惯，即此意义也……且近今瀛海交通，我国人民居留外国者既众，饮食讼狱迭起环生，按国际私法有应据其人本国法者，若我国民律未定，何是以资引用。此又法权所系，臣等所为兢兢注意者也。惟查各国编纂民律，往往穷数十年之力，始克成编，本律匆促成书，未敢遂谓完善，然求适合于各国大同之法理与我国大端之习惯，业已具费筹酌。本律正条之下，尚有注释详细说明，以篇幅太长未及同时缮呈。谨先缮具条文恭呈御览，伏乞饬下宪政编查馆考核”[59]。

目前，笔者在清末档案中尚未发现宣统二年的民律草案“条文稿”，以上奏折（草稿）是了解宣统二年民律草案“条文稿”的唯一材料。该奏折（草稿）为我们提供了有关编订民律草案“条文稿”的三方面的内容：其一，民律草案“内分五编三十七章，都一千五百九十六条”，这说明该“条文稿”基本上已是民律草案的定稿，宣统三年（1911年）以后完成的“说明稿”（包括《大清民律草案》前三编和“民律草案亲属草案、继承草案”两部分）只是在此基础上增加了注释，条文数量未增减一条；其二，民律草案是在甄采“适合于各国大同之法理与我国大端之习惯”的基础上编订而成的，不过“我国幅员辽广，各地习惯未能纤悉皆符”，各地习惯难以强行划一，修订法律馆无法将民事习惯采纳为民法条文，只能通过草案第一条“法例”，对民事习惯加以概括性承认；其三，修订法律馆虽然如期编订完成了民律草案条文，但是由于时间极为紧迫，以至于只进呈了“条文”，条文之下的“详细说明”未能及时缮呈。[60]

---

[57] 《修订法律大臣奏筹办事宜折 并单》，载《政治官报》，宣统元年十二月四日，第798号。

[58] 修订法律馆全宗（524—10—1），第7档，《奏为民律草案告成谨缮具条文进呈御览折》（草稿）。现存的为奏折草稿，文稿有涂改，书写在“法律馆”格纸上，显然不是上奏的正式奏折文稿。

[59] 中国第一历史档案馆藏档案：修订法律馆全宗（524—10—1），第7档，《奏为民律草案告成谨缮具条文进呈御览折》（草稿）。

[60] 当然也存在着这样的可能性，那就是修订法律馆尚未完成了对全部条文的详细注释，“以篇幅太长未及同时缮呈”作为延误期限的借口。

依据现有的材料，还有一点是无法说明的，那就是宣统二年（1910 年）民律草案（“条文稿”）的篇章顺序（第一编总则，第二编债权，第三编物权，第四编亲属，第五编继承）[61]与光绪三十三年（1907 年）民律草案大纲所列的篇章顺序（见《编纂民法之理由》草稿：第一编总则，第二编亲属，第三编继承，第四编债权，第五编物权）不一致。为什么会发生这种改变，尚无法解释。

四、《大清民律草案》“说明稿”的编订

宣统二年（1910 年）十二月修订法律馆奏呈的民律草案“条文稿”只有一个总的说明，各编、各章、各条均无具体说明，宪政编查馆难以考核。因此，由修订法律馆继续完成“详细说明”，这等于修订法律馆合理地宽展了编订民律草案的期限。宣统三年（1911 年）九月，修订法律馆奏呈《修订法律大臣俞廉三等奏编辑民律前三编草案告成缮册呈览折》[62]，此时将“民律草案”正式定名为“大清民律草案”。然而，修订法律馆只编订完成了前三编的“说明稿”，后两编的“说明稿”则需要会商礼学馆才能最后定稿。根据修订法律馆 1911 年铅印本《大清民律草案》，该“说明稿”共分四册，只有总则、债权、物权三编，并且第三编《物权》之末有“大清民律草案终”的字样。这说明，清政府仿照日本颁行民法的办法[63]，拟先公布前三编（总则、债权、物权），亲属、继承两编待修订法律馆与礼学馆会商后再另行公布；也就是说，在宣统三年九月定稿的只有《大清民律草案》前三编，后两编当时并未定稿。

本文在“修订法律权之争”部分已经说明，清政府曾否定了御史史履晋“请求礼学馆参与议定新律”的建议。可是到了宣统三年（1911 年）正月，在签注、讨论《新刑律草案》的过程，为了纠正新律摒弃礼教的问题，经大学堂监督刘廷琛提议，清政府批准礼学馆会同法律馆议定新律与礼教相关的条文。[64] 宣统三年九月，修订法律馆将《大清民律草案》前三编上呈御览，同时将“民律亲属编草案、继承编草案”的“说明稿”交付礼学馆共同商订。但是，数日之后辛亥革命爆发。宣统三年十一月，旋即由袁世凯组织新内阁。在袁世凯改组成立的新内阁中已经没有礼学馆这个机构[65]，所谓“（《大清民律草案》）后二编由法

---

[61] 修订法律馆在宣统三年刊行的《大清民律草案》（前三编），和“民律草案亲属编、继承编”，总计是 37 章、1596 条。

[62] 收录于故宫博物院明清档案部编《清末筹备立宪档案史料》，下册，中华书局，1979。

[63] 日本政府于 1896 年 4 月 27 日公布民法前三编（总则、物权、债权），于 1898 年 6 月 21 日公布民法后两编（亲属、继承），全部民法于 1898 年 7 月 16 日施行。参见［日］北川善太郎著，李毅多、仇京春译：《日本民法体系》，105 页，“旧民法的延期实施与明治民法的公布施行”。

[64] 因此，从讨论《大清刑律草案》开始形成惯例，礼学馆有议定各种法律草案中有关礼教的条文。参见《大清宣统政纪实录》，卷 48。

[65] （清）内阁印铸局编：《宣统三年冬季职官录》，宣统三年十二月发行。本文依据中国台湾文海出版社 1968 年影印本。

律馆会同礼学馆订立”，只是在宣统三年的九月到十月间的事情，在仅仅一个月的时间里，礼学馆已经难以有所作为。因此可以说，“（《大清民律草案》）后二编由法律馆会同礼学馆订立”，在清末很可能没有形成实质性的结果。

从民国初年出版的一些《大清民律草案》（或《民律草案》）的版本来看，在清朝最后风雨飘摇的岁月里，没有最后将“说明稿”的前三编与后两编合为一体；民律草案的后两编称作“民律亲属编草案、继承编草案”，没有和“说明稿”的前三编统称为“大清民律草案”。中华民国元年（1912 年），新华书局曾印行（中国图书公司代发行）《中华民国暂行民律草案》[66]，共分八册，在首册扉页上印有“法律馆原本”；正文之前以“法律馆民律前三编编纂大意”为序言；在第八册之末，印有“民国暂行民律草案终”。再有，中华法政学社校 1912 年刊行的《民律草案》，将总则、债权、物权前三编，与亲属、继承编合刊；但是，前三编条文编号是连续的（从第一条至第一千三百十六条），而后两编则分别是从第一条重新编排。中华法政学社 1913 年刊行，并多次再版的《新编中华六法全书》[67]，其中第六至十一册为《民律草案》，其前三编连为一体，而后两编则分别编列条文序号。时至 1926 年，民国北京政府修订法律馆编辑的《法律草案汇编》，其中收录之《大清民律草案》，前三编条文为连续序号，后两编仍分别编排。

因此，《大清民律草案》有两种版本，一种版本是清末“修订法律馆原本”，这个版本的《大清民律草案》只是前三编的“说明稿”，并未与后两编合为一体，如修订法律馆宣统三年铅印的《大清民律草案》；民律草案的后两编有单独的名称——“民律亲属编草案、继承编草案”。另一种版本的《大清民律草案》是在编订活动终止以后，由民国时期的民间出版机构或法律编订机关完成的[68]，将修订法律馆的《大清民律草案》（前三编的“说明稿”）与尚未完成的“民律亲属编草案、继承编草案”合编，如最典型的版本是民国北京政府修订法律馆民国十五年（1926 年）刊行的《法律草案汇编·大清民律草案》。无论何种版本，《大清民律草案》均是一部没有经过前后统编而最后完成的草案。

五、余　论

清末有关编订民律草案的讨论始于光绪三十三年（1907 年）四月，至最后修订法律馆完成“说明稿”，前后历经四年半的时间。在修订该草案的过程中，清政府为修订法律大臣

---

[66] 之所以要将《大清民律草案》改为《中华民国暂行民律草案》，是因为民国初年，尚未制定各项新的法典，民国政府临时大总统袁世凯提请参议院将清末各项法律草案暂时加以援用。后来《大清刑律》、《法院编制法》被援用，改称《暂行刑律》、《暂行法院编制法》；但参议院没有通过援用《大清民律草案》的决议。

[67] 中华法政学社刊印，至民国四年（1915 年）五月，已出版第十次增订版。

[68] 据《民国时期总书目·法律卷》（北京图书馆编，261 页，书目文献出版社，1990）所载，1911 年宪政编查馆曾编辑《民律草案》的“说明稿”，将前三编与后两编“民律亲属编草案、继承编草案”的“说明稿”合编为一书，名之为《民律草案》。但是，笔者搜遍国家图书馆及国家图书馆分馆，至今未能见到此书。

和修订法律馆提供了当时一切可能的条件，诸如确立并维护独立的编订权、调配国内最好的法律人才、尽可能地提供经费，等等；唯独无法给予修订法律馆的就是充裕的编订时间。

也正是因为编订的时间极为紧迫，最后完成的民律草案虽然在形式上具有会同中西的特征：前三编主要取法德、日民法典，后两编甄采本国礼制。可是，无论是在继受外国法方面，还是规制采纳本国固有法方面，民律草案“说明稿”都存在着严重缺陷。清末任职于修订法律馆的著名法律家江庸曾指出《大清民律草案》的缺点，他批评道：“（一）前案仿于德日，偏重个人利益，现在社会情状变迁，非更进一步，不足以应时势之需求。（二）前案（即《大清民律草案》）多继受外国法，于本国固有法源，未甚措意。如民法债权篇于通行之‘会’，物权篇于‘老佃’、‘典’、‘先买’……而此等法典之得失，于社会经济消长盈虚，影响极巨，未可置之不顾。（三）旧律中亲属、继承之规定，与社会情形悬隔天壤，适用极感困难，法曹类能言之，欲存旧制，适成恶法，改弦更张，又滋纠纷，何去何从，非斟酌尽美，不能遽断。”[69] 民国时期的法律家薛长炘在评价《大清民律草案》时也曾说过：“我国民草，前三编为日人所起草，其总则、债权两编故不乏可议之处，而尤以物权编为不和我国民情习俗，亟宜修正。”[70]

本文限于材料，只能在已有的研究基础上拾遗补缺，期于使人们对中国第一部近代民法草案的了解更接近于历史真实。而对《大清民律草案》编订过程更加详尽的考证，还有待进一步的深入开展。

附 录

为便于法律史学者和民法学者对《大清民律草案》的进一步研究，现将笔者发现的并在本文中使用的一些重要民法资料编目如下：

1.《急宜编订民法》，原载《南方日报》光绪三十三年（1907年）四月初四日，本文转引自《东方杂志》第四卷第六期。

2.《掌辽沈道监察御史史履晋奏礼学馆宜专派大臣管理与法律馆会同商订折》，载《政治官报》，光绪三十四年五月二十四日，第234号。

3.《会议政务处奏议复〈御史史履晋奏礼学馆宜专派大臣管理与法律馆会同商订折〉》，载《政治馆报》，光绪三十四年八月初一日，第300号。

4.《编纂民法之理由》（草稿），中国第一历史档案馆藏档案：修订法律馆全宗（524—10—1），第7档。

5.《修订法律大臣奏拟修订法律大概办法折》，载《政治官报》，光绪三十三年十月初二日，第19号。又载《光绪朝东华录》，第5册，5766页。

---

[69] 江庸：《五十年来中国之法制》，载《最近之五十年——申报五十周年纪念》，申报馆，1924。

[70] 薛长炘：《对于民法物权编修正之我见》，载《法律周刊》，第27期，1924年1月。

6.《修订法律大臣奏开馆日期并拟办事章程折 附章程》，载《政治官报》，光绪三十三年十一月十四日，第61号；又载《光绪朝东华录》，第5册，5803页。

7.《修订法律大臣奏馆事繁重恳照原请经费数目拨给折 附清单》，载《政治官报》，光绪三十三年十一月十四日，第61号。

8.《修订法律馆三十四年收支经费年表》、《修订法律馆试办宣统四年岁入预算报告册（附比较表）》，分别收藏于中国第一历史档案馆修订法律馆全宗（524－10－1），第4档、第15档。

9.《修订法律大臣沈家本等奏议复〈朱福诜奏慎重私法编别选聘起草客员折〉》，载《政治官报》，光绪三十四年十月十五日，第373号。

10. 中国第一历史档案馆藏档案：修订法律馆全宗（524－10－1），第18档，保存有《咨外务部等索取外国法律图书资料之文书》。

11.《修订法律大臣奏筹办事宜折 并单》，载《政治官报》，宣统元年二月初二日，第471号。

12.《修订法律大臣奏筹办事宜折 并单》，载《政治官报》，宣统元年十二月四日，第798号。

13.《修订法律馆咨宪政编查馆具奏编纂法典需用各省通志府州县志及官私刊行各书片》，中国第一历史档案馆藏档案：修订法律馆全宗（524－10－1），第18档。

14.《钦命督察院督御史总督陕甘等处地方军务粮饷兼理茶马馆巡抚事 长为咨送事》、《咨头品顶戴督察院副督御史巡抚陕西等处地方提督军务兼理粮饷会办盐政 恩为咨明事》、《咨头品顶戴署理两广总督兼管广东巡抚粤海太平两关事务 张为咨送事》，以上三则档案均收藏于中国第一历史档案馆：修订法律馆全宗（524－10－1），第18档。

15.《奏为民律草案告成谨缮具条文进呈御览折》（草稿），中国第一历史档案馆藏档案：修订法律馆全宗（524－10－1），第7档。

16.《宣统三年冬季职官录》，（清）内阁印铸局编，宣统三年十二月刊行，本文依据中国台湾文海出版社1968年影印本。

侯欣一

民国晚期西安地区律师制度研究*

简介

侯欣一， 1960年出生于辽宁锦西，法学博士。现为南开大学法学院教授，副院长。长期从事中国法律史的教学与研究，先后出版专著和教材多部，另在《法学研究》、《中外法学》、《法学》、《法学家》、《法律科学》等法学类核心刊物上发表论文三十余篇。主要学术兼职有：中国法学会理事，中国法律史学会常务理事，教育部法学教学指导委员会委员等。

* 原发表于《中外法学》，2004（4）。原文刊发。

众所周知，中国的律师制度创建于民国时期，但有关民国时期律师制度的研究目前学术界已有成果却并不多见。① 最近几年尽管有关司法问题的研究成了法学界的热门话题，但由于在对待中国传统文化的态度方面，目前中国学术界的主流思想是理解和欣赏，因而许多学者都把自己的注意力转向到对中国传统法律文化和制度资源的整理和挖掘方面，而与我们现行法律制度关系最为密切的民国法律问题的研究却受到了不应有的冷落。本文以陕西省和西安市档案馆所馆藏西安地方档案为主要材料，对民国晚期西安地区的律师制度做一初步的实证分析。希望通过这种努力真实地向人们描述新兴的律师制度在西安这样一个内陆城市是如何运作，并发生变异的。这里所谓的民国晚期从时间上讲指的是上个世纪 40 年代后期。

一、概况

西安地区的律师制度形成于民国初年。民国三年（1914 年）根据北京政府推行的“司法独立”精神和原则，独立于行政的新型审判机构——长安地方审判厅开始设立，与此相适应，代理诉讼的律师也在西安地区出现，到 1916 年，按照当时的法律规定，开始成立行业组织——长安律师公会。但由于西安地处内陆，传统法律文化影响较深，对新事物的接受比东南沿海地区阻力相对较大，加之政局动荡，经济不发达，直到南京国民政府成立，律师制度一直发展较为缓慢。主要表现为人数少（主要为本地法政学校毕业或在外地学习法律的本省人士）、素质差和组织严重不健全等方面。基本上处于零散的自发状态。② 抗日战争爆发后，东南一些沿海地区的律师为躲避战祸，纷纷内迁，西安地区的律师人数开始增多，素质也开始有了较大的改善。特别是 1941 年《律师法》及其一些相关配套法规的陆续颁布，西安地区的律师制度才渐进成熟，走入规范时期。同时，作为一种新兴的制度，其在整个法律制度，特别是在司法体系中的作用、影响、地位和价值也才得以显现，具有了较大的研究价值。

---

① 笔者所见到的有：王申《中国近代律师制度研究》，上海社会科学院出版社 1994 年版；徐家力《中华民国律师制度史》，中国政法大学出版社 1998 年版，为数极少的几篇论文，如孙慧敏《中国律师制度的建立——以上海为中心的考察（1911—1912）》，台湾《法律史研究》第一期。此外，在一些各地出版的文史资料中有一些涉及到民国时期的律师制度，但由于写作年代基本上是上个世纪五、六十年代，受当时的社会政治环境影响，客观性普遍较差。

② 西安档案馆资料，卷号全宗 01－7－430。

就人数而言，有关民国初年西安地区律师的具体人数已很难考证，大致在二三十人之间。到抗战爆发时为四五十人。此后逐渐增多，到1945年达到七十多人，以后基本稳定在五六十人左右。而1945年西安市人口总数为五十二万。即平均七千人一个律师。下面我们通过表格方式将我们所能查到的有关1945年西安地区执业的律师七十二人的基本情况做一分析③：

姓名	年龄	性别	籍贯	简历
史养宗	56	男	陕西卢施	陕西公立法政专门学校毕业，曾任陕西第二高等法院检察官、府谷县县长等
聂养儒	41	男	山西荣河	山西省立法政专门学校毕业，曾任翼城县司法处审判官、离石县政府科长
秦光伦	42	男	江苏邳县	朝阳大学毕业，曾任宿迁县承审员、邳县代理县长，国民党党员
郭德沛	64	男	四川遂宁	日本东京法政大学毕业，曾任长安地方法院院长，民国30年加入律师公会，32年登录
张绩懋	52	男	河南开封	北京中央大学法律系毕业，曾任泌阳县县长
周　昆	46	男	河南南阳	陕西公立法政专门学校毕业，曾任陕西高等法院书记官、长安地方法院代理推事，民国23年入会，31年登录
李企颜	54	男	山西闻喜	北京中央大学法律系毕业，曾任包头司法公署监督审判官、清水河县县长
康承源	55	男	陕西长安	陕西公立法政专门学校毕业，曾任长武、宜君等县承审员
朱先诚	48	男	陕西安康	陕西公立法政专门学校毕业，曾任陕西省高等法院一分院推事、南郑地方法院庭长
张恒忻	34	男	陕西礼泉	朝阳大学毕业，曾任户县、永寿等县县党部书记长，陕西公立法政专门学校讲师，国民党党员
张朝鼎	47	男	河北晋县	朝阳大学毕业，曾任北平特别市秘书、泾惠管理局科长、甘肃云亭中学教员，国民党党员
张思明	49	男	河南陕县	中央法政学校毕业，曾任中央大学河南分校教员、豫西剿匪司令部军法官
郝兆先	49	男	安徽灊山	日本大学法律专门学校毕业，曾任中国国民党驻日总支部常务委员，沧州、蓝田、洛南等县县长，国民党党员

③ 资料来源：陕西省档案馆档案，编号89—1—124卷。

续前表

姓名	年龄	性别	籍贯	简历
李梦庚	43	男	山西荣河	山西大学毕业，曾任绥远丰镇地方法院检察官
帅济笙	75	男	江苏奉新	京师法政学堂别科毕业。民国 26 年入会，31 年登录
牛庆誉	55	男	山东茌平	山西法政专门学校毕业，曾任长安地方法院推事，岐山、眉县、长武、宝鸡等县县长，民国 28 年入会，31 年登录
王玉丰	54	男	河南武陟	中央政法专门学校毕业，民国 24 年入会，31 年登录
田书麟	63	男	河北新城	北京法政专门学校毕业，曾任南郑地方法院承审员、十五混成旅军法官，民国 24 年入会
范献琳	60	男	山东阳谷	山东法律学校别科毕业，曾任汲县、大荔地方法院推事
聂桥松	41	男	河南汜水	河南大学法学院毕业
张湘霞	36	女	江苏吴江	上海持志学院法律系毕业
靳作辑	54	男	陕西蓝田	北平中国大学法律系毕业，曾任长安地方法院推事、庭长，民国 29 年入会，31 年登录
包楚才	57	男	陕西富平	北平中国大学法律系毕业，曾任陕西靖国军执法处处长、旬邑县县长
谢申藩	58	男	山西临晋	中央法政专门学校毕业，曾任长安地方法院推事、怀柔县知事，民国 23 年加入律师公会，31 年登录
朱文晓	60	男	河南密县	河南法政学校毕业，曾任开封地方法院书记官，开封律师公会会长、陕西旬阳县承审员
石清泉	37	男	河北获鹿	北平大学法学院毕业，曾任河北民军总指挥部军法处处长
牟东山	44	男	山东潍县	河南大学法学院毕业
禹景祥	50	男	河南汜水	河南法政专门学校毕业
刘之谋	47	男	上海	比利时鲁文大学法学博士，曾任复旦、中央大学、西北大学法律系教授，民国 32 年入会，34 年登录
刘钟岳	43	男	吉林舒兰	北平大学毕业，西北大学教授，民国 31 年入会
程泮林	48	男	陕西韩城	朝阳大学毕业，曾任长安地方法院推事，31 年入会、登录，国民党党员
扬厚生	37	男	江苏武进	上海持志学院法律系毕业
王　任	42	男	河南桐柏	北京法政大学毕业，曾任北方大学法律科主任、军委会干训团教官，民国 34 年入会、登录
童培兰	46	男	陕西长安	朝阳大学毕业，曾任长安地方法院推事、西安市司法科科长，民国 27 年入会，31 年登录，国民党党员

续前表

姓名	年龄	性别	籍贯	简历
荆可恒	59	男	河北定县	北洋法政专门学校毕业，曾任北洋大学教授，民国 26 年入会，31 年登录
任安郁	42	男	辽宁沈阳	东北大学毕业，曾任辽宁北镇县长、陆军 109 师军法处处长
张士容	50	男	山西虞乡	陕西法政专门学校毕业，曾任长安地方法院检察官，咸阳、渭南、四川广元等县承审员，民国 22 年入会，31 年登录
张西江	62	男	陕西山阳	日本法政学校政经科毕业，民国 8 年加入律师公会，31 年重新登录
郭巨翰	41	男	河北邢台	朝阳大学毕业，国民党党员
刘鸿渐	61	男	湖南长沙	日本东京帝国大学毕业，曾任朝阳大学教授，西北大学法商学院院长
刘　靖	54	男	陕西朝邑	未详
王嘉宾	63	男	陕西长安	北平法政专门学校毕业，陕西法政专门学校教授，长安县教育局局长
郭耕三	40	男	山西平陆	山西大学毕业
张心纯	51	男	河南巩县	河南法政学校毕业
郭世勋	38	男	河北丰润	河北法商学院毕业，曾任省训团教官
扬宗虎	32	男	江苏武进	东吴大学毕业
原荫国	54	男	山西猗氏	山西法政专门学校毕业，曾任大同县长兼理承审员
瞿　钺	65	男	上海	日本东京帝国大学毕业
冯　纶	57	男	山西	日本明治大学法科毕业，曾任山西法政专门学校校长、山西大学法学院院长
瞿汝霞	38	男	山西	河南法政学校毕业，曾任太原地方法院书记官、公安局科长、局长
赵儒灏	49	男	河南汜水	河南法政学校毕业，曾任河南财政厅科长
纪清漪	41	女	黑龙江绥化	北京大学毕业，曾在平津一带任律师
王有声	30	男	河北定县	朝阳大学毕业，曾任陕西地政局科员
宋世斌	46	男	河南武陟	河南法政学校毕业
冯经芳	59	男	山西赵城	京师中央政法专门学校法律别科毕业
谢鼎成	59	男	河南太康	河南法政学校毕业
黄得中	52	男	江苏武宁	日本帝国大学法学部毕业

续前表

姓名	年龄	性别	籍贯	简历
黄梦兰	43	男	河南孟县	河南法政学校毕业
齐寿山	38	男	河北晋县	朝阳大学毕业
李耀鼎	57	男	河南唐河	北京法政学堂毕业
张天杰	46	男	河北平山	朝阳大学毕业
何基鸿	57	男	河北	日本东京大学法科毕业
李毓民	42	男	辽宁安县	北京大学毕业
曹铭勋	37	男	吉林延寿	北平民国学院毕业，曾任吉林高等法院推事
熊绪端	57	男	河南光山	京师政法学校毕业
刘纲元	57	男	河南尉氏	河南法政专门学校毕业
梁　杰	44	男	山西平遥	朝阳大学毕业
裘　英	58	男	浙江杭县	浙江法政专门学校毕业
张作舟	43	男	河南淮阳	河南中山大学法学院毕业
段道遁	37	男	河南华县	北京大学法学院毕业
黄建极	54	男	陕西凤县	未详

通过对上面表格进行分析，我们不难得出以下一些结论：

第一，民国后期西安地区律师的素质已有了较大的提高，这一点从上述执业律师所受的教育就可以清楚地看出，其中既有毕业于国外名牌大学的法学博士，又有曾执教于国内名牌大学的法学教授，但更多的则是毕业于各地所办的法政学校。民国初年各地曾出现过争办法政类学校的现象，公立私立一起上，数量十分可观，彼此水平差距甚大。1914 年教育行政管理部门对此进行了专门整顿，仅江苏一省一次就取缔了 14 所私立法政学校。④ 此后，法政类学校的总体水平有了一定的提高。此外，有关律师水平还可以通过其所办的案件进行分析。

第二，职业的流动和转职情况较为频繁。尽管民国后期律师制度在中国已经确立，但由于种种原因，如战争频繁，政局不稳等，民国时期西安地区律师的执业状况却极不稳定，职业流动和转职情况较为普遍。如律师赵伯昌 1948 年申请登录被批准，但同年即申请注销登录。再譬如 1948 年 8 月 8 日张心纯等 8 人一次申请退出律师公会等。从材料中看许多人是把律师职业作为自己职业生涯中的中间站，作为寻找更为理想职业的一种过渡。真正以

④ 有关民国时期国内法学教育的情况请参见王健：《中国近代的法学教育》，中国政法大学出版社，2001。

律师为终生执业者为数并不多。[⑤] 造成这一现象的原因，由于资料的匮乏，现在已经很难考证。但若从常规上分析不外乎以下几种原因：职业社会认可度较差；自己不适合；收入不理想等。有关收入问题，我们会在后面做专门分析，但从总体上讲，当时律师的收入高于法官。也就是说，造成当时律师转职的原因只能是前述两个原因中的一个。

流动从方向上讲呈现着双向流动的特点。一方面，一些曾任过法官、承审官、检察官的法律职业者和县长等行政官员（表格中许多人的履历中均有过曾任县长等行政职务的经历，这是因为当时大多数县并未建立起新式的审判组织法院系统，而是设立司法处，或仍旧采用县知事兼理审判等传统作法，因而，从某种意义上讲县长也可以视为司法人员）以及大学教授为躲避战祸等原因纷纷加入律师队伍，这些人的加入对提高律师的素质和执业水平大有好处。特别是大学教授的加盟，在改变人们传统上对律师形象方面的作用不可低估；另一方面，又不断地有律师转向其他职业。在已知的转出人中有明确去向的共三人，去向为林之望任渭南地方法院院长兼推事；王建勋任甘肃庆阳地方法院推事；郭德沛任陕西南郑地方法院院长，去向均为法院，这一点颇值得玩味。看来就民国晚期西安地区而言，在律师和法官之间，人们是宁可选择法官，而不愿意选择律师的。当然，也有的人注销登录后，又重操旧业。如律师范献琳、秦光伦 1945 年时已执律师业，后注销，但到 1948 年又重新登录执业。此外，还须值得一提的是，这种流动又呈现着明显的规律，即大致在法律界内流动，这一点不知是否可以这样认为：到民国后期一个相对稳定的法律职业者阶层已基本形成，这一阶层是由律师、法官、检察官以及大学法学教授等构成，他们拥有共同的教育背景，共同的话语，共同关注的问题，乃至相近的职业和较为体面的生活。如果不是战祸等外部因素这一阶层的形成时间可能还会加快。当然，这其中裹胁着许多中国社会的特殊因素。下面我们还会对此进行分析。

在一个正常的社会里职业间的流动本无可厚非，但过于频繁的转职毕竟会影响到从业人员素质提高。但好在 1941 年《律师法》颁布以后，律师准入的门槛提高，滥竽充数者很难进入，在一定程度上保证了律师的水准不至于降得太低。

第三，地域分布较为明显。执业律师的籍贯地域性十分明显，以河南、山西、河北和陕西为最多，其中河南籍的 18 人、山西籍 11 人、河北籍 10 人、陕西籍 12 人。此外，从毕业的院校来看，又以河南法政专门学校、朝阳大学、山西法政专门学校和陕西法政专门学校的为多。这种现象绝非耦合。陕西与山西、河南相邻，河北尽管在土地上不与陕西相邻，但历史上与陕西交往亦较为频繁，上述三省在陕西作官和经商的人士亦较多（西安地方法院的从业人员在籍贯和学历构成上与律师的状况大致相同），生活习俗、文化均较为接近。在民国的不同时期，西安地区亦曾有过一些南方籍的律师在此执业，但执业时间大都不长，即纷纷离去。上个世纪 40 年代，作为内陆城市的西安还相对较为封闭，除一些随东北军逃亡而来的东北人和传统的河南、山西等省份人士外，外来的人口极为有限。看来，亲情、

---

⑤ 这种情况并非西安一地所特有，具有一定的代表性。请参见《天津文史资料选辑》第三十七期。

乡情和关系对于即使是自由职业的律师们在选择就业地点时也是考虑的重要因素，这一点不知是否是中国特色？同时，这样一种状况对于其执业的过程、结果和具体个案显然是会有影响的。

第四，年龄与性别方面以中年和男性为主。律师是一特殊职业，一个好的律师，除需要有扎实的专业知识外，还应该具备一定的社会知识和对人性的深刻洞察，因而，相当的社会阅历对于成熟的律师来说是必要的。就年龄而言，民国时期西安地区执业律师的年龄是较为理想的。但同时又应看到其中个别人年龄偏大，六十岁及以上者竟占了八位，甚至有一位竟然已七十五岁。这一状况也在一个层面反映了当时西安地区生活的艰辛。此外，我们同时还应看到，这一年龄结构也使当时西安地区的律师制度承载着许多特有的时代内涵：这是承上启下的一代，一方面他们自幼饱读四书五经，对中国社会传统与人情了如指掌，但另一方面又深谙现代法律知识，基本明了法治社会律师的地位与作用，因而，中西两种法律文化的对立，传统讼师与现代律师的差异，以济世为人生目的传统文人和现代社会中的职业法律工作者之间的冲突在他们身上无时不彰显出来。这种对立、冲突乃至融合不仅折磨着这些律师们的内心，影响着他们的行为，同时更使这一时期西安地区的律师制度深深地打上了时代的烙印。至于性别问题，则真实地反映了当时中国，乃至西安地区的开放和文明程度。

第五，政治倾向上以支持或同情国民党的为多。有关民国时期西安地区律师们的政治倾向在各种登记表上现已很难查证。但笔者在一份西安朝阳大学校友会理事、监事名单履历表上的偶然发现却可以在一定程度上对此问题做个补正：该会理事、监事中共有律师五人，而这五人又无一例外地均为国民党党员。此外，曾任西安临时参议会议员的张恒忻律师等也是国民党党员。由于我们现在对民国时期律师们加入国民党组织的真实动机无法考证，也就是说是出于政治信仰、功利考虑，还是迫于环境的压力不得而知，因而律师的政治态度与其执业生涯和业务到底是一种什么样的关系，还是一个尚待考察的问题。但有一点可以肯定的是，只有政治上倾向国民党的律师才有可能在律师公会以及各种政治组织中获取一席之地，而获取了一席之地后，名声自然就会大增，而名声大增，则意味着收入的增加。当然，我们也可以清楚地看到国民党对整个社会，当然包括对律师们意识形态的控制所做的努力，诸如开会诵读孙中山遗嘱，向孙中山遗像鞠躬等程式化的东西已深入人心。

二、执业与管理方式

（一）登录

一个公民通过考试或检核⑥合格获取律师资格后，如要执业，从西安地方档案反映的情

⑥ 民国初期律师资格的取得分考试与甄拔两种方式，1941 年《律师法》实施后，改为考试与检核，有关详细讨论请参见徐家力：《中华民国律师制度史》。

况看，还要履行如下的手续：加入当地的律师公会；向西安地方法院书面提出登录申请，同时提交律师资格证书、加入律师公会的证明、执业事务所名称和地点、现任荐任官 2 人以上之证明和 2 张 2 寸本人半身近照等文件及手续费；地方法院审查合格后，报陕西高等法院批准；登录批准后还需向地方法院交本人及律师事务所书记笔迹两份备案。

有关登录的上述手续，大都是按照《律师登录规则》的规定要求办理的，但其中有两项不知是以何为依据的，应引起注意。一是需要有现任荐任官 2 人之证明，二是律师及事务所书记的笔迹存留备案。第二项从规范管理角度不难理解，也有一定的可取之处。第一项的用意则显然是为了强化对律师的控制，充满了对律师的不信任感。它表明起码是在西安地区到民国后期政府对律师的管理与控制不是愈来愈松，而是愈来愈严。这两项规定不知是从何时开始执行的。但从档案材料看 1948 年至 1949 年这一期间是在执行着的。此外，这一规定不知与国民党政权从 1948 年起推行的“戡乱”活动有关，果真如此的话，那么，这一规定就是非正常时期的一种特殊规定。即便如此，前面的分析结论同样可以成立。

（二）执业

尽管缺乏正面的直接材料，但通过其他的材料我们仍可以得知即使到了民国后期，西安地区律师事务所的规模均较小，1 人独立或 2 至 3 人合伙所开的事务所占绝大多数。登录后，租一间门面房或在旅馆里租一间客房，挂个牌子就可开业。从档案材料看，当时律师事务所主要集中在西安地方法院、陕西高等法院的附近和一些闹事区。选择这些地方显然是为了便于招揽客户。

1. 诉讼服务。从业务范围讲，律师的服务大致可以分为诉讼和非诉讼两类。下面我们先对讼诉服务进行分析。从档案材料看其时律师当以诉讼服务为主。按照《律师法》规定律师不得挑唆诉讼或以不正当之方法招揽诉讼，只能听当事人自由委任。此外，律师有曾受过委托人之相对人之委托、任推事或检察官时曾经处理之事件以及以仲裁人之资格曾经处理之事件等情节者不得接受委托。律师接受了当事人或其亲属的委托后，须签订委任书，委任书的内容须写明委任代理的原因和代理权限，下面我们引用一份此类委任书的样本：

律师委任书

西安地方法院：

缘民以×××略诱诈财等情事提起自诉一案特委任×××律师为本案代理人。兹将委任代理人之原因及委任权限开列于后：一原因：因无法律知识；二权限：特别委任对本案有一切诉讼行为之全权。

谨状

西安地方法院公鉴。⑦

当事人凭此委任书到法院申请批准。此外，律师如要查阅案卷和会见被告还需向法院提出申请，获准后，方可从事上述行为。律师接受委托后，没有正当理由不得终止委托关

⑦ 陕西档案馆档案，卷号 89—10—1501。

系。必须终止者，须于开庭前十日通知委托人，委托人未同意前不得中止代理行为。为了便于律师工作，律师公会在西安地方法院和陕西高等法院内设有休息室，并雇有专人负责打扫和准备茶水，费用由律师公会支付。

由于当时律师人数较少，律师制度还处于形成时期，因而律师业务的分工尚不明显，基本上处于刑事案件、民事纠纷均受理的状况。从现有档案材料来看，当时西安地方法院审理的案件案情均较为简单，对律师业务水平的要求不高。基本上一件案件聘请一位律师，在笔者查阅的近百件案件中只有几件刑事案件在诉讼过程中当事人又追加聘请了一位律师，至于追加的原因是对原聘请的律师水平不满，还是因为其他，已经无法考证。此外，不知是受案情影响，还是受制度约束（1934年南京国民政府司法部曾专门颁布过《整饬律师风纪通令》，通令中将“挑唆诉讼”，“强词夺理，为冗长陈述”等均列为整饬对象。这一规定显然是受中国传统的贱讼观念的影响，这一规定在传统观念保留较为浓厚的西安地区，影响较之其他地区可能更大），律师的代理词均写的较为简单，在具体诉讼中也很少见到有据理力争的，总体上给人一种谨小慎微的感觉。当然，必须指明的是这种感觉的获得只是来源于现存的地方法院档案，真实的审判过程现已无法得知，此外，就档案本身来说其记载也较为简略。

从总体上讲，大多数律师对待当事人的态度是负责的，在现存的保留并不完整的有关西安地区律师制度的档案中尚未发现有律师因风纪问题被处理的记载，在同时期的地方媒体中律师问题也并非是人们关注和指责的焦点。这一点同我们已有的知识和印象并不一致。在以往的文字记载中有关民国时期的律师基本上被描绘为是一群唯利是图，同法官相互勾结欺骗当事人的讼棍。⑧ 当然，也有个别律师不太负责，如有的律师诉讼中不到庭，甚至出现了当事人到庭，而律师未到庭，当事人对自己所聘请的律师不到庭的原因一无所知的现象。造成这一现象的原因，在另一份档案中笔者见到了一种解释理由：因为时间上同陕西高等法院的开庭相冲突。⑨ 不管原因何在，出现这一现象总是不应该的。但好在这是个别现象。

就代理的风格而言，大致可分为说理和煽情两种。下面我们通过一份代理文书和一件具体案例来说明这点。这是一位在押犯写给西安地方法院院长的保外申请书，该卷为残卷，只在声请书后注有律师代撰的字样，而具体撰写的律师名姓已不可考：

> 窃民于中华民国36年3月7日判处有期徒刑八年，民不服上诉二审，迄今八月有余，未蒙谕令示知。以民忖度为同案之×××、×××所致，理应静候，何敢烦渎。但民孤苦伶仃，形单影只既无叔伯之依，尤鲜兄弟之亲俯，无应门五尺之童茕茕孑立以维持全家生计。民今久羁囹圄年半有余，五谷不登。室如悬罄，徒壁四空，其贫如洗。况民父母年迈，寿逾古稀，衣食有缺依门而望哭泣失声。

⑧ 参见民国初年出版的王纯根：《百弊放言》及大量同类的著作。

⑨ 在一次律师公会的例会上，一位律师提议能否向陕西高等法院建议尽量把开庭的时间同西安地方法院的开庭时间错开，否则很难两头兼顾。由此可知某些律师没有出庭，是因为时间上无法分身。参见西安档案馆档案，卷号01—7—55。

昨日民妻前来所中与民道达此情，令民一夜未眠，五内俱裂，上天无梯，入地无门。想民犯罪事实在36年大赦之例，民虽判罪八年，按减刑令许减二分之一，民谨剩四年之罪，而前数月中司法部有疏通各案之令，则民35年古历四月十八日被捕羁押，其拖累倒悬，苦不堪言。思维再四惟有恳乞钧座惠爱鳏寡，怀抱小民。因此不揣冒昧声请保外，俯仰钧座大发鸿慈，网开三面。法外施仁，破格谕以保外，体宥民以好生之德，俯念各种痛苦下情。予民保外，以尽乌乌私情之意，不惟民一人感激，则全家亦感戴无尽矣。

可否之处不胜翘企待命之至⑩

如果读者事先不知道这是一份民国晚期的法律文书的话，一定会把它错认为是出自中国古代某位著名的刀笔吏之手，它以生花之妙笔，极尽渲染之能事，力求从情感上打动院长大人，至于保外的法律依据几乎一句未提。

下面我们通过一个具体案件介绍一下另一种类型。

本案大致案情为：1948年3月24日，28岁的河南商人陈清振涉嫌在西安市市民史正国家中购买毒品时，被西安市戒烟协会成员当场抓获，经西安市卫生事务所检验陈并无毒瘾，该会将陈移送警察局。在警察局陈承认贩卖毒品的事实。警察局侦结后，认为陈本人并无毒瘾，购买毒品显系为了贩卖，于是，又将陈移送地方法院检察官，检察官高佑时经审讯后，于4月19日以贩卖毒品罪向地方法院提起公诉。

4月初陈正式聘请律师梁选青为辩护人。梁随即提出阅卷和会见被告申请，在阅卷和会见了陈清振后，4月10日梁律师向检察官提交刑事辩护书，辩护书重在对事情的过程进行叙述，最后得出陈无罪，系被人诬陷的结论：陈与史正国早已认识，去年陈曾托史另寻住房，史亦曾向陈借钱，陈未借，故开罪于陈。今年3月24日史到陈住处谎称为陈所寻找的住房已找好，让陈一同去看房。陈遂与史一同先到了史家。此时史家已有一陌生男人。史请陈先给陌生人帮忙破获几个烟毒案，他说如能如此，史便可以到禁烟协会去工作。陈当即拒绝。陌生人说：“我是禁烟协会的，你不能帮忙，就将你带走。”并指桌上的一小包东西说这就是证据。随即陌生人即唤来本院内所住的甲长之妻子和其他几个人，并持一张纸条，一面打陈，一面强令陈在纸上盖一指印，随后将陈与史一同带到禁烟协会。几日后，陈得知史因贩毒于3月18日被抓，为立功减罪，陷害于陈。现史已逃跑。

4月27日本案第一次开庭。同时被起诉的还有陈的另两位吸毒及贩毒的朋友。

法官在对被告的基本情况进行询问后，梁律师陈诉了辩护意见：由于史已逃跑，陈是否有罪，很难对证。此外，应注意陈曾在史家及禁烟协会被打之情节，希望对此进行调查。

法官谕令调查后再审。随后法院函请禁烟协会调阅陈案案卷。

5月初，梁律师向地方法院呈刑事辩护书：“为检查官起诉陈贩卖毒品一案，仅具辩护意见。查‘贩卖鸦片烟罪，即以贩卖行为为其构成要件（见前大理院二年非字第五二一

---

⑩ 西安档案馆档案，卷号01—2—50。

号）'、'刑律第二六六条之意图二字系构成要件，无贩卖之故意者虽收藏鸦片烟亦不能论以贩卖罪。'（见民国三年统字第一七九号解释）'贩卖鸦片或其代用品之罪，均以贩卖行为为成立之要件，如贩卖行为尚未证明，仅持有鸦片之事实并其持有之目的在于贩卖，亦仅成立意图贩卖，而持有鸦片或其代用品之罪不能据依贩卖之例论罪'（见最高法院二十二年上字第八三三号判例）。陕西禁烟协会函选送之被告陈犯罪嫌疑部分之毒品，据陈供述系本市市民史家中之物，因不堪禁烟协会强暴、胁迫乃被迫承认系自己购自另一陈姓烟犯之手。假定即系陈之物，亦不过触犯禁烟禁毒治罪条例第十条第一款之持有烟毒罪，检查官依据禁烟禁毒治罪条例第四条第一款提起公诉，与上开各判解所示之要件，显有不合，为此仅具辩护意旨，恭请钧院判决。"

5月11日被告又聘请律师曹铭勋为辩护人，曹律师当日提出阅卷申请。5月12日下午地方法院再次开庭。法官首先询问证人，证明3月24日陈在史家曾被打。之后，梁律师先陈述辩护意见：起诉书指控陈贩卖毒品，而检查毒品之处是在史家，并不在被告家中，被告无贩卖毒品之确凿证据，请法庭宣告无罪。曹律师又陈述了自己的辩护意见：毒品是在史家查出的，证人又未能证明系何人所有，再被告史逃跑，实属可疑，另被告是在禁烟协会受刑不过才承认的，故口供不成立，请宣告被告无罪。但检察官坚持原指控，法庭再次休庭。

5月17日曹律师向法院呈送辩护意见书，称"陈是否犯罪，应以其有无贩毒吸毒，暨持有毒品诸行为为断。本年3月24日陈因买房一事去史家，适逢禁烟协会在史家搜查被牵连。证人对陈被殴打及毒品是在史家收出进行了证实。殴打逼供属非法行为，其供词自非真实，当无采信之价值，更不足为审判上之根据。且经西安市卫生事务所检查陈无毒瘾。由此可见，陈既不贩毒、也不吸毒，持有毒品亦无证人，总之，被告陈无罪"。同日，法院函请禁烟协会将史送法院审讯。协会函称史已找不到了，并声明史当时是受协会指令向陈诱买毒品，传讯史无必要。

6月4日和6月26日曹律师两次声请阅卷，均获同意。6月28日曹律师再次向地方法院呈送辩护意见书，称："协会两次公函前后矛盾，疑为伪证。说史无传讯必要，更属无理，法院传讯证人，任何机关不得拒绝，今拒绝传证，更足证明其中虚伪。函中说，史是受协会指令去向陈诱买，违背常识，如系诱买，应到陈家，而不应到史家。所以，该函不可采信。"

7月9日地方法院第三次开庭，9月25日第四次开庭，其他被告对指控的吸毒事实承认，但在被告陈的问题上控辩双方均无新证据和意见。10月9日曹律师又一次声请阅卷。10月12日第五次开庭，曹律师未到庭。

12月3日法庭一审宣判：陈帮助他人贩卖毒品，处有期徒刑六年。⑪

以上是梁、曹二律师所代理的一件刑事案件一审的全部过程。尽管此案最后的判决可

---

⑪ 西安档案馆档案，卷号094—4—16。

能有些问题，但仅就案卷中所反映的律师所做的辩护工作而言，无论是态度，还是水平，从专业角度讲是无可挑剔的。

当然，这种风格并非完全固定的。因为民国时期的律师均已受过现代法律的系统训练，早已成为一种专业人士，同时也清楚地知道自己的法官对手也早已不是传统的“青天大老爷”。之所以采取这种煽情的作法，可能是出于对所代理的案件胜算心中根本无数，不得已采取的下策。换言之，明知赢不了，煽煽情，一来打发一下委托人；二来碰碰运气。但不管具体情况到底如何，这种现象存在的本身就足以说明，起码到民国晚期西安地区的律师受传统讼师的影响并未完全消除。

2. 非诉讼服务。至于非诉讼服务，限于当时整个社会对法律服务行业的认识及程度较差以及西安地区的经济发展较为落后，因而其服务的领域较窄，范围主要是为人代写各类司法文书、合同以及充当法律顾问，这一点较之上海、天津等沿海较为开放、发达的城市有着不小的差距。按照当时的司法制度规定，当事人向法院呈递诉状，没有律师的盖章，法院拒收，于是代为盖章收费就成了某些名气不大的律师一笔固定的收入。聘请法律顾问的个人与法人均有，一般要登报声明，下面我们引述一则民国三十七年8月5日当地出版的《黎明日报》上所刊载的此类告示：

李毓民律师受任赵鸿宾、孟育才常年法律顾问通告

兹受右开两当事人常年法律顾问嗣后如有侵害其身体财产名誉自由等法益者，本律师 当依法为之保障特此通告。

事务所：西安市通济中坊二十三号，电话：四六七号

通过上面的介绍我们已经得知，当事人聘请律师的主要原因是不懂法律。民国晚期，经过政府的不懈努力，新型的法律制度已经建立起来。法律已成为一个同百姓生活关系十分密切，但又非常专业的自闭领域，不借助专业人员，一般百姓很难弄懂。于是，为了吸引客户，如何提高知名度就成了律师们能否生存必须考虑的问题。新事务所开业，一般都会在报纸上刊登广告，告知民众。此外，除了已有的社会关系和知名度外，为了扩大自己的影响，争取客源，许多律师还会通过其他方法，开展业务。其方式大致有：

第一，在报纸、电台上开设法制专栏和讲座，解答读者提出的法律问题。当地出版的《西京日报》上就定期开设有“法律顾问”专栏，聘请律师对一些与百姓生活有密切关系的问题给予解答。譬如民国三十七年7月4日出版的《西京日报》“法律顾问”栏目中的题目是“女未满十六岁结婚，依法无效可请撤消”，回答人为张仁山律师。陕西广播电台亦办有“法律常识”节目，每两周一次，时间为星期六下午六时一六时一刻，主讲人为当地的律师和法官。此外，还有一些律师举办各种大型讲演，如程泮林、张道址等就曾在民众教育馆举行过多次法律问题专题讲座。

第二，开办法律学校。继上个世纪40年代，上海、天津等地律师办起法律函授学校后，西安地区的律师也联合地方法院与高等法院的法官们，于1947年发起筹备私立陕西法

政学院（后招生时不知何故改名为西北法政学校），任命律师程泮林为校长，根据该校的教学计划可知，授课教师中不少为执业律师。

第三，代写启事或声明。如前面已经提到的民国三十七年8月5日出版的《黎明日报》上还登载着几条律师启事，其中一条内容为：

梁选青律师代表吕孝威声明前与李介君缔结之买卖机器契约

业已解除启事

据吕孝威君称："本人前与李介君缔结之买卖机器契约已于上月解除，双方所有关单据一概作废特请贵律师代为声明等语合代声明如上。"

事务所：土地庙什字七十号

这些启事费用由当事人出，一般刊登版面较为显著。上述这些作法在服务了社会的同时，也替律师起了宣传作用。此外，诸如讲课还可以增加收入，代写启事也可以从报社得到广告费的回扣。

（三）收入

按照1946年9月修正通过的"西安律师协会章程"中的规定：律师办案酎金分为分收和总收两种，其中分收细化为讨论案情每小时最高四千元；到法院抄阅文件或接见监禁人每次最高六千元；撰拟函件每件最高八千元；出具专供委托人参考的意见书每件最高五万元；民事出庭每次最高五万元；刑事出庭每次最高三万元；撰拟民事一审书状每件最高五万元、二审六万元、三审七万元但声请书仅得收五分之一；撰拟刑事一审书状每件最高三万元、二审四万元、三审五万元；处理和息案件每件最高十六万元；处理民事执行案件每件最高十六万元；调查证据每次最高三万元。总收酎金为办理民事一审二审案件每审最高七十万元，三审最高四十万元；刑事案件一审二审每审最高五十万元，三审最高三十万元；办理非诉讼案件参照民事案件酬金。⑫ 上述收费标准由律师公会统一书写，制成镜框悬挂在各事务所墙上，避免双方因收费发生争执。

尽管其时律师的收费标准十分清楚，但要真正弄清民国晚期西安地区律师收入的实际情况，由于史料的匮乏，已很难做到。但有以下几点可以考虑。第一，民国晚期的西安是一个纯粹的消费城市，经济凋敝，物价飞涨，民不聊生，法院受理的大都是一些鸡毛蒜皮的民事纠纷和轻微的刑事案件，因而，尽管有收费的最高标准规定，但是否有人出得起或者愿意按此标准付费是要大打问号的；第二，民国晚期西安地区的总人口大致为五十万左右。律师人数基本上维持在四五十人的水平，但真正靠代理案件为生、代理案件较多的不过三四十人。1947年第一季度西安地方法院共审判一审案件729件，其中民事案件328件，刑事案件401件。⑬ 这里的数字仅指的是判决案件，未包括调解、执行等其他类型，这类案件总数合计比判决的案件略少。这些案件绝大多数情节较为简单，采用的是简易诉讼程序，

⑫ 西安档案馆档案，卷号01－7－431。

⑬ 陕西档案馆档案，卷号090－1－65。

因而有相当多的一部分民事案件并未聘请代理人。上述数字与状况在当时具有一定的代表性。综合考虑各种因素，我们大致可以得出结论，当时西安地区律师每人每季度平均所代理的一审案件数应在十件左右，其他类型案件亦在十件左右。当然，这里还未包括他们在陕西高等法院所代理的案件数量。第三，从总体上讲，律师的收入比法官的合法收入要高。关于这一点，我们不妨通过下面这一材料来佐证，1946 年一位在武汉任职的法官在给时任陕西高等法院首席检察官朱观的一封私人信件中称自己经济上早已入不敷出“长此以往，实无法支持，除改业律师外，别无他途。明年法界再无生机，则只能改业律师矣”[14]。此信虽然说的是武汉的情况，但较有代表性。

总之，就总体而言这一时期律师的收入在整个社会上应是较高的。当然，个人的情况会有所不同。但需要补充的是在许多同时代其他地区的当事人所写的回忆录类文章中均提到一个问题和现象：由于当时整个司法系统的腐败，某些律师为执业需要尚需从自己的收入中拿出一部分来打点法官及其他相关人员。[15] 因而，律师的实质收入中还要扣除这一部分。但这一部分到底多少，西安地区是否也是如此，我们无法得知。此外，还须补充的是，民国晚期，随着整个政局的恶化，一方面导致了物价的飞涨，另一方面也使社会中的所有成员对自己的前途产生了一种担忧，即使是律师们也开始真实地感受到了生活的压力和金钱的重要。

（四）律师公会

前面已经提到律师登录必须以加入律师公会为前提，入会律师每人需交纳入会费和每月会费。按照《律师法》规定，律师公会是律师的自治组织。西安律师公会的前身一长安律师公会成立于 1916 年，在国内属较早成立的律师公会之一。但自成立以后在相当长的一段时间里却一直存在着会员少，无理事长，会费太低并无人缴纳，不按期开会等问题，组织严重不健全。1945 年进行了改选，成立了理事会和监事会等组织，并重新制订了《西安市律师公会章程》，各项工作始逐渐走向正轨。1946 年改称西安市律师公会，1948 年再改称西安律师公会。

会员大会每年举行一次，时间为每年九月的某星期天，具体时间开会之前两星期内在报纸上刊登消息，同时还以信函方式通知每位会员，从 1945 年律师公会改组后，会员大会每年都按时举行，主要讨论、审查、决定章程的修改、机构人员的改选、会费的使用以及一些业务问题。其会议仪式和程序也较为固定，如 1947 年的会员大会仪式和程序为：

> 主席宣告开会；
>
> 全体起立，向党国旗暨国父孙中山遗像三鞠躬，唱国歌，恭读国父遗嘱；
>
> 主席作开场报告，“在过去的一年中，本会同人及本会各职员究竟对本会及自身工作如何？今后应该怎样进行？我们要利用这个大会时机，聚会一堂，开诚布

---

⑭ 陕西档案馆档案，卷号 89—1—216。

⑮ 参见前揭《天津文史资料》第三十七辑，《武汉文史资料》第二十七辑，《文史资料选辑》第七十八辑等。

公，检讨过去，策励未来，发挥本会及各会员应有对社会服务之力量与精神，以尽到我们应尽之天职，这就是我们今天举行这个大会的意义”；

市政府指导员致辞；

会务报告，筹建会址情况，会费收支状况等；

讨论提案。

从档案材料所反映的情况看会员对每次大会所讨论的问题态度是慎重的。但其结果如何，是否得到了认真实施和改正，不得而知。

西安律师公会设有主席、理事和监事。1947 年前为理事九人，监事三人。理事大会每月召开一次。后有会员提议，根据律师法规定地方律师公会可设理事三至二十一人，现西安律师公会理事人数太少，为给热心于会务的会员提供机会，应增加人数。经报请西安市政府同意，1947 年后理事与监事的人数得以扩大为常务理事三人（聂养儒兼任主席、张恒忻、秦光伦）；理事十五（聂养儒、张恒忻、秦光伦、张朝鼎、石成链、张道芷、李梦庚、侯保庠、李企颜、孙仁山、张思明、石清泉、梁选青、赵汝灏、程泮林）；监事五人（扬宗虎、林之望、靳作楫、郭巨瀚、孙春海）。此外，还有候补理事七人，候补监事三人。按照章程规定，理事、监事均以无记名投票的方式，根据票数多少选举产生。当选的理事要举行宣誓仪式，其誓词为：

“余恪遵国父遗嘱，奉行三民主义，服从法律，忠心于本职，如违背誓言愿受最严厉之处罚。”

尽管律师公会是一纯粹的民间团体，但其内部的权力之争仍很激烈，这种斗争在换届时表现的尤为突出。如 1947 年换届会议时，有会员指责上届领导“无力推进会务，以致对于会员福利事宜完全未能筹划”。在一个非常讲究人情面子的国度里，这种当面的指责是不多见的；有的要求扩大理事名额；还有的会员对有些候选人的资格当场提出异议，指出聂养儒等人已经连任一届，如再当选，则违背律师法的规定；尴尬的局面迫使出席会议的市政府官员亲自出面圆场，选举才如期举行。令人注意的是被指责资格有问题的候选人最后仍然当选，除极个别候选人外得票均较为分散。这种现象一方面反映了当时西安律师界内部的矛盾，另一方面也告知我们当时西安律师界并无较大号召力的领袖式人物。⑯ 可能正是因为斗争较为激烈，为回避矛盾，许多人采取了不参加会议的做法。从数字上看每年参加的会员人数大致为三四十人左右，占会员总数的百分之六十左右，如 1946 年有会员六十二人，而出席本年度会员大会的会员为三十七人，可见，会员大会在会员心目中的地位和影响并不大。⑰

律师公会设置的本身无可厚非。但从西安的实践来看并未完全达到制度设计者的初衷。一个缺乏向心力的民间组织，其对会员的自律以及对司法权、行政权的约束等作用将大打折扣。

---

⑯ 西安的这一现象有一定的代表性，参见《广州文史资料》第七辑、第十五辑等。

⑰ 西安档案馆档案，卷号 01—7—550。

三、对政治法律等方面的影响

（一）在政治生活中的作用

从中国律师制度确立的那一天起，律师就大致被单纯地定位为是纯技术性的法律服务工作者，而非社会的公共管理者。这种制度设计使律师们缺乏参加政治生活的现实通道和有效机制。这一点在民国晚期西安地区的情况中表现得非常明显。某些官员在官场失意后，可以暂时从事律师工作作为过渡，以便东山再起，但却较少有专职律师能转职为政府和党务官员。此外，作为整体的律师公会也同样缺乏发挥作用的途径。

就一般而言，一个年轻人选择律师作为职业，不外乎追求正义和较高的经济收入两种考虑，但民国政府为律师职业的定位，显然使前者的抱负和理想无法施展，而只能追求其经济收入，律师一步步蜕变为纯粹的商人，并逐渐丧失自己的职业操守而不择手段。长此以往，一方面会影响整个行业素质的提高，无法吸收一些更为优秀的年轻人的加入；另一方面还会败坏整个行业的形象和声誉，甚至成为整个司法制度的一种破坏性的腐蚀力量。

这种情况到民国晚期仍未出现实质性的转机，尽管从1946年起南京国民政府终于决定终止长达二十来年的训政时期，转而实行宪政，并逐步在地方和中央建立起了所谓的民意机构，律师作为一种行业从理论上讲总算有了参政的机会和途径。

譬如为实现宪政作准备，1946年西安市成立了临时参议会，张恒忻律师当选为议员。临时参议会只是一般的民意机关，没有立法权，其作用不可夸大。但毕竟律师的代表有了一条能直接反映自己意见和想法的合法通道。从档案材料看张恒忻律师在临时参议会中的活动是比较活跃的，提出了一些涉及法律和社会问题的议案。张凭什么能被选为临时参议会的议员，我们无法得知，但透过张在临时参议会一届三次会议上所提的一条议案，我们则可以非常清楚地得知其政治上的立场和态度，该议案为：拟电请中央明令讨伐毛泽东以期戡定内乱，可否公决。⑱ 其时，国共两党尚未公开决裂，张的议案说出了政府无法说出的话，不但具有很大的轰动效应，还会换取政府的欢心。如此议员，多少给人一种御用的味道，绝非真正的公共知识分子。其作用就可想而知了。

同年，程泮林律师又当选为国民大会代表。但由于当时特殊的历史背景，国民大会本身在整个国家政治生活中的作用极为有限，加之，也缺少其在国民大会中具体活动的材料，因而有关此问题的分析只能留待以后。

导致民国时期律师职业性质定位的根本原因，笔者认为是政府对律师的不信任和对民主的恐惧所造成的。

---

⑱ 西安档案馆档案，卷号01—7—208。

（二）社会各界对律师的态度

由于原始材料的缺乏（档案中只有一件对律师进行指控的，具体事由为：一民事离婚案件的被告指控原告刘梅芳所聘纪律师与法官有相互勾结，操纵审判之嫌疑，声请法官回避，声请书中说“未开庭前，纪律师曾函招民至伊家面谈，当面恐吓，谓离婚已成不可挽回之事实，如不私下了结，到法庭对民将有诸多不便——民兼夫妻情爱未绝，恭请纪律师费神调解，以期和好，詎闻纪律师不但未加调解，反对刘梅芳声言，承案推事刘玉滨与伊有乡友之谊业经游说妥帖，必致被告败诉”等[19]，该声请人为案件的一方当事人，因而，真实性无法考证，但其反映的类似问题恐怕很难否定），加之当时西安地区的媒体上较少刊登有对律师进行指责、嘲讽的文章和报道，因而社会一般百姓对律师的态度我们现已无从得知。这一点同社会各界对法官的态度截然相反，在同时期的地方档案中指责、举报法官的材料不胜枚举。之所以会出现这种明显的反差，难道当时西安地区律师的操守真的无可挑剔吗？笔者认为造成这种现状的主要原因从客观上讲一是在当时的司法体制下，律师在整个审判过程中所起的作用并不大，不象法官处于风口浪尖；二是当时社会问题、矛盾较多，人们的生存压力很大，许多人无暇顾及律师问题。

除此之外，可能还和律师们的主观努力有关。在中国传统社会里，“讼师”一直是官府所打击的对象，在人们心目中的形象也不佳。即使是民国时期的律师对此也格外清楚。因而，自从现代律师制度在民国确立后，律师们也就一直努力着尽可能地改变着自己的形象。前面我们提到过的西安地区律师所做的诸如办法律学校，在报纸、电台上进行普法讲座等，从另外一个角度讲都可以视为是这种努力的一部分。不仅如此，西安市律师公会还开办有义务性的平民法律援助工作，规定所有会员必须轮流办理平民法律援助，任何人不得推诿、不得收取费用。尽管由于各种原因，此项工作开展的并不理想，但诸如此类的努力在改变律师自身的形象方面多少会有一些效果。

（三）与法院的关系

尽管从理论上讲民国时期的律师在具体诉讼中同法官是对立和制约的两极，但就制度而言，律师不但缺乏真正同法官抗衡的力量和制度保证，还受制于法院。律师要执业，必须到地方法院进行登录，此外，律师公会的章程、选举等事项必须报经地方法院首席检察官批准才能生效，律师公会的一切会议记录，首席检察官均有权进行审查。长安地方法院还保管有《律师登录卷》、《律师及司法人员笔记卷》、《律师事务所迁移卷》和《律师注销登录卷》等材料以备对律师进行监督。因而，为了执业的需要，千方百计地同法官改善关系就成了律师们的一件重要工作。档案中有三条材料非常有趣。一是宴请新院长。1946 年，西安地方法院院长换任，社会各界举行了一系列迎新活动。律师公会自然也不甘落后，也以律师公会的名义宴请了新院长，动用的是会员的会费，这种宴请其目的和动机不言自明，

---

⑲ 陕西档案馆档案，卷号 090—30—215。

至于宴请的花费和具体参加人数现已无法知道。[20] 二是要在法院设办公地点。1946年前后，西安律师公会经讨论形成了一项决议，欲租用西安地方法院的房屋作为律师公会的办公地点，并就此事同地方法院达成协议（当时西安地方法院经费十分紧张，因而，对此事也极为上心），但此事在操办过程中地方法院院长人选发生变化，新院长来自外地，在本地根基较浅，上任后感觉事情重大，为慎重、同时也是为给自己留条后路，专门就此事请示了国民政府司法院，司法院得知后下令禁止。对于这件未果的生意，律师公会的会员感觉十分遗憾，此后在相当长的一度时间里仍耿耿于怀。[21] 三是建议加强同法官的联系。在一次律师会员大会上，张恒忻理事提议“律师与法官，本皆以法律保障人权，立场不同，目的则一，为求双方办事合法，并增加效率起见，似有由本会召集高地两院院长，民刑庭长，及执事推事，并两院首席检察官，开座谈会之必要，以便指导”。此议案被一致通过，并责成由张理事负责操办。[22] 该议案的理由极为冠冕堂皇，但真实目的似不难理解，“以便指导”一语也讲的十分明白。上述三则材料不仅反映了律师们的良苦用心，更真实地折射出了律师与法官的现实地位和当时司法制度本身的缺欠。

除了上述的由律师公会出面的公关之外，作为个体的律师们还可以通过以下两种相对较为固定的渠道加强同法官们的联谊：一是利用校友会。当时西安地区就成立有“朝阳大学同学会”这样的校友会组织，其会员几乎囊括了当时西安地区所有的朝阳大学的校友，但主体不外乎律师和法官。这类组织成立的目的在章程中讲的都十分清楚，如“朝阳大学同学会”章程中规定本会成立的宗旨是“联谊同学情谊，互相砥砺学行”。特别值得我们关注的是，该会的主要发起人是律师童培兰等，会址也设在童的律师事务所。[23] 二是利用同乡会。这类同乡会当时数量极多，它在沟通彼此情感和相互接济等方面发挥着重要的作用。同乡、同门自古以来就是中国人最为重视的两种关系，即使是到了民国时期仍不例外。通过上面的介绍，我们不难发现，当时西安地区律师与法官在法庭以外的来往，无论是公开，还是私下的应该是较为频繁的。而这种来往又耐人寻味地呈现出以律师们为主动方的特点。

尽管，律师们在想尽一切办法地同法官们改善着关系，但在某些法官心目中律师的地位并无多少实质性的变化。档案中有两条材料完全可以证明这一点。其一，在一次律师会员大会上，律师李毓民提议；“高院刑庭开调证庭时，往往不予辩护律师以陈述意见的机会（如张振国推事）遽行离席，及经要求，又嘱少说几句，似不愿律师说话，又查律师声请阅卷，往往因主管书记迟到或请假而不能检交，殊感困难”[24]；其二，西安地方法院推事王灵

---

⑳ 西安档案馆档案，卷号01—7—550。
㉑ 西安档案馆档案，卷号01—7—550。
㉒ 西安档案馆档案，卷号01—7—550。
㉓ 西安档案馆档案，卷号01—7—451。
㉔ 西安档案馆档案，卷号01—7—550。

枢在一份写给地方法院院长的申辩材料中竟然将律师张恒忻称为“奸人”[25]。

但作为一种新兴的司法民主制度的产物，律师本身对法院毕竟多少会起到一些制约作用。透过西安地区的档案我们可以清楚地看到这种制约的渠道包括法庭上的辩护及整个诉讼过程，如在前引的西安地方法院推事王灵枢的申辩材料中王对本案律师张恒忻的抗辩行为作了如下的描述：“张恒忻曾于本年八月十八日下午向法警李彦武声称我要告王推事等语，予以控告恐吓被告（即王本人——引者注），旋又向金院长声称我要告王推事云云，十九日上午又向徐庭长声称我要告王推事云云，用意仍在恐吓。”[26] 事后，张指使自己的委托人果真向西安地方法院提起了诉讼，控告王推事滥用职权。作为本案的代理律师张恒忻对王的行为和做法不服，采取了如此强硬的办法，并使法官王灵枢成了被告，这在司法专制的中国古代是根本不可想象的，它或多或少地向我们昭示着民国晚期的律师制度已不仅仅是一种现代化的标识，多少已经有了一点司法民主的味道。当然，需要指出的是，类似这样极端的案例在笔者所见到的材料中较为少见。

除此之外，其他相对固定的主要渠道还有：第一，律师公会的决议，又可分为会员全体大会和理监事会议两种；作为个体执业律师的行业组织，律师公会的主要任务之一就是对律师们所关注的一些自己无法解决的业务问题进行讨论，并以组织的名义和各方进行交涉，寻求解决办法。这些问题涉及法院和现行法律制度的自然最多。下面我们在民国晚期西安律师公会和理监事会议的记录中随便摘出几条加以说明，如孙春海律师提议：“高院民庭而不履行宣判程序，揭示主文亦时有时无，于法似有未合，可否呈请高院嗣后依法定期宣判或切实按日揭示主文，以符法定而免流弊”；范献琳律师提议：“司法行政部一再申令不准滥施羁押，而事实上仍在所难免，可否建议司法当局予从严禁。”张恒忻律师提议：“高地两院间有推事审理案件，任意拍桌子乱骂，且有陪席推事不陈明审判长，擅自发言，致使法庭秩序失却严肃，观瞻亦觉不雅，应如何纠正？”聂养儒律师提议：“关于民事执行费交纳数额，现在长安地院于声请执行时，重新估定标的价额，往往与起诉时标的价额相差过巨，不惟当事人感觉困难，且于法令似有未合，应如何纠正？”这些提议均被通过，并以公文的形式向高地两院陈明，请予改正。[27] 由于双方所处的地位明显不平等，因而律师公会在提建议时十分谨慎，所提的建议均是高地两院的现行做法与法律明显不符的行为。而一些显系有理，但于法无据的提议在律师公会内就一律被否决，如冯经芳律师提议：“关于民事判决，可否请高地两院送达代理人一份，请公决。决议：于法无据应予免议。”[28]

第二，参议会上所提的议案和质询。按照规定议员有权对西安市政府和法院的工作进行质询，被质询的单位必须给予解答。如在 1947 年西安市参议会一届四次会议上张恒忻议员就社会上传言西安市某些面粉厂因受法院封查一事向地方法院进行质询。崔炎煜院长专

㉕ 西安档案馆档案，卷号 090—3—90。

㉖ 西安档案馆档案，卷号 090—3—90。

㉗ 西安档案馆档案，卷号 01—7—550。

㉘ 西安档案馆档案，卷号 01—7—550。

门对此事在会议上向全体议员做了解答。他说，事情真相是法院接到有人反映面粉厂商偷税，于是法院派人前去查账，“关于张恒忻检举面粉厂商一事，各位很关心，因此次事件经过，外间多有讹传，本人趁此机会略加说明。依法规定，检察官与审判官职权相分，但遇必要时可以互调服务。此案发生后，本院首席（检察官——引者注）偕推事三人随带宪兵、警察、检察官八人，决定出发，注重查封帐簿，而以保持和平并不妨碍营业为原则，仅在帐簿装订处及结存处加盖公章，惟有福豫面粉公司因主管人员未在，当将帐框先封，经过两天又到该厂，而厂方又以会计人员不在，不能开封，多事敷衍。查帐人员又于元月一二日到华峰面粉公司，皆以负责人未在，未能交出帐簿，无法封帐，均未办理，不意忽于元月四日报载面粉厂商停工，本市正中社发出消息，谓法院强迫封帐，致各面粉厂停工等语，此种情形，实于事实不符，法院何能负此责任”㉙。并表示一定会对此案“依法处理”。参议会中专门向法院进行的质询不多，因而此种制约的作用不大。

（四）与政府的关系

按照旧律师法规定，律师公会受地方法院管理，但1945年修订的新律师法则改为受地方法院和政府双重管理，具体而言是受西安市政府社会科管理，从而使律师公会与政府之间又发生了直接关系。也就是说官方对律师的控制在逐步加强（如是特殊时期还须受制于军方）。由于当时整个社会民主制度的不健全，加之双方力量对比的严重失衡，因而，我们还看不到律师们对这种控制的有效抵制。

从档案材料看这种管理的方式主要是开会的时间、内容，及讨论的重大事项等需要在事先或事后报请社会科批准。这种管理看似松散的，但在某些关键的时候，比如换届选举，当会员们对人选发生争议时，社会科的态度则会起到很大的导向作用。如前述的1947年西安市律师公会的换届情况就是如此：在这次换届大会上有些会员当即对某些候选人（候选人是如何产生的，我们不得而知，不知是否如我们现在这样是由律师公会理事会与政府事先协商的结果）的资格提出异议，要求换人，面对着这种局面，是莅会的社会科官员出面进行解释和劝说才使选举得以按照事先的计划正常进行。律师公会召开会员大会时一般也要邀请社会科派人莅会进行指导。但除此之外，由于当时政府对整个社会的控制能力较为有限，因而律师公会与政府之间的联系似乎并不多，尚见不到诸如律师公会配合、甚至完成政府所布置的各项工作的直接材料。

即便如此也已经给律师公会的活动带来了很多麻烦，以至于在1948年会员大会的开场白中主席先生首先发了一场牢骚：“上月二十九日经本会第八次理监事联席会议决定今日举行，因为现值戒严时期，一切集会停止举行，本会系明了法律之人民团体，故不能不事先呈请，本来我们这个团体人数只有五十余人，且均系固定会员，开会决不妨碍秩序的，去年开大会时亦值戒严时期，曾经呈请举行，今年照例呈请，但公事在两个星期前即呈戒严司令部，直至前天晚上批示才回来准开。在批示未回来前，我很着急曾请张常务理事面谒

㉙ 西安档案馆档案，卷号01—7—208。

戒严司令允许，所以才通知各位会员，并呈报地检处、市政府，故登报一事，因时间不及未能照章办理。”[30]

四、结 语

通过上面的分析，我们大致可以得出如下一些结论：

第一，民国晚期是中国现代律师制度发展史上的一个极为重要时期。经过民国初年的创建，律师制度在中国已经得到了社会各方面的大致认可和接受，传统法律文化对律师的偏见正在逐步减弱；但同时中国传统文化中的一些负面东西，诸如宗法思想、官本位、缺乏民主自由精神等，以及来自政府对律师的不信任和控制，特别是对律师性质的定位，又在促使刚刚建立起来的律师制度悄然地发生着质变。在一个缺乏民主的社会里，在无法参与或投身对社会的广泛管理之后，特别是面对逐步加大的生活压力，律师们开始一点点地将全部精力和热情转移到对金钱的追逐上，其行为自觉或不自觉地渐渐远离了法治社会对律师职业的要求。这种变化反过来又进一步加剧了政府对律师业的不信任和控制，不断地制定各种职业操守和惩戒措施，增加控制手段。律师与官方的关系陷入了一个无法解脱的怪圈。至于导致政府对律师的不信任和控制原因，除传统法律文化的因素之外，还应包括官方对民主的本能恐惧和自觉防范。

第二，民国晚期的律师，特别是一些较大城市的律师素质是较高的，他们一方面基本上均接受过现代法律制度的系统教育和训练，明了西方的现代法治精神，另一方面又自幼受到过中国传统文化的熏陶，充满了读书人济世救国的情怀。但由于官方的不信任，导致律师制度规定的不合理，极大地限制了律师们在社会生活中，特别是在整个社会进步中发挥和扮演着更为重要的角色，造成了极大的人力资源浪费，同时也在一定程度上延缓了社会的进步。

第三，律师们出于自身发展的需要，利用当时政府对社会控制的能力还较为有限的机会，通过种种努力，拼命地改变着传统文化对律师们的偏见以及来自官方的不信任，尽可能地拓展着制度空间的不足，在现代法律制度的建立过程中，发挥了一定的作用，这种作用不仅体现在立法方面，而且也在一定程度上体现在司法方面，这一点必须给予肯定。以往有关对民国时期律师及其制度的研究，要么把律师们描绘成腐朽政权的帮凶，要么将其定位为一群唯利是图的市侩小人。这种结论显然过于武断。

---

[30] 西安档案馆档案，卷号01－7－550。

郑祝君

美国公司制度理念变迁*

简介

郑祝君，湖北省武汉市人，先后于 1982 年、1986 年获法学学士、硕士学位，2001 年 9 月考入武汉大学攻读博士学位。现为中南财经政法大学教授，兼任全国外国法律史研究会副会长、中国法律史学会理事、湖北省法学会法史学研究会副会长兼秘书长。主要从事外国法律史和比较法学教学与研究，代表性著作《英美法史论》。主持省部级科研课题 4 项，主编、参编司法部、教育部统编教材 6 部。获湖北省人民政府、武汉市人民政府和司法部等颁发的优秀社会科学成果奖多项。

---

* 原发表于《法商研究》，2004（4）。发表后，被《中国社会科学文摘》2004 年第 6 期和中国人民大学复印报刊资料《经济法学、劳动法学》2004 年第 10 期转载。此次将原文副标题改为了正题。

人类公司的发展历程，如果从 1600 年英国东印度公司的诞生起算，迄今已逾 400 年。人类公司法的演绎路径，如果从世界第一部现代公司法——1855 年英国公司法颁布起算，迄今亦近 150 年了。作为市场经济的天然朋友，公司制度不仅惠顾于欧美，同样也惠及于正在走向市场经济的中国。毋庸置疑，公司制度和公司法为中国的改革开放作出了重大贡献。但是，在我们欣然接受这个西方舶来品的时候，我们却少有看到公司制度的另一面：在公司实践中，有人热衷于利用法人人格和有限责任制度，恶意逃避债权人尤其是国家银行的债务；利用公司票决制度，任意侵犯和剥夺小股东权利；利用内部人控制优势，牺牲外部股东利益；利用股东利润最大化原则，损害和侵犯公司其他相关人利益和社会利益……我国公司形似而神不似甚至走向反面这一状况是中国公司制度实践中一个亟待研究和解决的问题。

我国正拟修订公司法。但笔者以为，公司法的修改、公司制度的完善绝不仅仅是条文、措辞或几个具体规则的变化，公司制度应该反映社会经济、政治、文化等发展的内在要求，应该体现一定阶段上社会发展的基本目标和政策导向，应该明确它所赖以建立的理念或价值目标是什么，只有这样公司制度才能在市场经济建设中健康发展，真正实现其固有的价值和作用。因此，本文并不对我国公司法如何修改提出具体意见和建议，而是试图通过对美国公司法的历史发展尤其是美国现代公司法理论和公司制度基本精神和指导思想的探讨，说明公司内部各“利益相关者”之间利益的平衡与协调，以及公司与社会的和谐互动已成为与公司传统利润最大化经济目标并行不悖的新的价值目标，进而为我国公司法的完善提供一种思维角度，促进我国公司制度的健康发展。

一、美国公司制度的历史发展和现代公司法理念之争

美国在独立前，公司制度渊源于英国法，公司的建立必须获得英王室的特许状，公司受普通法规制。公司的人格化，也可追溯到英国普通法。但是，由于以法院判决为基础而发展起来的英国公司法所涉及的多是非营利性的社团，在解决美国商业企业面临的问题时，其价值非常有限①，因而，美国法院改造普通法，使公司法在美国本土获得了独创性发展，相对于其他法律领域，公司法带有更明显的美国土生土长的性质。19 世纪，美国的商业公司迅速发展，引起公司数量的激增和公司法理论的争论。到 19 世纪 70 年代，在美国，公

① 参见［美］伯纳德·施瓦茨：《美国法律史》，67 页，中国政法大学出版社，1989。

司体制在经济生活中取得了主导地位。[②] 美国公司法的主要渊源是联邦及各州的成文立法和法院判例，但主要属于州法范畴，各州都有自己的成文法和判例，一些州的重要判例和成文法往往被其他州所采纳。1950年，美国律师协会制定了《标准公司法》，作为公司制度范本，向各州推荐，旨在促进各州公司立法的统一。1991年，美国在前几次修订的基础上，对《标准公司法》作了全面修改，该法虽没有强制执行的效力，但有很强的示范作用，目前该法的一些条款被大多数州采用。因此，美国各州公司立法虽不完全一致，但关于公司制度的基本原则和主要规范大致相同。公司制度的运作也呈现基本一致的特征和发展趋势。

19世纪，美国把公司作为一种实现经济目标的合法工具，公司法呼应经济发展的要求，倾向于主张公司管理自白，公司可以做它高兴和希望做的事，法律对公司持明显的宽松、放任和保护、扶植态度。美国联邦最高法院甚至认为，宪法第14条修正案所要保护的"人"，已经包括公司在内，从而试图将对公司权利和利益的保护提升到宪法保护层面。正如施瓦茨在他的《美国法律史》一书中所指出的那样：在公司法领域，20世纪最初30年的主题是确保公司这一工具能得到充分利用，不受政府限制的束缚。

随着人类步入20世纪，公司法实践面临一系列新问题，尤其是20世纪30年代以后，大型公司控制了美国的大部分经济，无论是市场规则还是现存公司法律规制，都不足以约束这些经济巨人。这些大公司拥有市场优势，拥有运用政治和社会权利的能力，他们支配着美国经济和政治，在美国社会中扮演着重要角色。但同时，法律对公司所采取的自由放任态度也产生了某些负面影响，如公司法人人格和有限责任的滥用、公司将利益最大化作为唯一目的而导致的与社会全面发展目标之间的不协调等问题凸现出来。加之世界性经济危机之后的发展问题，引起了美国学术界关于公司法基本理论的新一轮探讨。这场讨论涉及公司的财产权与控制权问题、公司的内部治理问题、公司有限责任滥用问题、公司的刑法适用问题、公司的宪法保护或宪法约束等一系列基本理论问题，而对传统公司法理念形成最大冲击的是关于现代公司作用或公司社会责任问题的争论。

20世纪20年代的美国，大公司的巨大权力及其对美国社会的巨大影响已经以极端的形式展示出美国社会的紧张，并引发了此后的关于公司社会责任问题的长达近一个世纪的讨论。美国传统公司法理论认为，公司是股东的公司，公司奉行股东至上原则，公司的唯一目标就是实现公司（股东）利益的最大化。因此，当人们看到公司管理层权力的运作常常损害股东利益，并带来一系列社会问题时，学者们首先关注的是公司治理问题。他们把管理者与股东之间的关系看作是信托关系，在信托关系中，强调对股东利益的保护，支持股东抵御公司管理者的侵害，强调作为受托人的经理和董事履行信托义务的责任，而基本没有涉及公司权力行使与社会的关系问题。如作为后来公司社会责任问题理论之争的领军人物之一的哥伦比亚大学法学院伯利（A. A. Berle）教授，1931年在《哈佛法律评论》上发表了题为《作为信托权力的公司权力》一文，他从股东与公司管理者之间的信托关系的角

---

② See Lawrence M. Friedman, *A History of American Law*, New York, 1985, p. 511.

度，强调对管理者权利的控制，认为公司管理者应在法律控制之下，以便于股东可以从他们的决策中获利。③ 伯利教授已经看到所有权与控制权的分离，但他主张以强加一种新的责任给管理者的方式，使管理者能以所有者的立场去决策，他强调的是公司经理、董事对股东的责任。

关于公司社会责任的理论之争的真正开始是随着公司治理问题讨论的深入，于20世纪30年代，首先在多德（E. M. Dodd）教授和伯利教授之间展开的。

1932年，哈佛法学院多德教授发表题为《董事应该为谁承担义务?》一文，明确提出了公司社会责任问题。多德也看到了公司所有权与控制权的分离，但他认为，正是这种所有权和控制权的分离，使得公司承担社会责任成为可能，如果公司董事们能够承担强加给他们的对股东负责的新的责任，难道他们就不能平等地承担对其他与之利益相关的群体的责任吗？他认为，这种新责任观的原动力是基于这样一种认识：新财富必须广泛地进行分配以保证社会的稳定，只有将保证工人经济安全作为一种义务，并聪明地管理以实现这个目标，资本主义才能生存。因此，他指出，人们正日益认识到，不仅商业活动要对社区承担责任，而且我们那些控制上市活动的公司经营者们应当自觉地按照这种方式经营以履行其责任，而不应坐等法律的强制。他认为，把商事公司看作一个既有社会服务功能，也有营利功能的经济组织。这一观点已经对法学理论产生了某些影响，这种影响将来会越来越大……公司经营者的应有态度是树立自己对职工、消费者和社会公众的社会责任。多德反对股东至上，认为董事作为信托人，他不是为股东而是为他们的公司承担义务。④

多德的观点遭到了伯利的反对。伯利认为，在公司经理自己缺乏社会责任意识、银行家也没有为公司承担社会责任提供保证、律师尚未提出社会责任建议、社会也缺乏法律技巧将社会意识强加给经理们的情况下，放松董事们对股东的责任，将只会使公司管理者的需要得以实现。伯利提出，就当前而论，防止董事们将权力和财富转移给他们自己的唯一办法，就是应强加给他们对股东的严格的信托责任。⑤

从伯利和多德的论战开始，公司社会责任问题成为几十年来公司法理论探讨的主题，并在20世纪60年代初期、70年代中期以及90年代形成几次高潮。但争论的走向是，多德的公司社会责任观点逐渐居于主导地位，获得了包括伯利在内的越来越多学者的赞同。学者们认为，公司在做出商业决策时，不仅应考虑股东的利益，而且应考虑工人、消费者和公众的需要。到20世纪90年代末，美国主流观点认为公司不再仅仅是管理者与股东之间

---

③ See C. A. Harwell Wells The Cycles Corporate Social Responsibility: An Historical Retrospective for the Twenty-first Century 51 Kan. L. Rev. 77 2002.

④ See E. M. Dodd, For Whom Are Corporate Managers Trustees? 45 Harvard Law Review (1932). Selected from C. A. Harwell Wells, The Cycles Corporate Social Responsibility: An Historical Retrospective for the Twenty-first Century 51 Kan. L. Rev. 77 2002.

⑤ See A. A. Berle, For Whom Corporate Managers Are Trustees: A Note. 45 Harvard Law Review. Selected From C. A. Harwell Wells, The Cycles Corporate Social Responsibility: An Historical Retrospective for the Twenty-first Century 51 Kan. L. Rev. 77 (2002).

的信托关系，而是相关方面的“利益共同体”。

这场讨论，试图通过公司法理论的革新来解决公司发展的走向问题，但从更深的层次来看，它也是探索公司制度与社会的关系，即公司与社会如何和谐共进的问题。

二、现代美国公司法的制度变革

20 世纪中叶以来，美国逐步从法律制度层面解决公司的社会责任或公司与社会的和谐发展问题。这种制度变革又表现为两大进程：在 80 年代末期之前，主要是对于公司法相关领域的法律的制定和修改，实现对公司权力的外部约束；80 年代末期开始，实现了公司法自身设计的突破，法律的外部约束与内部控制并举。

20 世纪 80 年代之前，公司所涉及的相关法律关系，如公司与雇员、公司与社会、公司与政府等，基本上由劳动法、社会保障法、环保法、反垄断法、消费者权益法、税法和销售法等领域的法律调整，如《清洁空气法》、《水污染控制法》等对公司的环保责任，《雇员退休收入保障法》、《职工安全和健康法》对公司所应承担的雇佣关系责任，《消费者产品安全法》、《食品、药品和化妆品法》对公司的产品质量责任和损害赔偿责任等，都做了明确规定。《统一商法典》和《联邦破产和重组法令》等都有对公司债权人利益保护的条款，公司对他们的顾客、供应厂商、债权人、雇员以及对环境、全体公众和为数众多的政府实体负有契约的、普通法的和成文法的义务。[⑥]

1984 年，美国法学会向社会推出建议性蓝本——《公司治理的原则：分析与建议》，其中，第 2.01 条就企业的社会责任明确写到：公司“(a) 与自然人有相同的在法律范围内行事的义务，(b) 负责任的经营行为可以被认为是首要因素，以及 (c) 可以把合理数量的资财用于公共福利、人道主义、教育和慈善的目的”[⑦]。该条文的意义在于，关于公司社会责任问题，已不再是单纯的学理讨论，它在公司法领域内，朝着条文化方向迈进了决定性的一步。

但是，在 20 世纪末期以前，公司法理念的变化在思想理论层面主要表现为对公司职能、公司社会责任等问题的争论；在制度层面，主要表现为对公司法领域之外的、与公司制度相关的其他领域法律的调整，即外部制约，以弥补公司制度的先天缺陷，达到有效控制和社会利益保护的目的，而公司法规范本身并没有突破传统的理论模式。公司法关注的仍然只是公司中最富于资本主义特征的关系：股东和管理人员的关系；公司的基本信条仍然是股东利益最大化和经理只为公司利益最大化服务。公司中除股东外的其他利益相关者的权益保护问题，以及公司与社会协调发展的问题都还没有成为公司法的内在规定和制度。真正引起美国公司法制度革命性突破的，是 20 世纪末，以 1989 年宾夕法尼亚州议会修改

---

⑥ 参见［美］罗伯特·C·克拉克：《公司法则》，19 页，工商出版社，1999。

⑦ 同上，567 页。

公司法为开端的美国公司法变革。

美国自上世纪80年代以来，掀起了一场股份有限责任公司之间的“恶意收购”浪潮。其过程大致是：恶意收购者高价收购被收购公司的股票，然后重组公司高层管理人员，改变公司经营方针，并大量解雇工人。被收购公司的股东由于可以高价将股票卖给收购者，因而获得高额利润。事实上，被收购公司的股东在上世纪80年代大都因被恶意收购而发了大财。因此，股东们常常乐意被“恶意收购”。在这些大股东、大老板、“公司所有者”的眼里，无所谓创造价值和干事业，更无所谓“社会责任”，只要赚钱，管它什么方式和手段，即使被“收购”也在所不惜。⑧

在这场“恶浪”面前，经理们怎么办？按照传统公司法理念，公司是股东的公司，经理只能对股东股票价值最大化负责，那么，经理就只能同意“恶意收购”而无心顾及其他。但是，这种股东接受“恶意收购”的短期获利行为，往往是与企业的长期利益相冲突的。企业几十年间建立的各种社会联系和一种稳定的社会格局因“恶意收购”被打破。根据美国哈佛大学经济学家莱佛（Andrei Shleifer）和沙默斯（Lawrence Summers）对美国“环球航空公司”（TWA）被“恶意收购”案例所做的研究得出的结论，TWA股东收益的增加额是由TWA工人工资减少带来的。显然，“恶意收购”没有创造新的财富，所做的只是将工人的财富部分转移给了股东。可见，“恶意收购”受害的最终是广大的工人。不仅工人，连经理、债权人、相关利益者、地方政府也都是受害者。因此，这种“恶意收购”理所当然地遭到包括工人在内的“相关利益者”的强烈反对。在这一背景下，为了抵御“恶意收购”，1989年，宾夕法尼亚州议会决定修改公司法，提出了新的公司法议案。议案包括四条新的条款：

1. 任何股东，不论拥有多少股票，最多只能享有20%的投票权。

2. 被收购公司，有权在“恶意收购”计划宣告后的18个月内，占有股东出售股票给“恶意收购”者所获的利润。

3. 成功了的“恶意收购”，必须保证26周的工人转业费用；在收购计划处于谈判期间，劳动合同不得终止。

4. 赋予被收购公司经理对“利益相关者”负责的权利，而不是只对股东一方负责。⑨

1989年宾夕法尼亚州新公司法议案一反传统公司法“股东至上”准则，对股东的权力和利益作了限制，对工人利益予以保护，并授予公司经理对“利益相关者”负责的权利，它深刻反映了现代美国公司法理念的革命性变化。宾夕法尼亚州公司法改革，导致美国其他28个州连锁反应，相继修订公司法，从而开始了公司法新的发展时期。

三、从“股东至上”向“利益共同体”观念的转变

传统公司产权理论为一元论，即我们耳熟能详的一句话：“公司是股东的”，或者“股

---

⑧ 参见崔之元：《美国二十九个州公司法变革的理论背景》，载《经济研究》，1996（4）。

⑨ 参见崔之元：《美国二十九个州公司法变革的理论背景》，载《经济研究》，1996（4）。

东是公司的所有者"。但现代公司产权理论将财产权进行二元划分，现代公司产权理论认为：公司中存在着两种财产权，一是股东私人的财产所有权，一是公司的企业所有权。所谓企业所有权是指"企业剩余索取权和剩余控制权"。剩余索取权是指对企业收入在扣除所有固定的合同支付（如原材料成本、固定工资、利息等）后的余额（利润）的请求权；剩余控制权是指对企业中没有特别规定的活动的决策权。

同时，英美公司法认为，企业是一个合约，是不同的财产所有者交易之合约。财产所有权是交易的前提，企业所有权是交易的结果。没有交易，没有运动与过程，就没有企业。在参与企业交易主体中，有股东、债权人、工人、经理，绝非仅仅股东一方。宾夕法尼亚公司法改革之后，美国布鲁金斯研究所布莱尔（Magaret M. Blair）教授通过对新公司法和公司制度的研究，提出了状态依存所有权理论。该理论认为，企业是股东、债权人、工人、经理四方不同利益相关者的共同体，而不同的利益主体在公司中的状态是不同的。但无论何种状态，其关联性、协同性、相互依存性是毋庸置疑的。股东、债权人、工人、经理各方中，失去任何一方，他方就失去依存性，企业这个合约就会被打乱，企业就会解体。因此，企业所有权是一种状态依存所有权，即什么样的状态下谁拥有剩余索取权和控制权。从状态依存所有权模式来看，股东不过是正常状态下的企业所有者，尽管这个"正常状态"通常占有较大的比重。布莱尔教授对此有一经典分析：

令 x 为企业的总收入，w 为应该支付工人的合同工资，r 为对债权人的合同支付（本金加利息）。假定 x 在 0 到 X 之间分布（X 为最大可能的收入），且工人的索取权优先于债权人。那么，状态依存所有权是指：

（1）如果企业处于 $x \geqslant w+r$ 状态，则股东是所有者。

（2）如果企业处于 $w \leqslant x < r+w$ 状态，则债权人是所有者。

（3）如果企业处于 $x < w$ 状态，则工人是所有者。

进一步，由于监督经理是需要成本的，股东只要求一个"满意利润"，只要企业利润大于这个满意利润，股东就不必去干涉经理、苛求不顾代理成本的"最大利润"。于是，经理就能支付超额利润（大于满意利润部分）。假定Π为满意利润，那么，

（4）如果企业处于 $x \geqslant w+r+\Pi$ 状态，则经理是实际上的所有者。[10]

美国学者对现代公司所有权状况的分析，向我们揭示了现代公司运作中财产所有权的动态形式，它表明，公司的所有者不仅仅是股东。股东、债权人、工人和经理在公司这个利益共同体中，根据公司的经营状况，都可能是所有者。在相互依存关系中，利益相关者任何一方的利益得不到有效保护，都会导致公司经济目标的难以实现，导致相关社会问题的出现。基于这种认识，布莱尔指出，仅将股东视为公司的所有者是一个错误，公司经理

---

⑩ 参见张维迎：《经济自由让位于经济民主了吗?》，载《经济民主与经济自由》，三联书店，1997。

应对公司的长远发展和全部“利益相关者”负责。[11]

看到“公司不是一个单纯的经济组织”是公司性质认识上的一个进步，看到“公司不单纯是股东的公司”，“公司是股东、债权人、工人、经理多方利益共同体”则是一个重大的进步。布莱尔教授的“公司乃利益共同体”之说，的确是给我们一个很好的提示。这个结论必然导出经理/管理者的职能不再仅仅只是为股东利益负责，而且还要为共同体其他“依存”者，如债权人、工人及经理自己负责。无怪乎，美国《商业周刊》认为这些“突破了资本主义核心理念：董事会和经理对股东的责任”。公司不再仅仅只是股东的公司，而是“利益依存者”的公司，是全社会的公司。股东的投资固然重要，但它只是企业交易的前提条件，充其量只是一个必要条件，并不是充分条件。完成整个企业交易，除了股东外，还须有广大工人的卓有成效的劳动，否则一切无从谈起；还须有经理人（整个管理层）的知识与智慧，没有他们的人力资本与股东投入的物力资本的有效结合，交易往往是无法进行的；除公司内股东、工人与经理人外，还少不得与企业休戚相关的金融部门（银行、证券、基金）的支持，没有金融企业的“供血”，现代生产是不可想象的。推而广之，似还有消费者及社会其他相关公众的作用。

状态依存所有权理论是现代美国公司内部治理理论和公司社会责任理论的基石，它为美国20世纪末公司法改革提供了最好的注脚，同时也表明和谐是现代社会的内在要求。

四、现代美国公司法变革的法哲学基础

20世纪30年代以来的美国法学，学术思考和理论探讨非常活跃，如庞德的实用主义法学，卢埃林、弗兰克的现实主义法学，科斯和波斯纳的经济分析法学，富勒、罗尔斯和德沃金的新自然法学等都对美国社会产生了深刻影响，而给予20世纪公司法理论和实践以最直接影响的，是实用主义社会学法学和现实主义法学。

实用主义法学以美国实用主义哲学为基础，是社会学法学的美国派别。实用主义法学产生于资本主义从自由竞争走向垄断、以高速工业化和现代化为特征的剧烈变革时代，面对这个时代各种矛盾、冲突的尖锐化，实用主义法学对传统的法观念和法理念提出了质疑和批判。作为实用主义法学代表的庞德，提出应研究法律与其他社会因素的相互作用，注重法律的社会目的、实际运行和效果。他认为，法律背后潜在的、法律所要达到的社会目的的意识和反应是法理学基本组成要素。认为好的法律就是能够充分为社会服务的法律，法律的实际运行比抽象的内容更重要。庞德对法律秩序所保护的利益分门别类，将它区分为个别利益、公众利益和社会利益。庞德认为不应该用硬性标准来评价这些利益，某些利益在某一时期可以有优先权，而别的利益在别的时期应该受到优先照顾。法学家应该做的，

---

⑪ See Martin Lipton，Theodore N. Mirvis and Steven A. Rosenblum，Book Review：corporate Governance in the Era of Institutional ownership. 70 N. Y. L. Rev. 1144（1995）.

就是在可能的范围内保护一切社会利益，“维护一种与保卫一切社会利益不相矛盾的一切社会利益间的平衡或和谐”。他指出，一个法律制度的成功，是因为它能取得和维护极端的专断权力和极端的受限制、受牵制的权力之间的平衡。⑫ 法律必须适应社会需要，法律的目的是促进和保障社会利益，是维持人们之间一个理想的关系。⑬ 他说：“司法、行政、立法和法学等方面的活动，它们都旨在调整各种关系，协调人们之间彼此交叉的权利要求，旨在通过规定每个人可以安全地坚持自己的权利的界限来保证各种利益，旨在探索如何使人类的权利要求与希望在得到最大限度的满足的同时作出最小的牺牲的办法。”⑭ 这种强调社会利益保护、强调各种利益平衡协调、强调法律在社会利益保护和利益协调中的作用的观点，无疑为现代美国公司法理论和实践提供了思想基础。

现实主义法学产生于20世纪30年代，其理论发展和体系化过程几乎和公司社会责任理论之争在同一个时期，有着相同的经济和社会背景。现实主义法学和实用主义法学虽然在法律规则的价值和道德价值在法律中的地位和作用等问题上存在分歧，但现实主义法学和实用主义法学一样也以实用主义哲学为基础，强调法律的目的和效果，认为法律是对社会利益进行分配的工具，法律具有协调各种关系、避免冲突与损耗的功能。现实主义法学的代表卢埃林指出：“法律是在资源有限这一原则下运作的。在任何时间以及任何地点，社会管理所能获得的资源都是有限的……基于这样的事实，通过法律的社会控制在某种程度上有些类似于工程学的味道。我们需要以最少的浪费、最小的代价以及最小的副作用，来满足我们所追求的结果最大化。”⑮ 现实主义法学的代表人物之一卡多佐认为，法律是社会成员在其行为和相互关系中必须遵守的秩序原则。而法律之所以必须被遵守，是因为它具有协调利益、减低损耗的功能，能避免“集体的各个单位、质量中的各个原子之间”的碰撞和损坏。⑯ 卡多佐认为，法律的最终目的是社会利益，使各种社会价值的平衡，而这种价值的衡量与比较，需要法官像立法者一样用他们自己的生活知识来理解和解决。

现实主义法学的代表卢埃林吸纳了庞德关于将法律划分为“书本上的法”和“行动中的法”的观点，将法律划分为“纸面规则”和“实在规则”，并将法学关注的重点放在“实在规则”上，他认为法律是司法过程及其这一过程的结果，“官员所作的有关纠纷的一切，就是法律本身”⑰。他主张关注官员的适法行为及其结果对公众和社会的观念与行为的导向作用。现实主义法学认为，法律是不确定的，法律之所以不确定，是因为人类社会是不断

---

⑫ 参见［美］博登海默：《法理学——法律哲学和方法》，张智仁译，136～137页，上海人民出版社，1992。

⑬ 参见［美］G. 怀特：《美国法律思想模式》，李力等译，54页，西南政法学院，1986。

⑭ ［美］庞德：《法律史解释》，曹玉堂、杨知译，153页，华夏出版社，1989。

⑮ Karl Llewellyn , The Effect of Legal Institution upon Economics. 转引自吕世伦主编：《现代西方法学流派》，476～477页，北京，中国大百科全书出版社，2000。

⑯ 参见［美］博登海默：《法理学——法律哲学和方法》，张智仁译，139页，上海，上海人民出版社，1992。

⑰ ［美］卢埃林：《棘丛》，载［美］博登海默：《法理学——法律哲学和方法》，张智仁译，143页，上海，上海人民出版社，1992。

变化的。基于对法律的不确定性一面的认识，现实主义法学批判传统法学忽视社会事实的倾向，提出了关于法律应该随着社会的变化而不断变化的思想。20世纪中叶以来的美国公司法发展进程，表现为在现实主义法学指导下的从司法救济到立法规制的全面发展，公司法逐渐成为平衡和调整各相关利益关系的重要手段。公司法改革前，就公司法的适用而言，对公司权力的控制主要是通过司法来实现，司法判决首先对传统公司法理念和准则提出了挑战。譬如，“当公司充当股东或有控制权当事人的‘媒介’或‘私人交易的工具’时，股东或有控制权当事人应对公司债务负个人责任”⑱。即在公司滥用权力时，法院根据具体情况不考虑公司的独立人格而直接追究股东的个人责任。20世纪末期以来，对公司的法律约束从司法的突破发展为司法救济和立法干预并举。

我们看到，现实主义法学产生和发展的社会背景，使得它担负了一个历史使命，这就是：使美国的法律和法学适应已经变化了的美国社会生活。因此，现实主义法学关于法律的最终目的是社会利益的观点、关于通过法律来实现社会各种利益的平衡与协调的理论、关于重视“实在规则”和司法过程的思想以及它的应随社会的不断变化改革法律的主张，对20世纪美国的公司法理论和实践以及20世纪末的公司法改革，产生了深刻影响，提供了思想理论基础。

传统公司法以它独到的产权制度和治理机制体现出公司制度在现代大工业经济中的制度价值。但是，传统公司法忽视了公司中工人等“利益相关者”的权益，关注的只是公司中最富于资本主义特征的关系：股东和管理人员的关系。⑲ 而且，公司与其他利益相关者、与社会的关系是通过相关法律、社会和政府等外在力量去约束和控制的。20世纪末期改革以后的美国公司法，在依然奉行利润最大化目标的同时，将“利益相关者”的权益保护以及公司与社会协调发展等内化为公司法自身的规范和制度，直接作用于公司。公司不仅追求利润最大化，而且还应承担一定的社会责任；不仅致力于可以客观评价的短期经济利益，而且着眼于与社会和谐共进的长远目标。改革后的公司法，深刻反映了现代社会和谐发展的内在要求。这一变革不是对公司权力和传统公司目标的否定，正如“揭开公司面纱”原则的运用并不根本否定公司的有限责任制度和法人人格制度一样。20世纪末美国公司法改革所表达的只是公司在追求利润最大化的同时，还应兼顾劳动者/工人、管理者/经理、公司供血者/债权人/银行等“利益共同体”之其他成员的利益，而且还应考虑更广泛的“利益相关者”——社会的利益，如劳工保护、环境保护、生态平衡、可持续发展、绿色GDP等。削减和限制股东经济获利权之外的其他投票权，修改公司法，目的是完善公司治理机制，改善公司内外“生态平衡”，达到或者构建两个平衡与和谐：一是在公司内部构建一个股东与其他利益相关者平衡与和谐的“共同体”制度模式，形成一种协调发展的多赢局面；一是在公司与社会的关系上构建一个更广阔的和谐共进制度模式，形成一种共同发展的双

⑱ ［美］罗伯特·C·克拉克：《公司法则》，33页，北京，工商出版社，1999。

⑲ 同上，19页。

赢局面。前者是相关经济人之间的平衡与和谐，后者是经济与社会的协调与可持续发展。如果说在19世纪，公司法体现的是自由放任的自由主义理念、20世纪末期以前美国公司法体现的是有效控制和约束的国家干预理念的话，那么，20世纪末期以来的公司法则体现了一种公司与社会协调共进的“和谐”理念。研究和探讨美国公司及公司法的发展演绎路径及近十几年来的平衡与和谐理念，对于我们确立公司法修改的基本思路，对于正在“做大做强”和“GDP崇拜”的中国公司，相信会有某些启示和帮助。

张国华

法家的法律思想概述*

简介

张国华**，湖南省醴陵县人，生于1922年11月1日。1942年考入中山大学工学院建筑系，1943年转入湖南大学机械系。1944年至1946年分别在昆明西南联合大学文学院和法学院，攻读哲学、政治学。抗战胜利后联大解散，选取北京大学法学院完成学业。1949年毕业后留校任教，同年6月加入中国共产党。先后担任北京大学法律系法律史教研室副主任、主任。1983年出任北京大学法律系主任兼学术委员会主任，同时担任北京大学职称评审组成员、中国法学会副会长、中国法律史学会会长、中美法学交流委员会中方主席、中华全国法律函授中心教学委员会副主任、全国自学考试委员会委员兼法律专业委员会主任、国家社会科学“七五”规划法学组组长等职。张国华教授长期从事法学研究和法学教育，是最早一批享受政府特殊津贴的学者，主编第一本全国统编教材《中国法律思想史》以及国家重点大型项目《中国法律思想通史》等，并著有专著《中国法律思想史新编》。

---

* 本文节选自李贵连编：《传统中国法理探源——张国华教授八秩冥寿纪念集》，67～80页，北京，北京大学出版社，2004。标题为编者所加。

** 关于张国华教授的简介主要摘自李贵连编：《传统中国法理探源——张国华教授八秩冥寿纪念集》，333页，北京，北京大学出版社，2004。

法家 中国古代先秦诸子百家中主张“以法治国”的一个学派。法家很重视法律及其强制作用，对法学也最有研究，深入到了法理学的领域，并提出了一整套推行法治的理论和方法，为建立统一的封建专制主义中央集权制国家提供了理论根据。法家在法学上的造诣，对促进中国古代法学的发展做出了重要贡献。在同时期的中、外法律思想也存在不少问题。主要表现在他们把法律的作用夸大到可以决定一切的高度，错误地认为只要加重轻罪的刑罚即能“以刑去刑”，忽视甚至完全否定道德教化的作用。

法家的代表人物多系当时著名的政治家、思想家或军事家。春秋时期的管仲是法家的先驱。战国初期的李悝、吴起，战国中期的商鞅、慎到、申不害，战国末期的韩非、李斯，是法家的主要代表。学术界一般称战国中期以前的法家为前期法家，战国末期的法家为后期法家。法家的主要代表都有本人或其后学所写的著作，但多已失传。保存下来比较完整的有《商君书》、《韩非子》。此外，还有经后人纂辑的《慎子》、《申子》等残篇和佚文。战国中后期托名管仲的《管子》一书中也有齐国法家写的不少篇章，其价值不亚于《商君书》与《韩非子》，都是研究法家的基本著作。

法家的法律观 法家对法律的本质、起源、作用等基本理论问题都有自己独到的见解：

法律的本质 法家所讲的“法”在多数场合有其特定的含义，不同于一般所说的法律或法制。法家认为“法”既是国家制订的人人都必须遵守的行为准则，就应该是客观的、公平的。因此，他们往往把“法”比做度量衡，并从这一角度给“法”下过许多定义。如说：“尺寸也，绳墨也，规矩也，衡石也，斗斛也，角量也，谓之法”，“法者，国之权衡也”。这些定义都是强调“法”的客观性和平等性，实质上反映了新兴地主阶级要求在法律面前和贵族平等的思想。所以西汉的司马谈在《论六家要旨》中，把法家思想的特点概括为“不别亲疏，不殊贵贱，一断于法”，因而和维护礼治、主张别亲疏、殊贵贱的儒家形成了鲜明的对照。

法家认为，当时新兴地主阶级反对贵族垄断经济、政治利益的世袭特权，要求土地私有和按功劳与才能授官予爵等主张是公平的，而维护贵族世袭特权的“礼”则是不公平的。因此，应当按照新兴地主阶级的意志来立法，也只有这样立的法才能称“法”。由此可见，法家所讲的“法”，不是指一般的法律，而是指体现新兴地主阶级意志的法律。法家讲平等，也只是替当时作为平民的新兴地主阶级向贵族争平等。他们既不反对等级，也不反对特权，只是反对各级贵族世袭这种特权。因此，法家的“平等”即使在形式上也不同于后来资产阶级提出的在“法律面前人人平等”。

法家把“法”说成是公平正直的，也是他们对法律本质的一种看法。他们认为法是为整个国家利益服务的，它高于包括最高统治者在内的所有社会成员的个人利益。他们称个人利益为“私”，整体利益为“公”，体现这种整体利益的“法”则为“公法”。“公”高于“私”，因而“法”也高于“私”，而且二者势不两立。他们认为“能去私曲就公法者，民安而国治。能去私行公法者，则兵强而敌弱”，坚决反对“君臣释法任私”。

法家把体现新兴地主阶级意志的法看成是“公法”的观点，在法理学上显然已朝解决法律的本质问题前进了一步。但他们将本阶级的利益说成是全社会的整体利益，这又远远背离了法律的真正本质。

法律的起源 法家认为法律同国家一样，都是历史发展到一定阶段的产物。人类社会在“民知其母而不知其父”的时候并没有国家和法律。后来由于人与人、族与族之间互相争夺，为了“定分”（或“明分”）、“止争”（或“止暴”），需要“立禁”、“立官”、“立君”，才产生了国家与法律。法家所谓“分”，即“作为土地货财男女之分”，主要指以土地私有制为基础的财产所有权。他们这种法律起源论不但完全排除了殷周以来的天命神权思想，而且由于和“定分止争”联系了起来，也就初步触及适应保护私有制需要的问题。他们并且指出国家和法律是在突破“亲亲而爱私”的氏族组织的情况下产生的。

在法家的法律起源论中，法律的产生既然在于“立禁”和“止争”，其本身也就具有强制性。他们甚至公开承认国家和法律（指刑法）就是“内行刀锯、外用甲兵”的暴力。但最后却把国家和法律的产生归功于“贤者”、“智者”，不可能认识也不可能承认国家与法律的阶级性。

法律的作用 法家是先秦最重视法律作用的一个学派。他们认为法律的首要作用即“定分止争”。慎到曾形象地说：“一兔走，百人追之；积兔于市，过而不顾。非不欲兔，分定不可争也。”《商君书·定分》也指出，如果“名分未定”，尧、舜、禹、汤等“圣人”都会像快马一样去追逐；如果“名分已定”，则“贫盗不取”。这种观点正是当时以土地私有制为基础的财产私有观念进一步发展的反映。法律的另一重要作用是“兴功惧暴”。“兴功”主要指“富国强兵”，是法家为了取得兼并战争的胜利，实现全中国统一的迫切要求。“惧暴”主要指压迫被统治者，使其不敢反抗。此外，法律还有“令人知事”即发布行政命令的作用。对于君主来说，法律又是“上之所以一民使下”的重要工具。《管子·七臣七主》曾将以上作用概括为“法者，所以兴功惧暴也；律者，所以定分止争也；令者，所以令人知事也。法律政令者，吏民规矩绳墨也”。

法家推行法治的理论 “以法治国”的“法治”是法家法律思想的核心，也是与儒家进行论争的焦点。法家是继墨家之后反对儒家最有力的一个学派。法家与儒家在政治法律思想上的对立主要就表现为“法治”与“礼治”、“德治”、“人治”的对立。法家的“法治”要求“不别亲疏，不殊贵贱，一断于法”，同维护贵族世袭特权的“礼治”是对立的。法家主张“不务德而务法”，认为只能“以力服人”，强调以国家暴力为后盾的法律的作用，同“以德服人”的“德治”是对立的。法家强调治国的关键是“法”而不是“人”，把“人治”说成是统治者随心所欲的“心治”或“身治”。《慎子·君子》说：“君人者舍法而以身治，则诛赏夺与从君心出矣。然则受赏者虽当，望多无穷；受罚者虽当，望轻无已。君舍法而以心裁轻重，则是同功而殊赏，同罪而殊罚也，怨之所由生也。”《韩非子·用人》也说：“释法术而作心治，尧不能正一国。”这些都是同“人治”对立的。

为了反对“礼治”、“德治”、“人治”，替“法治”辩护，法家提出了以下两种理论：(1)“好利恶害”的人性论。法家认为人都有“好利恶害”或“就利避害”的本性。《管子·禁藏》说：“夫凡人之情，见利莫能勿就，见害莫能勿避。”《商君书·错法》也说：“人君（生）而有好恶，故民可治也。”正因“人情好爵禄而恶刑罚”，故只能用赏罚的法律手段而不能用仁义恩爱来进行统治。(2)“法与时转则治”的历史观。法家认为人类历史是向前发展的，一切法律和制度都必须随着历史的发展而相应变化，不能复古倒退，也不能故步自封。商鞅在秦国主持变法，首先提出了“不法古、不修今”的口号，批驳守旧派“法古无过，循礼无邪”的观点。韩非说：“法与时转则治，治与世宜则有功”，“时移而治不易者乱”。他把言必称尧、舜，“欲以先主之政，治当世之民”的儒家讽刺为“守株待兔”的蠢人。法家这种历史观，是为变“礼治”为“法治”服务的。

法家推行法治的方法 其要点如下：

“以法为本” 实行法治首先必须有“法”，而且必须“以法为本”。但立法者绝不可随意立法，而应遵循以下原则：(1) 必须“当时而立法”。即必须适应时代要求制订奖励耕战、富国强兵的法令。(2) 必须“因人情”，使“令顺民心”。实质是指必须合乎好利恶害的新兴地主阶级的意志。(3) 必须考虑“人力之所能为”，“毋强不能”。否则“令于人之所不能为”则“其令废”，“使于人之所不能为”则“其事败”。因此，统治者不能贪得无厌，立禁太多。

使法令成为人们言行的唯一标准 法令制定以后，要想法令得以贯彻并为人人所遵守，就得使法令成为判断是非功过、行赏施罚的唯一标准。为此，法家要求：(1) 立法之后，必须以成文的形式布之于百姓，使“万民皆知所避就”，使“吏不敢以非法遇民，民不敢犯法以干法官”，以利于防止官吏罪刑擅断，并防止罪犯法外求情。(2) 法令必须统一，不能政出多门，立法权必须全部收归君主。但君主的法令要有相对的稳定性，不能朝令夕改。如果“号令已出又易之”，“刑法已错（定）又移之”，“则庆赏虽重，民不劝也；杀戮虽繁，民不畏也”。因此韩非说：“法莫如一而固。”(3) 必须使法令具有绝对权威。韩非说：“明主之国，令者，言最贵者也；法者，事最适者也；言无二贵，法不两适。故言行而不轨于法令者必禁。”法令不但高于一般臣民，而且高于君主本人，“不为君欲变其令，令尊于君”。商鞅说：“法之不行，自上犯之。”但法家打击的矛头并不是君主，而是那些敢于坏法的贵族、大臣。他们还主张“禁奸于未萌”，要求“以法为教”，“以吏为师”，一切与法令不合的仁义道德、诗、书、礼、乐都得禁止。

善于运用赏罚 法家从其“好利恶害”的人性论出发，认为行赏施罚是贯彻法令的唯一有效手段，不过赏罚必须善于运用，其要点有：(1)“信赏必罚”，厚赏重罚。“信赏必罚”是为了取信于民。“民信其赏，则事功成；信其罚，则奸无端”。“信赏必罚”还包含“去私”的内容：“罚不讳强大，赏不私近亲”；不论贵族、平民，“有过不赦，有善不遗”。

从“必罚”出发，法家坚决反对赦罪和减免刑。一再强调“不宥过，不赦刑”或“不赦死，不宥刑”；“赦死宥刑”，“社稷将危”。法家还进一步要求“赏厚而信，刑重而必”。韩非说：“赏厚则所欲之得也疾，罚重则所恶之禁也急。”厚赏重罚还可以扩大影响，“重一奸之罪而止境内之邪”；厚赏则“非独赏功也，又劝一国”，“是报一人之功而劝境内之众也”。（2）“赏誉同轨，非诛俱行”。法家认为社会舆论的誉毁必须与法律的赏罚相吻合。慎到说：“士不得背法而有名。”韩非说：“赏者有诽焉不足以劝，罚者有誉焉不足以禁”，因而要求“赏誉同轨，非诛俱行”，使“有重罚者必有恶名”。只有这样才能禁止人民犯罪。也正是为了做到这一点，法家主张“以法为教”，实行文化专制。（3）刑多赏少和轻罪重罚。前期法家中，商鞅一派以主张重刑著称。《商君书·赏刑》说：“禁奸止过，莫若重刑。”他们的“重刑”有其特定含义：一是与赏相对，在数量上应该“刑多而赏少”，只赏有功于农战和告奸的人，反对滥赏；后来又发展到取消赏，认为“赏善之不可也，犹赏不盗”；“故善为治者，刑不善而不赏善，故不刑而民善”。二是加重轻罪的刑罚，并从而提出了“以刑去刑”的理论。《商君书·靳令》说：“行罚，重其轻者，轻者不至，重者不来，此谓以刑去刑，刑去事成。”法家的“以刑去刑”不但反对重罪轻判，也反对罪刑相称的“重重而轻轻”。他们认为要想“去刑”，就必须重轻罪而不能就事论事地“重重而轻轻”，并且宣称轻罪重判可以“不刑而民善”，因而提出“德生于刑”和“以战去战，虽战可也；以杀去杀，虽杀可也；以刑去刑，虽重刑可也”的主张。

法家的“以刑去刑”，是建立在抽象的好利恶害的人性论基础上的，完全撇开了社会的物质生活条件和阶级斗争的实际来谈法律问题。

法、势、术结合　在前期法家中，商鞅、慎到、申不害分别以重法、重势、重术著称，各成一派。齐国法家在《管子》书中已初步提出三者必须结合的意见，韩非发展了这种思想，强调必须“以法为本”，使法、势、术三者紧密结合，才能实现“法治”。因而他提出：（1）“抱法处势则治”。“势”指权势。韩非曾引慎到的话说：“贤人而诎于不肖者，则权轻位卑也；不肖而能服于贤者，则权重位尊也。尧为匹夫，不能治三人，而桀为天子，能乱天下，吾以此知势位之足恃，而贤智之不足慕也。”韩非认为君主如果无“势”，既不能发号施令，又不能行赏施罚，根本谈不上法治，他主张法、势结合，认为有势无法，只能是人治。因此，必须“抱法处势”。他还强调“势”必须由君主“独擅”。（2）法、术“不可一无”。“术”指君主掌握政权、贯彻法令的策略和手段，主要在于维护君主专制，预先觉察和防止贵族、大臣篡权夺位和阳奉阴违。韩非特别重视法与术的结合，认为法与术都是帝王“不可一无之具”。

韩非提出的必须“以法为本”，使法、势、术相结合的主张，是先秦法家思想的总结和归宿，其目的在于论证新兴地主阶级要想实现自己的统治（“法治”），就必须建立起统一的专制主义中央集权制政权。后来的秦王朝就是按照这一模式开创的。

先秦法家的法律思想，虽然为繁荣古代法学作出了贡献，但其中也有不少糟粕。而且他们的“法治”是封建君主专制政体下的“法治”。尽管他们说维护君权的目的是实行“法治"，即所谓"君尊则令行"；但君主既然手执太阿，有权立法也有权废法，即便随意立法也不受任何法律的限制，对此，法家只能晓之以利害。因此法家的"法治"根本不同于后来资产阶级提出的与民主制相联系的"法治"。

李悝（？—约公元前395） 战国初期政治家、法学家，魏国人。他以魏文侯相（一说魏文侯师）的身份主持魏国的变法，进行了一系列发展封建制的改革。在经济上，他提出了"尽地力"的主张，要求充分利用土地多种各类农作物，并实行重农抑商的政策和平衡粮价的"平籴法"，保护封建经济。在政治上，他主张打击贵族，扶植新兴地主阶级的势力，加强封建国君的权力。在法律上，他总结了春秋时期以来各诸侯国的立法经验，制定了中国历史上第一部比较系统的封建法典《法经》，以巩固新兴地主阶级在经济和政治上所取得的成果。魏国通过变法，终于成为战国初期最强大的一个诸侯国。《史记·平准书》说："魏用李克（当作李悝），尽地力，为强君。自是之后，天下争于战国。"

李悝是先秦法家的开创者。他在变法中提出了"为国之道，食有劳而禄有功，使有能而赏必行、罚必当"的方针。这正是后来法家所奉行的"法治"原则。他所制定的《法经》也被其他诸侯国特别是秦国当做立法的蓝本。《法经》早已失传，《晋书·刑法志》保存了它的指导思想和篇目：秦汉旧律，其文起自魏文侯师李悝。悝撰次诸侯法，著《法经》。以为王者之政莫急于盗贼，故其律始于"盗"、"贼"。盗贼须劾捕，故著"网"（当做"囚"）、"捕"二篇。其轻狡、越城、博戏、借假、不廉（或读为"借假不廉"）、淫侈、踰制（或读为"淫侈踰制"），以为"杂律"一篇。又以"具律"具其加减。是故所著六篇而已，然皆罪名之制也。《唐律疏议》也说：李悝造《法经》六篇：一"盗法"、二"贼法"、三"囚法"、四"捕法"、五"杂法"、六"具法"。

《法经》中的"盗"，主要指对私有财产的侵犯；"贼"，主要指对人身的侵犯，包括杀、伤之类；《囚法》、《捕法》相当于唐律中的《断狱律》、《捕亡律》；《杂法》的主要内容是维护封建等级制度和统治秩序；《具法》则是根据具体情节有关加重或减轻刑罚的规定。整个《法经》基本上是一部诸法合体而以刑为主的刑法和刑事诉讼法典，是一部维护封建地主阶级专政和等级秩序的法典，并为后世封建立法创立了模式，影响深远。商鞅变法以后的秦律和汉朝的汉律，都是在它的基础上逐步发展起来的。

明代董说所著《七国考》卷十二载有西汉末年桓谭《新论》所引《法经》条文并加解说，比《晋书·刑法志》较为详细。但《新论》已于南宋时散失，是否可信，尚待考证。

商鞅（约公元前390—前338） 战国中期政治家、思想家，出身魏国国君疏远宗族，故称魏鞅或公孙鞅。"少好刑名之学"，曾在魏国做过小官，熟悉李悝、吴起等人的变法理论和实践。公元前361年秦孝公即位，下令求贤。商鞅携带李悝《法经》入秦，深得孝公信任，主持秦国变法，对旧的奴隶制进行了比较彻底的改革，确立了新的封建制，使秦国迅速富强起来，跃居六国之上。他因功封于商（今陕西商县东南商洛镇），号商君，故人称商鞅。公元前338年，秦孝公死，秦惠王立，秦国的旧贵族诬告商鞅谋反，被秦惠王派兵杀害，并“车裂”以殉，灭其家。

商鞅是先秦法家的主要代表 他以“重法”著称，在法家中自成一派。现存《商君书》（亦称《商子》）是战国中后期商鞅及其后学的代表作，是研究商鞅一派法律思想的主要依据。书中提出了“定分”、“立禁”的法律起源论和“内行刀锯（刑具），外用甲兵”的暴力说；竭力主张封建国君实行“垂法而治”的“法治”，并以反对复古保守的进步历史观和“好利恶害”的人性论作为实行“法治”的理论根据；要求建立封建专制主义中央集权制政权，通过奖励耕战（或农战）达到富国强兵的目的。书中还提出了“刑无等级”、“信赏必罚”、“厚赏重罚”、“以刑去刑”等观点，主张用严刑峻法打击旧贵族的势力，加强对广大劳动人民的镇压，以巩固封建地主阶级的统治。商鞅的变法革新措施和“法治”思想，为后来秦朝统一中国奠定了比较牢固的基础。

商鞅一派对国家与法律的起源、本质、作用等问题，都有所论述。他们认为人类社会最初并没有国家和法律，“神农之世，男耕而食，妇织而衣，刑政不用而治，甲兵不起而王”。后来由于出现了“亲亲而爱私”和“以强胜弱，以众暴寡”的争夺混乱局面，“圣人”为了定“分”止“乱”，规定土地、货财、男女的分界，并“立禁”、“立官”、“立君”加以制裁，才产生国家和法律。他们不稳讳国家与法律的暴力性，强调法律是“胜民之本”，即主要是用来制裁人民的。这正是他们对法律本质的一种看法。

商鞅变法的根据 商鞅认为，古代帝王都是“各当时而立法，因事而制礼。礼法以时而定，制令各顺其宜”。他提出“不法古，不修今”的口号，认为法律和制度都应跟随时代的变化而变化，既不能复古，也不能保守。他将自有人类以来的历史划分为“上世”、“中世”、“下世”和“今世”四个阶段，“上世”“民知其母而不知其父”，是指母系社会；“中世上贤而说（悦）仁”，是指传说中尧舜时代的父系社会；“下世贵贵而尊官”，是指国家与法律已然产生的阶级社会；“今世强国事兼并，弱国务力守”，是对战国形势的分析。在这种形势下，诸侯国君要想维持自己的统治，取得兼并战争的胜利，就必须富国强兵，壮大国家的力量，实行“以力服人”的“法治”和“霸道”，而不能像儒家那样讲“以德服人”的“德治”和“王道”。由此出发，商鞅等提出变法的政策和方法。

商鞅变法的主要内容

奖励农战 为了富国强兵，商鞅等认为必须奖励农战，大力发展农业生产，加强军事力量，奖赏有功于农战的人，惩罚不利于农战的人。国君只要颁布重农、重战的法令，用赏罚的办法加以推行，一切都“垂法而治”或“缘法而治”，就能使国富兵强。

“壹赏”、“壹刑”与“壹教” 为了奖励农战，富国强兵，商鞅等主张：(1)“壹赏”。赏赐只能施于有功农战和告奸（揭发“犯罪分子”）的人，重点是奖励军功，要求“利禄官爵抟出于兵”。另一方面，压制不利于农业生产的商业和手工业。对于既无军功又不从事农作的“不作而食，不战而荣，无爵而尊，无禄而富，无官而长”的人，称为必须铲除的“奸民”。宗室贵族如无军功，也要取消贵族资格，从而使民“喜农而乐战”，达到富国强兵，“无敌于天下”的目的。(2)“壹刑”。要求“刑无等级，自卿相将军以至大夫庶人，有

不从王令、犯国禁、乱上制者，罪死不赦”。商鞅认为“法之不行，自上犯之”，因此一反过去“刑不上大夫”的旧传统，坚决主张刑上大夫，太子犯法也“刑其傅公子虔，黥其师公孙贾”。这不但沉重打击了贵族势力，为贯彻富国强兵的法令扫清了道路，而且大大提高和加强了君权。在中国法律思想史上，商鞅是第一个主张在适用刑罚上平民与贵族平等的人。（3）“壹教”。取缔一切不符合法令、不利于农战的思想言论，使“富贵之门”只对努力于耕战的人开放。商鞅等把被他们认为不利于农战的“礼、乐，诗、书，修善、孝悌，诚信、贞廉，仁、义，非兵、羞战”，说成是“六虱”，坚决反对“国以六虱授官予爵”，实行文化专制。

法、信、权　商鞅一派为了推行以重农、重战和加强君权为内容的“法治”，提出了一套比较完整的方法，即法、信、权三要素：（1）法。他们认为，推行“法治”首先必须“立法明分”，君主必须自己带头遵守，做到“言不中法者，不听也；行不中法者，不高也；事不中法者，不为也”。在行赏施罚上也应公正无私，做到“不失疏远，不违亲近”。“守法守职之吏有不行王法者，罪死不赦，刑及三族”。为了保证法令的准确性，又郑重宣布，“有敢剟定法令，损益一字以上，罪死不赦”。（2）信。商鞅要求“信赏必罚”，取信于民，“民信其赏，则事功成；信其罚，则奸无端”。（3）权。商鞅认为，要使君主的法令能够顺利推行，就必须“尊君”，使君主掌握独断一切的大权，故说：“权者，君之所独制也”；“权制断于君则威”。只有“秉权而立”，才能“垂法而治”。因此要实行“法治”，就必须建立中央集权的君主专制政体。

以刑去刑　在法律思想上，商鞅不同于其前辈的特点之一，即公开主张“禁奸止过，莫若重刑”。“重刑”的特定含义包括“刑多而赏少”、“先刑而后赏”、“重罚轻赏”和加重轻罪的刑罚，目的是“以刑去刑，刑去事成”。“以刑去刑”是商鞅等法家主张严刑峻法的理论依据。它是建立在片面夸大暴力作用的基础上的。在这一理论指导下，当时取得政权的新兴地主阶级一方面用严刑峻法打击阻挠变法的贵族，另一方面也用以残酷镇压广大人民。

慎到（约公元前395—约前315）　先秦法家代表人物之一，赵国人，早年曾“学黄老道德之术”，是从道家分化出来的法家。他长期在齐国稷下讲学，对法家思想在齐国的传播起过重大作用。《史记·孟子荀卿列传》说他著有《十二论》，《汉书·艺文志》法家类著录《慎子》42篇，早佚，现仅残存“威德”、“因循”、“民杂”“德立”、“君人”、“知忠”、“君臣”七篇以及一些佚文。慎到在前期法家中以重“势”著称。但他重“势”，是从“尚法”出发的。他是先秦法家中的重要理论家，在法理学上很有造诣。

尊君与尚法　慎到非常重视法律的作用，认为“治国无其法则乱”，坚决主张“法治”；而要实行“法治”，就必须尊君和尚法。所以他说：“民一于君、断于法，是国之大道也”。要求“民一于君”的主要理由是“君之功莫大使民不争”。为了尊君，他不仅反对与国君分庭抗礼的贵族，也反对儒、墨的尊贤、尚贤，认为“多贤不可以多君，无贤不可以无君”；主张“君立则贤者不尊”，“立君而尊贤，是贤与君争，其乱甚于无君”。“民一于君”在法律上的表现，是只有国君才有权立法和变法，各级官吏只能“以死守法”，严格遵守和执行君主的法令。一般老百姓则必须“以力役法”，受法令的役使。但他的“民一于君”又是有条件的，即国君有权立法、变法，但不能随意立法、变法，而应“以道变法”，具体说，就是“天道，因则大，化则细。因也者，因人之情也。人莫不自为也，化而使之为我，则莫可得而用矣”。他这种“人莫不自为”的人性论，实质上正是当时以封建土地私有制为基础的新兴地主阶级私有观念的反映。他认为国君如能“因人之情”来立法，立法以后凡事一断于法，就能治理好国家。基于这一看法，他提出了以下一系列“尚法”的观点和主张：

（1）“法”是至高无上的，因为它是客观的、公平的，所以应当成为人们的行为准则和衡量是非功过的唯一标准。他说，“法者，所以齐天下之动，至公大定（正）之制也。故智者不得越法而肆谋，辩者不得越法而肆议，士不得背法而有名，臣不得背法而有功”。他和其他法家一样，习惯于把“法”比拟为权衡，尺寸，如说：“有权衡者不可欺以轻重，有尺寸者不可差以长短，有法度者不可巧以诈伪。”慎到特别强调“定赏分财必由法”，把法和财产关系联系起来。这正是当时新兴地主阶级反对贵族垄断经济、政治利益的世袭特权，要求论功行赏并保护其财产私有权的表现。

（2）法的最大作用，就在于“立公弃私”。在中国法理学史和中国法律思想史上，慎到是比较系统地以普遍性的形式提出新兴地主阶级“公”“私”观的第一人。他把新兴地主阶级的整体利益以及维护这种整体利益的“法”说成是“公”，而把包括君主和各级官吏在内的个别或少数成员的利益以及只顾这种利益的行为说成是“私”。“公”和“私”是对立的，因而“法”和“私”也是对立的。慎到这种“公”、“私”观，不但是当时法家反对“礼治”的重要思想武器，而且也朝着解决法律的本质问题前进了一步。

（3）为了立法“为公”，必须严格遵守法制。在这个问题上，慎到认为关键在于各级官吏特别是国君本人，所以他强烈要求“为人君者不多听”，“无法之言，不听于耳；无法之劳，不图于功；无劳之亲，不任于官。官不私亲，法不遗爱，上下无事，唯法所在”。他还坚持“法治”，反对“人治”，甚至认为“法虽不善，犹愈于无法，所以一人心也”他还说，“君舍法而以心裁轻重，则同功殊赏，同罪殊罚矣。怨之所由生也。”但儒家的“人治”是指“贤人政治”，并不等于或不完全等于“身治”或“心治”。因此《荀子·解蔽篇》批评他说：“慎子蔽于法而不知贤。”

重“势”与“无为而治” 慎到的重“势”和尚“法”具有内在联系：重“势”为了尚“法”，尚“法”又必须重“势”。

慎到认为，君主要想臣民服从法令、实行“法治”，唯一有效的办法就是掌握能使臣民服从的权势。他将君主与权势形象地比拟为飞龙和云雾。飞龙有了云雾才能高飞，一旦云消雾散，飞龙也就成了地上的蚯蚓。君主有了权势，即使像桀那样昏庸，也能“令则行，禁则止”；如无权势，即使像尧那样贤智，老百姓也不会听从。所以他说：“吾以此知势位之足恃而贤智之不足慕也。”推行法令只能靠“势”而不能靠“德”，所以他反对儒家主张的“德治”，这是他的“人莫不自为也”的人性论的必然逻辑。慎到觉察到，法律的推行必须以国家政权为后盾。但是他不是通过阶级分析而是用人性论来解释这一关系的，因此不能真正认识这一关系的本质。

慎到虽然重“势”，要求国君“权重位尊”，但坚持君主必须“尚法”。他把法家所主张的“法”和道家所主张的“道”或“理”等同起来。道家认为人君在“道”面前只能“惟道是从”、“无为而治”。慎到则认为人君在法面前也应“事断于法”、“无为而治”。这既是他的法律观所导致的结论，也是他的国家观所导致的结论。二者都源于他的公私观。在他看来，天子、国君以及各级官吏不但必须“任法”、“守法”、“唯法所在”，而且都是为了服务于天下、国家而设立的。因此他说：“立天子以为天下，非立天下以为天子也，立国君以为国，非立国以为君也，立官长以为官，非立官以为长也。”他已从公私观上将天下、国家和天子、国君区分开来。所以他主张臣下“以死守法”、“守职”，而反对忠君。君主本人也只能为国、为“公”，而不能“行私”。为了防止国君行私，慎到反对国君“自任”，而要求国君“任法”。

慎到的无为而治，包含“君臣之道：臣事事而君无事”，即国君不要去做具体工作，具体工作应在“事断于法”的前提下，尽量让臣下去作，以调动臣下的积极性，发挥他们的才能，使得“下之所能不同”，而都能为“上之用”，从而达到“事无不治”的目的。他还认为，“亡国之君非一人之罪也，治国之君非一人之力也”，如果国君只靠自己一个人的力量，决不能把各方面的事办好。因为“君之智未必最贤于众”，即使“君之智最贤”，也必然精疲力竭，不胜其劳。而且国君如果事必躬亲，一个人去“为善”，臣下就不敢争先“为善”，甚至会“私其所知”，不肯出力，国事如有差错，“臣反责君”。慎到认为这是“乱逆之道”，是“君臣易位”，国家也就不可能不乱。

申不害（约公元前 385—前 337）　先秦法家代表人物之一，郑国京（今河南荥阳县东南）人。韩灭郑后，他被韩昭侯起用为相，进行改革，使韩国一度“国治兵强”。他与慎到都是从道家分化出来的法家，“本于黄老而主刑名”。他的著作《申子》原有 2 篇（一说 6 篇），现仅残存《群书治要》卷 36 所引“大体篇”以及一些佚文。

重“术”　申不害在先秦法家中以重“术”著称，自成一派。他主要是从道家那里吸取了“君人南面之术”，加以改造，用来维护当时法家所主张的封建中央集权君主专制制度。因此，他由“任法”而转入“重术”，把注意力放在解决随着君主专制制度的建立而突出起来的君臣矛盾上。他的法律思想也具有这一特点。

申不害说：“君必有明法正义，若悬权衡以称轻重，所以一群臣也”，“君之所以尊者令，令不行是无君也，故明君慎令”。这些都是主张“法治”的思想。他也反对立法行私，曾对韩昭侯说：“法者，见功而与赏，因能而授官。今君设法度而听左右之请，此所以难行也。”但由于他把着重点放在“术”上，对统一法令、加强法制等重要问题反而认识不足，以致使韩国的改革远不如秦国彻底。因此，韩非曾就他没有统一韩国法令的严重错误进行批评说：“晋之故法未息，而韩之新法又生；先君之令未收，而后君之令又下。申不害不擅其法，不一其宪令则奸多”；“虽用术于上，法不勤饰（治）于官之患也”。韩非将申不害作为“徒术而无法”的典型。申不害自己在遵守法制上也不能以身作则，曾向韩昭侯“请仕其从兄官”，可见他在韩国推行“法治”是很不坚决的。但他所倡导的“术”对韩非等后期法家却产生了很大影响。他认为要实行“法治”，国君必须集权于一身，以期做到“明君如身，臣如手；君若号，臣如响。君设其本，臣操其末；君治其要，臣行其详；君操其柄，臣事其常”。也就是说，国君应把关系国家安危的立法、任免、赏罚等大权牢牢掌握在自己手中。为此，就应防止大臣‘蔽君之明，塞君之听，夺之政而专其令，有其民而取其国’。特别是不能容许“一臣专君，群臣皆蔽”的现象产生。否则就会招致“乱臣”“破国”和“弑君而取国”的后果。他的“术”就是为了解决君臣之间这一矛盾而提出的。

“术”的内容　主要可归纳为以下两方面：

(1)“为人臣（当作君）者操契以责其名”。这是指国君公开用以选拔、监督和考核臣下的方法。也就是后来《韩非子·定法》指出的“术者，因任（能）而授官，循名而责实，操杀生之柄，课群臣之能者也”。具体说，就是先要按照臣下的才能授予官职，然后考查臣下所做的工作（实）是否符合他的职守（名），据以进行赏罚。在名实是否相符上，他的要求极其严格，既不许失职，更不许越权。他曾提出：“治不逾官，虽知弗言”，意即凡不属于职权范围内的事，臣下即使知情也不许言讲，目的在于防止臣下篡权。韩非虽曾肯定了他的“治不逾官”，但否定了他的“虽知弗言”，认为这样势必使国君了解不到下情，是“申子未尽于法（当作术）”的表现。

(2)“藏于无事”，“示天下无为”。这是驾驭臣下的权术，亦即《韩非子·难三》所说的“术者，藏之于胸中，以偶众端，而潜御群臣者也”。申不害吸取了道家“无为而治”的思想，也主张“君道无为”，要求君主不干具体工作，甚至要求国君“去听”、“去视”、“去智”，以免暴露自己，使臣下无从投其所好。这就可像明镜一样，看到臣下的一切，真正识别出忠奸，国君也就不会被臣下所蒙蔽，而能“独视”、“独听”、“独断”这种极端专制的思想正是他重“术”的最后归宿，因为他说：“独视者谓明，独听者谓聪，能独断者，故可以为天下主（当作‘王’)”。但他离开“法”来谈“独断”，显然不合法家的“法治”精神，所以韩非批评他“徒术而无法”。

王宏治

略述唐代的司法监督制度*

简介

王宏治，1948年生，原籍湖北武汉。1981年本科毕业于北京师范学院（今首都师范大学）历史系，并考入北京大学历史系攻读中国古代史专业研究生，师从著名历史学家王永兴教授，专攻隋唐五代史及敦煌学，1984年毕业，获硕士学位。

毕业后分配到中国政法大学，从事中国法律史教学与研究工作，1999年被评为教授、研究生导师。主要科研成果为：《中华文明史》之“法制史卷”，《中华文化通志》之“法学志”，《黄岩诉讼档案及调查报告》等专著；近年来先后发表论文：《从中西立法过程比较〈唐律〉与〈民法大全〉》、《中国古代的反邪教立法》等二十余篇；古籍整理《唐宋八大家》之《韩愈全集》，《中国珍稀法律典籍续编》之《顺治三年奏定律》等书；目前正承担国家社会科学基金项目“唐代死刑制度研究”等科研项目。

* 原发表于《浙江学刊》，2004（5）。香港《社科研究》2004年12月总第7期全文转载，曾获香港现代教育研究会、世界华文传播媒体协会颁发的“2004年度学术一等奖”。

中国古代监察制度发展到唐代已趋于完善，其对司法方面的监察尤其具有特色，表现在形成了立法机关、行政机关和专职的监察机关多方位地对司法进行监督，地方常设机构与中央临时派出机构多层次地对地方司法进行监察。这种监察体制的建立，除了确保皇权统治外，也确实对保障国家吏治的清明和司法的公正起到了一定的积极作用。

一、中书门下监督司法

（一）两省官的监督作用

中书省与门下省合称“两省”，又称作“北省”，是唐王朝中央政府的决策机关，具有立法机关的性质。中书省的职责是“掌军国之政令”，“盖以佐天子而指大政者也”①；门下省的职责是“掌出纳帝命”，“所谓佐天子而统大政者也”②。凡国家大政，包括法律的颁布，一般都要由中书省草为诏敕，门下省复核后，方可正式颁发，宣告天下。唐太宗十分重视中书、门下的作用，曾说：“中书、门下，机要之司，擢才而居，委任实重，诏敕如有不稳便者，皆应执论。”③

唐初定制：“凡军国大事，则中书舍人各执己见，杂署其名，谓之五花判事。中书侍郎、中书令省审之，给事中、黄门侍郎驳正之。”④ 国家所有的公文都要经过中书、门下两省颁发。在司法监督方面，唐太宗在贞观元年（627 年），即规定：“自今以后，大辟罪，皆令中书、门下四品以上及尚书九卿议之。如此，庶免冤滥。”⑤ 以后又扩大为五品以上，并

---

① 《唐六典》卷 9《中书省中书令条》。

② 《唐六典》卷 8《门下省侍中条》。

③ 《贞观政要》卷 1《论政体第二》。

④ 《资治通鉴》卷 193《唐太宗贞观三年》。

⑤ 《贞观政要》卷 8《论刑法第三十一》。

将门下省的复核作为定制，“自今门下复理，有据法合死而情可宥者，宜录状奏”[⑥]。真正从事司法监督的实际上是给事中和中书舍人，而给事中与中书舍人是以和侍御史组成的“三司受事”来对上诉到中书门下的狱案进行复核。“凡国之大狱，三司详决，若刑名不当，轻重或失，则援法例退而裁之。”[⑦]

由于中书令与门下侍中是中书、门下两省的长官，又兼宰相，故其也可以对司法进行监督。如太宗时，杨纂为长安县令，“有妇人袁氏妖逆，为人所告，纂究问之，不得其状。袁氏后又事发，伏诛，太宗以为纂为不忠，将杀之。中书令温彦博以纂过误，罪不至死，固谏，乃赦之”[⑧]。中书令实际上是以“议”的方式对司法进行监督。武则天长安四年（704年），宠臣“张宗昌坐遣术人李弘泰占己有天分，御史中丞宋璟请收付制狱，穷理其罪”，司刑少卿桓彦范上疏“伏请付鸾台凤阁三司考竟其罪”[⑨]。鸾台凤阁即武则天时的中书门下。又玄宗开元二年（714年），宗室“薛王业之舅王仙童，侵暴百姓，御史弹劾，（李）业为之请，敕紫微黄门复按”。紫微即中书省，黄门即门下省，当时的紫微令姚崇、黄门监卢怀慎奏曰：“仙童罪状明白，御史所言无所枉，不可纵舍。”[⑩] 可见当时中书门下对司法还是能够起到有效的监督作用。唐后期宣宗大中九年（855年），右威卫大将军康季荣“擅用官钱二百万缗，事觉，季荣请以家财偿之。上以季荣有开河、湟功，许之。给事中封还敕书，谏官亦上言”。宣宗无奈，只得，“贬季荣夔州长史”[⑪]。功臣挪用公款，事发后，本人愿用家财补偿，皇帝批准了，给事中仍可驳回，说明给事中的监督作用仍在发挥。中书门下两省以详议、复核以及封驳的方式，行使立法机关对司法的监督权。

（二）谏官的监督作用

唐代中书门下对司法的监督，与谏官的设置有很大关系。唐初十分重视隋亡的历史教训，在高祖起兵的当年，即有万年县法曹孙伏伽上谏书，认为：“隋后主所以失天下者何也？止为不闻其过。当时非无直言之士，由君不受谏。”并上表请置谏官，“高祖皆纳焉”[⑫]。平日对司法活动进行监督的谏官是谏议大夫和左右补阙、拾遗。武德五年（622年），始置谏议大夫四员，以为专职谏诤官员。太宗即位之初，魏征、王珪皆为谏议大夫，太宗采纳王珪的建议，“敕中书门下及三品以上入阁，必遣谏官随之”[⑬]，以便“有失辄谏”[⑭]；并诏“每宰相入内平章大事，必使谏官随入，与闻政事”[⑮]。其后，太宗又多次强调谏官应对中

⑥ 《旧唐书》卷50《刑法志》。
⑦ 《唐六典》卷8《门下省给事中条》。
⑧ 《旧唐书》卷77《杨纂传》。
⑨ 《旧唐书》卷91《桓彦范传》；又见《资治通鉴》卷207《唐则天后长安四年》。
⑩ 《资治通鉴》卷211《唐玄宗开元二年》。
⑪ 《资治通鉴》卷249《唐宣宗大中九年》。
⑫ 《旧唐书》卷75《孙伏伽传》。
⑬ 《旧唐书》卷70《王珪传》。
⑭ 《资治通鉴》卷192《唐太宗贞观元年》。
⑮ 《通典》卷21《职官三·门下省》。

书、门下二省的诏敕进行“执论”；对国家的政策、法令及组织、人事等事宜，如认为有不妥者，应以言谏；甚至对皇帝的言行，也可以进行监督、规谏。这样，在太宗朝，就以法律的形式正式确立了谏官监察的法定地位。

武则天执政后的第一年，垂拱元年（685年），即对谏诤制度进行了较大规模的改造。首先，加置左右补阙（秩从七品上）、左右拾遗（秩从八品上）各二员，从而增加了谏官的人数，尤其是补阙、拾遗的品秩较低，一般多以科举新进的年轻人担任，并注重其人选，故使当时的谏官较能发挥其应有的作用。其次，改谏官由门下一省统辖，为门下、中书二省分隶。以左补阙、左拾遗隶门下省，右补阙、右拾遗则隶于中书省。这一改造，从积极意义上讲，将门下一省掌规谏，改为门下、中书二省同掌，使最重要的决策和立法机构同时都具有规谏职能，扩大了谏诤组织。但从消极意义上看，太宗时的谏官，多以监督宰相和君王为主要职责；武则天改二省同掌谏诤之权，从某种含义上讲是为了让门下、中书这两个最高决策机构互相监督，以便于她个人从中操纵。这样，谏官的监察就与御史的监察一样，成为专制王权下监督百官的监察机关，君王本人仍置身于监督之外。这与武则天的一系列改制是相呼应的，武则天将御史台改成了专门办理制狱的办案机构，又扩大了谏官组织来从事监察。第三，武则天又于垂拱二年（686年），命铸造四只铜匦，以谏议大夫、补阙、拾遗各一人为知匦使以掌之，并以御史中丞、侍御史一人充理匦使。知匦使专知受理辞状，每日清理所有投书，至晚送达于上，事关紧要者可当时处断；理匦使则接受知匦使所送之状，进行审理处断，重要之事可直接奏报君主。[16] 以后四匦合为一匦，这是谏官监督司法的重要方式之一。

谏官行使监督权，主要是针对时政陈诉得失。既可以针对具体问题向君主本人提意见，也可以直接陈述宰相等政事之得失。至于对朝廷百官的监督则更不在话下。谏官的监督不是以司法等强制手段，而是以“廷议”，即对皇帝当面陈述政见、谏议。二是“上封”，即以书面形式，上书陈述时政得失，官员善恶。如武则天时右补阙朱敬则曾上疏言事，谏武则天“宜绝告密罗织之徒”，并“改法制，立章程”等，武则天虽不可能接受他的意见，仍“甚善之”，还“赐帛三百段”[17]。长安三年（703年），宰相魏元忠、凤阁舍人张说为张易之兄弟所构陷，下狱将被处死，又是这个朱敬则，当时升为正谏大夫（即谏议大夫），在众宰相无敢言的情况下，“独抗疏申理”，使之“乃得减死”。至于由谏官纠正的冤、假、错案也不可胜数。德宗贞元十一年（795年），宰相陆贽等遭裴延龄诬陷，无人敢救。阳城自处士征为谏议大夫，平日不进一言，此时“帅拾遗王仲舒、归登、右补阙熊执易、崔邠等守延英门，上疏论延龄奸佞，贽等无罪”[18]。此举虽未能改变德宗之意，却得到时议的肯定，八十岁的金吾将军张万福听说后，赶到延英门，大声说：“诸谏议能如此言事，天下安得不

---

[16] 《唐会要》卷55《匦》。

[17] 《旧唐书》卷90《朱敬则传》；又《资治通鉴》卷205《唐则天后长寿元年》。

[18] 《旧唐书》卷192《隐逸·阳城传》；又《资治通鉴》卷235《唐德宗贞元十一年》。

太平?”

谏诤制度是在君主专制体制下，对最高统治者实行监督的一种方式，在一定的条件下，也曾对君王本人起到有限的监督作用。这主要取决于君主个人的开明与否及政治斗争的需要。唐太宗、高宗、玄宗统治初期，为政清明，肯于虚心纳谏，谏官也敢于直言，谏诤制度也就能够发挥其作用。武则天时期，利用谏官，排除异己，打击政敌，谏诤制度成为政治斗争的工具。而当君主个人品质发生变化，如玄宗后期，贪图安逸，不愿听取不同意见，谏官进言，多被贬斥，言路渐被堵塞。开元二十四年（736 年），补阙杜琎上书言政事，第二天即被黜斥为外县县令。奸相李林甫就此事劝其余谏官说：“明主在上，群臣就顺不暇，亦何所论？君等独不见立仗马乎，终日无声，而饫三品刍豆；一鸣，则黜之矣。后虽欲不鸣，得乎?”从此，谏诤之路断绝。史称：“林甫居相位凡十九年，固宠市权，蔽欺天子耳目，谏官皆持禄养资，无敢正言者。”⑲ 谏诤制度被统治者自己破坏，曾任右补阙的起居郎吴竞上疏警告：“自古人臣不谏则国危，谏则身危”；“夫帝王之德，莫盛于纳谏”，并列举桀、纣及隋炀帝因拒谏而亡国的例子，希望玄宗对“能直言正谏不避死亡之诛者，特加宠荣”⑳。然而玄宗对此也不能接受，最终导致了“安史之乱”，几乎断送了唐王朝的天下。但谏诤制度的建立，对后世的影响极大，谏官与御史成为司法监督的主要力量，合称为“台谏”。

二、御史台对司法的监察

唐朝最主要的专职监察机关就是御史台，由御史台行使的监察权，叫做“台官监察”。

唐玄宗时，御史台体制更加趋于完善、规范，御史台“三院”，台院、殿院、察院制开始形成。三院御史行使监察权，各有其侧重点。台院侍御史以弹奏为基本职责，重点在纠弹职位较高的官员。殿院殿中侍御史以“知班”为主要职责，即在百官朝班时，殿中侍御史列于阁门之外，“百僚班序有离立、失列、言嚣而不肃者，则纠罚之”㉑。察院监察御史则以出使巡按为其主要职责，一般出巡的目的是纠察地方官吏贪赃不法的行为及受理地方重大刑狱和上诉案件的复审。同时，三院御史的职掌又互有交叉，如弹奏之责，三院御史皆有；出巡本应由监察御史，但“州县官有罪，品高则侍御史，卑则监察御史按之”㉒，即在州县高官犯事须委使按察时，侍御史也可出使巡按。

御史因其为“治官之官”，故对其“选任尤重”。唐代选官，皆由吏部注拟，五品以上皇帝敕授，六品以下奏授。侍御史、殿中侍御史、监察御史虽为六至八品官，但因地位特殊，职责重要，故多为敕授；即使有吏部注拟者，在过门下省复议时，也多数会被否决。

---

⑲ 《新唐书》卷 223《奸臣上·李林甫传》。

⑳ 《新唐书》卷 132《吴竞传》。

㉑ 《通典》卷 24《职官六·御史台》。

㉒ 《资治通鉴》卷 207《唐则天后长安四年》。

一般御史由朝中高官荐举，皇帝认可后则敕授，但若被荐的御史出了问题，则举荐者也要负连带责任。如宰相张九龄曾荐周子谅为监察御史，开元二十五年（737年），周子谅因弹劾牛仙客，触怒玄宗，“令于朝堂决杀之”，张九龄也以“坐引非其人”，左迁为荆州长史。㉓监察官员若利用职权，挟私诬陷他人者，按诬告反坐的原则处以刑罚。据《唐律》规定：“诸诬告人者，各反坐。即纠弹之官，挟私弹事不实者，亦如之。”㉔ 在对监察官员的考课方面，《唐令》则规定“访察精审，弹举必当，为纠正之最”㉕。

三、尚书省与勾官对司法的监察

（一）尚书都省的监督

在唐代的官制体系中，从中央到地方，内外官府，皆有勾官设置，成为一套独立的以勾检为手段的行政、财政监察系统。这也是唐代官制中最具特色的部分。

唐代勾检制度的最高部门是尚书都省。这是中央领导机构设在行政机关内部的监督部门。

尚书都省以左、右丞为最高勾检官，其左丞正四品上，右丞正四品下。《唐六典》说：“左右丞掌管辖省事，纠举宪章，以辨六官之仪制，而正百僚之文法。”唐人也称尚书都省为“勾曹”，“右丞官居省辖，职在纠绳”；“左丞品秩既高，又居纲辖之地”㉖，其意都是说左右丞行使最高勾检之权。勾检官实际上是独立于御史台之外的监察部门。《册府元龟》将尚书都省归于“宪官部”，其“序”说：“尚书左右丞，掌纠举宪章，御史纠劾不当者，兼得弹奏，亦宪官之任也。”㉗ 也即是说，尚书左右丞的职责相当于御史之任。

尚书都省左右司郎中、员外郎的主要职能也是勾检。《唐六典》说：“左右司郎中、员外郎各掌付十有二司之事，以举正稽违，省署符目，都事监而受焉。”左右两司各辖三部十二司的勾检职责。

尚书省的长官左、右仆射在唐初为当然之宰相，其与左、右丞对“御史纠劾不当者，兼得弹之”，说明其拥有对御史的监督权。这可说是最高层次的勾检权。“凡都省掌举诸司之纲纪与百僚之程式，以正邦理，以宣邦教。”㉘ 故唐人又称勾检官为“纲纪之官”。

尚书左右丞的勾检范围几乎无所不包。唐太宗曾有敕：“尚书细务属左右丞，惟大事应奏者乃关仆射。”㉙ 尚书左丞“掌管辖诸司，纠正省内，勾吏部、户部、礼部十二司，通判

㉓ 《旧唐书》卷99《张九龄传》。

㉔ 《唐律疏议》卷23《斗讼律·诬告反坐条》。

㉕ 《唐六典》卷2《考功郎中员外郎条》。

㉖ 《唐会要》卷58《尚书都省左右丞》。

㉗ 《册府元龟》卷512《宪官部·总序》。

㉘ 《旧唐书》卷43《职官二·尚书都省》。

㉙ 《唐会要》卷57《尚书都省左右仆射》。

都省、寺；若右丞阙，则并行之。右丞管兵部、刑部、工部十二司；若左丞阙，右丞兼知其事。御史有纠劾不当，兼得弹之”㉚。尚书省诸司文案皆须由都省发付，诸司判完后须送还都省，经都省“勾检稽失”，然后发出。左右丞“坐曹得出入郎官，立朝得奏弹御史”㉛，即对尚书省诸司的郎中、员外郎人选具有人事审核权，甚至对御史都可行使纠弹权。此外，在司法方面，尚书都省还是尚书刑部之上的一级上诉机构，州县诸司冤滞案件，有不服上诉者，须“至尚书省，左右丞为申诉之；又不伏，复给不理状，经三司陈诉；又不伏者，上表”㉜。左右丞以“复理”的方式对州县的审判进行监督。武则天时的宰相狄仁杰曾就此说：“左右丞，徒以下不勾；左右相，流以上乃判”㉝。尚书都省对天下徒、流以上的案狱进行勾判，一般并不直接参与审判，而是通过勾检的方式对司法机关进行监督，甚至可对生效的判决实行“封驳”。如德宗时吕元膺为尚书左丞：

（二）录事参军的监督

地方州县的勾检官是录事参军（或司录参军）、主簿、录事等，也可对州、县长官刺史、县令等进行监督、检察。州府的户曹、仓曹、兵曹、法曹、功曹、士曹等机构合称为“判司”；而从事勾检的“录事司”，则称为“勾司”，或“纠曹”。唐人极重勾官，据肃宗乾元元年制载：“凡县令、判司与录事异礼，尊其任也。”㉞ 乾元以后，录事参军的品秩较同级判司加升一级。于邵在其《京兆府司录加秩记》中说：“天下纠曹而加秩，以为此官郡府之枢，辖政之小大，自我褒贬，若网之在纲，犹衣之有领，会人存政举，所益者多。”㉟ 著名诗人杜甫曾有诗赠阆州录事参军韦讽：“操持纲纪地，喜见朱丝直。当令豪夺吏，从此无颜色。若必救疮痍，先应去蝥贼。”㊱ 可见录事参军监察地方吏治职责之一斑。总之，州、府的录事参军，“皆操纪律，纠正诸曹，与尚书省左、右丞纪纲六联略同”㊲。实际上，录事参军对地方长官也负有监察使命。如高宗时，杜景俭为益州录事参军时，“时隆州司马房嗣业除益州司马，除书未到，即欲视事，又鞭笞僚吏，将以示威。”杜景俭劝之不听，“乃叱左右各令罢散，嗣业惭赧而止”。不久“有制除嗣业荆州司马，竟不如志”。时人之语曰：“录事意，与天通，益州司马折威风。”㊳ 唐初州司马是实官，在长官有阙时可代行长官职权，益州是大都督府，司马为从四品下阶，而录事参军不过正七品上，却可制约其行使职权，关键是其意可“与天通”，即直接可向皇帝汇报情况，即监督地方长官。又如德宗时，乔琳曾历任果、绵、遂、怀四州刺史，曾对其属录事参军任绍业说：“子纲纪一州，能劾刺史

㉚ 《旧唐书》卷43《职官二·尚书都省》。
㉛ 《白居易集》卷48《中书制诰·庾承宣可尚书右丞制》。
㉜ 《唐六典》卷6《刑部郎中员外郎条》
㉝ 《资治通鉴》卷204《唐则天后天授二年》。
㉞ 《通典》卷33《职官一五·总论州佐注》。
㉟ 《全唐文》卷429，于劭：《京兆府司录加秩记》。
㊱ 《少陵集详注》卷13《送韦讽阆州录事参军》。
㊲ 《唐会要》卷58《尚书都省左右丞》。
㊳ 《旧唐书》卷90《杜景俭传》。

乎？”任绍业随即拿出他记录乔琳任职期间所犯的过失给他看，使乔琳大惊失色，说：“能知吾失，御史材也。”㊴ 说明录事参军在地方起着御史的作用。录事参军还负有对所辖县的官吏进行考课的职责，如武则天时，李祥为监亭尉，“因校考为录事参军所挤排”，不服，对刺史说：“录事恃纠曹之权，（李）祥当要居之地，为其妄褒贬耳。”㊵

勾官由于其地位职务的特殊性，对其选任也十分严格。唐太宗曾亲自举选戴胄、魏征、房玄龄、刘洎等为尚书左右丞。州录事参军也由吏部选注，必须是原来政绩优异者，方能入选，中书门下还要“更审详择”。对其考绩，规定为：“明于勘复，稽失无隐，为勾检之最”㊶若判司文案有误，勾官勾检不利，未能觉察，使错误的公文书发出生效，勾检官与判官都要承担责任，判官若得罪，勾官以连坐减等处罚。据《唐律疏议·名例律·同职犯公坐条》规定：“检、勾之官，同下从之罪。”其疏议曰：“检者，谓发辰检稽失，诸司录事之类；勾者，署名勾讫，录事参军之类。皆同下从：若有四等官，同四等从；有三等官，同三等从；有二等官，同二等从。”勾检之官，在同职犯罪中，以最低等处罚。从敦煌吐鲁番发现的大量官文书中，都可看到各种司法文书如“辩”、“判”中，都有录事参军与录事的勾判。㊷ 司法文书都要经过录事参军之手，甚至皇帝的赦令也要由录事参军宣布。据《稽神录》记载：“袁州录事参军王某，尝劾一盗，狱具而遇赦。王以盗罪□不可恕，乃先杀之而后宣赦。”㊸ 录事参军是中央派驻地方州一级的行政及司法监督官员，县则由主簿为勾检官，“掌付事勾稽，省署抄目，纠正非违，监印，给纸笔、杂用之事”；另有录事“掌受事发辰，勾检稽失”㊹，是县级的行政与司法监督官。

四、巡察使对地方的司法监督

以朝官出使，分巡天下州县，是两汉以来中央对地方进行监察的传统做法。隋唐时期，沿用这一制度。唐太宗十分重视吏治，他担心地方官员残害百姓，将都督、刺史的姓名录在屏风上，随时记录他们的作为。但一人之力，毕竟有限，不可能顾及如此众多的州官，太宗同时使用传统的办法，遣使巡察天下，监察州县官吏，以奖惩之。杜佑在论述唐代官制的特点时说：“设官以经之，置使以纬之。”㊺ 这是极其精辟恰当的。所谓“使”，是指由皇帝临时派出执行某种政务的官员。一般来说，有事则置使，事毕则罢。用置使的方法，来弥补设官中的漏洞，官与使形成了一套网络，这就是“官经使纬”的官制格局。

㊴ 《新唐书》卷224《叛臣·乔琳传》。
㊵ ［唐］刘肃：《大唐新语》卷2《刚正第四》。
㊶ 《唐六典》卷2《吏部考功郎中员外郎条》。
㊷ 有关勾检制度的详情，可参考王永兴教授之《唐勾检制研究》，上海古籍出版社，1991。
㊸ 《太平广记》卷124《报应·冤报·袁州录事》，引《稽神录》。
㊹ 《唐六典》卷30，《三府督护州县官吏》。
㊺ 《通典》卷19《职官一·职官总序》。

唐代巡察州县的使官有两类：一类是御史台的监察御史巡行天下，每年两次，春曰“风俗”，夏曰“廉察”。武则天时，曾采用隋炀帝建立肃政台的办法，设立右御史台，又改称为“右肃政台”，作为监察州县的专门机构。玄宗时，虽又将左右肃政台合为一御史台，但监察御史巡察州县并没因此而取消。

第二类遣使巡察地方的办法是，以品秩较高的朝官充巡察大使、黜陟大使等，或以地方高官充使，但只能巡察邻道，不得巡省本道，其目的在于回避。此外还派监察御史定期出巡州县，监督地方吏治。

但无论是朝官大员出巡，还是御史出使，都具有临时性，事毕朝官归省、寺，御史回台，暂出即还，都不常驻地方。到中宗时，情况开始发生变化，唐帝国人口从武德初时的200万户，约1 000万人，增加到615万户，3 714万余口。[46] 人多则事繁，加之统治者本身的腐败，社会矛盾尖锐。神龙二年（705年），再次遣使，“二十人分为十道巡察使，二周游一替，以廉按州部，俾其董正郡吏，观抚兆人，议狱缓刑，扶危拯滞”[47]。由此开巡使常驻地方的先例。睿宗景云二年（711年），又曾议置二十四都督府，作为常驻地方的监察机构，因遭到许多官员的反对，惟恐都督“权任太重，或用非其人，为害不细”[48]，引起其他弊病，从而作罢。但唐代的州，远小于秦、汉的郡，刺史的权力也极其有限，朝官不愿外任，“京官不称职，方始外出”[49]，故地方吏治也难以清明。用遣使出巡的办法，其使数年一出，如走马观花，使过奸复生，无法真正起到监察地方的作用。景云二年，置都督府之议虽罢，却采取了置十道按察使的措施，以加强中央对地方的监察。按察使与以前的巡察使最大的不同点是：京畿、都畿道由两御史中丞分别兼领，其余诸道按察使有的是由有朝籍的省、寺职衔者担任，有的是以驻在州刺史的身份分领按察使，从而监察官与地方官融为一体。按察使成为中央派出的、常驻地方的、州之上道一级的监察官。道也从此成为真正的监察区。

开元二十二年（734年），分天下为十五道，并改按察使为采访处置使，宰相张九龄亲自撰写敕文，道：“其天下诸道，宜依旧逐要更置使令采访处置。若牧宰无政，不能纲理；吏人有犯，所在侵渔；及物土异宜，人情不便；差科赋税，量事取安。朕所责成，贵在简要，其余常务，不可横干。其便宜令中书门下即简择奏闻，朕将亲览。”[50] 采访处置使为驻一州而领数郡的常驻地方监察官，其职责在张九龄所撰敕文中已明确规定，并责成其对地方常务“不可横干”。但在天宝九载（750年）时，玄宗又下敕：“本置采访使，令举大纲，若大小必由，是一人兼理数郡。自今以后，采访使但访察善恶，举其大纲，自余郡务，所

---

[46] 《资治通鉴》卷208《唐中宗神龙元年》。

[47] 《唐大诏令集》卷102《政事·按察上·遣十使巡察风俗制》。

[48] 《资治通鉴》卷210《唐睿宗景云二年》。

[49] 《旧唐书》卷74《马周传》。

[50] 《唐大诏令集》卷100《政事·官制上·置十道采访使敕》。

有奏请，并委郡守，不须干及。”[51] 由此可知，采访处置使本当是仅“举大纲，察善恶”的监察官，但此时已出现其“兼理数郡”的情况。这是由于采访处置使拥有对州县官的监察权，又长期驻守于州县，同时兼任治所州之刺史，既负责本州的行政事务，又对本道各州官吏的政务，包括司法审判事务进行监督，并对他们进行考课，甚至可以“专停刺史务”，即对管区其他州的刺史拥有罢免权。这自然就使各州刺史不得不承认采访处置使为自己的上一级行政领导。

“安史之乱”后，全国陷入内战之中。原来设于边疆地区的节度使也设在了内地。节度使同时又领观察处置使之衔，拥有军事、行政、监察及财政诸权，原来的监察道，逐渐演变为州、县之上的一级行政单位，形成了“今县宰之权，受制于州牧；州牧之政，取则于使司”[52] 的局面。这样，观察使的监察作用也日渐被行政事务淹没，成为单纯的行政事务机构，甚至在司法审判活动中，成为州之上的一级上诉机构。武宗时，韦温为宣歙观察使，“池州人讼郡守，温按之无状，杖杀之”[53]。涉及郡守（即刺史）的案件是向观察使起诉。又有会昌五年（845 年），扬州江都县尉吴湘，“为部人所讼赃罪，兼娶百姓颜悦女为妻，有逾格律。李绅令观察判官魏铏鞫之，赃状明白，伏法”[54]。李绅时为淮南节度观察使，派其判官审理所辖官员，既是监察，又是审判。此案后来证明是冤案，经谏官与御史反复论谏，最后昭雪，并成为牛党倾覆李党的导火索。

宣宗大中四年（850 年），刑部侍郎、御史大夫魏謩奏：诸道州府百姓诣台诉事，多差御史推劾，臣恐烦劳州县，先请差度支、户部、盐铁院官带宪衔者推劾。又各得三司使申称，院官人数不多，例专掌院务，课绩不办。今诸道观察使幕中判官，少不下五六人，请于其中带宪衔者委令推劾。如累推有劳，能雪冤滞，御史台阙官，便令奏用。[55] 这个奏章得到宣宗批准，实际上就是肯定了观察使成为州之上、御史台之下的一级诉讼机关。唐后期，观察使府，自辟僚佐。因观察使是朝廷委派的监察地方的官员，故观察使本人带有检校御史中丞，甚至检校御史大夫的“宪衔”；而其所辟之僚佐，也相应地带有检校监察御史或检校侍御史的“宪衔”。魏謩建议将百姓向朝廷御史台的申诉下放到观察使府，由观察使府代为行使御史台对地方司法的监督权，有功者可提拔到御史台，成为正式的御史。

五代时又以诏敕的形式将观察使府的审级加以确定。据《五代会要》：周广顺二年十月敕：今后有百姓诉论及言灾沴，先诉于县；县如不治，即诉于州；州治不平，诉于观察使；观察使断遣不当，即可诣台申诉。如或越次诉论，所司不得承接。如有诋犯，准律科惩。[56]

---

[51] 《通典》卷 32《职官一四·州牧刺史》。
[52] 《白居易集》卷 63《策林三·牧宰考课》。
[53] 《旧唐书》卷 168《韦温传》。
[54] 《旧唐书》卷 173《吴汝纳传》。
[55] 《旧唐书》卷 18 下《宣宗纪》。
[56] 《五代会要》卷 17《御史台》。

此时若不经观察使直接到御史台申诉，反倒成为“越诉”了。

综上所述，唐代中央政府已经形成了立法、行政、司法三重监督机关，同时对司法行使监督权，而地方也有常驻与巡察这两种对司法进行监督的方式，从而构成了一个较完善的监察网络。这是唐王朝兴盛在制度上的保障，而这一制度被统治者自身破坏，正是导致唐王朝覆灭的重要原因之一。

赵昆坡

略论中国古代立法制度的发展*

简 介

赵昆坡，北京大学法学院教授。1945年生于河北唐山。1970年，毕业于北京大学法律学系（现称北京大学法学院）。结业后，留系任教至今。其先后研究并讲授中国法律思想史、中国法制史和中国经济立法史，但以研究和讲授中国法制史为主。其代表性论文是《秦刑考》和《略论中国古代立法制度的发展》，其代表性著作是《中国法制史》（北京大学出版社，2002）。

* 原发表于《江流有声：北京大学法学院百年院庆文库之理论法学·国际法学卷》，北京，法律出版社，2004。原文刊发。

中国古代立法制度经历了漫长的发展时期，其内容十分丰富。本文拟从五个方面概要地论述其中的主要内容，以期与大家交流、探讨。

一、中国古代立法的起止

法律不是从来就有的。它是随着国家的产生而产生的。在中国的国土上，三皇（伏羲、女娲、神农）时期没有法律。[①] 五帝（黄帝、颛顼、帝喾、尧、舜）时期法律开始萌发。[②] 到公元前 21 世纪中华第一个奴隶制国家夏朝建立以后，中国的法律则正式形成。所以，中国的学术界通常将夏朝作为中国古代立法的起点。

自夏朝开始，中国历经夏、商、周、秦、汉、魏、晋、南北朝、隋、唐、宋、元、明、清各朝，历时达四千年。这四千年的漫长时期，是中国古代立法的形成、发展、完备、存续的时期。

清朝道光二十年，即公元 1840 年，英国对中国发动鸦片战争。自此以后，清朝沦为半殖民地半封建政权，中国的立法开始转型。所以，中国的学术界通常将清朝道光二十年，即公元 1840 年作为中国古代立法的终点。

二、中国古代立法思想的发展

从夏朝至清末，中国古代的立法思想大致经历了三个阶段的发展。

其一，以天命神权思想为基础的夏、商、西周的立法思想。夏、商、西周的立法思想都以天命神权思想作为基础，但各自表述的内容有所不同。夏朝统治者笼统地讲“奉天罚罪”[③]。商朝统治者则全面宣扬“君权神授”，“替天行命”，“天讨有罪”，“恭行天罚”[④]。西周统治者则吸取商朝依仗天命，残害人民而导致灭亡的教训，认为“天命靡常”（天命并不是一成不变的），“惟德是辅”（皇天只保佑有德的君主），进一步将“天命观”注入“德”的内容，而采用了“敬天保民”，“明德慎罚”的立法思想。[⑤] 西周的这种以新“天命观”为基础的立法思想，相对夏、商以旧“天命观”为基础的立法思想而言，是重大的

---

① 《淮南子·览冥训》：“伏戏女娲，不设法度。”《淮南子·氾论训》：“昔者神农无制令而民从。”

② 《白虎通·号》：“黄帝始作制度”。

③ 《尚书·甘誓》：“今予惟恭行天之罚。”

④ 《尚书·汤誓》：“非台小子，敢行称乱；有夏多罪，天命殛之。”《尚书·仲虺之诰》：“夏王有罪，矫诬上天，以布命于下。帝用不臧，式商受命，用爽厥师。”

⑤ 《诗·大雅·文王》：“天命靡常。”《尚书·蔡仲之命》：“皇天无亲，惟德是辅；民心无常，惟惠之怀。”《尚书 康诰》：“惟乃丕显考文王，克玥德慎罚。”

进步。

其二，以法家法治思想为基础的战国和秦朝的立法思想。法家是战国时期开始出现的主张以法治国，反对奴隶主贵族特权的一个学派。其代表人物是李悝、商鞅、韩非。在法家法治思想的指导下，战国至秦朝主要确立了以下六个方面的立法思想。一是君主独断，即由君主独揽立法大权。⑥ 二是法令出一，即在统一后颁行全国统一适用的各种法令。⑦ 三是皆有法式，即拓宽法律的调整范围，使国家、社会的各种运作都有法可依。⑧ 四是刑无等级，即对庶民犯罪、官吏犯罪乃至贵族犯罪，均须定入法律，并且依法处刑。⑨ 五是重刑轻罪，即制定最严苛的刑法条文，即使对于轻罪，亦须处以重刑。⑩ 六是法布于民，即把法律向庶民公布，使庶民都了解法律。⑪ 以法家法治思想为基础的立法思想，对于制定富国强兵使中国实现统一的秦律起到了重要的作用。但是，由于这种立法思想过分强调密法重刑，所以体现这种立法思想的秦律使百姓动辄得罪而不堪忍受。结果它并未能使统一后的秦朝实现长治久安。

其三，以儒家思想为主导的汉朝至清朝的立法思想。儒家是春秋时期由孔子创立的崇尚德治、礼教、仁政的一个学派。继孔子之后，这个学派的代表人物主要有战国时期的孟轲、荀况，西汉中期的董仲舒，宋代的朱熹等。其中，西汉中期的董仲舒对于中国古代立法思想的发展，所起的作用尤为突出。西汉初期，统治者吸取秦朝实行重刑主义而导致灭亡的教训，考虑到秦灭战乱后国家和人民都需要休养生息的实际情况，曾以黄老思想即道家思想为基础，而确立了约法省刑，轻徭薄赋，安定百姓，与民休息的立法思想。⑫ 但是，至西汉中期，具有雄才大略的汉武帝，面对当时较好的经济、政治形势，已不再欣赏“无为而治”的黄老思想，而希望用儒家思想来确立和发展大一统的局面。于是，他采纳董仲舒“推明孔氏，抑黜百家”⑬ 的建议，开始将经董仲舒改造的儒家思想作为治国思想，并以这种儒家思想为基础，确立了“德主刑辅，礼法并用”，即“霸王道杂之”的立法思想。⑭ 就基本精神而言“德主刑辅，礼法并用”的立法思想，自西汉中期确立后，一直沿用到清朝中期，持续了近两千年，指导了汉、魏、晋、南北朝、隋、唐、宋、元、明、清各朝立

---

⑥ 《全秦文·李斯文》：“重申韩之术，明商鞅之法，君子独断则可处位久矣。”

⑦ 《史记·秦始皇本纪》：“海内为郡县，法令由一统。”又：“今天下已定，法令出一。”

⑧ 《史记·秦始皇本纪》：“治道运行，诸产得宜，皆有法式。”

⑨ 《商君书·赏刑》：“所谓壹刑者，刑无等级，自卿相将军以至大夫庶人，有不从王令、犯国禁、乱上制者，罪死不赦。”

⑩ 《商君书·赏刑》：“重罪连其罪，则民不敢试。民不敢试，故无刑也。”

⑪ 《韩非子·难三》：“法者，编著之图籍，设之于官府，而布之于百姓者也。”

⑫ 《汉书·刑法志》：“当孝惠、高后时，百姓新免毒蠚，人欲长幼养老。萧、曹为相，填以无为，从民之欲而不扰乱，是以衣食滋殖，刑罚用稀。及孝文即位，躬修玄默，劝趣农桑，减省租赋。”

⑬ 《汉书·董仲舒传》：“《春秋》大一统者，天地之常经，古今之通谊也……臣愚以为诸不在六艺之科孔子求者，皆绝其道，勿使并进。”又：“及仲舒对册，推明孔氏，抑黜百家。”《汉书 王吉传》：“《春秋》所以大一统者，六合同风，九州共贯也。”

⑭ 《汉书·元帝纪》：“宣帝作色曰：‘汉家自有制度，本以霸王道杂之，奈何纯任德教，用周政乎！’”

法。所以这种立法思想是中国法制史中延用时间最长、影响最大的立法思想。其对保持中国古代立法的连续性、健全封建法制，起到了十分重要的作用。

三、中国古代法律形式的发展

所谓法律形式，就是统治阶级把自己的意志提升或表现为法律的各种形式。中国古代的法律形式大致可分为八类。一是习惯法，即国家认可的某些社会习惯。二是刑、法、律，即国家经常适用的最基本的法律。三是命、制、诏、谕，即国王或皇帝发布的命令。四是格，即规定各机关官员职责、权限和活动原则的法律。五是式，即规定各机关办事细则和公文样式的法律。六是典和会典，即规定国家机关的设置、职权和运作制度的法律。七是决事比和断例，即审判成例。八是法律答问、律疏、集解，即各种名目的法律解释。

在上述八类法律形式中，最基本最重要的法律形式是刑、法、律。“刑”是夏、商、西周时期的基本的法律形式，其含义是刑法和刑罚。[15] 夏、商、西周时期都以“刑”来命名法典，如夏朝的法典称《禹刑》，商朝的法典称《汤刑》，西周的法典称《九刑》、《吕刑》，等等。“法”作为基本的法律形式始行于春秋时期直至战国初期，其含义除刑法和刑罚外，还有公平和正义。[16] 春秋时期楚国曾制定《仆区之法》（惩罚匿赃之法）。战国初期魏国曾制定《法经》。“律”是战国中期秦国的商鞅给法典所定的名称，史称商鞅“改法为律”[17]。“律”的含义除刑法、刑罚、公平、正义之外，还包括“均布”。所谓“均布”就是普遍涉及一切人和一切事。[18] 商鞅“改法为律”，不仅反映了法律形式的发展，而且也反映了法典权威的提高。从此，各封建王朝都将律作为基本的法律形式和主要法典的名称。如秦有《秦律》，汉有《汉律》，魏有《魏律》，晋有《晋律》，北朝有《北魏律》、《北齐律》、《北周律》，南朝有《齐律》、《梁律》、《陈律》，隋有《隋律》，唐有《唐律》，明有《大明律》，清有《大清律》，等等。

四、中国古代法典体例的发展

法典体例是指法典的结构形式，包括法典所收法律形式的种类、法典篇目的设置和法典篇目的名称等方面。

夏、商、西周的法典体例已不可考证。虽然史籍记载西周的《九刑》有九篇[19]，但九篇

---

⑮ 《墨子·非命上》：“听狱制罪者，刑也。”《说文》：“刑，刭也，从刀开声。”《玉篇》：“刑，罚总名也。”刑字又作井刂。《说文》：“井刂，罚罪也，从井从刀。”《易》曰：“‘井法也’。井亦声。”

⑯ 法的古字是灋。《说文》：“灋，刑也。平之如水，从水；廌所以触不直者去之，从去。”

⑰ 《唐律疏议 名例律》：“魏文侯师于李悝，集诸国刑典，造《法经》六篇……商鞅传授，改法为律。”

⑱ 《说文》：“律，均布也，从律声。”《说文》段注：“律者，所以范天下之不一而归于一，故曰均布也。”

⑲ 《逸周书 尝麦解》：“维四年孟夏……王命大正正刑者……乃降太史刑书九篇以升，授大正。”

为何名，如何排定，已不可知。

在中国历代法典中，我们能看清体例的最早的法典是战国初期魏国李悝所制定的《法经》。据《晋书·刑法志》和《唐律疏议》记载，《法经》共有六篇；即《盗法》、《贼法》、《囚法》、《捕法》、《杂法》、《具法》。其将《盗法》、《贼法》作为第一、二篇，反映了“王者之政莫急于盗贼”的精神。其将《具法》作为末篇，是为了使《具法》总结其他各法，从而突出《具法》作为刑法原则的地位。

至战国中期，商鞅由魏入秦，辅佐秦孝公变法，并传授《法经》，“改法为律”。因此，《秦律》主体部分的体例与《法经》的体例基本相同。后来，汉承秦制，萧何定律。《汉律》的主体部分亦未超出《法经》的体例。对此，史有明载，并为近三十年来出土的《睡虎地秦墓竹简》和《张家山汉墓竹简》中的律文所证明。

中国古代法典体例发展最明显的时期是三国、两晋、南北朝时期。在这一时期中，法典体例的发展主要表现在两个方面。其一，法典篇目逐渐适中。三国、两晋、南北朝时期主要法典的篇目有十八篇、二十篇、二十五篇、十二篇之别。其牛，以《北齐律》的十二篇最为适中。后来隋《开皇律》、《唐律疏议》和《宋刑统》十二篇的体例，即仿效《北齐律》，而且其十二篇的篇名，也与《北齐律》的篇名大致相同。（《北齐律》十二篇的篇名是：《名例》、《禁卫》、《婚户》、《擅兴》、《违制》、《诈伪》、《斗讼》、《贼盗》、《捕断》、《毁损》、《厩牧》、《杂》。隋、唐、宋律十二篇的篇名是：《名例》、《卫禁》、《职制》、《户婚》、《厩库》、《擅兴》、《贼盗》、《斗讼》、《诈伪》、《杂律》、《捕亡》、《断狱》。）其二，改《具律》为《名例》。《具律》原称《具法》，系由战国时期魏国李悝的《法经》最先确立。商鞅“改法为律”后，《具法》改称《具律》，并一直是秦律和汉律的重要篇目，但并不是秦汉律的首篇。三国时期的《魏委》将《具律》改称《刑名》，并置于律首。后来，西晋时期的《晋律》又进一步将《刑名》分为《刑名》、《法例》两篇，仍置于律首。最后，南北朝晚期的《北齐律》则将《刑名》、《法例》两篇科学地综括为《名例》一篇，并将其继续置于律首，从而开创了中国封建法典首定《名例律》的先例。《名例律》是规定主要罪名、基本刑罚和各项定罪量刑原则的法律篇目。[20] 它的地位相当于近现代刑法的总则编。

《北齐律》以《名例律》为首、定律十二篇的体例，被隋、唐、宋三朝的主要法典所沿用，甚至明朝在洪武六年（1373 年）所定的《大明律》也沿用了上述体例。但是最后完成并颁行于洪武三十年（1397 年）的《大明律》却改变了这样的体例。洪武三十年颁行的《大明律》，虽然保留了《名例律》并仍将《名例律》作为法典的首篇，但却将法典的总篇数由十二篇减为七篇。这七篇是《名例律》、《吏律》、《户律》、《礼律》、《兵律》、《刑律》、《工律》。除《名例律》外，其他六律的设立，是与当时作为中央机关的六部的权责相对应的。《大明律》篇目数量和篇目名称的这种变化，是中国古代法典体例的又一发展。后来，于乾隆五年（1740 年）完成并颁行的《大清律例》沿袭了《大明律》的体例，而《大清律

[20] 参见《唐律疏议·名例律》。

例》直到中国进入近代后，才于1910年被《大清现行刑律》所取代。

五、中国古代立法的主要特点

中国古代立法的特点很多。就其主要而言，有以下四点。

（一）突出成文法典

中国古代的法律形式虽然多种多样，但主要包括成文法典、习惯法、断例三大类别。其中最突出的类别就是成文法典。这些成文法典或称“刑”；或称“法”，或称“律”，或称“令”，或称“典”，此外还有一些诸如“刑统”、“编敕”、“条法事类”等名称。突出成文法典是历史悠久的中华民族重视理性的体现，是幅员辽阔的中国实行法制统一的需要。

（二）强调刑事内容

这主要有两种表现。其一，中国历代王朝视君主（国王或皇帝）为天子，视国家为天子的私器，为维护君权，比较重视国家的镇压职能，故刑事立法最多，中国古代称作“刑”、“法”、“律”的法典，基本上是刑法典。其二，中国古代长期实行重农抑商的政策，商品经济不够发达，所以民、商事立法不仅内容简单，而且不能独立。在这种情况下，刑事立法的地位便更为显著。

（三）体现君主意志

从立法而言，中国古代虽设有诸如编修敕令所、律例馆等修订法令的机构，但这些机构如同其他机构一样，均是按君主命令行事的机构，立法大权始终掌握在君主手中。君主不仅有委派大臣制定、修改法律之权，以及审定、颁行法律之权，而且还有将自己的命令上升为法律之权。因此，从总体上说，中国古代法律体现的是君主的意志。

（四）贯彻礼教纲常

这主要有四种表现。其一，中国古代立法以“家”、“国”为本位，全面贯彻“亲亲”、“尊尊”的原则[21]和“君为臣纲，父为子纲；夫为妻纲”的精神。[22]其二，中国古代立法中的许多律条，如“同姓不婚”、“七去”、“三不去”、“八议”、“五服”、“同居相为隐”等规定，原本都是礼的内容。其三，中国古代立法中的许多罪名，如“变礼易乐”、“僭越”、“不孝不友”、“干名犯义”、“居丧嫁娶”，特别是“十恶”（即谋反、谋大逆、谋叛、恶逆、不道、大不敬、不孝、不睦、不义、内乱等十大罪名），都反映了对破坏纲常礼教行为的严厉惩罚。其四，中国古代曾实行“春秋经义决狱”，允许以儒家倡导的礼教原则作为断案的依据。[23]

㉑ 《礼记·大传》：“一曰亲亲，二曰尊尊。”孔颖达疏：“一曰亲亲者，父母为首，次以妻、子、伯、叔；二曰尊尊者，君为首，次以公卿大夫。”

㉒ 见《礼记·乐记》孔颖达疏。

㉓ 《后汉书·应劭传》：“故胶东相董仲舒老病致仕，朝廷每有政议，数遣廷尉张汤亲至陋巷，问其得失。于是作春秋决狱二百二十三事，动以经对，言之详矣。”

历史告诉我们，尽管在中国古代立法中沿袭前代立法成果的表现十分明显，但中国古代立法并不是一成不变的，而是在沿袭中有发展；在发展中有变化。这种发展变化呈现一种螺旋上升的态势，是一种渐进式的发展变化。中国古代立法制度发展变化的原因主要有五点。一是经济基础的发展和变化，二是阶级斗争的激化或缓和，三是统治阶级内部斗争的尖锐事平息，四是统治阶级立法和司法经验的积累和提高，五是外来思想文化的进入和影响。

张希坡

长者风范　学术知音*

——记同陈守一同志交谈有关革命根据地法制建设的若干问题

简　介

张希坡，1927年出生，山东章丘人。1947年2月在东北解放区参加革命工作，任松江省宝清县人民政府科员、副科长，县人民法院副院长。1953年中国人民大学法制史研究生毕业并留校，后任法制史教研室副主任、主任，法律系副主任。现为中国人民大学法学院教授。1995年离休，仍返聘为研究生讲课。

主要著作有《马锡五审判方式》、《革命根据地劳动立法史》、《革命根据地经济立法史》、《中华人民共和国刑法史》、《中国婚姻立法史》等，主编《中国革命法制史》（上下册）、《中华民国开国法制史——辛亥革命法律制度研究》、《中国法制通史第十卷·新民主主义政权》等。

* 原发表于《陈守一纪念文集》，第2卷，北京，北京大学出版社，2004。收录时略有增补。

陈守一同志，是来自革命根据地的老一代政法工作者，是当代的法理学家、法学教育家。早在抗日战争时期的鄂豫皖根据地，曾任应山县抗日民主政府的县长，鄂豫边区行署秘书长兼司法处处长。解放战争后期，任华北人民政府司法部第二处处长，主办华北司法干部训练班。中华人民共和国成立后，担任中央人民政府司法部第五司司长，兼任中国新法学研究院教务长、中央政法干部学校副教务长等职。1954 年任北京大学法律系主任，领导该系的重建工作，也是我国最早的为数不多的法理学教授之一。与此同时，还先后兼任中国政法学会常务理事（后为中国法学会副会长）、北京市法学会会长等职。

我与守一同志相识，是从 1954 年他到北大法律系开始的。但接触较多并互相熟悉，是从 1979 年北京市法学会筹备阶段及 1980 年 1 月学会正式成立以后。守一同志是北京市法学会第一任会长，几位副会长都是在京各政法单位的负责人，如北京市人民法院的王斐然，中央政法干校的谢飞，北京政法学院的曹海波，最高人民法院的贾潜、北京市司法局的李源，人民大学法律系的李焕昌等同志。担任正副秘书长的是北大的肖永清同志和我。

1980 年前后，因市法学会初创，百废待兴，因此，每星期都要召开常委会或工作会议，除研究如何开展学会的日常工作外，重点工作是在筹备学会刊物《法学杂志》。开始，主要是联系北京市和中央有关主管部门的审批手续，以及组稿工作和出版发行的准备事宜。当时专职人员很少，各单位参加学会的人员，全是兼职。尽管本单位的工作很忙，但在守一同志领导下，为了办好学会，大家都怀着极高的热情，为创办《法学杂志》而奔走。有的分头到中央和北京市各有关机关申请审批工作，有的为刊名题字，分别拜访了彭真同志和舒同同志。结果得到两位老领导的大力支持，都很快为本刊题了刊名（两种题字一直沿用到现在）。这样，《法学杂志》便于 1980 年 7 月正式出版第 1 期（创刊号），公开发行。到 1980 年 11 月 11 日，得到中央司法部的正式批文，作为“中央一级刊物在国内外公开发行”。这一杂志，20 年来得到了法学专家和广大读者的热情支持，在国内外发挥了应有的作用。

在与守一同志的多年接触中，他给我留下的深刻印象是，平易近人，和蔼谦逊，朴实真诚，具有长者的风范。对同志（不论是否是一个编制单位），都是一视同仁，热情关怀。有时在开会之余，或到他家拜访，甚至搭车同行，他都主动地利用一切时机，问这问那。除研究学会工作外，经常交换各自学校的情况，并且还问及个人的经历（主要是了解我在东北基层法院时的工作情况），甚至对家庭情况经济生活，都十分关心。当然谈得最多的还是关于学术研究的情况。他对我从事中国近现代法制史（重点是革命根据地法制史）的研究工作，非常重视。几乎每隔几日见面，他都要问：近来研究什么问题？发现什么新的史料？有什么新的观点体会？或者问某某问题有什么进展？我都毫无保留地向他汇报一切，并诚恳向他请教，听取他的指导。现在仅就印象较深的两例，说明如下：

第一，1982年统编教材《中国法制史》出版后，守一同志看到我写的有关革命根据地法制史部分章节后，曾问我说："革命根据地的法律文献，由于战争原因，损毁散失很多，一时难以查找。看来你却掌握了不少史料，不知你是怎么搜集来的?"我扼要地向他汇报了下列情况：

（1）1950年人民大学法制史教研室成立后，首先由资料员常风同志从人民大学图书馆保存的各边区法令汇编中，摘抄了一部分。（2）1953年我从法制史研究生毕业后留校参与《中国法制史》的创建工作。这时正值中央司法部组织人员搜集根据地的法律文献，经组织决定由我和人民大学法律系的两位同志（毛天祜、梁秀如）参加了这项工作，住在国务院招待所里。白天到有关单位查找抄录资料，晚上回招待所进行加工整理。那时我们商定，将新整理的一份上交司法部，将底稿保留下来带回学校备用。（后来司法部撤销后，这些资料交由最高法院保存。"文化大革命"结束后，中国社会科学院法学研究所便以这批资料为基础，加以扩充整理，出版了《中国新民主主义革命时期根据地法制文献选编》四卷本。）（3）从人大法律系主任何思敬处得知谢老（觉哉）保存一部分重要的苏区史料，我便到人民大学校长吴老（玉章）家请求能与谢老联系。吴老很高兴，嘱咐说："苏联的法律我们要学习，我们自己制定的法律，更应认真收集和研究。"当即由秘书与谢老联系，谢老同意我去查阅抄录，并得到谢老的亲切教诲。谢老语重心长地说：这批材料是在战争年代极端困难的环境中制定的，凝聚着苏区人民和政法工作者的智慧和心血，希望你们认真研究，总结革命根据地法制建设的经验，教育新中国的青年一代，继承发扬革命的优良传统，要以马列主义、毛泽东思想为指导，结合中国的实际情况，创建符合中国国情和历史特点的中国法制史。谢老的夫人王定国同志说：这批材料是谢老从中央苏区带出的，经过长征，携至陕北，后又转到北京，是十分珍贵的历史资料。希望你们认真研究，妥善保存，使之流传于后世。我用了几天时间，将这批法律文献抄录（或摘抄）下来。"文化大革命"之后，为了整理校对这批史料，曾再次拜访过王定国同志。据她讲：过去谢老保存的资料，除日记被密藏得以保存外，其他资料全部被"造反派"销毁，实在可惜！你过去的抄件很可能成为珍品，你要好好保存，再找别的版本进行校对吧。（4）其他史料，是以后陆续从中央档案馆以及有关单位搜集来的。更多的是从解放区的各种报刊上一张一页查到的。守一同志听完后，对这项工作予以充分肯定，他说：对这些文献的搜集整理，是研究中国法制史的一项具有深远历史意义和现实参考价值的基本建设工作，但是，要想搜集齐全，却是一项十分艰巨的任务，既要有甘坐冷板凳的吃苦精神，更要有坚定的决心和百折不挠的韧性，日积月累，必获丰收。同时他还建议，对这些史料还要进行科学的整理、鉴别、校正，争取公开出版，才能流传后世，供国内外学者研究。吴老、谢老与守一同志的这些嘱托和教诲，一直铭记在心，不敢稍有松懈。

第二，八十年代初，我在《法学杂志》等刊物发表了几篇关于第一次大革命时期的文章，如《省港罢工委员会与革命法制》（1980年7月《法学杂志》创刊号）、《上海市民代表政府与革命法制》（《法律史论丛》，第2卷）、《革命根据地基层政权与群众目治》（1983年《法学研究》第6期）、《再论田中忠夫对〈湖北省惩治土豪劣绅条理〉介绍中存在的主要问题》（北京市法学会《法学论集》1983年本）。有一次，守一同志见到我曾问道：你近年来好像把研究重点放在大革命时期的法制问题，这一课题，别人很少涉及，不知你是怎么考虑的？我向他如实汇报了以下见解，请他指教：

（一）在此以前，对于革命根据地法制史，一般是从第二次国内革命战争时期的苏维埃政府开始（统编教材也是如此）。但从我近年来查阅的大量史料看，在中国具有新民主主义性质的政治制度和许多重要的法制原则，并不是到苏区才开始的，多是从中国共产党成立后的革命纲领，及第一次大革命时期的工农运动和第一次国共合作时期的广州武汉国民政府陆续提出和确立的。如政权建设中，由行政长官独任制改为政府委员会制，行政公署的创立和基层政权的区乡自治委员会；在工人运动中产生的新的法律学科“劳动法”、“工会法”，八小时工作制以其他劳动保护措施；在农民运动中产生的农民协会，土地法中的“耕者有其田”口号与“二五减租”政策；婚姻法中废除封建包办买卖婚姻，实行男女平等、婚姻自由和一夫一妻制的新型婚姻制度；继承法中废止宗法继承制度，确立女子享有平等继承权的原则；刑法中“反革命罪”的提出与确立，《惩治土豪劣绅条例》的制定；新型人民法庭的建立，审判合议制，人民陪审员制以及人民调解制度的实施等等，都是产生于这一时期。后来苏区及抗日根据地的法制建设，都是在上述成绩的基础上，在新的历史条件下得到进一步的发展和完善。因此，我认为二十年代人民革命法制的兴起，以及许多重要原则的提出，在中国法制史上是一个具有划时代意义的伟大变革。它比自清末以来的变法和法制改革，无论在广度和深度方面，及其对后世的影响与现实参考价值，都要深刻的多。总之，它在中国法制史上是由半殖民地半封建的法律制度，向着新民主主义革命法制全面变革的开端（或称过渡时期），可以看作是自清末以来中国法制变革的第二个重大转折阶段。值得认真研究和总结，并需给以应有的地位和正确的评价。

（二）上述几篇文章，还围绕着另一个核心问题，即关于我国的人民代表大会制度，究竟萌发于何时？一般皆认为应从苏区的工农兵代表大会开始，以前我也持这一观点。但据大量史料证明，苏维埃代表大会制度，只是我国人民代表大会制度的“流”，而不是“源”。真正的萌芽是产生在二十年代的工农运动中。例如：（1）农民运动中的农民代表大会（特别是省一级的代表大会），实际上成为当时广大农村的最高权力机关。它所通过的许多决议案和规章，就是当时基层政权（农民协会）贯彻执行的法律法规。（2）上海工人三次武装起义中建立的上海市民代表大会，是上海市民政府的最高权力机关。尽管其存续时间不长，它却成为在大城市创建人民革命政权的最早尝试。（3）1925年省港大罢工中建立的省港罢工工人代表大会，在它存在的一年多时间内，通过了许多规则条令，实际上成为罢工工人封锁香港进行反帝斗争的重要管理法规。特别是它制定的《省港罢工工人代表大会组织法》和《代表大会会议规则》，为后来我国人民代表大会的实施积累了重要经验。以上就是我国人民代表大会制度最早产生的三颗萌芽。前者曾为毛泽东、瞿秋白等所肯定，后者也被中共中央作为人民代表会议的典范，而加以推广。如1947年11月28日《中央工委关于政权制度及城市工作给东北局的指示》指出："在一切群众业已充分发动的乡村和城市，由下而上建立各级人民代表会，并使之成为各级政府的最高权力机关……并须经常开会，由各级代表会的主席团自行召集，由各级政府向代表会作报告并提出各种议案，使代表会真正成为各种重要问题的权力机关（例如，大革命时期的省港罢工工人代表会）。"（《中共中央文件选集》第13册，中共中央党校出版社1987年版，第766页。）守一同志对我的汇报很感兴趣，他说：你讲的有一定道理。但是一种观念的提出，可能在学术界会有不同的看法，不过没有关系，只要在理论上能站得住，史料上有可靠根据，就可以写出来，与大家商榷，以后还要继续做更加深入的探讨，以史为鉴，以理服人。

总之，与守一同志的多年交往，给我留下的深刻印象是，守一同志既是一位可尊敬的长者，又是一位学术上的知音。他与许多老一代的政法工作者一样，是我在学术研究道路上的坚强的精神支柱。正是在这些老同志的支持和鼓舞下，我才一直顽强地坚守住这一阵地。今后除了继续完成有关革命根据地法制建设的几种专著外，更要尽快整理出版一部比较完善的《革命根据地法制文献汇编》，以告慰董老（必武）、谢老（觉哉）为首的，包括守一、思敬同志等在内的老一辈政法工作者们！希望得到大家的支持。

吕丽

古代冠服礼仪的法律规制*

简介

吕丽，1963年出生于吉林省德惠市。1985、1988年在吉林大学法学院分别获得法学学士学位、法学硕士学位，毕业后留校任教。现任吉林大学法学院教授，法律史教研部主任，中国法律史研究会理事。

主要研究领域为中国法制史、中国传统法律文化。现承担着国家社科基金项目、中国高等教育协会教育科学重点项目以及吉林大学社科精品项目的研究。在《法学研究》等杂志上发表学术论文数十篇，主编、参编教材与学术著作多部。近年来主要侧重于古代律、例、比、故事、典、礼等法源形式的考辨分析，关于礼仪法文化的专门研究，具有填补法史学学术空白的意义。获得部级、省级、市级以及校级的多项奖励。

代表性学术成果主要有：《中国古代的礼仪法》、《汉魏晋“比”辨析》、《汉魏晋“故事”辨析》、《清会典辨析》，等等。

* 本文系作者承担国家社科基金项目“礼仪法文化比较研究”的阶段性成果。原发表于《法制与社会发展》，2004（6）（上）。原文刊发。

中国古代素来享有“礼仪之邦”、“衣冠王国”的盛誉。唐代孔颖达在注释《左传》时曾经这样解释对中华民族的“华夏”之谓：“中国有礼义之大故称夏，有服章之美谓之华。华、夏一也。”① 源远流长的礼仪制度，繁荣灿烂的冠服文化，是华夏民族的首要标志，是其有别于其他民族的显著特色。

我们民族的古老文明的产生，就与衣冠紧密相连。汉字的“初”字，在许慎的《说文解字》中，被解释为“初，始也，从刀从衣，裁衣之始也”。足见在中国古代衣裳的重要，是一切事物的初始，它的产生，是人类告别动物，进入文明的重要标志。《周易》称“黄帝、尧、舜垂衣裳而天下治”②，黄帝作为中华文明最早的代表者之一，被古代的先哲们推崇和神化为文明发展中建造诸多功业的圣人，“百工之事，皆圣人之作也”③，黄帝最大的功绩之一就是“制衣裳”。黄帝之前“未有麻丝，衣其羽皮”④，黄帝教人们建造屋宇，“治其丝麻以为布帛”，设置了衣裳之制。从此，人民有了安定的生活。且不论传说是否可信，但至少反映出一个真理：衣裳的出现是文明产生的重要标志之一。

古代冠服礼制历史之悠久，内容之宏富，服饰设计制作之精巧，款式之独特已为世所瞩目；其鲜明的身份、品位标志，繁多复杂的服饰礼仪，林林总总的服饰禁忌也堪称一绝；而记载着古代冠服礼仪与文化的典籍、礼典更是异常丰富，从《礼记》、《周礼》到汉代的《三礼图》、《礼器制度》，从《史记》到《清史稿》等二十五史的《舆服志》，从《唐开元礼》、《通典》到《元典章》，从《三才图会》、《明集礼》《明会典》到《清通礼》、《清会典》，等等，均为世界各国历史所仅见。

一、冠服礼仪是古代礼仪法制的重要组成部分

中国古代特重礼仪。礼仪法制发达之早，发达程度之高，令世人叹为观止。形成一个与刑事法、官制法并重的独立的法律门类，在隋唐之后甚至实现了法典化，这是作为一个“礼仪之邦”所独有的文化现象。⑤ 而冠服礼仪则是礼仪法制的一个重要内容。

史载“黄帝、尧、舜垂衣裳而天下治，盖取诸乾坤”，“黄帝有熊氏始制冕服以别贵贱之等”⑥。其所谓“垂衣裳”，乃是建立一套衣冠服饰的礼仪，是服制礼仪制度的萌芽。这套

---

① 《左传·定公十年》孔颖达疏。
② 《周易·系辞下》。
③ 《周礼·冬官》。
④ 《礼记·礼运》。
⑤ 参见拙著：《论中国古代的礼仪法》，载《法制与社会发展》，2000（2）。
⑥ 《古今图书集成·礼仪典》。

制度应该包括规定服装的质料、款式、颜色及穿着规矩等等。早期的原始服饰以树叶、树皮、兽皮为主，披一块，挂一块，不成规则。“黄帝始去皮服布”[⑦]，黄帝时期蚕丝的发明和麻、葛等植物纤维的开发，服装质料发生了变化；同时黄帝也统一了服装的款式——“上衣下裳”制，《后汉书・舆服制》上说：“黄帝、尧、舜垂衣裳而天下治，盖取诸乾坤，乾坤有文，故上衣玄下衣黄”；同时，“法乾坤以示民”，“以别贵贱之等”[⑧]。黄帝、尧、舜时代是原始社会向阶级过渡转化的重要历史时期，社会伴随着贫富、阶级分化的加剧，贵贱尊卑观念也随之萌芽，黄帝、尧、舜确定的衣服之制不可避免地被打上“垂衣裳以辨贵贱”[⑨] 这一社会政治意识的烙印。

进入阶级社会以后，国家对社会生活的各个领域进行全面调整，原始的礼仪习俗被大量地保存下来，转化为习惯法，成为阶级统治的工具，如《周礼》所言：“礼俗以驭其民。”西周因于“夏礼”、“殷礼”，又经“周公制礼”，礼仪制度初具规模。三代的礼从实质上看就是法。“礼，国之大柄也”，国家“制礼”，诸侯、卿大夫、士要各守各的礼。违礼要受到不同程度的处罚，甚至刑罚的制裁，所谓“礼之所去，刑之所取，出礼入刑”。礼的内容涉及国家管理的各个方面，“所以纳民轨物，无一不本于礼”，“王者之制，无一不依于礼”[⑩]。《礼记》上称其“礼仪三百，威仪三千”。衣冠服饰当然被纳入国家礼仪制度的范围之内。如《古今图书集成・礼仪典》所言：“衣服从其仪，君子德也；衣以饰外，德以饰内，内修外饰礼有制也。”西周还在中央专设“司服”一职，《周礼・春官》云：“司服掌王之吉凶衣服，辨其名物，与其用事。”并以礼的形式对“王之服”、“公之服”、“侯伯之服”、“子男之服”、“孤之服”、“卿、大夫之服”的样式和章文图案都作了具体的规定，在“士冠礼”、“丧礼”中也相应地规定了有关冠服、丧服制度。

汉代是封建礼仪法制建立的一个重要历史时期。西汉建立之初就十分重视以礼仪来节制臣民，皇帝命叔孙通等礼学大师制定了一整套行之有效的礼仪制度。史载：“汉兴，拨乱反正，日不暇给，尤命叔孙通制礼仪，以正君臣之位。”[⑪] 至汉武帝时，如《史记・礼书》所载，“又招致儒士，令共定仪”，“因民而作，追俗而制”，使礼仪制度进一步完善。所谓“制礼仪”、“定仪”也就是制定礼仪法。《汉书・礼乐志》言：“叔孙通所撰礼仪，与律令同录，藏于理官。”颜师古注：“理官，即法官也。”《汉书・高帝纪》也讲：“命肖何次律令，韩信申军法，张仓定章程，叔孙通制礼仪。”将礼仪与律令、军法、章程等并称，由法官收掌，足见汉之“礼仪”是与律令具有同等效力的法律，绝非一般的言礼之书。汉初制定的礼仪法主要有《朝仪》、《庙乐》、《宗庙仪法》、《婚礼》、《衣服之制》以及《汉礼器制度》等，其中，《衣服之制》和《汉礼器制度》主要是规定冠服礼仪的法律，对从天子到诸侯、

⑦ 《古今图书集成・礼仪典》。

⑧ 《古今图书集成・礼仪典》。

⑨ 《宋史・舆服志》。

⑩ 《郭松涛诗文集》，111页，118页，岳麓书社，1984。

⑪ 《汉书・礼乐志》。

卿大夫、士乃至庶民等所用服冕的质量、规格、色彩、样式等都予以一一区别，以显示不同的等级和不同的社会地位。

经三国两晋南北朝及隋代的发展，至唐代开始了礼仪法专门化、法典化的新阶段。唐代在总结历代礼仪立法经验的基础上先后制定了《贞观礼》、《显庆礼》和《开元礼》。其中《开元礼》在开元二十年修成，即“颁所司行用焉”。它是中国礼仪制度史上的一座里程碑，奠定了中国以后王朝礼仪法典的基本结构。共一百五十卷：序例三卷，吉礼七十五卷，宾礼二卷，嘉礼四十卷，军礼十卷，凶礼二十卷。它标志着以“五礼”为核心的礼仪法制的成熟与完善。欧阳修等赞其曰：“唐之五礼之文始备，后世地规定。”其《序例》中专设“衣服”通制，另外《嘉礼》中有关于冠礼服饰的规定；《凶礼》中规定了五服制度。

宋太祖时所定《开宝通礼》是宋“一代之成法”[12]，其后又有《太常因革礼》、《政和五礼新仪》。其中，《政和五礼新仪》的《序例》部分规定得更加详尽、具体和细致，例如其中的“冠服”通制又细化为：皇帝冕服、皇后冠服、皇太子冠服、皇太子妃冠服、命妇冠服、群臣祭服、群臣朝服等条目；“五服制度”也归入《序例》；另外，开了“礼下庶人”的先河，有了专门针对庶人的礼文，如：“庶人冠仪”、“庶人丧仪”、“庶人婚仪”等。[13]

《明集礼》和《清通礼》分别是明、清两代的礼仪法典，对于冠服礼仪的规定较前代更为明确完备。而且也秉承了宋《政和五礼新仪》“礼下庶人”的原则，规定得更为细致，如：《明集礼》中规定的“士庶冠礼”、“士庶冠服”、“士庶妻冠服”、“庶人婚礼”、“庶人丧礼”等等。

除了礼仪法典之外，还有一些其他的法律形式对冠服礼仪加以规制。例如：《唐律疏议·杂律》的“舍宅车服器物”条；《元典章》的“服色”条；《明会典·冠服》；《清会典·冠服》；《明律例》、《清律例》的“服舍违式”条例；《礼器图式·冠服》等等。

二、冕服之制与官服礼序

冕服，是古代帝王、诸侯及公卿大夫凡遇有祭祀、登基、婚礼、朝会、朝贺、册封、巡幸等庄重场合所穿着的礼服。早在商代就有了冕服，但冕服的广泛使用并形成一定礼仪规制是在西周时期。《周礼·春官》载有六冕制度：

> 祀昊天上帝则取大裘而冕，礼五帝也如之；享先王则衮冕，享先公飨射则蔽冕；祀四望山川则毳冕，祭社稷五祀则希冕，集群小则群冕。

凡有祭祀之礼，从天子到卿大夫皆穿冕服进行祭祀活动，其服色均为上玄下纁，而君臣、上下的区分具体体现在冕旒的数目和服装的章文图案上。《周礼·司服》载：

---

[12] 《太常因革礼》序。

[13] 《礼记·曲礼》：“礼不下庶人，刑不上大夫。”从先秦推行礼治的角度看，庶人也必须遵守礼的规定，但官方只为贵族制礼，庶人没有适合他们生活方式的礼的文本规定。至唐代《开元礼》依旧局限于为官僚贵族制定礼仪规则，仅在区别和强调等级差异时，才于相关条文下以附记形式用片语只言指明庶人该如何行礼。

公之服，自衮冕而下如王之服；侯伯之服，自毳冕而下如公之服；子男之服，自毳冕而下如侯伯之服；孤之服，自希冕而下如子男之服；卿、大夫之服，自玄冕而下如孤之服。

虽然公与天子可同服衮冕，侯伯与公可同服蔽冕，但他们仍有诸多明显的区别。如王所带冕冠前后共24旒，每旒12旒，计288颗；而公则前后用18旒，每旒9旒，计162颗；侯伯则依次递减。而用在服饰上的章纹在冕服等级的区分上大抵与冕旒数目相配，其中尤以十二章为贵。十二章依次为：日、月、星辰、山、龙、华、虫、宗彝、藻、火、粉米及黻黼。天子在最隆重的场合可选用十二章的图案冕服；公可服用自上而下的九章图案的冕服；侯可服用有华虫以下的七章图案的冕服；卿可以服用有粉米以下的三章图案冕服。

可见，冕服在质地、制作、纹饰等方面的礼制极为分明，作为一种特定的文化符号，象征着帝王的至尊地位和至上权威，展示着王公贵族的高贵与威势，各等级的差别极为明显，真可谓是“望其章而知其势位”⑭。西周的冕服之制对后世有着深刻的影响。

秦代取消礼乐，废止了通行的“六冕制度”。《后汉书·舆服志》云：

秦以战国接天子位，灭去礼学，郊祀之服，皆以袀玄。

及至西汉初，冕服制度尚无定制。为了使天子行朝仪、宗庙礼乐时更加威武庄严，并合乎天地四时气候，所谓“上法天地之术，中得万民之和”，叔孙通遂为汉定《衣服之制》，对一年四季天子所穿衣服的款式、颜色等都做了明确规定，被视为“奉宗庙安天下之大礼”⑮。在其后制定的《汉礼器制度》中，又对上自天子、诸侯、列土之君，下及庶民的服饰冠冕的质料、色彩、式样及尺寸等多加以严格区分，作了具体的规定。例如：

《礼记·王制》：“制三公一命卷，若有加则赐也，不过九命。次国之君，不过七命，小国之君，不过五命，”其中“卷”，即为衮冕衣服。孔颖达《正义》曰：“……注弁师云，冕服有六而言五者，大裘之宝．盖无旒不联数也，凡冕之制皆玄上纁下……当应以缯为之，以其前后旒用丝故也。按《汉礼器制度》广八寸，长尺六寸也……盖冕随代变异，大小不同，今依《汉礼器制度》为定也。”⑯

由此可见叔孙通所撰《汉礼器制度》，也为冠冕规定了大小长阔的尺寸，以及不同的质料与色彩。据《史记·礼书》，西汉武帝时“改正朔，易服色”，使汉之冕服制度略具雏形。然而其具体规制文献未有明确的记述。

明帝继位不久，即诏有司及群儒共议冕服。《后汉书·舆服志》载：据蔡邕《独断》云：

汉孝明皇帝永平二年，初诏有司采《尚书·皋陶》篇及《周官》、《礼记》定而制焉。皆广七寸，长尺二寸，前圆后方，朱绿里而玄上，前垂四寸，后垂三寸，

---

⑭ 《古今图书集成·礼仪典》卷三百一十七。

⑮ 《汉书·魏相传》。

⑯ 转引自华友根：《叔孙通为汉定礼乐制度及其意义》，载《学术月刊》，56页，1995（2）。

系白玉珠於其端是为十二旒，组缨如其绶之色。三公及诸侯之祠者朱绿九旒，青五珠；卿、大夫七旒，黑五珠；皆有前无后；组缨各视其绶之色，旁垂黄纩当当耳。郊天地、祠宗庙、祀名堂则冠之。

魏晋时期，冕服的样式、规制，大致沿袭汉代的制度，所不同的是：在冕服的章纹方面，按魏制，天子的衣裳章纹，皆用刺绣制作，群臣用织成的章纹图案。到了晋代，冕服较汉魏小有改动，主要是将冕旒加于通天冠上，上衣下裳的颜色则分别采用皂色和绛色。又据《晋书》记载，“冕饰以翡翠珊瑚柔杂珠”，而“冕旒用白玉珠”。这些记述表明，当时垂旒所用的珠饰甚杂。在冕旒的使用上，其具体规定为：王公八旒，卿七旒。而冕服的其他规制却与前代并无多大区别。

唐代以后，封建礼制走向成熟，天子冕服在前代的基础上有了进一步的发展，制度更加完备；同时品官冠服制度规定得更加细致，更加鲜明地标示出官序职品，地位高下，尊卑等级。“冠服皆以品定”原则主要是通过冠冕、服色、章纹、质料及佩饰的差别直观地体现出来：

品官冠冕等次鲜明。例如按唐制：文吏进贤冠上梁的数目依次为：

三品以上三梁；五品以上二梁，犀簪导；九品以上一梁，牛簪导。[17]

而文官的公事之服——弁服，以鹿皮制成，通用乌纱，用牙簪固定，其规制为：

缨，一品九璂，二品八璂，三品七璂，四品六璂，五品五璂。

清代冠服制度中特有的品质标志是顶戴花翎。顶戴，装于帽子顶端的珠子。一品用红宝石，二品珊瑚，三品蓝宝石，四品青金石，五品水晶，六品砗磲，七品素金，八品阴文镂花金，八品阳文镂花金。无顶着即无品级。

官服的服色也各有分别。据《新唐书·车服志》：唐高宗时颁衣服令规定官吏品色衣：

三品以上紫，四品深绯，五品浅绯，六品深绿，七品浅绿，八品深青，九品浅青。

宋代“三品以上服紫，五品以上服朱，七品以上服绿”[18]。

官服的章纹也是官吏品级的重要标志之一，以明代的补服为例，据《明史·舆服志》：

“文官一品仙鹤，二品锦鸡，三品孔雀，四品云雁，五品白鹇，六品鹭鸶，七品，八品黄鹂，九品鹌鹑。”风宪官饰獬豸，杂职官役饰练鹊。武官一、二品饰狮子，三、四品饰虎豹，五品饰熊罴，六、七品饰彪，八品犀牛，九品海马。可见文官用飞鸟，武官用走兽。

另外不同的品级，其官服的质料、衣袋及佩饰上往往都有所区别，在此不一一赘述。

三、严格的冠服禁令

古代的服饰制度始终贯穿着礼的“分等级，定尊卑”的精神。《后汉书·舆服志》曰：

---

⑰ 《古今图书集成·礼仪典》。

⑱ 《宋史·舆服志》。

“夫礼服之兴也，所以报功章德，尊仁尚贤。故礼尊尊贵贵不得相逾，所以为礼也。非其人不得服其服，所以顺礼也。”

所谓“非其人不得服其服”维护的是古代社会等级中人与人之间贵与贱、上与下的系统排列，身份地位异，则“冠履异，则衣袋异，则环佩异……是以天下见其服而知其贵贱，望其章而知其势位……尊卑已著，上下已分，则人伦法矣”⑲。历代王朝以帝王冠服为主线、以各级官吏为丛属，制定了各自的冠服制度，界限森严，不得逾越。颁布各种服饰禁令，对下级官吏，特别对平民庶人的服饰做出种种限制。

唐代，曾明确规定下级官吏不得穿上级官吏的服装：

> 武德四年，始著车舆、衣服之令，上得兼下，下不得拟上。⑳

据《明史·舆服志》载：

> 文武官员的官服章纹“不得用蟒龙、飞鱼、斗牛、大鹏、像生狮子、四宝相花、大西番莲、大云花样，并璇、黄、紫及玄色，黑、柳黄、姜黄、明黄诸色”。

僭越服饰者要治罪甚至遭杀身之祸。春秋时郑国子臧“好聚鹬冠”，郑文公派人将其杀于陈宋之间。㉑ 卫国浑梁夫“紫衣狐裘，至，袒裘，不释剑而食。天子使迁以退，三罪而杀之”㉒。当时，紫衣是国君专用之服。

庶民百姓的服饰禁忌更是名目繁多，在服饰的质料、颜色、款式等方面均有严格的限制。

古代庶人百姓俗称“布衣”，服饰的质料只能用布，不可以丝。这一方面受其经济条件的限制，另一方面许多王朝都有硬性的规定。例如：按唐制：

> 度支、户部、盐铁门官等服细葛布……未有官者，服粗葛布。㉓

《明史·舆服志》载：庶人男女衣服不得僭用金绣、锦、丝 绫罗，只许绢、素纱。

庶民服装的颜色也有限制性规定。董仲舒在其《春秋繁露·服制》中称：“散民不敢服杂彩，百工商贾不敢服狐貉……”《宋史·舆服志》载：“庶人、商贾、伎术，不系官伶人，只许服皂、白衣……不得服紫”元代曾明令：庶人不得服赭黄。明代，大红色、青色多为官服所用，规定：庶人妻女“悉禁勿用”㉔。

庶民服装的款式及其装饰均有限制。例如唐代曾规定：庶人外衣袍衫“衣曳地不过两寸，袖不过一尺三寸”，“妇人裙不过五幅，曳地不过三寸，襦服不过一尺五寸”㉕。有《明史·舆服志》载：

---

⑲ 《古今图书集成·礼仪典》。
⑳ 《新唐书·车服志》。
㉑ 《左传·僖公二十四年》。
㉒ 《左传·哀公十七年》。
㉓ 《新唐书·车服志》。
㉔ 何孟春：《余东序录》。
㉕ 《新唐书·车服志》。

庶人衣长，去地五寸，绣长过手六寸，袖椿广一尺，袖口一寸。

庶人冠服……杂色盘领衣，不许用黄。又令男女衣服不得僭用金绣、锦绮……其靴不得裁制花样，金线饰之。

此外，与古代“抑商”政策相适应，许多朝代都制定颁布过有关商人的服饰禁令。例如据《汉书·高帝纪》载，高祖曾下诏令：

贾人毋得衣锦绣、绮、縠、絺、纻、罽……

据《明史·舆服志》，明代对商人的服饰限制更加严格：

农可衣绸纱、绢布，商贾止衣绢布。农家有一人为商贾者，也不得衣绸纱。

商贩、仆役、倡优下贱，不许服用貂裘。

《礼记·王制》中有“四诛”之说，其中包括“作淫声、异服、奇技、奇器以疑众，杀”。对于不合礼制的奇装异服，历代都是明令禁止，称之为“服妖”，认为是不祥之兆，是国之大忌。

徐忠明

权利与申冤：对传统中国诉讼意识的解释*

简介

徐忠明， 1960年生，上海市人。1984年华东政法学院毕业，获法学学士学位；1989年中山大学法学院毕业，获法学硕士学位；2002年中国政法大学毕业，获法学博士学位。现为中山大学法学院教授，博士生导师。主要研究领域为中国法律史、中国法律思想史、法律文化。主要学术成果有《法学与文学之间》，中国政法大学出版社，2000；《思考与批评：解读中国法律文化》，法律出版社，2000；《包公故事：一个考察中国法律文化的视角》，中国政法大学出版社，2002；《案例、故事与明清时期的司法文化》，法律出版社，2006；在《中国法学》、《政法论坛》和《中外法学》等刊物上发表学术论文七十余篇。

* 原发表于《中山大学学报》，2004（6）。

一、引言：问题的提出

德国著名社会学家马克斯·韦伯曾经基于比较社会学的类型研究的方法论立场指出，传统中国的司法属于“卡迪式的”或者“所罗门式的”司法模式，与西方法治语境下的司法模式有着迥然不同的特征。① 受到韦伯的这一研究进路的影响，美国法学家罗伯特·昂格尔也认为传统中国法律文化与西方法律文化乃是根本“对立”的模式。② 沿着韦伯与昂格尔的研究思路，日本著名中国法律史学者滋贺秀三教授也说：传统中国法律文化与西方法律文化处于“对极”的位置，传统中国的整个法律体系是由刑事法与官僚机构的组织法、行政执行法和处罚法构成；关乎“权利”救济的民事诉讼与具有形式主义特征的“依法判决”的西方民事诉讼模式不同，乃是“父母官式的”调定；民事裁决的依据也非法律，而是“情理”这种缺乏实定性的规范。③ 如若我们进一步追问这样一个问题：传统中国法律究竟是否蕴涵“权利”意识？也就可以发现，西方著名学者（艾斯卡拉、达维、茨威格特和克茨）基本上都持否定的意见。他们认为，“中国没有依法成立的权利”④。围绕传统中国司法实践是否具有权利保障的性格，滋贺秀三的高足寺田浩明秉承乃师的学术取径认为，传统中国民众的民事诉讼乃是出于“申冤”之目的，而非出于“权利”之诉求。也就是说，在两造争讼时，对原告来讲，他之所以起诉，是因为被告“欺人太甚”⑤。对中国大陆的学者（梁治平、张中秋，包括其他许多中国法律史学者）来说，与西方法律文化的“权利本位”的特征刚好相反，传统中国法律文化没有“权利”的意蕴，这与国家本位、家族本位、伦理本位、道德本位之类的因素密切相关。⑥ 值得指出的是，也有学者认为，就传

---

① 参见韦伯：《儒教与道教》，洪天富译，172～175页，南京，江苏人民出版社，1993。对此问题的详尽讨论，参见林端：《韦伯论中国传统法律——韦伯比较社会学的批判》，台北，三民书局，2003。

② 基于比较法律文化的立场，昂格尔教授对传统中国法律的类型特征作了全景式的概括，参见氏著：《现代社会中的法律》，吴玉章、周汉华译，77～99页，北京，中国政法大学出版社，1994。

③ 参见滋贺秀三：《中国法文化的考察》，王亚新译，滋贺秀三等著，梁治平、王亚新等编：《明清时期的民事审判与民间契约》，1～18页，北京，法律出版社，1998。

④ 大木雅夫：《东西方的法观念比较》，华夏、战宪斌译，10页，北京，北京大学出版社，2004。

⑤ 参见寺田浩明：《权利与冤抑》，前揭《明清时期的民事审判与民间契约》，191～265页。

⑥ 这种意见已经成为通说，相关的文献很多，不便枚举。参见陈弘毅：《权利的兴起：对几种文明的比较研究》，陈弘毅：《法治、启蒙与现代法的精神》，118～139页，北京，中国政法大学出版社，1998。对此问题，日本学界也有争议。譬如，法理学家川岛武宜认为日本传统法律缺乏“权利”意识，参见氏著：《现代化与法》，王志安、渠涛译，132～212页，北京，中国政法大学出版社，1994。对具有通说地位的川岛武宜的见解，比较法学家大木雅夫表示反对，参见前揭《东西方的法观念比较》，特别是第5～6章。

统中国法律而言，尽管在表达上没有涉及“权利”的内容，但是在实践中依然不乏保障“权利”的做法。[7]

那么，究竟应该如何把握这一问题呢？

一、“权利”意识的源流与特点

为了把握这一问题，我们先来辨析一下汉语“权利”的含义。《荀子·君道》曾说：“按之于声色、权利、忿怒、患险，而观其能无离守也。”稍后《史记·魏其武安侯·附灌夫》也有“家累数千万，食客日数十百人，陂池田园，宗族宾客为权利，横于颖川”的记载。引文所见“权利”两字，显然与西方法律中的权利概念不同，都是“权势和财货”的意思。而《商君书·算地》另有一说：“夫民之情，朴则生劳而易力，穷则生知而权利。易力则轻死而乐用，权利则畏罚而易苦。”此“权利”者，乃是“度而取长，称而取重，权而索利”的意思，亦即“权衡和利益”的含义。它的要义，即是因权生利或者以权谋私[8]；它的人性基础，就是性恶——趣利避害。据此，权力与财富每每互为倚重，所谓“富贵”是也。

或许，检讨中国本土的“权利”意识，我们必须另谋出路。[9]

这里，我们再来分析一下其他相关资料。《慎子·逸文》记有：“一兔走街，而人追之，贪人具存，人莫诽者，以兔为未定分也。积兔满市，过而不顾，非不欲兔也，分定之后，虽鄙不争。”[10] 何以人人追逐一只所值甚微的兔子呢？这是因为，兔子的产权未定，所以人人可以取得兔子的先占“权利”；相反，一旦兔子的产权明确，即使“鄙盗”也不敢枉取。由此可见，这个“分”具有“群己权界”的意味，说是“权利”的朦胧意识似无不可；同时，它也是进行政治统治和维护社会秩序的关键所在，故而先秦诸子大谈“分”的政治作用和法律意义。荀况认为：凡人皆有欲望，而且又是社会动物，如果不给“群己权界”划

---

⑦ 参见黄宗智：《民事审判与民间调解：清代的表达与实践》，北京，中国社会科学出版社1998年版。笔者曾在别的地方指出：研究传统中国之“权利”问题，必须注意作为“权利事实”与“权利态度”之间的差异，以及“权利话语”与“权利实践”之间的差异。参见徐忠明：《辨异与解释：中国传统法律文化的类型研究及其局限》，氏著：《思考与批评：解读中国法律文化》，64～68页，北京，法律出版社，2000。

⑧ 参见秦晖：《吏治改革：历史与文化的反思》，赵汀阳主编：《论证》第3辑，313页，桂林，广西师范大学出版社，2003。

⑨ 事实上，由于传统中国“权利”两字具有“权势和财货”与“权衡和利益”的意思，所指与西方文化语境中的“权利”的意蕴完全不同，因而从“权利”两字来追溯传统中国的权利意识可能犯了一个方向性的错误。这是因为，用“权利”两字来翻译西方法律文化中的权利（right），乃是近代中国法律翻译史上的结果。参见李贵连：《话说“权利”》，《北大法律评论》第1卷第1辑，115～129页，北京，法律出版社，1998。关于近代中国“权利”观念之演变的讨论，参见金观涛、刘青峰：《近代中国“权利”观念的演变——从晚清到〈新青年〉》，《中央研究院近代史研究所集刊》（台北）第32期，209～260页。

⑩ 《商君书·定分》也有同样的故事，只是文字稍有出入而已。

出廓限，必然导致由“争”而“乱”的结局，礼仪法度乃是“定分”的工具。[11]

传统中国属于农业社会，土地乃是财产的基础，我们就以土地产权为例进行分析。

当然，有人可能会说，这仅仅是文化精英关于“权利”的隐喻，或许未必能够证明小民百姓也有这种法律意识。此话有理，然而并不全面。《诗经·大田》有句“雨我公田，遂及我私”的著名诗文，是说“井田”中的公田与私田问题。需要说明的是：其一，“私”字从“禾”，意味着私有观念源于农业生产；当然，井田本身尚非土地私有制度，所谓公田和私田，是指设定于井田（国有土地）上的“权利”与义务的差异。其后，韩非释“私”为“自环”[12]，从文字训诂来看，未必准确，但是以此表达私有“产权”观念的兴起，应该没有疑问。其二，在井田上劳作的是那些众人、庶人、野人、农夫，他们不是精英，但却知道设定于井田上的“权利”和义务。[13] 就此而言，所谓“群己权界”的意识，一般百姓肯定具备。其三，虽然孔子曾说《诗经》属于“雅言”[14]，亦即属于士大夫的标准用语，后来成为儒家经典；另外，从“六经皆史”的角度来看，原本也是史官掌握的历史文本，不过，以“观采风谣”的眼光来看，未尝与民间文化全然无关。据此，《诗经》中的不少内容，应该属于当时社会的共同知识。[15] 这首与农夫生活密切相关的诗文，显然为他们所熟知。

春秋时期鲁国推行“初税亩”的财税政策，可以说是我国土地私有制度史上的一个著名事件；正是由于确定了土地的私有产权，故而国家的财税制度也跟着发生了变化。特别是商鞅实施“废井田，开阡陌”的土地私有化政策，此乃“富国强兵”和“奖励耕战”的基础。其后，随着秦皇嬴政统一六国，混一海内，颁布“使黔首自实田”的法律，即国家命令“黔首”申报土地，实行土地登记制度，一来确认土地产权，二来承担赋税义务。至此，完成了全国性的土地私有化运动，涉及境内所有臣民；因而，土地私有产权也是当时社会各个阶层的共识。自此以后，中华帝制时期的土地制度基本上都是这一模式。当然，北魏隋唐时期推行的“均田制”（国有制）属于例外。宋代以降，随着“均田制”的瓦解，商品经济的深入发展，尤其是明清时期人地关系的新发展、新矛盾，土地交易更加频繁，所谓“千年田，八百主”的俗谚，即是写照。与此同时，地权关系也日益复杂，绝卖、典卖、指当、永佃、地面、地骨之类的名称（法律术语）就是这一景象的反映。在这种情况下，人们对设定在土地上的各种“权利”和义务的法律关系，应有更为深切的意识；也就是说，每次土地流转，都是一次重新确定土地“权利”的认识活动，也会重新唤起交易双

---

[11] 参见《荀子》中的《礼论》和《富国》。另外《慎子·君人》也说：“法之所加，各以其分。”《商君书·开塞》特别强调法律“作为土地、货财、男女之分”的重要意义。

[12] 《韩非子·五蠹》写道：“古者苍颉之作书也，自环者谓之厶，背私谓之公，公私之相背也，乃苍颉固以知之矣。”

[13] 关于“井田”产权问题的具体讨论，参见赵冈：《中国古代的井田制、私有产权与市场经济》，刘梦溪主编：《中国文化》1990年六月第二期，142～148页；也见张宇燕：《从孟子的井田制看产权理论》，氏著：《说服自我》，42～46页，北京，三联书店，1997。

[14] 《论语·述而》说：“子所雅言《诗》、《书》、执礼，皆雅言也。”

[15] 对此问题的讨论，参见余英时：《士与中国文化》，117～124页，上海，上海人民出版社，2003。

方的“权利”意识。

民众对土地之上的“权利”意识如此，对于其他一切可能成为私产的东西又何尝不是如此呢？可见，从发生学角度来看，传统中国民众的“权利”意识源于私有财产。

不过，写到这里，我们可能面临另外一个疑问：亦即《诗经·小雅·北山》那句“普天之下，莫非王土；率土之滨，莫非王臣”的名言。这就是说，在终极意义上，土地产权属于君主而非任何私人；据此，传统中国社会并不存在土地私有产权的理念和制度。这是一个很有挑战性的问题，也是一个解释起来颇费周折的问题。对此，下面再来讨论。

顺着上文的思路，有待解决的根本问题有二：

其一是，既然作为传统中国农民生存命根的土地私有产权已有如此全面成熟的发展，何以没有形成关于“土地权利”的一套解释系统或知识系统，一如罗马以来的西方法律传统？这确实是一个非常棘手的问题。在古代希腊，由于“爱知”的知识传统与城邦民主政治的公共生活，发展出了完备的论辩术和逻辑学；在古代罗马，因为城邦政治能够容纳职业法律家的存在，论辩术、逻辑学与法律学有着相互促进的良性互动关系；这种局面，对法律知识体系的建构起了非常重要的作用。⑯ 中国的情形恰恰相反，随着春秋时期世袭社会的崩溃，尽管也曾一度出现“学在民间”的繁荣景象，民间法律知识的传播一度也曾非常活跃，邓析传授讼学、教民诉讼即是著名的例证；甚至法家的兴起，也同样与这一政治氛围和知识背景有关。但是，君主专制的权力性格始终没变，所以任何有碍君主权力的知识都不能“合法”存在，妄论发展。也就是说，在专制权力下，知识（尤其是政治法律知识）发展的前景只有两种，要么迎合权力，要么走向地下，乃至绝迹；其结果是，法家和儒家先后融入政治权力结构；而邓析却因为“三难子产”和“是非无度”——挑战国家权力和法律权威而被杀害，后来的讼师，作为法律专家只能活跃于社会边缘或者地下，而不能居庙堂之上。随着名学始祖邓析被杀，与法律相关的中国本土的“逻辑学”也渐次衰弱。⑰

历史地看，即使作为帝国统治有力工具的刑法，在传统中国也没有得到充分的研究和发展，其中的法律知识体系同样处于相对“自然”的状态。至于调整民间土地关系的法律，也就更难引起统治阶级的重视。尽管土地是农民的命根，帝国税收的基础；但是，帝制时代对土地的关注，主要出于税收和管理的需要，而非关注土地的权利内涵。另外，基于道德主义思想的支配，法律看重的是伦理问题，而非财产利益；故而，在法律话语上，帝国官方不太可能认真清理土地关系包含的“权利”意蕴，并且进行知识化和系统化的理论建构，就像古罗马法学家所做的工作那样。可是，我们也不能就此一笔勾销经由两千余年充

---

⑯ 关于罗马法学家之于罗马法的作用的讨论，参见桑德罗·斯奇巴尼：《法学家：法的创立者》，《比较法研究》2004年第3期，1～15页。关于罗马法的知识体系的讨论，对此问题的讨论，参见徐国栋：《共和晚期希腊哲学对罗马法之技术和内容的影响》，《中国社会科学》2003年第5期，74～85页。

⑰ 据我看来，春秋时代邓析之被杀，秦代之焚书坑儒，清代之编撰《四库全书》诸事，可以说是政治权力对任何可能危及帝国统治的知识传统及其载体（人与物）的压抑和摧毁。与此相反，汉代以降儒家之制度化，隋唐伊始科举取士之举措，又是帝国权力机构操控知识与收编知识阶层的手段。

分发展的设定在土地上的各种“权利”关系；而只能说，这些“权利”关系仅仅处于“事实”状态，仅仅处于“默识意会”状态，或者说是一种“权利”的感觉，而没有达到自觉的境界，更没有被大张旗鼓地宣示出来，诏告天下。这是与西方法律文化非常不同的一个特征。

民间社会由于知识水平的制约，尽管在日常法律生活中逐步发展出了各种各样的土地惯习，诸如绝卖、典卖、指当、永佃、地面、地骨之类的独特概念[18]，我们在民间契约中也能读到和辨识相应的设定于土地之上的“权利”关系，并且从中也可以体悟小民百姓的“权利”意识，可是，我们基本上难以据此整理出这些“权利”的法律知识体系。[19] 可以说，这是传统中国民众的“权利”实践，而非“权利”话语或者知识体系。

其二是，既然传统中国已有发达的土地私有制度，也不乏相应的“权利”意识，那么究竟应该如何理解这种土地私有制度和“权利”意识呢？首先，在“普遍皇权”下，土地产权的终极根源出自皇权，一如前面所引《诗经·小雅·北山》那句“普天之下，莫非王土；率土之滨，莫非王臣”所谓。即使到了帝制时代，这里理念依然如此。[20] 据此，传统中国的土地“权利”与皇权有着这一“形而上”的抽象关系。[21] 正因为如此，土地私有化的“权利”边界和“权利”结构多少有些模糊不清的地方；与此相关，土地所有权也或多或少有些债权的意味。国家登记地权，似乎与民众签订契约，意欲确定国家与民众之间的“权利”和义务关系：农民交纳赋税，国家保护农民的各项土地“权利”。或许，这是“家产制”国家权力对土地秩序的影响所致。其次，就民间法律意识而言，土地交易——世业、租佃、典卖、绝卖，这些概念极其鲜明地道出了设定在土地上的各种不同的“权利”关系，小民百姓也十分清楚地了解每个概念所要表达的法律意义。值得注意的是，在土地交易时，由于人们非常关注土地的“来历”——“上手老契”。因此，有人认为，这样一来，随着土地的不断转移，土地产权就像一条绵延不绝、波动不停的债权关系（来历与管业）的契约锁链。如果这样的话，每次土地流转，并且报请官府登记（税契或者红契）确认，也只是对契约关系的从新肯定，国家真正关心的不是土地“归谁”所有，而是土地管理和赋税征收；同样，民众关心的也不再是土地的所有权，而是经营权。[22] 可问题是：在乡野小民心目中，尽管所有权与经营权在“收租”这个意义上，确实差距不大。然而，它们的内涵毕竟

---

[18] 参见梁治平：《清代习惯法：社会与国家》，81～110页，北京，中国政法大学出版社，1996；黄宗智：《法典、习俗与司法实践：清代与民国的比较》，67～110页，上海，上海书店出版社，2003。

[19] 据我看来，所谓难以整理传统中国有关“权利”的法律知识，这并不意味着没有这样的知识；或许，只是由于目前的中国法律史研究尚未找到合适的办法来建构传统中国有关“权利”的法律知识。对此，前揭大木雅夫教授所著《东西方的法观念比较》一书，也有同样的看法。155～156页。

[20] 对此，我们在汉高祖刘邦与乃父的对话中可以非常清楚地感觉到。《汉书·高帝纪》载曰：“上（刘邦）奉玉卮为太上皇寿，曰：‘始大人常以臣亡赖，不能治产业，不如仲力。今某之业所就孰与仲多？”

[21] 也有学者从“象征地权”的角度来检讨传统中国土地产权的独特意义。参见张小军：《象征地权与文化经济——福建阳村的历史地权个案研究》，《中国社会科学》2004年第3期，121～135页。

[22] 参见寺田浩明：《权利与冤抑》，前揭《明清时期的民事审判与民间契约》，197页以下。

差异甚大。比如，买田与租田，不仅价格相差悬殊，前者贵后者贱；而且税租比例也有很大差别，税低租高；尤其是对“祖业”来说，其中尚有情感和道德的特殊内涵。即便在法律（国家法和习惯法）上，世业与租佃、典买也有不同。故而，一概抹杀其中的差异，恐怕也非的论。其三，就土地“权利”而言，传统中国并不存在“个人”所有这样的法律概念；也就是说，所谓土地私有，其实只是与国有相对的概念，一如《明史·食货志》所说：“明土田之制，凡二等：曰官田，曰民田。”而“民田”非指“个人”私有，而是各种形式的民间私有；其中，家族共同体和村落共同体所有乃是最为重要的土地私有形式。另外，由于亲邻权或者先买权的存在，对土地自由流转造成一定程度的限制，这是导致土地产权变得模糊不清的一个重要原因。亲属先买权可能源于维护家族共同体的需要，包括情感、经济和道德；邻佑先买权的设定，恐怕主要出于国家土地管理和赋税征收的需要，也许尚有维持村落共同体的功能。

以上我们之所以特别考察土地“权利”问题，是因为土地属于传统中国农业社会最为重要的生活资源和生产资料；而且，在土地上日益形成和设定的各种“权利”关系，也是最为复杂的问题。至于其他“权利”问题，相对比较明确，而且容易把握。必须指出，在传统中国社会里，关键不是有没有“权利”的问题，而是有什么样的“权利”的问题；也非是否符合近代西方权利观念的法律界定的问题，而是领悟传统中国“权利”的独特意蕴的问题。进而，值得我们认真对待的是：通过解读传统中国的“权利”内涵，我们能否推展或者更新关于权利问题的法律理论。在我看来，这是我们必须努力的研究课题。

三、“权利”与“诉冤”之间

从中华帝国法律的基本倾向来看，宗旨显然不是维护“权利”和实现“权利”这样一个西方法律文化中的根本问题。李悝《法经》所谓“王者之政，莫急于盗贼”一言表明：法律乃是政治的延伸，捍卫君权的工具，而不是保障民众“权利”的武器。尽管张扬民众权利的本质，乃是约束国家权力㉓；但是，这种法律理念与中华专制帝国的政治品格决然不同。就此而言，传统中国法律文化的基本性格，只能是一条条、一组组“禁令”的集合，而非各种“权利”的授予。据此，学者认为，传统中国法律文化没有“权利”观念㉔，这是对的。不过，一旦我们说出“这是我的东西，你不能随意拿走”的话，那么，我们也就发现，即便传统中国法律也必须加以维护而不能熟视无睹，听任这种侵犯财产行为的发生。

㉓ 当然，这是自由主义的权利观念。其实，辨证地看，张扬权利也非仅仅旨在制约国家权力，如若没有国家权力的存在，处于丛林中的人们似乎也是难以实现权利的。换一句话，离开了国家权力，权利也是难以得到切实保障的。对国家权力与民众权利之关系的分析，参见霍尔姆斯、桑斯坦：《权利的成本——为什么自由依赖于税》，北京，北京大学出版社，2004。

㉔ 参见梁治平：《寻求自然秩序中的和谐》，北京，中国政法大学出版社，1997。

否则的话，我们实在不能理解何以明清时期的民间诉讼如此繁多，以致成为一个“诉讼爆炸”[25] 的社会。综合起来，我们或许可以说，考察传统中国的“权利”意识，需要一种反向的思维路径。也就是说，当帝国法律禁止一种行为（不得偷盗）时，这是一种“义务”性的规定；与此同时，也就意味着默许、承认乃至保障一种财产“权利”[26]。其实，儒家提倡“制民恒产”和“藏富于民”的思想，本身也是要求帝国法律能够确保民众的私有产权。故而，黄宗智认为，在法律实践中，民事权利得到了确实的保护。[27]

不必讳言，上述那种曲折拐弯的解读和分析，听起来似乎有些别扭。但是，这种观点并非真的无法想像，不可理解。这是因为，基于维护政治统治和社会秩序之目的，帝国法律禁绝一切破坏这一秩序的行为，也就成了理所当然的事情。这样一来，法律公开宣告的权力话语和秩序话语就遮蔽了日常生活的“权利”实践。不过，我们应该知道，无论如何，表达出来的话语都无法真正反映现实的需要，也无法满足实践的需要。换句话说，法律表达与法律实践常常难免出现“心口不一”的毛病。可以说，对法律话语来说，法律实践既是一种“隐蔽”的表达方式，也是一种人们可以通过观察感觉的“外显”的法律现象。另一方面，在法律实践中，确保民众的财产“权利”同样具有维护政治统治和社会秩序的功效。只是，与刑事犯罪不同，侵犯“权利”的行为对帝国统治和社会秩序来说，危害不是根本性的。

关键问题在于：帝国法律的“公开文本”并不一定能够表达民间社会百姓大众的真实思想，换句话说，百姓大众的法律实践或许另有一种逻辑和风格。对他们来说，在法律上公开宣告什么也许并不重要，而日常生活展现出来的实际利益可能更有价值。这种“展现”其实是一种“隐蔽”的展现，对帝国法律的“公开文本”具有承认、抵触、改写的作用。[28] 我们来看一篇简短的清代“当约”文书：“今将己名下受分田宅四丘，长田一连三丘，榜上田九丘，凭众出当与牟尚朝名下耕种。当日议定当价铜钱一十六串整。入手现交，并无折

---

[25] 虽说“诉讼爆炸”这一用语容易使人想起美国学者奥尔森《诉讼爆炸》（*The Litigation Explosion*：*What Happened When America Unleashed the Lawsuit*，*Truman Talley Books*，*Dutton*，1991）一书描写的美国诉讼的情形，但是，对于一个农业社会来讲，清代中国普遍出现的“好讼”或者“健讼”的景象，我们把它称作“诉讼爆炸”或许并不为过。事实上，也确实有学者把清代中国称为“诉讼社会”。参见夫马进：《讼师秘本〈萧曹遗笔〉的出现》，《日本学者考证中国法制史重要成果选译·明清卷》，490页，北京，中国社会科学出版社，2003；寺田浩明：《中国清代的民事诉讼与“法之构筑”——以〈淡新档案〉的一个事例作为素材》，易继明主编：《私法》第3辑第3卷，306页，北京，北京大学出版社，2004。另外，也确实有学者以诉讼多少来考量一个社会的“权利”意识之强弱。参见前揭川岛武宜：《现代化与法》与大木雅夫《东西方的法观念比较》的讨论。当然两位学者的具体结论刚好相反。但是，这不影响本文的论述。

[26] 以往学者每每认为，传统中国法律属于“义务本位”的类型。但是，如果我们承认“权利与义务”具有一种相互性的话，那么“义务”的背后即有“权利”的存在。必须指出的是，传统中国也没有“义务”这样的法律概念，所谓“义务本位”的说法，其实也是一种解释性的建构。

[27] 黄宗智：《法典、习俗与司法实践：清代与民国的比较》，52页，上海，上海书店出版社，2003。

[28] 这一说法，受到下文的启发，参见郭于华：《“弱者的武器”与“隐蔽的文本”——研究农民反抗的底层视角》，网址：http：//www.gongfa.com/guoyhnongminfankang.htm。

算。内有厢房一向，柴山一段，一并在内。其钱无利，田无租。不拘年限，照日钱退田回。恐口无凭，立当约有拘。”㉙ 通篇所说，只是标的、双方的“权利”义务，全然没有什么禁止性的条款，与《大清律例·户律》中的“典买田宅”的行文风格毫无相同之处。可见，民间契约与帝国法律之间有着明显的差异。前者关注的是实际利益，不乏“权利”意识，似乎与现代契约并无根本不同；后者是对违反“典买”法律的惩罚，涉及“不税契”、“不过割”、“重复典卖”方面的行为，明显是着眼于国家利益和社会秩序。在这个意义上，民间契约倒像是帝国法律的一个底盘，一种语境，而帝国法律则是对这种契约安排的维护。换句话说，一旦有人违反契约，并且被控告到衙门，将会受到帝国法律的惩罚；正是通过惩罚，契约关系才能得到从新确认和维护。这里，我们可以发现，尽管传统中国的国家权力具有“吞噬”社会权力的特征，但是，社会权力与国家权力之间仍有必要的分工；与此相应，民间法与国家法之间也同样出现了制度性的分工和合作。㉚ 如欲理解传统中国的土地秩序、社会秩序和“权利”状况，我们必须在这样一种国家与社会的“关系”结构中作出解释，得到把握。

现在，我们再来讨论一下“权利”与“申冤”之间的关联。

可是，一旦我们进入民间契约纠纷与国家司法领域，情况变得愈加复杂。第一，从各种民事诉状来看，“权利”和“诉冤”往往同时并存。兹引“乾隆五十八年正月二十四日季正海禀状”节文稍作分析。禀状写道：“……本月二十二日，蚁弟正河自往耕田，被长荣等凶阻，纵子李心林，目无尊长，逞凶朋殴，掌伤正河两肋、胸膛，幸费孔芝救尚未殴毙。逆等恶威不息，听费正纲唆使，复至正河家打毁神龛家具，凶威莫故。蚁知投明约邻郑歧山、廖正荣等看明可讯。今蚁弟受伤难移，为此奔首急验拘究。”㉛ 这份“禀状”的省略部分，乃是两造身份（季正海和李长荣是堂叔侄）的介绍与押佃契约的基本内容。非常清楚，原告的措辞全然属于刑事伤害的话语，其中虚实真假一时难以辨析；不过，无论如何，原告这样撰写禀状，他的意图乃是为了表明被告欺人太甚，而原告则忍无可忍，借此可以起到“诉冤”和“耸动”官府的效果。㉜ 可问题是，原告为什么要采取这样一种办法提起民事诉讼呢？此乃因为，官府基于道德主义的法律观念和息争厌讼的司法态度，再加司法资源（衙门人手和办案经费）的短缺，也就无法回应提交衙门的林林总总的诉讼案件；在这种情况下，如若原告仅仅提出简单的押佃纠纷的事由，那么司法官员很有可能将其视作“细故”而不予理睬，或者批给地方社会自行调处息讼；所以，为了迫使官府受理案件，必须采取“诉冤”的策略才能奏效。这里，“诉冤”也就成了原告的一种诉讼策略或者话语技术，而非提起诉讼的真实意图。对两造来说，他们真正关心的还是

㉙ 引据《清代乾嘉道巴县档案选编》（上），120页，成都，四川大学出版社，1989。

㉚ 这与昂格尔的判断有所不同。昂格尔认为：“古代中国的封建时期缺乏国家与社会的分离。”前揭《现代社会中的法律》，86页。当然，昂格尔所说是指先秦时期，而非帝制时期。

㉛ 前揭《清代乾嘉道巴县档案选编》（上），216页。

㉜ 对此问题的讨论，参见徐忠明：《明清诉讼：官方的态度与民间的策略》，《社会科学论坛》待刊。

纠纷包含的实际利益，或者“权利”和义务，那些诉诸感情、道德、乃至夸大情节，只是词状的“缘饰”罢了。

第二，为了达到“诉冤”之目的，原本轻微的纠纷，简单的情节会被夸大，所谓“架词设讼”即是指此。俗语“无谎不成状”或“歪打官司邪告状”表明，要使官府受理案件，非得采取“添油加醋”的手段才行。对此，车王府曲本《四进士》有一很好的解释：“这是我们做状子的由头，这叫：‘牛吃房上草，风吹千斤石，状子入公门，无赖不成词。’”[33] 此外，身为“钦点河南巡按”的毛朋假扮讼师，居然在状子里添加“霸产典卖”和“刺杀保童”这些子虚乌有的情节。这一做法，目的也是为了“耸动”官府。如果“冤情”太小，不足以引起官僚的重视，案件同样会被拒绝。可见，由于利益或者“权利”冲突而引起的纠纷，不仅被当作“冤抑”来看待，而且“冤抑”还要足够的严重；否则，案件仍然会被拒之门外。即使无冤可诉，人们还会采取制造“冤情”的其他手段：比如，使用榉柳树叶伪造伤痕、自残自毁、乃至通过自杀方式“诉冤”，它们大多成为“弱者”的“诉冤”武器。[34] 这是因为，一旦成为严重的刑事案件，官府也就必须受理，此乃地方官员的职责所在。

顺便指出，中国古人普遍制作“谎状”尚有其他原因。譬如，官僚与百姓对财产利益的评判标准不同，也是导致百姓是否告状，以及官僚是否受理案件的重要因素。原因在于，“在中国农民眼中，每一粒谷子都是珍贵的”[35]，所以，他们会把些小纠纷闹到衙门；而在官僚看来，这种纠纷可能毫无意义，从而拒绝受理。在《龙图公案》卷六《夺伞破伞》中，包公就对原告说：“五分银物，亦来打搅，衙门一处虽设十个官，亦理不得许多事。”当然，这个故事还有更深的内涵值得挖掘。其一，州县衙门是集权的一人政府，大小事情都要长官亲自处理，确实忙不过来，拒绝受理这类些小民事案件似乎有理；也正因为如此，帝国法律每每要求基础社会自行调处民事纠纷，以便减轻讼累。其二，出于人情社会实际状况的考虑和维护熟人社会秩序的需要，州县衙门压抑那些“鼠牙雀角”之争，拒绝那些为了争夺“蝇头小利”引起的诉讼，实际上都是为了使乡土社会免遭因细微纠纷而导致社会“和谐”秩序的破坏。其三，从法律经济分析的角度来看，官府启动司法程序需要成本投入；更为重要的是，这种官司对两造而言往往得不偿失，宋人范弇《诫讼诗》所谓“些小言词莫若休，不须经县与经州。衙头府底赔杯酒，赢得猫儿卖了牛”[36] 是也。在这个意义上，衙门拒绝受理民间诉讼，并非全然无视民众的“权利”要求，而是帝国司法机构的能力有限。

必须指出的是，在得不偿失的情况下，作为原告的小民百姓一定要打官司，可能纯粹是出于“争气”和“诉冤”。如若为了“争气”（意气之争、出口恶气）或者“诉冤”（真有

---

[33] 刘烈茂等主编：《车王府曲本菁华》明清卷，259 页，267 页，广州，中山大学出版社，1992。

[34] 有关这一问题的讨论，参见前揭徐忠明：《官方的态度与民间的策略》。

[35] 博德、莫里斯：《中华帝国的法律》，朱勇译，225 页，南京，江苏人民出版社，1993。

[36] 引自凌濛初：《二刻拍案惊奇》卷 10。

冤情），那么，即便“赢得猫儿卖了牛”抑或“赢得芝麻赔了瓜”也会在所不惜。这与俗话所谓“屈死不告状”构成一对相反相成的矛盾。在“屈死不告状”的诉说背后，可能是由于两造权势财力的悬殊差异，弱势一方无可奈何；也可能是因为官府的普遍腐败，衙门已经不是百姓“讲理”的去处，而是“八字衙门朝南开，有理无钱莫进来”的罪恶渊薮。在这种情况下，再打官司显然毫无意义，惟有“屈死”而已。

第三，从司法实践来看，帝国官僚其实并非一味禁止民间把纠纷提交衙门，而且受理案件之后，也非简单采取刑事制裁，一打了之，完全置两造的“是非错对”和“权利”义务于不顾，而是采取多元的解纷办法和惩罚手段。其一，释法原情。传统中国是一个身份社会，也是一个伦理社会，如若两造争讼，身份、伦理、道德、人情，往往成为听讼断狱的重要依据。例如海瑞所谓：“凡讼之可疑者，与其屈兄，宁屈其弟；与其屈叔伯，宁屈其侄；与其屈贫民，宁屈富民；与其屈愚直，宁屈刁顽。事在争产业，与其屈小民，宁屈乡宦，以救弊也。事在争言貌，与其屈乡宦，宁屈小民，以存体也。”㊲ 其二，情理兼顾。中国古人向有“礼法出于人情”和“律设大法，礼顺人情”的说法，因此一旦发生纠纷，是否“情输理亏”和“情法难容”乃是必须予以认真考量的问题；对司法官员来讲，能否做到“情理兼顾”和“情法两尽”也是衡量纠纷解决水平的基本尺度。汪辉祖曾经说过“幕之为学，读律尚已，其运用之妙，尤在善体人情”，以及“法有一定，而情别千端，准情用法，庶不干造物之和”㊳。如果说法律难免教条和僵化的话，那么情理就有灵活和弹性的衡平作用。其实，俗话所谓“过得乡场，过的官场”，也是充分考虑社会舆情和价值观念的意思。㊴ 其三，理顺摆平。在不少个案中，我们发现，司法官员每每注重“理顺”错综复杂的案件情节，进而努力“摆平”纠纷各方的社会关系，而非仅仅着眼于或者满足于具体纠纷的解决。就此而言，对两造之间的“权利”义务，尽管司法官员不能说是毫无顾忌，然而更多的是设法谐调社会关系、稳定社会秩序。这种在社会秩序结构中理顺矛盾、平息冲突、解决纠纷的策略，使得保障“权利”成了一个相对次要的问题。处于特殊社会关系结构中的原被两造，对这种“理顺摆平”的纠纷解决方式，往往予以默认。而这，不仅是因为小民百姓的日常生活难以超越这种社会关系结构的制约，而且也是因为官府的权威——在“理顺摆平”时，司法官员难免采取压服的强硬措施，小民百姓也难免屈服顺从。当然，这种“说服与心服”㊵ 的调解手法，也非常人能够胜任愉快。其四，依法断案。在刑事审判尤其是大案要案中，适用法律一般比较严格；但是，在解决民事纠纷时，法律是否同样也会

㊲ 《海瑞集》（上册），117页，北京，中华书局，1962。

㊳ 汪辉祖：《佐治药言》“须体俗情”和《学治续说》“法贵准情”。

㊴ 参见季卫东：《中国司法的思维方式及其文化特征》，西北政法学院主编：《第三届“法律方法与法律思维”研讨会论文》（新疆，乌鲁木齐，2004年8月25～29日），25页。

㊵ 借自高见泽磨：《现代中国的纠纷与法》，何勤华等译，北京，法律出版社，2002。

成为听讼依据，学者尚有争议。[41] 根据我们阅读宋元明清部分判牍文书的感受，可以说，尽管“情理”的作用很大，可是司法官僚在听讼时或多或少都会考虑法律的依据；换句话说，法律的指引作用或多或少也会影响裁判。而且，如若错判民事案件，虽然法律责任不像刑事案件那么严格，那么重大；但是，一旦小民百姓“缠讼”不息，进而上告越诉，也会引起上峰的注意，甚至“吊刷”案件。这样一来，对有关官僚的前程多少也会有些影响。值得注意的是，基于杜预“审名分，忍小理”[42] 的法律解释原则，在民事审判中，司法官僚“量事之大小，推情之轻重”的自由裁量权力始终存在，应该没有疑问。[43] 这与传统中国情理社会特征本身有关。

总之，除了第一种情况（海瑞的话）可能完全无视两造的实际利益或者“权利”义务之外。无论“诉冤”也好，“情理”裁判也好，“理顺摆平”也好，以及“依法听断”也罢，对小民百姓来说，他们真正关心的乃是纠纷涉及的实际利益或者“权利”义务，运用“诉冤”的话语，基本上是出于“耸动”官府之目的，出于试图占据道德优势的位置，是一种诉讼策略和技术。何况，在实际纠纷中确实存在各种“冤抑”因素和“冤抑”案件。就司法官员的裁判而言，虽然经常适用“情理”这种多少只能意会、无法言传、难以实定的规范，然而情况并非完全如此。假如滋贺秀三“法律是情理海洋的冰山一角”[44] 的意见尚有道理的话，那么法律这种“实定”的规范恰好证明，情理也是可以并且能够被实定化而成为法律的。[45] 这样理解的话，所谓“情理不过是一种修辞”的说法，恐怕尚有修整的余地。尽管官僚可能依据由“禁令”组成的法律来听讼断狱，可是，纠纷包含的实际利益和“权利”义务，无论如何也是必须予以照顾，并且予以保护的东西。据此，我们必须在维护社会秩序的视野里考察官方保障“权利”的特点，在诉讼策略的语境中辨析“申冤”的意蕴。

尚有三点需要作出进一步的申说：第一，司法官员在作出裁决时，除了保护“权利”以外，对“恶行”或者“欺人太甚”的案犯，还会予以刑事惩罚，明清时期基本上采取杖责、枷号之类的刑罚。第二，这种“恶行”或者“欺人太甚”的行为，还应包括“缠讼”和“嚣讼”一类的行为，这是中华帝国司法官僚的道德主义意识形态的反映。第三，百姓

---

[41] 参见黄宗智：《民事审判与民间调解：清代的表达与实践》，78页；何勤华：《清代法律渊源考》，《中国社会科学》2001年第2期；滋贺秀三：《清代诉讼制度之民事法源的概括性考察》，前揭《明清时期的民事审判与民间契约》，25～26页；寺田浩明：《清代民事审判：性质及意义》，《北大法律评论》，第1卷第2辑，610页，法律出版社，1999；王志强：《南宋司法裁判中的价值取向》，《中国社会科学》1998年第6期；王志强：《〈名公书判清明集〉法律思想初探》，《法学研究》1997年第5期。

[42] 《晋书·杜预传》。

[43] 有关的讨论，参见季卫东：《法律解释的真谛》，氏著：《法治秩序的建构》，120～125页，北京：中国政法大学出版社，1999。

[44] 参见滋贺秀三：《清代诉讼制度之民事法源的概括性考察——情、理、法》，前揭《明清时期的民事审判与民间契约》，36页。张伟仁教授不同意滋贺秀三关于“法律与情理”的隐语，参见氏著：《学习法史三十年》，许章润主编：《清华法学》第四辑，284页，北京，清华大学出版社，2004。

[45] 林端教授基于法律社会学的立场提出了“法律多值逻辑”（法律多元）的意见，据此认为“情理”也是法律。参见前揭《韦伯论中国传统法律——韦伯比较社会学的批判》，特别是第四章。

诉讼告状或者诉冤，尽管没有直接采用“权利”话语；但是，在彼此建构纠纷争点时，双方之间“我的你的”这样的界限背后，实有“分”的意思。据我看来，这是中国古人关于“权利”的本土说法。据此，我们不能一味依据西方的权利理论来理解传统中国的“权利”意识，恰恰相反，我们必须更多采用常人的态度，从“权利”实践的角度来解说这个问题。[46] 与此相关，面对诉状当中充塞的“诉冤”话语，我们必须关注其中的深层意蕴——在“诉冤”话语下挖掘“权利”的诉求。总之，我们不能被诉状的“诉冤”话语所蒙蔽。

四、结语：简短的概括

通过上面的简要分析，笔者认为：尽管传统中国法律没有将保障“权利”作为核心来规定，然而我们不能由此否认传统中国社会的民众也有比较强烈的“权利”意识；原因在于，虽然传统中国法律没有直接对“权利”作出规范，但是民间法律文书并不缺乏“权利”的安排，并且，明清时期日趋增长的民间诉讼，本身也是“权利”意识觉醒和高涨的体现。另一方面，由于帝国官方一贯秉承道德主义的意识形态，据此，为了“耸动”官府，民众必须采取“诉冤”（欺人太甚和恶言恶行）的修辞策略，然而这种修辞底下也不乏主张“权利”的现实诉求。这里，我们必须努力把握说出来的“诉冤”话语与隐伏其间的“权利”诉求之间的平衡——拨开“诉冤”话语的迷雾，揭示话语底下裹挟的“权利”的真相。

---

[46] 大木雅夫认为，耶林《为权利而斗争》所要表达的是思想，乃是法律家的想像，未必就是普通民众的观念。他说：“西洋的‘为权利而斗争’的思想，尽管看似优美动听的口号，但它未必是西洋民众的现实法律意识。”前揭《东西方的法观念比较》，144 页。在我看来，这是一个很好的提醒。

杨育棠

《盟水斋存牍》点校札记*

简 介

杨育棠， 1960 年北京师大中文系毕业。毕业后一直在中国政法大学（原北京政法学院）汉语教研室法学古籍整理研究所工作，研究员，曾经担任主管教学及科研的副所长多年，研究方向为中国法学古籍的整理及研究。自己参加点校诠释和审稿的主要著作有：《中国历代刑法志注译》、《大清律例通考校注》、《中华监察大典》、《中华监察执纪执法大典》、《御批通鉴辑览》等。工具书有《中国古代法学词典》、《法律辞海》等。古代判词有《中国历代判词选注》、《盟水斋存牍》等。即将出版的有《中华大典·法律典·刑法分典》，本人为主编之一。

* 原发表于《中国古代法律文献研究》，第 2 辑，北京，中国政法大学出版社，2004。

中国政法大学法律古籍整理研究所在二〇〇一年秋天点校了明代颜俊彦的《盟水斋存牍》，王重民先生在《中国善本书提要》中，对本书及作者有简要的介绍及评价。据光绪《桐乡县志》卷十五《宦绩传》记载：颜俊彦，字开眉，一字开美，号雪臞，明崇祯戊辰年进士，授广州府推官。庚午年充本省同考，被论罢职。后补松江府推官，迁工部营缮司主事。清代隐居菁山，卒年不详。（转引自《中国善本书提要》）《盟水斋存牍》是颜俊彦任广州府推官三年间所撰的公牍。本书分两刻，一刻共十三卷，有《勘合》一卷，《谳略》五卷，《翻案》一卷，《署府翻案》一卷，《矜审》一卷，《公移》一卷，《署府谳略》一卷，《署番禺县谳略》一卷，《署香山县谳略》一卷。二刻共九卷，有《勘合》一卷，《谳略》三卷，《翻案》一卷，《矜审》一卷，《公移》一卷，《署府谳略》二卷。本书共有八篇序言。七篇为他人所撰，一篇为作者自序，自序撰于崇祯四年，他人撰写的序言中，有两篇标明年代，均为崇祯五年（1632年），故此书应刊刻于崇祯五年或略晚。我们所用的底本是北京大学图书馆藏的崇祯年间刻本，听说厦门大学图书馆藏有此书，因路途遥远，经费短缺，未到厦大翻阅，不知与北大所藏是否是同一版本，抑或稍晚。因底本只有一种，文字校勘只能作理校，未作版本校。

在点校时，有肤浅的心得体会，随时记下，因成此文，故名曰“《盟水斋存犊》点校札记”。

一、正确辨识文字

正确辨认文字是进行标点的基础，也是校勘的一项重要内容。我在点校时，在文字上遇到的难点有：通假字、异体字、增减笔画的字、错字和漏字、对少数民族有歧视和侮辱性质分述如下：

（一）通假字。通假字，又叫古音通假。指古人在书写时，不用本字，而用与本字声音相同或相近的字来代替它。王力先生说是古人写别字。如：《诗经·魏风·硕鼠》：“逝将去女，适彼乐土。”“逝”就是“誓”的通假字。又如：《列子·汤问》：“甚矣，汝之不惠。”“河曲智叟亡以应。”“惠”是“慧”的通假字，“亡”是“无”的通假字。

我在点校本书时，遇到的通假字有：

甲、“什”，是“释”的通假字。如：二刻《署府谳略》卷一“盗情邵四康等二徒”：“供口未的，应从杖什。”同卷“盗情邵正阳等审什”：“请急什此犯，以留一线之阳春，可也。”

又如：二刻《署府谳略》卷二“失守地方黄宇审什”：“原情宽什”，“念事在革前，仰行径什，缴”。

其中“什”字都是“释”的通假字。

乙、“亡”是“无”的通假字。如：二刻《署府谳略》卷二“虎门书役左斌等杖”：“原不许亡赖白役厕足其间，似亦可免更张也。”

丙、“皇”，是“遑”的。如：二刻《署府谳略》卷一“衙役锺兆奇等四杖革役”：“里排已整戈待之，方抱头鼠窜之不皇，谓其复诈有赃，则又非当日勒写服辩之本色矣。”

丁、“繇”，是“由”的逌假字。如：二刻《署府谳略》卷二“诈冒生员邓绍鼎繇详”：“繇详提学道批”。其中，两个“繇”字，都是“由”的通假字。

遇有通假字，点校时一徑改为本字。

（二）异体字。所谓异体字，就是两个（或两个以上的）汉字，在读音和意义上完全相同，它们在任何情况下都可以互相代替。如：“泪”和“淚”，“睹”和“覩”，“敕”和“勅”，“惭”和“慙”等。

我在点校本书时，遇到的异体字很多，一律都改为规范用字。如：

甲、“擄”，应为“据”。如二刻《署府谳略》卷一：“盗情袁文贵徒”，“據罗明呈解谓劫刑厅差役，竟置之辟”。“袁文贵与劫贼同党，且越狱潜逊，复谋纠刼。”其中，“纠”，应为“纠”，“刼”，应为“劫”，“逊”，应为“逃。”

乙、“靣”应为“面”。如：二刻《署府谳略》卷二“盗情李鹏岳等由详”：“相应具由连人解审，以听宪裁，开一靣之網者也。”

丙、“蘓”，应为“苏”。如：二刻《署府谳略》卷一“人命黎元锦行县审”：“而梁鸣、蘓汝脩管业既久，不难以越涌为证。”“脩”，应为“修”。

丁、“畱”应为“留”。如：二刻《署府谳略》卷一“盗情锺正阳等审释”：“捕哨浑捉报功，勉畱盗赃，自其本色。”“请急释此犯，以畱一线之阳春，可也。”

其他常见的异体字有（括号内为规范用字）：穉（稚）、筭（算）、捄（救）、欛（把）、妆（收）、刱（创）、襍（杂）、槩（概）、靣（面）、縉（缙）、牆（墙）、餝（饬）等。

（三）增减笔画的字。在点校本书时，还经常遇到增减笔画的字，各举三例如下：

其一，增加笔画的字。

甲、“究”，本书常写作“宂”。“杖”，常写为“杖”。如二刻《署府谳略》卷一“局诈周学羲杖”：“但诈赃无据，姑从杖治。”

二刻《署府谳略》卷一“跳诈刁徒植嵩杖”：“法应重宂，念菜佣不足污三尺，姑杖惩之。”

乙、“土”，本书有时写作“圡”。如二刻《署府谳略》卷一“洋船阑入内地黄正等二徒八杖”：“看得洋船突入，凡在守圡，皆无所谢其責。”

其二，减少笔画的字。

甲、“鬼”，本书常写作“鬼”。如：二刻《署府谳略》卷一“诬织龙段吴宗周等”：“省城鬼魅百出，为祟吾民。”

乙、“毕”，本书往往作“畢”。如：二刻《署府谳略》卷二“负骗吴廷隆等杖”：“其为驾空抵赖，不待其辞之畢也。”

丙、“再”，本书常写作“再”。如：二刻《署府谳略》卷一“盗情袁文贵徒”：“及本厅查，未尝有此差，因行县再查。”

丁、“稱”本书常写作“稍”。如：二刻《署府谳略》卷一“盗情袁文贵徒”：“据丁同知审稍”文贵等语言支吾，似非良类”。

除了增减笔画的字以外，本书有的字，笔画往往变动位置，亦举二例如下：

甲、“尤”，本书往往作“龙”。如：二刻《署府谳略》卷一“局诈李秀等二徒五杖”：“再敢效龙，讨之无赦。”

乙、“就”，本书常写作“就”。如：二刻《署府谳略》卷一“澳夷籍口匿饷详”：“澳夷渐渐为粤患，然犹不敢不就吾控驭也。”

（四）错字和漏字。本书有时有错字，可能是刻印校勘粗心之故，略举几例以说明之：

甲、本书很多地方“已”、“己”都写成“巳”，点校时需径改。如：二刻《署府谳略》卷一“失守地方黄宇审释”：“除亚二巳故、餘犯发配外”，“而宇以异旅孤身，拘挛逮累，死而后巳，罪更甚于配矣”。文中两个“巳”字均应为“已”。

又如二刻《署府谳略》卷一“局诈棍徒杨意存批县审”：“及审区氏，一无赖丐妇，据称杨意存、黄贵借其出注，巳亦不知何事。”文中“巳”应为“己”。

乙、“续”，书中常错为“赎”。如二刻《署府谳略》卷一：“盗情林安等行县审”：“今诸犯陸赎报斃，止存林安三犯，又极口称冤”。

丙、“段”，常错为“叚”，这是因形近而误。如：二刻《署府谳略》卷一“诬织龙吴宗周等”：“林文燿、文焕私织龙緞，为线林文煌、霍维纶、郑子耀所首。”句中“叚”、“緞”应为“段”和“缎”。

丁、“廷”，错为“建”。见二刻《署府谳略》卷一“局作李秀等二徒五杖”：“审得木户何啓巽指官锁局之控，初阅其词，疑其言之太过，建质之。”

书中有时还有漏字，必须根据前后文补出。如二刻《署府谳略》卷一：“详熊成恩盗批防厅就案审”：“以算工银争论，遂攻其私带硝黄之事，因指其（为）盗送之。”补一“为”字较好。

（五）对少数民族歧视或侮辱色彩的字。古代统治阶级实行大民族主义，歧视并压迫少数民族，在古书中，对少数民族的名称往往加上“犬”字偏旁以示侮辱，点校时必须改正。如：二刻《署府谳略》卷一“私抽盐税李望南等二徒一杖”：“若以怀乡五都引盐不至，百姓徭僮肩挑而食。”“徭僮”，原为“猺獞”，径改。

除以上几种情况下，书中有时使用古字，点校时将其改为今字。如二刻《署府谳略》卷一“争囦冯褒详批县勘”：“审得冯褒所讼尝囦两口，吕耀可等毁隄掠鱼。”“囦”是“渊”的古字，点校时将其改为“渊”字。

二、熟悉公文词语

《盟水斋存牍》中所收的文章，是作者撰写的各种司法文书，其中，既有常用的公文词语，也有明代使用的带有浓缩性的公文词语，只有准确弄清其含义，才能进行正确的标点。

在谈一般的公文词语以前，先看几个例句，它们都摘自本书二刻《署府谳略》：

甲、卷一“盗情邵四康等二徒”：“覆详候夺，招详兵巡道批：仰候转详示行缴。”

乙、卷二“争产刘肇风杖”：“依拟杖惩发落，馀如照，库收缴。”

在这些公文词语中，出现频率最高的词有拟、招、详等，只有真正弄懂这些词的含义，才能进行正确的点校。

拟，是拟罪。依拟，是依照所拟的罪行。

招，是招册，即记录犯人供词的簿册。记录犯人供词的底稿叫招稿。古代，各州县将需要送省复审的罪犯，记录下口供，派人解往省城，叫招解。

详，旧时下级官员对上级官员的请示报告叫详。用作动词，就是下级官员向上级报告请示。覆详，是再次上报请示。转详，是转呈上级请示。招详，是以招册上报请示。

除了这些一般性的公文词语外，还有一些浓缩性的公文词语，在书中使用频率也很高，必须弄清其确切含义，试举例如下：

（一）馀照，也作“馀如照”。

甲、二刻《署府谳略》卷一“盗情陈迪雄杖”：“依拟加责三十板，的决发落。馀照，库收缴。”

馀照，是其馀照审断执行的意思，书中有时作“馀照前拟”，“馀如照”。也可以省略为“如照行”、“如照”或“照行”。如：

乙、二刻《署府谳略》卷二“讼屋罗昭彝等杖”：“昭彝、曙台、尹瑞麟依拟各杖，分别赎钞，均如照行，库收领状缴。”

丙、二刻《署府谳略》卷一“局诈周学羲杖”：“招详布政司批：周学羲钞赎，陈祯杖折，并依拟发落，如照，库收缴。”“陈祯词多添入，是亦有罪，依拟收赎折杖，学羲革去練总，照行，库收缴。”

丁、二刻《署府谳略》卷二“争产刘肇风杖”：“依拟杖惩发落，馀如照，库收缴。”

有时用“馀如断”或“馀照断”。如：

戊、二刻《署府谳略》卷二题目缺：“陈一乐串合为祟，并杖示警。馀如断，库收缴。”

己、二刻《署府谳略》卷二“争山邹之学等”：“邹之学姑同何奎杖折发落，馀照断，库收缴。”

（二）赎发。赎发，是赎罪发落或折赎发落的意思。赎，指赎罪或赎刑，中国古代统治者规定犯人可以用财物或劳役代替或抵消其刑罚的制度。明代赎刑使用得很广泛，分依律收赎和依例纳赎两种。收赎适用于老幼、废疾、天文生习业已成能专其事者，妇女犯徒刑罪等等。纳赎适用范围很广，包括官吏军民人等，洪武年间已多次下令，准许杂犯死罪以下都可以用赎刑代替。赎罪发落，就是犯人不必去服刑，而以交纳财物或服一定时期的劳役代替。

杖刑发落可简称为“杖发”，可与“赎发”对照。如：

甲、二刻《署府谳略》卷一“盗马何瑞真等二徒四杖”：“锺太宁等各杖发，二马付汤参玄领回收管。”

“赎发”，有时也只用“赎”，即赎刑、赎罪之意。如：

乙、二刻《署府谳略》卷一“诈索差役胡杰一徒二杖”：“罗秀荣、罗允相各杖赎，馀如照，库收收管缴。”

三、了解典章制度

司法文书的内容，包含社会生活的各个方面，涉及不少古代典章制度，我们只有对这些制度有一定的了解，才能了解文章的意思，进行正确的点校。

（一）官制。在司法公文中，经常碰到明代的各级官署和官职名称，如：布政司，长官为布政使，俗称藩司。按察司，长官按察使，俗称臬司。道台，书中出现的有巡视海道、分守道、兵巡道等。知府、知县等官。另外，文中还经常出现军门和部院这两个词语，我们只有了解军门是明代总督、巡抚的俗称，部院指明代中央刑部和都察院，才能准确了解文意。

（二）刑罚和各种司法制度。因为是司法文书，必然涉及各种刑名及司法制度。常见的刑名，如：死刑、配役、充军、徒刑、杖刑、赎刑自然经常出现，有时还出现一些一般人不大熟悉的刑名。如：

甲、二刻《署府谳略》卷二“诬告张爨等一徒三杖”：“军门批：诬告风炽，法之不严耳。张爨先诬而后息，又是局骗伎俩。二事俱徒，依拟发官庄驿摆站，满放。”

摆站，是将罪犯押送到驿站当苦差的刑罚。明、清时，被判徒刑的犯人一般都让在本省驿站服劳役，限满即予释放。《明史·刑法志》：“徒流、杂犯死罪各做工、摆站、哨瞭，发充仪从，情重者煎盐炒铁。”满放，即摆站期满就释放。

书中涉及不少司法制度，限于篇幅，我们只举一例以说明之：

乙、二刻《署府谳略》卷一“盗情李鹏岳等由详”：“今权明业已物故，而岳有里排力结为良。”“但粤俗保结多出贿成，未可全信。获解人犯，遽难轻释。”

文中力结的“结”即指保结。保结，是百姓向官府出具的保证书，它可以保证一个人的身份。而“里排”则涉及明代的社会组织及户籍制度。里是明代农村社会的基层组织，洪武十三年规定：农村居住地相邻的一百一十户编为一里（住在城中者编为坊，近城者编为厢）。里中选丁粮多者十人为里长，总管一里之事，负责催办军需税粮，处理公事，率领应役人户供办每年的徭役。除里长外，其余一百户分为十甲，每甲设甲首一人，管一甲之事。里甲人户承担徭役时，每年由里长一人领一里十户应役，十年一轮，应役之年称现年里甲，其余里份称排年里甲。文中的“里排”疑指所有的里长。

（三）典故和制度。文中不仅涉及不少明代的刑名及司法制度，也涉及很多古代的典故制度。如：

甲、二刻《署府谳略》卷二“诈冒荐贤梁文煌由详”：“则文煌者，目无功令，不容于宫墙者也。”功令，本指古代国家对学者考核和录用的法规。《史记·儒林列传序》：“余读功令，至于广厉学官之路，未尝不废书而叹也”。司马贞索隐：“案谓学者课功，著之于令，即今之学令是也。”后来也指一般的法令。此处指学校的法令。

乙、在书中还多次出现“白简”一词，如：“参将柴选，已彰白简。”古代御史弹劾官吏用白简（白色的竹片、木片），后来，弹劾官吏的奏章也叫白简。已彰白简，就是已经被弹劾。

丙、在本书的第一篇序言礼部尚书兼翰林院学士韩日缵的序言中，就用了不少典故，如：“诘鼠矢之投蜜，割鸡腹而得粟。”这两个典故均出自五代和凝与其子和㠓同撰的《疑狱集》中，“诘鼠矢之投蜜”，是说三国时东吴废帝孙亮，一年夏天到西苑去游玩，想吃生梅子，派一名宦官拿着银瓶和盖子，到仓库里取蜂蜜。这宦官一向怨恨管仓库的官员，偷偷把老鼠屎投进蜜里，还禀告皇上说：“管仓库的办事太马虎了。”孙亮派人将仓库官员叫来，孙亮见盛蜂蜜的瓶子盖得很严实，不可能掉进老鼠屎，怀疑是宦官陷害管仓库的官员，问他说：“莫非从前宦官向你要过东西吗？”仓库官员说：“他曾经向我要过官席，臣下没给他。”孙亮说：“这事很容易查清楚。”于是，让人碾破老鼠屎，里面是干燥的，孙亮说：“假如老鼠屎早已掉进蜜里，应该里外都浸湿。现在粪蛋里面是干的，这是有人栽赃陷害仓库官员。”于是，那个投放老鼠屎的宦官才低头认罪。

“剖鸡腹而得粟”，指季珪破嗉辨鸡食的故事。有两户争一只鸡，告到县衙。季珪问：“早晨鸡吃的什么？”一家说：“谷子。”另一家说：“豆子。”季珪让人杀了鸡割开嗉子，见里面有豆粒，于是就处罚那个说喂谷子的人。

（四）经史典籍。在书中，特别是在本书的序言中，经常引用经书和史书中的文字和典故，我们如果不了解或不熟悉，也不能进行正确的点校。

在嘉议大夫翰林院侍读学士何吾驺的序言里，有以下几句话：“而桃应所请疑，必曰：‘瞽瞍杀人，皋陶为士’。则知唯皋陶唯能用刑也。帝命陶明于五刑，以弼五教，以予所服膺皋陶，则无如‘宥过无大，刑故无小’二语。”“而桃应所请疑，必曰：‘瞽瞍杀人，皋陶为士。’”出自《孟子·尽心上》，原文为：“桃应问曰：‘舜为天子，皋陶为士，瞽瞍杀人，则如之何？’孟子曰：执之而已矣。”桃应，是孟子的弟子。瞽瞍，是舜的父亲。桃应问：“舜做天子，皋陶做法官，假如瞽瞍杀了人，那怎么办？”孟子答道：“把他逮捕起来罢了。”可见皋陶是敢于执法的。“帝命陶”以下几句则出自《尚书·大禹谟》。原文为：“帝曰：‘皋陶……汝作士，明于五刑，以弼五教，期于予治。’皋陶曰：‘……宥过无大，刑故无小。罪疑惟轻，功疑惟重。’”文中的“帝”指舜。士，是负责审理狱案的官员。过，指过失犯罪。故，指故意犯罪。

同一篇序言中，还有“虞帝曰：‘刑期于无刑，民协于中，时乃功。’是乃真祥刑之理耳。”这几句话也出自《尚书·大禹谟》，是虞舜与皋陶的对话。“帝曰：‘刑期于无刑，民协于中，时乃功，懋哉！’” 意思是：用刑的目的，在于使民不犯法而不用刑。百姓的行为都合于大中之道，这就是你的功能，勉励啊。

在序言和书中，使用史书的典故也很多，限于篇幅，不一一列举。

除了公文词语及典章制度外，还会碰到一些难认的字词，必须翻检字典和词典，结合具体语言环境，反复揣摩，才能弄清其意义，进行正确的点校。

张伯元

古代判例考略*

简介

张伯元，1942 年生，江苏无锡人，大学本科学历，现为华东政法学院法律史研究中心、法律古籍整理研究所研究员。主要从事中国古代法律文献的整理和秦汉法制史的研究。出版专著《法律文献学》（获司法部优秀成果三等奖）、《出土法律文献研究》、《古书存亡史话》等 5 部，发表《法律文献考订例释》（曾获上海社科优秀论文三等奖）、《“爵戍”考》等论文四十余篇。

---

* 原发表于《法律史论丛》，第 10 辑。因篇幅所限，本文有删节，第二部分“古代判例发微”的具体论述从略。

判例，表示某一判决作为审理同类案件的前例。不过，判例在我国古代并非一定作这样的前例用，判例既可以是判例法所指的判例，又可以泛指日常司法实践中的无数案例，古代的案例还有拟判和实判的不同。对这些概念不加区别，会给问题的讨论造成混乱，因此，为避免不必要的麻烦，我们首先得界定好判例的义域。依据现代法学术语的解释，界定本文讨论的古代判例仍为某一判决作为审理同类案件的前例。

据此，对我国古代判例的历史状况作一点考察，历史地看待中国古代判例的生存、发展及其影响应该说是有必要的；因为它有助于我们对中国注释律学发展历史的深入认识。

在我国古代有没有采用过判例法呢？答案应该是肯定的。只是它与现代法律观念下的判例法有所不同。我们不可能严格地用现代法律中的判例法定义、原则、规则去衡量中国古代判例的实际运用。

（一）古代判例概况

在我国漫长的历史长河中，封建法制以制定法为主，这是众所周知的事实，也已成为法学界的共识。法学界一般都认同中国法制史是一部以制定法为主的历史，却对是否存在、如何运用判例以及判例随时代而变化发展的历史都未引起足够的重视。因此，中国古代究竟有无判例法，其司法功能如何，说法不一。民国时期的居正说："自晋命贾充等改定旧律为刑名法例，于是法之外有例之名。稽诸古意，例即《王制》所谓比也。"[①] 他认为：中国向来是判例法国家，甚似英美法律制度。这一说法是不完全正确的。贾充改定的"法例"虽然未有片纸遗世，但是从名例与它的关系及其变化过程看，"法例"只是法律的适用、解释及一般效力的通则。法例不是判例。至于民国时期的法例则又与之不同，是案例的异名。居正托古立制，固然有他的良苦用心，但不能不顾历史的真实，牵强附会。

在古代法律文献中被理解为成案的法律术语习惯上有廷行事、比、决事比、故事等，此外被看成判例的还有邦成、法例、断例乃至春秋断狱、折狱指南等等，但是它们究竟是否就是成案意义上的判例，这还需要加以深入的考察和论证。

1. "殷罚"故事

《尚书·康诰》上说："外事，汝陈时臬司师，兹殷罚有伦。"《正义》云："既卫居殷墟，又周承于殷，后刑书相因，故兼用其有理者。谓当时刑书，或无正条而殷有故事可兼用，若今律无条求故事之比也，臬为准限之义，故为法也"。《康诰》又曰："汝陈时臬事

① 《最高法院法例要旨》序，1944年3月大东书局版。

罚，蔽殷彝。”句注云：“陈是法事，其刑罚断狱用殷家常法，谓典刑故事。”蔽，同弊，裁断。这里记载的是周公旦用摄政王名义对康叔所作的训诫。要求康叔向官吏宣示法律准则，要求采用殷商时的判案以裁断。按孔颖达《正义》的解释是指殷之典刑故事，也就是在没有正条的情况下可以兼用殷商时的判例断案。也可以说它是西周采用判例断案的记录。

究竟有没有“殷罚”故事？在迁殷之前盘庚对民众的训诫中说：“惟喜康共，非汝有咎比于罚。”（《尚书·盘庚中》）这里就有表示比照同类罪过作为先例处理的意思。出土西周青铜器中是否有可以作为成案用的例子？若有，正可以作为西周判例方法的实际证据。《曶鼎》、《卫禾铭》、《格伯簋》等，其内容或诉讼，或交易，或租赁……何以要将它们铸成铭文？作为凭据此其一，可以为其他类似的事件作比照此其二。《格伯簋》上说：“格伯受良马乘于倗生，厥贮卅田，则析……用典格伯田。”格伯用良马交换了倗生的三十亩土地之后，还写了析券，双方各执其一。既然有了析券，析券足以为凭，何以还要铸成铭文？我们看到这里用了“用典格伯田”一句，它恐怕就不仅仅起了以此铭为凭的作用，而且也包含有以后碰上同样性质的交易，可以照此办理的意思；是不是可以把它看作为成案？

2. 邦成

《周礼·秋官·大司寇》上说：“凡庶民狱讼，以邦成弊之。”郑玄注云：“邦成，八成也。”八成，指古代对危害统治者政权的八种判罪成例，有邦汋、邦贼、邦谍、犯邦令、挢邦令、为邦盗、为邦朋、为邦诬等。郑玄注又云：“郑司农云，邦成，谓若今时决事比也。”郑众以此比作东汉时的决事比。弊，裁断也；义同《左传·昭公十四年》上“弊狱（蔽罪）邢侯”之弊（蔽）。

对此，贾公彦疏云：“此八者皆是旧法成事品式，若今律其有断事，皆依旧事断之，其无条取比类以决之，故云决事比也。”所谓今律，当指《唐律》。沈家本认为在《唐律》中并无此文，但是他又推度“或当时令中有此文。唐令今亡。诸书所引亦不能全也”②。

3. 廷行事

在睡虎地秦简《法律答问》中有“廷行事”一语。所谓“廷行事”，就是判案成例。在睡虎地秦简《法律答问》的说明文字中就这样指出：将判案成例“作为依据，反映出执法者根据以往判处的成例审理案件，当时已成为一种制度”。由此看来，我国秦代兼用了判例法。在《法律答问》中“廷行事”一语共出现有13处之多。

睡虎地秦简中还有98支《封诊式》简，其中有各类案例，但我们暂时还不能把它看作“旧法成事品式”，不能视作判例；因为没有足够的根据可以证明《封诊式》中实例是作为审判依据的成例用的。只是联系《法律答问》13处“廷行事”看，《封诊式》中除司法文书格式要求的内容之外，“其中包括了各类案例，以供有关官吏学习，并在处理案件时参照执行”。是参照执行，而不是参考。而且，在《封诊式》的案例中用甲、乙取代了当事人的人名，在原案基础上作了必要的改动，显然，它扩大了原案适用范围，具有普遍适用的性质。

---

② 《汉律摭遗》卷二二。

从这一点看来，这就是它用作为判例范式的表征。

汉代的“廷行事”，也称“行事”。《汉书·翟方进传》云：“行事以赎论。”师古注云：“行事有阙失，罪合赎。”这样解释不正确。王先谦在补注中引刘敞的话说：“汉时人言‘行事’、‘成事’，皆已行、已成事也。”“下文所谓自设不坐之比是也。”明确是作为审理同类案件的前例。王念孙在《读书杂志·行事》中也这样认为：“行事者，言已行之事，旧例成法也。”

4. 比、决事比、故事

比，比方，比附。《尚书·吕刑》云“上下比罪”，孔传曰“上下比方其罪”，是古代判案中所采用的类推适用。比，例也。这个“比”字在作“例”义解的时候，又有两种解释，一作条例讲，一作事例、故事讲。在这里我们说的是后者。《礼记·王制》：“疑狱，氾与众共之。众疑，赦之，必察小大之比以成之。”郑玄注：“小大犹轻重。已行故事曰比。”比，即成案。表明先秦时期判例法的存在。《史记·张丞相列传》：“及以比定律令。”句瓒注曰：“谓以比故取类，以定法律与条令也。”有以类比附之义，但不是指成案比照。《汉书·食货志》：“自是后有腹非之法比。”师古注曰：“比，则例也”。《汉书·刑法志》师古又注曰：“比，以例相比况也。”据此可证，在汉代腹非之法自张汤始，其后有以此故事比照者。表明汉代判例法的存在及其实际施行。

江陵张家山汉墓出土的《奏谳书》227简，包含春秋至西汉时期的案例20余件。总的说来它是议罪案例的汇编，但其中也引有个别成案的例子。例如引述有春秋时柳下季为鲁君治佐丁的案例就是。《奏谳书》中很典型的一个例子是第3例：发生在高祖十年七月的胡状、丞熹所谳一案。在这个案子中，记述了临淄狱史阑送女子南去了关中，后又假装生病而回往临淄，过关时被查出，遭拘捕。在议谳中引了这样一个案例：“人婢清助赵邯郸城，已即亡，从兄赵地，以亡之诸侯论。”比况后，“吏议：阑与清同类，当以从诸侯来诱论”。由此可见，这是当时“旧法成事品式”的已成案例，在此用作“比”。张家山汉简整理小组认为：“《奏谳书》这类案例汇编也可能与比有一定联系。”这样的估计是有依据的。应该说这是判例法应用在司法实践中的实例，最具说服力。

《汉书·刑法志》：“（及至孝武即位）死罪决事比万三千四百七十二事”，可谓浩繁之至。任何事物都有个度，超过了度，其结果往往适得其反。如此浩繁的成例，反而会给司法带来混乱，以致“奸吏因缘为市，所欲活则傅生议，所欲陷则予死比，议者咸冤伤之”。此一时期“决事比”的弊端可以说是被发挥到了淋漓尽致的地步了。

《后汉书·桓谭传》：“又见法令决事，轻重不齐，或一事殊法，同罪异论，奸吏得因缘为市，所欲活则出生议，所欲陷则与死比，是刑开二门也”，面对司法腐败的现状，桓谭上疏提出了“校定科比”的主张，他说：“今可通义理明习法律者，校定科比，一其法度，班下郡国，蠲除故条”，李贤注云：“科谓事条，比谓类例”，主张采用判例的同类比附办法来纠正时弊。

《晋书·刑法志》上也说：“决事集为令甲三百余篇，及司徒鲍公撰《嫁娶辞讼决》为

《法比都目》。凡九百六篇，世有增损，集类为篇，结事为章，一章之中，或事过数十，事类虽同，轻重乖异……若此之比，错糅无常。”

《太平御览》引《风俗通义》佚文有鲍昱决事比 3 条。《决事比》，书名，见《后汉书·陈忠传》：“……及宠免后遂寝。而苛法稍繁，人不堪之。忠略依宠意，奏上二十三条，为《决事比》，以省请谳之敝。”从书名看，可能是先年判例的汇编。不过仅 23 条，有应时急用之嫌，或“第就当时法之苛者言之耳”。此外，《清史稿·薛允升传》记载有《汉律决事比》四卷。③

晋贾充制《故事》30 卷，与律令并行（《晋书·刑法志》）。在《隋书·经籍志》上提到命贾充修订律令时称故事为“品式章程”。《隋书·经籍志》著录有《晋故事》43 卷、《晋建武故事》1 卷④、《晋咸和、咸康故事》4 卷（晋孔愉撰）。

5. 春秋决狱

西汉董仲舒所著《春秋决狱》232 事。《汉书》本传上则说：“仲舒所著，皆明经本之意，及上疏条教，凡百二十三篇。而说《春秋》事得失，‘闻举’、‘清明’、‘竹林’之属，复数十篇，十余万言，皆传于后世。”很可惜，今大多已佚失了。经前人辑佚所得若干（见如《太平御览》卷 640 所载）。

董仲舒在《春秋繁露·精华》中说：“以贱伤贵者，逆节也，故鸣鼓而攻之，朱丝而胁之，为其不义也。此亦《春秋》之不畏强御也。”董仲舒《春秋决狱》必本其事而原其志，也就是在考察犯罪事实的同时还要推究他的犯罪动机，“《春秋》之义，原心定罪”。当然，这种推究是以君权神授为主宰、《春秋》之义为衡量标准的。影响所及直至东汉，《后汉书·应劭传》中说，应劭著有《春秋断狱》。

6. 法例

贾充制《晋律》20 篇，篇中有“法例”1 目。《晋书·刑法志》上说：“（贾充等）就汉九章，增十一篇（一作‘十’），仍其族类正其体号，改旧律为刑名、法例……”《梁律》、《北周律》、《北魏律》亦列有“法例”。但是，它是秦及汉魏时期“具法”、“名例”律目中的一部分，是法律适用和解释的一般效力的通则。

在唐代法制文献中也有《法例》之书，《旧唐书·刑法志》上记载：“先是详刑少卿赵仁本撰《法例》三卷，引以断狱，时议亦为折衷。”所谓折衷，也就是说用法例断案还是公正合理的。其后，高宗却认为“法例”繁琐不便，既然已经有了律令格式，“条章备举，轨躅昭然”，就不必再作“例”，致使“触绪多疑”，至此，便废而不用。这里的“例”、“法例”指的是除律令格式之外的一种法律形式，这种法律形式的最大缺点是烦琐，头绪多，分歧大。不过，这种“法例”形式在以前也用过，只是不适合今天，高宗就这样说：“计此

---

③ 《清史稿》第 41 册，第 12428 页。据传，在民国二十四年（1935 年），薛允升《汉律决事比》稿本为当时的东方文化事业委员会所得。后不知所终。

④ 在《隋书·经籍志》所著录的“汉朝议驳”条下加有按语，云：“梁有《建武律令故事》二卷”。分别见《隋书》中华书局版第 966 页和第 973 页。

因循，非适今日。”尽管《法例》一书已佚，但从以上史载可以看到，在唐高宗之前曾一度兼用了判例法。如果我们结合前述“殷罚”故事中的孔颖达注和“邦成”[⑤] 中所引贾公彦的疏来考察高宗之前判例法的实际应用，应该说是客观的存在。另外，崔知悌等也著有同一书名的《法例》3 卷，见《旧唐书·经籍志》。

7. 断例

宋代有“断例”一名，此名与判例同义。北宋时有《熙宁法寺断例》、《元丰断例》、《崇宁断例》等。《宋史·刑法志》上记载了南宋时期采用断例的情况：

> 高宗播迁，断例散逸，建炎以前，凡所施行，类出人吏省记……绍兴元年，书成，号《绍兴敕令格式》，而吏胥省记者亦复引用。监察御史刘一止言：“法令具在，吏犹得以为奸，今一切用其所省记，欺蔽何所不至。”十一月，乃诏左右司、敕令所刊定省记之文颁之。

从记载中可以知道，在北宋时期断例的运用是普遍的，因战乱而散失，南宋之初不得不让文书吏员回忆记录下来以供引用。当然也有人不赞成这样做。

绍兴四年（1130 年）刊定了《见行断例》，此外还有《特旨断例》。刑部有言：“国朝以来，断例皆散失，今所用多是建炎以来近例。乞将见行断例并臣僚缴进元符断例裒集为一。若特旨断例则别为一书。”绍兴九年由何彦猷编集《刑名断例》。绍兴二十六年刑部又整理出崇宁、绍兴刑名疑难断例 320 条等。[⑥] 乾道二年（1166 年）刑部方滋上《乾道新编特旨断例》七十卷。[⑦] 据《宋史·刑法志》记载，乾道八年虽然颁布了《乾道敕令格式》，但是，“当是时，法令虽具，然吏一切以例从事，法当然而无例，则事泥而不行，甚至隐例以坏法，贿赂既行，乃为具例”。在这一时期普遍以例断狱，以致奸吏因无例而破法、隐例坏法的事也不断出现。淳熙初下诏废除了《乾道刑名断例》。

元代，在《大元通制》中有断例 717 条，在《至正条格》中有断例 1 059 条。《元典章》所收案例也不少。

另外，元代的诏条，及各部“议得”的案子，经过整理，逐步发展为“条例”的形式固定下来，即《大元条例纲目》中所谓“编录诏条及省部议拟通行之例”以辅《通制》，也就是明清时期的条例，据以断案量刑的法律条文。

8. 拟案

这里所说的拟案并不是指古代科举策士在“明法”科下所作的拟判文字，而是指律注文献中的假设性案例。这些假设性案例是否属于判例，或者说它是否有实判的依据，理当有考察的必要。

在《唐律》的疏议中，有假设案例 26 处，其中名例 9 处，厩库 1 处，贼盗 4 处，斗讼

---

⑤ 分别见上文第（一）节的第 1、2 部分内容。

⑥ 《玉海》卷六七。

⑦ 《文献通考》卷一七六。又见《宋会要》。《宋史·刑法志》上写作：《乾道刑名断例》。

10处，诈伪1处，捕亡1处。在名例的9处中主要也是针对贼盗、斗讼的刑事而设。

假设性案例采用的是虚拟当事人甲、乙、丙等，其目的主要是疏解律意，形象具体。主要是针对刑事案例的；与睡虎地秦简《法律答问》中的假设性案例酷似，在《封诊式》中也用了甲、乙，但它不是出于虚拟，而正如我们在上面第三节中所说"它又有作为判例范式的可能"。

9. 附例

明例，一般不指判例，而是指条例，如《问刑条例》之类。但是，《问刑条例》的提议乃至制定，则是由大臣据司法实际的需要而题奏的，而且常常有实在的案例为根据。以弘治《问刑条例》为例，其注明日期的条款共18条，18条条例的制定都是有现实的案例为基础的，我们从《皇明条法事类纂》中大多可以找到案例的原档。由此可见，明代条例不是凭空编撰出来的，而是以一些相对重要的、同类性质的实判为基础，加以整理、概括之后，经一定的立法程序才确立下来的。

清代《大清律例》中所附条例也是同样情况。条例的制定往往是由布政使等职官题奏，经刑部会议、奏准而定，是按一定的立法顺序作出的。不过职官的题奏都是有"案"可据，有必要才提出来的。这有案可据的"案"就是所属地方上发生的典型案例。

在《大清律例通考》一书中，吴坛注有"谨按"一栏，注明了各条例的来由。例的废止或新颁都是出于客观情况的改变。

10. 贴法

这是一个较陌生的术语。它出现在明抄本《大明刑书金鉴》中。[⑧] 所有"贴法"用的是假设法，均具拟案性质。贴法中的行为人的名字用赵甲、钱乙、孙丙等代替，犯罪行为也是假定的，但是处断则根据相应的律文严肃作出；以此作为司法官员对照参用。拟判有似《春秋决狱》故事，也极有可能是改写《春秋决狱》故事而成。可见董氏思想对司法的影响实在不可小觑。以及在其后的《大明律例注释招拟折狱指南》中也同样引录了"律颐断法"，只是加了"新增"二字，并作有拣择。相对《法学裒集》来说时间较晚，但是从对司法实际的作用而言，它的影响持续存在。

11. 招拟、招议

招拟是以注释的形式出现在律注文献中的。在《大明律直引》[⑨] 中，采用的是直接拟案释律之法。

明有《比部招议》一书。台湾存明抄本。此书记录了明天顺元年至正德七年间刑部问案、取招、议奏及奉旨处理的5则大案。原天一阁存《比部招议》明刻本2卷，3册。从有关书目的著录上看，台本与天一阁本不同，或许是同一书名的两种书。此类书只能说是问

---

⑧ 《大明律直引》八卷，二册，辑者不详。今存嘉靖五年（1526年）刊本。参见《中国珍稀法律典籍集成》乙编，第一册。

⑨ 《大明律直引》八卷，二册，辑者不详。今存嘉靖五年（1526年）刊本。参见《中国珍稀法律典籍集成》乙编，第一册。

案卷宗，与今天所说的档案相类同，不能视作成例。

招议文本有严格的格式要求，详见“招议之式”。在明代的“招议之式”中除了如我们今天所说的招供材料的写作要求外，还有“议罪”先后顺序、引用律文以及处断方面如“照出纸价赎罪”等的格式要求。如对“议罪”的先后顺序、引用律文就作了如下规定：“议罪，先凌迟，次斩、绞，次流、徒、杖、笞，从重入轻，各循次第，不必以招首之人为先矣。其律条各别而罪相同者并拟之，赃贯相同者亦并言之，不可重述。引用律文，可摘字不可添字，可减句不可倒句。若律文未备，该贯用别条或本条者，各以律贯引，不在添字倒句之限。”

由此可见，“招议之式”详尽周到，条贯谨严。对由此而形成的“招议”文本，既是司法档案，又是其后司法判断和司法文书格式的借鉴。此类招式见于《读律琐言》、《读律私笺》等书的附录。

12. 明《大诰》

明太祖朱元璋在洪武十八年至二十年间发布《御制大诰》、《御制大诰续编》、《御制大诰三编》及《大诰武臣》等法律文件。

对此主要有两种说法，一种认为它是“例”，一种则认为它不是例，只是进行法制宣传的材料。明《大诰》四编包括案例、峻令和明太祖的“训戒”三方面的内容。其中所记案例 156 则，占四编《大诰》的 2/3。

朱元璋在《御制大诰三编》的序中指出：“奸顽敢有不钦遵者，凡有所犯，比《诰》所禁者治之。”此外，在《大明会典·抄札》中有记云：“二十八年奏准：抄札遣发《律》与《大诰》该载者宜从法司遵守。”《大诰》是在特定的历史时期所出现的一种特别刑法，它具有法律效力。

尽管朱元璋要求法司采用比照《大诰》的办法打击贪吏和奸民，但是它毕竟与常法不合；重典治政、律外用刑能逞凶一时而不能持久。即使说《大诰》中案例被比照、引用，有遵循先例之意，但它毕竟是个特例，在特殊的时期所采用的特殊手段而已，不能与常法同日而语。

13. 判例汇编

唐代有张鷟的《龙筋凤髓判》、白居易的“甲乙判”等。此外在王维的集子、《文苑英华》中也都保存有若干判例资料。但是，它们大半是为适应唐代科举策试所作。唐代科举又将书判的写作列为官吏考选的科目之一，考官据经典命题，虚拟案情，由应试者作“判”，从书判中“取其文理优长”者。

宋代的判例汇编集主要有《名公书判清明集》，书中收录的是朱熹、真德秀、吴潜、陈铧、赵汝腾、史弥坚、刘克庄、宋慈等 28 人所作的案牍判例。此书编者是崇安人幔亭曾孙，其真实姓名不详。此书约编于宋理宗景定二年（1261 年）。此书为后人提供了丰富而完好的司法判例档案，它真实反映了当时商业货币经济繁荣、民事纠纷纷繁的现实状况，同时又是法例实施、适用刑罚的具体记录。《清明集》为私人所编，是案例汇编性质的集子，我们借用刘克庄的话说，它只是有感于当时刑狱的腐败，编著案例，“姑存之以示子孙”⑩而已。尽管在明版《清明集》张四维的“叙”中引盛时选的话说“读律者必知此，庶几谳拟不谬”，但也只能说是有助于谳狱，可作为司法的参考罢了；其书既有宋刻，又有明刊、清刊的增刻本，一刻再刻，目的也仅止于此。

至于五代的《疑狱集》，宋代的《折狱龟鉴》、《棠阴比事》等书大多是案狱故事的编集，注重治狱经验和故事性的动人，从审判的角度看则更少成案比照的意义。

明清时期有李清的《折狱新语》、张肯堂的《䇲辞》、李渔的《资治新书》、蒯德模的《吴中判牍》、樊增祥的《樊山判牍》等。此外，特别要提到的是清代的刑案编集《刑案汇览》、《续增刑案汇览》、《刑案汇览续编》以及《新增刑案汇览》等。沈家本在光绪二十五年（1899年），拟编《刑案汇览三编》。然因时变，终未付梓。在其序文中说：“《汇览》一书，固所以寻绎前人之成说以为要归，参考旧日之案情以为依据者也。”判例的汇编，无疑有利于执法官员深入理解律意，把握好定性量刑的尺度；有利于执法官员以前人判例为借鉴，从查阅、对照中取得经验乃至依据。

（二）古代判例发微

经上述的收罗、整理和初步考察，可以将我国古代的判例形式分作如下四类：其一，判例法所用之成案，如《奏谳书》案例3所引“婢清亡之诸侯”案。其二，用作司法参考的一般判例，如宋《名公书判清明集》。其三，在实际判案基础上按需要略加改作的拟判，如上文所引“招拟”、“招议”。还有一种是不能看作判例的应试性、文学性拟判，如白居易的“甲乙判”等。

从总体上说，我国自古至明代之初都程度不同地采用过判例断案的方法。其间以先秦、秦汉时期和南宋时期为最突出。在初步了解我国古代判例生成、变化和发展历史的基础上，我们有下面几点认识：

1. 古代判例是中华法系的法源之一。
2. 古代判例在实际司法中与制定法同时运用，但是制定法始终占有主导地位。
3. 古代判例严格遵循律例法意，定性量刑与律例相一致。
4. 我国古代所采用的判例是不严格的判例法。
5. 明清时期的条例是由历年成案发展而来。
6. 拟案为我国古代法典所采用，是法律解释的手段之一。

---

⑩ 《后村先生大全集》卷一九二、一九三的跋语。

霍存福

古中国与古罗马契约制度与观念的比较

简介

霍存福，1958年生，河北省康保县人，吉林大学法学院教授、博士生导师。专著有《权力场——中国政治的智慧》、《复仇·报复刑·报应说——中国人法律观念的文化解说》，译著有《唐令拾遗》（与栗劲、王占通、郭延德合译），主编有《中国法制通史·元》（副主编）、《中国法律思想通史·清代》（副主编），论文有《论〈唐律〉“义疏”的法律功能》、《唐式性质考论》、《〈龙筋凤髓判〉判目破译——张鷟判词问目源自真实案例、奏章、史事考》、《中国传统法文化的文化性状与文化追寻——情理法的发生、发展及其命运》、《汉语言的法文化透视——以成语和熟语为中心》等五十余篇。

就资料的遗存而言，古中国与古罗马的契约问题，对我们来说都是一种残缺。我们有系统的古罗马契约原理、学说的遗留（它还曾有过复兴，并对西方法律产生过绝对的影响），却绝少看到当时的契约原件；我们有古中国数以百万计的契约原件，却很少有契约原理、学说的遗留。

原理、学说是条理化的、规则化的，而原件是直观的、素朴的；原理、学说经过众人的论说、比较、实践，而后被皇帝钦定；而原件是未被加工的、原始的。在古中国，只有被儒生阐发过的律学，曾被皇帝选择、比较而钦定过[①]，偏偏对契约没有过集中的、大范围的讨论。我们有些人为中国没有契约原理、学说而懊丧。但历史就是这样走过来的。

比较古中国与古罗马契约制度与观念，是一件复杂的而艰巨的事情。笔者也是初涉这一领域不久。现在，谨将我读书时所见的古中国与古罗马契约制度与观念的一些问题及感想写出来，以与诸君分享。

一、关于制度之同异

（一）家子、卑幼的无权举借与不赋予出借人以诉权

罗马法对家子的接受金钱的消费借贷，是以无效处理的。

乌尔比安《论告示》第29编云："关于处理马彻多尼安案件的元老院决议如下：马彻多尼安放荡不羁的天性也表现在他处理借贷的独特方式上——在没有任何偿还保证的情况下进行金钱的消费借贷。这就为不良行为提供了可乘之机。因此，我们规定：以消费借贷的名义借钱给家子的人，即使在家子所处父权下的家父去世后，亦不赋予出借人诉权以请求返还借出的金钱。所以，放高利贷者应当懂得，即使是在家父死后亦无权请求家子返还所借的金钱。"[②] 这很类似中国唐宋令的有关规定，尽管唐宋时还包含了出卖或典卖。

唐宋《杂令》规定："诸家长在（'在'，谓三百里内，非隔阂者），而子孙弟侄等，不得辄以奴婢、六畜、田宅及余财物私自质举及卖田宅（无质而举者，亦准此）。其有质举、卖者，皆得本司文牒，然后听之。若不相本问，违而辄与及买者，物即还主，钱没不追。"[③] 这是说，子孙弟侄等卑幼，不得为质举及一般举借的借方主体（也不得为田宅的卖方主体）；即使在有些情况下可以为上述主体，也得履行告官审核批准程序，以保证家长独享处分权。同时，一律不保护出举人（贷方）及买主利益，贷出的钱及买田宅价钱若被对方子孙弟侄等卑幼挥霍掉了的话，不予追征；而物业则应归还原主，即所谓的"物即还主，钱

---

① 法律世家的律学似未有过这一经历。按《晋书·刑法志》云：鉴于东汉以来"叔孙宣、郭令卿、马融、郑玄诸儒章句十有余家，家数十万言……言数益繁，览者益难"的情况，魏明帝曹睿"天子于是下诏：'但用郑氏章句，不得杂用余家。'"律学终于能定于一尊。后来的《唐律》之律疏，也是在汉晋律学的基础上，由国家组织的总结当时律学的结果。

② ［意］桑德罗·斯契巴尼选编，丁玫译：《契约之债与准契约之债》，69页，中国政法大学出版社，1998。

③ 《宋刑统》卷一三《户婚》典卖指当论竞物业门、卷二六《杂律》受寄财物辄费用门附。

没不追”。在卑幼的无权举借与不赋予出借人以诉权方面，其严格性，唐令与罗马法相同。但罗马法似乎走得更远，“即使在家子所处父权下的家父去世后，亦不赋予出借人诉权以请求返还借出的金钱”，唐令未见此类规定。在民间习俗上，民间契约有“若东西不在，一仰妻儿等偿”，父债子还已是原则，则子孙弟侄等卑幼自己借取的债务，应当由自己偿还，在理论上似也不成问题。但唐令强调的是该类契约的无效性，故尊长死后，贷方是否就享有追征的诉权，仍是个问题。

宋代沿袭了唐令的基本制度，在宋初制定《宋刑统》时，就以类似的规定重申了这一制度。《宋刑统》卷一三《户婚》典卖指当论竞物业门云：“臣等参详：应典卖物业或指名质举，须是家主尊长对钱主或钱主亲信人，当面署押契帖。或妇女难于面对者，须隔帘幕亲闻商量，方成交易。如家主尊长在外，不计远近，并须依此。若隔在化外，及阻隔兵戈，即须州县相度事理，给予凭由，方许商量交易。如是卑幼骨肉蒙昧尊长，专擅典卖、质举、倚当，或伪署尊长姓名，其卑幼及牙保引致人等，并当重断，钱、业各还两主。其钱已经卑幼破用，无可征偿者，不在更于家主尊长处征理之限。应田宅、物业虽骨肉不合有分，辄将典卖者，准盗论，从律处分。”宋代在规定一般情况下“钱、业各还两主”，尚属宽缓；至“其钱已经卑幼破用，无可征偿者，不在更于家主尊长处征理之限”，仍然回到了唐令的立场上。又宋代对卑幼重予断罪，则又是唐令及罗马法所无的。

唐代一般是努力贯彻这一由《杂令》确定的规则的，但有时又对该规则作出了重大修改。宪宗元和敕即是明证。唐元和五年十一月六日敕节文：“应诸色人中，身是卑幼，不告家长，私举公私钱物等，多有此色子弟，凶恶徒党因之交结，便与作保，举诸司及形要家钱物，同为非道破用。家有尊长，都不知委。及征收本利，举者便东西。保人等即称‘举钱主见有家宅、庄业，请便收纳’。喧诉相次，实扰府县。今后如有此色举钱，无尊者同署文契，推问得实，其举钱主在与不在，其保人等并请先决二十；其本利仍令均摊填纳，冀绝奸计。”[④] 这一规定，惩罚保人，又打又罚，不仅打板子，还要求保人代偿。后者明显有违“钱没不追”的精神，等于承认了该类契约的有效性，与唐令规定形成冲突。这一立场的改变，可能与这里的“举”借钱物（即“诸司”公廨钱）有关。国家既是利益人，不愿因此而遭受损失。故对前述原则予以了修改。

（二）对官员设立消费借贷的禁止性规定

罗马法对行省官员设立消费借贷有禁止性规定。

莫德斯丁《学说汇纂》第 10 编云：“皇帝在宪令中指出：行省长官及其随从在所辖省内不得经商，不得进行金钱的消费借贷或海运借款。”[⑤] 又，莫德斯丁《论规则》第 5 编云：“在行省担任军、政职务之人，不得取得该省的土地。除非是由国库拍买的他本人的祖

---

④ 《宋刑统》卷二六《杂律》受寄财物辄费用门附。

⑤ ［意］桑德罗·斯契巴尼选编，丁玫译：《契约之债与准契约之债》，79 页，中国政法大学出版社，1998。

产。”[⑥] 而优士丁尼皇帝致大区长官梅纳的两个文件，都提到了这样的问题。一则说：“尽管一些权威人士曾经准许某些下列取得，但是，我们对行省官员仍绝对禁止之。这一限制不仅包括不得接受任何赠与，而且包括不得在所辖省内购置任何动产或不动产（食品、服装及私人住房除外）。尽管在离职5年以后行使这一权利，或是在离职以后才得到赠与人或卖方的同意，这种赠与和取得仍不能获准。”[⑦] 二则说：“我们认为，对上述物品的取得的禁止性规定还应扩大适用于行省官员的奴隶和门客。我们还应当说，通过第三人的取得无效。尽管他实现这一取得没有任何风险。”[⑧]

唐宋两代对此的区处，按唐代《户部格敕》云：“州县官寄附部人兴易，及部内放债等，并宜禁断。”在规范上还仅仅是禁止性规定，未必一定要给予处罚。宋代《宋刑统》规定：“今后监临官于部内放债者，请计利以受所监临财物论，过一百匹着，奏取敕裁。”[⑨] 则更有具体罪名和处罚例。

两相比较，罗马法禁制的范围，包括了“在离职5年以后行使这一权利，或是在离职以后才得到赠与人或卖方的同意”的情形，并声明“这种赠与和取得仍不能获准”；并且有“通过第三人的取得无效”的规定，这似应理解为随从（随从更被明确为奴隶和门客）之外的第三人。在契约行为类别和标的物上，既包括不得接受任何赠与，且包括不能取得土地（当指不能通过任何方式取得），以及不得购置任何动产或不动产。只有祖产及食品、服装及私人住房除外。

唐宋法禁止官员接受部内人的赠与，以及对其部内的借贷、买卖行为，从刑事法的角度禁制甚严。《唐律》卷一一《职制》受所监临财物、贷所监临财物、役使所监临、监临受供馈、监临之官家人乞借等条，设立了一个典型罪名“受所监临财物”，并有一些与之相关的罪名：

1. “受所监临财物”（如畜产、米面等）。处罚是“一尺笞四十，一匹加一等，八匹徒一年，八匹加一等，五十匹流二千里”。

2. (1) 贷所监临财物。处罚是“坐赃论；若百日不还，以受所监临财物论；强者，各加二等”。疏议解释说：“所贷之物，元非拟将入己；贷时本许酬价。”此即不得作财物的消费借贷，是罗马法的禁制事项。

(2) 买卖有剩利。处罚是“计利，以乞取监临财物论。强市者，笞五十；有剩利者，计利，准枉法论”。

(3) 于所部市易欠负不还。若“断契有数，仍有欠物，违负不还”，五十日内依“负债违契不偿”罪；过五十日，以受所监临财物论。

(4) 借衣服、器玩之属，经三十日不还，坐赃论，罪止徒一年。即不得作某些使用借贷，为罗马法所无。

3. 监临借奴婢牛马车船邸店之类，各计庸、赁，以受所监临财物论。不得作使用（也

⑥ ［意］桑德罗·斯契巴尼选编，丁玫译：《契约之债与准契约之债》，111页，中国政法大学出版社，1998。
⑦ ［意］桑德罗·斯契巴尼选编，丁玫译：《契约之债与准契约之债》，113页，中国政法大学出版社，1998。
⑧ ［意］桑德罗·斯契巴尼选编，丁玫译：《契约之债与准契约之债》，113页，中国政法大学出版社，1998。
⑨ 《宋刑统》卷二六《杂律》受寄财物辄费用门附。

包括消费、借贷。

4. 监临受猪羊（杀讫）供馈、酒食、瓜果，坐赃论。

此外，唐宋法对家人有犯，有处罚规定，但家人减官人罪二等；官人知情与同罪，不知情各减家人罪五等。

两者的共同点与差异，可用下表显示：

罗马法		唐宋法		
主体	禁止行为	主体	禁止行为	处罚
行省长官及其随从	不得经商	1. 州县官（唐） 2. 监临官（宋） 3. 监临官	1. 寄附部人兴易、部内放债 2. 部内放债 3.（1）买卖有剩利 （2）强市有剩利 4. 市易欠负不还	1. 以受所监临财物论；过一百匹着，奏取敕裁 2.（1）以乞取监临财物论 （2）准枉法论 3. 五十日内依"负债违契不偿"罪；过五十日，以受所监临财物论
行省长官及其随从	不得进行金钱的消费借贷或海运借款	监临官	1. 贷所监临财物 2. 借所监临奴婢牛马 3. 借衣服、器玩等	1. 坐赃论 2. 以受所监临财物论 3. 经三十日不还，坐赃论
行省担任军、政职务之人	不得取得该省土地			
1. 行省官员 2. 行省官员的奴隶和门客	不得接受赠与，不得在省内购置任何动产或不动产	监临官	1.（1）受所监临财物 （2）乞取监临财物 （3）强乞取监临财物 2. 监临受猪羊（杀讫）供馈及酒食	1.（1）一尺笞四十等 （2）加受所监临一等 （3）准枉法论 2. 坐赃论
		监临官家人	受乞、借贷、役使、卖买有剩利	1. 家人减官人罪二等 2. 官人知情与同罪；不知情各减家人罪五等

（三）隐瑕疵责任

乌尔比安《论市政官告示》第 1 编云："如果卖方没有明确说明被出售奴隶患有何种疾病或有哪种缺陷，但是，该种疾病或缺陷是一目了然的。例如：出售的是一名瞎眼的奴隶或在头上或在身体的其他部分带有明显伤疤的奴隶，那么，凯其里认为，卖方将不对此承担隐瑕疵责任。同样，卖方对其他明显的疾病亦不承担隐瑕责任。因为，市政官告示表明，它只适用于那些被人们忽视或可能被人们忽视的疾病和缺陷。"⑩ 又，同上云："如果奴隶的

⑩ ［意］桑德罗·斯契巴尼选编，丁玫译：《契约之债与准契约之债》，167 页，中国政法大学出版社，1998。

缺陷或所患疾病影响了对奴隶的使用或妨碍了奴隶所从事的工作，那么，在这种情况下，买方可以提起退货之诉。但是，要明确的是，不是对随便哪种弱点都可以提起这一诉讼，而只是对疾病和缺陷（尽管非常轻微），才可以提起这一诉讼。因此，对不易发现的低烧、曾经患过的寒热病、或是算不上什么缺陷、几乎察觉不出的一个小小的伤口均可提起退货之诉。因为这些都是可能被忽视的情形。我们在这里所一一列举的都是患病和缺陷的例子。"[11] 尤里安《学说汇纂》第51编也云："如果买方发现被售奴隶有瑕疵，那么，在6个月之内，买方可以选择是提起退货之诉还是减价之诉。因为，当该瑕疵的存在致使买方不再愿意购买该奴隶时，这后一个诉讼是包括退货在内的。应该指出的是，如果买方已经提起了上述两个诉讼中的一个，此后，买方又提起了减价之诉，那么，他将会被既判物之抗辩驳回。"[12] 乌尔比安《论市政官告示》第1编云："提起退货之诉的期限为6个月。如果不要求退还奴隶而只为要求补偿损失而提起减价之诉，那么，有效期为1年。退货之诉的期限从买卖成交之日起计算。如果出售物是口头约定的或允诺的，那么，这一期限从约定或允诺之日起计算。"[13] 乌尔比安《论市政官告示》第1编云："退货之诉使卖方重新拥有原本属于他的物品。因为这一诉讼的目的是退货。因此，我们称之为退货之诉，这一诉讼几乎等同于恢复原状。"[14]

可见，罗马法的隐瑕疵责任，在这里，主要是就奴隶买卖而言的。隐瑕疵也主要以疾病或缺陷为内容。涉及的问题，对当事人而言，有个退货之诉或减价之诉的诉讼方式的选择问题，两种诉讼的诉期是不同的；同时，两种诉讼的法律性质也是不同的。

唐宋法在奴婢、牲畜买卖方面也有隐瑕疵责任问题的规定。《唐律疏议》卷二六《杂律》买奴婢牛马立券条："诸买奴婢、马牛驼骡驴，已过价，不立市券，过三日笞三十；卖者，减一等。立券之后，有旧病者，三日内听悔；无病欺者，市如法，违者笞四十。"疏议曰："买奴婢、马牛驼骡驴等，依令，并立市券……若立券之后，有旧病，而买时不知，立券后始知者，三日内听悔。三日外，无疾病，故相欺罔而欲悔者，市如法，违者笞四十。若有病欺，不受悔者，亦笞四十。令无私契之文，不准私券之限。"

这里，对于奴婢、牲畜等活物而言，疾病是唯一的悔约条件，缺陷并不被看重。对于疾病这种隐瑕疵，用罗马法的话说，是"卖方将对此承担隐瑕疵责任"。

唐宋的这一律令规定，在民间是被严格遵守了的。就是说，类似于罗马法的"退货之诉"，在规定的"三日"期限内，是有效的。契约中的约定，是依法进行的程序。法律规定的指导性，在中国古代民间契约上，是有充分体现的。

先看买奴。关于买奴，《唐龙朔元年（661年）高昌左童熹买奴契》也有"叁日得悔"

---

⑪ ［意］桑德罗·斯契巴尼选编，丁玫译：《契约之债与准契约之债》，167页，中国政法大学出版社，1998。

⑫ ［意］桑德罗·斯契巴尼选编，丁玫译：《契约之债与准契约之债》，167页，中国政法大学出版社，1998。

⑬ ［意］桑德罗·斯契巴尼选编，丁玫译：《契约之债与准契约之债》，167～169页，中国政法大学出版社，1998。

⑭ ［意］桑德罗·斯契巴尼选编，丁玫译：《契约之债与准契约之债》，169页，中国政法大学出版社，1998。

的残文[15]，所悔之事，当指有“旧病”。

再看买牲畜。《唐咸亨四年（673年）康国康乌破延卖驼契》约定：“买……驼壹头……其驼……交想（相）付了。若驼……叁日不食水草，得还本主。”[16] 这是买主的权利规定。对于三日之内是否有“旧病”的考察，民间是以三日之内是否吃草、喝水来判定的。《吐蕃寅年（822年）敦煌令狐宠宠卖牛契》云：“如立契后在三日内牛有宿，不食水草，一任却还本主。三日已外，依契为定，不许休悔。”[17] 同样，这一规定，对于牛马博换契约，也是适用的。如“……日不食水草，任还本（主）……”[18]

关于隐瑕疵的声明，在古代中国，似乎是不存在的。出土的唐代三个“市券”，市司只问奴婢是否贱口；保人所保证的内容，也是确认该奴婢属于主人所有，绝非诱拐之类。[19] 对其是否有病，并不关注。看来，唐代法律将发现旧病的义务，推给了买方；卖方似无任何说明的必要。这里，卖方的诚信或欺罔，是不被看重的。相反，对买方的诚信或不欺罔却有要求，《唐律疏议》卷二六《杂律》“（买方在）三日外，无疾病，故相欺罔而欲悔者，市如法，违者笞四十”。即买方将无病说成有病，是不诚信、是欺罔。对于卖方，只是在“若有病欺，不受悔者，亦笞四十”，即在发生确有疾“病”而且涉嫌“欺”罔（这时卖方有欺骗的故意），同时卖方不接受买方悔约时，才承担刑事责任（民事责任的接受退货，在受杖后也须担负）；如果接受了买方的悔约，意味着只是负担民事责任——接受退货，而不必承担刑事责任的笞刑。唐代的奴、畜买卖，似仍是卖方市场。

（四）借贷最高利息率限定与一本一利及禁止复利问题

优士丁尼皇帝曾四次致大区长官梅纳，反复提到了借贷契约的利息率问题。一则云：“我们规定，无论要式口约标的的价值如何，那些有社会地位的人，以及那些社会地位更高的人均不得订立利率超过4%的要式口约。我们还规定，主持及经营合法事务之人，在订立有关利息的要式口约时，利率不得超过8%；在海运及海运借款契约中，尽管早期法律允许，利率亦不得超过12%。同样，我们规定，任何其他人就利息订立要式口约时，利率不得超过6%。上述有关利率的规定，在通常要求支付利息的情况下，均不得以任何方式加以提高。”[20] 这是根据各种主体的不同而允许其达到的最高利息率标准。二则云：“至于承审员，亦不得以所在地区现行惯例为由，提高上述有关最高利率的限制性规定。”[21] 这意味着，地区惯例（中国古代称为“乡元例”）将是不被承认的。三则云：“要是有人以不同于上述敕令规定的方式索取高额利息，那么，他将对超出规定部分的利息不享有诉权。如果已经

---

⑮ 张传玺主编：《中国历代契约会编考释》上册，198页，北京大学出版社，1995。
⑯ 张传玺主编：《中国历代契约会编考释》上册，202页，北京大学出版社，1995。
⑰ 张传玺主编：《中国历代契约会编考释》上册，214页，北京大学出版社，1995。
⑱ 张传玺主编：《中国历代契约会编考释》上册，199页，北京大学出版社，1995。
⑲ 张传玺主编：《中国历代契约会编考释》上册，204、205～206、209～210页，北京大学出版社，1995。
⑳ ［意］桑德罗·斯契巴尼选编，丁玫译：《契约之债与准契约之债》，377页，中国政法大学出版社，1998。
㉑ ［意］桑德罗·斯契巴尼选编，丁玫译：《契约之债与准契约之债》，377页，中国政法大学出版社，1998。

接受了高额利息的给付，则必须将超出的部分从本金中扣除。禁止债权人从消费借贷的款项中扣除或暂留一部分作为回扣、手续费或留作他用。无论怎样，如果做了上述不允许做的事情，那么，主债务将自始扣除与债权人留置相同的部分并相应地减少利息。”㉒ 这是讲，最高利息率的限制将要不折不扣地进行，法律不保护超过利息率限制的取利部分。四则云：“我们不允许利息的限额超过原限额的两倍。有关质物利息的计算亦不得违反这一规定。即使在某些古代法允许索取两倍以上利息的情况下亦然。我们认为，在善意诉讼中以及在其他所有涉及利息给付的情况下，均应遵守这一原则。”㉓ 这里的“不允许利息的限额超过原限额的两倍”，应指利息不超过本金。周枏先生认为优帝一世此规定“已付的利息等于本金时，即可停止付息，贯彻‘一本一利’的原则”㉔，此解可从。

优士丁尼皇帝也曾两次致大区长官德莫斯德内，一则云：“即使是根据古代法律的错误的，亦不得以任何方式向债务人索取利息的利息。如果允许利息成为本金并就全部本金订约计付利息，那么实际上对债务人来说，这与向他索取利息的利息又有什么区别呢？因而，这种作法无疑是制定了一项只局限于理论而不能付诸实施的法律。”㉕ 二则云：“依据上述法律，我们不得以任何方式将过去的利息或未来的利息转化为本金，亦不得就利息的利息订立新的要式口约。”㉖ 这是禁止复利。中国人称此为“回利为本”。

唐宋《杂令》规定：“诸公私以财物出举者，任依私契，官不为理。每月取利，不得过六分。积日虽多，不得过一倍。若官物及公廨，本利停讫，每计过五十日不送尽者，余本生利如初，不得更过一倍。家资尽者，役身折酬。役通取户内男口。又不得回利为本（其放财物为粟麦者，亦不得回利为本及过一倍）。若违法积利、契外掣夺及非出息之债者，官为理。收质者，非对物主不得辄卖。若计利过本不赎，听告市司对卖，有剩还之。如负债者逃，保人代偿。”㉗ 在此，可知私契是公家（“官物及公廨”）与私人或私人之间缔结的契约，官府不参与其订立，也不参与其正常履行。这是所谓“官不为理”的含义。但私契履行不正常者，“官为理”。一是“违法积利”，官为理；指月利超过六分，及总利息超过一倍者；二是契外掣夺，官为理；三是非出息之债者，官为理。不过，在后来，唐代也修改了利息率，据《宋刑统》卷二六《杂律》受寄财物辄费用门所引：“准户部格敕：天下私举质，宜四分收利，官本五分生利。”较原来月利六分有所降低。《宋刑统》卷二六《杂律·受寄财物辄费用》条，附有唐开成二年八月二日敕，文云：“今后应有举放，又（及?）将产业等上契取钱，并勒依官法，不得五分以上生利。如未辩计会，其利止于一倍，不得虚立倍契，及计会未足，抑令翻契，回利为本。如有违越，一任取钱人经府县陈论，追勘得

㉒ ［意］桑德罗·斯契巴尼选编，丁玫译：《契约之债与准契约之债》，377页，中国政法大学出版社，1998。
㉓ ［意］桑德罗·斯契巴尼选编，丁玫译：《契约之债与准契约之债》，379页，中国政法大学出版社，1998。
㉔ 周枏：《罗马法原论》下册，691页，商务印书馆，2002。
㉕ ［意］桑德罗·斯契巴尼选编，丁玫译：《契约之债与准契约之债》，379页，中国政法大学出版社，1998。
㉖ ［意］桑德罗·斯契巴尼选编，丁玫译：《契约之债与准契约之债》，379页，中国政法大学出版社，1998。
㉗ 《宋刑统》卷二六《杂律》受寄财物辄费用门附。

实，其放钱人请决脊杖二十，枷项令众一月日。如属诸军、诸使，亦准百姓例科处。”是当时五分利标准已确定了下来。

南宋的《庆元条法事类·杂门·出举债负》有《关市令》，其内容为：“诸以财物出举者，每月取利，不得过肆厘，积日虽多，不得过壹倍。即元借米谷者，止还本色，每岁取利不得过伍分（谓每斗不得过伍升之类），仍不得准折价钱。”较唐代的六分利、五分利都有所降低。至元朝，《事林广记》壬集卷一载《至元杂令》：“诸以财物出举者，每月取利，不得过三分。积日虽多，不得过一倍，亦不得回利为本及立倍契。若欠户全逃，保人自用代偿。”

《元史·世祖纪九》载至元六年敕：“定民间贷钱取息之法，以三分为率。”元代契样云“每月依例纳息三分”，便是依法定利率为据的。后世之明清律取息三分规定也是源于元朝的。

关于唐宋令的“积日虽多，不得过一倍”、“不得回利为本”以及有关“乡元例”等的详细论述，请参见拙文《论中国古代契约与国家法的关系——以唐代法律与借贷契约的关系为中心》及王成伟的《略论敦煌吐鲁番契约中的“乡元生利”》一文，此处不赘。

另外，唐宋《杂令》的“收质者，非对物主不得辄卖。若计利过本不赎，听告市司对卖，有剩还之”，其中精神应是债权人有通过质物来获得清偿的权利。君士坦丁皇帝致民众云：“我们规定，债权人应当通过出售质物来获得清偿”[28]，即是二者的共同处。

（五）卖方对追夺应当承担的责任

彭波尼《论库尹特·穆齐》第31编云：“在出售土地时，即使双方未作约定，卖方仍要对追夺承担责任。因为，以土地或土地的用益权为标的订立的契约，不允许出现被追夺的情况。如果有约定，那么，卖方还要依据规定对其他地役权承担追夺责任。如通行权、步行权、驾车通行权、用水权。这一原则同样适用于就城市地役权订立的契约。”[29] 可见，在古罗马，土地所有权及用益权的特殊性，使得对卖方的追夺责任成为一种绝对责任，而不论是否在契约中有约定。其他地役权则视其约定与否。又，乌尔比安《论告示》第32编云：“如果卖方对出售物不享有所有权，那么，就要对追夺承担责任。因为，卖方收取了价金或已经以其他方式获得了清偿。”[30] 则所谓追夺责任的承担，是以卖方“对出售物不享有所有权”为前提的。雅沃伦《论普拉蒂》第2编云：“如果在买卖契约中双方没有约定承担追夺责任的范围，那么，除一般追夺责任外，卖方将不向买方承担其他任何责任。至于损失的赔偿，则须依据买物之诉的特点承担责任。”[31] 按译者丁玫对前半段的注释，“根据罗马法的有关规定，在买卖契约缔结之后，买方对物实行时效取得之前，卖方要就追夺向买方提供担保。例如，在买卖契约中规定，一旦发生追夺，卖方向买方支付双倍于价款的赔偿。

[28] ［意］桑德罗·斯契巴尼选编，丁玫译：《契约之债与准契约之债》，109页，中国政法大学出版社，1998。
[29] ［意］桑德罗·斯契巴尼选编，丁玫译：《契约之债与准契约之债》，157页，中国政法大学出版社，1998。
[30] ［意］桑德罗·斯契巴尼选编，丁玫译：《契约之债与准契约之债》，143页，中国政法大学出版社，1998。
[31] ［意］桑德罗·斯契巴尼选编，丁玫译：《契约之债与准契约之债》，157页，中国政法大学出版社，1998。

或规定，在发生追夺的情况下，卖方不但向买方返还价款而且支付一定数额的罚金。如果双方有上述约定，那么，则依据契约承担相应的责任。如果没有约定，则只承担一般的责任。即：在没有损失的情况下，卖方只承担返还价款的责任；如果买方受到了损害，那么，承审员将根据善意诉讼的原则个案分析，决定赔偿范围”㉜。前一层次是说，追夺担保或者是“卖方向买方支付双倍于价款的赔偿”，或者是“向买方返还价款而且支付一定数额的罚金”，这是有约定的情形，追夺责任的形式一依约定进行；后一层次是说，没有追夺担保约定的契约，其责任只是“一般的责任”，或者“只返还价款”（没有损失时），或者“承审员决定赔偿范围”（有损失时）。

据我们对吐鲁番回鹘文买卖契约的研究，卖方所有权追夺担保一般是有约定的。

在蒙元时期的吐鲁番，由于买卖活动必然导致人口或土地的所有权转移，为了防止卖方的所有权被追夺而导致买方的利益损失，在吐鲁番回鹘文买卖契约中，一般都会明确规定买方在何种情形发生时有权要求赔偿，这就是卖方所有权瑕疵担保的赔偿条件条款。

据李经纬先生《吐鲁番回鹘文社会经济文书研究》一书收集并汉译的25件回鹘文买卖契约中，明确记载了卖方所有权瑕疵担保赔偿条件条款的契约有20件，占买卖契约总数的80%。追夺担保的赔偿条件是，在买卖人口契约中，一般要说：“谁都不得争执。谁依仗有权的官老爷、官太太、使臣、掮客的势力制造纠纷，说：我们要赎回，我们要带走”㉝，或“我、我的弟兄、我的亲友若依仗有权势的官宦之力说（什么）‘我要把狄锁（‘狄锁’系人名——作者注）领走’”㉞；在买卖土地契约中，一般说“不得有争议。如果（有谁）依仗有权势的官员（和）女绅的势力（或动用巫师的力量），企图收回（该土地）”㉟，或“谁也不得争执。如果谁要争执，说什么‘我要赎’（等话）”㊱。其常用的基本句式为：“无论是谁都不得争执（或制造纠纷）”，这是基本项，表达的是基本态度；进一步地，又有“如果谁依仗有权的官老爷、官太太（或其他有地位的人）的势力说什么‘我要赎回、我要带走’的话”的文字，这是通过条件从句而假设的情况，对可能出现的情形进行预设。后者表明，当时官员及其家人对民事行为的干预和影响是很大的。

该条款中的“谁”，是专门指有权提出所有权争议的可能的第三人的，从而与契约中有关第三人规定的条款相衔接。就是说，一旦有权提出所有权争议的第三人挑起了争端，为回赎行为实行了准备，甚至走了官员或绅士的关节，都不能影响下文约定的惩罚性赔偿，因为这是对买方利益的保护。

在25件回鹘文买卖契约中，明确记载了卖方所有权追夺担保赔偿金额条款的契约有18件，占买卖契约总数的72%。在买卖人口契约中，要写明“给依尼楚克两名跟这个奴隶相

㉜ ［意］桑德罗·斯契巴尼选编，丁玫译：《契约之债与准契约之债》，157页，中国政法大学出版社，1998。

㉝ 李经纬：《吐鲁番回鹘文社会经济文书研究》，6页，新疆人民出版社，1996。

㉞ 李经纬，《吐鲁番回鹘文社会经济文书研究》，52页，新疆人民出版社，1996。

㉟ 李经纬，《吐鲁番回鹘文社会经济文书研究》，104页，新疆人民出版社，1996。

㊱ 李经纬，《吐鲁番回鹘文社会经济文书研究》，114页，新疆人民出版社，1996。

等的奴隶去赎买”[37]，或“向皇帝陛下贡奉一锭白（银），向诸王缴纳供乘骑的马”[38]。买卖土地契约要写清“提供跟这条河边的这块土地相等的两块土地去赎买”[39]，或“向皇帝陛下缴纳一锭金子，向地方官缴纳一匹坐骑”[40]。

可以看出，卖方所有权追夺担保，其赔偿方式一般有两种：一种方式是当时比较盛行的普遍做法，即一赔二的赔偿方式，赔偿的金额是买卖交易中标的物（无论人口或土地）的两倍（加倍赔偿）。18 件契约中规定以此种方式进行赔偿的契约有 14 件。另一种方式是要求卖方向王公大臣（甚至包括皇帝）缴纳一定数量的罚金（和牲畜）。18 件契约中规定以此种方式进行赔偿的契约有 5 件。甚至有的包括了上述两种赔偿方式。这两种追夺担保的方式，前者与罗马法中“卖方向买方支付双倍于价款的赔偿”是完全相同的；后者与罗马法中“向买方返还价款而且支付一定数额的罚金”有一定的类似性，属于罚金性质，但缺乏“向买方返还价款”内容。这些都是有约定的情形，追夺一依约定进行。

应当说，一赔二的加倍赔偿是一种惩罚性赔偿。出奇的是，古中国与古罗马都不约而同地做了相同的规定，不能不说这是个魔鬼数字。一赔二的加倍赔偿，意味着赎买者要多出一倍的价钱，才能得到原物。在经济上是不划算的。实际上，它的功能就是阻止这样的回赎，保护买方权益。正如有些回鹘文契约中所说的那样，“赎买者将吃亏，持有该文书的（买主）将不受损失”[41]，“加倍赔偿”是一种“重罚”[42]。经济上的损失之外，有的契约又指出“制造纠纷的人声誉将受损害”[43]，更威胁以道义上的损失。同样，缴纳罚金和牲畜也是惩罚性的。因为即使用原价回赎了原物，但罚金和牲畜是多支付的，在经济上同样不划算，也起着阻止回赎的作用，以保护买方利益。

二、关于学理之同异

（一）关于债的概念、理论与体系问题

债是最初起源于借贷的。中外皆然。英国人巴里·尼古拉斯说：“消费借贷是最早的实物债形式。”[44] 这在中国亦然。债的本义为借贷。《周礼·地官·泉府》：“凡民之贷者，与其有司辨而授之，以国服为之息。”注：“有司，其所属吏也。与之别其贷民之物，定其贾以与之。郑司农云，贷者谓从官借本贾也。”疏：“贷者，即今之举物生利。”则不仅是指消费

㊲ 李经纬：《吐鲁番回鹘文社会经济文书研究》，12 页，新疆人民出版社，1996。
㊳ 李经纬：《吐鲁番回鹘文社会经济文书研究》，48 页，新疆人民出版社，1996。
㊴ 李经纬：《吐鲁番回鹘文社会经济文书研究》，93 页，新疆人民出版社，1996。
㊵ 李经纬：《吐鲁番回鹘文社会经济文书研究》，100 页，新疆人民出版社，1996。
㊶ 李经纬：《吐鲁番回鹘文社会经济文书研究》，12、16、36 页，新疆人民出版社，1996。
㊷ 李经纬：《吐鲁番回鹘文社会经济文书研究》，53 页，新疆人民出版社，1996。
㊸ 李经纬：《吐鲁番回鹘文社会经济文书研究》，6 页，新疆人民出版社，1996。
㊹ ［英］巴里·尼古拉斯著，黄风译：《罗马法概论》，177 页，法律出版社，2000。

借贷，更指消费借贷中的有息借贷。又《孟子》曰："又称贷而益之。"称贷即《周礼·小宰》之"称责"，郑司农云："称责谓贷子。"疏："称责谓举责生子。彼此俱为称意，故为称责。于官于民，俱是称也。"也指其生息而言。盖尤斯《论行省告示》第1编："债权人这一概念不仅仅是指那些借钱给他人之人，而且是指那些接受他人基于各种原因履行义务的人。"[45] 可见，即使在古罗马，在词源学意义上，"债权人"首先"是指那些借钱给他人之人"，是消费借贷的贷出方；至于又"指那些接受他人基于各种原因履行义务的人"，只是其引申义。

但古中国的债的概念无疑是狭窄的。《唐律疏议》卷二六《杂律》负债违契不偿条的"负债"，据疏议解释："负债者，谓非出举之物，依《令》合理者"。指的是"欠负公私财物，乃违约乖期不偿者"。律文这里的"非出举之物"，即唐《杂令》之"非出息之债"。而在《唐律疏议》卷二六《杂律》负债强牵财物条的"负债"，又指的是"公私债负，违契不偿"，没有限定"负债"限于"非出举之物"，与"负债违契不偿"条不同。这里的没有限定，似乎不是疏忽，而是有意不作限定。在理论上，它既应包括"出举之物"，也包括"非出举之物"。可见，在当时，"债"的概念仍然局限于借贷；而且，在使用上也存在着某种淆乱不清的情况。

意大利人桑德罗·斯奇巴尼，在其选编的《契约之债与准契约之债》的"前言"中说："在盖尤斯的《法学阶梯》中就已经显示出一个独立的部分集中论述债的理论的分类思想。在这个部分中，将财产法律关系中有关债的概念、原理、规则以及有关各类单一债的关系的规定汇集在一起统一进行定义、区分和界定。"[46] 在古中国，这自然是难以企及的。桑德罗·斯奇巴尼又说："优士丁尼《学说汇纂》和优士丁尼《法典》……是按照所论述的、产生于不同原因的债以及这些不同种类的债所享有的诉讼保护的体系编排顺序的。《法学阶梯》的编排体系为我们指明了通往'总则'的道路，《学说汇纂》和《法典》的编排体系则突出了各单一债的典型特征。"在古中国，前者既不及，后者也没能成型，只是在某些债的特征方面有所阐发，难以成系统。

原理或理论的概括与法律总则的产生与发展，有着必然性和规律性。我们先抛开整个民法原理的抽象不谈，就单以债而言，罗马法将"债的概念、原理、规则"抽取出来，并将其与"各类单一债的关系的规定汇集在一起，统一进行定义、区分和界定"，用"一个独立的部分集中论述债的理论"，反映着法律与法学发展的一般规律。中国法律的发展，较早地出现了李悝的《具法》、商鞅变法后的秦国《具律》、汉代的《具律》及曹魏的《刑名律》、晋的《刑名律》与《法例律》及后来的《名例律》，就是刑律总则从分则中分离出来的结果。这是一种早熟型的发展。只是中国没有从财产法律关系中分离出债的理论，法律

---

[45] ［意］桑德罗·斯契巴尼选编，丁玫译：《契约之债与准契约之债》，3页，中国政法大学出版社，1998。

[46] ［意］桑德罗·斯契巴尼选编，丁玫译：《契约之债与准契约之债》，"前言"，中国政法大学出版社，1998。P. II.

既无民法类的分则的发展，也从而没有从其中抽象出民法总则的可能。在局限一点说，既无单一债的理论与实践的充分发展，也就无债的理论与债法的发达。

尽管在古罗马，优士丁尼《学说汇纂》和优士丁尼《法典》没能沿着盖尤斯的《法学阶梯》走下去，但罗马法债法理论无疑在发展。因为准契约理论（如属于家庭和继承的遗赠、监护）、法定之债如培养费之债，这些被称为“债”，与中国人的观念是有别的。在中国，“欠债还钱”的“债”，只意味着借钱，远没能涵盖古罗马所谓的债的内容。债的概念是否被抽象到了一定的程度和层次，影响了人们对债关系的认识，也影响了债法的发展水平和发展形态。

（二）单一债的学理问题——使用借贷与消费借贷

对于借贷契约的事实层面的描述，中国元代人和清代人的说明和描述，是清晰而准确的。与古罗马人的说法，相同者多，但也有差异。古罗马更多的是借贷的权利层面揭示。

古中国向来区别使用借、贷二字。清末沈家本曾详考经史、字书、唐明两律，以释借、贷之别。沈氏云：“《唐律》贷、借二字，确有分别。凡货财之类，贷之以济缓急，或有息，或无息，而不必以原物还主者，谓之贷”；“凡物之偶然借用，而仍以原物还主者，谓之借。”[47] 唯沈家本未提及元朝。据现有资料显示，元朝徐元瑞是系统发明借、贷二字古义的第一人。

徐氏《吏学指南·钱粮造作》云：“以物假人曰借，从人求物曰贷。‘借’字从人、从昔；‘假’各人道，所以不能无也。凡以官物假人，虽辄服用、观玩，而昔物犹存，故称曰‘借’。‘贷’字从代、从贝，凡资财货贿之类，皆从‘贝’者，以其所利也。假此官物利己利人，虽有还官之意，不过以他物代之，而本色已费，故称曰‘贷’。又从‘代’者，谓以物替代也。”

徐元瑞的解释，明显沿袭自唐律以来法律规定的内容。“借”仅仅以官物为例，范围限于“服用”、“观玩”，脱胎于《唐律疏议》卷一五《厩库》监主以官物借人条之监临主守以衣服、毡褥、帷帐、器物等官物自借及借人的规定，衣服等为服用，器物为观玩；“贷”也以官物为言，范围囊括全部“资财货贿”，也源于《唐律疏议》卷一五《厩库》监主贷官物条之监临主守以库藏积聚之物私自贷及贷人的规定。这样的贷，“贷时本许酬价”（戴炎辉注意到了《唐律》之疏议的这一说法），可见是有偿（有息）的。至于借贷超出官物的普遍性，徐氏是通过“‘假’各人道，所以不能无也”作扩展说明的。

应当说徐元瑞释贷较沈家本确切。沈云“贷”是“不必以原物还主”，实际上消费借贷不是“必”或“不必”以原物偿还的问题，而是原物根本不可能存续至偿还之时；徐氏云“本色已费”，云“以物替代”、“以他物代之”，正反映了消费借贷清偿只能以种类物替代的特征。

自然，将借与贷区分为“昔物犹存”、仍“以原物还主”的使用借贷与“本色已费”、

---

[47] （清）沈家本撰：《寄簃文存》卷四《释贷借》；《历代刑法考》第四册，2152页，中华书局，1985。

"以他物代之"的消费借贷，是因为"借"与"贷"二字更规范和普遍，故徐元瑞特为释之。实际上，元人还有其他表达法。《吏学指南》又云："举债曰揭，假物曰借。"是贷与借又称"揭借"。"假"与"借"历来互通，故借与贷又名"假贷"[48]；"揭"与"举"同，"举"是唐以来通用词，故"贷"又作"揭钱举债"[49]。即以所谓官物借贷而言，《吏学指南》又用"监临主司私贷使费"的"盗用"来指代。《元典章》卷四七有侵盗、侵使，包括"侵欺盗借官物"、"侵借官钱"、"移借官钱"、"借使官钱"等，即是指监主所谓私贷使费。后来明清律均沿元法，监主私贷多称"侵欺借贷移易"、"侵败盗用借贷"。

可以看出，中国传统法理是从事实层面讲借贷的。而罗马法是既从事实层面讲借贷，也从权利层面讲借贷的。

前者如盖尤斯《法学阶梯》3.90云："债可以通过实物缔结，比如消费借贷。消费借贷真正涉及的是以重量、数量或者度量计算的物，比如：现金、葡萄酒、油、小麦、铜块、银子、金子。这些物品我们可以记数、衡量或者称重的方式给付，以使它们变为接受者的，当它们被还给我们时，不再是原来的物品，而是同样性质的物品。因而这被称为MUTUUM（消费借贷），因为那些以此方式由我给你的东西，从我的（MEO）变为你的（TUUM）。"保罗《论告示》第28编云："能作为消费借贷标的的是那些能够称、量、计数的物品。这样，我们就可以用物品的交付来设立债权；用偿还同种或同类的物品来履行契约。我们不能就除上述物品外的其他物品订立消费借贷契约，因为，我们不能违背债权人的意愿，以向他借一件物品而返还另一件物品的方式来履行契约。"[50] 强调的是债权人的意愿。这里，一是消费借贷的不以原物还主、而以种类物替代的特征，揭示出来了；二是消费借贷的物的种类，揭示出来了；三可能是物之消费被指出了。正如英国人巴里·尼古拉斯所说："借贷的目的是消费，而不仅仅是使用，也就是说，借贷的物品是货币、食品、饮料等通常只能采用消费的方式加以使用的东西。"[51]

保罗《论告示》第28编还说："消费借贷不是以收回原物为目的的借贷（否则就是使用借贷或寄托了），但是，收回的应为同种类的物品。因为，要是我们借出的是小麦而收回的却是另外一种物品，如葡萄酒，那就不是消费借贷了。"[52] 这一点，似与古中国不同。在中国的契约中，是允许这种变通的。戴炎辉谓：消费借贷"其标的物通常用与元本同种之物，即贷钱生钱利，贷粟生粟利；但亦有用异种物者"[53]。李经纬先生《吐鲁番回鹘文社会经济文书研究》一书所收集的借贷契约《吐尔巴依借布契》云："龙年二月二十五（日），我吐尔奇因需要（以）酒（作利息）的棉布，从凯依姆杜那儿借了一个半棉布。秋初时节

---

[48] （元）张养浩：《牧民忠告》卷上《上任第二》。

[49] （元）胡祗遹：《紫山大全集》卷二二《杂著·论农桑水利》、《宝钞法》。

[50] ［意］桑德罗·斯契巴尼选编，丁玫译：《契约之债与准契约之债》，63页，中国政法大学出版社，1998。

[51] ［英］巴里·尼古拉斯著，黄风译：《罗马法概论》，177～178页，法律出版社，2000。

[52] ［意］桑德罗·斯契巴尼选编，丁玫译：《契约之债与准契约之债》，63页，中国政法大学出版社，1998。

[53] 戴炎辉：《中国法制史》，333页，台湾三民书局，1966。

将跟容量为三十坛钵的一袋子酒一起偿还（他）。”[54] 此以异种物为利息者。而在唐代的吐鲁番，交河县某人举钱，契约约定的偿还物却是：一部分钱还花，一部分钱还乌麻，一部分钱还粟。[55] 在古中国，似乎人们只以消费借贷理解之，而不是理解其他。

罗马人也论及了消费借贷物品的质量。彭波尼《论萨宾》第 27 编：“对于用于消费借贷的物品，尽管我们没有在契约中规定要返还同等品质的物品，但是，仍然不允许债务人返还同种类物品中劣于出借物品品质的物品。例如：借的是陈年葡萄酒而返还的是新酿制的葡萄酒。因此，尽管在契中没有明确规定，但是，仍应返还与出借物相同种类、相同品质的物品。”

在罗马，关于使用借贷的无偿性（及其与租赁契约的区别），也是一种事实层面的描述。“被使用借贷的物，严格地被理解为给付于你作使用，而没有接受或规定任何报酬的情况。否则，在发生报酬的情况下，物的使用被认为是租赁给你。事实上，使用借贷应是无偿的。”[56] 实际上，沈家本、徐元瑞将使用借贷与消费借贷的可能“有息”、“以其所利”、“假此官物利己利人”相对举，也包含了使用借贷的无偿特征。但他们均没有将其与租赁的关系揭示出来，又是其局限。这又符合实际。在唐代吐鲁番契约中，租赁土地契约的赁价，以预先支付小麦的方式给付，契文中称“举取小麦”[57]，“举”既借，这说明当时对租赁与举借，理论与实践中均不作区分；又，吐蕃时期的敦煌契约中，本属雇人刈麦的雇佣关系（劳务租赁）的雇价（或赁价），在契约中称做“便刈价麦”[58]，“便”即借，是雇与赁又与借不作区分。

后者如，罗马法中关于使用借贷的不转移所有权特征的揭示，就是讲权利了。

关于使用借贷是不转移所有权的。彭波尼《论萨宾》第 5 编：“当我们借出使用借贷物时，我们仍旧保留对该物的所有权和占有权。”乌尔比安《论告示》云：“没有人通过使用借贷转移所有权。”[59] 英国人巴里·尼古拉斯谓：“使用借贷就是只为了使用而借贷……借用人……所接受的都既不是所有权，也不是占有权，而是对物的持有。这……契约都是无偿的。”[60]

在罗马法中，消费借贷也是从权利和义务的角度被理解的。保罗《论告示》第 28 编云：“这种一件物品从原来属于我，而变为属于你的契约称为消费借贷。要是不转移所有权，那么，也就不产生债。”[61] 则消费借贷的本质是所有权的转移。又云：“在消费借贷中，出借人必须是借贷标的的所有人。因此，家子及奴隶也可以用他们的特有产设立消费借贷。

---

[54] 李经纬：《吐鲁番回鹘文社会经济文书研究》，147 页，新疆人民出版社，1996。
[55] 张传玺主编：《中国历代契约汇编考释》上册，349 页，北京大学出版社，1995。
[56] ［古罗马］优士丁尼著，徐国栋译：《法学阶梯》，347 页，中国政法大学出版社，1999。
[57] 张传玺主编：《中国历代契约汇编考释》上册，332 页，北京大学出版社，1995。
[58] 张传玺主编：《中国历代契约汇编考释》上册，434 页，北京大学出版社，1995。
[59] ［意］桑德罗·斯契巴尼选编，丁玫译：《契约之债与准契约之债》，93 页，中国政法大学出版社，1998。
[60] ［英］巴里·尼古拉斯著，黄风译：《罗马法概论》，178 页，法律出版社，2000。
[61] ［意］桑德罗·斯契巴尼选编，丁玫译：《契约之债与准契约之债》，65 页，中国政法大学出版社，1998。

因为，这与家子或奴隶按照我的意愿设立消费借贷没有什么不同。如果钱不属于我，那么将会对我提起诉讼。”[62] 这仍是所有权问题，不过又涉及家子和奴隶特有产的权利问题。英国人巴里·尼古拉斯谓：消费借贷因为是“只能采用消费的方式加以使用的东西”（意谓原物被“消费”掉了），“这因而涉及所有权的转移问题，并且要求借用人不是归还原来的物，而是归还在数量和质量上与原物同等的物”。同时，从义务的角度讲，“产生于消费借贷的义务只是返还，不要求支付利息。任何关于利息的协议都应当以单独要式口约的形式订立”[63]。这当然与中国的情况不同。在中国，是劳不着在借贷契约的协议之外，再来一个口约来约定利息问题的。它们往往是在协议的同时就将利息确定好了。甚至可以说，利息的约定是消费借贷契约之协议的主要内容。中国没有发达的口约制度，中国人甚至认为“口说无凭”，一开始就要求订立文字契约，消费借贷亦然。

当然，罗马法的使用借贷和消费借贷是被置于实物债的详细分类过的理论中的，实物债包括了消费借贷、使用借贷、寄托和质押（尽管在盖尤斯那里，这种分类是过渡性的，他只提到了消费借贷。在优士丁尼那里，完成了这种划分）。而人们在叙述它们时，多注意到它们所涉及的权利问题，即“使用借贷、寄托和质押……它们不涉及所有权的转移”[64]。

附带应提到的是，有关寄托物被费用，在《唐律疏议》中是要受处罚的。《杂律》受寄物辄费用条：“诸受寄物，而辄费用者，坐赃论减一等。诈言死失者，以诈欺取财物论减一等。”其中道理，未予道破，但似即侵权。佛罗伦丁《法学阶梯》第7编云：“寄托物的所有权及占有权属于寄托人。但是，如果物品是存放于托管人处，那么，托管人对托管物享有占有权。因为，在托管期间，存放物品的任何一方当事人均无权占有托管物。”[65] 托管人制度，我们先不论，“寄托物的所有权及占有权属于寄托人”，唐律的意识似也如此。

此外，借贷的取息与否，即无息借贷与有息借贷，在古中国似未被当作一个问题。理论的探讨不多见。前述徐元瑞释借，包含了无息意义在内；贷既有“所利”，或利己或利人，又包含了有息之义。沈家本考察唐律之贷包括“有息”与“元息”两类，元朝亦然。“揭”、“举”在“举放利息”[66] 的场合，便是有息借贷。但人们似乎只抨击高利贷，对其学理少有说明。实际上，无息借贷的济困功能、物品更新功能（如对于积存旧粮而言），即使从借贷的事实层面而言，也是值得论说的。

---

[62] ［意］桑德罗·斯契巴尼选编，丁玫译：《契约之债与准契约之债》，69页，中国政法大学出版社，1998。
[63] ［英］巴里·尼古拉斯著，黄风译：《罗马法概论》，178页，法律出版社，2000。
[64] ［英］巴里·尼古拉斯著，黄风译：《罗马法概论》，179页，法律出版社，2000。
[65] ［意］桑德罗·斯契巴尼选编，丁玫译：《契约之债与准契约之债》，101页，中国政法大学出版社，1998。
[66] （元）胡祗遹：《紫山大全集》卷二二《杂著·论农桑水利》、《宝钞法》。

李秀清

《撒里克法典》若干问题之探析*

简介

李秀清，浙江临海人，法学博士，研究方向为法律史、比较法。现为华东政法学院教授、博士生导师，《华东政法学院学报》主编，兼任全国外国法制史研究会副会长兼秘书长、上海市法学会外国法与 比较法研究会副总干事等职。曾赴英国牛津大学法律系访学（2003.1—2003.7），并作为 2006—2007 年中美富布赖特项目研究学者在美国密歇根大学法学院从事研究（2006.10—2007.10）。已发表专业论文 三十余篇，出版个人专著《日耳曼法研究》，其他合著、译著包括《外国法与中国法》、《世界法系概览》等十数部。

* 原发表于《比较法研究》，2005（1）。收录时有修订。

在罗马帝国后期，随着日耳曼人与罗马文化的接触，及日耳曼王国的建立，开启了日耳曼人力求将部落习惯化为成文形式之渐，作为日耳曼王国中存在时间最长、在历史上影响最大的法兰克王国自然也不例外。不过，我们对早期法兰克人的立法活动知之不多，在过去很长时期内，法兰克王国因为其颁布的法典所具有的明显的日耳曼特征而被认为是最早颁布成文法典的日耳曼王国，但是近年来，随着研究的深入，学术界对此有了新的共识，开始一定程度地肯定这样一种观点，即最早的法兰克人的法典的出台实际上要晚于最早的西哥特人和勃艮第人的法典。

在法兰克人所制定的成文法中，最著名的是撒里法兰克人（Salian Franks）的法典与利普里安法兰克人（Ripuarian Franks）的法典。其中，前者是所有日耳曼部落法律中最著名的，同时，因其原始的、不完整的特征，也无疑使它成为法律史上最含糊的法律文件之一，以致围绕它存在着若干方面的争论。本文拟就有关的问题作些探讨和分析。

一、《撒里克法典》的编纂时间

对于《撒里克法典》的确切编纂日期，学界长期存在不同的观点。

从法国著名学者基佐（F. P. G. Guizot，1787—1874）于1829年至1832年完成的《法国文明史》一书中的阐述可以获知，在他那个时代，关于《撒里克法典》就存在许多大相径庭的观点。其中，关于该法典的编纂时间，有两种不同假设：一种假设为，《撒里克法典》最初是法兰克人在征服高卢地区之前，在莱茵河右岸用法兰克文编纂的，据此，这个法律的条款中不适合于那个时期、不适合于古代日耳曼社会的所有条款都是后来在入侵后进行的几次修订中增补的；另一种假设为，它是在法兰克人的征服取得胜利后，大约于7世纪在莱茵河左岸用拉丁文编纂的。①

之所以有此两种不同的假设，主要是因为当时流传着《撒里克法典》的两种版本。一种版本纯粹是拉丁文的②；另一种也主要是拉丁文的，但同时夹杂有大量的德文，还有许多

---

① 参见［法］基佐：《法国文明史》第一卷，沅芷、伊信译，218页，商务印书馆，1999。孟德斯鸠基本赞同第二种假设，他在《论法的精神》中指出：“法兰克人离开了本国以后，就命令族中贤明的人编纂《撒里克法典》”，并在该句之后加一注释，提到：“来布尼兹先生在他所著的论文《法兰克人的起源》中说，该法是在克洛维朝以前制定的，但是它不可能在法兰克人离开日耳曼以前制定，因为那时法兰克人还不懂拉丁语”。参见［法］孟德斯鸠：《论法的精神》下册，张雁深译，211页，商务印书馆，1997。

② 纯粹拉丁文版本的《撒里克法典》，第一次印刷于巴黎，但它既无出版日期，也无编者姓名；第二次也是印刷于巴黎，但有具体的编印者（即约翰·达特勒）和印刷年代（1573年）。

用古代法兰克语写成的注释和说明穿插在各个条款的行文中。上述两种版本共有18个手稿，其中15个手稿为纯粹拉丁文版，另一种版本有3个手稿。15个纯粹拉丁文的手稿几乎完全一样，而含有德文评注的3个手稿相互之间则有较大不同，它们在标题和条款的数量和结构安排上，甚至在内容上均有不同，而其文风之差异则更甚。

正因当时已发现《撒里克法典》的这两种版本，因此学者们之间就发生了何种版本为最初版本的争论。一般意见，特别在德国，都认为夹杂有德文评注的那种版本最为古老，因为在这些手稿中都有"最古老的古代撒里克法"的字样，而在纯粹拉丁文的法典手稿里，通常可以看到"经审订、修订、改革过的撒里克法"的字样。因此，他们认为，从若干手稿中关于撒里克法的历史的叙述及其他一些迹象可以作出这样的断言：第一，《撒里克法典》是在法兰克人入侵罗马帝国之前，在莱茵河以东，用法兰克文写成的；第二，夹杂有德文的手稿为最古老的手稿，其中还保留有原始文本的残余。

但是，上述观点也并非无可争论。1808年在不来梅出版的威阿达的名为《撒里克法的历史与解释》对《撒里克法典》的编纂作了详尽论述。他提出，杂有德文的《撒里克法典》并不比其他版本更古老。

而基佐本人基于介绍上述争论之后，总结得出下列结论：《撒里克法典》是与法兰克人生活在莱茵河口时一代一代收集并传下来的那些习俗联系在一起的，从那时起直到8世纪末，这些习俗在各个时代里经过修改、扩充、解释而成为了法律。③

在其他中文著（译）作中，对于《撒里克法典》的编纂时间，也同样存在若干观点：一种观点认为，大体上它是编纂于486年至496年之间，其理由是该法典从侧面提及王国的边界已到达罗亚尔河，而法兰克人是于486年克洛维战胜罗马大将塞格鲁斯后才到达那里的；同时包括克洛维在内的重要人物们于496年改信基督教，但法典并没有显现出基督教的影响，这说明它编纂于496年以前。④ 此观点被国内一些外国法制史教材所引用。⑤

另一种观点认为，《撒里克法典》为克洛维时代（481—511年）的产物。但在其后又进行种种增订，其最后增订的，是819年虔诚者路易（Louis the Pious，813—840年在位）所批准的一个规则。由此可知，该法中各编之编制，为时不一，综其先后，约三百余年之久。⑥

还有一种观点认为，《撒里克法典》是由墨洛温国王克洛维于496年皈依基督教后不久

③ 参见［法］基佐：《法国文明史》第一卷，沅芷、伊信译，227页，商务印书馆，1999。

④ 参见由嵘：《日耳曼法简介》，12～13页，法律出版社，1987。

⑤ 参见林榕年主编：《外国法制史新编》，186页，群众出版社，1993；徐轶民主编：《外国法制史纲》，56页，红旗出版社，1995。此外，2000年法律出版社出版的作为"世界著名法典汉译丛书"之一的《撒里克法典》（原译名为《萨利克法典》）的法典评价部分也持此观点。

⑥ 参见［美］孟罗·斯密：《欧陆法律发达史》，姚梅镇译，133页，中国政法大学出版社，1999。国内有的外国法制史教材持这种观点，参见法学教材编辑部、《外国法制史》编写组：《外国法制史》，76～77页，北京大学出版社，1982。

颁布的。⑦

至今，在国内外学术界中，有关的争论也并未得出一致结论。但随着原始资料的不断挖掘和研究的深入，国外学术界对此问题的观点大致趋向明朗。通过对保留下来的 80 多个《撒里克法典》原稿⑧进行考察和研究，现在学者们一般认为，该成文法的最初版本为克洛维时期的产物，称为《撒旦克法律公约》（Pactus Legis Salicae）⑨，它颁布于 507 年至 511 年间。⑩ 但是，该最初版本的内容并非都属于克洛维时期，因为其中一些内容是它对古老的制度进行汇编和修改的结果。撒里克人在开始将习惯法成文化的初期，采取的是一种表达全体意见的立法形式，这也是此文件之所以称为“Pactus”（公约）的缘由。只是在后来不断颁布附加法规过程中，民众参与方式逐渐消失，代之是贵族获得立法的权力。

在克洛维最初所颁布法律的基础上，6 世纪相继继承王位的克洛维的子孙们都各增补若干法规（capitularies）⑪ 和简短的序言。它们也有若干版本，墨洛温王朝后期的版本或多或少均显得杂乱。⑫

加洛林王朝时期，对政治和文化生活等都进行全面改革。其中，763 年至 764 年，丕平一世进行法律改革，其成果是产生了一个共有 100 条（有些手稿为 99 条）内容的集大成的

⑦ ［美］哈罗德·J·伯尔曼：《法律与革命——西方法律传统的形成》，贺卫方等译，62 页，中国大百科全书出版社，1993。

⑧ 这些完整的原稿中没有一个是该成文法的最初版本。除完整原稿外，还保留下来 9 个不完整的原稿和 1 个现代铅字体的拷贝。这些原稿最早的可确定为 8 世纪后期或 9 世纪早期，但其他原稿的时间则是 10 世纪至 16 世纪，参见 *Laws of the Salian and Ripuarian Franks*，translated and with an introduction by Theodore John Rivers，AMS Press，New York，1986，p. 2。另有学者认为，在保留下来的《撒里克法典》80 多个原稿中，其中大部分（约有 60 多个）是属于加洛林后期的版本，参见 Alexander C. Murray，*Germanic kinship structure—studies in law and society in antiquity and the early middle ages*，Pontifical Institute of Mediaeval Studies，Canada，1983，p. 122。

⑨ 参见 *The laws of the Salian Franks*，translated and with an introduction by Katherine Fischer Drew，University of Pennsylvania Press，1991，p. 52。

⑩ 克洛维于 507 年在 Vouglé 击败西哥特人，这是为法兰克人征服南部高卢开辟道路的重要事件。这种推测在某种程度上是基于《撒里克法律公约》第 47 条第 3 款，该条款提到居住在越过罗亚尔河（Loire river，这是法兰克王国的南部边境）的人的财产被盗的问题，法兰克人定居的该地区在 507 年前是西哥特人的地域。而且，虽然该法律文件前言并未明确提到墨洛温的某位国王最初颁布此文件，但其结尾却说明该国王是克洛维。参见 *Laws of the Salian and Ripuarian Franks*，translated and with an introduction by Theodore John Rivers，AMS Press，New York，1986，pp. 2～3。

⑪ 关于 Capitularies，有的学者将此译为“牧师会法规”，Capitula 这个词的本义是小法规（petit chapitres），它适用于一切法兰克国王颁布的法规，参见［法］基佐：《法国文明史》第二卷，沅芷、伊信译，商务印书馆 1999 年版，第 131 页；而有的学者认为，此词在伦巴德国王于他们所颁布的敕令之后进行附加补充时也使用过，或许更主要的是因为它被教会用来称呼它们的会议决定记录，参见 Thomas Glyn Watkin，*An historical introduction to modern civil law*，Dartmouth Publishing Company Limited，England，1999，p. 74；还有学者认为，之所以使用此名称，也可能是因为这些法规均分为若干章（chapters），或许因为它们是由国王在会议中颁布，因为原文 capitulum，要么是指一本书中的章，要么是指若干人的整体（a body of persons），参见 J. W. Wessels，*History of the Roman-Dutch law*，*African Book Company.*，Limited，1908. p. 42。

⑫ 参见 *The laws of the Salian Franks*，translated and with an introduction by Katherine Fischer Drew，University of Pennsylvania Press，1991，pp. 52～53。

法兰克人法典[13]，它包括前述克洛维时期颁布的《撒里克法律公约》的65个条文，及克洛维的子孙们于6世纪所补充增加的法规，并且保留了注释。经查理曼稍作修改后，此版本约于798年被重新颁布，这就是《艾曼达塔撒里克法典》(Lex Salica Emendata)。

查理曼时期颁布的第二种版本撒里克法典为《加洛林撒里克法典》（Lex Salica Karolina)，它共有70条。与其他版本相比，它所包含的拉丁文较少，法条体系相对清晰。但它并没有取代以前的版本，事实上，它们似乎全都被吸收进新法典之中。该法典用语比前述《撒里克法律公约》还要杂乱，而且条文中所使用的货币单位似乎与8世纪早期的现实相脱节。因资料的匮乏，后人对于查理曼在何种情况下颁布这一法典、颁布法典的动因等方面都不甚了解。[14]

此外，还有学者提出，除查理曼颁布的《加洛林撒里克法典》外，70个条文的《撒里克法典》还有另外2个相对次要的版本，它们为约830年在福尔达（Fulda）或梅因茨（Mainz）产生的法律文件和830年在福律里（Friuli）的边境侯爵艾卫拉德（Everard）指导下重新颁布的《艾曼达塔撒里克法典》。[15]

而从历史文献看，在加洛林时期之前，史料中很少提及《撒里克法典》，而且即使有偶尔提及它的文献，其含义也十分模糊，很难让人明白它是指一个成文的法律，还是指一个特殊的法典。至加洛林时期，提到《撒里克法典》的情况明显增加。也是从此时期起，成文的《撒里克法典》的观念开始流传，而且也只是在该时期，曾进行过将《撒里克法典》等同于国家法律的多次尝试。[16]

鉴于年代的久远及原始资料的匮乏，笔者很难断定上述何种观点更为准确。但从上述观点的罗列及查阅到的文献记载中可以得出这样一个确定的结论，即尽管为了阐述上的需要可以使用克洛维颁布的《撒里克法典》或查理曼颁布的《撒里克法典》等这样的提法，但一般所称的《撒里克法典》实际为一个集合称谓，它是指起源于克洛维时期，后经多次修改，不同时期有多种版本的撒里法兰克人的法律文本。

二、《撒里克法典》的特征

《撒里克法典》，无论是初期的《撒里克法律公约》，还是后来修改而成的《加洛林撒里克法典》，都并非具有完善结构体系的法律文件，条款内容的排列非常混乱。

---

⑬ 称为Lex Salica（Recensio Pippina)，它的序言较长，但其正文的条款内容对过去的版本并没有作实质性的修改。

⑭ 参见*The laws of the Salian Franks*，translated and with an introduction by Katherine Fischer Drew，University of Pennsylvania Press，1991，p. 53。

⑮ 参见*Laws of the Salian and Ripuarian Franks*，translated and with an introduction by Theodore John Rivers，AMS Press，New York，1986，pp. 3～4。

⑯ 参见Alexander C. Murray，*Germanic kinship structure—studies in law and society in antiquity and the early middle ages*，Pontifical Institute of Mediaeval Studies，Canada，1983，pp. 131～132。

比如，在《撒里克法律公约》中，与杀人罪有关的内容分别规定于第 15 条“杀人或带走他人妻子之男子”、第 19 条“以施魔法或毒药杀人”、第 24 条“杀害孩子和妇女”、第 35 条“杀害或抢劫奴隶”、第 36 条“四足动物致人死亡”、第 41 条“自由民犯杀人罪”、第 42 条“团伙犯杀人罪”、第 43 条“一帮人中之某人遭杀害”、第 54 条“杀害伯爵”、第 58 条“杀人者之亲属为其支付赔偿金”、第 63 条“在军队里遭杀害之自由民”、第 65 条 e“杀害孕妇”等条款中。

在《加洛林撒里克法典》中，与杀人罪有关的内容分别规定于第 6 条“烧毁或抢劫教堂和谋杀牧师者”、第 7 条“杀害伯爵之人”、第 8 条“在军队里遭谋杀之人”、第 11 条“自由民犯杀人罪”、第 12 条“团伙犯杀人罪”、第 13 条“因在酒宴上犯杀人罪而支付赔偿金”、第 14 条“因犯杀人罪而支付赔偿金”、第 17 条“杀人者之亲属为其支付赔偿金”、第 32 条“以施魔法或毒药杀人”、第 33 条“杀害男孩、女孩或者剪去他们头发之人”、第 65 条“致人死亡之四足动物”、第 66 条“奴隶杀人”等条款中。

不仅仅是有关杀人罪的规定比较凌乱，其他方面内容在法典中的安排也同样不同程度地显示出无序状态。但是，对比前后两个法律文本，还是可以看出，在体系上，后者较前者已有所改善。其中，比较明显的体现是后者在第 1 条至第 5 条连续规定有关传唤、审理及控告等，这集中了除第 28 条“虚假证词”、第 60 条“传唤证人”外的整个法典关于程序方面的内容。

同时，《撒里克法律公约》和《加洛林撒里克法典》在规定条款时都采取列举方式，法典中缺乏抽象规范。比如，两者都有许多条款涉及盗窃，但没有确立盗窃罪的概念，而是分别具体列举关于盗窃猪、牛、绵羊、山羊、狗、蜜蜂等条款。此外，法典的许多内容都是致力于罗列对各种伤害行为规定金钱的或其他的处罚措施。从法典中关于这些处罚各种伤害行为的具体规定可以看出，该法典反映了这样的事实：第一，它属于发展水平很低且各种关系并不复杂的社会；第二，它显然也属于非常粗鲁而野蛮的社会，把每一个行为、每一个抢劫案和暴力案都置于事实之中，以便对行为人直接施加处罚。这种缺乏概括能力，没有赋予各种相似的具体行为以一个共性概念的做法，既证明了当时立法智力的缺乏，也体现了立法机构的鲁莽草率。

还有，法典中关于婚姻、家庭、继承、赠与及契约等方面的规定非常简单，而这些私人性质的法律内容在同属于日耳曼法的西哥特人、勃艮第人和伦巴德人的法典中则相对占据较为重要的地位。[17]

---

⑰ Theodore John Rivers 在其 *Laws of the Salian and Ripuarian Franks*（AMS Press，New York，1986）一书的第 2 页中提到，撒里克法与利普里安法的大部分条款是关于私法，只有较小篇幅是关于刑法和诉讼程序的公法的内容，但同时他又提到，这些条款基本上是规定关于对盗窃、损害财产、伤害身体、性犯罪、谋杀等等的惩罚，列举规定这些犯罪时非常详尽。从前后表达上所体现的矛盾性及通过对这些法条的阅读和研究后感觉到，该作者认为此两个法律大部分条款是规定私法内容的观点尚有待商榷，除非他是基于将盗窃、伤害、谋杀等都作为私法范畴加以阐述。

此外，从《撒里克法典》具体内容看，它比早期其他日耳曼法典（除盎格鲁-撒克逊法典外）更少受到罗马法的影响。尤其是最初的《撒里克法律公约》，所受到罗马法的影响主要只是体现在形式上，如使用拉丁文、表现为成文法典等，其具体规定很少受到罗马法的影响。这是因为，该法典是既适用于法兰克人，也同时适用于高卢—罗马人，因此可以推测，克洛维的法律顾问们总渴望记录一些与罗马法不同、反映法兰克人需要的内容。法典包含的关于伤害行为所应受处罚的详尽条文、几乎每一有关条款都明确规定具体的金钱价目，这些对于高卢—罗马人来说也很陌生。在北部高卢地区，在伤害人身、诉讼程序等领域，《撒里克法典》成了同时适用于辖区内所有人的区域性法典。但是，法兰克人的法律并没有完全取代罗马法，因为它并未涉及法律领域的各个方面，在《撒里克法典》所未涉及的领域，罗马法必然仍在适用。

同时，尽管克洛维登上法兰克王国的王位不久就皈依罗马基督教，但早期《撒里克法律公约》在内容上所受到的基督教影响也极少，它并没有对作为一个机构的教会和作为区别于社会中其他成员的神职人员规定任何条款[18]，而只是在其“第 65 条 b”中规定了烧毁教堂的行为所应受到的处罚。但是，后期《加洛林撒里克法典》在此方面的规定则有所改变，其第 6 条不仅规定对于烧毁教堂的行为的处罚，而且还给予神职人员以特殊保护，规定如果杀害一名助祭，赔偿 300 索尔第（第 6 条第 3 款），若杀害一名祭司，赔偿 600 索尔第（第 6 条第 4 款）。[19]

从上述分析可知，如果说克洛维颁布的《撒里克法典》是蛮族法典（除盎格鲁-撒克逊人的法典外）中最具日耳曼特征的法典，这个观点应该可以成立。但在此之后的对于初期的《撒里克法典》进行不断修改而成的新版本，它们在内容上所受到的罗马法与教会法的影响则自然逐渐增加，其传统的日耳曼特性相应也趋弱化。

三、《撒里克法典》的历史地位

《撒里克法典》虽然体系不严谨，内容也并非面面俱到，但它是我们了解法兰克人部落习惯的重要历史渊源，加上记述此时期的历史文献本来就较稀少，因此这也是帮助我们从一个侧面了解该时期法兰克王国社会情形的极好的资料依据，这几乎是毋庸置疑的学术共识。但是，就其在早期立法史上的价值来说，则是见仁见智，各家的评价不尽统一。

有的学者认为，由于法兰克王国建立不久就成为最强大的一个蛮族王国，在加洛林王朝时期又统治了西欧大部分领土，所以它的《撒里克法典》就成了当时具有很高权威和广泛影响的一部法典，因而历来的历史学家和法学家不仅对此研究最多，而且在许多情况下

---

[18] 参见 The laws of the Salian Franks，translated and with an introduction by Katherine Fischer Drew，University of Pennsylvania Press，1991，p. 30。

[19] 根据同法第 11 条第 1 款规定，自由民杀害一名普通法兰克人，只需赔偿 200 索尔第。

视其为5世纪至9世纪蛮族法典的代表。[20]

有的学者提出，《撒里克法典》并没有在法兰克王国内所有地区生效[21]，它最初只是法兰克人集中定居北部高卢一半地区的法律，在其他地方，它仅是作为个别法兰克人的私人法律而被利用。同时，它也没有扩展生效于作为查理曼征服结果的高卢地区之外的地方。在11、12世纪罗马法复兴后，它在北部法国以外的地区也完全消失。但是，在北部高卢，法兰克人这一法典的影响则延续了很长时间，它与后来的封建法一起被保持下来，即使在中世纪法国国王们鼓励人们研究已复兴的罗马法之后，其许多内容仍然被保留下来。甚至在18世纪后期法国大革命爆发后，与南部法国称为成文法区（罗马法区）相对应的，北部法国仍被描述为是习惯法区（日耳曼法区），这是《撒里克法典》以修改后的方式被持续使用的具体体现。[22]

英国著名法史学家梅特兰（F. W. Maitland，1850—1906）对此也有过论述，他认为，因诺曼人对不列颠的征服，《撒里克法典》成了英吉利法的历史渊源之一。[23]

与这些以褒扬为主的观点不同的是，有些学者提出，过去关于《撒里克法典》的重要性被大大夸大了。他们认为，《撒里克法典》的存在是不稳定而且是短暂的，大概从10世纪起，它就被许多地方习俗所取代，虽然它对后者也有一定的贡献，但这些地方习俗同时还吸收了其他来源，如罗马法、教会法等。事实上，除在回忆时和在某种重大场合外，《撒里克法典》在很长一段时期里已被人忘却，直到14世纪，为了确定王位的继承，人们才有求于它。在法国，导致夸大《撒里克法典》作用的原因主要就在于，法王菲利普·勒·朗即位时，及法王菲利普·德·瓦卢瓦（1328—1350年在位）和英王爱德华三世（1327—1377年在位）争夺法国王位时，该法都曾被援引以防止妇女获得王位继承权，而且从那时起，它被许多著者称为法国公法的第一个来源，并被歌颂为是一部永远具有活力的法律和君主政治的根本法。[24] 但历史上将西方早期的王位继承制与《撒里克法典》的规定相联系则纯属错误，因为在事实上，该法典根本没有规定王权及继承王位的内容，关于继承，它仅仅只是零星地规定私人财产的继承规则。这个不争的事实于16世纪才被发现。[25] 不过，不可否认的是，因王位继承之争谋求从《撒里克法典》中寻找依据，促使它于14、15世纪在

---

⑳ 参见由嵘：《日耳曼法简介》，13～14页，法律出版社，1987。

㉑ 但应该说明的是，在《撒里克法典》生效的法兰克人地区，它还是取得了一种几乎普遍的权威。在这些地区，罗马法逐渐消亡，因为法兰克人、野蛮人或是一个生活在《撒里克法典》之下的人都可以从此法典中享有巨大利益。只有僧侣们保持罗马法，因为改变法律对他们并无好处。参见［法］孟德斯鸠：《论法的精神》下册，张雁深译，218页，商务印书馆，1997。

㉒ 参见 *The laws of the Salian Franks*，translated and with an introduction by Katherine Fischer Drew，University of Pennsylvania Press，1991，pp. 30～31。

㉓ 参见 Frederick Pollock and Frederic William Maitland，*The history of English law*（before the time of Edward Ⅰ），second edition，Cambridge University Press，1968，p. 7。

㉔ 参见［法］基佐：《法国文明史》第一卷，沅芷、伊信译，217页，商务印书馆，1999。

㉕ 对于此问题，英国法史学家梅因（H. S. Maine，1822—1888）曾有过详尽的分析，参见 H. S. Maine，*Early law and custom*，London，1883，"Chapter V"，pp. 125～159。

法国的复兴，同时也导致其部分内涵的转变。[26]

还有学者提出，《撒里克法典》严格而言根本不是法典，它并非由正式的立法权力机构编纂和公布，而若视它为各种习俗和法院判决的一份目录——由某一个有学问的人、某一个蛮族教士辑成的集子则更为妥当。该法并不包含撒里法兰克人的一切立法、一切法律，而且其正文某些条款的规定也证实了其缺乏应有的严谨性，它包含着对同一种行为的两种完全不同的刑罚，有的规定显然不是法规应该有的文体，而且有的条文中出现的“按照另一种判决”等字样，恰恰是在学术论集或在某一法令汇编中才可能找到的文字用语。[27]

此种围绕《撒里克法典》历史地位的褒贬不一的争论，注定不可能会有最终结果。但是，关于《撒里克法典》的编纂时间、内容、影响等方面能引起如此广泛的争论，甚至如孟德斯鸠、梅特兰、基佐等名家都不惜笔墨阐述自己的观点，这本身就反映了该法典在世界法律史上的重要地位。而且，《撒里克法典》所存在的体系上的混乱和内容上的矛盾性，一定程度上恰恰反映出从一个国家到另一个国家，从一个单一民族到多个民族，从一种社会状况到另一种社会状况，从一种宗教到另一种宗教，从一种语言到另一种语言的历史转换过程。因此，从整体上看，不能否认《撒里克法典》是一部在特定历史条件下产生的不确定的、有些杂乱的、暂时性的法规，它是后人研究欧洲中世纪早期法律史所不能忽视、也无法逾越的法律文件。从这种意义上说，如果称其为一部“世界著名法典”一点也不为过。[28]

---

[26] 参见陈文海：《〈撒里克法典〉在法国中世纪后期的复兴和演化》，载《历史研究》，1998（6）。

[27] 参见［法］基佐：《法国文明史》第一卷，沅芷、伊信译，227～228页，商务印书馆，1999。

[28] 2000年法律出版社出版的“世界著名法典汉译丛书”第一辑共有5部法典：汉穆拉比法典、赫梯法典、十二铜表法、摩奴法典及撒里克法典（原译名为“萨利克法典”）。关于其中的《撒里克法典》，因为编者没有具体说明此汉译本的依据版本，而且是断断续续地译编至第62条，因此无法从中确切了解该法典的具体背景及其完整的体系和条款内容，这不能不令人感到遗憾。但将它与《汉穆拉比法典》、《十二铜表法》等编入同一辑中，应属较为恰当的编排选择。

林　乾

从“法与天下共”论对君主擅法的限制*

简介

林乾， 1959年生，吉林长春人，先后于1983年、1987年、1999年在吉林师范大学、东北师范大学、中国人民大学获得历史学学士、硕士、博士学位，2002年攻读中国政法大学法学博士学位。现为教育部人文社会科学重点研究基地、中国政法大学法律史学研究中心副主任、教授，兼国家清史编纂委员会典志组专家、中国法律史学会理事等。著有《中国古代的权力与法律》（中国政法大学 2003）、《康熙惩治朋党与清代极权政治》（台北 正展出版社 2004）、《清代衙门》（中华书局 2006）等，在国内外核心期刊发表专业论文40余篇。主持教育部、北京市等多项课题。

---

* 原发表于《南京大学法律评论》，2005年春季号。收录时有删节。

西方政治思想家博丹曾经说过："从本质上讲，君主和绝对权力的主要标志就是无须征得臣民同意而将法律强加于其头上的权利。"① 安德森认为，"西方绝对主义君主政体总是受到双重制约：受它支配的传统政治团体的存在以及支配它的无所不在的道德法规。"他还认为，"西方绝对主义国家从未行使过绝对权力"②。我们无意以西方为参照系诠释中国的王权，因为中西方君主专制政体产生的环境及发展路径有着太多的差别。但个人以为，当礼法界限颇为混淆或者礼更多地渗透影响到中国传统法律时，儒家的诸多"为君之道"就成为君主必须遵循的"潜规则"。我们不能因在制定法中难以找到对君主权力限制的条款就得出君权不受约束的结论。那种认为"古代的政令法律是转化为国家意志的君主意志，君主言出法随，赏戮由心"③ 的观点是否经得起推敲呢？有的法史学者进而认为，"法自君出"成为统治阶级的普遍观念，"得到了中国古代绝大多数统治者和士大夫的赞同"，"'法源自君主的意志'的确已经成为古代中国人法学世界观的重要内容"④。

个人认为，"法自君出"更多地具有象征意义，因为君主一般是国家的代表，所谓"朕即国家"就是这种观念的反映。但是，把君主等同于国家或者把二者混而为一则是不合适的。就先秦时的周代而言，"盟主与各邦成员为对等关系，盟主享有的特权至多不过具宗教上家长宗法的形式和意义"⑤。秦朝建立后，皇权与法律的地位都有了前所未有的提升，但由此引发的社会矛盾却更加尖锐。汉代君臣反省秦朝二世而亡之所在，士大夫带有一种整体的觉醒与批判，"经常包含了对现实政治社会的全面否定"⑥，吕思勉甚至认为，"汉人好言易姓革命者，非欲徒取诸彼以予此，其意乃欲于政事大有所改革"⑦。正是借助于对秦朝君主"独制天下而不为所制"的深刻反思，汉代士大夫发出"天下乃皇天之天下也"⑧ 的时代强音。"方制海内非为天子，列土封疆非为诸侯，皆以为民也！……天下乃天下之天下，非一人之天下也！"⑨ 成为那个时代的共识。

按照博丹对君主和绝对权力的"标准"设定，我们从古史中还很难找到"无须征得臣民同意而将法律强加于其头上"之类君主。反而安德森所说的对君主的双重制约倒是俯拾

---

① 引自［美］安德森：《绝对主义国家的系谱》，40页，上海人民出版社，2001。
② 《绝对主义国家的系谱》，41页。
③ 《中国的王权主义》，231页，上海人民出版社，2000。
④ 何勤华：《中国法学史》（第一卷），154、162、163页，法律出版社，2000。
⑤ 《中西古典学引论》，287页，东北师范大学出版社，1999。
⑥ 《士大夫政治演生史稿》，331页，北京大学出版社，1996。
⑦ 吕思勉：《嵩庐札记》，载《论学集林》，721页。
⑧ 《汉书·鲍宣传》。
⑨ 《汉书》卷85，《谷永传》。

即是。换言之，君权行使的“自由度”是有限的，君主和臣民一样，有遵守法律的责任与义务，其喜怒刑杀、轻重任意之类“自由裁量”受到了很大限制。尤其是当制定法与君主的敕、令等“临事以制”发生矛盾时，应以前者为主。这些都反映了法律对君权的限制。

一、法与天下共，君主有守法之责

司马迁写《史记》，“酷吏列传”里共写了十个人。其中之一就是“专以人主意指为狱”⑩ 的杜周。他任廷尉时以“善候伺”著称，“上所欲挤者，因而陷之；上所欲释者，久系待问而微见其冤状。”他的这种做法引起人们的不满，有人质问他说：“君为天子决平，不循三尺法，专以人主意指狱。狱者固如是乎？”杜周的回答成为后人乃至今天治法史者所谓“法自君出”的依据：“三尺安出哉？前主所是著为律，后主所是疏为令，当时为是，何古之法乎！”⑪ 在杜周看来，书于竹简上的法律其效力远远不及皇帝的意旨和命令。杜周如此执法当时即引起人们的指责，司马迁评价“杜周从谀，以少言为重”。

比起张释之，杜周确实与他的这位前辈同行有天壤之别。张释之是第一个明确提出“法者，天子所与天下公之也”的廷尉。当时汉文帝出行中渭桥，有一人闻听皇帝的乘驾将过来，连忙躲到桥下。过了一段时间，此人以为皇帝车驾已经走远，于是从桥下跑出，正好冲了乘舆，马为之惊。张释之在审理此案时认为应当罚金。文帝认为太轻，怒曰：“此人亲惊吾马，马赖和柔，令它马，固不败伤我乎？而廷尉乃当之罚金！”张释之认定自己按照法律判理，不应因此人冲撞皇帝车驾而重判，于是说：“法者，天子所与天下公共也。今法如是，更重之，是法不信于民也。”并认为当时如果皇帝您下令杀也就杀了，“今已下廷尉，廷尉，天下之平也，一倾，天下用法皆为之轻重，民安所措其手足？”文帝良久说道：“廷尉当是也。”⑫ 张释之在审理犯跸案时，认为皇帝与天下臣民一样，都有遵守法律的义务，不能任意轻重，尤其是已经进入正常的司法程序。

后代在肯定张释之以法为天平不允许根据君主之意有所轻重的同时，对张所说的“且方其时，上使诛之则已”表示了批评、反对意见。其中尤以唐代的杜佑为代表。他在《通典·刑法七》中指出，既然承认“法与天下共”，那么就不能允许皇帝行法外之法。如果后代人以此言为据，滥杀无辜，那么就会导致二世而亡。因此他认为班固写《汉书》时，应将“方其时，帝使诛之则已”这句话删去不载。

明人丘浚在编撰《大学衍义补》时，引用了“杨氏曰”一段话：“释之论犯跸，其意善矣。然曰当其时上使人诛之则已，是则开人主妄杀人之端也。既曰法者，天子所与天下公共，则犯法者，天子必付之有司，以法论之，安得越法而擅诛乎。”⑬ 在杨氏看来，凡是犯

---

⑩ 《史记》卷122，《杜周传》。

⑪ 《史记》卷122，《杜周传》。

⑫ 《汉书》卷50，《张释之传》。

⑬ 鲁嵩岳：《慎刑宪点评》，333页，法律出版社，1998。

法者，都要交由法司依法处理，即使事关君上，天子也不能“越法”而断。显然，这比杜佑的观点进了一层。

汉代以后，晋惠帝时三公尚书刘颂上书，也明确提出“夫人君所与天下共者，法也”⑭的主张。宋代刘挚还提出“夫法者，天下之至公也”⑮，李觏提出“法者，天子与天下共也”⑯ 等主张。李觏还认为，“天之于立君，命之以符瑞。无民而灭之者，不以天下之大私一人也。”他还指出天之制兵革，是为了警告那些残暴的统治者，而不是为了服从独夫的意志以威胁天下，是“为天下威一人”，而不是“为一人威天下”⑰。可以说，这一思想具有很强的人民性。

既然法律是包括天子在内的所有人都必须遵守的“公共物”，那么，君主就应该明确自己的法律责任，不能专擅法律，使法律成为任由君主解释的私有物。贞观七年，贝州鄃县令裴仁轨私役门夫，太宗欲斩之，殿中侍郎史李乾祐上奏道：“法令者，陛下制之于上，率土遵之于下，与天下共之，非陛下独有也。仁轨犯轻罪而致极刑，是乖画一之理。臣守职宪司，不敢奉制。”⑱ 李乾祐所坚持的，是法律一经颁布，任何人都要遵守，包括制定者，因为它是国家公信力的象征，皇帝也不能擅私。当年九月，大唐盛开选举，一时也有诈伪资荫者，太宗让这些人自首，不首者死。随即就有诈伪事发生，大理少卿戴胄依法断流。太宗很不高兴，说：“朕下敕不首者死，今断从流，是示天下以不信。卿拟卖狱乎?”戴胄回答说：“陛下既付法司，臣不敢亏法。”太宗曰：“卿自守法，而令我失信邪?”戴胄认为法律是国家的大信，高于皇帝“临事以制”的敕令，于是回答说：“法者，国家所以布大信于天下；言者，当时喜怒之发自。陛下发一朝之忿而许杀之，既知不可而寘之于法，此乃忍小忿而存大信。若顺忿违信，臣窃为陛下惜之。”皇帝的旨意敕令在业已颁布的法律面前，是小者，它必须服从国家之大信即法律。即使至尊已出之令，也要废之。⑲

与臣民共同遵守法律，是君主的责任。在此基础上，明代中叶刑部尚书何乔新提出“天子不失律”的主张。他把法律比喻为“乐之铎”“师之符”，是“不敢以意用”的。他指出：现今天下郡县所忧虑的是法律的意义不明，而朝廷所担心的是不遵守法律。而所以不遵守法律，根源来自君主，“上既用意以屈法，而下且屈法以奉意。尝怪汉廷尉释之号知法，而曰：当是时，天子杀则已。岂以天子而可独失律乎?”他还举出唐高宗时的两个例证：“唐权善才，法不得死，高宗欲杀之；王本立，法在必死，高宗欲原之。狄仁杰两执法以争，而两得其法。虽以高宗之主，终不敢以意与，而况治朝乎?”⑳

---

⑭ 《通典》，4297 页。

⑮ 《宋文鉴》，中册，861 页，中华书局，1989。

⑯ 鲁嵩岳：《慎刑宪点评》，207 页。

⑰ 《直讲李先生文集》卷 20，《潜书》。

⑱ 《通典》，4371 页。

⑲ 《通典》，4372 页。

⑳ 孙承泽《春明梦余录》卷 44，898 页，北京古籍出版社，1992。

正如马基雅维里所说，“君主只要不触犯他的皇宗皇祖的制度”，“总是能够维持他的地位的”[21]。在一个世袭制的君主国里，法律一般制定于开国时期，以后可能有所完善，但主基调基本是确定的。因而，一个王朝初期制定的法律又带有“祖宗之法”的性质，它要求后世子孙遵守“祖宗之法”。我们在史书上经常读到以“祖宗之法”规谏已“偏离”最初法律轨道的君主的记载。

换言之，是否遵守“祖宗之法”，还含有儒家的伦理政治概念——孝的意义。因为守祖制、遵祖法是对先人的尊重，是对祖宗创业成果的继承，它体现了一种极强的政治伦理。

二、对君主喜怒刑杀的限制

君主无论怎样被神化，他终究也是人，他也有七情六欲，有喜怒哀乐。只是由于君主承担社稷之重，这就使得他的喜怒哀乐不同于常人，出于对江山传之永久的考量，君主是不允许有过分的喜怒哀乐的，君主的责任剥夺了他作为一个正常人所具有的喜怒“自由”。中国的先儒们很早就把自然现象比附到人君的行事上。“王者言不从”就会有“霹雳”；“王者视不明”就会多电；“听不聪”则多暴雨；“心不能容”则多雷。[22] 因此，皇帝的生杀刑怒也会有外在的自然表现，因而“有道之君”要节制自己的一切，“端拱而治”。更早的《尚书·洪范篇》把人事的“貌、言、视、听、思”和天气的“雨、旸、燠、寒、风”附合在一起，说国君的貌正，雨就会按时而降，且不多不少；倘若不正，雨就会泛滥成灾，成为淫雨。反映在刑罚上，君主不能喜怒任意，刑杀无辜。丘濬在编撰《大学衍义补》时，反复引用儒家经典，从中寻找“经义”根据，其主旨是说“法有定制”，而刑罚只是临时施用，但其轻重“不可变渝”，称职的君主必须明照四方，对刑罚有一种敬畏感，“整饬严谨”而不出差错。他还指出，刑罚之施行，必须明与威二者兼得，不明而威只能是淫威，必然会滥及无辜，“威明并用，容光之隙无不照，雷霆之下无不折”，才能达到“天下之大，四海之广，丰豫而亨通”的境界。[23]

具体到君主之于刑罚上，就有许多禁区，或者说有诸多限制，比如不能借刑杀来建立君主的威信；不能操生杀大权于己而不顾公是公非；不能喜怒任意，轻重失平。如果没有一种“祥刑”的态度，抱着惊惧的心情去处理案件，只能上干天和，下积人怨，最后走向败亡之途。史载隋文帝大怒之下欲六月杀人，大理少卿赵绰上书认为“不可以此时诛杀”。文帝却说：“六月岂无雷霆，我则天而行，何不可之有?”[24] 宋人胡寅说：雷霆犹如人君的号令，万物生成的六月，固然有雷霆，但雷霆未尝杀物，文帝乘怒杀人，其违天多矣。丘濬的评价更不客气，他说文帝以阴谋得天下，而性犹猜忌，往往欲杀人以立威。“天立君以主

---

[21] 马基雅维里：《君主论》，4页，商务印书馆，1997。

[22] 《春秋繁露·五行五事》。

[23] 鲁嵩岳：《慎刑宪点评》，13页。

[24] 《文献通考·刑考四·刑制》。

生人，欲其则天道以为治，使天所生得全其生。今为天之子不能奉天道以养天民，反假天之威以害之，使天无知则已，天道有知，岂肯容之耶？卒之不得其死，而其子若孙，自相鱼肉，至于殒宗绝祀，熟谓天道无知耶。”[25]

宋人陈经说：“君之喜怒无常，情法之轻重有常。理不徇君，而徇理之中可也。君言苟是，从君可也；非从君，乃从理也。君言苟未是，则从理可也，从理乃所以从君也。”[26] 在理与君的排序中，理是第一位的，理就是法理，是法律准绳，只有君主的言论命令与理符合统一时才能遵从，这时法司遵从的仍然不是君主的言论而只是因为君主也遵从了法理。

东汉光武帝建武年间（公元 25—55 年），董宣为洛阳令。时湖阳公主苍头（相当于奴）白日杀人，因藏到公主家中，官吏没有抓到。后来公主出行，而用奴驾车，董宣在夏门亭等候公主车从。公主车马到后，董宣高声历数公主的过失，并令驾车的奴下车，当场将其格杀而死。公主回宫向皇帝告状，刘秀召董宣，想将他箠杀。董宣说：“陛下圣德中兴，而纵奴杀良人，将何以理天下乎？”请自己了绝，当即用头撞楹柱，流血不止。刘秀令小黄门制止董宣，并让董宣向公主叩头道歉了事，而董宣认为自己做得对，坚决不从。刘秀让人强使董宣叩头，董宣两手据地，终不肯低头。公主说：“文叔为白衣时，藏亡匿死，吏不敢至门。今为天子，威不能行一令乎？”刘秀笑曰：“天子不与白衣同。”因敕令董宣诣太官赐食。董宣将天子赐食全部食尽，并对刘秀说：“臣食不敢遗余，如奉职不敢遗力。”[27]

以上这个案例之所以“天子威不能行一令”，就在于天子要遵从法律，服从“理天下”这个大局。在刘秀看来，作为白衣可以钻法律的漏洞，做些“藏亡匿死”之类规避法律的事情，但一为天子，就要为江山社稷负责，天子的责任不允许任意妄为，因此他才说出“天子不与白衣同”这样的话。

皇帝之所以有时喜怒不从法，说到底还是因为有亲疏爱憎，加之处在尊崇无比的位置，又有最高权力做后盾，因而也更容易使法律向自己一边倾斜，甚至走向法外用刑的“歧途”。每当这时，就需要臣僚尤其是法司执法不移，不为权势所威胁，不为利禄而诱惑，有一种“死法”的气概。正如宋代大臣范百禄所说：“古人执法，有三经断死而不渝者，有抗直犯颜而不观主威者；非但施之于守法而已，实士君子事上之道当然。”[28] 明弘治时，闵珪历任刑部尚书、左都御史，“久为法官”。弘治十七年，辽东边臣张天祥诬他人杀贡使一案经大理寺丞吴一贯等勘实，张天祥死于狱。由于张天祥叔父屡讼冤，孝宗密令东厂查其事，回奏以吴一贯所勘为诬，孝宗大怒，要尽翻前案，并将吴一贯等重罪处死。内阁大学士刘健等反复谏诤，并曰：“狱经法司谳，皆公卿士大夫，言足信。”孝宗说：“法司断狱不当，身且不保，言足信乎？”谢迁认为：“事当从众，若一二人言，安可信？”刘健又说众证人距京师地远，不可能将他们全部逮来对质。孝宗说：“此大狱，逮千人何恤！”刘健等人“再

---

[25] 鲁嵩岳：《慎刑宪点评》，231～232 页。

[26] 鲁嵩岳：《慎刑宪点评》，323 页。

[27] 《后汉书》卷 77，《董宣传》。

[28] 《宋文鉴》卷 117，下册，1636 页，中华书局，1992。

四争执”，孝宗声色俱厉。吴一贯被押后，孝宗在午门亲鞫，“欲抵一贯死”[29]。闵珪上奏说：“一贯推案不实，罪当徒。”孝宗不允，闵珪仍执如初。孝宗欲治闵珪罪，并令其重新拟吴一贯罪。闵珪不为所动，“给以原拟上”。孝宗召阁臣刘大夏，刘对曰：“刑官执法乃其职，未可深罪。”孝宗默然久之，曰：“朕亦知珪老成不易得，但此事太执耳。”最后“卒如珪议”[30]。

这一案件从内阁大学士到刑部、大理寺再到御史，基本上完全站在孝宗的对立面，谏争再四，甚至不惜以身殉法，就是因为他们认为“执法乃其职”，不能唯上意是从。孝宗最终还是妥协了，同意将吴一贯拟徒。

唐太宗在旧史上无疑是一个从善如流的好皇帝形象，因此身当其时的大理少卿戴胄能守法不移。其他如张释之、于定国、陈宠、郭躬等汉代四大廷尉，所遇的都是所谓文帝、宣帝、章帝这三位“令主”。如果遇到一位英武有为，而身处政治环境极为严酷的君主，尤其是那些“以逆取江山”的皇帝，整个局面就会大不一样。这样的时候，法律往往成为君主确立其统治巩固强化其权力的工具，从而使法律的公正性大打折扣。武周时期的徐有功最能说明问题。《新唐书》在为他立传时，用比较长的篇幅叙述他的执法环境，正是在“朝野震恐，莫敢正言”的恐怖气氛中，“独有功数犯颜争枉直，后（武则天）厉语折抑，有功争益牢”。换言之，恶劣的执法环境是对执法者的最大考验。因为他面对的不单单是高高在上的皇帝，还有皇帝所宠信甚至有意纵容的一群酷吏，因此执法者要与君争法的同时，还要与群酷吏周旋，而他手中的唯一利器就是悬在众人头上的法之剑。

《新唐书》给徐有功盖棺之后的“定论”是：“不以唐、周贰其心，惟一于法，故能处猜后、酷吏之间，以恕自将，内挫虐焰，不使天下残于燎”，“议者谓过汉于、张，渠不信夫！”[31] 徐有功任司刑寺丞时，处理了魏州人冯敬同告贵乡县尉颜余庆与博州刺史虺冲同反一案。此案由武则天下令交来俊臣鞫治，以反状上闻。武则天敕令将颜余庆处斩，家口籍没。徐有功依据《尚书》中“歼厥渠魁”的记载以及永昌元年赦文，尤其是《唐律·名例律》对首谋的解释，对此案提出不同处理意见，他上奏称魁首虺贞等已伏诛，颜余庆应“断为支党，处流”。当时有功玉阶具奏，太后大怒，抗声谓有功曰：“若为唤作魁首?”有功答称：“魁是大帅，首是原谋。”当时百僚供奉及仗卫有三二百人，面对武则天反复诘问，无不股栗，“而有功神色不动，奏对无差，人皆服其胆力，直而不挠”[32]。徐有功后迁司刑少卿，对所亲曰：“今身为大理，人命所悬，必不能顺旨诡辞以求苟免。”[33] 对于徐有功所处的为官环境及他的执法如山，杜佑给予极高评价：

详观徐大理之断狱也，自古无有斯人，岂张、于、陈、郭之足伦，固可略举其事。且

---

[29] 《明史》卷18，《王献臣传》。

[30] 《明史》卷183，《闵珪传》。

[31] 《新唐书》卷113，《徐有功传》。

[32] 《通典》，4375页，中华书局，1988。

[33] 《旧唐书》卷85，《徐有功传》。

四子之所奉，多是令主，西汉，张释之，文帝时为廷尉；于定国，宣帝时为廷尉；东汉陈宠、郭躬，章帝时为廷尉：皆遇仁明之主。诚吐至公，用能竭节。若遇君求治，其道易行。武太后革命，欲令从己，作威而作周政，寄情而害唐臣。徐有功乃于斯时，而能定以枉直，执法守正，活人命者万计；将死复舍，忤龙鳞者再三。以此而言，度越前辈。[34]

如果皇帝置国家法律于不顾，法司要以死相谏，或以辞职相抗。明万历时，朝政日非，民穷思变，皇帝以喜怒之情移法司之平。时为刑部侍郎的吕坤，忧心如焚，他上疏曰："法者，所以平天下之情。其轻其重，太祖既定为律，列圣又增为例。如轻重可以就喜怒之情，则例不得为一定之法。臣待罪刑部三年矣，每见诏狱一下，持平者多拂上意，从重者皆当圣心。如往年陈恕、王正甄、常照等狱，臣等欺天罔人，已自废法，陛下犹以为轻，俱加大辟。然则律例又安用乎！诚俯从司寇之平，勉就祖宗之法，而囹圄之人心收矣。"[35] 吕坤的上疏强化了一个古老的法律命题：法律不能因皇帝的喜怒之情而有所轻重。因为法律是用来"平天下之情"的，不是君主手中任意玩捏的工具。不错，法律之所以比武装到牙齿的东西还恐怖、还狰狞，正是由于君主"毁法"的结果。一向乐于将大臣的奏疏"留中"的万历皇帝，对吕坤的上书仍采取了他一贯的处理方式——"不报"，但"刚介峭直，留意正学"的吕坤采取了更激烈，也是更无奈的办法，他上书自陈，请求罢职还乡："高皇帝之定律也，稿凡七易，当重者，自不从轻。刑部之拟罪也，法欲坚持，宁死谏，不宜阿奉。而臣以不切不果之念，退缩因循，致令无罪、轻罪之人，吞声饮泣。有臣如此，官守谓何？臣闻三年大旱，为匹妇之含冤；六月飞霜，因一夫之抱屈。今刑部狱中，含冤、抱屈者不止二人也，不平隐愤，上彻云霄，郁结穷愁，散为氛祲……孽自臣躬。伏望皇上将臣罢斥，责令刑曹以后诏狱一切奉法，不得阿意奉承，以损圣德，以戾天和。臣即跧伏草莽，所甘心矣。"[36]

四百多年后，当我们诵读吕坤这份自陈不职疏时，仍会强烈地感受到这位大明刑部侍郎因不能很好地履行法律应有的职责而备受煎熬时的痛苦心情。

吕坤是以特殊的形式离开污秽不堪的官场的，"称疾乞休，中旨许之"。尽管以后有吏部尚书孙丕扬等交章举荐，"疏至二十余上"，但万历皇帝"终不纳"。万历四十六年，吕坤结束了 20 年的乡居生活，撒手而去。一叶落而知秋。当很多大臣都选择用逃避的方式来与最高统治者进行抗争时，"时日盍丧"的到来也就为期不远了。史家说：明亡实启于万历。信然！[37]

---

[34] 《通典》，4382～4383 页，中华书局，1988。

[35] 《明史》卷 226，《吕坤传》。

[36] 孙承泽：《春明梦余录》，919 页。

[37] 据《廿二史札记》卷 35"万历中缺官不补"载：自阁臣至九卿，台省曹署皆空，给事中、御史定额 150 余人，当时只有四人，诏狱诸囚，以理刑无人不决遣，家属聚号长安门。"职业尽弛，上下解体。"

三、制定法与君主敕、令的关系

罗素说：“在人类无限的欲望中，居首位的是权力欲和荣誉欲。”[38] 尽管中国封建王朝的君主承认自己在为政及个人素质方面有某种“缺失”及“知见不及”之处，但在权力上都喜欢自专。在法律方面，各王朝大多制定了比较完备的法典。为了使这些主要反映刑罚方面的法典“尽可能地不带有任意性”[39]，即突出“临事以制”的效果，在制定法之外，又将敕、令之类作为法典文本的补充。但如此一来，遂产生了制定法与敕、令之间的矛盾。如果说，制定法体现了法律的稳定性，“经久常行之制”的特点，且带有“祖宗之法”的强烈痕迹，那么，王朝中叶或后期的敕、令之类具有较强的时效调节作用。“国将亡必多制”，这是儒家的一种信条，因此当敕、令之类更多的与制定法相冲突而且前者更多地反映帝王专擅刑罚的意志时，臣僚们又会毫不犹豫地向制定法回归。

晋惠帝时，“刑法不定，狱讼繁滋”，尚书裴頠上书指陈得失，他说：“刑书之文有限，而舛违之故无方，故有临时议处之制，诚不能皆得循常也。”但他认为刑罚“应有定准”，如果审处“皆在法外”就很不正常。[40] 尚书三公郎刘颂也随即上书，对君主“临事以制”提出强烈批评，主张“天下万事”“不得出法以意妄议，其余皆以律令从事”，因为以往的法律是商榷周详而制定的，“法轨既定则行之，行之信如四时，执之坚如金石”，岂能“在成制之内，复称随时之宜，傍引‘看人设教’以乱政典哉！何则？始制之初，固已看人而随时矣。今若设法未尽当，则宜改之；若谓已善，不得尽以为制，而使奉用之司公得出入以差轻重也。夫人君所与天下共者，法也。已令四海，不可以不信为教”。他还严厉批评时人以“上古议事以制”为托词，行其“于成制之外，以差轻重”之实的做法。他还提出罪刑法定的主张。皇帝下诏令臣下讨论，汝南王亮等“以为宜如颂所启，为永久之制”，门下省在属议中也赞成刘颂的主张，认为“既已立法，诚不宜复求法外小善也。若以善夺法，则人逐善而不忌法，其害甚于无法也”[41]。

西晋在立法上的进步之一，即将律、令明确区分开来，这与汉代律、令概念混淆的情况相比，有了相当改变。参与修律的律学家杜预在作《律序》时也明确说：“律以正罪名，令以存事制。”[42] 韩国磐认为，西晋修律时将律、令、故事三者明确区分开来，在立法思想和法制的分工上，是一大进步。[43]

由于有了划分，才有了法律界域的“识别”。从晋代开始，对“临事以制”的做法也就

---

[38] ［英］罗素《权力论》，3页，东方出版社，1988。

[39] ［法］米歇尔·福柯：《规训与惩罚》，117页，三联书店，1999。

[40] 《通典》，4296页。

[41] 《晋书·刑法志》；《通典》刑法四。

[42] 《册府元龟》卷638，《律令下》。

[43] 韩国磐：《中国古代法制史研究》，259～260页，人民出版社，1993。

有了更多的批评。前面所举的唐太宗与戴胄关于诈冒选人如何裁决的争论，即属法与敕之争。有学者认为，汉唐是遵行律令最好的时代，堪称为律令政治：律令政治乃是以法令作为基础的政治，法令得到尊重、稳定、或趋向独立，则政治将会走向法治。政府体制依照律令设置及运行，其体制将为较硬性的体制，较客观而不易改动。反之，政治及体制以君主的意旨（敕令）为基础，则人治及柔性体制必将因而出现。从汉至唐，门第政治兴盛，君主尚未进入绝对专制的阶段，君臣大体上仍能依法行事，这段时期可说是律令政治的时代。唐朝自武则天至唐玄宗，是转折期的重要阶段，从此以后，律令地位下降，政治行为及官僚设置多以敕令为准，柔性体制因此建立，对宋明以后政治影响极大。随着敕令权威的日益提高，及君主透过学士、知制诰等职剥夺中书省的出令权，君主专制的政治亦日益发展。㊹

宋朝在继承唐朝律、令、格、式的基础上，多编敕以行，北宋中前期，律、敕并行，到了北宋末年，指挥、条贯甚至御笔手诏都编入为敕，法律形式十分混乱。到了南宋，用敕不用律，国之常法被弃置一边。尽管设有专门的编敕所从程序上进行“把关”，但往往“旦夕之间，果然又变”。实际上严重损害了国家常法的公信力，其弊端屡为臣僚所言。范仲淹在《答手诏条陈十事》中专门谈及“重命令”，指出“今睹国家每降宣敕条贯，烦而无信，轻而弗禀，上失其威，下受其弊”㊺。出令不慎，朝颁夕改，使法律失去应有的权威。苏轼也说，国初只用律令，加以注疏，情文具备。“今编敕续降，动若牛毛，人之耳目所不能周，思虑所不能照，而法病矣”，他认为应当“熟议而少宽之”㊻。但一个王朝越是混乱，则改法更制越多。因此叶适总结说，宋代“法度以密为累而治道不举”㊼，给后世的教训是极为深刻的。㊽

明代律令体系比较简明，丘浚说：“我朝之律，仅四百六十条，颁行中外，用之百余年于兹。列圣相承，未尝有所增损；而于律之外，未尝他有所编类，如唐、宋格、敕者。所谓简而明，久而信，真诚有如欧阳氏所云者，万世所当遵守者也。”㊾ 正因如此，君主越法行事往往受到臣僚的抵制。

四、君主不亲刑狱

由于礼对法的渗透，使中国古代的刑罚融入了更多的伦理色彩。本来是凶煞无比的刑罚由于慎刑、恤刑而有了“祥”的内涵。更由于刑罚或以刑罚为核心的法律在帝王为政中

㊹ 雷家骥：《隋唐中央权力结构及其演进》，325页，东大图书公司，1996。

㊺ 《宋文鉴》卷43，上册，663页。

㊻ 《宋文鉴》卷55，中册，830页。

㊼ 《水心先生文集》卷4。

㊽ 郭东旭：《宋代法制研究》，河北大学出版社，2000，第一章。

㊾ 鲁嵩岳：《慎刑宪点评》，118页。

居于次要地位，所谓“刑者，政之末节也”[50]，因而就有了君主不亲刑狱的思想。不但君主，就是丞相也以理刑为非。汉文帝“明习国家事”，问左丞相周勃说：“天下一岁决狱几何?”周勃说自己不知道。又问：“天下钱谷一岁出入几何?”周勃仍“谢不知”。文帝又问左丞相陈平。陈平说“各有主者”。文帝问：“主者为谁乎?”陈平曰：“陛下即问决狱，责廷尉；问钱谷，责治粟内史。”文帝又以“苟各有主者，而君所主何事也?”相责问。陈平说：“宰相者，上佐天子理阴阳，顺四时，下遂万物之宜，外镇抚四夷诸侯，内亲附百姓，使卿大夫各得其任职也。”文帝“称善”[51]。但自秦始皇起，躬操文墨的帝王也不乏其人。帝王亲理刑狱可使冤情上达，吏弊无隐，而“守要道以御万体之本”的君王执政规则又要求君主抓根本、抓大事，不能“事必躬亲”，《资治通鉴》写王莽“自揽众事”“愦眊不渫”[52]，可见，不论是观念思想上还是司法实践中，儒家的预设都存在矛盾。但整体上是反对人君亲理刑狱的。史载东汉明帝时楚王英以谋逆死，穷治逆案时，坐死、徒者数千人。守侍御史寒朗言其冤。时明帝“怒甚，吏皆惶恐，诸所连及，率一切陷入，无敢以情恕者”。以寒朗言，明帝亲往洛阳狱录囚，理出千余人。天旱即雨。范晔称其“善刑理，法令分明。日晏坐朝，幽枉必达。内外无幸曲之私，在上无矜大之色。断狱得情，号居前代十二”[53]。但丘濬却不以明帝亲理刑狱为是。他说：“夫人君为治，贵于用得其人，臣之能，即君之能也。政不必自己出也。明帝善刑理，不足贵也。”认为“人君苟存明帝夜起彷徨之心，以恤刑狱，虽不必自善刑理，而能委任得人，而不为左右之所蒙蔽，则幽枉无不达矣”[54]。

唐太宗“以宽仁治天下”。贞观六年，亲录囚徒，将死罪者390人纵之回家，后悉赦之。对这种做法后人提出诸多批评意见。欧阳修在《纵囚论》中指责太宗标新立异，逆情干誉，是为了求取令名而已，后世不值得效法。

宋太宗是帝王中好亲刑狱者，“京狱有疑者，多临决之”，“尝亲录系囚至日旰”，近臣为此劝谏，太宗不以为然，并为自己躬亲刑狱辩护说：“或云有司细故，帝王不当亲决，朕意则异乎是。若以尊极自居，则下情不能上达矣。”自此后不管寒暑盛夏，“辄亲录系囚”，“后世遵行不废”[55]。宋代人君理刑，是操生杀大权的反映，但反对的声音也很强。司马光在《应诏论体要》一疏中反对神宗“威福在己”，提出：“人君务明先王之道，而不习律令，知本根既植，则枝叶必茂故也。”他举阿云一案为例：“夫以田舍一妇人有罪，在于四海之广，万机之众，其事之细，何啻秋毫之末，朝廷欲断其狱，委一法吏足矣”，“夫执条据例者，有司之职也；厚情制义者，君相之事也”，“文法俗吏之所事，岂明君贤相所当留意耶?”[56]

---

[50] 《旧唐书·刑法志》。

[51] 《汉书》卷40，《王陵传》。

[52] 《资治通鉴》卷38，汉纪三十。

[53] 《后汉书》卷2《明帝纪》，卷41《寒朗传》。《文献通考·刑考二·刑制》言“坐死、徒者甚众”，不确。

[54] 鲁嵩岳：《慎刑宪点评》，351～352页。

[55] 《宋史·刑法志一》。

[56] 《宋文鉴》卷49，上册，753页。

明正统二年，侍讲刘球上疏曰："古者人君不亲刑狱，而悉付之理官。书所谓：'予曰辟，尔惟勿辟；予曰宥，尔惟勿宥，惟厥中。'盖恐徇喜怒有所轻重于其间，以致刑失其中也。近者，法司所上狱状，有奉敕旨减重为轻、加轻为重者，法司既不敢执奏；至于讯囚之际，又多有所观望，以求希合圣意，是以不能无枉。臣窃以为一切刑狱宜从法司所拟，设有不当，调问得情，则罪其原问之官。"[57]

以上这些例证说明，封建的道统，祖宗之成法，以及肩负天下的官僚士大夫的集体意识，都对君权构成了制约。正如史家陈登原所言："法家虽在扶翊君权，然就统治者一面言之，既已有法，先须自知，韩非所记之事是也。既已有法，先当自守，张释之辈所言是也。在君权无限之中，隐寓制限之用，使之盗亦有道，固非后世面谕手谕，震怒交办之所可拟欤。"[58]

---

[57] 《春明梦余录》下册，刑部二。

[58] 《国史旧闻》，第一分册，289页，中华书局，1962。

张仁善

论中国近代司法文化发展的多层面冲突*

简介

张仁善， 1964 年生，江苏东台人，南京大学法学院教授，博士，博士生导师。主要从事中国法律史、法律社会史、司法传统与司法现代化、有组织犯罪等领域的教学与研究，发表论文数十篇。出版专著主要有：《礼·法·社会——清代法律转型与社会变迁》（天津古籍出版社，2001）、《司法腐败与社会失控：1928～1949》（社科文献出版社，2004）、《1949 中国社会》（社科文献出版社，2005）、《当代中国黑帮》（江苏人民出版社，1998）等。获得过江苏省第八次哲学社会科学优秀学术成果一等奖，江苏省高校哲学社会科学研究成果一等奖。主持过多项省部级课题。

* 原发表于《法学家》，2005（2）。《中国社会科学文摘·论著精华》[2005（5）] 转载。收录时有删节。

一、主权独立文化与司法权独立文化层面的冲突

晚清以来，列强在华领事裁判权一直是压在近代国人心上的一块巨石，留之压抑，除之困难，衍化成一种挣脱不易、挥之不去的恨。司法文化中，废除领事裁判权、收回治外法权的情结便长期萦绕在国人心头。自清末开始，一应法制变革和司法改革几乎都打上了收回治外法权的烙印，司法改革的宗旨也自然而然地聚焦于收回治外法权上。

20世纪初，清末张之洞、刘坤一等封疆大吏们最早提出通过改良司法，以换取列强放弃在华领事裁判权，修律热潮随之掀起。在法律变革及司法体制改革上，一开始就产生了国家主权独立层面与国家制度中司法独立层面上的冲突。在如何修律才能收回治外法权问题上出现了激烈的争论，史称“礼法之争”。最终虽然法理派占据上风，以充满近代意味的《大清新刑律》的颁布及新型司法体制的构建为标志。然而，国家制度意义上的司法权独立与主权意义上的司法独立问题仍未解决。列强并没有因为中国在司法上卓有成效的改革而天良发现，自动放弃在华领事裁判权，反而变本加厉地在国际舞台上排挤打压中国，不惜以牺牲中国的利益，牟取本国利益的最大化。

辛亥以降，中国围绕收回治外法权目标继续着司法改革，但主权层面司法独立的呼声远远高于国家制度层面的司法权独立。第一次世界大战后，先是在1918年巴黎和会上，中国代表提出相关要求，遭到列强无理拒绝；再就是1921—1922年华盛顿会议上，中国代表再度呼吁列强放弃在华领事裁判权。除了十月革命期间，苏俄宣布放弃在华领事裁判权外，其他诸列强对此均无兴趣。但也不能完全罔顾中国代表的请求，于是找了一条借口予以搪塞．会上经议决：由参加会议的12国代表组织中国司法调查团，赴中国考察司法状况，根据调查情况，提出建议，决定是否放弃这一特权。这种把国家制度中的司法权与国家主权硬搅在一起的做法，近似强盗逻辑，是对中国内政的公然干预。但国家的懦弱，政府的无能，使得这种强盗逻辑竟然“合理化”。1926年，该调查委员会姗姗成行，在中国几个大城市转悠了一番，拿出了一份“调查报告”，指出中国司法状况不尽如人意的诸多方面，以作为保留领事裁判权的借口。① 尽管列强一味强词夺理，混淆主权与司法权的关系，给中国法界还是造成了巨大的压力：要顾及国际舆论，就不能不进行司法改革。

---

① 《调查法权委员会报告书》，载《法律评论》第182期增刊，1926年12月26日出版，112页；《法权会议报告书》第1编，载《东方杂志》第24卷第2号，1927年1月25日出版，119～166页；吴祥麟（吴绂徵）：《改进中国司法制度的具体方案》，载《中华法学杂志》新编1卷5、6号合刊，正中书局1937年2月1日出版，68页。

北京政府期间，中国法律的适用及司法体制基本沿着清末设计的路径，没有大的变化。1928年南京国民政府统一后，法制创制的进程逐渐加快，司法改革的步伐开始加大，主要宗旨之一在于告示外人：中国的司法状况已经发生根本好转，列强应当主动放弃在华领事裁判权！该逻辑推理本身存在严重悖论，但对当时中国的司法改革无疑是一种催化剂。1928年以后，中国在司法改革方面的作为骤然增多，诸如颁布一系列法律法规、新定审检体系、增设地方法院、加强司法监督等，至1936年"五五宪草"的颁布而趋于高潮，近代化的司法体系基本建立起来。鉴于如此事实，列强并未慨然应允放弃领事裁判权。在具体个案上，有的竟然以是否废除领事裁判权来要挟一些正直的中国法官曲意裁定，庇护他们的国民。

真正促使列强1943年大规模放弃在华持续了百年领事裁判权的，并非他们为中国一系列司法改革的举措所感动，而是因为他们在国际纷乱局势中急于摆脱困境，不得不寻求中国的支持；又觉得日本侵占了中国东部很多土地，在大片日伪地盘上，保留此项特权已无实质意义，从而答应放弃在华领事裁判权，与中国的司法改革成果没有直接关联。只有蒋介石政府为了往自己脸上贴金，把这一结果当成政府的无量功德而大吹特吹，其背后的动机则昭然可见。② 中国在协约上的治外法权1943年基本收回，实际上的治外法权依然支离破碎，直到1949年，列强在华势力被彻底驱除，这一特权方告终结。

中国近代的司法改革迫于"救亡图存"压力而起，司法改革运动始终是在外力压迫下进行的，法律精英们没有时间对上述诸多问题做综合分析和消化吸收，对于收回治外法权与司法改革、司法独立与主权独立、废除传统法系与创设新型法系、司法权在国家权力机关中与其他权力之间的关系等问题，无法给出明确答案。这一难题从沈家本等"法理派"面对"礼教派"的质问时，就没有做出有很强说服力的解释。③ 辛亥革命推翻帝制后，政治、法律先贤们在司法权问题上基本在"摸着石头过河"，先后有沈家本等设计的日本（或德、法）模式，孙中山构想的"三权"到"五权"的模式，北京政府时期的成文法佐以判例法模式，南京国民政府时期实践的"五权"模式。但司法权独立模式一遇到军政独裁或一党专政时，就倍感窒碍，寸步难行。

近代中国因收回治外法权而走上司法近代化之路，表层动机是为了使中国司法模式与西方近代司法模式"接轨"，求得列强的"满意"，自动放弃领事裁判权，因而缺乏原发性，被动有余，主动不足。改革先驱们只知道中国的司法体系必须改，却来不及也无法探讨何种司法体制最适合中国国情。这就给后来中国司法的发展留下若干后遗症。诸如：在缺乏民主氛围的国家，如何实现司法权与其他权力的制衡，保持司法独立；中央司法与地方司法的关系如何处理；审检关系如何协调；司法经费如何筹措；司法主体待遇如何保障；如何防止党权、政权及军权干涉司法权……对此类问题都没有宏观把握和微观探究，往往就司法论司法，只见司法一隅，不及社会全部。一旦政局发生动荡，社会发生裂变，法律的

---

② 参见蒋介石：《中国之命运》第五章《不平等条约的内容与今后建国工作之重点》，前锋出版社印行。

③ 参见张仁善：《礼·法·社会——清代法律转型与社会变迁》，278～279页，天津古籍出版社，2001。

稳定性、连续性会在一夜时间消弭殆尽，出现严重断层。

列强放弃在华领事裁判权并非在中国司法改革令其满意后才决定的，司法改革进程最终没能形成良性循环，引起的司法弊端也就无法在短时间内避免和消除。这既是中国司法近代化的难题，也是整个中国社会近代化的难题。

二、司法制度文化与司法效应文化层面的冲突

近代中国，司法制度文化与司法效应文化的冲突因诸多原因而与时俱增。传统中国法系中，程序法的发达程度远远低于实体法，历代法律典籍中记载的诉讼、断狱等篇极为简略，且多以刑事诉讼为主，民事诉讼也多采用刑事诉讼程序。

晚清以来，司法制度层面上的改革蓝图被一次次勾画，且在一定程度上付诸实践，实际兑现比预期目标则相差甚远。清末修律及司法改革，声势浩大，辐射广阔，司法体制有了全新变化。不过最后颁布的法律仅有《大理院编制法》及《大清新刑律》等少数法典，直接关系到司法程序的刑事、民事诉讼法，因传统势力的阻挠而中途夭折，致使清末民初，司法界没有统一的程序法典规范司法实践。幸好民初大理院及各级审判厅大多推事们，凭借自己深厚的国学功底及留洋的知识背景，参照国情，兼采大陆法系精神，妥善地把判例法与成文法的审判模式相结合，创造出比较精当的审判先例，大理院制作的民事判例、解释例及其汇编逐渐成为民事法律体系。④ 加上“大理院推事们身静心也静，为近代中国司法留下了一页清白”⑤。由于政局不安，城头“大王旗”频换，普适性的法典迟迟没有出现，后继者的任务自然艰巨。

1928 年至抗战前夕，南京国民政府的司法改革力度大，起色快。审、检方面，1927 年 11 月 1 日起，正式撤销各级检察厅机关，只设首席检察官，配置在各级法院⑥；审级实行三级三审制；1928 年，南京国民政府先后颁布了统一的《刑事诉讼法》，出现了正式的程序法典。1929 年，国民政府的司法行政部和司法院曾制定过 6 年工作计划，这是南京国民政府整理司法的第一次较为系统的规划。⑦ 诸项目标因祸乱频仍，财政困难，未能实现，唯在民法典编纂方面有了长足的发展。1929～1931 年间《中华民国民法》、《民事诉讼法》的制定，标志着法制建设进入了一个新阶段。此后，南京国民政府一面注意本国特点，一面学习和吸取外来经验，在中外结合基础上，逐渐形成了一套具体的司法改革方案。⑧ 1935 年 7

---

④ 参见胡长清：《中国民法综论》，35～36 页，中国政法大学出版社，1997。

⑤ 黄源盛：《民初大理院：1912～1928》，载《政大法学评论》，127 页，1998（60）。

⑥ 参见国民政府司法院参事处编纂：《国民政府司法例规上》，163～164 页，1930。

⑦ 参见王宠惠：《司法改良之方针》，载《法律评论》第 6 卷第 21 号、第 6 卷第 22 号，总第 281 号、282 号，1929 年 3 月、4 月出版。

⑧ 转引林廷柯：《整顿司法与复兴民族》，载《法轨期刊》第 2 卷第 1 期，1935 年出版；覃振：《改革司法意见》，载《时事新报》1934 年 11 月 21 日。

月1日，《刑法》、《刑事诉讼法》、《民事诉讼法》以及1932年公布、1935年实施的《法院组织法》等数部法律得到修正和颁布。1935年9月16日至9月20日，司法院召开全国司法会议，比较完整的司法改革方案基本拟就。⑨ 会后落实得较好的主要有：在全国诸多县成立司法处，设主任审判官，专司审判；县长兼掌检察和司法行政，改变以往县级行政与司法合一的局面；一些新式法院在各地也相继建立起来。按此趋势，循序渐进，成果会更加丰硕。殊料抗战烽火燃起，政府疲于应付内忧外患，不少司法改革计划因此迟缓或停顿，打乱了司法改革步伐。虽有1941年司法经费由中央财政统一拨付的举措，使司法经费受地方当局牵制的现象暂告一段落，却因战争开支过大及通货膨胀的加剧而绩效甚微。

抗战结束后，国民政府心仪欧美，采取“走出去、请进来”的办法，推进司法改革。1946年制定颁布了《中华民国宪法》，宣布从1947年开始，进入“宪政”时期。与此呼应，司法改革呼声日渐增高，1947年11月5日，在南京召开了民国以来第一次专门讨论司法行政的“全国司法行政检讨会议”，提出了一系列方案。⑩ 谁知内战重开，社会再陷混乱，落实者寥寥无几，司法整顿再度受阻。至1949年前后，国民政府军政局势江河日下，司法机制近乎瘫痪，司法状况不如往昔。

中国近代国家权力机关中，司法权的定位问题也是“斩不断、理还乱”。清末帝制尚存，司法权的隶属姑且不论。南京临时政府时期，一度模仿美国，采取三权分立模式，理论上讲，司法权应完全独立。时过不久，南京临时政府宣告终结，取而代之的是北京政府，责任内阁制、总统制、复辟的帝制、军阀专制等诸多政治模式“乱哄哄你方唱罢我登场”，司法机关的功能仅凭一批大理院及各级推事们的苦苦支撑而得以维系，权力定位并不明确。南京国民政府时期，政治上的基本统一，照理说司法独立和司法改革的黄金季节已经来临，但实情并非如此：“军政”、“训政”、“宪政”三段革命论，为党权、政权及军权干涉司法权提供了冠冕堂皇的理论依据和实际屏障：一是司法权体系被严重分割，按照“五权分立”理论，作为国民政府“五院”之一的司法院执掌司法权，五分“天下”有其一，理所当然具有相当的完整性和独立性，不受其他权力干预，可司法院的权能一开始就受到其他权力的瓜分，尤以司法行政权为甚；二是“司法党化”现象严重；三是行政权干预司法权的现象普遍，司法权在人、财、物等方面处处掣肘。

以上系客观方面的原因，来自司法主体方面的原因也不少见。以法官总人数为例，中国法官从人口比来说，与大陆法系及英美法系主要国家比起来是最低的。⑪ 法官数量距新式法院建制所需的法官数缺口相当大。人均法官过少，直接后果便是案多人少，积案严重，

---

⑨ 《全国司法会议提案摘要》，载《法学杂志》8卷5期，1935年11月1日出版。

⑩ 参见司法行政部编：《全国司法行政检讨会议汇编》，1947年印行；《司法行政检讨会议在京举行》，载《法律评论》第15卷第11期，第248、249期双周合刊，1947年11月23日出版。

⑪ 居正：《十年来之司法建设》，载《中华法学杂志新编》（司法制度专号）1卷5、6号合刊，正中书局1937年2月1日出版，246页。

从基层审判机关到最高审判机关，这种现象普遍存在，南京国民政府时期尤其如此。⑫

这些为数不多的法官，其晋升、晋级、薪金等不如普通文官优厚；与外国司法官横向比较，中国法官待遇也偏低。法官资格的限制较一般文官严格，所费精力也较一般文官为多，待遇却远不如一般文官，人为地降低了司法官在国家政治生活中的地位。有司法才能的人在司法官与文官之间，宁愿选择事轻薪高的文官职务。社会民众也因司法官的地位不如文官而产生轻视法官的心理。⑬ 有路子的法律人才多不愿从事司法工作，北京政府时期，"欧美习法科毕业回国者，多投他部"或"多向政界求生活，而对于司法界裹足不前"的现象屡见不鲜。⑭ 南京国民政府时期，这一问题迟迟未能有效处理。

诸多困难制约了司法主体承担化导民众的责任，"司法者和人民的距离相差太远，形成绝大的隔膜。司法本身固然感到执行的困难，就是老百姓也花费了很多冤枉的时间、精力和金钱，所谓'一人兴讼，一家哭'的现象依然存在！"⑮ 法律的执行者既然远离民众，就难怪民众厌倦法律，抛弃法律。南京国民政府后期，经济几近崩溃，司法官待遇每况愈下。正直廉洁者忍受贫穷，枵腹从公；操守有亏者，舞弊枉法。形成制度性腐败，加剧了政治动荡。

良好的法律制度得不到有效实施，只是一堆中看不中用的文本。近代中国司法领域，制度设计与实际效应的冲突始终没能有效解决。

三、精英文化与政治、社会文化层面的冲突

1. 精英文化与政治文化的冲突

近代中国法律精英在推行司法理念及移植先进司法体制过程中，经常受到现实政治生活及社会生活的困扰。沈家本先生堪称中国近代法律精英文化的开风气者，自沈家本开始，法律精英文化薪火相传，法律精英们锲而不舍，筚路蓝缕，致力于近代法律的创制、改造、革新及实践，对中国司法近代化进程的推进之功值得后世景仰。

近代法律精英大致可分如下几代：法律精英的产生，以沈家本为代表的晚清法律精英；法律精英的成长（1912—1927)，民国初期活跃在法界的法律精英；法律精英的基本成熟(1928—1949)，南京国民政府时期法律精英。近世法律精英的心路历程、角色定位与中国法制近代化的坎坷发展相伴始终：第一代法律精英打破传统法系坚冰，实现礼法分离，开

---

⑫ 参见阮毅成：《所期望全国司法会议者》，载《东方杂志》第32卷第10号，1935年5月16日印行；夏勤：《宪法中司法制度之研究》，载《中华法学杂志》第5卷第9、10期合刊，1947年出版，227～230页；国立安徽大学法律系教授陈鹏：《慰第三审法院推事》（1948年于安徽大学），载《法律评论》第16卷10期，总第771、772期双周合刊，1948年5月12日出版。

⑬ 参见胡长清：《论司法官之官俸》，载《法律评论》第6卷第47号，总第307期，1929年9月1日印行。

⑭ 董康：《民国十三年司法之回顾》，载《法学季刊》第2卷第3期，1924年出版；刘世芳：《我理想中的最高法院》，载《法学杂志》第9卷第4期，1936年9月出版。

⑮ 李建钊：《当前法律教育的危机》，载《法声新闻》，1948（478）。

启了法制近代化的先河；第二代法律精英沿着第一代足迹，继续探索中国法制近代化之路，为中国法律从传统向近代转型创造了条件；第三代法律精英基本完成近代化法系的构建。

近代法律精英的共同特点是破除传统司法体系热切，学习西方司法制度积极。到底以何种司法模式为仿效的版本，众说纷纭，定论迟疑。法律精英中，早期以留日者为主，其后留学欧陆、英美者居多。董康、江庸、王宠惠、居正、魏道明、戴修骏、谢冠生、罗文干、王用宾、吴经熊、王世杰、杨兆龙、张知本、夏勤以及张君劢等宪政人物，驰骋于近代中国法界，寻寻觅觅，绍介东西，均以塑造中国近代司法体系为己任。

然而，在近代中国在司法制度移植中，司法之树被一批法律精英们嫁接上了若干不该属于它的“附件”，如“司法党化”。前清没有司法官入党之说，北洋时期，司法官也盛行“不党”，把“司法党化”作为司法改革的目标之一为南京国民政府独创。提倡“司法党化”最早、宣传最卖力、阐述最详细的，均是法界“大腕”级人物，如王宠惠、居正、张知本等，他们的宗旨既要让司法官“灵魂深处”党化，又要使法律“党义化”；他们依靠自己在政坛和司法界的身份地位，不断使其成为司法改革的纲领而加以贯彻落实。[16] 很难想像，这些学贯中西、对西方司法模式烂熟于胸、享誉世界法坛的法学巨擘，在引进西方法律制度的同时，却没有引进其司法独立的理念！只有极少数人反对过司法党化[17]，而这些人在南京国民政府时期的政界已成不合时宜的老派人物，无法得势，其“法官不党”的呼声自然微弱。

1948年海牙国际法院遴选出世界最杰出的50位法学家，中国的王宠惠、杨兆龙先生坐稳两席，深为当时及后进学子引为自豪；法学奇才吴经熊先生，才气及名气何等斐然，年纪轻轻，美国霍姆斯大法官竟引为忘年之交；谢冠生、王世杰诸君，则为法国巴黎大学毕业的中国法学才俊；具有前清功名继而游学于日、德、法等国的张君劢等，虽不是纯粹的法律人，却对宪法、宪政情有独钟，见解超群……他们在近代根本法及司法体制设计上都曾用功不少，在构建或运行司法权模式时，无法超脱权势或党争，提出的司法建议与其学识经历不相符合：

王宠惠是孙中山先生“五权”思想的忠实信奉者和实践者，却又不遗余力地颂扬司法党化；在政治旋涡中，他官至司法院院长、外交部部长、最高国防委员会秘书长，是蒋介石最倚重的股肱之一，已不再是一个纯粹的法律人，“在官”只能“言官”，从而不愿，也不敢对那些违背“五权”精神的行为做公开的斗争，连对自己1946年12月25日负责审查的《中华民国宪法》草案能否付诸实践都缺乏自信。他对该宪法的文本是满意的，甚至说“世所称道的魏玛宪法也望尘莫及”，但对宪法的顺利运行却无绝对把握。[18]

---

⑯ 王宠惠：《今后司法改良之方针一》，载《法律评论》第6卷第21号，总281期，1929年3月3日出版；居正：《司法党化问题》，载《东方杂志》第32卷第10号，1935年5月16日印行；张知本：《中华民国法学会之使命》，载中华法学会创办《中华法学杂志》新编第1卷第1号，1935年9月1日出版，8～9页。

⑰ 金沛仁：《国民党法官的训练、使用与司法党化》，载《文史资料选辑》第78编辑，102～104页，文史资料出版社，1982。

⑱ 中国国民党中央委员会“党史委员会”编：《王宠惠先生文集》，417～418页，1981。

1933年，吴经熊曾以一己之力，起草了《中华民国宪法草案初稿》，却也难免附和逢迎之嫌：既与孙科“太子党”过于近乎，又以翻译《圣经》、出使罗马教廷等事与蒋介石夫妇“亲密接触”，对其感激不尽；1945年当选为国民党中央候补委员……几番“转型”，其言其行，已经不是完整的法律人，当年在上海法院秉公断案的风采消退殆尽，服膺宪法至上及司法独立原则更是难上加难。

有中国近代“宪法之父”之称的张君劢，因为站在自由主义三权分立的立场，主张中国采用三权分立制度的全部精神，而以五院政制为其外表，依据孟德斯鸠学说，确保司法独立。⑲ 当国民党踢开其他党派，召开“国大”时，他唯恐别人抢了他“宪法之父”的头衔，在明知一党“国大”类似于袁世凯式的国会，即将召开的“国大”炮制的也只能是一部“曹锟宪法”时，自己还是忍不住凑近身去，作了一个不敢挂名的“猪仔议员”⑳。

谢冠生是司法行政界的“不倒翁”，因诸事能忍，得以据司法行政部部长一职11年之久(1937—1948)，该职位是司法改革的中枢，在他任上，除了把司法经费改归中央财政拨付及增设了一些地方法院外，司法院与司法行政部的关系一直没有理顺，甚至不伦不类；对于各级司法机关或司法机关与其他机关的纠纷多采“和稀泥”之策，拿不出釜底抽薪的方案。㉑

1943年后，为了对美国放弃在华领事裁判权有所反应，司法改革中一度盛行“学美”之风。杨兆龙等是留美出身，力主“以美为师”，向谢冠生建议聘请实用派法学家、前哈佛法学院院长庞德为司法行政部顾问。谢采纳杨的建议，通过宋子文向蒋介石提出，蒋介石同意。谢即给杨以出国考察的名义，赴美迎请庞德前来“顾问”中国的司法改革。㉒ 这段时期中国司法改革与美国走得很近，一方面为了加速战后司法改革，更重要的是南京国民政府政治上有刻意巴结、投靠美国之嫌，司法实践上并无多大建树。杨兆龙等法律精英，人在官场，身不由己，其司法理念只零星反映在一些法律著述中，能否贯彻于中国社会实际，则不是他们所能顾及的。

近代中国在司法制度移植方面，经历过学习日本——判例——德、法——美国等模本的热潮，诸波热潮背后，往往不是以调和法律与政治、社会、文化的关系为原动力，多数情况下被国际态势、党派之争、政治诉求等所左右，司法改革的内在规律没有得到法律精英的严格尊重与恪守。司法蓝本时而为大陆法系，时而为判例法，时而为英美法加大陆法，孰优孰劣，法律精英缺乏细致而深入的讨论。作为法律人，最需具备的是对法律的忠诚和司法独立精神的养成，近代社会变化剧烈，时势造就了他们“法律人”的角色，他们却未必都能适应时势，真正实现自身角色的转换。他们经常徘徊于法治精神与政治俗见之间，时而彷徨无望，时而迁就世俗，把司法精神与政治作为混成一谈，法律精英文化与世俗政

⑲ 张君劢：《中华民国民主宪法十讲》，21～22、90页，商务印书馆，1947。

⑳ 《自由丛刊》第1期，23页；许纪霖：《无穷的困惑》，239页，上海三联书店，1998。

㉑ 张仁善：《司法行政权的无限扩大与司法权的相对缩小——论南京国民政府时期的司法行政部》，载《民国档案》，2002 (4)。

㉒ 裘孟涵：《CC渗透的国民党司法界》，载《文史资料选辑》第78辑，93～94页，文史资料出版社，1982。

治文化拉扯不清。

2. 精英文化与社会文化的冲突

法律是否有用，取决于法律是否与社会相适应；移植外来法律文化，也要有能使其植根的社会土壤，包括社会结构、社会生活和社会心态。社会的变迁是渐进的、长时段的；法律变革过程根本上是一种改良过程，必须与社会的发展相适应。一般而言，后代法律是建立在前代法律传统基础上，是对传统法律的扬弃。革命行动、政治或军事事件，是突发的、短时段的，是通过对旧社会制度的彻底破坏而实现其目标；在突发的、短时段的革命行动及政治、军事事件之后构建的法律，最大的特征就是对以往法律传统的破坏大于发扬，摈弃多，继承少，变革历程呈"跳跃式"。裂变的法律不但违背社会发展的规律，也违背法律自身发展的规律，难以与社会生活保持协调。

纵观近代中国，从清末到辛亥，从北洋到北伐，从南京国民政府到新中国政权，革命浪潮一浪高过一浪，革命的理想和目标不断实现，法律制度模式不断被刷新。可是，社会结构的演变比较缓慢，自然经济结构相当稳固；市场经济不够发达，契约观念养成困难；民众心理上传统因素的烙印短时间内并未消除；情、理、法合一的司法理念依然存在；广大乡间社会还是重调解、轻诉讼，重礼俗习惯、轻成文法典，重权力、轻权利[23]；仍在民间流行的"衙门八字朝南开，有理没钱莫进来"等谚语，都生动地刻画了民众的法律心态，折射民众司法信仰的严重缺失。只在制度层面大做文章，不对社会实际考察分析，寻找法律与社会之间的最佳切合点，引进的司法制度只能漂浮于社会生活之上，甚至会激起社会生活与法律的对抗。

近代少数法律精英在经历了法界大张旗鼓地引进西方法律制度的过程后，头脑冷静下来，开始留意单纯依赖移植外来法律、抛弃本土法律传统带来的弊端，董康就是其中的典型代表。清末修律时，董康对沈家本主持的修律工程鼎力相助，沈家本去世后，董康继续主持或参与修律，并担任司法界要职，是清末以来为数不多的亲历了晚清、北京政府和南京国民政府时期司法变革的元老，对于修律的得失成败他的感触颇深，也最有发言权。董康在检讨近代中国法制变革中过于蔑视法律传统、罔顾社会实际时教训说："论吾国法系，基于东方之种族，暨历代之因革，除涉及国际诸端，应采大同外，余未可强我从人……从前改良司法，采用大陆，久蒙削趾就履之诮，改弦易辙，已逮其时。"[24] 董康又说：他以前也是排斥礼教"最烈之一人"，经历30余年后，觉得"曩昔之主张，无非自抉藩篱，自决堤防，颇忏悔之无地也"，当局对传统的东西弃之如敝帚，"遂令亭平事业，失其师承……"经过反省，董康又回归到了"调剂情法、必使无讼"、毋失"吾人希望提倡司法独立之本旨"的司法理念上。[25]

---

[23] 参见费孝通：《乡土中国》。

[24] 董康：《民国十三年司法之回顾》，载《法学季刊》第2卷第3期，1924。

[25] 董康：《前清司法制度》，载《法学杂志》第8卷第4期，1935年8月1日出版。

董康堪称理性检讨分析近代司法改革得失的"第一人"，他的这些结论出现于司法近代化起步了二三十年之后，观察得清晰，总结得中肯。这是早先仙逝的沈家本（1913 年）无法做到也不愿看到的。这不是董康司法理念的倒退，而是基于对司法制度与社会实际的对照比较，目睹司法制度与社会实际产生隔阂后，对蔑视法律传统者的"当头棒喝"。可惜未能及时吓醒位居司法要津的法律精英们。王宠惠等也只在谈到具体部门法律问题时，才说"外国制度，无不各有所因，苟能折衷于中外之间，则庶乎制度本乎人情，法律非同虚设，此则区区之微意也"㉖，涉及宏观意义上的司法独立、法律与政治的关系或法律与社会的关系时，则避重就轻，王顾左右。绝大多数人还在为机械地移植西方法律制度而乐此不疲，主要兴趣仍集中在法律制度的搬移上。法律制度一旦制定完成，就感到万事大吉，能否融入中国政治文化和社会文化，他们缺乏足够的关心；对如何改造社会，使其与法律保持较好的适应度，提不出具体方案。社会一旦出现与文本司法流程相悖的情形，司法主体据理力争者固然有之，更多的是熟视无睹、随声应和，义愤填膺、拂袖而去者诚属稀有。法律精英一面高歌"法治社会"、"法治政府"，真正面临法律与政治、社会的冲突时，却均成袖手看客，缄默其口，无所举措。

四、结　语

司法改革既是法律问题，更是文化问题。法律制度的冲突容易化解，文化的冲突黏稠难融，正如旅美文史学家唐德刚所说，"一般外交家、政治家、法学家只知道'法律冲突'的严重性，殊不知，'文化冲突'的严重性远过之"㉗。由于近代中国司法文化存在多层面的冲突，司法之树在移栽途中遭到人为变异，由旧社会制度的残余、新政治观念与社会观念如"党化司法"和"三民主义"、资本主义国家的先例等三部分组成的近代法律，存在效用不能普及、有时不能达到预期成果以及不能为一般人民所尊重的弊端也就难以避免。㉘ 任何制度都受文化习惯和社会组织的限制，近代以来，中国民主、自由、平等、法治等意识启蒙的程度还很低；权力制衡机制尚未健全；专制、独裁的政治理念仍在政治生活中占据主导地位；广大民众的法治心理还没有养成。不良的政治体制及与实际脱节的司法制度无法有效保护民众的法律权益。司法之树的变质、变味乃至枯死的结局，在陷民众于绝境的同时，也把社会推入无序状态，从而引发暴动或革命，导致法律发展的新断层。70 年前，有人曾下断语："比任何道德为伟大者便是公正的司法，这才是中国所需要者。"㉙ 当今社会，要使法律发挥应有的效用，确保司法制度与社会文化的和谐适度，让司法独立之树常青，营造合适的法律文化环境依然任重道远。

㉖ 王宠惠：《婚姻财产制》，载《中华法学杂志》第 1 卷第 1 号，1930 年 9 月 1 日出版。

㉗ 唐德刚：《书缘与人缘》，164 页，辽宁教育出版社，1998。

㉘ 参见展耀：《变动中的中国社会与法律》，载《东吴法声》1939 年春季号。

㉙ 林语堂：《吾国与吾民・1935 年版收场语》，载《中国人》，2 版，416 页，学林出版社，2000。

赵元信

《清秋审条例》[*] 及其董康[**]

简介

赵元信，复旦大学历史系毕业。在华东政法学院法制史教研室任教25年，教授中国法制史和中国法律思想史，也开过中国文化史、唐律专论等课程。参编本专业教材十余部，合写专著6本，涉及中国法制史、中国女性社会史、中国民法史等领域；发表论文二十余篇。

---

* 《清秋审条例》不是古籍，该书为中国书店1991年9月发行的线装影印本，从内容言，大约是董康在二十世纪三十年代清末“改革迄今已逾三十载”之时所作，当然它属于法律文献，也无人作过介绍和评论，故作此文。

** 原发表于《法律文献整理与研究》。

秋审是清朝特有的缓决死刑案犯的制度，它是对一部分不宣布为“立决”的死刑犯人不即时处死，而是监押至秋后进行复审，根据复核结论再分别处理。这种死刑缓决复核的制度，在中外法制史上也是独有的。缓决案犯在等待每年秋后复核的过程中，长时间地受着精神折磨，以不同文化背景的法律观来看，这是很不人道的，但是中国传统的法律观却视此为慎杀恤刑的“德政”。除了谋反、故杀伤等罪大恶极者被“立决”外，其他死刑案犯虽“法无可宥”，但又“情有可原”，历经三年五载的复核，有一线生机得以由死刑改为徒流刑。清朝的秋审制度是对历朝录囚、死刑复奏、朝审等制度的综合和完善。秋审的意义在于：一方面，经过前所未有的复杂、细密、严格的程序，层层复核以后，把对统治秩序危害较轻，可杀可不杀的案犯监候缓决，以收到镇压和恤刑的双重效果；另一方面，保证了以皇帝为首的专制政府对死刑决定权的控制。在幅员辽阔的清朝统治范围内，限制了地方的各自为政和擅杀滥杀，最大限度地保持了司法的统一。

清朝的各项制度均规定在律、典及数量和种类繁多的例当中。秋审制度的规定，见之于《大清律例·断例》、《大清会典》、《大清会典事例·刑部·断狱》、《钦定台规》等有关典籍中。秋审的基本程序是这样的：1）州、县及省臬司对所审案犯的情罪略节（犯罪事实）造册并在规定各省送交的截止日期前送至京师。2）造册过程中审录囚犯。从县到府再到臬司，层层解囚审录（解囚规定后有变化），审录的目的是将犯人分为情实、缓决、可矜、留养承嗣四大类，犯人入于哪一类就决定了他的生死命运，故分类关系重大。3）督抚向皇帝具题上奏。这是对一省本年度秋审工作的总结汇报。地方秋审程序至此结束。4）刑部审核各省案卷。这是与各省秋审同步进行的。刑部依原案卷核拟，等各省题本送到后再对照查阅，正式拟定意见。这个过程要经刑部各司初看复看、秋审处核定、刑部堂签三个程序。5）秋谳大典。八月的某天，中央官员齐集于天安门外金水桥西会审，书吏唱名，众官附和，一天之内将全国秋审案件全部审完。大典的场面十分壮观，但其形式意义远大于实质意义。大典之后，列入情实的犯人当年处死，但行刑前还要向皇帝复奏，以示慎重，复奏之后由皇帝亲自主持勾决，勾决人犯立即行刑。整个秋审过程至此结束。

在不厌其烦地介绍了清朝的秋审制度以后，我们再来看放在面前的这部由清末法学家董康所作的《清秋审条例》（以下称《条例》）。董康的《条例》约作于二十世纪三十年代，这部《条例》当然不是在清朝司法实践中作为依据的法规，而是对清朝秋审制度的一个总体阐述与评论。因为以《条例》命名，当然以制度本身作为主要线索，又在各部分的按语中对秋审制度各环节作了评述，反映出董康对清朝司法、尤其是秋审制度的看法和评价。

董康的《条例》全书分为三个部分，分别是：绪言、条例内容和附录。绪言是董康按现代文体对写作此书背景、原由的交代。条例内容部分共分二章四十条，有选择有侧重地介绍了秋审制度，而选择的原则是他认为“可垂为永制者”，所以董康对制度的叙述不是完全按秋审的程序来安排的。附录包括四个案例和董康亲历秋录大典记事。所选案例对秋审制度作了立体的演绎，很具代表性；最后部分的亲历记事，为董康担任提牢厅主事时与犯人的接触和对犯人的观察及他的感触，表达了一种人道的情愫。

秋审是有清一代的朝政大事，是封建社会后期慎刑原则最完备的体现，又在清代不断由皇帝以诏令加以调整和改革而日益完善，经久不衰，它对王朝巩固和社会稳定有独特的作用。

《条例》对于了解秋审制度的全过程，理解秋审在清代社会的地位、作用以及秋审制度不断调整的情况、它的实践价值等提供了依据。《条例》也是我们了解清末著名法学家董康法学思想的资料。

一、对制度的细化及其评述价值

《条例》的主要内容是占全书五分之三、共二章四十条的秋审的具体制度。董康书中所记与前述其他史料大致相仿但又有详有略，而且对秋审制度某些程序的历史渊源和清朝的改制及创制加以点评。这一部分的内容呈现出以下特点。

1. 突出清朝的秋审制度比任何一朝的司法制度都要详备。

董康阐述秋审制度时，多处引述清朝以前的制度，显然秋审制度是在各朝相关制度的基础上发展、完善而成的，但董康又总是强调清制的无比完美以下举数例述之。1）霜降后录囚。此制始于明朝英宗天顺三年，诏令“永为定制”。朝审定制的是在京死囚的审录制度，外省由中央派遣慎刑主事赴各省会审，每五年一次，但这种会审“不过为科监候者加一最后之审录，并非严格区分名义，概由中枢秉承总揽之权也”。直至清朝，终于“确定泛举者为秋审，属于京师者为朝审，视明之范围较为详备”。2）截止期限。明朝未规定霜降后审录囚徒的案件入围期限，这样可能会遇到的情况就是：同样发生在霜降前的案件，监候者因案情简单，可入当年的审录范围；立决者因案情复杂，反而在监候者之后才处理，轻重易位。于是，清朝乾隆七年开始定各省解审划一之例，嘉庆四年又议准各省秋审的截止日期，截止期前报审的案件的入当年度秋审，截止期后的入下年度秋审，并将拟定的法定期限“垂为永制”。这个制度的规定很细密：首先是依据地域距京师的远近规定各省题结日期，截止期最晚的新疆、云贵、四川、两广年前封印；然后依次是福建、奉天、陕甘、湖广、两江、河南、山东、山西；最近的直隶、察哈尔分别是三月底和六月底。其次是遇有闰月在下半年的，可以展期半个月。再次是因逾限致具题（督抚向皇帝奏报全省题本）在封印前，题结（个案的题结）在截止后的，也归入下年秋审。这就比明朝的制度完备得多了。3）案件类别。明朝案件审录后，在弘治时只有监候、情真之分，清朝据历年成案编辑而成的秋审条款，将案件分为职官、服制、人命、奸抢窃杂犯、矜缓、比较六门，对于官犯和服制犯还要单独作题本，处罚严厉。与明相比，清的相关条例在董康看来“尤为平允”。

2. 突出秋审制度无比缜密，几乎达到天衣无缝的程度。

秋审制度之缜密，是历史上其他朝代所无法比拟的。由于秋审范围广泛，波及全国十八个省份，所审对象身份各异，案情又纷繁复杂，千奇百怪，制度建设必然要考虑到方方面面的例外情况，《条例》介绍了许多审理中的特殊情况，如用兵地方，对秋审的进行当然会造成障碍，甚至可能引发更大的动乱，这种情况下允许奏请该地秋审延展至次年或将情实犯提前正法。新疆是列朝特别重视的地域，清朝同样给予相当的重视，乾隆四十一年规定新疆地区情实人犯的申报即使超过期限，只要在勾到前报到，就可以赶入当年秋审。至光绪十二年又调整了政策，利用新疆甘肃的囚徒实边，两地凡列入缓决者全部调发天山南北两路种地当差，作为一种特别处分。对于清朝的发祥地的盛京以及蒙古地区，也都有特殊政策，不仅秋审的参与官员及审录程序与内地皆有不同，在处刑方面一般也会酌情从轻。另外还规定某些省份所辖厅府因与省城距离太远，可派巡道代勘。还专门言及监囚的男犯和女犯，虽然有绳索牵绁，“为端风纪……亦不令稍有接触也”，考虑得不可谓不周到。董康叙述制度中的细枝末节十分详细，既讲规定，也讲设置这一规定的道理，让人感觉到清统治者思考问题的全面和周全。

3. 突出秋审这种死刑复核制度之“慎”，使万民能够真正沐浴皇帝的“龙恩”。

“慎”是秋审的宗旨，也是董康对这一制度最为赞赏之处。秋审之“慎”贯彻在秋审的始终，体现于每个程序的每一个环节，这里仅举几例述之。其一，出于对被审犯人的“公平”，也考虑发挥参审官员的能力，刑部复核的步骤规定各程序官员要用不同颜色的笔签署：初看用蓝笔，复看用紫笔，总看用墨笔。总看其实也分初看和复看，看阅后分别作签注，“由资深者一人充主任，抉择当否，与紫笔相异者勾改之，其相同者毋庸加墨于上”①。董康对这一做法极其欣赏，他说：“从文字上言，至是斯称精密。至实缓出入，关系生死，虽有条款足资援用，若稍涉疑问，尤须博采成案以定从违，不容纤忽之差异。从刑事责任上言，非经过几度之比核，不足以昭祥定之功效。”② 分笔签注既是明确复核责任，也体现秋审这一制度的繁复，如董康所说的“以示划一标准，端在群策群力也”③。其二，秋审程序环环相扣，审核极其严格，不容出现任何差错。为此专门设有监督机制，三法司主持的审录工作由九卿复核，这个复核过程即含有一部分监督责任；地方主持工作的是各省臬司，臬司之上的督抚参与会勘，“各省勘拟秋审，经法司及复核各官署改正至五起以上，依法弹劾”④。也就是说，各省秋审定拟进呈之招册一旦发现勘拟未当，就得交付惩戒。难怪董康感慨“清代于历代秋审事宜特加慎重者，皆递次监督之功效也”⑤。不过，秋审强调的是所

---

① 《条例》第 13 页。

② 《条例》第 13 页。

③ 《条例》第 13 页。

④ 《条例》第 10 页。

⑤ 《条例》第 11 页。

谓“宽典”，清朝皇帝一再申明秋审当缓者缓，不当缓者不缓，寓宽于严，执法才能平允。

4. 突出皇帝在秋审中特有的地位，皇帝才是秋审的真正主持者。

《条例》第三条规定，除律例著有明文之外，秋审的整个过程中可以遵循的依据又分为“条款”和“制定”。“条款”是指历年的成案编辑；而“制定”一是指皇帝的御笔裁定，二指臣工条奏之类。皇帝临时所下的特旨可以对秋审的程序、结果作出变更。如前述，秋审题结颁有时间、地域的限制，但乾隆四十二年又下了一道特旨，准许“嗣后情实较重之案，虽在定期后，许夹片赶入本年度秋审”，并“准若在本省勾到后，不论何省勾到，一体勾决”⑥。以示对重罪严加惩治。

最能体现皇帝握有生杀大权的莫过于“勾决”这个程序了，这是整个秋审过程中皇帝唯一必须参与并且亲自主持的，也是最后一轮关系生死的程序。秋审大典过后，由刑部领衔以参加会审全体官员的名义向皇帝具题，按省各分实、缓、矜、留四本，职官、服制和情实重犯另造黄册进呈，由皇帝批示。皇帝的最后裁决作出后，奉旨缓决、可矜、留养承祀的案犯就结束了当年秋审。情实犯在死刑执行前，还要经历复奏和勾决。复奏于行刑前五日由刑科给事中办理，原采纳古代“三刺三宥”之制行三复奏，乾隆十四年改为一复奏。接下来便是勾到。勾到的仪式十分隆重，皇帝素服端坐，诸执事官穿常服或跪或立，汉学士依次唱名，皇帝一面核看御案上的黄册，一面轻声说“予勾”或“免勾”，大学士遵旨在犯人名单上勾画，起居注官员作记录。按理秋审进到这个程序已近尾声，但君主在此时仍有裁夺之大权，如果发现有疑义，或交法司提审，或交该省另审，临时以御旨行之。关于这一点，乾隆有自己的理由：“秋审为要囚重典，轻重出入生死攸关……应酌情准法，务协乎天理之至公，方能无枉无纵，各得其平……朕毫不存从宽从严之成见，所勾者必其情之不可恕，所原者必其情之有可原。”⑦ 这也就是说，即使定为情实犯，未勾到的又可以缓决一年。服制犯和情实从轻声叙人犯一般免勾，服制犯若十次免勾改缓，其他三次免勾改缓（此处记载与他书稍异）。情实停勾还有特殊的宽典，分别为三种情况：一是恩赦，又分为恩诏（范围很广，可赦免所有一般罪犯）和恩旨（情轻死罪可以减等）；二是特旨，无特例，全凭皇帝用权；三是甲子纪元，凡遇甲子年即可邀恩停勾。《条例》中董康在字里行间对皇帝以博大、仁爱的自我意识君临天下，执法原情还是给予肯定的。这也就是雍正所说的：“从来帝王于用刑之际，法虽一定，而心本宽仁。”⑧

5. 突出秋审是权衡于情与法之间的最好典范。

秋审体现的是“慎”，而这“慎”必须权衡于情法之间，对重大罪行决不宽宥，但“为情节至轻者，如系孀妇独子，或亲老丁单，查办留养”。秋审设有“可矜”和“留养承祀”两款，“可矜”其实并无确定的标准，难以掌握，乾隆二十七年所定条例中列举了两种情

⑥ 《条例》第 8 页。

⑦ 《大清会典事例》卷 846，《乾隆十四年》。

⑧ 《大清会典事例》卷 846。

况："如子妇不孝，詈殴翁姑，其夫愤激致毙"；又"或因该犯之母，素有奸夫，已经拒绝，后复登门寻衅，以致拒绝殴致毙者"⑨。看来"可矜"应属"情切天伦，一时义激，与寻常狠斗者不同"，所以能够"照免死减等例，再减一等发落"。至于"留养承祀"，本于《唐律》第二十六条的规定："诸犯死罪非十恶，而祖父母、父母老疾应侍，家无期亲成丁者，上请。"《明律》也有类似的规定："凡犯死罪，非常赦所不原者，而祖父母、父母老疾应侍，家无以此成丁者，开具所犯罪名奏闻，取自上裁。""留养承祀"照顾到犯人是独子，或其父母老疾无人奉养，按法应处死者可以免死，让他回家侍奉父母，继嗣传宗。大清《例》文中，杀人者可以留养的规定有多条：兄弟俩都犯罪可留一人；母亲寡居二十年以上者可留养；"救亲情切"杀人可留养；杀有罪之人亦可留养，但被杀之人也是"亲老丁单"者不可留养等等。各省在上报时应查明情况，据实申报请刑部核拟，最后全凭皇帝的个人意志作出裁决。"可矜"和"留养承祀"属于皇帝的法外施恩，董康认为"凡此皆属仁政之一，永堪备后世模范也"⑩。对这一制度的态度很明朗。

二、透视秋审制度的案例

《条例》后面附有案例四个，董康所录为这些案件秋审招册的第二部分，即我们前述秋审之第四个步骤——刑部审核案卷中会看至堂签的过程，这些案例的选择，不在于案件本身的前因后果，按董康的意图，是"以其与今判决文事实阑，有相通之处"，故"附录数案，若能寻绎，将来制判决文，事半功倍矣"⑪。不仅格式体例可以借鉴，更重要的，如董康所说，这些文字"看似平常，非寝馈于中，不能知其甘苦"⑫，由此见董康对秋审推崇备至之原由。附录案件的介绍有以下特点。

其一，注重案情细节。如"刨窃浮厝尸棺案"，这个案件并不复杂，讲的是二十九岁的贵州遵义府绥阳县陈姓丫头因贫穷盗窃杨氏棺内玉镯案。古代对于棺椁的保护甚为重视，发冢掘墓之类的行为不论贵贱都不宽恕。《清律・刑律・发塚》规定："凡发掘坟塚，见棺槨者，杖一百，流三千里；已开棺槨见尸者，绞；发而未至棺槨者，杖一百，徒三年。若塚先穿陷及未殡埋，而盗尸柩者，杖九十，徒二年半；开棺槨见尸者，亦绞。其盗取器物砖石者，计赃，准凡盗论，免刺……"法律的规定十分详尽，各种情节都考虑到了，所设刑罚也相当严厉。该案的陈丫头原拟刑罚为绞立决，因光绪三十四年法制改革，而后改为绞监候。秋审分类时定为情实。部议中引起讨论的是这样两个细节：一是该棺木浮厝，属停柩浅埋，不同于已垒坟塚，也不同于未殡埋棺木；二是棺盖未钉，陈丫头"无凿锯实迹"。诸位官员就陈丫头盗窃时有无见尸、盗浮厝棺物和盗坟冢在量刑上的区别、拾石垫起

⑨ 《大清律例・断狱・有司决囚等第》乾隆二十七年定例。

⑩ 《条例》第 9 页。

⑪ 《条例》第 33 页。

⑫ 《条例》第 33 页。

棺盖摸窃与锯缝凿孔之盗墓的区别反复讨论，最后“方签”定“可宽其一线，于黄册内声叙办理”⑬ 终结。又如“火器伤人案”，在分析案情时，强调事主李小锅用洋枪击伤冯三桐至死，起因是李小锅受雇给人看青，只因半夜时分冯三桐赴地查看弄出声响，李小锅听见后喝问未经答应，疑是贼人，才举枪向放导致身死。事主与被害人素无嫌隙，该案虽然定为“情实不声叙”，但排斥了故意杀人。“刃毙奸妇案”讨论的是奸妇苏大“取刀向砍”，在事主苏士举夺刀正欲走开时“复向扑夺”，“扑势过猛”的情况下苏士举“收手不及”才致伤殒命的情节。“误杀小功叔案”同样发生在半夜，因贼偷驴，事主符勉娃登时持斧追赶，至贼逃逸处用斧砍伤倒地后才认出是自己的小功叔符自义。法司官员的议论也集中在“非有心干犯”上。抓住细节的关键在于考察量刑是否轻重得当，复审的分类是否切实，案情有否可宥可矜情节等等，这样才能达到秋审复核的目的。

其二，程序严格。秋审制度在董康看来，“是项制度无罣漏之虞”，完美且经得起推敲。刑部各司核拟相应省份的秋审案件，除依有关条款分为“实”、“缓”之外，有商榷处将意见粘附在后面。材料再汇总到秋审处，进一步作案卷审录。中央秋审的第一步为“初看”（也称“司看”）、“复看”，参加该项工作的官员先由秋审处拟定名单，由刑部堂官划定。初看和复看分别用蓝笔和紫笔阅看勾改。第二步是“总看”，由秋审处核定，用墨笔。这一步“俱遴选经验学识兼富者充之”，“若稍涉疑问，尤须博采成案，以定从违，不容纤忽之差异”⑭。这两个步骤与地方秋审同步进行，第三步就是“待五月中旬前后各省题本到齐，再查阅外勘与部拟不符者”，先是司议，后是堂议。董康所录案例即着重在堂议部分，由刑部的堂官（尚书、侍郎）对所审案件一一作批复。前述四个案件，分别有多则七人，少则三人的批复，除对案情细节发表意见，主要就是否改动“实”、“缓”意见作出表决，按少数服从多数定拟。如上述“刨窃浮厝尸棺案”，“大人”们一致认为与“发冢抽窃”有异，定为“照实声叙”，即定入情实，但是建议从宽，免勾决。而第二例“火器伤人案”则在争议后定为“情实”不声叙。董康让我们看到秋审是严格按照法定的程序进行的，而部议时官员们也认真地围绕法律规定反复斟酌，对案犯的生死极其慎重，可见秋审确为不可多得的一种制度。

其三，宗法习俗仍是审案的重要依据。董康附录的案件只有四起，但显然是经过精心选择的。我们从中既了解了秋审慎密的过程，也可以了解作为接触过无数秋审案例的刑部官员董康，徘徊于伦理与法制之间而更倾向于宗法伦理的传统情结。前述案例中，有两起涉及纲常伦纪，在处理上都是从重的。“刃毙奸妇案”本属过失杀人，讨论的应该是犯人的行为以及处理的当否，此案后来将事主苏士举归类为缓决，较同样是过失杀人的前述“火器伤人案”在处理上显然要轻。原因是什么呢？可以看一下案件略节的内容。“刃毙奸妇案”堂签笔录内有“鄂大人”曰：“死系无耻奸妇，不值实抵，记缓候核。”“戴大人”批

---

⑬ 《条例》第 36 页。

⑭ 《条例》第 13 页。

曰：“夺刀一伤。死系被奸无耻之妇，似可原缓。仍记核。”“方签”：“谨按此起要害一伤奇重，系因死者扑拢势猛所致，且刀由夺获，死者又系无耻奸妇。不值实抵，是以照缓。”[15]摘录的要点之一是杀人的刀非事主所备，而是“无耻奸妇”苏大拿着要用来砍苏士举的；要点之二是同姓不宗之苏大与苏士举“调戏成奸”后，苏士举以财物资助换得苏大父亲苏万载“纵容奸宿”，后来苏大向苏士举索借钱文不遂，才心生厌恶，拒绝苏士举续奸，并引出案情。一个未婚女子与人通奸，并以此索要钱财，以致取刀向砍，实属无耻。所杀对象既是这等人物，不仅罪情减轻，简直就是立功表现了。董康选录这个案件，可以看出他对这个判决结果是颇为赞赏的，衡量判刑的轻重应该既依法，又依情，选择此案似乎也表达了董康法与情相互为用，即“司谳者不第应完成法律上之责任，尤应完成良心上之责任”的办案主张。“误杀小功叔案”从案情来看与“火器伤人案”更接近，同样是黑夜中无法辨认而出手伤人致死，且该案还有“贼人偷拉驴头走出门外”的情节，追捕逃逸贼人时将其砍伤的“理由”似乎更充分，其案“拟入情实”的原因主要是“服制”关系。血脉相连的亲属之间相犯，只要是卑犯尊，不管理由何等充分，都必须严厉制裁，这样才能保证宗法血缘家族内部关系的亲密和谐。董康在这个问题上丝毫不含糊，选择此案即能说明这一点。

三、恩威并用——朝审亲历记事

《条例》最后一部分是董康在光绪二十七年（1901年）由刑部湖广司主稿改任提牢厅主事一年间的记事，主要“亲历”的是壬寅年（1902年）朝审的过程。这是一篇记事性散文，描述了审录过程和行刑场面的一些环节，文笔很伤感，读者因此可以感受秋风秋雨时节一批即将被斩被杀的死囚身边监管官员的心情。“记事”内容简单述之于下。1）监所设置。朝审的对象是京师监狱的死囚。京师监狱南北监的位置、监房的用处甚至建筑结构和尺寸在文中都有交代，还顺带谈到犯人的待遇、家属的探视时间和探视情形。显然，作者要反映的是制度上的合理和规范。2）朝审情况。“记事”主要讲了朝审的两个步骤。一是监管官员把囚犯带至金水桥西长安门内的朝房堂审处，犯人到堂核实身份，吏员喝唱实缓即毕。二是两个月后行刑，从深夜点名、押赴刑场、安排监刑和行刑的整个过程。清朝是“法制”社会，朝审又是在朝廷的眼皮底下操作的，自然严格按照法定程序进行，毫不马虎。作者的叙述十分到位。3）官员尽职。作为京师监狱的主管官员，“记事”一开始就表明“余恩威并用”。董康一方面严督工作人员奉法行事，一方面督诫犯人“如无真实冤枉勿妄翻异”。此外，犯人穿戴的衣帽、行刑前两月每日伙食及行刑日“张筵饯别”的情景描绘，都让人感觉到官员对犯人处处有“恩”。甚至没有多久作者调任原署，因为“与囚相处年余，不无情感”而仍回监省视，犯人见到他也是“有泣下者”，作者对将“受斩绞之惨楚”的死囚的哀怜情绪跃然纸上。诚然，这样的笔触也会使读者对清朝官员具有的同情心抱有极大好感。

---

[15] 《条例》第41页。

4）细节记载。“记事”中有几处记载少见于一般资料：一为参审官员各自备座褥，东西向排位坐在地上。估计秋审官员也是这样席地而坐的。二为解囚出朝堂时囚犯的亲友在此迎候致庆，“各赠红山楂一大串套于颈项，兆已流血沐更生也”⑯。三为将被处死的囚徒绑缚插标时“于腰带悬红绳穿当十钱五枚，为临时小解给帮助缚束裤带者”⑰，想得甚是周全。这类细节记载，体现了秋审和朝审是十分“人性化”的制度。也许董康在记下这篇文字时并无此多的考虑，而是据实记载，但附于《条例》之后，却是恰到好处地起了烘托作用。

四、董康其人及法价值观的转变

董康是我国近现代在国内外影响颇大的著名法学家和律师，清末举人，光绪十六年（1890年）中进士，授刑部主事，得到当时在刑部当家的著名法学家薛允升的培养和提携。义和团运动时，董康任刑部郎中，主管陕西刑案；八国联军进京时，他应北京城南士绅之请，设巡协公所维持治安，后被授提牢厅主事，大理院推丞。以后，又担任清修订法律馆校理、总纂、提调、宪政编查馆科员等职，辛亥革命后一度任财政总长，北洋时期三任大理院院长及代理司法总长、司法总长等多项职务。二十年代末在上海开业做律师，并主办上海法学院。董康从事司法、立法工作长达五十余年，著述颇多，也曾参与清末至民国各个时期多部法典的编纂。在清末修律期间的礼法之争中，董康站在沈家本一边维护《大清新刑律》，态度很坚定，他对旧礼进行了批判，主张礼和律应该分离，对沈家本的修律给予极高的评价，他是这样说的：“愚承归安沈寄簃知遇，令提调其事。尔时实为沈浸欧制最力之一人，亦为排斥礼教最烈之一人。”⑱

董康著《条例》一书，据其绪言所说有两个原因，一是在日本时，狩野（日本的中国法制史研究者狩野直喜）博士询及此制，而“许谓有清一代祥刑，属笔之于书，以补史官之遗漏”；二是受政府嘱托，“依实录圣训及会典事例诸书草成”⑲。阅读此书的一个明显感觉就是董康对逝去的清王朝法制的眷恋。同样在绪言中，董康认为，清代的秋审制度有三个方面裨益于当代司法制度：其一，国家和法官都要在政治和习惯之间盘旋，国家机构一半基于政治，一半基于习惯；法官一半要完成法律责任，一半要完成良心上的责任。清朝的秋审制度则权衡于政治和习惯之间，正可为今日之参考。其二，古代社会断案不采罪刑法定原则，“准于成例，凭众公议”。五代、宋以来的制敕节文及明清两朝律文后的例都有判决例的性质，然判决例虽多，最后裁量还是集众议而定，即既有明文规定，又有严旨督责，“故无纤毫之出入”，可以说尽善尽美。现在的刑法数量不及旧律百分之十，导致断案时轻重出入太大，所以还是应当参考清朝的做法，律例并行，使判例在断案时发挥作用。

---

⑯ 《条例》第46页。

⑰ 《条例》第46页。

⑱ 《前清司法制度》，转引自华友根著《薛允升的古律研究与改革》第424页。

⑲ 《条例》第4页。

其三，司法判决文书的制作，由宋至清，裒多益寡，到了清朝，供秋审时复核之用的略节（亦称招册）选词铸语俱有定式，另附有揭贴（附于略节后的改动意见）。这样的判词，兼具美学含义，从改良现代的司法文书言，又一可征参考之处，为促进司法进步之范本。董康在这里对清朝的秋审制度极具赞美之词，或许这才是他撰写这部书的真正用意。

董康既是清末法制改革的积极参与者，对这场改制及其当时彪领风气之先的沈家本先生也曾给予极高评价，何以在三十年之后又赞美起改革前的清朝制度呢？对董康法律思想颇有研究的华友根先生是这样分析的："董康的思想，从清末到民国时代，是有很大变化的。由主张法律与礼教分离，转到了法律与礼教合一。由革新派变为保守派，甚至认为'三纲五常'是东方社会组织法，应当加以遵循。"⑳ 经历了民国初的帝制复辟（董康对袁世凯的尊孔复礼曾积极协助）和民国前一二十年修律中关于是否保存礼制的多次争议，董康由重法到重礼，在维护礼教方面可谓不遗余力，他认为礼教在中国这个特定环境中能起到法律所不能起的作用，所以中国是万万不能放弃礼教的。这就不难理解董康为何对秋审制度百般赞美了，因为在他看来，"明清时代秋审朝审制度的慎审周详，可与欧美的减刑委员会所为相媲美"㉑，在对礼教作用的评定方面，反映出他价值观的很大变化。

平心而论，董康对清代秋审制度的赞赏并非没有道理。从历史上来看，清朝的各项制度综合各朝制度又有所创新和发展，虽然秋审制的格式死板，文牍程序化，搞的是繁文缛节，形式主义，但我们又不得不承认，清朝皇帝对死刑案件的审断极少发生历史上曾经有过的君主任情生杀的现象，而这种进步，正是制度给予的保证。但是，秋审制度并不真如董康所描述和我们想象的那么美好和完美，雍正曾指斥官员草率审录："闻外省会审之时，不论案件多寡，悉于一天定议，均听督抚主张，司道守令不敢置喙。究其实督抚亦未必了然，不过幕宾略节贴于册上，徒饰观瞻而已。"㉒ 道光对"会谳大典"的匆匆过场也曾十分光火："会议诸臣于匆遽之时，仅听书吏宣唱看语，焉能备悉案由从而商榷？是徒有会议之名，而无会议之实。"㉓ 董康因旧中国法制不完备的社会现实而怀念逝去的制度，然而靠减少冤狱并不能保证政治的清明，专制权力也不可能庇护天下民众的幸福安康，这是已经为历史证明了的。

⑳ 华友根著《薛允升的古律研究与改革》，425页，上海社会科学出版社，1999。
㉑ 华友根著《薛允升的古律研究与改革》，425页，上海社会科学出版社，1999。
㉒ 《钦定台规》卷10。转引自郑秦著《清代司法审判制度研究》，179页，湖南教育出版社，1988。
㉓ 《大清会典事例》卷846。

陈金全

人是目的而不是手段
——康德法治论解读

简 介

陈金全，1942年生，四川渠县人。1967年毕业于北京大学哲学系，之后在湖南沅江县洞庭湖军垦农场劳动近两年。1970年至1981年在广西凤山、河池等壮瑶山区的乡、县、地区工作11年，1981年调入西南政法大学。现为西南政法大学教授、博士生导师，中国法律史学会第五届、第六届执行会长，兼民族法律文化分会会长。撰写有《中国法律思想史》、《西方法律思想史纲》、《北宋法律思想研究》、《〈周易〉与北宋庆历改革》、《原创文化与人类的法制精神》、《黑格尔法哲学思想探究》等论著。现正出版《中国贵州文斗苗族契约文书资料汇编》、“西南少数民族法律文化丛书”等系列著作。

* 原发表于《法学家》，2005（3）。

伊曼努尔·康德（Immanuel Kant，1724—1804）是德国古典唯心主义哲学的创始人，德国哲学革命的旗手，理性和自由的思辨哲学家，伟大的启蒙思想家，他的法哲学思想是18世纪后半期德意志民族的历史现实在市民阶级思想上的特点的反映。其思想理论上的贡献可与释迦、孔子、苏格拉底并列。[1] 在努力建设社会主义法治国家的中国的当下，重温康德的法律哲学及其法治论，不仅有利于了解西方法治的原意，而且也可以帮助我们认识自己的法律文化传统，从而找到构建法治社会、和谐社会的真实基础。

一、人是自己立法自己遵守的自由人

康德的法治论是建立在其批判哲学基础上的，而康德的批判哲学是欧洲思想史上的一次根本性转折，“实为全欧洲学界开一新纪元”[2]，其批判精神造成了一次巨大的新的精神运动[3]，西方法学出现了新局面，无论是形式还是内容同自然法学的法治论相比较都发生了深刻变化，因此，人们称之为哲理法学或经验理性法学。

古典自然法学用人和自然的眼光来观察国家与法，这既是文艺复兴以来西方法哲学的重大变化，也是其重要特征。自然和人从神学、神权的囚禁中解放出来，标志人类意识的自我觉醒，是人权的一次解放。但是，这种觉醒又显得很不彻底，虽然比神学自然法思想前进了一大步，可是他们的思维方式却陷在经验论或唯理论的泥沼之中。经验论主张通过感觉、知觉把主体和客体联结起来，“一切来自经验”；而唯理论则认为思想、概念是沟通主体和客体的桥梁，“我思故我在”。因此，经验论重视归纳而忽视演绎，唯理论重视演绎而忽视归纳，其实这都是形而上学的思维方式。这种形而上学方法由培根和洛克从自然科学移植到哲学，深深地影响了古典自然法学。在古典自然法学看来，人不过是一架机器，国家则是一架大机器或庞然大物“利维坦”，人的一切都是被因果必然性规定了的、决定了的，这是可以用数学、力学来计算的，霍布斯说理性思维的推理就是指计算，与加和减相同。[4] 虽然社会契约是人的需要，自然法是理性的体现，但他们并没有认真去考察人和理性本身，洛克把人的心灵比作“白板”，一切等待着外物的影响，即使是被恩格斯赞扬的创造了辩证法杰作的百科全书派首领狄德罗，他认为的理性思考也主要不外乎机械的组合激动。卢梭虽然是自然法学派中最重视人的杰出代表，并且是他把康德从独断主义的迷梦中唤醒，但他也没有从哲学上系统回答人的发现，于是，法国人没有做的工作，由康德承担起来了。

① 梁启超：《饮冰室合集》，第2卷，47页，中华书局，1994。
② 梁启超：《饮冰室合集》，第2卷，48页，中华书局，1994。
③ 海涅：《海涅选集》，304页，人民文学出版社，1983。
④ 参见《十六——十八世纪西欧各国哲学》，61页，北京大学哲学系编译，商务印书馆，1975。

“这样一来，在近代思想发展史上，人权或者说人的主体性就没有得到进一步的伸张，于是要求再来一次新的解放。第一次解放是文艺复兴时期，人从神权束缚下解放出来，嗣后人们根据当时自然科学的水平和研究方法对自然、社会进行研究，结果人权又完全受到因果必然性的限制。如果说，人权的第一次解放，是同中世纪的基督教的神权作斗争的话，那么，人权的第二次解放，其主要锋芒是指向因果必然性，即人权必须从单纯因果必然性的束缚下解放出来。”⑤ 当然，这并不等于说，文艺复兴后，人权和神权的斗争已经不存在了，事实上在近代法哲学史上，一直存在着人权反对神权、人法反对神法的斗争。但是，自古典自然法学取得辉煌胜利以来，从近代法学与神学的关系来说，人权基本上取得了独立于神权的地位，人法摆脱了神学法律观的束缚，因此，“康德所面临的任务就是要在人权和神权继续斗争的同时，使人权进一步从单纯因果必然性的束缚下解放出来，使人的主体性得到进一步的发展”⑥。这一历史任务是由康德开始的近代德国古典唯心主义哲学家们完成的，而康德不仅起了开创作用，而且是他第一次从哲学理论上系统地说明了人的发现，说明了人的自我意识，用他自己的话来说，就是为人的独立自主和尊严提供哲学理论基础。

康德说：“我所理解的纯粹理性批判，不是对这些书或任何体系的批判，而是对一般理性能力批判。”⑦ 因为唯理论和经验论把哲学导入了争辩的黑暗，要拯救哲学就必须探讨、考察人的认识能力，研究知识的来源和限制。在《纯粹理性批判》中，康德以“先天综合判断是怎样可能的”作为批判哲学总的问题，展开了他的先验唯心论。康德通过分析感性知性的作用、时空概念的形成以及认识过程中的矛盾（二律背反），突出强调“自我作为思维的主体”是知识的先决条件（形式的条件），即“逻辑在先”，自我、主体是经验对象之所以能成立的理由和根据。“这样，康德把过去那种以自然为中心，人的认识围绕自然（对象）而旋转的看法，变成以人的自我、主体为中心，自然、本体围绕着自我、主体而旋转的观念。”⑧ 这就是康德著名的“哥白尼式的革命”。虽然同时他又陷入了不可知论（否认自体为认识对象），但两千多年来，是康德第一次把主体与客观世界的对立问题提到如此尖锐的程度，可这是坏事，又是好事，“自己堕入绝境，却为后人摆明了困难”⑨。康德的认识主体说恰恰构成了从机械唯物主义的消极反映论到辩证的能动反映论的中间环节，可以说这是从认识论上改造了古典自然法学的哲学基础。

在《实践理性批判》中，康德进一步展示了人的自主性和能动性。他说：“作为知性世界的一个成员，我的行动和纯粹意志的自律原则完全一致，而作为感觉世界的一个部分，我又必须认为自己的行动和欲望、爱好等和自然规律完全符合，是和自然的他律性相符合的。我作为知性世界成员的活动，以道德的最高原则为基础，我作为感觉世界成员的活动

⑤ 张世英：《康德的〈纯粹理性批判〉》，14～15页，北京大学出版社，1987。

⑥ 张世英：《康德的〈纯粹理性批判〉》，15页，北京大学出版社，1987。

⑦ 康德：《纯粹理性批判》，第1版，“序言”，邓晓芒译，杨祖陶校，人民出版社，2004。

⑧ 张世英：《康德的〈纯粹理性批判〉》，39页，北京大学出版社，1987。

⑨ 参见齐良骥：《康德》，载《西方著名哲学家评传》，第6卷，齐鲁书社，1989。

则以幸福原则为依据。”[10] 也就是说，康德认为人有两重性，一方面作为感觉的我，有自然的属性，需要衣食住行，满足欲望而获得快乐与幸福，这是客观的自然条件决定的，不以你的主观自由意志为转移。但是，人还有另一方面，即自我决定的方面，也就是作为理性存在的我，要与“纯粹意志的自律”原则（理性自身的规律）完全一致，人作为理性的存在者，其行为是由自己的意志决定的，人必须用理性克制欲望。“总而言之，在必须承认自己是一个属于感觉世界的东西同时，我认为自己是理性的主体，这理性在自由观念中包含着对知性世界的规律。所以，我必须把知性世界的规律看做是对我的命令，把按照这种原则而行动，看做是自己的责任。”[11] 这就是道德，“德性就是力量”，德性体现了人的尊严，体现了自由。

在《判断力批判》中，康德批判哲学获得了最高发展，他通过对美学和有机自然界的目的性联系的考察，力图说明自然的必然与自由的统一以及自由意志在自然中的实现，而自然这个庞大的有机系统归根结底是以人为目的，因为“如果没有人类，一连串的一个从属于一个目的就没有完全的根据，整个世界就会成为一个单纯的荒野，徒然的”[12]。人不仅可以对自然进行理性思维，而且可以按自己的自由意志去利用自然，把自然作为实现自身目的的手段，在自然中达到自由。所以，人“确是有资格作为自然的主人的。而假使我们把自然看作为一个目的性的体系，人就是自然趋向的最终目的”[13]。

总之，康德批判哲学的主题是讴歌理性，颂扬人的尊严，始终强调“人是目的本身而不是手段”，人“是他自己的最终目的”[14]。他把人举到了令人眩晕的高度，这不仅克服了启蒙思想家和古典自然法学派形而上学的机械性，而且是对自古希腊“人是万物的尺度”命题产生两千多年以来的法哲学总结。康德一生都在思考“人是什么？”他希望他的哲学“能替一切人恢复其为人的共有权利”，哲学应该是教人在宇宙中占据一个对他合适的位置的科学，而人能从这种科学中学习成为一个人所必须做的事。因此，“先天综合判断是怎样可能的”总问题背后，“回响着另一个对康德来说更为重要的问题——人的自由为什么是可能的”[15]。这也可以说是康德法哲学思想的基本命题。“当大自然在这种坚硬的外壳之下打开了为她所极为精心照料着的幼芽时，也就是要求思想自由的倾向与任务时，它也就要逐步地反作用于人民的心灵面貌（从而他们慢慢地就能掌握自由）；并且终于还会反作用于政权原则，使之发现按照人的尊严——人并不仅仅是机器而已——去看待人，也是有利于政权本身的。”[16] 人是什么？人不能是机器，人有其尊严。人的自由是怎样可能的？因为人有理性，

---

⑩ 康德：《道德形而上学原理》，108～109页，上海人民出版社，1986。
⑪ 康德：《道德形而上学原理》，109页，上海人民出版社，1986。
⑫ 康德：《判断力批判》下册，韦卓民译，109页，商务印书馆，1964。
⑬ 康德：《判断力批判》下册，韦卓民译，144页，商务印书馆，1964。
⑭ 参见康德：《实用人类学》，邓晓芒译，1～4页，重庆出版社，1981。
⑮ 阿·古留加：《康德传》，125～126页，商务印书馆，1981。
⑯ 康德：《历史理性批判文集》，何兆武译，30～31页，商务印书馆，1991。

“人是生活在目的的王国中。人是自身目的，不是工具。人是自己立法自己遵守的自由人。人也是自然的立法者”[17]。这就是贯穿其法治论的基本线索，如果我们不抓住这条线索，就不能理解康德法的形而上学原理的真谛。诚然由于它的思辨性、先验性，虽然使我们感到抽象、甚至空洞，但它毕竟在西方哲学与法学史上，空前地凸显了人的价值、人格和尊严，使他的法学思想比前人更深刻，并且又深刻地启发了后世的哲学思想和法律思想。当然，这种思想又为“人类中心主义”提供了理论根基，是人与自然分裂法哲学价值观的思想根源之一，需要21世纪的法哲学重新反思和检讨。[18]

二、法律是先验的必然

原苏联学者拉祖连科认为：“在国家起源问题上，康德遵循契约论，这种理论在资产阶级争取政权时期的资产阶级思想家中间得到广泛的传播。康德的国家起源契约论同卢梭的观点十分接近，按照康德的理论，人是为了获得作为公共成员的自由而放弃自己的自然状态的自由。人放弃了不以法律为基础的野蛮的本性，就得到以法律为基础的法制状态下的自由。”[19] 康德确实深受自然法学派的影响，在国家起源问题上，他同卢梭一样，假设人类社会曾经存在过自然状态。这一观点集中反映在《世界公民观点之下的普遍历史观念》、《人类历史起源臆测》、《万物的终结》、《法的形而上学原理》等论著中。康德站在历史哲学的高度，描绘了人类的起源和国家及其法律制度的诞生：大自然给予人类的最高任务就必须是外界法律之下的自由与不可抗拒的权力这两者能以最大可能的限度结合在一起的一个社会，那也就是一个完全正义的公民宪法；因为唯有通过这一任务的解决和实现，大自然才能够成就她对我们人类的其他目标。需要迫使人类进入了这种强制状态，不然的话，他们就格外要喜爱没有限制的自由了；并且这确实是一切需要之中的最大需要，也就是那种人类自己相互之间加之于他们自己身上的需要，因为他们的倾向性使得他们不能长时期地在野蛮的自由状态中彼此共处。唯有在公民的结合这样一种场合之下，上述的倾向性才能由之开始产生最良好的作用；犹如森林里的树木，正是由于每一株都力求攫取别的树木的空气和阳光，于是就迫使得对彼此双方都要超越对方去寻求，并获得美丽挺直的姿态那样；反之，那些在自由状态之中彼此隔离而任意在滋蔓着自己枝叶的树木，便会生长得残缺、佝偻而又弯曲。一切为人道增光的文化和艺术、最美好的社会秩序，就都是这种非社会性的结果。它由于自己本身的迫使而约束自己，并且通过强制的艺术而使大自然的萌芽得以充分发展。[20]

应该说，康德并未“拒绝17世纪政治著作家详细研究过的在公民状态前必然有自然状

---

⑰ 贺麟：《在纪念康德、黑格尔学术讨论会开幕式上的讲话》，1981。

⑱ п.с. 格拉齐安斯基：《世界著名思想家评传》，220～221页，商务印书馆，1993。

⑲ п.с. 格拉齐安斯基：《世界著名思想家评传》，220～221页，商务印书馆，1993。

⑳ 康德：《历史理性批判文集》，沈叔平译，9页，商务印书馆，1990。

态的概念”[21]，而是用他的批判哲学改造了自然法学关于国家与法的思想：

第一，人类最初经历了一个平等、自由的自然状态。自然状态并不完全像霍布斯说的绝对的战争状态，相反，人人享有与生俱来的自由。康德认为，“人类的自然状态不一定描述成绝对的不公正，好像最初人们相互间的关系不可能是别的，而只能是一切决定于武力”[22]。因为，“我们并非从一个外在的权威的立法机关出现之前的任何经验中，就认识到人们之间的自然侵犯的规律，以及使他们彼此发生战争的罪恶倾向”[23]。相反，人先验地具有联合在一起的社会性（使自己社会化的倾向），“因为他要在这样的一种状态里才会感到自己不止于是人而已”（译者注：人，指自然人）。但是，人类又有追求个体欲求、愿望的“非社会的本性”，也就是“要求自己单独化（孤立化）的倾向”。这种“非社会的本性，想要一味按照自己的意思来摆布一切”，虚荣心、权力欲或贪婪心驱使人们为自己争得一席地位，这就必然发生矛盾和冲突，即“对抗性”。可是，正是因为矛盾冲突、竞争、对抗、相互造成的阻力“才唤起了人类的全部能力，推动着他去克服自己的懒惰倾向”。在这里，康德又回到了霍布斯的人性恶，但他比霍布斯深刻，他赞美恶是人类历史发展的动力。他说，如果没有这种“恶”（非社会性），人类的全部才智就会在一种美满的和睦、安逸与互亲互爱的阿迦底亚式的牧歌生活之中，永远被埋没在它们的胚胎里。“让我们感谢大自然之有这种不合群性，有这种竞相猜忌的虚荣心，有这种贪得无厌的占有欲和统治欲吧！没有这些东西，人道之中的全部优越的自然禀赋就会永远沉睡而得不到发展。”[24] 由此可见，康德高于古典自然法学家的地方不在于承认自然状态，而在于他提出了人们走出自然状态进入社会状态的动力是人性恶，“恶”作为欲求，是个体性、主观性，这就突出了人的主体性，体现了他的批判哲学精神。

第二，人类的最高任务就是建立起一个普遍法治的社会，也就是脱离自然状态而进入政治状态，即社会状态或文明状态，康德称之为一个完全正义的“公民宪法”（Verfassung）。康德认为，在自然状态下，人的自由是粗野的、无法律状态的自由。为了克服冲突、调和矛盾，使权力与自由并行不悖，就必须限制绝对自由，如同限制每棵树的绝对放任，才能保持森林的茂盛，这就需要国家及其法律。康德把国家视为在法律下的公民联合体，因为在一个法律的社会状态能够公开建立之前，单独的个人、民族和国家绝不可能是安全的、不受他人暴力侵犯的，所以人们离开自然状态，并和那些不可避免要互相来往的人组成一个政治共同体，大家共同服从由公共强制性法律所规定的外部限制。[25] 在国家与法的起源问题上，康德承认社会契约论，他说：“人民根据一项法规，把自己组成一个国家，

---

[21] 瓦·费·阿斯穆斯：《康德》，70页，北京大学版社，1987。
[22] 康德：《法的形而上学原理》，沈叔平译，138页，商务印书馆，1991。
[23] 康德：《法的形而上学原理》，沈叔平译，137页，商务印书馆，1991。
[24] 康德：《历史理性批判文集》，沈叔平译，7～8页，商务印书馆，1990。
[25] 康德：《法的形而上学原理》，沈叔平译，137～138页，商务印书馆，1991。

这项法规叫做原始契约。”[26] 但他把社会契约仅仅看做是一个“合适的称呼”，因为它能提出一种观念，这种观念“可以使组织这个国家的程序合法化，可以易为人们所理解”。“人民中所有人和每个人都放弃他们的外在自由，为的是立刻又获得作为一个共和国成员的自由。”也就是说，他们牺牲的只是“那种粗野的无法律状态的”外在自由，而获得的是“全部正当的自由”，这种自由“只是在形式上是一种彼此相依的、受控制的社会秩序，也就是由权利的法律所调整的一种文明状态”[27]。人类生活在这种有法律秩序的文明社会，才可能由“恶”向“善”而获得充分的发展。

第三，国家与法的产生，归根结底是由于纯粹理性。康德认为，讨论国家与法的问题必须有一个出发点，那就是“尚未用法律加以调节的社会状态的理性观念”，“这个观念指出，在一个法律的社会状态能够公开建立之前，单独的个人、民族和国家绝不可能是安全的、不受他人暴力侵犯的”[28]。因此，人们必须离开自然状态，依据法律组织成为联合体。但是，“这些法律必须要被看成是先验的必然，也就是，它们一般地来自外在权利的概念，并不是单纯地由法令建立的。国家的形式包含在国家的理念之中，应该从纯粹的权利原则来考虑它。这个理想的形式为每一个真正的联合体提供了规范的标准，以便把联合组织变成一个共和国”[29]。

康德在晚年著作比如《永久和平论》中亦反复强调他的法权理论属于纯粹理性范围，合法的立法必须是依据原始契约的观念，并不是原始契约本身，因为人具有的要使自己社会化的倾向（社会性），也不过是先验的理性原理的规定，或者说，这种先验的理性原理是国家与法建立的前提和基础。人的理性是自然赋予的，而自然的目的就是实现理性，而经验并不能告诉我们何谓国、何谓法。“普遍必然也不能还原为经验和幸福，经验与经验的幸福都不具备普遍性和必然性。因此，国家与法由理性决定，体现理性，是理性的实践理念。康德认为，不能把共同体唯一可能赖以建立的原始契约‘当作是一个事实’，它不能由历史证明，“它只是纯理念的一项纯观念，但它却有着毋庸置疑的（实践的）实在性”。在这里，卢梭模糊的“公共意志”、“众意”变成了康德的“理性意志”，这才是先验的普遍的必然。所以他又总结指出：“人类的历史大体上可以看做是大自然的一项隐蔽计划的实现，为的是要奠定一种对内的、并且为此目的同时也就是对外的完善的国家宪法，作为大自然得以在人类的身上充分发展其全部禀赋的唯一状态。”[30] 这种解释当然是唯心主义的，但它较之古典自然法学的国家与法起源论高扬了人的主体性、能动性。霍布斯、卢梭是从个体之间的契约关系、个体的利益来说明国家与法的形成，而康德用人的社会性与非社会性的矛盾观点分析了国家与法的产生，揭示了法的起源及其普遍原则是“能够使一个人的意志选择的

---

[26] 康德：《法的形而上学原理》，沈叔平译，143 页，商务印书馆，1991。
[27] 康德：《法的形而上学原理》，沈叔平译，137～138 页，商务印书馆，1991。
[28] 康德：《法的形而上学原理》，沈叔平译，139 页，商务印书馆，1991。
[29] 康德：《历史理性批判文集》，何兆武译，15 页，商务印书馆，1991。
[30] 康德：《法的形而上学原理》，沈叔平译，40 页，商务印书馆，1991。

自由与任何人的自由同时并存”[31]，这不仅表现了其法思想的深邃性，把霍布斯、洛克、卢梭的个体间的社会契约论和自然法学说改造成为超个体的、总体主义的先验理性论，并直接影响了黑格尔的法哲学，而且也反映了他对人类历史充满了乐观主义的精神，代表了德国资产阶级的进步性与革命性。

在此基础上，康德提出作为国家基础的三原则说。他说：公民状态纯然看做是权利状态时，是以下列的先天原则为基础的：

1. 作为人的每一个社会成员的自由。

2. 作为臣民的每一个成员与其他成员的平等。

3. 作为公民的每一个共同体成员的独立。[32]

这三项原则，就是“自由、平等、独立”的原则，实际上是他的先验理性在政治法律领域的展开，因为他认为这三项原则并不是国家所给定的法则，相反，恰恰是依据这三项原则而建立的国家才可能符合纯粹理性原则。三项原则当然是资产阶级性质的，也是唯心主义的，但它的意义即在于此，表明了康德法治论的基本倾向。

康德的先验理性表现在政治法律思想上就是一种法治论，因此，他认为国家的实质“是许多人依据法律组织起来的联合体”，国家的目的就是在公共强制性的法律下实现人的权利，而且“这些法律必须要被看成是先验的必然”，也就是说，“它们一般地来自外在权利的概念，并不是单纯地由法令建立的”[33]。把法律视为先验理性的必然，这就进一步加强了法的神圣性；把法律同权利概念联系起来，自然就深化了法反对专制的内涵。

康德继承洛克、孟德斯鸠的分权思想，把国家划分为三种权力，即立法权、执行权和司法权。但是，与洛克、孟德斯鸠不同，康德认为国家包含三种权力，是“人民的普遍联合意志，在一种政治的‘三合体’中人格化”，显然，这是卢梭人民主权论在德国的翻版。三种权力之间的关系就像演绎推理的三段论，康德说：“那主要的作为大前提，规定意志的普遍法则；那次要的根据作为小前提原则的法则，提出可以应用到一次行为的命令；而结论包括判决书，或者，在具体案例中正在考虑的权利的判决。”[34] 因此，三种权力既彼此协作，又彼此从属，但是，三种权力又都有各自的尊严，执行权属于国家的统治者，它不具有立法权，否则就是一个专制政府；立法权力不应同时又是执行权力或管理者；而不论是立法权或执行权又都不应该行使司法职务，因为“只有人民才可以审判他们自己，即通过那些由人民在自由选择下选举出来的公民，代表他去审判，甚至专门任命他们去处理每一个司法程序或案件”。而人民的自由选择就是法官或法庭，“法庭的判决是一种公共分配正义的特殊命令”[35]。在康德看来，只要三种权力合作，国家的福祉即可得到实现；只要“该

[31] 刘绍贤：《欧美政治思想史》，第11章，第2节，浙江人民出版社，1987。

[32] 康德：《历史理性批判文集》，何兆武译，15页，商务印书馆，1991。

[33] 康德：《法的形而上学原理》，沈叔平译，139页，商务印书馆，1991。

[34] 康德：《法的形而上学原理》，沈叔平译，140页，商务印书馆，1991。

[35] 康德：《法的形而上学原理》，沈叔平译，145页，商务印书馆，1991。

国的宪法和权利的原则这两者之间获得最高的和谐”[36]，公民的自由、平等、独立就有了保障。这当然只是康德的善良意志和愿望，在封建专制统治的德国，他热烈期望的依据先验理性而又建立在法治基础上的君主立宪制是根本不可能实现的。

因此，在国家与法的问题上，康德仍不脱德国资产阶级的软弱性、妥协性之窠臼。他重申法国资产阶级天赋人权的思想，向封建主义要求自由、平等、独立，但又把公民分为积极公民与消极公民；认为作为臣民（按照权利形式而不涉及内容）大家彼此平等，但又认为这种平等同人群的最大的不平等（依财富程度）结合在一起；他承认人民主权，主张“只有普遍统一的人民意志才能作为立法的意志”，“任何一个人都不能容忍失去自己的自由”，人民的普遍意志不能承认那种毫无根据的特权，他还批评普鲁士专制国家的警察性质[37]，但又认为人民无须对最高权力来源加以深究，国家权力不容一丝怀疑，甚至主张用暴力镇压人民对立法者意志的暴力反抗，他视人民的武力反抗为“极大的罪行”[38]、“重大的叛逆罪”[39]，认为臣民对政府不公正的做法只能提出申诉和反对意见，但不能积极反抗[40]；他曾经非常关心法国大革命和热烈拥护美国人为独立而进行的斗争，但在法哲学原理中又否认人民革命，同情查理第一和路易十六的命运，甚至说被革命非正义地推翻了的君主，永远有权实行反革命复辟。这说明康德和那个时代大多数启蒙思想家一样，还拖着一根庸人的辫子，深刻地表现了其法治、三权分立、权利、自由、平等、独立等思想的阶级和历史的局限性。

三、法治的理想是永久和平

康德的著作《道德形而上学》是一个完整体系，它包括德性论和法权论两大部分，他说，道德形而上学两大分支，即法理学和伦理学。[41] 在康德看来，不论是法还是德性，都隶属于实践理性，隶属于意志，服从实践理性的规律。要深刻理解这一点，只有回到康德批判哲学。我们如果简单地认为康德的法治论是道德哲学，从而认为康德融法与道德于一体，那就会看不清其法治论的辩证性、能动性，甚至完全等同于以机械唯物论为基础的古典自然法学。学术界常有人将康德与中国的孔子并提，但实际上两者有质的区别，虽然都强调道德，可是道德的内涵不同。如果说孔子的法哲学思想以宗法伦理为其基本特征，那康德的法哲学则是以人的地位、人的权利、人的自由为重心，因此，在处理法律与道德的关系问题上，康德把二者视为既互相区别又互相联系的两个领域，同中国古代儒家重宗法人伦、

㊱ 康德：《法的形而上学原理》，沈叔平译，146页，商务印书馆，1991。
㊲ 《康德著作六卷集》，莫斯科俄文版，第4卷，第2分册，234、253页，1965。
㊳ 康德：《法的形而上学原理》，沈叔平译，150页，商务印书馆，1991。
㊴ 康德：《历史理性批判文集》，何兆武译，193页，商务印书馆，1990。
㊵ 康德：《法的形而上学原理》，沈叔平译，147页，商务印书馆，1991。
㊶ 参见康德：《法的形而上学原理》，沈叔平译，“总论”，商务印书馆，1991。

忽视人的权利的观点大相径庭。

德文的 Recht 一词有三种含义：法律、权利、正义，康德在《法的形而上学原理》一书中着重指权利。虽然康德将政治法律隶属于其伦理学，但二者已有严格的区别，他把法学称为权利科学，在客观上其法哲学内容的丰富、深刻已突破了其伦理学。他说，权利科学所研究的对象是：一切可以由外在立法机关公布的法律的原则。如果有一个这样的立法机关，在实际工作中运用这门科学时，立法就成为一个实在权利和实在法律的体系。精通这个体系知识的人称为法学家或法学顾问，从事实际工作的法学顾问或职业律师就是精通和熟悉实在的和外在法律知识的人。他们能够运用这些法律处理生活中可能发生的案件。这种实在权利和实在法律的实际知识，可以看作属于法理学（按这个词的原来含义）的范围。可是，关于权利和法律原则的理论知识，不同于实在法和经验的案件，而属于纯粹的权利科学。所以权利科学研究的是有关自然权利原则的哲学上的并且是有系统的知识。从事实际工作的法学家或立法者必须从这门科学中推演出全部实在立法的不可改变的原则。[42]

在这里，康德强调法学的对象是立法机关公布的法律的原则，并且指出这正是法律与道德内涵上的重大区别。康德认为，从义务（责任）的形式还看不出法律与道德的区别，如"信守合同上的诺言"，既是法律义务，又是道德义务。他说："法理学，作为权利的科学，以及伦理学，作为道德的科学，其间的区别并不太着重于它们的不同义务，而更多的是它们的立法不同。不同的立法所产生的不同的法规便与这一类或那一类的动机发生联系。"[43] 法律是由外在立法机关制定的，作为绝对命令的一种体现，其性质是一种强制力量，因此，根据法律立法确定的义务，只能是外在的义务，它要求有一种动机符合于它的法律性质的动机，因而这种动机只能与此法则的外在的东西发生关系。也就是说，法律只管外在行动，不问内在意图，并且必然表示为一种相互的强制。伦理的立法则完全属于内在的立法，它不可能作为外部立法机关的对象，因为它指令人们按它去做的原因，仅仅是一项义务，而不考虑任何其他动机，或者说把义务放在动机的位置上。而任何外部立法，无法使得任何人去接受一种特定的意图。因为这种接受或追求取决于一种内在的条件或他心灵自身的活动，所以说，道德是内在的、自觉的、非强制的，而法律是外在的、强制的。他举例说，我可以不考虑别人的自由，甚或还想侵犯它，这在伦理学上是不道德的，但在法律上却是允许的。但是，在康德看来，法律与道德的区别在目标上又是一致的，都是为了实现理性的自由，"自由是一切有理性的东西的意志所固有的性质"。他说："我主张，我们必须承认每个具有意志的有理性的东西都是自由的，并且依从自由观念而行动。"[44] 作为肯定方面的道德推动人们的行为，而作为否定方面的法律却限制人们的行为，但这种限制是强制与自由并存的。比如，当人们说债权人要求债务人偿还他的债务时，这丝毫不是说债

[42] 康德：《法的形而上学原理》，沈叔平译，38 页，商务印书馆，1991。

[43] 康德：《法的形而上学原理》，沈叔平译，21 页，商务印书馆，1991。

[44] 康德：《道德形而上学原理》，102 页，上海人民出版社，1986。

权人可以让债务人的心理感觉到那是理性责成他这样做，而是说，债权人能够凭借某种外在强制力迫使任何一个人还债。康德说，这种强制根据一条普遍法则，即强制与所有人（包括与此债务有关的各方面的人在内）的自由相符合。因为人们放弃不受任何约束的自由，以服从具有集体意志和权力的法律，这样个人才可能获得真正的自由。因此，康德进而将法律展开为三方面内容。一是法只涉及一个人对另一个人的外在的和实践的关系，因为通过他们的行为，彼此可以间接地或直接地影响；二是法不考虑一个人的行为对另一个人的愿望或纯粹要求的关系，它只表示它的自由行为与别人行为的自由关系；三是法涉及一个人的行为按照普遍法则能否与另一个人的自由相协调的问题。

根据法则与义务的客观关系发展，康德按责任关系，将法律关系表述为四方面：

1. 对那些既无权利又无义务关系的生物之间的法律关系。这种关系缺乏权利与义务相对应的法律关系，因为这种生物是非理性的，它们既不能将责任施加于我们，我们也不受其提出的责任所约束。

2. 人与那些既有权利又有义务的生物之间的法律关系，即人与人之间的关系。

3. 人与那些只有义务而无权利的生物之间的法律关系，如奴隶没有法律上的人格。

4. 人与某个有权利而无义务的生物之间的法律关系，比如上帝这一超经验的客体。

上述四种关系中，康德认为只有第二类是一种真正的权利和义务的法律关系，因为它不是超越经验的义务，而且有一个相应的能够承担并提出责任的客观存在的、有能力的主体。可见，康德主张的法律关系只存在于法律人格的主体之间，并且是权利与义务的关系，外在立法规定的法律义务都是与相应的法律权利同时存在，而法律义务与法律权利相辅相成。中国古代儒家把道德视为法律的内容，道德规范就是法律规范，道德是立法的依据，个人只有义务而无权利，在宗法血缘伦理关系的法网中，个人的权利已被淹没，这是中国文化最大之偏失。这与康德的权利科学、法治思想相比是很不相同的。根据中国儒家义务本位的伦理法思想，必然产生礼法合一的汉唐律与明清律，而康德开辟的德国资产阶级重视人的权利与自由的法治论思想却孕育出了继《法国民法典》之后的《德国民法典》，这是世界资本主义国家的第二部民法典。正是基于这种精神，康德称他的法哲学为“纯粹的权利科学”。

在上述分析基础上，康德将权利划分为自然的权利和实在法规定的权利、天赋的权利和获得的权利。所谓自然的权利是以先验的纯粹理性的原则为根据的，实在法规定的（即实在的或法律的）权利是由立法者的意志规定的。天赋的权利是每个人根据自然而享有的权利，它不依赖于经验中的一切法律条例，比如天赋自由，这是人与生俱来的自由，它是每个人由于他的人性而具有的独一无二的、原生的、与生俱来的权利，亦是每个人生来就有的品质，康德说：“通过权利的概念，他应该是自己的主人。”[45] 所以，天赋的权利又可称为“内在的我的和你的”，而外在的权利必然总是后得的权利，这种权利就是指以法律条例

---

[45] 康德：《法的形而上学原理》，沈叔平译，50页，商务印书馆，1991。

为根据的权利。康德认为，自然权利和实在的权利之划分是基于科学的理论体系，而天赋权利和获得的权利之划分则是从为人提供一种法律上的行动权限的角度来看的。从实质看，这里的自然权利与天赋权利是同一的，因为都是超经验的，而实在的权利也就是依据法律规定获得的权利，但是，康德又把自然的权利称为“私人的权利”（私法）、“公共的权利”（公法）称为文明的权利。而私人的权利是来自自然状态的自然权利，并由此进入对实在法的研究。[46] 这种说法并不科学，甚至还有矛盾，但康德把权利学说当做法学家研究的出发点和归宿，认为是立法者制定具体法律的根据，却深刻地向我们揭示了他的法哲学的内涵，强调人作为主体的自由意志，充分表现了他为德国资产阶级争取法权的反封建的勇气与斗争精神。

当然，在康德看来，法律与道德又是密切相连、不可分割的。首先，法哲学毕竟属于他的道德形而上学的一部分，他认为道德的最高准则也是法律的最高准则，法律与道德都是约束自己行为的规范，目的都是秩序、和谐、自由。其次，道德形而上学的基本原则强调的是义务观念、绝对命令，实在法意义上的权利以道德义务为前提，并且最终是为了保障这种义务的履行，实现人类永久和平的理想。这就是他法治论的最高目标。但已如前述，康德同时认为遵守法律才能实现道德，虽然每个人都有实现自己善良意志的自由，但这种自由只有在大家都遵守法律时才可能实现，永久和平的理想必须是人类法治社会的结果，康德又把它称作哲学家“甜蜜的梦”，表现了他法哲学思想的深刻矛盾和重大的学术价值。

---

[46] 康德：《法的形而上学原理》，沈叔平译，51～52页，商务印书馆，1991。

崔永东

中国传统法律思想的现代性诠释*

简介

崔永东，1963年生，法学博士、博士后。现任中国政法大学科研处处长、法学院教授与博士生导师。2001年曾获清华大学青年教师优秀教学奖；2002年获中国政法大学十大杰出青年教师奖；2005年入选教育部新世纪优秀人才计划；2002年获司法部优秀科研成果二等奖；2006年获司法部优秀科研成果三等奖。

出版个人专著8部，如《金文简帛中的刑法思想》（清华大学出版社，2000）、《中西法律文化比较》（北京大学出版社，2004）、《道德与中西法治》（人民出版社，2002）、《简帛文献与古代法文化》（湖北教育出版社，2003）、《内圣与外王》（云南人民出版社，1999）等。在《中国社会科学》、《中国法学》、《法学研究》、《哲学研究》等刊物发表学术论文一百余篇。研究领域涉及法律史学、理论法学等。主持国家级科研项目2项、省部级项目6项，参加集体项目多项。

* 原发表于《南京大学法律评论》，2005年秋季号。

一、中国传统思想与现代法治

（一）传统治国方略与现代法治

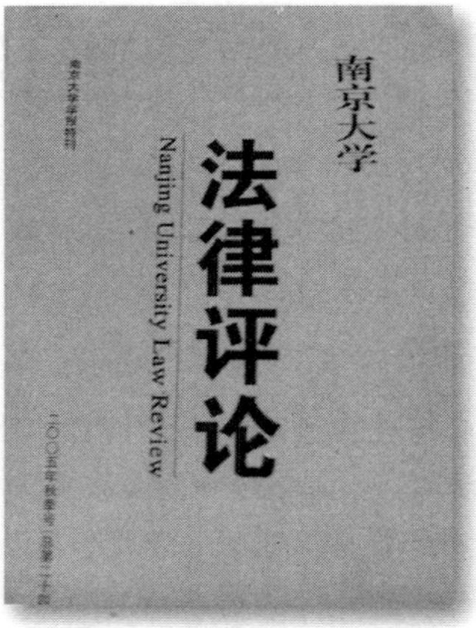

儒家的“德治”是中国传统治国方略的主流，德治的基本内涵是：统治者必须有高尚的道德人格；必须贯彻以德教为主、以刑罚为辅的治国方针；必须推行爱民、利民之政；应当在统治集团内部实行有限的民主；如此等等。

“德治”方略乃以“性善论”为基础，儒家相信每个人都有天赋善性，实际上承认了每个人都有向善、成善的内在根据。因此，道德教化也就有了依据。通过道德教育，从事道德修养，每个人都会成为君子，国家因而成为“君子国”。君子国里当然不会有违法犯罪之事，因此有“刑措”之风。

但“德治”的初期阶段并不完全排除“法制”，因为儒家认识到，人性中除存在道德性（善性）以外，尚有自然性。自然性属于人的生理本能，放纵之则有导人为恶的可能。故对不愿接受德教以肆其自然性而为恶者，须有法律手段加以威慑约束之，并进而驱其向善。

孟子说：“徒善不足以为政，徒法不能以自行。”① 意谓光有道德教化是不够的，好的政治还必须辅之以法律，而好的法律又应当是合乎道德的，并且必须由好人来执法才能发挥其好的效用。如此看来，德治包含了“法制”的因素，但德教在其中起主导作用。

传统治国方略中也有“法治”，乃法家倡导，其说在秦以后的封建时代虽非主流，但也有相当影响。此“法治”与现代意义上的“法治”有别，不以保护人权为核心，而以巩固君权、便于君主治理国家为要务，其实施手段为严刑重罚。法家“法治”以“性恶论”为根据，认为严刑重罚足可以使人严格守法，使天下太平。

以今天的标准看，法家的“法治”可谓暴力政治，过于迷信法律的力量，陷于法律万能主义的泥潭。而儒家的“德治”虽未完全置法于不顾，但却过于相信道德的力量，对法律的作用有所轻视。今天的治国方略应力避上述两偏，使德治与法治并重，如同车之两轮一样互相促进（我们党在新时期提倡的治国方略正是如此）。当然，今天的德治与法治都被赋予了新的内涵，如德治除吸收了传统道德的优秀成分外，也吸收了新时代的主流道德；而法治则以保护人权为基本内容。应当指出，在市场经济条件下，我们党在提倡法治的同时又强调德治，当与传统德治的文化背景因素有关。

综合防治犯罪也是传统“德治”方略的一个组成部分。因为德治的一个基本目标是“致太平”，而实现这一目标则需要有效防治犯罪。儒家一向反对单纯靠法律手段来治理犯

① 《孟子·离娄上》。

罪，而是强调以德教为主而辅之以经济、政治、法律、文化等多种手段综合防治犯罪。此实开中国当代综合治理政策的先河。

实施德治的方法是贯彻中庸之道。中庸之道是一种勿过勿不及之道，本质上它是反对极端化行为的。政治上的中庸之道要求执政者在制定政策或立法上不走极端，注意寻找各种利益的平衡点，从而使社会安定。在古希腊，亚里士多德也提出了合乎中庸之道的政治是一种优良政治的设想，对西方现代政治颇有影响。

孟德斯鸠曾说："治理国家不能用极端的方法。"看来，只讲"德治"不讲"法治"或只讲"法治"不讲"德治"都有极端之嫌，而法治与德治并重的治国方略才是合乎中庸之道的。应该说，德法并重的治国方略是我们在既顺应时代潮流又继承历史传统的情况下所作的一个明智选择。

（二）传统立法思想与现代法治

窥视一下中国传统立法思想的长河，可以发现其中荡漾着朴素人道主义的潮流。儒家、墨家、道家都以其悲天悯人的情怀关注着立法的人道取向，他们的论述闪烁着道德理性的光辉。

儒家的荀子有言："故非礼，是无法也。"② 就是说不合乎礼义（道德）的法律根本不是法律，而残暴的法律也是反道德的法律，因此也就丧失了法律的效力。这与西方神学家奥古斯丁所谓"不公道的法律不能称之为法律"异曲同工。而墨家所谓"法不仁不可以为法"（法律不合乎仁道就不是法律）也堪称同调。儒家强调立法必须以社会的主流道德精神为指导，法律应当体现一种道德的温情。明代儒家学者方孝孺在《逊志斋集》中说："古之人既行仁义之政矣，以为未足以尽天下之变，于是推仁义而寓之于法，使吾之法行而仁义亦阴行其中。"③ 所谓"推仁义而寓之于法"，就是用一种道德精神来指导立法，使道德法律化。

道家的立法思想强调立法必须合乎"道"，而"道"的特性是"无为"，"无为"在法律上的表现是轻缓宽疏。面对当时的暴政苛法，老子提倡立法应当轻缓宽疏，反映了一种朴素的人道情怀。应该指出，"无为"是道家追求的一种理想道德，用"道"来指导立法实际上也就是用"无为"来指导立法。看来，道家与儒家一样也是希望通过立法的途径将其提倡的道德予以法律化。

其实，希望将道德法律化，并不仅是中国思想家的想法，西方历史上也有许多思想家持此说。他们提出了"自然法"的概念，认为自然法是人类社会的基本道德原则。在他们看来，"实在法"（现行的国家法律）必须合乎自然法才是真正的法律。正如美国学者皮文睿所说："自然法理论的基本原则是，法律与道德之间存在着必然的联系。"④ 中世纪神学思想家阿奎那称"自然法的基本原则是行善避恶"，"法律的制定是为人们享受和平的、有德

---

② 《荀子·修身》。

③ 方孝孺：《逊志斋集·深虑论》。

④ 高道蕴等编：《美国学者论中国法律传统》，120页，中国政法大学出版社，1994。

行的生活所必需的”。他认为，如果一种法律与自然法相矛盾，“它就不再是合法的”⑤。

美国法学家霍姆斯曾说：“法律的历史是一个民族的道德发展史，法律是民族道德生活的外在表现。”⑥ 可见，在任何一个民族的法律生活中，道德都如影随形般影响其立法活动。英国法学家哈特在《法律的概念》一书中说：“法规可能仅是一个法律外壳，因其明确的术语而要求由道德原则加以填充。”⑦ 在一定的层次上，法律与道德的关系实际上一种表里关系。这与儒家的“礼法合一”论近似。

另一位美国法学家博登海默在《法理学》一书中说：“那些被视为是社会交往的基本而必要的道德正义原则，在一切社会中都被赋予了具有强大力量的强大性质，这些道德原则的约束力的增强，是通过将它们转化为法律规则实现的。”⑧ 确实如此，就西方来说，其近代宪法将自由、平等的道德原则法律化了；而其民法又将诚实信用之类的道德原则法律化了。如此等等。在中国古代的立法实践中，也注重将儒家道德——“礼”予以法律化，作为封建立法典范的《唐律》“一准乎礼”就是证明。

在中国现代的立法实践中，也贯彻了法律的道德取向。如《民法通则》将“诚实信用”、“拾金不昧”转化为法律原则或法律规范；又如有关“无因管理”（无法定或约定的义务对当事人财物进行管理，当事人应对管理者予以补偿）的规定，这是将互帮互助、互利互惠的道德法律化了。而《继承法》则将“尊老爱幼”、“孝顺父母”等道德规范法律化了，《婚姻法》将“男女平等”、“夫妻忠实”等道德规范法律化了。从某种意义上说，中国现代立法中的道德取向与中国古代立法中的“礼法合一”现象有文化上的渊源关系。

（三）传统司法思想与现代法治

中国传统司法思想的主流也闪耀着朴素人道主义的光芒。儒家提倡的“明德慎罚”、“赦过宥罪”、“中正决讼”、“议狱缓死”、“疑罪从赎”、“哀矜折狱”、“惟刑之恤”等观念，与今天西方流行的刑罚人道主义颇为接近。

道家的老子也反对刑罚残暴，称“法令滋彰，盗贼多有”，“民不畏死，奈何以死惧之”，表达了他对重刑主义阴影下民众可怜命运的关切。而墨家提出的“赏当贤，罚当暴，不杀不辜，不失有罪”的口号，也反映了其关怀民生的古道热肠。

中国古代的朴素人道主义的司法观在西方近代法学家那里也能找到同调。意大利著名刑法学家贝卡利亚在《论犯罪与刑罚》一书中说：“对犯罪最强有力的约束力量不是刑罚的严酷性，而是刑罚的必定性。”又说：“刑罚的目的仅仅在于：阻止罪犯重新侵害公民，并规诫其他人不要重蹈覆辙。”⑨“只要刑罚的恶果大于犯罪所带来的好处，刑罚就可以收到它的效果。这种大于好处的恶果中应该包含的，一是刑罚的坚定性，二是犯罪既得利益的丧

⑤ 阿奎那：《阿奎那政治著作选集》，84页，商务印书馆，1982。

⑥ 转引自徐爱国等：《西方法律思想史》，279页，北京大学出版社，2002。

⑦ 哈特：《法律的概念》，199页，中国大百科全书出版社，1996。

⑧ 博登海默：《法理学：法律哲学和法律方法》，374页，中国政法大学出版社，1999。

⑨ 贝卡利亚：《论犯罪与刑罚》，42页，中国大百科全书出版社，1996。

失。除此之外的一切都是多余的，因而也是蛮横的。”[⑩] 贝卡利亚站在人道主义的立场上深刻思考了刑罚的功能与作用，认为实施刑罚应当以必要为原则，反对过分依赖刑罚暴力的非人道做法。

孟子说：“徒法不能以自行。”[⑪] 荀子说：“有治人，无治法。”[⑫] 法律是需要人来执行的，光有好的法律而无好人进行司法，那么好的法律也形同虚设。因此，对司法人员应提出基本的道德要求。另外，对司法权力也必须进行有效的监督，并在制度上规范司法人员的行为，以有效防止司法腐败。站在今天的法治立场上看，司法是立法正义实现的基本途径，因此必须塑造司法是正义守护神的形象，它应以维护正义、保障人权为天职，而社会正义的实现则意味着社会上各种利益矛盾得以化解，从而实现社会的和谐。

正如最高人民法院院长肖扬在最近一次公开讲话中强调的：“在构建社会主义和谐社会进程中，人民法院职责重大，使命光荣，任务繁重，大有可为。法院审理的案件就是各种社会矛盾的反映。各级法院要依法正确处理好矛盾纠纷案件，切实在维护稳定、促进发展、保障改革、构建和谐社会方面下工夫……要依法正确处理经济发展过程中出现的各种利益冲突和矛盾纠纷，处理好涉及市场经济改革、政府职能转变、国有企业改制等热点问题的各类案件，正确调节社会经济关系，切实保障经济结构调整、经济增长方式转变，促进行政机关依法行政，促进经济与社会和谐发展。”笔者认为，传统司法思想中的人道主义倾向，可以在今天以司法保障和谐社会建构的实践中发挥积极作用。

综上所述，中国传统法律思想中确实存在着与现代法治相沟通的因素，如治国方略上的中庸方法论，又如综合防治犯罪的策略，还有立法与司法思想中的朴素人道主义倾向，等等。上述因素在经过现代转化后，可以为当前的法治建设发挥积极的作用，特别是为今天的和谐社会建设提供有价值的精神资源。

二、中庸之道与秩序和谐

中庸之道是儒家思想中的一个重要观念，也是其中一个重要的方法论原则。“庸”是“用”的意思（汉儒如此解释），“中庸”即“用中”，亦即按“中”的标准去做。“中”是一个“恰到好处”的标准，是一种“完善”的象征，而“过”与“不及”都是对它的偏离，因而都是不好的。但应指出，那种将“中庸之道”当成一种折中主义的看法是一大误解，“中”并不是一个在表面上或数量上对事物进行所谓“半斤八两”式平分的标尺。“中庸之道”追求的是一种内在的、实质性的平衡，是一种真正的勿过勿不及的状态。“中”又与“和”有密切关系，东汉大儒郑玄对“中庸”解释道：“名曰中庸者，以其记中和之为用

---

⑩ 贝卡利亚：《论犯罪与刑罚》，42页，中国大百科全书出版社，1996。

⑪ 《孟子·离娄上》。

⑫ 《荀子·君道》。

也。”⑬“中和”一词的含义是指按“中”的标准去做就会达到一种“和”（和谐）的状态，和谐状态是一种完美的状态。因此也可以说，“中和”是一种至善至美的理想化状态。

中庸之道作为一个方法论原则，它有广泛的适用领域。在政治领域，它表现为宽猛相济、德刑并用的治国方略。但德刑并用不是指德教与刑罚平分秋色，而是指德主刑辅，按儒家的观点看，德主刑辅恰恰是一种实质的“中”，而德刑并重是一种表面上的“中”，表面上的“中”并不合乎真正的“中庸之道”，而实质的“中”才体现了中庸之道的真实内涵。另外，中庸之道还表现为一种政治理想或者说是一种为政的最高境界，这就是儒家经典所谓“致中和”的境界。孔子的孙子子思所作的《中庸》说：“中也者，天下之大本也；和也者，天下之达道也。致中和，天地位焉，万物育焉。”这就是说，达到了“中和”，不仅实现了整个人类社会的和谐，而且也实现了人类与自然万物的和谐。而这正是儒家孜孜以求的为政者的终极境界。《礼记·礼运》所设计的“大同”社会蓝图，也是一个高度和谐的社会，在这样的社会里，“选贤与能，讲信修睦，故人不独亲其亲，不独子其子，使老有所终，壮有所用，幼有所长，矜寡孤独废疾者皆有所养。男有分，女有归……是故谋闭而不兴，盗窃乱贼而不作，故外户而不闭”⑭。站在儒家的立场上看，这是一幅多么和谐而美妙的社会图景！

中庸之道适用于法律领域，则要求在立法上注意寻求各种不同利益的平衡点，从维护统治阶级的长远利益与整体利益出发，应当在立法上适当考虑民众的利益。这就涉及一个立法公正的问题。当然，由于历史局限，儒家对立法公正的理解与今天相比有很大出入。中庸之道表现在司法领域，则要求司法公正，孔子有言“刑罚不中，则民无所措手足”⑮，就强调了刑罚公正问题。应该说，儒家的司法思想体现了一种朴素的人道主义精神。用今天的标准看，一种以公正和人道精神为主宰的立法与司法是构建和谐社会的有力保障。

中庸之道适用于文化领域，则表现为一种理性与温和的文化发展观。它反对在文化问题上搞“不破不立”，反对横扫一切文化传统，提倡文化的“损益”式发展。孔子说：“殷因于夏礼，所损益可知也；周因于殷礼，所损益可知也。其或继周者，虽百世可知也。”⑯所谓“损益”就意味着对传统文化有肯定、有否定，有继承、有创新。这种文化既非故步自封，也非目空一切，而是主张在继承传统中优秀成分的基础上与时俱进，逐渐发展一个民族的文化。在当今西方世界流行的文化保守主义思潮中有一个核心观点：文化发展是一个“渐进的工程”，一个民族的文化传统是“自然进化”的产物，是若干代人慎重选择的结果，不能骤然变革。可见，这是一种相当克制和理性的文化观念，与孔子的文化观有相似之处，但与20世纪在中国流行的非理性的文化激进主义思潮形成了鲜明的对照。笔者认为，文化激进主义违反了中庸之道的文化观，也违反了文化发展的内在规律。

---

⑬ 《礼记疏》引《郑目录》。
⑭ 《礼记·礼运》。
⑮ 《论语·子路》。
⑯ 《论语·为政》。

中庸之道适用于经济领域，则表现为经济政策上的“富民”措施。儒家从“中庸之道”的立场出发，不赞成将社会不同阶层间贫富差距拉得过大的制度安排，也反对统治阶级过度地剥削民众，因为这些都有碍于社会的和谐与安定。孔子是明确主张“富民”的（有“庶、富、教”之言为证），因此我们不能将其所说的那句名言——“不患寡而患不均”[17]——简单地理解为财富分配上的一种平均主义，而是应该从建设和谐社会、缩小贫富差距及反对统治者赋敛无度的角度来理解其中的深意。孟子说：“民之为道也，有恒产者有恒心，无恒产者无恒心。”又说：“苟无恒心，放僻邪侈，无不为已……是故明君制民之产，必使仰足以事父母，俯足以蓄妻子，乐岁终身饱，凶年免于死亡，然后驱而之善，故民从之也轻。”[18]“恒产”就是指稳定的收入或私有财产，“恒心”是指稳定的心态。“无恒产者无恒心”是说没有稳定的私产就不会有稳定的心态，而没有稳定的心态就会无所不为，从而损害社会的和谐。古希腊时期的哲人亚里士多德曾提出一个观点：中产阶级因为有稳定的物质财富，因而有稳定的心态，所以成为社会的稳定性力量。这与儒家观念也有相近之处。可见，较小的贫富差距、可靠的物质保障、稳定的心态等是社会和谐的重要因素。

综上所述，儒家的“中庸之道”作为一种方法论，对和谐社会的建构具有指导意义。儒家的政治思想实际上是以“致中和”为治国理想、以“性善论”为治国根据、以“德主刑辅”为治国手段、以“中庸之道”为治国方法。在历史上，这一套治国方略对封建时代一些“盛世”局面的出现曾起了积极作用。而儒家对立法、司法公正的追求，也反映了他们欲以法律手段保障和谐社会的努力。在文化问题上，他们提出了一种温和而理性的文化发展观，主张对文化传统应“损益”而不是“断裂”，应该说这样一种平实的文化态度不至于使民众的文化心理受到巨大冲击和震荡，从而使民众在一种相对平稳的文化心态下来建设新文化，因此也有利于和谐社会的建构。儒家在经济政策上的中庸之道是反对统治者竭泽而渔、赋敛无度，反对贫富差距太大，主张“有恒产者有恒心”，使民众的私产得到切实保障，让民众有一个稳定的心态，从而有助于社会的和谐。笔者认为，儒家的中庸之道、“中和”理想对我们今天和谐社会的建设提供了极有价值的精神资源，我们应该积极加以借鉴。一个民族的文化传统与这个民族的历史和现实是血肉相连的，是该民族世世代代慎重选择的产物，这就决定了它自有内在的“合理性”因素长存，也决定了它对今天和谐社会的建设不可能一无所用。

---

⑰ 《论语·季氏》。

⑱ 《孟子·藤文公上》。

王 立

中国古代环境法律史论要*

简介

王立，汉族，中共党员，国家法官学院基础理论教研室主任、教授，享受国务院政府特殊津贴，最高人民法院常设讲师团教授，法学博士、博士后。兼任环境与资源保护部中华环保联合会法律专家委员会专家委员，中国人民大学法学院法律文化中心客座教授，中国法律史学会理事、中国法学会环境资源法学会理事、北京环境资源法学会常务理事。

* 原发表于《国际环境法与比较环境法评论》，第2卷，北京，法律出版社，2005。

序言：中国环境法律文化的源流与影响

（一）

其实，环境问题是人类社会面临的第一个重大社会性问题。人类在环境中生存，在环境中繁衍，在环境中成长，在环境中发展，却又在与自身生存和发展所必需的环境进行抗争的过程中无休止地伤害、毁损着环境。直到近现代，环境法才逐渐得到国际组织和各国政府的重视。作为国家法制和法律学科的研究范畴，我国专门的环境法尽管起步较晚，但发展很快，在30年时间里，不仅已经在国家法制实践中形成了比较完备的法律体系，而且也在法律科学领域里逐渐成长为一个独立学科领域，特别是在21世纪之后的中华民族复兴伟业中，环境状况和环境法制问题将是一个备受全社会共同关注的重大问题。但对于环境法这个法律学科在中国古代社会的历史脉络和环境法制在那个时代的历史状态而言，在中国法律史学科恐怕不能不说是一个众目睽睽之下的缺憾！

如果说过去的“忽视”只是一种法律文化上的缺憾，那么，今后“丢失”就可能成为我们这一代法律学人对未来的极端不负责任。为此，我谨以此文向学界献拙，却又以此文为中国古代环境法制历史呼号。

（二）

一般认为，环境法在法律体系中作为一个独立存在的法律门类，时间并不很长。① 从对现代意义上的环境法研究，或是对当代环境法的研究上看，这些看法的确是有一定道理的。但是，如果我们囿于眼前，就法论法，就会显得因过于功利而失之公允。② 环境法同其他任何法一样，其作为独立法律门类以来的历史绝不能与环境法律史等量齐观。③ 因此，我们还应当历史地、审慎地，从法文化的角度来对待和研究环境法。任何今天的法，都是昨天的规则和见解在今天的逻辑演绎与法律延续，昨天的那些见地、思想、智慧、规则和散见于其他法中并不被称作环境法的环境法律规范则是很早就存在并在其相应的历史时代发生过作用的，这种文化传承往往是一脉相继的。对此，梅因早在1851年就说过：“我们的法律

---

① 不仅法学界对此有普遍认识，环境法学圈内人士也大抵是如此认同。看法有所不同的是，有人上溯至18世纪，有人下延至20世纪，相差约200年。

② 英国功利主义法学派代表人边沁1776年在其代表作《政府片论》中认为：功利原理是分析国家的基本原理，并认为功利原理不需要由更高的原理也没有更高的原理能够推导而出（其详请阅《政府片论》，商务印书馆，1996）。本文作者认为，就当代环境法而论当代环境法，极有可能走入“新边沁主义”的泥淖。

③ 本文作者认为，遵循辩证唯物主义和历史唯物主义的观点，任何事物都有着发生、发展和消亡的运动发展过程，任何就事论事的观点都脱不了形而上学的机械论干系。

科学所以处于这样不能令人满意的状态，主要由于对这些观念除了最肤浅的研究之外，采取了一概加以拒绝的草率态度或偏见。”④ 就环境法研究的现状而言，梅因的见解是我们研究中国环境法基本方法之一，在今天看来仍然是如此的尖锐、如此的精辟和如此的深邃。

从环境法制文化不断发展演进的角度考察、分析环境法的发展史，是马克思列宁主义认识论的基本方法之一。正如列宁所指出的那样："在社会科学问题上有一种最可靠的方法，它是真正养成正确分析这个问题的本领而不致淹没在一大堆细节或大量争执意见之中所必需的，对于用科学眼光分析这个问题来说是最重要的，那就是不要忘记基本的历史联系……”⑤ 基于此，我们首先从中国的历史根由中来考察中国当代环境法植根于中国土地上并经由事实、现象、法律规范、法律制度直至法律思想和法律理论的来龙去脉。其中最为核心的问题不外乎是环境保护行为的发展史、环境法律规范的完善史和环境法律理论的进步史。

一、中国古代的环境保护行为的发展史

人们的实际行为总是在法律形式确立之前就已经存在着，并且只有在这些实际行为的事实发展到了一定程度才会有相应的法律形式对其予以规范，也只有在此之后才有了严格意义上的法律行为。研究早期的环境法，就必须从那些环境法律规范和环境法律行为的真正载体，即那些在人类历史上曾经十分鲜活的早期环境保护行为事实本身中去探寻，才能发现环境法何以在今天得以发展起来的精髓和意蕴之所在。除此之外，经历史长河的荡涤和岁月风霜的侵蚀而残存的那些支离破碎的法律形式充其量也只能反映社会行为和社会关系的某些内容，相反，它们无论如何都不能创制法律形式背后的实践内容本身。马克思认为："法律形式作为单纯的形式，是不能决定这个内容本身的。这些形式只是表示这个内容。这个内容，只要与生产方式相适应，相一致，就是正义的；只要与生产方式相矛盾，就是非正义的。”⑥ 中国浩如烟海的史籍而今已然琳琅满目，徜徉其中稽考那些早期环境保护的历史事实，又是一种雾里看花之旅，但令我欣慰的是我已在“蓦然回首”之间发现了中国早期环境保护事件的一鳞半爪。

（一）设置环境资源保护机构

中国历代统治者都很重视环境资源的管理、开发利用。据《周礼》记载，帝舜时代就设有虞官，到周朝则发展为司徒府下设虞、衡机构，负责环境资源管理。当时的办法是在物产资源丰富的地方设藩篱为界，并规定采伐时节，禁止平民的任意占有、支配、开发和利用行为。⑦ 这项制度自西周一直沿用下来。由于秦朝为时短暂，目前可稽可考素材无多，

---

④ 参见［英］梅因：《古代法》（中译本），2页，北京，商务印书馆，1959。

⑤ 参见《列宁选集》，3版，第4卷，26页，北京，人民出版社，1995。

⑥ 参见《马克思恩格斯全集》第25卷，379页。

⑦ 《周礼·地官司徒》（下）载："山虞掌山林之政令，物为之厉而为之守禁，仲冬斩阳木，仲夏斩阴木……”转引自袁清林编著：《中国环境保护史话》，166页，北京，中国环境科学出版社，1990。

但事实上"汉承秦制"之说在学术界已然是定论，故从汉代有关情况可推断秦时大抵亦如汉代，环境资源也是受国家专门机构保护管理的。史载："天下旱，蝗，帝加惠，令诸侯毋入贡，驰山泽，减诸服御狗马，损郎吏员……"⑧ 后及三国，两晋，南、北朝渐次沿袭，但三国时期仅有曹魏衣钵受传于后汉，国家机构相对完善，设有虞、衡机构，蜀、吴是否设有类似机构，尚有待考证，本文不能妄加论断。以下及至隋代，为时虽则短暂，但该朝却进行了一些重大的政治改革，并对后世影响极大。⑨ 隋朝时采用了三省六部制⑩，在其尚书省⑪设有专司环境资源管理的机构，即工部下设屯田、虞部和水部等。其中虞部的主要职责是管理山林川泽政令，设长官为郎中，副长官为员外郎。唐朝继而将隋朝的环境资源管理模式沿用过来，但对于其职责，《旧唐书》和《新唐书》的说法却存有一些分歧⑫，盖史说不一所致。由于科技的发展和生产力水平的渐次提高，宋王朝时已将金、银、铜、铁、盐、矾等重要矿产资源及其产品资源列入了国家环境资源管理的范畴，因而宋朝在其工部之下设有多个分支机构分别管理环境资源事务，如设有工部所属之屯田、虞部、水部等，均属环境资源管理机构，特别是虞部，还掌管着全国的矿业开采冶炼。⑬ 后及明、清两朝均有类似宋朝的这种机构设置。⑭

---

⑧ 参见司马迁：《史记·孝文本纪》，432页，北京，中华书局，1982。

⑨ 《隋书·百官志（下）》记载："高祖既受命，改北周之六官，其所制名，多依前代之法。置三师、三公及尚书、门下、内史、秘书、内侍等省……"参见魏征：《隋书·百官志（下）》，362页，北京，中华书局，1982。

⑩ 三省即指中书省、门下省、尚书省。《新唐书·百官志一》："唐因隋制，以三省之长，中书令、侍中（门下）、尚书令，共议国政，此宰相之职也。"按隋唐时，三省同为最高政务机构，一般为中书决策，门下审议，尚书执行，实际上为三省长官共同负责中枢政务。六部则是从隋唐开始，中央行政机构中，吏、户、礼、兵、刑、工各部的总称。其职务在秦汉时本为九卿所分掌，魏晋以后，尚书分曹治事，由曹渐变为部，至隋唐始确定以六部为尚书省的组成部分。元代六部改属中书省。明太祖时废宰相，六部直接对皇帝负责，地位更加提高。清末逐渐添设新的部，六部之名遂废。参见《辞海·历史分册》（中国古代史），147、151页，上海，上海辞书出版社，1981。

⑪ 官署名。东汉设置，称尚书台，或中台。南北朝时始称尚书省，下分各曹，为中央执行政务的总机构。唐代曾改称文昌台、都台、中台，旋复旧称。尚书省都堂居中，左右分司，都堂之东有吏部、户部、礼部三行，每行四司，以左司统之；都堂之西有兵部、刑部、工部三行，每行四司，右司统之。尚书省的长官为尚书令，其副职为左右仆射。元代尚书省时置时废，明代各部均直接对君主负责，遂不设尚书省，清制同。参见《辞海·历史分册》（中国古代史），138页，上海，上海辞书出版社，1981。

⑫ 据《旧唐书》载："郎中员外郎之职，掌京城街巷种植山泽苑囿、草木、薪、炭、供顿田猎之事。"而《新唐书》载："掌京都、衙苑囿、山泽草木及百官蕃官时蔬薪炭供顿、畋猎之事。"转引自同注⑦，163～164页。

⑬ 据《宋史》载：（虞部郎中、员外郎）"掌山泽、苑囿、场治之事，办其地产而为厉禁，凡金银铜铁铅锡盐矾，皆计其所入登耗，以诏尝罚。"转引自同注7，146页。

⑭ 据《明史·职官志》中记载："虞衡典山泽采捕、陶冶之事。凡鸟兽之肉、皮革、骨角、羽毛可以供祭祀、宾客、膳羞之需，礼器军实之用，岁下诸司采捕。水课禽十八、兽十二，陆课兽十八、禽十二，皆以其时。冬春之交，罝罛不施川泽；春夏之交，毒药不施原野。苗盛禁蹂躏，谷登禁焚燎。若害兽，听为陷井获之，赏有差。凡诸陵山麓，不得入斧斤、开窑冶、置墓坟。凡帝王、圣贤、忠义、名山、岳镇、陵墓、祠庙有功德于民者，禁樵牧。凡山场、园林之利，听民取而薄征之。凡军装、兵械，下所司造，同兵部省之，必程其坚致。"转引自同注⑦，165页。《清史稿·职官志》记载："虞衡掌山泽采捕，陶冶器用。凡军装军火，按营额例价，计会檄销，京营则给部制。颁权量程式，办东珠等差。"转引自同注⑦，166页。

（二）委任环境资源保护官吏

我国古代负责环境资源管理的官吏，从可考史料看，主要有虞官、司空、尚书三种。

1. 虞官

在中国历史上为时最悠久和任命最为普遍的环境资源保护官吏是虞官。据《史记》载，帝舜（距今4000余年）时洪水泛滥，舜任命禹父子治水，伯益⑮则被任命为虞官，主要负责协助禹治水，但同时还兼事管理草木鸟兽。⑯ 周朝时，这也有将此类官称为称“虞师”⑰、“虞侯”⑱ 和“虞人”⑲ 的。

2. 司空⑳

距今约4000年前，舜任命禹父子治水，禹当时的职务就是司空。舜因管理水土，故将此职列为早期环境方面的官职。西汉时司空本为主管建筑工程、制造车服器械等方面的官职；而东汉时司空则主管水土及营建；汉成帝曾一度改称其为“大司空”，后又复称司空；隋唐沿用。但据郭沫若之“两周金文辞大系”㉑ 认为，司空在金文中亦作“司工”；但汉代还设有“水司空”一职，却不可妄言为掌管河湖水泊之事。

3. 司水㉒、司天台㉓

顾名思义，司水者，专司水事也；司天台者，专司天文天象也。此二职分别为早期负责水流、天象的官职。

---

⑮ 据史书载，伯益是一位治水和管理鸟兽及环境的官员。司马迁在《史记》中称颂他“与禹平水土，已成，佐舜调驯鸟兽，鸟兽多驯服……”其详请参见《史记·秦本纪》；又据《郑语》载：（伯益）“能议百物佐舜者……”其详请参见《国语·郑语》；再据《汉书》载：“伯益知禽兽……”其详请参见《汉书·地理志》；再据《后汉书》载：（伯益）“综声于鸟语……”其详请参见《后汉书·蔡邕传》；再据《西汉会要》载：“昔者禹任益虞，而上下和，草木茂……”其详请参见《西汉会要》（卷十八）。转引自同注⑦，156页。

⑯ 据《尚书·尧典》载：“帝曰：畴若予上下草木鸟兽，佥曰：益哉！帝曰：俞！咨益，汝作朕虞。”又据《管子·立政》载：“修火宪，敬山泽林薮草木，天财之所出，以时禁发焉，使民足于宫室之用，薪蒸之所积，虞师之事也。”参见《二十二子》，95页，上海，上海古籍出版社，1986。

⑰ 据《左传分国集注》载：“薮之蒸薪，虞侯守之。”其详请参见《左传分国集注》（上），224页，江苏人民出版社，1962。

⑱ 据《荀子·王制》载：“修火宪，养山林薮泽草木鱼鳖百索，以时禁发，使国家足用而财物不屈，虞师之事也。”参见《二十二子》，306页，上海，上海古籍出版社1986。

⑲ 据《荀子·王制》载：“栗林虞人以吾为戮，吾所以不庭也。”参见《二十二子》，306页，上海，上海古籍出版社，1986。

⑳ 参见《辞源》，251页，商务印书馆，1988。

㉑ 参见《辞源》，251页，商务印书馆，1988。

㉒ 司水又名“川衡”，也叫“水虞”，周朝负责巡视山川的官职。其详请参见《辞源》，251、514页，商务印书馆，1988。

㉓ 司天台又称浑天监、浑仪监、太史监等，是唐代主管观察天象、考定历数的官职。其详请参见《辞源》，252页，商务印书馆，1988。

4. 山虞[24]、水虞[25]、泽虞[26]、林衡[27]、川衡[28]、山师[29]

均为早期负责管理山水的官府和官职。

5. 尚书[30]

盖因隋唐时尚书省之工部分管工程、工匠、水利、交通等事，虞部郎为尚书省工部所辖之官职，故可推断“尚书”应当间接负有管理和领导环境资源管理事务方面的职责。

（三）建立环境资源保护队伍

囿于本文篇幅所限，这里仅用周代的编制来“以点带面”说明中国古代的环境资源保护队伍状况。从下文图表所列数据看，尽管我们还没有足够的理由断言说这是一支庞大的早期专司环境资源管理的队伍，但我们决不能忽视这支早期环境资源保护队伍的存在（详见表1），只不过我们尚不能证实这支队伍在管理环境资源之外还负有哪些职能。

通过对中国早期环境资源保护机构的设置、环境资源保护官吏的委任和环境资源保护队伍的建立情况的分析，可以看出，这些行为都是当时的政府行为，而不是个人的任意行为，那么，换言之，即是说上述分析的情况在当时的历史时代具有合法性。因此，就可以进一步作出这样的推论：这些“内容”的合法性所合的究竟是什么法呢？答案应该是相当肯定的，当然是合那个时代的法——我们今天看来属于“早期法”的那个“法”。这个“法”又是怎样一个法？问题的答案就存在于传统中国法制文化所蕴存的中国古代法那里了。按照法律学术界公认的标准，传统中国法制文化铸就了中国古代法是“诸法合体”的法。用现代部门法的观点分析，这些“内容”的合法性所合的那个“法”应该准确地表述为包含以下三重色彩的“法”：它首先是从整体上属于“诸法合体”的法；其次是从表现方式上属于把环境资源管理作为行政问题被加以规范的法，但也是在那样的历史时代并不被称为“行政法”的行政法；最终是属于从其实质内容即表现在人与自然的关系内容上的人与人的关系所必须规范的法，只不过在那样的历史时代、甚至就是在二十世纪80年代前都不被称为“环境法”的环境法。可见，当代中国环境法早已深深地植根于距今4000年前的历史土壤之中了。

㉔ 据《周礼》载“山虞掌山林之政令……”其详请参见《周礼·地官司徒》（下）。转引自同注⑦，157～158页。

㉕ 参见“司水”注。

㉖ 参见“司水”注。

㉗ 据《周礼》载“林衡掌巡林麓之禁令而平其守……”其详请参见《周礼·地官司徒》（下）。转引自同注⑦，158页。

㉘ 参见“司水”注。

㉙ 周代掌管山川产物的官名。其详请参见《辞源》，499页，商务印书馆，1988。

㉚ 作书名时，指儒学经典著作，相传为孔子所著。又为官名，在周代、汉代其职位很低，但隋朝始设为三省之一，为尚书省长官，则位高权重。尚书省下设6部，其工部早期负有环境管理的职责。其详请参见《辞源》，484页，商务印书馆，1988。

表 1：周代虞衡编制表[31]

人数 机构		中士	下士	府	吏	胥	徒	合计（人）
虞	大山	4	8	2	4	8	80	106
	中山		6		2	6	60	74
	小山		2		1		20	23
虞	大泽大薮	4	8	2	4	8	80	106
	中泽中薮		6		2	6	60	74
	小泽小薮		2		1		20	23
衡	大林麓		12		4	12	120	148
	中林麓		6		2	6	60	74
	小 林 麓		2		1		20	23
衡	大川		12		4	12	120	148
	中川		6		2	6	60	74
	小川		2		1		20	23

二、中国古代的环境法律规范的完善史

现代法理学认为，法的整体是由各种具有不同功能的要素构成，法律规范就是构成法的整体的基本要素或单位。[32] 研究被称为环境法之前的“环境法”，主要是作为基本单元存在于其他各种法律形式之中的早期环境法律规范。梅因认为这种方法是研究法的起源的合理方法：“在这些纯理论中都忽视了在它们（这里指法律，作者注）出现的特定时间以前很遥远的时代中，法律在实际上究竟是怎样的。”[33] 他甚至提出，对法的研究“应该从最简单的社会形式开始，并且越接近于原始条件的一个状态越好”[34]。这些环境法的基本法律规范伴随着人们对环境保护规律认识的进程，由此及彼、由浅及深、由表及里地体现在三个层

㉛ 转引自同注⑦，159 页。

㉜ 参见孙国华、朱景文主编：《法理学》，273 页，北京，中国人民大学出版社，1999。目前学术界对“法律规范”存在着不同的看法，如张文显主编的《法理学》就对此术语提出了挑战，称之为“我国法学界通行的是‘法律规范’说”，并认为“法律规则、原则、概念三要素说有较强的说服力，且对认识法律有重要的工具价值。”其详请参见张文显主编：《法理学》，高等教育出版社、北京大学出版社，1999。

㉝ 参见［英］梅因：《古代法》（中译本），68 页，商务印书馆，1959。

㉞ 同前注。

次上。

（一）简单而基本的环境法律规范

倘若说中国是世界上最早制定环境法的国家，目前恐怕还找不出令人信服的证据；但如果说中国是世界上最早就制定了有关环境保护法律的国家之一，那就绝不是牵强附会了[35]，中国早期的一些简单而基本的环境法律规范就可以对此作出理由足够充分的释证。

1. 禹执政的时期，就颁布了有关环境保护的法规[36]

《逸周书·大聚篇》有载："禹之禁，春三月，山林不登斧，以成草木之长；夏三月，川泽不网罟，以成鱼鳖之长。"这个表述句式，现在看来仍然是一个韵味十足禁止性法律规范的逻辑表达方式。现今也有学者将上述史实称之为世界上最早的环境保护立法——而且不只一位学者有此一说。[37]

2. 从秦朝——我国第一个中央集权的封建王朝开始至最后一个封建王朝——清朝，各个朝代都有关于环境保护的立法如我国湖北省云梦县出土的睡虎地秦墓竹简中就有记载："春二月，毋敢伐材木山林及雍堤水。不夏月，毋敢夜草为灰，取生荔……"[38] 由于各朝代的环境立法事例在下文中还将作为论述"中国古代的环境法制思想"部分的材料使用，这里允不详述。

（二）由法律规范群集合而成的相关法律制度

在中国法律史上最负盛名的《唐律疏议》则在"杂律"一章中，对自然环境和生活环境的保护做出了更为详尽的规定：

1. 破坏环境责任人与管理部门主管人员失职均应受到处罚。如"诸侵巷街、阡陌者，杖七十。若种植垦食者，笞五十。各令复故。虽种植，无所妨废者不坐。其穿垣出秽污者，杖六十；出水者，勿论。主司不禁与同罪"。

2. 山、林、水、火、庄稼均在严格保护或管理、管制之列。"诸占固山野陂湖之利者，杖六十"[39]；"诸不修堤防及修而失时者，主司杖七十"[40]；"诸失火及非时烧田野者，笞五十；延烧人舍宅及财物者，杖八十；赃重者，坐赃论减三等；杀伤人者，减斗杀伤二等。其行道燃火不灭，而致延烧者，各减一等"[41]；"诸弃毁官私器物及毁伐树木、稼穑者，准盗论"[42]。

---

[35] 参见韩德培主编：《环境保护法教程》，20页，法律出版社，1998。在韩德培老先生主编的《环境保护法教程》中并未明确提出"最早"的说法，却在行文中提出了公元前21世纪的例证材料。

[36] 参见袁清林编著，《中国环境保护史话》，152～157页，北京，中国环境科学出版社，1990。

[37] 参见王灿发：《环境法学教程》，39页，北京，中国政法大学出版社，1997；汪劲：《环境法律的理念与价值追求——环境立法目的论》，33页，北京，法律出版社，2000。

[38] 参见《睡虎地秦墓竹简》，26页，北京，文物出版社，1978。

[39] 参见钱大群：《唐律译注》，327页，南京，江苏古籍出版社，1988。

[40] 参见钱大群：《唐律译注》，340页，南京，江苏古籍出版社，1988。

[41] 参见钱大群：《唐律译注》，344页，南京，江苏古籍出版社，1988。

[42] 参见钱大群：《唐律译注》，352页，南京，江苏古籍出版社，1988。

三、中国古代的环境法律理论的进步史

在人和自然的关系，特别是人对自然的认识上，恩格斯指出："我们必须在每一步都记住：我们统治自然界，决不能像征服者统治异民族那样，决不能站在自然界以外的基本一个人，——相反，我们连同肉、血和脑都属于自然界并存在于其中的；我们对自然界的全部支配力量就是我们比其他一切生物强，能够认识和正确运用自然规律。"㊸ 在环境法作为人们对基于人与自然、人与环境关系而形成的人与人之间的关系的规律认识上升为独立的法律门类之前的往昔岁月里，则是以法制文化的独特形式存在于人类各种智慧结晶中。不管这些智慧结晶的载体形式可能会因时、因地、因条件而有诸多的不同，但作为内容本身的这些环境法制文化则主要表现在对于环境法认识过程的以下三个层次上：

（一）对环境法现象的概括——专有词汇、术语的形成

据典章古籍记载，我国古人是十分重视保护环境的。早在距今4000多年的帝舜时代，就设立了管理山林水泽的机构，任命"虞官"为该机构的管理人员，以及虞、衡、工部、屯田、水部、虞师、虞侯、虞人、司空、大司空、水司空、司工、司水、司天台、山虞、水虞、泽虞、林衡、川衡、山师、尚书、虞部郎、员外郎等。前文均已论及，允不赘述。

（二）对环境法规则的提炼——行为准则、道德守则、法律规范认识

众所周知的所谓"天人合一"的说法，也可以看作是中国古人对自然与人类之间和谐关系的向往，只是这种向往受历史时代的局限总会带有神话甚至是迷信的色彩。在我国的典章古籍的记载中，关于人与自然界的和谐相处的实例，其实总有很多，随着岁月的积淀而深入人心、并逐渐成为妇孺皆知的就不乏其数，如商汤"网开三面"的故事㊹、《礼记》㊺和《左传》中记载的诸多制度已如前述，它们无不体现着中国古人在他们曾经作为自然环境的主人的那个时代对自然环境的占有、支配、管理、使用和保护。

（三）对环境法精神的抽象——关于环境法律原则、思想和理论的探索

从现象到精神的认识，从而形成抽象的理论，无非是某个时代对某种事物及其表象进行研究并从中形成的时代理性成就，就其得以存在的具体时代而言，这些成就都是十分先进的，但我们倘如用历史的观点来看待这些先进的成就时，它们又都是历史的和时代的，从而具有那个时代所特定的历史局限性和认识局限性——这正是人们认识事物活动本身所

㊸ 参见恩格斯：《自然辩证法》，305页，北京，人民出版社，1984。

㊹ 《史记·殷本纪第三》记载：商汤作为夏朝的诸侯时，见野张网四面，祝曰："自天下四方皆入吾网。"汤曰："嘻，尽之矣！"乃去其三网，祝曰："欲左，左。欲右，右。不用命，乃入吾网。"诸侯闻之，曰："汤德至矣，及禽兽。"参见司马迁：《史记》，95页，北京，中华书局，1982。

㊺ 《礼记·曲礼》中有记载："国君春田不围泽，大夫不掩群，士不取麛卵。"转引自同注⑦，111页。

具备的“特征不变量”[46]——本质规律。恩格斯指出：“每一个时代的理论思维，从而我们时代的理论思维，都是一种历史的产物，它在不同的时代具有完全不同的形式，同时具有完全不同的内容。”[47]历史上的各个不同时期，人们对环境问题和环境法现象都有自己的思维理性成就。

1. 善待河川与大山的思想。在中国早期的历史上，很早就孕育产生了善待河川、大山的思想，并且具有浓厚的自然崇拜和神秘色彩。如《诗经》载“怀柔百神，及河乔岳”[48]中所表达的厚待河山思想，实际上是把河岳神话了，与“百神”同等而厚待。在《国语》中也存有很多类似的颇具神秘色彩的自然保护思想。今天看来，除去时代所赋予的神秘色彩外，这些思想中也合理地表达了要求人们珍爱与之共存的河山及资源的思想成分。

2. 单纯的保护生物资源的思想。按照《国语》记载，周景王时的卿士单穆公认为：“若夫山林匮竭，林麓散亡、薮泽肆既，民力凋尽，田畴荒芜，资用乏匮，君子将险误用之不暇……”[49]这里，已经反映出中国古人对生物资源可能导致的隐患的辩证思想。《礼记·月令》更是中国古人对生物资源与季节关系早期认识集大成者，其中载有不少关于在不同季节对保护生物资源的不同要求，既是人民在实践中形成的环境保护经验的积累，又是关于生物资源保护的理性认识。如孟春之月是生物生育繁殖季节，“命祀山林川泽牺牲毋用牝。禁止伐木。毋覆巢，毋杀孩虫、胎、夭、飞鸟……”[50]以免影响动植物的正常繁衍，从而危及生物资源的再生过程；仲春之月则要“安萌芽，养幼少”[51]等等。春秋时期，生物资源保护思想已经得到了相当的发展，具有“目的明确、规定具体、保护范围广泛”[52]的特点。

3. 管仲的自然资源国家管制、“以时禁发”的环境法制思想。在中国先秦时期，著名的思想家管仲对环境保护问题的论述十分丰富，形成了比较系统的理论认识，对中国漫长的农业文明社会对待自然环境问题有着深远的影响。

（1）山林川泽作为人们的生活来源，是很重要的自然资源。如管子认为“山川林薮积草，夫财之所出”[53]，“山不童而用赡，泽不弊而养足”[54]，从而把保护自然资源和人们的生

---

[46] “特征不变量”系中国科学院院士、原华中理工大学校长杨淑子先生于2000年在中国科学会堂对全国科教界及大学生所做的关于人文科学与自然科学关系专题报告时所使用的一个高等数学概念，其意为特征即事物的质，“特征不变量”亦即事物的质的不变量，就是质的规定性。

[47] 参见《马克思恩格斯选集》，2版，第4卷，284页，北京，人民出版社，1995。

[48] 《诗经·周颂·时迈》。参见《诗经》，581页，北京，长城出版社，1999。

[49] 《国语·周语下》。转引自袁清林编著：《中国环境保护史话》，110页，北京，中国环境科学出版社，1990。

[50] 《礼记·月令》。转引自袁清林编著：《中国环境保护史话》，112页，北京，中国环境科学出版社，1990。

[51] 《礼记·月令》。转引自袁清林编著：《中国环境保护史话》，113页，北京，中国环境科学出版社，1990。

[52] 参见袁清林编著：《中国环境保护史话》，115页，北京，中国环境科学出版社，1989。

[53] 《管子·立政》。参见《二十二子》，95页，上海，上海古籍出版社，1986。

[54] 《管子·侈靡》。参见《二十二子》，138页，上海，上海古籍出版社，1986。

存发展联系在一起，并以此奠定其环境保护思想的基础。

（2）不重视自然资源保护的人，不可以立为王。管仲认为，“为人君不能谨守其山林菹泽草莱，不可以立为天下王”[55]，“山林菹泽草莱者，薪蒸之所出，牺牲之所起也。故使民求之，使民籍之，因此给之……”[56] 可见，在其朴素的民生观中已包含着保护自然资源与国家统治者的治国理念之间的辩证关系，他在那样的时代已经把保护自然资源视为国家大事。事实上，在早期的农业社会，国家资源和财富也主要来源于自然资源，正是这种特定的社会存在才决定了管仲的环境保护思想。

（3）国家应当制定法律，严格保护环境资源，做到“禁发有时”。基于自然资源对国家的重要意义，要“泽立三虞，山立三衡”[57]，应当“修火宪，敬（‘敬’同‘儆’，学位论文作者注）山泽林薮草木”[58]。“苟山之见荣者，谨封而为禁。有动封山者罪死而不赦。有犯令者，左足入，左足断，右足入，右足断”[59]，“山林虽近，草木虽美，宫室必有度，禁发必有时”[60]。

4. 荀况则对管仲的思想有所发展：“不夭其生，不绝其长。”荀况对环境问题的论述也是极为丰富的，并对管仲的有关环境保护思想作了进一步的阐释。荀况认为“天行有常，不为尧存，不为桀亡”[61]，“养长时，则六畜育，杀生时，则草木殖”[62]。“草木荣华滋硕之时，则斧斤不入山林，不夭其生，不绝其长也；鼋鼍鱼鳖鳅孕别之时，罔罟毒药不入泽，不夭其生，不绝其长也；春耕、夏耘、秋收、冬藏，四者不失时，故五谷不绝，而百姓有余食也；污池渊沼川泽，谨其时禁，故鱼鳖尤多，而百姓有余用也；斩伐养长不失其时，故山林不童，而百姓有余材也。”[63]

在先秦“百家争鸣”的时代，许多思想家都对环境保护问题作出过研究和探索，形成了大量见解深邃的思想，如孟轲的“苟得其养，无物不长；苟失其养，无物不消”的环境保护辩证思想等，这些事例和论述，以及受其影响而产生的相关法律制度共同构成我国特有的环境法制文化，并对后世中国环境法律制度的建立和完善，有着不可低估的影响。

5. 汉代自然资源开发与保护的辩证环境法制思想：“应时修备，富国利民。”汉代的《淮南子·主术训》一书中对前人的环境保护思想、法规、政策和经验作了系统的总结，提出关于自然资源保护的一系列具体规定，充分体现了在农业文明时代合理开发利用和保护

---

[55] 《管子·轻重甲》。参见《二十二子》，186页，上海，上海古籍出版社，1986。
[56] 《管子·立政》。参见《二十二子》，95页，上海，上海古籍出版社，1986。
[57] 《管子·小匡》。参见《二十二子》，121页，上海，上海古籍出版社，1986。
[58] 《管子·立政》。参见《二十二子》，95页，上海，上海古籍出版社，1986。
[59] 《管子·地数》。参见《二十二子》，182页，上海，上海古籍出版社，1986。
[60] 《管子·八观》。参见《二十二子》，109页，上海，上海古籍出版社，1986。
[61] 《荀子·天论》。参见《二十二子》，327页，上海，上海古籍出版社，1986。
[62] 《荀子·王制》。参见《二十二子》，306页，上海，上海古籍出版社，1986。
[63] 《荀子·王制》。参见《二十二子》，306页，上海，上海古籍出版社，1986。

自然资源，促进农业生产，稳固国家统治基础的重农主义环境保护思想。如该书认为："食者民之本也，民者国之本也，国者君之本也。是故人君者上因天时，下尽地财，中用人力，是以群生遂长，五谷蕃植。教民养育六畜，以时种树，务修田畴，滋植桑麻，肥浇高下，各因其宜。邱陵孤险不生王谷者，以树竹木，春伐枯槁，夏取果瓜，秋畜蔬食，冬伐薪蒸，以为民资。是故生无乏用，死无转尸。故先王之法，畋不掩群，不取麛夭，不涸泽而渔，不焚林而猎。豺未祭兽，罝罘不得布于野；獭未祭鱼，网罟不得入于水；鹰隼未挚，罗网不得张于奚谷谷；草木未落，斤斧不得入于林；昆虫未蛰，不得以火烧田；孕育不得杀，□孵不得探；鱼不长尺不得取；彘不期年不得食。是故草木之发若蒸气，禽兽之归若流泉，飞鸟之归若烟云，有所以致之也。故先王之政，四海之云至而修封疆，虾蟇鸣燕降而达路除道，阴降百泉则修桥梁，□张中则务种谷，大火中则种黍菽，虚中则种宿麦，昂中则收敛畜积，伐薪木。上告于天，下布于民。先王之所以应时修备，富国利民，实旷来远者，其道备矣。"[64]

6. 唐代环境保护范围的再扩展：城市绿化和道路保护。唐代环境保护思想建树无多，但在环境保护和环境法制上有了前所未有的新拓展。其虞衡对环境管理的范围比汉代以前的任何时候都要宽泛得多。除管理山林、川泽、苑囿等传统环境要素外，还新赋予了城市绿化及道路管理的任务，并且，还要管理郊祠神坛、五岳名山。

(1) 城市绿化。据陕西博物馆有关资料载，唐时都城长安[65]的宫城、皇城都种植了梧桐、柳树等，对长安城的绿化，对改善都市环境，起到了很好的作用，特别是当时的都城长安作为一座"国际化"的城市，各国使节、商旅很多，著名的"丝绸之路"更把中国同中亚、西亚乃至欧洲联系在一起，因此，唐都的环境保护举措，当在一定程度上对各国产生积极的影响。唐代的长安城的城市绿化并非市民的任意行为，而是在虞部管理之下的行为。[66] 因此，这种行为应当属于政府行为，可见当时仍有着相应的法律依据。

(2) 道路保护。唐代很重视道路保护，据《唐会要》载，代宗广德元年八月敕："如闻诸军及诸府皆于道路开凿营种，衢路隘窄，行李有妨……宜令诸道诸使及州府长吏即差官巡检，各依旧路，不得辄有耕种，并在所桥路，亦随要修葺"[67]；大历八年七月敕："诸道官路，不得令有耕种及砍伐树木，其有官处，勾当填补。"[68] 可见唐代对道路的保护重视程度之高。

7. 宋代重农主义环境保护法制思想与实践。总体上说，"有宋一代三百二十年间，传统

---

[64] 《淮南子》卷九。参见《二十二子》，1247 页，上海，上海古籍出版社，1986。

[65] 唐都长安，系今之西安。

[66] 参见袁清林编著：《中国环境保护史话》，129 页，北京，中国环境科学出版社，1989。

[67] 参见《唐会要》卷八十六。转引自袁清林编著：《中国环境保护史话》，130 页，北京，中国环境科学出版社，1989。

[68] 参见《唐会要》卷八十六。转引自袁清林编著：《中国环境保护史话》，132 页，北京，中国环境科学出版社，1989。

‘重义贱利’思想向‘利义均重、利义相辅’思想的转变，导致其时商品经济的畸形发展，传统商人社会政治地位的提高和官商两者相互关系的进一步密切。官商——‘吏商’、‘士商’——这一社会现象遂成为两宋社会政治经济结构中的一道独特的风景。它的出现与发展，又反过来促使千百年的传统思想观念进一步发生变化。这些对维持两宋庞大而虚弱的国家官僚机构和集权统治体制，适应客观经济和社会政治结构的变化，乃至对后世都产生了深远的影响”[69]。但朝廷的主导思想显得相当落后和保守，其对待农业的主导政策仍然是以“重农抑商”为主色调。由于朝廷对农事的重视，因而在有关农事的环境保护法制思想与实践方面也有一些前人所不及的建树，以致“这一时期，传统的官僚政治发展到一个新的高度，社会经济也达到小农社会自然经济的顶峰”[70]。

（1）稻花香里说丰年，听取蛙声一片。中国古人早就认识到了某些生物之间的“食物链”[71] 关系，并开始了这方面的环境保护行为和相关的环境法制实践。据林枫林考证：如青蛙对农作物的益处，早在唐代就有所认识，只是尚未引起社会广泛的认知。唐时章孝标在其《长安秋夜》中说：“田家无五行，水旱卜蛙声”[72]；该朝陈藏器亦认为“虾蟆背有黑点，身小能跳，接百虫”。及至宋朝，词人辛弃疾在其名篇《西江月·夜行黄沙[73]道中》吟道：“稻花香里说丰年，听取蛙声一片。”[74] 此一语道破“蛙声”与“丰年”之间的关系。宋叶梦得也在其《避暑录话》中云“蛙有跃而登木捕蝉者”，此说与唐代陈藏器的观点大有渊源。由于这种认识日渐传播，宋代官府开始采取措施，禁止民间食蛙。按宋神宗年间彭乘所著《黑客挥犀》载：“浙人喜食蛙，沈文通在钱唐日切禁之”；赵葵在其《行营杂录》中载：宋代不仅禁止捕蛙，还对犯禁者予以刑事处罚，以至于有“村民犯禁，为门卒所捕，械至于庭”的结果。[75]

（2）有识之士开始注意到违背自然规律“围湖造田”的严重后果。宋代，江南围湖造田曾十分盛行，不少有识之士对此大有微词，曾巩、陆游等对此均持有异议，尤其是龚明之在其所著《吴中纪事》曾指出了太湖围垦的后果：今所以有水旱的问题，其根源就在于围湖造田，围了湖，湖泊便失去了蓄水能力，水涨时无处蓄水，遇天旱时湖自水枯，不能

---

[69] 赵晓耕：《宋代官商及其法律调整》，73页，北京，中国人民大学出版社，2001。

[70] 赵晓耕：《宋代官商及其法律调整》，Ⅳ页，北京，中国人民大学出版社，2001。

[71] 乙种生物吃甲种生物，丙种生物吃乙种生物，丁种生物又吃丙种生物……这种一连串的食与被食的关系，叫做食物链。草食动物吃绿色植物，肉食动物吃草食动物，是最基本的食物链，也叫营养链。参见中国社会科学院语言研究所词典编辑室编：《现代汉语词典》，1148页，北京，商务印书馆，1998。

[72] 全诗为：“田家无五行，水旱卜蛙声。牛犊乘春放，儿童候暖耕。池塘烟未起，桑柘雨初晴。步晚香醪熟，村村自送迎。”参见（清）彭定求等编：《全唐诗》，3142页，延边，延边人民出版社，1999。

[73] 此题本身就是一个环境问题。

[74] 全文为：“明月别枝惊鹊，清风半夜鸣蝉。稻花香里说丰年，听取蛙声一片。七八个星天外，两三点雨山前。旧时茅店社林边。路转溪桥忽见。”参见王诤等编：《全编宋词》，1166页，延边，延边人民出版社，1999。

[75] 参见林枫林：从古人禁捕青蛙谈起，载《环境》，21页，1984年第4期。转引自袁清林编著：《中国环境保护史话》，132～133页，北京，中国环境科学出版社，1989。

浇地，因而其祸无穷。[76] 这样的认识，对于统治者来说，本应吸收到相应的法规中去，但可惜的是并没有在立法层次上受到应有的重视。

8. 明清开明“仁政”[77] 的环境价值取向：民本主义、人道主义措施与环境恶化矛盾渐次加剧。

中国古代历史都对山林、湖泊、河流实施国家管理，明清两朝仍是如此。但在灾荒面前，统治者为了让流离失所的百姓能够生存下去和社会的进一步稳定，不得不在一定程度上实行开明的“仁政”，在一定范围内开放山林、湖泊、河流，以解决百姓的生活问题。于是，明代实施了山泽弛禁，清代则开放一定的地区给百姓垦殖，结果是在一定程度上解决了眼前的问题，但从长远上看又给环境保护造成了无穷的灾难。

（1）明代的弛禁。明代原本规定山林湖泊由国家管制，而且，“凡帝王、圣贤、忠义、名山、岳镇、陵墓、祠庙有功德于民者，禁樵牧”。即处于国家的严格管理之下，严禁任何人开发利用。但在明仁宗时，由于人口增长和不时的战争等原因，造成“工役繁兴，征取稍急”的困难局面，加之当时京城人口过多，薪柴都成问题。为解决这些问题，仁宗以仁为本，决定弛禁一些地方。他曾说“古山林川泽皆与民共，虽虞衡之禁，取之有时，用之有节，其实亦为民守，非公家专有之。京师军民数百万家，薪非山出何所取给？……苟可惠民，皆当施之”，将京城附近大部分地方弛禁。[78] 明宣宗时，灾患频发，再次开禁，甚至连皇庄、湖泊皆弛禁，听民采取。[79] 特别是弛湖禁之后，一时解决了一些问题，但却使不少湖泊被盗为田，破坏了生态平衡，以致“每遇泛滥，害即及民”[80]。

（2）清代的垦殖。继明代弛禁之后，清代又弛东北、西北及江南许多草原或山地，垦为耕地，结果造成了草原退化、沙漠扩展、森林破坏、水土流失。[81]

不管是出于民本主义的考虑，还是人道主义的救济之举，明清的弛禁和垦殖，确实解决了一时之需，对让灾民和流离失所者得以生活下来是有益的，但最终是牺牲了长远的环境利益。这个问题不仅是当时统治者面临的棘手难题，也是当前和今后处理眼前和发展关系问题时还会面临的问题，它必将随时间的推移而继续以各种各样形式表现出来，给世人造成这样或那样的悖论，有待环境法学界予以深思。

结语：中国传统环境法制文化对当代中国环境法的影响

中国传统环境法制文化内容丰富，蕴意深刻，博大精深，对当代中国环境法制影响颇

---

[76] 参见袁清林编著：《中国环境保护史话》，134 页，北京，中国环境科学出版社，1989。

[77] 《明史·职官志》。参见袁清林编著：《中国环境保护史话》，135 页，北京，中国环境科学出版社，1989。

[78] 参见（明）余继登：《典故纪闻》，卷八，140 页。转引自袁清林编著：《中国环境保护史话》，135 页，北京，中国环境科学出版社，1989。

[79] 参见《明史·食货志》。转引自前注⑦，135～136 页。

[80] 参见《明史·食货志》。转引自前注⑦，136 页。

[81] 参见袁清林编：《中国环境保护史话》，136 页，北京，中国环境科学出版社，1989。

多，主要集中表现于以下几个方面：一是环境保护法律行为源远流长，注定了保护方式的多样性和运用手段的多样性；二是法律规定和制度“诸法合体”色彩浓厚，已显现出集法律部门门类的多样性和综合性的态势；三是资源保护法律制度相对完善，显示出人类中心主义色彩和生存发展观的逐渐抬头；四是环境法制思想有一定的深度和系统性，初步体现出环境法的阶级性和社会公益性的趋同特性；五是环境权法律制度主导环境保护法制发展的方向，体现出保护权益的共同性；六是环境法律保护的不断扩大，显示出调整范围的广泛性和开放性趋势。

李力

清代民法语境中关于“业”的表达及其意义*

简介

李力，1955年生，山东肥城人，法学博士，南京师范大学法学院教授、博士生导师。研究领域涉及法理学、法律史学及部门法理论，著有《宏观调控法律制度研究》（1998，国家社会科学基金研究项目成果）等著作，在《法学研究》、《历史研究》、《法学家》、《法商研究》等刊物上发表论文四十余篇，多项成果获省部级优秀科研成果奖。2000考入中国人民大学法学院，师从著名法学家曾宪义教授攻读法律史专业博士学位，所撰博士学位论文《清代民间契约中的法律——中国古代民法的理论构建》于2005年获全国百篇优秀博士论文奖。

* 原发表于《历史研究》，2005（4）。收录时有删节。

"业"是清代民间契约中经常使用的一个基本概念。但是对于这一概念，我国法学界并未进行深入的研究和探讨。① 造成这种状况的原因是学术界满足于用现有的民法概念体系去分析中国古代民事法律制度，因而无须从中国古代的现实生活中去把握自己的研究对象。正是基于这种方法论的立场，台湾有学者认为在中国古代法中，"称动产为物，财或财物，称不动产为产、业或产业。物之所有权人为物主或业主"②，大陆学者也赞同对动产和不动产的这种划分，并认为古代称"动产所有人为'物主'或'财主'；不动产所有权人为'业主'、'田主'、'地主'、'房主'"③。但是事实上，中国古代无论是在法律制度中还是在社会观念中，均不存在动产与不动产的区分，对于"业"这一概念的使用也未必严格限于不动产，"业主"则更非专指物之所有权人或不动产所有权人。厘清"业"这一概念在清代民法中的确切含义，将有助于我国对中国古代民法整体框架的理解。因此，笔者试图以清代民间契约为基础，结合清代制定法的规定，对"业"这一概念作进一步的探讨。

一、"业"在民间契约中的几种表达及其含义

在很多情况下，清代民间契约中的"业"是与土地和房屋权利相联系的，这也许是我国学术界认为"业"是指不动产的原因。因此我们也首先从土地契约出发，考察"业"的含义。

清代的土地制度较为复杂。从土地权利的归属看，大体上可以分为官田和私田两种类型。清王朝初期通过圈地，以后又通过开垦荒地、查抄地等方式占有了大量土地，这些土地称为"官庄"或"官田"，其地权归国家所有；私田的地权则分属于官宦贵族、地主、宗族以及农民所有。④ 从土地权利的内容看，大体上可以分为"田骨"和"田皮"两种类型，"同一块土地的上层称为田皮、田面，由佃户享有它的使用收益权，是为皮主"；"下层称为田根、田骨，由原田主所有，是为骨主、田主"⑤。其实质是在同一块土地上田皮权田骨权两种权利并存的现象，大体上可以看作是对土地的所有权和用益物权相分离的状态。⑥ 清代

---

① 日本学者对有关"业"的概念的讨论，请参见［日］寺田浩明：《权利与冤抑》，载［日］滋贺秀三等：《明清时期的民事审判与民间契约》，197页以下，法律出版社，1998。

② 潘维和：《中国民事法史》，354页，汉林出版社（台），1982。

③ 张晋藩：《清代民法综论》，82页，中国政法大学出版社，1998。

④ 详情请参见孔庆明、胡留元、孙季平编著：《中国民法史》，590～593页，吉林人民出版社，1996。

⑤ 张晋藩：《清代民法综论》，116页，中国政法大学出版社，1998。

⑥ 但也有学者认为清代的永佃权作为用益物权是对所有权的分享状态。参见李志敏：《中国古代民法》，84页，法律出版社，1988。

官方制定法并不承认永佃权的合法存在，因而田皮的买卖是被禁止的；同时，官田也不允许买卖。[7] 此外，在土地买卖中还存在“绝卖”和“活卖”两种情况，两者的区别在于活卖土地允许卖主向买主“找赎”，即卖主在土地交易完成后一定时期内还可以要求买主再付一部分地价，并放弃对土地的全部权利；而绝卖则不允许找赎。通常习惯上找赎以一次为限，经找赎后活卖即变为绝卖。但是事实上找赎次数并非严格限于一次，在清代的民间契约中可以看到多次找赎的实例。清代官方制定法规定绝卖须使用官方印制的契约，即所谓“红契”，并向政府交纳契税；而活卖则无须交纳契税，也不是必须使用红契。此外，绝卖土地在交易完成后通常要将税赋“起割”、“推入”过户，而活卖却无须改变税赋责任归属。制定法和习惯法的这些规范可以帮助我们解读清代民间契约中“业”的含义和性质。

从最接近现代法律制度的角度看，“业”的概念含有不动产所有权的意义。清乾隆十五年，即1750年，闽南人张万卿所立断卖契是一个典型的例子。

> 立断卖契人张万卿，有承祖应分民田租并佃壹段贰大丘，载租玖石大，每石重壹百陆拾斛，共配产米伍亩玖分，坐在南门天妃宫边本衙门口……今因欠银，奉母命托中送卖与尤姓府上为大宗祠内十二房祀业，价银捌拾两九城驼，折纹银库驼陆拾玖两贰钱足。银即收讫，田并佃听银主前去召佃耕种，管掌为业，日后永无言及贴赎等情……其产米伍亩玖分，就发图壹甲捌户张升云名内推出，付尤收入场图叁甲贰拾伍户尤世昌户内纳粮，永为己业。今欲有凭，立断卖契为照。[8]
> (例1)

在这一契约下，张万卿将其继承自祖上的土地一段卖给尤氏府上。按照清时的习惯，这一契约出卖的标的是完整的土地权利，包括田骨也包括田皮，即“租并佃”；契中称“日后永无言及贴赎等情”，表明该契约行为的性质当属绝卖，即断卖。契约言明，钱已收讫，该地听由买主“管掌为业”。这里的“业”显然是指该土地的全部权利，我国学者通常称其为“土地所有权”。然而，在清人的心目中并不存在“土地所有权”的观念，甚至连对田骨的权利也并不被看作是一种对土地的所有权。关于这一点，请看清顺治八年，即1651年，安徽省休宁县许阿吴所立卖契的例子：

> 廿四都一图立卖契妇许阿吴，今自情愿将承祖阄分田乙号，土名廿亩……今将前项四至内田租，尽行立契出卖与许 名下为业……其田今从出卖之后，一听买人自行管业收留受税为定……其税奉例即行起推无异。[9]（例2）

从契约内容看，首先，契约的标的是许阿吴从祖上遗产中分得的，且有中人作保，因而其权利当是没有问题的；其次，契约提到了“其税奉例即行起推无异”，指的是土地纳税的义务因该交易而从卖方按照惯例转到买方，一般而言，根据清代的制定法和习惯，应认

---

⑦ 张晋藩:《清代民法综论》，85页，中国政法大学出版社，1998。

⑧ 见《闽南契约文书综录》，载《中国社会经济史研究》，1990年增刊，9页。

⑨ 张传玺主编:《中国历代契约会编考释》，1139页，北京大学出版社，1995。

定为是将土地所有权绝卖的行为。依此判断，立契人许阿吴卖到许某名下为业的当是土地所有权。然而当事人却称“今将前项四至内田租，尽行立契出卖与许×名下为业”，也就是说，在当事人看来，其转让给许氏为业的对象并不是土地或土地所有权，而是该土地的田租，或者严格地说，“业”只是指称收取该土地的田租的权利。嘉庆十五年，即1810年的一个卖契则将这种观念表达得更加清楚：

立断卖送城租米契约字人李崇忠，今因需钱应用，情将父手遗下租米壹石五斗，兄弟相共，其田坐落洪家窠亭前，内抽出崇忠已分送城租米柒斗五升正，册载民粮柒升五合，欲行断卖，请问房亲人等，俱各无力承交，次托中人引进到黄凌各下近前断买，当日经中三面议定时值价铜钱壹拾陆千文正，立契之日，一并交足，分文无欠，自卖定之后，任凭照契管业……⑩（例3）

这是一份“断卖”契，也就是绝卖契。卖主李崇忠与其兄弟共同继承了其父遗下的一块土地，每年收租一石五斗，兄弟二人各得一半，现李崇忠将其应得的一半绝卖。既是绝卖，所出卖的应当是土地所有权，但是李崇忠和买主却明确地认为他们所交易的“业”是“送城租米”，甚至连土地的四至都无须言明，也无须将土地在其兄弟二人之间分割。可见，在清人的观念中，土地权利的核心并不是对土地作为物或不动产的占有与处分的权利，而是收益的权利。⑪ 理解这一点，对于了解和把握“业”的概念有着极为重要的意义。

事实上，“业”的概念在清代并不必然与土地所有权相关联，它还可能是指与土地权利有关的所谓“田皮”权。孔庆明等人所著《中国民法史》中录有王士祯租田契一例：

立永远租契人正白旗汉军双成佐领下闲散王士祯同子国龄，因正用，今有祖遗老圈子地壹段叁亩，坐落……四至明白，弓尺开后。同中情愿租与王占元名下永远为业，凡盖坊（房）使土、安茔栽树，由置（永佃人）主自便，不与去主（田主）想干。主明押东千（钱）叁佰肆拾伍吊正，其千（钱）笔下交足不欠……按每年拾月拾五日交乞（讫），永不许增租押借夺佃……一地二养，子孙世守，日后地随遗主，佃户依旧，恐口无凭，立永远租契为证。⑫（例4）

这是一份土地出租契约，立契人作为田主，将土地永久出租给王占元，从而形成永佃权。然而契约中亦称这种永佃权为“业”，可见，在清人的观念中，“业”并非仅与不动产

---

⑩ “送城租米”是指由于田主住在城里，佃户的交租义务不仅包括租米的数量，而且包括将租米送至城里田主手中的劳务。参见杨国桢：《明清土地契约文书研究》，287页，人民出版社，1988。

⑪ 章有义在对清代徽州地主租薄进行分析时也指出：“按照当地通行的习惯，田产的计量大都不按面积，但计租额，以租额多少表示田地多寡。”参见章有义：《明清徽州土地关系研究》，276页，中国社会科学出版社，1984。

⑫ 日本中国农村惯行调查刊行会编：《中国农村惯行调查》。转引自孔庆明、胡留元、孙季平编著：《中国民法史》，594页，吉林人民出版社，1996。

所有权相关联。事实上，从这一契约对“业”的概念的使用中我们仍然可以看到收益权的作用：永佃权作为一种权利，包含着通过占有和使用土地而获得收益的权利指向，却并不涉及对土地本身进行处分的意义。

清顺治八年（1651 年）休宁县许元秀的一个卖契中对“业”的概念的使用，更进一步证实了上述判断。该契约称：

> 廿四都乙图立卖契人许元秀，今自情愿央中将承父阄分得辛卯年做过真君会半股并在会家火（伙）、田园、银两帐目一切等项，尽行立契出卖与族伯名下为业，当日三面议定，作时值价银壹两叁钱整。其银随手收足，其会听从买主管业坐会收租。如有风外人拦占及重复一切不明等事，尽是卖人之（支）当，不涉买人之事。恐后无凭，立此存炤（照）。⑬（例 5）

这一契约的标的是在真君会的“股”。清代遗留下来很多有关会股交易的契约。这里所说的会，当是民间一种祭祖或祭神的组织。⑭ 会员凭借其在某一个会中所拥有的“股”或“脚”不但每年可以获得固定的收益，而且在会产收益有剩余时其收益还可以相应地有所增加。因此，“股”是以财产权换来的收益权，从这个意义上说，“股”的概念有些类似于现在的“股权”概念。立契人许元秀在真君会中占有半股的份额，在其为将这种“股”卖其族伯而立的契约中，立契人称将“股”出卖与族伯名下为“业”，并且在出卖后“听从买主管业坐会收租”。显然，在立契人和买主看来，在真君会的“股”与地权、田骨和田皮之间存在着一种可以称之为“业”的共同的、一般性的东西，这种一般性当是“业”这一概念的本质。比较一下前面提到的几个相关契约，我们不难看到，在清人的眼中，田骨是收取田租的权利；田皮是对土地加以占有和使用以获得收益的权利；而“股”则是凭借其在会的财产中所占有的份额获得收益的权利，收益权是股、地权、田骨、田皮等一系列契约标的物的共性所在，被清人表达为“业”的正是作为这种共性的收益权。下面两个契约分别是出典房屋和出卖永佃权的例子，在这两个契约中，立契人都表达了将一种收益权视为“业”的观念。

清咸丰十一年，即 1861 年，闽南林子溥将其购置的房屋一处典卖给黄姓买主，为此林子溥立契如下：

> 立典卖契人南门外新巷林子溥，有明买行屋壹座肆落……兹因欠银别用，托中引就与黄衙上，典卖出佛番银壹百大员，每员库平银陆钱捌分正。银即日同中收讫，其行屋听（黄）衙上重新起盖，管掌招租为业，不敢生端异言。⑮（例 6）

---

⑬ 张传玺主编：《中国历代契约会编考释》，1137～1138 页，北京大学出版社，1995。

⑭ 从现有的民间契约看，这种会的组织和运作形式大体上是：村民以一定的土地及农具入会构成会产，根据其入会土地及农具的价值确定其在会中所占份额，这种份额被称为“股”或“脚”；每年在固定的时间以会产的收益置办祭神仪式，然后将祭神用品按股平分给会员，如果会产的收益在置办祭神仪式后还有剩余的话，也按股分配。每年的活动由会员轮值，或者是按股轮值。

⑮ 《闽南契约文书综录》，载《中国社会经济史研究》，1990 年增刊，7 页。

林氏将房屋出典给黄姓，约定典期十年，林氏在典期届满后以典银及盖银（即新盖房屋所花费的款项）赎回房屋⑯，据此，黄氏便获得了典权。在清代，典权虽然可以转让，但是显然不同于现代民法中的所有权概念，因为典权人即不能处分典物，甚至也不能随意改变典物的状态。⑰ 然而，林子溥在契约中却将此种典权也称之为“业”，更进一步表明清人之“业”的概念并不专指所有权，而无论这种所有权是指物之所有权还是指不动产所有权。

同样，在使用“当”的概念的契约⑱中，因受当而获得的权利也被称之为“业”。请看清乾隆三年，即1738年，休宁县金能五、金学先在一份绝卖园地契：

立卖契金能五、金学先祖遗园地一片，计四号……四号地共计九十贰步二分阶段九厘，共计税四分六厘三毫四系五忽。先年父叔手将地立契出当与王□名下为业，今因急用，自情愿将父名下该业一半，共计地四十六步三分四厘五毫，该说贰分三厘乙毫七系贰忽五，一并绝卖与王□名下为业。⑲（例7）

这一契约所记载的是金能五与金学先二人的父辈将契中的土地当给了王氏，而现在金能五和金学先又将该出当的土地中的一半绝卖给王氏的事实。契约在三个不同的地方使用了“业”的概念：金能五和金学先的父辈将土地当给王氏后，对王氏所获得的权利称之为“业”，其表达为“当与王□名下为业”；对金能五和金学先的父辈将土地出当后剩下的权利也称之为“业”，在该契约中要绝卖的正是这一“业”，其表达为“父名下该业”；而绝卖后王氏所获得的权利也被称之为“业”，其表达为“一并绝卖与王□名下为业”。

另一个实例是清嘉庆十一年，即1806年安徽省休宁县吴惟大的卖佃契：

“立杜卖佃契人贰十六都四图吴惟大，今因急用，自愿央中将承祖遗下佃业乙号……凭中出卖与贰十七都贰图朱□名下为业……其佃即交买人管业收租办赋……”⑳（例8）

该契所出卖的标的也是永佃权，与前述例4所不同的是，例4中的卖主拥有对土地的完整的权利，田骨与田皮并未分离，卖主以该契将土地租种权出卖与他人，并且言明“永不许增租押借夺佃”，“一地二养，子孙世守”，从而形成永佃权；而在本例中，卖主对土地并不享有完整的权利，其从祖上继承下来的仅仅是“佃业”，可见田骨与田皮已经分离，现在卖主将其所享有的“佃业”卖至朱姓“名下为业”，出卖后“其佃即交买人管业”。这一契约表明，清人不但称佃权为“佃业”，而且这种“佃业”一旦形成，还可以转让，是一种

---

⑯ 黄氏在该契尾部注有“同治五年四月黄书记税契司单布字柒百拾柒号”，表明原房主并未将该契所典之房屋赎回，从而成为绝卖。

⑰ 该契中双方约定典主可以重新起盖房屋，并约定了起盖用银的数量，以确定回赎时赎银数额，当为对一种例外情况的特别约定。

⑱ 有学者认为中国古代“或有称典为当亦有典当并用”者，“例如后汉书刘虞传，有‘虞所賚赏典当胡夷’之说”。参见潘维和：《中国民事法史》，396～397页，汉林出版社（台），1982。

⑲ 张传玺主编：《中国历代契约会编考释》，1233～1234页，北京大学出版社，1995。

⑳ 张传玺主编：《中国历代契约会编考释》，1314页，北京大学出版社，1995。

独立的权利。

清代四川自流井（后同贡井合称自贡）盛产井盐，其生产方式已经与农业生产有了很大的差别。在盐业生产过程中遗留下了大量的民间契约。[21] 与农业地区相比，盐业生产地区有着自己独特的习惯用语，而并不多见使用“业”的概念。但是在有关盐业生产的契约中，也可以看到“业”的概念的三种使用方式，分别如下：

> 立杜卖地脉井日份文约人王绍宽、王绍酞、王绍 三房人等，原祖遗留新垱周家冲泩洪井每年每月水火地脉日份叁拾天，万顺号锉办见功……情因负债难偿，禀明祖母，请凭中证，将存留地脉水火日份壹天零叁时，扫卖与堂叔王培信名下，子孙永远管业。[22]（例 9，同治七年契）
>
> 立承佃字约人郑凤山，今凭中证佃到王书元子孙五房名下先祖所留熟土一股，地名王家坡，此业分派王绪礼名下。比日王房老少人等当面言明，甘愿出佃与郑凤山平地开锉盐井一眼，更名济龙井……其有天地二车、一井三基……任随客人郑姓修立，挖石取土一概王姓业内，其有抬锅运炭……概无阻当，地主五房承担，不与客人相染。[23]（例 10，同治年契）
>
> 立出绝顶子孙业井份并廊厂牛只家具约人曾义顺，情因先年出名，佃得坵垱狮子山郑铨康、郑绍雍业内复淘子孙业盐井壹眼，更名源涌井。……迄今义顺无力煎办，愿将顶下每月做得昼夜水火油井份肆天，每月应占昼夜水火油乾日份贰天，并照日份应占天地二车、筒索、廊厂、牛只、家具、铁器、货物等件股份，毫无提留，概行绝顶与桂磬乾名下承顶锉办推煎……[24]（例 11，同治六年契）

在例 9 中，立契人将其在盐井合伙中的份额称之为“业”，并且将其出卖与王培信。对业的这种表达与例 5 有相似之处；例 10 是承首[25]向井基地所有人“佃”[26] 井基地的契约，该契约称其项下的土地为王姓家族分派到王绪礼名下的“业”，这与单纯的土地交易中称地权为业也是一致的；例 11 中则将盐井合伙本身作为一个整体称之为“业”。清代四川地区的盐井合伙分为年限井和子孙井两种类型，年限井作为一种业是有期限的，而子孙井则是“永远管业”的，但无论是否有年限，均被称之为业。

至此我们大致可以对清代民间契约中“业”的概念下一个初步的定义：“业”是指能够给权利人带来收益的权利，这种权利与物有关，但并不必然表现为对物的权利。

㉑ 据有学者称，仅自贡市档案馆就存有约三千件，参见吴天颖、冉光荣：《四川盐业契约文书初步研究》，载自贡市档案馆等合编：《自贡盐业契约档案选辑》，21 页，中国社会科学出版社，1985。

㉒ 载自贡市档案馆等合编：《自贡盐业契约档案选辑》，484～485 页，中国社会科学出版社，1985。

㉓ 载自贡市档案馆等合编：《自贡盐业契约档案选辑》，339 页，中国社会科学出版社，1985。

㉔ 载自贡市档案馆等合编：《自贡盐业契约档案选辑》，484 页，中国社会科学出版社，1985。

㉕ 承首是指清代四川盐业生产中负责组织合伙组织，并管理生产经营活动的人。

㉖ 清代的民间契约中都将此种关系称之为“佃”，但从其实际内容看，当是井基地所有人以井基地入伙的关系。

在清人的观念中，权利人对物的关系被包含在“管业”概念中，即通过对物的管理来获得收益。日本学者寺田浩明也注意到了“业”这一概念在明清时期中国习惯法中的独特含义，他认为在当时土地法秩序中成为交易对象的并不是具有物理性质的土地本身，而是作为经营和收益对象的抽象的土地，即“业”，而土地交易仅仅是一种经营收益正当性的移转过程。[27]

二、“业”在清代官方语言中的表达及其含义

以上我们已经考察了清代契约中有关“业”的几种表达及其含义，由于这一概念被清代民间契约广泛地在同一意义上使用，因而可以认为笔者所指出的关于“业”这一概念的含义在清代是一种普遍的、被习惯法所认同的观念。那么，在官方的语言中对“业”又是如何表达的呢？对此问题我们先看几个实例。

清代官方语言中对“业”有最常见的用法是指地权，例如，在清代开垦荒地的过程中存在着一些村民借助于当地乡绅，以绅衿的名义申报开垦，获准后由村民开垦的现象。[28] 对于此种情况《户部则例》中规定：“（甘肃）有业民田，如初系佃户开垦，籍绅衿出保报垦，立有不许夺佃团约者，准原佃子孙永远承耕，业主不得无故换佃。”[29] 这一例则所称“有业民田”，是指已有业主的土地，例则中将业主的权利称为“业”，而将权利主体称为“业主”。除了在这个意义上使用业的概念外，在清代的制定法中，我们也可以看到在非土地权利意义上使用“业”的概念的实例。《大清律例》卷九，《户律・田宅・典买田宅・条例》中规定：“嗣后民间置买产业，如系典契，务于契内注明‘回赎’字样，如系卖契，亦于契内注明‘绝卖’、‘永不回赎’字样。”这一成文律例的用词非常清楚，即无论是通过典的方式，还是通过买的方式，其所获得的权利都被称之为“业”，也就是说，无论是典权还是所有权，都是“业”。可见，清代官方语言中对于地权和典权都称之为业。

上述两处对于业的用法当是没有什么争议的，然而对清代官方语言中另外一些关于业的用法却有不同认识需要拓清。顺治六年（1649 年）清政府颁布的鼓励流民垦荒令中称：“察本地无主荒田，州县官给以印信执照，开垦耕种，永准为业。”[30] 这里使用了“业”的概念，但其含义究竟是指地权还是指佃权却并不清楚。有学者认为这道垦荒令中的所谓“永准为业”是确认垦荒人对其所开垦的荒田的所有权[31]，但是该学者在同一部著作中讨论清代“一田二主”现象时又说：清朝统治者为了将广大流民重新固定在土地上，“实行以‘永佃’

---

[27] 参见［日］寺田浩明：《权利与冤抑》，载［日］滋贺秀三等：《明清时期的民事审判与民间契约》，197～201 页，法律出版社，1998。

[28] 其原因可能是由于以绅衿的名义申报地权比较容易获得官方的认可。

[29] 《户部则例》卷七，《田赋二》。

[30] 《清世祖实录》卷四三，17 页。

[31] 张晋藩：《清代民法综论》，90 页，中国政法大学出版社，1998。

或‘永久为业’的奖励垦荒政策”，而被官府所确认的永佃，为一田二主的出现提供了客观基础[32]，从而又将因垦荒而获得的权利与永佃权相关联，如果这样理解，上述鼓励流民垦荒令中所称的业又当是指永佃权；另有学者也认为，“清代通过开垦私有荒地或国有荒地，也可以获得田面的永佃权”[33]。可见，对清代因垦荒而获得的业权的性质究竟是指地权还是指佃权并未厘清。

笔者认为，上述垦荒令中所称之“业”当属永佃权而不是所有权。《清世祖实录》中有记载称“无主之地，即给垦户为业，其有主而自认无力开垦者，定价招垦，给照为业”[34]，在这里，对于无主之地的开垦和有主之地的开垦都使用了“业”的概念，而后者是指对于有主的荒地，在田主无力开垦的情况下，可以“定价招垦”。这是所说的“定价招垦”当是招佃，所谓“定价”，当是指定租或押租，而不是确定地价强制转让，因此，在后一种情况下，招垦的后果是开垦者获得佃权，然而在官方的语言也称之为“业”，并且也要求向开垦者发“照”。更进一步看，即使是对于前一种情况中的无主荒地，开垦者所获得的也未必一定是土地所有权，这一点可以从清光绪二十六年，即1900年，两江总督刘坤一的一个获准为例的奏请中得到佐证。刘坤一的奏请主张将苏州府新阳县无主荒田，或有主而不开垦的荒地一律作为官田，招集良善客民认领垦种，“取具保结，备价款县核明，填给印照，准其作为己业”[35]，有学者认为在这种情况下所开垦的荒地还“并听其转售过户”[36]。请注意该奏请是将无主荒田和有主而不开垦的荒地一律作为官田看待的，而在清代，无主荒地按例归国家所有，开垦的荒地作为官田，或者分配给王公贵族和旗人耕种或出租，或者交给各级官府租佃给农民耕种[37]，但官田只许租佃、典当，不许出卖。[38] 以此种制度背景看，两江总督刘坤一所称将无主荒田作为官田，便是不可以买卖的，他所说的认领垦种便只能是将土地租佃给农民开垦，而“取具保结，备价款县核明，填给印照，准其作为己业”，则表明农民因开垦荒地而形成的租佃权是永久性的。清咸丰七年，即1857年，清政府为北京程永福租种官地所颁发的执照便是清政府将官田租给农民耕种的一个实例：

部照[39]

礼部　为换给执照事：前据催头王进禄招得佃户程永福领种

本部北厂官地一块，共地柒亩，每年应征额租银叁钱捌分捌厘捌毫，仍照道光初年每银壹两折收制钱玖百文旧章，共折收制钱叁百伍拾文。为此，开明段落、

---

[32] 张晋藩：《清代民法综论》，116页，中国政法大学出版社，1998。

[33] 孔庆明、胡留元、孙季平编著：《中国民法史》，595页，吉林人民出版社，1996。

[34] 《清世祖实录》卷一四六，27页。

[35] 《清朝续文献通考》卷八，田赋八。

[36] 张晋藩：《清代民法综论》，104页，中国政法大学出版社，1998。

[37] 清代有将官田由州县负责招佃收租的制度，参见孔庆明、胡留元、孙季平编著：《中国民法史》，590～591页，吉林人民出版社，1996。

[38] 张晋藩：《清代民法综论》，85页，中国政法大学出版社，1998。

[39] 张传玺主编：《中国历代契约会编考释》，1402～1403页，北京大学出版社，1995。

四至，给与印照，于每年征租时，按额定银数合钱交纳。如有情愿按亩交银者，亦听其便，毋许拖欠。如无本部印照者，即为私种。给照之后，若有盗卖及私行典押者，一经本部查出，典者、受者一并从严究办不贷。须至执照者。

计开

（四至，略）

右给北厂地户程永福　　准此

这一部照实例印证了清代将官田定租后租给农民耕种并发给专门执照的制度，无此执照在官田上耕种即为私种，而即使有执照也不可以转卖或抵押。如果这种认识是正确的，那么清顺治六年颁布的鼓励流民垦荒令中所称的“开垦耕种，永准为业”也应当具有同样的含义。可见，在这里，“业”的概念也是指永佃权，即使是对于开垦无主荒地，经官府给照为业后所获得的也是永佃权。

总之，在清代的官方语言中，“业”可以看作是永佃权、地权、典权等项权利的总称，在不同的场合下用以指称不同的权利，因而与民间契约中所表现出来的观念一样，清代的官方语言中的“业”也具有较大的包容性，即可以用来表达地权，也可以用来表达永权佃等其他权利。

三、“业”在清代民事习惯法中的意义

笔者已经指出，在清代民间契约中，“业”这一概念具有较为广泛的包容性，所表达的基本内容是以收益权为核心的一种权利，在清代官方语言中也有类似的表达，可见其作为一个基本权利概念在清代社会中已经获得广泛的认同。然而需要进一步讨论的问题首先是：“业”这一概念在清代民事习惯法中处于何种地位，发挥着何种作用呢？

日本学者寺田浩明提出了“管业来历”的见解，用以解释“业”这一概念在清代民事习惯法中所发挥的作用。在他看来，清代的土地所有制度不能以所有权或用益物权这一近代的框架来加以类比。实际上，清代的土地被分成小块通过契约租佃给农户耕种，从而形成以经营（耕种）收益权为内容的“业主权”，“农地所有就是以小片地块上的经济收益为中心的所有，整个土地法秩序或者也可以单纯地称之为私人的土地所有权秩序”。从这个意义上说，寺田先生已经把“业”看作是清代社会中所特有的所有权形式，所有的对象与其说是“物”，不如说是一种“经营权”，因为成为转移和持有对象的始终是眼下的经营收益行为。在此基础上，寺田认为，围绕土地的交易行为整体上都是以土地的经营收益及其正当性这一理解为基础而展开的。通过契约而“交易的对象，与其说是完整的无负担的‘物’（土地）本身，还不如说是在不言而喻地负有税粮义务的土地上自由进行经营收益（当时称为‘管业’）的一种地位。所谓‘土地的买卖’，指的是现在对某土地进行‘管业’的人把这一地位出让给他人，而且今后永远允许后者对该地进行‘管业’；所谓‘土地的所有’，

指的是自己现在享有的'管业'地位能够通过前一管业者交付的契据以及正当地取得该地位的前后经过（当时总称为'来历'。具体表现为前一管业者写下并交付的'绝卖契'）来向社会表明的状态"[40]。

寺田浩明上述观点的新颖之处表现在他从民间契约文本自身所表达的信息中去把握当时社会的权利状况，把当时的土地交易惯行视为"赋予经营收益行为正当性"的种种不同形态，从而使已经成为我们头脑中既成观念的"所有"和"占有"、"买卖"和"租赁"等概念区分得到了相对化[41]，这显然具有重要的方法论意义。[42] 然而在寺田先生对于"业"的内容界定中所使用的"经营"概念还需要做进一步的诠释。事实上，在现代社会的语境中，经营概念具有对物的占有，并为了收益的目的而加以利用的含义。但是如果我们看一下清代社会中存在永佃权的状态下田主所享有的权利的实际状况，便可以看到，田主虽然也拥有"业"，从而被称为"业主"，但是却并不享有现代意义上的经营权。由此，寺田先生将"业"界定为"经营收益的地位"便失去了普遍性。因此笔者认为，在清代民间契约所表达的社会观念中，"业"这一概念的基本含义就是获得收益的权利，而"管业"则是指对这一权利的行使，即实际获得收益的行为：对于田主来说，收取大租是其管业行为；对于佃主来说，收取小租是其管业行为；而对于佃户来说，对土地进行实际的耕种并获得收获也是其管业行为。对"业"的概念的此种厘清可以在更大的范围内对其实际作用做出合理的说明，例如，在出典的情况下，清人认为出典人仍然享有业权，但这种业权显然已经完全不具有经营的性质，而仅仅表现为一种收回未来收益权的权利。

另一方面，对寺田浩明先生关于"管业来历"的观点也存在进一步推敲的必要。根据寺田先生的见解，清代"无论国家还是社会之中，都找不到离开事实上的领有关系而证实抽象的权原存在和保护其存在的所谓'土地所有权制度'。在国家与社会中较清楚地存在着的，只是一种通过契约文书而形成的'土地买卖制度'。在那里，买卖时由卖主写下并交给买主的契据本身就是买主唯一的权限证书，发挥着争取来自社会的一定支持或保护这一功能"[43]。因此，土地契约成为表明其业主权的正当性，从而使"管业来历"得以合法延续的唯一手段。如果这一判断是正确的，那么在实际发生的土地交易中，卖者所拥有的"前脚"，即其前手写给他的契约便成为证明其"业"的合法来历的唯一证据，而向买者交付这

㊵ 参见［日］寺田浩明：《权利与冤抑》，载［日］滋贺秀三等：《明清时期的民事审判与民间契约》，199页，法律出版社，1998。

㊶ 参见［日］岸本美绪：《明清契约文书》，载［日］滋贺秀三等：《明清时期的民事审判与民间契约》，302页，法律出版社，1998。

㊷ 另一位日本学者草野靖也明确提出了按照当时人们的观念来构成契约关系各种范畴的主张。他提出"分种"与"租种"是完全不同的两种契约范畴，按照当时人们的观念，分种显然与土地借贷关系区别开来，是"地主招雇农民来耕种自己所有的土地，并把收获的一部分作为劳动报酬"的经营方式。参见［日］岸本美绪：《明清契约文书》，载［日］滋贺秀三等：《明清时期的民事审判与民间契约》，303页，法律出版社，1998。

㊸ ［日］寺田浩明：《权利与冤抑》，载［日］滋贺秀三等：《明清时期的民事审判与民间契约》，200页，法律出版社，1998。

一前手契约便成为土地买卖契约成立的必要要件。然而，清代民间契约中所表达的信息却表明，在土地买卖中，“前脚”的交付并非必要条件，我们经常可以看到土地契约中载明卖主因前脚丢失而既无法交付，也无法示明的情况，或者是卖主虽有前契，但是因该契与其他产契连在一起而不能交付的情况。因此，关于“管业来历”的理论构想还需要进一步完善。

此外，作为一个被社会所广泛认同的概念，其所表达的权利内涵是什么呢？或者说，当人们使用“业”这一概念来表达一种权利时，它意味着什么样的权利呢？

在清代，业作为一种权利，其基本的内涵首先是凭借对“业”的拥有便可以获得收益。在前引例1契约中，张万卿将土地卖给了尤氏为业，尤氏因此而获得了以此土地“召佃耕种”，从而获取地租的权利。尤氏买得的土地是所有权与田面权合一的土地，因而其获得的当是收取包括大租和小租在内的地租的权利。[44] 依照现代民法的观念，尤氏收取地租的权利来源于他通过购买行为而获得的土地所有权，这种土地所有权是一种物权，是人对物的关系，而收益权是这种物权的当然组成部分。然而在清人的观念中，人对物的关系却并非收益权的基础，或者说收益权并不必然被包含在物权概念之中。关于这一点，笔者首先要指出的便是前面提到的例2契约，在该契约中，立契人认为交易的对象并不是土地，而是地租，或者换句话说，是土地的收益；通过契约所让渡的，是土地的收益权而不是土地本身。其次笔者还要指出，清代民间有所谓“金皮银骨”的俗称，意思是田皮的价值高于田骨的价值，凭借田面权获得的收益要远远高于凭借田骨权而获得的收益，“以至于皮主从土地所获得的收益占十之八九，田主却只得十之一二”[45]。一般而言，主要的权利当然应当获得主要的收益，而在清代，田面权所获得的收益远远超过土地所有权，可见在清人的观念中，如果不是认为佃权是一项比土地所有权更为重要的权利的话，便是根本未对物权和用益物权作出区分，他们仅仅是在收益的意义上区分各种权利。再次，从永佃权与土地所有权的关系看，在设有永佃权的土地上，永佃权人享有对土地的占有、使用、收益、处分等多项权利，并且这种权利可以世代相承，田主不得无故剥夺，而田主却只剩下了收益权和对田骨的处分权，由于永佃权不可收回，因而其对田骨的处分权实际上也仅仅是对其收益权的转让。在清代的土地制度中发展出永佃权这种权利类型，恐怕也是与清人的观念中重视收益权而轻视对物的权利有关。

笔者认为，业在清代的法律体系中是以能够带来收益的财产为对象而设定的权利，其

---

[44] 在清代，由于土地所有权与田面权的分离，地租通常也分为两个部分：骨主凭借其土地所有权而向皮主收取地租，这种地租被称为“大租”，而皮主则凭借其田面权向佃户收取地租，这种地租也称为“小租”。在田骨与田皮合一的情况下，地租并不区分为“大租”和“小租”两种形态，而一旦田骨与田皮分离，地租便在骨主与皮主之间分割。

[45] 张晋藩：《清代民法综论》，117页，中国政法大学出版社，1998。另外，我国台湾地区清末民初也普遍实行“大租小租制”，基于现代民法物权理论的理解，大租户应当被视为业主，但在20世纪初日本占领台湾时期所做的调查中发现，小租户实际上享有的权利更为强有力，事实上已获得了业主的地位。参见［日］岸本美绪：《明清契约文书》，载［日］滋贺秀三等：《明清时期的民事审判与民间契约》，284、294页，法律出版社，1998。

权利客体与那些只能使用而不能带来收益的财产相对应。从这个角度出发，我们可以把清代的财产分为两个部分，一部分是那些可以构成业权的客体的财产，另一部分则是只能带来使用效益而不能带来收益的财产；相应地，财产权利也分为两部分，即业权和一般财产权，前者的交易需要通过契约的形式进行，而后者则并非必须通过契约进行。契约在业权转让的过程中起着确认权利转移的作用，而在交易之后则起着证明业权归属的作用。[46] 如果我们这样来划分清代社会中财产权利的类型，那么，在民间契约中经常出现的所谓田权、骨权、皮权、典权、佃权、永佃权、股权等等，都可以归入业权的范畴，而唯一难以归类的是货币财产。以现代社会的观念来看，货币是可以带来收益的，事实上，清代社会中民间借贷，甚至高利贷的存在似乎也表明在清人的观念中货币也是可以带来收益的。然而笔者认为，和清以前的古代社会一样，在清代社会中主流的观念并不认为货币是能够带来收益的财产，这从当时人们仍然是有了钱以后就要购田置产，或者是有些地主仍然习惯于把钱埋在地下这样一些现象中可以得到印证。除了少数商品经济较为发达的地区以外，货币借贷主要被看作是在遇有急用时提供帮助的一种手段，而不是取得收益的手段。尽管清代民间借贷也是要支付利息的，但在一般村民心目中依靠贷款而获得利息并非一种可靠的谋生手段；在民间契约中我们也可以看到所谓“指地借钱”的现象，但这也仅是借贷双方为钱款有可能得不到归还而设定的一种救济手段。当然，笔者也认为清代已经出现了把货币看作是能够带来收益的财产这一观念的萌芽，这在土地出典关系中得到明确的体现。出典关系是田主将土地这样一种能够带来收益的“业”交付给典主，以换取对一定货币的支配权，并且以土地收益抵冲利息，而又约定在将来某个时候以典价赎回土地。在这里，土地收益与利息相对应并且相互冲抵，这就隐含着将土地这种“业”直接与典价这种货币相对应，并且相互对等交付的潜在观念。显然，在这一关系中已经包含着货币虽然具有与土地不同的存在形态，却也可以与土地相对应这样一种观念。但是笔者认为，由于田主以土地出典获得的货币通常是用于消费而不是用于投资，因而与其说出典关系在清人的心目中被看作是以土地这种业换得了另外一种业，倒不如说是以土地这种能够带来收益的业换得了货币这种花了就会少、而根本不会有带来的收益的财产更为确切。在清人看来，土地作为一种业，具有比非业的货币更大的价值，也正因为如此，他们才尽一切可能要赎回土地[47]，因此，笔者更倾向于认为在清代人们是把货币归入非业财产范畴的。清代的民间契约和审判实践表明，业权主要受民间习惯法的调整，并且在一定程度中得到官方成文法的保护；

---

[46] 当然，正如笔者前面已经指出的那样，契约本身并非业权归属的必不可少的证明，因为在清代社会中，对业权的证明是乡村社会自治的一个重要功能，但是在存在契约的情况下，它往往起着直接证明的作用。

[47] 当然，清代人们总是希望赎回土地还有其他的原因，例如有学者认为中国传统文化强调祖业不可卖，守业是尽孝的一个表现，而出卖土地是有失先辈的体面的，典卖既可照赎，因而可以免蒙出卖祖业的耻辱，因而人们非到万不得已不愿出卖土地而宁愿选择出典，并希望有朝一日能够赎回。参见李志敏：《中国古代民法》，106、107页，法律出版社，1988。但是笔者认为，在清代土地交易已经非常普遍的情况下，人们选择典而不是卖，应当还有其经济上的原因，即认为作为业的土地比非业的货币具有更大的价值，这大概也是为什么典主总是容忍田主一而再、再而三地找贴不绝的原因所在吧。

而非业财产权较少发生转移，其转移在形式上也主要采取口头约定的方式，这种情况表明在非业财产权的领域中尚未形成完整的、定型的民间习惯法，因而主要受社会意识和伦理道德的调整。

总之，清代民间契约向我们展示了清人关于权利的观念和语境，使我们有可能从中把握实际存在于清代的财产权利体系。在这一权利体系中，业权居于核心的地位，它是一种能够为权利人带来收益的财产权利，权利人通过“管业”，即对与这种权利有关的物的直接使用、出租等形式来实际获得收益，而在急需大宗开支时，权利人还可以通过典当而获得业之半价，或者将其出卖而获得全部价款，甚至可能以各种形式将业权分割，与他人共享或者部分转让。在这样一种制度框架下，财产被置于统一的权利体系之中。与大陆法系将财产权区分为物权和债权的权利体系相比，我国清代的财产权利体系甚至具有更大的包容性，其最显而易见的例子，就是我们甚至难以将近现代发展起来的知识产权和股权在大陆法系的财产权利体系中合理地定位，它既非物权，也不是债权；而在清代的财产权体系下，知识产权和股权却可以很方便地归入业权的范畴，因为它能够为权利人带来收益。

马长山

NGO的“民间治理”与转型期的法治秩序*

简介

马长山，1964年生，黑龙江大学研究生处处长、法学院教授、博士生导师，享受国务院政府特殊津贴专家，“龙江学者”特聘教授，入选教育部“新世纪优秀人才支持计划”；兼任中国法学会法理学研究会常务理事、黑龙江省法学会法理学研究会会长、黑龙江省民间组织发展促进会副会长。在《法学研究》、《中国法学》等杂志上发表学术论文九十余篇，出版《国家、市民社会与法治》（商务印书馆，2002）、《法治的社会根基》（中国社会科学出版社，2003）、《法治进程中的“民间治理”》（法律出版社，2006）等著作5部。

---

* 原发表于《法学研究》，2005（4）。

NGO（Non-governmental Organization，即非政府组织）在全球范围内的广泛兴起，已构成了一场“全球社团革命”，它对社会治理方式、市场运行机制、权力和资源配置、文化价值观和社会秩序，都产生了不可低估的深刻影响。而中国NGO的兴起，不仅促进了国家和社会的结构分化、社会管理形式的变革、社会价值观念的革新，也促进了和谐社会的建立，并因其特有的文化传统、社会制度和社会结构而赋有特殊的意义和路径。

一、NGO“民间治理”与国家法秩序的互动和张力

众所周知，近代法治是以形式理性倾向的国家法秩序来展现自己的，然而，它并不意味着只要建立了国家法秩序就会当然地成就相应的法治秩序，这不仅仅是因为一定的国家法秩序未必符合法治的价值和追求，也因为很多情况下“法律都并非保持社会秩序之核心”①，故而，国家法秩序只有建立在社会广为信奉和遵守的共同信念、规范习惯和秩序基础之上，其对法治秩序的成就才是可能的。值得注意的是，NGO具有很强的民间性、社会性、自治性和志愿性，它们通过其广泛的业务活动，发挥着利益代表、民主参与、自治管理、对话协商、社会服务、对外交往等功能，致力于权益主张和保障、解决社会问题、化解利益冲突、进行社会治疗和服务、维护社会秩序等目标，成为了政府、社会部门和不同群体利益的协调中介和平衡器，从而形成了一种多元开放、互动回应的“民间治理”机制和民间秩序。正是这种“民间治理”机制和民间秩序，与国家法秩序之间形成了一定的互动和张力，并对法治秩序的确立和发展产生了重要作用和影响。

（一）耦合支撑。在当代，国家和市民社会已不再是二元对立关系，而更多的是一种互动合作状态。因此，“问题不在于要强化政府还是强化NGO，而是有必要同时强化两者”②。从法团主义的视角来看，社团可以通过与国家合作而进入国家体制，获得利益代表的垄断地位，从而实现社会的整合、稳定、秩序和效率。这就“意味着社会和国家双方通过合作而获益：一方面，社会中分散的利益按照功能分化的原则组织起来，有序地参与到政策形成的过程中去；另一方面，从这种制度化的参与机制中，国家权力获得了稳定的支持来源（合法性）和控制权”③。而现实生活当中，当代兴起的NGO与国家的合作也的确是一种主流，这成为NGO“民间治理”与国家法秩序双向互动的重要社会基础。当然，对NGO的

① ［美］罗伯特·C·埃里克森：《无需法律的秩序——邻人如何解决纠纷》，346页，苏力译，中国政法大学出版社，2003。

② ［美］朱莉·费希尔：《NGO与第三世界的政治发展》，198页，邓国胜等译，社会科学文献出版社，2002。

③ 张静：《法团主义》，47页，中国社会科学出版社，1998。

“民间治理”而言，强调的是共同参与、多元合作和协调自治精神，以应对社会问题、解决社会危机和推动社会生活的民主化，进而展现了一种“自生自发”倾向的民间秩序。但对政府管理而言，则呈现着单向的、命令性的、自上而下的垂直权力运行和正式控制，展现着一种理性规制的国家法秩序。不过，尽管它们有着方向性的差异，但这两种秩序的运行却存在着内在的耦合支撑关系。

首先，是合法性的双向提供。在权利和利益多元化的当今时代，国家权力只有立足于多元诉求的协商共识基础上，立足于政治分化的容纳性代表功能基础上，才能获得稳固的合法性，才能延续其社会的协调和领导角色。④ 而 NGO 正是这种多元权利和利益诉求的体现者、代表者和维护者，它们在进行自我管理、服务的发展的“民间治理”过程中，要代表本群体的整体利益和权利诉求，反映多元化、甚至被边缘化的社会愿望和呼声，进而参与和监督国家政治的决策过程。这不仅包括通过听证会、人民代表大会、政协会议等正式形式，也包括通过意见和建议、咨询论证等非正式形式，从而形成了一种上下通达的、“多种声音”的、真实快捷的信息交换通道，使党、政府和国家机关能够及时、准确地对各方主张和诉求进行容纳、综合和平衡，并在协调共识的基础上，进行科学合理决策和建立规范制度，以促进国家决策与制度的公开公正和民主化，减缓转型期可能引发的社会动荡和危机，从而为国家政策和制度运行提供必要的、充分的政治合法性。另一方面，国家在加快政府职能转变、深化民主改革和推进市场经济发展的进程中，通过移交、委托、许可、直至法律保障等形式，把一些政府职能转化为民间组织的自治管理权力。这种“权力转移”，就使 NGO 的“民间治理”有了很大的空间和基础，这就为其提供了必要的法律合法性。

其次，是秩序的整合。法治倡导的是一种普适主义的理性规则秩序，然而，“尽管人们至今还认为法律对于维持社会秩序是必不可少的，但现代社会的确能够脱离繁杂的法律而良好存在，甚至更加繁荣昌盛”⑤。而事实上，国家法秩序也一直无法超脱于生活中的“活法”和民间秩序而存在。在 NGO 的“民间治理”过程中，民间组织章程、内部管理制度、行业自治规范等等的运作和实施，孕育了一种民间自治秩序，它作为国家制定法缺位和局限时的一种重要补充和替代，构成了国家法秩序的重要基础。这就意味着，“民间治理”也需要国家法秩序的必要整合和保障。可见，NGO 的“民间治理”与国家法秩序之间呈现一种耦合支撑状态，促进了法制运行的和谐互动。

（二）多元均衡。NGO 的“民间治理”固然是受制于国家法律框架的，但是，这并不意味着它对国家法秩序的简单服从和效命，而事实上，它在与国家法秩序耦合支撑的同时，也形成了对国家法秩序的一种社会均衡。

第一，多元“民间治理秩序”对国家法秩序的均衡。国家法秩序代表着一种整体性、

---

④ 参见［法］让・马克・夸克：《合法性与政治》，43 页，佟心平等译，中央编译出版社，2002。

⑤ ［美］唐・布莱克：《社会学视野中的司法》，95 页，郭星华等译，法律出版社，2002。

普遍性的秩序诉求和规划，它体现了一视同仁的“法律主治”理想，并促动了法治秩序的形成。然而，它那种刻板僵化的条文主义、等齐划一的一体化倾向、复杂烦琐的程序主义等等，也形成了对多元特殊利益的控制和“地方性”自发秩序的压制。更为严重的是，一旦法律是由少数人制订而非通过普遍的赞同来制订，那么，“法律的统治”就“无非是一种奴役”⑥。因此，当代国家法秩序必须建立在民主的框架基础上，建立在多元利益诉求和多元权力均衡的基础上。这种均衡的一个重要力量就是民间组织，诚如赫尔德所言，“仅有选举和政党，并不能确保民主国家的均衡。如果要想维持民主的过程，如果公民要想发展其目标，那么，各种各样积极团体的存在，确实是至关重要的”⑦。正在全球范围内兴起的NGO，恰是对全球化进程中国家权力扩张和市场力量侵蚀的必然反映。目前，我国的民间组织已达26万多个⑧，它们在政府委托放权和国家无力管、无法管、不便管的“自由放任”领域，发挥着行业协调管理、推进科技教育进步、促进公益事业发展、推动民主法制建设、增强国际交流等重要功能，其不同程度和范围的多元化、民主化、社会化、自治性“民间治理”活动，不仅可以有效地促进政府机构改革和职能转变，纵向“柔性”地分割分解国家权力，形成抵御权力扩张和滥用的社会堤坝，还能够通过参政议政、民主监督而推进政治生活和立法过程的科学化、公开化、民主化，从而确立国家法秩序的民主均衡基础。同时，NGO的“民间治理”立足于本群体的特殊利益、目标和要求，也孕育了各不相同的“民间治理”结构和机制，从而形成了多元化、弹性化、互动性、自治性的“民间治理秩序”。这样，通过民主均衡基础和多元“民间治理秩序”的确立，就形成了对国家法秩序的均衡，防止国家法秩序的过分渗透和不当的社会压制。尽管上述考察尚有一定的理想成分，但中国NGO“民间治理”的兴起及其意义确实是不容忽视的。

第二，“经验理性”对“建构理性”的抵制。我们知道，近代法治是经过了漫长的历史发展才形成的，它体现了西方市民社会内在理性精神的弘扬和升华，体现了多元社会权利对国家权力的制约和平衡。⑨ 而中国则是在整体转型的现代化进程中快速走向法治的，国家自然要承担着现代化推进者、导引者的重要角色，因此，国家会大量引进和移植西方“先进性”的法律制度和规范，树立和培养“现代性”的法观念和法意识，以适应和推进市场经济和社会发展的需要，建立普适有效的国家法秩序。这固然是中国走向法治化的重要动力和必要途径，也反映了现代化进程和市民社会兴起过程中的一种理性化期待。然而，快速转型进程中的法治化，必然会受到浓重的传统惯性力量的抵制。也就是说，“建构理性”的国家法秩序必然要与“经验理性”的民间秩序发生冲突。而东亚的经验也表明，尽管国家法在取代传统温情主义、家族主义等义理人情规范时，可以宣称自己的“合理性”和

---

⑥ 参见［英］弗雷德里希·奥古斯特·哈耶克：《自由宪章》，264页，杨玉生等译，中国社会科学出版社，1999。

⑦ ［英］戴维·赫尔德：《民主的模式》，260页，燕继荣等译，中央编译出版社，1998。

⑧ 参见李学举：《在全国先进民间组织表彰大会上的讲话》，载《中国社会报》2004年12月11日。

⑨ 参见马长山：《国家、市民社会与法治》，85～100页，商务印书馆，2001。

“正当性”，但是，它很难“从下面”得到保障而往往需要“从上面”强行地控制。[10] 事实上，民间秩序对国家法秩序的这种抵制，既有反抗“西化”意向和普适性“霸权”的合理动机，也有以惰性传统来抗拒法律理性和现代性价值的“回归”意识。NGO的“民间治理”恰恰能够在一定程度上化解这一冲突。一方面，NGO的“民间治理”把自发的民间秩序提升为自觉的民间秩序，通过自治规章和协同行动来抑制恶性竞争、假冒伪劣、宗族主义、非理性的大众行为和过激行动等，推进民间秩序走向理性化并与国家法秩序相协调。有关研究表明，一些发展中国家的NGO，确已为分散反国家的压力作出了一定的贡献[11]；另一方面，NGO的“民间治理”也形成了一种多元化的组织力量和“自生自发”秩序状态，抵御着国家基于加强转型期的社会控制、保证权威合法性、实现现代化“赶超”目标、权力扩张滥用而导致的法律工具主义和实用主义倾向，从而建立起多向性的、自主性的、“经验理性”的民间治理领域和空间，抵制“建构理性”的国家法秩序的过度规划和干涉，从而促进社会生活的多元化、民主化。

（三）“共谋”和冲突。事实上，NGO的“民间治理”并非一直呈现良性状态，而是会有某种“亚健康”或“异化”情形相伴随，这就与国家法秩序产生了一定的张力，并具有一定的不良作用和影响。

我们知道，法团主义对多元主义、自由主义进行批评和补正，其中一个很重要的考虑就是避免多元主义、自由主义可能导致的支配者出现的社会秩序，然而，垄断性社团在进入国家体制并执行“准公共”职能的过程中，能否也成为一种“支配者”却有些值得怀疑。一些研究者则指出，NGO的发展也会因为过于依赖政府而会丧失自主性、扭曲自己的使命和出现科层化。[12] 而在福柯眼里更为严重的是，当代“国家（包括其无所不在这个特点和它的各个机构）远不能包含事实上的权力关系网”[13]，而是在社会中形成了复杂的社会关系和“微观”权力网络，这种权力网络又最终被国家体系所吸收和把持，从而使得人们在权力的线路中来回运动却不能自拔，这样，就形成了国家与市民社会的权力“共谋”。尽管这种颠覆性、解构性的分析有矫枉过正之嫌，但是，在NGO与国家合作和争取支持过程中可能出现的“共谋”现象，确实应予以警惕和克服。一些发展中国家出现的非平行的“田野合作”、甚至是政府对NGO的“收编”情况[14]，就说明了这一点。在我国，是一种政府主导型的社会改革和市场经济进程，政府当然也是NGO兴起的重要推动者。可以说，我国相当数量的NGO都是由行政手段组建的，很多NGO的办公场所和经费都依赖于政府的支持和

---

[10] 参见［日］川岛武宜：《现代化与法》，52页，王志安等译，中国政法大学出版社，1994。

[11] 参见［美］杰勒德·克拉克：《发展中国家的非政府组织与政治》，闫月梅译，载何增科主编：《公民社会与第三部门》，382页，社会科学文献出版社，2000。

[12] 参见王名等：《民间组织通论》，36页，时事出版社，2004。

[13] 杜小真选编：《福柯集》，438页，上海远东出版社，2003。

[14] 参见［美］朱莉·费希尔：《NGO与第三世界的政治发展》，123、37页，邓国胜等译，社会科学文献出版社，2002。

提供，领导层具有很强的行政科层色彩，其活动也受业务主管部门的“业务指导”而行政职能化，因而具有很浓的“二政府”色彩。更突出的是，一些由行政机关“翻牌”而来的协会、联合会等，在改革和市场经济中进行着一定的“寻租”活动，而国家对它们也形成了某种默认或事实上的“庇护”关系。[15] 这样，NGO 就不仅成了政府分流的“蓄水池”，也成了政府的行政附庸、延伸和“传声筒”，因而就会形成一定意义上的权力“共谋”，损害了党和政府的信誉和形象，更有悖于我国政府机构改革、职能转变和民主发展的总体目标。这既不利于 NGO 的自主自律发展，也不会具有真正的代表职能和社会动员能力，因而难以发挥其应有的“民间治理”功能，更不用说为国家法秩序提供必要的民主均衡基础了。而且，在一定条件下，它还有可能助长法律工具主义、法律实用主义的扩张，从而制约着法治秩序的真正确立。

与“共谋”反向运行的不良状态则是冲突。这里的冲突不是一般的、简单的矛盾和摩擦，而是极少数 NGO 出于对特殊利益的奢求，采取的对国家权威合法性、对国家法秩序的对抗和挑战意向。西方 NGO 的发展已经昭示，“并不是所有团体都尊重进步的自由与民主理想”[16]，它们也会存在或产生某种负面影响和消极作用，包括受大企业控制的“偏爱主义”、企业价格共谋、以排他性措施限制竞争、管制科层化等等。这诚如科恩所言：“如果没有其他的使信任‘普遍化’的机制，那么社团参与和社会网络中的成员关系只能促进排他主义、地方主义、偏执、排外，以及对局外人、法律和政府的普遍不信任，这是完全可能的。”[17] 这无疑会对国家法秩序产生一定的不良作用。而在我国，由于 NGO 的发展时间不长，各种条件和社会环境受到限制，NGO 不良运行的情况也必然存在，甚至还有一定的违规违法活动出现。尽管从事违规或不法活动的 NGO 是极少数，但它们对国家法秩序的威胁也应予以重视，特别是在转型期更是如此。

二、NGO“民间治理”的秩序生发机制

其一，反思性的对话协商机制。近代法治是以形式理性为主导而建立起来的“自由主义”法治范式，它相信在建构起来的私法社会中，法律主体可以自由、理性地追求其人生目标，并最终能实现社会正义。但随后的资本主义发展却表明，形式自由、平等的制度设计并没有带来真正的自由和平等，反而掩盖和恶化了实际上的不自由和不平等。于是，“福利国家”法治范式出现了，它企图以实质的正义关怀来修正、改进过于形式化的“自由主义”法治范式，力图实现真正的自由平等、社会公正和对弱者的保护。然而，“福利国家”

---

⑮ 参见鲁篱：《行业协会经济自治权研究》，245 页，法律出版社，2003。

⑯ ［澳］卡罗琳·亨德里克斯：《公民社会与协商民主》，郝文杰等译，载陈家刚选编：《协商民主》，131 页，上海三联书店，2004。

⑰ ［美］琼·科恩：《信任、自愿社团与有效民主：当代美国的市民社会话语》，载［美］马克·E·沃伦编：《民主与信任》，206 页，吴辉译，华夏出版社，2004。

法治范式却带来了明显的“家父主义”干预，个人自由和法治传统受到了威胁。为此，注重“私人自主”和“公共自主”的内在互动关系、倡导对话沟通的“程序主义范式”就意欲成为新的替代。[18] 同时，西方自古就形成了浓重的理性主义传统，而在当代，它又与科学技术相结合，形成了西方马克思主义所深刻批判的技术理性的“异化统治”，于是，人们便开始反思“西方官僚制中的法律理性如何导致奴役而不是带来自由了”[19]。这样，就需要走出形式理性和实质理性的误区而步入“反思理性”，并贯彻到“程序主义范式”当中。“它设法通过组织规范和程序规范来设计自我规制的社会系统”，“其手段是型塑它们的内在话语程序和它们与其他社会系统相协调的方法”，实现“规制的自主性”和“内在反思”[20]。因此，它就应立足于协商民主的“回应性和责任性”框架[21]，从而建立起当代回应性、反思性、自主性的法治秩序。这一趋向实际上与由“统治”走向“治理”、“第三条道路”的思潮形成了某种呼应，因此，NGO 的“民间治理”自然就会在其中担当重要的角色。事实也表明，由于 NGO 的“民间治理”赋有反思理性的基础，因此，无论是发达国家还是发展中国家，它都在不同程度上形成了与国家协商对话的合作机制和框架，分享了政府决策权，从而促进了多元化“治理”和社会民主。这样，就扩大了政治参与和法律参与，甚至形成了“法律多元主义”，它所形成的秩序也必然带有对话协商、回应反思和“规制的自主性”导向，使得“秩序是由协商而定的，而非通过服从赢得的”[22]。在我国，NGO 的“民间治理”已成为政府向社会进行“权力转移”、逐步实现社会自治的一个重要途径，因而推动了协商对话机制的确立和运行。在宏观上，各行各业的 NGO 代表所属群体的利益和要求，以对话协商方式来进行参政议政、民主监督和信任合作，如 2001 年由劳动保障部、中华全国总工会和中国企业联合会组成的国家协调劳动关系的“三方机制”，就取得了较好的效果；在中观上，NGO 为维护本群体权益而与其他群体或部门进行对话协调，较为典型的，是中国消费者协会对四大银行（中国农业银行、工商银行、建设银行、中国银行）“借记卡收费”问题的交涉对话、青岛船东协会的“付款赎单”和“清欠运费”行动等；在微观上，NGO 则立足于群体整体利益而对其不同成员利益进行平衡协调和自律管理，如温州烟具行业协会对恶性竞争的“行业治理”等等。[23] 这些“民间治理”都不是单向的权力运作或刚性的法律规制，而是体现了一种多元互动、民主协商、平衡回应的价值导向，从而赋有一定

---

[18] 参见［德］尤尔根·哈贝马斯：《包容他者》，302～303 页，曹卫东译，上海人民出版社，2002。

[19] ［美］奥斯特罗姆：《政治文明：东方与西方》，潜龙译，载刘军宁编：《经济民主与经济自由》，272 页，生活·读书·新知三联书店，1997。

[20] ［德］图依布纳：《现代法中的实质要素和反思要素》，矫波译，载《北大法律评论》，1999 年第 2 卷第 2 辑，596、616 页，法律出版社，2000。

[21] See Gordon Wood，The Radicalism of the American Revolution，New York，Knopf，1993，pp. 162～166.

[22] ［美］诺内特、塞尔兹尼克：《转变中的法律与社会》，105 页，张志铭译，中国政法大学出版社，1994。

[23] 参见冷明权等：《经济社团的理论与案例》，178～181 页，社会科学文献出版社，2004；路行者：《中消协狙击借记卡收费》，载《中国社会报》2004 年 4 月 8 日；贾西津等：《转型时期的行业协会——角色、功能与管理体制》，251～253 页、116～117 页，社会科学文献出版社，2004。

的“规制自主性”和“内在反思”精神，推动自主回应性的法治秩序的确立，促进和谐社会的形成。需要指出的是，上述这种发展可能只是初步的、不成熟的，也尚需设定和完善相应的“程序主义”法律框架，来加以确认和保障。

其二，“公民性”社会资本的生成机制。法治已成为现代社会秩序的主导，但是，对这种社会秩序的遵行和维护，却离不开“大家共同分享的道德价值观念的要求和约束”㉔，而信任、规范和公民参与网络等社会资本的缺失，则不仅使得政府的绩效低下，也会加剧“集体行动的困境”，造成背叛、猜疑、逃避、利用、孤立、混乱和停滞。于是，“相互猜疑和腐败被视为惯例，人们极少参与公民组织，违法乱纪司空见惯”㉕。这无疑对社会秩序构成了严重威胁。可见，以信任、合作和相互的行为期待为基础的社会资本，是法治秩序不可或缺的社会基础。然而事实表明，当今社会是一个高度多元化、个性化、陌生化的大众社会，人们的共同体活动日益受到政治和经济力量的侵蚀。NGO 的兴起及其“民间治理”，恰恰使得人们有效地联系起来，建立起自由理性、宽容妥协、沟通理解、责任意识的公民文化和信任机制，形成一种“合作的社会结构”。也就是说，它们在内部效应上，培养了其成员的合作团结的习惯、理性意识和公共精神，使其“在政治上更成熟，更有社会责任感，有更多的社会参与，以及‘主观上有更大的公民行为能力’”；在外部效应上，它们促进了“利益表达”和“利益集结”，不仅体现和增进了有效的社会合作，也“将增进有效的民主治理”和“公民状态”㉖，从而构成了制度成功的关键。这样，NGO 对社会资本的贡献就获得了“重新发现”，“公民社会组织在寻求介于仅对市场信任和仅对国家信任之间的‘中间道路’中的战略重要性已经呈现出来”㉗。应当说，中国具有浓重的儒家文化传统，其社会资本的存量是十分丰富的，但它在更大意义上却是一种传统的“臣民性”、“血缘人伦性”社会资本，而不是现代的“公民性”社会资本。新中国成立后，我们又基于对“当家作主”的过度强调和对法制（法治）的严重轻视，形成了“主人意识”优于“公民意识”的状态，致使社会成员的公民意识十分薄弱。更需注意的是，由于我们正处于重大的社会变革之中，社会的整体转型带来了重大的社会解组、文化冲突和价值震荡，信仰危机、诚信危机、权力腐败、不正之风和公德缺失等等现象也开始大量出现，从而出现了社会资本的异化发展，即价值取向上的义理人情和群体本位色彩、自身品格上的亲和权利倾向、发展空间上的裙带主义特征、功能导向上的功利主义倾向等，加剧了社会失范和“法律纸面化”。因此，这就需要发挥民间社会组织力量来克服其异化发展并予以“现代性”的重建，进而建立“公民性”社会资本。我国近年兴起的 NGO 及其“民间治理”，正是在这方面发挥着重要的作用。就具有重要地位和影响的中国经济社团而言，它们通过参与制定行业标准、价格、生

㉔ ［美］巴尔：《三种不同竞争的价值观念体系》，力文译，载《现代外国哲学社会科学文摘》，1993（9）。

㉕ 参见［美］罗伯特·D·帕特南：《使民主运转起来》，214 页，王列等译，江西人民出版社，2001。

㉖ ［美］罗伯特·D·帕特南：《使民主运转起来》，102～103 页，王列等译，江西人民出版社，2001。

㉗ ［美］莱斯特·M·萨拉蒙德等：《全球公民社会——非营利部门视界》，5 页，贾西津等译，社会科学文献出版社，2002。

产许可审批、违规行为处罚等而进行信用认证，推进了行业的诚信合作和遵章守序信念。与此相似，温州服装商会禁止通过贬损同行来宣传自己，但这既不是明文的，也没有惩戒规定，只是会长在大会上作了一个甚至有些“不雅”的宣布（说别人坏的“不是人，是狗生的”），结果人们基于“面子”或者“同道”而一下子都去自觉遵守，这同样维护了行业道德准则和正常的竞争秩序[28]；起到了政府所不及的自主、互动效果和协调秩序，推进了多元社会的和谐共进。由此看来，我国NGO的“民间治理”尽管是刚刚兴起，也还带有这样或那样的问题，但是，他们在重建“公民性”社会资本上的重大作用已经开始显现，并能够为法治秩序提供必要的支撑。

其三，公共领域的运行机制。“公共领域”是对公共意见形成过程的一个理论抽象和描述，意指介于国家和社会之间的，通过聚会、媒体、社团等形式进行自由对话、主体性交往、公开表达意见的场域和机制，它所形成的“公共意见（舆论）”构成了国家权力运作的合法性基础，进而使得“公众能够对国家活动实施民主控制”[29]。因而，公共领域成为分权制衡之外的非制度化的民主制约机制，是政府和社会之间的重要“媒介”，也是现代民主政治和法治的重要基石。然而，随着自由资本主义的逝去和福利国家时代的到来，“国家社会化”、“社会国家化”和国家干预倾向加重，“民主的公众自由到处被国家和大公司的官僚机构所控制”[30]，于是，西方的公共领域也就发生了重大的结构转型。由此可以看到，在自由主义法治国家里，“政治意志的形成是通过具有批判意识的公众所形成的舆论来实现的”，而今，集会结社、新闻媒体、社会舆论等都受到了国家和市场力量的控制和“殖民化”，“公共性的功能已经从一种（源自公众的）批判原则转变成一种（源自展示机制，如权力机关、组织特别是政党的）被操纵的整合原则”[31]，从而失去了使权力运行合法化、合理化的功能，民众的政治参与热情消减，公共领域出现了普遍的衰落[32]，国家权力、公司权力的扩张和市场力量的侵蚀也就得不到有效地遏制，从而出现了民主和法治的危机。因此，需要复兴市民社会和重建公共领域。而在这一过程中，“构成其建制核心的是一些非政府的、非经济的联系和自愿联合，它们使公共领域的交往结构扎根于生活世界的社会成分之中。组成市民社会的是那些或多或少自发地出现的社团、组织和运动，它们对私人生活领域中形成共鸣的那些问题加以感受、选择、浓缩，并经过放大以后引入公共领域”[33]。这就形成了

㉘ 参见冷明权等：《经济社团的理论与案例》，148～150页、207～209页，社会科学文献出版社，2004；贾西津等：《转型时期的行业协会——角色、功能与管理体制》，176页、304～305页、254～255页，社会科学文献出版社，2004。

㉙ ［德］尤尔根·哈贝马斯：《公共领域》，汪晖译，载汪晖等编：《文化与公共性》，126页，生活·读书·新知三联书店，1998。

㉚ ［英］约翰·基恩：《公共生活与晚期资本主义》，9页，马音等译，社会科学文献出版社，1999。

㉛ ［德］尤尔根·哈贝马斯：《公共领域的结构转型》，238页、241页，曹卫东等译，学林出版社，1999。

㉜ See Zillah Eisenstein：*Global Obscenities*. New York University Press，1998，pp. 21～30.

㉝ ［德］尤尔根·哈贝马斯：《在事实与规范之间——关于法律和民主法治国的商谈理论》，454页，童世骏译，生活·读书·新知三联书店，1998。

一种“商谈配置”，激活公共领域的批判性和反思性，进而恢复和弘扬其为国家权力运行提供合理性评价与合法性基础的功能。由此可见，NGO及其“民间治理”是复兴公共领域的重要力量。在我国，具有浓重的封建主义传统，长期处于国家兼并市民社会的状态。因此，公共领域严重缺位，直到晚清以后，公共领域才开始出现萌芽，但其作用十分有限。[34] 改革开放后，随着市场经济的迅猛发展，社会生活从国家的集权控制中解放出来，出现了国家与社会的分离，公共领域也才在“百家齐放、百家争鸣”的方针下获得了真正的发展，而当前兴起的NGO及其“民间治理”无疑是其中一支重要的力量。它们通过学术讨论、出版刊物、召开座谈会、参政议政、利益表达、民主监督、护法维权等活动，形成了政府和社会的通达渠道和公众舆论，推进了公共领域的形成。这样，就使得民众多元化、自由化、民主化的愿望和呼声，来自社会基层的社情民意，甚至“被边缘化”的权利和利益诉求都能够进入国家体制框架，进而成为政府和国家政策法律的重要影响因子，也疏导和缓解了社会分化和利益解组所带来的冲突和压力，起到了减震器和安全阀的作用，维护了转型期的权威合法性和社会和谐稳定。比如，深圳市外商协会曾对企业反映的重大共性问题进行问卷调研，并以《外商反映》的形式，通过媒体、企业家及其他商会向政府进行谏言建议；1996年海南省总商会组织会员座谈会，形成意见和建议材料作为“琼阅文”予以转发，等等，推进了党和政府决策合理化、科学化、民主化。此外，海南省企业协会在1997～1998年间，就通过向有关国家机关、新闻媒体等进行情况反映，多方奔走呼吁，协调促进了海口狮子楼大酒店董事长雷献强受非法拘禁案、海口兴华实业发展公司总经理段树生被非法收容审查案等的解决等[35]，进行了有力地抗争和依法维权。这都反映了权力监督的社会呼声和权益保障的民间诉求，并对政府决策和依法行政形成了一定的舆论压力，维护了公民自由、权利和社会稳定。当然，由于诸多复杂的原因，我国的公共领域还只能算是一个雏形，但意义却不可低估。

其四，自生自发秩序的衍生机制。当代从“统治”走向“治理”的重大转向，不仅意味着对政府和市场“双重失灵”的一种补救，也是全球化、多元化、自主化、民主化的主体性诉求所致。它展现的是政府和民间双向互动、多元主体对话协调的自主网络，因而是一种正式的或非正式的制度安排，“它所要创造的结构或秩序不能由外部强加；它之发挥作用，是要依靠多种进行统治的以及互相发生影响行为者的互动”[36]。NGO的“民间治理”所成就的正是这种横向的、非宰制的、主体性的民间秩序。首先，NGO在其“民间治理”过程中，既代表着本群体利益而进行民主参与，以制衡国家权力和实现自身权益的要求，也代表整体利益而对其成员的特殊利益主张而进行疏导和控制，以防止过激的“大众行为”，

---

[34] 参见黄宗智主编：《中国研究的范式问题讨论》，社会科学文献出版社，2003。

[35] 参见贾西津等：《转型时期的行业协会——角色、功能与管理体制》，279页、294页、254～257页，社会科学文献出版社，2004；冷明权等：《经济社团的理论与案例》，230页，社会科学文献出版社，2004。

[36] 参见［英］格里·斯托克：《作为理论的治理：五个论点》，华夏风译，载俞可平主编：《治理与善治》，32页，社会科学文献出版社，2000。

还代表着本团体利益而与其他团体进行横向的对话协调，以达致相互谅解和信任，减少“组织歧视”和促进社会均衡。[37] 这就形成了一种自主协调、自我管理、自我服务、自我发展的集合体，而这种“自我调节的集合体可以促进秩序的形成”[38]。其次，法治秩序有赖于法律制度和规范，但是，“我们很难想象，宪法、法律和规范在没有深深嵌入并且反映出构成一个既定社会的团体和社群所持有的价值观和规范的情况下，会起到什么应有的作用”[39]。因而，法治秩序必须建立在社会规范和基本价值信念的基础上才是可能的。否则，“法律制定者如果对那些促进非正式合作的社会条件缺乏眼力，他们就可能造就一个法律更多但秩序更少的世界”[40]。而在NGO的“民间治理”中，通过规制、谈判、协商、妥协等重复博弈和均衡互动过程，就形成了诸多不同于法律规范和制度的惯例与规则，它们“灵活地反映着非常多样化的规章制度甚至个人态度”[41]，从而构成了法治秩序的重要基础。再次，NGO的“民间治理”活动，可以使其成员能够在民主参与、自治管理、社会服务、对话协商等过程中，获得合理角色、提高参与能力和民主操作技能，培养其互动合作意识、理性自律意识、秩序意识和公共精神，进而促进了政治社会化、社会生活民主化和有序化。由此观之，NGO的“民间治理”代表着一种法律之外的更广阔的、自主性的秩序状态，它并不是人们主观上刻意设计或服从命令的结果，而是“它们的要素在应对其即时性环境的过程中遵循某些规则所产生的结果”[42]。因而，衍生了一定程度的自生自发秩序，并为法治秩序提供了重要基础和支撑。尽管我国的NGO尚处于初级发展阶段，但NGO在其“民间治理”过程中，通过行业自我治理、群体权益维护、自助互助服务、利益代表和主张、与政府和其他组织的对话和协调等等，也同样孕育了自生自发秩序。1998年国务院机构改革时，中央政府各个部门转到行业协会的职能就有200多项，这意味着社会自治领域和空间的大幅扩展。而青岛船东协会的“付款赎单”和“清欠运费”行动等，则体现了地方NGO“民间治理”过程中的自发性“制度创新”。与此相似，2001年以来，温州的服装、制革、鞋类、灯具、眼镜等行业协会均相继制定了行规行约，倡导会员企业依法经营和服务，规范本行业经营规程。同时，他们还签订维权公约来打击伪劣侵权行为，加强行业信息交流、业务培训、辅助商务、产品开发、技术服务，强化产品信誉和质量的认证和管理，调解交

---

[37] ［美］唐·布莱克：《社会学视野中的司法》，56页，郭星华等译，法律出版社，2002。

[38] ［美］詹姆斯N·罗西瑙：《没有政府的治理》，6页，张胜军等译，江西人民出版社，2001。

[39] ［美］戈兰·海登：《公民社会、社会资本和发展：对一种复杂话语的剖析》，周红云译，载何增科主编：《公民社会与第三部门》，94页，社会科学文献出版社，2000。

[40] ［美］罗伯特·C·埃里克森：《无需法律的秩序——邻人如何解决纠纷》，354页，苏力译，中国政法大学出版社，2003。

[41] ［瑞士］皮埃尔·德·塞纳克伦斯：《治理与国际调解机制的危机》，冯炳昆译，载俞可平主编：《治理与善治》，242页，社会科学文献出版社，2000。

[42] ［英］弗里德利希·冯·哈耶克：《法律、立法与自由》（第一卷），63页，邓正来等译，中国大百科全书出版社，2000。

易纠纷、代表团体利益诉求而制衡政府的不当干预和侵权等等[43]，从而维护了正常的行业秩序，增进了信任与合作，促进了社会和谐与法治秩序的确立。

三、NGO“民间治理”中的“中国问题”

首先，是“路径依赖”问题。尽管NGO“民间治理”的“路径依赖”在其他地方也会出现，但中国可能更为突出和典型。我们知道，中国具有家族集体主义、国家集体主义的雄厚基础和邻里密切互惠的传统，“人们既不需要通过正式组织或者帮助他人来改变孤单、分离的个人局面，又不需要通过正式制度来完成集体和公共利益的提供”[44]。而事实上，在皇权自上而下的命令体系之外，也不存在任何合法的、具有明确政治意图（Politically articulate）的其他形式的社会合作制度。[45] 因而缺少组织并利用NGO进行自治管理、自我服务的意识、习惯和传统。经常的情况却是，国家对社会生活进行了严格的控制和监管，设定了人们只需按计划和命令从事的既定秩序，进而导致了社会成员主体地位和自主精神的丧失，形成一种臣服状态，造成了集权统治和社会停滞。而一旦国家放松管制，人们在缺少自主自律精神和习惯的情况下，又往往呈现放任无羁、一盘散沙的“无政府主义”势态，这就又需要国家进行严格的管制和监控，以恢复正常的社会秩序。这就形成了“一统就死、一放就乱”式的恶性循环，而这种循环中最常规的解决方式和平衡状态，就是权力对社会的管制和社会对权力的依赖，于是，国家监控社会的局面就在所难免了。在这一文化背景和遗传因素下，中国NGO的发展及其“民间治理”就难免产生一定程度的“路径依赖”效应。一方面，国家对NGO的管理、扶持和鼓励，在相当意义上是出于令其服从服务于政府中心工作的考虑，或者令其成为政府行政职能的实际延伸和助手，力图借此更好地发挥其社会管理职能和维持社会秩序。因而，要在人、财、物等各方面来控制或制约着NGO，甚至使其成为机构改革的重要分流渠道；而另一方面，相当数量的NGO也出于风险、收益和绩效考虑，往往主动靠近政府，甚至热衷于向政府要编制、要经费、争职能，以寻求其合法性、权威性，而不是在服务性和代表性上下工夫。[46] 这“合作”与治理进程中政府与NGO的互动合作是有相当距离的，它们这样选择“实际上并不是非理性的，而是为了在这种社会环境下生存的唯一理性策略”[47]。在这种相互强化的“路径依赖”过程中，NGO就缺少社会性、自主性，很难有效发挥其“民间治理”功能。应当说，这是制约中国NGO及其

---

[43] 参见贾西津等：《转型时期的行业协会——角色、功能与管理体制》，15页、230页，社会科学文献出版社，2004。

[44] 王名等：《民间组织通论》，46页，时事出版社，2004。

[45] 参见［美］墨子刻：《中国历史背景中的西方市民社会观念》，秋风译，http：intellectual. Members. easyspace. com \ china \ civil.

[46] 参见翟鸿祥：《行业协会发展理论与实践》，215页，经济科学出版社，2003。

[47] 参见［美］罗伯特·D·帕特南：《使民主运转起来》，208页，王列等译，江西人民出版社，2001。

“民间治理”的一个重要“瓶颈”。因此，必须通过政治体制改革、观念启蒙、民主法治建设等措施予以改变。

其次，是转型功能问题。中国的市场化、民主化改革，正在推进着中国社会的整体转型。在这一进程中，国家权力不仅面临着变革和“赶超”的巨大压力，社会多元分化、利益冲突和权利意识的觉醒，也对国家权力的合法性、权威性带来了挑战，传统社会纽带的瓦解和新兴价值观念、新型社会关系的浮现，又导致了信仰危机和道德沦落，这无疑就造成了权威和民主、自由和秩序、发展和稳定的内在张力。为此，政府出于维护权威、秩序和稳定的考虑，谨慎推进政治体制改革和扶持 NGO 发展，让它们担当政府的桥梁和助手角色，因而也就成为政府分散转型压力、落实方针政策、实现社会控制的“雇员”，而不是合作治理的“伙伴”。这固然有其一定的必要性，尤其在转型初期。但从长远来看，这并不符合 NGO“民间治理”的规律和趋势，也不利于有效发挥政府在转型期的应有职能。事实上，政府对权威、秩序和稳定的维护是对的，因为对一个现代化中国家来说，首要的问题是创建一个合法的公共秩序，人们不能无秩序而有自由，而“必须先有权威，然后才能对它加以限制”[48]。但是，NGO 的“雇员”功能不仅很难达到这一目标，还会加剧 NGO 的行政化、官僚化、异己化，使其仍旧是行政管理系统的组成部分。以社会自治的名号来行行政管理之实，后果可能会更糟。而且，这很难回应日益增长的社会化、多元化、自治化的民主诉求，利益冲突和权利主张也很难得到真正的化解和规制，从而危及权威合法性基础、民主法治进程和社会稳定。因此，必须把 NGO 从政府的“雇员”角色转换为合作治理的“伙伴”身份，以切实发挥其“民间治理”功能。这不仅能够有效建立起回应社会民主需求的社会化、多元化、自治化的互动治理机制，也有利于转型期的政府职能转化和提高管理绩效，从而真正确立政府的合法性、权威性和公信力，建立稳定的社会秩序和促进社会和谐发展。

再次，是动员能力和公信力问题。在我国，尽管 NGO 在近年获得了快速发展，但不容忽视的是，它们的动员能力和公信力一直不很理想。这里面自然包括政府对 NGO 的资源控制、市场经济发展程度不高等因素的影响，但更重要的是，NGO 的覆盖范围不大[49]，因而代表性差；领导层和工作人员老龄化、“非精英化”[50]，因而业务活动的组织能力和服务能力差；领导机构行政附庸化，因而对成员的权益主张和维护的能力差，甚至可能会出现某种“共谋”。这样，就使得成员对其缺少认同感、归依感和“家园感”，加之人们普遍缺少通过自组织力量解决问题、谋求发展的信念和习惯，因而，NGO 在收缴会费、自治管理及其他业务活动中，往往得不到成员和社会应有的信任和支持。这样，就呈现出明显的动员能力

---

[48] ［美］萨缪尔·亨廷顿：《变革中的政治秩序》，8 页，李盛平译，华夏出版社，1988。

[49] 发展较好的上海行业协会的平均覆盖率也只有 50.7%，而全国性行业协会的覆盖率一般不超过 40%。参见余晖：《转型时期行业协会的发展不足及其阻因》，http：//www. finance. sina. com. cn.

[50] NGO 的领导层和工作人员中，有相当一部分是政府分流人员，或者是没有太好其他职业选择的人员，因而能力、水平和敬业精神都有待提高。这自然呈现一种“非精英化”。

不足和公信力缺乏，而这种不足和缺乏又反过来抑制了 NGO 的健康发展及其“民间治理”功能的充分发挥，从而降低其动员能力和公信力。这就需要淡化 NGO 的行政化和附庸化倾向，实行政社、党社脱钩，加强其组织建设和能力建设，增强其代表性、自主性和“精英化”，进而推进 NGO 的良性发展和“民间治理”的实现。

最后，是法律规制问题。NGO 的发展离不开制度的合法化保障。特别在转型期，NGO 及其“民间治理”在政府职能转换和社会改革中的作用日益重要，其法律地位、组织机构、业务活动范围、权利和职责、经费筹集使用、税费待遇、工资保险、管理体制等等，都须明确的界定和保障，尤其是 NGO 与政府的关系。然而，我国尚没有《结社法》或《民间组织法》，而只有一个程序性的登记管理条例，这无疑不利于 NGO 摆脱行政干预而自主化、社会化，缺少民主自治的可靠制度保障。另一方面，我国处于市场经济发展的初级阶段，经济发展水平和社会文明程度不高，人口众多而法制观念不强，人们的结社意识和习惯也明显不足，因而，一些 NGO 则出于一己欲求或“小群体”利益的考虑，趁改革之机谋取不当利益，少数民间组织甚至还从事一些违规违法活动，传统宗族势力和迷信势力也有某种复苏的迹象（如乡村治理中的“宗族势力”、“法轮功”组织等），从而危及法治秩序和社会稳定。其实西方学者已经注意到，“公民社会并不会自动变得民主。许多团体可能会利用公民社会的相对自由来追求反民主的目标”[51]。而非洲、东亚、南美一些转型国家的经验教训也表明，一旦“不良”民间组织失控，就会形成市民社会的内部冲突和斗争，这对政治变革和民主法治进程都是致命的威胁。[52] 而对于转型中国而言，面临着人口和能源、环境和发展、国家安全等诸多亟待解决的困境和问题，这就更需要渐进式的民主变革和秩序稳定，而不能是“文化大革命”那种无政府主义式的“大民主”。因此，必须对 NGO 及其“民间治理”进行必要的法律规制。由此看来，建立健全 NGO 的法律制度体系和理顺管理体制，切实维护 NGO 的独立性、自主性、社会性，保障 NGO 的合法权益和“民间治理”功能，限制非法结社和 NGO 的非法活动，使其在法制的轨道上健康发展，已成为推进中国民主法治建设的重要一环。

---

[51] ［美］戈兰·海登：《公民社会、社会资本和发展：对一种复杂话语的剖析》，周红云译，载何增科主编：《公民社会与第三部门》，102 页，社会科学文献出版社，2000。

[52] 参见［英］戈登·怀特：《公民社会、民主化和发展：廓清分析的范围》，何增科译；［美］保罗·斯特里滕：《非政府组织和发展》，李楠译；［美］杰勒德·克拉克：《发展中国家的非政府组织与政治》，闫月梅译，载何增科主编：《公民社会与第三部门》，83～86 页、324 页、382 页，社会科学文献出版社，2000。

张中秋

人与文化和法*

——从人的文化原理看中西法律文化交流的可行与难题及其克服

简 介

张中秋，1962年生，法学博士，中国政法大学教授，博士生导师，教育部人文社会科学重点研究基地中国政法大学法律史学研究院常务副院长。曾应邀赴美、德、法、日、韩等国，及我国台湾和香港地区讲学和合作研究。发表学术论文六十余篇，其中在美、德、日、韩、法等国，及我国台湾地区学术刊物上发表论文多篇；出版著作十余部，其中专著5部，代表作有《中西法律文化比较研究》。研究方向为法律文化。

---

* 原发表于《中国法学》，2005（4）。收录时有修订。

人的文化原理

人与文化及其原理是这一部分要讨论的内容。为什么从人与文化开始呢？我的思考是，法是文化的一部分，文化是人类的产物，一切文化具有人类性。所以，文化问题实质是人类问题，倒过来也可以说，人类问题本质上是文化问题。这是一种还原法，但还未穷尽，因为自然是万物之母，人类的一切原本都是自然的造化，自然⟶人类⟶文化构成了从物质世界到人文世界的逻辑展开。同样，回溯文化⟶人类⟶自然又是我们求索人文世界原理的基本理路，中国的法自然和西方的自然法思想已开示出这样的理路。① 按说，本文的推导应从人与自然开始，但这个问题太大了，这方面的思考还不成熟，为简便计，就从人与文化出发吧。这当然不是最扎实的办法，只能说是便宜行事而已。

人是文化的原点，人与文化的关系是一本万殊，无论多么复杂的文化现象都是从人这个原点发散出去的，因此，文化原理可以还原为人的原理来认识。人的原理是什么？科学、哲学、文学，甚至科学中不同的学科，譬如生物学与心理学，都会给出不同的答案。受梁漱溟先生《人心与人生》② 的启发，经过我自己的观察和体悟，我以为从人生论哲学出发，无论是作为个体的人还是群体的人类，本质上人的身体与心灵的关系，简称身心关系，就是人的原理关系。它意味着人与自然、社会以及人与人之间的关系，在原理上可以追溯到人的身心关系，也就是说身心关系是以人为主体的各种关系的原型。

人的身心是一种什么关系，没有定论。经验、思考和研究都告诉我，“心主身从”应是文明时代人的原理关系。心主身从的含义是心灵支配身体。这在文明时代是显见的事实和普遍的现象，蒙昧时代并非如此，越原始的人越受身体本能支配。心主身从标志着人类进入了文明时代，而且迄今仍是人类文明的原动力。人类创造的一切文化，包括法律文化，背后都有这一原理支配的影子。因此，我将它称之为人的文化原理。依据这一原理，可归入心的范畴的神/人、灵魂、意志、精神、文明等与理性相关的概念，与可归入身的范畴的人/动物、躯体、本能、物质、野蛮等与非理性相关的概念，

---

① 中国文化原典有这样的记述，如《易》曰“天垂象，圣人则之。”《老子·二十五章》曰：“人法地，地法天，天法道，道法自然。”西方从古希腊到现代的自然法思想也是这样的理路，如洛克在《政府论》（北京：商务印书馆 1986 年版）下篇中说到：“自然状态有一种为人人所遵守的自然法对它起着支配作用，而理性，也就是自然法，教导着有意遵从理性的全人类。”笔者对此有过探讨，参见张中秋：《中西法律文化比较研究》，356～360 页，395～402 页，北京，中国政法大学出版社，2006。

② 梁先生在他的《人心与人生》（上海，学林出版社，1984）10～12 章中畅谈了人心与人身的关系，本人深受启发。但他并未明确提出“心主身从”这一概念，我是依据自己的理解加以概括的，并应用于人的文化原理分析。如有谬误，与梁先生无关，责任在我。

就有了对应关系。心主身从要求后者服从前者，准确地说是理性控制非理性，精神支配物质，神灵指导人类。人类文明共同遵循着这一人的文化原理，法律文化亦不例外，中西法律文化即以此为轴心而展开。

人的文化原理是中西法律文化展开的轴心和结构模式（原型）

人的文化原理在中国文化中的对应体现是阳主阴从。这是中国文化最根本最独特的表现。这一观念的核心是，世界包括自然世界和人类世界，本质上都是道的世界。道由阴阳构成，阴与阳的关系是阳主阴从。这就是道，用现代话说，即是事物构成的原理。③ 它是传统社会的中国人对宇宙、自然、社会、国家、家庭和人生一以贯之的基本认识。它认为万物由阴阳合成，同时内贯阳主阴从的法则。譬如，日与月、明与暗、清晨与黄昏、春夏与秋冬等，前者属阳，后者属阴，两者合成同时阳主阴从构成完美事物。自然世界如此，人类社会也是这样。按照它的逻辑，天子与臣民、国家与社会、官方与民间、政治与经济、道德与法律、贵与贱、尊与卑、长与幼、男与女、父与子、夫与妻、妻与妾、公与私等，同样是阴阳结合阳主阴从的对应和体现。④

阳主阴从在中国法律文化中的对应体现是德主刑辅。德代表阳性，刑代表阴性，德主刑辅隐喻阴阳结合又阳主阴从。《唐律疏议》开宗明义所揭示的“德礼为政教之本，刑罚为政教之用，两者犹昏晓阳秋相须而成者也”⑤，点明了德主刑辅与阳主阴从的关系。这是心主身从的人的文化原理在中国法律文化中的表达。唐律是中华法系的代表，在中国法律文化系统中具有承前启后的意义。因此，可以这样认为，德主刑辅或者人的文化原理是中国法律文化展开的轴心和基本的结构模式（原型）。

人的文化原理在西方文化中的对应体现是精神对物质的支配和上帝对人类的指导。西方文化有理性和宗教信仰两个系统，从理性系统讲是精神对物质的支配，从宗教信仰系统讲是上帝对人类的指导。⑥ 这两个系统在时空上有分隔又有重叠，希腊罗马时期和文艺复兴以来是理性支配的时代，欧洲中世纪是信仰的时代，而自罗马帝国后期基督教兴起至今，理性和信仰在对极的同时复有纠葛和重叠。这是我所理解的西方文化

---

③ 参见冯友兰：《中国哲学简史》，144～1153页，北京，北京大学出版社，1996。

④ 大儒董仲舒在《春秋繁露·基义》中说的一段话可谓经典。他说：“凡物必有合……阴者阳之合，妻者夫之合，子者父之合，臣者君之合。物莫无合，而合各有阴阳。阳兼于阴，阴兼于阳。夫兼于妻，妻兼于夫。父兼于子，子兼于父。君兼于臣，臣兼于君。君臣父子夫妇之义，皆取诸阴阳之道。君为阳，臣为阴。父为阳，子为阴。夫为阳，妻为阴……阳之出也，常县于前而任事；阴之出也，常县于后而守空也。此见天之亲阳而疏阴，任德而不任刑也。是故……德礼之于刑罚，犹此也。故圣人多其爱而少其刑，厚其德而简其刑，此为配天。”

⑤ 长孙无忌等撰，刘俊文点校：《唐律疏议》，3页，北京，中华书局，1983。

⑥ 西方文化有两个来源，一是古希腊的理性主义，一是希伯来的犹太—基督教传统。前者演变为理性—科学系统，后者演变为宗教—信仰系统，两者相反而相成，构成西方文化的整体。参见［英］罗素：《西方哲学史》，北京，商务印书馆，1982；［英］W.C.丹皮尔：《科学史》，北京，商务印书馆，1997。

的大概。

精神对物质的支配和上帝对人类的指导在西方法律文化中的对应体现是理性对非理性的控制（指导与规范）。从苏格拉底开始，理性主义的自然法思想在希腊、罗马以及近代欧洲，一直是占支配地位的主流法律思想，并且在希腊法、罗马法和近代欧洲法中得到了贯彻。⑦ 按实证主义的科学观，信仰不在理性的范畴内，但在宗教神学体系内，信仰是理性的完美形态，中世纪对上帝的信仰即是那种语境下的理性表达。因此，从它的内部看，不能说上帝指导下的中世纪法是非理性的，应该说它贯彻的是一种不同于自然/人文理性的理性，即以信仰为支撑的神学理性。⑧ 从十九世纪开始，这几种理性都受到了批判，科学理性或者说实证主义成了影响和改造西方法的主要力量。⑨ 概括来看，体现理性的自然法和神法对具有非理性倾向的制定法和人法的控制（指导与规范），是心主身从的人的文化原理在西方法律文化中的表达，也是西方法律文化展开的轴心和基本的结构模式（原型）。

从人的文化原理看中西法律文化交流的可行与难题及其克服

这一部分是讨论的重心，但依然建立在人的文化原理上，所以说是从人的文化原理看中西法律文化交流的可行与难题及其克服。先说可行。从表象和已有的研究看，中西法律文化的差异已使它们成为两种不同类型的法律文化。⑩ 其实，通过还原法，我们又可以发现它们极其重要的共同性。第一，一切法律关系可以还原为人的关系，不论这类关系表现为何种形态，人始终是主体和原点。中西方在调整人与神、人与人、人与物，以及人与社会和自然的关系中，的确形成了不同的法律文化，但我们没有理由怀疑“人”不是这两种文化的主体和原点，即便是在中世纪的欧洲，上帝也是人格化的神。第二，如前所述，在人的身心二元结构中，心主身从是文明时代的人的文化原理，以人为原点发散出去的文化遵循着这一原理。毫无疑问，中西法律文化是人类文明时代以人为主体和原点的文化，内贯着共同的人的文化原理。第三，从法律成长的经验来看，人的文化原理同是中西法律文化展开的轴心和基本的结构模式（原型）。由此可见，中西法律文化在人的文化原点、原理及其展开的轴心和结构模型上有其共同性，因此两者的交流本质上是可行的。这虽是推论，但它是符合逻辑的。正如我们所知，科学的生命在于逻辑。

---

⑦ 参见［美］E. 博登海默：《法理学——法哲学及其方法》，1～21页，34～68页，161～176页，北京，华夏出版社，1987。

⑧ 参见［美］G. H. 萨拜因等：《政治学说史》（上册），292～313页，北京，商务印书馆，1990；［意］托马斯·阿奎那：《阿奎那政治著作选》，103～130页，北京，商务印书馆，1982。

⑨ 参见前揭［美］E. 博登海默：《法理学——法哲学及其方法》，106～165页、177～181页。

⑩ 迄今为止，据笔者所知，这是共识，同时也是不争的事实。依文化类型学的观点，中西法律文化是差异明显的两种法律文化，对此笔者在拙著《中西法律文化比较研究》第1～8章中有较系统的阐述。但问题是这样的类型研究并未触及，或者说尚未深入到更基本的人的原理层面，充其量只是对原理作用下诸经验现象的观察与分类。

既然如此，实践中中西法律文化的交流为何又困难重重，难题在哪儿？依笔者所见，从人的文化原理出发，两者在心主身从的“心”的内涵偏重与变动上有异，从而造成了它们交流上的困难。由上推论可知，心在中国文化中的对应体现是阳，阳在法律中的对应体现是德。德是人的一种内在品质，也即道德，或者说实践理性。中国主流文化认为，人之所以为人在于德，德性是人的根本，是人禽之大别。⑪ 所以，心主即是德主，德主刑辅即是人的理性对非理性的控制。但由于这种理性的内涵偏重于人内在的品质，体现为人的道德和人格，因此，中国之治可谓道德之治、人格之治。类似于中医，它是一种合乎中国文化之道的理性之治。⑫ 相对而言，心在西方文化中的对应体现是神灵/上帝/精神，其在法律中的对应体现是理性。西方文化有一基本认识，认为人是理性的动物，理性是人区别于其他动物的本质属性。⑬ 在虔诚的宗教徒看来，上帝当然拥有最高的理性，人的理性不过是对上帝理性之光的分享。⑭ 所以，心主即是以神或以人的理性为主。由于西方文化中的理性在内涵上偏重于人的智性和精神方面，表现为人的知识或信仰，因此，西方之治可谓知识之治、信仰之治。⑮ 法学是一套知识，法治实际是以智性为源头的知识之治。类似于西医，它是一种合乎西方文化之道的理性之治。

由此我们不难发现，对“人是什么”的不同定义，会发展出不同类型的人类文化。中西法律文化的差异实与此相关，但同时我们又要注意到，这两种文化其实都是植根于共同的人的文化原理之上的理性控制，所不同的只是理性内涵的偏重不同而已。为什么会有这种不同，深究下去问题更复杂。我有一条朦胧的线索，办法仍是把问题还原，感觉

---

⑪ 这是中国文化的基本点。从《易经》开始，中国主流文化一向认为，事物的原理为道，属性在德。德是物之为物、人之为人的根据所在，也即事物的内在理据。天地自然有无私之大德，所以成就天地自然之伟大。人因其有德才成其为人，人一旦没有德或缺德就是禽兽。中国古代规定亲属犯奸的“内乱”为“十恶”大罪之一，理由即是“禽兽行”。如《唐律疏议·名例》“十恶·内乱”疏议曰：“《左传》云：‘女有家，男有室，无相渎。易此则乱。’若有禽兽其行，朋淫于家，紊乱礼经，故曰‘内乱’。”

⑫ 学界对此长期存有一种模糊认识，法学界尤甚，以为西方强调理性，中国注重德性，至于德性是不是理性并未深究。笔者以为这个问题要比较认识，在中国话语中，德性即理性，但相对于西方，它是一种偏重于德，也即重在人的品质的理性。西方的理性在它的话语系统中，当然是理性，而且倾向于纯粹理性，但相对于中国，它显然是一种立足于智性和信仰上的理性。然而，毫无疑问，德性是一种理性，否认这一点，就是对心主身从这一人的文化原理的怀疑。

⑬ 这是西方文化的基本点，从古希腊苏格拉底、柏拉图、亚里士多德，特别是从斯多噶学派开始，西方主流文化一直建立在把人视为理性动物这一基本点上。思想言论不必说，社会的进步和政治法律制度的确立也莫不有赖于此。举世闻名的罗马法和《法国民法典》以及美国宪法等，都是对理性人的认定和有关理性人权利的构造。

⑭ 伟大的政治学家G. H. 萨拜因在讨论托马斯·阿奎那的思想中，对此有非常精彩的阐述，其中最精彩的一句是：“信仰是理性的完备形态”。这不仅是对阿奎那，也是对整个西方中世纪，甚至是站在宗教立场上对所有宗教信仰的概括。参见前揭［美］萨拜因等：《政治学说史》（上册），296页前后。

⑮ 西方的治理模式的确可以简约为知识之治和信仰之治。法治属知识之治，即依法学或法律科学的治理，罗马法经典《法学总论》（北京，商务印书馆，1989）开卷就有这样的明示：“法学是关于神和人的事物的知识，是关于正义与非正义的科学。”法治是古希腊、古罗马和近代以来西方的主要治理模式。有效的宗教控制是建立在信仰之上的，中世纪特别是9～12世纪的欧洲盛行这种治理模式。

从创世神话和原始思维中生发的宇宙论是分歧的关键。[16] 中国是有机宇宙论，西方是机械/神创宇宙论。[17] 有机宇宙论认为，道生一切，而且道还是自动的，一切顺其自然就是合乎道。合乎道即是事物的自我实现，这是最美好不过的。对于人，他/她应该过一种有德性的生活，因为这是合乎人的道的展开和实现。因此，德治或者说人格之治，成了中国语境中的理性控制。机械/神创宇宙论认为，宇宙是自然形成或上帝创造的，是被动而不是自动的，它按照机械原理或上帝的精心设计在运行，人类要认识宇宙或接近上帝，就要努力去理解事物的原理和上帝的设计，知识和信仰是最好的途径，理性—智性—知识/信仰使人具备这种特殊的能力。因此，法律与宗教，或者说知识与信仰之治，自然成为西方语境中的理性控制。

在内涵偏重有异的同时，值得注意的中西差异还有内涵的变动。中国自西汉至清末两千多年，不仅法律文化基本的结构模式没有变化，这一结构中的内涵也没有变动，德主刑辅中的“德”与“刑”始终是儒、法两家的内容。原因在于中国文化之道没有变，即宋儒所说的“天不变，道亦不变”，也即从身与心──→心主身从，到阴与阳──→阳主阴从，再到刑与德──→德主刑辅，其间相互的对应存续关系可谓一以贯之。西方法律文化基本的结构模式本身也没有变化，但其内涵中的理性与非理性的内容多有变动。在理性方面，西方从古希腊到现代，由自然理性到神学理性再到人文/科学理性。[18] 恰如黑格尔辩证法所包含的：肯定──→否定──→否定之否定，一路变动过来。在非理性方面则相应而动。这样的情形与内涵偏重一样，长期以来已成为传统。这加大了中西法律文化的差异。

虽然源于人的文化原理的同一性，理性对非理性的控制是中西共同的法律文化结构模型，但双方理性内涵的偏重与变动，以及由此而形成的传统则构成了两者的差异。且不说中西理性有何分歧，仅此差异已内定了双方交流的困难。然而，困难不是不可克服的。从学理上讲，共同的文化原点、原理、轴心与结构模型是交流可行的基本保证。在此基础上，文明的内在倾向，人类追求进步的天性，还有因文化压力而激发出来的革新动力，再加上中西方在文化交流中所得的经验与智慧等，都有助于交流的进行。

---

⑯ 这是困扰我的老问题，我一直在寻找这方面的答案，但所获甚微，后来在阅读泰勒、葛瑞汉特别是马绛的论著时受到启发，有了这个想法。参见［英］爱德华·泰勒：《原始文化》，上海，上海文艺出版社，1992；葛瑞汉的论文《阴阳与关联思维的本质》和马绛的论文《神话、宇宙观与中国科学的起源》（载［美］艾兰等主编：《中国古代思维模式与阴阳五行说探源》，南京，江苏古籍出版社，1998。）

⑰ 有关中国有机宇宙论的观念，最重要的记载是《易经》、《老子》、《大学》和《中庸》，相关讨论可参见［美］成中英：《论中西哲学精神》，216页前后，上海，东方出版中心，1991；*W. M. Tu*，*The Continuity of Being*：*Chinese Versions of Nature*，*Confucian Thought*，*Albany*：*State University of New York Press*，*1985*，*p. 38*。西方的宇宙观主要是机械论，从亚里士多德到牛顿是这一主流认识，神学论实质上也是一种机械结构。参见［英］W.C. 丹皮尔：《科学史》，自然与物理学部分，北京，商务印书馆，1987；［英］罗宾·柯林武德：《自然的观念》，北京，华夏出版社，1999。

⑱ 有关西方理性的辩证发展史，参见前揭［英］罗素《西方哲学史》。

以中西法律文化交流的实践检讨并推论上述认识

以上是理论推导。在这一部分，我要用中西法律文化交流的实践来检验这种推导。中西法律文化迄今有不对等的双向交流，十九世纪以前，中国文化包括以文官制度为核心的广义法律文化，经传教士的传播对西方产生了重要影响[19]；十九世纪以来，西方法律文化被大规模移植到中国。[20] 这一历史和当下的实践表明，中西法律文化交流的可行已是不争的事实。这与笔者通过理论推导所得到的认识一致。同时，具体考察双方交流的实践，可以发现交流总是伴随着激烈的争论以至冲突，特别是中国对西方法律文化的移植引起了观念、制度和部分社会的冲突与混乱。这一事实又印证了笔者的另一个推导性认识，即中西法律文化的交流是有困难的。在此我们可以做一些分析，看看中西法律文化交流的可行是否与原理的同一性相关，而困难是否又与歧异相关。

毋庸赘言，追求文明和先进是中西文化交流的主要动因。我把这命名为A项。德礼优先（中国模式）还是法律优先（西方模式），这是晚清中国在移植西方法律文化中最难的问题。[21] 结果是通过继受日本化的西方法律文化，并在礼教问题上加以变通而解决。[22] 我把这命名为B项。A项表明，中西法律文化在文明和追求文明上是相通的。如前所说，心主身从是文明时代的人的文化原理。基于文化原理的同一性，即共同的文明趋向，交流因此是必然同时又是可能的。B项表明，双方交流的难题恰是我在前面指出的歧异所在，继受日本化的西方法律文化和继受中的变通，这两步程序使分歧和差异缩小到了可交流的程度。从文化原理上讲，中国法律文化结构中偏重于德的理性的内涵让出空间，用于接纳西方的理性。这样，双方原先对应于文化原理中“心/理性”的内涵—德性与智性、道德与法律、人格与知识—的不同偏重开始调整，在人力和时势的作用下，逐渐向接近⟶接受⟶混合⟶调和⟶融合的方向变动。

具体可以说，中国法律文化内在具备接纳西方偏重于智的理性，也即中国法律文化能

---

⑲ 这是为法学界长期所忽视的问题，近来虽已引起关注，但从人的文化原理探讨法律文化交流的不多。有关研究参见［法］安田朴：《中国文化西传欧洲史》，北京，商务印书馆，2000；史彤彪：《中国法律文化对西方的影响》，石家庄，河北人民出版社，1999。另，何勤华、公丕祥诸教授发表的有关论文也可参阅，兹不征引。

⑳ 自晚清“变法修律”开始，中国一直在大规模地移植吸收西方法律文化。清末是模仿日本学习西方，民国是直接向德国学习，红色政权自建立到中华人民共和国成立初期完全以苏联为榜样，改革开放以来开始面向世界。百年来我们有一个共同的目标，就是吸收先进的法律文化以建设自己的新法律文化。这过程充满曲折，其中的得失甘苦言不能尽，但这一历史性的课题尚未完成，仍需努力。

㉑ 这是晚清“变法修律”中争论最激烈、困难最大的问题，以沈家本为代表主张改革的法理派，与以劳乃宣、张之洞为代表的礼教派就此展开了激烈的争论。有关材料参见《清末筹备立宪档案史料》（上、下册），北京，中华书局，1979。

㉒ 笔者对这个问题有过考察，结论是选择日本作为继受西方法律文化的中介，以及继受中根据国情再作变通，这两个步骤实际减缓了中西法律文化的冲突，从而使晚清中国移植西方法律文化成为可能。参见张中秋：《继受与变通：中日法律文化交流考察》，载《法制与社会发展》，2003年第2期。

够接纳西方源于智性的知识之治或者说法治模式。这是因为偏重于德的理性并不排斥智的理性。中国的德实际包含着仁、义、礼、智、信，即通常所说的德目。[23]由此可见，中西理性在智的问题上，并无根本冲突，只有位序差异，调整后可以衔接。调整的路径是收缩仁、义、礼，放大智与信，这样中西法律文化借着理性中智与信的沟通可望会通。同时，我要指出，中国法律文化内在不具备接纳西方偏重于信仰的理性，也即中国法律文化难以接纳西方的宗教/信仰之治。因为中国的理性中原本没有这样的要素，仁、义、礼、智、信的"信"是信义而非信仰，宗教信仰在中国法律文化中早已让位于宗法伦理。[24] 因此，中国能接受西方的法治，断难接受西方的宗教/信仰之治。这是纯学理的分析，但完全符合实际，说明这分析有其价值。这即是我所理解的中国移植西方法律文化，或者说交流中的难题在中国被逐步克服的路径。

当下中国法律实践所贯彻的一项基本原则，是吸收人类的一切先进文化，这其中当然而且首先包括西方法律文化。这表明，追求文明和先进依然是我们与西方交流最根本的理由和目标。这是历史课题的继续，是人的文化原理在中西法律文化交流中继续发挥作用的表现。当下中西法律文化交流中最具争议的问题是人权，这也是双方的难题所在。但我们将其与晚清的情形稍作比较即可发现，晚清是模式和途径的分歧，现在国人对法律优先的治理模式和途径已不存争议，人权价值及其保护也是共识，争议的只是人权内涵中不同子项的前后轻重缓急问题。[25] 其实，这争议仍与中西法律文化的歧异相关，因为偏重于德的理性必然要赋予人权更多的俗世关怀，而偏重于智性和信仰的理性自然更关注人权普遍的精神意向。但我们要看到，中西法律文化交流在人的文化原理的同一性基础上，已跨过因理性内涵偏重和变动不同所引起的治理模式和途径的分歧。这是原理范畴内的结构性变动，意义重大，预示着双方交流的难度在递减。

现在我们还可以就未来中西法律文化交流的走向试作推论。在未来的中国，无论是大陆还是包括海峡两岸的大中华，中西法律文化无疑是我们新型法律文化版图中的主色。在

㉓ 参见牟宗三：《周易哲学演讲录》，113 页，上海，华东师范大学出版社，2004。

㉔ 参见前揭张中秋：《中西法律文化比较研究》，126～165 页。

㉕ 现在中国政府与西方在人权争论上的主要焦点，是生存权与政治性的言论自由权孰先孰后，还有人权的普适性与特殊性问题，至于人权本身是有共识的，即对《世界人权公约》的认可。平心而论，西方经历了千年的宗教迫害和信仰限制，信仰和言论自由对他们弥足珍贵，这是可以理解的。而资本主义的成功，丰富的物质条件，使民众的生存早已不成问题。所以，他们总是高喊言论自由的口号。与西方不同的是，中国有几千年专制，但主要限制在政治领域，至于普通人的信仰，官方是从来不干涉的，所以有人信关公，有人拜菩萨，有人做道士，更多的人是敬祖宗。事实上，只要是不涉及政治，信仰和言论对中国人来说从来都是自由的。这是中国民众对民主人士为争取信仰和言论自由奋斗不懈而漠然处之的深刻背景。相反，中国百姓长期贫穷，古来太平盛世富人只是少数，民间为细小利益争斗不已，以至六亲不认、骨肉相残、对簿公堂者，真可谓不胜牧举，其中一个重要的原因就是因为穷。《名公书判清明集》和《刑案汇览》中这样的案例并不少见。百姓穷，生存就有问题。一旦生存有问题，社会治安和政治稳定就要受到威胁。这个问题至今还没有彻底解决。所以，中国政府总是把百姓的吃饭问题，即他们所理解的生存权，视为头等大事，实乃事出有因。当然，双方争论的原因不止于此，但不谙对方的法律文化传统，尤其是处于强势的西方无视中国国情，也是致使争论复杂化的原因之一。

这过程中，人的文化原理的同一性，以及治理模式和途径分歧的弥合，将更有力地推进已有的交流，人权难题也将在双方的斗争与协调中逐步化解。一方面，中国的进步将使源于西方理性的人权的普遍性在中国更多落实；另一方面，中国的崛起和多极世界的形成，将使体现多元文化，特别是与德性相关的中国人权观，获得更多的认同和尊重。届时，中西法律文化交流有望进入对等、互补、会通的新阶段。这样的看法是否过于乐观和武断了，还请大家批评。

马作武

孔子杀少正卯考论*

简介

马作武，1960年出生于湖北省大冶市。先后就读于中国政法大学（1979年）、武汉大学（1986年）、北京大学（1991年），分别获得法学学士、硕士、博士学位；1993年12月进入中国人民大学博士后流动站工作两年，系中国法律史学科第一位博士后研究人员。现为中山大学法学院教授，博士生导师，中山大学法律史研究所所长。已出版的个人专著有：《清末法制变革思潮》、《中国法律思想史纲》、《中国古代法律文化》，《中国传统法律文化研究》，并有学术论文六十余篇在全国性刊物发表。

* 原发表于《中外法学》，2005（5）。收录时有删节。

关于孔子杀少正卯这段公案，历来聚讼纷纭，我也曾作过肯定性的论述。① 后来发现否定性的观点竟是当今学界的主流，疑惑之余又滋生了进一步澄清事实，以正视听的念头。毕竟兹事体大，其是非的意义远甚于事情本身，尤其是在需要对中国历史文化传统作出正确评价的今天。

有关孔子杀少正卯的记载见于多处，《荀子·宥坐》曰：

孔子为鲁摄相，朝七日而诛少正卯。门人进问曰：夫少正卯，鲁之闻人也，夫子为政而始诛之，得无失乎？孔子曰：居，吾语女。其故：人有恶者五，而盗窃不与焉。一曰心达而险，二曰行辟而坚，三曰言伪而辩，四曰记丑而博，五曰顺非而泽，此五者，有一于人，则不免于君子之诛，而少正卯兼有之。故居处足以聚徒成群，言谈足以饰邪营众，强足以反是独立，此小人之桀雄也，不可不诛也。

《说苑·指武》的记载更详：

孔子为鲁司寇，七日而诛少正卯于东观之下。门人闻之，趋而进，至者不言，其意皆一也。子贡后至，趋而进，曰："夫少正卯者，鲁国之闻人矣，夫子始为政，何以先诛之？"孔子曰："赐也，非尔所及也。夫王者之诛有五，而盗窃不与焉。一曰心辨而险，二曰言伪而辨，三曰行辟而坚，四曰志愚而博，五曰顺非而泽。此五者皆有辨知聪达之名，而非其真也。苟行以伪，则其智足以移众，强足以独立。此奸人之雄也，不可不诛。夫有五者之一，则不免于诛，今少正卯兼之，是以先诛之也。"

除此之外，《史记》、《淮南子》、《汉书》、《论衡》、《孔子家语》等文献中均记述了此事。直到南宋，著名学者朱熹、叶适等方对此提出了质疑，朱熹说：

若少正卯之事，则予尝窃疑之。盖《论语》所不载，子思、孟子所不言，虽以左氏《春秋内、外传》之诬且驳，而犹不道也，乃独荀况言之。是必齐鲁诸儒愤圣人之失职，故为此说，以夸其权耳。吾又安敢轻信其言而遽稽以为决乎？②

叶适也认为孔子诛少正卯之说"殆书生之寓言，非圣贤之实录也"③。清人崔述说："圣人之不贵杀也如是，乌有秉政七日而遂杀一大夫者哉！……此盖申韩之徒言刑名者诬圣人以自饰，必非孔子之事。"④ 自此之后，孔子诛少正卯之事聚讼纷纭，颇令人莫衷一是。⑤

---

① 参见拙文《孔子法思想辩正》，载《法学评论》，1998（1）。

② 《朱熹集》卷六十七，3520～3521页，四川教育出版社，1996。《朱子语类》卷九十三也有类似说法。

③ 叶适：《习学记言序目》卷十七，233页，中华书局，1977。

④ 崔述：《崔东壁遗书·洙泗考信录》卷二，上海古籍出版社，1983。

⑤ 当代否定说最有代表性之作，有徐复观的《一个历史故事的形成及其演进——论孔子诛少正卯》，载《中国思想史论集》，上海书店出版社，2004；夏长朴：《子为政焉用杀——论孔子诛少正卯》，载《国际儒学研究》第五辑，中国社会科学出版社，1998；俞荣根：《道统与法统》，法律出版社，1999。

对否定说予以归纳，其据主要有五：

其一，即朱熹所谓："《论语》所不载，子思、孟子所不言，虽以左氏《春秋内、外传》之诬且驳，而犹不道也。乃独荀况言之。"

其二，即清人崔述所谓："春秋之时，诛一大夫非易事，况以大夫而诛大夫乎？孔子得君不及子产远甚，子产犹不能诛公孙黑，况孔子耶?"⑥

其三，"从法律宗旨上说，杀少正卯是为了惩罚思想犯罪，维护思想的一统，而孔子时代并无惩罚此种思想犯罪的社会条件和政治需要。"⑦"在儒家思想中，绝找不出用杀来解决思想异同之争的因素。"⑧

其四，"孔子在政治上是最反对用杀，乃至用刑的人。"⑨

其五，认为此事是法家所伪造，即前述崔述所谓"申韩之徒言刑名者诬圣人以自饰"，今人则谓："它应是法家或具有法家色彩学者托古立说的一个具体证据，并且也是战国末期荀学与法家合流的产物。"⑩

以上五点，看似不无道理，其实殊难成立，兹条析如下：

一、从文献上分析只能得出肯定的结论

朱熹因孔子杀少正卯事在《论语》、《左传》中没有记载，子思、孟子也未言及，便质疑其真实性，这固然不乏一定道理，但个中因由也好解释。本来，此等大事应该在《论语》等经典中有所反映，只是孔圣人亲自杀人，这与其平日所言似乎不符，且有损作为圣人的形象。因为不管什么原因，杀人本身毕竟有伤仁爱宽厚。儒家有一个古老传统，即为圣人讳，为尊者讳，为贤者讳。无论是《论语》、《左传》，还是《中庸》、《孟子》，都是儒家自己的经典，有意回避，自在情理之中。

而记载此事的文献并不少，诸如《史记》、《汉书》等更是可信度较高的史书类文献，而且互相印证，言之凿凿。若是换作他人，早成铁案。只是因为牵涉到孔子，才引起后世的论争。值得指出的是，成书于汉代前后的诸多文献，如《史记》、《汉书》、《后汉书》、《淮南子》、《说苑》、《论衡》、《白虎通义》、《孔子家语》、《尹文子》等纷纷作了记载，从未见到当时有人对此予以否定或者质疑。汉代去古不远，学者也好，史家也罢，很难相信他

⑥ 钱穆在《先秦诸子系年》卷一《孔子行摄相事诛鲁大夫乱政者少正卯辩》中引述崔述此语，可见其亦有此意。

⑦ 俞荣根：《道统与法统》，64 页，法律出版社，1999。

⑧ 徐复观：《一个历史故事的形成及其演进》，载《中国思想史论集》，99 页，上海书店出版社，2004。

⑨ 同上揭，98 页。

⑩ 夏长朴：《子为政焉用杀——论孔子诛少正卯》，载《国际儒学研究》第五辑，114 页，中国社会科学出版社，1998。

们只是人云亦云，轻率地去照搬照抄一个子虚乌有的古老故事。[11] 且汉代自武帝独尊儒术之后，孔子地位日隆，已有圣人之称[12]，若是毫无依据，诸多学者绝不会众口一词给孔子抹黑。如果说是互相抄袭，但不能解释它们之间为什么有许多的不同。如前引《说苑》与《荀子》相比，就多了孔子门人对诛少正卯有看法的具体内容及其情节。论者多喜欢以诸文献中列举的少正卯五大罪状基本雷同为据，来证明它们之间互相抄袭的事实，但这同样缺乏说服力。因为孔子要为自己开杀戒而辩白，曾向自己的弟子解释原委，并罗列少正卯的五条罪状，这其实是他就其行为的合理性对社会，也是对历史做的一个交代。故所谓少正卯之"罪状"天下尽知，人人皆晓，文献对此记载略同也是必然。我们发现从孔子到朱熹，历经一千五百余年，其间我们没有听到一丝不同声音。春秋之事，如果我们置战国及汉人的记载于不顾，反要去笃信宋代以来一些学者因种种原因而提出的质疑，这显然与科学的态度及客观的精神相违背。

一般认为，最早记载此事的文献是《荀子·宥坐》，这颇令否定论者尴尬，因为荀子本人是儒学大师，在战国晚期以承传、光大儒学为己任，尽管他曾对孔子及孟子提出过批评，但都有理有节，尚不至于故意去无中生有，栽赃陷害。于是乎他们转而怀疑《宥坐篇》是否出自荀子之手，如徐复观和夏长朴先生分别在各自的文章中引述唐代学者杨倞《荀子集解》中的一句话以为依据，即杨倞在《宥坐篇》题注曰："此以下皆荀卿及弟子所引记传杂事，故总推之于末。"[13] 但这句话并非如他们所理解的意在表明《宥坐篇》以下非荀子手笔，而是因为这几篇的内容及章法与前有异，带有资料摘引的性质，所以杨倞认为这是"荀卿及弟子所引记传杂事"，并未否定出自荀子之手。退而言之，即便此乃其弟子所记，也没有理由要将无中生有之事强加在乃师名下。

如仅以某些文献没有记载为由而去怀疑其他文献的记载，则历史上的人与事都可让人生疑。这是历史虚无主义，不仅在逻辑上根本站不住脚，在学术方法上也是不科学的，同时这也违背了基本的社会生活常识。

钱穆先生在考证孔子是否"堕三都"时曾有言：

> 考古者贵能寻实证。实证之不足，乃揆之以情势，度之以事理，而会之以虚。孔子之堕三都，《左氏》言之，《公羊》又言之，《史记》又言之，三家之言，如出一辙。其为信史也，有实证矣。[14]

---

[11] 徐复观先生认为孔子杀少正卯这一"历史故事"最早记录于《淮南子》，然后"依《说苑》——→《尹文子》——→《荀子·宥坐》篇——→《孔子家语》的次序而演进的"。至于《史记》的有关内容，他认为是东汉人窜入的。但徐先生的依据，都是主观的臆断，全无材料的佐证，难以令人信服。参见徐复观：《一个历史故事的形成及其演进》，载《中国思想史论集》，102～108页，上海书店出版社，2004。

[12] 司马迁亲眼目睹了当时孔门的显隆："适鲁，观仲尼庙堂车服礼器，诸生以时习礼其家，余祗回留之不能去云。天下君主至于贤人众矣，当时则荣，没则已焉。孔子布衣，传十余世，学者宗之。自天子王侯，中国言六艺者折中于夫子，可谓至圣矣。"参见《史记·孔子世家》。

[13] 王先谦：《荀子集解》，卷二十，520页，北京，中华书局，1988。

[14] 钱穆：《先秦诸子系年》，27页，商务印书馆，2001。

此言应为一条普遍通用的规则，不知钱穆先生为何独于考证孔子诛少正卯时忘却？[15]

二、春秋时诛一大夫很平常

众所周知，春秋时代尚处于文明的早期，社会政治生活中自然充分表现出其野蛮与残暴的一面，刑戮是当时统治者最惯常使用的统治手段。例证俯拾即得，如《左传·昭公三年》记晏婴描述当时齐国的状况，有“国之诸市，屦贱踊贵”之语。昭公三年乃公元前539年，时当孔子十三四岁。又如《论语·公冶长》载：“子谓南容，邦有道，不废；邦无道，免于刑戮。以其兄之子妻之。”孔子为侄女选婿的主要条件竟然是“免于刑戮”，可见当时刑罚之滥。而《论语·泰伯》记载的另一故事，更具有典型性：

曾子有疾，召门弟子曰：“启予足！启予手！《诗》云：‘战战兢兢，如临深渊，如履薄冰。’而今而后，吾知免夫，小子！”

曾子在孔门以行事谨慎而著称，他在临终时竟是如此教训其弟子：看看我的脚！看看我的手！我一生胆小谨慎，才得以保全手足。今日之后，我才知道自己方能免遭刑戮啊！这个故事生动反映了当时社会肆刑乱杀已经到了何等恐怖的地步。

钱穆先生虽然对孔子诛少正卯持否定态度，但针对崔述“春秋之时，诛一大夫非易事，况以大夫而诛大夫乎”的疑问，他指出春秋时既有“诛士之意”，复有“诛士之行”[16]。郑国杀大夫邓析，即是现成的例证。[17] 又据《左传·成公十五年》记载，晋国执政郤氏杀大夫伯宗及栾弗忌，时为公元前576年。仅过了两年，晋国杀三郤，“皆施诸朝”[18]。公元前550年，晋灭栾氏[19]；公元前514年，晋灭祁氏、羊舌氏[20]；公元前538年，楚灭庆封氏[21]；公元前515年，楚令尹子常杀费无极且灭其族[22]；公元前468年，鲁灭公孙有山氏之族。[23] 而仅《左传·成公十八年》即有“晋杀其大夫胥童”和“齐杀其大夫国佐”的记载。可见，孔子之时，各国不仅频频杀大夫，而且往往要灭其族。所以，崔述所谓“春秋之时，诛一大夫非易事”之说纯属臆断。

---

⑮ 钱穆认为《荀子·非十二子》篇中也说“行僻而坚，饰非而好，玩奸而泽，言辩而逆，古之大禁”，“则知少正卯即十二子之化身矣”，“荀卿先倡非十二子之论于前，其徒乃造为孔子诛少正卯之事于后，战国事如此例者甚多”，参见上揭，30页。

⑯ 钱穆说：“余谓《国策》赵威后问齐使，‘於陵仲子尚存乎，何为至今不杀乎’，此始有诛士之意。齐负郭之民有狐咺者正义，闵王斮之檀衢，乃有诛士之行。”参见上揭，30页。

⑰ 邓析之见杀于郑国，却从未被人质疑，所争论的无非是为谁所杀而已。其实邓析与少正卯行止颇类，俱因言论惹恼当局。能杀邓析，为何不能杀少正卯？

⑱ 《左传·成公十七年》。

⑲ 《左传·襄公二十三年》。

⑳ 《左传·昭公二十八年》。

㉑ 《左传·昭公四年》。

㉒ 《左传·昭公二十七年》。

㉓ 《左传·哀公二十七年》。

至于“以大夫而诛大夫”说更是不能成立。孔子当时虽身为司寇而摄相，但真正得享大权的是鲁国之君以及当时专权的季氏家族。在这种集权专制的政治背景下，孔子作为一个被利用的工具，预政七日便杀了“大夫乱政者”㉔ 少正卯，这显然不可能是他个人擅作主张的“专杀”，而只不过是统治集团借孔子之手而实施的一个阴谋而已。清代一些学人对孔子诛少正卯倒是看得很自然，在洪亮吉、纪晓岚等著订的《历朝史案》中，针对“孔子虽为司寇，不请命于君，岂敢专杀”的疑问，洪亮吉解释道：“少正卯之伏诛，诛其乱政也。大夫而变乱君政，尤为执政所深忌，则爰书之成，必早与君卿共论定焉。而后尸诸市朝，戮之两观，何专之有。”㉕ 此论可谓深谙中国传统君主政治的个中三昧。

邓析之见杀于郑，以及少正卯之见杀于鲁，祸根相同，都是大夫乱政，倡异端邪说，这为专制政治所不容，他们的命运早已注定，不同的仅仅是死于谁之手而已。孔子一当司寇，角色就会发生变化，他不再是单纯的教育家或道德家，更是一位政治人物，是整个国家统治集团的一分子，他不能仅凭个人好恶去杀一个“闻人”，杀人的是国家机器。所以，邓析也好，少正卯也罢，他们不过是无数专制政治牺牲品中的代表人物而已。

三、惩罚思想犯罪既是政治需要，也符合儒家的精神

虽然春秋时期政治环境相对宽松，但这不过是与后世悲惨的历史比较而言之。说春秋战国是一个“思想解放言论自由”的时代，未免异想天开、言过其实。至少，这种“解放”与“自由”是有局限性的。尤其是在政治方面，从周室到各诸侯国，无一例外地实行集权专制统治，不曾发现任何民主政治的理论及实践。对思想的禁锢及其对言论自由的扼杀，是专制统治的政治需要，也是当时大小统治者的必然选择。所以，《荀子》将“奸言”、“奸说”、“奸心”列入“古之大禁”㉖。钳制言论自由，严惩思想犯，乃是中国自开国之后便已形成的传统，并未中断于春秋战国之时。此类例证，于春秋时也是俯拾即得。如前述的晋国伯宗被杀，就是因多言而罹罪。㉗ 据《左传·襄公八年》记载，子产年轻时，喜欢议论国事，其父子国就以将来会招来杀身灭家之祸来警告他。又据《国语·晋语五》记载，晋国范文子接替其父范武子之职在朝为官，一日晚归，其父问其故，范文子洋洋自得说：今日朝中有位秦人卖弄隐语，无人能解，唯我说破了三个。其父大怒道：非大夫们不知，而是谦让长者。你这后生晚辈竟然在朝堂上三次抢先，如此，我范氏离灭族不远矣！说罢便举起手杖将范文子痛殴一顿。子国和范武子都为官多年，见多识广，才会如此之恐惧。当时因言论思想而罹罪致祸现象之普遍、之平常，由此可见一斑。

作为政治实践性极强的儒家学派，骨子里是十分排斥和痛恨其他学说的，至于他们认

㉔ 《史记·孔子世家》。

㉕ 洪亮吉、纪晓岚等著订，杜道生、蜀人点校：《历朝史案》，69 页，巴蜀书社，1992。

㉖ 《荀子·非十二子》。

㉗ 《左传·成公十五年》：“伯宗每朝，其妻必戒之曰：‘盗憎主人，民恶其上。子好直言，必及于难。’”

为的异端邪说，则更是必欲置之死地而后快。谦和如孟子也曾大骂杨朱和墨子："杨氏为我，是无君也；墨氏兼爱，是无父也。无父无君，是禽兽也。"㉘ 荀子说得更直接和露骨：

听其言则辞辩而无统，用其身则多诈而无功，上不足以顺明王，下不足以和齐百姓。然而口舌之均，噡唯则节，足以为奇伟偃卻之属，夫是之谓奸人之雄。圣王起，所以先诛也，然后盗贼次之。盗贼得变，此不得变也。㉙

元恶不待教而诛。㉚

至于孔子，我们知道他围绕人谈了许许多多，唯独闭口不谈人的权利，尤其是人自由言论、自由思想的权利。恰恰相反，孔子希望人忘却或放弃基本的权利，即"克己"，这也是孔子"仁学"的核心之一。"克己"便是克制和约束自己。《论语》中多次讲到"慎言"、"慎行"，不能随便发表言论、不能轻易做出行动。"君子无所争"㉛、"君子矜而不争"㉜，"无争"其实就是希望人们放弃对自身权利的需求，当然也包括言论自由的权利。"君子于其言，无所苟而已矣。"㉝ 作为君子是不能随便说话的，而少正卯作为鲁国大夫，竟然鼓吹邪说，扰乱国政，则难逃"圣人之诛"了。

正如孔子对"犯上作乱"的"盗贼"主张诛杀的，对于少正卯这类思想上"犯上作乱"的人，孔子也绝不会手下留情，因为追求思想上的天下一统正是孔子一生奋斗的目标。

从孔子诛少正卯的五条理由看，少正卯思想活跃、激进，言辞大胆而富号召力，企图在政治上挣脱思想的桎梏，争取思想及言论自由的权利。这与孔子的政治理想和价值观是水火不容的。徐复观先生也说孔子"在政治上最恨佞人、利口，认'利口'可以覆邦家，'佞人'可以使国家陷于危殆（'佞人殆'）"㉞。而《淮南子·氾论训》高诱注谓少正卯乃"鲁之谄人"，王充在《论衡》的《讲瑞》和《定贤》两篇中，都把少正卯称为"佞人"。孔子在平常也许正如徐先生所言，不过是"远佞人"而已。而一旦大权在握，为了救国家于危殆，杀一"佞人"，圣贤如孔子，当然会理直气壮了。徐先生参不透这一点，乃因其对孔子及其儒家太过迷信之故。"汤诛尹谐，文王诛潘止，周公诛管叔，太公诛华仕，管仲诛付里乙，子产诛邓析、史付。此七子者，皆异世同心，不可不诛也。《诗》曰：忧心悄悄，愠于群小。小人成群，斯足忧矣。"㉟ 荀子作为儒家大师，深谙古之"圣王"治道之精髓而一语破的，反而是我们后人还在天真地以为"在儒家思想中，决找不出用杀来解决思想异同之争的因素。"㊱ 纵观一部中国史，这句话无异于梦呓一般。还是胡适先生说得好："中国古

㉘ 《孟子·滕文公下》。
㉙ 《荀子·非相》。
㉚ 《荀子·王制》。
㉛ 《论语·八佾》。
㉜ 《论语·卫灵公》。
㉝ 《论语·子路》。
㉞ 徐复观：《一个历史故事的形成及其演进》，载《中国思想史论集》，98页，上海书店出版社，2004。
㉟ 《荀子·宥坐》。
㊱ 徐复观：《一个历史故事的形成及其演进》，载《中国思想史论集》，99页，上海书店出版社，2004。

代的守旧派，如孔子之流，对于这种‘邪说’自然也非常痛恨。所以孔子做司寇便杀少正卯。”[37]

四、孔子绝非一味反对刑杀

毋庸讳言，孔子更多的时候是对刑杀抱持否定态度。他认为道德教化是最有效、最理想的统治方法和手段，远胜过刑罚，所谓“道之以政，齐之以刑，民免而无耻；道之以德，齐之以礼，有耻且格。”[38] 他也曾旗帜鲜明地说过“不教而杀谓之虐”[39]、“善人为邦百年，亦可以胜残去杀矣”[40] 等语。当季康子问政于他时，他明确劝告季康子：“子为政，焉用杀?”[41] 毫无疑问，这些都是孔子真实思想的表达，是孔子刑法观的基调。孔子一生首先是一位教育家、一位道德家，高坐于杏坛之上，面对学童稚子，讲的必然是堂而皇之的大道理，充满着理想主义的色彩。

同时，孔子对现实政治从来就有深刻的观察和终极的关怀，如在刑法问题上，他就多次表露出了现实主义的一面。他说：“君子怀刑，小人怀惠。”[42] 朱熹曰：“怀刑，谓畏法”[43]，即敬畏刑法。朱熹还说：“‘君子怀刑’，如《礼记》所谓‘畏法令’，又如‘肃政教’之类，皆是。”其弟子问：“刑者，先王所以防小人，君子何必以是为心哉?”朱熹答曰：“……至于刑，则初不以先王治人之具而有所憎疾也，亦可借而自修省耳。”[44] 朱熹深得圣人心传，知道孔子说“君子怀刑”是明白刑乃“先王治人之具”的道理，不必憎恶，也不必讳言。其实，在不同场合，孔子多次谈到刑作为“治人之具”的重要性。如晋国的叔向曾将受贿枉法的弟弟叔鱼“戮尸”，孔子得知此事后，大赞叔向“治国制刑，不隐于亲”，是“古之遗直”[45]。又如郑国执政子产临终前告诫子大叔为政须以猛为主，子大叔执政后，不忍猛而行宽，结果，“郑国多盗，取人于萑苻之泽”。子大叔深悔未听子产遗教，不得已而改弦更张，兴兵攻击萑苻之盗，“尽杀之，盗少止”。孔子听到此事后，击节称赞，且说：

> 善哉！政宽则民慢，慢则纠之以猛；猛则民残，残则施之以宽。宽以济猛，猛以济宽，政是以和。[46]

---

[37] 胡适：《中国哲学史大纲》（卷上），57页，《胡适学术文集·中国哲学史》（上），中华书局，1991。

[38] 《论语·为政》。

[39] 《论语·尧曰》。

[40] 《论语·子路》。

[41] 《论语·颜渊》。

[42] 《论语·里仁》。所谓“怀刑”，杨伯峻《论语译注》释为“关心法度”，刘宝楠《论语正义》释为“日儆于礼法”。“法”狭义释为“刑”多有，而将“刑”作为广义之“法”而使用的现象则罕见，杨、刘之说殊难成立。

[43] 朱熹：《四书章句集注·论语集注》。

[44] 《朱子语类》卷第二十六。

[45] 参见《左传·昭公十四年》。

[46] 《左传·昭公二十一年》。

在《论语》中，孔子不仅有“君子怀刑”之说，也有“礼乐不兴，则刑罚不中”[47]之谓，他的立场不是不要刑罚，而是主张“中罚”。“中罚”观来源于三代圣王，《尚书·立政》：“兹式有慎，以列用中罚。”按《尚书正义》的解释：“列用中常之罚，不轻不重。”孔子主张刑罚要适中，不能畸轻畸重，这无疑是他的中庸哲学观在刑罚上的反映。

对孔子刑罚观的全面理解和分析，我们不仅没有发现孔子杀少正卯的思想障碍，而是恰恰相反，发现的是事件的必然性。更何况一旦坐朝问政，作为政治家的孔子，就不再是教育家和道德家，身份决定思想，这是一条普遍性的规律。“一朝权在手，便把令来行”，直面现实，孔子将以往那些高谈阔论置诸脑后乃是一种必然。

不错，孔子说过“不教而杀谓之虐”，但“朝七日而诛少正卯”并不意味着没有教化。朱熹曾说：“舜去四凶，孔子诛少正卯，当初也须与他说是非。到得他自恃其高，不依圣人说话，只得去了。”[48]看来，第一个站出来提出质疑的人自己也有两说，且这里的语气之肯定与质疑时语气之犹豫对比鲜明，这应该是朱子的真正立场，也是朱子洞明圣人心迹、深察政治堂奥之处。

五、法家伪造说缺乏依据

法家伪造说立论基于一个前提，即儒法两家存在严重的对立，两者的政治哲学南辕北辙，势同水火。尤其是对待道德与刑法的态度，儒家重道德而摒弃刑法，法家重刑法而排斥道德。

如果我们克服先入为主的态度和情感的偏见，理性地分析和客观检讨儒法两家的思想，便不难发现儒法两家的政治理论并无本质的差异，两者的目的和宗旨是一致的，即为君主专制政治制造理论的依据，提供统治的方法和策略。在道德与刑法问题上，儒家一派表面看来更重视道德的功用，但不可能，也没有否定刑法的必要性，上述孔子的刑罚观就是明证。而法家又何尝真正轻视道德呢？即便是商鞅，也并非不讲礼义，而是将礼义的约束纳入国家法度的范畴，《商君书·画策》说：“所谓义者，为人臣忠，为人子孝，少长有礼，男女有别。非其义也，饿不苟食，死不苟生。此乃有法之常也。”而《韩非子·忠孝》就将“臣事君、子事父、妻事夫”视为“天下之常道”。如果说有什么真正的不同，则在于道德与刑法孰先孰后。这是一个统治的策略的问题，而策略总是会根据时势的不同而调整和改变的。

所谓“法家”，不过是由学者而从政的政治家而已。章太炎说：“法家者流，则犹通俗所谓政治家也”[49]，杨宽说：“法家实即政治家”[50]。冯友兰也认为“韩非及其他法家其实都

---

[47] 《论语·子路》。

[48] 《朱子语类》卷第一百三十。

[49] 章太炎：《检论·商鞅》，载《章太炎学术论著》，245页，浙江人民出版社，1998。

[50] 杨宽：《名家考原》，载《杨宽古史论文选集》，732页，上海人民出版社，2003。

是政治家，并不是法学家”[51]。一个不容忽视的事实是，先秦法家除韩非外，几乎都是在各国或主政或变法的政治人物，而儒家等学派则主要是以学者的身份出现。一旦儒家踏上政治的舞台，执掌统治的权柄，以其政治哲学的本质和面对的现实问题，摇身一变而为“法家”只能是唯一的结局。孔子做司寇便杀少正卯即是例子，而秦汉以来两千余年的历史更是无数次演绎和揭示了中国传统政治哲学的这一普遍规则。

把孔子杀少正卯说成“是法家或具有法家色彩学者托古立说的一个具体证据”的前置命题，就是儒家和法家政治以及法律观的根本对立，正如徐复观所认为儒家和法家“一宽一严、一仁一酷，完全成为相反的对照”[52]。这种流行的观点其实失之于公式化和表面化，掩盖了儒法两家本质的一致性。果如斯言，则无法合理解释荀子开始儒法之能如此轻而易举地走向合流，也无法合理解释作为儒学大师的荀子竟培养出了李斯、韩非这等法家代表人物。而我们也知道，法家以“法后王”而著称，其历史进化论与托古立说两不兼容，加之汉代前后孔子的地位尚无后世那么显赫，“法家或具有法家色彩学者”似无必要生造孔子杀少正卯的故事。

此外，孔子杀少正卯可能还有一个私人的原因。据说少正卯当年在鲁国与孔子同操一业，也是兴办私学，设帐授徒，“居处足以聚徒成群，言谈足以饰邪营众”，大有与孔子分庭抗礼之势。“少正卯在鲁，与孔子并。孔子之门，三盈三虚，唯颜渊不去。”[53] 孔子本来就厌恶“言伪而辩”、“巧言令色”之人[54]，而今连自己的学生都受其迷惑背师而去，即便是圣人，如何咽得下这口气？恰恰是圣人，一有机会还得出了这口气！

澄清这个历史事实有助于我们认识一个真实的孔子——一个有血有肉的凡人，认识儒家思想的精神本质。但比这重要得多的是这一事实本身的象征意义，它为我们提供了一个认识中国传统政治内在奥秘的视角，多少解开了一点这样的一个谜团：两千年来，儒教是中国的国教，孔子这位“仁且智的儒家圣人”一直是我们的文化教主和精神皈依，但偏偏我们从不曾摆脱政治的黑暗和暴虐的统治！偏偏不曾真正享有思想以及言论的自由！否定孔子杀少正卯不仅有违于我们对历史客观性的基本尊重，更严重的是这将误导我们对历史真实性的认识，从而在解读中国传统政治的精神本质问题上出现迷失和错觉。

---

[51] 冯友兰：《中国哲学简史》，257页，北京大学出版社，2000。

[52] 徐复观：《一个历史故事的形成及其演进》，载《中国思想史论集》，106页，上海书店出版社，2004。

[53] 《论衡·讲瑞》。另刘勰也讲少正卯在鲁聚徒讲学时，“孔子门人三盈三虚，唯颜渊不去”。见刘勰《新论》卷四《心隐篇》，涵芬楼影印《汉魏丛书》本，八页。

[54] 《论语》：“巧言令色，鲜于仁。”（《学而》）“巧言、令色、足恭，左丘明耻之，丘亦耻之。”（《公冶长》）“巧言乱德。”（《卫灵公》）

蒋传光

论中国古代宗教与法律的关系*

简介

蒋传光，1963年生，安徽省濉溪县人，中共党员，法学博士，教授，博士生导师。曾任淮北煤炭师范学院政法系主任、系党总支书记，安徽省重点学科——马克思主义理论与思想政治教育学科负责人和硕士点负责人、法理学硕士点负责人，安徽省法学会法理学研究会副总干事，安徽省法学会法律教育研究会副总干事，安徽省高级职称评委会法学组成员；曾被授予安徽省优秀教师和两次优秀党员称号，被评为安徽省高校中青年学科带头人和安徽省学术技术带头人，享受安徽省政府特殊津贴。2004年9月调入上海师范大学法政学院工作，现为上海师范大学当代中国马克思主义法学理论研究方向博士生导师、中国法理学研究会理事和法学教育研究会理事、上海市比较法学研究会理事。

主要研究领域为法理学、法社会学和法律文化。出版《中华人民共和国法制史》（合著）、《建构中国法治社会的指南——邓小平法制思想研究》（独著）、《农村基层直接民主及其法制化研究》（合著）等著作和教材10部，已在《政法论坛》、《法学评论》、《法学家》等刊物发表论文六十多篇，主持司法部重点项目、省级及其他社科项目8项。

学术成果曾获中宣部“五个一工程”提名奖和第十一届国家图书奖，安徽省社科优秀成果著作二等奖和论文三等奖；一些论文被《新华文摘》、《高校文科学报摘编》摘编和人大复印报刊资料转载，或在国际学术会议上被作为主要议题进行交流。

* 原发表于《法学家》，2005（6）。

中国是一个有着一定宗教传统的国家，不仅存在着本土原创性宗教，而且自汉唐以后外来宗教种类繁多，流派纷呈。中国古代社会宗教与法律的关系，其表现形式是多方面的：既表现为远古时代政教合一政权体制下的神权法，又表现为在宗法制社会存续的几千年中，宗法性宗教的规范一直是中国古代社会法律制度的指导原则；既表现为一些宗教规范直接成为法律的来源，也表现为宗教思想对一些具体制度的影响。具体说来，宗教与中国古代法律制度之间的关系表现在如下几个方面。

一、中国远古时代“神权法”的产生

1. 治国之法来自于神意和上帝的恩赐

在政教合一的远古时代，由于宣传君权神授，治国的方略也被认为是上帝的天启和赏赐。作为治国工具的法律自然也不例外。虔诚祀天，必定得到天的眷顾，这是古代不可动摇的宗教信仰。史载夏禹是一个虔诚祀天的人，所以他得到天的特别眷顾。这从《尚书·洪范》里所记箕子的话可以得到反映：“我闻在昔，鲧湮洪水，汩陈其五行，帝乃震怒，不畀洪范九畴，彝伦攸斁；鲧则殛死，禹乃嗣兴，天乃锡禹洪范九畴，彝伦攸叙。”据《尔雅·释诂》：“洪，大也”，“范，法也”，洪范既大法之意。洪范所谓的法，泛指法则、纲目，其中也包括法律，但非专指法律。① 九畴②，是夏代的九条治国宪法，天帝把它作为赏功的奖品。天怒鲧治水无功，所以不给他；上帝的赏罚是以人的行为能否随顺自然之理为标准。古代把五行看作是宇宙的原理，扰乱五行，宇宙间人类便不能安生，是一种违反天理扰乱宇宙秩序的大罪。所以后来夏启讨伐有扈，其誓师理由也是因为“有扈氏侮慢五行”。禹能懂得五行的道理，所以能得到上天的帮助。

夏代统治者对鬼神崇拜非常虔诚，史载夏禹就“致孝乎鬼神”③。假借天命鬼神来进行统治。殷商的鬼神信仰，更甚于夏朝，并且在国家的社会生活中构筑了神秘力量的秩序。完整的神化系统，导致人间诸事的决定都必须向上帝及诸神禀告，以求得决断。发展到后来，几乎凡事都要向上帝和祖先进行占卜，甚至定罪量刑也要诉诸鬼神。

在王权受命于天的神权政治下，夏、商、周三代不仅认为法律来自神意，而且把施行刑罚也说成是上帝的意志，是秉承神的指令，把对奴隶和平民以及敌对部落的镇压说成是天罚。如夏启暴力夺取王位，因同姓有扈氏不服，大战于甘，夏启说：“有扈氏威侮五行，

---

① 张晋藩：《中华法制文明的演进》，34页，中国政法大学出版社，1999。

② 九畴的条目是：五行，五事，八政，五纪，皇极，三德，稽疑，庶征，五福、六极，共一千余字。

③ 《论语·泰伯》。

怠弃三正，天用剿绝其命。今予惟恭行天之罚。”④ 商汤在讨伐夏桀时也说：“有夏多罪，天命殛之……夏氏有罪，予畏上帝，不敢不正……尔尚辅予一人，致天之罚。”⑤ 西周统治者也继承了夏、商的“天罚”论，认为自己有代天行罚的权力，即“予亦致天之罚于尔躬”⑥，“尔乃屑播天命……我乃其大罚殛之”⑦。先秦时期墨家的宗教思想中也包含有“天罚”的法律思想。墨子认为，世界一切生死祸福，都在天的管辖之下，不可逃避，因而“若处家得罪于家长，犹有邻家所避逃之……处国而得罪于国君，犹有邻国所避逃之，今人处天下而事天，将无所以避逃之者矣”⑧。天不但执行赏罚之权，而且它的赏罚，哪怕是细微之处也不遗漏。他说：“若豪之末，非天之所为也，而民得而利之，则可谓否矣。”⑨

2. 法律最初萌芽于对天神人鬼社稷的祭祀活动

在政教合一的夏、商、周三代，法律与宗教有着非常密切的关系。宗教在履行其政治功能时，其实也是在发挥着法律的作用，甚至成为法律的直接来源。可以说，中国远古时代的法律萌芽来自于宗教，来自于对天神地示人鬼的崇拜，表现为一种“神权法”。

夏、商、周三代的宗教由古代遗传的群神崇拜，发展为天神崇拜，并以人世国家的组织，描写天国的情状。天神中，以昊天上帝为最尊。上帝是天国中的君王，五帝群神，为天国中的王侯及臣宰，为昊天上帝所役使。世间君王，是昊天上帝差遣而来，五帝的化身，替天行道的。天神之中，又有司中、司命、风师、雨师、雷神、云神以及日月星辰之神，各司其在天之职守。天神之外，又有一种人神。据古籍记载，有担当不同职责的人神。与法律有关的人神名为蓐收。《国语·周语》记载：“有神，人面，白毛，虎爪，执钺，是为蓐收，天之刑神也。”蓐收，是秋神。《礼记·月令》载：“孟秋之月，其帝少昊，其神蓐收。”因为秋令主杀故曰刑神。示就是地示，即社稷五祀五岳山林川泽四方百物之神。地示之中，以社稷为重要，社稷是土谷之神。土与谷，是民生的重要问题，所以凡不能奉祀社稷之君，便为无道之君，就必失国。鬼本来是归的意思，故古人谓死人为归人。古人深信在现世以外，另有一鬼世界，人死就是从现世界归到鬼世界，所以在现世界有冤怨的事，可以到鬼世界中去报复。对于这些天神地示人鬼，由莫测而畏惧，由畏惧而崇拜。国家且特设专官，如《周礼·春官》大宗伯，专管天神人鬼地示的礼，冬至祭天神人鬼，夏至祭地示，认为是国家隆重的典礼。

由上观之，远古时代的上述行为和活动，实际上带有法的萌芽，因为古时祭祀天神人鬼地示是涉及国家存亡的大礼，必须遵守，否则将导致国家灭亡，是大逆不道，会受到讨伐，带有强制性，因而具有法的特征。

④ 《尚书·甘誓》。

⑤ 《尚书·汤誓》。

⑥ 《尚书·多士》。

⑦ 《尚书·多方》。

⑧ 《墨子·天志篇》。

⑨ 《墨子·天志篇》。

3. “以德配天”与“明德慎罚”的法制指导思想

神权法思想在西周发生了一次重大的变化，主要表现为对“天命”说作了修正，提出了“以德配天”的君权神授说。西周取代殷商之后，在宗教理论方面继承了“王权神授”的思想，周公还用天命解释以周代殷的合理性：“天乃大命文王，殪戎殷，诞命厥命。”[10] 面对蠢蠢欲动的商朝遗族，西周新贵们宣扬：“天命不僭，卜陈惟若兹。”[11] 意谓天命不会错误，天命坚定不移，迫使对手从思想上也接受“皇天既付中国民越厥疆土于先王”[12] 的事实，安于臣民的地位。

既然君权神授，为什么商会亡国，被周取而代之呢？以周公为代表的西周贵族从殷商对人民实施残暴的统治而被推翻的历史经验中总结出：“天不可信”[13]，“惟命不于常”[14]，“天命靡常”[15]。天命属谁呢？周公在宣扬“天命不僭”的同时，提出了“以德配天”的思想。“皇天无亲，惟德是辅。民心无常，惟惠之怀。为善不同，同归于治。为恶不同，同归于乱。”[16] 即天命并不是固定不变的，只有有“德”者才可承受天命。

周人认识到：“享多仪，仪不及物，惟曰不享。”[17] 天神不会仅仅因为多献牺牲而保护恶人，有德之君才能得到天命的眷顾。“惟克天德，自作元命，配享在下。”[18] 相反，暴民丧德则会失去天命。周公告诫他的子侄们：“我不可不监于有夏，亦不可不监于有殷……惟不敬厥德，乃早坠厥命。”[19] 夏与商的亡国，就是由于夏桀与商纣的无德，所以才早坠其天命。今日周王朝要想江山永固，唯一的办法是“王其德之用，祈天承命”[20]。君主的德性是获得天命的唯一根据，这便是“以德配天”的确切含义。

怎样才能做一个有德的君主呢？首先统治者要“明德修身”。即要不断修养自己的德性。其次要“敬天保民”。《尚书·泰誓上》讲君主要“以德配天”，就要像天为万物父母一样，作万民之父母。周代统治者从历史的变迁中体会到：“天矜于民，民之所欲，天必从之。”[21] 天神是爱护民众的，以人民的意志作为自己赏罚的根据，人民要求的事，天必满足。武王伐纣的胜利关键是取得了广大人民的支持。西周统治者已经认识到：“民维邦本”，“敬德”、“敬天”最后都要落实到“爱民”上。否则，就要失去“天命”。

---

[10] 《尚书·康诰》。
[11] 《尚书·大诰》。
[12] 《尚书·梓材》。
[13] 《尚书·君奭》。
[14] 《尚书·康诰》。
[15] 《诗经·大雅·文王》。
[16] 《尚书·蔡仲之命》。
[17] 《尚书·洛诰》。
[18] 《尚书·吕刑》。
[19] 《尚书·召诰》。
[20] 《尚书·召诰》。
[21] 《尚书·泰誓上》。

西周的统治者提出的“以德配天”的观念和“敬天保民”的政策，对西周的法律制度产生了重要影响，即明确提出了“明德慎罚”[22] 的主张。这种主张的内容主要是不能对民众滥施淫威，刑罚无度。统治者要十分谨慎地使用刑罚，刑只能作为德的辅助工具，对人民要以教育为主。“其汝克敬德，明我敬民。”[23] 即使一定要用刑罚时，也一定以教人改过为目的，不为报复而惩罚。“明德慎罚”思想的提出，使中国政治法律思想开始从天际走向了人际，成为民本思想的发端和后世“德主刑辅”思想的滥觞。

二、宗法制传统宗教的“孝”和礼仪

1. 宗法性传统宗教所神化的“孝”——中国古代法典的重要内容

宗法性传统宗教是以宗教家族为基础，以国家政权系统为依托，以祭天祭祖为内核，并重视祭祀社稷及山川日月诸神，形成一套严格有差等的郊社教化民俗的功能，强调“发一言，举一事，不敢忘父母；营一手，措一足，不敢忘父母；事君不敢不忠，朋友不敢不信，临下不敢不敬，向善不敢不勤；虽居独室之中，亦不敢懈其诚，此之谓全孝”[24]。中国以伦理立国，而伦理的中心就是孝。上述的“全孝”的范围，包括了一切人生道德。所以，周朝的宗法制宗教，具有浓厚的伦理化色彩。

所谓宗法制度是中国古代社会中存在的一种渊源于氏族社会末期父系家长制的传统习惯，以血缘关系为纽带，调整家族内部关系，维护家长、族长的统治地位和世袭特权的行为规范。在家长、族长掌握国家政权后，宗法关系和国家组织相结合，进一步形成了以国王为最高统治者的宗法等级制。这种制度经过夏、商两代的发展，到西周达到了完备的程度。宗法制对后世产生了极大的影响。后来新兴的地主阶级继续利用它，使之变成了整个封建统治秩序的基本支柱。宗法制度在制度层面上，其核心是确立了“立嫡以长不以贤，立子以贵不以长”的嫡长子继承制，即正妻所生的长子为法定的王位继承人。在伦理思想层面上，其核心是维护家长制的“孝”，所以奴隶社会和封建社会的历代统治者都十分重“孝”。

宗法性传统宗教与宗法等级制度是密切联系在一起的。宗法性传统宗教就是把宗法制的行为规范及相应的典章制度和礼节仪式加以神化，赋予了神学色彩。宗法性传统宗教的主要功能就是维护封建的宗法等级制度，两者实质上是形式和内容的关系。宗法性传统宗教为宗法等级制度套上了神学外壳。宗法性传统宗教伦理与宗法制度相结合，为世俗宗法伦理披上了天赐民彝的外衣。按照“天赐民彝”，应当是父慈子孝，兄友弟恭。如果子不孝，弟不敬，就会破坏宗法伦理，天神便会降罚，“刑兹无赦”[25]。孝道维护父权，悌道维持兄权，宗法制度稳定了，国家政权也就稳固了。所以宗法道德在当时具有社会公德的意义，

---

[22] 《尚书·康诰》。

[23] 《尚书·君奭》。

[24] 《亢仓子》第七《训道篇》。

[25] 《尚书·康诰》。

必须加以神化。

中国古代的奴隶制社会和封建社会都是建立在自然经济基础之上的，以家族为本位的宗法制度始终笼罩着整个社会，指导着历代的立法活动。被宗法性传统宗教神化的宗法思想的核心“孝”，则成为中国奴隶制社会和封建制社会法律制度的重要内容。从奴隶制社会开始就把“不孝不友”视为罪大恶极的“元恶大憝”[26]。后来的儒家专门写有《孝经》，其《五刑》章便说：“五刑之属三千罪莫大于不孝。”历代封建统治者直至清末无不强调要以“仁孝治天下”，不孝则是“十恶不赦”的大罪。不但如此，在“十恶”中属于维护宗法方面的条款竟占一半左右。宋代以降还广泛流行各种“家法”、“族规”等具有一定法律效力的家族法，以补国法之不足。这类“家法”、“族规”有不少一直沿用到民国年间。

2. 起源于宗教祭祀活动的礼——中国古代立法的指导原则

所谓“礼”，是中国古代社会长期存在的、旨在维护宗法血缘关系和宗法等级制度的一系列精神原则和言行规范的总称。在中国传统社会中，“礼”作为社会制度和社会控制手段，含有一定的宗教观念。“礼”在氏族社会是一种奉神之器，表明礼最初起源于原始社会祭神祈福的一种宗教仪式，随着社会的变迁，“礼”逐步演变成宗法性的完备的典章制度、伦理道德规范、祭祀制度等，成为治国安邦的社会生活的根本准则。“非礼无以辨君臣、上下、长幼之位也，非礼无以别男女父子兄弟之亲、婚姻疏数之交也。”[27] 礼又是祭祀活动的根本原则，“祷词祭祀，供给鬼神，非礼不诚不庄”[28]。民间信仰的祭祀活动虽不纳入国家正式的“礼”的范畴，“礼不下庶人”，但实际上庶民百姓仍遵循不十分严格的“礼”。在中国传统社会中，“礼”是宗教与宗法制度之间重要的融合剂。

由于“礼”具有因俗制宜的功能和精神威慑力量，因此进入阶级社会后便受到了统治者的重视，把礼改造成为代表其阶级意志、符合国家统治需要的行为规范；并把祭祀天地祖宗鬼神看作是国家最重要的活动之一。在后来的发展中，礼一方面继承了原始社会团体祭祀活动所遵循的团体秩序传统，一方面发展为各种具体的行为规范和各种人际关系的行为仪节。[29] 礼的内容也由单纯的习俗仪式，发展成规范婚姻、血统、亲属、君臣的行为规则，并逐渐制度化、法律化。

由于礼的主要功能在于“别贵贱、序尊卑”，确定“尊尊、亲亲、长长、男女有别”的宗法等级制度，因而得到国家的认可和保证，并在儒家思想指导下进行着礼法结合的系统工程。汉儒通过说经解律、注律和引经断律等途径，引礼入法，为礼法结合创造了条件。魏晋南北朝时期，由于重视“礼乐”治国和“礼律”的相须为用，坚持纳礼入律，使礼法进一步结合。到唐朝，终于完成历史性的礼法结合。“一准乎礼”[30] 的《唐律疏议》明确宣

---

[26] 《尚书・康诰》。

[27] 《礼记・哀公》。

[28] 《礼记・曲礼》。

[29] 马小红：《礼与法》，24页，经济管理出版社，1997。

[30] 《四库全书总目・政书类》，《唐律疏议・序》。

布："德礼为政教之本，刑罚为政教之用，犹昏晓阳秋相须而成者也。"[31] 自此礼主刑辅，综合为治，成为历代封建王朝一项既定的政策，它所体现的道德与法律的结合，亲情义务与法律义务的统一，产生了深远与广泛的影响，是中国古代法制文明的主要特征。[32]

三、宗教理念对中国古代法制思想的渗透和影响

中国古代宗教对法律的影响，走的是一条与欧洲法和伊斯兰法不同的道路，它在立法指导思想上，是通过与官方正统哲学思想——儒学的结合，间接地对中国古代法律制度产生影响的。

1. 中国古代法律制度的指导思想——封建正统思想的被神化

建立于西周的宗法性礼乐文化体系，在春秋战国时代被打破。在崇奉法家思想的秦王朝，更加没落。汉代统一的中央集权帝国建立以后，为了巩固大一统的局面，统治者迫切需要一种有利于服务专制皇权的意识形态。适应这种需要，董仲舒作为汉武帝十分倚重的思想家，在推动汉代意识形态的重建活动中，试图把儒学与传统宗法性宗教结合起来，用阴阳五行学说充实天人之学，为国家宗教建立一套神学体系，并在此基础上，创造了一套为加强封建专制的神学政治论和法律观，形成了统治中国达两千年之久的封建正统儒家思想。

董仲舒创造了一套"天人合一"和"天人感应"的理论，强调天神的至上性和权威性。他认为天神是造物主，是王权的授予者，故最为尊贵。天子应以事父的态度来祭天，郊天之礼位于宗庙之上，是最重要的祭礼。董仲舒对天的神化，是为了给"君权神授"制造理论根据。他说："王者承天意以从事。"[33] 君权不仅是神授，君主又是代表上天来统治人世的，即"天子受命于天，天下受命于天子"[34]。

董仲舒还用阴阳五行学说改造传统的天神信仰。他认为天神是有意志情感的，但它的意志情感是通过阴阳五行学说的变化表现出来的。同人有情感一样，"天亦有喜怒之气，哀乐之心"，"春，喜气也，故生；秋，怒气也，故杀；夏，乐气也，故养；冬，哀气也，故藏"[35]。天有四时（春夏秋冬），王有四政（庆赏罚刑），天人是合一的。董仲舒认为"阳为德，阴为刑；刑主杀而德主生"，天常有仁德之心而以刑罚为辅，"是故阳常居大夏，而以生育养长为事；阴常居大冬，而积于空虚不用之处"[36]。这就把儒家的"德主刑辅"说成是

---

[31] 《唐律疏议》名例疏。

[32] 文中关于引礼入法，礼法结合的阐述部分，参见了张晋藩先生的《论礼——中国法文化的核心》（《政法论坛》1995 年第 3 期）、《论礼》（《社会科学战线》1998 年第 3 期）等文章的相关内容。

[33] 《春秋繁露·尧舜汤武》。

[34] 《春秋繁露·为人者天》。

[35] 《春秋繁露·阴阳义》。

[36] 《汉书·董仲舒传》。

来自于天意。

在“天人合一”思想的基础上，董仲舒还提出了“天人感应”和符瑞灾异说。他认为“圣者法天”[37]，五帝三王能够法天而治。他把一切祥瑞和灾异都看成是天降的。如果君王不秉承天意，政治有失，上天便会通过灾异加以警告，直至动用天威加以惩罚。君王若能自省天谴而畏天威，修身正德，及时革弊图治，殃祸便可救除，阴阳五行也会重新调和有序。董仲舒的天人感应和灾异说，是在宗教神学外衣下，说服君王按照儒家的治国之道实行社会改革。

董仲舒根据儒家“君君、臣臣、父父、子子”以及“忠孝仁义”的说教，进一步把它发展为“三纲五常”的理论，并把“三纲”君臣、父子、夫妇之间的主从关系说成是天的意志，即所谓“王道之三纲，可求于天”[38]。他说：“君臣父子夫妇之义，皆取诸阴阳之道。君为阳，臣为阴；父为阳，子为阴；夫为阳，妻为阴。”[39] 阴阳的尊卑主从，决定了人间礼制的等级名分，因此礼制也是天神意志的表现，违背了“三纲五常”，就是违背天道。

董仲舒的“罢黜百家，独尊儒术”的思想及其以礼教为主的治国主张，基本上为汉朝执政者所采纳，并成为统治中国达两千年之久的封建正统思想。此后，以“三纲五常”为核心的封建礼教便逐步成为指导封建立法、司法的基本原则；“德主刑辅”则被奉为统治人民的基本方法。

董仲舒之后的儒家学者，都擅长阴阳灾异说，极力神化皇权，受到了朝廷的重用。这种思想的发展，就成为西汉末年的“谶纬之学”。“谶”是一种预决凶吉的宗教预言，“纬”是假托神意来解释儒家经典的纬书。“谶纬”有利于统治者愚弄和统治人民，它受到了东汉光武帝的重视，被用来解释各种制度，解决各种问题，成为官方的统治思想。谶纬之学与儒家经典的进一步结合的标志是《白虎通义》[40] 的产生。《白虎通义》一书以政治经学的方式把宗法等级制度规范化，把纲常名教法典化。虽然它还不等于一部神学法典，但它用天神崇拜、祖先崇拜和阴阳五行学说论证三纲五常的合理性和神圣性，大量引用《纬书》，具有极浓厚的神学色彩。如果说《三礼》[41] 是在为宗法性传统宗教提供组织制度和理论的说明，董仲舒是在为宗法性传统宗教建立神学体系，那么《白虎通义》便是由最高统治者直接出面为宗法性传统宗教建立有政治权威的法典。[42]《白虎通义》成为东汉王朝的“国宪”(即根本大法)，并对以后封建社会法律思想的影响极为深远。

2. 道教思想对中国古代法律制度的影响

道教是中国的固有宗教，在长期的发展过程中，道教思想与中国古代法律制度的关系

---

[37] 《春秋繁露·楚庄王》。

[38] 《春秋繁露·基义》。

[39] 《春秋繁露·基义》。

[40] 东汉章帝为了统一今文经学、古文经学和谶纬经学之间的争论，在白虎观召开经学会议，讲论五经同异，由班固总其成，形成一部贯通五经大义的《白虎通义》。

[41] 指礼记、仪礼、周礼。

[42] 参见牟钟鉴、张践：《中国宗教通史》(上)，249～250页，社会科学文献出版社，2000。

表现在以下方面。

（1）道教的思想渊源——黄老思想对法律制度的影响

道教在中国得以生成和发展，是与统治者的支持分不开的。在历代帝王中，崇奉道教的很多。这就使得道教与儒佛结合，能逐渐成为封建官方上层建筑和意识形态的重要组成部分。道教对中国政治的影响主要来自于作为道教思想渊源的黄老思想。其核心是以“道”为最高标准，主张清静无为，反对大事更张，即要求统治者无所作为，效法自然，让百姓自由发展；表现在法律观念上就是反对暴政苛刑，主张减少刑罚。

自秦汉以后，任何政治清明的国家在升平阶段，其思想与治术，大都有一共同原则，即“内用黄老，外示儒术”。且每逢国家变故，起而拨乱反正的世代，多半有道家的人物参与其间的现象，这几乎已成为过去历史的定例。㊸

西汉政权建立后，鉴于秦王朝灭亡的教训，将恢复社会经济和稳定统治秩序放在首要地位。适应这种需要，自高祖到景帝时的汉初统治者都吸取了先秦黄老学派的有关内容，作为其治国的指导思想，主张无为而治，与民休息；文武并用，德刑相济；约法省刑，罚不患薄。这种政治法律思想，发挥了缓和矛盾与恢复经济的社会功能，出现“文景之治”这样历史上著名的盛世。

唐初和唐玄宗时期，利用《老子》清静无为的思想作为治国的理论依据之一，对唐初的繁荣和唐玄宗时期的“开元之治”都曾起过一定的积极作用。唐玄宗是我国历史上著名的崇奉道教的皇帝。他强调要以道治天下，其基本思想就是人君以清静无为之道出，使民返于淳朴之道。以这种治国思想为指导，他在法制建设上，制定了一系列的简政轻刑、节欲戒奢的政策，对实现“开元之治”起了重要作用。㊹

清朝康熙时代，“外示儒术，内用黄老”的政治方法，亦成为康熙建立大清帝国的最高原则。他曾颁发《老子》一书，命令满汉王公大臣，熟习深思，作为政治哲学与政略运用的根本法则。康熙的上述治国思想在法律观上的反映就是以宽为本。他认为“宽则得众，信则民任”㊺。在法律的施行中，他几次发布诏令，要求勿用严刑，轻毙人命，违者罪之。这对“康乾盛世”的形成，起了重要的促进作用。

（2）认同封建正统法律指导思想，主张刑德并举

道教作为中华民族的宗教，在思维方式上必然反映中国人的特色，这具体表现在儒道的合流上。道教在发展自身理论的过程中，从未否定儒家的纲常伦理，而是主张“道者儒之本也，儒者道之末也”㊻。儒道两家相为表里，都是统治者的治国工具。东晋的道教理论家葛洪就主张儒道兼容。他自称所著《抱朴子》一书就是儒道合流的产物。葛洪鉴于当代中央集权统治的松散，国家统一遭到破坏，强调急需加强儒家礼教。在法律思想上，葛洪

㊸ 南怀谨：《中国道教发展史略》，117页，复旦大学出版社，1996。

㊹ 参见任继愈主编：《中国道教史》下卷，293～294页，中国社会科学出版社，2001。

㊺ 《清实录》卷二四五。

㊻ 《抱朴子·明本》。

主张刑德并举，以刑辅德。他与儒家一味贬斥法家的传统不同，对法家思想大加赞同。他说："仁者，为仁之脂粉；刑者，御世之辔策。脂粉非体中之急，而辔策须臾不可离也。"[47]葛洪在这里非常明确地指出了刑德是治国不可或缺的两种手段。"

（3）宗教戒律向法律形态的转化[48]

道教在充实发展自身教义的同时，也建立了一套完备的宗教戒律，其目的是开度众人，防非止恶，积善得福。道教的戒律有不少是来自于佛教，如五戒、八戒、十戒等，但与宣扬"沙门不敬王者"的佛教不同，道教戒律受儒家影响，将忠孝礼仪等宗法伦理道德也纳入必须遵守的教规。

道教戒律名目繁多，内容丰富，涉及各个方面，在社会控制中，发挥着类法律的功能。如道教经典《道法会元》卷二五一、卷二五二所载《太上混同赤文女青诏书天律》[49]，详细规定了神界戒律，成为控制神界秩序的法律条文。该戒律对神仙世界各级神灵的权利进行了严格的界定，对违反规定者订立了法律化的惩处措施，其刑罚从杖刑、徒刑、流放，到针决、处死（处斩）、分形、天行不等。[50]

《道法会元》卷二五二《太上混洞赤文女青诏书天律》中，专门设立有一项关于"生民"的规定，其下所述十七款，系为"生民"可能犯的罪过所设立的惩治办法。《云笈七签》卷三十八"说戒·说十戒"向人们提出了十项严格的宗教戒律，要求信仰者们必须谨慎遵循。诸如此类的道教戒律还有很多，其主要戒目都有相当多的共同之处。道教戒律在其发展过程中表现出了明显的法律性质，而且同中国古代的国家法律条文相比较，在许多条目上，都有惊人的相似之处。如上述"十戒"的内容与隋唐以后被列入封建法典的"十恶"[51]就具有共同的价值取向及社会目的，某些规范甚至达到了完全的一致。

3. 佛教思想对中国古代法律制度的影响

（1）帝王信佛对中国古代法律制度的建立必然会产生一定的影响

佛教自东汉输入中国，汉明帝与其弟楚王英极为信仰佛教。汉桓帝信佛并在宫中铸黄金佛像。三国时的魏明帝、吴国孙权均信佛教。到了晋朝，后赵的石勒、石虎对名僧佛图澄非常敬重。南朝历代皇帝大都重视提倡佛教，其中以梁武帝最为突出，把佛教几乎抬高到国教的地位。北朝统治者的大多数也都重视利用佛教，积极奉佛。从此以后，历经隋唐至清朝，帝王信佛非常之多。

---

[47] 《抱朴子·用刑》。

[48] 详细内容参见任继愈主编：《中国道教史》上卷，370页及以下各页，中国社会科学出版社，2001。姜生：《论宗教伦理向类法律形态的演变》，载《世界宗教研究》，1997（1）。

[49] 《道藏》第30册，537～555页。

[50] 转引自姜生：《论宗教伦理向法律形态的演变》，载《世界宗教研究》，1997（1）。

[51] "十恶"条目为：一曰谋反；二曰谋大逆；三曰谋叛；四曰恶逆；五曰不道；六曰大不敬；七曰不孝；八曰不睦；九曰不义；十曰内乱。

在皇权至上、法自君出的封建君主专制社会，帝王崇奉佛教，佛教思想对封建社会的政治法律制度产生影响是毫无疑问的。例如，唐太宗在为夺得李唐天下的征战中，觉得杀戮太多，有些悔惧。当他即位后，马上让京城里的庙宇，礼忏七日七夜，并且在征战过的地方建立庙宇。[52] 这个例子可视为唐代“恤刑慎杀”法律思想的渊源。明太祖朱元璋在立国初期，选高僧侍诸王，以佛教的慈悲、戒杀等礼仪教育子孙，以防止内讧和造反，巩固明王朝统治。[53] 明初朱元璋主张“刑乱国用重典”，但他也认识到严刑的局限性。洪武末期，朱元璋认为：“重典治乱世”已见成效后，告诫皇太孙朱允炆说：在混乱的年代，我治理国家，刑法不得不重；在承平的时代，你治理国家，刑法自然要轻。[54] 上述朱元璋刑罚观念的变化，应该说与他前述对佛教慈悲、戒杀教义的重视，并受其影响有一定关系。

（2）儒佛结合的结晶——宋明理学对中国古代法律制度的影响

理学是宋朝特有的哲学流派，是儒学与佛教思想混合的产物。此时的佛教思想对中国古代的法律制度的影响是通过宋明理学实现的。在两宋时期，经济的市民化，政治的腐败，加剧了思想的非儒化和社会的功利倾向。为整饬风俗，维护家国、君父、忠孝相融的儒家传统，并兼顾士大夫独善其身的要求，新儒学即理学应时兴起。理学在很大程度上吸收了佛学的思维方式，为传统儒学的伦常观念找到了坚实的理论支柱。理学实质上是一种政治思潮，包含了中国传统政治统治思想的核心内容，因此，在元朝被认可并上升为官方哲学，完成了官学化的过程。到明代，朱熹的学说被奉为圣典，理学的地位达到极致。

理学的最高范畴是“理”。“理”是宇宙的最高本体和产生万物的本原。天地万物包括人类本身都是从“理”产生的。把“理”运用到政治法律上，得出国家和法也是“理”的体现的结论。朱熹认为，国家的礼法就是圣人为了教育和治理百姓而设，当然也是理的体现，是永恒不变的，是由“天理”早已确定的秩序。理学的产生，标志着封建正统法律思想发展到一个新的阶段。它的价值和作用在于完成了封建正统法律思想的哲理化。

（3）利用佛教教义弥补法律的不足

佛教的这种功能主要体现在因果报应的理论之中。因果报应理论，是宣扬众生的言论和行动（“业”）都将按其善恶的性质，而得到不同的报应，或者是今生作业，今生便受报应；或者是下世受报应，也有的要经若干代，然后受报应。由于人们受因果报应律的支配，人死后就要依据生时所作业的善恶而转生为较高于或较低于今世的生物，或上天堂或入地狱。佛教教人要超出报应和轮回，以求得永远的解脱。而在这方面，信奉佛教尤为重要，因为人们有罪后只要能信佛，就可免罪得福。这等于说，佛能灭罪赐福，人们可以买福卖罪。这种理论在民间流传甚广。

对于因果报应的这种社会作用，封建统治者是非常清楚的，在明代成祖时期，除宣扬

---

[52] 参见王治心：《中国宗教思想史大纲》，172页，北京，东方出版社，1996。

[53] 参见方立天：《中国佛教与传统文化》，242页，上海，上海人民出版社，1988。

[54] 参见《明史·刑法志一》。

君权神授外，为了维护封建统治秩序，巩固皇权统治，他还亲编《佛曲》数千首，在宫中和民间推广。其内容主要是宣扬忠孝观念和因果报应思想，鼓吹“孝弟忠孝最为先”、“至孝在忠君”。把忠孝观念和因果报应说教结合起来，强调“不忠不孝，即为大恶”，“天网恢恢，报应甚速”[55]。这可视为宗教在社会控制中对法律弥补的一个例证。

四、宗教观念在具体司法制度中的体现

在中国古代社会，宗教思想对司法审判制度的影响，具体表现为两个方面：一是神明裁判，一是“赏以春夏，刑以秋冬”。

1. 神明裁判

与“君权神授”，法律来自于神的意志的神权法思想相适应，夏、商、周三代的司法审判制度受宗教思想的影响最为直接的表现就是“神明裁判”。这在东汉许慎《说文解字》对“法”的解释中得到了反映。这种以廌触不直的审判制度，反映了氏族神明裁判在早期奴隶制国家审判活动中的残余影响。

商朝是神权盛行的时代，表现在司法上，首先是统治者假托神意进行审判。商王每逢审判时，必先通过占卜求问天神，如卜辞中“兹人井（刑）不?”[56] 就是卜问神灵可否施以肉刑的记录。审判罩上了一层神权的光环，就使审判结果更富于欺骗性。其次，假托鬼神之意，实施天罚。如盘庚为顺利迁都时曾说：“陈于兹，高后丕乃崇降罪疾”，“作丕刑于朕孙”[57]，即说耽搁不搬者，天神与祖宗神将给予最严厉的处罚。

2. 宗教思想在刑罚执行上的体现

(1)“赏以春夏，刑以秋冬”

统治者在宣扬“受命于天”、“恭行天罚”的神权法的同时，又尽量使人事附会天象，以论证他们的所作所为都是符合天意的。具体到司法活动也是如此。行赏施罚必须适应天象，合乎季节、时令。春夏是万物滋育生长的季节，秋冬则是肃杀蛰藏的季节，这是宇宙永恒的自然秩序和法则。人间的司法活动也应于天道相配，顺于四时。[58]

周时死刑的执行已与天时、节令开始联系，《左传》襄公二十六年即有“顺天道肃杀之威”，“赏以春夏，罚以秋冬”的记载。先秦儒家思孟（子思与孟柯）学派，讲“天人合一”、“天人相与”，用阴阳五行来解释天人关系后又派生出阴阳五行家。他们的思想中都包含着司法时令说。在他们的作品《礼记·月令》就有：“孟秋之月……戮有罪，严断刑”，“仲秋之月……斩杀必当”，“季秋之月……乃越狱刑，毋留有罪”。可见秋冬行刑之制始于

---

[55] 参见方立天：《中国佛教与传统文化》，243页，上海，上海人民出版社，1988。

[56] 《殷契佚存》八五〇。

[57] 《尚书·盘庚中》。

[58] 参见张国华：《中国法律思想史新编》，北京大学出版社，1998。

西周。[59]“秋冬行刑”的制度化，是在封建正统思想占据统治地位的西汉中期以后。其主要理论根据首推董仲舒的《春秋繁露》。董仲舒认为由于天意任德不任刑，先德而后刑，所以应当赏以春夏，罚以秋冬。他还进一步认为：“天有四时，王有四政”，庆、赏、刑、罚与春、夏、秋、冬以类相应。如果违反天意就会招致灾异，受到上天的谴责。因此，后代统治者对时令都很重视，纷纷载入律令。汉代统治者根据“天人感应”理论，规定春、夏不得执行死刑。

唐、宋律规定，从立春到秋分，除犯恶逆以上及部曲（家仆）、奴婢杀主外，余罪都不得奏决死刑，违者徒一年。明代对于秋后处决的死刑案件，建立朝审制度加以审核。清代朝审、秋审应处决的人犯也要在霜降后、冬至前才能正法。

（2）佛教的断屠月和十斋日不准行刑

与“赏以春夏、罚以秋冬”相呼应，还有所谓断屠月和禁杀日（十斋日）不许刑杀。这是东汉以来佛教输入后受佛教影响的产物。唐、宋时期，按照佛教的规定，每年的正月、五月、九月这三个月的初一至十五要严守五戒或八戒，不杀生吃素食，称为“三长斋月”，又称为断屠月，每月（非断屠月）的一日、八日、十四日、十五日、二十四日、二十八日、二十九日及三十日为十斋日。在十斋日不但不能行刑，违者杖六十；也不许屠宰牲口和钓鱼，禁止杀生。明代十斋日仍旧禁刑，违者笞四十。此外，遇有盛大祭礼也要停刑。上述刑罚的各种禁忌，虽然限制很严，但在执行中，往往遭到破坏。但总的来说，“刑以秋冬”的司法时令说和相应的一套制度，对封建社会的残酷刑杀，有时起过某种短暂的缓冲作用。

（3）大赦

赦或赦免，指减轻或免除罪犯罪责或刑罚的一种制度。封建帝王常用大赦来“施恩”。实行大赦的原因很多，诸如皇帝即位、改年号、册皇后、立太子、生皇孙要赦；平叛乱、帝后有病、行婚丧寿庆大典要赦等。与宗教有关的赦免原因也很多，如遇灾异（包括日月蚀）、郊祀天地等。《易经·大象》中就有“雷雨作解，君子以赦过宥罪”的话，即在大雷雨之后，实行赦宥。佛教传入中国后，帝王参与佛事活动也成为大赦的原因之一。如南朝梁武帝在受佛戒、舍身、设法会、设无遮大会时都实行大赦。

---

[59] 参见张晋藩：《中华法制文明的演进》，73页，中国政法大学出版社，1999。

张晋藩

中华法系特点再议*

简介

张晋藩，1930年生，1952年7月毕业于中国人民大学，研究生学历。曾经任国务院第二届（1985—1991年）学科评议组成员、中国政法大学副校长、研究生院院长，1987年被评为国家重点学科法制史学的带头人。现为中国政法大学终身教授、博士生导师，兼中国法律史学会专业顾问、中国法文化研究会会长等社会职务。

代表性论著有《中国法制通史》（总主编）、《中国法律史论》、《法史鉴略》、《中国法律的传统与近代转型》等。主编多种法制史教材及专著，发表论文百余篇，有些专著已被译成英、日、韩等国文字出版。

* 原发表于《江西社会科学》，2005（8）。

关于中华法系的特点，我于20世纪80年代初曾经连续发表过几篇文章，谈到了一些看法。由于中华法系特点牵涉到中华法系的实质，以及去芜存精、寻求借鉴等问题，具有理论意义和现实意义，因此根据教学与研究实践中的一些新的体会，撰成此文。

一、农本主义的法律体系

在漫长的中国古代社会，虽然也曾出现过商品经济一度繁荣的朝代，但总体上看商业经济在整个社会经济中的地位和影响力是微不足道的。因此，建筑在农业经济基础之上的法律体系，必然以保护和发展农业经济为其根本，而历代推行的重农抑商、奖励耕织的国家政策，又强化了这种农本主义的法律体系。

由于土地是从事农业生产的物质基础，也是最重要的资源，因此土地立法备受重视，譬如云梦秦简中的“田令”和“田律”，汉时的“田令”，新莽田制，北魏地令，北齐、北周的田令，隋唐均田令和宋田令等等，都是专门的土地立法。表明国家十分重视以法律的形式来确认土地的产权归属，以及土地的经营形式与分配制度。此外，历代正律中均用很大的篇幅规定侵犯破坏土地制度的罪与罚，以保证土地法令的贯彻施行。

与农业生产相联系的诸如水利、环境、畜牧、厩库、天文历法，也都受到历代立法者的重视。尤其是天文历法方面的规定，更能反映这种“农本主义”法律体系的特色。因为农业生产必须尊重农时，春夏耕作，秋冬收藏，所以天文历法很早就成为古代立法所关注的对象。《尚书·尧典》说“乃命羲和，钦若昊天，历象日月星辰，敬授人时”，说明在传说中的帝尧时代已经有了专职的天文官，从事观象授时。至夏朝已经制定出了我国最早的适合农业生产所需要的历法《夏小正》。商代不仅制定了阴阳历，并设专官掌管历法。秦时第一次颁行了全国统一的历法《颛顼历》。汉以后一直到明清，历朝都制定了历法。由于历法对于农业生产具有重要的指导意义，因此历代法典都特设专条对破坏或私习天文历法的行为，给予极其严厉的惩罚。这在世界法律史上是很少见的。历法的发达与法律对它的确认和保护，是农本主义法律体系的一个鲜明体现。就司法而言，也考虑到农业生产的需要，而调整听讼理案的时间。譬如唐宋以来出现的“务限法”，便规定了农忙时节非重大的民事纠纷案件州县官不予受理。

二、皇权至上的法制模式

自秦统一建立皇帝制度以后，历代都采取专制主义政体。君主发布的诏、令、诰、谕、敕是法律的基本渊源，具有最高的法律效力，是指挥国家一切活动和司法实践的最有权威的根据。随着专制主义不断地强化，作为国家意志的法律也以皇帝个人的名义发布，即所谓“钦定”。汉杜周所说“三尺（法）安在哉？前主所是著为律，后主所是疏为令”[①]，为皇权至上的法制模式作了最好的诠释。在司法体系中，皇帝又是国家的最高审级，握有一切要案、大狱的最后决定权，生杀予夺悉凭上意。

在漫长的中国古代社会，皇权一直沿着螺旋上升的轨迹不断膨胀。与西欧相比，西欧封建制国家在相当长的时期内，君主被看做是同辈诸侯之首，并无严格的上下级划分。不仅如此，由于罗马教会占有很大势力，世俗君主的权力还受到教皇的约束和侵夺。即使是在等级代表君主制时期，君主的权力仍然受到等级代表机关的限制而不是绝对的。只是到了封建专制时期，法国国王路易十四才提出“朕即国家”的口号，但这已经是资产阶级革命的前夜了。可见，无论从封建君主制统治的时间和程度以及法律对君权的全面的确认来看，任何一国都逊于中国．由此而形成的皇权至上的法制模式，是很有典型性的。

三、儒家学说的深刻影响

以孔孟之学为代表的儒家学派，至汉武帝时期，由于实行“罢黜百家，独尊儒术”的政策而跃居统治地位，成为近两千年封建法律的理论基础。无论对立法还是司法的影响都十分深远。

首先，儒家奉行的三纲——“君为臣纲，父为子纲，夫为妻纲”，不仅是封建法律总体上的指导思想，而且其基本的行为规范入律，通过法律的形式确认君权、父权、夫权的不可侵犯，违者定以重罪，治以严刑。

其次，贯穿儒家提倡的“德主刑辅”、“明刑弼教”的治国理念。自从孔子提出“道之以政，齐之以刑，民免而无耻。道之以德，齐之以礼，有耻且格”[②] 以后，西汉董仲舒还以阴阳四时的自然现象来论证大德小刑。东汉时的孔孟之徒更将“德刑并用”提高到“常典也”[③] 的高度。经过汉儒的充分论证，德刑适用的范围、相互关系与各自的作用更为明确。由于儒家倡导的德是以伦理道德为基本内涵的，所以汉以后历代在以“德”、“刑”作为维护统治的“二柄”的同时，更强调德的教化作用，用以预防犯罪，整肃人心。由此儒家倡导的“德主刑辅”、“明刑弼教”成为指导立法、司法的既定政策。

最后，以董仲舒为代表的汉儒，提倡“春秋经义决狱”，即以儒家的经典作为审判的直接依据，这是儒家思想影响司法的突出表现。引经决狱之风延续了七百余年之久，至隋、唐随着封建法制的完备才逐渐终止。但唐以后的司法实践中，“于礼以为出入”是一个不易的准则。由此可见儒家思想对封建法制影响的深刻性和一贯性。

---

① 汉书 杜周传
② 论语 为政
③ 申鉴（卷二）时事

四、引礼入法，法与道德相互支撑

中国进入阶级社会以后，作为氏族社会祀神祈福仪式的礼便成为一种统治手段。孔子强调“出礼入刑”，为礼与刑的相互为用与结合提供了理论指南。《荀子·成相篇》所说：“治之经，礼与刑”，表明他已经认识到礼与刑在治国中的作用。礼从正面规定了国家生活、社会生活的一系列制度，而法则对侵犯礼及其他不法行为予以制裁。礼以“别”为本，以差等著称；所谓“严上下之别”、“明尊卑之义”。法以“齐”为本，以公平闻世，所谓“君臣上下贵贱皆以法”④。礼的差等式规范与法的公平性衡量表面上相矛盾，但实质上礼与法不仅同源，而且都以维护等级特权秩序为目的。所谓：“天秩有礼，天讨有罪，故圣人因天秩而制五礼，因天讨而作五刑。”⑤ 正因为目的一致，才有可能引礼入法，将主要是惩罚性规定的法与创设制度的礼结合在一起，共同构成统一的法。

至汉代，汉儒通过说经解律的途径，将礼制引入法中。西晋时，确立了“竣礼教之防，准五服以治罪”⑥ 的定罪量刑原则，并将区分血缘亲疏之礼的“五服”制入律，标志着引礼入法的重要阶段。由于礼制逐渐被法所吸收，因此礼作为制度建设的作用不断衰减，但作为精神建设的礼，不仅得以延续，而且衍化为稳定的道德体系，其作用更加宽泛。

唐朝是中国封建社会的盛世，也是礼法结合的高峰。《唐律疏议》明确宣布：“德礼为政教之本，刑罚为政教之用”，二者之不可偏废，正如“昏晓阳秋相须而成者也”。同时礼还作为民事法律渊源之一，起着实际调整作用。

至明清更将丧服图置于律首，以示重礼。礼的基本规范取得了法的形式，成为传统法文化的一大特色。

至封建社会后期阶级矛盾、民族矛盾日益尖锐，统治者由重礼而趋于重刑，礼的调整作用呈下降的趋势。以唐明律相比较，凡是违背礼的一些犯罪的处罚，明与唐律大体相同；凡是政治性犯罪，明律均重于唐律。礼与刑在阶级斗争历史过程中的消长脉络是很清楚的。

总的来说，礼法互补不仅表现在法律渊源上的互补，还表现为作用上的互补，所谓“礼者禁于将然之前，法者禁于已然之后”。引礼入法使道德法律化，违礼要受到法律的制裁；以法附礼，使法律道德化，法由止恶而兼劝善。道德与法律相互支撑，不仅构建了古代社会的和谐，也使得法律与道德各自取得了稳定的发展形态。正是由于两者交相为用，才使得传统的法律体系和道德体系，经过四千年之久而未发生断裂。

---

④ 管子 法法

⑤ 汉书 刑法志

⑥ 晋书 刑法志

五、家族法的重要地位

家国相通，亲贵合一，一直是中国进入阶级社会以后的政治现象。在小农经济的结构下，家庭是社会的细胞组织，又是承担国家赋税、徭役和兵役的基本单位。因此，家内秩序的稳定对于社会秩序的稳定和国家统治的巩固，都有十分重要的意义。儒家竭力从理论上论证“天下之本在国，国之本在家”⑦，“家齐而后国治”⑧，鼓吹事君与事父的统一性。

为了保证家长代替官府监管族众，催征赋税，裁判纠纷，推行政令，法律确认家长制家庭制度，使伦常关系法律化，明确宣布凡是侵犯家长人身或违反家长意志的行为，便构成“不孝罪”，与“谋反”同属于“十恶”大罪之列。同时，也赋予家长一系列权力，如：卑幼未经家长允许，擅自动用家财，处笞、杖刑；父母在，子孙“别籍异财”，按不孝治罪；家长握有子女的主婚权；并可请求官府代为惩处不孝之子。通过法律的详密规定，使得伦理和政治进一步结合，家长制家庭俨然成为一个主权单位，父权不啻是专制王权的缩影。

不仅如此，从宋朝起，统治者更加需要通过稳定家内秩序，来巩固国家的统治，因而除了严格执行有关维护家族的法律规定外，还以国家的名义支持流行于社会上的大量“宗规”、“家训”之类的家族法，力图通过家长、族长进一步严密地钳制和束缚家族成员，不得犯上作乱。宋以后，元、明、清三朝都继承了这个传统，出现了适用于家族内的成文法。它们是对国法的重要的补充，凡属于违反国法的行为必定为家法所严禁；而违反家法的行为也必定为国法所不容，表现了家族系统所承担的巩固国家统治的特殊的职能。如果说国法侧重治国平天下，而家法则重在修身齐家。在这种法律体系下，对家的伦常义务与对国的法律义务之间，缺乏一条明晰的界限。对家的义务，重在孝，所谓“亲亲父为首”，“百善孝为先”⑨，这既是一般伦常义务，也是法律义务。而对国的义务，则在忠，所谓“尊尊君为首”，“臣事君以忠”。在“朕即国家”的专制社会里，对国家的义务又转化为对国君的义务，无论是法律制度还是伦常纲纪，都是君父手中的“治世之具”，而被运用来稳定社会秩序、强化专制统治。家法与国法虽然各有自己的系统，但二者在精神上是交融的，在作用上也是互补的。这是中国传统法文化与世界法文化明显的区别之一。

六、法、理、情三者的统一

在中国法制漫长的发展过程中，形成了执法、明理、原情的内在统一关系，这是中华

⑦ 孟子

⑧ 大学

⑨ 史记 太名公自序（索引）

法系的特点之一，也是中国法文化中长期积淀的传统。理，主要是指以纲常为核心的政治伦理和体现世俗规则的事理、道理。经过汉儒董仲舒的论证，又将纲常之理奉为天理。从此，国法也多循三纲之理而制定，并以维护三纲为使命，体现了中国古代独特的“天人合一”的观念。

至于情，《礼记》说：“何谓人情？喜、怒、哀、惧、爱、恶、欲，七者，非学而能。”[10]在此基础上，又引申为社会中人与人相处的规范，即所谓人情、世情、社情。孔子说：“己欲立而立人，己欲达而达人”[11]，“己所不欲，勿施于人”[12]，这成为后世处理人情最根本的准则。儒家不仅从社会政治学的角度沟通了理、法、情三者的界限，还从天人感应出发，将天理、国法、人情三者联系起来，使三者协调统一，以构建和谐安定的社会。

循理定法，法合于理，使法可信，并具有权威性。特别是宋明理学家所鼓吹的天理体现为国法，更赋予国法以不可抗拒的神秘性。法顺民情，赋予法律一种中庸平和的亲和感，使法律贴近生活，凸显了古代法律“仁”的基调。在司法实践中执法以顺民情，不仅使国法增添了伦理色彩，还获得了神权、族权和社会舆论的支撑，因而更具有广泛的约束力，这正是天理、国法、人情三者统一的出发点和归宿。宋人胡石壁说：“法意、人情实同一体，徇人情而违法意，不可也，守法意而拂人情，亦不可也。权衡于二者之间，使上不违于法意，下不拂于人情，则通行而无弊矣。”[13] 明初刘惟谦在《进明律表》中说：“《大明律》‘上稽天理，下睽人情’，是应天顺民的产物，所以它可以成为‘百代之准绳’。”[14] 清人也认为“天地间，情理法三者，原并行不悖”[15]，已成为司法官员的共识。当情理法三者在具体案件中发生冲突时，以执法为前提，以循理原情为考量，按照执法、循理、原情的公式，解决三者间的冲突。清代司法官明确表示说：“虽于法不无宽贷，而于情似可曲全”[16]，“论理固有不合，论情尚有可原”[17]，从而反映了执法原情、法顺人情的中国固有的司法文化形态。

从法制发展的历史看，法与理合，易于为人所接受；法顺人情，冲淡了法的僵硬与冷酷的外貌，更易于推行。法与理、情合，不仅增加了法的权威性，也加强了社会渗透力。因此，历代的圣君贤相都力求做到奉理、执法、原情，并将这三者的和谐统一看做是强国之本、固国之源。它不仅是生成于民族土壤上的中华法文化的重要传统，也是儒家文化影响下的中国古代特有的法律精神，对于古代东方各国也有着重要的影响。

---

⑩ 礼记 礼运
⑪ 论语 雍也
⑫ 论语 颜渊
⑬ 名公书判清明集
⑭ 明史 刑法志
⑮ （清）汤斌．学仕录．卷一
⑯ （清）沈衍庆．槐卿政绩．卷三
⑰ （清）董沛．汝东判语．卷二

七、多民族的法律意识和法律成果的融合

中华民族自古以来就是一个多民族的大家庭，自公元前二世纪起便建立了统一的多民族的中央集权国家，在中华法系中也融合了以汉民族为主体的各民族的法律意识和法律成果。古籍中说华夏族的法律就是从苗人那里援引来的，所谓“灭其族而用其刑”。在封建法律发展中起着承上启下作用的拓跋族的《北齐律》，也是以汉律为宗并糅和了本民族的习惯法而成的。《北齐律》无论体系结构与基本内容，都为隋唐律奠定了重要的基础。至封建社会后期，西夏、辽、金、元等各朝法律，除了保持其民族特色外，大体均以唐宋律为渊源。特别是清朝在入关以前就执行一条“参汉酌金”的立法路线，入关以后更将这条路线推广到全国。所谓“参汉”就是参考明朝的典章制度；所谓“酌金”就是撷取女真本民族的习惯法。清朝在法制建设上的主要特点和优点之一，就表现为用法律来调整各民族间的关系。例如，调整外藩蒙古的《理藩院则例》便是清朝独创的一部民族法典。此外，还有调整少数民族聚居区的一系列单行法，这些单行法既注意到少数民族的生活习惯，所谓“因俗制宜”，又力求做到法律适用的基本统一，它们是各民族间融合的具体产物和反映。清朝之所以成为一个巩固的统一的多民族国家，不是偶然的，就法制而言，它综合了近两千年各族法律之大成，使之更贴近中国的国情，特别是把中央的司法管辖深入到少数民族聚居的边陲之地，这对于巩固统一多民族国家起了十分重要的作用。中华法系之所以可能融合了以汉族为主体的各民族的法律意识和法律成果，充分说明了民族关系的融洽和文化交流的深入。

八、重教化慎刑罚的人文关怀

早在夏、商时期，占统治地位的主流意识是以“天帝”为主要内涵的天道观，天帝是商王的祖宗神，天帝的意志被视为国家权力的来源。在这样的天道观的影响下，“殷人尊神，率民以事鬼，先鬼而后礼”[18]。但是天帝的庇护并没有能延续商朝的统治，相反，终因残酷压榨，使民众叛逃，阵前倒戈，而被小邦周所推翻。这一历史事实使继起的西周统治者认识到“天畏忱，民情大可见”[19]，即民众对于维持政权统治的重要作用。因此提出“敬德”、“保民”，宣传“天视自我民视，天听自我民听”[20]，“民之所欲、天必从之”[21]，从而将殷商时代对鬼神的尊崇转移到民心的向背上，形成了“人无于水监，当于民监”[22] 的政治警

---

⑱ 礼记 表记
⑲ 尚书 康诰
⑳ 孟子 泰誓
㉑ 左传 襄公三十一年 泰誓
㉒ 尚书 康诰

世观点，标志着天命与民心结合的开始。中国古代人本主义思想，就是从西周对人事、道德的重视，对人的作用与价值的不断肯定的过程中逐渐形成的。

春秋战国时期孔子创立了“仁者，爱人”的仁学，充分肯定了人的地位、价值和尊严。孔子的仁学不仅是具有特殊历史意义的人本哲学和体现中华民族风貌的伦理道德观念，也表现为法制中的人道主义原则。其后孟子将爱人具体化为“亲亲而仁民，仁民而爱物”的现实主张，使人本思想演绎成系统的“仁政”学说。在中国传统法律文化的各个层面，都表现出重教化慎刑罚的人文关怀。

其一，德主刑辅，注重教化。西周统治者从殷“不敬厥德，乃早坠厥命”[23] 的结局中吸取了教训，制定了“明德慎罚”[24] 的方略。明德就是提倡尚德、敬德、重民；慎罚就是使刑罚得中，不滥杀无辜。明德是慎罚的精神主宰，慎罚是明德在法律上的具体化。明德慎罚的着眼点是教化，它作为治国的方略发展至汉代已经趋于成熟，形成了一个系统的支配立法与司法的法制理念。

其二，以人为本，重惜民命。历代法律从以人为本的观点出发，结合稳定社会与国家的实际需要，表现出了重惜民命的特点。汉文帝之废除肉刑，北魏孝文帝之废除“门房之诛”，其出发点都是强调“民命为尤”，借以昭示宽仁慎刑。尤其是对于死刑的执行规定了严格的程序，自唐朝首创“九卿议刑”之制，“大辟罪皆令中书门下四品以上及尚书九卿议之”[25]，至明清秋审大典的确立与死刑推勘、复核的严格程序，以及死刑案犯须经皇帝勾决后才能执行等等，既能收到惩治犯罪的效果，也体现了对死刑的控制。这不仅是渲染重视民命的德政，也是和保持社会的稳定密切相关的。

其三，矜老恤幼，宽待妇残。从汉朝起法律便对老幼妇残等社会弱势群体实行恤刑。至唐代，《唐律疏议》具体规定了对年七十以上、十五以下，废疾、笃疾和孕妇等不得刑讯，并可减免刑罚。唐以后不仅延续了唐律中的有关规定，而且不断加以充实。这种对社会弱势群体的法律倾斜是一贯的、辗转传承的，这是世界法制史上所少有的，它充分展示了传统法文化中崇尚扶助老者、残者、弱者的民族精神，以及所蕴涵的浓厚的人文关怀。

---

[23] 尚书 召诰

[24] 尚书 康诰

[25] 贞观政要 刑法

汪世荣

判例在中国传统法中的功能*

简介

汪世荣，1965年生，甘肃省陇西县人，法学博士，西北政法大学法律史专业硕士生导师、导师组组长，吉林大学法律史专业博士生导师，西北政法大学法学教授，中国法律史学会第八届执行会长。曾任西北政法学院法学一系副主任、西北政法大学科研处处长、西北政法大学法律诊所项目负责人，全国法律诊所指导委员会副主任，《判例与研究》杂志特邀编委。

1994年7月获得法学博士学位。1994年7月起在西北政法学院任教。1997年12月晋升教授职称。从1998年2月通过遴选担任法律史学专业研究生导师。1998年4月被聘为原法学一系副主任。1999年10月当选为中国法律史学会常务理事。2000年9月起任西北政法学院法律诊所项目负责人。2008年10月，被选为中国法律史学会第八届执行会长。

2002年8月，被陕西省人民政府评为优秀教师。2006年被陕西省教育厅评为第二届“陕西教学名师”。2007年被陕西省法学会授予“陕西省优秀中青年法学家”称号。

代表作有《我国行政诉讼的特点》、《中国古代判词研究》、《罗马私法》、《中国司法改革研究》、《陕甘宁边区高等法院研究》等。

---

* 原发表于《法学研究》，2006（1）。收录时有删节。

中国传统法指清末以前的中国法，它经过了不同时期的发展变迁。春秋战国以前，法律形式为典型判例的汇编。随着春秋战国时期成文法典的公布，中国法律进入了法典化时代。至唐朝，“一准乎礼”的《唐律》的制定和颁行，标志着法典为主体的法律体系最终形成。与之相适应，判例在不同时期、不同阶段，发挥了各自独特的功能和作用。中国传统法中的判例，是指经过特殊程序认定，具有普遍拘束力的司法判决。有学者指出：“人类文化和行为学的研究成果表明，各民族和种族都有尊重甚至迷恋本民族传统的倾向……同时，各民族有尊重和崇拜权威的倾向……这两种倾向在法律上，则表现为司法者在处理案件时参照先前的司法判决；下级法院往往遵循上级法院的判决。如果把这种做法称作判例法，那么，可以说各个国家或民族都不同程度地存在判例法。”① 春秋战国以前判例的功能，囿于史料的限制，只能从宏观上考察其概况。法典化时代，个案判决不构成先例，某些案件的判决在经过了特定的程序之后，才能产生普遍的拘束力。②

一、中国传统法中的判例及其存在形式

（一）战国以前的判例

战国以前的中国法，以判例法抑或习惯法的形式存在？由于对进入秦汉前审判组织发达和诉讼活动规范化的不同认识，对这一问题存在着分歧。③ 从已经出土的简帛资料和青铜器铭文看，战国以前的法律形式确实表现为判例法。《奏谳书》是疑难案例汇编，共收集有春秋至西汉时期的22起“议罪”案例。《奏谳书》记载的东周时期“治食不谨”案（第19号案例），详细描述了司法官调查、取证、分析、推理的过程，由此案不难推断，当时司法程序和法律推理确实达到了相当高的水准。④

从青铜器铭文看，西周时期判例记载的内容，不仅包括判决的结果，而且详细地描述

---

① 高鸿钧：《英国法的主要特征——一个比较的观察》，载《比较法研究》，1991（4）。

② 张伟仁教授认为：中国“自先秦开始逐渐制订了一套相当周密的法典，在处理重大案件时司法者不仅不得故意违背，连自由裁量的余地都很有限……即使是少数有识之士遇到了案情与立法有所歧异的情形，在判决之前下了一番推敲深究的功夫，其判决也并不当然成为对于以后同类案件有拘束力的先例，他们的见解仍需经过某些立法性的程序，才能发生广泛深远的影响”。张伟仁：《清代法制研究》，中央研究院历史语言研究所专刊之76。

③ 何勤华说：“武树臣和汪世荣都认为，中国在进入成文法时期即战国以前，曾经历了一个判例法时期。此观点似可商榷。笔者认为，中国在进入成文法以前，主要是适用习惯法，是一个习惯法时期。因为习惯与判例尽管有许多相同点，但判例法主要是与法院的审判活动一起成长的，而战国以前，中国的审判组织和审判制度尚处在萌芽时期。”何勤华：《秦汉时期的判例法研究及其特点》，载《法商研究》，1998（5）。

④ 简文内容详见《张家山汉墓竹简》，225～226页，文物出版社，2001。

和说明判决的过程，判例的记录纯粹属于私人性质的活动。判例侧重于案件情节的描述，这些判例的观念与英国早期的情形没有多大的差异。⑤ 从《奏谳书》第 21 号案例看⑥，无论廷尉勃等人还是申徭所进行的法律推理，采取的均是从个案到个案的“例推法”形式。⑦这样的推理方法，即荀子所谓“有法者以法行，无法者以类举，听之尽也”⑧。

春秋战国以前，判例在审判实践中运用的情况，可以通过《左传》的下述记载概见其貌：战国以前，已经十分注重法律对社会生活的调整，重视通过法律程序解决重大社会矛盾。通过判例强化已有规则的效力，通过对规则的解释，满足具体案件裁判的需要。

《左传》昭公二年子产审理了大夫公孙黑“作乱”案。子产成功追诉公孙黑罪行的事实说明，在重大社会矛盾的解决中，司法审判扮演着重要的角色。司法审判发挥作用的大小，是衡量司法程序发达程度的重要标准。判例表明，司法审判中实行指控与辩解制度，指控的内容，包括犯罪事实和罪名两个方面。嫌疑人不仅对被指控的事实和罪名可以进行辩解，对刑罚及其执行也可以发表意见。子产的反驳表明，司法官有义务回应嫌疑人所提出的辩解。从判例内容看，贵族享有法律上的特权，触犯刑律被判处死刑时，一般选择自缢执行方式。否则，司寇将采取强制执行措施。

《左传》昭公十四年的“叔鱼鬻狱案”是叔向审理司法官叔鱼贪赃枉法，导致当事人报复杀人案的记录。叔向分别对邢侯、雍子和叔鱼三人行为的性质、刑事责任，进行了认定，以判例的方式确立了在朝堂之上进行私力救济杀人的行为是犯罪，其刑事责任为死刑；行刑时已经死亡的犯罪人，适用戮尸进行惩罚等原则。解决了如下两个问题：第一，对触犯死刑的行为人，是否只有国家才有权审理、判决并执行死刑；第二，在犯罪行为被追究之前，嫌疑人已经死亡的，司法机关是否仍然需要对其进行法律评价。判例所援引的“昏、墨、贼，杀”的法律根据，正是夏朝司法官皋陶通过司法审判所确立的规则。叔向通过

---

⑤ 西周判例的情况，胡留元、冯卓慧在其《长安文物与古代法制》一书中有相关的论述：“西周金文中涉及民、刑事判例和契约的较多，其中判例典型的，有传世《曶鼎》（孝王）、《鬲攸从鼎》（历王）和解放后出土的《朕匜》（西周晚期），共三件四个判例。”胡留元、冯卓慧：《长安文物与古代法制》，42 页，法律出版社，1984。金文判例中，《琱生簋》是一道关于地界纠纷的判例。铭文详细记述了琱生赢得诉讼的经过，甚至对如何贿赂司法官以及司法官如何运用宗法观念左右司法审判结果，也描述得惟妙惟肖。参见张晋藩：《中国民事诉讼制度史》，10～22 页，巴蜀书社，1999。

⑥ 对案例的详细分析，参见汪世荣：《奏谳书所见秦汉时期的法律推理》，载《法律思维与法律方法》（一），中国政法大学出版社，2001。

⑦ “例推法（reasoning by example)”是英美法系法律推理的基本类型，其“以举例的方法来进行辩论，既不同于从部分到整体的推理，也不同于从整体到部分的推理，而实际上是在两个具体情况（both particulars）都从属于同一个项（term）并且其中一个具体情况已知的条件下从部分到部分的推理。它不同于归纳法，因为归纳法是以全部的具体个案为推理的起点来证明主要项（major term）属于中间项，但并不将三段论式的结论适用于次要项（minor term）。反之，以举例为方法的论证则要将这三段论式的结论适用于次要项且并从全部的具体个案中来获得证明”。Aristotle，Analytica Priora 69a（Mackeon ed.，1941）. 转引自［美］艾德华·H·列维：《法律推理引论》，3 页，庄重译，中国政法大学出版社，2002。

⑧ 《荀子·君道》。

“施生戮死”的方式，从形式正义上强化了“皋陶之刑”的效力，即便嫌疑人在交付审判前已经死亡，法律后果仍然不可避免。

（二）秦汉以后的判例

秦汉以后，以抽象条文为标志的制定法法典——律，被确立为根本法，并逐渐形成了法律形式渊源的多样化。秦汉以后法律的样式，被有些学者称之为“混合法”⑨。在律、令、科（格）、式、比、例等多种法律形式中，始终坚持着稳定的结构关系：即制定法法典是最重要、具有指导作用的法律形式，其他的法律形式必须根植于法典之中。法典和其他法律形式之间，是互补的关系，但始终坚持的是其他法律形式对法典的补充，坚持法典在整个法律体系中的主导地位。这一时期判例形成和适用的情形，又分为两个阶段。唐朝以前，是中国儒家化法典形成时期，判例的主要功能，是推动和发展各项具体制度的改革，实现对制定法的儒家化改造。《唐律》颁布之后，判例的功能主要侧重于弥补法典的局限，解释法典的原则，确立新的规则，增进法典的适应性。对不同时期判例适用的状况，通过以下具体判例，不难予以观察和分析。

三国时的“毋丘俭之诛案”⑩ 是妇女缘坐制度改革的契机。妇女从坐是身份连坐的一种。在隋唐以前的封建法典中，“妻女”一词概括了妇女身份。然而，在特定案件中，一旦发生由女而妻的身份变化，在法律没有反映这一变化的情况下，妇女所遭受到的连坐处罚远远超出了男子，超出了立法者所未曾料想的程度。判例正是关注到了妇女连坐责任的不合理性：“一人之身，内外受辟”，从而推动了立法的改革。唐朝的“唐太宗录囚案”⑪ 揭露了刑事立法中的矛盾与冲突。由于连坐而被追究刑事责任时，坚持服制决定刑罚的原则⑫，即被连坐之人与行为人服制愈远，则其刑事责任愈轻，反之，服制愈近，则刑事责任与行为人本人的刑事责任相比愈加接近。“谋反”由其政治性犯罪的性质所决定，立法时难以进行仔细推敲。既然“恶言犯法”的谋反罪“不能为害”，即便配流，仍然罪刑不相适应，但

⑨ 这里指的是武树臣的观点。按照武先生的论述，“战国秦代以及此后两千年的封建时代，是中国法律样式经过否定之否定进而走向稳定和定型的重要时期。第一个否定即战国秦代的成文法取代了西周春秋的判例法，第二个否定即封建时代的混合法取代了战国秦代的成文法。通过对这两次否定的分析，我们可以清晰地看到中国法律样式的基本发展轨迹：判例法——成文法——混合法”。“在混合法时代，当成文法详备而宜于时用之际，人们往往就会强调法的作用，强调严格依法办事；当成文法落后于现实生活而不太宜于时用之际，人们往往强调人的作用，强调灵活机动的必要性；当法制建设不堪完善因而造成司法混乱时，人们往往又十分强调用法来统一全国的审判活动，强调法的作用。”“成文法与判例法有机结合的混合法时代，法与人的作用被置于同等重要不可或缺的地位，只不过在特定背景下会略有侧重而已。”武树臣：《中国古代法律样式的理论诠释》，载《中国社会科学》，1997（1）。

⑩ 《晋书·刑法志》。

⑪ 《旧唐书·刑法》。

⑫ 当然，在中国封建时代的立法中，服制原则有十分广泛的体现。从明朝中后期起，法典的编撰发生了重大的改革。“服制图”作为法典的有机组成部分，被置于法典的前部。在有些类型的案件中，服制决定罪之有无，而在有些类型的案件中，服制则决定刑之轻重。另外，宋以后服制在死商财产继承、遗嘱继承、无子立嗣顺序、亲属先买权等民事法律领域，也被适用。参见丁凌华：《中国丧服制度史》，225～231页，上海人民出版社，2000。

判例却无法走得更远。判例与法典一样，必须受制于特定的社会条件和环境。

二、判例在中国传统法中的主要功能

（一）判例对法律调整领域的扩展

运用法典调整社会关系时，免不了僵硬和概括，判例有助于在特定情形下进行灵活调整。例如，在专制主义中央集权体制下，君主的权力范围与君权的行使方式，是被舆论和法律禁锢的领域。形式上，君权凌驾于行政和司法权力之上。实质上，君权需要借助于行政和司法等权力才能有效实现对社会的治理。在制定法中，试图对君权进行规制，这一行为本身缺乏传统的和伦理的基础。尤其对君主“钦定”的案件，大臣很难从法律理由是否成立或法律理由是否充分的角度进行评论。传统的社会观念中，即便对君权的限度进行讨论，亦属不可思议，是为“君亲无将，将而必诛”⑬。法典不可能对君权的限度进行限定或说明。但法律实践中，君主所享有的权力是否应当有界限，乃至这一界限如何划分，必须加以回答。君权与司法权发生冲突时，君主享有绝对支配权还是“临时处分权”，汉朝的判例回答了这一问题。

西汉时通过“民人犯跸案”⑭，张释之对君、臣、民各自与法律的关系进行了界定：法律是共同的行为准则，因为它为君所制定，臣所奉行，民所遵守。法律一经公布实施，便相对独立，即使君主也只有对具体案件的临时处分权。案件一经交付司法机关审判，就应当适用法律。⑮ 这一观念在成文法占主导的中国古代法律体系中，强调了法典的基本法地位，强调了君权的合理限度和范围，只有判例方能担当。东晋时的“陈满误射案”⑯ 强调了成文法所具有的规范性和普适性。在案件的判决中，“民人犯跸案”起了先例的作用。从此案也不难看出中国古代法律推理的基本方法，即从一般到个别。虽然，律对过误并未造成伤害后果的行为，没有明确的处罚规定，但是对“过误伤人”的法律后果却是明确的。既然过误伤人只处刑三年，根据类推方法，对过误未造成伤害后果的行为处以弃市，则明显

---

⑬ 《春秋左传·公羊传》。

⑭ 《史记·张释之冯唐列传》。

⑮ 犯跸案隐含了最高司法权对皇权的相对限制。即君主作为法律和权力的来源，凌驾于法律之上，享有对案件的临时处分权。但是，君主的临时处分权受制于司法审判权，君主的临时处分权必须受时间和空间的限制。案件一旦交付廷尉审判，制定法便优先予以适用。从而确立了司法权对皇权适当限制的原则。参见汪世荣：《中国古代判例研究》，15～16页，中国政法大学出版社，1997。在制定法为主导的法律体系之下，基本观念之一，是法律一经公布，便与立法者保持相当的独立性。通过司法活动对法律条文的解释既是必需的，也是合理的。张释之将君主对案件的权力归结为临时处分权，而非对法律的解释权，从根本上确立了法律解释的性质和地位。此后，关于皇权与司法权的关系得到了大致的确立，即皇帝是法律的创设者，司法官是法律的维护者，在皇权与司法权发生冲突的情况下，司法官有义务对皇帝进行规劝，维护成文法典的尊严。在评论“民人犯跸案”时，魏人王肃认为：“廷尉者，天子之吏也，犹不可以失平，而天子之身，反可以或谬乎？斯重于为己，而轻于为君，不忠甚也。”《三国志·魏书王·郎传·王肃》。

⑯ 《通典》卷一百六十六。

过重。

张释之关于廷尉执法“一倾而天下皆为之轻重”的顾虑，实际上是充分认识到了判例与制定法范围的相对分工：判例只有在法典缺乏明文调整的领域，在法典所规定的制度、规则，与发展变化了的社会现实条件已然不切时用时，才能发挥创制规则的功能。否则，判例的主要功能只能是对法典的维护，而非颠覆。判例可能对制定法产生维护或破坏等不同性质的影响，廷尉所作出的判决，具有判例的效力，对各级法院有普遍的约束力。廷尉适用法律的偏离，一旦为其他法官效仿，法典对社会的规制将无从谈起。在法典化立法体制下，廷尉对法律的正确适用，负有特别的责任。

（二）判例对规则效力的强化

制定法的效力，更侧重于宣告。新的法典的公布，只能说宣告了新的规则。至于规则的具体含义，需要借助于个案，通过个案审理，由法官释明。“徒法不足以自行”，规则的最终作用，只有透过判例，才能彰显。无论法典还是判例，都需要不断经受实践的验证，其权威才能最终确立。

战国时发生在秦国的“太子犯法案”⑰ 中，商鞅针对制定法在实施中所遇到的阻力，主要来自社会上层，“法之不行，自上犯之”的现实观察，采取处罚犯法太子的做法，使规则得以复现，进而使之得以强化，取得明显的效果。发生在东汉的“董宣强项案”⑱ 中，“苍头”即奴婢的一种，在汉代根本无社会地位可言。⑲ 但是，就因为其服务于湖阳公主，竟敢“白日杀人”。也正是湖阳公主的特殊身份，导致“吏不能得”，凶手逍遥法外。因为先前曾有“藏亡匿死，吏不敢至门”的先例，湖阳公主“诉帝”，光武帝“大怒”。董宣的强项精神之所以能够广泛流传，正在于其以先例的形式倡导和践行了法律责任不可避免这一关系到制定法命运的环节。⑳ 发生在北宋时的“陇县冤案”㉑ 强化了诉讼规范的效力，强化了程序法应有的作用。

通过判例形式强化法律规则的效力，直至当今，仍未过时。“先例存在于一位官员在实质上相似的情境下重复他或他的前辈、前任已经做过的事情。先例的基础是对整个社会的习俗、制度和个人的习惯作出官方类比。”㉒ 法典的效力，只有借助于判例对具体制度和规则的反复适用，通过相似情境下的制度复现，意义才能逐渐明晰和强化。

---

⑰ 《史记·商君列传》。

⑱ 《后汉书·酷吏列传·董宣》。

⑲ “苍头”按照《词源》的解释，为地位较良人为低的奴仆。即“指奴仆。汉时奴仆以深清色巾包头，故称”。《词源》（四），2701页，商务印书馆，1983。另外，《汉书·鲍宣传》注引孟康曰：“汉名奴为苍头，非纯黑，以别于良人也。”

⑳ “董宣强项案”所产生的社会影响，见《汉书·酷吏列传》：“由是搏击豪强，莫不震栗。京师号为‘卧虎’。歌之曰：‘枹鼓不鸣董少平。’”

㉑ 《宋史·刑罚二》。

㉒ 转引自［美］博西格诺等：《法律之门》，6页，邓子滨译，华夏出版社，2002。

（三）判例对法典立法技术的补充

在中国传统法中，判例承担了克服法典在立法技术上缺陷的使命，发挥从个别到一般的优势，提高了法典立法技术的水平，保证了法律对社会生活调整的有效性。

第一，法典作为主要的法律形式，在法律体系中占有主导性的地位。其他法律形式则系对成文法典的有效补充，借以达到弥补法典局限和不足的作用。法典不但不排斥判例，而且为判例的调整留有余地。有时法典还为其他法律形式设定条件和范围。《晋书·杜预传》：晋律“既成，预为之注释，乃奏之曰：‘法者，盖绳墨之断例，非穷理尽性之书也。故文约而例直，听省而禁简。’”法典不能“穷理尽性”，肯定了司法活动的主动性和创造性。正是关注到司法活动的特殊性，在立法过程中才能够采用概括与简约的技巧，为法律的发展和完善留下空间。比较灵活的规定与简约的立法内容结合，为判例的调整留有空间，不失为处理法典与判例关系的一种模式。

第二，采用判例方式说明、解释法典的某些律文，取得奇效。以《唐律·名例》“本条别有制”律文（明、清律为“本条别有罪名”）为例，这条律文的疏议（明、清律为小注）就采用的是判例注解的方法。为了对判例的调整留下空间，《唐律疏议·杂律》规定了“不应为而为”条，《大清律例》则规定了“不应得为”条，使“所有礼教规则已因此条的概括规定，列为法律的内容，似可称之为礼教大防线”㉓。法律试图要对“世之事变百出，人之情态无穷”㉔ 积极作出回应，判例方法是不能弃置不用的工具。

第三，通过判例方法，以类似于“但书”的形式，补救立法时所未能预见的情形，解决了制定法的适应性，维护了制定法的权威。请看以下判例：

南朝宋孝武帝时的“王睦自告案”㉕ 阐发了连坐制度的立法理由：以设定普遍义务的方式，强化对犯罪行为的纠举与打击。自首既然在案发前检举、揭发了犯罪，就应当通过“但书”，免除其刑罚。元朝时的“麻合马财礼案”㉖ 以“但书”的方式，确立了回民之间财礼纠纷，适用回民惯例的处理规则。判例所确立的“但书”，克服了立法自身内在的局限，保证了法律目的与法律效果实现的效度。

（四）判例对法律适用效果的保障

清朝《刑案汇览》为我们观察与分析判例的实际适用状况，提供了可靠的资料。判例注重关键事实的分析认定，坚持关键事实决定判决结果的原则，对各种不同情形下，同类案件的判决通过汇编，进行比较，追求同类案件判决之间的内在协调，同案同判，相似案件判决相关，实现“情轻则罪轻，罪轻则刑轻”；“情重则罪重，罪重则刑重”的原则。㉗

《刑案汇览》卷三十六“威逼人致死”条下“秽言致人自尽”判例包括：

㉓ 黄源盛：《唐律中的礼教法律思想》，载（台湾）《政大法律评论》，第 58 期。

㉔ 《大清律例·礼律》。

㉕ 《通典》卷一百六十七。

㉖ 《元典章·户部》。

㉗ 《刑案汇览》。

判例一：秽言辱骂，致人夫妻自尽二命

案情摘要：川民李潮敦因与章王氏口角，秽语村辱，致氏与夫章有富先后自尽。

关键事实：章有富之妻章王氏，向李潮敦地内寻割猪草，彼此争闹，李潮敦以秽言向辱，章王氏哭涕回家，气忿自缢。伊夫章有富痛妻忧忿，旋亦投缳。

法律分析与判决理由：李潮敦秽语村辱，致章王氏气忿轻生，按例罪止满流。唯章有富自尽，亦由痛妻所致。是因该犯一言，伊夫妇二人先后殒命，其情罪较重。

判决结果：李潮敦案著照手足勾引例，改为绞监候，归入秋审缓决。嗣后有情节相同之案，俱照此办理。

判例二：窃匪被殴秽骂，事主自尽二命

案情摘要：卢二妮行窃乔典家，并未得财，迨事隔多日，彼此口角，致被殴打。嗣因伤处溃烂疼痛，至乔典门首，以图奸乔典媳妇女儿未成，不该如此重打，信口秽詈，致乔典之媳胡氏、女文姐气忿投缳殒命。

判决结果：将卢二妮比照川省李潮敦案通行，拟绞监候。嘉庆二十二年案。

判例三：护弟秽詈，置人姑嫂自尽二命

案情摘要：时奎因伊弟时景全与王太之女王三子，并王太之媳王李氏口角争殴，时奎护弟，即以王三子等人均非正经女人等语秽詈，以致王三子、王李氏一同自缢殒命。

判决结果：该犯一言致毙二命，与李潮敦之案相同，应将时奎拟绞监候。嘉庆二十五年案。

从上述三道判例不难看出，只要关键事实一致，就必须引用成案判决。判例的拘束力在清朝司法实践中体现得非常明确。反之，在案件基本事实相同，但量刑情节有差异的情况下，为了保证案件情法两尽，在成案基础上，应当进行权衡，并予以判决。

判例一：秽言戏谑，致人夫妻自尽二命

案情摘要：姜惠行向王绍绅秽言戏谑，致王绍绅同妻王陆氏自缢身死。

关键事实：死者王陆氏，系姜惠行之妻姜陆氏之侄女。王陆氏未出嫁时，与姜陆氏学做针线，姜惠行见其少艾，两次调奸不从，复央姜陆氏以衣饰劝诱，被姜陆氏拒绝。王陆氏成婚之日，姜惠行乘帮忙之机，挟嫌污其新房被枕。嘉庆二十三年七月十八日，姜惠行邀请王绍绅及高文焕饮酒，戏言伊妻大家有份，王绍绅生气走回。次日，往向姜惠行理论，致相争闹。姜惠行之女婿袁继德劝解不息，声言欲行殴打，经人劝散。王绍绅回家告之伊妻王陆氏，王陆氏与王绍绅各留遗札一封，同时缢死。

法律分析与判决理由：李潮敦秽语酿命拟流一案，被奉旨载入例册。秽语酿命拟流例文，必须辨明并无调奸之心者，所以别于但经调戏致其夫及本妇羞忿自尽，拟绞之例。必辨明又无挟制窘辱情状者，所以别于因奸威逼人致死拟斩之例。是办理语言酿命案件，全在分别有无图奸之心，及挟制窘辱情状，以定罪名。姜惠行始则调奸室女，继复挟狠向其夫污蔑，致夫妇二命同时忿激自尽，情节实为可恶。应请旨即行正法，以昭炯戒。

判决结果：该犯本罪应拟绞候，加重问拟绞立决。事犯在本年八月二十七日恩诏以前，应免其即行正法，仍入于明年秋审情实办理。

判例二：秽言污蔑，致人母女自尽四命

案情摘要：贼犯柴长发向李氏之夫秽詈，致李氏等母女四人同时自尽。

关键事实：贼犯柴长发商令李氏之夫温起江窝赃，李氏等均不知情。迨该犯被获，温起江潜嘱该犯不要供扳，许给饭食。嗣经究出窝留情节，获案押讯，温起江即不给与食用。该犯气忿吵骂，捏词诬赖，并以曾与温起江家妇女睡觉之言随口糟蹋。李氏闻知羞忿，辙萌短见。先将未及周岁的孙女撩入水缸淹毙，复商同伊媳、伊女二人，同时投井身死。

法律分析与判决理由：嘉庆二十四年，李潮敦秽言向辱，致人夫妻自尽二命，照手足勾引例，改为绞监候，归入秋审缓决。本案柴长发忿狠其夫，糟蹋其妻，既非因与其夫戏谑，即系挟嫌捏奸污蔑。与其照李潮敦案加至立决，莫若改照捏奸挟仇污蔑，致被污之人忿激自尽本例，因其惨毙四命，从重改为绞决。如此于新例不再有加重之嫌，而罪名足昭平允。

判决结果：柴长发照挟仇污蔑致被污之人自尽例，加拟绞立决。嘉庆二十四年成案。

从上述二道判例不难看出，清朝的司法实践中，成案是进行推理和判决的出发点。在已有成案时，司法官一般从成案适用的条件出发，分析和论证案情。不按照成案判决的，必须分析并论证理由。法律分析的目的，是为了使判决公允，情法两尽。在当下案件与通行成案不相吻合的情形下，不能简单适用判例。司法官应当立足于已有成案，根据情节轻重，减轻或加重刑罚。

中国传统法中判例的功能，包括法律规则的创设与规则效力的强化两个方面。在法典缺位，法典所提供的规则不能满足时用的条件下，通过判例形式创设规则，判例以供给规则的形式发挥作用。当法典所提供的规则契合社会生活条件时，判例通过对规则的反复适用，通过复现规则，强化法典的效力。即便在特殊历史时期，原有法典不能满足时用，需要以判例为主导创设规则，增强法律的社会适应性情况下，立法者所借助的仍然是通过个案对法典进行逐步改造，在制定新法典的条件尚未成熟时，决不断然废除原有法典。汉朝的立法，便是如此。[28] 创设制度是判例辅助性的功能，强化法典的效力是判例主导性的功能。“生成和复现是法律制度两种基本功能和基本过程……复现是法律制度运行的重心。”[29]为了维护法律形式内部的稳定关系，明清时期采取了“以例入律”的法典编撰模式，通过定期和不定期的法典编撰，将判例纳入成文法典之中。

---

[28] 中国传统法律发展到汉朝，“暴政亡秦”宣布了法家思想的终结，儒家思想的正统。然而，从操作技术上讲，宣布“罢黜百家，独尊儒术”不难，但对法家所制定的法律进行儒家化改造，并非能在短时期内毕其功于一役。儒家思想以伦常为中心，强调贵贱、尊卑、长幼、亲疏有别，行为规范具有差别性，《左传》：“名位不同，礼亦异数。”《礼记・王制》：“凡听五刑之讼，必原父子之情，立君臣之义以权之。”但秦、汉之法律都为法家所主持制定，体现着法家“不别亲疏，不殊贵贱，一断于法”之精神。《晋书・刑法志》：“汉承秦制，萧荷定律。”汉朝采取以引经决狱的方式对法典进行局部改革，以引经解律的方法对法典进行长期而卓有成效的全面改造运动。但在形式上，汉朝法制的基础仍然是成文法典。

[29] 陈信勇：《法律社会学》，133页，中国社会科学出版社，1991。

三、判例对法典的冲击与法典对判例的规制

在以法典为主导的多元化法律体系中，判例的适用经历了判例的简单适用和判例的限制适用两个阶段。其中，战国至魏晋南北朝，是判例的简单适用时期。判例的形成没有特定的程序，判例的适用也缺乏范围的限制。在这一时期，虽然业已确立了法典的主导地位，但是，由于缺乏对判例形成和适用的有效规范，在判例维护法典、推行法典、发展法典的同时，特定时期判例适用的泛滥，动摇了法典地位，冲击了整个法律体系的稳定结构。例如：

西汉的“颜异腹诽案”[30] 通过确立“腹诽”罪名，使犯罪的成立超出了行为、语言和文字，深入到思想。法律对思想的规制，如果以成文法典的形式，通过引导的方式做出，本无不可。但司法活动中一旦确立了思想犯罪，这样的判例就从根本上否定了法典秩序。南朝梁武帝时的“王宏谋逆案”[31] 则以判例的形式削弱了法典的效力。刑罚的不可避免性是刑法得以实行的前提与条件，是法典得以尊崇的理论基础。判例一旦随意免除法律责任，使得社会处于变化不定的规则的支配之下，必然动摇社会关系的根基。

判例的简单适用，对法律的观念和信仰构成了冲击。判例适用的目的，《太平御览》卷二百四十九有如下说明：“陈宠以法令繁不良，吏得生因缘，以致轻重，乃置撰科牒辞讼比例，使事类相从，以塞奸源。”但事实上，决事比的运用反而加剧了司法的混乱和弊端。正如班固所言：“其后奸猾巧法，转相比况，禁网寖密。律令凡三百五十九章，大辟四百九条，千八百八十二事，死罪决事比万三千四百七十二事。文书盈于几阁，典者不能遍睹。奸吏因缘为市，所欲生则傅生议，所欲陷则予死比，议者咸冤伤之。”[32]

唐朝至清朝是判例的限制适用阶段。标志着中国法律儒家化成果的《唐律》的制定，使法典的发展达到了一个新的阶段。从汉引经解律开始，儒家确立了系统地对现存法律予以改造的任务。经过三国、两晋、南北朝数百年的努力，儒家学派前赴后继，殚精竭虑，使得《唐律》“一准乎礼，而得古今之平”，完全反映和体现了儒家的治国方略。判例的特别法地位得以明确，判例的调整范围、形成、适用条件得到了法典的规范。中华法所具有的独特的法律体系，也在这一时期得以确立。法典对判例的限制体现在几个方面：

首先，法典对判例的形成与适用进行了规范。《唐律·断狱》“诸断罪具引律令格式正文”条规定：“诸断罪须具引律令格式正文，违者杖八十。”《大清律例·断狱》“断罪引律令”条律文规定：“凡断罪，皆须具引律例，违者，笞三十。若数事共条，止引所犯罪者，听。其特旨断罪，临时处治不为定律者，不得引比为律。若辄引致罪有出入者，以故失

---

[30] 《史记·平准书》。

[31] 《隋书·刑法志》。

[32] 《汉书·刑法志》。

论。”该条所附例文规定：“承问各官审明定案，务须援引一定律例。若先引一例，复云不便照此例治罪，更引重例，及加情罪可恶字样坐人罪者，以故入人罪论”；“除正律、正例而外，凡属成案，未经通行著定为例，一概严禁，毋得混行牵引，致罪有出入。如督抚办理案件，果有与旧案相合可援为例者，许于本内声明，刑部详加查核请著为定例。”

其次，法典为判例的适用规定了范围和原则。《唐律疏议·名例》“诸断罪无正条”律文规定：“诸断罪而无正条，其应出罪者，则举重以明轻；其应入罪者，则举轻以明重。”法典不但为判例的调整留有余地，而且将判例的调整和适用纳入法典之中，从而更能够体现出以法典为核心的法律体系特征。

最后，以法典的形式，明确了判例的特别法性质。就律例关系而言，宋代可用“法所不载，然后用例”予以概括。[33] 明代则坚持“例以辅律，非以破律”[34] 的观念。但是，律例在具体案件中的适用，却始终表现出的是例优于律适用的特点。明清两代律文中所明确规定的是，律为普通法，例为特别法。《大明律·名例》“断罪依新颁律”律文规定：“凡律自颁降日为始，若犯在已前者，并依新律拟断。”注云：“如事犯在未经定例之先，仍依律及已行定例定拟。其定例内有限年月者，俱以限年月为断。例应轻者，照新例遵行。”清代更是通过“有例则不用律”[35] 的原则，确定律与例在适用上的先后顺序。例优于律适用的制度，有其客观必然性。因为，明、清律的基本内容，是对唐律的沿袭。而明清时代的社会关系则远复杂于唐朝。加之，在法律观念上，律的稳定性又被扩大到近乎僵化的地步。如明洪武二十五年，“刑部言，律条与例条不同者宜更定。太祖以条例特一时权宜，定律不可改，不从”；“而太祖之定律也，历代相承，未敢轻改”[36]。在律的不变与缓变状态下，要实现对社会关系的有效法律调整，唯一可行的办法就是加强判例的作用，提高判例的地位。

---

[33] 《宋史·刑法一》。
[34] 《明史·刑法一》。
[35] 《清史稿·刑法一》。
[36] 《明史·刑法一》。

徐爱国

政体与法治：一个思想史的检讨*

简介

徐爱国，北京大学法学院教授、博士生导师，法学博士。兼任西方法律思想史研究会副会长、秘书长等等。

1990 年起在北京大学法学院任教，先后任助教、讲师、副教授、法学院教授。

1983—1987 年在武汉大学法学院攻读学士，

1987—1990 年在中国人民大学法学院攻读硕士，

1994—1998 年在北京大学法学院攻读博士。

主要研究方向为西方法律思想史、法理学、英美侵权法。

所授课程为西方法律思想史、英美侵权法。

代表性专著有《分析法学》（法律出版社，2006）；

代表性教材有《西方法律思想史》（北京大学出版社，2002）；

代表性论文有《政体与法治：一个思想史的检讨》［《法学研究》，2006（2）］。

* 原发表于《法学研究》，2006（2）。全文近 2 万字，此处为论文前 1 万字。

一、主题

本文的主题是从思想史的角度论述法治与政体的关系。就政体和法治的本义而言，政体指的是政治社会最高权力的运作模式，而法治是指法律制度在政治社会中的地位和作用。在不同的历史时期，思想家们对政体和法治赋予了不同的含义。在古代社会，通行的观点是政体的性质决定了法律的性质，不同的政体有着不同的法律制度，这是法治工具主义论。在近现代，法治被视为社会的崇高理想，政治活动应该建立在法律的基础之上，这是法治目的主义论。进入20世纪之后，社会学家们将政体和法治都视为控制社会的工具，政治活动与法治的结合共同建立和维持了特定的社会秩序。这是法治社会秩序论。第一阶段的典型代表是古希腊的柏拉图和亚里士多德，他们展示了政体与法治的逻辑关系；第二阶段的典型代表是孟德斯鸠和戴雪，他们提出了资产阶级的法律至上论；第三个阶段的典型代表是韦伯和昂格尔，他们提出，法治只是特定历史时期和特定社会下的独特现象。

二、政体与法治的逻辑关系

人是社会的动物，他必须与他的同类在一起才能够生存下去。一个人有衣、食、住的需要，一个社会就需要了裁缝、农夫和工匠。一个城邦需要扩张和防卫，它就需要卫士和军队。一个社会需要和谐，这就需要有一个政治的权威。这是柏拉图的思路①，亚里士多德的语言更加一般化一些。他说，人天生是一个社会的动物，他必定要过一种政治的生活。社会中存在着三种统治关系：一是主仆关系，二是家长妻儿关系，三是城邦宪政关系。② 人类社会组织的最初形式是家庭，最高的形式是城邦，“政体为城邦一切政治组织的依据，其中尤其着重于政治所由以决定的‘最高治权’的组织”③。最高组织的结构不同，政体的形式也各不相同，正如同一个合唱团，当他们表现得慷慨凄凉的时候，他们演奏的是悲剧；当他们表现得轻松愉快的时候，他们演奏的是喜剧。④ 同样是一个合唱团，结构不同，戏剧的形式就不同。同理，最高治权的目的和执掌人数不同，政体的形式和性质也不一样。按照亚里士多德的逻辑分类，他把划分政体的根据分为两类，一是政治统治的目的，即为了

① 参见［古希腊］柏拉图《理想国》，第2～6卷，郭斌和张竹明译，商务印书馆，1986。

② ［古希腊］亚里士多德《政治学》，131页，吴寿彭译，商务印书馆，1965。

③ ［古希腊］亚里士多德《政治学》，129页。

④ ［古希腊］亚里士多德《政治学》，119页。

城邦的利益和非城邦的利益；二是执掌政治权力的人数，即一个人的统治、少数人的统治和多数人的统治。依此，政体在逻辑上可以分为六种，君主政体、贵族政体、共和政体、僭主政体、寡头政体和平民政体。前三种政体都是为了城邦的利益，故称正宗政体；后三种政体不是为了城邦的利益，故称错误的政体，或者变态的政体。⑤

古希腊的经典作家们对政治的关心远远甚于他们对法律的关心。在柏拉图看来，政治是政治家们的一门“艺术”⑥，在亚里士多德看来，政治目的是最高的善⑦，比较政治而言，法律只是处于从属的地位。柏拉图一生追求“哲学王”智慧的统治，他认为以固定不变的法律来束缚智者的聪明才智，是一件可悲的事，正如同让一个医生按照医学的教科书给病人看病，而不是让医生根据自己的经验给病人看病。即使在他晚年不否认法律的重要性，也认为法律是一个“金质的纽带”，但是他也仅仅承认法律是一种“次善”的统治形式。⑧亚里士多德比柏拉图略为重视法律的作用，提出过“法治优于一人之治”的口号，也对“法治”进行了“普遍服从”和“良法”的界定。基于这一点，亚里士多德被认为是西方“法治”主义之始祖之一。但是，通观他的政治法律著作，他仍然把法律处置在政治之下。在他的伦理学中，他称政治学是“最高主宰”的科学，是“最有权威”的科学⑨，而“立法知识是政治学的一部分”，“法律似乎是政治活动的成果”，他称立法问题是一个前人留下来尚未研究的问题，立法问题“整个说来这是一个政制的问题”⑩。而在他的政治学中，亚里士多德明确提出了这样的观点：政体的性质决定了法律的性质。

在政体和法律关系问题上，“法律实际是，也应该是根据政体（宪政）来制订的，当然不能叫政体来适应法律”⑪。他说，政体的好坏决定了法律的好坏，法律必然根据政体制订，正宗政体之法合乎正义，变态政体之法不合乎正义。⑫ 要制定法律首先就应该认识政体，不存在着适用于所有政体的法律。鉴于此，亚里士多德分别地考察了各种政体下的法律制度，其中，他着笔较多的是平民政体下的法律制度和君主政体下的法律制度，以及他的理想政体形式即共和政体下的“法治”。

平民政体是把治权交给多数平民的政体，在这样的城邦中，多数的平民超过了少数的

---

⑤ ［古希腊］亚里士多德《政治学》，132～134页。但是在政体与法律关系方面，亚里士多德又没有完全按照逻辑的方式设计法律制度，而主要按照掌握权力的角度分析城邦的法律，在君主与僭主之间、在贵族与寡头之间，亚里士多德没有作出绝对的划分。

⑥ ［古希腊］柏拉图《政治家》，44～45页，黄克剑译，北京广播学院出版社，1994。

⑦ ［古希腊］亚里士多德《尼各马科伦理学》，见《亚里士多德全集》，第8卷，19页，苗力田译，中国人民大学出版社，1994。

⑧ 在《政治家》中，柏拉图使用了医生看病的比喻，参见《政治家》，95页，在《法律篇》中，柏拉图把法律比喻为金质纽带，参见《法律篇》，28～29页，张智仁等译，上海人民出版社，2001。另外可参见拙文《解读柏拉图关于法律的三个比喻》，载《环球法律评论》，2003年秋季号。

⑨ ［古希腊］亚里士多德《尼各马科伦理学》，见《亚里士多德全集》，第8卷，4页。

⑩ ［古希腊］亚里士多德《尼各马科伦理学》，见《亚里士多德全集》，第8卷，236～237页。

⑪ ［古希腊］亚里士多德《政治学》，178页。

⑫ ［古希腊］亚里士多德《政治学》，148页。

贤良。平民政体分为五种，分别以平等、财富、出身、公民权和民众命令为原则。在这五种平民政体中，前四种政体都依照法律实行统治。在后一种情况下，民众的命令凌驾在法律之上，平民有他们自己的领袖，在这样的政体下，法律并没有威信。亚里士多德称这种政治实际上是一种专制。⑬ 在前四种情况下，亚里士多德主张将治权交给众人，实行法治，因为众人的智慧总是超过少数人的智慧，正如同众人宴会胜过一个人的智慧，整体的力量大于部分的力量。为此，只有把民众大会、议事会和法庭的平民群众权力置于少数贤良之上，才是合乎正义的。在审判的时候，最后的决断权应该寄托于正式订定的法律，只有当法律不及时的时候，才求诉于个人权力或者若干人的联合权力。⑭ 即使如此，平民的法律统治也存在着弊端，亚里士多德以"陶片放逐律"说明这一点。陶片放逐律一般被认为是希腊民主制度的象征，通过多数人的意见放逐政治野心家。亚里士多德认为，这个制度的基础在于平民政治的平等性，在平民政体下，平等被视为最高的要义，特别富有者、朋友过多者、政治影响力过大者，与平民政治的平等观相冲突。这个法律应用的结果也许会将有才德的人排挤出去，平等压制了才能。⑮

君主政体是治权掌握在一个人手里的政体形式。在亚里士多德看来，君主制也分为多种形式，希腊各邦的民选总裁制，一般都依法受任；非希腊各邦的野蛮奴性的僭主制和绝对的君主制，基本上都是专制制度。君主制度之下，应该实行人治，还是实行法治？亚里士多德作了较深入地分析。人治的优点是个人智慧和灵活性，他同样拿医生看病的例子来说明，埃及的医生依成方给病人吃药，但是，如果第四天还不见效，那么他可以改变成法。不过，在亚里士多德看来，人治还是不如法治，因为第一，人是感情的动物，而法律完全没有感情。第二，众人的智慧超过一个人的智慧，一个人容易出错，而众人出错的几率较小，"许多人出资举办的宴会可以胜过一个人独办的酒席"，"大泽水多则不朽，小池水少则易朽，多数群众也比少数人为不易腐败"⑯。第三，一个人凌驾在平等众人之上不合乎自然，因此在平等的人民中间应该实行轮番制度，建立轮番制度就是法律，"结论就是主张以法律为治"，"法治优于一人之治"⑰。第四，人治适合古代人口稀少的社会，而当时的社会一个君主无法胜任繁重的工作。结论之一是：法治是神祗和理智的统治，而人治是在政治中加入了兽性的因素。⑱ 结论之二是：法治并不抹杀人们的才智，而是意味着法官的判决与其交给一个人，不如交给众人。⑲

从逻辑上讲，共和政体正好与平民政体相对，两者之间的区别在于一个是正宗的政体，

---

⑬ ［古希腊］亚里士多德《政治学》，189～192页、194页。

⑭ ［古希腊］亚里士多德《政治学》，143～147页。

⑮ ［古希腊］亚里士多德《政治学》，155页。

⑯ ［古希腊］亚里士多德《政治学》，164页。

⑰ ［古希腊］亚里士多德《政治学》，167～167页。

⑱ ［古希腊］亚里士多德《政治学》，169页。在这点上，亚里士多德继承了柏拉图晚年的思想，因为柏拉图在《法律篇》中做了几乎相同的表述。

⑲ ［古希腊］亚里士多德《政治学》，171页。

一个是变态的政体。但是，亚里士多德并没有实际的所指，也就是说，其他政体的形式都能够在现实的政治制度中找到影子，而共和政体只是亚里士多德理想中的政体。在他看来，一个称邦可以分为极富阶级、极贫阶级和中产阶级。如果穷人数量多，超过了富人，那么这个城邦就是一个平民政体；如果富人和贵族在质量上压倒了穷人的力量，那么这个城邦适合寡头政体。平民政体的典型就是雅典，寡头政体的典型就是斯巴达。如果中产阶级人数众多，那么这个城邦就适合共和政体，共和政体实际上就是平民政体与寡头政体的混合，而且混合得越好，那么共和政体就越持久。⑳ 在一个城邦中，极富阶级逞强放肆，致犯重罪，极穷阶级懒散无赖，易犯小罪，而中产阶级则最能够顺从理性，也很少有野心，因此，“唯有以中产阶级为基础才能组成最好的政体”㉑。从性质上看，共和政体混合了平民政体和寡头政体的性质，也就是说，共和政体同时具备了平民政体的自由和寡头政体的财富。而平民政体与寡头政体都趋向于法治。㉒ 也正是在共和政体之下，亚里士多德提出了他著名的法治定义：“法治应包含两重含义：已经成立的法律获得普遍的服从，而大家所服从的法律又应该是制订得良好的法律。”㉓

古希腊罗马文明并不是人类历史上最早的文明，但是，政治与法律的文明无疑起源于古希腊罗马。就政体理论而言，柏拉图的《理想国》和《政治家》广泛地讨论了政体问题，而亚里士多德研究和编辑了158个城邦的宪政，在他的《政治学》中，政治学的核心便集中在他的政体理论。柏拉图的洒脱和奔放，使得他的政体理论隐含在他的“对话”之中，而亚里士多德的逻辑思维能力和他的细节分析能力，使政体理论成为一种系统的学说。就法治理论而言，柏拉图的“哲学王”统治与亚里士多德“法治优于人治”理论，在西方法律思想史上开启了法律理论的先河。直到今天，当我们回溯法治论起源的时候，甚至在谈及法治理论的时候，我们还是经常地引用柏拉图和亚里士多德。

不过，要指出的是，我们不能够夸大古希腊人的理论成就。古希腊政体与法治关系论只是这个理论问题的起点，古典学者们对于“政体”与“法治”的理解，与现代意义的政体和法治相去甚远。他们所谓的政体不过是一种城邦管理模式，而城邦在人口、面积和社会关系方面，只类似于现代社会的一个小镇。㉔ 希腊学者的政体理论最多是为现代国家理论和政体理论划定了一个逻辑的范围，限定了政体研究的客观对象。现代政体理论研究只是亚里士多德死后1 500年左右的时候才真正开始。古希腊人所谓的法治，也不过是政治的一个手段和工具，在这一点上，柏拉图与亚里士多德“人治与法治”之争也并不比中国先秦

⑳ ［古希腊］亚里士多德《政治学》，208页。

㉑ ［古希腊］亚里士多德《政治学》，206页。

㉒ 在论述寡头政体的时候，亚里士多德说：“当农民和家道小康的人们执掌政体的时候，政府倾向于法治”，“有营生无闲暇，法律才有权威”，《政治学》，193页。“不是由最好的公民而是由较穷的人做主，不会有法治”，“贤良为政，不会乱法”，199页。有时候，亚里士多德又将寡头政体与贵族政体混同，198页。

㉓ ［古希腊］亚里士多德《政治学》，199页。

㉔ 雅典的人口估计稍微超过30万，雅典所在岛的面积不过2千平方公里，参见［美］萨拜因《政治学说史》上册，22～23页，盛葵阳等译，商务印书馆，1986。

儒法之争更精彩。而且，当亚里士多德将法治归结为“法律的普遍服从”和“良好的法律”的时候，我们并不能够将古代社会的“法治”与现代意义的法治联系起来。比如，中国古代社会，从秦王朝到大清王朝，每个朝代都有自己的“良法”，每个时代都依靠封建专制的强权使民众“普遍服从”自己的法律，但是，我们不能够说中国古代社会就是“法治”的社会。因为这个缘故，现代作家们认为亚里士多德并没有给“法治”下一个完整的定义，认为亚里士多德对法治的理解并不能够从他的“良法”和“服从”表述中找到，而只能够从他的思想中去发现。[25]

从先秦与古希腊比较的角度出发，我们也许可以发现古希腊政体与法治理论的历史地位。大体上讲，中国先秦与古希腊政体与法治理论的不同之处首先在于，先秦社会只存在着君主制，政体形式比较单一，而古希腊同时存在着君主制、寡头制和平民制，可供研究的实际政体比较多样化。中国社会专制制度的早熟限制了政治学说的视野，而专制制度又遏制了学术的自由和深化。从这个意义上讲，古代中国社会产生不了亚里士多德，更不可能出现亚里士多德那样深入、细致和逻辑体系的政体理论。其次，先秦“人治”与“法治”之争，都是为君主的“王权”或者“霸权”提供治国之术，而古希腊学者研究政体和法治却是为了“城邦政治的目的”，那就是全体人民的“善德”。或许我们可以说，古代社会的法治论，其实都是工具论的，不同之处在于，东方社会的“法治”是赤裸裸政治强权的工具，西方社会的“法治”是穿着道德外衣的政治强权的工具。在正是在“道德”外衣之下，西方后世学者将“道德”与“价值”联系了起来；当法治与“价值理想”联系起来之后，西方近现代“法律至上”的法治理论才得以产生。

从以上分析，我们可以得出一个小的结论：柏拉图和亚里士多德让我们将法治与政体联系了起来，政体的性质和形式决定了法律的性质和形式，法律要适应政体的需要。法律制度可以存在于任何政体形式之中，“以法为治”的法治实际上是实现政治目的的一个工具。

三、民主宪政与法律至上

亚里士多德的死亡标志着古希腊城邦文明的衰落，西方的思想步入衰败。罗马有着辉煌的法律制度文明，也有着闪光的法律实践理性，但是，就政治思想和法律理论而言，古罗马比不上古希腊。古罗马之后，西方文明实际上是倒退的，北方民族的野蛮，源于东方的宗教冒昧，西方几乎没有了政治学，也没有了法律哲学。当西方人重新发现了亚里士多德的哲学之后，他们的智力水平才得以恢复并向前发展。在神学领域，12 世纪的阿奎那将亚里士多德的哲学与天主教的神学结合起来，创立了中世纪后期的神权政治学[26]，14 世纪

[25] 参见［美］萨拜因《政治学说史》上册，127 页。他把亚里士多德的法治归结为三个要素：普遍利益的统治、守法的统治、臣民自愿的统治。

[26] 阿奎那关于国家的起源，国家的目的，无不带有亚里士多德的影子，参见《阿奎那政治著作选》，马清槐译，商务印书馆，1963。

的马基雅维里以亚里士多德的政治学创立了近代的政治学[27]，16世纪的博丹创立了民族国家的主权学说。在法律哲学领域，12—13世纪注释法学派利用亚里士多德的哲学方法研究法律制度，开创了西方法律的传统。[28] 在政治实践领域，教权、王权和封建诸侯旷日持久的政治斗争充斥着中世纪的历史，市民社会的形成有了民主政治和法治社会的需求。从16世纪的格劳秀斯到19世纪的卢梭，他们以崭新的政治学设计新的政治制度，并将法律确立为社会的基础。真正意义上的公法和公法理论得以产生，其中，法律至上的法治观成为西方近现代法律制度的理论基础。

在政体与法律问题上，详细研究并有所成的是孟德斯鸠的“法的精神”。一个方面，孟德斯鸠相信人类的理性，也提出过自然状态、自然权利和自然法的理论设计。在这一点上，他与自格劳秀斯以来的理性主义法学相一致，他是法国启蒙运动的一部分；另外一个方面，他也承认政体的性质决定法律的性质，不同的政治社会和自然环境有着不同的政治制度和法律制度，甚至提出了生活方式决定法律的命题[29]，和风俗与习惯影响法律的观点。[30] 在这一点上，他继承了亚里士多德政治学的传统，同时又具有了后世社会法学的雏形。正由于这两个方面的结合，孟德斯鸠的宪政理论成为17—18世纪较高程度系统完整和实际的理论。

在政体分类上，孟德斯鸠已经与亚里士多德有着不同，他将分类的标准改为掌握权力的人数和政治的统治是否依照法律。由此，他把政体分为共和政体、君主政体和专制政体。在共和政体中，权力掌握在多数人手里称为民主政体，掌握在少数人手里称为贵族政体。君主政体与专制政体都是单个人的统治，区别在于君主依照法律实行统治，而专制依照君主个人意志性情来统治，无法无章。与亚里士多德另外的一个不同之处在于，孟德斯鸠提出了“政体原则”的概念，也就是政体运作的人类感情。民主政治的原则是“品德”，贵族政治的原则是“节制”，两者都表现为爱共和国，都把公共利益放在个人利益之上；君主政体的原则是“荣誉”，具体表现为对妇女献殷勤，权谋求数，阿谀奉承，处世坦率，举止礼貌；专制政体的原则是“恐怖”，具体表现是压制勇气，窒息野心，培养好奴隶。[31] 这里，孟德斯鸠不再抽象地和逻辑地探讨政治统治的目的，而是具体地描述不同政体的内在性质，从他的描述中，我们可以看出他提倡共和、反对专制的理论倾向。其实，孟德斯鸠在《论法的精神》中，曾经利用传教士的文献分析过古代中国的政体与法律。在他看来，中国本质上就是一个专制的国家，但是，由于中国特有的道德、人口、气候和地理环境，使中国

㉗ 萨拜因说，亚里士多德关于革命的理论，颇有马基雅维里的味道，参见《政治学说史》上册，148页。而马基雅维里则效仿了亚里士多德的《政治学》，参见《政治学说史》下册，395页。

㉘ 参见［美］伯尔曼《法律与革命——西方法律传统的形成》，299页，贺卫方等译，中国大百科全书出版社，1993。

㉙ ［法］孟德斯鸠《论法的精神》上册，235页，张雁深译，商务印书馆，1961。

㉚ ［法］孟德斯鸠《论法的精神》上册，48页。

㉛ ［法］孟德斯鸠《论法的精神》上册，19～37页。

的专制主义带有些许贵族甚至共和的特点。[32]

同样，孟德斯鸠也认为政体的性质决定了法律的内容。首先，立法要与政体的原则相适应。在民主政治下，平等和简朴成为立法的原则。平分土地，财产均衡，禁止一人继承二个人的财产，征富人税减轻穷人负担，都是为了达到平等。简朴，节约，节制，勤劳，谨慎，安分，为的是培养俭朴的精神。[33] 在贵族政治下，立法的原则是鼓励宽和的精神，并恢复平等，因为不平等乃是致乱之源。规定富人纳税、禁止贵族经商、要求贵族公道对待人民、设立监察官、废除长子继承制，目的都是抑制财富的不平等。[34] 对于专制政体下的法律，孟德斯鸠持强烈的批判意见，专制主"就是法律，他是国家，又是君主"，"法律仅仅是君主的意志而已"，"无财产转让制度"，"无贸易法律，法律仅仅为警察法规"，"贪污是普遍的犯罪"[35]。

其次，具体民事和刑事法规，不同政体下形式各不相同。在法律简繁上，共和国对财产生命和荣誉重视，因此诉讼程序法律多，而专制国家不重视这些权利，以简化的方式判案。在明文断案上，专制国家无法，法官就是法律；君主国家有法，法律明确的时候依照法律判案，法律不明确的时候探求法律的精神；在共和国，法官以法律的文字为依据判案。在裁判方式上，君主国采公断方式，法官共审交换意见，少数服从多数；共和国法官之间不商议，按照固定的诉讼定式个人判案。在刑罚轻重上，专制国严刑峻罚，共和国则预防重于惩罚。[36] 孟德斯鸠得出的结论是，"国家没有丧失它的原则的时候，法律就很少是不好的"，他把政体比喻为"酒杯"，把法律比喻为"酒"，按照他的理解，酒杯的好坏决定了酒的味道，因为"腐败的不是酒，而是酒器"[37]。

最后，孟德斯鸠把政体与自由联系了起来。他认为，只有在政治宽和的政府里，才存在着政治的自由，"一切有权力的人都容易滥用权力"，"要防止滥用权力，就必须以权力约束权力"[38]。为此，孟德斯鸠以英格兰政制为蓝本，设计出了三权分离，权力制衡的宪政制度。这种通过政治权力的分离以求人民自由的理论，被后世的一些法学家们视为"法治"的核心。[39]

不过，从格劳秀斯到卢梭，他们并不常用"法治"这个概念，与其说他们提出了近代法治主义的观点，还不如说是后代学者根据他们的理论推演出了近代法治的观念。国家建

㉜ 参见［法］孟德斯鸠《论法的精神》上册，309～316页。

㉝ ［法］孟德斯鸠《论法的精神》上册，43～47页。

㉞ ［法］孟德斯鸠《论法的精神》上册，50～55页。

㉟ ［法］孟德斯鸠《论法的精神》上册，59～66页。

㊱ ［法］孟德斯鸠《论法的精神》上册，76～82页。

㊲ ［法］孟德斯鸠《论法的精神》上册，121页。

㊳ ［法］孟德斯鸠《论法的精神》上册，154页。

㊴ 典型的代表是昂格尔，他说，法律的普遍性要求行政与立法的分离，法律的一致性要求审判与行政的分离，而这两个分离，则是法治理想的核心，参见［美］昂格尔《现代社会中的法律》，51页，吴玉章等译，译林出版社，2001。

立在社会契约之上，政府的行为受到法律的制约，政府的目的是保障人民的自然权利，为了政治的自由就必须分权，法律面前人人平等，法无明文不为罪，法律不溯及既往，等等，都是这个时代理论的产物；都被认为是法治的应有之义。但是，如果我们将超越国度的自然法思想转到各国的政治法律实践，那么我们将会发现，不同的国家和不同的政治制度下的“法治”并不相同。

个人主义与法治主义的结合，构成了近代现代化社会的法律特征，基督教和古典哲学所创导的个人主义，成为西方文明的代名词。随着商业中心从意大利北部发展到西部和北部，英格兰的个人主义成为国家社会政治生活的基础，这个特点从16世纪一直延续到19世纪中叶。依据学者们的分析，在17到19世纪的西方，可以算做“法治”社会的，唯有英格兰。[40] 从政治思想史上看，从17世纪洛克的法律与自由关系命题，到19世纪密尔的个人主义和自由主义，为英国法治奠定了自由主义理论基础。从对英国宪政实践总结上看，19世纪的戴雪明确将“法律主治”视为英国宪法的三大特点之一。

在戴雪看来，英国法律的传统使英国的法律不同于同时代欧洲大陆国家的法律，英国宪法的特点之一就是“法律主治”。他经典地将法律主治描述为三个方面的特征：首先，不存在武断的权力，人民不会无故受罚或被法律处分以至于身体财产受损。他认为当时的英国是一个法治的国家，而法国则是专制的中心。他以伏尔泰无辜被贵族殴打并被关进巴士底监狱为例，假定伏尔泰在英国的话，他可以依据法治维护自己的权利，不至于既被殴打又被监禁。[41] 其次，普通法律和普通法院居优势，无论贵贱还是贫富，所有人都受制于普通法律和普通法院的管辖，换言之，法律平等。他考证，贵族和僧侣与普通人民在法律上的平等，英国和欧洲大陆国家的时间上相差了200年，在英国是16世纪末，在欧洲大陆直到18世纪末。[42] 最后，宪法通则形成于普通法院的判决，英国宪法源于司法判决，判决源于个人诉讼。这里，戴雪把英国宪法与比利时宪法进行了比较，他认为英国宪法源于千百年来司法救济的传统，而比利时和法国等欧洲大陆宪法源于立法者制定的权利宣言。前者是归纳，后者是演绎；前者是法官之法，后者是立法者之法；前者基于法治主义大义，后者基于政治的实践。[43] 如果说亚里士多德的“法治”论是古代法治学说经典的话，那么戴雪的“法律主治”则是近代法治学说的经典。个人受到政府的保护，政府不得侵犯个人的权利；法律面前人人平等，不存在超越法律的特权；个人的权利来自社会生活本身，受到司法制度的保护，而不是来自外在的立法权威。这些都成为近代法治理论的核心命题。另外，在

---

[40] 19世纪末，德国逐渐发展为“法治国”。英格兰传统的“法治”与德国形式的“法治国”成为西方两个典型的法治典型。“英格兰法治既是中产阶级直接参与政府的原因，又是它的结果。然而，德国式的非民主的自由主义的法律对应物则狭隘地解释法律的普遍性与自治性，把它们看作是有权力和没有权力的人都可以利用的安全屏障”。参见［美］昂格尔《现代社会中的法律》，184页。

[41] ［英］戴雪《英宪精义》，232～235页，雷宾南译，中国法制出版社，2001。

[42] ［英］戴雪《英宪精义》，238～239页。

[43] ［英］戴雪《英宪精义》，239～244页。

戴雪的法治论中，有两点值得我们的注意，首先，他混淆了封建时代的专制武断权力与近代以后行政的自由裁量权，因此，将欧洲大陆行政诉讼也当作一种专断的权力，看作成法治的对立物；其次，他把法治与一个国家的生活方式、民族习惯和法律传统联系了起来，这为20世纪之后社会学家重新认识“法治”现象开辟了道路。[44]

如果说，在洛克与孟德斯鸠时代，法治的目标是废除封建特权和专制主义，争取新兴资产阶级自由财产权利，那么到了19世纪下半叶，世界强权的中心慢慢转移到欧洲的中部，从1870年左右开始，英国丧失了政治和社会领域的思想领导权，成为思想的输入国。[45]其中，德国集权主义和前苏联的社会主义都以反对资产阶级个人主义的面貌出现。在德国，随着资本主义的形成和发展，封建贵族与市民阶级的矛盾冲突，最后也使德国成为一个“法治国”[46]。直到今天，我们在谈论“法治”的时候，几乎同时包含了英国传统的个人主义法治观和德国传统的集体主义法治国理念。社会制度的差异和思想基础的差异，使得近代资产阶级国家内部也存在着剧烈的冲突，冲突的最高表现就是两次世界大战。1944年，英国的哈耶克发表了通俗读物《通向奴役之路》，用通俗的语言指出了两种思想的对立。作者依然为英国的自由主义而自豪，为德国法西斯感到愤慨，当然也对新兴的社会主义制度感到隐含地忧虑。

在他看来，只有以自由主义和自由竞争为基础的社会，才可以成为一个法治的国家；集权主义实际上是对欧洲文明的一种毁灭，是对法治的一种否定。集体主义取代或者战胜自由主义和个人主义，便意味着人类文明从文明导向奴役。

哈耶克提出了著名的典型的自由主义法治含义，在他看来，西方文明源于古希腊罗马和基督教，近代的文明则起源于文艺复兴，贯穿整个西方文明的思想基础就是自由主义和个人主义，资本主义的本质在于自由竞争。自由竞争需要法律的框架，需要法律作为自己行为的指导。每个人尽自己最大能力争取经济上的利益，在不侵犯他人的前提下具有最大限度的权利，法律既是权利的保障，也是行为后果可预见的标尺。个人权利的保障需要政府的强力，而政府的强权又不能够侵犯个人的自由。[47]哈耶克比较了自由主义的法治与集体主义的法律制度的区别。在管理经济模式方面，法治社会依靠法律体系，具有永久性，而集体主义社会依靠中央当局；在对现有资源使用方面，在法治社会里法律只规定使用的条件，让个人来决定使用的目的，而在集体主义社会里，法律直接规定使用的目的；在规则的内容上看，法治

---

[44] Wade 和 Bradley 经典著作《宪法与行政法》，将“法治及其现代含义”归结为3个各自独立但又相互关联的观念：第一，法律与秩序，非无政府状态或者冲突状态；第二，权力维持着秩序，但是这种权力受到有效的限制；第三，法治的中心是个人和个人的自由，多数人不能压制个人。参见 Wade，E and Bradley，A，*Constitutional and Administrative Law*，10th edn.，1984，London：Longman. 另外在 Wade 的《行政法》中，又将“法治”归结为五个含义：1. 合法性原则，2. 裁量权限制原则，3. 平等原则，4. 特权禁止原则，5. 罪刑法定原则。参见［英］韦德：《行政法》，23～30页，徐炳译，中国大百科全书出版社，1997。

[45] ［英］哈耶克《通向奴役之路》，21页，王明毅等译，中国社会科学出版社，1997。

[46] ［美］昂格尔《现代社会中的法律》，175～181页。

[47] ［英］哈耶克《通向奴役之路》，42～43页、73～74页。

社会的规则具有可预见性，规则具有外部的特征，而在集体主义社会，政府以法律作为强制的工具，强迫人民接收新的等级差别，其法律强调物质和实质的平等；在法律的形式上，法治社会重视形式上的法律，法律如同公路的章程，而集体主义社会重视法律的实体公正，如同公路上的路标；法律的经济管理上的表现，法治社会无法预见政府行为的特殊效果和特殊的对象，形式法律具有工具性的一般性，在集体主义社会，法律体现了政府的特定目的和特定的计划；法律在道德政治方面的表现，法治社会表现为不偏不倚，法治产生经济上的不平等，集体主义社会的法律是立法者影响人民的工具，给人民强加某种道德。最后，哈耶克的结论是，法治主义的口号是个人主义，而集体主义的口号是法律的社会化。㊽

根据上述的分析，可得出这样的结论：从政体与法律的关系而言，资本主义的法治观因此可以分为两个时期，第一个时期以洛克孟德斯鸠和戴雪为代表，他们反对的是封建专制制度，提倡的是自由资本主义的法治设想；第二个时期以哈耶克为代表，他们反对的是集体主义的法律制度，维护法治的个人主义传统。从资本主义/封建主义和资本主义/集体主义的两个参照系，我们可以看清这种法治观的成功之处和不足之处。

在反对封建专制的斗争中，法律至上取得了决定性的胜利，民主政治取代了专制政治，法律取代了个人任性。这场斗争的结果，也使得资本主义法治成为世界性的一场运动，通过法国大革命传遍了整个世界。㊾ 美国的独立战争、法国大革命、德国宫廷革命等等，西方社会步入了所谓法治的社会；而且随着资本主义和殖民主义的扩张，西方的民主和法治的理念也开始冲击或者渗透到了东方世界，在亚洲，典型的代表就是日本的明治维新和中国的戊戌变法。在这里，西方的法治主义与中国的法律史发生了连接。中国的鸦片战争、洋务运动、戊戌变法和辛亥革命，都是中西方冲撞的历史事件。从思想史的角度来看，中国当时的思想家与西方近代思想家的思想沟通也相当明显。就梁启超而言，他读过亚里士多德，也读过孟德斯鸠，甚至读过边沁。㊿ 他参与的戊戌变法的指导思想是孟德斯鸠的。在政体方面，早年他提倡立宪，认为人类发展由“多君为政”到“一君为政”再到“民为政”，他主张在中国当时应该实行“一君之政”。后来，在与孙中山的辩论中，他认为“与其共和，不如君主立宪，与其君主立宪，犹不如开明专制”。在权力分立上，他把立法行政和司法称为“体”，“三权之体皆莞于君主”，国学、国务大臣和审判厅称为三权之“用”。体不可分，用则可分。在法治方面，他称“法治主义是今日救时唯一之主义”。法是“国家、之意志”，“天下之公器”，法治国，“谓以法为治之国也”。他说，“其法律愈完备而愈公者，则愈文明；愈简陋而愈私者，则愈野蛮而已”[51]。从戊戌变法到辛亥革命，我们通常的说法

㊽ ［英］哈耶克《通向奴役之路》，74～79页。

㊾ ［英］梅因《古代法》，52页，沈景一译，商务印书馆，1959。

㊿ 参见梁启超《梁启超法学文集》，范中信选编，中国政法大学出版社，2000。

[51] 参见梁启超《论君政民政相嬗之理》、《开明专制论》、《论立法权》、《中国法理学发达史论》、《变法通议》、《管子传》、《论中国宜讲求法律之学》等各篇，具体归纳参见李贵连主编：《中国法律思想史》，326～336页，北京大学出版社，1999。

是从改良到革命，如果我们从西方思想史发展来看，是从孟德斯鸠的君主立宪到卢梭的人民主权。孙中山之政权与治权的分离[52]，类似于卢梭主权与政府的区分；孙中山之政权与法律的区分并强调法律为体，政权为用，已经与西方近代法律至上理论相吻合。[53]

另外一个方面，以自由竞争为基础的资产阶级法治，虽然是近代政治与法律的基础，但是这种法治及其法治的理想是特定历史时期和特定国家的现象。这个时期的思想家们将法律至上当作了一种政治的口号，他们还没有来得及对每个国家的法治做出深入细致和分别地研究，他们是从政治哲学和理想法律制度框架设计的角度提出了"适用于所有理性人类"的社会制度。当西方社会制度发生了变化，从自由资本主义发展到福利社会的时候，当历史学家和社会学家认真考察西方法治起源的历史和社会之后，西方近代的法治理论开始动摇。"法治是历史的一种独特现象"，"法治只是我们追求的一种理想"，"法治以形式上的平等掩盖了人们实质上的不平等"等命题[54]，开始取代法律至上论。

---

[52] 《孙中山选集》下卷，754页，人民出版社，1956。按照孙中山的意思，集合众人之事的民权叫做政权，管理众人之事叫做治权，一个是管理政府的力量，一个是政府自身的力量。卢梭主权与政府的区分，参见［法］卢梭《社会契约论》，2版，75～77页，何兆武译，商务印书馆，1980。

[53] "夫法律者，治之体也。权势者，治之用也。体用相因，不相判也。"《孙中山全集》，第1卷，236页，中华书局，1981。

[54] 参见本文第四部分。

程春明

认真对待福柯*

——一个可能影响法律思想的后现代主义理论评说

简介

程春明，1965年出生于湖北省，汉族，中国致公党党员，中国政法大学法学院教授，法学博士，硕士生导师。1988—2000年留学法国，先后获普罗旺斯大学法国语言及文学学位、蒙彼利埃第一大学经济学院发展经济学DEA硕士学位、蒙彼利埃第一大学法学院公法与政治学博士学位、朗格多克科技大学高等企业管理学院DESS－CAAE（即MBA，工商管理硕士学位）、保罗·瓦雷里大学文学大学文凭。兼任司法部律师公证工作专家咨询委员会委员，中国致公党中央法制建设委员会委员，中国致公党北京市委思想理论工作委员会副主任，中国法理学会理事、北京法理学会理事，中国行政管理学会理事。

---

* 原发表于《上海政法学院学报》，2006（3）。

一、话语的导入

在中文语境中，借用福柯常用的语言“系谱学”角度，西方法律思想家和他们的思想构成的宏大系列中，我们似乎不可能将福柯这个名字生硬地置于其中。朱苏力教授曾经在1993年以“福柯的刑罚史研究及对法学的贡献”① 为题呼吁人们关注福柯；香港大学陈弘毅教授的《从福柯的〈规训与惩戒〉看后现代思潮》②，将福柯的思想和学说“正式地”纳入了后现代法学学派研究视野之内。这是两位有影响力和号召力的法学家在前后相隔近十年的时间先后呼吁法学界重视福柯，但尽管如此，也许是受两位法学家的“前见”，法学界仅仅是从福柯的一部著作——《规训与惩罚：监狱的诞生》中研究福柯关于权力之考察可能对法学产生的影响。与此同时，哲学界和社会理论界也对这一命题发生了极大的兴趣，以笔者所收集的文献看来，较早研究福柯这一领域的中国学者是于奇智先生。他在1994年以《走向当代的近代监禁——评述福柯的〈监视与惩罚〉》一文首次向中国读者系统地介绍了福柯的微观权力考察学术领域。③ 随着1999年三联书店对福柯《规训与惩罚》一书中文版的出版，国内法学界开始了以福柯的新型权力话语为切点展开对福柯“法律思想”的评说和分析。

笔者丝毫没有研究福柯的教育背景，也许是两个偶然的事件使得我对这一问题发生了浓厚的兴趣。一是2005年11月9日笔者留法时的导师，法国著名的法哲学家米歇尔·米雅耶教授在与中国政法大学师生的学术座谈会上说过一句耐人寻味的话：“在法国法学界，研究福柯的人通常没有读过福柯，而读过福柯的人通常不去研究福柯。”这句话一语中地说出了福柯的思想和法学界的距离是多么之远。另一事件是同年11月15日，法籍华裔著名学者高宣扬先生北京之行旨在向首都学界介绍当代西方后现代主义及社会理论思潮的过程中，安排在中国政法大学演讲的题目是“现当代西方社会文化思潮”。然而，在开场之时，高先生临时改变题目，决定以福柯的权力观为题与笔者和笔者的同事文斌教授展开对话。高先生的理由是：“我改变这一题目的初衷是因为对话者和听众都是学政法的，所以福柯的权力观应该是我们共同感兴趣的话题。”这两个事件给了笔者一个双重思想的冲动：一是法学界为什么不关注福柯？难道是因为福柯本身不关注法律吗？二是如果福柯真有法学思想，

① 参见朱苏力：《福柯的刑罚史研究及对法学的贡献》，载《比较法研究》，1993（2）。

② 参见朱景文主编：《当代西方后现代法学》，201页以下，法律出版社，2002。

③ 参见邓正来主编：《中国书评》，中国·香港，1994年11月，总第2期。于奇智先生毕业于法国普罗旺斯大学，1992年以研究福柯的博士论文获得该校的哲学博士学位。笔者希望在此向曾经在美丽的普罗旺斯大学同班进修法语的老同学表示感谢，为我的研究提供此文。

难道只是限于他的微观权力论吗？

也许我的开篇用描述“事件”的方式不符合抽象理论传统在当下中国叙说学术话语的习惯方式，但福柯正是用叙说事件的历史方法，即考古和系谱的方法来发展新的分析问题视角的。或许对事件本身的叙说是展开思想史的另一种途径。它不是一种通常意义上的正规方法，而使用正规方法却是不可以解读和理解福柯的。因为福柯的全部思想和学术路径表明：他是要从源头上重新解构源自人们对古希腊的误读，即认识论建构的古希腊伦理渊源——阿波罗神庙的箴言“认识你自己”，而发现古典世界道德实践的最高准则不是“认识你自己”，而是“关怀你自己”（Le souci de soi）。因此，他猛烈地批判了自古希腊以降所形成的错误的伦理学说。在另一个层面，他反对笛卡儿所建立的以人为主体的影响西方几个世纪的所谓科学认识论。这不是一件小事：福柯试图努力重新解读人类的学说史和建立“反主体”的新的认识论。也许对于认识论这个词，福柯本身就持反对态度。因为他所使用的“词”根本就不是“认识论”。假如知识史真的错了，那么我们西方法律思想界在我们的鸿篇著作中所罗列的“作者”（auteur）和理论就值得置疑了。这是因为，我们作为西方法律思想史的讲授和选择“主体”所制造的知识和因此而获得的话语权力本身是在反知识史的。另外，福柯通过对权力的系谱考察，认为规范是一种策略，这种策略无论是从社会理论角度还是从权力本身都无法从本质上得到遵守，这就是福柯反规范的学术核心。如此一来，福柯解构主体、解构规范不正是在解构自亚里士多德以降全部法律思想的核心吗？然而，笔者的学术直觉是：福柯的这种非正规的反思主体和规范的学术路径是另外一种可能的伟大法律思想路径。我的理由很简单：今天，被命名为西方法律的思想家们有许多并不直接关注法律，或者说法律仅仅是他们思想中的一个视角，而关注法律的思想家们又往往是关注一个特定的法律或者法律制度。他们之所以进入西方法律思想史的“先贤祠”事实上是我们这些“作者”依据先见或者是叙述的词语的相似性得出的对思想的主体认同。很显然，这些“先贤们”通常是因为建构了某种思想，或者成为一种新的思想的正统建构者而被认定为思想者，理所当然，这些思想者的所有思想或论述都成为了西方法律思想。

按照我们当下对思想家的划分标准及方式，福柯——一个特殊的人，一个特殊的反主体、反宏大叙事、反理论体系、反抽象理性的伟大思想家实在是无类可归。然而，正如哈贝马斯所言，在“我这一代对我们的时代进行诊断的哲学家圈子里，福柯是对时代精神影响最持久的”④。这句话的意义正是在于对福柯思想深邃性、洞察力的揭示。笔者认为，影响时代精神、并具有持久动力的福柯思想，尤其是福柯思想的视角和其独特的研究方法让我们真正了解到什么是法学和法律思想所辩护和论证的现代性和正当性存在的另一种伟大的思想纬度。仅就此而言，福柯的思想应当被纳入现代法律思想体系之中，尽管他的思想路径是解构性和批判性的。这一“纳入”行为正是知识体系的正本清源行为，因为真正的思想总是批判性的。辩护性和建构性的“思想”应当被视为政治家的思想，而非学术的

④ 转引自米歇尔·福柯：《规训与惩罚》，封底，刘北成、杨远婴译，三联书店，1999。

思想。

笔者暂时同意朱景文和陈弘毅的努力，将无法归类的福柯思想归于后现代法学学派。尽管福柯生平极力反对别人将其归门别类，但为了叙事的方便，我们不可以基于福柯唯一接受的头衔——“考古学家”——肆意制造一个“考古学法学派”。事实上，福柯是一个超学派的思想家。这是因为，学派的确是一种知识话语党同伐异的产物，这是福柯极端憎恶和反对的。我们的困难是，西方法律思想史所叙述的方法却又正好是学派式的方法，由此，我们不得不将福柯也暂时归入某一学派，为的是在“宏大叙事”（这又是福柯所反对的）中为思想者及其思想设定坐标。

二、思想体系中的福柯

福柯的思想可以说是后现代主义，尤其是法国的后现代主义最为壮观和具有震撼力的思想。这是研究西方哲学学者的共识。西方法律思想史实际上是向我们展示一种被过滤了的思想体系，这一思想体系被贴上了法律的标签。

我们通常是以柏拉图和亚里士多德作为重点开篇叙述现当代西方法律思想史的古典渊源，它们的话语是从《理想国》和《政治学》中产生的，但当我们通读这两本书时，就会发现那里的话语，诸如“政治”、“共和国”、“民主”、“治理”等，都不是法律意义上的话语，而是普遍性话语，没有被赋予特殊的法律意义。我们只是将法律用“正义”一词来替代罢了。由此，这两位古希腊先哲的“法律思想”在笔者看来是一种政治视角的伦理学。古罗马时代的西塞罗生活在一个被普适化了的法律现实中，但他的法律思想也依然是政治视角上的伦理学。只不过这种伦理学有了法律实践，从而得到了部分证成而已。中世纪的奥古斯丁和阿奎那在另外一个神学世界述说着古希腊的正当性，为以后的文艺复兴的正确性提供最高解释力。笔者将此称之为古希腊伦理学在中世纪的“时间隧道”。

正是有了这个“时间隧道”对古希腊理性之光的保存，以后称之为启蒙运动的理性再发现才得以出现。但问题是，在古希腊作为普适性意义上的一部分的人也许是在中世纪因为神的无处不在而消失了，当其重新出现在文艺复兴时期时，又被刻意地凸显为中心，从而再次被启蒙运动的理性赋予了理性的唯一主体地位。法律成了主体唯一的正义实现之道和正义本身。自此以降，法律因人而创造，人是法律的唯一主体，人也是缔造法律的唯一主体。法律和法律思想脱离了伦理学的本源，也成了一种不能全部解释社会正当存在的“学问”。而问题恰恰由此而引发：启蒙运动以后的思想家都不约而同地用人的主体的创设力构建了各式各样的法理学和法学理论，即使是规范法学派和法社会学派也只不过是用制度人的规范权力和社会人的规范实践来验证和证成他们的学说。直到二十世纪六十年代，西方兴起了对现代化反思的思潮，这一思潮具有的一个最大特点是发明各种分析方法，尤其是反传统话语、反主体、反整体理性、反连续理性等方法告诉我们，现代化是与另外一个被称之为后现代化的东西同时存在的。在他们眼中，正统的、科学理性的、连续发展的现代化并不存在，这个现代化所产生的知识是笛卡儿以降违反历史本来面目的认识论所产生的异物，而这个异物构成了知识话语，进而产生了一种无处不在的微观权力，从而异化了人本身。

如果说尼采宣称上帝死了告诉我们这个世界思想领域统一范式的死亡，那么后现代主义者，尤其是福柯宣称的“人的消亡”至少宣告了自文艺复兴以来人的理性的变异和法律思想的死亡。因为建构在认识论基础之上的法律思想史——弘扬法律主体性的人，弘扬人是法律的主体——的思想基础因为偏离了人性和人本而导致了严重异化的产生。那么什么是人性和人本？福柯认为，它恰恰不是“认识你自己”，而是“关注你自己”。因此福柯的生存美学至少在笔者看来正如亚里士多德的尼可马可伦理学一样，将会开启西方法律思想重塑或者重写的可能之门。

从哲学上讲，福柯的主体观是反本质主义，反本质和反形而上学的。也就是反抽象的主体观和整体的主体观。他认为主体的形成和主体的地位永远是偶然的、具体的、特定的、经验的，而主体的生命力、知识体系是在与社会的相互关系中构成权力的，主体是因为它本身是客体，即臣服，而获得其实是不自由的权利的。常识告诉我们，当主体、权力、规范、利益已经不再是一个先验正确或者具有自由理性的范畴时，西方法律赖以存在的基石是否依然动摇？而依此产生的法律思想是否应当“重思”？

三、福柯的思想体系

对待福柯，我们很难像评价其他西方法律思想家那样去系统地寻找一个以法律或者法或者正义为主线的思想谱系。因为除了在《规训与惩罚》一书中他似乎直接涉及了法律，在他其他所有论著中，我们看不到形式上的法律。福柯只是在系统反思人类知识的本源而解构主体的自我时，无法避开权力话语。福柯的思想体系是围绕“权力——知识——主体”而展开的。

福柯的思想发展非常复杂，“这不仅仅是因为他所探索的领域包括了整个西方的根本问题，跨越了许多正常的学科界限，而且，还因为他本人始终都不愿意使自己的思维维持在固定不变的思考方向上，更不愿意使自己限于一种受外界力量限定的框框之中，同样，也不愿意使自己套入自我限定的思路和方法之中。因此，他采取了极其特殊的研究方法，不论就其研究对象或领域而言，都是难以用通行于当代科学的分类方法加以分析”⑤。因此，我们只能以我们传统对知识认知的方法对其思想体系作一个把握。

依据福柯的所思考问题的主体，他的思想发展大致有四个阶段。第一个阶段是1946年至1965年，主要研究精神治疗史和知识史。第二个阶段是1966年至1970年，他开始转向论述解构和知识考古学的研究。第三个阶段是1970年至1975年，福柯集中研究西方权力

⑤ 高宣扬：《当代法国思想五十年》（上卷），253页，中国人民大学出版社，2005。

系谱学、社会规训制度及其历史。最后一个阶段，福柯关注“自身的技术”和“性”的问题。以人体、思想、行为、文化和权力的相互关联为中心，深入探讨了他称之为“我们自身的历史本体论”的一种“生存美学”⑥。

在上述四个阶段的思考路径中，福柯先后探讨了现代社会是如何构建其特殊知识论述体系（《疯狂与非理性》、《诊所的诞生》），一般知识论述及其形式、建构条件、实践方式及其同社会文化制度的建构及运作的相互关系的集中探讨（《语词与事物》），现代知识论述的实践及其策略以及西方社会发展过程中所运用的训练自身的“技巧”（《规训与惩罚》），“性”、生命权力、国家权力、自身技术和“我们自身的历史本体论”⑦（《法兰西学院讲稿》）。

福柯给自己铺开了一个巨大的思想场，但他始终如一的研究方法是考古学和系谱学的研究方法。主体、社会、监狱、“性”等话语在他的眼中都不是制度的设定，不是先验的理性存在，而是具体的历史事件、微观的权力、对生命的关注、自我的力量。福柯的分析方法一直存在一个思想库之谜，其中，我们看到了尼采的影子，但福柯不是尼采；我们看到了马克思的批判风格，但福柯不是马克思；他对抗康德论述的启蒙运动，但他和康德路径大相径庭。因此，如果说福柯的思想存在一个体系，那绝对是“福柯体系”。这个“福柯体系”是反本质的、反形式的，同时又是反主体的、反规制的。

尽管福柯的思想体系难以进行归类和把握，但笔者认为，有三个重要问题是福柯思想的核心，即真理、权力、个体行为准则。福柯的前期著作要么是部分地对这三个问题进行知识考古，要么是全面地阐述其中的一两个问题。但在他晚期的“生存美学”中，他成功地以自己的方式回答了三个问题的关联。这就是为什么笔者认为福柯的“生存美学”如同亚里士多德的尼可马可伦理学一样，“正式地”确立了自己的思想体系和思想地位。⑧

福柯的思想进路以笔者的阅读理解可以综述如下：以监狱的诞生引发酷刑的历史⟶规训作为一种现代权力无处不在⟶权力概念的视野扩大（《性史》第一卷：认知的意愿）⟶权力概念应用于“性”，“性”被视为一种权力的处分⟶情感的人的谱系化⟶基督伦理和古典伦理的冲突⟶主体化的形式与自身实践⟶真理的历史。在这个过程中，福柯用自己的体系将真理、权力和个人行为准则三者的实践过程进行了整合，形成了自己的思想体系。但这是一个没有核心的思想体系。

法学思维和法律思想的惯识使我们习惯了将权力体系作为某一思想家思想体系的介绍和评析而纳入西方法律思想体系之中，这一点对于福柯也不例外。

---

⑥ 高宣扬：《当代法国思想五十年》（上卷），254页，中国人民大学出版社，2005。

⑦ 对其理论探讨内容及其思想体系的介绍性论述得益于高宣扬：《当代法国思想五十年》（上卷），中国人民大学出版社，2005。

⑧ “J'ai essayé de repérer trois grands types de problèmes：celui de la *vérité*，celui du *pouvoir* et celui de la *conduite individuelle*（...）. Ce qui m'a gêné dans les livres précédents，c'est d'avoir considéré les deux premières expériences sans tenir compte de la troisième”. “Le retour de la morale”，entretien de juin 1984 DE IV，697.

四、福柯思想体系中的权力体系

作为一种论述，准确地说，作为思想体系中的“科学论述”（discours savant），福柯不喜欢体系（système），而更喜欢用系谱学（généalogie）。而系谱的意思在福柯看来是为了反对集中化的权力效果而使用的话语，它是把一些局部的、不连贯的、被贬低的、不合法的知识运作起来，去反对统一性的理论。所以福柯的系谱学很显然不是遵循一种更为细致或更为正确的科学形式所进行的实证主义考察。因此，许多学者把福柯的权力系谱学作为反抗正统权力的权力哲学。

福柯的权力系谱学是其知识考古学的一个意外的研究收获。我们知道，福柯最初的兴趣是考察知识的实践史，但他发现知识固然是现代社会维系和运作的中心概念，不过知识本身并非孤立存在和发生作用的。“知识一方面综合着整个社会各种力量相互紧张斗争的结果，另一方面，它本身又必须在同社会其他各种实际力量的配合下，才能存在和发展，才能发挥它的社会功能。在近代社会一系列号称为‘科学’的知识的形成过程中，特定语言论述的建构和散播过程都受制于特定社会权力网络；同样的，特定社会历史阶段的权力网络的建构和运作，同时又在很大程度上依赖于科学知识语言论述的形构和扩散策略，依赖于科学知识语言论述同权力网络运作之间的相互协调和相互促进。正是因为这样的认识过程，人在使自身建构成认知主体的同时，实际上也变成了各种知识语言论述散播策略的从属性因素，成为知识本身的对象。”⑨ 由此，知识考古学的研究势必引出权力的谱系。知识成了权力运作的一个策略因素，各种所谓科学话语和知识论述实际上是在制造权力。权力因此不再是一个制度制造的东西，而是一个知识、知识的持有者，即知识的主体和其他力量的一个关系。

在福柯对权力的思考中，他一开始就避开了传统的权力观，并将这种传统的权力观定位为法律话语。他认为，权力并不能约化为“规则——违反规则——惩罚”的三点式结构。另外，权力也不仅仅是规则的创制和禁止的宣示。福柯认为，这些话语只不过是法学或法律的话语，这种话语使用的是简单的二元论——统治对应被统治，法对应顺服，合法对应违法。福柯不相信这种简单化的权力。他抛开权力的传统定义和权力的正式定义，开始了对权力的系谱学考察。他关注的核心问题不在于什么是权力，而在于权力是如何运作的（比如监狱的诞生）。因此其使用的方法不是权力的描述方法，而是权力的分析方法：我们先确定权力存在的区域，然后再分析其特殊性；寻找权力关系的网络；确定谁是权力的使用者和持有者；考量权力行使的力量，并最后理解权力行使的机制。换而言之，在福柯那里，我们找到了权力的“游戏”：技术、策略、规制、偶发因素、游戏规则、权力客体。福柯围绕这一系列权力的“游戏”来分析权力的实效性运作：监狱、医院、学校、车间、家

⑨ 高宣扬：《当代法国思想五十年》（上卷），267页，中国人民大学出版社，2005。

庭等等。

因此，福柯的权力不是宏观的权力、由国家制度发散出来的中心权力，而是具体的、社会运作的权力。要理解福柯的权力系谱，我们应当改变当下的权力思维模式，即基于国家主权的权力渊源、法律的权力形式或统治的单一形式。这又可以表现为以下三个层次的内容：

首先，这个权力是下位性权力或者说自下而上的权力（pouvoir du bas)。权力是自下位的、微观的形态呈上升式。福柯发明了一个话语——“微观权力”（micro pouvoirs)。然后我们寻找微观权力以什么样的方式使得宏观类型的权力得以建立？比如现代资本主义、封建阶级、主权等上位权力是如何形成的？对国家主权的顺从、对一项法律的遵守、一个阶层的统治仅仅是无数个微观权力通过社会现实的策略形式化而导致的具体结果。

其次，权力是无主体的。在福柯看来，权力的持有者是不存在的。权力既不是一个实体、一个事物，也不是一个少数和优越社会阶层人的招牌，它更多的像一个在所有人中间流通的要素，一个分布零散的网络；它既没有固定归属，也没有中心。因此，所谓来自制度的权力的中心性不是一个被证明了的事实状态，而是多个边缘权力所采取的不同策略来设置的中心。我们因而无法确立在和中心的确定距离中，一个权力的确实存在，并通过这个确实存在的权力向周边进行散播。但是我们可以掌握权力，它是在不同力量的对比关系中通过家庭、两性关系、教育、经济和知识的具体运行中体现出来的。所以权力关系是分享的直接后果和失衡的不平衡结果，产生于涉及一个力量关系的关系网中。由此权力是没有属性的，它是相对于关系而产生的，并非相对于主体而产生的。

再次，基于权力不是一个特定制度的产物，不是一个主体的特权，而作为关系中的权力，它无处不在，而它无处不在是因为它可以来自任何一个地方。这是福柯的权力观区别于马克思主义权力观的最重要之处。马克思只是从矛盾关系中，比如资产阶级和无产阶级的矛盾，寻找解释权力的方式；而福柯认为，所有的无产阶级在自己的层面上也同样具有权力的结构：权力和统治的层级关系，这一点和资产阶级是一样的。这种无所不在的微观权力本身并不是单一性的，它和其他的权力一起在具体地制造着带有自身固有风险和冲突的其他权力。因此微观权力的运行并不遵守或者并不直接遵守一个法律或者规制，它也不能不受其他权力的控制而独立行使。

综合而言，福柯的权力体系是一个具体的、功能性的、开放的权力体系。在这个体系中，他具体地建构了话语——知识——权力的各式各样的运行模式和策略类型，深刻地揭示了权力的新的表现形态和理解权力实质的技术工具。也为我们解释权力的社会性提供了另外一种视野。

五、福柯思想体系中的社会：为什么必须要保卫社会

福柯学术生涯的巅峰状态是在他被任命为法兰西学院的教授之后达到的。他在该学院

的演讲集被冠名为《必须保卫社会》。在这些演讲中，福柯真正成为了社会的捍卫者。既然规范的权力体系是由国家依据主权理论进行垄断的，享有对个体及其派生机构实行监视、规制、制裁的权力通过国家理性和警察的装备和技术持续并宏观地控制着一切权力模式，那么福柯就有权力追问：什么是国家的“管制性”或者“政府性”？他的理由如下：“因为政府企图宣称给予社会以幸福，那么所有政府（取广义上的所有权力的持有人）就会傲慢地宣称他们有权通过他们的决定给自己带来好处，或者使得自己的疏忽给社会中不幸的人带来损失。因此，国际公民的义务就是永远使政府看到或听到人们的不幸。而这种不幸是政府的责任。人们的不幸无论何时都不应当被政治所忽略。解决这种不幸是人们绝对的权力。如果这种权力受到侵犯，人民有权进行反抗。”⑩

因此，福柯的“必须保卫社会”依然是一种权力问题研究，它只不过是福柯考察政治的历史主义的系谱，并对此倍加推崇。福柯暂时放下了他对现代规制技术的历史考察（大约是在《规训与惩罚》和《求知的意愿》两本书写作的中间时间），试图将权力的批判分析、历史分析和政治分析放置于西方政治思想中进行思考。由此，《必须保卫社会》更像是一本福柯的政治哲学演讲录。在这里，福柯超越了以往的论述方式和论述策略，着重阐述和主权力法律模式相对应的权力域的论述。作为验证自己微观权力和为了微观权力的相对应的观点，我们看到福柯以独特的视野阐述了权力的法律模式、战争镇压模式及其他一些统治模式，理解权力在经济上和法律上的意义、统治权力理论、规则和规范的权力、历史话语和国家种族主义也首次拓展了对生命权力（国家权力和微观权力可以共存的、不多的领域）以及其他历史知识的策略和方法。

我国学者在研究福柯的权力学说时，大多将注意力放在了他的《规训与惩罚》一书上。笔者个人认为，真正在法学意义上解读福柯思想的文本应该着重放在解读《必须保卫社会》一书上。因为该书离我们习惯的思考国家权力的问题域相差已经不太远了。

结　语

从功利主义角度，有人认为“后现代法学可以为法治探索未来”⑪，而导致了主张“认真对待后现代法学”的学者为此高声呼吁。其理由是，作为论战的后现代法学将长期与现

---

⑩ “Parce qu'ils prétendent s'occuper du bonheur des sociétés，les gouvernements（pris au sens général de tout détenteur de pouvoir）s'arrogent le droit de passer au compte du profit et des pertes le malheur des hommes que leurs décisions provoquent ou que leurs négligences permettent. C'est un devoir de la citoyenneté internationale de toujours faire valoir aux yeux et aux oreilles des gouvernements les malheurs des hommes，dont il n'est pas vrai qu'ils ne sont pas responsables. Le malheur des hommes ne doit jamais être un reste muet de la politique. Il fonde un droit absolu *à* se lever et *à* s'adresser *à* ceux qui détiennent le pouvoir” .

Dits et Ecrits，t. IV，p. 708.

⑪ 信春鹰：《后现代法学，为法治探索未来》，载朱景文主编：《当代西方后现代法学》，19 页，法律出版社，2002。

代法学共享思想论战的舞台，并借此来修正作为主流的现代法学及其制度形态的弊端。因为后现代所提供的新的思路纬度可能是人类触及生活模式和社会模式的另一种视角。因此，另外一些学者对后现代法学采取了一种宽容和接触式的借鉴。[12] 甚至更进一步，有人预示，后现代理论可能会改变法学研究的方法，而导致法学研究范式的转向。[13] 但无论如何，大部分学者依然认为后现代主义仅仅是思考问题的一个视角，它依然无法让人们放弃继承启蒙精神和现代认识论以来的思想体系。在这个意义上，后现代永远是人们的候选模式，是人们思想选择的一个反衬品而已。在笔者看来，这依然是现代性的惯性思维。

关于现代性和后现代的讨论，哲学和社会理论领域正在开展持久的学理性讨论，而法学界总是在现代性的迷茫和困惑之中试图从后现代理论中找到一些工具库。要说有一个例外，那就是朱苏力教授，这也许是因为他最早地接触了后现代或者是一些边缘性的法律思想。但真正意识到后现代思维魅力的学者似乎还不多。其实，后现代和现代性永远是共存的，这只是对制度的思想层面的铺垫的两个不同的方面而已：前者是从思想的层面解构制度，后者是在对制度的正当性的批判中建构思想。在这个意义上，福柯是前者的代表，哈贝马斯则是后者最著名的辩护者和实践者。[14] 既然学者们承认法学和法律是一个现代化的产品和工具，那么笔者认为，作为将反主体和反规范作为重要旨意的后现代思想也许是法律现代化的社会走向和人性关怀被忽略了的思想纬度。因为现代法律的正当性建构之理由已经不能够仅仅从国家、制度、规范权力中得到解释。二战以后的学术史告诉我们，真正的现代化已经开始从社会和人性中寻找制度渊源，但社会和人性是散见在人们的思想中的，它在人们悄悄的生活运动和生命存在中而存在，国家和制度很难也不情愿在其中发挥智慧。因此，学术和思想者应当义无反顾地替代国家和制度，寻找更接近人类生活深层的和易于理解的思想力。也许福柯及福柯的思想是最好的注脚。在这个意义上，我们应当认真地、系统地阅读福柯[15]，进而认真对待福柯。

---

⑫ 参见朱苏力：《可别成了“等待戈多”》，载朱景文主编：《当代西方后现代法学》，41页，法律出版社，2002。

⑬ 杜宴林、张文显：《后现代方法与法学研究范式的转向》，载朱景文主编：《当代西方后现代法学》，51页以下，法律出版社，2002。

⑭ ［英］路易斯·麦克尼：《福柯》，5页，贾湜译，黑龙江人民出版社，1999。

⑮ 这是因为，“福柯对现代性和人本主义的批判，对‘人已消亡’的宣告，以及他所发展的新的社会、知识、话语和权力的观点使他成了后现代思想的一个主要渊源。”（引自［美］道格拉斯·凯尔纳、斯蒂文·贝斯特：《后现代理论——批判性的质疑》，45页，张志斌译，中央编译出版社，2001。）而福柯对社会知识话语和权力的观点分析是散见在他所有的著作中的，福柯是一个反范式、反系统的学者，他并不以常人所建构思想的那种范式和方法来告诉我们他究竟想说什么，他也不是从制度和规范中寻找思想正当性的依据，这是他的考古学和系谱学的典型特征。因此，不系统全面地阅读福柯，我们就无法真正理解福柯。或许笔者撰写此文的意思是想呼吁法学界像哲学和社会理论界那样认真阅读福柯，从而有可能把握这一后现代思想主要渊源的福柯思想。

钱福臣

道德态势与社会控制模式需求定律*

——我国接受西方法治思想与模式原因的新解读

简介

钱福臣，1961年生于黑龙江省呼兰县。1983年毕业于哈尔滨师范大学中文系，获中国语言文学学士学位；1989年毕业于黑龙江大学法律系，获法学硕士学位；2004年毕业于中国人民大学法学院，获法学博士学位。现任黑龙江大学法学院副院长、教授、博士生导师，《北方法学》副主编。从事法学理论和宪法学的教学和研究。主要代表作为：《中西宪法概念比较研究》[《法学研究》，1998（3）]、《宪政基因概论》[《法学研究》，2002（5）]、《道德态势与社会控制模式需求定律》[《环球法律评论》，2006（3）]、《美国宪政生成的深层背景》（法律出版社，2005）、《宪政哲学问题要论》（法律出版社，2006）。

---

* 原发表于《环球法律评论》，2006（3）。

中国传统社会为什么选择德治控制模式？西方社会为什么选择法治控制模式？中国改革开放以来为什么追求法治控制模式？德治控制模式和法治控制模式的实效如何？其原因是什么？本文试图从道德佰量与社会控制模式选择的关系角度来研究和回答这些问题。

一、道德“自我”单位变量与法律控制需要变量的关系

也许有人会指出：道德是不能被量化的。正如卢梭所说：“道德方面的数量是缺乏精确的尺度的，所以即使人们对于这种标志意见一致了，可是在估价上又如何才能意见一致呢？”[①]虽然笔者也认为道德很难被精确量化，但并非绝对不能被量化。关键是确定量化的单位或尺度。如果我们以“自我”为单位来衡量道德的话，我们会发现道德是有大小之分的。如一个人可以以自身个体为自我，从而只关心自身的利益，也可以以家庭为自我，从而只关心家庭的利益，使自身利益淹没在家庭利益之中；也可以以自身所处的利益集团为自我，从而只关心该利益集团的利益，而使自身利益和家庭利益淹没在该利益集团的利益之中。如此类推，“自我”的单位变量可以大到国家，如那些舍身而为国捐躯的人；可以大到整个人类，如那些国际主义人士。总之，“自我”是个变量，“自我”的大小是衡量道德大小的尺度。

当然法律控制的需要也是一个变量。正如布莱克所说：“法律的量随时间和空间而变化，变化跨越世纪、年代、年、月、日，甚至一天内不同的时刻。法律的量的变化也存在于所有社会、地区、社区、邻里、家庭和各种关系之中。”[②] 而且法律控制的变量与人的道德“自我”单位变量具有密不可分的关系。

从道德变量和法律控制的需要量关系的角度看，一般地说：一个人的“自我”越大——越理性化——越体现公意——越崇高——越接近于圣人——越富于道德控制，而越少地需要法律控制。相反地，一个人的“自我”越小——越本能化——越体现私心——越卑下——越近于俗人——越缺乏道德控制，而越多地需要法律控制。可见，道德的“自我”单位变量与法律控制的需要量是成反比的，即道德的“自我”单位越大，法律控制的需要量就越小。人的自私本性与法律或法治有着天然的联系，其对内的自保性需要法律权利的保障，对外的侵略性需要法律义务的约束，而理性的形态又体现为人与人之间的互惠性和权利义务的一致性。道德与法律的这种关系，正如布莱克所说：“法律本身是一种社会控制，但是还有其他多种社会控制方式存在于社会生活中，存在于家庭、友谊、邻里关系、

---

① ［法］卢梭：《社会契约论》，110页，何兆武译，商务印书馆，1980。

② ［美］布莱克：《法律的运作行为》，4页，唐越、苏力译，中国政法大学出版社，1994。

村落、部落、职业、组织和各种群体中。因此，上述命题的意思是，当其他社会控制的量减少时，法律的量就会增加，反之亦然。无论何时何地，只要能够测定法律和其他社会控制的量，这样表述的命题就适用。”③ 本文中的道德就是布莱克所谓“其他社会方式”中的一种主要方式。

如果从便于认识的角度，我们把人类社会总体（社会中所有人和每个人的）道德变量单位进行归纳并分别暂且界定为“小我”（个人）、“中我”（个人所属利益集团）、“大我”（整个民族国家）和“全我”（整个人类）的话④，我们就可以根据这些道德变量单位的不同的总体实现态势估价出不同空间领域所需法律控制的情况。

如果（当然只是如果）整个人类社会在总体上实现了道德“自我”单位变量的“全我”，即总体道德“自我”变量的最小单位是“整个人类”，也即在道德上达到人人以整个人类为“自我”，而没有了“小我”、“中我”和“大我”，则整个人类在道德上就实现了“天下为公”，法和国家也就很少或者根本就没有必要存在了。这样也就实现了中国儒家理想中的大同世界，即“大道之行也，天下为公，选贤与能，讲信修睦……是故谋闭而不兴，盗窃乱贼而不作，故外户而不闭。是谓大同”⑤。

如果某一民族国家社会在总体上实现了道德“自我”单位变量的“大我”，即总体道德“自我”变量的最小单位是“整个民族国家”，也即人人“胸怀祖国”，在道德上以民族和国家为“自我”，而没有了“小我”和“中我”，则该国家的内国法控制就会很少或者根本就成为不必要。这样的国家也就是卢梭所描绘的实现了“公意”的国家。即“只要有若干人结合起来自认为是一个整体，他们就只能有一个意志，这个意志关系着共同的生存以及公共的幸福。这时，国家的全部精力是蓬勃而单纯的，它的准则是光辉而明晰的；这里绝没有各种错综复杂、互相矛盾的利益，公共福利到处都明白确切地表现出来，只要有理智就能看到他们。和平、团结、平等是政治上一切尔虞我诈的敌人。淳朴正直的人们正由于他们单纯，所以难于欺骗；诱惑和甜言蜜语对他们都用不上，他们甚至还不够精明得足以当傻瓜呢。当我们看到在全世界上最幸福的人民那里，一群群的农民在橡树底下规划国家大事，而且总是处理得非常明智；这时候，我们能不鄙视其他那些以种种伎俩和玄虚使得自己声名远扬而又悲惨不堪的国家的精明吗?”“一个这样治理着的国家只需要很少的法律。”⑥

如果某一利益集团在总体上实现了道德“自我”单位变量的“中我”，即总体道德“自我”变量的最小单位是“利益集团”，也即人人以该集团为“自我”，而没有了“小我”，则该集团内部的人际关系也就很少或者根本就不需要法律控制了。

如果某一社会的总体道德“自我”单位变量为“小我”，人人以上文暂定意义上的“小我”即个人为自我，则人与人之间的关系就需要最多的法律控制。

---

③ ［美］布莱克：《法律的运作行为》，7页，唐越、苏力译，中国政法大学出版社，1994。

④ 实际上，人的作为道德变量单位的“自我”当然可以做更多层次的分割。

⑤ 《礼记·礼运》。

⑥ 前引①，卢梭书，135页。

正如 Grant Gilmore 所说："社会越好，法律就越少。在天堂里应该没有法律，狮子应与羔羊同眠……在地狱里应该只有法律，正当程序应被一丝不苟地遵守。"⑦

诚然，某一个人或某一个社会的道德"自我"单位变量情况是极其复杂的，会因时间和空间等条件变化而不同。从个人角度来说，不同层次、不同大小的道德"自我"单位可能集于一身，只是浓淡不同、强弱不同，并依时间和空间等环境的变化而变化。但不论怎样复杂和变化，某一个人身上总会有一种可被大致认知和估价的相对稳定的和主导的道德态势。如我们可以在日常生活中，对某人的道德态势作出一个基本的估价，从而得出结论：某人是个自私自利的人，某人是个大公无私的人；或某人是个个人主义者，某人是个爱国主义者或国际主义者等等。在前者身上，其道德"自我"单位变量的常态和主导方面是"小我"；而后者道德"自我"单位变量的常态和主导方面则是相对的"大我"。与此相适应，我们对某一民族、社会或国家的总体道德"自我"单位变量态势也可以做出大致的估价，并由此估价该民族、社会或国家所需法律控制量的大致态势，如德治或法治态势。

二、中、西方文化体系中社会总体道德"自我"单位变量走势的反向差异与社会控制模式选择及其实效的反向差异

（一）"小我"为重倾向：人性中固有的道德"自我"单位变量走势

从人性中固有的道德走势来看，至少在私有财产和私有制尚存的社会发展阶段，人类总体道德走势相对稳定的和规律性的一面还是主要的，这种规律性可以用如下公式来表达："自我"越大——程度越弱——人数越少——越理性化——越体现公意——越可能被评价为崇高——越接近于圣人——越富于道德控制，而越不需要法律控制。相反地，"自我"越小——程度越强——人数越多——越本能化——越体现私心——越可能被评价为卑下——越近于俗人——越缺乏道德控制，而越需要法律控制。

也许正因为在私有财产和私有制尚存的社会发展阶段，人性具有这样的规律性，有些中外思想家们才不约而同地将对人性"恶"即人的"小我"倾向的基本估价作为说明法律控制的必要性的一个主要的前提。西方的亚里士多德将法律控制的必要性归于人固有的与公心相对的私心（兽性）和与理性相对的欲望（兽性与热忱）。他认为："某一事物被认为是你自己的事物，这在感情上就产生巨大的作用。人人都爱自己，而自爱出于天赋，并不是偶发的冲动（人们对自己的所有物感觉爱好和快意；实际上是自爱的延伸）。""谁说应该由法律遂行其统治，这就有如说，唯独神祇和理智可以行使统治；至于谁说应该让一个个人来统治，这就在政治中混入了兽性的因素。常人既不能完全消除兽欲，虽最好的人们（贤良）也未免有热忱，这就往往在执政的时候引起偏向。法律恰恰正是免除一切情欲影响

---

⑦ See *Constitutionalism Philosophical Foundations*, edited by LARRY ALEXANDER,（Cambridge University Press，1998）p. 27.

的神祇和理智的体现。”⑧ 中国的韩非也是以与亚里士多德相类似的前提来说明法律存在的必要性的，只不过他将人性的“恶”即“小我”倾向绝对化，并强化了法律控制的强度，主张依人性订立赏与罚规则。他认为：“王良爱马，越王勾践爱人，为战与驰。医善吮人之伤，含人之血，非骨肉之亲也，利所加也。故舆人成舆，则欲人之富贵；匠人成棺，则欲人之夭死也。非舆人仁而匠人贼也，人不贵则舆不售，人不死则棺不买。情非憎人也，利在人之死也。故后妃夫人太子之党成，而欲君之死也。君不死则势不重，情非憎君也，利在君之死也。”⑨ 因而，“凡治天下，必因人情。人情有好恶，故赏罚可用；赏罚可用，故禁令可立，而治道具矣”⑩。“国治则民安，事乱则邦危。法重者得人情，禁轻者失事实。且夫死力者民之所有者也，人情莫不出其死力以致其所欲；而好恶者上之所制也，民者好利禄而恶刑罚。上掌好恶以御民力，事实不宜失矣。”⑪ “人性自私说包含着韩非对法律起源的认识。”⑫

（二）“大我”为重与“小我”为重倾向：中、西方文化体系中社会总体道德“自我”单位变量走势的反向差异

人性规律中体现出来的道德走势是个人化的，而文化体系中体现出的道德走势则是社会化的，并更具崇高性和理想色彩。“文化产生于人类的协作，同时它也使人类的协作成为可能。它赋予人比解剖学更多的内涵。但是，为使得人们能够在社会中生活，文化要付出代价维护某种统一性；它强制社会成员履行规定的义务。”⑬ 不同社会文化体系中的道德走势及其形成原因和背景可能是截然不同的。某些义务——例如，对于他人生命的某种程度的尊重、制止持续的身体侵犯等——对所有人类社会都是共同的。而其他一些义务则是“部分人类”所特有的，这种单一文化“在与人类的其他部分的关系方面表现了值得注意的非连贯性”。单一文化从它们所控制的自然和人类资源以及处理其特定问题的经验中获得了它的特殊品格。⑭

社会文化体系中的道德走势中蕴涵着社会统治势力的价值追求和人性估价。

中国传统社会文化体系中的道德走势中蕴涵的价值追求注重的是集体的利益和权力，也即家族和国家的利益和权力。从价值位阶上看，总的来说，中国传统社会文化体系中的道德走势倾向于“大我”为重。对“自我”的侧重程度与“自我”单位变量的大小成正比。即“自我”单位越大，侧重程度越重。一般地说，这种文化体系最重视的是“大我”（个人和家族所属之国家），“中我”（个人所属之家族）次之，“小我”（个人）更次之。从手段与目的的关系角度来看。“小我”是为“中我”服务的，“中我”是为“大我”服务的。“大

⑧ ［古希腊］亚里士多德：《政治学》，55页、168～169页，吴寿彭译，商务印书馆，1965。

⑨ 《韩非子·备内》。

⑩ 《韩非子·八经》。

⑪ 《韩非子·制分》。

⑫ 马作武：《中国法律思想史纲》，85页，中山大学出版社，1998。

⑬ ［美］H.W.埃尔曼：《比较法律文化》，10页，贺卫方、高鸿均译，清华大学出版社，2002。

⑭ 前引⑬，埃尔曼书，10页。

我”是“中我”、“小我”存在和限制的最终依据。中国传统社会文化体系中的这种道德走势被称为“集团本位”或“国家家族本位”。从儒家伦理的“修齐治平”的要求来看，“修身”并不是对“小我”的认同，而是剔除人性中固有的“小我”，实现“齐家、治国、平天下”的递增的“大我”，最终实现儒家伦理最高境界——“平天下”的手段。从实现的过程和条件递进来看，固然，可以按“修齐治平”的顺序来排列，但从价值位阶来看，则首重者为“平天下”，“治国”次之，“齐家”再次之。再从儒家伦理的“忠孝”要求来看，“孝”固然是“忠”的一个条件，而当“忠孝”不能两全时则舍“孝”而尽“忠”。最能直接体现这种价值位阶的还有中国刑法史上的“十恶”重罪，其被重视和刑罚的严重程度与其所保护的儒家伦理中所要求的“自我”单位大小程度成正比。

从人性估价上看，总的来说，中国传统社会文化体系中的道德走势对人性的估价是积极的，即倾向于人性“善”估价。中国古代社会虽有法家的人性“恶”（“小我”为重）估价，但法家思想在中国传统社会文化体系中不占主流，居统治地位的是儒家文化。儒家代表人物孔、孟、荀、董对人性的具体关注和认识虽各有异，但基本认识是相同的，是可以“以善通约”[15] 的。或认为人生来就是“善”的或认为人具有向“善”的能力，经过后天的教化或积累可成善德（“大我”为重）。在中国传统文化体系中，除鄙视和否定“见利忘义”的经济人（商人）外，自然人和政治人都被以道德人的标准来要求，并认为是可以实现的。由此，中国传统社会文化体系中的占统治地位的价值追求和人性估价体现出道德期盼和道德信任的倾向或走势，也即重视道德价值，相信和信任人的道德能力和道德规则的效力。正如瞿同祖先生所言：“儒家既坚信人心的善恶是决定于教化的，同时又坚信这种教化，只是在位者一二人潜移默化之功，其人格有绝大的感召力，所以从德治主义又演而为人治主义。”[16]

西方社会文化体系中的道德走势中蕴涵的价值追求注重的是个人的自由和权利。“该价值观认为，在社会生活中，个人的权利和自由是第一位的，社会制度和法律应最大限度地保护个人的权利和自由。”[17] 从价值位阶上看，总的来说，西方社会文化体系中的道德走势倾向于相对的小我为重。对“自我”的侧重程度与“自我”单位变量的大小成反比。即“自我”单位越小，侧重程度越重。一般地说，这种文化体系最重视的是“小我”（个人），“中我”（个人所属利益集团）次之，“大我”（个人和利益集团所属之国家）更次之。从手段与目的的关系角度来看。“中我”是为“小我”服务的，“大我”是为“中我”和“小我”服务的。“小我”是“中我”、“大我”存在和限制的最终依据。西方社会文化体系中的这种道德走势被称为“个人主义”或“个人本位”。

西方社会文化体系中的道德走势对人性的估价则是消极的，即趋向于人性“恶”估价。认为人最关心的是自己和离自己相对近的人和事或利益集团。亚里士多德的自然人、霍布斯、

---

⑮ 任剑涛：《伦理政治研究——从早期儒学视角的理论透视》，141页，中山大学出版社，1999。

⑯ 瞿同祖：《瞿同祖法学论文集》，321页，中国政法大学出版社，1998。

⑰ 武树臣主编：《中国传统法律文化辞典》，6页，北京大学出版社，1999。

马基雅维利、洛克、孟德斯鸠、麦迪逊等的政治人，还有亚当·斯密的经济人都是“自利”的“小我”为重主义者。⑱ 在西方社会文化体系中，“利他”的道德人则被认为是不切实际的乌托邦。由此，西方社会文化体系中的占统治地位的价值追求和人性估价体现出道德怀疑的倾向或走势。也即不重视道德价值，不相信或不信任人的道德能力和道德规则的效力。

总的来看，中、西方文化体系中社会总体道德“自我”单位变量走势是相反的，也即体现为反向差异。

（三）德治模式与法治模式：中、西方社会控制模式选择的反向差异

文化对社会规则和控制模式的选择具有重要的影响。“作为一种社会生活的构想，文化对于生活于其中的个体的行为起到潜在的和实际的引导作用。”“社会成员的思想和行为形成一个社会的基本命题，并且型塑了支配社会秩序的原则，这些原则通常是毋庸怀疑的前提。”⑲ 中、西方社会文化体系中的道德走势，也即其中蕴涵的价值追求和人性估价的基本趋势的反向差异影响了中、西方社会控制模式选择的反向差异。

中国传统社会文化体系中的价值追求和人性估价的“大我”为重倾向，是中国社会倚重道德规范、轻视法律规范和选择以人的道德善为条件的德治社会控制模式的一个重要前提。可见，“普遍的人性假设，是人类构想政治控制方式的世间依据”⑳。在中国传统社会，无论是政治人还是自然人，在社会文化体系和社会控制模式中最终都统一于道德人，也即统一于社会文化体系中和社会控制模式中的圣君、贤相、清官、君子、良民。如果社会上每个人的道德“自我”单位变量状况都达到了儒家伦理中要求的“大我”为重的理想境界，则儒家理想的“父慈、子孝、夫宜、妇顺、兄良、弟悌、君仁、臣忠”的社会秩序，通过个人的道德自控就实现了，因而无须作为他控手段的法律。德治模式的选定，既取决于占社会统治地位的儒家文化对人性善的信念，也取决于该文化建立在前者基础之上的对道德规范效力的信任和欣赏。即相信，一方面，人有能力达到儒家伦理所要求的“大我”为重的“修齐治平”的道德境界；另一方面，既然人可以成为道德人，儒家道德伦理规范也当然有能力调控人的行为而实现理想的社会秩序，而与道德规范比较起来，法律规范则被认为具有不可克服的弊端，由此对“德主刑辅”的德治模式的选择也就不可避免。㉑ 如果民都

---

⑱ 亚里士多德认为：“人人都爱自己，而自爱出于天赋”。前引⑧，亚里士多德书，169页；霍布斯、马基雅维利、洛克、孟德斯鸠、麦迪逊等人都以人性“恶”估价作为政治制度或宪政制度设计的前提和依据；亚当·斯密虽主张经济人的互利，但“互利”是以“自利”为目的和前提的，是“自利”理性化的结果。

⑲ 前引⑬，埃尔曼书，11页。

⑳ 前引⑮，任剑涛书，140页。

㉑ “在儒家看来，社会行为规范大体上可以分为两种：一种是以内心感情为基础的道德伦理规范；另一种则是凭借强制力保障实行的法律规范。儒家认为，自发内心的道德规范是真实的、有价值的、美好的，因而也是最有效的；而靠暴力驱使的法律规范则是不真实的、片面的、不美的，其效力是十分有限的。法律用强迫的办法迫使人们做什么，禁止人们做什么，但并不能使人们从内心深处自觉地弃恶从善。人们一旦从内心的伦理要求出发去做什么或不做什么，人们就能够自我制约。这样，法律就失去了作用。”武树臣：《儒家法律传统》，11页，法律出版社，2003。

能以儒家“大我”为自我，则国家就成为“君子国”，民与民之间就不会因私利而争，互让和利他是这种关系的主要特征，因而也就不需要调整个人权利之争的民事法律；如果君和官能够以儒家“大我”为自我，则君和官自然靠贤德就可以为民做主，自然会实现“清官政治”、“好人政府”，因而也就不需要控制政府权力以保护个人权利的宪法和程序法。这大概就是中国传统社会民事法律和程序法不发达，而西方近代意义上的宪法和宪政始终没有出现的一个重要原因。

但辩证地看，中国传统社会所选择的德治模式并非绝对地否定和排斥法律的作用，尤其是刑法的作用。原因是中国传统社会对道德规范效力的信任并非是绝对的，由于儒家伦理与人性规律和社会上的实有道德状态存在着较大差距，因而社会统治者选择社会控制模式在道德信任的同时，也存在着一定程度的人性和道德怀疑的成分，这种怀疑的程度与人的社会地位的高低成反比，即对社会地位越高的人，怀疑越小。这种比例也决定了刑法对社会地位不同的人的控制量和程度的不同，即对社会地位越高的人的控制量和控制程度越小。从“礼不下庶人，刑不上大夫”到君主几乎完全不受刑法的控制无不体现了这一走势。

与中国传统社会相反，西方社会文化体系中的价值追求和人性估价的“小我”为重倾向，是西方社会倚重法律规范、轻视道德和选择以人性“恶”为前提的法治社会控制模式的一个重要前提。在西方社会，无论是自然人、政治人还是经济人，在社会文化体系和社会控制模式中最终都统一于法律人，也即享有相当程度的自由和平等互控权利的公民。自17、18世纪后，西方的个人权利保护具备了三个维度，都是法律方面的维度，即自然法、法律和宪法。“在北美，17、18世纪宪法的发展给个人权利保护增加了一个新的维度。第一个，对于体现在自然和理性法中的权利维度，第二个，对于被可由立法者变更的这片土地上的法律保护的（基本的）权利维度，第三个维度被增加了：由一种反常的，远离立法者变更权力的法律保护的权利——这种法律在北美被不同地称为基本法、高级法、最高法，并且越来越多地被称作‘宪法’。”[22] 既然个人以个体的“小我”为自我，则人与人之间必然形成一种以互争和利己为基本特征的关系，人的利己动机的张力和普遍性必然形成个人与个人和个人所依托的利益集团之间互控的网状模式，因而必然形成以契约精神和理性共存为底蕴和主要特征的发达的民事法律。既然执掌政府权力的官也是人，既然要求人做以“大我”为自我的道德人是不现实的，因而为保护个人和利益集团的私权利，政府的公权力也要受到限制，于是出现限制政府公权力以保护个人和利益集团私权利的宪法和程序法。

西方的法律体系中所体现出的价值取向也非常明显地反映了“小我”为重倾向，即私权利是目的，公权力是保护和实现私权利的手段。

当然，西方社会在选择法治控制模式的同时，也不排斥道德在社会控制中的作用。只

---

[22] Greald Stourzh，Fundamental Laws and Individual Rights in 18th Century Constitution，from The American Founding-Essays on the Formation of the Constitution，Edited by J. Jackson Barlow，Leonard W. Levy，and Ken Masugi，(Greenwood Press，Inc. 1988)，p. 170.

是作为一种社会控制手段来说，对其缺乏最终的信任而已。

（四）价值位阶与人性估价的理想化和现实性：中、西方所选择的主要社会控制模式实效的差异

1. 中国传统文化道德走势价值位阶和人性估价的理想化与所选德治控制模式实效的缺失或不稳定

从规范内容角度看，中国传统社会德治控制模式追求和要求的儒家文化道德走势中的“大我”为重的价值位阶，与人性规律中的“小我”为重的价值位阶相反并与社会实有道德态势和水平存在较大的差距，也即高于人性规律中和社会实有的道德水平，因而具有较大的理想化的成分，而现实性则较差。正如有学者所言：它对人生的现实条件比较无视，多言境界，少言境遇，人生成一务虚的架势。[23] 虽然存在着儒家伦理的价值位阶上的“大我”为重的理想境界，然而，中国传统社会的实有道德状态恐怕还是不能脱离人性规律的左右，其实有道德走势还是由己及人，由近及远，亲近程度和价值位阶恐怕还是“小我”为重的。“费孝通先生的‘差序格局’理论，正刻画出一个以自我为中心，建构出可伸缩的社会关系圈圈，当以家为我群时，家外的人属他群，如此一圈圈扩大出去，一表三千里，然后便是四海之内皆兄弟也，似乎普天之下皆为我群，与自己同隶一个共同群体之内。但是基本上还须有立基血缘地缘初级关系的脉络可寻，全球性的同姓宗亲会，同乡会，甚至如异姓联合宗亲会，如刘关张赵四姓，还须有《三国演义》刘备等人情同手足的故事为基础。”[24] 因而，德治模式因其选择所依据的前提与人性规律和社会实有道德态势和水平存在较大的差距，没有做到韩非所说的“凡治天下，必因人情”，所以人们从内心深处，不但没有动力去主动维护它，而且可能具有抵触情绪。因而其实施往往缺乏真正的社会动力，所以必然在实效方面大打折扣。

从规范效力角度看，道德规范的实效主要是通过有德者的自我约束机制实现的，其前提是人性善。德治控制模式中的道德规范只有与某人的实有道德观念和水平相重叠的部分才有可能实现，而高于某人的实有道德观念和水平的部分则不会有效。由于中国传统社会德治模式所倚重的儒家的伦理规范体系，从人性所可能达到的最高点来估价人性，换句话说，要求所有的人都做圣人，因而其要求与社会实有道德水平存在较大差距，远远高于社会实有道德水平，由此，这种伦理规范体系的很大一部分应该是没有实效的；又由于社会实有道德水平是不稳定的，会因人、因地、因时而变化，因而这种伦理规范体系的实效也应该是不稳定的。由此必然导致儒家伦理中的许多要求或无法实现或扭曲实现。如本意是追求和谐秩序，实际上却导致强者对弱者的压制；本意是追求德治和仁政，而现实生活中却往往导致如下的蜕化链条，即德治蜕化为人治，人治蜕化为专制，专制蜕化为弊政或暴政。也许正因为看到了这一点，“法家则完全与儒家立于相反的立场，否认社会可以借德化

---

[23] 前引⑮，任剑涛书，5页。

[24] 参见林端：《儒家伦理与法律文化——社会学观点的探索》，13页，中国政法大学出版社，2002。

的力量来维护，更不相信一二人的力量足以转移社会风气，决定国家的治乱。根本反对有治人无治法，人存政存，人亡政亡的办法。法家所需要的是必然之治，使社会长治久安，而不是这种渺茫不可期，时乱时治的办法”㉕。

也许正因为如此，统治者在主张“德主”的同时，又以“刑辅”作为德治模式的一个必要部分。“德主”体现了统治者对于人性的理想态度，“刑辅”则体现了统治者对于人性的现实态度。但由于对道德的信任居于主导方面，因而导致作为对人性恶防范手段的许多层次的法律或缺失或极不发达，如民法、程序法、宪法等，只有刑法作为对人性恶防范的单一的和最后的屏障，但由于道德无效，而中间又缺乏其他层次的法律作为解决矛盾的缓冲层，因而积累的矛盾一旦爆发，就很难防范，往往导致严刑峻法，而结果却是“法令滋彰，盗贼多有”。正如有的学者在谈到儒家伦理影响下的法律传统时所说：“无论国法或民俗法律，强调的都是维护群体的秩序与和谐，而非个人正义与权利的发扬。和谐被视为不易的真理，冲突是不好的，如果不能避免，最好也能迅速和解，让和谐的秩序重新恢复。一味求和的情况下，往往只促成表面的和谐，一旦积压的怨怒爆发，后果有时反而更难收拾。”㉖

2. 西方文化道德走势价值位阶和人性估价的现时性与所选法治控制模式实效的真实性和稳定性

从规范内容角度看，西方社会法治控制模式维护的西方文化道德走势中的“小我”为重的价值位阶，与人性规律中的“小我”为重的价值位阶相一致并与社会实有道德态势和水平一致或低于社会实有道德水平，因而具有较大的现实性。人们会主动维护和利用这一规则体系保护和实现自己的利益，由此，该规范体系的实现或实效会具有比较坚实的社会动力支撑。

从规范的效力角度看，法治模式效力实现的主要机制是外在的强制控制，其设定前提是人性恶估价或推定，是针对人性的最底线而设定的，是对人性恶的最低防范。因而，当社会实有道德水平与其相等，也即降到最底线时，它是一种有效防范的手段，而当社会实有道德水平高于它时，则它的实效就有了法和道德、外控和内控的双重保障。因而，法治控制模式在人类道德水平发展到现阶段，其实效与德治控制模式比较起来，应该是更加真实和稳定的。

三、中国当代文化体系中的“自我”单位变量走势的反向渐变与法治模式的追求

新中国成立以后的相当一段时间里，文化中的“大我”为重的道德走势的价值位阶和社会控制的德治模式仍没有改变，只不过这里的“大我”倾向中的“大我”在本质上发生

㉕ 前引⑯，瞿同祖书，324 页。

㉖ 史布莲克语。参见前引㉔，林端书，16 页。

了变化，全民所有制和集体所有制的“工作单位”取代了“家族”，“人民共和国”取代了“封建王朝”，个人在意识形态和制度中仍没有任何地位，在个人、集体和国家的关系中仍体现出“大我”为重的价值位阶。这种情况在“文化大革命”中走至极端：在意识形态领域提倡和捍卫的是“忠”和“公”，而“私”则成为批斗的对象。在所有制形式上则奉行“一大二公”。由此，自然人被忽略，经济人被否定，政治人和道德人合而为一，法律成为虚无，法治和法律人自然不会存在。虽然这里的“大我”已经是“人民”自己，从理论上说，“公利”和“私利”是一致的，但人们的实有道德水平与这种理想化的道德要求仍有很大的差距。这种情况也许正如卢梭所说：“每一个要使自己的利益脱离公共利益的人都看得很清楚，他并不能把两者完全分开；然而在和他所企求获得的排他性的私利相形之下，则他所分担的那份公共的不幸对他来说就算不得什么了。但除了这种私利之外，则他为了自己的利益也还是会和任何人一样强烈地要求公共福利的。”[27] 由此，德治模式的实效仍然很差或不稳定，往往导致德治理想秩序的难于实现或扭曲实现。

改革开放以后，中国在思想和制度领域进行了一系列的解放和改革，其重要前提和趋势之一是对“小我”为重的倾向的人性规律的客观认识和承认。从思想的禁锢到解放，从单一的公有制经济到各种经济成分并存，从计划经济到市场经济，从对自然人和经济人的忽略和否定到对二者的承认，无不体现这一前提和态度。当然，根据道德态势和社会控制模式需求定律，这一前提和态度也必然伴随原有的德治模式、人治模式向法治模式的转型。这也是改革开放以后，我国学习和接受西方法治思想和法治模式的一个根本原因。

然而值得注意的是，由于德治模式传统的深厚，我们在追求和设计法治模式的时候，不自觉地还会受到原有的德治模式传统和因素的影响。其具体表现是，在设定法律制度的时候，常将道德与法、人性善估价和人性恶估价混淆起来，以至于影响有效的法律制度的选择。当然法和道德并不矛盾。法治并不排斥道德和德化的作用，但道德和法律是两种截然不同的机制，其前提也是截然不同的，各居人性的两端。道德是对人性善的最高期盼，法律是对人性恶的最低防范。德治是以人性善推定为前提的，而法治则是以人性恶推定为前提的。刑法规范是在假定人是罪犯的前提下设定的；侵权法规范是在假定人是侵权者的前提下设定的；程序法规范是在对人性的不信任的前提下设定的；宪法规范是在“一切有权力的人都容易滥用权力”[28] 的推定的前提下设定的。而我们国家在设定法律制度的时候，往往以对人性善的期盼为前提来设定，因而往往不能有针对性地设计出有效防范人性恶的法律制度，尤其在防范国家工作人员权力失控方面法律制度的设计上，往往强调国家工作人员的道德操守，而对他们人性规律的合理顺应和针对人性规律设定外在控制机制方面则很差，如我国目前高薪养廉制度、分权与制衡制度、发达的程

---

[27] 前引①，卢梭书，137 页

[28] ［法］孟德斯鸠：《论法的精神》上册，154 页，张雁深译，商务印书馆，1961。

序制度还没有完善起来。设定法律制度就像给狮子设计铁笼，在设计铁笼时，依据只能是狮子吃人的本性，而不能依据有的狮子可能不吃人或狮子有时可能不吃人这种最理想的估计来设定。法律规则的选定与人性善恶的估价又可用“木桶理论”来分析，即木桶能装多少水是由最短的那块木板决定的，而不是由最长的那块木板决定的。如果将人性比作做桶的木板，将法治比作木桶里的水的话，则判断木桶里该装多少水应该依据最短的那块木板，而不是最长的那块木板。

潘佳铭

从宗法社会到公民社会*

——法治建设的逻辑进程

简介

潘佳铭，1948 年生，重庆市人。曾为西南师范大学经济政法学院副院长，现为西南大学政治与公共管理学院教授，西南大学硕士研究生导师，伦理学专业硕士学位授权点负责人，西南大学教材建设委员会委员。1982 年 1 月毕业于四川大学，获哲学学士学位。随即分配到原西南师范学院政治系工作，长期从事马克思主义哲学、西方哲学史、西方法律史、法理学、法伦理学等学科的教学和研究工作，公开发表论著四十余篇（部）。兼任中国法律史学会会员，全国马克思主义哲学史学会第五届理事，重庆市哲学学会常务理事、副秘书长，重庆市伦理学学会副会长。

* 原发表于《法制与社会发展》，2006（5）。

在我国历史上是否存在过法治或法治观念，历来是学者们争论的问题。我对此一直是持否定观点的，我认为，在我国历史上，至少没有如希腊古代那种具有现代法治精神的真正法治。[①] 这不仅因为历来持反对意见的观点所力主的法家的“法治”因“法自君出”而本质上是“一人之治”的人治，而且还在于中国传统社会中法治土壤的缺失——我国的传统社会是最适合于人治的宗法社会，而法治则是与公民社会相生相存的。

一

我国传统社会的社会结构是宗法社会，它形成于封建社会的产生时期，有着悠久的历史。瞿同祖先生指出：“由于封建政治的成立，王国及封邑便不能不维持其整一，而由一人来统治。为了应付这种需要，于是为宗法制度中心的嫡庶分别应运而生，确定以嫡长子的身份来承继国土田邑。”[②] 这种宗法制度的形成，使我国古代社会转型为宗法社会。宗法社会是一种以血缘关系为纽带，以嫡庶制度为中心，以“周礼”为蓝本的社会结构形式，它在我国长期的封建社会中成为封建统治阶级建立和巩固其政治权力的社会基础。

以“周礼”为蓝本的宗法制度，在两千多年的封建社会中日趋成熟，深入到社会生活的方方面面，便形成了“宗法社会”。在宗法社会中，人们从社会地位的确立，到财产的承继，祭祀的排序，直至婚嫁丧葬，均有严格且固定的规范。这些规范的核心，便是以身份地位的确立为基础的等级关系。“在宗法制和君主集权的专制制度结合的统治下，家庭和社会都将人分成若干等级。然而这种等级除了靠政治、经济实力以外，更重要的是靠家族长幼、尊卑的次序来维持的。天子视全国为一‘家’，全国人视天子为家长，于是，‘家’成为全国政治统治的基本单位，而个人则是隶属于家庭等级系列中的一员。”[③] 嫡庶制度是确立人的身份等级的基础。在这种制度中，妇女是没有地位的，其辈分是“嫁鸡随鸡，嫁狗随狗”。男子的地位首先是嫡庶之分，然后是长幼之别。再加上“君为臣纲，父为子纲，夫为妻纲”，一个以家族等级体系为基础的宗法社会也就形成了。因此，以身份为基础的等级制度成为宗法社会的基本特征，并积淀成一种精神文化、民族性格、历史传统。

很多人认为，在我国的历史传统中具有“德治”的悠久历史，应该说是很有道理的。但是，我认为，传统的德治，与现代德治是有根本区别的。因为在以身份为基础的等级制

① 参见拙作《我国先秦和古代希腊法治观简析》，载《西南师范大学学报》，1992（3）。

② 瞿同祖：《中国封建社会》，106页，上海人民出版社，2003。

③ 林剑鸣：《法与中国社会》，317页，吉林文史出版社，1988。

度中，统治者强调的“德”都是以实现身份角色的个人道德修养为目的的，无视人的道德权利，抹杀人的道德独立性。同时，当个人违反了道德规范时，往往要受到宗族内部的严厉制裁，甚至是国家的严厉制裁。这就是道德的法律化。张文显教授认为：“中国古代社会是以宗法制度为基础……中国封建社会，自汉代统治阶级实行‘罢黜百家、独尊儒术’、奉行‘德主刑辅’以后，历代统治者都以儒家的伦理观念作为法律的指导思想。‘道德义务的本身就是法律、规律、命令的规定。’”④ 这就使道德法律化。道德的法律化使道德丧失了道德的意识形态本性，道德主体没有任何道德独立性，人们一旦违反了道德规范，必将受到与法律制裁同样的惩罚。因此，道德的法律化作为宗法社会的所谓“德治”传统，它是实现高度中央集权的专制主义统治的重要手段，国家的公权力正是以法律化的所谓道德，通过宗族组织渗透到社会生活的各个角落，公民也没有任何独立人格和自由生活空间，这是我国传统宗法社会的又一基本特征。

在道德法律化的宗法社会中，个人无权利可言，个人的道德行为，都是为了实现自身的社会角色或家族角色的道德义务，正所谓“君君、臣臣、父父、子子”。在这种等级体系的社会、家庭角色中，个人无道德选择空间，也没有任何道德独立性和选择性；有的只是如同法律义务般的道德义务。这正如余涌先生所说：“中国古代文化传统中权利意识极不发达，人权观念、权利平等观念、权利保护观念等都因缺乏相应的经济、政治和法律基础而难以形成。中国的封建传统道德更因其维护一种严格的身份等级制度而与现代权利观念格格不入。”⑤

由此，我认为，我国传统的社会根基是以血缘关系为基础的宗法社会。等级制度、公权力渗透于社会生活的各个领域、缺乏基本的权利观念，是传统的宗法社会的基本特征。在这样的社会土壤中是不可能具有现代法治精神那样的法治的。

社会的变迁不同于社会制度的变化。社会制度的变化可以通过社会革命在短时间内发生质变，而社会的变迁则是社会成员思想观念和生活方式的变化，它是一个长期的、渐进的历史过程。在我国，通过不到40年（1919—1956）的时间，不但完成了新民主主义革命，而且完成了对资本主义工商业的社会主义改造，建立了社会主义制度。但是，社会主义制度的建立，并不意味着我国传统的宗法社会的社会结构已土崩瓦解、不复存在。

毫无疑问，“五四”反封建运动的矛头，确实是直指宗法社会的等级制度，特别是主张男女平等平权。但是，由于极端否定传统，加之种种社会原因，其效果微乎其微。新中国成立以后，我国社会发生了质的变化。但是，长期以来，“……在加强一元化领导的口号下，不适当地、不加分析地把一切权力集中于党委，党委的权力又往往集中于几个书记，特别是集中于第一书记，什么事都要第一书记挂帅、拍板。党的一元化领导，往往因此而变成了个人领导”，由此而形成个人高度集权、凌驾于组织之上的家长制作风，使“……组

④ 张文显：《马克思主义法理学》，301～302页，吉林大学出版社，1993。

⑤ 余涌：《道德权利研究》，5页，中央编译出版社，2001。

织成为个人的工具……”，“……权力不受限制……”别人都要唯命是从，“甚至形成对他们的人身依附关系”，上下级之间成了“……猫鼠关系……”、“……君臣父子关系或帮派关系”[⑥]。非法制化的国家权力依然渗透于社会生活的各个角落，宗法社会的基本观念还远未根除。

几千年植根于社会基层的历史传统的惯性，在中央集中领导下的管理体制和计划经济模式中是不可能被根本抑制的，社会生活中人们身份等级的特征至今依然十分明显。例如，直到现在，虽然我国宪法早已规定中华人民共和国公民在法律面前人人平等，但是，在作为宪法性法律的《选举法》中，在全国人大和地方人大（乡镇除外）的代表名额分配中，都体现了对农民的不公平[⑦]；在户籍管理制度中，也长期以“农业人口”和“非农业人口”身份的区分体现出城乡人口的等级差别。更有甚者，作为教育功能的学校的等级差异，还使受教育者的受教育权也不平等。北京大学教育学院康健教授就认为：“教育大众化首先在于大家可以平等、公平地分享教育资源。它的内部应该是不承认等级、或者不承认歧视的。可是现在有很多方式把人分成等级。不仅如此，学校之间有等级，学科之间也有等级。”[⑧] 凡此种种，不胜枚举，它充分表明了根深蒂固的宗法社会等级制度的传统观念和制度设计都远未根除。

国家公权力通过各种社会组织形式渗透到社会生活的各个领域，这种宗法社会的传统，在今天就表现为公权力对私人生活空间的恣意侵犯。实事求是地说，这种现象现在是非常严重的，法学家们对此有大量论述。例如，著名学者梁彗星先生就指出，当前“滥用行政权力，侵犯公民人身权的违法行为，侵犯公民和法人财产权的违法行为，是多么的严重和普遍”。他举了大量案例对此说给予证明。[⑨] 可以说，公权力渗透于社会生活的各个领域是传统宗法社会的突出表现，它与现代法治精神是格格不入的。所以，宗法社会传统与人治相辅相成，狼狈为奸，共同阻碍着我国法治建设的历史进程。

总而言之，从我国社会当前的实际情况看，无论是人们的观念，或是国家的制度设计，直至现实的社会生活，都无时无刻不显现着传统宗法社会的现实。但是，一切都在变化，共和国的成立，不再需要宗法社会作基础，宗法社会没有了赖以存在的政治条件。改革开放后我国加快了法制建设的步伐，特别是1997年党的十五大提出了建设社会主义法治国家以后，我国法制也日益走向完善。我认为，只有真正实行法治，在法治化的进程中，我国传统的宗法社会才会逐渐瓦解，代之而起的将是一个现代意义上的公民社会。

二

对于“法治”，纵有百般理解、千种解说，但是，其根本是规范公权力的行使应该是没

---

⑥ 邓小平：《邓小平文选》，第2卷，329～331页，人民出版社，1983。

⑦ 赵晓力：《选举法中的四分之一条款》，载《中国法律人》，23～24页，2004（9）。

⑧ 康健：《我们的教育体系还是个分数编织的大筛子》，载《中国青年报》，2005年1月10日。

⑨ 梁彗星：《靠什么制约公权力的滥用》，载《时代法学》，3～5页，2004（3）。

有问题的，至少它是现代法治的基本要求。在笔者看来，法治是一个综合性概念[10]，它首先是一个法学概念，要求统治者根据法律至上的原则，严格按照法律治理国家。但是，自古希腊以来，法治所依据的法律都必须是“良法”。何为良法？自亚里士多德起，对此均有实体性要求和程序性规定。如亚里士多德就认为，良法，从实体上说应该是正义的体现，在公民权利的分配上应该是平等的，在利益的分配上应该根据公民的能力和贡献是差等的；从程序上讲，良法应该在公民大会上审议通过。到了西方近代，良法在实体上应该是符合“自然法”的法律，是“理性”的法律；在程序上，则应该根据代议制由公民授权的机关制定。因此，法治离不开民主政治，它具有政治学属性；它也必须符合公众的基本道德准则，以正义为生命，具有伦理学属性。

因此，说到底，法治就是在民主政治的基础上，制定出符合公民基本正义观念的法律，掌握国家公权力的机关及其工作人员严格按照这样的法律组织和管理社会生活，建立和谐的社会秩序。既然如此，法治的基本要求就是规范国家公权力，把公权力的行使纳入法律规范之中。简单地说，法治就是治理公权力，这与中国古代法家的“法治”是根本不同的。事实上，在现代法治之始的英国，法治的第一原则就是“国王不得为非”，即国王不得颁布未经议会通过的法律，国王不得征收未经议会批准的税收。因此，近现代法治一开始就是以规范国家政治权力的设置和范围、各种政治权力的关系及其运作为主旨的；国家的一切公权力都必须依法行使，坚持“有法必为，无法不得为”的原则。

在法治社会中，公民必须守法，严格按照法律规定处理各种社会关系，建立自觉的法律秩序。法律是以权利和义务的设定来指引人们的行为的。对于公民而言，法律所设定的义务，是强制性的，任何人都没有规避法律义务的自由。但是，对于权利来说，公民则是相对自由的。权利的基本特征是自主性，即任何权利主体对法律赋予之权利均有自己决定是享有或是放弃以及如何享有的自由。公民除享有这种法律明确设定的权利之外，还享有法律未明确设定之义务的“默示权”。这是因为，国家制定的法律，不可能将社会生活的全部领域都纳入法律秩序之中。一方面，没有必要将人们的一切行为以法律给予规范，国家只能把那些具有较严重的社会危害性的行为，以及易于发生利益冲突的行为纳入法律规范的范围；另一方面，由于动态的社会生活的复杂性，因而任何国家、任何完备的法律体系也不可能将人们的一切行为都纳入法律规范的范围。因此，在国家法律未经规范的领域，公民具有相对的自由，因为“凡法律未禁止的作权利推定”是现代法制的一条基本原则，这可视为国家法律对公民默示或认可的权利。于是，在法治国家中，公民在国家法律的默示和明示的权利范围内，有一个广泛的自由生活空间。因此，对于公民而言，则坚持“凡法律禁止的不得为，凡法律未禁止的则可为”的原则。

于是，“法律未禁止的”领域就构成了公民在社会活动中一个广阔的自由空间。人们在这个广阔的自由生活空间中的交往，就形成了我们所理解的公民社会。所以我认为，实行

---

⑩ 参见拙作《法治概念性质探析》，载《西南师范大学学报》，44～48页，2005（1）。

法治的必然结果就是造就现代公民社会，因而公民社会的成熟程度也体现着法治的实现程度。

公民社会概念是西方思想家们的一个学术话语，也是对西方社会现实的深刻反映，这个概念在我国也通常被译为“市民社会”。对于这个概念，近十多年来，学者们有不少论述，主要涉及对这一概念的理解，以及在我国构建市民社会是否可能等问题。对此，我的意见是：

首先，关于这个概念的理解。方朝晖博士在《市民社会的两个传统及其在现代的汇合》一文中，详细地分析了西方市民社会概念的两个历史传统，一是源于古希腊罗马的“Civilis societas”（拉丁文），这个词通常也译为“公民社会”；另一是源于中世纪城市的“Burgerliche Gesellschaft”（德文），这个词又可译为“资产者社会”或“资产阶级社会”[11]。这两个传统的共同点在于，都形成于西方人社会和国家的二元结构观念，但其含义却有很大的区别。

从古希腊罗马传统看，其“市民”实际上应该是“公民”。古希腊罗马早期的国家是“城市国家”，在这些早期城市国家中，虽然是按地域而不再按血缘关系管理居民，但其法律却坚持属人主义原则。在罗马法中，奴隶是不属于“人”的，而“罗马人”和居住在罗马的“外邦人”的法律地位也是有区别的，因而形成了仅仅适用于罗马人的“市民法”（Ius civile），对于“外邦人”则适用裁判官法及后来的“万民法”。当然，随着罗马国家的扩张，罗马统治者不断地赋予了更多居民的“市民权”。可见，在古罗马“市民”这一概念原本指享有市民法规定之权利和承担相应义务的居民，用现代观念来理解，实际上指的是“公民”，是罗马国家中享有特殊法律权利（市民权）的公民。罗马国家中受市民法保护的公民，由于享有更多的法律权利，因而也就有着更多的自由，有着游离于政治国家之外的社会生活，便形成了与政治国家相分离的所谓“公民社会”。由于这个公民社会的主体从法律术语上讲叫做“市民”，受市民法保护，于是便把这个“公民社会”也叫做“市民社会”。所以“公民社会”与“市民社会”在拉丁传统中是相通的，准确地说，将其叫做“公民社会”无疑更为恰当。

我国长期以来所接受的市民社会概念，是来自日耳曼传统的马克思的市民社会概念。根据方朝晖博士的考证：“德语中的‘市民社会’（burgerliche Gesellschaft）一词是由形容词 burgerliche（市民的、资产者的）和名词 gesellschaft（社会）构成的，这两个词都是日耳曼语中早就有的，而与拉丁语没有直接关系。”因此，“黑格尔和马克思对市民社会的重新阐释使得过去人们在拉丁文化传统中从规范的意义上理解的市民社会概念发生了严重的动摇”。据此，可以断言，直接继承黑格尔市民社会理论的马克思主义理论中的市民社会概念是与中世纪的城市的兴起相关的，而与拉丁传统无涉。

11 世纪—14 世纪的西欧，是其封建社会的鼎盛时期，“城市”的兴起是一个重要表现，

---

⑪ 方朝晖：《市民社会的两个传统及其在现代的汇合》，载《中国社会科学》，82～102 页，1994（5）。

这些新兴的城市又源于早先的城堡。这些早先的城堡，是人们为了躲避频繁的战乱依附教堂或修道院，以及一些封建庄园而逐渐形成的。在这些城堡或后来的城市中，人们有着自己的自治组织，过着相对稳定的生活。随着经济的逐渐复兴，手工业从庄园制农业中分离出来，工商业得到较快的发展，新兴的城市也随之形成、发展。在这些城市中，涌现出了新兴的市民阶级，他们是西方资产阶级的前身。当时，他们虽然没有多少政治权利，但是，他们却相对游离于王权之外，从事着他们的工商业活动，过着富足和相对自由的生活。于是，就形成了以资产者为主体，以经济生活为中心的市民社会。

黑格尔首先继承了这一传统，构建了自己的市民社会理论。在黑格尔那里，“市民社会”是指以“需要的体系”为基础的近代资本主义社会的经济生活。马克思正是在继承了黑格尔市民社会概念的基础上，提出了自己的市民社会理论。正如不少论者所指出，马克思经常互换使用“市民社会”和“生产关系总和”等术语。这至少表明，马克思认为市民社会的实质就是“生产关系的总和”，其核心内容是社会生活中人们的物质利益关系。[12] 因此，尽管马克思的市民社会概念中还包含着社会组织、社会制度、私人生活、家庭等诸多内容，但并不影响马克思的市民社会概念本质上是一个经济学意义上的概念，因为“生产关系的总和”是市民社会的实质和核心。所以，我历来把黑格尔和马克思的市民社会概念理解为社会的经济生活，因而也把“市民”理解为经济概念。

基于此，我主张吸收拉丁传统的“公民社会”概念。同时，为了与日耳曼传统的市民社会概念相区别，根据拉丁传统“Civilis societas”的本义，将其译为“公民社会”。对公民社会的理解，到了当代也有如“法治”概念一样，已是众说纷纭。但是，根据其历史传统，我将公民社会理解为：公民在法律权利（包括明示权和默示权）范围内的自由交往所形成的社会生活领域。所以，公民社会的成立，是以法治国家为前提的，这在古希腊罗马如此，在近现代的西方国家同样如此。当然，在不同性质的法治国家，公民社会的主体、主体的权利范围、主体权利的实现程度都是不同的。

其次，关于在中国构建公民社会是否可能的问题，亦即公民社会理论“应用于中国分析的有效性”问题。对这个问题提出的诸多怀疑，马长山先生已经作出了较为系统的回答[13]，笔者无意在此赘述。但是我们可以作一个逻辑的推定，在一个法治较为完善的国家，公民的社会生活将是一幅怎样的图景？一方面，公民作为法律人，他必须遵守国家法律的义务性规范，服从国家的法律秩序；另一方面，公民作为一个社会人，他在国家法律的义务性规范之外，享有充分的自由，在这个巨大的自由生活空间内，人们可以自由地交往，从事他自己愿意的社会活动。那么，这种自由空间中人们自由交往的社会生活领域，你将其叫做什么呢？那不就是我们所说的公民社会么？所以我坚信，只要我们坚定不移地建设社会主义法治国家，一个社会主义的公民社会就一定会产生，宗法社会的痕迹也会随之完

[12] 参见朱士群：《中国市民社会研究述评》，载《社会学研究》，41～45页，1995（6）。

[13] 马长山：《法治的社会根基》，146～153页，中国社会科学出版社，2003。

全消失。因而公民社会是法治的必然结果，当然，公民社会的成熟也有利于法治的完善。

所以，我认为，在大力提倡构建社会主义和谐社会的今天，必须确立真正意义上的现代法治观，努力推进法治进程，才能够逐渐消除不平等，遏止公权力的滥用，使公民具有平等的独立人格。这样，在法治的进程中，就逐渐形成了有独立人格的公民之间的平等交往的公民社会，与传统的宗法社会彻底决裂。因此，法治与公民社会的关系就像人治与宗法社会的关系一样，相生相存。可以断言，我国公民社会的基本形成，也就是法治的基本实现。

方 慧

论我国清末民初宪政中民族观的变化*

简介

方慧，蒙古族，云南大学法学院教授、博士、博士生导师。主要研究方向为少数民族法制史。出版专著《大理总管段氏世次年历及其与蒙元政权关系研究》、《中国西南边疆开发史》；编著《中国历代民族法律典籍——二十五史中的少数民族法律史料辑要》；主编《云南法制史》、《云南少数民族传统文化法律保护》、《少数民族地区法律与风俗的调试——云南省金平苗族瑶族傣族自治县个案研究》等书；发表相关论文七十余篇。

* 原发表于《民族研究》，2006（6）。系“国家社会科学基金项目”（05XZS008）的阶段性成果。

一、问题的提出

近代中国的宪政运动从19世纪末兴起，这是一次深刻的变革，是对中国数千年来传统的以君主专制为核心的政治体制的冲击，也是西方宪政思想和中国封建传统思想剧烈碰撞的结果。宪政运动使中国的法制开始由古代向近现代转型。宪政运动中民主、自由、法治、人权等价值观念的提出，对中国社会各方面的影响极大。我国自古就是一个多民族的国家，民族问题历来是社会总问题中的一个重要部分，清末民初的宪政运动中也涉及民族问题，虽然研究宪政运动的学者很多，但专门研究宪政运动中民族问题的文章少见，特别是清末变法修律中民族观的变化，未引起人们的关注。所谓民族观，是一个阶级对民族和民族问题的基本认识和看法。掌握政权的统治阶级的民族观，与其制定的民族政策和处理民族问题的方式紧密相连。我国自古就是一个多民族的国家，由于自然环境、历史发展不同等多方面的原因，各民族之间的生产力发展水平存在较大差异，生产、生活的风俗习惯也各不相同。为了对各个民族进行有效的统治，历代统治者对其统治区域的少数民族实行，“因其故俗而治之”的治理方法，并不实行内地的法律制度。他们的民族观，着眼点是在于如何对生产力发展水平不同的民族群体进行有效的控制。这种民族观被我国古代社会的统治者一脉相承地继承下来，并有所发展。占统治地位民族的统治者（主要是汉族，也包括蒙古、满等民族）都是对其统治区域内的其他民族群体实行民族歧视和民族压迫的不平等政策。他们在少数民族地区实施的政策，主要是从对当地加强治理和控制的层面考虑，从未考虑过各民族之间政治上实行平等的问题，当然，这在我国封建社会也是不可能做到的。而清末民初的宪政运动中，统治阶级的民族观发生了很大变化，笔者认为，这种变化是我国统治阶级的民族观由古代向近现代转型中不可缺少的一环，搞清这个问题，我国统治阶级的民族观中处理其与被统治民族的关系由统治与被统治的不平等关系向平等关系演变的轨迹便清晰可见。笔者试从清末变法修律时期、民国初期（南京临时政府时期和中华民国北京政府时期）民族观在思想认识层面和法制层面上的演变作一梳理剖析，以请教于大方之家。

二、清末民初我国宪政中民族观的变化和发展

近代以降，随着我国各方面的情况发生了巨大变动，统治阶级的民族观也随之产生很大变化，这种变化在近代的宪政活动中表现得尤为明显，以下就清末变法修律和南京临时政府、中华民国北京政府时期的变化进行考察。

（一）清末变法修律时期：民族平等思想的开端

1. 思想观念层面的碰撞和斗争

清末变法修律，是中国历史上十分重要的一次法律变革。这次变法修律是我国法律由古代向近现代转型的开始。在转型的过程中，充满了传统观念和宪政精神之间的碰撞和斗争。在如何处理民族问题的看法上也是如此。清初，清朝统治者继承儒家传统的君主官僚制处理民族关系的做法，满族在政治、经济、民事、司法各方面均享有各种特权，处于高人一等的特殊地位，而包括汉族在内的各被统治民族则处于受歧视的不平等地位。[①] 由于汉族占全国人口的绝大多数，随着时间的推移，满汉之间各方面不平等的矛盾日趋突出和尖锐，要稳定清廷的政局。维持清朝的统治，这个问题已成为清朝统治者在变法修律的过程中无法回避的问题。光绪三十三年六月二十二日，两江总督端方代奏安徽旌德县廪贡生李鸿才条陈，其中对化除满汉畛域办法提出八条建议。其一“满汉刑律宜归一致”，其二“满臣不宜称奴才”，其三“满汉通婚宜切实实行”，其四“满汉分缺宜行删除”，其五“满洲人士宜姓名并列”，其六“缠足宜垂禁令”，其七“京营宜改混成旗”，其八“驻防与徽兵办法宜归一律”。条陈并指出：“以上数则，皆为满汉大同起见，虽云补苴之术，实与宪政攸关。”[②] 这个条陈引起了清廷最高统治者的重视，朱批：“会议政务处议奏。”[③] 并于同年七月初二日颁布《著内外各衙门妥议化除满汉畛域切实办法谕》，其中虽然说清朝成立二百余年，“满汉臣民从无歧视”，但着重指出：“际兹时事多艰，凡我臣民方宜各切忧危，同心挽救，岂可犹存成见，自相分扰，不思联为一气，共保安全。”可见化除满汉畛域已成为当时清廷稳定政局的重要举措，所以慈禧命令“现在满汉畛域应如何全行化除，著内外各衙门各抒己见，将切实办法妥议具奏，即予施行”[④]。略加分析便可看出，慈禧为什么在众多的变法修律奏折中对李鸿才的条陈如此重视，是因为李鸿才提出化除满汉畛域的意见，切中了清廷实行不平等的民族政策导致统治阶级中的满族和与汉族为代表的被统治阶级之间的矛盾日趋尖锐，危及对清廷政局稳定的要害。而李鸿才提出化除满汉畛域的八条办法，着眼点已不是统治者对被统治者的统治策略，而是提出要革除两族各自的一些陋习，以达到化解两族之间的一些隔阂和消除满汉之间的一些不平等规定。八条之中的满汉刑律宜归一致、满汉通婚宜切实实行、满汉分缺宜行删除、京营宜改混成旗、驻防与徽兵办法宜归一律，说的都是建议实行满汉在政治、民事、军事、司法诸方面的平等，而建议革除满臣称奴才、满洲人士列名不列姓、汉族缠足等陋习，既涉及统治民族，也涉及被统治民族，因此，这八条办法在一定程度上体现了民族平等的思想，而这个条陈受到清廷最高统治者如

---

① 苏钦：《清末预备立宪活动中“化除满汉畛域”考辨》，载苏钦《中国民族法制研究文集》，中国文史出版社，2004。

② 《两江总督端方代奏李鸿才条陈化除满汉畛域办法八条折》，载《清末筹备立宪档案史料》（下），915页，台湾，文海出版社。

③ 《两江总督端方代奏李鸿才条陈化除满汉畛域办法八条折》，载《清末筹备立宪档案史料》（下），918页。

④ 《著内外各衙门妥议化除满汉畛域切实办法谕》，载《清末筹备立宪档案史料》（下），918页。

此重视，也说明清朝统治者的民族观在宪政运动中已开始发生变化。朝廷内外对化除满汉畛域的问题反应激烈，从光绪三十三年六月二十二日端方代奏李鸿才条陈化除满汉畛域八条办法开始，到光绪三十四年三月二十日，翰林院侍读周爰诹奏内阁翰林院都察院额缺请不分满汉折止，在短短的九个月时间里，清廷收到来自各方面的奏折 20 多个，上奏折者有汉族，也有满族；有军政要员，也有一般知识分子；有对此表示赞同的，也有坚决反对的，更多的是就如何化除满汉畛域的具体问题提出自己的意见。在这些奏折中有几个尤为引人注目，修订法律大臣沈家本在光绪三十三年八月初二日上的“旗人犯罪宜照民人一体办理折”中谈到，依《大清律例》的规定，旗人犯遣军流徒罪可以受到特别的优待，免发遣，可折为枷号。他认为，这是“两歧之法”，是法权不统一的体现，并进一步提出：“现既钦奉明诏，化除满汉畛域，若旧日两歧之法仍因循不改，何以昭大信而释群疑?”所以建议：“嗣后旗人犯遣军流徒各罪，照民人一体同科，实行发配。现行律例折枷各条，概行删除，以昭统一，而化畛域。”[⑤] 沈家本的这个奏折引起朝廷极大关注。九月初三日上谕：“礼教为风化所关，刑律为纪纲所系，满汉沿袭旧俗，如服官守制，以及刑罚轻重，间有参差，殊不足以昭画一。除宗室本有定制外，著礼部暨修订法律大臣定满汉通行礼制刑律，请旨施行。俾率士臣民咸知遵守。用彰画一同风之制。”[⑥] 后沈家本又上奏，提出满汉一法的具体改革内容“臣等共同商酌，凡律例之有关罪名者，固因改归一律，即无关罪名而办法不同者，亦应量为变通。除笞杖已改罚金，旗人鞭责业经一体办理外，拟请嗣后旗人犯罪，俱照民人各本律本例科断，概归各级审判厅审理，所有现行律例中旗人折枷各制，并满汉罪名畸轻畸重及办法殊异之处，应删除者删除，应移改者移改，应修改者修改，应修并者修并，共计五十条，开列清单，恭请御览。”这个奏折被清廷所采纳“得旨，如议所行”[⑦]。御单业人本 22 个奏折引起朝廷对各个民族进行有效的统治，沈家本还上了一个奏折，建议改变旗人不准自由买卖其产业的法律规定，认为“旗民不准交产，亦显分畛域之一端，自应及时变通，未可拘牵旧制”，“拟请嗣后旗人房地，准与民人互相买卖”[⑧]。沈家本的这几个奏折之所以特别引人注目，第一是因为奏折中建议就刑法和民法方面化除满汉畛域，从法律层面改变民族不平等的规定。正如杨鸿烈所说：“沈家本利用这个机会，建议满汉人民在法律上应该完全平等，他先从‘刑法’方面说，如‘旗人遣军流徒各罪照民人实行发配折’……又从‘民法’方面说，如‘变通旗民交产旧制折’……到了宣统元年，这些新思想就具体的表现在那部总数一千三百三十七条的‘大清现行刑律’里。”[⑨] 应该说，杨鸿烈

---

⑤ 《修订法律大臣沈家本奏旗人犯罪宜照民人一体办理折》，载《清末筹备立宪档案史料》（下），940 页；又参见《旗人遣军流徒各罪照民人实行发配折》，载沈家本《历代刑法考》（四），2031 页，中华书局，1985；李光灿：《评“寄簃文存”》，附沈家本原著《寄簃文存》、《旗人遣军流徒各罪照民人实行发配折》（胡星桥标点），196 页，群众出版社。三个奏折文字基本相同，标点各异。

⑥ 《光绪朝东华录》（五），5812 页。

⑦ 《光绪朝东华录》（五），5812～5813 页。

⑧ 《变通旗民交产旧制折》，载《历代刑法考》（四），2033 页。

⑨ 杨鸿烈：《中国法律思想史》（下），318～321 页，商务印书馆，1998 年影印本。

的评价是中肯的。李光灿教授也认为，“旗人遣军流徒各罪照民人实行发配折”“反映了沈家本以法治国的思想，特别表现了他对不同民族、不同阶级、不同社会政治地位的同一类犯人，采取平等的量刑和平等的法律待遇，这体现了在法律面前人人平等的资产阶级法制原则”。而“变通旗民交产旧制折”“反映了沈家本在民法方面的民族平等观点，沈家本对清代封建统治阶级的下层基础之一的旗民，在主张改革封建特权等级的条件下，改变旗民不准自由买卖其产业的旧制，提出应与其他被统治的各族人民一样对待，反映了资产阶级反封建的法制要求”⑩。第二，由于沈家本时任修订法律大臣，实际负责主持法律的修订工作，所以，他的看法在一定程度上代表了清朝统治集团民族观的变化，也为近代我国宪政运动中民族平等观念的提出打下了基础。除沈家本外，这一时期的其他一些奏折也体现了清朝统治集团中的一部分人已意识到民族平等应是清朝变法修律中的一项重要内容。暂署黑龙江巡抚程德全就预备立宪问题上了三个奏折，其中谈到，“请实行宪政以化满汉界限也……盖立宪政体，向无种族之别，拟请明诏海内，自今后无论满人、汉人，皆一律称为国民，不得仍存满汉名目，先化畛域之名，自足渐消相斫之祸……故浑融，尤立宪政体亟当视为先务者也”⑪。这个奏陈引起慈禧的注意，朱批：“会议政务处，片三件并发。”⑫ 御史贵秀在“奏化除满汉畛域办法六条折”也认为：“思欲化除畛域，非满与汉之各剂其平不可，尤非另订新章以昭大同，统满汉皆范于其中不为功。”⑬ 四川补用道熊希龄在奏条中说：“故欲化满汉，而不统筹全局，审定办法，一劳永逸，诚恐形式上的满汉虽化，精神上的满汉犹存，仍非国家长治久安之策也。”而要在精神上化除满汉畛域，对策之一是必须立法，他认为“夫法也者，所以齐不一而使之一也，必令一国人民，无论何族，均受治于同等法制之下，权利义务悉合其宜，自无内讧之患”⑭。举人李蔚然上奏建议，立宪是化除满汉畛域的至善之法。他认为“今朝廷但求宪政成立，则教育整顿，学术一致，奖励持平，黜陟一致，议院渐设，权利一致，法律改良，刑罚一致，服饰仪节，悉定划一章程，则礼俗一致。统贵族、华族、士族、民族，咸受治于宪法范围之中，则于满人不见为独优，即于汉人不见为独绌，界限之说，不言自破……此法至善者也”⑮。两江总督端方在奏折中列举了他在出洋考察中所见英国、美国处理民族问题的情况后认为：“若英国本为盎格鲁、撒逊两族所共建，而今已合同而化，绝无内讧。美国为欧洲各国殖民尾闾，各种之人麕至杂居，

⑩ 李光灿：《评“寄簃文存”》，6页。

⑪ 《暂署黑龙江巡抚程德全奏陈预备立宪之方及施行宪政之序办法八条折》，载《清末筹备立宪档案史料》（上），257页；《暂署黑龙江巡抚程德全奏满汉其迹政本其原必剗弊根而后可言维新折》，载《清末筹备立宪档案史料》（下），948页。

⑫ 《暂署黑龙江巡抚程德全奏陈预备立宪之方及施行宪政之序办法八条折》，载《清末筹备立宪档案史料》（上），259页。

⑬ 《御史贵秀奏化除满汉畛域办法六条折》，载《清末筹备立宪档案史料》（下），921页。

⑭ 《四川补用道熊希龄陈撤驻防改京旗之策并请从精神上化除满汉之利害呈》，载《清末筹备立宪档案史料》（下），943～944页。

⑮ 《举人李蔚然陈化除满汉界限之策以立宪为至善之法呈》，载《清末筹备立宪档案史料》（下），953页。

从未闻区种族、分党派、怀私念、忘大计者。盖其立国无论何族人民，皆受制于同一法制之下，权利义务均平齐一，种族虽异，利害不殊。人人乐于趋公，而以阋墙为大耻，其国力因而安全发达，莫之能御。”[16] 上举陈条之所以特别引人注目，是因为他们在化除满汉畛域的问题上已超越了就事论事的考虑，而是站在立宪的层次上看待这个问题，从保护人权的角度提出用立法的形式规定各民族一律平等。这在民族观上是一个很大的进步。

2. 制度层面的体现

虽然由于多种原因，在这次如何化除满汉畛域的议论中提出的一些具体建议最后并未能得到实行，但是变法修律中关于民族观的讨论，在制度层面也得到一定的体现。在《资政院议员选举章程》中有：《满汉世爵选举资政院议员章程》、《外藩王公世爵选举资政院章程》，并特别指出：“本章程所称外藩世爵，是指蒙古、回部、西藏各爵而言。”[17] 虽然资政院并无实权，但在法律文件中满汉并列，蒙古族、回族、藏族也有一席之地，在我国的法律文件中尚属第一次。1908 年 8 月 27 日颁布的我国历史上第一个有“宪法”字样的宪法文件——《钦定宪法大纲》附臣民权利义务中规定臣民享有的六项权利和三项义务[18]，“臣民”包括清朝国内的各民族在内，用法律明文规定各民族享有平等的权利和义务（虽然只是字面上的），这在中国历史上也是第一次，体现了在近代中国的宪政运动中统治者民族观的变化：从单纯对被统治民族的统治策略转变到在一定程度上承认各民族在法律上享有平等的权利和承担平等的义务，这在一定程度上体现了共和、民主的宪政原则和保障人权的价值核心。在同日的《宪政编查馆资政院今奏宪法大纲暨议院法选举法要领及逐年筹备事宜折》也谈道：“综其大纲，预备自上者，则以清厘财政，编查户籍最为重要，而融化满汉畛域，厘定官制，编纂法典，筹设各级审判厅次之。”[19] 而在《逐年筹备事宜清单》中第一年要做的事就有“请旨设立变通旗制处，筹办八旗生计，融化满汉事宜”，这是这一年在清单中交由军机处办理的唯一一件事，可见重视程度。而在清单的第八年中有“变通旗制，一律办定，化除畛域”[20]。显然，当权者是想通过八年努力，解决化除畛域的问题，并已将其写入之中。正如苏钦教授所说，“这次活动也充分表明，中国的宪政之路，从一开始就包括解决国内的民族问题，即各民族的法律地位平等问题，只不过在清末特定的条件下，集中表现为统治阶级满族和主体民族汉族之间的权利义务不平等问题。”[21]

（二）南京临时政府时期：各民族共同执政思想的提出

1. 思想观念层面的体现

近代以孙中山为首的革命党人，是以推翻帝制，建立共和国为奋斗目标，他们提出的

---

[16] 《两江总督端方奏均满汉以策治安拟办法四条折》，载《清末筹备立宪档案史料》（下），928 页。

[17] 《大清法规大全》4《宪政部》。

[18] 《大清法规大全》4《宪政部》。

[19] 夏新华等整理：《近代中国宪政历程：史料荟萃》，126 页。

[20] 夏新华等整理：《近代中国宪政历程：史料荟萃》，130 页、132 页。

[21] 《清末预备立宪活动中“化除满汉畛域”考辨》，111 页。

“三民主义”中，民族问题是放在第一位的，他们对民族问题的认识，比起清末预备立宪的改良派来说又前进了一大步。当然，他们对民族的看法也有一个发展的过程。近代革命党人民族观的变化也是宪政运动中民族观由古代向近现代转型的重要表现。清朝满族统治者已成为帝国主义和封建主义的代言人，对包括汉族人民在内的各族人民实行专制和压迫，因此，推翻清朝的统治成为民族主义的集中体现。虽然孙中山也一再解释说：“我们革命的目的，是为中国谋幸福，因不愿少数满洲人专制，故要民族革命”，“民族主义，并非是遇着不同种族的人，便要排斥他，是不许那不同种族的人来夺我民族的政权，因为我们汉人有政权才是有国，假如政权被不同种族的人所把持，那就虽是有国，却已经不是我汉人的国了”㉒。但从中还是可以看出，当时孙中山的民族观有以汉人为本位的大汉族主义思想倾向。在他看来，如果是其他民族掌握政权，便不是汉人的国了。松本真澄认为这是“只有汉人才是中国人”的狭义的“中国人”观。㉓ 但在革命实践中，孙中山的民族观发生了显著的变化，他在1912年1月《临时大总统就职宣言》中宣布：“国家之本，在于人民。合汉、满、蒙、回、藏诸地为一国，如合汉、满、蒙、回、藏诸族为一人，是曰民族之统一。”㉔这是他最早提出“五族共和”的主张。他1912年9月1日在北京蒙藏统一政治改良会上的讲话中指出：“今我共和成立，凡属蒙、藏、青海、回疆同胞，在昔之受压制于一部者，今皆得为国家之主体，皆得为共和国之主人翁。即皆能取得国家参政权……将来国家立法，凡是有利于己者，我们同胞皆得赞成之，有不利于己者，同胞皆得反对之。”㉕ 将汉、满、蒙、回、藏民族放在平等的地位，共同成为国家的主人，这应该是近代宪政运动之民族观的一个飞跃：标志着解决民族问题的着眼点从古代对少数民族地区的治理到君主立宪派的化除满汉畛域，争取各民族在法律上享有平等的权利，再到资产阶级革命派提出的“五族共和”，各民族都是国家的主人，在政治上享有共同管理国家的平等权利。

2. 制度层面的体现

1911年10月1日辛亥革命的枪炮声响起，为清王朝灭亡敲响了丧钟，延续两千多年的封建专制制度宣告瓦解，新的时代开始了，新的制度也随之产生。从这一时期制定的法律文件中可以看出，民族平等的思想，在制度层面得到更进一步的体现。辛亥革命在各省先后取得胜利后，各省制定了军政府临时约法，其中多民族地区的广西省制定的“广西军政府临时约法”中，第四条为：“凡本国人居住于广西境内者，皆为广西人民。”第五条“人民一律平等”㉖ 法律文本中所说“广西人民”，应包括广西各少数民族在内，法律规定人民一律平等，应包括各民族一律平等。1912年3月11日《中华民国临时约法》公布，这是中国宪

㉒ 《三民主义与中国前途》，载《孙中山选集》（上），73～81页。

㉓ ［日］松本真澄著，鲁忠慧译：《中国民族政策之研究——以清末至1945年的“民族论”为中心》，32页，民族出版社，2003。

㉔ 《临时大总统就职宣言》，载《孙中山选集》（上），82～83页。

㉕ 转引自祝起源：《孙中山东民族主义思想》，载《中国历代民族政策研究》，青海人民出版社，1993。

㉖ 夏新华等整理：《近代中国宪政历程：史料荟萃》，631页。

政史上的一件大事，它用根本法的形式废除了中国延续两千多年的封建帝制，确立了资产阶级民主共和国的政治体制，民族平等是其中的一项重要内容。《中华民国临时约法》第一章“总纲”中第一条规定“中华民国之主权属于国民全体”，第二条规定“中华民国领土为22行省、内外蒙古、西藏、青海”。在我国的政体由古代的君主专制向近代的共和制转变的关键时刻，这部中国近代宪政史上真正具有资产阶级共和国宪法性质的法律文献在法律上确立了各族人民在国家的平等地位，各族人民都属于“中华人民”的范畴之内；规定了中华民国是一个多民族的国家，各民族都是国家的主人，内外蒙古、西藏、青海等少数民族聚居区和其他22个行省一样，都在中华民族的疆域之内，而且《临时约法》中还具体规定，行使国家立法权的参议院，由各地方选派之参议员组织之，“参议员每行省、内蒙古、外蒙古、西藏各选派五人，青海选派一人”。可见《临时约法》体现了孙中山“五族共和”的思想。同时，《临时约法》第二章“人民”第五条明文规定“中华民国人民一律平等，无种族、阶级、宗教之区别”[27]。这也是中国历史上第一次用法律形式明文规定人民一律平等，无种族的区别。1912年3月2日颁布的《中华民国参议院法》中第七条为：“参议员于选定通知到院后，六十日内不报到者，应即取消，由院咨请另选；但甘肃、新疆、西藏、青海、内外蒙古各处参议员不在此限。”[28] 从中也可看出，少数民族人士参政在制度层面已有具体规定，并有特殊照顾的举措。而1912年8月10日公布的《中华民国国会组织法》中第二条规定：“参议院以下列各议员组织之：一、由各省省议会选出者，每省十名；二、由蒙古选举会选出者，二十七名；三、由西藏选举会选出者，十名；四、由青海选举会选出者，三名……”[29] 同日公布的《参议院议员选举法》第三章为蒙古及青海，第四章为西藏，这两章对当地民族地区参议员的选举情况作了具体规定，例如：第四章中规定，“西藏的选举区划及议员的发配名额为前藏五名，后藏五名。西藏选举会由达赖喇嘛及班禅喇嘛合同驻藏办事长官，遴选相当人员，分别于拉萨及札什伦布组织之”[30]。很显然，这一时期在少数民族参政方面，法律中作了较为详细的规定，而且具有较强的可操作性。特别值得一提的是当日公布的《众议院议员选举法》中第一百六条规定：“投票纸除汉字外，得书各该地通用文字。”[31] 这是所见中国近代法律文件中首先规定少数民族地区在执行法律和少数民族在行使自己的权利时均可以使用当地少数民族文字，这也是民族平等在制度层面上的一个重要体现。

（三）北京政府时期：民族平等理念在立法层面上的加强

1. 思想观念层面上的体现

虽然辛亥革命的成果为袁世凯所篡夺，建立了北洋军阀政府，中国的宪政运动受到很

---

[27] 《中华民国临时约法》，载郑定、赵晓耕主编：《中国法制史教学参考书》，302～303页，中国人民大学出版社，2003。

[28] 夏新华等整理：《近代中国宪政历程：史料荟萃》，163页。

[29] 夏新华等整理：《近代中国宪政历程：史料荟萃》，169页。

[30] 夏新华等整理：《近代中国宪政历程：史料荟萃》，174页。

[31] 夏新华等整理：《近代中国宪政历程：史料荟萃》，184页。

大挫折，但是毕竟历史的车轮不会倒转，民主、共和、民族平等的理念已深入人心。从北京政府前期各政党、各派人士对宪法的主张来看，虽然对宪法的很多问题看法有较严重的分歧，但对民族平等这一理念却基本上是一致的。例如：进步党代表梁启超所拟《中华民国宪法草案》第二条为“中华人民不论种族、宗教之异同，在法律面前悉为平等”㉜。王宠惠代表革命党所拟《中华民国宪法》第五条则表达为“中华民国国民均属平等，无种族，阶级、宗教之区别”㉝。主张君主立宪的康有为草拟的宪法草案第一条为“凡中华国之境土，汉、满、回、蒙、藏五族合一而不可分”，第八十六条为“凡有中华国民籍者，法律皆平等，无种族、阶级、宗教之别”㉞。如何正确处理国内的民族问题，在立法层面体现民族平等的理念，已成为各政党宪法讨论会和拟案时关注的焦点问题。这些主张在北京政府时期出台的《中华民国约法》和《中华民国宪法》中得到反映。㉟

2. 制度层面的体现

袁世凯在1912年7月22日下达的总统令中谈到：“现在五族共和，凡蒙、藏、回疆地方同为我中华民国领土，则蒙、藏、回疆各民族，即同为我中华民国国民，自不能如帝政时代再有藩属名称。此后，蒙、藏、回疆等处自应统筹规画，以谋内政之统一，而冀民族之大同。国民政府于理藩不设专部，原系视蒙、藏、回疆与内地各省平等，将来各该地方一切政治，俱属内务行政范围。现在统一政府业已成立，其理藩院事务，著即归并内务部接管。”㊱ 袁世凯制定的《中华民国约法》第一条为：“中华民国，由中华人民组织之。”第二条为：“中华民国之主权，本于民国之全体。”第三条为：“中华民国之领土，依从前帝国所有之疆域。”第四条为：“中华民国人民，无种族、阶级、宗教之区别，法律上均为平等。”㊲ 曹锟制定的《中华民国宪法》第一条为：“中华民国永远为统一民主国。”第二条为：“中华民国主权，属于国民全体。”第三条为：“中华民国国土，依其固有之疆域。国土及其区划，非以法律，不得变更之。”第四条为：“凡依法律所定，属中华民国国籍者，为中华民国人民。”第五条为：“中华民国人民于法律上无种族、阶级、宗教之区别，均为平等。”㊳这些规定在立法层面体现了民族平等的思想。如仔细分析，还可看出，在制度层面，一些提法比起南京临时政府时期有所进步。例如：袁世凯的《中华民国约法》进一步规定：“中华民国人民，在法律上一律平等”，而曹锟的《中华民国宪法》则对中华民国人民的概念作了进一步界定：“凡依法律所定，属中华民国国籍者，为中华民国人民。”从中可以看出，清末民初的宪政运动中关于民族平等的观念，在制度层面已逐步清晰。在这方面立法层面

㉜ 夏新华等整理：《近代中国宪政历程：史料荟萃》，252页。
㉝ 夏新华等整理：《近代中国宪政历程：史料荟萃》，291页。
㉞ 夏新华等整理：《近代中国宪政历程：史料荟萃》，326页。
㉟ 夏新华等整理：《近代中国宪政历程：史料荟萃》，197～263页。
㊱ 《东方杂志》第八卷，第二十号。
㊲ 夏新华等整理：《近代中国宪政历程：史料荟萃》，471页。
㊳ 夏新华等整理：《近代中国宪政历程：史料荟萃》，521～522页。

的规定更加明确和规范。这一时期的选举法中对少数民族的参政议政问题也作出了相关规定。北京政府后期公布的《修正参议院议员选举法》第四十条为“蒙古及青海地方选举会之选举监督，以选举会所在地之行政长官或盟长或蒙藏院总裁充之”。第四十一条为“西藏地方选举会，由驻藏办事长官会同达赖喇嘛及班禅喇嘛遴选相关人员组织之”。而《修正众议院议员选举法》第三编为“蒙古、西藏、青海议员之选举”[39]。虽然这些制度层面上的规定大多只是写在纸上的东西，在实际上未能得到认真执行，但是，从中体现了清末民初中国宪政运动中民族观逐渐变化的轨迹。

三、结论

如前所说，近代我国宪政运动中民族观发生了很大变化，这种变化并非偶然，而是有其必然的内在原因。究其产生变化的原因，笔者认为与整个社会大背景的变化直接相关。

其一，近代中华民族凝聚力的加强。

近代以来，由于帝国主义列强的入侵，中国的社会性质和主要矛盾均发生重大变化，中华民族与帝国主义之间的矛盾成为社会的主要矛盾之一，在中国面临灭亡之时，各民族的凝聚力明显加强，为了共同的根本利益，各民族团结起来，奋起反抗，与帝国主义进行了殊死的斗争，以中华民族的总称出现在世人面前。由于各少数民族主要分布在边疆地区，他们为反抗帝国主义的入侵，维护祖国领土的完整和国家的统一，作出了特殊的贡献。正是各族人民用自己的生命和热血，粉碎了帝国主义列强企图瓜分中国的阴谋，在共同的战斗中，各族人民福祸与共，休戚相关，守望相助，急难相扶，同呼吸，共命运，中华民族的凝聚力大为加强，各民族之间的团结和理解达到一个新的高度，在客观上要求各民族在政治上一律平等，这是近代宪政运动中民族观发生重大变化的根本原因之一。

其二，少数民族争取人权和平等的斗争日益高涨。

近代以来，随着社会性质和主要社会矛盾发生的变化，各少数民族的民族意识日益觉醒，争取人权和平等的斗争发展的一个新的阶段。清咸丰年间，杜文秀领导的云南回民起义，就提出“不分汉回，一体保护”的总原则[40]并在《军政管理条例》中规定“族分三教（当时称回、汉和其他民族为三教），各有根本，各行其是，均宜一视同仁，不准互相欺虐，违者，不拘官兵，从重治罪”[41]。而同时云南哀牢山李文学领导的彝族大起义也提出“铲除清朝赃官，杀绝汉家庄主”的口号。[42] 如此这类的事例很多，各族人民争取人权和平等的斗

---

[39] 参见袁世凯政府的《参议院组织法》、《国民议会组织法》、《国民代表大会组织法》，载夏新华等整理：《近代中国宪政历程：史料荟萃》，479～486页。

[40] 杜文秀：《兴师檄文》，载白寿彝主编：《回民起义》（二），131页，神州国光社，1952。

[41] 杜文秀：《管理军政条例》，载《回民起义》（二），148页。

[42] 夏正寅：《哀牢夷雄列传》，载《近代史资料》，1957（2）。

争口号，反映了他们的要求和心声。近代以来，各族人民除了争取自身的人权和民族平等外，还积极参与了推进共和的进程。辛亥革命以后，沙俄策动外蒙古哲布尊丹巴等宣布"独立"后，哲里木盟10旗的王公两次在长春举行东蒙古王公会议，讨论赞助王族共和，拥护民国，反对外蒙古"独立"[43]，西蒙古王公会议也在呼和浩特召开，并通电声明"数百年来，汉蒙久成一家"，"我蒙同系中华民族，自宜一体出力，维持民国"[44]。我国近代宪政运动中也有各族人民斗争的身影，宪政运动中关注的民族问题，在某种意义上可以说是各族人民斗争的结果。正是各民族人民争取人权和平等的斗争，推动了宪政运动中民族观变化的进程。

其三，西方宪政思想的传入和影响。

中国传统的法律思想中，民主和共和的成分很少，近代以来，清朝封闭的大门被打破，西方的东西迅速传入中国，在清末变法修律的过程中，300多种西方各国的法律文本和法律著作被翻译为中文，西方的法律理念其中也包括平等、民主、共和的宪政思想。我国近代宪政运动中民族观的变化，受西方种族平等宪政思想和西方各国处理民族问题经验教训的影响也是一个十分重要的因素。清末变法修律时的修订法律大臣沈家本学贯中西，对西方的法律十分熟悉，慈禧在变法修律前也曾派遣五大臣出洋考察，孙中山更是深受西方政治思想的影响。西方宪政思想中的人权平等思想传入中国后，对我国古代传统的"重华夏，轻夷狄"的民族观是一个很大的冲击。同时，西方各国处理民族问题的经验教训、利弊得失也给清政府处理民族问题提供了借鉴。至于资产阶级革命党人，更是对西方宪政比较了解，而且受其影响很深，他们的民族观中也有西方民主平等的成分。

其四，不可否认，近代我国宪政中的民族观改变，与统治阶级自身的利益直接相关。

为什么在戊戌变法中持坚决反对态度的清廷最高统治者几年以后会全然转变，同意变法修律呢？载泽的《奏请宣布立宪秘折》中一语道破天机："以今日之时势言之，立宪之利最重要者三端：一曰皇位永固……一曰外患渐轻……一曰内乱可弭。"特别是在化除满汉畛域的问题上，载泽认为："又或有为满汉之说者，以为宪政既行，于满人利益有损耳。奴才至愚，以为今日之情形，与国初入关时有异……方今列强逼迫，合中国全体之力，尚不足以御之，岂有四海一家，自分畛域之理？至于计较满、汉之差缺，竞争权利之多寡，则所见甚卑，不知大体者也。"[45] 慈禧在《著内外各衙门妥议化除满汉畛域切实办法谕》中也谈到："际兹时事多艰，凡我臣民方宜各切忧危，同心挽救，岂可犹存成见，自相分扰，不思联为一气，共保安全。"[46] 清政府在面临内外危机交困的情况下，统治者为了维护其统治地位，只有被迫改变原有的民族观，化除民族之间不平等的畛域，在宪政运动中把民族平等的问题提上议事日程。

---

[43] 《东方杂志》第九卷第六号，1912年12月。

[44] 转引自陈连开：《中国·华夷·蕃汉·中华·中华民族——一个内在联系发展被认识的过程》。

[45] 载泽：《奏请宣布立宪密折》，载《宪政初纲·奏议》，4～7页，上海商务印书馆，1906。

[46] 《著内外各衙门妥议化除满汉畛域切实办法谕》。

综上所述，我国清末民初宪政运动中的民族观发生了很大变化：从古代统治阶级主要对少数民族进行统治的不平等民族观发展到化除满汉畛域，各民族在法律上一律平等，再发展到“五族共和”，各民族都是国家的主人，而且这种民族观的改变已逐渐由思想观念的转变发展为法律制度层面的规定。这种民族观的变化是我国法律思想由古代向近现代转型的一个重要方面，也标志着我国的民族关系进入了一个新的发展时期。这种变化，体现了我国各族人民凝聚力的进一步加强，也是各族人民争取平等和人权，不懈斗争的结果。这种变化，体现了我国在近代宪政运动的进程中，已开始用法律的形式确认了各民族享有平等的权利和承担相同的义务。应该说，这是历史的一大进步。从中也可看出，我国的民主法制进程中民族平等一开始就是其中的重要组成部分。当然，也应该看到，由于时代和阶级的局限，我国近代宪政运动中提出的民族平等和“五族共和”的思想，在很大程度上只是写在纸上的东西，在当时的情况下是不可能在现实中实现民族平等和“五族共和”的。而且，我国的民族远不止5个，只有在中国共产党的领导下，推翻帝国主义和封建主义的统治，各族人民当家做主，成为国家的主人，才能实现真正的平等。但是，清末民初我国宪政运动中民族观的变化，仍然具有重大意义，是历史上我国民族观演变中不可缺少的一环，是值得认真研究的。

张培田

先秦时期债流转的史实补析*

简 介

张培田，祖籍山东宁阳，1953年生于四川重庆。

早年曾在水泥厂、煤矿、水电厂、公路养护段打工。后下乡，历任大队团副支书、基建队队长，公社基建队副队长、茶技员，监狱管教分队长，峨嵋山博物馆保卫干事（全国首届自学考试大专毕业）。中国政法大学研究生院硕士生、博士生毕业，获法学硕士、博士学位；最高人民检察院国家检察官学院讲师、副教授、教授、图书馆馆长；曾参加最高人民检察院反贪总局贪污贿赂大案要案侦查；澳大利亚墨尔本大学法学院访问学者及日本早稻田大学法学研究科访问学者；北方工业大学教授，学科带头人，法学理论硕士点首席教授，法学理论研究所所长；西南政法大学教授，博士生导师，中国法治发展中心和法文化研究中心主任。

* 原发表于《法学研究》，2006（6）。

笔者于2005年相继发表了拙作《先秦的债及其法律调整源流刍探》① 和《先秦时期债流转的史实探析》②，结合出土文物和考古发掘成果以及传世文献，介绍了先秦社会互易、买卖和借贷三大类债流转的史实。除此之外，我们的祖先还在先秦实际社会生活和经济交往中，对因契约而产生的租赁之债、租借之债、雇佣之债、寄存保管之债，以及非契约行为引发的不法侵犯所生之债、不当得利所生之债、因行政行为所生之债和因损失公物所生之债等，均有区别认识。本文试补充介绍这些债流转的史实，并对先秦所有债流转的原则和特点进行分析。

一、先秦租赁、租借、雇佣和寄存保管之债流转的史实

先秦社会因契约行为所生之债，虽然突出表现于互易、买卖和借贷方面，但并非仅仅局限于这三种类型。根据出土文物和考古发掘成果，结合传世文献史料，先秦社会因契约行为所生之债，除互易、买卖和借贷以外，还呈现出以下几种类型。

1. 租赁之债　先秦经济交往中关于按期有偿转让土地、工具等使用权的租赁之债，至西周时已有比较完善的表现形态。《鬲攸从鼎》铭记：

> 佳（惟）卅又二年三月初吉壬辰，王才（在）周康宫徲大室。鬲从以攸卫牧告于王。曰："女（汝）觅我田牧，弗能许鬲从。"王令眚吏南以即虢旅。虢旅乃使攸卫牧誓曰："我弗具付从其且（租），射（谢）分田邑，则放。"攸卫牧则誓。③

该段铭文反映了攸卫牧租种鬲从土地但却未交齐租金引起的诉讼。鬲从作为土地租赁之债的债权人，享有收受租金的权利。攸卫牧租种了鬲从的土地，就负有向鬲从交齐租金的义务。对于租种土地不交齐租金的违约行为，在西周王朝既视为非礼，也属于违法。即使是王室成员租赁成约，也不允许迟延交付。由于当时流行盟誓履约的风尚，所以周王室司法官员也就迫使攸卫牧发誓，以保证清偿租赁债务。

春秋战国时期时兴的"仆赁于野"④ 的租赁之风，正是在西周租赁之债基础上的进一步发展，构成封建制租赁制的雏形。

---

① 发表于《西南民族大学学报（人文社科版）》，29～34页，成都，西南民族大学学报编辑部，2005（4）。

② 发表于《法学研究》，138～148页，北京，中国社会科学院法学研究所法学研究杂志社，2005（2）。

③ 铭文大意：三十二年三月初吉那一天，周王在周康宫的夷王太室。鬲从向周王告发攸卫牧，说："你（他）使用了我的田地，没有付给我费用。"王命令司法官眚史南将诉讼双方带到虢旅处。虢旅于是让攸卫牧发誓，说："我如果不尽付鬲从租金，以支付使用他田地的费用，就把我流放。"攸卫牧按照要求发了誓。参见胡留元、冯卓惠：《长安文物与古代法制》，49～52页，北京，法律出版社，1989。

④ 陈戍国点校：《四书五经·春秋左传·襄公二十七年传》（下册），1022页，岳麓书社，1991。

2. 租借之债　表面上看，租借之债与租赁类同，但从租借只收租金而不取孳息的区别分析，租借之债反映了先秦农业生产落后状态下劳动力与劳动工具分离而又要求组合的关系。这种关系在殷商的“劦田”即集合劳动力和工具耕作中已初见端倪。至西周及春秋战国时期，租借之债随着社会生产家庭化迅速发展并稳定下来。

关于劳动力租借之债，西周铜器铭文中有典型写照。《鬲从盨》铭文：

> 隹（惟）王廿又五年七月既□、□□，□（王）才（在）永师田宫。令小臣成友逆内史无𡡫大史旟。曰：“章氒（之）𩔏夫𢎹鬲从田，其邑旆、𢽄、𥿋复友（贿）鬲从其（之）田，其邑竟、楙言二邑畀（归）鬲从。竟氒（之）小宫𢎹鬲从田，其邑彶眔句商儿眔讎戈，（载）复限（限）余（赊）鬲从田，其邑競、櫛、才三邑，州、泸二邑，凡复友（贿）。复友鬲从田日十又三邑。氒右鬲从，𩁹夫克。”鬲从乍朕（朕）皇且（祖）丁公，文考叀公盨。其子子孙孙永宝用。[⑤]

以上铭文叙述奴隶主亚为了得到另一奴隶主鬲从的田地，用三名奴隶以一定期限租借给甬使役，以还付田价。其中，租借一词明确用“限赊”界定[⑥]，表明了这种债的性质。春秋战国时期，租借奴隶的关系始为出卖劳动力人相对人身自由和形式上的自愿合意关系所取代。不过仍有百姓向官府租借未使役的小妾等法律规定，如秦律明确：“妾未使而衣公食，百姓有欲叚（假）者，叚之。”说明这类租借很普遍。[⑦]

关于生产工具等的租借之债，春秋时很为流行。所谓“债车而载”[⑧] 的记载，就反映了租借车辆运输入货的史实。战国时这种租借之债进一步发展，主要表现于百姓向国家借用铁犁、公器、公甲兵、公车等。[⑨] 为保证租借工具兵器的有效使用，秦律特规定借公器或“公甲兵各以其官名刻久之，其不可刻久者，以丹若髼书之，其假百姓甲兵，必书共久，受乏以久。入假而无久及非官之久也，皆没入公，以齎律责之”[⑩]，从而加重了租借公器者的义务和责任。当时借租公器都有严格的期限规定，借期一满或从事劳役耕战已结束，债务人就有义务向债权人归还原物，并保证不予损坏。

3. 雇佣之债　雇佣之债产生的先决条件，是受雇人必须是只出卖劳动力而不受人身限

---

⑤ 铭文大意：周厉王廿五年七月的一天，王在永地师田宫，派王室的小臣成友召见内史无𡡫和旟大史两位司约官，宣读契约：“章氏的𩔏夫官取了鬲从的田，就用章氏的奴隶旆、𢽄、𥿋还付鬲从，章的奴隶竟、楙言这两名奴隶也交给鬲从。竟氒的小宫官也取了鬲从的田地，就用竟的耕作奴隶彶眔句商儿眔眔讎，有限期地租借给鬲从，抵偿田价；再加上竟的三个耕作奴隶競、櫛、才，以及州、泸两个耕作奴隶，抵偿给鬲从。用于抵偿鬲从田价的耕作奴隶，一天共达13名。契约的右半部分保留于鬲从，中介人是𩁹夫克。”鬲从按照契约特地制作了纪念其祖父丁公、父亲叀公的盨。希望子子孙孙永远固守。参见胡留元、冯卓惠：《长安文物与古代法制》，70～73页，北京，法律出版社，1989。

⑥ 郭沫若：《两周金文辞大系考释》，科学出版社，1956。

⑦ 睡虎地秦墓竹简整理小组编：《睡虎地秦墓竹简·工律》，文物出版社，1978。

⑧ 晋郭璞注：《穆天子传卷之三》；又参见 http：//www.ypcera.com/book/gu/gu/mu.htm。

⑨ 睡虎地秦墓竹简整理小组编：《睡虎地秦墓竹简·仓律》，文物出版社，1978。

⑩ 睡虎地秦墓竹简整理小组编：《睡虎地秦墓竹简·工律》，文物出版社，1978。

制的相对自由人。因此，这种债的关系不仅同租借奴隶劳动的债的关系有本质差别，而且在形式上亦有不同表现。雇佣关系的主体是雇主和雇工人，而租借奴隶的债的关系主体并不包括被租借的奴隶；租借之债中出现的奴隶劳力，只是这一债的关系的客体。

有关雇佣之债，春秋以前就有过记载。相传西周时，曾有“泽居苦水者，买庸而决窦”[11]，即是雇工疏浚河道的事例。春秋时，随着社会变革带来的社会经济关系的演变，出现了称为“庸保”的雇工人或受雇伙计。他们“雇役于人受直也”[12]，表明了雇佣之债的特点。又据《韩非子·外诸说左上》：“夫卖佣而播耕者，主人费家而美食，调布而求易钱者，非爱佣客也，曰：如是，耕者且深耨者熟耘也。佣客致力而疾耘耕者，尽巧而畦陌者，非爱主人也，曰：如是羹且美钱布且易云也。”由此可见卖佣者和雇佣人之间并无人身限制关系，只有“主人费家而美食”，才能使“耕者且深耨者熟耘也”。反过来亦是主人“羹且美钱布且易云也”，为的是“佣客致力而疾耘耕”。这种佣耕的雇佣关系之债较过去把奴隶作为工具使役要进步得多，所以适应了农业生产扩大的封建制度而发展起来。到秦统一六国以后，佣耕雇佣之债沿袭演变，如文献中载“陈涉少时，尝与佣耕”的佣耕事例[13]，也逐渐增多。

4. 寄存保管之债　先秦文明社会的寄存之债于殷商前虽不可考，但西周出现保管寄存事业，基本上无多大疑问。当时有一种称为“廛布”的保管寄存收费凭证，揭示了寄存保管之债的面貌。所谓“廛布者，货贿诸物邸舍之税者。谓在行肆，官有邸舍，人有置物于中，使之出税，故云廛布也”[14]。对这一解释，有的学者将廛布理解为寄存保管物品的所得税。但我以为古代之“税”，其定义含混多意，不能与现代之税等同。即使按上述“廛布”疏义，也只指寄托人将物品交与保管人寄存保管，保管人履行保管义务后即享有收取保管费的权利。因此，“廛布”当为保管费交纳凭证。

西周寄存保管之债的保管人以官府为主，保管事业多为官方经营，这是西周保管寄存之债的一个特点。但到春秋战国，也出现了私人之间寄存保管之债的情况。如秦律中有条文规定：“甲盗钱以买丝，寄乙，乙受，费知盗，乙何论也？毋论。”[15] 搁置“甲盗钱”而言，可以认为甲寄乙丝正是以确认寄存保管之债为前提的。只要甲寄物品与乙，乙承诺，债的关系即告成立。因为寄存保管关系并不等于赠送。所以即使甲托乙寄存的是盗窃的赃物，如果乙事先不知，就不按窝赃论处。换言之，国家保护私人之间正当的寄存保管之债的运转。一旦寄存行为发生，受寄人就得承担保管好受寄物品并向托寄人交出的义务，托寄人则享有到期领取托寄物的权利。这种权利义务关系就是债权债务关系，尽管当时置身

---

⑪ 韩非著，陈奇猷校注：《韩非子新校注卷十九·五蠹第四十九》（下册），1088页，上海古籍出版社，2000。

⑫ （明）张自烈：《正字通》。

⑬ 夏松凉、李敏主编：《史记今注卷四十八·陈涉世家第十八》，719页，南京大学出版社，1994。

⑭ 《周礼·地官·廛人》，贾公彦疏。

⑮ 睡虎地秦墓竹简整理小组编：《睡虎地秦墓竹简·法律答问》，文物出版社，1978。

于这种关系中的人并不自觉。

以上关于先秦契约之债的分类叙述，笔者主要侧重于比较流行或普遍存在的分析。至于当时已经出现但对社会影响较小的债，如“于是乎合其州乡朋友婚姻，比尔兄弟亲戚”[16]进行劳作或经营的合伙等，因史料依据不充分，不深入列举。

二、先秦非契约行为所生之债流转的史实

按行为性质分，先秦文明社会非契约行为所生之债有不法侵犯、不当得利、损失公物和因行政行为所生之债等。

1. 不法侵犯所生之债　先秦损害侵犯的事例，渊源甚远。然因此构成债的关系，则是在原始社会氏族制度崩溃以后。尽管奴隶制社会早期损害侵犯行为被普遍定为不法行为而受到债的关系的约束即所谓损害赔偿的事例不多，但作为社会运行得以维持的起码措施，允许同态复仇或以牙还牙等方式报复不法侵犯者，往往被人们自觉或不自觉地采用。如“牵牛以蹊人田，而夺之牛”[17]，就是带有损害赔偿性质的早期惯例。为维持土地王有的法律秩序，商王朝在排除各方国如舌方、𢀛方侵扰𢀛、申等地居邑，掠夺人畜[18]的侵权或侵害方面，采取了武力征伐以恢复正常秩序的有效行动。而各方国之间一旦出现侵权危害，也向商王朝提起控诉；如“国告土方牧我田十人”[19]，就是一典型例证。随着社会生产力的提高和文明的演进，至西周已形成比较成型的调整不法侵犯以维持社会有序运行的债的关系。《散氏盘》铭载：

用矢扑散邑，乃即散用田。眉：自瀗涉㠯（以）南至于大沽，一丰（封）。㠯（已）陟，二丰（封），至于边柳。复涉瀗，陟雩𠭯（徂）𩁹陕，㠯（以）西丰（封）于𢼸（城）楮木，丰（封）于刍逨，丰（封）于刍衟内。陟刍，𤼷（登）于厂湶，丰（封）割（诸）析陕陵。陵刚析，丰（封）于𠳦衟（道），丰（封）于原衟（道），丰（封）于周衟（道）。㠯（以）东丰（封）于韩东疆右。还，丰（封）于眉衟（道）。析（以）南丰（封）于𢓜逨衟（道）。㠯（以）至于堆莫（墓）𡩜（堳）。井邑田：自根木衟（道）𠂇（左）至于井邑丰（封）衟（道）㠯（以）东一丰（封），还，㠯（以）西一丰（封），陟刚三（封），降㠯（以）南丰（封）于同衟（道），陟州刚𤼷（登）析降棫二丰（封）。矢人有𤔲（司）眉田鲜、且、微、武父、西宫襄、豆人虞丂、录贞、师氏右、眚、小门人䌛、原人虞𦬘、淮𤔲（司）工（空）虎孝、𨟭丰父、堆人有𤔲（司）刑、丂，凡十又五夫正眉矢舍（予）散田。𤔲（司）土（徒）屰寅、𤔲（司）马𢼸𨜒、䩜人𤔲（司）工（空）騡君、宰德父、散人小子眉田戎、微父、效𣐺父、襄之有𤔲（司）橐、州𠅏、焂从𩁹，凡散有𤔲（司）十夫。唯王九月辰才（在）乙卯，

---

[16] 来可泓撰：《国语直解卷十八·楚语下·观射父论祀牲》，804 页，复旦大学出版社，2000。

[17] 陈戍国点校：《四书五经·春秋左传·宣公十一年传》（下册），870 页，岳麓书社，1991。

[18] 郭沫若主编：《中国史稿》，163 页，北京，人民出版社，1977。

[19] 《甲骨类纂考下》，38 页。

矢卑（俾）鲜、且䢅旅誓曰："我既（既）付散氏田器，有爽，实余（余）有散氏心贼，则隐千罚千，傳弃之。"鲜、且䢅旅则誓。乃卑（俾）西宫襄、武父誓曰："我既付散氏溼田牆田，余又爽变，隐千罚千。"西宫襄、武父则誓。氒（厥）受（授）图矢王于豆新宫东廷。[20]

以上完整表现出当时矢氏族侵犯了散氏贵族的采邑，造成了财产损害，受害人即向加害人提出赔偿要求。经交涉，矢氏以眉田和井邑田作为赔偿，双方派人踏勘地界绘作地图交散氏留存，并由矢氏发誓以证履行了赔偿义务。[21]

与这一典型的不法侵犯所生之债的实例不同，《曶鼎》二段铭文记匡季指使其众和臣抢劫了曶禾十秭赔偿七田五夫的内容：

昔馑岁，匡众（厥）臣廿夫寇曶禾十秭，以匡季告东宫。东宫乃曰："求乃人！乃（如）弗得，女（汝）匡罚大！"匡乃稽首于曶，用田五田，用众一夫曰益，用臣曰寓、□（曰）朏、曰奠，曰："用兹（兹）四夫稽首。"曰："余无攸具寇，正□□不□□（鞭）余。"曶或（又）以（以）匡季告东宫。曶曰："戈（必）唯朕□（禾）□（是）赏（偿）。"东宫乃曰："赏（偿）曶禾十秭，遗（遗）十秭，为廿秭。□（如）来岁弗赏（偿），则付卌秭。"乃或（又）即曶用田二，又臣□□（一夫），凡用即曶田七田，人五夫，曶觅匡卅秭。[22]

《曶鼎》中曶诉匡季抢劫其稻禾的侵权案，"东宫"司法官即处于调解立场上，允许曶和匡季这类贵族王室的争讼双方不依公判而私自商定结案方式。这体现了加倍赔偿和允许

---

[20] 铭文大意：矢氏侵犯了散氏的领地，便以田邑赔偿散氏。赔偿的眉田界限，从滜水过河向南到大沽，第一次封疆。然后折回向北，第二次封疆，直至边境柳林处。又过滜水，折回上至雩和𡵂陕处，向西敊䧅𣏕木地方封疆，封到刍地，封在刍的道路上。折过刍地，登上厂湶，封于析陕陵。登上刚析，在𦉢道、原道和周道封疆。向东封疆于𩁹地东界的右边。返回封疆在眉田道路。向南封疆于𢦏迷道路。向西直至堆国墓地周围的矮墙。赔偿给散氏的井邑田：从根木道路左边开始，到井邑界东一封，转回向西一封，再折上高地刚三封，下来向南去同地的道路上封疆，然后过州刚登上析地又下到棫地二次封疆。矢氏的官员有管理眉田的鲜、且、敚、武父、西宫襄，任豆地虞职的丂，任录职的贞、师氏右、眚，小门官员䛌、原地任虞官的𢦚、淮地方司空虎孝、任𠬝师的丰父、堆地的有司刑和丂，共15人参加矢氏赔偿散氏的眉田的勘界。司徒𨗩𠬝、司马单𦯞和𩁹地司空𩣡君、宰德父，以及散氏家臣派去管理眉田的戎、敚父、任效职的𢡃父、𡨦地方的有司橐、州𡨦、焂从𩁹，计10人代表散氏参加勘界。周王九月乙卯那天早晨，矢氏派鲜、且向司约官䢅旅宣誓："我已经交付了赔偿散氏的田器，如变卦，确证我有毁约之心，隐瞒多少就罚多少。愿意接受弃市的处罚。"鲜、且在䢅旅面前发了誓。矢氏又派西宫襄、武父去䢅旅处立誓："我已交付散氏溼田和牆田，如毁约背誓，隐瞒多少就接受多少惩罚。"西宫襄、武父前往立了誓。后来矢氏在豆地新宫东廷交出了田地疆界图。参见胡留元、冯卓惠：《长安文物与古代法制》，74～79页，北京，法律出版社，1989。

[21] 铭文见王国维：《观堂古今文考释·散氏盘考释》。

[22] 铭文大意：过去的饥荒年里，匡的仆人众及其臣属20人抢劫了曶的十秭稻禾，曶把匡季告到东宫。东宫说："恳求对方吧！要是得不到宽恕，对你惩罚就大了。"匡向曶磕头求饶，承诺拿五百亩田，1个名叫益的众和名叫寓、朏、奠3个臣，共4个奴隶赔偿，并再次叩头。并说："我没抢劫多少，长官不要鞭打我。"曶又把匡季告到东宫。曶说："必须还我被抢的稻禾。"东宫于是判决："偿还曶稻禾十秭，再加十秭，共二十秭。如果来年还没清偿，就得加倍偿还四十秭。"匡季又支付给曶二百亩田，加上1名奴隶臣，共赔偿七百亩田和5个奴隶。曶于是免除匡季30秭稻禾的赔偿义务。参见胡留元、冯卓惠：《长安文物与古代法制》，46～49页，北京，法律出版社，1989。

加害人与被害人双方私自达成赔偿协议了结争讼的精神。

秦律中对不法侵犯的调节有一些规定，但这些规定首先是从国家处理犯罪而给予刑罚的角度制定的。但对“或盗采人桑叶，赃不盈一钱”的不法侵犯行为，秦律未提及对受害人的赔偿，而明确了处以“赀徭三旬”的劳役。又如斗殴一方咬去他方鼻子、耳朵、手指或嘴唇的不法侵害，秦律亦不论及赔偿而罚以耐刑。[23] 秦律这种不分民刑责任而侧重刑罚调整的倾向，反映了中国封建社会初期法的特点。不过，我们切不可以为秦律奉行重刑宗旨就必然出现对不法侵犯之债的调处都用刑罚。事实上，秦律有关私犯的调处一方面侧重于刑事法律手段，而另一方面却仍是沿袭了西周中晚期以来“凡过而杀伤人者，以民成之，鸟兽亦如之”[24] 的传统，由乡里按宗法礼制的规范或习惯解决。同时，从秦律关于不法侵害国家或官府财产造成损害必须赔偿的原则规定看，似不能把私犯造成的民间损害赔偿完全排除。不法侵犯造成的损害赔偿在世界各文明古国发展史上都有记载，只不过表现形式有不同。

先秦时期，私犯最常见的形式之一是偷盗，这是明知自己非动产所有人却故意将该动产偷偷据为己有，从而因违法导致损害赔偿、罚金甚至罚刑。如秦律强调：“或盗采人桑叶，赃不盈一钱，何论？赀徭三旬”[25]，即对轻微的尚不构成犯罪的偷盗行为处以劳役 30 天的惩罚。

除偷盗外，抢劫或强夺他人财产也是先秦很普遍的私犯形式。抢劫或强夺，意指以暴力非法获得他人财务的行为。当时把强夺多视为犯罪，但也有例外。如秦律规定：养父强夺养子的财物，不能与亲父亲子关系论同，而应视作违法，负返还原物赔偿责任。[26] 又如《曶鼎》铭记限使人抢劫曶禾所导致的赔偿，也属强夺造成的私犯之债。

另外，若以行为对象观察，私犯表现形式还可分对物的私犯和对人的私犯。秦律规定：“小畜牲入人室，室人以投梃伐杀之，所杀值二百五十钱，何论？当赀二甲。”这是对物私犯造成损害的违法罚金责任的典型事例，而在决定罚金数额之前，首先应衡量被损害物的价值。至于对人的私犯，秦律明确规定：“斗以箴、鉥、锥，若箴、鉥、锥伤人，各何论？斗当赀二甲；贼当黥为城旦。”其大意是指斗殴中伤人，致人轻微损害的构成损害罚金责任，重伤人者处以刑罚。又秦律还重申：“邦客与主人斗，以兵刃、投梃、拳指伤人，𢷎以布。何谓𢷎？𢷎布入公，如赀布，入赍钱如律。”[27] 这一规定既带有损害赔偿性质，也属于违法之罚金惩罚。

值得注意的是，战国时期秦国立法在商鞅变法后颇受重刑主义影响。将一般违法行为都处以重罚，是秦律的突出特点。但切不可因此得出秦国仅以官方正律调节私犯的损害赔

---

[23] 睡虎地秦墓竹简整理小组编：《睡虎地秦墓竹简·法律答问》，文物出版社，1978。
[24] 杨天宇撰：《周礼译注·地官司徒第二·调人》，203 页，上海古籍出版社，2004。
[25] 睡虎地秦墓竹简整理小组编：《睡虎地秦墓竹简·法律问答》，文物出版社，1978。
[26] 睡虎地秦墓竹简整理小组编：《睡虎地秦墓竹简·法律问答》，文物出版社，1978。
[27] 睡虎地秦墓竹简整理小组编：《睡虎地秦墓竹简·法律问答》，文物出版社，1978。

偿和以罚金代替损害赔偿的结论。

至于私犯之债的构成要件，按当时文献和出土文物记载，主要有以下几个。

第一，私犯行为人必须具备行为责任能力，否则不承担赔偿责任。如秦律解释："甲小未盈六尺，有马一匹自牧之。今马为人败，食人稼一石，问当论不当？不当论及偿稼。"㉘这就是以行为人无责任能力而判其免除赔偿责任的确凿例证。

第二，私犯行为人必须已经作出损害行为，造成损害事实，才负担赔偿责任。比如"舍公馆，㷭火燔其金，虽有公器，勿责"㉙。意即虽然失火造成损失，但未作出损害行为的人免除赔偿责任。这一要件，类似过错责任原则。

第三，亲父对亲子或奴隶主对奴隶施加的侵害，不负赔偿责任。因为人类进入文明社会之初，仍保留和发展了宗法血缘关系。殷商西周及春秋战国都重视维护宗法等级制度，这一习惯到战国时非常明确地体现在法律中，凡"子告父母，臣妾告主，勿听"㉚。非公室告的范围，包括父母对子女和奴隶主对奴隶的侵害。官府既然不受理这类案件，也就确定了这类私犯侵害不负赔偿责任的前提。不过，这一规定对拟亲的养父养子之间的私犯不适用。

第四，损害行为必须是违法行为，才承担赔偿责任。如法律规定："父盗子，不为盗"㉛，所以即使是父亲的盗窃行为损害了亲子，但并不属于违法行为之列，不构成赔偿责任。

2. 不当得利所生之债　对无合法原因取得的利益，在商代末期已出现了法律调整规范。如周文王灭商之前曾制定了"有亡荒阅"的法律，要求藏匿他人逃亡奴隶的人交出逃奴归还本主，否则便给予处罚。㉜ 到西周时，统治者立法规定："凡得获货贿、人民、六畜者，委于朝，告于士，旬而举之，大者公之，小者庶民私之"㉝，即要求拾得的遗失的财物和走失的奴婢六畜之人，必须把拾得的东西上交朝廷，报告朝士，然后由朝士公告招领，若10日内无人认领，贵重的财物充公入官，不值钱的财物就归拾得者所有。至于"马牛其风，臣妾逋逃，无敢越逐，祗复之，我商赉汝。乃越逐不复。汝则有常刑"㉞ 的立法，也是强调不能将他人跑失的马牛和出逃的奴隶据为己有；拾到者如不如数归还，不仅不能得到酬金，而且还要受到常刑处罚。

对于不当得利，西周时还形成了比较固定的观念，认为"农有不收藏积聚者，马牛畜兽有放佚者，取之不诘"㉟；而遗失财产的人往往会向拾得其财产不予归还的人提起诉讼，

㉘ 睡虎地秦墓竹简整理小组编：《睡虎地秦墓竹简·法律问答》，文物出版社，1978。

㉙ 睡虎地秦墓竹简整理小组编：《睡虎地秦墓竹简·法律问答》，文物出版社，1978。

㉚ 睡虎地秦墓竹简整理小组编：《睡虎地秦墓竹简·法律问答》，文物出版社，1978。

㉛ 睡虎地秦墓竹简整理小组编：《睡虎地秦墓竹简·法律问答》，文物出版社，1978。

㉜ 陈戍国点校：《四书五经·春秋左传·昭公七年传》（下册），1077页，岳麓书社，1991。

㉝ 杨天宇撰：《周礼译注·秋官司寇第五·朝士》，530页，上海古籍出版社，2004。

㉞ 江灏、钱宗武译注：《今古文尚书全译·周书·费誓》，455页，贵州人民出版社，1990。

㉟ 傅云龙、吴可主编：《船山遗书》（第二卷）之《礼记·月令·仲冬之月》，954页，北京出版社，1999。

如“无妄之灾，或系之牛，行人之得，邑人之灾”[36]的记载，即是说拾得遗失耕牛不归还，失主提起诉讼，认为行人拾得，要求在其住处周围搜查。在这样的社会环境中，西周社会也就形成了一方面处罚不当得利者，另一方面对拾得遗失物返还原主者给予适当报酬致谢的调节机制；如“利有攸往，得臣无家”，“益之十朋之龟，弗克违，元吉”[37]的事例，意即一外出之人得到一逃亡奴隶返还原主，获得酬谢是十朋之龟。

春秋战国时期，统治者加重了对不当得利的调处，除规定严厉的刑罚如“拾遗者刖”[38]以外，也制定了强制不当得利者赔偿的条文。秦律中关于“驾驺除四岁，不能驾御，赀教者一盾；免，偿四岁徭、戍”[39]的内容，就是对经过训练仍不能驾驭车辆的御手，规定了必须服四年徭役和戍边以抵偿其接受御手训练时所免除的四年徭役和戍边义务；对于官吏因公外出已领过口粮而又于途经驿站多领口粮的不当得利，秦律也明确“止其后朔食，而以其来；日致其食”[40]，即停发口粮直至其返回，或者“移居县责之”，以此作为其不当得利的赔偿。

3. 因行政行为所生之债　先秦晚期因行政行为所生之债秦律中有较多规定。这种债发生根据是官吏或百姓在行政行为中造成损失，从而引起赔偿给付。其中，有的行政损失行为既要负刑事责任和行政责任，也要承担赔偿义务。着眼于给付行为观察分析，可以认为这是一种债的早期或不发达的表现形式。

秦律规定的因行政行为所生之债，既庞杂又含混。如保管仓库失职之债规定：“凡仓漏朽禾粟，及积禾粟而败之”，既给予行政的处罚，又“令官啬夫、冗吏共偿败禾粟”。而仓库中谷物数量减少知情不报，官吏与管仓者一样论罪，“又与主廥者偿不备”。另外，地方官吏收纳财货上缴不足，也规定“皆共偿不备之货入嬴”[41]。凡此等等，不一而足，体现了行政失职行为造成损失必须赔偿的精神和原则，与商鞅变法后国家严法治吏的风尚互相映照，构成当时民事、刑事及行政责任混同不分的内容和突出强调赔偿给付的特点。

4. 因损失公物所生之债　先秦晚期封建国家对公器公物予以十分严格的保护。只要是损失公物公器，一般都规定赔偿损失，由此形成严密的损失公物公器所生之债。如秦律规定：“将牧公马牛，马牛死者，亟谒死所县，县亟诊而入之，其入之其弗亟而令败者，令以其未败值偿之”的条文，即是对放牧公牛马造成损失必须赔偿的规定。对于“百姓假公器及有责未偿”，亦强制百姓赔偿和还清债务。如果借用公器公物未还而借用人死亡，也“令其官啬夫及吏主者代偿之”[42]，体现了封建法律对保护公物公器的重视及这种债的实质。

---

[36] 黄寿祺、张善文撰：《周易译注卷四·无妄卦第二十五》，215页，上海古籍出版社，2001。

[37] 黄寿祺、张善文撰：《周易译注卷四·损卦第四十一》，340页，上海古籍出版社，2001。

[38] 《晋书·刑法志》引《法经》。

[39] 睡虎地秦墓竹简整理小组编：《睡虎地秦墓竹简·秦律杂抄》，文物出版社，1978。

[40] 睡虎地秦墓竹简整理小组编：《睡虎地秦墓竹简·仓律》，文物出版社，1978。

[41] 睡虎地秦墓竹简整理小组编：《睡虎地秦墓竹简·效律》，文物出版社，1978。

[42] 睡虎地秦墓竹简整理小组编：《睡虎地秦墓竹简·厩苑律》、《睡虎地秦墓竹简·金布律》，文物出版社，1978。

三、先秦债运转的主要原则

由先秦文明社会自然经济状况和社会文化环境决定，当时的法律在适应经济交往关系发展要求产生之后，又在对经济交往关系的不断调节中逐渐积累经验，形成了一定的原则。这些原则一旦形成，反过来就对债流转的调节发挥着重大的作用。从奴隶制社会到封建制社会，先秦法律对债运转的调整内容从简单到复杂，但始终体现了一贯的特定的基本精神。这种基本精神指导法律规范对债运转的调节，并体现到具体的贯彻之中，上升为一般的原则。结合以上对先秦债运转的法律调整史实，可以看出其主要原则表现在以下方面。

1. 国家强力干预原则 这一原则从债产生运转之初到奴隶制向封建制社会转变，自始至终在先秦法律调节中得到贯彻。基于土地王有，历代统治者都特别重视土地交易之债的法律调整。西周时，诸侯大夫占有土地的互易、租赁等必须经周王朝批准并监督，才属合法有效。春秋战国崇尚耕战，各诸侯国相应加强了对土地互易之债的干预控制。即使商鞅变法以功劳论爵禄封赏，也没有改变土地王有的基础。因此，公债关系不仅在土地交易中得以深入，而且也延伸到市场买卖和借贷领域，成为国家强力干预的根据。先秦末期，社会走向封建制，国家更是以当然债权人身份出现，强制债务人清偿债务，使其强力干预意图暴露无遗。在债的流转过程中，国家亦对债的形成、转移、担保抵押及消灭等各环节作出了直接干预的法律规定。至于如何处理民间之债，法律则规定了家族内部的纠纷包括债的争议按“公室告”和“非公室告”的界限决定调整与否，前者属于司法审判的范围，后者属于家族礼法调处的范围。即便是由家族按宗法礼制调处的债的争议，也受到国家间接的引导和干预。而民间宗族、家族及家庭之间的债的纠纷，则是受国家刑律和宗法礼制双重调节的。

2. 确保公债清偿原则　由于王有土地制度的制约，先秦奴隶制及封建制社会公债关系相当发达，国家作为债权人直接介入债运转，构成当时的债及其法律调整一大特色。调整社会公债关系以确保公债有序运转，是当时法律对债运转调整体系中的核心内容。确保公债清偿，也就相应被为先秦法律调处债运转的基本原则固定下来。由于国家在公债运转中既作为债权人又充当调节机关的双重性质，所以使得统治者为确保债务清偿作出了相当严格的规定。当时的法律不仅规定和押债务人的财产，而且也通行以人身作质抵押担保，甚至不惜使公债关系的私方债务人成为官奴隶。即使是债务人死亡，法律也不免除其债务，而以连带责任追究有关联的官吏或亲属。这种连带债务与当时株连之法交织，体现了公债清偿的原则和法律责任追究中有责必负的特点。尽管秦律也曾作出了“有债于公及赀赎者居它县，辄移居县责之。公有债百姓未偿，亦移其县，县偿”[43] 的规定，使人看起来觉得公私债务都必须清偿，但结合清偿的具体规定和清偿方式、手段所体

㊸ 睡虎地秦墓竹简整理小组编：《睡虎地秦墓竹简·金布律》，文物出版社，1978。

现的严格公债清偿的史实，强调公债清偿的原则及实质一目了然。为了确保公债清偿，奴隶主和封建统治者甚至不惜破坏生产方式和生产关系。如战国时转入封建社会的秦国大量推行公债关系，在法律中为确保公债清偿规定将债务人罚作官奴隶抵债，不能不说是一种倒退或反动。

3. 维护宗法等级特权原则 先秦奴隶制、封建制社会，家族血缘宗法关系得到保留和发展。阶级统治通过家庭结构实现，形成了宗法等级制度，制约着社会经济交往关系的运行。体现在法律调整方面，不仅是严格禁止大小宗亲族之间的债的关系的存在，而且对非同宗但身份地位高低不等的主体之间的债权债务关系，亦按等级特权原则调处。如《㑇匜》铭记牧牛控诉其上司违约却败诉，其原因就在于他“敢以乃师讼”，扰乱了等级特权统治秩序。而秦律对“非公室告”置之不理，也是为了维护家长的宗法等级特权。如法律规定：“父盗子，不为盗”[44]，即是认为父亲盗窃亲子财产的损害行为，不属于违法行为之列，不构成赔偿责任。这样通过不平等规范的设立及其司法贯彻，造成了当时社会债权债务关系的畸形发展的环境，反过来维持和巩固宗法等级统治秩序，促成了法律调整债流转的最基本的核心原则的形成。

四、先秦债流转的特点

从前述可以看到，我国先秦债的存在和发展，是先秦经济交往关系发展到一定阶段的必然结果。它从无到有，经历了由低级到高级、从不稳定到稳定、从不完善到自成体系的演变过程。同时，它在发展演变中也因受到地理环境、社会发展程度及其文化机制运行态势等诸多因素的影响和限制，呈现出自身的独特性。综合前述先秦债的起源演变及其种类形式的分析，当时的债及其法律调整有以下鲜明的特点。

第一，互易、借贷、买卖及私犯之债在整个债的体系中占很大比重。先秦文明社会中，互易、借贷、买卖及私犯即普遍存在并运转，又发挥着确立、巩固和维持经济交往关系发展的巨大作用。与罗马债的体系相比，西周乃至春秋战国关于雇佣、租赁、合伙、承揽等债的内容相对薄弱。特别是合伙与承揽之债，在西周与春秋战国时期表现极不充分。这一特点的形成，很大程度上与王民王土制度下各个独立生产单位或生产者无权支配生产资料或十分有限地支配生产资料有关。

第二，土地和奴隶为标的物的债十分突出。以出土青铜器中债的铭文记载为例，几乎所有关于债的内容，其标的物都包括土地和奴隶。即使《卫盉》铭记矩与裘卫交易的目的是取得工艺奢侈品，亦是用田三百亩折价购买。先秦文明社会债权债务关系体现的这一特点，与同时代农业生产占主导的自然经济性质的制约是分不开的。

---

[44] 睡虎地秦墓竹简整理小组编：《睡虎地秦墓竹简·法律问答》，文物出版社，1978。

第三，契约之债的订立特别强调盟誓或约誓程序。关于契约达成必须“作盟诅之载辞”[45]的史实，传世文献及出土铭文中屡见不鲜。这种达成合意契约盟誓的特点，同当时社会沿袭的宗教崇拜及祖先崇拜的习俗风尚有密切关系，社会的交往信用准则正是建立在盟誓或约誓的笼罩下，只有经过这一程序，才能使对方当事人树立起信任感，并依照契约载明的权利义务在日后出现的争讼中得到法律保障而实际履行。

第四，债流转受到宗法关系的束缚。先秦社会宗法血缘为纽带的宗法关系和宗法制度，虽经氏族社会分化解体的冲击，也仍然未被破坏。相反，在奴隶制及封建制社会，宗法关系以其同国家阶级统治制度紧密组合的方式保留和发展，形成了宗法等级制度。这种制度长期维护并推行“亲亲”“尊尊”和“亲贵合一”的原则，自然也要影响和束缚先秦文明社会债流转状况及其演变发展。按照宗法关系的要求，宗族、家族乃至家庭内部成员之间的所有经济交往关系，都必须服从并维持巩固本宗本族本家的利益。当时债流转所体现和要求合意平等交易精神，也只能在不同家族不同家庭之间得到维护和贯彻。而宗族、家族及家庭内部成员之间，则着重适用宗法等级制度的原则即礼的规范。宗族、家族首领及家长对本宗本族本家内卑亲属造成损害，可以不用赔偿，他们之间更无平等交易即债流转关系可言。因此，有关债流转的法律调整规范就首先确定“公室告”与“非公室告”，然后才论及是否适用。即使是家族家庭之间的经济交往即债的运转，家族家庭内卑亲属亦无权过问和参与。他们的权益与他们的人格一样，被宗法等级制度确保的家长同化了。

与此相应，先秦法贯彻了宗法礼制的要求。维护家族血缘关系的宗法礼制在自然经济基础上形成和发展，反过来又促进和维护自然经济的运行。宗法礼制的这种适应性，理所当然地排斥或改造着一切与它对立的行为规范和习惯。尤其是对强调人格平等的债权债务关系的运转，更是不允许还其本来面目。即使正常的交易通过债的形式流转，也不得不受到“亲亲”“尊尊”为宗旨的宗法等级礼制束缚。一方面，先秦奴隶制及封建制统治者奉行礼制干预债的正常流转，对民间债权债务关系提倡“以阳礼教让，使民不争”[46]。另一方面，统治阶级又在国家立法司法中贯彻礼制，以礼的要求调节债流转。由此构成了先秦文明社会法律体系对债流转调节的异常浓厚的礼制宗法关系束缚的特色。

第五，官债或公债关系发达。从奴隶制国最初形态的夏王朝开始，奴隶主生产资料所有制即以土地所有制为核心，通过土地国有或王有的形式表现出来。维护国有或王有财产的权益，实质上等于维护奴隶主贵族官僚支配财产的权益。因此夏、商、西周及春秋战国，国有或王有财产的流转便受到统治者的强化保护，官债或公债亦随之得到有意识的发展。前面已述，官府作为债权人不仅直接控制金钱放贷和谷物放贷，以收取孳息满足国家机器运转及各级奴隶主贵族奢侈生活的需要，而且插手市场买卖和严密控制监督土地交易。与此同时，对于任何损失公器公物的行为，国家更以当然的债权人自居，强制对公器公物求

---

[45] 崔高维校点：《周礼·春官·宗伯第三》，45页，辽宁教育出版社，1997。

[46] 杨天宇撰：《周礼译注·地官司徒第二·大司徒》，148页，上海古籍出版社，2004。

得赔偿。在秦律中，有相当多的条文规定了因行政措施和失职行为造成国家损失必须赔偿或给予财产处罚的内容。更有甚者，战国时封建统治者大张旗鼓地在耕战中推行“赀赎债”，将官债关系发展得淋漓尽致，无以复加。这反映了统治者运用和调节官债的结晶。

第六，债的观念处于具体形象的认识阶段。在先秦社会发展史上，人们对债的认识理解局限于感性之中。当时人们观念中的债称为“责”，其义多指借贷之债，即所谓“借债还钱”。而对于经济交往关系中给付行为的一般的抽象观察分析与总结，直到思想非常活跃而以百家争鸣著称的春秋战国之际也未出现，即便是以法网严密闻名的秦律，尽管规定了相当具体丰富的调节债流转的条文，但也没有对之进行过些许归纳。这一特点的形成，除了受自然经济基础束缚的影响外，尚与宗法观念的桎梏有密不可分的联系。以维护宗法等级统治为核心的宗法观念不仅严重阻碍了体现财产和人身权利义务组合的债的发展，而且以“重义轻利”的说教约束着人们对债及其运转的思维。在宗法礼制崇尚“尚辞让，去争夺，舍礼何以治之”[47] 的思想指导下，与礼制礼教根本对立的债的精神和意识自然要受到压制和束缚而扭曲呈现。

因此，尽管先秦文明社会中法律对债流转的调节已经形成了基本的制度和主要原则，但是，这些制度和原则既不是对债权债务关系抽象总结和系统归纳的结果，也不体现当时人们认识把握债流转正常进行的自觉性。质言之，先秦文明社会没有形成系统调节债流转的法律理论体系，其相应制度、原则和条文规定更多地表现为习惯规范或准则的集合。

第七，体现了重农抑商精神。先秦文明社会建立在适宜农业发展的地理环境中，农业成为自然经济的主要生产部门。因此，对于物质资料大规模的流通，并无迫切的发展要求。一切围绕着农业生产的需要而抉择，不允许任何生产部门取代或干扰农业生产的投入和产出秩序，逐渐成为人们行动的主流。先秦进入文明社会以后，法律中规定了严格监督管理物资流通渠道的经济交往关系的制度，体现了自然经济重农精神，贯彻了农业生产自给自足维持运行的要求。不管是西周设司市控制市场交易，还是秦律立法定布吏之制，都力图重征商税。到先秦末期社会转向封建化，国家法制一方面推行官商制度，另一方面则从人格限制和消灭着手约束限制民间手工业和商业。秦律中关于允许赀赎债务转移的条文再三强调“作务及贾而负债者，不得代”[48]，就是将从事手工业和商业而负债的债务人视为必须特殊处罚即人身限制的对象，从中可见重农抑商意识物化之一斑。这种意识或精神及其在法制中的推广，极大程度上构成了对手工业及商业和社会正常的债流转的桎梏和阻碍，是世界古代文明史上较为突出的现象。

第八，法律责任混同，调节手段不分。在世界各文明古国发展史上，都有过民刑责任不分和各种手段混用的情况。罗马债法体系形成以后，对当事人的法律责任始按公私界限而分开；对私人债权债务关系的调整，主要采用民事手段。与罗马法的分别调整原则不同，

---

[47] 傅云龙、吴可主编：《船山遗书》（第二卷）之《礼记·月令·仲冬之月》，989页，北京出版社，1999。

[48] 睡虎地秦墓竹简整理小组编：《睡虎地秦墓竹简·司空律》，文物出版社，1978。

我国先秦文明社会的法律对债流转进行调处多贯穿了责任混同手段不分的方式。基于自然经济和土地王有而公债流转发达的实际，当时法律调整并不重视负欠公债应处何种处罚的界限的区分，几乎都将负欠公债视作犯罪；以至于以法网严密著称的秦律对负欠公债的债务人都采取刑罚处罚而附带经济赔偿责任的追究。而且，即使是对负欠公债的债务人实施的刑罚，也多以强制其为债权人即官府或国家服役偿债为目的。这样一来，也就形成了债务人负债是既触犯刑律又应当清偿债务的观念。债务人亦相应要受到刑罚和经济赔偿双重处罚。刑事调节与附带赔偿调节混同运用，法律责任不分，构成了只重债权人利益而不雇债务人权益的机制，突出了当时对债运转进行法律调整的特点。

五、余论

人类上古社会，典型地调整债的法律首推罗马法，“它对简单商品所有者的一切本质的、法律关系（如买主和卖主、债权人与债务人、契约、债务等等）”作出的最一般的总结，使“一切后来的法律都不能对它做任何实质性修改”㊾。先秦时期的债流转，无论是内容分类调整，流转形式规范，还是流转安全保障等方面，都不能与罗马债法相比。罗马法中关于债的概念、种类、标的、债因、渊源，以及债产生、转移、变更、消灭和安全流转等一系列制度规范，在先秦社会的债流转史实中表现并不自觉。先秦时期关于债流转的调整，基本上依靠传统习惯；相应的关于债流转的系统研究和理论，迄今为止，在传世文献和考古发掘成果中，还没有发现。但是，尽管如此，我们不能因为先秦时期没有出现类似罗马债法的系统理论和最一般的调整债流转的规范，就否定先秦社会债流转存续的客观史实。债这种以给付为基本特征，以法锁即法律约束为本质的社会交往关系，在人类社会由野蛮进入文明阶段以后，就构成人们日常生产生活必需的基本内容，促成并维护一定的经济交往关系。先秦时期的社会生产和生活，在内容、特点和形式上不管多么有别于古罗马社会，经济交往是必然的；伴随经济交往的债流转，亦不以人的意志为转移地必然存续。

正如诸多罗马法研究学者认定的那样，罗马法之所以在古罗马时期就达到如此辉煌，基本的原因在于：处于欧、亚、非交汇地理环境的罗马市民和万民，必须面对非常频繁的商业贸易和经济交往。正是为了调节和管理非常频繁的商业贸易和经济交往，才构成了罗马法学家得以发展并为社会推崇的市场。与古罗马相比，我国先秦文明社会的债及其法律调整在农业自然经济生存的最佳环境中产生，适应着当时社会经济交往关系的发展要求而演变，形成了独特的内容、形式、种类、制度及特点。正是在农业为主要生产部门的自然经济基础上，才有可能使氏族家族的血缘宗法关系得以保留、沿袭和发展，才有可能形成以王土王民制度为核心的经济运行态势，才有可能使社会发展不需要像古希腊古罗马那样进行频繁的商品生产和贸易就能维持运行。反过来看，宗法等级制度和王土王民制度在自

㊾ 《马克思恩格斯全集》，第 21 卷，346 页；第 1 卷，382 页，北京，人民出版社，1975。

然经济基础上形成，又极大地作用于其赖以生存的基础，以致构成了既能够对抗自然界灾害又约束社会经济交往关系及社会思维发展的屏障。

在先秦文明社会发展史上，债流转及其法律调整的形式及运行，一方面发挥着维护、保障当时社会经济交往关系有序进步的作用，但也因其运行环境及其赖以生存的经济基础性质的局限和制约，对社会商品生产流通的正常的债流转起着束缚和羁绊作用。这种作用的突出表现，是宗法礼制对债流转的干预。

先秦债流转及其法律调整的内容、形式、特点、精神，既由其生存环境与农业自然经济基础界定，又表现出对自然经济的相对适应，从而使得它能够在基本生存条件不变的前提下沿袭发展下来。它顺应当时社会经济交往关系特定发展形成的体系，也必然对后世封建社会继承和发扬。秦汉特别是汉代债流转及其法律调整的内容和特点，都可以看到先秦债流转及其法律调整影响的痕迹。先秦债流转及其法律调整的体系，可以说是秦以后封建社会债及债法的前身和雏形。

徐世虹**

汉律中有关行为能力及责任年龄用语考述*

张家山汉简《二年律令·户律》325～327简为有关“自占年”的规定，这是目前所能见到的相当详细的涉及申报年龄的法律条文。年龄是判断成人与否的基本依据，而成人与否又关系到自然人行为能力的完整与否，关系到权利享受与义务履行，故探讨散见于汉律中的相关用语及其内涵，对了解汉律的多元功能或不无裨益。

一、老小不当刑

语见《二年律令·具律》91简：

（前略）隶臣妾及收人有耐罪，（系）城旦舂六岁。（系）日未备而复有耐罪，完为城旦舂。城旦舂有耐罪以上，黥之。其有赎罪以下，及老小不当刑、刑尽者，皆笞百。①

“老小不当刑”，意谓老小不受肉刑。尽管此“老小”前的限定语为“城旦舂”，但既然“老小不当刑”的原则适用于刑徒，则亦当适用于庶人，其恤刑之举不别良贱。老小得以不受肉刑，一般而言是由于其行为能力有所欠缺。关于“老”的年龄起点，征以《二年律令》36、83、342～343诸简：

年七十以上告子不孝，必三环之。三环之各不同日而尚告，乃听之。

公士、公士妻及□□行年七十以上，若年不盈十七岁，有罪当刑者，皆完之。

---

* 原发表于中国社会科学院简帛研究中心、中国社会科学院历史研究所秦汉魏晋南北朝室编：《简帛研究二〇〇四》，桂林，广西师范大学出版社，2006。原文刊发。

** 徐世虹，史学博士，中国政法大学古籍整理研究所教授兼所长，博士生导师。多年来主要从事中国传统法律古籍的整理研究，尤重出土秦汉简牍法律文献及法律制度的研究。

① 张家山二四七号汉墓竹简整理小组：《张家山汉墓竹简［二四七号墓］》，文物出版社，2001。下文所引《二年律令》简文皆出此书，为避文烦，不逐一注出。

（前略）及老年七十以上，毋异其子。

知为70以上。以无爵者而言，其年龄的界定小于受杖之年（75岁）而大于免老、睆老之年（66、62岁）。70岁以上的老人，在诉讼权利上有所限制（三环之），而在刑事责任的承担上则有所宽松（免受肉刑）。限制与宽松，皆因行为能力不完整所致。

关于"小"的年龄上限，论者一般以上述83简为据，推测为不满17岁。如17岁以上的男子为成人；10到17岁基本承担刑事责任，但可免于肉刑②；83简规定了公士、公士妻及老人与未成年人犯当处肉刑之罪时，将肉刑换为完刑的情况。《二年律令》中所见的"老小不当刑"，或指见于此条的70以上、不满17。③ 对于83简律文的本身理解，笔者并无异议，只是对"小"的年龄认定，以为尚有进一步探讨的必要。

在秦汉法律中，"小"的界定涉及身份地位、权利义务及责任的完全与相对，是相当重要的法律概念，故在秦律中"小"即有较为清晰的形态。所谓小、大，是以行为能力完整与否为基准划分的。《二年律令·金布律》418—420简所见的"大男"、"大女"、"使小男"、"使小女"、"未使小男"、"未使小女"，是当时社会对成年人与未成年人的固定称谓。④ 这种称谓的年龄内涵经居延汉简记载而得以揭示，即大男大女的年龄为15岁以上。

楚汉战争时，项羽"悉令男子年十五以上诣城东，欲坑之"⑤，论者认为这"显然是把15岁以上的人看成是可以从军作战的'成人'"⑥。汉初，衡量行为能力的完整与否亦以15岁左右为界。《二年律令·户律》342—343简："寡夫、寡妇毋子及同居，若有子，子年未盈十四，及寡子年未盈十八，及夫妻皆（癃），及老年七十以上，毋异其子。"此条律文规定了几种"毋异其子"的限制，"子年未盈十四"为其中之一。其限制的目的显然在于"未盈十四岁"者尚不具备完全、独立的行为能力。又据论者广为征引的惠帝六年（前189年）诏，知女性的婚龄下限为15岁。对15岁即具有完整行为能力的认定，当一直延续至西汉末。成帝时，沛郡一富翁担心身后已嫁女与幼子争财，遂立遗书："悉以财属女，但遗一剑与儿，年十五，以还付之。"富翁子年满15岁后，因姊不肯归剑，遂讼至郡府。时太守何武断道："夫剑者，亦所以决断也；限年十五者，度其子智力足以自治，（下略）悉夺取财以与子。"⑦ 所谓"智力足以自治"，犹今言有独立的判断与行为能力，可以以诉讼主体的资格进行诉讼。同时亦反证年15以下，无论心智与体力均未达到成熟阶段，尚无独立参与民

② 韩树峰：《秦汉律令中的"完"刑》，《中国史研究》2003（4）。

③ 日本京都大学人文科学研究所三国时代出土文字数据研究班：《江陵张家山汉墓出土〈二年律令〉译注稿》（之一），载《东方学报》，第七十六册，172页，2004。

④ 大男大女的称谓亦可见《管子·海王》："桓公曰：'何谓正盐筴?'管子对曰：'十口之家，十人食盐，百口之家，百人食盐。终月，大男食盐五升少半，大女食盐三升少半，吾子食盐三升少半，此其大历也。'"

⑤ 《汉书》，卷三一《项籍传》。

⑥ 彭卫：《汉代婚姻形态》，87页，三秦出版社，1988。

⑦ 王利器：《风俗通义校注》，588页，中华书局，1981。据《汉书》卷八六《何武传》，成帝绥和元年（前8年），何武为御史大夫，而此前因所举方正"诡众虚伪"而左迁楚内史，迁沛郡太守，故决断此案当在成帝绥和元年前。

事活动的能力。又据扬州仪征胥浦101号汉墓所出平帝元始五年（5年）先令券书记载，当事人之一公文，“年十五去家，自出为姓”，而在家长遗嘱中仍被视为合法的财产继承者。这多少可以窥见当时的民间社会已经认为男子年15以上已具有独立为户、自主谋生的能力，与上述户律之文暗合。

与此相比，15岁以下不仅在称谓上被冠以小男、小女，在法律责任的承担上也大有别于大男大女。《二年律令·具律》86简：“有罪年不盈十岁，除，其杀人，完为城旦。”既然10岁以下儿童犯罪，除杀人罪外完全免除刑事责任，则10岁以上犯罪必须承担刑事责任，但据“老小不当刑”的原则，10岁以上属于“小”的范畴，故所承担的相对刑事责任中仍不包括肉刑。如据83、91简可推知，10岁以下或以上的完城旦刑徒二次犯罪，且犯当处肉刑之罪，则改为笞百。[⑧]

问题在于，“小”的上限以何年为界。对此或可求证于秦律。《法律答问》6简：

甲盗牛，盗牛时高六尺，(系)一岁，复丈量，高六尺七寸，问甲可(何)论？当完城旦。[⑨]

这是一个被人频繁征引的案例。平民男子甲盗牛时身高6尺（1.38米），拘系一年后身高达到6尺7寸（1.54米），被认为当处完城旦刑。值得注意的是，甲所获得的完城旦刑，是否就是秦律中对盗牛罪的一般量刑，答案未必是肯定的。《法律答问》5简曰：

人臣甲谋遣人妾乙盗主牛，买（卖），把钱偕邦亡，出徼，得，论各可（何）殹（也）？当城旦黥之，各畀主。

该答问涉及三罪：一，甲谋遣人盗；二，乙受谋遣盗主牛；三，甲乙邦亡。关于谋遣人盗的制裁规定，可参《二年律令·盗律》57简：“谋遣人盗，若教人可（何）盗所，人即以其言□□□□□及智（知）人盗与分，皆与盗同法。”即谋者视同盗者。关于邦亡罪，据秦简整理者对《法律答问》48简的分析，当处黥城旦刑。[⑩] 又据《法律答问》131简“盗罪轻于亡罪，以亡论”之文，似乎不易判断简中的“当城旦黥之”是对盗牛罪还是对邦亡罪的量刑。然而揣测“论各何也”一句，其着眼点在“各”，即“谋遣人盗”及“盗”这一盗窃行为，而非“偕邦亡”。《法律答问》4简“甲谋遣乙盗，一日，乙且往盗，未到，得，皆赎黥”之文，可视为谋遣者“与盗同法”的解释，即谋者与盗者同等量刑。又依《法律答问》2简“盗……不盈六百六十到二百廿钱，黥为城旦”，而小畜生即价值250钱[⑪]，且“四豮彘若十羊、彘当一牛”[⑫]，则盗牛无论如何是应当被处以黥城旦的。而且在《法律答

---

⑧ 相关律文的理解，可参见《江陵张家山汉墓出土〈二年律令〉译注稿》（之一），《东方学报》第七十六册，167页，2004；张建国：《张家山汉简〈具律〉121简排序辨正》，《法学研究》2004（4）。

⑨ 睡虎地秦墓竹简整理小组编：《睡虎地秦墓竹简》，文物出版社，2001。以下所引睡虎地秦简皆出此书，不再逐一注出。

⑩ 参见张全民：《秦律责任年龄辨析》，《吉林大学社会科学学报》1998（1）。

⑪ 《法律答问》92简：“小畜牲人人室，室人以投（殳）梃伐杀之，所杀直（值）二百五十钱，可（何）论？当赀二甲。”

⑫ 《二年律令·田律》253简。

问》中，该简的前后简文内容皆涉及盗窃，在性质上具有同一性。故此简所见量刑当为盗牛而定。

对此，再辨析张家山汉简《奏谳书》99—123简所载盗牛案，或可求证一二。该案为乞鞫案件。盗牛人毛不堪捶楚，诬乐人讲与己共谋盗牛，讲亦不堪笞掠而自诬与毛谋盗牛，最后被判为黥城旦且被行刑。以后讲提出乞鞫，于是案件重审，真相大白，讲由刑徒变为隐官。有论者以为，黥城旦之判，是因为此案为共同犯罪，为加重惩罚所致。秦汉律中确实有共犯加重的原则。如《法律答问》12简："其前谋，当并臧（赃）以论；不谋，各坐臧（赃）。"《二年律令·盗律》58简亦云："谋偕盗而各有所取也，并直（值）其臧（赃）以论之。"可见"前谋"是共犯的重要前提，"并赃以论"是加重制裁的基本方式。然而以本案所见，其关键在于讲是否盗牛而非共谋，故原判官吏之一铫曰"与丞昭、史敢、赐论盗牛之罪"，廷尉的最终判决也是"讲不盗牛"而非"讲不谋盗牛"。如果是加重惩罚，按秦律"不盈五人，盗过六百六十钱，黥劓以为城旦"，且一头牛的价值总会超过660钱[13]，则当黥劓为城旦。如此看来，讲被黥为城旦，非但不是加重，反而是减轻了。即使依照汉律的"盗臧（赃）直（值）过六百六十钱，黥为城旦"，也无加重之理。再以《奏谳书》69—74所载醴阳令恢盗卖官米案见之，其审判意见为："律：盗臧（赃）直（值）过六百六十钱，黥为城旦；令：吏盗，当刑者刑，毋得以爵减、免、赎，以此当恢。"其文律令并征，前者适用盗窃本罪，后者则是对官吏犯盗罪不以爵优待的规定。因此在判案时，若对本罪有加重或减轻的律令规定，在判决中当有所体现。即使采用重罪吸收的原则，其定罪量刑的过程也不会省略。

鉴此，笔者认为黥为城旦是秦律对一般盗牛罪的量刑。

假设上述推论可以成立，则以《法律答问》6简比较5简及《奏谳书》案例即可发现问题所在：同为盗牛之罚，何以一处完城旦，一处黥城旦？前者免处肉刑的优待理由何在？推敲简文，一个显而易见的理由就是，平民6尺在法律上属于"小"的范畴。《论语·泰伯》中的"可以托六尺之孤"及郑注，为论者频繁征引。郑注的"六尺之孤，年十五以下"，正可解释6尺男子盗牛为何不判黥城旦而处完城旦的原因，即盗牛者受完刑优待的根本原因在于"小"，未成年与成年是一罪二罚的根源所在。[14]《唐律·名例》云：

> 诸年七十以上、十五以下及废疾，犯流罪以下，收赎。八十以上、十岁以下及笃疾，犯反、逆、杀人应死者，上请；盗及伤人者，亦收赎。余皆勿论。九十以上、七岁以下，虽有死罪，不加刑。

从中可归纳出唐律所确定的刑事责任年龄及对象为：完全责任年龄：70以下、15以上；相对责任年龄：70以上、15以下及废疾，犯笞杖徒流罪，收赎；80以上、10岁以下

---

⑬ 参见张建国：《帝制时代的中国法》，272页，法律出版社，1998。

⑭ 有论者认为《后汉书》卷一五《来历传》所见"经说：年未满十五，过恶不在其身"，即为《新论》所引《法经》之文，即"罪人年十五以下，罪高三减，罪卑一减"，亦可佐证。参见张全民：《秦律责任年龄辨析》，《吉林大学社会科学学报》1998（1）。

（7岁以上）及笃疾，犯十恶等重罪，上请，盗及伤人，收赎；无责任年龄：90以上、7岁以下。其完全责任年龄的下限为15岁，而相对责任年龄则为15以下、7岁以上。相对责任年龄的下限与汉代的使男、使女的年龄段一致，而无责任年龄为7岁以下，又与未使男、未使女的年龄段一致，皆在“小”的范畴。这种一致，恐怕并非偶然所致（参见表Ⅰ）。因此笔者认为，“老小不当刑”之“小”的年龄段，即可以免受肉刑的未成年人的年龄在10岁以上、15岁以下。10岁以下的儿童只对杀人罪承担责任，但仍然免除肉刑。据此甚至还可以推知，《二年律令·具律》91简所见“老小不当刑”原则，至少在秦律即已存之。

表Ⅰ　汉唐

<table>
<tr><th>年龄</th><th>罪行</th><th>量刑</th><th>责任</th><th>年龄</th><th>罪行</th><th>量刑</th><th>责任</th></tr>
<tr><td rowspan="2">10岁以下</td><td>有罪</td><td>不制裁</td><td>免除</td><td rowspan="2">90岁以上
7岁以下</td><td rowspan="2">死罪</td><td rowspan="2">不加刑</td><td rowspan="2">免除</td></tr>
<tr><td>杀人</td><td>完城旦</td><td>相对</td></tr>
<tr><td rowspan="3">15岁以下（惠帝时改为17岁以下）
10岁以上</td><td rowspan="3">有罪</td><td rowspan="3">制裁而免肉刑</td><td rowspan="3">相对</td><td rowspan="3">80岁以上
10岁以下</td><td>反、逆、杀人</td><td>上请</td><td rowspan="3">相对</td></tr>
<tr><td>盗、伤人</td><td>收赎</td></tr>
<tr><td>余罪</td><td>勿论</td></tr>
<tr><td>15岁以上
70岁以下</td><td>有罪</td><td>制裁而不免肉刑</td><td>完全</td><td>15岁以下
70岁以上</td><td>流罪以下</td><td>收赎</td><td>相对</td></tr>
<tr><td></td><td></td><td></td><td></td><td>15岁以上
70岁以下</td><td>有罪</td><td>制裁</td><td>完全</td></tr>
</table>

既然如此，又当如何理解具律83简中的“年不盈十七岁”？诚如论者已经指出，83简的内容与《汉书》卷二《惠帝纪》所见诏令相同。所不同者，83简为“十七岁”，而惠帝令为“十岁”。于是人们或认为简文“十七”可能是“十岁”之误抄[15]；或认为班固笔误，抄写诏书时漏掉“七”字[16]；或推测《二年律令》所载刑事责任年龄比惠帝时更宽松。[17]

惠帝令为其即位后所发，其内容由赐爵、赐钱、赐金、减田租、复十五税一、宽刑、轻赋等诸项新政构成。其中与宽刑相涉者有三：

爵五大夫、吏六百石以上及宦皇帝而知名者有罪当盗械者，皆颂系。

上造以上及内外公孙耳孙有罪当刑及当为城旦舂者，皆耐为鬼薪白粲。

民年七十以上若不满十岁有罪当刑者，皆完之。

其所涉优待对象各有不同：颂系，适用爵五大夫、吏六百石以上及宦皇帝而知名者；犯罪后当刑为城旦舂而改作耐为鬼薪白粲的适用对象，为上造以上及内外公孙、耳孙；肉

[15] 高敏：《张家山汉墓竹简〈二年律令〉中诸律制作年代试探》，《史学月刊》2003（9）。

[16] 韩树峰：《秦汉律令中的完刑》，《中国史研究》2003（4）。

[17] 南玉泉：《张家山汉简〈二年律令〉所见刑罚原则》，《政法论坛》2002（5）。

刑改作完刑的适用对象，则为老小之民。细揣上述记载不难发现，惠帝的宽刑之举正是通过改革旧制而体现新政中对有爵者、官吏以及老小的优待倾向，否则便无颁布新令的必要。换言之，继旧律中既存“老小不当刑”原则后，惠帝令又将“小”的年龄（15岁以下）确定为“未盈十七岁”，从而将免受肉刑者的年龄范围放宽到17岁以下。

因此，83简关于庶民的恤刑内容，实际是对91简“老小不当刑”原则的适时变通，体现了宽仁之政。简文“十七”之“七”不是衍文，17岁也不是成年界线。论者关于班固误书之见，可从。

83简的恤刑对象还涉及了公士与公士妻。对此，惠帝令并未涉及，只言“上造以上”，且优待后的刑罚为“耐为鬼薪白粲”。《商君书·境内》云：“爵自二级以上，有刑罪则贬。爵自一级以下，有刑罪则已。”言自一级公士以下，因无爵级可贬，故有刑罪则当承担，不免肉刑。秦律《秦律杂抄》五简：“●有为故秦人出，削籍，上造以上为鬼薪，公士以下刑为城旦。”知其时公士犯罪不除肉刑。⑱ 然而据张家山汉简《奏谳书》182简“当黥公士、公士妻以上，完之”之文，其制当有所改变，至少在惠帝前，公士、公士妻即可以完易黥。⑲ 如此，83简所言“公士、公士妻（中略）有罪当刑，皆完之”，应为已行之律，但偏偏83简的内容又与惠帝令关系密切。如果“公士妻”之后的内容属惠帝令，则之前的内容未见惠帝令又何以入此？论者指出：“在图版中，‘公士……若年’文字不鲜明，不能确认。”⑳ 此姑且存疑待考。

二、小未傅、未傅、傅

徭律412—413简：

> 免老、小未傅者、女子及诸有除者，县道勿敢（徭）使。

“小未傅者”指尚未达到傅籍年龄者，它与未傅者的最大不同在于其属于未成年人，故与免老、女性及法定可不服役者一起，被视为免徭对象。以其前冠以“小”字，故对应的年龄段当在15岁以下至7岁。这个年龄段的未成年人被称为使男使女，是已经具有相对行为能力者，故须承担相应的刑事责任，但在国家徭役中，尚不至履行法定义务的年龄。

不过与汉初法律规定有所不同的是，此后小未傅者出现于边境事务之中。新出敦煌悬泉置汉简有如下一简：

---

⑱ 论者注意到了此简与83简的关系，认为以秦简所见公士当“刑”，有必要考虑与该条文的关系。见前引《江陵张家山汉墓出土〈二年律令〉译注稿》（之一），172页。

⑲ 《奏谳书》该案无纪年。据整理者说明，《奏谳书》22件案例的排列，大体年代较早的在后，较晚的在前。故此案所涉年代或在高祖之前。

⑳ 前揭《江陵张家山汉墓出土〈二年律令〉译注稿》（之一），172页。

效谷平望骑置一所第四，马三匹，吏一人，小未傅三人。[21]

据论者介绍，悬泉简纪年简中，最早为武帝元鼎六年（前 111 年），最晚为安帝永初元年（107 年）；敦煌郡辖有厩置九所，效谷置为其中之一；又辖有十二个驿，平望驿亦为其一。[22] 小未傅为其中的配备人员。[23] 此时的小未傅内涵是否与汉初有异，或是否因特殊原因被配置于驿置，尚不明。

与小未傅理解相关者，又有“未傅”。语见徭律 413 简：

节（即）载粟，乃发公大夫以下子、未傅年十五以上者。补缮邑，除道桥。穿波（陂）池，治沟渠，堑奴苑；自公大夫以下，勿以为（徭）。

对“自公大夫以下”之“下”，整理者已指出当为“上”。对第一句释文，论者与整理者有不同理解，认为当读作“乃发公大夫以下子未傅年十五以上者，补缮邑……”[24] 此从。不过对“公大夫以下子未傅年十五以上者”一句的理解，欲在已有认识的基础上再加探讨。

据《户律》364—365 简，知公大夫以下（至上造）子的傅籍年龄分别是 22 岁（公大夫至大夫之子）与 20 岁（不更至上造之子），故“公大夫以下子未傅年十五以上者”，自然可指爵级为公大夫以下、年龄为 15 以上 20 以下的有爵者之子。法律规定，当国家有“载粟”之役时，因爵位优待而傅籍年龄迟于平民之子的大夫、士等有爵者之子可被征用，在地方从事“补缮邑”等辅助正役的劳役。

以上所言为有爵者之子，平民之子则又如何？笔者以为，自“公大夫以下子未傅年十五以上者”一句，或正可推出平民之子的傅籍年龄，即此句不仅仅是指有爵者之子而言，其下限当至平民之子。

以秦律及《二年律令》的律文表述结构而见，其文固然往往以“以上”或“以下”区分有爵者及其权益等级，但是“以下”的下限也并非至公士而止，亦可见超越公士而至无爵者。如秦简《秦律杂抄》182 简：

上造以下到官佐、史毋（无）爵者……粝（粝）米一斗，有采（菜）羹，盐廿二分升二。

《二年律令·赐律》283 简：

赐衣者（下略），五大夫以上锦表，公乘以下缦表，皆帛里；司寇以下布表、里。

《二年律令·户律》309 简：

□□□□令不更以下更宿门。

---

[21] 简文引自张俊民：《二年律令与甘肃汉简》，简帛研究网，2004 年 6 月 22 日。http：//www.jianbo.org/admin3/html/zhangjunmin02./htm.

[22] 张德芳：《简论悬泉汉简的学术价值》，载胡平生、张德芳编撰：《敦煌悬泉汉简释粹》，201、202 页，上海古籍出版社，2001。

[23] 见上引张俊民文。

[24] 高敏：《西汉前期的“傅年”探讨》，《新乡师范高等专科学校学报》2002（8）。

以上第一简涉及饮食标准，可享受这一标准的，为上造以下到无爵的官佐、史。第二简为赐衣标准，公乘以下一档明显包括公卒、士伍、庶人在内。第三简为轮值义务，“不更以下”也不可能仅指有爵者有此义务而无爵者与此无关。因此“公大夫以下子”未必仅指有爵者之子。换言之，此句应当包括两种“年十五以上未傅者”，一是公大夫以下有爵者之子，二是无爵者之子。

关于前者的傅籍年龄，已可知最低为 20 岁（不更至上造之子），故所谓“年十五以上未傅者”，当指 15 以上 20 以下及 15 以上 22 以下。关于后者的傅籍年龄，律文并未明言，只言“公士、公卒及士伍、司寇、隐官子，皆为士伍”。不过以《二年律令》所见五大夫以下爵位与权利义务的对应关系，可以推测公士及无爵者之子的傅籍年龄与上造之子（20 岁）相比，不会有很大差异。如表Ⅱ：

表Ⅱ

<table>
<tr><th rowspan="2">身份</th><th rowspan="2">受田</th><th rowspan="2">受宅</th><th rowspan="2">受赐比照</th><th rowspan="2">受杖</th><th rowspan="2">免老</th><th rowspan="2">睆老</th><th colspan="2">傅籍年龄</th><th rowspan="2">稟米</th><th rowspan="2">赐衣</th><th rowspan="2">赐棺而欲受资</th></tr>
<tr><th>子</th><th>小爵</th></tr>
<tr><td>五大夫</td><td>25</td><td>25</td><td>八百石</td><td>70</td><td>58</td><td></td><td>22</td><td>24</td><td>90</td><td>五大夫以上锦表帛里</td><td rowspan="9">五大夫以下棺钱级六百，椁级三百</td></tr>
<tr><td>公乘</td><td>20</td><td>20</td><td>六百石</td><td>70</td><td>58</td><td></td><td>22</td><td>24</td><td>90</td><td rowspan="11">公乘以下缦表帛里</td></tr>
<tr><td>公大夫</td><td>9</td><td>9</td><td>五百石</td><td>70</td><td>58</td><td></td><td>22</td><td>24</td><td>90</td></tr>
<tr><td>官大夫</td><td>7</td><td>7</td><td>五百石</td><td>70</td><td>58</td><td></td><td>22</td><td>24</td><td>90</td></tr>
<tr><td>大夫</td><td>5</td><td>5</td><td>三百石</td><td>70</td><td>58</td><td></td><td>22</td><td>24</td><td>90</td></tr>
<tr><td>不更</td><td>4</td><td>4</td><td>有秩</td><td>71</td><td>62</td><td>58</td><td>20</td><td>22</td><td>91</td></tr>
<tr><td>簪裹</td><td>3</td><td>3</td><td>半食</td><td>72</td><td>63</td><td>59</td><td>20</td><td>22</td><td>92</td></tr>
<tr><td>上造</td><td>2</td><td>2</td><td>佐史</td><td>73</td><td>64</td><td>60</td><td>20</td><td>22</td><td>93</td></tr>
<tr><td>公士</td><td>1.5</td><td>1.5</td><td>佐史</td><td>74</td><td>65</td><td>61</td><td colspan="2" rowspan="5">公士、公卒及士伍、司寇、隐官子，皆为士伍</td><td>94</td></tr>
<tr><td>公卒</td><td>1</td><td>1</td><td rowspan="3">饭一斗，肉五斤，酒大半斗，酱少半升</td><td>75</td><td>66</td><td>62</td><td>95</td><td rowspan="4">无爵者棺级三百</td></tr>
<tr><td>士伍</td><td>1</td><td>1</td><td>75</td><td>66</td><td>62</td><td>95</td></tr>
<tr><td>庶人</td><td></td><td></td><td></td><td>66</td><td></td><td></td></tr>
<tr><td>司寇隐官</td><td>50 亩</td><td>半宅</td><td>饭一斗，肉三斤，酒少半斗，盐廿分升一</td><td></td><td></td><td></td><td></td><td>司寇以下布表里</td></tr>
</table>

自表可见，低爵者与无爵者的差异并不明显，受田宅不过半顷半宅之别，受杖、免老、睆老、稟米亦不过一年之差。至于赐衣，则公乘以下直至庶人，皆为缦表帛里而无差异。就傅籍年龄而言，不更以下子皆为 20 岁，如果至公士以下子为 15 岁，则差异较大，较其他诸项权益反差明显。

总之，对 413 简或可作如下理解：15 岁是大男大女（具有完整行为能力）的界定标准，但不是傅籍（法定的服役）之年。可以说傅籍者必已成年，但未必成年即傅籍。景帝时规定“二十始傅”，昭帝时改为 23 岁，在“宽力役之政”的背后，恰好表明傅籍之年与成年之年无必然联系。如前所述，15 岁以上的大男大女被视为具有完整行为能力者，因而在立户、婚姻乃至缴纳赋税上可独立参与行为，但在为国家服正役上则未必如此。413 简以 15 岁为界，证明 15 岁以上者已具有完整的行为能力，故可征而役之。然而这些人又与已傅者不同，故令其从事与正役有所区别的"补缮邑"等辅助性力役。景帝二年（前 155 年）"令天下男子二十始傅"，意味着是在原傅籍之年的基础上将年龄放宽到 20 岁，即将原为不更以下子享受的优待扩大到整个平民阶层。如此，汉初公士以下子 17 岁傅籍，在目前看来是较为合理的推测。秦简《秦律十八种》190 简有"除佐必当壮以上，毋除士伍新傅"的规定，从中可辨析出新傅士伍当属青年；自《二年律令·史律》474 简"史、卜子年十七岁学"，亦可窥其一二。㉕

自《二年律令·户律》331 简可知，乡吏需要呈报县廷的户民籍册副本，不仅有户籍，还有年细籍，并规定"有移徙者，辄移户及年籍爵细徙所，并封"㉖，即户民移户时，不仅要迁户籍，还要迁年细籍及有关爵位的详细情况，反映出年龄、爵位、身份与国家力役中的权利义务关系密切。因此律文中的"小未傅"、"未傅"、"傅"，当皆有相应的年龄含义。就无爵者而言，小未傅当指 15 岁以下，未傅则指 15 以上、17 以下，傅则指 17 岁以上。

三、罢癃与狂易

罢癃亦指行为能力不完整者，其人可分两种情况。一见《二年律令·傅律》363 简：

> 当傅，高不盈六尺二寸以下，及天乌者，以为罢（癃）。

整理者注"乌"，疑读为"亚"，指天生残疾丑恶之人。《史记》卷七六《平原君列传》："臣不幸有罢癃之病。"《索隐》："罢癃谓背疾，言腰曲而背隆高也。"一见《二年律令·户律》342—343 简：

> ……及夫妻皆（癃）病，及年老七十以上，毋异其子。

《说文·病部》："癃，罢病也。"段注："病当作癃。罢者，废置之意。凡废置不能事事曰罢癃。"《汉书》卷七〇《陈汤传》："（陈）汤击郅支时中寒痛，两臂不诎申……汤辞谢曰：'将相五卿皆贤材通明，小臣罢癃，不足以策大事。'"即先天残障与衰弱多病者为罢癃，其在法律上被视为特殊人群，在权利义务上与常人不同。

以上述 363 简所见，法律要求衰弱多病的夫妻不得与子分户，以使其生存赡养得以保

㉕ 参见李学勤：《试说张家山简〈史律〉》，《文物》2004（4）。张家山汉简面世后，主张 17 岁傅籍者，又参见臧知非：《秦汉"傅籍"制度与社会结构的变迁》，《人文杂志》2005（1）。

㉖ 《二年律令·户律》328 简。此当袭秦制。湘西里耶秦简⑯9 正面："廿六年五月辛巳朔庚子，启陵乡□敢言之：都乡守嘉言：渚里□□劾等十七户徙都乡，皆不移年籍，令白移言，今问之劾等徙□书告都乡曰：启陵乡未有桀（牒），毋以智（知）劾等初产至今年数□□□□谒令，都乡具问劾等初产年数，敢言之。"背面："□迁陵守丞敦狐告都乡主，以律令从事。/建手。"湖南省考古研究所等：《湘西里耶秦代简牍选释》，《中国历史文物》2003（1）。

障。同类规定又见《徭律》408简："诸当行粟，独若父母居老如睆老，若其父母罢（癃）者，皆勿行。"另一方面，罢癃者又可享受全部或部分免除服役的权利。秦律允许罢癃者"占（癃）"，其目的当在视罢癃程度的轻重而减免徭役义务，故若"占（癃）不审"，里正、伍老要负连带责任。㉗《周礼·地官·大司徒》"五曰宽疾"郑注："宽疾，若今癃不可事，不算卒，可事者半之。"谓汉代对罢癃者的服役义务有两种规定：一是对完全无能力服役者，免除其服役义务；二是对尚有部分服役能力者，虽不令其服重役，但令其服力所能及之役。长沙走马楼三国吴简所出民籍，亦时见因病残而"复"的记载：

妻大女□年廿五，算一，肿两足，复。(9—3067)

富贵里户人公乘李平年卌五，算一，盲右目，复。(9—3048)

子公乘客年廿八，算一，苦腹心病，复。(9—3075)㉘

肿两足、盲右目、苦腹心病等，显然与"复"互为因果。这似乎表明，至少自秦以来，对罢癃者的服役救济制度是一以贯之的。上引《周礼》"五曰宽疾"孔疏："云宽疾若今癃不可事，不算卒者，汉时癃疾不可给事，不算计以为士卒，若今废疾者也。云可事者半之者也，谓不为重役，轻处使之，取其半功而已，似今残疾者也。是其宽饶疾病之法。"以唐开元二十五年（737年）令所见，唐代对罢癃的认定标准相当具体：

诸一目盲，两耳聋，手无二指，足无大拇指，秃疮无发，久漏下重，大瘿瘇，如此之类，皆为残疾。痴痖，侏儒，腰脊折，一肢废，如此之类，皆为废疾。恶疾，癫狂，两肢废，两目盲，如此之类，皆为笃疾。㉙

《宋刑统·户婚律》引此令为户令。残疾、废疾、笃疾之区分，当对应于户民服役能力的完整与否，"宽饶疾病之法"仍属其功能之一。

汉代对罢癃者的救济制度，还体现在生活数据的赐予上。西汉时期，鳏寡、孤独、高年往往是国家于改元、立太子、祥瑞、灾异之际赐帛的对象㉚，而自东汉以后，鳏寡、孤独、笃癃、贫不能自存者则被赐以粟米㉛，笃癃者成为国家道德政治的实施对象。㉜

在罢癃者成为法律优待及国家救济对象的另一面，则是罢癃者的政治权利一般不予保护。高祖十一年（前196年）二月求贤诏规定："其有意称明德者，必身劝为之驾，遣诣相国府，署行、义、年。有而弗言，觉，免。年老癃病，勿遣。"㉝ 年老癃病者属行为能力受限制对象，即使是贤者，也不能跻身国家官吏之列。成帝绥和二年（前7年），丞相翟方进

㉗ 秦简《秦律杂抄》32简："匿敖童，及占（癃）不审，典、老赎耐。"

㉘ 王素等：《长沙走马楼简牍整理的新收获》，《文物》1995（5）。

㉙ ［日］仁井田升：《唐令拾遗·户令》，228页，东方文化学院东京研究所，1933。

㉚ 例见《汉书》宣帝、元帝、成帝、哀帝、平帝各纪。

㉛ 例见《后汉书》光武帝、明帝、章帝、和帝、安帝、顺帝、桓帝各纪。

㉜ 范忠信认为，中国古代的福利救济制度和惯例有三大精神，第二是以福利救济贯彻或体现道德教化。见氏著：《中国古代福利救济制度及其精神》，载《中西法律传统》（第二卷），218、219页，中国政法大学出版社，2002。

㉝ 《汉书》，卷一下《高帝纪下》。

受责自杀。杜延年之孙杜业上书，指责“师丹行能无异，及光禄勋许商被病残人，但皆以附从方进，尝获尊官”[34]，可知方进用病残之人许商，因不合汉制而遭杜业之讥。

在汉代，行为能力受限制者还应当包含精神病患者。时称精神病为狂易、狂病或病狂。如《汉书》卷一五下《王子侯表下》：

（贳乡侯平）建昭元年正月封，四年，病狂自杀。

又卷九七下《外戚传·孝元冯昭仪》：

哀帝即位，遣中郎谒者张由将医治中山小王。由素有狂易病，病发怒去，西归长安。

在刑事责任上，最初对重大的狂易犯罪不赦。《汉书》卷二七《五行志下之上》：

成帝绥和二年八月庚申，郑通里男子王褒，衣绛衣小冠，带剑入北司马门殿东门，上前殿，入非常室中，解帷组结佩之，招前殿署长业等曰：“天帝令我居此。”业等收缚考问，褒故公交车大谁卒，病狂易，不自知入宫状，下狱死。

王褒带剑入宫室，其罪与阑入宫殿门无异，虽系狂易，亦难免死罪。[35]《太平御览》卷六四六引《廷尉决事》：

河内太守上，民张太有狂病，病发杀母、弟，应枭首，遇赦。谓不当除之，枭首。

此二案所涉皆系重罪，一涉危害皇帝安全，一涉杀死尊长，故最终皆处死刑。然而狂易者为“人至病狂而改易其本性，则凡病中之所为皆非出于其本性”[36]，在刑事责任上终究不能与常人等同。《后汉书》卷二九《郅恽传》：

（郅恽）西至长安，乃上书王莽曰（中略）。莽大怒，即收系诏狱，劾以大逆。犹以恽据经谶，难即害之，使黄门近臣胁恽，令自告狂病恍忽，不觉所言。恽乃瞋目詈曰：“所陈皆天文圣意，非狂人所能造。”遂系须冬，会赦得出，乃与同郡郑敬南遁苍梧。

从中可见，假设郅恽听从黄门近臣之言，自诉因狂病而不觉所言，便有可能减轻甚至免除刑罚。这或许是当时具有实效的刑罚原则。即在言论罪上，狂易而言不同于有主观故意的诽讪。至东汉安帝时，尚书陈忠提出“狂易杀人，得减重论”[37]，将狂易杀人改为负相对刑事责任，从法律上确认了狂易者为无独立或受限制行为者。

由于狂易者在法律上被视为行为能力有所欠缺，因而在爵位继承上也受到限制。《汉书》卷一五下《王子侯表下》：“（乐平侯䜣）病狂易，免。”又卷七三《韦玄成传》：“（韦）贤薨，玄成在官闻丧，又言当为嗣，玄成深知其非贤雅意，即阳为病狂，卧便利，妄笑语

---

[34] 《汉书》，卷六〇《杜钦传》。

[35] 阑入宫殿门下狱死之例，又见《汉书》卷九七上《孝昭上官皇后》：“又（上官）桀妻父所幸充国为太医监，阑入殿中，下狱当死。冬月且尽，盖主为充国人马二十匹赎罪，乃得减死论。”

[36] 沈家本：《汉律摭遗》，卷五，邓经元、骈宇骞点校：《历代刑法考》，1470页，中华书局，1985。

[37] 《后汉书》，卷四六《陈忠传》。

昏乱。征至长安，既葬，当袭爵，以病狂不应召……而丞相御史遂以玄成实不病，劾奏之。有诏勿劾，引拜。玄成不得已受爵。”玄成之佯为病狂，在于不愿取代坐罪之兄而作为第一继承人袭爵。尽管以后又不得已受爵，但由此亦可反证，若玄成狂病属实，便不能立继袭爵。狂易者在立继、袭爵、为官上受到限制，也使一些志行高洁者往往以佯狂为手段，或躲避为权势者服务，或让位于贤者。公孙述僭号于蜀，犍为人费贻不肯仕之，“乃漆身为厉，阳狂以避之，退藏山数十余年”[38]。顺帝时，尚书侍郎雷义归乡，复举茂才，“让于陈重，刺史不听，义遂阳狂被发走，不应命”[39]。

㊳ 《后汉书》，卷八一《独行列传·谯玄》。

㊴ 《后汉书》，卷八一《独行列传·雷义》。

刘笃才

中日近代宪政道路不同选择的历史约束条件*

——兼论中国近代宪政与革命的关系

简介

刘笃才，1943年生于黑龙江省肇东县，1978年就读于中国社会科学院研究生院，1981年毕业，获法学硕士学位。在辽宁大学法学院长期担任法律史教学工作，并曾出任院长一职。先后在《中国社会科学》、《法学研究》、《中国法学》、《环球法律评论》、《法学》、《当代法学》等杂志发表论文，并出版《极权与特权》等著作。现在主持国家社会科学基金项目“中国古代法制与民间规约”的研究。

* 原发表于《环球法律评论》，2007（5）。本文是辽宁大学亚洲研究中心资助项目“中日宪政道路比较研究”的成果之一，在此对于提供资助的韩国高等教育财团谨致谢意。

中日近代宪政走过了不同的道路，这是与其初始阶段的选择分不开的。即经济学所谓的“路径依赖”。诺思认为，经济学的所谓“路径依赖”是指事物一旦进入某一路径，就可能对这种路径产生依赖。这是因为存在着报酬递增和自我强化的机制。从而使得人们一旦选择走上某一路径，就会在以后的发展中得到不断的自我强化。中国在走向宪政的初始阶段选择了革命的道路，此后是连续不断的革命。这些革命不断推翻原来的旧秩序，废除旧的宪政体制，创造新的宪政秩序。日本的宪政初始阶段则选择了维新的道路。明治维新开启了日本的宪政道路，明治宪法制定后，直到二战结束，宪法一直处于连续稳定的形态，甚至日本军国主义和法西斯主义也是在没有中断宪法的情况下上台的。

我们现在要问的是，中日在初始阶段的不同选择是什么原因？我们这里说的选择，不是哪个人，甚至也不是哪个阶级的主观选择。事实上这种选择是各种政治力量相互博弈的结果。毫无疑问，决定因素是十分复杂的。这里我们专论其历史的约束条件，也并不是抹杀它的现实约束条件。我们更不是历史决定论者。历史条件起作用是在现实情势下发生的。不同的现实情势，无疑会有不同的选择。问题是在相同的现实情势下，为什么会有不同的选择？这就不能不论及其历史条件的约束。本文以中日两个国家面对近代大致相同的情势，在宪政道路上的不同选择进行比较，旨在回答上述问题，实际是对现实情势下历史如何起约束作用的具体分析。

这个问题之所以值得探讨是因为历史约束条件长期发挥作用的缘故。宪政在中国近代所遭遇的情势已经成为过去。当代中国宪政建设面临性质不同的问题。但是，由于是在同一个中国，那些在近代起作用的历史约束条件，在当代仍然会不同程度地起着作用。这是我们必须加以注意的问题。

一、中日宪政的不同道路

中国和日本同样是东亚国家，面对同一挑战，却做出了不同的回应，在宪政上走的是不同道路。

关于宪政的概念，不同的人有不同的理解。例如，毛泽东曾经将宪政定义为“民主的政治”，这一观点仍为很多学者所坚持。不过现在学界更流行的观点则认为宪政和民主是一种互补关系，宪政目的在于使个人免于多数（民主）的压迫。还有的学者认为，宪政是一个综合的概念，它包括了三个基本要素，即民主、法治和人权。①

---

① 李步云：《宪政与中国》，载《走向法治》，2页，湖南人民出版社，1998。

本文使用的宪政概念有所不同，它只是立宪政治的略语。诚然，即使如此，宪政和民主政治、自由人权以及法治仍然有着密不可分的关系。但是，在本文的范围内，实行立宪政治不等于成为宪政国家。宪政国家的概念对于研究历史未必适用，因为对一个国家而言，很难确定历史的某一时点是其宪政取得成功的分界线。在进行比较宪政的研究时，把宪政作为一个动态的概念，作为一个过程来加以把握，似乎更为适当。当世界上出现了宪政思想，并且传播开来，它就成为各国人民追求的目标，于是，不同的国家或早或晚会选择并走上宪政之路。而宪政的实现不是一蹴而就的事情，可能需要一个漫长的充满曲折和斗争的过程。只有经过长期不懈地努力，才能逐渐逼近宪政目标。一个国家从锁定目标到达致理想的境界就是我们这里所探讨的宪政道路。各国走上这条道路时间有早有晚，方式多种多样，经过和结果也大不相同。

基于上述观点，在对中国和日本的近代宪政进行比较时，笔者希望打破过去形成的某种成见，即日本近代宪政取得了成功，建立起了宪政国家；而中国近代宪政则遭遇了失败。我认为，如果说“明治宪法”的制定是日本的成功，那么这一成功中也包含着失败的因素，以致后来日本走上军国主义道路。在中国，清末预备立宪没有取得成功，但这是清朝廷的失败，而不是中国的失败。中国只是通过辛亥革命选择了另一条宪政道路。说到底，中国和日本的近代宪政，不是一个成败的问题，而是一个路径的选择问题。日本通过明治维新，选择了一条稳定渐进的宪政道路，而中国则选择了革命的宪政道路。这种不同选择，对于宪政建设的影响是深刻的。而造成不同选择的原因，特别其历史方面的条件约束是本文分析的重点。

二、历史怎样约束宪政道路的选择

在中国和日本都面对西方的挑战时，改革政治，制定宪法，学习西方走立宪之路，就成为两国共同的应对之策。但是，认识有早晚之别，行动有快慢之分，作为立宪的主导者，统治集团的态度有积极和消极的区别，结果通往宪政的道路大相径庭。在这一过程中起作用的历史因素，可以概括为以下三点。

1. 对外部挑战的反应方式

宪政，无论是其理论还是其制度，都产生于西方。西方资本主义国家在进行商品输出和资本输出的同时也将其包括宪政在内的制度文明输出到世界各国。这种制度文明会在世界各国发挥不同的作用，其中决定性的因素是接受者对外部世界的立场观点和态度及对于上述输出的回应。西方的挑战几乎同时出现在中国和日本面前。但是回应的方式却不同。

日本明治维新一开始，以天皇名义发布的《五条誓约》，第一条就是“求知识于世界”。作为学习西方的第一步，1871年，日本派出了规模庞大的岩仓使节团，这是一个包括了大藏省、文部省、外务省、司法省等五十多人的队伍，几乎包括了当时日本政府的所有领导人。以至于在日本要特别成立一个留守政府处理其出访期间的国家事务。从1871年12月到1872年9月，代表团历经一年零九个月，访问了美国、英国、法国、比利时、荷兰、意大利、德国、俄国、奥地利等世界主要资本主义国家。考察研究了这些国家的城市农村，工农商贸，内政外交，以及诸种法律规则等。关于后者，正如伊藤博文所说："为使我帝国进入开明各国之社会，内政应如何改革，应有何种法律，政务应施何等之方略，外交应以何为标准，以及应如何交际等，都是需要咨询研究的。"② 这表明，日本对西方的学习是全面的，从一开始就进入到制度层面了。

与此形成鲜明对比的是中国。中国在古代，特别是汉唐时期是世界上屈指可数的大国强国，即使是明清时期也还是亚洲的中心。只是到了近代才落伍于时代。对于西方，中国在挨打之后被迫承认了它在某些方面强于自己。但是，中国统治者还是不能主动积极地学习西方，甚至拒绝和西方交往。不要说不会像日本那样派出包括政府领导人在内的使团出国学习，就是西方派来的使节，清朝廷也不愿接纳，第二次鸦片战争即因此而起。清政府直到1876年才第一次派出自己的驻外使节，这就是驻英国（后来兼驻法国）公使郭松焘。这个思想开明通晓事理的大使，通过亲身的经历，看到了西方的进步和中国的不足，他将自己的出使日记整理成《使西纪程》，寄回总理衙门。结果如何呢？他的副手打小报告，说他是汉奸。朝廷御史们弹劾他是叛臣贼子，有二心于英国。书被禁毁，人被撤职，最后被免职。当他退隐还乡，家乡的士绅也骂他是勾结洋人的卖国贼。朝野上下对先进的西方采取的是鸵鸟政策。当时的中国只有很少的人肯睁开眼睛看世界，整个社会和统治上层也没有向世界学习的意识。中国认识西方的先进，最先认识到的是军火，后来是工业，再后来扩大到经济，最后是政治。在我们史学家看来这是符合文化交流规律的现象。可是比较日本向西方全面学习的情况，不能不承认这其实是中国独具的特点。日本是主动地全面地上门学习，中国是被动地片面地坐等送上门来。之所以先从军火开始认识西方的先进，就是被打上门才得到的认识。其后我们仍旧长期关紧交流的大门，甚至不准外国人在北京设立使馆，不派驻外大使，更遑论像日本政府那样倾巢而出去国外学习呢！

再看学习宪政的情况。日本在决定1890年公布宪法的计划之后，为做好准备，1882年派以伊藤博文为首的"宪法考察团"往欧洲立宪国家进行考察，考察的内容确定为31项。伊藤于同年3月出发，直到1883年8月回国，历时一年半，他仅在柏林大学听取宪法学家授课就花了半年的时间；反观中国，当日本明治宪法已经制定公布十几年后，中国的统治者开始了自己的新政。然而，在关于新政的上谕中，仍然坚持纲常礼教是不可动摇的国本。这且不论。为考察宪政是否可行的五大臣，兵分两路：载泽等人走了日本、美国、英国等5个国家，花了半年的时间；戴鸿慈等人走了德国、奥地利、意大利、俄罗斯等8个国家，花了8个月的时间。平均每个国家仅仅月余。这样的走马观花，能够体会宪政的真谛吗？所以，回国途中，要请人捉刀代笔写考察报告。

---

② 《关于特命全权大使的意见书》，转引自《日本近代思想大系》，12卷，28页，岩波书店，1988。

为什么会这样？除了指责当时统治者的腐朽外，我们不能不寻找更深层次的原因。

中国是一个幅员辽阔的大陆国家，有着五千年的文明史、深厚的文化积淀和文明成果，是她的财富，同时也是她的负担。面对外部世界和外来文化，她有自己的衡量取舍标准，“华夷之辨”构成了精神上的城墙，遮蔽着她的眼界，也障塞了她汲取外来文化的渠道。

日本则相反，作为一个被海洋包围的岛国，她曾经长期被孤立在世界文明之外缘，但也因此造就了她对于外部世界的渴望，对外来文化积极摄取的态度。早在中世纪，日本人就漂洋过海到中国大陆，把唐朝的制度文明搬回日本。到了近代，他们又对西洋文明采取同样态度。只要是他们认为好的东西，毫无忌讳地一概“拿来”，这是中国办不到的。

日本学者依田憙家对比中国日本的文化存在方式，认为日本是并存型，“什么都可以”；中国是单一型，“非什么不可”。又比较两国的文化摄取形态，认为日本属于全面摄取型，中国属于部分摄取型。他指出：日本自古以来在摄取他国文化的时候，不仅是技术，也包括文学艺术，总是全面地加以吸收。日本之所以采取“全面摄取型”，看来是由于在自己的文化发展尚处于比较低级的阶段，从中国、朝鲜等引进先进文化时，不得不加以全面地成套地吸取。这是无可怀疑的事实。但其根本的前提还是存在着文化摄取型（日本）和文化发生型（中国）这两种类型。美裔日本学者中村指出，日本人特别善于在自己历史发展的各个具体阶段上从别国文化中汲取他们感兴趣的东西。苏联学者普罗宁可夫等认为，好学是日本民族与生俱来的特性。③ 确实如此。在古代，日本学习的是中国；到了近代，日本学习的是西方。不管向谁学习，其态度都是认真的积极的，毫无保留地全面吸收。

中国吸收他国的文化在历史上就比日本要少得多。即使在吸收外来文化较多的唐代，也是属于部分摄取型。到了近代，中国被迫开始向外部学习，但其态度是被动的，有选择的，甚至是抵触的。中国有悠久的历史，长期以来形成了丰富的统治经验。所谓的纲常名教被看作是不可动摇的立国之本。一切外来文化都要用其作为衡量鉴别的标准，以决定弃取。对于西方的宪政思想也不例外。所以同时面临西方的挑战，中国对于宪政的认识比之日本落后了很多年，实行宪政的决心拖延了很久。

2. 原有的权力格局及其调整

宪政必然对原有的权力结构进行调整。调整的方向和幅度则取决于各种政治力量的对比和较量，以及作为宪政主导政治力量的态度。中国开始筹划宪政是仿效日本，走君主立宪之路。然而，同样是君主立宪，由于两国筹划宪政之前政治态势和权力格局不同，权力调整的方向幅度也有所不同。

日本原来的权力格局是一个多元的结构。权力并不完全集中在天皇手里。明治维新之前，天皇被架空，实权掌握在幕府。而且由于实行分封制，幕府对于各藩的控制也是有限的。明治维新推翻了幕府，天皇才被推到了权力的中心位置。在立宪过程中，伊藤在起草日本宪法时特别注意到，在西欧各国，“宪法政治的出现已经千余年，不仅人民熟悉此制

---

③ 普罗宁可夫等：《日本人》，41页，中国广播电视出版社，1991。

度，且有宗教为其机轴，深刻浸润人心，人心皆归于此”。伊藤反观日本说：“然而，在我国，宗教力量微弱，无一可以作为国家机轴者。”在寻求日本的机轴时他想到了皇室。他的结论是，在日本可以成为机轴者，唯有皇室，从而把起草的注意力放在确定作为机轴的皇室意义上。④ 明治宪法是以宪法的形式把天皇掌握国家权力作为原则规定下来，它规定了天皇总揽统治大权。从这个意义上说，明治宪法对于天皇的权力，不是削减，而是增加。

中国原来皇帝的权力之大可谓无以复加。虽然说传统政治理论也承认天下事非一人可独治，所谓君主专制实际上也不是事事都由皇帝个人决定，但是从制度上说中国皇帝的权力却是绝对的，即不受任何限制的。尽管在中国古代，有“天子奉天行道”的说法，天似乎构成了对天子权力的限制。但是天不能说话，谁掌握话语权，谁就可以解释天意。因此，与其说天构成了对天子权力的限制，倒不如说天道观念是对天子的行为提供了辩护的理由。另外，有的时候，祖制对皇帝的权力构成了限制。不过，考虑到存在“因时而变”的理论，祖制对皇帝的限制并不十分强大。权力高度集中的这种权力格局决定了立宪必然会不同程度地减损中国最高统治者的权力。

问题还在于，近代局势的演变对于中日两国统治者具有不同的意味。

先看中国。首先是中国在世界上的地位发生了改变。中国曾经是世界的中心，天子是天下的共主。如果说这只是地理知识缺乏下的错觉，那么在一个相当长的时间里，中国确实是亚洲的中心。君临天下接受各国朝拜的中国皇帝，在中国近代首先需要被迫接受的事实是，中国只是世界各国中的一个国家，尽管它仍然很大，却不是很强。在真正强大的西方面前，它显得十分虚弱。对于曾经居于绝对权威的清末统治者来说，这不是一件愉快的事。

其次，是中央政府在全国的地位。自古中国就是一个中央集权制国家，从秦王朝建立起来的郡县制，虽然中央政府统治最多只是达到了县一级，对于乡村历来属于统而不治的状态。但是，大多数统一政权的中央政府都保持了对地方的控制。清政府在近代之前也是如此。只是在平定太平天国之后，它才失去了对于地方的有力控制。地方势力开始崛起，虽然还没有达到自立门户、分庭抗礼的程度，但也出现了貌合神离的态势。义和团运动中的“东南互保”就显示了某种迹象。宪政中的地方自治，更使清政府倍感失落。

当然，更严重的是最高统治者的权力将被削弱。西太后这个不失精明又极为颟顸的女人，是通过政变上台取得最高统治权的，在戊戌变法的关键时刻，她又一次通过政变夺回了最高统治权。不难想象，她对于权力的迷恋和敏感。有人认为，预备立宪以九年为期，时间的参照系就是西太后的寿命预期。这一说法虽然做不得准，但是，像西太后这样的人，要限制她手中的权力，确实和要她的命一样没有什么区别。所以其态度消极是必然的事情。

总之，无论是国家在世界的地位，还是中央政府在全国的地位，以及最高统治者自身的地位，中国在近代都是每况愈下，也就难怪清统治者在宪政道路上裹足不前了。

---

④ 信夫清三郎：《日本政治史》，第3卷，200页，上海译文出版社，1988。

反观日本。它原来处于亚洲的边缘，虽然由于地理的原因，没有被中国征服的历史，和中国也不存在藩属的关系，但却被视为化外的蛮夷。到了近代，在西方文明面前，尽管它显得更加野蛮落后，却不甘野蛮落后，而打出"脱亚入欧"的旗号，开始走向世界的中心舞台，并且经过数年努力，实现了自己的梦想，步入世界文明民族之列。在国内，通过废藩置县，改变了原来的分封制格局，中央政府对地方加强了控制，成为一个现代民族国家。而尊王尊皇的口号更使日本天皇的权威达到了历史的顶点。所以在日本近代，天皇的地位也好，权力也好，一直是处于一个上升的通道之中。加之长期虚君制的结果，日本天皇已经习惯于作为一个名义上的统治者而存在。而日本明治时期的真正掌权者则倾向于利用天皇的权威来作为政权的核心。因此，形成了一个有相当大转圜余地的权力空间。立宪不会使天皇的权力受到削弱，利益受到损害，故天皇不是立宪的障碍。日本在世界上的地位的提高，政府对全国控制的加强，都使日本统治集团踌躇满志。这为立宪的顺利实行创造了良好条件。

结果是日本顺利地制定颁布了明治宪法，清王朝统治者则态度消极，对于立宪一拖再拖，最终为革命所推翻。

3. 传统思想资源中的革命观念

中国的宪政道路起步晚，时间紧，统治者消极应付，最终导致旧政权被推翻。中国的宪政于是走上了和日本不同的道路——革命的宪政道路。这和两国的传统思想资源差别有关。

中国传统思想资源中富有革命观念。中国是一个有着悠久革命传统的国家。按照梁启超的说法，革命有广义和狭义之分，这里采用的是广义的革命概念。在中国，革命一词起源古老，而且和天命观念有密切的联系。中国历史上所有统治者都用"天命"作为政权合法性的旗帜，他们自称为"天子"，宣扬他们的统治来自于天，受到上天的佑护，因此是神圣的。可是，这个"天命"并不是绝对永恒不变的，而是可以改变的。"天视自我民视，天听自我民听"，如果统治者失去民心，为人民所仇视，它就不再得到天的佑护。他所秉承的天命也会被革除。从夏、商、周三代开始，就有了"汤武革命，顺天应人"的说法。这里的"革命"就是革除旧统治者的"天命"。革命于是成了推翻旧政权建立新政权的口号。在中国，革命是历史上所有改朝换代的口号。由此，孙中山先生倡导的资产阶级民主革命，不仅有着现实的正当性，而且还有着传统上的正当性。

日本的传统资源中没有革命的概念，天皇是"万世一系"。参与起草日本宪法的井上认为，把"知国治国"这一"国家成立之原理"，作为"正统皇孙""君临国家之大伟业"继承下来，才是日本的国体，"证之以二千五百年以来历史之结果，与其他国家完全有天壤之别，此乃无可否认者"；"我国之万世一系虽恐非学术所能阐述，但能够使天皇的统治成为正统的，则是历史的根据"⑤。

---

⑤ 信夫清三郎：《日本政治史》，第3卷，188页，上海译文出版社，1988。

在日本，也有命的观念。不仅有，而且牢不可破。鲁迅说过如下的例子："大家相信丙午年生的女人要克夫，即使再嫁，也还要克，而且可以多至五六个，所以想结婚是很困难的。这自然是一种迷信，但日本社会上的迷信也还是真不少。我问：可有方法解除这夙命呢？回答是：没有。"[⑥] 日本普通人关于命运牢不可破的观念，反映了日本民族的特点，是日本天皇制万世一系的思想基础。在历史上，天皇曾经长期被架空，靠边站，实际上丧失了权力，但是却保持了他的地位，而没有遭遇到中国皇帝被革命推翻的命运。

日本天皇的这种地位是中国皇帝所不具备的。清政府企图效仿日本宪法，在《钦定宪法大纲》中照搬"万世一系"，但由于不符合历史的实际，徒然招致讥讽，不能起到抵御革命的实效，而被革命所埋葬。中国的立宪，却因为革命的成功，取得了后来居上的成绩。

三、革命的后果及其对宪政的影响

由于辛亥革命，清王朝被推翻，清末预备立宪宣告失败。但是，这是清王朝的不幸，而非中国的不幸。不能认为辛亥革命阻断了中国近代宪政进程。中国的立宪事业并没有因此而中断，恰恰是由于辛亥革命，而上了一个更高的台阶，也走上了不同于日本的另一条道路。

辛亥革命后制定《中华民国临时约法》是中国立宪历史上的创举。这是一部民主宪法。此前，《钦定宪法大纲》仅仅是一个"大纲"。清政府公布的"十九信条"在当时也并没有取"信"于民。所以，中国历史上正式立宪应该从《临时约法》算起。至此，中国历史完成了宪法的从无到有的转变，走上了宪政道路。

首先，就宪法文本观察，《中华民国临时约法》是一部好的宪法。它不仅比清末的《钦定宪法大纲》进步，而且远远超过从前中国视为立宪样板的日本《明治宪法》。通过立宪的形式，它宣布中国由君主专制国家转变为民主共和国家。它第一次宣布了中华民国的主权属于国民全体。之后，主权在民就成了中国所有宪法的一项基本原则。关于公民权利的规定，从权利平等到各种自由，规定是充分全面的。作为公民权利的但书，"有认为增进公益，维持治安，或非常紧急必要时，得以法律限制之"，也大体符合各国宪法的惯例。在国家政治体制上，它规定了责任内阁制，往往被后人指责为因人立法。笔者对此曾详加辨析。[⑦] 即使我们不排除其有因人立法的因素，其精神也是积极的。因为这种因人立法即使其出发点针对的是个人，其前提却符合一般的人性假设；而通过制宪对统治者个人权力进行

---

⑥ 鲁迅：《且介亭文集·运命》。作为对比，鲁迅指出："中国女性就没有这样无法解除的命运。'命凶'或'命硬'，是有的，但总有法子想，就是所谓'禳解'；或者和不怕相克的命的男子结婚，制住她的'凶'或'硬'。假如有一种命，说是要连克五六个丈夫的罢，那就早有道士之类出场，自称知道妙法，用桃木刻成五六个男人，画上符咒，和这命的女人一同行'结俪之礼'后，烧掉或埋掉，于是真来订婚的丈夫，就算是第七个，毫无危险了。"

⑦ 《临时约法因人立法说辩正》，载《法学研究》，2001（6）。

限制，恰恰契合近现代兴起的民主宪政精神。

《中华民国临时约法》是否发挥了作用呢？过去说它只是一纸空文，没有阻止袁世凯复辟。其实，袁世凯为了复辟，费尽了心思，运用了各种伎俩，又是找理论根据，又是做舆论宣传，千方百计，就是为了突破临时约法的障碍。这说明约法至少起到了阻滞袁世凯复辟的作用。反过来看，袁世凯的最终失败，不能说其中丝毫没有《临时约法》的功劳。

其次，从它对于国家政治是否起到规制作用看。临时约法虽然说是“临时”的，但是它在袁世凯复辟之前和之后相当长的时间里，一直起着国家根本法的作用。这一时期的政治斗争，其表象为府（总统府）院（国务院）矛盾，完全是基于《临时约法》规定的政治格局和法律框架。值得注意的是这种冲突除了表现为军阀战场上的拼杀，还表现为报章上的通电，时人讥之为“通电战”。透过这一讥讽，我们也可以体味到，当时宪政框架下军阀已经不能单凭武力称霸，而需要通过诉诸舆论争取民意来取得合法性。

再次，作为国家的根本法，《临时约法》对于整个法制建设起到的推进作用也不可低估。有的论者以“宋教仁案”为例说明民国初建时司法相对独立的情况。在宋教仁被暗杀之后，江苏地方政府收到了上海租界会审公堂移交的证据，立即把罪犯应桂馨和国务总理赵秉钧、内务部秘书洪述祖之间来往的秘密电报和函件的要点以“通电”的形式向海内外公布。与此同时，上海地方检察厅公开传讯在位的国务总理赵秉钧。这可以说是20世纪中国司法史上空前绝后的大事。更值得注意的是，赵秉钧虽然没有到上海接受传讯，却做出正式答复，其中说：“唯民国立国精神，首重司法独立，而尊重司法官意思，即为维持司法独立之道……现在秉钧旧疾复发，曾在法国医院调治，当有诊断书可证，已于四月三十日，呈明大总统，请假十五日在案，自未便赴沪。用特援引刑事诉讼法草案第三百零三条之规定，请在秉钧所在地询问。”这其中虽然不排除“作秀”的成分，但一国政府首脑如此表态，确实说明了法治状态的某种存在。

这里我们没有赞扬北洋军阀政府的意思，而是肯定包括孙中山为代表的资产阶级革命派以及人民群众的斗争力量。没有人民群众的这种斗争，就没有近代的进步，也没有近代的宪政。在缺乏民主自由方面，北洋军阀政府遭到时人的严厉批评；可正是这些批评的存在，又证明了当时存在一定程度的民主自由。而宪政的作用或者表现就在于它赋予了这一斗争的合法形式。

当然，这不是说中国宪政走上了坦途。革命与宪政的关系是复杂的。一方面，革命和宪政是相辅相成的关系。在近现代史中，宪政与革命都是专制政治的对立面。革命是瓦解专制的第一步，宪政则是铲除专制的第二步。不破不立。革命是破，破除旧制度；宪政是立，建设新制度。从实际情况看，没有辛亥革命，民国的宪政无从建立，在这个意义上，革命是宪政的前提，革命为宪政提供了可能。另一方面，革命有时会走向理想和原则的反面，导致新的专制和暴政。革命要推翻的是一个集权专制的政府，而没有一个比之权力更集中的力量，就无法战而胜之。然而这个通过革命战胜并取代旧政权的政治权威，如果失去控制，就会形成新的集权专制势力。在这里，革命和宪政存在冲突。

应该指出，早在中国近代革命发生之前人们已经意识到了这一问题。在辛亥革命前革命派和改良派进行的辩论中，中国通过什么途径实现宪政是争论的焦点之一。改良派主张通过君主立宪的形式走向宪政之路，革命派则主张通过民主共和的形式走向宪政之路。针对革命派的观点，梁启超在辩论中提出了“求共和而复归专制”的难题，根据汪精卫的转述，孙中山对于梁启超提出的观点表示了认同。他承认，革命手段和目的之间的内在冲突确实有可能导致“求共和而复归专制”的结果：“革命以民权为目的，而其结果，不逮所蕲者非必本愿，势使然也。革命之志，在获民权，而革命之际，必重兵权，二者常相抵触者也。使其抑兵权欤，则脆弱而不足以集事，使其抑民权欤，则正军政府所优为者宰制一切，无所掣肘，于军事甚便，而民权为所掩抑，不可复伸，天下大定，欲军政府解兵权以让民权，不可能之事也。”他还指出，中国汉唐宋明的历史结局就是如此：“中国革命成功之英雄，若汉高祖、唐太宗、宋太祖、明太祖之流，一丘之貉。不寻其所以致此之由，而徒斥一二人之专制，后之革命者，虽有高尚之目的，而其结果将不免仍蹈前辙，此宜早为计者也。”⑧

革命只有集中权力才能胜利。于是，革命胜利后革命者、革命党、革命领袖是否情愿交出自己手中的权力，还政于民，就成为实现民主宪政的关键。孙中山认为，这不是个人品质所决定的，华盛顿和拿破仑易地而皆然。他以法国革命后拿破仑为例，指出：“拿破仑生大革命之后，宁不知民权之大义？然不掌兵权，不能秉政权，不秉政权，不能伸民权。彼既借兵权之力，取政府之权力以为己有矣，则其不能解之于民者，骑虎之势也。而当其将即位也，下令国中，民主与帝制唯所择，主张帝制者十人而九。”

为了破解这一难题，孙中山构思了一个通过军法之治——约法之治——宪法之治以实现宪政的方案，这个方案的关键在于革命后国家权力如何由个人专制转变为人民主权。他说：“察君权民权之转捩，其枢机所在，为革命之际，先定兵权民权之关系。定此关系厥为约法。”孙中山这里提出的约法思想成为人们把民初制定出来的宪法文件命名为“约法”的张本。

不过辛亥革命之后的历史证明，这个理论上似乎被孙中山破解的难题在实践中并没有真正得到解决。

这首先是由于革命的逻辑和宪政的逻辑不同。例如，孙中山在南北议和之后，辞去临时大总统一职。从宪政的角度看，孙中山这样做，是以华盛顿为榜样，显示了政治领袖功成身退的高风亮节。遵从民意，和平让渡政权，对于宪政具有以身垂范的意义。但从革命的角度看，政权是革命的胜利果实，绝不能拱手让人。只有牢固掌握到手的政权，才能巩固革命的胜利成果。将政权拱手让人就是对革命的背叛。

再例如对宋教仁被暗杀案件的处理。从宪政的立场看，这一案件既然证据确凿，完全可以通过法律程序追查凶手，揭露幕后黑手，打击反民主势力。绝不能诉诸武力，因为那

⑧ 《辛亥革命前十年间时论选集》，第2卷上册，112～113页，三联书店出版社，1963。

将是破坏宪政秩序的不智之举。而站在革命的立场上看，这一事件已经充分暴露了袁世凯的反革命真面目，宣布了立宪政治的破产，革命和反革命的斗争不是你死就是我活，只有武力解决。

孙中山在辛亥革命之后，为了民主宪政理想，毫不犹豫地让出临时大总统职位，而宋案发生后却转变了过去立场，毅然决定发动二次革命，武力讨袁。更值得注意的是二次革命失败后，孙中山为达到推翻袁世凯统治的目的，更进而发起成立中华革命党，要求全党承认自己的当然领袖地位，党员无条件地服从自己的领导，在入党时就要按手印宣誓对领袖个人的忠诚。显然，这缺乏民主意味，以致受到黄兴等人的抵制。但是，从革命的角度看，孙中山也许没有错。革命要推翻的是集权专制的袁世凯，革命党如果没有权力高度集中的领导中心，就无法完成这一任务。于是我们看到，随着孙中山从民主宪政的立场转变到革命的立场，作为革命者的孙中山也拉开了自己同民主宪政的距离。这还表现在成立中华革命党的同时，孙中山提出所谓的“革命程序论”，将军法之治、约法之治和宪法之治的提法，改为军政、训政和宪政三个时期。这个“革命程序论”以训政之设计，使宪政在中国被推到了遥远的将来。于是辛亥革命前那个所争论的问题，即革命胜利之后，革命者、革命党、革命领袖如何还政于民这一实现民主宪政的关键问题，再次成为悬案。

孙中山在辛亥革命胜利之后不久再度举起革命的旗帜，发动二次革命，这一选择不是偶然的。这似乎暗示了即使像孙中山那样伟大的人，在革命和民主宪政之间，也不能一身而二任焉。而当现实迫使他做出选择时，“路径依赖”的机理不能不发挥作用。由于革命者、革命党和革命领袖是靠革命起家的，在长期的革命斗争中积累了丰富的革命资源和革命经验，对于革命者来说，革命是轻车熟路，驾轻就熟，顺势而为，易以为功的最便捷选择。这就是诺思所说的那个导致“路径依赖”的“报酬递增和自我强化的机制”。孙中山如此，孙中山以后的革命者遵循的也是同样逻辑。中国近现代宪政往往被频繁的革命打断，这不能不说是“路径依赖”所使然。中国的宪政是在革命和不断革命的过程中前行的。对于中国宪政事业来说，这是优点，同时也是弱点。在这一过程中，虽然阻滞宪政的力量不断受到重挫，宪政的层次不断得到提升，但是宪政事业也一再被打断，不得不重起炉灶，形成一种跳跃式发展的非连续过程，从而影响到宪政建设。对此，我们应该认真地予以总结。

徐立志

《大清民律草案》现存文本考析*

简介

徐立志，1951年生，山东龙口人，汉族。现为中国社会科学院法学研究所研究员，中国社会科学院法学研究所法制史研究室主任，中国社会科学院研究生院法学系博士生导师。兼任中国法律史学会秘书长。主要代表作有《清宣统二年商律草案考》、《清末商法实施考》、《沈家本等订民刑诉讼法草案考》、《〈大清民律草案〉现存文本考析》、《中日法制近代化比较研究》等。

* 原发表于《法史学刊》，第1卷，北京，社会科学文献出版社，2007。

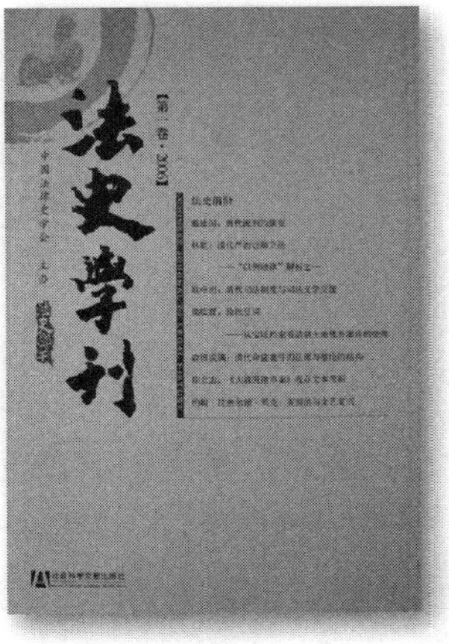

《大清民律草案》是中国近代第一部民法典草案，在历史上有很大影响。由于这部草案是在清朝存续的最后几年中仓促拟订的，至清朝崩溃其制定过程尚未全部完成，到民国时又因种种变故而未能被修订成为成熟的草案，因而始终未见有包含其五编全部内容的官方正式文本公布。目前所见该草案的文本，绝大多数为民间编印的刊本和未曾公布的阶段性文本，种类繁多，情况较为复杂。

多年来，学术界对《大清民律草案》有许多研究，但仅有个别著作对其文本情况有所考察。① 许多研究《大清民律草案》的论著不注明所使用的文本，甚至对该草案进行整理标点也不说明所依据的底本。② 这部在中国近代法史上占有重要地位的法律草案到底有多少种文本，这些文本的情况如何，各种文本之间有怎样的关系，并非十分清楚。笔者近年在搜集清末民初民商法史料的过程中，查到了一些以往研究者未发现的《大清民律草案》的稿本和印本，现在此基础上对该草案的文本作一较有系统的梳理分析。

就笔者所见，《大清民律草案》现存文本有十余种，大致可分为三类。1. 前三编本，包括清末修订法律馆本、民国初出现的新华书局本、民国中期出现的《法律草案汇编》本和海内外仅存的总则、物权两编日文稿本。2. 后两编的单独印本，包括新近发现的修订法律馆油印本、民国时出现的《法律草案汇编》本和《法政杂志》本。3. 五编合体本，数量较多，有法政学社本、南京启新书局本、法学书局本、商务印书馆本、上海共和编译局本、上海会文堂书局本、上海文明书局本等。这几类文本情况各有不同，需分别加以考订。

一、前三编本

1. 修订法律馆本

此本为目前所见《大清民律草案》各种文本中，唯一由官方正式刊印公布的文本。关于此本的来历，有关史料记载得较为清楚。宣统三年九月（1911.10），修订法律馆初步完成了民律草案的拟订，因亲属、继承两编需会同礼学馆核订后方可提交朝廷审核，因而只将总则、债权、物权三编缮写成册上奏。此本是修订法律馆据上奏稿刊印，共一函四册，线装铅印，名为《大清民律草案》。书首为修订法律馆宣统三年九月五日呈请将此三编草案

---

① 中国大陆学者张生所著《中国近代民法法典化研究》（中国政法大学出版社，2004）一书中，对《大清民律草案》的文本有简要的考察和介绍。

② 台湾地区学者潘维和所著《中国历次民律草案校释》（汉林出版社，1982）一书，将《大清民律草案》全文收入，但未注明所收草案的版本及来源。杨立新点校的《大清民律草案 民国民律草案》（吉林人民出版社，2002），也未注明所标点的《大清民律草案》使用的是什么底本。

交内阁复核的奏章全文。所收草案共3编、1 316条，除条文外，还附有对草案内容加以解释论证的立法理由书，以小字印刷，排在相关标题或条文之后。书中每页页脚皆印有“修订法律馆刷印”等字，但未注明印刷时间。从其收有奏章全文，奏章按清代格式编排，遇“皇上”、“御览”、“圣鉴”等字另起顶格排印，“黄册”、“奏”等字另起高一格排印等情况看，应是清末印本，其刊印时间当在宣统三年九月该草案上奏以后，同年十二月清帝退位以前。

此本为官方机构所印，内容较为可靠，但也存在着一些问题。一是书中有明显的错误，如所收奏折中关于草案的构成写道：“统计全书，凡分总则、物权、债权、亲属、继承五编，三十七章”，将“物权”列在“债权”之前。而按草案正文，前三编的顺序应是总则、债权、物权，奏折所列显然有误。再如草案第780条关于委任契约规定：“第六百十五条规定于委任准用之”，而该条理由书却说，“本条与第六百七十五条理由同”。查第615条是关于不动产共有人买回权的规定，与“委任”毫无关联，而第675条是关于借贷契约解除效力的规定，借贷契约和委任契约有类似之处，关于“委任”的准用条文应为第675条。此类错讹或出自原稿，或产生于排印过程中，均为技术性错误，但对以后影响很大，目前所见民国时期出现的《大清民律草案》各种刊本，凡含有前三编内容，收有修订法律馆的奏折或在奏折基础上改写的《法律馆民律前三编编纂大意》者，绝大多数都有与修订法律馆本相同的错误。

该本所存在的另一个问题是所收奏折与其他文献中所保存的同一奏折有内容上的差别。关于参与拟订民律草案的日本专家，此本奏折说有二人：“臣馆曾延聘法律学堂教习、日本大审院判事、法学士松冈义正及本馆商律调查员志田钾太郎协同调查。”而其他文献所载或所收该奏折中关于聘调查员一事只列松冈义正一人。当时官方印行的《内阁官报》所载《修订法律大臣奏编辑民律前三编草案告成缮册呈览折》中，只说“曾延聘法律学堂教习、日本大审院判事、法学士松冈义正协同调查”，不提志田钾太郎。③ 另一当时刊印的谕旨和奏折汇编——《华制存考》及后来故宫博物院明清档案部编的《清末筹备立宪档案史料》中所收该奏折也是如此，只提松冈义正一人。④ 究竟是一人还是两人，彼此说法不一。另外文中有些措词也不尽相同。如关于本草案所采取的原则，此本奏折在第三项“求最适于中国民情之法则”中，有“或本诸经义，或参诸道德，或取诸现行法制”一语，而其他各本此处则为“或取诸现行法制，或本诸经义，或参诸道德”，语序和含义都有差别。

该奏折是向朝廷呈报的文件，为什么不同刊本间会出现这样的差别？根据现有的材料很难找到圆满的答案，惟一的可能是修订法律馆刊印此奏折时使用的底本不同于其他刊本。目前所见该奏折的各种刊本中，《内阁官报》所载是既经上奏并经朝廷批复的文本。该奏折

③ 《内阁官报》，宣统三年九月十二日，第七十一号。

④ 参见撷华书局编：《华制存考》，宣统三年九月刊；《清末筹备立宪档案史料》，911～913页，中华书局，1979。

及草案三编于九月五日上奏后，当天朝廷就有批复，第二天《内阁官报》即予以刊布。其“宫门钞”栏记载：“九月初五日，法律馆递封奏一件，随民律草案四函”。其“交旨”栏同时刊登了朝廷的批复：“钦奉谕旨：修订法律大臣奏编辑民律前三编草案告成缮单呈览一折，著内阁复核具奏。钦此。”⑤ 六天后该报公布了奏折全文，后面附有朝廷的批复。《华制存考》虽非官方编印，但收录的都是官方正式发布的谕旨和奏折，所载修订法律馆奏折也含有朝廷的批复。《清末筹备立宪档案史料》中所收该奏折来自“军原”，即修订法律馆向朝廷呈奏时提供给军机处的原件复本，只有奏文，没有批复。这三者虽情况不尽相同，但都来自既经上奏的文本，因而内容相同。修订法律馆本奏文后亦有“钦奉谕旨”等语，粗看也似为已上奏并经批复的文件，但仔细推敲会发现并非如此。按清朝公文流转的惯例，凡经朝廷批复的奏章，均发给应遵照执行办理的机构，此奏折按朝廷批复应由内阁办理，原件应发往内阁。查第一历史档案馆所存朝廷批复该奏折的谕旨原件，上有“法律大臣折交法制院”一语⑥，法制院是内阁下设机构，可见该奏折经批复后交给了内阁法制院，而不是修订法律馆。修订法律馆刊印《大清民律草案》时所收奏折，很可能来自本馆所存奏稿，而不是经批复的奏折原件，奏文后的批复应是后来所加。此本奏折与其他处所见同一奏折间的差别，有可能是这个原因造成的。由于其中牵涉到《大清民律草案》前三编究竟有几名日本专家帮助起草这一多少有些实质意义的问题，我们对这些差别不能完全忽略不计。

2. 民国元年新华书局本

此本名为《中华民国暂行民律草案》，线装铅印，一函八册。扉页印有“法律馆原本”及“中华民国元年新华书局印行”等字。所收草案亦为三编、1 316 条，立法理由以小字排于相关标题或条文之后。与修订法律馆本相比有三点不同。一是所收修订法律馆奏折不是原文，编者将奏折中关于草案的制定原委和上奏请求等内容及清代奏折的一些惯常用语删去，改为《法律馆民律前三编编纂大意》，仍放在书前。二是理由书中个别与国体不符的字句被删除。如草案第 1 条规定：“民事本律所未规定者依习惯法；无习惯法者依条理。”原案理由书写道：“条理者，乃推定社交上必应之处置，例如事君以忠、事亲以孝及一切当然应遵奉者皆是。”此本中将“事君以忠”删除。三是修订法律馆本结尾处印有“大清民律草案终”等字，此本改为“民国暂行民律草案终”。

书中排印错误较多，上述修订法律馆本中的错误此本中都存在，此外还有一些印错之处，如将“第三百三十条”误印为“第三十百三十条”，第 417 条中将“让与人将已让与之债权再行让与于第三人”中的“第”字漏印等。整个看来，印装质量不如修订法律馆本。

关于该刊本的来历，目前尚未见到具体记载。从其扉页写有“法律馆原本”等情况看，有可能是修订法律馆为适应民国初援用前清法律及草案的需要而编订的。民国元年，为解决司法中缺乏可适用法律这一迫在眉睫的问题，南京临时政府和北京政府曾分别决定将清

---

⑤ 《内阁官报》，宣统三年九月初六日，第六十五号。

⑥ 中国第一历史档案馆藏军机处上谕档，宣统三年九月。

末法律及有关草案经删除与共和国体相抵触的内容后加以援用。按照南京临时政府提出的方案，《大清民律草案》也在援用之列，应和其他列入援用范围的法律及草案一样，按不与国体相抵触的原则予以删订。虽然参议院在议决南京临时政府的提案时以民律草案在清末未经公布为由，否定了对该草案的援用，但参议院的决议仅涉及当时是否对该草案加以援用的问题，不具有决定可否对该草案进行删订的效力，而且从有关情况看，很可能在参议院作出决议之前，删订工作就已经进行，因而便出现了这种冠以民国名称而实际内容变化不大的文本。此本对以后的影响也比较大，民国前期出现的《大清民律草案》各种文本中，凡冠以民国名称者，其前三编的内容大多来源于此。所收《法律馆民律前三编编纂大意》，也为许多刊本所转用。

3.《法律草案汇编》本

《法律草案汇编》是民国十五年（1926 年）北京政府修订法律馆编辑出版的一部文献汇编，所收为清末至民国十五年以前出现的民事、商事、刑事等基本法律的草案，因其为官方法律编纂机构所编，所收文献可靠性强，因而为研究者所重视。其所收民法草案包括《大清民律草案》、《大清民律草案》亲属编修订本及民国十五年民法草案。书前总目中于“大清民律草案”条下注：“清宣统三年即一九一一年前清法律馆稿”。所收《大清民律草案》共五编，各编均包括本编目录、草案条文及立法理由书，因而总目中各编名称下均加“附理由书”四字。虽然总目中各编并列，内文也是各编另起页，并以专门印有本编名称的页面相区隔，但实际上前三编是一个整体，不仅条文序号相连，而且物权编结尾处还印有“大清民律草案终”七字。而后两编则是条文序号单独排列，未与前三编合为一体。

通过与前两种刊本比较，可发现此本所收修订法律馆为呈报前三编所上的奏折及草案前三编的内容与修订法律馆本完全相同，甚至奏折格式都按原样保留，草案第 1 条理由书中的“事君以忠”四字亦未删除，说明编订者是将该草案作为资料收入书中的，其内容较为可靠。

4. 总则、物权两编日文稿本

这是近年发现的《大清民律草案》制定过程中形成的阶段性文本，保存在中国社会科学院法学图书馆。其总则编一函四册，函套及各册封面上皆有毛笔书写的“大清民律草案”字样，各册的下切口面还印有“大清民律草案总则理由”、“东文”等字。其篇首为毛笔书写的本编中文总目，总目后是本编第一章的日文目录和条文。以后各章目录不完整，有几章起始处没有本章目录，直接以条文开始。中文总目字迹及所用稿纸较新，似为后来所加。其物权编为一函两册，函套、各册封面及下切口面皆有“大清民律草案”、“物权理由”、“东文”等字。第一册篇首有毛笔书写的本册日文总目，其后是各章条文。第二册的目录夹在文稿的中间部位，似为装订所致。两编的文字均写在修订法律馆的稿纸上，每面竖排 10 行，每行 20 字，每页对折成两面。部分稿纸的折叠处有“法律馆”三字。稿面字迹和书写情况前后有所不同，其总则编前面约四分之一部分用硬笔写成，字迹工整，其余用毛笔书写，字迹较乱。物权编全部为硬笔书写，字迹均很工整。两编条文均单独排序，稿面上都有修改之处。

该稿总则编分为八章，共323条。其目录如下：第一章，法例。第二章，人，分为权利能力、行为能力、责任能力、住所、人格保护、死亡宣告六节。第三章，法人，分为通则、社团法人、财团法人三节。第四章，物。第五章，法律行为，分为意思表示、契约、代理、条件及期限、无效撤销及同意五节。第六章，期间及期日。第七章，时效，分为通则、取得时效、消灭时效三节。第八章，权利之行使及担保。条文数目及章节结构与修订法律馆本总则编相同。稿中内容也和修订法律馆本类似，除条文外，还有立法理由书，排在相关目录和条文之后。与修订法律馆本不同的是，在每一条文的上方空白处还列有该条的参照条文，如第2条的参照条文为“瑞民二、德民一五七”，第32条的参照条文为“日民一九、瑞债三二、德民一〇八”等。

其物权编共有八章，339条。目录中及正文起始处均写有本编的序号及编名。由稿面上的修改字迹可以看出，本编原列为第四编，后改为第五编，此与修订法律馆本的排序不同。⑦ 其章节结构如下：第一章，总则。第二章，所有权，分为通则、不动产所有权、动产所有权、共有四节。第三章，地上权。第四章，永佃权。第五章，地役权。第六章，担保物权，分为通则、抵押权、土地债务、不动产质权、动产质权五节。第七章，占有。除第一章“总则”与修订法律馆本物权编第一章“通则”不同外，其余章节目录及条文数目两者完全相同。其立法理由书及参照条文的编排一如总则编稿本，分别置于相关条文后和稿面上方空白处。

经初步比较，该稿本的条文内容与修订法律馆本的总则、物权两编非常接近，仅个别处略有差别。如稿本总则编第1条规定：“关于民事，本法所未规定者依习惯法，无习惯法者依条理”（民事ニ關シテハ本法ニ規定ナキトキハ慣習法ニ從ヒ慣習法ナキトキハ條理ニ從フ）。修订法律馆本第1条与此基本相同。但该条后的理由书两本略有差别，稿本仅解释为什么本法有此规定，修订法律馆本除此之外还对“条理”作了说明。

在与修订法律馆本的比较中，有一个情况值得注意，即凡稿本中有修改之处，其与修订法律馆本的差别修改后比修改前要小。如稿本总则编第51条第1项原文为：“人格权受侵害者，得请求避止其妨害及损害赔偿。”（人格權ヲ害セラレタル者ハ其妨害ノ避止及ヒ損害ノ賠償ヲ請求スルコトヲ得）改后为：“人格关系受侵害者，得请求排除其妨害。”（人格關係ヲ侵害セラレタル者ハ其妨害ノ排除ヲ請求スルコトヲ得）修订法律馆本此条此项为：“人格关系受侵害者，得请求屏除其妨害。”稿本物权编第88条原为：“各共同所有者非经一致，不得行其权利，但法令及法律行为另有定订者不在此限”（各共同所有者ハ其一致アルニ非サレハ其權利ヲ行ウコトヲ得ス但法令及ヒ法律行爲ニ別段ノ定アルトキハ此限ニ在ラス），后将“法律行爲”四字改为“契約”。

---

⑦ 《大清民律草案》制定过程中，其各编排序前后有所不同，由于资料缺乏，有关情况一直不够清楚，笔者将根据所查到的材料，以另文对这一问题加以考察。

修订法律馆本第1065条与稿本此条内容相当，其条文为“各公同共有人非经全体一致，不得行其权利，但法令及契约有特别定订者，不在此限”，与稿本修改后的条文极为相似。由此可知，稿本总则、物权两编是与修订法律馆本内容接近但早于修订法律馆本的一个阶段性文本，修订法律馆本是以上奏稿为底本印制的，而上奏稿有可能是在翻译日文稿本的基础上形成的。

从该稿本的内容和稿面情况看，它很可能是民律草案制定过程中日本顾问负责拟订的文稿。清末法制改革中曾聘日本专家为顾问，协助起草各项新法，此已为法史学界所熟知。但外国顾问在各法起草过程中究竟具体承担何种工作，起什么作用，史料记载并不清楚。由于当时朝廷上下对大规模引进外国法和聘用外国顾问协助修律的做法多有责难，修订法律馆在奏报修律事宜及呈奏法律草案时，往往言语含糊，不能如实反映外国顾问实际担当的角色和作用。光绪三十四年四月（1908.5）修订法律馆派提调董康赴日本聘法律专家，所拟由日本人担任的职务只有“北京法律学堂教习”、“法律馆调查员”等。[⑧] 同年十月修订法律馆奏请聘日本法学家志田钾太郎、冈田朝太郎、小河滋次郎及松冈义正参与各法的拟订时，也只说由这几人“分任刑法、民法、刑民诉讼法调查事件，以备参考”[⑨]。宣统三年（1911年）九月呈奏民律草案时，仍采取这种说法，将所聘日本专家称为“调查员”，其所承担的工作为“协同调查”[⑩]。所谓“协同调查”，只是帮助提供日本及其他国家的立法资料和有关信息而已，地位并不重要。但实际上所聘洋员的作用远不止于此。宣统元年二月（1909.3）内阁侍读学士甘大璋在一个奏折中说：“宪政编查馆偏重出洋学生，但知趋步日本，不识中国数千年相承伦教之重哲学之微与国政民风之关系；法律馆一听客员之所为，专赖所聘洋员，录其国已成之法律，与我国伦教官制礼俗民情动多凿枘。”[⑪] 此虽为反对派的过激之言，所说修订法律馆重用洋员的情形并非完全凭空捏造，清末有些法律草案的初稿确实出自日本顾问之手。就民律的起草而言，自光绪三十四年修订法律馆聘定日本顾问后，至少松冈义正参与了该律的起草工作。据有关学者研究，参与《大清民律草案》起草的中国人员中，有朱献文和高种两人因有留学日本的经历而通晓日语[⑫]，但此二人作为在中国法律起草机构任职的中国人，不大可能用日文来草拟法律文稿。《大清民律草案》总则、物权两编日文稿，有可能出自松冈义正之手，是松冈义正负责草拟的一个文本。如果这种判断能够成立，我们或许可以进一步设想，《大清民律草案》的债权编也有同类文稿存世。

---

⑧ 《钦差出使日本国大臣胡惟德咨法律馆文》，中国第一历史档案馆藏清修订法律馆档13号。

⑨ 《修订法律大臣议奏翰林院侍讲学士朱福诜奏请慎重私法编别选聘起草客员折》，载《法律馆奏案簿》第一册。经常被人引用的《光绪朝东华录》将此事记载为：“修律大臣沈家本奏，聘用日本法学博士志田钾太郎、冈田朝太郎、小河滋次郎、法学士松冈义正分纂刑法、民法、刑民诉讼法草案，允之。”（该书第五册，179页）。不够准确。“分纂”与“分任调查”含义不同，不能混用。

⑩ 见上述前三编修订法律馆本所收奏折。

⑪ 《内阁侍读学士甘大璋请贯通宪政礼学法律三馆折》，载撷华书局编：《宣统己酉大政记》，卷七；沈云龙主编：《近代中国史料丛刊续辑》，第二十五辑，台湾，文海出版社，1983。

⑫ 张生：《中国近代民法法典化研究》，85页，中国政法大学出版社，2004。

但目前这种推测很难得到证实。从现存两编所显示的信息看，该稿在最初被人整理时就不包括债权编。两编函套上均贴有一长方形纸条，上有“三年第四十二号”、“共二函”等字。其中“年”、“第”、“号”三字系印刷体，字间有空格，其余几字为毛笔填写，字迹比函套上所写草案名稍新，似为后来整理者所加。此处“三年”应是指民国三年，可见该草案稿从很早时起就只有总则、物权两编。尽管如此，该稿本对于研究《大清民律草案》的制定经过及条文内容等仍具有十分重要的价值。

二、亲属继承两编单印本

《大清民律草案》亲属、继承两编的情况较为复杂，由于清朝崩溃时这两编的起草工作尚未结束，未能形成由修订法律馆等起草机构最后核定的标准文本，因而目前所见这两编草案，其不同文本间差别较大，其中未与前三编编在一起的单印本较能反映处在制定过程中的该草案的原貌。

1. 清末油印本

笔者在中国社会科学院法学图书馆查得一民法亲属、继承两编油印本。此本共两册，均为大字印刷，一页两面，鱼口处写有草案名称及页码。其中一册为亲属编部分，但不完整，只有该编的第一、二、三章，从其封面印有“亲属法草案（上），第一二三章”等字看，还应有下册，但目前尚未查到。封面还有一行手写小字：“第一章（说明书）”，注明本文件为民律第一草案，显然是民国时人所加。封面后为目录页，列有各章目次，其目录结构如下：第一章，总则；第二章，家制；第三章，婚姻；第四章，亲子；第五章，监护；第六章，亲属会；第七章，扶养之义务。目录后的正文包括草案条文和说明书，说明书附在相关的标题或条文之后。其中本编的总说明书有近两千字，分为“定名”、“取义”两部分，还附有“族亲亲等拟图”、“外亲亲等拟图”、“妻亲亲等拟图”、“罗马法计算亲等图”等。其余说明书长短不一，多数为对条文的解释。

该油印稿另一册为继承编全文，封面已散失。其目录为：第一章，总则；第二章，继承；第三章，遗嘱；第四章，特留财产；第五章，无人承认之继承；第六章，债权人或受遗人之权利。全案共 110 条。其正文也包括草案条文和立法说明，本编总说明分为“定名”和“范围及次序”两部分，比亲属编的总说明书略短。

根据此本的内容及印刷情况，可以肯定是清末修订法律馆印制的阶段性文本。因为第一，此两编草案的名称分别为“亲属法草案”和“继承法草案”，这是清末制定民法过程中所使用的名称。查清末有关材料，修订法律馆对于起草中的民法一般统称为“民律”，而对其中各编则有两种称呼，在对草案或起草情况做总体说明涉及各编时，一般称为“某某编”，而只述及某编时则称为“某某法”。其亲属、继承两编的后一种称呼曾多次出现。如宣统元年正月，修订法律馆向朝廷奏报筹办事宜时说：“拟订民律亲属法总则及第二章，拟订民律承继法总则。”[13] 同年十一月在同类奏折中又说：“拟订亲属法草案第三章至第七章，拟订承继法草案第二章至第六章。”[14] 而到民国时，这两编草案一般被称为“大清民律草案第四编亲属”、“大清民律草案第五编继承”，或“民律亲属编草案”、“民律继承编草案”，而不再简单地称为“某某法”。第二，该油印本的条文内容不够完整，其继承编条文中有多处空白。如第70条，“遗嘱执行人与继承人间准用债权法第××规定”；第85条，“算定前条赠与价额，准用第××条规定”；第95条，“本章准用第××条至第××条规定”。这些空白的存在，说明所印两编草案并非定稿，更不是提交给其他机构的复核稿，而是拟订过程中内部使用的文稿。第三，在清末正式公布的新法草案中，所附对草案的解释论证都称为“理由”或“理由书”，目前所见《大清新刑律》、《大清商律草案》、《刑事诉讼律草案》、《民事诉讼律草案》等都是如此，正式上奏的民律前三编草案使用的也是这种名称。而此油印本中则将所有的解释论证都称为“说明”。查修订法律馆在民律起草工作初步完成时所拟的奏稿中有“本律正条之下尚有注释详细说明，以篇幅太长，未及同时缮正”，“臣等当督饬馆员将说明书缮正，咨送宪政编查馆查照办理”等语[15]，可知修订法馆曾将立法理由叫做“说明”。根据这些情况可以判断出，此油印本是在修订法律馆上奏前三编之前就已出现的一个工作中使用的阶段性文本，类似于现在的打印稿。

从稿中所附一段说明性文字看，此本出现的时间不会很早。这段文字印在半张单页纸上，贴在该编第三章第二节“婚姻之无效及撤销”部分，就该稿对第27条和第31条的修改予以说明。文中说，“原案于未达结婚年龄亦在撤销之列，明定之于第27条及第31条”，此种规定不合事理人情，难以实施，“不如删去为愈”。此处所说“原案”，应为比此稿更早的草案稿。查阅下文将要述及的此两编草案的其他文本，除《法律草案汇编》本因是以该稿为底本而与其内容相同外，其余如《法政杂志》本等都保留有关于对未达法定年龄而结婚者予以撤销的规定，说明此油印稿产生的时间晚于其他各本所据底本。

此油印本是目前所见《大清民律草案》亲属、继承两编惟一原始的文本，其可靠性是不言而喻的。虽然亲属编只有前三章，其史料价值仍高于一般的二手文本。

2.《法律草案汇编》本

《法律草案汇编》中所收清民律亲属、继承两编草案，也是与前三编不相连接而独立成篇的文本。此两编均由目录、条文和说明书组成，从其章节结构和条文内容等方面的情况看，应是以上述油印本为底本而编印的。

其亲属编共七章、143条。第一章，总则。第二章，家制，分为总则、家长及家属两节。第三章，婚姻，分为成婚之要件、婚姻之无效及撤销、婚姻之效力、离婚四节。第四章，亲子，分为亲权、嫡子、庶子、嗣子、私生子五节。第五章，监护，分为未成年人之

---

⑬ 《奏为筹办事宜缮具清单折》，载《法律馆奏案簿》第一册。

⑭ 《奏为筹办事宜缮具清单折》，载《法律馆奏案簿》第二册。

⑮ 《奏为民律草案告成谨缮具条文进呈御览折》，中国第一历史档案馆藏清修订法律馆档7号。此文仅为草稿，并未上奏。

监护、成年之监护两节。第六章，亲属会。第七章，扶养之义务。从正文看，第五章还有“保佐”一节，但目录中没有列出，可能是编目录时遗漏。[16] 其前三章章节目次及正文内容与油印本完全相同，后四章因油印本第二册尚未查到，只能从目录中看出二者章一级标题没有差别。

其继承编共五章、110条。第一章，总则。第二章，继承，分为继承人、继承之效力两节。第三章，遗嘱，分为总则、遗嘱之方法、遗嘱之效力、遗嘱之执行、遗嘱之撤销五节。第四章，特留财产。第五章，无人承认之继承。第六章，债权人或受遗人之权利。无论章节目次还是草案条文及说明书，均与油印本无异，甚至条文中的空白都与油印本一样。

将两本对照可以发现，其差别只在于印刷错误不同。如油印本“亲属法草案总则说明”中，讲到日本与中国家属制度的异同时，有“司一家属制度，其实际又大有不同”一语，《法律草案汇编》本改“司”为“同”。第三章“婚姻”说明书中关于本章所采取的原则写道：“其不取买卖婚姻者，所以示革除阿习之本意”，《法律草案汇编》本将“阿习”改为“陋习”。继承编第25条说明书中关于在遗产上设定权利有一示意图，上有“抵当权者利之目的”一语，《法律草案汇编》本于“利”之前加一“权”字。而《法律草案汇编》本亲属编则将第89条误印为第80条，第96条中的“遗嘱”误印为“遗瞩”。除此类明显是排印造成的差别外，没有发现二者间有内容上的不同，可见《法律草案汇编》比较完整地保留了清末草案的原貌。

3.《法政杂志》本

民国元年十月（1912.10）刊登在《法政杂志》第二卷第四号上的《民法亲属编草案》和《民法继承编草案》，是目前所见这两编草案最早在刊物上登载的文本。该本只有草案的条文部分，没有说明书等解释性文字。其亲属编共七章、143条，继承编五章、111条，两编章节目次及条文内容均与《法律草案汇编》本有不同之处，其主要者如下表。

（一）亲属编		
	《法政杂志》本	《法律草案汇编》本
1	第一章无标题。	第一章　总则。
2	第五章第一节“未成年人之监护”分为三款，即“监护之成立”、“监护之职务”、“监护之终止”。	仅在本节说明书中述及本节分为三款，并说明了此三款的立法要旨，但条文并未作相应的划分。

[16] 许多论著都据此认为清民律亲属编草案第五章只有“未成年人之监护”、“成年之监护”两节，民国四年（1915年）修订时才增加了“保佐”一节。如杨鸿烈著《中国法律发达史》说：“《民律亲属编第二次草案》，民国四年法律编查会修订，其篇目大体同《大清民律第四编亲属》，不过改第一章‘总则’为‘通则’，第五章第一节‘未成年人之监护’又分三款……另加第三节‘保佐’，共一百四十一条，比《大清民律亲属编》减少两条。”（1068～1069页，商务印书馆，1926）。谢振民著《中华民国立法史》（747页，中国政法大学出版社，2000），潘维和著《中国历次民律草案校释》（29页，台湾汉林出版社，1982）等均采取此种说法。其实“保佐”一节在亲属编各本中都存在，不能认为是后来修订时所加。

续前表

（一）亲属编		
	《法政杂志》本	《法律草案汇编》本
3	第五章第二节标题为“成年人之监护”。	本节标题为“成年之监护”。
4	第27条、第30条、第31条关于婚姻撤销规定，对未达法定年龄而结婚者，可由当事人及其亲属或检察官撤销之，此项撤销权至年龄及格时即消灭。	没有关于对违反结婚年龄的婚姻可撤销的规定。
5	第75条第2项：“若无子者不欲立同宗兄弟之子，得由其择立左列各人为嗣子。一、姊妹之子。二、婿。三、妻兄弟姊妹之子。”	此项为：“若同宗亲属俱无相当可嗣之人，得由其择立左列各人为嗣子。一、姊妹之子。二、母舅之孙。三、妻兄弟之子。”
6	第111条：“祖父母为监护人时，于第百十四条至第百十九条之规定不适用之。”	此条为：“祖父母、家长为监护人时，于第百零五条至第百十条之规定不适用之。”
7	第119条：“由夫或妻及祖父母依第百二十六条规定而为监护人者，不用监督人。”	此条为：“由夫或妻及祖父母、家长为监护人者，不用监督人。”
8	第135条、第137条关于扶养义务人列有“直系尊属”、“直系卑属”等。	“直系尊属”、“直系卑属”前多“宗亲”二字。
（二）继承编		
1	第82条无条文，下注“原缺”，因而条文总数多一条。	无此情况。
2	第7条：“所继人之直系卑属关于遗产继承以亲等近者为先。若亲等同，则同为继承人。”	多一项：“前项规定于直系卑属系嗣子者适用之。”
3	第86条：“算定前条赠与价额，准用第二十条规定。”第96条：“本章准用第三十条至第三十八条至第四十条规定。”	相对应的第85条、第95条中准用条文号为空白。
4	第102条关于无人承认之继承规定：“前条公告期内如有继承人或承受人出而承认，其法人视为未经成立，管理人视为继承人或承受人之代理人。”	相对应的第101条多一项：“前条代理人之权限于承认时消灭。”

从总体上看，此本比《法律草案汇编》本要粗糙一些。文中存在的错误也比《法律草案汇编》本及其他文本多。特别是条文中出现关于适用其他条文的规定时，所列可适用的条文号有许多不准确。如亲属编第30条关于婚姻的撤销规定，婚姻撤销权的行使以六个月为限。此期限“在第十九条，从发见诈欺或免离胁迫时起”。查该草案第19条，是关于有配偶者不得重婚的规定，而第29条是关于因欺诈或胁迫而为婚姻者当事人得撤销的

规定，此处的适用条文应是第 29 条。再如第 98 条关于未成年人的监护人的规定，“无一百零五条所规定之监护人时，由亲属会选相当之人充任”。该草案第 105 条是规定监护人与被监护人有重大财产关系时，须经亲属会允许方可代表被监护人为财产上的法律行为。此处的适用条文应是规定法定监护人及其充任次序的第 96 条。又如第 127 条：“监护人、保佐人及第百零九条所列之人不得为亲属会会员。”第 109 条是关于监护人非经亲属会允许不得受让被监护人财产的规定，适合的条文应是第 100 条，该条规定未成年人、禁治产人或准禁治产人、破产人、褫夺公权人、与被监护人现有或曾有诉讼关系之人、或其直系亲属及配偶中审判厅认为不胜监护之任者不得为监护人。这几类人既不具有充任监护人的资格，当然也不能出任亲属会会员。此本中此类错误较多，据笔者统计，两编共有 15 处这种错误，其中亲属编有 14 处，继承编有 1 处。这些错误显然不是排印造成的，很可能原稿就是如此。

根据《法政杂志》所载清民律亲属、继承两编草案与《法律草案汇编》本的差别及此本错误较多的情况，可以断定此本刊印时所使用的底本与《法律草案汇编》本不同，而且该底本在成熟程度上低于《法律草案汇编》本的底本，即前述油印本。《法政杂志》刊载该草案时，并未说明草案的来源，甚至都未注明所刊者为清末草案，还将草案名称由“民律”改为“民法”，可见对此事的处理并不十分严谨。但该杂志作为法律界有影响的刊物，其所刊载的文献当有清楚明白的来源，从所刊草案中存在个别空白并在空白处注明“原缺”等情况看，此本的内容应是真实可靠的，可以作为清民律亲属、继承两编的阶段性草案来对待，只是使用中对其错误应予澄清，以免造成误解和混乱。

三、五编合体本

以往研究者提及《大清民律草案》，大多认为该草案未经统一编订，因而没出现将五编有机地连成一体的文本。这种看法不无道理，但不能因此就认为该草案的前三编和后两编从未在形式上编成一个整体。实际上民国初就出现了由民间机构刊印的这种性质的《大清民律草案》文本，而且其数量远远超过其他文本。

1. 法政学社本

由法政学社编印的《中华民国暂行民律草案》一书，是《大清民律草案》五编合体本中较有代表性的一种。笔者所见该书藏于国家图书馆和首都图书馆，为线装石印本，共一函十二册。全书分为两部分，第一部分为前三编，其首册扉页正面写有“民律草案总则编物权编债权编”[17]、“中华民国元年法政学社校刊”等字。扉页后为在删改修订法律馆奏折的基础上形成的《法律馆民律前三编编纂大意》。第二部分为后两编，首册扉页所写文字为“民律草案亲属编继承编合刊”、“中华民国元年法政学社校刊”。书内各编均另起页，目录

---

⑰ 此处所列各编顺序和后面的正文不一致，应是编印错误。

单列于本编正文之前。全部草案条文序号连续排列，共1 569条。其中总则编 323 条，债权编 654 条，物权编 339 条，亲属编 143 条，继承编 110 条。亲属编接前三编，从第 1317 条开始；继承编接亲属编，从第 1460 条开始。除条文外，还附有对草案进行解释论证的理由书。

此本前三编及《法律馆民律前三编编纂大意》的内容与新华书局本完全相同，甚至第三编结尾处所写“民国暂行民律草案终”等字，都与新华书局本完全一样。后两编的情况较为复杂，章节目次与条文内容等与《法律草案汇编》本及《法政杂志》本均有不同，详见下表。

（一）亲属编			
	法政学社本	《法律草案汇编》本	《法政杂志》本
1	所附对草案的解释和论证称为“理由”。	称为“说明”。内容略有不同。	无。
2	第一章“通则”。	第一章“总则”。	缺。
3	第五章第一节“未成年人之监护”分为“监护之成立”、“监护之职务”、“监护之终止”三款。	未分。仅于“说明”中阐述此意。	同法政学社本。
4	第五章第二节标题为“成年人之监护”。	本节标题为“成年之监护”。	同法政学社本。
5	第 1343 条、第 1346 条、第 1347 条中有关于对未达法定年龄的婚姻可予撤销的规定。	无此规定。	同法政学社本。
6	第 1391 条、第 1427 条、第 1435 条、第 1451 条、第 1453 条内容与《法律草案汇编》本不同，与《法政杂志》本相同。详见表一第 5 项至第 8 项。		
7	条文中无空白。	第 55 条有三处空白：“行亲权者为继母或嫡母时，准用第××条第××条第××条之规定。”	同《法律草案汇编》本。

续前表

（一）亲属编			
	法政学社本	《法律草案汇编》本	《法政杂志》本
8	第1415条："监护人非有正当之事由，不得辞其职务。但妇女或年逾六十者不在此限。""监护人自信为有正当之事由，坚不肯任事者，于审判厅未经判定以前，应由监护人之监督人暂行接理其职务。"	此条（第99条）第二项写在"说明书"中。	无第二项。
（二）继承编			
1	共110条。	同法政学社本。	共111条。
2	所附对草案的解释和论证称为"理由"。	称为"说明"。内容有不同之处。	无。
3	第一章"通则"。	第一章"总则"。	同《法律草案汇编》本。
4	第1468条："无前二条之继承人者，依左列次序定应承受遗产之人。一、夫或妻。二、直系尊属。三、亲兄弟。四、家长。五、亲女。"	（第9条）序号前多一"第"字。	同《法律草案汇编》本。
5	第1466条："所继人之直系卑属关于遗产继承人以亲等近者为先。若亲等同，则同为继承人。""前项规定于直系卑属系嗣子者适用之。"	（第7条）同法政学社本。	无第二项。
6	第1560条："前条公告期内如有继承人或承受人出而承认，其法人视为未经成立，管理人视为继承或承受人之代理人。""前项代理人之权限于承认时消灭。"	（第101条）同法政学社本。	无第二项。
7	条文中无空白。	第70条、第85条、第95条中有空白。	第70条中有空白。

表中所列各项，有些属于技术性问题，有的则是实质性的内容差别。由此可知，三种刊本编印时所据底本均不相同。根据法政学社本的有关情况可以肯定，其亲属继承两编和前三编一样，刊印时所使用的底本不是清末草案及其理由书的原本。因为该本的一个显著特点是理由书中有一些民国时才出现的用语。如亲属编第四章第四节理由书中有"清乾隆

三十八年江西按察使胡季堂请定继条规”一语，在清代的年号前加上清朝的国号，是进入民国后才有的做法。再如继承编第1467条理由书中有一段注文：“本项规定见前清律立嫡子违法节条例第二”，“前清”一词更是典型的民国语言。此外同编第1468条、第1469条、第1474条、第1475条理由书中均有此类用语，如“清现行刑律”、“清例”、“清刑例”等，均说明此本所据底本出自民国时期。从文中所改用语都与国体有关来看，应是与前三编中华书局本性质相同的删订本。

但此本与其余两种刊本间的差别并非全部来源于此，民国初删订清末法律及草案，主要为消除与共和国体不符的内容，涉及的范围极其有限，此本与其他两种刊本间所存在的差别中，除理由书中与国体有关的个别用语及条文中的某些技术性差别可以肯定是删订所致外，其余很可能在删订前就已经存在。如该本亲属编第1391条关于立嗣规定，无子者可在同宗兄弟之子或姊妹之子、婿、妻兄弟姊妹之子中择立嗣子，而《法律草案汇编》本相应的条文中，所列可择立为嗣子的人中没有“婿”，而多了“母舅之孙”，这种差别就不大可能是删订造成的。再如，继承编第1466条、第1560条各比《法政杂志》本多一项内容，也不像是删订时所加。此外该本理由书中除与国体有关的内容与《法律草案汇编》本不同外，还有许多差别，整个看来前者比后者文字繁琐，也不可能是删订所致。因而基本可以肯定，法政学社本后两编所据底本在删订前就与《法律草案汇编》本和《法政杂志》本不同。

虽然由于材料的限制，现在无法对法政学社本删订前的底本作出准确的描述，但通过现存几种刊本间的比较大致可以看出，它也是民律草案拟定过程中出现的阶段性文本，其产生的时间应晚于《法政杂志》本的底本，而早于《法律草案汇编》本所据底本。因为第一，如前所述，三种刊本中，《法政杂志》本质量最差，特别是其继承编第82条有编号而无条文内容，说明所使用的底本很不成熟。法政学社本虽然也有一些瑕疵，但大多属于排印方面的错误，如漏印第1355条的条文，仅存该条的理由书等。有可能是来自底本的错误只有一处，即第1346条关于婚姻撤销期限的规定中，将可适用的条文序号写错，第1345条误写为第1335条。通过查阅和该本性质相同的各种五编合体的刊本，发现均有此错，很可能所使用的底本此处就有错误。而《法政杂志》本此类错误有十几处。据此可知，法政学社本删订前的底本要优于《法政杂志》本所据底本，其产生的时间应晚于后者。第二，法政学社本与《法律草案汇编》本相比，仅在形式上比《法律草案汇编》本成熟，如条文中没有空白，对草案的解释论证像官方正式公布的文本那样称为“理由”等，但其内容却有比后者陈旧之处，前述亲属编油印本所删除的所谓“原案”中关于对未达法定年龄的婚姻予以撤销的规定，法政学社本中依然存在，说明其删订前的底本早于油印本，即早于《法律草案汇编》本所据底本。

总之，法政学社本后两编所据底本是产生得较早但经过民国初简单加工的文本，其条文序号由单独排列改为与前三编合到一起连续排列，也是民国初加工的结果。

法政学社刊印的五编合体本在民国初曾广为流传。民国二年（1913年），该学社将此种结构的民律草案汇入到所编印的《中华六法全书》中，作为该书的一部分印制发行。笔者所见保存在中国社会科学院法学图书馆的该书第四次增订本为袖珍本，书名为《中华六法全书》，出版时间不详，封底印有“四次增订三十六种，假冒甚多，购者注意”等字。从该书所收文献最晚为民国元年十二月关于监狱看守的几个法规看，其刊印时间当在民国二年。除书前广告页与初刊本不同外，其扉页、书口、内文与初刊本完全一样，甚至扉页及内文的排印错误都完全相同。

中国社会科学院法学图书馆还存有该书的另一种版本，开本较大，书名亦为《中华六法全书》，封面写“增订正续编一百二十种”。共十二册，民律草案前三编收在第一、二册，后两编收在第十二册，其内容及编排方式等与第四次增订本相同。书中未著出版时间，根据其所收文献的产生时间可以推测出，其出书时间不晚于民国二年。

保存在国家图书馆的民国四年本书名为《新编中华六法全书》，亦为袖珍本。封面写有“民国四年五月第十次增订”等字。共十二册，其中民律部分有六册。其首册扉页与前几次刊本有所不同，将各编全部列入，上写“民律草案 总则编 债权编 物权编 亲属编 继承编”。正文部分除将以前刊本中漏印的第1355条条文予以补印外，其余包括印刷版式在内，与前刊本相同。

保存在中国社会科学院法学图书馆的民国五年本称为《最近新编中华六法全书》，版权页写“民国五年冬季第十二版”。除补印的第1355条下多了一个“改”字，以注明此处曾有改动外，其余与前刊本同。

还有一民国十五年本，仍为袖珍本，民律部分有七册。书名为《中华六法全书》，封面写“最新增订民国现行之法律”，首册扉页写有“增订中华六法全书”，“民国十五年春月重纂出版”，“中华法政学社刊印，广益书局发行”等语。此本列有全书目录，各编目录不再单列。其余同以前各版。

2. 南京启新书局本

此本名为《中华民国暂行民律》，笔者所见此书藏于首都图书馆，为铅印袖珍本，由南京启新书局和上海藜光社联合出版。其前三编和后两编出版时间不同，但条文序号相连。

其前三编于民国元年五月付印，六月出版。书前首页为大字印刷的袁世凯民国元年三月十日发布的“所有从前施行之法律及新刑律除与民国国体抵触各条应失效力外，余均暂行援用”的临时大总统令。未收《法律馆民律前三编编纂大意》。其正文由民律前三编的条文和理由书组成，各编都另起页，目录和页码单列，目录都称为“中华民国暂行民律目录”。其内容和前三编中华书局本完全相同，只是结尾处所注文字为“中华民国暂行民律终”。

后两编于民国元年十月付印，十一月出版。封面印有“中华民国暂行民律亲族继承编”等字，其“亲族”二字应是“亲属”之误，可见刊印时颇为仓促。其正文亦包括草案条文及理由书。各编目录单列，页码另起。目录名称较为混乱，亲属编为“民律亲属编草案目录”，继承编为“民律草案目录”。除明显属于排印造成的错误外，其条文及理由书的内容与法政学社本后两编完全一样。其不同之处是两编结尾处各有“民律亲属编草案终”、“民律继承编草案终”等字。

不难看出，该本和法政学社本使用的是同一种底本，其前三编和后两编结尾处注文的差别有可能是刊印时编辑加工造成的。至于此两种刊本中何者出版在先，由于法政学社初刊本只注明为民国元年校刊，未写出版月份，因而很难一语断定。从启新书局本前三编和后两编未同时出版及结尾处保留原稿痕迹较多等情况看，其出版时间有可能早于法政学社本。该本是目前所见民律草案中惟一将北京政府关于援用前清法律的决定置于书前的刊本，这种编排方式反映了当时民间一些人在援用前清法律及《大清民律草案》问题上的认识和态度，对于研究《大清民律草案》在民国初被删订利用的情况有一定的价值。

3. 法学书局本

民国初法学书局印行的《中华民国法学全书》中也收有五编合体的民律草案。该书为石印袖珍本，共十二册，是清末民初各种法律法规及法律草案的汇编。所收民律草案分为三册，编在全书的第一部分，首册扉页上写有“法律馆原本”、“中华民国暂行民律草案”、“法学书局印行”等语。其实该页只关联民律前三编，因为第三册亲属、继承两编前也有一扉页，上写“法律馆原本”，“民律草案亲属继承编”，“法学书局印行”。书中未收《法律馆民律前三编编纂大意》，其余内容与法政学社本和启新书局本相同，可以看出是来自同一种底本。

该书出版时间不详，所收法规最晚者为民国二年上半年制定的《假释管理规则》等司法规章，其出版时间应不晚于民国二年（1913 年）下半年。书中也有排错印错之处，如第 1326 条中将“尊辈”误印为“尊卑”，第 1354 条中将“权利”误印为“权列”等，但没有出现漏印条文等严重错误。

4. 商务印书馆本

民国初商务印书馆也出版了一套袖珍版的法律文献汇编，名为《中华六法》，所收为清末民初的新法和新法草案。该书于民国二年（1913 年）七月出版后不断再版，至民国十四年（1925 年）已刊出十五版。《大清民律草案》亦被收入书中，分装两册，分别标为“民律上”和“民律下”。此书用铅字印刷，字号较小。书前列有草案总目，无《法律馆民律前三编编纂大意》，第三编结尾处也没有前几种刊本中的“民国暂行民律草案终”等字。所收民律草案在编章结构、条文及理由书内容等方面均与以上几种五编合体的刊本相同。但排印版式差别较大，排印错误自然也不相同。目前所见此本有民国十一年版及十四年版。十一年版版权页写为十七版，有误。同年出版的该书《刑事诉讼律》部分版次写为十三，其民律部分亦应如此。将不同版次的刊本进行对照，发现除广告页外，其余均完全相同，甚至排印错误都没有差别，可见所谓多次再版，实际只是重印而已。

5. 上海共和编译局本

此本名为《现行中华法规大全》，上海共和编译局印行，为线装袖珍本，全书共四十册，分装四函。笔者所见为民国三年本，其所收为民国三年（1914 年）十二月以前出现的各种法律及草案。其扉页写“民国三年十二月重订”，可见不是初刊本。民律草案编在该书的“司法类”中，称为“民律”，共有五册，每编一册。各编目录单列，但条文序号相连。未收《法律馆民律前三编编纂大意》，第三编结尾处亦无“民国暂行民律草案终”字样，其余内容与前几种刊本同。

6. 上海会文堂书局本和上海文明书局本

此两种刊本书名分别为《现行六法全书》、《最新增订现行中华新六法》，分别由上海会文堂书局和上海文明书局印行，皆为袖珍本。号称“现行六法”，其实所收并不全是现行有效的法律。其民律部分都称为“民律草案”，内容包括《法律馆民律前三编编纂大意》、草案条文及理由书。会文堂书局本书前有草案总目录，文明书局本草案各编目录单列。两书都未著出版时间，从书内收有民国十二年宪法看，应出版于民国十二年（1923年）以后。

以上各种刊本，虽出自不同的出版机构，但对草案的编排基本一样，都是将前三编与后两编合在一起，使其条文序号相连。有的还将目录也合起来，并去掉前三编单独编排时留下的痕迹，使之在形式上彻底成为一个整体。通过以上所述不难看出，在《大清民律草案》的各类文本中，此类刊本数量最多，而且其中有几种重印和再版的次数也非常可观，说明社会上对这类文本有较大数量的持续性需求。从民国前期各类文本被使用的情况看，此类文本的使用率也居于前列，当时发表的有关文章中凡提到民律草案，所引条文一般都来自五编合体本。[18] 法律编纂机构拟订新民法草案时参照《大清民律草案》，使用的也是前后条文序号相连的文本。[19] 甚至到1939年，伪华北临时政府“修正”民法亲属、继承两编时，所编材料中作为主要参考文献而收录的清亲属编草案和继承编草案也来自这种文本，不仅条文序号与前三编相连，而且第1346条的错误也和上述五编合体本相同[20]，可见此类文本在民国时被应用得非常普遍。因而尽管五编合体本所载不一定是清末民法典起草的最后成果，而且经民国初加工后也不能完全反映清末草案及其理由书的原貌，它们仍是研究《大清民律草案》和中国近代民法史所不可忽略的重要文献资料。

---

⑱ 此类例子很多。如民国二年（1913年）二月《法学会杂志》第一卷第四号所载廖治《民法草案继子问题之研究》一文所引民律草案第1320条关于嗣子的规定，民国二年（1913年）十月《法政学报》第一卷第一号所载左质泽《评民律亲属编草案庶子名称》一文所引民律草案第1380条、1387条关于嫡子、庶子的规定，民国十四年（1925年）十二月《法律评论》第一二九期所刊杨鹏《改善妻在财产立法上之地位》一文所引该草案第1357条、1358条关于夫妻财产特别契约的规定等，其条文序号和内容都与法政学社本等合编本相同，说明作者研究问题与撰写文章时使用的是此类文本。

⑲ 中国社会科学院法学图书馆存有民国十五年民律亲属编草案的油印稿，上面列有拟定该草案时所参照的法律及有关草案条文，其中所列《大清民律草案》共138条，除有4条因属于总则编而序号较低外，其余亲属编部分条文序号均在1317以上，序号最高者为第1459条，显然使用的是序号连排的文本。

⑳ 见伪华北临时政府编：《民法亲属继承两编修正案》。

王圣诵

论中国户政制度*

简介

王圣诵，1955年生，山东青岛人。1978—1986年曲阜师范大学本科、研究生；2002年毕业于中国政法大学法律史专业，获法学博士学位。2006年美国密歇根州立大学短期讲学。现为青岛大学法学院院长、教授，青岛市拔尖人才，山东省重点学科（中外政治制度）学科带头人、山东省重点实验室（物证技术应用实验室）主任。曾主持2002年国家社科基金项目“县级政府管理模式创新探讨”、2004年国家社科基金项目“乡（镇）政府与村民自治关系研究”、2006年最高人民法院重点调研课题“关于庭前程序制度的调研”，目前主持2007年山东省教育厅重点调研“中国与德国乡村自治比较”、2008年国家社科基金项目“基层民主制度研究”等。代表作有《中国自治法研究》（中国法制出版社，2003）、《县级政府管理模式创新探讨》（人民出版社，2006）、《中国司法制度研究》（人民出版社，2006）、《中国乡村自治问题研究——告别户政》（人民出版社，2009）。

* 选自《中国乡村自治问题研究——告别户政》，第三章“户政制度”，北京，人民出版社，2009。

第一节　户的概念与特征

一、户的概念

户的概念是本文的基本概念。弄清楚中国清末民国的“户”的本质含义，户与国家、与宗族、与绅士的关系，便知道了本文的主旨：第一，自治的主体是谁？是“户”自治，还是村民自治？如果是前者，就不是自治，不是自治又是什么？第二，“户”与“户”能否形成紧密的与国家权力抗衡的民间社会？“户”是否需要由第三者实现与国家权力机关的交流？如果回答是否定的，那么，所谓农村社会与国家的“经纪人阶层”或“公共领域”都是子虚乌有，是从西方国家的政治理论生吞活剥贩卖来的。

我认为，“户”可以归纳为：以亲属关系为纽带的聚居性的社会基本单位。

马克思曾把农户比作马铃薯，学者朱爱岚则把“户”比作“积木”，原话是：“户是农村生活的基本积木和更大规模的社会组织得以建构的单位。一个复合体的更大建构要比这个细胞的建构更大，并且还是按等级序列构筑的。户被当做中国农村社会最低一级的可分析单位。”①

按照朱爱岚的思路，我们可以把“户”这个概念放到我国封建社会的特殊环境中予以概括：乡村的“户”是以亲属关系为纽带的聚居性的国家规定或认可的乡村最基本的单位。我们在对这个封建社会的“户”的理解上，最好的办法是把完整的概念分拆，以四个特征分别予以阐述。

二、户的特征

（一）户是国家依法行政管理的基本单位

我国的“户”，首先是实现统治阶级统治目的、符合国家法律规定，或国家认可的行政管理体制下的最基本单位。

关于“户”的国家性，是国外学界非常重视的一个专题。特别是自农村改革“家庭承包，包产到户”之后，“户”就一直是讨论中国农村问题的一个核心概念。最初出现的包产到户采取了许多不同的社会组织形式，事实上还短暂实行过一段时间，2003 年，《农村土地

---

① ［加］朱爱岚：《中国北方村落的社会性别与权力》，129 页，江苏人民出版社，2004。

承包法》之后，落实“土地经营权”最普遍的单位是“户”。我们国家从政策到法律对“户”已经成为共识，它是一个社会结构的基本单位和一个最低经济单位，不仅如此，它还是一个最低政治单位，自从我国《村委会组织法》加快推进落实以来，“户”也时常作为选举单位出现在农村的政治舞台上。总之，“户”在改革的经济政策和法制建设中得到的关注，这种关注是在国家政策目的、符合国家法律规定，或国家认可的行政管理体制下的优先地位，例如，农村、农业、农民的所谓“三农”问题一般以中国共产党中央委员会的一号文件予以规范，政府以“户”为单位对农村经济社会资源进行调整与配置，“户”的人口再生产，即计划生育历来是党和政府的头等大事。

朱爱岚教授在《中国北方村落的社会性别与权力》中提到，在中国农村，户依然是日常生活的现实世界中和官方政治经济中文化建构与社会关系的一个关键性纽带。它深植于一个更大而复杂的世界之中，在这个世界里，有组织的国家的角色是很凸显的。这里所研究的每个村落都有强大的户之上的组织，它们主要是以政府或准政府的形式在村一级运行的。如今在中国农村，以“千家万户”这一通俗语言表述的“户”和“户”以上的组织，例如村委会，将国家延伸到农村人口中的长期确立起来的权力同“户”这个社会组织紧密地结合起来，发挥这更大的作用并正在加强某种相对自主权。

朱爱岚教授与李云河先生在一篇文章中提出的有关观点遥相呼应，这篇文章提到了农户的社团意义、个人意义及“农户个人主义”等概念。② 毋庸置疑，这种企图把“户”法人化、人格化的观点引领了“分田到户”、“联户经营”的“户”承包和“户”经营的乡村经济改革大潮。

朱爱岚教授与李云河先生研究的对象又有所不同，她结合国外学者从人类学的角度研究有关户、家庭和家庭群体的有关成果，结合自己在张家车道、前儒林和槐里各村的调查报告，主要分析了当代中国农村“户”的特质及与国家的关系，强调了国家在直接和间接建构“户”以及与户关联的非正式家庭群体上的作用。当前农户在围绕日常生活的社会实践与文化再现的微观动态时，国家的作用成为一个主要的决定性因素。

她说：“当前对中国农村仍适用的户的定义，同样是通过国家权力的运作从内部建构起来的。这一建构的某些方面同社会性别与父权制权威的既有实践具有隐含的连续性。其他人则描绘了国家权力界定户与其他非官方家庭群体的更近期机制。我并不以强加给家庭群体的官方限制和法规（诸如有关计划生育的那些）为重心。后者业已得到详尽的研究。相反，我通过探究国家权力积极界定户的手段来关注这个问题。国家既通过像户籍制这样的直接措施，又有赖于从文化上使建立在户之上的政治经济具有合法性和特权地位的较不直接的措施。国家的作用既表现在官方界定的户成员以明确认可的方式发生互动之处，也表现在这同一群人培植其他形式的家庭群体与关系，并在官方轨道之外致力于创造性的实践

② 李云河：《农村“户学”初探》，载《新华文摘》，1985（5）。

策略与回应的地方。”[③]

我们研究法律史，同样会发现这样的情况，我国封建社会的国家成文法，其非常重要的内容是有关“户”与“户政”的。从《辞源》解释，“户律”是关于户籍、赋税及其他民事的法令。汉朝萧何将秦律六篇加上“户律”等三篇成九章，这是常识。北齐称“婚户律”，北周则设“婚姻”、“户禁”两篇。隋朝改为“户婚律”，唐朝沿用之。大明律和清会典则直称“户律”。从我国封建国家法律形式证明，我国自汉朝以来，乡村的“户”一直是国家成文法的调整对象。

综上，中国乡村的“户”具有国家政治与行政管理的性质，国家机关对“户”的管理规范的行政行为称之为“户政”；在中国的历史条件下，“户”与“户政”都是国家“户律”所调整的对象。

“户”派生的另一个概念是“户籍”。在中国封建社会，户籍是统治者向民众征赋（人头税、丁赋、户调等）与派役（兵役、徭役）的依据，是确定法律关系主体身份地位（士、农、工、商、贱民、奴婢等）的依据，是“计家曰户，计人曰口”的结果。

我国户籍制度的发生、发展源远流长。商朝有“登人”、“登众”、“登旅”制度。西周有“皆书于版”，“书于版”的行为，设置了“司民”职掌“登人”。春秋战国时期有“料民”、“上计”、“书社”、“版图”等史书记载。

“户籍”一词最早见于《管子》一书。[④]《管子》《禁藏》篇里有“户籍田结者，所以知贫富之不訾（訾，音：zī，估量、限度）也”的记载。这一推断得到《国语·齐语》的论证：“桓公曰：成民之事若何？管子曰：四民者，勿使杂处，杂处则言哤（杂乱不一），其事易（变化无常）……故应以分处为宜。处士，使就闲燕；处工，就官府；处商，就市井；处农，就田野。”为此，他建立起“叁其国而伍其鄙”的制度。《国语·齐语》：“管子于是制国，以为二十一乡：工商乡六，士农之乡十五。”

另外，书社制度就是山东诸国当时的一种户籍制度。《史记·孔子世家》索隐：“古者二十五家为里，里则各立社，则书社者，书其社之人名于籍。”也就是说，书社就是在一定地域内由二十五户组成的基层行政单位。他们共同立社（土地神），并共同供奉之，从而成为相对稳定的地域共同体。而书社之名则来源于“社之户口，书之版图”这一基本做法。[⑤]

可见，“登人”、“登众”、“料民”、“上计”、“书社”制度是以户口登记制为基础的，人口与土地紧密结合的基层行政制度，而且它反过来又成为最高统治者掌握民户、人丁数量的基本手段。关于“书社”，现在有人望文生义，把这种“书社”当成古代村民自治的“社团”，是非常不严肃的猜测。

---

③ ［加］朱爱岚：《中国北方村落的社会性别与权力》，131页，江苏人民出版社，2004。

④ 《辞海》，1989年版，和《法学词典》，第三版，以及其他许多辞书均认为户籍制度开端于秦献公十年（前375年），这一说法不确切。

⑤ 俞德鹏，载徐显明、徐祥民主编：《中国历史上的法制改革与改革家的法律思想》，4～7页，山东大学出版社，1999。

汉朝，县、道对户口验查与登记，史称“案户比民”；魏晋南北朝时期，战争频仍，国家多次“土断”；隋唐实行“输籍定样”制度，据唐代人李贤在《后汉书》作注认为，汉代的“案户比民”在唐代成为“貌阅”，据敦煌残卷，连被登记人的“右足跛”也记录在案。宋元明清，中国的户籍制度严谨完善。到民国时期，国家先后出台了《户籍法》（1931年），《户口普查法》（1947年）。

我国古代对“户”、“户籍”的管理极为严格。中央政府有“司民”、“布政司”、“户部”，地方政府有省、州、县，乡村基层有乡、里、保、甲组织。乡、里、保、甲组织的户籍管理职能在上述段落中已有详细论证。

（二）户是维系户内成员生存的基本经济单位

1.“户”须有能成为计税单位的一定财产

“户”须有一定财产，从这个意义上讲，“户”与“家”的本义相通。“家”当为会意字，“家”字所从“屋”，从“豕”，“豕”本指牲畜之猪，取其象征之义，则是房屋之内有财产。⑥“家”与“户”是人类定居农业的社会的财产单位，有地、有房、有圈养牲畜，才是“家”，才能成为“户”。“家”与“户”的区别也是明显的，“家”是人类自身生产单位，“户”是国家行政管理单位，“普天之下，谁不编户”⑦，历史上曾有若干“家”为一“户”的现象。

在封建社会，户的财产中的主要成分是土地，“户籍田结”，它是官方认可承认的社会经济单位的主要理由，即按照确定的财产交纳赋税。

2.“户”须有维系户内成员生存的基本经济生产方式

一家一户的生产方式，向来为文人墨客所青睐，其诗情画意使得“家”、“户”混淆，不过也描绘出封建社会的小农业与家庭手工业相结合的自然经济特征。西汉的《盐铁论》称：“匹夫之力，尽于南亩，匹妇之力，尽于麻枲。田野辟，麻枲治，则上下俱衍，何困乏之有矣。”⑧ 白居易在《朱陈村诗》中就描绘过这样一个由两个族姓组成的村庄：“徐州古丰县，有村曰朱陈，去县百余里，桑麻青氛氲；机梭声札札，牛驴走纷纷。女汲涧中水，男采山上薪。县远官事少，山深人俗淳。有财不行商，有丁不入军；家家守村业，头白不出门。”“一村惟两姓，世世为婚姻；亲疏居有族，少长游有群。”“生者不远别，嫁娶先近邻。”⑨

“户”须有的维系户内成员生存的基本经济生产方式必须随经济发展和社会进步发生变化。我们知道，男耕女织的小农经济是组成秦汉以来中国社会的千万个细胞，也是古代生产方式的广阔基础。小农业与家庭手工业相结合的自然经济，一方面弥补了农业生产的不足，另一方面又使农民更加依赖家庭经济，这种经济结构拥有自发的调节能力和完备的自

---

⑥ 梁颖：《“家”字谜及其相关问题》，载《广西师范大学学报》，1996（4）。

⑦ 《北史》，卷一五《元志传》，558页。

⑧ 《盐铁论·园池》。

⑨ 《白氏长庆集》十：《朱陈村诗》。

给自足的特征，特别是因其大大缩短了原材料与生产过程的距离，也缩短了产品与消费过程的距离，阻碍了家庭分工向社会分工的发展，使我国的商品经济发展十分缓慢。家庭生产方式是历史的产物，具有鲜明的时代特征，在世界经济已经全球化的今天，我认为，过分强调这种男耕女织的生产方式会造成什么后果可想而知，过分地强调“家庭承包”、“分产到户”会阻碍社会生产力的发展。

不容否认，强调这种独立的生产方式，在相当大的程度上，使户同家庭群体重合，它们也是提供集体或国家所不堪负担的那些社会服务的组织渠道，其中包括照顾老弱病残者。当前的政策把对资源、生产及投资的管理添加到户的经济责任之中，不仅使农户逐渐成为直接的纳税单位，而且将农民社会保障的国家义务分摊给“户”来承担。

3. “户”须有产生、复制、再造的经济意义

“户”有产生、可复制、可再造的经济意义，这与“户”有财产的概念不同。所谓“户”有产生、可复制、可再造是指“分家”所确定的法律形式。如果擅自分户“别异财”，依唐律判处3年徒刑。“分家”是封建国家历朝历代的“户政”的重要内容之一。

“分家”标志着“户”的成立并明确了“户”与“户”的界限。

清代安徽有关家庭分立的史料[⑩]充分显示出，新家庭的诞生亦即家庭发展周期的起点是“分家”，而不是通常意义上的“婚姻”。中国传统社会、特别是清代社会的新家庭，并非诞生于“合”，而是生于“分”。

这种“分”，有两种形式：一种是“分家”，诸子（此时多已婚娶）平分家产，旧有家庭分出若干新家庭；一种是父家长死后，独子直接继承，旧有家庭化为一个新家庭。其中，前一种“分家”，是最为普遍的形式。

“分家”是在有产可分、有子可分的情况下进行的。即便无子，清朝以1795年定例：“嫡庶男除有官爵袭封先尽嫡长子孙，其家财田产，不问妻妾婢生，止以子数均分。”即“奸生之子”也“依子以半分”，“若同居家长应分家财不均平者……十两笞二十，每两加一等，罪止杖一百”[⑪]。48件徽州文书中所反映的分家家庭中，即使诸子中有已亡故的，也要以其子（若无子便以兄弟之子为其后嗣）代表这一房支参加分家。清代有不少人由于经济情况未能婚娶，家中也以兄弟之子“过继”的方式解决他“无后”的问题。由于分家者均有一定的产业，这种情况文书中未见有所反映。陈士策家财富有，人口众多，生前似已考虑到了这一节，在作为遗嘱的《分家定例》中说：“予每见子多，恐有乏嗣之患，当遵律法，同父周亲相应立继之条。惟以换房轮继，不得僭越重继，致多争论。违者许执遗命，请本族尊长祠内公议，治以不孝之罪。”[⑫]

应该说，自耕农以上均为有产。中国传统社会虽然不乏“地主田连阡陌，贫者无立锥

---

⑩ 48件清代安徽徽州分家文书，中国社会科学院经济所藏。

⑪ 《大清律例》，卷八《户律·卑幼私擅用财》。

⑫ 《休宁陈姓阄书·定例》。

之地”的说法，但那只是社会发展周期某一个阶段的现象。事实上，任何一个王朝建立之始，都大力实行发展、保护自耕农的政策；任何一个地主家庭，都以诸子平分的方式代代分析，家产越分越少，滋生出众多自耕农家庭。由此原因，多数时期、多数地区，自耕农经济都是最为普遍的经济形式。而即是佃农，也有可分之产——房屋、佃业（田皮）均在可分之列。这样，有产可分的家庭便在社会上占据多数。而只要有产，出于对劳动人手的需求，出于“不孝有三，无后为大”、“早生儿子早得济”的传统观念，通常便会早婚早育、多生多育。如生理没有问题，每个家庭至少二子以上。娶妻无后，便要娶庶、纳妾，直到有子。娶庶纳妾仍无子，则收继。但这毕竟是较个别的情况。这样，有子可分的家庭也便在社会上占据多数。

于是，“分家”成为继承环节中最为普遍的形式。

“分家”历来是国家的既定政策。战国末期，西周宗法制随着世卿世禄制的崩溃而瓦解，宗族而家族、家族而家庭已成趋势。秦商鞅更通过国家政权的力量以经济制裁的手段将分家、小家庭的格局固定下来：“父子、兄弟同室内息者为禁”，“有二男以上不分异者倍其赋”⑬。

后来，虽然出于“孝”的观念，社会舆论及官府提倡同居共财，谴责、甚至以法律规定处罚父母在世时别籍异财的行为，但实际上地主制取代了领主制，土地买卖造成土地所有权的转换频繁，小家庭比大家庭更适合传统社会的经济环境。“士大夫父母在而兄弟异居，计十家而七。庶人父子异产八家而五。”⑭ 加之国家长期以来同地主兼并势力争夺土地人口的控制权，以小家庭的“户口”，分等级为单位，按丁派发赋役；加之贫民多受经济条件限制，晚婚晚育、“生子不举”、流行溺婴，有产家庭早婚多子女，分家周期短，迅速化富为贫，社会上一直是小家庭的汪洋大海。

唐两税法的施行，标志着地主租佃制有了更大发展，即便是社会上“孝”的观念也有所变通。南宋《袁氏世范》载：“兄弟当分，宜早有所定。兄弟相爱，虽异居异财，亦不害为孝义。”清李绂《别籍异财议》云：“禁其争财可也，禁其分居，恐未可也”，“分居者各惜其财，各勤其事，犹可以相持而不败也”。这正是分家成为必然，分家造就出新的小家庭群、成为诸多新家庭发展周期起点成为必然的经济根源、社会根源和思想根源。

“分家”成为新家庭发展周期的起点，是中国传统家庭的独特之处。

欧洲诸多国家及日本历史上都曾施行单子继承制（或称单独继承制），也就是不分家，家庭的权力（包括决策权、财权等）、责任以及作为基础和中心的核心家庭，随着下一代继承者成婚或上一代家长的逝世而代代下移。前者如德国，继承者（有时是亲生儿子，有时也可能是非亲属）结婚，便是正式继承亦即家庭财产和家庭权力的移交之时，继承者成为

⑬ 《史记·商君列传》。

⑭ 顾炎武：《日知录》，卷一《分居》。

执掌家政大权的新家长，原家长——父亲则仅保留养老财产而退居“养老房”；后者如日本，家长逝世，继承者（有时是亲生儿子，有时也可能是非亲属）成为执掌家政大权的新家长，新旧家庭的交替在原有家庭内部完成。至于非继承子弟，原有家庭与之无关，遂很早便离家出外谋生。其婚姻与否，也与原有家庭无关，是其自己的事，于是只要一结婚，便开始了一个新家庭的历程。

中国传统社会的“分家”（诸子平分），以国有、私有（或公有、私有）双重土地所有制为背景，其实质为彼此互不相干的农户经济个体化、独立化。但是又有一个严重的后果，那就是宗族化，“分家”中的公有资产的预留加强了宗族的经济实力和文化统治。

（三）“户”是维系户内人口的人口再生产单位

“户”内基本人员关系是亲属关系，是由血亲和姻亲构成，这也是“家庭”的主要内容和基本解释。从人类学的观点解释，繁衍子孙是这些关系和构成的主要目的。“户”是维系户内人口的人口再生产单位，毋庸置疑，户的这一基本职能或特征被社会学的种种家庭形式的描述遮掩了。王跃生在《十八世纪中国婚姻家庭研究：建立1781—1791年个案基础上的分析》认为，我国1781—1791年期间一夫一妻制下的家庭平均成年子女的数量为3.26个。

（四）“户”是历史文化承继单位

中国是儒家一统的封建社会，自然包括了“户”的同质性的历史文化承继，这是没有异议的。但我认为还是不够，因为缺少农民“户”文化的多样性。

本文拟从反面例举，从另一个极端阐述，我国农村的“户”既可以传承、发展奉儒家文化为正统政治文化，也可以传承习惯的民间文化，并会憧憬西方社会各种思潮。

毛泽东分析中国社会性质时，指出中国社会存在三种权力支配系统：一是国、省、县、乡的政权构成“国家系统”，二是由宗祠、支祠以至家长的族权构成“家族系统”，三是由阎罗天子、城隍庙王乃至土地菩萨的阴间系统以及由玉皇大帝乃至各种神仙鬼怪的“鬼神系统”[15]。

辛亥时期的革命派主张家庭革命，重铸家庭伦理。他们所谓“家庭革命”的基本内容是改变不平等的三纲五常，尤其是男女不平等；指出要变“夫尊而妻卑”为“夫妇平等”，“拔千万女同胞于家族之火坑，而登之莲花之舞台也”[16]；主张“祖宗革命”、“纲纪革命”，使生人从死人的余威中解放出来，令活人间建立一种新型的平等关系。针对中国牢固的家族主义，一些无政府主义者还提出了偏激的“毁家论”，在他们看来，“盖家也者，为万恶之首”，“自有家而后女子日受男子羁縻”，因而“社会革命”当以“毁家”为“拔本塞源之计”[17]。

---

⑮ 毛泽东：《毛泽东选集》，2版，第1卷，31页，人民出版社，1991。

⑯ 丁初我：《女子家庭革命说》，载《女子世界》，第四期

⑰ 汉一：《毁家论》，《辛亥革命前十年间时论选集》，第2卷（下册），916页，三联书店，1963。

第二节 户、家族与国家之间的关系

一、户与国家之间的关系

（一）“编户齐民”，国家实现对“户”的行政管理

“编户齐民”形象地反映了农民与政府的法律关系，本人认为，这里的“编”和“齐”都是动词，是“户”与“民”的谓语。寻查《辞源》“齐”字条，古代的文义解释有“平整、整齐”，“整治”，“辨别”，“相同和齐全”等意义。“编户者，言列次名籍也。”对《汉书·高帝纪》引“编户齐民”的整体解释是“以编撰户口治理村民”。“编户齐民”的口语化就是我们所称的“户政”或户籍管理制度。

户籍制度作为中国古代社会的一个重要特色，源于三代，成形于春秋战国。本文在上述交代了管仲改革，“户籍田结”意在赋税。商鞅变法，与其授田制、兵役制有关。他主张上有通名，下有田宅，“四境之内，丈夫女子，皆有名于上，生者著，死者削”⑱，“强国知十三数：竞（境）内仓口之数，壮男、壮女之数，老弱之数，官士之数，以言说取食者之数，利民之数，马、牛、刍、稿之数”⑲。汉代以后，陆续有“编户齐民”的原始证据。在西北出土汉简中，有戍卒、田卒及其家属名籍的文书，有卒家属廪名籍，是配给戍卒家属食粮的名簿，有名籍类簿书是记载吏卒家属成员和财产的身份书。有份文件常常为人引用的两个典型的例子：一为礼忠，一为徐宗，除登录本人身份外，还登记家属、财产等项内容，是一种比较完备的名籍文书。

我国还有一份户口外出的基本手续的原始证据：《居延汉简甲乙编》二件简文。

永始五年闰月己巳朔丙子，北乡啬夫忠敢言之，义成里崔自当言为家私

市居延。谨案：自当毋官狱征事，当得取传，谒移肩水关、居延县索关，敢言之。十五·十九

建平五年八月戊，□□□□广明啬夫宏、假佐玄敢言之：善居里男子丘

张自言与家买客田居延都亭部，取检。谨案：张等更赋皆给，当得取检，谒。

移居延，如律令，敢言之。（简背面）放行五〇五·三七

从以上两份简文可以看出，里中居民如要迁徙他处或外出办事，必须先到乡里提出申请，说明理由，并要交清更赋、无官狱徭役在身，然后再由乡啬夫拟定文书，批转加案转移所去县府或关卡。迁移者更需由移所批准更籍“放行”后，方可迁行。

我们以此又可以得出结论：“户”、“户政”，是指在赋税、居地、治安、户内人员流动等直接与国家发生管理与被管理的行政法律关系。

---

⑱ 《商君书·境内》

⑲ 《商君书·去强》

纵观中国封建国家各个朝代，对户口的管理有不同特点。秦汉魏晋对户口的人身控制较为突出；南北朝隋初唐阶段对户口的人口与土地控制并重，以人口为主；中唐至明清阶段，对户口的人口与土地控制并重，但以土地为主。其分界线是均田制下的租庸调与两税法。清朝的“摊丁入亩”实施、土地私有化加剧、战争动乱频仍的清朝中期之后，“编户齐民”与国家统治的关系又有了新的特点。

（二）“户”直接向国家履行赋税义务

国家通过税收直接对户行使统治权。恩格斯在《家庭私有制和国家的起源》一书中，从国家的本源上做了高度概括，其中一条是：为了维持对人民大众来说的国家暴力机关的这种公共权力。

在我国封建社会，“户”与国家的权利义务关系较为明确。“户”向国家履行赋税义务，并保证安居、乐业、顺民；国家向“户”提供保证自耕农独立发展的经济政策，提供“学而优则仕”的科举仕途。但是最近总有学者认为在“户”与国家之间有“代理人”、“经纪人”或“第三领域”存在，实际不然。

我们以清朝为例证明，“户”直接向国家履行赋税义务。

清代对“户”直接向国家输纳钱粮十分重视，如不执行，以刑法问罪。田文镜是雍正帝最欣赏的大吏，是“模范三督抚”之首者，他的《饬令小民自封投柜》文告发布于雍正三年九月：照得输纳钱粮原系小民自封投柜，按户征比，故不许诡计田粮、不应差徭，亦不许大户包揽、小户代为完纳。再查定例内开：“文武生员及上司衙役钱粮包揽等弊，该管官查出，如系生员，褫革，责四十板，衙役责四十板，枷号两个月；该管官不行查出，被上司查参，罚俸一年；至州县官，有完粮之民不给印票，照私派例拿问；司、道、府等官明知不报者，革职；督抚不行题参者，降五级调用”等语。功令何等森严。[20]

康熙三十九年户部题准，征粮设立滚单，“令民遵照部例，自封投柜，不许里长、银匠、柜役称收。”自封投柜法实行后，几乎沿用有清一代，并受到一致称许。如雍正二年谕称：民间输纳钱粮，用自封投柜法，亦属便民之道。[21]

地方政府为了对付“户”与国家直接的输纳钱粮关系，挖空心思设计输纳制度，既保证“户”直接向国家输纳钱粮，又能保证层层寻租盘剥的实现。清袭明制，京设户部，县设户房，属户部。主理户口，并管丁赋征解、保管与开销。如山东沂水县，征收田赋设了六个柜，也称“六房”。催征田赋的叫三班，即“头、块、壮”三班。每班又分为二组，分别叫“头皂、二皂”，“头块、二块”，“头壮、二壮”。俗称“三班六房”，实际是六个班。这六班分别负责六柜的田赋催征任务。沂水城周围各村的田赋属第六柜征收，催征的叫“二壮”。这六个班，每个班的头目叫“管总”，其属下有十几人或几十人，叫“伙计”。管总对伙计有使用和辞退权。他们都没有正式工资，其收入，一是向村里要钱粮征收费，大

---

[20] 《抚豫宣化录》，卷三下，153页，中州古籍出版社，1995。

[21] 《钦定大清会典则例》，卷三十六《户部·田赋三·催科事例》。

村要得多，小村要得少，由村长负责支付；二是下乡催征，向欠征田赋户索取“腿钱”，多少不等，视欠征户欠钱粮数目随意索要；三是靠柜上加收的由单（通知单）、串子（田赋收据）费县126社的钱粮之征。[22]

按规定，凡田赋、丁银一律到县衙户房直接交纳。“地丁并一”实施后，按银抽收，并征田赋和附加，正税逐级上解宫廷库房以充国需，附加税留地方自用。至清末，县衙设税课局，负责各乡社会市集秤、斗、牙行各捐之征收。

了解清代的另外形式的田赋征收制度，对深入知晓“户”与官府的直接输纳关系非常重要。清代的田赋征收，一般有委征、包征和官征三种。委征是县府委派征收员分赴各乡镇征收，不限数额，尽征尽缴；包征是预计本年度地丁粮成数，由粮胥或书吏认额承包，负有短征垫缴之责。官征，是政府直接设点征收，征收员往往从中贪污中饱。

康熙亲政后，重修《赋役全书》，只载重要项目，将全国赋粮总数删除丝秒零尾数，以防飞洒苛驳之弊，编成《简明赋役全书》。首先整顿乡村里甲，实行“均庄编里”、“清地均里”、“归顺里甲”、“顺约编里”。在赋役征收方法上，废止易知由单制，改用“截票”、“滚单”制，以杜私自加派之弊。截票即串票，开列地丁实数，按月分为十限，完则截之；其票钤印中分，官民各执其半，顺治时是二联串票，奸胥作弊。康熙二十八年另行三联串票，一存官，一付役应比，一付民执照。滚单。康熙三十六年行滚单，分十限滚催。赋役征收方法定为田赋催科四法：即以分限（分期征输）之法舒民力，以输催（滚单）之法免追呼，以印票（三联单）之法征民信，以业主亲输之法防中饱。分限即将赋役征收分为上忙、下忙，夏限为上忙，秋限为下忙。输催，即以滚单作为一种赋税通知书，记业主粮户之姓名、田亩、赋税、银两之定额，分发各地团保，使催促交纳。印票，即联票，有票要、纳户执照和比限查截三联。三联皆书纳户所完赋额，编号钤印，而三联三分：一联作存根，由账房收存；一联留县，备检对查勘；一联给纳户，作为收款执照。所谓亲输，是置匦衙署前，听民封银亲投，以部定权衡，准其轻重，若畸零之数，纳户愿以制钱交纳者，每10钱当银1分。这种办法，是在每里之中，以5户或10户为1单，在花户名下逐一注明田地若干、银米若干、夏秋两次应各完纳若干，分为10限，发与甲首；依次滚催，花户自封滚单投入银柜，一限既定，二限又依次滚催。其有停搁不完不交者，官府予以严惩。此法民以为便。[23]《赋役，乾隆〈会典〉》原存于官者，还有“赤历”，使业主自登应纳数，上于布政司，后以州县日有流水簿解司，遂停；“黄册”，以户为主，而田系于其下，岁载户口之登耗，以征收丁赋，后以五年编审者为黄册，亦称粮户册，而于康熙七年停岁造制；“会计册”，专载解部之款，康熙七年并入奏销册；“奏销册”，合通省地丁完欠支解存留之款，报部核销，亦称四柱册；“丈量册”，田之高下邱亩皆载记，故称鱼鳞册，鱼鳞册以田为主，而系于户下。

---

[22] 张之栋：《略述沂水的田赋税捐》，载《沂水文史精粹》，320页，山东文艺出版社，1999。

[23] 《清史稿·食货志》二。

山东沂水县每年田赋分两季征收，各征半数。征收前，县里印制通知单（先是用木板刻印，后用石印），名叫“由单”。“由单”上填明征收户姓名、住址、田赋数目、应交款数、本期应交数、交纳期限等。“由单”由管总派伙计送给各社的地方。那时各社除社长、段长（负责调解民事纠纷）外，还设有一至两个“地方”。“地方”有个下属叫“叫化子头”，除替他跑腿外。还兼任本社所属村各户的婚、丧司仪事宜（“地方”和“叫花子头”是世袭）。“地方”将“由单”分发到各村各户，各户拿着“由单”到直属柜上交款，发给串子。柜上除按照“由单”上的数目收款外，还按照百分之几加收“由单”和串子费，交多少因私人关系和交田赋者的身份而定，为田赋的百分之一至百分之五不等。这项钱的数目，“由单”和串子上都没有填写，该项收入归柜上和6个班里的人所有。这项款虽各户数目小，但因户数多，总数还是不少的。交田赋的农户回村后常互相询问：“你赋的粮管多钱?”有的回答“管八几”，有的回答“管九几”，(按田赋一两计算）。还有一项是“零数归总”，即零数以分为单位，不够分的只入不舍，即使1厘也做1分计。这项收入也归柜上和班里所有。[24]

民国时期，吏治败坏，地方官吏贪污中饱，借征收田赋浮收挪借。在征收田赋中，历来有飞洒诡寄之害，更因征收大多由地主豪绅把持，勾结官府，冒算浮收，转嫁负担。柜书、里差、里书等胥吏，操征收钱粮的实权，将任职视为个人发财门路。或将某户之粮，暗中转嫁于他户名下，农民一次被骗，其后多年甚至永远照例完纳，而该项飞出某户之粮，即为胥吏中饱。里书受贿得钱后将某户的钱粮分散细碎转人他户名下，又称为“埋差”，也谓之飞洒。以有着之粮，寄于无着之户，谓之“诡寄”。里书得钱后，可将本来不纳钱粮的土地，在卖出时办理科征钱粮手续，称为“带差”，即带出原土地所有人的部分钱粮；里书得钱后，还可替人完纳钱粮，若干年后即报死亡逃户，将该项土地列入蠲免地，此之谓“买差”，即花钱买得蠲免钱粮；有些有地无粮户，因土地常年不纳税，恐为人察觉，于是便将土地混寄于亲戚朋友钱粮名下，贿赂里书后，便可办理正式手续，称之为“借差”。各县经征丁漕，截数之期，所有未完钱粮，概由粮差垫付，再由粮差向花户催讨。里书往往借此重利盘剥，有每洋一元取息一二角者。

以上叙述归结到一点，即，在“户”与国家的关系中，县衙吏胥与乡里保甲长沆瀣一气，实乃国家政权欺压百姓的爪牙。

二、户与家族的关系

（一）家族不是控制农村的基本制度

关于中国社会政治结构，中外学者有许多分析。梁启超认为：“吾中国社会之组织，以

㉔ 张之栋：《略述沂水的田赋税捐》，载《沂水文史精粹》，316～317页，山东文艺出版社，1999。

家族为单位，不以个人为单位，所谓家齐而后国治是也。”[25] 德国学者马克斯·韦伯与美国学者费正清分析中国传统社会也都认为中国是一个“家族结构式的社会”。以上学者把“家族”作为社会基本单位，不符合中国历史实际。

我们一般把家族置于封建国家统治结构中予以适当的地位，这是正确的做法。张晋藩先生认为，明清时期封建国家特别强调宗族的作用，清律确认了族长的许多特权，如“指定继承权”，清律规定：“妇人夫亡，无子守志者合承夫分，须凭族长分择昭穆相当之人继嗣。”又如“裁判纠纷权”，道光帝曾明令“凡遇族姓大小事件，均听族长绅士判断”[26]。

朱勇教授认为，族人（主要指成年男性）有议事权、族内的选举权和被选举权、祭祀权、获得救助权等。而族人的权利与义务是相对应的，族人必须履行对宗族共同体的义务，如遵守族规宗法的义务、展延祖宗血脉的义务，自觉约束行止的义务、救护同族的义务、一定的捐纳义务等。[27] 冯尔康教授引证雍正《圣谕广训》中倡导宗族“立家庙以荐悉尝，设家塾以课子弟，置义田以赡贫乏，修族谱以职疏远”，说明国家赋予宗族以建祠党、办学校、置族产、修族谱四种权利。雍正为了强化宗族的职权，在族长之外，又设立族正，由政府指定，代表官方。族长与族正均为宗族权利的代表人，但由于关系不好处，乾隆初取消了族正。义田、义庄、族田是宗族的共同财产，其产权实际上由宗族的族长和大户掌握。冯尔康教授论述了雍正时期，皇帝提倡义田，准将其产权在政府注册登记，长久保存，由政府保证，他人不得侵犯。族人作为宗族成员，有其特殊的权利和义务。[28]

严格意义上讲，以世卿世禄制为特点的支配国家政治基本结构和全部社会生活的宗法制早在春秋晚期就崩溃瓦解了。

当时，随着井田制的瓦解和私有经济的发展，贫富分化的速度明显加快了，许多宗法贵族无可奈何地没落了，筚门蓬户，“终窭且贫”，而一些下层平民则由于个人才能的出众和积极发挥，却很快脱贫致富，有的甚至成为新暴发户。由贱变富者有可能进一步成为新贵，而由贵变贫者即使仍勉强保住其贵族的身份，也已失去了往日的光彩。这一变化昭示着形成贵贱等级身份的宗法基础正在受到日益严重的侵蚀，按照宗法关系上的亲与疏来划分贵与贱的做法越来越失去实际意义，而财产占有关系上的贫与富则越来越成为确定贵贱之序的真正基础，这就在宗法制度上打开了一个日渐扩大的缺口。到了战国之世，衡量贵贱的标准终于发生了根本变化，血缘上的亲疏标准被降到了相当次要的地位。贫富分化的加剧，以及随之而来的穷人与富人的日趋激烈的斗争，导致国家不得不将调节和控制贫富矛盾作为自己的首要任务。孔子首先看到了这一点，所以他告诫“有国有家者”“不患寡贫而患不安”。战国时期，汇集于《管子》书中的大量的调剂贫富的文字，就是这种转变和进步的表现。

---

[25] 梁启超：《新大陆游记》，载《梁启超选集》，432页，上海人民出版社，1984。
[26] 张晋藩：《论中国古代民法研究中的几个问题》，载《政法论坛》，1985（5）。
[27] 朱勇：《清代宗族法研究》，31页，湖南教育出版社，1987。
[28] 冯尔康：《雍正传》，363页。

随着宗族制度的轰然倒地，代表一种新的血缘系谱的家族来到了新的世界中。在世卿世禄的宗法时代，家族只是宗族的一个组成部分，宗族利益是各个家族利益的最高体现，西周、春秋时期，大宗作为宗族的“本根”，有“传重”（指宗子必以嫡长子为之）、“收族”的义务；小宗作为宗族的“枝叶”，只有“尊祖”、“敬宗”的义务。国君对宗法贵族有生杀予夺的权力，宗法贵族对国君则有“过则匡之，患则救之，失则革之”的权力。这些权力、义务，对于维护宗族的团结及整体利益，都是十分必要的，而且在“非我族类，其心必异”的族类意识根深蒂固、族类间的斗争经常导致族兴或族亡的社会历史条件下，也是完全可以理解的。

这其中，个体家庭的出现，具有革命性的意义。个体家庭在成为社会的基本细胞的同时，也成为社会上的最活跃的因素。但是，个体家庭列不上宗族系谱，宗族系谱是以宗即家族为单位计算的，个体家庭与大、小宗关系无关。大、小宗的权利和义务已找不到具体的承担者，勉强个体家庭按家族分组作集体承担，几乎是不可能的。而大、小宗的等级性层层隶属关系，无论如何不能套用到个体家庭上。仍让个体家庭按家族分组，迫使A组臣属于B组、B组臣属于C组等等，是不可想象的，因而都不得不宣告废止。这就造成了大、小宗关系的严重紊乱，使其失去维系宗族的力量或作用，宗族随之萎缩、衰败、涣散，很快就从国家中分离出来。作为社会政治、经济集团，它已分崩离析；而作为旧的血缘亲属集团也不过徒有其表罢了。当然，伴随着这些发生的，还有宗族的畛域正在由分明而模糊，族类间的差别主要的不在于同姓异姓，而在于华夏与夷狄了。

宗族的涣散意味它的血缘亲和力的松弛以至于失效。血缘亲和力以及它的反面血缘约束力总是有限度的，现在它们只能在家族范围内继续存在和有效了，家族以外则鞭长莫及，家族成了人们各亲其亲、长其长的有效范围。而个体家庭作为国家的编户齐民，在简单小生产的条件下，聚族而居，安土重迁。对于个体家庭来说，宗族的外壳无关紧要，家族的形式却来得十分切近、重要，有了它，一家一户才能系在同一血缘纽带上，进而达成相互间的认同感和休戚与共的集体感。这是不同的个体家庭能够在一村落或一乡党里团结合作，携手并进的最重要的基础。

血缘亲和力及血缘约束力在亲疏、尊卑间不是平等的，建立新的家族系谱以示区别是完全必要的，因此，以个体家庭为计算单位的家族系谱很快就出现了。家族系谱在形式上与宗族系谱有类似或接近之外，亲亲之义五世而尽的原则在这里照样适用。“五服”以内人们亲睦有加，“五服”以外则几乎形同路人。由于这时的宗族系谱仍具有标明支系派别的作用，并且仍习惯性地沿用过去宗的称号，而家族作为宗族的一个宗在名义上没有改变。所以新形成的家族系谱不但不排斥宗族系谱，反而很自然地与宗族系谱相衔接，形成两个系谱相通、并存的局面。每个个体家庭既可以从家族系谱中了解自己所处的位置，知道亲与尊的礼数应施及的对象、范围及其隆杀之别；又可以通过宗族系谱弄清自己所在一宗的支系，避免深为宗法正统观念所忌讳的数典忘祖之讥。

毫无疑问，两个系谱代表着两种宗法关系，或者说宗法关系的两种形态。以宗族系谱为基础的大、小宗关系，已如落花流水般地过去了，残存形式无多少实际意义，近乎一纸空文。如果它还算作宗法关系的话，那么，它的作用至多是在下层民众那里，维持一种“出入相友，守望相助，疾病相扶持”的亲善关系，除此之外，不能指望它提供更多的有益的东西。而以家族系谱为基础新形成的个体家庭间的宗法关系，却取得了非常确定的形式。“五服”以内的族人，按照系谱或辈分形成的亲疏、尊卑关系，已与等级制完全脱节，仅仅在人们日常交往的礼数上有所体现，维持某种仪节上礼轻礼重的差别。与个体家庭成为社会基本细胞相适应，这时还特别强调所谓“至亲一体”的原则，将父子、兄弟、夫妻视作一体的三至亲，从各种人伦关系中提升出来，置于惊人的高度，以至于思想家们稍作变通，竟从中概括出两纲：父为子纲，夫为妻纲，与君为臣纲合称为“三纲”。仍有宗子之称的族长，通常是从始祖的嫡系中产生，是家族血缘关系上的既亲且尊者，他虽然拥有贵的身份，但有时却不免贫穷。这是宗法制度已经解体、富与贵的统一遭到破坏的必然结果。然而，不管族长是贫是富，他都极受尊敬，在贫富分化过程中暴发起来的一般族人，“虽贵富，不敢以贵富入宗子之家；虽众车徒，舍于外，以寡约入”。族长之尊于此可见一斑。另外，族长还拥有对于族人的极大的血缘约束力。族长在调解族内纠纷及制裁违犯族规族法者方面的权威，如同他在主持祭祖和作为家族的代表处理对外关系等方面的权威一样，是不容置疑和冒犯的。与过去不同的是，这时族长的权威仅仅是凭借血缘理由发生的，不再带有政治权力的性质，族长在按族规族法办事的时候，必须考虑国家法律，避免与国家法律发生冲突。说明族权因为与政权的分离，实际上受到了削弱，族长既不能像君主，也不能像家长那样凌驾于族人之上，因而也就摆不到“纲”的位置。可是，族长做不到的，家长却由于他作为父亲对于子女、作为丈夫对于妻妾有着一体之亲而做到了。血缘亲和力与血缘约束力是成正比的。“至亲一体”的观念赋予家长以至高无上的权威。

历史就这样一步一步地前进：宗族最先退出了历史舞台；随着“诸子平分”的“分家”而产生的自给自足的自耕农的个体家庭遍地开花，家族也失去了它往日的尊严；“至亲一体”的“户主主义”的家长制终于走到了历史的前台。

（二）家族承担教化、文化及思想统治功能

班固在《白虎通》中对“宗”和“族”两方面作了解释：“族者何也，族者凑也，聚也，谓恩爱相流凑也，上凑高祖，下凑玄孙，一家有吉，百家凑之，合而为亲，生相亲爱，死相哀痛，有合聚之道，故谓之族。”其中的“凑”字，使个体家庭的“户”分外耀眼。“宗者何也，宗者尊也。为先祖主者，宗人之所尊也。”这讲的是历史，由于历史的原因，家族依然是历史文化的发源地，对各个不同的“户”教化、安抚，实现其“和而不同”。

家族之所以成为聚族而居的所有农“户”的思想文化和教育中心，不仅仅是由于历史发展的传统和心理因素，其中最为主要的原因是家族有各种名义的“族产”经济。

这些公共财产“族产”有大有小。经济最发达的长江三角洲与珠江三角洲，十九世纪族田公产的建置均出现了高潮，以致出现了族田“几遍天下”、“几遍宇内”的记载。由于中国的经济发展环境恶劣，在经历过家运颠连后，于生存竞争中难以立足的小家庭乃至原家庭的尊长，又以各种方式积极参与族田公产的增置与经营，变地主土地的私人占有和经营为宗族土地的集体占有和经营。彭定求的曾孙彭绍升，写过一篇《仲舅光禄公葬记》，其中说到他的舅舅宋宗元曾置有1 400亩义庄田，后被子孙收回分析，只留了300亩仍作义庄田，一媳将分给自己的100亩田加入义庄，是为400亩。不久，宋家与他人打了一场官司，宋宗元嗣子宋保邦“懵弱不能支”，不上五六年，将宋宗元身后遗金全部荡尽，“以半宅鬻他姓，田亦卖尽”，只有义庄田保存下来。那媳妇后分的100亩田因重新捐入义庄，得以幸存。[29] 于是，有歌曰：“义士碑留百世芳，东阡西陌半苍茫，清河族大田千里，也仿长洲范氏庄。”绝大多数家庭设立都会或多或少地设立公产，如陈士策分家时留有四处“存公”产业，分别用于祭祀、助学、完赋、赡族等。[30]

三、家族与国家的关系

（一）家族拥有国家认可的准司法权

家族是由若干个体家庭“户”组成的，依照族法，从小家庭的角度说，若其相互之间发生争执，均遵循这样的程序：先在家族内部解决；解决不了方诉讼于官。如“歙县各村自为文会，以名教相砥砺，乡有事竞，始则鸣族，不能决则诉于文会，听约束焉，再不决，然后讼于官，比经文会公论者，而官借以得其款要过半矣，故其讼易解”[31]。《新安竹枝词》有云：“雀角何须强斗争，是非曲直有乡评，不投保长投文会，省却官差免下城。”[32]

家族之所以拥有国家认可的准司法权，与维系家族所在地方的稳定的治安事务息息相关，这是由我国封建国家的政治特点决定的。在古代，“万事胚胎，皆由州县”[33]。县府可以主持户婚田土案件的审判，作出笞杖以下的刑罚。但是，国家规定，每年有三个月不受理如上诉讼，“每年自四月初一日至七月三十日，时正农忙，一切民词，除谋反、叛逆、人命及贪赃坏法等重情，并奸牙铺户骗劫客货查有确据者，俱照常受理外其一应户婚、田土细事，一概不准受理。自八月初一日以后，方许听断”[34]。即便在“细事”受理期间，每月三、六、九日或三、八乃是“放告”日。这样，国家从司法制度的设置上保证了家族的准司法的地位。

据山东省农村调查，在青岛的部分农村，普通每村有村长一人，街长一人（即副村长），首事若干人，地保一人或二人。首事系依氏族支派或房宅地位（如前街后街，河东河西等）分别推举。村长、街长再由各首事公推之。村长对内掌握支配全村之钱粮打更等村

---

[29] 彭绍升：《二林居集·仲舅光禄公葬记》。

[30] 《休宁陈姓阄书·定例》。

[31] 许承尧：《歙事闲谭》，卷一八《歙风俗礼教考》。

[32] 许承莽：《歙事闲谭》，卷七《新安竹枝词》。

[33] 王又槐：《办事要略》，载《入幕须知五种》。

[34] 《大清律》第334条《附例》，《雍正三年定例》。

务，对外代表本村办理各事。遇有较为重大或繁剧之事，由村长召集街长及各首事商讨后，分头办理。街长首事居于辅佐村长之地位，有时街长首事亦得代表村长对外办事。

济南历城冷水沟19世纪时该村没有村长。全村分为8段，每段有一个段长，叫做“首事”。首事组成了村公会，负责交纳田赋并调停村民间的争端。村公会没有控制任何村庄组织。1900年的某个时候开始选举村长，首事继续协助村长征收田赋，分派摊款，调停村民间的争端。㉟

（二）家族向国家推荐人才，敦正民风、主持宣教德化

从汉武帝以来，家族协助乡里履行向国家举荐人才的义务，“举孝廉”制度和任官“地域回避”制度共同保证了我国封建政权的“文人政治”和“统一政权”。汉代规定20万户举荐1个“孝廉”到中央政府培训，再选拔任职，从而使全国“声教相正、风气相移”，各地融合，不致隔绝分离。陈群创新了“九品中正制”，实行“乡举里选”，遵循“一从众”、“一从贤”的原则，一时也收到了良好的效果。唐朝从“怀牒自列”的自举自荐，到自由报考、国家考试的“科举制度”，都离不开乡里的助学、组织、选拔，家族赖有“公田”的经济基础，都把向国家举荐人才视为第一要务。

历朝历代，家族总是配合皇帝的“德政”敦正民风、主持宣教德化。

家族定期定时组织族内各“户”祭祖，无论是生子、娶妇、中举、做寿，甚至收获、上梁、杀猪等，都要祭告祖先，以示不忘祖先的护佑。

家族大力助学，家族不时教导族内各“户”重视子弟的“举业”与功名，资助并表彰族内学子学业有成，功成名就。

家族按时组织节庆假日庆典和仪式。在冷水沟村，向玉帝求雨前3天，村民禁食鱼、肉、韭菜、花椒、葱、蒜，并不与妻子同房。仪式之始，由4个人抬着玉帝塑像到纸房庄，从百泉用瓶子汲水并捉一只鲫鱼（取“急雨”之谐音），然后又抬回村庄。接着，由全村最有学问和名望的5个人起草“祈愿文”（称为“修表”），他们“洁体”（沐浴）后穿着长袍跪于神坛之前，向玉帝呈写祈雨之文（实际上该文是由小学校长执笔写就的），他们向玉帝报告久旱无雨使村民痛苦不堪，请求玉帝普降甘霖以苏民困。然后在住庙道士的祈祷声中，村长跪烧表文（称为“升表”）。最后，由围观的群众向玉帝行礼并抽签以求预知天气变化。㊱

“文会”、“耆老”都是历朝历代国家设在农村的宣教德化的一种制度，“耆老”“例有顶带，与闻乡里之事”，“耆老不过宣谕”。“里中有合设耆老者，于本乡年高有德，众所推服人内选充，不许罢闲吏卒及有过之人充应。”耆老任宣教之事，由地方上德高望重的长者执任。㊲

㉟ ［美］马若孟：《中国农民经济——河北和山东的农民发展1890—1949》，106页，江苏人民出版社，1999。

㊱ ［美］马若孟：《中国农民经济》，132页，江苏人民出版社，1999。

㊲ 《清朝文献通考》，第1册，21卷《职役》，5044、5045页。

（三）协助地方完粮纳赋，安民缉盗，维持社会秩序

在尊礼守法、完粮纳赋，安民缉盗、防卫治安这地方两件大事上，宗族组织都发挥了不可或缺的作用。清代谯国曹氏家训有：“君臣之义通于天地。凡我族有登科第、跻膘仕者，但有一命之托寄，务为忠良，上不负天子，下不负庶民”，“朝廷法度是人宜守。吾族幸赖祖宗训教，颇有一个忠厚家声，倘或违法，不惟身家难保，抑且玷辱先人”㊳。馆田李氏家法有：“吾人安居粒食、享太平之福者，皆朝廷所赐也”，“盖尺地莫非王土，一民莫非王臣，竭报效之忱，且有输恐后者，倘有奸猾鄙吝，昧奉上急公之义，拖欠不完；又或与他人应完之课兜揽人手，而设计侵欺，皆将不免公庭之辱也。亟宜于祠内责之，使之改过，不罹其罪。如强项执梗，不肯俯服，即送官究治”㊴。休宁陈士策在分家存留公产时特指定“万安布店一所”的租金“作逐年完粮之用”，并严厉申明：“倘有不肖擅用其租，则坐以抗粮之罪。”㊵

第三节　家族向心国家、边缘家户的原因

一、家族依靠国家以挽救其不可逆转的消亡过程

如上所述，家族以其亲民性、便民性、便宜性、灵活性的形象，自愿承担了国家在乡里的统治职能，家族在“户”与国家及其两者之间，向心于国家而边缘“户”家庭，其中一个重要原因是依靠国家力量以挽救其不可逆转的消亡命运。

从历史发展规律来看，从宗族到家族是一个必然的过程，在这个家族代替宗族的过程中，个体家庭的出现具有革命性的意义。个体家庭成为中国特色的“编户齐民”以后，“户”成为国家实行统治的最直接的最基层的社会单位，家族只能承担国家不能承担和不愿承担的部分事务的管理。

下面一章我将要谈到，公民即农民或村民将必然从“户”的桎梏中解放出来，这是历史发展的必然规律。村民的一步一步的解放就是家族的一步一步的死亡，留下的将只是血缘上的联系和历史传统的回忆。同时，村民从家族解放出来，从家庭解放出来，都要对束缚他的政治形式加以破坏，家族就是他首先破坏的对象，家族借助国家的力量挽回它退出历史舞台的命运，所以出现了远“户”近国家的局面。在村民的解放过程中，在“户”的分化过程中，家族更是无能为力，进一步为村民唾弃。

包世臣家道败落时，他母亲也从未向家族张过口。有人劝她多少找家族富裕亲戚借点粮钱救急。她说了一句饱经沧桑的话，深深铭刻在包世臣心中，那便是：“寒莫向灯，穷莫向亲。”㊶

㊳《谯国曹氏族谱·家训》。

㊴《太平馆田李氏宗谱·李氏家法》。

㊵《休宁陈姓阄书·定例》。

㊶《包世臣全集—齐民四术》，卷三《先妣行状》。

二、家族有限“公产”不足以“家户”保护人自居和国家权力抗衡

个体家庭的“户”通过“分家”成立时，的确留下了家族的“族产”或“公产”，但是在“千年田，百家主”的自耕农的汪洋大海中，在国家保护它的税收主要来源“自耕农”的经济政策和国家权力面前，家族无能为力，只好借用国家的政策，通过治理农“户”维护自己摇摇欲坠的地位。从急于从家族中寻求解放的个体家庭“户”的角度，他们则无时无刻不在惦记着对“公产”的瓜分。

朱勇教授认为宗族的所有权本来就是一种不完整的所有权。宗族公产的所有权人是其“先世祖宗”。祖宗通过遗训遗规，将族产的占有权、使用权、收益权授予了子孙后代。但是，族产的处分权，先世祖宗并没有授予子孙后代，而是将族产处分权“携回天国去了”，这样，现世族产永远处于一种“半冻结状态”，宗族机构（祠堂等）也无权代行处分。[42]

事实上，清代徽州分家文书中已出现能够说明问题的事例。道光六年（1826 年）黟县某姓叔侄六房以公产膳田和存众田地所入不能积贮为由，再立分家阄书，将公产膳田和存众田地均分六股，每股分得田地共 79.24 亩（可知原公产为 475.44 亩）。其后，“抽租以为葬先人之资，每年着三人轮流值管，逢五月十六面算交出”[43]。

清中后期，徽州分家文书中引人注目的是“加批”、“又批”的补充条款增多。这些补充条款，多数是父家长辈自留自管。旨或分家后新置产业乃至存众公产、族产的再分配。乾隆三年（1738 年）十月徽州休宁汪尔承在其雍正十二年（1734 年）所立分家文书中“加批”，将原自留自管的前后街店屋和店内家伙（加批中指是“存众产业”）平均分给四子四房，听凭长房将分得店屋、家伙变卖出典还债。乾隆五年（1740 年）汪尔承又立“分关清单”将存众公产、自留自管产业及后置产业全部分完。

三、家族是实现“家国同构”的政治文化体制的中间环节

在中国封建社会，或者是社会早熟的原因，或者以“亚细亚生产方式”著称的社会不发达的原因，或者是儒家学说与礼教文化的原因，总之，家长、家族长、父母县官、朝廷公公、皇帝天子的“家国同构”的政治文化是我国特有的政治文化或法文化。在从“家户”到皇帝的必然联系上，家族赫然处于中间环节，只有树立皇权威信和皇家地位，才能让“家户”对自己心服口服；传统的儒家学说和礼教文化又为中间环节的稳定提供了平台。只要封建专制国家依然，家族奉上欺下、事官役民的格局就不会变化。

---

[42] 朱勇：《清代宗族法研究》，31 页，湖南教育出版社，1987。

[43] 《黟县某姓分关书·自序》。

编后记

新中国成立六十年来，尤其是改革开放之后，中国社会逐渐向文明的更高层次迈进，为中国法律史科学研究提供良好的社会文化环境。正如曾宪义教授指出的，“学术研究是同社会的进步共繁荣、共进退的。科学研究需要社会为它提供安定和民主的环境，需要时代赋予它动力。同时，社会科学的研究也应该给社会不断提供理智思维的结晶，促进社会的健康、文明与进步”。在新中国日新月异的发展大背景下，中国法律史学科也进入了一个新的时期，得以蓬勃发展。经过法律史学同仁的不懈努力，在法制通史、断代法制史、部门法制史、专题法制史和法律史料的挖掘与整理，以及法律史的教学与人才培养和学科建设等方面都取得了令人瞩目的成就。

“当代大陆卷”作为由曾宪义教授任首席专家的教育部哲学社会科学研究重大课题攻关项目“中国传统法律文化研究”的配套项目“百年回眸：法律史研究在中国”的组成部分，旨在反映新中国成立六十年间法律史研究的骄人成就。

面对卷帙浩繁的研究成果，本卷编辑部决定采用较为客观的方式，面向2005年年底我国内地从事法律史学研究的具有正高职称的学者约稿，由其本人选取最能代表本人的研究水准的一篇作品加以收录，对于1979年之前也有研究成果的学者，则可增选1949年至1979年间的一篇成果，以代表两个不同时期的研究风貌。同时，我们亦请作者提供个人简介、个人照片（以著文之时为佳）以及刊载论文的书刊封面。自2006年起，编辑部陆续组织中国人民大学法学院法律史教研室的博、硕士生以信函、电话、电邮等多种渠道，尽我们所能地向符合标准的学者们发出约稿函。约稿工作得到了各位老师的积极配合，截至2009年，一共收到了百余位学者的187篇文章。在此，我们对各位学界同仁的积极配合和大力支持表达由衷的谢意。但由于客观条件的限制，有个别学者未能联系上，希冀今后有机会出版增订本以弥补遗憾。

对于所征集的稿件，我们按照文章发表时间的先后精心地编排整理，同期发表的则按照作者姓氏的拼音字母顺序进行排列。对于作者提供的照片、简介、期刊封面和附记，依出版要求进行了统一调整。

中国人民大学法学院法律史教研室的博士和硕士研究生晁宝栋、郭嘉、冯勇、邱少晖、彭亦菲、李红果等同学为本书的约稿、汇总、整理和校稿工作付出了辛苦的劳动，在此一并表示感谢。

囿于约稿学者、所选论文数量众多，加之编者学术水平所限以及种种条件的限制，疏漏之处在所难免，敬请诸位专家学者与读者批评指正。

教育部哲学社会科学研究重大课题攻关项目资助
北京市社会科学理论著作出版基金重点资助项目

曾宪义 主编

百年回眸

法律史研究在中国

第三卷 | 当代台港卷

中国人民大学出版社
· 北京 ·

百年回眸：法律史研究在中国

第三卷 | 当代台港卷

主　　编　曾宪义

执行主编　马小红

副 主 编　叶秋华　赵晓耕　王云霞

本卷编辑　尤陈俊

中国人民大学法律文化研究中心
曾宪义法学教育与法律文化基金会 | 组织编写

CONTENTS

目　录

从中国法制史上看中国文化的四大精神

简介

陈顾远，字晴皋，1896 年生于陕西三原。1916 年考入北京大学预科，1919 年升入本科，攻读政治学，1923 年毕业，获法学学士学位，并留北京大学政治学系任助教。1930 年被聘为安徽省立大学法律系主任。1935 年后担任南京国民政府立法院立法委员等职，长期从事立法议政工作。1949 年赴台湾，继续担任“立法委员”等职，并为台湾大学、政治大学、中国文化大学、东吴大学、中兴大学等校兼任教授。1981 年逝于台湾。著作颇丰，主要有《孟子政治哲学》、《墨子政治哲学》、《地方自治通论》、《中国古代婚姻史》、《中国国际法溯源》、《中国法制史》、《中国法制概要》、《中国文化与中国法系》等著作或教材三十余部。除上述著作外，联经出版事业公司（台湾）于 1982 年出版了由其友人、弟子编辑的《陈顾远法律论文集》（上、下），中国政法大学出版社 2006 年出版了由范忠信、尤陈俊、翟文喆编校的《中国文化与中国法系：陈顾远法律史论集》。

目 次

总 说

文化为人类所创造，由野蛮以至于文明，其继续努力获得的成绩，而表现于政治、法律、经济、教育、伦理、学科、艺术、风俗习惯等等方面的综合体便是。这系就文化的整体相而为观察的。其实文化的价值是重在其各别相上的表现，那就是说文化为每一民族中的个人在其生活圈内对于生活方式一致的表现。也可说文化为各民族在其共同生活活动上不断努力的成果，而由其子孙承受并应发扬光大的遗传共业了。所以民族文化无疑是一个民族国家立国精神所在，其所孕育而成的政治、法律、经济、教育、伦理、科学、艺术、风俗习惯等等现象，彼此莫不息息相关，其与法律方面有重要因缘的法制，不过所表现的一端罢了。那么，在一个民族国家里，有如何的文化，当然产生如何的法制，如影随形，如响从声，乃系经常之道，不能远离的。反而言之，一个民族国家的法制，虽为其民族文化孕育而成，但法制为民族国家生活中的骨干，也负有支持其民族生命、维护其民族文化的责任了。彼此之间不仅互有因果关系，且在其结构因素上，在其时间经过上，在其空间延展上，更应具有共同推进的使命。倘一个民族国家的法制与其文化脱节，这个国家的文化便是名存实亡；而其法制也非该民族国家的文化所要求的类型了。所以在一般情形下，一方面固得从民族文化的本身上看出其所孕育的法制外在特质，一方面也得从该民族国家的法制上看出其所宗承的文化内在精神。

本人曾于去年6月间为“中国法制史研讨会议”提出专题报告，题为《从中国文化本位上论中国法制及其形成发展并予以重新评价》。共分六节，除“前言”、“后论”外，一为“中国传统文化对于其固有法系之支配，究属如何共同推进”，一为“中国传统文化下之法制除刑书刑制外应为如何整体观察”，一为“中国传统文化对于其固有法系之产生具有如何形成因素”，一为“中国传统文化对于其固有法系之存在具有如何发展情态”。约七万余言，载入行将出版的《中国法制史论集》。这是从中国文化本身的认识，以阐述其所支配的过去法制在各方面如何受其洗礼，而存在起来，而形成起来，而发展起来，并在其中对于固有法系的发展情态作了一番分析，那就是说“因义务本位而无民法法典之存在，因礼教中心而有天下为公之趋向，因民本思想而无民权制度之产生，因开明君权而有保育政策之立法，因家族制度而无个人地位之尊重，因泛文主义而有灵活运用之效果”，这当然是进一步的观察了。然无论如何终是由中国文化本身上对中国过去法制为其观察，故能巨细不遗地说了下去。

今选本题《从中国法制史上看中国文化的四大精神》，可说是专从中国过去法制方面，就其所负支持民族生命、维护民族文化的责任所在，用以证明中国文化的基本精神所在。

本来，数千年间，中国法制的形成发展，早已具有卓尔不群的精神，被誉为中国法系而在世界各大法系中独树一帜。本人也曾在《军法学报》上为它造像一次，那就是说："中国固有法系之神采为人文主义，并具有自然法象之意念；中国固有法系之资质为义务本位，并具有社会本体之色彩；中国固有法系之容貌为礼教中心，并具有仁道恕道之光芒；中国固有法系之筋脉为家族观念，并具有尊卑歧视之情景；中国固有法系之胸襟为弭讼至上，并具有扶弱抑强之设想；中国固有法系之心愿为审断负责，并具有灵活运用之趋向。"那么，从中国法系的特质上而为素描一番，也可看出其蕴藏于内的中国文化的大概情形。不过试为提玄勾要起见，现在只有举出四大精神而言，这就是：天下为公的人文主义，互负义务的伦理基础，亲亲仁民的家族观念，扶弱抑强的民本思想了。

一、天下为公的人文主义

古代各法系的产生，莫不起源于神权观念，中国法系自难例外。先以最初专为刑罚而用的"法"字来看，法古作"灋"，说文云"刑也。平之如水，从水；廌所以触不直者去之，从廌去"。廌为神物，用来决定是非曲直，以求其平罢了。再以较后由祭仪演变而象征民事法、政事法的"礼"字来看，说文云"履也，所以祀神致福也，从示，从豊，亦声"；又"豊，行礼之器也，从豆象形"，也是与神权经过有其关系。然古代各法系，类多滞留于神权阶段，且或永为宗教化者，如巴比伦法系，如希伯来法系，如埃及法系，如印度法系，如伊斯兰法系，莫不同然。中国固有法系却迅速脱离了神权气氛，而为人文主义的充分表现。"法"既别写而为"佱"，有求其公正的意思；"刑"又演变而为"荆"为"型"，有为尺度楷模的意思。礼也一变而为西周封建制度所利用，成为划分封建等级的标准，再变而为儒家所借用，使其与"仪"分立，成为社会各方面的统一规范。换句话说，各种法制逐渐不以神祇为主，而以人事为归，化神秘的法则为实践的章法，这就为人文主义所笼罩了。

为什么能有这样形态的法制，当然系受了中华民族文化的孕育而然。因为中华民族出于多元，在文化方面也是彼此互相融合，逐渐扩大成为一个体系。各部族文化的主要发源地为黄河流域各大平原，所谓黄土文化是，举目一望，天无涯，地无边，居息于此者，胸襟阔大，气象万千，和平共处，绝不拒人于千里之外。虽部族星罗棋布，均能敦睦结交，渐趋团结。各部族原各有其自己信仰的神，形成多神现象，彼此存在互不干涉。宗教本身原有排他性，其所信仰的真理，惟一而不可二，在上述情形之下，断难有宗教情绪之产生。法制有其统一性，自易受其影响，于民智渐开之际，不再为神权阶段的保留，致有宗教化的条款，如罕穆拉比法典或马努法典然。虽说各部族仍有共同信仰的天神，似可形成宗教上的天主，但既与多神并存，难自独尊。且最初认为天是具有意志的人格神，对其保留下来的观念，仅视天子为宗教上的神，只有天子在本分上得祭天地，与一般人完全断绝了心灵上的交响，更不能有宗教化的天神出现。继而在一般人心目中又将具有意志人格的天神一变而为抽象的自然神，哲学上的神，所谓“天道”、“天则”、“天理”也，就成为自然法的代名词，越发难达于法制宗教化的境界。中国文化应否以无宗教气氛为憾，姑置不论，而在中国文化的认识上确系如此情形的。

再说，黄土文化的发源地，地势广阔，平坦通达，居民心情因而开展，养成泱泱大国的气概。而且四季分明，秩序井然，春发秋收，夏耘冬藏，勤而致富，懒而招贫，既不受制于“苍苍者天”的惊险画面，而成功失败又取决于人事的勤惰及智愚关系。这又是促进人文主义的抬头，而以自力更生为贵，所以《易经·贲卦》象辞就称“文明以止，人文也……观乎人文以化成天下”。所谓人文，便是指诗书礼乐及人伦之序，故圣人“观人文以教化天下，天下成其礼俗”，这就是人文主义的效果是在了。惟须注意的，中国往日所说的人文主义，并非限于狭隘的一部族的人文，系以人类幸福为其范围，以天下为公为其居心。古人说的“治国平天下”，虽其所指的天下非属今日的全球人类，而其努力的方向却在于此，正如《礼运》所载，孔子对大同世界的向往是。

天下为公观念的养成，实因中华民族的胸襟阔大，意志开展，其在文化方面最能兼容并收，充分表现其伟大使命。因中国文化系各部族各民族的文化不断融合而成，在法制方面，也就显然具有这种现象。古代所谓九刑便是两个系统的刑罚，一为黎苗体系下的五刑——杀戮无辜、劓、刵、椓、黥；一为华夏体系下的流宥五刑，鞭作官刑、朴作教刑、金作赎刑。夏周皆华夏民族，商殷被视为东夷一支，殷因于夏礼，周因于殷礼，又系经过文化交流而形成的法制。迨后，由周至秦，李悝撰次诸国法，著《法经》六篇，商鞅受而相秦，建立中国二千余年的律统。其法制所表现的文化，除已吸收黎苗文化、东夷文化于华夏文化以外，不用说还有荆蛮文化、吴越文化、狄戎文化在内的。自汉至隋，姑且不说匈奴、南蛮、百越、氐、羌等渐次与汉族融合，而使汉制受其影响，并因律分南北两支，鲜卑族创造的北支律由北魏律经北齐律、隋律而为唐律的来源。正因如此，足见中国文化与其法制，在其共同推进上都加入了新血缘。由唐至清，所输入的新血缘，如西域文化、契丹文化、女真文化、蒙古文化都多少有其因素归来，重新融合而成为一种新的体系，周虽旧邦，其命维新，即系此故。尤其唐明清律“化外人有犯”条，化外人同类自相犯者，各依本俗法，异类相犯者，以法律论。这虽与现代犯罪为采属地主义的原则不合，但其依“本俗法”的用意却是大公无私的胸襟了。又中国法系在过去的外延方面，东至朝鲜、日本、琉球，西至西域各地，南至中南半岛，北至蒙古满洲。其中虽有随兵力而及之者，但大部分是由于文化的延展而有法制随之。例如朝鲜及其前身高丽、百济、新罗，不特自愿采取中国法系，并为日本宗承中国法系的桥梁。日本在明治维新以前，中国并未对其用何兵力，惟因仰慕中国文化而倾向中国法系，如《近江朝廷律令》、《大宝律》等都是。琉球向无刑书，也在前清乾隆四十年（1775年）参酌清律及本土旧例，颁制“科律”一种施行全岛。他如安南宗承中国法系自汉已然，而以黎氏一朝律令为著。契丹之辽，女真之金，满洲之清，在入中国前已受中国法系的陶冶而有其表现，这都因为中国文化的本质具有天下一家的情调，并富有与他族和平共处的精神，故能“送往迎来，嘉善而矜不能”，以柔远人；“继绝世，举废国，治乱持危，朝聘以时，厚往以迎来”，以怀诸侯。因此而做到“以德服人”，遂于法制的延展见之。

在天下为公的人文主义论题上，另有两事应为注意。一为中国法系向为泛文主义下的产物，说它是成文法系，却因临时设制，有例、有比、有指挥、有断案，殊难为比；谓其近于英美法系，仍因常法俱在，有律、有令、有刑统、有会典，更难并论。总括说来，是成文而不成文，不成文而成文，兼具欧陆法系与英美法系的优点，而补正其缺点，极尽灵活运用之妙，不受削足适履之苦，这就是为过去法制所依据的。中国文化气势磅礴，包罗万象，尚其全而不尚其偏，求其通而不求其专，这固系中国文化所短，而实中国文化所长。其补救之道就是中庸之德，因为有一天下为公的火炬照在前面，便就准此“执乎两端而用其中”，依时间空间做来恰到好处便是。一为中国法制在刑事法方面，并非如法家者流“以杀止杀”，采取威吓主义，向系本于儒家精神“刑期于无刑”，采用感化主义。所以出礼入刑，明刑弼教，都具有教育上的训导作用。刑罚只是一种手段，并非一种目的，其目的在使人人向善成为贤哲罢了。人人向善成为贤哲并不是终极的目的，只是先修其身，再进而齐家治国平天下了。所以“礼义以为纪……示民有常”，就我们向往的大同世界而言，不啻一种训政阶段，而使任何人都能享有大和平的幸福。换句话说，使现阶段中的每一个人，都能成为仁人君子，训其为大同世界的公民，而以教育培养之，以政治保卫之，以经济滋补之，以法律纠正之，以学术文艺陶冶之，这就是中国文化的终极目的。

二、互负义务的伦理基础

古代他民族的法系以宗教色彩为其特征，中国固有法系既偏重人文主义，除天下为公的远大目的外，便是以伦理为基础，所谓礼教中心者是。说起固有法系的体躯固是法家所创造，而其灵魂却是儒家所赋予，这是由此礼刑合一的经过而然，姑且不论。单就出礼入刑方面来看，荀子所谓“礼以待善，刑以待不善”；《大戴礼记》所谓“礼度，德法也……刑法者，所以威不行德法者也”；以及“礼之所容，必为刑之所不禁；礼之所禁，必为刑之所不容”；“礼禁未萌之前，法禁已然之后”一类的话，都是出礼入刑的注脚。从而如《元史·刑法志》就说“道之以德义而民弗从，则必律之以法；法复违焉，而刑辟之施，诚有不得已者”；《清通志·刑法略》也说“德礼之所不格，则刑以治之”，就成了普通的见解。再就“明刑弼教”方面来看，《尚书·大禹谟》所谓“明于五刑以弼五教”；《吕刑》所谓“士制百姓于刑之中，以教祗德”，都可说是明刑弼教的注脚。所以《隋书·刑法志·序》说“礼义以为纲纪，养化以为本，明刑以为助”；《宋史·刑法志》说“若刑以弼教，使之畏威远罪，导之以善尔”，又系一种见解了。至于过去以民事法、政事法归入礼的范围，多多少少是以人伦之序，人治之理，视其属于道德的行为，除自动而行外，并应以法律逼其就范的。职是之故，中外学者，每根据惟法主义的理论，认为中国过去法制，法律与道德不分，为中国法系的最大缺点，致难与近代各国法制媲美云云，这不啻进而浅识了为中国过去法制来源的中国文化的价值，自应对其误解而澄清的。

法律并非孤立于国家社会以外而与民族精神脱离关系；其本身既非一种目的，不过为实现国家隆盛、社会安全及人类福利的一种手段罢了。那么，人伦之序，人治之理，人群之福，都是法律所向往的事物，而这些事物的性质是离不开道德范畴的。从而，道德与法律的关系乃系一个本质两个概念，国家社会需要道德而为治时，便归之于道德，需要法律而为治时，便归之于法律。两者既非异源异流，也非同源同流，更非同源异流，仍非异源同流，乃同质异态的一种事物而已！换句话说，道德与法律无非一个“法身”两个“法相”，需要慈祥相时便露出道德的面孔，需要庄严相时便露出法律的面孔，从而在其发挥“法力”上也就有了绝大的不同。老实说来，法律乃武装其身的道德，道德乃解除武装的法律；法律以道德为宝藏，道德以法律为甲胄。更可说法律是为道德而服役，道德是为法律而立命。今后既应如此，何能独罪古代。学者预测 21 世纪的法律当为新自然法时代，实证法所占的地位甚为微小。所谓自然法，其内容实与道德有密切关系，这在由中国文化孕育下的中国法系早已如此了。

无论为如何现象的研究，道德终是出于克己而要尽己推己，这就是所谓“忠恕之道”，乃夫子之道所一贯者。尽己谓之忠，推己谓之恕，在中国过去法制上各有其充分的表现。“十恶”中的谋反、谋叛可说是不忠于国家社稷；谋大逆、大不敬可说是不忠于君主长上，而各公事失错、淹禁不决、监守自盗、属舍失火等情都可说是不忠于职守而要负有刑责不等。因为任何人出而治事都须尽己而为，这就是现代所说责任心了。若再说到推己的恕道，见于法制而最显著的便是自首制度。《尚书·康诰》“既道及厥辜，时乃不可杀”便是自首为例的开始。汉代称为自告，唐明清律自首的范围皆较现代为广。其立法的理由并不像现代一般刑法学者认为犯人自首可减省官家追捕罪犯的时间及费用，故为自首的奖励云云。老实说，自首制度与中国过去所创用的措施，只是认为刑罚在于诛心，犯人既已自悔而首其罪，自无科罪或重刑的必要，就应予以饶恕。自首制度以外，因公事失错而承认的自觉举或检举的原宥，也是同样本于恕道而然。这种恕道过分的适用，那就是肆赦制度的所由发生。肆赦过繁如宋代的郊赦、德音便是，当然与惟法主义的法治使命有其影响，然其起因于恕道却不容否认。惟有道明君及循吏的用法得中，纵严而不狂，纵宽而不失，便是善于运用恕道的能手了。

忠恕之道，求其在己，而不责于人，可说是以义务为本位，一切由自己尽其忠，推其恕，来做分内义所当为的种种任务。义务本位在泰西各国原系早于权利本位而有。但其所谓义务，乃片面的义务，乃单方的义务，独对君主或教会而负之。这种义务负来，等于奴隶，徒增加个人的痛苦，难达社会的公平。于是民智渐开，抬高个人地位，平等自由成为天经地义，就一变而为权利本位。但权利本位的结果，个人权利只成全了少数人的财富集中，不免与社会公益抵触，遂又变为现代的社会本位，也可说是新义务本位，如限制契约自由的原则，承认无过失赔偿责任存在，对于权利的行为有其一定的取缔都是。但中国过去法制虽本于忠恕之道，而为克己之德，这种义务都是相互的，是共同的。每个人对于礼义都是从自己做起。过去无民法法典或民事实体法的原因，而用礼教以代之，就是因为民法以权利为本位与以义务为本位的观念是不相容的。今虽在社会本位的时代，依然不能否认权利的基本观念的存在，不过个人权利与社会利益抵触时，暂且牺牲个人权利罢了。所以中国过去的民法不见于法制者，表面上是礼教中心的关系，而内在的原因乃因礼教所代表者系与权利观念两不兼容的义务本位而然。所谓伦理基础，就是在人伦之序方面重视其相互间所负的义务。中国过去将社会的构成分子分为五类，君臣、父子、夫妇、兄弟、朋友之交的五伦，成为天下的达者。彼此之间各有其情分，互负以义务，君礼臣忠、父慈子孝、夫良妇顺、兄友弟恭、朋友有信，并非独课义于某一特有的阶层，虽有法制上不无尊卑上下之别，失去绝对平等之气氛，然朋友一伦既无如此现象，君臣一伦乃君主政治下不能不有的纲纪。其他三伦都系本于人性而如此，本于身份而为然。现代法仍采用之，何能有咎于古？据以上所述种种，得知中国过去法制处处以伦理为其基础，以义务为其本位，法律既对民族生命、民族文化负有支持维护的责任，那么，中国文化一部分的重心置于此点，足以由此而证实了。

三、亲亲仁民的家族观念

中国固有法系是与家族制度结了不解之缘的。无论在政的关系上、民的关系上、刑的关系上均系如此。本人在三十余年前曾为《中华法学杂志》写有《家族制度与中国固有法系之关系》，除“绪言”、“结论”外，分为“表现于政事法方面之家族观念”，“表现于民事法方面之家族观念”，“表现于刑事法方面之家族观念”三大部分。来台后，刊入《法学丛刊》，并收入于本人所著《中国法制史纲要》内。政事法方面的内容为“视家户为编组之单位”，“认家户为政令之所托”，“使家长具公法上之地位”，“拟国家为家族之扩大”。民事法方面的内容，系分别“就亲属关系方面”，“就婚姻关系方面”，“就同居关系方面”，“就继承关系方面”求出家族制度之显著表现。刑事法方面的内容，系分别“就刑名上”，“就坐罪上”，“就科刑上”，“就宥赦上”为家族制度的探索。继在前开“中国法制史研讨会议”提出的报告中，关于“因家族制度而无个人地位之重要”一段内，分为两部分叙述：一为“集团生活上之家族制度”，包括“国家家族化”、“家族政治化”两种情形；一为“个人地位上之家族制度”，包括“个人家族化”、“家族名教化”两种情形。本人不惮其烦将过去所写中国法制史上的家族制度论文纲目，一一叙录于此者，因中国过去法制无处不与家族制度有关。苟将家族制度废去，中国过去法制也必大为改观。为篇幅计，不愿一一重加分析，故录旧作纲目，俾知家族制度在中国过去法制上的大概情形罢了。为什么能有这种情形呢？当然与中国文化的精神有其密切关系了。

中国过去法制所以弥漫家族气氛者，在文化上除以悠久的农业社会为背景外，并因其精神与天下为公的人文主义及互为义务的伦理基础有其因果关系。就此而观，自然重视集团生活而轻视个人地位。在集团生活方面，次于全人类的“天下”者为国家，次于“国家”者便是“家族”，所以就认为“身修则后家齐，家齐而后国治，国治而后天下平”；也就是“天下之本在国，国之本在家，家之本在身”的说法。修齐治平原系一贯的道理，民虽为贵为本，仍必须受家族生活的洗礼，乃有其价值可言。观于为天下达道的五伦，除君臣之义、朋友之交外，涉及家族者即有其三，父子、夫妇、兄弟便是。而所谓君臣之义又系家族观念的扩大，朋友之交也有类于兄弟之情，那么人的伦类无往而不为家族观念所笼罩了。从而，一方面家族不外国家的缩小，一方面国家不外家族的扩大，互为体用，不可分离。就前者而言，如《易经》“家人”卦云，“家人，女正位乎内，男正位乎外，天下之大义也，家人有严君焉，父母之谓也，父父子子，兄兄弟弟，夫夫妇妇而家道正，正家而天下正”。又《论语》谓“孝乎惟孝，友于兄弟，施于有政，是亦为政”。《大学》谓“一家仁，一国兴仁，一家让，一国兴让，一人贪戾，一国作乱”都是。就后者而言，《尚书·泰誓》云“惟天地万物父母，惟人为万物之灵，亶聪明，作元后，元后作民父母”。《洪范》云“天子作民父母，以为天下王”，《独断》“天子无外，以天下为家也”都是。老实说来，每个人在其生活圈里对其文化所负的使命，都是透过家族观念的培育而蕴藏于内，显示于外的。

天下为公的想法必须从家族的小圈子做起，这是本于人性、出于人情的结果。有天地然后有男女，有男女然后有夫妇，有夫妇然后有父子，有父子然后有君臣，有君臣然后有上下，而礼义乃有其所错综，故“君子之道造端乎夫妇，及其至也察乎天地”。夫妇生儿育女，人种得以延续，而在家族观念下便是“不孝有三，无后为大”。反而言之，儿女对于父母也应尽其孝道，儒家所谓“亲亲而仁民，仁民而爱物”系以亲亲开始，所以在大同世界依然是要“老吾老以及人之老，幼吾幼以及人之幼”，推近而及远的。甚如墨家主张“兼爱”，也要说你若不爱他人的父，他人也就不爱你的父，还是以爱自己的父亲说起的。从而在法制上本于这种精神，就把恶逆罪、不孝罪列在十恶内，遇赦不赦，遇议不议。推而及于家族内其他人，也有不睦、内乱的重罪存在。慢说平民如此，君主更应以孝道治天下。历代君主虽无所守的成文宪法，但除信守先王成宪外，本朝的祖宗遗命，也是绝对不能违反，即为明例。今虽由农业社会进入工业社会，聚族而居、五世同堂的事实固难维持，法制自应有变，然尊祖、敬宗、收族的理却不因工业社会即可一笔勾销的。

四、扶弱抑强的民本思想

中国过去法制对于“人”的身份是透过家族集团而以义务为其本位，排斥权利观念的存在。对于“民”的身份也是透过家族组织而认其为国之所本，但却否认其享有民权。《尚书·五子之歌》“皇祖有训，民可近，不可下；民惟邦本，本固邦宁”，这是民本一语的最早来源。他如贾谊《新书·大政》篇上“闻之于政也，民无不以为本也；国以为本，君以为本，吏以为本，故国以民为安危，君以民为威侮，此之谓民无不为本也”；刘勰《新论·

贵农》篇“衣食者民之本也，民者国之本也。民恃衣食，犹鱼之须水；国之恃民，如人之依足。鱼无水不可以生，人无足不可以步，国失民亦不可以治”，均系这种看法。所以民本思想，只是具有现代“民有”、“民享”两个观念，并无民权观念在内，自不能有整个的民主思想早日出现。惟因民本思想的意味特重，故在中国古代遭受暴君专制的阶段，实较欧洲古代为短。诚观左襄十四年载师旷的话“天生民而立之君，使司牧之，勿使失性”。孟子说“民为贵，社稷次之，君为轻”，荀子说“天下之生民非为君也，天之立君以为民也”。这些道理在《管子》一书中写得极为彻底。《九守》篇上说“以天下之目视，则无有不见也；以天下之耳听，则无不闻也；以天下之心虑，则无不知也”，民为本而可贵者在此。又《君臣》篇上说“夫民别而听之则愚，合而听之则圣，虽有汤武之德，复合于市人之言，是以明君顺人心，安情性，而发于众心之所聚；是以令出而不稽，刑设而不用，先王善与民为一体。与民为一体，则是以国守国，以民守民也”，民本民贵的所以然者又在此。从而在政治上为开明君权的形成，在法律上有保育政治的法制，所施于民者便是与民同乐，与民同享，不仅“畏民”，而且“贵民”，不仅“重民”，而且“安民”，不仅“养民”，而且“教民”了。这种情形，可说在进入大同世界以前，而在小康世界不能不有的措施，依然与前开各种精神是相互有成的。

说到由民本思想而来的保育政策，是与矜恤政策有所不同。矜恤政策是出于恕道精神，乃消极的悯宥，并非积极方面的设施或主动的预防。因为既然以民为本，不仅国与民之间，君与民之间，要得其平而见其公，就是民与民之间，也要如此做的。所以保育政策的最大范围莫过于为保障社会安全而课有责任，不尽其责即受有处罚，学者谓系采取干涉主义。如唐律“诸见火起，应告不告，应救不救……”，清律“凡知同伴人欲行谋害他人不即救护或阻挡者……”均受处罚都是。其次，最显而易见的保育立法，不外抑强以求其平，扶弱而见其公。先就抑强来看，社会上最有势力的莫如官吏，故官吏犯法皆严其罪，尤以贪赃受贿为甚。法官审断依法更有重大责任，故失故入、失出失入都有重罪的律条，已行决者，且不许其自为觉举而免其罪。这以外，历代各律又或禁止假势请托，禁止长官授引私人，禁止现任官辄自立碑，禁止迎送等等，不一而足。次于官吏的强者，如土地方面的强梁兼并，曾有限田、占田、均田、班田等制而为取缔；商业方面的财富集中，而以管榷政策、贸易国营而为补救。再就扶弱来看，社会上力量最弱者莫如贫苦小民，如清律对于违禁取利的处罚，欠债以妻妾子女的准折有罪，都是有效的制裁办法。其在积极方面，如魏李悝所创的平籴法，汉武帝所创的均输平准法，宋神宗所创的市易法、青苗法等等都是。贫民以外的弱者，古代认为妇女与男子不等，而居于弱者之列，在刑罚方面特加保护，魏老小女人当罚金杖杖令半之，南朝女子除赎罪皆半外，女妻姊妹不与叛逆者的父子同产男皆坐死罪。清律上更载得明白，妇人犯罪，除犯奸及死罪收禁外，其余杂犯责付本夫收管，无夫者责付有服亲属、邻里保管，随衙听候，不许一概监禁。其他关于怀孕行刑也有宽典。至于在抑强的反面，因而受惠者也不失为扶弱的一道。

结 论

从中国法制史上看出中国文化具有四大精神，已如前述。老实说，这只是就其重点而为观察，若论其彼此间的关系却是浑然一体，相互而成，足见中国文化的伟大了。所以中国文化系以人类幸福为领域，以伦理道德为基础，重视人人对社会的义务，轻视人人对事物的权利；本于人性，出于人情，守亲亲之义，尚中庸之德，达忠恕之道便是。不过文化乃人类生活活动的不断成就，时时在进步中，其本身为一种动的演变，并非静的“存在”，中国文化的形成发展既系如此，今后因时代的前进求其不断更生，也当然如此。中国文化在过去虽重视人伦之序、人治之理，而所缺乏的是西洋的科学与民主，即应吸收，迎头赶上，而在复兴中国文化声中，同应重视，使中国文化更为发扬光大，这就与狭义的复古有别了。

（说明：本文原刊陈顾远：《中国文化与中国法系》，台北，三民书局，1969。原文文字有脱衍错讹之处，现校正后全文刊发。）

黄静嘉

清季法学大家长安薛云阶（允升）及其巨著《读例存疑》

——并介绍美国亚洲学会1970年出版之薛著重刊本

简介

黄静嘉（1924—　），浙江永嘉人，著名法制史学家，资深大律师。台湾东吴大学法学学士、政治大学政治学学士及政治研究所硕士，美国南美以美大学比较法学硕士。南美以美大学研究学人一年、哈佛大学东亚法资深研究员二年。曾任东吴大学法律系副教授及副教务长、政治大学法学院副教授、中国文化大学法律系教授、海军指挥参谋大学国际法及司法官训练所英美法讲席、浙江大学城市学院客座教授、中国造船公司董事、《中国时报》及《经济日报》主笔、台湾银行顾问、台湾矿务局顾问、“经济部”大陆投资法顾问、两届中国法制史学会（台湾）会长、“中央研究院”历史语言研究所法律史研究室终身荣誉顾问等。活跃于华洋法律事务凡三十六年，亦为享誉国际的海商法学家。因编校薛允升的《读例存疑》，而被誉称为薛氏的隔代知己。主要著作有《日据时期之台湾殖民地法制与殖民统治》、《动产担保交易法》、《春帆楼下晚涛急——日本对台湾殖民统治及其影响》、《中国法制史论述丛稿》，另有中英文论文若干篇。

目次

一、前　言

清季晚期，以法学著名而具特殊历史地位者，当推长安薛允升（1820—1901）及归安沈家本（1840—1913）两氏。沈氏融会中西法学，首倡我国法制之现代化，为一承先启后之伟大人物，其勋业固为世人熟知。至长安薛允升氏，与沈氏时代略同而年事稍长（20 岁），虽不像沈氏之思想进步，而为因袭保守之人物；然薛氏对我国固有法学之涵养，要非沈氏可掩其光辉。至从事律例修订之准备，原亦为薛氏生平尽瘁的志业；因之，薛氏对清末之司法改革，也有间接之贡献。由于对中国传统法制之研究成为显学，薛氏遗著《读例存疑》一书（共 54 卷，约一百四十万言），受到特别的注意。美国亚洲学会在台湾地区创设之中文研究资料中心决定予以重刊。作者以受嘱担任本书校勘及标点，得对该书反复诵读，对于薛氏生平法学略得管窥，对薛氏用心之深与用力之精勤，弥生景仰之心。久拟为其撰一传记，以他务羁身未果。客春来美时间较充裕，资料利用也较便利，因草此文以供研究之参考。

本文除参考《清史稿》、实录、轶闻、薛氏遗著及同时期各家如沈家本（寄簃）遗著外，所利用之薛氏碑传，计有下列各种：

1.《清史稿·薛允升传》，见卷四四三、列传第二二九。“国防研究院”版（以下简称《清史稿》）。

2. 孙家鼐：《皇清诰授光禄大夫紫禁城骑马重赴鹿鸣宴刑部尚书云阶薛公墓志铭》。见《碑传集补》卷四。1953 年北平燕京大学国学研究所印（以下简称《墓铭》）。

3. 刘光蕡（古愚）：《刑部尚书薛公墓志铭》。见《烟霞草堂文集》卷四。思过斋锓版。按此文标题注有“代”字，而其文与孙家鼐相同，故实为代孙家鼐撰作之稿，惟其中有一二字有出入。

4. 姚永朴：《光禄大夫刑部尚书薛公状》。见《碑传集补》卷四，同前。按姚永朴曾参加《清史稿》之纂修（以下简称《薛公状》）。

5.《续陕西通志稿·薛允升传》，见卷七十四，人物一（以下简称《陕志稿》）。

6.《清史列传·薛允升传》，见卷六十一，新办大臣传五。台北中华书局(以下简称《列传》)。

二、薛氏家世、科第及初任刑部司曹

薛允升，字克猷，号云阶。出生于嘉庆二十五年（庚辰，1820 年），其家族系世居于陕西长安县澧水西之马务村。现有资料仅记载其曾祖名腾彦，祖名生衣（本生祖生营），父名丰泰。因为薛氏之显达，其曾祖、祖、父三代都得到光禄大夫的封赠（妣皆封一品夫人）。但其先世并无足述的功名，仅其父为县学生候选按察司照磨。我们可以推想，薛氏之家，为一农村中产之家。[①]

关于薛氏的童年，《陕志稿》上说他幼年嗜学，从他早期的入学及科举上的记录，及其后期之事功、学问、著述来看，这毋宁是很明显的。他在中举以前曾经食廪，到道光二十年（庚子，1840 年）才登贤书（中举）[②]，其时他的年龄是 21 岁（照我国旧习惯算，下文有关年龄计算同此）。他因为母姚太夫人年高，所以连续数科不应礼部试。一直到咸丰六年（丙辰，1856 年），才因太夫人之促，赴京应试遂成进士。[③] 这距其中举已有十六年，薛氏已为 37 岁。陕西风气敦厚，农村人民生活简朴，强健勤勉。薛氏出生并成长于这样的环境，并在成进士前经长期砥砺，这与其日后之成就，是有很大的关系的。

关于薛氏之状貌性格，孙家鼐《墓铭》上称其“貌清癯，赋性温和，气宇凝重”。《陕志稿》称其“人品清正，学识宏深，好善若渴，躁释矜平，处富贵如寒素”。另一同时代人物李岳瑞则有如下的记述：“尚书清癯瘦削，弱不胜衣，而终日端坐读书无倦容。语音极小而清朗。每在稠人大会中，忽发一言，虽坐离数丈者，亦闻之历历，不啻促膝对语，而大声雄辩者其音反为所掩，盖寿相，亦异禀也。”[④] 综合这些有关的记述，并根据薛氏一生的行事来看，薛氏是一个品性温和而平正的人，因此他有“持躬清介，治狱廉平”之誉，（其晚年操守之或有可议之处，参阅后文及注 46）但其体力精神至为绵沛，是以能有数十年忠勤服官的纪录，耋年仍任繁剧，并产生数百万言的巨著，是薛氏之成就，盖亦因其禀赋之卓异也。

关于薛氏之婚姻，孙家鼐《墓铭》称其“配张夫人，有贤淑行，能以勤俭佐家政，公官内外自奉俭约，家人操作亦类布素，夫人率之也，故公无内顾忧，得以安其廉。先公十四年卒。”按薛氏子浚，系于咸丰戊午即咸丰八年（1858 年）中举，则薛氏在二十一岁中举（道光二十年，庚子，1840 年）前，可能即已结婚。鉴于陕西农村生活之俭朴，薛氏为身体力行之人，具有“持躬清介”之誉，则有关其夫人勤俭之记述，应该是可信的。

薛允升一生事业的起点及顶点在刑部。他成进士后即以主事签分刑部（主事略相当于今制部下各司之专员或科长）。这或者只是一种偶然的安排。但是，值得注意的是，有清一代，陕西人与刑部具有特有的渊源。其最初一位为韩城的张廷枢（谥文端）。渠曾于康熙晚期任刑部尚书十年，而以“剔除刑狱宿弊”及“不阿权贵”著称。据说，自其开风气以来，

---

① 薛氏之父祖三代中，只有其父是入过学的。据墓铭介绍其先人称：“考丰泰，妣氏姚、氏姚。祖生茂，妣氏张、氏杨、氏王。曾祖腾彦，妣氏康、氏赵、氏刘。”其三代均经续娶。其为中产之家，是没有问题的。又据道光庚子直省乡试同年录（同治四年刊）载，薛氏排行十五，实为大家庭。又载其本生祖为生营，则其父为经出继者。惟同年录载其生年为道光甲申年（1824 年），似为误记。

② 见《陕志稿》。又见道光庚子直省乡试同年录。《陕志稿》称其弱冠由廪生登道光庚子贤书，如依同年录所记生年，则薛氏中举时年仅十七岁，其为误记是很显然的。

③ 见《薛公状》。

④ 李岳瑞：《春冰室野乘》。

"陕士扬历中外有声绩者，遂多起家于刑部"⑤。依当时人士之评论，认为继起而勋望与张氏相配者，即为薛允升氏。盖两人均系进士出身，而最后出掌秋官的。相信风水而主张地灵人杰者，遂有一种说法，以为华岳（陕西华山）的形状，象征古代司寇冠形，而张、薛二氏"胥禀其灵，一刚方，一清肃，前后辉映。"⑥ 这些自为附会之词；不过，我们有理由推论：薛氏之分发刑部，即以刑名为其生平志业，在其个人心目中，当不无其乡先贤楷模激发之成分。就听讼治狱又穷究律例而言，薛氏之成就是超越其前人的。⑦

薛允升系以科举正途出身而出任刑部司曹的。他既能一试中而成进士，又在中举后曾经十六年，有充分时间留心世务，砥砺学问，他在传统学问上，自然已有可观的根基。但是当时一般着重的是诗书，"读书万卷不读律"，而且纵欲研求律例，也受着材料的限制。⑧ 薛氏对律例从事深入而有系统的钻研，大概是在刑部才开始的。刑部掌天下刑名，外省刑案均由核复，在京讼狱俱由审理。⑨ 司曹是刑部直接承办的人员，薛氏是有责任感、有抱负而肯用心的人。他深知道"刑名关民命，非他曹比"，而"律例浩繁，不讲明切究之，何由浃熟。乃悉心钩稽，久之，乃触类旁通。"据说，他当时对于律例的熟悉，能于"有询者，应口诵无疑。"⑩ 其法学之基础，即系于此时期奠定，而其一生有关律例的著述达百余卷，亦源于此时之"朝夕手钞，分类编纂"⑪。

关于薛氏这一时期在刑部之表现，根据孙家鼐的记述称："其在司曹也，初主四川司稿，继充秋审处坐办，律例馆提调。历任堂上（嘉按：即尚书、侍郎，并称堂官）皆倚重之，名次在后，实即主持。"⑫ 按刑部除各司，依地域及事务分掌外，秋审处专司每年秋审、

---

⑤ 见《墓铭》。关于张廷枢，据《清史稿》卷二六五，《清史列传》卷十三各传，其字为景峰。康熙二十年（1681年）进士。康熙四十八年二月任刑部尚书，翌年六月革。五十二年五月再任刑部尚书。雍正元年（1723年）一月降逐回籍。共任刑部尚书十年。其康熙四十九年之被革，系因民张三盗仓米一案，满尚书拟斩候，廷枢改拟充军，上责廷枢偏执好胜。嗣后又再起用，数度奉旨按治大案。世宗在藩邸，优徐采赎佣者棰杀人，部议以佣抵，廷枢独议罪在采，坐徙边。擅用权术的世宗即位，先褒廷枢抗直。但不久即借故去之。雍正六年，以被劾受赃，诏夺其官，令所司严讯。廷枢被逮，道卒。至清高宗时诏复其官，并追谥文端。《清史稿》对此论曰："先抑后申，所以劝謇直者也。"张氏之刚方，是可以想见的。自张廷枢而后，陕西人起家刑部的究竟有多少，是一个待考的问题。但在薛氏之时期，刑部则确有陕（西）及豫二派，后豫派渐衰，陕派则人才甚盛。沈家本：《寄簃文存》，卷六，"大清律例讲义序"（1929年《沈寄簃先生遗书》）。

⑥ 《墓铭》。

⑦ 张廷枢没有担任过刑部司曹，其在刑部仅任尚书十年，其治绩只是以"刚方"、"剔除积弊"著称。无论在听讼治狱及穷究律例而言，均非献身法学及刑狱实务四十年之薛氏可比的。

⑧ 沈家本论法学之衰，谓："四库书浩如烟海，稗官小说悉入搜罗，独法家之书所录者寥寥可数。岂世皆鄙弃斯学，竟无人讨论而著述欤？抑有讨论著述之书，世无人为之表章，逐湮没而不传欤?"（《薛大司寇遗稿序》）"纪文达编纂四库全书，法令之书，多遭摈弃，并以刑为盛世所不尚，所录略存梗概而已。夫以名公巨卿创此论于上，天下之士又孰肯用心于法学，其衰也宜也。"（《法学名著序》，均见《寄簃文存》，卷六。）

⑨ 丘汉平编著：《历代刑法志》，632页。

⑩ 《薛公状》。又称薛氏"治律最熟，与人谈辄连举数十句，如童子诵经然。"（姚永朴：《旧闻随笔》，卷三，薛云阶尚书条。）

⑪ 《墓铭》。

⑫ 《墓铭》。按薛氏之官阶初为额外主事，至同治八年始补主事，旋升员外；至同治九年始洊升郎中。此处所述主稿、坐办、提调，似均为其职称或兼职。据《清会典》："秋审处郎中，员外郎，主事无定员，由堂官酌委，有坐办，有专行。"（卷五十七，万有文库本，六七九～六八一页）。

朝审案件；律例馆则除修订律例外，凡各司有应驳及应更正之案件，均由该馆审核并准备说帖；都是最吃重的部门。[13] 薛氏官阶不高，但是因其对于律例成案，已经极为熟悉，兼以细密、冷静，成为部内办案之能手。据说他“用法廉平，所定案牍，明慎重详，不能增易一字”。因之，当时任刑部尚书的桑春荣曾说：“部中不可一日无此人。”[14] 孙家鼐对他这时之繁忙忠勤，有如下的描写：“秋审及现审案，岁不下数千百起，均归一手核定。故终岁无片刻闲，即封印后亦逐日入署。每归必携文稿一大束，镫下披阅。”而他这一时期表现之结果，是“由是以清勤结主知，历外未久即召还部。”[15]

据《清史稿》，薛氏在刑部“始以王宏罄狱显名”，但各传记载不详而且纷歧。大致上，本案发生之时间，可能是同治八年（1869年）或其前年，地点则为京师。有民人吕二落河身死，团防局勇王凤与王宏罄有隙，挟嫌谋害，以刑逼诬服，经薛氏覆讯事白。[16] 因为本案的平反，薛氏获赏加四品衔，同年十一月升员外郎（相当今之司帮办）。翌年二月京察一等，六月补授郎中（相当今之司长）。同治十一年（1872年）七月俸满截取，奉旨以繁缺知府用。同治十二年（1873年）七月授江西饶州府知府。自此开始了他的外官时期。[17]

薛氏在刑部任司曹，究竟有多久？孙家鼐所撰墓铭称其“以咸丰丙辰进士入郎署，历十有八年出守饶州。”孙氏的说法，是连头带尾各作一年算入。从严核算，约为十七年。其中，并未除出其丁忧期。[18]

---

⑬ 《清会典》，卷五十七，万有文库本，六七九～六八一页。

⑭ 《陕志稿》。吉同钧：《薛赵二大司寇合传》（《乐素堂文集》，《国闻周报》第十一卷三十期凌霄一士随笔转引）亦称，薛氏“断狱平允，各上宪倚如左右手，谓刑部不可一日无此人”。

⑮ 《墓铭》。

⑯ 此据《清史稿》、《薛公状》、《清史列传》。《墓铭》以“王宏馨”为“王宏罄”，所叙案情亦略有出入。据称：“王宏罄六、七人，已奏定作盗犯，不日将环首。公（指薛氏）覆审，雪其冤，保全多命，不致误罹重辟。”又《清穆宗实录》所载之王宏庆案，似亦即为本案。实录称：“同治八年四月戊午谕：御史袁方城奏中城奏交王宏庆拦劫一案，经刑部审讯，全属子虚。其中起意买扳逼认之人，请交刑部核其情节，分别议罪。并请定五城捕盗奖叙议处限制，及平反此案刑部司员应否奖励等语，着该部议奏……”（卷二五七）按清代对罪嫌及人犯的名字，一般都予以改写。本案之“王宏罄”似为“王宏馨”或“王宏庆”。参见注39、40、41，各案罪嫌名字之差异，可能都是基于此一理由。

⑰ 《清史列传》。

⑱ 据姚永朴所撰薛公状称其“成进士后，旋即丁忧归，至服阕，始补刑部主事”。惟究系何时丁忧？丁父忧抑母忧？又其期间如何？为一待考的问题。查哈佛燕京汉和图书馆及哥伦比亚大学东亚图书馆所藏之《大清搢绅全书》（原书不全，两处共缺咸丰十年至同治一年及同治四、五年各册），咸丰六年（1856年）冬季起，为额外司员主事。迄十年（1860年）春季仍有薛名。十年夏季本无薛氏之名。十年秋迄同治一年（1862年）缺书，同治二年春在职。同治三年春秋季均无薛氏之名。同治四、五年缺书。同治六年春无名。至同治七年冬，始有薛名，仍为额外司员主事。同治八年秋为江西司主事，冬江西司主事加一级。同治九年为安徽司员外郎加二级。同治十年广东司郎中加二级。据上无薛氏之名之期间为咸丰十年至同治一年冬，即一年半之期间，及同治三年（1864年）春至同治七年冬，约近五年期间，如该书记载无误，则该两次无薛氏之名之期间，至少应有一次为薛氏丁忧之期间。抑薛氏曾于入刑部后，先后曾丁母忧及父忧，当待进一步查证。惟薛公状述及允升中举后，因姚太夫人年高，数科不应礼部试，则其父可能早故。

三、薛氏外官时期——由道府、藩臬两司及权漕督

薛氏之外官时期，共约为7年。按薛氏系于同治十二年（1873年）七月授江西饶州知府。至光绪三年（1877年）擢四川成县龙茂道，旋调署建昌道。翌年即光绪四年（1878年）升山西按察使。再次年即光绪五年（1879年）闰三月又晋升山东布政使，八月权漕运总督，以迄光绪六年（1880年）薛氏召归朝廷。其外官时期不能算太长，但是，对于一位已在中央任司曹十五年，而最后又回到中央任刑部堂官又近二十年的薛氏，这一番经历，对其了解地方政务，都是有帮助的。特别是在司法方面，他得以获取直接审理地方刑案的经历，以与其刑部司曹时期所得之法学知识相印证。

薛氏任道府二处，总计不过四年。其中以饶州三年为较久。据《清史列传》称其于饶州府任内，曾于同治十三年（1874年）访获鄱阳匪徒王胜扬等勾结外匪潜谋起事，禀请正法。此外综合孙家鼐及姚永朴之记述，整个地是"设施多未竟"。其在饶州任内注重文教之振兴，并对乐平诸县的盛行械斗，曾经严加惩办，而使"悍俗为衰"。而在建昌任内，则对于"番民杂处"之地方情势，能够"恩威并施，境内称治"⑲。

光绪四年至五年（1878—1879年），薛氏调任山西按察使。薛氏早以刑部司曹能员著称，经历道府四年之后，掌理一省司法，当然是游刃有余。因为他的廉洁勤能，时值山西、陕西灾荒，山西尤为严重，担任巡抚的曾国荃（沅甫），乃奏派薛氏办赈。他能够"综核出入"，使小吏无从舞弊，得以"全活甚众"⑳。

光绪五年（1879年）闰三月，薛氏晋山东布政使。同年八月，以漕督文彬奉命入觐，由薛氏权漕运总督。除了筹防邳宿运河，挑浚河清等六闸，及兴堵各坝外㉑，其著名的事迹为捕盗。盖其时徐海沭阳一带，素为积匪出没之区，薛氏乃饬各巡道会同马步各营剿歼之。据说薛氏先遣干役侦察得其巢穴，而利用除夕盗方聚饮不备之时机，一举而擒之。㉒ 薛氏一生以治狱审慎及精研律例著称，在这里，他却表现出胆略和机智。

从薛氏七年的外官经历看，他每任一职都是非常用心的，并且立即能有建树的。他的秉性方正而能升转快速，良非偶然。

四、薛氏被召归刑部并初任刑部堂官

关于薛氏之此一时期，《本传》、《墓铭》、《姚状》、《陕志稿》及《清史稿·部院大臣

---

⑲ 孙家鼐：前引；姚永朴：前引。此外作者曾查考江西省饶州府志等方志，没有发现有关薛氏宦绩之资料。

⑳ 姚永朴：前引。

㉑ 据《清史列传》："（光绪五年）八月（薛氏）署理漕运总督，旋授刑部左侍郎，筹防邳宿运河，又挑浚河清等六闸，其余各坝一律兴堵。"

㉒ 参见《清史稿》薛氏本传。并参见《陕志稿》；孙家鼐：前引；姚永朴：前引；《清史列传》薛氏传。

表》之记载，都嫌不够明白，而以《清史列传》较为完备。兹比较说明如下：

1. 薛氏召归刑部之年份：《墓铭》、《姚状》、《陕志稿》以至《清史稿》的本传，都一致说他是光绪六年（1880 年）调任刑部侍郎的，惟据《清史稿》的《部院大臣表》中，光绪五年一栏下，注明原任刑部左侍郎冯誉骥于八月迁，而由原任刑部右侍郎钱宝廉继任，至刑部右侍郎则由薛允升接充。[23] 则薛氏之获授刑部右侍郎为光绪五年之事，并非光绪六年。第查《清史稿》的疆臣年表漕督栏下所载：原任漕督文彬，系于光绪五年八月癸亥入觐，由薛允升署漕督；至翌年薛允升卸，文彬回任，并于六月己酉卒。[24] 则薛氏殊不可能于光绪五年回到刑部任职的。盖薛氏于光绪五年八月署漕督后，虽即获授刑部右侍郎，但因文彬入觐，仍留任筹防河坝，至光绪六年四月才到京供职。[25]

2. 薛氏在礼、兵、工三部的经历：《清史稿》本传说他“历礼、兵、工三部，而以佐兵部为久。”其他记载上则称他“历权”或“历署”礼、兵、工各部（侍郎）。[26] 查在部院大臣表中，并没有他转任其他各部的记载。（他的名字在此期间，始终在刑部栏下。）同表仅载有光绪八年（1882 年）十一月，黄体芳（任）兵部右侍郎，未到任前由薛允升兼署。同表，翌年（光绪九年）兵部右侍郎栏下，所载径为黄体芳，则兼署期间很短。[27] 于此，可证本传所称“历”礼、兵、工三部，系指“历署”（兼署）而言。

至其兼署礼工两部时间，同表并无记载。最后在《清史列传》中才找到完整的记载，计其兼署兵部二次：光绪八年十一月（左侍郎）、十七年八月（右侍郎）。工部二次：光绪八年八月及十二年三月，均左侍郎。礼部一次：光绪十七年九月，左侍郎。

薛氏于光绪六年（1880 年）四月就任刑部右侍郎。至光绪七年四月转左侍郎。光绪九年三月一度署刑部尚书。[28] 至光绪十九年十二月升任刑部尚书。迄至光绪二十三年十一月贬官。担任刑部堂官凡十七年，（连前共服官刑部共约三十四年）他的年龄是 61 至 78 岁。从他的勇于任事和著述不辍来看，他的体力和精神还是相当健旺的。他以科第出身而精于律例之学，他跟刑部原有深长渊源，加以他在外官期间之历练，他的清勤廉平的记录，既是当时一般所公认，且久已简在“后”（帝）心。在各部之中，刑部人员是一个特别专业化的团体（Professional group），同僚中讲求的资格是狱讼方面的经验，以及律例方面的知识。在刑部堂官六人（包括满汉尚书、左、右侍郎各一）及僚属中，薛氏是无可置疑的权威。据说薛氏内调刑部侍郎之际，“当时历任刑尚者，如张之万、潘祖荫、刚毅、孙毓汶等，名位声望加于一时，然皆推重薛侍郎。凡各司呈画稿件或请派差，先让薛堂主持先画，俗谓

---

[23] 《清史稿》，卷一八七表二六，部院大臣年表九。

[24] 《清史稿》，卷一九五表卌七，疆臣年表七。按其原表作“光绪六年庚辰薛允升御，文彬回”，其“御”字应为“卸”字之误。

[25] 参阅注㉑。

[26] 孙家鼐：前引；姚永朴：前引；《续陕西通志稿》，卷十四。

[27] 同注㉓。

[28] 《清史列传》。

之开堂。如薛堂未画稿，诸公不肯先署，固由诸公虚心让贤，而云阶之法律精通，动人佩服，亦可见矣。后升尚书，凡外省巨案疑狱不能决者，或派云阶往鞫，或提京审讯。先后平反冤狱，不可枚举。”可以概见。㉙

薛氏之负责、干练和操守，既为朝廷特别契重。上文所提到的一再权署他部，即为明证。除了薛氏治狱、有关律例的著述另于下文述及外，兹将薛氏此一时期之奉派办理之重大事项及案件综述如下：（除注明外皆引《清史列传》）

光绪七年（1881年）二月，承修东陵西陵工程。

光绪七年（1881年）五月，出使俄国大臣崇厚以擅定条约议斩。英法使臣从中调停，欲减其罪。有旨交王大臣各衙门会议，允升亦议以：“减等罪名，可示法外之仁，以释外国之嫌”。

光绪九年（1883年）五月，御史陈启泰奏太常寺少卿周瑞清、御史李郁华等包揽云南报销，命惇亲王及薛允升会同察办。至是复陈，瑞清等罪如律。户部尚书景廉、前侍郎王文韶、奎润、前尚书董恂，与云贵总督刘长佑均镌三级，余处罚有差。㉚

光绪十年（1884年），光禄寺卿尚贤，御史曾培祺等先后参奏，奉天吏治疲玩，民不堪命。上命允升偕吏部尚书徐桐往查，十年三月查覆，自奉天府尹以下开缺，黜降有差，仍为奏减各项摊款之半。㉛

光绪十一年（1885年）七月，疏请“裁勇节省，以饷练兵（旗兵），以固根本。”奏入，廷臣会议请酌裁营勇浮滥者，从之。㉜

光绪十一年（1885年），法人寻衅攻越南谅山，兵船内犯，夺占台湾鸡笼，上命廷臣妥筹战和利害，允升主筹战备，以遏凶锋。

光绪十三年（1887年）四月，湖南巡抚卞宝第为人所劾，言其贪劣皆有状，允升奉旨查办，力辨其诬。

光绪十三年（1887年）八月，河南郑州黄河决口，允升奉命赴河南察河工。㉝ 据称“尤能弊绝风清”。㉞ 上又命其会同礼部尚书李鸿藻确查洛阳知县王道隆，非法拷毙民人李延

㉙ 吉同钧：《薛赵二大司寇合传》（《乐素堂文集》，据《国闻周报》第十一卷三十期凌霄一士随笔转引）。按薛氏于光绪十九年升刑部尚书，至刚毅则于廿三年七月始任刑部（满）尚书，薛氏同年九月贬任宗人府丞。吉氏所记薛氏于刚毅任尚书时任侍郎，显系误记。（参阅《清史稿·部院大臣表》。）又据《陕志稿》称：“（当时）遇大狱，同官皆推允升首定爰书，各省被劾巨案，或奉命往鞫，或交部提讯，先后平反冤案多起。”

㉚ 《德宗本纪》。

㉛ 《陕志稿》称其“于奉天厘定税则，整饬官方，奏减各摊款，不便民者，悉除之。”

㉜ 《清史列传》载其原奏称：“我朝绿营兵额五十八万四千有余。乾隆时增兵六万六千余名，复裁去一万七八千名。咸丰初始为招勇之计。嗣后各省视为成规，均以办防为词，甚或托言盗风甚炽，伏莽堪虞，资勇弹压。上年法人构衅，增添尤多。统计勇数不下三十余万，费饷不下二千余万。乃勇日增，而制兵仍旧，兵饷外又加勇饷，是兵之耗财有定，勇之耗财转无定。况现在所招之勇与额兵相去无几，当国家财赋支绌之时，何堪靡费。我朝开创，八旗兵力居多，乃渐染习气，日益偷窳。一经畿辅设防，辄纷纷征调外兵。当日所称劲旅，反置之可有可无之列，似非设立旗营本意。臣愚以为与其以有用金钱招致游勇，何如就旗兵领项量为加增。现在东三省业经练兵加饷，京旗及各省驻防旗营，应一体照办。总之各督抚募勇为权宜之计，朝廷应以练旗兵为固本之图。”

㉝ 孙家鼐：前引。薛氏察看郑州河工一事，并见德宗本纪（《清史稿》卷二十二）。

㉞ 同注㉝。

涌，捏报病故，允升劾之落职。郑州民女蒲爱妮者叩阍代兄鸣冤，皆具情实以闻。

光绪二十年（1894 年）十月，御史钟德祥奏参内务府各员扣侵工款，允升查明具奏，获罪有差。

光绪二十年（1894 年）十二月，提督卫汝贵临阵退缩，交刑部治罪，以薛氏执法不挠，拟奏斩决。[35]

从以上薛氏之一再兼署他部，一再受命奔驰。可见薛氏任事之忠勤，其于光绪十三年（1887 年），已为 68 岁之高龄，是年四月原在湖南按事，八月间又以黄河决口，转往河南察看。孙家鼐称其“一年之内，在外八阅月”[36]，犹能不辞跋涉，旅途治事，可见其精力之旺盛。因此之故，两宫对薛氏之“恩眷”甚隆。光绪十六年（1890 年），随扈光绪皇帝谒东陵，十月赏在紫禁城内骑马。光绪十九年（1893 年）升刑部尚书之翌年，为孝钦显皇后六旬“万寿”，奉懿旨交部从优议叙。光绪二十二年（1896 年）三月，光绪帝耕耤田，允升充从耕礼大臣。[37]

薛氏既是进士出身，而位居卿贰，很自然的，曾一再简放乡试主考及参与会试朝殿阅卷，这是当时读书人引以为荣的事。据跟他同时代科名亦高的孙家鼐说：“自癸未（按为光绪九年即 1883 年）至乙未（按为光绪二十一年即 1895 年）七科会试朝殿阅卷及他试事，（薛）公皆与之。而戊子（按为光绪十四年即 1888 年）及甲午（按为光绪二十年即 1894 年）两典，顺天乡试，得人尤盛。”[38] 以薛氏之性格及学问，他在办理考试上的认真与公正，毋宁是当然的。

五、薛氏任刑部堂官时期之治狱

薛氏以刑部司曹起家，经府道藩臬，而任刑部堂官，38 年中之绝大时间，系以治理狱讼为其主要职分，而这也正是他的特长。对此，孙家鼐于《墓铭》曾有这样的描写：“（薛公）其鞫狱恒至夜分，一镫荧荧，胥役或倦引去。公平心静气，无疾言遽色，与囚絮絮对语，囚忘公为官，公亦若忘其与囚语也。故凡讼为公所鞫，无不输其情，虽死且德公。而公重民命，有疑狱必万分审慎，得其冤必力为平反，虽触权威忌不恤也。”作者写到这里，搁笔掩卷想象薛氏当年的风格，兴起无限的景仰之情。

因为清代刑部档案之不存，我们无从获见薛氏治狱之直接记录。《新增刑案汇览》其中至少有两案为薛氏在刑部时之案（参见本文注 39、40）。在《清史稿》及铭、传等材料中，只提到“啧啧人口”的几件案件，但均无有关案件之记述。除其任司官期内之王宏罄案已见前述外，兹举述其任堂官期内之几件案子如下：

江宁疑案（即三牌楼疑案）。光绪三年十二月初十日，金陵三牌楼地方发现无名男尸，缉捕

---

[35] 《陕志稿》。《德宗本纪》：光绪二十年十二月，卫汝贵处斩（《清史稿》卷二十三）。

[36] 孙家鼐：前引。

[37] 《清史列传》。

[38] 据《清史列传》，薛氏于光绪八年十月充顺天乡试副考官，光绪二十年八月，顺天乡试正考官。又谓其“历充拣选官缺大臣，考试汉荫生，庶吉士散馆，新贡士覆试，各直省举人覆试，拔贡覆试阅卷大臣，新贡士殿试读卷官”。

委员候补参将胡金传邀功，捕僧绍宗及曲学如，酷刑诬服，因而论死。嗣光绪七年间金陵保甲局因拿窃犯牵出，捕获周五、沈鲍洪二人，供认该无名男尸实为朱彪，为其二人谋杀，事证确凿。惟胡金传对其酷刑及教供各节，坚不供承。光绪八年二月，经薛允升奉旨往勘，讯明属实，胡金传遂以酷刑论斩。本案发生及僧绍宗等处决时，两江总督为沈葆桢。至捕获真凶，则在后任江督刘坤一任内。本案因僧绍宗等业已处决，而责任则涉及原问官及督臣，且胡金传又狡不吐实，故“头绪极为纷歧，又有坚持原议者”。经薛氏之缜密勘问，始克定谳。㊴

河南王树汶案。本案系起因于光绪五年（1879年）十月间，河南省镇平县发生盗案。王树汶本为自家逃走之人，被诱胁为匪类服役，并未告知抢劫情由，在野为之看守衣物。惟以正犯胡体安为该县总役刘学汰贿纵，教供王树汶诬认充代。该县县令马翥并不虚衷研鞫，辄用非刑逼供，率行定案。嗣经解诣省城，请旨斩决。以王树汶临刑呼冤，经行即他调之巡抚涂宗瀛奏闻。先经开封府知府王兆兰，候补知府马永修覆审，竟予捏饰弥缝。嗣奉特旨交新任河南巡抚李鹤年、河道总督梅启照讯明拟结，仍回护属员以原谳上闻。刑部以原奏疑窦甚多，奏请解京讯问，于光绪九年二月，始为平反。诏褫汴抚李鹤年及河督梅启照职，原审官谴戍有差。本案因涉及原审、覆审各官并封疆大吏，遭遇阻力甚大，当时官场一般观念为“救官不救民，救大不救小”，故迭次覆审，均维持原谳。李鹤年且以“毫无根据之词，哓哓置辨，始终固执前议”（刑部奏文语），本案虽因舆论纷纷，经御史陈奏，致引起朝廷之重视，然非刑部之奏请提讯，当难审明冤抑。而当时任刑部堂官之薛氏之明察及坚持立场，为本案平反之关键。㊵

㊴ 本案经过见《刘坤一遗集》，第二册，奏疏卷十八中一七、二五、二八各折片（六六〇页、六七〇～六七四页、六七六页、六七七页）。并参考《东华录》光绪七年十一月戊戌条。《清史稿·德宗本纪》八年二月条亦载薛氏及麟书（理藩院尚书）往勘事。《新增刑案汇览》卷十五，亦载光绪八年刑部为本案之奏文。（成文版五一三〇～五一三三）本案《清代轶闻大观》一书中亦有述及，但情节不符，对本案发生时之江督，误为刘坤一。又以本案误以僧绍宗等为正犯，系出于他人怀恨诬报，而其他官方材料，均以为出于胡金传之“吓贿眼线，教串妄供”。（《轶闻大观》7～11页）僧绍琮，姚永朴状作“绍宗”，《清史稿本传》、《清史列传》、《通志稿》均作“绍棕”，兹从《刘坤一遗集》作“绍宗”（嫌犯改名，参阅注15）。“头绪纷歧”等语见孙家鼐撰之铭。据姚状，本案系经侍读学士陈宝琛所劾。《东华录》光绪七年十月乙酉记有御史李郁华奏有“问官冤杀无辜，督臣意存袒护”语。

㊵ 《德宗本纪》光绪九年二月，刑部言河南胡体洝一狱，原谳错误。覆审回护。诏褫巡抚李鹤年、河东河道总督梅启照职。原审官谴戍有差。（《清史稿》，卷二十三）至薛氏与本案之关系，孙家鼐撰的《墓铭》谓：“河南以王树汶充代胡体洝，临刑呼冤，抚臣奏闻得实，前抚应降官，而政府庇之，授意部臣，欲抑其奏，（薛）公力持之，卒白冤诬。”含义不甚分明。按本案原系由于光绪七年七月由前抚涂宗瀛奏闻，同年八月涂宗瀛迁，李鹤年接任，同年十一月，御史陈启奏“新任抚臣意在避重就轻，串令该犯诬认为从”，上谕李鹤年秉公讯结。同年十二月甲申上谕，派梅启照会同李鹤年讯明具奏。梅李之受谴，大概是因覆审回护。李鹤年本传即记有其反复辨奏之语。（参阅《东华录》及《清史稿》卷二〇二疆臣年表十四）《陕志稿》薛氏传亦谓本案为薛氏在刑部平反冤案之一。惟《清史稿》本传及《清史列传》薛氏传均未提起。且《清史列传·赵舒翘传》中谓“河南王树汶冤狱，疆吏多回护，诏交刑部审讯，舒翘反复诘驳，卒尽得其情，案获平反。”又《陕志稿·赵舒翘传》亦谓本案系赵“与某尚书力争卒得平反，脱王树汶于死，巡抚李鹤年、河道总督梅启照及初审官镇平令马翥、覆审官开封守王兆兰、知府马永修皆得罪。”按当时任刑部尚书者为潘祖荫，据《春冰室野乘》，潘因受李鹤年所遣之某道员影响，一度拟仍依原谳上奏，而赵以去就争之，乃谓“舒翘一日不去秋审，此案一日不可动。”（李岳瑞：前引）本案刑部之直接承办者为赵舒翘（时任员外郎）。但薛氏时任左侍郎，并为部中刑狱权威，赵氏为其同乡后进（按刑部有陕西、河南二派，参见注5），本案真相得以大白而平反，其秉承于薛氏之指示，并得力薛氏之撑持，自为重要之关键。本案经过详细情形，伍承乔：《清代吏治丛谈》（卷四）及《清代轶闻大观》亦有记载（卷四，11～16页）。惟后者误以涂宗瀛为臬司，而涂实汴抚李鹤年之前任（参阅前引《清史稿·疆臣年表》）。又依《东华录》事主为镇平县职员张肯堂，轶闻记为“许姓”。轶闻中“王树汶”作“王树文”，系与《东华录》相一致。他处所记均为“王树汶”。嫌犯改名，参见注16。

太监李苌材、张受山纠众行凶杀伤捕人案。此光绪二十二年（1896年）事，该太监等率领多人，执持刀械，在北京之庆和戏院寻衅，拒毙捕人练勇队长赵云起。[41] 其时，薛氏已任刑部尚书。奉诏从严定拟具奏，薛氏乃援光棍例治之。太监李苌材、张受山均拟斩立决，余犯分别绞监候及发极边足四千里安置。[42] 而总管太监李莲英为乞恩，太后及帝以例有"伤人致死按律问拟"一语，敕依本律再议。允升上疏抗辩。仍敕刑部拟定罪名。当时，李莲英权势炙手可热，多方要人关说，各堂司皆不敢坚持，允升不为所动，复奏请将张受山立即处斩，李苌材伤人未毙，减为斩监候。"上知其执法不挠"，不得已从之。[43]

《清史列传》薛传及姚永朴撰的《刑部尚书薛公状》中，曾就薛氏原疏加以征引。薛氏之法学著述虽富，但其有关狱讼之文牍则不多见，值得予以珍视。兹照录如下：

李苌材等纠众杀伤捕人，上谕从复位议。其非寻常人致死可比，故特明降谕旨，宣布天下。天下人民咸晓然于圣主之严明，将以遵祖训饬纪纲也；且莫不翘首望部臣之有以副朝廷辟以止辟之心，以成此令出惟行之举。乃臣部遵旨定拟奏闻，又复奉旨再行定拟。臣亦知皇上是钦恤刑章之意，非轻纵寺宦之心；然而天下不知，不以为圣主之慎刑，而以为臣部之纵恶。

臣部问刑衙门，以饬法明刑为要，而刑法之允协，以情真罪当为先。

李苌材等一案，论其起衅之由，既非有心致死，固不得谓之谋故；论其执械逞凶之情形，又何得谓之斗殴。既非谋故，又非斗殴，则与道光年间上谕内"伤人致死"一语，其不能强为附合也明矣。谋故斗殴各律均不可拟，将谓之拒捕杀人，按律或可稍稽夫显戮；依例亦当立置之典刑，然较之光棍例文究有区别。

臣愚昧之见，太监与平人不同，我朝家法甚严，凡所以整饬寺宦者，无不加倍治罪。亦深恐一时姑息，异日或致养奸，此防微杜渐之深心，实寓成全之至意。所以我国家宫禁肃清，实为前代所未有。溯自康熙年间办理太监刘进朝一案之后，数百年来太监尚知畏惧，不敢以身试法，实以惩一儆百，其为保全若辈者，诚匪浅也。

此次从严惩治，私心窃谓当可上邀允准，岂知办理过严，亦有未惬圣心之处。总由臣等拘滞鲜通，不能仰体圣主钦恤哀矜之意，已觉有愧于心。傥因此又复迁就其词，依违定谳，致情法不得其平，并置初奉谕旨于不顾，则负咎更深。此臣等所以几经筹画，几经详审，而不敢冒昧从事者也。

伏查朝廷法令轻重各殊，而法之最严者，无过光棍一项，为首者拟斩立决，为从者俱拟绞候，秋审入于情实；所以惩强暴、儆凶顽。懔然示人以不可轻犯之意。臣等亦知此条例文不可轻用。惟既经谕旨指明从严定议，舍此再无可引之条，而又恐后来援为定式，特

㊶ 详情见《谕折汇存》：光绪二十二年四月二十二日巡视中城兵科掌印给事中桂年，巡视中城掌江南道监察御史张仲炘奏及附片。原案各犯为太监李长才、张寿山、阎宝维、苑连元、陈和玉五名，民人毕文禄一名。《德宗实录》改为李苌才、张受山、阎葆维、苑连洸、陈禾钰、毕汶禄。各传引人犯姓名均从之。本文为与薛氏奏议一致，故亦从之。嫌犯改名，参阅注16。

㊷ 见《德宗皇帝实录》，卷三九一，光绪二十二年，戊午条。

㊸ 见《清史列传》。

于片奏内声明情节轻者不得率引此例。荷蒙圣明早鉴及此，臣等何敢仍执原议。

窃维立法原以惩恶，而法外亦可施仁。臣等为守法之吏，原不容于两歧。皇上宏解网之恩，或可稍宽其一。而昔宋臣苏轼有云："当尧之时，皋陶为士。将刑人。皋陶曰杀之三。尧曰宥之三。故天下畏皋陶执法之坚，而乐尧用刑之宽。"臣等愚昧，何敢妄希古贤；而皇上其仁如天，实与帝尧先后同揆。皇上如果俯念辇毂之下总宜肃清，阉官之流不宜宽纵，将该太监等仍照臣等原奏，照光棍例分别首从办理。臣等无任钦佩。傥以为未免太严，无妨量从末减，亦请于原定罪名上略为区别，或严首恶而稍宽从犯，总期与初奉谕旨符合，不致大相悬绝，是在皇上权衡至当，断自宸衷，非臣等所敢率行定拟也。

臣等为执法之吏，不敢擅自从轻，皇上施法外之仁，原可量为末减。初奉谕旨，一发而不可收。原定罪名，一成而不可变。从犯或可稍宽，首恶断不可纵。是于钦恤之中，仍寓严明之意。皇上慈祥为念，一时不忍骈戮二人，请将张受山一名，立即处斩；李苌材仅止伤人，究未杀毙，似尚有一线可原，量减为斩监候。

前引疏文虽然极尽委婉，但在实质上，薛氏仍坚持其执法的立场，不因太后及德宗之谕旨（及李莲英幕后之影响）而改变。他虽然请皇帝自行权衡，但他既辩析法理在前，又一再强调情真罪当，及以天下以"臣部纵恶"为言，则他显然是不欲光绪"法外施仁"的。而依上引疏文，他留给德宗选择的，不过是稍宽从犯（斩决改斩监候）而已，至首犯之处斩，则是没有讨论余地的。[44]

在中国历史上，原无司法独立的制度。不过，大臣官吏以执法立场，抗拒君上越法干预的事，是不乏前例的。如历史传为美谈的，张释之处罚犯跸者之故事。但那是在当时大臣可以"坐而论道"之时代之下。同时，也反映出人君（汉高祖）的智慧大度，了解法律的威信，即为政权（人君）的威信。在中国历史上专制主义最高峰的明清之季，薛氏之守法不阿、克尽厥职是值得赞扬的。

六、薛氏遭贬官与再任堂官及逝世

光绪二十三年（1897年），薛氏因其从子济关说通贿，涉嫌为其筹销弥策，为御史张仲炘、给事中蒋式芬先后论劾。虽经大学士徐桐奉旨按验覆奏无实。薛氏坐不远嫌，镌三级，

㊹ 吉同钧：前引，曾论及本案，可供参考。原文如下："太监一流，清朝鉴于前明之祸，立法最严，凡私出京城滋事者，即行斩决，故历朝无权阉之患。至同光以来，渐渐鸱张，始于小安子、李莲英，其后李苌材、张受山等愈无忌惮，竟敢于辇毂之下，明目张胆，纠众打闹娼寮，殴杀捕人，拿交部问。云阶时为尚书，以此案关系重大，若非严加惩办，涓涓不灭，将成江河，前朝刘魏之祸将复起矣，前后分三折大放厥词，痛哭上陈，谓：'皇上开一面之网，不妨量从末灭，臣等为执法之吏，不敢稍为宽纵，且从犯或可稍轻，而首犯断不容免死。'其意以为宁可违皇上之命，致一己获咎戾，不能变祖宗之法，令国家受后患也。折上，皇上大为感动，宁可违慈命而不敢违祖法，降旨依议，李苌材着即处斩，张受山斩监候秋后处决，当日行刑，民间同声称快。此后若辈大加敛迹，如李如张，虽不免暗中招摇骗财，而终未敢彰明显著犯法者，皆此折之力也。"（按：依《清史稿》、《薛公状》、《清史列传》等，本案张受山斩决，李苌材斩候，又前引薛氏奏文所陈亦然，吉氏显系误记。）

贬授宗人府府丞。㊺ 至次年（光绪二十四年即1898年），因疾奏请开缺。关于薛氏晚年之操守，曾在刑部任职而受知于薛氏之吉同钧氏，曾有微词讽其未能严于律己。吉氏引孔子“及其老也，血气既衰，戒之在得”之语，谓薛氏晚年“或有不免”。㊻ 薛氏晚年操守即或有所失检，然“瑕不掩瑜”，不得因而抹杀他数十年清肃廉平的记录（《饰终诏书》因有“持躬清介，治狱廉半”之语）。且即在薛氏晚年，如李苌才一案所显示，能坚守立场，而薛氏之受劾贬官，虽其本身或有可议之处，未尝不是因其“持正不阿”而受到挟嫌报复之结果。吉同钧氏论及此事时，亦指出系因其“常不满御史之受贿卖法，一举纠参两御史落职”，因此“为小人所忌，借端中伤”。㊼ 按薛氏之受劾贬官，适在李苌才、张受山案之后，或系出于李莲英及太监们之策动报复。在该案中，薛氏不但得罪了炙手可热的权珰，而且其议奏违忤上意。乃值其圣眷衰弛之际打击之，不是不可能的。㊽

开缺后的薛允升，一直到庚子之变（光绪二十六年，即1900年）仍然住在北京。经过四十年繁剧的公务生活之后，身已八十的他，仍旧致力著述。他的毕生巨著《读例存疑》一书，就是在这时定稿的。㊾ 该书之直接目的，在供修订清例之准备，薛氏于老病退休之中，仍念念不忘其终身服务之刑部。

薛氏自道光二十年（庚子，1840年）中举，至光绪二十六年（庚子，1900年），恰为六十周甲之年。经陕西巡抚魏光焘奏请诏许重赴鹿鸣宴，赏加二品顶戴，一时称为士林盛事。㊿ 这

㊺ 《清史稿》，卷四四三、列传第二二九，姚永朴：《尚书薛公状》记载较详：“（光绪二十三年）御史张仲炘奏称‘玉田县绅民贿买御史溥松，奏参该县苛派差徭，事成于（薛）公从子济。公又为筹销弥策。’有旨令大学士徐桐按验覆奏无实。犹以不远嫌，降三级调用，补宗人府府丞。”因本案关系，刑部其他官员并连带受处分。薛氏子浚，于其父被参之折，因不发钞，亦因此受处分。参见《德宗皇帝实录》，卷四。

㊻ 吉同钧：前引，称：“若观其行事，老成练达，涵养深沈，赵固不及薛，公正无私，操守清廉，薛亦不如赵，此又合而不合者也。孔子云：‘及其老也、血气既衰，戒之在得。’云阶或有不免。又曰：‘见利思义，见危授命。’（赵）展如其庶几乎。假令展如尚在，余虽为之执鞭，亦所愿也！”又谓“部中自云阶后，风气渐趋卑污，司员多徇情受贿。”吉氏亦陕人，曾服官刑部，受知于乡前辈之薛、赵二人。所言当应有其所本。抑以薛氏之贤，亦难逾越“权力腐化”（Lord Acton语）之法则。李岳瑞《春冰室野乘》称：“薛氏尝自言：‘士大夫一生，学问为一事，科名为一事，官职、名誉又各自别为一事。兼是四者，古今殆罕其人。以王荆公之道德气节，而宋儒至侪诸卢杞。包孝肃使生于两汉时，在酷吏传亦不过仅居下驷之列，而至今妇孺皆知，奉为神明。名实何必相符？史册安有定论耶？’”抑薛氏自知他人对其操守有所议论而发者。

㊼ 吉同钧：前引。薛氏于其著作中，有数处，曾对于言官“挟私弹事”，“可笑”“可恨”，明白抨击，当必系有所感而言。（《读例存疑》，二九二之一〇、三一八之一一两条下，又《唐明律合编》，商务本，551页。）值得注意的是参奏薛氏的张仲炘，正是参奏太监李苌才案的御史。参阅注41。

㊽ 姚永朴：《旧闻随笔》，卷三，“薛云阶尚书条”称：“及长秋官，因太监在戏园持刀斗殴，力主严办，虽所议得伸，而与总管太监李莲英忤，竟不安其位而去。”《陕志稿》薛氏传称：“后为忌者中伤，降宗人府府丞。”关于薛氏之正直清介，对于极有影响力的内监们，后来一点不予敷衍，却是一般熟知的。据《清史列传》薛氏传载，光绪十八年十二月，薛氏于苑门外直庐，忽有太监投递纸条，薛氏严拒之。

㊾ 《读例存疑》薛氏自序末：“光绪二十六年岁以庚子长安薛允升云阶氏序于京都宣南之寓庐。”

㊿ 按举人届周甲六十年，逢其乡试原中之科，为重宴鹿鸣。嘉庆二十一年定三品以上大员专折奏请，四品以下由本省督抚先期查明出奏请旨，辄蒙加衔，准其与新科举人重赴鹿鸣宴。关于薛氏中举之年份，为道光庚申二十年（1840年），（参阅注2）故至光绪二十五年由陕西巡抚魏光焘奏允升年登八秩重逢乡举，奉旨赏加二品顶戴，重宴鹿鸣。（参见《清史列传》薛氏传）。

虽然是按例行事，但显然朝廷并没有完全忘怀他以往的劳绩。

光绪二十六（庚子）之义和拳事件，慈禧和光绪两宫出走，远幸薛氏故乡西安。薛氏由京奔赴行在，十月间奉诏起复为刑部左侍郎兼会办陕西赈务。同时十二月，刑部尚书赵舒翘处斩，允升再任刑部尚书。[51] 这时，时局艰难，允升力疾从公，《陕志稿》对此有如下的描述：

时行在刑部草创，公所员司寥寥，案卷胥吏远隔京司，各省题奏咨文未奏部覆之件，积压以数万计。而随时到部者亦极纷繁。又灾区广大，待赈孔殷，时艰款绌，棘手万端。允升年登耄耋，神明不衰，督饬司员，清厘部务，办理妥速，数月而毕。上下称服，为各部冠。赈务则商同陕抚，派员确查，而责其成于总局。允升揽大纲，精心督察，不侵不漏，无滥无遗，实惠得以及民。[52]

光绪二十七年（辛丑，1901 年），两宫回銮，薛氏随扈北行，于十月乙未，卒于河南开封。遗疏上，朝廷赐恤加赏，典礼优隆。任内一切处分，悉予开复。饬终谕旨有“持躬清介，练达老成”，及“治狱廉平，克称厥职”等语。允升子浚，字小云，由举人官内阁中书。光绪六年进士，迁侍读，改礼部郎中，截取知府。两孙获赏员外、主事。[53]

七、薛氏对律例的研究与贡献——其巨著《读例存疑》一书

薛氏自任刑部司曹，即开始对律例资料之搜集，朝夕手抄，分类编辑，蔚为卷帙；嗣后，更进一步博考精研，以汉、唐、明律参证比较，从事整理与著述。其态度之严肃，诚如孙家鼐于《墓铭》中所称：“公视刑律为身心性命之学，老病闲居，不废精勤，实数十年如一日。”其已刊行及未刊行之遗作，总计当不下数百万言。惟兹仅就其著作中最为人所知之《读例存疑》五十四卷，略作介绍。

《读例存疑》研究探讨之主要对象，为《大清律例》，而亦涉及明律、唐律、汉律等。本书之目的，系以例文随时纂定，而例文浩繁又非出于一人之手，时有互相抵牾及罪名前后歧异者，薛氏因乃“一一疏证而明通之，抉其可否，溯厥源流，兼引前人成说，而参以末议。”其目的在一方面供执法者之参考，知某条之不可轻用，某条之本有窒碍，熟识于心，临事庶不致迷于向往。另一方面，则系供修例之准据。按清例五年小修一次，十年及数十年大修一次，然自同治九年之后，即未举行，薛氏是编原“以备大修之用”。惟是书虽

---

[51] 《清史列传》薛氏传谓“（光绪二十六年）赴行在请安复召用为刑部左侍郎。十二月补授刑部尚书以老辞，不允。”《清史稿·部院大臣表》载其再任尚书，未及其侍郎之命。

[52] 姚永朴：《旧闻随笔》（参见注 48）称其“一年之内，清厘各省积案几尽。”《清史列传》薛氏传：“时陕西旱荒，奉命办理赈务，允升通筹大局，运江浙鄂省米石，采买甘肃杂粮。挑浚各渠，以工代赈。清查贫户。赈救饥民一百七八十万余口。”

[53] 《清史列传》、《陕志稿》。

完篇，而薛氏业已去位，而终赍志以殁。据薛氏自称，“其半生心血尽耗于此”[54]。（以上据引号内均引薛氏自序语）本书编纂过程中，沈家本及刑部僚属曾有参加；于薛氏身后，由刑部进呈御览，发交律例馆作修改律例之准绳。清末修订之《大清现行刑律》即以本书为主要依据；当时的修律大臣沈家本于其所著之《大清现行刑律案语》的“凡例”中，即曾言“前刑部尚书薛允升所著《读例存疑》经历既深，而于因革要端持论尤极精审，前经刑部奏进上备乙览，是以一体采择”，此足为明证。而民国初年，亦对《大清现行刑律》中之民事部分大量采用；民国三年，大理院上字第三零四号判例即言：“民国民法法典尚未颁布，前清之现行律（指《大清现行刑律》）除制裁部分及与国体有抵触者外，当然继续有效。至前清现行律虽名为现行刑律，而除刑事部分外，关民商事之规定，仍属不少，自不能以名称为刑律之故，即误会其为已废”，由此可知，本书之影响力亦及于民国。又与《大清现行刑律》约为同时之《大清新刑律》，亦在相当程度上受到本书之影响。本书于光绪乙巳年（1905年）刊于京都，由北京琉璃厂翰茂斋镌字。初版校雠工作系由许世英（俊人）担任。[55]

八、《读例存疑》一书主题之探讨：清代法制下之“例”的问题

（一）“律”外制“例”，明律即然，惟清代大盛

“律”外制“例”，并非清代才有。据《春明梦余录》，洪武二十八年，刑部奏：“律与条例不同者，宜更定，俾所司遵守。”上曰：“法令者，防民之具，有经有权。律者，常经也，条例乃一时权宜也。朕御天下将三十年，命有司定律之矣，何用更定?”可见律外有例，自明初即然。[56] 又据《明史·刑法志》，弘治五年（1492年），以鸿胪少卿李鐩请删定《问刑条例》。至弘治十三年（1500年），九卿议增《问刑条例》，经久可行者计二百九十七条。万历十三年（1585年），刑部尚书舒化奉诏重修，始以条例修附改定“律”为请，而明太祖认各律条之后，共计三百八十二条。[57] 是附律条例之制，确立于明，而为清代所因袭。

---

[54] 薛允升：《读例存疑自序》。

[55] 沈家本于《读例存疑序》中，述及本书刊印经过谓：“同人醵资寿诸枣梨，甫议鸠工，适值庚子之变，事遂中辍。”又于《薛大司寇遗稿序》中称：“甲辰岁叙雪同人为公刊《读例存疑》，余实任编纂之后，已行于世。其时醵资之事，段少沧观察任之。校雠之事，许俊人佥事任之。”（按许俊人即许世英氏，原任刑部主事。参见《读例存疑》，卷首奏疏。）惟许氏生前口述之回忆录，误以本书为“法律全书”，并以此书之校印为戊戌政变之年（光绪十四年，即1898年）事，实则此为甲辰、乙巳（光绪三十至三十一年，即1904—1905年）事。《许世英回忆录》，36、39、40页，台北，1966。

[56] 龙文彬：《明会要》，杨家骆主编，卷六十四，1245页，台北，世界书局，1960。

[57] 《明史·刑法志》，参见丘汉平编著：《历代刑法志》，2版，572～573页，台北，丘宏达发行，1965。薛允升于《读例存疑自序》中称：“舒化奏定例八百三十二条”（薛允升：《读例存疑重刊本》，黄静嘉编校，初版，第一册，51页，台北，中文研究资料中心，1970），当为三百八十二条之误。贤者偶有疏忽之失，要亦不掩其法学之渊深也。

清例虽渊源明制，但条例到了清代却特别发达。据《明史·刑法志》，自弘治五年（1492年）奏请删定条例时起，至万历十三年（1585年），以例附律条止，在将近一百年中间，其所提及之修例记录不过四五次。而综整个明代（1368—1643年），条文不过数百条而已。而清代除早期屡次钦命大臣开设专馆外，至乾隆十一年（1746年）起，定例五年一修，而律例馆遂附属于刑曹，惟乾隆一朝，即纂修八九次[58]；至嘉庆以降，按期开馆，经道光、咸丰，以迄同治九年（1870年），凡修例十六次。[59] 加上清末的两次修例，计清代（1644—1910）前后修例近三十次。次数不可谓不频繁。例的数量，则于康熙初年（1662年）为三百二十一条，雍正三年（1725年）为八百一十五条，至同治九年（1870年），则增至一千八百九十二条之多[60]，几为明律附例之五倍。而若干应用较广之个别律条之附例，于明律附例只一二条者，清律附例有增至数十条者。[61] 兹就下列各律条清律附例数，与括号内之明律附例数，作一比较，即可获知：

律条编号	律条名称	清律附例数与明律附例数之对比
〇四五	徒流迁徙地方	四九（四）
〇七六	人户以籍为定	二五（二）
一三七	转解官物	二三（七）
一四一	盐法	二五（一）
二六六	强盗	四九（二）
二六八	白昼抢夺	二七（二）
二六九	窃盗	三二（一）
二七三	恐吓取财	二四（一）
二七六	发冢	二三（一）
二八五	杀死奸夫	三六（一）
二九〇	斗殴及故杀人	二〇（一）
二九二	戏杀误杀过失杀伤人	二二（二）
二九九	威逼人致死	二五（五）
三三二	越诉	二七（六）
三九〇	徒流人逃	二七（三）
三九四	盗贼补限	二九（四）
四一一	有司决囚等第	六一（一）

[58] 见《清史稿·刑法志》，载丘汉平编著：《历代刑法志》，619页。

[59] 见梁启超：《论中国成文法编制之沿革得失》，载范忠信选编：《梁启超法学文集》，163页，北京，中国政法大学出版社，2004。惟梁著称同治十二年曾纂修，据《清史稿·刑法志》，似当作同治九年。

[60] 见丘汉平编著：《历代刑法志》，619页；并参见沈家本：《读例存疑序》，载《读例存疑重刊本》，60页，台北，中文研究资料中心，1970。

[61] 上文所引清例据薛著《读例存疑》，明例据《明律国字解》。编号采笔者编校之薛著《读例存疑重刊本》之清律条例编号及标目稿。

（二）律守一定，而例则因时而变动？

对于上述清律条例特为发达之这一事实，究应如何加以解释，并对其作用及影响予以评估，此对了解清代法制之全貌及我国固有法制之发展而言，皆不能予以忽略。然此非本文所得详论者。兹仅涉及其中一二点：

首先要研讨的，即在律之外，何以要有条例？其基本原因，抑为对宜于一成不变之“律”，可借临时修订之“条例”，以求变通适应现实需求。前引明太祖所谓：“律者，常经也，条例乃一时权宜也。”因此，当时之刑部虽以律有与条例不同者，宜为定律不可更改。清代之王凯泰亦曾言：“断法有律，而准情有例，律守一定，而例则因时而变通。”[62] 所谓“条例乃一时权宜”及“准情有例”，其含义可谓相同。盖“天下之事无穷”，而律系不能修改的，因此，遂不能不有权宜之办法，乃斟酌实际情形之需要而制定条例。此所谓准情有“例”者包括：律之不备时之补充规定，以至律之规定与实情扞格时，借例而酌为变通或修正。

然则，何以律特被认为系不能轻予更改之常经呢？这似乎可有两点理由解释。其一，即因各朝之律，大抵是由其开国君主所制定，而这些“开国圣君”多以其律典为完美无瑕之作，故纵使经其自己之手，亦不愿有所更动。至于其后世子孙更碍于“祖制不可更”，而不敢妄议修律。[63] 其二，系因往昔之统治者亦了解，就广义上言之，“律典”对其朝代亦有一定的“符号”（symbol）作用。盖开国之君新得天下，自须各种典章制度之妆点，使来自“实力”（naked power）之统治权，成为被接受并承认的政治权威（authority），故而其对其所制定之律典之内容，常力求符合“儒家义理”（Confucian ideology）。其具体表现，如律典之道德人伦主义、恤刑主义等是。律典既为构成该朝代“符号”之重要部分，则为了维持律典之尊严与其“符号作用”，不嫌强调之，以为立国之常经，并依附于传统之“中心符号”（central symbol）；因之，事实上，尽管无妨使之成为具文（如后述另设副次之法以适用之），仍不能随便修改。[64]

作为成文法制之构成部分，律例间系具有一种原则法与具体法之关系，或即如梁任公所云：“律者永久不变之根本法也，例者随时变通之细目法也。”[65] 即以律为基本的法规范，例仅为实施（适用）律而为之规定；就此言之，盖谓为期律之理念、原则能适用于具体之情况，因而不得不予以补充或修正。因此，虽此两者效力之源泉，均系出于人君之统治大权，但于各该朝代实定法之体系下，应认例为一次级（次于律）之规范。然例之实际效力

---

[62] 同治六年王凯泰撰《重修律例统纂集》序。

[63] 《明史·太祖纪》二十八年（1395年）九月庚戌：“颁皇明祖训条章于中外，后世有言更祖制者，以奸臣论”，载《明史》，初版，31693页，台北，成文出版社，1971。

[64] 有时则明文宣示不予实施，如八议之律条即其一例，参阅003—008雍正上谕，及下引示掌“……虽仍其文，而实未尝行者”云云。参见薛允升：《读例存疑重刊本》，第二册，3页。

[65] 梁启超：《论中国成文法编制之沿革得失》，载范忠信选编：《梁启超法学文集》，160页，北京，中国政法大学出版社，2004；织田万：《清国行政法泛论》，一版，100页，台北，华世出版社，1979。

实优于律，此乃其为次级规范（细目法）之结果（于实施上，细目法排除了根本法）。就此而言，现今对律例的两种英文译法，实各有其取义。其译为 statute（律）及 sub-statute（例）者，盖基于其法规范之位阶性（上位及下位）而言；其译为 general provision（律）及 special provision（例）者，以其具有普通法（原则）及特别法（具体）之区别，而特别法于适用上优于普通法也。

律例之关系既如上述，则立例原意固在辅律，并非以之破律[66]；然客观情势演进，终致如后所引述“有例不用律”、“律多成空文”。而以律为基础而成立之国家实定法规范体系之内涵，由于例之增修、侵入与扩张，而发生一定之变化。一般言之，律为较形式化之产物，必须强调体例之整齐及文字之严谨，注意条文间之和谐与全体之统一；而例之制定程序，既较律为简易，不仅结构用语常非如律之整齐严谨，且为临时纂定，时有抵触歧异。而在立法理念上，对于各该朝代标榜之义理，律典或不免趋于“教条主义”（dogmatic）的执著，而例则无妨为较实用（pragmatic）的折衷甚至参差。盖自汉武帝以还，各朝代虽均尊崇儒家，但于实际政治上，治天下者，不能完全一一遵循孔孟之道，即立例时，不能不依实际需要或人君一时之好恶，而为斟酌变通。譬如，虽说于律典上，恤刑是要标榜的，而“五刑”之“五”亦有其符号上之神秘意义，然基于统治上之考量，严刑峻罚常被认为系属必需，特别是关系到政权安危的谋反大逆等罪。因此，唐律本犯之罪为皆“斩”，明、清律则改为五刑之外之凌迟，较唐律更为严酷；依律文规定应缘坐之逆犯子孙（非共谋者）十五以下，给功臣之家为奴，例文则规定并加阉割。[67] 不过，亦因例可采较弹性而实际之立法政策，故当律典之规定与社会生活显为脱节时，例有时亦能认许此种改变。如与姑舅两姨姊妹为婚者，明、清律皆列为禁条，违者各杖一百，并离异；然一般社会生活上则已认许，于明洪武十七年（1384 年），帝从翰林侍诏朱善言，其中表为婚已弛禁矣，特未纂为专条，仍不免言人人殊。迨雍正年间，始有听从民便之例，正式归入法典。

（三）清“例”之繁碎及其流弊

由于清代附律条例之发达，在清代之立法及司法上，成了一个很大的问题。此即世人对清例“繁碎”之批评，以及于适用上发生之参差、歧异，易滋高下之弊。对此，《清史稿·刑法志》言之尤切：“清代定例，一如宋时之编敕。有例不用律，律既多成空文，而例遂滋繁碎。其间前后抵触，或律外加重，或因例破律，或一事设一例，或一省一地方之专例，甚且因此例而生彼例。不惟与他部则例参差，即一例分载各门者，亦不无歧异。辗转纠纷，易滋高下。”[68]

清例的流于繁碎，或涉及中国成文法制技术的基本问题。现代西方学者就现代（欧陆）

---

[66] 见丘汉平编著：《历代刑法志》，572～573 页。

[67] 依律文逆犯子系，非共谋者，年十六以上，皆斩，例改阉割发遣，故薛氏评为“用法平恕”。但十五以下，律文原定给功臣家为奴，例加阉割，自为加重。参见二五四之〇一（薛允升：《读例存疑重刊本》，第三册，555 页）及〇一五之〇一（薛允升：《读例存疑重刊本》，第二册，39 页）。

[68] 丘汉平编著：《历代刑法志》，619 页。

法与中国传统法之方法论（methodology），有所谓“logic vs. analogy”之喻。即他们的方法的基础，是对于事物的抽象范畴（abstract categories），故其方法为“logical analysis”；而中国的传统心灵则崇尚具体事物的和谐，因之趋向于“类推”的。东方学者亦谓对我国固有法之方法基础，不采抽象的概括的态度，而采客观的、具体的主义。[69] 繁碎之弊，也许是客观具体主义立法，所不可避免的。因其为“客观具体”的严格法，故不能不在遇到具体而不完全相符的情势时，采用“比附援引”[70]。“例”也是在这种情势下产生的，“例者，即昔王制之比”，其方法论之基础，即不脱“比附援引”之范畴。[71] 而由于我国成文法制技术上的“客观具体”，是以“因一事生一例”，驯致在量上不断增加，流于繁碎，参差歧异。

如上所述，由于祖制的不可轻易，律典的符号作用，贵于与所标榜的儒家义理相符，而在法制上又需要变通。因此，律的若干部分或流于纸上装饰的法典（高一层次的法规范），在实际法制上遂要借重另一种补助性的法规范（次一级但却优先适用的法规范）。在清代，这就是“例”。但这不是清代独有的问题，历代的法制上都需要在“律”的“正门”之侧，另外开辟一个“通用门”。据《九朝律考》，汉代于律令之外有“科”、“比”、“决事比”、“故事”等，魏晋以迄南北朝均有科条及其他类似名目。[72] 隋唐均律令格式并行。宋代则另有上引《清史稿·刑法志》以与清例并论之编敕。清代之“条例”系渊源于明制。各该朝代法制之发展及内涵，虽不能认为尽属一致，但谓各朝均有此类副次之法之需要及存在，以及因为我国成文法制技术上之限制，致此类副次之法趋于“繁碎”，亦常为难以避免的，似乎是可以成立的说法。[73]

清例的繁碎，自亦影响清代法制之实际运行，故上引《清史稿·刑法志》有“参差……歧异。辗转纠纷，易滋高下”之语。盖例文纷歧的结果，罪刑高下之间每因适用之条例不同而异，而幕友胥吏即有可以钻隙的漏洞，从而提供了其可以操纵司法（manipulating justice）

---

[69] 参见哈佛大学法学院 Chinese Law and Society 讨论会，Methodological Problems 一章纪录（油印），M. H. VAN DER VALK；An Outline of Modern Chinese Family Law，p. 9，曾有讨论，并参见 JEAN ESCARRA；Le droit Chinois。客观具体主义，参见戴炎辉：《唐律通论》，台二版，25～26页，台北，“国立编译馆”，1965。仁井田陞：《中国法制史研究·刑法》，248～253页，东京，东京大学出版会，1959。

[70] 《汉书·刑法志》：“狱疑者，各谳所属二千石官，皆移廷尉，廷尉所不能决，谨具为奏，传（附）所当比律令以闻。”（丘汉平编著：《历代刑法志》，11页）戴炎辉曰：“比附者，将某事项之规定，推及于类似事项而予适用之谓。”戴炎辉：《唐律通论》，14～17页；仁井田陞：《中国法制史研究·刑法》，183～193页。

[71] 梁启超：《论中国成文法编制之沿革得失》，同前，159页转引：光绪四年应宝时撰《增修律例统纂集成》序：“汉自萧相国采摭秦法，作律九章，此律之名所由始，而后人申言之曰例，则《王制》之所谓比也，比则察其小大，而狱之轻重判焉。”道光三年吴廷深撰《新增律例统纂集成》序：“其曰例者，王制之所谓比是也。古者狱辞之成，必察小大之比。律尚简而例独尚繁。非简不足以统宗，非繁不足以征引。”衡则是例之方法论之基础，即不脱“比附援引”之范畴。

[72] 见程树德：《九朝律考》，台一版，台北，台湾“商务印书馆”，1965，并参见戴炎辉：《中国法制史》，初版，1～10页，台北，三民书局有限公司，1966。

[73] 《汉书·刑法志》称：“（武帝时）律令凡三百五十九章，大辟四百九条，千八百八十二事，死事决事比，万三千四百七十二事，文书盈于几阁，典者不能遍睹。”其“繁碎”亦可概见一般。参见丘汉平编著：《历代刑法志》，8～9页。

的余地。因而袁枚（子才）乃有“引律者多公，引例者多私；引律者直举其词，引例者曲为之证”之批评。[74] 因例制定时常难考虑周详，故施行时较易滋趋避之弊，如救亲可以宽大处理，因而，捏叙此类情节之案件甚多。[75] 而这种操纵运用之结果，有时又增加了例的繁碎。很显著之事象之一，即因犯罪之纷纷奏请存留养亲，致其范围愈来愈宽，甚至扩及于奉祀，但准驳又不一定，例文益纷烦歧出。[76] 这种恶性循环之结果，自使实际“法治”上“治丝益棼”；“不肖司员，串通书吏，改窜例文”之事，亦有所闻。这使清例繁碎的画面，因而益为复杂。

九、美国亚洲学会所出版之《读例存疑重刊本》之编校与出版——1966—1970

长安薛允升（云阶）氏所著《读例存疑》一书，为其毕生心血之结晶，举凡有关清代制定法之解释与适用上之各项问题、中国传统法制演变之轨迹，以及清代立法上之特殊问题——例之繁复与支离等，该书均有详尽之剖析。此外薛氏以直接积极参与及见证人之身份，对清例及清例适用情形之析述，更有助于吾人对当时实际法制全貌之认识。故该书素被认为系研究中国清及历代法典之重要参考。该书刊行多年，在重刊本刊行之前，不仅坊间无从购求，少数图书馆亦以之视为善本馆藏，兼之以原书未经编校，实不易读，是以重刊应世，有其必要。

重刊本的各项有关工作，是在 1966 年 6 月开始的。原来美国亚洲学会中文研究资料中心方面预约于四至六个月完成的，结果却花了近一年的时间。于次年即 1967 年 5 月，才以经过校勘并加标点之初稿，连同清律条例编号及标目稿，一并交印刷厂排印。直到同年年底，大体上，已经完成了两校。所有每次校稿都打印了二份，除了一份供请人校对之用外，另一份则由笔者同时自校，一方面并继续就原书研讨，改正初稿的错误。当时的预计，再

---

[74] 见薛允升：《读例存疑总论》，载《读例存疑重刊本》，第一册，75～76 页，台北，中文研究资料中心，1970。

[75] 薛允升于清律附例三二三之〇一条下，曾谓：“诸律无救护父母殴人致死之文，例特定有专条，而救兄救伯叔父母者，并无明文。自来办理案件，救父殴死人命者，每年不下数十起，而救护兄及伯叔父母者，从不多见。盖救护父母之案，事在危急，例应减等，即非事在危急者，秋审亦应入可矜；救护兄及伯叔父母，虽事在危急，亦应拟绞，不能曲为开脱，故不捏叙此等情节耳。非真救护父母之案多，而救别项亲属之案独少也。如定有救护别项亲属之例，则此等案亦接踵而至矣。”类似之评论，并见三八九之一〇、三九二之〇六、〇八等条。参见薛允升：《读例存疑重刊本》，第四册，962～963 页。

[76] 薛允升于清律〇一八之〇〇犯罪存留养亲条下文，曾谓：“明律……一经杀人，则不在奏请之列。……而（清律条）例内，杀人之犯准予留养者不一而足，其徒流军遣返有不准留养者，似不无稍有参差”。又于〇一八之〇六条下谓：“留养已属宽典”，薛允升于清律〇一八之〇〇犯罪存留养亲条下文，曾谓：“明律……一经杀人，则不在奏请之列。……而（清律条）且推及于承祀，则未免太宽矣”。又于〇一八之一七条后，综论本律各条例时，谓：“近来杀人留养之案，每年总不下数十百起，准驳亦迄无一定，而例文更纷烦歧出”云云。（薛允升：《读例存疑重刊本》，第二册，61～73 页）

经一次校对，即可付印出书了。但因笔者于是年暑期，已应哈佛大学之邀约，应自九月起前往，嗣经洽商展延一学期，至1968年1月，已无法再延。因此，只有把校稿带到美国去继续做。此为我自1961年，曾在哈佛短期做客之后，重访该校，专摒弃一切杂务，专心研究工作，并赓续薛著重刊本未了之事务。1970年10月间，美国亚洲学会中文研究资料中心遂将之排版重刊。其时甚多海内外学者，正积极援入对中国传统法制之研究，该书之重刊本之问世，不啻为适时之甘霖。笔者受托担任重刊本之编辑、校刊及标点事宜，得以躬与是役，深引为幸。

薛氏原书系于光绪三十一（乙已，1905年）年出版。此时已在薛氏病故之后，由归安沈家本（子惇）氏任编纂之役，建德许世英（俊人，晚号静仁）氏则任校雠之责。原书为北京翰茂斋木刻本，计五十四卷，订为四十册。从国内、日本及美国各主要图书馆的收藏目录来看，这是该书刊印流通的惟一版本。台湾省立图书馆收藏有该书一套，中文研究资料中心系就该馆馆藏抄出，以供笔者标点之用。而笔者于美继续校点该书时，所用的为哈佛燕京社所收藏的那一套。不用说，这两套是相同的版本。[77]

中文研究资料中心于选定重印该书后，跟着要解决之问题，为是否径就原书予以影印翻版？近年来，在台湾重印古籍，这是一般通行之方法。此一办法不仅简便、省钱，同时亦有保存原书面目之优点，且可避免校对错误。但现已归道山已有年之美国学者，即中文研究资料中心负责人之艾文博先生，似乎自始即有既定之方针，即就该书予以标点后，再铅字排印。盖该书原文一如同时期之其他书籍，均无标点，因而无从句读；有时又因专有名词无法区别，致对内容含义，不易了解。重行排印，加上标点，可便利读者阅读。

笔者固然由衷赞同中文研究资料中心负责人之前项方针，且实际上已接受该中心之委托，但亦预见此一工作之艰巨，及可能遭遇之各种困难。虽然如此，在编辑及规划上，笔者之构想仍是尽量求其完备，除笔者为薛氏加撰之传记及年表外，笔者之规划尚包括下列各项：

1. 就清律及其条例予以编号，并对条例予以标目，以便征引。这项编号及标目稿，附有各该律例于重刊本中之页次，同时亦可作为重刊本之详目。

2. 就全书加以校勘。不仅该书之论述及其征引之典籍需要校勘，对于该书所载律例全文，亦参照其他律例版本，予以校对改正。此点可为将来做成一清律及条例之完善的“校定本”（像日本京都大学元典章研究会所出的元典章校定本），预做准备。

3. 律例相互参考条文之列注，即cross reference。惟此点限于各项条件，未能完全依理想做好。

4. 冒着易暴露错误之危险，舍弃较易标而不易出错之圈点，而采用新式标点符号。且

---

[77] 该书既只有一种刻本，各家收藏的版本，当然都是一样的。不过台湾省立图书馆藏本，除了有一二处缺页以外，原书例言最后一行，就有四字位置缺漏空白。而在美国哈佛燕京社和汉图书馆之藏本，则于该处有“服制备考”四字。以其字体及墨色，与其整个版面比较观察，似系后来制成木戳加盖上去的。笔者所编校之薛著《读例存疑重刊本》第一册85页“服制备考”四字，系重刊时补描制版。

在句读之外，并加私名号及书名号，以利阅读。

十、薛氏为我国传统法学之殿后人物并对之致景仰之忱

从以上的描述，我们约略可以看出薛氏之一生。这位面貌清癯、忠勤而平正的人物，在其八十多年的生命中，可分两个阶段。在其37岁以前的阶段，即在其少年食廪以迄成进士服官，为致力于传统学问，在家奉母，并在修养上下功夫。至其37岁以后，则为尽瘁于公务及律例的钻研，这包括其三次服官刑部前后凡35年（第一次包括丁忧期间约十七年，第二次十七年及第三次约一年），外官六年，以及中间告病退休的一年。

薛氏是一个旧时代科举出身的读书人。其一生最突出的一点，即其以科第出身而服官刑部，而能潜心律例之研究，而终于成为刑狱及法制之权威。我们知道，当时的士大夫是不重视律例之学的，而传统的教育中，实质上也不包括法律之科目。士人经科举而服府县等官，于狱讼之事，不得不借重幕友，甚至假手胥吏。因此，一般的说法认为，中国以往没有像西方国家那样，有一批专业性的，具有法律学识、技术，并讲求职业伦理（Professional ethics）的法律家。（幕友只能算一种技术人员，法律工匠。）这说法大体是有根据的。不过，中国历代以来，也常常出现具有儒学涵养为基础并精通律例的法律家。就清代而言，除了薛氏外，像汪辉祖、沈家本、赵舒翘等人，均属此类典型。在每一时代里，这类人物维系了当时司法之规模与水准。[78]

由薛氏之服官刑部经历来看，在当时刑部之体制下，对于培育养成人才，似有一定的步骤。薛氏出任刑部堂官之前，曾经长期的司曹阶段，包括司主稿、秋审处坐办、律例馆提调等，取得基本训练，再行外放府道布按，获得实地经验。继薛氏而任堂官的赵舒翘、沈家本等，都经过相同的历程。因此，刑部在各部中是非常突出的一部。盖在其他各部，“事权皆在胥吏，曹郎第主呈稿画诺而已”，“惟刑部事非胥吏所能为，故曹郎尚能举其职”[79]。可见刑部的部曹非有特别的专业训练不能承当。

终薛氏一生，尽管其晚年操守或有失检，但他数十年担任法曹的记录，说明了他不但树立了尽忠职守、勤奋从公的伟大公仆典型，同时，也是一个法律技术娴熟而持法不阿的司法首长（首席大法官）。饰终诏书所称的“持躬清介，练达老成，治狱廉平，克尽厥职”[80]应该不是毫无根据的溢美之词。至薛氏垂诸永远的，则为对于我国固有律例之精深研究与贡献。如前所述，他虽然是科举出身的读书人，但他重视并致力于律例的研究，而成为我国固有法学的大家。他的巨著如《唐明律合编》中，着意于剖析明清律之得失（按清律系继受明律），《读例存疑》则为疏证明通条例之歧异与疑惑，凡此，均系为清代律例修订之

---

[78] 薛允升、赵舒翘都是先中进士，后进刑部任司曹的。汪辉祖则先为幕友，沈家本先任刑部司曹，以后再中进士的。

[79] 李岳瑞：前引。

[80] 《清史列传》薛氏传及孙家鼐：《墓铭》引文。

准备。虽然，因为清代后来面临全面性司法改革之要求，并接受西洋法制之影响，故只是在编订过渡性法典《大清现行刑律》上，采用薛氏著作为其主要参考。但是他的法学著述，却为有关我国旧律最有系统而完整的巨著，不仅为研究清代法制之宝藏，亦为探究汉唐以迄明清法制流变之津梁。因之，沈家本于述及薛氏著述时，称其“洵律学之大成，而读律者之圭臬也”，[81] 实非溢美之词。今后，随着我国固有法学之整理与研究之进行，薛氏之贡献将益受到世人的重视。

从历史的眼光来看，薛氏毋宁是一个因袭传统的保守人物，他眷恋地回顾唐律甚至汉律，坚持若干过时义理，忽视了社会生活的演进。因之，他对于明清律的某些批评和见解，有时是不无讨论余地的。而他对传统的律例，也只想整理而非加以改革。以薛氏与沈家本相比，则沈氏更是开新风气的人物。这不但是时代背景的问题，即沈氏是生当其辰（比薛氏年轻 20 岁），故能适逢其会；这也是人物气质问题，即沈氏为南方通海的人物（比较开通），薛氏则为内地多山省份人物（比较闭塞）。因之，纵薛氏后生 20 年，或未必即能如沈氏那样勇于猷进。虽然如此，我们以言每一国家法制之成长，不能无视其法制演进之历史，则薛氏就其卓越之法曹记录及其对我国传统法学之精深研究，使吾人不能不对这位传统法学的殿后伟大人物，备致其景仰敬佩！并对其著述及贡献特别注意并加以研究也。

附记：本文初稿写成后，曾送请已故史学家沈耘农先生赐阅指正，并荷提示前此尚未曾注意到的资料多种，承教裨益匪浅，谨此说明，并表对沈氏之哀思！

1969 年 2 月于美国麻州剑桥
哈佛法学院国际法中心 515 室

（说明：本文原刊薛允升：《读例存疑重刊本》，黄静嘉编校，台北，中文资料中心，1970，后曾在拙著《中国法制史论述丛稿》中刊出，此次则应中国人民大学法律文化研究中心之《百年回眸：法律史研究在中国》计划之邀，遂就本文之论述予以整理增补。惟因手头资料不足，仍有未能深入查证或臆测之处，罪甚！罪甚！仍祈读者垂察。特此说明。）

[81] 沈家本：《读例存疑序》。

林茂松

元代盗贼律之研究
——与唐律有关部分之比较

简 介

林茂松，1934 年 11 月 18 日出生于台湾省屏东县林边乡。台湾大学法律系毕业（1954—1958），日本京都大学大学院博士课程结业（1966—1970），曾任日本天理大学讲师、日本京都大学研究员、日本东京大学东洋文化研究所客座研究员、中国文化大学法律系教授、辅仁大学、东海大学等法律系兼任教授、国防管理学院法律研究所兼任教授，现为至诚国际法律事务所负责人。出版有《中国法制史新论》、《中国思想之研究（三）墨家·法家·逻辑》、《中国法制史探索：林茂松古稀自选集》等著作。

目 次

一、导　论

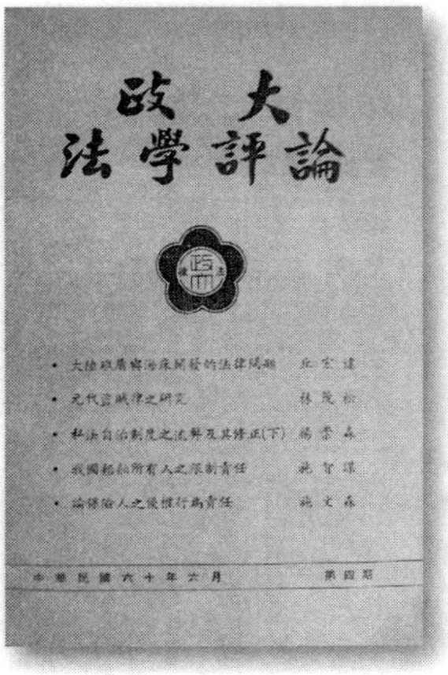

内陆亚洲的蒙古游牧民族于1234年征服金朝，1278年征服南宋而君临中国，建立世界性大帝国（1271—1368），这是东洋史上划时代的史实。可是一个后进的游牧民族，统治具有高度文明的中国，不可能企其必采儒家的德治主义，然若采取法家的法治主义，则因蒙古、色目、汉人等法律体系各不相同的民族杂处一起，这种社会情况之下，可以推测到法典的制订与推行，是相当困难的。[①] 尤其是汉民族自公元前5世纪魏李悝著“法经六篇”以来，经秦、汉以至隋、唐、宋之一千数百年间，刑法之发达极其显著，此一功绩，并对于日本、朝鲜、琉球、安南、缅甸、暹罗等国，也赋予莫大的影响。[②] 尤其是唐律编纂的成功，显示着中华法系优秀的立法技术。它笼括、精炼、汇集中国历代的刑律，而使其形成有组织、有体系的法典。它与间隔一千三百多年的现代刑法之原理相较，亦有不少脉络相通的地方。[③]

与这种优秀的中华法系交替，而基于后进的游牧民族之构想所酝酿的元代法，可谓相当幼稚而不完备，它在法律特征的一般化与抽象化方面，极不成熟。与唐律条文有501条相比，《元史》“刑法志”（以下简称《刑法志》）条文却有1 105条，《元典章》也有19卷2 379例，《新集至治条例》不分卷有245例。然而元代法条的内容，甚为散漫、杂陈而非统括的，那些法条的大多数仅有解释性的作用，而将各种犯罪的形态具体性、技术性、实用性地细定。但是元代法也有若干比唐律更优秀的地方，例如：指腹割衿议婚之禁止（户婚）、割股之禁止（禁令）、溺女之禁止（禁令）等，均为初创的法令。[④] 再者，赏与制度的揭橥、宽大的个人自由主义性格[⑤]以及轻典主义的处理[⑥]等，皆可谓元代法的特色。

法因为是征服者统治被征服者所不可缺的手段，所以元代法对于根据不同的法律体系所引起的无法避免的冲突，也想法予以调整。在这种情况之下，最便宜的办法就是“从其本俗法”——那种尊重各民族的固有法，采取属人主义（如“诸同类自相犯者，各从本俗法”是也）。但是，封建时代的法为主权者的命令，依据法律的状态，便可传递主权者的意

---

① 岩村忍：《元典章刑部の研究—刑罰手続—》（《東方学報》，京都，第24册，45页）。

② 参见杨鸿烈：《中国法律在东南亚诸国之影响》。

③ 拙稿：《论唐律上之二罪以上从重与更犯》，2～3页。

④ 小竹文夫：《元史刑法志について》（《元史刑法志の研究訳注》，10页以下）。

⑤ （a）有高岩：《元代法律の特色》（《歴史と地理》，第34卷，第4、5号，391～394页）。（b）宫崎市定：《宋元時代の法制と裁判機構》（《東京学報》，京都，第24册，116～118页）。

⑥ 丹羽友三郎：《元代刑法に關する一考察》（《三重法経》1）。

志。故此，旧律不能不问“同类相犯”或“异类相犯”，而只完全尊重被统治者的传统与本俗，抹杀主权者的意志。不过，元代法制的立法原理，既有将同一北方民族的女真所使用的金泰和律（元代一直到世祖至元八年的1271年，均沿用泰和律）或唐律加以抄袭妥协的部分；也有显示蒙古民族法（所谓蒙古体例）的特色，而与那些刑律对立抗拒的部分。换言之，代表元代法制的《刑法志》或《元典章》，一方面将中华法系传统的法律原理，在北方民族所建立的王朝里沿用之；另一方面把北方民族习惯法的若干特色也统括进去。当然，自比例上讲，前者比后者多。这可认为是文化上差距的当然倾向，不过，元代法制实质上仍是采用中华法系固有的法治精神的。⑦ 这从元代法律关系文书编纂的频繁，与《刑法志》职制中对有司非法用刑的处罚规定等，可得证明。⑧

自元世祖中统建元到仁宗廷祐四年（1260—1317），以天子最后的裁决所整理的判例集《元典章》（英宗至治元年1321年所编纂），其形式与前代的律令法典式迥异，为条格断例式的个案⑨，而近于英美法的“Case book”。因此，其法律原则是散在的、杂陈的，将它整顿、洗练、统一，归纳而成律令式体裁者，乃为《刑法志》。关于《刑法志》的系谱，浅见伦太郎博士主张是元顺帝至正十年（1350年），欧阳玄奉帝命而编纂者⑩，而安部健夫教授等则主张《刑法志》是从文宗至顺二年（1331年）所完成的《经世大典》中之宪典所抄录者。⑪ 但不管孰是孰非，《刑法志》与《元典章》，同为元代具有实质上法律效力的法源。但即使是《刑法志》，大部分也是仅止于举用具体的个案，而表示对于该个案所通用的原则之一端而已。有的学者主张《刑法志》为元律的全部⑫，但就《刑法志》的内容与《元典章》该当部分的对照检讨，大都是类似、重复的，再者，两者的旨趣大都一致或均衡，虽不能说两者抵触的部分完全没有⑬，但是像这种由于编纂者疏忽、误解而造成的情形，极为少数，因而，认为两者都是元代的法制资料，较为妥适。《元典章》为混合文言体、白话体、吏牍体、蒙古语直译体等四种文体而成的，至于其执笔者，通常是对于法律实务虽极熟练，但对于经典的修养甚为缺乏的胥吏，另一方面，《刑法志》均以雅文体编修之，其执笔人物都是对于经典素富修养而文笔华丽的士人。⑭ 兹将《刑法志》与《元典章》等有关盗贼的部

---

⑦ 拙稿：《论我国固有的法治精神》（《现代学人》，第10期，67页以下）。

⑧ 《刑法志》职制：“诸军官辄断民讼者禁之，违者罪之。”“诸父有罪不坐其子，兄有罪，不坐其弟”“诸有司非法用刑者，重罪之……”“诸有司辄收禁无罪之人者，正官并笞一十七，记过……”“诸有司故入人罪，若未决者，及囚自死者，以所入罪减一等论，入人全罪，以全罪论……”“诸故出人之罪，应全科，而未决放者，从减等论，仍记过。”

⑨ 宫崎市定：《宋元時代の法制に裁判機構》（《東方学報》，京都，第24册，191～192页）。

⑩ 浅見倫太郎：《元ノ經世大典並二元律》（《法学協会雜誌》，第41卷下，6～8页）。

⑪ （a）安部健夫：《元史刑法志と『元律』との關係に就いて》（《東方学報》，京都，第2册，251页）。（b）有高岩：《元代法律の特色》（《歷史と地理》，第34卷，第4、5号，837页）。

⑫ 参见注⑩。

⑬ 浅見倫太郎：《元ノ経世大典並二元律》（《法学協会雜誌》，第41卷下，11～13页）。

⑭ 吉川幸次郎、田中謙二：《元典章の文體》，39页以下。

分加以研究，对所归纳的犯罪形态的琐细化与刑罚体系的多元化等二点，加以析述，并与唐律的盗贼篇，相互比较之。

二、犯罪形态的琐细化

盗贼法在中国的旧律，早已呈现滋长的姿态。中国最古的刑法法典草案——魏李悝所著的“法经”六篇[15]之中，即有“以为王者之政，莫急于盗贼，故其律始于盗贼。盗贼须劾捕，故著网捕二篇……”（《晋书·刑法志》）。如上所述，古代已将盗贼律作为所有刑律的首要地位。因为盗贼律包含“盗”与“贼”，故自秦汉以至北魏，均分称盗律与贼律；到了北齐，乃将它合称为贼盗律；北周则除了订定一般财产性犯罪的劫盗律之外，又订定政治性犯罪的贼叛律；到了隋代《开皇律》，两者又合称为贼盗律。古代盗贼律泛指政治犯的特殊盗贼与财产犯的一般盗贼的情形较多，因为它是对于王朝的政权最具威胁性的犯罪，所以历朝的法律，对它皆有严密的规定。由于盗贼犯需要剿灭、逮捕，所以元代的盗贼律，于一般的捕亡律之外，另制订了“防盗”、“捕盗”（也称为“巡捕”）、“获盗”、“失盗”等琐细的行政措施之法条。元代法制存在许多行政性内容之法条，这是元代法的特色。[16]

元代的盗贼律仅限于财产犯之一般盗贼，不似唐律之贼盗律那样，除了它之外，也包括政治性犯罪或重大恶罪之特殊盗贼；并且唐律中之特殊盗贼，多属于十恶的重罪。从这一点来看，唐律之贼盗律可说是比元代之盗贼律具有更广泛的外延。但是，元代的盗贼律，多属于个案性、技术性、实用性的法律结构，《刑法志》1 105条之中，有关盗贼之条文却有 140 条。《元典章》刑部近九百例之中，关于盗贼案件者，也达 129 例，并占着《元典章》刑部 19 卷中之 3 卷。此外，关于盗贼的行政性措施之规定，可谓相当绵密。再者，配合那绵密的盗贼犯之类型，而附着了多种刑罚。如斯，元代法诸种犯罪之规定，可说是略得其所的。[17] 元代法制颇重视财产性犯罪之盗贼律，可认为说明了古代北亚游牧民族的部族联合，其经济性机能之比重，远大于国家性机能之比重等史实。[18] 从这一点来看，元代盗贼律的内涵，可说是比唐律之贼盗律更加充实的。

关于元代盗贼律的犯罪形态的琐细化与刑罚体系的多元化，自各种散在、杂糅的法制史资料整理之，可得下列几点原则，关于犯罪形态者，可整理为：（1）分强盗（有时称“抢夺”、“强夺”、“剽夺”）与窃盗（有时称“掏摸”）。（2）分“计赃罪”与“非计赃罪”。前者又分为偷财物与偷头口（马、牛等称为“大头口”，羊、驴等称为“小头口”）；后者又

---

⑮ “法经”六篇，有盗法、贼法、囚法、捕法、杂法、具法等。它虽为私人性的刑法典草案，但商鞅传诸于秦，萧何用之于汉。从此二千四百余年来的中国刑律，均不离“法经”六篇的窠臼。

⑯ 安部健夫：《元史刑法志と『元律』との關係に就いて》（《東方学報》，京都，第 2 册，266 页）。

⑰ 有高岩：《元代の盗殴殺傷律の研究》（《史潮》十の1、2 页）。

⑱ 参见島田正郎：《北亞洲法制史》，30 页。

分为略、和诱（有时称为“拐带”）、偷公物与偷帝室财。（3）分“持仗”与“不持仗”。（4）分“得财”与“不得财”。（5）分“为首”（包括造意与下手）与“为从”。（6）分“伤人”与“不伤人”。（7）分“已上盗”（包括既遂与未遂）与“未上盗”（预谋）。（8）分“几贯以上”与“几贯以下”。并且配合琐细化的犯罪形态，而各科以应得的刑罚。这称为刑罚体系的多元化，它于隋唐律的五刑体系（笞、杖、徒、流、死）等主刑之外，另附加“倍赃”、“一陪九”、“征烧埋银”等财产性附加罚与“刺字”、“充警迹人”、“识过于门”（亦称“红泥粉壁”）等人身性附加罚。这种刑罚体系，为元代法的特色，而且于强、窃盗的刑罚之外，同时成为其他犯罪的刑罚之标准。⑲

其次，拟就元代盗贼律与唐律的该当部分之差异，加以论述。所谓元代盗贼律之犯罪形态琐细化，乃指将财产性犯罪之一般盗贼的形态，加以技术性、个案性、实务性的细分，并各科以不同的刑罚以配合之而言。唐律的该当部分，称“以赃致罪”⑳，根据“赃数”的多寡，而科以应得的刑罚。关于该“赃数”的评价，有一定的基准，也就是说，“赃数”的计算乃将所盗财物，根据当时地方上的物价为标准，折合上等的绢若干尺疋，然后据之以科刑罚。至于劳务的情形，其评价方法为，每人每日之工酬，视为绢三尺，牛、马、驼、骡、驴、车等，一单位一日之工资，也视为绢三尺。再者，船、灌溉用的水车，或商用店铺等的租金之评价，则根据犯罪当时的市价定之。但是工酬、工资、租金等的评价数额，皆不得超过原物的价格。㉑ 并且，关于“以赃致罪”的连续犯，其赃数的评价方法，又有特殊的规定。㉒ 唐律的贼盗律，大部分采用根据赃数之多寡，以决定刑罚的重轻那种统括性的结构。可是唐律也有根据盗犯主体、盗犯客体或盗犯手段等的特殊性，舍弃上述的方法，另树规定，以加减刑罚者。但是不像元代盗贼律那样，大部分随着盗犯主体、盗犯客体或盗犯手段的差异，而各科以不统一的刑罚那种个案性、技术性、实用性的规定。不过，元代盗贼律，也有按赃数多寡决定刑罚，也就是说，将犯人所盗的赃物，评价、折合“至元钞”几贯，然后决定刑罚的幅度。

关于元代盗贼律的研究，以《刑法志》与《元典章》等文献，为最重要的，兹将其与唐律的该当部分比较研究之，而整理出下列图表㉓：

---

⑲ 宫崎市定：《宋元時代の法制と裁判機構》（《東方学報》，京都，第24册，132页）。

⑳ 所谓赃者，乃因犯罪所得财物。可分“强盗”、“窃盗”、“受财枉法”、“受财不枉法”、“受所监临财物”、“坐赃”等六赃。这里所指者，仅为强盗赃与窃盗赃。

㉑ 《唐律》名例：“（一）诸以赃入罪，正赃见在者，还官主（转易得他物，及生产蕃息，皆为见在）。已费用者，死及配流，勿征（别犯流及身死者，亦同）。余皆征之（盗者倍备）。（二）若计庸、赁为赃者，亦勿征。（三）曰会赦及降者，盗、诈、枉法，犹征正赃。余赃非见在，及收赎之物，限内未送者，并从赦降原。”

“（一）诸平赃者，皆据犯处当时物价及上绢估。（二）平功庸者，计一人一日为绢三尺，牛、马、驼、骡、驴、车亦同。（三）其船及碾磑邸店之类，亦依犯时赁直。（四）庸、赁虽多，各不得过其本价。”

㉒ 参见拙稿：《论唐律上之二罪以上从重与更犯》，8～16页。

㉓ 关于元代盗贼律的刑罚，由于“大德元定”或“延祐新定”等律而略有不同。本表则基于前者而制者。再者，本表上行为元代法之刑，下行为唐律之刑。

（一）凡盗（窃盗）

			为首	为从
未上盗			笞 47 （预备）不罚	笞 37 （预备）不罚
已上盗	不得财 （未遂）		笞 57 笞 50	笞 47 笞 40
	得财 （既遂）	10 贯以下 至 1 尺	杖 67 杖 60	笞 57 笞 50
		至 20 贯 至 1 疋 1 尺	杖 77 杖 70	杖 67 杖 60
		至 40 贯 至 2 疋 1 尺	杖 87 杖 80	杖 77 杖 70
		至 60 贯 至 3 疋 1 尺	杖 97 杖 90	杖 87 杖 80
		至 80 贯 至 4 疋 1 尺	杖 107 杖 100	杖 97 杖 90
	得财 （既遂）	至 100 贯 至 5 尺	杖 67、徒 1 年 徒 1 年	杖 107 杖 100
		至 200 贯 至 10 疋	杖 77、徒 1 年半 徒 1 年半	杖 67、徒 1 年 徒 1 年
		至 300 贯 至 15 疋	杖 87、徒 2 年 徒 2 年	杖 77、徒 1 年半 徒 1 年半
		至 400 贯 至 20 疋	杖 97、徒 2 年半 徒 2 年半	杖 87、徒 2 年 徒 2 年
		至 500 贯 至 25 疋	罪止杖 107、徒 3 年 徒 3 年	杖 97、徒 2 年半 徒 2 年半
		至 30 疋	流 2 000 里	徒 3 年
		至 35 疋	流 2 500 里	流 2 000 里
		至 40 疋	流 3 000 里	流 2 500 里
		至 50 疋	罪止加役流	流 2 500 里

（二）强盗

					为首	为从
不持杖	未上盗				杖 67、徒 1 年 （预备）不罚	杖 107 （预备）不罚
	已上盗	不伤人	不得财 （未遂）		杖 77、徒 1 年半 徒 2 年	杖 67、徒 1 年 徒 1 年半
			得财 （既遂）	10 贯以下至 1 尺	杖 87、徒 2 年 徒 3 年	杖 77、徒 1 年半 徒 3 年
				至 20 贯 至 2 疋 1 尺	杖 97、徒 2 年半 流 2 000 里	杖 87、徒 2 年 流 2 000 里
				至 30 贯 至 4 疋 1 尺	杖 107、徒 3 年 流 2 500 里	杖 97、徒 2 年半 流 2 500 里
				至 40 贯 至 6 疋 1 尺	死 流 3 000 里	杖 107、徒 3 年 流 3 000 里
				至 8 疋 1 尺	加役流	加役流
				至 10 疋	绞	绞
		伤人	不得财 （未遂）		死 绞	死（造意与下手） 绞
			得财 （既遂）		死 绞	死 绞
持杖	未上盗				杖 87、徒 2 年 （预备）不罚	杖 77、徒 1 年半 （预备）不罚
	已上盗	不伤人	不得财 （未遂）		杖 97、徒 2 年半 流 3 000 里	杖 87、徒 2 年 流 2 500 里
			得财 （既遂）	20 贯未满 5 疋未满	杖 107、徒 3 年 加役流	杖 97、徒 2 年半 加役流
				至 20 贯 至 5 疋	死 绞	流远 绞
		伤人	不得财 （未遂）		死 斩	死 斩
			得财 （既遂）		死 斩	死 斩

观上列比较表，可知元代盗贼律的基本构想与唐律该当部分的构想，未有实质的差异，只是对于盗犯行为科加刑罚时，其评价单位或评价基准有所不同而已。换言之，元代对于盗犯科加刑罚的评价基准，并不似唐律那样，折算为绢若干疋尺，而是以“至元钞”几贯为基准的。但是，元代盗贼律的特色为，盗驼、马、牛、驴、骡等头口的情形，不根据通用货币的“至元钞”来评定赃数，而按照“头口”的种类，再分为初犯或再犯，为首或为

从，而科加特定的刑罚。[24] 此外，作为财产性的附加罚，则各征收所盗“头口”的九倍。这似乎源于蒙古游牧民族对于不动产所有权的观念稀薄，但对于牲畜却抱有特殊的财产观念，并且“一陪九”为蒙古传统上所沿用的习惯法。元代法原则上虽有时尊重汉族的固有法，但是对于违法者，却科加基于蒙古人的构想所订的刑罚。[25] 关于盗犯的刑罚，元代法不像唐律那样仅仅科加五刑，而大部分并科了身体刑的笞、杖与自由刑的徒、流。不仅如此，其他也并科“刺字”（先秦已有之）、“充警迹人”（宋代已有之）、“红泥粉壁”（也称“识过于门”）等剥夺人身自由的附加罚，又有并“科倍赃”、“一陪九”、“征烧埋银”等财产性的附加罚。它为元代刑罚体系之特色，后面另详论之。

元代的盗贼律，不像唐律贼盗律，包括政治犯或重大恶罪那种特殊贼盗，而将它们称为“大恶”，另订罪名。兹举例证之，如该当于唐律贼盗（以下简称“贼盗”）第一条之“谋反大逆”者，为《刑法志》大恶（简称“大恶”，下同）中之“诸无故议论谋逆，为倡者处死，和者流”与“诸潜谋反乱者处死……”等。该当于“贼盗”第六条“谋杀期亲尊长”者，为“大恶”中之“诸子孙弑其祖父母、父母者，凌迟处死，因风狂者处死”、“诸殴伤祖父母、父母者处死”、“诸挟仇殴死其伯叔母者，处死”、“诸妻因争杀其夫者，处死”等。该当于“贼盗”第七条“部曲奴婢杀主”者，为“大恶”中之“诸奴杀伤本主者，处死”、“诸奴故杀其主者，凌迟处死”等。该当于“贼盗”第十二条“杀一家三人”者，为“大恶”中之“诸挟仇杀伤人一家，俱获生免者，与已死同……”、“诸采生人支解以祭鬼者，凌迟处死，仍没其家产……”等。该当于“贼盗”第十五条“造畜蛊毒”者，为“大恶”中之“诸造蛊毒中人者，处死”。该当于“贼盗”第十七条“憎恶造厌魅”者，为“大恶”中之“诸妻厌魅其夫，子厌魅其父，会大赦者，子流远，妻从其夫嫁卖”。该当于“贼盗”第二十一条“造妖书妖言”者，为“大恶”中之“诸妖言惑众，啸聚为乱，为首及同谋者，处死，没入其家，为所诱惑相连而起者，杖一百七”等。

再者，唐律贼盗律中之一部，有该当于元代法制之杀伤律者。唐律并无所谓杀伤律，关于杀伤罪之重大者，并入于贼盗律；轻微者则隶于斗讼律。总之，盗贼律常与杀伤律有密切的关联，甚至于有将杀人与强盗同视之例。[26] 从实质上来看，对国家或个人加以侵犯、非行者，广义上仍属于贼盗行为之一，而贼盗犯事实上颇多对于他人滥加杀伤的情形，《刑法志》的盗贼律，也常看到混淆着杀伤罪之处。[27] 当然，唐律贼盗律所指的杀伤之要件，与《刑法志》盗贼律所指

---

[24] 《刑法志》盗贼：“诸盗驼马牛驴骡，一倍九。盗骆驼者，初犯为首，九十七、徒二年半，为从八十七，徒二年，再犯加等，三犯……盗马者，初犯为首……”

[25] 岩村忍：《元朝の笞杖刑について》（《東方学》，第3辑，38页）。

[26] 参照《元典章》五十一、失盗、“捕杀人贼同强盗罪赏”案：“……照依旧例，杀人者，比同强盗，拟自今后，谋故杀人与强盗一体，定立罪赏……”等。

[27] 《刑法志》盗贼：“诸强盗行劫，为主所逐，分散奔走，为首者杀伤邻人，为从者不知，不以杀伤事主不分首从论。为首者处死，为从者，杖一百七，刺配。”“诸盗贼分赃不均，从贼欲首，为首贼所杀者，仍以谋故杀人论。”“诸窃盗弃财拒捕，殴伤事主者，杖一百七，免刺。”“诸图财谋故杀，人多者，凌迟处死，仍验各贼所杀人数，于家属征烧埋银。”“诸图财杀死他人奴婢者，同图财杀人论。”

的杀伤之要件，有些情形并非同一的。在元代法，强盗而有杀伤的情形者，系强盗与杀伤两者的犯罪结合，但是唐律贼盗第四十二条第一项，因窃盗而有过失杀伤人的情形，则因两者有因果关系，故采取加重过失杀伤之刑，而为斗杀伤之刑，不从普通过失杀伤收赎之例。至于同条第二项，窃盗犯临时犯杀伤者，以强盗论，乃采取具备其他另一犯罪要件的构成。㉘

如前所述，元代盗贼律，可分为评价赃数的多寡以科其刑的盗贼罪（“计赃罪”）与不评价赃数的多寡以科其刑的盗贼罪（“非计赃罪”）两类。前者，譬如盗“至元钞”几贯，或盗驼、马、牛、羊、驴、骡等“头口”几匹等之犯罪也。前举的图表，则为其典型的一例。但元代法在这种情形，犯罪客体如为官物，则加等严刑，情节重大者，皆处死。㉙ 情节轻微者，则酌加刑等。㉚ 而且追征该被盗官物，以至所流用之家。若用被盗官钱买用货物者，则还货物而追征元赃。㉛ 相反地，如窃亲属之财物者，此一般盗犯加减其刑。㉜ 任监守之官吏或军人，如盗官物，则不计赃数，大都处死。㉝ 至于“非计赃罪”之盗贼，又可分为二类：（1）侵犯人身的情形，则将良人或奴婢略诱、和诱、牙保、藏匿，或管辖的官吏贻误守护职责等情形。但是在略诱或和诱的情形，以盗犯客体充为他人的奴婢或子孙等动机之不同，而异其刑罚。和诱比略诱，略诱、和诱奴婢比略诱、和诱良人，各减轻刑一等。㉞ （2）侵犯皇室财的情形，大都是不分首从皆处死的严刑。㉟ 像这种元代盗贼律

㉘ 《唐律》贼盗：“（一）诸因盗而过失杀伤人者，以斗杀伤论，至死者加役流（得财、不得财等。财主寻逐，遇他死者，非。）；（二）其共盗，临时有杀伤者，以强盗论。同行人不知杀伤情者，止依窃盗法。”

㉙ 《刑法志》盗贼：“诸盗印钞库钞者，处死。”“诸白昼剽夺驿马，为首者处死，为从减一等，流远。”

㉚ 《刑法志》盗贼：“诸盗库藏钱物者，比常盗加一等，赃满至五百贯以上者流。”“诸检昏钞行人盗取昏钞，为监临搜获，不得财者，以盗库藏钱物不得财加等论，杖七十七。”“诸盗局院官物，虽赃不满贯，仍加等，杖七十七，刺字。”

㉛ 《刑法志》盗贼：“诸盗贼得财，用于酒肆倡优之家，不知情止于本盗追征；其所盗即官钱，虽不知情，于所用之家追征。若用买货物，还其货物，征元赃。”

㉜ 《刑法志》盗贼：“诸亲属相盗，谓本服缌麻以上亲及大功以上共为婚姻之家，犯盗止坐其罪，并不在刺字、倍赃；再犯之，限其别居。尊长于卑幼家窃盗，若强盗，及卑幼于尊长家行窃盗者，缌麻、小功减凡人一等，大功减二等，期亲减三等。强盗者，准凡盗论……”

㉝ 《刑法志》盗贼：“诸守库军，但盗库中财物者，处死……”“诸内藏典守，辄盗库中财物者，处死。”“诸守库藏军人，辄为首诱引外人偷盗官物，但经二次三次入库为盗，及提铃把门军人受赃纵贼者，皆处死”。此外，在“职制”也有关于官吏的盗罪之特别处罚的规定，例如“诸投下杂职，犯赃罪者罢之，不以常调殿降论。”“诸仓库官吏人等，盗所主守钱粮，一贯以下决五十七，至十贯杖六十七，每二十贯加一等……三百贯处死。”

㉞ 《刑法志》盗贼：“诸略卖良人为奴婢者，略卖一人杖一百七，流远，二人以上处死。为妻妾子孙者，一百七，徒三年，因而杀伤人者，同强盗法。若略而未卖者，减一等，和诱者，又各减一等，及和同相卖为奴婢者，各一百七。略诱奴婢，货卖为奴婢者，各减诱略良人罪一等，为妻妾子孙者，七十七，徒一年半，知情娶卖，及藏匿受钱者，各递减犯人罪一等……如无元买契券，有司辄给公据者，及承告不即追捕者，并笞四十七；关津主司，知而受财纵放者，减犯人罪三等，除名不叙，失检察者，笞二十七。”

㉟ 《刑法志》盗贼：“诸盗乘舆服御器物者，不分首从皆处死，知情领卖，克除价钱者，减一等。”“诸盗发诸王驸马坟寝者，不分首从皆处死，看守禁地人杖一百七……”此外，在“卫禁”也有“诸登皇城角楼，因为盗者处死。”“诸阑入禁卫，盗金玉宝器者处死。”“诸辄入禁苑盗杀官兽者，为首杖八十七，徒二年，为从减一等，并刺字……”等规定。

"计赃罪"与"非计赃罪"的构想，可认为是接受唐律的影响者。唐律之所谓"计赃罪"的贼盗，是指犯六赃中之强盗赃与窃盗赃者而言，其六赃之赃数皆折算为绢之尺疋数而评价。即使是盗牛、马、驼、驴、骡等情形，于评价赃数之际，也仍然折算为绢之疋尺数，而科加应得的刑罚，并征收倍赃。但是，盗杀公、私的牛马，则科加二年半徒刑。[36]在唐律，盗官物的情形，并无元代法那种配合赃数而比一般盗犯增加刑等的设计。大致上，盗官物，如官文书、制书、官文书印、符钥、禁兵器的情形，则不按照计赃之例，而科加特定的刑；相反地，盗亲属财物的情形，则比一般盗犯加减其刑。唐、元代法，皆按照缌麻、小功、大功、期亲等亲属关系之亲疏，而异其刑的加减程度。但是，在唐律监临或主守的官吏，如盗官物，则比一般的窃盗，加刑二等，到三十疋则处绞。再者，唐律之"非计赃罪"的贼盗，除了上述的官物之盗犯，与发冢开棺、盗毁天尊佛像等之外，可分为二类：（1）侵犯人身的情形，则略卖良人，略卖期亲卑幼，明知略诱、和诱之人且和同相卖等情形。但须注意者，在唐律，略诱和诱奴婢的情形，不视为侵犯人身，而视为侵犯财物，略诱奴婢以强盗论，和诱奴婢以窃盗论，并且各按"赃数"多寡，科加刑罚，已属计赃罪矣。[37]（2）侵犯皇帝财的情形，例如盗"大祀神御物"、"御宾"、"宫殿门符"、"园陵内草木"等情形，大都科加重刑。

三、刑罚体系的多元化

本节，拟就元代法的刑罚体系之多元化加以论述。元代身体刑之笞、杖，与唐律同一，它是受《尚书》尧典中之"鞭朴刑"的影响，而自先秦则施行者。[38]其笞、杖的尾数各为"七"[39]，与唐律之以"十"为单位者异，减少三下。其理由据明朝叶子奇的解释，元世祖为对犯人示惠，而称笞杖时，天、地、我各饶一下。[40]岩村忍教授则解释"七"被蒙古族视为吉祥乃至神圣的数字。[41]但是元代的笞杖刑，其下限固为笞七，但上限却为杖一百零七，比唐律的杖一百，多出七。不仅如此，就是参照实际上的科刑，本来笞五十者变为笞五十七，

㊱ 《唐律》贼盗："诸盗官私马牛而杀者，徒二年半。"

㊲ 《唐律》贼盗："（一）诸略奴婢者，以强盗论；和诱者，以窃盗论。各罪止流三千里（虽监临、主守，亦同）。即奴婢别赍财物者，自从强、窃法，不得累而科之。（二）若得逃亡奴婢，不送官而卖者，以和诱论。藏隐者，减一等坐之。（三）即私从奴婢卖子孙，及乞取者，准盗论。乞赏者，与同罪（虽以为良亦同）"。

㊳ 《尚书》尧典（古文《尚书》舜典）有"象以典刑，流宥五刑，鞭作官刑，扑作教刑"；《鲁语》有"薄刑用鞭扑"等。

㊴ 参照《刑法志》卷首的序文"……而大德间，王约复上言，国朝之制，笞十减为七，今之杖一百者，宜止九十七，不当又加十也，此其君臣之间，惟知轻典为尚……"等。

㊵ 明朝叶子奇所著《草木子》卷三，杂制篇有"元世祖定天下刑，笞、杖、徒、流、绞（实则有斩无绞）等。笞杖罪既定，曰天饶他一下，我饶他一下，地饶他一下，自是合笞五十止笞四十七，合杖一百十止杖一百七"等。

㊶ 岩村忍：《元朝の笞杖刑について》（《東方学》，第3辑，35～36页）。

本来杖七十者变为杖七十七，结果不少，与其说是减少三下，毋宁说是增加七下之处。㊷ 笞杖刑通常于地方政府即可断行，㊸ 但是其样式与加刑的方法，均有明文规定。根据《刑法志》职制下，笞的大头径二分七厘，小头径一分七厘，罪五十七以下者使用之。杖的大头径三分二厘，小头径二分二厘，罪六十七以上者使用之。决行笞杖，均使用尾端。受刑者以臀受之，并尽量使其均衡。㊹

关于徒刑，唐元法同为拘束自由并加强制劳役的刑罚，并非单纯的禁锢刑。元代徒刑的特色为，受刑者带镣（足枷）一点，它由来于公元前3世纪时，秦代所行的“髡钳城旦春”刑㊺，为给犯人套上狱具，剃其头发，并课劳役之刑。在元代，犯人服劳役时，便套上连环着的重三斤的狱具（镣），而派遣到有金银铜铁的“铜冶”或“屯田”、“堤岸”、“桥道”等场所作业。再者元代的徒刑一年、一年半、二年、二年半、三年等五种，须于服劳役之前各科毕杖六十七、七十七、八十七、九十七、一百零七。这种徒刑与鞭笞刑的并科，自汉文帝沿用至南北朝，隋朝废止，元朝又复活之。

关于流刑，先秦时代则有之，法制史上称为“放”、“迁”、“窜”、“徙谪”、“戍边”、“徙边戍”等，流配合实边的政策，将犯人配往边境，使其于该地服某种的劳役，与放逐于境域外的“逐”不同。㊻ 唐律的流，有流2 000里、2 500里、3 000里（包括加役流）等，明示着流的里数，但是元代的流配，仅仅指示漠然的配所，而规定南人流“辽阳迤北”，北人流“湖广”，又女真、高丽两族流“湖广”，其他则流“奴儿干”（隶属于辽阳行省）及“海青”之地。㊼ 并且在唐律，除了加役流要服三年的劳役之外，三流皆服一年的劳役。而元代的流刑，通常皆判“出军”，将刑囚无条件地没为兵卒，充当军役，向其剥夺无对价的劳力。出军者实等于流配，在北魏律已有将流囚徒边境，使服军役的史料。㊽ 宫崎市定教授也断言金制的“刺面充军”，相当于流刑。㊾ 总之，元代的流刑，分为服一般的劳役与服兵卒

㊷ 《宪典总序》（元文类，卷42）名例篇，五刑之条文有“……数用七者，考之，建元以前，断狱皆用成数，今匿税者笞五十，犯私盐茶者杖七十，私宰牛马者，杖一百，旧法犹有存者”等记载。但另查《刑法志》食货（乾隆版）条文却有“诸犯私盐者，杖七十七，徒二年……”“……但犯私茶，杖七十七，茶一半没官……”“诸匿税者，物货一半没官……但犯，笞五十七……”等记载。此较前后两者之刑，可知元代法之笞杖数，已有实际增加七下之处。

㊸ 按元代的裁判制度，杖罪五十七以下者，于司、县断决；八十七以下者，于散府、州、军断决；一百零七以下者，于宣慰司、总管府断决。以上之配流、死罪等，则呈报中央裁决。

㊹ 参照《元典章》四十、刑狱、“狱具之制”与“诸衙门杖数笞杖等第”等案。

㊺ 仁井田陞：《中國法制史研究·刑法》，74～79页。

㊻ 参照《楚策》“楚王逐张仪于魏”，《管子》小匡“士三出妻，逐于境外”等。

㊼ 参照《刑法志》序文：“……流则南人迁于辽阳迤北之地，北人迁于南方湖广之乡……”，与“职制”：“诸流远囚徒，惟女真、高丽二族流湖广，余并流尼噜罕及取海青之地”等。

㊽ 《九朝律考》“魏书·刘辉传”有“坐鞭刑，徙配敦煌为兵”与“魏书·赵修传”有“鞭之一百，徙敦煌为兵”等，可供参考。

㊾ 宫崎市定：《宋金元時代の法制と裁判機構》（《東方学報》，京都，第24册，130页）。

的军役等两种，皆向犯人剥夺无对价的劳役。[50]

关于死刑，唐律分斩、绞两种。斩身首异处，既分离之，则不能再轮回为人类，故比绞重。但是元代法认为斩、绞皆同的那种笼统的想法，故省略绞；相反地，恢复10世纪的五代即有的酷刑"凌迟处死"，它俗称"呙"、"剐"，将身体的肉细细削剥，掷出肠，断掉喉咙，并且因受刑人不能埋葬，故不得不成为永远的亡者。

以上略就元代盗贼律的五刑，加以论述，但是它与唐律的五刑，并无实质的差异。总之，中华法系的刑罚体系，在元代也留存着。但是元代盗贼律又有财产性的附加罚与人身性的附加罚，这一点较唐律有很大的变化，可谓是元代刑罚体系的特色。

关于元代盗贼律的财产性附加罚，这里值得一提者，像古代蒙古游牧民族那种政治性权威的支配力不能充分渗透的时代，常产生流血的复仇，以后公的权威稍为增高，复仇遂嬗递为赔偿制，根据这种史实，游牧民族的"赎金制"，显著得很多，尔后并发展为和平金制度（Fredua）[51]，从而元代法与唐律统有征正赃与倍赃的制度。使盗犯返还赃物的几倍以赔偿一事，是多数民族共通的现象。[52] 所谓正赃是征收所盗的财物，使其返还被害者，所以正赃是给付赃物的原主者。所谓倍赃是对盗犯征收相当于赃物的二倍之赔偿，并以赔偿的一部给付于公的权威，作为和平金，借此以处罚加害行为，预防将来再度犯之。[53] 本来，中国的旧律，赔偿与刑罚的分化未曾达成，故此，赔偿才有超额于实害的经济价值，并成为定额的可能。根据该理由，元代法也征收作为和平金的倍赃。因此，盗犯已被征正赃返还原主，而倍赃无可追理者，免征倍赃。其次，旷荒地之盗贼，盗人家驼、马、牛、驴、羊等，无可追征倍赃者，则将盗贼道配出军，作为代偿。官贱盗他人牛马者，因官衙无从自缴倍赃，故也免征倍赃。[54] 但是在唐律，盗贼除了会赦、会降等情形，仅征正赃之外，大都征收所盗财物的倍额，返还物主，或赏与纠告之人，官衙原则上不征用之。[55] 关于倍赃，元代法与唐律似有差异。尤其是元代受蒙古习惯法的家畜赔偿制之影响，如盗驼、马、牛、驴、羊等头口时，不问是蒙古人、色目人或汉人，皆科予"一陪九"的财产性附加罚。所谓"一陪九"，是征收与所盗头口同种类的家畜九倍，作为处罚。那种家畜罚，以九头作为基本单位，来构成财产性附加罚的差等，并且以该单位的倍数来计算，这原是蒙古习惯法

---

[50] 剖视《元典章》四十九、强窃盗、"旧贼再犯出军"、"流远出军地面"、"处断盗贼断例"、"贼人出军免刺"、"盗贼出军断所"等案例，有犯窃盗，前后三次科徒刑者，配流等的规定。在这种情形，皇帝的谕裁大都是将盗犯申解辽阳或湖广，使其出军等，由此可证"出军"与"流配"是相等的。

[51] 参见仁井田陞：《中國法制史研究・刑法》，318～325页。

[52] 中田薫：《馬端臨の四裔考に見える比較法制史料》（《法制史論集》，第1卷，732页）。

[53] 仁井田陞：《中國法制史研究・刑法》，302～303页。

[54] 《刑法志》盗贼："诸系官人口，盗人牛马，免征倍赃。""诸盗贼正赃已征给主，倍赃无可追理者，免征。""诸遐荒盗贼，盗驼马牛驴羊，倍赃无可征者，就发配役出军。"

[55] 《唐律》名例："诸彼此俱罪之赃及犯禁之物，则没官"的注解有"若盗人所盗之物倍赃，亦没官。"（疏议）曰："假有乙盗甲物，丙转盗之，彼此各有倍赃。依法，并应还主。甲既取乙倍备，不合更得丙赃。乙即元是盗人，不可以赃资盗。故倍赃（即丙之倍赃）亦没官，若有纠告之人应赏者，依令与赏。"

的特色。元代之所以采取家畜罚，是源于古代蒙古游牧民族对于不动产所有权的观念稀薄，但却重视家畜财产的习惯而来。元代法“一陪九”的九之构成，非固定的；相反的，蒙古习惯法“一陪九”的九之构成，却是固定的。[56] 总之，唐代与元代的盗贼律，在赃物返还法方面，也有很大的差异。

如前所述，盗贼罪与杀伤罪通常有密切的关联，故元代盗贼律，常可看到杀伤律中所有之称为“征烧埋银”的附带人命金。所谓“征烧埋银”，是如果盗犯杀伤被害人时，则自犯人，犯人已被处死者，自犯人的家属，征收人命金，给付于被害人家属的一种附带赔偿金。犯人如属僧侣、道士者，则自犯人所属的寺院、道观等的常住钱中征收之。这种人命金制，由来于蒙古习惯法的影响，蒙古习惯法未臻于刑事上犯罪与民事上不法行为等法律形态分化的程度，所以赎金制就显著得很多，但元代的杀人罪也受中华法系的实刑主义所影响，故成为即使给付人命金，也不能免除刑罚的所谓“不可赎罪”。因此，凡杀人者，常是刑事上科加刑罚，并征收称为烧埋银的赔偿金。但是犯人会赦的情形，主刑虽可赦免，但却要征收倍额（100 两）的烧埋银。元代盗贼律也仿效烧埋银制度，盗犯如于强、窃盗等犯行之外，又有杀伤、发塚等的犯行者，也与杀伤罪同样，要使盗犯赔偿人命金的烧埋银，[57] 如果贫乏无法缴纳金钱者，则换算当地的雇佣之工资，而使犯人或其家属役使于苦主之家，以抵补烧埋银。妇女每日的工资，仅能折算男子工资的三分之二。如其家属均幼少者，似则以女儿折抵之。[58] 却说，在特殊情形下，也可减少烧埋银或免除之，这种关于元代杀伤律的烧埋银问题，拟于日后另稿论述之。又关于这种问题，岩村忍教授曾有大作论及。[59]

其次，拟论述元代盗贼律的人身性附加罚。其中最重要者为刺字。元代法规定刺字的条文很多，仅《刑法志》盗贼律中者则有五十三条，规定何种情形下须刺字，何种情形下免刺，甚至于连刺字的部位都有规定，可谓详细之至。如前所述，元代法偶尔也承认蒙古族本俗的相异性，故即使为数不多，也订有特殊的属人法规定。如蒙古人犯盗时不按刺字之例，即属之。但是色目人及女真契丹人，因非蒙古人，故仍要刺字，即使是僧道或军人

---

[56] 关于罚牲畜的赎罪制度，《前清钦定理藩院则例刑罚篇译注》（城古正译注）第四页有“罚牲畜以九牲畜为一单位者为多。所谓九牲畜，乃以马二匹、犍牛二匹、乳牛二匹、三才牛二匹、二才牛一匹等的此例，合为九匹。但是轻微的罚牲畜，则为一牲畜、三牲畜、五牲畜、七牲畜等，以奇算为计，到五牲畜为止，仅用牛。至于其区分，罚一牲畜者，乃罚三才牛一匹；罚三牲畜者，乃罚三才牛一匹、乳牛一匹、二才牛一匹；罚五牲畜者，乃罚乳牛一匹、三才牛二匹、二才牛二匹；罚七牲畜者，乃罚马一匹、犍牛一匹、乳牛一匹、三才牛二匹、三才牛二匹等”。

[57] 《刑法志》盗贼：“诸图财谋故杀，人多者凌迟处死，仍验各贼所杀人数，于家属均征烧埋银。”“诸发冢，已开塚者同窃盗，开棺椁者同强盗，毁尸骸者同伤人，仍于犯人家属征烧埋银。”“诸军人在路夺人财物，又追逐人致非命者，为首杖一百七，为从七十七，征烧埋银。”

[58] (a)《刑法志》盗贼：“诸盗贼应徼征赃及烧埋银，贫无以备，令其折庸，凡折庸视各处庸价而会之，庸满发元籍充警迹人、妇人日准男子工价三分之二。”(b) 参照《元典章》四十三“无财可陪，家属典雇”与“女孩儿折烧埋钱”等案。

[59] 岩村忍：《元朝の法制における人命賠償》（《東洋史研究》十二の四）。

犯盗的情形，也要刺字。唐律虽无刺字，但是刺字之刑，自古则已有之，周以前的《尚书》吕刑中所记的五刑，也已规定了肉刑之一的墨刑。[60] 尔后，晋及辽、宋的刑律，乃至于元代以后的明、清律，皆袭用之。墨刑就是刺字，且有“黥刑”、“入墨”、“刺面”、“刺青”等多种的名称。至于入墨的部位，有解释是“额”，有解释是“面”。[61] 晋令的墨刑，刺于两眼、两颊或眼下之处。[62] 宋的墨刑，则刺于耳后之处。[63] 再者，《辽史·刑法志》所载的墨刑，则由额至面，使入墨的地方渐渐显目，[64] 至于元代的墨刑，随着盗犯的重轻，自臂至项，异其入墨的部位。也就是说，盗犯之轻微者，刺于臂；严重者，刺于项。总而言之，入墨的部位，由于历朝的刑律而不同，但是它使犯罪反映于外部（能使世人警戒盗犯）并置于能够认识的状态之下，可谓是反映刑的一种。[65] 旧律的反映刑之目的是，对于加害者予以报复性反击，使犯人身体上的某部分，显露了一生无法擦拭的记号，也予世人以威吓。按元代法的规定，窃盗初犯刺左臂，再犯刺右臂，三犯刺项（似为左项），然后及于对称部分的项或项的空白处。[66] 虽窃盗初犯的最高刑为徒三年，但是前后犯窃盗而科徒三次者，则科流，科流后再犯窃盗者，则处死刑。[67] 至于强盗，初犯而未至死刑，或死刑会赦者，于右项刺字，若再犯强盗者，不问赃数多寡，皆处死；但如再会赦者，则于左项刺字。[68] 再者，元代盗贼律，有许多免刺字的规定。除了前述的蒙古人不依刺字之例以外，妇人（包括女尼）犯盗、子被父所胁迫而犯盗、亲属之间窃盗、盗雇主财物、老（七十以上）、疾、幼少（十五以下）、自首、僧道盗师祖师父同师兄弟等财、盗佛像装（无人看守之时）、盗犯被配出军等等情形，可免刺字。却说，累犯强、窃盗者，于刺字之外，其并科身体刑与自由刑的主刑，也逐渐加重，此于累犯制度不甚完整的古代法制来讲，是惟一真正的累犯之设计。[69] 唐律贼盗律的累犯，其主刑也是逐渐加重的，其刑罚的方法是，强窃盗经断之后，仍犯盗，前后三犯徒者，流二千里，三犯流者绞。元代法与唐律对于盗罪累犯的主刑之处断，有些差异。

---

[60] 古代有关五刑的名称，除了《尚书》吕刑之外，《孝经》、《荀子》、《墨子》、《管子》等经典，也曾出现。五刑指墨、劓、剕、宫、大辟等刑而言。

[61] 《尚书·吕刑》孔安国传记有“刻其颡（额）而涅之，曰墨刑”；《周礼·秋官·司刑》郑（玄）注有“墨、黥也，先刻其面以墨窒之”；《白虎通》有“墨、墨其额也”；《说文》有“黥刑其面也”等记载。

[62] 参照《太平御览》（卷六百四十八）刑法部所引“晋令”：“奴婢亡，加铜青若墨，黥两眼，后再亡，黥两颊上，三亡，横黥目下，皆长一寸五分，广五分”等。

[63] 参照《宋史·刑法志》：“神宗熙宁年，凡犯盗，刺环于耳后，徒、流方，杖圆，三犯杖移于面，径不过五分”等。

[64] 《辽史·刑法志》有“开泰八年诏，自今三犯窃盗者，黥额、徒三年，四则黥面、徒五年，至于五则处死”与“重熙二年，犯窃盗者，初刺右臂，再刺左，三刺颈之右，四刺左，至于五则处死”等记载。

[65] 关于“反映刑”，参见仁井田陞：《中國法制史研究·刑法》，376～378页。

[66] 《刑法志》盗贼：“诸累犯窃盗，左右项臂刺徧，而再犯者，于项上空处刺之。”

[67] 参照《元典章》四十九、刺字、“盗贼出军处所”案。

[68] 参照《元典章》四十九、刺字、“再犯经革刺左项”案。

[69] 拙稿：《论唐律上之二罪以上从重与更犯》，7页以下。

元代盗贼律的人身性附加罚之中，又有“充警迹人”五年的处分。该制度宋代则已有之，类似于现代的保安处分。《刑法志》盗贼有“诸窃盗，初犯刺左臂，谓已得财者。再犯刺右臂，三犯刺项。强盗初犯刺项。并充警迹人……”、“诸犯徒者……合属带镣居役。应配役人，随有金银、铜铁、铜冶、屯田、堤岸、桥道、一切等处就作。令人监视，日计工程，满日放还，充警迹人”等规定。由此可知，“充警迹人”为对于窃强盗所科的附加罚。“警迹人”姓名被记录在本籍地官署之簿籍，每月上半期、下半期必须到所辖官署各报到一次，这称为“衙贺”、“参衙”、“参官”、“公参”等。[70] 这种“充警迹人”的附加罚之性质，有高岩教授主张是附带监视人者[71]；仁井田陞与岩村忍两教授则主张是使其充当巡警者。[72] 笔者以为，它宁可说是类似于现代的保安处分（保护管束），所以有高说较为适当，下面列举理由证明之：

1.《刑法志》有“诸警迹人，有不告知邻佑，辄离家经宿，及游惰不事生产作业者，有司究之。邻佑失觉察者，亦罪之”[73] 等条文。这是对于“警迹人”的性质最明显的解释，就是说，“充警迹人”似保护管束，如未告知邻佑，不能随便离开本籍去旅行或迁徙，邻佑须加管束或监视，此为“警迹人”遣配本籍的理由。如果说“充警迹人”是担当巡警，则邻佑没有加以管束的必要。

2.《刑法志》有“诸年未出幼，再犯窃盗者，仍免刺、赎罪、发充警迹人”等条文。由此观之，年未出幼者，也要充警迹人，如果采取仁井田陞、岩村忍两教授的主张，则连十五岁以下的幼少，也要充当巡警矣。此于中国“矜老恤幼”的传统精神，恰为相反，不合逻辑，毋宁说是似保护管束那样，将幼少的盗犯予以保护、管束，较为妥适。

3.《刑法志》有“诸警迹人，受命捕盗……”等条文。如“警迹人”为巡警，则捕盗为巡警之职责，不必有待受命。可知“警迹人”是平时从事生产作业，在本籍蛰居，接受邻佑监视，只有受官署之命时，始捕盗贼。

4.《刑法志》有“籍既除，再犯终身拘籍之。凡警迹人缉捕之外，有司毋差遣出入，妨其理生”等条文。据此规定，知道“警迹人”除了被遣去缉捕的情形以外，尚须赚钱营生。如果“警迹人”为巡警，则巡警既为其本职，则无赚钱营生的必要。故此，“警迹人”虽偶尔接受官署捕盗之命令，而义务性地从事合作，但是“警迹人”尚有不游不惰、从事生产作业的本职。[74]

再者，僧道、幼少或女真等人犯盗的情形，也不能免除“充警迹人”处分。僧道在被

---

[70] 岩村忍：《元典章刑部の研究—刑罰手続》（《東方学報》，京都，第24册，27页）。

[71] 有高岩：《元代の盗殴殺傷律の研究》（《史涵》，一〇の一，3页）。

[72] (a) 仁井田陞：《中國法制史研究・刑法》，543页。(b) 岩村忍：《元典章刑部の研究—刑罰手続》（《東方学報》，京都，第24册，24页）。

[73] 参见《元典章》四十九、警迹人、“盗贼刺断充警迹人”、“警迹人转发元籍”等案。

[74] 《元典章》四十九、警迹人、“盗贼刺断充警迹人”案也有“……应据警迹人除缉捕外，官司不得追逐出入，妨碍营生，钦此”等记载。

充警迹人之前，尚附带一种剥夺僧道的特别地位之还俗处分。其所以如此，乃元代的僧道，常倚朝廷的优遇，狸蒙虎威，恃宠跋扈，在社会散布非常的毒害，有遏制的必要。但是蒙古人、军人、妇人等犯盗的情形，可免充警迹人的处分。蒙古人为元帝国种族差别政策上的特殊阶级，故可免充警迹人；军人则有军队长官的监督，并因军人为巩固元帝国所不能缺少的武人，故可免充警迹人。至于妇女，在古代封建社会，未有完全独立的人格，大都为夫权、家长权所监护，没有另加"警迹人"处分的必要。被充警迹人处分者，与主刑相似，有一定的期限，如五年以内未再犯盗者，其"警迹人"则可除籍。但是在该期间内，如有功绩，则根据赏与制度，将其功绩折抵罪过，也就是说，"警迹人"告发、捕获强盗者，每名折抵"警迹人"期间二年⑮，二名则折抵"警迹人"期间五年，而免"警迹人"处分，如果"警迹人"在第三年，告发、捕获强盗二名者，则不仅免除"警迹人"之籍，并赏与强盗一名份的奖金，至于告发、捕获窃盗的情形，每名折抵"警迹人"期间一年。可是，这里所称的"告发"及"捕获"，究竟是选择条件或并存条件，至感怀疑。如果是选择条件，似应用"或"字较妥，如果是并存条件，则捕获当然已括告发于其中，"告发及"等文字，已属多余。《刑法志》的法律用语，不甚严密，上述情形，可认为是选择条件。却说，"警迹人"之籍被免除之后，如再犯盗者（累犯强、窃盗处死的情形除外），则终身为"警迹人"而拘籍之。此种人身的附加罚，可认为与累犯强、窃盗而加重主刑者，互相配合的。

元代法，为使世人警戒盗犯，并予世人以戒慎、威吓之意，故人身的附加罚，除了上述刺字、警迹人之外，尚有称为"识过于门"的处分。它是以红色泥土涂饰于强、窃盗犯的家壁，并揭示该犯人的姓名与犯罪事由者。⑯"识过于门"也称"红泥粉壁"，这种对盗犯的附加罚，是与"警迹人"的处分同时进行的。⑰ 由此观之，元代法盗贼律的刑罚之多元化，最为明显，它对于盗犯的人身予以入墨，并且涂红泥于墙壁，揭示其犯罪事由，然后将其充当"警迹人"以限制其行动的自由，此等三重的附加罚，可说是人身自由的彻底剥夺。"红泥粉墙"对于官吏犯赃罪以下的一切罪名，也有适用的情形。犯盗者如为奴婢的身份，其主人则替代之而被处"识过于门"⑱。在15世纪中叶，越南所制定的"黎律"，也有主人对于奴隶的不法行为，代其负责的文献。⑲ 因奴婢身份卑贱，为半人半物，既无居住迁徙的自由，也无选择职业的自由，宁可说是属于主人的资财或家畜。在这种情形，为追究

---

⑮ 参照《元典章》四十九、警迹人、"警迹人获贼功赏"案。

⑯ 《元典章》四十九、警迹人、"警迹人转发元籍"案有"……本部议得，断放强、窃盗贼发付元籍官司籍寄，充警迹人，门首直立，红泥粉墙壁，开写姓名、所犯，每上下半月赴官衙贺，令本处社长主首邻佑，常加检察，但遇出处经宿或移他所，须要告报得知，违者即便申官追究……"等；《刑法志》禁令有"诸无赖军人，辄受财殴人，因夺钱物者杖八十七、红泥粉壁、识过于门、免徒"等记载。

⑰ 参照前注。

⑱ 《刑法志》盗贼："诸奴婢数为盗，应识过于门者，其主不知情，不得辄书于其主之门。"

⑲ 《黎律》（《历朝宪章类志》，卷37，刑律志、违制、杂犯之律）："诸宰牛马杖八十，追还本分入官，若外国客人及奴隶者，则其监若主罚钱五贯……"

主人的监督与惩戒责任之怠忽，以及未做检举或自首等，故加处分。如果主人不知情者，因其全无恶意，故不能对主人加以“识过于门”的处分。在元代法，因奴婢为主人的资财，身份卑贱，没有完全的人格，故认为纵令科加与一般良人相同的各种处分，也不能达到预期的目的，所以奴婢犯盗的情形，虽亦科主刑，但是其附加罚反比一般人宽容，或者减轻，有时免除刺字，有时免倍赃。不仅如此，有时连主刑的流刑，都免除之。[80] 又基于“出罪，举重以明轻”的原则，倍赃既免除，则“一陪九”也许可免除，而仅征正赃。再者，刺字既免除，则“警迹人”也许可免除。本来，刺字与“警迹人”等两种人身的附加罚，系有随从关系。[81] 并且奴婢为主人的所有物，主人应予监督与惩戒，故别无将奴婢充当“警迹人”的必要。

四、结 语

以上就元代盗贼律与唐律的该当部分，加以比较分析，因为盗贼律占着元代法制的重要地位——不，宁可说是元代法在中国法制史上占有重要地位[82]，所以加以研究，可说是了解元代法制的一种捷径。前面分析、归纳元代法的重要资料——条格断例式的《元典章》与律令法典式的《刑法志》，发现元代盗贼律有犯罪形态的琐细化与刑罚体系的多元化等二特色。根据该特色，于研究元代法的其他范畴时，可以获得良好的指引与启示。并且，由于元代盗贼律的阐明，可知蒙古民族于君临中国时，用以统治中国的元代法，以何等情形，将中华法系抄袭、妥协之，或对立、抗拒之；换言之，中华法系如何对元代法予以影响，或者被影响，而带给各自的法制上何种变化。再者，由于元代盗贼律的研究，对于蒙古游牧民族的固有习惯法的发展之蛛丝马迹，自自然然地能够窥知、探察之，此于蒙古习惯法的究明，可作为间接方法之一而发生效用。

（本著作之完成得“行政院国家科学委员会”之补助。）

（说明：本文原刊《政大法学评论》，第四期，1971 年 6 月，作者时为中国文化学院法律系副教授。现原文刊发。）

---

[80] 参照《刑法志》盗贼：“诸奴盗主财，应流远而主求免者听。”“诸奴盗主财，断罪免刺。”“诸同主奴相盗，断罪，免刺配，不追倍赃。”“诸奴盗主守者，断罪免刺，不征倍赃，仍付其主为奴”等条文。

[81] 岩村忍教授也有同样的见解（《元典章刑部の研究—刑罰手續》，《東方学報》，京都，第 24 册，25 页）。

[82] 有高岩：《元代法律の特色》（《歷史と地理》第 34 卷，第 4、5 号，399 页）。

那思陆

清代台湾案件的司法审判机关

简介

那思陆，1951年1月31日出生于台湾，政治大学法律系法学士，中兴大学法商学院（现名台北大学）法律研究所法学硕士，历任空中大学社会科学系（法律学类）专任讲师、副教授、教授，主要著作包括：《清代州县衙门审判制度》（台湾文史哲出版社1982年繁体版，中国政法大学出版社2006年简体版），《清代中央司法审判制度》（台湾文史哲出版社1992繁体版，北京大学出版社2004年简体版），《司法制度概论》（撰写第二章、第四章，台湾空中大学1996年版），《中国司法制度史》（撰写第一章至第十章，台湾空中大学2001年版），《明代中央司法审判制度》（台湾正典出版文化有限公司2002年繁体版，北京大学出版社2004年简体版），《中国审判制度史》（台湾正典出版文化有限公司2004年版，上海三联书店2009年简体版）。

目次

一、前 言

近几年来，台湾地区法制史（或称台湾地区法律史）的研究蓬勃发展，蔚为一时之风尚。目前台湾地区法制史研究的重点是近一百年来台湾地区法制的演变与发展。① 而日治时期的台湾地区法制研究更是其中的要项。由于 1949 年以后当局对于日治时期台湾法制采取漠视的态度，使得日治时期台湾地区法制乏人研究。1987 年，当局解除戒严。1991 年，当局终止动员戡乱。台湾地区法制史学界部分学者由于政治环境的改变，逐步开展日治时期台湾地区法制的研究。

日治时期台湾地区法制的研究，填补了台湾地区法制史的重要环节，也恢复了台湾地区人民日治时期法制的历史记忆，这项研究有法制史学上的学术价值。对于台湾地区法制史的建立，日治时期台湾地区法制的研究确实是不可缺少的。但是，日治时期台湾地区法制不能够涵盖整个台湾地区法制史。台湾地区法制史应包括下列法制的研究②：

1. 台湾地区原住民法制（？—1624 年）
2. 荷兰及西班牙统治时期法制（1624 年—1662 年）
3. 明代郑氏统治时期法制（1662 年—1683 年）
4. 清代统治时期法制（1683 年—1895 年）
5. 日本统治时期法制（1895 年—1945 年）
6. “中华民国”统治时期法制（1945 年— ）

台湾地区原住民法制与荷兰及西班牙统治时期法制的研究，由于文献档案的欠缺，进行上十分困难。至于明代郑氏统治时期法制的研究，虽然有《大明律例》等基本史料，但其进行也是十分困难。目前台湾地区法制史研究中，史料最为丰富的应属清代统治时期。

早在日治时期，日人即已进行清代统治时期台湾地区法制的研究。如小林里平所著《清国政府时代的台湾司法制度》，又如白井新太郎所著《台湾清时的司法制度》。日本学者研究清代台湾地区司法制度，是把清代台湾地区司法制度当做台湾地区人民的习惯来研究，其研究目的是方便日本政府的殖民统治。1945 年以后，研究清代台湾地区司法制度有成就的学者是戴炎辉先生。戴炎辉先生曾著《清代之司法制度》，收录于《台湾省通志》（政事志·司法篇）一书中。戴炎辉先生的著作中引用了《淡新档案》，相当程度地忠实反映了清代台湾地区的司法制度。

---

① 参见台湾法学会印行：《台湾法制一百年论文集》，4 页，1996。

② 参见王泰升：《台湾法律史的建立》，24～40 页，作者自刊，1997。

戴炎辉先生在论述清代台湾地区司法制度时，关于法令部分，主要史料是《大清会典》、《大清会典事例》及《大清律例》。关于档案部分，主要史料是《淡新档案》。戴炎辉先生对于清代内阁、军机处、三法司（刑部、都察院、大理寺）、闽浙总督、福建巡抚、福建按察司、台湾分巡道、台湾府以及其他司法审判机关的档案，因当时极少出版，很少加以引用。

1994 年，台北“故宫博物院”为庆祝台湾光复五十周年，陆续出版了《清宫谕旨档台湾史料》（6 册）及《清宫月折档台湾史料》（8 册）。这些台湾史料的出版，对于清代台湾地区司法审判制度的研究极有助益。这些台湾史料收录有上述清代军机处、三法司（刑部、都察院、大理寺）、闽浙总督、福建巡抚、福建按察司、台湾镇、台湾分巡道以及其他司法审判机关的档案。这些台湾史料对于清代台湾地区司法审判制度具有补充、印证的重大作用，它使得清代台湾地区司法审判制度的重现具有较大的可能性。

笔者认为当务之急是加强台湾地区法制史的研究与论述，其中最应该加强的是清代台湾地区法制的研究。

笔者认为，台湾地区法制史的研究目的有三：

1. 台湾地区历史上的法律制度的重现；

2. 台湾地区历史上的法律制度的解释；

3. 台湾地区历史上的法律制度的借鉴。③

上述三项研究目的中，笔者认为第一项目的“台湾地区历史上的法律制度的重现”是主要目的。至于台湾地区历史上的法律制度的解释与借鉴，只是次要目的。有学者主张：“我们今天一定要以‘台湾主体性’的立场，重新诠释台湾的法律发展。”④ 笔者认为这种观点有待商榷。

研究台湾地区法制史，应该研究日本统治时期台湾地区法制，也应该研究清代统治时期台湾地区法制。⑤ 忽略其中任何一项的研究，都是台湾地区法制史研究的重大缺陷。如果想要建立完整的台湾地区法制史，清代台湾地区法制的研究是必要的，不可缺少的。清代台湾地区法制的研究，有待于海峡两岸法制史学界的共同努力。

由于特殊的历史际遇，台湾地区法制与中国大陆法制一百余年来发展的道路不同。1895 年以后，台湾地区法制与中国大陆法制只有在 1945 年至 1949 年是相同的。毫无疑问，台湾地区法制有其独特性，台湾地区法制史与中国大陆法制史有一定程度的差异性，这毋庸讳言。但在清代统治时期的 212 年（1683—1895 年），海峡两岸的法制基本上是相同的。

在清代台湾地区法制的研究中，清代台湾案件的司法审判制度的研究是重要的环节。研究清代台湾地区法制，必须研究清代台湾案件的司法审判制度。

清代台湾案件的司法审判制度，可以包括两个主要部分：(1) 清代台湾案件的司法审判机；(2) 清代台湾案件的司法审判程序。笔者尝试先进行清代台湾案件的司法审判机关的研究。

---

③ 参见那思陆：《中国法制史的研究目的与研究方法》，载《空中大学社会科学学报》，第 3 期，203 页。

④ 王泰升：《台湾法律史的建立》，55 页，作者自刊，1997。

⑤ 参见台湾法学会印行：《台湾法制一百年论文集》，4 页，1996。

清代台湾案件的司法审判机关可分为中央与地方两类，以下分述之。

二、清代台湾案件的中央司法审判机关

18世纪以前，清政府与同时代之世界其他各国相同，并无“三权分立”之观念，当时之清政府，其行政与司法是合一的，审判与检察也是合一的，这种情形即使在最先进的欧陆各国也是类似的。1789年法国大革命以后，欧陆各国陆续施行民主政治，制定“三权宪法”，司法权逐渐独立于行政权之外，始确立“行政与司法分立”、“审判与检察分立”的制度。清代继受欧陆法制以前，中央各机关多数均得兼理司法审判，与现代司法审判制度迥不相同。⑥ 兹分：（1）三法司；（2）其他中央司法审判机关两部分，来说明清代台湾案件的中央司法审判机关。

（一）三法司

1. 刑部

刑部设尚书（从一品）、左侍郎（正二品）、右侍郎（正二品），俱满洲一人，汉一人。刑部为“刑名总汇”，其职掌兼有司法审判及司法行政，《大清会典》定曰：“掌天下刑罚之政令，以赞上正万民，凡律例轻重之适，听断出入之孚，决宥缓速之宜，赃罚追贷之数，各司以达于部。尚书侍郎率其属以定议，大事上之，小事则行，以肃邦纪。”⑦ 三法司（刑部、都察院、大理寺）中，刑部有关司法审判之职权最重，《清史稿》曰：“外省刑案，统由刑部核覆。不会法者，院寺无由过问，应会法者，亦由刑部主稿。在京讼狱，无论奏咨，俱由刑部审理，而部权特重。”⑧

清代，各省徒罪以上案件均须咨报刑部查核或奏闻皇帝裁决。原则上，无关人命徒罪案件，督抚批结后按季汇齐，咨报刑部查核。有关人命徒罪案件，督抚审结后，专案咨部核覆，年终汇题（即以题本奏闻皇帝）。遣军流罪案件，原则上，亦系于督抚审结后，专案咨部核覆，年终汇题。至于死罪案件，则依案件之轻重，或专本具题（以题本专案奏闻皇帝），或专折具奏（以奏折专案奏闻皇帝）。⑨ 台湾徒罪以上案件亦系依照上述原则处理。

无关人命徒罪案件应咨部查核，有关人命徒罪案件应咨部核覆，遣军流罪案件应咨部核覆，均单独由刑部覆核案件。刑部如认案情明确、拟罪妥适，并无不合之处，即可咨结，咨请督抚执行。至于死罪案件，须专本具题或专折具奏，奏闻皇帝。奉旨“刑部核拟具奏”之案件，由刑部单独核覆。奉旨“三法司核拟具奏”之案件，虽由三法司会同核覆，亦由刑部主稿。法司定拟判决意见具题，俟皇帝裁决。⑩ 刑部设十八清吏司，台湾徒罪以上案件

⑥ 参见那思陆：《清代中央司法审判制度》，81～82页，台湾，文史哲出版社，1992。

⑦ 《大清会典》，第53卷，1页。

⑧ 《清史稿·刑法三》，见鼎文书局版《清史稿》，第144卷，4206页。

⑨ 参见那思陆：《清代中央司法审判制度》，83页，台湾，文史哲出版社，1992。

⑩ 参见那思陆：《清代中央司法审判制度》，84页，台湾，文史哲出版社，1992。

之核覆系由刑部福建清吏司承办。

台湾斩绞监候死罪案件秋审时，亦须经刑部核覆。清康熙十二年（1673 年）以后，各省斩绞监候案件，每年定期秋审，分地方与中央二阶段先后进行。地方由督抚司道核覆，定拟判决意见具题，中央则由刑部会同九卿、詹事、科道等核覆，定拟判决意见具题，俟皇帝裁决。[11] 台湾斩绞监候死罪案件秋审之核覆，系由刑部秋审处承办。

2. 都察院

都察院设左都御史（从一品），满洲一人，汉一人，左副都御史（正三品），满洲一人，汉一人。都察院职司风宪，号“风宪衙门”。其职掌除监察外，亦兼有司法审判与司法行政。关于其监察方面之职掌，《大清会典》定曰：“掌司风纪，察中外百司之职，辨其治之得失与其人之正邪，率科道官而各矢其言责，以饬官常，以秉国宪。”[12] 关于其司法审判之职掌，《大清会典》曰：“凡重辟，则会刑部、大理寺以定谳，与秋审、朝审。”[13]

都察院监察各省政务。对于各省之司法审判，亦加以监察。清代，各省死罪案件绝大多数均须由三法司会同核覆。按清代前期，死罪案件均系专本具题，绝大多数均发交三法司核拟具奏，仅少数发交刑部核拟具奏。清代中期以后，寻常死罪案件仍系专本具题，情罪重大死罪案件则应专折具奏。专本具题案件绝大多数发交三法司核拟具奏，专折具奏案件则绝大多数发交刑部核拟具奏。

凡奉旨“三法司核拟具奏”之各省死罪案件，刑部须会同都察院、大理寺核覆。各省死罪案件经刑部定拟判决意见后，其题稿须送都察院画题，由十五道依其职掌分别办理。都察院如无异议，画题后，题稿送回刑部，由刑部办理会题，奏闻皇帝，俟皇帝裁决。[14]

都察院设十五道，十五道中以六掌印道权责较重，六掌印道除本道事务外，另兼他道事务。乾隆十四年（1749 年）以前，河南道兼理福建道事务，河南道承办台湾死罪案件的核覆。乾隆十四年以后，十五道并给印信，各自分理各省刑名。自此，福建道始承办台湾死罪案件的核覆。

至于台湾斩绞监候死罪案件秋审之核覆，亦系由都察院福建道承办。

除十五道外，都察院设六科。（康熙六十一年（1722 年）以前，六科系独立机关。雍正元年（1723 年）以后，六科改隶都察院。）六科自康熙十二年（1673 年）起，即得参与各省斩绞监候死罪案件秋审之核覆。改隶都察院后，此项职掌亦无变更，故六科得参与台湾斩绞监候死罪案件秋审之核覆。

3. 大理寺

大理寺设卿（正三品）、少卿（正四品），俱满洲一人，汉一人。大理寺职司平决，其职掌亦兼有司法审判及司法行政。关于其司法审判方面之职掌，《大清会典》曰：“掌平天

---

⑪ 参见那思陆：《清代中央司法审判制度》，85 页，台湾，文史哲出版社，1992。

⑫ 《大清会典》，第 69 卷，1 页。

⑬ 《大清会典》，第 69 卷，1 页。

⑭ 参见那思陆：《清代中央司法审判制度》，94 页，台湾，文史哲出版社，1992。

下之刑名。凡重辟，则率其属而会勘。……与秋审、朝审。”⑮

大理寺系三法司之一，各省死罪案件绝大多数须经大理寺核覆。《大清会典》定曰：“凡重辟……在外者，寺受揭帖。（各省总督、巡抚具题重辟，皆以随本揭帖投寺，各按其应分应轮，发左、右寺。）各定谳以质成于卿、少卿，而参合于部谳。（左、右寺先据揭帖，详推案情，与所拟罪名、所引律例是否符合，预定谳语呈堂。俟刑部定稿送寺，谳语相合无疑义者，堂属一体画题。）”⑯ 大理寺设左寺及右寺。台湾死罪案件之核覆系由大理寺右寺承办。

至于台湾斩绞监候死罪案件秋审之核覆，亦系由大理寺右寺承办。

（二）其他中央司法审判机关（与台湾司法审判有关者）

1. 内阁

清初顺治、康熙、雍正三朝，内阁地位崇隆，国家政务俱出于内阁。雍正年间设立军机处后，军国大政俱出于军机处，内阁之权遂为军机处所分。惟国家政务中例行事务极多，仍由内阁处理，其重要性依然存在。关于其职掌，《大清会典》定曰；“掌议天下之政，厘治宪典，总钧衡之任，以赞上理庶务。”⑰ 所谓“议天下之政”，自包括司法审判与司法行政。惟内阁与三法司不同，通常内阁并不直接进行司法审判，内阁系透过票拟，参与司法审判，审判法司所定拟之判决是否允当或合理。⑱

内阁对有关司法审判之题本，有票拟权。票拟权之行使系以内阁之名义行之，票拟之意见代表内阁全体之意见，而非某一大学士或者协办大学士之意见。票拟权为内阁之重要权力，系内阁参与司法审判之主要方式。⑲ 除上述方式之外，内阁大学士、协办大学士或学士有时并得参与皇帝最终裁决时之咨询，或奉旨审判重大案件（道光十三年（1835 年）奉旨会审张丙案件即属著例）。台湾徒罪以上案件之核覆，均经内阁票拟处理。

至于台湾斩绞监候死罪案件秋审之核覆，内阁大学士、协办大学士及学士亦得参与此类案件秋审之核覆。

2. 军机处

关于军机处之职掌，《大清会典》定曰：“掌书谕旨，综军国之要，以赞上治机务。”⑳ 又曰：“议大政，谳大狱，得旨则与。”㉑ 所谓“军国之要”，系指军国大政，自包括司法审判与司法行政。所谓“议大政”，系指与议国家重大政务，自亦包括司法审判与司法行政。又所谓“谳大狱”，系指审判重大案件，此类重大案件多系由军机大臣等亲自审判。由上可知，军机处有关司法审判之职掌颇多，故《清史稿》曰：“军机处名不师古，而丝纶出纳，

---

⑮ 《大清会典》，第 69 卷，16 页。

⑯ 《大清会典》，第 69 卷，17 页。

⑰ 《大清会典》，第 2 卷，1 页。

⑱ 参见那思陆：《清代中央司法审判制度》，113～114 页，台湾，文史哲出版社，1992。

⑲ 参见那思陆：《清代中央司法审判制度》，120～121 页，台湾，文史哲出版社，1992。

⑳ 《大清会典》，第 3 卷，1 页。

㉑ 《大清会典》，第 3 卷，2～3 页。

职居密勿。初祗秉庙谟商戎略而已，厥后军国大计，罔不总揽。自雍、乾后百八十年，威命所寄，不于内阁而于军机处，盖隐然执政之府矣。”[22] 军机处之主要职掌系为皇帝处理奏折，所有有关司法审判之奏折，多由军机处处理，军机处因之得以参与司法审判。易言之，军机大臣、军机章京均因之得以参与司法审判。军机处对有关司法审判奏折之处理程序，系清代司法审判程序之重要环节。[23]

内阁于题本有票拟权，军机大臣于奏折虽无票拟权，但有处理建议权，皇帝将奏折发交军机大臣后，军机大臣须共同研议处理意见，奏闻皇帝。有时皇帝更召见军机大臣独对，征询处理意见。此种奏折之处理建议权与题本之票拟权，其作用类似。内阁之票拟有一定之格式，奏折之处理建议，其格式较为弹性，或以奏片奏闻皇帝，或以口头方式奏闻皇帝。军机大臣因拥有奏折之处理建议权，所有有关司法审判之奏折，均经由军机大臣处理，军机大臣因之得以参与司法审判。就广义言之，军机章京亦因之得以参与司法审判。[24]

军机大臣之处理建议权，于有关司法审判之奏折，或拟准，或拟驳，或拟以其他方式处理，就司法审判而言，军机大臣之处理建议权亦系司法审判权，使军机大臣有权审核法司所定拟之判决意见是否妥当或合法。[25]

军机大臣参与司法审判上之方式，除上述奏折处理建议权外，有时或奉旨审判重大案件（道光十三年（1835 年）奉旨会审张丙案件即属著例）。台湾情节重大死罪案件，均经军机处处理。

至于台湾斩绞监候死罪案件秋审之核覆，军机大臣及军机章京亦得参与此类案件秋审之核覆。

3. 吏部

清代重要官员犯罪，审讯之前须先题参。题参后，始得进行司法审判程序。依《大清律例》第 6 条（职官有犯）附例规定：“文职道府以上，武职副将以上，有犯公私罪名应审讯者，仍照例题参，奉到谕旨，再行提讯。”（本条系乾隆十八年（1753 年）定例）所谓题参，指以题本参劾。在各省，题参多由督（总督）、抚（巡抚）、提（提督）、镇（总兵）为之。在中央，题参多由都察院科道官为之。文职官员题参案多数由吏部办理。[26]

题参后，如案情可疑须送刑部审办者，吏部得将受题参官先行解任（解去职任）或革职（革去职衔）。案情较轻者，吏部常予受题参官员解任之处分。案情重大者，吏部常予受题参官员革职之处分。亦有先行解任，再行革职者，其情形不一。[27]

清代重要文职官员犯罪案件，多由刑部（三法司）会同吏部审理，惟亦有交由督抚审

---

[22] 《清史稿·军机大臣年表一》，见鼎文书局版《清史稿》，第 176 卷，6229 页。

[23] 参见那思陆：《清代中央司法审判制度》，129 页，台湾，文史哲出版社，1992。

[24] 参见那思陆：《清代中央司法审判制度》，133 页，台湾，文史哲出版社，1992。

[25] 参见那思陆：《清代中央司法审判制度》，133～134 页，台湾，文史哲出版社，1992。

[26] 参见那思陆：《清代中央司法审判制度》，136 页，台湾，文史哲出版社，1992。

[27] 参见那思陆：《清代中央司法审判制度》，137 页，台湾，文史哲出版社，1992。

理者。台湾重要文职官员犯罪案件亦同。乾隆六十年（1795年），台湾分巡道杨廷理贪污案发，奉旨革职拿问，交刑部等衙门会审，奉旨流放伊犁，即为一例。

4. 兵部

清代重要官员犯罪审讯之前须先题参。题参后，始得进行司法审判程序，前于论述吏部职掌时，业已论及。依《大清律例》第6条（职官有犯）附例规定："文职道府以上，武职副将以上，有犯公私罪名应审讯者，仍照例题参，奉到谕旨，再行提讯。"武职官员题参案件，多数由兵部办理。[28]

题参后，案情较轻者，兵部常予受题参官员解任之处分。案情重大者，兵部常予受题参官员革职之处分。[29]

清代重要武职官员犯罪案件多由刑部（三法司）会同兵部审理，惟亦有交由督抚审理者。台湾重要武职官员犯罪案件亦同。林爽文事件后，乾隆五十三年（1788年），乾隆帝谕令将台湾总兵柴大纪革职拿问，交刑部等衙门会审，奉旨斩立决，即为一例。

5. 总理各国事务衙门

咸丰十年（1860年），清政府设立总理各国事务衙门。关于其职掌，《大清会典》定曰："掌各国盟约，昭布朝廷德信。凡水陆出入之赋，舟车互市之制，书币聘飨之宜，中外疆域之限，文译传达之事，民教交涉之端，王大臣率属定议，大事上之，小事则行。每日集公廨以治庶务，奉事日则直朝房，以待召见。"[30] 会典中所称"民教交涉之端"与司法审判有关。

清末，西洋各国教士渐次来华传教。因信仰不同，教民与民人易生争端。彼时有关民教案件，均先由各省地方官（州县官）审理。咸丰十一年奏准，各该地方官于凡交涉习教事件，务须查明根由，持平办理。同治元年（1862年）奏准，着各督抚转饬地方官，于凡交涉民教事件，务须迅速持平办理，不得意为轻重，以示一视同仁之意。[31] 由此可知，民教案件司法审判程序，与一般犯罪案件大致相同，惟所异者为民教案件多数须报送总理各国事务衙门。

除各教案件外，通商口岸中外交涉案件及内地各省外国人人命案件之处理，亦属总理各国事务衙门职掌。

道光二十一年（1841年），中英鸦片战争后，中英签订《南京条约》，清政府同意英国五口通商。自此，列强透过战争，逐渐取得沿海各省重要口岸通商之权，台湾淡水等口岸亦成为通商口岸。台湾发生之民教案件、通商口岸中外交涉案件及外国人人命案件，如果情节重大，应由总理衙门处理。

6. 钦差大臣

清代诸帝常指派钦差大臣审理各省或京师重大案件，钦差大臣之人选，议政王大臣，内阁大学士、学士，军机大臣、章京，六部尚书、侍郎、郎中，都察院左都御史、左副都御史、监察御史

---

[28] 参见那思陆：《清代中央司法审判制度》，144页，台湾，文史哲出版社，1992。

[29] 参见那思陆：《清代中央司法审判制度》，144页，台湾，文史哲出版社，1992。

[30] 《大清会典》，第99卷，1页。

[31] 参见《大清会典》，第99卷，11页。

等官员，均为可能人选。某些外省案件，皇帝也可能指派其他省份总督、巡抚前往审理。㉜

清代自康熙二十二年（1683年）收复台湾后，曾因台湾发生重大谋反案件、民变案件或械斗案件，多次指派钦差大臣来台平定及审判。如乾隆五十二年（1787年）林爽文事件发生时，乾隆帝指派福康安来台处理。《清史稿》载："（乾隆）五十二年，台湾林爽文为乱，命福康安为将军，而以海兰察为参赞大臣，督师讨之。"㉝ 又如道光十二年（1832年）张丙事件发生时，道光帝指派瑚松额来台处理。《清史稿》载："（道光十二年），台湾土匪张丙等作乱，授为钦差大臣，偕参赞哈哴阿赴剿。及抵福建，提督马济胜已擒匪首，台湾略定。十三年春，命仍渡台搜捕余党，擒各路匪首二十余人，贼党三百余人，分别置之法，械送张丙、陈办、詹通、陈连至京诛之。"㉞

7. 巡台御史（巡察台湾御史）

台湾孤悬海外，远隔重洋。来台之闽、客移民与台湾本土之"原住民"，三大族群常因土地等经济利益而冲突。闽南族群内部又有漳州及泉州之分，械斗不已，与民变、谋反相为表里。康熙六十年（1721年）朱一贵事件发生后，清政府定例每三年指派巡台御史（多由监察御史或给事中担任）来台巡察。巡台御史来台巡察原应留驻，乾隆十七年（1752年）后，改为不必留驻。巡台御史之职权类似于明代初年之巡按御史，一切台湾政务（含司法审判），无所不察。惟巡台御史之职务系短期性质，而非长期性质。

巡台御史来台巡察期间，如果遇有情节重大案件（是否情节重大，似由其裁量），亦得亲自审判。乾隆四十七年（1782年）二月初六日，乾隆帝曾斥责当时之巡台御史塞岱（满御史）、雷轮（汉御史）："台湾地处海外，因三年例派御史巡视一次，遇有紧要事件，自应一面提审办理，一面奏闻。……似此有名无实，又安用此巡台御史为乎？塞岱、雷轮仍着交部议处。"㉟ 由此谕旨可知，巡台御史于紧要事件有审判权。

巡台御史巡察台湾完毕后，返回北京，须就其巡察情形提出书面报告。惟巡台御史所提出之书面报告多系空泛建言，敷衍塞责而已。乾隆十二年（1747年），乾隆帝即曾就巡台御史是否停止指派一事，指示廷臣议奏。㊱ 乾隆三十年（1765年）改为随时派往。乾隆五十三年（1788年）二月，清政府停止指派巡台御史，改由闽浙总督、福建巡抚、福州将军、福建水师提督及福建陆路提督每年轮派一人来台巡察。

三、清代台湾案件的地方司法审判机关

清代地方司法审判机关可分为地方文职及武职司法审判机关，兹先析述地方文职司法

㉜ 参见那思陆：《清代中央司法审判制度》，174页，台湾，文史哲出版社，1992。

㉝ 《清史稿》，第330卷，10919页。

㉞ 《清史稿》，第382卷，11638页。

㉟ 台北"故宫博物院"印行：《清宫谕旨档台湾史料（一）》，98页，1996。

㊱ 参见台北"故宫博物院"印行：《清宫谕旨档台湾史科（一）》，9页，1996。

审判机关。

（一）地方文职司法审判机关

清代地方文职司法审判机关层级繁多，《大清会典》曰："总督、巡抚分其治于布政司，于按察司，于分守分巡道。司道分其治于府，于直隶厅，于直隶州。府分其治于厅、州、县。直隶厅、直隶州复分其治于县。"[37] 依此，地方司法审判机关可分为五级：（1）总督、巡抚；（2）布政使司、按察使司；（3）分守道、分巡道；（4）府、直隶州、直隶厅；（5）县、属州、属厅。兹依审级先后，分述台湾文职司法审判机关。

1. 台湾各厅、县——第一级司法审判机关

清代台湾先后设立各级司法审判机关，变化颇大。其设立沿革如下：

（1）康熙二十三年（1684年），设台湾一府，府下设台湾、凤山、诸罗三县，此时为一府三县。

（2）雍正元年（1723年），增设彰化县及淡水厅，此时为一府一厅四县。

（3）雍正五年（1727年），增设澎湖厅，此时为一府二厅四县。

（4）嘉庆十六年（1811年），增设噶玛兰厅，此时为一府三厅四县。

（5）光绪元年（1875年），增设台北府，辖新竹县、淡水县、宜兰县及基隆厅。原台湾府辖台湾县、凤山县、嘉义县、彰化县、恒春县、埔里社厅、卑南厅及澎湖厅，此时为二府三厅八县。

（6）光绪十一年（1885年）建省；光绪十三年（1887年）分设台北、台湾、台南三府，一台东直隶州。台北府辖淡水县、新竹县、宜兰县及基隆厅。台湾府辖台湾县、彰化县、云林县、苗栗县及埔里社厅。台南府辖安平县、凤山县、嘉义县、恒春县及澎湖厅。此时为三府三厅十一县。

（7）光绪十七年（1891年），增设南雅厅，此时为三府四厅十一县。

清代以州（属州）、县、厅（属厅）为第一级地方司法审判机关。台湾亦同。所稍异者，台湾无属州之设立，故仅有县、厅而已。台湾各县设知县（正七品）一人。台湾各厅设同知（正五品）或通判（正六品）一人，均系正印官。

关于清代知县之职掌，《清通典》曰："掌一县之政令，平赋役，听治讼，兴教化，励风治，凡养老、祀神、贡士、读法，皆躬亲厥职而勤理之。"[38]《清通考》亦曰："知县掌一县之治理，决狱断辟，亲理民务。"[39] 上述二书所称之"听治讼"与"决狱断辟"是有关司法审判之职务。台湾各县知县、各厅同知（通判）自有审判权。

清代州县官有司法审判上之职掌，台湾厅县官亦同。其职掌概略如下：

（1）查勘检验：民事案件如争田土坟山之案，常须勘丈；刑事案件如命盗重案，亦需

---

[37]《大清会典》，第4卷，1页。

[38]《清通典》，第34卷。

[39]《清文献通考》，第85卷。

履勘。斗殴案之验伤，命案之验尸检骨，州县官更需亲身为之。后项职掌与今日验尸官同。

（2）缉捕人犯：命案、盗案、匪案等重案发生后，州县官均须于缉捕期限内缉获人犯，如逾期限，例有处分。命案缉凶，盗案缉盗，固有捕官（典史或巡检）为之，但州县官仍负重责。此项职掌与今日警官相同。

（3）管押或监禁人犯：通常州县官把微罪人犯交班房管押，重罪人犯交监狱监禁。管押与监禁类似今日之羁押，班房与监狱犹如今日之看守所。此项职掌与今日检察官相类。

（4）审理词讼：民事案件（如户婚田土案件）及轻微刑案，州县官常予调处和息，重大刑案则必须受理审讯，审讯后，笞杖罪案件应予堂断，徒罪以上案件只能定拟后审转。由放告收呈、调处和息到审讯问案、堂断定拟，此一职掌与今日法官相同。

（5）执行判决：笞杖罪案件，州县自理，堂断后州县官即可执行，军流徒罪案件待审转结案后，州县官须依法发配或接收人犯。至于斩绞重案，无论立决或监候，亦常须州县官执行。此项职掌殆与今日典狱长相似。[40]

至光绪十七年（1891年）止，台湾共有四厅十一县，各县知县及各厅同知（通判）均为正印官，有权受理民间词讼，即有审判权。

台湾各县有些设有县丞（正八品）、巡检（从九品）等官员，因《大清会典》规定“官非正印者，不得受民词”[41]，故县丞、巡检等官无法律上之审判权，惟事实上县丞、巡检等官时常违例受理民词。巡检通常与厅县官不同城，分防于关津险要之地，掌缉捕盗贼。

台湾各厅之设立，变化亦大。兹述其设立沿革如下：

（1）淡水厅：雍正元年（1723年），设台湾府淡水捕盗同知，此时并无审判权，所有刑名案件归彰化县办理。雍正九年（1731年），改为台湾府淡水抚民同知，其职衔上有抚民二字，自此，淡水抚民同知有完整之审判权。光绪元年（1875年），改设淡水县，淡水抚民同知遂废。

（2）澎湖厅：雍正五年（1827年），设台湾府粮捕海防通判。光绪十三年（1887年），又改为台南府粮捕海防通判，迄光绪二十一年（1895年）止。虽其职衔上并无抚民二字，但据考察得知，澎湖粮捕海防通判有除命盗案件外之审判权。

（3）噶玛兰厅：嘉庆十六年（1811年），设台湾府抚民理番通判。光绪元年（1875年），改设宜兰县，噶玛兰抚民理番通判遂废。自嘉庆十六年设立起，噶玛兰抚民理番通判即有完整之审判权。

（4）埔里社厅：乾隆三十一年（1766年）设台湾府北路理番同知，处理民番交涉事件。光绪元年（1875年），将台湾府北路理番同知改设台湾府中路抚民理番同知（驻埔里社），迄光绪二十一年（1895年）止。自光绪元年（1875年）设立起，台湾府中路抚民同知始有完整之审判权。

---

[40] 参见那思陆：《清代州县衙门审判制度》，16～17页，台湾，文史哲出版社，1982。

[41] 《大清会典》，第52卷，2页。

(5) 卑南厅：乾隆三十一年（1766年）设台湾府南路理番同知，处理民番交涉事件。光绪元年（1875年），将台湾府南路理番同知改设台湾府南路抚民理番同知（驻卑南）。光绪十三年（1887年），改设台东直隶州，南路抚民路番同知遂废。自光绪元年（1875年）设立起，台湾府南路抚民理番同知始有完整之审判权。

(6) 基隆厅：光绪元年（1875年），设台北府分防通判。光绪十一年（1885年），改为台北府抚民理番同知，迄光绪二十一年（1895年）止。自光绪十一年（1885年）起，其职衔上有抚民二字，基隆抚民理番同知始有完整之审判权。

(7) 南雅厅：光绪十七年（1891年），设台北府南雅理番捕盗通判。光绪二十年（1894年），改为台北府南雅抚民理番通判，迄光绪二十一年（1895年）止。自光绪二十年（1894年）起，其职衔上有抚民二字，南雅抚民理番通判始有完整之审判权。

由上述设立沿革可知，淡水厅、基隆厅及南雅厅设立之初并无审判权。自淡水捕盗同知改为淡水“抚民”同知、台北府分防通判改为基隆“抚民”理番同知、南雅理番捕盗通判改为南雅“抚民”理番通判后，始有审判权。至于澎湖厅，该厅自雍正五年（1827年）设立后，即有除命盗案件外之审判权。

上述台湾七厅为独立之机关（属厅），其地位与县相等。至于台湾各府派驻各地仅有捕盗、海防、理番职衔之同知、通判等官，并非独立之机关，其地位不及厅县，无审判权。

2. 台湾各府及台东直隶州——第二级司法审判机关

康熙二十三年（1684年）设台湾一府。光绪元年（1875年）增设台北府。光绪十三年（1887年），分设台北、台湾、台南三府。台湾各府设知府（从四品）一人。

《大清会典》定曰：“府属之州县厅由府审转。”㊷ 台湾各府审转所属厅县之案件时，台湾各府为第二审。光绪十三年（1887年），设台东直隶州。台东直隶州设知州（正五品）一人，该直隶州之下并无所属厅县，故台东直隶州审理案件时，为第一审。

府上隶于司道，下领州县厅（属厅），府的地位约与直隶州、直隶厅相当。对于州县厅自理的户婚田土及笞杖罪以下刑名案件，有查核之权，对于徒罪以上案件则有审转之权。直隶州上隶于司道，与散州之隶于府者不同。其下领县，地位与府相同。清代台湾各府有审转各厅县案件之权，台东直隶州则直接审理所辖地区之案件。

3. 台厦道或台湾道——第三级司法审判机关

台湾道颇多司法审判之职掌，兹将其设立沿革分述如下：

(1) 康熙二十三年（1684年）设台厦道，辖台湾和厦门，并兼兵备衔。

(2) 康熙六十一年（1722年）台厦道去兵备衔。

(3) 雍正五年（1727年）设台湾道，辖台湾和澎湖。

(4) 乾隆三十二年（1767年）台湾道加兵备衔。

(5) 乾隆三十三年（1768年）乾隆帝下达谕旨：“（四川按察使）孙孝愉着以按察使衔

㊷ 《大清会典》，第55卷，3页。

管理台湾道事务。”[43]

（6）乾隆五十三年（1788年）台湾道“加按察使衔，俾得奏事”[44]。

（7）光绪十一年（1885年）台湾建省，台湾并未增设按察司。一切应由按察司审转之案件，均由台湾道审转。

《大清会典》定曰：“直隶厅直隶州本管者，由道审转。……知府有亲辖地方者，其本管亦由道审转。”[45]《大清会典》此项规定与清代司法审判实务似有出入。按清代直隶州及直隶厅徒罪以上案件，无论是否本管均须由道审转，薛允升即曰：“直隶州一切案犯由道审转解司，此定章也。”[46] 故道审转之案件，并不限定于直隶州及直隶厅之本管案件。直隶州及直隶厅无属县时，道为第二审。直隶州及直隶厅有属县时，道为第三审。

清制，布政司之下设分守道，按察司之下设分巡道。分守道为布政使之次官，分守各道；分巡道为按察使之次官，分巡各道。两者职权本不相同，分守道专掌钱谷，分巡道专掌刑名，后其区分渐次泯灭，至清末，守道、巡道并得掌刑名钱谷。[47]

台湾道（或台厦道）为分巡道（正四品），法理上系福建按察司之分司。台湾道又系兵备道，握有部分兵力。台湾因孤悬海外，远隔重洋，故台湾道又特加按察使衔［乾隆五十三年（1788年）］，得专折奏事，与督抚提镇等方面大员并无不同。建省以前，台湾道员是台湾最高文职官员，事实上掌理一切台湾政务。在司法审判上，台湾道对于台湾各府及台东直隶州刑名案件有查核及审转之权。申言之，台湾道对于台湾各府（及所属厅县）及台东直隶州自理的户婚田土及笞杖罪以下刑名案件，有查核之权；对于徒罪以上案件则有审转之权。

对于台湾斩绞监候死罪案件秋审之核覆，台湾道因系福建按察司之分司，又因远隔重洋，此类案件秋审之核覆，由台湾道办理部分业务。光绪十一年（1885年）建省，台湾并未增设按察司。一切应由按察司审转之案件，均由台湾道审转。台湾道于司法审判上之重要性于此可见。

4. 福建按察使司（按察司）——第四级司法审判机关

按察司为一省刑名总汇，府或道审转之案件均须由按察司再行覆审，覆审后，申详督抚。由府审转时，按察司为第三审。由道审转时，按察司或为第三审或为第四审。

依清制，“按察使掌振扬风纪，澄清吏治。所至录囚徒，勘辞状，大者会藩司议，以听于部、院。”[48] 各省按察司设按察使（正三品）一人，上受督抚指挥监督，下领各道各府，掌理一省司法。徒罪以上案件须由按察司审转。

对于台湾徒罪以上案件，福建按察司有审转之权。但因台湾路途遥远，是类案件多先由台湾道审转。除情节重大死罪案件恭请王命，先行正法外，寻常遣军流徒人犯，及命案

---

[43] 台北“故宫博物院”印行：《清宫谕旨档台湾史料（一）》，60页，1996。

[44] 《大清会典事例》，第25卷，20页。

[45] 《大清会典》，第55卷，3页。

[46] 薛允升：《读律存疑》，黄静嘉编校之重刊本，1252页。

[47] 参见那思陆：《清代州县衙门审判制度》，4页，台湾，文史哲出版社，1982。

[48] 《清史稿》，见鼎文书局版《清史稿》，第116卷，3348页。

拟徒人犯，毋庸解省覆审。

对于台湾斩绞监候死罪案件秋审之核覆，台湾道办理部分业务，但福建按察司仍负主要职责。

5. 闽浙总督、福建巡抚或台湾巡抚——第五级司法审判机关

关于闽浙总督之设立，《清史稿》载："顺治二年，置福建总督，驻福州，兼辖浙江。五年，更名浙闽总督，徙衢州，兼辖福建。十五年，两省分置总督，福建总督驻漳州，浙江总督驻温州。康熙十一年，移福建总督驻福州。明年，省浙江总督。二十六年，改福建总督为福建浙江总督。雍正五年，特授李卫总督浙江，整饬军政吏治，并兼巡抚事；郝玉麟以浙闽总督专辖福建。十二年，复省浙江总督，仍合为一。乾隆元年，诏依李卫例，特授嵇曾筠为浙江总督，郝玉麟仍专辖福建。三年，嵇曾筠入阁，郝玉麟仍总督闽、浙如故。闽、浙或分或合，至是始为永制。光绪十一年，省福建巡抚，并兼巡抚事。"㊾

关于福建巡抚及台湾巡抚之设立，《清史稿》载："顺治元年，置福建巡抚，驻福州。光绪元年，移驻台北。十一年，台湾建行省，改福建巡抚为台湾巡抚，兼学政事，其福建巡抚事归闽浙福建兼管。二十一年，弃台湾，省巡抚。"㊿

总督（从一品）与巡抚（正二品）职掌之区分，《大清会典》等典籍中并未明载。大体言之，总督的职掌偏重在军事，巡抚的职掌偏重在民事。以司法审判而言，一省同时有总督及巡抚时，该省刑名案件的覆审多由巡抚主持，总督仅于刑案具题时会衔而已。只有总督或只有巡抚之省，则由一人执行督抚二项职务。但若干情节重大特别案件（如谋反、戕官、盗匪、械斗、民变及邪教等案件），则须由总督巡抚会审，两者审判权大体相同。闽浙总督与福建巡抚司法审判上之分工，与上述原则相符。至于台湾斩绞监候死罪案件秋审之核覆，多由福建巡抚主持。

台湾除上述地方文职司法审判机关外，另有地方武职司法审判机关得参与情节重大特别案件之司法审判。

（二）地方武职司法审判机关

1. 台湾总兵（台湾镇）

康熙二十三年（1684 年），设台湾总兵。雍正十一年（1733 年），台湾总兵"挂印"。乾隆五十一年（1786 年），林爽文事件平定后，台湾总兵加提督衔。光绪元年（1875 年），福建巡抚冬春驻台，闽抚驻台期间台湾总兵撤去挂印。光绪十一年（1885 年）台湾建省，台湾巡抚执掌全台政务（含司法审判），台湾总兵完全撤去挂印。

清初，全国设总兵六十九人，其中五十六名为陆路总兵，十三名为水师总兵。台湾总兵属于水师总兵，但却握有陆路兵力。又全国共有十个挂印总兵，台湾总兵为挂印总兵。挂印总兵与其他非挂印总兵不同之处，在于挂印总兵有部分审判权。

清代台湾汉"番"杂处，闽客对立，时有变乱发生。为加重台湾总兵在军事及治安上

㊾ 《清史稿》，见鼎文书局版《清史稿》，第 116 卷，3339～3340 页。

㊿ 《清史稿》，见鼎文书局版《清史稿》，第 116 卷，3344～3345 页。

的权责，故特许其挂印，并加提督衔。建省以前，台湾总兵是台湾最高武职官员。因此台湾总兵与台湾道员（台湾最高文职官员）之间时生权力冲突问题。

依清代官制，总兵为正二品，道员为正四品。台湾道员虽加按察使衔，也只是正三品。就清代官制而言，台湾总兵（正二品）高于加按察使衔的台湾道员（正三品）。在台湾史上，时常发生镇道不和的情形，影响台湾政务甚巨。

清代台湾常发生谋反、戕官、盗匪、械斗、民变及邪教等案件，而上述几种案件经常是互为表里的。对于上述情节重大特别案件，台湾总兵不但有平定乱事、缉捕盗匪的职责，也得参与司法审判。

台湾总兵为方面大员，得专折奏事。乾隆五十三年（1788年）林爽文事件以后，台湾总兵与台湾道员经常奉旨联衔具奏。对于上述情节重大特别案件，台湾总兵常与台湾道员等官员会审。情况紧急时，台湾总兵并得将人犯“先行正法”或“就地正法”。惟台湾总兵系武职官员，司法审判并非其主要职掌。

2. 福建水师提督

康熙元年（1662年），置福建水师提督。康熙七年（1668年）省。康熙十七年（1678年）复置，以迄于清末。

福建水师提督为台湾总兵之上司，提（提督）镇（总兵）二人均为方面大员。台湾遇有变乱发生时（如朱一贵事件、林爽文事件），福建水师提督基于军事及治安之职责，须渡海来台，平定乱事，缉捕盗匪，也得参与司法审判。

福建水师提督专辖台湾。来台平定乱事后，常与台湾总兵、台湾道员等官员会审案件。情况紧急时，亦有将人犯“先行正法”或“就地正法”之权。惟福建水师提督系武职官员，司法审判并非其主要职掌。

3. 福建陆路提督

顺治四年（1647年），置福建陆路提督，以迄于清末。

福建陆路提督亦为方面大员，对于福建全省（含台湾）有军事及治安之职责，台湾发生变乱时，于情节重大特别案件，福建陆路提督亦得参与司法审判。惟就有关档案史料观之，台湾之军事及治安，似以福建水师提督及台湾总兵负较大之职责。朱一贵事件发生时，福建陆路提督并未来台平乱。但林爽文事件发生时，福建陆路提督曾来台平乱。

福建陆路提督得参与司法审判。来台平定乱事后，得与台湾总兵、台湾道员等官员会审案件。惟福建陆路提督系武职官员，司法审判并非其主要职掌。

四、结　语

清代台湾为大清帝国之一省，并无独立之司法审判体系，重大案件皆须送中央核覆。此种情形与日本统治时期无独立司法审判体系并无二致。本论文原拟以“清代台湾的司法审判机关”为题，惟该题目易导致误解为论述“设立于台湾的司法审判机关”，而设立于北京及福州的司法审判机关则未便论述。故为周延起见，特将本论文题目订为“清代台湾案件的司法审判机关”。

清代台湾案件的中央司法审判机关有：（1）刑部；（2）都察院；（3）大理寺；（4）内阁；（5）军机处；（6）吏部；（7）兵部；（8）总理衙门；（9）钦差大臣；（10）巡台御史等机关。在上述机关中，有些是主审机关，有些是协审机关。兹分述如下：

（1）主审机关：主审机关的概念类似行政上的主办机关。刑部、都察院、大理寺均系主审机关。军机大臣、内阁大学士、钦差大臣及巡台御史等官员如奉旨会同审判重大案件，亦系主审机关。

（2）协审机关：协审机关的概念类似行政上的协办机关。吏部、兵部、总理衙门及其他中央机关如奉旨审判重大案件，系协审机关。

主审机关与协审机关共同审理案件时，称为会审。此种会审与三法司会审，名称相同，实质内容则有差异。

清代台湾案件的地方司法审判机关又分两类。文职司法审判机关有：（1）台湾各厅、县；（2）台湾各府及台东直隶州；（3）台湾道；（4）福建按察司；（5）闽浙总督、福建巡抚及台湾巡抚。武职司法审判机关有：（1）台湾总兵；（2）福建水师提督；（3）福建陆路提督。前述主审机关与协审机关之概念，亦可适用于地方司法审判机关，闽浙总督、福建巡抚、台湾巡抚、福建按察司、台湾道、台湾各府及台东直隶州、台湾各厅、县等机关均系主审机关。福建水师提督、福建陆路提督、台湾总兵等机关均系协审机关。

清代台湾案件的司法审判制度包括两部分：（1）清代台湾案件的司法审判机关；（2）清代台湾案件的司法审判程序。本论文仅就第一部分加以论述，但是第二部分比第一部分更为复杂，更为重要。

清代台湾案件均须经各级司法审判机关加以审判，由地方到中央司法审判机关，层级繁多，程序复杂。重大案件从呈控、批词、查验、检验，到传唤、拘提、缉捕、监禁，再到审讯、定拟招解、府道司审转、督抚覆审，最后到刑部或三法司核拟、皇帝批行，以至于执行刑罚，全部司法审判程序十分烦琐复杂。

研究清代台湾案件的司法审判程序，在地方机关档案，目前已有《淡新档案》可资利用。在中央机关档案，目前已有内阁档案（三法司、闽浙总督、福建巡抚等有关司法审判之题本）及军机处档案（三法司、闽浙总督、福建巡抚、福建水师提督、台湾总兵、台湾道员等有关司法审判之奏折）可资利用。但是台湾各厅县报送台湾府、台湾府报送台湾道、台湾道报送福建按察司及福建按察司报送闽浙总督、福建巡抚有关司法审判之文书，鲜见档案史料。在学术研究上，研究清代台湾案件的司法审判程序，史料略嫌不足。但是本项研究对于台湾法制史研究有重大价值，对于台湾史研究亦有重大意义。

（说明：本文原刊《空中大学社会科学学报》，第六期，1998 年 5 月。现做少量文字修删后刊发。）

赖惠敏

从命案看清前期的国家与社会（1644—1795）

简介

赖惠敏，台湾地区台中市人。1988年台湾大学历史学博士，现为台湾“中央研究院”近代史研究所研究员。曾在台湾“清华大学”及东吴大学兼任副教授、教授。主要著作有《明代南直隶赋役制度的研究》、《天潢贵胄：清皇族的阶层结构与经济生活》、《但问旗民：清代的法律与社会》，以及清代社会经济史论文若干篇。目前正在进行的研究计划，包括清代内务府财政、清代少数民族法律与社会研究。

目次

前 言

清代是中国人口发展极为快速的时期，然而统治地方的州县衙门组织却仍维持有限的员额。[①] 故清代的社会至少有三种势力的控制：其一为乡绅；其二为家族；其三是地方胥役。关于乡绅和家族的势力介入地方控制，如地方保甲、慈善公益、仲裁纠纷等，目前已有许多学者的研究成果问世。[②] 乡绅之外还有地方上的差役，如总甲、保甲、地方，亦为维持社会秩序的重要人物。佐伯富认为"地方"有双重职责：他既是乡村社会的代表，又是政府的联络员。由于他是乡村社会的代表，所以最适合充当此职。[③] 黄宗智于《民事审判与民间调解：清代的表达与实践》一书中认为乡保处理村庄和宗族的琐细纠纷，他有责任代表社区和宗族把意见和调解努力上报衙门。[④] 瞿同祖在《中国法律与中国社会》中提到："家际之间必有一共同的法律，一最高主权，来调整家际之间的社会关系，尤其是在有冲突时"[⑤]，族人之间形成共同的法律，称为族规。若族人有违反家族法律行为，即有族长率同族人共同惩治，如将犯过的族人处死。瞿同祖认为族长掌握生杀权，在穷乡僻壤不知曾发生多少次。亲族内私下和解命案最为常见，有所谓"家丑不可外扬"，亲戚总是设法摆平争端。就州县官的立场来说，往往将呈投的家族争讼案件，交家族尊长先行调解。所谓"清官难断家务事"，有些案件的确由族人自行调解比较恰当。

在乡绅、家族、胥役所控制的清代乡村社会，当他们从事仲裁纠纷的工作时，通常被认为具有公信力，是正面、积极的，因为一般州县官希望民事纠纷由当事人私下和解，乡绅、地保成为极佳的和事佬。萧公权也曾讨论地方势力对于宗族械斗、农民抗租、水利纠纷的调解问题。[⑥]《台湾惯习记事》载："清代台湾的汉人以金钱取代复仇的赔偿制度广为流

---

① See Chu, Tung-tsu, *Local Government in China under the Ching*, Cambridge, Harvard University Press, 1962.

② 参见李孝悌：《十七世纪以来的士大夫与民众——研究回顾》，载《新史学》，1993 年，第 4 卷第 4 期，97～139 页；于志嘉：《日本明清史学界对"士大夫与民众"问题之研究》，载《新史学》，1993 年，第 4 卷第 4 期，141～175 页。

③ 参见佐伯富：《清代の郷約地保について一清代地方行政の一齣一》，载《东方学》，28 期，91～100 页；[美]明恩溥著，午晴、唐军译：《中国乡村生活》，北京，时事出版社，122、156、251、274～278 页，1998。

④ 参见黄宗智：《民事审判与民间调解：清代的表达与实践》，北京，中国社会科学出版社，124 页，1998。

⑤ 瞿同祖：《中国法律与中国社会》，18 页，台北，里仁书局，1982。

⑥ 参见萧公权著，陈国栋译：《调争解纷——帝制时代中国社会的和解》，载《迹园文录》，91～152 页，台北，联经出版公司，1983。

行，该赔偿制度其固定的通则以适用于误杀为主，政府亦特别予以注意。”⑦ 可见刑案亦有以金钱和解的。但是，清代的司法体系是明显倾向权力一元化的，即涉及杀人、伤害、抢劫等重大刑案时，不论被害人是否提出起诉，地方政府都要立案侦查、审断，而且必须上达朝廷。有关杀人和抢劫案件由三法司引律拟定罪名，最后罪犯处决与否之决定权则掌握在皇帝手中。既然清代司法权集中于皇帝，而地方上却习惯以私和了事，那么皇权能否渗透民间则是一个问题。

杜赞奇（Prasenjit Duara）认为清末中央政权企图将国家权力深入社会基层，而乡村的权力却由“文化网络”所组织形成，文化网络包括如血缘关系、庇护人与被庇护人、传教者与信徒等关系，因此国家政权不能将其意志强加于所有的文化网络结构之上。⑧ 利用杜赞奇这种观念来看清代命案的审理过程，也会发现即便像皇帝所独断的杀人案件，在地方上亦有它的运作法则。州县官、地方保甲、乡绅、宗族等都有可能扩大其私有权力，与国家权力相抗衡。他们在谈判过程中，充分发挥权力且又得到实质利益，无不是一个表现“面子”的机会。因此本文将讨论的第一个问题是中央政府的政令是否到达每个百姓，在中央政府和百姓之间究竟有哪些人通过怎样的机制来维持社会秩序。第二个问题是在古代社会盛行的复仇主义是否延伸至清代社会。⑨ 我们发现，在清代经济快速发展，以至于犯案者希望用金钱来平息事端，而丧家经由地方人士协调，也允许以银钱了结。双方都以比较理性的态度来处理这些不幸事件，而不赞同杀人抵命的行为。第三个问题是自古以来杀人偿命的法则，在清代已有不同的诠释。譬如，朝廷法律与家族私法之间维持某种默契，朝廷对于家族擅自杀死违法的族人，系依擅杀律处置，而不判处死刑。

本文所引用资料来源有《刑科题本》土地纠纷命案类、婚姻奸情类；《内阁汉文黄册》刑部各省重囚招册等。⑩ 在清代，杀人的案件约有几十万件，要从这些案件中找到私下和解的情况并不难。命案发生后，当事人的亲戚朋友或者地方、地保之类的人士热衷地参与此事，并汲汲营营地为双方说合。包括州县官、乡绅、地保、亲戚等，他们从事私和的动机表面看来是为了息事宁人，经过官员逼供之后大都承认是为利所诱。州县官为增广财源，以弥补他薪俸之不足，对他所经手处理的命案可能索费千两以上；乡绅、地方总甲、乡邻、亲戚等的索价则多寡不等。命案的口供中透露说合人如何谈判，化解了什么样的问题，这些都表现着国家司法一元化与社会和解之间的矛盾与冲突。

---

⑦ 台湾惯习研究会原著，台湾省文献委员会译编：《台湾惯习记事》，第 3 卷下，第 7 号，16～17 页，台北，台湾省文献委员会，1988。

⑧ Prasenjin Duara, *Culture, Power, and the State: Rural North China, 1900—1942*, Stanford: Stanford University Press, 1988, pp. 4—5.

⑨ 有关复仇主义的讨论，参见李明德、马小红：《中国古代法律的社会特征》，21 页，北京，中央党校出版社，1993。

⑩ 《刑科题本》，土地纠纷命案类、婚姻奸情类，北京，中国第一历史档案馆藏。本文引婚姻奸情类有两种不同编号：其一为“包”号，系“文化大革命”时整理的旧编号；其二为“全宗、卷、号”是一档馆新近整理的编号。

一、从中央到州县

（一）中央政府

根据清代的司法审判程序，若发生杀人案件时州县衙门为第一审，州县官对案件进行初审，勘验尸伤现场。他们必须将初审作出建议性的处理意见，再往上报府、省，由省级专门处理司法案件的按察使受理后，直到督抚。地方审理死刑案件，重要的是拟律，提出定罪量刑的意见，由督抚向皇帝具题。各省督抚具题的案件，经内阁票拟，进呈皇帝，照例是奉旨“三法司核拟具奏”。名义上三法司核拟，其实真正核拟的工作由刑部承担，即对案卷进行复核，查看定罪量刑是否符合《大清律例》。各省督抚上呈题本的副本揭帖咨送刑部，刑部草拟三法司核拟的题本，拟定系情实、缓决、可矜、留养承祀后上呈皇帝，由皇帝本人批准，死刑的判决才正式生效。清朝皇帝对于死刑案犯的勾决，真正做到完全操纵生杀大权。⑪ 故通常《刑科题本》首页看到的皇帝朱批大多是“依议”、“该部核拟具奏”、“三法司核拟具奏”，或者“〇 〇依拟应绞，着监候，秋后处决”的字样。

清代朝廷对地方的控制是由命案的审讯过程，自地方到中央层层上报，皇帝可以就任何失职的官员、胥役、乡保等加以处分。雍正十一年（1733 年）八月间，傅教化强暴谢氏，谢氏欲挣脱以致负伤。次日，谢氏的丈夫诸文彩与邻佑邱集玉、保长陈绍箴到傅教化家理论。傅教化出小钱一吊、稻谷一石给谢氏疗伤，不料谢氏伤重身死。有孔为先令邱集玉捏称谢氏临终嘱咐不要连累傅教化，孔为先说：“想个法子把傅教化弄轻了，就不怕事”，并告诉傅教化供认“和奸”以图减刑，因为“和奸不过打几个板子，便可完事”。孔为先原本与谢氏有奸情，怕东窗事发，便教唆邻佑与傅教化等。又傅教化刑书吴启圣受纸笔赃钱一千文。弋阳县知县孟贡遂信和奸，将傅教化依枷责处分。接任的知县周延寿亦不行审出实情。后经按察使凌焘亲自审讯究出前情。⑫ 类似的案例在《刑科题本》中很常见，这一方面说明清盛世期间，因皇帝关心吏治，所以各级地方衙门皆能善尽职守，特别对州县官审讯的过程加以监督；另一方面也说明州县以下的地方行政易与土豪势力结合，将大事化小、小事化无，造成国家与社会之间权力抗衡。

（二）地方衙门

当命案发生后，州县衙门的运作过程是否能完全符合朝廷的规定是值得观察的。清代州县官通常没有受过专门的法律训练，但必须同时兼任侦探、检察官、法官、陪审员等数种职务。所幸，县官们常得到通晓法律的幕僚、书役的帮助。幕僚并不属于正式的行政系

---

⑪ 关于清代司法审判的程序研究，参见［日］滋賀秀三：《清朝時代の刑事裁判》，载氏著：《清代中國の法と裁判》，东京，创文社，1984，3～92 页；郑秦：《清代司法审判制度研究》，长沙，湖南教育出版社，1988；那思陆：《清代中央审判制度研究》，台北，文史哲出版社，1992；吴吉远：《清代地方政府的司法智能研究》，北京，中国社会科学出版社，1998。

⑫ 《刑科题本》，婚姻奸情类，全宗 2，第 6 卷，第 13 号，乾隆元年（1736 年）四月十五日。

统，他们只是县官的私人雇员。因此，幕僚自己不能参与审判案件。⑬ 州县官担任了司法上的重要角色，所以他们能在案发后，设法向犯案者勒索。同时，州县官的幕僚、书役因熟悉司法程序，往往也巧立名目向当事人诈取银两。

康熙十八年（1679年）山东发生一件州县官与胥役讹诈犯案者家属的案件。事因王氏向县衙门控告伊子高复兴被候补经历杨居仁、杨士键父子打死，知县李芳广将杨居仁之子监禁在钱粮仓库。李芳广借人命为题，纵容钱粮书办乔洪绪、党衿任巳仁、管家王淮等三次向杨居仁讹诈4 000余两。李芳广向杨居仁的亲戚任巳仁说："先因王氏在我跟前具告，伊义子被杨居仁父子杀死。将杨居仁之子杨士键羁仓是实。我并不曾以此事说要银子，不好听。有特参民欠两样，若不送我几千两银子，伊子就不得命了。"李芳广叫他转达并给银2 650两。李芳广又说他向监生姜士英借银900两，叫杨居仁替他还。不久，李芳广要送上司礼物，叫杨居仁打造银盘24个、银壶2把等。

钱粮书办乔洪绪说杨居仁给银子时，称说是钱粮银子。"搬送至衙门二堂，放在收钱粮的柜内。"事完之后，杨居仁给乔洪绪40两银子。任巳仁则得到杨居仁给的10疋绢子。其余俱照乔洪绪坚供不移。杨居仁怕替知县还银两的事情被人发现，烦请了生员崔岩去替他还900两银子。三法司原判李芳广合依"凡官吏因事受财计赃科断枉法赃八十两绞监候"律，应革职拟绞监候，秋后处决；乔洪绪、任巳仁照"凡说事过钱者与受财人同科"例，俱应拟绞监候，秋后处决。后奉旨改为李芳广认工赎罪，乔洪绪、任巳仁应缓决。⑭ 由这个案例也可以看到俗谚上所说"有钱判生，无钱判死"：县官李芳广明明贪了4 000多两银子，依照官员享有的赎罪特权，以认工赎罪了事；而乔洪绪只得40两银子、任巳仁拿了10疋绢子却判缓决。黄宗智认为州县官是"一方面受传统与道德的约制；另方面则受到官僚规则的严格限制"⑮。不过，少数州县官也可能受利之所趋或者滥用权力而隐匿案情。有关于这方面的问题在清代的笔记小说中也常提及，像黄钧宰的《金壶七墨》叙述李七和邻人争讼隙地，邻人行贿县官吴蕊元，以致李七入狱遭衙役搒掠遂自缢。其弟李九奋不顾身为兄雪冤，却遭吴蕊元鞭笞至体无完肤，最后是江苏巡抚听说李九冤情，刑讯吴蕊元等，尽得实情。⑯ 有趣的是笔记小说描述州县官员受贿、逼死人命之后，还特别强调"天理昭彰"：若不是被上司发现他的弊端而革职，就是州县官遭遇子孙暴卒的后果。这种天网难逃的报应观，无非是作为警世之用。

地方衙门书役没有工食银，所以常借着办理刑案时收取纸笔费、抄写费等，取得额外收入。关于书役索贿的情形在命案中更是很常见的。康熙五十八年（1719年）十二月间，钱子元因不知情向王五购买赃物，被无锡县差捕役张天观查获。钱子元畏惧牵累，转托冯

---

⑬ Derk Bodde, Clarence Morris, *Law in Imperial China: Exemplified by 190 Ch'ing Dynasty with Historical, Social, and Juridical Commentaries*, Philadelphia: University of Pennsylvania Press, 1973, p. 5.

⑭ 《内阁汉文黄册》，微卷C字号，第39卷，第2423册，"康熙十九、二十等年刑部秋审犯人招册"。李芳广认工赎罪；乔洪绪、任巳仁应缓决。

⑮ 黄宗智：《民事审判与民间调解：清代的表达与实践》，106页。

⑯ 参见陆林主编、陈敏杰、丁晓昌选注：《清代笔记小说类编·案狱卷》，294～295页，合肥，黄山书社，1994。

裕常向捕役说合给银 6 两。次年四月，捕役张天观又要向钱子元收取赔赃银 14 两 4 钱，钱子元没钱，张天观逼他卖女儿，钱子元妻子李氏情急，跳跌伤胎身死。冯裕常、张天观各以“奸徒串结衙门人役陷害良善诈骗财物者”律，枷号两个月，责四十板，革役。[17] 杨之仁之女止姑被杨梅拐逃，杨之仁报官，胥役曹贤借名缉拿，向杨梅的姊夫徐万锐强索银两布疋，曹贤应佥妻解部面上刺字发宁古塔给披甲人为奴。[18]

田文镜所编的《钦颁州县事宜》中提到地方官亲自勘验命案现场时，必须“传集仵作刑书，单骑减从，亲往相验，切勿差催搭棚等项，亦不可任仵作刑书远离左右”[19]。仵作系州县衙门中负责验尸、验伤的衙役，仵作验尸后所填写的尸格、伤格，对死伤刑案的侦察和审理有重要的作用，是判案的重要证据之一。[20] 刑书即负责书写之差役。他们充当衙门差役，社会地位低微，却往往在验尸过程中有各种索贿的名目，有起发路费、盘费、送牌费、盘子费、检卷费、听刑费、车钱、差账等等，以及收取贿赂以减犯罪者的刑责。举例来说，张朋佐杀人案发后供称，请至戚严敏斋到城里安顿刑房仵作，要他谎称“刀口齐裁，色白无血污”死后伤，以便脱罪。此事，严敏斋、刑书李昌言先各分 3 两银。李昌言受贿赂捏报伤痕，等县官验尸后张朋佐再给李昌言 4 两银。仵作验伤的证明系因收贿后假造。[21] 另有一案例系张三殴伤马信身亡，张三贿赂仵作王世业一串钱，叫他捏报自缢伤痕。王世业供称：“小的是个穷衙役，贪小就应允了。”[22] 可见清代地方衙门撙节经费，反而造成衙役不得不借着索贿维生。

并且，州县官对于命案往往采取息事宁人的态度，希望大事化小，小事化无，说服双方以钱财和解了事。雍正朝山西巡抚诺岷的奏折提到：“州县官员为息事宁人，每有命案发生，只收取被害人亲属免讼之书，以期减刑发落，堂外了结。被害人亲属冀图得些财物，情愿呈文。此习形成既久，愚人以为舍几两银子即可杀一人命，故命案增多。”[23] 从奏折中可看出州县官抱着多一事不如少一事的态度，而涉及命案的家属又希望以钱财了事，最后只花了几两银子就私下和解。但《大清律例》所载“尊长为人杀私合”律文为：

凡祖父母、父母及夫，若家长为人所杀，而子孙、妻妾、奴婢、雇工人私和者，杖一百、徒三年。期亲尊长被杀而卑幼私和者，杖八十、徒二年；大功以下，各递减一等。其卑幼被杀而尊长私和者，各（依服制）减卑幼一等。若妻妾、子孙及子孙之妇、奴婢、雇

---

⑰ 参见《康熙六十年已完未完事件文册》，内阁满汉黄册，微卷 C 字号，第 42 卷，第 2549 册。

⑱ 参见《刑科题本》，婚姻奸情类，全宗 2，第 1 卷，第 13 号，乾隆元年二月十三日。

⑲ 田文镜、李卫奉敕编，崔蓉译：《钦颁州县事宜》，载张希清、王秀梅主编：《官典》，第 2 册，820 页，长春，吉林人民出版社，1998。

⑳ 参见经君健：《清代社会的贱民等级》，135 页，杭州，浙江人民出版社，1993。

㉑ 《刑科题本》，土地纠纷命案类，第 437 盒，乾隆十年三月。在陈以湉撰述的《冷炉杂识》中提及仵作验尸必须用糖醋罨洗，或死者日久以醋燎坎等法，才不会误断死因。参见陆林主编，陈敏杰、丁晓昌选注：《清代笔记小说类编·案狱卷》，“典狱”篇，“朱大令断狱”篇，284、288 页。

㉒ 《刑科题本》，婚姻奸情类，全宗 2，第 8 卷，第 9 号，乾隆元年五月六日。

㉓ 中国第一历史档案馆译编：《雍正朝满文朱批奏折全译》，507 页。

工被杀，而祖父母、父母、夫、家长私和者，杖八十；受财者，计赃准窃盗论，从重科断。[24]

尊长为卑幼私下和解，必须受杖、徒之刑，接受财物则等同窃盗财物论罪。然而，山西巡抚诺岷的奏折中却看到地方以几两银子私下和解，这可以说是对皇权的直接挑战。

另外，在地方审案过程中还有督抚扩大职权擅自杖毙人命的情形。据辅国公普照的奏折所言："边省地方，历来刑名案件，题报者少，皆因督抚专擅私行。外结罪人生死，全由督抚一时之喜怒，总无一定之刑法，或从宽枷徒了局，或严刑设法致死，甚有立毙杖下，处命狱中，更有掀枷扭项致死之法，惨不可言者，全凭督抚威福，不尊朝廷律例，此外结之锢蔽也。"[25] 辅国公普照提议各省督抚将命案匿不题报者革职，以杜绝重案外结之事。此奏折与浙江巡抚黄叔琳殴死霍茂芳案件不谋而合。雍正元年（1723年）海宁巨室陈世倌的嫂嫂家人金宁强与霍茂芳斗殴，次年巡抚黄叔琳至浙江，陈家因与他有姻戚关系，故向他央求。黄叔琳捉拿霍茂芳，"无故杖责，又枷号致死"。黄叔琳的家人又依仗巡抚的威权，肆意向商铺人家索拿争闹，引起杭州城商人罢市三次。[26] 雍正皇帝对此案子特别重视，将肇事者陈世倌捉拿审讯，将黄叔琳革职。

我们从《中国历代名案集成》中所见的州县官在审案时，察言观色，从容辨析，并能深入民间调查，一举破案而将犯人绳之以法。[27] 像蓝鼎元的《鹿州公案》即是记录他识破地方上保正、讼师、差役鱼肉百姓的伎俩，从而在地方上起了威慑的作用。的确，刑案最重视的是罪犯和相关者的口供，若州县官认为双方的口供有矛盾之处，还可以征调邻人、地保等询问罪犯日常举止，或被害者的行事等等，多方考察以使案情水落石出。而在州县之上的知府、按察使、督抚也同样就口供资料进行查比，若发现其中藏蹊跷，即可召集罪犯与相关人员重新审讯，让案情真相大白。所以就目前所见的和解案件来说，州县官本身涉案的人数仍少于胥役人等，这显示出清朝盛世期间吏治较为清明。

（三）乡保

清代的法律规定，凡是有斗殴、命案，应由乡里的保甲往上呈送案情。实际上在《刑科题本》中，记载着乡里间的乡长、总甲、地方、保正却往往在案发后，替双方言和。我们可从乡保等人的口供了解其中的理由等各种状况。

（1）为息事宁人

黄六鸿在《福惠全书》提到保甲"争斗口角者，宜互相为之劝解"。保甲既以息讼为职责，对于斗殴伤亡的事件亦采取和解的态度。保正替丧家争取一定的赔偿额数，才能化解丧家心头之恨。乾隆二年（1737年），有易召仁、召义、召礼、召智、召信兄弟五人，因召仁无嗣，由召义子可亨过继立嗣约，承受遗产7亩。易召礼不服，欲割取可亨田亩的稻子，

---

[24] 吴坛著，马建石、杨育棠主编：《大清律例通考校注》，第26卷，814页。

[25] 参见中国第一历史档案馆译编：《雍正朝满文朱批奏折全译》，872页。

[26] 中国第一历史档案馆译编：《雍正朝满文朱批奏折全译》，1002页。

[27] 参见辛子牛等编：《中国历代名案集成》，上海，复旦大学出版社，1997。

被可亨打死。保正易华玉出面与召礼的妻子唐氏商议私和，可亨将田 1.35 亩、水塘 1 口、基地 1 块给唐氏养老。唐氏不允。易华玉又劝召义出银 43 两给唐氏和儿子可盛收受掩埋，匿报案情。乾隆六年（1741 年）易可盛因他父亲不曾除灵，又向召义索取银两替父亲做道场，召义不给，可盛牵了 2 头牛作质。召义提出控告而暴露可亨打死叔叔的事情。㉘ 从这个案例来说，唐氏争取的不仅是她个人的养赡银两，最重要的是给儿子入殓掩埋等费用，毕竟在中国人心目中送死是件大事。

由于私和案件违背清律上的规定，若查出违律者，对说合人亦照《大清律例》之“不应轻”律及“以财行求计赃以枉法论”等条文论罪。事例一为郑文黄殴死罗添富命案，郑文黄的父亲郑继尧顾虑儿子杀人抵命，愿意给予罗敬忠田亩养老，央请柴权一、方文连、罗坤山说和。罗敬忠虽然答应，却因痛子惨死，提出控诉，讲和之事终未立契券。柴权一、方文连、罗坤山应照“不应轻”律笞四十，各折责十五板。㉙

乾隆十五年（1750 年）八月间，余举邦家有竹山一嶂，与余带望兄弟们公管分股砍竹。余带望一房内因要修理祖坟缺乏经费，将他们兄弟分管的竹山典给余举邦兄弟管砍，议定 5 年满后仍归他们掌管。后来余带望自己偷砍竹子，被余举邦殴死。有族人余士广、姻戚刘亦员出面劝和，余举邦的哥哥让三听从刘亦员的劝说，允许出银 5 两、钱 3 000 文，作为余带望棺殓费用；并邀同约保吴文标捏称余带望痧病身死。㉚ 由此可见保正若有意息事宁人替双方说和，案情便隐匿下来。甚至有保甲为息事宁人，自己掏腰包来和解。潘完妹被邻佑打死，保正郭天锡给钱 3 400 文、曾武臣给钱 3 000 文，叫李氏不要报官，李氏答应。㉛ 清水盛光讨论中国的乡村统治时，提到村老等实施村落内部的自治，其职权往往超越民事的范围，而扩大至刑事领域，刑事事件经由大部分乡民同意村老等自行裁决。意即村长在村落中具有刑事上的惩治权，以及民事上的管治权。㉜

（2）乡保收取银两

乡保隐匿案情的理由是涉及讹诈。田金山于乾隆二十五年（1740 年）欲窃刘老汉之棉被，刘老汉惊觉喊叫，田金山奔逸，被邻居张四、戴富、梁四等擒获。张四怒田金山屡次为匪，伙同戴富、梁四勒死田金山，并未报官，予以掩埋。乡长牛玉琇、唐整查知，起意讹诈。张四、梁四和事后知情的梁学友、郑二、郑四等俱畏到官衙拖累，共凑钱 28 500 文交给牛玉琇、唐整收受。田金山的堂叔田宽、田九如风闻，向牛玉琇查问。牛玉琇、唐整恐事败露，将钱易银分给田九如银 7.6 两、钱 300 文，田宽银 3.5 两、钱 400 文，余钱 18 040文，牛玉琇等分用。田九如得受银钱隐讳，田宽持赃告知族长田逄湛呈控报县。涉及私和刑案者照罪处分：张四照“罪人不拒捕而擅杀”律拟绞监候，因病故毋庸议。梁四

㉘ 《刑科题本》，土地纠纷命案类，第 433 盒，乾隆十年。

㉙ 参见《刑科题本》，土地纠纷命案类，第 1049 盒，乾隆二十年三月。

㉚ 参见《刑科题本》，土地纠纷命案类，第 1049 盒，乾隆二十年三月。

㉛ 参见《刑科题本》，土地纠纷命案类，第 425 盒，乾隆十年四月十日。

㉜ 参见［日］清水盛光：《中國の鄉村統治と村落》，108～113 页，东京，日本评论社，1949。

等事后惧累出钱私和，梁四除出钱5 000文计赃轻罪不议外，其听从张四指使帮同抬埋，应照“地界内有死人里长地邻不申报官司检验律”杖八十，折责三十板。梁学友出钱3 000文，郑三、郑四各出钱4 000文，除私和人命轻罪不议外，均应照以财行求计赃，以枉法论1两至5两、杖八十，无禄人减一等，杖七十，各折责二十五板。乡长牛玉琇、唐鳌均应照知人犯罪恐吓取钱者以枉法论例，赃10两、杖九十，无禄人减一等，杖八十，各折责三十板，革役。田九如系田金山小功堂叔，得银7.6两、钱300文，隐匿不报，除计赃轻罪不议外，合依“卑幼被杀而尊长私和者各依服制减卑幼一等”律，小功减期亲二等，杖一百，折责四十板。㉝

（3）农忙之缘故

还有些案例显示乡保说和系为了农忙之故。海丰县蔡阿五调戏彭望伦之妻张氏，被望伦的兄弟彭攀伦捉获，交练总吴智攀、地保黄曰千等，吴智攀以时际农忙，劝令彭望伦不要报官，由阿五之兄蔡羲中备酒邀望伦到家和解。岂料张氏羞愤投水殒命。吴智攀合依“私和奸事”律杖一百，徒三年。黄曰千、蔡羲中、彭望伦等杖九十，徒二年。㉞

连巡夜的人员也接受贿赂。陈仁乏嗣，过继二姨之子刘武为子，更名陈武。陈武在草桥开设饭铺，族人陈大有与陈三麻亦在草桥卖饭。陈大有因陈武所卖的馍馍过大，夺了他的生意，又以陈武异姓混宗，希图绝产，起谋杀之念。陈大有与陈三麻杀害陈武。后有胡五巡夜，见地上有死人，声言报官，陈大有给他小钱3 000文。㉟

在黄宗智的研究中，乡保常独自或者与其他人共同进行纠纷调解。也因为他在官府和社会上具有关键性的中介角色，所以乡保的权力扩张，甚至于有滥用的情况发生。我们从乡保参与和解的案件来看，乡保不只是滥用权力，亦企图从私和命案来取得银两，充当他的额外收入。

二、乡绅与家族

我们从《刑科题本》中看到地方的乡绅涉及命案时，案件的内容显得极其复杂。因乡绅在地方上被视为“势家”，若发生命案，必得勾结衙门书役，将案情隐匿。再者，乡绅包揽案情，一方面向罪犯索取银两；另一方面则串通书役或州县官来私和案件。举例来说，于可绩为山东省文登县武举时，于康熙二十八年（1689年）七月内，诱王大赌博输钱4 000文，于可绩逼勒王大夫妻典当在他家。夜间于可绩传唤邢氏至房内，强行奸淫，以致邢氏次日缢死。于可绩备棺抬埋邢氏，而于可绩之弟可欲又向王大之父亲王义学索要棺价，义

㉝ 《刑部湖广、贵州、福建、河南、四川、江西、浙江、陕西、广东、山东等省缓决囚犯招册》，内阁满汉黄册，微卷C字号，第47卷，第5613册。

㉞ 参见《刑科题本》，婚姻奸情类，全宗2，第4卷，第12号，乾隆元年三月二十二日。

㉟ 参见《刑部各省缓决重囚招册》，内阁满汉黄册，微卷C字号，第64卷，第4045册。

学情急缢死。于可欲恐事败露，自写状稿，又给王大银 30 两，妄告赵四奸杀邢氏，及邢二、马国相抄抢刺死王义学等诬词。于可绩合依“因奸威逼人致死”律，拟斩监候。[36] 至于于可绩逼死邢氏却又叫王大诬告赵四奸杀，以及王义学被人刺死等，在清律中诬告也是一种罪名，但比起威逼人致死来说处分较轻，依照“二罪俱发以重论”的原则，于可绩依律处斩监候。这个案例说明乡绅出银两请别人代为料理案件。

另有乡绅代人料理命案，收取银两的事情。康熙末年，扬州府如皋县贡生许揆，因冯易殴死柳盛生，嘱托许揆包管料理，付银 400 两。许揆即贿赂仵作银 4 两，讳伤不报。又给伊侄许瑞生银 60 两，呈告柳盛生非冯易致死。如皋县知县周鼎鉴将罪名转嫁冯易之奴仆窦龙儿，拟定过失杀人，得银 400 两。周鼎鉴后来得知，冯易拿出银 1 400 两，他只得 400 两，又拿获冯易家人刘瑞竹，夹逼身死。[37]

雍正七年（1729 年）高藩娶了马氏为妻，雍正十三年十月间马氏去世，据高藩的说法，因他夜间读书口渴，要马氏倒水喝，马氏不从，高藩骂她，马氏随即投缸溺死。马氏的母亲来探望，见女儿口鼻有淡血水流出，疑是被毒死，便提出控告。第一回任邱县令邵之楷审断马氏系自杀身亡。王氏不死心又向府提出控诉，且提及高家贿赂仵作之事。当时邵之楷告病离任，知府饬宁乡县令吴锴、平遥县知县雷畅会审马氏案件。高藩供出增生高明达、附生张子斌贿买仵作缘由。原来高藩与马氏口角，趁马氏取水时将她栽进水缸，头顶心后擦了一块皮约有两寸长。高藩害怕，请叔叔高明达做主，高明达请姻亲张子斌作陪，给仵作任林几两银子。高明达打算给 2 两，任林不依，张子斌说合再添 3 两，事后还给 2 两，任林隐匿马氏顶心后的伤痕。高明达又给刑房高佐 2 两银当纸笔费，给差人王成武、高大成 4 两银“买他个脸面”[38]。从这个案例来看，高明达和张子斌两位都是生员，有一定的社会地位，他们之所以能行贿胥役，是因为了解胥役会顾及他们的身份而给面子，胥役收取银子之后便隐匿案情。

另一个控制地方的势力是家族。一般家族族规上记载着族长得司法权，如调处息讼的司法功能，若宗族认为其罪行须“鸣官”，则送官府处置。在《中国的家法族规》中记载若干家族对于奸淫、不孝不悌、偷盗抢劫、破坏祖墓、不务正业等行为的族人，采取严厉惩处，令其自尽，或者勒毙、打死、溺毙、活埋、丢弃等手段。[39] 如桐城《赵氏宗谱》提到：“发冢、谋杀、蠹毒、威逼、奸淫、斗殴及骂者，各依律罚治。凡系绞斩以上罪当死者，处死。若有他人在内，俱送官。”[40] 瞿同祖认为在穷乡僻壤族长掌握生杀权，也不知私下处理

---

[36] 《康熙朝二十八至五十四年刑部秋审犯人招册》，内阁满汉黄册，微卷 C 字号，第 39 卷，第 2429 册。

[37] 《内阁汉文黄册》，微卷 C 字号，第 43 卷，第 2548 册。“康熙六十一年已完未完事件文册”。以上的案件中，提及贿赂仵作讳伤不报。

[38] 仵作任林依照“故出人罪”律，应革役，杖一百，流三千里，到配所折责四十板。《刑科题本》，婚姻奸情类，全宗 2，第 2 卷，第 2 号，乾隆元年二月二十日。

[39] 参见费成康等编：《中国的家法族规》，98～122 页，上海，上海社会科学院出版社，1998。

[40] 安徽桐城《桐陂赵氏宗谱》。转引自吴吉远：《清代地方政府的司法职能研究》，65 页。

了多少命案。在《刑科题本》中的确有些命案是由族人私自处死罪犯。[41] 这说明清代国家的控制力不能够完全贯彻到社会基层，国家与人民之间由家族的力量来维持着社会秩序。

家族之间发生最多的问题应为钱财纠纷。在乾隆年间有李惠子生子四人，李焕明居长，次为李绍明，李成明行三，李章明行四。乾隆十四年（1749 年）李惠子将家产分给诸子。乾隆十九年（1754 年）李章明未婚病故，遗田 1.95 石。李惠子将章明名下的田提出 1.5 石分给三个兄弟，每人分得 5 斗，其余 0.45 石自己留作养赡田。乾隆三十年（1765 年）二月李惠子过世，安葬过后，李焕明说他是长房，他的儿子李辉升是长孙，应分长孙田，要将父亲遗留下来的养赡田分作长孙田。李绍明与成明不答应，他们认为，有长孙田的话，应于父亲在世时就该说了，先前既然没有讲明，如今仍应兄弟三人均分。李焕明不允许，兄弟斗殴，李焕明受伤。随请族人、姻戚李云周、萧以芬，保邻李悦周、李惟士公同调处，令李成明等在所争赡田内提田 1.5 斗给李辉升做长孙田，余田 3 斗由李焕明、李绍明、李成明均分。[42] 李焕明先是受伤，后因破伤风病故，故由族人、姻戚、保正、邻佑等人共同出面协调，主要让长孙得到一份田产。他们只为了 1 斗 5 升的田地，闹出命案，可见兄弟之间也没什么友谊。

有些亲戚却假借说合的名义，诈取银两。举例来说，张宗昌祖遗道生原、屈家原、彭家原山地三处，合户承种已历经五十余年。乾隆七年（1742 年）有高宗周拆墙寻获伊祖高奖首垦地亩印照四张，系用罐子装着砌在墙内。高宗周以张宗昌所种地亩为伊祖首垦产业，引起争控。县衙门尚未审理该案，两家族自行互殴，以致高宗周族叔高守明被打死。高宗周等人与张家谈判，高守玺出主意和解，由张家给 12 串钱、一副棺材，以及原先两家所争种 2 石麦的地亩。高守明妻子吴氏不肯要，高守玺、高宗周们说："人已死了，你把这些东西拿去罢！我们以在县具结求和了。"吴氏与子出首控告。据吴氏供称，张家原先给 4 000 文钱时高宗周得了 1 600 文，第二次给 8 000 文时高宗周得了 400 文、高守玺得了 500 文，吴氏先后得 9 500 文。高宗周共得和事钱 2 000 文。[43] 可见说合人从中取得不少好处。

从一些案件的口供中了解，犯罪行为发生之前，双方都曾经找过亲族公议，希望取得亲族公正的议论，以解除冲突。不过，要是这种亲族公议未能消弭争执，最后还是免不了流血事件。例如，王运甲 9 岁时父亲王人昌身故，母亲郭氏改嫁。王运甲由胞叔王元兴与妻子符氏抚养长大，王运甲素性游荡，假借符氏刻薄相待，要分财产。嘉庆十一年（1806 年），王元兴邀同族众，将祖遗产业与王运甲均分，写立分单。王运甲因符氏有白布 1 疋也想均分，族众以符氏买料自织，并非公产，议明不应分给。次年，王元兴外出探亲，王运甲又至符氏家向她索取布疋，符氏不给。符氏见王运甲不顾抚养旧恩，转怀恶念，起意杀害。伙同母亲张氏、妹夫周士洪将王运甲杀害。[44] 王元兴邀请族众均分家产，王运甲却贪婪

---

[41] 参见《刑科题本》，婚姻奸情类，全宗 2，第 7 卷，第 1 号，乾隆元年四月十五日。

[42] 参见《刑科题本》，土地纠纷命案类，第 1744 盒，乾隆三十年十一月十六日。

[43] 参见《刑科题本》，土地纠纷命案类，第 434 盒，乾隆十年。

[44] 参见《嘉庆中叶广东司审过重囚册》，内阁满汉黄册，微卷 C 字号，第 47 卷，第 6407 册。

得连1疋布都想分取，故引起符氏不满加以杀害。

若发生家族之间的械斗行为，族众协调工作就更为复杂，他们得共同商议，从族人中找一人抵命，然后协商由真正犯罪者给予自愿者部分财产。通常出面当抵命者系族中年老贫困者。张雨小共殴胡场身死案，原先张家陂与胡姓上洋陂连界，两姓因争水灌溉斗殴，张姓族人殴死胡场，张永茂出面认罪。他供称，张老保同张廷光们在祠堂商议，必要找一人来抵命，以免得拉扯众人。张永茂因家中贫困，自愿出来认作凶手，凡有田的族人都要贴他田地养赡家口。张廷光写田1.8亩、张士敬写田0.9亩、张添吉写田2.6亩、张旺生写田1.8亩、张祥正写田2.4亩、张老保写田3.3亩、张祥福写田0.5亩。俱讲定与青苗一起，由张仰如写约交付给张永茂。[45] 这些族人所贴给的地亩不等，或许系按照家族成员的贫富程度，有田者多捐献，田少者写的亩数也少。关于年老人者出面认罪的理由，似乎根据蓝鼎元《鹿州公案》所述“刑法不能加”不能逼供。又清律“老小废疾收赎”第四条例文载：“每年秋审人犯，其现在年逾七十，经九卿拟以可矜，蒙恩宥免减流者，准其收赎。”[46] 所以年老顶罪，若系“可矜”，即可宽宥收赎，不一定死罪。

我们从刑案中，确实也见到族人共殴犯罪者的情形，可以了解家族处分犯罪者之私法。杨枢的孀妻刘氏与侄孙刘第二发生奸情，怀孕生子后将婴儿勒毙，被族人杨三路发现告官。刘氏的夫兄杨权、杨柄闻知羞愤，唤刘氏侄子刘克贤至家中，叫他携回刘氏改嫁。刘克贤不答应，认为刘氏败坏两家门风，不如处死干净，再回家处死儿子刘第二，故杨权等令杨承运将刘氏勒死坑埋。依照河南按察使缪孔昭呈文，杨承运应照“谋杀期亲尊长已杀者皆凌迟处死”律，应凌迟处死。杨大魁、刘克贤依“谋杀缌麻以上尊长已杀者皆斩”律，应拟斩立决。刘第二合依“奸出嫁祖姑监候绞”律，应拟绞监候。杨榷、杨柄依照谋杀人从而不加功应杖一百，流三千里不等。据地方程勋、保正岳起哲、甲长杨澄清供称：“雍正十二年六月二十一日晚，听得杨三路叫骂说刘氏养下私孩，小的们因他们是家务事，没有禀报。”[47] 三人合依不应重律各杖八十，折责三十板。但刑部官员对于杨承运、杨大魁处分有不同看法，刑部驳案系根据例载：“同族果有凶悍不法、偷窃奸宄之人，事起一时合族公愤，不及鸣官，处以家法以置身死。随即报官者，该地方官审明死者所犯劣迹，若实有应死之罪，将为首者照罪人应死而擅杀律，杖一百。”若罪不至死，但其素行为通族所共恶，将为首者照应得之罪减一等。刘氏所犯系属应死之罪，并非宗族之人捏称怙恶无故杀害者可比，应将杨承运、杨大魁照为从减一等律，应杖九十。这个案件显示，家族私法处分偷窃奸宄的犯罪行为，国家亦予许可，为首者并不以尊卑的律文处分。而地方程勋、保正岳起哲、甲长杨澄清被处分，则说明他们对清代法律不清楚，凡是发生奸情或者溺婴行为，这已经不属于“家务事”的范围，身为地方上治安人员不应袖手旁观。

---

[45] 参见《刑科题本》，土地纠纷命案类，第428盒，乾隆十年。

[46] 陆林主编、陈敏杰、丁晓昌选注：《清代笔记小说类编·案狱卷》，39页；吴坛著，马建石、杨育棠主编：《大清律例通考校注》，第5卷，266页。

[47] 《刑科题本》，婚姻奸情类，全宗2，第4卷，第6号，乾隆元年三月十四日。

滋贺秀三在《刑案に現われた宗族の私的制裁としての殺害》论文中提到宗族对于族人犯罪的杀害造成国家统治与宗族的自治之间的冲突，到底国家对这样的事件如何判决？中国自古以来有“杀人者死”，但是对于宗族的意图表现正义行为的杀害，如谋杀、故杀，是引用《刑律·捕亡》罪人拒捕“擅杀”的规定，杖一百。这是雍正五年考虑宗族的立场而产生的新法，不过到乾隆五年此法又废，系为避免“任匹夫之好恶，操生杀大权”[48]。乾隆六十年（1795年）于刑律斗殴“殴期亲尊长”附条例限“有服尊长杀死有罪卑幼”才能依照擅杀律，嘉庆十九年（1814年）修改为“期亲以下有服尊长杀死有罪卑幼之案”照擅杀律，此条例一直援用至清末。这是国家避免族群性的私自处置罪犯，而较同情近亲惩治有罪的子孙。《内阁汉文黄册》目前找到清初至嘉庆朝287个案件是有关亲属间的命案，族人之间虽有休戚与共的族群关系，却也因彼此之利益相近易导致冲突，如分产、土地界址纠纷等，如果彼此缺乏协调和沟通，容易造成斗殴命案。

三、从命案看清代的社会

从实际的案例来看，乡村社会中发生冲突，首先找亲邻解决，取得双方妥协、同意签订契约，若未能达成任务，再送往州县处理。这也是近年来中外学者所讨论的“民间调解”[49]。参见滋贺秀三认为民间调停纯粹是社会现象，不是国家的制度，在调停不成才以打官司为最后手段。[50] 黄宗智也提及清代法律认为近亲兴讼是不道德的行为；邻里族人有责任解决争端。[51] 我们从档案中看到土地纠纷的处理方式确实系以亲邻协调为优先，若双方不服调解引发斗殴杀伤案件，才送官究办的。

（一）民间调解与契约

近亲所调解的纠纷案件应以分家问题最多，虽然从唐律以来即有诸子均分家产的规定，但实际分家时还有争执的问题，必须由亲族来协调并写下分家单作为依据。清代的官民都相信契约的公信力，若告争家财田产，有司查验宗族写立分书；置买产业，应有典契、卖契；凡男女订婚，应写立婚书。一旦双方发生冲突，必以契约为信，契约成为官员判罪的证据。例如赵琰的父亲赵自盛有兄弟三人，赵自盛居长，赵自安居次，赵自乐行三。赵自安乏嗣，将土地24亩分给赵琰、赵自乐两门承管。赵自乐的儿子赵朋不务正业，逃出在外，将地退还赵自安，统归赵琰承受。赵琰将赵自安赡养葬完毕，赵朋回家争分财产。经亲族公议，拨给赵朋地4亩5分，其余地亩仍归赵琰管业。[52] 亲族明知赵朋未曾奉养赵自

---

[48] 滋賀秀三：《刑案に現われた宗族の私的制裁としての殺害》，载氏著：《清代中國の法と裁判》，93～144页。

[49] ［日］滋贺秀三等著，王亚新、梁治平编：《明清时期的民事审判与民间契约》，175页，北京，法律出版社，1988。

[50] 参见滋賀秀三：《清代中國の法と裁判》，254～255页，东京，创文社，1984。

[51] 参见黄宗智：《民事审判与民间调解：清代的表达与实践》，131页。

[52] 《刑科题本》，土地纠纷命案类，第1744盒，乾隆三十年五月二十四日。

安，但他们必须秉公处理，仍分田亩给赵朋。又如黄业亮于嘉庆十七年间典受族人黄奕衍房屋一所，言明二十年五月后取赎。后来黄业亮往江西贸易，于十八年四月将房屋转典给族人黄昌斌管业，议定 3 年回赎。嘉庆二十年五月，黄奕衍邀同黄观石伊同往赎，黄业亮以伊经转典限期未满，不能即赎。黄奕衍欲拉黄业亮投族老理论。[53] 在这两个案例中显示，发生纠纷之初系由族人协调，而非送官究办，不幸的是双方意气之争引发斗殴伤亡事件，再由州县处理。

若是发生土地争执问题的是两姓家族，处理纠纷的调解人则系地邻等。资尔德有祖遗山岭一处，原系买自罗君重的祖业。因山下有荒坪一块，资尔德等于雍正十三年（1735 年）开垦，至乾隆元年（1736 年）栽种稻谷。罗君重认为荒坪原未上契，遂将稻子割走，而资尔德认为契上原载荒坪在内。经投地邻众议，罗君重应退谷一半，酬谢资尔德开垦荒地之劳力。[54]

在民间调解的过程中，契约凭据是很重要的，给予钱财或产业都必须写下来，由双方及见证人共同签字。乾隆十八年（1753 年），吴姓和徐姓的械斗中，结果徐姓有人被吴姓打死，吴姓族人凑银两给自愿认罪的吴海曾签订契约为凭。事因吴添、吴回家的祖坟与徐五祖遗山场相连，徐五等至山场采煤，被吴添打伤身亡。吴添的叔子吴海认为此事原为大家住居龙脉而起的，自己情愿承认凶手。吴海家里贫困，吴添允许给吴海 20 两银子养赡家口，便与吴回凑 8 000 钱作银 10 两先给吴海，两人并答应还欠 10 两银子陆续交清。吴海怕他们反悔，要吴添的父亲吴炳写了一张担承字约，有萧孟在场作中的字约。立约内容为：

立议约为因徐姓突于花古岭来龙山挖煤，伤龙绝脉，各姓屡次哀阻，皆因徐姓不依，生命所关，只得赶阻。有伤徐五，吴海自愿认罪，议将银二十两以供家室，当日付钱八千文。今恐无凭，立约存用。

乾隆十八年 立约人 吴添、吴回、吴海、萧孟、吴炳[55]

吴海出面顶罪，吴添等给他 20 两银养家的契约，成为主要证据。这种“约”是相互合意的、有效的。但和解的文书，若有一方不愿顺从，自行向官厅起诉，仲裁契约则仍不能发生效力。[56] 类似这样的案件，在诸联的笔记《明斋小识》载浙江义乌县民沈某因子被族众殴伤，遂与众人立约“今且延医视尔子，若死也，则与尔田若干，钱若干，请勿涉讼。”[57]

---

[53] 参见《嘉庆末年广东司审完绞犯》，内阁满汉黄册，微卷 C 字号，第 47 卷，第 6402 册。

[54] 参见《刑部湖广省缓决囚犯招册》，内阁满汉黄册，微卷 C 字号，第 47 卷，第 5616 册。

[55] 《刑科题本》，土地纠纷命案类，第 1051 盒，乾隆二十年三月。

[56] 前南京国民政府司法行政部编：《民商事习惯调查报告录》，台北，“司法行政部”，1171 页，1969 年。原文载：“书公判字，或书和息字、簕写合同，双方各执一纸，历年既久，即为有效，此种习惯，湘阴县最通行。为甫经和解，或一方终不甘允随，向官厅起诉者，即仲裁契约，仍然不能发生效力。”

[57] 陆林主编，陈敏杰、丁晓昌选注：《清代笔记小说类编·案狱卷》，175 页。

有关嫁娶方面则立有婚书为凭。以潘良栋所立婚书为例，其内容包括立婚者夫妇姓名、女儿生辰八字、出嫁对象、财礼银、亲生女儿非抱养过继，最后是主婚人与媒人共同画押。

立婚书人潘良栋同妻何氏系云南本滇住民，因家贫情愿将亲生女本命丙申年十月初八巳时生。夫妇商酌明白，央请媒在中说合立婚书，出嫁与王九锡名下为正室，当日言明接受财礼银四十两整，入手收足。自嫁之后宜孙宜子，科甲联芳。其女实是亲生，并非抱养过继之儿，倘有内外亲族人等声言借故生端，俱系父母一面承当，如有反悔异言，甘认设骗之罪。此系二比情愿，并无逼迫等情，今恐人心不古，立此婚书存照。

雍正十二年十一月初六日

立婚书人潘良栋同妻何氏 凭媒胡氏、林荣 知见李氏俱押[58]

由契约文书制度也衍生了不少陋规，如收取画字礼的习俗。雍正十年（1732年），李晋仕将田皮1亩6合退与刘能锡得价银31两。李晋仕过世后，妻子詹氏招赘廖必辉照管家务，扶养儿子李士仁。乾隆十八年（1753年）李士仁因欠债，将田皮8合又退与刘能锡共2亩4合，一并绝退。刘能锡找银35两。在漳州府瑞金县的惯例，儿子出名退田，母亲在场画押要个画字礼，刘能锡给了2石税谷抵账，詹氏嫌少又找钱600文。[59] 画字礼据杨国桢的解释为"给在契上画押签字的中见亲邻等的礼金"[60]，清代的土地买卖在写立卖契（正契）之外，在习惯上还需附加写立手续使费，画字礼即其中之一。

（二）中介的角色与收入

在清代来说，说合人正式的称呼叫"经纪"，农民称为中人。在契约书上写中人；口头上称为说合人。或说"眼见为证人；说合为中人。"[61]《中国农村惯行调查》、《台湾惯习记事》也提说合人、中保人的角色。清代的中保人或称为说合人是在田产买卖中的见证人，他与官中、牙纪不同。[62] 清代中人费用有"成三破二"的谚语，譬如买卖价格100吊，买主付3吊，卖主付2吊。[63] 从刑案中提及的土地买卖中介费用，例如陈一本凭刘岐山弟兄作中，把田卖与温第佐，许给刘岐山中人钱5 000文[64]；乾隆二十八年（1763年）谈起隆将二亩田卖与族人谈体全为业，系谈玉作中，言明价银20两，中银5钱包在正价之内。[65]

男女婚嫁，媒人是重要的中介角色，即所谓"媒妁之言"。《大清律例》中规定男女订婚之初，若有残疾、庶出、过房："虽已纳聘财，期约未至，而男家强娶，笞五十。"以下

---

[58] 《刑科题本》，婚姻奸情类，全宗2，第10卷，第7号，乾隆元年五月二十九日。

[59] 参见《刑科题本》，土地纠纷命案类，第1047盒，乾隆二十年二月。

[60] 杨国桢：《明清土地契约文书研究》，238页，北京，人民出版社，1988。

[61] 中国农村惯行调查刊行会：《中国农村惯行调查》，第3卷，280、376、311页。

[62] 参见中国农村惯行调查刊行会：《中国农村惯行调查》，第2卷，299页。

[63] 参见中国农村惯行调查刊行会：《中国农村惯行调查》，第3卷，264、280页。清代有官方的经纪采取"成三破二"的规定，376页。现今台湾地区的房屋买卖中，中介亦收5%的服务费，由卖方付4%、买方付1%的规定。

[64] 参见《刑科题本》，土地纠纷命案类，第1753盒，乾隆三十年。

[65] 参见《刑科题本》，土地纠纷命案类，第1743盒，乾隆三十年五月二十四日。

案例系妇女再嫁时，其家属与新人之间发生冲突，媒人所扮演折冲角色。张金贵病故，遗妻常氏贫欲再醮，任世通即托康现作媒，欲娶为妾，因任世通止出财礼银15两，未允。迨乾隆元年（1736年）十月十八日晚任世通赶集醉归，途遇康现复促同往说合，康现许其增添，张均成子随赴嫂窑与伊嫂之兄常廷秀计议，讵任世通突进窑内声言当夜成亲，常氏即避往邻室，张均成子常廷秀面责其非，张均成子打死任世通依律拟绞。[66]

当媒人的介绍费大约5钱到8钱左右。前述的潘良栋立婚书中的媒人胡氏得媒钱5钱，林荣得过媒钱8钱银子，他们的口供说："小的们穷苦愚人，巴不得人家姻亲事成，得几个媒钱养活家口。"我们拿媒人撮合婚事收媒钱和当时工资相比较，当时雇工每月薪资大约300多文钱。例如李小和尚雇给钮贵生的老子钮吉做工，由李好习当保人，言明工价小钱3 900文，正月上工做到十月下工，做一月算一月的工钱，每月390钱，原是短工，没有立契。[67] 吴安国到吴安齐家做工，一年工钱5 000文，没立雇约。[68] 可见媒钱大概比雇佣一个月的薪水多。

而在命案的说合中，主要是犯罪者出资给中人，罹难者家属不用付费，而且给罹难者家属的费用和中人比例也不一。例如刘文打死周三，给孀妇王氏5 000文，说合人的谢礼钱3 400百文。

从命案的口供中也找到一件雇觅杀手的价格。黄安志的妻舅梁连汉无子，黄安志将伊子黄王受承继受产。梁连汉的弟弟梁连贵以异姓乱宗赶逐黄王受，将自己儿子梁王胜立嗣。黄安志愤而萌生杀机，与黄日高商量，并给他钱1 300文、银0.7两代觅杀手。若黄日高杀了梁连贵另给10两银。黄日高给黄钰楞银0.7两，黄钰楞诱梁连贵到黄日高家赌博，在途中殴死梁连贵。[69]

（三）理与利之间

从以上的命案中可以看出有些人肯接受说合，拿钱了事；有些人则坚持要报官处置。这两种心态可以说是义理和利益之冲突。自古以来，中国法律就认定杀人偿命的必然性，而且清朝政府对命案处理方式特别审慎，得从州县、府、巡抚至中央三法司，其间的作业程序可能达几个月，所以便如山西巡抚诺岷说的，州县官员为了息事宁人，每有命案发生收取被害人亲属免讼之书，以期减刑发落，在公堂外私下了结；被害人亲属冀图得些财物，情愿呈文。便有人以为舍几两银子即可杀一人命。

在说合的案件中，主张和解的角色大部分是妇女，像潘完妹命案中，其母亲收取保正的钱6 400百文，买了棺材、布疋收殓花费5 400文，及1 000文雇人抬棺埋葬。乾隆十年（1745年），总保钱中望因章士秀杀士贵案子，私拿1两银子，案情不报官，将士贵的尸体烧了灭迹，士贵的母亲章姚氏和舅舅姚加英也主张埋了士贵，但士贵的儿子与母舅却不依，禀

---

[66] 参见《刑部山西省缓决囚犯招册》，内阁满汉黄册，微卷C字号，第64卷，第5593册。

[67] 参见《刑科题本》，土地纠纷命案类，第1050盒，乾隆二十年三～四月。

[68] 参见《刑科题本》，土地纠纷命案类，第1042盒，乾隆二十年。

[69] 参见《刑部各省五次缓决重囚招册》，内阁满汉黄册，微卷C字号，第47卷，第5617册。

报县衙门处理。[70] 又据曾杨氏供称："许乔生殴死次子。许乔生央了袁仁八叫她不要报官，把二十五两银子并买棺修荐。曾杨氏想家里穷苦，儿子已死不能复生，自己年高七十五岁，遂依了。"长子曾先九不依，赴县禀报，曾杨氏就把银子退还。[71] 易召礼的命案中，保正出面议和，给召礼的遗孀唐氏田 1 亩 3 分 5 厘、水塘 1 口、基地 1 块。唐氏不允，又给了银 43 两作为掩埋费用。妇女接受和解的原因可能是清代法律中规定妇女不准上公堂，报呈案件必须委托亲戚或家人代为报呈之故。刘文殴死周三，周三妻子欲提出控告，刘文央请地方程玉完、邻人郭锐，并王氏之弟向王氏讲和，许给钱 5 000 文，王氏依允。刘文当措钱 5 000 文交程玉完等转付王氏备棺敛埋。刘文又给程玉完等谢礼钱 3 400 文，隐匿未报。嗣经周三的弟弟周四自外归家查知情由赴县具禀。[72]

但是，若是妇女发生命案，她的娘家可能就不轻易罢休。前述高藩杀马氏的案件中，马氏的母亲王氏，说高藩与马氏结褵五年嫌马氏面貌丑陋，几次要休了她。又马氏死了之后，高家原本允许厚葬，但王氏眼看高家办丧事不齐备，"棺材前灯也不点，又不诵经。"王氏叫侄儿马国位去告状。高藩答辩："因为小的家穷，丧事不能从厚。丈母要好棺材、又要好绫绸衣服殡送、还要七七念经，小的一个穷人如何能依他?"高家明明花了 10 余两银子贿赂仵作和书役，却不愿意予以马氏厚葬，因此王氏一心要讨回公道，至府控告，终于查出马氏被害的缘由。

结　论

由本文的讨论大致可归纳出几点结论。

第一，明清社会被认为是中央集权统治的时代，皇帝贯彻了一君万民的理念，冀望皇权能到达社会的个个角落。事实上，就黄宗智所研究的清代的民事诉讼案件中，经由民间调解的案件比正式审判的案件更多，这些"第三领域"的角色系半官半民性质，作为官府和社会间的关键中介人物，也可能发展成滥用权力的地步。[73] 日本研究明清社会史的学者也发现，明清社会中的说合人担任中介、协调角色，成为整合人们行为方式或社会关系的活动。[74] 本文从命案的角度来观察清代国家和社会之间的权力问题，发现在国家和民众之间也存在乡保、乡绅、家族来担任中介的角色，他们有意将原本要上达朝廷的命案给予隐瞒，若说他们是整合社会关系，毋宁说是权力和金钱的诱惑，使他们得以银钱来协调人际关系的法则。又根据调解人的身份高下，价码也有差异。譬如有州县官参与协调的案件，肇事者非得出银千两以上不可；士绅包揽的案件亦得花上数百两银子；地方、总甲因为他们有

[70] 参见《刑科题本》，北京，中国第一历史档案馆藏，土地纠纷命案类，第 425 盒，乾隆十年四～十月。

[71] 参见《刑科题本》，土地纠纷命案类，第 1746 盒，乾隆三十年十一月十一日。

[72] 参见《刑科题本》，土地纠纷命案类，第 1051 盒，乾隆二十年三月。

[73] 参见黄宗智：《民事审判与民间调解：清代的表达与实践》，126～132 页。

[74] 参见［日］滋贺秀三等著，王亚新、梁治平编：《明清时期的民事审判与民间契约》，178 页。

维持地方安宁的作用，站在处理命案的第一线，如果他们有意隐匿案情，出面说合，由肇事者花费一二十两银子以便平息纠纷。由此看来，在清代各层层说合人的运作之下，让一个命案销声匿迹并非难事。

第二，我们从命案中发现清代社会阶层的意义，乡绅原本不该参与命案的说合，但涉及利益或者家族的声誉，他们还是设法尽量隐匿案情，尤其地方胥役对于乡绅心存畏惧，也不得不接受贿赂。其次，清朝原则上是承认乡保排解争议，以及家族惩处族人的私法权，但是乡保或族人若擅自处死罪犯，肇事者仍须接受国家的制裁。再者，《刑科题本》里提到各种隐匿案情的情由，但不管隔了多少年最后案情仍水落石出，破案过程中显示出层层官员的监督、审讯结果，从未言及神力等。而清代的笔记小说则宣扬天理昭昭、杀人偿命的说法，欲破案必须假借神鬼力量如城隍爷、雷公、鬼魂，还说“显灵之说，似乎荒诞，难入爰书。”[75] 由此了解清代官方文书排除报应、天谴这类的神判叙述，符合儒家不语怪力乱神的合理主义，实具有理性的法制精神。

第三，本文中也涉及妇女的问题。清代妇女受到家庭和社会的压制相当大。在法律上规定妇女不能擅自上公堂，一旦有亲人遭遇凶杀事件，通常由亲族出面控告，或者提出和解，妇女往往处于被动的局面，也因此妇女被劝和解的机会多。其次，在《大清律例》户律的婚姻条款似乎对妇女有所保障，譬如法令规定丈夫不能典卖妻子，但现实社会上丈夫有意卖妻子，仍有人愿意做媒，这样的妇女被称为“活人妻”。若是丈夫过世，由婆婆和年长亲属主婚下让妇女再嫁，还有族人分取“堂礼银”的恶习。妇女除了受到社会法理的控制之外，还有来自家庭伦理的宰制。

（说明：本文原刊王成勉主编：《明清文化新论》，台北，文津出版社，2000。收入本书时，由作者本人再作修订。）

---

[75] 陆林主编，陈敏杰、丁晓昌选注：《清代笔记小说类编·案狱卷》，94页。

巫仁恕

明代的司法与社会

——从明人文集中的判牍谈起*

简介

巫仁恕，中兴大学历史学学士，台湾大学历史学硕士、博士，曾任台湾大学兼任讲师，现任“中央研究院”近代史研究所副研究员，暨南国际大学历史系兼任副教授。专长领域是明清城市史与明清社会文化史，主要研究成果集中在明清城市群众集体抗议、明清物质文化与消费文化。著有专书《奢侈的女人：明清时期江南妇女的消费文化》（2005年）与《晚明的消费社会与士大夫》（2007年）。

目次

* 本稿承赖惠敏、邱澎生与唐立宗等诸位学长提供相关资料，谨此致谢。

前 言

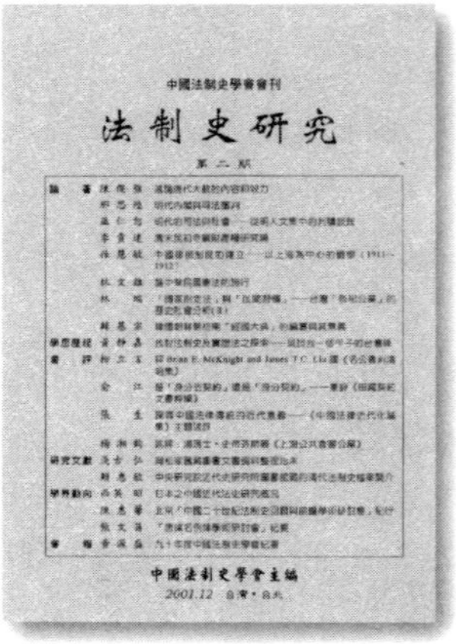

过去一般人印象中的明代史料，少见如宋代《清明集》及元代《元典章》之类大量刊行的审判案例史料，也无法与清代大量的刑科档案相提并论，但是这并不代表明代就没有这类的史料。其实在明人文集中就隐含了许多审判案例的史料，通常都以“谳书”或“谳牍”的标题称之，这是过去利用明人文集从事研究时较为人所忽略的。也许正因为这些史料尚未全面开发，所以过去中国法制史的研究中，有关明代的研究成果，往往不及唐、宋及清代的讨论热烈、研究之多。日本学者滨岛敦俊教授曾经为文介绍过明代的判牍，文中也曾述及明人文集中的判牍史料。① 本文在其基础上，再进一步地搜集明人文集中的判牍，并试图利用这些判牍，从更广的角度来作探讨。

首先，在第一节中介绍笔者所搜集的一些明人文集，这些文集中都记载了许多案件判牍。这些判牍大多数集中在明代中期以后，其数量上之众多，其实也反映了明末“健讼”的风气。

其次，在第二节中尝试从司法程序上来讨论判牍中所呈现的官员角色。这些文集作者的官员层级，包括有县令、府之推官、省的按察副使与巡按御史等职。下级州县地方官大多审理民事案件，而上司衙门如按察使、巡按御史则多是覆审刑事案件。因而从这些文集判牍中，可以看到不同层级的官员审判案件时，所采取的原则与态度上的差异。而在司法审判的过程中，吏胥、衙役和仵作等，分别在司法的关节中扮演重要的角色，在此节也一并讨论所谓的“衙蠹”问题。

第三节将从社会的角度出发，探讨判牍中所反映的社会现象。从判牍中看到作为社会控制的几种机制，如里甲、老人制度与宗族组织。从另一面来看，判牍中也可以看到许多社会问题，如田土买卖习惯的纠纷、诡寄与飞洒钱粮的问题、私盐私钱之盛行等问题。这些案件反映的意义，则是该节讨论的重点。

一、明人文集中的判牍史料

在明人的文集中藏有相当多的判牍史料，而且这些判牍大多是地方司法审判机关所审

① 滨岛敦俊：《明代之判牍（节译）》，载张中政主编：《明史论文集》，251～252 页，合肥，黄山书社，1993。该文全文又刊于《中国史研究》，1996 年第 1 期，111～121 页。

理的案件，相对地，中央的“三法司”，即刑部、大理寺与都察院等之判牍，在明人文集中反而较少见。对地方下层的州县官而言，最繁重的行政工作就是“钱谷”与“刑名”，所以州县官担任的是最基层的司法官角色。再上一级的府由推官掌府内之司法审判。省级除了按察使掌司法刑名之外，作为省按察司分司的分巡道，由按察副使胜任，掌数个府，于特定案件也有审察权。② 此外，中央都察院也派有巡按御史到地方上，对特定的案件（如死罪案件等）有审判权。因为有些官僚曾任以上这类地方行政与监察之类的官职，会在其所著之文集中将判牍记载下来，当然相当程度也是在夸耀其在地方上司法方面的功绩。以下就依地方司法审判机关的阶层秩序，由下往上地介绍一些文集中的判牍。

胡敬辰著有《檀雪斋集》（上海图书馆藏明刻本，收入《四库全书存目丛书》，以下简称《檀》），共四十卷，存二十一卷。关于作者及此书，据《四库全书总目提要》云：

敬辰字直卿，余姚人。天启壬戌（天启二年，1622 年）进士，官至江西驿传道，终光禄寺录事。是集以所著诗赋杂文及官县令时谳牍共为一编。其文故为涩体，几不可句读。诗格亦公安之末派。③

因为胡敬辰的生平记载与传记资料所留甚少，至今所知亦不过如上述尔。该书卷十五《谳牍》项，记有判牍共 29 件，这些判牍应是作者于天启、崇祯年间，任职知县时所审理的一些重要的案件。

另一本也是县级的判牍作品，是李陈玉的《退思堂集》（不分卷，日本尊经阁藏崇祯年间刊本，国家图书馆汉学研究中心影印本，以下简称《退》）。李陈玉为江西吉水人，光绪《嘉善县志》有传，记其登进士后于崇祯七年（1634 年）起任浙江嘉兴府嘉善县知县，“才识明敏，见义必为。时漕兑纷呶，民苦勒索，陈玉执持甚力，得复旧规。”④ 且其名列名宦祠，可见作者任官期间政绩颇著。该书其中有《谳语摘略》共三卷，收入作者任职时期所审理的许多判牍，共有 380 余件判牍。

以上这二部文集因为是州县级之判牍，内容主要以民事及轻微的刑事案件为主，即所谓“州县自理”的案件，如有关婚姻、户籍、田土、斗殴、偷窃、田粮等案件。以下介绍府级的史料。

范景文（1587—1644）著之《文忠集》（《钦定四库全书》本，以下简称《忠》），共十二卷。关于作者范景文的早年经历，据《明史》本传记载，范景文字梦章，吴桥人，万历四十一年进士，授东昌府推官，“以名节自励，苞苴无敢及其门。岁大饥，尽心振救，阖郡赖之。”⑤《启祯野乘》中有传，记其任职东昌府推官时，署其门曰：“不受嘱，不受馈。”故

---

② 有关分巡道的研究，参见小川尚：《明代地方监察制度的研究》，62～63 页，92～95 页，东京，汲古书院，1999。

③ 永瑢等编撰：《四库全书总目提要》（上海，商务印书馆据万有文库版本印行，1933），卷 180《集部·别集存目七》，21 页 b。

④ 光绪《嘉善县志》（光绪十八年刊本），卷 15《名宦》，8 页 a。

⑤ 《新校本明史》，卷 265《列传第一百五十三·范景文传》，6834 页，北京，中华书局，1974。

而冤狱多能平反。[⑥] 后历官东阁大学士、工部尚书。李自成陷京后，范氏投古井而死。顺治九年（1652 年）赐谥文忠，给地建祠致祭。其所著之书由其子范毓秀与其甥王孙锡等合编成《文忠集》。其中卷四有《谳牍》之标题，附题为《东昌存稿》，内有 9 件判牍，应是其在万历年间，于山东东昌府任职推官时所审之案件。

明人文集中较常见的是省级的司法判牍，且多是巡按御史所记。至今笔者所见明人文集中尚未搜集到按察使之判牍，但有按察使副使负责分巡道的判牍，如沈演（1560—1638）著之《止止斋集》（东京尊经阁藏书，崇祯年间刊本，国家图书馆汉学研究中心影印本，以下简称《斋》），共七十卷。沈演，字叔敷，乌程县人，万历二十年（1592 年）进士。据《启祯野乘》的《沈尚书传》记其历任福建参议、江西副使以及山西、福建、陕西三省布政等，至刑部侍郎，于天启初以忤珰而削籍；思宗起工部侍郎，升南京刑部尚书后告归。[⑦] 其文集中卷二十七至二十九共三卷，标题为《平谳》，其中二十七、二十八两卷收录了共 68 件案件的判牍。这两卷开头都注有“江西”二字，据滨岛敦俊之考证，此系作者在万历后期任江西“分巡湖东道”，管辖抚州、建昌、广信三府时所记载的判牍。大多是重大的刑案，如命案与盗案等。又卷二十九为沈演任职北刑部时之判牍摘要，非常简略。

巡按御史所记的判牍为数不少，例如王廷相（1474—1544）之《王廷相集》中的《浚川驳稿集》（以下简称《浚》）。[⑧] 王廷相字子衡，河南仪封人，弘治十五年（1502 年）进士。关于王廷相的传记颇多，在何乔远（1558—1631）的《名山藏》记王廷相于正德年间任亳州通判，升高淳知县，后选御史巡盐山东，至巡按陕西，“宪度益振”[⑨]。高拱（1512—1578）为其所写的《行状》中述及他于正德五年（1510 年）任陕西巡按御使时政绩颇著。[⑩]《浚川公移驳稿集》就是其巡按陕西时所著之书。据直隶巡按监察御史郭廷冕在该书的《叙》中详细述道，嘉靖二十二年（1543 年）时，王廷相正因郭勋案而罢归家居，廷冕巡按江北，道经仪封时，曾往王廷相家请益，廷相遂取往年巡按陕右者宪条二册，类分五卷，出而示之：一曰《驳稿》，一曰《公移集》。郭廷冕以之为宝，后来捐俸刊刻此集。《浚川驳稿集》，亦名《祥刑稿》，凡两卷，卷上《会审录》有 36 件会审重大案件之驳稿判牍，卷下《详驳录》有 52 件普通案件之驳稿判牍。[⑪]

常州的东林党人吴亮（？—1624），著有《止园集》（日本东京内阁文库藏书，天启元年（1621 年）序刊本，国家图书馆汉学研究中影印本，以下简称《园》）。据《明史》本传记载，吴亮为武进人，万历二十九年（1601 年）进士，官至大理寺少卿。著有《明世编》、

---

⑥ （明）邹漪，第 11 卷，《范文贞传》，9 页 a，《启祯野乘》，台北，文海出版社，1968。

⑦ （明）邹漪，卷 6《沈尚书传》，6 页 b，《启祯野乘》。

⑧ （明）王廷相著，王孝鱼点校：《王廷相集》，北京，中华书局，1989。

⑨ 《王廷相集》，1504 页。

⑩ （明）高拱：《前荣禄大夫太子太保兵部尚书兼都察院左都御史掌院事浚川王公行状》，载《王廷相集》，1493 页。

⑪ 另可参见张伟仁：《中国法制史书目》，805～806 页，台北，“中央研究院”历史语言研究所，1976。

《万历疏抄》、《遯世编》等书。[12] 乾隆《武进县志》有传记，述及吴亮中进士后授中书，迁湖广道御史。万历三十七年（1609年）奉敕巡按宣、云，其间还论救亲东林党的淮抚李三才，维护东林顾宪成等人，"巡方时疏二十余上，两镇肃然。"后因丁母归而去官夺级。至天启二年（1622年）起南都礼部主事，迁北大理寺少卿，于天启四年（1624年）卒。[13] 该书卷二十五、二十六之《谳书》，与卷二十七、二十八之《详牍》，都是司法案件的判牍。《谳书》为重大之命盗案件之摘要，《详牍》则是一般案件的批示，所以关于案情内容较为简略。这四卷之前有一个"朔巡谳书"的标题，在前言中有"宣云鄙塞，军民错居，贫不聊生，罔不畏死"等语，可见该书应是他任监察宣府、大同两镇的"宣大巡按"时所搜之判牍。

除了文集之外，在此想介绍一本判牍专书，即明人钱春所撰之《湖湘谳略》（辽宁图书馆藏明万历四十二年（1614年）刻本，收入《四库全书存目丛书》）。此书在滨岛敦俊之文曾提及，但因当时未见，如今已影印出版，故特别在此介绍。钱春为江苏常州府武进人，万历三十二年（1604年）进士，官至户部尚书。《明史》本传云钱春历知高阳、献二县，征授御史，出按湖广，甚有著声，曾奏请释忤阉之知县满朝荐等，又疏劾守备中官杜茂，且备陈采榷之害，力阻万历皇帝以湖广地为福王庄田等。[14] 他于万历四十年（1612年）春以监察御史巡按湖广，至四十二年（1614年）还，辑其在官时所作章疏文移汇为此编。其中《湖湘谳略》共有300件案件判牍，多是涉及人命与盗匪之重大刑案。

以上这些文集中的判牍史料，从知县、推官、分巡到巡按等阶层都有，主要仍是集中在地方性的判牍。从这些大量的判牍引用律例，可见中国传统法律是具有实效性的，而非全为具文。这些判牍大多是明代中期以后的作品，由其数量上之众多，其实也反映了明末"健讼"的风气。例如嘉善知县李陈玉在《退思堂集》中判牍卷的前言云："末俗嚣讹，投牒届期，其言满车，百十之中，止录一二。积久山横，勾当难了。"日本学者夫马进曾指出清代州县衙门一年之讼案，至少有一万件之多。[15] 在明代虽无精确的数字，但从李陈玉此语推断，其讼案当是所录判牍之十倍，亦即至少就有三千至四千件。[16]

以下就从司法与社会两个方面来分析这些判牍史料。

二、司法程序与官员角色

（一）州县官的自主裁量权

明代州县官在处理司法案件时，对于"户婚田土"之类的民事纠纷，以及轻微的刑事

---

⑫ 《新校本明史》，卷229《列传第一百十七·吴亮传》，6000页。

⑬ 乾隆《武进县志》（乾隆年间刻本），卷9《宦绩》，52页b～53页a。

⑭ 《新校本明史》，6041～6042页，卷231《列传第一百十九·钱一本附钱春传》。

⑮ ［日］夫馬進：《明清時代の訟師と訴訟制度》，载梅原郁编：《中國近世の法制と社會》，440～441页，京都，同朋舍，1993。

⑯ 焦竑编：《献征录》，32卷，上海，1987，有王任在《南户部左侍郎全椒马公谅神道碑》中曾形容成化年间的溧水县："溧水民素健讼，一日投牒至八百。"（2页b）更明显地说明了"健讼"之起始于明代中叶。

案件，即指笞、杖刑的案件，系由“州县自理”，在公开笞杖之后即已结案。虽然根据《明律》“刑律十一·断狱”规定：“凡断罪皆须具引律令”，违者并有严重的处罚。[⑰] 但是从李陈玉的《退思堂集》及胡敬辰的《檀雪斋集》中看到的判牍条目，大多没有严谨地依律例列举，由此可知州县官在处理这类民事、刑事案件时，有相当大的自主权，国家律令之成文法并不一定会成为其判案的根据。

在处理民事纠纷时，州县官常用“揆情准理”、“情理之平”等词，这里的“情理”成了判案的原则，而并不是律例，就如同日本学者滋贺秀三所云，“理”是指“欠债还钱”或“父在子不得自专”等旧中国文明中不成文却为人们广泛承认的种种原理原则。“情”则是一般人认为是自然的感觉、想法和习惯，或是应该尽量使良好的人际关系得以维持或恢复的概念。[⑱] 前者强调相互公平的原则，后者强调伦理与感情。总体而言，情理大约只能理解为一种社会生活中健全的价值判断，特别是一种“平衡的感觉”[⑲]。

“情”的考虑往往让州县官作出轻判的决定。如《退思堂集》有一起张其施人命案，张其施为偷盗不良，逃逸多年复归家，即将其母胡氏财物窃去，其母责之，其施便持砖殴母；后其弟张七向前扭住张其施，胡氏从后以大杖打之致死。知县判决云：“今按张其施罪状种种，不得沿故杀子孙之律，且其母之于子，莫解天性，自非穷凶极恶焉，忍割断亦焉！”后来仍判其母胡氏无罪。(《退》谳1/66b—67a) 对年幼之罪犯，基于人“情”之考虑，亦常网开一面。如有张凤翼之父张大伦，原以飞洒田粮事为顾廷佐上呈于县府，大伦畏罪而自杀。凤翼听张圣年等所惑，将其父尸于夜间抛至于顾廷佐家，以控告廷佐打死其父。后经知县查明后判云：“按律子以父尸图赖人者，杖一百、徒三年，凤翼年幼被人指使，姑免究。”(《退》谳1/87b—88a) 又如《檀雪斋集》中有程钦仔一案。因为程钦仔是殴官凶犯程九万之子，直至十年后程钦仔才结案。县官认为：“屈指计之，当其时不过初离乳臭耳，夫岂能以未丱之孩提，佐斗而翼之噬哉，稚子何知，应开一面之网，罪人不孥，祈宽三宥之。”(《檀》15/1a—b)

其实即使是笞、杖刑以上，即徒、流、死刑等较重大的“命盗重案”，在州县官时也多有轻判的例子，在《退思堂集》中尤其可见。如有一件粮房书吏冒支官银案，但知县的判决云：“按律冒支官银准窃盗拟徒，姑念尚未到手，合行革役，罚铳五把以备城守之用。”(《退》谳1/62a—b) 又有一起伪造假银事件，判云：“按律伪造假银者，杖一百、徒三年。姑以热审事例，引例问罪，于本地方枷号一个月，仍行杖惩。”(《退》谳3/53b—55b) 又有枫泾镇贩私盐一案，秤手顾时抬私盐二包，为盐捕巡见拦阻，遂唤党将之夺去。知县判定：“按律私盐拒捕者斩，若使依法以问，诸凶此老头颅，讵可保乎？姑以不行救护之条，杖以

---

⑰ 黄彰健编：《明代律例汇编》，台北，“中央研究院”历史语言研究所，1979，1004页。有关明代的审判与诉讼制度，可参考杨雪峰：《明代的审判制度》，台北，黎明文化事业，1981；杜婉言：《明代诉讼制度》，《中国史研究》1996年第2期，74～86页。

⑱ 寺田浩明：《日本的清代司法制度研究与对“法”的理解》，载王亚新、梁治平编译：《明清时期的民事审判与民间契约》，122～123页，北京，法律出版社，1998。

⑲ 滋賀秀三：《清代中國の法と裁判》，282～283页，东京，创文社，1984。

警其后。”（《退》谳 3/30b—31b）以上三个案例若照律例来判，两个是徒刑，一个是死刑，但知县都轻判了。有的即使是命案，知县也有轻判者，如有一起戚武绳为首同戚武城、吴四与陆念萱等，执盗张某而擅杀案，知县判云：“据律已就被拘执应死而擅杀者，杖一百、流三千里。武绳拟流诚为无词，然地方多故，宁许人杀贼，而不为贼立帜。”最后是断戚武城、吴四出银四两给张氏奔丧之费，又武城、吴四、陆念萱等各杖惩，而并未处流刑。（《退》谳 1/102a—103b）

由以上的例子看来，明代地方州县官在审理案件时，无论是民事纠纷或刑事重案，都有相当大的自主裁量权，不一定完全遵照成文法之律例来判决，大部分民事纠纷采取协调的角色，希望大事化小，息事宁人，而刑事案件也只略加薄惩而已。[20]

（二）地方覆审官员的怀疑精神

州县在碰到较重大的案子时，须上报上司衙门覆审。州县在处理杖一百以上的案件应申详于府，而徒刑以上之案件还要转详到更上级去。死刑案更要送到中央，由三法司议拟后奏闻皇上。[21] 明代前期地方覆审的机关，仅有府及按察司二级，各省巡按御史或巡抚仅于特定情形有审判权，并非固定之审级。[22] 然而至明代中期以后巡按与巡抚权力大增，渐夺按察使之权而成为覆审的固定职级。[23] 明代原则上州县以上的推官、分巡道（按察司分司），尤其是巡按对“命盗重案”的刑事案件，覆审时的态度较下级的州县更为严谨。上述明人文集中的判牍大多数是巡按所审理的刑案判牍，以下就集中讨论对这类刑事案件的审谳程序，以及官员判案的原则。

在判决刑案时，通常会注意几个方面，诸如人证、物证、验尸与口供等等。人证可以说是最基础的证据，大多数的刑案在有多名证人目睹为证后，几乎无太多的争议。

就物证方面而言，照理说，地方官在判决命案时，应该会很注意“凶器”是什么。尤其是对斗殴杀人的案件，因为在明朝的法律中，殴人重伤者是否持有凶器，会影响到刑罚的轻重。[24] 从这些判牍中可以看到，巡按特别纠正州县官草率认定凶器之例，如《止园集》

---

[20] 中村茂夫也曾以诬告罪及威逼致死罪等两类案件为例，说明清代地方州县官审理刑事案件的自主性。详见［日］中村茂夫：《清代の判語に見られる法の適用－特に誣告、威逼人致死をめぐつて》，《（新潟大学）法政理论》，第 9 卷第 1 号，1976。

[21] 明代刑名案件覆审程序曾有多次变革，那思陆据《大明会典》以为覆审制度应在正统以后固定成形（见其著之《明代的司法制度》，《政大法学评论》，61 期，1999，但谷井阳子则认为要迟至成化以后才定型（见氏著《明代裁判機構の内部統制》，收在梅原郁编：《前近代中國の刑罰》，京都大学人文科学研究所，1996）。

[22] 那思陆：《明代的司法制度》，17～18 页。

[23] 有关明代中期以后巡按与按察使权力之消长，参见谷井陽子：《明律運用の統一過程》，《东洋史研究》，40～42 页，第 58 卷，第 2 号，1999；王世华：《论明代地方监察制度的演变》，《明史研究》，第 2 辑，112～121 页，1992。

[24] 《万历新题例》对“斗殴及故杀人律”有新的批注：“殴有重伤而又持有凶器者，方以合例发遣。其但曾与谋，而未造意，并有重伤而无凶器，有凶器而无重伤者，毋得概拟流戍。”参见黄彰健编：《明代律例汇编》，810 页，台北，“中央研究院”历史语言研究所，1979。到了清代，法律还对凶器与平常家用器具作了详细的区分，用前者造成伤害，要比后者造成伤害的刑罚加重二等。详见 Derk Bodde and Clarence Morris, *Law in Imperial China: Exemplified by 190 Ch'ing Dynasty Cases*, Philadelphia: University of Pennsylvania Press, 1973, p. 185.

中有一起施尚位与赵文德相殴致死案件，当时二人俱已沉醉，且原无深仇，而证人未得其确因，只云路旁各拾石块，语多牵强。至于手足青色，天寒酒阴之说，也可能是致命之因。巡按批云："施尚位之殴赵文德，仅以许天良为证，而天良原未有确见何物殴打，该州审官想四野无物，只有一块石耳。夫石可想而入耶？盖闻以石证伤者矣，未闻指伤以就石者也。"（《园》26/21a）

对于盗案，审官最重视的是赃物，因为赃物才是判定盗匪的证据。有时已抓住盗匪，但因查无赃物而放行，如有高廷模伙同王文高抢劫杨兴元家一案，"竟以无赃漏网"。（《湖》1/66）但是赃物也需要主人来认领，才能定盗者之罪。有时赃物无人认领，如正德七年（1512 年）西安府源县刘江聚众劫同奉福家财一案，巡按王廷相由赃物中的疑点侦查出该案多有挟仇诬连无辜：

据此，切详捉获强盗审问之时，必得追究赃仗盗出之际，何人原分何物，行拘失主，当官对认的确，各犯输服，方敢依律定议。今查招内，止是均分各散，又无失主认领，亦无各分若干。及查失主同奉福，不知何处人氏，既被盗劫家财数多，何又不行拘领？今招内一概混称主无见在，辄拟各犯重罪，情有可矜。（《浚》上/1196）

从上引之判牍中可知该嫌犯等被指为强盗，但是赃物有的是无失主认领，或是失主可能是杜撰或假冒的，所以巡按判断此案根本不是强盗案，后再审果真是原告因挟仇而诬告他人为盗。此外，透过认赃的过程，还可以侦查出案件的疑点，如王廷相在审理石瑞劫张仲良与李朋家财一案时发现：

据此，看得石瑞等既行劫夺张仲良财物，分赃明白，而领去赃物，俱在别人名下追出。招内所称石瑞等追有张仲良袄子袄儿汗巾，却止开银一钱一分，照出项下失主，又不认领手帕，失主李朋衣物招内，通无追赃字样，卷中虚添领状，数目多不相投。（《浚》上/1187）

后经严审，果然证实该案其实是石瑞等窃取李朋家财物被捉获后，在严刑逼供下招认为强劫，连同张仲良家财失窃案，也一并被诬指为石瑞等所劫。

验尸是判断命案凶手与死因的最重要凭据之一。照明代法令规定，任何命案的检验程序，要先拘数名案内相干之里邻证人等到官从公审勘，确定是命案无误，方可行委州县卫所正官验尸，此称为"初检"。较复杂的人命尸伤案件，有时尚须进行二次以上的"覆检"，由府之推官为之。㉕ 但是由判牍中看到较严格与复杂的验尸程序，是先由里老人验尸，然后再送到县级验尸，若有差异，尚须委另外一州县覆检，经过这三层验尸的手续，最后才能确定死者之真正死因。例如《湖湘谳略》中有一起发生在湖北襄阳府均州的命案，嫌犯屈永禄因逼取债息而教唆奴仆殴死人，"初委老人相验，捏为缢痕，固属贿买。然越五个月，至该州

㉕ 戴金奉饬修：《皇明条法事类》，卷 48《刑部类》，载杨一凡总主编：《中国珍稀法律典籍集成》，乙编五册，北京，科学出版社，1994。"申明禁约滥委仓场库务等官并阴阳医生等役勘检人命例"（成化十五年），904 页；黄彰健编：《明代律例汇编》，1001 页。有关验尸制度，参考那思陆：《明代的司法制度》，13 页。

检勘，又以伤多成片，不类凶器。及谷城再检，亦以耳根左右微青红色似非缢死。”（《湖》2/9）由此可知在验尸过程中也不无可能出现法律漏洞，这么多道验尸的手续就是为了防弊。

明代法令明定当仵作验尸时，检验官必须到现场督验，如不亲往或不用心检验，都要负刑责。具有医学常识与经验，而且细心的审官，透过验尸的报告就可以看出许多疑点。如正德六年（1511 年）正月陕西发生一起雷升踢死王能案，据犯人招称原是施贵令其所雇之佣工王能，到雷升家借槔，而雷升与之相戏，不意踢到王能肾囊左子，王能昏倒在地，半日苏醒，施贵等抬送雷升家睡卧，至三月后致命身死。地方州县官审理后，拟因戏而杀伤人缘由判绞罪。但是当时巡按陕西王廷相则有不同的看法：

据此切详，肾囊处所乃人之致命，尤为紧关，比与他处不同。既被雷升踢讫一脚，当时早不身死？何又延至限外四十二日，方纔身死？问拟前罪，原情不通。况检得本尸胸前，称有新炙疮疤四个。若是无病，岂得有此炙疮？肾囊被伤，炙穴不应在此。（《浚》，1189 页）

王廷相看过验尸报告后，发现死者有其他伤痕，死者于被殴后一个多月才死亡，致命原因不一定在踢伤之肾囊处。所以他认为拟以本犯偿命，事有可疑而驳回。㉖

事实上，在这些命案的判牍中，最常见的疑点是死亡者是他杀、自杀，还是自己意外身亡，这往往得透过验尸才能确立。如《止止斋集》中有一起王忠七打死人案，当时曾有争议死者是自缢或遭殴死，最后是由验尸才确立的：“持尺痛殴，遍体重伤，顶破血流，实时死，岂缢乎？王信四之绳痕，相有验无，盖死而系，故伤浮不及骨也，绞无疑。”（《斋》28/22b）可见死者的确是被人殴死，之后凶手又故布疑阵，让人误以为是自缢。

地方的上司衙门在覆审盗案时，对于地方州县上呈的嫌犯口供会持保留态度。因为根据经验，有许多盗案的嫌犯往往会在供词内牵连无辜者，说成是其同伙或是把风的人，这时追赃就成为判定某人是否为真正同伙盗匪的重要物证。在钱春的《湖湘谳略》书中，就常看到作者小心地查证一些盗案中被指为盗者的口供，他认为：“各盗皆为称冤固不足信，然未有无赃无证，遽可以论为盗者，似应释放以恤无辜。”（《湖》2/26b）“盗口固不足凭，然未有赃证不确，遽可以论盗者。”（《湖》1/23a－b）所以口供与物证也要互相参证。例如湖广张腾宵与洪三儿为盗劫财一案，张氏罪证确凿，而洪三儿“招分马价褐袄等赃，竟未追出一物，似有可疑。”（《湖》1/15）

即使有人证、物证、验尸结果与口供，但是从这些判牍中仍可以看到地方上司衙门的审官，在阅读或覆审许多州县上呈的案件时，充满怀疑精神而发现还有许多不合逻辑或不合常理之处，而有称某案为“原情不通”、“疑窦实多”或“揆情度理不合”等语。这时所谓的“情理”含义就与州县官审理民事案件时的含义不同，它意味着一种经验法则，是指合乎常理与逻辑。㉗ 判牍显示巡按从“情理”的原则出发，小心谨慎地观察案情，发现作为

㉖ 其他类似的案件，如《止园集》有冯周殴死仝思元一案，本因冯周与仝思元酒醉后相殴，思元回家后数日才死，据验伤结果引起判官怀疑而改判。（《园》26/12b－13b）

㉗ 滋贺秀三虽然曾谈及清代民事诉讼中的“情理”意义，但是却未提及刑事案件中情理所反映“经验法则”的意义。

第一线的司法审判官——州县官，往往审案时太过草率判决，致使未能真正厘清案情。例如做过宣大巡按的吴亮在《止园集》中就有一起范聚登于窑上打死李州命案，据其覆审该案时发现有四处疑点：一是管窑把总去窑不远，却未闻见殴打声状；二是向所称之见证人皆在逃，出首之证人牛文又翻供，坚称未获真赃。三是李州之叔李登林寻访其侄，未审生死，而遽毁证人家具，故先采撒泼行为，尤可见李登林心虚。四是李州之血衣确是在李登林家搜获。最终可证是李登林杀其侄而嫁祸给范聚登。对此案巡按叹道："每见问官，但据三检之伤，执为一命之抵，而初不审下手者为谁，只凭佣弁强摘口词，定为成案，即经屡驳，总是依样葫芦，则覆盆之冤，何能见天日？"（《园》25/23a）由此可知，即使有物证、人证与验尸报告，也都不能完全据此来判定。靠的则是这些判官的怀疑精神和推理能力来破案。㉘ 虽然这些推理并没有一定的法则和程序，但从判牍中我们可以看到判官常会从几个角度去判断，如命案为何案发许久才报案？为何人证作证后又翻供或避不应讯？正是体现于这些地方上的覆审官员的怀疑精神与细心考察，才使许多案件真相大白、水落石出。

根据《明律》规定，断罪皆须具引律令。地方上司衙门的判牍中，大部分几乎都很严谨地引用律令来判罪。从一些巡按御史覆审的案件中，可以看到他们纠正府州县官判决引律失当的例子，如《浚川驳稿集》中有正德六年（1511 年）王利与杨兴兴打死雒川一事，巡按批示："但查谋杀条内，造意者斩，从而加功者绞。今王利既向各人密说谋打身死，则是王利造意，杨兴兴从而加功。今执杨兴兴与王利同罪，与例不合，抑且招情欠明，有碍审允。"（《浚》上/1180）在《止园集》中也有许多是巡按严批州县官引律判案错误的批示。如有焦思笙殴族叔一案，该犯虽与族叔的关系是在五服之外，照理应以凡人律论断其罪。该族叔遭其殴伤后不久便死亡，然而验尸结果显示伤势不重，应不致死。而该州县官却以打伤人致死律判绞罪。后经批示更审，仍然改以威逼之例判刑。巡按见此之后严厉批示云：

殴伤无服，以凡人论律也，非以意创致命伤，不论多寡，独不论轻重乎？便血非殴伤之症，驳审岂侥幸之门？杨通判之孟浪，固不足怪，乃改引威逼之例，原无自尽实迹，况此以伤轻议减，而复引重伤之例，是又自相左也，人命必合伤证，方确。（《园》26/47a—b）

又《明律》中规定，断罪必依新颁律，《明律》卷一《名例律》中规定："凡律自颁降日为始，若犯在已前者，并依新律拟断。"㉙ 从判牍中也可以看到这样的例子，如《止园集》有郭世荣一案，据判牍中记载如下：

前件会审得郭世荣以庇亲小忿，刺刃徐行即刘四之，伤手而行之不殒命几希矣。……律云："谋杀人伤而不死造意者绞。"万历十六年奏准新例云："勘问谋杀犯，果有诡计阴谋者，方以造意论，毋得一概拟死。"致伤多命条例云："凶徒因事忿正执，持铊刀伤人者，问发边卫充军。"此足以蔽郭世荣之罪矣，该道另招详报。（《园》25/90a—b）

㉘ 其他类似的案件，如《湖湘谳略》中有一起刘一老图财图奸谋杀吴伦命案（《湖》1/31b—32a），《止止斋集》中有一起邓姦殴死王梧案（《斋》27/6a—b）。这两案都经判官的怀疑精神与锲而不舍的推理质问而翻案。

㉙ 黄彰健编：《明代律例汇编》，375 页。

由此可见地方上司衙门对引律断案非常细心，而且注意要引用新律断案。

过去常说中国传统判官应重“法、理、情”兼顾，前面提到州县官审理案件时，会以“情”的角度出发而轻判，同样地，在巡按覆审的判决过程中，也可以看到以“情”为出发而放宽刑罚者。例如《湖湘谳略》有周息伙众劫罗纶家一案，其中有一个少年犯周显臣，巡按对他特别法外施恩，他说：“惟周显臣乃息之亲侄，以孤幼而倚叔为命，凡所行惟叔命是从，计行劫时止一十二岁，特稚子耳。况审与已辨周幺儿俱未入门，倘亦有畏惧之心也耶!”所以他认为情有可悯，下令分巡道复细询妥确招夺。（《湖》1/68a—b）对于过失杀人，判官仍会考虑轻刑，如有犯人景珊夜醉至薛廷智家索债，不料因无灯亮，失脚蹑死幼女。原在地方官被判绞罪，而巡按认为“初无害人之意，情似过失。今问误杀傍人绞罪，事有可疑，驳回。”（《浚》上/1185）另外，判官对于受逼迫、愤而杀人者也会待以同情角度，将之缓刑或减轻刑罚。如《止止斋集》有万美五杀死徐林四一案，据云徐林四乃“淫恶稔矣”，其为奸作恶已久，万美五遂谋杀之。事发，判官却颇表同情地说：“美五不一奋，亦终饱毒手，独惜不于奸所耳，然毙此奸豪，非潜谋安得济，律则故杀，情实可矜。”（《斋》28/4b）另外，《止园集》中还有柳朝杀张奉一案，判官认为死者乃贪夫恶人，而嫌犯乃“勇士”，因而抱以同情态度，主张将犯缓决。（《园》25/42a）

（三）地方司法制度的弊端——“衙蠹”的问题

州县衙门下设有吏、户、礼、兵、刑、工之六科房，而六科房是由书吏与差役组织的，即一般称之为胥吏，多为本地人投充。因为州县衙门公事繁琐，许多事情非靠胥吏不可，尤其是最重要的钱谷和刑名方面，又非刑科与户科房胥吏查卷与清理不可，因之，这两科房胥吏最常因缘舞弊。明代的判牍中常见这些胥吏犯罪的案件，尤其是当新旧县官交接之际，更是胥吏衙役滥权猖獗的时机，所以范景文在《文忠集》曾云：

大抵一县每遇县官委辔，而奸人遂至蜂起。如前思县以病瞶之后，有大胆玩法，侵盗库藏者，燕朝贵、李灿然是也。有从旁挟制，肆其吓诈者，孔之升、刘恩泽是也。有因其盗者是真，挟者有据，遂假之牵连多人，巧张骗局者，则盛可腾是也。何一而非奸人哉!（《忠》4/34a—b）

如果当地人投充衙役与胥吏日久，对衙门的操纵与迫害地方的问题更形严重。例如《退思堂集》中有冯卿一案，因为“积年衙蠹，一身而兼数役，一役而党数人。”官府听其卖弄，甚至使“受害者不敢证，核实者有余诛。”（《退》谳1/39a）《文忠集》也记有一起无赖丁毓华案，据记载丁毓华“充探马未几也，而又充快手、充掾吏。”可说是“一身而三役之”，因而屡有骗人钱财、扣领驿马之工食、横索富家钱财等种种行为。（《忠》4/36a）

跟司法审判有关的刑科房书吏，常会接受贿赂而帮忙更改状词，如《止止斋集》有陈当一殴死人一案，嫌犯于殴死人后居然“假告埋情，贿书改状，入廨扯卷，巧于脱罪。”（《斋》28/8b）多数的判牍呈现的是衙役借其身份索贿，所以《止园集》中常见有“倚差索诈”或“倚差诈财”之案。（《园》25/16a；26/67b）州县差役人员分为三类，亦称三班，即快手、民壮与皂班。民壮负责征收钱粮，皂班负责支应轿舆仪仗；而负责传唤被告与证人、缉捕拘拿犯人以及堂讯之事的捕役（捕快、快手），他们奉命至地方时常会借机诈索民人钱财。例如《文忠集》有王玉一案，因其与丁财富田地相邻，因为王玉疑丁财富窃其田内之豆，而大骂于财富家门口。丁财富又愤而率其子殴王玉之父，王玉就以盗案讼之于官府。“而州县衙以盗捕矣，至刁承恩之持票来，而财富之三钱往矣，无风起波，致费阿堵。”（《忠》4/30b—31a）又如《湖湘谳略》书有一起萧国光与王世魁案，因为二人恃其捕役身份，“倚捕诈财，惧邹汉之讦，已而乞和不听，索约不从，则谋杀于唐世熙宅边，投尸于老龙堤河内。”他们因为怕诈财事为人讦告而杀人灭口。（《湖》2/12b—13a）捕役为害者，除上面举的例子外，又有一起周承攀等强奸民妇案，据记载：“会审得周承攀等皆极恶虎捕也，承差拘摄欧氏，诈盗搜检财物，令邻民闭户，莫敢向迩，较之强劫，殆有甚焉。乃又锁押少妇黄氏于荒山僻室轮奸，肆日草为尽赤，哀求不放，直待伊父卖田而后赎回。天下凶恶，固有如此之甚者耶!”（《湖》2/56a—b）在《退思堂集》中也有一案是捕役勾摄犯人不在，遂执犯人妻为人质并图抄劫妻兄之家，后不成，遂具呈以犯人拒捕。（《退》谳2/46a）有时候还可以看到有恶棍窥探民人可鱼肉者，即串同外县捕役，将外县新获之盗，捏词牵连到该县富民为同伙，以借此索诈。（《退》谳2/35a—37a）

衙门内除了有定额的衙役以外，还有许多是由民人投充的“白役”，这些白役往往也是为害地方者，他们倚恃其身份，勒索民人；甚至暴力相向，因而酿成命案者亦常见。尤其是所谓的“白捕”，即捕快之白役者。例如《湖湘谳略》一书有一起徐应林威逼人致死案，其记载如下：“会审得徐应林以白役骗诈，犹曰衙蠹之常态，至原票无名之万锐，而一概追呼拷索五钱，不厌，复带私家木锁，禁绝其饮食，两日而毙，是勾摄之为祸何烈，而衙役之害人何惨也!”（《湖》2/44b—45a）甚至还有白捕通同狱中之盗犯，牵连诬告无辜之人。（《退》谳1/14b—16a案）《退思堂集》的作者李陈玉就痛陈白捕之害：

白捕之为民害也，以一人出名在官，而群众丛附，假递失单，查乡里旧犯，刺贼姓名，载入单内，便沿门瓜蔓，行诈如柳。（《退》谳2/76a）

他还指出：“捕快是飞天修罗，白捕是遍地癞鬼，水手是巡河夜叉。”三者结合危害民人更甚。即使在他县官任内多方严谕，但此辈之“暗地吮血如故也”。（《退》谳1/95a—b）

掌握牢狱的狱卒，也常倚仗其司法权力，遇事生风，或株连无辜，或贿纵要犯。在《止园集》中这类案件特别多。如有吴大仁，倚恃劳役，乘醉行凶，而将人打死。（《园》25/3b）牢役的狱卒也会向羁押的犯人家属索财，如有刘敖、相国顺案，乃恶劳倚差，索诈无厌，致民人邢大化财命俱尽。（《园》26/67a—b）许多囚犯逃狱成功，多是贿赂狱卒牢役而得纵逃。如有刘天祥案，“殴徐尚儒，重伤速毙，检证已真，而贿差出狱，盗尸弃河，愈见情真矣”。（《园》25/12a—b）

虽然这些胥吏与衙役的工食银不高，但是在正规收入之外，却因为可以从额外陋规与贿赂中得到许多好处，所以这类差役反而成了人人欣羡的对象，甚至这些职缺还可以买卖。㉚

㉚ 在这些文集的判牍中，常见有购买衙役、书吏等职而起争端的案件，见《退思堂集》谳1/73a—b、谳2/100b—101a、谳3/28a—b、87a。

关于仵作的弊端方面，在明代的判牍中可以看到也有犯人为脱罪而贿赂仵作的例子，如《止止斋集》中有杨抚八殴死其族叔杨十四七案，先是已验出肾囊红紫，左胯血阴，明显是踢伤的。但是杨抚八随即行贿医仵，捏报是缢伤，以借口其叔自缢而脱罪。(《斋》28/2a—b）因为衙役常在官衙行走，与仵作也较熟，所以也会买通仵作以脱罪。如《湖湘谳略》有一起衙役余兴贵乘醉怒殴人致死案，当时脑膛腰腹皆有重伤之，又有李定胜等人证，但是到县官亲验时确尸骨不全，很可能就是嫌犯贿买仵作，将部分尸骨弃置的结果。(《湖》2/33a)

关于衙蠹的问题，中国大陆有学者认为明代州县衙门办案很黑暗，凡是官司的胜负，取决贿赂的多寡，而且是透过书吏，衙役之手转而行贿于县官，因而指出，有明一代，清正廉明的县官几乎是没有。[31] 而黄宗智则认为，其实胥吏与衙役正因平日的工食银与薪资有限，因之在清代大多数地方的衙门实际运作时，必定靠收取这类习惯性的费用，其实并不算是营私舞弊。所以他对“衙蠹”的看法，认为是清代国家与官僚推说地方政府腐败原由的代罪羔羊，实际上“衙蠹”之滥权并非如此严重。[32] 但无论如何，从明人文集的判牍中，看到的是许多胥吏与衙役涉案。相对而言，明代如清代一样，判牍中其实仍少见真正的州县官是涉及司法弊案者。在上述的文集中，仅见在《止园集》中有一起同知与通判贪污案，在《浚川驳稿集》中有一起佥事篡改招情案。[33] 因之无可讳言地，“衙蠹”仍是明代地方司法制度上的严重问题，而州县官受贿之事则仍是少数。另外，与清代不同的是，明代的判牍中虽有乡宦或乡绅横行的例子[34]，但是像清代的乡绅干预或玩弄司法的情形，在明代的判牍中并不多见。[35]

三、社会控制与社会问题

（一）社会控制

明代司法制度的一大特色就是有所谓的“乡诉讼”制度。洪武三十年（1397 年）明太祖颁布的《教民榜文》：“民间户婚、田土、斗殴相争，一切小事，不许辄便告官，务要经由本管里甲、老人理断。”[36] 规定里甲与里老人具有司法审判的责任，赋予其调解地方一般的民事纠纷的权力。此外，就社会治安方面，明政府规定执行捕盗工作者，除了衙门的捕

---

[31] 关文发、颜广文：《明代政治制度研究》，198 页，北京，中国社会科学出版社，1996。

[32] 黄宗智：《民事审判与民间调解 ：清代的表达与实践》，178～182 页，北京，中国社会科学出版社，1998。

[33] 《止园集》26/22a；《浚川驳稿集》上/1187—89。但是前案并未言明是官员收受司法贿赂，后者据巡按推测，也可能是卫所官吏假新任佥事之名来篡改案情。

[34] 如《檀雪斋集》中有乡宦同知乐鸣时一案，其子以积霸逋粮殴差，其弟为生员而以健讼捏词为生，而该乡宦甚至聚众殴当地知府。(《檀》15/16a—b)

[35] 清代乡绅干预司法审判与诉讼之例，参见赖惠敏：《从命案看清前期的国家与社会（1644—1795)》，收入王成勉主编：《明清文化新论》，107～109 页，台北，文津出版社，2000。

[36] 杨一凡总主编：《中国珍稀法律典籍集成》，乙编册一，《教民榜文》，635 页。

役以外，地方的保甲、总甲，甚至里老人都有“勾摄犯人”，即缉捕人犯的权力与责任。[37]从明人文集的判牍中，几乎未见里老人在民事调解上起的作用。若就地方治安方面而言，从明人文集的判牍中可以看到农村的保甲组织与乡兵，在这方面起了很大的作用，许多盗匪多是由保甲或乡兵捉拿后报官。在《湖湘谳略》中就有许多例子，如有张东一与刘秋儿强盗案，“张东一原系照拿漏盗，复伙故盗陈应举等行劫李林家，伤主掠财，凶焰特甚。以保甲奋勇追袭，当阵就擒，原赃宛然在手。”（《湖》1/40b）又如秦汝明强盗案，“其劫谭朝帮家，绑主掠财，强状甚者。乡兵尾迹，当阵擒盗。”（《湖》2/32a）有金华三六二犯伙劫吴六家，“明火持械，血战伤人，而遁赃无有，而仗则明矣，乡兵之力也。”（《斋》28/6a）而带领乡兵捕盗者，是里甲与老人的责任。在《浚川驳稿集》中有一则里老人带乡兵捉拿盗犯之实例。该案盗犯杨嵩与王金甫等，强劫数家财物，并打死多人，又掠人妻为妾，其后事件的发展如下：

后被老人刘明演访知，带领不知姓名乡夫七名，前来捉拿。嵩哄说拜为兄弟，备酒吃饮；刘明演等回至段才家，遇晚宿歇。嵩同王金甫等将段才庄屋围住，进入将刘明演等八名俱杀死。段脱走，次日要告，嵩将儿马一匹、银二十两送与接受，不曾首告等因。（《浚》上/1179）

过去学界对明初里老人制是否有实际施行，曾有相当大的怀疑，虽然从文集中未见明初实际的例子，但由此案可证，直到明代中叶，里老人在地方的社会治安与司法上，仍扮演着相当重要的角色。保甲或乡兵获盗之后，在送押官府之前，往往会动用私刑殴打拷问，《止止斋集》中有一案是乡兵获盗赵义八后，被邹惟九等处以私刑而殴死一案，作者沈演就说道：“防盗获盗，邻保群集拷问，为送官张本，乃乡民获盗之常。”（《斋》27/4a）可见得在有些盗案或刑案送押官府前，社会控制的机制已开始动起来了。

地方上的宗族组织也具有社会控制的功能，有些聚族而居的地区，宗族对地方的民事协调与社会治安上，也曾发挥相当大的作用。在族谱的族规中就有限制族人的规定，例如四川云阳《涂氏族谱》载：“族人有田土、坟墓、钱债等项纠葛或口角微嫌，须入祠恁凭族房长公同理论，不得擅兴词讼。”[38] 从明代这些判牍中可以看到宗族的力量，例如《退思堂集》有一案，姚履亨、会亨二兄弟，因赌博败荡家财，听猾棍林应春之谋，妄欲占叔之屋而呈控其叔，后来“凭族长姚祚昌公论，姑勿深究二竖，全其叔侄之情”（《退》谳1/80a—b）。有些命案就是由族人发现的，如《湖湘谳略》内有一起陈大韬途遇姜延谟而谋财害命案，当时在荒郊野外的深夜，嫌犯以为无人知晓，却“撞遇族人，应为窥破”。（《湖》1/72a）在宗族势力之内的地域，若发生盗匪案件，有时族内会由地位较高的生员上书州县府衙门。如有一起叶字一等纠合同宗兄弟为盗祸害地方案，后来就是由同宗之叶氏

---

[37] 《教民榜文》云：“民间一里之中，若有强劫盗贼、逃军、逃囚及生事恶人，一人不能捕，里甲老人即须令集多人擒乎赴官，违者，以罪罪之。”（638页）

[38] 转引自杜婉言：《明代诉讼制度》，83页。

诸生，“合喙以鸣，而请靖其反侧也”。(《檀》15/20a—b) 有时甚至宗族内自己聚集族内人捕盗后报官。如《止止斋集》中有一起黄沛九引盗劫财案，因为黄沛九勾引盗匪李如清等抢劫其叔黄仕之家，后逃逸时为族人所获而提交官府。(《斋》28/10b—11a) 族内捉住盗匪时和乡兵获盗一样，常有宗族内部使用私刑的例子。例如《止止斋集》内有一起以包洗为首、动用宗法私刑的案例，按察副使沈演就很不以为然地叹道：

死因尚须三覆，人乃可以活埋，世间有此宗法乎？号召族众，主令擒锁，虽母弟号泣，立意必致之死，皆洗倡之。洗自谓主张族论，而不知已之绞案，定于此矣。盖借宗法之名，以乱国法，必以国法绳之，如云为报盏木私忿，则其事已踰七年，未足以服洗之心也。(《斋》28/15a—b)

沈演反对宗族法处以私刑，他认为是“借宗法之名，以乱国法”，所以要以国法绳之。可惜此判牍最后并无判决的结果，所以无法了解官方如何处理宗族法杀人事件，但已体现出宗族法与国家法之间的冲突。这个问题持续至清代愈加明显，相对于明代官员不谅解宗族法，清代政府则采取较同情的态度，甚至还有为考虑宗族立场而产生的新法。[39]

但是从另一方面来看，总甲与里甲却常利用自己在“勾摄犯人”的权责，而捏词诉讼与索诈。如在《退思堂集》中就可以看到许多这类的例子，如总甲见人命事不报县府，反而教唆呈控以图利；有总甲见人命事后，教排邻暗递首呈，捏词控告；或有总甲借民人入白莲教为词索诈。还有里甲承牌拘人时，登门索诈钱物等等，其行径又如同捕快衙役之横行一般。[40] 所以知县李陈玉叹道：“本县爱惜节省，差里不遣衙役，其意谓何？昔闻虎差，今闻狼里，抑又幻矣。”(《退》谳 3/46b) 直到清代，我们仍然可以看到地方领袖，如乡长、总甲、地方、保正等人，往往在地方发生命案后替双方言和，甚至也有隐匿案情以讹诈的案件。[41]

同样地，宗族也是社会治安中乱象的来源。异姓宗族为争水源或争冢地而械斗的例子，在明代判牍中也时有所见。在华中与华南地区，因为粮食作物以种植水稻为主，水利与水塘成了很重要的资源。在《止止斋集》的判牍中也可以看到这类水塘纠纷而引起聚族械斗的案件。如王乔廿九一案，因为王、陈二姓争水圳，而陈良十七死于殴。据云当时“两族丛殴，在伤者众”。而两族公言，皆指乔廿九先下手打人，遂将罪首归于他(《斋》28/14a—b)。《檀雪斋集》中有一起汪甫二与熊大伸二族械斗案，“衅起争冢于猫石，而遂致珥笔于鼠牙”；当官员往勘疆界时，“莫撄其聚族之操戈，盖暴民之披猖，斯为极矣。”(《檀》15/35a—b) 若族内人遭人殴死，同族人还会聚集抬尸抗争，如《湖湘谳略》中有一起雍顺殴死郭尚义案，当时雍顺只因买豆腐细故，误听郭尚义之言，遂怒而挺拳，尽力一

---

[39] 滋賀秀三：《刑案に現れた宗族の私的制裁としての殺害——國法のそれへの對處》，载氏著：《清代中國の法と裁判》，93～144 页；赖惠敏：《从命案看清前期的国家与社会（1644—1795)》，109～114 页。

[40] 这类总甲与里甲横行索诈的例子，详见《退思堂集》，谳 1/8b—9a、66b—67b；谳 3/45b—46b、57b—58a、97b—98b。

[41] 参见赖惠敏：《从命案看清前期的国家与社会（1644—1795)》，102～107 页。

挥而打伤郭尚义。当时董知县初检时的记载说："尚义跌倒在地，口虽称痛，而头发网巾犹然未动，随郭族人等扛抬至雍居，谦门首有宗室声说将尚义锁送究治者。"又云当时曾有族众约一二百人聚集。由此可见一件小案，也可能曾为宗族间聚众械斗的源头。(《湖》1/3b)

从社会控制的角度来看，明初以来社会制度如里甲、里老人与后来的保甲制度，以及民间的宗族组织，都曾被赋予帮助刑事调查与协调民事纠纷的责任。从判牍中看到里甲与里老人制在明代中期虽未见其实际协调民事纠纷的例子，但维持社会治安的功能仍在；而里甲与总甲即使有借机图利的情形，但这也反映出至明末其仍具有司法权责。[42] 同样地，宗族的组织自有其族规，虽能协调部分的民事纠纷，帮助社会治安的维持，但也不可能完全解决健讼的问题，而且宗族法与国家法且常有冲突的可能。另一方面，地方上宗族势力的强大，有时也成为社会的乱源。

（二）社会问题

从明人文集中的判牍，有关于民事纠纷的类型，不外就是涉及户婚、田土、钱粮等，其实也可以反映当时的许多社会问题，特别是从州县级的判牍中，可以看到明代后期最常见的民事问题，包括私钱与私盐的盛行、田土买卖后的加找回赎之争、诡寄与飞洒导致逋粮而由粮里长赔累等问题。这类"财经案件"在地方上频繁地出现，实已反映出明末政府财政上的问题丛生，但是这类案件在省级判牍中反而少见，主因是在传统的司法审判制度中，州县级以上的衙门所重视的是命案与盗案，所以上面这类案件如果没有酿成人命或形成盗匪，都不见得会成为重大案件。

关于私盐与私钱盛行的情形，在地方府州县官的判牍中颇为常见。例如《退思堂集》中有一起蒋济宇家有私盐，卖少许与嘉兴人马臣，为盐衙甲首所见，遂不报堂而行贿卖放案。(《退》谳 3/82a—b) 又有胡能等贩私盐，为总甲张达廉所告官，遂结党烧其屋，抢其船案件。(《退》谳 2/86b—87b) 另有一起私盐贩拒捕案，乃枫泾镇有秤手顾时抬私盐二包，为盐捕巡见拦阻，遂唤党将之夺去。(《退》谳 3/30b—31b) 在《檀雪斋集》中甚至有官府雇用之座船水手，当送官抵达京师后，于回程时船都载有私盐而被捕。(《檀》15/37a—b) 由此可见晚明地方上私盐的盛行。至于私钱与私银方面，从州县官的判牍中亦可见之。如李陈玉在《退思堂集》中就曾提到该地嘉善县发生许多起这类案件。为何百姓盛行私铸而不畏法呢？正如李陈玉所言："见利而忘害也"。他在判牍中说到当地这些私钱与私银的由

---

[42] 过去有学者认为，明代自 15 世纪以后健讼的风气与讼师的兴起，是因明初里老人制至此里老人多成为城居地主，致使其协调村落纠纷的职能崩溃，而讼师遂取代其诉讼与调解的功能。参见川勝守：《明末清初の訟師について—舊中國社會における無賴知識人の一形態》，《九州大学東洋史論集》，9 号，117 页，1981。但另有学者认为讼师早自宋代既已出现，即使明初讼师较不普遍，但是晚明之士大夫普遍地视讼师为司法之一大隐忧。因之讼师之风兴盛与里老人制无关。参见 Melissa Macauley，*Social Power and Legal Culture：Litigation Masters in Late Imperial China*，Stanford，Calif.：Stanford University Press，1998，pp. 35—36. 从本文的判牍显示，里甲与老人制度至明末仍有一定的作用，健讼之风的盛行恐非直接导源于此类制度之变迁。相反地，制度的变迁反而可能是反映社会的变化，亦即明代中期以后健讼风气兴起后，里老人无法处理大量的诉讼纠纷，以致讼师取代其部分功能，两者可能同时存在而有不同的分工。

来："嘉善近来低钱、低银，行如涌泉，不可禁遏。低钱来自吴江、桐乡，犹从外入。若夫低银遍地，皆炉火矣。"（《退》谳 3/54a—b）他在另外一件判牍中，更详细地呈现了当地私钱交易与流通的实态：

周宇，系太仓人，常往来吴江之黎川镇，俗号黎里，薄小穿是也。夫薄小穿之坏钱法而害物价也久矣。私贩之徒，归着如市，其稛载而来善邑者，趾相错也，是不一人，周宇其不幸而败露者耳。此中乃有市棍张成者，为之东道主，凡宇等所贩来之钱，皆成为之发兑，此钱法之大蠹贼哉。（《退》谳 3/43a—b）

由上面的引文中可以推测，在江南地区许多大型的市镇（如黎里镇），是私铸钱银的大本营，而有许多商人往来贩卖，至大县中还有市棍为之发兑。这里出现了江南市镇的另一种经济网络与功能。

在明末的州县官判牍中可以看到，地方上许多人利用飞洒与诡寄的方式逃避税粮，最后导致由粮里长赔累的现象。前已提到在《退思堂集》中有一起张大伦诡寄户粮的判牍；之外又有苏绳轼与陈养心等作弊诡寄，又复不完粮，致累新里张教，其诡寄逋粮之猖獗，甚至有"不知钱粮为何物，完官为何事者。"（《退》谳 1/43b—44a）有的则是盗抵别人之田，投献宦家名下。（《退》谳 3/21a）又可见包头与书吏串通飞洒钱粮，如有朱成一案，据判牍记载如下：

朱钦已故之父朱成者，积年箅派之包头也，飞洒田粮是其长伎。有钱世庄者，轮充七年里书，遂投朱成彀中，自是变乱纷纭，不可究诘，致令张王、沈钱下手接役里书，不能箅派，又不敢依样画葫芦以干罪。（《退》谳 2/75a—b）

如此造成人逃粮存，只得由新里甲赔累之事件相当多。所以嘉善知县李陈玉在处理这类案件时叹道："人既乌有，粮称子虚，里递年年赔累，县官比比怒嗔，不与将从前业户逐一查勘，与之劝收，此岂可长也乎！"（《退》谳 3/89b）

田土的纠纷其来有自，过去对明清土地制度的研究大多认为土地买卖后仍可"回赎"或"加找"之说[43]，在明人文集的府州县民事判牍中出现的田土纠纷，有相当大的部分是属于这类"加找"、"加绝"与"回赎"的纠纷。在《退思堂集》中最多，有的是土地买卖之后，卖方还有可能以各种理由要求加找，甚至有四、五次之多[44]，例如有陆文炳之母浦氏，于天启四年（1624 年）将田九亩一分卖沈梦璧为业，已过十余年矣，而陆文炳仍要求回赎，实为加找，县官记道："律有五年不回赎之文，一旦上门言赎，实求加也。当日浦庆光系浦氏之弟，同数青衿，以往梦璧以为挟也，而不允，遂两相哄。"（《退》谳 2/102a）有的已转卖数人，而最初的卖主仍要求加找或回赎，知县李陈玉在处理此类案件时就叹道："已去之

---

[43] 相关之著作参见杨国祯：《明清土地契约文书研究》，北京，人民出版社，1988；梁治平：《清代习惯法：社会与国家》，81～110 页，北京，中国政法大学出版社，1996；岸本美緒：《明清時代における『找價回贖』問題》，《中國—社會と文化》，12 号，263～293 页，1997。不过以上的研究材料仍多以清代为主，明代的史料有限。

[44] 这类案件详见《退思堂集》，谳 1/25a—26a、27a—b、72b—73a、80b、82b—83a；谳 2/85b—86a、98b—99a；谳 3/85a—b。

波，无回头理，加绝原非美事，此吴中陋习，不当与之增缠扰也。”（《退》谳 3/71a）《止止斋集》中也有董继八一案，涉及的是屋产，因董继八之叔将屋卖与同族之生员董天道，其已过三十余年。但是因为董继八“妒其改建，辄出阻争”，因而告官成讼。而审官则云：“夫乃始断赎，加银非律非例”，而认为董继八“恃刁健讼面，妄架无影人命”，而予以重惩。（《斋》28/3a－b）由以上的例子来看，“回赎”与“加找”在民间可能是习惯法，但是因为认定的方式不同，所以会形成种种纠纷；在官方看来是不合法的，律例法条中也未有将这类习惯法纳入，所以地方官在判决时并不一定参照民间的习惯法。这种情形直到清代仍是如此。㊺ 需说明的是，从明人文集的判牍中反映了以田土纠纷为主的案件，在华中、华南较多，相对地在华北这类事件并不多见。

四、结 论

研究明代法制史不应轻乎明人文集，因为在文集中还收藏有大量的判牍。尤其是地方性的判牍，本文搜集的文集包括知县、推官、分巡与巡按等官僚任职时期所审理的许多判牍。从州县官的判牍中，可以看到他们大多时间是处理民间的各类民事纠纷，刑事案件数量较少。他们判决时并不一定严谨地引用成文法条，因其角色主要是协调两造为主，衡量的标准是讲公平与人情的“情理”，而非法条；即使按照明代规定，徒刑以上之案件是送上级覆审，但是他们仍有相当大的自主裁量权，可将重刑案以轻判处理而不上报。

地方上司衙门的角色则是覆审地方的命盗重案，在审理时非常谨慎，凡事要注意人证、物证、验尸与口供等等，而且还时时抱有怀疑的精神，判案的标准——“情理”则是注意案情是否合乎逻辑的经验法则。而且在判决时更严谨地引用成文法条，不过在另一方面也和州县官一样，会出于“情”的考虑而对某类案件轻判。

在诉讼与审理的司法过程中，书吏、捕快、白役、狱卒与仵作等等，常借其在司法过程中的职权，而有“倚差索诈”等事发生，成为司法制度中最常见的弊端，所以有“衙蠹”之称。在明代的判牍中，这类“衙蠹”案件的数量，远远多于州县官收贿与讼师教唆词讼的案件。

明人文集中的判牍其实还反映出当时的社会现象。就社会控制而言，明初设立的里甲老人制度及后来的保甲制度，对于协调民间纠纷和维护社会治安，都有一定的效果。即使到明代中叶以后，亦可见其效用仍在。在明代，宗族的力量亦具有协调族内纠纷与处罚犯罪者之功能，从判牍中还可以看到宗族法与国家法冲突的情形，相对于清代政府同情宗族法的立场，明代地方官对宗族法私刑则颇不以为然。这两种社会控制的力量，从另一种情形来看，也可能是社会问题的来源，如里甲捏词或教唆呈控以索诈、宗族对峙而互相械斗，

㊺ 梁治平认为清代民间的习惯法与国家法虽有不同的分工，但却缺少一种内在和有机的联系。见氏著：《清代习惯法：社会与国家》，125～140 页。

这也成为地方政府相当头痛的问题。

从州县级的判牍中看到明代后期最常见的“财经案件”，包括私钱与私盐的盛行、田土买卖后的加找回赎之争、诡寄与飞洒导致逋粮而由粮里长赔累等问题，实已反映出明末政府财政上的问题丛生。但是这类案件如果没有酿成人命或形成盗匪，都不会出现在省级判牍中，因之真正有关社会民生的案件往往无法上达中央。

最后透过对明人文集中判牍史料的了解，应该让我们重新思考一问题，即明代法制史的特殊性。过去明清法制史有关诉讼的研究成果，其实利用明代的判牍史料仍然有限，主要材料仍集中在清代的档案。从本文可以看到，至清代所见到的许多制度与现象，早在明代即已出现或形成，如州县自理与覆审制度、衙蠹丛生的问题、里甲老人与宗族的“民间调解”功能等等。[46] 也许只有加强对明代判牍的利用，进一步地更深入地研究明代的法制史，才能探寻研究清代法制时被视为“传统中国”的审判与调解模式之起源。

（说明：本文原刊中国法制史学会（台湾）主编：《法制史研究》第二期，2001 年 12 月。现原文刊发。）

---

[46] 近年来学者有关清代诉讼案件的研究，强调民间遇有民事纠纷时，常是使用“民间调解”与“法庭审判”两者互补与互动的模式同时进行的，或有称之为“第三领域”。参考岸本美绪：《清初上海的审判与调解——以〈历年记〉为例》，《近世家族与政治比较历史论文集》，239～258 页，台北，“中央研究院”近代史研究所，1992，及黄宗智前引书，108～132 页。

陈登武

唐代地狱审判的法制意义

——以《佛说十王经》为中心

简介

陈登武，现任职于台湾师范大学历史系，并担任中国法制史学会（台湾）秘书长主要研究领域为中国法制史。近年来致力于从法制史的角度检视“地狱审判”的意义。已先后完成包括《唐代地狱审判的法制意义——以〈佛说十王经〉为中心》、《唐代城隍爷信仰转变的法制意义》、《从唐临〈冥报记〉看唐代地狱审判》等论文，出版有专著《从人世间到幽冥界——唐代的法制、社会与国家》（台湾五南图书出版股份有限公司 2005 年版）、《地狱·法律·人间秩序——中古中国宗教、社会与国家》（台湾五南图书出版股份有限公司 2009 年版），现正进行大型研究计划“魏晋南北朝时期地狱审判的法制意义”。此外，并陆续发表关于“家内秩序与国家统治”以及“唐代判文的法律解释与法律推理”等相关课题之论文。

目次

一、问题的提出

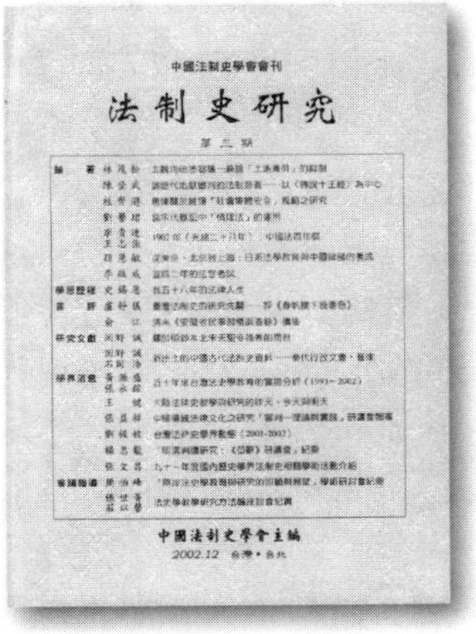

中国律令制度的完整体系化在隋唐时代进入成熟期；相对地，流传于庶民社会的阴间“冥律”[①]也在唐朝，特别是唐中叶以后，因应社会局势的动荡和儒释道三家思想的角力与融合而系统化，并且对后世庶民社会发生深刻影响。

在佛教地狱观传入中国以前，最早主张用“鬼神”说来维护国家社会秩序，以降低社会犯罪的人，可能是墨子。[②]

从秦汉开始，中国本土地狱观的建构，依循俗世官僚体制的原则次第展开；及至佛教传入，本土地狱观又与佛教地狱理论结合，形成后来组织架构庞大而完善的幽冥世界。

“冥律”最大的特点是它的“平民化”，经常可以发挥“王法所不及”的作用。对于许多长久生活在乡村社会里的庶民而言，唐律毕竟太遥远了！我们甚至可以说“冥律”常可发挥比国法更大的吓阻效果，进而达到维持社会和国家法秩序的作用。

仁井田陞曾在考察流行于明清时期的《玉准轮科辑要》等善书时说：“《玉准轮科辑要》、《玉定金科例诛辑要》等书，描绘对于破坏道德秩序、社会秩序的行为，按照其罪恶的轻重，予以种种轮回制裁。在《轮科辑要》里附有冥界处刑的图表，并且记录了对于做善事的报答”[③]，仁井田陞注意到这些善书能够达到和法律一样预防犯罪的效果。

《玉历钞传》是另一部清代非常流行的“善书”，它勾勒出一套完整的“冥律”，并将冥界十王衙门化。过去许多人认为近世以来关于地狱的观念，大多来自此书。泽田瑞穗称《玉历钞传》为“庶民的地狱经典”[④]；德国学者 Wolfram Eberhard 也曾透过《玉历钞传》所见地狱诸刑罚，探究传统中国的罪与罚，并对庶民法律观念的形成有深入分析。[⑤]

不论是《玉准轮科辑要》、《玉定金科例诛辑要》、《太上感应篇注讲证案汇编》或《玉历钞传》，总之，明清以来的所有“善书”，都是建立在死后审判的观念上，都要面对“十殿阎王”的审判和“十八地狱”的酷刑。但是不少学者已经指出这里的“十殿阎王”并不

---

① 邹文海说“所谓冥律，指地府或阴司所采用的法律”。参见邹文海：《从冥律看我国的公道观念》，载《邹文海先生政治科学文集》，96页，邹文海先生六十华诞授业学生庆祝会印，1967。

② 参见墨子：《明鬼下》：“民之为淫暴寇乱盗贼，以兵刃毒药水火，退无罪人乎道路率径，夺人车马衣裘以自利者，并作，由此始。是以天下乱，此其故。何以然也？则皆以疑惑鬼神之有与无之别，不明乎鬼神之能赏贤而罚暴也。今若使天下之人，偕若信鬼神之能赏贤罚暴也，则夫天下岂乱哉？”（《墨子闲诂》，卷8《明鬼下》，138页）

③ ［日］仁井田陞：《大木文库印象记——有关官箴、公牍与民众之间关系的资料述略》，载田涛编译：《日本国大木干一所藏中国法学古籍书目》，170页，北京，法律出版社，1991。

④ ［日］泽田瑞穗著，蔡懋棠译：《玉历钞传》，载《台湾风物》，72页，第26卷第1期，1976（3）。

⑤ See Wolfram Eberhard，*Guilt and Sin in Traditional China*，University of California Press，1967.

是开始于《玉历钞传》，而是出现在敦煌发现的《佛说十王经》⑥；《佛说十王经》所反映的地狱观念，则大致是中唐以后逐步建构完成的。

地狱观念虽然到唐朝体系化，并且拥有完整的“冥律”，但地狱之说显然不是起源于唐朝。

在佛教传至中国之前，中国原本就有一套本土的地狱观。从人死归于土，到地下的幽冥世界有“地下主”、“主藏君”，乃至后来出现以北方“泰山府君”为幽冥教主的和西南以“酆都大帝”为幽冥教主的两大本土鬼狱信仰，就是地道的本土地狱观。⑦ 干宝《搜神记》主要反映的就是这种本土鬼神信仰的志怪传说⑧，与后来受到佛教深刻影响的志怪作品，有极大差异。

佛教传入中国后，地狱素材更丰富，也更加复杂；而且时代越晚越加精致细腻。⑨ 地狱的不断“扩编”，和地狱幽冥教主的从单一“阎罗王”走向联合共治的“十王”，最后再形成地藏菩萨统御阎罗“十王”的法制进程，几乎是一个典型“层累造成”的过程，特别是本土地狱又与印度地狱结合，形成后世所熟知的“十殿阎王”统辖十八地狱说。敦煌本《佛说十王经》的出土及其形成的过程，正是体现这种转变的成果，对中古宗教信仰以及庶民社会风俗的了解，具有重大意义。

尤其值得讨论的是从法制发展的角度来看，地狱“扩编”竟意外反映出魏晋南北朝至唐宋期间官僚结构之转变；而且阴间“冥律”也保留丰富的法律材料，甚至会适时将俗世律令的精神融入“冥律”之中；同时对于庶民法律观念也造成深刻影响。

学界对于《佛说十王经》的相关讨论，不论是从艺术、文化、宗教、风俗信仰等方面，或校本的勘定与缀补等等，都有相当丰富的成果。⑩ 相对地，从法制史方面着手的研究就比

---

⑥ 参见［日］吉岡義豐：《中國民間の地獄十王信仰について》，载［日］吉岡義豐：《吉岡義豐著作集》，第1卷，280～452页（特别是283～286页），五月书房；另可以参见石守谦：《有关地狱十王图与其东传日本的几个问题》，载《中央研究院历史语言研究所集刊》，第56本第3分，1985（9）；萧登福：《敦煌写卷〈佛说十王经〉之探讨——兼谈佛道两教地狱十殿阎王及狱中诸神》，载萧登福：《敦煌俗文学论丛》，175～250页，台北，台湾“商务印书馆”，1988。

⑦ 关于上古以来，人死后世界的探讨，可以参见余英时：《中国古代死后世界观的演变》，载余英时：《中国思想传统的现代诠释》，123～143页，台北，联经出版公司，1987；关于早期地狱观念的发展，参见江玉祥：《中国地狱“十殿”信仰的起源》，载江玉祥主编：《古代西南丝绸之路研究》，第二辑，161～186页，成都，四川大学出版社，1995。

⑧ 参见（晋）干宝：《新校搜神记》，台北，世界书局，1965。

⑨ 传统佛经中的地狱，有多种不同说法。单是流传于魏晋南北朝时期的地狱就有四地狱、六地狱、八地狱、十五地狱、三十地狱、六十四地狱甚至无边无量地狱等等多种说法。参见萧登福：《汉魏六朝佛道两教之天堂地狱说》，65～121页，台北，学生书局，1989；经过唐宋的发展，地狱被整编为普遍接受的“十八地狱说”。参见江玉祥：《中国地狱“十殿”信仰的起源》，载《古代西南丝绸之路研究》，第二辑，284～287页。

⑩ 早期的讨论，如日本学者冢本善隆：《引路菩薩信仰に就いて》，载《东方学报》，130～182页，京都，1931；［日］酒井忠夫：《十王信仰に關する諸問題及び閻羅王受記經》，载《斋藤先生古稀祝贺纪念论文集》，611～656页，东京，1937；［日］松元荣一：《敦煌畫の研究 圖像篇》，同朋社，1937；石守谦：《有关地狱十王图与东传日本的几个问题》，载《中央研究院历史语言研究所集刊》，第56本，第2分，1985；萧登福：《敦煌写卷〈佛说十王经〉之探讨》、《敦煌所见十九种〈阎罗王受记经〉（〈佛说十王经〉）》，载萧登福：《敦煌俗文学论丛》，175～250页、251～291页，台北，台湾“商务印书馆”，1988；杜斗城：《关于敦煌本〈佛说十王经〉的几个问题附：〈佛说十王经〉录文》、《地狱变相初探》，载《兰州大学敦煌学研究所编敦煌吐鲁番文献研究》，345～360、361～379页，兰州，兰州大学出版社，1995；罗世平：《地藏十王图像的遗存及其信仰》，载《唐研究》，373～414页，北京，北京大学出版社，1998。

较少。最早从法制史角度探讨《佛说十王经》的，当是仁井田陞《敦煌發見十王經圖卷に見えたる刑法史料》。[11] 仁井田陞利用松元荣一氏《敦煌畫の研究》所收敦煌《佛说十王经》图录，分析唐宋刑具以及监狱问题，其中讨论十王经图像里的地狱，特别注意到某些十王经图的监狱外面，有“犬”看守监狱，因而探讨“狱”字与监狱起源，甚具启发。仁井田陞之后，几无从法制角度探讨中古地狱观与地狱审判之变化。

值得注意的是张总《〈阎罗王授记经〉缀补研考》和《初唐阎罗图像及刻经——以〈齐士员献陵造像碑〉拓本为中心》[12] 二文，首次公布未曾面世的一些碑刻图像，探讨十王观念的变迁，对于理解敦煌《佛说十王经》的出现，有突破性的看法。

拙稿的意图，是希望从宗教信仰、习俗的角度，讨论在庶民社会中流传的法思想，对于国家法秩序的维护及对庶民犯罪行为的影响和所发挥的作用。在前人研究基础上，了解唐代形成的十王地狱观，在多大程度上反映唐代政治、社会的俗世面；同时从敦煌变文和唐代笔记文学中关于冥府游历记录，讨论地狱惩罚观念的传播、转变及影响。

地藏王菩萨在唐代中叶开始入地狱听审，其神格与属性出现巨大转变，最后甚至地位凌驾于阎罗王之上，成为幽冥世界的教主，其间或有宗教史上的重大意义，拙文则试图从法制史的角度，诠释其意义。

二、《佛说十王经》地狱结构的俗世面

（一）佛教地狱观传入中国之前的幽冥世界

佛教传入中国前，中国本土原本就有一套丰富惊悚的地狱书写。从《左传》说“不及黄泉，无相见也”的“黄泉”世界，指地下埋骨之所；到《楚辞·招魂》所说的“幽都”，记录充满惊悚恐怖的地狱场景，与后来的佛教地狱说已颇相近；乃至于秦汉方士喜谈的“嵩里”、“泰山”，都是关于本土地狱观的描述。[13]

其中，对于吾人理解古代地狱幽冥世界的建构，最具有帮助的史料，是长沙马王堆汉墓出土的木牍资料。特别是第三号汉墓发现的木牍，对于古代的幽冥世界提供了珍贵讯息：

十二年二月乙巳朔戊辰。家丞奋移主赃（藏）郎中，移赃物一编。书到先选（撰）具奏主赃君。

“十二年”是指汉文帝十二年（前168年）。这件木牍很清楚地说明了当时流行的地下

---

⑪ ［日］仁井田陞：《敦煌發見十王經圖卷に見えたる刑法史料》，载《东洋学报》，第25卷第1期，1938。

⑫ 张总：《〈阎罗王授记经〉缀补研考》，载《敦煌吐鲁番研究》，第5卷，81～116页，北京，北京大学出版社，2000；《初唐阎罗图像及刻经——以〈齐士员献陵造像碑〉拓本为中心》，载《唐研究》，第6卷，1～18页，北京，北京大学出版社，2000。

⑬ 相关讨论甚多，可参见（清）顾炎武：《日知录》，卷30，《泰山治鬼》，877页，台北，文史哲出版社，1979；余英时：《中国古代死后世界观的演变》，载余英时：《中国思想传统的现代诠释》，123～143页，台北，联经出版公司，1987；陈泄：《泰山主生又主死说》，载《中央研究院历史语言研究所集刊》，第51本第3分，407～412页；江玉祥：《中国地狱“十殿”信仰的起源》，载江玉祥主编：《古代西南丝绸之路研究》，第二辑，161～186页。

世界观念。地下世界也像人间世界一样，有着官僚等级。“主赃君”之下有“主赃郎中”，后者需向前者报告。“主赃郎中”和“主赃君”的关系，是从“家丞”和“猳侯”的关系模拟而来；湖北江陵凤凰山一六八号汉墓也发现同样的一支竹简。简文说：

十三年五月庚辰，江陵丞敢告地下丞：市阳五夫，燧少言与大奴良等廿八人，大婢益等十八人，轺车二乘，牛车一辆，驷马二匹，骑马四匹，可令吏以从事，敢告主。

这件木牍较前一件时间晚一年（前167年），内容说江陵丞通知与他身份相当的“地下丞”上奏“主”，也就是“地下主”，凤凰山十号墓所出土的竹简就有“地下主”的记录。不论是“主赃君”或“地下主”，其实就是还没有泰山府君以前的中国阎罗王。[14]

这些出土考古资料的重要性，不仅仅在于它呈现了古代幽冥世界的面貌；更重要的是它透露了汉代对于幽冥世界的想象，以及确立了幽冥世界的书写法则。包括幽冥世界也有一套相对于世俗官僚结构的组织运作系统；而且与人间对口的官员（或幽冥教主身旁的幕僚），品阶不必非常崇高，通常就是地方官的幕僚。这两点建构的原则，在后来的地狱书写中显得格外重要，对于吾人理解唐代出现的《佛说十王经》所呈现的地狱体系，具有非常重要的指引作用。

（二）关于《佛说十王经》

随着佛教传入中国，古典佛经对于地狱的种种描述，随之引进中国。古典佛经对于地狱的描述非常复杂，单是流传于魏晋南北朝时期的地狱说就有四地狱、六地狱、八地狱、十五地狱、三十地狱、六十四地狱，甚至无边无量地狱等等多种说法。[15]

至于主宰地狱的幽冥教主，佛经称为“阎罗王”。佛教地狱观传入中国，很快就面临与道教之间对于地狱解释权的争夺。两相角力之后，逐渐相互为用，形成唐代十王主宰地狱的观念。具体展现十王思想的，就是《佛说十王经》。

敦煌出土与地狱十王有关的手写卷子，约有二十种，分藏于巴黎、伦敦、北京、日本。黄永武教授所辑《敦煌宝藏》均收录。这些手写卷子题名复杂，字数最多的是《佛说阎罗王授记令四众送终逆修生七斋功德往生净土经》（简称为《阎罗王授记经》），尾题或为《佛说阎罗王授记经》；或为《佛说十王经》（以下简称《十王经》）。[16]

手写经卷的时间，据考证最早的版本，大约在后梁开平二年（908年）（斯4530号）；最晚在宋端拱元年（988年）前后（伯3761号），也就是相当于曹氏统治敦煌时期。[17]

这些手写经卷长短不一，互有缺失。萧登福认为最详尽的是伯2003号卷子。[18] 伯2003

---

⑭ 关于这两件汉墓出土的简牍及相关讨论，参见余英时：《中国古代死后世界观的演变》，载余英时：《中国思想传统的现代诠释》，134～135页，台北，联经出版公司，1987。

⑮ 参见萧登福：《汉魏六朝佛道两教之天堂地狱说》，65～121页，台北，学生书局，1989。

⑯ 关于《佛说十王经》现存概况和缀补考定，参见萧登福：《敦煌写卷〈佛说十王经〉之探讨》、《敦煌所见十九种〈阎罗王受记经〉（〈佛说十王经〉）》，175～250、251～291页；张总：《〈阎罗王授记经〉缀补研考》，81～116页。

⑰ See Stephen F. Teiser, *The Scripture on the Ten Kings and the Making of Purgatory in Medieval Chinese Buddhism*, Honolulu: University of Hawaii Press, p. 8.

⑱ 参见萧登福：《敦煌写卷〈佛说十王经〉之探讨》，176页。

号卷子，有文有图；文为行书，十分清楚。图中除佛菩萨之外，其余地狱诸王和狱吏、狱卒等，皆作唐人装扮。

《十王经》是伪经，不是古典佛经。其本意，在劝人修“生七斋”⑲。古典佛经的确有关于“七七”的记载。大体上，佛教认为人死后到轮回转生，这段期间称为“中阴”，每七天一个阶段，共四十九天；为了帮助亡灵脱离地狱诸苦，家属应为亡灵作法祈福，是为“七七”；如能生前就预修七七，功德更大，是为“生七斋”。“七七”理论随佛教进入中国，魏晋年间就已经为人相信并开始流传。《魏书·胡国珍传》载胡国珍死后，“诏自始薨至七七，皆为设千僧斋”⑳。但将七七与十王结合，甚至每经一个七，就要到一个王前接受审判，恐怕是佛教中国化后的结果，而且出现得很晚，《十王经》则是其具体表现。

《十王经》中的“十王”依序指的是：秦广王、初江王、宋帝王、五官王、阎罗王、变成王、太山王、平正王、都市王、五道轮转王。其中除了阎罗王之外，大多为本土冥界鬼神㉑，所以胡适说这是“中国民间迷信与佛教地狱观念结合产生的一种混合的民间迷信”㉒。

十王观念当非一朝一夕，凭空出现。依照中国古代“层累造成”的“造神法则”，势必也经过多次的填补、改良，才建构完成十王体系。从这个角度而言，笔者以为张总以出土石刻、碑文为证，提出由二王、三王，逐渐变成十王的看法，的确是最符合中国造神的原则，相当值得重视。㉓

（三）《十王经》地狱官僚结构的俗世面

以十王为统治核心的地狱，主要的任务是要“审判”世间一切罪犯，并且予以惩处（或奖励）。兹事体大，当然需要相对应的幕僚、逮捕罪犯的捕吏、执行刑讯的狱吏和看管监狱犯人的狱卒。在《十王经》里，这些世俗法庭审讯罪犯的所有需求都具备了。

1. 判官：最高幕僚长

地狱结构中，让世人最为印象深刻，也被塑造为冥府最重要的幕僚，应该就是“判官”。判官之中，名气最大，也最为后世小说家不断复制的人物，就是前引《唐太宗入冥记》中的崔（或作催）判官。宋朝的冥界判官则已经发展成为“四大判官”。图1所见十王地狱图，明显可见四大判官（位于金毛狮子座前，由左而右是宋判官、王判官、崔判官、赵判官）。

---

⑲ ［日］小南一郎：《『十王經』をめぐる信仰と儀禮——生七齋から七七齋へ》，载［日］吉川忠夫：《唐代の宗教》，159～194页，京都，朋友书店，2000。

⑳ 《魏书》，卷83下，1835页。

㉑ 十王的来历，众说纷纭。有以为大多是捏造想象的，如清代俞樾是其代表，参见［清］俞樾：《茶香室丛钞》，卷16“十殿阎王”条，2页下；但也有认为皆为可考。江玉祥即主此说。“太山王”就是中国原本的“泰山府君”，最无疑义；五道轮转王，来自魏晋时期的“五道将军”，学界也有共识。其中，江玉祥认为“都市王”，可能就是城隍；而秦广王，应为“酆都大帝”，这是值得重视的观点。参见江玉祥：《中国地狱“十殿”信仰的起源》，161～186页。

㉒ 胡适：《伦敦大英博物院藏的十一本〈阎罗王授记经〉》，载姜义华主编：《胡适学术文集·中国佛学史》，584页，北京，中华书局，1997。

㉓ 参见张总：《〈阎罗王授记经〉缀补研考》，103～104页。

图1 十王经地狱图

说明：以地藏菩萨为中心，四周围绕着十王，金毛狮子前方有四大判官并列。该图现藏于法国国立居美东方美术馆。

图版来源：ジヤック．ジエス編：《西域美術ギメ美術館ペリオ．コレクション》，图六十三。

从《唐太宗入冥记》可以看出，判官的职掌，显然是辅佐阎罗王断案，兼总理冥界庶务。伯2003号《十王经》附图中，十王断案时，案前都会有一个提供文卷资料的人，就是判官（如图2）。

值得注意的是，唐贞观十三年（639年）的《齐士员造像铭》所见“阎罗王审断图”有“送付长史”、“阎罗王教长史”、“王教语长史”等语[24]，显见唐初阎罗王身边的主要幕僚是“长史”；但是在《十王经》的书写和流传的年代里，“判官”已经取代“长史”，成为阎罗王身边要员；甚至日后在中国民间文学创作题材中，成为相当重要的冥界司法代表；而从“长史”到“判官”的转变，恰好也具体反映了唐代地方官僚体系的重要变迁。

“长史”是唐代地方州府僚佐中品阶最高者。《通典》说：“凡别驾、长史、司马通谓之上佐”[25]，初唐犹见其重要，甚至亲王为都督、刺史时，常委任上佐主府务；中唐以后，上佐地位低落，经常成为闲职，中下州甚至无长史之设[26]，因此自然被排除在阎罗王府的官谱之列。[27]

中唐以后，地方州府军镇“判官”的职务与地位都很明显变得非常重要，胡三省说：“唐诸使之属，判官位次副使，尽总府事”[28]；甚至已经取代长史、司马成为真正“上佐”之职；也因此而经常侵他官之职，举凡作坊、勾覆、督赋之类，都由判官担任，可见其职务范围之广。[29]

“判官”在唐朝本来就是一个普遍使用的名称。从中央皇权临时差遣的代表，到各级政府内部区分法律责任的身份，乃至于到地方政府里，作为一个重要的佐职幕僚，都可以看到“判官”一词。判官势必已普遍深入官民印象之中，这就是他取代长史，成为被编派到阎罗王身边的要角的原因。

2. 六曹官

地狱之中，次于判官的重要官员，应该是所谓的“六曹官”。伯2003号《十王经》：

若有善男子、善女人、比丘、比丘尼、优婆塞、优婆夷，预修七斋者，每月二时供养三宝所设十王，修名纳状，奏上六曹，善恶童子，奏上天曹、地府官等。

在敦煌手写卷本中的《唐太宗入冥记》（斯2630号）也提到：

帝问催□□曰：“适来厅前拜者是何人?”催子玉奏曰：“是六曹官。”帝又问：“何为六曹官?”催子玉奏曰：“阳道呼为六曹官，□□呼为六曹官。”

显然十王厅内，判官以下辖六曹官。“六曹”是标准的唐代官制。中央尚书下辖吏、

㉔ 碑文参见（清）毛凤枝《关中石刻文字新编》卷1，载《石刻史料新编》，第1辑，地方类22，16910～16914页。

㉕ 《通典》卷33，“总论郡佐”条，910页。

㉖ 参见严耕望：《唐代府州僚佐考》，载严耕望：《唐史研究论丛》，105～110页，香港，新亚研究所，1969。

㉗ 从《十王经》“判官”取代“长史”，成为阎罗王身边要人，也可以再度证明《十王经》最早不会早到初唐时期。

㉘ 《通鉴》卷216，玄宗天宝六年（747年）载十二月乙巳条，6888页。

㉙ 参见严耕望：《唐代方镇使府僚佐考》，187～194页。

户、礼、兵、刑、工等六部；地方则州郡都督府以下设有功、仓、户、兵、法、士等六曹，证明冥界官僚组织完全是世俗社会的投影，这也符合前文所说汉代以来幽冥世界的书写原则。唐临《冥报记》将阎罗王比为人间天子、太山府君如尚书令、五道神如尚书，就是这种书写模式的典范。[30]

不过，冥府“六曹官”除了在此聊备一格，就很少在其他地方有过相关记载或功能说明。世人的记忆中，“六曹官”远远比不上“判官”来得威名远播。

3. 刑讯胥吏

《十王经》经文并无提到任何负责刑讯的胥吏；但《十王经图》却有值得探讨之处。

图 2、3 分别是《十王经图》的“平正王厅”和“宋帝王厅”。图片显示有人持鞭杖打罪囚背脊，其中图 2 左边有“身遭枷杻被鞭伤”句。两张图均有一罪囚正被鞭打，行刑的胥吏作势继续鞭打的动作。罪囚的背脊都已经因鞭打留下数道深刻痕迹，这对于我们理解唐代刑讯有极大帮助，特别是关于衙门的审判和刑讯。

图 2 十王经图，平正王厅

说明：平正王正在审讯罪囚。

图版来源：本图现藏日本，转引自松元荣一：《敦煌畫の研究》。

---

[30] 《十王经》内，“太山府君”已经升格为“太山王”，“五道将军”已将转为“五道轮转王”，《冥报记》是唐初传播“地狱观”非常重要的作品，但唐临却从未书写“十王”讯息，这也可以证明初唐尚未有十王之说。萧登福《敦煌写卷〈佛说十王经〉之探讨》（182 页）说“十王说必在唐初已形成”，恐有待商榷。参见（唐）唐临：《冥报记》，28 页。

图 3　十王经图，宋帝王厅审讯囚犯图

说明：右上角可看出鞭背史正在鞭打囚犯。囚犯背脊数道鞭痕。

图版来源：现存大英博物馆，转引自松元荣一：《敦煌畫の研究》。

唐律令对于刑讯有一定规范，据《唐令拾遗·狱官令》“诸杖之制”条㉛所载，唐代刑讯制度清楚地区别“决杖”和“拷讯”两种。刑具通称“诸杖”，长度都一样，包括：“讯囚杖”、“常行杖”、“笞杖”三种。“讯囚杖”是“拷讯”囚徒时使用；“常行杖”是“杖刑”的刑具；“笞杖”则是“笞刑”的刑具。

不论是刑讯或笞杖，所受部位均有规定。笞刑，腿、臀分受；杖刑，背、腿、臀分受；拷讯所受比照杖刑。

有关“鞭背”一节，史载唐太宗贞观四年（630 年）曾废鞭背：

太宗尝览明堂针灸图，见人之五藏皆近背，针灸失所，则其害致死，叹曰：“夫棰者，五刑之轻；死者，人之所重。安得犯至轻之刑而或致死?”遂诏罪人无得鞭背。㉜

笞杖是五刑中之轻刑，但所受部位则是背脊；而太宗读医书，发现背脊靠近五脏，笞背脊虽是轻刑，却易造成死亡，是轻罪置重刑，所以太宗下诏禁鞭背。㉝ 废除鞭背，是唐太宗恤刑的宣示。但唐朝刑法是否真的废鞭背酷刑？史书证明显然没有。

据《册府元龟》载：贞观十四年（640 年），十月“制决罪人不得鞭背”㉞，太宗二度下诏，重申贯彻不得鞭背令，显然鞭背刑讯仍然一直存在。

㉛ 参见［日］仁井田陞著，栗劲等译：《唐令拾遗》，727 页，长春，长春出版社，1989；关于唐代刑讯制度，另参见陈俊强：《刑讯制度》，载高明士主编：《唐律与国家社会研究》，403～435 页，台北，五南图书公司，1999。

㉜ 《新唐书·刑法志》，1409 页。

㉝ 日本人冈野诚认为太宗所读医书，应为《明堂孔穴图》，而不是《新唐书·刑法志》上所说的《明堂针灸图》，参见［日］冈野诚：《唐代法制史与医学史的交汇》，载《中国社会历史评论》，第 3 卷，206～218 页。

㉞ ［宋］王钦若等编纂：《册府元龟》，明崇祯十五年刻本，卷 612《刑法部·定律令四》，3237 页中，台北，大化书局。

唐代宗宝应元年（762 年），江浙海贼袁晁谋反，时韩滉奏称：

袁晁本一鞭背史，禽贼有负，聚其类以反，此辈皆乡县豪黠，不如杀之。[35]

可知鞭背刑不但没有废除，甚至地方官府里有专门负责刑讯的胥吏，就是韩滉所说的“鞭背史”。图 2、3 中执刑的人，恐就是衙门内“鞭背史”之类的低阶执法人员。

《十王经》则具体反映“鞭背”的行刑情形。

4. 善恶童子

《十王经》的各种版本，不止一次提到“善恶童子”；有时作“左右双童”。伯 2003 号《十王经图》有附文：“左右双童业簿全”（参见图 4）。“左右双童”，一为善童子，一为恶童子；录人间善事、过恶，并记录于簿书，作为拷讯推鞫时的证据。房融译《楞严经》：

图 4 伯 2003 号十王经图第四厅“五官王厅”

说明：王案桌正前方有“业秤”；旁有左右双童；厅内尚有判官和罪囚。原卷现藏于法国巴黎国家图书馆。

图版来源：转引自 Stephen F. Teiser，*The Scripture on the Ten Kings and the Making of Purgatory in Medieval Chinese Buddhism*，p. 187。

二习相交，故有勘问权诈，拷讯推鞫，察访披究照明，善恶童子首执文簿，辞辩诸事。（《楞严经》卷 8）

㉟ 《新唐书·韩滉传》，卷 126，4435 页。

又《唐太宗入冥记》（斯 2630 号）：

催子玉又问□□□□善童子启判官曰："皇帝□□□□下大赦，三度曲恩"，催子玉曰："□□□□判放着三万六千五百五十□□□□造多少功德?"善童子曰："此事□□□□量功德使即知。"

由此可知，冥界视"曲恩赦囚"是善事，善童子详加记录；至于赦囿有功德多少，善童子说还要再问功德使。㊱

三、毕竟地狱是人间：地狱审判与刑罚

（一）阎罗王办案

地狱十王建构完成，其组织庞大，建构宏伟，意在审讯世间种种作恶之人。伯 2003 号《十王经》附图所见十王厅（如图 2、3、4、5），都在审讯犯人。每厅都有审判官一人，就是该厅主事之王；有提供法律咨询的判官，经常拿着文簿滚动条，状似宣示所犯罪状。判官的角色，显然酷似唐宋司法审判制度中的检法官，负责将"推司"推鞫所得罪行，一一检索相对应法条，并书拟罪状，上呈长官，最后由长官作出裁决。㊲ 此外，每厅诸王身边都有善恶童子随行；有些官厅尚有其他随行小吏，或举华盖，或列仪仗；另有负责刑讯的鞭背胥吏或押解罪囚的狱卒。每个官厅都有案桌一张，桌上文案些许，厅前罪犯若干，犯人大多带着枷杻等待审判。

唐贞观十三年（639 年）正月初一《齐士员造像铭》碑阴刻有"阎罗王审断图"，更明确显示阎罗王正在办案，而所办之案俨然是国家佛教政策的投射。先看该碑刻所见冥律数条：

王教遣左右童子，录破戒亏律道俗，送付长史，令子细勘。当得罪者，将过奉阎罗王处分。比丘大有杂人，知而故犯。违律破戒，及禽兽等，造罪极多。煞害无数，饮酒食肉，贪淫嗜欲，剧于凡人。妄说罪福，诳惑百姓。如此辈流，地狱内何因不见此等之人?

阎罗王教遣长史，子细刮访，五五自（相）保，使得罪人，如有隐藏，亦与同罪。仰长史刮获，并枷送入十八地狱，受罪迄，然后更付阿鼻大地狱。

王教语长史，但有尊崇三教，忠孝竭诚，及精进练行，□□□□，□庶苦勤。只承课

㊱ 唐有功德使，有时又称"功德判官"，处理天下僧道事宜，有时会因业务关系，参与和僧道有关的案件。此处的功德使，完全只在"功德"二字，与唐制相去甚远，此亦可见变文或手写经卷虽取材自现实社会体制，但往往有误用或转用者。关于功德使参与审判，参见拙作：《唐代司法制度研究——以大理寺为中心》，77～78 页，中国文化大学史研所硕士论文，1991。

㊲ 唐宋审判制度已经确立"鞫谳分司"制度，审判过程分成"推司"推鞫问案，确定犯行；"鞫司"检索法条，书拟罪状，上呈长官。检索法条的官员，唐代称为"法直官"；宋代制度化后，称为"检法官"。参见拙文《唐宋审判制度中的"检法"官》，载高明士主编：《唐律与国家社会研究》，437～472 页，台北，五南图书公司，1999。

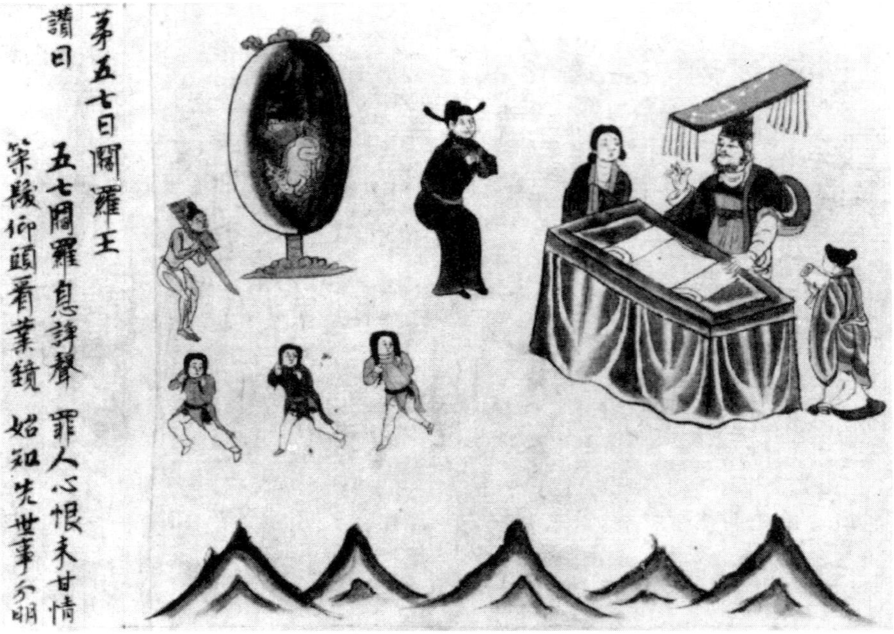

图 5 伯 2003 号十王经图的第五厅“阎罗王厅”

说明：厅内有“业镜”，可照一切罪恶犯行。原卷现藏于法国巴黎国家图书馆。

图版来源：转引自 Stephen F. Teiser，*The Scripture on the Ten Kings and the Making of Purgatory in Medieval Chinese Buddhism*，p. 188。

役，如此之徒，不在刮限。[38]

图 6 为《齐士员造像铭》所见线刻“阎罗王断狱图”。画面主体刻阎罗王身体略侧之像，阎罗王头顶束发，面容满是髯须，右手伸出，似正断案之状。王前置双层桌案，案前有一吏曲身递呈文书，当即冥律所称“长史”，似正在禀报案情。案旁另有一吏双手为大王执网纹华盖。王案前有二组被枷带锁的罪犯，由狱吏押扭。一组狱吏押着戴长枷的罪囚，其枷为绕颈圆形而窄小，前后有榫，有一枷棍伸出特长；狱吏身后另有两囚，头颈都带着短枷，面容与头发均略显奇异。这一组人都面向阎罗王。另一组是两吏押一囚，背向阎罗王，似已审断完毕，正欲离开。画面侧上方，还刻出四位僧人，皆身披袈裟，相依而立（这是另外一组）。画面下方遍布禽兽。有些颈项上还戴着枷锁，所有的禽兽都由画面的后侧向着阎罗王方向奔跑，似正要接受审判。从“冥律”所载，要将违法僧侣送入十八地狱；

---

[38] 关于此拓碑与造像铭文，过去金石家曾多次著录，但大多缺漏或有误失，学者张总于 2000 年至陕西献陵现址勘察，并撰写完整报告。参见张总：《初唐阎罗图像及刻经——以〈齐士员献陵造像碑〉拓本为中心》，1～17 页；《齐士员造像铭》，参见毛凤枝辑，顾燮光校印：《关中石刻文字新编》，载《石刻史料新编》，第 1 辑第 22 册，台北，新文丰出版社。

图6 阎罗王审断图

图版来源：转引自张总：《初唐阎罗图像及刻经——以〈齐士员献陵造像碑〉拓本为中心》，载《唐研究》，第6卷。

而后再送阿鼻大地狱。[39]

"冥律"所指控僧侣违律破戒的犯行，包括"煞害无数"、"饮酒食肉"、"贪淫嗜欲"、"妄说罪福，诳惑百姓"等等。阎罗王下令派遣长史，仔细刮访，将此色罪人纠送查办，并要求五五相保，相互督察，不得有所隐藏，藏匿者同罪。

"冥律"所说阎罗王正在下令查办违法僧侣，及所附条文，都是针对僧道管理问题，完全如实地反映高祖太宗时代所关注的课题。

唐高祖从建国之初开始，对于佛教就采取保守严苛的态度。在唐初李世民占领洛阳，处死王世充后，因为担心反对势力会潜藏到寺院，所以就大力整顿洛阳佛寺。史载："有敕，伪乱地僧，是非难识，州别一寺，留三十僧，余者从俗。"[40] 武德年间，因傅奕不断上奏反佛，高祖不止一次想沙汰僧尼，甚至一度下令要毁佛。[41] 唐武德九年（626年），下令"沙汰佛道"，其诏书对于僧尼的指控包括沙门自视高傲、逃避徭役赋税、非法剃度、贪得无厌、积蓄财物、从商营利、造作妖言和佛寺藏匿不法之徒等等。[42] 其中，担心佛寺潜藏不

---

[39] 参见张总：《初唐阎罗图像及刻经——以〈齐士员献陵造像碑〉拓本为中心》，7页。

[40] 《续高僧传》，卷24（《大正藏》50），633页上；另参见 Arthur F. Wright，"T' ang T' ai-tsung and Buddhism"，in Arthur F. Wright and Denis Twitchett，eds.，*Perspectives on The T'ang*，New Haven and London，Yale University Press，1973，pp. 239～263。

[41] 参见汤用彤：《隋唐佛教史稿》，11页，台北，木铎出版社，1983。

[42] 参见《旧唐书·高祖本纪》，16页。

法之徒，可能是初唐二帝最感到不安的问题。

唐太宗对于僧尼的管理，同样相当重视。㊸ 早在唐贞观元年（627 年），就曾经颁令对私度僧侣处以死刑㊹，又命令监察御史杜正伦清查并淘汰不良僧尼㊺；唐贞观三年（629 年）再度颁令，指向将处斩而未向政府登记的私度僧㊻。

唐贞观九年（635 年）太宗颁布更加高度批判僧尼腐化现象的诏书。太宗这道表面上是为甫去世的高祖祈福而度僧的诏书，实际上却对违法僧尼做了更彻底的指控，包括：僧徒溺于流俗、假托神通妄传妖怪、谬称医筮左道求财、造诣官曹嘱致赃贿、钻肤焚指骇俗惊愚等等罪状，诏书说僧道这些行为“大亏圣教”，最后下令官司检查，整顿不法。㊼

对照武德九年（626 年）和贞观九年（635 年）两次关于沙汰僧道的诏书，再回头看唐贞观十三年（639 年）《齐士员造像铭》“冥律”条文，一定会惊讶地发现，阎罗王委办的案件，原来正是高祖、太宗时代不断宣示的佛教政令，阎王办案就是俗世的投影。

再一次检视图 6“阎罗王断狱图”：左上角站着四个僧侣，显然他们正在等待审判；相对于图中另外两组受审罪犯，四位僧众显然受到特别待遇，并没有带上任何枷杻。笔者以为这是因为僧侣犯法，基本上是以“内律”处置（就是前引贞观九年（635 年）诏书中，太宗所说的“内律”），而不是世俗法律。

以“内律”处理僧侣犯罪，开始于北魏宣武帝永平元年（508 年）所颁诏令说“自今以后，众僧犯杀人已上罪者，仍依俗断；余犯悉付昭玄，以内律僧制治之”㊽。

“阎罗王断狱图”所附“冥律”，对僧侣所指控的罪名中，“饮酒食肉”，自然是触犯佛教“五戒”，但与社会秩序无涉，所以应是以“内律”处置。但“煞害无数”、“贪淫嗜欲”、“妄说罪福，诳惑百姓”，都属于重罪，《唐律》自有科条，以犯淫为例，比凡人重二等。㊾

此外，关于“冥律”所提到“五五自保”，纠察不法藏匿的僧尼。“五五自保”，当为“五五相保”之误。《北魏·释老志》载北魏孝文帝延兴二年（472 年）下诏：

比丘不在寺舍，游涉村落，交通奸滑，经历年岁。令五五相保，不得容止。㊿

所谓“五五相保”，据《唐令拾遗·户令》“乡里邻保坊村”条：

㊸ 关于太宗的佛教政策，可参见 Arthur F. Wright，“T’ang T’ai-tsung and Buddhism”，in Arthur F. Wright and Denis Twitchett，eds.，*Perspectives on The T’ang*，New Haven and London，Yale University Press，1973，pp. 239～263；汤用彤：《唐太宗与佛教》，载《学衡》，1931（75），又载张曼涛主编：《中国佛教史论集（二）隋唐五代篇》，91～97 页，台北，大乘文化出版社，1977。

㊹ 参见《续高僧传》，卷 25（《大正藏》50），666 页上。

㊺ 参见《续高僧传》，卷 24《智实传》（《大正藏》50），635 页上。

㊻ 参见《续高僧传》，卷 20（《大正藏》50），606 页上。

㊼ 参见《唐太宗度僧于天下诏》，载《广弘明集》，卷 28，339～340 页，上海，上海古籍出版社，1991。

㊽ 《魏书·释老志》，卷 114，3040 页。

㊾ 对于僧尼犯罪处置，参见《唐律疏议·名例律》，“称道士女官”条（总 57），143～145 页；《唐律疏议·杂律》，“监主于监守内奸”条（总 416），496～497 页。

㊿ 《北魏·释老志》，3038 页。

百户为里，五里为乡，四家为邻，五家为保。在邑居者为坊，在田野者为村。村坊邻里递相督察。[51]

“五五相保”是邻保制，也是责任连带制，或者说就是“连坐法”。《唐律》对于五五相保的法律责任，有清楚规范。[52]

北魏孝文帝延兴二年（472年）对于不居寺内而可能潜藏在村落中的游化僧尼，透过五保相互监察，不允许村落居民收容止宿游化的僧人。这项诏令的背景，很可能是因为北魏太武帝下令毁佛后，僧徒潜匿乡村，深入荒僻。太武帝去世，文成帝即位，虽下诏兴复佛教，但游化僧尼可能已经大量增加，至孝文帝时成为朝廷高度关注的问题，遂有此诏。[53]

《齐士员造像铭》所见“冥律”再度重申“五五相保”，不许藏匿，显示唐朝政府对于隐藏在乡村聚落的不法僧尼，仍高度谨慎地进行查察和监控。

最后，应该再讨论这次“造像”活动，与阎罗王审断故事的传播。

根据《齐士员造像记并香炉菩萨图》所载，齐士员在隋代担任过宿卫宫闱的工作，李唐建国后，得高祖重赏任用；他的家族和李唐皇室关系良好，他的长子还曾经在唐贞观十年（636年）担任长孙皇后丧礼的“挽郎”；高祖死后，奉旨终身供奉“献陵”（即高祖陵寝），担任守陵官，生死不离，并在唐贞观十三年（639年）正月一日，会同十位官员与当地九村宿老，共同造殿像刻经。[54] 以他和李唐两代君王的关系，相信他对于唐初佛教政策相当熟悉。

“阎罗王断狱图”及所附“冥律”，是不是有意透过参加造像仪式的村里耆宿，向村落的庶民社会宣示政府政令，无法确知，恐需要倚赖更多类似碑铭出土证明。不过，至少可以视之为高祖、太宗佛教政策的贯彻与成功。因为，尽管高祖、太宗都非常想全面性排佛，但他们的每个动作都非常小心谨慎，甚至刻意地在每一次的宣示中，区别僧尼中的良善、好坏。[55]“冥律”的最后一段说，“但有尊崇三教，忠孝竭诚，及精进练行……如此之徒，不在刮限”，也展现出这样的精神。所以即使是在一个象征佛教地狱审判的大会上，虔诚的佛教徒也必须面对确实“违律”的僧侣，接受严厉处罚的事实。

唐贞观十三年（639年）《齐士员造像铭》所代表的最大意义，在于它所呈现“冥律”与世俗法令结合的特质，使得世俗法令也可以透过简明的图像，更深入农村社会（其间，

---

[51] ［日］仁井田陞著，栗劲等译：《唐令拾遗·户令》，“乡里邻保坊村”条，123页。

[52] 《唐律疏议·斗讼律》，“监临知犯法不举劾”条（总361），449～450页；《唐律疏议·贼盗律》，“有所规避执人质”条（总258），331页。

[53] 参见刘淑芬：《五至六世纪华北乡村的佛教信仰》，载《中央研究院历史语言研究所集刊》，第63本，第3分，1993，510～511页。

[54] 参见毛凤枝辑，顾燮光校印：《关中石刻文字新编》，载《石刻史料新编》，第1辑第22册，16872页，台北，新文丰出版社。

[55] Stanley Weinstein不止一次地在他的著作中强调高祖、太宗对佛教都无好感，甚至充满虚假伪善的态度。Stanley Weinstein同时指出，尽管高祖、太宗每次颁布僧道管理措施，都是僧道同时发布，但他准确地指出这只是他们要掩饰自己想排佛的意图。事实上，高祖、太宗在对佛教和道教的用语和态度上，是完全不同的。以上参见Stanley Weinstein，*Buddhism Under The T'ang*，University of Cambridge，pp. 10～30。

我们隐约看到官方力量的介入）；同时为以后更多的地狱变图，奠定了地狱审判衙门化的基础。

（二）从地狱酷刑到“生地狱”

地狱之所以令人望而生畏，是因为有种种无尽的酷刑。通常“地狱变相”所描绘的主题，就是种种地狱诸苦，包括刀山地狱、镬汤地狱、寒冰地狱、剑树地狱、拔舌地狱、毒蛇地狱、锯解地狱、铁床地狱、黑暗地狱等等。

这些地狱酷刑往往令人生畏，以此收教化之效，令人不敢为非作歹。不过，在俗世社会里，也总是有酷刑存在。唐代的刑罚史上，就可以找到许多惨不忍睹的记录。

唐太宗贞观十七年（643年），刘兰成谋反腰斩；腰斩后，右武侯将军丘行恭探取兰成心肝食之，连太宗都觉得太残忍。[56]

武则天时代是酷吏最多、刑罚最滥的时代，酷刑名目甚多。例如《旧唐书·刑法志》说来俊臣：

每鞫囚，无问轻重，多以醋灌鼻。禁地牢中，或盛之于瓮，以火圜逸炙之。兼绝其粮饷，至有抽衣絮以噉之者。其所作大枷，凡有十号：一曰定百脉，二曰喘不得，三曰突地吼，四曰着即承，五曰失魂胆，六曰实同反，七曰反是实，八曰死猪愁，九曰求即死，十曰求破家。又令寝处粪秽，备诸苦毒。每有制书宽宥囚徒，俊臣必先遣狱卒，尽杀重罪，然后宣示。[57]

来俊臣等人的酷刑中，好几项都和“枷”有关系。唐制，枷有长短广狭之分，“量罪轻重，节级用之”[58]。前引唐贞观十三年（639年）《齐士员献陵造像碑》（见图6）所见应是贞观刑制。图中犯人所带“枷”有长有短；长短之分，主要在于枷柄；而枷身略微长方形，贴近颈颊，与后来敦煌发现的《十王经图》显著不同；如前文图3所见，也有长短枷，但枷身方正宽厚，似象征刑制有所改变。无论如何，来俊臣“引枷在前”或“引枷在后”，当是以枷柄牵引，任意为之。

则天朝的左台御史周矩也曾谈到酷刑种种，所说酷刑的名目和花样[59]，简直足够交织成一幅人间地狱的画面，令人难以想象。恐怕比起那地狱酷刑毫不逊色！所以中宗复位后，立刻在唐神龙元年（705年）下诏惩处诸多酷吏，并指责他们是“庸流贱职，奸吏险夫”，说他们“以粗暴为能官，以凶残为奉法。往从按察，害虐在心，倏忽加刑，呼吸就戮，曝骨流血，其数甚多，冤滥之声，盈于海内”[60]。

不过，酷吏事迹，并未因此而绝。玄宗朝天宝六年（747年）十一月，殿中侍御史卢铉奉旨推鞫太府少卿张瑄于会昌驿，瑄不肯答辩：

---

[56] 参见《通鉴》，卷213，“贞观十七年（643年）正月戊申”条，6184页。

[57] 《旧唐书·刑法志》，卷50，2143页。

[58] 《旧唐书·刑法志》，卷50，2139页。

[59] 参见《新唐书·刑法志》，卷56，1414页。

[60] 《旧唐书·酷吏传》，卷186上，4840页。

百端拷讯不得，乃令不良枷瑄，以手力绊其足，以木按其足间，标其枷柄向前，挽其身长校数尺，腰细欲绝，眼鼻皆血出，谓之“驴驹拔撅”，瑄竟不肯答。[61]

“驴驹拔撅”是来俊臣、索元礼等执掌御史台狱时的酷刑名目，在玄宗朝，仍被台狱官员继续传承。

唐玄宗开元十六年（728 年），岭南山僚陈行范、冯璘等谋反，陈行范自称帝。玄宗派遣骠骑大将军兼内侍杨思勖悉众攻之，生擒行范，斩其党六万。史载思勖“性忍酷，所得俘虏，或生剥面皮，或以刀剺发际，掣去头皮；蛮夷惮之”[62]，这是对谋反者的法外加刑。

肃宗朝有四大酷吏：敬羽、毛若虚、裴升、毕曜。四人同为御史，“皆酷毒”，“当时有毛、敬、裴、毕之称”，其中尤以敬羽为甚。其中敬羽喜欢“作大枷，有鏁尾榆”[63]。所谓“作大枷，有鏁尾榆”，应指用榆木做成的巨大枷杻。究竟有多大？《十王经图》“太山王厅”厅前罪囚所著枷杻或可比拟？（见图 7）

图 7　十王经图“太山王厅”

图版来源：现存大英博物馆，转引自［日］松元荣一：《敦煌畫の研究》。

五代十国时期，更有人造“生地狱”。南汉刘晟称帝即位后，“造生地狱，凡汤镬、铁床之类，无不备焉。人有小过，咸被其苦”[64]。另一位南汉国主刘龚也喜爱酷刑，乐于杀人，“为刀锯、支解、刳剔之刑，每视杀人，则不胜其喜，不觉朵颐，垂涎呀呷，人以为真蛟蜃也”[65]。

从地狱诸多酷刑，到俗世造“生地狱”，的确令人瞠目结舌。原来地狱就在人间。若有人问：敦煌石窟发现的种种地狱变相，究竟是佛经地狱诸苦的写照，或是俗世法庭的投影？

---

[61] 《旧唐书·杨慎衿传》，卷 105 下，3227 页。

[62] 《通鉴》，卷 213，“玄宗开元十六年（728 年）十二月丙寅”条，6783 页。另《旧唐书·杨思勖传》，卷 184，4755 页。

[63] 《旧唐书·酷吏传》，卷 186 下，4860 页。

[64] 《旧五代史·僭伪列传》，卷 135，1809 页。

[65] 《新五代史·南汉世家》，卷 65，811 页。

究竟是画匠们取材自现实生活，或是俗世统治者效法地狱？这些问题恐不易回答。不过，可以确定的是，敦煌所见诸多地狱变相和《十王经》所见地狱审判图，对于了解中世纪刑制变迁和庶民法律观念的形塑，肯定有所帮助。

四、冥府游历与地狱惩罚观念的传播

（一）地狱审判的书写与社会秩序的维护

佛教自汉魏进入中国，至唐代而大盛。佛教的迅速传播，和北魏以来大量的游化僧人进入农村社会宣教有密切关系。游化僧人的增加，造成佛教事务管理的不易；加上有人为逃避赋役，遁世出家，造成国家赋税与徭役人口减少；又佛门广阔，虽以放下屠刀即可成佛劝世，却易成为不法之徒隐匿场所。因此，不论是政治、经济、社会等面向，佛教都与国家利益相冲突；这些问题也成为自北魏佛教大兴以来，排佛论者主要的攻击目标。

唐初傅弈等君臣的排佛论述，延续这样的思考脉络展开。

唐代佛教面临李唐尊道教为国教和道教徒全面攻击的两大困境。佛道辩论的焦点甚多，其中一个要点是佛道何者对国家统治、社会治安和减少犯罪能作出最大贡献？

绵州震响寺沙门释明概《决对傅弈废佛法僧事并表》，指傅弈曾为道士，身服黄衣，“不遵李老无为之风，专行张陵兵吏之法”，攻击傅弈曾是道教徒，却不守李老之道；又细数汉魏以来九世之间，“道士左道乱朝，妖言犯国者，批阅图史，何世而无”，直指道教才是国家的乱源；至于佛教“陈经教劝善以诱贤，制戒律禁恶以惩非”[66]，才是民安国治的根本。

释法琳《辩正论》则指出佛教在维护社会治安、巩固朝廷统治方面，有其特殊的高妙功能，他说：

释氏之化，无所不可，谅入道之教源，诚济俗之称首。夫行一善则去一恶，去一恶则息一刑，一刑息于家，则万刑息于国，故知五戒十善，为正治之本矣。又五戒修而恶趣灭，十善畅而人天滋，人天滋则正化隆，恶趣衰而灾害殄。[67]

法琳的弟子李师政在《内德论》中也特别强调佛教劝善惩恶的教化功能：

佛之为教也，劝臣以忠，劝子以孝，劝国以治，劝家以和。弘善示天堂之乐，惩非显地狱之苦。不惟一字以为褒贬，岂止五刑而作戒。[68]

佛教界面对挑战所提出的反击，显然在彰显佛教有助教化，可以减少社会犯罪，维护社会治安的功能。这些说法颇有说服力，所以唐初几位对佛教没有好感的君王，也只好忍

---

[66] （唐）释明概：《决对傅弈废佛法僧事并表》，载《广弘明集》，卷12，176、179页。

[67] （唐）释法琳：《辩正论》，载《广弘明集》，卷13，190页。

[68] （唐）李师政：《内德论》，载《广弘明集》，卷13，190页。

耐，甚至利用佛教。[69]

唐初佛教徒对于佛教有助社会秩序安定的看法，在往后的论述中也一再被强调。例如常衮《禁天下寺观停客制》就说：

释教本以助化，道家先于理国，惩恶劝善，以齐死生，熏然慈仁，美利天下，所庇者大，所益者深，故历代崇尚而弗易也。[70]

刘禹锡《袁州萍乡县杨岐山故广禅师碑》也强调佛教可以补刑政所不及：

革盗心于冥昧之间，泯爱缘于生死之际。阴助教化，总持人天。所谓生成之外，别有陶冶。刑政不及，曲为调柔。[71]

裴休记释宗密说他“以阐教度生，助国家之化”[72]。

佛教为了对抗来自儒道排佛论的挑战，特别强调教化作用，彰显其降低社会犯罪的功能。至于教化的方法，则表现在对于“五戒十善”的基本修持和因果报应说的传播。

透过“五戒十善”的修持，可以行善去恶，有助于社会犯罪行为的减少，也就是法琳所说的“行一善则去一恶，去一恶则息一刑”；另一个方法就是讲因果，并示之以地狱审判之苦。

从文献资料来看，唐代“冥律”的发达，与佛道的角力有密切关系；同时地狱观的建构，正是为了要凸显佛教有助安定社会秩序的功能。

正当法琳等佛教精英与傅弈论辩佛法时，萧瑀与傅弈廷争，就曾说“地狱之设，正为是人”[73]；高宗朝唐临所写《冥报记》“唐傅弈”条，就有将傅弈打入越州地狱的记载。[74] 将傅弈打入地狱，自是来自佛道对立的仇恨；更重要的是《冥报记》透过许多“入冥”（死而复活）的记录，揭橥种种地狱之苦，阐述劝说行善，对于地狱惩戒观的传播，深具意义。特别是唐临曾经是刑部尚书，又参与过《唐律疏议》的编修工作，非常熟悉唐代法制，所以所写冥报传说，就格外传神，也特别重要。

虽然，从南朝刘义庆《幽冥录》开始，地狱报应说就不绝于记；而唐世尤多。最重要的是唐临开创了许多新兴的书写手法，强化地狱观的说服力。其中，尤以“生人判冥事”最具特色，也最为重要。

“生人判冥事”的书写，开始于唐朝，而唐临首创焉！“唐柳智感”条，写柳智感“夜

---

[69] 汤用彤曾说高祖、太宗对于佛教，多出于利用，不曾真心信佛。参见汤用彤：《唐太宗与佛教》，载《学衡》，第75期，1931，又载张曼涛主编：《中国佛教史论集（二）隋唐五代篇》，91～97页，台北，大乘文化出版社，1977。

[70] （唐）常衮：《禁天下寺观停客制》，载《全唐文》，卷410，1886页。

[71] （唐）刘禹锡著，瞿兑园笺证：《刘禹锡集笺证》，卷4下《袁州萍乡县杨岐山故广禅师碑》，118页，上海，上海古籍出版社，1989。

[72] 赞宁：《宋高僧传》，范祥雍点校本，2版，卷6《唐圭峰草堂寺宗密传》，127页，北京，中华书局，1993。

[73] 《通鉴》，卷191《唐纪》高祖武德九年（626年）夏四月条，6002页。

[74] 参见（唐）唐临：《冥报记》，卷下《唐傅弈》条，91页。

判冥事，昼临县职"[75]，对于冥界审判机构，完全比附人间官僚体制书写，并详述冥界办案情形，对后世地狱书写，影响深远。[76]

唐临写"生人判冥事"后，唐代志怪文学就开始出现不少"生人判冥事"的地狱书写；尤其是唐中叶以后出现的入冥作品中，"生人判冥事"就成为更普遍的主题，在《太平广记》中可以发现不少同类作品，不需一一细引。其中最重要的就是则天朝的张鷟。

后世文学作品中，就更常出现"生人判冥事"，《包公案》写包拯阴阳两判和《西游记》写魏征冥判斩龙王，都是其中最赫赫有名的。后世文学作品往往透过"冥判"传达另一种俗世所欠缺的正义形象；而其源流亦来自唐代的"冥判"著作。

（二）敦煌变文的地狱书写

唐代借入冥经验传播地狱观念，最著名者当属前文所说唐临《冥报记》。敦煌所发现的变文中，也有不少关于入冥的故事，其中最有名的地狱游历记，当属《唐太宗入冥记》。

在敦煌民间文学中，《唐太宗入冥记》是非常重要的民间话本名篇。原仅见有藏于伦敦大英博物馆的一种敦煌写本，编号为斯 2630 号。王国维最早研究它，说"此小说记唐太宗入冥事"。1949 年王庆菽在伦敦首先进行校录，收集于《敦煌变文集》中，并取王国维说将它定名为《唐太宗入冥记》。[77]

唐太宗入冥故事最早见于唐代张鷟《朝野佥载》。[78] 从唐临到张鷟，再到《唐太宗入冥记》，其间是有传承关系的。唐临以人间组织写冥府；又令"生人判冥事"，使冥府更人性化。唐临的著作是为佛教宣说因果；张鷟写太宗入冥，巧遇"生人判冥"官员，而在太宗身旁的是李淳风，李淳风是道教者流，则太宗所入地狱，属于道教系统。[79] 显然佛道二家都在撰写属于自己系统的幽冥世界。

从地狱书写的角度看，《唐太宗入冥记》显然是取材自张鷟《朝野佥载》；但书写手法却又明显受到唐临的影响。诸如六曹官、判官等描述；而地狱则是属于佛教地狱无误。

《唐太宗入冥记》基本的思想是佛家因果报应说。由于太宗发动玄武门之变，杀兄夺位，所以来地狱受阎罗王和判官审问。

《唐太宗入冥记》写唐太宗入冥后，因为他的贪生怕死，使得地狱里的"生人判官"崔判官有机可乘，不断地暗示唐太宗应该给他俗世官职，双方在相互的斗心机和喊价码的过

---

[75] （唐）唐临：《冥报记》，卷下《唐柳智感》条，77～79 页。

[76] 关于唐临《冥报记》的法制意义，参见拙文：《从唐临〈冥报记〉看唐代地狱审判》，载台湾"中国法制史学会"、台湾"中央研究院"历史语言研究所合编：《法制史研究》，第 6 期，2004 年 12 月。

[77] 关于《唐太宗入冥记》，最早有王国维：《敦煌发见唐朝之通俗诗及通俗小说》，载《东方杂志》，第 17 卷第 8 号，1920；陈志良：《唐太宗入冥故事的演变》，载《新垒月刊》，第 5 卷 1 期，1935；萧登福：《敦煌写卷〈唐太宗入冥记〉之撰写年代及其影响》，载萧登福：《敦煌俗文学论丛》，86～131 页，台北，台湾"商务印书馆"，1988；高国藩：《敦煌鬼故事〈唐太宗入冥记〉与信仰民俗》，载高国藩：《敦煌俗文化学》，349～383 页，上海，上海三联书店出版社，1999。

[78] 参见（唐）张鷟：《朝野佥载》，卷 6，148～149 页，北京，中华书局，1997。

[79] 参见高国藩：《敦煌鬼故事〈唐太宗入冥记〉与信仰民俗》，352 页。

程中展开精彩对话，可谓文学性极高，可读性极高。特别是它影响到包括《西游记》等文学作品的创作。

（三）地狱变相画家的传播地狱观

唐朝地狱观念的传播，除了文人著作之外，还有画家的努力。

到目前为止，学界还未发现南北朝时代有关《地狱变相》的材料，但入唐之后，情况就大不相同了。

唐张彦远《历代名画记》中多次提到当时长安、洛阳的一些佛教寺院中有《地狱变》，例如其书卷3记载，画师张孝师曾画《地狱变》于长安慈恩寺、净域寺、净法寺；吴道子曾画《地狱变相》于长安景公寺，还画《地狱变》于洛阳福先寺；卢棱伽画《地狱变》于长安化度寺；等等。其书卷9还记录了当时善画《地狱变》的一些著名画家，显示地狱画家人数不在少数。[80]

透过生动的地狱画像，比起用文字传播地狱观念，更能让人留下深刻印象，也更能发挥地狱审判的威吓功能。朱景玄《唐朝名画录》曾说：

尝闻景云寺老僧传云“吴生（吴道子）画此寺地狱变时，京都屠沽鱼罟之辈，见之而惧罪改业者往往有之，率皆修善”[81]。

如果“京都屠沽鱼罟之辈，见之而惧罪改业者往往有之”，就达到法琳所说“行一善则去一恶，去一恶则息一刑”，属于阴间“冥律”的效果也就在此。

段成式也曾看到过长安景公寺吴道子的白描《地狱变相》，说其“笔力劲怒，变状阴怪，睹之不觉毛戴”[82]，可知吴道子的《地狱变相》相当打动人心，非常具有警讯作用。北宋黄伯思见过吴道子所画的《地狱变相图》，他说：

吴道元作此画，视今寺刹所图殊不同。了无刀林沸镬、牛头阿旁之像，而变状阴惨，使观者腋汗毛耸，不寒而栗，因之迁善远罪者众矣！[83]

吴道子的地狱变相能与地狱审判思想相照应，共同达到减少犯罪的效果，因为受到地狱审判思想影响而“迁善远罪”者，必不在少数，此为地狱审判最重要的俗世意义。

有一则关于韩愈的事迹这样说：韩愈在唐宪宗时因谏迎佛骨，而被贬潮州；后来在唐穆宗长庆三年（823年），他被任命为京兆尹，当时北军军纪败坏，往往成为长安治安恶化的渊薮。但是当韩愈出任京兆尹时，竟然让北军士兵也感到害怕。原因是许多士兵私下都说韩愈：“是尚欲烧佛骨者，安可忤！故盗贼止”[84]。北军畏惧韩愈，是因为韩愈竟然连佛骨

---

[80] 参见（唐）张彦远：《历代名画记》，文渊阁四库全书本，卷3《两京寺观等画壁》、《东都寺观画壁》，10～25页；卷9《唐朝上》，1～19页。

[81] （唐）朱景玄：《唐朝名画录》，文渊阁四库全书本，《神品上一人·吴道玄》条，3页左。

[82] （唐）段成式：《酉阳杂俎》，续集卷5“常乐坊赵景公寺”条，248页。

[83] （宋）黄伯思：《东观余论》，文渊阁四库全书本，卷下，《跋吴道玄地狱变相图后》，62页。

[84] 《通鉴》，卷243，“穆宗长庆三年（823年）六月己丑”条，7827页；又《全唐文》，卷639，李翱“故正议大夫行尚书吏部侍郎上柱国赐紫金鱼带赠礼部尚书韩公行状”，2901页。

都敢烧，这样的人，即使嚣张如北军士兵也不敢得罪。显示一般人对佛教以及佛教教理是相当尊敬畏惧的，像韩愈这样的人，在当时毕竟是比较少有的；甚至也可以这样理解这条史料：佛教教理已经足以令人望而生畏，不敢作乱！但韩愈连佛祖都不怕，那是更不可以忤逆得罪的！

《酉阳杂俎》前集卷 8《黥》载：

时大宁坊力者张幹，札左膊曰，生不怕京兆尹，右膊曰，死不畏阎罗王。[85]

大力士张幹，俨然是史书上的长安“恶少年”。将“阎罗王”和“京兆尹”模拟，显见地狱审判已经得到广泛传播，而时人对于面对死后“阎罗王”审判，已有相当的认知。这条资料也可以反证，除了像张幹这种特别神勇的“恶少”之外，恐怕常人对于京兆尹、阎罗王，还是敬畏三分的。

五、阎罗王与地藏：法立场对立的幽冥教主

阎罗王是六朝以来，从印度传来中国的幽冥教主，他的基本法立场是审判犯人并施予残酷而无情的惩罚；但是地藏王菩萨的法立场，却是试图拯救所有地狱罪犯，破坏法秩序，甚至最后取代阎罗王成为统治地狱的幽冥教主。这样的现象，也许可以从中国的法思想得到理解。

（一）地藏菩萨与印度地神崇拜

地藏菩萨，俗称“地藏王”，梵名 Ksitigarbha，中译乞叉底蘖婆、地藏、持地等。佛经说：地藏是在释迦去世后，弥勒出世前，在这轮回世界中，广救一切众生的菩萨。经曰：

一佛告坚净信，汝莫生高下想，此善男子发心已来（善男子即指地藏）……以是菩萨本誓愿力，连满众生一切要求，能灭众生一切重罪，除诸障碍，现得安稳（《占察善恶业报经》，卷上）。

关于“地藏”两字的意义，佛经把它解释成：地藏菩萨对诸事忍辱坚强，如大地一般不受摇动，而且地藏智慧深广，有如海洋。经曰：

是地藏菩萨作沙门像，现通力之所变化，有如是等大庄严事……持戒不动如须弥山，督进难坏犹如金刚。忍辱坚固亦如大地，总持正法心无二相。禅定庄严如妙华鬘，智慧深广犹如大海（《大方广十轮经》，卷 1）。

“地藏”梵名 Ksitigarbha，是由两个梵字复合拼成，即是 Ksiti + garbha = Ksitigarbha。Ksiti 的意义是“住处”、“土”、“国土”，在文法上为“女性”，是由 Ksi + ti = Ksiti 而成。garbha 如用在复合字的末尾时，意思是“胎藏”、“孕育”、“具有”、“带有”、“藏有”、“含有”、“富于”。Ksiti + garbha = Ksitigarbha，这两个梵字成为一个复合字后，意思便是：“藏有土地”、“含藏土地”、“地中之藏”。根据梵字原义，地藏与土地及大地有极密切

[85] 《酉阳杂俎》，前集卷 8，《黥》，76 页。

的关系，难怪佛经作者要把地藏解释成凡事坚忍，如大地般不受摇动了。[86]

地藏的梵名原义，既与大地有关，因此，学界或以为地藏是土地的神格化，地藏与印度民间地神崇拜有密切关系。[87] 但后来经过印度大乘佛教的吸收与融会，将地藏融入佛教后，跟随大乘佛教传入中国。

大约在魏晋南北朝期间（第五世纪），地藏信仰传入中国，但并没有特别显著地得到发扬。一直到玄奘翻译《大乘大集地藏十轮经》及三阶教的大力宣扬，地藏菩萨才开始在中国佛教信仰中有了一席之地。[88]

唐朝前期，地藏菩萨还只是一个为了救济众生，经历诸多苦行的头陀沙门；在死后的世界里，顶多是与阿弥陀佛的净土结合，成为祈福许愿的对象。[89]

唐代中叶以后，地藏菩萨的信仰开始有了极大转变。地藏菩萨逐渐以地藏救赎者姿态出现[90]；最后，在《十王经》出现的时代，地藏菩萨已经成为幽冥教主。

（二）“阎罗王”：酷吏的形象

阎罗王，梵语 Yama-raja，在中国经典翻译中，有很多译名，如音译为夜摩、耶摩、焰摩、琰摩、剡魔、阎摩、琰魔。另又义译作双、双世、遮上、静息、缚、深恶胜业、可布众、深能静息、平等。总之，阎罗王又简称阎罗、阎逻、焰罗、剡王、阎王，或称焰摩天、死王。[91]

阎罗王是幽冥世界的审判主，诸鬼中的大王。慧琳《音义》第五十：

阎摩梵语，鬼趣名也，义翻为平等王。此司典生死罪福之业，主守地狱八热八寒，以及眷属诸小狱等。役使鬼卒，于五趣中，追摄罪人，捶拷治罚，决断善恶，更无休息，故三启经云，将付琰魔王、随业而受报，胜因生善道，恶业堕泥犁，即其事也。

可见阎罗王最重要的任务就是“役使鬼卒，于五趣中，追摄罪人，捶拷治罚，决断善恶，更无休息”。

从梵文以及各种资料显示，阎罗王原来是从印度婆罗门教的夜摩神而来。夜摩神 Yama 是吠陀时代的古神之一，是日神 Vivasvat 与女神 Saranyu 所生之子；夜摩神的信仰以后逐渐

---

[86] 讨论地藏含义，或追溯地藏来历，向来有诸多说法，包括：（1）大愿地藏；（2）婆罗门女；（3）大长者之子；（4）未出家前为国王；（5）本名光目之女子；（6）地藏前身即指目犍连；（7）地藏即金蝉子；（8）地藏即新罗王子金乔觉。其中最受到注目的是金地藏说。宋人计有功《唐诗纪事》说：“金地藏者，新罗国王子也”。此说颇为后人传颂。惟似此说法，均属地藏入华后造神说，不在拙文讨论范围。以上参见［日］真锅广济：《地藏菩薩の研究》，2～3 页，京都，三密堂书店，1987；马书田：《中国冥界诸神》，57～59 页，台北，国家出版社，2001。

[87] 关于“地藏”之本义及地藏菩萨信仰在印度的发展情形，可参见［日］真锅广济：《地藏菩薩の研究》，2～3 页；矢吹庆辉：《三階教之研究》，651 页，东京，岩波书店，1927。

[88] 相关讨论，可参见矢吹庆辉：《三階教之研究》，179～188 页；庄明兴：《中国中古的地藏信仰》，载《台大文史丛刊》，64～75 页，台北，台湾大学出版委员会，1999。

[89] 参见［日］酒井忠夫：《十王信仰に關する諸問題及び閻羅王受記經》，载《斋藤先生古稀祝贺纪念论文集》，611～656 页，东京，1937。

[90] 参见庄明兴：《中国中古的地藏信仰》，84～110 页。

[91] 参见萧登福：《汉魏六朝佛道两教之天堂地狱说》，65～121 页。

开始转变，变成了一位专司死者生前行为，予以赏罚的神明；后来又变成死神与死者的王。

佛教在印度兴起后，采用了许多印度教的原有信仰，夜摩神信仰也被佛教吸取，成为佛教信仰之一。但佛教即有两种用法：（1）仍旧承认他是六欲天中第三位的夜摩天神（Yama）。（2）以夜摩天神作为阎罗王。以他为阴间的统治者，审判人生前的行为。[92]

阎罗王早在汉魏六朝时期，就随着佛教进入中国，并且很快就因他所统御的地狱而闻名。在佛经中，阎罗王常伴随着五天使出现。所谓五天使就是“生、老、病、死、罪”。人死要接受审判，是阎罗王信仰的基础。王前有鬼差信使（后来叫做黑白无常），将鬼魂勾押至阎罗王前，接受审判。[93] 他代表一个不讲人情、公正无私的酷吏形象。

（三）地藏菩萨取代阎罗王成为幽冥教主

汉魏六朝以来，佛经里的地狱是个充满惊悚恐怖、充斥各种无穷酷刑的幽暗世界，是个没有希望、没有出路的场域。阎罗王是个永远没有人情、不可亲近的审判主，他像个永不妥协的酷吏，令人望而生畏。

唐朝中叶以后，地藏菩萨开始转变，以地狱救赎的姿态出现。值得注意的是，在地藏菩萨还没有取得（或成为）幽冥教主之前，关于他地狱救赎的故事，全然像一个偷偷挡在阎罗王前破坏法秩序的拦路虎。

法藏所集《华严经传记》记载唐睿宗文明元年（684 年）王姓的京师人入冥的故事：

文明元年，京师人，姓王，失其名。既无戒行，曾不修善，因患致死，被二人引，至地狱门前，见有一僧云：是地藏菩萨，乃教王氏，诵一行局，其文曰：“若人欲求知，三世一切佛，应当如是观，心造诸如来。”菩萨既授经文，谓之曰：“诵此偈，能排地狱。”王氏尽诵，遂入见阎罗王，王问此人，有何功德。答云：惟受持一句偈，具如上说。王遂赦免，当诵此偈时，声所及处，受苦人皆得解脱。[94]

这则故事的地藏菩萨站在地狱门口，告诉将入地狱受审判的王姓京师人，如何避免地狱受苦的方法。王姓京师人因得到地藏菩萨所受经文，最后果然得到阎罗王的赦免。

《太平广记》卷 100 引《纪闻》记唐天宝五年（746 年）一名“颇晓医术而行多杂”的僧人齐之入冥故事。据载僧齐之曾因见小僧何马师和青衣私通，而上告寺主杀青衣，青衣怀怨，在阎罗王殿告齐之杀人。经过审问并且与亡魂青衣对辩后，阎罗王裁决放免齐之。齐之被阎王放免后，与地藏菩萨相遇：

初齐之入，见王座有一僧一马。及门，僧亦出，齐之礼谒，僧曰：“吾地藏菩萨也！汝缘福少，命且尽，所以独追。今可坚持僧戒，舍汝俗事，住闲静寺，造等身像七躯，如不能得钱，彩画亦得。”齐之既苏，遂乃从其言焉。[95]

---

[92] 相关讨论可参见［日］高楠顺次郎、木村泰贤著，高观庐译：《印度哲学宗教史》，台北，台湾“商务印书馆”，1975。

[93] 参见萧登福：《汉魏六朝佛道两教之天堂地狱说》，65～121 页。

[94] （唐）法藏：《华严经传记》，167 页。

[95] 《太平广记》，卷 100，《僧齐之》条，672 页，台北，文史哲出版社，1989。

地藏教齐之持戒、造像，以免除冥界的审判。故事中说："见王座有一僧一马"，看来地藏菩萨还只是和阎罗王平起平坐的地位，还只是在审判席上旁听的角色。

随着地藏菩萨信仰的逐渐展开，唐代中期以后出现两部和地藏菩萨信仰有密切相关的经典：《佛说地藏菩萨经》和《地藏菩萨本愿经》。但这两部经典都被证实不是来自印度的经典，而是地藏信仰"中国化"的经典。[96]

虽然《佛说地藏菩萨经》和《地藏菩萨本愿经》都是中国化经典，但却可以提供了解地藏菩萨中国化后，成为幽冥教主的讯息。

《佛说地藏菩萨经》在敦煌文书中，出现的数量不少，其中提及地藏菩萨到地狱协助阎罗王听狱的四大因缘：

地藏菩萨不忍见之，即从南方来到地狱中，与阎罗王共同一处，别床而坐，有四种因缘：一者，恐阎罗王断罪不平；二者，恐文案交错；三者，恐未合死；四者，恐受罪已了，出地狱迟。[97]

这段经文，最重要的意义是告诉世人：地藏王菩萨"不忍"见地狱之苦，所以到地狱中与阎罗王共同一处，别床而坐。其中的四大因缘就是："一者，恐阎罗王断罪不平；二者，恐文案交错；三者，恐未合死；四者，恐受罪已了，出地狱迟"。总结这四大因缘，用法制的概念说，其实就是两个理由：一个是担心地狱之中发生冤假错案；另一个是担心"滞狱"。地藏菩萨的"不忍"和汉唐以来君王强调恤刑"虑囚"的理由，不恰好不谋而合吗？

唐代从高祖、太宗朝以后，虑囚制成为人君经常性的恩典。[98] 人君"虑囚"的理由，大抵相近。试举数例说明。

唐高宗龙朔二年（662年）八月《恤刑诏》[99]。诏书内容说明他对狱政弊端的看法包括：（1）州县留狱尚繁，该出狱而未出狱，常导致有人病死狱中；（2）囚犯既受寒暑风露之侵；又受过度刑讯之苦，造成狱政弊病；（3）虽然狱政管理，法条清楚记载，不论是狱囚疾患或应受刑罚的限度，都有法规，但是管理狱政的"典吏"容易"妄生威福"，而主事的官员又常不加详查，种种狱政缺失因此而生。总之，他对地方狱政的现况表示高度不满，所以下令"恤刑"，也就是要"察狱"。

---

[96] 《佛说地藏菩萨经》内容包含地狱救赎观和西方极乐的净土信仰，很明显具备中国化经典的特征；《地藏菩萨本愿经》的文本，据酒井忠夫考证是受到伪经《灌顶随愿往生十方净土经》影响，因此也是中国化的经典。相关考证，参见［日］酒井忠夫：《十王信仰に關する諸問題及び閻羅王受記經》，载《斎藤先生古稀祝贺纪念论文集》，644～645页，东京，1937；吕建福：《中国密教史》，150～152页，北京，中国社会科学出版社，1995；［日］真锅广济：《地藏菩薩の研究》，85～86页，京都，三密堂书店，1987；庄明兴：《中国中古的地藏信仰》，127～145页。

[97] 这段经文，出现在敦煌文书编号伯3760号和斯431号，并见黄永武编：《煌藏宝藏》，第130册，454页及第3册，484页。此处转引庄明兴校文，参见庄明兴：《中国中古的地藏信仰》，128页。

[98] 关于唐代虑囚制，参见陈俊强：《北朝隋唐恩赦制度的研究——中古皇权的一个侧面》，198～206页，台湾师范大学历史研究所博士论文，2001；［日］岛善高：《唐代慮囚考》，收入《泷川政次郎博士米寿纪念论集—律令制の诸问题》，639～667页，东京，汲古书院，1984。

[99] 参见《唐大诏令集》，卷82，741页。

玄宗《命宰臣省察囚徒诏》，说他想到那些在炎热的夏天，还被囚禁在监狱中受苦的罪犯，而心中有所不忍，所以要“宰臣省察囚徒”[100]。肃宗乾元二年（759年）《春令减刑敕》[101]，注意到“州县之内，多有累囚；囹圄之闲，动淹时序”，也是对滞狱表达皇权的关切。唐文宗大和四年（830年）六月《纠举滞狱诏》：

如闻御史台、大理寺、京兆府及诸县囚徒，近日讯鞫，例多停滞。自今以后，宜令所司速详决处分。其诸司应推狱，有稽缓稍甚，与夺或乖者，仍委尚书左右丞及分察御史纠举以闻。[102]

同样也是担心监狱“冤滞”。

从唐代君主不断下诏检查狱政，可知当时监狱弊端严重；而地藏菩萨到阎罗王身边听狱，也说担心狱政弊端，其间正有相合之处。

如果将法制史上“录囚制”所展现的疏理滞狱拿来和地藏王菩萨亲临地狱的四大因缘对照，就会发现其间所呈现的思想，竟何其相同。地藏王菩萨取得幽冥教主地位，也应该从这个角度理解。

根据《佛说地藏菩萨经》四大因缘所说前两个因缘：“恐阎罗王断罪不平”、“恐文案交错”。从《十王经》所说的阎罗王审判来看，不应该会发生，也绝不可能会发生。阎罗王殿前有“业镜”，举凡生前善恶一切罪过，在“业镜”面前，完全无从抵赖，也无所遁形；当然就更不会发生错判或因文书作业错误造成误判等冤假错案的情形。

再者，古典佛经中，阎罗王和地藏菩萨，并无高低之分，上下之别。但当地藏菩萨以“恤刑”姿态、悲悯之心亲临地狱时，他的地位已经超过阎罗王，难怪在《地藏菩萨本愿经》中，阎罗王会向他无量赞叹！（卷8《阎罗王众赞叹品第八》）五代至宋所发现的绝大多数《十王经图》，都是以巨大地藏菩萨像为中心，周边围绕着阎罗王等地狱十王（如前图1），则地藏菩萨已成为幽冥教主。

如果再对照敦煌写本小说《唐太宗入冥记》，可以再度佐证佛教的幽冥世界观已经受儒家“恤刑”观念的影响。冥界判官崔子玉问掌簿书的善童子，唐太宗有何功德：

催子玉又问□□□□善童子启判官曰：“皇帝□□□□下大赦，三度曲恩”，催子玉曰：“□□□□判放着三万六千五百五十□□□□造多少功德?”善童子曰：“此事□□□□量功德使即知。”（斯2630号）

显然佛教的幽冥世界也视“曲赦”为善事，而且还依判放人数计数功德。那么地藏菩萨誓度地狱众生，更是无量功德啊！

以解救地狱众生之名，入主幽冥世界，完全符合儒家法制思想中强调“恤刑”的观念，甚至是符合作为一个“圣君”的重要条件。我们无法肯定有没有任何官方力量刻意用“圣

---

[100] 《全唐文》，卷27，《命宰臣省察囚徒诏》，130页。

[101] 《唐大诏令集》，卷84，肃宗《春令减刑敕》，211页。

[102] 《册府元龟·帝王部·慎罚》，卷151，《（文宗太和）四年六月》条，806页。

君”形象来塑造地藏，但我们有理由相信，当初造作《佛说地藏菩萨经》和《地藏菩萨本愿经》的人，势必受到传统儒家“恤刑”法律思想的影响。

结 论

唐代“冥律”的发展，最具体的表现是地狱审判的俗世化，而其具体的代表，则是敦煌出土的《佛说十王经》。从宗教发展史来看，敦煌本《佛说十王经》所体现的意义，代表印度佛教中国化的事实，以及其间所象征佛教与本土道教融合的过程；但从法制史角度看，则《佛说十王经》所见十王殿体现俗世官僚结构的变迁及世俗法庭投影的迹象。

初唐以来，国家为了控制佛教，并传达扫荡伪滥僧尼的决心，曾利用地狱审判的“冥律”宣示国家政策。唐太宗贞观十三年（639 年）间所见的《齐士员造像铭》所刻“冥律”，就是国家对于僧尼的政令倡导。其最大意义，在于它所呈现的“冥律”与世俗法令结合的特质，使得世俗法令也可以透过简明的图像，更深入农村社会；同时为以后更多的地狱变图，奠定地狱审判衙门化的基础。

另一方面，佛教面临道教的竞争与挑战和来自国家的敌意。佛教界为证明其价值与功能，而更透过地狱观的传播，以强调其对于社会治安的帮助；同时，新形态的入冥文学开始出现，所谓“生人判冥事”开始出现在新的入冥作品中，而最早创作“生人判冥事”的人是唐临。唐临是佛教徒，而且还曾经担任刑部尚书，因此将俗世官僚结构带入地狱，于是唐代的地狱充满俗世官僚社会投影的痕迹。

《佛说十王经》则代表从初唐一直到晚唐之间，地狱观念发展的总结。阎罗王身边的最高幕僚长，从“长史”变成“判官”，恰好反映唐代地方官僚制度的发展与演变；十王的官厅，极可能就是唐代世俗法庭（或说“衙门”）的投影；官厅所见的刑具、执法人员和行刑情形，与唐代法制文献可以相呼应。透过《十王经图》，可以增补吾人对于唐代世俗法庭的了解和唐代法制社会中酷刑存在的情形。

唐中叶以后，地藏王菩萨形象产生重大转变，并且开始到地狱听审，最后甚至地位凌驾于阎罗王之上，成为最重要的幽冥教主。从法思想的角度来看，地藏王菩萨取代阎罗王，一方面凸显唐代监狱管理弊端之严重；另一方面其实正好是中国法制思想史上期待圣君贤主“恤刑”的反映。

总之，地狱冥界诸神的架构，除了完成令人望而生畏的地狱法庭之外，更重要的是许多宋元以后的民间戏曲或文学作品中，对于中国古代司法审判的描述，大多来自此一系统。追溯这条“冥律”发展史的源头，对于了解“冥律”在庶民社会里防止一般社会或刑事犯罪所扮演的角色，当有一定帮助。

（说明：本文原刊中国法制史学会（台湾）主编：《法制史研究》，第三期，2002 年 12 月。原文长约两万六千字，今因篇幅所限而略有修订。）

黄静嘉

日本殖民统治对台湾法文化之影响：
以殖民地法院有关身份法“旧惯”之判例为例，检视、解读及书后

简介

黄静嘉（1924—　），浙江永嘉人，著名法制史学家，资深大律师。台湾东吴大学法学学士、政治大学政治学学士及政治研究所硕士，美国南美以美大学比较法学硕士。南美以美大学研究学人一年、哈佛大学东亚法资深研究员二年。曾任东吴大学法律系副教授及副教务长、政治大学法学院副教授、中国文化大学法律系教授、海军指挥参谋大学国际法及司法官训练所英美法讲席、浙江大学城市学院客座教授、中国造船公司董事、《中国时报》及《经济日报》主笔、台湾银行顾问、台湾矿务局顾问、“经济部”大陆投资法顾问、两届中国法制史学会（台湾）会长、“中央研究院”历史语言研究所法律史研究室终身荣誉顾问等。活跃于华洋法律事务凡三十六年，亦为享誉国际的海商法学家。因编校薛允升的《读例存疑》，而被誉称为薛氏的隔代知己。主要著作有《日据时期之台湾殖民地法制与殖民统治》、《动产担保交易法》、《春帆楼下晚涛急——日本对台湾殖民统治及其影响》、《中国法制史论述丛稿》，另有中英文论文若干篇。

目次

本文谨以在日本殖民地统治下，日本在我国台湾地区所设置之殖民地法院对台湾地区在沦为日本殖民地前所存在之民事领域中，有关身份法之若干“旧惯”，所制作之判例，就其是否对之径行承认并适用，及以其对若干不符现代法制之“旧惯”加以“导正”与否之依违犹豫，试加分析，以例示日本殖民统治对我国台湾法文化之若干影响。①

一、引言：身份法“旧惯”承认之历史情境

于此，应述及者，即日本帝国在对我国台湾地区之殖民统治上，在民事领域采取承认“旧惯”一事，其历史背景及意涵。首先，日本原属东亚儒家文化圈之国家，且曾为列强炮舰外交欺凌之对象，安政五年（1858年）之《安政五国条约》且不得不承认缔约国在日之治外法权。但日本自明治维新，锐意模仿西方，并迅即获致成果。甲午一战，又胜清廷，并获台湾为其殖民地。此时，不仅其法制已逐步现代化，列强亦承诺放弃其治外法权。而在君临其新掠取之殖民地的汉人社会时，如竹越与三郎之所言，日人乃有视之为未开化之国土，并自觉已继承白种人，有对未开化之地区传播文明德泽之使命感。② 此亦可认为日本人君临本岛时最具代表性之殖民论述。日人在据台之始，其标榜采用历史学派之主张，而承认“旧惯”，盖在展示其在规划对台之殖民统治时，如若干老牌的殖民帝国，特别是英国之于香港、新、马，对“旧惯”能以文明国家之高度来审酌处理。③④

本文并拟述及者，乃在日据⑤初期殖民地政府承认台湾“旧惯”之政策下，殖民地法院

① 1895年至1945年，我国台湾地区曾经历日本五十余年的殖民统治。评估此一殖民统治对台湾法文化之影响，除本文所举两项局限性的事例外，尚应涵盖因殖民地统治者对殖民地人民政治上的压迫、钳制，及经济上的榨取、掠夺，其各该相关措施所产生之对台湾法文化之影响。作者于《春帆楼下晚涛急——日本对台湾殖民统治及其影响》（繁体字版，台北，台湾“商务印书馆”，2002；简体字版，北京，商务印书馆，2004）一书中，对此一殖民统治本质及其相应的殖民措施之若干论述，可供此一项研讨之参考。

② 竹越与三郎于《台湾统治志》（东京，博文馆，1905）序文称：“……拓化未开之国土，广披文明之德泽，历来白种人视为己任。今者，日本国民起于绝海之东表，欲分负白种人之大任……”。

③ 参见黄静嘉：《春帆楼下晚涛急——日本对台湾殖民统治及其影响》，5页。而曾于1898至1907年任台湾民政长官之后藤新平，其面对具有悠久文化传统之汉人社会的台湾，且视之为以“生物学方法”治理之实验室（laboratory）。

④ 下引判例〔一二一〕中，殖民地法院于判认纳妾为旧惯所存时，明白以判决文本指出：“纳妾在现在人文开化之社会，固为人所摈斥；但在本岛以往公认纳妾，其习惯仍存。”其视本岛之汉人社会为未开化之心态，至为显然。

⑤ 自1894年甲午战争后，清廷被迫割让台湾。台湾历经在日本帝国主义下的殖民统治，共51年。学者中有以1895年至1945年间，日本系依当时为国际承认之国际条约对台为有效统治为由，遂将此一时期称为“日治”时期者。曾经历惨烈的日本侵华战争者如作者，感情上不能不认同《开罗宣言》对日本“窃占”台湾之谴责，且自1945年来台，当时官方及民间皆用“日据”时期之说法，多年来已沿用成习，故在本文中仍称之为“日本窃据时期”或“日据”时期。

日籍法曹[⑥]在处理实际案件时，其对“旧惯”之适用、承认或限缩、拒斥之态样及心理。对于此一问题之处理，殖民统治者基本上系标榜采取历史学派之主张，认为法制及法文化是历史演化之产品，以“律令民法”[⑦] 宣告予以承认之“旧惯”，系渊源于其长期之历史与传统，不宜操切地骤予变更。[⑧] 但在一定程度上受现代法学洗礼之殖民地法曹仍基于其专业知识及素养，对“旧惯”中若干部分，以有不符合公序良俗为理由，试图在一定程度上，予以若干“导正”。

台湾地区自遭割让之始，自即成为日本帝国法域之组成部分。日本政府却在涉及台湾之身份法关系上，通过“律令民法”（相关说明见本文二）之形式，搁置其本国内地已受西化一定程度洗礼之法典，而采用旧存之习惯。这在法律技术上，是一件颇具匠心之工程，而在统治手段上，使成为殖民帝国后进之日本，显示出深思熟虑、胸有成竹及果决。盖“旧惯”系因具有法律效力之总督府律令明文承认之规定，而取得制定法之效力；但因日本民法“法例”亦于同时施行于台湾之结果，殖民地法曹乃有时无视“旧惯”之具制定法或准制定法之属性（参见本文二），视“旧惯”仅为“习惯”，并以特定此之“旧惯”违反公序良俗为理由，而拒绝作为准制定法径行据而承认并适用。外观上，此或可解读为殖民当局对承认旧惯决策之依违犹豫，而就司法权力内部运作结构而言，此则并涉及法曹之专业素养、训练及风格等关于内部法文化[⑨]之问题。依法律人的一般认知，对于违反公序良俗的习惯拒绝承认其效力之规定，应视为一种使用时应戒慎恐惧的帝王条款（Empire provision），非到不得已时，不得轻易动用。如后文所述，在殖民地法曹试图对“旧惯”予以导正一点上，展现了其专业人员之器识，但彰明昭著地无视律令民法已赋予“旧惯”以“制定法”或“准制定法”之位阶，径以普通“法例”中所指之一般“习惯”对待之，尚有逾越司法人员之“分际”之嫌。以下文中即就此一工程中之“旧惯”借律令之明文而取得法效，但在其就承认与否作成判决时，因法曹之态度，而出现之依违犹豫之处，例示并加以说明。

二、经承认具有实证法效之“旧惯”，其法源位阶问题：制定法，准制定法，抑仅为“法例”所称之习惯而已？

自殖民统治之前期起始，在民事法领域中，有关身份法之事项，即已以“律令”立

⑥ 此处需说明者，于日据时期，不仅为在朝法曹之法官悉属日籍，为在野法曹之律师亦然。直至日据末期，方有台籍律师之出现。就总体而言，日籍法曹仍占绝大多数。

⑦ 所谓律令，为由总督发布，具法律效力之命令。殖民统治者宣称，其系基于台湾殖民地统治上之特殊需要，故以律令之特别立法为统治上之基准法源。参黄静嘉：《春帆楼下晚涛急——日本对台湾殖民统治及其影响》，2页。

⑧ 当时日本犹为资本主义诸强中之后进者，亟欲证明自己具已成为新进的殖民地拥有者俱乐部的合格成员之资格与能力。于此，日本所借镜者，为英国对香港、马来、新加坡之汉人社会，多系采用承认旧惯之政策。但其在处理旧惯上愚民政策之表现，及如本文注 14 所示，日本法曹一度企图悍然地将落后的封建户主权导入台湾。则谓其以悉能以文明国家高度处理旧惯，亦非尽然。参见黄静嘉：《春帆楼下晚涛急——日本对台湾殖民统治及其影响》，37 页。

⑨ Lawrence M. Friedman 曾将法文化区分为“外部法文化”与“内部法文化”，前者指一般人的法文化，后者指从事专门法律任务之社会成员之法文化。法曹乃从事专门法律任务之社会成员，应无疑义，故其专业素养、训练及风格，当属内部法文化。参见刘作翔：《法律文化理论》，40 页，北京，商务印书馆，2004。

法，宣告其承认并适用旧有习惯（“旧惯”）。兹拟论述者为“旧惯”作为实证法源之性质，即是否赋以“制定法”之位阶，及殖民地法院日籍法曹曾否及如何通过若干判例，企图对若干因社会观念之演变致与时下公序良俗观念发生抵触之“旧惯”，企图予以若干“导正”。

按有关仅涉及本岛人[10]及清国人（即中国人）之身份法之事项，不依日本本土（内地）之民法，而依本岛原有“旧惯”，为明治三十一年（1898年）律令第八号及明治四十一年（1908年）律令第十一号，先后确立之原则（从而，本文就依律令而取得法律效力之“旧惯”，亦得称之为“律令民法”）。[11] 惟依明治三十一年（1898年）制定并以同年敕令一六一号施行于台湾之日本本土（内地）法律第十号“法例”（于本文中，此一日本本国法之“法例”，均径简称为“法例”），殖民地法院遂得以对若干“旧惯”以不合公序良俗为理由，予以拒绝适用，或附加条款，而对此之“旧惯”予以修正或补充。于此应注意者，上述“法例”之施行于台湾，系与“律令民法”施行于台湾同一时间，故“法例”自始即以相当于“律令民法”之“总则”规定，而应视为台湾之民事法秩序之基础规定。

于此，首应究明者，即上述“律令民法”所指之“旧惯”，是否即为上述“法例”所称之“习惯”？若然，则其有效性之前提，须经法院认定为合乎公序良俗。故就特定“旧惯”之应予承认其为有效及适用与否，仍取决于殖民地法院之权衡。易言之，于此情形，对“旧惯”所赋予之实证法源之位阶，仅为在日本民法上效力次于“制定法”之“习惯”而已。按台湾地区现行“民法”第一章“法例”第一条首揭：“民事，法律无规定者依习惯，无习惯者依法理。”基此，依以上两项日本及台湾现行“民法”之“法例”，在民事上，“制定法”之位阶均系优先于习惯。因之，如该特定“旧惯”经律令（制定法）明文承认其效力，自得解释为构成律令民法之一部分，从而，应之赋予“制定法”或准于“制定法”之位阶。就此，殖民地法院之职责，仅为调查并确认（to investigate and to ascertain）特定“旧惯”之存在与否及其规范之内容，不必考虑其与公序良俗是否兼容，而径予承认并适用。

依本文所引之相关判例观察，殖民地法院对于“旧惯”，并非全然径予承认适用。相反地，在部分判例中，殖民地法院辄有拒绝对“旧惯”径为适用，或间以不合公共秩序、善良风俗等因，或以该条无法理，即不符日本本土（内地）民法“法例”所揭橥的“公序良俗”，试以变异“旧惯”者，迭有出现。就此而言，则殖民地法院并未对“旧惯”赋予“制定法”或准于“制定法”之位阶，而仅视之为“法例”上所指之“习惯”而已。但在另一方面，殖民地法院就若干判例中，则明白宣称若干旧惯虽不合于善良风俗，但既有此“旧

---

⑩ 所谓本岛人，是指原住台湾之我国大陆之闽粤及他省移民，因台湾割让而取得日本之“臣”籍者与其后裔，及当时已为汉族移民同化之“蕃人”及其后裔，此后入此等“本岛人”之家而成为其家族者一并包括在内。而“蕃人”是指“本岛人”以外之台湾原住民。基此，本文称本岛旧惯者，其“本岛人”一词当不包括原住民之“蕃人”。参见黄静嘉：《春帆楼下晚涛急——日本对台湾殖民统治及其影响》，112～113页。

⑪ 参见黄静嘉：《春帆楼下晚涛急——日本对台湾殖民统治及其影响》，111～114页、133～135页。

惯”存在，故仍应径予承认适用。就这类判例所涉及之“旧惯”而言，则不无赋予“制定法”或准于“制定法”之位阶。整体而言，殖民地法院对于不合公序良俗的“旧惯”，是否应加以相当的“导正”，及对“旧惯”是否应赋予“制定法”或准于“制定法”之位阶一事。无疑地，是采取一种依违两者之间的摇摆态度；而其若干“判例”，其可认为对“旧惯”曾予“导正”者，其“导正”系属有其局限性，无改殖民地统治者在身份法领域中，一定程度上为放任，甚或为愚民主义之心态。

法曹援用公序良俗以拒绝承认旧惯之有效，虽可单纯地视之为法曹发挥其所受之近代化教育下之专业训练与专业伦理之结果，亦未尝不可认为殖民统治者在一定程度上仍不能无视于社会情形之演变，及殖民地人民借社会运动、文化运动要求进步之呼声。惟自另一角度观之，法曹能自由地做成此一抉择，未尝不是因为如婚姻自主权与一夫一妻制此类身份法之事项并不涉及殖民者之直接利益，亦即殖民地法院之日籍法曹，在处理此类无关殖民统治者根本利益之案件时，其专业训练或专业伦理较有挥洒之空间。

三、殖民地法曹对导正“旧惯”之依违犹豫

就台湾殖民地法院之日籍法曹，曾以判例变更若干身份法上的“旧惯”，展示有局限性的“导正”倾向一节。本文于上文中曾提及此或肇因于法曹所受之近代教育下之专业训练与专业伦理。就此，晚近亦有学者指出，因日本本土（内地）民法或较之台湾“旧惯”，更为符合现代市民法制上之人格平等观念，加以日籍法曹曾受现代化之洗礼，故而企图对台湾“旧惯”试以判例予以“导正”云云。[12] 但亦有学者认为系因殖民地法院之日籍法官对“旧惯”愈来愈不了解，故企图引进日本本土（内地）的相关法律，以改变台湾“旧惯”[13]。就此，仍应说明两点：

1. 日人在台曾举办之旧惯调查事业，虽然系迟于明治三十四年（1901 年）即日人“领台”五年后才开始，至大正八年（1919 年）始告结束，而旧惯调查报告书亦系嗣后陆续整理刊行问世。诚然此一调查报告足为殖民地法院此后确认“旧惯”之重要资料，但在这些报告出现之前，各该有关身份事项之“旧惯”，殖民地法院似非不能经由调查予以确认。故以不懂“旧惯”，作为以殖民地法院之企图以判例改变若干“旧惯”之惟一原因，犹有商榷之余地。

2. 同一时期之日本民法，并非全然符合现代市民法制，尤其是日本封建落后的“家督相续”制度，日籍法曹曾企图以“条理”名目引进台湾，此则并非“导正”，而是开时代的

---

⑫ 参见邓学仁：《日治时期台湾之身份法——以亲属关系与婚姻关系之判决为中心》，载《台湾法制一百年论文集》，626、665 页，台北，台湾法学会，1996。

⑬ 戴炎辉：《五十年来的台湾法制》，载《台湾文化》，第五卷・第一期，10～11 页，台北，台湾文化协进会，1949。

倒车。[14] 本文上文中曾指出，殖民地法院以判例变更若干“旧惯”之另一原因，亦可归因于殖民地法院之法官（均为日籍）之专业训练与专业伦理，故有此类“导正”性判例之出现。盖本岛之“旧惯”，多因袭清朝以来之民情，并特有本岛之风俗道德价值观，以殖民地统治年代当时之现代市民社会法制观念观察，或有部分确不符平等、人权等原则；日籍法曹乃有使之变更之动机。于此，应予补充指出者，这些局限性“导正”趋向之判决，除与法曹本身专业取向之外，亦与殖民地情势之变迁有关，即随着殖民地之经济发展，社会情势及价值观念均有变迁，本岛人之社会启蒙运动，次第展开，要求改革习俗之声浪亦渐受到注意，这也是可能影响到法曹的态度的原因之一。

在本文四、五中，吾人自戴炎辉先生选辑之殖民地法院判例中[15]就其有关身份法事项之判例[16]，分类选录五十二条并予评注。由各该判例及评注中，可以看出上文所述，殖民地法院在是否赋予个别“旧惯”以“制定法”之位阶，及对有违公序良俗的“旧惯”，是否悉加“导正”的问题上，其所表现的态度为“依违其间”、“摇摆反复”的。依吾人之认知，有关身份事项之民事生活，既与殖民地统治者利益并无抵牾之处，而殖民地法院在判例中，虽已就如放宽离婚请求要件、禁止奴婢人身买卖等予以若干“导正”。凡此亦均为殖民地法院形式上以条理之名义，将日本（内地）本土法内涵借判决导入施行之附随结果。惟同一殖民地法院于考量部分明显违反平等原则、公序良俗之“旧惯”，如纳妾及子女成婚需尊亲同意等，并未于判例中以条理、公序良俗之名，如其日本本土（内地）法一样加以禁止。殖民地法曹就此，尚未致意积极规范，即不免让人认为其仍存有放任愚民之嫌。

---

⑭ 戴炎辉称：“……台湾向来虽有家制，可是没有像日本民法所采取的，具有抽象的意义的‘家’的观念。从而台湾没有‘家督相续’的概念。台湾的家制，是实质的家属共同生活体，以家产为中心，而支配家属法的原理的尊长主义。反之，日本民法则以家名为中心，支配家属法的原理是户主权主义。过去台湾的家长权是对外的，是公法上有意义的，反之在私法上之内部关系，家长权没有独立的存在价值，家长并不是以家长的资格，而是以尊长的地位，对于卑幼能够行使教令权而已。但因受了日本法制的影响，无形中吸收了封建的户主权思想。此在欧美各国早受唾弃，在日本受了严厉的批评的，台湾遂习染了这个风气，采取这个制度，是开倒车。在过去，台湾（这当然也是汉族共通的）并不无类此的思想，所谓的‘宗祧继承’就是。台湾因受日本的统治，宗祧继承的死灰复燃起来，借了日本民法的‘户主相续’的死尸，在台湾出现了，这是既不像（家督户主）又不像宗子的魍魉。台湾也有户主，跟日本民法户主一样，也行使了户主权，但缺乏了它的社会背景，家产仍旧由在家的子孙继承，不是由嫡长子孙一人独占……”戴炎辉：《五十年来的台湾法制》，载《台湾文化》，第五卷·第一期，10～11页。

⑮ 明治二十九年（1896年）台湾总督府法院条例，将法院分为地方法院、覆审法院及高等法院；明治三十一年（1898年）以律令第十六号修正条例，采分地方法院及覆审法院二审二级制；大正八年（1919年）以律令第四号另采地方法院及高等法院二级三审制，高等法院分为覆审部及上告部。本章本节第二目及第三目下引判例“控”字为覆审法院裁判，“上民”字为高等法院上告部裁判，“控民”字为高等法院覆判部之裁判。

⑯ 本文所引之判例，系出自戴炎辉、刘绍猷、郑碧吟、陈瑞堂、孙森焱、段盛丰：《台湾民事习惯调查报告》“附录资料”，245页以下，台北，司法通讯杂志社印行，1979。判例编号从戴氏等原书，各条判例之标题为本书作者所加。

四、检视、解读殖民地法院之若干判例（一）：对“旧惯”加以重申并在原则上肯认之判例（二十四则）

下引凡二十四条判例，其中大部分是殖民地法院虽认为有违公序良俗或不符现代市民法制，但未径予拒绝适用，或径予修正者。如承认妾制的存在，在判例中明白地说出纳妾虽然违反公序良俗，但是妾制既为“旧惯”所承认，因此就不再认为违反公序良俗。且因为承认妾制的存在，附带产生正妻不得拒绝与妾同居，而妻也不能以夫之纳妾作为离婚的原因等等规范。另外，对媳妇仔的承认，也就是对童养媳的承认，虽有违反现代自主婚姻的原则，亦因系为“旧惯”乃承认其存在。尤其在买断的童养媳之情形，因为与人口贩卖没有差别，竟径予承认，更是公然无视公序良俗。至于如对婚姻的成立与解除，法院仍肯认应以尊亲之意思为要件，此为对当事人应具婚姻自主权之原则的公然违反。

在此，应该说明的是，于此所引二十四条判例，并非完全涉及善良风俗问题。如若干身份法的行为，这些判例只是重申或并彰显“旧惯”而已。有若干的判例，可能是旧惯不够清楚，或者旧惯不够完备，乃有以判例加以解释，或者明确的界定之必要。

（一）承认尊亲属之意思为婚姻要件

在判例〔二一〕中，法院系遵循旧惯，认婚姻之成立或解消，应依尊亲之意思为要件，并未采行婚姻当事人自主原则。惟依案例〔一六〇〕对已臻法定年龄之自主婚姻，即未得尊亲同意之婚姻当事人，男限未满三十岁，女限未满二十五岁，判认其婚姻非当然无效，而为“得撤销”⑰。又依判例〔五二〕，婚姻不得依法院之判决，违反当事人之自由意思而为强制执行。此一判例之意旨，似系本于婚约非“强制执行”标的之原则而做成者。⑱

于此，所引之判例，无非对既有之“旧惯”予以确认而已。但亦非全然如此，本节第一条承认尊亲属之意思为婚姻要件下，在本文所引之〔一六〇〕及〔五二〕两个判例中，均对此一“旧惯”之承认之适用，表现出系一种从严或加以制约之态度（参见注17、18）。这两个案例，也许可认为法律解释论所应然，并非出于“导正”用意，但亦不无“导正”

---

⑰ 《台湾民事习惯调查报告》就此称：“在日据时期，因法院判例及学说，对台湾习惯，不合于近代法律思想及不明晰之部分加以改进或补充，即以条理为名（实际上参酌日本民法），改变其内容，日久逐渐确立婚姻撤销之制。”其“未得法定代理人（保护人）之同意，例如依本岛习惯，子女欲结婚时，如男未满三十，女未满二十五，应得其在家父母之同意，其未得上开同意者，应解为得撤销之原因，而非当然无效。”又“以未经保护人同意为撤销原因之撤销权，其因‘自知悉撤销原因之事实起已逾六月’或‘保护人事后予以追认’或‘婚姻成立已逾二年’而消灭”。参见戴炎辉、刘绍猷、郑碧吟、陈瑞堂、孙森焱、段盛丰：《台湾民事习惯调查报告》，82～84页。依本判例，其违反之效果既为“得撤销”，即有因法庭公权力之介入，而使该婚姻不被撤销之可能，使此“旧惯”违反之效果受到局限。

⑱ 参考1930年12月颁布之“国府民法”亲属编第975条：“婚约，不得请求强迫履行。”依本判例之反面观点，其效果抑是以阻止婚约成为强制执行之标的，此为现代法制之通例，盖为尊重个人人格也。参见张登科：《强制执行法》，6页，台北，自版，2005。

之效益。

应为一言者，〔二一〕系为1907年之判例，〔一六〇〕则系为1937年之判例，后者距前者已三十年之久，如自1895年，即日本据台之时起算，已四十二年矣。其时环境已远非日据始期可比，殖民地法院之态度，抑可能为随着社会情势及人们观念之改变，而与时俱转。

〔二一〕婚姻须依尊亲属之意思决定：依据旧惯结婚或离婚非仅依当事人之意思而成立，须依尊亲属之意思始能决定。

（明治四十年（1907年）控字第二八八号，明治四十一年（1907年）四月二九日判决。）

〔一六〇〕未得尊亲同意之婚姻为得撤销：依本岛习惯，子女欲结婚时，如男未满三十岁、女未满二十五岁者，应得其在家父母之同意。其未得上开同意者，应解为仅得撤销，而非当然无效。

（昭和十二年（1937年）上民字第一〇六号，同年八月十八日判决。）

〔五二〕不得依法院判决，而据一方之意思，予以强制进行：于本岛结婚仍以当事人依习惯在自由意思之下进行为条件，非得依判决，据一方之意思，予以强制进行者。

（明治四十四年（1911年）控字第六一〇号，同年十二月十九日判决。）

（二）承认妾制

本岛人所称之亲属范围，殖民地法院依旧惯而予以承认；其与日本亲属法之最大差异，当属妾及养媳之制度。明治四十一年（1908年）判官协议会中[19]，即决议将妾及养媳视为“准亲属”而予以承认。按在殖民地统治年代之当时，日本本国内地已采一夫一妻制，从而妾所生子女，犹如一般私生子，须经夫认领后始取得庶子身份。[20]惟殖民地之法院，基于对本岛旧惯之承认，相关裁判中虽对纳妾制仍费辞加以非难，认为系“在人文开化之社会，固为人所摈斥”、“在文明进化之社会，纳妾虽被厌恶”，但仍依旧惯承认该制，并判认其尚非违反公序良俗，故不采用“法例”而判定其为无效。从而，夫之纳妾，正妻不得主张为对妻之重大侮辱，并不得据而作为主张离婚之理由。与此同时，殖民地法院并无以判例变易此一“旧惯”之趋向。

〔一七〕妾制非违公序良俗：在本岛，妾为一般所公认之身份关系，不得谓为违反善良风俗。

（明治三十九年（1906年）控字第二九四号，同年八月三一日判决。）

〔一〇一〕须先有正妻始得娶妾：妾系所谓准妻、副妻，习惯上，须先有正妻，始得娶妾。

（大正八年（1919年）控民字第七五八号，大正九年（1920年）五月二二日判决）

---

[19] 参见姉齒松平：《本島人ノミニ関スル親族法並相續法ノ大要》，载《台法月报》，二十七卷・十一号，1933年，50页。

[20] 参见戴炎辉、刘绍猷、郑碧吟、陈瑞堂、孙森焱、段盛丰：《台湾民事习惯调查报告》，103页。作者按：台湾在光复后，因“国府民法”之施行，妾制既不被承认，其子女亦须经认领后，始取得庶子之身份；惟于实际上，以不实之出生证明，虚伪申报为正妻所生之嫡子之情形，亦非不常见。

〔一一六〕妾制无违公序良俗：妾为本岛习惯上所承认，在本岛不能谓系违反善良风俗之制度。

（大正十年（1921年）上民字第七十七号，同年十月二十日判决。）

〔一三四〕夫妾婚姻为习惯所许：夫妾关系为习惯上所容许之身份关系，自不得视为违反公共秩序，善良风俗之行为。

（大正十一年（1922年）控民字第三八七号，同年六月二七日判决。）

〔一一七〕正妻不得拒其与妾同居：习惯上既承认妾之存在，视情形，妻虽违其本意，仍应与妾同居。

（大正十年（1921年）上民字第七十七号，同年十月二十日判决。）

〔一四二〕不得仅以夫之纳妾为离婚之原因：纳妾为本岛习惯所容许，故不能仅以纳妾一事而率云夫对妻有重大侮辱，自不待言。

（大正十二年（1923年）控民字第五六六号，同年一月十五日判决。）

〔一二一〕不得以夫纳妾为妻名誉之重大损害：纳妾在现在人文开化之社会，固为人所摈斥；但在本岛以往公认纳妾，其习惯仍存。故男人娶妾，在本岛社会观念上，不能谓为对其妻声誉之重大损伤。

（大正十年（1921年）上民字第九四号，大正十一年（1922年）一月十九日判决。）

〔二〇六〕纳妾不构成离婚或收养关系终止之原因：在文明进化之社会，纳妾虽被厌恶；但在本岛，以往公认纳妾，现在尚有此俗。是故，在本岛社会观念上，男子纳妾，尚未谓为：对其妻或未成婚女子（媳妇仔）声誉之重大毁伤。

（大正十年（1921年）上民第九四号，大正十一年（1922年）一月十九日判决。）

（三）媳妇仔之承认

养媳妇之制，涉及两个问题，一为对现代自主婚姻原则之违反，殖民地法院本其承认旧惯之原则，对媳妇仔之制度予以维持。其涉及之另一问题，为人身买卖之问题。依本岛旧惯，养媳有买断或未买断者之别，买断之养媳，与人身买卖无异，应有禁止之理由。惟法院判例之承认养媳制度，将其视为准亲属范围，就养媳之由来是否买断，即不再追究而区分其效果。㉑ 在承认媳妇仔之前提下，殖民地法院在判例〔一四九〕上承认媳妇仔与养女之区别。即依本岛习惯，媳妇仔不论于收养当时，其未婚夫已未特定，而系以将来必以之为子妇为目的所养入异姓之养女。犹如已婚之妇，于其本姓上冠以养家之姓，对养家之亲属发生姻亲关系。养女则异乎是，并无上述目的，从养家之姓，对养家之亲属发生与亲生女同一之亲属关系。两者成立完全不同之身份关系。殖民地法院又以判例〔一五四〕肯认媳妇仔系指依童养媳契约，以其将来与养父母特定之男子或不特定男子结婚为目的，而被收养于养家之女子而言。如该男子如不欲与童养媳结婚，得予拒绝，而与其他女子结婚。

㉑ 参见姉齿松平：《祭祀公业与台湾特殊法律之研究》（原著于1934年，引中文版，译者不详），399～401页，台北，众文图书公司，1991。

但因此而养媳之主要目的已经丧失，故其结婚可为童养媳契约终止之理由。[22]

〔一四九〕媳妇仔有别于养女：依本岛习惯，媳妇仔不论于收养当时，其未婚夫已未特定，而系以将来必以之为子妇为目的所养入异姓之养女；犹如已婚之妇，于其本姓上冠以养家之姓，对养家之亲属发生姻亲关系。养女则异乎是，并无上述目的，从养家之姓，对养家之亲属发生与亲生女同一之亲属关系。两者成立完全不同之身份关系。

（大正十四年（1925年）上第一〇二号，同年八月四日判决。）

〔一五四〕童养媳契约可得终止之原因：媳妇仔系指依童养媳契约，以其将来与养父母特定之男子或不特定男子结婚为目的，而被收养于养家之女子而言。该男子如不欲与童养媳结婚，得予拒绝，而与其他女子结婚。但因此而养媳之主要目的已经丧失，故其结婚可为童养媳契约终止之理由。此为本岛之习惯。

（昭和五年（1930年）上民字第二五四号，昭和六年（1931年）三月十一日判决。）

〔一九四〕媳妇仔因与未婚夫成婚而解消收养关系：养媳与收养不同，收养人与被收养人之间，不因此而发生准亲子血亲关系，而仅发生子媳与夫父之准姻亲关系。其目的在于养媳与其未婚夫之结婚，故两者结婚时，因其目的达成而收养当然解消。

（大正九年（1920年）控民第五七号，同年三月二九日判决。）

〔一九七〕媳妇仔与订婚有别：仅于子女之尊亲属间互相议定，将来将某女许配某男，而女子不入养于男家者，习惯上称为订婚，而与养媳区别之。

（大正十三年（1924年）上民第二六号，同年二月二八日判决。）

（四）亲族会议

旧惯中虽有以祭祀、敦亲睦族或解决亲族间重大事件为目的之亲族集会，但并无相当于日本民法规定下之“亲族会”之制定，且日本本土民法之有关身份法之部分法制并未实施于本岛，故殖民地法院对应如何征求亲族同意之旧惯，系为采取较有弹性承认之态度。

依判例〔三四六〕：行使亲权之母，为未成年之子处分财产时，依旧惯，须经主要亲属之同意。然旧惯并无如日本民法下之“亲族会”制度，且此处分纵无主要亲属之同意，亦并非当然无效，而仅为得撤销之行为。

〔三三七〕亲属会议，征求亲族同意之方法：亲族之同意，应由亲权人向欲得其同意之亲族，指定一定之时日、场所，要求其集会而征求其同意，或由亲权人向欲得其同意之亲族，依直接征求同意之所谓“传观方法”等方法征求同意，均无不可。

（昭和六年（1931年）上民一九五号，同年十月三一日判决。）

〔三一九〕母为亲权人时未得族亲同意之处分行为非当然无效：在本岛，身为亲权人之母，欲处分未成年人不动产时，须得族亲之同意，此种习惯之存在为显著之事实。非经族亲同意所为之契约，在条理上虽不得谓为当然无效，但得以其为有瑕疵之行为而撤销之。

---

[22] 未婚夫死亡，或两方均不愿成婚者，如该童养媳并不离去该男子之家，该童养媳之身份可能转化为养女。参见戴炎辉：《中国法制史》，249页，台北，三民书局股份有限公司，1979。

（大正九年（1920年）控民四八四号，大正十年（1921）五月二日判决。）

〔三四六〕母为亲权人时之处分行为须得主要亲属之同意：原审所作以本岛向来之习惯，并无确定之亲属会议而认在本岛无亲属会议之制度，因此行使亲权之母，代理未成年人为处分行为时，并非得亲属之同意不可之判决，尚无违法可言。在本岛以往之习惯，亲族会之制尚未确立，故原审以无亲族会制度为理由，判示：于行使亲权之母，代理未成年子女为处分行为时，不得谓为必须经亲族会之同意；此并无任何违法之可言。行使亲权之母，为未成年之子处分财产时，应经主要亲属之同意一事，应认为系习惯。

（大正九年（1920年）上民四九号，大正九年（1920年）八月十二日判决。）

（五）继承权

本岛的继承惯例，原采家产共有，于直系尊亲去世二三年间，以男子为各房代表参加分析，以平均分给为原则。尽管与日本本土之家督相续继承方式有显著差异，殖民地法院自始仍遵从旧惯，承认并维持本岛固有之继承方式。[23]即户主之资格与继承权之顺序、继承人之追立（如过房）、螟蛉子之继承权（与亲生均分）及女子原则上无继承权，其中女子仅可在户主死后，近亲中无应继承之男子，而亲属关系人决议选定其为继承人时，始有继承权，又或可于亲族中无可为过房子之男子时，以过房子之身份为继承人。

〔九〇〕户主之资格与继承权顺位应依旧惯：户口法令规定之户主，固足以证明其为一家之主，惟其资格与继承顺位，则依旧惯自属妥适。

（大正七年（1918年）控民字第四六〇号，大正九年（1920年）八月二十日判决。）

〔一八〇〕继承人之追立：继承人之空缺无继承人时，应以过房或其他方法决定继承人，而使其继承财产；死者之财产，非当然由其旁系亲继承。

（明治三十七年（1904年）控三三〇号，同年十一月二日判决。）

〔一八二〕螟蛉子之继承权：螟蛉子与亲生子间之财产分配，各人均分。

（明治三十四年（1901年）控二九七号，明治三十五年（1902年）一月十七日判决。）

〔三四八〕女子非当然有继承权：女子之继承权依本岛之习惯，女子除由亲属之协议，特别指定其继承人者外，并非当然成为死者之继承人。

（大正十一年（1922年）控民一一〇七号，大正十二年（1923年）二月一〇日判决。）

〔三四九〕无主继承男子时女子之继承权：前户主死后，于近亲中无应继承之男子时，由亲属关系人以其决议，从近亲中选定女子为其继承人，并无不当。

（明治四十二年（1909年）控三九一号，同年一二月二〇日判决。）

〔一六七〕女子为过房子之情形：族亲中如无可为过房子之男子时，则得以女子为过房

---

[23] 日本家督相续之继承制，认为家产为家长（户长）之私产（专有财产），与台湾之家业共有观念不同；因户主死亡之继承，即为对户主地位及财产之继承，并无分割家产之概念，为封建主义色彩浓厚之继承方式，较类似宗祧继承之概念。于日据时期后期，因日本内地延长主义之政策，裁判上亦将家督相续之继承方式，援引改变台湾之继承习惯，而有户主继承之趋向。参见戴炎辉、刘绍猷、郑碧吟、陈瑞堂、孙森焱、段盛丰：《台湾民事习惯调查报告》，附录资料，305～316页。

子而使之继承。

（明治四十三年（1910年）控一三九号，同年四月二九日判决。）

五、检视、解读殖民地法院之若干判例（二）：限制或依扩张解释变更“旧惯”之判例（二十八则）

在本文选出之若干限制或依扩张解释变更“旧惯”之判例凡二十八则。首先，关于婚嫁之聘礼，为了避免变成变相的人身买卖，殖民地法院判认婚聘不得返还。其于离婚时要求返还者，殖民地法院在判例中遂以违反善良风俗为理由予以驳回。关于妾的地位，虽是在前述肯定“旧惯”之判例中，认为妾既然为旧惯所容许，就应承认为有效。但是，殖民地法院还是使妾求去变成容易，以资救济。此外，对许多尊亲属可以出卖卑亲属为别人的妻妾、奴婢之旧惯，殖民地法院都认为违反善良风俗，否定它的效力。对于“旧惯”中得为尊亲长协议之事项而嫌泛漫者，曾以判例加以限制，并在必要时导入公权力的干预。这些判例在改变或者废除“旧惯”方面，可谓已表现出一些“导正”的趋向。一般言之，日据始期较之明治末期、大正及昭和年间，殖民地法院较为保守，此后，则渐显示较开明之趋向。

（一）婚聘不得请求返还

法院虽承认婚聘旧惯，于据台初期或认为应于离婚时返还所受婚聘（参见判例〔二七〕）；但其后判例则认为，为避免聘金制如变相之人身买卖，不论原由，收受后即不得再请求返还。此于副次的婚姻夫妾关系，亦有其之适用。其以未付部分聘金为离婚之特约，亦认为违反公序良俗而无效。惟判例〔九七〕则判认尊亲属为其无意思能力之幼年卑亲属所为之婚姻，或忽视有意思能力卑亲属之意思而为之婚约，则所受领金品，仍应负返还义务。该判例判认此种婚约虽因缺乏婚姻当事人之合意而为无效，但因有“旧惯”为据，固非有悖于公序良俗，但既无效，则其受领之金品，仍属无法律原因而取得之不当利益。作者以为，判例〔九七〕此1919年（割台后已二十五年，殖民地情势已与割台初期有显著不同）之判决，对以尊长意思为婚姻要件之“旧惯”之适法性，已有提出质疑！

〔二七〕离婚时聘财之返还：为确保婚姻，习惯上为典礼所授受物品之现存部分及聘金，于离婚时，除另有约定外负返还之责。

（明治四十一年（1908年）控字第六五四号，明治四十二年（1909年）三月一日判决。）

〔七四〕不得以未付部分聘金为离婚之特约：结婚时存留部分之聘金于日后支付，若日后不支付即符离婚之特约，既违背公序良俗，自属无效。

（大正五年（1916年）控字第七二四号，大正六年（1917年）十二月三日判决。）

〔七五〕离婚对聘金之效果：婚姻之聘金，犹如日本内地之“结纳”，系为礼物而授受，表示婚姻之成立。故一旦婚姻合法成立，嗣后纵使妾有离婚原因，其所授受之聘金，亦不得请求返还。

（大正六年（1917 年）控字第九〇号，同年四月十四日判决。）

〔七六〕离婚将不合返还聘金：习惯上男尊女卑之观念甚强，夫得任意弃离毫无过咎之妻或妾，斯时夫可先与妻妾之本生家洽商，视聘金而受领相当金钱。此乃在于下层社会视婚姻为买卖，聘金为身价之观念者。故据此习惯，于离婚时，要求返还聘金，殊属不合。

（大正六年（1917 年）控字第九〇号，同年四月十四日判决。）

〔八四〕对妾擅离夫家夫无请求返还聘金之权：纵有以夫妻契约而受领聘金及物品之事实，既取得妾之地位后，妾虽擅离夫家，其夫亦无请求返还前交聘金及物品之权利。

（大正六年（1917 年）控字第五〇六号，同年十月十二日判决。）

〔九四〕订婚后一方死亡者：依旧惯，订婚后男女之一方死亡者，该婚约自然解消，女方不负退还男方聘财之义务。且女未过夫家门者，毋庸征求夫家之同意，得径予改嫁。

（大正七年（1918 年）控字第五八九号，同年十二月二五日判决。）

〔九七〕婚聘仍应返还之情形：婚姻系以终生共同生活为目的之男女结合。依法规惯习，必履行一定之方式，始有法律上夫妻关系之效果。缔结将来成为夫妻之契约，不外乎婚姻之预约。依现在法律观念，婚姻之预约，犹如一般契约，必以当事人之合意为其成立要件。从而古来中国法系所认之尊亲属，为其无意思能力之幼年卑亲属缔结婚姻，或忽视有意思能力卑亲属之意思而为婚姻之预约，既违背上述法律观念，自不发生合法之效力，固不待言。尊亲属为无意思能力之幼年卑亲属所为之婚姻，或忽视有意思能力卑亲属意思之婚约，性质上固不违背公秩良俗，其受领之金品，仍属无法律上之原因而取得之不当利益，依衡平条理，自负返还之义务。

（大正八年（1919 年）控民字第三三二号，同年八月九日判决。）

〔一四七〕聘金非人身买卖之代金：在本岛人间，于订立婚姻或纳妾契约时授受聘金，固不属于值得推行之习惯；但习惯以之为婚姻或纳妾契约成立之仪式。故如视之为人身买卖之代金，则有未当。

（大正十三年（1924 年）控民字第二五六号，同年六月二十日判决。）

（二）妾之地位

旧惯虽然承认妾制，但均视其为副次的婚姻关系。在与夫的关系上，妾较正妻属于较低下之位阶。因之依旧惯，除非妾本生家支付赎身金，否则只有夫离妾，妾对夫并无任何请求离去之权。殖民地法院虽然依旧惯承认妾制，但仍酌量基于公序良俗、条理、平等人格权等之考虑，使得妾离异程序较旧惯为容易。此外，在与正妻的关系上，亦予妾若干保护。

〔一〇四〕夫妾关系应使易于解消：

1. 夫妾关系，如当事人之一方已无存续之意思者，除有使其存续之正当事由外，使其解消较合于法理。

2. 既承认妾对夫有离婚请求权，则妾对夫请求时，应犹如夫对妾之请求，使其易于离去。

3. 依本岛习惯，夫离异其妾极易，殆无何等限制；反之，妾对夫则无请求离去之权。此种习惯，忽视妾之人格，并束缚天赋之自由，违反公序良俗，自无法律上之效力。

（大正八年（1919年）控民字第八五三号，大正九年（1920年）二月十六日判决。）

〔一三三〕妾之离婚请求权不为限制：依据条理加以变更之近年习惯，夫妾之一方不欲继续其夫妾关系时，得随时请求离婚，属于显著之事实。妾对其夫行使离婚请求权时不应受到任何限制，不论其有无请求，离婚之原因事实，应即判示其请求为有理由。

（大正十一年（1922年）上民字第一二三号，大正十二年（1923年）二月一日判决。）

〔一三五〕不应限制妾之离婚请求权：夫离异其妾时，既无限制，则妾对其夫求离时，条理上，应一律平等予以同视。

（大正十一年（1922年）控民字第七七四号，同年一月十八日判决。）

〔一四八〕妾请求离婚时夫原则上不得拒绝：夫妾关系，不但违反一夫一妻之善良风俗，且有损妾之人格。故妾要求解消时，除因子女之教养或其他事由特有使其存续之必要者外，其夫不得拒绝。

（大正十三年（1924年）控民字第三〇〇号，同年八月十三日判决。）

〔一三〕不得于夫亡后任意驱妾：未有妻于夫死亡后，得任意驱妾而令其归宗之旧惯。

（明治三十九年（1906年）控字第三七号，同年三月九日判决。）

〔一九〕正妻不得任意驱妾离家：与丈夫保持一种身份关系之妾，毋庸任何事由，正妻得予驱逐之习惯，难认其存在。

（明治四〇年（1907年）控字第六三号，同年二月二七日判决。）

〔九二〕蓄妾非合法债权标的：拥妓蓄妾，纵非法所禁止，但尤为具有人品之士绅所戒慎，从高尚道德，善良风俗观之，当属不可为者。是以，不得以之为合法之债权标的。

（大正七年（1918年）控字第四六六号，同年十月三日判决。）

（三）人身买卖之禁止

本岛旧惯，或有因家计等因，由尊亲属出卖卑亲属为他人妻、妾、子女或奴婢者，或有夫出卖其妻者，但自殖民统治初期始，法院就概以违反善良风俗等因而予以否认其效力。法院且许于妻被卖时，请求离婚。又法院亦认典胎女子及专断出嫁为有悖公序良俗，而否认其效力。

〔三四〕赠、卖、买妻有违良俗：赠妻、卖妻、买妻等有违公秩良俗之行为，难认有其效力。

（明治四十二年（1909年）控字第五六七号，同年十二月十日判决。）

〔四一〕夫将妻出卖得为离婚之原因：为法律所保护之夫妻关系之妻，既属法律保护之主体，夫将以出卖，依现在社会情形，即属对妻重大侮辱，自得为离婚原因之一。

（明治四十三年（1910年）控字第四一八号，同年十二月十五日判决。）

〔三六〕典胎女子有违良俗：典胎女子，其目的既属有违善良风俗，自不得以旧惯认其存在。

（明治四十三年（1910年）控字第五〇号，同年五月十一日判决。）

〔一一三〕卖断出嫁有违良俗：在本岛，卖断出嫁纵有与本生家断绝亲属关系之习惯，但此卖断出嫁，仍属人身卖买之遗风，自与善良风俗有违，难认有其法律上之效力。

（大正九年（1920年）控民字第四七三号，同年十月十四日判决。）

（四）得由族亲协议事项之限制

传统得由尊长亲族议定之事项，或因有泛漫之虞，而致侵害亲权人之亲权，亦或因本岛当时未有日本民法下之亲属会议制度，致其亲属会议之决议不为殖民地法院所承认。殖民地法院遂经由若干判例限制得由亲族会议协议之事项，并认为应有公权力介入之必要，即须经法院宣告决定始生效力。

〔二九二〕不生亲权丧失效果之情形：不得仅以亲属间之协议，以生父之放荡无赖为原因，使其发生对未成年人之亲权丧失之效果。

（大正三年（1914年）控字二七一号，大正四年（1915年）一月二五日判决。）

〔三〇一〕不生亲权丧失效果之情形：以亲属之协议而使母丧失对幼者财产管理及监护权之决议，系属越权，应由亲属向法院请求宣告亲权之丧失。

（大正二年（1913年）控字八一二号，大正三年（1914年）二月十七日判决。）

〔三一二〕不生亲权丧失效果之情形：不得单以其系出于亲属多数之意思，而径使母丧失亲权。

（明治四〇年（1907年）控字四三二号，明治四十一年（1908年）七月十三日判决。）

〔二九一〕过房子之选定：户主死后，无应继承之子女，由寡妻继承并已为家长者，亲属会议令其离籍之决议，法律上应为无效。前述情形，为已故户主选定过房子之行为，乃系家长权之行使而属于寡妻之权利。是故，亲属会议违反其意所为之选定过房子之决议，亦属无效。

（大正五年（1916年）控字二八〇、二七八号，同年九月九日判决。）

〔三〇〇〕亲权：寡妇之革逐：寡妇操行不良，有污辱家名之行为，或不适于保护未成年人财产，或托其教养时，以往惯例，依家长之意思或经亲属协议，革逐寡妇，或为未成年人选任托孤，但此仅为往时家长之权利过分被尊重，而不承认寡妇之流对于未成年人有亲权之时代之遗习。故现在就寡妇行使亲权之限制或丧失，不请求法院之宣告，而仅委由亲属会议之决议，殊属不当。

（大正二年（1913年）控字八一三号，大正三年（1914年）二月十三日判决。）

〔三〇二〕亲权之丧失须经法院宣告：使亲权人丧失亲权，性质上不得以亲属间之决议为之。须俟法院之宣告，始丧失其亲权。是故，纵令族亲间已为亲权丧失之协议，亦无因此应即丧失亲权之理由。

（大正三年（1914年）控字四一五号，同年十月三十日判决。）

〔三三四〕亲属会议特别代理人为条理所不许：亲权人并不认为未成年人二人之共有物

有分割之必要，亲属会议却认为有分割之必要，不与亲权人之协商，而独立召集亲属会议，选任特别代理人者，如在日本民法设有完全之亲权会议制度于法院监督下行使其权利，则或许无不可；但在本岛之不完全之亲族会，如赋予如斯权限，则只有徒使亲族干涉亲权之弊端，是则为条理所不许。

（大正十一年（1922年）控民字七〇一号，同年十月十九日判决。）

〔二五九〕监护人免黜之限制：依据户口规则之规定，已为监护人就任之登记，且已就职者，除非免其职务，不得仅以同族间之协议，而重新选任监护人而使其就职。

（明治四〇年（1907年）控字三一八号，同年十月十四日判决。）

〔二六四〕监护人之职务不许由亲属协议夺限亲权：在台湾，未成年人财产之保护及其他亲属间之重要事项，虽有由亲属中主要人员随时予以协议之习惯，并无由此种亲属之协议而使亲权丧失，或限制其亲权之习惯或条理。

（大正十年（1921年）上民七三号，大正十年（1921年）九月一日判决。）

六、书后："旧惯"之承认与日本殖民者之殖民论述

上文已就殖民地法院有关身份法旧惯之判例，分别检视并解读，仍有余感未尽，谨录之作为全篇之书后：

（一）承认"旧惯"之举措在日本帝国之殖民论述中系有脉络可循

在其有关身份法"旧惯"之判例中，就"旧惯"中之一项较突出之案例"夫妾婚姻"，殖民地法院在判例原文中明白指出，妾制在文明开化的社会中，均已被厌恶诟病，但因此既为台湾之"旧惯"，乃决定仍予承认其效力。就殖民统治者之立场而言，此一妾制的被维持，系有其一定之治术上之考量，即殖民者企图对本岛精英加以笼络。从而，殖民地统治者，一方面，与这些对"前朝"不无眷恋之遗少、遗老们，授予"绅章"，择期举行酒会，以汉诗相唱和；另一方面，则允许他们继续吸食鸦片，乃至继续蓄妾。凡此举措之目的，无非在减少这些遗少、遗老对"新朝"之适应不良。惟仍不可忽略的，承认蓄妾之"旧惯"，许本岛人保持其为文明开化社会所唾弃之妾制，更足以对照地反证较之于本岛人，这些大和民族的殖民者统治者在教养与品格上之优越[24]，并间接彰显殖民统治之正当性（legitimacy）。征之本文一、首段所引竹越与三郎所为最具代表性之殖民论述，其核心观念："拓化未开之国土，广披文明之德泽"云云（参见注2），此一"旧惯"之判例，正足以证明其非为无据。（于此情形下，殖民统治者不啻向世人宣告，请看这些"清国奴"[25]，仍固执其

---

[24] 参见张宁：《从跑马厅到人民广场：上海跑马厅收回运动，1946—1951》，《中央研究院近代史研究所集刊》48期，台北，"中央研究院"近代史研究所，2005，100页。该文述及英国殖民者在上海租界里，倡导狩猎及赛狗，意在呈现殖民者特有之道德品格，并在这区隔殖民者与被殖民者，并突显殖民者及此之其优越性。可供参考。

[25] 殖民统治者对汉人之贬辞，日文之片假名为"チヤンユロ"，其读音则为"Chankoro"（姑音译为"伧佝偻"）。

为吾等文明开化社会所唾弃、嫌恶之腐朽陋习不放)。

（二）在殖民统治架构下，日籍殖民地法曹所为之“导正”举措，虽具有其局限性，且亦为适用“法例”之附随结果，但就台湾现代化法制之发展而言，仍得视为其过程之一环节，或为汇合而成河川之细流，且殖民地之法曹亦表现了一定之专业水准

日据下之台湾殖民统治落幕后，台湾地区乃被置于“中华民国民法”之法域下。按自1945年以迄1949年，台湾之以汉人为主的社会与大陆之以汉人为主的社会，在法制上，皆曾在国府治理之下。此时，伴随着国府对台湾之治理而来的，是其于20世纪30年代所制定、施行之民事法典（亲属及继承两编）及其相关之司法判解（以下两者径称“国府民法”)、司法人员及司法机构、法学研究及教育。此一民事法典，时贤有称之为“超前立法”[26]者，而在此一“国府民法”转植于台湾时，其“磨合”过程，大体上可称平顺，未闻有重大窒碍。从“国府民法”在台湾施行后，已经历一个甲子，省视殖民时期法曹之具有“导正”意涵之判决，虽亦为适用“法例”之附随结果，但就台湾汉人为主社会之现代化发展而言，亦应视为其过程之一环节，或为汇合成河川之细流。回顾日据下之台湾殖民统治展开之际，日本本土法制之现代化起始未久，在一定程度上，仍不脱学步阶段，但其若干殖民地法曹在上述对“旧惯”的“导正”上仍表现了一定程度的专业人员之“器识”与“水准”。

（三）殖民地人民之社会运动及文化运动，对破除陋习、移风易俗之功用，并足注意评估

殖民地法院在审酌及适用旧惯时，其“导正”举措虽有其局限性，但仍在一定范围内，使若干旧惯之不符现代法制基理之处，如违反人格平等、违反自主婚之原则等，得以在一定程度上有所“导正”。如上文所述，此种“导正”应视为“法例”之在本岛施行之附随效果，亦可归属于殖民法曹之专业器识水准之效益。就殖民地社会在殖民体制下之资本主义化而言，亦为社会变迁所无可避免之趋势。于此，仍不惮重复上文已指出者，在本岛之殖民统治时期中，受到大陆之以汉人为主之社会所发起之国民革命及新文化运动影响，本岛的殖民地人民曾自觉发起社会运动、新文化运动。[27]在其行动纲领中，曾高唱促进要求落后习俗之改变，并曾在全岛为此举行演讲及视听教育，且有相当具启发性之文学作品之产生，其对台湾社会民事法制生活之现代化，自亦曾发生一定之重大影响。惟因本文篇幅所限，容另为文予以论述评估。

---

[26] 王伯琦：《近代法律思潮与中国固有文化》，72～78页，北京，清华大学出版社，2005。关于“超前立法”之说，其意谓20世纪30年代之国府法典，已超前市民气息之个人主义法制，迈向社会责任法制。两项历史使命，竟而一气呵成。此对曾经殖民统治之台湾汉人社会，在经历殖民时期市民法制个人主义人格平等之洗礼之后，接受国府社会责任之法制，亦有一定程度上之适用。

[27] 有关日据下台湾之社会与文化运动，请并参见黄静嘉：《春帆楼下晚涛急——日本对台湾殖民统治及其影响》，366页；林书扬、刘昭勇、蓝博洲编：《台湾社会运动史》，台北，创造出版社，1989。

（说明：本文曾在拙著《春帆楼下晚涛急——日本对台湾殖民统治及其影响》（台北，“商务印书馆”，2002；北京，商务印书馆，2003）中刊出，后又应“中央研究院”历史语言研究所八十周年特刊之邀，经与胡学丞合作增补后，将由“中央研究院”历史语言研究所出版。此次则应中国人民大学法律文化研究中心之《百年回眸：法律史研究在中国》计划之邀，除就本文之论述略有整理增补，观点上亦稍有修正。惟因手头资料不足，仍有未能深入查证或臆测之处，罪甚！罪甚！又因篇幅有限，遂删去部分内容，仍祈读者垂察。特此说明。）

刘馨珺

论宋代狱讼中"情理法"的运用

照片说明：2004年春，摄于北海道大学校园内。

简介

刘馨珺，毕业于台湾大学历史研究所。1994年参加台湾高明士教授主持之"唐律研读会"，研究领域不仅扩及法制史，时代也往上溯至唐代，不再只局限在宋代。1997年，曾以外国人研究员身份前往日本东京大学东洋文化研究所，后来因缘际会，担任北海道大学法学部外国人助手一职。硕士论文《南宋荆湖南路的变乱之研究》，从变乱的角度切入地方社会，此后便对宋代基层社会的众生百态好奇不已，尤其是地方行政机关的运作。在地方衙门千头万绪的业务中，又以司法故事最引人入胜，除了不少血淋淋的人命案件，更有许多为争夺财物而撕裂亲情的家庭纠纷，细细读来，仿佛就是现实社会中的一幕。2002年取得博士学位后，2005年出版《明镜高悬——南宋县衙的狱讼》一书（台北，五南图书出版有限公司；后由北京大学出版社于2007年出版简体版）。

目次

一、前　言

在中国人的观念里，实在是情非得已，才会以打官司来解决人与人之间的争端。以往外国研究者大多认为审判官员“情理法”的运用是中国文化的特殊性，如日本学者滋贺秀三称中国民事审判的原型是“父母官型诉讼”，并提出“教谕的调停”，强调司法不过是行政中一环而已。[1] 不过，最近美国学者黄宗智等人则反思：“县官像一个调停人而非法官，这样的想法是来自于清代民事诉讼甚少，官方法律制度并不关心民事的假设。”从案例看来，黄宗智认为：“县官们在处理民事纠纷时，事实上是严格按照清律的规定来做”、“一旦诉讼案件无法在法庭外和解而进入正式的法庭审理，他们总是毫不犹豫按照《大清律例》来审断。”[2] 这一场关于传统中国民事审判的“法律依据与态度”论战正方兴未艾！[3]

清代法制史学者讨论审判官员的“法律依据与态度”时，从整理大量且较完整的个案纪录着手，这种得天独厚的研究档案的方法，是治其他中国断代史的学者所不能及。然而即使缺乏档案文献，地方官如何仲裁一般民众诉诸公堂的纠纷，仍然是研究法制社会史的一项重要课题。1987 年，点校本《名公书判清明集》(明版)(以下简称《清明集》)出版之后，在宋史研究界引起不小的关注，随着《清明集》的译注[4]成果陆续发表，相关的议题也源源不绝，如“豪强与地方官”[5]、“女性财产权”[6]、“继承与财产”[7]、“法律与社会”[8] 等

① 参见滋賀秀三：《清代中國の法と裁判》，东京，创文社，1984。

② 黄宗智：《民事审判与民间调解：清代的表达与实践》，北京，中国社会科学出版社，1998。

③ 1996 年，日本、美国学者集会于日本镰仓讨论“后期帝政中国法、社会、文化”，引发寺田浩明与黄宗智对于清末“法与秩序”的激论。会议论文刊出于《中國—社會と文化》，1998 年 6 月号。

④ 以下兹举四项美日译注《清明集》的成果：(1) 梅原郁译注宋版《清明集》，京都，同朋舍，1986。(2) 以大泽正昭为主的清明集读书会译注明版《清明集》“人品门”(卷 11)，东京，汲古书院，2000 年；“惩恶门”(卷 12—14)(东京，汲古书院，1995)。(3) 高桥芳郎译注卷 6、卷 7“户婚门”，《北海道大学法学部纪要》，102、103 页，1999—2000。(4) Brian E. McKnight and James T. C. Liu，*The Enlightened Judgment—Ch'ing-ming Chi*，Albany：State University of New York Press，1999。

⑤ 赤城隆治：《南宋期の訴訟について—“健訟”と地方官》，《史潮》，16，1985。

⑥ 大泽正昭著，刘馨珺译：《南宋裁判与女性裁权》(《大陆杂志》，101—4，2000) 中提到柳田节子、高桥芳郎、永田三枝等人的论战。

⑦ 王善军：《从〈名公书判清明集〉看宋代的宗祧继承及其与财产继承的关系》，载《中国社会经济史研究》1998 年第 2 期。

⑧ 宋代官箴研读会编：《宋代的法律与社会——名公书判清明集〉讨论》，台北，东大图书公司，2001。

等。虽然《清明集》所收录的判决文书只是南宋（1127—1279）中后期的案例⑨，判决文书的数量也不如清代的档案完整与丰富，但是对于研究南宋地方官的“狱讼”业务而言，诚是极其珍贵的史料。⑩ 本文亦整理《清明集》的判决用语，如“从轻判”（参见文后表 1）和“诛心”（参见文后表 2）两词，以分析宋代（960—1279）官员审判的若干机制，以期加入这一波波有关传统中国法史研究的对话。

若以现代法学分类，“刑事”、“民事”各有其不同的诉讼、审判程序，而在中国的州县行政机关受理“狱讼”词诉时，虽然有放告引词的时间、词状的内容、投词的形式等等不同规定，但勾追对证、地头查证、内外认证、责状为证却有相同的原则⑪，所以本文拟以传统“狱讼”概念综合分析。从古典文献寻绎“狱讼”一词，泛指司法诉讼，包括现代的刑事和民事案件，如《周礼》：“县士掌野，各掌其县之民数，纠其戒令而听其狱讼，察其辞，辨其狱讼，异其死刑之罪而要之，三旬而听于朝。”⑫ 而称“讼狱者”是指打官司的人，如《孟子》：“讼狱者，不之尧之子而之舜。”⑬ 打官司的过程中，又分成“争罪曰狱，争财曰讼”⑭。汉人郑玄云：“讼谓以财货相告者”、“狱是相告以罪名也”。若落实宋代地方衙门的行政实务上，则不只是“听讼”与“治狱”而已！⑮ 入“狱”者不仅是涉及刑事案件，连投词争讼的告论人，有时也得“系狱”，或是官吏有行政缺失时，亦得刑讯受审，凡此总总，亦皆属司法“狱讼”的范畴。

南宋叶适（1150—1223）知江东徽州绩溪县时，撰《新开塘记》一文中写道：“长民者示之以意，其次为条教，其次号令之，最下者挞罚，胁之意难从久矣”、“夫委曲以就民而可以利之，虽非常道，斯谓之仁矣”，指出民间“讼牒烦而诈伪起”是因为地方建设有所疏失，并不完全是庶民之过。⑯ 他认为亲民父母官面对小民讼牒时，应该依示意、条教、号令及挞罚等“层次”来处理，刑罚乃是止讼手段中最等而下之者，甚至认为凡有利于民者，即使是非常道，也算得上是仁政。基层县官“受命治县，以听讼为职”，如果任内有人因讼触宪而受挞罚致死的案件，在县官的心里终将形成无法磨灭的阴影。⑰ 有的地方官也深知

---

⑨ 参见陈智超：《宋史研究的珍贵史料——明刻本〈名公书判清明集〉介绍》，载中国社会科学院历史研究所・宋辽金元史研究室点校：《名公书判清集》，附录七，北京，中华书局，1987。

⑩ 例如梅原郁编《中國近世の法治と社會》（京都，京都大学人文科学研究所，1993）收入（1）佐立治人：《“清明集”の‘法意’と‘人情’—訴訟當事人による法律解釋の痕跡》。（2）德永洋介：《南宋時代の紛爭と裁判—主佃關係の現場から—》；王志强：《南宋司法裁判中的价值取向》，载《中国社会科学》1998 年第 6 期；以及愚撰：《南宋县衙的“狱讼”》（台湾大学博士论文）。

⑪ 参见愚撰：《南宋县衙的“狱讼”》第二章“受词与追证”，本章分析案件如何成立，以及衙门办理的原则。

⑫ 《周礼注疏》，卷 35《秋官司寇・县士》，56 页。

⑬ 《孟子》，卷 9《万章上》，29 页。

⑭ 《周礼注疏》，卷 10《地官・大司徒》，162 页。

⑮ 胡太初《昼帘绪论》有十五篇：“尽己”、“临民”、“事上”、“僚寀”、“御吏”、“听讼”、“治狱”、“催科”、“理财”、“差役”、“赈恤”、“用刑”、“期限”、“势利”、“远嫌”。或多或少都提及如何处理小民到官的案件。

⑯ 参见叶适：《水心先生文集》，卷 9《绩溪县新开塘记》，12 页。

⑰ 参见洪迈：《夷坚乙志》，卷 9《栏街虎》，64 页。记载着一位健讼妇女因讼到县庭，理屈被杖至八下而亡。自此，亡魂紧随县令赵元卿，赵县令不堪其扰，祷祝于泰山岳庙。

“直讼”未必是真正无屈，如彭仲刚（1143—1194）任浙东台州临海县令时，认为县令虽以察而直判为理想，但亦教谕民众“官府所直之，亦不免有冤屈”⑱。当县官有这番自省时，民众亦受风教而感化，并且念念不忘。

传统中国的亲民州县官在判决民讼时，“法”固然是应恪遵不可违离的“宪纲”，但察其“原情”又是定罪的基础，如知县黄榦（1152—1221）曾谓：“听讼之道固当执法，亦当原情”⑲。况且“缘情据理，须有定制”⑳是中古以来的礼法精神之一，意谓“剖决滞讼，情法俱当，人既悦服”㉑，是建构制度的本意。因此，有必要更普遍地理解宋人谈论“原情”、“定法”与“道理”的意义，从而进一步勾勒出宋代地方官们的“折衷”之道。

二、原　情

“原情定罪”就是官员调查事实后，才可以定罪。宋高宗的诏制文书中有谓：“原情以观法。”㉒表示“原情”才能观法。而且“原情定罪”只求“当其实”，如高宗朝大理寺周懋的说法：

“绍兴敕”：“罪人情轻法重者，并奏裁。”立法之意谓：“法一定而不易，情万变而不同，设法防奸，原情定罪，必欲当其实而已。”（《要录》，卷153“绍兴十五年五月庚申”条，2472页）

由于“实情”万变且不同，防奸之法却是一定而不易，所以原情定罪，就是力求“应当的事实”而已，即使“愚民有犯到官，必须因事察情”，才“深惩痛治，使之知畏”㉓。亲民官听讼治狱“当其实”，不可任意标新立异，若有“好任私意，肆为异说”者，则可能因“闇于听讼，短于治剧”的评语被“放罢”㉔。

“原情”也要“近人情”。人非神明，官员们“看”案情的角度不同，所理解的“事实”就因人而异。乃至于词诉者为达到官府受理的目的，诉状多有虚情假伪，所以官员难以看到“事事皆实”，如一篇未署名的判决文书写道：

大凡词讼之兴，固不能事事皆实，然必须依并道理，略略增加，三分之中，二分真而一分伪，则犹为近人情也。（《清明集》卷13《惩恶门·告讦》“妄诉者断罪枷项令众候犯人替”，497页）

若能依据“道理”推论案情，并能够达到三分之二的真实，就是“近人情”，即从人之

---

⑱ 《水心先生文集》，卷15《彭子复墓志铭》，4页。

⑲ 黄榦：《勉斋集》，卷27《申抚州辨危教授诉熊祥》。

⑳ 王溥：《唐会要》，卷37《服纪上》，674页；魏收：《魏书》，卷66《崔亮传》，1479页。

㉑ 楼钥：《攻媿集》，卷91《文华阁待制杨公行状》，23页。

㉒ 李心传：《建炎以来系年要录》（以下简称《要录》）卷177“绍兴二十七年六月庚戌”条，2922页。

㉓ 《清明集》，卷13《惩恶门·诬赖》“骗乞”，518页。

㉔ 徐松辑：《宋会要辑稿》（以下简称《宋会要》）职官73之18。

常情的角度看事实。这种“原情犹近人情”的原则，可以说是一种古今相同的谨慎态度，如明人刻宋人的《名公书判清明集》时，其《叙》有言：“皆宋以来名公书判，其原情定罚，可谓曲尽矣”、“顾其始末，不著作者姓氏，其详不可考，然益足见古人用法权衡，真锱必慎哉”㉕。

至于特殊如大辟刑狱案，官员“原情定罪”时应该注意“行为动机”。有判决文指出：“决断大辟公事，要见行凶人起争之因，所谓原情定罪者是也。”㉖ 也就是说官员必须了解行凶杀人的“起争之因”，才能决定大辟死囚的罪罚，而不至于固执“杀人则偿”的一定之法。判决讲究“贴近人情”，一方面是为了实践“原情实有可悯”的仁恕精神，另一方面，对于有违“常人情感”的当事人则以“诛心定罪”的考虑来惩戒。如一篇未署名的“许佳诬告叔父惊害弟妇及弟妇之死”案㉗，拟判的官员从“有邻有证”的邻人角度得证：弟妇的流产并非“惊堕”，弟死于病亦非“惊死”。既然两人都是自然死亡，侄子却以此诬告骗挟自己的亲叔父，其行为动机太不合人情，“其心可诛”。

地方官必须有“近人情”的能力，才能更迅速地发掘事实。当判决文使用“不近人情”的文句时，透露判决官员是经过合理推论才得出结果，从《清明集》的几件案例中㉘，可以看到判决文中指出“不近人情”的理由，各有其原因：（1）当事人状诉合法“经县押印”的遗嘱是假造的，就是否定经过官府合理手续的证明。（2）当事人已依法取得大部分的继承财产，却仍不愿将经官府判定的财产分给投状妇女，既有男性不仁而欺负弱势女性的事实，又有不遵从官府“依法”判决的行为。（3）官府基于民间经济实情所执行的典买田宅办法，当事人却执意要依“秤提令”的国法取赎，是挑战“官府参酌人情”的用意。（4）覆审官员阅读前此推鞫案款中所陈述的杀人动机，自觉乃无关紧要的因素，而对刑讯结款产生疑问。

由上可知，官员“近人情”的能力是指既以“人之常情”判断事实，亦指以“合理”、“依法”及“酌（风土）人情”查知当事人的行为动机，及判断“案情”不合常识之处。这种能力也不仅止于适用“户婚”讼牒或“大辟”刑案，如鲍粹然（淳熙八年（1181年）进士）知湖北常德府时，“湖阴俗尚妖祠，用人于淫昏之鬼，踪迹诡秘不可诘。公阅他讼，见民有横死者，疑为祭鬼，即命审覆，伏其辜，焚祠毁像，由是讫息”㉙。由于他了解“淫祠”的风土人情，所以在覆审县案时，能够很敏锐地见讼生疑，并朝“祭鬼”方向侦办，因此结案息讼。

原“情”除了是县官所认知的“人情事实”之外，县官需要根据“案牍”分析的“案

㉕ 张四维：《刻清明集序（隆庆己巳八月朔日，1569）》，《名公书判清明集》，563页。

㉖ 《清明集》，卷9《户婚门·墓木》蔡久轩“争墓木致死”，330～332页。

㉗ 《清明集》，卷13《惩恶门·妄诉》“妄以弟及弟妇致死诬其叔”，495页。

㉘ （1）卷7《户婚门·女受分》吴恕斋“遗嘱与亲生女”，237页。（2）卷7《户婚门·女受分》吴恕斋“阿沈高五二争租米”，239页。（3）卷9《户婚门·取赎》胡石壁“典买田业合照当来交易或见钱或会中半收赎”，311～312页。（4）文天祥：《文山先生全集》，卷12《委佥幕审问杨小三死事批牌判》，37页。

㉙ 真德秀：《西山真文忠公文集》，卷46《朝散大夫知常德府鲍公墓志铭》，16页。

情"。判决文书中常用"拖照"一词[30]，表示阅读历来的案牍及如省簿之类的官府文书。有"官箴"劝诫为官者必须"详读公案"，以防胥吏制造虚假案情："前辈尝言，吏人不怕严，只怕读。盖当官者，详读公案，则情伪自见，不待严明也。"[31] 还有一些墓志铭的记载中，描述能干的地方官处理狱讼时，经常用"一阅"得其情，表示地方官治理累岁难治的诉讼时，往往必须依赖前人的案牍。有关刑狱案的"一阅"知非得情者，其做法应是审阅案牍及面审当事人（例 2、3)。[32] 而累讼不决的案件，覆审官就必须依赖如积山般的"案底"记载了（例 1、4、5)。[33] 又如乾道二年（1166 年）的进士黄何（1136—1209）知湖北岳州时，"本州岛有三年、五年、七年之讼不能决者，公自到官，尽索故牍，反复详视，按法决遣一空，屈者获伸，悍者屏息。"[34] 换言之，"原情定罪"亦意谓现任官透过完全览读前人的"文字"资料后，从而"还原"久讼的案情，并援法判决。

三、定　法

南宋刘宰曾说："夫天子之与有司，若名号则殊，而缘情定法至意则一。天子立是法以付有司，有司守是法以正天下，故天子无私法，有司无私刑，然后上下齐一，而刑法以正。"[35] 他解释皇帝设法律统御天下，官僚系统执法的意义。宋帝诏令有曰："原情定罪，邦有常刑"[36]、"原情定罪，有国之通规"[37]。臣子平时除了谨守邦之常刑、国之通规外，还有义务辅导帝王行法于公正之道，所以宋儒有言："导人主以原情审罚，则为公正；导人主以峻法立威，则为奸邪。"[38] 主张应摒除峻法，审慎原情执法。

若论有宋朝臣强调"法重情轻"、"罪疑惟轻"及"情理重害"等通规，可说都与"原情审罚"必须公正的想法有相当关联。以下分别申论说明。

"法重情轻，取旨奏裁"[39] 是北宋朝廷基于"恕恤"罪罚的考虑。在熙宁五年（1072 年）特别制诏规定，即任何层级的司法人员若有"情轻法重"而不奏减时，则依"违制论"

---

[30] 《清明集》的第三卷《赋役门》中收集若干篇此类文书，如《差役》范西堂"比并白脚之高产者差役"，73 页；《限田》"章都运台判"，79 页。

[31] 吕本中：《官箴》，3 页。

[32] (1)《攻媿集》，卷 102《知婺州赵公墓志铭》，15 页。(2)《西山真文忠公文集》，卷 46《通判和州叶氏墓志铭》，12 页。

[33] (1) 戴栩：《浣川集》，卷 10《存斋蒋弋阳墓志铭》，11 页。(2) 刘克庄：《后村先生大全集》，卷 149《黄郴州（简）墓志铭》，18～19 页。(3) 朱熹：《朱文公文集》，卷 93《转运判官黄公墓碣铭》，6 页。

[34] 程珌：《洺水集》，卷 11《母舅故朝议大夫黄太府寺丞黄公行状》，6～7 页。

[35] 袁说友：《东塘集》，卷 20《张释之证》，3 页。

[36] 不著撰人：《宋大诏令集》，卷 210《李諴散官安置制》，795 页。

[37] 《宋大诏令集》，卷 212《邓洵仁落职宫观制》。

[38] 陈均：《九朝编年备要》，卷 23。

[39] 所谓奏裁，如谢深甫：《庆元条法事类》，卷 73《刑狱门·检断》"断狱令"："诸断罪下无正条者，比附定刑，虑不中者，奏裁。"

惩处，诏曰：

民以罪丽法，情有轻重，则法有增损，故情重法轻，情轻法重，旧有取旨之令，今有司惟（以）情重法轻则请加罪，而法重情轻则不（闻）奏减，是乐于罪人，而难于用恕，非所以钦恤也。自今宜遵旧法取旨，使情法轻重各适其中，否则以违制论。（脱脱：《宋史》，卷 201《刑法三》，5013 页）㊵

其实，早在神宗朝以前，当官员遇有情法轻重难以定夺的案件时，必须“取旨”，请求有司批判。却由于官员多只以“情重法轻”而请加罪，所以神宗才会立法强调“情轻法重”的“定制”。这一项规定的法制精神，就如同哲宗元祐六年（1091 年）御史中丞赵君锡所言：“盖法者，天下之取平；特旨者，人君之利柄，以法令与罪人之情或不相当，则法轻情重者，特旨重之，法轻情重者，特旨轻之，此乃所以利柄也。”㊶ 实有利于皇权的行使。

熙宁五年的规定颁布后，又产生大理寺未能充分解释法条及严格把关，随意“即上中书，贴黄例取旨”的情形，所以来自四方州郡奏裁的案件增加，于是哲宗元祐元年（1086 年），门下侍郎韩维奏请：“今具修立到条：大理寺每受天下奏到刑名疑虑，情理可悯、情重法轻、法重情轻公案，须分明铺坐疑虑可悯、情法重轻等条，若无上项情状，须分明用敕律何条断遣，刑部看详，次第申省取旨。”㊷ 即使朝廷一再申明“定法”的立场，迄南宋初期仍有官僚好用“重法”的现象：

大理少卿元衮言：“四方之狱，虽非大辟，情法不相当者，皆得奏请裁决。今奏案来上，大率皆引用情重法轻之制，而所谓情轻法重者鲜矣。岂人之犯法而无情轻者乎？欲望申敕，凡遇丽于法而情实可矜者，俾遵守成宪请谳以闻。”诏申严行下。（《要录》卷 69“绍兴三年十月庚寅”条，1165 页）

从来自地方官或中央官的奏言，可知以情轻法重而申请奏按的案件并不多见。于绍兴十五年（1145 年）还可见到类似内容的奏章：“比年以来，内外官司类皆情重法轻闻奏，必欲从重。而以情轻奏者，百无一、二，岂人人犯罪无有非意误冒可轻比者邪?”㊸ 由此可见，中央官认为诸如地方官“用法从重”的情况，尚有改进的空间。

就朝廷的立场上而言，不太愿意收悉“徒罪以下”奏请加罪的案件㊹，而南宋的判决文书经常出现使用“从轻”一词，或许显示了由官僚传达的来自皇帝的宽恕之情（参见文后表 1）。㊺ 至于法律也规定官员具有量刑定罪权，可以弹性处理“情重法轻”的案件。如刘

㊵ 马端临：《文献通考》，卷 179《详谳（平反）》，增补括号中漏字。此外，《宋大诏令集》卷 202《遵守法重情轻上请法御笔手诏（政和六年二月二十八日）》，752 页，是哲宗重申“法重情轻请法”的诏书。

㊶ 李焘：《续资治通鉴长编》（以下简称《长编》）卷 458“哲宗元祐六年五月丙子”条，10964 页。

㊷ 《长编》，卷 391“哲宗元祐元年十一月丙子”条，9520 页。

㊸ 《要录》，卷 153“绍兴十五年五月庚申”条，2472 页。

㊹ 参见《庆元条法事类》，卷 73《刑狱门三·检断》“断狱敕”，499 页。从注文可知，奏裁案件不包括杖罪以下。

㊺ 参见大泽正昭著，刘馨珺译：《南宋的裁判与女性财产权》，29 页，大泽正昭先生将这种“姑与从宽”称作“人情”原则。愚以为乍看判决文的定刑理由，似乎充满审判官员的“自由心证”，但若从中央要求地方官“定法”必须“从轻”的一贯原则看来，就可以理解判决“从轻”的合法性。

克庄（1187—1269）所言：“虽律文死罪减至徒而止，然为有证而情重者设，非为无证而情轻者设也。”㊻ 是官员定法的重要原则。

在一件“再嫁妻带前夫子包并亲子财物”案中㊼，五岁的萧真孙随母亲阿郑再嫁姚岳，姚岳抚育真孙成长，并为之婚娶。姚岳在阿郑身故之后，虽借隔壁屋舍予真孙居住，但关锁其便门以关防其往来。不过，在阿郑与姚岳相继身亡之后，真孙却诡冒名姚崇而欺负姚岳的庶生子虞佐，侵夺姚岳的婢仆、财物，还逃入都城归投姚岳的主家。从本案判决萧真孙所犯案情看来，确实有“不孝”、“不义”与“攘夺”、“骚扰孤幼”的罪行，不知名的知县以“定罪于民，率从轻典”而“轻恕”小人犯法，所以只是判下“勘杖一百”及“监赃”，合乎不需奏裁与县衙可以处理的刑罚范围。

宋帝的诏令亦言：“罪疑惟轻，古有成训”㊽。神宗元丰年间曾许“大辟疑狱”奏裁，但是到宣和六年（1124年），因为中央“大理寺”多以呈上的疑虑案件来弹劾考课州县官员的“不当”，所以有朝臣上奏言，认为将会造成更多冤枉㊾，而且出现一项更大的隐忧，就是州郡官不愿将疑狱上呈，以免在司法行政上自曝其短。

制度的设计总会有些难处，尤其乱世中凡罪轻判后，不免有善人被恶祸的担忧，如绍兴六年（1136年）赵鼎说：

且如杀人者死，古今常法。比年皆从贷例，而臣亦多酌情依断。圣人以罪疑惟轻，既无所疑，何为而贷？贷一有罪，则犯者愈罪，而善人咸被其祸。（《要录》卷102“绍兴六年六月戊午”条，1672页）

但本于“其间必有曲贷，然犹不失‘罪疑惟轻’之仁”的“救活”心态㊿，罪有疑者从轻判是不会被放弃的恤刑理想。

孝宗朝（1163—1189）赵善誉（1143—1189）任大理丞时，曾经力排众议，平反浙西平江民“唐赟狱案”：

平江民唐赟之狱，皆以为凶恶，无可矜之理。公条其可疑状十六，谓：“赃证无实，情款抵牾。”卒释之。（《攻媿集》卷102《朝奉郎主管云台观赵公墓志铭》，3页）

赵善誉并不因众皆以唐赟为凶恶者而骤然定罚，反而为唐赟争取合理的释放机会。又如黄度（1138—1213）知江东建康府，“时刑寺所下奏案，重囚当论决者十三人。公覆视之，则二人罪状不著，当贷其死，于是停决上奏：罪疑惟轻，前圣明训，本朝著令，杀人无证佐者，皆许奏谳，多得原贷。盖失不经、不过枉有司之法；而杀不辜，则将为盛德之累。愿从仁圣丐此二人，于是俱免”(51)。赵、黄二人的事迹说明，罪疑惟轻是官府考虑证据

㊻ 《后村先生大全集》，卷192《饶州州院推勘朱超等为趯死程七五事》，17～18页。

㊼ 《清明集》，卷7《户婚门·义子》“义子包并亲子财物”，243页。

㊽ 《宋大诏令集》，卷207“陆佃落职知河阳制”条及“曾肇降修撰知滁州制”条，778页。

㊾ 参见《宋史》，卷201《刑法三》，5013页。

㊿ 参见《宋史》，卷201《刑法三》，5012页。

(51) 袁甫：《絜斋集》，卷13《龙图阁学士通奉大夫尚书黄公行状》，226页。

不充分时，恐有以“公”杀害无辜之嫌而采取的做法。

南宋刘克庄曾说：“谓杀人无证，法有刑名疑虑之条，经有罪疑惟轻之训。”[52] 其说法源是来自《经》，就是指《尚书》：“宥过无大，刑故无小。罪疑惟轻，功疑惟重。”[53] 以及《礼记注疏》：“附从轻者，附谓施刑。施行之时，此人所犯之罪在轻重之间，可轻可重，则当求可轻之刑附之，则罪疑惟轻是也。”[54] 而朱熹也说：“只如‘进以礼，退以义’，‘罪疑为轻，功疑为重’，天下事自是恁地秤停不得。”[55] 朱熹更就“刑”与“罪疑惟轻”的本意立论，颇有一番见地：

李公晦问：“‘恕’字，前辈多作爱人意思说，如何?”曰：“毕竟爱人意思多。”因云：“人命至重，官司何故斩之于市？盖此人曾杀那人，不斩他，则那人之冤无以伸，这爱心便归在被杀者一边了。然古人‘罪疑惟轻’，‘与其杀不辜，宁失不经’，虽爱心只在被杀者一边，却又溢出这一边些子。”（黎靖德编：《朱子语类》卷110《论刑》，2712页）

推究“罪疑惟轻”真正的用意，本于“爱人”之意，并在“刑”与“恕”中找到平衡。所以官司量刑时，即使是面对杀人者，亦须有“爱人”心意，尽量为其求得可恕的活路。如楼钥论重囚：“太祖制法虽严，比五代已甚轻，其后累朝日趋于宽，故以太祖为重。今朝廷清明，刑罚当罪。然臣每疑郡断狱未必皆本情，请以奏案依断者下提刑司，更加详审，或有不当，责罚随之，广陛下好生之德。”[56] 推论重囚刑罚时，更应小心求证。

所谓重囚是犯情理“重害”者，一是指犯“谋叛以上事”及“盗贼之辈”皆需动用武力追捕的案件[57]，或已追捕到官犯“斗杀理直而下手重”者[58]；二是指犯“重害文书”之罪，“重害文书”包括“徒罪以上的狱案”，以及“户婚”、“身份”案类中，有关“仓粮财物”、“行军文簿账”及“户籍手实”之类的簿书。[59] 从南宋的“文书令”的注文解释“重害文书”：“州实行丁产等第、税租簿副本、本县造簿案检，同。”[60] 可知州县户籍手实的“副本”及“案检册”亦属于重害文书。

虽然唐宋以来的法律明确定义“重害文书”一词，但官员定谳每一“户婚”个案也都经过多方考虑，尤其必须斟酌判决文可能影响地方社会秩序的后果。以翁甫（宝庆二年（1226年）进士）审理一件浙东衢州江山县“詹德兴卖掉诡户吕千五隐寄的财产”[61] 案，

[52] 《后村先生大全集》，卷192《饶州州院推勘朱超等为趯死程七五事》。

[53] 《尚书·虞书》，卷4《大禹谟》，55页。

[54] 《礼记注疏》，卷13《王制》，260页。

[55] 《朱子语类》，卷97《程子之书三》。

[56] 《絜斋集》，卷11《资政殿大学士赠少师楼公行状》。

[57] 参见窦仪：《宋刑统》，卷24《犯罪陈告》：“疏议曰：……其谋叛以上事是重害，及盗贼之辈，并即须追掩，故听于军府陈首。”

[58] 参见《庆元条法事类》，卷16《文书门一》“断狱格　斗杀遇恩情理轻重格”，230页。

[59] 参见《宋刑统》，卷19《盗大祀神御物门》，3～4页。

[60] 《庆元条法事类》，卷17《文书门二·架阁》“文书令”。

[61] 《清明集》，卷5《户婚门·争业下》翁浩堂“受人隐寄财产自辄出卖”，136～137页。

临江乡吕千五入状陈诉称詹德兴卖给毛监丞的田件系是其家物，并告詹德兴为盗卖。翁甫从行政经验及干照、版籍等文字证据，推判其本情是乡民逃避赋役，变寄产业所致。此情形在南宋的农村社会并不少见，如果官府为告诉人吕千五讨回已卖出的田产，则是“赏奸”；若判定将田产依现状给予被告人詹德兴，则是“诲盗”。两者都有法条可以支持一方胜与败，所以最后判决是“酌以人情，参以法意”，判定两家俱不应当拥有该项田产。至于“不知情”的买方毛监丞因已管佃经营，所以“本县给据，与之理正”，合理化买卖行为的正当性，颇通似现代民法保护“善意第三者”的精神。[62]

从上一案例中，显然官员注重推究“人情”，并酌知“本情”，“法条”则只是“原情”的参考点而已。再举县令黄榦第二次向抚州申辩“危教授诉熊祥停盗”案[63]，该案的证人陈九出狱后旋即死亡，陈九之子“陈词乞检验”，欲以陈九之尸反告危教授，狱司却以熊祥教唆陈九之子，致使熊祥罪加一条。黄榦申呈州衙的文牒中特为熊祥申冤，姑且不论熊祥被告情理重害的停盗案情，就陈九之死而言，确实与危教授之子有关。官府虽无法确定熊祥是否涉嫌教唆，但熊祥被巡尉司追扰，及吏辈以脱漏台判的文引联合尉司，不断骚扰重害熊祥之家，所以黄榦请求州衙在原情定法时，应该考虑上述诸多因素，并且可怜熊祥所遭遇的官司之害。

四、道　理

北宋末宣和六年（1124 年）中进士的刘誓[64]，“考课”担任法曹的官员时，评语中曾谈到情与法的运用，认为法律是礼的一道防线，运用法律要以合乎人情为得当，如果是苛刻的人使用法律，就会致使法律显得严苛并缺乏宽容。南宋人洪迈辗转抄录刘誓的考课文字：

法者，礼之防也。其用之以当人情为得，刻者为之，则拘而少恩。前件官以通经举进士，始掾于此，若老于为法者，每抱具狱，必傅之经义然后处，故无一不当其情，其考可书中。(《容斋四笔》卷 7《考课之法废》，8 页。)

---

[62] 不知情的第三者称为“善意的一方”。台湾地区“民法”第八十七条第一项：“表意人与相对通谋而为虚伪意思表示者，其意思表示无效，但不得以其无效，对抗善意第三人。”又参见刘荣宗：《民法概要》，97～98 页，台北，三民书局，1996 年修订三版，“所谓‘不得以其无效，对抗善意第三人’是指对不知情之第三人，不得主张其虚伪意思表示无效也，举例言之，甲系乙之债权人，乙为避免甲查封拍卖其所有之房屋以及房屋之基也，乃与丙通谋虚意思表示，订立假买卖契约，并将房屋以及基地虚移转予丙，则乙丙间之买卖契约以及移转所有权之物权契约均属无效。但因土地登记簿上登记丙为房屋以及基地之所有权人，设丙以该房屋以及其基地设定抵押权予相信土地登记内容之善意第三人丁，则该抵押权例外地有效，乙不得以乙丙系通谋虚伪意思表示为理由，主张丙丁之设定抵权系无权处分行为，乙既不承认，该抵押权应沦为无效。”将《清明集》此案模拟，甲＝江山县衙；乙＝吕千五；丙＝詹德兴；丁＝毛监丞。所以吕千五不得以吕、詹“系通谋虚伪意思表示为理由，主张詹、毛之设定的买卖系无权处分行为”。

[63] 参见《勉斋集》，卷 29《申抚州辨危教授诉熊祥》，9 页。

[64] 参见梁克家：《淳熙三山志》，卷 28《人物三》“科名 ·（宣和）六年”，4 页。

因为刘馨通过学习经书而考取进士，当一开始任幕职曹官时，就宛如执法多年的老吏，每接到具狱的案款之后，必定比照经书的大义，才能进一步处理，所以“无一不当其情”。换言之，法曹所得的案情，是透过“经义”的合理推敲，再运用“法条”审定，才是真正的“实情”。

真德秀曾论学校的课程内容，认为“举业之外，更各课以经史，使之细绎义理，讲明世务，庶几异时皆为有用之才，所补非浅。”[65] 李昴英（1200—1257）在为一本判集作序时，开宗阐明“儒”学的“笔法”：

吾儒本领在所学，而发用在所笔，心正则笔正矣。平居辨经疑，破众史百氏误，以祛天下后世惑，此笔也。其至外服，则锄恶束奸，恤窭伸枉，片言分两造之曲直，此笔也。时有用舍，用有内外，而所学所志无不行。（李昴英：《文溪集》卷3《方帅山判序》，3页）

学儒致仕，必须靠着心正之笔发用其本领。一篇未具名的判决文写着：“士大夫据案而坐，执笔而判。某吏盗公家财，某贼窃民家物，轻则断，重则黜，又其甚则杀，一毫不肯少贷。而至于自己，则公然白昼拏攫，如取如携，视官吏略不惭，视法令略不惧，居师帅之位，而乃行盗贼之行，曾无羞恶之心，此孟子所谓非人者矣。”[66] 士大夫学儒而行为稍有不正，即使依法执笔，亦是离经叛道的非人者。或许这种经义致道的目的，使得官员在下笔书判时，更需注意“道德”的义理，成为秉笔者内在无形的理法。如刘克庄处理“赵氏宗姬再嫁刘有光，欲据前夫魏景宣”案，曾说：“昨天官司未欲遽行定夺，谕令对定，亦欲姑全两家情好耳”、“今据笔下案，惟知有理法耳”[67]。

南宋末年，学业兼承朱、陆理学的包恢[68]（1182—1268）“跋”饶廷直所著《将鉴》时[69]，虽说与治理民间的“狱讼”没有直接关联，不过从包恢《跋》文的析论中，却透露南宋理学家所谓“法理”是以“道义”为本，“据理者”本着“义理”而论，其内容即使看来“甚迂”，但其“本”、“体”与“用”都是周全而不偏，放之四海皆准，不必拘于议论某事。

据理者的“义理”乃可阐明“天理”，如一桩“兄弟争葬父”而闹上衙门的案件，其判决文写道：“私欲既炽，天理益昏，为之亲戚故旧者，所当开明义理，反复敷陈，良心一还，则百念皆正，岂有天理终于晦蚀者哉！”[70] 指定当事人的亲戚故旧向这对兄弟“开明义理”，务使两人“良心一还”，进而“天理”复明。又如“勤重吏足，以文雅服士心”的高载（嘉泰二年（1202年）进士）任成都府路眉州丹棱县丞摄县阙时，“听讼本诸义理，尝有

---

[65] 《清明集》，卷1《官吏门·申儆》真西山“劝谕事件于后”，10页。

[66] 《清明集》，卷1《官吏门·儆饬》“任满巧作名色破用官钱”，31～32页。

[67] 《清明集》，卷9《户婚门·接脚夫》刘后村“已嫁妻欲据前夫屋业”，355页。

[68] 《宋史》，卷421《包恢传》略云：“字宏父，号宏斋，建昌南城人，扬子。世父约，叔父逊，从朱熹、陆九渊学。恢少为诸父门人，熹定十三年举进士，历仕郡县，所至破豪猾，去奸利，政声赫然，官至资政殿学士，封南城县侯。”

[69] 参见包恢：《敝帚稿略》，卷5《跋邓州通判饶公将鉴》，1页。从中可知《将鉴》是绍兴辛酉年（1141年）饶廷直以通判守邓州。南宋末年，江西运管黄应龙是饶廷直的同乡，所以知其事迹，得其手稿，并致送包恢通读。

[70] 《清明集》，卷10《人伦门·兄弟》天水“兄弟争葬父责其亲旧调护同了办葬事”，376页。

兄弟交愬”，基于“议天伦所在，丽于法则，害于教令”，所以高权县“姑令百拜以谢”，并加以劝谕，“于是兄弟感泣，拜惟而退，为父子兄弟如初”[71]。

至于朱熹及其学生们的对话中，亦曾经多方讨论“读书”与“义理”，他曾说：

读书便是做事。凡做事有是有非，有得有失。善处事者，不过称量其轻重耳。读书而讲究其义理，判别其是非，临事即此理。（《朱子语类》卷11《学五·读书法下》，183页）

凡做事皆有“是非”及“得失”，善于读书做事的人讲究“义理”，能够称量是非与得失的轻重。

南宋的读书人做官以后，不只是在经验谈中反省“情理法”与职务考绩，亦于彼此书信或是言谈间交换处理民讼的心得，以期更符合人心。如陈宓（1171—1230）致送真德秀的一封信函中讨论民讼：

至于民讼，岂能一一使之当理，亦诚心求之而已！舛政谬令已猥自知，况敢欺人乎？每引状，辄与同官终日决事，至昏而退。而户婚不决者，又取次分委，以此少滞讼。（陈宓：《复斋先生龙图陈公文集》卷11《回真西山书·又》）

必须“使之当理”而已，但因个人能力有限，所以分委同官终日决事，尤其是“户婚不决者”，再依序分委同僚处理，以思索出众人可接受的道理，进而稍决滞讼。此与朱熹所言“有拟得未是底，或大事可疑，却合众商量。如此事都了，并无壅滞”[72]，有异曲同工之妙。

关于“理法”，则可说是官府判断的根据，又是官府推论究竟的方法，也是查证的行政程序。绍兴六年（1136年），监察御史赵涣奏请立法弹劾地方衙门裁处词诉失当，其奏言成为立法之诏：

令御史台今后日受诸路词诉，其事重害、日久不决者，申取朝廷指挥，其监司、州县留滞经时、裁处失当，亦许依法弹奏。诏：“御史台所受诸路词讼，如有事理重害，日久不决者，具申尚书取旨看详，余如所请。”（《要录》卷106“绍兴六年壬寅”条，1720页）

此一法条是弹劾监司、州县的职官不依“理”处断所受其“事”重害的词诉，而产生日久不决的滞讼，导致行政效率不彰等等公事失错的行为。[73]

地方衙门的幕职佐官若能“积学用心”、“秉法据理”处事，即使是少年入仕，亦可“守于中者，刚方而无私”，如张端礼（1082—1132）的仕宦态度：

及莅官从事，剸繁治剧，应刃辄解，临事执法，据理而争，毅然有不可夺之色。盖其守于中者，刚方而无私，故其达于外者，果断而不挠，殆天资超迈，非积学所能致也。初佐邑，邑令老儒，以君年少易之，君孜孜所职，以绳墨自检，而间以邑令所未至者规之，令骇服，遂相与为忘年友。及任郡僚，事无巨细，惟是之从，一有不当于心，必据正论辩，

---

[71] 魏了翁：《鹤山先生大全文集》，卷88《知灵泉县奉议郎致仕高君（载）行状》，3页。

[72] 《朱子语类》，卷106《朱子三·外任》“漳州”，2647页。

[73] 上述“绍兴六年”的诏文，又可参见《宋会要》职官55之19。

达官大吏初虽不喜，已而察君用心，往往屈己从之，以故声称籍甚！（李纲：《梁溪先生全集》卷169《宋故朝请主管南京鸿庆宫张公墓志铭》，2～3页）

谨守规矩绳墨者，其执法据理的处事亦受上司器重，如林瑑（1159—1229）干办两浙转运使公事时，“转运使沈作宾精于吏职，特重公事，非公书拟不下笔。公详审清介，秉法据理，虽贵势无敢干以私者。”㉔ 可见官员依法理程序行政，就能“奉公”审事，不为“挟私”者所干扰。

“以理法处断”就是依程序了解案情，当官府受理词诉后，审究事理、追查证据等等顺序判决，如赵继盛（1197—1251）任江西隆兴府幕职官时，他必须赞画州衙及转运司（计台）的业务，即使公文繁猥，仍“悉本理法”治之，从他处理的“聂文不葬再嫁母”、“龚旸家业遭甘姓女婿席卷”、“杨唐年孙媳投词检校”三案中，可以略知一二。㉕ 其中第二例“龚旸”案的处理过程：首先，赵继盛“照条尽行拘回”，就是根据绍熙元年（1190年）的“给还寄库钱”法，规定“孤幼检校未该年格，其财皆寄于官”一项㉖，强制从甘姓女婿家拘回龚旸的家业，并且将此项财产暂寄于官府。再者，依照南宋的“户绝法”令，将四分之三均给二孤女，四分之一给命继㉗，可见他的判决过程完全符合行政程序与法规。

吴革判决“牛大同与钱居茂的争山葬母”纠纷案时，写道：“淳祐二年（1242年），（牛）大同葬其母于居茂祥禽乡之山，孝良乃称大同伪作居茂遗嘱，强占山地，有词于县，县不直之，再有词于府。今官合先论其事理之是非，次考其遗嘱之真伪”㉘。意谓官府依法理审究案情之后，才能向当事人说出“事理”的具体是非。又如“傅绍良与沈百二争地界”一案㉙，知县根据主簿所申“道理”，引用物证（契约）、现场（地势）、人证（邻里）等项实证推论案情的逻辑，而得知沈百二为“非”者。知县又“原其所以”，进一步了解两家纠纷的起因。虽然已得出无道理的一方，但只要求两造依“干照界至”回复原状，除了无理者归还地段，并致力还原两家情分，才是真正的“息争”。判决文最后指出“再不循理，照条施行”，显示当官府的判决无法恢复原状时，只得依理照条处断，此即黄榦所说的“援法据理”㉚。从判决文中可知“法理”是官员原情息争的最后一道防线。

五、公心如秤

真德秀有一篇劝谕泉州境内州县幕职佐官的公文，其中提到“天理、国法、人情”：

㉔ 《后村先生大全集》，卷166《直秘阁林公墓志铭》，1页。

㉕ 参见陈柏泉编：《江西墓志选编》赵继伟撰《宋从事郎威武军节度推官赵公墓志铭》，217页。

㉖ 参见《庆元条法事类》，卷36《库门务·给还寄库钱物》“随敕申明·绍熙元年玖月贰拾玖日”，379～380页。

㉗ 即“准户令：诸已绝之家立继绝子孙，于绝家财产者，若止有在室诸女，即以全户四分之一给之。”

㉘ 《清明集》，卷6《户婚门·争山》吴恕斋“争山”，197页。

㉙ 参见《清明集》，卷6《户婚门·争界至》“争地界”，198～199页。

㉚ 《勉斋集》，卷33《谢文学诉嫂黎氏立继》，33页。

公事在官，是非有理，轻重有法，不可以己私而拂公理，亦不可瓦公法以徇人情。诸葛公有言：吾心有秤，不能为人作轻重。此有位之士所当视以为法也。然人之情每以私胜公者，盖徇货贿则不能公，任喜怒则不能公，党亲戚，畏豪强，顾祸福，计利害，则皆不能公。殊不思是非之不可易者，天理也，轻重之不可踰者，国法也。以是为非，以非为是，则逆乎天理矣！以轻为重，以重为轻，则违乎国法！居官临民，而逆天理，违国法，于心安乎？雷霆鬼神之诛，金科玉条之禁，其可忽？故愿同僚以公心持公道，而不汩于私情，不挠于私请，庶几枉直适宜，而无冤抑不平，此所谓当勉者二也。（《清明集》卷1《官吏门・申儆》“谕州县官僚”，6～7页）

真德秀认为官僚们若要“理、法、情”衡量得宜，犹如诸葛亮所言“吾心有秤”，不能因“人”来称轻重，而是要找出“是非不易”的“天理”，“轻重不踰”的“国法”，才能“以公心持公道”，不至于“陷溺于私情”，也不至于“玩公法以徇人情”，也就不会产生“冤抑不平”的案件。

若从“人之情每以私胜公者”或“徇人情、坏法度”的字句理解“人情与法意”或“公与私”[81]，容易令人解读为“人情”是“法治”败坏的最大原因。其实，南宋朝廷与地方咸认为实践“人情”公道是最困难的行政目标，而官僚如何在有限的时间尽快掌握公心的要领？真德秀在另一篇性质与泉州“谕州县官僚”类似的公文书中[82]，仍然引用诸葛亮的事迹为例，强调必须“集众思”、“广忠益”，即使是初上任的知州[83]，若有不合于理、不便于俗者，就是不合于当地人情，应该接受已久任的下属如通判及幕职诸曹官等之建议，而勇于改进。这与朱熹的“合众商量”相当，如此的“公心”才能做到“无我”。

《清明集》出现不少有关人情与法意的叙述。譬如有的判决文写道：“后世立法，虽有立异姓三岁以下之条，盖亦曲徇人情，使鳏夫寡妇有所恃而生耳”[84]、“以人情法意论之”[85]、“人情法意之所可行”[86] 等等，好像宋代的审判基准是“以法为度”，即使宋代官僚也讲人情，但是“实践法意”才算最高的理想。[87] 而从官府判断事涉民间契约的推理，又可看出官

---

[81] 《清明集》，卷1《官吏门・儆饬》“示幕僚”，23页。

[82] 参见《清明集》，卷1《官吏门・申儆》“咨目呈两通判及职曹官”，3～4页。

[83] 《西山真文忠公文集》，卷40《潭州同官咨目》应是本文的原始出处。据吴廷燮：《北宋制抚年表・南宋经抚年表》，北京，中华书局，1984，523页，嘉十五年至十七年（1222—1224），真德秀任荆湖南路安抚使、知潭州，所以此文应成于嘉定十五年。

[84] 《清明集》，卷8《户婚门・立继类》胡石壁“叔教其嫂不愿立嗣意在吞并”，246页。

[85] 《清明集》，卷3《赋役门・限田类》“产钱比白脚一倍歇役十年理为白脚”，83页。

[86] 《清明集》，卷4《户婚门・争业类上》“干照不明合行拘毁”，128页。

[87] 参见［日］佐立治人：《“清明集”の‘法意’と‘人情’—訴訟當事人による法律解釋の痕跡—》（收入梅原郁編：《中國近世の法制と社會》，日本，京都大學人文科學研究所，同朋舍，1993，293～334页）挑出32例判决文书中含有情、法的字词，最后，佐立氏以滋贺秀三认为：“清代的判决中，人情的考量更甚于法意。”比较宋代与清代的判决特色，佐立氏的看法是：“宋代的官员裁判时，比清代官员更重视法意。”愚以为收集统计判决文中使用某一名词，固然可以看出使用语词的“基础”，但每一案都有其案情背景，有时反而容易陷入见树不见林的困境。

府推理首重认定事实的要件，如“章明与袁安互诉田产”案[88]，州衙指示承办的县衙认证的几项原则中，务必由官府派人打量，并得知目前的佃人（见佃）才是真正佃人，而不可采信年代久远的“契约”文字证明。可见这些考虑事实的原则，以“时间”、“现况”重于“契照文书”，换言之，官府应以“法理”度“人情”之轻重。

若不细心推敲个案的背景，或未能通篇分析南宋的判决文书，将陷入南宋的审判原则是以“法条至上”的迷思。有一篇淳祐十二年（1252 年）左右，由翁甫任两浙运判决断“同宗妄诉的立继”案[89]，虽然他的判文一开端就引用“令”文，表示此案无须费时年余，看似以法条宣判。但从判决文的结构而言，首先，他引出法条向争讼者宣示判决的依据。接着，叙述案情并强调皆合于法条而无不妥当。因此，族人的兴讼，诉讼动机可疑。换言之，表现出审判官员推敲符合人情的事实，才能指出诉讼者的不是，并进一步证明法条的适用性。

官员面对这类立继案件时，或许就如“江齐戴无子命继昭穆相当”案的“拟笔者”所说：“命继有正条，有司惟知守法，而族属参之以情，必情法两尽，然后存亡各得其所”、“合其族党，求折衷而为一说者，盖欲情法之两尽”、“庶几觊觎之望塞，争竞之心息，人情、法理两得其平，而词诉可绝矣”[90]。

审理词诉的官员自我许喻“吾心有秤”，而这把心秤又是如何度量人情与法意？汉代以《春秋》决狱的“论心定罪”或许过于主观惟心[91]，却仍可见于宋代讲求法理充分的判决文书中（参见文后表 2）。如吴革断判理“唐昌乡民陈嗣佑的土地以七贯的价钱立契卖给何太应”案[92]，就写下一段耐人玩味的话：“富者多怀贪图之私，所当诛心，贫者每有屈抑之事，尤当加念。然官司亦惟其理而已。”在县衙初判，疑是抵当，勒令太应退赎。不过州衙通判吴革的再判中，对于县判有一番评语：“知县若能酌人情者。今太应坚不伏退赎，乃有词于府。初亦疑其健讼，反复看详，盖有说焉。”虽然知县以“买高卖低”是“当地风俗”为判断的依据，但是吴革认为知县未能考虑何太应握有合法赤契，所以“酌人情”有不周之处。

吴革的判决文中，夹着“诛心”与“官司亦惟其理”两相抗衡的论述，或许说明宋代判决官员在斟酌人情时，一方面平衡社会正义，另一方面顾及法理的执行。吴革最后判定买方（富人）何太应凭“买到赤契管业”，显示“官司惟其理”胜过“诛心”的处理，推究吴革的考虑，即“然正行立契，既已年深，过税离业，又已分晓，倘意其为抵当，而徇其取赎之请，将恐报契者皆不可凭，驾浮者类萌侥幸。”就是说若一开此例，反而引起拥有合

---

[88] 《清明集》，卷 4《争业上》“章明与袁安互诉田产”，111 页。

[89] 《清明集》，卷 8《户婚门 · 立继类》翁浩堂“已立昭穆相当人而同宗妄诉”，247 页。

[90] 《清明集》，卷 8《户婚门 · 立继类》拟笔“命继与立继不同”及“再判”，265～267 页。

[91] 参见桓宽：《盐铁论》，卷 10《刑德》，253 页：“故春秋之治狱，论心定罪。志善而违于法者，免；志恶而合于法者，诛。”是以“动机”论罪，致使治罪者“得以因缘假饰，往往见二传所谓责备之说、诛心之说、无将之说。与其所谓巧诋深文者相类耳！圣贤之意岂有是哉？”（《文献通考》卷 182《经籍九》“春秋决事比”）。

[92] 参见《清明集》，卷 6《户婚门 · 抵当》吴恕斋“以卖为抵当而取赎”，169 页。

法契约“凭据”者的不安，造成另一项社会人情的失衡。

“士大夫司听断者，在在持平如衡，事事至公如鉴”是天下太平的愿景之一。[93] 如何“在在”持平如衡？“援经据法”[94]、不以“私情废公法”[95] 是实际的“检法”[96] 技术问题。如“舅张诚道与甥钟承信争屋”案[97]，当事人各自持有证据，张诚道手中有一张“卖契”，钟承信虽无卖契，却有三张已经“管业”二十八年的证契簿书。双方在官府上欲破对方的说法，各自言之成理，坚持不下。叶岩峰如何平衡“二说”的“是非”作出判决？最后他相信钟甥的说法，其推论是非的方法有二。一是比较“合理”的常情。张舅的说法是“借屋助贫姐”，若论近世浇薄的亲情，此则非当世手足人情；钟甥的说法是“孀母置屋托舅名”，则符合当地习俗（风土人情）。[98] 二是比较“证据”的事实。舅虽有正宗的卖契，但甥有“上手契”、“赁钱簿书”等契约书与赁屋者的“口供”。从物证、人证加以证明钟承信的母亲是实际的管业人。由此案可见宋代的官府处理民间的产业纠纷时，以不影响正常赋税收入的情况下，力求保持产业经营的原状。官员比较常理与事理的结果后，于是度量出两词的轻重。

《清明集》中有相当数量的诉讼纠纷是属于家族内的争产案件。[99] 有些案件看似立继的奉祀问题，却是遗产分配的利益纠纷。[100] 而南宋的地方官如何“平衡”这类财产纠纷？如翁甫判决一件“业未分而私立契盗卖”案，写道：“合照淳祐七年（1247年）敕令所看详到平江府陈师仁分法，拨田与李氏膳养，自余田产作三分均分，各自立户，庶几下合人情，上合法意，可以永远无所争竞。”[101] 既要“平均”，还要在“人情”与“法意”之间摆荡平衡。

以曾任乐清县、政和县及婺源县的袁采（隆兴元年（1163年）进士）为例，曾撰文“俗训”（即《袁氏世范》）[102] 教谕乡里，他首先提出“睦亲”，其中论述“亲子关系”及“财产分配”时，强调“均分”与“公平”[103]。而他也指出官府处理“分析财产”案时，朝廷的立法虽然很详尽，但案类却呈多样，如一是窃众财，称妻财置私产；二是诡名置产；三是

---

[93] 参见《吏学指南》《诸说》“狱讼说”（（宋）李之彦作），134页。

[94] 《清明集》，卷7《户婚门·立继》吴恕斋“兄弟一贫一富拈阄立嗣”，170页。

[95] 《清明集》，卷7《户婚门·立继》吴恕斋“生前抱养外姓殁后难以摇动”，202页。

[96] 有关“检法”，参见拙撰《南宋县衙的“狱讼”》第五章第一节。

[97] 参见《清明集》，卷6《户婚门·争屋业》叶岩峰“舅甥争”，191页。

[98] 其实，钟甥所说的情形，即南宋民间“诡名隐寄”的普遍现象之一，叶岩峰不用隐寄的法律惩二人，乃因此一纠纷中没有不知情的“交易第三者”，无须保障的交易秩序。而判决文如果举出法条，处分隐寄的双方，反将可能引起地方民情的不安。

[99] 参见大澤正昭：《“清明集”的世界—定量分析の試み—》，《上智史學》，42号，1997，41～67页。

[100] 参见《清明集》，卷7《户婚门·立继》吴恕斋“兄弟一贫一富拈阄立嗣”，204页。

[101] 《清明集》，卷9《户婚门·违法交易》翁浩堂“业未分而私立契盗卖”，303页。

[102] 参见《诚斋集》，卷70《荐举徐木、袁采、朱元之、求扬祖政绩奏状》：“三作壮县，皆腾最声。及来婺源……”可知袁采至少担任过四县的县令。而《俗训》之所以更名为《袁氏世范》，则参见刘镇的《序》及袁采本人的《跋语》。

[103] 《袁氏世范》，卷1《睦亲》中“父母爱子贵均”、“分给财产务均平”、“遗嘱公平维后患”等条。

贫寒者经营有成；四是不以祖众财产买卖私产，引起同宗之人要求分产的纠纷：

朝廷立法，于分析一事，非不委曲详尽。然有果是窃众营私，却于典卖契中称系妻财置到；或诡名置产，官中不能尽行根究；又果是起于贫寒，不因父祖资产，自能奋立营置财业；或虽有祖众财产，不因于众，别自殖立私财，其同宗之人，必求分析。至于经县、经州、经所在官府，累数十年，各至破荡而后已。（《袁氏世范》卷1《睦亲》“分析财产贵公当”，11～12页）

本条文的后半部分，袁采劝说争财的当事人，不论富者或贫者皆应自我反省，无愧于心，“如此则所分虽微，必无争讼之费”。若从本条“分析财产贵公当”的名称看来，既是劝勉分析财产者应该公平允当，也是提醒地方官应该就具体事实进行“公当”处断。

南宋的“继承分析财产”案的判决文中，引有“法”明确规定“继绝子”与“女子”的份额比例[104]：

准法：诸已绝之家而立继绝子孙，谓近亲尊长命继者，于绝家财产，若只有在室诸女，即以全户四分之一给之，若又有归宗诸女，给五分之一。其在室并归宗女即以所得四分，依户绝法给之。止有归宗诸女，依户绝法给外，即以其余减半给之，余没官。止有出嫁诸女者，即以全户三分为率，以二分与出嫁女均给，一分没官。若无在室、归宗、出嫁诸女，以全户三分给一，并至三千贯止，即及二万贯，增给二千贯。（《清明集》卷8《户婚门·女承分》范西堂“处分孤遗田产”，288页）

立法者必须考虑继嗣子与诸“女儿”（在室女、归宗女与出嫁女）的各种可能情形，并精确明定“户绝”之家的分财“额度”。

虽然法令明白规定户绝之家的“继绝子”与诸“女子”财产承分额数，但此法并非惩罚犯罪行为的刑律，所以官员衡量每一案情后，即使不依此法的份额处理，判决者亦不至于因误用法条而触犯公事失错罪。如“阿甘与熊邦兄弟争财产”案[105]，阿甘的丈夫熊资身亡，阿甘已行改嫁，有在室女一人，原本已依女承分法得熊资不满三百贯的财产，但是未及毕姻，女复身故。熊资的两位兄长争立己子继绝争产，阿甘亦称熊资的财产内有她自置买产，亦向官府求得己分。判决文一方面指出：“律之以法，尽合没官，纵是继立，不出生前，亦于绝家财产只应给四分之一”；另一方面则表示“今官司不欲例行籍没”，所以拨钱“埋葬女外”，“余田均作三分，各给其分”。判决者亦自言“此非法意，但官司从厚”，可见听讼基于“惟尽吾情以听之”，不以处罚为目的，所以终将熊资的遗产“均分”给三位相

[104] 参见大泽正昭著，刘馨珺译：《南宋的裁判与女性财产权》。所谓“女子分法”是日本学者提出的名词，即南宋法令规范“女性”分析财产的“份额”。如《清明集》，卷8《户婚门·分析》刘后村“女婿不应中分妻家财产”：“在法，父母已亡，儿女分产，女合得男之半。”从仁井田陞与滋贺秀三以来，日本学界对于宋代的“女子分法”有几番学界论战，目前仍有此“法”是什么法，是“唐代”抑或“宋代”的法条等争论。愚以为刘克庄所引的法条是“宋代户令”，与北宋以来的“孤幼检校”政策有关，拟于日后专文论说。

[105] 参见《清明集》，卷4《户婚门·争业上》“熊邦兄弟与阿甘互争财产”，110页。

争人。

户婚讼牒，不一而足，而检法直笔者必须要“酌情据法，以平其事”，才能息“无厌之讼”[106]。其实，为了“平其事”，官员除了讲究法条的形式，也要兼顾法意。再举一件未依照户绝女承分法处理的判决。[107] 本案两位在室女可以得全部遗产作为嫁资，当官府为其立继后，若依法条的承分额度，二位在室女应该得 3/4 的平均数，即各得 3/8 的财产，继绝子只能得 1/4 的财产。但判决者却将财产“均给”二女及立继子，使每人各分得 1/3，其判决的理由就是“平均”。

刘克庄曾自述其为官经历，他从州县幕佐、知县、知州、仓、漕及宪司，积极学习欧阳修于转换官职，就阅览历来案牍的处事方法，并形成一套心得：

数佐人幕府，历守宰、庾漕，亦两陈臬事，每念欧公夷陵阅旧牍之言，于听讼折狱之际，必字字对越，乃敢下笔，未尝以私喜怒参其间。（《后村先生大全集》卷 193《跋》，18 页）

无论是刑狱或是听讼，都必须字字“对越在天”[108]，实事求是后，才能下笔拟判，未尝掺杂私人的“人情”喜怒。

综合以上的论述，南宋的“名公”行政官僚们所建立“吾心如秤”、“酌情区处”的理性态度，即详究案牍所载的事“情”，透过“理法”的行政程序，找出“道理”，检查“法”令，通贯“天理”，平衡“人情与法意”，作出最合于“情理法”的判决。（参见图 1）

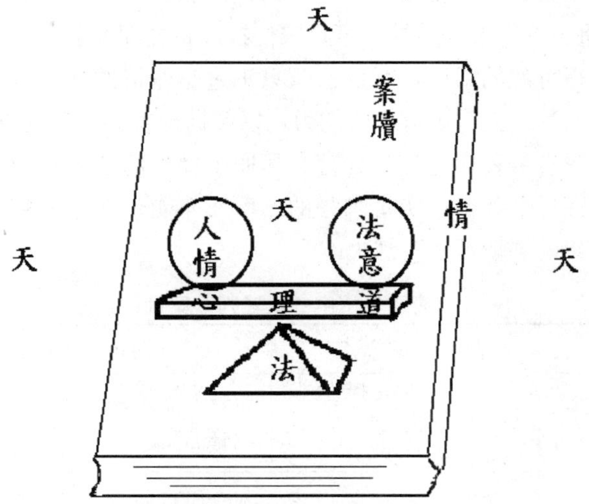

图 1 “情理法”运用图

[106] 《清明集》，卷 7《户婚门·立继》，卷 7 司法拟“立继有据不为户绝”，215 页。

[107] 参见《清明集》，卷 7《户婚门·立继》“官司干二女已拨之田与立继子奉祀”，215 页。

[108] 《毛诗正义·周颂》，卷十九《清庙》，707 页。又如《宋史》，卷 410《范应铃传》，12345 页。

六、结 语

宋代官员以“原情”、“据理”治狱讼的态度，可说是传统中国士大夫“公心执法”的精神之实践。清末法学家沈家本（1840—1913）《重刻〈唐律疏议〉序》所云：“律者，民命所系，其用甚重，而其义至精也。根极于天理民彝，称量于人情世故，非穷理无以察情端，非清心无以祛意见之妄”，颇通贯宋儒的治理理想。而滋贺秀三和黄宗智讨论“情理法”的运用亦提出各不相同的看法，滋贺氏的《清代中國の法と裁判》指出：“国家的法律是部分情理的实定化，一般而言，情理所引起的作用，具有提供线索的性质。因此，法律是根据情理的解释或变通……‘夫律国法也，即人情也’，若以大海与冰山譬喻之，亦极为贴切。由情理之水的一部分所凝聚成的冰山，恰恰是法律。”黄宗智的看法则是：“民间处理纠纷强调协调，维持原有的社会秩序，但也不是没有公正感，它们强调情、理、法的结合，但与官方的概念有差别，官方的‘情’是事实与仁义道德，‘理’是朱熹以来的天理；‘法’则是指《大清律例》。而民间的‘情’则是人情，‘理’则人们说的一般性‘道理’。”愚以为滋贺氏与黄氏或许只是说到了部分面相，所以他们难以聚焦讨论。

本文分析宋代判决文有曰：“听讼之道固当执法，亦当原情”，思考执法官员自身如何面对“案牍”与“法条”。宋人所谓“原情定罪”，是指了解原来的实情，并从人之常情观看事实，透过阅读历来案牍推断案情与定罪。宋代的朝臣时常强调国法中有“法重情轻”、“罪疑惟轻”、“情理重害”等诸项精神，可见宋代执法官员即使面对杀人犯亦需要有爱人之心，时时思量为其求得可恕的活路，所以法条只不过是原情的参考点而已。至于官员讲究“援法据理”，则显示出读书人辨识道理的能力，以及据理者的义理能够阐明“天理”，凡事既到官府立案，官府只有依程序与法规处理。尽职于狱讼的地方官惟有秉持字字“对越上天”的诚敬心意，在在持平如衡、实事求是的态度，才能于下笔拟判之际，不会掺杂私人的喜怒情绪，作出公当的“情理法”判决。

表 1　　《清明集》中“从轻判”案例

编号	卷数	《门·类》	作者	“篇名”	词句（从轻的说法）	页数
1	一	官吏·禁戢		禁戢摊盐监租差专人之扰	所有专人蔡贵、沈云从轻各脊杖二十，编管邻州。	35
2	二	官吏·顶冒		冒解官户索真本诰以凭结断	本合便行断遣，又恐其于李少卿万一少有瓜葛，亦不能无投鼠忌器之疑，且从轻勘杖一百。	45
3	二	官吏·对移		对移县丞	到任曾几何时，已党吏侮上如此，将来徇吏贪残可知，便合按奏，以有亲老，且从轻对移本县县尉，只今行。	57

续前表

编号	卷数	《门·类》	作者	“篇名”	词句（从轻的说法）	页数
4	四	户婚·争业上	胡石壁	妄诉田业	今事在赦前，固难追断，然不少加惩治，将无以为奸狡者之戒。从轻决竹篦十下。	123
5	四	户婚·争业上	胡石壁	随母嫁之子图谋亲子之业	李子钦罪状如此，本不预均分之数，且以同居日久，又谭念华之所钟爱，特给一分。所有离间图占人家产之罪，却难尽恕，从轻杖一百。	125—126
6	四	户婚·争业上	吴雨岩	乘人之急夺其屋业	兼因此事，展转死者二人，张光瑞岂可漏网，从轻杖一百，并余人放	132
7	六	户婚·争田业		争田业	自合送狱，根勘本情，重置于罚，姑从轻将洪宗起、洪七娘各勘杖六十，以惩其奸。	177
8	六	户婚·争田业		争业以奸事盖其妻	孙斗南从轻勘杖八十，监重迭交易钱三十四贯还孙兰，一十贯还孙元善，庶得允当。	181
9	七	户婚·义子		义子包并亲子财物	以其小人，因贪犯法，不足深责，从轻勘杖一百。	243
10	八	户婚·遗嘱	蔡久轩	假伪遗嘱以伐丧	范瑜本合照已判勘杖编管，以明堂赦恩适至，而范族尊长及小范佑神承议合辞有请，姑从轻，送州学决竹篦。	290
11	九	户婚·坟墓	赵知县判	主佃争墓地	阑丧、殴人之罪，合与科断，吴春、吴辉，从轻勘杖六十。	327
12	九	户婚·库本钱		背主赖库本钱	其罪固不可恕，今罗居汰既以仆而背主，其情实不可容。且以时暑，从轻勘杖一百。	338
13	十	人伦·兄弟	胡石壁	兄弟争讼	以恩掩义者，兄弟之至情也，明刑弼教者，有司之公法也，二者不可偏废。邹应龙从轻勘一百。	372
14	十	人伦·孝	真西山	孝于亲者当劝不孝于亲者当惩	吴良聪罪该极刑，姑与从轻，杖脊二十，髡发，拘役一年。	383
15	十	人伦·不孝	方秋崖	祖母生不养死不葬反诬诉族人	罪在十恶之地，从轻勘杖一百，编管邻州。	387
16	十	人伦·不孝	胡石壁	子妄以妻奸事诬父	天理人伦，灭绝尽矣，此风岂可长乎？决脊黥配，要不为过，且以愚蠢无知，从轻杖一百。	388

续前表

编号	卷数	《门·类》	作者	“篇名”	词句（从轻的说法）	页数
17	十一	人品·士人	吴雨岩	士人以诡嘱受财	姑亦从轻，决竹篦二十，押下州学听读。	405
18	十一	人品·公吏	蔡久轩	违法害民	张细、李崧乃同孙、余为恶之人，赃数不下五千贯，本合一例从配，姑从轻，决脊杖十五，编管一千里，仍监赃。	412
19	十一	人品·公吏	蔡久轩	十虎害民	当职照得熊照以势家强干，恐胁欺骗，气凌州县，止从编管，已为轻典。	413
20	十一	人品·公吏	蔡久轩	籍配	计其赃罪，自当绞刑，姑与从轻贷死，决脊杖二十，配二千里，免拘锁押遣。阿庄奸淫之罪，照条合流二千里定断，姑从轻勘杖一百。	415
21	十一	人品·公吏	蔡久轩	受赃	系贵寓干仆，不体主家清德，怙势党奸，接受银、会，干预刑名公事，不有国法，不从官府，不顾主家，本合刺配，姑从轻勘杖一百，押回温州。	421
22	十一	人品·公吏	吴雨岩	去把握县权之吏	但周仁之平日受赃曲法，占妓置田，妄作扰民等事，当职已知之熟矣，从轻决脊杖十五，刺配徽州。	427
23	十一	人品·公吏	刘后村	都吏潘宗道违法交易五罪	免尽情根勘，从轻决脊杖十五，配徽州牢城。	432
24	十一	人品·公吏	胡石壁	弓手土军非军紧切事不应辄差下乡骚扰	且以事在当职未到任之前，从轻各勘杖一百，监赃足日，押下着役。	438
25	十二	惩恶·奸秽	胡石壁	告奸而未有实迹各从轻断	其虚实固未可知，然使杜门在家，人不闻其姓名，不识其面目，则谤议何从而生？事必有因，乌得无罪，从轻决二十，罚俸三月。	442
26	十二	惩恶·奸秽	范西堂	贡士奸污	王桂系犯私罪徒，乡举不免，且从轻典，从学夏楚二十。	445
27	十二	惩恶·豪横	蔡久轩	豪横	前贤之后，合从三宥，兼所招亦有系赦前者，特与从轻勘杖一百，编管南康军。	454
28	十二	惩恶·豪横	蔡久轩	豪强	今据各人狱中所认，曾不及十之一二，揆之所犯，皆不应为，且从轻各勘杖一百。	457

续前表

编号	卷数	《门·类》	作者	“篇名”	词句（从轻的说法）	页数
29	十二	惩恶·豪横	刘寺丞	母子不法同恶相济	官日新系杂犯死罪，从轻脊杖二十，刺配新州。	472
30	十二	惩恶·把持	蔡久轩	讼师官鬼	佥厅契勘是真士人，佥厅寻再据项元明供状拟呈，奉台判，从轻决竹篦十五，以为借吏钱。	474
31	十二	惩恶·把持	蔡久轩	惩教讼	初开杖封政，当断以奸猾，以厚风俗。从轻杖一百。	480
32	十三	惩恶·哗徒	蔡久轩	撰造公事	推吏法司，徇情卖弄，从轻杖一百。	483
33	十三	惩恶·告讦	蔡久轩	诬讦	方福平白生事，节节资给教唆，以兴大辟之狱，不特挤陷方三，抑亦尝试台府，照条反坐，理所当然。方福且从轻决脊杖十二。	485
34	十三	惩恶·告讦	刘后村	自撰大辟之狱	吴夔出入孤儿寡妇之家，略无瓜李之嫌，又与其婢探梅有奸，各照减降指挥，从轻勘杖八十。	491
35	十三	惩恶·告讦	胡石壁	叔告其侄服内生子及以药毒父	其为妄诞，不问可知。一为告讦，一为虚妄，本合送法司照条坐罪，且从轻决竹篦二十。	493
36	十三	惩恶·告讦		告讦服内亲	而温知县又以长厚存心，以其族有仕宦，只从轻杖一百封案。	494
37	十三	惩恶·妄诉	翁浩堂	妄论人掳母夺妹事	念阿孙年老，只有一子侍养，若尽法施行，则阿孙必至饥饿失所，只得从轻。	499
38	十三	惩恶·妄诉	翁浩堂	妻自走窜乃以劫掠诬人	本合解州，照科以反坐之罪，念是暑月，且与从轻，就县结绝。	500
39	十三	惩恶·拒追	胡石壁	峒民负险拒追	本合明正典刑，以遏乱略，姑且从轻，决脊杖十五。	507
40	十四	惩恶·诬覡	胡石壁	巫覡以左道疑众者，当治士人惑于异者亦可责	姑以榜示之初，恐未闻，知未遍，未欲重作施行，且从轻杖一百。	548
41	十四	惩恶·霸渡		私撑渡船取乞	停篙中流，要勒钱物，情最无状，法亦不轻，其与持仗掠何异？又且自擅外避，不伏出官，李二从轻杖一百。	556

表 2 《清明集》使用"诛心"的判决文

编号	卷数	《门·类》	作者	"篇名"	文句叙述	页数
1	六	户婚·抵当	吴恕斋	以卖为抵当而取赎	富者多怀贪图之秒心，贫者每有屈抑之事，尤当加念。	169
2	七	户婚·立继		不当立仆之子	诛心而论，源头既不正当，宜其纷纷，事既到官，只当以理法处断。	207
3	七	户婚·立继	吴恕斋	不可以一人而为两家之后别行选立	二人之心，见利忘义，已大可诛，况祖母遗嘱，已知身后不得所托……	208
4	七	户婚·立继	仓司拟笔	双立母命之子与同宗之子	黄仲举自是世名位下，又非廷珍等比，骗挟贪图毛氏物业，其心可诛……	222
5	七	户婚·归宗		出继子破一家不可归宗	倅厅所申，谓其家祸皆忠之所自致，可谓得春秋诛心之义矣。	225
6	七	户婚·孤幼	吴恕斋	欺凌孤幼	切详彦辅、阿陆不义之心，皆有可诛者。	
7	八	户婚·立继类	邓运管拟、姚立斋判	嫂讼其叔用意立继夺业	于嫂张氏既论之后，旋计会县吏，印押除附公据，又经县丞厅改正户帐。此文约不正，何可照用。况其意甚恶，佥厅合用诛心之法。	261
8	十一	人品·公吏	吴雨岩	治推吏不照例禳祓	诛心而论，岂可苟免。	426
9	十二	惩恶·把持	胡石壁	责决配状	但以人心陷溺已久，诛之不可胜诛，姑示薄惩两名。	476
10	十三	惩恶·妄诉	建倅	挟雠妄诉欺凌孤寡	今陈鉴以不干己之事，故为陈兴老之扰，官司不可不因其末而求其本，不可不因其迹以诛其心，合给断由。	505
11	十三	惩恶·诬赖	主簿拟	假为弟命继为词欲诬赖其堂弟财物	反复王方之词，律之诛心之法，不过欲假为弟命继之美名，以施其牢笼骗取之术耳！	513
12	十四	惩恶·元恶	宋自牧断	把持公事欺骗良民过恶山积	原其积恶，虽万死不足赎，若更诛心，尤三尺所不容。	527
13		附录四	文文山	平反杨小三死事判	是故以下手论之，颜小三之先伤要害，当得重罪，以诛心论之，罗小六独坐故杀，不止加功。	635

（说明：本文原刊中国法制史学会（台湾）主编：《法制史研究》，第三期，2002 年 12 月。收入本书时，由作者再作修订。）

柳立言

一条律文各自解读：宋代“争鹑案”的争议

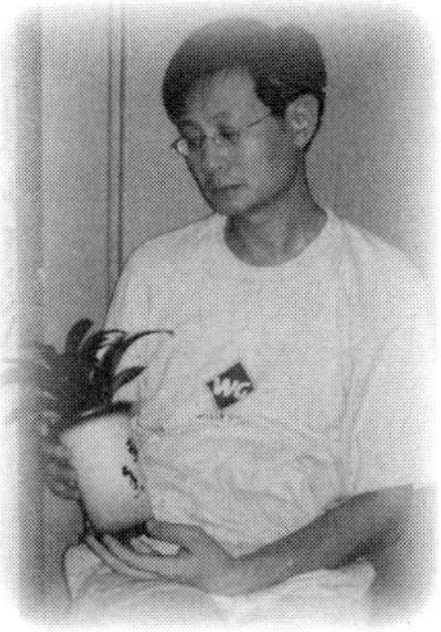

简介

柳立言，1958年生于香港，1986年获普林斯顿大学博士学位，至台湾地区“中央研究院”历史语言研究所工作，研究宋代家族及社会，发现两者深受法律的影响，乃转攻法律与社会，至哈佛大学法学院进修，完成《子女可否告母?》及《一条律文各自解读》等论文。近作有《宋代分产法“在室女得男之半”新探》（《法制史研究》5&6期），响应日本及西方学者争论五十多年的疑案；《宋代的社会流动与法律文化》（《唐研究》11卷），探讨新兴士大夫阶级对法律的影响；以及《宋代的法律与家庭》（法国《年鉴学报》61.6），研究法律、社会与家庭的互动。现正撰写《宋代僧人的罪与罚》。

目次

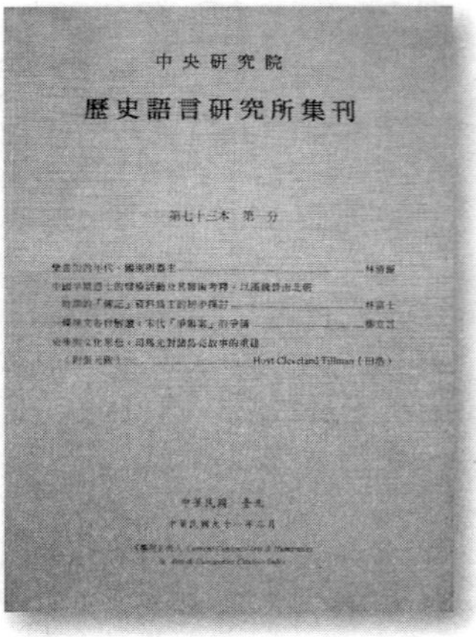

傅霖（宋初律学博士）：“著而有定者律之文，变而不穷者法之意。”[1]

司马光（1019—1086）：“凡议法者，当先原立法之意，然后可以断狱。”[2]

M. Ballot-Beaupré (President of the highest French court in the early 20th century)：“我们要追究的，不是立法者在一百多年前如何决定，而是他面对今天的处境时将会如何决定。”[3]

徐道邻（1906—1973）：“唐律解释，既皆推原法意，故可不拘尼〔泥〕于文字。”[4]

前　言

唐律在太宗贞观四年（637 年）修成后，一直有注无疏，高宗永徽三年（652 年），大臣长孙无忌等十九人撰写义疏，在律文后逐条解释，编为《律疏》三十卷，次年（653 年）颁布，日后称为《唐律疏议》，主要目的有二：一是作为律学考试的标准，二是作为划一执法的标准。执法关乎人命，毋宁更为重要；作为总则的《名例律》批评当时罪同而罚异的情况说：“大理当其死坐，刑部处以流刑；一州断以徒年，一县将为杖罚。不有解释，触涂睽误。……〔是以〕爰造律疏，大明典式。……迈彼三章，同符画一者矣。”[5]所以钱大群说：“《律疏》之产生源于学理解释与司法解释需要之统一。”[6]事实上，古今中外对法治的理想，也是要求法律尽量明确、公平、稳定、前后一致、超越个人和可被预期。这些原则或理想在宋代经历严重的考验。

北宋建隆四年（963 年）七月颁布的《宋刑统》承袭唐和五代的法律，包含了绝大部分的《唐律疏议》[7]，理应“迈彼三章，同符画一”了，却在北宋中叶发生了比“大理当其死

---

① 傅霖：《刑统赋》，丛书集成续编，1a 页。

② 司马光：《温国文正司马公集》，四部丛刊初编，卷 38，314 页。

③ 引自 Benjamin N. Cardozo, *The Nature of the Judicial Process*, New Haven, Yale University Press, 1921, p. 84.

④ 徐道邻：《唐律通论》，81～83 页，台北，“中华书局”，1958。

⑤ 引自曹漫之主编，华东政法学院法律古籍整理研究所合著：《唐律疏议译注》，卷 1，15 页，长春，吉林人民出版社，1989。

⑥ 钱大群：《〈唐律疏议〉结构及书名辨析》，载《历史研究》，2000（4），110～118 页；又见霍存福：《论〈唐律〉“义疏”的法律功能》，载《吉林大学社会科学学报》，1987（4），1～8 页。有关《唐律疏议》的研究可谓汗牛充栋，较近期的，高明士和张伯元的讨论都简明扼要，并评论了大陆和日本的研究成果，见高明士：《导论：唐律研究及其问题》，载高明士主编：《唐律与国家社会研究》，1～22 页，台北，五南图书出版公司，1999，及张伯元：《法律文献学》，218～228 页，杭州，浙江人民出版社，1999。

⑦ 参见薛梅卿：《宋刑统研究》，18～23、43～52 页，北京，法律出版社，1997。

坐，刑部处以流刑”更严重的法律争议，演变成“大理当其死坐，纠察谓之无罪”，两造对同一律文的解释南辕北辙而事关生死。祸首是一只斗鹑，纠察是王安石（1021—1086），当时以知制诰充任纠察在京刑狱司（又称纠察或东衙）的纠察刑狱一职，监察京师司法。⑧ 本文的目的，既要凸显律文本身的争议性，也试图建构解开争议的方法，从不同的角度提出较合情理的解释，借以检视传统律文的文理结构、内部的协调、外部的一致、历史的发展、目的论和法律之外的考虑等。全文分“案情”、“是否成盗”、“可否杀盗”和“不同角度的分析”四部分来论述。

一、案　情

争鹑案发生在仁宗嘉祐七年（1062年）的首都开封，虽则上达天听，但若干重要线索并无流传。大意是甲跟乙是好友，甲得一斗鹑，乙请甲给他，甲不肯，乙恃着好友的关系，把鹑携走。甲随后赶上，一脚踢去，命中腰窝，乙登时毙命。开封府认为甲与乙是相争致死，甲理应偿命，但王安石认为乙犯了盗罪，甲为了捕盗而杀盗，依法无罪，乃弹劾府司误入人死罪。开封府不服，并得到负责覆审的审刑院和大理寺的支持。若干臣僚也参与讨论，司法经验丰富且以忠厚著称的韩晋卿（活跃于11世纪后半叶）认为此案属于“斗杀”，甲应论死。仁宗（1010—1063）接受多数意见，也宽免王安石误判之罪，但安石坚持无罪，不肯谢恩，遭到言官弹劾。皇帝似无意追究，仅由宰相把王安石调职了事。较有用的记录有三处，俱引如下，并用粗体及底线标出重要部分：

1.1　李焘《续资治通鉴长编》：

嘉祐七年十月，甲午，知制诰王安石同勾当三班院。

先是，安石纠察在京刑狱。有少年得斗鹑，其同侪借观之，因就乞之，鹑主不许。借者恃与之狎昵，遂携去，鹑主追及之，踢其胁下，立死。开封府按其人罪当偿死，安石驳之曰：“按律：公取、窃取皆为盗；此不与而彼乃强携以去，乃盗也。此追而殴之，乃捕盗也；虽死，当勿论。府司失入平人为死罪。”府官不伏，事下审刑、大理详定，以府断为是。有诏安石放罪。旧制，放罪者皆诣殿门谢。安石自言“我无罪”，不谢，御史台及合门累移牒趣之，终不肯谢。台司因劾奏之，执政以其名重，释不问，但徙安石他官。⑨

1.2　脱脱《宋史》之王安石传：

有少年得斗鹑，其侪求之不与，恃与之昵，辄持去，少年追杀之。开封当此人死，安

⑧　几乎所有介绍中国法律思想史的论著都会讨论王安石，简明又启发的可见饶鑫贤：《王安石变法革新思想简介》，载段秋关主编：《饶鑫贤先生七十五周年华诞暨从教四十二周年纪念——中国法律史论稿》，287～310页，北京，法律出版社，1999。有关纠察在京刑狱司的设置和职掌，见王云海主编：《宋代司法制度》，41～43页，开封，河南大学出版社，1992；龚延明：《宋代官制辞典》，396页，北京，中华书局，1997。

⑨　李焘：《续资治通鉴长编》，1979—1995年点校本，卷197，4783页第5条，北京，中华书局。

石驳曰："按律：公取、窃取皆为盗；此不与而彼携以去，是盗也。追而杀之，是捕盗也，虽死当勿论。"遂劾府司失入。府官不伏，事下审刑、大理，皆以府断为是。[⑩]

1.3 脱脱《宋史》之韩晋卿传：

晋卿自仁宗朝已典讼臬，时朝廷有疑议，辄下公卿杂议。开封民争鹑杀人，王安石以为盗拒捕斗而死，杀之无罪，晋卿曰："是斗杀也。"[⑪]

从上可知，争鹑案的争议有二：一是开封府等将此案视为甲乙相争而不是盗，而王安石认为乙是盗。二是即使乙确是犯盗，但甲以捕者的身份把乙杀死是否无罪？

二、争议一：是否成盗

判盗罪的前提是成盗。虽看不到开封府、审刑院和大理寺的判词，但从他们主张甲应偿死的共识来推断，他们不认为乙犯了盗罪。从"争鹑"和"斗杀"两词来看（上文 1.3），他们认为两人因争鹑而起攘争，甲失手杀了乙，依《宋刑统·斗讼律》的"斗殴故殴故杀"条，甲犯了斗杀，须偿死。[⑫]

王安石则明确主张乙是犯了盗罪。他说"按律：公取、窃取皆为盗；此不与而彼乃强携以去，乃盗也。"（上文 1.2）所按之律，是《宋刑统·贼盗律》的"公取窃取皆为盗"条："诸盗，公取、窃取皆为盗。〔注〕器物之属须移徙、阑圈系闭之属须绝离常处、放逸飞走之属须专制，乃成盗。……疏议曰：公取，谓行盗之人公然而取；窃取，谓方便私窃其财；皆名为盗。"[⑬]

乍读之下，"公取、窃取皆为盗"简单明了，就是以公开或秘密的方式把别人的财物据为己有，就谓之盗。但是，在法律定义上，这只是一个原则性的界定，应用时必须以某些条件为依据，即上段引文的小字注，研究唐律盗罪最详的施启扬称之为"成盗之标准。"[⑭]如疏议对"器物之属须移徙"的说明是："其木石重器，非人力所胜，应须驮载者，虽移本处，未驮载间，犹未成盗。"对"阑圈系闭之属须绝离常处"的说明是："谓马、牛、驼、骡之类，须出阑圈及绝离系闭之处……乃成为盗。"对"放逸飞走之属须专制"的说明是："谓鹰犬之类，须专制在己，不得自由，乃成为盗。"[⑮]换言之，即使有了盗的动机，并付诸

---

⑩ 脱脱：《宋史》，1977 年点校本，卷 327，10542 页，北京，中华书局，1977。

⑪ 《宋史》，卷 426，12705～12706 页。

⑫ 参见窦仪等：《宋刑统》，1999 年薛梅卿标点本，卷 21，373 页，北京，法律出版社，1999；《唐律疏议译注》，卷 21，723 页。

⑬ 《宋刑统》，卷 20，365 页；《唐律疏议译注》，卷 20，708～709 页的译文是"公取，是说行劫的人公然把别人财物劫取抢走；窃取，是说乘人不备，随机行事，私下窃走别人的财物：以上两者总称为盗取。"又见《宋刑统》，卷 19，334 页；《唐律疏议译注》，卷 19，657 页。

⑭ 施启扬：《唐律上盗罪之研究》，载《政大法学评论》，1972（7），208～209 页。对"罪状"的类别，见钱大群、夏锦文：《唐律与中国现行刑法比较论》，50～53 页，南京，江苏人民出版社，1991。

⑮ 《宋刑统》，卷 20，365～366 页；《唐律疏议译注》，卷 20，708～709 页。

实行，但未完全成功，仍不构成盗罪，只算犯罪未遂。[16] 故此，要精确地表达“公取、窃取皆为盗”，应该说：“在一定的条件下，公取、窃取皆为盗。”至于是什么条件，疏议说：“但物有巨细，难以备论，略举纲目，各准临时取断。”[17] 所谓“临时取断”，就是按实际情况而定，随事变通，例如“因古律均采客观实害主义，重视犯罪之结果，故未发生结果者，通常多不予处罚。”[18] 究竟乙有无犯盗？以下从“犯罪之结果”、“犯案之方式”、“犯者之动机”及“两造之关系”四方面来分析。[19]

2.1 犯罪之结果

就犯罪之结果来说，乙犯盗罪似无异议，因为斗鹑属于“公取窃取皆为盗”条的鹰犬类，已在乙的专制之下，不得自由。

既似成盗，下一步是按盗律治罪，必须厘清乙取得斗鹑的方式是“公取”还是“窃取”，两者的刑罚大为不同。王安石没有说明乙是公取还是窃取，而且“公取窃取皆为盗”条并无罚则可以科罚，必须找出有罚则的条文。找出“强盗窃盗”条后，竟出现一个难题：乙取鹑的方式似乎既非公取也非窃取，不易定罪。

2.2 犯案之方式

唐宋律中，有罚则的盗罪只有两种：强盗和窃盗。施启扬说：“《唐律·贼盗律》上所称之盗，主要系指‘公取之强盗’与‘窃取之窃盗’而言，易言之，即采强盗与窃盗二分法。在唐律尚无抢夺罪之观念。”[20]

先谈“窃取之窃盗”。《宋刑统·贼盗律》的“强盗窃盗”条说：“诸窃盗，不得财，笞五十…… 疏议曰：窃盗人财，谓潜形隐面而取，盗而未得者，笞五十……”[21]我们选取七种较可信的翻译或解读：

2.2.1 曹漫之等：“潜藏形迹，隐蔽面貌去进行窃取。”[22]

2.2.2 Wallace Johnson：“隐身蔽面。”[23]

---

⑯ 参见乔伟：《唐律研究》，222 页，济南，山东人民出版社，1985。“盗罪成立的基本要件，就是犯罪人必须在事实上已将他人的财物据为己有。如果已经着手实行而尚未达此目的者，只能以盗罪未遂论之。”转引自钱大群、夏锦文：《唐律与中国现行刑法比较论》，168～171 页。

⑰ 《宋刑统》，卷 20，366 页；《唐律疏议译注》，卷 20，709 页。这话虽然是针对“器物之属”来说，但同样可应用于“阑圈系闭之属”和“放逸飞走之属”。

⑱ 施启扬：《唐律上盗罪之研究》，209 页。戴炎辉：《唐律通论》，台北，“国立编译馆”，1964，135 页：“处罚未遂犯，以有明文者为限。盖律重视实害，若未有结果，则不应处罚。”

⑲ 林咏荣也说：“强盗的断定，在于犯罪意图、实施方法及其结果……”《唐清律的比较及其发展》，333 页，台北，“国立编译馆”，1982。

⑳ 施启扬：《唐律上盗罪之研究》，194 页。钱大群、夏锦文将公取及窃取均归类为“窃盗”，甚不妥当，见《唐律与中国现行刑法比较论》，345 页。

㉑ 《宋刑统》，卷 19，345 页；《唐律疏议译注》，卷 19，677 页。

㉒ 《唐律疏议译注》，卷 19，677 页。

㉓ Wallace Johnson，*The T'ang Code*，*Vol. II*，*Specific Articles*，Princeton，Princeton University Press，1997，pp. 292～293.

2.2.3 施启扬："乘人不知以和平或秘密方法窃得其物，移入自己支配。"㉔

2.2.4 钱大群和钱元凯："窃盗的基本特征是非法秘密取人财物。"㉕

2.2.5 刘俊文："其特点是秘密或乘隙行盗。"㉖

2.2.6 乔伟："秘密窃取。"㉗

2.2.7 Brian McKnight："秘密取去他人之物。"㉘

乙取鹑之方式与上述皆不符，即使是支持王安石的苏基朗也认为乙是"公取"㉙。但乙是否符合公取的罪状？

"强盗窃盗"条对"公取之强盗"的定义是："诸强盗，〔注〕谓以威若力而取其财……不得财徒二年……议曰：强盗取人财，注云'谓以威若力'，假有以威胁人，不加凶力，或有直用凶力，不作威棱〔唐律作威胁〕，而劫掠取财者。"㉚我们选取同上的七种翻译或解读：

2.2.8 曹漫之等："强盗劫取别人的财物，律注说'这是指用威胁或暴力。'例如用威势胁逼别人，不加暴力行凶；或只有加暴力行凶，不先作威势胁逼就抢劫掠夺财物的。"㉛

2.2.9 Wallace Johnson："强盗就是取去别人的财物。律注说'以威或以力'，是指可以只用威胁而不用暴力，亦可以只用暴力而不用威胁，但两者的结果都是把财物夺走。"㉜

2.2.10 施启扬："前者〔以威〕为胁迫，乃以威胁抑制其精神上之自主，后者〔以力〕为强暴，乃有形的抑制其身体之反抗。不论强暴或胁迫，若其方法足以使人无法抗拒而取其财物，即为强盗。"㉝

2.2.11 钱大群和钱元凯："强盗是指以暴力手段非法取得他人财物的行为，包括用威胁或凶力劫掠取财两种。"㉞

2.2.12 刘俊文："此类行为之特点，是使用暴力、威胁或麻醉等手段公然劫夺。"㉟

2.2.13 乔伟："强盗的基本特点，就在于以凶力或威胁而劫掠财物者，不论这种凶力

㉔ 施启扬：《唐律上盗罪之研究》，201页。

㉕ 钱大群、钱元凯：《唐律论析》，217页，南京，南京大学出版社，1989。

㉖ 刘俊文：《唐律疏议笺解》，卷19，1384页，北京，中华书局，1996。

㉗ 乔伟：《唐律研究》，225页。

㉘ Brian E. McKnight, *Law and Order in Sung China*, Cambridge, Cambridge University Press, 1992, p. 90.

㉙ So Kee-long, "Legal Reasonings in Sung China: Criminal Liability in Homicide Cases"，载《史薮》，1998(3)，109～142页之123页。

㉚ 《宋刑统》，卷19，342页；《唐律疏议译注》，卷19，674～675页。

㉛ 《唐律疏议译注》，卷19，675页。

㉜ Johnson, *The T'ang Code*, pp. 290～291.

㉝ 施启扬：《唐律上盗罪之研究》，194页。

㉞ 钱大群、钱元凯：《唐律论析》，217页。

㉟ 刘俊文：《唐律疏议笺解》，卷19，1379页。

或威胁是施加于取财之前还是施加于取财之后。”[36]

2.2.14 Brian McKnight：“强盗就是公然用暴力或威胁取物，不管是先用强然后取物，还是先取物然后用强。”[37]

无论何者，均与乙取鹑之方式不符，因为乙既无用“胁迫”或“威胁”，也无用“强暴”或“暴力”，而甲也不是“无法抗拒”。

明显可见，同在一部《贼盗律》内的两个法条出现落差。王安石引用的“公取窃取皆为盗”条似乎确定乙是成盗，因为乙的确是把甲的斗鹑专制在己，不得自由；但是，“强盗窃盗”条却无法判乙盗罪，因为乙既非“窃盗”，也不符合“强盗”条件。唐宋两代规定“诸断罪皆须具引律、令、格、式正文，违者笞三十……”近代学者亦多有条件地肯定唐律是罪刑法定[38]，故当时的司法人员不能轻易以“强盗窃盗”条来断乙的罪。

那么，乙是否可逍遥法外？《大清律辑注·贼盗律》的“公取窃取皆为盗”条注文说：“若律所谓擅取、擅用、擅食、擅将去之类，皆不在公取、窃取之例。”[39]乙是犯了“擅将去”之罪。唐宋无“擅将去”的条文，但在《杂律》的“违令及不应得为而为”条说：“诸不应得为而为之者，笞四十；〔注〕谓律、令无条，理不可为者。事理重者，杖八十。”以量刑来说，笞四十亦适合取鹑的杂犯轻罪。

2.3 犯者之动机

唐宋立法已注意到犯罪动机之有无——同是杀人，犯罪结果相同，但故意杀人者斩，过失杀人者可以赎论。以强盗而言，“强盗窃盗”条的疏议说：“即得阑遗之物，财主来认，因即殴击，不肯还物…… 如此之类，是事有因缘，并非强盗。”[40] 可见虽用暴力殴击，目的亦是将拾得之物据为己有，但在拾物时并无盗之动机，乃不算强盗。乙有无盗的动机？盗人财物，一是打算无偿取得，二是无意归还，依这两个标准，乙似无盗意：假如乙曾向甲购买或借用斗鹑，则不能谓之打算无偿取得或无意归还。乙是在甲不肯卖或借的情况下携去斗鹑，可谓之强要或强借，不能谓之强盗。

2.4 两造之关系

中国传统法律的一个特点是按当事人的关系亲疏来论罚。就盗罪来说，例如同居共财的五服亲，“因皆系共财亲，无盗罪之可言。……故同居卑幼虽盗家产，不成盗罪，仅依私辄用财加罪。”[41] 但是，亲属一旦分居异财，相盗便构成盗罪，只在判罪时可以减刑。[42] 既

---

[36] 乔伟：《唐律研究》，223 页。

[37] McKnight，*Law and Order in Sung China*，pp. 89－90.

[38] 参见高明士：《导论：唐律研究及其问题》，4～6 页。又见钱大群、夏锦文：《唐律与中国现行刑法比较论》，22～23 页。相关条文见《宋刑统》，卷 30，549 页；《唐律疏议译注》，卷 30，999 页。

[39] 沈之奇：《大清律辑注》，1998 年怀效锋及李俊点校本，卷 18，647 页，北京，法律出版社。

[40] 《宋刑统》，卷 19，342 页；《唐律疏议译注》，卷 19，675 页。

[41] 施启扬：《唐律上盗罪之研究》，216 页。

[42] 参见施启扬：《唐律上盗罪之研究》，214～218 页。

连亲属之伦都不能免盗罪，乙与甲的朋友之伦亦不能免盗罪。

上述从犯者的动机、犯案的方式、犯罪的结果和两造的关系等四方面来检讨乙是否犯盗，发现乙似无犯盗的动机，取鹑的方式也不全符合“强盗窃盗”条对“强盗”或“窃盗”的界定，但符合专制斗鹑不得自由的犯罪结果，而乙与甲的朋友关系不能免乙盗罪。不过，在遵行断罪须引律令格式的唐宋两代，执法者不易引用“强盗窃盗”条来判定乙的刑罚，而“不应得为而为”之罪反较合适。乙既无盗罪，甲踢死乙自不能无罪，这也许是开封府等司法人员的思考方向。王安石根据乙得鹑之犯罪结果比附盗罪，不能谓之大错，但忽略了乙的动机不一定是盗，行为也不尽合盗律之罪状。辄以盗罪加乙，既有思虑不周之嫌，也罔顾了乙的名誉。

同在《贼盗律》，“公取窃取皆为盗”条似乎确定了乙是成盗，但“强盗窃盗”条却显示乙未必成盗，这难题的意义有三：（1）前条属原则性律文，并无罚则，后条属处分性律文，详列罚则，究竟何者才是判定有罪无罪的最终标准？由此可知，同案异判不一定是由于外力（如政治考虑）的介入，可能来自法律本身的模糊。（2）执法者必须熟读条文，才不会顾此失彼，漏掉重要的律文。（3）执法者须公正不偏，不能只检出“部分”而必须检出“全部”相关之律文，以免误导。

三、争议二：可否杀盗

即使乙成盗，甲可否杀他？王安石认为可杀，根据的律文是什么？他对这律文的解读有无可议之处？

3.1 相关律文：“捕亡律·将吏追捕罪人·旁人捕送”条

王安石认为甲杀乙无罪，因为“〔乙〕乃盗也，〔甲〕追而殴之，乃捕盗也；虽死，当勿论。”（上文1.1）唐宋律没有直接允许受害人追杀强盗的条文，但“捕亡律·将吏追捕罪人·旁人捕送”条说：“诸被人殴击，折伤以上，若盗及强奸，虽旁人皆得捕系，以送官司。”捕系时适用《捕格法》：“持仗拒捍，其捕者得格杀之；持仗及空手而走者，亦得杀之。”[43] 据此，连旁人都可根据《捕格法》捕盗，遑论作为受害人的甲了。

《捕格法》说盗者“持仗拒捍，其捕者得格杀之；持仗及空手而走者，亦得杀之”，乍看之下，甲当然可以杀乙。但是，这几句话属于“引证罪状”类，是援引其他条文已经描述之事状，为了避免行文重复，故措词简约[44]，引用时不能断章取义。要知道这几句话的详细内容，必须追溯它们的出处，就是“捕亡律·将吏追捕罪人”条：

诸捕罪人，而罪人持仗拒捍，其捕者格杀之，及走逐而杀，〔注〕走者，持仗〔谓兵器

---

[43] 《宋刑统》，卷28，512～513页；《唐律疏议译注》，卷28，944～945页。

[44] 徐道邻就说：“律疏引用前后文，每从简略，殊不似断狱律‘具引正文’之旨。”参见《唐律通论》，89页。罪状的类别，参见钱大群、夏锦文：《唐律与中国现行刑法比较论》，51～52页。

及杵棒之类〕、空手等。若迫窘而自杀者，皆勿论。即空手拒捍而杀者，徒二年。已就拘执，及不拒捍而杀，或折伤之，各以斗杀、伤论；用刃者，从故杀、伤法；罪人本犯应死而杀者，加役流。即拒殴捕者，加本罪一等；伤者，加斗伤二等；杀者，斩。[45]

王安石用来替甲脱罪的，主要就是从第四句开始的“及走逐而杀，〔注〕走者，持仗、空手等。……皆勿论”。似乎只要盗逃跑，不论手上有无武器，追捕者都可杀死他，那甲杀乙当然无罪。问题在于，这几句话是独立成句，还是以律文的首句“诸捕罪人，而罪人持仗拒捍”为大前提？假如是独立成句，那王安石就对，甲杀乙无罪。但是，假如它是以“诸捕罪人，而罪人持仗拒捍”为大前提，那就是说：盗者首先持械对抗捕者，后来逃走，此时不论盗者有没有持械，捕者都可以杀死他。这样甲就不能杀乙，因为乙没有持械反抗在先。开封府可能认为，甲杀死了虽逃跑但不曾持仗拒捍的乙，那就适用律文“〔罪人〕不拒捍而〔捕者〕杀，或折伤之，各以斗杀、伤论”，亦即“是斗杀也”，乃根据斗讼律判甲死罪。

王安石和开封府都有律文为据，而且是同一律文的上下文，可谓名副其实的前后矛盾，问题出在那里？究竟“捕亡律·将吏追捕罪人”条应如何解读？唐律的文字简练优美，有时也使人“捉摸不定”[46]。由于史料的限制，我们无法追究唐宋立法者的原意，只好先看近人的解读。

3.2 一条律文各自解读

近代法律学者对“捕亡律·将吏追捕罪人”条的解读可分为两派，一派跟开封府一样，主张盗者先持械拒捕然后逃走始可杀死，可称为“先持械拒捕然后逃走始可杀死”说。另一派跟王安石一样，主张只要盗者一开逃，不管是持械还是空手，便可杀死，可称为“逃走即可杀死”说。

3.2.1 “先持械拒捕然后逃走始可杀死”说

主张“先持械拒捕然后逃走始可杀死”的学人，主要是将“罪人持仗拒捍”句与“及走逐而杀…… 皆勿论”句合读，视为前后发生的过程。盗者先持械拒捕，登时被杀，捕者无罪；若盗者没有登时被杀，却持械或弃械逃走，此时被杀，捕者也无罪。例如杨师群说：“只有犯人持凶器拒捕、格斗，或败而逃跑时，捕吏才能杀死犯人而免予追究责任，有如现在的‘正当防卫’。”[47] 我们的理解是：犯人持械拒捕，不敌败走，无论仍然持械或已弃械，被追捕者击毙，追捕者无罪。前提是犯人先“持仗拒捍”，然后逃走，并不是一看到捕者便空手或持械逃走。

钱大群也认为：“凡捕捉犯人而犯人拿武器拒捕抵抗，捕捉人在相斗中杀死以及在奔跑追赶中杀死犯人，……追捕人都无罪。”[48] 他与钱元凯合著的《唐律论析》说得更清楚：

---

[45] 《宋刑统》，卷 28，511～512 页；《唐律疏议译注》，卷 28，942～943 页。

[46] 林咏荣：《唐清律的比较及其发展》，403～404 页，例子见 369 页等。

[47] 杨师群：《逮捕过程中的若干细则》，见王云海编：《宋代司法制度》，193～194 页。

[48] 钱大群：《唐律译注》，360～361 页，扬州，江苏古籍出版社，1988。

《捕亡律》（总 452 条）规定在追捕罪犯时，如罪犯持杖拒捕，可以“格杀”或走逐而杀。但对“空手拒捍”或“不能为害”的罪犯，追捕而杀者，要处“徒二年”。若罪人已被拘执，及原无拒捍之心，追捕者“杀或折伤之”，则“以斗杀、伤论”，用刃者，“从故杀、伤法”。[49]

换言之，钱氏将“格杀”与“逐杀”相对也相连，前者是当场打死，后者是当场没有打死，发生追逐，然后打死，前提都是“如罪犯持杖拒捕”。

在争鹑案里，乙没有“持仗拒捍”，甚至连“拒捍”都没有，只是在跑，甲把乙杀死，自然符合“罪人不拒捍而捕者杀之，以斗杀论”了。

3.2.2“逃走即可杀死”说

主张“逃即可杀”的学人主要是将“罪人持仗拒捍”句与“及走逐而杀…… 皆勿论”句分开来读，视为两种独立的情况。如是，盗者没有持仗拒捍，只要走逐，即使是空手也得被杀。例如 Wallace Johnson 说：“犯人持械拒捕，捕者杀之无罪；或犯人逃走，无论持械或空手，捕者杀之亦无罪；或犯人窘迫自杀，捕者亦无罪。”[50] 用戏剧性的话来说，宋代的治安人员遇到盗者，不必上前拘捕，只要等到盗者逃跑，便可从背后一箭射去，射死了也无罪。如此杀犯，有何合理性？戴炎辉和刘俊文从不同的角度提供了一个相同的答案，但均可商榷。

戴炎辉从“本于公务执行，非因正当防卫”[51]的角度解释可杀不可杀：

将吏以下捕罪人，而罪人乃持仗拒捍，其捕者以其拒捍，因而格杀之；或罪人逃走，不论其系持仗与徒手，逐而杀之者，各勿论。

其不罚之理由，律意侧重于捕罪人之执行公务，因罪人持仗而拒捍，或恐其逃失。[52]

我们的疑问是：拘捕“持仗拒捍”与“不持仗拒捍”的罪人皆是执行公务，为何格杀前者不用处罚，而格杀后者却要“徒二年”呢？明显可见，执行公务不是立法者惟一的考虑。

刘俊文从“正当防卫兼履行职责”的角度解释可杀不可杀：

盖罪人持仗拒捍者，危及捕者生命，格杀属于正当防卫；罪人逃走者，捕者有失囚之愆，逐杀是为履行职责，而罪人被迫窘自死，则与捕者无关：故三者皆得“勿论”。……罪人空手拒捍而格杀之，凡属此种情况，则各徒两年。盖空手拒捍并不足以危及捕者生命，格杀即是防卫过当，须予惩治。[53]

的确，利用“正当防卫”与“防卫过当”，可以解答戴炎辉留下的疑问，即“正当防卫”是针对持仗拒捍的罪人，杀之不罚，而“防卫过当”针对不持仗拒捍的罪人，杀之乃徒二年。这立即产生一个疑问：杀死空手逃跑的罪人难道不是一种“过当”吗，为何不罚？

㊾ 钱大群、钱元凯：《唐律论析》，316 页。

㊿ 原文请见 Johnson，*The T'ang Code*，pp. 513～514.

(51) 戴炎辉：《唐律各论》，1988 增订版，原 1965 年版，727 页，台北，成文出版社，1988。

(52) 戴炎辉：《唐律通论》，117 页。

(53) 刘俊文：《唐律疏议笺解》，卷 28，1959 页。

刘俊文乃用“失囚之愆”来解释，但恐怕有问题。

“失囚之愆”出自“将吏追捕罪人”条的疏议，说明为何容许捕者杀死“空手”的罪人。[54] 刘俊文比附此说，但有三个问题不易回答：

第一，假如罪人空手逃跑，捕者恐怕走失会受到责罚，乃把罪人杀死，于法无罪；那罪人空手拒捕，岂非更有失囚的可能，为何捕者把他杀死反要受二年的徒刑？

第二，罪人是在什么情况下空手逃走？这也是本文的原始问题。他可能持有武器，在拒捕时丢弃，然后空手逃跑；也可能本就空手，看到捕者就逃跑。假如“虑其走失”指的仅是前者，刘俊文“失囚之愆”说就不能用在本无持械的逃犯身上。“走失”本身似不足构成可杀的条件，走失的“前因”和“后果”才构成可杀与否的条件。走失之前曾持械反抗，因顾虑凶徒在走失之后产生危害，才构成可杀的条件；走失之前无持械反抗，只是空手逃跑，则未构成可杀的条件。

第三，“失囚之愆”的前提是失“囚”，但乙是否为“囚”？唐宋律对“囚”的定义在“捕亡律·被囚禁拒捍官司而走”条，是说罪人已被收押而以暴力越狱或暗中潜逃，或执法者进行缉捕而罪人拒捍逃跑或暗中潜逃，都属“被囚禁拒捍官司”[55]。刘俊文也说，“按在禁或被追逃亡罪，指罪人被囚禁或被追捕而逃亡之行为。前者是为越狱，后者是为避捕，二者均属畏罪逃亡，性质异于一般逃亡，故律独立为条”[56]。明显可见，乙最多只能算“一般逃亡”的犯事者，并非“囚”，不能用“失囚之愆”的理由杀他，故王安石由始至终都不用失囚而用杀盗。

乔伟基本上认为律文允许捕者杀死本来没有持械但却开逃的犯事者，但又觉得律文前后矛盾：

> 按捕者杀伤逃亡罪人的刑事责任，虽有上述种种〔可否杀伤的〕规定，但法律既许空手逃走而逐杀，因而空手拒捍以下之限制〔即捕者杀伤罪人要受处罚〕，就基本上等于具文。[57]

“等于具文”四字可谓一针见血！若捕者可以杀死本来就空手的逃犯，那“将吏追捕罪人”条可浓缩成一句：“捕者可以杀死任何没有束手就擒的犯人。”根本不用区分犯人有无拒捍或持械，相关规定都成多余，但乔伟没有解释，为什么在同一段落且上下连贯的前后文，竟出现如此抵牾？

综合来说，针对捕者可杀死空手逃跑的犯人，戴炎辉解释是“执行公务而不是正当防卫”，刘俊文解释是“正当防卫兼失囚之愆”，两者不尽相同，但俱有漏洞，与王安石的主张也有出入。Wallace Johnson 和乔伟没有解释，但乔伟察觉到法条的前文使后文成为具文。因此，尽管王安石在案发近千年后获得声援，我们仍不能确定乙为什么可杀。

---

[54] 参见《宋刑统》，卷 28，512 页；《唐律疏议译注》，卷 28，943 页。

[55] 《宋刑统》，卷 28，521 页；《唐律疏议译注》，卷 28，951～952 页。

[56] 刘俊文：《唐律疏议笺解》，卷 28，1996 页。

[57] 乔伟：《唐律研究》，345 页。

四、解开争议：不同角度的分析

究竟捕者能否杀死空手逃跑的犯事者？“将吏追捕罪人”条应如何理解才能避免前后连贯的上文和下文互相抵触？我们将中西并用，既用最古老的分析方法，也采取较新但也有争议的方法，尝试提供一个答案。除了解惑之外，也借以显示中外古今对法律的看法和研究方法其实有不少共通的地方。

4.1 律文的文理结构

无论东方或西方，解读律文最古老的一种方法就是注释法（Glosses），逐字逐句推敲律文的意义，由字而句而段落而章法，如戴炎辉的《唐律各论》和刘俊文的《唐律疏议笺解》。引发争鹩案的争议的，不是“将吏追捕罪人”条的词汇，而是它的文法结构。我们虽不同意戴炎辉和 Wallace Johnson 的解读，但十分同意他们的分段：[58]

4.1.1 诸捕罪人，而罪人持仗拒捍，其捕者格杀之，及走逐而杀，〔注〕走者，持仗、空手等。若迫窘而自杀者，皆勿论。

4.1.2 即空手拒捍而杀者，徒二年。

4.1.3 已就拘执，及不拒捍而杀，或折伤之，各以斗杀、伤论；用刃者，从故杀、伤法；罪人本犯应死而杀者，加役流。

4.1.4 即拒殴捕者，加本罪一等；伤者，加斗伤二等；杀者，斩。

这样分段是以“拒捍”为主题来组织律文，分为“持仗拒捍”（4.1.1）、“空手拒捍”（4.1.2）、“不拒捍”（4.1.3）和“拒殴”（4.1.4）四种情形。明清律大致沿用此条，但将“将吏追捕罪人”改称“罪人拒捕”条，“拒捕”二字可谓颇得唐人用心。事实上，“将吏追捕罪人”条的疏议也说：“其拒捕、不拒捕，并同上条捕格之法”[59]，明白表示“拒捕、不拒捕”是立法时的重要考虑。所以，解读“将吏追捕罪人”条时，应扣紧“拒捕”这前提。如是，在律文 4.1.1 里，“及走逐而杀，〔注〕走者，持仗、空手等。……皆勿论”句的前提，就是同句的“持仗拒捍”，即钱大群等人所说：罪人先是持武器拒捕，及后逃走被追，此时不论是否仍然持有武器、抛弃武器、将武器投掷捕者后不再持有，或武器被捕者打落，捕者都可以杀死他。若将此句独立出来，没有了“拒捕”的前提，只要逃走，有没有拒捕皆可杀，似乎不是唐代立法者的原意。

4.2 律文内部的合理性

不论古今中外，负责的立法者都力求律文前后一贯，避免歧异。当然，法典一修再修，篇幅又大，难免会出纰漏。徐道邻饱读唐宋律，既谓唐律思虑周密，也指出其前后矛盾，但只有两处，而且均属不同部门的律文，如《职制律》与《贼盗律》，或《贼盗律》与《斗

---

[58] 参见 Wallace Johnson，*The T'ang Code*，pp. 513～515；参见戴炎辉：《唐律各论》，285 页。

[59] 《宋刑统》，卷 28，512～513 页；《唐律疏议译注》，卷 28，944～945 页。

讼律》，没有同条律文上下矛盾的。[60] 假如同条律文前后矛盾，疑点重重，就可能是立法或修法者不小心，亦有可能是我们读错了。

假如“将吏追捕罪人”条确如王安石所认定，罪人一逃就可杀，我们立即要问：如一逃便可杀，持仗和空手就无区别，律文（4.1.1）只要说“及走逐而杀，皆勿论”两句便一清二楚了，为何要在这两句中间注明“走者，持仗、空手等”呢？假如这七个字是意有所指，很可能是用来承接上文“罪人持仗拒捍”句，即“罪人持仗拒捍”是前因，而“及走逐而杀，〔注〕走者，持仗、空手等”是后果，两句须连读不能分读。

注文点出的“空手”，恰好提供一个绝佳的切入点，让我们把“将吏追捕罪人”条的各项加以综合而非单独来看，以比较不同解读的合理性：

	解读	犯者			捕者	
1	钱大群等人对律文 4.1.1 的解读	持械拒捕后空手	逃跑		击毙之	无罪
2	王安石等人对律文 4.1.1 的解读	丙犯空手	逃跑		击毙之	无罪
3	律文 4.1.2	丁犯空手	拒捍		击毙之	徒二年
4	律文 4.1.3	空手或带械	不拒捍		击毙或折伤之	以斗杀伤论

丙、丁两犯同是空手，目的也一样是逃脱，但达到此目的之手段，丙是逃跑，不伤捕者，丁却是拒捍，加害捕者，结果捕者杀死逃跑的丙无罪，杀死拒捍的丁却徒两年，实在不合情理。较合情理的解释，是丙在空手逃跑之前，曾持械拒捕。持械拒捕者可视为危险人物，有杀伤人命的可能，即疏议所谓“斗而用刃，即有害心。”[61] 他既可能伤害捕者，故容许捕者当场格杀；他亦可能在逃脱后伤害无辜，故应阻止他逃脱，所以即使他在逃跑时已无持械，“虑其走失，故虽空手，亦许杀之。”律文可以理解为：罪人持械拒捕，不敌逃走，手中已无械，捕者恐怕罪人走失，遗祸在外，故罪人虽然空手，亦得杀之。

总之，“拒捕”不构成可杀的条件，“拒捕的方式”才构成可杀与否的条件：

拒捕方式	目的	可杀否		捕者	罪罚
1. 持械反抗	脱身	可杀		击毙之	无罪
2. 空手反抗	脱身	不可杀		击毙之	徒二年
3. 空手逃跑	脱身	不可杀		击毙之	死刑

4.3 律文外部的一致性

一条律文的内容，除了本身应前后一致外，还应与其他同性质的律文一致，有如“互

---

[60] 参见徐道邻：《唐律通论》，80～81、91页。

[61] 《宋刑统》，卷21，373页；《唐律疏议译注》，卷21，723页。

见”或“一部律内余条准此”，反映立法者的法律观念前后相通。徐道邻能够指出唐律有两处矛盾，就是留意比较相关的律文是否一贯，这也是西方法学的古典方法。[62]

争鹑案的两个疑问都可跟相关的律文比照。一是甲杀乙究竟是捕杀还是斗杀。照王安石的说法，不论窃盗或强盗，只要盗者一逃，捕者就可击杀，适用的法律观念只有捕杀，没有斗杀可言。然而，“强盗窃盗”条曾讨论窃盗如何变为强盗：假如盗者原来只是窃，没有用暴力，后来与事主抗拒，施用暴力，便由窃盗变为强盗，但律文特别注明：“及窃盗发觉，弃财逃走，财主追捕，因相拒捍，如此之类，事有因缘者，非强盗。……〔议曰：〕如此之类，是事有因缘，并非强盗，自从斗殴及拒捍追捕之法。”[63] 即盗者与事主抗拒之前，已把赃物弃去，那么虽用暴力抗拒，仍不算强盗，只算窃盗。我们要留意的，是疏议说“自从斗殴及拒捍追捕之法”，明白指出有两种方法处理盗者和捕者（事主）的冲突，即斗殴或拒捕，不是只有拒捕一种，跟王安石的说法有明显出入。假如盗者一逃即可杀，那么疏议只需说“自从拒捍追捕之法”，现在却说“自从斗殴及拒捍追捕之法。”可见捕者追上盗者，发生冲突时，在一些情况下适用《斗讼律》，在另些情况下适用《捕亡律》，而不是王安石所主张的，一律用《捕亡律》，杀盗无罪。

二是持械与否的重要性。严格区分犯罪时有无使用武器，是因为惩罚的轻重大有不同。唐代“强盗窃盗”条说：“诸强盗，不得财，徒二年。……其持仗者，虽不得财，流三千里。”后周（951—960年）加重盗罪，显德五年（958年）七月七日敕：“今后应持仗行劫，不问有赃无赃，并处死；其同行劫贼内，有不持仗者，亦与同罪。其余称强盗者，准律文处分。”即是把强盗分为持仗与不持仗两大类。同一伙人，只要其中一人行劫时是持仗，就把整个犯罪行为归入持仗类，即使其他人一个都没有持仗，也全部处死。相反，同一伙人，行劫时都没有持仗，便计赃论罪，不一定处死。宋代承之，更清楚说：“应持仗行劫，一准旧敕，不问有赃无赃，并处死。除持仗行劫外，其余强盗，谓以威若力而取其财，……计赃处死、决配，一准前敕处分。”[64]可见宋人仍然严格区分持仗与不持仗。由此视之，“将吏追捕罪人”条的解读，如是说捕者可杀死持仗拒捕后空手逃亡的罪人，但不可杀死空手拒捕和逃亡的罪人，就跟“强盗窃盗”条区分持仗与不持仗的原则一致。相反，如说捕者既可杀死持仗拒捕后空手逃亡的罪人，又可杀死空手拒捕和逃亡的罪人，就跟“强盗窃盗”条区分持仗与不持仗的原则不一致。

4.4 与同类律文的比较

数年前，一日籍留美学生在傍晚误入民居，发现不对，转身便走，屋主大呼“freeze”

---

[62] 参见 Harold J. Berman, *Law and Revolution: The Formation of Western Legal Tradition* , Harvard, Harvard University Press, 1983 (9th printing, 1997), pp. 120～164。简单的说明，参见 R. C. Van Caenegem, *An Historical Introduction To Private Law*, Cambridge, Cambridge University Press, 1992, translated by D. E. L. Johnston from *Introduction historique au droit privè*, pp. 47～52。

[63] 《宋刑统》，卷 19，342 页；《唐律疏议译注》，卷 19，674 页。

[64] 《唐律疏议译注》，卷 19，674～676 页；《宋刑统》，卷 19，342～345 页。

（止步），无效，乃开枪，学生倒毙，屋主被判无罪。乍看之下，此与争鹑案有共通之处，即甲可以杀死乙，其实正好相反。

若留学生命案发生在宋代，适用的律文是《贼盗律》的“夜入人家”条：“诸夜无故入人家者，笞四十。主人登时杀者，勿论。若知非侵犯而杀、伤者，减斗杀、伤二等。其已就拘执而杀、伤者，各以斗杀、伤论，至死者，加役流。”[65] 屋主在宅院内杀死不知何故闯入的留学生的确是“勿论”的。我们既惊叹唐宋时代的法律居然在千载之后得到西方民主法治国家的共鸣，也发现将“夜入人家”条比对“将吏追捕罪人”条后，空手逃走即可杀死的说法有窒碍之处。

“夜入人家”条所谓“无故”入人家，不是指闯入者无缘无故地闯入，而是指屋主即使不知道闯入者何故入宅院，也可实时在宅院内把闯入者杀死。[66] 但是，假如屋主知道闯入者无侵犯之虞，则杀之不能免罪，故疏议说：“‘若知非侵犯’，谓知其迷误，或因醉乱，及老、小、疾患，并及妇人，不能侵犯，而杀、伤者，减斗杀、伤二等〔即由绞死减为徒三年〕。”[67] 相反，假如屋主知道闯入者意图侵犯，那当然可以实时在宅院内把他杀死，故疏议问答说：“即明知是侵犯而杀，自然依律勿论。”[68]所谓侵犯，除了强奸、刺杀等暴行外，当然包括强盗和窃盗，这也是“夜入人家”条放在《贼盗律》的原因。[69] 也就是说，“夜入人家”条准许受害人有条件地杀死夜盗，那么条件是什么？清人说得很明白：“然必是黑夜，必是无故，必是家内，必是主家，必是登时杀死，方得弗论。有一不符，即当别论矣。”[70]一旦夜盗逃出宅院，屋主杀他就不一定无罪，而可能要根据《斗讼律》治罪。在争鹑案里，即使乙是盗，但甲杀乙既在白天，又在宅院之外，而乙实际上并无持仗拒捍，那甲是否无罪，还是应按《斗讼律》治罪？此外，夜入人家行刺，但只要逃离宅院，受害人都不一定可以将刺客杀死；那么，举重明轻，乙只不过把斗鹑携走，又无持仗拒捍，甲把他杀死，是无罪，还是应按《斗讼律》治罪？清代《刑书据会》说：“出外而殴，虽在登时，亦依罪人不拒捕而杀”[71]，值得我们参考。

4.5 律文的历史发展

唐宋“将吏追捕罪人”条被明清继承和增删。增删的原因系出于明清的时代需要，已超出本文范围，但增删的结果可以透露明清对唐宋律文的了解和反应。[72]《大明律》之“捕

---

[65] 《宋刑统》，卷 18，331 页；《唐律疏议译注》，卷 18，654～655 页。

[66] 唐宋的《夜入人家》条由明清继承，只是略有增减。清人解释“无故”二字最简明：“无故字义要看得活，但谓主家不知其为何事耳。”见沈之奇：《大清律辑注》，卷 18，634～635 页。

[67] 《宋刑统》，卷 18，331 页；《唐律疏议译注》，卷 18，654～655 页。戴炎辉：《唐律各论》，150 页。

[68] 《宋刑统》，卷 18，331 页；《唐律疏议译注》，卷 18，654～655 页。

[69] 参见《大清律辑注》，卷 18，635 页：“无故入人家，一不应罪耳，而附于盗律之内者，谓其近于盗也。”

[70] 《大清律辑注》，卷 18，635 页。钱大群、夏锦文：《唐律与中国现行刑法比较论》，157～159 页，亦有精到的分析。

[71] 《大清律辑注》，卷 18，635 页。

[72] 详见林咏荣：《唐清律的比较及其发展》，尤其《中篇》第三章《唐清律的比较》。

亡・罪人拒捕”条：

凡犯罪逃走拒捕者…… 若罪人持仗拒捕，其捕者格杀之，及囚逃走，捕者逐而杀之，若囚窘迫而自杀者，皆勿论。若已就拘执，及不拒捕而杀，或折伤者，各以斗杀、伤论。罪人本犯应死而擅杀者，杖一百。[73]

清承明律，正文只字不差，小字注文更为清楚。《大清律辑注・刑律》之“捕亡・罪人拒捕”条：

凡犯罪事发而逃走及犯罪虽不逃走，官司差人追捕，有抗拒不服追捕者…… 若罪人持杖拒捕，其捕者格杀之，及在禁，或押解已问结之囚逃走，捕者逐而杀之，若囚因追逐窘迫而自杀者，不分囚罪应死、不应死，皆勿论。若囚虽逃走，已就拘执，及罪人虽逃走不拒捕而追捕之人恶其逃走，擅杀之，或折伤者，此皆囚之不应死者。各以斗杀、伤论。若罪人本犯应死之罪而擅杀者，杖一百。以捕亡一时忿激言，若有私谋，另议。[74]

最值得注意的，是明清律把“罪人”与“囚”分别清楚：

唐宋律	明清律
1. 罪人持仗拒捍，其捕者格杀之，勿论。	1. 罪人持仗拒捕，其捕者格杀之，勿论。
2. 及〔罪人〕走逐而杀，[注] 走者，持仗、空手等。勿论。	2. 及囚逃走，捕者逐而杀之，勿论。
3. 〔罪人〕迫窘而自杀者，勿论。	3. 囚窘迫而自杀者，勿论。
4. 〔罪人〕即空手拒捍而杀者，徒二年。	4. 无特别指明。
5. 〔罪人〕已就拘执，及不拒捍而杀，或折伤之，各以斗杀、伤论；用刃者，从故杀、伤法；罪人本犯应死而杀者，加役流。	5. 〔囚〕已就拘执，及〔罪人〕不拒捕而杀，或折伤者，各以斗杀、伤论。罪人本犯应死而擅杀者，杖一百。

第 1 点：唐宋和明清完全相同。明清律所谓“事发”，非独“犯罪发生”，而是“犯罪之人，事已发觉，官司差人追捕”[75]，或“犯罪之人，事发到官，差人勾捕 ……”[76] 换言之，是官司已知犯罪发生，派员勾追，与唐宋对“事发未囚而亡”的解释一致。

第 2 点：唐宋律的对象是“罪人”，明清律是“囚”。两者的区别，是“未在禁曰罪人，

[73] 刘惟谦等：《大明律》，1990 年怀效锋点校本，第 27 卷，203～204 页，沈阳，辽沈书社；薛允升：《唐明律合编》，卷 28，754～758 页。

[74] 《大清律辑注》，卷 27，958～959 页；马建石、杨育棠主编：《大清律例通考校注》，卷 35，995～997 页，北京，中国政法大学出版社，1992。

[75] 《唐明律合编》，卷 28，755 页；《大清律辑注》，卷 27，959 页。

[76] 《大清律辑注》，卷 27，959 页。

已在禁曰囚，”[77] 可见不能随意混用。明清的囚是一逃即可杀，不管空手或持械，故省去唐宋律的“走者，持仗、空手等”几句。

第3点：明清的罪人窘迫自杀，清代捕者亦无罪，因为“罪人逃走，因追捕窘迫而自杀者，亦应勿论。”[78]

第4点：明清的捕者杀死空手拒捍的罪人，一如唐宋律，以《斗讼律》科罚，因为“罪人逃走，不拒捕，即拒捕〔但〕不持仗者，皆不得如囚之逐杀弗论也。”[79]

第5点：唐宋和明清基本相同。明清的逃囚已就拘执，就不能擅杀，举重明轻，罪人已就拘执，自然也不能杀。罪人不拒捕即不能杀，但逃囚虽不拒捕仍可杀，因为“追逐逃囚，情急事迫，势不能从容擒获，因而杀之，如追之不及，放箭射杀之类，故亦弗论。”[80]

总之，清人把唐宋和明清律的分别说得十分清楚，“已经问结之‘囚’，在禁及押解之时，脱系而逃走，捕之者既不可宽纵，则追之不得不急，于以杀之，亦势不得已也。……逃走之‘罪人’，并不拒捕，则不难于就擒，而追捕之人，犹恶其逃走而杀之，或殴至折伤者，是无故而杀、伤矣，故各以斗杀、伤论，杀者，绞。”又说：“‘罪人’持仗拒捕，乃许格杀；……若‘罪人’逃走，不拒捕，即拒捕不持仗者，皆不得如‘囚’之逐杀弗论也。”[81] 争鹑案若发生在明清，乙非“囚”，仅一“罪人”，又无持仗拒捕，完全符合“逃走之罪人，并不拒捕”的情节，而甲“恶其逃走而杀之，是无故而杀矣，绞”。一件在宋代纷纷扰扰的难案，一条从宋到现代都解读不清的律文，在明清却是这样得易办易解。

4.6 目的论

徐道邻谓唐律有十四项新颖思想，其中之一即“目的主义”[82]。法律是为某些目的而设，乃不争之论，但最重要的目的是什么，却不无争议。这问题须分别立法与司法两个层次。影响立法的因素很多，如文化传统、历史背景、种族成分、性别歧视、政治动机、社会问题、经济考虑和国际认同等，当然也包括公平和正义等法学原则，所产生的法律自然含有各种目的，而某个目的，就算是所谓“普世价值”如平等和人权等，也只是相对地重要而非绝对地重要，而且各地不同。[83]

影响“立法”的因素该否介入“司法”？直到今天，不少法学者相信，尽管在立法时有种种复杂的考虑和目的，一旦立法完成，执法者办案就可凭着理性和科学的方法寻求答案，

---

[77] 《大清律辑注》，卷27，963页。

[78] 《大清律辑注》，卷27，963页。

[79] 《大清律辑注》，卷27，958～959、962～963页。

[80] 《大清律辑注》，卷27，962页。

[81] 《大清律辑注》，卷27，958～959、962～963页。

[82] 徐道邻：《唐律通论》，64页；引朱方《中国法制史》所论。

[83] See Gary Minda, *Postmodern Legal Movements: Law and Jurisprudence at Century's End*, New York, New York University Press, 1995, p. 3、pp. 72～75, pp. 221～223.

而答案必在法律系统之中，不假外求，更不受外力的干预。[84] 执法者的角色，仅是法律之代言人，而非人民之喉舌，他们坚持"应怎样办就怎样办"，不能迁就现实。遇到律文不周，执法者不能擅作主张，而要转给立法者解决，因为后者是惟一的法源。[85] 另一方面，接近实用主义的法学者认为，法律固然是目的，同时也是达到其他目的的"手段"，司法不能脱离现实，包括政治。总结1980年代美国法学研究的成果时，Gary Minda 说："最值得一提的教训，就是法学方法本身就带有意识形态和政治倾向，法律与政治的关联实在无法避免。"[86] 争鹑案的判决有没有违反了某些目的？

4.6.1 刑事立法的目的

唐代刑事立法的一个重要特点是以增加律文的包容度和确切性来减少人为的运作，钱大群称之为"量化立法"，主要目的有三：一是"有利于定罪判刑，提高办案的准确率"；二是减少执法者的个人因素，因为"法官在量刑幅度上的自由裁量权愈小，则法律的严密性愈有保障"；三是"缩短了办案周期，加速了司法审判的流程，以便及时地打击和制止犯罪，有利于法律秩序的稳定。"[87]

就盗罪来说，量刑完全基于罪行的严重性和赃物的价值，不是执法者个人的价值判断，也不完全是为产生阻吓或自新的作用。"强盗窃盗"条明确规定，强盗罪是"不得财，徒二年；一尺徒三年，二匹加一等；十匹及伤人者，绞；杀人者，斩。其持仗者，虽不得财，流三千里；五匹，绞；伤人者，斩。"[88] 窃盗是"不得财，笞五十；一尺杖六十，一匹加一等；五匹徒一年，五匹加一等，五十匹加役流。"[89] 可说相当机械和比例化（重罪重罚、轻罪轻罚）。同样，《捕格法》也按照"拒捕方式"的严重性（持仗或空手等，见上文4.2）来分别逮捕手段的等级（从可杀到不可杀），符合轻重对称的比例原则。

王安石"逃即可杀"的主张与量化立法的目的格格不入，倒退至隋唐以前的法律水平。依王安石的主张，一个一无所获的窃盗，如是束手就擒，刑罚是笞五十，如是开逃，就罪致于死，死时不曾受审定罪。"强盗窃盗"条让我们清楚看到刑罚递增的计算方法，但在"一逃即杀"的主张里，看不到任何计算方法，它对犯人的严厉程度超过窃盗罪的所有刑罚，而达到强盗罪的最高刑罚——死刑，把逃跑等同为强盗空手杀人或持仗伤人。逃跑拒捕有不同的方式，量化立法会针对不同的方式而限制逮捕的方法，不会一条鞭式地滥杀。

---

[84] See Van caenegem, *An Historical Introduction to Private Law*, pp. 119～120; Minda, *Postmodern Legal Movements*, pp. 13～16.

[85] 参见《宋刑统》，卷11，208～209页；《律令式不便于事》亦说："诸称律、令、式不便于事者，皆须申尚书省议定奏闻。若不申议，辄奏改行者，徒二年。即诣阙上表者，不坐。"

[86] Minda, *Postmodern Legal Movements*, p. 218, 又见 pp. 17～19, p. 34, p. 36. 某些法学者本人也从寻求"正确的答案"转为寻求"最佳的解释"，不再认为法律有固定的真理，而是随事而变，见 p. 206。

[87] 钱大群：《唐律立法量化技术运用初探》，载《南京大学学报》，1996（4），22～30页；修订后收入氏著：《唐律研究》，352～361页。

[88] 《宋刑统》，卷19，342页；《唐律疏议译注》，卷19，676页。

[89] 《宋刑统》，卷19，345页；《唐律疏议译注》，卷19，677页。

“逃即可杀”的主张无疑违反了量化立法讲求罪罚对称的比例原则和谨慎用刑的目的。

4.6.2 政治目的

在宋初，以死作为一种惩罚有两个特点。一是由中央掌握死刑的查核或终审权。简单地说，县级的死刑先由州级审核，再送路级审核，没有争议的，便在执行后上报中央，由中央查核；有争议的，便送到中央，先由司法机关审议，最后由皇帝决定。[90] 另一个特色是以频繁的肆赦来减免死刑，Brian McKnight 甚至称赞宋代是“传统中国最仁慈的朝代，跟18世纪法国的残酷不能相提并论”[91]。就政治角度来看，是政府对审判权和行刑权的垄断，及对死刑的谨慎。

“逃即可杀”的法律观念并不符合上述目的。第一，它容许捕者在若干程度上掌握生杀大权，他可以选择在逃犯背后放箭，也可以网开一面。第二，它纵容私刑，让平民百姓也可以假借“捕亡律·旁人捕送”夺人性命。第三，它剥夺了政府的审判权，使犯人未经官方审判便在平民手中送命。这些是否符合当时连地方首长都不能独断独行，须由高层决定死刑的慎刑目的？[92]

4.6.3 社会目的

法律的一个重要目的是维持社会安定，保障人民的生命和财产，故阻遏盗贼是应有之义，问题是王安石“逃即可杀”的主张能否防盗？

苏基朗接受王安石“公取窃取皆为盗”的看法，认为甲可杀乙，并认为假如王安石的法律推理得直，或可收到一种社会效应，提高人民对财物所有权的警觉性。[93] 这等于告诫社会大众，不要侵犯别人的财产，否则死有余辜。它的目的就不止于司法正义，还有法律倡导和社会教化。如是，王安石无疑以牺牲盗者的生命来推行法律教育！这种杀一儆百的手段不但草菅人命，违反“先教后刑”的传统，更严重的，是把“盗”与“逃”混为一谈。

要告诫社会大众不要侵犯别人的财产，最直接的方法就是落实“强盗窃盗”条，连窃盗不成也要笞五十，强盗不成也要徒二年。“逃即可杀”所传达的警讯，不是“不要盗”，而是“不要逃”，两者并不完全相同。“逃即可杀”所针对的，是盗发后的状况，不是盗的本身。它可能促使盗者被发现时束手就擒，但恐怕不能阻遏盗行，甚至会引起社会不安，因为它容许以暴易暴。首先，它容易养成人民对盗案的过分反应，不管罪行是否严重，概以激烈手段来对付犯者；其次，它宣扬以暴力作为打击犯罪的合法手段。为自卫而杀人是情有可原，但只因为窃盗逃跑便下手杀死，则无疑是以暴力取代犯罪，是原始和粗疏的法律思维。

---

[90] 参见戴建国：《宋代刑事审判制度研究》，载氏著：《宋代法制初探》，199～245页，哈尔滨，黑龙江人民出版社，2000，原载《文史》总第31辑（1988）。

[91] McKnight，*Law and Order in Sung China*，pp. 69～471. 又见氏著 *The Quality of Mercy：Amnesties and Traditional Chinese Justice*，Honolulu，The University Press of Hawaii，1981.

[92] 明代索性删去“旁人捕送”条，《唐明律合编》，卷28，758页：“再唐律有旁人皆得捕系…… 明律无文。”

[93] See So Kee-long，“Legal Reasonings in Sung China：Criminal Liability in Homicide Cases”，p. 125.

开封府的判决则是很好的法律教育。它告诉社会大众，惩罚犯事者应根据他罪行的严重性，而不是仅因为他犯了法。这种思维符合罪刑对称的比例原则，即轻罪轻罚，重罪重罚。也清楚说明，以暴力来防止或消灭犯罪是不正确的手段，且会同样受到惩罚。这种法律思维才称得上深思辩证，是人类社会脱离“丛林法”的动力。

4.7 法理、人情、利害？

表面看来，王安石和开封府等人在法理上南辕北辙，几无妥协可能，但综观全案，僵局并非不能以法律途径来解决，却没有实行，反可能以法律以外的考虑来结案，例如人情世故和利害关系。

全案可分三个阶段来分析。第一阶段是对所谓“原始事实”的重建和确认，即案发经过：乙向甲求鹑不成，把鹑携走，甲追上去把乙踢死。王安石和开封府等人并无异议。

第二阶段是把“原始事实”赋予法律定义，转化为“法律事实”以便定罪科罚，这是双方争议的起点：

	乙取鹑	乙之罪	甲杀乙	甲之罪
开封府	不完全适用“强盗窃盗”	不算盗	依“斗殴故殴故杀”	绞刑
王安石	依“公取窃取皆为盗”	算盗	依“将吏追捕罪人”	无罪

双方各有坚持，但不无调和的空间：一是在“公取窃取皆为盗”和“强盗窃盗”条之间取得平衡；二是跳脱成文法，诉诸当代对盗的界定，或现在所谓的“常识法”。事实上，“常识法”和“成文法”本有互通之处，其关系有如下图的连续体，图中的“←→”表示“互相影响”：

<table>
<tr><td>常识法</td><td></td><td colspan="3">成文法</td></tr>
<tr><td rowspan="2">社会对盗的一般认知和价值判断等</td><td rowspan="2">←A→</td><td>原则</td><td rowspan="2">←B→</td><td>细则</td></tr>
<tr><td>“公取窃取皆为盗”条</td><td>“强盗窃盗”条</td></tr>
</table>

以这个连续体来观察，王安石与开封府未尝不可以在“←A→”区或“←B→”区化除歧见，达成协议。首先，常识法大致与成文法的原则性条文接近，而与细则有隔阂。如民间现在还会说“不问自取，是谓贼也”，而不明白为什么陌生人已在撬门，但还不算盗，只算破坏。也就是说，王安石不但可以得到一些支持原则性条文的法学者的认同，还可以得到常识法的部分支持，在“←A→”区不见得会输掉官司。其次，王安石与开封府的对立也没有那么严重，他们或可在“←B→”区找到共识。假如甲没有打死乙而是告到官府，则无论王安石或开封府，都能找到处罚乙的理由，或以“公取窃取皆为盗”条的原则指责乙，以“不应得为而为”条的罚则来科罪。总之，乙罪是所谓“可议”或“可谈判的”，待王安

石和开封府协商后，再根据罪名和轻重来决定甲杀乙的罪，这是完全就法理来解决争议的途径。但是，此路不通，因为王安石舍弃谈判而“依法行事”，弹劾开封府。

第三阶段就是从王安石弹劾开封府的司法官员开始至全案结束。此时，司法官员的前途就跟甲的命运绑在一起了。若复议的审刑院和大理寺支持王安石，那甲就活命而开封府要受失入死罪的处分，那是最重的失入罪，定断官轻则降官，重则掉官，附和者也要处分。[94] 若复议支持开封府，那甲就送命而王安石要受失出罪的处分，那是微不足道甚至不需处罚的。[95] 复议会怎样考虑呢？首先，开封府的法司并非于法无据，依当时标准，又是专业司法人员，与审刑院和大理寺是同行，在公务上利害攸关。其次，王安石也不是于法无据，但虽是同僚，却非专业司法人员，若判其得直，是否会长他人志气而灭自家人威风？何况，王安石毕竟是争端的引发者，有点咎由自取。最后，甲乃斗鹑之主，斗鹑乃赌博之具，赌博乃犯罪行为，何况甲还把朋友杀了，这种人与开封府的司法人员比较，应救谁呢？总之，同行的情谊和业务关系、专业人员的尊严、当事人的身份、失入失出两罪取其轻的考虑等，都可能影响审刑院和大理寺的决定。

结　论

西方曾对法律的自主、客观和排难解纷的功能有着无限的憧憬，譬之为“自动出纳器”(slot machine)。用现代的比喻来说，法律就好像一部计算机，里面分门别类，放满了各式各样的条文和案例，法官只要把手上的案件键入正确的门类，计算机就会自动运算，从列表机印出适当的判决。直到今天，不少国人仍有这种想法，口称“一切静待司法公正的判决”、“让司法主持正义”、“由司法还我清白”或“司法归司法、政治归政治”等。当然，期望愈高，失落也愈大，终于怒吼“司法已死!”

本文指出，即使不受外力（如政治）的影响，司法本身就存有若干不确定的因素：一是法律条文本身的不足，无法概括或预期层出不穷的事件，乃产生是否适用的疑问。二是法律条文的“原意”或“重点”随着岁月的推移而“失传”或“失焦”，变成各自解读，见仁见智。三是法律条文的“目的”随着时代需要的转变而“演化”，变成同一条文，昔日为此目的而今日为彼目的，解释自然多元。四是法律的“原则”与“细则”出现落差：原则愈宽可能无所不包，细则愈细则可能多所排斥，两者不一定吻合。所以，即使是学富五车、经验丰富而且公正廉明的法官，对同一案件也可能作出南辕北辙的判决，民众不宜因此而质疑司法的公正和公平。

除了以法论法外，还有其他因素影响司法的运作，包括实用主义和目的论（含政治目的和社会目的）等。此外，执法者毕竟是人，难免有人情世故和利害得失的考虑，包括同

---

[94] 参见王云海等：《宋代司法制度》，464～465页。

[95] 参见王云海等：《宋代司法制度》，467页。

行的关系、当事人的身份和判罪的代价等。

在争鹑案中，开封府等司法人员考虑到取鹑者的法律权益而追究鹑主的法律责任，而王安石考虑到鹑主的权益而追究取鹑者的责任，恰似在法庭上替两造辩护，各引律文，唇枪舌剑，毋宁是传统法律以权利和责任为着眼点的进步表现。但王安石以取鹑者是否逃跑作为是否可杀的标准，没有考虑取鹑的行为是否如此严重，以致取一鹑而逃皆曰可杀，未免不符合罪刑对称的比例原则。他又咄咄逼人，舍协调而取弹劾，使案情陷入零和的僵局，可能导致引进非法律的因素来结案，这是我们应该汲取的教训。

（说明：本文原刊《中央研究院历史语言研究所集刊》第七十三本第一分（2002）。此次收录时由作者再作修订。）

苏基朗

Sung Criminal Justice and the Modern Implication of Chinese Legal Tradition: The Case of *A Yün* (1068—69) Revisited

简介

苏基朗，早年就读香港中文大学新亚书院，从严耕望、全汉升及余英时诸先生习史。其后赴澳大利亚国立大学师事王赓武先生。1982 年完成博士课程。在香港中文大学历史系执教十余年，历任系主任等职，现为历史学讲座教授。曾游学剑桥大学及哈佛大学。2004 年兼任香港中文大学协理副校长兼教务长。研究专长为中国法制史、中国制度经济史、历史地理等。主要著作有《刺桐梦华录》、《唐宋法制史研究》、《中华世界秩序中的权力与身份》等。

目次

Introduction

This case and the related debate have been discussed at some length by a number of eminent scholars. Top on the list being the late-Ch' ing jurist Shen Chia-pen.[1] Other legal historians who followed the case with substantial discussions include Hellmut Wilhelm, Hsü Tao-lin, Albert Borowitz, John Langlois, Kuo Ch'eng-wei, and, most recently, Ch'ü Huan-wu.[2] Two important English works on Sung law, by Miyazaki Ichisada and Brian McKnight respectively[3], also provided brief account and discussion of the case.

As one of the best-documented legal cases of Sung China, *A Yün* gives us a chance to examine in greater detail the sophisticated legal arguments involving the case. They reflect certain important dimensions of the Chinese legal tradition that might have long been overlooked. Although most previous writers on this case have noticed its significance, there are more legal implications to be explored. With careful reinterpretation of the sources and drawing on some materials neglected in previous scholarship, the present paper attempts to examine certain important legal technicalities of the case and to relate the case to some broader issues concerning the Sung criminal justice system in general. These issues will be dealt with in the second and third sections respectively. In a previ-

---

① Shen Chia-pen, *Chi-i wen-ts'un* (Collected in *Li-tai hsing-fa k'ao*. Peking: Chung-hua shu-chü, 1985), 4: 2161—69.

② Hellmut Wilhelm, "Der Prozess der A Yün," *Monumenta Serica* 1 (1935—36): 338—51; Hsü Tao-lin, *Chung-kuo fa-chih-shih lun-lüeh* (Taipei: Chung-cheng shu-chü, 1953), 73—79; Albert Borowitz, "Strict Construction in Sung China: The Case of A Yün," *American Bar Association Journal* 63 (April 1977): 522—28; John Langlois, " 'Living Law' in Sung and Yüan Jurisprudence," *Harvard Journal of Asiatic Studies* 41.1 (1981): 165—217; Kuo Ch'eng-wei, "Ts'ung A Yün yü ti shen-li k'an Sung Shen-tsung nien-chien ti ch'ih lü chih cheng," *Cheng-fa lun-t'an*, 1985, no.4: 56—61. Ch'ü Huan-wu, "Fan-tsui tsu-chou ch'eng-li yü-fou ti ta cheng-lun - Sung-tai ti A Yün chih yü," *Kuo-li Cheng-chih ta-hsüeh hsüeh-pao* 70.2 (1995): 1—41.

③ Miyazaki Ichisada, "The Administration of Justice During the Sung Dynasty," in *Essays on China's legal tradition*, ed. by Jerome Cohen, Randle Edwards and Fu-mei Chang Chen (Princeton: Princeton University Press, 1980), 56—75, esp. 67—69. This is an abridged translation of a Japanese article by the same author, which came out earlier. See Miyazaki, "Sō-Gen jidai no hōsei to saiban kikō," *Tōyō gakuhō* 24, (1954): 115—226. However, concerning the case of A *Yün*, the English version is more elaborated. It will hence be cited throughout the present article unless further specified. Brian McKnight, *Law and Order in Sung China* (Cambridge: Cambridge University Press, 1992), 501—3. See also brief note on this case in Kuo Tung-hsü, *Sung-tai fa-chih yen-chiu* (Pao-ting: Ho-pei ta-hsüeh ch'u-pan-she, 1997), 552.

ous study, I have examined in detail many crucial facts in the case, including the process of the ensuing legal debate and its outcomes. I have clarified a number of questionable textual interpretations in previous scholarship. ④ The first section below presents my reconstruction of the case that provides a new empirical foundation for our discussion. By the way of conclusion, I will briefly relate what we discuss in the case of *A Yün* to the reassessment of the Chinese legal tradition in the light of modern concept of legality.

The Case of *A Yün* as Reconstructed

The case took place in Teng-chou before 1068. *A Yün*, the wife of Wei *A-ta*, ⑤ attempted to murder her husband due to his ugliness. While he was sleeping in a farm hut, she hacked him with a knife over ten times, but was only able to sever one of his fingers. *A-ta* apparently was not killed as a result. But he does not seem to have been able to recount the appearance of the attacker. The County Sheriff who investigated the case therefore found no clue to identify an attacker. At the end, he somehow began to suspect *A Yün* and arrested her for questioning. She confessed under the threat of torture.

Prefect Hsü Tsun, who presided the case at the prefectural level, referred the case to the central government for two reasons: First, *A Yün's* marriage with *A-ta* should be considered invalid from its very beginning because the engagement was made when *A Yün* was mourning for her deceased mother. Without a valid marriage, her relationship with *A-ta* became that between two related persons, or between two so-called *fan-jen*, literally ordinary persons. She had thus committed only an offence against an ordinary person, not her husband. It was much less severe in punishment than that against the husband that would normally be punishable by strangulation. Second, *A Yün* confessed before court inquisition was conducted; and she should therefore have been entitled to a two-degree reduction in punishment and sent to exile.

The case was first reviewed by the Supreme Court and the Judicial Review Council, then the Board of Punishment. They all held that *A Yün* should be sentenced to strangulation according to the statutory provision stipulating that punishment reduction by confession would not apply if bodily harm has actually occurred. Against such recommendation, Hsü Tsun insisted his own view. The throne eventually decided to exempt *A Yün* from death but sentenced her to penal registration.

---

④ See So Kee Long (Billy Kee-long So), "The Case of A Yün: A Textual Review of Some Crucial Facts," *The East Asian Library Journal* 7.2 (1994): 41—71.

⑤ Whether A Yun was the wife of Wei A-ta is a complication issue itself. It will be given full treatment in Section 3.1 "Law of Marital Status." For a different interpretation, see Hsü Tao-lin, *Chung-kuo fa-chih-shih*, 76.

Undismayed, Hsü Tsun appealed again for a *liang-chih* (academician) review of the *A Yün*. Emperor Shen-tsung assigned two rising stars among the Hanlin Academicians, Ssu-ma Kuang and Wang Ah-shih, to perform the job. They came to opposite conclusions: the former supporting the board while the latter backing Hsü Tsun. On the advice from the censor-in-chief, the throne decided to convene a second *liang-chih* review. This time Lü Kung-chu, Han Wei and Ch'ien Kung-fu were appointed to follow the case. Their conclusion favored Wang's view and this recommendation was accepted by the throne. An edict was issued on 7. 3. 1068 (third day of the seventh month in 1068), establishing a legal principle that for those who had plotted to kill but caused only wounds, the punishment should be reduced by two degrees if they confessed before a court inquisition was conducted.

The issuance of this edict meant that those officials in the Supreme Court, the Judicial Review Council and the Board of Punishments who held an opposite views on the *A Yün* were now considered having made an administrative mistake. They protested against the judicial ruling and before the emperor they persistently argued with Wang An-shih about the points of law involved. One of their arguments was that if the new rule was established, it should also have been applicable to those who actually caused the death of their victims. This suggestion was deemed agreeable by Wang and Hsü. As an outcome of such debate, Emperor Shen-tsung issued another edict on 2. 3. 1069, stating that all cases of premeditated killing, regardless of the consequence, where the criminal confessed prior to the court inquisition should be submitted to the throne for final decision. The effect of 7. 3 edict was now extended to cover those who actually killed.

But Liu Shu and Ting Feng, Officers-in-charge of the Board of Punishments, returned the edict to the Grand Secretariat, claiming that the content of this edict needed further deliberation. Wang An-shih, now a Deputy Prime Minister, also changed his position on this 2. 3 edict and suggested to the throne that it was unnecessary and could be withdrawn. After another heated debate at the court between Wang An-shih and T'ang Chieh, another Deputy Prime Minister, the emperor was finally convinced to issue a new edict on 2. 17. This new edict reconfirmed the principles in the edict of 7. 3. 1068 and rescinded that of the 2. 3 edict. However, problem arose in terms of procedure this time because the 2. 17 edict was made circulated among the judicial offices only in the imperial capital, not in the entire empire as commonly practiced. It drew a lot of criticism.

In particular, Liu Shu and his colleagues openly and strongly objected to this new edict and requested to have it reviewed by *liang-fu* (jointly by the heads of the Grand Secretariat and the Privy Council), a suggestion supported by the censorate and at least one Prime Minister. Emperor Shen-tsung apparently disliked the idea but he nevertheless passed the case to the

Privy Council and the Grand Secretariat for review and recommendation. There opinions again split into two camps. Without consensus the debate was dragged on.

An imperial decision was finally handed down on 8. 1. 1069. It formally rescinded the 2. 3 edict and reconfirmed the rulings in the edict of 7. 3. 1068. Ssu-ma Kuang made a last attempt to counter this decision by submitting a very famous memorial entitled the *T'i-yao shuo* on 8. 5. Meanwhile, Liu Shu, together with censors Liu Ch'i and Ch'ien I, also submitted a memorial to the throne, criticizing Wang An-shih's stand on the *A Yün* as well as his recent reform policies. Emperor Shen-tsung ignored Ssu-ma Kuang's but rejected that by Liu and his colleagues outright. As a consequence, Liu Ch'i and Ch'ien I were demoted on 8. 9, while Liu Shu and two others previously involved in the debate on *A Yün* were subject to investigation for violation of administrative rules. Ssu-ma Kuang forwarded another memorial on 8. 11 to defend their cases. But the emperor took no heed of his opinion. The three officials were all demoted on 8. 28. The debate on *A Yün* finally came to an end.

It should be noted that although towards the end of the debate on this case, there emerged a factor of anti-reform position against Wang An-shih which might mingle with the legal debate, at least from the earlier legal arguments on both sides we can discern that most officials were debating out of their sense of justice and their understanding of the laws. Most revealing is the fact that all three officials in the Han's Committee who sided with Hsü and Wang and further elaborated the arguments were opponents of Wang An-shih's reform. The legal reasoning reflected in those arguments therefore represents to a considerable extent legal thought and value of these Sung Confucian scholar-officials. ⑥ These legal ideas will be analyzed below.

Issues of Legal Technicality

Law of Marital Status

One of the major characteristics in traditional Chinese law is the salient role of familial relationship in criminality. Often, such relationship altered the degree of severity of punishment for the same criminal action. In the case of *A Yün*, whether she was a wife or a fiancée of the victim, or was an ordinary person (*fan-jen*) to the victim, is a vital question.

The biography of Hsü Tsun in the *Sung shih* gave an account that was uncritically accepted by all writers on this case since Shen Chia-pen. ⑦It narrated that D, A Yün, was only be-

---

⑥ So Kee Long, "The Case of A Yün," 56—60.

⑦ Shen Chia-pen, *Chi-i wen-ts'un*, 4: 2162. T'o T'o, *Sung shih* (Peking: Chung-hua shu-chü, 1977), 330: 10627—8.

trothed to P, *A-ta*, and the marriage of the two had not been completed at the time she committed the offence. D was thus only P's fiancée. It was thus a legal issue concerning whether a fiancée should carry the same criminal liability as that of a wife. Shen noted that there was no distinction between the two under Ch'ing law but it might be possible to consider that legal rules might not necessarily have been the same in earlier dynasties. He did not pursue this issue any further. Hsü Tao-lin cited a commentary of the Sung Code stating that offenses against a fiancée should be taken as against an ordinary person. ⑧ It clearly shows that the Sung Code had already given a clear provision on this matter. But if there was the case, why had there been an issue at all?

My answer is that D had in fact become P's wife before she committed the offence. In other words, the circumstance of her *actus reus* was beyond doubt that it involved a crime against the husband by the wife. It can be substantiated by adequate documentary evidence I presented in detail elsewhere and need not be repeated here. ⑨

For the contemporaries of the case, there had never been an issue involving the criminal liability of a fiancée against that of a wife in the first place. None of them ever mentioned about it. What was more crucial to them should be whether the criminal liability of a wife could be repealed to that of an ordinary person if the marriage itself was invalidated on sufficient grounds.

According to the marriage law promulgated as part of the Sung Code, it was an offence to marry somebody during the mourning period of one's parents. It was punishable by three years of penal servitude and by having the marriage invalidated. ⑩From this article of the Code, there was in fact no clear provision governing the validity of the marriage before such punishment of marriage invalidation was imposed. For instance, should there be children raised, were they legal offsprings of the now separated couple? Hsü Tao-lin followed the common view that, according to the Ch'ing practice as noted by Shen Chia-pen, the punishment in this case carried a legal effect dating back to the formation of the marital relationship. It implied that the previous marital status had never existed either. The invalidation punishment was in this case retrospective. ⑪

Hsü's explanation is not a strong argument because although this was widely practiced in Ch'ing times, we cannot be sure the same was as commonly conceived in the Sung. This reasoning may find support from one of the two grounds Hsü Tsun used to justify his transfer of the case, i. e., that D had only committed an offence against an ordinary person instead of her husband. If he had to make

---

⑧ Hsü Tao-lin, *Chung-kuo fa-chih-shih*, 76.

⑨ So Kee Long, "The Case of A Yün," 45—51. See also Ch'ü Huan-wu, "Fan-tsui tsu-chou," 2—6. But he confused the fact that A Yün committed the crime while she was just married to Wai A-ta.

⑩ Tao I, *Sung Hsing-t'ung* (Peking: Chung-kuo shu-tien, 1990; hereafter as SHT), 13: 216—17.

⑪ Hsü Tao-lin, *Chung-kuo fa-chih-shih*, 76.

such an effort to establish that D had never injured her husband as she never had one, we may infer that he was seeking to suggest a new interpretation of law which was in contrary to the prevailing legal practice. That was why he had to give a full justification. In other words, the Board of Punishments and the Judicial Review Council had, in the first place, accepted his argument in this issue, which in fact established a new rule rather than following a conventional one. It therefore did not arouse further discussion in subsequent debates.

Law of Plotting to Kill (mou-sha)

This is one of the two main points of law in the debate. They are closely related but for the sake of analysis we examine them separately.

The Sung Code had the following sections on *plotting to kill* that concern us here.

1. Definition of *plotting to kill*: (Theft law: Plotting to kill, sub-commentary) ⑫

Plotting to kill refers to two or more persons. If the plot has been disclosed and the intention to kill is beyond doubt, even one person is treated as a plot by two persons.

2. Punishment for *plotting to kill*⑬

For simply making a plot to kill [without carrying it out], a punishment of three years of penal servitude should be imposed. If the plot has been carried out and resulted in wounding the victim, the punishment of strangulation is applicable. If resulted in death of the victim, the punishment of decapitation is applicable.

If we look at these provisions, we can see that for a person to be convicted in the name of this crime the trial court had to establish that: Firstly, the person had an intention to kill; and secondly, the intention has been transformed into a plot. Up to this stage, the person has already committed the crime. But since the plot had not been carried out or had been carried out but failed to produce a consequence of death or wound on the targeted victim, the accused would not be punished by death. On the contrary, if the accused had plotted to kill and eventually caused even a slight wound on the victim, he/she would be subject to capital punishment.

A Yün confessed that she had plotted to kill her husband and in actuality inflicted many injuries on him. From the above rules in the Code, it would be straightforward that she should be sentenced to strangulation. What made an issue here was that: was the definition of *mou-sha* clear enough to exclude other possible interpretation?

The argument of Hsü and Wang on this matter was that the crime of *mou-sha* could be considered to have two constituent elements: *mou* and *sha*. *Mou* alone being merely an act of making a plot. If the content of the plot implied an intention to kill a person, it was called *mou-*

---

⑫ SHT, 17: 275.

⑬ Ibid.

sha. The key element of the crime should then be placed on the word *mou*. *Sha* literally is an action of causing a person dead. In classical legal terminology, it might also be used with a broader sense referring to cases where the victim was only wounded. In such case, it was a shortened expression of *sha-shang*, or killing or wounding. In the crime of *mou-sha*, the death or wounds on the part of the victim was a consequence of the act *mou-sha*. Therefore, the act of *mou* in *mou-sha* should be the cause. It might lead to different consequences that would determine different forms of punishment to be applied. To Hsü and Wang, the terminology of *mou-sha* thus contained two parts of meaning: First, *mou-sha* as just an act of plotting to kill, itself punishable; Second, *mou-sha* as an action leading to particular consequences, i. e., death or injuries, with far more severe criminal liability.

To support their view, Wang argued that there were a number of crimes involving *sha-shang*. Each had a distinct cause, like plotting (in case of *mou-sha*), fighting (*ou*), rape, etc. The only crime of *sha-shang* that did not specify a cause being that of *ku-sha-shang*, literally unplanned killing or wounding without a reason. (The more conventional translation of "intentional killing or wounding" for this term is misleading as *mou-sha* is also a killing with intent). This crime of *ku-sha-shang* required only an intention at the moment of action, and was punishable lighter than *mou-sha* but more severe than *ou-sha*, i. e. unintentional killing or wounding resulted from a fight. Wang held that since *ku-sha-shang* did not involve a cause, it was used to apply to any crime of killing or wounding the cause of which was taken out of consideration. In contrast with *ku-sha-shang*, there should always be a cause for any crime of killing or wounding. In *mou-sha*, there thus implied a behavioral cause of plotting to kill and the actual consequence of killing or wounding as a result of the plot having been carried out. He further argued that there were different degrees of punishment applicable to *mou-sha*, *mou-sha i shang* and *mou-sha i ssu*. They were therefore treated as three different crimes by the law. First, *mou-sha* referred to cases where the plot was not being carried out and did not create any consequence of death or wounds. It was punishable by three years of penal servitude. Second, *mou-sha i-shang* cases occurred when the plot was carried out but only resulted in wounds. The punishment would be strangulation. Third, *mou-sha i-ssu* involved cases where the plot of killing was carried out and resulted in death of the victim. Decapitation would be the punishment. In the second and third kinds of cases, the consequence of either wounds or death must have implied a cause. And, as argued by Wang, that cause was none other than *mou-sha* as an act of making a plot. ⑭

This lengthy and sophisticated argument was understandably debatable and not necessarily

⑭ Ma Tuan-lin, *Wen-hsien t'ung-k'ao* (Taipei: Hsin-hsing shu-chü, 1963; hereafter as WHTK), 170: 145-47.

convincing to every mind. It was however the most crucial argument on the side of Hsü and Wang. Unless the *mou of mou-sha* constituted a behavioral cause of the consequence of an action of killing or wounding (*sha-shang*) and the words of *mou* and *sha* constituted a causal relations, the law of voluntary confession as detailed below would become irrelevant. It is because the law of confession might exempt only the behavioral cause of an unlawful action, e. g. , killing or wounding, but not the action itself.

Now we may turn to the other side of the argument, that by Ssu-ma Kuang. ⑮ Ssu—ma's main point was that *mou—sha* as an act of plotting to kill could not be conceived as a cause separable from the result of killing or wounding. In fact all the *sha-shang* crimes in the Code should not be considered as constituting a cause and a *sha-shang* consequence. They were defined as complete acts of different characters, not different causes. He held that *mou* of *mou-sha* had itself no specified content. Only when it combined with the word *sha* could it create a meaning of plotting to kill. It therefore could not be the behavioral cause of *sha*. To Ssu-ma Kuang and alike, the complicated argument put forth by Hsü and Wang was no more than a fallacy, intentionally twisting the meaning of standard terminology in the Code to achieve certain undesirable interpretation of the law.

It is true that Ssu-ma Kuang's view represented a simpler way of interpreting the Code. It had therefore been a prevailing interpretation of *mou-sha* since the T'ang Code was enforced. It was also easily and readily accepted by most Confucian officials even down to the Ch'ing period, like Shen Chia-pen. However, Hsü and Wang's argument itself did have certain grounds that had not been effectively reputed by the opponents. It represented an effort to pursue in a more sophisticated manner the deeper meanings and possible inference of existing laws. There were declared principles and purposes to be achieved in such an undertaking, showing that it was not a legal argument purely for the sake of argument. The argument was elaborated and supported by many citations of existing provisions in the Code, together with imperial edicts and precedents of binding effect. It convinced the emperor and apparently at least a sector of the officialdom as well. And this occurred before Wang became a dominant political figure and gained the full trust of Emperor Shen-tsung to carry out his reforms. There were those who stood on Wang's side in this legal debate soon turned to be staunch opponents of the reforms. Therefore, we have reason to believe that the debate cannot be accounted for by the later power struggle triggered by the reforms.

---

⑮ Ibid. ; Ssu-ma Kuang, *Ssu-ma wen-kung ch'uan-chia-chi* (SKCS ed. , hereafter as CCC), 40: 1a—3b; 42: 11b—12b; 43: 1a—12b.

Law of Voluntary Confession

The case of *A Yün* would not have been a case of interest to anyone had she not made a confession in the initial interrogation by the County Sheriff. Once she did, the question of whether her confession justified a reduction of punishment in accordance with the law of voluntary confession arose. ⑯The provisions governing this matter in the Code are below: ⑰

1. There are six categories of crime under which the law of confession would not be applicable. The first of these include crimes resulted in grievous bodily harm and wounds. (General Principles: Confession law)

2. "Those who had caused death or wounds to others because of their committing a crime should be exempted from punishment for the crime they committed provided that they confessed. They should instead be punished in accordance with the law of *ku-sha-shang*." (*yin fan sha-shang erh tzu-shou che, te mien so yin chih tsui. ying ts'ung ku-sha-shang fa.*" (Commentary to above statute)

3. The Subcommentary gave an example to the above rule: If a robber *ku-sha-shang* a person because of his committing the crime of robbery, he should be entitled to exemption from punishment of the theft law if he confessed. He should however still be subject to the law of *ku-sha-shang*.

4. "If a suspect confesses after learning that somebody is about to report his/her crime, or confesses at the stage of *an-wen yü-chü* (literally, before the interrogation in a formal trial takes place) …he/she will receive reduction of punishment by two-degrees." (General Principles: Confession law; Commentary)

D confessed when she was first interrogated by the County Sheriff. Shen Chia-pen considered it *an-wen i-chü* (literally, interrogation in a formal trial has already been in process), and inferred that D should not be given the treatment of punishment reduction derived from voluntary confession. ⑱This interpretation is questionable because she was interrogated by the County Sheriff, who just became suspicious of her. There was no evidence to establish her guilt at this point and the interrogation was apparently not part of a formal trial. A formal trial at the county level would have been presided only by the Magistrate or a legal staff as his deputy, but

---

⑯ So far Ch'ü Huan-wu, "Fan-tsui tsu-chou", provides the most detailed analysis of the confession law involved in this case. There are at least two major defects in his arguments. First, he overlooked the importance of the Han's Committee report. Second, he thought *mou-sha* did not carry two punishable acts that were separable. He seems to confuse the distinction between the modern connotation of *mou-sha*, which signifies killing with a plot. But in traditional law, *mou-sha* implied making a plot that was to kill.

⑰ SHT, 5: 72, 74—75.

⑱ Shen Chia-pen, *Chi-i wen-ts'un*, 4: 2162.

definitely not by the County Sheriff. Therefore, the timing of A Yün's confession was still within the defined temporal requirement as stipulated in the law of voluntary confession to make her qualified for punishment reduction. ⑲

Hsü's position did not only conform with the provisions of the Sung Code, it was also in line with the rule set forth in an imperial edict which had binding effect at that time. It was an edict enforced some time during the reign of *Chia-yu* (1056-1063). It stated that for those who were arrested as suspects of a crime without sufficient evidence, they were entitled to reduction of punishment analogous to the law of "*an-wen yü-chü*" if they confessed immediately when interrogated. It was not clear whether the "interrogation" here referred to the formal trial by a magistrate or the initial one done by a County Sheriff in the process of investigation. In any event, this edict made clear that there was no question about the timing of A Yün's confession. In fact, this point was never mentioned in the debate at the Sung court. It was only raised by Shen Chia-pen, and followed by Hsü Tao-lin, ⑳ to try to repeal Wang An-shih's position.

More controversial for the Sung Confucian officials was the matter of qualification for confession. The article of the code listed above explicitly gave one of the six conditions of confession as: there had not been any grievous bodily harm or wounds, much less death, resulted from the crime to be confessed. If that provision is all we can find in the Code, there again would not have been a debate. The crux of the issue came from the commentary of this article cited above which stated: "Those who had caused death or wounds to others because of their committing a crime should be exempted from punishment for the crime they committed provided that they confessed. They should instead be punished in accordance with the law of *ku-sha-shang*."

In the commentary, there appeared to be room of interpretation other than the strict interpretation that any criminal who committed a crime resulting in grievous bodily harm or wounds would in the first place not be allowed to confess. This was the point of law Hsü Tsun and Wang An-shih tried hard to establish.

Their argument was like this: ㉑ The commentary provided a situation showing that for someone to cause wounds or death to another person, there should be a cause. The cause was exactly the crime the accused committed which led to the consequence of wounds or death of others. In other words, wounds or death was but a consequence of a crime. And importantly, the commentary made it clear that confession of such a crime was acceptable in law. Reduction of punishment in accordance with the law of confession was thus applicable. What was not re-

⑲ So Kee Long, "The Case of A Yün," 51—52.

⑳ Shen Chia-pen, *Chi-i wen-ts'un*, 4: 2162; Hsü Tao-lin, *Chung-kuo fa-chih-shih*, 76.

㉑ WHTK, 170: 145—47.

deemable was the guilt of causing wounds or death to others. This had to be punished even though the accused had confessed. The Sub-commentary gave an example of *ku-sha-shang* as a result of committing a crime of robbery. The punishment for robbery could be exempted after confession but not the punishment for *ku-sha-shang*. The Code, however, did not clear the meaning of a "cause" that was redeemable. Hsü and Wang held a view that since *mou-sha* was a crime separable from the consequence of *sha-shang*, as discussed above, there was no reason why *mou-sha* could not be considered as a cause redeemable in confession. In A Yün's case, her guilt of *mou-sha*, plotting to kill, would be redeemed after her confession. The criminal part for causing wounds to P should be punished by a penalty two-degrees lighter than the punishment imposed on convict of *mou-sha i-shang*, i. e. strangulation. The reduced punishment should then be life exile of 2 500 *li*.

To their opponents in the debate, this argument was again a fallacy. According to these Confucian officials, the commentary statement of "Those who had caused death or wounds to others because of their committing a crimes" should carry a very limited meaning when it referred to "a crime" as a "cause" resulting in wounds. It only meant a particular crime "other than" (*pieh yin*) the crime that directly caused the wounds. They quoted the illustrations in the subcommentary that gave two actual crimes as examples—robbery and *ku-sha-shang*. Only was that of robbery exempted from punishment. If this was the case, the article, stating that in cases where grievous bodily harm or wounds was done there would not be any reduction of punishment even after confession, should supersede other commentaries that provided a chance of confession. D's confession was therefore void from the very beginning. Her guilt of *mou-sha i-shang* should then be punished strictly in accordance with the law of plotting to kill which called for a punishment of strangulation. ㉒

Again, the argument of Hsü and Wang represented an elaborated legal reasoning, seeking to explore the broadest possible meanings of the existing provisions in the Code and to give it a new interpretation. A key factor that made it possible for them to do so was the ambiguity, and at times inconsistency, of the text of the Code itself. Their views came into conflict with the prevailing interpretation, and more significantly, with the prevailing legal practice basing on older interpretation. Understandably, objection from the officialdom would be strong. And it was necessary for them to argue very hard to persuade the emperor to issue an edict in 1068 to explicitly make it a law applicable to subsequent cases. But in the debate, we may also see what principles both sides marshaled to support their own arguments or to repeal that of others in related legal technicalities. These principles on broader issues will be discussed below.

㉒ Ibid.

Broader Issues Concerning The Sung Criminal Justice System

In this section we shall deal with two broader issues basing on the case of *A Yün*, i. e., the role of imperial will in the operation of the criminal justice system and some fundamental concepts of crime and punishment as implied in the debate by those Confucian scholar-officials.

Imperial Will: the Code, Imperial Edicts, and Precedents

There is no doubt that the Sung Code, whose content was largely identical with that of the T'ang Code, was the foundation of Sung law. The T'ang Code was first compiled and promulgated in early T'ang. The set of rules incorporated in that Code, which was inherited from the legal development traceable back to the formation of Chinese civilization but more significantly after the Han dynasty, had been the fundamental guiding principles in the administration of criminal justice down to the breakdown of the T'ang central authority after the An Lu-shan Rebellion. During the turbulent centuries of late T'ang and the Five dynasties, legal formalism gave way to more arbitrary and expedient legal practice of military rules. There were occasional attempts to systematize the laws into a new code like the promulgation of the short-lived Code of Later Chou in 957 but none succeeded. The set of early T'ang rules was eventually revived in the early years of the Sung regime in terms of both codification and enforcement. These rules, together with the rules established through imperial edicts from late T'ang to the Five Dynasties that were incorporated into the new Sung Code, were not created arbitrarily according to any individual emperor's desire. Rather, they presented a basically consistent set of legislations with clearly stated legal principles as their grounds, many of which were inherited from previous dynasties. When the Code was enforced during the T'ang, it helped bring about a stage of legal practice in which certain degree of legal formalism came into existence. Law in this sense was regular, formal, and positive. It was to certain extent predictable and was able to give concrete and unambiguous guidance of conducts to officials and commoners alike. This phenomenon was termed "A State Governed by Laws" by the Japanese scholars. We should of course be cautious not to infer that such a description reflected the entire reality, for it is just a general picture. There were always abuses of the legal system from individual emperors. However, that this legal formalism existed in the practice, regardless of how much it was abused, does allow us to give a second thought about the image of unrestricted and arbitrary imperial authority over the legal system.

As believed by many scholars, it was under the Sung that the imperial authority expanded much further as compared to the T'ang. Reflected in the legal system, there witnessed a new development in Chinese legal history— *i-ch'ih t'ai-lü*， literally to substitute the Code with imperial edicts. Strictly speaking， any decree passed down in the name of the emperor was an edict. ㉓But the edict *ch'ih* mentioned here has a more specific connotation—only those giving a particular rule（s）of law. The edicts mentioned in the case of *A Yün* are examples. There has been a lot of discussion about this phenomenon and the prevailing view holds that it indicates the dominance of imperial authority of individual emperor over the statutes. ㉔One implication of this was the irregularity and confusion of law as the legal rules expressed in the edicts were not necessarily consistent with the rules in the Code and some times conflicted with other edicts. It resulted in an increasing degree of inconsistency in the legal rules that remained binding. The legal system thus became much less regular and predictable and less effective in providing a legal framework in which most societal and administrative behaviors could be properly conducted. In the final analysis， it was an abuse of the legal system by the imperial authority that undermined the effectiveness of the system.

From the case of *A Yün*， we can see that Emperor Shen-tsung， who was characterized as a person of strong political will and determination to carry out his reforms， did formally give the imperial edicts a superseding power against that of the Code. Notwithstanding， he did not issue any edict in arbitrary manner. Every edict involving the case was based on certain recommendations from some Confucian officials who were able to convince him of their arguments. Each rule in the edict must be supported with adequate grounds. Should there be dispute against such grounds， edict could be withdrawn temporarily and placed on the table for scrutiny by more high-ranked officials， including those holding opposite opinion. When convinced， the emperor would even invalidate an edict he ordered to issue earlier.

Nor did he try to actively substitute the rules in the Code in the first place. As shown in the legal reasoning of Hsü and Wang， what they tried to achieve was not a review of or challenge to the existing rules in the Code and to substitute them with a set of completely new rules. Rather， they sought to explore the ambiguous areas in the Code and tried to give the Code a new interpretation. A new interpretation was never a replacement or review of the origi-

---

㉓ Note that there is a difference between substituting the Code with imperial edicts and incorporating rules of edicts into either the code or a *pien-ch'ih*（collection of edicts for established legal rules）. These latter forms were institutions of formal legislation without changing the legal authority structure; whereas the former might represent a change of the legal authority structure. For the function of *pien-ch'ih*， see Tai Chien-kuo， *Sung-tai fa-chih ch'u-t'an*（Ha-erh-pin: Hei-lung-chiang jen-min ch'u-pan-she， 2000）， 3—31.

㉔ Kuo Tung-hsü， *Sung-tai fa-chih*， 25—35; Brian McKnight， "From Statute to Precedent: An Introduction to Sung Law and Its Transformation，" in *Law and the State in Traditional East Asia*， ed. By Brian McKnight（Honolulu: University Of Hawaii Press， 1987）， 111—31; Tai Chien-kuo， "Sung-tai pien-ch'ih ch'u-t'an，" *Wen-shih* 42（1997）: 133—49.

nal law. It was an extension of the existing rules. In order to do so, of course they had to base their arguments on the terms used in the Code. This phenomenon suggests that what was new in the legal rules as expressed in the edicts were derived primarily from a hermeneutic source of law. They hermeneutically figured out the meanings of the existing law, then added what rules they uncovered to the law as an extended meaning of it. In a sense, their new interpretation might twist and lose the original meanings, as the critics accused. In another sense, it might broaden and enrich the existing law, and, more importantly, make it more reasonable and just. The philosophical foundation of this hermeneutic source is thus also vital in the debate and will be discussed below.

Another means opened to the imperial authority to interfere with the legal system was the *li* or *tuan li*, literally the precedents. Precedents of the Sung times came from cases reported to the central government for final judicial decision. An edict would normally be issued to pass down the final judgment. Often, the edict gave a qualification that it was not a precedent for later cases. If an edict gave no such qualification, whatever rules applied to the case would then become law applicable to subsequent cases. ㉕

In the case of *A Yün*, we can find that on both sides of the debate, many precedents were cited. However, it is apparent that none of the precedents were able to provide a conclusive ground. Two reasons may account for it: First, the rules in the precedents had to be abstracted to apply to the present case, somewhat like *ratio decidendi* in common law. But that could always be controversial. Second, the authority of precedents as an argument could easily be challenged by the opponents, a strategy Ssu-ma Kuang repeatedly applied (*pu k'o i li p'o t'iao*). At one point, he simply challenged the decision of a precedent. In other words, the precedents were no doubt a means available to the imperial authority to interfere the legal system, but the authority of these precedents was much more vulnerable and could not supersede the authority of the Code, and most likely not even the edict.

Finally, one argument raised in the debate deserves a few words. The point was whether the emperor and his top-ranked officials, the *liang-fu* in this case, should in the first place got involved in the lengthy deliberation of specific legal matters, including the interpretation of law and the application of law to a specific case. Ssu-ma Kuang's opinion was that they should not waste their times and energy in such trivial affairs. Instead, they should concentrate their minds on the most fundamental issues, like how to ensure that appropriate talents were placed in the leading positions of the bureaucracy and how to ensure that the government operated in

㉕ Kuo Tung-hsü, *Sung-tai fa-chih*, 36—48.

accordance with the rules and principles established by the founders of the dynasty. [26] On the contrary, Emperor Shen-tsung apparently paid a lot of attention to the "trivial affairs." Wang An-shih supported this imperial approach and justified it by arguing that it was exactly because the officials concerned could not do their jobs properly. It was mainly due to the fact that most of them lacked relevant training and often made grave injustice in the administration of judicial affairs. The emperor and the *liang-fu* had no way but to interfere in these trivial matters until the legal system was run properly. In other words, the imperial concern over the legal affairs was but a temporary measure to rectify the defects in the system. Once the system was back on the track, the throne and the *liang-fu* might be able to spare their times and energy for other fundamental issues. [27]

If we examine the two orientations, it is clear that the one represented by Ssu-ma Kuang would definitely put the imperial authority under the rigid and regular constraints of the existing legal system, preventing possible abuse of the system or undermining the system by individual emperor. However, even the imperial authority represented by Emperor Shen-tsung and Wang An-shih cannot simply be seen as an attempt to release an arbitrary and unchecked imperial authority from the constraints set by the existing legal system. Their way of thinking had not put the emperor in a position to exercise unlimited free will. The emperor still had to follow certain justifiable priorities in his governance of the empire. Although the new priorities might be different from the preceding ones, like that of Ssu-ma Kuang's, it still had to be supported by sufficient moral grounds. And at the very least, the imperial authority in this orientation was never meant to be an arbitrary power. The new rules that were set up by the emperor through whatever means had to be justified in terms of Confucian rhetoric, for example. The emperor was therefore subject to the limitation imposed on him by Confucian ethics and worldview. The following discussions try to explicate some Confucian concepts that were implied in the debate of *A Yün*.

Crime and Punishment in Sung Confucianism

Crime and punishment were not subjects neglected in Confucianism. Here we just examine the Confucian principles that were mentioned in the debate on the *A Yün* to illustrate how Sung Confucian officials perceived crime and punishment in terms of Confucianism.

The text of the Code was ambiguous enough to allow room for new interpretation. But it was also necessary for those who sought to establish a new interpretation to substantiate their arguments with more substantial grounds than just to manipulate the technicalities. They nee-

---

[26] CCC, 43: 1a—12b.

[27] WHTK, 170: 145—47.

ded to provide more solid philosophical principles in the rhetoric of Confucianism that would justify a choice of the new interpretation. Here again, those upholding the conventional interpretation did not share a similar urge to go into such complex argument as they could readily enjoy the authority of convention and needed not work so hard to reconfirm it. Over all, extant materials on *A Yün* that pertain to this level of philosophical ground are not plentiful. We only have the full texts of two memorials written by Ssu-ma Kuang as cited above and that of the Han Wei Committee report. ㉘ Unfortunately, the memorials by Hsü Tsun, Wang An-shih and the judicial officials were not extant today. Only were a few points or excerpts of their arguments remain in the Sung sources. Also, the memorial written by Wang An-shih was only partially preserved in *Wen-hsien t'ung-k'ao*, as previously cited. These however may still be adequate for us to grasp the basic ideas of the legal arguments from both sides.

1. *Retribution and Deterrence Theory*

This principle was repeatedly emphasized in Ssu-ma Kuang's argument. He held the opinion that those who committed a crime must be punished. And the punishment must be weighted according to the severity of the crime committed. An appropriate punishment imposed on the convict was vital in maintenance of justice and of social order. It ensured that the offender received a proper retribution. It also ensured that the victim did not suffer in vain. That was the proper way to maintain justice, or more specifically, criminal justice. Failing to do so would only result in grave injustice in the eyes of the commoners. Intriguingly, Ssu-ma Kuang did not call in the usual Confucian argument that if injustice prevailed there would be inauspicious occurrence bestowed from Heaven. Rather, he sought to argue pragmatically that apart from the injustice done to the victim, there would also be an even graver social consequence. It actually encouraged people to commit crime as they were misled by the lenient punishment imposed on offenders in earlier cases and thought that it would cause no harm to them by committing a crime. It therefore undermined the legal system and created a lawless state of affairs in which more victims would suffer and more people would turn to committing crimes. His argument in short emphasized on the retribution and deterrence function of punishment against crime. And more importantly, to him the most appropriate punishments for individual crimes had already been laid down in the T'ang Code, most of which were later inherited by the Sung Code. Violating these punishment principles would lead to injustice and bear devastating social consequences.

According to the Han Wei Committee report, there were three principles the "sages" used as their guidance in legislation. One of them being: To deter people from committing evil acts by

㉘ Han Wei, *Nan-yang-chi* (SKCS ed.), 26: 1a—8a.

imposing a severe punishment. This principle coincided with that which held by Ssu-ma Kuang. In this respect， they shared a common ground. But to the members of Han's committee， this was but one of the three basic principles. It would be equally imperative to uphold the other two principles as well. These three principles， as we shall see below， might at times conflict with one another. The crucial factor was to apply the most appropriate one to the circumstance and case in question. In other words， these three principles were to be applied according to the circumstances. There was no single principle superior to others at all times.

2. *Appropriateness and Fairness in Sentencing*

The second principle mentioned by the Han's Committee report was the appropriateness and fairness in sentencing. According to this principle， punishment should be compatible with the harm done in the crime. This took into consideration the degree of suffering on the part of the victims. The more serious the harm the more severe the punishment should be imposed. But the degree of severity of a punishment given to the offender of a particular crime should not be considered solely on the severity of the crime itself. It also had to be deliberated in a broader context of the criminal justice system so as to ensure justice. In this approach， a crime in question might have to be compared with other selected crimes of different degrees of severity and punishments. For instance， it might seem to be fair for a punishment to be imposed for a particular crime when consideration concentrated only on the suffering of the victim concerned. However， such punishment might create grave injustice when it was compared to a more serious crime， which in fact incurred a lighter punishment.

Interestingly， both sides of the debate had somehow applied this principle. The Han's Committee report argued that even for the two conceivably more serious offenses of *mou-fen*， plotting to rebel， and *sha-jen tao ts'ai*， unplanned killing in the process of theft， voluntary confession and subsequent reduction of punishment was acceptable. Why voluntary confession of any crime resulting in even slight injuries was not acceptable? Furthermore， there were three possible circumstances， they argued， when a person committed a crime. Some regretted before taking any action； some regretted right after taking action， to the effect that the act of their crime was incomplete； yet some regretted only after the crime was completely done with full consequence. In the case of *mou-sha*， there were those who regretted after killing the victim. They should be justly rejected the chance of confession as the victim was dead. There were however cases whereby the offender regretted in the process of carrying out the killing plot， spared the life of the victim as a result， and inflicted only wounds on him/her. This second situation represented a lighter offence yet a compulsory death penalty was previously enforced. It would not do justice to an offender in this case as the punishment was not able to distinguish the two situations. An even graver social consequence was that the capital punishment would discourage the offender to regret at a time when the victim's life could still be spared. Indirectly, it was not just to the victim either.

Ssu-ma Kuang argued with a similar example but for an opposite view. He hypothesized that there were two cases. In the first one, A had a fight with B and caused B a bleeding nose. Given a chance to confess, he would be punished by sixty strokes of heavy stick. In case two, D hated C and plotted to kill him. One night, D pushed C down the well but C was fortunately unhurt. If allowed to confess voluntarily, D would be punished by only seventy strokes of heavy stick. Kuang felt that it was unjust as the *mens rea* for A and D were significantly different and yet their punishments were not proportionately distinguished. The weakness of Ssu-ma Kuang's argument is that he overlooked the fact that according to the law of voluntary confession, D was entitled to confession and once confessed he would not even be punished. The problem thus came from the ambiguity of the confession law, which on the one hand set a condition of disqualification too broad to allow lenient treatment for special cases, and on the other, failed to provide adequate criterion on confession of serious crime like *mou-sha*. As far as the principle of appropriateness and fairness in sentencing was concerned, Han's Committee and Ssu-ma Kuang, however, do not seem to have an uncompromising difference. Their differences emerged only in their applications of this principle to the cases and the laws.

3. *Rehabilitation and Humanitarianism*

This principle marked a distinct difference between the two sides of the debate. The side of Hsü, Wang, and the Han's Committee emphasized this principle and at times showed a preference of weighing it over the other two principles. On the contrary, there was no reference to it at all on the other side of the debate.

The principle of rehabilitation and humanitarianism was the third basic principle mentioned by the Han's Committee report. This was the underling principle of confession. For those who had committed a crime of which the consequence was not irretrievable, like death or destruction of property, there should be a chance for them to confess and rehabilitate (*yüan shou kuei shan*). The Committee argued that although there were provisions in the Code prohibiting offenders who wounded the victims to confess, the commentary apparently opened a door for them to confess in accordance with the compassion principle of the "sages" who treasured lives of all human beings and possessed the intention to give the criminals a way of rehabilitation. It was unmistakably a humanitarian ground in criminology and punishment theory.

Ssu-ma Kuang harshly criticized Hsü Tsun's position as too lenient to the convict A Yün in this case. To him, D's motive was very malicious, especially when viewed from the standpoint of familial relationship. There should not be any room of humanitarian consideration. Nor did A Yün justify a chance of rehabilitation at all. We do not know the complete argument of Hsü

Tsun. From the scattered information we however can come up with an understanding that Hsü did not risk his own career for the sake of A Yün. He struggled with the conviction that he was tring to bring justice to not only one case but to the legal system as a whole. He sought to establish a rule that, to him and his allies, had been obscure for centuries and as a result caused a lot of injustice in the criminal justice system. To Hsü Tsun, it was thus not so much an issue of whether A Yün justified a reduction of punishment. Rather, it was a matter of legal principle. More importantly, according to some records, both Wang An-shih and Su Shih praised him a Confucian official of high integrity, especially in the fight to rectify the laws in his official career. He actually saved many innocent lives. Su Shih, who in fact strongly opposed Hsü's view during the debate, later even admitted that Hsü's intention was compassionate and went further to comment that Hsü's family was therefore able to enjoy great prosperity later as retribution.

4. *Law and Propriety* (*li*)

What was the relationship between law and *li*? Was law nothing more than a means to enforce *li*? From the Code, there is ample evidence that *li*, especially the parts of *li* dealing with familial and ruler-subject relationships, occupied eminent position in the weighing of many important crimes and their respective punishments. It is no doubt that the legal system re-enforced the power of *li* in molding behaviors in the society.

From the arguments by Hsü, Wang, and the Han's Committee, we cannot find any trace of authority of *li* as a principle guiding the law. This is intriguing. They were the winner of the debate. Does it imply that the authority of *li* was not even a well-established authority in legal reasoning or legal debate? At least it did not play a crucial role in gaining the ears of the emperor and many other Confucian officials.

Ssu-ma Kuang did mention about the authority of *li* in his second memorial in some details. He proposed that the best way to make a judgment on controversial legal debate was to rely on the principles of *li*. When a conduct was rejected by *li*, it would normally be considered a punishable crime (*li chih so ch'i*, *hsing chih so ch'ü*). He suggested the emperor to look at this case from the viewpoint of *li*. Yet, without elaboration, it is difficult to know what principles of *li* were in his mind to be applicable to the case, and, more importantly, to the legal rules concerned. Nor can we imagine the functioning of such an absolute and strict principle that requires whatever behavior even slightly deviated from *li* to be treated as a punishable crime. At the end of the memorial, Ssu-ma Kuang did tell us that the new rule established in *A Yün* was in conflict with the three cardinal principles of *li*, (*san-kang*). But we are still left with little idea of how these things were related. For example, why giving punishment reduction to a culprit who managed to confess prior to a court interrogation, as the new rule tried to establish, would violate the cardinal duties minister has for his ruler, a son for his father, and a wife for her husband? His argument in this regard was very ambiguous and vague. He used the rhetoric of *li* to his support but failed to give a clear logic of how this could be done.

However, Ch'iu Chün, a renowned Confucian scholar-official in the Ming times, completed the job for him. Ch'iu analyzed the case solely in the perspective of *li* in relation to marital status. He interpreted the underling message Ssu-ma Kuang implied by mentioning the *san-kang* was because A Yün after all was still a legitimate wife of the victim. It meant that she had still committed a much graver crime of plotting to kill her husband than to kill an ordinary person. She therefore should not be spared from death punishment. Whether Ssu-ma Kuang had implied a message like this is unclear. The only trace we can find is that in Ssu-ma Kuang's description of the case he referred to A Yün as a wife of the victim. This point is questionable because the marital status was a crucial legal technicality in the debate that had been settled early almost unanimously by both sides. Nobody, including Ssu-ma Kuang himself, ever made an effort to repeal it. Even if Ssu-ma Kuang really had such a message, it would not have made a sensible point to those involved in the debate. Ch'iu Chün's pan-moralistic interpretation seems to have fitted only his own times, not the times when *A Yün* was debated.

5. *Hermeneutic Source of Law*

Finally, we may look at the source of law these Confucian officials mentioned in their respective arguments. To them, what were the very foundations of the legal system? Apart from those points both sides made basing solely on the contents of the Code, the imperial edicts, and some precedents, there were certain ideas assuming there a more superior authority which could be drawn on to support respective interpretations of the existing law. It provided a source of legal authority from which interpretation of existing legislations, or even any legislation itself, must ultimately find a justification.

Ssu-ma Kuang in the opening of his first memorial made a very forceful statement. He claimed that whenever there was dispute over the meaning of the law one should first examine the original intention of the legislation (*hsien yüan li-fa chih i*) . Interestingly, he had never elaborated further what this meant. Who made the law? What was their authority? Why their intention must be followed? How did we know that our understanding of their intention was correct? All these questions would undermine the power of Ssu-ma Kuang' argument if unanswered. It was only in his seccnd memorial do we find another message giving a slightly clearer idea, i. e. , *li* as a basis of final judgment. But as discussed, even this point had not been elaborated enough to substantiate his argument.

Again, a fuller expression of ideas on this higher level of legal debate can only be found in the Han's Committee report. They first mentioned about the three basic principles the "sages" employed in the process of legislation. Later, they repeatedly emphasized the authority of the "sages" to support their humanitarian orientation and the desirability of giving the offenders a chance of rehabilitation. It is imaginable that their argument was more forceful and concrete as they called upon the authority of the "sages", and the principles advocated by the "sages." In Confucian rhetoric, this was a strong argument. What is interesting was that they had never clearly explained who the "sages" were. Did they have Confucius or the Duke of Chou in their minds? Or the Confucian officials who compiled the T'ang Code in the early years of that dynasty? Or Emperor T'ang T'ai-tsung who formally promulgated the Code? It is apparent immaterial to bring in Confucius or the Duke of Chou in this context because none of them ever involved in the legislation process of the T'ang dynasty. They had no doubt laid down many principles of *li* that found their roles in the Code. The Code was not compiled in accordance to their political principles, or legal principles. Rather, it reflected more the legalist tradition passed down from the Ch'in and Han dynasties. Nor can the men involved in the compilation of the T'ang Code be justly called sages. They had never enjoyed such a high moral esteem. Equally impossible was the alternative of Emperor T'ang T'ai-tsung as it was now under the Sung regime. There was no reason why an emperor of a former dynasty would justify the title and authority of a sage. What then did the authors of the Han's Committee report mean when they put up the banner of the "sages"?

One possible explanation goes back to a phenomenon of hermeneutic interpretation of law in the Chinese legal tradition. It was a hermeneutic process when the interpreters tried to work out what fundamental principles of Confucianism there were that would support their arguments. For instance, there were of course passages in the Confucian classics that taught the value of humanitarianism. So Han Wei and his committee members could safely assume that this principle must have been implied in the law. Although there was no evidence of any "sage" explicitly teaching that the principle should be applied to any legislation, an inference to this effect made by the Han's Committee did not draw any criticism from opponents like Ssu-ma Kuang. In this case, we can see that many values and principles of Confucianism were incorporated in the legal system, setting a philosophical and moral standard and authority upon which justification of certain practices of law could be made. This standard provided an ultimate source of authority for adjudication of discrepancy in statutory interpretation.

Concluding Remarks

A prevailing image of the Chinese legal tradition takes it as a mere instrument of state control of the populace and bureaucracy so as to consolidate the absolute imperial authority. It had little concern with individual justice, was arbitrary, and offered little protection to individual. In short, it was a legal tradition totally incompatible with one of the most salient and crucial features of a modern society, i. e. the Rule of Law, in both theory as well as operation. To many, to establish a modern Chinese legal system that deserves the name, we will have to start from nothing, from legal transplanting, or from complete Westernization. Should there be any remnants of that legal tradition, such elements have to be discarded so as to open a new ground for an entirely new legal structure. Even after the Cultural Revolution, when many traditional factors have been re-evaluated and gained increasing recognition, the legal tradition remains a factor that many, including legal experts in the Mainland, hold responsible for the lawlessness phenomenon under the PRC regime. Therefore, unlike other cultural heritage such as the family system and Confucianism, traditional Chinese law is far from being rehabilitated. Few would now deny there is a continuity in Chinese legal culture from past to present. But most would simply see it mainly as an obstacle or simply regard it as irrelevant to contemporary needs. This negative portrayals represent the prevailing images that have been supported by many important writers on Chinese law, including Liang Ch'i-ch'iao, Chü T'ung-tsu, Hsiao K'ung-ch'uan, Derk Bodde, and Jerome Cohen, among others. [29]

However, this view has been increasingly questioned in legal scholarship. In one of the most illustrative efforts to reassess Chinese legal tradition in the light of modern legality and legal perspective, William Alford has succinctly summarized the contents of this negative image, especially in terms of formal criminal justice system, into four categories below:

(1) Lack of separation of powers, particularly at the county level. It resulted in abuse of state power by the local officials and discouraged litigation.

(2) Legal procedures did not match up to the standards of "due process". For examples, no presumption of innocence; no entitlement to the knowledge of relevant laws, charges, evidence, and trial reports (verdicts); no legal representative; no right of silence before the magistrate; an inquisitorial mode of adjudication; and torture for confession.

(3) The Chinese substantive law was not framed in terms of individual rights and equality. People were treated differently according to their relative status. There were also other undesirable features like collective punishment; unclear definition of intent; catch-all statutory provisions of "ought not to be done"; and the use of analogy.

(4) Negative attitude of the Chinese populace towards the formal legal system. They might not think that individual justice could be meaningfully pursued through such a deterring sys-

---

[29] For a succinct account of this view, see Albert H. Y. Chen, *An Introduction to the Legal System of the People's Republic of China*, rev. ed. (Singapore: Butterworths, 1998), ch. 2.

tem.

These negative images of the Chinese legal tradition were often claimed to be in contrast with modern legality, or the ideal of the Rule of Law if further specified.

To repeal such images, Alford has thoroughly reviewed a novel case of the late Ch'ing, *Yang Nai-wu and Hsiao-pai-ts'ai*. He concluded that there was ample evidence that the Chinese criminal justice system was highly sophisticated, consisted of many procedural administrative measures, and supplemented by a supervisory and appellate mechanism of high sophistication. It embodied the ideal of having a set of uniform and comprehensive rules regulating the entire criminal justice process so as to circumscribe the discretionary power of individual officials. The basic objective of such institutional establishment tended more to ensure conviction of the guilty and acquittal of the innocent, i. e., to maintain legal justice. And according to Alford, people from peasants to the Emperor, as revealed in the case, did expect and accept that justice could be, and was in fact, done within the system. With these materials he challenged the prevailing notion that Chinese legal tradition was mainly a means of state control without regard of legal justice for individual. ㉚

From the case of *A Yun* that happened in Sung times, we may explore some implications relevant to such reassessment of the Chinese legal tradition as well. The case was analyzed by a number of writers from different perspectives. Most remained fascinated mainly by the legal technicalities. ㉛There are, however, two who played more attention to its broader legal implication.

Being a lawyer, Borowitz viewed the case as an example of the doctrine of strict construction in Chinese legal history. He quoted from the *Black's Law Dictionary* about the two opposing considerations included in the term Strict Construction: "the court will not extend punishment to cases not plainly within the language used," and " (the laws) are to be fairly and reasonably construed, and will not be given such a narrow and strained construction as to exclude from their operation cases plainly within their scope. " He suggests that Wang represented the narrower view of the doctrine whereas Ssu-ma Kuang the broader view. His reconstruction of the facts in this case was incorrect and thus placed the two men exact in the opposite positions. For Wang and his allies, they were instead seeking a broader interpretation of the statutory provisions. On the contrary, Ssu-ma Kuang was fighting hard to restrained their undertak-

---

㉚ William Alford, "Of Arsenic and Old Laws: Looking Anew at Criminal Justice in Late Imperial China," *California Law Review* 72 (1984): 1180—256.

㉛ Ch'ü Huan-wu, "Fan-tsui tsu-chou," provides the most detailed examination of the confession law and arguments involved.

ing and tried to apply the law strictly according to its words. [32] But as discussed in sections two and three above, this was not always an easy task because there are often ambiguities in the provisions. If there was a need for interpretation, one might argue that the conventional interpretation would hold an unchallengeable authority, just because it is a convention. But in a debate like the case of *A Yün*, strict construction in this sense will not be sufficient to silent the opposite side. More considerations must be drawn in.

Another writer is Langlois. He wrote about the Sung and Yuan jurisprudence and argued that there was a concept of a "living law" . To him that meant law should be more flexible and interpretive. It should be administered not strictly in accordance with the statutory wordings, but reasonably in light of varying circumstances. When looking at the case of *A Yün*, he saw the debate as a crash of values. He attributed the key value behind Wang An-shih's argument to the rehabilitation theory, whereas that of Ssu-ma Kuang, the deterrent theory. He further interpreted the dispute as a crash of methodologies. To Langlois, there was no difference between the two men in that both believed the legal system should be able to deter people from wrongdoings and that punishments should justly match the crime. But for Ssu-ma Kuang, the imperial authority and the greater Tao should take precedence over the law. Only in this way could the greatest deterrent effect be achieved. Wang An-shih on the contrary tried to impose a strict interpretation of the law, even at the expense of individual justice, such as letting off the guilty. It would ensure that law be more predictable to the people and be able to produce clear guidance of conduct. [33] Like Borowitz, Langlois' interpretation of the case contains flaws due to some incorrect information about the facts. It will also be difficult to apply his own concept of a "living law" in categorizing the opposing views of Wang An-shih and Ssu-ma Kuang. His effort however demonstrates that there is much room for further reappraisal of the legal knowledge, or jurisprudence using his own term, of these Sung Confucian scholar-officials. Both Borowitz and Langlois concentrated to call on our attention to the need of further examination of the Sung criminal justice system as well as the jurisprudential elements in Sung Confucianism.

From our discussion on the legal technicalities as well as the broader issues concerning the Sung criminal justice system, we may observe that: firstly, to the Sung Confucian officials, legal knowledge was something far from being neglected. In their service to the government, it probably constituted one of the most difficult and demanding tasks. Moral teaching was no doubt important. But as an official, there would inevitably be a constant requirement for them

---

[32] Borowitz, "Strict Construction in Sung China."

[33] Langlois, " 'Living Law' in Sung and Yüan Jurisprudence."

to perform the judicial function of the government. They needed to adjudicate lawsuits and cases from the moment they entered the bureaucracy. One single error in such judicial decision could mean a serious setback in their official career. It is therefore not surprising that legal knowledge and the ability in legal reasoning were hardly neglected by the Confucian officials.

Secondly, it has been argued that there was a clear objective in the Sung criminal justice system, in theory as well as in practice. That was to maintain justice. From the case of *A Yün*, it is especially clear about the importance of appropriate interpretation of the law and appropriate punishment for the guilty. All these were placed under scrutiny of the participants in the debate. However, it is noteworthy that neither the statutory interpretation nor the final outcome of the case came from the arbitrary imperial will. Emperor Shen-tsung might well have his own stand. But his decision was often backed by articulate legal arguments and Confucian principles provided to him by some Confucian officials. Although the imperial authority was supreme within the system, it still had to submit itself to certain superior rules, namely those of the Tao, as interpreted by the Confucian officials. It was apparent to those in the system that a violation of these principles by an arbitrary imperial authority would lead to grave injustice that would eventually undermine the dynasty. In other words, the Sung criminal justice system was built upon the principle of an absolute imperial authority but in theory denied it a position of arbitrary abuse.

Thirdly, in order to maintain justice, there developed an elaborated criminal justice system of procedural rules. The case of *A Yün* also indicates that its appellate and review mechanisms were designed to ensure not only punishment for the guilty and acquittal of the innocent but also thorough and impartial consideration of the points of law concerned. [34] Procedural rules were thus not a matter to be neglected in the pursuit of justice in Chinese legal tradition.

How can we relate these observations in the Sung criminal justice system to the concept of modern legality? Using the modern, and primarily Western, standards, traditional Chinese legal system lacked certain features like an independent legal profession, separation of judicial powers from the executive, a criminal justice system up to the modern due process requirements, and so on. There is no point to seek and identify some similarities and claim that there existed a Rule of Law in a modern sense in traditional China. The same standard would not be applicable to Britain in the nineteenth century either.

Nevertheless, recent studies, including the above discussion on *A Yün*, have produced increasing evidence that the Chinese legal tradition was not an irrational and arbitrary system

---

[34] Kuo Tung-hsü, *Sung-tai fa-chih*, 36-48; Tai Chien-kuo, "Sung-tai hsing-shih shen-p'an chih-tu yen-chiu," *Wen-shih* 31 (1988): 115-43.

that merely served as a state control mechanism. [35]It is now clear that it was also subject to certain higher principles and rules, which were often interpreted and elaborated by the Confucian officials. It now is also clear that the Chinese legal system was meant to maintain justice. To that end, it established highly regulative procedural rules. This Chinese concept of justice, albeit with a strong moralistic overtone, could not be identical with what justice meant in modern Western jurisprudence, but are they entirely incompatible? There might not have been modern Rule of Law in the Chinese legal tradition, but there certainly was a Chinese Rule of Tao. The crucial question remains. How much is this Chinese Rule of Tao compatible with the modern notion of legality, at least in the moral and jurisprudential senses?[36]

（说明：本文原刊刘增贵主编：《法制与礼俗——第三届国际汉学会议论文集（历史组）》，“中央研究院”历史语言研究所，2002。现原文刊发。）

㉟ See, for examples, Yü Jung-ken, *Ju-chia fa-shih-hsiang t'ung-lun* (Nan-ning: Kuang-hsi jen-min ch'u-pan-she, 1992; Liang Ch'i-ping, *Fa Pien* (Kuei-yang: Kuei-chou jen-min ch'u-pan-she, 1992); *Hsün-ch'iu tzu-jan chih-hsü chung te ho-hsieh* (Peking: Chung-kuo cheng-fa ta-hsüeh ch'u-pan-she, 1997); Wu Shu-ch'en, *Chung-kuo ch'uan-t'ung fa-lü wen-hua* (Peking: Pei-ching ta-hsüeh ch'u-pan-she, 1994); Kao Tao-yun, Kao Hung-chün, and Ho Wei-fang, eds., *Mei-kuo hsüeh-che lun Chung-kuo fa-lü ch'uan-t'ung* (Peking: Chung-kuo cheng-fa ta-hsüeh ch'u-pan-she, 1994); Chang Chin-fan, *Chung-kuo fa-lü te ch'uan-t'ung yü chin-tai chuan-hsing* (Peking: Fa-lü ch'u-pan-she, 1997); Ma Hsiao-hung, *Li yü fa* (Peking: Ching-chi kuan-li ch'u-pan-she, 1997).

㊱ For most recent and comprehensive discussion on the modern fate of Confucian legal culture, see Albert H. Y. Chen, "Confucian Legal Culture and Its Modern Fate," in *The New Legal Order in Hong Kong*, ed. By Raymond Wacks (Hong Kong: Hong Kong University Press, 1999), 505—33. Ch'ü Huan-wu, "Fan-tsui tsu-chou," 38-41, even suggested that the confession law in modern Taiwan should inherit more positive elements from the traditional confession laws. See also my "Li hsüeh, fa-lü yü fu-nü ts'ai-ch'an ch'üan," in *Fa-lü shih lun-chi*, ed. Han Yenlung (Peking: Fa-lü ch'u-pan-she, 2001), 479—92; and the essays on the legal development in post-Mao China and the various problems, including that related to the Chinese legal tradition, in Karen Turner ed., *Limits of the Rule of Law in China* (Seattle: University of Washington Press, 2000).

黄源盛

法理与文采之间

——读《龙筋凤髓判》

简介

黄源盛，1955年生于台湾地区云林县，台湾大学法学博士，日本京都大学法学部研究员、访问学者，东京大学东洋文化研究所外国人研究员。专长为法史学，著有《汉代春秋折狱之研究》（硕士论文），《沈家本法律思想与晚清刑律变迁》（博士论文），以及《中国传统法制与思想》（1998，五南出版）、《民初法律变迁与裁判》（2000，政治大学法学丛书47）、《汉唐法制的当代诠释》（2007，元照经销）、《法律继受与近代中国法》（2007，元照总经销）等书，另有法制史相关学术论文三十余篇。近十年来致力于《民初司法档案》的整编与研究，纂辑有《大理院民事判例全文汇编》、《大理院民事判决汇览》、《大理院刑事判例全文汇编》、《大理院刑事判决汇览》及《平政院裁决录存》等法制史料百余册。先后执教于东海大学、台北大学、台湾大学、东吴大学等校。现专职政治大学法律学系教授，主讲“法制史”、“刑法史专题”、“中国法律思想史”等课程，并自2002年8月起，兼职台湾“中央研究院”历史语言研究所研究员，主编《法制史研究》，现任中国法制史学会（台湾）理事长，推动各项法史学学术研究计划。

目次

一、序　说

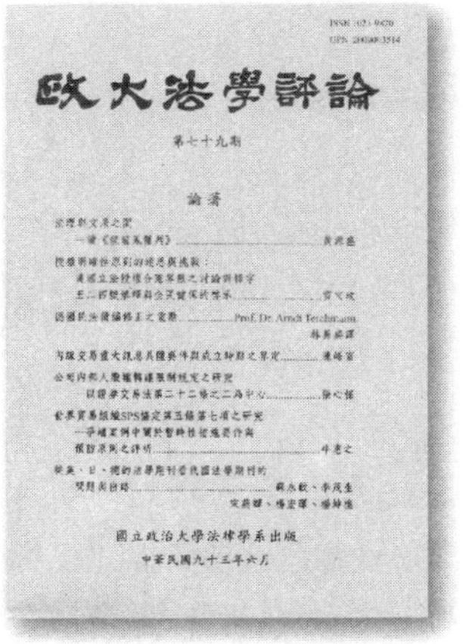

近些年来，中外法学界兴起对法律与文学之间的关怀，且屡有佳作示现；而法史学的研究对象，也由静态的“法典史”趋向动态“裁判史”的探讨。事实上，如果要追溯传统中国法律与文学的关联，“判”是观察的重要切入点。

从语源上看，所谓“判”，《周礼·秋官》上说“朝士”之职在于：“凡有责者，有判书以治则听。”《说文解字》也说：“辩，判也。……判，分也。”其本义是一分为二。事实上，“判书”，即双方各执一半的契约，以成为约定的凭证，甚至作为将来争讼的证物。几经推移，“判”乃成为一种断明事理的文辞。清王兆芳《文体通释》谓：

判者，分也。决事而分，别事理也。自古有决事必有其辞，惟其简质，故前古无见文，亦不名判也。六朝决事曰判，唐试士有判，至于明代亦然。主于判断事理，审辞平议。

可见，“判”是一种渊源悠久的文体，虽然形成甚古，但唐以前遗留下来者并不多见。究其原因，或因唐前尚未有大量讲究形式的“拟判”，而实际的“案判”，在语言形式上又比较质实简约，与唐人的审美观容有距离，所以留传者少。到了唐代，“判”则兼具实用性与文学性，已然形成一种独特的文体，受到士人阶层的高度重视。

现存唐代文献中“判”的数量相当多，仅是《全唐文》、《文苑英华》[①] 两总集中所收的判就约有一千二百多道。此外，敦煌吐鲁番文献中也有些许的判词。其中，最为人津津乐道者，还有白居易的《百道判》以及张鷟的《龙筋凤髓判》。

有关“唐判”的研究，中国大陆学者已有多篇论著问世，而台湾地区不论文史或法学界却罕见有人涉及。[②] 笔者于 1997 年秋，造访北京藏书家“信吾是斋”主人田涛先生，承其示见明版《龙筋凤髓判》真本及赠《龙筋凤髓判校注》一书[③]，匆匆一瞥，但觉艰深晦涩，未及详读，闲置书架久矣！今夏盛暑，避居“犁斋”，从容再览该书，顿觉兴趣盎然。

对于该书的作者，其人其事为何？整部书的主要内容与特色何在？书中判目问词的真

---

① 《文苑英华》是宋初官修的类书之一，由宋人李昉、扈蒙（一作宋白）、徐铉等编，凡一千卷，辑录自南朝梁以迄唐五代的二千二百余位文人各体诗文近二万篇。分三十八类，“判”是其中一类，卷 503 卷至卷 552，共 50 卷，收有唐判 1046 道。（北京）中华书局于 1966 年据宋刊配明刊本影印出版。

② 有关大陆学者的相关论述，以吕立人、吴承学、苗怀民、郭成伟、田涛以及霍存福等人的研究为主，详参本稿文末所附的“参考文献”。至于台湾方面的论著，参见桂齐逊：《唐代“判”的研究——以唐律与皇权的互动关系为中心》，1～4 页，中国文化大学史学研究所博士论文，1996。

③ 参见张鷟撰，田涛、郭成伟校注：《龙筋凤髓判校注》，北京，中国政法大学出版社，1996。

实性如何？案例该用什么方法去解读它？宜如何评价这部判词专集的价值？又怎样从本判集看待唐代律学与文学之间的关系及其流变？诸般疑惑，一直想窥个究竟，乃边读边记下心得，并草成此文。

二、《龙筋凤髓判》作者其人及其成书

提到《龙筋凤髓判》，即兴几点疑问，作者“张鷟”之名何义？人名与书名何以如此之怪？书中的意境，到底想要表达什么？该用律学的观点还是文学的视角来品评这本书？换言之，这是一部法律中的文学作品？抑或文学中的法律作品？还是另类？④

（一）张鷟其人其书

张鷟（648—722）字文成，唐深州陆泽（今河北省深县）人，约生于贞观二十二年（648年），“为儿时，梦紫文大鸟，五色成文，止其廷。大父曰：‘吾闻五色赤文，凤也；紫文，鸑鷟也。若壮，殆以文章瑞朝廷乎？’遂命以名。”幼年“聪警绝伦，书无不览。”上元二年（675年），27岁，进士及第，对策尤工。由于张鷟博采群书，学识渊博，才思敏捷，一入仕途，便显露杰出的行政、司法双方面的才能。以至考功员外郎骞味道见所对，称之为“如此生，天下无双矣！”⑤

之后，张鷟调至岐王府任参军，凡应对“下笔辄成”，“词高文苑等科”，他“八应制举，皆登甲科”，因工作业绩显著，先授长安尉，又迁鸿胪丞，在参加吏部对官吏的铨试时，张鷟“凡四恭选判，荣为铨府（吏部）之最。”成为当时律学精湛而又出类拔萃的官员。主持铨试的吏部员外郎员半千曾对人说：“张子之文，如青钱，万简万中，未闻退时。”遂有“青钱学士”的美誉，以其字值千金，下笔如有神。难得的是，张鷟具有敏锐的法律思维和丰富的司法实践经验。据《折狱龟鉴》载：在他任南阳县尉时，还智断失驴案，并为仓督冯忱洗冤，将盗卖官粟的吕元绳之以法。今其书传于世者，有《朝野佥载》、《游仙窟》、《龙筋凤髓判》等。

或许，古来才高易遭忌，也或由于性格直率“偏躁”，傥荡无检，张鷟敢于讪短时政，致罕为正人所遇，又得罪权臣，乃被御史弹劾，坐贬岭南。嗣因刑部尚书李日知据理奏论，

④ 法律与文学之间的关系如何？已成为当今欧美法学研究与文学研究中的一个重要领域，美国著名法学家理查德·波斯纳（Richard A. Posner）曾对法学与文学交互关系的研究做过四类区分（参见［美］波斯纳著，苏力译：《超越法律》，540页，北京，中国政法大学出版社，2001；［美］波斯纳著，李国庆译：《法律与文学》，北京，中国政法大学出版社，2002）。朱苏力曾将其综合为：法律中的（in）文学、作为（as）文学的法律、通过（through）文学的法律以及有关（of）文学的法律（《代译序》，收入前引《法律与文学》，2页）。这样的区别与讨论，对于本文讨论唐代“法律文化”与“文学形式”相互关系演变时，会有一定程度的互补性。感谢本稿匿名审查人提供上述的“审查建议意见”。

⑤ 有关张鷟生平事迹，两《唐书》均无独立为之立传，均附于其孙《张荐传》中。参见唐莫休符著《桂林风土记》与《旧唐书·张荐传》附《张鷟传》。另参见《新唐书·张荐传》，列传第八十六。

使张鷟得以移于近处。开元中期，入为刑部司门员外郎，主持审判复核工作，约于开元九年（722年）间卒于任上，享寿七十有三。

衡量一部古籍的价值，当然是先看它的内容，其次是看它的版本。《龙筋凤髓判》成书的年代据推测约在唐睿宗朝（711—713）时期，有各种不同版本传于世⑥。

在诸传本中，以明嘉靖刘允鹏刊本被认为最为精良，且有刘氏的校注，此即为《四库全书总目》所列的底本。嘉靖二十七年（1548年），刘允鹏为此书作注，在书中说到作注的缘起，是与张鷟一样做了个彩凤飞翔的梦：

予感梦有偶符，且于其判笃好之，以此，晨夕诵弄不辍，顾辞极藻绚，又用事奥赜，往往不得其所出，每怀愧闷肆，暇中检涉百氏，有所合，亟系之句下，积之久久，其系浸多，总前后一阅，识遂油油起，较之前时，大有开通处，乃不忍弃捐，猥积之册，摛为四本，标曰《龙筋凤髓判注》。⑦

晚近，《龙筋凤髓判》一书，于1997年2月，由田涛与郭成伟两位先生合作完成再校注本，并由中国政法大学出版社正式出版，总页数为187页。本文以下对“判文”凡有所援引，率皆本于此。惟该书偶有误植，或标点起疑多处，读时不可不查。

（二）《龙筋凤髓判》内容要义

《龙筋凤髓判》一书，以唐时骈体文写就，并且大量征引文献掌故。就整体来看，全书按照《唐六典》“官领其属，事归于职”的原则编排，形成独特的编纂体例。

书中凡分四卷：第一卷共收集中书省、门下省、御史台等12个中央部门的22道判例案由；第二卷共收集礼部、祠部、兵部等11个中央部门的21道判例案由；第三卷共收集修史馆、金吾卫、左右羽林卫等10个中央与地方部门的18道判例案由；第四卷共收集左右卫率府、太庙、郊社等17个中央与地方部门的18道判例案由。总计涉及50个政府部门

---

⑥ 据专家考据，《龙筋凤髓判》的版本大体如下：

元	白口二卷本（有明嘉靖补版）
明	孝宗弘治十三年（1500）沈津刊二卷本
明	世宗嘉靖刘允鹏刊二卷本
明	神宗万历五年（1577）魏太平等校刊四卷本
明	神宗万历三十年（1602）金陵周氏重刊四卷本
清	《四库全书本》
清	《学津讨源》重刊本
清	嘉庆《湖海楼丛书》本（另有油印本）
清	《海山仙馆丛书本》

此外，清嘉庆《全唐文》及《丛书集成》也收录了这部作品。参见（唐）张鷟撰，田涛、郭成伟校注：《龙筋凤髓判校注》，3页，北京，中国政法大学出版社，1996。另参见（明）陶宗仪等编：《说郛三种》，第4册，上海，上海古籍出版社，1988。

⑦ 参见吕立人：《龙筋凤髓判注析札记》，载中国政法大学法律古籍整理研究所编：《中国古代法律文献研究》，第1辑，成都，巴蜀书社，1999。

共79道判例案由。[8] 图示如下：

龙筋凤髓判目录

卷 一	卷 二	卷 三	卷 四
中书省	礼部	修史馆	左右卫率府
门下省	祠部	金吾卫	太庙
公主	主客	左右羽林卫	郊社
御史台	兵部	左右卫	太乐
尚书都省	国子监	左右千牛卫	鼓吹
吏部	少府监	左右监门卫	太卜
考功	将作监	左右屯卫	太医
司勋	水衡监	左右武卫	太史
主爵	沙苑监	左右军卫	刻漏
户部	苑总监	左右骁卫	良酝
工部	内侍省		太官
仓部			掌醢
			珍馐
			籍田
			亲蚕
			导官
			勾盾

如果，按照当代法学的分类标准，《龙筋凤髓判》的内容，可以分为如下几种犯罪类型：

关于处理官吏职务犯罪方面的判，此又可细分为：

1. 处理收受贿赂罪方面的判，例如：卷一《尚书都省》第二条，卷三《修史馆》一条。
2. 处理贪渎犯罪方面的判，例如：卷四《导官》第一条。
3. 处理泄漏机密罪方面的判，例如：卷一《中书省》一条。
4. 处理挟私陷害犯罪方面的判，例如：卷一《御史台》二条。
5. 处理玩忽职守罪方面的判，例如：卷一《门下省》一条，卷四《刻漏》一条。

⑧ 参见张鷟撰，田涛，郭成伟校注：《龙筋凤髓判校法》，“龙筋凤髓判目录”，北京，中国政法大学出版社，1996。

唐初统治者以隋为鉴，在承袭古代“明君治吏不治民”的传统观念上，确立了严于治吏的方针，以期透过治吏以达治民的终极目的。与此同时，成于中唐时期的《龙筋凤髓判》，也充分体现此等原则，书中对于处理官吏职务犯罪方面的判，约占全书的70%，其中又特别着重于中央机关，足见其分量之重。

关于处理官民田产纠纷方面的判，例如：卷二《苑总监》一条。

关于处理涉外经贸与纠纷方面的判，例如：卷二《主客》一条。

关于违反社会治安方面的判，例如：卷三《金吾卫》一条。

虽然，《龙筋凤髓判》中有部分犯罪类型与现今有类似之处，但仔细体察，仍具传统中国独有的一些特色。书中，涉及礼法混同方面的判仍所在多有：

关于处理违犯纲常礼教方面的判，例如：卷四《左右卫率府》一条，卷四《太庙》与《郊社》两条。

关于处理“不应言而上言罪”方面的判，例如：卷二《苑总监》二条，卷三《左右武卫》一条，卷三《左右骁卫》一条。

关于处理科举考试方面的判，例如：卷二《国子监》二条。

以上仅就《龙筋凤髓判》一书的形式内容加以概述，至于其独具的实质内涵，将于本文第四节有关“案例解析”的部分再详细说明。

三、《龙筋凤髓判》判词问目的真实性问题

读《龙筋凤髓判》，最想厘清的是，判词问目的真实性到底如何？因为这不仅关乎对张鷟本人的认识和评价，也关乎对唐代判文发展的理解，同时更关乎对唐代法律文化与文学遗产的掌握。

如仅就判的应用范围和对象来区别，以唐代言，“判”大致可分为三种：一是“案判”，系指当时官吏在受理案件或处理公务中实际所写作的判文，故又称为“实判”；其二是“拟判”，也就是虚拟的判文，是为准备铨选考试而作的选士之词；另一种“杂判”，是指那些非处理正式的案件或公文，在日常生活中针对某些事情有感而发的判文。[⑨]《龙筋凤髓判》中的判到底属性为何？

（一）拟判乎？

根据目前我所看过的资料，绝大多数的学者都认为唐代判词率是虚构的，而《龙筋凤髓判》尤其是其中的代表，它是唐代考官制度的产物，是文人精心写作的“拟判”。

---

⑨ 此外，有人把某些唐判文称为“花判”，例如：（宋）洪迈，《容斋随笔》，卷第十《唐书判》：“世俗喜道琐细遗事，参以滑稽，目为花判。”事实上，花判是就其风格而言的，其分类不属于同一系列。花判可能是案判，也可能是杂判，可实录，可加工，也可虚拟。参见吴承学：《唐代判文文体及源流研究》，载《文学遗产》，1999(6)。另外，有关判词的详细分类，可参见汪世荣：《中国古代判词研究》，5～24页，北京，中国政法大学出版社，1997。

因此，不论对本书的评价为何，一般都把书中判目当作是一部拟判，是“待选预备之具”，是“当时文格”，是秉谳者的“蓝本”。再综观持“拟判”论调者，大都以为，本书判词虽涉及的人物都有名有姓、有职有务，涉及的事也都有因有果、有时有地，但若稍加留心，就会发现这一切全都是虚拟的。⑩

简单地说，世人会把本书判词当作是一部精心写作的拟判，乃缘于有唐一代，科举设“常科”和“制科”两大类，以策试取士。常科策试中“拟作书判”为其内容之一，而吏部在科举选士出题时，原本是以实际案件作为择才的对象，不过，这种出题方式年久月深极易陷于类型化，为避开被猜题的虞虑，终于导致两种结果：一则选取虚构性的案件来作为命题的对象，一则趋向于从古典经籍中搜罗部分常人较难理解或较为陌生的实例来命题。换言之，虚拟性、假设性或经义型的“判题”日增，如此一来，试判文字自然就易流于文学性、技巧性。而坊间专为应付此类考题的“判集范本”也就应势而出，《龙筋凤髓判》及白居易的《百道判》，或均可作如是观。⑪

再详细讲，唐代的科举制度，是先经礼部，可报考的科目很多，谓之“常科”，最受重视的是“进士”和“明经”两科，此两者都不考“判”，即使明法科也不考“判”，及第者谓之“出身”，但因尚未步入仕途，故还是“布衣”。礼部把及第举子的姓名及有关资料移交给吏部，吏部则试判两节，叫做“关试”。及格者始取得授官资格，脱离布衣，故谓之“释褐试”（脱去麻布之衣）。除了常科之外，偶有制举，是天子特别下诏举行的考试，科目有“博学宏词”和“书判拔萃”两科，谓之“制科”，名义上由天子亲策，“书判拔萃”科是试判三条，中者即授官。⑫

而一般所谓的“身、言、书、判”，指的是另一种考试，即铨试或铨选，主要是地方低层官吏到吏部考的试，他们被称为选人（候选之意），考试通过才有机会调到其他地方和新的职位，所考即“身、言、书、判”，先考“书”及“判”，通过了才考“身”和“言”，四者合称“政事”。

从上述可知，制科的“书判拔萃”、吏部的“释褐”，和吏部的诠试都考到“判”，而一般说法，《龙筋凤髓判》主要是为了吏部的“释褐试”而作。在这个阶段，绝大部分的士子只有书本知识而无实务经验，而书本知识又以科举所需的经史为主，有没有读过《唐律》甚成疑问，所作的“判”能引用什么律条或推阐法理也就可思过半了。做官之后，有了实

---

⑩ 例如，卷一，“吏部”二条中的第一条，《山巨源奏请选放》，山巨源本名山涛，字巨源，为竹林七贤之一，魏时为吏部郎，晋武帝时为吏部尚书，居官十余年，以善甄拔人物为世所称。这一道“判词”引录了一段山巨源的奏文，对官吏选用状况提出了批评。而判对则仅是对奏文的论述和阐发，并无判决可言，更未引律断处，很明显是篇训练论辩能力的拟判。如果说是实判，岂不是唐代人在审五百年前晋代人的案子，显然是不妥的。参见吕立人：《龙筋凤髓判注析札记》，载中国政法大学法律古籍整理研究所编：《中国古代法律文献研究》，第1辑，118页，成都，巴蜀书社，1999。

⑪ 参见桂齐逊：《唐代“判”的研究—以唐律与皇权的互动关系为中心》，40页，台北，中国文化大学史学研究所博士论文，1996。

⑫ 参见傅璇琮：《唐代科举与文学》，499～525页，台北，文史哲出版社，1994。

际的审判经验，大抵也能阅读《唐律》，此时去参加吏部的“身、言、书、判”，所作的“判”自是较参加“释褐试”时有所充实。所以，如何把《龙筋凤髓判》准确地放在某个阶段的考试需要来评估，是相当重要的。

（二）实判乎?

不过，也有持不同看法者，认为张鷟判词适值唐代判文发展的第一阶段，即“取州县案牍疑议”为问目者，与后来判文“取经籍为问目”不同。甚至认为《龙筋凤髓判》判文问目系源自当时的真实案例、奏状、史事者。只因为张鷟为了“避讳”，虽保留涉案人原姓，却省略、更改其名，在很大程度上掩盖了它的真面目；这种“伎俩”在当时人不是谜，但为后人解读造成了莫大障碍，以致长期以来，人们不敢轻用其文。实际上，张鷟判词问目是武周、中宗两朝的实录。⑬

果如其所言，《龙筋凤髓判》就具有极高的史料价值，尤其对法律史的研究将有突破性的帮助。此其中，以中国大陆学者霍存福先生论述最为精详，他认为本书判词，是真实判目。理由有二：⑭

其一，以时代而论，张鷟《龙筋凤髓判》是唐人判词中结集最早者，属于唐代判词发展的第一阶段。唐判词历经了三个不同的发展阶段，据《通典》卷十五《选举三》载：

初，吏部选才，将亲其人，覆其吏事，始取州县案牍疑议，试其断割，而观其能否，此所以为判也。后日月寖久，选人猥多，案牍浅近，不足为难，乃采经籍古义，假设甲乙，令其判断。既而来者益众，而通经正籍又不足以为问，乃征僻书曲学、隐伏之义问之，惟惧人之能知也。

用白话讲，唐代判试出题经历三个阶段：“始取州县案牍疑议，试其断割，而观其能否。”最初的判试往往是从州县中实际遇到的一些真实的疑难案件挑选出来作为考题，让应试者对这些案件给予判决，看看是否能合乎法律的要求，以及是否符合案件的实际情况。由于参加考试的人越来越多，以地方案件为题又显得浅近，难度不够，“乃采经籍古义，假设甲乙，令其判断。”于是便从经书古籍中选用一些事情，假设案例，令士子判断；后来这些经书古籍还不足以难倒一般士子，所以只好“征僻书曲学、隐伏之义问之。”故意在冷僻的书中找含混不清的地方发问，惟恐应试者能从容应对。

事实上，张鷟于高宗上元二年（675年）登进士第，卒于玄宗开元中期，想见其活动期间正当高宗末、武周、中宗、睿宗直至玄宗开元中。一般史家又认为，高宗显庆初刘祥道上疏论“曹司试判”为“试判之所起”，则张鷟判文应是适应吏部考判之第一阶段需要产生的，其判词问目属于切于吏事的“州县案牍”，而不属第二阶段的“经籍问目”，更不属第三阶段的“僻书曲学或隐伏之义”。以此推量，张鷟判文问目应以居中的武周、中宗及睿宗时事为多，但不排除使用高宗末及玄宗初时事。

---

⑬ 参见霍存福：《龙筋凤髓判判目破译》，载《吉林大学社会科学学报》，1998（2），19～27页。

⑭ 参见霍存福：《龙筋凤髓判判目破译》，载《吉林大学社会科学学报》，1998（2），19～20页。

其二，张鷟判文每每给人以真实的印象。判目中既无经籍问目，更无僻书曲学，源自当时真实案例和奏章的痕迹非常明显；且年号、官名、人名、地名、建筑名，一一指实，似不容假。这与白居易的《甲乙判》差异很大。白判虚设甲乙，不具人名、地名等，且多有经籍问目，恰合上述《通典》所谓吏部考判第二阶段的显著特征。

不过，霍先生也指出，《龙筋凤髓判》虽每判有涉案人名，却多为杜撰。如卷一《公主二条》中，"永安公主"在玄宗以前未有封此号者。另一"山阳公主"，迄唐末亦未有封此号者。至于涉案官员，省台官上至左仆射、御史大夫，下至左司郎中、中书舍人、给事中，六部侍郎、郎中，卫官之大将军，五监之将作大匠，遍查唐史纪传表志，少有名姓符合者。偶有一二名姓合者，时代、历官又不同。可见，张鷟所用皆非真名，这是可以确定的。

既然是随意取名，何能说明判文的真实性？霍先生又提出大胆假设，认为判目中某些人名是依据其职掌性质取定的，或是与职掌相关的古今人名为依据的。如羽林将军名"敬伟"，或即"敬卫"或"警卫"之谐音，如此等等。他还进一步论证，张鷟判文问目确实源自真实案例、奏章。至于为什么要用假名而不用真名？惟一的原因就是"避讳"。

霍氏之论，的确具有创意，不过，迄今为止，对于这种讲法，仍多存疑，我还是比较赞同《龙筋凤髓判》是唐代考官制度的产物，是文人精心写作的拟判这种说法。

理论上，唐代判文之所以兴盛，应与唐代科举制度有直接关联，唐代由礼部主持科举考试，及第者才具有做官的资格。吏部则负责委派官职，唐代的士子及第后，要经过吏部考试，即省试后才能授官。吏部考选的主要内容是所谓的"身"、"言"、"书"、"判"，唐人杜佑谈到唐代铨选制度时说：

其择人有四事：一曰身，取其体貌丰伟；二曰言，取其词论辩正；三曰书，取其楷法遒美；四曰判，取其文理优长。四事皆可取，则先乎德行。德均以才，才均以劳。……凡选，始集而试，观其书、判。已试而铨，察其身、言，询其便利，而拟其官。⑮

在唐代，上述文中之所谓"判"，往往以地方狱讼案件或经籍所载的史事为案例，让应试者加以分析，写出判词，以此检验应试者从政的能力和人文素养。每道判少则五六十字，多则二三百字，要以对仗工稳的骈文写成。在吏部"身言书判"考试中，"判"是至关重要的，其成绩的高下，直接关系到士子的前途。马端临《文献通考》中曾说："然吏部所试，四者之中，则以判之尤切。"⑯

判文何以会如此被看重？想来或与当时认为它反映出人才的一些重要素质有关。盖为官者，必先通晓事理，谙练法律，才能明辨是非，发摘隐伏，此乃临政治民的第一要义。也就是说，判文的写作，不但须熟稔律义，更要深入民情，才谈得上具有慎察明断的分析力和判断力。

由于士人对于"判"的重视，试判的难度也就愈来愈大。唐代的试判题目也就越来越

---

⑮ （唐）杜佑：《通典》，卷第十五，选举三。另参见《新唐书》，卷四十五，《选举志》，下。

⑯ （元）马端临：《文献通考》，卷三十七，选举考十，"举官"。

难，越来越偏，所试的案例，也由真实走向虚拟。《书目答问》评论《龙筋凤髓判》时也说："名似法家，实则词章，无类可归，附此。其目藉考唐时律令公式。"如果用本书判词来考察唐代若干律令条款，想来应非张鷟本意，却留给后人无限的遐思空间。

四、《龙筋凤髓判》案例解析举隅

综览《龙筋凤髓判》全书，把它当作"实判"来看，固未必妥当。但它既然是一部判词专集，其合于判词写作规范的作品当不在少数。它每卷的每道案例都由两个部分构成：第一，为盛行一时的典型判例"案由"；第二，为张鷟等针对此案例所撰写的"判词批语"，以及适用律条与司法解释等。

在形式特征上，本书案由中有罪犯人名、官称、法司或行政官署名以及原告人名等，个别案由尚有"神龙元年"、"三年"年号及"沧、瀛等州"地名，表明其判文问目有可能源自当时州县府寺案牍，至少是当时案牍的模仿品；在判文内容上，有些是针对某部门或某官吏奏事呈文的批覆⑰，并非严格意义的判词。

也或许是拟判之作，半数以上的案例都没有明确援引律令根据，即使有部分作出定罪的断语，也往往语焉不详。粗略统计，全书与唐律令有关者，约有 35 道，占判文总数的 44%。本文特择其与《唐律》有关者十道，每道分成[案由]、[判]、及[解析]三部分来寻绎其意。

（一）关于泄漏机密罪案

[案由]

中书舍人王秀漏泄机密，断绞，秀不伏，款于掌事张会处传得语，秀合是从，会款所传是实，亦非大事，不伏科。

[判]

凤池清切，鸡树深严，敷奏帝俞，对扬休命。召为内史，流雅誉于周年，荀作令君，振芳尘于魏阙。张会掌机右掖，务在便蕃，王秀负版中书，情惟密切。理宜克清克慎，慕金人以缄口，一德一心，仰星街而卷舌。温树之号，问且无言，恶木之阴，过而不息。岂得漏秦相之车骑，故犯疏罗，盗魏将之兵符，自轻刑典。张会过言出口，驷马无追，王秀转泄于人，三章莫舍。若潜谋讨袭，理实不容，漏彼诸蕃，情更难恕，非密既非大事，法许准法勿论，待得指归，方可裁决。⑱

[解析]

1. 本案中书舍人王秀听闻张会所传机密，转而泄漏给驻长安诸国使节，是否构成漏泄

⑰ 例如，卷一的《山阳公主为子求官》、《吕讷请为安稳法》、《游最考勋至上柱国》；卷三的《鲁敬不堪宿卫》，卷四的《王乾状请更改修制》等。

⑱ 《龙筋凤髓判》卷一，《中书省》二条。

机密罪？所泄漏者是“大事”或“非大事”？王秀泄密如果没有受到张会的指使，应负泄密“外蕃”罪的首犯抑或从犯的刑事责任？

2. 按《唐律·职制律》“漏泄大事应密条”规定：“诸漏泄大事应密者，绞。非大事应密者，徒一年半。漏泄于蕃国使者，加一等。仍以初传者为首，传至者为从。即转传大事者，杖八十；非大事，勿论。”唐律此条规定因故意或过失漏泄关于机密行为的处罚。依律文规定：第一，泄密罪依其所泄密之内容分为两类，刑罚有异。一类是“大事应密”者，即涉及国家安全与军事行动之事，例如“潜谋讨袭及收捕谋叛之类”。凡属此类，“不合人知。辄漏泄者，绞”。另一类是“应密之非大事”，即非涉及国家安全与军事行动，但仍“不合人知”之事，例如“仰观见风云气色有异，密封奏闻”之类。凡属此类，“有漏泄者，是非大事应密，合徒一年半。”第二，泄密罪依闻密对象分为两类，刑罚各异。一类是泄漏于本国之人，无论其为官为民，为常人为罪人。凡属此类，即依上法：漏泄大事应密者绞，漏泄非大事应密者徒一年半。再一类是泄漏于外国使臣，即所谓“蕃国使”。凡属此类，则须比常法加一等科处，盖“国家之事，不欲蕃国闻知”，故重惩而严禁之也。具体说来，泄漏大事应密于蕃国使处绞（因《唐律·名例律》规定“加入绞者，不加至斩”，故虽加一等，并不加至斩）；泄漏非大事应密者于蕃国使，“加一等，合徒二年”。第三，泄密罪依情节之轻重而处罚有殊：一类是“初传者”，即“初漏泄者”。此类是为首犯，须科全罪；漏泄大事应密于本国人者处绞，漏泄非大事应密于本国人者处徒一年半；漏泄大事应密于蕃国使者亦处绞，漏泄非大事应密于蕃国使者处徒二年。再一类是“传至者”，即不该闻密之人，如《律疏》所解：“谓传至罪人及蕃使者。”此类是为从犯，须减首犯一等；罪人得闻大事应密者从绞上减一等科流三千里，得闻非大事应密者从徒一年半上减一等科徒一年；蕃国使得闻大事应密者从绞上减一等科流三千里；得闻非大事应密者从徒二年上减一等科徒一年半。第三类是“转传大事者”，即在初传者与所传至罪人或蕃国使臣之间“中间传说”之人。此类既非首犯，亦非从犯，故科刑较轻，其中辗转相传大事应密者，无论传至者为本国罪人或蕃国使臣，皆杖八十；辗转相传非大事应密者，无论传至者为本国罪人或蕃国使臣，“并不坐”[19]。

3. 将本判案由及判文对证律文，到底法司断王秀绞刑，是否适法？王秀争辩两点，一是他该当“从犯”，二是他所传“非大事”，这两样均属于律文中减刑的规定，所以不服处绞的判决。本判指出：若属“潜谋讨袭”之大事，“理实不容”，张会自应为首（初传者），王秀自合为从（传至者，或是转传者）；设若将大事应密“漏彼诸蕃”，“情更难恕”，首犯、从犯皆应各加一等（依《唐律·名例律》，绞刑不加至斩，则漏泄首犯仍处绞；从犯原处流，至此加至绞）。设若将“非大事应密”漏于诸蕃，首犯在“徒一年半”上加一等，从犯于徒一年上加一等。但问题在于，原判在适用法律上明显有误：例如，王秀果犯漏泄机密

---

⑲ 刘俊文：《唐律疏议笺解》，上册，758页，北京，中华书局，1996。另参见戴炎辉：《唐律各论》，上册，99～101页，台湾，成文出版社，1988。

罪，也只是“传至者”，是从犯，依《唐律·名例律》应比首犯处绞减一等处罚，即处流三千里。

4. 在事实认定上，原判定“王秀漏泄机密”之罪。张鷟判文则澄清了王秀不过是“转传者”而不是“传至者”。判文一则云“王秀转泄于人”，暗指其行为只是转传；二则云“非密既非大事，法许准法勿论”，所征引的是上述律文第二款“转传……非大事，勿论”的意旨。

5. 至于本判末云“待得指归，方可裁决”，“指归”应指最终的事实确定，即所传是否系“非大事”？王秀所为究竟是否属转传行为？从行文倾向看，张鷟是相信王秀不是初传者，且所传也非大事。本判之能区分“初传”与“转传”及“转传大事”与“转传非大事”，张鷟果非熟读律文，怎能领会法意至此？只可惜该则判文并未作出最终明确的判决。

（二）关于崔暹奏事口误罪案

［案由］

通事舍人崔暹奏事口误，御史弹付法，大理断笞三十，征铜四斤。暹款奏事虽误，不失事意，不伏征铜。

［判］

崔暹风神爽俊，词采抑扬，雅调疏通，清音朗彻。裴楷之英姿肃肃，朝野羽仪；魏舒之容止堂堂，群寮领袖。自可曳裾紫禁，伏奏青规，助朝廷之光辉，赞明时之喉舌。芝泥发彩，宜凤藻而腾文；兰检浮香，润龙缣而动色。岂容金马之对，未被称誉。神羊之威，俄闻奏劾。罚金既罹于疏网，辨璧无舍于明珠。过误被弹，止当笞罪。不失事意，自合无辜。虽触凝霜，理宜清雪。[20]

［解析］

1. 据《晋书》与《隋书》中的《百官志》载：通事舍人，是中书省长官中书令与副职侍郎以下，操办细务的一般官吏，通常是十余人。晋至隋大体如此，唐改中书省为内史省，但通事舍人之职并无更变。本案案由称通事舍人崔暹奏事口误，御史弹付法，大理断笞三十，征铜四斤，崔暹不服征铜。

2. 按《唐律·职制律》，“上书奏误条”规定：“诸上书若奏事而误，杖六十；口误，减二等。”【疏】议曰：“上书”，为书奏特达。“奏事”，谓面陈。有误者，杖六十。若口误，减二等，合笞四十。至若口奏虽误，事意无失者，不坐。据本条律文，“口误”，合笞四十；但若不失事意者，勿论。

3. 至于上奏及公文有误罪，系指向皇帝上书或面奏，以及日常向上司下属报行公文，疏忽不慎，造成内容有错失，文字有“脱剩”的行为。此类行为性质表面上为失职，后果则贻误公事，故律特设专条加以惩禁。张鷟判文主张：“过误被弹，只当笞罪”；“不失事意，自合无辜”。认为即便“口误”有过，罪只当笞；倘若“口误”不失事意，更应论处无

[20] 《龙筋凤髓判》卷一，《中书省》二条。

罪。至于征铜部分，理应得到昭雪。

（三）关于奏状误失罪案

［案由］

给事中杨珍奏状，错以崔午为崔牛，断笞四十，征铜四斤，不伏。

［判］

沉沉青琐，肃肃黄枢，望重鸾司，任光龙作。掌壶负玺，步顿于是生光；左貂右蝉，揖让由其动价。杨珍门承积阀，荣重搢绅。趋左掖之严凝，奏上台之清切。出纳王命，职当喉舌之官；光阐帝猷，佐处腹心之地。恪勤之誉，未出于丹闱；舛缪之愆，已尘于清宪。马字点少，尚惧亡身；人名不同，难为逃责；准犯既非切害，原情理或可容，何者？宁失不经，宥过无大。崔牛崔午，即欲论辜，甲申甲由，如何定罪？㉑

［解析］

1. 据《隋书·百官志》载：门下省为魏晋南北朝时期宫中侍从机构，设侍中、给事黄门侍郎各四人，“掌侍从左右，摈相威仪，尽规献纳，纠正违阙。”另外，“监合尝御药，封玺书”等职事。本案给事中杨珍奏状误失人名，断笞四十，征铜四斤，杨珍不服。

2. 依《唐律·职制律》“上书奏事误条”规定：“一、诸上书若奏事而误，杖六十；口误，减二等。上尚书省而误，笞四十。余文书误，笞三十。二、即误有害者，各加三等。三、若误可行，非上书、奏事者，勿论。”从上述律文看来，上奏及公文有误分为“上奏有误”与“公文有误”两类，各依情节及结果予以不同之处罚。关于上奏有误，形式有二：一为书奏，一为口奏。书奏准备时间充分，理当完善，故如有错误，须予重罚，一般情况下科杖六十，虽误未失事亦如此，若因误造成严重危害，包括出入罪刑及增减财物等，则加三等科杖九十。口奏御前以口头陈述，临时应对，难免差失，故如有错误，应予宽减，一般误未失事者不坐，轻微失事者科杖四十，造成严重危害者科杖七十，亦即各减书奏有误二等。㉒

3. 根据本条律文，“奏事有误”宜杖六十。张鷟判文首先指出，杨珍“出纳王命，职当喉舌之官”，负有“光阐帝猷，佐处腹心之地”，其职责重大，理应慎重其言行。惟因疏忽，在上皇帝奏中，错把“崔午”写成“崔牛”，按律当受惩处。主张：“人名不同，难为逃责”；又说：“崔牛崔午，即欲论辜，甲申甲由，如何定罪？”认为此举该负法律责任；但他又以为“断笞四十，征铜四斤”处罚过重。乃批“准犯既非切害，原情理或可容，何者？宁失不经，宥过无大。”主张对于过失行为宜从轻发落。

4. 本案张鷟之判，不但具有尊重“罪刑法定”之意识，且能灵活量刑的功能，确有其独到之功。

（四）关于知制敕书有误罪案

［案由］

㉑ 《龙筋凤髓判》卷一，《门下省》二条。

㉒ 参见刘俊文：《唐律疏仪笺解》，上册，788～790页，北京，中华书局，1996。另参见戴炎辉：《唐律各论》，上册，112～114页，台湾，成文出版社，1988。

左补阙陈邃司制敕，知敕书有误，不奏辄改，所改之次与元敕同，付法不伏。

［判］

陈邃缪司纶綍，忝掌枢机，参详兰叶之文，宜越芝英之字。拾遗补阙，蹑山甫之清尘，献可替否，寻晏婴之胜迹。设令鱼鲁绝缪，理合上闻，豕亥参差，无疑下断。岂容斟酌圣意，加减繇言。用寸管以窥天，持小瓠而测海。未经上白，辄敢雌黄。定字虽复无差，据罪终须结正。八十之杖，自作难逃；三千之条，理宜明罚。㉓

［解析］

1.《新唐书·百官志》载：左补阙为唐朝隶属于门下省之谏官，与中书省右补阙对置。武则天垂拱元年（685 年）二月创制，“初左右各二人，从七品上，后增至六人。掌供奉奉谏，大事廷争，小事上封事。天下利病，朝廷得失，天子宰相，尽在其中。”但其品秩不高，职责却很重，皆由君相亲自授受政绩卓著之地方官吏，成为晋升要职的阶梯。

2. 依《唐律·职制律》“制书误辄改定条”规定：“诸制书有误，不即奏闻，辄改定者，杖八十；官文书误，不请官司而改定者，笞四十。知误，不奏请而行者，亦如之。辄饰文者，各加二等。”根据律文，要构成“制书误辄改定”之罪，须符合下列要件：（1）制书有误。必须是“旨意参差”，或“脱剩文字”，而于理有失者。（2）不即奏闻而辄改定。【疏】曰：“皆合覆奏，然后改正、施行。不即奏闻辄自改定者，杖八十”。惟【疏】又曰：“依公式令：下制敕宣行，文字脱误，于事理无改动者，勘检本案，分明可知，及改从正，不需覆奏”。(3) 获知有误，不奏而行。【疏】曰：“知制书误（而）不奏，依错施行。”倘符合上述要件，各杖八十。

3. 本案案由所谓“知敕书有误，不奏辄改”该当本条罪名构成要件，张鷟认为“定字虽复无差，据罪终须结正”，主张有罪。因此，判文说“八十之杖，自作难逃”，其所主张刑罚尚符合律文的规定。

（五）关于贪渎罪案

［案由］

御史严宣前任洪洞县尉日，被长史田顺鞭之。宣为御史，弹顺受赃二百贯，勘当是实。顺诉宣挟私弹事，勘问宣挟私有实，顺受赃不虚。

［判］

田顺题舆晋望，让佩汾阳，作贰分城，参荣半刺。性非卓茂，酷甚常林。鞭宁戚以振威，辱何夔而逞志。严宣昔为县尉，雌伏乔元之班；今践宪司，雄飞杜林之位。祁奚举荐，不避亲仇；鲍永绳愆，宁论贵贱？许扬大辟，讵顾微嫌？振白鹭之清尘，纠黄鱼枝浊政。贪残有核，赃状非虚。此乃为国锄凶，岂是挟私弹事？二百镪坐，法有常科；三千狱条，刑兹罔赦。㉔

㉓《龙筋凤髓判》卷一，《门下省》二条。

㉔《龙筋凤髓判》卷一，《御史台》二条。

［解析］

1. 秦置郡丞以佐太守，在边为长史，汉设别驾，至唐太宗乃改别驾为长史，本案被告田顺曾任长史。

2. 在唐朝，为加强行政与司法监察，赋予监察御史“风闻弹劾”、“震肃百僚”的权力。御史严宣弹劾洪洞县令田顺受贿二百贯钱，题中“受贿不虚”一句，认定田顺贪渎罪成立。本案涉及官吏之间相互攻讦而暴露出贪渎罪行。而田顺身为县令，反以鞭打过严宣为由，反诉严宣此次弹劾系为“挟私弹劾”。

3. 查唐代关于官纪之罪，规定甚为严密，职官不可徇私，尤不得受财，犯者即成立失职罪。此再分为直接与公事有关与无关者，有关者系渎职，无关者乃受监临财物。而官人之渎职，系与当事人为必要共犯；但其处罚，对官人重，而对当事人轻。此视其不受财（答应请托）与受财，受财者罪重而不受财者轻。又有以受财枉法论，及准枉法论，均是彼此俱罪之赃，其赃没官。仍视其有禄与无禄，无禄者减一等，又有受财在先与在后之分，先受财者之刑，比后受财者为重。

4. 针对本案，张鷟判语明确指出：严宣“许扬大辟，讵顾微嫌？振白鹭之清尘，纠黄鱼之浊政。贫残有核，赃状非虚。此乃为国锄凶，岂是挟私弹事？”依律“二百镪坐，法有常科；三千狱条，刑兹罔赦”，对田顺受贿行为主张严加惩处，绝不姑息。

（六）关于收受贿赂罪案

［案由］

令史王隆每受路州文书，皆纳贿钱，被御史弹，付法，计赃十五疋，断绞，不伏。

［判］

王隆忝沾趋吏，幸列胥徒，禄虽给于斗储，官未阶于尺木。鸡卵之馔，虽避嫌疑，鹅目之钱，若为窥觇。每受一状，皆取百文，未申疵面之功，翻起黑头之患。猎青凫之小利，触骢马之严威。因事受财，实非通理，枉法科罪，颇涉深文，宜据六赃，式明三典。㉕

［解析］

1. 据《新唐书》，卷四载：唐代令史为尚书都省的属官，总计有18名，负责依成制勾检、签署文书等项，品低而责重。王隆身为尚书都省的令史，执掌吏部典籍，以及尚书省六部通义，握有相当的权力。竟利用批转路州文书的职权，收受贿赂，赃款数额达十五疋，依律判处绞刑，是否妥适？

2. 唐律关于官吏渎职收受贿赂行为，往往以赃之数量与价值为定罪的标准。因赃犯罪者，其罪均加重其刑；而罪之轻重，又以赃物之多少为衡。赃有六种：强盗、窃盗、枉法、不枉法、受所监临及坐赃，是名为“六赃”。依《唐律·职制律》“监主受财枉法条”规定：“诸监临、主司受财而枉法者，一尺杖一百，一疋加一等，十五疋绞。”此条乃规定监临、主司因事而受财之罪。【疏】议对“监临、主司”，解谓“统摄、案验及行案主典之类。”凡

㉕ 《龙筋凤髓判》卷一，《尚书都省》二条。

受有事人财，而为曲法处断者，一尺杖一百，一疋加一等，十五疋绞。按监主受有事人财罪，指监临主司利用职务上之便利，接受有事人财物，为之曲法裁判或谋取其他非法利益之行为。此类行为属于贪赃受贿，乃性质最严重的渎职罪，故律特设专条，以厉刑惩治。至于监主受有事人财罪的构成要件，律虽无明文。惟据后“事后受财”条、“受所监临财物”条及“杂律坐赃致罪”条可以推知，必须具备以下三个要件：其一，行为主体必须是监临主司。如非监临主司而受有事人财，则当以坐赃论，依《唐律·杂律》“坐赃致罪”条科罚，而不得定为此罪；其二，监临主司必须利用职务便利受贿。如与执行职务无关，则当以受所监临财物论，依“受所监临财物条”科罚，而不当定为此罪；其三，受财必须在事前，如事后受财，则当依“事后受财条”科罚，亦不得定为此罪。

3. 本案张鷟批语说：“因事受财，实非通理，枉法科罪，颇涉深文。”主张从据律文中“六赃”的规定，严厉以惩，以彰显《周礼·秋官·大司寇》中所谓“轻典”、“中典”、“重典”、“世轻世重”的刑事政策和刑罚适用原则。

（七）关于不应言而上言罪案

［案由］

上林监杨嗣请增置宫馆于上林中，御幸游戏畋猎所诣即上下辇，咸宴暂劳永逸，永久安稳。

［判］

八川浩荡，控丹水以疏津。九岭参差，绕黄山而作固。相如健笔，高谈上苑之芳，子云清词，盛述长杨之丽。露寒鳷鹊之观，古迹仍存，宜春属玉之轩，余基尚在，储胥柃诣，便开御幸之涂，清暑甘泉，实曰微行之处。探封峦于汉制，侈未及奢，获林光于秦余，俭而不陋。何必广开禁御，虚费人功。优旃发使鹿之讥，张昭有射彪之谏。大夸宫馆，外取笑于由余，广设缭垣，内兴嗟于贡禹。杨嗣谄谀佞士，轻薄邪人。矜奔竞之偏怀，昧公方之大体。圣君于尧舜，善迹无闻，陷人主于桓灵，丑声奉先著。镇之以静，则俗阜财殷，挠之以烦，则政荒人散。不应言而上言，法有正条；不应为而有为，刑兹罔赦。宜从贬论，以肃朝章。㉖

［解析］

1. 上林苑，为官署名，西汉武帝元鼎二年（前115年）置水衡都尉，“掌上林苑，有五丞”，为皇帝的私藏之府。东汉初，并入少府。东汉水衡都尉称上林苑，置令一人。隋唐时，称上林署，属司农寺，掌苑囿园池，植果树蔬菜，以供朝廷祭祀之用，有令二人，丞四人。

2. 有唐一代，“不应言而上言罪”是因向皇帝进言而罹遭身祸的一种特殊刑事案件。本案杨嗣请增置宫馆于上林中的进言，该当何罪？

3. 依《唐律·职制律》“事应奏而不奏条”规定：“诸事应奏而不奏，不应奏而奏者，

㉖ 《龙筋凤髓判》卷二，《苑总监》二条。

杖八十。应言上而不言上，不应言上而言上，及不由所管而越言上，应行下而不行下，及不应行下而行下者，各杖六十。”所谓“不应言上而言上”者，【疏】议曰：“依律、令及格、式，不遣言上而辄言上。”此类行为性质上为失职罪，危害中央集权的统治秩序，故为律所不容。律文规定，奏上行下违法罪的处罚分为两等：凡应奏请皇帝者不奏，或不须奏请皇帝者妄奏，或应奏待皇帝批覆者不待批覆擅行，各杖八十；凡应申报上司不申而不应申报上司妄申，或应待上司批覆而不待批覆擅行，或应逐级申报而越级申报，或应通报下司不通而不须通报下司妄通，各杖六十。所以如此，盖因涉及皇帝者专擅之外复有不敬，故其罚重于常犯。[27]

4. 本案张鷟另援引“不应得为条”作为判案的依据。按《唐律·杂律》规定：“诸不应得为（为律、令无条，理不可为者。）而为之者，笞四十。事理重者，杖八十。”《疏议》解说：“杂犯轻罪，触类弘多，金科玉条，包罗难尽。其有在律在令，无有正条，若不轻重相明，无文可以比附。临时处断，量情为罪，庶补遗阙，故立此条。”而所谓“不应得为”，可以说，是整部唐律规定罪与刑的灵魂原则；在各篇律文条次已就具体事项荦荦著文列举之余，犹设本条对罪刑作原则概括性的规定，其规范性质很明显地具有概括条款的性质。

5. 据张鷟判文：上林苑“清暑甘泉，实曰微行之处。探封峦于汉制，侈未及奢，获林光于秦余，俭而不陋。何必广开禁御，虚费人功。”在张鷟看来，倡俭止奢是臣下进言的宗旨，而杨嗣在上林苑条件尚好的情况下，竟进言“增置宫馆于上林中”，援引上述“不应言而上言罪”条，同时，又据《杂律》“不应得为罪”条，论处杨嗣应杖六十；最后则依例予以贬黜，或有防唐朝重蹈隋末大兴土木导致败亡的覆辙的警示用意在。

（八）关于犯夜罪案

[案由]

左金吾卫将军赵宜检校街时，大理丞徐逖鼓绝后于街中行，宜决二十，奏付法，逖有故，不伏科罪。

[判]

中尉掌徼起自秦朝，郎将司阶，行于汉制。御曹执革，雕轮光紫陌之前，武库禁兵，缇骑拂红尘之外。弯弧壮月，肃肃盈衢，挺剑含霜，辉辉满路。辛庆忌之威重，乃应斯荣，汉光武之微时，犹钦此职。赵宜名参列校，务总戎昭，蹑贾复之前规，追寇恂之旧轨。乳虎之号，响溢于京畿，苍鹰之名，声充于辇毂。既而鲸钟隐隐，路绝行人，鹤鼓冬冬，街收马迹。徐逖躬沾士职，名属法官，应知玉律之严，颇识勾陈之禁。岂有更深夜静，仍纵辔于三条，月暗星繁，故扬鞭于五剧。前途尚远，归望犹赊，未侵豹卫之司，忽犯兽冠之吏，既缺瓜田之慎，便招楚挞之羞。付法将推，状称有故，且犯夜之罪，惟坐两条，被促

[27] 参见刘俊文：《唐律疏仪笺解》，上册，790页，北京，中华书局，1996。另参见戴炎辉：《唐律各论》，上册，114～115页，台湾，成文出版社，1988。

之时，曾鞭二十。元犯已从决讫，无故宜合停科。罪既总除，固宜从释。[28]

［解析］

1. 据《新唐书·百官志》载："金吾卫"为唐时禁兵十六卫之一，分别由左右金吾卫将军统领，执掌宫中、京城巡警及京畿烽侯、道路，领内府府兵翊府一，外府同轨等五十府。本案左金吾卫将军赵宜检校街时，大理丞徐逖于闭门鼓绝后在街中骑乘，是否犯夜行罪？该如何论处？

2. 依《唐律·杂律》"犯夜条"规定："诸犯夜者，笞二十，有故者，不坐。"此条规定违犯宵禁制度，于夜间穿行坊街之行为的刑罚。唐代为维持城内的安全秩序，实行宵禁制度，每入夜即紧闭城坊之门，禁止通行，同时派遣警卫人员值宿坊街，以司纠察。【疏】议曰：《宫卫令》："五更三筹，顺天门击鼓，听人行。昼漏尽，顺天门击鼓四百搥讫，闭门后，更击六百搥，坊门皆闭，禁人行。"违者，笞二十。故【注】云"闭门鼓后，开门鼓前，行者皆为犯夜。"根据上述律文规定，犯夜罪，各笞二十。惟若有"公事急速及吉凶、疾病之类。"又同时持有"本县或本坊文牒"者，系属"有故者"，可以阻却违法，不构成犯罪。[29]

3. 本案大理寺丞徐逖违反宵禁规定，已被金左吾卫将军赵宜处鞭二十，但徐逖自认系"有故夜行"，不服科罪，上奏要求重审。对此，张鷟判语首先指出：徐逖"鲸钟隐隐，路绝行人，鹤鼓冬冬，街收马迹"，钟声之大如鲸鱼大鸣，雷门鼓鸣，街上理不应再有行者，显现其行为的违法性；接着指出"更深夜静，仍纵辔于三条；月暗星繁，故扬鞭于五剧"，"故"字则表明徐逖的主观心理状态的有责性。最后揭示身为大理丞的徐逖"躬沾士职，名属法官，应知玉律之严，颇识勾陈之禁"，深切地从身份上和情理上确认徐逖行为的可罚性。徐逖虽"状称有故"，但从律文关于"公事急速及吉、凶、疾病"等"有故"情形看，徐逖显然不属其中的任何一种；尤其《疏文》要求无论公私急事，皆须得本县或本坊文牒，方得夜行，徐逖显然并不具备，可以说欠缺阻却违法事由，所以应成立犯罪。

4. 至于本判议罚，张鷟也顾及科刑"禁止双重评价原理"，鉴于徐逖当场被捉时，曾受笞二十，已相当于犯夜罪的应决笞数，根据"一罪一罚"的"相抵"原则，"元犯已从决讫，无故宜合停科"，二者既已总除，即不能再付法重科，主法应释放其人[30]，非常巧妙地兼顾了法律与情理。

（九）关于违犯纲常名教罪案

［案由］

御史弹东宫每乘牛车微行，游诸寺观，左右清道，元不设仪仗，殊失礼容，所由率丁

---

[28] 《龙筋凤髓判》卷三，《金吾卫》二条。

[29] 参见刘俊文：《唐律疏仪笺解》，下册，1827页，北京，中华书局，1996。另参见戴炎辉：《唐律各论》，下册，655～666页，台湾，成文出版社，1988。

[30] 参见霍存福：《张鷟〈龙筋凤髓判〉与白居易〈甲乙判〉异同论》，载《法制与社会发展》，1997（2）。

让等，并请付法。

[判]

天孙东岳，有国之元储。帝子前星，通邦之上嗣。河海重润，控玉槛以疏源，日月重轮，顺珠囊而叶度。位隆银牓，青方列长子之宫，望重铜楼，紫极缵承祧之业。济南凤集，天骨已彰，清河蛇盘，灵姿早应。丁让职惟清道，务掌干城。列羽卫于瑶山，典戎旗于望苑。自可画掌之侧，肃肃霜戈，甲观之前，森森电戟。何得安细针于座上，竟未匡毗，带长剑于街中，曾无觉察。遂使盘游无度，玩好非宜。日远之封蔑闻。星流之瑞徒应。昔乘小马，尚致讽嫌，今驾牛车，深舛典则。所由既不匡正，群下竟未上闻，亏失朝章，理须明法。[31]

[解析]

1. 按秦晋以来，各朝建立东宫，设置卫率府，唐朝改设左右卫率府，率领府兵侍卫太子。本案御史弹东宫，每乘牛车微行，游诸寺观，左右清道，元不设仪仗，殊失礼容，所由率丁让等是否宜付法?

2. 张鷟批语："今驾牛车，深舛典则，所由既不匡正，群下竟未上闻，亏失朝章，理须明法。"在唐朝，东宫太子作为"国之储君"，理应严守礼法，谨言慎行。现今违犯礼法，既不设仪仗，又牛车微行，不能不依法制裁。但太子又为"八议"中的"议亲"范围，臣下只能据实上奏皇帝裁决，不能随意作出判决。

3. 通观《唐律》诸篇，并没有审理此案的类似律条规定，故只能通过"判例"形式来加以解决。此外，根据以往判例审案的传统，以及秦国太子犯法，商鞅以"太子，君嗣也，不可施刑"故"刑其傅公子虔，黥其师公孙贾"（《史记·商君列传》）的惯例，如皇帝不处罚太子，则须对"既不匡正"，又不"上闻"的左右卫率府的统领丁让等作出有罪的裁决。

4. 唐初确立"德礼为政教之本，刑罚为政教之用"的礼教立法指导纲领以来，伦理义务与法律责任乃紧密地有机结合在一起，构筑了严密的统治罗网。这一基本精神一直贯穿于中唐，乃至唐末，而无太大的变化，本案也可看出这种精神的直接体现。

（十）关于合和御药有误罪案

[案由]

太医令张仲善处方，进药加三味，与古方不同，断绞不伏，云病状合加此味，仰正处分。

[判]

五情失候，多生心腹之灾，六气乖宜，必动肌肤之疾。绝更生之药，必籍良医，乏返魂之香，诚资善疗。张仲业优三世，方极四难，非无九折之能，实掌万人之苦。郭玉诊脉，妙识阴阳，文挚观心，巧知方寸。仙人董奉之灵杏，足愈沉疴，羽客安期之神枣，攻兹美

---

[31] 《龙筋凤髓判》卷四，《左右卫率府》一条。

疢。华佗削胃，妙达古今，仲景观肠，誉闻环宇。圣躬述谴，谨按名方，肃奉龙颜，须穷鹊术。岂得不遵古法，独任新情，弃俞跗之前规，失仓公之旧轨。若君臣相使，情理或通，若畏恶相刑，科条无舍。进劾断绞，亦合甘从，处方即依，诚为苦屈。刑狱之重，人命所悬，宜更裁决，毋失权衡。[32]

［解析］

1. 按《周官》中曾记载，周朝设有医师，秦汉统一后改置太医令、丞等，负责医治皇室有病成员。隋朝改称太医署令，唐朝承袭前代，仍称太医令。又依《大唐六典》，卷十一《尚药局》："奉御二人，正五品下；……侍御医四人，从六品上；……尚药奉御掌合和御药及诊候知识；直长为之贰。凡药有上、中、下之三品。上药为君，养命以应天；中药为臣，养性以应人；下药为佐，疗病以应地，递相宣摄而为用。凡合药宜用一君、三臣、九佐，方家之大经也，必辨其五味、三性、七情，然后为和剂之节。……凡合和御药，与殿中监视其分、剂，药成，先尝而后进。"[33] 可见，尚药局系"掌合和御药及诊候之事"，是为以皇帝为首的宫廷服务的；太医署"掌诸疗疾之法"，其属"医师、医正、医工疗人疾病"，二者职能有别。

2. 据本案判文："张仲……肃奉龙颜，须穷鹊术"，再从判目看，"进药加三味"之"进药"，或是"进御药"之略称。"龙颜"、"进御"表明是合和御药。再依判文断刑："进劾断绞，亦合甘从。"据此或可推断：本案张仲是以太医令身份为皇帝合和御药的，惟"进药加三味，与古方不同"，该如何论处？

3. 依《唐律·职制律》："诸合和御药，误不如本方及封题误者，医绞。"此条规定侍奉皇帝的官员，关于合和御药有误罪的刑罚。按御药乃治疗皇帝（包括三后及皇太子）疾病所用，合药有误，轻则损害帝后等健康，重则危及生命。故此类行为虽属失职，而律则论为"大不敬"，故此条系《杂律》第七条"医合药不如本方"的特别规定，即御医误犯的加重罪名。

4. 律文规定，合和御药有误分为三种情况：其中之一是"误不如本方"，即《律疏》所谓"合和御药，须先处方，依方合和，不得差误。若有错误，'不如本方'，谓分两多少不如本方法之类。"此种情况，危害严重，依《名例律》"十恶"条，其刑至绞，并作为"大不敬"列入"十恶"；值得注意的是，此条所谓"合和御药误不如本方"，乃指过失犯，故谓之"误"。若是"故"不如本方，则应以谋反罪论，医者科斩，家口缘坐，而不得再援此条科处。

5. 于今看来，医学、医术是不断发展的，古方似不必步趋信守。张仲善处方，法司庭审又能坚执"病状合加此味"药，是既亲自"诊候"，且又自信者，倘张仲所申合理，本案

---

[32] 《龙筋凤髓判》卷四，《太医》一条。

[33] 《唐令拾遗·医疾令》第一条："诸合和御药，在内诸省，省别长官一人，并当上大将军、将军，卫别一人，与殿中监、尚药、奉御等监视。药成，医以上先尝，然后封印、写本方，方后具注年月日，监药者遍署名俱奏。饵药之日，尚药、奉御先尝，次殿中监尝，次皇太子尝，然后进御。"

是否仍须断绞？论者或说，本案中之“太医令张仲”，或指天初之侍御医张文仲[34]。在当时张姓御医中，非张文仲莫属。张鷟与文仲生活于同一时期，对张文仲事迹应是熟悉的。《太平广记》卷二百一十八《医一》有摘自张鷟《朝野佥载》所记张文仲治洛州士人病例，称其人“善医”。或许是出于这种好感和考虑，张鷟先假设两种情况：诸味药“若君臣相使，情理或通；若畏恶相刑，科条无舍”，最后的裁断即是：“刑狱之重，人命所悬，宜更裁决，毋失权衡。”企图调和情理法的冲突，彰彰明甚。

五、《龙筋凤髓判》的评价

看完《龙筋凤髓判》实质内容的冗长分析后，当然想进一步作一评说。向来，评《龙筋凤髓判》者，有两极化的倾向，赞叹者有之，说它文情并茂，妙笔生花，是官定判例的经典之作。反之，也有嗤之以鼻者，认为它辞章浮艳，理不胜辞，但知堆垛故事，而不切于蔽罪议法。谁对？谁非？

（一）官定判例的经典之作

明万历乙酉年（1585年）间，有人复刻《龙筋凤髓判》并为之作序，其中一段说：

夫艺林一语，嬔踰禁脔。斑管片言，芳同芍药。故冯真写臆，度金石而俱坚，摭实摅辞，并贞明而不毁。况乎据案濡毫，临时措语，凶吉繇乎挥洒，升坠系于毫芒。苟非鉴出至明，洞无遗照，何以压人心于一世，数公论于千载乎？故并判为士尚，盛自前朝，而取列诸科，制乃昭代。盖自服官莅事，势所当工，逢抑待扬，理宜先熟者也。

这一篇序文，前半说文章之妙，后半论治道之极，并不曾分别文章、政事为二。显然在这位序人的眼里，唐人判书不只是好文章。[35] 同时代的刘允鹏也称赞此书“辞极藻绚，用事奥赜”，并为它做注，想必也不只是把它当一部文学作品来看待的。

近人郭成伟先生对于本判词专集，最是称道，他认为：张鷟编撰的《龙筋凤髓判》，是传统中国迄今为止完整传世的最早的一部官定判例，按照中央机构与部门分类的原则编例，形成独特体例，给后世编例以深远影响。而《龙筋凤髓判》在古代中国判例发展中熠熠生辉，主要在于张鷟亲自参与司法审判，积累了丰富的经验，经他整理与解释的判例具有很高实用价值。从全书的内容看，每一卷的每一则都由典型判例，以及明确且有实际操作性的司法解释所构成。这不论对唐朝，还是以后王朝的司法实践都带来极大

---

[34] 按：“太医令张仲”，或即则天初之侍御医张文仲。《旧唐书·方伎张文仲传》：“张文仲，洛州洛阳人也。少……以医术知名。文仲，则天初为侍御医。”其医术特长为“尤善疗风疾。其后则天令文仲集当时名医共撰疗风气诸方。”文仲历官，“久视年终于尚药奉御”，史称文仲为“自则天、中宗以后，诸医咸推文仲等三人为首（另二人为李虔纵、韦慈藏）”，为一代名医。参见霍存福：《龙筋凤髓判判目破译》，载《吉林大学社会科学学报》，1998（2），26页。

[35] 参见《龙筋凤髓判》，明刊本，景印文渊阁四库全书，第889册，台北，台湾“商务印书馆”，1983。另参见梁治平：《法意与人情》，119～120页，深圳，海天出版社，1992。

的便利。该判集乃成为传世久远的经典之作，以至宋元明清各代，无不奉为圭臬，并据此编撰该朝的判例。从宋朝的《熙宁法寺断例》，到明清两代不断纂修的成例，没有不步其后尘的。

郭先生同时也认定，张鷟撰写的司法解释与判词批语，文情并茂，妙笔生花，令人读来，爱不释手，既可使人从中理解判例所包含的法理真谛，又可以为司法官吏解决律文没有规定的疑难案件提供结案的依据。正因为如此，张鷟在唐朝为“天下知名”，“无贤不肖皆记诵其文”，而其才名又远播海外，“新罗、日本东夷诸番尤重其文，每遣使入朝，必重出金贝以购其文”。使得《龙筋凤髓判》等张鷟的经典之作，也随之越出国界，影响到东亚诸国，深受各国的推崇。㊱

以上是到目前为止，我所看过对《龙筋凤髓判》给予的最高评价。问题是，果真如此吗？

（二）堆垛故事的浮判之词

其实，《龙筋凤髓判》招来后世贬低的非议远多于肯定。南宋洪迈（1123—1202）即露骨指出：

百判（龙筋凤髓判）纯是当时文格，全类俳体，但知堆垛故事，而于蔽罪议法处不能深切，殆是无一篇可读，一联可味。如白乐天《甲乙判》，则读之愈多，使人不厌。

在列举白居易《百道判》八则后，洪氏又说：“若此之类，不背人情，合于法意，援经引史，比喻甚明，非青钱学士所能及也。”㊲ 很明显，洪迈主要是以致用合律的标准来比较张鷟与白居易二人的高下，当然其中也包含了洪迈个人的喜好和品味。张、白二人的文风各异，能否以这种片面的标准一下分出高低？

的确，若从“实用”的角度看，张鷟的判词，当然不如白居易的通晓易懂、切于实际；但如果从“文学”的角度看，恐怕只是风格的差异罢了，想要完全以个人的喜好定高下，实在有失公允。

事实上，洪迈评价张鷟所依据的事迹资料是《新唐书·张荐传附鷟传》，而不是《旧唐书·张荐传附张鷟传》。细绎二书，褒贬不同。《旧唐书》云：

张鷟初登进士第，对策尤工，考功员外郎骞味道赏之曰：“如此生，天下无双矣！”……调授岐王府参军，又应下笔成章及才高位下，词高文苑等科。鷟凡应八举，皆登甲科……再授长安尉，迁鸿胪丞，凡四叅选判，荣为铨府之最。员外郎员半千谓人曰：“张子之文，如青钱，万简万中，未闻退时。”时流重之，目为青钱学士。……鷟下笔敏速，著述尤多，言颇诙谐，是时天下知名，无贤不肖皆记诵其文。……新罗、日本东夷诸蕃尤重其文，每遣使入朝，必重出金贝以购其文，其才名远播如此。

㊱ 参见（唐）张鷟撰，田涛、郭成伟校注：《龙筋凤髓判校注》，201～202页，北京，中国政法大学出版社，1996。

㊲ （宋）洪迈：《容斋续笔》卷十二，《龙筋凤髓判》条。

对其著述，《旧唐书》说其“下笔敏速”、“言颇诙谐”，如此评价，其来有自？而《新唐书》却谓其文“浮艳少理致，其论著率诋诮芜猥”，从文风上予以彻底的否定。《旧唐书》的基本上肯定与《新唐书》的明显贬抑，二者判然可别，到底原因在哪？

有论者指出，是因作《新唐书》列传的宋祁不喜欢骈体文而偏好古文之故。宋祁修《新唐书》列传，或删去唐人用骈文写的诏令、奏议，或径自改写唐人骈文为古文。宋祁贬抑张鷟，可以说，是他擅删唐人骈文行为的观念表白。在《旧唐书》中，张鷟“言颇诙谐”可以理解为其文盛行于世的原因之一。《新唐书》先云张鷟“属文下笔辄成”，是其作文速度；次云其文“浮艳少理致，其论著率诋诮芜猥”，是对其文风的评价；最后云“然大行一时，晚进莫不传记”，似乎张文的盛行一时是一种莫明其妙的例外[38]，这种评论真能令人信服？

洪迈像大多数宋人一样，也不好骈体文。《容斋随笔》卷十《唐书判》云：

唐诠选择人之法有四：一曰身，谓体貌丰伟；二曰言，言词辩证；三曰书，楷法遒美；四曰判，文理优长。凡试判登科谓之入等，甚拙者谓之蓝缕，选未满而试文三篇谓之宏辞，试判三条谓之拔萃。中者即授官。既以书为艺，故唐人无不工楷法，以判为贵，故无不习熟。而判语必骈俪，今所传《龙筋凤髓判》及《白乐天集·甲乙判》是也。自朝廷至县邑，莫不皆然，非读书善文不可也。宰臣每启拟一事，亦必偶数十语，今郑畋敕语、堂判犹存。世俗喜道琐细遗事，参以滑稽，目为花判，其实乃如此，非若今人握笔据案，只署一字亦可。国初尚有唐余波，久而革去之。但体貌丰伟，用以取人，未为至论。

相形之下，洪迈显然比较欣赏宋人之判；其实，洪迈作《容斋随笔》时，对唐判文体、文风是统而观之的。至作《容斋续笔》，大略对校了张、白二判，或许是受了宋祁《新唐书》的影响，遂扬白抑张。否则，同是用典，白判“援经引史”成就了“比喻甚明”的优点，张判则被贬责为“堆垛故事”；同是骈俪，白判“使人不厌”，张判却“全类俳体”，将张判说得一无是处，是耶？非耶？

（三）我的看法

唐代判文之所以兴盛，可以从唐代文学与法律文化的双重背景来探究。本来，判文本身的功能是在认定事实以裁夺法理，辩明是非，既用于司法，也用于处理公务，甚至日常生活琐事。自六朝以后，骈文兴盛，至唐不衰。虽然唐代古文运动对骈文有所冲击，但骈文的地位并未受到根本的动摇。判文就语体而言，大致应列入骈文一类。所谓“判”，实际上近似于以骈文写成的短论，判的文学性，也同样表现在用典、辞藻、骈偶等语言形式上。“判”作为文体，具有特殊的文化意义：一方面，它是文人走向仕途，实现人生理念所必须掌握的基本技艺；另一方面，判体的骈偶形式，非常适合文人表现自己的文学语言能力。也就是说，判文不但可以反映士人的学问识见、分析能力与语言表达能力，同时兼有“立功”与“立言”于一身，应用性与文学性并举的特殊文体，这是其他诸如诗赋类纯文学形

---

[38] 参见霍存福：《张鷟〈龙筋凤髓判〉与白居易〈甲乙判〉异同论》，载《法制与社会发展》，1997（2）。

式所不具备的文化特性。[39]

通观《龙筋凤髓判》全书，凡所有“判”纯是当时语体、文风，盖骈四俪六正是判文“文格”；说本判集“堆垛故事”，是事实；但说本判集逞才弄巧，“全类俳体”，并说“于蔽罪议法处不能深切”，不如白居易《百道白判》之能“不背人情，合于法意”，甚而至于对本判全面否定，认为“无一篇可读，一联可味”，则颇有商榷余地。

在众多对《龙筋凤髓判》的评价中，我倒觉得清代的《四库全书总目提要》比较中肯。它指出：

惟此书尚为原帙。其文胪比官曹，条分件系，组织颇工。居易判主流利，此则缛丽，各一时之文体耳。然鷟作是编，取备程试之用，则本为隶事而作，不为定律而作，自以征引赅洽为主，言各有当，固不得指为鷟病也。

它清晰地阐明了此书存在的意义，也说明了本书得以传世的根本原因，可说是较为持平之论。

从本文上述十道判文看来，虽然“事实”常漂浮于判词之外，或因囿于既定的事实，拟具判决理由，常常忽略对事实的认定与证明，而流于徒具形式之弊，但张鷟显然通晓当时律文，判词也还能切合律意。至少他在撰写判文时，曾认真地翻检过律条和疏文。以下再分别从判文的文体风格以及法理的阐明运用两个角度来观察。

从文体及用典言

理论上，判词若属“案判”，那是正事实、讲法理，依律定罪而实用性较强的文体；但既作为应试之“拟判”用，在同样定罪论刑的条件下，是否具有文采，就格外受到重视了。

前已述及，张鷟约生于贞观末，主要活动于高宗至玄宗开元间，自然远在韩愈、柳宗元所倡的古文运动之前，其文代表初唐、盛唐之体。魏晋以后繁兴的骈文，讲求对偶、声律、用典、藻饰等技巧，在文体的发展过程中，这是一种历史进化，本不足为怪。但问题是，过分的追求形式美，往往容易忽视判文实质内容的表达，所以，许多骈文常有词采华茂、对偶工整、用典重沓、艰深晦涩等弊病。这些弊病，在当今看来，固值得批判，但在韩、柳之前的唐代文人中是无法完全避免的，生逢其时的张鷟《龙筋凤髓判》又怎能例外？

以用典言，通常行文中征引典故，一则是为了便于满足句式上的对偶，相类或相反的故事骈举偶出，形成对称美；二则每个典故都包含了完整的史实内容，可以达到言简意赅的效果；三则使文章言必有出处，使立论有根有据，更具说服力。观察张鷟《龙筋凤髓判》，每判一般用典十余个，少者八九个，多者达二十余。几乎字字用典，句句有故。以本文前述案例“关于贪渎罪案”为例[40]，判文中多用典故，如“让佩”典出《晋书·王祥传》，“半刺”出自晋庾亮《答郭逊书》“其任居刺史之半”句，“常林”三国时魏国人，以其为官严正作比，见《三国志》本传注，“何夔”语出《三国志·魏书》，“乔元”据自《后汉书》，

---

[39] 参见吴承学：《唐代判文文体及源流研究》，载《文学遗产》，1999（6），24页。

[40] 参见《龙筋凤髓判》卷一，《御史台》二条。

“杜林”语出《后汉书·郑兴传》，“祁奚”出自《左传》，“大辟”语自《尚书》……诸如此类，不一而足。

的确，乍读《龙筋凤髓判》，但见其处处堆砌故事，拈弄辞华。但如果能耐下心来，仔细端详，其实，说理不也在用典中？可以这么说，用典是说明事理的形式，对法理分析也起了支撑作用。当然，骈体判词如能不为它的格式所困，也可以是言之有物的佳作。在当时，崇尚骈俪文风，为文引经据典，本属自然之事。期望张鷟不如此写判词，反而不切实际。只是，辞藻过于华丽，组织多浮词，显得辞不胜理，如果能“平实浅切”些，或许能较少引人诟病？

前面也已提过，唐代吏部选官以“身”、“言”、“书”、“判”四项择其人。其中，特别重视判词本身的文采，要求要“文理优长”，这无疑在一定程度上使判词偏离其原有的实用目的，走向讲究辞藻、音韵、用典一途，其风格日趋文学化。所以，与其说唐代骈判是判词在法律意义上的成熟期，倒不如说是在文学意义上的成熟期。

究其实，判词本来是观察、考核选人吏事功夫的。马端临《文献通考》卷三十七《选举考》说：

> 吏部则试以政事，故曰身、曰言、曰书、曰判。然吏部所试四者之中，则判为尤切，盖临政治民，此为第一义，必通晓事情，谙练法律，明辨是非，发摘隐伏，皆可以此觇之。今主司之命题则取诸僻书曲学，故以所不知而出其不备，选人之试判则务骈四俪六，引援必故事，而组织皆浮词。然则所得者不过学问精通，文章美丽之事耳。盖虽名之曰判，而与礼部所试诗赋杂文无以异，殊不切于从政，而吏部所试为赘疣矣。

可知，所谓“文理优长”之“理”，主要是体现在“通晓”事之理和“谙练”法之理两方面的，事理和法理同属于“理”的范畴。但在实际中，重“理”这一初衷却转向了“文”的一面。这是“文”与“理”的竞合；辞溢乎理，藻饰掩过了事理、法理。事理、法理皆隐而不显了，凸显出来的只有“文采”。

由本文上述案例所解析的“关于合和御药有误罪案”来说，此判意在说明太医令张仲处方虽然有误，但处罚显然过当，宜更裁决。判中罗列了与医学有关的各种典故，实际上，其中许多与本案关系不大，而说理也不见得有力。假如以真正判案的标准来衡量，的确是“但知堆垛故事”。不过，他如果是按照当时中央各官署的主次来收集与之有关的典故，以备写判时可用，似乎也在情理之中，这也不必过度苛责，因为期望文人张鷟不写出这样的“文人判”，是不够务实的。

从阐明法理的运用言

作为判词，在论罪科刑过程中，必须对犯罪构成事实及适用律条进行分析论证，方能使行为人甘心认罪伏法。因此，下判者要勇于表明自己的认事及用法观点。《龙筋凤髓判》所有内容，是否类多“背于人情，不合于法意”？是否“于蔽罪议法处”不够深切？这就有必要从“事理”、“法理”面来详加考察了。

以本文上述案例“关于泄漏机密罪案”来说，张判能区分“初传”与“转传”，又再区分“转传大事与非大事”，倘若张鷟不是在练习判词写作，而是身为法司秉笔折狱，相信其仍具有辨冤雪诬的功力。

再以上述案例中之“关于犯夜罪案”来看，该案张判论理，首先，指出徐逖行为事实与犯罪构成要件的合致性：“鲸钟隐隐，路绝行人，鹤鼓冬冬，街收马迹”，表明了行为的事实与犯罪情境的关系；“更深夜静，仍纵辔于三条；月暗星繁，故扬鞭于五剧”，则强调徐逖于闭门鼓绝后在街中骑乘，指出其行为的违法性；“故”字更直接挑明徐逖行为的主观犯意的行为有责性。进而揭示身为大理丞的徐逖理应知法、守法；“徐逖躬沾士职，名属法官，应知玉律之严，颇识勾陈之禁”，判文又深切地从身份上和情理上确认徐逖行为的可罚性。徐逖虽“状称有故”，但从律文关于“公事急速及吉、凶、疾病”等“有故”情形看，徐逖显然不属其中的任何一种；尤其疏文要求无论公私急事，皆须得本县或本坊文牒，方得夜行，徐逖显然也不具备。而依自由心证推论，反倒易认定徐逖仗恃自己的身份、地位，藐视律法，公然犯禁。也为此，张判是不认定徐逖是“有故”的。末了，张判议罚也斟酌情理，鉴于徐逖当场被捉时，曾受笞二十，已相当于犯夜罪的应决笞数，根据“相抵”原则，“元犯已从决讫，无故宜合停科”，二者既已相抵，即不能再付法重科，而应释放其人。可见，本案张判在法理阐明的运用纯熟度极具功力，“蔽罪”强调犯夜行为的构成要件的合致性、违法性及其主观故意心理状态的有责性。“议法”则力辩其“有故”，与律文免罪的构成要件不合，属应坐罪之列。本案在论证推理上，很有说服力，表现得可圈可点。

只可惜类此精彩“论理”之判，为数并不多。由于受当时流行文风的影响，这些推理的文字往往以华丽的辞藻，对举典故的骈偶句式出现，容易掩盖了它层层推进、步步深入的论证方式，反而不容易看到它平实中肯的说理力量。

就理论面来说，唐代的官吏，不仅要懂法律，还要懂政事，而对政事的认识，部分就是来自传统经典。申言之，从判词来看，所着重的不单是判词的结论，而是为达到这结论的推理和根据的演绎过程，也就是判词作者该如何利用所谓的典故或故事等史书的历史知识和蕴义，去做适当的推阐法理，可以说，“判”所要考的不是律条而是传统学问，所要遴选的不是一般法吏而是通才。例如，上述案例关于“上林监杨嗣请置宫馆于上林中案”，所谓“不应言而上言”及“不应为而为”，要行为人服罪，就要具体说出何谓“不应”，张鷟乃引用《史记》、《汉书》、《三国志》等的故事来模拟，道出“政荒人散”的结论，亦即以历史事实和教训来“充实”或“界定”所谓“不应言”和“不应为”这两个抽象概括的罪名。[41]

所以，若要全面了解《龙筋凤髓判》的整体价值，在“文采”与“法理”之外，恐怕还要再加上“政事”，如此，才能深入用典与说理之间的关系，而进一步体察传统学术与法理的微妙互动情境。

---

[41] 本文“送审”过程中，两位匿名审查人，曾提出本段的“建议参考意见”，这是近些年来少见极为用心的稿件审查意见书，特此致谢。

六、结　语

古代中国的律学与法制，历经千余年的滋长，时至唐朝，已积累了相当丰硕的成果，可说是达鼎盛时期。其中《唐律疏议》所呈现出的高水平法典质量，无疑的，是中华法系的成熟精品。而同时期的《龙筋凤髓判》形式上或属“拟判”之作，其案例可能是虚构的，不是现实的；从其实质内容看，也主要表现在运词遣句、引经用典方面下工夫，虽深具文学意味，但对当时的社会与法制面的认识，很难说有太高的法学价值；不过，仍可认定它是一部重要的法学典籍，因为它提供了世人判词写作的一种范式，对后世不管在选士考官方面，或在文章创作方面，均产生了深远的影响。

唐以后，虽然历朝对判词写作的重视程度不一，但“书判拔萃”科的铨选试法科举制度，基本上仍为历代统治者所采用，甚至另有新的发展，这主要源于实际司法的需要，当然还有文学欣赏方面的需求。宋代秉唐代的余绪，对判词仍为重视，《名公书判清明集》是当时名公的案例编录而成，与唐代判词相较，比较注重叙述事实，用词浅近，情理也兼顾，并在判词中具引律条，与唐代判词的辞藻华丽、讲究音韵、用典之风有较大差别。简单地说，比较着重“清明”而非仅“文采”。从而，判词乃由“骈体”走向“散体”。值得一提的是，从宋代起，判词已有实用与文学的分野，开始有了各自相对独立的发展。也正是在这一时期，判词开始进入公案小说。[42] 以至其后元代的公案和明清的案例小说[43]，其间的源流传承关系清晰可见，形成传统中国法律与文学之间别具光彩的一支。

整体来说，张鷟的《龙筋凤髓判》评价如此悬殊，从正面看，他博学多才，律学功底也够；难得的，是他司法阅历丰富，从中央到地方，都有深切的体验，书中的每道判例，都能引经据典，持之有故；他对于当时的律令也还算精熟，对于法理的解析，尚能提出言之成理的判决意见。不过，从负面言，书中从头到尾，虽文采洋洒，却难掩“辞溢乎理”的窘境，正如上引马端临所批评的，盖虽名之曰判，而与礼部所试诗、赋、杂文无以异，殊不切于实际。倘若仅从实用和司法的角度来看，这种文学化判词的倾向，遭到后世的非议，自不意外。但这毕竟是历史的局限，并不妨碍我们从《龙筋凤髓判》中，看到唐代科举考试内容的一个侧面，同时，也可管窥唐朝法律文化中的文学与文学形式中的法律相互间的关系。

在结束本文之前，该进一步追问，除了法理与文采之外，《龙筋凤髓判》还有没有其他的法学价值？或者说，本文所称的“法理”，除了律学之外，还包括些什么？为什么吏部的

---

[42] 参见苗怀明：《唐代选官制度与中国古代判词文体的成熟》，载《河南社会科学》，第10卷第1期，2002(1)。

[43] 例如清人蒲松龄在其名篇《胭脂》中尝引当时人施闰章判词一道。这道判词虽然有对于案情的详尽说明，却也像唐人书判一样，援经用事，词情并茂，工整对仗，音节铿锵，极尽文章之妙。参见蒲松龄：《聊斋志异》，《胭脂》。另参见梁治平：《法意与人情》，104～107页，深圳，海天出版社，1992。

考试会采用骈文作为判词的表达工具？假如是要考校文采，则礼部的考试不也就考过了吗？为什么要礼部先考一次，吏部再考一次？何况，既然考的是“判”，重点到底应强调法律规范或法律推理，以其法学素养之高下作为任官的标准？还是以其文学修辞之美丑作为授官的准则呢？

对此，可提出一个大胆的假设，即“判”的读者是谁往往会决定了它的“文体”和“内容”。给一般百姓看的，文体当是日常语言，内容当是以务实为主；给君上看的，文体当是官方语言，内容当是以理论为贵；而吏部所考的判，正是为天子择官而设，故其读者理论上是居于上位的执政以至君王，并非下位的庶吏和百姓，因此所用的文体为对上的语言，于是骈四俪六；所言的内容，亦如当今台湾司法当局大法官会议的解释，倾向原则性的解说。事实上，只要将《龙筋凤髓判》与《唐律疏议·进律疏表》和《名例律序言》一加比较，便可发现三者相差无几。换言之，吏部所考的判，一如《进律疏表》、《名例律序言》及《疏议》之遍引“三礼”、“三传”及“四史”等，重点不单是法律条文的娴熟与应用，更在考验应试者如何将经史子集的学问适用于审判，亦即如何将以儒家学说为主流的当代学术融会贯通于法律。假如用“判以载道”来说，“判”是骈文，而“道”不单是法律，也包含经史子集的儒学，两者构成了那个时代的律学或法文化。也许可以说，吏部所要选拔的，不只是法吏，而是儒吏。[44]

如是说来，《龙筋凤髓判》的妙处，既在文采与法理，亦在儒术与法律的结合；它所向往的，是一个能够兼具文采、法理、经术的执法者。事实上，假如没有这种人才，我们不可能读到那样古雅的《进律疏表》和《名例律序言》，也不可能读到那样引经据典的《疏议》了。这是时代的需要，而《龙筋凤髓判》刚好反映了这种时代的要求。

（说明：本文原刊《政大法学评论》，第七十九期，2004年6月。现原文刊发。）

[44] 此段文字部分为论文匿名审查人给作者参考的建议意见，极为精彩，特吸纳于此，谨致谢忱。

林　端

固有法与继受法：“公同共有”的社会学考察

简介

林端，1958年出生于台湾台北，台湾大学学士、德国哥廷根大学硕士、德国海德堡大学博士。主要专长为法律的科际整合研究（法律社会学、法律人类学与法律史）、社会学理论（尤其是 Max Weber）、儒家伦理与法律文化。现担任台湾大学社会科学院副院长、台湾大学社会科学院“连震东讲座教授”，并兼任北京大学社会理论研究中心副理事长、香港理工大学《社会理论学报》主编。主要著作：《儒家伦理与法律文化：社会学观点的探索》（北京：中国政法大学出版社，2002年增订版），《古代中国儒家伦理与支配的正当化：韦伯比较社会学的批判》（柏林：Duncker & Humblot，1997，德文），《韦伯论中国传统法律：韦伯比较社会学的批判》（台北：三民书局，2003），《韦伯、法律与伦理》（编辑出版中）。

目次

一、前言："固有法与继受法"的社会学意义

顾名思义，"固有法与继受法"的想法，在这里预设了中西不同法律文化的差异性的存在。换句话说，我们的问题意识，一开始就立基在社会学与人类学里面常常见到的文化相对论（cultural relativism）的立场。本来不同地区各自发展出来的法律文化，因为文化模式与文化发展的重心不同的结果，会产生一定程度不同的法律文化。某个意义上说，法律文化之间是存在着一些明显的差异的。但是文化有强有弱，文化的传播、采借与继受（reception）在人类的历史上屡见不鲜，法律文化也不例外。正如当年日耳曼人继受罗马法，韩国人、日本人继受《唐律》一样，我们现在继受欧陆、罗马－日耳曼法系，并不是独一无二的现象。但是继受的事实虽然常常发生，却也不能完全证明人类社会的法律文化都是普同且一致的。所以法律文化的普同论（cultural universalism），不能完全取代法律文化的相对论的立场。某个意义来说，法律社会学与法律史就应该告诉法律解释学，当它以外国法来解释固有法的时候，这中间不只存在着普同性的问题，更存在的是差异性的问题，因此，凸显法律文化的差异性与独特性，应该就是本文第一个问题意识。

凸显文化的差异性与独特性的同时，其实我们也是在凸显文化的主体性。我们现在身处在一个后现代多元理性、多元文化并存的时代。虽然英美法系与大陆法系在全世界各国随着西方文化的优势地位四处传播，但是世界各地所各自存在的法律文化的独特性与主体性，并不因为它们继受了欧陆法或英美法而完全丧失其法律文化的独特性与主体性。很可能在国家制定法的层次上，完全欧化了、西化了，但是人民的日常生活以及社会大众的法律意识里，甚至部分法律人的法律意识，仍然会具有固有法律文化的特色。所以在这种情形下，我们今天来讨论固有法与继受法的问题，第二个重要的问题意识，就在于"文化主体性"的凸显与追求之上。

对于这个固有法与继受法问题的讨论，我们必须注意到先对继受问题作一定程度社会学的考察。法律的继受，在法学上意义是"一个特定的法律秩序，被一个国家部分或全盘加以接受的现象。"我们可以采取比较社会学意义的看法，意思是说，在一个特定法律风土发展出来的法律现象，有意识地在一个其他的法律风土内，被接纳为它的现行法。有些学者则认为对其他法律的继受，尤其是全盘的继受，首先是一个社会学上的问题，法律的继受不会是一次性的立法行动，而是长期社会变迁（social change）的过程。这种变迁是以文化传递的方式出现，是个长期性的现象，一直要等到外来的文化资产及法律思想资产，渐渐被继受的一方整合吸收进本身的社会文化里，才算完整，有时候要数十年甚至上百年以

上的工夫。在近代非西方世界国家继受西方法律的现象，其动机包括规范渴求，被强迫继受，以及为了面子的问题等等，但是继受具有意识性、自愿性与双面性的特征，因为它不是一个过度片面的现象。①

我们在这里研究民国初年大理院（当时的最高法院）判例里面直接面对固有法与继受法的努力，其实是有其特定意义的。因为这些大理院的判例，深深受到清朝末年民律草案制定的影响，当时所接受的法理，透过大理院的判例，有的被收纳在“中华民国民法”之内，有的则继续以判例的形式，一直到今天，制约了台湾地区的司法审判过程。其中最明显的，就是祭祀公业与神明会的法律性质都被看成是一个“公同共有”的状况。

这种大理院以“公同共有”来解释祖产、祠产、祭田、茔田、祖先共业土地等等的做法，继续沿用到今天对台湾地区祭祀公业的法律性质的定位之上。这使得原本在日据时期具有习惯法人的法律地位的祭祀公业，在台湾地区法律的体制之下，却降格成为一种不是法人、也不是非法人团体的物权概念——“公同共有”，这里只注意到财产的公同持有，不得任意分割与典卖，但忽视了西方法律规范的“公同共有”概念，事实上是跟中国人的族产或祭祀公业，本质上具有一定程度的差异。

日耳曼法律的“公同共有”观念，以“人”为单位，而不是以“房”为单位，这只有在第二世的时候，人与房其个数是一致的，在第三世以下，有可能各房传各房的情形，每房的持份就未必跟人的持份是一致的。人丁比较多的那一房，每个人的持份就会减少，人丁比较单薄的那一房，每个人的持份反而会增多。这就是所谓“按房份”或“按丁份”的问题，在台湾地区祭祀公业的土地实务上，常常就有类似的纠纷。而且在现代个人主义的法律的影响之下，“按房份”的划分方式逐渐变成“按丁份”的方式来发展，所以在这个意义之下，我们说对于大理院的判例里面，继承了《大清民律草案》，将族产、祠产都看成“公同共有”的状况，这不能不说是当时继受西方法律的时候，对固有法律所作的一种不必要的“削足适履”的做法。这种情形延伸到台湾地区“民法”里面，变成“民法总则施行法”里面只承认两种法人，亦即社团法人与财团法人，而将祠堂的财产、寺庙的财产、族产等等，排除在这两种法人适用的范围之外。这使得台湾地区的寺庙、祭祀公业等等，受到法律的客观限制，变成在诉讼或发生法律纠纷的时候，常常很难用法人的名义，跟别人提起诉讼，以争取自己的权利。所以一直到今天 2007 年了，我们还要制定“宗教团体法”、“祭祀公业条例”② 等等，来面对这些团体“有法人之实，而无法人之名”的法律困扰。

因此，我们要强调的是，大理院里的推事（法律人），这些受过西方法律逻辑训练的现代法律人，其实他们在决定判例的时候，就以国家法律的尊严，对过去固有法做某种

---

① 有关继受的社会学研究，参见林端：《儒家伦理与法律文化：社会学观点的探索》，修订版，64～68 页，北京，中国政法大学出版社，2002。

② “祭祀公业条例”虽然已在 2007 年 3 月 2 日在台湾地区“立法院”三读通过，赋予祭祀公业法人之资格，但一直拖到 2007 年 12 月 12 日才公布实施，可见尚有争议未完全解决。

程度的解释与转化，固有法就被他们以转化的形式加以保留下来。而这种保留，到底是一种创造性的转化，还是一种对固有法的扭曲？他们在两种法律文化之上所搭起来的桥，是稳固的桥，还是脆弱的桥？如人饮水，冷暖自知。以现在很多祭祀公业派下员的当事人相当困扰的情形来看，这样的解释似乎有其内在的矛盾与困难，这不一定是对固有法正确的解释，而且也不一定有助于这些团体的永续经营。所以，到底这是"超前立法"，还是"落后立法"？端看我们用什么标准来加以认定。在这个意义之下，法律社会学家所常常强调的"民间法"相对于"国家法"的法律多元主义（legal pluralism），民间习惯相对于专家法律所存在的相互对抗或相互补充的问题，在我们今天看来仍然是非常具有实质意义的。

身为专家的法律人，必须要注意他在立法、造法或解释法律、建立判例的时候，很有可能会与民间的习惯，或民众的法律意识有着一定的距离。法律人的立法与建立判例，必须要相当谨慎，不能只是在法律的逻辑完备性上站稳脚跟，他更应该在法律的社会文化基础上，找到它真正的根基。如此一来，法律人在继受法律的过程中，才不会过度地"以西论中、削足适履"，因为专家的刚愎自用与自以为是的盲点，会忘记了连续的社会生活才是法律的真正基础。只有在法律人这种专家对固有法有了正确的认识之后，专家所带来的专业知识的风险（risk）与不确定性，才能减到最低。我们对专家的信任，才能够持续不断地得到肯定。

因此，以法律社会学的方式来研究大理院判例，其实还是有其一定意义的。起码我们可以提醒进行法律解释学的专家，以及司法审判实务工作的专家，提醒他们在继受法律、建构法律、解释法律、运用法律来审判的过程中，必须回过头来看看自己的法律文化，还有法律所立足的社会生活，以免专家离民众愈来愈远，离社会生活愈来愈远，而成为风险社会（risk society）的乱源之一。

而这种文化主体性的问题意识，也伴随着法律社会学与知识社会学的问题意识。法官不可能凭空作出判决、建立判例，他的判例是如何形成的？在怎样的社会中形成？很可能不同的社会文化环境，对他作出判例是会有不同的影响的。因此，民国初年的社会文化背景，就可能会对判例的形成产生一定程度的影响（社会→法官建立判例）。但是换另外一个角度来说，一旦形成判例，它就变成国家制定法里面的一环，也变成整体法律文化的一部分，这样的判例，对于固有的社会文化背景，也会产生一定程度的制约作用（法官建立判例→社会）。因此，我们也会认为重要的，是这种"社会"与"法官建立判例"之间交互影响的问题意识。目前我们在这里根据 72 个判例，以及找到的 56 个案件，比较能处理的是前一个面向：社会对法官建立判例的影响。至于判例对于社会现状与经验事实的影响，我们目前拥有的比较多的是其在台湾地区实施所碰到的实际困难。比较没有办法重建当时这些判例在中国大陆所产生的具体影响。因此，当法学专家—法律人，作出法律规范的选择，而形成判例，应用在连续而没有中断的固有法律相关的民事习惯的案例之上时，在这个时候，法官的实际抉择，其所牵涉到的相关社会事实，就变成是我们要探究的对象。

我们也要注意到相关的风险社会学（sociology of risk）的议题，大理院的法官会不会犯错？他们所挑选的法律规范，是否真正适用中国人共有的民事习惯？他的判决、他的捡选法条、他的建立判例，是存在着若干风险的。我们不能完全信任这些法律人，并不是因为他们不懂法律，或者也不是因为他们不够精明，而是因为他们的决策，有可能是封闭式的，他们的法律逻辑的运作，尽管有其法律背后的根源（如根据没有实施的《大清民律草案》）来建立判例，以判例来填补没有立法的漏洞，但是即使他忠于他的法律逻辑与法律职业操守，这个法律人团体以及他们所承担的法律知识系统，却有可能不是完全融合在他们所立足的社会之上。因此，他们有可能对于固有的社会与当下正在剧烈变迁的社会，有些误解与无知的状况。同样的，也会对继受来的法律规范背后的实质意义作出超出原意的解释。在这种情形下，我们研究这个议题，其实就像研究社会风险、科学的风险与科学的不确定性的相关性一样，在这个议题上，将法律社会学的议题，跟风险社会学的问题意识结合在一起。

民国初年的最高法院（当时称为大理院），所形成的有关“共有”的判例，这些法院判例，至今多数在台湾地区依然有效，有些已经纳入台湾地区现行“民法”的规定里，有些则对台湾地区现行“民法”有一定的补充作用。在民国初年到民国十七年（1928年）左右，《中华民国民法》（民国十八年（1929年））通过之前，因为《大清民律草案》没有通过，北洋政府又没有单独制订民法，所以这些大理院的判例，其实具有相当实质性的国家法律规范的作用。透过这个对七十几则判例的分析研究，我们可以理解当年主要源自日耳曼人的法律规范，如何被诠释、接受，然后放在中国人的土地之上，套用在中国人固有的祭田、族产、祠堂等共有的东西之上。当年建立判例的法官们，在欧陆法律文化与中国法律文化之间出出入入，在国家法律与民间习惯之间斟酌考虑，其间的分寸拿捏，很值得我们作社会学的分析。

身为法律社会学家，来探讨大理院时代的有关“共有的”判例，这个基本上不是偶然的，某个原因是由研究台湾地区的祭祀公业与神明会所致。一直到今天，在台湾地区的法院有关祭祀公业与神明会的法院判决里，还是在台湾地区现行“民法”之外，常常引用大理院的判例，把宗族的财产、家族的财产等等看成是一种“公同共有”的情况（法律的连续性）。换句话说，民国初年在中国大陆的大理院（当时的最高法院）所建立起来的判例，迄今对台湾地区各级法院法官的实际审判活动，还有一定的拘束力。也就是因为研究祭祀公业这种祭祀用的族产，台湾地区法律还是把它当作是一种“公同共有”的状况，而不是把它看成是一个“社团法人”或“财团法人”，或者像日本人当年一样，把它看成是一种“习惯法人”。这种“妾身未明”的状态，让我们要去思索，何以宗族完全不发达的日本人，在殖民统治台湾的时候，反而懂得承认台湾汉人的旧惯，以“习惯法人”来看待祭祀公业团体？（据日本学者后藤武秀告知，他们的《民法》里也没有“公同共有”的概念）而反观中华民国政府，自清末民初以来，则一直把宗族团体的财产看成是一种"公同共有"的状态。这使得台湾光复之后，祭祀公业等团体，在法律上就由"习惯法人"的团体，"降格"变成是一个"公同共有"的状态，变成是一个物权的概念，而不再是一个人的组合。难道是中国人自己比较不尊重自己的传统，比较不懂得把宗族团体的财产看成是一个法人团体的财产？日本人当初协助中国人继受德国法律的时候，这些立法的法学专家一法律人，以及后来在大理院负责审判的法律人，他们究竟是站在什么立场，来理解西方继受来的法律概念？他们有没有认识到不管是"公同共有"还是"分别共有"等罗马法或日耳曼法的法律概念，套用在中国社会的时候，可能会产生水土不服的现象？他们有没有意识到固有法与继受法之间，不同法律文化与法律规范知识系统之间的差别？

因此，我们现在要研究大理院有关"共有"的判例，其实是有一定程度"应用的法律社会学"意义的。换句话说，我们是为了面对 21 世纪在台湾地区都会碰到的祭祀公业、神明会、合伙、家产与夫妻共同财产等等"公同共有"的问题，发现除了受到现行"民法"的制约外，"民法"所未顾及之处，大理院的判例依然有效。因此，我们是为了对应现行审判上法律规范的不明，使得审判过程中窒碍难行、两造争讼不已的状况能够获得解决，因应这样法律实务上的需求，也因应法律解释学上法律规范的选择难清的状况，来进行这样的研究。正如我们不断地希望透过对祭祀公业的研究，协助有关单位的立法，让纠纷频传的祭祀公业得以"妾身正名"，恢复在日据时代本来就享有的"法人"地位（我们正协助"祭祀公业条例"的制定），这种做法都是具有"应用的法律社会学"研究的性质，换句话说，我们以法律社会学的研究成果，来为法律解释学与法律实务工作者开路。

但细究其实，光看清末民初时，中国人突然放弃实施两三千年的中华法系，为了迎头赶上与富国强兵，突然革命式地彻底继受（reception）移植外来的、欧陆的德国法律革命式的大动作，就够吸引法律社会学家了（法律的不连续性）。而这个法律又是在罗马法、法国大革命的拿破仑法典以及德国人自己思想结晶等等基础上发展出来的，是西洋欧陆法律文化的集大成者。为了"师夷长技以制夷"，除了船坚炮利之外，还需要法律这种典章制度。所以，如何把完全外来的法律规范与法律逻辑扎根在东方的土壤里，变成是一个必须要做，既复杂而且艰巨的工程。这不只是在立法工作上如此，而且是在法律人审判及所谓法官借着判例、"法官造法"以填补漏洞的过程里，也要如此实践。同样的，这样外来的法律规范，究竟如何被重新解释？是忠于原来的西方意义，还是作某种程度的修改与崭新的诠释（以便在本土的环境里移植成功）？凡此种种，都是法律社会学家基于理解法律相关社会事实的兴趣，知性上想要理解的。就这个面向而言，我们希望以经验科学的方法，来掌握法律的实然面与经验面的事实。

"民法"第 828 条有关"公同共有"的规定，其实是继承《大清民律草案》第三编"物权"的。该草案第1064条规定："公同共有人之权利义务，依法律或契约定之。"第1065条规定："各公同共有人非经全体一致不得行其权利。但法律及契约有特别订定者不在此限。"这是从德国与瑞士继受来的日耳曼法律。由此可见，清末民初就已经引进"公同共有"的法律概念，其原有的法源在现行瑞士民法里也有相关的规定。

本文首先回溯日耳曼"公同共有"法律规范发展的历史，然后针对民国初年大理院所做成的有关"共有"的七十多则判例作研究，它们至今在台湾地区依然有效，有些已经纳入台湾地区现行"民法"的规定里，有些则对台湾地区现行"民法"有一定的补充作用。接着讨论"公同共有"的法律性质，并立基在作者这些年对台湾汉人旧有的习惯法—祭祀公业与神明会的经验研究的基础之上，进一步讨论"公同共有"这种日耳曼族的法律概念，在汉民族的法律土壤之上生根发芽，所碰到的种种法律文化冲突与融合的问题。

我们发现，这种将"继受法"硬生生套在"固有法"上面的做法，表面上相当巧妙，但其实产生的问题相当多，其中最主要的是以"人"为单位的日耳曼"公同共有"关系，跟我们以"房"为单位的祖产或祭祀公业，其实在很多地方是格格不入的。只有在第二世的时候，"继受法"的规定与"固有法"的规定是重叠的，即各房彼此之间是一种类似以人为单位的"公同共有"关系，但在第三世以后，因为各房传各房，各房的男丁数目不一，就会造成以房份为基础的公同共有关系，其派下员彼此之间的持份会因为房份的不同而有所差异，因此在这种情形下，用"公同共有"观念不足以完全涵盖祭祀公业派下员彼此之间的权利义务，是相当明确的。其次，台湾现存的"神明会"的土地与资产，也被看成是"公同共有"的，神明会是会员制、长子继承（祭祀公业是派下员制、男系继承），这样的组织形态与物权概念，是否比祭祀公业更贴近日耳曼法律的"公同共有"的物权观，我们有必要分析比较之。

二、"公同共有"在日耳曼法的固有意义

在公元8世纪末叶至9世纪初期的法兰克王国兴起之前，依据恺撒（Caesar）之《高卢战记（de Bello Gallico）》与塔西陀（Tacitus）之《日耳曼尼亚志（Germania）》所描述的古日耳曼人生活状况，早期（约当公元前50年，恺撒时代）以狩猎、战争为主，在经济生活上仰赖畜牧为主，农业次之，人民对土地每年轮流调换占有，对土地无永续的关系存在，当时任何人均无确定的土地所有权，只由政府或各族族长将土地分给各"血族"（Sippe）团体，并按年轮流开垦或畜牧。在当时，血族团体为法律上、经济上的单位，在政府或族长指定的范围内，经营草地经济生活，并逐年迁移居所。亦即当时日耳曼民族并未达到定居生活状态，人与人之间的经济结合因素乃在于血缘及身份关系，与近代人与人之间可以基于物或资本的经济结合关系大为不同。换句话说，近代所有权分配的观念，其实是以定居生活为其前提的。因此，日耳曼民族在早期共同占有土地之血族团体内部，实行共同经济制度，而无近代私有财产的观念。③

③ 有关古日耳曼之土地所有权，参见 Brunner，Heinrich，*Deutsche Rechtsgeschichte*（Berlin：Duncker & Humblot，1958－1961）；Gierke，Otto：*Das Deutsche Genossenschaftsrecht*（Berlin：Weidmann，1868－1913），另外参见［日］石田文次郎：《土地总有权史论》，印斗如译，1～6页，台北，台湾土地银行研究处，1970。

至于古日耳曼后期（约当塔西陀时代，为恺撒时代后 150 年），日耳曼民族仍行狩猎与战争生活，然而已进入农业时代，过定居生活，土地由比血族团体更小的单位"村落"（Mark）照各户耕作能力，逐年测定分配给各户耕地，决定个人对于土地的占有。村民分得其划分之土地（称作 Gewann）后，便加以耕作，并逐年轮流调换农耕地，居所不需要再因土地调换而转移。换句话说，在古日耳曼后期，因为人民转为定居生活，对于分配之土地虽仍须每年调换，但其管理单位已由血族团体转为范围较小的村落。而对于人民的住居宅第，则发展出宅第私有权的概念，户长在墙垣围绕的一定范围内，拥有专属的排他的所有权，而土地之分配系在"土地总有"（Gesamteigentum）的前提下，村落自治的结果。④

亦即，古日耳曼实行"土地总有"而自治分配的村落，是在血族的结合为基础之上发展出来的，所有一切关于村民对土地的占有使用关系，皆为身份关系的反映。至于村落团体的权利与住民个人的权利实为相对强弱的概念，村落团体对于总有地的管领力最强，及于耕地，次及于民之宅地；住民之个别权对个人的宅地最强，对于总有地之管领力最弱。团体与个人的权能互为补充约束，为不可分的结合关系。⑤

古日耳曼的"土地总有"制度发展到后期，随着农业的逐渐进步，日耳曼人过着定居生活，土地分割越细碎，住民之个别权利越强大，人民各自将分配到的耕地筑墙表明特权，并由于某些住民对自己的私有土地运用更进步的耕作方法，增加个人的财富，使得住民个人所有之财产越来越不平等。因此，原先基于血缘的、身份的团体结合逐渐被物的、财产的使用分配所取代。这种由住民人格平等进化为财产分配不平等的过程，导致"私有财产制"的成立，并使得"总有制度"逐渐走向崩溃。⑥

而在中古世纪末期，国家思想开始兴起，在政治上为求国家自由发展，必先否定各团体自治，而切断各血族团体之关系。且在经济上个人主义思想下的罗马法所有权观念，正好切合在当时已拥有相当私有财产的个人。宗教团体使用"加诺恩法"所影响的意大利学说当中关于罗马法"universitas"的团体概念，在当时拥有强大势力的教会，一旦与世俗团体发生纷争，必服从教会的法律，故教会之团体论，便通过裁判而适用于世俗的团体上。此外又因为继受罗马法的缘故，接受大学教育者，皆受到罗马法的理论的影响，在裁判时对于德意志团体皆用罗马法法人学理解释，尤其 16 世纪中叶日耳曼的"民众裁判制度"崩溃后，由大学出身、受罗马法教育之人担任裁判官，更加使罗马法理论见诸实行，故 16 世纪日耳曼的"总有制度"便在这样的历史背景下，一概以罗马法学理解释，当时盛行的立法事业更由法学家参与其事，而将罗马法的理论实现在法规上。我们可以看到，在历史上拥有解释权、裁判权的裁判官，如何影响土地制度的运行。⑦

---

④ 参见［日］石田文次郎：《土地总有权史论》，印斗如译，8～14 页，台北，台湾土地银行研究处，1970。

⑤ 参见［日］石田文次郎：《土地总有权史论》，印斗如译，54～57 页，台北，台湾土地银行研究处，1970。

⑥ 参见［日］石田文次郎：《土地总有权史论》，印斗如译，60～62 页，128～130 页，台北，台湾土地银行研究处，1970。

⑦ 参见［日］石田文次郎：《土地总有权史论》，印斗如译，203～204 页，台北，台湾土地银行研究处，1970。

直到19世纪初历史法学派兴起，对于德国固有法制的研究较盛行，才有关于继受罗马法此种现象的检讨分析。研究结果发现，德国固有的团体，并不与罗马法之“universitas”及“societas”概念相符合。也因这样的研究，才发现罗马法对于法人人格之基础解释为“法的拟制”并不恰当，研究者强调法人的基础在于社会的组织体确实的存在，并由“法人实在说”承认古日耳曼“总有制度”下的团体本来即存在、不待拟制的事实。于是日耳曼法之团体（Genossenschaft），基于罗马法之继受，被解释为具有法人人格之实在的团体（Körperschaft），总有权亦由 genossenschaftliches Gesamteigentum 转化为 Körperschafttliches Eigentum，但团体之所有权与罗马法之所有权概念，并不相同。原来古日耳曼法，并无抽象的物之概念，日耳曼法上以物的性质为权利划分的主轴。在此时代，人从属于土地，土地所有权与物的“所有权”，两者因为土地的性质与物的性质不同，而产生不同的概念，在日耳曼法上的权利性质为何，取决于物的性质，“总有制度”下的土地属于血族团体全体拥有支配、分割权，个人仅得在其分得土地上占有使用一段时间，而对于未分割之森林牧场总有土地，仅有共同用益的事实。若依罗马法思想下所有权观念，则古日耳曼“总有”并不能以所有权概念解释，日耳曼法的物权，从具体的事实关系出发，对物的事实上占有（Gewere 制度），即取得私人可使用支配的“所有权”，此种所有权概念，与罗马法将占有与抽象的所有权分立的概念不同，在日耳曼法上占有与所有并无区别，所有权也由于团体性格而在内在受限，无绝对的排他支配权能，只能在不违反团体利益的前提下使用所有物。⑧

因此，在不同文化时空背景之下，会有着不同的所有权概念。至于罗马法上的“共有”与日耳曼法之“总有”，不仅存在的前提不同，制度施行的结果也大相径庭：罗马法是以个人主义为前提，罗马法上的“共有关系”强调分割；相反的，日耳曼法的“总有”以团体主义为前提，强调团体的存续。而16世纪德国继受罗马法，而对于固有日耳曼法加以罗马法化后，在罗马法的共有权之外，创设不允许持分自由处分的共有权，即为现今“公同共有”（Eigentum zur gesamten Hand）制度之前身。在19世纪，对于日耳曼固有法之研究趋于鼎盛，在共同继承人之场合、夫妻财产制之场合，具有相当程度的团体性格，但对于其持分财产是否能自由处分，则须归结于人的结合性质为何，是否容许其构成员代替？由于在“公同共有”的场合，身份的结合强烈反映在财产关系上，故原则上不允许持有分之自由处分，可谓罗马法化后，仍受日耳曼法影响之下所遗留之制度。

以上的探讨，可知日耳曼法与罗马法在制度历史发展过程当中的经济、政治、思想背景都不同，在法律解释研究上，应该参酌时代背景，而非一味地以继受来的罗马法律规范解释日耳曼法。但一旦继受别人的法律后，难免受其影响，而有新的综合制度类型的出现。“公同共有”制度，是日耳曼“总有”制度受到罗马法熏陶下逐步综合两者而发展出来的。因此，我们站在以“实然”现象的研究为职志之法律社会学的基础之上，不能过于强调现

⑧ 参见［日］石田文次郎：《土地总有权史论》，印斗如译，26页，212～216页，台北，台湾土地银行研究处，1970。

行法规范上的“应然”层面，而忽略事物原来之本质。同样的道理，也可以在中国引进“公同共有”法律规范之后，将它套在中国原有的汉人法律规范与民间习惯之上，一方面会有硬套的“削足适履”的情形出现；另一方面，在两者互动之下，也会形成一种新的法律规范的形式，既与罗马法影响下的日耳曼法有异，也与原来汉人民间习惯产生实质性的差异。

三、由《大清民律草案》到民国初年大理院“公同共有”的判例

清末民初时，中国人突然放弃实施两三千年的中华法系，为了迎头赶上与富国强兵，突然革命式地彻底继受（reception）移植外来的、欧陆的德国法律（法律的不连续性）。而这个法律又是在罗马法、法国大革命的拿破仑法典以及德国人自己思想结晶等等基础上发展出来的，是西洋欧陆法律文化的集大成者。为了“师夷长技以制夷”，除了学习船坚炮利之外，还需要法律这种典章制度，所以，如何把完全外来的法律规范与法律逻辑扎根在东方的土壤里，变成了一个必须要做的、既复杂又艰巨的工程。

清末民初为了变法图强，沈家本在日本学者协助之下，制订了《大清民律草案》，其中第三编“物权”第1064条规定：“公同共有人之权利义务，依法律或契约定之。”第1065条规定：“各公同共有人，非经全体一致，不得行其权利。但法律及契约有特别订定者，不在此限。”

此一草案虽然没有来得及实施，但是“公同共有”已在汉人的法律文化中生根。民初大理院判例，已将它套在传统汉民族原有的民间习惯之上。最明显的就是把祭田、祀产、祠堂与族产——这种宗族的财产——看成“公同共有”的财产：“同族设置公产，以供一定用途，应视为公同共有”（三上 1144），“祭田共有之分割，须得共有人之全体同意”（三上 156），“祀产系共有性质，其所有权属于同派之各房……”（四上 771），“祀产在现行法上，虽以不可分为原则，然遇有必要情形（例如子孙生计困难，或因管理而生重大纠葛），并得各房全体之同意时，仍准分析……”（四上 1849）。

这个汉人宗族的习惯，在清代是受到国家法律的保障的，按照《大清律例》有关祀产的规定，《盗卖田宅》附例第四则中记载：

凡子孙盗卖祖遗祀产至五十亩者，照投献捏卖祖坟山地例，发边远充军。不及前数，及盗卖义田，应照盗卖官田律治罪。其盗卖历久宗祠，一间以下，杖七十；每三间加一等，罪止杖一百，徒三年。以上知情谋买之人，各与犯人同罪。房产收回，给族长收管，卖价入官。不知者，不坐。其祀产义田，令勒石报官，或族党自立单公据，方准按例治罪。⑨

此外，《户部则例》里《盗卖盗耕》中规定：

凡盗卖祖遗祀产义田宗祠等项，将盗卖与知情谋买者分别治罪，房产收回给族长收管，

⑨ （清）薛允升：《读例存疑》，重刊本，277 页，台北，成文出版社，1970。

卖价入官。[10]

而国民政府制定民法的时期，由胡汉民在民国十八年（1929 年）所带头决议的“民法物权原则”里面的第 7 条是有关“公同共有人”的规定：“公同共有人非经全体同意不得行使其权利，但其公同关系所由规定之法律或契约另有规定者，不在此限。”其说明文特别强调说：“中华民国祠堂、祭田、合伙均为公同共有关系，故不可无公同共有之规定。至公同共有人，非如普通共有人，对于共有物各有其应有部分，故明定除依其公同关系所由规定之法律或契约另有规定外，非经公同共有人全体之同意，不得处分公同共有物，或行使其他之权利，以保护公同共有人全体之利益。”[11]

现行台湾地区“民法”第 828 条，规定公同共有人之权利义务关系：

公同共有人之权利义务，依其公同关系所由规定之法律或契约规定之。除前项之法律或契约另有规定外，公同共有物之处分，及其他之权利行使，应得公同共有人全体之同意。

最近送“立法院”审议的台湾地区现行“民法”828 条修正草案，则改为：

公同共有人之权利义务，依其公同关系所由成立之法律、法律行为或习惯定之。第八百二十条、第八百二十一条及第八百二十六条之一之规定，于公同共有准用之。公同共有物之处分及其他之权利行使，除法律另有规定外，应得公同共有人全体之同意。

在这里，将“契约”改成“法律行为或习惯”，其立法用意之一，是希望将类似族产的祭祀公业与神明会的民间习惯，在没有专法（如我们推动的“祭祀公业条例”）的情况下，能有明文加以规范。

由这些法条演变的历史，我们发现清末民初继受德国与瑞士相关法律的时候，就已经引进“公同共有”的概念，其原有的法源，在现行瑞士民法里也有相关的规定。这样的规定，其实具有“日耳曼法”重视前现代、前资本主义的农业社会里农业法人团体“公同共有”的特质，表面上跟我们汉人社会的“固有法”有关家产、族产、祭田、公业、神明会等的法律性质有一定的相似之处，所以这也是 1912 年以来，不管是北洋政府或是国民政府，一直把“公同共有”的继受法律概念套在所谓的祠堂土地、宗族土地、祭祀公业土地、神明会土地与祖先共业土地之上，这种将“继受法”套在“固有法”上面的做法，表面上相当巧妙，但其实有不少我们后面要进一步探讨的问题。

在此，我们要先研究大理院有关“共有”的 72 个判例，这些判例是在先前一些学者的努力下被整理出来的。清朝末年沈家本变法之后，宣统三年（1911 年）完成第一次民法草案，而在这之前的一年，在伍廷芳起草的情况下，完成《民事诉讼法草案》。不久辛亥革命，中华民国成立，一直到民国十四年（1925 年）才有第二次民法的草案。但一直到民国十八年（1929 年），在国民政府北伐成功之后，才真正完成《中华民国民法》。换句话说，

---

⑩ （清）承启等纂：《钦定户部则例（二）》，771～772 页，台北，成文出版社，1968。

⑪ 以上史料参见“司法行政部”编：《中华民国民法制定史料汇编》（上），702 页以下，台北，“司法行政部”，1976。

在民国元年（1912年）到民国十七年（1928年）之间，中国并没有民法典，而当时到底是根据怎么样的法律来做判决呢？大理院的判例又扮演怎么样的角色？

很吊诡的，当时的北洋政府因为没有民法典，只好根据前清在宣统年间颁布的《大清现行刑律》，宣布该律中不与共和国国体相抵触的民事部分继续有效（法律规范的连续性！），其中包括服制、名例、户役、田宅、婚姻、犯奸、斗殴、钱债等部分，以因应民法规范的缺乏，所以这部法典变成民初大理院时期的"实质民法"。除此之外，则必须要根据民事习惯以及大理院的判例来进行审判。但是，清末所草拟的民法草案虽然没有实施，可是里面的法理与法律规范，很多最后也形成大理院的判例。

在这种情形下，我们研究大理院的判例，在当时国家制定法的层次上，和我们现在具有一定程度的不同意义，而且这也跟清代《大清律例》里面律跟例之间的关系有明显的差异。我们先说明，我们目前的研究对象，是民国时代的法学家郭卫在民国二十年（1931年）根据大理院自己曾经刊行的《判例要旨汇览》正续二集，以及民国十二年（1923年）之后的大理院判例整理而成为的《大理院判决例全书》。1978年在戴炎辉院长的鼓励下，"司法院"秘书处重印这本重要的书，在这本书的165页到173页，共收集72个判例，这72个判例就是本文主要的研究对象。[12] 其中有16个判例找不到案件原文，所以本文的主要讨论就案件本身是包含56个案件（有的案件不只形成一个判例），而判例则包含72个判例。

就判例法来看，它到底具有怎么样现行法的意义呢？过去一般对于中华法系有一定的误解，以为中国传统法律都是成文法。事实上，明清以后的判例也相当重要，《大清律例》本身包括1 892条，其中律是436条，例则是一千多条，律文不变，历史变迁则靠"例"的变迁来加以修订。例是律的补充法，但是另外一方面，例又是特别法，有例则置其律，特别法优于普通法[13]，因此，在这里所体现的中国传统法律里，因为律文很少改变，历史社会文化的变迁，就必须靠不断增加的"例"来加以补充。相对不变的"律"，反映出道德和行政法与刑法上的原则，动态变迁的"例"随时代改变不断增加，反映法律对社会变迁与政治现实的调适。在这里，判例比律文还有优先性，法律规范的位阶似乎高于律文，特别法优于普通法。

而台湾地区现行有关规定里，"民法"第1条规定（这一条是抄《瑞士民法》的）："民事，法律所无规定者，依习惯；无习惯者，依法理。"在这种情形下，现行法的判例，基本上只有补充法律的性质，不可能先于法律、优于法律。民国十八年（1912年）之后，已经有一部相当完整的《中华民国民法》，所以我们要注意的是，在这之后，最高法院的判例，只有在现行法律规定有漏洞时，起到填补这些漏洞的作用，而不是说要去取代这些法律，或超越这些法律的规定。

而在我们要研究的北洋政府时期（民国元年（1912年）到民国十七年（1928年）），大理

---

⑫ 在这里我们要感谢政治大学黄源盛教授，他到中国大陆第二历史档案馆影印回台，建立《大理院民事判例全文汇编》，其中第十六册，收集了有关共有的这七十二个判例里面大部分的判决全文。

⑬ 参见林端：《韦伯论中国传统法律：韦伯比较社会学的批判》，53～58页，台北，三民书局，2003。

院的判例在国家法律里的位阶，跟前清以及民国十八年（1929年）以后的民国又有所不同。其差异性在于当时没有一部民法典，民事法律的规范体系相当缺乏，所以在这种立法的空窗期里，大理院的判决例与解释例，就会变成通行全国的、具有实质等同于成文法的法律效力。因为前面提到的仍然实质有效的《大清现行刑律》的民事有效部分，事实上所包括的条文相当有限，跟我们相关的只有"田宅"的部分，但是这部分的规定，也是非常有限的。这时候大理院的判例，就具有超越补充法的意义，而有等同以判例来逐步建构民法典的意义。

在此，民间原来存有的法律习惯，与法官心目中的法律规范之间的分分合合，在形成判例的过程中，其实法官们的背后不只是有《大清现行刑律》而已，它还包括清朝末年没有颁布成功的民律草案。因此，这不是一个单纯由习惯到习惯法，再到国家制定法的过程，也不是像英美法那种形成法律或者法典化的过程。相反的，它是背后有着并未真正颁布的、继受来的西方式民律草案为依据的建构判例的行为。说是法官造法，但其实背后的参考架构，却是有实际存在的"有实无名的"民律草案基础的。所以我们在这里研究这样的判例，就必须注意到当时判例所具有的这种特色。

在国家法律与民间习惯之间，在继受法与固有法之间，法官的审判行为搭起了一座桥，这座桥是好桥还是坏桥？其建构桥的钢筋结构或水泥砖块，究竟是继受来的还是本土的？判例一旦形成，后来的人就必须要遵守，除非它被法律改变。[14] 我们走在这座桥上，会不会有风险，我们走得是否安稳，那就要看这些造法的法官们，他们融合固有法与继受法的实质功力了。他们对于两种法律文化与两种法律的规范体系与知识系统，是否发挥了"创造性的转化"的功力？我们可以在以下"共有的"的案例中，来加以逐步验证。

根据我们研究，大理院判例有关"共有"部分的72个判例里面，除了判决全文残缺的16个之外，目前找到的56个判例，在地理空间分布（见表1）上，广东省最多，有10个，其次是天津市、河南省、奉天省、湖南省，各5个。北京市跟浙江省各有4个判例，湖南省、四川省各3个，2个判例的有湖北省、福建省、江苏省、山东省，而山西省与吉林省各1个判例。由判例的分布地点来看，遍布华南、华中、华西、华北与奉天地区，由此可见，当时中华民国司法体系运作的领域与政治行政体系运作的领域大致相当，政府的司法公权力，某种程度遍布全国各地。

表1　"共有"判例的空间分布

省、县	字号	共计
广东省	2－119、2－226、4－2021、2－135（新宁县）、3－41（南海县）、3－78（南海县）、4－25（新会县）、4－669（番禺县）、4－2032（梅县）、3－1124（鹤山县）	10
天津市	2－36、4－48、4－532、4－1351、4－2267	5

⑭ 所以在这里还有一个面向，就是这些判例跟后来实施的《中华民国民法》之间的实质关系何在？这是我们在别的文章必须要处理的课题，此地不再细论。

续前表

省、县	字号	共计
河南省	3—523、3—366(新安县)、4—127(开封县)、8—989(济源县)、4—1283(郑县)	5
奉天省	3—598(铁岭县)、7—1136(凤城县)、8—543(审阳县)、10—9(审阳县)、12—894(岫岩县)	5
湖南省	4—771、4—1849(长沙县)、4—2382(长沙县)、5—420(长沙县)、4—2434(新北县)	5
北京市	3—169、4—2441(大兴县)、7—1174、9—392(大兴县)	4
浙江省	7—519、15—963、4—1816(新昌县)、4—977(嵊县)	4
湖南省	3—1144(衡阳县)、3—1207＊2(沣县)	3
四川省	4—2189、4—1710(巴县)、4—1771(巴县)	3
湖北省	2—8(武昌县)、9—797(黄安县)	2
福建省	3—134(闽县)、8—1268(永定县)	2
江苏省	3—892＊2(无锡县)	2
上海市	4—7、12—960	2
山东省	9—903(东平县)、3—35(益都县)	2
山西省	8—16	1
吉林省	8—160	1

共计:56个
(图表来源:作者统计)

而“共有”部分的判例,根据不同的时间分布(见表2)来看,72个判例里面,民国二年(1913年)5个,三年(1914年)、四年(1915年)是高峰期,各为14个和23个,民国五年(1916年)到民国八年(1919年),各为6个、7个、7个、5个。民国九年(1920年)以后,个数逐渐减少,九年(1920年)是2个,十年(1921年)是1个,十二年(1923年)是1个,十五年(1926年)也是1个。

表2　　“共有”判例的时间分布

年	字号	共计
2	8、36、119、135、226	5
3	35、41、78、134、169、366、523、598、892＊2、1124、1144、1207＊2	14
4	7、48、127、252、532、669、771、977、1283、1351、1463、1558、1710、1771、1816、1849、2021、2032、2189、2267、2382、2434、2441	23

续前表

年	字号	共计
5	23、64＊2、305、420、483	6
6	74、81、279、453、783、978、993	7
7	457、579、557、570、1096、1136、1174	7
8	16、160、543、989、1268	5
9	797、903	2
10	9	1
12	960	1
15	963	1

总计：72 个
（图表来源：作者统计）

由这样的时间分布来看，我们会发现，民国三年（1914 年）、四年（1915 年）之所以是高峰期，应该是相关的“共有”的问题，法律纠纷很多，但是民法又没有通过，为了补充法律规范的不足，所以，必须要通过大理院判例的解释来加以补充，以免落入法律的“空窗期”。而在民国八年（1919 年）以后，相关的判例逐渐减少，很可能原有大理院的判例，某种程度上已经补充了法律“空窗期”的困扰，具有实质的国家制定法的功能，所以判例就逐渐减少了。

此外，由争讼的主要“标的物”来看，的确都是有关祭田、茔田、祭产、祀产、祠产、祠堂、族内公产、家庭内的遗产、祖先共业土地等等，共 44 个案件。已经占 56 个案件里面的八成左右（见表 3）。

表 3　“共有”判例牵涉祭田等族产、家产者

诉讼标的	字号	共计
祭田	2—8、2—119、4—977	3
茔田	4—1816	1
茔地	4—2267、15—963	2
祭产	4—669	1
祀产	4—771、4—1771、4—1849	3
祠产	4—1558、4—2382	2
祠堂	9—797	1
公产	2—36、3—1144、4—1351、4—1463、5—420、12—960	6

续前表

诉讼标的	字号	共计
家产	4—2021、4—2441、6—279、7—570、7—519、4—1351	6
遗产	4—48、6—279、8—989、3—169	4
共产	7—519	1
原产	3—366	1
赡产	7—1136	1
尝田	2—119、3—41、4—669	3
族中公地	2—226、3—892、	2
共有家财	8—1 268	1
祖遗地产	3—598	1
不动产	3—892	1
祖先共业	2—135、4—2189、4—2434	3
祖茔树木	9—903	1

共计：44 个
（图表来源：作者统计）

因此，我们若说大理院"共有"部分的案件，主要是处理宗族、家族的共有财产，并不为过。因为当时中华民国刚刚建立，民法典又还没通过，可是人民的生活并不因为改朝换代而中断。所以，有关族产、家产这种共同拥有的财产，究竟要根据什么样的法律来加以处理，就变成当时一个十分重要的课题。我们观察当时的这些案例的判决书，发现其实运用现代西方法律诉讼的名词与概念，已经相当纯熟。因此，这种审判是一种专家的审判、专业法律人的审判，其用字遣词都非常具有法律人的素养（专家法），往好的说法是，已经现代化了、专业化了、科学化了，但是如果考虑到法律人与一般社会大众的差距，我们就不一定如此乐观，很可能上层的法律人已经专业化了，而下面的一般社会大众仍然我行我素（民间法），对于继受来的现代西方法律概念，仍是不熟悉与不清楚的。我们以下举几个例子，来跟大家作讨论。

以二年（1913 年）上字八号为例（见表 4），这是有关祭田的，我们看判决书，这是民国元年（1912 年）湖北高等审判厅第二审判决，后来再上诉，判决书的形式包括上告人、被上告人的年纪与住址，然后主文是原判撤销，而理由则有数页。里面很明显已经具有"民事诉讼法"诸多的概念，如被上告人不到场、诉讼费平均分担等等。在理由的第 1 页里面提到上告意旨，包括所有权、契约、准禁治产、法律行为、祭产惯例、特别惯例、普通惯例、义庄、典押等等。在第 2 页里面提到："按我国惯例及法理，契约关系本可分为债权、物权两种，物权契约以直接发生物权设定变更之效果为目的，与债权契约异，契约成立同时履行，更无存留义务之可言。且物权契约除质权等关系外，概非要式行为，因当事人之意思表示，即生效力。”然后在理由的第3页里面提到物权契约成立的三个条件，最后谈到本判例：“征之我国惯行法则，祭田设定之方法，虽有种种，而其管业权应自亡人死后，即归属于后嗣共同享有，若因不得已情形，得宜共同处分之。故其性质与共有法理相通，共同管业之一人，无论如何不得独自处分该项祭田……”然后在第4页里面提到：“本案诉讼费用，依现行法例，应由上告人及被上告人平均担负，故撤销原判，特为判决如右。”这是民国二年（1913年）3月26日大理院审判的原文。从这样的判例来看，这是一种专家的法律，需要既懂得继受来的现代法律概念，又要对传统的民事习惯有一定的理解，里面有关法例、惯行法则、法理、惯例这些名称都出现了，而且诉讼程序也有相当实质性的规则，要做实质审判之前，必须合乎一定的民事诉讼程序。

表4　　大理院二年（1913年）上字第八号案例

案号	地点	上告人	被上告人	事实概述	结果	判例要旨	共有类型
二年（1913年）上字第8号	湖北武昌	安寿世	张好生	1. 祭田之性质，与共有法理相通。 2. 祭田之管业权，自亡人死后，即应属于后嗣共同享有。共同管业之一人不得独自处分该项祭田，若与第三人缔结物权契约，其将祭田之所有权移转之物权行为自属无效。故张贻瑾与上告人安寿世私自立约卖地，虽其所缔结之债权契约有效成立，张贻瑾对于安寿世在债权法上负有清偿义务，然而张贻瑾并未得其他共同管业人之同意，无处分祭田之权，故其移转祭田所有权之物权契约无效，此祭田之所有权归属于共同管业人张贻章、张贻瑾、张贻珍三共同管业人所有。 3. 张贻章未得其兄弟张贻瑾、张贻珍之同意，私自押捐于敬节堂，即被上告人张好生名下管业，然祭田之所有权不因张贻章之押捐而移转。 4. 本件祭田所有权之争，最后上告人安寿世与被上告人张好生皆未取得祭田所有权，其所有权仍属原张家三兄弟所有。	撤销原判决，诉讼费用由上告人及被上告人平均负担。	祭田设定之方法虽有种种，而其管业权应自亡人死后，即归属于后嗣共同享有，若因不得已情形，得由共同协议处分之。	祭田

（图表来源：作者自制）

我们再来看第二则的二年(1913年)上字三十六号(见表5),这里面提到相关的重要法律名词,包括宗祠、合族公产、田单鱼鳞印契、缴纳丁契粮串、康熙年间的字据、共同所有权、证据法则、系争土地、顺契、绝卖契、公共契田等。然后判例的来源就是下列的情况:“公产,依现行法例,故不以各自占有为共有权维持之要件,是原判与法理又不无误解,致难认为适法……据以上理由,应将原判撤销,发还现有管辖权之直隶高等审判厅,更为判决,特为判决如右。”从这里来看,也是一样必须对固有法甚至康熙年间的国家制定法与民间习惯有一定的理解,然后再按照现行法例加以审判。这里面提到的“现行法例”、“现行规例”、“现行事例”,都是大理院提到现行法的常用字句,其可能原因在于当时的现行法只有前面提及的《大清现行刑律》,其漏洞部分必须靠惯例、判例以及法理等等来加以填补,所以提到现行法时,不得不用“现行法例”等名词来加以涵盖之。

表5　　大理院二年(1913年)上字第三六号案例

案号	地点	上告人	被上告人	事实概述	结果	判例要旨	共有类型
二年(1913年)上字第三六号	天津	刘荫湘 刘兆麟	刘作湝代表刘氏十五股	1. 上告人刘荫湘与被上告人刘兆麟具有同宗关系,然早在百年前刘荫湘之先祖刘开仁即已迁居田家嘴,刘氏有公共祭田四段,皆由被上告人刘兆麟之先祖历代占有。 2. 本案首应研究被上告人等是否亦有共有之权?所有权之存在与否应以文契为前提,以占有为归宿。本案两造皆不否认两造为同宗,则应认为被上告人应具有共有之权。不因上告人之历代先祖公然和平占有此祭田而丧失被上告人对于祭田之共有权。	原判撤销,本案发还直隶高等审判厅更为审判。	公产依现行法例,固不以各自占有为共有权维持之要件。	祭田

(图表来源:作者自制)

我们再看第三个案例,是有关广东人的尝田,在台湾客家人的祭祀公业里,也同样称祭祀公业为尝田,大理院民事审判二年(1913年)上字一一九号(见表6),这里面除了使用祭田、轮值、房、永佃权、轮流尝田、损害赔偿权等等,其结果除宣布对祭田尚为永佃关系的设定无效之外,并主张:“即令批单属实,亦属无权限之行为,在法律上本属当然无效,在物权法上,上告人是不得凭黄恩财所立之批单以与被上告人等对抗……诉讼费用依现行规例,应由上告人负担之。致本案件上告系属实体法上之论争,即原判事实点,一见有不明了，终应发还更审之件，按照本件现行事例，得为书面审理，故本判决即以书面审理行之，特为判决如右。”在这里我们就可以看得到，“共有权”的的确确被大理院的法官们所相当坚持。

表 6 **大理院二年（1913 年）上字第一九一号案例**

案号	地点	上告人	被上告人	事实概述	结果	判例要旨	共有类型
二年（1913年）上字第一一九号	广东	黄济钏 黄昌寿	黄炳中	1. 尝田系属其子孙共同享有，其性质为共有关系，故黄恩才非经共有人之同意，以单独之意思与上告人写立批单，设定永佃关系，是无权限之行为，在法律上此永佃权不存在。故本件上告人不得以此批单主张永佃权对抗被上告人。 2. 被上告人主张上告人毁去被上告人麻豆，并请求赔偿一事，原审法院应确实调查证据，依证据认定损害赔偿数额，不得职权酌定赔偿额。	原判令上告人等赔偿毁损被上告人麻豆费三百两之部分撤销，本案损害赔偿之点发还广东高等审判厅更为审判。 本判决前之诉讼费用由上告人负担。	尝田系属其子孙共同享有，其权利性质，法律上本为一种之共有关系。故非经共同享有人之同意，无论何人不得就该祭田对他人擅为永佃关系之设定。	公产（祖先共业土地）

（图表来源：作者自制）

在四年（1915 年）上字第七七一号（见表 7）这个案例里面，是一个十几页的判决书，但是里面牵涉到的比较有趣，因为第一点引用《大清现行刑律》，禁止盗卖祀产，因为房屋与祀产无关，然后又提到前清州县断案，所谓当堂立契已成习惯，并遵结案画押，这就有法律的效力。然后就是本判例所提到的，祀产原则上不得典卖，但依惯例，各房全体同意时，可以分析典卖，这种惯例并无害于公益，也不悖于强行法规，即现行律关于盗卖祀产之规定。然后，又提到取给赡养之权、别籍异财、叔侄四房应做四股均分，后面又提到所谓共有法律。这个案子很有趣的是，现行刑律以及前清大清律例下的司法审判、法律效果等等都被考虑在内，很值得我们进一步来加以思考之。

表 7 **大理院四年（1915 年）上字第七七一号案例**

案号	地点	上告人	被上告人	事实概述	结果	判例要旨	共有类型
四年（1915年）上字第七七一号	湖南	湖南大清银行（L周廷杰）	唐世汉、唐世瀛、唐其桢（L唐彭氏）	1. 上告意旨略称：（1）本案所争的房屋，并不在祀产之列。因而原判援引现行律禁止盗卖祀产之条，是错误的。（2）被上告人于宣统二年（1910年）订定同心出售之合约，虽然曾于宣统二年（1910年）5月间，登报声明永不出卖，但乃是针对叶某人而发，故不具效力。（3）据证人指出，被上告人对于买卖之行为，应视为事后之追认。且所争房产，在当时为被上告人与其他人所卖，可见被上告人在事前并无不承认意思。（4）原判四房之产专归被上告人世汉一人所有，其不费一文独得各房共有之业，而公家无故损失此一万四千余金，实为不公平。 2. 本案认定，被上告人等既已立有甘售务约在先，自不容一二人事后阻止不卖。被上告人虽曾登报声明永不出卖，但只是针对某人而发。因此原判认定所立甘售合约不生效力，未免失之武断。 3. 唐刘氏等与上告人订立卖契时，被上告人等并未到场，卖契内亦未签名画押，固应无效。然查阅之前被上告人等所具甘结内载各语，此项买卖契约似显为被上告人等所追认。该结文内有被上告人等画押，自不难核对笔迹。且上告人所称被上告人曾领银出庄，及数年独管所争房屋之外的房产之情形，如果属实，则足为追认之证。原审未予详查，殊有未合。 4. 因此，根据上述种种论断，本案上告有理由应将原判撤销。 （相关法律或法条：现行律、惯例、强行法规、律条）	原判撤销	祀产系共有性质，其所有权属于同派之各房，自其维持祖先祭祀之宗旨言之，原期永远保全，不容擅废。故凡设定祀产字据内例，有永远不得典卖等字样。然查我国惯例，此等祀产遇有必要情形（例如子孙生计艰难或因管理而生重大之纠葛）得各房全体同意时，仍得分析典卖或为其他之处分行为。此种惯例并无害于公益，亦不背于强行法规，即现行律关于盗卖祀产之规定，意亦仅在禁止盗卖，所谓盗卖者，以无出卖权之人而私擅出卖之谓，如未经各房同意，仅由一房或数房主持出卖，固在盗卖之例，若已经各房全体同意，自不得以盗卖论。	祀产

再来是民国四年（1915年）上字一七七一号（见表8）有关祀产的判例，其判决理由是："祀产系共有性质，其所有权属于同派之各房，自其设定之宗旨言之，本期永久保存，不容擅废，故非有必要情形，且得各房全体之同意，不能为典卖或其他处分，违者，不生权利转移之效力。此现行法上适当之解释，迭经本院判例实行者也。"在这里强调祠产不能典卖，其规定是原来在前朝《大清律例》有的，《大清现行刑律》也有类似的条文，而只是现在加以"公同共有"的解释，这里很有意思的是，前朝的旧有法律在这里给予一个新的解释，然后继续有效（法律的连续性!）。在后面讨论时，又提到民事法条理，凡买主于结约当时，集资买卖之目的，物不属于卖主所有者，即不得以不履行契约为理由，请求损害赔偿。然后又提到按现行诉讼法例，诉讼费用应由败诉之人负担等等，在这个判例里面，我们看到了由《大清律例》到《大清现行刑律》到大理院判例的演变情形，还有采用民事条理（法理），整个法律演变的过程非常有趣。

表8　大理院四年（1915年）上字第一七七一号案例

案号	地点	上告人	被上告人	事实概述	结果	判例要旨	共有类型
四年（1915年）上字第一七七一号	四川巴县	刘磊安（原籍福建）	彭合兴	1. 本案所争系祀产为公同共有性质。刘磊安为现值理人，未经其之同意，任何人不得擅自变卖产。上告人彭合兴宣称其承买此房，系出于县署之命令，为势所迫，不能不买。然当时并无勒令上告人承买此房之事。 2. 上告人彭合兴请求上告人刘磊安应偿印红损失及修缮费用。按民事法条，若已知买卖之目的，物不属于卖主所有者，即不得以不履行契约为理由，请求损害赔偿。因此，上告人彭合兴没有理由请求赔偿。 3. 而关于诉讼费之事，应由败诉者支付。第一审中上告人彭合兴财诉，理应由其支付诉讼费，却判由上告人刘磊安支付，此判决未当，应撤销。改由彭合兴支付。 （相关法律或法条：现行法、民事法条、现行诉讼法例）	原判上告人刘磊安赔偿上告人彭合兴损失银二百五十两，并诉讼费用之部分撤销。 被上告人彭合兴关于赔偿卖契投税损失之请求驳回。	祀产系共有性质，其所有权属于同派之各房，自其设定之宗旨言之，本期永远保全，不容擅废。	祀产

然后是四年（1915年）上字第一八一六号（见表9）的判例，非常明白地讨论"公同共有"与"分别共有"的概念，它直接称现行法里茔田属于公同共有，而非分别共有，在公同

关系存续中，即经分析以前，原不准共有人之一处分其应有之份，这里其实虽然直接讲"现行法"，但是它指涉的并非《大清现行刑律》的规定，而其实是清末民律草案的相关规定，那里面才有讨论"公同共有"与"分别共有"所存在的区别。而这种分别在原来祀产不得典卖的规定里面，是没有这样的区分的。换句话说，大理院借着判例的推行，将《大清现行刑律》的现行法与清末民律草案里虽然没有通过、但已经具备了的法律概念两相结合，赋予一个崭新的意义。因此，我们这里可以看到的是，大理院的法官们，不是凭空造法的，相反的，在清末民律草案所依循的"公同共有"与"分别共有"的区分，在这里只是重新通过大理院的判例来加以正式确定而已，而这种区分在后来国民政府的《中华民国民法》里面，也正式收纳进去的，大理院的判例在这里发生承先启后的作用（法律的连续性!）。

表 9　　大理院四年（1915 年）上字第一八一六号案例

案号	地点	上告人	被上告人	事实概述	结果	判例要旨	共有类型
四年（1915年）上字第一八一六号	浙江新昌县	石玉书	石翁氏	1. 本案所争之田亩，被上告人宣称为其独有，上告人擅自盗卖，自然不生效力。 2. 上告人宣称，该田亩为被上告人与石玉叶所共有，石玉叶将其部分卖与上告人。如此，按现行例，该田亩为公同共有性质，非分别共有性质，故不准其中任一人擅自处分。因此，无论该田亩为被上告人所独有，或为被上告人与上告人所共有，上告人都无权擅自盗卖。 （相关法律或法条：现行法）	本案上告驳回，上告审讼费由上告人负担。	茔田之性质，在现行法上亦属公同共有，而非分别共有，在公同关系存续中（即分析以前）原不准共有人之一人处分其应有之分。	祀产

由上述的几个案例来看，大理院的法官们已经在一定程度上熟稔清末继受来的"公同共有"与"分别共有"等的法律概念，并应用在对族产与祭田等的规范之上。但是"公同共有"是否真的完全适用对这些族产与祭田的争执之上，却是我们必须进一步加以追索的严肃课题。

在进入下一节讨论台湾地区的祭祀公业与神明会和"公同共有"的关系时，我们先来分析一下"公同共有"所具有的法律意义。"公同共有"，即德国学者所谓"合有"（Eigentum zur gesamten Hand），德国民法 718 条括号所谓 Gesellschaftsvermögen。

依"民法"第 827 条第 1 项之规定，"公同共有"的定义为：依一定原因成立公同关系之数人，基于其公同关系，而共享一物之所有权者谓之公同共有。⑮ 其享有权利之人，谓为

⑮ 参见谢在全：《民法物权论》，374 页，台北，作者刊行，1989。

公同共有人（“民法”827Ⅰ）。而台湾地区对于共有的规定，又有“公同共有”与“分别共有”相异的两种态样。根据《中华民国民法制定史料汇编》⑯，“物权法上，所有权为事实上、法律上能于其范围内管领物之物权，数人不得同时于一物上有数个所有权”，此即物权法上“一物一权主义”的要求。然就同一之物或同一权利，可能归属于单一人，也可能归属于多数人，此并无违反于所有权之观念，且为近世各国民法所认，于实际亦颇重要，故在“民法”物权编第二章“所有权”之下第四节设有“共有”的规定。

申言之，当一个所有权归属于单一人时，即为“单独所有”的表现形态，“当一个所有权归属于多数人时，即为‘共同所有’的表现形态。在共有的情形，其特征为一个权利归属于多数人，且该权利并不因归属于多数人而丧失其规范意义上之单一性，要之，一物一权主义，并不排除多数人以持分的方式共同拥有对一物的同一物权，而该物权亦不因归属于多数人，而丧失其规范意义上之单一性”⑰。

而台湾地区对于“共有”的规定，又有“公同共有”与“分别共有”（Miteingentum）相异的两种态样，数人以持分的方式共有一物，法律上将之称为“分别共有”；而“公同共有”则指对“财产”共有的状态。要之，“分别共有”与“公同共有”最大不同乃在于数人共同拥有的“客体”不同。黄茂荣指出：“公同共有并非以单一之物或权利作为其共有之客体，而是以多数物或权利共同组成的‘财产’为其客体。因此，公同共有人得对两个以上的物或权利拥有共同关系，而分别共有人不能在一个分别共有关系下对两个以上的物拥有共有关系。”

综上所述，我们可以了解到，“公同共有”规定之存在，乃为对应“一物一权主义”之要求，以使多数人对两个以上的物或权利（简称为财产），拥有共同关系成为可能：“公同共有在规范体系上欲所处理的问题，事实上并非物权的问题，而是身份权（夫妻共同财产；共同继承之财产）或当事人之契约上地位（合伙人地位、信托制度）的问题。‘公同共有’之规定是为处理团体性较强、基于公同关系、彼此牵制不能随意处分财产的情况。其特征为：由于该身份关系或契约上地位所构成之存在于当事人间的法律关系，尚未密集到使该权利之归属关系凝聚为法律上的主体，而超出各共有人之外，独立成为该共有财产归属意义上的权利主体，但为使该财产有所归属，在规范意义上有必要创设‘公同共有’此种类型例。”⑱

因此，我们可以说，若不承认“公同共有”，若不承认这种受“人”的公同关系所拘束的“物”的“公同共有”关系，若我们不承认此种特殊的物权归属状态，则由公同关系创设之共有财产，由于尚没有由公同共有人凝聚成一个权利主体可供归属，则公同关系这种“人”的关系，对“公同共有”这种“物”的关系，将欠缺约束的规范依据。申言之，“公

⑯ “司法行政部”编：《中华民国民法制定史料汇编》（上）台北，“司法行政部”，1976。

⑰ 黄茂荣：《民商法判解评释》，343页以下，台北，作者刊行，1981。

⑱ 黄茂荣：《民商法判解评释》，344～345页，台北，作者刊行，1981。

同共有"关系，除了在物权关系上说明该公同共有物之归属状态外，更重要的意义在于展示各公同共有人之间团体性强、受公同关系目的约束的特殊关系，是以为保全社会整体经济利益，或为达成团体目的，"公同共有制度"有其必要性与重要性。[19]

在体系上而言，台湾地区就"公同共有"各条，"民法"仿瑞士民法，皆于物权编所有权章除"分别共有"外，并设有"公同共有"之规定（827～830条）。但是与瑞士民法不同之处在于，台湾地区"民法"第831条并明文规定，"公同共有"规定准用于所有权以外之财产权由数人共有或公同共有者，故可视之为有关"广义"公同共有之一般性规定，而瑞士民法并无准用于其他财产权为数人"分别共有"或"公同共有"之明文。所以，对于瑞士民法来说，"公同共有"并无广义的"公同共有"之一般性规定，此点台湾地区"民法"与瑞士民法有别。此外，台湾地区"民法"亦仿瑞士债务法，不于债编各种之债部分设有关于"共同关系"之一般性规定，此为台湾地区"民法"与德国民法不同之处。至于合伙（667～699条）、夫妻共同财产制（1031～1041条）共同继承（1151～1153条）皆设关于"公同共有"之特别规定，此与瑞士民法、德国民法相同。[20]

至于法国民法与日本民法，仅规定有源于罗马法之"分别共有"，对于"公同共有"则付之阙如，只有石田文次郎所著《土地总有权史论》第5章（中译本缺）与郑玉波氏[21]将日本村民之入会权解释为"公同共有"。

由其制度发展观之，有学者指出："公同共有溯源于古日耳曼法之家庭共有团体，故公同共有法律原则为日耳曼团体法思想之余绪。大陆法系国家将公同共有与分别共有并纳于现行民法（包括商事法、债务法）而设为规定者，阙为德国、瑞士与我国耳"[22]。惟台湾地区"公同共有"立法体例与内容，皆近于瑞士立法例而远于德国立法例，而德国固有家产共同体不见容于德国现行法，反而瑞士民法加以采用方得以保存。

由上所见，三国的法律主要在夫妻、遗产、合伙、家产、族产与其他等方面有所规定。其中夫妻、遗产、合伙、家产等方面，因为各有其问题的特性，本文无法一一探讨，以下的讨论将集中在"公同共有"与汉人族产（以台湾地区祭祀公业为例）与神明会的同异问题，进行进一步的分析与研究。我们之所以这样选择，除了缩小研究领域的考虑之外，最重要的是：无论是日耳曼人继受罗马法，或是汉人继受德国与瑞士的法律，其涉及"公同共有"的部分，首先要面对的便是族产的问题，夫妻、家产、合伙与其他问题是进一步法律适用的领域，因此，有必要先从族产的问题，开始我们进一步的研究与讨论。

---

[19] 黄茂荣：《民商法判解评释》，344～345页，台北，作者刊行，1981。

[20] 参见郑庆隆：《民法公同共有之研究》，22～23页，台北，台大法研所硕士论文，1976。

[21] 参见郑玉波：《民法物权》，166页，台北，三民出版社，1963。

[22] 郑庆隆：《民法公同共有之研究》，1页，台北，台大法研所硕士论文，1976。郑氏的说法不够周全，因为基于法律的连续性，中国大陆的相关民事法规亦有类似的规定，不过称为"共同共有"。

四、台湾地区对“公同共有”的法律实践：以“祭祀公业”与“神明会”为例

一旦“民法”继受了“公同共有”之法律条文，它就开始成为现行法，产生实际的法律效果。依“民法”第827条第1项规定，它可依“法律规定”而发生，例如：遗产未分割前之数继承人应继承之遗产（“民法”第1151条）；它也可依“契约订定”而生，如：依“合伙契约”而生之合伙公同关系（“民法”第668条）；又如：依夫妻约定采取“共同财产制契约”所生之夫妻公同关系（“民法”第1031条）等。但此地并不是说当事人可随意订立创设公同关系之契约，而只是说明可依某种契约（如合伙、婚约）成立公同关系而已。但是“公同共有”的成立，除上述情形者外，自民初大理院判例以来，司法实务上，还承认由民事习惯或单独行为（遗嘱）而产生者，如台湾地区之祭祀公业（“最高法院”1950年台上字第三六四号判例）、神明会（“最高法院”1983年台上字第一一七四号判决）、祭田（大理院1929年上字第三四号判例）、祭产（“司法院”院字第八九五号解释）等。[23]

因此，“公同共有”的成立原因，早在它被引进中国时，就不是以法律规定或民法上规定之契约为限，因此，最近台湾地区“民法”第828条修正草案，才会作如下的修正：

公同共有人之权利义务依其公同关系所由成立之法律、法律行为或习惯定之。第八百二十条、第八百二十一条及第八百二十六条之一之规定，于公同共有准用之。公同共有物之处分及其他权利行使，除法律另有规定外，应得公同共有人全体之同意。

在这里，加上“法律行为或习惯”，其立法用意之一，是希望将类似族产的祭祀公业与神明会的民间习惯，在没有专法（如我们推动的“祭祀公业条例”）的情况下，能有明文加以规范。

究竟日耳曼人继受罗马法之后所逐步发展出来的“公同共有”的法律规范，跟我们汉人社会的“固有法”有关家产、族产、祭田、公业、神明会等的法律规范有多少类似之处？1912年以后，不管是北洋政府或是国民政府，一直把“公同共有”套在所谓祠堂土地、宗族土地、祭祀公业土地、神明会土地与祖先共业土地之上，这种将“继受法”套在“固有法”上面的做法，表面上相当巧妙，但其实有不少我们要在下面值得进一步探讨的问题。

（一）法对民间习惯的定位：承认与改变

有关法对民间习惯的定位，通常它会通过法的承认与否，对民间习惯产生很明确的改变功能。以台湾地区目前尚存的、成千上万的祭祀公业为例，日据时代承认其为习惯法人，因此有关公业的管理逐渐制度化，管理人派下员大会等祭祀公业的组织逐渐确定，整个组织具有一定法人的性格。后来台湾光复后，《中华民国民法》逐步实施于台湾，国民政府承继民国二年（1913年）大理院的判例，将祭祀公业看成所谓的祀产，是所谓公同共有的法

[23] 参见陈河泉：《共有土地分割之研究》，8页，台中，东海大学法律研究所论文，1995。

律定位，从此便使得原来具有法人性格的祭祀公业[24]，成为既非法人团体又非"非法人团体"，而只是一种共同拥有宗族财产的一种状态。因此有关"人"的定位，被有关"物"的定位的法律意义所取代，这会促成"公同共有"的法律性格，对祭祀公业此一组织的内部结构产生质的变化。

（二）"公同共有"VS."总有"

认定族产与祭祀公业是"公同共有"的关系，其主要原因是主张公业不是享祀人的财产，死者不能为财产权的主体，祭祀公业且非法人，因此是派下员全体"公同共有"，公业财产之主体为派下全员，因此，公业要进行法律行为，必须以派下全体之名义为之，公业本身并无权利能力与诉讼能力，公业财产之处分行为必须经派下全体之一致，其典卖契字很少使用公业的名义。这种说法主要见于"台湾私法"，中华民国大理院与司法院的判例解释及认定祠堂、祀产为公同共有的性质的"民法总则施行法"也不承认它为法人，因此在实体法上认为它是"公同共有"，所以在诉讼法上也不认定公业本身有诉讼能力。

这样的法律认定实际上有不少的缺点，甚至可能是对于传统民间习惯的误解。戴炎辉教授主张祭祀公业应该是类似日耳曼人的法人，即所谓"实在的综合人"，这种祭田由派下全体所组织紧密相连的共同团体，常常有所谓的字号（公号），以其字号所有财产得为法律行为和诉讼行为，因此这种祭田团体是一种单一体，但在物权法上，此一祭田团体与其派下的关系，祭田财产是派下之"总有"（Gesamteigentum），所有权的内容在某些关系下分属于团体与派下，标的物的处分及某些收益权属于团体本身，其他使用收益权则是派下所有，在债务法上各派下就团体债务负连带责任，这些都是祭田之"复多性"的表现。[25]

如此一来，祭祀公业在戴炎辉的主张下，比较接近"总有"的状态。我们如果理解日耳曼法由"总有"到"公同共有"的发展，以具有法人地位的前者，而非没有法人地位的后者，来规范族产等的问题，似乎较为妥当。我们认为，祭祀公业等族产，其实是汉人民事习惯上的团体，是习惯法意义的法人，不应只是个"公同共有"的关系，这也是我们积极推动立法，希望祭祀公业取得"习惯法人"的地位的原因。

（三）"人"为基础VS."房"为基础

就算认定为"公同共有"关系，也与日耳曼人不同。因为以"人"为基础的日耳曼"公同共有"关系，跟我们以"房"为单位的祖产或祭祀公业，其实有所差异，只有在第二

---

[24] 有关台湾"祭祀公业"的过去、现在与未来，除了前面注13林端的书有讨论《淡新档案》的公业部分（134～149页）之外，另参见林端的五篇文章：《"国家制定法"与"民间习惯"：台湾"祭祀公业"的历史社会学分析（Ⅰ）》，载《法制史研究》2000（1），117～151页；《"国家制定法"与"民间习惯"：台湾"祭祀公业"的历史社会学分析（Ⅱ）》，载《法制史研究》2001（2），183～216页；《再论全球化下的儒家伦理：社会学观点的考察》，载《思与言》2001，39（4），107～128页；《徘徊在传统与现代之间：台湾"祭祀公业"管理人的社会学分析》，台湾社会学会2001年年会暨"生活/社会新视界：理论与实践的对话"学术研讨会论文，2002；《固有法与继受法——大理院"共有"判例的社会学分析》，台湾社会学会2003年年会，政治大学社会学系主办，2003。

[25] 参见戴炎辉：《中国法制史》，196～197页，台北，三民书局，1987。

世的时候，继受法的规定与固有法的规定是重叠的，即各“房”彼此之间，是一种类似以“人”为单位的公同共有关系，但在第三世以后，因为各房传各房，各房的男丁数目不一，就会造成以房份为基础的公同共有关系，其派下员彼此之间的潜在持份，会因为房份的不同而有所差异，因此在这种情形下，用“公同共有”观念不足以完全涵盖祭祀公业派下员彼此之间的权利义务，是相当明确的。

何谓“房”呢？根据陈其南的研究㉖，“房”的中心概念——儿子相对于父亲的身份——是相当清楚而一致的：

1. 男系的原则：只有男子才称房，女子不论如何皆不构成一房。

2. 世代的原则：只有儿子对父亲才构成房的关系。孙子对祖父，或其他非相邻世代者皆不得相对称为房。

3. 兄弟分化的原则：每一个儿子只能单独构成一房，而与其他兄弟分化出来。

4. 从属的原则：诸子所构成的“房”绝对从属于以其父亲为主的“家族”，所以“房”永远是“家族”的次级单位。

5. 扩展的原则：“房”在系谱上的扩展性是连续的，“房”可以指一个儿子，也可以指包含属于同一祖先之男性后代及其妻等所构成的父系团体。

6. 分房的原则：每一父系团体在每一世代均根据诸子均分的原则于系谱上不断分裂成“房”。

此一分房法则，定了汉人一般家族事务的运作形态，台湾汉人称这种法则为“照房份”。“房份”可以解释为根据分房法则所订出来的身份（status）或份额（share）。此种“照房份”的法则具体表现于家族财产的分割，家户生活团体的分化，祀产利润的分配，年老父母的轮流供养，祀产的值年管理，祭祀义务的分摊及其他有关家族事务的处理等等。实际上，汉人在家族土地所有的关系是建立在分房的原则上。“房”才是家族土地所有的主体。个人的所谓土地所有权是通过他在家族中的房份（status）所获得的。在某种意义上，土地的拥有和转移可以看作是系谱性的分房过程之具体化，台湾民间在处理土地所有问题时，通常是以“房”为指涉单位，而非常流利地使用这个概念。依据“房－家族”的系谱原则，一个男人对应于其父亲之家族而构成一“房”，此关系之确立，从其出生或被收养之日起即开始，所以儿子并不是根据父亲的意愿或遗嘱而继承其财产。具有“房”之地位的儿子因出生或收养，而完全拥有其对于父亲的家族财产之“房所有权”。弟弟的出生往往意味着多了一个将共同瓜分家产的对象。从现实利益的观点来看，同辈的“房”数越少，每一“房”所分得的财产也就越多。㉗

陈其南上面的分析，主要指涉的是家与家产的层次，在祭祀的族产上，“房份”如何认定，通常是设立者以下的第二世的各男丁为“房”，如他有七子，以后分产就按七大房

㉖ 参见陈其南：《家族与社会》，131～132页，台北，联经出版公司，1990。

㉗ 参见陈其南：《家族与社会》，139、152页，台北，联经出版公司，1990。

来分。

（四）阉分字祭祀公业的"房份"与"丁份"的问题

这种质上的改变，首先就出现在"房份"与"丁份"的问题上，如果按照原来阄分字祭祀公业的"房份"原则，因为划分"公同共有"的潜在持份是以"房份"为准，所以在各"房"传各"房"的情况之下，世代单传的一"房"势必会比子孙满堂的另一"房"派下员潜在的"房份"会来得多很多，很可能有一"房"的派下员可分得十分之一，另外一"房"则因多子多孙的关系可能会得到百分之一的部分。如此看来，"公同共有"的派下权会形成一种不相等的分布，这种不相等的分布，其实跟原有"公同共有"日耳曼人的相等的潜在持份已经有明显的距离，日耳曼人的公同共有的潜在持份，其实比较接近所谓的"丁份"，每一"丁"的派下权的潜在持份是相等的，一个公业里有多少"丁"，每一"丁"所得的份额是相等的。如此看来，"公同共有"跟我们祭祀公业这种"祀产"，在本质上其实是有一定的差异的。以西方人的个人平等所组成的"公同共有"，跟我们以"房"为单位所组成的"公同共有"（只有在第二世时各"房"平等份额)，就其法律本质上其实有明显的差异。

（五）祭祀公业解散时，推定均分的问题

这种不同类型的"公同共有"，或者说"房份"与"丁份"之间的差异，在某些时刻就会有国家法律与民间习惯之间的差异问题。例如当公业解散时，有所谓推定均分的问题，或者当公业土地处分之后，对于以"土地法"第 34 条之 1，提拨给未出现的派下员的部分，也有所谓推定均分的问题；还有在课土地增值税时，若非推定均分，分得较多的部分会被课以相关的赋税，如果是以推定均分的方式为之，则众人皆免土地增值税。如此一来，又是以"丁份"为原则，以派下员的潜在"房份"皆一律平等为其分配祀产的原则，依"房份"来划分财产便会产生质上的变化。主张按"房份"分产的人，必然遭到现行法一定程度的杯葛与限制，而朝向以"丁份"为基准的方式来划分祭产。

（六）阉分字祭祀公业由"房份"到"丁份"的转变问题

这种情形我们可以在田野调查里发现，因为国家法主张祭祀公业是"公同共有"，而且派下员大会的决议在"规约书"不容易修改的情形下，数人头的派下员大会也可以以派下员大会的决议来冻结按"房份"来划分祭祀公业财产的民间习惯。很明显地我们就看到在非常多的祭祀公业里，只要有人主张以"丁份"来划分财产，在派下员大会中，人数众多的派下子孙就很容易通过派下员大会的决议，将"按房份来分"的原则改成"按丁份来分"的原则。这种由"房份"到"丁份"的转变，事实上就是国家法定位民间习惯、改变民间习惯所产生的实际现象。在日据时代这方面的例子很可能比较不容易出现，一方面是因为习惯法人的定位，使得原有民间习惯按"房份"得以继续确保，二方面很可能也因为日据时代，台湾虽然逐步纳入世界资本主义的体制，也逐渐现代法制化，但因为"农业台湾、工业日本"的政策，使得台湾地区主要还是维持农业社会的状态，个人主义并未迅速扩张，很可能因此类似"丁份"的较具个人主义的所有权主张形式，比较没有明显的发展。

（七）合约字祭祀公业的股份问题

如果我们再进一步讨论到合约字祭祀公业的组成，一开始就是类似股份制，这种祭祀公业一开始各派下员的潜在持份，就是不对等的，从第二世以下每一支的派下权，因为其子孙的多寡又会产生明显的差别，这样的祭祀公业如果也是以“公同共有”的方式来加以认定的话，那么各出资人的子孙，其潜在的应继份就会跟上述“房份”问题不同，其大小比例的悬殊，除了子孙多寡之外，还受到原来出资多寡的因素的影响，这种形态的“公同共有”的状况，如果在解散或课税时也是运用推定均分的问题，势必也会产生很多适法性与公平性的问题。因为就算它是一种接近“公同共有”的状态，但是推定均分的原则，是否也会对原有合约字的民间习惯产生一定的实质上的影响，值得我们进一步加以考虑。

（八）神明会的股份问题

此外就神明会的股份问题来看，如前所述，神明会也被看成比照祭祀公业一般的“公同共有”，其管理的法令常常比照祭祀公业。但是神明会是所谓的长子继承，如果神明会会员没有加入与退出的情形发生时，其出资比例的多寡会一成不变地保持下来，除非有“归就”（将会员权利让给其他会员）的情形出现。在这种情形下，这种公同共有因为长子继承的缘故，长子继承后拿回自己的家庭内，如何进一步细分也是一个很有趣的问题。目前我们尚不知神明会是否也有“推定均分”的问题，还是处分后按原有出资比例来作分配，但这里事实上也明显涉及“公同共有”的另外一种类型，法律对民间习惯产生另外一种类型的影响。

（九）“归就”的问题

研究台湾的祭祀公业与神明会，都会发现所谓的“归就”的问题，将派下权或会员的权利转让给其他的成员，这种归就的民间习惯，在台湾地区现行规定里是继续加以保留的。我们感到有趣的是，不知在原来日耳曼人的“公同共有”里，是否有类似的民间习惯的存在？而他们的“公同共有”能否允许类似“归就”的情形的出现？如果没有的话，那么就是我们继受了日耳曼人的“公同共有”的法律，而我们却在适用于台湾土地上的时候，又加以本土化，这种本土化其实也导致了原有“公同共有”的创新。

五、结语：“固有法与继受法”的冲突与融合

总结来说，类似“公同共有”的法律规定透过《中华民国民法》传入汉人的社会时，一方面有可能日耳曼人的法律概念会通过国家法承认、限制甚至改变原有汉人的民间习惯；但是另外一方面，为了使这种继受来的日耳曼法律能在汉人社会生根，在适度尊重汉人原有民间习惯的情形下，汉人民间习惯也会形成对原有日耳曼“公同共有”法律规定的创新诠释，使得本土社会的公同共有，有可能会与瑞士民法所规定的公同共有，产生一些内容适用上的差异。

其次，台湾地区在几十年经济发展之后，迅速地资本主义化及个人主义化，因此，会促使祭祀公业的派下员，逐渐倾向将公业财产由“公同共有”改成“分别共有”，甚至改成“个别所有”的做法。而且现行很多有关补偿费领取，以及土地增值税是否课征的相关规定，通常都有所谓“推定均分”原则，其实也是跟“房份”的概念大相径庭，而是按照数人头的“丁份”来做计算。在这种情形下，也暴露了台湾地区现行“民法”公同共有的相关规定，已经影响到税法、行政法等相关的领域，造成现行实务上非常困难的一面。难怪会使这些祭祀公业土地、神明会土地与祖先共业土地，被看成是台湾都市开发的“土地之癌”。我们看在“台湾地区现行民法物权篇”的修正案中，事实上并没有特别检讨，仅加上依“法律行为或习惯”的字眼，为了确保祭祀公业在台湾地区能永续经营下去，有必要制定单独的“祭祀公业条例”，让它成为“民法”的特别法，以冻结公同共有不合乎祭祀公业传统习惯的相关规定。[28]

最后我们要强调，从某个意义来说，民事法律是一国风俗习惯道德之成文化，我们在继受他国民事法律时，应该参酌各地风俗民情之不同，在继受过程中尽量顾及原有的民间习惯。由法律社会学的观点来看，须进一步考察民间与时俱进的“现况”，而非由国家武断专权的径行立法，徒增民间困扰，破坏既有的民间习惯所构成的法律规范体系。

（说明：本文初稿原发表在“第五届东亚法哲学研讨会”（主办单位：北海道大学大学院法学研究科，2004 年 9 月 19—20 日于札幌会议中心），经修改后曾连载于王利明主编：《判解研究》，总第 32 辑、第 33 辑，北京，人民法院出版社，2007。今作进一步的修改后全文刊发。）

---

[28] 如注 3 我们指出，“祭祀公业条例”虽然已在 2007 年 3 月 2 日在“立法院”三读通过，赋予祭祀公业法人之资格，但直到 2007 年 12 月 12 日才公布实施，可见有较多争议需要解决（推测主要是在祭祀公业男系为主的“宗祧继承”与现行法男女平等继承原则之冲突），在这种情形下，更凸显了相关法律事实的法律社会学研究的重要性。

东亚古代的明法与律学教育

简介

高明士，台湾大学历史学系毕业，日本东京大学文学博士。现任台湾大学历史学系名誉教授、中国法制史学会（台湾）理事、《法制史研究》总编辑。曾任台湾大学历史学系教授、主任；日本东京大学东洋文化研究所研究员；韩国首尔大学国史学科研究教授。著有《东亚教育圈形成史论》（2003 年）、《东亚古代的政治与教育》（2003 年）、《中国中古的教育与学礼》（2005 年）等书共 13 种及论文百余篇。编有《唐律与国家社会研究》（1999 年）、《东亚传统家礼、教育与国法研究》全 2 册（2005 年）、《中国法制史丛书》（已出版 8 册，2005 年至今）等书 16 种。

目次

一、序　言

所谓“东亚古代”，是出于行文方便的统称，指东亚诸国建国以来到10世纪为止的这个时期。此期对于明习法律一事，或曰明法，或曰律学，并非一致。相对地，明法或律学也有多种意义，而明法用语犹较律学古老，更且广泛。如曰明法令、明法度、明法式、明法宪等，广义指明习法制，狭义指明习法典。又如明法术、明法理、明法学等，则又有明习法理之义，并非只就法制规定修习而已。凡此皆有史实可征。此外，明法、律学也是吏职，如明法、律生、明法掾、明法博士、明法助教、律学博士、律学助教，或参与断狱，或编修律令，或从事教学，其学生曰明法生、律学生等。再者，7世纪以后，在贡举科目中也设有明法科。所以明法或律学，不论在官僚政治或者教育事业，均占有重要地位，不可忽视。

明法、律学似也可简称为吏学，所以元朝徐元瑞著有《吏学指南》一书，其《序》云：

尝闻善为政者必先于治，欲治必明乎法，明法然后审刑，刑明而清，民自服矣。

又说：

夫读律则法理通，知书则字义见，致君泽民之学，莫大乎此。

此处所说的明法与读律，正是徐元瑞所说的吏学，也就是“致君泽民之学”。但论其实际，史上用法，也有狭义的吏学，指学习与执行法律而言，春秋以来法家刑律之学通常指此义。法的本义为刑而源于兵，法的别义为常而归于律；礼则肇于俗而生于祭，礼别于仪而归于法。因而中国往昔数千年间，由儒家立场言之，刑律以外，不再有法，有之，不问其为成文或非成文，皆礼也。①

春秋以前，可说是“礼刑二分”时代，所谓“礼不下庶人，刑不上大夫”（《礼记·曲礼上》），尤其西周厉行德治，于是“明德慎罚”（《尚书·周书·康诰》）、“明刑弼教”成为西周的基本法制思想。

关于“明德慎罚”，《尚书·周书·康诰》云：

惟乃丕显考文王，克明德慎罚，不敢侮鳏寡、庸庸、祗祗、威威、显民。

孔颖达疏曰：“显用俊德，慎去刑罚，以为教首。”又曰：“惠恤穷民，不慢鳏夫、寡妇，用可用，敬可敬，刑可刑，明此道，以示民。”此即周公训诫康叔，以德和罚并举，体现刚柔相济，施行感化与刑威并用的治国策略。其目的是要透过刑的威严儆戒作用，达到

① 参见陈顾远：《中国法制史概要》，第五版，第三编第一章《礼刑合一》，355～367页，台北，三民书局，1977。

以刑去刑的目的。[②] 又，《尚书・周书・酒诰》曰：

厥或诰曰："群饮。"汝勿佚，尽执拘以归于周，予其杀。又惟殷之迪诸臣、惟工，乃湎于酒，勿庸杀之，姑惟教之有斯明享。乃不用我教辞，惟我一人弗恤，弗蠲乃事，时同于杀。

此意即周人群饮违法，从严处罚，决不宽贷。殷朝的旧人群饮，虽然违法，但可能出于旧习惯或不明白周人的法令，就应先教育。经教育之后，仍然犯禁时，再处死刑。这样看来，所谓慎罚，仍具有先教后刑的原则。[③]

关于"明刑弼教"，《尚书・虞书・大禹谟》云：

帝曰：皋陶，惟兹臣庶，罔或干予正。汝作士，明于五刑，以弼五教，期于予治。刑期于无刑，民协于中，时乃功，懋哉。

孔颖达疏曰："叹其能以刑辅教。"又曰："虽或行刑，以杀止杀，终无犯者，刑期于无所刑，民皆命于大中之道。"明朝丘浚引朱熹说：

圣人之治，以德为化民之本，而刑特以辅其所不及而已。期者，先事取必之谓。舜言："惟此臣庶，无或有干犯我之政者。以尔为士师[④]之官，能明五刑，以辅五品之教，而期我以至于治。其始虽不免于用刑，而实所以期至于无刑之地，故民亦皆能协于中道，初无有过、不及之差，则刑果无所矣。"

朱熹又说：

圣人亦不曾徒用政刑，到德礼既行，天下既治，亦不曾不用政刑。故《书》说："刑期于无刑"，只是存心期于无，而刑初非可废。

丘浚按曰：

"明于五刑，以弼五教"，此万古圣人制刑之本意也。可见刑之制，非专用之以治人罪，盖恐世之人不能循夫五伦之教，故制刑以辅弼之。使其为子皆孝，为臣皆忠，为兄弟皆友；居上者则必慈，与人者则必信；夫必守义，妇必守礼；有一不然，则入于法，而刑辟之所必加也。天下之人有见于此，其资质之美者，有所畏而一于为善；气禀之偏者，有所惩而不敢为恶；则彝伦为之益叙，而刑罚可以不用矣。（《大学衍义补》卷一百《总论制刑之义上》）

此处虽借舜对禹之期勉来说明刑法主张，但实际恐亦是周代所奉行的刑法思想。所以《尚书・周书・吕刑》曰："士制百姓于刑之中，以教祗德。"孔传注云：

言伯夷道民典礼，断之以法，皋陶作士制百官于刑之中，助成道化，以教民为敬德。

---

② 参见丛希斌：《明德慎罚观在〈易经〉中的体现》，载韩延龙主编：《法律史论集》，第1卷，214～222页，北京，法律出版社，2002。按，丛希斌此文即从《易经》部分筮辞与《尚书》等史籍研究周代法制而获得如上结论。

③ 参见张晋藩总主编，蒲坚主编：《中国法制通史》，第1卷《夏商周》，第四章《西周的法律制度》第九节《礼制的完善》（马小红、杜鹃执笔），365页，北京，法律出版社，1999。

④ 士师为周代刑官名，司寇副职。《周礼・秋官・小司寇》曰："士师之职，掌国之五禁之灋，以左右刑罚。"郑玄注云："士，察也，主察狱讼之事者。"（郑注见孔颖达疏《尚书・虞书・舜典》曰："汝作士，五刑有服"。）

这就是周代实施“明刑弼教”，以刑法为教化之具的表现。

以上是用“明德慎罚”与“明刑弼教”来说明周代的主要刑法思想，由此而展现周代的德治、礼治。但是春秋末期以来的礼崩现象，使上述两原则无法充分运行，相对地，随着法家学说盛行，成文法典陆续颁行；汉以后，儒术独尊，这样的历史发展，对于法制的运行有何影响？尤其是古来所重视的法律教育如何发展？这是值得探讨的地方。《宋史》卷一九九《刑法志·序》云：

书曰：“士制百姓于刑之中，以教祗德。”言刑以弼教，使之畏威远罪，导以之善尔。唐、虞之治，固不能废刑也，惟礼以防之，有弗及，则刑以辅之而已。王道陵迟，礼制隳废，始专任法以罔其民。于是作为刑书，欲民无犯，而乱狱滋丰，由其本末无序，不足相成故也。

正是说明此一历史课题。若由《礼记·学记》所说：“君子如欲化民成俗，其必由学乎”的观点而言，则所谓“弼教”，首先必须考虑教育工作如何进行，然后才能做到化民成俗。由此考察，西周以来法律教育的实施显然不够成熟。[⑤]

所以上述两项立法原则，论其实际，可作如下推断：此即从西周到秦汉时期的法制思想及其教育，恐以“明德慎罚”为主。重视教化的“明刑弼教”原则，若要在政策或制度落实，可能要到曹魏以后，具体落实则在唐朝以后。东亚诸国在3世纪以后，逐渐继受中华典章制度，到七、八世纪之际，也建置类似当时中国（即唐朝）的法律教育，而在东亚构筑了法文化圈。所以法文化的发展，从制定刑律到实施律学教育，是有一段发展过程，并非一开始就意识到律学教育问题。这种情形，在其他学术发展过程中，如儒学、书学、算学等，也是雷同。以下先就中国古代的明法与律学教育作说明。

二、中国古代的明法、律学及其教育

具有刑法意义的法字是源自刑字，法字晚出，甲骨文未发现法字，金文有法字，写作灋，是法的古体。《说文》释曰：“灋，刑也。平之如水，从水，廌所以触不直者去之，从廌去。”据学者研究，商周时代只知刑字而不知法字。从文献记载看来，大量引用法字是后来的事。法的观念，源于春秋末期；到战国时，因为成文法蓬勃发展，以及法家学派的活动而形成。[⑥] 所以《管子》的《明法》篇，仍为广义的法，包含治术、法度、刑赏等[⑦]；到

---

⑤ 西周有大、小学，都是实施贵族教育，礼、乐、射、御、书、数的六艺教育，是主要教育内容。其中的“书”，包含前代与当代的政事典则辑要，有君主的命令、文告，如《尚书》所见的誓、命、诰、典、谟等文献。至于诉讼与判决案件，则多铸在铜器上，以作为警惕及判例依据，同时也是贵族内部的法律教材。此时的庶民仍不能参与。参见武树臣等著：《中国传统法律文化》，《西周“学在官府”的法律教育》（武树臣执笔），249～250页，北京，北京大学出版社，1994。

⑥ 参见张晋藩总主编，蒲坚主编：《中国法制通史》，第1卷《夏商周》，第一章《中国法律的起源》，第五节《刑、法、律字演变及其含义》（李力执笔），70～83页，北京，法律出版社，1999。

⑦ 《管子·明法》曰：“所谓治国者，主道明也。”又曰：“先王之治国也，不淫意于法之外，不为惠于法之内也。”仍为“明德慎罚”的法律思想。

李悝的《法经》，才确立为刑狱律例之义。而改法为律，或始于商鞅，下限为公元前260年左右，大概比魏《户律》、《奔命律》略早的时期。[⑧] 而“法律”一词更晚出，约当战国晚期，似是《法经》与《秦律》（如湖北云梦秦律）的总称，此时之“令”与“事”，则为“法律”的补充法。[⑨] 基于这样的背景，自秦至唐的明法或律学教育，可分由以下两阶段说明：(1) 秦汉的吏学教育；(2) 魏晋至隋唐的律学教育。

（一）秦汉的吏学教育

春秋战国时代以来，法律教育本为私学的一种。秦朝统一天下之后，至始皇三十四年（前213年），以博士齐人淳于越有封建之议，而引起丞相李斯之非议，遂有所谓焚书与禁私学之举，同时规定：“若欲有学法令，以吏为师”。（《史记·秦始皇本纪》）以吏为师之事，本为周以来的所谓王官之学，只是秦朝此时将王官之学的内容，狭隘地规定为“学法令”，或可说为明法教育。此事恐在商鞅变法以后的秦国就已实施。《商君书·定分》云：“圣人必为法令置官也，置吏也，为天下师。”又曰：“圣人为法，必使之明白易知……法令明白易知，为置法官吏为之师，以道之知。”《韩非子·五蠹》亦云：“明主之国，无书简之文，以法为教；无先王之语，以吏为师。”湖北云梦睡虎地秦墓竹简（以下简称《秦简》）的《秦律十八种》，有《内史杂》，称学习的地方为“学室”；在《除弟子律》，称学习法令者为“弟子”。从《秦简》的法律文书看来，所谓“学法令”，当包含司法业务教育、司法道德教育以及法律宣传等方面。司法业务教育，指明法律令为良吏的必备条件；司法道德教育，指《秦简·语书》区分良吏与恶吏的标准，不仅在明法律令，而且还在于法官的品德，如廉洁、公心等；法律宣传，指秦在各地基层行政组织设有“三老”，以掌教化，使“黔首改化，远迩同度”[⑩]。所以从秦国到秦朝时期的“以吏为师”的法令教育，看来颇为制度化。始皇二十八年（前219年），在琅琊台刻石颂文中，说要使黔首“欢欣奉教，尽知法式”。始皇二十九年（前218年）的《芝罘刻石》，也强调：“普施明法，经纬天下”。（《史记·秦始皇本纪》）这是贯彻国家明法教育的决心。

汉代的明法教育，基本上仍是沿袭秦以来的吏师教育。但汉代与秦朝不同的地方，是秦朝有私学之禁，汉以后解禁，所以私学在汉代大兴。汉代的私学，是以传授经学为多，但也有传授律令学者。以吏为师之实例，今传不多，例如贾谊似从河南守吴公习得刑律，何比干似从晁错习得律令治狱，严延年从丞相府习得法律等。至于汉代若干职位明定须由明律令者出任，如廷尉属官的廷尉正、廷尉监、廷尉平，以及治书侍御史、尚符玺郎中、

---

⑧ 历来对商鞅改法为律一事，正反两说并存，最近祝总斌对此再提出持疑说，参见祝总斌：《关于我国古代的“改法为律”问题》，载杨一凡等主编：《中国法制史考证》，乙编第1卷《法史考证重要论文选编·律令考》，70～94页，北京，中国社会科学出版社，2003（原载《北京大学学报》，1992（2））。由于两说皆缺乏直接证据，此处暂采肯定说。

⑨ 参见武树臣等：《中国传统法律文化》，278页，325～329页，北京，北京大学出版社，1994。参见祝总斌：《关于我国古代的“改法为律”问题》，94页。

⑩ 武树臣等：《中国传统法律文化》，340～342页（武树臣执笔）。

雒阳市市长、雒阳市丞等，均最有可能从事史学教育。另外，西汉时甚至以律令学为家学，武帝时有大杜律（杜周）、小杜律（杜周三子杜延年）；东汉时达十余家。[11]

东汉时期，陆续公布的法律虽有经过汇编，仍然相当杂乱，其名称除律、令之外，还有傍章、科、比等。《晋书·刑法志》说：

一章之中，或事过数十，事类虽同，轻重乖异。而通条连句，上下相蒙……若此之比，错糅无常。后人生意，各为章句。叔孙宣、郭令卿、马融、郑玄诸儒章句十有余家，家数十万言。凡断罪所当由用者，合二万六千二百七十二条，七百七十三万二千二百余言，言数益繁，览者益难。天子于是下诏，但用郑氏章句，不得杂用余家。

此即除法律内容驳杂、罪刑轻重互异外，各注解家的章句解释也不一致，而产生适用上的困难。于是有魏晋的编修事业，为中国法制史开创新局。引文中所谓天子，如下所述指魏明帝。

（二）魏晋至隋唐的律学教育

魏晋至隋唐的律学教育，首先就是曹魏明帝即位后，于廷尉创设"律博士"一职，从事教学。在法制史上，这是一个创举。此后至唐宋，政府皆设学立教。设学地点，由廷尉、大理寺再移至国子监，成为诸学馆之一，正式成为学校教育机构，则定于唐朝，宋以后沿袭之。以下略述其流变。

《三国志·魏书》卷二十一《卫觊传》云：

明帝即位，进封閺乡侯，三百户。觊奏曰："九章之律，自古所传，断定刑罪，其意微妙。百里长吏，皆宜知律。刑法者，国家之所贵重，而私议之所轻贱；狱吏者，百姓之所县命，而选用者之所卑下。王政之弊，未必不由此也。请置律博士，转相教授。"事遂施行。

卫觊奏请设置律博士[12]，《资治通鉴》（以下简称《通鉴》）卷七十一将此事系于明帝太和三年（229年）冬十月。其曰：

冬，十月，改平望观曰听讼观。帝常言："狱者，天下之性命也。"每断大狱，常诣观临听之。初，魏文侯师李悝著《法经》六篇，商君受之以相秦。萧何定《汉律》，益为九篇，后稍增至六十篇。又有《令》三百余篇，《决事比》九百六卷，世有增损，错糅无常，后人各为章句，马、郑诸儒一有余家，以至于魏，所当用者合二万六千二百七十二条，七百七十三万余言，览者益难。帝乃诏但用郑氏章句。尚书卫觊奏曰："刑法者，国家之所贵重而私议之所轻贱；狱吏者，百姓之所县命，而选用者之所卑下。王政之敝，未必不由此也。请置律博士。"帝从之。又诏司空陈群、散骑常侍刘劭等删约汉法，制《新律》十八篇，《州郡令》四十五篇，《尚书官令》、《军中令》合百八十余篇。（胡三省注云：州郡令，

---

⑪ 详细论证，参见邢义田：《奏汉的律令学》，载邢义田：《秦汉史论稿》，290～302页，台北，东大图书公司，1987。

⑫ 《通典》卷二十七《职官典·国子监》曰："卫觊奏请置律学博士，转相教授。"此处多一"学"字，恐衍。在同书卷一百六十三《刑法典·刑制上》记述卫觊之奏议，仍曰"律博士"，当以此为正。

用之刺史、太守；尚书令，用之于国；军中令，用之于军。）于《正律》九篇为增，于傍章、科、令为省矣。

明帝改平望观曰听讼观一事，亦见于《三国志》卷三《魏书·明帝纪》，但《通鉴》其下之叙述，则为司马光之整理。这一段整理文章，正好可提示魏明帝所以创设律博士的理由。这个理由，可归纳为以下二点：(1) 明帝即位以来，重视刑狱律令之成效。所以将平望观改为听讼观，以示对狱政的关怀。(2) 汉以来，律、令、傍章、科等累积至为庞大而繁杂，其注解章句亦多歧义，适用困难，所以明帝规定采用郑玄章句。基于上述两点理由，明帝采取两项措施：(1) 采纳卫觊之议，创设律博士，到各相关衙门进行讲授；(2) 由陈群等进行精简律令，完成有名的《魏律十八篇》以及《州郡令》等令篇。其编撰时间，上述太和三年（229 年）当是开始的时间，完成及公布的时间，恐要到青龙末年（236 年）与景初元年（237 年）之际。⑬

关于卫觊所议的律博士"转相教授"，究竟是何种制度？史载不明。但参照其他材料，可作如下理解。《宋书》卷三十九《百官志上》曰："（廷尉）正、监秩千石，（廷尉）评六百石；廷尉律博士，一人，魏武初建，魏国置。"据此而言，曹操摄政时，即曾设置律博士，卫觊所议本于曹操的建制，而定制于曹魏。但管见所及，尚不明曹操是如何建制律博士，容后再考。曹魏所建置的律博士，一人，隶属于廷尉，秩不明，恐不会超过六百石。律博士如何转相教授？从卫觊之议看来，主要在两个地方：一为百里长吏，一为狱吏。百里长吏即指县令，《汉书》卷十九《百官公卿表第七上》曰："县大率方百"，可证。狱吏，恐亦指县级治狱之吏。此时似无设置受业学生，所以尚未出现后来所见的律学馆（学校），可视为以吏为师教育的延伸。无论如何，就官方的律学教育发展史而言，此时已经迈出大步。

为何说曹魏设置律博士转相教授，在官方的律学教育发展史上是迈出一大步？首先，在于贯彻"明刑慎罚"原则，以争取民心。曹操主政时期已经颁行"甲子科"，目的在减轻刑罚。⑭ 魏明帝进而整理汉代律令，仍可说是"明刑慎罚"原则的贯彻。其次，汉代继秦代任法覆亡之后，在儒术独尊政策下，不能贸然实施律学教育，曹魏政权无须再持此顾虑。再者，就专制政体的运作而言，简明法律与推行律学教育实是巩固政权的必要条件。曹魏新建政权在曹操推行法治的既有基础下，自不愿让芜杂的法律与歧异的章句漫延发展，而任由私家讲授，混淆秩序。法律本是国家的公布法，其公开并转知臣民亦是政府责无旁贷的责任，因此曹魏政府设置律博士与公布简编后的律令，亦是专制政府正常的发展。反过来看汉代的律令学，因继秦之后，反而非属常态，在法制教育史上，可谓较特殊的一段历史。这种特殊性，可否用进步观点来论断，尚难确定。

到了晋代，于武帝泰始四年（268 年），颁行有名的泰始律令。这是继续曹魏未完成的

---

⑬ 参见张晋藩总主编，乔伟主编：《中国法制通史》，第 3 卷《魏晋南北朝》，第一章《曹魏政权的法律制度》，第三节《曹魏政权的立法成就》（乔伟执笔），22 页。又，本章虽详论曹魏政权的法律制度，但无触及设置律博士一事，不免遗憾。

⑭ 参见张晋藩总主编，乔伟主编：《中国法制通史》，第 3 卷《魏晋南北朝》，第一章，18 页。

工作，此时明白区分律与令，成为对等关系。[15] 在法制史上，这又是一项划时代的发展。杜预在《晋律·序》中说："律者入正罪名，令者入序事制，二者相须为用也。"（（唐）虞世南撰：《北堂书钞》卷四十五《律令》）[16] 这是对律、令的新义所给予的最简单的说明。自此以后直至隋唐的编纂，而达到完备。[17]

曹魏以来的律学教育，到隋代才有突破性的发展。就晋制而言，仍继承曹魏，《晋书·职官志》云："廷尉，主刑法狱讼，属官有正、监、评，并有律博士员。"东晋以下之发展，《唐六典》卷二十一"律学博士"条注曰：

《晋·刑法志》曰："（曹魏）卫觊奏请置律学（按，学字衍）博士，转相教授。"东晋、宋、齐并同。梁天监四年，廷尉官属置胄子律博士，位视员外郎，第三班。陈律博士秩六百石，品第八。后魏初，律博士第六品中；太和二十二年，为第九品上。北齐大理寺官属有律博士四人，第九品上。隋大理寺官属有律博士八人，正九品上。皇朝省置一人，移属国学。

文中所述的宋制，见于《宋书》卷三十九《百官志上》，齐制见于《南齐书》卷十六《百官志》，梁、陈制见于《隋书》卷二十六《百官志上》，惟陈制仍沿袭梁制而曰胄子律博士，秩六百石。六百石之秩，恐亦是曹魏初建律博士的俸禄。后魏制见于《魏书》卷一一三《官氏志》，但魏初律博士第六品中之"中"字，系见于《魏书·官氏志》，《唐六典》诸本皆无"中"字。又，太和二十二年（498年），在《魏书·官氏志》则曰："（太和）二十三年（499年），高祖复次职令。及帝崩，世宗初班行之。"则律博士降第九品上当为太和二十三年（499年）之制。北齐制见于《隋书》卷二十七《百官志中》，北齐"大理寺"条曰："大理寺，掌决正刑狱。正、监、评各一人，律博士四人，明法掾二十四人，槛车督二人，掾十人，狱丞、掾各二人，司直、明法各十人。"又记载大理寺律博士为第九品上，即沿袭北魏太和二十三年（499年）之制。

其实后秦姚兴在弘始年间（399—415年），曾于长安设置律学，《晋书》卷一一七《载记·姚兴上》云：

---

⑮ 参见［日］池田温：《中國律令と官人機構》，载编集委员会：《仁井田陞博士追悼論文集》，第1卷《前近化アジアの法と社會》，151页，东京，劲草书房，1967。

⑯ 按，《太平御览》卷六百三十八《刑法部·律令下》、《（日本）令集解》卷1《官位令·序》，皆将两处"入"字，作"以"字；而"序"字作"存"字，但两书无"二者相须为用也"之文字。此处拟暂以《北堂书钞》所载为据。

⑰ 有关著作，可参见［日］堀敏一：《晉泰始律令の成立》，载［日］堀敏一：《律令制と東アジア世界——私の中國史學（二）》，东京，汲古书院，1994。（原载《东洋文化》1980（2）60，东京大学出版会）；祝总斌：《略论晋律之儒家化》，载《中国史研究》，1985（2）；杨鹤皋：《魏晋隋唐法律思想研究》，第五章《魏晋时的律学理论》，北京，北京大学出版社，1995；马作武、杨昂：《泰始年间士族集团的争斗与晋律的儒家化》，载汪汉卿等主编：《继承与创新——中国法律史学的世纪回顾与展望》，421～429页，北京，法律出版社，2001；张晋藩总主编，乔伟主编：《中国法制通史》，第3卷"魏晋南北朝"，第四章"西晋政权的法律制度"（孙季萍执笔）；拙作：《从律令制的演变看唐宋间的变革》，载《台大历史学报》32期，2003（12）。

立律学于长安，召郡县散吏以授之。其通明者还之郡县，论决刑狱。若州郡县所不能决者，谳之廷尉。兴常临咨议堂听断疑狱，于时号无冤滞。

此事恐为史上于京城最早设置“律学”以讲授刑律者。但其讲授对象为郡县散吏，仍非为学生，目的在于学成之后，返回本地郡县“论决刑狱”，也就是狱吏人才的培训，严格而言，非属于专业的律学教育，但在律学教育上已经迈出一大步。只是这一大步是在羌人姚兴的后秦政权出现的，南方的汉人政权不免望尘莫及。若论“律学”一词之使用，最早恐见于石勒的后赵，其称赵王元年（319 年），以“从事中郎裴宪、参军傅畅、杜嘏并领经学祭酒，参军续咸、庾景为律学祭酒，任播、崔濬为史学祭酒，中垒支雄、游击王阳并领门臣祭酒，专明胡人词讼”（《晋书》卷一零五《载记·石勒下》）中所谓“律学祭酒”一职，仍为狱讼之事，并非从事教职。

到南齐武帝时永明中，曾诏令就《晋律》（含张裴、杜预律注）进行修正，结果虽有完成《新律》（即所谓《永明律》），但无付诸施行。永明九年（491 年），廷尉孔稚珪的上表中，除陈述其编纂刑律之经纬外，并议请：“国学置律助教，依《五经》例，国子生有欲读者，策试上过高第，即便擢用，使处法职，以劝士流。”武帝虽诏报从纳，事竟不施行。（以上参看《南齐书》卷四十八《孔稚珪传》）无予施行的原因不明。至于孔稚珪建请在国学设置“律助教”一职，招收国子生教学，在《南史》卷四十九《孔（稚）珪传》曰：“律学助教”。这是要在国学设置律学，招收国子生教学的最早记录，事虽不行，仍值得记述。此事要到隋朝才获得实现。

从北魏到北齐的律博士建制，令人注目的地方，是魏初一度将律博士的品阶大为提高至六品中，这是曹魏创制以来所无者。至太和二十三年（499 年）再降为九品上，又回到与曹魏建制以来的卑微地位。到北齐时，律博士地位卑微仍无改变，但似扩大大理寺的编制，除律博士由一人增为四人以外，其余诸法曹员额亦有增加。这样的措施，当与北齐较重视法制有关。

按，北齐自文宣帝时即已开始整理律令，武成帝诏令由崔昂、封述、赵彦深、魏收、阳休之、马敬德等擅长律学的专家继续进行编纂，河清三年（564 年）颁行，费时达十余年，《北齐书》卷三十《崔昂传》云：“昂素勤慎，奉敕（按，指删定律令，损益礼乐）之后，弥自警勖，部分科条，校正今古，所增损十有七八。”足见此次修订律令，堪谓为西晋泰始律令以来再度大幅度进行简化工作。[18] 所以《隋书》卷二十五《刑法志》说河清律令“法令明审，科条简要。又敕仕门之子弟，常讲习之。齐人多晓法律，盖由此也。”此处指出北齐律令简要，无怪乎此后隋开皇律令多本于河清律令。同时又谓武成帝敕仕门子弟要多讲习律令。所谓“仕门”，胡三省注《通鉴》说：“谓入仕之家”（《通鉴》卷一六九“陈纪·天嘉五年”条）），也就是官人子弟。所以齐人多通晓法律，但北齐执法仍偏于严酷，

---

⑱ 有关北齐的编纂，可参见张晋藩总主编，乔伟主编：《中国法制通史》，第 3 卷《魏晋南北朝》，第十二章《北齐政权的法律制度》，尤其是 547 页。

不免走上败亡命运。

隋文帝开皇元年（581年），诏高颎等更定新律，依据《隋书》卷二十五《刑法志》，可知“多采后齐之制，而颇有损益”。又据《隋书》卷六十六《裴政传》，谓开皇元年（581年）“诏（裴政）与苏威等修订律令。政采魏、晋刑典，下至齐、梁，沿革轻重，取其折衷。同撰著者十有余人，凡疑滞不通，皆取决于政。”足见裴政是当时修纂新律的核心人物，其蓝本包括魏、晋到齐、梁的刑典。所以隋朝新律，实是集晋以来修律的大成，其直接的蓝本则在北齐河清律。稍后修成的隋令亦然。开皇元年（581年）律因仍属“严密”，所以到开皇三年（583年）又诏苏威、牛弘等更定新律，唐朝所继承者就是开皇三年律，此律被认为“刑网简要，疏而不失”。（同前引《隋书·刑法志》）

为有效执行新律，《隋书·刑法志》谓隋文帝“于是置律博士弟子员。断决大狱，皆先牒明法，定其罪名，然后依断。”此处说明开皇三年（583年）颁行新律后，有两项重要措施：一为设置律博士弟子员，一为明定明法员额及其职责。依据《隋书》卷二十八《百官志》，可知隋朝大理寺的编制为：

大理寺，不统署。又有正、监、评各一人，司直十人，律博士八人，明法二十人，狱掾八人。

关于设置律博士弟子员一事，其律博士有八人，正九品上，为北齐之一倍，可说是自曹魏设置此职以来最受重视的时期。律博士弟子员之员额不明。若以唐制国子监下的律学，有博士一人、助教一人，领有律生五十人计之（《新唐书·选举志》），则学官一人平均领有律生二十五人，以此推算隋朝律博士八人，其弟子员之员额应有二百人，可谓庞大。唐高祖武德制度是将律学归并于国子监下，成为六学之制。此时国子监分为两大系统，一为经学教育学馆（国子学、太学、四门学），一为专科教育学馆（律学、书学、算学）。国子监这两大教育系统，即首见于隋文帝开皇之际，只是当时的律学仍隶属于大理寺，而成为五学之制。也就是说在国子监（开皇时仍曰国子学）增设书、算两学，首见于开皇，自有其创新意义。律学因有曹魏以来的历史发展背景，所以设在大理寺并不感到意外。

大理寺设置明法二十人，其职责，在于大理寺审理大狱时，先由明法检法，以明其罪名，然后由审判官断罪。其中有四人编在府兵十二军之左右领军府，掌管律令轻重之定罪，然后由法官判决。前引《隋书·百官志》云：“左右领军府，各掌十二军籍账、差科、词讼之事，不置将军。……又置明法四人，隶于法司，掌律令轻重。”此处的法司，即指大理寺。

另外，隋代大理寺亦设有律学，到唐朝，律学通常是归隶于国子监，在教育系统上，律学与书学、算学可视为类似今日的专科教育。问题是此律、书、算三学规模为何在隋文帝时期集中出现？令人费解。三学当中，惟律学较有蛛丝马迹可寻，详情仍不明。

只是到开皇五年（585年），由于律生诬告事件，导致文帝罢废律学、明法、律生之制。其事发生经纬，前引《隋书·刑法志》云：

（开皇）五年，侍官慕容天远，纠都督田元，冒请义仓，事实而始平县律生辅恩，舞文陷天远，遂更反坐。帝闻之，乃下诏曰："人命之重，悬在律文，刊定科条，俾令易晓。分官命职，恒选循吏，小大之狱，理无疑舛。而因袭往代，别置律官，报判之人，推其为首，杀生之柄，常委小人，刑罚所以未清，威福所以妄作，为政之失，莫大于斯。其大理律博士、尚书刑部曹明法、州县律生，并可停废。"自是诸曹决事，皆令具写律文断之。六年，敕诸州长史已下，行参军已上，并令习律，集京之日，试其通不。

此处又出现"州县律生"，究竟属于何种性质？史载不明。按，《南齐书》卷二十八《崔祖思传》记载太祖（高帝）于建元元年（479 年）即位之初，祖思即启陈政事，其中提到"今廷尉律生，乃令史门户"，足见南齐之廷尉有"律生"的建制。这些律生是来自令史子弟，而非出自门阀贵族。至于中央廷尉律生以及州县律生建制情形，皆不明。此时在隋朝出现州县律生，诚如文帝诏书所说，是"因袭往代，别置律官"而来，所以前朝宜有其制，至少南齐已有律生之制，或许创制于南齐，王肃北奔后再传入北魏、北齐，而为隋朝因袭。所以州县之律生权责，即相当于中央大理寺之明法，检法定罪，以协助法官断罪。

开皇五年（585 年），因为始平县律生辅恩舞文事件，而导致文帝全面罢废律学教育机构以及司掌律令轻重的刑部明法与州县律生编制。其替代措施，有二：一是诸曹决事，皆令具写律文断之。此即由各司法单位依律文断狱，而不再假手明法、律生等代为检法；二是翌年（开皇六年，586 年），下诏给诸州长史已下、行参军已上，均要学习律文，集京之日，考试是否通过。至于大理寺明法二十人有无被废，诏书中并无具体说明，惟由上述替代措施中，并无假手大理明法，依此看来，恐怕一并被废。

这样的措施，等于放弃将律学当作法律专业，而回归到秦朝以来以吏为师的一般吏学常识。就教育的观点而言，无异于开倒车。文帝这种因噎废食的性格，导致后来在仁寿元年（601 年）又有废学之举。《隋书》卷二《高祖下》仁寿元年六月乙丑诏曰：

儒学之道，训教生人，识父子君臣之义，知尊卑长幼之序，升之于朝，任之以职，故能赞理时务，弘益风范。朕抚临天下，思弘德教，延集学徒，崇建庠序，开进仕之路，伫贤隽之人。而国学胄子，垂将千数，州县诸生，咸亦不少。徒有名录，空度岁时，未有德为代范，才任国用。良由设学之理，多而未精。今宜简省，明加奖励。

于是国子学惟留学生七十人，太学、四门及州县学并废。直至炀帝即位后，才再恢复。炀帝即位，复开庠序，《隋书》卷七十五《儒林传序》说当时"国子郡县之学，盛于开皇之初"。但有无恢复文帝时期的大理律博士、尚书刑部曹明法、州县律生等断狱吏职，不得而知。如由唐初之制看来，似无恢复，此事有待进一步检讨。

李唐建国后，在武德年间的国子监制，除继承隋炀帝以来国子监五学之制外，同时将大理寺的律学也改隶于国子监。就律学置于国子（学）监而言，实为创举。这是将律令学视为由政府兴办的教育专业之一，其与大理寺下设律学以训练狱政之才的目标有别。但不知何故，实施不久之后废止书、算二学，仅留律学，仍隶国子监。可是律学亦随之被废，罢废原因不明。《新唐书》卷四十八《百官志》"国子监·律学"条注云：

隋律学隶大理寺，博士八人。（唐）武德初，隶国子监，寻废。

根据王植（603—662）墓志曰：

年廿三，雍州贡明法，省试擢第，授大理寺录事。……以龙朔二年二月十日寝疾，卒于会稽郡，时年六十。

由王植之例，可知在武德八年（625年）明法科及第，则此科当创立于武德五年（625年）至八年（625年）之间。[19] 王植既然是由雍州所贡，而非国子监律学生，所以国子监律学之废除，当在武德四年（621年）以前。至高祖武德七年（624年），制定武德律令格式，基本上沿袭隋开皇之制。[20]

前引《新唐书》"国子监·律学"条注又云：

贞观六年复置（律学）；显庆三年又废，以博士以下隶大理寺；龙朔二年复置。有学生二十人，典学二人。元和初，东都置学生五人。

据此，则太宗即位后，于国子监重建律、书、算三学馆。具体一点说，先于贞观二年（628年）恢复书学、算学[21]；到贞观六年（632年）再复置律学[22]，至此才重建完成国子监六学之制。

唐制国子监的律学，其博士员额省为一人，惟品阶提高一阶，从八品下，再增设助教一人，从九品上，有律生五十人。依据《唐六典》卷二十一《国子监》"律学博士"条规定：

律学博士掌教文武官八品已下及庶人子之为生者，以律、令为专业，格、式、法例亦兼习之。其束脩之礼、督课、试举，如三馆博士之法。助教掌佐博士之职，如三馆助教之法。

此制恐亦是隋朝之制。律生之教材，已由过去狱吏学习的狱讼之学，转而以律、令为"专业"，也就是规定为必修课程；其次，以格、式、法例[23]作为"兼习"之业，也就是列为

---

[19] 《王植墓志》，参见吴纲主编：《全唐文补遗》，第3辑所收《大唐故司宗寺丞上骑都尉王府君（植）墓志铭并序》，379页，西安，三秦出版社，1996。其论证，参见彭炳金：《论唐代明法考试制度的几个问题》，载中国人民大学书报资料中心复印报刊资料《法理学·法史学》，2002（8），68～73页；原载《政法论坛》2002（2），152～157页）、彭炳金：《唐代墓志法律史料价值举要》，载《法律史论集》，第5卷，307～317页，北京，法律出版社，2004。彭氏两文所论大致雷同，其说可修正拙说以为贡举明法科始建于唐太宗年间（参见拙著：《隋唐贡举制度》，82页，台北，文津出版社，1999）。

[20] 详细参见拙作：《从律令制论开皇、大业、武德、贞观的继受关系》，载中国唐代学会编：《第三届中国唐代文化学术研讨会论文集》，台北，中国唐代学会编辑委员会，1997。

[21] 《旧唐书》卷一百八十九上"儒学传序"云：贞观二年，其书、算合（按："合"字可能为"各"字之误）置博士、学生，以备艺文。《新唐书》卷四十四《选举志上》云："及太宗即位，益崇儒术，乃于门下别置弘文馆，又增置书、律学。"此处漏列算学，而律学较晚复置，不能相混。

[22] 《新唐书》卷四十八《百官志》"律学"注云："武德初隶国子监，寻废，贞观六年复置。"惟《旧唐书》卷三《太宗下》，谓贞观六年（632年）所设置之律学为"初置"。于是贞观六年设置之律学，发生初置与复置之问题。多贺氏以为贞观六年设置之律学为复置（参见［日］多賀秋五郎：《唐代教育史の研究》，23页），即采取《新唐书》之说，笔者赞同多贺氏之说。

[23] 有关法例研究，参见［日］池田温：《唐代〈法例〉小考》，载中国唐代学会编辑委员会编：《第三届中国唐代文化学术研讨会论文集》，台北，1997。

选修课程。督课，指教学方式，如同三馆（国子、太学、四门）博士之法，所以课程也应分经教学，学生如同三馆办法，采取分组教学，至少应该分为二组，如律与令，详情不明。律生之学龄为十八岁以上、二十五岁以下，与经生、书生、算生为十四岁以上、十九岁以下相较，年龄稍高，可能考虑到要了解律学诸教材之内容，需要年龄较成熟之故。律生在学期间为六年，一般生则为九年，过此年限而无成者，即予退学。所谓无成，通常指不能通过参加贡举考试者。《唐六典》卷二十一“国子监主簿”条曰：

凡六学生，有不率师教者，则举而免之。其频三年下第，九年在学，及律生六年无成者，亦如之。

《新唐书》卷四十四《选举志上》亦曰：“（凡六学生）在学九岁、律生六岁不堪贡者罢归。”（《唐会要》卷三十五“学校”条略同）此一学则的规定，说明律学的办学目标在争取贡举及第，然后任官，并非只是治狱而已。适用于律学的贡举科目称为明法科，此科设置于何时？愚意以为当与律、书、算三学一样定制于唐太宗贞观年间。明书、明算两科亦然。㉔ 关于律学等科的考试办法，以及与日本的比较，详细参看拙作，于此省略。㉕

高宗显庆三年（658年）九月，诏以书、算、律三学㉖“事惟小道，多擅专门，有乖故实，并令省废”。（《唐会要》卷六十六“广文馆”条）此处已明白道出唐室对此三科之偏见，以为是小道，偏于专门。但在龙朔二年（662年）五月，高宗又将三学恢复。一废一置，中间仅隔四年。或许因为三学的发展，自隋朝以来已有数十年的历史，不可遽废。次年（663年），诏书学改隶兰台（原名秘书省）、算学隶秘书阁局（原名太史局）、律学隶详刑寺（原名大理寺）。（《新唐书》卷四十八《百官志》）此事说明：1. 高宗只重视培养经学吏才之国子、太学、四门三学，而轻视培养具有特殊专长之专科学校；2. 教育不过为政治服务而存在，故培养专业之学校不宜与培养通才之学校并列于同一教育系统之下。高宗此种轻视专科教育之观念，就教育发展史而言，无异为倒退现象，与高祖、太宗之远大理想已背道而驰。高宗之改隶措施，后来有无再恢复旧制，史无明文记载。然检视代表玄宗开元时代制度之《唐六典》，于述国子之制时，均谓领六学，此六学包括书、算、律三学。是故，书、算、律三学于高宗龙朔三年（663年）以后，至开元十年（722年）（《唐六典》于是年开始撰述）以前，此六十年间（663—722年）曾再归隶于国子监，殆无疑问。此六十年间，以咸亨元年（670年）恢复旧制之可能性最大。盖咸亨元年（670年）为高宗龙朔二年（662年）大改官名之后，再予恢复旧制之年。

玄宗以后，律学与书、算学发展之情形无法详知。惟德宗时，太子校书郎李观曾上《请修太学书》（《全唐文》卷五十三），其中云：“在昔，学有六馆（下略），今存者三，亡者三。”所谓“存者三”，当指国子、太学、四门；“亡者三”，当指书、算、律。此处之

㉔ 详细论证，参见拙著：《隋唐贡举制度》，83～85页，台北，文津出版社，1999。

㉕ 参见拙著：《隋唐贡举制度》，第七章《隋唐贡举制度对日本的影响》。

㉖ 《唐会要》原文为“书算学业明经”，而无律学，但《旧唐书》卷四《高宗本纪》显庆三年（658年）九月，曰：“废书、算、律学”，足见《唐会要》此处有误。

"亡"字，为名存实亡，并非罢废之意。宪宗元和二年（807年），规定两京国子监各学馆之学生员额时，犹见律学在西监规定为二十名，东监十名；书学在西监为十名，东监三名；算学在西监为十名，东监二名。此举或用以作为振兴官学之最低限额之措施，此后不见有关此三学废置之事。

至于隋代的明法、律生，在隋文帝开皇五年（585年）被罢废后，到炀帝时有无再恢复，不得而知。从唐朝前期的制度看来，似无全面恢复，或许炀帝有作某种变革，而类于唐制者。唐制，如《唐六典》卷二"尚书省诸司置直皆有定制"条记载各职司的直官，谓门下省有明法一人，尚书省刑部明法一人，中书省明法一人，大理寺明法二人，共计明法五人。此制显然与隋开皇之制大为不同。从敦煌残卷、墓志铭以及其他文献实例看来，这些明法的职责，在于断狱，乃至参加删定律令等法律专业工作。[27] 论明法职责，似与隋代无异，但在各机关之编制则有别，尤其大理寺明法由二十人骤降为二人。

三、日本、新罗古代的明法、律学及其教育

古代东亚诸国有关明法、律学及其教育资料，以日本保留较多，所以较有脉络可循，新罗甚少，以下先从日本说起。

（一）日本古代的明法、律学及其教育

日本在文武王即位后不久即开始编纂"令"文，至迟在文武王四年（700年）三月以前即已初步完成。是年三月、四月，令诸王诸臣读习令文；至六月，"令"的编纂工作告成。大宝元年（701年）八月戊申，遣"明法博士"于六道讲新令；八月癸卯，完成"律"。翌年（702年）二月颁行大宝律；七月，令内外文武官读习律；八月，将大宝律令颁行天下。主要的纂修者是刑部亲王、藤原不比等、粟田真人、道首名等十九人。这是大宝律令撰定与讲习的概要。[28] 但是大宝律令颁行以来，实施情况很不理想，职司阳奉阴违，不明律令，尤其在考核工作方面，所以在实施十年后，即和铜四年（711年）七月甲戌，下诏厉行守法。其曰：

张设律令，年月已久，然才行一二，不能悉行，良由诸司怠慢不存恪勤，遂使名充员数，空废政事。若有违犯，而相隐考第者，以重罪之。

到翌年（和铜五年，712年）五月乙酉，又下诏给诸司主典以上并诸国朝集使等曰：

制法以来，年月淹久，未熟律令，多有过失。自今以后，若有违令者，即准其犯，依律科断。（下略）

---

[27] 参见李绵绣：《唐代制度史略论稿》，10～19页，北京，中国政法大学出版社，1998。

[28] 基本的说明，参见［日］青木和夫等校注：《續日本紀》，第1册，286～287页補注1之一三二條"大寶律令の撰定，施行の過程"；309～310页補注2之四六條"大寶律令の講說"。（東京，岩波書店，1989，亦载《新日本古典文學大系》第12册），又，可参见［日］布施彌平治：《明法道研究》，67～68页东京，新生社，1966；［日］早川庄八：《日本古代官僚制の研究》，"附論二：奈良時代前期の大學と律令學"，尤其417～419页，东京，岩波书店，1986。

据此，可看出当时朝野仍多不熟律令，因而重申违令入律的原则，这也是中国自晋以来所要实施的原理。

自颁行大宝律令后，虽有办理官员的读习工作，但十多年来实施结果很不理想。主要原因，仍在于官员们“未熟律令”。所以有需要增设明法专家参与其事，一如中国所实施者。728 年，即神龟五年七月二十一日《格》，在大学寮设置律学博士二人、直讲三人、文章博士一人，其秩同助博士（即正七位下），并设置学生二十人一事，当是基于这个背景而来。[29] 于是大学寮在既有的明经科（含音科、书科）与算科之外，另外又成立律学与文章两科，此处明于定学官及学生员额。律学方面，博士、直讲、文章博士之秩同助博士，即同于大学助教，秩为正七位下。按，大学博士为正六位上，算博士为从七位上，所以较算博士高一阶，低大学博士四阶。但唐朝的律学博士为从八品下，所以日本律学博士较唐朝高三阶。其直讲之性质，当同唐制，是在协助大学博士、助教，从事经术讲授。（参见《唐六典》卷二十一“国子监”条）至于学生二十名员额，当是律学与文章两科共有，此时恐未明白区分如何选科，到 730 年才有进一步的规定。

730 年的改革，是来自太政官于天平二年（730 年）三月二十七日的奏议，曰：

直讲四人（注曰：一人，文章博士）、律学博士二人，已上同助教。明法生十人、文章生二十人，简取杂任及白丁聪慧，不须限年多少也。得业生十人：明经生四人、文章生二人、明法生二人、算生二人，并取生内人性识聪慧，艺业优长者。（《令集解》卷三《职员令》“大学寮”条引《释云》）

这项措施，在日本古代大学寮教育史上可谓为重大突破。包括以下几项变革：(1) 将大学寮的学科由原来的明经与算学两科，区分成为明经、明法、文章、算学四科。(2) 明法生十人、文章生二十人，加上原来的明经生四百人、算生三十人，大学寮学生共有四百六十人的员额。明法生、文章生简取杂任及白丁聪慧，又不限年龄多少，可说已到几无限制的程度。盖即使算生，虽也有可能取庶人子，但仍有八位以下子的规定。就唐制而言，律、书、算三学的学生，也是取文武官八品以下子或庶人子，即与日本算科学生相当。[30] 但 730 年日本新设明法科与文章科时，录取学生标准甚为低下，可能有意借培植无背景律学与文学人才，以与当时操纵政治的贵族相抗，进而顺利推动律令政治。惟实施结果，因受到文风影响，文章科发展成为一枝独秀，而有凌驾明经科之势，甚至有贵族化倾向，这是创制此科始料未及者。至于明法科，到 802 年（延历二十一年），其员额由十名增加为二十名，但算生由原为三十名减为二十名，显然律学人才也渐受重视。(3) 明法科学生称明法生，而博士仍称律学博士，此事如何解？其实律学博士不久就改称明法博士，时间不明，

㉙ 参见《类聚三代格》，卷 4，“加减诸司官员并废置事”条；《令集解》，卷 1，《官位令》注。惟《令集解》无“生廿人”，恐系脱漏。又，《类聚三代格》曰：“文章学士”，《令集解》则曰：“文章博士”。征之后来之史实，当以文章博士之名称为是。

㉚ 参见拙著：《日本古代学制与唐制的比较研究》，第三章有关《大宝养老的学制》，63 页以下，简明可参阅页 77 附表二，台北，学海出版社，1986。

更改原因亦不详，可能由于明法生所学以及贡举明法科所试，主要在律与令，采用明法较有概括性；何况如前所述在大宝元年（701年）八月曾有派遣“明法博士”于六道讲新令之事例，虽然此时所指的“明法博士”，可能就是参加编纂大宝律令当中的人选，而非指后来从事教学的明法博士[31]，但终究已经有使用这一词的先例可援用，所以为求名称一致（如明法生、明法博士、明法试等），乃舍唐制律学博士之职称，改采原先已经使用的明法博士职称。至于明法教材，史无明载，但如下述御辅长道之例看来，明法生仍当以学习律令为主，这一点与唐朝一样。

再者，“得业生”制当是日本创制。此制，除大学寮外，也包含典药寮设医得业生三人、阴阳寮设阴阳得业生三人、历得业生二人、天文得业生二人，共十名。（参见《令集解》卷三《职员令》“典药寮”、“阴阳寮”条）这些得业生享有政府给予的衣、食等公费优待，目的在于特别培植，以顺利取得贡举科名。其在学年限及此后实施情形不明，但至《延喜式·大学寮式》犹见明法得业生二人的规定，所以到10世纪前半叶仍有其制，殆可确信。

至于得业生制与贡举关系，可由827年文章博士都腹赤呈给大学寮再转呈至太政官之牒作说明，其中提到：“元置文章得业生二人，随才学之浅深，拟二科之贡举”[32]。此处之二科，当指秀才科与进士科，这是文章得业生的情况。再如《三代实录》卷四贞观二年(860年)九月廿六日癸酉记载《御辅长道传》云：

长道者，左京人也。元明经生，后学律令，号别敕生，官给衣食，同得业生。学殖渐优，奉试及第。承和七年（840年）为明法博士。……卒时年六十二。

长道原为明经生，改学律令后，号为“别敕生”，获得官给衣食的公费待遇。这样的“别敕生”，恐为特例，如同得业生，或许较一般得业生更为优秀，但得享有得业生待遇，也可视为得业生的例子。其后应试及第，当是明法科及第，所以补为明法博士。

上述的例子，说明得业生制实是针对贡举制来设计，有如唐玄宗天宝九年（750年）所见，在国子监特设广文生制度以应进士科考试一样，只是唐制之设置晚于日本的得业生制，所以日本的得业生制堪谓为独创。若就政府设想有利于官学学生考取贡举科名的这个观点而言，可见中外人心皆同，由日本的得业生制与唐朝的广文生制见知一斑。

再者，若就日本古代的立法思想而言，由于资料甚少，无法作详细说明。若以前述和铜四年、五年（711、712年）所下的诏书而言，不外要求遵守律令，违令入律，这是实施律令制度的基本前提，仍未能反映其立法思想。兹借时间稍晚，即延喜十四年（914年）四月廿八日有名的三善清行“意见十二个条”略作说明。其于《请依旧增置判员事》一节，提出如下意见：

---

[31] 参见［日］早川庄八：《日本古代官僚制の研究》，“附論二：奈良時代前期の大學と律令學”，419页，东京，岩波书店，1986。

[32] 参见［日］藤原明衡（ —1066）编：《本朝文粹》，卷2“官符”（827年）六月十三日太政官符“应补文章生并得业生复旧例事”。

右臣伏案，《职员令》：大判事二人、中判事二人、少判事二人，皆掌决断人罪也。然而近古以来，大判事一员常用律学之人，其外五人，未必任明法之辈焉。故去宽平四年有诏，省件大判事一人、中判事二人、少判事一人，惟置大少判事各一人。然犹大判事独用法家，少判事亦非其人。今案事意，此诏之旨，窃有疑惑。何者？圣主之政，刑法为大。昔皋陶以大贤为理官，帝舜犹诫云："钦哉！钦哉！惟刑之恤。"（按，见于《尚书·虞书·舜典》）光武以明察详刑狱，桓谭亦奏云："法吏爱憎，刑开二门。"然则疑狱之断，古今所难。而今惣万民之生死，系之于一人之唇吻；括五刑之轻重，决之独见之谳书，已乖阅实之理，恐贻滥罚之科。……伏望依旧置判事六人，皆择明通法律者补任之，使之俱议科比，详定条章，各馇其意，然后奏闻。如此则怨狱永绝，罪人自甘，不待扶南之鳄鱼，岂用尧时之獬豸。（《本朝文粹》卷二）

三善清行提出此议之位阶为从四位上，行式部大辅，其后升任参议并兼宫内卿。此议实行与否不明，但从中可窥知三善的思想。首先，三善主张六判事均宜用明法之人，以绝冤狱。其次，举中国皋陶、帝舜、光武以来的政策，不外提示"明刑慎罚"原理。"明刑慎罚"当非只是三善个人的想法，恐是日本至迟在七、八世纪进行立法以来的共通思想。也就是说，中国自古以来所通行的"明刑慎罚"思想，已经深深影响日本的立法及其运行原理。惟因日本自 730 年以来，也在大学寮推行明法教育，所以自此以后，更进一步推行"明刑弼教"的法理。例如日本《令集解》卷一《养老·官位令·序》引杜预奏事云："（前略）凡令以教喻为宗，律以惩正为本。此二法虽前后异时，并以仁为旨也"[33]。又引"或云"曰："令者教未然事，律者责违犯之然"[34]。此即透过律、令的实施，而达到"明刑弼教"。

（二）新罗的明法、律学及其教育

新罗的律学教育，与其国学教育的实施一样，发展进度较为迟缓。520 年，虽已颁行律令，但到 629 年始建置律令博士，至 758 年招收学生，实施进度甚慢。

《三国史记》卷三十九《杂志·职官中》记载："律令典，博士六人。"另外，《三国史记》卷九《新罗本纪》记载景德王十七年（758 年）四月设置"律令博士二员"。一般以为新罗律令学教育制度的成立即在此时，也就是将前述设置律令典博士六人一事与景德王设置律令博士二员一事混为一谈。[35] 但从新罗官制发展史看来，某一机构的成立，辄先设置中下级职员，然后才添置上级主管与建置机构。律令学教育机构的成立，当亦不例外。《职官志》无记载律令典成立的时间，但从前后文加以考察，似在孝昭王元年（692 年）建立医学教育制度时，同时也建立律令典及其教育制度。律令典只见律令博士的编制，其性质当有如唐代的律学机构。律令典的归属不明，唐代的律学在 7 世纪后半叶的归属也不稳定，662

---

[33] 一般以为《令集解》卷 1《官位令·序》引述这段话为杜预所说，如［日］堀敏一：《晉泰始律令の成立》，50～51 页。

[34] 《令集解》，卷 1，7 页，载《新订增补·国史大系》，东京，吉川弘文馆，1974。

[35] 参见［韩］田凤德著，渡部学、李丙洙译：《李朝法制史》，288 页，东京，北望社，1971。［日］三池贤一：《新罗内廷官制考》下，载《朝鲜学报》，62，1972，27 页。

年（高宗龙朔二年）以前归隶国子监，663年以后改隶详刑寺（即原来的大理寺），其后（可能在670年）又归隶国子监。[36] 依此看来，律令典似以归属于国学或是651年到667年之间成立的理方府，较为合理，但《职官志》将它列于内省，即隶属于内廷官制，令人不解，或许这又是新罗的特殊性。

成立律令典，设置博士传授律令学，其基本要件自然以律令等关系教材的存在为前提，唐代的律学是“以律令为专业，格式、法例亦兼习之”（《唐六典》卷二十一），可为证明。因此，从律令等关系教材的制定，也可帮助推测律令典成立的时间。

在文献上，新罗最早颁行律令，是在法兴王七年（520年），但这时候所称的“律令”，恐非中国律令制度的律令，而是依据新罗固有法所制定的法令。到武烈王即位后，即元年（654年）五月曾令理方府详酌律令，修定理方府格六十余条。（《三国史记》卷五《新罗本纪》）二十七年后（681年），文武王临崩的遗诏中说：“律、令、格、式有不便者，即便改张。”（《三国史记》卷七《新罗本纪》）武烈王即金春秋，在648年（唐贞观二十二年）曾以使节身份赴唐，在唐期间备受礼遇，并参观国子监及释奠之礼。是年返国时，携回太宗所赐新撰的《晋书》等书物，这些书物可能还包括贞观十一年（637年）所完成的律、令、格、式。金春秋即位之前，不见有编纂律令之举，因此651年金春秋即位之初，令理方府“详酌律令”，此律令当指贞观律令，并非新罗所完成的律令。理方府撰定格六十余条，当系初次仿中国的律令制（此处特指贞观律、令、格、式）所完成的。格为诏敕集，编纂较易，所以能在武烈王即位之初的极短时间内完成。到文武王时代，由于681年遗诏中指出“律、令、格、式”，且是新罗文献上首次出现中国式的律令制，因而有谓新罗完成律、令、格、式体系，应在文武王统一半岛后。[37] 易言之，新罗律、令、格、式的制定，当在675年到680年之间。至谓“律、令、格、式有不便者，即便改张”的遗诏形式，在中国也可找到类似之例，如隋文帝临崩时（604年），遗诏中说：

> 律、令、格、式或有不便于事者，宜依前敕修改，务当政要。（《隋书》卷二《文帝本纪》）

文帝时代的律、令、格、式是完成于开皇三年（583年），即律、令、格、式完成在前，才有遗诏指示修正在后，隋文帝时代之例如此，新罗文武王当亦不例外。文武王要修正律、令、格、式的遗诏，在其继任者神文王以下有无完成，无法详知，但继神文王之后的孝昭王在即位之初（692年），于订立医学教育制度之外，同时也订立律令学教育制度，是极有可能的。其律令学教育制度的建立，不应迟至景德王十七年（758年）才建立，是可理解的。

律令学教育制度可能在692年制定医学教育时也已制定，当时规定律令博士六人，已

---

[36] 参见拙作：《唐代学制之渊源及其演变》，载《台湾大学历史学系学报》，4，1977，209页。

[37] 参见［韩］田凤德：《李朝法制史》，286页；［日］武田幸男：《朝鲜の律令制》，载岩波講座《世界歴史》6，68页，東京，岩波書店，1971。

叙述于前。其后景德王十七年（758年）四月，“置律令博士二员”（前引《三国史记·新罗本纪》），为何大幅减少博士员额，史载不明。692年律令博士六人之制，其职责，基本上可能作参撰删定律令以及作为断律者，是否也同时作为律令教学，不敢断定；但758年律令博士二人之制，当如唐制，已确定作为教学律令之职。唐制律学博士一人、律学助教一人，共有二人，正如同新罗758年律令博士二人之制，也同于728年日本新设置的律学博士（730年改称为明法博士）的员额。因此新罗758年的律令博士二人，可视为律令学教育开始实施时期，其教材当同唐、日之制，仍以律与令为基本教材，只是学生员额不明，有待进一步考查。

令人比较关心的问题，是新罗实施包含律令学在内的官学教育，为何如此迟缓？愚意以为有三个因素值得考虑：（1）以国君为中心之中央集权体制迟迟未能有效地树立。（2）花郎教育制度与留唐教育制度解决了贵族子弟教育问题。（3）景德王时代的机运与决心。[38] 就以景德王时代的机运与决心而言，所谓机运有二：一是武烈王以来强化中央集权体制的成功，二是圣德王时代以来改变一位国君只任命一位上大等制度。两者汇合在一起，说明门阀贵族的阻碍大为减退，以国君为中心的中央集权体制得以有效发挥，乃先取国学制度付诸实施，以培植建设律令制的预备军。果然十年之后（757年），改革地方制度；翌年（758年）实施律令学教育；又翌年（759年），便大改官制。这些措施，无非是以唐制为榜样来建设国家。

唐代的律令制，是以儒教思想为治国原理，为使律令国家建设得以顺利完成，自然须先将儒教主义教育的国学经学科付诸实施。为培养指导律令制建设之人员，乃有律令学教育的实施，这一切可说都是循序渐进的。圣德王时代，先取医学及算学付诸实施（717年），是因为这些学问偏重实用，尤其算学先于经学实施，当是由于五年后（722年）预备实施均田法时，班田给百姓丁男，需要一批算学人才的缘故。所以包含律令学在内的新罗学校教育，其实施可说充分配合中央集权的强化以及律令国家的建设，循序而完成。

四、结论——东亚古代的明法与律学教育比较

由于资料限制，对于东亚古代的明法与律学教育无法细述，但大致可得出如下结论。首先，8世纪之际，东亚地区已经完成所谓“明刑弼教”的明法教育圈。也就是说颁行成文法典，并非以“明刑慎罚”为满足，进而立法施教，才是推行法治的目标。其次，“明刑弼教”的前提，在于颁行儒教化的律令。此事在中国始于4世纪后半叶的西晋泰始律令，到6世纪后半叶的隋朝始设律学，招收律学生习读，7世纪前半叶唐太宗时期进而在贡举设置明法科，以供律学生求仕。日本、新罗在此背景下，与中国交流结果，也有类似的成就。

---

[38] 详细参见拙著：《东亚教育圈形成史论》，第二章，上海，上海古籍出版社，2003。亦可参见拙著：《唐代东亚教育圈的形成》，下编，第一章，台北，“国立编译馆”，1984。

例如日本到8世纪以后，颁行大宝律令，三十年代以后设置律学（后称明法），贡举也有明法科，直至10世纪犹见其制。新罗在7世纪后半叶的文武王时期，当已建立律令制，7世纪末进而有律令学教育制度的建立，到8世纪中叶的景德王时期依唐制实施。再次，在德治原理之下，律令学终不敌经学，所以在官学教育中，明法教育不免流为"小道"，仍不脱"德主刑辅"的治国原理，这也是传统律学（明法）教育不能发扬光大，进而引导政治法制化的基本理由所在。

至于"明法"与"律学"之词的运用，中、日、韩三地看来不尽相同。中国从先秦以来至隋唐，对于"明法"的用法，归纳而言，至少可有如下三种：（1）具有广狭义的明刑之义，或曰明于法律、法术、法理、体制等，《管子》的《明法》篇即具此义，此种用法，历代不胜枚举。（2）法吏，泛指司法官吏，举凡掌刑名官员下至检法属吏均可归于此义。如汉以来廷尉、唐之御史中丞；或者大理寺属吏的明法、明法掾等；隋唐律学生，隋代州县的律生等。（3）贡举科名之一曰明法科，始建于唐高祖武德年间。宋以后对于明法一词的用法，显然偏向贡举科名。

至于"律学"，看来有两义，一为传授律令的学馆，另一就是传统所说的明法，也就是明习法律。就学馆而言，曹魏在廷尉初置律博士转相教授，恐尚未有固定学馆，何时始有学馆，史载不明。迟至姚兴的后秦，在长安建置"律学"，"召郡县散吏以授之"时，当有学馆。至隋文帝开皇三年（583年）为律博士置弟子员时，亦宜有学馆，此时当皆在大理寺。

唐太宗贞观六年（632年），将律学移至国子监，成为六学之制，此时之国子监设有学馆，自无可置疑。至谓律学就是明法而言，如《旧唐书》卷五十《刑法志》谓高宗永徽三年（652年）诏撰律疏时，曰："律学未有定疏，每年所举明法，遂无凭准，宜广召解律人条义疏奏闻。"此处的明法，指贡举明法科；律学未有定疏的律学，指明法科的教材及其义疏尚未有凭准，所以律学有"明于法律"的明法意义。胡三省曰："明法，律学也"（《通鉴》卷二二三代宗广德元年（763年）七月戊辰杨绾上贡举条目"明法"一词注）更是直截了当的说明。再如《旧唐书》卷一三三《李晟传附宪传》说李宪（晚唐李晟第五子），云："性本明恕，尤精律学，屡详决冤狱，活无罪者数百人。"此处的律学，仍为"明于法律"的明法之义。

日本方面，"明法"指律令学以及法曹之意，所以有明法道与明法博士之称。日本虽于神龟年间有律学博士之称，但不久就改称为明法博士。而中国始终不见有明法道与明法博士的用法，也就是没将明法作为独立的官职，这是日本在接受中国制度时，与中国有不尽相同之处。[39] 就明法博士而言，一方面是明法学的教官，但如大宝元年（701年）八月戊申遣明法博士讲新令之例所示，明法博士一职开始使用时，并非为教官，而是令典的参修者，同时也是讲说员。这种情形，也不见于中国的用法。

---

[39] 参见［日］瀬賀正博：《明法律學》，载《法史學研究會・會報》，8，23～27页，东京，2003。

新罗方面，则一直以“律令”一词使用，如律令典、律令博士，其学生不明，可能也称为律令生。新罗的律令博士的职责，看来与日本的明法博士相类似，初见于692年的律令典，由于律令博士员额多达六人，其职责主要当系参与修订律令，甚至也有可能参与断狱，但是否从事律令教学，不敢断定，此时之任务，或较日本大宝元年（701年）所见之明法博士更为广泛。惟实施律令学教育，恐尚须等待60年后，即景德王时代热心推动唐化运动后才实现，正如日本设置明法博士后，仍须等待约30年后才展开明法教育。这是国情不同之故。

总之，东亚诸国对于“明法”与“律学”之词的认知与运用，虽有若干差距，但不影响其作为立法、断狱，乃至于设博士、建学馆，推动教化，甚至作为贡举考试科名之一的依据。也就是从明刑到弼教，有其共通的阶段性发展，最终仍在于明刑以弼教。所以东亚诸国至迟在八世纪之际，皆有明法或律令学教育。惟论学术，律学不敌儒学；论教育，明法不敌明经。终将律令学降为“小道”，使律令学始终不能正常发展，东亚诸国的政治，虽有律令制度的建制，却无法将政治导向法制化，此与律学或明法教育不能充分发挥功能，当有莫大关系。

（说明：本文原刊高明士编：《东亚传统教育与法制研究（一）》，“东亚文明研究丛书”34，台北，台湾大学出版中心，2005。有关商鞅改法为律一事，是否为史实，历来正反意见皆有，迄今仍缺乏直接证据佐证，拙稿此处暂采肯定说，并附持疑说以供参考。文中字句稍作修正，无改原意。）

桂齐逊

唐律与现行法关于“紧急避难行为”规定之比较研究*

简 介

桂齐逊，台湾地区中国文化大学史学研究所博士，曾任中国唐代学会（台湾）秘书长。现任中国文化大学史学系副教授、中国唐代学会（台湾）理事、中国法制史学会（台湾）理事。主要撰有：《唐代河东军研究》（硕士论文，1991）、《唐代“判”的研究——以唐律与皇权的互动关系为中心》（博士论文，1996），以及期刊论文、专书论文等三十余篇。自20世纪90年代起，即以钻研唐律及中国法制史研究为主要研究工作，迄今已发表的唐律研究及中国法制史研究论文已有近三十篇，并出版专著《国法与家礼之间——唐律有关家族伦理的立法规范》（台北：龙文出版社，2007）。

目 次

* 本文写作期间，曾获“国科会”专题研究计划补助（计划名称：“唐律与现行法关于‘紧急避难’规定之比较研究”，案号：NSC－91－2411－H－034－015），特此致谢。

一、前 言

论者以为，当两个不同法益发生冲突，成为势不两立时，倘若当时无法获得公权力之救助，则法律上允许行为人得实施避难行为，此即所谓的“紧急避难行为”。① 惟须注意者，即紧急避难的要件有二：首先，必须是“自己或他人生命、身体、自由、财产发生紧急危难”；其次，必须是“出于不得已之避难行为”②。故通说以为，“紧急避难”与“正当防卫”虽极为类似，然实施紧急避难行为之行为人通常是处于一种“正对正”的关系；而“正当防卫”则是“正对不正”的关系。此所以世界各国对于“紧急避难”之规范，均至为审慎，甚至阙如——其原因之一，即在于“紧急避难”具有伤害他人权益之本质存在。

关于“紧急避难”的立法，西方世界早在罗马法时代即有所规范，但当时规定的是只有当发生火灾或海难时，为保护个人利益而防止急迫之危难，纵然是以暴力损毁或破坏他人动产，仍被视为合法，不过此种行为必须有一个前提条件——亦即只有损毁他人之财产，始能防止本人之生命或财产危险时，其行为始不违法，否则仍系违法；嗣后，寺院法时代建立了“必要则无法律（Necessite na pas de loi）”之一般原则，才使“紧急避难”之思想更见发达。③ 直至晚近，西方各国在其刑法中是否明确承认“紧急避难行为”属于合法行为，迄今仍莫衷一是④；即使直接规定“紧急避难行为”合法的国家，对于此种行为所保护之法益，仍各个有所不同。⑤ 于此足见世界各国对“紧急避难行为”的保障，至为谨慎。

---

① 蔡墩铭：《中国刑法精义》，136 页，台北，汉林出版社，1977。

② 蔡墩铭：《中国刑法精义》，137～140 页，台北，汉林出版社，1977。

③ 参见蔡墩铭：《唐律与近世刑事立法之比较研究》，142 页，台北，“中国学术著作奖助委员会”，1968。惟须注意者，即寺院法时代，关于“紧急避难”的适用，仍仅限于特别之个案，例如因为饥饿而偷窃食物充饥，则窃盗犯不受处罚；又如为防止自己的房屋被延烧，得拆除邻人之屋；又因恐敌人入侵，而违背出航或通航禁止规定者，均不视为违法（参见蔡墩铭：《唐律与近世刑事立法之比较研究》，142～143 页，台北，“中国学术著作奖助委员会”，1968）。

④ 例如英国普通法、法国刑法及奥地利刑法，均无直接关于“紧急避难”之规定，参见蔡墩铭：《唐律与近世刑事立法之比较研究》，143 页，台北，“中国学术著作奖助委员会”，1968。

⑤ 例如 1926 年之土耳其刑法第 49 条第 3 项，仅限于生命权之保护；又有限于生命与身体二者，例如 1871 年之德国刑法第 54 条；亦有以生命、身体及自由三项为限者，例如希腊旧刑法第 9 条、第 106 条；又有规定以生命、身体、自由及财产为限者，例如日本刑法第 37 条；而 1930 年通过之丹麦刑法第 14 条，规定对人与物所构成之危害，虽较抽象，但亦不外乎生命、身体、自由与财产等四项；至于 1937 年之瑞士刑法第 34 条，则以生命、身体、自由、名誉与财产等五项为限（参见蔡墩铭：《唐律与近世刑事立法之比较研究》，143～144 页，台北，“中国学术著作奖助委员会”，1968）。

我国台湾地区现行《刑法》第24条规定："因避免自己或他人生命、身体、自由、财产之紧急危难而出于不得已之行为，不罚。但避难行为过当者，得减轻或免除其刑。前项关于避免自己危难之规定，于公务上或业务上有特别义务者，不适用之"⑥。而本条律文之第一项第一款，即所谓的"紧急避难行为"，不罚；律文的第一项第二款即"避难行为过当"，得减轻或免除其刑，此即我国台湾地区现行刑法关于"阻却或减免违法事由"规定之一。

虽说我国台湾地区现行刑法关于"紧急避难行为"之规范，与日本刑法极为接近，此或与大清末季来到中国协助清廷制订新刑律的日籍法学专家冈田朝太郎有关⑦；惟我国古代关于"紧急避难行为"之法理思想，确实不甚发达，大约《尚书·虞书·舜典》、秦律中略有类似之思想，汉魏时代无考，此后直到唐律，才有着比较完整的"紧急避难行为"规范。

易言之，我国固有律关于"紧急避难"的相关法理思想，虽曰发轫自上古时代，惟直迄唐律，始有具体而完整之立法理念与法律条文，散见于《唐律·卫禁律》、《厩库律》及《杂律》之中，并为日后的宋、元、明、清历代所沿袭。

按唐律在我国法制史的发展过程中，实居于承先启后之地位，诚不待言。甚者，我国台湾地区现行刑法虽曰大多继受自欧西大陆法系，惟其是否能完全符合吾国人民之社会风尚、礼教观念及固有伦理道德思想，迄今仍为有识者质疑。因之，反观吾国过往以唐律为中心之固有律，其部分立法理念或有值得今日修法者参照、借鉴之处。

学界过往针对唐律中"紧急避难"概念而做研究之专著似未尝见，多半仅于通论性的法制史研究专书中，附论及此，如戴炎辉⑧、蔡墩铭⑨、钱大群⑩及张晋藩⑪等氏之著作中，均曾做部分讨论；而徐朝阳氏则于我国固有律关于"紧急避难"概念之溯源工作⑫，颇有专精之论述。此外，日籍学者亦撰有两篇相关的论著。⑬ 至若以唐律与台湾地区现行刑法关于

---

⑥ 林纪东等编纂：《新编六法全书》，修订版，718页，台北，五南图书出版公司，1989。

⑦ 冈田朝太郎曾谓："'眚裁肆赦'兼有二意，但正当防卫，居其少数；救护行为，居其多数"，参见徐朝阳：《中国刑法溯源》，129页，台北，台湾"商务印书馆"，1968。又，清末延聘冈田朝太郎等人协助大清修律（参见林咏荣：《中国法制史》，修订9版，66页，台北，著者自印，1989），故曰我国现行刑法关于"紧急避难行为"与日本法律接近，应与冈田氏有关。

⑧ 参见戴炎辉：《唐律通论》，112～116页，台北，"国立编译馆"，1964；惟戴著将"正当防卫"与"紧急行为"合并讨论，故实际上该书只有111～112页及116页，讨论的范围属于"紧急避难行为"。又参见戴炎辉：《唐律各论》，276～277页，台北，成文出版社，1988。

⑨ 参见蔡墩铭：《唐律与近世刑事立法之比较研究》，142～148页，台北，"中国学术著作奖助委员会"，1968。

⑩ 参见钱大群、夏锦文等著：《唐律与中国现行刑法比较论》，"紧急避险"一节，160～163页，南京，江苏人民出版社，1991。

⑪ 参见张晋藩、林中、王志刚等合著：《中国刑法史新论》，"紧急避险"一节，363～364页，北京，人民法院出版社，1992。

⑫ 徐朝阳：《中国刑法溯源》，127～135页，台北，台湾"商务印书馆"，1968。

⑬ 参见［日］池田温：《敦煌本判集三种》，载末松保和博士古稀纪念会主编：《古代东亚史论集·下卷》，东京，吉川弘文馆，1978，419～446页；［日］泷川政次郎：《唐判集の緊急避難事件の判決に就いて》，东京，载《国学院法学》16－1（通卷第58号），1978，1～16页。

“紧急避难行为”思想来做比较研究之论著，则极为罕见。

本文目的，即在以唐律为核心，厘清我国固有律关于“紧急避难行为”之法理思想与律文规范，并比较唐律与我国台湾地区现行法关于“紧急避难”之异同性，附带论及我国固有律自宋、元、明、清以降关于“紧急避难行为”规范之递嬗变迁。

二、溯 源

在我国古代典籍中，《尚书·虞书·舜典》曾曰：“眚灾肆赦”，孔安国传曰：“眚，过。灾，害。肆，缓……过而有害，当缓赦之”[14]。意思是说，“眚”字，非灾害之义，亦即普通过失之义；“灾”字，则作不幸解；全句是说肆赦因过失或不幸而犯罪者。[15]

而《史记·五帝本纪》中则作：“眚裁过赦”，郑康成注此曰：“眚裁，为人作患害也。过失，虽有害则赦之”[16]。郑注的意思是说，“眚”字，固灾害之义；“眚裁”是人为的患害，有危及于人之结果，其行为出于过失者赦之。[17]

论者以为我国古籍中，这句“眚灾肆赦”（“眚裁过赦”）实已包含了“过失、正当防卫及救护紧急危难行为”等三种观念在内。[18] 论者并曰：

眚之意义，前节已言之，无再赘述之必要。灾之意义，《说文》云：“天火。”《玉篇》云：“害也。”《公羊传》云：“害物为灾。”灾不外天灾人祸，所谓不幸是也。遇不正之侵害，与避现在之危难，皆可谓之不幸。因不幸而至触犯罪刑，亦当赦之。其范围如何，条件如何？典籍无明白以示吾侪，未敢臆说；惟其包含正当防卫及救护紧急危难之行为，应无疑义。日本冈田博士亦谓眚裁肆赦兼有二意，但正当防卫，居其少数；救护行为，居其多数。[19]

此处冈田朝太郎所谓的救护行为，应指“紧急避难行为”，殆无疑义；故前贤与日籍学者冈田氏，均主张我国古籍中的“眚灾肆赦”（或“眚裁过赦”）兼具双重意义，其中“正当防卫”的意思较少，而“紧急避难”之概念较浓。

惟此一法理思想，自是以后，并未赓续发展，直到秦律才有着类似的概念。如《睡虎地秦简·秦律十八种·田律》中，有一道简文规定曰：

---

⑭ 孔安国传，孔颖达疏，李学勤主编：《十三经注疏·尚书正义（标点本）》，卷4《舜典》，65页，北京，北京大学出版社，1999。

⑮ 参见徐朝阳：《中国刑法溯源》，128页，台北，台湾“商务印书馆”，1968。

⑯ 司马迁：《史记》，卷1《五帝本纪》，新校标点断句本，24页，台北，鼎文书局，1977。郑玄的注文见28页注第二八。

⑰ 参见徐朝阳：《中国刑法溯源》，128页，台北，台湾“商务印书馆”，1968。

⑱ 参见徐朝阳：《中国刑法溯源》，127～128页，台北，台湾“商务印书馆”，1968。

⑲ 徐朝阳：《中国刑法溯源》，129页，台北，台湾“商务印书馆”，1968。

百姓犬入禁苑中而不追兽及捕兽者，勿敢杀；其追兽及捕兽者，杀之。[20]

简文的意思是说，当百姓家中的狗跑入禁苑，如果它并没有追捕禁苑中的野兽，就无须杀害它；如果它在禁苑中追逐或捕捉野兽的话，就应该立即将它打死。由于古代的禁苑是属于朝廷的财产，因此当百姓的狗入侵禁苑，并追捕禁苑中的野兽，将会造成朝廷财物上的损失，因而必须立即将它杀死。换个角度来看，本条简文所规范的，不啻是说当朝廷的财物（禁苑中的野兽）发生紧急危难时，而出于不得已之行为（杀死入侵的狗），是秦律所允许的——故秦律此一规范，得视为类似于当今“紧急避难行为”之法理概念。

反观《睡虎地秦简·法律答问》的另一道简文曰：

小畜生入人室，室人以投（殳）梃伐杀之，所杀直（值）二百五十钱，可（何）论？当赀二甲（《睡虎地秦简·法律答问》，190 页）。

这是说若有他人所养之畜生闯入他人的家中，在没有发生危害的情况下，家里的人用棍棒将它打死，而这头畜生价值二百五十钱，应当如何论处？《法律答问》的制裁是应罚二甲。与前引《秦律十八种·田律》的不同之处，主要在于《法律答问》中所提到闯入人室的畜生，并没有发生危害，因而将它打死的人，要罚以二甲；而《秦律十八种·田律》中的犬，如果追捕禁苑中的野兽，将使朝廷的财产受到侵害，故杀之无罪——于此，益可知前引《秦律十八种·田律》中的律文，确实是具有类似于当今“紧急避难行为”之法理思想。

可惜自汉代以迄魏晋南北朝时期，此一法理思想似乎并未传承下来；或者由于史文有阙，故不能详，稍俟后考。

三、唐律相关规定释义

如前所述，我国古代固有律类似于今日刑法上“紧急避难行为”的规范，直到唐律，始有较为具体的律文；惟唐律对于此一规范，并无通则性规定，却是散见于各个分则中，大体可以区分为以下三个部分来探讨。

（一）对于畜产加害之“紧急避难”

《唐律·厩库律》第 9 条“官私畜毁食官私物”（总第 204 条）曰：

诸官私畜产，毁食官私之物，登时杀伤者，各减故杀伤三等，偿所减价；畜主备所毁。临时专制亦为主。余条准此。其畜产欲抵啮人而杀伤者，不坐、不偿。亦谓登时杀伤者。即绝时，皆为故杀伤。[21]

本条律文主要规范的罪名有二：首先，当官、私畜产（动物），若正在毁食官、私农作

---

⑳ 睡虎地秦墓竹简整理小组编：《睡虎地秦墓竹简·秦律十八种》，《田律》，26 页，北京，文物出版社，1978。《睡虎地秦墓竹简》本文以下记作《睡虎地秦简》。

㉑ 长孙无忌等撰，刘俊文点校：《唐律疏议》，卷 15《厩库》，283～284 页，北京，中华书局，1993。

物，由于时限紧，不得已而将之杀伤，则物主（被损害者）应减“故杀官私马牛”三等论罪㉒，亦即物主若杀死官、私马牛，应处杖九十之刑；若杀伤官、私马牛或其他畜产者，则计所减价值准盗论㉓，同时还要赔偿畜主。须注意者，律疏又曰：

因其毁食，物主登时杀伤者，各减前条“故杀伤”罪三等，若杀马牛，杖九十；其伤马牛及杀伤余畜产，各计所减价，计赃准盗论减三等。如杀马牛准所减价，当绢十五疋者，徒二年上减三等，合杖一百，如此计赃得罪重，即从重论（《唐律疏议》，卷15《厩库》，283页）。

律疏于此强调，若计赃得罪重，则应从重论；基本上，这是符合唐律关于“当条别有罪名，所为重者自从重”的规定。㉔

至于畜主亦应赔偿物主庄稼的损失，疏议举例云：

假有一牛，直上绢五疋，毁食人物，平直上绢两疋㉕，其物主登时杀伤此牛，出卖直绢三疋，牛主偿所减绢二疋，物主偿所减牛价绢亦二疋之类（《唐律疏议》，卷15《厩库》，283页）。

而此一处分，必须是物主在“登时”杀伤或杀死入侵的畜产（动物），始为有效；若“绝时”杀伤㉖，则视为故杀伤，就必须依前一条律文（“故杀官私马牛”）来处分了。

另须注意者，此律处罚之畜主，并非真正的主人，而指当时“专制之人”，盖专制之人有责任控御马、牛畜产也。故律疏曰：

注云：“临时专制亦为主”，假如甲有马牛，借乙乘用，有所毁食，即乙合当罪，仍令备偿。“余条准此”，谓下条“犬杀伤他人畜产”及“畜产抵啮人而应标识羁绊”之类，虽非正主，皆罪在专制之人（《唐律疏议》，卷15《厩库》，284页）。

综合以上所述可知，唐律本条律文的前半部分，主要是在规范当官、私畜产毁食官、

㉒ 此指《唐律·厩库律》第8条“故杀官私马牛”（总第203条）之规定：“诸故杀官私马牛者，徒一年半。赃重及杀余畜产，若伤者，计减价，准盗论，各偿所减价；价不减者，笞三十。见血踠跌即为伤。若伤重五日内致死者，从杀论。其误杀伤者，不坐；但偿其减价。主自杀马牛者，徒一年。”（《唐律疏议》，卷15《厩库》，282～283页。）

㉓ 唐律上的“准”字，与真犯有间，参见《唐律·名例律》第53条“称反坐罪之等”第二项及第三项曰：“称‘准枉法论’、‘准盗论’之类，罪止流三千里，但准其罪；并不在除、免、倍赃、监主加罪、加役流之例。称‘以枉法论’及‘以盗论’之类，皆与真犯同”（《唐律疏议》卷6《名例》，138页）。

㉔ 参见《唐律·名例律》第49条第2项：“当条别有罪名，所为重者自从重”（《唐律疏议》，卷6《名例》，132页）。

㉕ 唐律中关于“估赃”的规定，参见《唐律·名例律》第33条“以赃入罪”（《唐律疏议》，卷6《名例》，88～91页）及《唐律·名例律》第34条“平赃及平功庸”（《唐律疏仪》，卷6《名例》，91～93页）。

㉖ 所谓“登时”与“绝第时”之差距，前者指立刻的、马上的，后者则指时过境迁以后。唐律对于这两个名词的定义，除本条律文之外，又见《唐律·贼盗律》第22条“夜无故入人家”（总第269条）之律文亦曰：“诸夜无故入人家者，笞四十。主人登时杀者，勿论”（《唐律疏议》，卷18《贼盗》，346页）；亦见《唐律·斗讼律》第5条“斗故杀人”（总第306条）之律文亦曰：“虽因斗，但绝时而杀伤者，从故杀伤法”，律疏注此曰：“‘虽因斗，但绝时而杀伤者’，谓忿竞之后，各已分散，声不相接，去而又来杀伤者，是名‘绝时’，从故杀伤法”（《唐律疏议》，卷21《斗讼》，388页）。

私之农作物时，由于事出突然，物主出于不得已而将该入侵动物杀害时，得解为对于畜产实施“紧急避难行为”[27]。但律文仍予以处罚的原因，或许是由于唐律将此一行为视为“避难过当”[28]，故物主仍应负刑事责任（减故杀伤官私马牛罪三等），而其民事责任，则双方互偿对方之损失（物主赔偿畜产之减价，畜主则赔偿庄稼之损失）。

其次，本条律文的后半部分，主要是在规范若畜产入侵、毁食他人之农作物时，进而欲抵啮人，则物主若登时将它杀伤或杀死，均不偿、不坐；但与此前相同，其先决条件是“登时杀伤”，若“绝时”则否。参见唐律本条律疏之进一步阐释：

其畜产有抵啮人者，若其欲来抵啮人，当即杀伤，不坐、不偿。故注云：“亦谓登时杀伤者”。其事绝之后，然始杀伤者，皆依故杀伤之法，仍偿减价。畜主亦依法得罪（《唐律疏议》，卷15《厩库》，284页）。

通说以为，此处若畜产抵啮于人时，受侵害之人倘使登时杀伤之，则不坐、不偿，此即唐律中最典型的“紧急避难行为”概念。[29] 于此，唐律所保护之法益，应是生命的安全与身体的安危。

此外，本条律疏的最后一句是说：“畜主亦依法得罪”，指的是企图抵啮于人之畜产的主人，由于未能适当管制其畜产，或事先做好警惕于人的工作，故依律应处以笞四十之刑[30]，以儆效尤。

本条律文至宋代时，《宋刑统》之规范几与唐律完全相同[31]，兹不赘述；至于金律，亦有类似的规定：

若畜产抵啮人，登时杀伤者，不坐赔偿。[32]

于此可知，金律亦规定，倘若发生牲畜抵啮人之紧急危害，受到危害之人若“登时”将此一牲畜杀伤者，无须赔偿，基本上是与唐律之精神相符。

由于明律将《唐律·厩库律》第8条“故杀官私马牛”与第9条“官私畜毁食官私物”合并为一条，因而与本文此处讨论相关的规范，见于《明律·兵律·厩牧·宰杀马牛》第

---

[27] 戴炎辉：《唐律各论》，276页，台北，成文出版社，1988。

[28] 戴炎辉：《唐律通论》，116页，台北，“国立编译馆”，1964。

[29] 如蔡墩铭《唐律与近世刑事立法之比较研究》（147页）、戴炎辉《唐律通论》（116页）及戴炎辉《唐律各论》（276页），均有类似之说法。

[30] 这里指的是，应依《唐律·厩库律》第12条“畜产抵蹋啮人”（总第207条）之规定来处分，该条（“畜产抵蹋啮人”）律文曰：“诸畜产及噬犬有抵蹋啮人，而标帜羁绊不如法，若狂犬不杀者，笞四十；以故杀伤人者，以过失论。若故放令伤人者，减斗杀伤一等。即被雇疗畜产被倩者，同过失法。及无故触之，而被杀伤者，畜主不坐”（《唐律疏议》，卷15《厩库》，285～286页）。须注意，此处所谓的畜主，亦指“当时专制之人”，说已见前。

[31] 参见窦仪等撰：《宋刑统》标点断句本，台北，仁爱书局，1985，本文以下简记作《宋刑统》），卷15《厩库律·故杀误杀官私马牛并杂畜》第二项曰：“诸官私畜产毁食官私之物，登时杀伤者，各减故杀伤三等，偿所减价；畜主备所毁。临时专制亦为主。余条准此。其畜产欲抵啮人而杀伤者，不坐、不偿。亦谓登时杀伤者。即绝时皆为故杀伤”（237页）。

[32] 《金律遗文·厩库律·官畜毁食官私物》，转引自叶潜昭：《金律之研究》，102页，台北，台湾“商务印书馆”，1972。

四项：

若官私畜产，或毁或食官私之物，守物之人因而将畜产登时杀伤者，各减故杀伤三等，追赔所减价还畜主；畜主赔偿所毁食之物各还官主。若故放官私畜产，毁食官私物者，笞三十。计所损食之物为赃，赃重于本罪者，坐赃论，二十贯，笞四十，五百贯之上，罪止杖一百，徒三年。失者，减二等，各陪所损物还官主。若官畜产失于防制毁食官物者，止坐其罪，不在赔偿之限。若畜产欲触抵踢咬人，登时杀伤者，不坐罪，亦不赔偿兼官私。[33]

至于大清律，则与明律类似，惟文字稍有不同耳。[34] 综观明、清律对于唐律本条律文的传承，大体相同——亦即本文前所谓当官、私畜产毁食官、私物或企图抵啮伤人之际，律文的规范，极为类似于近世刑事理念中的“避难过当”与允许实施“紧急避难行为”，诚毋待多言。明清律较诸唐律多出了“若放官私畜产，毁食官私物者，笞三十。赃重者，坐赃论。失者，减二等，各陪（赔）所损物”一项，惟该项律文与“紧急避难行为”并无干涉，本文暂不予讨论。

综观《唐律·厩库律》第9条“官私畜毁食官私物”（总第204条）法规，律文第一项规定官、私畜产若毁食官、私作物，物主登时杀伤者，减故杀伤三等问罪，物主、畜主各自赔偿对方的损失，而此一规范，实际带有类似于现代刑法思想“避难过当”之理念；律文第二项则规定若畜产欲抵啮于人时，受攻击者若登时杀伤该畜产，不坐、不偿，畜主反而要受到笞四十的处分，此一规范实与现代刑法思想“紧急避难”概念极为接近。本条律文在宋、金、明、清等时代，大体沿袭了唐律之精神。

于此，似乎显示着我国自唐律以降的固有律，对于“紧急避难”的适用范围，仅局限于人们生命及身体的安全，并不包括财产及自由两项。

（二）对于畜产加害之“预想避难”

在唐律中，除了前引律文与“紧急避难行为”有关之外，唐律也为了防备畜产可能造成的伤害，而允许人民“预想避难”，见《唐律·杂律》第6条“施机枪作坑阱”（总第394条）：

诸施机枪、作坑阱者，杖一百；以故杀伤人者，减斗杀伤一等；若有标识者，又减一等。其深山、迥泽及有猛兽犯暴之处，而施作者，听。仍立标识。不立者，笞四十；以故杀伤人者，减斗杀伤罪三等（《唐律疏议》，卷26《杂律》，482～483页）。

按本条律文的第一项，是规定人们若非捕捉禽兽之必要状况，不得滥设机枪、坑阱等

---

[33] （明）姚思仁撰：《大明律附例注解》，卷16《兵律·厩牧》，595～596页，北京，北京大学出版社，1993。本文以下简记作《大明律附例注解》。

[34] 参见（清）三泰等编撰，张荣静等点校：《大清律例》，天津，天津古籍出版社，1995，本文以下简记作《大清律例》，卷21《兵律·厩牧》第233条“宰杀马牛”第四项：“若官私畜产毁食官私之物，因而杀伤者，各减故杀伤三等，追赔所减价还畜主；畜主赔偿所毁食之物还官、主。若故放官私畜产损食官私物者，笞三十。计所食之赃重于本罪者，坐赃论。罪止杖一百，徒三年。失防者，减二等，各赔所损物还官、主。若官畜产失防毁食官物者，止坐其罪，不在赔偿之限。若畜产欲触抵踢咬人，登时杀伤者，不坐罪，亦不赔偿兼官私。”（344页）。

陷阱，以免陷害于人；违者，得处杖一百之刑；以故杀伤人者，则减斗杀伤一等问罪[35]；若设立机枪、坑阱后，能设立标识，以提示于人，则纵使伤人，得减斗杀伤二等问罪。

至于本条律文的第二项：“其深山、迥泽及有猛兽犯暴之处，而施作者，听。仍立标识。不立者，笞四十；以故杀伤人者，减斗杀伤罪三等”，是我们关心的重点所在。

按所谓“其深山、迥泽及有猛兽犯暴之处，而施作者，听”，意思是说，在深山、迥泽等地方，由于是猛兽习于出没之处，故于该等人迹罕至之处得设立机枪、坑阱，以预防猛兽出没伤人，这是唐律所允许的。论者以为，此即对于可能发生之动物攻击，如为防止猛兽之攻击起见，预为避难行为之设施，仍可免受处罚；其所以如此，非不可认为与承认紧急避难之理由同出一辙[36]，此即本文所谓对于畜产可能加害于人的“预想避难”行为。

惟须注意者，律文规定，即使是在这类并非人们所经常通行之处预设机枪、坑阱，仍须设立标识，以警告行人；若不设立标识者，得笞四十处分；若因未设立标识，以致杀伤人者，减斗杀伤罪三等处分。其所以如此，即因这类地方是人迹所罕至，故设立机枪、坑阱之后，并未设立标识，以致杀伤人等，仍较前项再减轻一等问罪。

若于这类地方设立机枪、坑阱之后，又设有标识，那么即使再杀伤人，设机枪、作坑阱之人，不合得罪，如本条律疏之言：

若立标识，仍有杀伤，此由行人自犯，施机枪、坑阱者不坐（《唐律疏议》，卷26《杂律》，483页）。

本条律文至宋代时，《宋刑统》之规范几与唐律完全相同[37]，兹不赘述。逮及明代，则将本条律名改称作“窝弓杀伤人”，见《明律·刑律·人命·窝弓杀伤人》条：

凡打捕户于深山旷野、猛兽往来去处，穿作坑阱，及安置窝弓，不立望竿及抹眉小索者，虽未伤人，即笞四十；以致伤人者，验其轻重减斗伤二等；因而致死者，杖一百，徒三年；追征埋葬银一十两。[38]

至于大清律，则与明律类似，惟文字稍有不同耳。[39] 综观明清律对于本项律文的规范，

---

[35] 此处是说若施机枪、作坑阱，以故伤人者，应依《唐律·斗讼律》第1条“斗殴以手足他物伤”（总第302条）、同律第2条“斗殴折齿毁耳鼻”（总第303条）、同律第3条“兵刃斫射人”（总第304条）、同律第4条“殴人折跌肢体瞎目”（总第305条）及同律第5条“斗故杀人”（总第306条）来问罪（参见《唐律》，卷21《斗讼》，383～388页）。

[36] 参见蔡墩铭：《唐律与近世刑事立法之比较研究》，147页，台北，“中国学术著作奖助委员会”，1968。

[37] 《宋刑统》卷26《厩库律·走车马伤人》第三项曰：“诸施机枪、作坑阱者，杖一百。以故杀伤人者，减斗杀伤一等。若有标识者，又减一等。其深山迥泽，及有猛兽犯暴之处，而施作者听，仍立标识。不立者，笞四十。以故伤杀人者，减斗杀伤罪三等。”（409页）。

[38] （明）姚思仁撰：《大明律附例注解》，卷19《刑律·人命》，716页，北京，北京大学出版社，1993。又，本条律文之眉注曰：“若非深山显野，作陷阱、安窝，弓致杀伤者，当从杀伤律。”

[39] 参见《大清律例》卷26《刑律·人命》第298条“窝弓杀伤人”：“凡打捕户于深山旷野、猛兽往来去处，穿作坑阱，及安置窝弓，不立望竿，及抹眉小索者，虽未伤人，亦笞四十；以致伤人者，减斗伤二等；因而致死者，杖一百，徒三年；追征埋葬银一十两。若非深山旷野，致杀伤人者，从弓箭杀伤论”（465页）。又，参见林咏荣：《唐清律的比较及其发展》，台北，“国立编译馆”，1982，该书中，最后附有“唐清律对照表”，本表上栏以清律律文依序排列，下栏附以相对应的唐律律文，相当有利于阅读者检索；但林著于清律第298条“窝弓杀伤人”的下栏，并无相对照的唐律律文，应补。

可以说是从反面上允许了人民的“预想避难”——亦即，若是在深山旷野、猛兽往来去处，穿作坑阱，及安置窝弓，只要设置了“望竿及抹眉小索者”，即属合法。

综观《唐律·杂律》第6条“施机枪作坑阱”（总第394条）第二项之规定：“其深山、迥泽及有猛兽犯暴之处，而施作（机枪、坑阱）者，听。仍立标识。不立者，笞四十；以故杀伤人者，减斗杀伤罪三等”，显示唐廷允许人民于深山、迥泽等猛兽易于出没之处，设立机枪、坑阱等捕兽设备，并设立警示标识，以达到对于猛兽的“预想避难”权益，其目的仍在保障人身生命及身体的安全。宋、明、清时代，大体仍延续唐律此一精神，诚不待言。

（三）负有特殊任务人员不适用“紧急避难行为”

此外，对于负有特殊任务之人，唐律亦规定不得有“怠忽避难行为”之情状，见《唐律·卫禁律》第17条“车驾行冲队仗”（总第74条）第二项曰：

诸车驾行，冲队者，徒一年；冲三卫仗者，徒二年。谓入仗、队间者。误者，各减二等。若畜产唐突，守卫不备，入宫门者，杖一百；冲仗卫者，杖八十（《唐律疏议》，卷7《卫禁》，164页）。

按本条律文的第一项主要是在规定，当皇帝车驾行幸时，倘有人冲撞仗卫，若冲入队间者，徒一年；冲入仗间者，徒二年；若属迷误（过失犯），则各减二等，分别处以杖九十及徒一年之刑。本条律文的第二项则规定，若有畜产（动物）冲入仗卫，而守卫不觉，应负失职之责，处以杖八十以至杖一百之刑。

本条律疏又曰：

“畜产唐突”，谓走逸入宫门。守卫不备者，杖一百。入宫城门，罪亦同。若入殿门，律更无文，亦同宫门之坐。冲仗卫者，杖八十。仗卫者，在宫殿及驾行所，得罪并同（《唐律疏议》，卷7《卫禁》，165页）。

据此得知，倘有畜产唐突，走入宫门、宫城门及殿门时，守卫不觉，均应处以杖一百之刑。若畜产冲入仗卫，也要处以杖八十之刑。

唐律本条律文第二项的处分原则，是基于守卫理应对于动物的冲入仗卫，预先即要加以防备，却未能防备，因而有玩忽职守之虞，故予处分；换言之，守卫未能善尽其对于畜产实施“紧急避难行为”之义务[40]，致使畜产冲入仗卫，在律上不能不予以处分，以儆效尤。

本项律文可以说是对于皇帝人身安全的特殊保障，亦可谓与中国古代国家形态有着密切的关系；但本文认为，此亦与我国台湾地区现行“刑法”第24条第2项中的但书“前项关于避免自己危难之规定，于公务上或业务上有特别义务者，不适用之”存在着异曲同工之妙。盖守卫人员若因畜产入侵，为了个人人身安全，而纷纷走避，将陷皇帝安危于不顾矣！此所以本文将唐律上本项规定名之为：“负有特殊任务人员不适用‘紧急避

---

[40] 参见蔡墩铭：《唐律与近世刑事立法之比较研究》，147页，台北，“中国学术著作奖助委员会”，1968。

难行为’”。

本条律文至宋代时，《宋刑统》之规范几与唐律完全相同[41]，兹不赘述。逮及明代，则见于《明律·兵律·宫卫·冲突仪仗》第三项：

凡军民之家纵放牲畜，若守卫不备因而冲突仪仗者，守卫人杖八十。冲入皇城门内者，守卫人杖一百（《大明律附例注解》，卷 13《兵律·宫卫》，512 页）。

于此可知，明律的规范略同于唐律；只是明律将被冲入仪仗之刑罚，改为杖八十，冲入皇城门内则杖一百，其量刑之轻重，恰与唐律相反。

至于大清律，虽仍沿袭明律，却又稍有不同，见《大清律例》卷 18《兵律·宫卫》第 195 条“冲突仪仗”第三项：

军民之家纵放牲畜，若守卫不备因而冲突仪仗者，守卫人杖八十。冲入紫禁城门内者，守卫人杖一百。其纵畜之家，并以不应重律论罪（《大清律例》，卷 18《兵律·宫卫》，302 页）。

于此可知，清律本项规定的律文与明律略同，但清律的律注曰：“其纵畜之家，并以不应重律论罪”，所谓的“不应重”，应指《大清律例·刑律·杂犯》第 386 条“不应为”第二项之规定[42]，要对“纵畜之家”，处以杖八十之刑。

清律的“不应为”，明显继承自《唐律·杂律》第 62 条“不应得为”（总第 450 条）之规定：

诸不应得为而为之者，笞四十；谓律、令无条，理不可为者。事理重者，杖八十（《唐律疏议》，卷 27《杂律》，522 页）。

论者以为，本条律文的存在，对于“应”与“不应”以及“情轻”与“理重”的见解可能因人而异，而会为司法者提供陷人于罪的一张罗网，轻易打开擅断滥刑的闸门，对于法律的安定性造成莫大的挑战。[43] 换言之，无论唐律上的“不应得为”或清律上的“不应为”，均象征着我国古代固有律不尽合理的一面。

综观唐律本项律文之规定，主要在于惩戒理应防备畜产冲撞皇帝仗卫，以维护皇帝人身安全的守卫人员，如因懈怠职守，以至于畜产冲入仗卫，甚至宫门、宫城门及殿门以内者，守卫分别要处以杖八十及杖一百之刑。本文认为，唐律此一规定，实际上就是在说：“关于避免自己危难之规定，于公务上有特别义务者，不适用之”。

又自本项律文省思，唐、宋、明各代均只针对守卫人员的“怠忽避难行为”而予以惩处，清律继承了前代的律文规定以外，并连带处分“纵畜之家”，无怪乎通说主张我国古代

---

[41] 《宋刑统》卷 7《卫禁律·冲车驾队仗》第二项曰：“若畜产唐突，守卫不备，入宫门者，杖一百，冲仗卫者杖八十”（128 页）。

[42] 按《大清律例》卷 34《刑律·杂犯》第 386 条“不应为”规定：“凡不应得为而为之者，笞四十。事理重者，杖八十。律无罪名，所犯事有轻重，各量情而坐之”（569～570 页），故所谓“不应重”者，即按本条律文第二项“事理重者，杖八十”科刑，应处杖八十之刑罚。

[43] 参见黄源盛：《唐律不应得为罪的当代思考》，载《法制史研究》，5，2004，54 页。

皇权，时代愈后愈为高涨，至于清代乃达到最高峰——证诸本项律文的发展，似又得一明显例证。

四、我国台湾地区现行法的规定

（一）沿革

我国台湾地区现行“刑法”关于“紧急避难行为”的规定，当可溯源自晚清的刑律改革。清季末年，在经历过改革派与守旧派（礼教派）的几番激烈争议之后[44]，终于在清宣统二年（1910年）十二月颁布了《大清新刑律》，原预定两年后付诸施行；遽料辛亥革命爆发，鼎祚轻移，这部由日本人冈田朝太郎实质负责编修的《大清新刑律》[45]，遂束之高阁矣。

民国肇建，百废待举之际，临时大总统袁世凯于民国元年（1912年）三月三十日以大总统令，命令在刑法方面，暂时继续援用晚清这部《大清新刑律》；嗣后，经过一番相当的删修，并经临时参议院审议通过后，袁世凯乃于民国元年（1912年）四月三十日正式颁布中华民国《暂行新刑律》，并以公布之日为施行日。[46]

由于在清季修律时，是由日籍法学博士冈田朝太郎负责实质编修，故《大清新刑律》虽系折衷于唐律以来之旧制，而其精神，则系袭取自欧洲以德国为主之大陆法体系[47]；民初经过相当程度之删修，并更名为《暂行新刑律》，虽使这部本来就富于西方近代色彩的刑法比较符合于民国的共和政体[48]，然无可讳言的是，这部《暂行新刑律》依然充斥着西方欧陆法的特色；而在刑事法学的思想上，则兼采西方法学旧派（古典学派）与新派（近代学派）的立场，可名之为“折衷主义”[49]。

因此，在《暂行新刑律·总则编》的第二章《不为罪》第16条，乃有如下的规定：

避不能抗拒之危难强制而出于不得已之行为，不为罪。但加过当之损害者，得减本刑一等至三等。前项之规定于有公务上或业务上特别义务者不适用之。[50]

这可以说就是我国台湾地区现行“刑法”关于“紧急避难行为”规定的正式起源。由于此一规范，与日本刑法的规定极端类似，加上清末编修《大清新刑律》的主导人员是日

---

[44] 关于晚清刑律变迁时，改革派与守旧派的争议情形，可参见黄源盛：《沈家本法律思想与晚清刑律变迁》（台北，台湾大学法学研究所博士论文，1991）及黄源盛主持的《大清新刑律礼法争议的历史及时代意义》（台北，“行政院国科会”科资中心出版，1995）等二文。

[45] 在晚清的修律过程中，虽然是由沈家本、伍廷芳出任修订法律馆大臣，但新刑律的编修，是由日人冈田朝太郎实质负责，参见杨鸿烈：《中国法律发达史》，893页，台北，台湾“商务印书馆”，1967。

[46] 关于民国初年《暂行新刑律》的颁订过程及颁布之大总统究竟是谁？据黄源盛氏之考证，应是临时大总统袁世凯，并无疑义，参见黄源盛：《民初暂行新刑律的历史与理论》，载《刑事法杂志》，41－6，1997，58～61页。

[47] 参见林咏荣：《中国法制史》，修订9版，85页，台北，作者自印，1989。

[48] 参见黄源盛：《民初暂行新刑律的历史与理论》，载《刑事法杂志》，41－6，1997，61页。

[49] 黄源盛：《民初暂行新刑律的历史与理论》，载《刑事法杂志》41－6，1997，73～77页。

[50] “司法行政部刑事司”主编：《各国刑法汇编》，84页，台北，“司法通讯社”，1980。

籍法学专家冈田朝太郎，故窃意以为，我国台湾地区现行“刑法”关于“紧急避难”之规范，应系继受西方法学思想，殆无疑义。

关于本条法律的立法理由，有着如下的叙述：

本条所规定，系不得已之行为或放任之行为，与前条正当防卫情形不同，非由于驱斥他人侵害，乃由水火雷震及其余自然之厄，或由于自力所不能抵抗之人力强制，不得已而为之者，刑律即不加以罚，盖本于法律不责人所不能之原则也。本条第二项之限制，例如军人临阵脱逃，及船长见船将近覆没，自先脱逃、上陆之类，此为违背职务、业务上之特别行为，不得以不得已之理由，谓为无罪。[51]

于此可知，在现行刑法理念下，“紧急避难行为”系由于水、火、雷、震等自然灾害，或由自力所不能抵御之人力强制，为保全个人法益，不得不采取的“不得已”之行为或“放任行为”；而法律之所以不予制裁的原因，则系基于“法律不责人所不能”的原则。至于负有特殊义务之人，如军人（守土有责）、警察（维护治安），或船长、船员等人士，均不适合引用“紧急避难”而临阵脱逃。

《暂行新刑律》一直施行到民国十七年（1928年）九月，国民政府正式实施旧《刑法》之前，其间也经历过几次删修。例如在民国五年（1916年）的《修正刑法草案理由书·总则编》，仍于第二章《不为罪》的第16条，有着如下之规定：

避紧急危难而出于不得已之行为，不为罪。但避难行为过当者，得减本刑一等或二等。前项之规定于有公务上或业务上有特别义务人之行为，不适用之。[52]

同时，在修正理由上，草案原文是说：

原案首句作避不能抗拒之危难强制，按本条情形，在刑法学上称紧急状态或紧急行为，改为紧急，较为简明。又危难原包有天然及人为两层，原案强制二字赘文，今删。[53]

由此可见，在民国五年（1916年）讨论刑法修正案时，对于本条法律的修正，重点在于文字上的修饰与刑度的修正。文字修饰上，主要是将《暂行新刑律》中的“避不能抗拒之危难”修正为“避紧急危难”，并将原文中“强制”两字删除。在刑度的修正上，主要是将避难过当的刑度，由《暂行新刑律》中的“得减本刑一等至三等”修正为“得减本刑一等或二等”。美中不足的是，修正理由书仅针对文字上的修饰提出解说，依据的是刑法学理论；至于刑度的减轻，修正理由书并没有说明其理由何在。

到了民国七年（1918年）的《刑法第二次修正案·总则编》，则于第四章《刑事责任及刑之减免》的第30条，有着如下之规定：

因救护自己或他人生命、身体、自由、财产之紧急危难而出于不得已之行为，不罚。但救护行为过当者，得减轻或免除本刑。前项关于救护自己之规定，于公务上或业务上有

---

[51] 转引自林纪东等编纂：《新编六法全书》，718页，台北，五南图书出版公司，1989。

[52] 法律馆主编：《法律草案汇编》，《修正刑法草案理由书》，影印本，4～5页，台北，成文出版社，1973。

[53] 法律馆主编：《法律草案汇编》，《修正刑法草案理由书》，影印本，4～5页，台北，成文出版社，1973。

特别义务人之行为，不适用之。[54]

同样地，在修正理由上，草案原文是说：

本条之规定，即学说上所谓紧急状态，非如前一条之有一违法侵害人可比。质言之，与有关系之人，皆为无过，但因紧急情状得以牺牲第三者之法益，以保全自己或他人之法益，故其适用范围不得漫无节制。本案拟从多数国立法例，以关于生命、身体、自由、财产为限。又本条但书，本条拟增入或免除三字，理由与前条同。[55]

将《刑法第二次修正案》的条文与此前相比较，可以看出，在《刑法第二次修正案》中，首度明确规范"紧急避难行为"必须有所节制，并以"自己或他人生命、身体、自由、财产"等为范围。其次，在刑度的修正上，对于避难过当者之处分，亦从民国五年（1916年）的草案"得减本刑一等或二等"修正为"得减轻或免除其刑"，这里意味着刑度的减轻或彻底免除其刑。关于为何加入"或免除"这三个字，理由书说"与前条同"，亦即与《刑法第二次修正案》第29条关于"正当防卫"的规定是一致的：

但防卫行为，法官于事后从容论断以为过当者，在犯人当时急不暇待，或以为非过当往往有之；且过当之程度，仍有轻重之分，若少有过当，即科以刑罚，未免近苛，故本案于减轻后增入或免除字样，以便法官裁夺。[56]

换言之，在紧急避难行为上，修正理由亦主张为了避免用刑过苛，故增加"或免除"等三个字，以便法官依据实际发生的状况，径行裁夺。值得注意的是，本条法律条文经过这次修改之后，大体定型，而"紧急避难行为"及"避难过当"的概念亦至此确立；嗣后的修订，多是依据此次修改后的文字再做斟酌。因而在民国八年（1919年）的《改定刑法第二次修正案·总则编》，对于本条法律条文，只字未改，仅因法条排列理念的不同，而将之移置于第37条。[57]

至于我国台湾地区现行"刑法"，系民国二十四年（1935年）1月1日公布，同年7月1日开始施行。而现行"刑法"第24条的条文，与民国七年（1918年）《刑法第二次修正案》及民国八年（1919年）《改定刑法第二次修正案》相较，只是修改了原文中五个地方的文字：首先，将原文中的"因救护自己"改为"因避免自己"；其次，将原文中的"但救护行为过当者"改为"但避难行为过当者"；再次，将"前项关于救护自己"改为"前项关于避免自己"；复次，将"得减轻或免除本刑"改为"得减轻或免除其刑"；最后，将"有特别义务人之行为"修正为"有特别义务者"。足见本次修正，主要都是文字上的修饰，对法条内涵并无改变。

---

[54] 法律馆主编：《法律草案汇编》，《刑法第二次修正案》，影印本，18页，台北，成文出版社，1973。

[55] 法律馆主编：《法律草案汇编》，《刑法第二次修正案》，影印本，18页，台北，成文出版社，1973。

[56] 法律馆主编：《法律草案汇编》，《刑法第二次修正案》，影印本，18页，台北，成文出版社，1973。

[57] 参见法律馆主编：《法律草案汇编》，《改定刑法第二次修正案》第四章《刑事责任及刑之减免》的第37条："因救护自己或他人生命、身体、自由、财产之紧急危难而出于不得已之行为，不罚。但救护行为过当者，得减轻或免除本刑。前项关于救护自己之规定，于公务上或业务上有特别义务人之行为，不适用之"（5页）。

附带一提的是，1979 年《中华人民共和国刑法》亦于其第二章“犯罪”第一节“犯罪和刑事责任”的第 18 条，有着如下的规定：

为了使公共利益、本人或者他人的人身和其他权利免受正在发生的危险，不得已采取的紧急避险行为，不负刑事责任。

紧急避险超过必要限度造成不应有的危害的，应当负刑事责任；但是应当酌情减轻或者免除处罚。

第一款中关于避免本人危险的规定，不适用于职务上、业务上负有特定责任的人。[58]

足见除了用语稍有不同之外，中国大陆的刑法关于“紧急避险”的规定，无论其理念与内涵，均与台湾地区的现行“刑法”关于“紧急避难”极为类似，实毋庸赘言。

（二）内涵

论者以为，在现代刑事法学思想上，所谓“紧急避难行为”，必须具备下列要件[59]：首先，须有自己或他人生命、身体、自由、财产之紧急危难发生时，始能适用。于此，所谓的“危难”，是对于法益有侵害状态之意思，至于发生危难之原因，究属人为、自然或物的因素，皆可以不问。而危难的发生，必须是现在正在进行或继续进行中；若是过去或将来之危难，一概不能适用，惟“即将”发生的危难，仍可预为紧急避难。至于得避免之权利，法有明文规定，以我国台湾地区现行刑法论，仅适用于“生命、身体、自由、财产”等四项，其他一概不取；至于所避难之权利，究应属于自己或他人，在所不问。

其次，“紧急避难行为”的第二项要件，必须是出于不得已之避难行为。于此，行为人须有救助危险之意思，而不得有侵害之意思，这属于主观阻却违法要素。再者，避难之加害行为，须出于不得已而为之，亦即属于行为人为避免其权利受到侵害的惟一方法或最后手段，且其所造成之损害不得大于危难所引起之损害，否则仍不得阻却违法。最后，避难行为不得过当，此与“不得已”并不相同，“不得已”系指行为之性质与方式而言，“不过当”则指行为之程度而言；至于何谓“不得当”，则视其所损害之法益与其所保全之法益孰轻孰重来认定——若避难行为过当，并不能阻却违法，只能减轻或免除其刑责，故我国台湾地区现行“刑法”第 24 条第 1 项第 2 款曰：“但避难行为过当者，得减轻或免除其刑”。

此外，实施紧急避难之行为人，必须是不负有特殊义务者。易言之，当公务上有特别义务者（如军人、警察或消防人员），不得行使避难行为；业务上有特别义务者（如船长、船员或巡逻人员），亦不得行使紧急避难行为。故我国台湾地区现行“刑法”第 24 条第 2 项曰：“前项关于避免自己危难之规定，于公务上或业务上有特别义务者，不适用之”。

---

[58] 王泰铨主编：《中华人民共和国法律法规汇编》，305 页，台北，作者自印，1997。

[59] 下列关于“紧急避难行为”的两项要件：“须有自己或他人生命、身体、自由、财产之紧急危难发生时，始能适用；且必须是出于不得已之避难行为”，参见蔡墩铭：《刑法总论》，3 版，152～153 页，台北，三民书局，1977。

由于“紧急避难行为”与“正当防卫”[60] 有着类似性与差异性，故两者常被用来作比较。[61] 通说以为“紧急避难”与“正当防卫”之相同性，大致有三：首先，此两者均是为了保护自己或他人之法益，而损害他人之法益；其次，两者均阻却违法，如未过当，于法皆不处分；最后，如有过当，两者均得减轻或免除其刑。

而“紧急避难行为”与“正当防卫”的差异性，大体有下列七点：第一，正当防卫属于“正对不正”之行为，紧急避难属于“正对正”之行为；第二，正当防卫以“他人之不法侵害”作为前提，紧急避难则以“发生紧急危难”作为前提；第三，正当防卫仅得针对“加害人”行使，紧急避难系出于不得已，故得实施之对象不限任何人；第四，正当防卫系针对“人类侵害”之防卫行为，紧急避难得针对“人类、其他万物、自然力或一切灾难”行使之；第五，正当防卫针对“一切权利”被侵害时，均得行使，紧急避难仅限于针对“生命、身体、自由、财产”之紧急危难状况，方得行使；第六，正当防卫为针对侵害者的“积极性”反击行为，紧急避难系“消极性”地逃避危难；第七，对于“正当防卫”，不得再为反击，对于“紧急避难”，受损者得实施对抗之行为。

此外，关于“紧急避难行为”究竟是属于阻却违法或阻却责任事由，众说纷纭，莫衷一是[62]；而我国台湾地区现行“刑法”则将其归属于“阻却违法事由”[63]，主要在于就保全法益之观点省思，紧急避难系就法益遭受紧急危难时所作为之保全行为，与正当防卫并无不同，并未具备实质违法性，故得阻却违法。

五、唐律与现行法之比较研究

（一）法条比较

以唐律前引三条与现行“刑法”“紧急避难”概念相关的律文来比较，首先，我们可以发现，唐律关于“紧急避难”的相关规定，是分散在《唐律·卫禁律》、《厩库律》及《杂律》之内，亦可以说是散见于《唐律》的各项分则规定中；至于台湾地区现行“刑法”，则显而易见地是规范于总则编，这是古今立法的绝大不同。

---

[60] 关于唐律中“正当防卫”的研究，笔者先后撰写过两篇论文，分别参见拙作《唐律与现行法关于“正当防卫”规定之比较研究》，载《法制史研究》4，47～94页，台北，2003；拙作《唐律关于“正当防卫”相关规范试析——兼论宋元明清时代之变革》，载《中国中古史研究》3，177～218页，台北，2004，这两篇论文均曾接受“国科会”专题研究计划补助（NSC－91－2411－H－034－015）。

[61] 以下关于“紧急避难行为”与“正当防卫”之相同性与差异性，均参见黄仲夫：《刑法精义》，修订版，99～100页，台北，五南图书出版有限公司，2001。

[62] 紧急避难行为究竟属于何种性质？学界至少有三种说法，一是阻却违法说，二是阻却责任说，三是竞合说（参见黄仲夫：《刑法通论》，93～94页）；例如希腊刑法采“竞合说”，故于第25条与第32条，即将紧急避难之情状，划分为二：其一属于阻却违法之避难，其二属于阻却责任之避难，参见蔡墩铭：《唐律与近世刑事立法之比较研究》，146页，台北，“中国学术著作奖助委员会”，1968。

[63] 林纪东等编纂：《新编六法全书》，718页，台北，五南图书出版公司，1989。

其次，依据《唐律·厩库律》第9条“官私畜毁食官私物”之律文，唐律关于“紧急避难”的规定，似以畜产（动物）对于人类的侵犯为要件，故当畜产意图抵啮人类时，受侵犯之人登时将畜产杀伤或杀死时，不坐罪、不赔偿，且畜主还要受到笞四十的处分，以惩戒他未尽督导控御之责。故唐律本条律文重视的是人类生命、身体安全的保障——且此一紧急避难权，仅适用于畜产对于人类的加害，是谓“对于畜产加害之‘紧急避难’”。此外，此种避难行为，必须是以“登时”为限，若“绝时”则否；此则与现代刑法理念所要求的“危难”必须是现在或继续进行中为限，颇有雷同之处。

至于财产，并非唐律所欲保障之范畴，故杀伤现在入侵私有财产（如农作物）之畜产，至多只能减故杀伤三等论罪，物主与畜主并互相赔偿彼此的损失。此一概念略同于现代刑法理念中的“避难过当”，足见唐律对于紧急避难权的行使，并不包括财物损失在内。至于“自由”，更非唐律所欲保障之法益。

复次，唐律对于深山、迥泽等猛兽易于出没之处，允许人民设立机枪、坑阱，以防止紧急危难状态出现，是谓“对于畜产加害之‘预想避难’”，见于《唐律·杂律》第6条“施机枪作坑阱”第二项——此似为现代刑事立法理念所欠缺者，因为台湾地区现行“刑法”对于紧急避难的要件之一，是以现在或继续进行中者为限，若属过去或未来之危难，均不适用之。此外，此种预想避难，唐律规定必须要设立警示标识，以警惕过往人群；若未能设立，仍为法所不允。

最后，唐律对于“怠忽紧急避难行为”之特定人员（如皇帝仗卫之守卫人），设有罚则，见诸《唐律·卫禁律》第17条“车驾行冲队仗”第二项，其主旨在于惩戒理应防备畜产冲撞皇帝仗卫，以维护皇帝人身安全的守卫人员，如因懈怠职守，以至于畜产冲入仗卫，甚至宫门、宫城门及殿门以内者，守卫分别要处以杖八十及杖一百之刑。此于古代中国的国家形态，似属必要；惟本文也认为，唐律此一规范，实际上就是在说：“关于避免自己危难之规定，于公务上有特别义务者，不适用之”。

于此可知，唐律对于“紧急避难行为”之规定，似乎仅限于畜产对于人类生命或身体发生紧急危难时，始适用之，这固然体现出唐律对于“紧急避难”规范之立法理念与立法精神较诸“正当防卫”来得严格许多[64]；但似乎也显示出唐律关于“紧急避难行为”的立法理念与精神，稍显狭隘。

而我国台湾地区现行“刑法”关于“紧急避难行为”之法条规定，最明显与唐律之不同处，厥在于台湾地区现行“刑法”明文规定，关于此一避难行为，得适用于“自己或他人生命、身体、自由、财产”等方面遭受紧急危难时，此似为唐律之所不能及。其次，台湾地区现行“刑法”对于危难的起因，并不限于自然或人为之危害，而唐律却仅限于畜产的紧急危难，似乎唐律的规范有欠周全。

---

[64] 唐律关于“正当防卫”的规范，参见前引拙作：《唐律与现行法关于“正当防卫”规定之比较研究》、《唐律关于“正当防卫”相关规范试析——兼论宋元明清时代之变革》等二文。

至于适用“紧急避难”之时机，应是行为人面临着现在或继续进行中的危难，这是唐律与台湾地区现行“刑法”共通之处。而“避难过当”一项规定，虽然现行法与唐律的规定未必全然相同，但古今律令均有着此一规范，亦是其类似性。最后，唐律亦与现行法类似，对于具备特殊任务之人员，禁止适用“紧急避难”权利。

综而言之，唐律上关于“紧急避难行为”之规范，与台湾地区现行“刑法”的规定有其类似性，亦有其差异性——故本文认为在此一法理观念上，唐律与我国台湾地区现行“刑法”此两种古今法律思想仍有其接榫之处。

（二）实例比较

在司法实务上，本文拟举分别发生在唐代以及近代的两件案例，来探讨此二者（唐律与台湾地区现行“刑法”）关于“紧急避难行为”相关规范的落实程度。

1. 郭泰、李膺争桡事件

135. 奉判；郭泰、李膺，同船共济，但遭风浪，遂被覆舟。共得一桡，
136. 且浮且竞。膺为力弱，泰乃力强，推膺取桡，遂蒙至岸。膺失桡势，因
137. 而致殂。其妻阿宋，喧讼公庭，云其夫亡，乃由郭泰。泰共推膺取桡是实。
138. 郭泰、李膺，同为利涉，扬帆鼓枻，庶免倾免倾危。岂谓臣浪惊天，奔涛
139. 浴日，遂乃遇鄞舟覆，共被漂沦。同得一桡，俱望济己。且浮且说，皆为性命之
140. 忧。一弱一强，俄致生死之隔。阿宋夫妻义重，伉俪情深。悴彼沈魂，随逝
141. 水而长往；痛兹沦魄，仰同穴而无由期。遂乃喧诉公庭，心雠郭泰。披寻状
142. 迹，清浊自分。狱贵平反，无容滥罚。且膺死元由落水，本为覆舟，自是
143. 天灾，溺死岂伊人咎。各有竞桡之意，俱无相让之心。推膺苟在取桡，被
144. 溺不因推死。俱缘是命，咸是不轻，辄欲科辜，恐伤猛浪。宋无反坐，泰
145. 亦无辜，并各下知，勿令喧扰。[65]

从本案涉案人的姓名分别是“郭泰”、“李膺”，可以想见本案应属敦煌判集中的“拟判”。[66] 本案案由是说，郭泰、李膺二人同船共济，却在海上碰到风浪，以致船只翻覆，两人一起落水，却仅有一桨，可赖以漂浮于海上。由于李膺力气较弱，遂被郭泰推开，由郭泰取得这只桨；靠着这只桨，郭泰逃回岸上，得以生还，李膺则不幸被淹死。李膺妻子阿宋，向官府提出告诉，说她丈夫李膺之所以会被淹死，都是因为郭泰害的；经过开庭询问，郭泰也承认曾经在争桨的时候，推了李膺一把。奉判的判文，对本案说道：“同得一桡，俱

[65] 本文书系敦煌文书伯 3813 号文书，转引自王震亚、赵荧：《敦煌残卷争讼文牒集释》，138～139 页，兰州，甘肃人民出版社，1993。又参见刘俊文：《敦煌吐鲁番唐代法制文书考释》，445～446 页，北京，中华书局，1989。而［日］池田温：《敦煌本判集三种》（载《古代东亚史论集·下卷》，东京，吉川弘文馆，1978，432～433 页）及［日］泷川政次郎：《唐判集の緊急避難事件の判決に就いて》（载《国学院法学》，16－1（通卷第 58 号），1978，9～14 页），均曾讨论本案。

[66] 关于唐代的“判”，以及所谓的“拟判”，参见桂齐逊：《唐代“判”的研究——以唐律与皇权的互动关系为中心》，39～47 页，台北，中国文化大学史研所博士论文未刊本，1996。

望济己……各有竞桡之意，俱无相让之心”，也就是说当发生紧急危难时，每个人为了自我救护或避免自己的生命受到威胁，极有可能是无所不用其极的；何况“且膺死原由落水，本为覆舟，自是天灾，溺死岂伊人咎……推膺苟在取桡，被溺不因推死”，于此，判文认定李膺的死亡，是死于天灾，并非郭泰害死他的，因为郭泰的推开李膺，只是为了保全自己的生命权益，并无害人之心。故判文最后裁定：“宋无反坐，泰亦无辜”——亦即判文认定郭泰无罪，同时也法外开恩，不置阿宋反坐之刑。[67] 由此看来，本案属于标准“紧急避难行为”的判决，纵使此一判例可能属于“拟判”，然而作此一判文的人，可说深切了解唐代关于“紧急避难”的定义与内涵。此外，虽然唐律上关于“紧急避难”之规定，在律文的规范上，似仅限于畜产对于人类的侵犯始得适用，本文前已有言；惟本案的判决，不但体现出唐律同样允许将此种避难行为适用于自然力所造成的危害，并且亦可稍稍弥补古今法律规范之殊异性。

2. 二五上三三七判解

至于我国台湾地区现行“刑法”关于“紧急避难行为”之司法实例，亦举一例如下：

上诉人杀伤某甲后，背负某乙涉江而逃，行至中流，水深流急，将某乙弃置江溺毙，其遭遇危险之来源，固系上诉人所自召，但当时如因被追捕情急，以为涉水可以避免，不意行至中流，水急之地，行将自身溺毙，不得已而将某乙弃置，以自救其生命，核与法定紧急避难之要件，究无不合，原审认为不生紧急避难问题，尚有未洽。[68]

本案上诉人某某与某乙，可能均系逃犯，上诉人在杀伤某甲之后，背负着已经受伤的某乙涉江逃亡，行至水中央时，水流深急，上诉人为保全自己的生命，遂将某乙丢置江水之中，虽然上诉人幸免于难，但某乙却被淹死。在初审法院审理时，上诉人用“紧急避难行为”来为弃置某乙一事脱罪，但初审法官不接受他的理由，判定有罪。经上诉人提起上诉后，“最高法院”认为，上诉人涉江时所遭遇之危险，虽系自行招来，但他为了保全自己的生命权益，弃乙于不顾，在法理上，仍符合“紧急避难”之要件，故“最高法院”裁定原审法院对乙的判决不当，发回更审。按本文前已有言，关于行使“紧急避难行为”的要件之一，是有“紧急危难”的状态发生，至于“危难”发生的原因，究系自然或人为的，在所不问。虽然学理上对于“自招之危难”是否得以阻却违法，不无争议，但只要不是

---

[67] 按唐律规定“诬告反坐”，见《唐律·斗讼律》第41条“诬告反坐”（总第342条）之规定：“诸诬告人者，各反坐。即纠弹之官，挟私弹事不实者，亦如之。反坐致罪，准前人入罪法。至死，而前人未决者，听减一等。其本应加杖及赎者，止依杖、赎法。即诬官人及有荫者，依常律。若告二罪以上，重事实及数事等，但一事实，除其罪；重事虚，反其所剩。即罪至所止者，所诬虽多，不反坐。其告二人以上，虽实事多，犹以虚者反坐。谓告二人以上，但一人不实，罪虽轻，犹反其坐。若上表告人，已经闻奏，事有不实，反坐罪轻者，从上书诈不实论”（《唐律疏议》，卷23《斗讼》，428～430页）。故郭泰若被判无罪，则本案中的阿宋，应要被处以“诬告”之刑罚。判文明显系基于阿宋之夫死于非命，因而才提出此一控诉，姑念其情可悯，故不问罪。

[68] 林纪东等编纂：《新编六法全书》，引台湾地区“最高法院”二五上三三七号判例要旨，718页，台北，五南图书出版公司，1989。

"故意"惹起的危难，通说仍允予阻却违法。[69] 本案原审法官，即认为上诉人所遭遇之危难，系其个人所自招，故不承认其避难行为；台湾地区"最高法院"却认为，上诉人所遭遇之危难，并非其故意招来，故承认其紧急避难行为。

从本文所引两件司法实例看来，古今司法体制对于国家法律概念与制度，均能充分落实，值得称许。而敦煌判集所引判例，更具有稍稍弥补古今法律规范殊异性之功能。

六、结　论

"紧急避难行为"此一法理思想，西方早自罗马法时代即已见其端倪；然直至近世，西方各国在其刑法中是否应明确承认"紧急避难行为"属于合法行为，迄今仍莫衷一是。我国台湾地区现行"刑法"，则于第 24 条明文规定："因避免自己或他人生命、身体、自由、财产之紧急危难而出于不得已之行为，不罚。但避难行为过当者，得减轻或免除其刑。前项关于避免自己危难之规定，于公务上或业务上有特别义务者，不适用之"。惟我国台湾地区现行"刑法"此一规范，窃意以为应是继受自西方法学理念，殆无疑义。但这并不代表我国固有律就完全欠缺此一法理思想与规范。

据本文的考察，我国固有律早在上古时代的《尚书·虞书·舜典》，即有着类似于今日刑事立法思想上"紧急避难行为"之概念，秦代相关规范亦可自《睡虎地秦简·秦律十八种·田律》中寻绎出蛛丝马迹。惜乎两汉、魏晋、南北朝时期，并未能赓续发展此一法理思想；或者由于史文有阙，今不能详，稍俟后考。

因而我国固有律关于"紧急避难行为"之法理思想，直到唐律，始有较为具体而完整之立法理念与法律条文，散见于《唐律·卫禁律》、《厩库律》及《杂律》之中，并为日后的宋、元、明、清历代所沿袭。

唐律关于此一法理思想的规范，大致可以区分为"对于畜产加害之'紧急避难'"、"对于畜产加害之'预想避难'"及"负有特殊任务人员不适用'紧急避难行为'"等三大项。而这三项法律规范，大体亦为嗣日后的宋、明、清历代所承袭。

在"对于畜产加害之'紧急避难'"方面，唐律规定，当畜产意图抵啮人类时，受侵犯之人登时将畜产杀伤或杀死时，不坐罪、不赔偿，且畜主还要受到笞四十的处分，以惩戒其未尽督导控御之责。故唐律本条律文重视的是人类生命、身体安全的保障——且此一紧急避难权，仅适用于畜产对于人类的加害；同时，此种避难行为，必须是以"登时"为限，若"绝时"则否；此则与现代刑法理念所要求的"危难"必须是现在或继续进行中为限，颇有雷同之处。至于财产，并非唐律所欲保障之范畴，故杀伤现在入侵私有财产（如农作

---

[69] 蔡墩铭主张："然而危难如由于可归责于避难者之原因而引起，即所谓自招之危难，是否亦得实施紧急避难，虽不无问题，但似不应予以限制。不过故意惹起危难，借以实施避难行为，不能阻却违法。例如为杀害邻居之饲犬，故意将其激怒，然后主张紧急避难而予以杀害，应成立故意毁弃损坏罪"（参见蔡墩铭：《中国刑法精义》，138 页，台北，江林出版社，1977）。

物）之畜产，至多只能减故杀伤三等论罪，物主与畜主并互相赔偿彼此的损失。此一概念略同于现代刑法理念中的“避难过当”，足见唐律对于紧急避难权的行使，并不包括财物损失在内。至于“自由”，似乎更非唐律所欲保障之法益。

在“对于畜产加害之‘预想避难’”方面，唐律规定，在深山、迥泽等猛兽易于出没之处，人民得设立机枪、坑阱，以防止紧急危难状态出现——此似为现代刑事立法理念所欠缺者，因为台湾地区现行“刑法”对于紧急避难的要件之一，是以现在或继续进行中者为限，若属过去或未来之危难，均不适用之。此外，此种预想避难，唐律规定必须要设立警示标识，以警惕过往人群；若未能设立，仍为法所不允。在“负有特殊任务人员不适用‘紧急避难行为’”方面，唐律规定，凡担任皇帝车驾之仗卫人员，不得纵放畜产侵入仗卫或宫门、宫城门及殿门之内，否则守卫应处以杖八十以至杖一百之刑罚。本项律文可以说是对于皇帝人身安全的特殊保障，亦可谓与中国古代国家形态有着密切的关系；但本文认为，唐律此一规范，不啻是说：“关于避免自己危难之规定，于公务上有特别义务者，不适用之”。惟自本项律文省思，唐、宋、明各代均只针对守卫人员的“怠忽避难行为”而予以惩处，清律除继承了此前的律文规定以外，并连带处分“纵畜之家”，无怪乎通说主张我国古代皇权，时代愈后愈为高涨，至于清代乃达到最高峰——证诸本项律文的发展，似又得一明显例证。

虽然唐律对于“紧急避难行为”之规定，似乎仅限于畜产对于人类生命或身体发生紧急危难时，始适用之，体现出唐律对于“紧急避难”规范之立法理念与立法精神较诸“正当防卫”来得严格许多；但从本文所举敦煌判集中的判例看来，此种避难权亦适用于自然力造成侵害之际，稍稍弥补了律文规范的不足。

至于我国台湾地区现行“刑法”关于“紧急避难行为”之规范，与唐律最大的不同之处，就在于现行“刑法”是将此一法理规范，明定于总则编，唐律则是散见于分则篇，这是两者立法方式绝大的不同。

至于台湾地区现行“刑法”与唐律在法条规定的差异，厥在于现行“刑法”明文规定，关于此一避难行为，得适用于“自己或他人生命、身体、自由、财产”等方面遭受紧急危难时，此似为唐律之所不能及。其次，现行“刑法”对于危难的起因，并不限于自然或人为之危害，而唐律却仅限于畜产的紧急危难，似乎唐律律文本身的规范稍欠周全。

此外，在适用“紧急避难”之时机，应是行为人面临着现在或继续进行中的危难，这是唐律与台湾地区现行“刑法”的共通之处。而“避难过当”一项规定，虽然现行法与唐律的规定未必全然相同，但古今律令均有着此一规范，亦是其类似性。最后，唐律亦与现行法相同，对于具备特殊任务之人员，禁止适用“紧急避难”权利。

综而言之，唐律上关于“紧急避难行为”之规定，与台湾地区现行“刑法”的规定，有其类似性，亦有其差异性——故本文认为在此一法理观念上，唐律与我国台湾地区现行“刑法”仍有其接榫之处。

最后，从本文所引用的两件司法实例看来，古今司法体制对于国家法律概念与制度，均能充分落实，值得称许。而敦煌判集所引判例，更具有稍稍弥补古今法律规范殊异性之功能。

（说明：本文原刊中国中古史研究编辑委员会（台湾）编：《中国中古史研究》第四、五期合刊本，台北，兰台出版社，2005 年 12 月。现原文刊发。）

林茂松

清代州县司法运用的实态

简介

林茂松，1934年11月18日出生于台湾省屏东县林边乡。台湾大学法律系毕业（1954—1958），日本京都大学大学院博士课程结业（1966—1970），曾任日本天理大学讲师、日本京都大学研究员、日本东京大学东洋文化研究所客座研究员、中国文化大学法律系教授、辅仁大学、东海大学等法律系兼任教授、国防管理学院法律研究所兼任教授，现为至诚国际法律事务所负责人。出版有《中国法制史新论》、《中国思想之研究（三）墨家·法家·逻辑》、《中国法制史探索：林茂松古稀自选集》等著作。

目次

一、序　言

清代的基层政治机构为州（即所谓散州）、县（偶尔包括散厅），它并不具有似中央机关或各省最高权力中心的督抚衙署那种分工理念下的政务分辖制度，而必须综览辖区内所有的政务，并予处理。于前近代中国，裁判事务也被视同政务之重要一环，而裁判事务可分为自理事案与上控事案两类，前者系指该当于笞杖刑的轻罚事案，以及户婚、田土、钱债、疆界等的民事案件，州县得自行断结之事案而言；后者即指该当于自理事案以外之事案，州县于审理之后，必须“拟律”并将有关卷宗及“犯（人犯）证（证据）”“解勘”于上司者而言。因而，毋论上述两类事案中之任何一类，皆须先经州县衙署之审理。

政治的基本阶层之知州或知县，因与民众的社会生活具有极密切、极紧接的关系，故被称为父母官、亲民官或牧民官、牧令官等等。如果民众遭遇天灾祸厄，为饥寒所袭，或流离失所之际，即应开仓廪、施赈恤；平时，于每月的朔（初一）望（十五号），亦应轮流至各地宣讲圣谕或名教[①]；并设立州县学，以从事士子的教育与民众的教化；此外，更须率领辖区内的佐杂、捕快（捕役、马快）等公的武装警察，协调驻扎的军警，并动员保甲体制下的自卫集团，以保障城乡的安全。尤其是，如果民众提起诉讼案件之际，即

① 据康熙已未（十八年，1679年）《上谕合律乡约全书》一书所裁，县讲乡约图示如下：

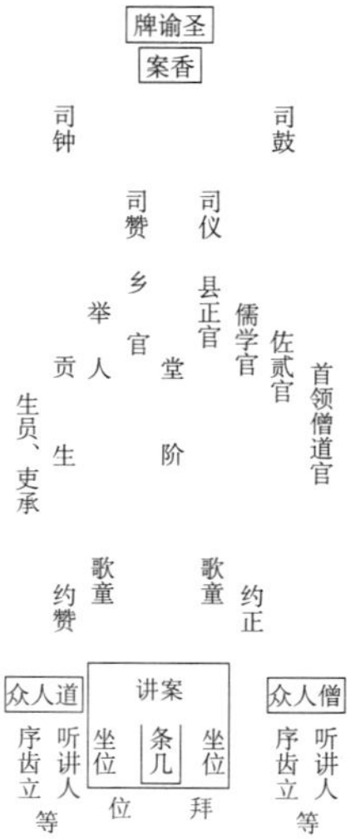

至于“圣谕”即为：“敦孝弟以重人伦，笃宗族以昭雍睦；和乡党以息争讼；重农桑以足衣食；尚节俭以惜财用；隆学校以端士习；黜异端以崇正学；讲法律以儆愚顽；明礼让以厚风俗；务本业以定民志；训子弟以禁非为；息诬告以全良善；诫窝逃以免株连；完钱粮以省催科；联保甲以弥盗贼；解仇忿以重身命”等等。

须实施必要的检验（杀伤等案）、勘查（田土、疆界等案）、会勘（强盗等案），经过传唤犯证，开庭审理，认定事实之后，取得招供，于一定的“审限”之内，予以宣判。当然，为实现上述的法定任务，监押设施或辅佐吏员、书役等之编制，皆为不能或缺的，凡此一切经费的筹措，即不得不自民众征收徭赋。官宪与民众之间的这层关系，被比拟为类似亲子关系。但是，亲子关系为自然发生者，反之，官宪与民众的关系乃立于中国的礼教思想之上所拟制者，所以，官僚之辈未必尽是似父母那样爱护子民。诚然，历代不无类似北宋仁宗时代的包拯（1000—1063）那种民众所爱戴的贤能官僚。但是，毋宁说是愚劣顽冥、滥施恶政的地方官僚，较为多数，此由后引“公牍”、“纪事”、“从政录”等等资料，可以得到印证。特别是，上司的监督所不及之处，抑或情势陷于混沌之时，恶政更形昭彰。不但行政效率低下，而且渎职与残民以逞的官僚续出，因而民心日渐背离，清朝政府终于经不起内外层层的严厉考验，而自历史上消逝。

至于所谓牧民官的知州、知县究竟如何滥施恶政这个问题，当以考察占州县政务泰半的裁判事务之律令、条例措施，以及其违反之事态，最为捷径。同时，这种考察，亦能反射地发现清代地方的司法运用之实际，故堪称为一举两得。《大清会典》、《大清律例》、《六部则例》与省例等文献，均有制订州县的裁判事务方面所应遵循的规定；其中，尤以省例之类最值得注意。盖各省省例虽因时制宜，而在细节上、技术上不免有微小的差异，但是于立法旨趣而言，即为若合符节。尚且，于州县裁判之实务方面，也有相当详细的记载，所以本稿乃特别以之为中心来进行研究。州县官不但政务繁多，而且往往不谙律令，因此，自然产生幕友、书吏、家丁等辈的介入与操纵之弊端。各种资料上，有关其违背裁判程序方面的律令规定之事实，可谓是不绝如缕。此事只要分析督抚或藩皋两司，基于行政监督权对于下属各衙署发之“札饬”、“文檄”（文移）、“催令”，以及上司对于下层衙署的“出详”所加之“批示”，乃至于督抚对于皇帝的“条奏”，或者督抚、藩皋两司直接对于民众颁布的“条教”（告示）等等省例之类，即可明了。以下，拟搜集、剖析上述的资料，就清代州县的缉捕人犯、招供手续、审判期限、书役门丁、幕友长随、监押体制、亲民官之裁判等项目，加以考察，并论述清代地方机关司法运用之实际。

二、人犯的缉捕与捕役等之舞弊

盗贼的出没，不仅为民害之最，并且为王朝存立之莫大威胁。尤其足此辈盗贼如与散兵、游勇、秘密结社或地方势力等有所勾结、认同，即其危险性当更可虞。因而，历代的王朝皆重视之，是以盗贼律之成立既早而其立法又极绵密。清代亦不例外。地方上的警察组织，范围广泛，举凡州县佐杂官的县丞、主簿，以迄吏目、典史、巡检（以上文职）等，其职位无不属于捕官（司法警官），而身系缉捕之务。至于彼等所率领者，即有捕役、马快、民壮、弓手（司法警察）等等。并且，关于武职者，即有绿营之汛弁与驻防之水陆营，以及自卫组织之保甲乡练等等。假设盗案一旦发生，文员与武弁即需要“会勘”、“会缉”：上司的“札饬”或其他宫署“关移”等情形亦然。但是，为此“会勘”、“会缉”，两者间的权限关系，往往陷于混淆、暧昧的状态，有功即互相争夺，有过即互相推诿，甚至于互相牵制，所以，捕役与弁丁之间的瓜葛，可说是从未间断。②

基于上情，清朝曾一度实施捕役与汛弁的分缉制度，前者以掌理城内的巡查为主，后者以掌理公路、村庄、墩铺（郊外的据点）的巡查为主。但是，分缉的结果，捕役往往唆使彼等所勾结的盗贼在公路、墩铺等地闹事，加上穷乡僻壤也发生巡缉的死角，因此弊病莫大，于是雍正五年（1727 年）便废止分缉制度，恢复文武共缉的制度。③

其次，驻扎于州县的汛弁之首，职位也不过千总、把总而已。其中，竟有千总、把总一名，需要负责二、三县之警备防务者。至于彼等所辖兵弁，仅有骑兵、步兵合计二、三十人至四、五十名而已，加上彼等的职掌繁杂，包括“存城”（即警备城、库、狱等地）、“守铺”（即巡查、侦查）、“差操”（即递送粮赋、人犯、公文以及实施演习等）等之三大任务，不似捕役专管缉捕，活动幅度一定。所以就缉捕任务而论，捕役等始为基本性的存在，其贡献远大于弁丁等。但是，虽然如此，捕役的性质也有若干问题。大抵上捕役于大州县有十余名，中小州县有八九名，彼等与其他衙役殊异，多为盗贼所转业者，至少殆与盗贼沆瀣一气④，不喜破案。盖因彼等如逮捕盗贼，即经过州县印官初步定拟之后，必须押解府城、省城等上司衙署，届时，往还、滞留等费用，大多听诸捕役自办，印官往往将应支付的“工食”迟付或剋扣之。因此，由于经济上的贫困，捕役便形成怠工、收受贿赂而纵放盗犯，以及与盗贼勾结以谋生计等等倾向，因而有缉捕不力的情况。譬如，江西一省七十八州县之中，单为窃盗一案，向按察使司通报者，少即数十件，多即一二百件，而其中捕获者，竟少至一百件之中没有一件。⑤ 不仅盗案如此，命案凶手的缉捕亦然。⑥ 如果在州县管辖区域境界有山脉、河川、沙滩等地物者，种种难题便随之发生，浙江、广东两省的盗案，即其适例。根据《浙规》载，海盗往往劫走商船之后，由海湾拖到外海，然后下手抢夺，或徬徨于数县海面之后，始予劫夺。在此情形之下，所有关系州县为逃避行政处分，于是“遇盗”州县与“劫夺”州县，互相推诿缉捕与裁判的责任，所以浙江巡抚不得已乃制订省例，科加“遇盗”州县以缉捕之责任。⑦ 再者，在沿海地域巡逻的“舟师”（总督或提督所辖之海军炮船），也往往滥用职权，未先查明良莠，即恣意逮捕商人或渔民，尤甚

② 往往“文员”根据被害人的出诉，完成预审程序，而移会该管地方官嘱托缉捕之际，“武弁”却借词被害人未到案，亦未勘问等等，不为“会印”，以致事案的进行常被迟延。关于此事，可参见《江苏省例》（以下简称《苏例》）中的（缉私捕盗防军遇有盗案枭贩一并议处）一节，以及《治浙成规》（以下简称《浙规》）中的《洋面失事案件推诿迟延申明定例分别勘讯详参》一节。

③ 参见《抚豫宣化录》，卷二《请停城乡分缉之例等事》一节。

④ 参见注②。

⑤ 参见《西江视臬纪事》（以下简称《江西纪》）中的（窃案通报议详）一节。

⑥ 《抚湘公牍》中《批宁远县罗令详》一节有：“缉捕殊为废弛，各州县每于人命案件，多报凶逃，明系情玩推诿，以省审鞫招解之烦，致使凶徒漏网，毫无畏忌”等记载，足为参考。

⑦ 参见《浙规》卷四《巡洋舟船拏获人船解交地方官收讯》一节，以及《粤东省例新纂》（以下简称《粤例》）中的“德庆、封川、东安、西宁四州县失事分界承缉”、“归博等县交界承缉”等节。

者，不俟地方的裁判，即将船舶征收为军用或者滥行拍卖，骚扰黎民，莫此为甚。[⑧] 至于河川沿岸地带，由于帆船密集，商贾纷至沓来，所以为维持治安的需要，也设有称为“水塘汛兵”的兵丁。但是，此等兵丁往往懈怠缉捕任务，日间则逗留公所饮酒作乐，夜间则泥醉混睡，以致盗匪之猖獗，与日俱增。[⑨] 另一方面，地方官为避免“疏防”之责与缉捕之烦，以及为沽钓“无盗案”的美名，部分不肖者，纵然获盗案的报告，也将其讳匿，或偷天换日将强盗案顶替为窃盗案等等，无所不用其极。

其次，补充警察力的不足，以保障地方安足的自卫组织之“乡团”，自清朝中期，则由各地方有力缙绅所组成。乡团中的民兵，由年龄二十至四十（或四十五岁）之壮丁结成，每十人为“一什”（基本单位），五什为一队，四队为一哨，并各置一长，而由最高指挥官“团总”统率之。对于乡团，地方官虽偶尔供给口粮或武器，但是所有经费，仍赖地方自筹者为主。[⑩] 团练之中，虽不无似曾国藩、李鸿章等人，将其厚殖蓄养，以致发展而成湘军、淮军之规模者，但是一般而言，乡团殆因经费之自筹与人才之缺乏两事，而产生很多难题。尤其是一到咸丰末期，更形成“官督民团”的情势，州县便喧宾夺主，直接掌握、管辖所有的乡团，而配合需要，自由调度，于是团练的性质自初级的自治体，变成官宪的为政的工具，团总也自乡民的推举，变成官宪的指派。[⑪] 本来，官宪负有保护人民之责，今则官宪反而依赖民团的武力，以支撑王朝的命运，正可谓是本末颠倒矣。

其次，本稿拟研讨关于缉捕犯人的赏罚规定。对于缉捕，上自州县印官与其上司，下至佐杂捕官、捕役、营汛弁丁，皆须负连带责任，故对于法定期限内达成任务的有力者之奖励，以及对于逮捕不力者之处罚，也直接间接地波及连带关系人，而赋予各种不同的赏罚。按规定，遇有盗案发生，接到地保或被害人告发时，州县印官一方面须会同武职履勘，并将大概的发生情形，于三日内以“夹单”“通禀”上司[⑫]，俾上司能及时采取监督与通缉等之措施[⑬]；另一方面，州县官吏须于十日内将检证的结果、被害人或证人等的陈述，以及该地段的文武负责官员之职名等等详情，以书面向上司“通详”（一称“通报”）。至于命案发生，大体上须采取同样的措施。以上的报告义务，具有提供上司监督人犯的缉捕，以作

⑧ 参见注⑦。

⑨ 参见《江西纪》中《饬水塘汛兵沿河稽查》一节。

⑩ 经费之来源，主要者系依据乡民地亩的多寡，以行摊分者。至其缴纳方法，银两或米麦皆不拘之；大体上为每隔一两个月募集一次。但是贫户则可免除捐献（参见《退崖公牍文字》中《团练示》一节）。

⑪ 参见前注⑩。

⑫ 州县上申上司的文书之形式，通常有“验”、“详”、“禀”等三类，“验”仅供备考之用，不必批回；“详”则必须批回。“禀”则于案情复杂，一时未能查如实情以为通详，或于不必通详的事项行之，相当于所谓私函。对于州县的出“详”，除了知府以外，通常道、司、抚、督等上司，都先经主管“房”的“经承”之拟批，然后再由上司判发，上司未必详阅。但是，对于禀，上司则必亲自详阅，故下级衙署无不甚为留意，不敢掉以轻心。

⑬ 《大清律例》（以下简称《律例》）“刑律·捕亡·盗贼捕限”的条例中载有：“凡交界地方失事，探实赃盗之处，无论隔县隔府隔省……一面差役往拏，一面开会协缉，倘有疏纵牵制，不行缉拏，交部分别议处……”；“凡命盗等案要犯，负罪在逃，承缉官于事发之日……一面具详，该省督抚接据详文，即径檄邻省督抚，彼此督缉，倘接壤州县接奉文檄，以非本管督抚，以存畛域之见，视为通缉具文……交部照例议处”。

为将来赏罚文武职的依据之作用。至于行政上赏罚标准的缉捕期限，通常是以犯罪发生后的一个月为准，根据《吏部则例》（新编）“新定承追官员处分”的规定，命盗重案发后，在法定期限⑭内不能缉捕人犯者，州县官则被处“初参”而罚“住俸”；如再经一年，仍未能缉获者，州县官则罚俸一年，知府则罚俸六个月，督抚司道则罚俸三个月；如经二年仍未能缉获者，州县则降一级留任，知府则罚俸一年，督抚司道则罚俸六个月；如延搁三年者，州县官则降一级调用，知府则降一级留任，督抚司道则罚俸一年。此外，根据《江苏省例》中“详定州县缉捕功过章程”、“遵饬酌议变通州县缉捕章程”等规定，如自盗案发生日起一个月内，缉获盗犯半数以上，或缉获盗首者，记功一次；缉获盗犯半数及盗首者，记大功一次；如缉获盗案的盗犯全部，并抄获赃物者，则记大功二次；如一个月内连续捕获二案、三案的盗犯，则每案各记大功一次。再者，新任捕官，如在两个月内逮捕前任未获的盗犯，每案记大功一次；如查获邻接区域的盗犯、盗窝或捕获该当死刑的盗犯，则每名记大功一次。如记功累积六次，或大功累积三次，则应详情上司予以特别奖励。至于新任捕官对于命案凶案的缉捕期限，为就任之日起算一年。⑮

反观自盗案发生之日起算一个月（初限）后，仍未捕获盗犯者，记过一次；两个月（再限）后者，记过二次；三个月（三限）后者，大过二次；记过累积达六次或大过累积达三次者，则处予“撤任留缉”。如一个月内连续“失防”（亦称“疏防”）二案者，则摘去其顶戴，并以二个月为限令其缉捕，如再不能缉获，则处予“撤任留缉”。如一个月内连续“失防”三案者，则立处“撤任留缉”。被处“撤任留缉”者，则各观其后效，再另定处分。但即使超过一个月期限外，如已捕获盗犯（无共犯者），或捕获盗首，或捕获半数以下盗犯者，则记过、记功相抵消之。至于其他杀人、放火、连续抢劫等重案的缉捕之功过情形，则应随时详情处理。也有省例规定，对于有伤痕的无名尸之命案，如州县未能于一个月内缉获嫌犯，则应受处分者。⑯ 要之，如有“失防”的情形发生，捕官、印官以外，即使是其直接的监督上司，也要接受连带行政处分（连坐），各按则例或省例规定，依其失防程度的轻重，而处分撤任、降级（包括“留用”与“调用”）、摘顶，罚俸、记过等的惩戒。至于捕役、汛兵等人，因无所谓官职，故遇失防情形，即被责革，亦即杖责然后开革，但如有“受财故纵”、“推故不行”、“擅杀伤”等犯罪事实，即须更科刑罚。⑰ 综上所述，可知律例、则例、省例等就“疏防”各有追究关系人责任之明文，尤其是省例，乃斟酌各该省之实际情况，以补充律例、则例之不备者，故有相当详细、绵密之规定。

---

⑭ 根据《吏部则例》（新编）“各项期限”规定，“承缉命案凶犯”为六个月，“缉拿盗犯”、“命案凶犯脱逃”、“越狱脱逃”、“中途脱逃”等为一年。又，上举期限，应扣除公出的期间。

⑮ 参见《刑部则例》（新编）“刑部接任官缉凶不力到任起限处分”一节。

⑯ 参见《苏例》“无名伤尸定期严缉，分别惩儆”。至于《刑部则例》（新论）“缉凶处分”，则规定三个月为缉凶期限。

⑰ 参见《律例·捕亡·盗贼捕限》及《刑部则例》（新编）“捕役犯罪”。其次，笞刑或枷号，一方面虽为刑罚，另方面却为公务遂行上必要的强制手段，而该手段常施诸于捕役、汛兵等之处分，参见［日］滋賀秀三：《清朝時代の刑事裁判》（《刑罰と國家權力》）一书所收）。

三、讯取招供与拷问之限制

前近代中国的各衙署之裁判上，有所谓“凭供定案”、“据供定罪”等法则，它是在诉讼事案的裁判过程上，必须讯取犯人的招供，有时并须相对地取得被害人之“甘结”（譬如命案的检验手续，则属之），始可下达判决。招供为决定诉讼事案惟一而且最高的绝对性准据，招供既非近代法所谓的证据，亦非与证据共存并立的性质。惟有基于招供始可判定事案，而证据毋宁说是“准理”诉讼的手段，或取得招供的一种方法。乃至于形成招供之一部分内容，盖因具备证据的口供，虽可成立招供，但不具备证据的口供，实质上不能成立为招供。在所有的裁判，法官的责任在于将招供方法做有效率的安排，并且将其有条不紊地整理、结合，然后将事实争点清晰地判明，并将结论合理地、无矛盾地归纳出来。上级审裁判机关，原则上亦以讯取招供的经过，以及招供是否合乎逻辑，来评价下级审裁判官的能力。因此，如遇有讯取招供的工作不顺遂，或遇有被上司驳斥之虞者，州县官为避免不利，往往求助于作为他们的助理兼智囊的刑名幕友，而适当的伪造或窜改招供，此即裁判恶习之一的所谓“整卷”、“简招”。缘于此恶习有时曲改招供的事实使其适合律例的条款，因此亦称为“移情就例”。这些“整卷”或“移情就例”，与裁判官的“拷问”行为同样，易使诉讼事案的真实混淆不清，并成为解勘或上诉之时，翻异招供的原因。这种“移情就例”的情形非常多，据载竟高达事件中之八、九成。迨所谓一省刑名总汇的按察使司，也时常滥为删改招供，此称之为“简招”。那种恶习，一遇到刑部将各省“咨解”来的内结事案，根据“招册”以行核覆之际，即可容易地识破。盖因刑部每年在核覆从直省“咨送”来的数千事案之中，发现那些事案的犯罪事实过于类似，而各该事案原应存在的个别性不太显著，所以便知道招供曾被删改。有鉴于此，各省督抚频频向其所辖之官宪，发出“札饬”，令其前后各次的“供单”应按序连贴于笔录，并禁止其滥行删改或顶替，如有违反，则予处分。[18] 以上所述的“整卷”或“移情就例”等等劣迹陋习，也许正可证明招供在裁判上的绝对性。

其次，在不具备证据的口供，或口供游移不定等情形，法官应耐心继续讯审，而采取类似近代程序法那样的时或个别讯问、时或互相诘问、时或两者并用之方式。如果经过上述的程序之后，而赃仗（物证）证佐（人证）已达明确，但是命案、盗案、书役渎职、光棍、赌棍等重要人犯，仍然狡刁诡辩，或者前已招认后又改供者，印官即可立“文案”（上申备考者）之后施予拷问。拷问原则上须在印官监督之下实施，如竟不意招致死亡，也得免除刑责。[19] 但是命盗等重案以外的轻微事案，原则上禁止拷问，如违反者，或者是虽允许拷问，但却故意致死的情形，则仍须担负刑事上及行政上的责任。至于女犯，除了该当于

---

⑱ 参见《苏例》“严禁整卷”、“严禁州县非刑改供”等。

⑲ 《律例·刑律·断狱上·故禁故勘平人》载有：“不知情及依法拷讯者（虽致死伤）不坐。若因公事干连平人在官，事须鞫问，及（正犯）罪人，赃仗证佐明白，不服招承，明立文案，依法拷讯，邂逅致死者，勿论”等语。

死刑的犯罪，或触犯命、盗、奸等罪以外，皆应提解其夫、子、侄、兄弟等人以行代审，不许提审其本人。如遇有事案应解勘省域的情形，女犯即监禁于县狱，不用招解。此系缘于正风俗、培廉耻等伦理性观点而来。吕新吾（叔简）所著《刑戒》一书，也有“五不打”、“五莫轻打”、“五勿就打”、“五且缓打”、“三莫又打”、“三怜不打”、“三应打不打”、“三禁打”等等，刑官于拷问之际所应注意的要领。[20]

再者，在事案审理方面，事实上固须于当事人之外，也须传唤讯问证人，但在前近代中国社会，为避免妨害农事，拖累无辜者废时失业，故特别慎重地留意证人利益的维护，使其不受蹂躏；尤其是传唤妇女为证人时，往往使其名誉受损，导致该妇女遭到耻辱感而自尽的情形，故原则上无不禁止之。证人经讯问之后，无关重要者立即保释，居家等候传唤，但是重要的证人，为讯取招供的必要，即行管押，甚至于与人犯同室而居。此外，问题特别困扰者，乃出在官宪使用人的差役，此辈殆属恶党，在执行传唤时，经常勒索差费、役费，如果不遂其愿，此辈即自毁官签、印票、衣服等，然后禀告官宪，诬称受被传唤人所撕毁者。[21] 加之，衙属公立的“官饭歇”（羁留所）极少，地方官类皆将犯证置之于差役的管理下，那些厄运的犯证，就失去监禁中应有的保障，备受差役的虐待、榨取与骚扰，谚语所称的“堂上一点硃，民间百点血”，正显示着那种恶政。

如前所述，在裁判方面，招供的地位具有决定性与绝对性，所以地方官固不乏廉洁有能者，但仍以残暴无能者较多，因此，经常可以看到以非刑拷问的记录。其中，甚至于有像河南省州县那样，仅仅一事件就有三个人因拷问致死者[22]，难怪各省督抚或臬司，时常不惮其烦地通告“非刑禁止”之札饬。本来，地方印官在裁判方面，以“不冤”“不滞”为至高的目标，并且须要远离吏役，温和研鞫，基于情、理、法而虚心审究，但是，遇到颛预无能的地方官，往往忽视上述法则，滥刑拷问犯人乃至于证人，于是乎在“三尺之木”恐吓之下，多有乱发口供或证书者。尤有进者，虽谓“县令之威不过杖百”，亦即在裁判方面州县官得专决的刑罚，不能踰越杖百，但是，事实上拷问力法却极为残酷，仅于杖责即往往有数以千计，而使受刑人当场死亡者。更甚者，其行刑种类也颇繁多，于法定的夹棍、拶指、枷号等以外，竟有“跪链”、“压膝（压扛）”、“竹板（竹讯）”、“拧耳”、“掌嘴”等等，非刑的方法可谓纷纭杂陈。拶指殆用诸于女犯，夹棍则限于命、盗、叛逆等重案始可施用；因夹棍与古代刖刑一样，易使受刑人的脚部残废，所以地方官最应留意，对于轻微

---

[20] 所谓“五不打”，乃老不打、幼不打、病不打、衣食不继不打、人打我不打。所谓“五莫轻打”，乃宗室莫轻打、官莫轻打、生员莫轻打、上司差人莫轻打、妇人莫轻打。所谓“五勿就打”，乃人急勿就打、人忿勿就打、人醉勿就打、人随行远路勿就打、人跑来喘息勿就打。所谓“五且缓打”乃我怒且缓打、我醉且缓打、我病且缓打、我见不真且缓打、我不能处分且缓打。所谓“三莫又打”，乃已拶莫又打、已夹莫又打、已枷莫又打。所谓“三怜不打”，乃盛暑严寒怜不打、佳辰令节怜不打、人方伤心怜不打。所谓“三应打不打”，乃尊长应打与卑幼讼不打、百姓应打为与衙门人讼不打、工役铺行应打为修私衙或买办自用物下打。所谓“三禁打”，乃禁重杖打、禁从下打、禁佐贰非刑打（以上为《居官圭臬》卷下所收）。

[21] 参见《苏例》“听讼挈要”。

[22] 参见《抚豫宣化录》卷三下：“盗案必起确赃，命案务须通报”。

事案皆应尽量避免。[23] 至于"跪链"乃将铁链铺在地上，使犯人跪在上面的身体刑；"压膝（压扛）"乃跪链之外，更于两膝之间贯通木或竹板，而使二人在左右踩踏的身体刑；竹讯乃以竹板拷打的身体刑，拧耳乃用力拉曳耳朵的身体刑；掌嘴（掌责）乃掴打面颊的身体刑。据《学治臆说》中"姻族互讦毋轻笞挞"一节，有"黠者、豪者、玩法而怙恶者，非挞不足以示儆，挞之不足，而掌批其颊，校荷其颈（枷号），皆小惩而大戒也"等记载，也足以判明所谓"掌嘴"的身体刑之实态。但是，后来变成以皮革代掌，而逐渐残酷化。此外，尚有所谓"上架子"（天平架）、"鞭脊背"、"敲脚踝"（敲脚筋骨）、"上棍架"、"踹扛子"、"上挺棍"、"大站笼"、"画眉架"、"失魂牌"、"猴抱桃"、"冷水浇脊"、"荆条击背"、"针刺手指"等等，不胜枚举。[24] 至于对违法拷问的地方官，依"违制律"规定仅科杖百（这种情形当然允许赎罪），只是将无关系的案外人故意拷问以致死亡者，《律例》"故勘平人致死"条有"斩监候"的重刑规定。又纵然是有关系的案内人，如对不许拷问者强行拷问，以致死亡，在故意的情形，即比照"非法殴打致死"律，科予杖百徙三年；在误解（过失）的情形，即比照"决人不如法因而致死"律，科予杖百。因为拷问是使事案的真实性暧昧，引起招供的翻异，弱化裁判的正确性，故下级裁判机关将"招册"申解上司之际，务必就曾否拷问关系人一节，特别声明。而上司则可根据该一事实，作为行政监督的资料，同时也可一并斟酌该事案的招供之信凭性。

四、审判期限的规定与其违反

在《律例·刑律·捕亡·盗贼捕限》的条例，以及《吏部则例》与各省省例中，皆有审判期限（简称为审限）的规定，兹归纳之，约如下述：盗案、盗坟、发塚等之审限为一年；寻常命案、窃盗等的审限为六个月；该当于立决的命案、钦部事案[25]、抢夺，亏空、私铸、略卖和诱以及该当于徒刑以上军流以下等的杂案之审限为四个月；卑幼杀期亲或功亲尊长，下属殴伤本管官、妻妾谋杀本夫、奴婢殴死或故杀家长等之审限为两个月；府州县自理事案，亦即该当于笞杖刑的事案之审限为二十日（但对于外结命案，州县应于一个月的审限内详结）；经提起省控的臬司自理事案，亦即该当于非命案的徒刑或笞杖刑的事案之审限为一个月；上司批发之事案，亦即由于省控或京控而批发下级裁判机关的事案之审限为一个月。[26] 再者，刑部的"现审事案"，也是定有审限，它系由于京城的特别裁判制度而

---

[23] 参见《居官圭臬》中《慎刑法》一节。

[24] 参见《律例·刑律·断狱上·故禁故勘平人》中之条例，以及《苏例》中"问刑衙门禁止私设非刑"、"严禁滥用非刑"等。

[25] 参见《律例·刑律·断狱上·故禁故勘平人》之条例。

[26] 参见《大清光绪会典》卷五六·《刑部》"凡审案必定其期限"之项以及其注。此外，关于总督驻在以外之省的事案（所谓"隔省事件"）以及陕西总督所辖的甘肃省，与两广总督所辖的琼州等钦部事件，即以六个月为审限（参见《吏部则例》新编"审限"一项。）

来。京城为畿阙重地，其行政机构也属特别，除了所谓京县的大兴县、宛平县以及顺天府之外，更有步军统领衙门（全名为“提督九门步军巡捕五营统领衙门”）与五城察院（东、南、西、北、中等五城，均设置巡城御史或给事中，满汉各一）等，上述机构，并各具有裁判的机能，亦即：大兴、宛平两县，以及步军统领衙门与五城察院等为第一审裁判机关，得专决该当于笞杖刑之事案；但如该当于徒刑以上的事案，京县于审理之后，即应将拟律检同人卷，解勘顺天府；顺天府虽得将该当于徒刑（非命案者）的事案审结，但对于其余事案，即应将其拟律与人卷，审转于位于京城的刑部（通常毋论任何事案，除了秋审事案以外，所有的犯证，仅提解至省城而已，但在京城的情形，即较特别）。至于步军统领衙门与五城察院的情形，如遇该当于徒刑以上的事案，即于审理之后，应将拟律与人卷直接解勘刑部，因此，就裁判的管辖权方面而论，顺天府较为广泛。要之，在刑部待理的现审事案之审限，犯证现在刑部，而须提审者，为十五日，不须提审者为十日；该当于死刑事案而须提经三法司等之会审者，其审限为一个月。上记之审限，皆明定于《刑部则例》（新编）“现审事件限期”一节中。审限更在各级裁判机关再为适当地分配，盖因如不为分配，即下级裁判机关常于审限期满之前始审转于上司，以致审限终期非常迫切，无法慎重审理故也。因而，审限如为六个月者，州县应于三个月内解勘府、州（指直隶州，以下同），府州应于一个月内解勘臬司，臬司应于一个月内解勘督抚，督抚即应于一个月内为题或答。亦即：任何事案从下级裁判官的州县，依序经过府、臬司、督抚，以迄最上级裁判机关的皇帝㉗，其审限皆有分配法则，通常形成3：1：1：1的比率。是以审限为一年者，各为六个月、两个月、两个月、两个月；审限为四个月者，各为两个月、二十日、二十日、二十日；审限为两个月者，即各为一个月、十日、十日、十日等。㉘ 但是，以上的审限，皆得除去“封印”（政务休止）之期间，并且，如遇有主犯或紧要人证未到案，或重要证据尚未搜获，或由于审讯而俱发别案，或须向其他机关关提（引渡）犯证㉙，关查（有关文件的照会）口供、人证、物证等等情形。因为审限的始期不明确，所以外结事案得经督抚的批准，内结事案得经督抚的题或咨之后，而予以延期，此称之为“展限”或“扣限”。亦即：该当于

㉗ 前近代中国的皇帝，集至高无上的主权于一身；既握立法权以制订律例，又握行政权以行使治权，更握司法权以统括终审裁判，而皇帝本身即立于法律之上，不受任何约束。在此意义之下，中国在民国以前——甚至于国民政府以前——实不存在西洋各国那种基于三权分立思想下的法治主义；亦即并不存在举国一致于法律制度所形成的范畴之下营社会生活那种体制。并且，也不存在严格的罪刑法定主义。专制下的法律，系君主所颁授者，官吏乃基于法律实施代君统治，只有人民驯守法律，接受支配。《管子》曰：“夫生法者君也，守法者臣也，法于法者民也。”《吕氏春秋》亦曰：“夫不敢议法者，众庶也，以死守者，有司也，因时变法者，贤主也。”凡此，无不显示皇帝在法制上的特殊地位。

㉘ 关于审限的分配，偶有不采3：1：1的比率，而采用不同的规定者。譬如河南省即规定：审限二个月者，在第四十日以前；审限四个月者，在第九十日以前；审限六个月者，在第四个月以前；审限一年者，在第十个月以前，各须送达巡抚衙属（参见《抚豫宣化录》，卷之三上“为设立三催之法以警昏惰以清尘案”）。

㉙ 邻接州县接到关提犯证的移交之际，须于二十日内将有关人犯提解，如逾期提解，即受处分。如该邻接州县盲信地保或差役的虚伪报告，滥为复文捏称无该关提人犯或外迁已久等语，以行塞责者，该地方官将受处分，该地保、差役，也将准“不应得为”律予以处罚（参见《律例・刑律・捕亡・盗贼捕限》的条例，以及前注㉕等）。

死刑的事案之审理，须为“题展”；该当于军、遣、流刑的事案，或该当于命案徒刑的事案等之审理，须为“咨展”。其次，于“关推”、“关查”的情形，固自人犯或文卷送达日起算审限，但“关提”仅限于紧要事案的人犯或证人，始可为之，如该当于笞杖刑等轻微事案，即不许“关提”。[30]

再者，于命案或钦部事案等重案，如案情复杂难解，无法在所定审限内结案者，得经督抚题奏或咨请之后，重新起算审限（譬如审限为四个月者、再展限四个月），此称之为“二参”。又问官的交替，上司批发事案之审理，或委员会审等情形，亦允许各参酌实情，而予展限。例如：据《刑部则例》（新编）“盗犯已获承审”一节规定，如在二参的审限内更有问官交替的情形者，自新任官就任之日起展限四个月；如原问官由于升任、革职、降调或公出，而上司任命委员接审的情形者，亦许予展限一个月。但是，展限之后如再逾越审限者，则将受“题参”。其次，在审理程序中，连续捕获余犯，如尚在州县审限期间内者，则应将全案件并合审理，不许展限，但如已在州县审限期间外者，则允许重新起算审限，予以审理。至于无故逾越所定审限，督抚即基于行政官监督权参劾该问宫，其初参者为“咨参”，但二参则为“题参”。[31] 在题参的情形，如由总督参劾者，先交巡抚审查，如由巡抚参劾者，先交总督审查，或巡抚本身审查，然后由督抚共同连署向朝廷题参。[32] 假设督抚庇护问官的违反审限，而被督察院或刑部发觉者，则将与该问官一并接受参劾。

督抚对于地方官的裁判，到底如何行使行政监督权呢？其方法为：各州县每月份（部分省有更改为每三个月份者）应制作一种称为“四柱简明清册”（有称之为“循环号簿”者）的统计报表，然后呈报于府、州（直隶州）、道、皋司等直接上司，而皋司于审查之后，乃将其结果报告督抚，俾供为赏罚之基准。四柱简明清册包括“词讼册式”及“监押册式”等两大部分，前者更分为“上控项下”、“自理项下”等两项，后者更分为“内监项下”、“外监项下”、“押犯项下”等三项，共计五项目，然后此五项目各再细分为“旧管”、“新收”、“开除”、“实在”等等，其作用在于将各该月份的词讼与监押的实态，以数字记明于各项目，以供督抚借此统计报表，了解所辖的司法事务，并充分地行使监督权。此外，为防止家丁、书差等辈的“滥押”、“卖放”、“诬裁”等弊害，于四柱简明清册之外，更令地方官悬挂“大粉牌”（即大黑板，其大小为横四、五尺，纵二尺）于衙属门前，使其记载管押中犯证之姓名、开始管押之月日与其理由等等，以供民众之公览。如管押的实际情况与大粉牌的记载内容不符者，不仅其上司可径行告发，连民众也允许控告，而将视之为私押，来处分有关官吏。至于该大粉牌通常是每十日改写一次。

由以上所述，可知清朝十分重视地方裁判事务的运营。是以，各省的督抚经常制订省例，按照审限内诉讼事案的结案之多少，对于所辖的印官予以赏罚。此所谓结案，包括讯

---

[30] 参见《刑部则例》（新编）“关提事件”一节。

[31] 参见同上则例“初参承审案件改为咨参”一节。

[32] 参见同上则例“督抚参官就近审理”一节。

结、注销、息销等三种，前者系印官经审理程序之后断结者；中者乃事案轻微，而原告经二个月以上仍无故不“投审”（出庭）情形而予以结案者；后者乃双方当事人撤回诉讼，各提出“息结”（诉讼撤回保结书），以注销事案者。至于按照审限内结案多寡予以赏罚的例子，最典型者为《江苏省例》所收“分别结案成数予以功过”一例。根据该例记载，以三个月为一阶段，州县印官，如其“通禀”（以后改为“通详”，对于厂禀，上司未必批回，但对于“详”则必批回）的诉讼事案在二十件以下者，即使全部结案，亦不录“功”；惟如二十件以上而全部结案，或三十件以上而九成以上结案，或五十件以上而六成以上结案，或百件以上而五成以上结案者，则由皋司详请录大功一次。反之，不拘诉讼事案之多寡，其结案件数在三成以下者，一概由皋司请录过，以惩戒印官处理裁判事务之怠慢。[33] 不过，上述的规定也有例外，即：结案的比率虽不为不高，如次月新收件数竟较诸其结案件数为多者，证明地方官仅能使当事人口服，而不足使当事人心服，虽有结案之名，但无结案之实，违背“由听讼驯至于无讼”的原则，故不许录功。反之，如管辖区域辽阔、诉讼杂冗的地方，而牧令官能随时审理结案，没有积压事案者，得由该管皋司详请上司奖赏。

其次，兹就政治上具有重要意义之京控[34]，予以申论。如果某省的皋司或谳局，从督抚或都察院或步军统领衙门接奉奏交来的京控事案者，毋论原、被告罪名之有无，皆应经初审之后，提解督抚，供其亲审。如果某省收受京控事案的咨交者，即应区分为民事事案，或该当于笞杖、徒刑的事案，或该当于徒刑命案或军、流、遣刑事案，或该当于死刑事案等等，并调查其有否经过上控审转等程序，然后决定批发该管州县、府道或皋司等，令其审转，或者督抚亲审。[35] 但毋论是奏交或咨交，皆须将关系文卷及被告与人证等，提解省城，并将京控事案的审理结果，迅速回咨或回奏。至于提解方式，有着令委员出差到该管下级衙属去提解，与札送“排单”（紧要公文）以调提等两种。前者的情形，自发令日起算二十日（扣除在徒期间）为期限，如在该期限内能将人证、文卷提解省城无误者，即录大功一次；如人证十名以上而皆能全员提解省城者，即录大功二次。录大功达四次者，即列入“劳绩班”，而酌委署缺一次。反之，期限届满后又迟延半个月以上仍不提解，或仅提解

[33] 关于诉讼事案件数与结案件数的比率一节，可认为因督抚之不同，而略有多少差异，据《抚吴公牍》卷三十“批苏藩司样属部词讼核计功过一案遵饬酌议请示由”一节所载，得予记大功的条件，限于四十件以上结十成，五十件以上结九成，百件以上结六成，并且其“实在”件数，较诸前月者为少始可。此种条件，显然已较为严格化。尚且，如结案件数未及三成者，则不仅为记过，更为记大过一次。

[34] 所谓“京控”者，乃指民人在诉讼事案有所蒙冤的情形，为谋求救济，直接前往京城投诉都察院或步军统领衙门者而言。该两衙门审查京控事案的内容之后，如认为无理由者，驳回之，如认为有理由者，则将其咨回该管省城，如认为事案具有十分严重性者，则先奏闻君主之后，始送付省城。嘉庆四年（1799 年）时，为期使众庶下情上达，疏解枉抑，曾禁止驳回京控，但以后因刁狡之徒滥用该敕令，屡以轻微的事案京控，或未经向听辖机关上诉，即直接将事案京控等等，发生种种弊害，故光绪八年（1882 年），又重新采取限制京控的措施。关于京控事案，刑部为掌握处理的实况，以便斟酌审理机关的功过，曾上奏请准都察院与步军统领衙门等两机关，将京控事案的原呈咨送参考，参见《苏例》“京控案件分别办理”与“部议平反命案分别宽免处分”等两节。

[35] 参见《苏例》“京控案解院亲审——附申明办理京控旧章”以及“京控案件分别办理”第二节。

其中一部分者，该委员与该管州县印官，即各录大过一次，迟延达一个月以上者，各录大过二次；迟延达二个月以上者，各录大过三次；迟延达三个月以上者，该委员即停止一次署缺的轮委，该管知州、知县即摘去顶戴；迟延达四个月以上者，该委员即停止二次署缺的轮委，该管知州、知县即立刻撤任；如再有迟延者，督抚即分别题参彼等失职者。㊱ 至于以札送“牌单”调提的情形，府州县于接奏调提文卷之令以后，必须即日申送，如迟延者，每一日录过一次，每三日录大过一次，录过达六次，大过达三次者，即各处撤委或撤任。再者，应提解之人证如为差役，而现在衙署者，州县于受令十日内，应提解省城，如逾期者，录大过一次；逾期二十日者，录大过二次；逾期一个月者，录大过三次而予撤任或撤委。但是，该差役已不在衙署者，州县于受令一个月内，应提解省城，如逾期者，录大过一次；逾期二个月者，录大过二次；逾期三个月者，录大过三次而予撤任或撤委。上述期限，是否扣除在途期间，省例未有明文，但仍解为一如委员提解情形，扣除在途期间，较为妥当。如果州县官自上司接奉提解文卷或人证的命令以后始离任者，文卷以离任后第三日止为准，人证以离任后一个月止为准，以决定迟延责任之有无。㊲ 当然，继任之地方官即根据上述省例以定赏罚。

虽然，律令有上述那种审判期限的规定，但是，身任地方裁判之责的各印官，为逃避责任，往往抹杀事案而不通报（讳匿）。或胁迫告诉人而将严重事案变造为自理的轻微事案，或滥捕民众，迫害无辜之人诬认罪等等。凡此事态，不仅是破坏审限的立法精神，并且是恶用审限制度以蹂躏民众。尤甚者，更进一步滥用展限的定例，形成督抚所呈二参、三参的题奏或咨文，宛如正常的程序，其中，连该当于死刑的强盗事案，亦有反复重演勘转、驳回，而滞延达四、五年以上者；惟律令针对此点，也规定四参期满之后，仍未能结案者，即予“降调”（恩原者除外）；讳匿事案者，轻即“记过”，重即“题参”，甚至于“褫革”等等，以为防止。㊳

（说明：本文原刊林茂松：《中国法制史探索（林茂松古稀自选集）》，台北，正典出版文化有限公司，2005。现原文刊发。）

㊱ 参见《苏例》“委员提案功过”及《抚吴公牍》卷四十五“清理京控案件章程”等。

㊲ 参见《苏例》“提解京控人证期限”一节。

㊳ 参见前注㉕中“州县自理之案，则责其上司督之”一节的注解，以及《学治臆说》中“勿讳命盗”一节等。

罗彤华

“诸户主皆以家长为之”

——唐代户主之身份研究

简介

罗彤华，台湾大学历史学博士，现任政治大学历史系副教授，专研社会史、财经史，兼及敦煌吐鲁番学与法制史，时代范围由秦汉转至隋唐五代，近年之研究课题包括民间借贷、官方放贷、国家财政以及家庭问题，发表论文约三十篇，有《贞观之治与儒家思想》、《汉代的流民问题》、《唐代民间借贷之研究》等专著，主编《台湾学者中国史研究论丛》第六册《经济脉动》，近期将出版《唐代官方放贷之研究》一书。

目次

一、前 言

唐《户令》曰：“诸户主皆以家长为之。”① 唐政府既政策性地把户主与家长牵合在一起，却也同时暗示户主与家长其实分属于两个不同的场域。为政策目的制作的户籍，主者通称为户主；作为社会基本单位的家庭，则由家长为其代表。户与家存在的目的与用意不尽相同，户主与家长能否毫无条件地就画上等号，令人质疑。《户令》用家长来定义户主，但什么身份的人才可为家长，唐律令中从未提及。如果家长即户主，政府为登录户主而每家按问谁是家长，或逐一审查家长的资格，岂非太过扰民，又增加行政负担，故唐政府要贯彻这项政令，就势需有一套符合礼教规范与社会习俗的原则，才能避免繁琐的考核工作，并顺利而方便地设立户主，因此本文首先要探索唐代是否有认定家长或户主的原则。

一般文献资料从未认真记录家口状况，惟有透过出土文书的各类籍账，从户主与家人间的相互身份关系，代户之交替次序，才能找出成为户主的惯例，及其遵循的承户原则。依籍账所见，只要户内有男夫，户主便不会是女性，但也因此户主可能不是家中之最尊长，甚至连数岁小儿都优先于妇人尊长为户主，这不免让人质疑《户令》所谓“诸户主皆以家长为之”，此家长是实际主持家务的人吗？这项政策的立法依据又是什么？唐代史料中真正提及户主之处甚少，律令中尤其将究责户主处，改以家长替代，其故何在？户主难道不就是家长吗？为能更准确地掌握“诸户主皆以家长为之”的含义，本文拟将户籍资料中的户主分为男性尊长、男性卑幼以及女性户主三个类别来观察，以期了解户主与家长间的微妙关系。

本文主要运用的资料是各类籍账，尽管唐代的户籍资料常给人注记不谨、疏于检点的印象，天宝以后伪滥不实的情形尤其严重。但吾人正可借着户主在家中的身份特征，重新检视这批资料的价值，如尚可从其中理出承户原则，找出代户次序，则即使偶有少数例外，也只能认为那是行政管理松弛造成的资料瑕疵，但还不至于认为其是一堆全无用处的废弃故纸。本文主要在厘清唐代的户主身份，并无意延伸讨论户籍制度改变后的吐蕃期、归义军期的户主状况，不过仍不免会用到那些时期的资料作个辅证。

二、户主身份之沿革

自春秋战国之际列国普遍设立户籍制度后，历代政府就靠着户籍掌握全国的人力资源。

① ［日］仁井田陞著，栗劲等编译：《唐令拾遗》，卷9《户令》六引开元二十五年令，131页，长春，长春出版社，1989 。

学界多认为目前最早的户籍资料见于汉简与三国吴简，但严格说，这些简牍实为符传、廪簿、佃田等类的资料，并非户籍原本，吾人也并未看到简牍中出现户长、户头、户主等字样，而通常的称呼仅是“户人”而已。在汉代，“户人”可能就是政府指令的户主，代表该户。《张家山汉墓竹简〔二四七号墓〕》《二年律令·置后律》对代户者之身份有很明确的规范：

死毋子男代户，令父若母，毋父母令寡，毋寡令女，毋女令孙，毋孙令耳孙，毋耳孙令大父母，毋大父母令同产子代户。同产子代户，必同居数。弃妻子不得与后妻子争后。（简379—380）

律中既声明“同产子代户，必同居数”，则似乎其他代户者原本不以同居为要件，只要身份适当，愿意代户，便可为“户人”。此律不排斥女性户主，即使家中有男性，女性也可能优先承户。较特别的是，为户后者以直系为原则，子、女、孙、耳孙等相续接替，却独不许同产兄弟或姊妹代户，仅于绝无其他亲属，才让同居之同产子代户。由于子男具承户之第一优先顺位，户内可能还有母、姊、伯叔、大父母等与之同居，故为户者未必是家中之最尊长，甚至未必是成年之大男，而且他还可先于直系尊长为户主。当然这也可能衍生幼小“户人”能否承担政治义务或罪责的问题。

汉政府如此不厌其烦地缕述代户次序，除了为防止户内争竞外，也是作为政策施行时之准据，如符传、廪簿、佃田等，大概都以“户人”为课征或授予对象。两汉有许多赐民爵的诏书，不同的用语，似乎就指不同的“户人”身份，如《后汉书》卷3《章帝纪》永平十八年（75年）十月丁未赦：

赐民爵，人二级；为父后及孝悌、力田人三级……爵过公乘得移与子若同产子。

赐民爵与赐为父后者爵是两回事。前者应非泛指所有人民，而是为“户人”之男子，同前书卷2《明帝纪》中元二年（57年）夏四月丙辰诏：“赐天下男子爵，人二级”。章怀太子注引《前书音义》：“谓户内之长是也。”又曰：“人赐爵者，有罪得赎，贫者得卖与人。”获民爵者既有如许实利，国家自当审慎衡量授予人的资格，故赐民爵的起码条件，就是为男性“户人”或户长。另外从《二年律令》的代户次序看，为父后的子男既优先承户，赐为父后者爵因此更较赐一般“户人”男子爵高一等。看来汉代的户籍制度是经过精心规划的，在户籍简上必定详注代何人为户，以及“户人”在家中的身份，以便政府在执行各项法令时，能更正确而有效率地循次索骥。

汉代的女性也可为户人，而且与男子交错代户，甚至还可享有近似男性户长的权利。《汉书》卷4《文帝纪》初即位，赦天下，“赐民爵一级，女子百户牛酒”。颜师古注曰：“女子谓赐爵者之妻也。”《后汉书》卷3《章帝纪》章怀太子按语：“此女子百户，若是户头之妻，不得更称为户；此谓女户头，即今之女户也。”二注家对赐牛酒之女子身份看法不同。然鄙意以为，汉代赏赐官、爵之同时，绝少亦赐其妻，则民爵者之妻获赐之可能性当更微小。反之，男子赐爵既与女子赐牛酒并举，男子指男性户头，女子指女性户头，应该是很合理的解释。

汉代的“户人”大概就是户主之意，代表该户赐爵、受封，及承担各项指令。户主之名正式出现在史料与出土文书中，似始于南北朝。《宋书》卷91《孝义蒋恭传》元嘉年间（424—453年），恭及兄协被收付狱治罪，恭言：“恭身甘分，求遣兄协”，协言：“协是户主……关协而已，求遣弟恭”。在审讯过程中协自称是户主，可见“户主”已正式成为官方认可的称呼，而且协以户主身份，愿受一切罪责，此固为情义之表现，又何尝不反映户主较其他成员需担负更多责任！

北朝也实施户籍制度，但对户主的要求似乎更急切，《魏书》卷 7 上《高祖孝文帝纪》延兴三年（473 年）九月辛丑诏：“遣使者十人循行州郡，检括户口，其有仍隐不出者，州、郡、县、户主并论如律”。同书卷 78《张普惠传》孝明帝时，尚书奏征民绵麻之税，普惠上疏曰：“若一匹之滥，一斤之恶，则鞭户主，连三长，此所以教民以贪者也”。北朝政府既赋予户主检查户口、输课税赋的责任，势必有特定人为户主，方便于论罪施刑。延兴诏所谓“并论如律”，相信北魏律已对户主的职能、身份做了确切规定。

南北朝户主的代户次序，不明其是否如汉律之交错复杂，所知者仅是户主当为家中之尊长。《南史》卷 73《孝义孙棘传》宋大明五年（461 年）发三五丁，弟萨坐违期不至，棘诣郡辞曰：“棘为家长，令弟不行，罪应百死，乞以身代萨”。棘妻亦寄语棘曰：“君当门户，岂可委罪小郎?”在户籍上，当门户的孙棘应该就是户主，其在家中的身份则是所自称的家长。《魏书》卷 83 上《外戚常英传》太后兄常英事太后母宋氏不如妹夫笃谨，宋氏言于太后欲黜之，太后曰：“英为长兄，门户主也，家内小小不顺，何足追计”。政治力的介入虽然可能改变家人的官职高卑，却不能否认尊长为户主的事实。前引蒋恭兄弟之例，亦说明兄长较诸弟有优先任户主的资格。此数例显示户主不仅是家中之尊长，极可能也就是所谓的家长。唐《户令》：“诸户主皆以家长为之”，是否即源自南北朝，有待进一步观察。

《西凉建初十二年（412 年）敦煌郡敦煌县西宕乡高昌里籍》是十六国末期的户籍资料，载于各户之首的代表人仅记其职衔，未见“户人”或“户主”等字样，但并无碍于吾人对户主之认知，且户内已详列丁中口数。首先在户籍上著录“户主”二字者，见于《西魏大统十三年（547 年）瓜州効谷郡计帐文书》，这在印证北朝已具严整的户籍制度之余，无疑也影响唐代甚深。这两件籍账所载户数不多，总计 15 户中，10 户的户主在家中是辈分最高的尊长，其他成员为其妻、子女、媳或孙辈。另外 5 户因户内有母或姐，所以户主非最尊长。如按照汉代的代户次序，子优先于母或女，故难免出现户主为卑幼，与母、姊共居的情形，这两份籍账也有类似现象。此十余户皆夫妻俱在，而无一户是妻为户主，或许十六国与北朝亦承袭汉律“为人妻者不得为户”（《二年律令·户律》）的规定。

隋代户籍制度里出现“户头”的称呼，这在南北朝以前甚为罕见。《隋书》卷 24《食货志》山东承齐俗之弊，机巧奸伪，规免租赋者多，于是高祖令州县大索貌阅，“大功已下，兼令析籍，各为户头，以防容隐”。这里的“户头”应该就是户主之意，而自此“户头”的用法也在唐代普遍起来。

三、唐代户主与家长的身份关联

敦煌吐鲁番出土的唐代户籍资料，皆用“户主”代表各户，但唐代的一般史料与律令文书，却鲜用“户主”一词。武则天《改元载初赦文》：“天下百姓，年二十一身为户头者，各赐爵一级，女子百户赐以牛酒。”玄宗《加天地大宝尊号大赦文》：“其天下百姓丈夫户头者，宜各赐爵一级。”僖宗《南郊赦文》：“奏状内须是三代官讳，及乡贯户头年几，余各依资奏请。”皇帝赦书中无论对民对官，都用“户头”一词，可见其已具有人所共知的语义，尤其是赐民爵者限于男性户头，显然预期百姓皆知所指何人。

另外，唐人也常用当户、承户、为户等语作为户主、户头的同义词。《通典》卷 2《食货二·田制下》开元二十五年（737 年）田令：“黄小中丁男女及老男、笃疾、废疾、寡妻妾‘当户’者，各给永业田二十亩，口分田二十亩。”“当户”即指这些不课口而为户主者，政府授予土地。《旧唐书》卷 48《食货志》亦述田制曰：“世业之田，身死则‘承户’者便授之。”“承户”在敦煌户籍的户口异动注记里常见，也就是代为户主之意。《新唐书》卷 5《玄宗纪》天宝八载（749 年）闰月大赦，与卷 7《德宗纪》大历十四年（779 年）六月己亥大赦，都赐“民‘为户’者古爵”，所谓“为户者”即“户头”。

户主为一户的代表，政府除了赏赐、授田外，也当然会有一些要求，但令人讶异的是，印象中该由户长承担的责任，不少情况却改由家长坐罪，这在与户口有关的法条上看得尤其明显，如脱户漏口、增减年状，有所谓的家长法（“脱漏户口增减年状”条）；冒度私度越度由家长处分者，亦独坐家长（“不应度关而给过所”条）；僧尼道士女冠私入道，若事由家长，家长当罪（“私入道”条）；略卖期亲以下卑幼，止坐家长（“略卖期亲以下卑幼”条）；放部曲客女奴婢为良，家长需给手书（“放部曲奴婢还压”条）。另外在各式官文书及拟判中，也有不少用家长取代户主，如永淳元年（682 年）敕及神龙元年（705 年）散颁刑部格：家人共犯私铸钱，坐其家长。② 开元二十五年（737 年）令：家长在，子孙弟侄不得私自质举卖。③ 元和五年（810 年）敕：禁中外官子弟不告家长，私举公私钱。④ 宝历元年（825 年）制：厘革两馆生斋郎资荫年限。礼部奏：如磨勘不实，坐其家长。⑤ 文宗《选皇太子妃敕》：谕令本宗家长举言十岁已来嫡女及妹侄孙女。⑥《百道判》案例：得景请预驸马，所司纠云：景，庶子也，且违格令。所司及白居易判文皆科家长之罪。⑦ 户主本应负一户之全责，像户口异动、户内人之身份查核、成员之犯罪行为等关涉到国家制度或规定时，原该论罪户主才是。至于子弟私用钱财等家事，或荐送不限本户之家族中女子，则由家长处分才较合理。唐政府将不少属于公领域的事务，转为对家长的规范，这应该不是一时误用，想来别有其他深意吧！

---

② 参见杜佑：《通典》，卷 9《食货·钱币下》，200 页，北京，中华书局，1988；刘俊文：《敦煌吐鲁番唐代法制文书考释》，249 页，北京，中华书局，1989。

③ 参见《唐令拾遗》，卷 33《杂令》十六引开元二十五年令，788～789 页。

④ 参见《唐会要》，卷 88《杂录》，1618 页，台北，世界书局，1974。

⑤ 参见《唐会要》，卷 59《太庙斋郎》，1027 页。

⑥ 参见《全唐文》，卷 74 文宗《选皇太子妃敕》，778 页，北京，中华书局，1983。

⑦ 参见白居易：《白居易集》，卷 66《判》，1397 页，台北，汉京文化公司，1984。

户主是户籍制度下的产物，家长由家庭中酝酿出来，二者本有各自的运作空间，而唐政府做了一个巧妙的接合，《户令》："诸户主皆以家长为之"，即清楚点出二者的替换关系，使政府掌握的户，与作为社会单位的家，在户主与家长上有了交会点，但也在此同时，暴露出户主与家长原本存在于不同的场域，是政府刻意创造出户籍，并刻意将户主与家长牵合在一起的。尽管原则上户主即家长，家长即户主，然而唐政府于什么时候用户主，什么情况下用家长，似乎还是有些规律，如前引资料的赐男女户主爵或牛酒，授老疾寡当户、承户者田，政府都居于主动地位，户主作为施予对象，只是被动地接受而已。反之，细绎著录为家长的各类资料，即使与户口异动相关，也因事由家长，家长在其中扮演申报、审查、操作的主动角色，所以为了厘清责任归属，无论家长是否即户主，唐政府还是径自用家长取代户主。

户主以家长为之，那么什么样的人才得为家长呢？唐律令未正面规定为家长的条件，似乎意味着只要依照社会惯例来运作，自然知道谁是家长。《旧唐书》卷188《孝友陆南金传》南金因事得罪，弟请代死，曰："兄是长嫡，又能干家事。亡母未葬，小妹未嫁，自惟幼劣，生无所益，身自请托"。陆南金以长嫡的身份主持家事，他应该就是家长，而为家长的身份因素，或许较才能因素更重要。其实唐代史料与出土文书中，除了前引各条外，不常看到"家长"一词，李商隐《祭裴氏姊文》："载惟家长之寄，偷存晷刻之命"（《全唐文》卷782），盖述其承家长之付托，苟活以养弱弟幼妹。敦煌文书S.343号背有一件名为"放奴良书"，文曰："今者家长病患，厶乙宿缘庆会，过生我家，效力年深，放汝出离"[⑧]。家人于家长可能径以父、祖、兄、叔等称之，但"家长"确实是社会公认的概念，他在人们生死依存那么重要的时刻被想到，尤其放良书还是件样式，若非人们已惯于接受家长这个事实，样式中不会轻易用之。可见家有家长，谁是家长，社会已有相当高度的共识，政府只需配合行事即可，何必烦劳复为标准，另加指定，徒然扰民，又毫无意义呢？

家长以身份因素为要，如陆南金之例："兄是长嫡"，但长嫡就必是主持家事的家长吗？《柳宗元集》外集补遗《万年县丞柳君墓志》：

> 前万年县丞柳君，终于长安升平里之私第。……长子弘礼，承家当位。……奉夫人及仲父之命……三日而殡，三月而葬。

长子弘礼可能只以长嫡的身份承家主祠祀，未必就是主持家务的家长，因为他要奉夫人及仲父之命殡葬其父，不能全然自作主张。褚遂良曾上表曰："臣闻主祭祀之裔，必贵于嫡长；擢文武之才，无限于正庶。故知求贤之务，有异承家。"（《唐会要》卷71《十二卫》）长子弘礼的"承家当位"，无疑指的就是宗祧继嗣。由弘礼与陆南金二例比较，二人同是长嫡身份，但弘礼至少应与母同居，母为家中之尊长，南金则自己就是家中尊长，弘礼似乎不得主家，而南金可以，故二例之差异，显然就在于家中是否还有其他尊长。依《户令》："诸户主皆以家长为之"，陆南金为户主，当无可疑，但弘礼家谁为户主？谁为实际主家的家长？尤其是仲父如果也与弘礼母子同居时，就更需再作考虑。

---

⑧ 唐耕耦编：《敦煌社会经济文献真迹释录》，第1辑，160页，北京，书目文献出版社，1986。

前节所述汉代《二年律令》里为户后的次序，女性可能优先于户内男口为户主，父母、大父母等尊属也可以代户。如此男女交错、尊卑间杂的情形，唐代是否亦如此？唐律令未见代户次序的规定，若以汉唐袭爵次序来比较，或许约略可以体悟时代变迁中，男性地位的提升趋势，《二年律令·置后律》：

□□□□为县官有为也，以其故死若伤二旬中死，皆为死事者，令子男袭其爵。毋爵者，其后为公士。毋子男以女，毋女以父，毋父以母，毋母以男同产，毋男同产以女同产，毋女同产以妻。诸死事当置后，毋父母、妻子、同产者，以大父，毋大父，以大母与同居数者。（简 369—371）

唐代王侯传袭次序与子孙立嫡次序完全相同，其与汉代最明显的差异在摒弃女性承嗣资格，而展现典型的男系主义，《唐令拾遗》卷 12《封爵令》二引开元七年（719 年）、二十五年（737 年）令：

诸王公侯伯子男，皆子孙承嫡者传袭，若无嫡子及有罪疾，立嫡孙；无嫡孙，以次立嫡子同母弟；无母弟，立庶子；无庶子，立嫡孙同母弟；无母弟，立庶孙。曾、玄以下准此。无后者国除。（《唐律疏议》卷 12《户婚律》“立嫡违法”（总 158 条）条疏议末句为：“无后者，为户绝。”）

唐代封爵令与立嫡法对汉代的袭爵次序作了彻底的改变，一则在男系主义下，宁可国除或户绝，也不让女性有承嗣权；再则父母、大父母等尊属必先于子孙曾玄等卑属承嫡，传袭次序不可尊卑倒置。另外，唐代的封爵、立嫡制还有两个特色，一是不离正统主义，但亦不排斥近亲，所以推及嫡子同母弟、嫡孙同母弟；再是嫡系主义为重，然亦许妾子承之，因此庶子、庶孙仍在列。就袭爵、代户而言，汉代皆不排斥女性，甚至其次序还可能在男子之前。唐律令虽无代户规定，但承嫡、袭爵都采男系主义，难保不影响到代户也以男性居先，而发展出与汉代迥然不同的制度。由于唐代禁止“祖父母父母在，子孙别籍异财”，封爵令与立嫡法又那么重视尊卑秩序，所以很难想象会发生如汉代《二年律令》所言“死无子男代户，令父若母”（《置后律》），或“孙为户，与大父母居”（《户律》）等卑男为户主，直尊附属户内的情形。为了让政府能以简易、定型化的方式确认户主身份，避免认定上的困难与不便，可以想见的是，政府与其大费周章地逐家逐户询问何人是家长，再登录为户主，不如依循儒家礼制与社会习俗，让民众自报手实时，轻易自然地就可以判断出谁应是户主。然此能为政府与民众共同接受的通则究竟是什么？它是否蕴含着人所公认的伦常原理，让唐政府不需以法律定义家长，就可正确登载户主？很幸运的是，出土文书中数量不算少的户籍资料，对理出这项社会共识似有相当大的帮助。

四、男性尊长为户主

敦煌吐鲁番文书中有不少户籍、手实、点籍样之类的资料，以及户口账、给粮账、家口田亩簿等与户籍相关的资料。虽然学者对这些文书，从每户口数、男女性比例、年龄层的分布、出生率与死亡率、漏附虚挂等角度，纷纷加以批判，认为伪滥不实的情形相当严重，尤其是天宝、大历年间的籍账。这些研究当然不无道理，户籍资料的运用确实有其局限性，但吾人若因此全然否定其价值，弃之如敝屣，似亦大可不必。因为大致在开元末以前，地方确实在执行中央的造籍政令，《唐六典》卷3《户部郎中员外郎》：“每一岁一造计账，三年一造户籍。……造籍以季年（丑辰未戌）”。从附表一出土文书可知纪年的三组户籍来观察⑨，A组完全依规定行事，无一例外，B组显示唐政府自开元二十三年（735年）起，似乎将行之已久的旧制，改为“寅巳申亥”的籍年新法，但除了B组起始年与A组末年相差四年外，仍是三年一造户籍，C组大历四年（769年）手实的注记包括“乾元三年（760年）籍”、“宝应二年（763年）账”、“永泰二年（766年）账”，不仅乾元三年（庚子）非前述两类造籍年，而且自乾元三年后皆未遵守三年一造籍的规定，而只有所谓的账。从三组资料的演变来看，户籍制度的废弛应自安史之乱后，天宝时期尽管制度有更动，地方在执行上可能更为怠惰、疏失，但中央政令依然可强力下达地方，地方还是依制度来运作，不像安史之乱以后似已进入脱序、失控的状态。其实，就算这些资料与注记不谨、不实，本题的研究仍有可借助之处，因为各户的籍面状况即使非该年的实际状况，却不表示该户在某年不曾出现这样的家庭形态，而吾人正可由此了解户主当时在家中的身份地位，其承家代户的次序，是否户内无男口才以女性为户主，以及户内其他尊长何以不为户主等问题，并进而由户籍资料是否谨守户主登录原则，反思这些残卷的实用性。

出土文书中可参考的籍账资料甚多，然而差科簿专为丁役而设，给粮簿、配田簿多有特定的授予对象，在户籍样本的取择上较偏颇，不如户籍、手实、点籍样具有普遍性、代表性。以下且将户籍资料较完整、户数较多的几件，制成户主身份表（附表二），以认证不同时段、不同地区，户主在家中身份的变动趋势。⑩

---

⑨ 1. 本表只列出可确知纪年之户籍，不包括手实、计账等。编号18名为手实，但亦具户籍之形式与性质，故亦列入。

2. 本表各件出自：

《吐鲁番出土文书》，北京，文物出版社，1981—1991；

Tun—huang and Turfan Documents concerning Social and Economic History，Ⅱ *Census Registers*，(A) *Introduction & Texts*，Tokyo，The Toyo Bunko，1985.

⑩ 1. 男尊户主是指户主为男性，且为户内之最尊长。男卑户主是指户内还有其他男性尊长或妇人尊长。女性户主是指女性为户主。但如为一人户，则分别归入男尊户主或女尊户主中。

2. 各籍账之户数扣除掉全户已没落、逃死应删而未删者。

3. 编号1可知户内状况者仅9户，其中二户只有户主一人。杨支香户很特殊，文中另作讨论，此处暂归入女户。残片（八）之户主可能是故父之子，妾为己妾，非父妾，故户主应为男性尊长。

4. 编号2除去残缺、逃走者有44户，其中7户只1人，不明情况者多因不知户主与寡之关系而无从归类，另有一例是不明小男、小女之年龄，亦无法归类。

5. 编号3、4与编号5、6分别出自同一资料，编号3、5是根据该户籍的户口异动注记得出，时间上也正好是政府的造籍年。

6. 出处代号：

吐＝《吐鲁番出土文书》，第七册，北京，文物出版社，1986；

TTⅡA＝*Tun—huang and Turfan Documents concerning Social and Economic History*，Ⅱ *Census Registers*，(A) *Introduction & Texts*.

从7世纪末到8世纪中，近百年来无论西州或沙州，户主为男性尊长的比例始终只在五成上下浮动，而以男性卑幼为户主的比例甚至高达三、四成，在这些案例中，凡以女性为户主者，户内皆无其他男口。表中男性尊长为户主不如想象中多，男性卑幼为户主或女性为户主竟意外地如此之多，不免令人讶异。本表呈现的趋势或许不能只当特例来看待，相当程度上应被视为唐朝的普遍现象。如果家长即户主，那么男尊户主就只因年龄高而为户主？但男卑户主为何辈分低而仍得为户主？女户的代户次序如何？都应细加检讨，以下且先分析男尊户主的身份特色。

户主为男性尊长，无论是父祖等直尊，伯叔兄等旁尊，或夫，在户内的辈分上都是最高的，在年龄上通常也是最长的，但有时户主妻的年龄会大于户主夫。唐代编制户籍，户内只要有男性，必以男性为户主，因此男系主义是成为户主的第一优先原则，而辈分、年龄是紧次其后的重要考虑，辈分比年龄要重要些。可以说，唐政府认定户主的基本原则是：男系主义与尊长主义。

唐代并不刻意排除老、疾任户主的资格，像P.3877号《唐开元四年（716年）沙州敦煌县慈惠乡籍》的余善意户，户内虽有21岁的白丁孙男，而户主仍是81岁的老男祖父。又如S.514号《唐大历四年（769年）沙州敦煌县悬泉乡宜禾里手实》的令狐朝俊户，在其代父承户前，父是“老男废疾”户主；阿斯塔那35号墓《武周载初元年（689年）西州高昌县宁和才等户手实》的王隆海户，其下注为“笃疾”。[11] 唐律对老、疾等身份有些特殊规定，包括不加刑、不徒役、不拷讯、不为证[12]，亦即户主如果为老、疾，在政府究责户主时，户主可以老、疾之律获得蠲免。但唐政府并不避忌老、疾户主，显示其对年龄、辈分的尊重，比对国家利益的维护来得更重要。立嫡法中有：“无嫡子及有罪疾，立嫡孙”，唐户籍、差科簿里有不少残疾、废疾甚至笃疾户主，则所谓以疾废嫡子、立嫡孙，可能较严格地在封爵传袭时执行，民间之承家代户，似无此必要。

户籍资料注记里，通常亦会登录户内人的官勋爵位，但无论户主有无头衔，或是否高过户内其他人的头衔，都不会影响其为户主的资格，如大历四年（769年）手实的赵大本户，户主是无任何官职勋品的老男，其诸子之一则是会州黄石府别将，会州属关内道，上州折冲府别将为正七品下，而子并不因此取代父为户主。同籍索思礼户，户主索思礼是前行灵州武略府别将，现为昭武校尉、上柱国，即武散正六品上、勋官正二品；子为丹州通化府折冲都尉、上柱国，即职事官正四品上、勋官正二品，亦是子之官衔高于为户主之父。[13] 由是可知，户主是因其为男性尊长的身份才得为户主，不是因其位高权重，才荣膺户主之任，也因此户主不会随其官位之升降黜陟而轻易替换，只会因尊长之死亡或他故而另由适当身份的人代户。

---

⑪ TTⅡA, p.22，53；《吐鲁番出土文书》，第七册，416页。

⑫ 《唐律疏议》卷4《名例律》“老小及疾有犯”（总30条）、“犯时未老疾”（总31条），及卷29《断狱律》“议请减老小疾不合拷讯”（总474条）。

⑬ TTⅡA, p.50，51.

《户令》既曰：“诸户主皆以家长为之”，家长的身份除了可由户主与家人的相对关系观察出来，还可由接替旧户主的代户次序反映出来。唐代户籍的书写惯例，新户主之后的一行，必紧接着列出被代户的旧户主，并加注“代（某）承户”或“代（某）贯”，如 P.3354 号《唐天宝六载（747 年）敦煌郡敦煌县龙勒乡都乡里籍》卑二郎户：⑭

248.□（户）主卑二郎载贰拾玖岁　白丁代父承户……

249.　　父思亮载伍拾捌岁　卫士天宝三载籍后死

阿斯塔那 184 号墓《唐开元二年（714 年）账后西州柳中县康安住等户籍》某户：⑮

10.　　　□拾柒岁　白丁代父贯……

11.　　　叁岁　老男开元贰年

唐人户籍不注嫡庶，虽无法证明代父承户是否依嫡庶之优先级，但至少可知是以子代父，由直系之子继嗣承祧。唐籍账中言明代父承户的例子甚多，显示代户时最重要的以子传承原则民间确实在奉行着。

籍账中也有几例是代兄承户、代叔承户的，这几例都在大历四年（769 年）的宜禾里手实，如张可曾户、索仁亮户、杨日晟户及安游璟户。虽然该手实家口数伪滥不实的情形颇为严重，但由谁代户，似还不失尊卑之序，至少兄尊弟卑，叔尊侄卑，尊者先于卑者承户，尚不乖于伦常轨则，只是如果推究是直系卑属或旁系尊属，何人优先承户，可能就需再加斟酌了。以索仁亮户而言，仁亮代兄思楚承户时，户内有兄之子元晖，且元晖下注云：“取故父思楚翊卫荫”，应是思楚之嫡子。按立嫡法，无嫡子，立嫡孙，无嫡孙，立嫡子同母弟，不曾提及以弟代兄。日本《令集解》卷 17《继嗣令》“继嗣”条集解古记引唐《封爵令》：“袭爵嫡子，无子孙，而身亡者除国，更不及兄弟。”则封国传袭要求很严，明禁兄弟相代。因此吾人不免质疑为何不是思楚之子元晖承家主祀，反而是思楚之弟仁亮为法定家长或户主？类似索仁亮户，户主为叔，户内有亡兄男者，户籍、差科簿等资料相当之多，反之，以亡兄男为户主，叔附属于户内者，除前述安游璟户稍有注记不清外，竟无一例，可见唐人习惯以弟代兄为户主，并不听凭身份较低的男性卑属优先为户主，故立嫡法里仅以直系子孙继嗣的制度，不能全然适用在户主或家长的认定上，而子代父承户，弟代兄承户，侄代叔承户，男性尊属优先于卑属承家代户，才是符合儒家尊卑秩序，为社会公认的原则，也是唐政府编制户籍时最方便的登录方式。

五、男性卑幼为户主

从出土文书各种籍账来分析，男性卑幼户主与户内其他尊长的关系分为两类，一类是别有妇人尊长，如母、祖母、婆、姊、嫂、姑、伯叔母等，另一类是疑似有男性尊长，如父、

⑭ TTⅡA，p.48.

⑮ 《吐鲁番出土文书》，第八册，281 页，北京，文物出版社，1987。

兄等。前者占绝对多数，这类户中如果还有其他男性，也必定是户主的卑幼，如子、孙、弟、侄、侄孙等。唐代的承户原则采严格的男系主义，只要家有男口，纵是年幼辈低，也都不得任妇人尊长为户主，除非该男性卑幼漏籍，才会以女性为户主，如附表二编号 1 的杨支香户：

1. 户主大女杨支香年肆拾岁

2. 右件人见有籍

3. 男盲奴年肆岁

4. 右件人漏无籍

这是杨支香手实的前半部，但既然已声明男漏籍，相信官府制成户籍时会改以身为卑幼的子男为户主，附表二编号 4 的徐庭芝户就是一个例子：

43. 户主徐庭芝载壹拾柒岁 小男 天宝五载帐后漏附代姊承户……

44. 姊仙仙载贰拾柒岁 中女

天宝五载（746 年）帐还是姊为户主，帐后括附庭芝，六载（747 年）籍即改以弟为户主，可见政府维护男系主义的立场是非常坚定的，而天宝六载籍如此迅速确实地处理改籍案，或可让人们对该籍伪滥不实的印象有不同的观感。

尊卑关系不会因谁是家长或户主而改变，妇人尊长依旧是男卑户主的尊长，但有些男卑户主与妇人尊长的关系颇令人玩味，如 P. 3354 号《唐天宝六载（747 年）敦煌郡敦煌县龙勒乡都乡里籍》：[16]

5. 户主曹思礼载伍拾陆岁 队副……

6. 母孙载陆拾岁 寡……

S. 514 号《唐大历四年（769 年）沙州敦煌县悬泉乡宜禾里手实》[17]：

220. 户主樊黑头年肆拾肆岁 白丁……

221. 母崔永觅年柒拾贰岁 寡……

222. 母曹年肆拾参岁 寡……

前件母子只相差四岁，根本不可能是亲生关系；后件第二个母还小于户主，更不可能是户主的生母，合理的解释是，前件的母为故父之后妻或别妾，而后件的母曹氏大概只能为妾。唐之户籍于夫在时会注出妻、妾，只有自占之手实才以“故父妾”名之[18]，但是当政府编制户籍时，故父之妻、妾都改称为母，但亦不详记母之类型[19]，遂出现二母并列，或母子年岁不相当的情形。再者，户籍中男女率皆有名，惟嫁人之妻、母有姓而无名，上引后件，前母非常例外地并记姓名，似乎在身份上有意与后母示区别，其排名在前，与户主即

---

⑯ TTⅡA，p. 37.

⑰ TTⅡA，p. 57.

⑱ 《吐鲁番出土文书》，第七册，420～421 页。

⑲ 在亲母之外，还有所谓的八母，有关八母之身份特征及其与子的关系，可参考［日］仁井田陞：《中国身份法史》，757～759 页及 759 页注 2；黄玫茵：《唐代三父八母的法律地位》，载高明士主编：《唐代身份法制研究——以唐律名例律为中心》，92～102 页，台北，五南出版公司，2003。

使非亲生母子，似也不脱嫡、继关系，而后母盖为庶母或慈母吧！

类似户内有妇人尊长的情景，在文献中也数见不鲜，如《新唐书》卷120《崔纵传》：“（父）涣有嬖妾，纵以母事之。妾刚酷，虽纵显官而数笞诟，然率子候颜色，承养不懈”。又，卷81《惠宣太子业传》：“母早终，从母贤妃鞠之……事之甚谨”。《全唐文》卷590柳宗元《先太夫人河东县太君归祔志》：“先君之仕也，伯母叔母姑姊妹子侄，虽远在数千里之外，必奉迎以来。”这些妇人尊长尽可受供养，或在家中擅威权，也绝不能成为户主，文献中虽然不知户主身份，但至少现有的户籍资料里，从未见有男口而以妇人尊长为户主之例。

男性卑幼为户主，有时仍可见户内疑似有其他男性尊长，如吐鲁番文书阿斯塔那5号墓一分高宗年间诸户丁口配田簿[20]：

4.□□（户主）翟僮海廿七二亩

5.　　兄允先年卌六二亩

330号墓约略同时期的一份名籍，似也以男性卑幼为户主[21]：

1.□□纳年廿七　白丁　西行　様似牛□
　　　　　　　　父老　一姪未年丁　弟三户

2.　　兄隆隆年卅六　残疾　丁罡　次等

3.　　兄隆纳年卌二　岸头府卫士〔下残〕

5.赵汉子年廿三　残疾　左脚　少枯細僉　患漏罡
　　　　　　　　次等　父老　第三　户

中国历史博物馆藏8世纪中河西支度营田使户口给谷簿，也有一段[22]：

『捌』　　　　『伍』　　　　『捌』

63.户令狐思忠卌二　妻郭卌一　父智伯八十二　弟思温卅一……

这几件出自于唐政府威权尚可强力及于边地的时期，此期间犹出现男性尊长，特别是父不为户主的现象，相当让人侧目。一、三两件每户的第一人确为户主，第二件只能推测以户为单位，但不确知□□纳、赵汉子是否为户主。按第四节所论，兄应优先于弟承家代户，但如果兄是庶出呢？唐的户籍资料，不仅母未注出其在家中的真实身份，兄弟间也同样未注出嫡庶关系，但嫡庶兄弟确实可能同列一户。大中二年（848年）张议潮驱逐吐蕃，收复沙州后，旋即开始整理户口，试图恢复唐朝的手实制度，下述的《唐大中四年(850年)沙州令狐进达户口申告状》似乎就是一件[23]：

1.户令狐进达

2.　　应管口妻男女兄弟姉妹新妇僧尼奴婢等共参拾肆人

8.　　兄兴晟　妻阿张　母韩　男含奴……

---

⑳ 参见《吐鲁番出土文书》，第六册，371页，北京，文物出版社，1985。

㉑ 参见《吐鲁番出土文书》，第六册，447页，北京，文物出版社，1985。

㉒ 参见［日］池田温：《中国古代帐籍研究——概观·录文》，500页，东京，东京大学东洋文化研究所报告，1979。

㉓ TTⅡA，p.100.

14.　　　大中四年十月 日户令狐进达牒

该户未分家，连出度的僧尼家人也共住在一起，但最引人注目的，除了兄在其管下，兄之下另注有母。依唐之户籍惯例，母通常紧接列名在户主之后，归义军期的户口簿亦复如此。令狐进达户在列出妻子女弟妹后，才列兄兴晟等人，而从文书的第8行观察，该行很像是兄兴晟一房的各口，“母韩”是兄之母，而非令狐进达之母，于此不免让人怀疑兄、母其实是令狐进达的庶兄、庶母。归义军期未必全然接受唐朝的立嫡法，但嫡庶观念、嫡子优先的想法应该还是被承袭下来。令狐进达户弟为户主，兄为家人的例子，或许可以给前述高宗年间的两件簿籍一些启示，而代户次序中是否亦考虑嫡庶之别，也值得推敲。

另一个令人困惑的问题是，父在，子能否为户主？前引给谷簿，每人的右侧用朱笔注出给谷数，惟独曹进玉户下最后两口处连注两个“新”字，且该户七口的右侧全无谷数㉔，大概因是配谷前才列入管辖的新户，来不及配给之故。文中所引的令狐思忠户，除了父智伯右侧无谷数外，其他三人皆有谷数。给谷簿里未注谷数者似皆属状况特殊，智伯下无“新”字，应该不是新口，何况其他老男也并非不给谷，因此合理的推测是智伯刚亡故，其名虽未削去，而已无需配谷。唐户籍里，户主代户之初，原户主仍列名户籍中，给谷簿正反映此一现象，若果真如此，则智伯生前是户主，子在其亡故后才为户主。

330号墓的名籍，据学者研究，与户籍、差科簿、貌定簿等皆不同，可能是征发兵役徭役之丁名簿籍。籍中凡有名年，具注体格、配役者均为丁男，非丁男之父、侄则不记其名年。㉕ 虽说本件是丁役名籍，大抵也是按户稽查，所以列上户等。既以户为单位，□□纳和赵汉子理应代表该户，但此二户下注“父老”，似乎当时父仍在，则究竟户主是父还是子，费人疑猜。同样与丁役有关的差科簿，各户等下也是按户登录，不过对不必差科的老男户主有两种登录法，一是将其名、年、身份或丁中单列一行，一是不再单列，仅录其名，而以某人男、某人弟、某人侄为该户代表，如㉖：

1. 曹敬侄英峻　载卌九　卫士

2.　亡兄男加琬　载卅五　品子　捉钱

曹敬应是该户的户主，因为不必差科，也就无须烦言。此种登录法不免让人联想到前述之丁名簿籍，或许政府稽查的对象只是各户具服役条件的家口，已放免的老男虽不在稽查之列，但因是户主，不能不于注记中提示，故□□纳、赵汉子不过是调查时该户的代表人，其下所注“父老”之“父”，才真正是户主。

敦煌文书在9世纪下半叶的户口簿里，也见到父在子为户主的情形，如S. 6235号《唐大中六年（852年）沙州唐君盈等户口田地申告状》㉗：

2. 户唐君盈年卅七　妻阿索年廿□

㉔ 给谷簿另有7户下也有“新”字，但每人皆给谷，大概虽是新户，支度营田使还来得及给谷。

㉕ 程喜霖：《吐鲁番出土文书〈唐赵须章等名籍〉考释》，载《中国社会经济史研究》，1989（3），8～9页。

㉖ p. 3559号《唐天宝年代敦煌郡敦煌县差科簿》，见：TTⅡA，p. 115.

㉗ TTⅡA，p. 101.

3. 弟僧君亦年卅七岁 弟君□□□不受□□

4. 父平子年六十三 妻阿泛年□□

P. 4989 号《唐九世纪后半户口田地簿》[28]：

1. 户安善进年卅八 父僧法□□□妹小小年十五……

2. ……妹尼印子年卅 外甥僧法□年□□……

归义军也实行唐朝的户籍制度，但在残存不算多的户籍资料里却出现两件父不为户主的案例，难免让人质疑唐朝代户法是否行之于此。如前文所论，母之类型有多种，父其实也有多种。唐制所谓"三父八母"，三父指从继母嫁继父、同居继父、不同居继父，实则都是继父。子既从继母、亲母随嫁入继父之户，户主理应是继父，不会是继子。如果子是养子，在礼制上养父即视为父，丧礼服正服，户主也不应是子。唐人户籍里，伯、叔等父辈未见以父泛称之，文献中则同宗父辈谓之诸父，亦不单以父名之。平子的排列次序还在唐君盈弟之后，难道平子原是赘婿，入唐氏之户而改姓，因其原为异姓，不得为唐氏之户主，遂由其子承户，才形成父在子为户主的现象？再者，父平子下记"妻阿泛"，而不是"母阿泛"，于此既表示其与君盈非亲生母子关系，也意味着阿泛非君盈之养母、继母、庶母等八母之一，她大概是入赘者再娶之妻，与君盈为疏属。

敦煌陷蕃以后，唐人的身份观念不无可能受到动摇，至归义军时还能否维持"父在，父为户主"的原则，可能还需要更多史料来证明。不仅唐君盈户的状况在唐朝史料中从未出现，安善进户的情形亦显示此期敦煌地区的特殊性。该户共计有父、妹、外甥等出度者与家人共住在一起，这些住在俗家的僧尼散众，是得到僧团许可的[29]，如此合籍，必也得到官府的同意，与唐朝僧尼自有僧籍，不得居止俗家的原则不尽相符[30]，而唐户籍也从无僧尼列名户内。正由于 9 世纪中叶以后的敦煌，僧尼可以寄居俗家，不住寺内，是否因此僧尼只能附籍，不得为户主，而像安善进户遂出现"父在，子为户主"的现象。

总之，唐朝因奉行男系主义之故，籍账中的男性卑幼，总优先于妇人尊长为户主。至于男性尊长不为户主的疑似案例，可能只是特殊状态，尚未见"父在，子为户主"的确实案例。凡登录为户主者，唐人基本上是依循着男系主义、尊长主义的承户原则来进行的，直到唐朝势力逐步撤出河西后，其所代表的礼法观念与户籍制度，才有松动迹象。

六、女性为户主

女性为户主，指的就是唐律里所谓的"女户"，"脱户漏口增减年状"条疏议曰："若户

---

[28] TTⅡA，p. 105.

[29] 见郝春文：《唐后期五代宋初敦煌僧尼的社会生活》，80～82 页，北京，中国社会科学出版社，1998。

[30] 唐朝也有僧人住俗家的例子，但原则上唐代是禁止僧尼居止俗家的，如《唐会要》卷 49《杂录》开元十九年敕："惟彼释道，同归凝寂，各有寺观，自宜住持。……或妄说生缘，辄在俗家居止，即宜一切禁断"。

内并无男夫，直以女人为户"。检视唐代的户籍资料，户主为女性者，确实户内无男夫，特殊例外者，大抵皆属未及改正之案例，《唐八世纪中河西支度营田使户口给谷簿》有一户为[31]：

53. 户张汉妻孔卅一 母索六十一 男进兴四 男进玉二

此户主似为女性，户内却有其他男夫，看来不合唐代户籍体制。该件为支度营田使给谷簿，所给对象应为各营田户，或许户主刚有故，支度使又需依例发给谷物，才由户主之妻暂代。簿中不同于一般籍账列出女性户主的姓名，而用"（某人）妻"的形式，就可知道户主本应是张汉，此写法只是一种变例。给谷簿虽是以户为单位发给，但毕竟不是户籍，权宜之计的做法还是可理解的。

政府在登录户籍时，通常详注个人之年龄与丁中，男夫部分率皆依制度规定来处理，鲜有疑义，但女性部分各地似有不同的登录方式。唐代户籍里的已婚女性，凡夫在，妻妾著录为丁妻、卫士妻、老男妻、勋官妻、职资妻妾等。如夫亡，敦煌户籍称为寡、老寡，吐鲁番户籍则屡见丁寡。对于其他未注明婚姻状况的女性，以黄女、小女来看，尽管制度上小女的年龄上限曾有变动，但敦煌、吐鲁番两地不同年代的各籍，竟无一例逾越规定年限，可见地方官在处理户籍问题上还是郑重其事的。至于中女、丁女，二籍状况颇有不同，敦煌籍并无丁女一项[32]，盖年限内之已婚者注为妻或寡，未婚者或夫死归宗之成年女性皆注为"中女"，所以不少四、五十岁的姊、妹、姑等仍注为"中女"。大历四年（769 年）手实安大忠户内的两个亡叔妻，一注为"寡"，一注为"中女"[33]，后者可能是误记。但敦煌籍不妨作如是推想：嫁入者夫死注"寡"，归宗于本家者注"中女"，或许这样才能解释为何习于早婚的年代，家中还有那么多待嫁女性。吐鲁番籍分列中女、丁女两项，显示造籍上仍有地域差异，各籍中女、丁女的年龄范围都依制度规定，年龄最长的丁女是 54 岁的姑[34]，亦未尝不是归宗本家的女子。其实敦煌吐鲁番户籍都有不少年长不明婚姻情形的女性，如果她们真的一直不曾婚嫁，那反倒是传统社会里的一个特异现象。如若不然，则一个应予反思的问题是，唐政府与社会大众是否愿意在户籍中揭露那些女性的婚姻状态？或如何恰当地在户籍资料里反映其丧偶或失婚的情形？《武周赵小是户籍》夫之妹 42 岁，下注"丁寡"，《唐开元十九年（731 年）西州柳中县高宁乡籍》某户之姑 79 岁，为"老寡"[35]，就都清楚显示其夫死归宗的事实。因此，这么多住居本家的成年女性，特别是户主的姑、姊、妹等，在仅有的两例为"寡"之外，其余都是"中女"或"丁女"，这究竟是边区妇女难得成婚之故，抑或是已死、已嫁、已归宗而未注记或除籍，似乎还有待更多史料来证明。

---

[31] 参见［日］池田温：《中国古代帐籍研究——概观·录文》，500 页。每人右侧的给谷数略去。

[32] 池田温指出，沙州只有"中女"，西州分为"中女"、"丁女"两种。参见［日］池田温：《中国古代帐籍研究》，178 页。

[33] TTⅡA，p. 53.

[34] TTⅡA，p. 95.

[35] 《吐鲁番出土文书》，第七册，297 页；第八册，403 页。

唐代史料中有不少依养外亲家庭的例子，这些随姑姊妹归宗的外孙、甥等异姓亲属，是否得著录在该户户籍中，恐怕很有问题。敦煌吐鲁番户籍中，可记入出自本宗的归宗女，也可记入嫁入夫家的母妻妾，就是没有任何一位异姓亲属。由是推测，唐代的户籍可能以一宗一姓为单位，而依养之异姓外亲需另立户籍。至于携子女依亲的姑姊妹，或附籍于本宗，或随其子女列入新籍。姑姊妹与其子女受寄养，可谓与本家同居共财，但异姓子女又需与本家别籍，可以说这正是一种“籍别财同”的形态。

在女性户主方面，敦煌籍的书写体例与男性户主并无二致，仅用丁中注记以示区别而已。吐鲁番籍则特别在“户主”头衔下标示女性身份，如《唐神龙三年（707年）高昌县崇化乡点籍样》㊱：

3. 户主大女张慈善年廿一　中女

14. 户主小女曹阿面子年拾参　小女

19. 户主黄女安浮㳍台年二　黄女

48. 户主大女康外何年六十八　老寡

“户主”下加大女、小女、黄女等身份，是吐鲁番籍女性户主独有的特色。除了小女、黄女于“户主”下依旧照写其身份外，中女以上，包括丁女、丁寡、老寡，都于“户主”下附加“大女”名目，这是一个丁中制不曾出现的用语，似隐有中女以上皆成年女性的意味。由此回想前述敦煌籍以中女取代未婚或归宗之丁女，大概唐人已普遍认为16或18岁以上的女子，已是可以承家，负担家庭责任，甚至国家义务的“大女”了。

女性成为户主，必是户内已无男夫，户籍资料中多处显示代男性为户主的情形，如《周大足元年（701年）沙州敦煌县效谷乡籍》㊲：

22. 户主赵端严年三十九岁　寡　代夫承户　不课户

23. 　　夫邯屯屯年五十一岁　白丁圣历二年帐后军内简出三年帐后死

夫于圣历三年（700年）帐后死，次年造籍，妻即代夫承户，注记非常清楚。但有些时候则未必，如《唐开元四年（716年）西州柳中县高宁乡籍》㊳：

38. 户主大女阴婆记年肆拾捌岁　丁寡　下下户　不课户

39. 　　夫翟祀君年伍拾玖岁　白丁　垂拱二年䟽勒道行没落

唐人习惯将被代之原户主写在新户主之次行，本户之内又别无他人，当然是以妻代夫为户主。垂拱二年（686年）距造籍之开元四年（716年）已30年，或许因夫行军没落，下落不明，所以其妻在事实上必须代户，但又因夫生死未定，不能贸然除名，才在籍上留下这样的记载。不过这不应是唐代户籍的正常现象。

母代子贯或姊妹代兄贯，户籍资料中也有实例，如《周天授三年？（692年？）西州籍》㊴：

㊱ 参见《吐鲁番出土文书》，第七册，468、469、472、477页。

㊲ TTⅡA，p.16.

㊳ TTⅡA，p.74.

㊴ TTⅡA，p.65.

3. 户主大女史女辈□参拾陆岁 丁寡 代男贯 不□□

4. 男阿你盆年玖岁 小男 永昌元年帐后死

《唐大历四年（769年）沙州敦煌县悬泉乡宜禾里手实》[40]：

21. 户主张可曾年贰拾肆岁 中女代兄承户……

22. 兄妹妹年壹拾伍岁 小男干元三年籍后死

吐鲁番籍多用“代（某）贯”，敦煌籍则用“代（某）承户”。前例毫无疑问是子死，母代为户主，亦正是男卑先于女尊为户主，唐人奉行男系主义的明证。后例虽然写的是“代兄承户”，可是兄名女性化，年纪还小于新户主，想来系户籍登录有误，然并无违于“户内无男夫，女人为户”的规定。

大历四年（769年）手实是在安史之乱后，造籍制度崩溃时临时编造而成的，其中之错误、遗漏和临时补记处相当多，前条之代兄承户应有误记，下条之代翁承户一整行则是补记：

202. 户主李大娘年肆拾肆岁 寡 广德三年帐后逃还附 代翁承户……

203. 翁杨义巨年捌拾柒岁 老男武骑卫 永泰二年帐后勘责逃走限满除

此后两行与户主的关系是亡婿叔妻、亡婿弟，也都注“永泰二年帐后勘责逃走限满除”。唐代逃人除籍的年限有所变化，杨义巨等三人于永泰二年（766年）逃满除籍，户主李大娘则于广德三年（765年）逃还附籍，无论除籍年限是三年或六年，该户有二至五年是空无一人的。李大娘的“代翁承户”，大概是代夫婿之父为户主[41]，其与杨义巨应为翁媳关系，而自己的夫婿可能早已亡故除籍。

同样是大历四年（769年）手实，另件“代婿承户”的案例，似指代女婿，而非代夫婿承户[42]：

37. 户主宋二娘年柒拾贰岁 寡代婿承户

38. 婿索嗣艺年陆拾壹 老男翊卫干元三年籍后死

39. 男索秀章年贰拾柒岁 白丁大历三年帐后死

宋二娘可能是索嗣艺的岳母，女儿早死而仍寄住在女婿家中。令人瞩目的是，索嗣艺于乾元三年（760年）死后，至大历三年（768年）其子死之前，究竟是宋二娘为户主，还是索秀章为户主，手实不曾交代。依唐代户籍男系主义的原则，宋二娘应是代外孙承户才是，而手实注记“代婿承户”，无异反映该地已多年不修籍，直到大历四年（769年）临时应命赶造户籍时，既然户内二男都已死，承办官吏便以宋二娘与原户主的关系，记下“代婿承户”，而略过索秀章应先为户主的事实。

如果户主必须是女性，另一个待解的问题是该由户内哪位女性为户主？是否按男性惯

---

[40] TTⅡA，p.50.

[41] 杨际平认为此户所谓的“婿”指夫婿，不是女婿。参见杨际平等：《五—十世纪敦煌的家庭与家族关系》，33页注2，长沙，岳麓书社，1997。

[42] TTⅡA，p.51.

例，由尊卑次序决定，或别有其他考虑？通常情况下，户内如为诸姊妹共居，户主应是为尊长的姊；户内若是母女或更复杂关系的女性共居，则尊长的优先权还是被尊重。以妇人尊长为户主的案例，在《唐神龙三年（707）西州高昌县崇化乡点籍样》里也普遍存在㊸：

67. 户主大女康阿丑年七十九 老寡

68. 口大小总四 老寡一 丁女一 小女一 黄女一

所举之例虽不明户内人相互之关系，然老者之年龄、辈分都较丁女以下高，可说这些女户依然奉行尊长优先为户主的原则。

有异于前述基本立场的几个案例，都出自天宝六载（747年）龙勒乡都乡里籍与大历四年（769年）手实。㊹ 六载籍的徐庭芝户：㊺

43. 户主徐庭芝载壹拾柒岁 小男天宝五载帐后漏附 代姊承户……

户内除了27岁的姊之外，还有85岁的婆、48岁的寡母与两位47岁的姑，这些人之下皆无逃死、出嫁等注记。在徐庭芝未查获漏附前，该女户似由年龄最小、辈分最低的姊为户主，与前述所见妇人尊长优先承户的原则颇不相同。类似情形在大历手实里也可见，前引以中女身份“代兄承户”的张可曾户，户内其实尚存55岁的寡母，何以寡母不是于其子死后，仿照西州籍史女辈户的“代男贯”，让人有些纳闷。另外，令狐娘子户也是女为户主，寡母居户内。㊻ 大体来说，女户户主的优先次序，开元以前籍显得较一致，尚符合尊长优先的原则，而天宝以后籍的例外状况便不时出现，这正与造籍年干支表的A组最依制度规定，B组渐有改变，C组最为混乱的情形若合符节。这是由于天宝以后承户原则改变，还是注记疏忽造成？大历手实的一个案例或许可提供一些联想㊼：

19. 户主李仙仙年肆拾壹岁 中女干元三年籍后死全户除

20. 母谈年柒拾陆岁 寡

李仙仙在乾元三年（760年）死后，注记云“全户除”，这说明寡母先于其女而死，李仙仙其实是代母承户，只因为官吏久未造籍，疏于注记，所以才在九年后，也就是大历四年（769年）赶制籍账时，简单以“全户除”一笔勾销之。如本文户主身份表所示，女户比例约只在二成上下，案例并不多，以为数不多的案例，再加上天宝、大历间造籍的荒废、疏略，如果就认为承户原则改变了，未免失之武断吧！

㊸ 参见《吐鲁番出土文书》，第七册，472、473～474页。

㊹ 《武周赵小是户籍》该户是妻代夫为户主，户内还有母、姊、妹等人，部分残注丁寡，但多数注记已佚失，故难以判断其人之生死状态，而无从论定妻之承户权是否先于夫之母、姊等人。参见《吐鲁番出土文书》，297页。

㊺ TTⅡA，p.40.

㊻ TTⅡA，p.55.

㊼ TTⅡA，p.50.

七、户主即家长所衍生的问题

家庭是社会的自然单位，其存在的目的与功能虽极复杂，却不尽合于国家之政策需求，所以另有户籍的制作。当政府要收税时，不仅以户为征收单位，还有一些是按户等、赀产纳课的税目；要差科兵役徭役时，也是依户等列出各户之丁中，以供检点；在计口授田时，田产不是登录在个人名下，而是作为户之财产。诸如此类的政治因素，使得户尽管以家为原型而拟成，终究是个异于家的实体。唐律所谓“户同财异”、“籍别财同”，或西州高昌县田亩案卷中言及的“三家同籍别财”[48]，就都反映出在某些关键时刻，户未必就是家。

为了让家事能顺利运作，所以有家长；为了方便推动政务，所以设户主。家长与户主分别就是家与户的代表人，《户令》曰：“诸户主皆以家长为之”。既为家与户找到合为一体的交会点，却也为二者预留下可能歧异的弹性空间。唐律令从未定义家长，或者说它根本不想用死文字约束家长这样的概念，正如同它不想像汉律那样明确规定代户次序，指定户主身份，因此《户令》用家长来定义户主，其实是刻意用双重模糊的方式，指涉这两个政治社会上常用的语词。如前文所论，户籍资料里显示唐人认定户主的原则是男系主义与尊长主义，前者尤较后者重要，亦即户内只要有男夫，无论年龄、辈分如何，总是优先于女性为户主；若是相同性别，则尊长通常先于卑幼为户主。虽然实例中偶见例外情形，但不是仓促之间不及修改，致使承户者产生混淆，就是籍账作用不同，不甚介意谁为户主，再不然系因官吏未切实造籍与注记，而无法准确判断户主的身份。总之，从户籍资料中归纳出的承户原则，即使无法全然掌握唐政府认定户主的立场与态度，相信亦不远矣！

就代户次序而言，汉初和唐代情形差距颇大，汉代《二年律令》里所呈现的男女交错、尊卑间杂的现象，唐代已不复见，取而代之的男系主义与尊长主义，应该是在独尊儒术之后，历经魏晋以来的法律儒家化，及在相关礼教立法措施的配合下，才慢慢酝酿出来的。这样的改变，不单反映儒家的伦理权威益增其影响力，也是其深入民间，扩大作用层面，凝聚为社会习俗的表征，故唐政府即使未明列代户次序或户主身份，民众只要依据礼教规范，自然可知谁该为户主，而造籍之基层官吏同样据以检视所报手实，亦可校正无知愚民的误判。因此儒家伦常所形成的社会共识，让政府能更方便、正确地从事户主登录工作。

《户令》既曰：“诸户主皆以家长为之”，何人为户主，按理其人也就是家中之家长。如果我们姑且略过籍别财同、户同财异等特例，在户即是家、户主即家长的情况下，或许该进一步追索的问题是，卑幼户主果真就是家中之家长吗？《礼记·丧服四制》：“家无二尊，以一治之。”儒家既以尊长治家，能够容许卑幼户主为家长吗？唐代户籍制严守男系主义的原则，户籍资料中却不乏男卑户主与母、姊、姑、嫂、婆等妇人尊长共居的案例，甚至有些男卑户主还不满十岁，如何真能成为主持家务、管理家事的家长？因此唐令所谓“诸户

---

[48] 《吐鲁番出土文书》，第七册，513、522页。

主皆以家长为之"，此"户主"应只是承户原则下的法定家长，未必即实际家长。

从前文所论男尊户主、男卑户主、女性户主三个类别来分析，男尊户主本身就是家中之最尊长，他除了是《户令》中的法定家长，也该是真正治家的实际家长，但这无碍其将家务委托给其他家人代管。男卑户主因为家中还有其他尊长，所以同时是法定家长与实际家长的可能性便大幅下降，除非此男卑户主已成年，有足够的处事能力。女户的情况亦视户主是否为尊长而定，如为尊长，则户主应即家务的实际负责人，不然将如男卑户主那样，未必是真正的家长。

唐代的承户原则，男系主义优先于尊长主义，因此不免出现"妇人尊长在，男性卑幼为户主"的情形；但在家内，尊长主义与男系主义可能同等重要，妇人尊长比未成年之男性卑幼，或许更有利于为家长。虽然家长与户主有如孪生兄弟般，相似度极高，而终因男系主义与尊长主义在户与家的运用上，轻重稍有不同，所以导致户主与家长有时未能完全合一。不过这样的落差，幅度应该很小。如附表二所示，男尊户主与女尊户主都以尊长治家，无疑是实际家长。但男卑户主中，有负担税役能力，可接受政府授田，并堪当刑事责任的中、丁男子，即使家内还有寡母、姑、姊、嫂等人，还是非常可能为实际负责家务者。如果将附表二中这三项加起来（A+B（a）+C（a）），则八九成以上的户主其实也就是实际家长。再者，女卑户主所见的几个例子，不少是二十岁以上有处事能力者，故名为户主而实不理家者，或许只有小男、小女卑幼户主，其比例不过一成左右或更低，并不算多。从这样的分析看来，所谓"诸户主皆以家长为之"，在相当大的程度上说明了户主就是实际家长，唐政府的这项政策有其事实根据，而也正因为如此，唐政府无须为了那少数例外，耗费庞大行政资源，逐户按问谁是实际家长，而只要依既定原则，循序登录为户主，也就八九不离十了。

政府制度与社会现实的吻合度虽高，但问题是，律令诏敕中直接言及要户主负责的事项极少，即使与户口隐漏、略卖、私度等有关者，也多改由家长负责。似乎唐政府在处理与户主、家长相关的法律责任时，采取比户籍登录更谨慎的态度，并不因其具有户主的名义，就率然认定其为实际家长，而扣上罪名，施以刑罚。毕竟户籍登录是常态性工作，以认定方便又不失基本原则为要，而论罪问讯只是少数个案，以追求真实、勿枉勿纵为本，二者不相冲突，却可说明户主、家长在应用上之分际，及法律条文多以家长取代户主之因。

如前文所论，户主是实际家长者，不外下面三种状况，一是男尊户主，二是成年之男卑户主，三是女尊户主。一、三两类户主因确实主管家务，所以政府无论要论罪户主或家长，他（她）都得一力承担，没有可卸责之人，只于自己是老小疾或官人时，才可获得一些优免。以脱户为例，唐律规定："家长徒三年；无课役者，减二等；女户，又减三等"（"脱户漏口增减年状"条）。易言之，只要一户俱不附籍，负责申报手实的男尊户主便因实为家长，处徒三年，若户内无课役者，处徒二年。此罪刑由其一身独承，并不连及户内他人，而且即使与卑幼共犯，也独坐尊长，此正所谓"若家人共犯，止坐尊长"之义（"共犯罪造意为首"条）。女户虽无兵役徭役问题，但仍须向政府输课，故也不得任意脱户，女尊户主若有违犯，照样要论刑，只轻处杖一百，亦不连及他人。第二类是男卑户主中的一种，成年或至少非幼小之男卑户主若是真正主家者，则其一如男尊户主那样，将独自担负起应承罪责。于此要再度重申的是，这三类户主不是因其为户主而被惩处，而是因其为实际主持家务的“家长”而论罪。唐代户籍每户都有户主，脱户这类律条却不用“户主”而改用“家长”，其间微妙之处，应予细细体会。

另一种较复杂的情形是，户主非实际主持家务的家长，通常有幼小之男卑户主与女卑户主两类。前者多由妇人尊长实管家事，户主只具名义上的身份，一旦触犯了相关法禁，卑幼户主会否因其为法定家长而受惩处？唐律“不应度关而给过所”（总 83 条）疏议曰：

若冒度、私度、越度，事由家长处分，家长虽不行，亦独坐家长，此是“家人共犯，止坐尊长”之例。

卑幼户主只是法定形式的家长，妇人尊长才是真正管理家务的家长，律条既曰“事由家长处分”，若此事果由妇人尊长造意，即使妇尊本人非度关者、入道者，也要独任其责，不能随意让听命行事的卑幼户主为之顶罪。惟妇人尊长造意唐代另有法条规范，“共犯罪造意为首”（总 42 条）疏议曰：

假有妇人尊长，共男夫卑幼同犯，虽妇人造意，仍以男夫独坐。

这里的男夫卑幼不是指卑幼户主，而是共谋犯事之男夫，基于妇人造意，男夫独坐之意，犯事男夫应该独任其罪，主家之妇人尊长反而不必论处。但如犯事男夫就是卑幼户主，则其坐罪不因户主之故，而因他是共谋同犯之男夫卑幼。这样看来，户主在诸多犯罪事项中并不直接负什么责任，反而是实际处分家务者才是政府针对的目标，因此《户令》的“诸户主皆以家长为之”，应该是以尊长户主，尤其是以男尊户主为设定基准，至于现实生活中的卑幼户主，不过是据承户原则为法定代表而已。再进一步论之，如果度关、入道、被卖者就是与妇人尊长共谋之男夫卑幼，则男夫卑幼因不是纯然受妇女尊长处分者，所以不得主张不合加罪，而应据与妇尊共犯条，独坐其罪。

从户籍资料上看，男卑户主中不乏十五或十七岁以下的小男户主，若其与妇人尊长同犯，是否需要论罪，可能还需斟酌。家人共犯有所谓“于法不坐者”，疏议曰：“谓八十以上，十岁以下及笃疾”。十岁以下的小男共犯者，依律不当坐，应无疑义。唐律另有“老小及疾有犯”（总 30 条）的总则性规定：“八十以上，十岁以下及笃疾”，除了犯特定事项外，余皆勿论，可与上条法律相互呼应。但该条还有一项：“年七十以上、十五以下及废疾，犯流罪以下，收赎”，亦即十岁以上、十五以下的小男，犯流罪以下非于法不坐，不过可以赎刑抵罪。据丁中表，广德元年（763 年）七月起，小男的上限提至十七岁，唐律条文如相应地作修正，则十五至十七岁的小男共犯仍可收赎，不然此年限内小男共犯要依各本条论刑。

女户的承户原则大抵也采尊长主义，只是天宝以后少数个案呈歧异现象。女尊户主已如前文所论，不再烦言。但如唐代确在某些情况下存在女卑户主，则政府究责时将如男卑户主那样，以妇人尊长为处分对象，只不过该妇人尊长不能引“共男夫卑幼同犯”之例，要求独坐共犯，因为这是女户，即使有共犯，也只能援用“惟同居尊长独坐，卑幼无罪”

之法律解释，由妇人尊长单独承负。男系主义是唐代最优先采认的承户原则，而男夫却也同时在法律上担起较大责任，权利与义务上的平衡关系，在唐代户籍政策与家人共犯法意上清楚表现出来。

唐律令诏敕判例中，多用家长取代户主，相信这是考虑到现实生活中有些户主无力主导家务的关系，政府与其昧于实情地处罚听命行事的户主，不如更务实地要求真正主事的家长来负责，当然这也只限于"事由家长处分"的情况。若家人蒙蔽家长，私下专擅相关事项，自然不能草率委责于家长，而应直接论罪当事家人。但可能更大的困难是，实际家长的认定若有疑义，代罪、顶罪的情形便可能发生。至于唐政府为何独于田畴荒芜、输课税物两项，言明惩罚"户主犯者"、"户主不充者"，而不一并将其改为"若由家长，家长当罪"，颇令人不解，这究竟是制律者之疏忽，或有意罪及无责户主，或根本认为户主就是家长，二者可以随意互用？论者在此还不敢妄断。但明清律于唐律用"家长"处，依然沿承不替，照样用"家长"，惟独这两条将"户主"改为"人户"，并以"本户田地"、"本户应纳之数"[49]，指出是全户之义务，而非户主个人之责，或许明清修律时已察觉到唐律用法不妥吧！

八、结　论

自有户籍以来，历代政府并未忽略户主的身份及代户次序。自汉至唐显然改变的，是由男女交错、尊卑间杂的为户之后，历经独尊儒术与法律儒家化的潜移默化，终于出现以男系主义、尊长主义为基调的承户原则，而前者尤较后者重要。唐代的封爵制、立嫡法其实也都秉承男系主义而来，这无疑是儒家思想洗礼下男性地位提升、在各方面跃居优势的表征。

从出土文书籍账资料里印证，只要户内有男口，无论是否为老小疾，都优先于女性为户主，是典型的男系主义。在男性家口中，即使卑幼有官勋爵位，也需严守尊长主义，不得僭越为户主，户内若无男夫，才得以女性为户主，女户基本上也采尊长主义，少数例外多出自天宝以后，恐系注记疏失之故。大体上，籍账资料里确实反映承户原则，政府对户主的认定与代户次序，都依循一定规范来进行，绝非任凭民众喜好或有力者之威权，亦非决于承办官吏的任意作为。该种符合礼教与习俗的原则，已成为政府与民众间的共识，这也就是唐律令无须像汉代那样详订代户次序的原因。

依承户原则决定户主，却未必能全然凭此认定家长，因为男系主义在家内不是居绝对优势，尊长主义的影响力是不容忽视的。《户令》所谓"诸户主皆以家长为之"，只是为纷杂的家、户关系理出一个大方向，户主与家长还是不能画上等号。好在从实例中取样，卑

---

[49] 沈之奇：《大清律辑注》，卷5《户律·田宅门》"荒芜田地"条律本文注，及卷7《户律·仓库门》"收粮违限"条律后注。

幼为户主所占之比例甚低，而既是户主又是实际家长者，约在总数的八九成以上，因此“诸户主皆以家长为之”这项政策，大致是根据社会现况而制定，只要登录户主时切实遵照承户原则，政府不必定义何谓家长，也无须逐户按问谁是家长，就大致可判断户主与家长的身份，并不会造成太大落差。

户主是该户的代表人，理应承担全户的责任，但事实上，唐政府几乎只究责家长，却鲜少论罪户主，这当然是考虑到户主若非实际家长，不能做主家事，则处罚无辜之户主，岂非有失枉滥。在此我们看到唐代政策上的困境，即负法律责任的家长，未必就是户主；政府登录为户主者，又不见得是实际家长。形成这种看似矛盾的原因，就在于户籍登录要顾及认定方便，以免扰民及增加行政负担，而承户原则里非常重要的男系主义，在家内未必比尊长主义更具权威。由于户主与家长在认定的方式上略有出入，二者在身份上因此也小有歧异。法律既讲求公平正义，为了勿枉勿纵，罪及可能的无辜者，律令诏敕论罪时以家长取代户主，毋宁是合于实情的决定。但也由此看出户籍是为政策需要而制定，与家庭存在的目的毕竟不同，《户令》的“诸户主皆以家长为之”，虽替户与家搭上一座桥梁，而户主终究因为不是据家长量身定做，其间自然难免小有龃龉！

（说明：选取这篇文章，系有感于研究家族史者，常忽略家内的运作状况，以及家与国的相互关系。原文收在高明士主编：《东亚传统家礼、教育与国法（二）：家内秩序与国法》（台北，台湾大学出版中心，2005）一书中，较不易找到，这也是选取之一因。为配合邀稿单位的字数限制，本文删掉不少例证与注释，但也略加修订了文中的某些观点。）

附表一

造籍年干支表

A组			B组			C组		
编号	户籍名称	造籍年干支	编号	户籍名称	造籍年干支	编号	户籍名称	造籍年干支
1	唐咸亨二年（671年）西州高昌县感仁等户籍	辛未	14	唐开元廿三年（735年）甘州张掖县□□乡籍	乙亥	18	唐大历四年（769年）沙州敦煌县悬泉乡宜禾里手实	己酉
2	周大足元年（701年）沙州敦煌县效谷乡籍	辛丑	15	唐天宝三载（744年）敦煌郡敦煌县神沙乡弘远里籍	甲申			
3	周大足元年（701年）西州柳中县籍	辛丑	16	唐天宝六载（747年）敦煌郡敦煌县效谷乡□□里籍	丁亥			
4	唐先天二年（713年）沙州敦煌县平康乡籍	癸丑	17	唐天宝六载（747年）敦煌郡敦煌县龙勒乡都乡里籍	丁亥			
5	唐开元四年（716年）沙州敦煌县慈惠乡籍《抄录》	丙辰						
6	唐开元四年（716年）西州高昌县安西乡安乐里籍	丙辰						
7	唐开元四年（716年）西州柳中县高宁乡籍	丙辰						
8	唐开元七年（719年）沙州敦煌县龙勒乡籍	己未						
9	唐开元十年（722年）沙州敦煌县悬泉乡籍《草案》	壬戌						
10	唐开元十年（722年）西州高昌县籍	壬戌						
11	唐开元十年（722年）沙州敦煌县莫高乡籍《草案》	壬戌						
12	唐开元十六年（728年）西州籍	戊辰						
13	唐开元十九年（731年）西州柳中县高宁乡籍	辛未						

附表二

户主身份表

编号	年代	户主身份										籍帐名称	出处
		男尊(A)	男卑(B)			女性(C)			不明	总计			
			中丁(a)	黄小(b)	小计	尊长(a)	卑幼(b)	小计					
1	武周载初元年（689年）	5（55.56%）	1（11.11%）	1（11.11%）	2（22.22%）	2（22.22%）	0（0%）	2（22.22%）	0（0%）	9（100%）		武周载初元年（689）西州高昌县宁和才等户手实	吐7/414—440
2	神龙三年（707年）	17（38.64%）	1（2.27%）	6（13.64%）	7（15.91%）	14（31.82%）	0（0%）	14（31.82%）	6（13.64%）	44（100%）		唐神龙三年（707）高昌县崇化乡点籍样	吐7/468—484
3	天宝三载（744年）	7（43.75%）	7（43.75%）	0（0%）	7（43.75%）	1（6.25%）	1（6.25%）	2（12.5%）	0（0%）	16（100%）		唐天宝六载(747)敦煌郡敦煌县龙勒乡都乡里籍	TTⅡA 36—49
4	天宝六载（747年）	9（56.25%）	5（31.25%）	1（6.25%）	6（37.5%）	1（6.25%）	0（0%）	1（6.25%）	0（0%）	16（100%）		唐天宝六载(747)敦煌郡敦煌县龙勒乡都乡里籍	TTⅡA 36—49
5	乾元三年（760年）	11（50%）	6（27.27%）	1（4.55%）	7（31.82%）	2（9.09%）	2（9.09%）	4（18.18%）	0（0%）	22（100%）		唐大历四年(769)沙州敦煌县悬泉乡宜禾里手实	TTⅡA 50—59
6	大历四年（769年）	9（56.25%）	3（18.75%）	0（0%）	3（18.75%）	2（12.5%）	2（12.5%）	4（25%）	0（0%）	16（100%）		唐大历四年(769)沙州敦煌县悬泉乡宜禾里手实	TTⅡA 50—59

邢义田

从张家山汉简《二年律令》重论秦汉的刑期问题

简介

邢义田，1947年生，美国夏威夷大学历史学博士，台湾地区“中央研究院”历史语言研究所研究员，台湾大学历史系兼任教授，著有《秦汉史论稿》（台北：东大图书公司，1987），《西洋古代史参考资料》（一）（编译）（台北：联经出版事业公司，1987），《古罗马的荣光》（一）、（二）（编译）（台北：远流出版社，1997）。

目次

刑期是中国古代法律发展史上一个重要且关键性的问题。中国古代的刑从何时开始有了刑期？秦刑有期或无期？这些问题自睡虎地秦律被发现以后引起极多的争议，迄无定论。赞同秦刑无期、不定期或未定期以及自汉文帝始立刑期者，似乎较多。① 1983年湖北江陵张家山二四七号汉墓出土大量简牍，尤其是《二年律令》部分，对进一步讨论这个问题提供了新的基础和线索。②

本文原在《台大历史学报》31期（2003）发表。不久即发现其中对“刑尽”一词的解释有重大错误。刑尽之刑实指肉刑，非指刑期。③ 当时解读和思考不知何故，误入歧途。为补前衍，近来改订旧文，删去不妥。惟私意以为某种形式的刑期制在文帝以前已然存在，原旨未变，论证则参酌时贤之作，颇有修订增补，尤其对刑期制出现的背景作了较旧作为多的讨论，篇幅几增一半。所说是否得当，敬祈方家指正。

一、系城旦舂六岁

以下打算从《二年律令・具律》中的一条谈起。简90—92：

有罪当耐，其法不名耐者，庶人以上耐为司寇，司寇耐为隶臣妾。隶臣妾及收人有耐罪，　（系）城旦舂六岁。　（系）日未备而复有耐罪，完为城旦舂。城旦舂有罪耐以上，黥之；其有赎罪以下及老小不当刑、刑尽者，皆笞百。城旦刑尽而盗臧（赃）百一十钱以上，若贼伤人及杀人，而先自告也，皆弃市。④

我对这一条的理解可以语译如下：“有罪当处耐刑的，如果法无明文处以耐刑，罪犯身份如为庶人以上（包括庶人及有爵者）⑤，耐为司寇；其身份如为司寇，则耐为隶臣妾。如隶臣妾及受牵连为收孥者有耐罪，则系城旦舂六年；如果在系城旦舂的服刑日数未满之前，

① 一些早期的相关争论，可参见栗劲：《秦律通论》，277～283页，济南，山东人民出版社，1985；［日］籾山明：《秦漢刑罰史研究の現狀》，载《中國史学》，1995（5），131～153页。无期说赞同者较多，较占优势，参见张建国：《西汉刑制改革新探》，载《历史研究》，1996（6），12～24页，载张建国：《中国法系的形成与发达》，228～248页，北京，北京大学出版社，1997。

② 以下征引张家山汉律，一律据张家山二四七号汉墓竹简整理小组：《张家山汉墓竹简（二四七号墓）》，北京，文物出版社，2001。

③ 刑尽之刑指肉刑，学者多已指出，不再赘言论述，参见三國時代出土文字資料研究班：《江陵張家山漢墓出土“二年律令”譯注稿その（一）》，载《東方学報》，2004（76），176页；支强：《二年律令・具律中所见“刑尽”试解》，载《出土文献研究》，2005（6），162～166页。

④ 《张家山汉墓竹简（二四七号墓）》《具律》简90－92，146页。

⑤ “庶人以上”指庶人及庶人以上有爵者采张建国说，参见张建国：《张家山汉简〈具律〉121简排序辨正——兼析相关各条律条文》，简帛研究网，http：//www.jianbo.org/ 2005.11.30.

又犯了耐罪，即完为城旦舂。城旦舂如果又犯了耐以上的罪，黥为城旦舂；城旦舂如果又犯了赎罪以下的罪，以及因老小身份不当受肉刑，或城旦舂已受尽黥、劓、斩趾之肉刑，都要杖笞一百。⑥ 城旦受尽'前述'肉刑后，又犯下盗赃一百一十钱以上的罪，或贼伤人和杀人，其先自首的，一律弃市。"

这是对理应处以耐刑，法条缺少明文的情形下，如何依当事人身份处以不同之徒刑，以及这些不同身份的当事人在又犯下轻重不等之罪行时的处罚规定。其详细意义，张建国已作了极细密的分析。⑦ 这里关注的是一个关键性的词："系城旦舂六岁"。"系城旦舂六岁"亦见于睡虎地秦律。⑧ 六岁应该如何理解？有些学者认为是刑期，有些认为不是。⑨ 如果《二年律令》确实是吕后二年（公元前 186 年）或更早的律令，其中之刑是否有了刑期，直接关系到刑期是否始于文帝的争论。⑩

刑期问题或许可以从两个不同的层次来看，一是刑期的概念，一是现实的刑律中是否有有期刑。本文所谓的有期刑，是相对于终生刑而言，不论它在刑律体系中是本刑或加重刑，不论其形式是劳役、拘禁或赎金（可以金钱赎免之有期劳役或拘禁），不论期限是否固定，只要是一种有期限的刑罚，其期限可以日月年计算，都是有期刑。

就概念而言，刑期在战国时已经明显存在。《周礼·司寇刑官·司圜》曰："掌收教罢民，凡害人者弗使冠饰，而加明刑焉。任之以事而收教之。能改者，上罪三年而舍，中罪二年而舍，下罪一年而舍，其不能改而出圜土者，杀。虽出三年，不齿。"任之以事即服劳役；依罪之大小，服役之长短从一年至三年。服役期间除任事，还受教诲，能改邪归正者，

---

⑥ 关于刑尽之义，支强认为指"肉刑执行完毕"，参见前引《二年律令·具律中所见"刑尽"试解》一文，165 页；日本三國時代出土文字資料研究班在前引《江陵張家山漢墓出土『二年律令』譯注稿その（一）》一文注 8 指出，如和简 89 连读，肉刑有黥、劓、斩趾之轻重，所谓刑尽或是指受尽了黥、劓、斩趾种种不同的肉刑。本刊匿名审查人也有相同之意见。我十分赞同后一看法。

⑦ 参见前引张建国：《张家山汉简〈具律〉121 简排序辨正——兼析相关各条律条文》。

⑧ 睡虎地秦墓竹简整理小组：《睡虎地秦墓竹简》，《法律答问》简 111，118 等，120、121 页，北京，文物出版社，1990。

⑨ 如张建国在前引《张家山汉简〈具律〉121 简排序辨正——兼析相关各条律条文》一文中即特别强调"系日未备而复有耐罪，完为城旦舂"一段可以用来证明秦没有《汉旧仪》所说完城旦舂四岁，鬼薪三岁，司寇二岁的有期刑，而秦和汉初耐以上的劳役刑为不定期刑。

⑩ 参见高恒：《秦律中"隶臣妾"问题的探讨》，原载《文物》，1977（7），《秦律中的刑徒及其刑期问题》，原载《法学研究》，1983（6），载高恒：《秦汉法制论考》，60～73、86～97 页，厦门，厦门大学出版社，1994；吴树平：《云梦秦简所反映的秦代社会阶级状况》，载《云梦秦简研究》，79～130 页，北京，中华书局，1981；栗劲、霍存福：《试论秦的刑徒是无期刑——兼论汉初有期刑的改革》，载《中国政法大学学报》，1984（3）；张金光：《关于秦刑的几个问题》，载《中华文史论丛》，1985（1），34～41 页；于豪亮：《从云梦秦简看西汉对法律的改革》，载《于豪亮学术文存》，146～149 页，北京，中华书局，1985；张建国：《西汉刑制改革新探》，载《历史研究》，1996（6），12～24 页，又载张建国：《中国法系的形成与发达》，228～248 页；［日］滋賀秀三：《前漢文帝の刑制改革をめぐって》，载《東方学》，1990（79），1～8 页，中译见《日本学者研究中国史论著选译》，第 8 卷，76～82 页，北京，中华书局，1992；李均明：《张家山汉简所见刑罚等序及相关问题》，载《华学》，2003（6），122～134 页。

才有出圜土免归的希望。这里的一至三年，应可看作是有固定时限并有上中下等级的劳役刑或徒刑的刑期。这一点，《唐律疏义》卷一早已引证以说明徒刑之源，近年吴荣曾和刘海年都曾论及，我是同意的。⑪

其次，如果大家同意《周礼》是战国时代的作品，其中反映的刑期概念刚好可以和出土的文献对应起来。临沂银雀山所出汉简有题作《委积》的残文：

……卒岁少入百斗者，罚为公人一岁，卒岁少入二百斗者，罚为公人二岁，出之之岁［□□□□］□者，以为公人终身。卒岁少入三百斗者，黥刑以为公人。⑫

又题为《李法》的部分有残句：

……为公人三日，李主法，罚为公人一……⑬

《银雀山汉墓竹简［壹］》注释谓："公人指被罚为公家服役的人"⑭。所谓"被罚为公家服役的人"，未尝不可看成是劳役刑的刑徒。"黥刑以为公人"一句表明肉刑加徒刑的复合刑的形式已出现。由此或可推想可能也有斩趾或刖以为公人、劓以为公人等等。此外，依罪轻重，有三日、一岁、二岁、终身、加黥刑之别。因简过残，可能还有其他等级。这里特别要指出两点：第一，随欠租谷或某种物资的多少（百斗、二百斗……），被罚服劳役的时间长短不同，其长短明白订定，而并不是如某些学者所说因不定期赦令或赦免而形成的不定期或未定期刑。第二，"以为公人终身"一句十分关键。原简（简942）"终身"二字有些残缺，但残存笔画清晰，所释应可接受（见图1）。为何需要特别标明终身？如果当时所有的刑都是无期或终身刑，标明终身即了无意义。某些公人标明终身，正好证明有些必非终身，而有期限。

图1 银雀山简942"公人终身"字迹

⑪ 《周礼》中另有更多刑期的资料，吴荣曾《胥靡试探——论战国时的刑徒制》一文已论之甚详，不赘。参见吴荣曾：《先秦两汉史研究》，155页，北京，中华书局，1995，原载《中国史研究》，1980（3）；又，吴荣曾：《论六国的从坐制和刑徒制》，载《周秦社会与文化研究》，261～273页，西安，陕西师范大学出版社，2003；刘海年：《秦律刑罚考析》，载《云梦秦简研究》，186页，北京，中华书局，1981。

⑫ 《银雀山汉墓竹简（壹）》，简941～942，北京，文物出版社，1985。

⑬ 《银雀山汉墓竹简（壹）》，简896。

⑭ 《银雀山汉墓竹简（壹）》，147页。关于公人，还可参见孙仲奎：《"隶臣妾"与"公人"》，载《文史哲》，1988（6），39页。

“终身”一词常见于先秦至秦汉时代传世和出土的文献，其意义和今天中文里的终身，并无不同。以出土文献言，“终身”一词曾出现在睡虎地秦墓出土《日书》甲种（简 114、119“终身衣丝”)、《封诊式》和云梦龙岗 6 号墓秦简。《封诊式》提到“迁蜀边县……令终身毋得去迁所……”（见图 2)。这里特别强调“终身毋得去迁所”，语意十分明确，也暗示了某些迁蜀边县的，似乎不是“终身”，而是可因赦、因限期或其他理由离开迁所。龙岗简则有这样一句：“耐者假将司之，令终身毋得见□□□□□□□□□”（见图 3)。这一句较不完整，指涉的是耐者，“终身毋得”如何如何，措辞和睡虎地简同，其意义也应相同。这些应该是刑期制（包括固定的刑期等级）或刑期的概念在战国时已出现的有力证据。目前学界大致都承认《守法》、《守令》等篇是与《管子》有关的齐国著作，时代当属战国。⑮ 至于《委积》和《李法》是不是如某些学者主张是齐国已施行的法律，文帝的刑期改革是否受到齐法的影响，还需要比较明确的证据。⑯

图 2 《封诊式》简 46 “令终身毋得”字迹

图 3 龙岗简 43“令终身毋得”字迹，中华书局本，91 页

此外，《尉缭子·兵令下》说：“三军大战，若大将死，而从吏五百人以上不能死敌者，斩。大将左右近卒在阵中者，皆斩。余士卒有军功者，夺一级；无军功者，戍三岁”。《尉缭子》一书因山东银雀山汉墓出土了相关残简，被证明是先秦早已存在的文献。据李解民考证，其作者比较不像是秦王政十年（公元前 237 年）入秦的尉缭，而是与梁惠王（公元前 369—319 年）对答的尉缭，反映的是梁惠王晚年的魏国情况。⑰ 果如此，在公元前 4 世纪，尉缭可能已对梁惠王提出了以戍边若干岁作为惩罚的建议。这是有期刑存在于战国时代的又一证据。

战国时代各国刑律的实态，以及曾否实施有期刑，我们所知十分有限。秦刑在某些特殊情况下已出现有期刑，则属无疑。睡虎地秦简《法律答问》有一条：“隶臣妾（系）城旦

---

⑮ 参见李学勤：《简帛佚籍与学术史》，356～365 页，台北，时报出版公司，1994。

⑯ 参见吴九龙：《银雀山汉简齐国法律考析》，载《史学集刊》，1984（4)，14～20 页；陈乃华：《论齐国法制对汉制的影响》，载《中国史研究》，1997（2)，38～44 页。陈乃华认为文帝采刑期制是受齐法影响。本文要论证的是秦法本身已有部分刑期制的存在，文帝承秦制即足以发展出更全面的刑期制。文帝以后的刑名仍秦之旧，未见纳入“公人”等非秦制的刑名，值得注意。战国时各国有不同爵制，除楚汉之际，刘邦曾部分采用楚爵，天下一统之后，全采秦爵，可以参照。我比较赞成汉初全盘承袭秦制之说。

⑰ 参见李解民：《尉缭子译注》，4～5 页，石家庄，河北人民出版社，1992。

舂，去亡，已奔，未论而自出，当治（笞）五十，备（系）日。”这是说一位隶臣或隶妾又受到系城旦或舂的加重处罚，他（她）逃亡并且确已逃出，在他（她）的逃亡罪还没有论决之前，他（她）自首了，这时应罚杖笞五十，并服满系城旦舂应服的劳役期限。这里的“备系日”、前引《具律》的“系日未备”以及下文所引张家山简 93—94.147“偿日”的意义相近，都是以日数来计算某一种应受到的惩罚期限。《法律答问》“隶臣妾（系）城旦舂”一句虽没有说出系城旦舂多久，但应是有期限的，否则下句“备系日”就没了着落。系城旦舂有期限这一点，应属无可否认。我们再来看《法律答问》中的两条：

当耐为隶臣，以司寇诬人，可（何）论？当耐为隶臣，又（有）（系）城旦六岁。[18]

葆子狱未断，而诬［告人，其罪］当刑鬼薪，勿刑，行其耐，有（又）（系）城旦六岁。[19]

这两条都是身为刑徒之人又去诬告别人，各该如何论处？结果是在其本刑（耐为隶臣、耐为鬼薪）之外，再加系城旦六岁。姑不论“城旦”本身是否有一定的刑期或根本如某些学者所说为无期刑[20]，在论处这两种诬告时，增加的系城旦部分是以六年为期。这证明在加重处罚的情形下，城旦舂可以以有期限的形式出现。这就不能说秦刑都是无期刑。

再如《法律答问》的另一条：“或盗采人桑叶，臧（赃）不盈一钱，可（何）论？赀（繇）三旬。”[21]《秦律杂抄》：“不当禀军中而禀者，皆赀二甲，法（废），非吏 （也），戍二岁，徒食、敦（屯）长、仆射弗告，赀戍一岁。”[22]“徭”或“戍”本来都是孟子所说的力役之征，不能说是一种刑罚。秦代却将百姓不乐于承受的负担加在罪犯身上当作一种处罚，这种处罚随罪之轻重有三十日、一年或两年之不同。将徭、戍当刑罚来利用，三十日、一年或两年就不无刑期的意味。高恒先生将这一部分赀徭和赀戍当作是“有服劳役期限的刑徒”，无异于同意秦刑中有一部分是有期刑。[23] 赀徭和赀戍之赀应是指积欠的债务，可用徭役或戍守的劳役形式抵偿，其劳役的长短因金额的多少而不同。这和下节要说的“偿日作县官罪”原则一致。

二、“偿日作县官罪”

“偿日作县官罪”和“作官府偿日”见于《二年律令》简 93～98。这对了解刑期问题也十分重要（见图 4）：

---

[18] 《睡虎地秦墓竹简》，《法律答问》简 118，121 页，北京，文物出版社，1990。

[19] 《睡虎地秦墓竹简》，《法律答问》简 111，120 页。

[20] 参见高恒：《秦律中的刑徒及其刑期问题》，载《秦汉法制论考》，90～91 页，厦门，厦门大学出版社，1994。

[21] 《睡虎地秦墓竹简》，简 7，95 页。

[22] 《睡虎地秦墓竹简》，简 11～12，82 页。

[23] 参见高恒：作出扩充，86～97 页。

图 4　简 97—98“偿日作县官罪罚金一两”字迹，简 93“作官府偿日者”字迹

鞫（鞫）狱故纵、不直，及诊、报、辟故弗穷审者，死罪，斩左止（趾）为城旦，它各以其罪论之。其当　（系）城旦舂，作官府偿日者，罚岁金八两，不盈岁者，罚金四两。□□□□两，购、没入、负偿，各以其直（值）数负之。其受赇者，驾（加）其罪二等。所予臧（赃）罪重，以重者论之，亦驾（加）二等。其非故也，而失不□□以其赎论之。爵［〈注释〉：爵字疑衍］戍四岁及（系）城旦舂六岁以上罪，罚金四两。赎死、赎城旦舂、鬼薪白粲、赎劓黥、戍不盈四岁，　（系）不盈六岁，及罚金一斤以上罪，罚金二两。（系）不盈三岁、赎耐、赎　（迁）及不盈一斤以下罪，购、没入、负偿、偿日作县官罪，罚金一两。[24]

这几简稍有残缺，大意仍很清楚。它是规定官吏在司法上故意出罪入罪，不够公正，在察验、决断和审理上有故意不彻底追查的情形时，凡所审理的罪行当处死刑者，司法官吏自己要斩左趾为城旦，其他则依轻重，分别论处。凡当处以系城旦舂，允许在官府服劳役以抵偿服刑日数者，一年课罚金八两；凡系城旦舂不满一年者，罚金四两（其下略有残缺，尚难理解）。接着说收受不当财物枉法者，加其罪二等。如给予不当财物的罪较重，以量刑较重者论处，也加罪二等。凡不是蓄意审理不公的（以下稍残），则以赎论之。此条以下的部分可以改列成下表：

凡当处以戍四年、系城旦舂六年以上罪的	罚金 4 两
凡当处以赎死、赎城旦舂、鬼薪白粲、赎斩宫、赎劓黥、戍不满四岁、系（城旦舂）不满六岁、罚金一斤以上罪的	罚金 2 两
凡当处以系（城旦舂）不满三岁、赎耐、赎迁、罚金不满一斤以下罪的购、没入、负偿、偿日作县官罪的	罚金 1 两

如果以上的理解无误，就不能不承认刑期的存在：

第一，在可以罚金赎罪的情形下，戍四年、戍不满四年（在《二年律令》中有戍二年、一年等情形）、系城旦舂六年、不满六年或不满三年都有一定的服刑年数或年数等级，并且

㉔ 《张家山汉墓竹简（二四七号墓）》，147 页。

是以本刑而非在某刑之外，以加重刑的姿态存在。

第二，所谓“戍四岁及系城旦舂六岁以上罪”、“赎死、赎城旦舂、鬼薪白粲、赎劓黥、戍不盈四岁，系不盈六岁，及罚金一斤以上罪”、“系不盈三岁、赎耐、赎迁及不盈一斤以下罪”，“以上罪”和“以下罪”之语明明将“系城旦舂六岁”等当作区分刑罚轻重等级的界限。“系不盈六岁”、“系不盈三岁”的“系”是“系城旦舂”的省语。简 94 的“不盈岁者”是承简 93“系城旦舂作官偿日者”而来，应指系城旦舂不满一年的。如果承认系城旦舂三岁、六岁、不满六岁、不满一岁和戍四岁、不满四岁具有以服刑时间长短表明刑罚等级轻重的意义，则必须承认刑期已成为量刑轻重和划分刑罚等级的一个原则。

第三，此条出现前所未见的“偿日作县官罪”一词。[25] 偿日作县官无疑是为官府服劳役，以一定的劳役日数抵偿某种罪应受的惩罚。而所谓的“偿日作县官罪”，从上下文看，应是被当作同一类某些罪的处罚形式，系城旦舂者就是以这样的方式处罚。“其当系城旦舂，作官府偿日者，罚岁金八两，不盈岁者，罚金四两”，如果一年罚金八两，系城旦舂六岁，罚金达四十八两，三岁二十四两，不到一年的四两。偿日作县官如果已被当作同一类的某些罪的处罚形式，无疑应该算是一种本刑，不是其他徒刑的加重刑；如可以论赎，其罚金依刑期长短而变化。这样的刑不当作有期刑看待是说不通的。《注释》即以刑期为前提，作成解释说：“作官府偿日，在官府服劳役以抵偿刑期”[26]，其说正确。

城旦舂基本上是劳役刑，诚如许多学者所指出，和鬼薪白粲、司寇一样，原本都是以劳役内容为区分而有的刑罚。其差别在于劳动内容的性质、艰苦程度、是否加上刑具或穿上特殊颜色或样式的衣帽。此外，它们还有是否加上肉刑名目的区别。以汉代的城旦为例，相关的肉刑名目有：

黥（《奏谳书》简 27.215、47、48.216、73.219、122.222、158.224、187.227、192.227）；

斩左止（《二年律令》简 93.147、《奏谳书》简 34.215）；

右止（居延简 EPT56：281）；

髡（居延简 EPS4.T2：100）；

髡钳（居延简 227.8、560.2A、EPT56：37、EPT56：344）；

髡钳釱左止（居延简 117.32、EPS4.T2：25、69）；

髡钳釱左右止（居延简 EPT56：280AB）等。

这些肉刑名目只是传统刑名和刑等关系的延续，应已非实质的肉刑。[27] 此外，城旦舂另

㉕ “偿日作县官罪”一词见于简 97 末（偿日作县）及简 98 起首（官罪）。近来学者对简 93～98 的归属颇有不同意见，但对简 97、98 二简相连接，并无异议。此二简不论就木简形制、字迹和内容上看，原本接续编连应无疑问。

㉖ 《张家山汉墓竹简（二四七号墓）》，147 页。

㉗ 文帝废肉刑后，虽不再行肉刑，名目持续存在，东汉明帝前后数诏可为证。又有些肉刑并未尽除，如宫刑，此见于明帝章和元年诏，前人早已指出。我以为文帝以后，肉刑基本已废最好的证据是王充《论衡·四讳》驳刑徒不上丘墓时说：“古者用（肉）刑，形毁不全，乃不可耳。方今象刑重者，髡钳之法也。若完城旦以下，施刑彩衣系躬，冠带与俗人殊，何为不可？”

还有刑期上的区别。张家山这几简证明：有些系三年，有些系六年。“系不盈六岁”、“系不盈三岁”、“不盈岁”之语意味着或许还有其他不等的刑期长短。目前出土的秦汉律令，都是摘抄摘录，而秦汉律令又以繁琐细密著称，因此可以推想应该还有很多我们不知道的内容，包括犹待发现的刑期等级在内。

三、刑期制出现的背景

高恒、于豪亮、冨谷至、籾山明、张建国和滋贺秀三等学者都认为到文帝改革才有了刑期。最有力的证据不外是《汉书·刑法志》说文帝诏废肉刑，并“令罪人各以轻重，不亡逃，有年而免”和《汉书·晁错传》称颂文帝“罪人有期”这两句话。[28] 文帝无疑曾改革刑律，对徒刑刑期订出一套较完备和固定的体系，又减轻量刑并废除肉刑，因此受到汉人的称颂。

然而，这并不表示刑有刑期一事在文帝之前完全不存在，文帝一声“有年而免”，刑期制就突然出现。从刑无刑期到刑而有期，从不定期到定期，应是一个十分漫长而且复杂的发展和调整过程。刑期很可能是从偶然、权宜、局部和非常态，逐步变成一种原则，走向常态化、全面化和系统化。睡虎地秦律和张家山汉律其实刚好见证了文帝以前刑期已以某些形式存在，却尚未系统化和全面化的状态。

前文提到的“其当系城旦舂，作官府偿日者，罚岁金八两”正是一个线索。这几句话一方面说明某些系城旦舂被允许为官府劳动以抵偿服刑日数，而以每年罚金八两计算，这也就意味着“刑期”曾以一定的形式存在。可是另一方面，这几句话刚好也意味着有些城旦舂并不能作官府以偿日，而是终身劳役。以终身劳役而言，城旦舂、鬼薪白粲和隶臣妾等原来并无不同。因此在《二年律令》的另一条中见到以金赎城旦舂和鬼薪白粲都是一斤八两。[29] 如果城旦舂和鬼薪白粲非终身，有明白的刑期上的差异，属于不同等级的劳役刑，就不应有罚金相同的情况。因此必须承认城旦舂和鬼薪白粲等原本毫无疑问都是终身刑。

可是在终身或无期刑中，因为某些还不清楚的因素，有些分化出来有了期限，或许是因债务、逃亡，按日计算而无固定的服刑时限[30]，或以定额罚金折算一定的年月日数，这正是刑从“无期”、“不定期”或“未有期”到“有期”过渡阶段的现象。在过渡阶段，只局部见到某些无期刑在某些特定的情况下有了时限，有些仍旧不变。例如城旦舂在作为加重

㉘ 参见前注⑩及冨谷至：《秦漢刑罰制度の研究》，152～163页，東京，同朋舍，1998。

㉙ 参见《张家山汉墓竹简（247号墓）》，简119，150页。

㉚ 徐世虹指出“其当系城旦舂，作官府偿日者”的后半句是抵偿逃亡或逋徭的天数。又指出城旦舂“这个劳役刑虽然是有期限的，但并不固定。当以劳役抵偿时，其所抵偿的是罚、赎、债务的钱数或亡天数，抵偿方式是‘日居某钱’及‘偿亡日’，即劳役的结束以钱款及亡天数的偿清为底线。”参见徐世虹：《“三环之”、“刑复城旦舂”、“系城旦舂某岁”解——读〈二年律令〉札记》，载《出土文献研究》，2004（第6辑），85、87页。

刑的情况下，有了年或日可以计算的时限，作为本刑仍为终身。此外，迄今并不见有系司寇、系鬼薪白粲，或系隶臣妾若干岁的。㉛ 可见有期刑或许只是一局部的现象。

刑罚上小小的分化，开始时或出于一时权宜，问题较小；如果分化扩大，期限多样甚至分出等级，逐渐变成某些类别刑罚的原则，就必然会牵动整个刑律体系。我们看到的睡虎地秦律至少是商鞅变法后上百年中累积下来的，其刑罚有古老的肉刑和终身劳役，也有劳役加肉刑的复合刑，又有赎、迁和某些形式的有期刑，纷然杂陈。它们是如何构成了一个体系？过程如何？老实说迄今几无所知。

要了解刑期制如何出现，似乎不能不注意商鞅以后上百年战争的大背景。商鞅以后的百余年正是华夏战争频仍、社会变动剧烈的时代，秦更是无日不战，直到一统。秦民编为什伍，以耕战为尚，其刑律只可能是战时政治、社会、经济体制下的一环。在百年战争期间，战争会对刑律体系和司法带来什么影响？一统之后，由战时进入承平，秦的刑律从一国之制变为天下之制，是否有过全盘或某种程度的调整？这些问题十分重要，却苦无资料足以回答。

以下仅仅提出一些初步猜想。秦的刑律体系为了因应战争和国土扩张造成的内外复杂情势，不但刑律本身日益膨胀，也不免会有超乎常态的从权规定或法令。例如张家山汉简《奏谳书》始皇二十七年（公元前220年）南郡卒史盖庐等狱簿提到一个“令”：“所取荆新地多群盗，吏所兴与群盗遇，去北，以《儋乏不斗律》论。”（简157－158.224）这个令很明显是针对新降服的楚地的特别情况而颁布的。楚地情况原不适用既有的《儋乏不斗律》或在适用上有疑义，因此才特别下令仍“以《儋乏不斗律》论”。如须于律令之外权宜处置，在汉代就叫“便宜从事”。㉜ 战国之时，随着战争规模扩大，旷日持久，领军之将手握重兵在外，为不失机先，君王须充分授权，但又产生如何节制诸将，以免养虎遗患的问题。先秦兵家多主张“将在外，君令有所不受”，在出师的仪式中君授斧钺，以示将军有权便宜行事，无待君令。㉝ 又在军国体制下，军政民政一体，《尉缭子·将理》谓：“凡将，理官也，万物之主也”。一方的军事首长也就是一方治民司法之官。例如睡虎地秦简南郡守腾《语书》即提到当时“圣王作为法度”，圣王指秦王，但“法律未足，民多诈巧”，“故后有间令下者”，也就是原有的法律留有空隙，民得钻隙为巧诈。因此又颁下弥补法律不足的

㉛ 日本学者若江贤三曾试图论证犯耐罪的隶臣妾为三年刑，完刑者为四年刑，黥刑者为六年刑，参见［日］若江贤三：《秦漢時代の勞役刑－ことに隸臣妾の刑期について》，载《东洋史论》，1980（1）；《秦律における勞役刑の刑期再論》（上）（下），载《爱媛大学法文学部论集》，1992（25）、1994（27），73～104、71～105页；相关评论见籾山明，前引文，139页；若江之答辩参见［日］若江贤三：《秦律における隸臣妾の特質とその刑期》，载《古代文化》，1997（49：6），343～354页。又濑川敬也对籾山明氏说也提出商榷，参见［日］濑川敬也：《秦代刑罰の再檢討——いわゆる『勞役刑』を中心に—》，载《鹰陵史学》，1998（24），21～43页。

㉜ 参见邢义田：《从“如故事”和“便宜从事”看汉代行政中的经常与权变》，载《秦汉史论稿》，333～410页，台北，东大图书公司，1987。

㉝ 参见邢义田：《从“如故事”和“便宜从事”看汉代行政中的经常与权变》，载《秦汉史论稿》，373～381页，台北，东大图书公司，1987。

令，可是这样还不够，南郡守腾更进一步自行颁布防民奸私的“方”。[34] 其所以称之曰“方”，或犹如“药方”、“养生方”之方，本指供书写之木方，进而有指示、方向之义，如“间，义之方也；匿，仁之方也”（马王堆老子甲本卷后古佚书《五行》）。睡虎地秦律十八种《司空律》有谓：“令县及都官取柳及木柔可用书者，方之以书；毋（无）方者，乃用版。”可见“方”在秦代是一种官府用以书写，有一定形式的文书木方。“方”而可为一种指示命令，犹如汉代地方官之条教、教令。又汉边塞简牍文书中常见“如府书律令”之类的套语，“方”亦犹如府书之类，为官府所下，乃官长之指示，却有别于或用以补充正式的律令。

南郡守腾不将自己所颁布的称为“令”而称为“方”，意味着其所颁未必经过官方或上级同意[35]，也未必有国家法律令同样的效力，但在腾治下的南郡和在任期间，却可要求一郡吏民遵守之如法律令。因此《语书》后文要求“举劾不从令者”或“犯令”者，是将方视同令，而不再特别提到不从或违犯方者。方乃为防民诈巧，其惩罚所涉范围或轻重，应为既有律令所不及，或和既有律令相出入。类似颁下方的情况在征服六国的过程中不知还有多少。如果一时一地的方或权宜规定一多，累积之下，难免牵动整个国家刑罚体系的平衡和公正。

春秋以来，军有军法、军令。军法比一般刑法可以想见要更严酷，更重时效。[36] 但是自齐桓公用管子，编民为什伍，“作内政而寓军令”（《管子·小匡》），军、民法律原本可能有的界限不免趋于模糊。例如原本显然属军法的连坐制，在秦就被普遍扩大施用于编为什伍的民。这种情况恐怕不仅见于齐或秦，以争天下为目标、军国主义化的列强应都难免。在睡虎地墓主喜抄录的秦律中，整理者将其中一部分归为《杂抄》。《杂抄》多和军官任免、军队训练、战场纪律、后勤供应或赏罚奖惩有关。所谓《杂抄》，其实原来都是喜职务上所需要并应归属在某些至今还弄不清的律目之下，军民法之间的界限几乎难以分清。当然也可以说古代兵、刑不分，所有的刑法原本都是军法，治民之法是自军法中分化出来。[37]

不论情况究竟如何，一旦战争结束，不再从马上治天下，战时军民不分的政治社会和法

---

[34] 关于“间令”和“为间私方”的意思，池田雄一认为“间私方”相当于“奸私法”，参见［日］池田雄一：《秦代の律令について》，载《中央大學文學部史學科紀要》，1997（42），70页；最新讨论参见陈伟：《睡虎地秦简语书的释读问题（四则）》，武汉大学简帛研究中心《简帛》网站，http://www.bsm.org.cn，2005.11.18. 陈伟曾讨论吴福助、张建国、陈伟武、池田知久、王贵元等人的意见，而认为“间私”当读作“奸私”，“间令”或如“板令”，应读作“简令”。

[35] 汉代地方太守在一郡之内仍有不经同意径自颁布条教的权力，或即本于此。关于条教可参见余英时：《汉代循吏与文化传播》，《中国思想传统的现代诠释》，167～258页，台北，联经出版公司，1987。张建国在《秦令与睡虎地秦墓竹简相关问题略析》一文中（载《帝制时代的中国法》）认为为间私方“这些法规必须得到中央政府或秦王的许可或批准”（30页），应非如此。

[36] 参见陈伟武：《简帛兵学文献探论》，58～61页，广州，中山大学出版社，1999；或参见《简帛所见军法辨证》，载《中国法制史考证》乙编，第1卷，266～268页，北京，中国社会科学出版社，2003。原载《简帛研究》，第2辑，1995。

[37] 相关讨论可参见［日］籾山明：《法家以前—春秋时期的刑与秩序》，载《中国法制史考证》丙编，第1卷，222～256页，北京，中国社会科学出版社，2003。

律体制势必要调整，军归军，民归民。司马迁在近百年后回顾汉初的体制改革，曾概括性地说道："于是汉兴，萧何次律令，韩信申军法，张苍为章程，叔孙通定礼仪"（《史记·太史公自序》）。他将律令、军法、章程、礼仪分开，又将改制之功笼统归在四个人名下，这是他也是传统文献一贯的笔法。如果稍稍仔细研究一下，不难发现这些改制非必同时，也非完全成于一人之手。无论如何，司马迁将律令与军法分开，标举出了变革的一个大方向。其具体的情况，可举三例说明。第一，睡虎地和龙岗秦律简中的赀罚常以甲或盾为单位，罚若干甲、若干盾或若干甲、盾。以甲盾为罚，不难推想这原本或与军法有关。[38] 但承秦律的张家山汉律简中已完全不见以甲盾为赀罚的踪影。其次，睡虎地秦律中有《军爵律》，反映出商鞅以来以军功赐爵的传统。但汉初的《二年律令》中已无《军爵律》而有《爵律》之目，依二十等爵授田宅的律则被整理者安排在《户律》中，授田宅已和军功无关。从《军爵律》到《爵律》，"军"一字之删应非偶然，正好说明军民律令之分化。第三例是文帝元年"除收帑诸相坐律令"（应劭曰："帑，子也。秦法一人有罪，并坐其家室，今除此律。"）（《史记·孝文本纪》），文帝废相坐律令是在所谓"萧何次律令"之后。这是指一般百姓不再连坐，并不表示军伍之中也不再连坐。什伍连坐本为军法，除相坐律令，军民之法有了更进一步的区别。

秦在一统天下的过程里，战争为先，刑律调整的脚步恐怕难以及时跟上，司法官吏的训练也难如承平之时。至少从战国起，官吏即分文武。但是在战争频仍的时代，官吏出入文武之职，所司不免难以明确划分。睡虎地秦墓墓主喜一生时而为令史治狱、时而从军参战的经历，就是最好的例证。在这种情况下，如何保证司法官吏受到适当的训练，有较充分的知识和执法的能力，维持司法的公正和公平，是先秦列国都面临的考验。喜的墓中有《为吏之道》这样充满儒道色彩的小册，也有南郡守腾下达县道、有浓烈以法为治色彩的《语书》，两者内容虽也有相通处，精神上歧异颇大。[39] 如果同意《为吏之道》的性质是一种吏的训练手册，它和长官发布的《语书》在精神上相出入，这会对战时或一统后的秦代司法或地方官吏带来什么影响，十分值得玩味。

在战时的特殊情势下，法律和司法都不免有权宜变例，军法与民法不免混一，人员不免兼司而训练不足；战争迁延一久，这些问题都会使法律本身的失衡、矛盾和司法的不公趋于严重。所谓秦法酷烈，有不小一部分和法律的失衡、矛盾以及人员素质不尽理想脱不了关系。汉武帝时，"禁网寖密"，"郡国承用者驳（师古曰：不晓其指，用意不同也。），或罪同而论异。奸吏因缘为市，所欲活则傅生议，所欲陷则予死比"（《汉书·刑法志》）。昭帝时议盐铁，文学曰："方今律令百有余篇，文章繁，罪名重（读为从），郡国用之疑惑，或浅或深，自吏明习者不知所处"，"律令尘蠹于栈阁，吏不能徧覩，而况于愚民乎"（《盐铁论·刑德》）。这些应该是秦时就存在的老问题，不会到汉武帝和昭帝时才出现。汉高祖

---

[38] 《管子·小匡》提到寄军令于内政，因甲兵不足，遂"轻重罪而移之于甲兵"，而有犀甲、兰盾、束矢之罚。又可参见《管子·中匡》。

[39] 参见邢义田：《云梦秦简简介——附：对"为吏之道"及墓主喜职务性质的臆测》，载《秦汉史论稿》，493～504页。

入关，即曾嫌秦法“烦苛”，而约为法三章（《汉书·刑法志》）。秦一统之后，始皇虽“专任刑罚，躬操文墨”，但他和二世显然还来不及清理法律体系积存的问题，国家就亡了。[40]

张家山律简已经证明所谓的“汉承秦制”，一个主要的内容就是汉几乎全盘接收了秦律[41]，因此，也继承了秦不及处理的问题。萧何作律九章，择秦律之尤切时需者，来不及全盘整顿。其中两个来不及整顿的问题正是肉刑和刑期制。[42] 汉文帝进行改革，才正式面对。张苍等在文帝的指示下，作了较原则性的整顿，一方面配合时代需要，废除肉刑和减轻刑罚，另一方面将徒刑全面刑期化，以改善肉刑、劳役刑、无期刑和某些有期刑之间存在的不公、冲突和矛盾。张苍和冯敬等人所拟的刑期方案，照张建国对《汉书·刑法志》相关脱漏文句的复原，井然有序，如果说这些方案毫无以往学说理论或既存制度作为参考或依据，凭空构拟于一时，实在令人难以想象。[43]

刑制改革牵动广泛，高祖刘邦已经开始，文帝继续而较全面，不过不是在短时期内可由一人或数人毕其功于一役。有些学者认为法律改革就是改动一下条文字句，由皇帝一句“制曰可”，或在“瞬间一次性”的行动里，即可完成。[44] 事情不是这么简单。

---

[40] 秦始皇统一天下后，在法律体系上作了些什么，很可惜几乎没有材料可考。琅琊等刻石中反复强调：“端平法度”、“除疑定法，咸知所辟”，这是很笼统的政治宣传，难知其详，也难以信据。张建国据之说道：“秦统一中国后对法律作过系统的整理，这时距后来的汉二年只有短短的十四年，法律在这样一段时间里恐怕挑不出多少毛病。汉只要去掉一些不得人心的严法，少征发点儿徭役，多几次大赦，取消一些让人生不如死的督责之术，对有功之人舍得给予重赏，也就差不多弥补了秦的缺陷。”（参见张建国：《试析汉初“约法三章”的法律效力——兼谈“二年律令”与萧何的关系》，载《帝制时代的中国法》，45页。）这样的说法或许太简单了些，没有充分考虑长期战争对法律和司法制度可能造成的影响。

[41] 参见高敏：《汉初法律系全部继承秦律说——读张家山汉简〈奏谳书〉札记之一》，载《秦汉史论丛》，第6辑，167～176页，南昌，江西教育出版社，1994。

[42] 此外爵也是大问题。大家都知道秦尚军功，自商鞅以来，爵禄田宅一以军功为断。自睡虎地秦律和张家山汉初律简发现以后，大家也都知道有无爵和爵级高低影响秦汉百姓的法律权益极大。等到秦一统天下，战争结束，立军功机会必然减少，爵的取得、转移或剥夺岂能不作相应的调整？高祖以后，屡屡赐民爵，而无关军功，这会如何影响爵的性质和有爵者的法律权益？《二年律令》户律中就有依爵授民田宅的规定。在大环境改变之后，相关法令的修订调整恐怕都需要相当长的时间。参见杨一民：《战国秦汉时期爵制和编户民称谓的演变》，载《学术月刊》，1982（9），68～73页。此文已指出从军功爵到赐民爵的问题，但未及深入讨论和法律的关系。

[43] 参见［日］滋賀秀三：《前漢文帝の刑制改革をめぐって——漢書刑法志脱文の疑い》，载《東方學》，1990（79），1～8页，载［日］滋贺秀三：《中国法制史论集》，557～556页，东京，创文社，2003；中译见《日本学者研究中国史论著选译》，第8卷，76～82页；张建国：《西汉刑制改革新探》，载《历史研究》，1996（6），21～24页；最近籾山明引用日本所藏北宋刊本《通典》和近卫家熙考订《大唐六典》的夹注校语证明张建国对《汉书·刑法志》的复原可以得到版本上的支持，参见［日］籾山明：《『漢書』刑法志の錯誤と唐代文獻》，载《法史學研究會會報》，2004（9），89～92页。

[44] 例如粟劲《秦律通论》说文帝的改革：“这是中国历史上第一次为城旦舂、鬼薪白粲、隶臣妾、司寇等徒刑规定出具体刑期，一经汉文帝‘制曰可’，就完成了立法手续，成为当时的成文法。”（282页）张建国讨论文帝肉刑改革时说：“这种改定只需要一次改动即可完成，也就是说，当文帝同意这一方案，中央机构下达指令后，这种改动无论是对任何机构或个人手头的律章，是很快即可替换完成的。例如，《睡虎地秦墓竹简》中有‘擅杀子，黥为城旦舂’。我们假定汉代继承了秦代的这一法律规定，那么，根据张苍等人改革方案，律文将变成‘擅杀子，髡钳为城旦舂’。因此，虽说废除肉刑并以其他刑罚换易，是从此以后长期延续下去的法律变动，但改定法律这一动作本身，却非一种持续进行的行为，所以不妨将这种变动视为瞬间一次性的。”（《帝制时代的中国法》，208～209页）。

刑罚是法律和司法体系的一部分，刑罚和犯罪的类别、轻重在每一个环节上都相互关联，要保持法律和司法的公正，除了法律本身的合理平衡，还必须有足够高素质的专业司法人员。刑律体系本身的改变或人员素质的缺陷，都可能造成牵一发而动全身的影响。以秦刑本身来说，秦的刑罚体系原本以终身劳役和肉刑为特色，一旦出现刑期制这样具有原则性的变化，整个体系都可能受到牵动，其调整不是顷刻间完成得了的。张建国即曾指出废肉刑，用其他刑替换，会造成长期延续的法律变动。文帝之后应该另有改革。这个看法十分有理。[45] 但我认为其后的改革似不限于他所说的隶臣妾的取消和刑期自六年级数改为五年级数而已，应还有无数微调工程，使体系趋于平衡和合理。奈何这些微调细节，除了景帝和武帝所为尚有只字词组，绝大部分没有能够在史册中留下痕迹。

近世学者讨论刑期制，多从法律本身或法律学的角度考虑，比较少注意传统文献背后的史观以及这些史观对真像可能造成的扭曲。中国传统文献经常将漫长时期之内出现的变化归名于某一伟大人物的一时变革。神农氏发明农业，燧人氏钻木取火，有巢氏教民宅居等等大家耳熟能详，无需赘言。司马迁写《史记·秦始皇本纪》，以戏剧性的手法记录了一场朝廷之上封建和郡县制的大辩论；辩论以后，封建似乎即成过去，郡县即从此确立。班固写《汉书·刑法志》，以几乎同样戏剧性的手法描述缇萦救父如何感动文帝，引发了文帝的刑法改革。从表面看，肉刑因此废除，而刑期制也于一日之间建立。这样的英雄史观和戏剧性的笔法，不但支配着司马迁和班固，也左右着无数的两汉著作（其例可见《新语·道基》、《论衡·感虚》、《风俗通义·皇霸》等）。今人读这些文献，不宜只读字面而疏略了背后史观所可能发生的作用。换言之，须要弄清《汉书·刑法志》的一字一句，厘清正文和夹注的错乱脱误，但不宜被字句完全捆绑住。跳出来看，太阳之下无新鲜事。刑期制就像郡县制，都不是因为一场辩论或一件诏书而忽然出现，它们都是因应春秋战国几百年的时代需要，在几百年变局中逐渐浮现的。

学者早已正确指出秦汉以前终身隶役罪犯是普遍的现象。终身服役的罪徒，不论隶臣或隶妾，地位都比庶人低下，但在统治者眼中其实和庶人相去不远，说穿了都是孟子所说的“劳力者”[46]，没有资格像士以上的“劳心者”可以治人、可以讲“礼”或者可以执干戈以卫社稷。春秋战国以来战争频繁，战争形态改变，各国需要普遍征兵，开始逐渐以不同的方式扩大兵源。除了国人，原本没资格的野人开始可以当兵。[47] 这个时期之所以赐庶民田宅、土地、姓氏和爵，根本上是因为这时人们的思考还无法完全跳脱惟士以上可以

---

[45] 参见张建国：《西汉刑制改革新探》，21～24页。

[46] 近年湖南龙山里耶秦简虽见到始皇二十七年兴徭役的规定和徭役的征调顺序，但洞庭郡为传输兵器到内史等地，乘城卒、城旦舂、隶臣妾、鬼薪白粲、居赀、赎债、司寇、隐官和践更县者都在动员之列，其中乘城卒和践更县者应非罪犯，却和城旦舂等刑徒杂列并处，即可为证。参见《湖南龙山里耶战国-秦代古城一号井发掘简报》，载《文物》，2003（1），33～34页。

[47] 参见杜正胜：《全国皆兵的新军制》，载《编户齐民》，49～96页，台北，联经出版公司，1990。

执干戈以卫社稷的封建观念。有了田宅、土地、姓氏和爵，庶民不论国野，仿佛跻身于士的行列，也就够格成为国家动员的对象。秦汉二十等爵的最低一级名为“公士”，其意义很可玩味。

随着春秋中晚期以来战争扩大持久，兵源消耗过剧，士民不足，统治者不免注意到如何利用身份低下、但数量庞大的奴隶和罪犯。于是罪隶逐渐可以赎，可以赦，可以免，或者在服役一定期间之后，依某些特定条件改变身份，成为庶人。这样的改变在历史上没有留下多少痕迹。鲁襄公二十三年（公元前550年），晋国诸大夫相争时，范宣子焚罪隶斐豹之丹书，斐豹为之杀栾氏之督戎，可以算是一个以免除罪隶身份为条件，换取勇士为当政者拼命的例子。[48] 这事大概是因太特殊才被记载下来。但偶发的事例一多就可能成为常态。一旦常态化，原本不在征召之列、形同禁锢的罪犯就变成数量可观的兵源。鲁昭公十四年（公元前528年），楚子使然丹简上国之兵于宗丘，使屈罢简东国之兵于召陵，“且抚其民，分贫振穷，长孤幼，养老疾，收介特，救灾患，宥孤寡，赦罪戾，诘奸慝，举淹滞，礼新叙旧，禄勋合亲，任良物官。”（《左传》昭公十四年）。在检阅甄选部队、安抚百姓的过程里，特别有赦免罪犯、举拔人才的举动，值得注意。《左传》鲁哀公二年（公元前493年）赵简子伐郑，誓词云：“克敌者上大夫受县，下大夫受郡，士田十万，庶人工商遂，人臣隶圉免”，免除“人臣隶圉”的贱隶身份，可见这时除了大夫和士，执贱役的奴隶之类也成为动员的对象，当政者需要对他们提出交换卖命的条件。这和晋国斐豹之事类似，但斐豹一人的特殊待遇在此似乎已变成适用于全体贱隶的原则。

《韩非子·说疑》谓圣王选才“内举不避亲，外举不避雠……观其所举，或在山林薮泽岩穴之闲，或在囹圄绁绁缠索之中，或在割烹刍牧饭牛之事，然明王不羞其卑贱也”。郭店楚简《穷达以时》说“吏吾拘繇弃缚，释桎梏而为诸侯相，遇齐桓也……”（裘锡圭按：繇疑当读为“囚”，弃疑当释为“束”）（简6，文物出版社，145页）这一类贤君选能于卑贱、拔才于桎梏的话常见于先秦典籍中，武丁举胥靡傅说为相也是常被提起的例子。[49] 囹圄中有贤而可为相者，更多的是不畏死、桀骜果敢、适合当兵的材料。春秋战国以强兵为务的君王和谋士岂能视而不见？《六韬·犬韬·练士》说：“有王臣失势，欲复见功者，聚为一卒，名曰死斗之士……有贫穷忿怒，欲快其志者，聚为一卒，名曰必死之士；有赘婿、人虏欲掩扬名者，聚为一卒，名曰励锐之士；有胥靡、免罪之人，欲逃其耻者，聚为一卒，名曰幸用之士……”[50] 将王臣失势者与贫穷、赘婿、胥靡、免罪等分而并列，可知后者都是身份原本卑下或犯罪的人。这些人招聚起来，变成了必死之“士”、励锐之“士”和幸用之“士”！罪隶而被称为“士”，是春秋战国变局下浮现的，但这绝非于一夜之间骤然出现，也

---

[48] 《左传》襄公二十三年：“初斐豹，隶也，著于丹书（杜注：盖犯罪没为官奴，以丹书其罪）。栾氏之力臣曰督戎，国人惧之。斐豹谓宣子曰：苟焚丹书，我杀督戎。宣子喜，曰：而杀之，所不请于君焚丹书者，有如日。……”

[49] “胥靡”据吴荣曾先生研究，其意正是“绁绁缠索之中”的刑徒，参见前引所著《胥靡试探——论战国时的刑徒制》，148～161页。

[50] 这一点吴荣曾已曾论及，参见前引《胥靡试探——论战国时的刑徒制》，159页。

不会突然消失。秦汉以降常发遣赦免的罪犯（免徒、弛刑）充军戍边或从事征讨，基本上仍然沿袭着这个传统。

四、小 结

刑期出现的背景必较以上的勾勒要复杂，现在已不易全面了解。从蛛丝马迹观之，刑期的出现和春秋中晚期到战国不断升高扩大的战争、军制的改变和人力的需求有关。这只是一个角度的观察，并不能完全解释。各国需求不尽一致，即使都需要兵源，解决的手段也可以不同。

讨论刑期制的出现，一个不可不注意的重要背景应该是秦在上百年战争状态下发展出来的法律体系，一统之后如何转换成一个承平时代的体系。近数十年秦汉法律资料虽已出土不少，但要勾勒出一部秦律“发展史”，现有资料仍远远不足。例如除了《语书》，几无资料可以说明秦在征服六国的过程里，如何将秦的法律令施行在新征服的土地上，如何调整原有刑律和战时权宜措施的关系，又如何消解秦律本身以及与各国法律之间可能存在的冲突和矛盾，或如何将他国法律融入秦律系统。[51] 刑期制在这个刑律调整的过程中又曾扮演什么样的角色，这些问题一时都还说不清楚。

大家都知道春秋战国是中国古代法制发展的重要阶段，各国各有自己的刑律制度。包山楚简中的楚国刑法及司法即自有一套。张家山《奏谳书》提到鲁国旧法有白徒和倡[52]，银雀山《守法》、《守令》简提到齐有公人，即和秦刑名不同，相关的体系也不会一样。在类似的时代要求下，楚、鲁、齐如同秦，可能都曾发展出了某种形式的有期刑，如齐有公人一岁、二岁、终身等之不同，惜其详不得而知，也不能确定是现实制度或学说。尉缭曾向梁惠王建议以戍边三岁处罚无军功者，魏是否曾加实行，可惜也无证据。总之，刑期的概念在战国既已出现，曾实行某种形式有期刑的国家应该不限于秦国吧。

从《二年律令》看，汉初之法及汉所承的秦法中无疑已有有期刑，惟刑期见于某些特殊的情况下，刑期非必一定，也不成体系。有期刑和其他大量无期刑之间结构性的关系仍待澄清。不论如何，于豪亮强调汉文帝“规定了隶臣妾以及比隶臣妾更重的罪犯的刑期”，又结论说“在秦代，大多数罪人是无期的”[53]。现在看来，这是极为明智的论断。因为他没有排除在秦代有某些较轻的罪（如作官府偿日罪），和少数罪人处以有期刑的可能。其他学者将建立刑期之功完全归于汉文帝，不免有不知不觉受古人著述背后史观误导，将一个漫

---

[51] 睡虎地秦简《为吏之道》抄有魏《户律》和魏《奔命律》，张家山《奏谳书》在时代上属于秦的部分，抄有假卫人史猷之名，内容却是和《韩非子·内储说下》晋文公有关的案子，又抄引一件“异时鲁法”的案例。两座地方小吏的墓中不约而同抄录他国的法律资料，十分耐人寻味。这是否意味它们和秦律不同，值得参考或甚至被用来补充秦律之不足？秦的地方小吏在司法上用得着它们？

[52] 参见《张家山汉墓竹简（247 号墓）》，简 174—179，226～227 页。

[53] 于豪亮：《从云梦秦简看西汉对法律的改革》，载《于豪亮学术文存》，146～149 页。

长复杂的历史过程简单化和个人英雄化的嫌疑。

（说明：本文原刊《台大历史学报》，第三十六期，407～432页，2005年12月；修订稿刊于中国政法大学法律古籍整理研究所编：《中国古代法律文献研究》，第三辑，191～214页，北京，中国政法大学出版社，2007；收入本书时，作者于2007年3月15日三次修订。）

古今中外酷刑现象的反思

简介

陈弘毅，生于香港，1980年获香港大学法学学士学位，1982年获美国哈佛大学法学硕士学位，1984年获香港律师资格，并开始任教于香港大学法律系，1993年晋升为香港大学法律系教授，曾任香港大学法律系主任（1993—1996年）及香港大学法律学院院长（1996—2002年）、香港法律改革委员会委员（2002—2008年）。现任香港大学法学院陈氏基金明德教授（宪法学），并兼任全国人大常委会香港特别行政区基本法委员会委员，香港太平绅士，香港策略发展委员会委员，中国人民大学、清华大学、澳门大学客座教授，台湾地区“中央研究院”法律学研究所筹备处学术咨询委员会委员，《香港法学学刊》（*Hong Kong Law Journal*）副总编辑及数份在中国内地、港台地区和外国出版的学术期刊的编委会委员。著有《香港法制与基本法》、《人权与法治》（合著）、《香港法律与香港政治》、《中华人民共和国法制导论》（英文版）、《法治、启蒙与现代法的精神》、《法理学的世界》等书及中英文论文百余篇，合编有《香港法概论》、《香港基本法与香港前途》（英文版）、《亚洲人权研究》（英文版）、《亚洲行政法及管治制度比较研究》（英文版）。

人是万物之灵，此灵既有其至善之面，也有其至恶之面，于是人类的历史和文明既有其光明之面，也有其阴暗之面。正因为人是万物之灵，人便在其历史和“文明”中精心地、无所不用其极地设计出层出不穷的方法、技术和器具去虐待、折磨和摧残他人的身体和精神，务求使对方在不失去其感官知觉的情况下经验到最大限度的痛苦。这是动物不会对其他动物做的事，也不是人对动物做的事，却是人对人做的事。这便是本文要谈的酷刑，它不是指一般罪犯在犯罪时对他人作出的暴行，而是指行使国家权力的官员在对人民执行死刑或其他刑罚时和在对人民进行刑讯逼供时作出的残暴行为。1987 年生效并已有超过 140 个国家签署的《禁止酷刑和其他残忍、不人道或有辱人格的待遇或处罚公约》便对酷刑作出了如下的定义：

“酷刑”是指为了向某人或第三者取得情报或供状，为了他或第三者所作或涉嫌的行为对他加以处罚，或为了恐吓或威胁他或第三者，或基于任何一种歧视的任何理由，蓄意使某人在肉体或精神上遭受剧烈疼痛或痛苦的任何行为，而这种疼痛或痛苦是由公职人员或以官方身份行使职权的其他人所造成或在其唆使、同意或默许下造成的。

酷刑——包括其最极端残忍的品种——在中外法制史上的广泛存在是铁一般的事实，任何认真对待人类“法制文明”的学者都不能回避关于这个问题的思考。对人权的伤害，以酷刑为最在法制史和法理学的研究中，酷刑不应是边缘的、可有可无的课题，而应是核心课题，但是，要正视酷刑问题并不容易。多夫曼教授（Ariel Dorfman）在其为《酷刑》一书所写的序言中说：“酷刑的现象要求我们变得盲、聋和哑，因为如果不是这样，我们便难以生活下去。要不断地留意着那不断的恐怖，我们是难以生活下去的。”[1] 这段话和鲁迅先生的一段文字不谋而合。在《病后杂谈》一文中，鲁迅谈到古书记载的剥皮酷刑：

“又，剥皮者，从头至尻，一缕裂之，张于前，如鸟展翅，率逾日始绝。有即毙者，行刑之人坐死。”也还是为了自己生病的缘故罢，这时就想到了人体解剖。医术和虐刑，是都要生理学和解剖学知识的。中国却怪得很，固有的医书上的人身五脏图，真是草率错误到见不得人，但虐刑的方法，则往往好像古人早懂得了现代的科学。……单说剥皮法，中国就有种种。……明初，永乐皇帝剥那忠于建文帝的景清的皮，也就是用这方法的。大明一朝，以剥皮始，以剥皮终，可谓始终不变……清朝有灭族，有凌迟，却没有剥皮之刑，这是汉人应该惭愧的……真也无怪有些慈悲心肠人不愿意看野史，听故事；有些事情，真也不像人世，要令人毛骨悚然，心里受伤，永不痊愈的。残酷的事实尽有，最好莫如不闻，这才可以保全性灵，也是“是以君子远庖厨也”的意思。[2]

---

① Sanford Levinson , ed. , *Torture*, Oxford, Oxford University Press, 2004, p. 9.

② 吴中杰编著：《吴中杰评点鲁迅杂文》（下），1005～1006 页，上海，复旦大学出版社，2000。

鲁迅谓“有些事情，真也不像人世，要令人毛骨悚然”，读者如欲得悉，不怕“心里受伤，永不痊愈”，可翻阅以下几本书。金良年的《酷刑与中国社会》③ 从四方面介绍了中国传统中的酷刑：刑罚（包括死刑、肉刑和法外酷刑）、拷讯（包括法定的拷讯手段和非法拷讯）、狱政和私刑，并探讨酷刑的社会背景和成因。王永宽的《中国古代酷刑》④ 分27节描述了中国古代酷刑的施行手段和典型事例：凌迟、车裂、斩首、腰斩、剥皮、炮烙、烹煮、剖腹、抽肠、射杀、沉河、绞缢、鸩毒、黥面、割鼻、截舌、挖眼、断手、刖足、宫刑、枷项、笞杖、廷杖、鞭扑、兽咬、拷讯（各种手段和器具）、杂刑。

此外，李高峰和杜永明主编的《黑二十四史》（第五卷）⑤ 中有一部酷刑史，上篇为“酷刑和刑具漫话”，下篇为“酷刑例典”，下篇的内容与上述王永宽书相同。还有包振远、马季凡编著的《中国历代酷刑实录》⑥，上编是“死刑”，包括凌迟、车裂、斩首、腰斩、剥皮、炮烙、烹煮、抽肠、剖腹、射杀、沉水、绞杀、鸩毒、火焚、钉颅、活埋、食人和另外七种其他死刑；中篇是“罚刑”，包括劓刑、割舌、墨刑、毁眼、砍手、刖足、宫刑、枷项、笞杖、廷杖、鞭刑、兽咬、杂刑；下编是“讯刑”，分为常规讯刑（拷打）和非常规讯刑（包括25种不同手段）。以上的书的内容固然惨不忍睹，却令我们对人性和历史有更全面和深入的认识。

清末李伯元著小说《活地狱》⑦，他在楔子中写道：

我为什么要做这一部书呢？只因我们中国国民，第一件吃苦的事，也不是水火，也不是刀兵。……不是别的，就是那一座小小的州县衙门。……试问那些书办、衙役，叫他们靠什么呢？……衙门里的人，一个个是饿虎饥鹰，不叫他们敲诈百姓，敲诈那个咧？

于是，没有贿赂衙役的老百姓便受到最不人道和不公平的对待。阿英在《晚清小说史》中对《活地狱》作以下评介：

因为要揭发衙门里这些恶德，书里所写的，差不多全是些令人惊心动魄的事，无所不至的敲诈奸骗行为，想入非非的刑具。每当接触到一个故事，总会使人有天愁地惨之想。……晚清衙门里种种的黑暗，以及刑罚的残酷，从以上十五个具体事实里，是可以想见了。……这是中国描写监狱黑暗，写惨毒酷刑的第一部书。⑧

鲁迅先生曾经指出：“自有历史以来，中国人是一向被同族和异族屠戮、奴隶、敲掠、刑辱、压迫下来的，非人类所能忍受的楚毒，也都身受过，每一考查，真教人觉得不像活在人间。”⑨ 从酷刑史的角度看，酷刑却决非中华文明的专利，西方文明史上的酷刑——无

---

③ 杭州，浙江人民出版社，1991。

④ 郑州，中州古籍出版社，1991。

⑤ 北京，中国华侨出版社，1998。

⑥ 北京，中国社会出版社，1998。

⑦ 重印于《中国近代小说大系》，南昌，江西人民出版社，1989。

⑧ 阿英：《晚清小说史》，144、146页，香港，太平书局，1966。

⑨ 见鲁迅《病后杂谈之余》一文，吴中杰编著：《吴中杰评点鲁迅杂文》（下），1013页，上海，复旦大学出版社，2000。

论是在死刑的执行方法或刑讯逼供方面——的惨烈和广泛程度毫不逊色于中国。例始日人川瑞博所著的《揭开欧洲拷问史秘辛》[10]，便图文并茂地介绍了欧洲中世纪的拷问和执行死刑时所用的器具及其使用方法，这些器具都是现存的实物，曾在1997年日本明治大学刑事博物馆"欧洲拷问展——关于人类权利自由的思考"展览中展出。我在这里抄录此书的目录如下：

第一章：串刺刑・斩首刑（内容包括纽伦堡的"铁处女"、串刺刑、看守的枪、刽子手的剑、断头台、坐式绞首器（螺环绞刑））。

第二章：异端审问・火刑・灌凉水（内容包括审问椅、火刑、灌凉水、异端者的叉子、铁猿辔）。

第三章：吊刑・车轮刑（内容包括吊篮、"犹大的摇篮"、钟摆、绞首刑、吊刑、车轮轧刑、伸拽式拷问台、梯子式拷问台）。

第四章：示众刑（内容包括示众台、圆木桶示众刑、惩戒式项链等）。

第五章：鞭刑・切断刑・粉碎刑（内容包括锁鞭、猫鞭、"西班牙式胳肢器"、"西班牙蜘蛛"、锯刑、头盖骨粉碎器、头盖骨压碎头箍、拇指压碎器、膝盖粉碎器）。

第六章：拘束刑・性器刑（内容包括鹳、手腕及脚踝用铁环、重枷、刺枷、苦行用腰带、束缚带、起钉器与手钳、烙刑、口腔、肛门、阴道用"梨"、贞操带、乳房撕裂器）。

欧洲有一些刑法史的博物馆，例如上述1997年的展览，便是意大利中世纪犯罪博物馆与明治大学合办的。在德国的卢登堡（Rothenburg），也有一个中世纪刑事博物馆，笔者多年前到访时买了该馆出版的《历史中的刑事司法》一书[11]，其中介绍的死刑方式包括斩首、绞刑、以轮裂体（breaking on the wheel）、溺毙、沸腾、火烧、活埋、肢解（quartering，类似五马分尸），另外也介绍了以下的肉刑：挖眼、斩手、斩手指、割耳、割舌。此外，在英国出版的一部《刑罚和酷刑史》[12] 则图文并茂地介绍了西方从古罗马到近代的一些酷刑，如钉十字架、火刑、刺字、针对身体不同部分的肉刑、各种拷问方法和器具、宗教裁判所的酷刑、对女性和女巫的酷刑、枷（pillory）、鞭打、对奴隶的酷刑、断头台、电椅、毒气室等。

以下让我们以拷问（刑讯逼供）为例，探讨酷刑的这种常见形式在西方历史上的演变。[13] 拷问在西方可谓古而有之，在古希腊，人有公民、奴隶和外邦人之分，在刑事和民事案件中，奴隶和外邦人均可被拷问以取证。在古罗马，拷问的使用有一个发展的过程，其适用范围由窄而阔，初时只适用于被控刑罪的奴隶，后来也适用于被要求做证人的奴隶，

---

[10] 时佩猛译，台北，台湾实业文化，2001。

[11] *Criminal Justice Through the Ages*（volume IVb of the publications of the Mediaeval Crime Museum，Rothenburg ob der Tàuber，1993，translated by John Fosberry）。

[12] *Hamlyn History of Punishment and Torture*，London，Hamlyn，1996.

[13] 本文援引的关于这方面的材料，主要来自 Edward Peters，*Torture*，Philadelphia，University of Pennsylvania Press，expanded edition，1996。除此以外，下面的注释也将提及其他材料。

后来更扩展至被控谋反（叛国）的罗马公民，进而再扩至被控其他重罪的罗马公民。历史学家指出[14]，拷问制度的强化和罗马帝国时期皇权的强化息息相关，随着皇帝地位的提升及其被神化为整个罗马国家和人民的人格化代表，皇帝任意拷问“叛徒”或其他人民公敌的权力获得了正当性。另一方面，罗马法学是十分发达的，法学家们并非不知刑讯逼供所获的证据可能不可靠，他们尝试在法理上对拷问制度予以规范并尽量确保证据的可靠性。

罗马帝国覆亡后，西欧进入黑暗时代，审判以“神判”为主，并不重视证据和理性思维，拷问反而变得没有必要。到了12世纪，对罗马法学的研究复兴，神判制度衰落，欧洲大陆的国家和教会同时发展出讯问制（inquisitorial）的审判制度，重视证据和对案件事实真相的确定。在证据的层级中，两个证人的见证或被告人的招供被视为最可靠的证据，于是古罗马的拷问制度在13世纪后再次流行于欧洲大陆。从当时起直至18世纪初，拷问在欧洲不但习以为常，而且是合法的。[15] 法律容许在涉及严重罪行（即可判死刑或肉刑）的案件的侦查阶段以各种刑具对当事人（起初是指被告人，后来更包括证人）进行拷问，法律同时对拷问予以规范，如拷问的先决条件是已有相当证据指出当事人很可能是有罪或知情的，拷问不应导致死亡或永久伤残，酷刑使用的时间长短和严厉性由法官决定，医生应在场等。但是，历史学家指出[16]，在实践中这些对拷问的规范形同虚设，书面的规定不外是一纸空文，实际的执行完全是另一回事。徒法不足以自行，古今中外皆如是。

在中世纪的欧洲，拷问不但实施于国家设立的司法机关，也实施于天主教会设立的宗教裁判所。13世纪以来，异端（heresy）罪的严重性可以与叛国罪相提并论，异端者甚至被视为“灵魂的盗贼和谋杀者”[17]，因而值得像对待盗贼和杀人犯一般以严刑获取其口供。中世纪宗教裁判所使用了最残忍的酷刑，却以为这些行为是正义的和对异端者的灵魂有益的。学者指出[18]，中世纪宗教裁判所和世俗的刑事法院的审讯方法互相影响，使欧洲的刑事程序愈趋严苛。

在欧洲大陆被拷问制度蹂躏的中世纪，英格兰却得天独厚，大致上幸免于难。学者指出，这并非因为英国人比欧洲大陆人更加人道或理性，而是因为英国人的“刑事程序粗糙得无须使用拷问”[19]。和欧陆不一样，在英伦取代神判制度的是陪审团（jury）制而非法官讯问制，由人民组成的陪审团判案时采用的证据标准不如在欧陆那般严格，国家检察官的

---

⑭ Edward Peters, *Torture*, Philadelphia, University of Pennsylvania Press, expanded edition, 1996, chap. 1.

⑮ See John H. Langbein, *The Legal History of Torture*, in Sanford Levinson, ed., *Torture*, Oxford, Oxford University Press, 2004, Chap. 5.

⑯ Edward Peters, *Torture*, Philadelphia, University of Pennsylvania Press, expanded edition, 1996, p. 54.

⑰ Edward Peters, *Torture*, Philadelphia, University of Pennsylvania Press, expanded edition, 1996, p. 65.

⑱ Edward Peters, *Torture*, Philadelphia, University of Pennsylvania Press, expanded edition, 1996, pp. 64—67.

⑲ John H. Langbein, “The Legal History of Torture”, in Sanford Levinson, ed., *Torture*, Oxford, Oxford University Press, 2004, p. 99.

制度在英伦又不发达。在这背景下，英伦没有全面发展拷问制，虽然有学者指出[20]，在1540年起的一个世纪内，英国枢密院在至少81件案件中曾颁令授权拷问，主要是叛国案。但枢密院乃直接隶属英王，并非法院或国会，所以18世纪英国法学家布莱斯顿（William Blackstone）认为拷问乃法外之刑，拷问所用之刑具是“国家的机械而非法律的机械”（an engine of state，not of law）[21]。

正如英伦没有建立欧陆式的拷问制度，并非由于英国人比欧陆人更讲人道，而一定程度上是历史的偶然，同样地，历史学家指出，拷问制度在18、19世纪在欧陆诸国家的相继废除，并非完全由于或甚至主要由于启蒙时代的人道主义者对酷刑的批判：“酷刑的逐渐消失，与其说是一个废除酷刑的运动的结果，不如说是一些在不同领域发生的转变的汇合，这些转变各自独立地出现于17和18世纪”[22]。

其实早在16、17世纪，就拷问制度的存废已有不少争论，对于此制度的抨击，已经屡见不鲜，但这些思想言论在当时并没有动摇拷问制度。对于拷问和酷刑史有深入研究的兰本教授（John Langbein）指出[23]，拷问制度在18世纪后被废除的其中一个主要因素，乃是在16、17世纪出现的刑罚制度和证据法上的变更。对于重罪来说，原有的刑罚只有死刑（当然有执行死刑的各种残酷方法）和肉刑（涉及对于身体造成永久伤残的各种刑罚），但在16、17世纪逐渐出现新的刑罚，如劳役刑和流放。于是在法院里逐渐发展出新的证据标准：原有的证据标准（要求定罪必须基于至少两人的见证或疑犯的招供）被认为只适用于该判死刑或肉刑的案件，而如果案件所涉罪行的刑罚只是劳役刑或流放，则法院在定罪时可采用略低的证据标准，即被告人的招认并非必要条件。这样，数世纪以来视被告人的招供为关键的证据制度便开始变质：“随着拷问的法律技术基础的瓦解，一向以来在逻辑性、道德性和社会性批评之前屹立不倒的拷问制度终于开始动摇”[24]。兰本教授也指出：“拷问的使用明显减少，在这种情况下，18世纪废除酷刑的运动的意义只是象征性的。”[25]

但历史事件往往是诸多因素的偶然聚合而成，谁能保证，没有18世纪启蒙时代那波澜壮阔的对酷刑的人道主义批判，拷问会否这么快地在“两代人的寿命”[26] 的数十年间在

---

⑳ John H. Langbein，“The Legal History of Torture”，in Sanford Levinson，ed.，*Torture*，Oxford，Oxford University Press，2004，p. 100.

㉑ Wayne Morrison (ed.)，*Blackstone's Commentaries on the Laws of England*，London，Cavendish，2001，vol. IV，p. 257 (vol. IV，p. 326 of 9th ed. 1783)。

㉒ Edward Peters，*Torture*，Philadelphia，University of Pennsylvania Press，expanded edition，1996，p. 80。

㉓ See John H. Langbein，*The Legal History of Torture*，in Sanford Levinson ，ed.，*Torture* Oxford，Oxford University Press，2004，Chap. 5.

㉔ Edward Peters，*Torture*，Philadelphia，University of Pennsylvania Press，expanded edition，1996，p. 85.

㉕ See John H. Langbein，*The Legal History of Torture*，in Sanford Levinson ，ed.，*Torture* Oxford，Oxford University Press，2004，p. 99.

㉖ John H. Langbein，“The Legal History of Torture”，in Sanford Levinson，ed.，*Torture*，Oxford，Oxford University Press，2004，p. 97.

欧洲各国的刑法条文中销声匿迹？历史学家指出，在18世纪，“大量从法律和道德角度谴责酷刑的文献相继出现和广为传播”[27]，酷刑（拷问以及执行死刑的残忍方式）不时成为“启蒙时代对欧洲旧体制（ancient regime）的批判的焦点，也是欧洲早期在法律和道德领域的野蛮和不合时宜的焦点”[28]。在这场批判运动中，伏尔泰和贝卡里亚（Cesare Beccaria）（尤其是他在1764年出版的名著《论犯罪与刑罚》）等启蒙思想家功不可没。[29] 在18世纪，欧洲人对酷刑的看法出现了根本的改变，酷刑普遍被视为坏事，站在人权的对立面。“有人说欧洲进入近代社会是从拷问制度的废止开始的”[30]，专门研究酷刑的美国历史学家利亚（Henry Charles Lea）在1866年出版的《迷信与暴力》一书中更如此评价酷刑的废除：

这是人类有史以来首次承认，构成人类社会基础的元素应包括基督教所宣扬的博爱和慈悲。……在多世纪的缓慢演化过程中，只能通过比较相距遥远的时代才能看到进步；但进步是存在的，或许未来的世代最终能从迷信和暴力的残酷和恣意的宰制中完全解放自己。[31]

“一代又一代的思想家与残酷的拷问制度作了艰苦卓绝的斗争”[32]，在18世纪末的欧洲终于有了成果。法国作家雨果（Victor Hugo）甚至以为对酷刑的斗争已经赢得了彻底的胜利，他在1874年宣称，“酷刑已经不再存在”[33]。虽然在21世纪初的今天看来，他绝对是过于乐观，但无可否认的是，欧洲近代史中酷刑在法律层次的被废除和在思想层次的被否定，确是人类的文明、理性和人道的一次胜利、一个跳跃、一种进步，其意义可与奴隶制的被废除和否定相提并论。如果“现代性”（modernity）具有进步意义的内容的话，我相信它必然包括对酷刑和奴隶制的告别。

以上回顾的是西方文明史，那么中华文明又是怎样面对酷刑的呢？我在这里准备从两个历史转捩点看这个问题，一是汉初，二是清末。在秦朝及之前，我国的刑罚体系主要由“奴隶制五刑”构成，该五刑是墨刑（或称黥，即刺墨于面额）、劓刑（割鼻）、剕刑（或称刖、膑或髌，即断足或去掉膝盖骨）、宫刑（或称腐刑，即男子割去生殖器，女子破坏其生殖机能）和大辟（用各种残酷方式执行的死刑），其中前四种均被称为肉刑，因为涉及对人的身体、肌肤和机能的毁损。[34] 虽然在先秦时期关于刑罚的其中一派思想是“象刑”论（此

㉗ Edward Peters, *Torture*, Philadelphia, University of Pennsylvania Press, expanded edition, 1996, p. 74.

㉘ Edward Peters, *Torture*, Philadelphia, University of Pennsylvania Press, expanded edition, 1996, p. 74.

㉙ 关于贝卡里亚对拷问的批判，参见Edward Peters, *Torture*, Philadelphia, University of Pennsylvania Press, expanded edition, 1996, pp. 264～269；陈兴良：《刑法的启蒙》，第2章，北京，法律出版社，1998。

㉚ 川端博著，时佩猛译：《揭开欧洲拷问史秘辛》，10页。

㉛ 转引自Edward Peters, *Torture*, Philadelphia, University of Pennsylvania Press, expanded edition, 1996, p. 75.

㉜ 川端博著，时佩猛译：《揭开欧洲拷问史秘辛》，10页。

㉝ 转引自Edward Peters, *Torture*, Philadelphia, University of Pennsylvania Press, expanded edition, 1996, p. 5.

㉞ 参见张晋藩：《中国法律的传统与近代转型》，142～147页，北京，法律出版社，1997。

说后来为荀子所反对）[35]，认为尧舜等圣王没有用过像五刑的实刑，“当时只是在犯罪者的身体上放一个什么象征性的标志，以表示其人有罪”[36]，但是，在先秦，包括儒家在内的诸子百家似乎没有对当时实行的五刑提出根本的质疑或主张予以废除。[37] 在这个背景下，汉文帝刘恒在公元前167年废除肉刑之举的确是中国法制史上的大事。

这便是家喻户晓的“缇萦救父”的历史佳话，记载于《汉书·刑法志》。汉文帝十三年（公元前167年），齐地太仓县令淳于公犯了罪，押解长安，他没有儿子，但有五个女儿。他的小女儿名叫缇萦，向文帝上书说：“妾父为吏，齐中皆称其廉平，今坐法当刑。妾伤夫死者不可复生，刑者不可复属，虽后欲改过自新，其道无繇也。妾愿没入为官婢，以赎父刑罪，使得自新”。文帝看了十分感动，下诏书曰：

盖闻有虞氏之时，画衣冠、异章服以为戮，而民弗犯（指古时候刑罚虽轻，老百姓犯罪却不多），何治之至也！今法有肉刑三（这里指的是黥、劓、刖（斩左右趾）三种肉刑），而奸不止，其咎安在？非乃朕德之薄，而教不明欤！吾甚自愧。故夫训德不纯而愚民陷焉。诗曰：“恺弟君子，民之父母。”今人有过，教未施而刑已加焉，或欲改行为善，而道亡繇至，朕甚怜之。夫刑至断肢体、刻肌肤，终身不息，何其刑之痛而不德也！岂称为民父母之意哉？其除肉刑，有以易之。

结果是中国历史上刑罚制度的一次重大改革，三种肉刑被废除，黥刑以徒刑取代，劓刑和斩左趾以笞刑取代，原斩右趾的刑罚则改为弃市（死刑的一种）。后来汉景帝更深化了改革，减少了笞刑所决的笞数和规范了笞刑的具体执行方式。汉代的这些改革为后来的新五刑刑罚体系奠定了基础，新五刑在隋《开皇律》和《唐律疏议》中发展至成熟，该五刑为笞、杖、徒、流、死。此五刑构成的刑名体系一直沿用至一千年后的清朝。[38] 上文曾引述利亚（Lea）的一句话：“在多世纪的缓慢演化过程中，只能通过比较相距遥远的时代才能看到进步”，那么，当我们比较秦代以前的“五刑”和唐代以后的“五刑”，我们应可看到“进步”，而肉刑的废除乃其中的关键。

从上面引述的汉文帝废除肉刑的理据来看，儒家思想传统在这方面确实发挥了积极的作用。儒家重视道德教化，反对盲目依赖严刑峻法，主张为政者应反求诸己，仁政爱民，这些价值理念都见诸上述汉文帝的话。例如汉文帝从犯罪问题联想到自己和政府的不足之处——“朕德之薄，而教不明”，他的诏书更流露出他对人民以至罪犯的体谅、怜悯和同情。他理解到“教未施而刑已加”是不对的，他又明白到给人改过自新的机会的重要性，肉刑的弊端之一在于它对“欲改行为善”的人构成障碍。此外，他更认识到肉刑的残忍性：“夫刑至断肢体、刻肌肤，终身不息，何其刑之痛而不德也！岂称为民父母之意哉？”我想，

---

[35] 参见张国华：《中国法律思想史新编》，188～189页，北京，北京大学出版社，1991。

[36] 西田太一郎著，段秋关译：《中国刑法史研究》，191页，北京，北京大学出版社，1985。

[37] 参见高绍先：《中国刑法史精要》，435页，北京，法律出版社，2001。

[38] 参见宁汉林、魏克家：《中国刑法简史》，第14、17章，北京，中国检察出版社，1997；刘英奎、张小乐：《野蛮的文明：中国历代刑法》，沈阳，辽海出版社，1998。

这段话可算是我们中华文明对人类文明史上反酷刑的事业的一点贡献。

尽管人类历史充满野蛮和残酷，常令人感到叹息、灰心以至绝望，但毕竟历史的阴暗面并非其全部，历史中毕竟仍有光明，人性的光辉永不泯灭。中华法文明史中令我们值得自豪的一点是，虽然在汉文帝以后，在东汉、三国、两晋等时代以至宋代都出现过关于应否恢复肉刑的论争，但主要的肉刑始终没有复活（至少在法律条文上），统治者始终没有采纳恢复肉刑论者的主张。“废除肉刑的根本趋势已不可逆转”，“肉刑在人们的心目中视为‘不仁’之刑的观念已根深蒂固”[39]。

恢复肉刑论者的论点主要有以下几点。[40] 首先，他们批评汉文帝把斩右趾之刑改为死刑，是对刑罚的加重而非减轻，故应予以还原。第二，他们认为肉刑是死刑和生刑（如徒、流、笞、杖、髡（毛髮刑））之间适当的中间刑，对于某些罪行来说，判死刑太重，生刑则太轻，如《汉书》的作者班固和南宋理学家朱熹便有这种意见。第三，肉刑是“对犯罪者采取以其人之道，还治其人之身”[41] 的办法，如西晋武帝时任廷尉的刘颂上表说，肉刑“乃去其为恶之具，使夫奸人无用复肆其志……亡者（指逃亡者）刖足，无所用复亡；盗者截手，无所用复盗；淫者割其势，理亦如之”[42]。第四，肉刑有较强的“威慑、警诫世人的一般预防作用”[43]，例如刘颂便强调罪犯“残体为戮，终身作诫。人见其痛，畏而不犯，必数倍于今”[44]。

至于反对恢复肉刑的理据，基本上就是汉文帝当初废除肉刑的理由，如应以道德教化为预防犯罪之本，应给予罪犯改过自新的机会，不应使用残忍的、有损人道和仁政精神的肉刑。例如东汉光武帝诏令群臣集议是否恢复肉刑时，光禄勋杜林引用孔子的话大力反对恢复：“孔子曰：道之以政，齐之以刑，民免而无耻；道之以德，齐之以礼，有耻且格”[45]。东汉末年曹操辅政时期，向百官征求对肉刑的看法，多数人主张恢复，孔融独排众议，把肉刑和纣王的暴行相提并论，“天下谓之无道”。他更指出，若恢复肉刑，“被刑之人，虑不念生，志在思死，类多趋恶，莫复归正”，往往“为世大患”[46]，甚至成为带头造反的祸首。

魏文帝曹丕即位后，恢复肉刑论再次兴起，争论在魏明帝时期进入高潮，百余人参加

---

[39] 《野蛮的文明》，46、61页，沈阳，辽海出版社，1998。

[40] 参见西田太一郎，段秋关译：《中国刑法史研究》，194～203页，北京，北京大学出版社，1985；张国华：《中国法律思想史新编》，190～194页，北京，北京大学出版社，1991；高绍先：《中国刑法史精要》，435～440页，北京，法律出版社，2001。

[41] 高绍先：《中国刑法史精要》，440页，北京，法律出版社，2001。

[42] 《晋书·刑法志》，转引自高绍先：《中国刑法史精要》，439页，北京，法律出版社，2001，及张国华：《中国法律思想史新编》，193页，北京，北京大学出版社，1991。

[43] 西田太一郎著，段秋关译：《中国刑法史研究》，201～202页，北京，北京大学出版社，1985。

[44] 《晋书·刑法志》，转引自高绍先：《中国刑法史精要》，439页，北京，法律出版社，2001，及张国华：《中国法律思想史新编》，193页，北京，北京大学出版社，1991。

[45] 《后汉书·杜林传》，参见西田太一郎著，段秋关译：《中国刑法史研究》，194页，北京，北京大学出版社，1985。

[46] 《后汉书·孔融传》，转引自高绍先：《中国刑法史精要》，438页，北京，法律出版社，2001，及西田太一郎著，段秋关译：《中国刑法史研究》，196页，北京，北京大学出版社，1985。

了辩论。任职司徒的王郎指出：“前世仁者，不忍肉刑之残酷，是以废而不用。不用以来，历年数百。今复行之，恐所减之文未彰于万民之目，而肉刑之问已宣于寇雠之耳；非所以来远人也。”[47] 他的意思是恢复肉刑只会使“亲者痛，仇者快”[48]，在魏蜀吴三国鼎立的情况下，恢复肉刑将使魏国更难吸引人才。东晋时期，在另一场关于肉刑的辩论中，大将军王导认为：“百姓习俗日久，忽复肉刑，必骇远近。且逆寇未殄，不宜有惨酷之声，以闻天下”[49]。到了南宋，陈亮对朱熹倾向于支持肉刑的观点提出反驳，指出它违反“以仁恕为本”的原则。[50]

虽然肉刑从未有全面地、正式地恢复，但肉刑从未真正在中国法制史中销声匿迹。刑罚包括法定之刑（法律明文认可的刑罚）和法外之刑（统治者有使用但没有法律正式规定的刑罚），肉刑作为法外之刑仍然在一定程度上长期存在。此外，某些种类的肉刑在后来确曾复活，例如宋代的刺配刑中的刺字（黥面）便是古代黥刑的复活[51]，至明清两代，刺字（于手臂或面部）之刑仍保留下来。元代不但恢复了黥刑，也一度恢复了劓刑。[52]

无论如何，在历史长河中，汉文帝两千多年前废除肉刑仍不失为壮举，为人类的反酷刑的历史道路留下不可磨灭的足迹。现在让我们看看另一组足迹，便是清末沈家本主持的修律，特别是废除重刑和禁止刑讯。[53]

这里说的重刑乃指残忍和不人道的刑罚，刑讯则指本文上述的拷问。重刑和刑讯在中西法制史上都广泛存在，不相伯仲，主要的不同是它们在西方文明进入现代史时被废除，但在清末的中国仍然健在。1902 年，清廷任命沈家本和伍廷芳为修订法律大臣。1905 年，他们向朝廷奏上《删除律例内重法折》[54]，这是晚清修律的一份重要文献。奏疏就中西刑事法律的比较这样说：

综而论之，中重而西轻者为多。盖西国从前刑法，较中国尤为惨酷，近百数十年来，经律学家几经讨论，逐渐改而从轻，政治日臻美善。故中国之重法，西人每訾为不仁。其旅居中国者，皆借口于此，不受中国之约束。……臣等窃维治国之道，以仁政为先。自来议刑法者，亦莫不谓裁之以义而推之以仁，然则刑法之当改重为轻，固今日仁政之要务，而即修订之宗旨也。

---

[47] 《魏志·锺繇传》，转引自高绍先：《中国刑法史精要》，438 页，北京，法律出版社，2001；并可参见西田太一郎著，段秋关译：《中国刑法史研究》，198 页，北京，北京大学出版社，1985。

[48] 高绍先：《中国刑法史精要》，438 页，北京，法律出版社，2001。

[49] 《晋书·刑法志》，转引自张国华：《中国法律思想史新编》，193 页，北京，北京大学出版社，1991。

[50] 参见张国华：《中国法律思想史新编》，193 页，北京，北京大学出版社，1991。

[51] 参见宁汉林、魏克家：《中国刑法简史》，219 页，北京，中国检察出版社，1997；高绍先：《中国刑法史精要》，404～405 页，北京，法律出版社，2001。

[52] 参见刘英奎、张小乐：《野蛮的文明：中国历代刑法》，89 页，沈阳，辽海出版社，1998。

[53] 参见李贵连：《沈家本与中国法律现代化》，95～102 页，北京，光明日报出版社，1989；李贵连：《沈家本传》，213～218 页，北京，法律出版社，2000。

[54] 全文参见沈家本：《历代刑法考》（附寄簃文存），卷四，2023～2028 页，北京，中华书局，1985。

至于奏疏的具体建议，便是废除《大清律例》内其中三种执行死刑的方式（凌迟、枭首和戮尸）、刺字刑和缘坐（家族株连，即基于亲属关系连带负刑事责任）。这些建议很快便得到清廷的接受，其涉及的几项重刑被明令废除。

刑讯的废除，则可追溯至光绪二十七年（1901 年）两江总督刘坤一和两湖总督张之洞的《第二次会奏变法事宜疏》（又称《江楚会奏变法三折》第二折）[55]。这份奏折的"省刑责"条就刑讯问题这样说：

敲扑呼号，血肉横飞，最为伤和害理，有悖民牧之义。地方官相沿已久，漠不动心！夫民虽犯法，当存哀矜。供情未定，有罪认否，尚不可知，理宜详慎。……拟请以后除盗案命案证据已确而不肯供认者准其刑吓外，凡初次讯供时及牵连人证，断不准轻加刑责。

奏折中也提到外国人对我国刑事司法的观感：

外国人来华者，往往亲入州县之监狱，旁观州县之问案，疾首蹙额，讥为贱视人类。

清廷命沈家本、伍廷芳核议这份奏折，他们在 1905 年奏上《议覆江督等会奏恤刑狱折》，不但同意缩小刑讯的适用范围，而且建议对刑讯作出比刘张二人的原建议更严格的限制："除罪犯应死，证据已确而不肯供认者准其刑讯外，凡初次讯供时，及流徒以下罪名，概不准刑讯，以免冤滥"[56]。这个建议得到清廷的接受，于是刑讯在法律上被有条件地废除。这项改革在当时遭遇到一些反对（如御史刘彭年便曾上书表示反对），在实践中也未能贯彻推行（如"号称全国文明审判之地"[57] 的上海租界会审公堂便不愿意实行此改革，并予以蔑视）。此外，此改革并不彻底，仍容许刑讯在一定范围内存在，直至民国成立，孙中山先生在 1912 年 3 月 2 日终于宣布：

不论行政司法官署，及何种案件，一概不准刑讯。鞫狱当视证据之充实与否，不当偏重口供。……其以前不法刑具，悉令焚毁。[58]

正如张国华教授所言："孙中山的命令虽被北洋军阀所践踏，但其精神是令人钦佩的！彻底废除和禁绝一切刑讯的历史任务，只能俟诸来日。"[59] 下文将要指出，此"历史任务"在今日中国仍未成功，同志仍须努力！

让我们先回顾一下上述奏疏中提出废除酷刑的理据。首先，沈家本等人指出，和当时的西方比较，中国的刑罚远为严厉和惨酷。但是，沈家本也提到，"西国从前刑法，较中国尤为惨酷"，现在在刑法上"中重而西轻"，乃由于西方刑法在近代已经改革，"政治日臻美善"。在这方面，中国尚未改革，所以中国已经显得落后。但是，问题的关键是，为什么西方的刑罚较轻便是更为先进的呢？为什么中国要跟着西方走？用什么标准来判断中国的刑

---

[55] 参见杨鸿烈：《中国法律思想史》，316～317、450～455 页，台北，台湾"商务印书馆"，1964；李贵连：《沈家本与中国法律现代化》，98 页，北京，光明日报出版社，1989。

[56] 李贵连：《沈家本与中国法律现代化》，99 页，北京，光明日报出版社，1989。

[57] 李贵连：《沈家本传》，217 页，北京，法律出版社，2000。

[58] 转引自张国华：《中国法律思想史新编》，215 页，北京，北京大学出版社，1991。

[59] 转引自张国华：《中国法律思想史新编》，215 页，北京，北京大学出版社，1991。

法制度是否落后？即使承认西方船坚炮利，中国在科技上落后于西方，但这并不表示中国的刑法制度也应被视为落后于西方。

如果细读有关奏疏，不难找到答案。沈家本等人动员了中国传统本身的道德资源来对现行制度进行反思和批判，并以此为改革提供动力。对现代西方刑法制度的优越性或先进性的判断，不单建基于西方人自己的文化价值标准（如上文引述利亚教授所说的“基督教所宣扬的博爱和慈悲”），也可建基于我国固有的文化价值标准。亦即是说，不单“外国人来华者”会对我国的监狱和审判制度“疾首蹙额，讥为贱视人类”，到过外国考察其监狱和审判制度的中国人回到本国后，以至没有到过外国但认真地研究和反思中国的监狱和审判制度的中国人，都会觉察到这个制度的“贱视人类”。“中国之重法，西人每訾为不仁。”视野扩阔后，不再是井底之蛙的中国人，也会承认此“不仁”，因为“仁”本身便是中国传统的概念。正因如此，沈家本便以“仁政之要务”来形容修律以废除重刑的工作。主张废除凌迟等酷刑时，他更引述唐宋的典故：

陆游常请除凌迟之刑，亦谓肌肉已尽而气息未绝，肝心联络而视听犹存，感伤至和，亏损仁政，实非圣世所宜遵。……且刑律以唐为得中，而《唐律》并无凌迟、枭首、戮尸诸法。[60]

从上述沈家本修律废除酷刑的过程来看，儒家的仁政观在一定程度上为改革提供了理论依据，与其他的因素——如奏疏中提到的外国的情况、外国人对中国有关制度的批评、改革对谋求废除领事裁判权的积极作用、日本变法维新的成功经验等——一起发挥作用。但是，如与西方废除酷刑和拷问的历史经验相比较，西方的改革为其内部因素所驱动，中国的改革则主要出于为势所逼和西方的示范作用。在中国本土，未曾出现过西方启蒙时代对传统中存在的酷刑和拷问的大规模的、持续的和深度的反省和批判，这在一定程度上加大了在中国进行反酷刑斗争的难度。

清末以来，凌迟等执行死刑的残酷方法在法律上以至在实践中被摒弃，从1928年南京政府颁布新刑法时起，绞、斩等死刑方式也被废除，以枪决取代，肉刑、笞刑和杖刑也被全面废除[61]，这的确是一种进步。然而酷刑在刑讯上的使用，虽然在清朝覆亡后再没有得到法律的认可，但在实践中仍然广泛和长期存在，在某些情况下甚至进入高峰期。例如在20世纪40年代，国民党政府的军、警、特人员曾大量使用酷刑拷问共产党人及其他异见人士。[62] 在“文化大革命”期间，“反革命分子”受到惨无人道的对待，张志新被处死的残酷手段便是广为人知的例子。刑讯逼供在“文化大革命”中“更是达到了登峰造极的地步”[63]。曾专门研究我国酷刑问题的陈云生教授指出，“文化大革命”期间酷刑实施的范围广泛，形

[60] 全文参见沈家本：《历代刑法考》（附寄簃文存），卷四，2025页，北京，中华书局，1985。

[61] 参见宁汉林、魏克家：《中国刑法简史》，210、220、254页，北京，中国检察出版社，1997。

[62] 陈云生：《反酷刑》，30、117页，北京，社会科学文献出版社，2000。

[63] 陈云生：《反酷刑》，26页，北京，社会科学文献出版社，2000。

式多样，手段恶劣，因而“文化大革命”可说是“为人类的酷刑史书写了重重的一笔”[64]。

根据陈云生在2000年[65]和2003年[66]出版的两部研究酷刑问题的著作，虽然中华人民共和国的法律是完全禁止酷刑和刑讯的（可参见《刑法》、《国家赔偿法》等法律），我国并早在1986年便签署参加了《禁止酷刑和其他残忍、不人道或有辱人格的待遇或处罚公约》，但在实践中以刑讯逼供为主的酷刑现象仍时有发生，“中国社会当前存在的主要黑暗面之一”[67]。

陈氏指出，“对少数司法人员来说，打人简直成了家常便饭”[68]。酷刑现象一定程度上也和司法腐败和权力腐败纠缠在一起。“现在的刑讯或其他刑罚（当然是非法的）集古今中外之大成”[69]；“古代实行过的种种方式，有许多还在被采用。除此之外，又加上一些新时代的器物或技术”[70]。陈氏在书中列举了一些曾经流行和通用的刑讯形式：暴打或重殴；吊打；反铐或背铐；火烙；烟头烧烫；电击；用强力灯光近距离照射眼睛；蹲马步或站马桩；利用驯犬撕咬；利用假枪毙刑讯逼供；用下流手段进行刑讯逼供或处罚；强喂或强让吃脏东西；实施侮辱性的讯问或处罚。[71]

陈氏还在书中探讨了当代中国酷刑现象的背景和成因，说明了“为什么要反酷刑”，介绍了我国政府和国际社会为反酷刑所作出的努力，并就在中国进一步进行反酷刑斗争提出他的建议。“反酷刑在本质上是一场政治斗争、法治斗争、道德斗争，乃至人性中善与恶的斗争”[72]，“是一项需要全社会和举国上下长期地作出艰苦努力乃至必要斗争的庞杂而又系统的工程”[73]。

在进行此艰巨的斗争和工程的时候，我国的志士仁人将并不孤单，因为在此时此刻，在世界的不同角落以至在国际社会的层次，还有很多志士仁人在默默耕耘，为人类在整个世界范围内的反酷刑的事业而努力。在全球化现象席卷全球的21世纪初，反酷刑已经成为了全球化的事业，其主导力量不单包括联合国的禁止酷刑委员会，还包括愈趋活跃的国际民间社会中的很多团体和个人。他们在不同层次和方面推动着反酷刑的运动，有人在搜集酷刑个案的资料，有人在做宣传教育的工作，有人从医学方面研究酷刑对受害者所造成的创伤和如何予以治疗，有人成立了酷刑受害者的康复中心，有人从政治学、社会学和心理学的角度研究酷刑的政治和社会背景以至施行酷刑者的心理和行为，有人从历史和哲学的角度对酷刑进行反思，有人从法学的角度研究怎样保证把施行酷刑者绳之于法……

---

[64] 陈云生：《反酷刑》，118页，北京，社会科学文献出版社，2000。
[65] 陈云生：《反酷刑》，30、117页，北京，社会科学文献出版社，2000。
[66] 陈云生：《走向人权与法治——反酷刑纵横谈》，北京，中国社会科学出版社，2003。
[67] 陈云生：《走向人权与法治——反酷刑纵横谈》，8、14页，北京，中国社会科学出版社，2003。
[68] 陈云生：《走向人权与法治——反酷刑纵横谈》，64页，北京，中国社会科学出版社，2003。
[69] 陈云生：《反酷刑》，45页，北京，社会科学文献出版社，2000。
[70] 陈云生：《走向人权与法治——反酷刑纵横谈》，72页，北京，中国社会科学出版社，2003。
[71] 参见陈云生：《走向人权与法治——反酷刑纵横谈》，72～94页，北京，中国社会科学出版社，2003。
[72] 陈云生：《走向人权与法治——反酷刑纵横谈》，17页，北京，中国社会科学出版社，2003。
[73] 陈云生：《走向人权与法治——反酷刑纵横谈》，“自序”，1页，北京，中国社会科学出版社，2003。

根据2004年出版的《酷刑》[74] 一书，世界上有132个国家经常使用酷刑，虽然其中大部分国家都是上述《禁止酷刑和其他残忍、不人道或有辱人格的待遇或处罚公约》的缔约国。这说明法律规范是一回事，实践又是另一回事。禁止酷刑的“规范虽然存在，但它们不外一纸空文，没有印记在人心。那些被弃置的体无完肤的尸体和幸存的酷刑受害者那虚空的眼神在告诉我们，曾持续在世界范围内进行的反酷刑运动离成功甚远，必须努力不懈，坚持下去”[75]。

在19世纪，对人类历史中的进步持乐观态度的一些西方人一度以为，废除酷刑的运动已经取得决定性的胜利，酷刑已成历史陈迹，一去不复返，以致雨果（Hugo）有本文上述的“酷刑已经不再存在”的豪言。然而到了20世纪，酷刑纳粹德国以及其他法西斯主义国家复活和泛滥，甚至是被视为现代人权和民主的摇篮的法国，也在50年代被揭发在阿尔及利亚使用酷刑。著名法国思想家沙特（Jean-Paul Sartre）说酷刑是“我们这个时代的瘟疫”[76]；另一位法国学者在1963年出版了《酷刑：民主的癌症》一书[77]，他所指的癌症不是酷刑本身，而是民主国家的公民对酷刑现象的漠不关心，因而使宪法所保障的人权形同虚设[78]。

充分的科学和医学证据证明，酷刑在拷问和其他情况下的使用，对受刑者的身心造成莫大的残害。除对肉体可能造成永久性伤残外，学者指出，“酷刑能造成受害人的心灵和道德人格的解体以至摧毁，导致受害人的非肉体性的毁灭”[79]。另一位学者说：“酷刑是对人的尊严的绝对否定。酷刑用以消灭受害者的人格。……酷刑是对个人的身体和精神健康——此两者是相辅相成的——的最大侵害。”[80]

美国学者史加利（Elaine Scarry）在1985年出版一书，名为《在痛苦中的身体》[81]，被形容为是“对为什么酷刑是恶的典型（epitome of evil）的经典论述”[82]。史加利分析的是拷问中使用的酷刑，她指出，酷刑所引起的剧痛，毁灭受刑者的思想和感情，瓦解他的世界和自我，“受刑者越痛苦，施行酷刑者的世界变得越强大”[83]，酷刑把受刑者的痛苦转化为施

---

[74] Sanford Levinson ，ed. ，*Torture*，Oxford，Oxford University Press，2004，p. 5.

[75] Pieter H. Kooijmans，“Torturers and Their Masters”，in Ronald D. Crelinsten and Alex P. Schmid (eds.)，*The Politics of Pain*，Boulder，Westview Press，1995，chap. 2at p. 14.

[76] Edward Peters，*Torture*，Philadelphia，University of Pennsylvania Press，expanded edition，1996，p. 134。

[77] Pierre Vidal－Naguet，*Torture：Cancer of Democracy*，transl. by Barry Richard，Baltimore，Penguin Books，1963。

[78] Edward Peters，*Torture*，Philadelphia，University of Pennsylvania Press，expanded edition，1996，p. 140.

[79] Francesco Campagnoni 的话，转引自 Edward Peters，*Torture*，Philadelphia，University of Pennsylvania Press，expanded edition，1996，P. 187.

[80] Kooijmans，Pieter H. Kooijmans，“Torturers and Their Masters”，in Ronald D. Crelinsten and Alex P. Schmid (eds.)，*The Politics of Pain*，Boulder，Westview Press，1995，p. 15.

[81] *The Body in Pain* ，New York，Oxford University Press，1985。

[82] Sanford Levinson，“Contemplating Torture”，in Sanford Levinson ，ed. ，*Torture* Oxford，Oxford University Press，2004，Chap. 1，p. 24.

[83] Elaine Scarry，*The Body in Pain* ，New York，Oxford University Press，1985，p. 37.

行酷刑者和统治者的权力，“受刑者越痛苦，施行酷刑者的权力越膨胀”[84]。然而痛苦是完全由受刑者承担的，施刑者不会感受到这种痛苦，他更对这种痛苦视若无睹，“因为如果容许受刑者的苦难的现实进入他（施刑者）的意识范围的话，便会立刻驱使他停止施行酷刑”[85]。史加利把酷刑的“结构”总结为“从真实的痛苦向虚构的权力的转化”[86]。另一位学者则描述酷刑现象为“两个身体，一个享有所有权力，另一个承担所有痛苦；一个能为所欲为，另一个什么也不能做，除了等候、祷告和抵抗。”[87]

美国哲学家舒尔（Henry Shue）指出[88]，酷刑比在战场上的互相杀戮更加罪恶，因为酷刑乃实施于手无寸铁、已完全受施刑者掌控的人身上。在《欧洲人权公约》的起草过程中，戈格斯（F. S. Cock）曾说：“把男人和女人的正直和漂亮的身体拿去以酷刑予以毁伤和残废，是伤天害理的事，也是对人的圣灵的犯罪。我说，它是对圣神的犯罪，是无可宽恕的。我宣布，它是与文明水火不容的”[89]。

在这里我想起孟子的教诲：“人皆有不忍人之心。先王有不忍之心，斯有不忍人之政矣。……今人乍见孺子将入于井，皆有怵惕恻隐之心。……无恻隐之心，非人也。……恻隐之心，仁之端也。……苟能充之，足以保四海；苟不充之，不足以事父母。”[90] 当今中国，当今世界，反酷刑的事业乃基于此恻隐之心，它既是人性的光明的一面，也是人之不致沦为禽兽的最低标准。恻隐之心和仁的道德要求是普遍人权的其中一个理论依据，也构成反酷刑运动的原动力之一。在历史长河中，反酷刑会否有成功的一天，仍是未知之数。但是，在此时此地，你我都能感到良心的呼唤，作出正确的抉择，在我们有限的人生道路上，朝我们应走的方向奋进。

（说明：本文原刊高鸿钧主编：《清华法治论衡》，第8辑，“中华法文明的当代省思”（下），北京，清华大学出版社，2006。现原文刊发。）

---

[84] Elaine Scarry，*The Body in Pain* ，New York，Oxford University Press，1985，p. 37.

[85] Elaine Scarry，*The Body in Pain* ，New York，Oxford University Press，1985，p. 57.

[86] Elaine Scarry，*The Body in Pain* ，New York，Oxford University Press，1985，pp. 27，51.

[87] Ariel Dorfman，“The Tyranny of Terror”，in，Sanford Levinson ，ed.，*Torture* Oxford，Oxford University Press，2004，pp. 3，9.

[88] Henry Shue，“Torture”，in Sanford Levinson ，ed.，*Torture* Oxford，Oxford University Press，2004，Chap. 5.

[89] 转引自 Edward Peters，*Torture*，Philadelphia，University of Pennsylvania Press，expanded edition，1996，p. 147。

[90] 《孟子·公孙丑章句上》。

张伟仁

中国传统的司法和法学

简介

张伟仁，1935年出生于江苏吴县，幼从塾师诵习经史，14岁去台湾入中学、大学，获台湾大学法律学士、政治学硕士；后赴美就学，获美国南卫理大学比较法学硕士、耶鲁大学法学硕士、哈佛大学法学博士；曾于台湾大学、加州大学洛杉矶分校、哈佛大学、耶鲁大学、康奈尔大学、纽约大学、法兰西学院、北京大学、清华大学、西南政法大学等校任教。康奈尔大学及纽约大学曾分别授予“胡适讲座教授”、“环球法学讲座教授”，哈佛法学院并以其名设立奖学金，资助华文地区学者赴该院进修。除讲学外，在台北“中央研究院”从事法制史及法理学研究工作。其主要著作有《清代法制研究》、“*Traditional Chinese Legal Thought*”、《先秦政法理论》等，现正在撰写 *Struggle for Justice in Late Imperial China* 及《寻道》二书，前者陈述清代人们在极为困难的情况下，争取司法正义的奋斗；后者分析中国历代思想家探求“至治之道”所得的成绩。

目次

前 言

2006年春我应邀到西南政法大学访问，和一些师生谈起中国传统的司法和法学，听到的大多是负面的评述；此外我也阅读了一些相关的书刊，很多也有类似的论调。其中令我印象最深的一篇文章大意谓：中国传统的纠纷处理犹如“卡迪司法”，其过程不注重同样的事情同样地对待，而是就事论事，完全不考虑规则以及依据规则的判决的确定性；将天理人情置于国法之上；天理人情的高度不确定性导致判决者可以翻云覆雨；人民无法通过这种司法制度伸张正义。除了这种论断之外，又提到日本滋贺秀三的话，说中国几乎找不到与国家权力分离而具有独立地位的法界精英，从理性的探索中产生学说、判例，以创造并支持“法”，所以他在畅论罗马、中世纪和近代各国的法学之后，谈到中国法学时“几乎有点无话可说的感觉”[1]。

但是我也听到一些国内的法学前辈十分感慨地说，他们对中国传统司法和法学的看法与时下流行的不同，但是因为在过去数十年受过许多挫折，不能甚至不敢将他们的看法说出来；而目前六十多岁的学者则大多只完成了一部分大学教育，然后中辍了十年左右；四五十岁的学者求学的过程虽然比较平顺，但是因为在小学、中学时，社会上普遍地强调中国传统的劣点，进入高校后当然很少有人乐意去探究中国的传统，而且自民初五四以来一般人已不能阅读文言文，因而无法接触中国经典，只好看一些外文著作的白话中译本，学得了一些外国的东西，对于中国传统文化则所知极少。

我远离家乡将近六十年，对国内情形自多隔阂，有了这些见闻之后，才领悟到为什么目前国内法学界强调“法律职业”、“法律人之治”等等话题，以及为什么国内一般法学著作所称道、引述的，大多是些外国的学说。虽然有此领悟，我仍然不免为之惊讶困惑，一则因为在那些外国学说之中，许多是很有争议的，有的甚至已被证明有误，而引述之人似乎并不清楚①；二则因为国内的那些著作，对于中国的传统文化确实绝少深入的探究，仅仅用外国的观点和语言，去审视和讨论中国的司法和法学，泛泛地，但是很武断地加以批评。这两点在治学方法上都是很不妥当的。

由于自己的这些感受和若干师生的鼓励，我决定将一些想法写出来。因为身在旅次，可以查考的资料有限，只好谈谈大意，凭记忆所及略作征引，欠缺不妥之处，待以后补正。

① 近来西方学术的发展异常蓬勃、快速，对于以往的经典和当前的问题，都有许多分析和评论性的著作，而且在一本新书或文章出版之后，在极短的时间内又有许多评论在学刊、newsletters甚至网络上发表出来。国内学者如果不能看到这些新的著作和评论，或须等待其中译，当然就无法及时知道西方学者对某一本书或文章的反应，因而对于此一书文的引述就可能不很妥当了。

首先我想说明一点：虽然对于此文有兴趣的大约都是法学界的人士，但是我希望一般人也能容易地阅读它。时下的法学写作往往用了很多外来的、生涩的语汇和非同寻常的陈述方式，不仅读来佶屈聱牙，而且因为那些语汇的内涵及外延往往很复杂，容易引起不当的联想，怪异的陈述又往往扭曲了理路，结果使得作品冗长枝蔓，只在那些语汇里反复回绕，却说不清楚作者的真意。其实法学应该讨论的都是社会中的基本问题，每个社会都自古至今继续在探讨它们，并且各自发展出了自己的语汇，将探讨所得的成果陈述出来，所以学者在讨论本国法制之时，无须借用外来语汇；如须论述他国的意念，必先深究其义，然后以本国语文中易解之辞加以翻译，不要滥创新词，使读者莫明其妙。总之，法学的写作与文学的不同，应该平易地、通顺地将事理铺陈在读者眼前，任他依据常理去了解评断，才是佳作。

一、中国传统司法和“卡迪司法”

现在来谈中国传统的司法。首先必须对“卡迪司法”（Khadi justice）略作说明。依据阿拉伯地区的传说，卡迪是当地若干部族里处理族人纠纷的长老。Max Weber 称他们所做的工作为“卡迪司法”。至于他们是否仅仅就事论事，然后依据个人的观点作判，Weber 并无确据。近来学者们比较共同的看法是：卡廸之所以能处理纠纷是因为他们熟悉族中的习惯准则，那些准则对他是有拘束力的，如果他的裁决与之冲突，很难为当事者和族人们接受。无论如何，在 17、18 世纪之时，阿拉伯及其他地区的回教法律（Sharia law）已甚严密，不仅有许多实体法条文，其程序法更是详细。从那时代起，卡迪已不可能凭一己之意处理纠纷了[2]。

在中国古代的部族社会里可能有过类似阿拉伯部族的“卡迪司法”。《左传》记载晋国叔向的话说：“先王议事以制，不为刑辟”[3]，或许可以为证。大约因为部族社会人数不多，关系密切，又长期聚居在一起，自然地形成了许多利于共处的习惯准则。古代文字的使用不普遍，那些准则大多没有记录成文，但因它们出于习惯，所以人们在日常生活里都自然地遵行不违，偶尔有些纠纷，皆由长老们依据这些准则加以处理。所以即使在古代社会里的司法，也不是全无准则可循，只是其准则没有成文化而已。

到了部族逐渐聚合成为较大的地域团体时，各部族的习惯未必尽合，所以渐渐有了由地域性权威制定的法令。《尚书》和《周礼》里曾提到夏、殷、周的若干例子，其中有涉及人际关系的，也有涉及财产交易的。② 春秋之时各国的法令更多了，但是大约仍未公之于众。到了鲁昭公六年（公元前 536 年）和二十九年（公元前 513 年），郑国、晋国先后将其主要的法令铸于刑鼎，表示将要永久、普遍地遵行。[4]秦代的法令“繁于秋荼”。汉代以后，法令之多更是汗牛充栋。从近年出土的器物铭文及简牍中可以看出，那些先秦和秦汉的法

② 参见《尚书》“吕刑”、“盘庚”、“牧誓”、“费誓”、“康诰”、“酒诰”、“大诰”、“多士”、“多方”、“尧典”、“立政”诸篇。《周礼》虽系后人所作，大致仍有所据。其中关于民刑的实体法及程序法叙述颇多。参见（唐）贾公彦等撰：《周礼正义》，集于《十三经注疏》，台北，艺文印书馆，1992。

令不只是刑法，许多与解决民事纠纷有关。此后历代的法典中除了惩处叛逆、命盗等等"重情"的条文之外，也有不少关于户婚田土等等"细事"的规定，所以我国传统法制对于民、刑事件的处理是有一系列规则的。③

当然，有规则与是否遵循规则是两回事。大致而言，中国传统的司法者在处理案件时，遇到法有明文规定的事件都依法办理；在没有法或法的规定不很明确的情形，便寻找成案，如有成案，便依照它来处理同类案件。许多地方档案及地方官的审判记录都可证实此点，极少见到弃置可以遵循的规则不用，而任意翻云覆雨的现象。理由很简单：司法者和任何公职人员一样，乐于使用最方便的程序处理事务。在有法条或成例可循的情形下，故意别寻蹊径为其判决另找依据，不仅自找麻烦，而且可能导致上控，使自己受到责难甚至参劾，在正常情形下，一般司法者绝不会这么做。所以说中国传统的司法者不遵循规则，不将同样的事情同样地对待，是与事实不符的。

将同样的事情同样地对待，固然是一个妥当而且可以树立判决稳定性的办法，但是并不容易做到，因为人情万变，法条有穷，而成案的适用有许多限制，一个成案即使和待理之案似属同类，但因情事不可能完全相同，两案是否可以视为"同样的事情"，必须慎重考虑。所以在以成案为重要法源的英美等国，也是每逢一案都必须仔细检查其案情，然后探究是否有完全符合的成案可引。如有相似之案但情事稍有不合，即应指明其异处而加以区别，不予引用，另依法理寻找一个更切合的处理办法。④ 这种做法便是"就事论事"，"议事以制"。它并不是"不考虑规则以及依据规则的判决的确定性"，而正是在仔细考虑之后，有意地将不妥的规则搁置而适用更恰当的合乎法理的规则，以寻求公平正义。寻求此一目的与维持判决的确定性相比，孰轻孰重，不言而喻。

二、法和法理

什么是"法理"？为什么可以在法理里找到判案的准则？要回答这些问题，先要知道什么是"法"。简单地说，"法"是一种社会规范，犹如一种游戏的规则，规定人们在某类情况之下应该或不应该如何作为或不作为。它和一般游戏的规则一样，先要有一个目的，由参与者去争取；其次要有一套"内在的理则（逻辑）"，使得为了各种不同的情况而设定的细部规则能互相契合，让参与者易于了解并遵行。但是法有一些特质使它有别于一般游戏规则：（1）法所适用的对象是社会大众，人数较一般游戏的参与者多出千万倍；法所应付的情况也较一般游戏里的复杂出千万倍。（2）法的目的不是一些简单的胜负，而是极为高妙远大的人际的公平正义和社会的和谐繁荣。（3）法的内容不是一些技术性的细则，而是

③ 杨鸿烈在其《中国法律发达史》（上海，商务印书馆，1930）中对中国历代法令有简要的介绍，可以参见。

④ 英美法系虽然重视 stare decisis (stand by the decided matter)，但此仅系原则，事实上，法院常因情势变迁而改变先例（precedents）。本文稍后要提到的 Brown v. Board of Education 一案便是一个显著的例子。

一套具有价值导向的规范。

了解了法的特质之后，可以来谈“法理”了。简单地说，“法理”是法之所以为法的理由或依据，也可以说是法的基础和必备的要素。由于上述法的特质，法必须具备两个基本的要素：一个妥善的目的和一套周密的理则。后者很容易了解：一个法律的理则不周密，包含了缺陷和矛盾，当然不能成立；如果它与其他的法有冲突，也必须加以修正。[⑤] 前者需要一些说明，因为法所寻求的“公平正义”是什么？它来自何处？众说纷纭。大致而言，它是由人们比较普遍、持久的是非善恶观念衍生出来的，是法的最深的基础，也是判定法之正当性、可行性的最重要的标准。这种观念又是怎样产生的？最早思考此一问题的是宗教家，他们大多推说这种观念是由神订立的。其他的思想家则从人们的心理倾向、生理需要和人际互动关系中去找答案，结果有的认为可以由个人探索内心去领悟它，无须外求；有的认为有赖特别聪慧的人（圣贤）去厘定；中国的法家和西方的实定法学派（legal positivists）[⑥] 则认为是由掌握了政治权威的人树立的。[⑦] 前几个说法各有若干信奉者；支持最后这个说法的人比较少，因为掌握了政治权威的人所立之法未必尽善，所以法的基础不应该只是他们的好恶，而应该是社会大众公认的一套是非，这种准则在中国的传统文化里被称为“天理人情”，用现代的话来说便是“法理”。

三、天理和人情的应用

将天理人情置于国法之上，是否必然会导致裁决者“翻手为云，覆手为雨”？我们都知道，倘若裁决者不以寻求公平正义为目的，任何的规则都可能被他滥用。国法被滥用的可能性尤其大，因为它是掌握政治权力者所制定的，并不一定有充分、完善的法理基础；它的内在理则可能不很妥当，因而它的各部分之间或许会有间隙、矛盾；它也可能和外在目的——公平正义——不符，因而被认为是恶法。滥用可能有这些缺点的“国法”是很容易的；相对的，某种准则既被认为合乎“天理”、“人情”，可见必定是为多数人公同认可的，可以由一般有常识、理智的人加以验证确认的（所以常言道“天理自在人心”）。当然它也可能被滥用，但滥用的过程和结果都可以很容易地被一般人看出来，所

---

⑤ 关于此点，《韩非子》内“五蠹”、“解老”、“亡征”、“饰邪”、“饰令”、“南面”诸章有精辟的见解。Lon L. Fuller 在其 *The Morality of Law*（New Haven，Yale University Press，1964）一书中也有详细的分析。

⑥ Positive 一字源于 posit（手制），引申而成制定的（prescribed），所以西方将人制定的（尤其是政治权威者所制定的）法称为 positive law。今从林端教授译为“实定法”。

⑦ 关于西方各派法学，下列著作内有简要的叙述和批评：Clarence Morris，ed.，*The Great Legal Philosophers*，Phila.，University of Pennsylvania Press，1959；George Sabine & Thomas Thorson，*A History of Political Theory*，Illinois，Dryden Press，1973；Leo Strauss & Joseph Cropsey，*History of Political Philosophy*，Chicago，University of Chicago Press，1963；Howard Davies & David Holdcroft，*Jurisprudence，Texts and Commentary*，London，Butterworths，1991；M. D. A. Freeman，*Lloyd's Introduction to Jurisprudence*，London，Sweet & Maxwell，1996.

以其滥用反而比较困难。因此泛泛地说天理人情有高度的不确定性，因而必然会导致裁决者翻云覆雨是不确当的。

四、就事论事的必要

至于人民是否可以通过就事论事不完全遵循现有国法的司法制度而伸张正义这一问题，答案已在前文之中。现在再简单地申述一遍：任何一国的法律都不是充分的（不能周密无失），也不是自足的（不能自证其是），在许多情形下司法者必须探索法理才能解决问题。司法制度不能伸张正义的原因极为复杂，而"不注重同样的事情同样的对待"、"就事论事"、"不严格遵守规则及判决的确定性"、"将天理人情置于国法之上"、"天理人情有高度不确定性"等点，都不是中国传统司法制度不易伸张正义的主要原因。要检讨此一制度的优劣，必须深入中国以前的社会、政治、经济、立法、司法多种制度和实践以及传统的观念、习惯等等层次里去仔细审察，严格分析才行，不可轻易地指陈少数几个现象，便加论断。⑧

五、法学的基本问题和中国的传统法学

第二点要谈中国的法学是否不足道。我们知道法是一种社会规范，法之外还有许多其他的规范——在中国人的心目中有道、德、礼、习俗、乡约、家乘、行规等等。既然已有这些规范，为什么还需要法？法与其他规范有怎样的关系，什么差异？法是哪里来的？若是由人制定的，什么人，以什么资格，用什么方法可以正当地取得立法权？掌有此权之人可以随心所欲地立法吗？或者应该遵守某些程序，寻求某些目的？如果是，那程序和目的是什么？由谁决定？依据那些程序，合乎那些目的而立的法有位阶和优劣吗？如果有，应该如何厘定？发生了疑问应该由什么人，遵循什么程序加以鉴别？鉴别所据的准则是什么？是一种高阶的法，或者是法之外、之上的另一种规范？如是后者，它是什么，怎么来的？除了这一高阶规范外，法与其他规范之间是否也有位阶关系？如果有，当它们发生冲突时应如何处理？法可以超越甚至取代那些规范吗？或者法的内容应该甚至必然有若干限制，让某些社会问题和人们的行为听由其他的规范去处理、厘定？法应该如何施行？司法权由何而来？司法者应具备什么资格？司法权与立法权及行政权之间有什么关系，什么区别？这些关系和区别需要怎样的制度和规则来维持？法之施行须靠什么力量，是国家的权力吗？如果是，这种权力应该如何使用？它是否有内在的限制，因而只能在某一范围内生效？如

---

⑧ 这一点我曾在1987年写的"传统观念与现行法制"一文内提出，（参见张伟仁：《传统观念与现行法制》，载《台湾大学法学论丛》，17（1）：1－64），即将交由 Harvard University Press 出版的 *Struggle for Justice in Late Imperial China* 一书中有更详细的阐述。

何防止其滥用？如被滥用，以致遭受人民的抗拒，应如何处置？谁可以请求司法者执行法律？司法者在调查、审理、复核、裁判及执行最终判决时，应遵守什么原则，什么程序？如果在此程序中发生非常的状况，没有法律可循，应怎么处理？例如实体法对于某一事件没有明文规定作如何裁决，司法官可以将此事置之不理吗？或者可以引用其他规范来弥补法律之不足？如果这么做，他是否侵犯了立法权？如果不可以这么做，人民的权利义务无法厘定，个人和社会都受到损害，立法、司法制度的功能受到怀疑，这是可以接受的吗？

以上提到的是法学，尤其是法史学和法理学，所研讨的一些最为明显的问题，此外还有很多更细的，无法在此列举。如果在这些问题之上再升高一层，则须探究法制与政治、经济、社会等其他制度的互动，以及法制与法理的演变和导向等等更为深奥的问题。每一个文化体系里都有人研讨这两个阶层的问题，中华文化应该也不例外。为什么滋贺先生讲到中国法学"几乎无话可说呢"？因为他未曾深入地探究吗？还是中国的法学确实不够发达？他自己的解释是"中国几乎找不到与国家权力分离而具有独立性地位的法律界精英，从理性的探索中产生学说、判例，以创造并支持法"。这句话显然如下含义：凡是与政府权力有关的人都不能客观地思考法学的问题。这种想法是与事实不合的，中国历来有许多知识分子曾经或多或少地参与过政府的工作，但并没有变成政权的喉舌，反而因为得知其弊，而加以深入的批判，对法学作出许多贡献，例如先秦的孔、老、墨、庄、孟、荀、商、韩对法的起源、基础、功能和限制，法的正当性，法与其他规范的位阶，立法者和司法者的资格，司法权与行政权的调适，人民与政府之间的关系，个人与权威之间的关系，特别是政府各项权力被滥用时个人及民众可作怎样的反应等等问题，提出了精辟的看法。我在《先秦政法理论》一书内依据上述诸点分类编集了这些看法的原文，可作参考。[5]

秦代开始将多项权力集中于中央政府，汉代罢黜百家、独尊儒术，唐以后以科举取士，这些措施压制了一般人的言论自由，因而学术上不再有先秦那种百花齐放的盛况。但是知识分子对法学的研究并没有断绝，我们现在还有大量的资料记载着许多法学家的言行和著述，例如西汉董仲舒的《春秋繁露》，恒宽的《盐铁论》，刘歆的《周礼》，路温舒的论刑讯之非；东汉王符的《潜夫论》，崔实的《政论》，王充的《论衡》，应邵的《风俗通》，班固的《白虎通》；魏代陈群等人关于肉刑的辩论；晋代葛洪的《抱朴子》；南北朝时期南宋王弘等与八座丞郎之间的德法之辩；南陈沈洙等论测囚之法；唐代长孙无忌等的《唐律疏义》，柳宗元的《封建论》和《断刑论》，白居易的《论刑法之弊》，沈毅和牛希济的论感化，吕温的论上下一遵于法；宋代王安石等的论自首，宋慈的论检验，杨万里的论法之效力，欧阳修的论纵囚；明代方孝孺和黄宗羲的论法从民意，马文升的论司法专业化，刘球的论司法不受皇命干预，顾炎武的论人治，苏伯衡的论德刑之别；清代崔述的驳无讼论，李绂的论折居，钱大昕的论婚姻，孙颐臣的论法律教育，郭鸣鹤的论法律演进，吴铤的论刑罚之功能，王明德和薛允升对清律的诠释，沈家本对历代法制的考述和评论等等。这些资料散见在他们的传记和著作里，有许多又被分类纂集在《艺文类聚》、《玉海》、《十通》、《册府元龟》、《古今图书集成》等"类书"之中。我为了准备做中国传统法制及法理的研究，在台湾公私图书馆查阅了许多有关的书籍，后来选出 2 352 种，出版了《中国法制史书目》三册。[6]日本学者岛田正郎也纂集了有关的资料出版为《中国法制史料》八巨册。[7]此外中国历代都有些审判案件的"公牍"（如《棠荫比事》、《名公书判清明集》、《刑案汇览》、《府判录存》、《鹿洲公案》、《抚吴公牍》、《樊山公牍》、《吴中判牍》、《宛陵判事日记》、《郑板桥判牍》、《秀山公牍》、《卢乡公牍》）及档案（如宝坻档案、巴县档案、南部县档案、淡新档案、内阁大库档案、宫中档、军机处文件），其中记录了许多司法者竭尽心力去探求事实，辨析条例和法理而作成公平判决的实例。这些判决大多是由司法官司的幕友及属员所撰的。我曾写《清代的法律教育》一文，说明他们曾受特殊的法律教育及在职训练，往往终生从事司法工作，形成了一个庞大（约二、三万人）的法律专业群，对于全国的司法产生了深远的影响，使之合理化、制式化。[8]他们也留下不少著作（如汪辉祖的《佐治药言》和《续佐治药言》、万维翰的《幕学举要》、王又槐的《办案要略》、张廷骧的《入幕须知五种》、宗稷辰的《幕学说》、胡志伊的《幕职问答》、陈天锡的《迟庄回忆录》），详细叙述司法实务及许多在理论上和实践上应行注意之点。任何人对于以上种种资料稍有所知，便不会说中国没有人从事法学的研究了。我相信滋贺先生不会不知道上述的那些资料。他在谈到中国法学时之所以"无话可说"另有原因：他认为中国关于法的研究不是经由"理性探索而得的学问"。

六、法并非单纯的理性的规则

将"法"看作是一种纯理性的产物（一套从某些前提出发，循着严密的逻辑规则演绎出的原理和准则）是西方受了自然科学研究方法的影响而生的一种法学理论。近代奥国的 Hans Kelsen 对此阐述甚详，但是他也承认法律行为并非全由法律决定。[9]美国的 Oliver W. Holmes 在讨论法的本质时有一名言："法的生命不在逻辑而在经验"（The life of the law has not been logic; it has been experience）[10]。Roscoe Pound、Ronald Dworkin 等人也有类似的看法。[11]本文后段提到美国最高法院的几个判例，便是为了证明法不是一套单纯的、由理性和逻辑所能建立起来的规则。

日本自明治维新开始摹仿西方法制，学者们也尽量以西方的观点和思考方法来研究法学问题，以西方的词汇和推理模式来陈述其研究的结果。滋贺先生常以西文发表其著作并曾在西方讲学，更是不得不如此。因为人是用语言来思想的，不同的语言往往会导致不同的想法。当然，形成不同想法的更重要的原因是不同的观点。绝大多数的事物都有许多层面，人们可以从不同的角度加以观察而看到不同的现象。用了不同的语言将这些现象描述出来，自然会显出很大的差异。但是因为若干重大的基本课题是古今中外的人们都在追究并试图答复的，如果能对各时各地人们所提出的问答，将其因时因地而异的语言外壳剥去，直视这些课题本体，便可以发现它们是可以由人们用共识的理则来了解，并以一套共通的语言去改述的。法学的基本课题便是前文提到的人类为什么需要法，法与其他社会规范的关系，等等。现在且以涉及规范的类别、位阶及适用次序三方面的问题为例，略为说明如下。

七、中西法学的异同

西方将多种社会规范笼统地称之为法，但细分起来则有“自然法”、“人为法”、“宗教法”、“国家法”、“习惯法”、“国内法”、“国际法”、“普通法”、“衡平法”、“成文法”、“案例法”等等。其中有许多实在应该称为道德、伦理。它们之所以被杂入“法”内，原因在西文里“法”可以指无价值意义的“实然”（actually be）的规则（rule），也可以指有价值意义的“应然”（ought to be）的规范（norm），二者常被混淆。但是这些“法”虽在西方社会里并存，在西方人的观念里是有高低位阶的——在古代及中世纪，自然法和宗教法处于优势，与之不合的人为法可能被判为无效或被撤销；民族国家兴起之后，人为的国家法位阶上升，实定法学派甚至认为只有经过一定的程序，由一国的统治者所颁布的才是“法”，是一国国内的最高规范，可以由国家以其公权力加以施行，而其他各种的“法”都被视为只是人们可以用作参考的行为准则，未必受国家公权力的支持。但是在一般西方人的观念中，“法”仍具有广泛的意义，他们的日常行为也都遵循着许多不同的“法”。西方的司法者在作判决之时，所依据也并不只是国家颁布的和成案树立的“法”，而常常引用许多其他规范。英国的衡平法（Equity）便是为了弥补普通法（Common Law）的缺陷而形成的，其原则大多以情理为据。美国法院的判决也常常深入探究案件所涉及的社会背景以及现有成文法和成案所据的法理及相关的规范，然后决定某些法条或成案是否可以适用。如果认为不适用，便将法条判为违宪不予遵循，或者将成案推翻另作新判。这种情形屡见不鲜，例如其最高法院在 1954 年的 Brown v. Board of Education 一案中判决若干州规定黑白分校的法律违宪[12]，并否定了 1896 年该院所作 Plessy v. Ferguson 一案所立的“隔离但平等”（separate but equal）原则在教育领域的效力[13]；在 1973 年 Roe v. Wade 一案中判决若干州限制堕胎的法律违宪[14]；在 1989 年的 Texas v. Johnson 一案中判决德州禁止焚烧美国国旗的法律违宪[15]。因为当时美国联邦没有关于这些民刑事件该如何处理的法律和完全可用的成案，所以法官们花了许多笔墨，作了许多情势的分析及法理的申述，然后援引了宪法内有关公平保障（equal protection）、正当程序（due process）及言论自由（freedom of speech）等高度原则性的规定做成了上述三则判决。

中国的法理思想与此大同小异。如前所述，长久以来国人认为社会里有许多规范并存着，大体而言有道、德、礼、习惯、乡约、家乘、行规和法。“道”出于人们共识的理则和共有的情感，人们可以很自然地了解并接受，因而可以适用于人们的一切行为，人们也心悦诚服，所以被称为“天道”或“大道”。“德”是人们从道中体悟所得的比较具体的修身处世的准则，因为各人的注意点可能有异，这种准则也多少因人而稍有出入，所以其适用范围较窄，效力也较小。“礼”是人们基于道德和习俗而订立，用来美化行为的准则，其适用范围及效力视其合理性和实用性而定，但必然较道德为窄、为弱。“习俗”是一个地区的人们长久遵循的行为模式，未必合于普遍认可的准则，其适用范围及效力当然有限。比这准则更窄更弱的是“乡约”、“家乘”、“行规”等。它们是少数人为一些小团体而订立的，但因为其目的在于保障全体成员的利益，其内容也大多合乎情理或经成员共同认可，所以在施行时困难不大。最有问题的是“法”，它的基础未必是道、德，甚至也不是常人熟悉的情理和习惯，而只是少数人的特殊想法，其目的往往只在保护某些特殊的利益或排除某些特殊的障碍，其合理、正当的适用的范围当然较窄，虽然因为有政治权力的支持可以强迫人们遵行，但未必能使他们由衷地信服；如果它过于不近情理，人们会想出种种办法逃避甚至公然反抗它，所以它的效力也相对的比较小。

基于这种看法，多种规范在中国人的心目里形成了上下的阶层：道是最宽广的顶层，法是最狭窄的基层，德、礼、习俗、乡约、家乘、行规等分别构成了中间的层次，看起来像个倒立的金字塔。在实际生活中，人们虽然受到各层规范的拘束，但在决定是否遵循某一规范之时往往会考虑较高的规范才采取行动；司法者在作判决时则先看法律，因为那是最低的准则，倘若这个准则不能妥当地适用于案情，便逐步探究较高层次的规范以谋求解决，如荀子所说：“有法者依法行，无法者以类举”[16]。传统的“比附援引”和“经义决狱”都是因为现有法条不当或不适用而作的补救办法，实例繁多，不必枚举。我曾写过《良幕循吏汪辉祖》一文，分析他在清代乾隆年间用这些方法处理案件而得到了合乎公平正义的结果，可以作为参考。[17]

以上的分析可以显示，对于一些基本的课题，中西的看法并无大异，但是因为不同的人用了不同的语言，将某些观点稍强或稍弱地陈述出来，在一个不明底细的、粗略的观察者的眼里，便显得南辕北辙差距很大了。滋贺先生用了西方人熟悉的语言和表达方式畅论西方法学之后，如果接着以同样的语言和方式来谈中国法学，自然觉得“无话可说”了。

八、怎样看待中国传统法制和法学

近来国内有许多人像滋贺先生一样，用西方的语言和思考方式提出问题，然后在中国的资料里去找寻类似西方对那些问题所作的答案。因为找不到，失望之余，得到了和他相同的结论。有的声称他们能欣赏甚至详论中国文化中“法以外的东西”，如诗词、伦理等等，但对于中国文化中“法以内的东西”，实在没有什么可说的。这种说法有三个缺点，一是方法上的——如上所述，他们不应该以一种法系惯用的观点和语言，去看和讨论另一法系；二是功力上的——从他们的论著中可以看出，大多对中西法学的了解都很有限；三是认知上的——如上所述，在许多情形下，司法者需要在“法以外”的文化里去寻找更高一层的准则，以弥补法之不足或判断法的正当与否。初步学法之人固然必须究其文义，一个研究法学的人如果仍将研究对象局限于狭义的法——条文及判决——而不能进而究其精义，他的格局就太小，所见也太肤浅，对于上述许多法学上的问题都无法了解，更无法解决了。荀子说“不知法之义而正法之数者，虽博，临事必乱”[18]便是此理。

在回应了国内常见的对传统司法和法学的评断之后，我想再简单地强调两点：第一，中国传统的司法固然有许多缺点，但不在滋贺先生和时下国内若干学者指出的地方。我正在写的 *Struggle for Justice in Late Imperial China* 一书里，评论分析了传统法制本身的设计上及外在的政治、经济、社会、文化环境里的许多问题，指出许多实例显示，在传统社会里仍有很多人在极为困难的条件下，尽力以赴，争取立法和司法上的公平正义，而取得了相当的成果。所以我觉得不该笼统地、轻易地将中国传统法制说得一无是处。第二，中国传统法学自成一个体系，有无数知识分子自古至今在探讨着各种基本的问题，提出了精辟的理论。只因他们用的是中国传统的语言，对现代人说比较艰深难懂。我们应努力去学习、了解，不可因为它与常见的西方翻译过来的语言不同，而将那些理论弃置不顾，甚至否定其存在。

最后我想说的是：中国于清季迭次被东西帝国主义者所败，侵略者勾结汉奸在中国强行推销鸦片和基督教，犯下了许多罪行，反而指责中国法制野蛮，胁迫清廷给以治外法权⑨，因而启动了中国近代的法制改革。其实在明代及清初欧洲耶稣教会教士（Jesuits）到达东方之后，曾经将其本国与中国相比，盛赞中国许多制度的优点，其中也包括法制在内。18 世纪后欧陆的法制逐渐改良，到了清季才显得比中国的刑法和程序法宽恕缜密。所以法制的优劣是相对的，因时因地而异。从现在的标准看，中国的传统法制的确有许多缺点，应该改革。改革应该先对已有的东西去芜存菁，然后斟酌时势，决定取舍。这是清季和民国期间有识之士的做法。此外有一些丧失了自尊和自信的人，认为只需引进西方的法制即可。此说的问题是：西方的法制是其特殊的历史、文化的产物⑩，中国没有相同的历史、文化，虽然可以抄袭西方的某些制度和做法，但在付诸实施之时，便会遭遇到许多西方没有的问题，无法取得同样的成果，所谓橘逾淮成枳是也。有人因而主张“全盘西化”，但此说必须假设人有无限的可塑性，这一假设当然是不能成立的。

不幸的是现在似乎还有人同意此说，不分青红皂白地将中国传统法制和法学一概否定，盲目地赞扬西方的法制和法学，不知道西方人已看出他们自己的法制里有许多缺点，例如成案法（case law）的不确定性⑪，社会里缺乏诉讼以外的解决纠纷的机制⑫，许多律师不顾

---

⑨ 西人对此有其一面之词，参见 G. W. Keeton，*The Development of Extraterritoriality in China*，New York，Howard Fertig，1969。

⑩ 例如英国法制中的若干细节，包括陪审制度（jury trial），讼务律师（barristers）和事务律师（solicitors）的分工，以及许多证据法的准则，大多是在英格兰被诺曼底人征服（the Norman Conquest）之后为了保护当地居民而形成的。欧陆诸国禁止刑讯及强调证据法的重要原因之一是对宗教审判（inquisition）的反动。

⑪ 关于此点，除上述 Brown v. Board of Education 一例外，可参见 John H. Baker，*An Introduction to English Legal History*，4th ed.，London，Butterworths，2001；Thomas G. Hansford & James F. Spriggs，*The Politics of Precedent on the US Supreme Court*，Princeton，Princeton University Press，2006；Robert F. Nagel，“Bowing to Precedent”，*The Weekly Standard* 011：29，2006；Nicola Gennaioli & Andrei Shleifer，“The Evolution of Precedent”，*NBER Working paper* 11 265，April 2005。

⑫ 这种机制，包括由家族、邻佑、乡里、行业内的长老出面调解或仲裁，在西方社会里很少见到。美国的情形特别坏，一有纠纷，双方便说“在法院见”（“See you in court.”），伤害了人际关系，浪费了许多社会资源。

公平正义，惟利是图，被称为“被雇的枪手”（hired guns）⑬或“救护车的追逐者”（ambulance chaser）⑭，立法及司法被特殊利益团体（special-interest groups，如教会、工会、企业、财团、民间团体、种族集团）所控制⑮等等；西方许多法学家则对目前仍在流行的实定法学（legal positivism）不满，而很欣赏中国传统法学将各种规范看成一个整体的观点（holistic view）。⑯ 所以我要强调：西方的法制和法学虽有其长处，但并非没有缺点。我们在改进中国法制的时候，不能、也不该跟随西方人曲曲折折地走他们已经走过的路，犯同样的错误，寻求同样的补救办法，而应该深切地审视中外文化的优劣，取长舍短，选择一条最适合自己走的路；在研究法学的时候不可以为了一时的需要，鼓吹短视的做法，而应该看得高远一些，认清法学的基本问题，先切实地去了解我国的传统，然后参考其他法系（西方、回教、印度等）的理论，综合中外的智慧，盈洼而后进，建立起一种更好的学说。这番话不是虚夸之言，我们读别人的著作，无论它多么博洽深奥，不要奉为圭臬，拾其唾余，而应该自行去思考基本问题，提出自己的看法。颜渊说，“舜何人也，予何人也，有为者亦若是”，我们也要自信并自勉：别人能做的我们也能，而且要做得更好。

参考文献：

[1] 贺卫方．法律人丛书总序［A］．见：孙笑侠等．法律人之治——法律职业的中国思考［M］．北京：中国政法大学出版社，2004．1—2

[2] Coulson，Noel J.，*A History of Islamic Law*，Edinburgh University Press，1964；*Conflicts and Tensions in Islamic Jurisprudence*，University of Chicago Press，1969；Turner，Stephen P.，Weber，the Chinese Legal System，and Marsh's Critique，*Newsletter*，*Comparative & Historical Sociology*，Winter 2002；Marsh，Robert M.，Weber and the Chinese Legal System：A Reply to Stephen P. Turner（*ibid*）；林端．韦伯论中国传统法律——韦伯比较社会学的批判［M］．台北：三民书局，2004

[3] 左传·鲁昭公六年［M］

---

⑬ 1995年轰动世界的O. J. Simpson Trial（黑人足球明星辛普森被控谋杀其妻及友二命）一案的辩护律师Johnnie Cochran便是一例。虽然有极强力的证据可以推断Simpson为真凶，但是Cochran竟能鼓其如簧之舌，攻击检方办案技术上的疏失，因而迫使陪审团判他无罪开释，因而获得惊人数字的律师费。有关此案的资料极多，兹举两则分析和评论如下：Douglas Linder，The O. J. Simpson Trial，in The Jurist，October 2000；Martin McLaughlin and David North，The Simpson trial：Some Ugly Truths，in The IWB，2006.

⑭ 此类小律师专门趁人急难（如车祸以致死伤），促其起诉，以求巨额补偿，或在其他案件以仅收“胜诉费”（contingency fee）为条件，诱人兴讼。

⑮ 这些团体，甚至许多外国政府，都雇佣了与政府单位或执政党有良好关系的人（特别是卸任的高级官员或议员）为说客（lobbyists）去为其雇主的利益关说，影响立法或行政。

⑯ 西方近代的法律社会学（Sociology of Law），法律人类学（Legal Anthropology），法律与社会（Law and Society），批判法学（Critical Legal Studies）等都有类似的看法。

[4] 左传·鲁昭公二十九年 [M]

[5] 张伟仁辑，陈金全注. 先秦政法理论 [M]. 北京：人民出版社，2006

[6] 张伟仁. 中国法制史书目 [M]. 台北："中央研究院"，1976

[7] [日] 岛田正郎. 中国法制史料 [M]. 台北：鼎文书局，1982

[8] 张伟仁. 清代的法学教育 [A]. 见：贺卫方编 . 中国法律教育之路 [C]. 北京：中国政法大学出版社，1997. 145～247

[9] Hans Kelsen，*Pure Theory of Law*，Berkeley：University of California Press，1967

[10] Holmes，Oliver W.，*The Common Law*，Harvard University Press，1963 edition

[11] Pound Roscoe. *The Formative Era of American Law*. Boston：Little Brown，1939；*Law Finding Through Experience and Reason*. Harvard，1960；Ronald Dworkin. *Law's Empire* . Harvard，1986；Dworkin，Ronald. *Taking Rights Seriously* . Harvard，1978

[12] 347 US 483 (1954)

[13] 163 US 537 (1896)

[14] 410 US 113 (1973)

[15] 491 US 397 (1989)

[16] 荀子·王制 [M]

[17] 张伟仁. 良幕循吏汪辉祖 [J]. 见：台湾大学法学论丛 . 台北：台湾大学法律学系，1989. 19 (1)：1～50，1990. 19 (2)：19～50

[18] 荀子·君道 [M]

(说明：本文原刊《现代法学》，2006 (5)。原系作者于 2006 年 5 月 8 日在重庆西南政法大学演讲的讲稿，此文写成后曾寄给若干朋友们看。承清华大学法学院高鸿钧教授写了《无话可说与有话可说之间》一文响应，指出其中许多错误（尤其是"卡迪"一词的意义）。敬谨受教，并向他致谢。此次收录本文时，由作者略作修订。)

陈俊强

北朝流刑的研究*

简介

陈俊强，广东省丰顺县人，1963年出生于香港。1983年在香港完成中学教育后负笈台湾，就读于台湾大学历史系。1987年考上“清华大学”（台湾新竹）历史研究所，攻读硕士，论文题目为《魏晋南朝恩赦制度的探讨》。1991年考上台湾师范大学历史研究所，攻读博士学位，2001年毕业，论文题目为《北朝隋唐恩赦制度的研究》。2004年担任台北大学历史系副教授。除了皇帝的恩赦以外，近年关注传统刑罚制度，并尝试结合法律条文和实际案例相互印证，考察法律面和现实面的落差。

目次

* 本文初稿为2003年在“中央研究院”历史语言研究所短期访问结束时呈交的“研究报告”，访问期间得以向所内师长同道就近请益，并利用各单位丰沛的图书资源，获益匪浅，谨此致谢。

一、前　言

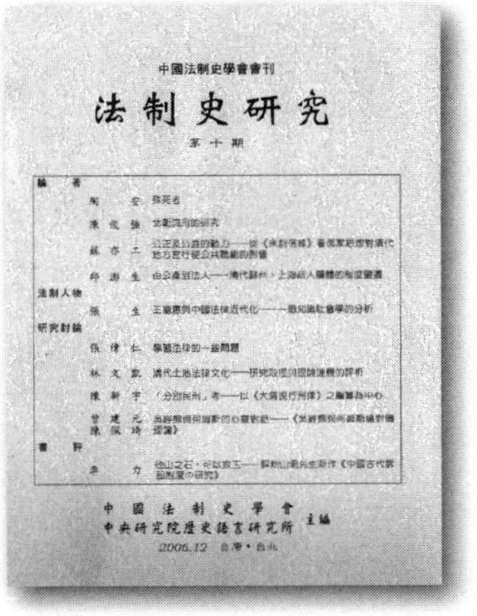

上古之世，断肢体、刻肌肤的肉刑是惩罚罪犯最主要的手段，及至战国时代，徒刑兴起，渐有取代肉刑之势。终于在汉文帝十三年（公元前167年）以缇萦救父为契机，肉刑正式被废除。徒刑之兴和肉刑之废的确是刑罚制度的一大变迁，学者论之甚详。① 然而，若再拓宽视野来看，从肉刑到徒刑，只是古典刑罚制度瓦解的开始，绝非刑罚制度重整的完成。肉刑被废除后，不断有人高喊要求恢复肉刑，复肉刑的争议竟纠缠了五六百年之久，显然徒刑仍不足以完全取代肉刑的地位。古典刑罚的幽灵历久不散，人们还需要漫长时间的摸索，才能把肉刑留下的空隙完全填补过来。刑罚制度的重整到何时才告一段落？笔者以为北朝晚期逐渐确立下来的流刑，正是数百年摸索的结果。从肉刑到徒刑，只是古典刑罚制度瓦解的开端；肉刑到流刑，才是整个刑罚制度变迁的完整图像。刑罚制度的重整完成，必有待流刑的确立和成熟，才能大功告成。

若以徒刑的发达作为秦汉刑罚制度的主要特征，那么，流刑的成熟可谓隋唐刑罚制度最突出的标志。隋文帝开皇元年（581年）制律，在流刑成熟的背景下订定笞、杖、徒、流、死的“新五刑”，传统刑罚体系于焉确立，嗣后宋元明清一千二百多年皆承袭这个新五刑体系。自汉文帝十三年废肉刑至隋文帝开皇元年制律订定新五刑，前后历时近750年之久。流刑正式成为刑罚制度中的正刑，代表着废肉刑后的刑罚漏洞终被填补，肉刑的角色完全被取代，古典刑罚的幽灵终于烟消云散，走入历史。传统刑罚体系完全成熟，显示刑罚制度的重整于焉告一段落，是故流刑成立的意义绝不可轻易视之。② 最近几年，笔者一直关注汉唐之间刑罚制度的变迁，思考古典刑罚制度如何过渡到传统刑罚制度。就汉唐间刑罚变迁的问题，笔者已进行系列的探讨。③ 如今处理的北朝部分，正是流刑创制入律的关键时刻，牵涉隋唐流刑渊源的探讨，实系列研究中至关重要的部分。流刑得以成立的条件是什么？它是如何发展而成的？北朝刑律残佚不全，是否能在现存史料中重建北朝流刑的法定规范，进而厘清隋唐流刑的渊源呢？流刑最终在北朝而非南朝发展形成，又应如何理解呢？这些都是本文试图解答的问题。

---

① 关于肉刑转变到徒刑的意义，可参见杜正胜：《编户齐民——传统政治社会结构之形成》，台北，联经事业出版公司，1990，第七章《刑法的转变：从肉刑到徒刑》。

② 关于唐代流刑的规定及其意义，参见拙作《试论唐代流刑的成立及其意义》，载高明士主编：《唐代的身份法制研究——以名例律为中心》，台北，五南出版社，2003。

③ 参见陈俊强《汉末魏晋肉刑争议析论》，载《中国史学》第14号，京都，2004；《三国两晋南朝的流徙刑——流刑前史》，载《政治大学·历史学报》，2003（20），台北。

二、流刑的成立

将罪犯远逐遐荒的刑罚，秦汉称作“迁徙刑”[④]，发展至三国两晋南朝而成为“流徙刑”[⑤]。不管迁徙刑抑或流徙刑，皆非刑罚之正刑，而是死刑的代刑，属于皇帝临时恩典的性质。然而，试看《魏书》卷111《刑罚志》所引北魏《正始律·法例律》，云：

诸犯死罪，若祖父母、父母年七十已上，无成人子孙，旁无期亲者，具状上请。流者鞭笞，留养其亲，终则从流。不在原赦之例。（2885页）

这是对于犯死罪和流罪者，基于家中年迈尊亲乏人照顾，特许“权留养亲”的规定。律文明白提到流刑，显然它是一种正刑而非君主临时的恩典。又同卷所引《正始律·贼律》云：

谋杀人而发觉者流，从者五岁刑；已伤及杀而还苏者死，从者流；已杀者斩，从而加功者死，不加者流。（2882页）

据律文可知谋杀未遂的主犯要科处“流刑”，从犯则处以五年“徒刑”；谋杀已伤的主犯科处死刑，从犯处以流刑；谋杀既遂的科处死罪之重者——斩刑，从犯又协助谋杀的处死，从犯而未协助的处以流刑。于此，可见犯了某些严重犯罪，按律科处该当的刑罚——流刑，流刑明显是刑罚体系中的正刑，北魏确有流刑之制。那么，作为具有正刑意义的流刑，究竟在什么时候确立呢？流刑创制入律而成为正刑应属刑罚制度之大事，意义深远，可惜《魏书·刑罚志》竟然失载。

程树德《九朝律考》一书乃法制史经典名著，历八十年而不衰。[⑥] 程氏考订北魏《正始律》二十篇篇名，至今仍大致为学界接受。另外，程氏考订北魏刑名，云“按后魏刑名，《魏书·刑罚志》不载，惟《志》于世祖高祖定律，屡称五刑若干，是后魏刑名，原分五等。……则后魏刑名为死流徒鞭杖之五，益无可疑云”[⑦]。以程氏之意，则北魏流刑之制，

④ 秦汉的迁徙刑，可参见大庭脩：《漢の徙遷刑》，载大庭脩：《秦漢法制史の研究》，165～198页，东京，创文社，1982；邢义田：《从安土重迁论秦汉时代的徙民与迁徙刑》，收入邢义田：《秦汉史论稿》，411～435页，台北，东大图书公司，1987。

⑤ 拙稿《三国两晋南朝的流徙刑——流刑前史》，载《政治大学·历史学报》，2003（20），台北。

⑥ 据日本学者七野敏光考订，《九朝律考》共有四个版本：即上海商务印书馆的“一九二七年版”、上海商务印书馆的“一九三四年版”（或作“大学丛书本”）、上海商务印书馆的“一九五五年版”、北京中华书局的“一九六三年版”。按《九朝律考》一书原来并无标点，“一九五五年版”才加上新式标点，1963年，北京中华书局以“一九五五年版”为底本，修订了若干错误，再度重印。参见七野敏光：《九朝律考および漢唐間正史刑法志》，载滋賀秀三编：《中國法制史——基本資料の研究》，东京，东京大学出版社，1993。按：此条蒙中国青年政治学院法律系教授李力先生提供，谨记于此，致以谢忱。“一九五五年版”流通量似乎不大，在台湾仅“中央研究院”文哲所有典藏。书首虽有一页出版说明，但可惜没有附上标点者资料。另外，1965年，台湾“商务印书馆”曾据“一九三四年版”在台湾重印发行，早年在台湾较普遍的就是这个本子。目前学界应以“中华书局”“一九六三年版”这个标点本较为通行。

⑦ 程树德：《九朝律考》，346页，北京，中华书局，1963；或423页，台北，台湾“商务印书馆”重印本，1965。

最早当始于世祖太武帝时期。然而，细察史料，北魏是否有五刑体系，不无可疑；至于以流刑始自太武帝，笔者更是未敢苟同。

关于北魏律的刑名，据《魏书·刑罚志》所载太武帝朝的修律，云：

世祖即位，以刑禁重，神䴥中，诏司徒崔浩定律令。除五岁、四岁刑，增一年刑。分大辟为二科死，斩死，入绞。大逆不道腰斩，诛其同籍，年十四已下腐刑，女子没县官。（2874 页）

又据《魏书》卷 4 上《世祖纪上》，可知修律时间是神䴥四年（431 年）十月。文中“诛其同籍”，即缘坐，亦后来所谓的“门房之诛”。从《魏书·刑罚志》的描述，崔浩所制《神䴥律》的主刑包括（一）死刑：斩绞；（二）劳役刑：称岁刑，分一岁、二岁、三岁共三等，岁刑亦即后世的徒刑[⑧]；（三）“门房之诛”。这样的刑罚制度似乎一直沿袭到孝文帝太和中。据《魏书·刑罚志》载，太武帝太平真君六年（445 年）又命游雅与胡方回等再度改订律令，云：

盗律复旧，加故纵、通情、止舍之法及他罪，凡三百九十一条。门诛四，大辟一百四十五，刑二百二十一条。（2875 页）

所谓“刑二百二十一条”中的“刑”，即“刑罪”，又称作“耐罪”[⑨]，也就是前述的岁刑。此时的刑罚仍是包含门房之诛、大辟、刑罪（岁刑）等三类。及至高宗朝改律，《魏书·刑罚志》云：

又增律七十九章，门房之诛十有三，大辟三十五，刑六十二。（2875 页）

其刑制仍与世祖朝无异。又孝文帝太和五年（481 年）改律，《魏书·刑罚志》云：

凡八百三十二章，门房之诛十有六，大辟之罪二百三十五，刑三百七十七。（2877 页）

可知一直到孝文帝朝，北魏的刑罚体系仍维持门房之诛、大辟罪、刑罪三类，并没有所谓的“五刑”，更没有流刑。程氏所云“世祖高祖定律，屡称五刑若干”，其实，是世祖高祖定律之时，大辟罪的尾数恰巧是“五”，程氏将五与后面的“刑”罪连读，遂讹读为“五刑”[⑩]。程氏的读法或许是受《唐六典》的影响。按《唐六典》卷六《尚书省·刑部郎中》职掌条注所记北魏太武帝朝刑律条数，云：

凡三百九十条，门房诛四条，大辟一百四十条，五刑二百三十一条。[⑪]

《唐六典》所载应是根据《魏书·刑罚志》，但却将大辟罪尾数的五与下面的刑连读，

---

⑧ “徒刑”之名，是北周保定三年（563 年）制《大律》时才订定的，北魏时尚无其名。

⑨ 据《隋书》卷二十五《刑法志》所载北齐刑名，云“三曰刑罪，即耐罪也。”北齐刑罚沿袭自北魏，则《刑罚志》中的“刑罪”，当即“耐罪”无疑，即徒刑之意。

⑩ 程树德《九朝律考》，346 页，北京，中华书局，1963；又 423 页，台湾“商务印书馆”重印本。《九朝律考》加上新式标点后固然嘉惠士林，但难免有歪曲程氏原意之处。关于北魏太武帝、文成帝朝的律文条数，据卷五《后魏律考上》“魏数次改定律令”条，《九朝律考》标点本的断句都同于北京中华书局点校本《魏书·刑罚志》，是合理与正确的。但从程氏“惟《志》于世祖高祖定律，屡称五刑若干”云云，可知《九朝律考》标点本的断句明显不是程氏的原意。

⑪ （唐）李林甫等撰，陈仲夫点校：《唐六典》，182 页，北京，中华书局，1992，卷 6《尚书省·刑部郎中》职掌条注。

连读后又在每项刑罚数字之下加上“条”字。如此，更让人误会北魏即有五刑之制。

崔浩神䴥年间修律，应是将当时行用的《晋律》加以变革而来。按《晋律》的死刑包括枭、斩、弃市等；劳役刑包括髡钳五岁刑笞二百、四岁刑、三岁刑、二岁刑等四等。⑫ 崔浩将《晋律》的死刑从三等减为斩绞二等；将《晋律》中五岁刑和四岁刑废除，新增了一岁刑。如此，劳役刑就变成一岁、二岁和三岁共三等。又据《魏书·刑罚志》载孝文帝太和十一年（487年）秋八月诏，云：

律文刑限三年，便入极默。坐无太半之校，罪有死生之殊。可详案律条，诸有此类，更一刊定。（2878页）

诏书中极默的“默”，即“墨”字异写，引申为刑法之意。“极默”即极刑、极法之意。⑬ 从孝文帝的诏书可知，直至太和十一年时，刑罪三年以上即是死刑，明显看出二者之间仍未有流刑。简而言之，在太和十一年以前，北魏的刑罚体系中应无流刑。流刑的正式确立，必在太和十一年以后。

北魏在太和十一年以前应无流刑之制，那么，魏初究竟有没有将罪犯徙逐边地的措施呢？答案应是肯定的，太武帝朝便见其例。太武帝时，和归以罪徙配凉州为民⑭；皮豹子坐盗官财徙统万⑮；宗室拓跋浑坐事徙长社等。⑯ 考凉州、统万，都是在北魏征服北凉、夏后所建立的军镇⑰；长社亦为军镇。⑱ 和归、皮豹子、拓跋浑等徙置该处，应是充作军户、镇户，负责征防或其他有关军事的杂役。⑲ 献文帝朝的吕文祖徙置武川镇⑳；常英徙置敦煌㉑；崔僧渊徙置薄骨律镇㉒，应当也是配作兵户。除了这些徙逐的个别案例外，北魏另有将罪犯集体流徙边地的措施。史称世祖太武帝在太平真君五年（444年），命太子晃担任监国，太子少傅游雅上疏曰：

---

⑫ 参见《唐六典》，卷6《尚书省·刑部郎中》职掌条注，181页。关于魏晋刑名，可参看张建国：《魏晋五刑制度略论》，载张建国：《帝制时代的中国法》，北京，法律出版社，1999。

⑬ 参见《魏书》，卷111，《刑罚志》校勘记，2889页。

⑭ 参见《魏书》，卷28，《和拔附子归传》，682页。

⑮ 参见《魏书》，卷51，《皮豹子传》，1129页。

⑯ 参见《魏书》，卷15，《昭成子孙传》，384页。

⑰ 参见严耕望：《中国地方行政制度史——上编》，738、721页，台北，“中央研究院”，1974。

⑱ 参见牟发松：《北魏军镇考补》，载武汉大学历史系魏晋南北朝隋唐史研究室编：《魏晋南北朝隋唐史资料》，73页，武汉，武汉大学出版社，1985。

⑲ 《魏书》云和归被徙凉州为“民”，但凉州为军镇，和归当是镇民。北朝史书常见“城民（人）”的称呼，“城民（人）”并非泛指城市居民，而是专指军户、镇户。城民（人）主要负责征防或其他有关军事的杂役。有关“城民（人）”身份的研究，论者颇多，可参见唐长孺：《魏周政兵制度辨疑》，载唐长孺：《魏晋南北朝史论丛》，北京，三联书店，1955；谷霁光：《府兵制度考释》，上海，上海人民出版社，1982，附论《城民与世兵》；何兹全：《府兵制前的北朝兵制》，载何兹全：《读史集》，上海，上海人民出版社，1982；谷川道雄：《北魏末の内亂と城民》，载谷川道雄：《隋唐帝國形成史論》，东京，筑摩书房，1971。

⑳ 参见《魏书》，卷30，《吕洛拔附子文祖传》，732页。

㉑ 参见《魏书》，卷83上，《外戚常英传》，1817页。

㉒ 参见《魏书》，卷24，《崔僧渊传》，631页。

“汉武时，始启河右四郡，议诸疑罪而谪徙之。十数年后，边郡充实，并修农戍，孝宣因之，以服北方。此近世之事也。帝王之于罪人，非怒而诛之，欲其徙善而惩恶。谪徙之苦，其惩亦深。自非大逆正刑，皆可从徙，虽举家投远，忻喜赴路，力役终身，不敢言苦。且远流分离，心或思善。如此，奸邪可息，边垂足备。”恭宗善其言，然未之行。㉓

游雅建议效法汉代迁徙罪人实边的旧法，将大逆死刑以外的死刑犯，举家迁往边地。游雅的建议没有被采纳，但到文成帝太安二年（456年），征南将军、冀州刺史源贺又重提类似的建议，史称：

（源）贺上书曰：“臣闻：人之所宝，莫宝于生全；德之厚者，莫厚于宥死。然犯死之罪，难以尽恕，权其轻重，有可矜恤。今劲寇游魂于北，狡贼负险于南，其在疆场，犹须防戍。臣愚以为自非大逆、赤手杀人之罪，其坐赃及盗与过误之愆应入死者，皆可原命，谪守边境。是则已断之体，更受全生之恩；徭役之家，渐蒙休息之惠。刑措之化，庶几在兹。虞书曰‘流宥五刑’，此其义也。臣受恩深重，无以仰答，将违阙庭，豫增系恋，敢上瞽言，惟加裁察。”高宗纳之。已后入死者，皆恕死徙边。㉔

源贺之意是将大逆、赤手杀人以外的死罪，包括了赃罪、盗罪以及过、误造成的死罪，一律恕死徙边，以充缘边诸戍之兵。如此，每年既活人不少，复可充实边戍，减轻其他人的负担。

源贺所论，固然是远师汉人迁徙遗意，近取广平游雅疏议。但除此以外，或许与当时实际需要有关。北魏由于连年征战，兵役繁重，各镇戍兵因长期不得更代，生活艰困，思家情切，文成帝兴安二年（453年），坐镇仇池的皮豹子上表曰：

其统万、安定二镇之众，从戎以来，经三四岁，长安之兵，役过期月，未有代期，衣粮俱尽，形颜枯悴，窘切恋家，逃亡不已，既临寇难，不任攻战。㉕

由于镇戍之兵逾期不得番代，影响军心，严重损害战斗力。源贺建议恕死徙边，正好可以解决当前兵源补给的难题，史载高宗文成帝采纳了他的建议，后来并对恕死徙边的成效，大加赞赏，云：

高宗谓群臣曰：“源贺劝朕宥诸死刑，徙充北番诸戍，自尔至今，一岁所活殊为不少，生济之理既多，边戍之兵有益。”㉖

文成帝恕死徙边的措施，一直到孝文帝朝依旧沿用。太和八年（484年），孝文帝“哀矜庶狱，至于奏谳，率从降恕，全命徙边，岁以千计。京师决死狱，岁竟不过五六，州镇亦简”㉗。自文成帝以来，北魏确有罪犯集体流徙之事，但论其性质都是将可矜可恕的死罪，

㉓ 《魏书》，卷111，《刑罚志》，2874～2675页。

㉔ 《魏书》卷41《源贺传》。《魏书》不载源贺上书时间，但司马光系于太安二年（456年），见《资治通鉴》卷128“宋孝武帝孝建三年十一月条”。

㉕ 《魏书》，卷51，《皮豹子传》，1131页。

㉖ 《魏书》，卷41，《源贺传》，921页。

㉗ 《魏书》，卷111，《刑罚志》，2877页。

免死徙边以充兵，仍然属于皇帝临时性降恕赦宥的恩德，只是死刑的代刑，而非刑律中的正刑。

那么，具有正刑意义的流刑，究竟在什么时候成立呢？笔者初步推断，认为最早应在孝文帝太和十六年（492年）。据《魏书·高祖纪下》云：

（太和十五年）五月己亥，议改律令，上于东明观折疑狱。（168页）

（太和十六年）四月丁亥朔，班新律令，大赦天下。五月癸未，诏群臣于皇信堂更定律条，流徒限制，帝亲临决之。（169页）

这是目前看到具有正刑意义的流刑最早的记载。孝文帝朝修律前后两次，第一次是太和元年（477年）之时，史称“诏群臣定律令于太华殿”[28]，律令在太和五年（481年）制订，其刑罚体系正如前引《魏书·刑罚志》所述，一仍世祖之旧，是由门房之诛、死刑、徒刑所构成。第二次修律是在太和十五年（491年）开始，时值秉政多年的文明太后冯氏在太和十四年九月去世，孝文帝正式亲政，可能为了彰显自身统治时代的展开，于是在十五年五月议改律令，《太和新律》在太和十六年（492年）四月颁定。就上引《高祖纪》所云，孝文帝在四月颁定新律后，又在五月与群臣更定律条，针对“流徒限制”，亲自裁决。“流徒”一词，或解作流刑和徒刑，但徒刑之名要到北周保定三年（563年）制定《大律》时才订定，这里的徒应不是徒刑之意。笔者怀疑这里的“徒”应是“徙”，因二字形似而致误。“流徙限制”即关于流刑的细则规定等，由孝文帝亲自裁决。显然，太和十六年的新律中有流徙之刑，流刑是刑律中的正刑。[29] 孝文帝之后，北魏最后一次修律是在宣武帝的正始元年（504年），据《魏书》卷8《世宗纪》云：

正始元年十二月乙卯，诏群臣议定律令。（198页）

前引《魏书·刑罚志》所见《正始律·法例律》和《正始律·贼律》，可知宣帝朝流刑已是正刑。但其实在正始修律之前的景明年间，北魏已有明确流刑的记载，《魏书》卷41《源贺附子源怀传》云：

景明二年，征为尚书左仆射，加特进。时有诏，以奸吏犯罪，每多逃遁，因眚乃出，并皆释然。自今以后，犯罪不问轻重而藏窜者，悉远流。若永避不出，兄弟代徙。怀乃奏曰：“谨按条制：逃吏不在赦限。窃惟圣朝之恩，事异前宥，诸流徙在路，尚蒙旋反，况有未发而仍遣边戍？”（923页）

奸吏犯罪，往往逃匿不出，等候皇帝恩赦。朝廷为杜绝歪风，下诏凡奸吏犯罪者，倘若藏匿，若被擒获，一律远流；永避不出者，兄弟代徙。这里的“流”，当然不是皇帝恕死恩宥的代刑，而是律典中的正刑了。流刑的成立不会早在太和五年的修律，也不会晚到宣武帝正始年间，因此，推定是在太和十六年颁定的。

---

[28] 《魏书》，卷7上，《高祖纪上》，144页。

[29] 邓奕琦也指出北魏流刑当始于太和十六年，不过并没有就此加以论证。参见邓奕琦：《北朝法制研究》，83页，北京，中华书局，2005。《北朝法制研究》为第一本全面研究北朝法制的论著，篇幅虽然不大，但不少讨论颇有新意，可读性甚高。

综合而言，北魏文成帝以来固然有将罪犯集体徙逐边地的措施，但究其性质，仍是皇帝矜死赦宥的恩德，属于死刑的代刑而非刑律中的正刑。直到孝文帝太和十六年以前，北魏的刑罚体系，主要是以门房之诛、死刑、刑罪三者构成，并无流刑的位置。太和十五年议定新律，遂将流徙之事法定化。太和十六年颁定的新律中，流刑才正式成为法定的正刑。

三、北魏流刑的特质

唐代流刑的规定，主要见于《唐律疏议·名例律》“流刑三”条（总4），云：

流刑三：二千里。二千五百里。三千里。㉚

又据《唐律疏议·名例律》“犯流应配”条（总24）云：

诸犯流应配者，三流俱役一年。本条称加役流者，流三千里，役三年。役满及会赦免役者，即于配处从户口例。妻妾从之。父祖子孙欲随者，听之。

归纳以上两条唐律，可知流刑包含四项要素：（1）流刑有道里之差，即分为流二千里、二千五百里、三千里等三等；（2）流人至配所皆强制服劳役一年（加役流则是三年）；（3）流人是终身远逐，不得返乡；（4）妻妾必须跟随。㉛ 唐代流刑的四项要素是如何发展出来的？流刑制定之初即具备这些要素吗？以下先就北魏流刑略作述论，以明流刑建立之初的特质。

正如前述，北魏恕死徙边的措施，既寓人君矜恤民命之美意，复有充实边戍之作用。流刑既在这样基础之上发展而来，那么，流徙边地和配充兵户两项要件，似乎没有消失。从孝文帝朝以降的流刑案例看来，配充兵户者屡见不鲜。宣武帝朝的恩幸赵修，遭人摘发历来愆咎，宣武帝遂下诏严惩，云：

极辟之奏，欲加未忍。（赵修）可鞭之一百，徙敦煌为兵。㉜

赵修党徐纥亦被徙枹罕充兵。㉝ 同是宣武帝朝的杨大眼亦因钟离兵败，坐徙为营州兵㉞；孝明帝神龟中，张智寿妹容妃、陈庆和妹慧猛因与兰陵公主驸马刘辉奸乱，后刘辉殴主伤胎，智寿等二家“配敦煌为兵”㉟。有时虽不明言配充兵户，但流徙地乃是军镇，则可知仍是配置为兵，如太和二十一年（497年）宗室元隆、元超等因拥太子恂谋逆伏诛，诸弟

㉚ （唐）长孙无忌等撰，刘俊文点校：《唐律疏议》，北京，中华书局，1983。

㉛ 唐律流刑的规范颇为细致，但非本文讨论的范围，此处从略。唐代流刑的详细规定可参见拙作《试论唐代流刑的成立及其意义》，载高明士主编：《唐代的身份法制研究——以名例律为中心》，263～275页，台北，五南图书出版公司，2003。又刘俊文《唐律》在制裁流人时，具有强制流徙、强制苦役、强制移住和强制家属随流等四项内容，参见刘俊文：《唐律疏议笺解》，261页，北京，中华书局，1996。

㉜ 《魏书》，卷93，《恩幸赵修传》，1999页。

㉝ 参见《魏书》，卷93，《恩幸徐纥传》，2007页。

㉞ 参见《魏书》，卷73，《杨大眼传》，1635页。

㉟ 《魏书》，卷111，《刑罚志》，2886页。

皆徙敦煌[36]，敦煌作为军镇始置于太武帝时，迟至魏末尚存。[37] 有时虽非军镇，但流徙地却是边地州郡，如同是太和二十一年谋逆案的共犯陆叡，其子陆希道便因牵连而徙于辽西。[38] 孝文帝朝被徙于辽西的，尚有太和二十二年（498 年）因兵败被流的高聪和刘藻。[39] 有时虽不知徙置的州郡，但却明载是"徙边"，如宣武帝朝的李季凯[40]、郑思明[41]；孝明帝朝的胡僧敬等。[42] 显然，北魏的流刑并没有后世的"道里之差"，而是一律徙配边地。

流刑犯配边地为兵，其家人是否必须同往？孝文帝太和十二年（488 年）十一月，梁州刺史、临淮王拓跋提坐贪纵，徙配北镇。史称：

（提）以贪纵削除，加罚，徙配北镇。久之，提子员外郎颖免冠请解所居官，代父边戍，高祖不许。[43]

拓跋提遭徙配北镇，其子颖依旧在朝为官，并没同行。太和十八年（494 年），孝文帝针对各镇徙配之人，矜恤宽宥，下诏曰：

诸北城人，年满七十以上及废疾之徒，校其元犯，以准新律。事当从坐者，听一身还乡，又令一子扶养，终命之后，乃遣归边。自余之处，如此之犯，年八十以上，皆听还。[44]

孝文帝在太和十六年（492 年）颁定新律，十八年之诏书是对流配北镇年满七十和废疾之徒，得以新律检核其原来犯行，若属从犯而遭流徙者，准其本人还乡，并令一子扶养，俟其亡故，儿子仍须归边。北镇以外军镇而同样情形的罪犯，若年八十以上则一律放还。诏书中"又令一子扶养，终命之后，乃遣归边"一句，可见流人是家属同往的。另外，上引宣武朝赵修之案例，史称赵修鞭讫发遣，"其母妻追随，不得与语。"似乎流刑犯的家属是一并同行的。孝明帝之世，任城王澄曾对流人的生活有所奏请，据《魏书》卷 19 中《任城王澄传》云：

又以流人初至远镇，衣食无资，多有死者，奏并其妻子给粮一岁，从之。(476 页)

可见流人配送军镇，其妻小是一并跟随。流刑犯家属强制同行，可能是孝文太和十六年订律以后的规定。

流刑犯多是配徙边镇为兵，考北魏的兵，主要有兵户和番兵两种来源。兵户是终身为

---

[36] 参见《魏书》，卷 14，《神元平文诸帝子孙传》，361 页。

[37] 参见严耕望：《中国地方行政制度史——上编》，739 页，台北，"中央研究院"，1974。

[38] 参见《魏书》，卷 40，《陆叡附陆希道传》，914 页。

[39] 参见《魏书》，卷 68，《高聪传》，1521 页；卷 70，《刘藻传》，1550 页。《北史》，卷 45，《傅永传》，1668 页。

[40] 参见《魏书》，卷 39，《李宝附李季凯传》云"仲尚弟季凯，沉敏有识量。坐兄事，与母弟俱徙边。久之，会赦免"，893 页。

[41] 参见《北史》，卷 35，《郑羲附郑思明传》云"思明及弟思和，并以武功自效。思明至骁骑将军、直合将军，坐弟思和同元禧逆徙边。会赦，卒于家"，1316 页。

[42] 参见《北史》，卷 13，《宣武灵皇后胡氏传》，504 页。

[43] 《魏书》，卷 18，《临淮王提传》，419 页。

[44] 《魏书》，卷 7 下，《高祖纪下》，174～175 页。

兵，世代为兵；番兵是定期服兵役的兵。兵户与民户是分开的，兵户有兵籍，民有民籍。[45]那么，流人一旦配充为兵，就从民籍改编入兵籍之中。因此，不仅徙边这样的刑罚让人恐惧，更重要的是，一旦沦为兵户，终身以及世代都受害。是故，流人逃亡的情形严重。朝廷为了遏止流人逃越以及保证兵源不致匮乏，遂订下严厉的规定，据《魏书》卷57《崔挺传》云：

时以犯罪配边者多有逃越，遂立重制，一人犯罪逋亡，合门充役。（崔）挺上书，以为周书父子罪不相及。天下善人少，恶人多，以一人犯罪，延及合门。司马牛受桓魋之罚，柳下惠婴盗跖之诛，岂不哀哉！辞甚雅切，高祖纳之。（1265页）

倘若配边者逃亡，则全家受到牵连，沦为兵户。崔挺上书痛陈这样连坐的不当，史称"高祖纳之"。但从后来的事例看来，流人逃亡，家人受累的情况似乎没有改变。孝明帝延昌时，李崇为都督江西诸军事、扬州刺史，扬州境内就发生了流人逃亡的案件，据《魏书》卷66"李崇传"所载：

定州流人解庆宾兄弟，坐事俱徙扬州。弟思安背役亡归，庆宾惧后役追责，规绝名贯，乃认城外死尸，诈称其弟为人所杀，迎归殡葬……庆宾又诬疑同军兵苏显甫、李盖等所杀，经州讼之，二人不胜楚毒，各自款引。狱将决竟，崇疑而停之。密遣二人非州内所识者，为从外来，诣庆宾告曰："仆住在此州，去此三百。比有一人见过寄宿，夜中共语，疑其有异，便即诘问，迹其由绪。乃云是流兵背役逃走，姓解字思安……"（1468页）

解庆宾、解庆安兄弟因犯事配徙扬州，从"流兵背役"一语以及诬同军兵所杀一事看来，解庆安确有兵役无疑。庆安背役逃亡，其兄庆宾担心受其兵役牵连，遂诡称庆安为人所杀，以绝其兵籍。据此可知不管徙边者原来是什么身份，一旦到了边镇就成了镇民，就得建立名籍，成为镇户。镇户皆需负担兵役，自然就成了兵户。[46] 流人背役逃亡，家人还是受到牵连。

流人一旦罚镇充兵，除非皇帝恩诏赦免，否则一律是终身服役，返乡无期的。流人既是终身远逐，其本籍名下的田土或因而荒弃。自孝文太和九年（485年）行均田制后，朝廷将遭远流配谪者的田地和园宅，一律收为公田，以供授受。据《魏书》卷110《食货志》云：

诸远流配谪、无子孙及户绝者，墟宅、桑榆尽为公田，以供授受。（2855页）

北魏自太和九年以后均田之制沿而未改，太和十六年（492年）制定流刑以后，远流配谪者的田宅应当也是如此安排的。流人虽是终身远逐，但还是有放免的机会。北魏皇帝恩赦频繁，前后恩赦了一百三十一次，其中大赦就有八十四次之多。[47] 大赦对于流刑犯会起什

㊺ 参见何兹全：《府兵制前的北朝兵制》，载何兹全：《读史集》，336页，上海，上海人民出版社，1982。关于北魏兵制的讨论，尚可参见谷霁光：《补魏书兵志》，载谷霁光：《谷霁光史学文集》第一卷，南昌，江西人民出版社，1996；高敏：《魏晋南北朝兵制研究》，郑州，大象出版社，1998，第十四章《北魏的兵户制及其演变》。

㊻ 参见高敏前揭《魏晋南北朝兵制研究》，312～313页。

㊼ 参见拙作《皇恩浩荡——皇帝统治的另一面》，台北，五南图书出版公司，2005，第一章《恩赦的颁布与北朝隋唐的政治》。

么作用？据前引宣武帝朝为重惩奸吏犯罪藏匿，乃下诏凡藏匿则一律远流，永远不出，则兄弟代徙。源怀上奏云“谨按条制：逃吏不在赦限。窃惟圣朝之恩，事异前宥，诸流徙在路，尚蒙旋反，况有未发而仍遣边戍?”可知流徙在路遇赦，一律是免刑放还。北魏赦诏百不存一，在仅存的赦诏中的确清楚看到流徙在道遇赦放还的规定。孝庄帝永安三年（530年），皇子生，大赦天下，《文馆词林》卷666收录《后魏孝庄帝诞皇太子大赦诏一首》[48]，云：

流配未至前所者，一以原免。

东魏孝静帝武定三年（545年）五月，因风雨和洽大赦，《文馆词林》卷667收录《后魏孝静帝膏雨大赦诏一首》，云：

流配边方未达前所者，悉原免。

又武定七年（549年）八月立太子，大赦，《文馆词林》卷666收录《后魏孝静帝立皇太子大赦诏一首》，云：

流配边方未至配所，亦皆听免。

可知皇帝大赦时，有时会特别声明放免尚在途中的流刑犯。不过，倘若赦书没有特别声明，那么在途流人应当不在原免之列。唐代流刑犯在流放途中遇赦，一般都可以蒙恩放还，唐律的规定看来是源自北魏的。[49] 那么，已至配所的流人呢？皇帝大赦对他们会有影响吗？正如前述，北魏将罪犯流徙边镇配充兵户，自然是为了保障兵源不致匮乏，因此已充兵户的流刑犯应不会因皇帝的大赦而放免。北魏流人遇赦放免的例子有前述宣武帝朝的李季凯和郑思明，郑思明是“坐弟思和同元禧逆徙边。会赦，卒于家。”可能是在流徙途中遇赦。至于李季凯则是“与母弟俱徙边。久之，会赦免。”看来不像是在途遇赦，或许是皇帝大赦时对流徙者特旨放免也说不定。

除了大赦这样的非常之恩外，有时皇帝会针对特定身份的流人给予宽宥。孝文帝太和十二年（488年），下诏曰：

镇戍流徙之人，年满七十，孤单穷独，虽有妻妾而无子孙，诸如此等，听解名还本。[50]

流人年满七十而且没有子孙，才可以放免还乡，条件相当严格。又据前引孝文帝太和十八年（494年）放免北城老疾的诏书，可知孝文帝恩准流配北镇年满七十和废疾之徒还乡，并令一子扶养，但俟本人亡故，儿子仍须归边。北镇以外军镇而同样情形的罪犯，若年八十以上则一律放还。父亲亡故，儿子仍须归边，如此，方可保障兵源不虞匮乏。看来，北魏赦放镇戍流人的条件，相当严格。除了皇帝施恩外，流人若能戴罪立功，亦可放免。据《北齐书》卷14《平秦王归彦传》云：

---

[48] 许敬宗编，罗国威整理：《日藏弘仁本文馆词林校证》，北京，中华书局，2001。

[49] 《唐律》就流人在道遇赦方面，有相当细密的规定。参见《唐律疏议·名例律》“流配人在道遇赦”条（总25），云：“诸流配人在道会赦，计行程过限者，不得以赦原。有故者，不用此律。若程内至配所者，亦从赦原。逃亡者虽在程内，亦不在免限。即逃者身死，所随家口仍准上法听还。”

[50] 《魏书》，卷7下，《高祖纪下》，163页。

父征，魏末坐事当徙凉州，行至河、渭间，遇贼，以军功得免流。(186 页)

可见魏末高征在流放途中捕贼，以军功抵罪免流。除了捕贼立功外，亦有捕逃兵立功的例子，据前引《魏书·恩幸徐纥传》云：

世宗初，除中书舍人。谄附赵修，迁通直散骑侍郎。及修诛，坐党徙枹罕。虽在徒役，志气不挠。故事，捉逃役流兵五人，流者听免，纥以此得还。

流人若能捕获五名逃役的"流兵"，即可放免返乡，徐纥因此得还。"流兵"一词，《魏书》数见，前引《魏书·李崇传》中的解庆安便是"流兵背役逃走"。所谓"流兵"，应是犯事流徙边镇为兵者。魏末广阳王渊析论六镇镇兵地位低下的困境时，云"在镇者便为清途所隔，或投彼有北，以御魑魅，多复逃胡乡。乃峻边兵之格，镇人浮游在外，皆听流兵捉之。"[51] 这里"镇人(民)"与"流兵"对举，属于北镇兵力的两种不同构成分子。据《魏书·广阳王元渊传》所记，镇民当为魏初以来留戍的鲜卑贵族子弟，中期以后因没有前途而逃亡，朝廷乃以"流兵"捉拿这些逃亡镇民。关于元渊的议论，将于下文进一步讨论。

综而言之，北魏流刑既在恕死徙边、充实镇戍这样基础之上发展而来，那么，流徙边地和配充兵户两项要件，似乎没有消失。流刑犯既是一律流徙沿边军镇，配充兵户，则流刑自然就没有道里之差的必要。另外，太和制订流刑时，可能规定流人妻小强制随行。流人配充兵户无非是为了保障兵源，所以除非特别情况，否则流人是终身流放，返乡无期的。流人在配徙途中逢皇帝大赦，可以蒙恩放免，但一旦抵达镇戍充兵，除非皇帝特别恩诏赦免，否则只能终身服役。除了皇帝施恩外，流人若能戴罪立功，亦可免归。

四、流刑的发展与变化——附论隋唐流刑的渊源

流刑在北魏太和年间创制，及至北魏分裂为东西政权。流刑在高齐和宇文周统治下，各有不同的发展，其情况到底如何？此外，继周而起的隋代，其流刑与周齐有何渊源关系？或以《隋律》源自北齐《河清律》，流刑之制也是承自北齐？唐制与隋制的关系又是如何？

1. 北齐对魏制的继承

据《隋书》卷 25《刑法志》所载北齐河清三年(564 年)新律，可知北齐刑名一曰死、二曰流、三曰刑、四曰鞭、五曰杖。北魏制定的流刑，为北齐所继承。关于流刑的规定，《隋书·刑法志》有简要说明，云：

谓论犯可死，原情可降，鞭笞各一百，髡之，投于边裔，以为兵卒。未有道里之差。其不合远配者，男子长徒，女子配舂，并六年。(705 页)

其意是把本来该处死刑者，以其情可悯，遂降为流刑，颇有古代"流宥五刑"之遗意。[52] 值得注意的是，北齐流刑虽是正刑，但服流刑者的条件是"论犯可死，原情可降"，

---

[51] 《魏书》，卷 18，《广阳王渊传》，430 页。

[52] 语出《尚书·舜典》，意即将触犯墨、劓、宫、刖、大辟等五刑的罪犯，宽大处理，改科以流放。

也带有死刑替代刑的性质。另外，既是投于边地为兵卒，自然是考虑设有军镇的地区，那么就更不可能有明白和标准的道里之差了。[53] 北齐定都邺城，就流刑个案分析，流刑犯大抵皆徙逐边远州郡。流放地分布在北边、东边、东南等，却未见流放西边的个案。流放北边的，有司马世云诸弟[54]；也有清楚记载流徙地的，如崔季舒、崔暹[55]、李蔚[56]等流平州；王昕流幽州[57]；元坦配北营州[58]。流放东边的，有祖珽[59]、段孝言[60]等流光州。流东南边的，有杜蕤、杜光兄弟[61]、李若[62]等流临海镇；杜台卿徙东豫州。[63]

从东魏、北齐所见案例来看，的确有一些是身犯重罪，后蒙朝廷开恩原宥，减死徙边。东魏末侯景反，颍州刺史司马世云举州附之，史称：

期亲皆应诛。（司马）膺之及诸弟并有人才，为朝廷所惜，文襄特减死徙近镇。文宣嗣业，得还。[64]

又北齐文宣帝天保二年（551年）正月，

前黄门侍郎元世宝、通直散骑侍郎彭贵平谋逆，免死配边。[65]

元世宝、彭贵平皆身罹重罪，免死徙边。另外，也有一些是罪犯家属受到牵连而遭远徙者，如前述元世宝谋逆一案，其父元坦受到牵连流配北营州，后死于配所。北齐末年，朝臣崔季舒等谏阻后主幸晋阳，后主纳韩长鸾之议于殿廷斩季舒等，季舒家属男子徙北边。[66]

据《隋书·刑法志》载，北齐流刑“谓论犯可死，原情可降”，既是降死从流，故处罚仍重，犯者须鞭、笞、髡，然后流于边地为兵卒，一人同时服四刑，其罚不可谓不重。流

---

[53] 《隋书》各志成于唐高宗显庆元年（656年），隋唐流刑早有三等之差，因此《隋书·刑法志》的作者会认为北齐的流刑没有“道里之差”是一项值得注意的特征。反而《魏书》的作者魏收因身处北齐，北齐流刑同于北魏，皆无道里之差，因此《魏书》不会认为无道里之差是值得注明的事项。

[54] 参见《北齐书》，卷18，《司马子如传》云：“世宗（高澄）犹以子如恩旧，免其（司马世云）诸弟死罪，徙于北边”，241页。

[55] 参见《北史》，卷32，《崔挺附崔季舒传》云：“时勋贵多不法，文襄无所纵舍，外议以季舒及崔暹等所为，甚被怨疾。及文襄遇难，……司马子如缘宿憾，及尚食典御陈山提等共列其过状，由是季舒及暹各鞭二百，徙北边”，1185页。本传仅云徙于北边，但据同卷《崔暹传》，清楚记载崔暹被流至东北平州的马城，料想崔季舒应该也是。

[56] 参见《北史》，卷43，《李崇附李蔚传》，1606页。史载后还，疑与弟李若皆在乾明初追还。

[57] 参见《北齐书》，卷31，《王昕传》，416页。

[58] 参见《北齐书》，卷28，《元坦传》，384页。

[59] 参见《北史》，卷47，《祖珽传》，1741页。

[60] 参见《北齐书》，卷16，《段荣附段孝言传》，216页。

[61] 参见《北齐书》，卷24，《杜弼传》云“长子蕤、第四子光，远徙临海镇。次子台卿，先徒东豫州。乾明初，并得还邺”，353页。乾明初即废帝高殷朝，杜氏兄弟或是因即位大赦而归。

[62] 参见《北史》，卷43，《李崇附李若传》，1606页。史载乾明初追还。

[63] 参见《北齐书》，卷24，《杜弼传》，353页。

[64] 《北史》，卷54，《司马子如附司马膺之传》，1950页。

[65] 《北齐书》，卷4，《文宣帝纪》，54页。

[66] 参见《北史》，卷32，《崔挺附崔季舒传》，1186页。

人配役前，先加以鞭刑，其制或源出北魏。前述北魏末年宣武朝的赵修、孝明帝朝的张智寿和陈庆和二家，流配敦煌以前，皆先坐鞭刑。北齐文宣帝高洋即位之初，将崔季舒、崔暹徙北边，流配之前皆各鞭二百。[67] 武成帝高湛以祖珽诽谤，先将珽鞭二百，后徙于光州。[68] 鞭二百或即《刑法志》"鞭笞各一百"的略称。简而言之，北魏的流刑是从恕死徙边的措施发展而来，而其流刑亦未见道里之差，流放者皆配军镇为兵卒，北齐流刑之制似乎完全因袭北魏。此外，对于"不合远配者"，即那些不应往边远地方发配的，男的充当"长徒"，女的则从事舂米，一律劳役六年。"不合远配"的原因，疑即老、小、残疾。北齐具有劳役刑意义的刑罚称作"刑罪"，即北魏的岁刑，最长是苦役五年，刑徒戴枷锁送往名为"左校"的官署服役，不合远配者皆苦役六年，故名为"长徒"。

北魏流人在流放途中遇赦，往往得以蒙恩返乡。及至北齐，仍时见其例。北齐孝昭帝高演皇建元年（560 年）即位，大赦天下，《文馆词林》卷 668 收录其大赦诏书，云：

系囚见徒，长徒之身，一切原免。流徙边方未至前所，悉亦听还。

又武成帝高湛亦有类似恩诏，据《文馆词林》卷 670《北齐武成帝大赦诏一首》，云：

系囚见徒及长徒之身，悉从原免。流徙边方未至前所者，并亦听还。

又后主高纬天统三年（567 年）十一月以晋阳大明宫成，大赦天下，据《文馆词林》卷 666《北齐后主幸大明宫大赦诏一首》，云：

流徙边方未至前所者，亦宜听还。

天统四年（568 年）十二月辛未，太上皇帝高湛崩，后主大赦天下，据《文馆词林》卷 670《北齐后主大赦诏一首》，云：

系囚见徒，长徒之身，一切原免。流徙边方未至前所，悉亦听还。

这些都是北齐君主大赦时，对流徙在道的恩宥。对于"不合远配"而改科"长徒"的犯人，一律原免。至于流徙已至配所者，笔者以为应同于北魏时期，除非皇帝赦书特别声明放免，否则皆不得宽宥。前引北齐流放的个案中，有几人后来遭到放还的，他们是杜蕤、杜光和杜台卿兄弟，以及李若、李蔚兄弟。史载他们都是废帝高殷乾明初放还，高殷继位仅一年而被废，可能登基之初曾下诏征还若干流人，但史文失载，不知其详。值得注意的是，在后主天统四年十二月庚寅，下诏曰：

诏天保七年已来诸家缘坐配流者，所在令还。[69]

这是北齐惟一的一次放免流刑犯的恩诏，放免条件是文宣帝天保七年（556 年）以来的流人，而且是遭缘坐配流者。一般而言，这类多半属于政治案件，皇帝下诏对其放免，多少寓有平反昭雪的含意。这类恩诏屡见于南朝，但在北朝却是首见。

综合而言，北齐流刑承袭《魏律》而来，属于刑律的正刑，但服流刑者的条件是"论

---

[67] 参见《北史》，卷 32，《崔挺附崔季舒传》，1185 页。

[68] 参见《北史》，卷 47，《祖珽传》，1741 页。

[69] 《北齐书》，卷 8，《后主纪》，102 页。

犯可死，原情可降”，也带有死刑替代刑的性质。犯人既是投于边地为兵卒，自然也是如同北魏一样，流刑不必也不可能有明白和标准的道里之差了。既是降死从流，故处罚仍重，犯者须鞭、笞、髡，然后流于边地为兵卒。流人应该也是终身远逐的，倘若在途中逢大赦，可以听还，但已至配所，除非皇帝特别宽免，否则都是返乡无期的。

2. 北周流刑的变革

据《隋书·刑法志》所载北周武帝保定三年（563年）《大律》，可知北周刑名一曰杖、二曰鞭、三曰徒、四曰流、五曰死。北周亦继承北魏流刑，其流刑之制，据《隋书·刑法志》云：

流刑五，流卫服，去皇畿二千五百里者，鞭一百，笞六十。流要服，去皇畿三千里者，鞭一百，笞七十。流荒服，去皇畿三千五百里者，鞭一百，笞八十。流镇服，去皇畿四千里者，鞭一百，笞九十。流蕃服，去皇畿四千五百里者，鞭一百，笞一百。（707～708页）

北周流刑最重要的特征，也可说与北魏和北齐流刑最大的区别，就是将流刑分作卫服、要服、荒服、镇服、蕃服共五个等级。每一等级是以距王畿远近，分作二千五百里、三千里、三千五百里、四千里、四千五百里等，此即所谓“道里之差”。北周“五流”是模仿《周礼》“九服”而来，按《周礼·夏官司马·职方氏》云：

乃辨九服之邦国：方千里曰王畿，其外方五百里曰侯服，又其外方五百里曰甸服，又其外方五百里曰男服，又其外方五百里曰采服，又其外方五百里曰卫服，又其外方五百里曰蛮服，又其外方五百里曰夷服，又其外方五百里曰镇服，又其外方五百里曰藩服。

以王畿为核心，将邦国分作侯服等九等。北周“五流”的名称和距离与《周礼》相仿，距离王畿二千五百里的都是“卫服”，四千里的都是“镇服”，四千五百里的都是“藩服”。稍有不同的是距王畿三千里的，《周礼》称作“蛮服”，北周作“要服”；距离三千五百里的，《周礼》称作“夷服”，北周作“荒服”。北周将《周礼》的“蛮服”、“夷服”改作“要服”、“荒服”，或许是北周君主宇文氏源自塞外胡种，故讳言蛮夷之故。[70] 北周订《大律》时，高齐仍在，故国土狭小，并不存在把人犯流“去皇畿四千五百里者”的条件，修律者不过是模仿《周礼》而强将流刑分等罢了。

北周流刑除了道里之差外，尚有附加刑的鞭与笞。五等流刑皆鞭一百，与北齐流刑相同。但笞刑之数，北齐是一律笞一百，北周是自六十至一百不等。据《刑法志》记，“鞭者以一百为限。加笞者，合二百止。应加鞭笞者，皆先笞后鞭。”北齐流刑有强制苦役的特征，北周的流刑又如何呢？关于北周流刑是否苦役，《刑法志》记载有点隐晦模糊，在叙述流刑时没有提及，但在讨论赎刑时，是这样记载：

其赎杖刑五，金一两至五两。赎鞭刑五，金六两至十两。赎徒刑五，一年金十二两，

[70] 宇文氏之先世，据周一良考订，以为出自匈奴南单于后裔。参见周一良：《论宇文周之种族》，载周一良：《魏晋南北朝史论集》，北京，中华书局，1962。除了匈奴南单于后裔此说法以外，宇文氏种族尚有鲜卑说和匈奴鲜卑杂种说两种。不管如何，宇文氏出自塞北胡种，当无可疑。

二年十五两，三年一斤二两，四年一斤五两，五年一斤八两。赎流刑，一斤十二两，俱役六年，不以远近为差等。赎死罪，金二斤。（708页）

值得注意的是“俱役六年”一句，这里的“俱役六年”，应当解为流刑皆需苦役六年之意。或许有人认为这段资料应当理解为赎流刑者，除了需要金一斤十二两外，另需服劳役六年。[71] 但笔者以为这样解释是不妥当的。细阅这段资料，赎五刑是将五刑分作三大类：赎杖、赎鞭是一类；赎徒是一类；赎流、赎死是一类。杖刑与鞭刑基本性质接近，赎杖与赎鞭皆以金一两为等差，而赎杖到赎鞭是自一等跳到更高一等，仍是一两之差。可是，自赎鞭刑跨到赎徒刑一类，其差距是倍数之差，即二两。所以，赎鞭一百是金十两，而赎徒一年是金十二两。赎徒之间的等差是三两，但从赎徒一类跨到赎流一类，其差距仿如赎鞭刑跨到赎徒刑般，是倍数之差，即四两。所以，赎徒五年是一斤八两，赎流则是一斤十二两。从赎流跨到赎死，其差距仍是四两，所以，赎死是金二斤。倘若把赎流刑理解为除了纳金一斤十二两外，尚需劳役六年，那么，赎死不过多纳金四两，却不用苦役六年，赎流与赎死之间，未免差距太离谱了！因此，“俱役六年，不以远近为差等”一句，应当理解为因为流刑本身都是劳役六年的，所以，不分远近一律纳金一斤十二两赎罪。北齐流刑并无劳役年限，但北周则规定为六年，这是北周流刑的一大特征，不可轻易错过。

北周流刑在具体执行上，是否符合《大律》的规定，呈现五等流刑呢？惜乎北周史料残缺，流刑案例只搜集到零星几宗，难以检验刑律的有效性。粗略而看，蜀郡似乎是官人重要流放地，如独孤陁[72]、元矩[73]、高仁英兄弟[74]都曾被徙逐蜀郡。蜀郡在长安西南，距长安悬远，或许是一个适合的流放地。除了蜀郡，也有一宗流放到瓜州的例子。[75] 然而，毕竟案例过少，不宜做过多的推论。

魏齐君主大赦时，对于流放途中的犯人，经常予以放免，北周是否也有这种恩诏？北周明帝宇文毓践祚时，大赦天下，《文馆词林》卷668收录《后周明帝即位改元大赦诏一首》，云：

其流徙边方，未至所在者，亦皆原免。

武帝建德元年（572年）三月诛宇文护，大赦，诏曰：

其流徙边方未达前所，亦皆原免。[76]

与魏齐的情况相仿，亦是放免未至徙所的流人。不过，对于流人至关重要的，莫过于流刑刑期的出现，这是北周流刑的另一大特征。关于流刑的刑期，《隋书·刑法志》在叙述

---

[71] 参见内田智雄编：《译注续中国历代刑法志·译注隋书刑法志》，71页，东京，创文社，1970；中国政法大学法律古籍整理研究所编：《中国历代刑法志注译·隋书刑法志注译》，217页，长春，吉林人民出版社，1994。

[72] 参见《北史》，卷61，《独孤信附独孤陁传》，2172页。

[73] 参见《北史》，卷17，《景穆十二王传上》，642页。

[74] 参见《北史》，卷52，《齐宗室诸王下·武成诸子传》，1893页。

[75] 参见《周书》，卷31，《梁士彦传》，548页。

[76] 《文馆词林》，卷669，《后周武帝诛宇文护大赦诏一首》。

流刑内容时并无提及，但《唐六典》卷6“刑部·刑部郎中”条所引北周刑名，云：

流二千五百里者鞭一百、笞六十，以五百里为差，鞭、笞皆加十，至流四千五百里者，鞭、笞各一百，以六年为限。(183页)

流刑犯在鞭笞后徙逐远方，六年之后，自然可以返归故乡。那么，前述《隋书·刑法志》提到的“俱役六年”，除了是劳役年限外，亦是流放的年限了。北周流刑的要件是道里之差、苦役年限、流放年限、流配者加鞭笞等，前三项皆北周流刑异于魏齐之处。

简而言之，北周流刑固然是继承《魏律》而来，属于刑律中的正刑，但是，北周流刑与魏齐差异颇大。北周流刑自二千五百里至四千五百里，共分五等，即有所谓“道里之差”。除了道里之差外，流刑犯强制苦役六年，俟苦役期满，犯人可以放免返乡。道里之差、苦役年期、流放年限等，皆北周迥异于魏齐之制。此外，罪犯流放以前尚有附加刑的鞭与笞，此点与魏齐之制相仿。附带一提的是，北周流刑需苦役六年，而北齐《河清律》对于“不合远配者”，男女也是俱役六年，这是巧合抑或是齐律受周律的影响?

3. 隋唐流刑的渊源

隋代律令的渊源，学界长期以来受程树德和陈寅恪的影响[77]，以为主要承自北齐《河清律》，“而与北周律无涉也”[78]。但最近学界逐渐注意北周刑律对隋律的影响，以为隋开皇元年（581年）先以北周《大律》作基础，制定第一部刑律——《开皇律》；开皇三年（583年），再吸收北齐《河清律》，制订了第二部刑律——《开皇新律》。[79] 据《隋书·刑法志》所载《开皇律》的刑名，云：

一曰死刑二，有绞，有斩。二曰流刑三，有一千里、千五百里、二千里。应配者，一千里居作二年，一千五百里居作二年半，二千里居作三年。应住居作者，三流俱役三年。近流加杖一百，一等加三十。三曰徒刑五，有一年、一年半、二年、二年半、三年。四曰杖刑五，自五十至于百。五曰笞刑五，自十至于五十。而蠲除前代鞭刑及枭首轘裂之法。其流徒之罪皆减从轻。(710页)

可知隋代刑名一曰笞、二曰杖、三曰徒、四曰流、五曰死，其五刑体系与北周的五刑体系比较接近。[80] 关于流刑的规定，分为一千里、一千五百里、二千里共三等。流配者需在流放地服劳役二年至三年。“应住居作者”应指判处流刑但不必流配而是在原地服役的，一律服劳役三年。又云“近流加杖一百”，“近流”为何?《隋书·刑法志》没有交代清楚。个人怀疑一千里至二千里都算是“近流”，但在法定的“近流”以外，还有里程更远的“远流”。近

---

[77] 程树德认为“隋文帝代周有天下，其制定律令，独采北齐而不袭周制。”“（周律）今古杂糅，礼律凌乱，无足道者。”参见程树德：《九朝律考》，《后周律考·序》。陈寅恪亦认为“北周刑律，强摹周礼，非驴非马……故隋受周禅，其刑律亦与礼仪、职官等皆不袭周而因齐，盖周律之矫揉造作，经历数十年而天然淘汰尽矣。”参见陈寅恪：《隋唐制度渊源略论稿》，112页，上海，上海古籍出版社，1981。

[78] 陈寅恪：《隋唐制度渊源略论稿》，115页，上海，上海古籍出版社，1981。

[79] 参见高明士：《从律令制度论隋代的立国政策》，载中国唐代学会编：《唐代文化研讨会论文集》，台北，文史哲出版社，1991。叶炜：《北周〈大律〉新探》，载《文史》总54辑，北京，中华书局，2001。

[80] 参见叶炜：《北周〈大律〉新探》，130页。

流者加杖一百至一百六十不等。归纳起来，隋代流刑的要素是：（1）流刑有道里之差；（2）流刑有居作，即苦役，而居作有年期；（3）流刑加杖。这些要素明显是因袭北周而来。

除此以外，北周的流刑是有刑期的，隋代也有吗？《隋书·刑法志》在叙述隋代流刑时并没有提及。不过，开皇元年刑律制订后，文帝下诏颁之，诏书中提到新律的刑罚轻于周律之处甚多，云：

夫绞以致毙，斩则殊刑，除恶之体，于是已极。枭首轘身，义无所取。……鞭之为用，残剥肤体，彻骨侵肌，酷均脔切。虽云远古之式，事乖仁者之刑，枭轘及鞭，并令去也。……流役六年，改为五载，刑徒五岁，变从三祀。[81]

死刑删除枭首和轘身（即车裂），只保留绞和斩两种死刑，而鞭刑也因不符仁道而被废弃。对于徒刑的改革，云"刑徒五岁，变从三祀"，意指北周徒刑最高原为五岁刑，但《开皇律》减为三年。流刑方面，云"流役六年，改为五载"。北周的"流役六年"，既指流刑的苦役期，复指流刑的年限，隋朝究竟缩短了那一项呢？诚如前述，隋代流刑的苦役最长不过三年，诏书所谓"改为五载"，肯定不是指苦役的时间，而只能是流刑的年限。所以，隋代是将北周流刑六年的刑期缩短为五年，于此可知隋代流刑亦有刑期，而刑期为五年。《刑法志》云"其流徒之罪皆减从轻"，的确，隋代的流刑比北周减轻多了：就里程言，北周流刑的里数是从二千五百里至四千五百里共五等，隋则是从一千里到二千里共三等；就居作年限言，北周是一律居作六年，隋是从二年至三年不等；就鞭笞之数言，北周是鞭笞最高达二百下，隋最高是杖一百六十；就流刑年期言，北周是六年放免，隋代缩短为五年放免。

综合而言，北魏制定流刑以后，其制直接为齐周所继承。北齐之制大略同于北魏，但北周的发展则与北魏颇异。隋代流刑的四项要素明显直接源自北周，其后开皇三年的《开皇新律》虽颇受北齐律之影响，但流刑之制似乎无甚改变，仍是北周的规模。

前节曾经提到唐代流刑包含四项要素：（1）流刑有道里之差，即分为流二千里、二千五百里、三千里等三等；（2）流人至配所皆强制服劳役一年（加役流则是三年）；（3）妻妾必须跟随；（4）流人是终身远逐，不得返乡。唐代的流刑与魏齐周隋的关系是如何？关于第一项"道里之差"，明显是承袭周隋旧制，只是流放的里程与周隋略异。第二项强制劳役，亦是承袭周隋旧制，但年限大为缩减至一年，较周的六年和隋的二至三年为轻。第三项妻妾强制随流，周隋之史料中一时未见其例，未知唐制是否源自魏齐？第四项流人终身远逐，不得返乡，与周隋流刑有固定刑期迥异，应是参照魏齐之制而来。唐代流刑的骨架应源自周隋，但亦吸收了部分魏齐的因子。此外，魏齐周隋的流刑皆有笞杖鞭之类的附加刑，唐代除了缩减流刑苦役的年限以外，并废止了附加刑，《唐律》较诸《隋律》显得更加宽缓仁恕。

---

[81] 《隋书·刑法志》，711页。

五、流刑在北朝成立的原因

流刑可远溯至上古所谓“流宥五刑”，近承秦汉“迁徙刑”，发展到三国西晋而有“流徙刑”，最后，北魏正式创制了流刑。让人好奇的是，为什么流刑最终在北朝而非南朝成立呢？笔者以为这既牵涉到南北政权采用了不同的方式，来解决肉刑废除后造成的刑罚漏洞，也牵涉到北朝独特的兵制。前者是必要条件，后者为充分条件，二者适时配合，终使流刑正式诞生。

汉文帝废肉刑后，肉刑之空缺是以死刑、劳役刑、笞刑分别填补。其中，笞刑迭经景帝的改革，其威吓力大减。[82] 对于严重犯罪，汉代大体以死刑和劳役刑惩处。汉代劳役刑最重一级是髡钳城旦舂，即五岁刑，五岁刑之上即是死刑，刑罚体系明显因肉刑这种“中刑”被废后，轻重失衡。那么，该如何填补肉刑废除后所产生的漏洞呢？简而言之，解决之道不外三种，其一，恢复肉刑，把刑罚的漏洞重新回填。其二，将五年刑不足以惩处的犯罪，科处死刑。然后，皇帝再将情节不算严重的死刑犯，恩诏宽宥，减死一等。其三，将劳役刑的刑期延长或加重其劳役内容。

自文帝废肉刑后，不断有人高喊要求恢复肉刑，其中重要的理由，就是肉刑废后，死刑过重，生刑过轻，希望恢复中刑以治中罪。汉末仲长统指出“肉刑之废，轻重无品，下死则得髡钳，下髡钳则得鞭笞……髡笞不足以惩中罪，安得不至于死哉！”[83] 西晋初年的刘颂，亦以为“今死刑重，故非命者众；生刑轻，故罪不禁奸。所以然者，肉刑不用之所致也。”[84] 东晋初年的王导、贺循等人，在论述恢复肉刑的好处时，亦以为“又死刑太重，生刑太轻，生刑纵于上，死刑怨于下，轻重失当，故刑政不中也。”[85] 生刑太轻，无法惩治重犯，若稍为重判，则处以死刑，刑罚显然轻重失衡。然而，纵使官人学者前仆后继的倡议，肉刑始终还是没有恢复过来。[86]

两汉主要是以第二种方式解决“中刑”的问题。西汉自废肉刑后，由于刑罚轻重失衡，每年判处死刑的罪犯，据班固《汉书·刑法志》记载，竟达万人之多！汉代皇帝有鉴于此，往往减死一等，恩诏宽宥。至于减死一等的处置，或为“髡钳城旦舂”，或是“减死下蚕

---

[82] 据《汉书·刑法志》的记载，肉刑被废除后，犯肉刑者改科其他刑罚：当黥者，髡钳为城旦舂。“髡”是剔发；“钳”是以铁束颈；“城旦舂”，卫宏《汉旧仪》说是五岁刑。当劓者，笞三百；当斩左趾者，笞五百；当斩右趾者，弃市，即死刑。及至景帝元年（前156年），鉴于遭笞三百、五百者，“率多死”。遂下诏笞五百者减为三百，笞三百者减为二百，但笞死者仍多。至景帝中元六年（前144年），朝廷再减笞三百者为二百，笞二百者为一百，并规定笞刑的棰的长短厚薄，被笞者只能笞臀，行刑时不得中途换人等，史称“自是笞者得全”。废肉刑之美意始逐渐落实。

[83] 《后汉书》，卷49，《仲长统传》，1652页。

[84] 《晋书》，卷30，《刑法志》，931页。

[85] 《晋书》，卷30，《刑法志》，940页。

[86] 关于汉末魏晋是否恢复肉刑的争论，可参见拙著《汉末魏晋肉刑争议析论》。

室”，即宫刑。东汉中叶，减死徙边戍渐成为减死一等最主要的处置方式。[87] 东汉大规模迁徙罪犯的措施，固有开发与补充兵力的作用，但究其根本目的，毋宁是为了解决肉刑废除后，刑罚失衡的困境。故此，东汉末年以前，提议恢复肉刑以解决“死刑既重，生刑又轻”难题者，不乏其人，但始终不能引发大规模和持续性的议论，原因就是汉代一直有行之有效的方法。不过，汉代减死徙边的先决条件当然是中原户口充实，才会有“多余”的人力移往边地。汉末中原历经丧乱，户口大量损耗的环境下，各个政权无不想尽办法吸引人口回流，当然不可能将人力徙往边地。汉代行之有年将大批罪犯减死徙边的措施，在汉末因客观条件的丕变而不得不放弃。[88]

魏晋王朝解决刑罚漏洞的方法，就是延长劳役刑的年限。当汉末减死徙边的措施无能推动时，恢复肉刑的建议遂响彻云霄，而在肉刑的争议中，时人对于填补刑罚的漏洞得到了灵感，以加重劳役刑来惩治严重犯罪。[89]《魏律》特重劳役刑，包括了“髡刑四”、“完刑三”、“作刑三”等。髡刑四，据学者推论应是“灭右趾髡钳五岁刑笞二百”、“灭左趾髡钳五岁刑笞二百”、“髡钳五岁刑笞一百”、“髡钳五岁刑”等，其刑度较诸汉律为重。完刑三，当即“四岁刑”、“三岁刑”、“二岁刑”等。作刑三，即“一岁刑”、“半岁刑”、“百日刑”等。[90]所以，《魏律》与《汉律》对照，最大的差异就是劳役刑内容的丰富，其目的当是借以填补生刑过轻的弊病。在《魏律》的影响下，《晋律》也采取同样的途径。《晋律》的劳役徒刑虽然只有四等：髡钳五岁刑笞二百、四岁刑、三岁刑、二岁刑，但据张斐《律注》云“徒加不过六”[91]，可知刑徒苦役的年限可以累加到十一年。甚至，还有累加到终身之徒的。[92]

晋代以加重刑徒的刑期来填补肉刑废除后的漏洞，故不致出现类似汉代因死罪众多而必须减死徙边的状况。若就法论法，魏晋以法律的方式修补法律的漏洞，较诸东汉以皇帝恩典的政治手段，无疑是一种进步。南朝法律主要承袭《晋律》而来，其状况自然亦同于两晋。据《隋书·刑法志》所载萧梁的法制，云：

其谋反、降叛、大逆已上皆斩。父子同产男，无少长，皆弃市。母妻姊妹及应从坐弃市者，妻子女妾同补奚官为奴婢。赀财没官。劫身皆斩，妻子补兵。遇赦降死者，黵面为劫字，髡钳，补冶锁士终身。其下又谪运配材官冶士、尚方锁士，皆以轻重差其年数。其重者或终身。（699～700页）

于此可见谋反等重犯的妻妾子女家属皆沦为官奴婢；劫盗遇赦补冶锁士，其下还有材官冶士、尚方冶士等，南朝主要都以苦役刑徒来惩治重罪。“其重者或终身”，可知严重的

---

[87] 参见邢义田前揭《从安土重迁论秦汉时代的徙民与迁徙刑》。据邢氏统计，东汉之世将死刑犯减死戍边，至少有十多次。作者除了探讨秦汉迁徙刑以外，在附录部分，讨论迁徙刑之用与肉刑之不复，指出东汉迁徙刑在肉刑废后，其实扮演着惩“中罪”的作用。

[88] 关于秦汉“迁徙刑”在汉末至南朝的变化，可参见拙著《三国两晋南朝的流徙刑——流刑前史》。

[89] 参见拙著《汉末魏晋肉刑争议析论》，79页。

[90] 参见张建国前揭《魏晋五刑制度略论》。

[91] 《晋书》，卷30，《刑法志》，929页。

[92] 参见《晋书》，卷30，《刑法志》，932页。

尚有终身之徒。既以劳役刑的方式解决刑罚失衡，则势必造成刑徒众多的现象，故《隋书·刑法志》云梁朝“大率二岁刑已上，岁至五千人”。

大量刑徒为朝廷提供大量的无偿劳力，相对的，官府作坊也愈益仰赖刑徒提供的劳动力。大同中，昭明太子上疏梁武帝，曰：

切见南北郊坛、材官、车府、太官下省、左装等处上启，并请四五岁已下轻囚，助充使役。[93]

武帝也说“顷年以来，处处之役，惟资徒谪”。显见官寺作坊的劳务，越来越仰赖这些刑徒。两晋南朝既以劳役刑来解决刑罚的失衡，职是之故，不致出现类似汉代因死罪众多而必须减死徙边的状况，流刑就无从发展出来了。

反观北魏的状况，据前引《魏书·刑罚志》所云，世祖太武帝神䴥四年（431年）十月首度修律，“以刑禁重”，故删除五岁、四岁刑，增一年刑。劳役刑变成是一岁、二岁、三岁共三等，三岁刑之上便是死刑。如此，刑罚轻重失衡的情形较诸两汉更为严重。这种畸形现象延续到孝文帝朝，难怪孝文帝慨叹“律文刑限三年，便入极默。坐无太半之校，罪有死生之殊。”彼此所犯也许并没有相差太大，但判刑却可能有死生之殊。当初是鉴于刑禁过重，才删除四岁五岁刑，但结果却是适得其反，每年判决死刑的犯人，势必有增无减。十数年后，刑制的乖谬所造成问题乃逐渐浮现。

太武帝太平真君五年（444年），太子少傅游雅上疏曰：

“汉武时，始启河右四郡，议诸疑罪而谪徙之。十数年后，边郡充实，并修农戍，孝宣因之，以服北方。此近世之事也。帝王之于罪人，非怒而诛之，欲其徙善而惩恶。谪徙之苦，其惩亦深。自非大逆正刑，皆可从徙，虽举家投远，忻喜赴路，力役终身，不敢言苦。且远流分离，心或思善。如此，奸邪可息，边垂足备。”恭宗善其言，然未之行。[94]

游雅建议将死罪徙边，使边郡充实。若细阅其奏疏，游雅其实并没有提到边郡空虚、亟待充实之类的经济理由，诉求主要仍在强调刑罚的恰当性。君主不应动不动以杀戮对付罪人，而应设法使其改过迁善。将死罪远徙边郡，力役终身，惩罚已经够重，或许还会使他们改过迁善。游雅的建议与其说是为了解决边郡空虚，不如说是刑罚严重失衡的背景下，提出解决死刑众多的难题。在死刑众多的背景下，文成帝终于仿效东汉的旧例，恕死徙边。[95] 北魏面临比两汉更严重的刑罚失衡难题，采取了东汉一贯的解决之道，在朝廷频频恕死徙边的背景下，将罪犯远逐遐方的流刑，方始有成立的可能。

---

[93] 《隋书》，卷25.《刑法志》，701页。

[94] 《魏书》，卷111，《刑罚志》，2874～2875页。

[95] 邓奕琦根据《三国志·魏书·乌丸鲜卑东夷传》注引《魏书》的记载，以为鲜卑法“本有将部落重罪成员放逐荒僻远地致死之惯例”，“北朝建构五刑体系，改变了历朝以流（徙）为辅刑的传统，将鲜卑法惯用的流刑升格为主刑，置之于死刑之后，徒刑之前。”参见邓奕琦：《北朝法制研究》，149～152页，北京，中华书局，2005。邓氏似乎有意突显流刑作为鲜卑旧法的性质，但笔者以为将重罪犯人流徙边地的做法，中国既古已有之，在魏晋南北朝时不论南北政权也从没间断过，流刑创制入律实在不必强调鲜卑“惯例”之必要。

刑罚失衡造成死刑众多，必须恕死徙边固然是流刑成立的必要条件，惟仍需北魏独特兵制此一充分条件，流徙措施的法制化，方始水到渠成。

前文曾经提及，北魏的兵主要有兵户和番兵两种来源。兵户是终身为兵，世代为兵，即所谓世兵制；番兵是定期服兵役的兵。驻防缘边镇戍以及肩负作战任务的主要是兵户，随着战争和自然的老死，兵源会不断地损耗减少。为了确保兵力足够，朝廷必须不断补充兵户的数量。尤其北魏初期，为了防御北方柔然的北边镇戍，攸关国家安危，其兵源补充更是不能轻忽。文成帝采纳源贺的建议，宥死罪以徙北边诸戍，效果良好，史称“生济之理既多，边戍之兵有益。”既能解决刑罚失衡的困境，复对边戍有益。自此以后，恕死徙边以充兵户，渐成为北魏补充兵源的常见措施。但是，以罪犯徙充兵户固然有助于军士的数量，却必然损害到军士的地位。关于北魏镇户地位的变化，可以《北齐书·魏兰根传》和《魏书·广阳王元渊传》作进一步说明。

据《北齐书·魏兰根传》云：

缘边诸镇，控摄长远。昔时初置，地广人稀，或征发中原强宗子弟，或国之肺腑，寄以爪牙。中年以来，有司乖实，号曰府户，役同厮养。宦婚班齿，致失清流。

又《魏书·广阳王元渊传》，云：

昔皇始以移防为重，盛简亲贤，拥麾作镇，配以高门子弟，以死防遏，不但不废仕宦，至乃偏得复除。当时人物，忻慕为之。及太和在历，仆射李冲当官任事，凉州土人，悉免厮役，丰沛旧门，仍防边戍。自非得罪当世，莫肯与之为伍。征镇驱使，但为虞候白直，一生推迁，不过军主。然其往世房分留居京者得上品通官，在镇者便为清途所隔。或投彼有北，以御魑魅，多复逃胡乡。乃峻边兵之格，镇人浮游在外，皆听流兵捉之。于是少年不得从师，长者不得游宦，独为匪人，言者流涕。自定鼎伊洛，边任益轻，惟底滞凡才，出为镇将，转相模习，专事聚敛。或有诸方奸吏，犯罪配边，为之指踪，过弄官府，政以贿立，莫能自改。咸言奸吏为此，无不切齿憎怒。

北魏初年，朝廷重视缘边诸镇，出任镇将者，或是国之肺腑，或是亲贤，皆宗室贵族，而麾下镇户也是高门子弟，不仅免除赋役，升迁任官也完全不受歧视。戍守边镇，原是一种荣誉，大家当然“忻慕为之”。然而，自文成帝以罪犯徙置边戍后，镇民与罪囚为伍，其地位想必随之降低。在孝文帝太和年间，北镇的地位已颇为沦落，史称“自非得罪当世，莫肯与之为伍”，若非罪犯，几乎找不到自愿镇戍者。及至孝文帝迁都洛阳后，北镇的地位更是进一步下降，朝廷愈益轻忽边将人选，为镇将者皆凡庸之辈。此外，孝文帝为了调和胡汉高层的隔阂，巩固北魏的统治，乃以当代官爵为标准，复位姓族，将粗鄙的鲜卑勋贵门阀化，进而与汉人士族糅合在一起，建立新的门阀序列。孝文帝的改革，难免造成重文轻武，文武分途。文武分途意味着士庶有别，清浊殊途。[96] 结果，留在北镇的贵族遂为“清

---

[96] 参见唐长孺：《论北魏孝文帝定姓族》，载唐长孺：《魏晋南北朝史论拾遗》，北京，中华书局，1983，又参见唐长孺：《魏晋南北朝隋唐史三论》，159～212页，武汉，武汉大学出版社，1992。

途所隔”，一生升迁，不过军主之类，但在京师同族任官者却各个荣显。镇户地位低落，从原先的荣誉下降为贱途，原先不废仕宦，至此为“清途所隔”。镇民没有前途，自然纷纷逃亡。[97] 所以，将中原罪犯徙置边镇以充兵卒，不失为补充兵力的有效办法。在镇民地位低落，族人皆视镇成为贱途的背景下，孝文帝可能为了确保兵力稳定的实际需要，将文成帝以来恕死徙边的政策加以法制化，应是势所必然。流刑正式入律，流刑犯皆徙置边镇为兵。职是之故，若非魏晋南北朝独特的世兵制度，统治者为了确保兵源的稳定，也未必需要将减死徙边戍的皇恩法制化和常态化，流刑未必会成为正刑。至于东晋南朝亦行世兵制，但其刑罚制度与北朝迥异，所以不会产生流刑，甚至作为代刑的流徙刑，在梁陈时期还遭到废止。[98]

六、结　语

北魏自文成帝以来固然有将罪犯集体徙逐边地的措施，但究其性质，仍是皇帝矜死赦宥的恩德，属于死刑的代刑而非刑律中的正刑。直到孝文帝太和十六年（492 年）以前，北魏的刑罚体系，主要是以门房之诛、死刑、刑罪三者构成，并无流刑的位置。太和十五年议定新律，遂将流徙之事法制化。太和十六年颁定新律，流刑才正式成为法定的正刑。流刑历经漫长的发展，终于成为刑罚制度中的正刑。北魏流刑既在恕死徙边、充实镇戍这样基础之上发展而来，那么，流徙边地和配充兵户两项要件，似乎没有消失。流刑犯既是一律流徙沿边军镇，配充兵户，则流刑自然就没有道里之差的必要。另外，太和制订流刑时，可能规定流人举家强制随行。流人配充兵户无非是为了保障兵源，所以流人在配徙途中逢皇帝大赦，可以蒙恩放免，但一旦抵达镇戍充兵，除非特别情况——或是皇帝恩诏宽免，或是戴罪立功，否则流人是终身流放，返乡无期的。

北齐流刑承袭《魏律》而来，属于刑律的正刑，但服流刑者的条件是“论犯可死，原情可降”，也带有死刑替代刑的性质。犯人既是投于边地为兵卒，自然也是如同北魏一样，流刑不必也不可能有明白和标准的道里之差了。既是降死从流，故处罚仍重，犯者须鞭、笞、髡，然后流于边地为兵卒，终身不得返乡。北周流刑自二千五百里至四千五百里，共分五等，即有所谓“道里之差”。除了道里之差外，流刑犯强制苦役六年，俟苦役期满，犯人可以放免返乡。道里之差、苦役年期、流放年限等，皆北周迥异于魏齐之制。此外，罪犯流放以前尚有附加刑的鞭与笞，此点与魏齐之制相仿。北周流刑道里之差、强制苦役、附加刑、流放年限等要素，都为隋代所承袭。但隋制轻于周制：就里程言，隋是从一千里到二千里共三等；就居作年限言，隋是从二年至三年不等；就鞭笞之数言，隋最高是杖一

---

[97] 关于北镇镇民地位的低落，论者甚多，可参见前揭何兹全：《府兵制前的北朝兵制》；高敏：《魏晋南北朝兵制研究》第十四章《北魏的兵户制及其演变》；朱大渭：《北魏末军户制的衰落》，载朱大渭：《六朝史论》，北京，中华书局，1998。

[98] 参见拙著：《三国两晋南朝的流徙刑——流刑前史》，载《政治大学·历史学报》，2003（20），台北。

百六十；就流刑年期言，隋代缩短为五年放免。简而言之，北周流刑的四项要素明显皆为隋代所继承，这点是讨论隋律渊源者所经常忽略的。

唐代流刑包含四项要素：（1）流刑有道里之差，即分为流二千里、二千五百里、三千里等三等；（2）流人至配所皆强制服劳役一年（加役流则是三年）；（3）妻妾必须跟随；（4）流人是终身远逐，不得返乡。唐代的流刑与魏齐周隋的关系是如何？第一项“道里之差”和第二项强制徒役，明显是承袭周隋旧制。至于第三项妻妾强制随流和第四项流人终身远逐，应是参照魏齐之制而来。唐代流刑的骨架应是源自周隋，但亦吸收了部分魏齐的因子。概而言之，流刑的发展脉络是：

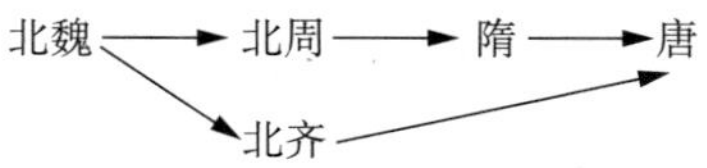

流刑最后是在北朝而不是南朝发展成立，究其原因，笔者以为这既牵涉到南北政权采用了不同的方式，来解决肉刑废除后造成的刑罚漏洞，也牵涉到北朝独特的世兵制。前者是必要条件，后者为充分条件，二者适时配合，终使流刑正式诞生。两晋南朝既以徒刑来解决刑罚的失衡，因而，不致出现类似汉代因死罪众多而必须减死徙边的状况，流刑就无从发展出来了。北魏刑罚失衡情况远较南朝严重，乃师法东汉旧制，恕死徙边以作补救，这为流刑成立提供了必要的条件。再加上流人是兵户的重要来源，在镇民地位低落、族人皆视镇戍为贱途的背景下，孝文帝可能为了确保兵力稳定，将文成帝以来恕死徙边的政策加以法制化。在这两项条件的配合下，流刑才会成为正刑。

当恕死徙边措施法制化之后，罪犯徙边充兵成为常态。随着镇户的来源逐渐是罪犯，甚至是元凶极恶者，镇户的地位当然不断下滑。难怪元渊说“自非得罪当世，莫肯与之为伍。”镇户地位低落，造成逃亡者众。朝廷为了遏阻，“乃峻边兵之格，镇人浮游在外，皆听流兵捉之。”所谓“流兵”，据前引《魏书·李崇传》和《魏书·恩幸徐纥传》，可知就是流人徙边戍者。原先地位崇高的镇户，反为来自罪犯的流兵所追捕；昔日维系统治秩序者，今为破坏秩序者所管理。国家体制的紊乱，最终乃爆发“六镇之乱”，北魏的统治遂告瓦解。或以北镇地位的低落，归咎于孝文帝的汉化和迁都，其实，镇户地位的低落其来有自，孝文帝所负的责任是将恕死徙边措施的法制化，使罪犯徙边成为常态，兵户地位的低落，遂一发不可收拾。学界论“六镇之乱”少从刑罚制度的变革思考，故略作阐释。

在结束本文以前，再说几句关于犯罪与刑罚的看法。犯罪与刑罚相比，犯罪观念的变化往往较刑罚观念的变化来得快速。什么行为被视为犯罪，或者是什么行为视为严重的犯罪，快者经过数十年，慢者经过数百年可能就发生变化。今日视为罪不可恕的犯行，难保在百年以后视为轻罪甚至除罪。可是，惩罚犯罪尤其是严重犯罪的手段，变化相对缓慢得多。今天所谓的严重犯罪或许迥异于四、五十年前，但是惩罚这些罪犯的手段依旧是古老的死刑。死刑执行的方法或有不同，但剥夺其生命使其永远与社会隔绝的目的则没有改变。严重犯罪的定义或许已改，可是人们对特定惩罚的方式却有很强的惰性，一时难以撼动。

职是之故，汉唐之际刑罚制度的变迁，竟历时七百多年方才完成，而传统笞杖徒流死的新五刑一旦确立，竟历一千三百多年而未改。

（说明：本文原刊中国法制史学会（台湾）、“中央研究院”历史语言研究所（台湾）主编：《法制史研究》，第十期，2006 年 12 月。现原文刊发。）

邱澎生

由公产到法人：清代苏州、上海商人团体的制度变迁

简 介

邱澎生，1963 年生，1995 年取得台湾大学历史学博士，1996 年入“中央研究院”历史语言研究所（台湾）服务迄今。主要研究明清中国经济与法律领域的长期演变。除考虑既有法律规范如何影响交易成本等相关“经济/法律制度”的变迁外，也盼能更细致地处理行动者的“价值观/知识结构”。例如商人、士人与官员对涉及“公利/私利”、财富分配与契约执行等经济事务的看法，以及对司法究系应以“仁慈”或“公正”为先，或是讼师追求“百战百胜、使知法者惧法”等诉讼理想，实都蕴涵若干传统价值观的延续、挪借与创新；至于商业手册、刑案汇编、讼师秘本等文献，则反映当时“商学、法学”知识体系的建构与转换。探究这些“价值观/知识结构”与当时“经济/法律制度”如何交互影响并彼此界定，是作者的主要研究议题。相关著作可见网页：http：//www. sinica. edu. tw/～pengshan/

目 次

一、前 言

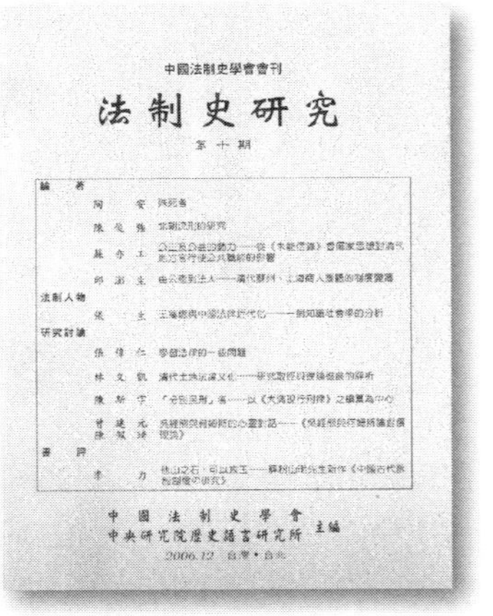

“会馆、公所”与“商会”是清末中国社会由“传统”走向“现代”过程中所出现的两类重要商人团体，如何看待这两类商人团体与社会变迁之间的关系？自20世纪90年代以后，学界对此问题开展了种种讨论。[①] 在讨论过程中，“会馆、公所”与“商会”经常被视为是两类不同人群结合方式的体现，极常见的通行看法是：会馆、公所的“同乡性、宗教性、封建性”较强，而商会则是“行业性、经济性、现代性”较强。这种通行看法预含着一种二元对立的观察视角，将人群结合方式区划为“同乡性”对立于“行业性”、“宗教性”对立于“经济性”、“封建性”对立于“现代性”等不同类型，并再分别借以区别“会馆、公所”与“商会”两类商人团体。

本文将搁置这些二元对立的观察视角，改由当时中国地方司法体系与流行的社会心态为出发点，看看他们如何认定“会馆、公所”与“商会”的组织性质，并且如何处理或评价两类商人团体的各种集体活动。基本上，我认为“会馆、公所”逐渐被视为是一种“立案公产”，而“商会”则主要被视为是“依法自治”的所谓“法人”。由“公产”到“法人”，正反映当时中国商人团体在地方司法体系与主流社会评价中的演变，这种演变即为本文所称的一种商人团体的“制度变迁”。

当然，中国各地商人团体众多，很难概括而论。本文讨论范围主要限于清代的苏州与上海，由于这两地经济较为发达，在讨论制度变迁问题时，应具有较强的代表性。本文主要论证的是：苏州、上海两地商人捐建成立的会馆、公所，因为常将其专属建筑物向地方政府“立案”，而被当时司法体系逐渐认定为某种值得保护的“公产”，并演化出种种“公产立案”的法律执行惯例；而至少在19世纪中期之前，苏州地区民众即已渐将部分商人会馆、公所购置的“公产”视为是城镇中一处值得驻足观看的建筑物景点，有些会馆、公所定期举办的灯会等活动并被融入了诸如元宵节等民俗节庆之中，构成都市公共空间的重要一环。至于商会，则主要因为晚清“商战”、“保利权”与“群学”思潮的兴起，以及清末“地方自治”运动的开展，不仅渐被官员纳入清末以降的一波新立法运动中，一些知识分子

---

① 朱英、马敏、虞和平、徐鼎新等学者，由社会变迁角度比较“会馆、公所”与“商会”两类商人团体，对此研究领域作了种种开创性的贡献，并陆续吸引许多学者投入研究。对这方面研究成果所做较新的全面评介，参见冯筱才：《中国商会史研究之回顾与反思》，载《历史研究》，2001（5），148～167页；朱英：《中国行会史研究的回顾与展望》，载《历史研究》，2003（2），155～174页；马敏：《商会史研究与新史学的范式转移》，载《华中师范大学学报（人文社会科学版）》，2003（5），9～20页。

更试图引入近代西方法律中的“法人”社团概念，借以定位商会这类商人团体，并赋予这类团体联结本国商人以对抗外国商业竞争的主观期待。在清代两类商人团体间发生的这个由“公产”演变为“法人”的过程，不仅可说明两类商人结社在彼此性质上的异同处，更可进一步便利我们观察近代中国“制度变迁”的特殊性：从“由下而上的演化”转变为“由上而下的改造”。

二、公产与立案：会馆、公所与地方政府的互动模式

“公产”这个名词时常出现于记录会馆、公所相关事迹的碑文中。② 然而，会馆、公所捐款成员在哪些场合使用“公产”这个名词？他们究系如何看待“公产”？这里可先举设于苏州的“江镇公所”为例，在该团体一份刻于19世纪前期的碑文上，捐款成员如此记载该团体的公产：“江镇公所司事等，于嘉庆十三年（1808年）五月出银买房一所，坐落吴邑，以为罗真人香火之祠。某等按年，轮流交代执管。以此契不准抵押银两，故此公议契上注明，勒石”③。对江镇公所捐款成员而言，他们集体出资购买的这栋房屋，自然系属“公产”，而公产经常涉及的问题即是房屋、田地的契据保管问题。“江镇公所”的处理方式是将相关契据交由成员按年“轮流交代执管”，而轮流保管契据还不够，为担心不肖成员私自“盗卖、典押”公产，成员乃经过“公议”后，在这栋属于公产的房屋契据上注明一段文字：此契“不准抵押银两”。这份碑文最后署名是“江镇公所司事，公同勒石”，并未明白提及此碑文是否经过官府的批示核可。五年后，另一份“江镇公所”碑文才明白透露这其实是一份递交苏州知府要求政府下令保护公产不受“棍徒匪丐”侵占的呈词，政府官员的批示是：“查：设立公所，捐置义冢，掩骼埋胔，洵属善举，合行碑示永禁”地匪滋扰。④ 尽管认定“江镇公所”只是在举办善举，不见得承认其与商业经营有任何关系，但是，透过保护民众可以集体举办慈善活动的名义，“江镇公所”毕竟使其公产得到地方政府的指名保护。

再以苏州的“钱江会馆”为例，当乾隆四十一年（1776年）苏州府吴县知县准予会馆成员（主要捐款成员为“浙杭绸商”）将官府批文勒石时，其保护重点在于：禁止官员长期借住“钱江会馆”，地方官批示如下：

查：商贾捐资，建设会馆，所以便往还而通贸易。或货存于斯，或客栖于斯，诚为集

---

② 其例甚多，可略举数种：如《明清苏州工商业碑刻集》（南京，江苏人民出版社，1981。后文简称此书为“苏州碑刻”）所谓的“情愿永为性善（公所）公产”（148页），或是《上海碑刻资料选辑》（上海，上海人民出版社，1980。后文简称此书为“上海碑刻”）提及的“永为会馆公产”（234页），皆是显例。有时则原文不称“公产”而使用“同业公地”（“情愿捐做同业公地”，苏州碑刻，133页），此可视为同一名词之流衍。

③ 苏州碑刻，295页。“江镇公所”又称“整容公所”，为剃头业者于乾隆年间所成立。该团体简介，可参见范金民整理之《江南会馆公所地区分布表》，收入范金民：《明清江南商业的发展》，289页，南京，南京大学出版社，1998。

④ 参见苏州碑刻，295页。

商经营、交易时不可或缺之所。若借作公馆，使客货反无依归，势必另为觅地安顿，良多未便，甚非恤商之道。合行叙案勒石永久。为此碑，仰该会馆司事及各商众人等知悉：嗣后，如有当仕者借作公馆者，许即屏绝。倘该地方与差办人役混行勒借，一经举禀，定拿究治。其各永远凛遵毋违。⑤

无论是“江镇公所”的防范匪徒侵扰，或是“钱江会馆”的担心官员占住房舍，政府官员协助对付的对象虽有所不同，但无论如此，却都在会馆、公所捐款成员的集体努力下，使地方政府下令保护成员们捐款购置的专属建筑物。无论是否明白提及“公产”，会馆、公所捐款成员因为各种不同实际需要及所遭逢的特殊问题，而以“洵属善举”、“集商经营”不可或缺等不同名义，使政府明令保护其共同购置之产业。总体而论，在18、19世纪的两百年间，不少在苏州、上海地区设置的会馆、公所，都因种种不同理由与名义而留下了集体呈请政府保护“公产”的事例。

值得注意的是，会馆、公所成员用来保护“公产”的办法尽管可有种种不同，但其中仍以加强公产契据的收藏保管办法最为关键。会馆、公所用以收藏与管理公产契据的办法彼此各有不同，甚至同一会馆、公所也可能随时间推移而出现不同的公产契据收管办法；然而，将会馆、公所的公产向地方政府“立案”，却是其中最值得注意的新兴现象。

一般说来，各个商人团体收管公产契据并将其申请“立案”的方法有同有异，这里不仅涉及主事者在规划设计时是否深思熟虑、当时既存社会团体组织的流行结社方式，以及团体成立后主事者是否受到捐款成员足够的信任等因素的影响，有时候还可能是团体内部突发事件（诸如契据遗失或遭到盗取）的作用。但无论是主事者深思熟虑、习惯制约或是突发因素的影响，这些收管公产并将其“立案”的办法，主要都是商人自行摸索或是仿效其他既存社团组织得来，地方政府大都只是被动因应；若与其后商会“法人”的设立与管理办法做比较，更可看出两类商人团体与政府互动模式之差异。简言之，清末以前，无论地方或是中央政府，不仅都未对会馆、公所这类商人结社预先制订各种管理规章；即使当会馆、公所“公产”出现管理弊端而闹上法庭时，政府官员也并不委托包含民间绅商（如其后商会设置之商人“总理”）在内的任何人去主动进行侦办，更不用说明纠察改正。不过，尽管如此，清末以前的地方政府仍然为会馆、公所“公产”提供了某种制度性保障。虽然政府官员只扮演被动因应的角色，但会馆、公所这类商人团体仍然透过各种细节各异的“公产立案”手段，取得了政府在行政与司法方面的协助。政府与商人团体的这种互动模式，仍然使得地方上能够逐渐出现将商人团体公产予以立案的一种法律规范，这种过程犹如法律规范的一种“由下而上的演化”，是一种出现在传统中国的特殊“制度变迁”模式。

⑤ 苏州碑刻，22页。

以下我将举例论证这种“由下而上的演化”。首先可看看设置于上海咸瓜街的“泉漳会馆”[⑥]，此实例即呈现了一种清楚的公产立案司法流程。该团体创设于18世纪中叶，捐款商人在当时已共同购置了房产，但将近百年之后，一份道光十一年（1831年）的碑文，则记录了该团体收管公产契据方面的弊端：

历年久远，经理馆务之人，纷纷更易，遂致所置业产各契，全行散失，所存何处，无从追溯。[⑦]

为了矫治弊端，该团体捐款成员乃于是年公议：

将会馆所置房屋、田地，查照底簿，照录清册，呈案备考。[⑧]

百年之间，这个团体的公产契据已然“全行散失”，何以致此？当时泉漳会馆主事者的解释是：“历年久远，经理馆务之人，纷纷更易”。但这是否真是实情呢？有没有可能是在轮流收管契据的过程中，某些“经理馆务之人”的后代或是其他人趁机偷藏起来？恐怕也不无可能。同一碑文的后段，接着强调：日后若突然出现“原契”，则希望政府同意能将这些所谓的原契“一概作为废纸，不得借词争执”。[⑨] 由此看来，会馆成员仍是为有人偷藏原契的可能性预留了余地，并不始终坚持原契已然“全行失散”。至于文中所谓的“呈案备考”，指的则是会馆成员向上海知县递送保护“公产”呈词的一种地方司法流程：“会同（泉州府、漳州府）两郡客帮，联名呈乞：俯念福建泉漳会馆业产，各契散失无存，叩赐给示勒石，永为会馆香火公产，不准盗卖。如日后查出原契，一概作为废纸，不得借词争执，以杜后患”，此外，该呈词最后还详细登录了属于“泉漳会馆”公产的十五座建筑物以及五笔土地的名称、房屋间数与地界四至。[⑩] 可以这么说，商人团体将公产“呈案备考”或是“立案”，至少有三道基本流程：先强调是捐款成员的“公议”；然后联名递送呈词，呈词除提出公产契据与公产界限等证明文件外，并要求政府批示保护商人团体之公产；最后，则是由政府批示同意或不同意呈词之内容。

这是清代苏州、上海地区会馆、公所商人团体将公产立案的常见程序，可谓是一套公产立案的基本司法流程。只是，泉漳会馆在上述常见公产立案模式之外，还另外涉及契约认证方面的问题：泉漳会馆成员要求政府同意“日后查出原契，一概作为废纸，不得借词争执”，这简直像是民间将其产权契据向地方政府要求“认证”以对抗任意第三人的一种请求，但司法审判上是否真能承认公产“原契”因为公产现任管理人之请求作废而即认定其失去法律效力？这恐怕仍有问题。上海县温姓知县如此处理“泉漳会馆”呈词：

---

⑥ 该团体成立于乾隆二十二年（1757年），相关简介，参见范金民：《江南会馆公所地区分布表》，收入范金民：《明清江南商业的发展》，289页，南京，南京大学出版社，1998。

⑦ 上海碑刻，233页。

⑧ 上海碑刻，234页。

⑨ 上海碑刻，234页。

⑩ 参见上海碑刻，233～235页。

除批示外，合行给示勒石。为此，示仰该保甲及商民人等知悉：所有后开房屋、田地，永为会馆公产，不准盗卖，以垂久远，均各遵照毋违。[11]

温知县的批示固然同意立案、协助泉漳会馆保护“公产”，并且也公开宣示会馆公产“不准盗卖”，然而，他始终并未提及是否同意“日后查出原契，一概作为废纸”。看来日后若真出现公产原契并有人据以争夺产权，则争议双方谁能真正代表公产管理人？恐怕仍在未定之天，官员泰半仍会依实际案情为审理。但无论如何，这份批示还是具体说明了部分清代地方政府如何累积处理会馆、公所成员要求“公产”立案的常见司法流程。虽然直至清末以前，中央或省级政府似乎都未公布专门管理会馆、公所“公产”的统一办法，但却在接受商人团体成员呈请保护公产的司法流程中，演化出一种界定并保障商人团体公产安全的法律规范。

会馆、公所商人团体以“公产”名义向官府呈请“立案”这种制度，其实是个逐步演化的过程，无论在苏州或是上海都是如此。乾隆四十九年（1784年），当设于苏州的“潮州会馆”捐款成员将会馆“历（年所）置房产设立册簿”汇齐一处时，其公产契据管理办法并未和官府发生直接联系，仍然只是“延请董事经理，三年一更，七邑公举。一应存馆契据，递交董事收执。先后更替，照簿点交，永为定例”[12]，此与前述“泉漳会馆”将公产契据送呈地方政府检验并由官方出具“永为会馆香火公产，不准盗卖”批示有所不同。而即使同在上海，道光二十一年（1841年）“江西会馆”捐款商人呈请上海县正堂将其公产立案时，虽也是向官府呈送所有公产契据，但其执行方式则又比十一年前上海“泉漳会馆”的立案办法更为仔细：“生等籍隶江西，在治为商、为贾……劝捐购基，以便起造会馆，将后规条有赖，凡在同乡贸易，不致涨跌参差。现今议妥，各愿乐输……所有上首原契及田单共拾纸，并马姓卖据一纸，前后十一纸。生等均在客旅，未便私执公据，理合陈请正堂大老爷台下，恩赐饬房立案，永远备存，以杜后无更变之虞”[13]，上海知县对此公产立案呈文的批示为：

准于存案，买契一纸，候发房收税，粘尾盖印，饬回；各契单一并发还。[14]

由商人呈文中指出的“饬房立案”看来，上海县应是在检查商人呈送各式十一张“契单”文件并且“发房收税，粘尾盖印”后，即依法核可了“江西会馆”的立案手续。但同时值得注意的是，商人团体原来呈附的十一张公产契据则是在立案后“一并发还”。

在19世纪90年代之前，有些会馆、公所在将公产呈请立案时，则已演变出不需政府于核可立案后发还公产契据的执行办法。光绪十八年（1892年），设于苏州的“吴兴会馆”正是此种例证：

现闻上海、江西等会馆，所有产业契据等项，皆因公产系轮流经管、恐难一律缜密，

---

[11] 上海碑刻，234页。
[12] 苏州碑刻，340页。
[13] 上海碑刻，335页。
[14] 上海碑刻，335页。

均须禀库存贮，另录置产簿二本，呈请盖印。一存县档，一存会馆，永远执守，历无贻误。今吴兴会馆产业，事同一律。[15]

这里可清楚见到当时苏州已有“上海会馆、江西会馆”等立案前例，这些团体已将公产契据副本向地方政府“禀库存贮”，此与前述上海的江西会馆“一并发还”公产契据的办法不同。苏州府知府在这份呈词上批示道：“既查存上海、江西等会馆成案，并核与义庄公产契据，可以存司盖印，例章大略相同”，该知府因而核可了苏州“吴兴会馆”的公产立案。由此可见，当时地方政府处理会馆“公产”的“成案”中，即已有一种将“会馆产业”立案与家族义庄“公产契据”立案比照办理的模式，所以官员才说是两类公产都可以“存司盖印，例章大略相同”。

大体而论，商人团体将“公产”向政府“立案”的制度，已在 18、19 世纪间的苏州、上海等地的地方司法体系里，得到稳固发展。而各种大同而小异的立案细节，则证明了商人团体将其公产立案的制度也有一个逐步演化的过程。这种公产立案制度，当然与近代民法对“法人”的规范方式有所差异，但依然在司法体系上保障了会馆、公所这类公产的延续与发展。这些由捐款商人出资购置的“公产”，既能为当时司法体系所“辨识”，又能随地方不同案例而在司法运作不断添增各种具体可行的实施细节，从而使属于商人团体的公产更能得到制度性保障。有了制度性保障，不仅可以加强保护会馆、公所商人团体，使地痞无赖或不肖胥吏想侵犯商人团体财产时更要考虑其间的风险与成本；同时，也正因为有这些制度性保障，商人在捐款成立或按时出钱维持会馆、公所运作时，无论是举办各种联谊、祀神、慈善活动，或是从事与经商利益有关的集体活动，都能使成员更宽心地捐款出资，无须太担心自己也出钱购置的“公产”会在日后无缘无故地遭致侵吞，这都有助于会馆、公所的稳固发展。

三、“公产立案”：司法体系与地方社会对会馆公所的认知

一般而言，清代在苏州设立的会馆、公所，在其成立碑文上经常强调其结社动机是要举办和“联乡谊、祀神祇、办善举”有关的集体活动，这种强调至少有两种用处：一是可以扩充结社目标而希望吸引更多成员捐款，另一则是以此作为降低政府阻挠的结社风险。[16]大致说来，这些“联乡谊、祀神祇、办善举”等商人团体的“创社说辞”，可谓是一种兼顾扩大募款来源以及减低干预风险的结社策略。而这种结社策略，其实并不妨碍会馆、公所在“联乡谊、祀神祇、办善举”之外，也同时举办各种和市场经济有关的活动，诸如设立储货仓库、提供客商住宿、集体谈判中介费用或工资等种种与降低交易成本（或说是提供

---

⑮ 苏州碑刻，45～46 页。

⑯ 具体分析请参见邱澎生：《商人团体与社会变迁：清代苏州的会馆公所与商会》，台北，台湾大学历史学研究所博士论文，1995 年 6 月，第二章第一节。

“交易服务”）相关的集体活动。[17] 然而，政府之所以保障会馆、公所举办各种集体活动，并且准其公产“立案”予以保护，其主要立意，则并不在于帮助这类团体解决各项商业纠纷或是提高经济效益，而主要是因为地方政府在行政与司法上认定会馆、公所其实是与义庄、同乡会、善堂等既有社会团体为同一类型的组织，都是属于从事相互扶助、协助维持社会治安乃至提供慈善救济的民间团体。

苏州、上海等地地方政府之所以将商人捐建的会馆、公所也视为“公产”，并非只纯粹是因为听信会馆、公所创立时提出的“联乡谊、祀神祇、办善举”等公开宣称的“创社说辞”，而其实是背后有较长期而深远的制度性背景。

16 世纪以后，全国各地出现的家族义庄、善会、善堂以及同乡会馆都愈来愈多。特别是江浙地区因为经济较为富裕，民间经办这些社团组织的能力比其他地方要强。此区域内的地方政府官员，面对上述各类民间社团而实行政管理或是司法裁定时，应比其他地方政府官员累积更多经验。即以苏州而论，当此地的会馆、公所要求将其“公产”立案时，苏州官员应是不难联想到既有的家族义庄、善堂或是同乡会馆等团体结社。因此，不仅仅是会馆、公所商人团体想以前述“创社说辞”取信政府、降低不必要的结社风险，即以地方政府本身的行政司法经验而论，他们也易于将会馆、公所“公产”模拟于上述苏州既有的民间社团。因此，政府保护会馆、公所结社商人所购置的专属建筑物，其实和保护义庄、善堂、同乡会馆的“公产”的用意一样，都是因为这些民间结社有助于社会治安或是政治教化，这才得到政府的青睐。然而，这些保护公产的行政业务与司法流程，都不是伴随一套统一的“公产”管理法规，而是地方政府在实际案例中逐步累积起来的，其实是一种长期的法律演化过程。

至少由北宋以来，传统中国一些地方政府即开始在行政或司法上接触到社会上存在的某些共同财产。无论是各类祭产、祀产、族田或是家族“义庄”，由司法实务上界定并保护这类有别于个人财产的行政与司法经验，都在逐步累积。当然，这基本上并非是政府主动介入的，而是由民众要求政府配合而来。在宋代“义门郑氏”的家规中，已可见到家族主事者向官府登录族产并呈请政府保护家族祭产、禁止子孙盗卖析产的事例。[18] 而在苏州，范仲淹创设的“义庄”更是自北宋以来即已扬名全国的事例，范氏义庄向皇帝或地方官员要求明令保护义庄田产，也屡有其事。[19] 只是，这毕竟是由高官显宦所创设的家族公产，究竟

---

⑰ 参见邱澎生：《商人团体与社会变迁：清代苏州的会馆公所与商会》，第三章第一节；邱澎生：《市场、法律与人情：明清苏州商人团体提供“交易服务”的制度与变迁》，收入中国史学会编：《中國の歷史世界—統合のシステムと多元的發展》，571～592 页，东京，东京都立大学出版会，2002。

⑱ 参见许怀琳：《〈郑氏规范〉剖析——兼论“义门”聚居的凝聚力》，载邓广铭、漆侠主编：《中日宋史研讨会中方论文选编》，153～165 页，保定，河北人民大学出版社，1987。

⑲ 有关范氏义庄自北宋以至清代康熙二十八年（1689 年）间历次增订《义庄规矩》并呈请政府保护财产的史料，参见（清）余治编：《得一录》，台北，华文书局，1969。该书成书于道光二十九年（1849 年），卷 1 之 1，《范氏义庄规条》。至于对此现象的大略研究，则可参见［日］清水盛光著，宋念慈译：《中国族产制度考》，台北，“中国文化大学出版部”，1986。

历代政府的保护措施是否真已成为任何人都可援用申请的公产保护制度？现在仍难得知。

到了清代，全国各地义庄已愈设愈多，同时，设立者也早已不限于高官显宦。即以清代苏州府所辖吴县、元和县和长洲县三县合计，自乾隆年间至宣统年间，便至少有五十六处义庄。[20] 其中有些义庄的公产相当可观，如范氏义庄在乾隆年间时已是“有市廛百余所，岁可息万金”[21]。所谓“市廛”，指的当然不是农村地区，其房产会因地处商业地段而更有价值。这种于城市商业闹区附近购置房屋添增“义庄”产业的事例，可能常见于清代苏州地区的义庄。[22] 家族公产的价值愈高，其实有如一柄双面之刃，一方面是价值愈高则所能经办的互助事业多半能愈多、愈好，但另一方面则同时更易引起利益纷争与财产诉讼。家族公产能否传之久远？固然有赖主事者与后代子孙的能力与品性，但也多少涉及当时司法体系的保护程度。为使家族公产能维持安全稳固，包含义庄在内的家族公产主事者向政府请求保护，是很可以想象的举措，然而，用何种方法请求保护？这便同时涉及法律规定的内容以及法律执行的细节。

传统中国政府及司法体系如何保护家族公产？这同时涉及概括性的法律规定内容以及实际的法律执行细节，而且，很多时候是由地方政府先行，然后才影响中央政府。以明清时代而论，江、浙地区大概是这类问题在立法修法与法律执行方面的先驱。乾隆二十一年（1756 年）六月，在江苏巡抚庄有恭奏请朝廷修法，并经皇帝发交刑部讨论议决核可后，由皇帝颁发了一条通颁全国的新律例：在原有的《盗卖田宅》律之外，特别针对子孙盗卖“祀产、义田、宗祠”等三类家族公产，制订刑度不同的罚则；而在这条例文的后半段，则规定了此罚则成立的施行细节：

其祀产、义田，令勒石报官，或族党自立议单公据，方准按例治罪。如无公、私确据，藉端生事者，照《诬告律》治罪。[23]

专门立法保护家族公产，已进入中央政府通颁全国施行的法律规范中，基本上可说这是政府法律加强对家族公产的保护，而其修法的原始提案者是江苏巡抚，也很可以联想到江苏省这类家族公产普遍存在的特殊时空背景。不过，更值得注意的仍是这条例文规定的法律执行细节，它强调的是能够证明被“盗卖”的“祀产、义田”确实有“公、私确据”能够证明是属家族公产。由例文看来，当时承认的“确据”只有两类，一是经过“勒石报官”的“公”类，二是“族党自立议单公据”的“私”类。无论这里规定的法律执行细节

---

[20] 参见张研：《清代族田与基层社会结构》，39～42 页，北京，中国人民大学出版社，1991。

[21] （清）钱泳，《履园丛话》，卷 6，“芝岩太史”条，156 页。

[22] 参见刘铮云：《义庄与城镇：清代苏州府义庄之设立及分布》，载《中央研究院历史语言研究所集刊》，第 58 册第 3 分，1987，633～672 页。

[23] （清）吴坛，《大清律例通考》（新校本，马建石、杨育裳主编，北京，中国政法大学出版社，1992），卷 9，《户律：田宅》，433 页。清末律学专家薛允升则对此例处罚盗卖“祀田、义田、宗祠”三者订有不同罚则很不以为然，在按语中评论道：“苏州巡抚原奏，三者并无区别。部（刑部）议以祀田较义田为重，已不可通；而宗祠又较祀田为轻，尤不解其故”，参见薛允升：《读例存疑》重刊本，黄静嘉编校，台北，成文出版社，1970，第 2 册，卷 10，277 页。

究竟是立法者的自行想象，或真是取材自当时社会习惯甚或是地方司法实务已经存在的做法，都可证明：至少在18世纪末，政府保护义庄等家族公产的法律规范，不仅进列全国通行的法律条文，并已在其中明确考虑了法律执行方面的细节；18世纪末年的此时，在至少包含江、浙地区在内的地方政府，肯定已累积愈来愈多处理家族公产的“成案”，现在更加上了中央制颁此条律例的配合，地方政府便可更明确地处理包含义庄在内的家族公产。

当18、19世纪苏州、上海等地的商人会馆、公所愈设愈多之际，地方政府已具备一套可用以规范家族公产设立与运作的较清楚的法律，而经过会馆、公所捐款成员适度的仿效与挪借，结社商人以种种有利的“创社说辞”作诉求，当能减少地方官员援引家族公产“成案”以允许会馆、公所“立案”的难度。因此，既有的家族公产立案制度，正是一个有利会馆、公所立案的地方性制度。前引史料所述及的“查存上海、江西等会馆成案，并核与义庄公产契据，可以存司盖印，例章大略相同”，正反映苏州地区义庄“公产立案”制度在19世纪确已成为便利商人团体援引“公产立案”的既存司法流程。将家族义庄“公产立案”的司法流程放入较长的历史演变过程来看，则此种司法流程实可视为苏州地方政府累积数百年来的行政与司法经验结晶；而若以18世纪末年清廷颁布有关子孙盗卖“祀产、义田、宗祠”例文做断限，则至少此时已可清楚看到江苏此种“地方性制度”也已获得某种全国性适用的效力。虽然商人会馆、公所援用家族义庄“公产立案”现象，看来此时仍只存在于苏州，但此种制度仍然为会馆、公所商人团体申请公产立案提供了可资仿效或是便利挪用的有利法律与文化基础。

除了家族义庄，江、浙地区自明末以来普遍出现的各种善会与善堂，也对商人会馆、公所申请公产立案很有帮助。善会、善堂的普遍存在，至少有二项作用：一是使当地政府与民众对何谓“公产”有更多的认识渠道，二是对政府如何处理公产“立案”可带来更多司法经验。

自16世纪以后，特别在江、浙地区出现了由民间集体举办各类慈善救济活动的社会风气[24]，这类通称为“善会、善堂”的社会团体在当地社会累积了许多结社经验与经营技巧。有学者将这些慈善团体的内部组织方式区分为“轮值制”与“董事制”两类模式，而两类模式其实都各有其历史渊源：“值值制”源于南北朝到隋唐时期的义邑与法社组织，“董事制”则可能滥觞于宋代的社仓制度。[25]

“轮值制”与“董事制”都是当时常用的结社办法，其主要目标都是着眼于扩大参与慈

㉔ 参见［日］夫马进，《善會、善堂の出發》，载［日］小野和子编：《明清時代の政治と社會》，189～232页，京都，京都大学人文科学研究所，1983；梁其姿：《明末清初民间慈善活动的兴起：以江浙地区为例》，载《食货月刊》，第15卷第7、8期，1986，52～79页。

㉕ 参见梁其姿：《施善与教化：明清的慈善组织》，80～84页，台北，联经出版公司，1997。梁其姿并对此两类组织方式各提了一些有趣观察：18世纪到中国的法国耶稣会士当科特尔（Le Pere d'Entrecolles，1662－1741）因为欣赏黄六鸿《福惠全书》中有关育婴堂“轮值制”管理方式的记载，而于1720年以拉丁文译出了《福惠全书》该段描述（卷31，16页下～18页下）。而“董事制”则可能是“一种深植民间社会的自助组织形态，从农村传入都市，并自明代中期以后，主要盛行于都市社会内”（同上书，81页）。

善事业的成员。究竟应该如何更有效地扩大参与善会、善堂工作的成员？这其实是当时一些有识之士极讲究的课题。如19世纪时人拟订的《无锡保婴会规条》即载有："集会之始，未及建堂，先就寺庙公所设局。各友分司，公举殷实、老成者为会总；另举老成、有才干者数人，或司季，或司察，或司捐。务须协力同心，以图永久"㉖。在19世纪中叶左右写成的"嘉善同善会"《倡会拟言》上，作者总结了其留意观察江南地区办理善举的八条实际办法，其中第三条《推协理》的主要内容是：

苏州育婴、锡类、广仁、积功等堂，善事各异，然皆有监会、司会、司月等人，以相协理。同善会须仿此，推监会二、三人，缙绅好善、统摄纲纪；推殷实好善数人为司会，统理诸务；又推十二人为司月，分司每月事务，周而复始。凡三项，俱并力一心，撑持善会。寒士优才德者，亦推司会。㉗

可见"监会、司会、司月"三类职员都是维持团体的重要骨干，除此之外，这份《倡会拟言》的第四条《择董事》，则规划了更多日常参与善会事务的其他重要成员："堂中司募、司收、司册、司查访、司办、会书等，或兼摄，或专掌，或共襄，务须谨择廉干勤敏，每月酌送修仪。司爨、执役，每月酌给工食。凡一应薪水、修仪、工食等项，照吴例，司月捐备；或司月不能住堂任事，务择廉干代理（原注：会小，则二、三董事兼摄）"㉘。姑且不论管火食、杂役的专门工作人员，光是从事募款、收款、管账、核账等文书职员即是分工俱全，这些职员或是兼职或是专职，但都需要按月致送"修仪"，而且依照苏州的结社习惯（文中所谓"吴例"），这些修仪等人事费用开支，都要由"司月"来支付，难怪需要每月轮流替换。

善会、善堂当然也可援用义庄"成案"向地方政府申请公产立案，但这些慈善团体似乎比家族义庄有更完备的组织形式。这种主要非依血缘关系而成立的团体，可能需要更形式化的组织模式才能维系公共事务的运作。由"监会、司会、司月"的社团上层管理人，到"司募、司收、司册、司查访、司办、会书"等社团中层职员，在加强了这些慈善社团的"公共"性质，这让所谓的"公产"得以超越纯粹的房屋、田地等物质财产性质，而添增了更多的团体成员分工合作、共同处理事务的人群结合性质。

同样值得注意的是，当"善会"募款数量达到足以兴建"善堂"专属建筑物时，此时究竟要如何加强捐款成员对团体组织的向心力？也是结社主事者所关心的重要事务。前引"嘉善同善会"《倡会拟言》另有一条《建会馆》，其主要内容写道：

吴地诸善举，必先建堂鼓众。同善会务须建堂供主会（者）长生禄位，大有造于善会者附配，捐愿二十年者铭碑。㉙

这是用在善堂建筑物里公开陈列捐款会员名字以鼓励大家捐款，捐款列名的实际办法

㉖ （清）余治编，《得一录》，卷2之1，2页上。
㉗ （清）余治编，《得一录》，卷1之2，9页上。
㉘ （清）余治编，《得一录》，卷1之2，9页下。
㉙ （清）余治编，《得一录》，卷1之2，10页上。

有三种：贡献最多者（所谓“主会”者），可有专属位置摆放自己的“长生禄位”；贡献居次者，则“附配”；至于那些能持续捐款长达“二十年者”，则予以刻石“铭碑”。或许，当没有法律规定团体必须定期召开全体会员大会时，这种以社会名誉做奖励的办法，也是维系会员捐款与对团体向心力的一种有效策略。

维系捐款会员的向心力到底有多重要？可以再举19世纪的《同善会绪言六则》为例子：

育婴、普济，必先建堂居众。兹会亦可借寺院作公所，起造会馆，不妨徐图领袖，何等便捷。但日后建馆，必属稠密之地，方成盛会。嘉善陈几亭先生建同善会馆于县左，自其卓识。[30]

这个“同善会”的组织设计人比较按部就班，不急着兴建专门用以举办慈善活动的“会馆”，而是先暂时权借寺庙道院作为“公所”；可是，当他放眼未来团体运作事业时，仍不忘记要在“稠密之地”建造足以用做举办慈善救济事业的会馆建筑物，其所着眼的主要目标，恐怕仍是要为团体打出知名度与信任感以吸引更多人捐款和参与公共慈善事务吧？

至于那些真的主要由商人捐款建造的会馆、公所专属建筑物，则无论是在募款创建或是经营管理上，也都留有各式各样集体努力的刻痕。[31] 如建于苏州的“金华会馆”，该团体自乾隆九年（1744年）有商人发起捐款，要一直等到乾隆十六年（1751年），才募得足够资金而得以在苏州城西北郊商业区南濠一带购置了会馆的专属建筑物。同在苏州的“钱江会馆”，也用了七年左右时间，才于乾隆三十年（1765年）募得足够款项建成专属建筑物。[32] 为了取信捐款成员，有些团体即将募款所得与建筑物等公产做成账册，并由成员轮流经管。“每年年终，将收支细数，开账报销。如有盈余，存积置买公产，或存庄生息”[33]，这正是“绚章公所”管理公产的办法。至于商人会馆、公所的内部组织方式，则有前引“潮州会馆”在乾隆四十九年（1784年）所实际施行之例证：“延请董事经理，三年一更，七邑轮举。一应存馆契据，递交董事收执。先后更替，照簿点交，永为定例”。嘉庆十八年（1813年），设于苏州的“嘉应会馆”则更订出灵活运用团体公积金的办法：“公举殷实借领，某分生息，须数人保结。至次年汇簿日，母利一并交出，再公举殷实借领，毋得循情”[34]。当然，不是所有商人捐建的会馆、公所都能拥有同样庞大的财力或公产，但上举潮州会馆、绚章公所等例子，则确实存在于19世纪以前之苏州。而像“七襄公局”那般将募捐款项“每年收支各数，造具征信录”[35]，这更是一种商人团体管理阶层公开取信捐

---

[30] （清）余治编，《得一录》，卷1之2，13页上。

[31] 清代苏州商人创建与维持会馆、公所的此种例证甚多，参见邱澎生：《商人团体与社会变迁：清代苏州的会馆公所与商会》，第二章第二节。

[32] 分别参见苏州碑刻，330、19～20页。

[33] 苏州碑刻，104页。

[34] 苏州碑刻，340、351页。

[35] 苏州碑刻，26页。有关明末清初以下“征信录”制度在中国各地社会的发展大略，有学者谓其体现了中国“独特的公共原理”，参见：［日］夫马进：《征信錄》，收入夫马进：《中國善會善堂史研究》（下册），813～837页，东京，同朋社，1997。

款会员的制度性设计。

由此看来，所谓的“公产”，不仅仅是地方政府在民间团体申请立案时所用来查对契据、判定产权属性的行政司法术语，也包含了用以吸引并取信捐款成员对团体向心力的种种组织方式。江南的善会、善堂传统，对商人团体会馆、公所的“公产”属性，有着种种先行的示范作用，而由善会、善堂所累积的结社经验与技巧，不仅让地方政府更熟悉“公产”的全面性意含，知道“公产”指的不只是房屋、田产而已，而是包括经营管理这些房产的某种团体组织模式。商人创建会馆、公所时，正可以很好地仿效、挪借既有的善会、善堂社团，巧妙地使用办理善举等“创社说辞”，并且实施种种结合“值年制、董事制”的慈善结社组织模式，如此一来，既能取信地方政府为其公产立案，又能增加捐款成员的向心力。

而除了会馆、公所捐款成员与地方政府官员对“公产”有着具体认知外，对于其他一般民众而言，这些主要由商人捐建的会馆、公所建筑物还呈现了另外的象征意含。在日常生活里，有愈来愈多的民众意识到本地商人团体的功能与意义。有些募款所得资本雄厚的会馆、公所，在购置成一区美轮美奂的建筑物之后，这些能象征会馆、公所商人团体于本地财势地位的堂皇建筑物，即成为苏州城市景观的一部分。道光年间，顾禄即以“栋宇壮丽，号为会馆”来概括形容苏州当地商人“会馆”的外观，顾氏如此记录着会馆如何嵌入苏州的城市公共空间：正月十五，“是夜，俗又呼为镫节。比户燃双巨腊于中堂，或安排筵席，互相宴赏。神祠、会馆，鼓乐以酬，华灯万盏，谓之灯宴”[36]。苏州城的会馆多由商人捐建，顾禄对苏州都市生活的描写，正可见到其时商人会馆已被纳为“灯节”活动的重要组成部分。[37] 在一份刊于光绪四年（1878 年）的碑文中，位于苏州府属吴江县盛泽镇的“米业公所”，这栋“布置宜、章程善”的建筑物不仅被作为捐款米商的“同人集议之所”，更被视为是提供“都人士诗文结社”的宴集场所，成为这些创社米业商人口中所谓的“城市中不可少之一境”[38]。

在愈来愈多由商人捐建会馆、公所取得地方政府为其公产立案的同时，不仅衍生出各种由政府核验后发还或是在地方政府库房保存公产契据副本的执行办法，社会民众也愈来愈认识到这些和义庄、善堂同时存在的商人社团，不仅经常举办各种“联乡谊、祀神祇、办善举”以及其他各种经营商业相关的集体活动，这些林林总总的民间“董事、值年、值月”的存在与会议，以及部分财力较为雄厚的会馆、公所，其“栋宇壮丽”的形象以及借由“灯宴”等民俗节庆活动而嵌入都市日常生活，都在加深了地方社会对“立案公产”的

---

[36] 顾禄：《清嘉录》（书前有道光十年（1830 年）序，16 页下～17 页上，台北，新兴书局，《笔记小说大观》一编九册，1978，卷 1，《灯节》。

[37] 此正如清代汉口的例子，商人捐建会馆、公所所举办的种种节庆活动，也已成为都市民众日常生活中惯常接触的集体经验。参见 William T. Rowe，*Hankow：Conflict and Community in a Chinese City，1796—1895*. Stanford：Stanford University Press，1989，p. 5.

[38] 苏州碑刻，235 页。

认识。虽然直至清末民初都罕见任何官员或士人深入讨论这些立案公产的性质，也没有民、商法典将这些社会团体的本质予以概念化或理论化，但是，借由地方司法体系的运作以及地方社会的认识，苏州、上海等地的会馆、公所仍然构成了某种“由下而上的演化”，从而可视之为传统中国社会发生的一种制度创新。

四、对商会的新认知：“法人”概念在法律与社会上的实践

和会馆、公所一样，商会基本上也是由商人于都市中捐款成立的一种团体结社。不过，和会馆、公所被认知为都市中的“公产”不同，商会在清末民初时即因其具备“依法自治”的特殊性质，从而被官员与知识分子逐渐理解与描写为一种西方近代民法意义下的“法人”。

所谓“法人”（juristische person，corporation），是指自然人之外那些由法律所创设并得以作为权利与义务主体的团体组织。[39] 尽管在欧陆与英国法制史上，“法人”都有其各自或同或异的发展历程[40]，但是，“依法自治”与“得为权利义务主体”两项特征，则是“法人”这项近代西方法律术语的基本意涵。清末，“法人”概念逐渐由西方直接引入或是透过日本译介进入中国，这个法律译名与概念的引介过程，集中表现在两个层面：一是对包含《公司律》在内各种商业法律的鼓吹提倡与制订颁行[41]，二为对“民法”的翻译、解释与制订公布。[42]

随着西方近代商业法律与民法相关观念引入与政策法令的推行，“商会”也因为具有“依法自治”以及政府主动授予为会员处理“钱债讼事”等权利义务关系的特性，而愈来愈

---

[39] 参见施启扬：《民法总则》，111页，台北，作者发行，1984。

[40] 在18、19世纪欧陆法典化过程中，“法人”（juristische person，juristic person）有着“拟制说、否认说、实在说”等各家学说的争议，但大体指的一种在自然人以外得为权利义务主体之组织；尽管此概念有其罗马法上的源头，但真正清楚地在法典中出现与界定，则是19世纪后半叶公布（1852年草案，1863年施行）的《萨克逊（Sachsen）民法》，参见：史尚宽：《民法总论》，四版，120～121页，台北，史吴仲芳发行，1990。至于在英国法制史上，“法人”也有颇为复杂的演变，由11世纪末罗马法复兴运动引入“社团”（universitas）观念，受14世纪教会法将基督教会视为“拟制人”（a person ficta）的影响，乃至于15世纪末以至18世纪逐渐将“国王双体论”（the king's two bodies）与特许贸易公司组织在法学上发展成国家法人与公司法人，并至William Blackstone于1765—1769年间出版《英国法释义》（*Commentaries on the Laws of England*）对“法人”（corporation，artificial person）提出较富体系性的说明，在显示近代英国法人观念的长期演变，其中大概可参见张乃和：《近代英国法人观念的起源》，载《世界历史》，2005（5）。

[41] 如光绪三十二年（1906年）八月汪有龄节译《日本产业组合通解》（原文应为日文）而发表《论产业组合》时，即提及“法人”和“同业组合”的关系（该文收入《商务官报》，影印本，6页上，台北，“故宫博物院”，1982，第18册）；另外，光绪三十二年十月刊出杨志洵的《论法人课税之标准》，则论及近代西方法律对“法人”的不同分类，故而文中注明：“此法人专指社团而言，如公司是也”（该文收入《商务官报》，第24册，3页上）。

[42] 在清末自日本、欧美引入近代“民法”的过程中，由“人格权”而带出了“法人”与“自然人”区分的讨论，其中一些相关线索，可参见俞江：《近代中国民法学中的私权理论》，144～148页，北京，北京大学出版社，2003。

带有“法人”的基本特征。清末中央与地方各级政府已订颁实施不少有关商会“依法自治”的法令规范，从而使商会与政府在法律关系上产生某种可以“法人”这项法律术语概括的新变化。㊸

同时，在清末地方自治运动发展下，商会作为“法人”的这种观念，也愈来愈出现于社会舆论中。光绪二十九年（1903年）颁行《商会简明章程》由中央政府正式下令全国成立商会时，并未直接以“法人”称呼商会，要一直等到民国四年（1915年）修订公布的《商会法》才正式载明“总商会及商会，均为法人”㊹。尽管如此，清末商会作为一种具有“依法自治”性质的商人团体，以及不少知识分子与官员强调商会在地方自治运动中的重要性，清末商会在社会舆论中实已愈来愈具备“法人”的基本特征。

梁启超约于光绪二十五年（1899年）写成《商会议》一文时，即已将“商会”视为欧美的一种“自治”团体：“商会者何？欲采泰西地方自治之政体，以行于海外各埠也”㊺。当光绪二十九年清廷立法要求全国各地普设商会后，政府官员更是愈来愈将商会视为一种“依法自治”的商人团体，而一些民间商人也经常公开引述“商会系地方自治之一部”这样的言论。㊻

地方自治运动直接来源于晚清流行的“合群”观念。不少晚清知识分子受到“社会有机观”的影响，将“合群”视为是欧美列强之所以能够昌盛富裕的关键。因而，“合群”不仅被这些知识分子当做所有“国民”都该急起直追的国家大事，至于如何在中国扩大“合群”的范围，也成为这些知识分子努力探究的重要课题。㊼ 职此之故，商人也被纳入中国亟须增强“合群”程度的对象，而如何将商人团体转变成为“依法自治”并且足以联络所有中国商人的群体组织，也变成当时一些中国知识分子的重要关怀。

在“合群”诉求下，不仅联合全体中国商人很重要，联合中国商人与所有政府官员也被视为不可或缺，要之，这些知识分子认为：借由团结一切本国官、商的集体力量，才能

㊸ 参见虞和平：《近代商会的法人社团性质》，载《历史研究》，1990（5）。

㊹ 1915年颁布的《商会法》内容，可参见阮湘等编：《第一回中国年鉴》，1575页，上海，商务印书馆，1924。

㊺ 《清议报全编》，收入《近代中国史料丛刊三编》，第141～150册，64～72页，台北，文海出版社，1986，卷4，第一集下之下，《本馆论说》四。

㊻ 如所谓“商会系地方自治之一部”（宣统元年八月初六日《顾振岳等控告函》）、“商会本地方自治之一部”（宣统元年九月《蓑葭滨分所为申辩事致苏商总会函》），两条史料引见：华中师范大学历史研究所、苏州市档案馆合编：《苏州商会档案丛编》第一辑，165、168页，武汉，华中师范大学出版社，1991。

㊼ “合群”的主张，与晚清民国以来不断引入并发展的“社会有机观”有密切关系。这个“社会有机观”起源于19世纪下半叶西方的“社会达尔文主义”，强调社会与国家发展都该符合生物组织由简单到复杂、不断进化的原理，小单位要能够有机地结合成更大的群体。由1895年以后晚清知识分子倡导的“群”学，到提倡改造“社会”的政论风潮，都可视为此种“社会有机体”观念在近代中国思想言论乃至政策主张的实践。可参见王汎森：《清末民初的社会观与傅斯年》，《清华学报》（台湾新竹），第25卷第4期，1995，325～343页；Wang Fan-shen, “Evolving Prescriptions for Social Life in the Late Qing and Early Republic：From *Qunxue* to Society”，in Joshua A. Fogel and Peter G. Zarrow edited，*Imaging the People*：*Chinese Intellectuals and the Concept of Citizenship*，*1890－1920*. Armond，New York and London：M. E. Sharpe，1997，pp. 258－278.

联合抵抗国外列强加诸中国的政治、经济与科技、军事优势。何以如此？因为“合群”已被视为是西方列强凌驾中国的秘密之所在，所谓“西人行事，皆贵合群，国事则有政党，商务则有公司，故能集思广益、举重若轻”，这段论述正是清代中央政府设置“宪政编查馆”在宣统元年（1909 年）公布一段有关推展地方自治运动论述的开场白；而在“合群”这项神圣目标下，商会与“政党、公司、学会”等团体组织，同被视为是“集思广益、举重若轻”的中介，并还被认为是“地方智力发达之征验”[48]。故而，商会在地方自治运动中的角色也愈发重要，商会“依法自治”的特征也更加进入当时的社会舆论。

晚清“合群”思潮不仅与地方自治运动相结合，更与“商战”与“保利权”思想做了进一步联系，从而直接影响政府采取更积极的经济政策。自 19 世纪 90 年代以降，“重商、保利权”的主张即已逐渐影响政府政策[49]，清政府中的改革派提出一系列讲求“商战角胜”的政策。[50] 在这个制定商务政策以保卫国家利权的过程中，不仅政府应该更有效地保护本国商人愈益成为关注焦点，中国商人之间以及中国官员与商人之间的“合群”程度不够，也成为时论严厉批判的对象，“联官商，保利权”的呼吁变得更加普及而有势力。而在那些希望保障中国“利权”的官员与知识分子认知中，促使商人团体能够“依法自治”，即被当作是“联官商”的重要制度条件。

至于如何可以促使商人团体能够“依法自治”？除了依法协助全国各地商人成立商会外，另外一项必要工作则是要使商会成员具有集体议决公共事务的会议能力。是以，自商会成立伊始，政府即对商会内部会议的进行方式做了规范，光绪二十九年（1903 年）颁行的《商会简明章程》的第十款即规定“商会会议，必须照会议通例章程办理”。而在地方上，如光绪三十一年（1905 年）苏州商务总会所拟订的《苏商总会试办章程》，也规定了定期召开会议的细节：“按照部章第九款，每星期开常会一次”[51]，苏商总会的议事日期固定为：“每逢星期二，常会一次”，商会管理人员有义务于当天出席开会：“各议董以次齐集”[52]；按当时规定，每星期二的下午二时，即是苏商总会例行会议的开始时间。[53] 同时，

---

[48] 《宣统乙酉大政记》，收入《近代中国史料丛刊续编》，第 25 辑，241～248 册，台北，文海出版社，1976，卷 13，1392 页。

[49] 参见王尔敏：《中国近代之工商致富论与商贸体制之西化》，载“中央研究院”编：《中央研究院国际汉学会议论文集》下册，1215～1262 页，台北，“中央研究院”，1981；果鸿孝：《论清末政府在经济上除弊兴利的主要之举》，载《中国社会经济史研究》，1991（3）；施仁章：《清末奖励工商实业政策及其影响》，载《中国社会经济史研究》，1982（2）；郑起东：《清末“振兴工商”研究》，载《近代史研究》1988（3）；李达嘉：“商人与政治：以上海为中心的探讨，1895－1914”，台北，台湾大学历史学研究所博士论文，1994。

[50] 有学者将晚清政府发展商务的种种政令与相关机构演变，分为“戊戌变法前、百日维新、庚子事变后”三段时间，分别做了较详细的叙述，参见李达嘉前引博士论文，33～55 页。这方面问题的讨论，另可参见阮忠仁：《清末民初农工商机构的设立：政府与经济现代化关系之检讨，1903－1916》，台北，台湾师范大学历史研究所，1988，29～48 页。

[51] 《苏州商会档案丛编》，23 页。

[52] 《苏州商会档案丛编》，255 页。

[53] 参见《苏州商会档案丛编》，65 页。

《苏商总会章程》的第廿八条至第四十五条，还更详细规定了商会的议事规则[54]，并且明文规定选举商会董事的选举方式。此外，同年制订的《苏州商务总会理案章程》，更详细开列了商会调停各类商业讼案的议事规则。[55] 到了宣统二年的正月二十日（1910 年 3 月 1 日），苏商总会又再通过《苏商总会议事要则》九条。[56] 因而，商会不仅具有“依法自治”的基本特征，其在相关权利义务关系的法律规范也愈来愈具体，不仅成员在一般议事、选举董事以及调停商事纠纷方面形成正式组织章程，而且这些议事章程更因得到政府支持而具有法律效力。清末各种商会议事规则与理讼结案法令的出现，使商会愈来愈接近于依法自治以及具备权利义务关系的一种“法人”。

然而，为了防范商会议决事项可能违背政府既定政策，清末商部也对商会决议权力作了限制。如《苏商总会试办章程》即明载：“商务重要事件关涉商政者，虽经会众决议，非禀奉商部允准，不得擅行”[57]，可见商会若干议决事项仍须报请商部核可。然而，商部限制商会议决事项的例子，其实并不常见；就算制订一些防范商人团体的规定，实际上也甚少收效。[58] 反倒是商会有时还会讨论出一些和政府既定政策有所差异的决议，如反对政府征税方式，甚或是反对政府修订的商业法律，皆是其中显例。[59] 尽管商会集体决议结果在法律上仍受商部节制，但商会“依法自治”与具备权利义务关系的两项特性，已愈来愈明显而具体，“法人”已在实质上成为政府理解并处理商会这类地方商人团体的一种新制度。

商会成立后，在配合政府收回利权的同时，还在政府准许下成立许多外围的团体组织，如体育会、市民公社、救火会等。以苏州为例，这些不同团体都分布苏州城郊而成为一种都市社团，而其设立目的则主要在配合政府推展的各项都市公共行政。商会和这些新成立的都市社团之间，发展出许多密切的合作关系，互相支持人力与财力。[60] 光绪三十二年六月

---

[54] 参见《苏州商会档案丛编》，25～26 页。

[55] 参见《苏州商会档案丛编》，251～252 页。此外，宣统元年（1909 年）的《天津商务总会会议简章》也对商会议事规则有所规定，参见天津市档案馆、天津社会科学院历史研究所、天津市工商业联合会编：《天津商会档案汇编（1903—1911）》，92～93 页，天津，天津人民出版社，1989。

[56] 参见《苏州商会档案丛编》，42～43 页。

[57] 《苏州商会档案丛编》，25 页。

[58] 同样的看法，也可参见章开沅、马敏、朱英主编：《中国近代史上的官绅商学》，507～509 页，武汉，湖北人民出版社，2000。目前还有学者由职员选举角度，对上海商会集体议事过程与中央颁布商会法令之间的实践落差，做了极好的个案考察，可参见李达嘉：《上海商会领导层更迭问题的再思考》，载《近代史研究所集刊》，2005 (49)。

[59] 商会参与的税捐改革争议，则见马敏、朱英：《传统与近代的二重变奏：晚清苏州商会个案研究》，326～339 页，成都，巴蜀书社，1993；马敏：《清末江苏资产阶级裁厘认捐活动述略》，收入马敏：《马敏自选集》，326～339 页，武昌，华中理工大学出版社，1999。至于商会如何参与清政府商业立法并导致双方出现争议与冲突，可见朱英：《资产阶级争取立法权的首次尝试》，收入朱英：《中国早期资产阶级概论》，268～286 页，开封，河南大学出版社，1992；虞和平：《商会与中国早期现代化》，202～227 页，上海，上海人民出版社，1993。

[60] 除了参与自治事务之外，有学者还将清末商会与其他社团共同参与的各种公共事务分为“文化教育、学术研究、消防、风俗改良”等几个类别，并做了较详细的讨论，参见朱英：《辛亥革命时期新式商人社团研究》，220～245 页，北京，中国人民大学出版社，1991。

(1906年8月)，在商部以及江苏巡抚准许下，苏州成立“苏商体育会”，呈有苏商倪开忻等公拟章程十六条。“苏商体育会”中许多成员即是商人。宣统元年(1909年)五月，苏州成立第一个“市民公社”，称为“观前大街市民公社”，基本上就是一种都市自治社团，有学者谓其为一种“自发性的街路组织”，负责本区的卫生治安等工作。[61] 商会成立后，更和许多个别商人以及会馆公所合作，共同参与都市公共行政。光绪三十二年六月(1906年8月)，苏州城内巡警局发文给商会，希望商会“会同各业公所董事，妥为劝导”，拆除“各栏杆柜台搭出街道”的违章建筑，共同办理维持都市市容的工作。[62] 由宣统二年(1910年)至宣统三年(1911年)间，苏州成立了“既济水龙救火社”和“治安龙社”[63]；另外，钱业、绸缎、洋货等业商人，也在齐门、娄门一带成立“永义龙社”，负责该区商家和民众的消防工作。[64]

商会虽被政府视为地方自治的一环，但商人对政府推行的各种地方自治行政则并不一定全然配合。在宣统元年九月廿五日(1909年)的《苏商总会复常昭商务分会函》中，即透露出商务总会与商务分会在清廷推动地方自治运动中“相互观望”的情况。[65] 商会成立后，因为参与地方公共事务层面增多，逐渐成为地方社会中另一类具有领导性质的民间团体，从而和地方士绅发生更多的互动。早在张之洞等官员提倡商务局时，原本即是希望由本地士绅来主持商务局“联官商”的工作，因为“官商之气久隔，又须绅为贯通”[66]。其实，透过捐官等途径，商人与士绅本即有合流的趋势，晚清已出现愈来愈多泛称“绅商”的人物。[67] 不过，在商会成立后，政府则强调商会董事由“确实经营实业者”充任，故多少将一些不具经商经验的士绅排除在商会领导人行列之外。

商会商人在推广各项地方自治事项时，也可能与地方士绅所举办的地方自治活动相互冲突。如在苏州设立“筹备自治公所”或是办理征收“学堂学捐”时，即发生“商、学两界”间相互冲突的例子[68]，可视为地方上“士绅”与“商绅”间的对立。在冲突中，甚至有士绅称商会是“下等社会居多数”的机构。[69] 士绅与商人间的争议和攻讦，反映商人团体扩大介入地方公共事务后与原有士绅形成紧张乃至冲突。这在会馆、公所普遍发展的18、19世纪，则是不太可能发生的事情，因为尽管会馆、公所得以逐渐取得“立案公产”的合法

---

[61] 参见李茂高、廖志豪：《论苏州商务总会》，收入复旦大学等编：《近代中国资产阶级研究续辑》，368页，上海，复旦大学出版社，1986。

[62] 参见《苏州商会档案丛编》，686页 。

[63] 《苏州商会档案丛编》，672、678页。

[64] 参见《苏州商会档案丛编》，684页。

[65] 参见《苏州商会档案丛编》，1231页。

[66] (清)张之洞著，王树枏编：《张文襄公全集·奏议》，16页，台北，文海出版社，1980年，卷43。

[67] 参见黄克武：《清季重商思想与商绅阶层的兴起》，载《思与言》，第21卷第5期，1984，486～500页；马敏：《官商之间：社会剧变中的近代绅商》，64～108页，天津，天津人民出版社，1995。

[68] 参见《苏州商会档案丛编》，150、161～165页。

[69] 参见《苏州商会档案丛编》，165页。

地位，但基本上这类商人团体并无能力真正妨碍地方士绅的既得利益。从此层面看，商会出现后，的确扩展了商人介入地方公共事务的广度与深度。因为商会得到政府的法律支持，成为一种依法自治的特殊民间结社，不仅直接参与政府各项“收回利权”政策，也逐渐介入各种都市公共行政。商会对都市社会的影响力愈来愈强，从而使原有士绅感到更大威胁。在冲突事件中，虽有士绅批评商会是“下等社会居多数”，但这样的批评其实并不影响政府对商会的倚重，反而只是凸显少数士绅利益受损后的焦虑。

地方自治是清末推行的重要政策，也是当时立宪运动的重要组成部分。在此政策推动与发展过程中，商会被视为是“依法自治”的民间结社。其他既有民间结社虽不一定都像商会被赋予依法自治地位，但在推展地方自治过程中，一些民间结社仍然承担起重要任务。

“学务、卫生、道路、工程、农工、商务、善举、公共营业”等八项事务，是时人所谓清末推行地方自治的八项重要事业，这些事业“皆地方公益、民生需要，一日不可缓者”。至于要如何统合民间结社力量来办理地方自治，便成为当时官员面对的重要课题。如办理江苏地方自治事务的瑞澄，在宣统元年七月廿八日（1909 年 9 月 12 日）即说道：

地方自治事务，既贵经理之得人，尤赖财力之相济。苏省各属公款、公产，本皆绅董经存，而出于慈善事业为多，如义学、善堂、恤嫠、育婴、义仓、积谷及施衣粥、医药等类。向来职任寄之于绅；所有出纳一切，亦绅任之。[70]

瑞澄在此处即指出，苏州既有民间结社的“公款、公产”，其实“出于慈善事业为多”，他并对皇帝批评了当时部分管理地方公产的社团领导人：“其热诚经理者，固不乏人，而浮冒侵蚀者亦比比皆是”，从而建议“值此除旧布新，固应专饬所属，视其所能及，逐渐施即。绅董旧日管理之公款、公产，尤应逐项检查，重加整饬”，为解决此项弊端，瑞澄乃建议：“令各属设立清理处，地方官遴派正绅，督同清理，务求事有实际、款不虚糜”[71]。不论地方绅董是否真如瑞征所说的“浮冒侵蚀”，也姑且不管他想“清理”种种地方“公产”的构想是否真有根据，但瑞澄却意外为后人点出当时苏州社会存在的重要事实：晚清苏州许多“义学、善堂、恤嫠、育婴、义仓、积谷及施衣粥、医药”等事务，其实早已由各民间结社的“绅董”管理，这其中也包括了商人结社“联谊办善”的会馆、公所董事人员。这些办理慈善事业的民间结社，绝大部分都位于城镇之中，是典型的都市社团。至少在 19 世纪末年以前，都市社团办理的慈善事业便成为苏州最普遍的都市公共事务，当清末政府推动地方自治时，这些都市社团便成为政府不得不依赖的重要民间力量。

由此看来，晚明以来由民间结社所发展出来的善会、善堂传统，其实对清末地方自治运动也发挥了影响力。地方自治固然有其仿效欧美日列强国家富国强兵制度的新意义，但与善会、善堂传统之间实仍具有不容忽视的连续性。经过 17 至 19 世纪间的三百年发展，善会、善堂的组织方式已经成为苏州都市社会的“地方传统”。宣统元年（1909 年），苏州

[70] 《苏州商会档案丛编》，1227 页。

[71] 《苏州商会档案丛编》，1227 页。

《地方自治调查研究会各社团调查表》即列有苏州各善堂资助地方自治事务中有关学务的款项。[72] 而不仅瑞澄在苏州举办地方自治要依赖种种善堂的绅董，在其他有善堂传统的江南地区也基本如此。如上海的善堂“同仁辅元堂”，即与清末地方自治事业有密切关系[73]，《民国上海县续志》（卷2，《善堂》）即谓：“同仁辅元堂，举行诸善外，如清道路灯、筑造桥路、修建祠庙、举办团防等类，无不赖以提倡，实为地方自治之起点”。善堂作为“地方自治之起点”，清楚点出清末地方自治和晚明以来善会、善堂传统之间重要的连续性。[74]

商会和会馆、公所，其实都是影响苏州都市社会的重要民间结社。早自晚明以来，会馆、公所即开始慢慢变成苏州慈善救济传统的一部分。会馆、公所为捐款成员举办联谊、祀神、办善等活动，这类商人团体乃为都市外来人口提供了一个联谊聚会和慈善救助的管道；而一些美轮美奂的会馆、公所建筑物，则也同时为苏州城增添了特殊的都市景观，特别是会馆、公所在节庆典礼中举办“镫宴”等民俗活动，已成为苏州都市居民的共同生活经验。至于会馆、公所为结社商人提供的集体议价、仓储、码头、官颁度量衡等公用设施，则为苏州商人提供服务、降低了交易成本，为都市社会带来了更有效率的商业制度。而当商会在清末出现之后，则更增加了商人结社对都市社会的影响力，使有钱、有心的商人能有更多机会参与都市公共行政，而“联官商、保利权”思潮以及政府制颁《商会法》的有力支持，则为商会成员提供协调处理商事纠纷的更有效机制。至于法定的商会议事选举章程，以及章程中特别详列商会的所在地位置，都使商会“依法自治”的特征更加明显，并使其更接近于西方近代法律定义下的“法人”。

然而，会馆、公所和商会两类商人团体的不同，重要的不在于其对都市社会影响力的大小，而在于政府看待商人结社态度的重大转变。会馆、公所主要被政府视为是地方上的“公产”，而商会则更像是依法自治的“法人”。光绪三十二年（1906年）六月，杨荫杭对上海会馆、公所所做的观察即特别值得讨论：“吾国向无商法，政府向无保护商人之特别机关。无法律、无保护，为商人者，似有不可终日之势；然商人若不以此为病者，则以商人有自治之机关故也”，杨氏所谓传统中国商人“自治之机关”，指的正是当时的会馆与公所：“其始不过联乡谊、营慈善而已，浸假而诉讼冤抑之事，为之处理矣；浸假而度量衡归其制定矣”，杨氏甚至由会馆、公所的“自治”事例推论到传统中国的商法问题：“然则，他国所谓商法者，吾国商人皆由各商人自立、而自守之。惟其联乡谊，而自治之制度，即寓乎

---

[72] 参见《苏州商会档案丛编》，1217～1221页。

[73] 参见［日］夫马进：《上海善堂与近代地方自治》，收入夫马进：《中国善会善堂史研究》，伍跃、杨文信、张学锋译，533～616页，北京，商务印书馆，2005。梁元生：《慈惠与市政：清末上海的“堂”》，载《史林》，2000（2）。森田明：《清末上海の河工事業と地方自治——『馬家濱』の一事 よりみたる》，收入横山英编：《中國の近代化と地方政治》，47页，东京，劲草书房，1985。

[74] 有学者即强调传统善堂固然也有沦为政府官员强加不乐之捐的事例，但确实也有持续展现“民办民捐”精神并有利近代市政建设的显著例证，只要城市工商业发展的经济条件能够配合，城市居民有足够物质能力兴办善举，则“传统之中确确实实有许多与近代极为接近的地方”，参见夫马进：《上海善堂与近代地方自治》，前引文，600～602页。

其间”；但对杨氏而言，会馆、公所的“自治”是有利也有弊：“惟其能自治，而各乡之界限，即判于其间。界限愈判，排外愈甚”[75]。

杨氏所谓的“界限愈判，排外愈甚”，指的其实是中国商人面对外国商人竞争时的不能彼此通力合作。杨氏这种想法其实有很特殊的时代背景，这类似于一种经济上的民族主义；基于此种经济民族主义，杨氏既将会馆、公所既视为一种“自治之机关”，又将其视为是一种使用“同乡”关系进行“排外”的团体组织。在现在看来，杨氏当时并不真正理解会馆、公所透过“公产立案”而开展的制度创新意含；不过，杨氏有关会馆、公所以“联乡谊、营慈善”为基础而逐步介入商人诉讼与地方度量衡制度的观察，所谓“浸假而诉讼冤抑之事，为之处理矣；浸假而度量衡归其制定矣”，这项观察仍然敏锐地点出会馆、公所在当时中国商业交易上的重要意义。杨氏因此阐释了传统中国政府虽然没有像近代西方国家制颁“商法”以保护商人经商利益的政策与法律，但传统商人仍能透过会馆、公所帮助来保护自身的经商利益。杨氏的观察同时指出一个关键性的事实：传统会馆、公所的存在，根本便是“自治之制度，即寓乎其间”。

杨氏在清末的观察并未受到后代学者足够的重视。虽然杨氏强调清末会馆、公所商人团体“排外愈甚”的论点有其特殊预设故而仍需保留，但其有关会馆、公所实乃“自治之制度，即寓乎其间”的观察，则是确有所见。如果将会馆公所与商会这两类商人团体放在较深远的历史脉络做比较，则两者其实是同异互见。在我看来，会馆、公所之异于商会者，并不在于社团是否具备自行管理公产、自行议决团体公共事务以及集体向政府打交道等能力，这些都不宜将其视为是可以有、无一刀切的问题，而其实更像是性质类同而强弱程度有别的问题。商会是由中央政府通令全国主动授予法律根据而变成的依法自治“法人”；但会馆、公所则只得到地方政府的被动配合而形成一种“公产立案”的地方性制度。比较而论，作为“法人”地位的商会，具有与中央政府在法律之间联系性更强的特性；而会馆、公所和政府的联系则程度较弱，只在法律规范上得到地方政府的被动配合，透过捐款成员集体议决而呈请“公产立案”的地方性制度运作，才能逐步建立起政府与商人社团之间的联系。然而，尽管与中央政府之间的法律联系程度比起商会情形为弱，但18、19世纪之间苏州、上海等地会馆、公所之能逐步得到“公产立案”的地方性法律执行的认可，毕竟仍是反映了地方政府与商人社团间已然出现某种制度性联系，这可谓为一种“由下而上的演化”；与此相对照，则商会便更像是一种“由上而下的改造”。

五、结　论

由公产“立案”到设置“法人”，不仅显示出清代商人社团在都市社会中的影响力不断

---

[75] 杨荫杭：《上海商帮贸易之大势》，载《商务官报》第12期，光绪三十二年（1906年）六月廿五日，2页上。

增加，更呈现出两种性质不同的经济与法律互动模式。整体而论，清代苏州、上海地区会馆、公所被地方政府纳为“立案公产”的历史，可说是一种“由下而上的演化”，在此过程中，部分民间商人结社主动提出包含商业经营事务在内的实际需求，并以各种策略包装团体背后所具有的经济功能，而政府则只是被动地提供产权保护方面的协助，从而使商人团体的公产“立案”制度被更有效地纳入地方行政与司法体系之中。

比较而论，商会被界定为“法人”的历史，则有如一种“由上而下的改造”，这个名词背后所反映的内容，并不纯然反映西方近代“非自然人”作为权利义务主体的法律概念移植，而其实更多地被用来象征晚清知识分子与官员希望本国商人能够消除内部利益矛盾进而团结共抗外国商人的“合群”理想。他们希望中国商人能够不分行业、不分籍贯地联合起来对抗外国商人，故而亦不愿意看到本国商人间的任何竞争。在这个类似“经济民族主义”推理逻辑的主导作用下，本国商人和外国商人间的竞争当然值得鼓励，但本国商人彼此之间无论是依地域分别或是因为行业差异而出现“竞争”，则不仅不被承认其正当性，甚至还会被冠以“地域性、排外性、封建性”等当时舆论“术语”而大受知识分子与官员之责难。然而，这其实是一种基于“经济民族主义”的评论，若单从商人经营的角度看，则商业上任何的联合与竞争，不仅是经营业务上的常态，更且还即是一体之两面，怎能一律预先排定面对本国商人便要联合而碰到外国商人便只能竞争！但知识分子与官员期待商会是种依法自治的“法人”，却主要是想借此项有利商人“合群”的组织来让中国商人不分“地域性”而联合对抗外国商人，其关键是要保护中国利权不被外国侵吞。这项关键立意不可谓不善，但在某些行业中，中国商人采取联合外国厂商的商业策略，才能有效引进新式技术或组织，进而更加有利于保护中国利权，这本是很自然的道理，强求商人只能联合本国商人而不能联合外国商人，这根本背离了合理的经济考虑而沦为某种政治论述；由此而论，将商会界定为“法人”的主张与心态，确实是种更多保护国家“整体”利权而并不直接考虑商人利益的“由上而下的改造”。

不过，虽然清末商人与知识分子对“竞争、联合”概念的认知可有上述可能的矛盾，但既然政府愿意立法帮助商人解决经营问题，则在对抗外国商人的名义下，本国商人又何乐不从！“法人”固然反映清末知识分子与官员试图以增进本国国民“合群”理想从事一种“由上而下的改造”，但对商会成员而言，则对此种舶来术语的认知仍然可能极为浅薄淡漠。除了少数懂得西方近代法律此项专门术语的专家，大多数商人对“法人”概念恐怕仍也只能人云亦云或是存而不论而已。大概只有在要求政府官员协助解决商业纷争时，商人才对“联官商”这项在当时颇有正当性的诉求有实际的体会，从而也使商会发挥重要的影响力，但至于商人是否真能用“法人”这项舶来术语理解自己所加入的商人团体，应是令人极为怀疑的问题。

与会馆、公所成员参与公产立案那类“由下而上的演化”相比较，则清末“由上而下的改造”这种“法人”的新制度，其实仍与大多数商人实际活动的距离较为遥远。当官员主动设计“法人”制度要求商人团体配合时，这种司法体系是否合适当时经济事务的实际运作？其实仍在未定之天。而过去“公产立案”的制度演化，则在清末时不仅未能进入政府与商人团体互动的新式法律规范内，同时也离那些心中只有“西学”的知识分子愈来愈远。这些知识分子对西方“法人”历史既不必然深知其中历史脉络与制度意蕴，也并不识得传统中国那套有关“立案公产”的既存地方司法实务与地方社会认知，因而，也便更加没有能力去描述传统中国的经济与法律关系究竟发生了何种变化。职此之故，“由下而上的演化”以及“由上而下的改造”之间的断裂，构成了近代中国制度变迁的一项重要特征。[76]

（说明：本文原刊中国法制史学会（台湾）、“中央研究院”历史语言研究所（台湾）主编：《法制史研究》，第十期，2006年12月。现原文刊发。）

[76] 然而，清末“法人”这一整套法律制度在被引入中国经济环境的过程中，仍可能在一些领域随时间推移而形成某种“由下而上的演化”内含，诸如19世纪70、80年代以下随着香港与上海华商由“附股”等投资外国公司股票行为转而购买中国本国矿业公司等股票的风潮，也有愈来愈多中国商人与投资者更加深入体会到西方“公司”制度运作的实际，从而出现某种新形态的商业制度认知。清末中国民众如何在公司制度上实现“由下而上的演化”？这仍是有待探究的课题，但其中一些有用的线索则可参见：Yen-p'ing Hao（郝延平），*The Commercial Revolution in Nineteenth-Century China*：*The Rise of Sino-Western Mercantile Capitalism*，Berkeley and Los Angeles，California：University of California Press，pp. 245～276；科戴维（David Faure）著，陈春声译：《公司法与近代商号的出现》，载《中国经济史研究》，2002（3）；张忠民：《艰难的变迁：近代中国公司制度研究》，58～70页，特别见，上海，上海社会科学出版社，2002；李玉：《晚清公司制度设研究》，17～44页，北京，人民出版社，2002。

编后记

如果从20世纪初算起，近代意义上的中国法律史学研究之展开，已然百年有余。这种生生不息的研究传统，不仅在中国大陆得以曲折承继，在台湾、香港等地区亦有明显的延续。而在后者之中，尤以台湾地区开展得最为蓬勃。

遗憾的是，迄今为止，台湾学界的中国法律史研究状况，尚未为中国大陆的学界同行所周知，以至于由于讯息的沟通不畅，而无法相支援，共同推进；台湾学者的中国法律史研究成果，也基本上只是以冰山一角的形式，零星出现于大陆出版的各类学术论著之中(尽管这种境况近年来正在逐渐得到改变)。2005年游学于台湾之时，每当我徘徊于台北市的各大图书馆与书店，这种感觉来得尤为强烈。从那时起，我就希望能够编选出版一些论文集，来大致反映台湾学界的中国法律史研究状况，以裨大陆学者能借此及时了解海峡对岸的研究动向。只是当初没有想到的是，三年后，眼前的这本《百年回眸：法律史研究在中国》(当代台港卷)，已经是我负责编选的此类文集中的第二本了。

蒙台湾学界诸位师友的支持，2005年6月我从台湾返回之时，也同时带回了一批文稿。而在此之前，我已通过电子邮件征得范忠信教授惠允，商定将这批文稿收入由他主持的《中西法律传统》年刊，并以专号的形式出版。(由于某些意外因素的影响，此书的出版后来可谓好事多磨，迟至2008年1月才转在北京大学出版社正式出版，书名为《中西法律传统》第六卷“台湾学者的中国法律史研究”专号)。接下来的两个月里，我几乎将全部精力用于对书稿的整理、校对与编辑，此外还专门为之撰写了一篇4万余字的长文——“法律史研究在台湾：一个学术史的述评”——作为代序，并制作了一份相关论著目录——“近十五年来台湾学界中国法律史论著目录(1990—2005)”——附于书后，以期使全书结构更为完整。编选工作大体结束后，虽说当初的心愿终于有所实现，但心里未免还有些许遗憾。这是因为，相对于台湾学界在过去半个多世纪里贡献出的中国法律史研究成果而言，仅是那部文集收录的九篇台湾学者的文章，远远不足以对其予以比较全面的反映，或许仅是管中窥豹而已。幸运的是，后来不经意间有了另一个机会。

2006年11月，在清华大学法学院举办的“传统中国与法制”座谈会上，遇到马小红教授。交谈之中，正在主持《百年回眸：法律史研究在中国》全书编辑计划的她，得知我曾有过编选台湾学者的中国法律史文集的经验，而《百年回眸》当时的文章收录范围尚未扩展至台港等地，于是问我有无兴趣专门编选一卷台港学者的文集，以充实全套丛书的涵盖面。正是这份因缘，促使我在一年之后再作冯妇，又一次从事此类文集的编选工作。

从开始约稿到编辑完毕后送交出版社，眼前的这本《百年回眸：法律史研究在中国》（当代台港卷），陆续耗费了我半年多的时间（倘若算上后期的清样校对，则所耗时间远超于此），一共收录了22篇论文，总计约达50万字，分别出自20位台港学者之手（其中18位为台湾学者，1位学者业已仙逝），除一篇以英文撰写外，其余的均以中文写就。而论文在书中的顺序，系据各自最初发表的时间先后而定。按照丛书编辑委员会原先商定的原则，本卷由每位学者各自选择一篇较具代表性的学术论文收入其中，考虑到台港学者发表的论文通常都篇幅较长，故将字数限制放宽至两万五千字以内，语种不限，但以1980年为界，前后均有论文发表的，则可在两个时段内各选取一篇。故而有两位台湾学者的入选论文达到两篇。从文章初次发表的时间分布来看，最早的可上溯至1969年，最迟的则延至2006年，但绝大多数都是集中在1998年之后。因此，必须承认，相较而言，虽然本卷收录的学者范围已然大为扩展，但这本文集所反映的，也许主要的还是晚近以来台湾学界的中国法律史学研究现状，而仍然无法系统、全面地体现半个多世纪以来的整体学术形象。这依旧是一个不小的遗憾，但多少有些情非得已。台湾学界一些业已故去的前辈学者，如徐道邻、戴炎辉、王伯琦诸先生，以及一些正值学术盛年的当代学者，在法律史学史上的地位相当重要甚至于不可或缺，我也曾多方设法联系其后人或本人，但或是踪迹难觅，或是杳无音信，或是由于其他种种原因，而最终无法取得授权，于是只好抱憾作罢。另一个遗憾则是，由于我对香港学界的中国法律史研究状况并不熟悉，而造成其在本书中所占篇幅较小，这种比例也许与事实很不相称。自问已尽力为之，然难免遗珠之憾，尚祈读者谅解。但多少有些欣慰的是，无论如何，这本厚重的文集，连同我先前编选的《中西法律传统》第六卷“台湾学者的中国法律史研究”专号，毕竟是以宏大的篇幅和专卷的规模，相对集中地展示了中国大陆之外的华人同行们的研究成果。倘若能于大陆与台湾、香港学界的学术交流有所裨益，于愿足矣！

我要特别感谢马小红教授，正是她慷慨给予我这个难得的机会，从而能够参加到这一重要的学术事业中来。一如既往，本书的编选工作，再次得到了远在台湾的诸位师友的大力支持。政治大学法学院的黄源盛教授，曾拨冗帮我审定最初拟订的名单，对本书编辑工作的顺利展开帮助甚大。我的同乡前辈黄静嘉大律师（先生原籍浙江永嘉），不仅在拟订名单时提供建议，还对我时有鼓励。我至今仍然清晰记得，无论是2005年在台北寰山脚下的American Club，还是2006年在先生的北京紫竹院寓所，每次长谈之中，黄先生均嘱我为两岸法律史学界的交流尽一份心力。台湾大学的高明士教授、台湾地区“中央研究院”历史语言研究所的邱澎生副研究员，也曾提供宝贵的建议。在本书编辑过程中，还承蒙政治大学的刘岚松、黄琴唐两位学友协助处理部分事宜，谨此致谢。最后，也是最需要致以诚挚敬意的，是本书的所有作者，若非他/她们的大力支持和及时配合，本书将不可能以现在的面貌问世，再次感谢他/她们的信任。

尤陈俊于北大畅春新园

2007 年 9 月 4 日初稿

2008 年 2 月 18 日修订

2009 年 7 月 10 日定稿

教育部哲学社会科学研究重大课题攻关项目资助
北京市社会科学理论著作出版基金重点资助项目

曾宪义 主编

百年回眸

法律史研究在中国

第四卷 | 目录索引卷

中国人民大学出版社
· 北京 ·

百年回眸：法律史研究在中国

第四卷 | 目录索引卷

主　　编　曾宪义

执行主编　杨一凡　赵九燕　马小红

副 主 编　叶秋华　赵晓耕　王云霞

本卷编辑　才　媛　马海峰

中国人民大学法律文化研究中心
曾宪义法学教育与法律文化基金会 | 组织编写

CONTENTS

目 录

上篇：百年中国法律史学论文著作索引

下篇：百年西方法律史学论文著作索引

编 例

一、本书以“辑存法律史学论文著作目录，服务学界、方便读者”为编写宗旨，收入19世纪末至2006年6月一百余年来，在各种中文报刊、论文集发表的法史论文及公开出版的法史图书目录计16 900余条，其中，上篇“百年中国法律史学论文著作索引”部分计12 500余条，下篇“百年西方法律史学论文著作索引”部分计4 400余条。除少数为我国香港、台湾地区和外国学者的作品外，均为中国内地学者的成果。

二、本书上篇根据百年来已发表的中国法律史学成果的内容和数量，分为“总论”、“中国古代法制史”、“中国近现代法制史”、“中国古代法律思想史”、“中国近现代法律思想史”、“中国少数民族法律史”、“文献版本研究、著述评介和学术动态”、“博士和硕士论文”、“法史图书”九部分编辑。每部分又按照成果的内容、类型和便于读者查阅的原则分类编写。其中“中国古代法制史”、“中国近现代法制史”、“中国古代法律思想史”、“中国近现代法律思想史”四个部分的目录，均以朝代为序编排。凡论述两个或几个朝代法史的论文，编入后面一个朝代，如论述明清法史的成果编入清代。对于论述法律通史或涉及多个朝代法史的论文，编入“法制通史”或“法律思想通史”。我国古代社会向近代的转型始于清末，有关论述晚清法史的成果编入近代。

三、本书下篇分为“外国法制史论文”、“西方法律思想史论文”、“博士和硕士论文”、“外国法制史著作”、“西方法律思想史著作”五部分。其中各部分主要以时间为顺序，先后按古代、中世纪、近代、现代予以编排。

四、本书各部分中的目录，以论文发表时间、刊物期次及图书出版时间的先序编排。发表时间相同的成果，以论文名称或书名的汉语拼音为序编排。

五、本书中每条目包含的信息。论文部分：作者、论文名称、报刊名称、期次和出版时间（如为论文集，则标明出版社及出版时间）；图书（包括专著、译著、教材、古籍整理成果、工具书等）部分：作者（编者、译者、整理者等）、书名、出版社及出版时间；博士、硕士论文部分：作者、导师、论文名称、专业、学校、毕业时间。博士后出站报告编入“博士论文”类，并标明成果形成时间。

六、因篇幅所限，本书未收录有关论述中国政治、经济、军事、文化等制度史方面的成果。在少数民族法制研究成果方面，主要辑录了探讨民族法的起源、法律制度、法律文献方面有创见的作品。关于法史图书索引，本书只限于收入专门性的法史成果，对于其中虽含有法史专章或相关内容的非法史类著作，及以影印形式出版的各类古籍丛刊中的法律文献，均未收入。

七、对于极少数论文发表时标题有明显错字者，收入本书时予以改正。也有同一作者发表论文时的署名，不同刊物发表或转载时姓名音同字不同，收入本书时照录不改。

上篇：百年中国法律史学论文著作索引

一、总　论

（一）法律史学的研究对象、范围和方法

张晋藩．试论《中国国家与法的历史》的对象．教学与研究，1958（5）

蒲坚．试论《中国国家与法的历史》的对象和范围问题．新建设，1958（7）

肖永清等．关于法制史研究对象和方法的讨论发言摘要．法学研究，1979（5）

侯欣一．法制史研究要有科学的定位和方法——钱大群教授《唐律与唐代法律体系研究》一书读后．南京大学法律评论，1997年秋季号

胡旭晟．描述性的法史学与解释性的法史学．法律科学，1998（6）

王志强．二十世纪的中国法律思想史学——以研究对象和方法为线索．中外法学，1999（5）

何勤华．法学与法学史．南京大学法律评论，2000年秋季号

倪正茂．略论21世纪的中国法律史研究．东吴法学，2000年特刊

徐忠明．试说中国古代法律制度研究范式之转变．见：北大法律评论．第4卷第1辑．北京：法律出版社，2000

夏锦文．21世纪中国法律史学研究的基本思路．学习与探索，2001（1）

徐忠明．关于中国法律史研究的几点省思．现代法学，2001（1）

倪正茂．中国法律史研究创新刍议．上海社会科学院学术季刊，2000（1）

强昌文．论法史学的功能．法制与社会发展，2001（2）

倪正茂．新世纪对中国法律史研究的期盼．上海市政法管理干部学院学报，2001（2）

艾永明，方潇．新世纪中国法律史研究的几点思考．中国法学，2001（2）

徐忠明．制作中国法制史：正史、档案与文学——关于历史哲学与方法的思考．学术研究，2001（6）

倪正茂．重写中国法制史．政治与法律，2002（1）

徐祥民．对中国法制史研究中几个思维定式的反思．中国社会科学，2002（1）

倪正茂，杨一凡，徐忠明等．批判与重建：中国法律史研究反拨．社会科学报，2002（2）

王志强．中国法律史学研究取向的回顾与前瞻．中西法律传统，2002（2）

陈煜．中国法律史研究新思路——读《礼·法·社会——清代法律转型与社会变迁》．江苏公安专科学校学报，2002（4）

陈剩勇．法、礼、刑的属性（上）：对中国“法律”史研究方法论的一个反思．浙江社会科学，2002（5）

陈剩勇．法、礼、刑的属性（下）：对中国“法律”史研究方法论的一个反思．浙江社会科学，2002（6）

陶广峰．关于中国法律史学与科学精神的思考．南京大学法律评论，2002春季号

徐祥民．对中国古代法制研究中几个思维定式的反思——兼论战国前法制研究的方法．中国社会科学，2003（1）

陈新宇．法律史的另一种写法？——孔飞力《叫魂》读后．研究生法学，2003（1）

杨阳．中国法律史学的研究范式能如此“重建”吗?：评倪正茂先生《中国古代法律功能的再审思》．政法论坛，2003（1）

徐忠明．从类型角度谈中国法律史的叙述模式．法商研究，2003（3）

王圣诵，夏兰云．法的本质与法的进步：兼与倪正茂先生就法史研究方法与结论商榷．东方论坛，2003（3）

戴建国．关于中国法律史研究规范问题的思考．中西法律传统，2003（3）

梁治平．法律史的视界：方法、旨趣与范式．中国文化，2003（19、20）合刊

占茂华．关于法制史研究对象的再思考．法治论丛，2004（3）

陈景良．反思法律史研究中的“类型学”方法——中国法律史研究的另一种思路．法商研究，2004（5）

许章润．专业研究与学术史研究——以法学为例．云梦学刊，2005（4）

王申．论法律史研究中的法理意义．华东政法学院学报，2006（1）

徐忠明．中国法律史研究的可能前景：超越西方，回归本土？．政法论坛，2006（1）

刘广安．中国法史学基础问题反思．政法论坛，2006（1）

张伯元．务必重视法律史文献的整理和研究．华东政法学院学报，2006（3）

（二）法律史学科及法史教材编写探讨

王侃．关于法制史教材中一些史料史实问题的商榷（上）．政法丛刊，1987（4）

王侃．关于法制史教材中一些史料史实问题的商榷（下）．政法丛刊，1987（4）

胡旭晟．法律史教学之我见．法律学习与研究，1992（2）

吕世伦．《马克思主义法律思想史》教学之我见．法学家，1992（5）

徐祥民．架起联接过去、现在与未来的桥梁——谈中国法律史学 50 年的经历．山东大学学报（社会科学版），1999（3）

王瑞起．《中国法制史》应试谈要．河北自学考试，1999（7）

宋四辈．学习《中国法律思想史》的重点和难点．自学指导，2000（4）

贺润坤．中国法律思想史课程教学模式改革点滴谈．陕西广播电视大学学报，2002（2）

刘晋叶．中国法制史课教学心得．山西财经大学学报，2002（2）

王立民．论重视新中国法制史教学．上海交通大学学报，2002（4）

胡忠仁．浅谈课程一体化在中国法制史教学中的运用．安徽广播电视大学学报，2002（4）

杨一凡．法史学科体系探讨之我见——兼谈与此相关的几个理论问题．法治论丛，2002（5）

马小红．中国法律思想史学科的设置和发展．见：法律史论集．第 4 卷．北京：法律出版社，2002

丁艳雅．法律史学教学若干问题探讨．见：走向二十一世纪的中国法文化．上海：上海社会科学院出版社，2002

祖伟．中国法律史学科体系结构的几个问题．辽宁大学学报，2003（2）

韩秀桃．中国法律史学史——一个学科史问题的透视．法制与社会发展，2003（6）

栾爽．中国法制史教学与大学生民族精神培养．教育与职业，2004（27）

杨宜默．法学本科中国法制史体例及完善设想．韶关学院学报，2005（1）

李俊芝．《中国法制史》指瑕．现代远距离教育，2005（1）

田东奎．关于《中国法制史》教学的几个问题．榆林学院学报，2005（2）

廖宗麟．时代呼唤新编《中国法制史》．湛江海洋大学学报，2005（2）

前进中的湘潭大学法律史学科．中国法学，2005（3）

强昌文．再论法史学的功能——从法学教学改革谈起．中国社会科学院研究生院学报，2005（5）

李守良．中国法制史教学方法探析．南方论刊，2005（6）

戴开柱．中国法制史课程教学体系改革的理论思考．湖南社会科学，2005（6）

苗鸣宇．“中国法制史”多媒体教学体会点滴．北京教育（高教版），2005（9）

哈萨．《中国法律思想史》学习指南．内蒙古电大学刊，2005（11）

孙光妍．中国法制史教学模式的困境与对策．黑龙江高教研究，2005（12）

王雅梅．和谐社会与传统法律文化教育——兼及中国法制史教学之思考．太原师范学院学报（社会科学版），2006（3）

（三）法的起源

章寿昌．中国法源论．法学季刊，1928，3（3）
吴恩裕．政法科学工作者应否研究中国国家起源的问题．政法研究，1957（4）
张耕．试论中国法的起源及其特点．中国政法大学学报，1983（2）
日知．百年来关于国家起源史研究的实际和理论．历史研究，1984（2）
薛其晖．《尚书·尧典》法律思想辨析——试论中国法律的起源．学术月刊，1984（8）
李衡梅．中国古代刑法渊源．江汉论坛，1984（9）
张定龙．从习俗到法的历史过渡．百科知识，1984（10）
李衡梅．试论“刑始于兵”．辽宁师范大学学报，1985（1）
游绍尹．略论我国法的起源．中南政法学院学报，1986（2）
翟廷，王晋．先秦诸子论国家的起源．华东政法学院学报，1987（1）
游绍尹．试论中国法的产生规律．中南政法学院学报，1987（2）
赵延光．法律先于阶级和国家产生——关于法的起源问题与郭宇昭、孙育玮二同志商榷．贵州文史丛刊，1989（1）
赵延光．法律先于阶级和国家产生（续）——就法的起源问题与郭宇昭、孙育玮二同志商榷．贵州文史丛刊，1989（2）
张民生．神判说考辨．江海学刊，1989（2）
陶广峰．刑的起源新解．兰州大学学报，1989（2）
武树臣，马小红．中国成文法的起源．学习与探索，1990（6）
徐忠明．神话思维与中国古代法律起源若干问题释证．比较法研究，1994（2）
徐忠明．皋陶与法论考．政法学刊，1995（1）
田有成．民族禁忌与中国早期法律．中外法学，1995（3）
[英] 布·马林诺夫斯基著，许章润译．初民的法律与秩序．南京大学法律评论，1997年秋季号
李明德．中国法律起源模式探索．见：法律史论集．第1卷．北京：法律出版社，1998
黄丽红．人类关于法的本质的认识进程探析．江汉石油学院学报（社会科学版），1999（4）
刘平．论法起源的论证基础．中国社会科学院研究生院学报，2000（4）
冯引如．禁忌与图腾向习惯法的转变过程．现代法学，2000（6）
侯树栋．从古法到神法——中古后期南德农民法律意识的变化．历史研究，2001（5）
严存生．法的生成的几个问题．华东政法学院学报，2002（1）
郑德新．“法的起源”不等于“法意识的起源”——兼论关于“法的起源”争论的误区．安徽教育学院学报，2002（1）
丁华．试析法的产生过程．渝西学院学报，2002（1）

杜文忠．神判起源考略．思想战线，2002（6）

陈金全．原始文化与人类的法治精神．现代法学，2002（6）

谷东燕．古代中国的宗教与法律——从法律的宗教性角度谈．当代法学，2002（12）

赵廷光，莫洪宪．犯罪的本质、起源与产生．犯罪学论丛，2003（1）

王璟．析商法的起源——兼谈加入WTO与我国商法的振兴．政法论丛，2003（1）

王宏治．试论中国古代史学与法学同源．政法论坛，2003（2）

林锦平．习惯之成为法律渊源探析．福建政法管理干部学院学报，2003（4）

宋冰庸．原始社会与法律行为．当代法学，2003（4）

葛洪义．论法的生成．法律科学，2003（5）

胡大展．"灋"意考辨：兼论"判决"是法的一种起源形式．比较法研究，2003（6）

杜文忠．神判与早期习惯法——兼及中西法律文化传统比较的一个侧面．见：法律史论集．第5卷．北京：法律出版社，2003

程敏．浅议道德乃法律的出发点和源头．皖西学院学报，2004（1）

杜文忠．誓与法．现代法学，2004（1）

张继．中国国家与法律起源新论．潍坊学院学报，2004（1）

李占荣．论中华法律文明的族体多元性——以法的历史起源为视觉．甘肃政法学院学报，2004（2）

田东奎．习惯、礼与中国法的起源．宝鸡文理学院学报（社会科学版），2004（2）

杜文忠．神判与早期法的历史演进．民族研究，2004（3）

陈洪涛．法治是如何形成的——神学与法律关系新探．社会科学家，2005（1）

唐士其．习惯法与法治的制度起源．国际政治研究，2005（1）

易有禄．中国古代法的法源传统及其近代转型．社科纵横，2005（2）

张胜英．法律起源对中国古代刑法的影响．商丘师范学院学报，2005（3）

张永和．"灋"义探源．法学研究，2005（3）

周旺生．重新研究法的渊源．比较法研究，2005（4）

周旺生．法的渊源意识的觉醒．现代法学，2005（4）

陈金钊．法律渊源：司法视角的定位．甘肃政法学院学报，2005（6）

李可．论习惯法的法源地位．山东大学学报（哲学社会科学版），2005（6）

丁华．试析法的语源．重庆文理学院学报（社会科学版），2005（6）

（四）中华法系研究

陈朝璧．中华法系特点初探．法学研究，1980（1）

赵长生．浅谈中华法系的重刑轻民特点．法学季刊，1982（1）

韩玉林等．略论中华法系的特点及其形成和消亡的途径．吉林大学社会科学学报，1983（4）

张晋藩．再论中华法系的若干问题．中国政法大学学报，1984（2）
乔伟．论中华法系的基本特点——礼法结合问题．法史研究文集（上），1984
李均明，刘军．研究中华法系的珍贵史料．中国文物报，1992（10）
南玉泉．先秦思想文化与中华法系之源流．政法论坛，1996（3）
范忠信．中华法系法家化驳议——《中华法系研究》之商榷．比较法研究，1998（3）
彭凤莲．论中华法系“重礼轻法”特征的形成．安徽师范大学学报，1999（2）
李罡．中华法系的解体与中国现代法律制度的初步形成．北京行政学院学报，1999（4）
王绍棠．法系、中国法系再议论．南京大学法律评论，1999年春季号
张中秋．回顾与思考：中华法系研究散论．南京大学法学评论，1999年春季号
范忠信．中华法系的亲伦精神——以西方法系的市民精神为参照系来认识．南京大学法学评论，1999年春季号
郭成伟，马志刚．历史境遇与法系构建：中国的回应．政法论坛，2000（5）
范忠信．小农经济与中华法系传统的特征．河南省政法管理干部学院学报，2000（6）
杨峥嵘．中华法系与大陆法系比较研究．当代法学，2001（1）
张希坡．中国共产党开创了社会主义中华法系的新纪元．法学家，2001（4）
王立民．也论中华法系．华东政法学院学报，2001（5）
任延平．中华法系要览及其发展趋势．重庆三峡学院学报，2001年增刊
王旭伟．中华法系土地用益制度的演进．沈阳师范学院学报，2002（5）
杨一凡．中华法系研究中的一个重大误区——“诸法合体，民刑不分”说质疑．中国社会科学，2002（6）
袁开宇．家与群：张力下的法律体系——法史学名著读书札记．清华法治论衡，2003（3）
吕世伦，邓少岭．天人合一境界中的中华法系之美．现代法学，2003（3）
俞荣根．罪刑法定与非法定的和合——中华法系的一个特点．中西法律传统，2003（3）
艾永明．中华法系并非“以刑为主”．中国法学，2004（1）
柏桦．重新认识中华法资源的价值——从胡适的“老英雄悲剧”谈起．北京行政学院学报，2004（2）
张晋藩．综论独树一帜的中华法文化．法商研究，2005（1）
史广全．陈顾远中华法系研究初探．学术探索，2005（2）
何勤华．新中华法系的诞生——从三大法系到东亚共同体法．法学论坛，2005（4）
俞荣根．中华法系学述论．法治论丛，2005（4）
张晋藩．中国古代监察法的历史价值——中华法系的一个视角．政法论坛，2005（6）

张晋藩．中华法系特点再议．江西社会科学，2005（8）

张晋藩．人本主义——中华法系特点之一．河北法学，2005（9）

（五）法律文化研究

陆伦章．曹雪芹笔下的“设计性犯罪”——王熙凤计杀尤二姐的犯罪心理研究．社会科学（上海），1985（4）

苏亦工．诚信原则与中华伦理背景．法律科学，1988（3）

汪进，胡旭晟．五刑与五行：中国刑制的文化内涵．比较法研究，1989（1）

刘嘉旭．中国法律文化中的特殊现象——“引经决狱”．学术交流，1989（2）

潘大松．中国近代以来法律文化发展考察．社会科学研究，1989（2）

乔丛启，杨一凡．五四运动与中国法律文化．法学研究，1989（3）

何连起．古代案狱故事中的审判心理．法制心理研究，1990（5、6）合刊

张国华．中国传统法律文化评估．见：中国法律史国际学术讨论会论文集．西安：陕西人民出版社，1990

崔春华．传统文化是否限制了罚金刑——与石英同志商榷．辽宁大学学报（社会科学版），1991（3）

温晓莉．论北朝少数民族政权对中华法律文化的历史贡献．民族研究，1992（5）

费成康．论家族法中的惩罚办法．政治与法律，1992（5）

费成康．论中国古代家族法的执行．社会科学，1992（12）

俞荣根．诚信：一个历久常新的民法原则——《论语》与我国民法文化刍议．现代法学，1993（2）

王立中．法学教育：法律文化的投入和积淀．河北煤炭建筑工程学院学报，1993（3）

武树臣．循吏、酷吏与汉代法律文化．中外法学，1993（5）

徐晓风．圣德太子的《十七条宪法》与中国儒家文化．学术交流，1994（3）

俞荣根．儒家义利观与中国民法文化．中华文化论坛，1995（3）

齐陈骏．丝路古道上的法律文化资料简介．敦煌学辑刊，1996（2）

李虹．先秦时期法律文化形态初探．当代法学，1996（4）

赵华富．徽州宗族族规家法．见：首届国际徽学学术讨论会文集．合肥：黄山书社，1996

高绍先．《唐律疏议》与中国古代法律文化．现代法学，1997（2）

邓河．族规与近代中国农村生活方式考．学术论丛，1997（3）

范忠信．国民冷漠怠责与怯懦的法律治疗．中国法学，1997（4）

王人博．宪政之累：近代中国宪政文化的深思．现代法学，1997（4）

梁治平．中国法律史上的民间法：兼论中国古代法律的多元格局．中国文化，1997（15、16）合刊

陈鲁宁．“礼”与“法”之源——试析古代法律文化“义、仁”观及其整合．现代法学，1998（2）

陈业新．秦汉生态法律文化初探．华中师范大学学报（社会科学版），1998（2）

陈洁．“以礼入法”法律文化微探．福建学刊，1998（2）

彭智．古代官吏滥施刑讯的类型及其所依存的传统社会意识．中央政法管理干部学院学报，1998（5）

栗克元．中国古代办案常用心理对策初探．史学月刊，1998（5）

吉尔莰著，邓正来译．地方性知识：事实与法律的比较透视．见：法律的文化解释．北京：三联书店，1998

尹伊君．从“礼教风俗”到“本土资源”．比较法研究，1999（1）

孙光妍．对中国传统法律文化的几点反思．学习与探索，1999（1）

田成有．理解中国传统法文化的几个向度．政治与法律，1999（1）

王肃元．论西部法律文化与区域法制创建．甘肃政法学院学报，1999（1）

刘柱彬．略论中国古代家族文化的特质．法学评论，1999（1）

杨海坤．“民告官”制度推行难的法律文化原因分析——纪念《行政诉讼法》颁布十周年．南京化工大学学报（哲学社会科学版），1999（1）

俞荣根．民权：从民本到民主的接转——兼论儒家法文化的现代化．学习与探索，1999（1）

冯玉军．西部法律文化的概念界定和研究方法．天水师范学院学报，1999（1）

马雁．乡土社会法律意识的审视与重新定位．云南大学学报（法学版），1999（1）

贺昌盛．“宗法乡村”文化形态分析．湖北师范学院学报（哲学社会科学版），1999（1）

李光禄．中国特色法律文化及其构建．山东科技大学学报（社会科学版），1999（1）

黄进．澳门法律本地化之我见．法制与社会发展，1999（2）

文实．传统儒法的社会价值与封建皇族的政策取向．求索，1999（2）

谢邦宇．传统法文化与法治文明建设．福建政法管理干部学院学报，1999（2）

赵钢．从法律文化背景看我国民事诉讼模式的选择．武汉大学学报（人文社会科学版），1999（2）

张宇润．从我国法治现状看法律文化的变革．华东政法学院学报，1999（2）

王文．论“法律社会化”．中国青年政治学院学报，1999（2）

杨玉豪．论文化传统与法治道路．桂林师范高等专科学校学报，1999（2）

余永祥．私法文化与依法治国．绍兴文理学院学报，1999（2）

黄仕军．依法治国与中国宪政文化．山东科技大学学报（社会科学版），1999（2）

陈卯轩．制度文明：从权力本位到法治．西南民族学院学报（哲学社会科学版），

1999（2）

范忠信．中国传统法律文化的哲学基础．现代法学，1999（2）

李金泽．中国人的关系意识与中国社会的法化．法制与社会发展，1999（2）

田成有．法的多元层次：理念法、制定法、习惯法．云南大学学报（法学版），1999（3）

刘小兵．法律的信仰与信仰的法律：宗教文化与法律文化发展的新视角．深圳大学学报（人文社会科学版），1999（3）

谢晖．我国乡村法治建设的几对矛盾及其对策——结合“章丘经验”的思考．法学论坛，1999（3）

苏亦工．香港适用中国传统法律与习惯的个案研究．中国社会科学，1999（3）

汤唯．法律西方化与本土化的理性思考——也论中国法律文化现代化．烟台大学学报（哲学社会科学版），1999（4）

夏恿．法治是什么——渊源、规诫与价值．中国社会科学，1999（4）

何柏生．佛教与中国传统法律文化．法商研究（中南政法学院学报）1999（4）

李蕊．论法制的法律文化要素．山东省工会管理干部学院学报，1999（4）

汪公文．民间法的传统精神及其双重性格．甘肃政法学院学报，1999（4）

李蕊．试论法律文化．济南大学学报，1999（4）

杨海坤．我国行政诉讼制度步履维艰的原因探析——从剖析传统法律文化的消极影响入手．行政法学研究，1999（4）

陈林林．对古代鬼神信仰的一种法文化观察——与郝铁川先生交流．法律科学（西北政法学院学报），1999（5）

蒋序刚．试论中国传统法律的多元主义．法学杂志，1999（5）

眭鸿明．中国传统法律文化总体精神评析．法制与社会发展，1999（5）

郭成伟．中国法律文化研究．政法论坛，1999（5）

江国华．从规范到习惯——培植中国法文明漫谈之一．实事求是，1999（6）

范忠信．君权监督与和平转移：中国传统法学的盲点．河北法学，1999（6）

刘培昌．礼法文化对法律运作的影响及其对策．北京第二外国语学院学报，1999（6）

李青．中日法文化交流的历史回眸．政法论坛，1999（6）

李力．西方人对中国法律传统的文化观念．学术研究，1999（9）

袁兆春．孔氏家族宗族法研究．见：法律史论集．第2卷．北京：法律出版社，1999

郭建．中国古代民事法律文化基本特征概述．法律史论集．第2卷．北京：法律出版社，1999

陈兴良．法治国的刑法文化——21世纪刑法学研究展望．人民检察，1999（11）

彭锦华．为中外法律文化交流筑桥的人．法律与生活，1999（11）

林少敏．中国乡土礼治秩序在当代的走势——兼论村民自治的现代性及其秩序整合功能．福建论坛（经济社会版），1999（11）

王慧，杨力．礼法相融——中国传统法律文化的基本精神．行政与法制，2000（1）

韩雪风．论法治社会与中国法文化传统．国家行政学院学报，2000（1）

徐忠明．比较视野中的中国传统法律文化之特点——张中秋《中西法律文化比较研究》读后．比较法研究，2000（2）

张广修．村规民约的历史演变．洛阳工学院学报，2000（2）

吕世伦．法律的经济旋律：历史、现状和展望．湖南社会科学，2000（2）

谈江萍．论“道”的自然法意义及其对中国传统法律文化的影响．江西社会科学，2000（2）

韩雪风．论法治社会与法文化传统．唯实，2000（2）

夏锦文．论中国传统法律文化的公法性．法学家，2000（2）

陈景良．人文精神与中国传统法律的历史借鉴．河南省政法管理干部学院学报，2000（2）

马念珍．儒家思想影响下的中国封建社会法文化特点之探讨．贵州省政法管理干部学院学报，2000（2）

黄震．商周之际的社会思潮与法律变革——对《周易·讼卦》的一种法律文化读解．法制与社会发展，2000（2）

崔素琴．试析中国近现代刑事法律文化的发展．河北青年管理干部学院学报，2000（2）

焦盛荣．诉讼文化论．社科纵横，2000（2）

陈信勇．法律社会学在中国的发展．浙江大学学报，2000（3）

夏民，甘德怀．马克思东方社会法律文化思想的演变．淮阴师范学院学报，2000（3）

李鸣．依法治国与传统法文化的几点思考．中央政法管理干部学院学报，2000（3）

李交发．中国传统诉讼文化宽严之辨．法商研究，2000（3）

赵合俊．水与中国法律文明．文史杂志，2000（4）

何瑛．巫术对中国传统法律文化的影响．法律科学，2000（4）

莫小宇，罗尔男．现代中国视野下传统法律文化的评析．中共四川省委党校学报，2000（4）

吕艳丽．乡土社会的习俗性裁判．研究生法学，2000（4）

王立．人治社会与违法复仇的文化根源——中国古代复仇文学主题片论．大连大学学报，2000（5）

田成有．功能与变迁：法律在传统乡土农村的地位——历史视角下的分析．天津社会科学，2000（6）

崔永东．中国传统法律文化的几点启示．法制日报，2000－08－27

张智灵，吴良根．中国传统法律文化精义探微．江西社会科学，2000年增刊

蔡玉霞．简论中国传统法律文化．政法论丛，2001（1）

肖守库．“天人合一”思想与中国传统法律文化．张家口师专学报，2001（1）

史光灿．我国法律文化传统观念对当代依法行政的负面影响．上海市政法管理干部学院学报，2001（1）

李小明．我国法治实现的传统法文化阻力．中国监狱学刊，2001（1）

任志安．无讼：中国传统法律文化的价值取向．政治与法律，2001（1）

田成有，邱明．乡土农村法文化的断裂与整合——文化人类学立场下的探析．云南大学学报，2001（1）

武树臣．寻找最初的德——对先秦德观念形成过程的法文化考察．法学研究，2001（1）

吕艳利．中国古代的民间信仰与法律的态度．河南省政法管理干部学院学报，2001（1）

吴春雷，王仑．论影响中国古代法的道德因素．甘肃政法学院学报，2001（2）

罗洪洋．程序正义与中国：从传统的视角观察．贵州省政法管理干部学院学报，2001（2）

任强．解读中国传统法律文化的研究范式——《思考与批评——解读中国法律文化》一书读后．法商研究，2001（2）

黄谷秀．论君臣关系的纳谏行为：中国古代法律文化初探．船山学刊，2001（3）

霍存福．中国传统法文化的文化性状与文化追寻——情理法的发生、发展及命运．法制与社会发展，2001（3）

胡继明．从肉刑刑名用字看古代刑法文化．汉字文化，2001（4）

郑彧．从习惯到习惯法——从两起判例看我国民法习惯的法律适用．云南法学，2001（4）

姚俊廷．关于“礼”的法理学思考．晋中师范高等专科学校学报，2001（4）

张文喜．儒家文化与法的人文关怀：试以无罪推定为例．台州师专学报，2001（4）

杨丽娅．我国法制演进过程中的文化关照．齐鲁艺苑，2001（4）

严存生．法与道德模式关系的历史反思．法律科学，2001（5）

程静芬．简析传统法文化与现代法治的冲突．江淮法治，2001（5）

王治华．略论中国古代君权与法律及道德的关系．政法论坛，2001（5）

李交发．中国传统诉讼文化轻重之辨．求索，2001（5）

任喜荣．“伦理法”的是与非．吉林大学社会科学学报，2001（6）

王健．明清时期中西法律文化交流初探．华东政法学院学报，2001（6）

郑琼现．儒家义利观的法文化的解读．湖南师范大学社会科学学报，2001（6）

卜安淳．刑讯逼供犯罪的法文化考查．山东公安专科学校学报，2001（6）

李交发．古代中国司法官的处事风格与角色意识．湘潭大学社会科学学报，2001（6）

高秦伟．中国传统法律的人情观——兼论法的亲和力．湖南社会科学，2001（6）

翟中东．中国社会的变迁与监狱行刑社会化政策的选择．中国监狱学刊，2001（6）

张媛．再论“厌讼”心理的根基．当代法学，2001（10）

公丕祥．传统东方法律文化的价值取向——马克思的理论分析．法律科学，2002（1）

薛小都．法律与传统礼制下的权利实现机制．中共四川省委省级机关党校学报，2002（1）

李家军．规则的冷漠：法律里的悲剧——从《巴黎圣母院》和《窦娥冤》谈起．北京大学研究生学志，2002（1）

何建华．论晋商法律文化的特点．北京市政法管理干部学院学报，2002（1）

陈亚平．情·礼·法：礼治秩序．读书，2002（1）

俞荣根．儒家的法哲学．清华法学，2002（1）

曹也汝．试论中国传统法律文化的理性观基础．东南学术，2002（1）

唐俭，仲崇玉．我国法治难行的传统法理念根源．东方论坛，2002（1）

安守廉著，梁治平译．知识产权还是控制：对中国古代法的文化透视．中国知识产权评论，2002（1）

李强．中国传统法文化的形成及近代转型．长江论坛，2002（1）

徐晓光．中国多元法文化的历史与现实．贵州民族学院学报，2002（1）

陈剩勇．中国法治建设的法文化障碍．浙江学刊，2002（1）

徐忠明．法律的历史叙事与文学叙事（上）——阅读中国古代法律的视野开拓．中西法律传统，2002（2）

吕世伦．法律·秩序·美．法律科学，2002（2）

郑定，马建兴．论宗族制度与中国传统法律文化．法学家，2002（2）

沈小明．儒家文化影响下的家族法．中山大学研究生学刊，2002（2）

陆敏菊．“王子犯法与庶民同罪”的法文化探析．苏州铁道师范学院学报，2002（2）

刘新．中国传统法文化与“以德治国”．法学家，2002（2）；又见：走向二十一世纪的中国法文化．上海：上海社会科学院出版社，2002

胡旭晟．中国传统诉讼文化的价值取向．中西法律传统，2002（2）

冯霞．中国人“厌讼”心理的历史分析．中南民族大学学报，2002（2）

王继军，赵晓耕，刘涛．传统法律文化与山西票号的兴衰．山西大学学报，2002（3）

屈永华．传统文化与民主法治关系的历史考察．法商研究，2002（3）

文琦．从古代君臣关系看中国法律文化的特点．广西政法管理干部学院学

报，2002（3）

傅义．反思死刑的根据：从报应到政治．杭州商学院学报，2002（3）

徐中明．解读包公故事中的罪与罚．现代法学，2002（3）

赵肖筠，马晓敏．析良法与善德．山西大学学报，2002（3）

何勤华．鸦片战争前中国法文化对外国的影响．江海学刊，2002（3）

丁玫．《优士丁尼民法大全》与中意法律文化交流．罗马法与现代民法，2002（3）

栗克元．中国传统法律文化特征初探．河南省政法管理干部学院学报，2002（3）

韩冰．诚实信用原则在中国的确立及其历史沿革．研究生法学，2002（4）

高立忠．传承与超越：全球化背景下中国传统法律文化的走向．学习与探索，2002（4）

郭吉军．从传统文化对人的道德解释中进一步看法权文化的本质．甘肃教育学院学报，2002（4）

钱琼飞．从“义利之辩”到“公平和效率”：中国的法律价值的发展一瞥．中山大学研究生学刊，2002（4）

徐忠明．解读历史叙事的包公断狱故事．政法论坛，2002（4）

王继军，何建华．晋商诚实信用法律文化特点研究．理论探索，2002（4）

史彤彪．孟德斯鸠对中国法律文化的认识．北京行政学院学报，2002（4）

史彤彪．欧洲思想家对中国法律文化的认识．中国人民大学学报，2002（4）

韩春萌，吴龙．批判现实与理想探索的完美结合——古代冤狱题材的法制文学浅论．安徽教育学院学报，2002（4）

艾冰，白振有．试论汉字中蕴含的古代刑法文化．陕西广播电视大学学报，2002（4）

王健．输出与回归：法学名词在中日之间．法学，2002（4）

苏亦工．香港华人遗嘱的发现及其特色．中国社会科学，2002（4）

张瑞．中国传统法律文化的精华．西安政治学院学报，2002（4）

陈同．中国法律习惯在香港长期存在的历史考察．史林，2002（4）

李交发．中国家族司法．法商研究，2002（4）

金亮贤．改革开放以来法律文化变迁述评．政治与法律，2002（5）

郁建兴，刘娟．国家与社会关系视野中的中国公法变迁．浙江社会科学，2002（5）

武树臣．《尚书》与古代法律文化．见：法律史论集．第4卷．北京：法律出版社，2002

唐宏强．社会变迁：法律变革与发展之源．江苏社会科学，2002（5）

熊淑媛．试论无讼传统法律文化根源影响及其启示．西南民族学院学报，2002（5）

李欣．关于中国法律文化传统及其发展的思考．西南民族学院学报，2002（6）

焦利．行政法律文化在中国的传承与发展．国家行政学院学报，2002（6）

崔永东．中国传统政法文化的现代解读．中国人民大学学报，2002（6）

方潇．自然缠绵的姻缘：神观念、礼文化和法文化——从中国原始社会及奴隶社会的视角考察．政法论坛，2002（6）

陈晓枫，付春杨．“自然法”与“法自然”的文化分析．法学评论，2002（6）

唐世中．试论我国传统民族法文化的道德取向．西南民族学院学报，2002（7）

刘笃才．白马非马“民间法”．见：走向二十一世纪的中国法文化．上海：上海社会科学院出版社，2002

萧光辉．法律移植与中国近代传统法律文化的变迁——兼论礼法之争．见：走向二十一世纪的中国法文化．上海：上海社会科学院出版社，2002

高珣．维系与羁绊——“德”在中国传统法文化与社会中的作用．见：走向二十一世纪的中国法文化．上海：上海社会科学院出版社，2002

金敏．“洋为中用”话息讼．见：走向二十一世纪的中国法文化．上海：上海社会科学院出版社，2002

陈金全．原创文化与21世纪中国法文化．见：走向二十一世纪的中国法文化．上海：上海社会科学院出版社，2002

梁凤荣．以民为本：一种传统的官德素养．见：走向二十一世纪的中国法文化．上海：上海社会科学院出版社，2002

孔玲．中国传统法律文化及其评价．见：走向二十一世纪的中国法文化．上海：上海社会科学院出版社，2002

董长春．中国传统礼法文化的基础．见：走向二十一世纪的中国法文化．上海：上海社会科学院出版社，2002

童列春．中国民众的传统法制心理分析．理论月刊，2002（12）

公丕祥．传统东方法律文化的政治形态——马克思、恩格斯关于东方法文化理论的述评．南京大学法律评论，2002年春季号

霍廷菊．从汉宋立法思想看儒家法律文化．江西社会科学，2003（1）

周相卿．社会文化人类学视野中的结构功能主义与法学研究．贵州民族学院学报，2003（1）

李海涛．论宪政文化在中国的变迁及影响．南京政治学院学报，2003（1）

段洪波，崔华前．论中国传统文化中“道德法律化”和“法律道德化”．合肥工业大学学报，2003（1）

王海涛，崔荣军．农耕文明的变迁与中国法治之路．山东农业大学学报，2003（1）

夏启发．判官神化与义理决狱的伦理精神．江汉论坛，2003（1）

张彦丽．上控视野下的法、社会与国家——兼评日美学者之间的一场争论．文史哲，2003（1）

连朝辉．也谈“厌讼”法律传统产生的本质根源．经济与社会发展，2003（1）

陈鸿彝．在制度文明的框架内整合礼法．江苏警官学院学报，2003（1）

夏锦文．中国传统司法文化的价值取向．学习与探索，2003（1）

孙国平．从“十恶”看中国传统法文化的特点．研究生法学，2003（2）

王茂庆．从乡民社会到市民社会——当代中国民间法变迁的社会基础．民间法，2003（2）

姜朋．刀具故事——规则的变迁与解释．法律方法与法律思维，2003（2）

郭志祥．法治文明与商人阶层．法学，2003（2）

王华山．河北士族礼法传统与北学渊源．文史哲，2003（2）

郭黎．激进女权主义法学：看待法律的另一个角度．中山大学研究生学刊，2003（2）

张中秋．继受与变通：中日法律文化交流考察．法制与社会发展，2003（2）

何勤华．历代刑法志与中国传统法律文化．河南省政法管理干部学院学报，2003（2）

程宗璋．略论中国传统军事法文化的伦理化．青海民族学院学报，2003（2）

江秀波．清水江畔二百年前的一部“婚姻法”：记锦屏县婚俗禁勒碑．贵州档案史料，2003（2）

周详卿．人类学视野中的文化相对主义与法律移植．贵州民族研究，2003（2）

温珍奎．文化的民间传承机制与传统诉讼理念的形成：中国传统诉讼理念形成机制的一种解释．上饶师范学院学报，2003（2）

卜安淳．刑讯逼供犯罪的法文化考察．公安学刊，2003（2）

李川．“厌讼”的文化分析．民间法，2003（2）

张应峰．中国早期国家的领土观念．山东师范大学学报，2003（2）

李雪梅．碑刻史料中的宗法族规．中西法律传统，2003（3）

李小标．“别籍易财”之禁的文化解读．政法论丛，2003（3）

董敏志．从臣民到公民：角色转换界及其生成与发展．江苏行政学院学报，2003（3）

徐忠明．法律的历史叙事与文学叙事（下）．中西法律传统，2003（3）

萧光辉．法律史研究视野中的习惯法问题．中西法律传统，2003（3）

汪雄涛．法律文化视野下的教化——大小传统之间的沟通桥梁．中西法律传统，2003（3）

邓建鹏．私人财产之抑制与中国传统法文化．中西法律传统，2003（3）

谢佑平．刑事诉讼模式的历史演变和文化成因．河南省政法管理干部学院学报，2003（3）

石文龙．中国传统法行为的特征、心理机制和价值取向．上海师范大学学报，2003（3）

陈会林．中国传统文化中的天法关系．中西法律传统，2003（3）

沙奇光．中国的传统文化与人权理念．国际政治研究，2003（3）

李明珠，徐实．从历史源头看中西法律文化差异产生的原因．兰州大学学报，2003（4）

谢佑平．历史视野和文化语境下的刑事诉讼模式．复旦学报，2003（4）

李丽辉．马克思东方社会理论与中国法律文化．云南警官学院学报，2003（4）

蒋立山．中国法律演进的历史时空环境．法制与社会发展，2003（4）

董长春．“诚信”——中国传统公法文化中的观念．学习与探索，2003（5）

许忠明．传统法律文化中的清官司法．法制日报，2003-05-22

陈志尚．东方文化的变迁对人权的影响．北京大学学报，2003（5）

焦利．对中国古代法制文明与政治文明的反思．国家行政学院学报，2003（5）

喻中．民间法在制定法变迁过程中的功能——以制度变迁理论为分析视角．四川师范大学学报，2003（5）

张守东．申冤与报仇——中国传统法文化中的“公”、“义”与“正义”．法哲学与法社会学论丛，2003（5）

张玉光．中国法制现代化过程中东西法律文化的冲突与融合．青海师范大学学报，2003（5）

方立新．纠葛：讼师与中国古代法律文化．浙江大学学报，2003（6）

陈晓枫．略论易象与中国法文化．法学评论，2003（6）

高军．浅析中国传统法律文化对当今法制建设的阻碍作用．云南行政学院学报，2003（6）

李晓明．礼的法文化学发微．见：法律史论集．第5卷．北京：法律出版社，2003

林华昌，郑取．墨家“推类”思想对中国传统法文化的影响．见：法律史论集．第5卷．北京：法律出版社，2003

董长春．中国传统法律文化的历史逻辑起点：西周法制．关系社会科学，2003（9）

武树臣．《周礼》与古代法律文化．见：法律史论集．第5卷．北京：法律出版社，2003

夏勇．民本新说．读书，2003（10）

徐忠明．笔谈：法律思想与法律文化——关于中国传统法律文化研究的省思．学术研究，2003（12）

杜宇．重拾一种被放逐的知识传统——刑法视域中“习惯法”的初步考察．刑事法评论，2003（12）

苏亦工．另一重视角：近代以来英美对中国法律文化传统的研究．环球法律评论，2003年春季号

叶晓川．女性与中国传统法律文化——以汉律为视角．中华女子学院学报，2004（1）

章礼强．民俗民法辩思．贵州民族研究，2004（1）

张策华．全球化与法律文化重构的研究意义和方法．江苏教育学院学报（社科版），2004（1）

聂隽．人本主义刑法观的意义．安徽工业大学学报（社科版），2004（1）

郑丽．试论中国古代民法存在的社会基础．焦作工学院学报（社会科学版），2004（1）

杨吉．无为而图大为——一种新的法治思维．理论界，2004（1）

胡利明．中国传统法律文化的现代转型．西南交通大学学报（社会科学版），2004（1）

眭鸿明．遵从习惯是一种理性思维方式——我为何提出“习惯法权”概念．金陵法律评论，2004（1）

龙大轩．道与中国法律传统．现代法学，2004（2）

李升涛．法文化“二元冲突”的传统法文化因素．中共济南市委党校学报，2004（2）

付国华．论我国法律文化的冲突．甘肃政法成人教育学院学报，2004（2）

原新利．浅淡中国法律文化传统对人权保障的负面影响．兰州学刊，2004（2）

张策华．社会变迁与中国法律文化变迁．江苏大学学报（社科版），2004（2）

于和利．习惯法产生的时代及其特点的历史考察与分析——兼论我国学术界在这两大问题上主导观点的误区．山东大学学报（哲学社会科学版），2004（2）

杨晓峰．刑事诉讼文化的变迁．吉林公安高等专科学校学报，2004（2）

张中秋．法律文化与政治文明和社会发展．法学，2004（3）

方潇．法治和法学的历史博弈——以中国语境为背景．淮北煤炭师范学院学报（哲学社会科学版），2004（3）

王国键．徽州宗族立祠修谱活动及其文书．中国典籍与文化，2004（3）

陈静熔．中国古代法文化之价值目标．西南政法大学学报，2004（3）

杨泽波．法律西化背景下对儒学的双重苛求——关于《孟子》中舜的两个案例能否称为腐败的再思考．河北学刊，2004（3）

彭诚信．“观念权利”在古代中国的缺失——从文化根源的比较视角论私权的产生基础．环球法律评论，2004（3）

宋四辈．近代中国宪政建设制约因素的法律文化分析．郑州大学学报（哲学社会科学版），2004（3）

方潇．历史语境下的法治要求与法学理论发展——以中国古代及近代为背景．江苏社会科学，2004（3）

任喜荣．“伦理法”的内在矛盾及其解决：基于刑事法律范畴的分析．比较法研究，2004（3）

郭榛树．论中国传统法律文化的改造之路．中共天津市委党校学报，2004（3）

蒋传光．略论中国古代社会的“礼治”秩序：一个法社会学的视角．西南师范大学学

报（人文社科版），2004（3）

钟宜．我国法律文化的历史变迁与特点．中州学刊，2004（3）

郑玉敏．无讼与中国法律文化．东北师大学报（哲学社会科学版），2004（3）

武迎新．中国宗法制度对徽商的影响．皖西学院学报，2004（3）

王爱琳．诚信原则本源探析及现实审视．河南商业高等专科学校学报，2004（4）

王广波．重构中国传统法文化——对中国传统法文化的再思考．甘肃政法成人教育学院学报，2004（4）

张青红．对法治文化与人的全面发展问题的若干思考．韶关学院学报，2004（4）

范方红．贫困与超越——对传统民法文化的反思．黔南民族师范学院学报，2004（4）

蔡莉敏．骑士、侠客与法文化．法律科学，2004（4）

黄东霞．我国社会主义市场经济法律文化形成滞后的原因探析．岭南学刊，2004（4）

陈静熔．中国古代法文化之价值目标．西南政法大学学报，2004（4）

柳捷．本位观及其对法律文化的影响．社会科学辑刊，2004（5）

史广全．法律道德化与道德法律化：论中国传统法律文化发展的两个主要阶段及其现代化．求索，2004（5）

王申．法律文化层次论——兼论中国近代法律文化演进的若干特质．学习与探索，2004（5）

何勤华．法律信仰问题专题研究．河南省政法管理干部学院学报，2004（5）

王立．酷刑族诛与扩大化复仇的伦理逻辑——复仇主题中伦理之于复仇对等性和法律的僭越．大连大学学报，2004（5）

夏勇．民本与民权——中国权利话语的历史基础．社科摘要，2004（5）

王一强．“你们倒使我们的人中国化了”——威海卫办事大臣庄士敦临别演说词的法文化解读．法制与社会发展，2004（5）

邓勇．论中国古代法律生活中的“情理场”——从《名公书判清明集》出发．法制与社会发展，2004（5）

龚培．庙堂的丝竹——中国传统法律文化概览．兰州学刊，2004（5）

董长春．氏族社会与中国传统法律．云南社会科学，2004（5）

叶晓川．天人之间：鬼神观与法文化——以传统为视角．甘肃政法学院学报，2004（5）

张明新．乡规民约存在形态刍论．南京大学学报（哲学．人文科学．社会科学版），2004（5）

张中秋．乡约的诸属性及其文化原理认识．南京大学学报（哲学·人文科学·社会科学版），2004（5）

陈魏．以史为鉴：求证“调整论”之法律关系．东南学术，2004（5）

李霞．自由抑或儒家社群——现代司法实践的一个基本文化问题．文史哲，2004（5）

姜素红．充实与超越：关于中国传统法律文化的思考．中南林学院学报，2004（6）

张晓辉．法文化探论：主持者言．思想战线，2004（6）

汪公文．回归历史传统的中国法治构架意识．兰州商学院学报，2004（6）

陆云卿．论地方性法律文化与依法治国．西南民族大学学报（人文社科版），2004（6）

李桂红．略论中国传统法律文化的现代转换．天中学刊，2004（6）

徐忠明．权利与伸冤：传统中国诉讼意识的解释．中山大学学报（社会科学版），2004（6）

李拥军．司法仪式与法律信仰主义文化的建构．江苏行政学院学报，2004（6）

莫守忠．我国古代法律文化的“现代”观点．求索，2004（6）

曾小华．现代视野中的中国传统法律文化．浙江社会科学，2004（6）

董石．秩序与权利：对音乐历史与理性的法律思考．学术探索，2004（6）

叶晓川．中国传统法律文化视野中的女性．中华女子学院学报，2004（6）

陈尚坤．中国传统法文化品质说．上海公安高等专科学校学报，2004（6）

郝耀武．论法律文化及其构建．学术交流，2004（8）

李裔玲．我国道德化法律文化源流初探．乐山师范学院学报，2004（8）

左林霞．训诂中的法文化反映．湖北社会科学，2004（8）

徐忠明．传统中国民众的申冤意识：人物与途径．学术研究，2004（12）

张中秋．人与文化和法——从人的文化原理看中西法律文化交流的可行与难题及其克服．美中法律评论（中文版）．总第1卷第1期，2004（12）

唐力行．20世纪上半叶中国宗族组织的态势——以徽州宗族为对象的历史考察．上海师范大学学报（哲学社会科学版），2005（1）

汪公文．超越法治精神的传统多元视图．广西政法管理干部学院学报，2005（1）

才璎珠．传统道德观念对商品法制观念的扭曲——贞操权初探．大庆高等专科学校学报，2005（1）

唐斌．传统法律文化与依法行政．四川行政学院学报，2005（1）

陈刚．从身份社会到契约社会．南京师范大学学报（社会科学版），2005（1）

苏亦工．得形忘意：从唐律情结到民法典情结．中国社会科学，2005（1）

王旭亮．法律的仪式与信仰——一个宗教与法治的视角．唐山师范学院学报，2005（1）

黄文艺．法律家与法治——对中国法治之路的一种思考．南京社会科学，2005（1）

秦强．法律全球化与中国传统法律文化的价值定位．中国矿业大学学报（社会科学版），2005（1）

逯其彦．法律信仰——我国法治的精神基础．菏泽学院学报，2005（1）

蒋传光．法文化交流与先进法文化创建．法治论丛，2005（1）

王玉亮．古代教化与民众乡村法律生活．廊坊师范学院学报，2005（1）

薄振峰．国家—社会二元架构中的国家法与民间法．湖北教育学院学报，2005（1）

于语和．国家法与民间法互动之反思．山东大学学报（哲学社会科学版），2005（1）

祁若冰．论第二次中外法律文化融合．安阳师范学院学报，2005（1）

高志玲．论法律文化现代化．台声：新视角，2005（1）

张立荣．论法律文化形成的社会机理及其基本特征．涪陵师范学院学报，2005（1）

王谋寅．论中国传统法律文化中的现代法治资源．宿州教育学院学报，2005（1）

林体．论中国法制现代化进程中的传统法律文化．兰州学刊，2005（1）

高佩佩．略论中国古代礼、法与法治传统——一个法社会学视角．台声：新视角，2005（1）

陈丹．儒家恕道与中国古代法律文化．温州大学学报，2005（1）

张旭航．试论当代中国法治型法律文化的构建．法学与实践，2005（1）

金艳．中国传统法律文化的亲属伦理取向．黄冈师范学院学报，2005（1）

周月娥．中国传统法律文化之现代化回应．东华大学学报（社会科学版），2005（1）

周文华．中国传统法文化中正义观念的从属性及原因．四川理工学院学报（社会科学版），2005（1）

杨怡敏．中国法律文化的传统与现代化构建（下）——从中国法律文化的现状谈中国法律文化的现境免证特权建构刍议．辽宁教育行政学院学报，2005（1）

许斌龙．中国血缘法：人伦逻辑与价值取向——中国传统法律文化原理的另一种阐释．玉溪师范学院学报，2005（1）

吴勇．从传统文化视角看我国公民法治意识．广西财经学院学报，2005（2）

郭素青．从近代日本法律移植看我国法律文化发展．日本问题研究，2005（2）

洪佳期．从《论法的精神》看孟德斯鸠对中国法律的认识．广西政法管理干部学院学报，2005（2）

潘丽萍．法的合法性视野中的中国传统法文化．东南学术，2005（2）

姚剑文．法律制度化向度与从政者的道德责任．人文杂志，2005（2）

陈珺．皇权与法律之间．当代经济，2005（2）

张艳．伦理笼罩下的法秩序——中国封建法律文化的伦理主义特征．滨州学院学报，2005（2）

杭宁．论丧服制度对中国礼法文化的影响．青海大学学报（自然科学版），2005（2）

杨敬轩．论实用主义信仰观对塑造我国法律信仰的影响．福建法学，2005（2）

丁郁．论中国传统军事法律文化之特点．南京政治学院学报，2005（2）

谢晖．民间法研究．山东大学学报（哲学社会科学版），2005（2）

李理．千叶正士的法律多元观及中国的法律多元问题．贵州师范大学学报（社会科学版），2005（2）

连宏．儒家的和谐观与中国传统调解制度．长春理工大学学报（社会科学版），2005（2）

朱文雁．儒家法律文化与人权思想．东岳论丛，2005（2）

栾爽．儒家伦理法的内在精神及其重构．河海大学学报（哲学社会科学版），2005（2）

肖金明．社会变迁与法治演进．山东警察学院学报，2005（2）

陈灵海．盛世的法制条件．华东政法学院学报，2005（2）

张维慎．司马迁笔下的鞭笞之罚．河南科技大学学报（社会科学版），2005（2）

纪建文．微服私访：作为一种社会控制的官方民间法．山东大学学报（哲学社会科学版），2005（2）

王文东．我国传统法文化与现代法治的整合．南京医科大学学报（社会科学版），2005（2）

邢庆涛．我国法社会化的历史进程及其发展趋势．中国司法，2005（2）

田伟．现代法治进程中的中国传统法律文化．河北公安警察职业学院学报，2005（2）

张佩国．乡村纠纷中国家法与民间法的互动——法律史和法律人类学相关研究评述．开放时代，2005（2）

张秀玲．刑法理念的历史启示．内蒙古农业大学学报（社会科学版），2005（2）

杨昂．杨乃武与小白菜案：清季法官的心理分析．北京大学研究生学志，2005（2）

党国华．元杂剧《窦娥冤》的法理解读——中国古代民众超现实的实质正义观简论．内蒙古民族大学学报（社会科学版），2005（2）

汪少华．“执法如山”历史典故琐读．人民司法，2005（2）

莫敏．中国传统法律文化的现代价值．广西政法管理干部学院学报，2005（2）

高军．中国传统法律文化与现代西方法律发展趋势若干契合现象之探讨．山东科技大学学报（社会科学版），2005（2）

李道刚．中国传统人权观念再探——一个比较法文化的视角．法制与社会发展，2005（2）

朱文雁．中国传统儒家法律文化与人权思想．东岳论丛，2005（2）

李少伟．中国传统社会民法缺失的法律文化分析．宁夏社会科学，2005（2）

韩冰．中国法律文化的传统与现代化构建（上）——法律文化及中西方法律文化比较研究．前沿，2005（2）

邓正来．中国法学路在何方．青年思想家，2005（2）

邓正来．中国法学向何处去（中）——建构“中国法律理想图景”时代的论纲．政法论坛，2005（2）

王兰萍．中国古代著作权法律文化之源．华东政法学院学报，2005（2）

吕芳．穿行于理想和现实之间的平衡——从法律文化的视角解读“法律效果和社会效果的统一”．法学论坛，2005（3）

谌远知．法律是什么——一个历史的考察与思考．南京广播电视大学学报，2005（3）

韩春萌．古代法制文学五大故事类型论．南昌教育学院学报，2005（3）

孙会海．互动与沟通：中国语境中的国家法与民间法．山东省农业管理干部学院学报，2005（3）

赵丽敏．论中国法律文化的现代化．许昌学院学报，2005（3）

谢晖．民间规范与习惯权利．现代法学，2005（3）

徐金锋．社会文化与理性选择——对传统调解制度的法社会学与法经济学分析．学术论坛，2005（3）

韩冰．中国法律文化的传统与现代化构建（下）——从中国法律文化的现状谈中国法律文化的现代化构建．前沿，2005（3）

杨丽娟．中国法治社会构建的根基——从法律文化现代化视野解读．社会科学家，2005（3）

傅礼白．中国古代家规中的诚信思想．山东大学学报（哲学社会科学版），2005（3）

闫涛．对中国农村息讼问题的成因与对策之探究．新余高专学报，2005（4）

李川．法律文化的能与不能．青年思想家，2005（4）

李君莉．法文化视角下的现行立法观念剖析．淮北煤炭师范学院学报（哲学社会科学版），2005（4）

翁里．法文化视野中的商品房认购协议．兰州学刊，2005（4）

黄震．“法”：一个字的文化解读．湖南大学学报（社会科学版），2005（4）

陈燕锋．反观传统：儒家法文化之新观照．北京理工大学学报（社会科学版），2005（4）

董建辉．“礼治”与传统农村社会秩序．厦门大学学报（哲学社会科学版），2005（4）

汪明亮．论传统刑法文化对刑事司法所带来的负面影响及其改进．河北法学，2005（4）

李可．论村规民约．民俗研究，2005（4）

金振朝．论清末西方法律的植入对中国法律文化传统的影响．华中农业大学学报（社会科学版），2005（4）

海棠．论我国习惯法存在的原因及其与国家法的互动．内蒙古农业大学学报（社会科学版），2005（4）

李红伟．浅谈中国传统法律文化与依法治国．沈阳教育学院学报，2005（4）

汪俊英．全球化背景下的法律文化冲突及原因分析．学习与探索，2005（4）

张中秋．人与文化和法——从人的文化原理看中西法律文化交流的可行与难题及其克服．中国法学，2005（4）

何柏生．神秘数字的法文化蕴含．政法论坛，2005（4）

王忠春．无讼的“理由”——来自传统社会官员对诉讼成本的社会考量．山东科技大学学报（社会科学版），2005（4）

江绍华．政治腐败与我国传统文化．山东省经济管理干部学院学报，2005（4）

王保民．中国的法律发展模式：本土化抑或现代化．新视野，2005（4）

孙笑侠．中国传统法官的实质性思维．浙江大学学报（人文社会科学版），2005（4）

邓正来．中国法学向何处去（续）——对梁治平“法律文化论”的批判．政法论坛，2005（4）

谢鸿飞．追寻历史的“活法”——法律的历史分析理论述评．中国社会科学，2005（4）

桑东辉．传统文化对法治的桎梏和滋养．黑龙江省政法管理干部学院学报，2005（5）

王建芹．传统文化与中国的法治路径．理论与改革，2005（5）

沈萍．从权利角度分析中国人诉讼观念的变化．江苏警官学院学报，2005（5）

朱良好．对我国传统诉讼文化的解读．内蒙古社会科学（汉文版），2005（5）

张旻昊．法律传统与中国经济法之争．学习与探索，2005（5）

郑林．法律文化研究述评．江苏警官学院学报，2005（5）

汪海燕．法文化共性、相异性与我国刑事诉讼模式转型．政法论坛，2005（5）

李俊．“好云”是指探春与贾府笞子的祖规家法．南都学坛，2005（5）

张中秋．家礼与国法的关系、原理、意义．法学，2005（5）

王晓琼．利益平衡论与司法的艺术——立足于中国法治文化本土化的思考．法学论坛，2005（5）

肖倩．礼治、法治到礼法合一：一项法律社会学的考察．安徽大学学报（哲学社会科学版），2005（5）

吕廷君．论民间法的社会权力基础．求是学刊，2005（5）

王凡．习惯、习惯法、民间法、国家法的区别与联系、冲突与融合．成都教育学院学报，2005（5）

王一强．英租威海卫的外来法、本土法与民间法．甘肃政法学院学报，2005（5）

李培志．中国传统法律文化的缺陷与现代法治理念的建构．河北法学，2005（5）

蔡虹．中国传统法律文化与当代法制建设．泰州职业技术学院学报，2005（5）

樊丽．中国传统法律文化与我国政府诚信之建构．中共山西省委党校学报，2005（5）

徐振增．中国“人”与西方“人”——中西法律文化差异解读．领导之友，2005（5）

叶晓川．专制主义与中国传统法律文化．石家庄经济学院学报，2005（5）

陈宁英．从《大清民律草案》“亲属”“继承”两编的界定看我国法律文化的近代转型．中南民族大学学报（人文社会科学版），2005（6）

王斐．当代乡土社会的规则冲突及其演变——以一起乡民诉讼为例．湖南公安高等专科学校学报，2005（6）

吴爽．当代中国宪政文化的建构．辽宁工学院学报（社会科学版），2005（6）

赵家栋．《尔雅》法律使用域词语的训释理据与上古法文化．湘潭师范学院学报（社会科学版），2005（6）

曹红冰．法律的价值要求与诚实信用原则的历史、现实考察．湖南商学院学报，2005（6）

龙大轩．和谐思想与中国传统法律的价值选择．现代法学，2005（6）

张先昌．论传统法律文化中的理性因素．首都师范大学学报（社会科学版），2005（6）

康玉娟．论法理学视野下义与利的取舍．甘肃农业，2005（6）

孙祥生．论礼的起源及其转型——一种法文化学的视角．社会科学辑刊，2005（6）

谢晖．民间法研究．山东大学学报（哲学社会科学版），2005（6）

李传．民间法与法律文化方法．山东大学学报（哲学社会科学版），2005（6）

王彬．权利感情与民法文化．辽宁师专学报（社会科学版），2005（6）

刘雪屏．试论我国宪政文化的缺失及其构建．北京人民警察学院学报，2005（6）

董建辉．乡土社会是“礼治社会”吗？．甘肃政法学院学报，2005（6）

张中秋．中国传统法律的公法文化属性．华东政法学院学报，2005（6）

祖伟．中国传统法文化研究的优势与限度．辽宁大学学报（哲学社会科学版），2005（6）

张学亮．中国法律文化建设论．中共长春市委党校学报，2005（6）

桑保军．中国法文化四阶段分析．甘肃政法学院学报，2005（6）

焦盛洋．中西方传统法律文化的冲突与融合．贵州工业大学学报（社会科学版），2005（6）

胡正昌．法治视野中的政治文明．广西社会科学，2005（8）

周家洪．论我国传统文化对国民确立法律意识的负面影响．湖北社会科学，2005（7）

罗利丹．论公法及公法文化的历史演变——兼论中国传统法律文化属性．甘肃农业，2005（9）

骆正言．浅析西方法律移植的不适症——中国法律文化的重新解读．甘肃农业，2005（9）

宇凤利．探析中国法律文化的内核——法统．甘肃农业，2005（9）

蒋薇．中国传统法律文化中的人权意识与现代人权的发展．理论界，2005（9）

陶广峰．法律文化与中国法律文化现代化论略．市场周刊．研究版，2005（10）

张咸杰．中国法律文化的思维倾向探析．山西高等学校社会科学学报，2005（10）

傅鹤鸣．传统中国法文化及本体论证明．求索，2005（11）

张学亮．论中国乡村社会法治秩序的建构——从国家法和民间法的关系考察．理论导刊，2005（12）

陈支平．努力开拓民间文书研究的新局面．史学月刊，2005（12）

赵中玉．民法文化价值．中国科技信息，2005（15）

谢文俊．民间法：一种“实质的伦理法”．中国科技信息，2005（17）

孙笑侠．法官思维为什么“千古流传”．中国社会导刊，2005（19）

张晓辉．规范多元与中国法治建设的路径选择——兼论民间防火规范的价值．中国西部科技，2005（21）

鲍晶．社会主义市场经济条件下推进法律文化建设的思考．中国市场，2005（36）

吕佳．诚信——社会传统与法律映象．天府新论，2005. S2

覃剑．中国特色廉政文化的问题研究．求实，2005. S2

黄震．20世纪的《周易》法律文化研究——以中国法学文献为中心的实证考察．周易研究，2006（1）

程鸿勤．“宽严相济”法律文化的思考．北京政法职业学院学报，2006（1）

曹智．论民间的民事习惯法——宗族法．广州大学学报（社会科学版），2006（1）

张秉福．中国传统法文化正义观的从属性及其成因．郧阳师范高等专科学校学报，2006（1）

潘学峰．法律文化视野中的传统调解制度分析．襄樊职业技术学院学报，2006（2）

蒋兴燕．古代公案小说的法文化解读——礼法混同．固原师专学报，2006（2）

谢晖．民间法研究．山东大学学报（哲学社会科学版），2006（2）

常安．“千叶之结”及其症因——关于法律文化概念构建的再思考．甘肃政法学院学报，2006（2）

吕廷君．社会自治的民间法资源．甘肃政法学院学报，2006（2）

宋一欣．我国现代商法实践中的民间法、习惯法问题．山东大学学报（哲学社会科学版），2006（2）

方英．乡规民约与乡村社会的和谐发展．新余高专学报，2006（2）

张秉福．中国传统法文化正义观的从属性及其成因．广西右江民族师专学报，2006（2）

夏泽祥．作为治国方略的法治——评徐祥民先生对法治的文化思考．学海，2006（2）

常安．作为知识社会学个案的我国“法律文化”研究．贵州警官职业学院学报，2006（2）

黄诚．法治文化的进阶——泛道德主义法律文化的原因与对策分析．甘肃农业，2006（3）

彭栓红．女性：家法族规下的弱势群体．太原师范学院学报（社会科学版），2006（3）

芦琦．网络社会中的法律文化及网络亚文化问题探析．华东政法学院学报，2006（3）

刘再安．中国古代法律文化的现代借鉴意义．法制与社会（理论版），2006（3）

李震．法学的中国化与中国传统法律文化．山东社会科学，2006（4）

陈确．历史视野下治理官员腐败的文化机制．历史教学，2006（4）

丁炜炜．乡规民约与国家法律的冲突与协调．探索与争鸣，2006（4）

陈邦林．法治浙江：历史的必然选择．浙江人大，2006（5）

廖成忠．论中华法文化多元一体．广西社会科学，2006（5）

龚汝富．浅议中国传统社会民间法律知识形成路径——从江西地方法律文献来分析．江西财经大学学报，2006（5）（总第47期）

兰冲．透析“无讼、息讼”传统折射在乡村中的普遍法律心理．当代经理人，（中旬刊）2006（9）

（六）法史比较研究

林咏荣．唐明律的比较研究．法学丛刊，1962（28）

高敏．商鞅《秦律》与云梦出土《秦律》的区别和联系．见：云梦秦简初探．郑州：河南人民出版社，1979

乔木青．荀、韩政治法律思想的比较研究．哲学研究，1979（5）

庞卓恒．中西封建专制制度的比较研究．历史研究，1981（2）

姜秉正．沈家本与洪仁玕法制思想比较．西北大学学报（社会科学版），1983（3）

刘炳愉．关于警官起源的比较研究．中国刑警学院学报，1985（2）

段祺华，刘小兵．荀子和西塞罗法律思想比较研究．法学，1985（3）

蒋庆．柏拉图与孔子政治法律思想比较研究．见：孔子法律思想研究．济南：山东人民出版社，1986

徐进．孔、荀礼论比较研究．见：孔子法律思想研究．济南：山东人民出版社，1986

杜钢建．孔子与亚里士多德法律思想比较研究．见：孔子法律思想研究．济南：山东人民出版社，1986

朱德魁．从纵囚的论争看唐宋法制的宽严．贵州民族学院学报（社会科学版），1987（4）

李岳衡．戊戌变法与明治维新之比较．益阳师专学报（社会科学版），1987（4）

吴兴灿．论戊戌变法和明治维新的异同．湖南师大社会科学学报，1988（1）

王金林．从“名例律”看唐律与日本养老律的异同．日本研究论丛，1988（2）

张金龙．论商鞅变法与王安石变法．渤海学刊，1988（2）

谢玉华．孙中山的五权宪法思想与美国三权分立政制．华中师范大学研究生学报，

1988（2）

万芳．隋唐初期统治者及其法制比较．河北大学学报（社会科学版），1988（3）

夏勇．孔子与柏拉图——中西法文化分野之源．比较法研究，1989（1）

王立民．《唐律疏议》与《法国民法典》．世界法学，1989（1）

郝明全．中国、西欧封建法律制度比较．山东法学，1989（1）

周新华．孔子、老子法律观相同点比较研究．齐鲁学刊，1989（5）

李克武．王安石与司马光法律思想比较分析．华中师范大学学报（社会科学版），1989（5）

张民生．中国古代刑民诉讼之分别与比较．江海学刊，1990（1）

陶惠芬．彼得改革的成功与康有为变法的失败．世界历史，1990（5）

［日］利光三津夫．唐代法律与日本法律．见：中国法律史国际学术讨论会论文集．西安：陕西人民出版社，1990

邓伟平．孟、荀法律思想差异论．见：法学文集（第三集）（中山大学学报丛书），1991（1）

耘耕．儒法两家治官思想之比较与启示．中南政法学院学报，1991（3）

俞荣根等．儒法两家治官思想之比较．政法学习，1991（4）

周亦杨．现行刑法抢劫罪与唐律强盗罪的比较．江苏社会科学，1991（5）

徐岱．墨翟、韩非、边沁的法的功利观比较研究．法学，1992（1）

陈鹏生等．中日法律文化近代化之若干比较．中国法学，1992（2）

潘佳铭．我国先秦和古代希腊法治观简析．西南师范大学学报（社会科学版），1992（3）

方流芳．中西公司法律地位历史考察．中国社会科学，1992（4）

杨松．中国古代两种对立的司法主张：魏晋时期刘颂、张斐法律思想的比较．辽宁大学学报（社会科学版），1992（5）

陶广峰．从中西法律的冲突看鸦片战争．比较法研究，1992（6）

赵志远．秦汉督责之术比较研究：兼谈李陵与司马迁的冤案．文史知识，1992（10）

［日］池田温著，霍存福，丁相顺译．唐令与日本令——《唐令拾遗补》编纂集议．比较法研究，1994（1）

徐晓光．中日古代复仇问题比较．比较法研究，1994（2）

徐进．韩非子亡秦论：商鞅、韩非法律思想之比较．法学研究，1994（4）

李孔林，陈永明．汉唐明三代行政监察体制比较．复旦学报（社会科学版），1994（4）

罗洪洋．中国古代法制中的礼与西方中世纪的基督教会法．贵州民族学院学报（社会科学版），1994（4）

霍存福．唐式与日本式的比较研究．见：中国法律史新探．西安：陕西人民出版

社，1994

张洪林，李东方．秦汉赋税立法之比较．中州学刊，1995（1）

胡留元，冯卓慧．罗马法与中国古代契约法．法律科学，1995（5）

侯欣一．唐律与明律立法技术比较研究．法律科学，1996（2）

陈德正，谷玉梅．管仲与梭伦法制观辨异．管子学刊，1996（3）

汪世荣．汉唐民事诉讼制度．法律科学，1996（4）

李怀国，陈德正．管仲与梭伦法治观之比较．求是学刊，1997（1）

吴仁安．明清庶吉士制度对比研究．历史研究，1997（2）

刘艺工，纪振奇．试论中西封建制法的差异．西北第二民族学院学报（社会科学版），1997（2）

霍存福．张鷟《龙筋凤髓判》与白居易《甲乙判》异同论．法制与社会发展，1997（2）

贾继东．楚秦诉讼管辖和强制措施之比较研究．法商研究，1997（3）

李克非．盗窃罪的立法沿革与比较研究．政法论坛，1997（3）

范忠信．亲亲尊尊与亲属相犯：中外刑法的暗合．法学研究，1997（3）

范忠信．中西法律传统中的“亲亲相隐”．中国社会科学，1997（3）

金敏．《管子·明法》与《韩非子·有度》比较．中外法学，1997（6）

谷玉梅，李德恩．管仲与梭伦法治观同一论．青岛大学师范学院学报，1998（1）

陈波．道德权利、法律权利、现实权利：列宁与邓小平人权观比较研究．法学评论，1998（2）

陈德正．管仲与梭伦法治观同一性简论．松辽学刊（社会科学版），1998（2）

杨黛．辽代刑法与《唐律》比较研究．杭州大学学报（社会科学版），1998（2）

范忠信．亲属相隐与中西传统．中国社会科学（英文版），1998（2）

王成．戊戌变法与明治维新比较．温州师范学院学报（社会科学版），1998（4）

傅鸿栋．中西刑讯制度废止之比较．中央政法管理干部学院学报，1998（4）

盛建国．管、商异同论．政法论丛，1998（5）

张伯元．《皇明条法事类纂》与《条例全文》的比较考述．见：法律史论集．第1卷．北京：法律出版社，1998

张德信．《祖训录》与《皇明祖训》比较研究．见：文史．第45辑．北京：中华书局，1998

张星久．从人的观念看中西政治法律传统的差异．法商研究，1999（1）

蒋重跃．《韩非子》与《君主论》求同比异概说．蒙古师范高等专科学校学报，1999（1）

杨华双．简论中国历史上少数民族与汉族政权的法制比较．西南民族学院学报（哲学社会科学版），1999（1）

焦方忠．蒲松龄的法律观与现代法律观之比较．蒲松龄研究，1999（1）

万齐洲．亚里士多德与韩非法律思想之比较．荆州师范学院学报，1999（1）

陈永胜．中、日两国法制近代化比较研究．甘肃政法学院学报，1999（1）

张波．港澳法律制度比较：回顾与展望．徐州师范大学学报（哲学社会科学版），1999（2）

苏涛．礼与正义之比较．福建政法管理干部学院学报，1999（2）

李颖怡．内地与澳门婚姻财产制度比较研究．政治与法律，1999（2）

［日］寺田浩明．清代民事审判与西欧近代型的法秩序．中外法学，1999（2）

黄正文．中西方对法制与法治理解的差异．广西政法管理干部学院学报，1999（2）

范忠信．中西伦理合璧与法治模式的中国特色．法商研究，1999（2）

郭海容．澳门公司法与内地公司法沿革及基本差异．河北法学，1999（3）

邓玲．韩非论官吏与法的关系探析——兼与儒 道 墨 前期法家比较．海南大学学报（社会科学版），1999（3）

李国锋．中国传统法文化与西方法文化的比较研究．河南省政法管理干部学院学报，1999（4）

都玉霞．中西方法律起源与发展之比较研究．政法论丛，1999（4）

杜文忠．中西神判比较研究．贵州师范大学学报（社会科学版），1999（4）

丁以升．道家的“法自然”观及其影响——兼与西方自然法思想比较．华东政法学院学报，1999（5）

李卓．中日财产继承制度比较浅论．日本学刊，1999（5）

王立．内地香港台湾商标法的沿革及商标权比较探讨．法律适用，1999（6）

赵姗黎．《问刑条例》与《大明律》比较分析．见：法律史论集．第2卷．北京：法律出版社，1999

徐祥民．亚里士多德的法治与先秦法家的法治．见：法律史论集．第2卷．北京：法律出版社，1999

龚飒．卢梭与黄宗羲法治思想初探：《社会契约论》与《明夷待访录》之比较．船山学刊，2000（1）

薄振峰．中国法自然观与西方自然法思想论析．江淮论坛，2000（1）

徐立志．中日法制近代化比较研究．外国法译评，2000（1）

曾尔恕，郭琛．本土法与外来法：美国的经验．政法论坛，2000（2）

郭道晖．毛泽东、邓小平治国方略与法制思想比较研究．法学研究，2000（2）

方流芳．公司词义考：解读语词的制度信息——“公司”一词在中英早期交往中的用

法和所指．中外法学，2000（3）

杜文忠．《萨利克法典》的法文化价值分析——兼与先秦法典比较．贵州师范大学学报，2000（3）

臧健．中韩古代家规礼法对女性约束之比较——以明清与古代朝鲜时期为例．北京大学学报，2000（3）

梁利，骆元卡．中美侵权行为法历史发展比较和评析．南宁师范高等专科学校学报，2000（3）

罗洪洋．中西方法律文化中的利益观（权利观）比较研究．贵州民族学院学报，2000（3）

于语和董跃．《法经》与《十二铜表法》之比较研究．南开学报，2000（4）

魏红．试论中西古代刑名观之异同：古罗马《十二铜表法》与中国古代《法经》之比较．贵州大学学报，2000（4）

刘一纯．中西传统法律文化的审视．光明日报，2000-04-11

柏维春，王玉华．中西传统政治文化中法治理念之比较．长白学刊，2000（4）

张泳．孟荀法律思想比较研究．南京师范大学学报，2000（5）

赵晓红，洪梅．中西法律文化片论．临沂师范学院学报，2000（5）

舜秋．试论中西近代公司法的异同．法商研究，2000（6）

王晖．西周春秋周秦礼制文化比较简论．见：秦俑秦文化研究．西安：陕西人民出版社，2000

邓晓芒．中西法制思想比较．学术月刊，2000（9）

李天石．从唐律与罗马法的比较看唐代奴婢的身份．比较法研究，2001（1）

王宏治．从中西立法过程比较《唐律》与《民法大全》．比较法研究，2001（1）

陈延庆．亚里士多德与法家法治思想之比较．郑州工业大学学报，2001（1）

陈林林．中国基督教法哲学：法治主义的神学分支？．比较法研究，2001（1）

何铁山，苏慧．中美著作权法制史的差异及探源．中南工业大学学报，2001（1）

周慧姝，王纯会．法治与人治的历史比较．西南政法大学学报，2001（2）

郭成伟，马志刚．近代中西文化启蒙及法制建设之比较．比较法研究，2001（2）

于语和，施晓薇．中国传统法律文化释义及其与西方的比较．山西大学师范学院学报，2001（2）

祖伟．中外历史上罪刑法定主义思想之比较．沈阳师范学院学报，2001（2）

石毕凡．“期成宪草”与五五宪草、西方代议制分权政体模式之比较．广东社会科学，2001（3）

刘柱斌．仁政思想与礼法并施的冲突与融合——孟子与荀子刑法思想之比较．法学评论，2001（3）

党永强．西方自然法学与中国法家思想比较．探索，2001（3）

李觐．中国封建社会的立法权比较．中央政法管理干部学院学报，2001（3）

罗洪洋．个人财产权利观：一种法律文化的比较研究．贵州社会科学，2001（6）

顾敏康，徐永康，林来梵．香港司法文化的过去、现在与未来：兼与内地司法文化比较．华东政法学院学报，2001（6）

［日］石田琢智．中日法律的近代转型的比较分析．政法论坛，2001（6）

尹力．试述父母教育权的内容：从比较教育法制史的视角．比较教育研究，2001（11）

李天石．从唐律与罗马法的比较看唐代奴婢的身份．比较法研究，2002（1）

王宏治．从中西立法过程比较《唐律》与《民法大全》．比较法研究，2002（1）

关倩．礼法结合两模式的比较分析．江苏广播电视大学学报，2002（1）

陈德正．试论管仲与梭伦法治观的差异．中央民族大学学报，2002（1）

林安民．《唐律》和现行刑法对未成年人保护之比较．青少年犯罪问题，2002（1）

褚素丽．西方自然法思想和我国儒家自然法思想之比较．阜阳师范学院学报，2002（1）

何勤华．中国古代伦理法观念的渊源极其流变——兼与西方宗教伦理法观念的比较．比较法在中国，2002（1）

宋英辉，吴卫军．中西传统诉讼文化比较初论．诉讼法学研究，2002（1）

刘守刚．中西宪法起源的比较研究．华东法律评论，2002（1）

赵明．古代中国与古代罗马的王权与法律的关系比较．合肥工业大学学报，2002（2）

张振国．孙中山与张君劢的宪政思想比较．现代法学，2002（2）

李伟迪．血亲受贿和血亲侵害刑罚的古今立法比较．求索，2002（2）

时显群．中国古代“法治”思想之比较：评析亚里士多德与法家法治理论的异同点．江西社会科学，2002（2）

杨超．中西传统法律价值评价标准的差异及启示．上海大学学报，2002（2）

侯纯．中西礼、法之间的语境差异．燕山大学学报，2002（2）

庾良辰，于语和，袁柏顺．礼治与法治：中西方传统治国模式的差异．中国公证，2002（3）

张世明．时间与空间：清代中国与西方在税法上的文化选择．清史研究，2002（3）

李伟迪．现行刑法与唐律疏义：血缘视角的比较．政法论坛，2002（3）

尹良海．“道”与“自然法”：中西古代自然法思想比较研究．阜阳师范学院学报，2002（4）

姬长昊，赵艳慧．法观念视野中的中西法律文化之不同．胜利油田师范专科学校学报，2002（4）

徐秋香．古之契约与今之合同．芜湖职业技术学院学报，2002（4）

刘树选，王雄飞．关于中西检察权本源和属性的探讨．当代检察官，2002（4，5）

冯岚．论法律儒家化的完成和古代立法技术的第一次大发展：秦、唐律比较研究后的一个发现．中山大学研究生学刊，2002（4）

冯卓慧．商代婚姻观念 制度与古代东西方各国婚姻观念 制度异同考析．法律科学，2002（4）

刘向阳．《司马法》和《孙子兵法》军事法制思想的比较．泰安师专学报，2002（4）

褚素丽．西方自然法思想和我国儒家自然法思想比较．枣庄师专学报，2002（4）

易顶强．西方自然法与中国道家“法自然”思想之比较．广西社会科学，2002（4）

赵蓉，贺然．中西法律权利文化的差异及其原因．甘肃社会科学，2002（4）

郝佩韦．明清刑法之比较．佳木斯大学社会科学学报，2002（6）

何莉萍．中外产品责任发展简史．湖南省政法管理干部学院学报，2002（5）

马春军．中西法律起源的经济分析．北方经贸，2002（5）

朱少华．20 世纪 80 年代中期中苏民主法制改革比较．河南师范大学学报，2002（6）

史彤彪．中西方思想家立法观念的比较思考．法学家，2002（6）

刘云生．中西民法精神文化本源刍论．现代法学，2002（6）

姚艳．中西传统法律文化特征比较：试论中国传统法律的伦理化与西方法律的宗教性．西南民族学院学报，2002（7）

喻福东，陈少锋．孔子、荀子的犯罪论比较．社科与经济信息，2002（8）

黄杨．中西方传统“德法兼治”的主导倾向及其历史根源——中西方传统“法律”“道德”的历史差异．前沿，2002（8）

苏城乡．苏、中两国建国初期法制建设比较．山西高等学校社会科学学报，2002（9）

姚秀兰．唐律“民事责任”研究——兼与日耳曼法的比较．当代法学，2002（9）

张中秋．中西法律文化比较论纲．见：走向二十一世纪的中国法文化．上海：上海社会科学院出版社，2002

胡卫萍．从“法制”到“法治”——毛泽东、邓小平法律思想比较分析．江西社会科学，2002（10）

崔永东，龙文懋．从中西立法看道德的法律化．政法论坛，2003（1）

喻中．权力的起源：一个比较法文化的考察．现代法学，2003（1）

陈德正．试论管仲与梭伦法治观的差异．中央民族大学学报，2003（1）

沈莺．《唐律》与现行刑法对过失犯罪规定的比较研究．山东科技大学学报，2003（1）

殷导忠．中国监狱起源问题之比较研究．中国监狱学刊，2003（1）

沈寨．中国人的“法治情结”：由罗马法复兴形式引起的思考．甘肃行政学院学报，2003（1）

王建平．中日两国近代法律改革比较研究．湖南社会科学，2003（1）

［法］Stephane Grend 著，魏双译．中西契约文化的比较观察．北大国际法与比较法评论，2003（1）

袁泉．中西法律思想比较研究．黄石教育学院学报，2003（1）

李西杰．中西方法治思想差异性比较．领导理论与实践，2003（1）

张海航．中国传统契约法与古罗马契约法之比较．复旦民商法学评论，2003（2）

黄仕红，宋小娥．中西法律信仰差异探源．广东行政学院学报，2003（2）

黄海．浅析中国民事审判制度程序的起源以及中西方法律传统之比较．陕西检察，2003（3）

吴泽勇．诉讼程序与法律自治：中国古代民事诉讼程序与古罗马民事诉讼程序的比较分析．中外法学，2003（3）

蒋建军，蔡雅娟．中国传统文化心理对法治的影响．绍兴文理学院学报，2003（3）

唐志荣．中西法律传统中法官个人因素之作用．中西法律传统，2003（3）

林端，胡昌明整理．中西法律文化的对比：韦伯与滋贺秀三．研究生法学，2003（4）

陈敏．中西方宗教对法律影响之异同之探源．云南师范大学学报，2003（4）

吴之桐．从中日法文化的历史性比较看日本文化的基本结构．东北亚论坛，2003（4）

赵春娥．汉唐期间奏章与诏令及其关系．青海社会科学，2003（4）

曾凡跃．论法理念之中西差异．南昌大学学报，2003（4）

孟祥沛．中日法制近代化背景之比较．政治与法律，2003（4）

刘艺工．中西法律文化交流简论．科学·经济·社会，2003（4）

夏新华．比较法制史：中国法律史学研究的新视角．法制与社会发展，2003（5）

高天琼．从社会价值认同的角度比较《独立宣言》与《中华民国临时约法》的历史命运．晋阳学刊，2003（5）

张志勇．辽朝与唐朝监察制度比较研究．河南大学学报，2003（5）

白强．论中国儒道法思想与西方自然法特质．重庆大学学报，2003（5）

乔晓静．南京国民政府时期律师制度与现行律师制度之比较．咸宁学院学报，2003（5）

刘云生．以礼正俗：儒家自然法与传统契约精神．广东社会科学，2003（5）

陈锐．从逻辑学的视角看中西法律文化的差异．现代法学，2003（6）

孟祥沛．东亚近代法制史上的两次大论争：清末“礼法之争”与日本“法典论争”的比较．比较法研究，2003（6）

郭晶梅．毛泽东与列宁刑事法律思想的比较分析．广西社会科学，2003（6）

李兴华，尤琳．荀子、亚里士多德法律思想之比较．江西社会科学，2003（7）

［美］康雅信著，张岚译．中国比较法学院．中外法学，2003（6）

黄秋生．中日传统“家”的形成原理与封建家族法的差异．深圳大学学报，2003（6）

杨师群．中西方上古社会财产所有权法制建构的对立．华东政法学院学报，2003（6）

刘玉堂，贾济东．楚秦审判制度比较研究．江汉论坛，2003（9）

崔永东．张家山汉简《贼律》研究——兼与秦律 唐律比较．见：法律史论集．第5卷．北京：法律出版社，2003

杨炜．中西法文化之差异．当代法学，2003（9）

巩富文．从比较法的角度看我国古代法官责任制度的特点．比较法在中国，2003年卷

刘玉堂．道异风同：楚秦法律的社会文化背景——楚秦法律比较研究之一．长江大学学报（社会科学版），2004（1）

张巨岩．李觏、王安石法学思想比较研究．中华文化论坛，2004（1）

罗亮梅．荀子和亚里士多德政治思想之比较．安康师专学报，2004（1）

陈颖．由法学史的比较研究看权利问题对史学家的启示．史学理论研究，2004（1）

刘玉堂．楚秦起诉制度比较研究．中南民族大学学报（人文社会科学版），2004（2）

刘玉堂．楚秦刑事诉讼证据比较研究．湖北大学学报（哲学社会科学版），2004（2）

瞿宗斌．“道法自然”与“自然法”思想之差异．山西省政法管理干部学院学报，2004（2）

陈伟炜．古代中国和罗马诉讼制度比较与律师制度的产生．中共四川省委省级机关党校学报，2004（3）

聂资鲁．论1787年《美国宪法》与1947年《中华民国宪法》之歧异．河北法学，2004（3）

陈福胜．中西法律文化差异探源．黑龙江省政法管理干部学院学报，2004（3）

朱旺力．从“法制”到“法治”——荀子和亚里士多德的法律思想比较．河北科技大学学报（社会科学版），2004（3）

苏振兴．商鞅与梭伦法制思想之比较．石河子大学学报（哲学社会科学版），2004（4）

王红梅．中西传统法律文化形成的自然成因比较．盐城工学院学报（社会科学版），2004（4）

顾元．中国传统衡平司法与英国衡平法之比较——从“同途殊归”到“殊途同归”．比较法研究，2004（4）

但小红．古代契约制度与现代合同制度之比较．政法学刊，2004（5）

任强．为法律赢得神圣：中西法律观念的信仰基础反思．法制与社会发展，2004（5）

谢晖．西法背景下中国古典法律解释的意义——文化视角的说明．现代法学，2004（5）

李泳君，李芬．关于中西法律观念上几个问题的比较．河北法学，2004（8）

袁曙宏．孙中山 华盛顿宪政实践过程和结果之比较．法学，2004（9）

何晓明．韩非与马基雅维里政治思想之比较研究．三峡大学学报（人文社会科学版），2005（1）

尹君．汉唐巡察制度略论．青海民族学院学报，2005（1）

马渭源．论中西传统法律教育历史命运与地位的差异性及其影响．宁波大学学报（教育科学版），2005（1）

张悦．浅谈中西法律文化的差异．湖北省社会主义学院学报，2005（1）

汪庆红．人本主义与人文主义对中西法律传统影响的比较．江苏警官学院学报，2005（1）

韩小鹰．贪污贿赂罪：中法刑事政策的法哲学比较．法国研究，2005（1）

王毅．为什么宪政对人权和财产权的保障是现代经济制度的基础——兼论罗马法以来公民社会法权形态与中国皇权社会“蚁民”法权形态的迥异．开放时代，2005（1）

李英华．先秦诸子圣王观探析——兼与柏拉图哲学王思想比较．中国哲学史，2005（1）

寺田浩明．中国固有法秩序与西方近代法秩序．山东大学学报（哲学社会科学版），2005（1）

单飞跃．中国民法典生成的文化障碍——西方民法文化的反衬．比较法研究，2005（1）

朱作鑫．中日近代法制转型差异及成因初探．芜湖职业技术学院学报，2005（1）

邵维国．中西方社会罚金刑起源比较研究．大连海事大学学报（社会科学版），2005（1）

彭小瑜．中西历史比较研究是否可行？——由刑罚的宽免说到“专制主义中央集权”的可疑．史学月刊，2005（1）

彭凤莲．妨害公务罪的历史比较研究．山东警察学院学报，2005（2）

马渭源．论中西传统法律教育的差异性及其影响．南京社会科学，2005（2）

王海涛．论中西法律文化中的人格差异．衡水学院学报，2005（2）

乔素玲．鸦片战争时期中西法律观念比较．社会科学辑刊，2005（2）

黄旭东．中西古代政治意识文明论——先秦儒家与古希腊亚里士多德之比较．贵州社会科学，2005（2）

李琰．《春秋》与《圣经》——中西传统诉讼文化之比较．武汉科技学院学报，2005（3）

李鼎楚．法律文化研究中的人性观思考——以中西之比较为视角．湖南科技大学学报（社会科学版），2005（3）

孟永．法在礼俗社会和法理社会中的差异．成都教育学院学报，2005（3）

郑梅．古代东西方妇女权利与地位的巨大差异．烟台师范学院学报（哲学社会科学版），2005（3）

姜燕．古今法治类型比较研究．铁道警官高等专科学校学报，2005（3）

孟庆超．论中国传统警察的“秩序化”——兼与英国传统警察的比较．政法学刊，2005（3）

孙小金．儒家圣人政治与西方契约政治比较．深圳大学学报（人文社会科学版），2005（3）

武乾．中国古代多元化纠纷解决机制与美国ADR．河南省政法管理干部学院学报，2005（3）

高积顺．德国磨房主人状告皇帝案透析——兼与中国法律史相比较．环球法律评论，2005（4）

陈宇．韩非子与西塞罗法治思想比较研究．重庆工商大学学报（社会科学版），2005（4）

辛田．孔孟差异及其原因浅析．殷都学刊，2005（4）

曾宪义．试论古代法与传统法的关系——兼析中西法传统在近现代演变中的差异．中国法学，2005（4）

游小留．中西法律的道德视野——兼论中国法治现代化的理性选择．经济与社会发展，2005（4）

李桂梅．中西家庭伦理产生之源探究．伦理学研究，2005（4）

陈丹．中西经济法传统文化基础的差异性分析．攀登，2005（4）

刘新利．对耕者有其田与耕者有其权的新探讨——清康雍乾山东与德国巴伐里亚农村土地状况的比较．文史哲，2005（5）

方毓敏．《唐律》与现行刑法关于正当防卫之规定比较．黑龙江省政法管理干部学院学报，2005（5）

李红梅．中国儒家与西方近代“自然法”思想之比较．西北大学学报（哲学社会科学版），2005（5）

陈志．古代中国父权与古代西方父权的比较．江苏警官学院学报，2005（6）

周兴生．关于《庄子·天道》中裁判方法与拉伦茨裁判方法本质诸问题——道家裁判技术发微．比较法研究，2005（6）

周恬．教皇革命与“罢黜百家，独尊儒术”的异同——从影响法律传统的角度比较．肇庆学院学报，2005（6）

李玉生．中国古代法与现代民法物权制度比较研究——兼及《中华人民共和国物权法（草案）》的相关规定．南京师范大学学报（社会科学版），2005（6）

张中秋．中日法律文化交流的动因比较分析．南京大学学报（哲学·人文科学·社会科学版），2005（6）

韩春萌．中西法制文学艺术探索比较．湖北教育学院学报，2005（6）

王晓天．中西古代监察制度之比较．湘潭大学学报（哲学社会科学版），2005（6）

汪兵．诸子均分与遗产继承——中西古代家产继承制起源与性质比较．天津师范大学学报（社会科学版），2005（6）

魏建国．古代中国与西方“家与国”关系结构的差异及对法律秩序内涵的影响．山东社会科学，2005（7）

孙利．中西自然法思想的比较．辽宁教育行政学院学报，2005（7）

刘光峰．中国与西方法的精神比较．企业家天地（下半月），2005（8）

刘绪贻．中西法治观和法治体制比较及意义．社会科学论坛，2005（9）

曾凡贞．秦汉唐德治与法治思想对比研究．广西社会科学，2005（11）

陈晓屏．中外“亲属相隐”制度背后的法律思考．宜宾学院学报，2005（11）

李俊强．魏晋南北朝律学与古罗马法学之比较．湘潭大学学报（哲学社会科学版），2005. S1

郑洪晓．孔、孟与管子德治思想之比较．管子学刊，2006（1）

曹慧．“律”与“法”——中、法法律文化背景差异辨析．法国研究，2006（1）

崔兰琴．媒妁和合意——周代与古罗马结婚制度比较的一个视角．船山学刊，2006（1）

张晓晓．民本思想与民主思想的差异及其现实意义．绥化学院学报，2006（2）

邢祝国．中西方法律传统中对法认识上的几个差异．沧桑，2006（2）

刘宇平．亲属特权制度比较研究——刑事诉讼视角的思考．求索，2006（3）

（七）法律史学与法制现代化

孙晓楼．中国古典法学的一些现实意义．法学，1957（2）

张晋藩．诬告受到惩罚的历史发展和现实意义．光明日报，1979－11－25

肖宏开．现代化与中国传统法律观念．中南政法学院学报，1988（2）

关保英．唐代科举制诸问题及其对公务员制度的借鉴意义．法林，1993（2）

刘作翔．儒家义利观与现代法的价值取向．长白论丛，1996（1）

齐桂苓．我国古代市场管理法规及对今人的启示．理论与现代化，1996（10）

朱昆．《大清新刑律》与中国法制现代化的启动．河南大学学报（社会科学版），1998（2）

江锡华．先秦儒家治安思想对现代社会治安的参鉴价值．社会公共安全研究，1998（2）

徐忠明．国家与社会：汉代“独尊儒术”及其对当代法制建设的启示．江苏社会科学，1998（4）

李军．传统与现代之间：中国法治之路的思考．现代法学，1998（5）

曾荣汾．论唐代法令对宗教于亲情伦理之限制的现代意义．（台湾）警学丛刊，1998，28（5）

沈敏荣．成文法的演进与我国的法制建设．湖南省政法管理干部学院学报，1999（1）

沈岿．传统行政法控权理念及其现代意义．中外法学，1999（1）

李双元．法律理念及其现代化取向．湖南省政法管理干部学院学报，1999（1）

饶玉琳．法制现代化探析．现代法学，1999（1）

江旭伟．公法传统与建设社会主义法治国家．华北电力大学学报（社会科学版），1999（1）

沙君俊，李鸿．“亲亲相隐”在现代社会的活化——兼论伦理道德是法律的根源与归宿．广西政法干部管理学院学报，1999（1）

程燎原．宪政与现代化．现代法学，1999（1）

眭鸿明．传统“德治”与现代法治．学术界，1999（2）

高新华．传统“厌讼主义”对当代行政诉讼的影响．南京化工大学学报（哲学社会科学版），1999（2）

眭鸿明．法的观念与法制现代化．河北法学，1999（2）

范维贞．关于齐国“法治”的当代思考．发展论坛，1999（2）

刘作翔．中国法制现代化历史道路．西江大学学报，1999（2）

郭建华．自由、秩序、道德、法律——关于儒家思想与现代法律的若干思考．唐都学刊，1999（2）

吕世伦．国家主义的衰微与中国法制现代化．法律科学，1999（3）

李昌麒．中国经济法现代化的若干思考．法学研究，1999（3）

陈治波．中国法治现代化的几个深层次矛盾及消解．思想战线，1999（4）

陈汉生．法治、吏治：历史与现实．华东政法学院学报，1999（5）

徐祥民．清官精神的儒学渊源与当代价值．法商研究，1999（5）

何士青．传统法律思想与当代依法治国．学习论坛，1999（6）

夏利民．传统法律文化与中国法制的现代化．首都师范大学学报（社会科学版），1999（6）

林少敏．从“乡土”走向“现代”——中国农村社会秩序的变迁与选择．东南学术，1999（6）

尹伊君．文明进程中的法治与现代化．法学研究，1999（6）

李瑜青．现代化的主题与法治之路．上海市政法管理干部学院学报，1999（6）

俞荣根．天理、国法、人情的冲突与整合：儒家之法的内在精神及现代法治的传统资源．见：法律史论集．第2卷．北京：法律出版社，1999

张晋藩．依法治国是历史的必由之路．法律与生活，1999（10）

沈敏荣．成文法的演进与我国的法制建设．江苏社会科学，2000（1）

罗家云．从人治到法治：对法制概念和理想的历史考察．玉溪师范高等专科学校学报，2000（1）

张汉静．法治的中国历程．中共山西省委党校学报，2000（1）

梁利．论现代依法治国与法家治国方略．南宁师范高等专科学校学报，2000（1）

崔永东．儒家道德法思想及其现代价值．中国人民大学学报，2000（1）

尤广辉．我国传统法律文化中的“厌讼”及其对现代社会的影响．大庆职工大学学报，2000（1）

沈军，金铮．中国传统法制思想对现代化法制建设的启迪．浙江学刊，2000（1）

徐岱．罪行法定与中国古代刑法．法制与社会发展，2000（1）

周晓涛．论先秦儒家的礼法思想及其当代文化价值——先秦儒家文化与精神文明建设研究之十．社科纵横，2000（2）

王引淑．略论孟子民本思想的当代价值．政法论坛，2000（2）

徐永康．儒学与21世纪中国法治．河南省政法管理干部学院学报，2000（2）

赵爱玲．荀子“隆礼重法”思想对新时期思想政治教育工作的启示．晋东南师范专科学校学报，2000（2）

朱敏．中国传统法律文化与当代中国法制建设．黔东南民族师专学报，2000（2）

苏显学．礼法之争的现实思考．行政与法，2000（3）

陈延庆．论荀子“隆礼至法”的礼法观及其现实意义．山东科技大学学报，2000（3）

赵松．我国古代法律惩治贪赃罪对当前反贪污贿赂斗争的启示．理论与实践，2000（3）

王立民．我国的依法治国史鉴．河南省政法管理干部学院学报，2000（3）

兰金补．朱元璋严刑峻法的治国指导思想及对当前反腐败斗争的启示．天水行政学院学报，2000（3）

黄长杰，郑雷．清末“礼法之争”对今天法制建设的启示．东方论坛，2000（4）

魏小兵．我国古代刑法中的犯罪过失概念借鉴意义．广东法学，2000（4）

童德华．我国行政道德法律化的历史经验．社会科学动态，2000（4）

傅林．《论语》中的“制权”思想及对中国现代法治的启示．天津商学院学报，2000（5）

虞文华．法制建设应借鉴传统法律思想三题．理论导报，2000（7）

刘秀珍．从商鞅变法看法制建设的重要性．山西高等学校社会科学学报，2000（9）

陈伟宏，温珍奎．儒家义利观对法治现代化的价值．江西社会科学，2000（12）

齐桂苓．“依法治国”的历史内涵考辨．天津市政法管理干部学院学报，2001（1）

郑定．中国法律传统与现代法制文明．人民论坛，2001（1）

王霄燕，肖明．中国传统法律意识的现代化．山西大学学报，2001（1）

王运思．汲取历史教训，加强法制建设．发展论坛，2001（3）

蒋传光，张建设．论中国的法律文化传统与当代中国的法治道路．安徽大学学报，2001（3）

孙季萍．中国传统行政法律文化的两大特征及其现代影响．山东大学学报，2001（3）

赵秉志，田宏杰．传承与超越：现代化视野的中国刑法传统考察．政法论坛，2001（5）

袁兆春．中国传统宗法家族观念在当代的表现及影响．河北法学，2001（5）

赵凌云．中国法治化与市场化的历史关联与现实互动．法商研究，2001（5）

王千华．中国法治与德治辨析：在传统与现代语境之间．中共中央党校学报，2001（4）

蒋天径．礼治、法治、无为之治的历史作用及现实影响．山东公安专科学校学报，2001（6）

王福华．民事判决既判力：由传统到现代的嬗变．法学论坛，2001（6）

范忠信．“中西会通”与中国法制现代化的仿行西法偏好．学习与探索，2001（6）

李承贵．“法”何以辅“德”：中国古代社会治国的启示．探索与争鸣，2001（8）

薛梅卿．历史的经验值得注意．犯罪与改造研究，2001（8）

宋亚萍．中国法律近代化的启示：关于中国法制改革与中国法律现代化的思考．理论导刊，2001（12）

殷东伟．“亲亲相隐”与当代刑法实践．襄樊学院学报，2002（1）

蒋安，李蓉．诉讼观念的变迁与当代司法改革．法学评论，2002（1）

王明锁．我国传统典权制度的演变及其在未来民商立法中的改造．河南省政法管理干部学院学报，2002（1）

张艳玲，徐新颖．中国传统法律文化与法制现代化．徐州师范大学学报，2002（1）

陈弘毅．法家思想传统的现代反思．中西法律传统，2002（2）

顾权．法主德辅：历史与现实的理性抉择．广东法学，2002（2）

李茂阳．儒家、法家预防犯罪教育思想及其对现阶段社会犯罪治理的重要意义．陕西省行政学院、陕西省经济管理干部学院学报，2002（2）

周子良．永佃权的历史考察及其当代价值．现代法学，2002（2）

赵宝奇．百年中国法制与法制现代化．河北青年管理干部学院学报，2002（3）

李振宇．《吕刑》与当代治国方略．晋阳学刊，2002（3）

屈茂辉．用益权的源流及其在我国民法上的借鉴意义．法律科学，2002（3）

苑秀丽．“德主刑辅”思想及其对中国现代政治的影响．山西师范大学学报，2002（4）

程宗璋．论现代法治与中国传统法律文化．甘肃教育学院学报，2002（4）

王雪峰．儒家思想对教育改造的启示意义．中国监狱学刊，2002（4）

韩春光．中国传统的“慎刑”思想及其现代价值．当代法学，2002（4）

巩富文．中国古代法官责任制度的基本内容与现实借鉴．中国法学，2002（4）

何宁生．传统“官德”建设的借鉴．见：法律史论集．第4卷．北京：法律出版社，2002

王安平．坚持法治与德治的具体、历史统一．理论探讨，2002（5）

李伟．明代监察制度式微的原因分析及现代启示．社科与经济信息，2002（5）

江学．亲亲相隐及其现代化．法学评论，2002（5）

杨寄荣．“引礼入法”的现代启示．辽宁大学学报，2002（5）

王禹，林千多．中国古代的乡村自治为什么产生不出现代意义的宪法．温州论坛，2002（5）

宋卫琴．中国刑法传统与现代化思考．社科与经济信息，2002（5）

邵爱红．试论中国古代监察制度与当代检察制度的渊源联系．犯罪研究，2002（6）

王毅，朱文萍．“王法”、“官法”与宪政法理的根本分野：中国传统权力制度的法理学及其逆现代性．社会科学论坛，2002（7）

徐长安，宋新夫．传统法律心理对培养现代公民意识的二重性作用．社会科学，2002（8）

杨永华，叶晓川．市场经济视野中的义利之辨．见：走向二十一世纪的中国法文化．上海：上海社会科学院出版社，2002

刘本燕．关于清除中国古代法律制度对现今法律制度消极影响的几点思考．江西社会科学，2002（10）

王平一．中国封建监察制度的现代启示．理论月刊，2002（11）

宋惠昌．从人治到法治：现代政治文明的历史发展．吉首大学学报，2003（1）

李卓娅．法家的法治学说以及现代借鉴意义．现代法学，2003（1）

张友连．论包拯的司法现象：兼谈对当代中国司法道德建设的启示．合肥教育学院学报，2003（1）

邵胤植．散论理解儒学与法治融构的角度与前提．苏州大学学报，2003（1）

胡开重．无形资产的历史演变及启示．云南大学学报，2003（1）

谢佑平．差异与成因：中国古代“辩护士”、“讼师”与现代职业律师．比较法研究，2003（2）

戴隆芸．浅析亲属相容隐思想对现代司法实践的影响．天津市政法管理干部学院学报，2003（2）

傅庆涛．容隐制度的现代法律价值分析．政法论丛，2003（2）

李树俊．中国近代社会思想发展与法制现代化．康定民族师范高等专科学校学报，2003（2）

焦利．中国行政法律文化的传统及现代价值．山东社会科学，2003（2）

毛志斌．检察引导：刑事侦查的历史流变与现实改革．中州学刊，2003（3）

张中秋．中国传统法律文化与现代法制的联系：一个基本认识和立场．清华法制论衡，2003（3）

宁团红．中国传统伦理思想与现代契约精神．江苏行政学院学报，2003（3）

张冰，李明．中国古代习惯法对当代民法法典化的影响．河南省政法管理干部学院学报，2003（3）

高芸．初探儒家伦理观与中国安乐死立法．当代法学，2003（4）

冯玉军．“法治”的历史阐释及其对现实的启示．法学家，2003（4）

顾权．法主德辅：历史与现实的理性抉择．江西律师，2003（4）

牛忠志．古代保辜制度与现行刑事法．山东公安专科学校学报，2003（4）

于敏，马小红．中国传统法在法的现代化进程中的几个问题的研究．法制与社会发展，2003（4）

简海燕．中国传统民法文化及其现代演进．湖湘论坛，2003（4）

张丽艳．中国传统司法责任制度及其现代转型．兰州学刊，2003（4）

王卫军，邹健．中国法制现代化进程的动力结构与历史分析．当代法学，2003（4）

谭光定．中国刑法现代化百年历程的启示．重庆工商大学学报，2003（4）

张晋藩，焦利．传统法律文化与现代法治理念的冲突与互动．新视野，2003（5）

徐康宁．孤独的海瑞与当代内蒙的草地退化——透视中国私人财产权制度的历史性缺失．东海大学学报，2003（5）

许富仁．孔子的德治思想与中国当代法治．行政与法，2003（5）

杨永林．墨家的人权思想及其现代价值评析．江西师范大学学报，2003（5）

高畅，王雪峰．儒家思想与青少年犯罪预防．青少年犯罪问题，2003（5）

贺卫方．司法制度改革与中国古典治理传统．湘江法律评论，2003（5）

郑小荣，何瑜．传统“德主刑辅”治国理念及其对现代会计立法的影响．事业财会，2003（6）

王浩．我国古代刑法“比附类推”制度的发展与“罪刑法定”原则在我国的最终确立．国家检察官学院学报，2003（6）

陈雪云．我国历史上的德法兼治及其现实意义．学习论坛，2003（6）

任喜荣．“刑官”初论——当代中国法律人职业化的历史透视（一）．法制与社会发展，2003（6）

牛振宇，张晓薇．正视与反思：中国诉讼文化的现代化进路．当代法学，2003（6）

陈熊．中国传统文化与民法法典化的关系——兼论民法典的象征意义．湖北社会科学，2003（6）

徐永康．交汇与融合：中国法制现代化的主旋律．法学，2003（9）

何礼果，刘新星．论儒教与现代法治．经济与社会发展，2003（9）

姚秀兰．论传统法律与现代法制．当代法学，2003（12）

杨永华，叶晓川，池蓓蕾．《唐律疏议》与当代中国刑法典惩腐立法之完善．见：比较法在中国．北京：法律出版社，2003

徐凤真．本土资源·法律移植·会通——关于我国法制现代化实现途径的争议与思考．山东教育学院学报，2004（1）

柯卫．传统型法制向现代化法制的创造性转换．内蒙古社会科学，2004（1）

高积顺．官贪5 000与民盗500——观察现行刑法的法律史视角．苏州大学学报（哲学社会科学版），2004（1）

赵运锋．儒家法律思想与现代法律思想的共鸣．焦作工学院学报（社会科学版），2004（1）

聂鑫．法律现代化：百年未圆之梦．江苏行政学院学报，2004（2）

张业超，杨治坤．论司法体制改革的宪政之维．武汉大学学报（社科版），2004（2）

黎亚薇．“亲亲相隐”的价值及其在我国刑事法律中的引入．湖湘论坛，2004（2）

王桂芳．亲亲相隐及其在我国现代刑事法律中之活化．南京师范大学学报（社会科学版），2004（2）

张焕琴．“徒法不足以自行”——秦朝由“事皆决于法”而迅速走向亡国的历史启示．河北青年管理干部学院学报，2004（2）

张小虎．刑法的时代轨迹及未来趋势．社会科学研究，2004（2）

杨丽娟．宗法伦理对现代中国法治社会建设的影响．广西师范大学学报（哲学社会科学版），2004（2）

杨健康．“春秋决狱”及其现代价值．船山学刊，2004（3）

钟铭佑．论孔子“礼治”思想对社会主义法制建设的影响．重庆社会主义学院学报，2004（3）

李显冬．中国古代时效制度的启示——民法典应当是兼容多种法律渊源的开放体系．淮北煤炭师范学院学报（哲学社会科学版），2004（3）

常怡．传统与现实之间．法学研究，2004（4）

申月霞．古今刑罚性别差异及其现代启示．山西高等学校社会科学学报，2004（4）

李青．完善市场管理法的借鉴——唐律管窥．新东方，2004（4）

李崇林．现代法治与中国传统法律文化．新疆社会科学，2004（4）

欧阳竹筠．“治乱重典论”的历史与现状．江汉论坛，2004（4）

施文正．中国草原环境法律保护的历史和现状．广播电视大学学报（哲学社会科学版），2004（4）

刘宇力．中国法制现代化的若干问题的再认识．海淀走读大学学报，2004（4）

韩克芳．中国刑法现代化的制约因素及道路选择．法律适用，2004（4）

杨宝成．当代中国法治化进程中法德共治的法理思考．中州学刊，2004（5）

白玉博．论我国容隐制度及其现实意义．河南公安高等专科学校学报，2004（5）

李善峰．现代化过程中的“习惯”重建——以梁漱溟为个案的研究．东岳论丛，2004（5）

林雅．容隐制度及其当代意蕴．当代法学，2004（6）

杨磊．儒家思想对现代法治的意义．法治论丛，2004（6）

朱昌波．试论“亲亲相隐”与我国刑事法改革．北京人民警察学院学报，2004（6）

赵峻．典权制度重建之探析．商业经济，2004（8）

彭宏科．程序优先的历史与中国法治．乐山师范学院学报，2004（11）

邵震宇．从“缇萦”到“思仪”——谈宪法对人权的关注．学习月刊，2004.11

戚怀洋．中国古代治国经验及启示．安徽电子信息职业技术学院学报，2004.Z1

吴勇．传统无讼思想的当代价值．广西财经学院学报，2005（1）

张深远．对中国法制现代化的理性思考．前沿，2005（1）

胡小敏．考察中国古代死刑复核制度——审视我国现行的死刑复核制度．研究生学刊（社会科学版），2005（1）

李可．中国森林立法史与《森林法》之修改．浙江林学院学报，2005（1）

唐东楚．从民事诉讼目的的流变看我国诉讼调解的出路．中南大学学报（社会科学版），2005（2）

王郁．古代儒学与当今法治．中国海洋大学学报，（社会科学版）2005（2）

董长春．“礼治”实践的法律强制及其现代意义．金陵法律评论，2005（2）

林蕾．亲属容隐制度之现代建构．福建工程学院学报，2005（2）

杨艳茹．中国传统法观念与现代法治精神之悖离探析．石家庄经济学院学报，2005（2）

萧伯符．中国传统信任结构及其对现代法治的影响．中国法学，2005（2）

唐斌．传统法律文化对依法行政的影响与对策．党政干部论坛，2005（3）

曹伊清．传统法律争端解决机制的现实意义．法律适用，2005（3）

王军．传统“忌讼主义”及其对中国当代法制的消极影响．皖西学院学报，2005（3）

李根．论中国法制现代化的道路．涪陵师范学院学报，2005（3）

徐忠明．如何思考中国法律传统的现代意义．河南省政法管理干部学院学报，2005（3）

胡旭晟．中国司法传统与当代司法公正问题．河南省政法管理干部学院学报，2005（3）

高绍先．传统刑法与以人为本．现代法学，2005（4）

潘巍松．从中国传统法律文化看现今死刑的保留．江西电力职业技术学院学报，2005（4）

郭春梅．古代禁赌碑刻对我们的启示．中共山西省委党校省直分校学报，2005（4）

高军．略论中国传统无讼法律文化对建设当代和谐社会的启示．湖北民族学院学报（哲学社会科学版），2005（4）

陈秀萍．“无讼”及其对现代法治建设的影响．河海大学学报（哲学社会科学版），2005（4）

邓慧．“性善论”对当代中国法治的消极影响．长沙铁道学院学报（社会科学版），2005（4）

毛冠楠．传统刑法中“亲亲相隐”原则之嬗变及其对现行刑事法律的若干启示．新疆社会科学，2005（5）

许娟．共存与互生——现代法治与中国传统法律文化的融合．中南民族大学学报（人文社会科学版），2005（5）

杜忠连．民法文化及其对我国制定民法典的启示．哈尔滨市委党校学报，2005（5）

陈秀萍．殊途同归：“无讼”与现代法治精神之间．甘肃政法学院学报，2005（5）

张萱．“性善论”对中国法治的若干消极影响．兰州学刊，2005（5）

高军．传统工具主义法律观的现代影响及其克服．中共云南省委党校学报，2005（6）

吴勇．传统无讼思想对当代中国法治的影响．广西社会科学，2005（6）

焦盛荣．法律现代化与法律本土资源．甘肃政法学院学报，2005（6）

王亚明．法制现代化进程中的反思——民间法与国家法的作用辨析．湖北民族学院学报（哲学社会科学版），2005（6）；湖南公安高等专科学校学报，2005（6）

林瑞青．封建伦理法律化与法律伦理化及其借鉴意义．佛山科学技术学院学报（社会科学版），2005（6）

张学亮．公法文化传统与中国法治建设．黑龙江省政法管理干部学院学报，2005（6）

裘斌．关于中国传统法治本土资源现代价值的若干思考．云南行政学院学报，2005（6）

丁建军．论封建专制文化对我国民主宪政思想的影响．学术交流，2005（6）

宋淑霞．浅谈中国传统法律文化与社会主义法治．商业经济，2005（6）

张利兆．《唐律疏议》之犯罪预防特色与现实借鉴．犯罪研究，2005（6）

徐大泰．我国法制建设进程缓慢的伦理原因分析．兰州学刊，2005（6）

吴秋红．中国古代判例制度的缺失与当代判例制度的确立．湖北行政学院学报，2005（6）

郑骊君．“中国史境”下的宪政道路与政治现代化的特点．淮阴工学院学报，2005（6）

张厚勇．关于传统法律文化与现代中国法治的思考．江淮法治，2005（7）

张钧．我国历代禁赌实践对当前打击赌博活动的启示．公安研究，2005（7）

许红缨．亲属相隐制度在我国刑法中的重建．江西社会科学，2005（8）

聂火云．传统伦理与现代法制的冲突和协调．求实，2005（9）

张小丽．法治进程中对我国传统道德的思考．前沿，2005（9）

袁帅．当代中国与判例法——由古代中国判例法制度引起的思考．现代企业教育，2005（10）

李洁珍．儒家伦理与现代法律的冲突．哈尔滨学院学报，2005（10）

艾永明．中国法律现代化的几个问题．社会科学，2005（11）

赵晓根．惩治“腐败期权化”的古与今．检察风云，2005（15）

樊承剑．论儒家法律思想在当代的价值．市场周刊（研究版），2005.S1

陆仁茂．古代肉刑的废除对当代反酷刑的启示．文史博览，2005.Z1

牟方秀．对中国传统伦理道德和当代中国法制化的几点思考．社会科学论坛（学术研究卷），2006（1）

马韶青．构建法治社会的道德体系．兰州商学院学报，2006（1）

李忠．儒家思想与中国法律现代化．重庆交通学院学报（社会科学版），2006（1）

杨屹东．中国古代版权意识与现代版权制度辨析．图书馆学研究，2006（1）

王吉梅．从法家重刑看现代轻刑化潮流．信阳农业高等专科学校学报，2006（2）

段灵芝．和谐社会中容隐制的重构．山西省政法管理干部学院学报，2006（2）

田宏杰．宽容与平衡：中国刑法现代化的伦理思考．政法论坛，2006（2）

李先广．中国法制现代化的文化障碍．华北水利水电学院学报（社科版），2006（2）

杨峰．先占的历史考察与制度功能——兼论我国《物权法》中先占制度的确立．法学杂志，2006（3）

王忠春．资源与困境：传统道德法律化的现代视野．内蒙古社会科学（汉文版），2006（3）

孙光妍．传统法律文化与法治现代化的对接路径．学术交流，2006（4）

李红庆．中国古代监察制度的借鉴意义．今日中国论坛，2006（5）

周萍．中国法制现代化路径之解读．当代经理人（中旬刊），2006（7）

（八）中国法律史研究综述

张晋藩．中国法制史学的四十年．见：中国法律史国际学术讨论会论文集．西安：陕西人民出版社，1990

俞荣根．大陆中国古代法律史研究概述．现代法学，1995（4）

刘广安．二十世纪中国法律史学论纲．中外法学，1997（3）

曾宪义，郑定等．1997年中国法律史研究的回顾与展望．法学家，1998（1）

林明．日本对中国法制史研究的现状与特色．烟台大学学报，1998（4）

郭成伟．中国法制史学建设的辉煌 20 年．政法论坛，1998（5）

高旗．近年来中国法律史研究概观．见：法律史论集．第 2 卷．北京：法律出版社，1999

曾宪义，赵晓耕．1999 年中国法律史学研究的回顾与展望．法学家，2000（1）

兰台普法十三秋：甘肃省档案法制工作综述之一．甘肃省档案局法规处．档案，2000（4）

顾元．中国法制的回顾与前瞻．光明日报，2000－08－15

霍存福．世纪之交法律史学研究的五年回顾与展望．法制与社会发展，2001（1）

陈晓枫，刘正权．中国法制史研究世纪回眸．法学评论，2001（2）

曾宪义，赵晓耕．2001 年中国法律史研究的回顾与展望．法学家，2002（1）

俞荣根．中国法律史研究在日本．见：走向二十一世纪的中国法文化．上海：上海社会科学院出版社，2002

郑定，马建兴，杨昂．2002 年中国法律史学研究的回顾与展望．法学家，2003（1）

郑定，杨昂．2003 年中国法律史学学术研究回顾．法学家，2004（1）

张中秋．2004 年法律史学新进展．政法论坛，2005（3）

谭志云．1979 年以来中国近代法律史研究的回顾与思考．江海学刊，2005（4）

张中秋．2005 年法律史学科新进展．政法论坛，2006（2）

（九）其他

张晋藩，曾宪义．人治与法治的历史剖析．法学研究，1979（5）

庄汉新．《聊斋志异》中的冤狱和推理．法学杂志，1981（2）

唐晓腾．影响中国乡村法治化进程的因素和阻力．战略与管理，1999（3）

高英．《聊斋志异》对封建法制的批判．政法论丛，1999（6）

李雪梅．法律考古学初议．见：法律史论集．第 2 卷．北京：法律出版社，1999

李丽娟，孙淑兰．二十一世纪的法律史学．黑龙江省政法管理干部学院学报，2000（2）

吴秋红．“法先王”与法律传统．黄冈师范学院学报，2000（4）；求索，2000（5）

张汉静，丁相顺．“情法两尽”及其社会基础．法学家，2000（4）

刘国民．《史记》中的历史评价与道德评价的二元对立：以法家人物传记为例．湖北大学学报，2000（5）

人类死刑大观——鞭刑．法制博览，2000（10）

红姝．五花八门的死刑．法制与社会，2000（10）

人类死刑大观——溺刑．法制博览，2000（11）

龚汝富．江西古代“尚讼”习俗浅析．南昌大学学报，2002（2）

俞江．是“身份到契约”还是“身份契约”．读书，2002（5）

王人博．宪政化中的儒家传统．清华法治论衡，2003（3）

张学强．德化与刑罚之间——理学社会教育中德主刑辅策略的基础探析．西北师范大学学报，2003（6）

许章润．以法律为业——关于近代中国语境下的法律公民与法律理性的思考．金陵法律评论，2003春季号

徐彪．“法制史”、“法律发达史”、“法律史”——一个历史维度的观察．湖北警官学院学报，2004（2）

韩春萌．从法制探索看关汉卿公案剧的历史地位．江西科技师范学院学报，2004（3）

赵仁军．浅析《红楼梦》中的几桩糊涂官司．安徽警官职业学院学报，2004（4）

韩春萌．《水浒传》——中国法制文学的典范之作．黑龙江教育学院学报，2004（5）

韩春萌．用怪诞艺术表现法制主题——《聊斋志异》文学价值新探．乐山师范学院学报，2004（11）

闫晓君．走近“陕派律学”．法律科学2005（2）

李振宇．法律文献学建构与展望．江西农业大学学报（社会科学版），2005（4）

韩春萌．法制探索与明清长篇小说的主题表现．广东教育学院学报，2005（6）

许章润．和平与冲突：中国面临的六大问题——一位汉语文明法学从业者的民族主义文本．政法论坛，2005（6）

王凯娟．看宋慈——电视连续剧《大宋提刑官》得失剖析．中国报道，2005（7）

中国政法大学法律史学研究中心简介．江西社会科学，2005（8）

徐忠明．清官情结和侠客理想．中国社会导刊，2005（18）

马方．侦查历史研究的语境分析．云南行政学院学报，2006（1）

苏亦工．拯救过去，让先辈的苦难获得意义．华东政法学院学报，2006（3）

吕欣．为中国法学寻根．山东社会科学，2006（4）

二、中国古代法制史

（一）法制通史

谢冠生．历代刑法书存亡考．东方杂志，第23卷17期，1926

董康．虞舜五刑说．法学季刊，第3卷第8期，1928

孙傅瑗．中国上古时代刑罚史．学风，第4卷第1期，1934

董康．我国法律教育之历史谈．东吴法学杂志，第7卷第3，4，5，6期，1934

杨鸿烈．中国法律在东亚诸国之影响．新民月刊，第1卷第7，8号，1935

黄亚强．我国监狱制度起源及变迁．法制月刊，第1卷第1，2，5期，1941

俞士镇．历代律书沿革考．国学丛刊，1942（9）

陈顾远．条例之得名及其特质考．（台湾）大陆杂志，第2卷第1期，1951

施之勉．墨者非刑徒奴役辨．（台湾）大陆杂志，第3卷第8期，1951

侯外庐．论中国封建制的形成及其法典化．历史研究，1956（8）

戴克光．关于研究中国法制史的几个问题．人民日报，1956－12－30

富庸．谈谈“十五贯”中几个古代审判制度．政法研究，1957（4）

曲守约．古代的谢罪仪式．（台湾）大陆杂志，第15卷第8期，1957

斯维至．古代的“刑”与“赎刑”．人文杂志，1958（1）

甫翁．判牍史话．光明日报，1962－03－20

张晋藩．中国古代国家与法权历史发展中的几个问题．政法研究，1963（2）

陈光中．我国古代刑事立法简述．政法研究，1963（4）

宋光，江振良．“大世界”与法制史研究．解放日报，1964－04－03

张金鉴．中国历代刑名考．（台湾）“国立”政治大学学报，1968（17）

张金鉴．中国历代狱论制度之演进．（台湾）“国立”政治大学学报，1969（20）

张金鉴．历代科刑制度之演变．（台湾）“国立”政治大学学报，1971（23）

沈刚伯．从古代礼、刑的运用探讨法家的来历．见：中国史学论文选集．台湾：幼狮文化事业公司，1976

刘富起，明伟．法制的历史考察．吉林大学社会科学论丛·法学，1979（1）

陈光中．略论封建法制．法学研究，1979（1）

陈光中．我国封建法律文献一敝．文献，1979（1）

钱剑夫．中国封建社会只有律家、律学、律治而无法家、法学、法治说．学术月刊，1979（1）

隋喜文．“株连”小议．人民日报，1979－01－26

乔木青．族刑连坐法的初步探讨．吉林大学社会科学论丛·法学，1979（1）

栗劲．刑讯考．吉林大学社会科学报，1979（4）；见：法律史论丛．第1辑．北京：中国社会科学出版社，1981

宜今．也谈文字狱．实践，1979（2）

赵希鼎．中国历代监察制度的变迁．历史教学，1979（4，5）

赵希鼎．中国历代监察制度的变迁（续）．历史教学，1979（5）

席晋义．从“象刑”到阶级社会的刑罚．中国青年报，1979－09－22

陈光中．我国古代刑法的演变．历史教学，1979（9）

席晋义．思想犯与文字狱．中国青年报，1979－10－06

席晋义．谈谈株连．中国青年报，1979－10－20

席晋义．封建特权和八议．中国青年报，1979－11－09

贾廷芳．避讳、文字狱、株连九族．兰州学刊，1980（1）

大泓，风麟．从“清官”说到法治．解放日报，1980-01-16

陈光中，薛梅卿，沈国峰．试论我国封建法制的专制主义特征．社会科学战线，1980（1）

林向荣．试论“诬告反坐”．西南政法学院学报，1980（2）

雪竹．浅谈我国证据制度的演变．青海社会科学，1980（3）

蔡枢衡．历史上定罪和处刑的分工．法学研究，1980（4）

刘笃才，杨一凡．封建官吏考核制度述论．人文杂志，1980（4）

邹身城．封建社会“刑、法、律”分期说质疑．学术月刊，1980（4）

张晋藩，刘海年．中国封建法律与专制主义统治．北方论丛，1980（4）

元三．中国刑法史略．思想解放，1980（5）

元三．监狱小考．思想解放，1980（6）

贾静涛．中国古代的检验制度．法学研究，1980（6）

元三．古代刑罚一览．思想解放，1980（7）

刘春和．警察史话．百科知识，1980（7）

刘瑞复．封建统治阶级内部关系的法律调整．吉林日报，1980-09-27

林剑鸣．古代法制杂谈．随笔，1980（11）

元三．历代刑名考．理论与实践，1980（11）

乐钻．中国最早的刑法和法典．江西日报，1980-12-07

张紫葛，江山．“剥夺政治权利”考．西南政法学院学报，1981（1）

张国华．从历史上谈法制的两个问题．见：法律史论丛．北京：中国社会科学出版社，1981（1）

樊树志．论封建法律下农民的农奴身份．学习与探索，1981（1）

茅彭年．“以官当刑”杂考．宁夏大学学报，1981（1）

陈盛清．中国封建时代的思想犯罪．百科知识，1981（1）

邱远猷．古案今评．西南政法学院学报，1981（2）

杨延福．论中国古代法制建设．学习与探索，1981（2）

澹台晓雨．狱名发微．北京政法学院学报，1981（2）

乔伟，徐波．古代案例选论（一）．吉林大学社会科学学报，1981（3）

沈国峰．略论诬告罪．北京政法学院学报，1981（3）

张晋藩．试论中国封建审判制度的特点．学习与探索，1981（3）；见：中国法学文集．第1辑．北京：法律出版社，1984

蔡枢衡．刑法名称的由来．北京政法学院学报，1981（3）；见：中国法学文集．第1集．北京：法律出版社，1984

乔伟，徐波．古代案例选论（二）．吉林大学社会科学学报，1981（4）
向黎．古代“劫夺婚”．文史知识，1981（4）
萧雯．“刑不可以委曲生意”——读书随笔．法学杂志，1981（4）
巨澜选评．一份文字精当的古代判词．西南政法学院学报，1981（4）
纪清倚．中国古代法医学初探．法学研究，1981（6）
贾福海，程杰，魏义．我国历史上的弹劾制考略．学术月刊，1981（8）
武公志．警察的起源．长江日报，1981-11-01
杨星华．浅谈警察的起源和发展．人民警察，1982（1）
张殿吉．试论我国封建法制的礼法融合．河北师院学报，1982（1）
闫步克．说“凌迟”．文史知识，1982（1）
王炳华．我国最早的森林法．新疆日报，1982-02-13
赎刑、官当、五刑．中国法制报，1982-02-19
端木文．中国封建社会经济立法的初探．山东大学文科论文集刊，1982（2）
孙恒年．古人破案小品二则．法学杂志，1982（3）
谭世保．“车裂”考．学术论坛，1982（4）
赵向欣，张秉伦．手纹在中国古代诉讼中的应用．法学季刊，1982（4）
李衡梅．我国历史上最早的一条关于行贿、受贿罪的法律．社会科学战线，1982（4）
戴子聪．刺配小考．华东师范大学学报，1982（5）
古代案例．中国法制报，1982-05-07
古代案例选．中国法制报，1982-05-21
许仲毅．古代宫刑述闻．文史知识，1982（5）
钱大群．论中国古代贵族和官吏在法律上的特权．江海学刊，1982（6）
桂宇石．我国御史制度及其历史作用．武汉大学学报，1982（6）
楼肇明．“幽闭”考略．学林漫录，1982（6）
曹俊．“法”字杂考．实践，1982（9）
蒋集耀．象刑考辨．法学，1982（9）
张传玺．中国古代契约形式的源和流．见：文史．第16辑．北京：中华书局，1982
张天录．警察的来历．河北法学，1983年创刊号
程孟明．世界上最古老的法律，新出土的二千年前后的法律．源流，1983年创刊号
张天录．关于“刑”、“法”、“律”．河北法学，1983（1）
朱维究．略论我国行政法的法源．北京政法学院学报，1983（1）
张大元．谈法学词语的训释问题．北京政法学院学报，1983（1）
怀效锋．我国封建刑法的基本特点．江海学刊，1983（1）
张天禄．从警堂鼓谈中国古代的直诉制度．河北法学，1983（2）

陶毅．关于中国古代婚姻立法的质疑．法学研究，1983（2）
刘修明．家族宗法制是中国封建社会长期延续的重要原因．学术月刊，1983（2）
钱大群．谈我国古代法律中官吏的受贿、贪污、盗窃罪．南京大学学报（社会科学版），1983（2）
陈钦一．一份晓之以理、诚之以法的古代判牍．法学季刊，1983（2）
常兆儒，俞鹿年．中国警察制度史初探．学习与探索，1983（2）
关履权．宗法统治与中国封建社会．史学月刊，1983（2）
陶毅．关于中国古代婚姻立法的质疑．法学研究，1983（3）
卓帆．谈中国封建社会官吏犯赃．江西大学学报，1983（3）
张红洲．“刑缓制度”考辩．江海学刊，1983（3）
陈光中．中国古代的上诉、复审和复核制度．法学评论，1983（3，4）
刘海年，杨一凡．中国最早的有关自然环境保护的法律规定．人民司法，1983（4）
钱元凯．古代法律形式的发展变化．法学，1983（5）
陈文秀．“廷杖”考．晋阳学刊，1983（5）
文一戈．我国古代法中的五刑．法学，1983（5）
程天权．我国古代赃罪司法原则．政治与法律丛刊，1983（5）
我国古人重视以法治林．中国法制报，1983－05－20
史凤仪．中国历史上也有过别居制度．法学杂志，1983（5）
陶积根．古人根据心理特征办案数例．福建司法，1983（6）
刘海年等．中国封建法律中的“八议”和“十恶”．人民司法，1983（6）
钱大群．中国“死缓”制度的形成．江海学刊，1983（6）
叶陵陵．监狱的由来．中国法制报，1983－07－15
张红洲．死刑缓刑制度何时开创质疑．法学，1983（9）
周国均．历史上有关正当防卫的规定．武汉法制报，1983－11－18
陈汉生，胡若虚，江宪．我国古代赎刑制度述略．社会科学（上海），1983（11）
沈国峰．古狱制述略．（西北政法学院）法史研究文集（上），1983（12）
怀效锋．中国封建刑律篇目源流考．社会科学参考，1983（15）
秦生．从武松刺配孟川谈起——谈谈古代的流刑和黥刑．法律与生活，1984（1）
吕友仁．关于古代刑制的两个问题．河南师范大学学报（社会科学版），1984（1）
于盛庭．“戮尸”刑义索解．徐州师范学院学报，1984（1）
张天录．我国古代狱讼时间受理程序及断狱程限．河北法学，1984（1）
杨奉琨．“仵作”小考．法学，1984（1）
张晋藩．中国古代的行政管理与行政法．中国社会科学，1984（1）
邹身城．保护版权始于何时何国．法学研究，1984（2）

俞建平．从“圜土”到监狱．法律与生活，1984（2）

丁一．“君子怀刑”及其他．法学杂志，1984（2）

刘驰．区田法在农业实践中的应用．中国农民，1984（2）

李瑾．“神判”与“法”字结体之关系论略——“神羊决狱”本事索隐．重庆师院学报，1984（2）

卓帆．谈中国封建社会官吏犯赃．（江西省法学会）法学论文选（1981～1983），1984（2）

李云虹辑．我国最早的自然环境保护法．天津法制报，1984－02－25

钱大群．“宪”义略考——兼说中国古代无宪政．南京大学学报，1984（2）

沈天水．中国古代法律教育初探．法学，1984（2）

俞鹿年．中国古代警察职能的萌芽和发展．国际政治学院学报，1984（2）

陆惠芹．盗窃罪小考．河北法学，1984（3）

任芬．关于中国古代警察起源的几个问题．国际政治学院学报，1984（3）

肖常纶，应新龙．谋遣、教令、教唆、造意．法学，1984（3）

韩玉林，赵国斌．浅议中国封建制法律对贪赃罪的惩治．河北学刊，1984（3）

郑定．试论我国封建法律中的责任年龄制度及其特点．中国政法大学本科生七九级毕业论文选编，1984年3月

李龙．我国古代的断狱责任制度．政治与法律，1984（3）

陈力．中国监狱小史．天津法制报，1984－03－05

吕友仁．古代刑制大赦、曲赦、德音小辨．河南大学学报（社会科学版），1984（4）

程天权．论惩治官吏赃罪的实践．政治与法律，1984（4）

程维荣．我国古代法律中的共同犯罪．河北法学，1984（4）

曹三明．中国古代税法论略．见：法学论文集．北京：北京大学出版社，1984

俞建平．中国监狱史话．河南司法，1984（4）

徐鸿修．从古代罪人收奴刑的变迁看“隶臣妾”“城旦舂”的身份．文史哲，1984（5）

张国华．封建社会若干具体法律问题的争论（上）．自修大学（政法专业），1984（5）

传汉．“窥官者膑”释．辽宁大学学报，1984（5）

张国华．封建社会若干具体法律问题的争论（下）．自修大学（政法专业），1984（6）

武树臣．古代法律教育杂谈．自修大学（政法专业），1984（6，8，12）

储建国．中国古代的夷族罪．天津法制报，1984－08－25

李衡梅．中国古代刑法渊源．江汉论坛，1984（9）

张贤钰．通奸罪的历史考察．法学，1984（10）

郑秦．中国古代的司法机关．百科知识，1984（11）

俞荣根．族刑史话．法学，1984（11）

正之．兰芝“魂去尸长留”——封建法律中的“七出”．法律与生活，1984（12）

刘晶军．谈儒家思想对我国封建社会法律的影响．见：黑龙江省法学会论文集（一），黑龙江省法学会（自刊）1984

钱国耀．我国古代刑事诉讼述略．社会科学参考，1984（24）

徐晓．我国最早调整商品交易关系的法规．经济与法制，1985年创刊号

陈康颐．中国古代的医学检验．法医学杂志，1985年创刊号

宋锐锋．论盗杀．安徽大学学报，1985（1）

程天权．释“赃”．辞书研究，1985（1）

程维荣．我国封建社会犯罪预防初探．法学研究，1985（1）

李衡武．“象刑”辨——兼与唐兰、程武同志商榷．社会科学战线，1985（1）

谭金土．匣床——古代的一种残酷刑具．书林，1985（1）

张晋藩．中国古代的行政管理与行政法．中国社会科学，1985（1）

麦天骥．中国古代刖刑初探．法学评论，1985（1）

黎润民．简论民事调解制度的渊源．江海学刊，1985（2）

徐彪，韩风路．警察词考和沿革概说．中国人民警官大学学报，1985（2）

欧阳发．浅议政法志．中国地方志通讯，1985（2）

蒋集耀．试论礼与古代民事法律的关系．西北政法学院学报，1985（2）

任芬．试论中国古代警察的萌芽及其发展演变的历史特点．中国人民警官大学学报，1985（2）

肖常纶．我国古代刑律中的自首．河北法学，1985（2）

杨新培．谈谈中国古代的五刑制度．政法学习，1985（3）

姜伟．我国古代的数罪并罚制度．政治与法律，1985（3）

我国死刑探源．法学月刊，1985（3）

史凤仪．中国封建社会的继承制度．法学研究，1985（3）

齐钧．中国最早的间谍与特务．辽宁公安，1985（3）

赵忠文．《民主、科学与法治》一文质疑——就若干历史问题与作者商榷．辽宁师范大学学报，1985（4）

李衡梅．我国古代赎刑渊源初探．松辽学刊，1985（4）

怀效锋．论古代经济制度的变革与法．法制建设，1985（5）

张晋藩．论中国古代民法研究中的几个问题．政法论坛，1985（5）

陈鹏生．税法史上的一次重大改革．政治与法律，1985（5）

马维纲．谈我国古代的夜禁．人民公安，1985（5）

胡雪清．徒刑小考．法学杂志，1985（5）

殷啸虎．中国历史上对赌博罪的法律规定．法学与实践，1985（5）

邵靖．“诛族”与“株连”．河北法学，1985（5）

刘广安．古代“赎刑”考略．政法论坛，1985（6）

靳国廉．“肉刑”史话．辽宁司法，1985（6）

杨育棠．古代法制宣传漫谈．中国法制报，1985－07－01

曲一星．古代法制知识：“五服”释．自修大学（政法专业），1985（7）

刘海年．中国古代早期的徒刑及其管理（上）．辽宁公安，1985（7）

刘海年．中国古代早期的徒刑及其管理（下）．辽宁公安，1985（8）

茂之．谈谈封建时代的法外用刑．法律与生活，1985（9）

曾代伟．“官当”创制探源．西南政法学院学报，1985（10）；又见史学月刊，1996（5）

蒋敦雄．我国最早的法律、法典和专著．法制月刊，1985（10）

袁清林．中国古代的环境保护．文史知识，1985（12）

张传玺．中国古代契约发展的四个阶段．见：秦汉问题研究（论文集）．北京：北京大学出版社，1985

张传玺．中国古代契约文程式的完善过程．见：秦汉问题研究（论文集）．北京：北京大学出版社，1985

［日］堀敏一著，李柏享译．中国律令法典的形成——其概要及问题．（台湾）大陆杂志，第71卷第1期，1985

张艳国．宫刑本名及其别称小考．江汉论坛，1986（1）

何家弘．对墨刑的一点新认识．法学杂志，1986（2）

李安纲．古宫刑考——从许仲毅同志《古代宫刑述闻》一文谈起．运城师专学报，1986（2）

陈景良．简论我国古代刑法中的“七杀”．研究生法学，1986（2）

杨鹤皋．儒家的“三纲”及其对封建法律的影响．中国法学，1986（2、3）

杨广伟．“完刑”即“髡刑”术．复旦学报（社会科学版），1986（2）

廖传银．我国古代监狱名称考．中国人民警官大学学报（社会科学版），1986（2）

张泰湘．黑龙江古代的法律和法制．黑龙江史志，1986（3）

李雪梅．简论我国古代兵刑关系．政法学习，1986（3）

孙建红．略论版权观念在中国的形成．法学，1986（3）

王应瑄．试论我国古代的犯罪概念．法学评论，1986（3）

马志毅．中国古代律典中的“更犯”．中国人民警官大学学报，1986（3）

梁治平．法辨．中国社会科学，1986（4）

郝宏奎．论刑讯逼供产生的历史根源．政法学刊，1986（4）

李启谦．论原始社会的惩罚制度．东岳论丛，1986（4）

吕伦．漫话古代刑罚．历史大观园，1986（4）

廖炳扬．我国奴隶制刑法锋芒是对准奴隶的吗．安徽大学学报，1986（4）

钱元凯，程维荣．中国封建法律儒家化的历史发展过程．法学，1986（4）

姚荣涛．中国古代消防制度考析．见：复旦法学．第1辑．上海：复旦大学出版社，1986

敖完全．中国历代冤狱法律制度．湖南法学，1986（4）

艾畏．中国奴隶制法的特征浅析．法学评论，1986（4）

水寿．中国早期封建法律结构及形式辨析．西北政法学院学报，1986（4）

刘志坚．“风闻弹劾”考．政治与法律，1986（5）

黎建飞．略论我国封建社会的法律监督制度．法学与实践，1986（5）

张晋藩．略论中国古代精神文明建设与法制的关系．政法论坛，1986（5）

郑定．儒家思想与古代刑事责任．研究生法学，1986（6）

邹涛．数罪并罚的历史探讨．法学，1986（6）

孔林山．“幽闭”考辨．政法论坛，1986（6）

史凤仪．补说《“株连”质疑》．光明日报，1986-08-06

庄春波．象刑解．江汉论坛，1986（12）

夏家骏．古代的法律考试．中国法制报，1987-01-09

张中秋．“耐刑”“完刑”考辨．辽宁大学学报，1987（1）

杨一凡．儒家伦理道德对封建司法的影响．学习与探索，1987（1）

赵秉志．中国封建刑法中的犯罪未遂问题初探．中州学刊，1987（1）

郑定．中国古代的服制与刑罚．法律学习与研究，1987（1）

晓河．中国古代的免死制度．西北政法学院学报，1987（1）

魏国库．中国古代法律的经济犯罪．政法学习，1987（1）

周秀女．租约试探．浙江师范大学学报，1987（1）

金旭．简论中国古代监狱制度．辽宁广播电视大学学报（社会科学版），1987（2）

胡惠秋．略谈封建社会的档案立法．档案，1987（2）

罗新本．律学博士创置年代考．法学季刊，1987（2）

吴大逵．我国古代的死刑．湖南法学，1987（2）

刘必忠．中国古代法律史述略．历史教学问题，1987（2）

王利民．中国古代监狱管理研究．吉林大学研究生论文集刊（社会科学版），1987（2）

李力．中国古代徒刑制度的起源——兼谈徒刑制度发展的两个阶段．北京大学研究生学刊，1987（2）

王应瑄．从国渊、王安礼验字破案看古代的投匿名书告人罪、诬告罪、诽谤罪、投书诽谤罪．法学评论，1987（3）

马小红．“格”的演变及其意义．北京大学学报（社会科学版），1987（3）

夏家骏．古代的律外之律．中国青年报，1987－03－11

张建国．“科”的变迁及其历史作用．北京大学学报（社会科学版），1987（3）

朱伟明．略论中国古代法的“罪刑法定原则”．上海大学学报（社会科学版），1987（3）

张中秋．中国封建社会奸罪述论．南京大学学报（社会科学版），1987（3）

楚刃．中国古代荐贤制度及法规浅谈．人事，1987（3）

陈汉生．中国古代经济立法史浅论．上海大学学报（社会科学版），1987（3）

顾悦．中国古代刑罚初探．中州今古，1987（3）

黎煜昌．关于刑讯逼供历史沿革之探讨．史学月刊，1987（4）

张培田．我国古代用法律保护文物的史实考述．四川文物，1987（4）

秋冬．我国律师制度的渊源．法律与生活，1987（4）

武树臣．《易经》与我国古代法制（上）．中国法学，1987（4）

刘福泉．中国封建社会法制特色浅析．华东石油学院学报（社会科学版），1987（4）

徐彪等．中国古代法律形式初探——学习杂记．中国人民警官大学学报，1987（4）

郭成伟．中国古代商品经济发展与债的变化．政法论坛，1987（4）

吕鹤云．中国古代刑律中有关官吏赃罪的探究．华中师范大学学报（社会科学版），1987（4）

马新等．略论中国古代的家产继承制度．人文杂志，1987（5）

郭成伟．略论中国古代治安政策的理论与实践．政法丛刊，1987（5）

刘海年．文物中的法律史料及其研究．中国社会科学，1987（5）

张序．我国古代官员监察弹劾制度之演变．政治学研究，1987（5）

武树臣．《易经》与我国古代法制（下）．中国法学，1987（5）

郑定．中国古代刑事责任年龄制度及其特点．法律学习与研究，1987（5）

夏家峻．古代的法律学校．中国法制报，1987－06－08

周振想．论我国刑法中的“首服”制度．河北法学，1987（6）

行地．《“象刑”解》一文有误．江海学刊，1987（6）

邹瑞汉．海关法起源初探．中国法制报，1987－07－15

郭方正．我国古代的司法弹劾制度简述．中国法制报，1987－07－22

张望．我国封建社会的肉刑存废之争．中国法制报，1987－12－16

李程．封建类推制度的沿革及评价．中山大学研究生学刊（社会科学版），1988（1）

乔伟．论我国封建法律制度的三次重大改革及其历史教训．法学研究，1988（1）

吴孟雪．略论古代中国对涉外司法权的认识和运用．求索，1988（1）

张晋藩．浅论中国古代的改制与更法．人民日报，1988－01－29

阮方民．我国惩治贪污罪的历史沿革及其特点．杭州大学学报（社会科学版），1988（1）

王继周．我国古代的刑罚．锦州师院学报（社会科学版），1988（1）

龙宗智．中国古代的法律服务．北京律师，1988（1）

鲁生．论中国古代刑律对官吏赃罪的惩治．内蒙古大学学报（社会科学版），1988（2）

朱国斌．中国古代档案法史述论．档案学研究，1988（2）

张天录．简论中国古代法律制度的基本特征．河北法学，1988（3）

刘泽华等．论古代中国社会中的贪污．天津社会科学，1988（3）

王志刚．论中国封建刑法排除社会危害性行为．西北政法学院学报，1988（3）

胡旭晟．五刑溯源．民族论坛，1988（3）

吴卫生．中国封建王朝监察制度初探．政治学习研究资料，1988（3）

韦齐．中国古代法制史若干问题管窥．青海民族学院学报（社会科学版），1988（3）

吴刚．中国古代赦宥制度的历史考察．中南政法学院学报，1988（3）

徐忠明．从比较法学角度谈中国古代法的特点．中山大学研究生学刊（社会科学版），1988（4）

霍存福．关于中国行政法史研究中的几个问题．吉林大学社会科学学报，1988（4）

薛政．浅谈我国古代的法定年龄．贵州省政法管理干部学院首届毕业生论文选，1988

郝力挥，刘杰．"与受同科"考议．政法学刊，1988（4）

侯河清．中国封建监察制度的演变及其利弊．求索，1988（4）

吴卫生．中国古代监察制度的发展规律及其弊端．政治学研究资料，1988（4）

霍存福．古代法制改革三题．政法丛刊，1988（5）

高潮，刘斌．简牍法律史料探源．政法论坛，1988（5）

李建渝．礼刑结合在中国封建法制中的发展．见：中华法史丛谈．北京：中国政法大学出版社，1988

程维荣．我国封建社会犯罪预防的探讨．见：华东政法学院法学硕士论文集．上海：上海社会科学院出版社，1988

沈国峰．我国古代刑罚的历史沿革．见：中华法史丛谈．北京：中国政法大学出版社，1988

张晋藩．中国古代法律发展演变的必然性．见：中华法史丛谈．北京：中国政法大学出版社，1988

中国古代死刑举例．法制导刊，1988（5）

夏家骏．古代法律学校简论．社会科学辑刊，1988（6）

许旭．古代"裸刑"浅谈．法学天地，1988（6）

刘恒焕．论中国法制之儒家化．法学评论，1988（6）

肖胜喜．略论我国古代死刑复核制度．法学研究，1988（6）
王应瑄．试论我国古代的受所监临罪．法学评论，1988（6）
陈永生．宫刑杂考．文史知识，1988（7）
洪丕谟．古代死刑种种．文史知识，1988（7）
于济康．中国古代御史监察制度与历史借鉴刍议．贵州日报，1988-12-26
夏家峻．简论中国古代的法律教育．政法高等教育，1989（1）
李哲．“亲亲相隐”的历史渊源．河北法学，1989（1）
张中秋．试论我国古代律的历史发展及其特点．史学月刊，1989（1）
周健．试论中国古代伦理法．西安政治学校学报，1989（1）
罗鸿瑛．我国古代关于市场管理的法律规定．现代法学，1989（1）
汪进，胡旭晟．五刑与五行：中国刑制的文化内涵．比较法研究，1989（1）
曾小华．中国封建时代监察制度的基本特点及历史作用．中共浙江省委党校学报，1989（1）
刘群伟．中国古代法律之儒家化探源．湘潭大学学报，1989（1）
郑禄．中国律师源流考略．政法论坛，1989（1）
乔伟．五刑沿革考（下）．山东大学学报（社会科学版），1989（2）
贺善征．行政法渊源探讨．现代法学，1989（2）
权中振．中国检察制度略考．南都学坛，1989（2）
学田．“间谍”之称考释．中国人民警官大学学报，1989（3）
高潮，刘斌．建国后发现的石刻法律史料述略．法律科学，1989（3）
［美］R. R. 爱德华著，李存捧译．中国古代的边境控制法．外国法学译丛，1989（3）
李玉福．中国古代军法制度产生初探．政法论丛，1989（3）
高光晶．中国古代是“人治”不是“法治”．益阳师专学报（社会科学版），1989（3）
郁桦．古代纨绔子弟犯罪问题（续一）．青少年犯罪研究，1989（3、4）合刊
龚延明．古代“死”的别名．文史知识，1989（4）
叶峰．论我国封建军律的刑罚特点和原则．中南政法学院学报，1989（4）
梁山中．中国古代的文官制度与立法及其积极意义．政治学研究，1989（5）
段秋关．中国古代法律及法律观略析——兼与梁治平同志商榷．中国社会科学，1989（5）
陈居奇．中国古代税法实施考略．税务研究，1989（5）
郭淑华．试论我国古代之赎刑．政法论坛，1989（6）
陈乃华．“夷三族”探源．山东师范大学学报（社会科学版），1989（6）
翟婉华．中国古代的离婚制度．兰州学刊，1989（6）
周潞嘉等．走出民法的中世纪——中国古代民法虚无之原因探究．法制日报，1989-06-13

左连壁．戒严及其法律规定的历史渊源和沿革．法制日报，1989－08－21

林聪舜．酷吏群相“缘饰以儒术”的真相．文史知识，1989（8）

李衡梅．中国历史上的赎刑．文史知识，1989（8）

秦文廷等．古代惩治贪官污吏浅探．理论教育，1989（10）

王玉莹．“两造具备”及其他：关于古代法学文献若干注释的源述．古汉语研究，1990（1）

巩富文．中国古代法官出入人罪的责任制度．政法论坛，1990（1）

丁凌华．中国古代守丧制度考．史林，1990（1）

史凤仪．族刑缘坐考．法学研究，1990（1）

甘绩华，夏家峻．古代的法律学校．北京社会科学，1990（2）

刘高礼．论古代判词的历史发展及写作特征．中南政法学院学报，1990（2）

彭宝罗．论赎刑．深圳大学学报（社会科学版），1990（2）

吴文翰等．试探中国古代处理涉外案件的基本原则．兰州大学学报（社会科学版），1990（2）

罗新本．我国古代惩治官员赌博法令考述．现代法学，1990（2）

杨善明．略述封建法律对官吏犯赃行为的规定．政法学习，1990（3）

傅冒泽．黥刑散考．青海民族学院学报（社会科学版），1990（3）

雷雨波．我国古代边境贸易管理法律制度．福建论坛（社会科学版），1990（3）

黄才庚．我国历代诏令文书发展述略．四川大学学报（社会科学版），1990（3）

王培生．中国古代对官吏贪污的惩治．西安政治学院学报，1990（3）

张高玉．中国古代法制特征述评——兼论中西古代社会形态交替方式对法制的影响．河北师院学报，1990（3）

李洪祥．封建婚姻观与违法婚姻．政法丛刊，1990（4）

姚行地．象魏——我国古代收藏法律文献的处所．黑龙江图书馆，1990（4）

姚行地．中国封建社会民法落后原因探微．社会科学（甘肃），1990（4）

曹非．中国古代的刑讯逼供．历史大观园，1990（4）

师棠．律学衰因及其传统评价．法学，1990（5）

王立民．简论我国古代的不孝罪．青少年犯罪问题，1990（6）

何柏生．论中国古代死刑制度的特点．法律科学，1990（6）

贺卫方．中国古代司法判决的风格与精神——以宋代判决为基本依据兼与英国比较．中国社会科学，1990（6）

王宏川．中国明以前法医学著述考略．公安大学学报，1990（6）

高潮，刘斌．建国以来新发现的法律文献史料述略．见：中国法律史国际学术讨论会论文集．西安：陕西人民出版社，1990

张传玺．中国古代契约资料概述．见：中国法律史国际学术讨论会论文集．西安：陕西人民出版社，1990

高潮等．敦煌所出借贷契约研究．法学研究，1991（1）

钱大群．国家司法主义是历史的必然——中国“复仇”制度论．南京大学学报，1991（1）

王江川．外国人在古代中国的法律地位初探．成都市委党校学报，1991（1）

谢苍霖．文字狱的产生与类别——古代文字狱研究之一．江西教育学院学报，1991（1）

徐忠明．中国古代成文法公布考论．见：法学文集．第3集（中山大学学报丛书），1991

王江川．中国古代处理涉外法律关系的原则．见：法学文集．第3集（中山大学学报丛书），1991

王耀虎．中国古代死刑研究．山西省政法管理干部学院学报，1991（1）

王申．中国律师探源．政治与法律，1991（1）

艾永明，钱长源．宫刑论二题．苏州大学学报，1991（2）

程茂森．古代引泾灌溉水利法规初探．黄河史志资料，1991（2）

马小红．试论中国封建社会的法律形式．中国法学，1991（2）

殷啸虎．“五听”：中国古代审讯艺术．法学，1991（2）

巩富文．中国古代法官的回避制度．政治与法律，1991（2）

孟庆华．中国刑法中罪过形式溯源．山东法学，1991（2）

高潮，刘斌．敦煌所出买卖契约研究．中国法学，1991（3）

张传玺．论中国历代契约资料的蕴藏及其史料价值．北京大学学报，1991（3）

赵炳寿等．我国古代的“犯赃”与“治赃”．四川大学学报（社会科学版），1991（3）

张玫．中国古代的刑讯逼供．中国刑警学院学报，1991（3）

林明．略论中国古代的容隐制度．山东法学，1991（4）

武树臣．名辩思潮与“成文法”的诞生．中外法学，1991（4）

张中秋．氏族（部族）·宗族（家族）·国家（社会）：传统中国集团本位法的形成与发展．学术季刊，1991（4）

东方雷编译．刑具暴虐的时代．世界博览，1991（4）

艾永明等．中国封建社会理冤制度述论．法学研究，1991（4）

王永宽．中国古代关于斩首的奇闻．历史大观园，1991（4）

王永宽．古代摧残妇女的两种酷刑：木驴与裸杖．历史大观园，1991（5）

王立民．我国古代的家法及其作用．青少年犯罪问题，1991（6）

张少瑜．中国古代军事法溯源．法学研究，1991（6）

巩富文．中国古代的逐级审转复审制度．文史知识，1991（9）
刘海年．中国古代的法治与社会经济发展．法学研究，1992（1）
巩富文．中国古代法官违法受诉的责任制度．政治与法律，1992（1）
巩富文．中国古代法官淹禁不决的责任制度．西北大学学报（社会科学版），1992（1）
巩富文．中国古代刑讯考略．人文杂志，1992（1）
祝总斌．关于我国古代的“改法为律”问题．北京大学学报（社会科学版），1992（2）
李交发．论中国古代神判法到人判法的历史嬗变．求索，1992（2）
胡泽恩．我国封建社会关于债的法律规定初探．中南政法学院学报，1992（2）
艾永明．中国封建社会投诉制度中的非常程序研究．江苏社会科学，1992（2）
钱大群．中国古代盗窃罪研究．南京大学学报（社会科学版），1992（2）
耘耕等．中国古代法律对日本法律的影响．比较法研究，1992（2、3）合刊
甄岳刚．盗与贼及盗贼考．中国人民警官大学学报，1992（3）
黄敏兰．论中国古代故事制度的不成文法特征和功能．人文杂志，1992（3）
杨建忠．女性宫刑行刑方法辨证．法学天地，1992（3）
高启安．“烹”刑之义及由来辨析：中国古代食人风习考察之一．甘肃理论学刊，1992（3）
马新．中国历史上的流放制度．文史知识，1992（3）
姜晓萍．“击鼓鸣冤”的由来．法学杂志，1992（4）
李万禄．“幽闭”辨析．西部学坛（社会科学版），1992（4）
姜小川．我国封建社会的理冤制度及其借鉴．中外法学，1992（5）
张建辉．中国封建社会录囚制度初探．劳改劳教理论研究，1992（5）
于敬民等．秦汉以来我国古代监察制度的几个特点．山东师范大学学报（社会科学版），1992（6）
巩富文．中国古代法官会审制度．史学月刊，1992（6）
胡鹰．中国古代过失犯罪若干问题探讨．武汉大学学报（社会科学版），1992（6）
潘勤．中国古代刑法解释初探．法律科学，1992（6）
赵元信．中国古代妇女立法的特征．法学，1992（7）
［日］滋贺秀三．中国上古刑罚考——以盟誓为线索．见：日本学者研究中国史论著选译（八）．北京：中华书局，1992
曹国庆．中国古代的廷杖．文史知识，1992（12）
巩富文．中国古代的直诉制度．文史知识，1992（12）
梁治平．法学盛衰说．比较法研究，1993，7（1）
高恒．论中国古代法学与名学的关系．中国法学，1993（1）
巩富文．谈谈我国古代刑法中的自首制度．法律与社会，1993（1）

殷啸虎．古代的狱具．文史知识，1993（2）

徐岱．酷吏：法吏的深层发展——对古代官吏群体和执法现象的研究．吉林大学社会科学学报，1993（2）

张晋藩．论中国古代的职官编制法．中国法学，1993（2）

高其才．中国的习惯法初探．政治与法律，1993（2）

巩富文．中国古代法官违法刑讯的责任制度．江苏社会科学，1993（2）

巩富文．中国古代申诉复审制度述论．政法论坛，1993（2）

蒋晓伟．论述我国封建社会经济法制的特点及形成原因．政治与法律，1993（3）

孙家洲．廷议制度赘言．社会科学战线，1993（3）

郑列等．“刑讯”小考．刑侦研究，1993（3）

董颖．中国古代的预防犯罪体系．河北法学，1993（3）

巩富文．中国古代法官责任制度的社会成因．西北大学学报（社会科学版），1993（3）

高启安．“醢”刑考辨：中国古代食人风习考察之二．甘肃社会科学，1993（4）

余欣喜．贿赂犯罪考略．政治学习，1993（4）

万方．略论我国古代惩贪法制．河北大学学报，1993（4）

王立民．我国古代官吏知法论．政治与法律，1993（4）

从希斌．中国封建社会法律监督机制形成的特点．天津师范大学学报（社会科学版），1993（4）

王能春．中国古代公证制度考．律师世界，1993（4）

马小红．中国封建社会两类法律形式的消长及影响．法学研究，1993（5）

周丽芝等．论古代特权在刑法中的体现．求是学刊，1993（6）

刘柱彬．中国古代盗窃罪概念的演进及形态．法学评论，1993（6）

白钢．中国古代编制立法的启示．光明日报，1993－10－25

武树臣．法字新考．中外法学，1994（1）

朱愚．试论我国的习惯法．齐齐哈尔师范学院学报，1994（1）

谢天长．我国古代工商法令的基本倾向及其对经济、政治结构的影响．浙江省政法管理干部学院学报，1994（1）

孙光妍．对中国古代变法治吏的思考．法学与实践，1994（2）

殷啸虎．佛教与古代法制．文史知识，1994（2）

蒲坚．“宫刑”小议．法学研究，1994（2）

殷啸虎．“官之失德 宠赂章也”：关于古代法律惩贪倡廉的思考．法治论丛，1994（2）

孙卫国．漫话中国古代的廷杖．中国典籍与文化，1994（2）

木芹．云南古代司法监察制度述略．思想战线，1994（2）

巩富文．中国古代法官责任制度的基本特征．学习与探索，1994（2）

胡新．中国古代刑法中的比附．法学评论，1994（2）
林沄．枷的演变．中国典籍与文化，1994（3）
马作武．略论中国古代司法官吏的职务犯罪．中央检察官管理学院学报，1994（3）
冯昀．中国封建社会理冤制度述论．社会科学辑刊，1994（3）
从希斌．中国封建社会女子财产继承权刍议．天津教育学院学报（社会科学版），1994（3）
李明德．中国古代的复肉刑之争及其对刑罚制度的影响．黄淮学刊（社会科学版），1994（3）
田亮．中国古代反盗墓法述论．社会科学（上海），1994（3）
李安纲．宫刑新考．社会科学辑刊，1994（4）
万安中．关于封建狱制完备时期的探析．劳改劳教理论研究，1994（4）
谢天长．浅论中国古代工商法令的基本倾向及其影响．法商研究，1994（4）
王丽娟．谈中国古代的依法治吏．辽宁大学学报（社会科学版），1994（4）
郑禄．强制措施种类考．政法论坛，1994（5）
高其才，杨丽华．试论中国秘密社会习惯法的产生、特点及作用．法商研究，1994（5）
唐友波．论“昭穆之常”及与宗法庙制的关系．历史教学问题，1994（6）
肖光辉，余辉．我国古代反不公正交易法规初探．北方论丛，1994（6）
刘笃才．中国古代的誓、盟与成文法的关系．辽宁大学学报（社会科学版），1994（6）
巩富文等．中国古代刑事诉讼中的亲亲相隐原则．历史大观园，1994（6）
丁凌华．中国古代丧服服叙制度源流考辨．法学研究论丛．第2辑．台湾：圣环图书公司，1994
王宏治．中国古代变法杂议．中国改革，1994（11）
［日］奥村郁三．户婚田土案．见：中外法律史新探．西安：陕西人民出版社，1994
钱大群．中国古代盗窃罪探索．见：法律史研究丛刊．第2辑．西安：陕西人民出版社，1994
田涛．法史文献辨伪四题．法律文献信息与研究，1995年创刊号
张建国．盗徙封罪侵犯的是土地私有权吗？．北京大学学报（社会科学版），1995（1）
徐忠明．皋陶与“法”考论．政法学刊，1995（1）
俞达珠．试论中国历史上的三次变法．福建师大福清分校学报（社会科学版），1995（1）
马培贵．我国历史上的死刑数目及其限制．法林，1995（1）
怀效锋．中国古代民法未能法典化的原因．现代法学，1995（1）
水寿．中国古代刑法中的不为罪论要．甘肃政法学院学报，1995（1）

王利荣．中国古代狱制物质探析．中国监狱学刊，1995（1）

张应二．中国古代的死刑．内蒙古地方志，1995（1，2）合刊

孙玉荣．从《历代刑法志》看刑罚制度的沿革．研究生法学，1995（2）

曾尔恕，张志京．论中国古代法和罗马法中的夫权．政法论坛，1995（2）

邢铁．我国古代庶生子的继产权．文史知识，1995（2）

巩富文．中国古代法官违法行刑的责任制度．政法论坛，1995（2）

陈涛，高在敏．中国古代侵权行为法例论要．法学研究，1995（2）

李光涛．我国古代反贪惩贿立法探微．人民检察，1995（2、3）

孙玉荣．论中国古代国际法之存在．政法论丛，1995（3）

陈汉生，梅琳．我国古代法律中“赃”罪的规定．上海大学学报（社会科学版），1995（3）

赵奕．中国古代版权保护试论．图书馆杂志，1995（3）

汪世荣．中国古代判词研究．法律科学，1995（3）

田承春．“重刑轻民”的辩证思考．四川师范大学学报，1995，22（3）

马作武．“录囚”“虑囚”考异．法学评论，1995（4）

孙玉荣．论中国古代国际法之存在．法学杂志，1995（4）

薛梅卿．我国监狱及狱制探源．法学研究，1995（4）

张保来．中国历代刑事责任年龄考．天中学刊，1995（4）

赵恩龄．漫谈中国古代法制对死刑的慎重态度．中央政法管理干部学院学报，1995（5）

张建国．惩贪肃贿法制的历史考察．中外法学，1995（6）

刘海年．中国古代的经济法制．中国史学，1995，5（10）

孔庆明．关于中国古代民法概念发展的考证．见：中国民法史．长春：吉林人民出版社，1995

朱勇，成亚平．冲突与统一：中国古代社会中的亲情义务与法律义务．中国社会科学，1996（1）

吴平．略论我国历史上的资格刑．甘肃政治学院学报，1996（1）

孙季萍．中国封建国家对民事法律关系干预的特征．烟台大学学报（社会科学版），1996（1）

汪世荣．中国古代判例法制度．判例与研究，1996（1）

王平，王青．从《说文》看中国古代的戒具．政法论丛，1996（2）

吴平．我国古代的耻辱刑．中央政法管理干部学院学报，1996（2）

徐忠明．“仵作”源流考证．政法学刊，1996（2）

张保来．中国历代封建王朝的死刑执行概述．天中学刊，1996（2）

赵康生．中国历史上的贿赂罪及其法律与对策．中国行政管理，1996（2）

赵泉．论中国古代的诽谤罪．河南法学，1996（3）

童光政，龚维玲．论赎刑制度．社会科学家，1996（3）

董念清．论中国古代的赦免制度．兰州大学学报（社会科学版），1996（3）

王良学．儒家学说对中国历史上民商法经济法的影响（上）．新东方，1996（3）

张晋藩．中国古代民事诉讼制度通论．法制与社会发展，1996（3）

罗洪洋．论中国封建社会的法律特征．贵州民族学院学报（社会科学版），1996（4）

周宝峰．论儒家思想对我国封建司法的影响．前沿，1996（4）

沈红霞，苟义伦．论中国古代惩治官吏腐败的法制建设．南都学坛（社会科学版），1996（4）

王良学．儒家学说对中国历史上民商法经济法的影响（下）．新东方，1996（4）

舒国莹，宇培峰．“司法时令说”及其对中国古代司法制度的影响．政法论坛，1996（4）

薛梅卿．中国古代惩贪法律的实施及其昭示．法学家，1996（4）

武树臣．中国古代的法学、律学、吏学和谳学．中央政法管理干部学院学报，1996（5）

王歌雅．中国古代近亲嫁娶禁例略论．求是学刊，1996（4）

曾代伟．“官当”创制探源．史学月刊，1996（5）

范忠信等撰．论中国古代法中的重农抑商传统．中国人民大学学报，1996（5）

刘尚恒，孔方恩．中国是世界上最早实行版权保护的国家：中国古代版权文献摭谈．图书馆工作与研究，1996（5）

姜建设．古代中国的环境法：从朴素的法理到严格的实践．郑州大学学报（社会科学版），1996（6）

何勤华．汉语“法学”一词的起源及其流变．中国社会科学，1996（6）

马小红．开明的中国古代法律．文史知识，1996（6）

刘桂彬．中国古代盗窃罪的产生成立及处罚．法学评论，1996（6）

张晋藩．中国古代社会的法制与法治．人大工作通讯，1996（24）

张保来．“笞刑”考．天中学刊，1997（1）

周斌．试论中国古代的刑讯逼供及其殷鉴．自贡师专学报，1997（1）

杜钢建．无罪推定与罪行法定：中国古代人身权利保障原则的新仁学思考．天津社会科学，1997（1）

齐桂苓．中国古代法典概述．天津政法，1997（1）

武树臣．中国古代法律样式的理论诠释．中国社会科学，1997（1）

侯淑雯．中国古代契约法的发展特征．法学杂志，1997（1）

郑禄．中国古代中央审判机关源流考略——初论中国古代诉讼主体机关的嬗变．中央政法管理干部学院学报，1997（1）

黄晓明．笞刑论考．安徽大学学报（社会科学版），1997（2）

何勤华．法学形态考："中国古代无法学论"质疑．法学研究，1997（2）

黄祥青．简论"罪刑系列"立法方法在我国古代刑法中的运用．法学评论，1997（2）

雷梅英．我国最早的判决书．法林，1997（2）

张佩国，刘立新．中国古代家法与国法的相关性探析．山东法学，1997（2）

任怀国．"车裂"试释．昌潍师专学报（社会科学版），1997（3）

罗洪祥．论中国古代妇女在婚姻家庭中的法律地位．贵州民族学院学报（社会科学版），1997（3）

褚宸舸．略论中国古代的重典治吏．天津政法，1997（3）

褚宸舸．略论中国古代重典治吏．中央检察官管理学院学报，1997（3）

刘长江．浅析封建时代监察官的"风闻弹人"．川东学刊（社会科学版），1997（3）

黄启昌．试论中国古代的反贪立法．中州学刊，1997（3）

吴怀民．试论中国古代律令法及其在世界法制史上的地位．福建师范大学学报（社会科学版），1997（3）

张提生．我国古代审讯方法史考．预审探索，1997（3）

高积顺．狱的法文化考察．法律科学，1997（3）

万安中．中国封建社会前期监狱制度的演化初探．广东社会科学，1997（3）

柳励和．中国古代版权保护论略．湘潭大学学报（社会科学版），1997（3）

陆士祯，杨小强．中国古代社会保障典制考评．中国青年政治学院学报，1997（3）

余欣．敦煌出土契约中的违约条款初探．史学月刊，1997（4）

毛起雄．我国古代侨务立法初探．华侨华人历史研究，1997（4）

凌文珍．中国古代的法制宣传教育述略．嘉应大学学报（社会科学版），1997（4）

袁刚．中国封建时代的监察网及其内外相维之制．法学杂志，1997（4）

叶娟丽．中国历史上君主专制制度的宗法性特征．科学·经济·社会，1997（4）

黄谷秀．论君臣关系在中国封建制法中的表现．法学学刊，1997（4）

陈宁英．从婚姻家庭法的规定看我国古代妇女的社会地位．中南民族学院学报（社会科学版），1997（4）

吴怀民．试论中国古代律令及其在世界法制史上的地位．中国人民大学学报，1997（4）

常兆玉．古代中国监狱文明略论．中国监狱学刊，1997（4）

麦天骥．中国古代的金融犯罪与立法．法学评论，1997（4）

范忠信．中国容隐制度的历史发展及其文化意义．政法论坛，1997（4）

马作武．族刑论．法学评论，1997（4）

刘淑莲．论我国古代刑法中的罪过．中外法学，1997（5）

孙小迎，李洪欣．“王子犯法”与“庶民同罪”辩：兼说“同罪”与“同罚”．现代法学，1997（6）

史建群，叶桐．中国古代礼治与法治的冲突与互补．郑州大学学报（社会科学版），1997（6）

王立民．农民负担问题的法制史鉴．法学，1997（7）

柳正权．象刑新论．法学评论，1997（9）

彭峰．中国古代正当防卫论．青年法学，1997年春季号

阿勒克斯·C·卡斯妥思著，许章润译．帝国的法律．比较法研究，1998（1）

姜建设．古代中国婚姻法发生问题驳议．郑州大学学报（社会科学版），1998（1）

王小健．论象刑．吉林大学社会科学学报，1998（1）

张建国．“弃市”刑有关问题的再商榷：答牛继清先生．甘肃理论学刊，1998（1）

钱宗范．浅论中国宗法制度的存在形态和发展阶段：兼评当前宗法研究中的几种错误观点．玉林师专学报，1998（1）

陈久蓉．浅谈中国古代婚姻制度．法论，1998（1）

张铭新．儒法盛衰本源论．清华法学评论，1998（1）

沈厚铎．试析中国古代的赦．中外法学，1998（1）

王天海．《意林》所载刑事案例简析．现代法学，1998（1）

马志冰．中国古代法律制度特点若干成因质疑．比较法研究，1998（1）

杨一凡，刘笃才．中国古代匦函制度考略．法学研究，1998（1）

韩秀桃．中国古代乡里基层组织特征．法学杂志，1998（1）

徐岱．古代除贪养廉的实践模式及评说．中央检察官管理学院学报，1998（2）

马作武．古代息讼之术探讨．武汉大学学报（社会科学版），1998（2）

褚宸舸．略论中国古代重典治吏．广西法学，1998（2）

赵克军．试论中国古代自首制度．安徽教育学院学报（社会科学版），1998（2）

沈厚铎．试析中国古代的赦．中外法学，1998（2）

王立民．中国古代的刑侦手段述论（上）．刑侦研究，1998（2）

崔永华．中国古代判例法成因及经验教训．求是学刊，1998（2）

沈厚铎．试论中国古代的赦．中外法学，1998（3）

侯欣一．中国封建社会对外贸易法制初探．法商研究，1998（3）

王立民．中国古代的刑侦手段述论（下）．刑侦研究，1998（3）

曹之．中国古代著作权考略．图书与情报，1998（3）

刘信芳．中国最早的杀人案实录．寻根，1998（3）

宋军．论贪污贿赂主体的历史演进．法学家，1998（4）

王云鹏．浅谈我国古代法律惩治官吏腐败的主要内容．法制世界，1998（4）

张梓太．中国古代立法中的环境意识浅析．南京大学学报（社会科学版），1998（4）

徐晓光，路保均．中国古代反腐惩贪法律制度述要．现代法学，1998（4）

武树臣．劲士精神与成文法传统．法律科学，1998（5）

陈嘉俊．论中国古代的赎刑制度——兼议现代以罚代刑的若干问题．江苏公安专科学校学报，1998（5）

孙光妍．浅谈古代刑罚的因时适用原则．中央政法管理干部学院学报，1998（5）

罗洪洋．试析中国封建社会的法律形式．理论与当代，1998（5）

王晓勇．我国封建法律惩治行贿罪的规定及特点．史学月刊，1998（5）

陈晓红．中国古代法制体系开明性的原因探讨．三秦论坛，1998（5）

王广彬．中国古代司法官责任制度探究．政法论坛，1998（5）

张建国．夷三族解析．法学研究，1998（6）

郭志媛．中国古代诉讼中的专门管辖制度．中央政法管理干部学院学报，1998（6）

倪正茂．法："治吏"与"治民"．法学，1998（7）

李曙光．中国古代有没有行政法．中国法制报，1998－07－15

何宝梅．从《唐律疏议》和《大清律例》看中国古代文秘工作的法制化．秘书，1998（10）

赵泉．论中国古代的诽谤罪．山东法学，1998年增刊

周海燕．诚论儒家道德与法．云南大学学报（法学版），1999（1）

刘敏．论传统调解制度及其创造性转化——一种法文化分析．社会科学研究，1999（1）

文正邦，刘建勇．儒家的伦理法．政治与法律，1999（1）

黄启昌．试论中国古代的反贪立法．中国史研究，1999（1）

徐忠明．试论中国古代廉政法制及其成败原因．学术研究，1999（1）

刘一兵．试论中国封建社会的变法与吏治．海南师范学院学报（人文社会科学版），1999（1）

吕绍纲，张羽．释"九族"．东南文化，1999（1）

侯淑雯．中国古代法官自由裁量制度的发展脉络．法商研究，1999（1）

乔新生．中国古代有商法吗——对"重本抑商"的历史思辨．中州学刊，1999（1）

侯健．中国：世界上最早保护版权的国家．湘潭师范学院学报（社会科学版），1999（1）

孙谦．逮捕制度的产生与发展．中国刑事法杂志，1999（2）

张全民．"妇人无刑"质疑．吉林大学社会科学学报，1999（2）

肖海英．户、户口、户籍词义探源．公安学刊（浙江公安高等专科学校学报），1999（2）

马珺．论中国古代的契约制度．河南省政法管理干部学院学报，1999（2）

李光昱．浅谈中国古代法律的宗教性．中外法学，1999（2）

房书君．试述中国古代“五刑”制的发展．白城师范学院学报，1999（2）

黄宗智．中国法律制度的经济史、社会史、文化史研究．中国经济史研究，1999（2）；又见比较法研究，2000（1）

林国清．中国古代法律与文学发展关系初探．福建论坛（文史哲版），1999（2）

周健，贾国文．中国军法的早期形态．西安政治学院学报，1999（2）

周海燕．试论儒家道德与封建司法制度．云南大学学报（法学版），1999（3）

李虹．试论中国古代法律样式的演变及其影响．新疆大学学报（哲学社会科学版），1999（3）

王立民．有关中国古代刑讯制度的几点思考．华东政法学院学报，1999（3）

郑杰．中国古典书目中法律文献类别的演变．政法论坛，1999（3）

张弘．简论中国古代宗族宗法制的演变与特征．济南大学学报（社会科学版），1999（4）

冯惠敏．历史和现实：论我国刑法判例的嬗变．河北学刊，1999（4）

谢全发．留养承祀制度初探．重庆教育学院学报，1999（4）

李雪梅．石刻铭文与法律史料．中外法学，1999（4）

孙仁丕．试析孝道与中国古代刑法的关系．郧阳师范高等专科学校学报，1999（4）

杨际平．也谈敦煌出土契约中的违约责任条款——兼与余欣同志商榷．中国社会经济史研究，1999（4）

杨明．中国的法治之路．政法论丛，1999（4）

张家国．中国古代成文法典的编纂及其演变．高等函授学报（哲学社会科学版），1999（4）

赵英敏．对《中国古代“法治”质论》的几点质疑——兼与马作武先生商榷．法学评论，1999（5）

王志武．古代中国民法不发达的文化原因初探．贵州社会科学，1999（5）

曹智．论成文法的早期公布．中央政法管理干部学院学报，1999（5）

梁凤荣．论中国古代防治官吏赃罪的对策．郑州大学学报（哲学社会科学版），1999（5）

张伯元．问答式律注考析．法制与社会发展，1999（5）

胡启忠．中国古代金融犯罪考．西南民族学院学报（哲学社会科学版），1999（5）

雒季．从法律的作用看中国的法治之路．甘肃高师学报，1999（6）

傅先荣．从三峡地区出土的古尸看我国古代的刖刑．湖北三峡学院学报，1999（6）

陈彦友．漫话历代惩贪律令．党风通讯，1999（6）

郑显文．中国古代关于见义勇为的立法．中外法学，1999（6）

王立民．中国古代运用科学常识侦破刑案论．犯罪研究，1999（6）

李雪梅．碑刻法律史料初析．见：中国古代法律文献研究．第1辑．成都：巴蜀书社，1999

刘斌．敦煌七十四件买卖、借贷契约考述．见：中国古代法律文献研究．第1辑．成都：巴蜀书社，1999

南玉泉．古文字中所见法律资料诠释．见：中国古代法律文献研究．第1辑．成都：巴蜀书社，1999

默雷．历史上禁断邪教的言论和法令摭拾．法音，1999（9）

郑杰．史志目录中的法律文献．见：中国古代法律文献研究．第1辑．成都：巴蜀书社，1999

［韩］孙晟．中国考古学中的法律资料分析．见：中国古代法律文献研究．第1辑．成都：巴蜀书社，1999

霍存福．对中国古代复仇案的诸分析．见：法律史论集．第2卷．北京：法律出版社，1999

子诚．滥觞理财法制与惩贪（一）．湖北财税，1999（10）

李祝环．中国传统民事契约研究．见：法律史论集．第2卷．北京：法律出版社，1999

王俊峰．论报应之刑．南京社会科学，1999（11）

李传卫．消防法制史漫谈．山东消防，1999（11）

宋浩波．千年回眸：人类与犯罪作斗争的历程．人民公安，1999（24）

马作武，何邦武．中国古代司法腐败的防治机制及其启示．南京大学法学评论，1999年春季号

王耀虎．浅谈中国古代死刑制度的演变及特点．山西省政法管理干部学院学报，1999.Z1

陈蔚松．古代法律文献编纂史略．华中师范大学学报，2000（1）

吴晓玲．论中国封建法制的恤刑原则．南昌大学学报，2000（1）

唐祥珍．死刑罚的历史演变．常州技术师范学院学报，2000（1）

陈刚．有关合法性概念及中国古代君权合法性的几点思考．哈尔滨工业大学学报，2000（1）

吕志兴．中国古代不动产优先购买权制度研究．现代法学，2000（1）

张国宏．中国封建王朝的反贪立法．吕梁高等专科学校学报，2000（1）

徐忠明．从话本《错斩崔宁》看中国古代司法．法学评论，2000（2）

王立民．古代东方死刑论．浙江社会科学，2000（2）

吕丽．论中国古代的礼仪法．法制与社会发展，2000（2）

谭小颖，石秀丽．我国古代法律个性的地理观——从地理因素看我国古代法律的特征．河北法学，2000（2）

宋伟，陈智勇．刑法思想时期与死刑制度．兰州铁道学院学报，2000（2）

车今花．中国古代保护经济可持续发展的法律．湖南大学学报，2000（2）

张子良．中国行政法制发展的历史联系．云南行政学院学报，2000（2）

张旭，于世忠．职务侵占罪的沿革、比较与借鉴．现代法学，2000（2）

朱俊洪．重刑轻民辨析．贵阳师专学报，2000（2）

陈永胜．敦煌文献中民间借贷契约法律制度初探．甘肃政法学院学报，2000（3）

康大寿．古代中国对在华外国人的法律管理．信阳师范学院学报，2000（3）

王志武．论古代中国特殊的封建经济对民法发展的抑制作用．贵州法学，2000（3）

李冰．略论我国古代司法鉴定制度．郑州工业大学学报，2000（3）

林亚刚．我国古代刑法中的犯罪过失概念剖析．武汉大学学报，2000（3）

虢亚雪．中国古代法律控制中的等级差异．鲁行经院学报，2000（3）

范倩．中国古代重刑轻民问题简论．贵州大学学报，2000（3）

秦松梅．中国古代重刑轻民传统及其成因．毕节师范高等专科学校学报，2000（3）

傅国云．中国行政执法的演进与嬗变．浙江省政法管理干部学院学报，2000（3）

王立民．中国运用法医学知识侦破刑案史论．犯罪研究，2000（3）

王均平．中国早期犯罪侦查制度与理论探寻．江西公安专科学校学报，2000（3）

王海燕．古代中国证据制度刍议．研究生法学，2000（4）

谢晖．经验哲学之兴衰与中国判例法的命运．法律科学，2000（4）

李冰．论中国古代社会重典制吏的法律制度．天中学刊，2000（4）

胡旭晟，罗昶．试论中国律学传统．浙江社会科学，2000（4）

赵克生．权变与策略：中国古代赦免制度的功能透视．阜阳师范学院学报，2000（4）

白茫茫．我国古代法制宣传教育摭考．云南人大，2000（4）

王利民．中国古代监狱管理初探．人文杂志，2000（4）

沈大路．中国司法鉴定的古代史．上海公安专科学校学报，2000（4）

胡旭晟，夏新华．中国调解传统研究——一种文化的透视．河南省政法管理干部学院学报，2000（4）

张俊霞，付俊华．对我国贿赂犯罪立法的历史考察．河南社会科学，2000（5）

林明．略论中国古代司法公正保障制度．法学论坛，2000（5）

马念珍．试析中国古代诉讼中的证据制度．贵州教育学院学报，2000（5）

杜亮．中国古代军事法的基本特征．河北法学，2000（5）

李晓明，李可．耻辱刑与刑罚宽和之历史进步作用．河北法学，2000（6）

白焕然．论古代监狱女犯优待制度．中国监狱学刊，2000（6）

万安中．论中国古代监狱管理制度的沿革及其特征．广东社会科学，2000（6）

宁汉林，魏克家．刑罚的由来及其理论基础．政法论坛，2000（6）

夏民，刘同君．中国传统诉讼法律文化中的调解制度．学海，2000（6）

赵晓耕．祖制与律法及其对社会的影响——重农抑商对传统律法的制定和社会的影响．法学家，2000（6）

章毅．古代法律的礼治精神及其实践．读书，2000（10）

贺卫方．中国司法传统的再解释．南京大学法律评论，2000 年秋季号

李玉化．我国古代的直诉制度及其对当今社会的影响．政治与法律，2001（1）

付春兵．中国古代的“儒吏”与司法公正．团结，2001（1）

杨师群．中国古代法律样式的历史考察——与武树臣先生商榷．中国社会科学，2001（1）

黄锫．公法天下——中国古代公法渊源管窥．研究生法学，2001（2）

吴艳红．试论中国古代的“发罪人为兵”．中外法学，2001（2）

杜闻．中国古代民事诉讼证明标准初探．研究生法学，2001（2）

杨玲．中国历代“肃贪”法律刍议．西南政法大学学报，2001（2）

马珺．论中国封建社会契约制度的发展与完善．西安联合大学学报，2001（3）

丁杰．浅谈“亲亲相隐”规则．山东大学学报，2001（3）

顾元．中国古代的法律体系与法典体例——张晋藩教授“诸法并存，民刑有分”理论述评．政法论坛，2001（3）

王立民．古代东方肉刑论．学术季刊，2001（4）

梁凤荣．论我国古代传统的司法调解制度．河南大学学报，2001（4）

陈云中．论中国古代刑法中的“相隐”原则．江西公安专科学校学报，2001（4）

周海燕，张晓东．我国古代监狱制度述论．思想战线，2001（4）

卜安淳．从《水浒传》看古代中国社会的犯罪．山东公安专科学校学报，2001（5）

张全民．髡、耐、完刑关系考辨．湘潭大学社会科学学报，2001（5）

邓红蕾．浅析中国古代特权法的成因及其影响．中南民族学院学报，2001（5）

肖守库．中国古代惩贪治吏之法得失刍议．张家口师专学报，2001（5）

王立民．中国古代用刑的三大策略．犯罪研究，2001（5）

俞江．关于“古代中国有无民法”问题的再思考．现代法学，2001（6）

吴秋红．论中国古代继承法的特点．高等函授学报，2001（6）

杨扬．中国古代的十类惩腐律令．四川宣传，2001（7）

黄晓红．中国古代监察法浅析．江淮风纪，2001（8）

欧剑菲．从古典自然法的政权理论看中国传统法学的重大缺失．云南大学学报，2002（1）

徐祥民．对中国古代法制研究中几个思维定式的反思——兼论战国前法制研究的方法．中国社会科学，2002（1）

叶昌富．中国古代当铺的质权．河池师专学报，2002（1）

秦文．中国古代的廉政法制建设．中山大学研究生学刊，2002（1）

詹爱萍．中国公证的起源．中国公证，2002（1）

韩秀桃，阮燕．中国古代的治世之道与法制实践——张晋藩教授关于中国古代“礼乐刑政，综合为治”的思想评述．政法论坛，2002（1）

王宏宇．中国古代的直诉制度．人民法院报，2002（1）

苗怀明．中国古代判词的发展轨迹及其文化蕴含．广州大学学报，2002（1）

张全民．中国古代直诉中的自残现象探析．法学研究，2002（1）；又见：走向二十一世纪的中国法文化．上海：上海社会科学院出版社，2002

王蓉．从实物形态到价值形态的法律保护——中国土地权利制度的变迁．法学评论，2002（2）

王铭慎．历代盐法源流考（续）．盐史业研究，2002（2）

马泓波．凌迟入律时代考．晋阳学刊，2002（2）

邓剑光，陈真．论保辜制度．汕头大学学报，2002（2）

方利平．中国古代法律的道德目标及其实现．淮北煤炭师范学院学报（哲学社会科学版），2002（2）

姜密．中国古代非“户绝”条件下的遗嘱继承制度．历史研究，2002（2）

范忠信．中国古代福利救济制度及其精神．中西法律传统，2002（2）

毛晓燕．中国古代录囚制度评析．河南社会科学，2002（2）

苗怀明．中国古代判词的发展轨迹及其文化蕴涵．广州大学学报，2002（2）

王毓明．封建禁赌法令价值及其效果匮乏之原因．法治论丛，2002（3）

王志强．中国传统法的地域性论略．复旦学报，2002（3）

周旺生．中国古代成文法述论．立法研究，2002（3）

王立民．中国古代刑法与佛道教：以唐宋明清律典为例．法学研究，2002（3）

崔敏．中国古代刑事诉讼法的扬弃和借鉴．江苏公安专科学校学报，2002（3）

邓勇．中国古代永佃制度及其法文化分析．长白学刊，2002（3）

刘云生，宋宗宇．中国古代优先权论略：概念·源流·种类．重庆大学学报，2002（3）

胡晓明．大赦渊源考论．南京社会科学，2002（4）

胡帅．对中国古代伦理化法律演进过程的回顾与思考．研究生法学，2002（4）

周旺生．法典在制度文明中的位置．法学论坛，2002（4）

牛忠志．古代保辜制度考析．山东科技大学学报，2002（4）

［韩］尹在硕．古代韩中法制交流浅析：以“犯禁八条”为中心．中国文化研究，2002（4）

柏桦，葛荃．礼刑与富贵：中国古代刑罚的政治观．政治与法律，2002（4）

李交发．论古代中国家族司法．法商研究，2002（4）

肖传林．论中国古代契约的身份特点．湖北广播电视大学学报，2002（4）

张文举，李军．浅议中国古代丧服制度对法律制度的影响．胜利油田党校学报，2002（4）

刘军平，李交发．中国古代立法解释探析．湘潭大学社会科学学报，2002（4）

艾永明．中国古代有无行政法之我见．华东政法学院学报，2002（4）

钱大群．关于秦、唐、宋朝的“一罪二刑”问题——沈家本《论附加刑》订补．见：法律史论集．第4卷．北京：法律出版社，2002

胡谦．论古代的亲属容隐制度．广西社会科学，2002（5）

刘燕玲，蒋若薇．论中国封建社会徒刑执行的方式与特点．中国监狱学刊，2002（5）

倪延年．论中国古代报刊法制的发展轨迹及特点．南京政治学院学报，2002（5）

王时中，阳永恒．浅议中国传统伦理法的实施机制与历史命运．社科与经济信息，2002（5）

徐爽．试论立法史的演进之路．西南政法大学学报，2002（5）

曹智．中国传统民事诉讼之考证．广州大学学报，2002（5）

徐国栋．“人身关系”流变考（上）．法学，2002（6）

王胜国．试论儒学的等级思想对中国古代法制的影响．河北法学，2002（6）

刘秋根．十至十四世纪的中国合伙制．历史研究，2002（6）

滕彪．“司法”的变迁．中外法学，2002（6）

吕志兴．我国古代居间制度及其借鉴．当代法学，2002（6）

易松国，陈丽云，林昭寰．中国传统离婚政策简析．深圳大学学报，2002（6）

施懿超．中国古代档案立法之特点分析．档案与建设，2002（6）

王立民．中国古代的死刑复核制度及其思想基础．政治与法律，2002（6）

郑显文．中国古代法学考试制度初探．西南师范大学学报，2002（6）

毛晓燕．中国古代监狱发展及其主要特征简论．商丘师范学院学报，2002（6）

顾元．从“援法断罪”到“曲法伸情”：中国传统司法的衡平精神．人民法院报，2002（7）

徐国栋．“人身关系”流变考（下）．法学，2002（7）

龚汝富．中国古代健讼之风与息讼机制评析．光明日报，2002-07-23

乔彩萍，任晓旭．对中国封建社会刑罚适用的认识与思考．山西高等学校社会科学学

报，2002（8）

胡世凯．官吏渎职罪与中国传统法律“明主治吏不治民”特征的形成．见：走向二十一世纪的中国法文化．北京：中国政法大学出版社，2002

徐唐棠．略论我国古代的刑讯制度．当代法学，2002（9）

贾克元．略论中国古代狱制的特质．史学月刊，2002（9）

春杨．儒家思想与法官职业道德建设．见：走向二十一世纪的中国法文化．上海：上海社会科学院出版社，2002

［日］石川英昭著，曲阳译．司法与感情．见：走向二十一世纪的中国法文化．上海：上海社会科学院出版社，2002

陈景良．中国古代法官小考．见：走向二十一世纪的中国法文化．上海：上海社会科学院出版社，2002

李交发．中国古代施刑轻重之争辨析．见：走向二十一世纪的中国法文化．上海：上海社会科学院出版社，2002

汪世荣．中国审级制度的历史传统与现代改革．见：走向二十一世纪的中国法文化．上海：上海社会科学院出版社，2002

高世瑜．从礼到法：中国古代性别制度的法典化．光明日报，2002-10-17

顾元．鬼神报应与中国古代司法．人民法院报，2002（10）

文海林．三分刑法史．刑事法评论，2002（11）

冯树粱．孙子兵法与监狱工作．犯罪与改造研究，2002（12）

孟钟捷．中国古代社会产权问题讨论综述．青年史学，2002（55）

王宏治．中国古代的反邪教立法．政法评论，2002

黄修明．论中国古代“孝治”施政的法律实践及其影响．西南民族学院学报，2003（1）

夏锦文．社会变迁与中国司法变革：从传统走向现代．法学评论，2003（1）

马兰花．试论中国古代刑法的亲和力．昆仑法学论丛，2003（1）

张震英，石玲．文明与野蛮的较量：中国历代肉刑兴废述论．通化师范学院学报，2003（1）

冯雷．我国亲属容隐制的历史嬗变．湖北行政学院学报，2003（1）

郭成伟，方潇．中国传统“公之于法”特质研究．中国法学，2003（1）

黄修明．中国古代酒禁论．重庆大学学报，2003（1）

吕卫华．重新认识中国古代刑讯．法大评论，2003（2）

范忠信．古代的绑票：案与法．法学家茶座，2003（2）

方宝璋．论中国古代监审一体制度的演变和特点．山西财经大学学报，2003（2）

孔玲．“赔命价”试析．民族法学评论，2003（2）

张群．“人命至重”的法度：烧埋银．读书，2003（2）

尤广辉．无罪推定原则的历史考察．山西高等学校社会科学学报，2003（2）

肖文，邹建华，毕宜才．中国古代公证．中国公证，2003（2）

肖文．中国古代公证的民间样式与官方样式．民间法，2003（2）

郑显文．中国古代关于商品买卖的法律文书研究．中国经济史研究，2003（2）

胡健．中国死刑起源探究．政法论丛，2003（2）

刘守芬，王洪波，姜涛等．对中国古代廉政法律制度的历史考察．北京大学学报，2003（3）

赵杰．论中国古代盐外卖制度中国家与盐商的法律关系．培训与研究，2003（3）

马小红．试析中国古代社会中的“法官”．公法，2003（3）

周娅．讼师命运与律师制度．山西省政法管理干部学院学报，2003（3）

李晓燕，李麒．我国古代司法官责任制度的历史演变．理论探索，2003（3）

张维迎，邓峰．信息、激励与连带责任：对中国古代连坐、保甲制度的法和经济学解释．中国社会科学，2003（3）

王萍华．疑案处理的历史沿革及理论分析．湖南公安高等专科学校学报，2003（3）

王磊．中国妇女再婚制度的历史沿革与法律透视．哈尔滨学院学报，2003（3）

马新福，韩丽收．中国古代法律服务初论．法制与社会发展，2003（3）

杨昂，马作武．中国古代法律诠释传统形成的历史语境．法学评论，2003（3）

高其才，罗昶．中国古代经义决狱与司法公正．广东社会科学，2003（3）

刘云生．中国古代优先权论略：序位·要件·效力·限制．重庆大学学报，2003（3）

赵杰．中国历代文物保护制度述略．考古与文物，2003（3）

吕世伦，邓少岭．自然人文地理与中华法律传统之特征．现代法学，2003（3）

张纪寒．存留养亲制探源．中南大学学报，2003（4）

阎少华，杨秀春．对管制刑的历史考察与再认识．理论学刊，2003（4）

陈立文．我国古代死罪与死刑问题的若干思考．广东法学，2003（4）

王云鹏．我国古代刑法典探源．中州学刊，2003（4）

刘本燕．中国古代法律制度对现今法律制度的积极影响．江西社会科学，2003（4）

宋四辈．中国古代刑法典的编纂体例和结构特点：兼论中国传统刑法文化的作用和影响．郑州大学学报，2003（4）

赵春燕．中国古代刑讯制度演变规律之研究．中国刑事法杂志，2003（4）

焦利．中国古代行政法中的“壳资源”．行政法学研究，2003（4）

孟庆超．中国行政救济制度产生的思想基础．国家行政学院学报，2003（4）

李晓燕，李麒．论中国古代司法官责任制度的特征和思想基础．山西高等学校社会科学学报，2003（5）

吕铁贞．略论中国封建社会商人法律地位．中国社会科学院研究生院学报，2003（5）

顾元．“片言折狱”与中国古代司法逻辑．人民法院报，2003（5）

高汉成．也谈中国古代律典的性质和体例：以《唐律疏议》和《大清律例》为中心．上海交通大学学报，2003（5）

曾宪义，马小红．中国传统法的结构与基本概念辨正：兼论古代礼与法的关系．中国社会科学，2003（5）

陶涛．中国古代保辜制度探析．淮北煤炭师范学院学报（哲学社会科学版），2003（5）

万安中．中国古代法律制度嬗变及特征刍议．广东社会科学，2003（5）

王宏治．中国古代抗疫病的法律措施．比较法研究，2003（5）

萧典．中国古代自首制度考：兼论自首制度演变发展的特征及其价值．武汉文史资料，2003（5）

顾元．自然天道、片言折狱与中国传统司法的非逻辑主义倾向．诉讼法学研究，2003（5）

蒲娜娜．古代中国判例的几个基本问题．西南交通大学学报，2003（6）

邓建鹏．健讼与贱讼：两宋以降民事诉讼中的矛盾．中外法学，2003（6）

曲秀君，王松涛．略论从身份到契约的转变：兼论其对中国身份社会的影响．枣庄师范专科学校学报，2003（6）

吴永明，陈小琼．略论中国传统司法的哲学理念．云梦学刊，2003（6）

傅治同．略论中国古代的依法治国．邵阳学院学报，2003（6）

孔正毅．试论古代图书的版权保护．出版发行研究，2003（6）

范忠信．中国“封建”法制史研究论纲．中国法学，2003（6）

李韬．中国古代有没有行政法．贵州大学学报，2003（6）

张志京．论中国古代法律中女性的相对家长权．见：法律史论集．第5卷．北京：法律出版社，2003

张宇璇．浅析中国封建社会律师制度实施的障碍．前沿，2003（9）

尤韶华．象刑岐义考．见：中国法制史考证·甲编．第1卷．北京：中国社会科学出版社，2003

祝总斌．中国成文法公布问题考析．见：中国法制史考证·乙编．第1卷．北京：中国社会科学出版社，2003

汪世荣．中国古代判词沿革考．见：中国法制史考证·乙编．第2卷．北京：中国社会科学出版社，2003

张建国．中国律令法体系考．见：中国法制史考证·乙编．第1卷．北京：中国社会科学出版社，2003

［日］滋贺秀三．东方刑法的历史．见：中国法制史考证·丙编．第1卷．北京：中国

社会科学出版社，2003

［日］池田温．律令法．见：中国法制史考证·丙编．第1卷．北京：中国社会科学出版社，2003

［日］小仓芳彦．围绕族刑的几个问题．见：中国法制史考证·丙编．第1卷．北京：中国社会科学出版社，2003

［日］日原利国．心意的偏重——关于行为的评价．见：中国法制史考证·丙编．第1卷．北京：中国社会科学出版社，2003

［日］仁井田陞．中国买卖法的沿革．见：中国法制史考证·丙编．第1卷．北京：中国社会科学出版社，2003

董长春．氏族社会中的中国传统法律．见：法律史论集．第5卷．北京：法律出版社，2003

贡振羽．从古今婚姻法律制度的沿革看我国妇女的社会地位．山西高等学校社会科学学报，2003（10）

邓陕峡．中国古代刑事诉讼中国家权力与个人权利的互动．成都大学学报，2003年增刊

程雷．保释：一项古老实践的重新审视．保释制度与取保候审，2003

公丕祥．19世纪之前的中外法律交往．金陵法律评论，2004（1）

王建中．从“缇萦救父”看中国古代肉刑．黑龙江教育学院学报，2004（1）

刘君玲．对我国公安史研究的回顾与思考．中国人民公安大学学报，2004（1）

张艳．法律变革的起源——以中国史为中心的考查．中州大学学报，2004（1）

王鸿龙．古代文明进程中土地法律渊源初探．长安大学学报（社会科学版），2004（1）

王毓明．古法对官吏性侵害的防范及其启示．法治论丛，2004（1）

张秀芹．论我国典权制度的历史变迁．苏州市职业大学学报，2004（1）

徐忠明．论中国古代刑事审判传统．法制与社会发展，2004（1）

马洪涛．“亲亲相隐”的刑事立法化思考．社会公共安全研究（福建公安高等专科学校学报），2004（1）

［美］Ren X著，毛娓译．中国传统法中的刑事规则．江苏警官学院学报，2004（1）

余子明，向英．中国古代惩禁毒物犯罪立法．许昌学院学报，2004（1）

宋玉成．保举连坐制度小议．长沙民政职业技术学院学报，2004（2）

甘露．从一个判例看中国古代的“不应得为”罪．北京航空航天大学学报（社会科学版），2004（2）

王仲修．从野蛮走向文明——中国死刑执行方式的历史演变．烟台大学学报（哲学社会科学版），2004（2）

洪彦．对传统法院调解制度的现代思考．黑龙江省政法管理干部学院学报，2004（2）

杨鸿雁．对耻辱刑的理性思考．贵州大学学报（社会科学版），2004（2）
刘守芬，王洪波，姜涛等．古代廉政法制建设的教训和警示．山东公安专科学校学报，2004（2）
潘云华．古代社会财产占有双轨制及其再生．金陵法律评论，2004（2）
魏燕芳．论奴隶制五刑向封建制五刑的过渡．晋中师范高等专科学校学报，2004（2）
张秀芹．论我国典权制度的历史变迁．鄂州大学学报，2004（2）
朱作鑫．论中国古代法制史的伦理特色．郑州航空工业管理学院学报（社会科学版），2004（2）
莫守忠．我国古代司法规避法律的原因及现实思考．湖南社会科学，2004（2）
付坚强．我国历史上田宅典权制度流变考．中国农史，2004（2）
黄楚芬．引礼入法初探．重庆电力高等专科学校学报，2004（2）
潘玉明．中国传统犯罪特征研究．郑州轻工业学院学报（社会科学版），2004（2）
陈鹏飞．中国古代保辜制度初探．广西政法管理干部学院学报，2004（2）
顾元．中国衡平司法传统论纲．政法论坛，2004（2）
赵晓耕，史永丽．中国历史上肉刑的存废之争．法制日报，2004-02-12
赵静．从我国古代赦免制度谈老年人刑事责任．江苏警官学院学报，2004（3）
王小丰．存留养亲及其价值分析．广西政法管理干部学院学报，2004（3）
谢晖．符号、解释学与中国古典法律解释．法制与社会发展，2004（3）
黄国政．历史上中日法律的互动及其后果．青海民族学院学报，2004（3）
李强．浅析制约中国古代民法发展的诸因素．湖北成人教育学院学报，2004（3）
逄锦温．刑法机能的历史考察．福建政法管理干部学院学报，2004（3）
颜小冬．刑讯逼供的历史流变及其原因．湘潭大学学报（哲学社会科学版），2004（3）
方潇．灾异境遇：中国古代法律应对机制及其当代意蕴．政治与法律，2004（3）
陈涛．中国法典编纂的历史发展与进步．法律科学，2004（3）
赵小锁．中国封建社会诉讼证明原则——以情折狱原则之含义及成因论．学术界，2004（3）
张丽清．中国古代法律中的“个人”．兰州学刊，2004（3）
陈坚纲．中国古代判例法研究．甘肃行政学院学报，2004（3）
王月萍．中国古代公法的特征及成因透视．云梦学刊，2004（3）
史永丽，易菲．中国古代刑罚制度的演变及其成因分析．运城学院学报，2004（3）
陈玺．中国古代缘坐制度考辨．贵州工业大学学报（社会科学版），2004（3）
莫于川．中国行政法治发展进程的回顾与前瞻．河南省政法管理干部学院学报，2004（3）
杨勤峰．论化外人相犯．黑龙江省政法管理干部学院学报，2004（4）

柳正权．试析中国封建社会形态中的法律原罪．法学评论，2004（4）
顾元．体制与道德的背反——中国传统司法的背景及困境．安徽大学学报（哲学社会科学版），2004（4）
沈岿．因开放、反思而合法——探索中国公法变迁的规范性基础．中国社会科学，2004（4）
叶苗．中国古代犯罪主观方面研究．甘肃行政学院学报，2004（4）
刘晟廷．中国古代民法典缺失的原因．理论导刊，2004（4）
安斌．中国古代自首制度简论．中国人民公安大学学报，2004（4）
汪勇．中国罪犯权利的历史嬗变．河南司法警官职业学院学报，2004（4）
曾凡贞．封建宗法关系的起源、本质和改造．改革与战略，2004（5）
陈松．慎刑与严刑：中国传统刑罚的双重性格及其原因．福建公安高等专科学校学报（社会公共安全研究），2004（5）
董晶．我国古代刑事讯问特点评析．黑龙江省政法管理干部学院学报，2004（5）
王树春．中国古代存在版权保护吗．池州师专学报，2004（5）
曾丽玮．中国古代民商事法律存在之社会基础初探．江西教育学院学报，2004（5）
才惠莲．中国水权制度的历史特点及其启示．湖北社会科学，2004（5）
吕丽．古代冠服礼仪的法律规制．法制与社会发展，2004（6）
万安中．录囚制度考论．学术研究，2004（6）
王平．论放逐刑．安徽警官职业学院学报，2004（6）
宁立波，靳孟贵．我国古代水权制度变迁分析．水利经济，2004，22（6）
郭海霞．刑事法治视野中的“亲亲相隐”．浙江万里学院学报，2004（6）
马聪．中国古代共同犯罪的发展历史．郑州航空工业管理学院学报（社会科学版），2004（6）
方潇．中国古代天学视野下的刑罚运行．河南省政法管理干部学院学报，2004（6）
江海波．中国古代土地“活卖”关系之考释——兼论《中华人民共和国民法典》对“典权”制度的取舍．武汉理工大学学报（社会科学版），2004（6）
赵峰．中国古代有没有自然法．江苏警官学院学报，2004（6）
张德美．论道德法律化．法律适用，2004（7）
张中．略论刑法功能之演变及启示．前沿，2004（7）
萧克芬．凌迟：中国历史上最严酷的刑罚．中学历史教学参考，2004（8）
史广全．中国古代立法文化论纲．学术交流，2004（8）
王仲修．中国古代的酷刑及其演变．山东社会科学，2004（9）
金亮．中国古代契税制度探析．江西社会科学，2004（11）
魏淑君．中国古代律学教育探析．理论学刊，2004（11）

刘冰．我国死刑执行方式演变考．河北法学，2004（12）

刘华堂．中国古代刑法中的罪刑法定．辽东学院学报，2004. S1

张研．关于中国传统社会土地权属的再思考——以土地交易过程中的“乡规”、“乡例”为中心．安徽史学，2005（1）

潘丽萍．“伦理法”概念之辨析．闽江学院学报，2005（1）

刘满园．论中国古代的亲属免证制度．台声·新视角，2005（1）

邓君．略论中国古代档案法规发展分期．档案学通讯，2005（1）

周国均．我国古代死刑复核制度的特点及其借鉴．中国法学，2005（1）

叶晓川．中国传统无效婚姻立法文化初探．江苏警官学院学报，2005（1）

王骏．中国古代惩治贪赃罪的刑法制度探析．宁波工程学院学报，2005（1）

杨鸿雁．中国古代耻辱刑考略．法学研究，2005（1）

敖惠．中国古代会审制度及其现代思考．贵州民族学院学报（哲学社会科学版），2005（1）

沈岚．中国古代律学浅论．兰州学刊，2005（1）

丁春梅．中国古代诏书纵横谈．档案学研究，2005（1）

赵朝琴．中国律师制度渊源探究．河南司法警官职业学院学报，2005（1）

方潇．“法典”意象变迁考——以中国语境为核心．比较法研究，2005（2）

左坚卫．缓刑起源辨正．金陵法律评论，2005（2）

张嘉军．历史流变中的民事诉讼证据种类．现代法学，2005（2）

刘宇平．论中国古代的“亲亲相隐”制度．云南社会科学，2005（2）

刘术永．论中国古代贪贿犯罪的原因对策及启示．华北水利水电学院学报（社科版），2005（2）

陆新淮．论中国古代侦查制度的演变．郑州经济管理干部学院学报，2005（2）

张国钧．亲属容隐的合法性与合理性．伦理学研究，2005（2）

蒋晓伟．是礼法结合，还是经义与法律的结合．政治与法律，2005（2）

董邦俊．我国古代贪污罪立法的考察及反思．湖北警官学院学报，2005（2）

陶程．我国古代刑法的溯及力．西安文理学院学报（社会科学版），2005（2）

谭光定．中国法制轻程序的原因探析．重庆社会科学，2005（2）

刘长江．中国封建法政体制的形成和演变述论．山东师范大学学报（人文社会科学版），2005（2）

蒋铁初．中国古代精神病人犯罪法探析．北方论丛，2005（2）

史广全．中国古代立法演进的多向度考察．榆林学院学报，2005（2）

杨阳．中国古代刑罚命名变态现象之初探．修辞学习，2005（2）

郑好．中国古代有无民法的探讨．研究生学刊（社会科学版），2005（4）

史广全．中国历代封建王朝都要制定本朝法典原因探析．学习与探索，2005（2）

潘丽萍．中国“伦理法”成因之探析．福建工程学院学报，2005（2）

尤陈俊．“不变”的中国基层司法风格及其社会经济背景．河南省政法管理干部学院学报，2005（3）

江春晖．从徽商衰亡谈正确认识私有财产权．蚌埠党校学报，2005（3）

张静．管窥我国历史上的反贪立法．文史月刊，2005（3）

王琳．论中国古代的孝道与刑法．当代经理人（下半月），2005（3）

徐凤侠．浅议我国古代礼法制度．菏泽学院学报，2005（3）

狄世深．我国古代刑法中的身份探究．贵州文史丛刊，2005（3）

范忠信．中国传统司法的伦理属性及其影响．河南省政法管理干部学院学报，2005（3）

何邦武．中国古代的讼师及其与当事人的关系初论．西华师范大学学报（哲学社会科学版），2005（3）

杨嘉音．中国古代禁赌启示录．湖南省社会主义学院学报，2005（3）

郑显文．中国古代“农忙止讼”制度形成时间考述．法学研究，2005（3）

贺卫方．中国古代司法的三大传统及其对当代的影响．河南省政法管理干部学院学报，2005（3）

冯秀军．传统礼法制度对古代中华民族的精神秩序整合．社会科学论坛（学术研究卷），2005（4）

徐忠明．从“法”看中国司法的兴起及理念．中山大学学报（社会科学版），2005（4）

王一强．法律文本的矛盾——从英租威海卫时期的一份鞭刑文件说起．山东大学学报（哲学社会科学版），2005（4）

梅养宝．科举制度的生成和演化机制．教育学报，2005（4）

丁茂清．历史上中国政府行政程序法定化欠缺的深层根源．长沙铁道学院学报（社会科学版），2005（4）

梁凤荣．论中国古代买卖契约中担保的形式与特色．河南大学学报（社会科学版），2005（4）

陈晓光．名虽易而实未变——析中国法制史上的刑、法、律．辽宁广播电视大学学报，2005（4）

马建红．亲属·服制·法律．法学论坛，2005（4）

隋亮．试论中国古代任官回避制度产生和存在的社会历史条件．沧州师范专科学校学报，2005（4）

雷海峰．我国古代未成年人犯罪刑事政策初探．青少年犯罪问题，2005（4）

戴勇敢．中国法律书目的产生与发展述略．图书馆论坛，2005（4）

张飞舟．中国古代的乐与法．法律科学，2005（4）
李国锋．中国古代婚姻制度．新乡师范高等专科学校学报，2005（4）
褚家永．中国古代廉政建设的若干经验（续）．中国监察，2005（4）
常洁琨．中国古代契约“私的自治”散考．甘肃政法成人教育学院学报，2005（4）
赵子强．中国古代刑罚目的考．江苏警官学院学报，2005（4）
任喜荣．中国古代刑官的权力解析——法律人职业化的历史透视（三）．法制与社会发展，2005（4）
马作武．中国古代刑事审判中被告人诉讼地位析论．求索，2005（4）
郑世保．中国古代刑讯制度的特征成因与禁用．郑州轻工业学院学报（社会科学版），2005（4）
郑好．中国古代有无民法的探讨．研究生学刊（社会科学版），2005（4）
赵玉环．中国古代之不孝罪浅析．山东省工会管理干部学院学报，2005（4）
谢晖．中国古典法律解释的方法智慧——关注解释的合法性．政法论坛，2005（4）
谢晖．中国古典法律解释中的目的智慧——追求法律的实用性．法学论坛，2005（4）
谢晖．中国古典法律解释的形上智慧——说明立法的合法性．法制与社会发展，2005（4）
任强．中国古典文本中的法律形式．北京大学学报（哲学社会科学版），2005（4）
汪俊英．“重权轻法”的历史传统及其劣性影响分析．中共郑州市委党校学报，2005（4）
林明．保辜制的制度与思想探析．法制与社会发展，2005（5）
李雨峰．理性的宰制——关于帝制中国版权问题的省思．政法论坛，2005（5）
张国钧．亲属容隐：比较和启示．兰州大学学报（社会科学版），2005（5）
赵玉环．我国古代判例制度及其特征．政法论丛，2005（5）
孟维生．我国古代亲属容隐制度的历史发展及其特点．南华大学学报（社会科学版），2005（5）
胡铭．我国古代申诉制度之演进及现代影响．西南政法大学学报，2005（5）
万海峰．我国亲属相隐制度的历史发展及其利弊分析．江西师范大学学报（哲学社会科学版），2005（5）
侯欣一．中国传统社会轻视程序法原因再探．华东政法学院学报，2005（5）
田莉妹．中国古代的法治与吏治．贵州社会科学，2005（5）
曹丽．中国古代法官责任制的借鉴意义．西华师范大学学报（哲学社会科学版），2005（5）
李显冬．中国古代民事法律调整的独到之处．晋阳学刊，2005（5）
张旭．中国古代侵占罪立法考究．现代法学，2005（5）

谢文钧．中国古代职务过失犯罪立法论析．社会科学战线，2005（5）

邓子滨．法律制裁的历史回归．法学研究，2005（6）

吕丽．古代祭祀礼仪的法律规制与文化内涵．法制与社会发展，2005（6）

林本昌．论行政兼理司法在中国封建社会的存因．中共长春市委党校学报，2005（6）

张玉光．判例法在传统中国社会的历史变迁．社会科学家，2005（6）

宋大琦．亲属容隐制度非出秦律说．内蒙古大学学报（人文社会科学版），2005（6）

王青．亲属特免权和“亲亲相隐”制度的启示．公安学刊，2005（6）

方式．试论中国古代的连坐制度及其影响．市场周刊·管理探索，2005（6）

吉红．天理、国法、人情的贯通与和谐——中国古代刑法发展的根据及其轨迹．中共郑州市委党校学报，2005（6）

李宜霞．杖刑源流论考．湖南科技大学学报（社会科学版），2005（6）

刘长江．中国封建地方法政体制探析．西华师范大学学报（哲学社会科学版），2005（6）

王明翠．中国古代法律特权性的形成．中山大学学报论丛，2005（6）

潘良炽．中国古代诽谤罪兴废时间考辨．达县师范高等专科学校学报，2005（6）

谢晖．中国古典法律解释的知识智慧——法律解释的知识形态．法律科学，2005（6）

邓郁庭．论我国古代诉讼的基本原则．甘肃农业，2005（9）

付晓梅．从主导法角度看我国法的演变．西南民族大学学报（人文社科版），2005（10）

吴秋红．论中国古代法律教育的特征．理论学刊，2005（10）

陈谭娟．中国古代赎刑与罚金刑之区别．理论月刊，2005（10）

李明国．儒家思想对封建社会法的影响探析．经济与社会发展，2005（11）

王运红．从古籍记载谈中国律师形象塑造的艰难处境．兰台世界，2005（12）

红梅．浅析刑讯逼供产生的根源与对策．前沿，2005（12）

刘军平．中国古代立法解释试诠．求索，2005（12）

李均明．简牍法制史料概说．中国史研究，2005.S1

曾丽．“十恶”演变考．内江师范学院学报，2005.S1

刘顶夫．中国古代信访源流考．湘潭大学学报（哲学社会科学版），2005.S2

张文勇．从最高法院收回死刑核准权看中国死刑限制制度的历史．河南司法警官职业学院学报，2006（1）

陈志英．对中国古代民事法的再认识．河北法学，2006（1）

朱良好．论我国传统诉讼文化中的法律职业者．海南大学学报（人文社会科学版），2006（1）

汪世荣．判例在中国传统法中的功能．法学研究，2006（1）
张焕琴．人本主义对中国古代女儿及非婚生子女财产继承制的影响．河北法学，2006（1）
束冬平．试论中国传统立法的模糊性特点．法制与社会（理论版），2006（1）
刘云生．永佃权之历史解读与现实表达．法商研究，2006（1）
马江领．中国古代犯罪特征研究．湖南财经高等专科学校学报，2006（1）
谢晖．中国古典法律解释的三种样式——官方的民间的和司法的．甘肃政法学院学报，2006（1）
张仁善．传统中国“法律人”的角色定位及功能分析．华东政法学院学报，2006（2）
崔永东．出土文献的法学价值．政法论坛，2006（2）
刘昂．对法不容情的批判性解读——以容隐制度与亲属拒证权为视角．北京人民警察学院学报，2006（2）
赵静．经与权——古代司法中的修辞学．重庆三峡学院学报，2006（2）
徐凤侠．试论神示证据制度．绥化学院学报，2006（2）
刘艳芳．我国古代调解制度解析．安徽大学学报（哲学社会科学版），2006（2）
张文勇．我国古代刑法中的犯罪故意概念剖析．绥化学院学报，2006（2）
张利．“义理决狱”探析——以《名公书判清明集》为主要依据．河北学刊，2006（2）
徐祥民．中国法制传统的若干特点．中州学刊，2006（2）
王灵芝．浅谈传统文化影响下的中国古代法律语言．现代语文（语言研究版），2006（3）
胡瑞琴．礼与中国古代社会．辽宁行政学院学报，2006（4）
孙芳．中国古代为什么没能产生私法．文教资料，2006（11）

（二）各代法制史

1. 夏商西周

魏运五．周礼司法制度考．东北大学周刊，1927（26，27）
邓子俊．《吕刑》研究．中华法学杂志新编，1938，3（2）
季年文．《吕刑》考．新政治，1940，4（5）
刘启益．略谈卜辞中“武丁诸文之称谓”及“殷代王位继承法”．历史研究，1956（4）
王玉哲．试论商代“兄终弟及”的继统法与殷商前期的社会性质．南开大学学报，1956（6）
裘锡圭．甲骨文中所见的商代五刑．考古，1961（2）
赵佩馨．甲骨文中所见的商代五刑——并释刓、剢二字．考古，1961（2）
钟肇鹏．“礼不下庶人，刑不上大夫”论．学术月刊，1963（3）

李汉三．刑狱与易辞．（台湾）大陆杂志，1965，30（12）
王恒馀．宰官考原．见："中央研究院历史语言研究所"集刊．台湾：大陆杂志社，1967
胡厚宣．殷代的刖刑．考古，1973（2）
余祝毅．"竹刑"的创制者——邓析．解放日报，1974－09－04
程武．一篇重要的法律史文献——读𠑇匜铭文札记．文物，1976（5）
盛张．岐山新出𠑇匜若干问题探索．文物，1976（6）
齐文心．殷代的奴隶监狱和奴隶暴动．中国史研究，1979（1）
张友鸾．"刑不上大夫"解．百科知识，1979（4）
张晋藩．"刑不上大夫"解．人民日报，1979－11－06
李衡梅．"刑不上大夫"之"刑"为"肉刑"说补正．河南大学学报，1980（1）
李启谦．"礼不下庶人，刑不上大夫"吗？．齐鲁学刊，1980（2）
徐静村．《吕刑》初探．西南政法学院学报，1980（4）
张晋藩，刘海年．"礼不下庶人，刑不上大夫"小议．学习与探索，1980（5）
谢维扬．"礼不下庶人，刑不上大夫"辨．学术月刊，1980（8）
田昌五．一篇重要的法律文献——读𠑇匜铭文札记．见：古代社会形态研究．天津：天津人民出版社，1980
陈一石．"礼不下庶人，刑不上大夫"辨．法学研究，1981（1）
来因．我国法律史上的一篇重要文献——西周青铜器"𠑇匜"铭文．法学杂志，1981（2）
李启谦．再议"礼不下庶人，刑不上大夫"．中国史论丛，1981（3）
杨剑虹．"铸刑鼎"考释．中国史论丛，1981（3）
齐思和．李克、李悝非一人辩．见：中国史探研．北京：中华书局，1981
李衡梅，吕绍纲．"刑不上大夫"的真谛何在？——兼与陈一石同志商榷．史学集刊，1982（1）
李衡梅．先秦刑法的沿革．研究生论文集刊，1982（2）
景戎华．周代"五刑"探微．文史知识，1982（2）
季家骥．宗法今解——兼与杨宽先生商榷．学术月刊，1982（3）
钱大群．西周"三事"考．法学研究，1982（4）
将集耀．象刑考辩．法学，1982（9）
李孟存，常金仓．范宣子刑书探微．山西师范学院学报（社会科学版），1993（1）
陈力．晋国成文法的形成试探．晋阳学刊，1983（1）
刘泽华．先秦法家立法原则初探．天津社会科学，1983（1）
陈曼平．《尚书·皋陶谟》释．牡丹江师范学院学报，1983（2）
张恩言．说商刑．中州今古，1983（2）
黄灼耀．周代继承制度质疑．华南师范大学学报（社会科学版），1983（3）

韩连琪．论春秋时代法律制度的演变．中国史研究，1983（4）
胡留元，冯卓慧．从陕西金文看西周民法规范及民事诉讼制度．考古与文物，1983（6）
铭文．我国最早的法律判决书——“㑇匜”．陕西日报，1983-10-04
肖永清．论子产．见：法史研究文集（中）．西北政法学院科研处编印，1983
王冬桦．我国最早的一座国家监狱——里．河南司法，1983（12）
刘海年．㑇匜铭文及其所反映的西周刑制．法学研究，1984（1）
吴浩坤．西周和春秋时代宗法制度的几个问题．复旦学报（社会科学版），1984（1）
胡留元，冯卓慧．西周刖刑．西北政法学院学报，1984（1）
王友才．“刑不上大夫”考辨．河北学刊，1984（1）
俞荣根．从以礼率刑到改法为律——先秦的立法概况．法学杂志，1984（2）
王元明．从《诗经·召南·行露》一诗看周代的诉讼．法学研究，1984（3）
余树声．西周法制与中国古代文明．理论研究，1984（3）
陈抗生．从商周奴隶制法看法的阶级性问题．法学杂志，1984（4）
梁立民，张劲松．我国奴隶制时期监狱的起源、形态及监管制度．河北法学，1984（5）
胡银康．西周官刑考略．华东政法学院研究生论文集，1984（5）
王育成．“入束矢”解．法学研究，1984（6）
汤起康．“礼不下庶人，刑不上大夫”原意索解．文史知识，1984（7）
李则鸣．殷商宗法制简议．江汉论坛，1984（11）
叶陵陵．浅议我国奴隶社会的婚姻家庭制度．法制园地，1985（1）
刘希林，尹天佑．商代法律制度辨析．政治学习，1985（1）
李衡梅．“象刑”辨——兼与唐兰、程武同志商榷．社会科学战线，1985（1）
从希斌．《易经》中记载的周代诉讼．天津师范大学学报（社会科学版），1985（1）
郑慧生．商代宗法溯源．郑州大学学报（社会科学版），1985（2）
刘林希，尹天佑．西周礼刑释义．政法学习，1985（2）
马宗申．西周农业税法考．农业考古，1985（2）
高潮，史幼华．刖刑名实考．法学季刊，1985（2）
刘林希等．春秋时期法律制度的变迁及其特点．政法学习，1985（3）
杨升南．从殷墟卜辞中的“示”、“宗”说到商代的宗法制度．中国史研究，1985（3）
李可夫．中国奴隶制法新探．政法学习，1985（3）
孔庆明．“铸刑鼎”辨正．法学研究，1985（3）
李行之．《尚书·洪范》是中国历史上第一部宪法．求索，1985（4）
栗劲，王占通．略论奴隶社会的礼与法．中国社会科学，1985（5）
楚刃．西周没有“世卿世禄”制度吗？——与余天炽同志商榷．晋阳学刊，1985（5）

丛学斌．《周易》中记载的周代刑法．法学研究，1985（5）

冯卓慧．鬲从盨所反映的西周契约关系．考古与文物，1985（6）

胡银康．西周官刑考略论．江海学刊（社会科学版），1985（6）

李玉洁．评周厉王革典．河南大学学报（社会科学版），1986（1）

茅彭年．西周确立了我国古代的刑事诉讼制度．法学杂志，1986（1）

武树臣．孔子与铸刑鼎．见：孔子法律思想研究（论文集）．济南：山东人民出版社，1986

张紫葛等．论《洪范》的法学意义．成都大学学报（社会科学版），1986（2）

俞荣根．《晋刑鼎》再议——兼向庆明同志请教．法学研究，1986（3）

李锡厚．“弃灰罪”考释．中国人民警官大学学报，1986（3）

徐俊．释《鸡次之典》．江汉论坛，1986（3）

刘笃才．“乱政作刑”考释．辽宁大学学报（社会科学版），1986（4）

李启谦．试论原始社会的惩罚制度．东岳论丛，1986（4）

艾畏．我国奴隶制法的特征浅析．法学评论，1986（4）

廖炳扬．我国奴隶制刑法锋芒是对准奴隶的吗？．安徽大学学报（社会科学版），1986（4）

李向平．西周春秋时期士阶层宗法制度研究．历史研究，1986（5）

冯卓慧，胡留元．西周军法判例——《师旅鼎》述评．人文杂志，1986（5）

廖炳扬．我国奴隶制刑法是对着奴隶吗？．法学杂志，1986（6）

庄春波．“象刑”解．江汉论坛，1986（12）

俞荣根．孔子讥《刑鼎》辨析．孔子研究，1987（1）

刘凝禧．商朝法制略论．贵州民族学院学报（社会科学版），1987（1）

徐俊．春秋时期楚军的训练和军法．华中师范大学学报（社会科学版），1987（2）

王远瞻．《吕刑》“墨辟疑赦”条辨正．湘潭大学学报（社会科学版），1987（2）

马小红．释“礼不下庶人，刑不上大夫”．法学研究，1987（2）

胡留元，冯卓慧．西周誓审——兼与殷代神判之比较．西北政法学院学报，1987（2）

朱新华．邓析及其《竹刑》．中南政法学院学报，1987（3）

李学功．晋郭偃变法述略．青海师范大学学报（社会科学版），1987（3）

段渝．殷周宗法的异同．历史知识，1987（3）

俞建平．牧牛告主——周朝诉讼制度．律师与法制，1987（4）

宋曦．浅析“礼不下庶人，刑不上大夫”．江汉大学学报，1987（4）

武树臣．《易经》与我国古代民法．法学，1987（4）

武树臣．《易经》与我国古代法制（上）．中国法学，1987（4）

李衡梅．狱讼辨析．人文杂志，1987（4）

钱杭．周代宗法制度在我国历史上的演变．河北学刊，1987（4）

王占通．奴隶社会法律制度中不存在“礼不下庶人，刑不上大夫”的原则．吉林大学社会科学学报，1987（5）

武树臣．《易经》与我国古代法制（下）．中国法学，1987（5）

王兴业．古代农村公社与管仲的“修旧法”．管子学刊，1988（2）

李弋飞．“礼不下庶人，刑不上大夫”质疑．法学论丛，1988（2）

蔡燕荞．《吕刑》新议．法学研究，1988（2）

冯卓慧，胡留元．西周金文中的司寇及其官司机构．考古与文物，1988（2）

周苏平．春秋时期晋国法律制度初探．人文杂志，1988（3）

周建英．“殷彝”“殷罚”辨．河北师范学院学报（社会科学版），1988（3）

杨善群．春秋时代诸侯各国的法制建设．学术月刊，1988（5）

高潮，刘斌．铜器铭文中的法律史料——兼论周代财产所有权．中国法学，1988（6）

李合敏．我国古代最早的国家监狱——里．文史知识，1988（7）

王恩田．临沂竹书《田法》与爰田制．中国史研究，1989（2）

李弋飞．《吕刑》试议．中国法学，1989（2）

蔡燕荞．我国成文法制源远流长——对《尚书·吕刑》的反思．中国法学，1989（2）

巩富文．略述我国奴隶社会法官出入人罪的责任制度．政治与法律，1989（5）

马小红．试论《吕刑》的制定年代．晋阳学刊，1989（6）

严武．奴隶社会神权在法律上的体现．中南民族学院学报（社会科学版），1990（1）

刘斌．四十年来奴隶社会法律制度状况简介．文史知识，1990（1）

彭林．《周礼》的礼与刑．孔子研究，1990（1）

朱行天．从奴隶概念的法律含义看西周庶人．历史教学问题，1990（4）

李力．论春秋末期成文法产生的社会条件．法学研究，1990（4）

杨广伟．铜器铭文所见西周刑法规范考述．上海大学学报（社会科学版），1990（5）

阎青义．《洪范》——举世最早的一部古代成文法典．见：中国法律史国际学术讨论会论文集．西安：陕西人民出版社，1990

武树臣．《易经》与中国古代法律实践活动．见：中国法律史国际学术讨论会论文集．西安：陕西人民出版社，1990

胡留元，冯卓慧．西周金文中的法律资料．见：中国法律史国际讨论会论文集．西安：陕西人民出版社，1990

赵平安．从金文看西周诉讼制度．历史大观园，1990（12）

张文．“有亡荒阅”剩说：法律视角下周代政治经济纠葛举隅．河北师范大学学报（社会科学版），1991（1）

张景贤．商周法律是“秘而不宣”吗？——兼论成文法的公布不始于春秋．历史教学，

1991 (2)

游绍尹．试论我国奴隶制经济法的基本内容．中南政法学院学报，1991 (2)

杨文杰．试论周代法律对我国法律文化的影响．宝鸡师院学报（社会科学版），1991 (4)

翟婉华．试论西周的诉讼制度．兰州学刊，1991 (5)

宋秀丽．春秋婚制考述．贵州社会科学，1991 (10)

武树臣．从“荒阅”到“质要”：中国奴隶制法一瞥．文史知识，1992 (1)

张培田．从考古和文物看先秦债及其法律调整源流．中原文物，1992 (1)

邓和平．西周圜土拘禁对象之我见．劳改劳教理论研究，1992 (1)

韩国磐．“刑不上大夫”非先秦古法．厦门大学学报（社会科学版），1992 (4)

俞荣根．关于“七日诛少正卯”的再辨析——兼论孔子不是言论罪的创始人．见：儒家法思想通论．南宁：广西人民出版社，1992

刘愫贞．《吕刑》与法律语言．法律科学，1993 (1)

李衡梅．“奴隶社会不存在独立于礼的法”说质疑．河南大学学报（社会科学版），1993 (1)

李交发．略论周公与西周法制．湘潭大学学报（社会科学版），1993 (2)

梁颖．试论西周春秋时代宗法制与分封制的结合．广西师范大学学报，1993 (2)

张文．论“有亡荒阅”及相关问题．见：西周史论文集．西安：陕西人民教育出版社，1993

吕绍纲．《吕刑》约解．见：西周史论文集．西安：陕西人民教育出版社，1993

李学勤．《尝麦》篇研究．见：西周史论文集．西安：陕西人民教育出版社，1993

从希斌．《易经》与周代的刑罚适用原则．天津师范大学学报（社会科学版），1994 (3)

陈伟．包山楚司法简 131～139 号考析．江汉考古，1994 (4)

李力．夏商周法制研究评析．中国法学，1994 (6)

从希斌．从《易经》看西周时期婚姻家庭制度．历史教学，1994 (9)

李曦．《版法》为管仲所作考．管子学刊，1995 (1)

张博泉．箕子“八条之教”的研究．史学集刊，1995 (1)

朱方．从《易·讼》看中国古代法制建设的初始阶段．广西师范大学学报（社会科学版），1995 (2)

刘向明．宗教迷信对夏商西周法制的影响．嘉应大学学报（社会科学版），1995 (2)

从希斌．从《易经》看西周时期的司法制度．法学家，1995 (3)

陈伟．关于包山“疋狱”简的几个问题．江汉考古，1995 (3)

何宁生．论商代的法律制度．西北大学学报（社会科学版），1995 (3)

宁汉林．中国奴隶社会刑法基本原则初探．法学评论，1995 (3)

王刚．试论周代宗法制形成发展及其确立．南昌职业技术师院学报，1995（4）
宁汉林．我国奴隶社会断狱基本原则初探．法律科学，1995（4）
张春生．从《山海经》看夏代神判．法治论丛，1995（6）
周学军．《尚书·吕刑》中“五过”新解．现代法学，1996（1）
柴荣．试论“周礼”对中国封建法律的影响．前沿，1996（4）
黄朴民．春秋时期的军事训练与军事法规．文史知识，1996（11）
张耕天．“夏台”“羑里”狱名辨．中国监狱学刊，1996（1）
谢秦．浅谈西周礼与刑的关系．西安外国语学院学报（社会科学版），1997（1）
李雪山．师旂鼎铭与西周法制．殷都学刊，1997（1）
王洲明．西周宗法制度与《诗经》．漳州师院学报，1997（1）
袁兆春．析我国西周奴隶制法律制度．丹东师专学报，1997（2）
张家国，李红卫．《周易》古经之刑罚内容述论．黄冈师专学报，1997（2）
袁兆春．从《尚书·吕刑》看西周的奴隶制法律制度．益阳师专学报，1997（4）
徐进．德在西周政治中的运用与神权法的衰落．法制与社会发展，1997（5）
王立民．《孝经》与不考罪．青少年犯罪问题，1997（5）
徐进．战国前法的形式、生成及其时代特点．吉林大学社会科学学报，1997（6）
王小健．论象刑．吉林大学社会科学学报，1998（1）
何瑞林．略论中国奴隶制社会的国家警察管理．甘肃政法学院学报，1998（2）
魏筌．略论《周礼》的法学价值．政法论丛，1998（3）
周阿红．略论西周时期的司法制度．安徽史学，1998（4）
马小红．《吕刑》考释．见：法律史论集．第1卷．北京：法律出版社，1998
李力．夏商法律研究中的若干问题．见：法律史论集．第1卷．北京：法律出版社，1998
康德文．论西周春秋时期的灭族刑．江西师范大学学报，1999（1）
李力．《九刑》“司寇”考辩．法学研究，1999（2）
刘文泰．试论商代王权的专制主义性质．南都学坛，1999（2）
徐进．战国前的多元立法权及其由来．法制与社会发展，1999（2）
丁海斌．《周礼》中记载的法律文书与档案．辽宁大学学报（哲学社会科学版），1999（2）
金尚理．失礼则入刑——略论先秦礼法制度及其对后世的影响．中州学刊，1999（6）
徐祥民．春秋时期法律形式的特点及其成文化趋势．中国法学，2000（1）
卜宪群．周代职官制度与秦汉官僚制度的形成．南都学坛，2000（1）
唐元林．先秦儒家犯罪预防和社会控制．河南公安高等专科学校学报，2000（2）
夏淑云，任莉桃．两周时期司法警察制度及其特点．中国监狱学刊，2000（3）
张家国．《尚书》：夏、商、周三代法律文本的诠释．法学评论，2000（3）

马卫东．夏、商神权法说质疑．史学集刊，2000（3）

李学功．夏商周三代礼法制度论略．青海师范大学学报，2000（3）

齐明山．中国历代王朝的行政大法——简析《尚书·洪范》．北京行政学院学报，2000（4）

崔永东．殷周时期的法律观念及制度．中国人民大学学报，2001（3）

刘燕玲．论西周时期的监狱行刑制度．中国监狱学刊，2001（4）

崔永东．帛书《易经》与西周法制．孔子研究，2001（5）

曹兆兰．从金文看周代媵妾婚制．深圳大学学报，2001（6）

徐祥民．春秋时期的司寇是法官吗．郑州大学学报，2002（1）

李龙海．先商时代商族的继承制度．商丘师范学院学报，2002（1）

王长利．西周法律的主要形式——礼．管子学刊，2002（2）

刘翠萍．周礼与华夏民族习惯法初探．社会科学家，2002（2）

徐祥民．略论春秋刑罚的特点．法学研究，2000（3）

丁鼎．《礼仪·丧服》所体现的周代宗法制度．史学集刊，2002（4）

李力．20世纪甲骨文法律史料的整理及其研究——纪念殷墟甲骨文发现100周年．见：法律史论集．第4卷．北京：法律出版社，2002

杨师群．春秋时期法制进程考略．华东政法学院学报，2002（5）

陈恩林，孙晓春．关于周代宗法制度的两个问题．社会科学战线，2002（6）

赵晓耕．西周的刑事法律制度．人民法院报，2002（8）

赵晓耕．中国最早的成文法：吕刑．人民法院报，2002（9）

王玉亮．漫谈西周宗法伦理下的社会格局及其法律影响．廊坊师范学院学报，2003（1）

龙安生．《尚书·甘誓》并非“连坐”制度之源．韶关学院学报，2003（1）

秦永艳．浅谈商代的刑罚．寻根，2003（2）

张家国．试析“叔向断狱”的法律意义：兼论春秋时晋国的法律制度．江西师范大学学报，2003（2）

刘晓丽．赵简子“铸刑鼎”与三晋法家的形成．学术论丛，2003（2）

关晓丽．《周礼》司寇考．北华大学学报，2003（2）

李茂军．都鄙有章，上下有服：评春秋先哲子产的依法治国之道．南华大学学报，2003（3）

孙君．先秦时期军事伦理与军事法制发展关系探要．辽宁师范大学学报，2003（3）

孙瑞．《周礼》中市场法制管理文书探究．法制与社会发展，2003（3）

张继才，聂蒲生．论周代的宗法制．信阳师范学院学报，2003（6）

张秉伦．商代劓刑、宫刑与“劓殄”——兼与勤永艳先生商榷．寻根，2003（6）

胡留元，冯卓慧．卜辞金文法制资料论考．见：中国法制史考证·甲编．第1卷．北京：中国社会科学出版社，2003

王占通．“礼不下庶人，刑不上大夫”之真伪．见：中国法制史考证·甲编．第1卷．北京：中国社会科学出版社，2003

胡留元，冯卓慧．西周的刖刑．见：中国法制史考证·甲编．第1卷．北京：中国社会科学出版社，2003

马小红．夏商周法制史考证综述．见：中国法制史考证·甲编．第1卷．北京：中国社会科学出版社，2003

李力．先秦法制研究之批判．见：中国法制史考证·甲编．第1卷．北京：中国社会科学出版社，2003

从希斌．《易经》中的西周法制．见：中国法制史考证·甲编．第1卷．北京：中国社会科学出版社，2003

张文．“有亡荒阅”考．见：中国法制史考证·甲编．第1卷．北京：中国社会科学出版社，2003

李学勤．㑴匜释文．见：中国法制史考证·甲编．第1卷．北京：中国社会科学出版社，2003

刘海年．㑴匜研究．见：中国法制史考证·甲编．第1卷．北京：中国社会科学出版社，2003

［日］松丸道雄．西周后期社会所反映的变革萌芽——曶鼎铭解释问题的初步解决．见：中国法制史考证·丙编．第1卷．北京：中国社会科学出版社，2003

［日］滋贺秀三．中国上古刑罚考——以盟誓为线索．见：中国法制史考证·丙编．第1卷．北京：中国社会科学出版社，2003

李茂军．浅析子产的依法治国之道．河北青年管理干部学院学报，2004（2）

胡长发．“象刑”考．鄂州大学学报，2004（2）

王云鹏．论中国奴隶制法律制度的基本特征．河南省政法管理干部学院学报，2004（3）

从希斌．《易经》中记载的商周自由刑．天津师范大学学报（社会科学版），2004（3）

杨玲．西周罪名考论．榆林学院学报，2004（4）

马珺．中国历史上最早的一次法律变革——春秋成文法的公布及争论．河南社会科学，2004（4）

万安中．论西周监狱管理制度及其启示．当代法学，2004（5）

南玉泉．再论周人的结婚年龄．北京理工大学学报（社会科学版），2004（6）

焦克源．西周法制及其对后世的影响．经济与社会发展，2004（11）

唐虞．法立诛必——卫嗣君惩办胥靡的启示．民主与科学，2005（1）

蒋铁初．质疑西周时期民事诉讼与刑事诉讼分立说．阴山学刊，2005（1）

张培田．先秦时期债流转的史实探析．法学研究，2005（2）

段塔丽．先秦丧服制度中的性别等级地位差异问题初探．四川大学学报（哲学社会科学版），2005（3）

魏义霞．礼法·法天·法术——先秦法制模式及其影响．哲学研究，2005（4）

张培田．先秦的债及其法律调整源流刍探．西南民族大学学报（人文社科版），2005（4）

黄会奇．虞舜时的贪赂罪．陇东学院学报（社会科学版），2005（4）

黄广进．再论子产铸刑书事件．西南民族大学学报（人文社科版），2005（4）

郝铁川．从多元立法权和司法权到一元立法权和司法权的转折——春秋时期"铸刑书"、"铸刑鼎"辨析．华东政法学院学报，2005（5）

廖宗麟．如何看待春秋期间郑铸刑书、晋铸刑鼎的法律意义．河池学院学报，2005（6）

林荣．春秋时期的档案文献编纂——成文法的编纂公布．兰台世界，2005（8）

石歌亮．浅谈上古三代法制在中国法律发展史上的地位．陕西师范大学继续教育学报，2005.S1

2. 战国秦

杨宽．论商鞅变法．历史教学，1955（9）

金德建．李悝"尽地力"的考察．历史教学问题，1957（4）

王灵轩．略谈战国时期各国的变法和商鞅变法．史地教学通讯，1957（7）

金少英．秦官考——《秦会要订补职官篇》补正．西北师范学院学报（人文科学版），1958（3）

郑鹤声等．李悝变法．文史哲，1974（3）

项前．李悝的《法经》．解放日报，1974－06－13

张晋藩．关于李悝的《法经》．光明日报，1974－12－16

庆思．关于李悝《法经》．光明日报，1974－12－16

黄盛璋．云梦秦简《编年记》初步研究．考古学报，1977（1）

陈公柔．云梦秦简出土《封珍式》简册研究．燕京学报，1977（3）

吴荣曾．论秦律的阶级本质——读云梦秦律札记．历史研究，1977（5）

高恒．秦律中"隶臣妾"问题的探讨——兼批"四人帮"的法家"爱人民"的谬论．文物，1977（7）

郑实．"啬夫"考——读云梦秦简札记．文物，1978（2）

刘海年，张晋藩．从云梦秦简看秦律的阶级本质．学术研究，1979（1）

高敏．关于《秦律》中的"隶臣妾"问题质疑——读《云梦秦简》札记兼与高恒商榷．

见：云梦秦简初探．郑州：河南人民出版社，1979

高敏．论《秦律》中的“啬夫”一官．社会科学战线，1979（1）

游绍尹．秦律的阶级本质与基本内容．理论与实践，1979（1）

黄盛璋．云梦秦简辨正．考古学报，1979（1）

黄贤俊．从云梦秦简看秦代刑律及其阶级本质．西南政法学院学报，1979（2）

林剑鸣．从云梦秦简看秦代的法律制度．西北大学学报（社会科学版），1979（3）

高敏．“有秩”非“啬夫”辩——读云梦秦简札记兼与郑实同志商榷．文物，1979（3）

傅振伦．云梦秦墓牒记考．社会科学战线，1979（4）

陈抗生．秦法和秦人执法——读《睡地秦墓竹简》浅识．江汉论坛，1979

张传玺．“更名民曰黔首”的历史考察．北京大学学报，1980（1）

陈玉景．略论云梦《秦律》的性质．江淮论坛，1980（1）

黄展岳．云梦秦律简论．考古学报，1980（1）

刘海年．从云梦出土的竹简看秦代的法律制度．学习与探索，1980（2）

林剑鸣．“隶臣妾”辨．中国史研究，1980（2）

高恒．“啬夫”辩正——读云梦秦简札记．法学研究，1980（3）

吴荣曾．胥靡试探——论战国时的刑徒制．中国史研究，1980（3）

赵德馨，周秀弯．关于布币的三个问题——读云梦出土秦简《金布律》札记．社会科学战线，1980（4）

商庆夫．睡虎地秦简《编年记》的作者及其思想倾向．文史哲，1980（4）

宋敏．云梦秦简——奴隶制社会的新论．东北师大学报（社会科学版），1980（4）

邹身城．法家李“悝”之类的正音小议．法学研究，1980（5）

崔春华．战国时期秦封建法制的发展——读睡虎地秦墓竹简札记．辽宁大学学报，1980（5）

高恒．秦律中的徭、戍问题——读云梦秦简札记．考古，1980（6）

丰州．由秦律“渎职罪”想到的．人民日报，1980－07－31

张政烺．秦律“葆子”释义．文史，1980（9）

无戊．秦代的经济制裁法．陕西日报，1980－11－12

张铭新．关于《秦律》中的“居”——《睡虎地秦墓竹简》注释质疑．考古，1981（1）

黄留珠．略谈秦的法官法吏制．西北大学学报，1981（1）

林剑鸣．秦代法律制度初探．法律史论丛，1981（1）

罗开玉．秦国“什伍”、“伍人”考——读云梦秦简札记．四川大学学报，1981（2）

韩连琪．睡虎地秦简《编年记》考证．见：中华文史论丛．第1辑．上海：上海古籍出版社，1981

高敏．《秦律》所反映的诉讼审讯和量刑制度．郑州大学学报，1981（3）

黄贤俊．对云梦秦简中诉讼制度的探索．法学研究，1981（5）

黄展岳．从秦律“渎职罪”看秦代对官吏玩忽职守的处分．光明日报，1981-06-08

许庆发．秦代的邮驿法令．集邮，1981（7）

吴荣曾．监门考．见：中华文史论丛．第3辑．上海：上海古籍出版社，1981

吴永章．论楚刑法．见：楚文化新探．武汉：湖北人民出版社，1981

于豪亮．秦律丛考．见：文物集刊．第2辑．北京：文物出版社，1981

张政烺．秦律“集人”音译．见：云梦秦简研究．北京：中华书局，1981

裘锡圭．啬夫初探．见：云梦秦简研究．北京：中华书局，1981

张炳武．“燔诗书而明法令”辨疑．沈阳师范学院学报，1982（1）

苏诚鉴．秦“隶臣妾”为官奴隶说——兼论我国历史上“岁刑”制的起源．江淮论坛，1982（1）

宫长为，宋敏．“隶臣妾”是秦的官奴婢．中国史研究，1982（1）

李昭和．青川出土木牍文字简考．文物，1982（1）

四川省博物馆青川县文化馆．青川县出土秦更修田律木牍——四川青川县战国墓发掘简报．文物，1982（1）

杨宽．释青川秦牍的田亩制度．文物，1982（1）

刘海年．云梦秦简的发现与秦律研究．法学研究，1982（1）

陈玉，王景．《秦律》“隶臣妾”性质再探．阜阳师范学院学报，1982（2）

陈玉．《秦律》中“隶臣妾”性质再探．阜阳师范学院学报，1982（2）

朱绍侯，孙英民．“居赀”非刑名辨——兼论秦律中的几个问题．许昌师专学报，1982（2）

刘海年．秦代法吏体系考略．学习与探索，1982（2）

吕中名．秦律赀罚制述论．中南民族学院学报，1982（3）

钱剑夫．试论秦汉的“正卒”徭役．中国史研究，1982（3）

张铭新．《秦律》中的经济制裁——兼谈秦的赎刑．武汉大学学报，1982（4）

黔容．秦刑弃灰原因．社会科学辑刊，1982（5）

宫长为．浅谈秦代经济管理中对官吏的几种规定——读《睡虎地秦墓竹简》的一点看法．东北师大学报（社会科学版），1982（6）

林剑鸣．青川秦墓木牍内容探讨．考古与文物，1982（6）

黄盛璋．青川新出秦田律木牍及其相关问题．文物，1982（9）

孙英民．《秦始皇陵西侧赵背户村秦刑徒墓》质疑．文物，1982（10）

李学勤．青川郝家坪木牍研究．文物，1982（10）

陆伦章．我国刑事检验制度历史悠久——从出土秦研《贱死》篇谈起．法学，1982（10）

裘锡圭．《睡虎地秦墓竹简》注释商榷（一）．见：文史．第13辑．北京：中华书局，1982
裘锡圭．《睡虎地秦墓竹简》注释商榷（二）．见：文史．第13辑．北京：中华书局，1982
潘世宪．从竹简《秦律》看秦代的经济立法．内蒙古大学学报，1983（1）
陈力．晋国成文法的形成试探．晋阳学刊，1983（1）
程天权．论商鞅改法为律．复旦学报（社会科学版），1983（1）
刘海年．秦律刑罚的适用原则（上）．法学研究，1983（1）
朱绍侯，孙英民．秦律中的奖惩责任制．光明日报，1983-01-12
张金光．秦自商鞅变法后的租赋徭役制度．文史哲，1983（1）
杨禾丁．释秦律“率敖”．中国古代史论丛，1983（1）
陆伦章．我国两千年前的一批青少年法规简编——云梦秦墓出土竹简初探．青少年犯罪问题，1983（1）
潘策．从睡虎地秦墓竹简看秦的土地制度．历史教学与研究，1983（2）
杨剑虹．“隶臣妾”简论．考古与文物，1983（2）
吕名中．秦律中的“赀”与“赀赎”．法律史论丛，1983（2）
龚维英．试析韩非之死．中国史研究，1983（2）
林剑鸣．“隶臣妾”并非奴隶．历史论丛，1983（3）
薛梅卿．《秦简》中经济法规问题的探索——读《睡虎地秦墓竹简》札记．法律史论丛，1983（3）
汉生．《秦律》中为什么以“一百一十”为进位数？．政治与法律丛刊，1983（3）
张铭新．秦代奴隶的法律地位．法学评论，1983（3，4）合刊
于琨奇．商鞅变法性质之再探讨．安徽师范大学学报（社会科学版），1984（3）
胡咸．四川青川墓为田律木牍考释——并略论我国古代田亩制度．安徽大学学报，1983（3）
胡留元，冯卓慧．骊山刑徒辨析．人文杂志，1983（4）
钱大群．谈“隶臣妾”与秦代的刑罚制度．法学研究，1983（5）
张警．《七国考》《法经》引文真伪析疑．法学研究，1983（6）
高恒．秦律中的刑徒及其刑期问题．法学研究，1983（6）
张荣铮．战国时期的变法改革．天津社会科学，1983（6）
刘序传．从云梦秦简看秦代的经济立法．法学研究，1983（6）
高恒．秦律中的刑徒及其刑期问题．法学研究，1983（6）
田宜超，刘钊．秦田律考释．考古，1983（6）

杨禾丁．“叚门”与“监门”．见：中华文史论丛．第3辑．上海：上海古籍出版社，1983

薛梅卿．《秦简》中经济法规问题的探索——读《睡虎地秦墓竹简》札记．见：法律史论丛，第3辑．北京：法律出版社，1983

陈汉生．浅谈秦代经济立法．见：法史研究文集（上）．西北政法学院科研处编印，1983

陈涛．秦律盗罪考论．见：法史研究文集（上）．西北政法学院，1983

胡平生．青川秦墓木牍“为田律”所反映的田亩制度．文史，1983（19）

薛梅卿．《秦简》中经济法规问题的探索——读《睡虎地秦墓竹简》札记．见：法律史论丛（三）．北京：中国社会科学出版社，1983

王传生．从秦简看社会变革时期经济生活的法律规范．法学研究，1984（1）

施伟青．“隶臣妾”的身份复议．中国社会经济史研究，1984（1）

刘海年．秦的诉讼制度．中国法学，1984（1）

陈汉生．关于秦代的经济立法．政治与法律，1984（2）

王占通等．“隶臣妾”是带有奴隶残余属性的刑徒．吉林大学社会科学学报，1984（2）

水寿．秦律的经济关系规范考论（续）．西北政法学院学报，1984（2）

石子政．秦律赀罚甲盾与统一战争．中国史研究，1984（2）

杨鹤皋．商鞅论法．中国政法大学学报，1984（2）

王占通，栗劲．“隶臣妾”是带有奴隶残余属性的刑徒．法学研究，1984（3）

刘海年．秦代治安机构及有关治安的法律．国际政治学院学报，1984（3）

水寿．秦律的经济关系规范考论（续）．西北政法学院学报，1984（3）

栗劲．秦律和罪刑法定主义．法学研究，1984（3）

栗劲，霍存福．试论秦的徒刑是无期刑——兼论汉初有期徒刑的改革．中国政法大学学报，1984（3）

吴荣曾．试论先秦刑罚规范中所保留的氏族制残余．中国社会科学，1984（3）

李力．亦谈“隶臣妾”与秦代的刑罚制度．法学研究，1984（3）

蒲坚．《法经》辨伪．法学研究，1984（4）

卞直甫等．商鞅变法促进了奴隶制的发展．东北师大学报（社会科学版），1984（4）

吴九龙．银雀山汉简齐国法律考析．史学集刊，1984（4）

传汉．“窥宫者膑”释．辽宁大学学报，1984（5）

银雀山汉墓竹简整理小组．银雀山竹书《守法》、《守令》等十三篇．文物，1985（4）

徐鸿修．从古代罪人收奴刑的变迁看“隶臣妾”“城旦舂”的身份．文史哲，1984（5）

李洪甫．记为筑始皇陵而死的赣榆刑徒．历史知识，1984（5）

栗劲．《睡虎地秦墓竹简》释注增补．吉林大学社会科学学报，1984（5）

刘海年．云梦秦简《语书》探析——秦始皇时期颁行的一个地方性法规．学习与探索，1984（6）

高敏，刘汉东．秦简“隶臣妾”确为奴隶说——兼与林剑鸣先生商榷．学术月刊，1984（9）

刘海年．秦律刑罚考析．见：中国法学文集．第1集．北京：法律出版社，1984

程维荣．秦国官吏法律责任述评．历史教学，1984（10）

李民．试论“李斯与秦法”．高潮．中国政法大学科学讨论会论文集（上），1984

陈涛．秦律盗罪考论．法史研究文集（上）．西北政法学院科研处编印，1984

云梦秦简《金布律》试释．见：中国历史文献研究集刊．第2辑．武汉：湖南人民出版社，1984

张金光．关于秦刑徒的几个问题．中华文史论丛，1985（1）

刘云祥．郦山徒考．文博，1985（1）

刘海年．秦的讼诉制度（连载）．中国法学，1985（1、3、4）

罗开玉．简析《秦律》对官吏生活的约束．法学季刊，1985（3）

栗劲．论秦简中有关经济法规的基本原则．西北政法学院学报，1985（3）

徐进．秦经济法律制度初探．政法丛刊，1985（3）

李力．秦刑徒刑期辨正．史学月刊，1985（3）

陈炯．《法经》是著作不是法典．法学季刊，1985（4）

朱健华．重刑主义与秦律．贵州师范大学学报（社会科学版），1985（3）

张传汉．略论秦代隶臣妾的身份问题．辽宁大学学报（社会科学版），1985（4）

郭延威．浅析秦代的刑事检验制度．西北政法学院学报，1985（4）

张中秋．试论秦朝法官责任制．法学杂志，1985（4）

张昌倬．“小城旦、隶臣作者”辨误．史学月刊，1985（4）

刘海年．关于中国岁刑的起源——兼谈秦刑徒的刑期和隶臣妾的身份（上）．法学研究，1985（5）

江必新．商鞅“改法为律”质疑．法学杂志，1985（5）

刘海年．关于中国岁刑的起源——兼谈秦刑徒的刑期和隶臣妾的身份（下）．法学研究，1985（6）

曲英杰，杨一凡．论先秦时期自上而下的监察．求是学刊，1985（6）

钱大群．再谈隶臣妾与秦代的刑罚制度——兼复《亦谈“隶臣妾”与秦代的刑罚制度》．法学研究，1985（6）

林剑鸣．三辨“隶臣妾”——兼谈历史研究中的方法论问题．学术月刊，1985（9）

商庆夫．秦刑律的渊源及其演进．见：历史论丛．第5辑．济南：齐鲁书社，1985

邱晞．从秦律的打击对象看其实质．武汉教育学院学报，1986（1）

姚双年．试论《秦律》在秦统一前后不同作用的原因．法学杂志，1986（1）

孔英民．从云梦秦简看秦律“连坐”法．中原文物，1986（2）

邱世华．简论云梦秦简的司法文书．西北政法学院学报，1986（2）

刘林希等．论秦朝法律制度的特点．政法学习，1986（2）

万方．浅谈秦的经济立法及其特点．河北大学学报（社会科学版），1986（2）

高敏．秦代经济立法原则及其意义．学术研究，1986（2）

吴荣曾．试论先秦刑罚规范中所保留的氏族制残余．见：法学探微．重庆：重庆出版社，1986

林剑鸣．以君主意志为法权的秦法．学术月刊，1986（2）

刘海年．秦的讼诉制度（连载）．中国法学，1986（2，3，6）

俞荣根．《晋刑鼎》再议——兼向庆明同志请教．法学研究，1986（3）

窦连荣．浅谈商鞅变法之成因．宁夏大学学报（社会科学版），1986（3）

华雁．秦简中关于官吏的法律责任．福建论坛（社会科学版），1986（3）

程天权．论商鞅改法为律．见：复旦法学．第1辑．上海：复旦大学出版社，1986

程天权．秦律婚姻家庭关系探索．见：复旦法学．第1辑．上海：复旦大学出版社，1986

张中秋．试谈秦简中有关物品质量检查的律文．法学与实践，1986（5）

于越．中国秦代的统计法制．统计研究，1986（5）

艾永明．从秦律看中国封建法律对官吏的两手政策．江海学刊（社会科学版），1986（6）

张有智．《通鉴》书商鞅变法辨——兼谈李之勤同志的文章．山西师范大学学报（社会科学版），1986年专刊

刘海年．秦的诉讼制度（连载）．中国法学，1987（1）

杨作龙．银雀山竹书《田法》刍议．洛阳师专学报，1987（1）

易见．秦代的“比”与“廷行事”徐进．山东法学，1987（2）

常俊山．秦代经济立法略论．安徽大学学报（社会科学版），1987（2）

杨升南．云梦秦简中“隶臣妾”的身份和战国时期秦国的社会性质．郑州大学学报（社会科学版），1987（2）

刘汉东．再说秦简“隶臣妾”确为奴隶．中州学刊，1987（2）

刘海年．战国齐国法律史料的重要发现——读银雀山汉简《守法守令等十三篇》．法学研究，1987（2）

张传汉．《法经》非法典辨．法学研究，1987（3）

栗劲．《解老》《喻老》篇不出韩非手辨．吉林大学社会科学学报，1987（3）

李解民．睡虎地秦简所载魏律研究．见：中华文史论丛．第1辑．上海：上海古籍出版

社，1987

陈恩林．试论先秦的军事刑罚．史学集刊，1987（4）

王占通等．“隶臣妾分为官奴隶与刑徒两部分”说值得商榷．法学研究，1987（5）

吴树平．从竹简本《秦律》看秦律律篇的历史源流．见：中华文史论丛．第 2、3 期合刊．上海：上海古籍出版社，1987

何崇恩．楚国法律及执法情况述略．湘潭大学学报（社会科学版），1988（2）

钱大群．秦律“三环”论．南京大学学报（社会科学版），1988（2）

吴益中．秦什伍连坐制度初探．北京师院学报（社会科学版），1988（2）

刘海年．战国法律制度研究中的若干问题．中国法学，1988（2）

麦天骥．从云梦秦简看秦代刑徒管理制度．考古与文物，1988（3）

徐志清．商鞅变法的财政意义．内蒙古财政学院学报，1988（3）

王忻亚．略论秦朝法制在当时历史发展中的两重性．贵州民族学院学报，1988（4）

翟宛华．从出土《秦律》看秦的婚姻家庭制度．社会科学（甘肃），1988（5）

许垣．关于商鞅变法的几个问题．齐鲁学刊，1988（5）

何成中．秦朝的法律制度．见：中华法史丛谈．北京：中国政法大学出版社，1988

张金光．商鞅变法后秦的家庭制度．历史研究，1988（6）

王克奇等．试论秦汉的参夷法．山东师范大学学报（社会科学版），1988（6）

罗田玉．青川秦牍《为田律》所规定的“为田”制．考古，1988（8）

商朝“官刑”．成败谈．法学，1988（8）

蔡镜浩．《睡虎地秦墓竹简》注释辅正（一）．文史，1988（29）

蔡镜浩．《睡虎地秦墓竹简》注释辅正（二）．文史，1988（29）

于敬民．“失期法皆斩”质疑．中国史研究，1989（1）

黎明剑．秦代什伍连坐制度之溯源问题．（台湾）大陆杂志，1989－02－15

程宝林．先秦农业生产保护法初探．求是学刊，1989（2）

张世超．秦简中的“同居”与有关法律．东北师大学报（社会科学版），1989（3）

徐进．秦律中的奖励与行政处罚．吉林大学社会科学学报，1989（3）

李学勤．论银雀山简《守法》、《守令》．文物，1989（9）

张君．谈楚令．江汉论坛，1989（10）

张东刚．近年来商鞅变法研究述评．中国史研究动态，1989（11）

杨云．谈谈秦律中的经济管理．法制日报，1989－12－12

竺培升．“商君死，秦法未败”的原因与启示．湖北师范学院学报（社会科学版），1990（1）

胡留元，冯卓慧．爰书、传爰书考．烟台大学学报（社会科学版），1990（1）

李力．从几条未引起人们注意的史料辨析《法经》．中国法学，1990（2）

张洪池．秦朝由盛而衰的法律思考．当代法学，1990（3）

巩富文．秦朝确立了我国封建社会的法官责任制．法学与实践，1990（4）

李孔怀．秦律中反映的秦代粮食管理制度．复旦学报（社会科学版），1990（4）

李力．《法经》的篇目及其亡佚．见：中国法律史国际学术讨论会论文集．西安：陕西人民出版社，1990

刘恒焕．《郭偃之法》与《宣子之刑》考．中国法律史国际学术讨论会论文集．西安：陕西人民出版社，1990

李纯一．雨台山21号战国楚墓竹律复原探索．考古，1990（9）

朱苏人．论先秦法家“以法为本”的政治形式．北京大学研究生学刊，1991（1）

武树臣等．从“以刑统例”到“以罪统刑”：春秋战国时期的法律变革．文史知识，1991（2）

沈长云．从银雀山竹书《守法》、《守令》等十三篇论及战国时期的爰田制．中国社会经济史研究，1991（2）

黄中业．论秦国法制建设的三个阶段．松辽学刊（社会科学版），1991（2）

丁相顺，霍存福．“失期，法皆斩”吗？．政法丛刊，1991（2）

胡平生．云梦龙岗秦简《禁苑律》中的“壖”字及相关制度．江汉考古，1991（2）

王占通．秦代肉刑耐刑可作主刑辩．吉林大学社会科学学报，1991（3）

李衡眉等．春秋战国国际法述略．烟台大学学报（社会科学版），1991（4）

王敏典．秦代徒刑刑期辩．深圳大学学报（社会科学版），1992（1）

王忠全等．试论《秦律》对盗窃罪与其有关刑事犯罪的定性与处罚．河南大学学报（社会科学版），1992（1）

罗开玉．青川秦牍《为田律》再研究．四川文物（成都），1992（3）

杨剑虹．秦简《语书》窥测——兼论《编年记》作者不是楚人．江汉考古，1992（4）

萧正洪．秦农业经济立法探析．陕西师范大学学报（社会科学版），1992（4）

袁林．秦《为田律》农田规划制度再释．历史研究，1992（4）

李力．秦简“小隶臣妾”的身份与来源．法学研究，1993（3）

刘乐贤．睡虎地秦简日书“四法日”小考．考古，1993（4）

刘乐贤．睡虎地秦简日书《诰咎篇》研究．考古学报，1993（4）

张金光．青川秦牍《更修为田律》适用范围管见．四川文物，1993（5）

［日］工藤元男著，莫枯译．云梦秦简《日书》所见法与习俗．考古与文物，1993（5）

殷啸虎．《法经》考辩．法学，1993（12）

沈乃富．《封诊式》：中国最早的司法文书汇编．应用写作，1993（12）

张子侠．商鞅为何“刑弃灰于道者”．淮北煤炭师范学院学报（哲学社会科学版），1994（2）

奚椿年．秦始皇实行法治疑论．江海学刊，1994（3）
康大鹏．战国刑罚制度述略．北京大学研究生学刊，1994（4）
张中秋．秦代工商法律研究．江苏社会科学，1994（5）
徐勇．《守法》《守令》等篇的归属问题蠡测．孙子学刊，1994（34）
温晓莉．论秦代之治贪惩腐．西南民族学院学报（社会科学版），1995（1）
陈建樑．晋以“一鼓铁”铸刑鼎献疑．山西师范大学学报（社会科学版），1995（2）
彭浩．谈《奏谳书》中秦代和东周时期的案例．文物，1995（3）
李力．东周盟书与春秋战国法制的变化．法学研究，1995（4）
贾继东．浅议包山楚简对楚国法制研究的意义．中国文物报，1995（11）
顾文幸．略论楚国法律发展轨迹．中华文化论坛，1996（1）
李丕祺．从秦律看秦“吏治”的特点．西北第二民族学院学报（社会科学版），1996（3）
齐桂苓．略论秦法对经济生活的规范与促进．理论与现代化，1996（5）
孙延波，任怀国．秦代人事立法初探（上）．政法论丛，1996（5）
孙延波，任怀国．秦代人事立法初探（下）．政法论丛，1996（6）
吴青．秦律名考．文博，1996（6）
贾继东．从出土竹简看楚国司法职官的建置及演变．江汉论坛，1996（9）
顾久幸．楚国法律的起源及法律形式．江汉论坛，1996（10）
刘信芳．包山楚简司法术语考释．见：简帛研究．第2辑．北京：法律出版社，1996
陈乃华．论齐国法制对汉制的影响．中国史研究，1997（2）
周琍．从云梦秦简看秦代的勘查检验制度．中国人民公安大学学报，1997（4）
尚志迈．李悝变法的意义及启示．汉中师范学院学报，1997（4）
李昂，周健．春秋战国的军事法．检察日报，1997－08－30
蒋建民．我国最早的行政法文献：《为吏之道》．中国行政管理，1997（8）
吴治繁．从秦墓竹简看秦代的所有权关系．云南法学，1998（1）
张全民．秦律的责任年龄辨析．吉林大学社会科学学报，1998（1）
万川．商鞅的户籍制度改革及其历史意义．中国人民公安大学学报，1998（1）
孙瑞．从《睡虎地秦墓竹简》看秦国控告文书．吉林大学社会科学学报，1998（2）
何勤华．《法经》新考．法学，1998（2）
李剑．先秦民事法律渊源浅探．法论，1998（2）
刘树林．论商鞅变法中的法律普及：兼谈睡虎地秦墓主人身份．甘肃政法学院学报，1998（4）
张建国．秦令与睡虎地秦墓竹简相关问题略析．中外法学，1998（6）
何勤华．《法经》略考．见：法律史论集．第1卷．北京：法律出版社，1998
王玉花．先秦法制的几个特点．高校自学考试，1998（9）

郭玉珍．从睡虎地秦墓档案文书看秦政的复杂表现．安徽教育学院学报，1999（1）

杜文忠．《法经》新解．西南政法大学学报，1999（1）

张鸣芳．《吕氏春秋》论道和法．当代法学，1999（1）

高专诚．三晋变法的当代思考．晋阳学刊，1999（2）

高炳生．论商鞅变法的奴隶制社会属性．洛阳大学学报，1999（3）

张伯元．《秦简·法律答问》与秦代法律解释．华东政法学院学报，1999（3）

方潇．秦代刑事责任能力身高衡量标准之质疑——兼论秦律中身高规定的法律意义．江苏社会科学，1999（4）

马克林．先秦法制教育述论．西北成人教育学报，1999（4）

闵克勤．秦朝的律法档案及其保管．档案管理，1999（6）

李力．从银雀山汉简《守法守令等十三篇》看齐国法制．见：法律史论集．第2卷．北京：法律出版社，1999

严国庆．从云梦秦简看秦的赎刑制度．江苏广播电视大学学报，2000（2）

黑广菊．略谈秦的“以法治吏”．聊城师范学院学报，2000（2）

邵维国．浅谈先秦时期身份犯问题．北华大学学报，2000（2）

王柏中，隋文家．秦朝利用法律手段对经济行为的规范管理．鞍山师范学院学报，2000（2）

汤凌慧．云梦秦简中秦律的经济观探微．辽宁师范大学学报，2000（3）

南玉泉．楚国司法制度探微．政法论坛，2000（4）

曹旅宁．从天水放马滩秦简看秦代的弃市．广东社会科学，2000（5）

史党社．银雀山汉简《守法》、《守令》与《墨子》城守诸篇．见：秦俑秦文化研究．西安：陕西人民出版社，2000

李鸣．先秦肉刑源流刍议．西南民族学院学报，2000（9）

党江舟．从《秦简》看秦律对两性关系的调整及其现实意义．河南省政法管理干部学院学报，2001（1）

史广全．秦朝法治失败原因的理性思考．求实学刊，2001（3）

杨慧清．《法经》名称由来驳议．韶关学院学报，2001（4）

白焕然．论秦代狱吏考核制度．中国监狱学刊，2001（5）

曹旅宁．秦律研究综述．广东教育学院学报，2002（1）

崔立红．先秦儒家文化与知识产权法律．烟台大学学报，2002（1）

汪世荣．《奏谳书》所见秦朝的法律推理方法．法律方法与法律思维，2002（1）

马卫东．战国贿赂三论．吉林大学社会科学学报，2002（2）

蔡万进，吴亮．从张家山汉简看楚汉法统关系．中州学刊，2002（4）

曹旅宁．论秦律中所见的家族法．学术研究，2002（4）

谭前学．秦法制史研究中存在的几个问题．四川师范学院学报，2002（4）

柳正权．先秦盗罪考．法学评论，2002（4）

吴建璠．商鞅改法为律考．见：法律史论集．第4卷．北京：法律出版社，2002

曹旅宁．睡地虎秦简中的“定杀”与“毒杀”考释．见：法律史论集．第4卷．北京：法律出版社，2002

彰理．李悝与《法经》：兼述中国封建律典的发展过程．人民法院报，2002－06－17

张功．秦朝逃亡犯罪探析．首都师范大学学报，2002（6）

曹旅宁．秦律宫刑非淫刑辨．史学月刊，2002（6）

曹旅宁．睡虎地秦律研究综述．中国史研究动态，2002（8）

刘汉．秦“傅”年之我见——秦可能以身高“傅籍”．见：中西法律传统．第2卷．北京：中国政法大学出版社，2002

霍俊彦．论秦律的历史地位．渭南师范学院学报，2002年增刊

武秀艳．从《秦律》看为吏之道．黑龙江教育学院学报，2003（1）

朱奎泽．云梦秦律：经济运作的理性精神．兰州铁道学院学报，2003（2）

曹旅宁．秦律《厩苑律》考．中国经济史研究，2003（3）

张功．秦朝“盗”考论．甘肃高师学报，2003（4）

武玉环．从《睡虎地秦墓竹简》看秦国地方官吏的犯罪与惩罚．吉林大学社会科学学报，2003（5）

阎步克．从《秩律》论战国秦汉间禄秩序列的纵向伸展．历史研究，2003（5）

张中秋，阮晏子．井田制的衰亡——新制度经济学派视角下的春秋战国土地产权制度变迁．法商研究，2003（5）

高鸿钧．先秦和秦朝法治的现代省思．中国法学，2003（5）

李力．东周盟书与法制．见：中国法制史考证·甲编．第1卷．北京：中国社会科学出版社，2003

马非百．秦法律志．见：中国法制史考证·甲编．第2卷．北京：中国社会科学出版社，2003

高敏．商鞅秦律与云梦出土秦律的区别和联系．见：中国法制史考证·甲编．第2卷．北京：中国社会科学出版社，2003

于豪亮．云梦秦简中有关法律问题的考证．见：中国法制史考证·甲编．第2卷．北京：中国社会科学出版社，2003

马小红．战国秦法制史考证综述．见：中国法制史考证·甲编．第2卷．北京：中国社会科学出版社，2003

胡启明，田也壮．也论“先秦和秦朝法治的现代省思”——兼与高鸿钧先生商榷．哈尔滨工业大学学报（社科版），2004（2）

［日］佐佐木研太．出土秦律书写形态之异同．清华大学学报（哲学社会科学版），2004（4）

胡启明．论“先秦和秦朝法治的现代省思”——兼与高鸿钧先生商榷．哈尔滨工业大学学报（社会科学版），2004（4）

胡谦．典范政治衰落与春秋战国成文法运动．广西政法管理干部学院学报，2004（5）

蔡万进．里耶秦简秦令三则探析．许昌学院学报，2004（6）

冯江峰．秦简中的军事法律制度．武警学院学报，2004（6）

尹硕．小议秦律严苛背后的法治精神．中学历史教学参考，2004（11）

周生春．云梦秦简行政法文献新论．浙江大学学报（人文社会科学版），2005（1）

南玉泉．秦令的演化及其在法律形式中的地位．考古与文物，2005（2）

周兴生．谈《庄子·天道》中关于裁判方法与司法调制的几个问题——兼议先秦道墨两派裁判逻辑之争．法制与社会发展，2005（4）

闫晓君．略论秦律对汉律的影响．甘肃政法学院学报，2005（5）

廖宗麟．李悝撰《法经》质疑补证．河池学院学报，2006（1）

3. 汉

陈顾远．汉之决事比及其源流．复旦学报，1947（3）

张斗衡．秦汉肉刑考．学术丛刊，1947（1）

张政烺．秦汉刑徒杂考之一．历史学习，1956（5）

张政烺．秦汉刑徒的考古资料．北京大学学报，1958（3）

陈直．关于两汉的徒．见：两汉经济史料论丛．西安：陕西人民出版社，1958

劳干．居延汉简考证．见：（台湾）“中央研究院历史语言研究所”集刊．第30本．1959

方诗铭．从徐胜买地券论汉代“地券”的鉴别．文物，1973（5）

吴荣曾．汉刑徒砖志杂释．考古，1977（3）

陈直．关于“江陵丞”告“地下丞”．文物，1977（12）

甘肃居延考古队简册整理小组．“建武三年候粟君所责寇恩事”释文．文物，1978（1）

俞伟超．略释汉代狱辞文例——一份治狱材料初探．文物，1978（1）

肖亢达．“粟君所责寇恩事”简册略考．文物，1978（1）

甘肃居延汉简整理小组．居延汉简“侯史广德坐罪行罚檄”．文物，1979（1）

陈自方．秦汉连坐制度试探．北方论丛，1979（2）

伍德煦．居延出土《甘露二年丞相御史律令》简牍考释．甘肃师范大学学报，1979（4）

韩兆琦．司马迁受宫刑．史学史研究，1979（4）

陈金生．“城旦”解．见：文史．第6辑．北京：中华书局，1979

钱剑夫．秦汉啬夫考．中国史研究，1980（1）

刘海年．秦汉诉讼中的“爰书”．法学研究，1980（1）

高恒．汉律篇名新笺．吉林大学社会科学学报，1980（2）

初师宾．居延简册《甘露二年丞相御史律令》考述．考古，1980（2）

施丁．董仲舒“天人三策”作于元光年辨——兼谈董仲舒不是“罢黜百家，独尊儒术”的创始人．社会科学辑刊，1980（3）

陈乃华．秦汉族刑考．山东师范大学学报（社会科学版），1980（4）

张志哲，罗俊义．“顺流而与之更始”——论汉初法治与社会安定、经济发展．光明日报，1980-04-29

陈邦怀．居延汉简考略．见：中华文史论丛．第2辑．上海：上海古籍出版社，1980

裘锡圭．关于新出甘露二年御史书．考古与文物，1981（1）

肖永清．论两汉刑法的基本原则．见：法律史论丛．1981年第1辑．北京：中国社会科学出版社，1981

高敏．略论西汉成帝时的“刑徒”起义．中州学刊，1981（1）

肖雯．从杜周的专行看封建主义法制的影响．法学杂志，1981（3）

龚鹏九．秦汉的民爵、囚徒和谪发．邵阳师专教与学（文），1981（3）

俞慈韵．略说汉文帝除肉刑．社会科学辑刊，1981（4）

吴忠匡．《汉军法》辑补．见：中华文史论丛．第1辑．上海：上海古籍出版社，1981

吴天颖．汉代买地券考．考古学报，1982（1）

李伯重．关于均田令中农民受田标准的依据问题．历史教学，1982（2）

于豪亮．西汉对法律的改革．中国史研究，1982（2）

张维华．论西汉初年对于刑律的修正．文史哲，1982（5）

黄士诚．河南偃师县发现汉代买田约束石券．文物，1982（12）

杨鸿年．汉代用刑与季节关系．见：法律史论丛．第2辑．北京：中国社会科学出版社，1982

裘锡圭．《居延汉简甲乙编》释文商榷（续四）．人文杂志，1983（1）

谢桂华，李均明，何双全．《居延汉简甲乙编》释文质疑．中国史研究，1983（1）

裘锡圭．《居延汉简甲乙编》释文商榷（续五）．人文杂志，1983（2）

张新荣．寒朗直谏平冤狱．法学季刊，1983（3）

裘锡圭．《居延汉简甲乙编》释文商榷（续六）．人文杂志，1983（3）

荀德麟．秦汉时代刑徒从军问题初探．苏州大学学报（社会科学版），1983（3）

程杰．甘肃武威新发现的汉简表明：我国西汉就有养老尊老法．文汇报，1983-04-21

裘锡圭．《居延汉简甲乙编》释文商榷（续七）．人文杂志，1983（4）

刘海年．我国法律史上的一次重要改革．法学季刊，1983（4）

戴凤岐．论西汉的财政法制．见：法学论集．北京：北京市法学会，1983

高恒．论“引经决狱”．见：法律史论丛．第3辑．北京：法律出版社，1983

邢义田．秦汉的律令学——兼论曹魏律博士的出现．见：（台湾）“中央研究院历史语言研究所”集刊．第54本第4分册．1983

徐金星．东汉刑徒墓．中州今古，1984（2）

谢桂华等．《居延汉简甲乙编》释文评议．敦煌学辑刊，1984（2）

初师宾，肖亢达．居延简中所见汉代《囚律》佚文考——《居延新简“责寇恩事”的几个问题》的订补．考古与文物，1984（2）

陈茂菊．张释之执法如山．法学季刊，1984（2）

倪正茂．法繁网密，一脉相承——秦汉立法概况．法学杂志，1984（3）

张廷皓．江苏连云港市出土的汉代法律版牍考述．文博，1984（3）

［日］富谷至著，张鹤泉译．秦汉的劳役刑．中国史研究动态，1984（3）

施丁．司马迁受刑之年略考．辽宁大学学报（哲学社会科学版），1984（3）

萧伯符．《春秋》决狱初探——兼与两本统编教材中某些观点商榷．湖北财经学院学报，1984（4）

王友才．经义断狱．河北法学，1984（4）

初师宾，伍德熙．居延甘露二年御史书册考述补．考古与文物，1984（4）

张鹤皋．略论汉代的弛刑徒．东北师范大学学报（社会科学版），1984（4）

陈汉生．秦汉货币立法略论．见：上海市法学会年会论文选，1984

西汉时期的养老尊老法．法学，1984（4）

殷啸虎．秦汉之际法律制度的沿革——试论“汉承秦制”．见：华东政法学院研究生论文集，1984

宋昌斌．试论“春秋决狱”．政治与法律，1984（5）

胡银康．萧何作律九章的质疑．学术月刊，1984（7）

刘修明．汉代监察制度述论．光明日报，1984-08-29

陈汉生．从两汉税法看古代经济立法对社会经济的影响．法学，1984（12）

彭卫．汉代婚律初探．西北大学学报（社会科学版），1985（1）

湖北江陵发现一批珍贵的西汉竹简，久已失传的萧何汉律得以重见．人民日报，1985-01-17

陈雍．《居延汉简甲乙编》释文校字．史学集刊，1985（1）

王健．秦汉廷议制度的历史考察．徐州师范学院学报（社会科学版），1985（1）

岳庆平．主父偃献策推恩与汉武帝下推恩令应为元朔二年辨．北京大学学报（哲学社会科学版），1985（2）

方北辰．东汉“三互法”辨析．见：文史．第24辑．北京：中华书局，1985

陈乃华．秦汉族刑考．山东师范大学学报（社会科学版），1985（4）

何东义．略论《汉书·刑法志》．法学杂志，1985（6）
高恒．秦汉地方警察机构——亭．见：中国警察制度简论．北京：群众出版社，1985
彭年．对西汉收孥法研究中的两个问题的商榷．社会科学研究，1986（1）
王森．秦汉律中髡、耐、完刑辨析．法学研究，1986（1）
彭年．秦汉族刑、收孥、相坐诸法渊源考释．四川师范大学学报（社会科学版），1986（2）
陈汉生．试论秦汉时代的货币立法．上海大学学报（社会科学版），1986（2）
刘林希，尹天佑．论萧何的《九章律》．政法学习，1986（3）
余行迈．西汉诏狱探析．云南师范大学学报（社会科学版），1986（3）
白建钢．汉代军法内容新探——读青海省大通县上孙家寨汉墓木简札记．青海社会科学，1986（4）
陈汉生等．试论商事立法在西汉初期经济开放政策中的作用．政法丛刊，1986（4）
于逸生．“春秋决狱”简析．求是学刊，1986（6）
邢义田．从安土重迁论秦汉时代的徙民分迁徙刑——附录：论汉代迁徙刑的运用与不复肉刑．见：（台湾）“中央研究院历史语言研究所”集刊．第57本第2分册，1986
叶峰．汉律在中国封建法制史上的地位．政治与法律，1986（6）
李均明．居延汉简债务文书述略．文物，1986（11）
连劭名．西域木简所见《汉律》中的“证不言请”律．文物，1986（11）
李均明．居延汉简“变事”解．见：文史．第27辑．北京：中华书局，1986
蒋维德．从汉律看我国古代的民事立法．内蒙古大学学报（社会科学版），1987（1）
彭年．对两汉收孥法研究中的两个问题的商榷．社会科学研究，1987（1）
从希斌．“汉科”质疑．天津师范大学学报，1987（1）
刘汉东．略论西汉“贵治狱之吏”的原因及其后果．郑州大学学报（社会科学版），1987（1）
张中秋．“耐刑”“完刑”考辨．辽宁大学学报（社会科学版），1987（1）
裘锡圭．再谈甘露二年御史书．考古与文物，1987（1）
刘林希等．东汉法律制度简论．政法学习，1987（3）
连劭名．汉简中的债务文书及“贳卖名籍”．考古与文物，1987（3）
曹海科等．汉代一份民事诉讼文书析．档案，1987（4）
阎步克．西汉“察廉”考．北京师范学院学报（社会科学版），1987（4）
刘笃才．读《汉书·刑法志》札记两则．辽宁大学学报（社会科学版），1987（5）
吴文翰，陶广峰．对汉文帝废除肉刑后宫刑存废问题的辨析．政法论坛，1987（5）
陈晓枫．两汉“鞫狱”正释．法学评论，1987（5）
陈乃华．关于秦汉刑事连坐的若干问题．山东师范大学学报（社会科学版），1987（6）
蒙振祥．试论汉文帝废肉刑．见：西北政法学院本科生优秀毕业论文选（一），1987

钱大群．汉代岁刑劳役强度及自由逐步放宽考证．见：钱大群主编．中国法制史教程．南京：南京大学出版社，1987

于晓光．汉代刑罚制度改革的原因刍议．政法丛刊，1988（1）

连劭名．汉律中的“上言变事律”．政法论坛，1988（1）

程维荣．两汉赎刑考．西北政法学院学报，1988（1）

周锦文．论刘邦约法三章的性质．北京师范学院学报（社会科学版），1988（1）

关振军．“三章之法”辨析．中国法学，1988（1）

苏亦工．卫太子狱辨．辽宁大学学报（社会科学版），1988（1）

杨剑虹．从《先令券书》看汉代有关遗产继承问题．武汉大学学报（社会科学版），1988（3）

钱剑夫．汉代“案比”制度的渊源及其流演．历史研究，1988（3）

潘其风，韩康信．洛阳东汉刑徒墓人骨鉴定．考古，1988（3）

张艳国．司马迁下狱、宫刑年代之商榷．史学月刊，1988（3）

王占通．封建正统法律思想改造秦汉律过程初探．政法丛刊，1988（6）

王克奇，张汉东．试论秦汉的参夷法．山东师范大学学报，1988（6）

冯道信．“斜趋汉律”与赤壁大战．武汉大学学报（社会科学版），1988（6）

连劭名．西域木简所见《汉律》．见：文史．第29辑．北京：中华书局，1988

雨齐．汉朝刑法琐谈．江苏劳改战线，1989（1）

江淳．汉代“春秋决狱”浅谈．广西师范学院学报（社会科学版），1989（1）

高积顺．论“引经析狱”的实质．政法论丛，1989（1）

王良．小议秦汉刑徒与褒斜古道．成都大学学报（社会科学版），1989（1）

汤玉枢．论汉文帝废除肉刑及其影响．华侨大学学报（社会科学版），1989（2）

陈晓枫．两汉劾制辩正．法学评论，1989（3）

于逸生．“春秋决狱”简析．求是学刊，1989（6）

曾凡英．“约法三章”新释．贵州社会科学（社会科学版），1989（8）

林甘泉．汉简所见西北边塞的商品交换和买卖契约．文物，1989（9）

殷啸虎．《九章律》考辨．历史教学，1990（1）

［日］大庭修著，马小红译．律令法系的演变与秦汉法典．中外法学，1990（1）

姚凤林．汉初冤狱简论．佳木斯师专学报，1990（2）

梁治平．经义决狱．文史知识，1990（2）

韩国磐．萧何九章皆沿秦律而来．厦门大学学报（社会科学版），1990（3）

马作武，蒋鸿雁．汉“科”为法律形式说质疑．法学评论，1990（4）

张金光．从银雀山竹书《田法》等篇中看国家授田制．管子学刊，1990（4）

蒋晓伟．汉代经济立法初探．政治与法律，1990（5）

刘海年．东汉初年的一宗诉讼案卷．见：中国法律史国际学术讨论会论文集．西安：陕西人民出版社，1990

［日］大庭修．居延出土的令甲目录．见：中国法律史国际学术讨论会论文集．西安：陕西人民出版社，1990

李均明．居延汉简诉讼文书二种．见：中国法律史国际学术讨论会论文集．西安：陕西人民出版社，1990

李学勤．竹简秦汉律与《周礼》．见：中国法律史国际学术讨论会论文集．西安：陕西人民出版社，1990

陈乃华．秦汉官吏赃罪考述．山东师范大学学报（社会科学版），1991（1）

陈乃华．秦汉“不道”罪考述．中国史研究，1991（2）

韩国磐．汉文帝除肉刑考析．中国史研究，1991（2）

刘笃才．文帝改制考释．辽宁大学学报（社学科学版），1991（2）

罗季常等．秦汉民族政治法律制度探讨．西南民族学院学报（社会科学版），1991（3）

晋文．以经治国与汉代法律．江海学刊，1991（3）

宋杰．论秦汉刑罚中的“迁”、“徙”．北京师范学院学报（社会科学版），1992（1）

李振宏．西汉关于渎职罪的立法与执法．河南大学学报（社会科学版），1992（1）

陈晓鸣等．汉代刑徒兵论略．抚州师专学报（社会科学版），1992（1）

徐世虹．汉简与汉代法制研究．内蒙古大学学报（社会科学版），1992（2）

吴荣曾．汉简中所见的刑徒制．北京大学学报（社会科学版），1992（2）

徐世虹．居延新简汉律佚文考．政法论坛，1992（3）

曹金华．《轻侮法》与东汉的血亲复仇风．扬州师院学报（社会科学版），1992（3）

翟婉华．试论汉文帝废肉刑．甘肃社会科学，1992（3）

李大生．汉代皇权与法制刍议．吉林大学社会科学学报，1992（4）

孙筱．秦汉户籍制度考述．中国史研究，1992（4）

李振宏．西汉官史立法研究．中国史研究，1992（4）

张鹤泉．西汉养老制度简论．学习与探索，1992（6）

［日］大庭修．居延出土的诏书册和诏书断简．见：日本学者研究中国史论著选译．第8卷．北京：中华书局，1992

［日］滋贺秀三．西汉文帝的刑法改革和曹魏新律十八篇篇目考．见：日本学者研究中国史论著选译．第8卷．北京：中华书局，1992

华友根．张汤的法制活动及其影响．学术月刊，1992（11）

雏飞．“约法三章”句读辨正．河南大学学报（社会科学版），1993（1）

刘志坚．《春秋》决狱始因质疑．（兰州）法律与社会，1993（2）

吴刚．“巫蛊之祸”新探．中国史研究，1993（2）

陈桐生．论宫刑与《史记》的关系．山西师范大学学报（社会科学版），1993（3）

华友根．刘邦的法制活动及其影响．史林，1993（4）

张建国．论文帝改革后两汉刑制并无斩趾刑．中外法学，1993（4）

江陵张家山汉简整理小组．江陵张家山汉简《奏谳书》释文（一）．文物，1993（8）

彭浩．谈《奏谳书》中的西汉案例．文物，1993（8）

李学勤．《奏谳书》解说（上）．文物，1993（8）

李均明，刘军．武威旱滩坡出土汉简考述——兼论“挈令”．文物，1993（10）

张凤仙，吴东生．汉代罪犯徙边研究．劳改劳教理论研究，1994（1）

江旭伟．浅谈秦汉时期对官吏渎职罪的惩处．宝鸡文理学院学报（社会科学版），1994（1）

华友根．西汉的《春秋》决狱及其历史地位．政治与法律，1994（5）

张中秋．汉代赋役法律研究．南京社会科学，1994（10）

高敏．汉初法律系全部继承秦律说——读张家山汉简《奏谳书》札记之一．见：秦汉史论丛．第六辑．南昌：江西教育出版社，1994

［美］宋格文．天人之间：汉代的契约与国家．见：中外法律史新探．西安：陕西人民出版社，1994

熊伟华．汉代经济犯罪的类型及惩治的司法原则．人文杂志，1995（1）

江陵张家山汉简整理小组．江陵张家山汉简《奏谳书》释文（二）．文物，1995（3）

张涛．经学与汉代法制．文史哲，1995（3）

陈春雷．论汉武帝时期的封建法治．淮阴师专学报，1995（3）

何汝泉．略谈“以经决狱”．重庆社会科学，1995（3）

李学勤．《奏谳书》解说（下）．文物，1995（3）

孙以昭．司马迁的“互见法”及其渊源．安徽大学学报（社会科学版），1995（6）

华友根．西汉的礼法结合及其在中国法律史上的地位．复旦学报（社会科学版），1995（6）

剑信芳．包山楚简司法术语考释．见：中国社会科学院简帛研究中心编．简帛研究．第2辑．北京：法律出版社，1995

汉劾制管窥 徐世虹．见：中国社会科学院简帛研究中心编．简帛研究．第2辑．北京：法律出版社，1995

高恒．汉简中所见汉律论考．见：中国社会科学院简帛研究中心编．简帛研究．第2辑．北京：法律出版社，1995

陈伟武．简帛所见军法辑证．见：中国社会科学院简帛研究中心编．简帛研究．第2辑．北京：法律出版社，1995

［日］大庭修．居延新出土的“候粟君所责寇恩事”简册——爰书补考．西北史地，

1996（1）

张建国．试析汉初“约法三章”的法律效力——兼谈“二年律令”与萧何的关系．法学研究，1996（1）；后收入：帝制时代的中国法．北京：法律出版社，1999

张景贤．论汉代的《春秋》决狱．天津政法，1996（2）

华友根．略论王莽的法制活动及其历史地位．史林，1996（2）

刘厚琴．儒学与汉代婚姻制度．孔子研究，1996（2）

范学辉，曾振宇．论秦汉地方监察系统与监察法．三峡学刊，1996（3）

张景贤．论汉代礼入于法的趋势．天津政法，1996（4）

罗鸿英．汉代奏谳制度考析．现代法学，1996（5）

张建国．居延新汉简“粟君债寇恩”民事诉讼个案研究．中外法学，1996（5）

张建国．秦汉弃市非斩刑辨．北京大学学报（社会科学版），1996（5）

张建国．西汉刑制改革新探．历史研究，1996（6）

徐世虹．汉代的立法形式与立法语言．内蒙古大学学报（社会科学版），1997（1）

张建国．汉简《奏谳书》和秦汉刑事诉讼程序初探．中外法学，1997（2）

牛继清．关于秦汉“弃市”的几个问题——兼与张建国先生商榷．甘肃理论学刊，1997（3）

尚琤．简论汉代的礼和法．史学月刊，1997（4）

于语和．论汉代的经学与法律．南开学报（社会科学版），1997（4）

张建国．叔孙通定《傍章》质疑——兼析张家山汉简所载律篇名．北京大学学报（社会科学版），1997（6）；后收入：帝制时代的中国法．北京：法律出版社，1999

袁礼华．汉申诉上书初探．安徽史学，1998（1）

蒋廷瑜．略论汉“徙合浦”．社会科学家，1998（1）

李雄伟．从“约法三章”到“九章律”：汉初立法考析．长沙电力学院学报（社会科学版），1998（2）

张建国．汉文帝除肉刑的再评价．中外法学，1998（3）

袁刚．汉武帝的“六条诏书”及汉唐地方监察法规．南都学坛（社会科学版），1998（4）

侯欣一．孝与汉代法制．法学研究，1998（4）

何勤华．秦汉时期的判例法研究及其特点．法商研究，1998（5）

仝晰纲．汉代官吏“擅为”及其法律责任．山东师范大学学报（社科版），1998（6）

张建国．汉文帝刑制改革相关问题点试诠．见：法律史论集．第1卷．北京：法律出版社，1998

邢义田．从简牍看汉代的行政文书范本——“式”．见：简帛研究2001．南宁：广西教育出版社，2001

徐世虹．汉令甲、乙、丙辨正．见：简帛研究．第3辑．南宁：广西教育出版社，1998

徐世虹．居延汉简中的状与“毋状”．见：出土文献研究．第4辑．北京：中华书局，1998

张积．汉代法制杂考．北京大学学报（社会科学版），1999（1）

高恒．汉代上计制度论考——兼评尹湾汉墓木牍《集簿》．东南文化，1999（1）

孙光妍．论汉代刑罚制度改革的历史背景．北方论丛，1999（1）

高敏．尹湾汉简《考绩簿》所载给我们的启示——读尹湾汉简札记之三．东南文化，1999（1）

王健．楚王刘英之狱探析．中国史研究，1999（2）

刘志坚．《春秋》决狱始因质疑．法律与社会，1999（2）

葛晓舒．80年代以来秦汉吏治研究综述．中国史研究动态，1999（3）

萧平汉．继承秦代衣钵的西汉法治．衡阳师范学院学报，1999（4）

仝晰纲．秦汉时期的乡里管理体制．东岳论丛，1999（4）

何勤华．秦汉律学考．法学研究，1999（5）

黄震．汉代“春秋决狱”的判例机制管窥．中央政法管理干部学院学报，1999（6）

徐世虹．汉简所见劳役刑名资料考释．见：中国古代法律文献研究．第1辑．成都：巴蜀书社，1999

李学勤．《奏谳书》与秦汉铭文中的职官省称．见：中国古代法律文献研究．第1辑．成都：巴蜀书社，1999

罗鸿瑛．汉简中的官吏奖惩制度．见：法律史论集．第2卷．北京：法律出版社，1999

吴存浩．简论郑玄在法律学上的成就．昌潍师专学报，2000（1）

阎晓君．两汉“故事”论考．中国史研究，2000（1）

崔永东．论汉代法律思想与法律制度的变革．孔子研究，2000（1）

张继海．试论新莽时期的刑法问题．北京大学研究生学报，2000（1）

陈友冰．先秦两汉羁縻考．安徽史学，2000（1）

周少元，汪汉卿．《春秋决狱》佚文评析．安徽大学学报，2000（2）

吴秋红．论汉律中的礼法融合．高等函授学报，2000（2）

阎雅彬．略论汉代“春秋决狱”之利弊．鞍山师院学报，2000（2）

阎晓君．略论秦汉时期地方性立法．江西师范大学学报，2000（3）

吕志兴．“春秋决狱”新探．西南师范大学学报，2000（5）

王刚．西汉商人身份地位的法律限定．上饶师范学院学报，2000（5）

徐绍敏．汉朝的档案立法．浙江档案，2000（6）

卞海霞，钱振明．“徒法不能以自行”：西汉依法治官的经验与教训．中国行政管理，2000（9）

陈公柔．居延出土汉律散简释义．见：燕京学报．新 9 期．北京：北京大学出版社，2000

于振波．汉代法律运行机制的现代启示．湖南大学学报，2001（1）

胡仁智．由简牍文书看汉代职务罪规定．法商研究，2001（3）

刘凡振，刘广平．西汉举报立法初探．殷都学刊，2001（4）

［日］藤田高夫．秦汉罚金考．见：简帛研究 2001. 南宁：广西师范大学出版社，2001

［日］角谷常子．秦汉时代的赎刑．陈清，胡平生译．见：简帛研究 2001. 南宁：广西师范大学出版社，2001

赵光怀．“告御状”：汉代之诣阙上诉制度．山东大学学报，2002（1）

李均明．张家山汉简所见规范继承关系的法律．中国历史文物，2002（2）

张俊民．张家山汉简《行书律》浅析．陇右文博（内部刊物），2002（2）

车佐贤．从出土简牍看秦汉法律制度的继承和发展．甘肃社会科学，2002（3）

徐世虹．对汉代民法渊源的新认识．郑州大学学报（哲学社会科学版），2002（3）

黄顺春．汉代农业经济管理法初探．农业考古，2002（3）

李均明．汉简所反映的关律制度．历史研究，2002（3）

李均明．汉简所反映的汉代诉讼关系．见：文史．第 60 辑（2002 年第 3 辑）．北京：中华书局，2001

孙展．上书与秦汉法制．人文杂志，2002（3）

高敏．西汉前期的“傅年”探讨——读《张家山汉墓竹简》札记之六．新乡师范高等专科学校学报，2002（3）

李均明．张家山汉简《二年律令》汉律价值初探（笔谈）：《二年律令·具律》中应分出《囚律》条款．郑州大学学报，2002（3）

谢桂华．张家山汉简《二年律令》汉律价值初探（笔谈）：《二年律令》所见汉初政治制度．郑州大学学报，2002（3）

徐世虹．张家山汉简《二年律令》汉律价值初探（笔谈）：对汉代民法渊源的新认识．郑州大学学报，2002（3）

彭浩．张家山汉简《二年律令》汉律价值初探（笔谈）：《律关令》的颁行年代与文书格式．郑州大学学报，2002（3）

高敏．张家山汉简《二年律令》汉律价值初探（笔谈）：漫谈《张家山汉墓竹简》的主要价值与作用．郑州大学学报，2002（3）

李学勤．张家山汉简《二年律令》汉律价值初探（笔谈）：张家山汉简研究的几个问题. 郑州大学学报，2002（3）

张友好．“春秋决狱”之内涵及其价值探析．克山师专学报，2002（4）

王子今．秦汉时期的社会福利法规．浙江社会科学，2002（4）

李学勤．试说张家山简《史律》．文物，2002（4）

李均明．张家山汉简所反映的适用刑罚原则．郑州大学学报，2002（4）

于振波．从悬泉置壁书看《月令》对汉代法律的影响．湖南大学学报，2002（5）

王子今．汉初查处官员非法收入的制度——张家山汉简《二年律令》研读札记．政法论坛，2002（5）

高恒．汉代壁书《四时月令五十条》论考．见：法律史论集．第4卷．北京：法律出版社，2002

苏凤格．论西汉司法与引礼入法途径．韶关学院学报，2002（5）

张建国．论西汉初期的赎．政法论坛，2002（5）

姜晓敏．略论西汉对人身犯罪的预防与惩治．见：法律史论集．第4卷．北京：法律出版社，2002

赵恒慧．试论两汉与亲属有关的司法程序．南都学刊，2002（5）

朱绍侯．西汉初年军公爵制的等级划分——《二年律令》与军公爵制研究之一．河南大学学报，2002（5）

崔永东．张家山出土汉律的特色．政法论坛，2002（5）

徐世虹．张家山二年律令简所见汉代的继承法．政法论坛，2002（5）

南玉泉．张家山汉简《二年律令》所见刑罚原则．政法论坛，2002（5）

王子今，马振智．张家山汉简《二年律令·秩律》所见巴蜀县道设置．四川文物，2002（5）

李均明．张家山汉简所见规范人口管理的法律．政法论坛，2002（5）

李均明．中国古代法典的重大发现——谈江陵张家山247号汉墓出土《二年律令》简．中国文物报，2002-05-03

陈长琦，赵恒慧．两汉县级管辖下的司法制度．史学月刊，2002（6）

史广全．春秋决狱对礼法融合的促动．哈尔滨学院学报，2002（7）

于振波．“无为而治”时期的汉代法律．文史知识，2002（7）

王泽武．汉文帝“易刑”再考．江西社会科学，2002（8）

高敏．从《二年律令》看西汉前期的赐爵制度．文物，2002（9）

孙家洲．从张家山汉简看汉初“矫制”之法．光明日报，2002-09-24

彭浩．读张家山汉简《行书律》．文物，2002（9）

阎晓君．说“程”——秦汉时期的计量性法规．见：走向二十一世纪的中国法文化．上海：上海社会科学院出版社，2002

李均明．张家山汉简《收律》与家族连坐．文物，2002（9）

张建国．论西汉初期的赎．政法论坛，2002（5）

高凯．《二年律令》与汉代女性权益保护．光明日报·理论周刊·历史，2002-11-05

高大伦．张家山汉简《田律》与青川秦木牍《为田律》比较研究．见：简帛语言文字研究．第1辑．成都：巴蜀书社，2002

朱绍侯．吕后二年赐田宅制度试探——《二年律令》与军功爵制研究之二．史学月刊，2002（12）

杨建．张家山汉简《二年律令· 津关令》简释．见：楚地出土简帛文献思想研究（一）．武汉：湖北教育出版社，2002

周振鹤．《二年律令·秩律》的历史地理意义．学术月刊，2003（1）

曹旅宁．张家山汉简盗律考．南都学坛，2003（1）

王子今．张家山汉简《贼律》“偏捕”试解．中原文物，2003（1）

陈伟．张家山汉简《津关令》涉马诸令研究．考古学报，2003（1）

朱绍侯．从《二年律令》看汉初二十级军功爵制研究之四．河南大学学报，2003（2）

关健瑛．从《汉书·刑法志》看西汉的德治与立法．求是学刊，2003（2）

魏道明．汉代的不道罪与大逆不道罪．青海社会科学，2003（2）

王泽武．汉文帝“易刑”考辨．湖北大学学报，2003（2）

张翅．西汉社会的崇奢犯赃与惩贪问题考论．淮南职业技术学院学报，2003（2）

张小锋，沈颂金．张家山汉墓竹简研究述评．中国史研究动态，2003（2）

高敏．从张家山汉简《二年律令》看西汉前期的土地制度——读《张家山汉墓竹简》札记之三．中国经济史研究，2003（3）

阎步克．论张家山汉简《二年律令》中的“宦皇帝”．中国史研究，2003（3）

武沐，王希隆．秦、西汉时期匈奴单于位继承制度考辨．民族研究，2003（3）

张全民．“毋二尺告劾”试解．史学集刊，2003（3）

臧知非．张家山汉简所见西汉矿业税收制度试析——兼谈西汉前期“驰山泽之禁”及商人兼并农民问题．史学月刊，2003（3）

高敏．关于汉代有“户赋”、“质钱”及各种矿产税的新证——读《张家山汉墓竹简》．史学月刊，2003（4）

刘笃才．汉科考略．法学研究，2003（4）

姜晓敏．略论西汉控制犯罪的理论对策．政法论坛，2003（4）

韩树峰．秦汉律令中的完刑．中国史研究，2003（4）

吴秋红．秦汉时期判例适用的方法及得失．海南师范学院学报，2003（4）

李均明．张家山汉简所反映的适用刑罚原则．郑州大学学报，2003（4）

封志晔．汉代“春秋决狱”的重新解读．中州学刊，2003（5）

万竹青．汉代儒家化的诉讼制度初探．广西社会科学，2003（5）

阎布克．《二年律令·秩律》的中二千石秩级阙如问题．河北学刊，2003（5）

王子今，范培松．张家山汉简《贼律》“叚大母”释义．考古与文物，2003（5）

温乐平，程宇昌．从张家山汉简看西汉初期平价制度．江西师范大学学报，2003（6）

李文玲．汉代孝伦理的法律化．江淮论坛，2003（6）

吕丽．汉“谋反”、“大逆”、“大逆不道”辨析．社会科学战线，2003（6）

张仁玺．秦汉家族成员连坐考略．思想战线，2003（6）

徐世虹．张家山二年律令简中的损害赔偿之规定．见：华学．第六辑．北京：紫禁城出版社，2003

臧知非．张家山汉简所见西汉继承制度初论．文史哲，2003（6）

李均明．张家山汉简所见刑罚等序及相关问题．见：华学．第六辑．北京：紫禁城出版社，2003

戴开柱．从刘秀解决奴婢问题看东汉初年的法制建设．江西社会科学，2003（8）

高敏．《张家山汉墓竹简·二年律令》中诸律的制作年代试探．史学月刊，2003（8）

崔永东．“不道”罪考辨．见：中国法制史考证·甲编．第3卷．北京：中国社会科学出版社，2003

张建国．东汉初年一份诉讼案出土简册新探．见：中国法制史考证·甲编．第3卷．北京：中国社会科学出版社，2003

高恒．汉律论考．见：中国法制史考证·甲编．第3卷．北京：中国社会科学出版社，2003

崔永东．汉代法律变革考述．见：中国法制史考证·甲编．第3卷．北京：中国社会科学出版社，2003

徐世虹．汉代法律载体考述．见：中国法制史考证·甲编．第3卷．北京：中国社会科学出版社，2003

张建国．张家山汉简《奏谳书》研究．见：中国法制史考证·甲编．第3卷．北京：中国社会科学出版社，2003

［日］牧野巽．汉代的复仇．见：中国法制史考证·丙编．第1卷．北京：中国社会科学出版社，2003

［日］大庭脩．汉律中“不道”的概念．见：中国法制史考证·丙编．第1卷．北京：中国社会科学出版社，2003

［日］宫宅洁．秦汉时期的审判制度——张家山汉简《奏谳书》所见．见：中国法制史考证·丙编．第1卷．北京：中国社会科学出版社，2003

［日］冨谷至．王杖十简．中国法制史考证·丙编．第1卷．北京：中国社会科学出版社，2003

［日］增渊龙夫．战国秦汉时期的集团之“约”．见：中国法制史考证·丙编．第1卷．北京：中国社会科学出版社，2003

李均明．张家山汉简《二年律令》概述．见：长沙三国吴简暨百年来简帛发现与研究

国际学术研讨会论文集．长沙：湖南人民出版社，2003
姜建设．从《二年律令》看汉律对渎职罪的处罚．史学月刊，2004（1）
谭卫元．从张家山汉简《具律》看汉初“爵论”制度．江汉考古，2004（1）
沈刚．汉代廷尉考述．史学集刊，2004（1）
张伯元．“爵戍”考．华东政法学院学报，2004（1）
田大治．论汉代的德主刑辅制度．平原大学学报，2004（1）
于振波．浅析走马楼吴简中“刑”的含义．船山学刊，2004（1）
闫晓君．试论张家山汉简《钱律》．法律科学，2004（1）
于振波．张家山汉简中的名田制及其在汉代的实施情况．中国史研究，2004（1）
杨颉慧．张家山汉简中“隶臣妾”身份探讨．中原文物，2004（1）
郑璞．从张家山出土汉简看汉代律法．湖南冶金职业技术学院学报，2004（2）
王学雷．《二年律令·史律》的性质及“史书”．中国书画，2004（2）
张俊民．《二年律令》与甘肃汉简——读《二年律令》札记．陇右文博（内部刊物），2004（2）
马克林．汉代法制转型中的宗教因素．西北师范大学学报（社会科学版），2004（2）
秦进才．汉代皇权与法形式．河北法学，2004（2）
李天虹．汉简“致籍”考辨：读张家山《津关律》札记．文史，2004（2）
陈战峰．《张家山汉墓竹简·二年律令》中的教育问题和现代意义．长安大学学报，2004（2）
王惠英．从《二年律令》看汉初丞相与御史大夫的关系．徐州师范大学学报（哲学社会科学版），2004（3）
朱红林．从张家山汉律看汉初国家授田制度的几个特点．江汉考古，2004（3）
杨国誉，晋文．汉代赦制略论．学海，2004（3）
李翠丽．西汉授田制与汉初商品经济的发展——“驰山泽之禁”新释．江南社会主义学报，2004（3）
南玉泉．论秦汉的律与令．内蒙古大学学报（人文·社会科学版），2004（3）
杨振红．月令与秦汉政治再探讨——兼论月令源流．历史研究，2004（3）
阎晓君．《奏谳书》所反映的汉初政区地理与司法管辖——张家山汉简研究之三．烟台师范学院学报，2004（3）
刘欢，赵璐．从《二年律令》看儒家思想对西汉立法的影响．人文杂志，2004（4）
连劭名．《二年律令》与汉初传驿制度．四川文物，2004（4）
曾加．《二年律令》中的《盗律》及其法律思想初探．西安电子科技大学学报（社会科学版），2004（4）
刘笃才．论汉代法律体系的几个问题．当代法学，2004（4）

潘良炽．秦汉诽谤、妖言罪同异辨析．中华文化论坛，2004（4）

李国锋．试论汉初对家庭关系的法律调整．河南师范大学学报，2004（4）

许道胜．张家山汉简《二年律令·贼律》补释．江汉考古，2004（4）

王纪潮．张家山汉简《具律》的流变及“斩右趾”罪的弃市问题——读江陵张家山《二年律令·具律》札记．东南文化，2004（4）

刘向明．张家山汉简《奏谳书》所见汉初对官吏犯罪的惩处．嘉应学院学报，2004（4）

王瑷珲．从《二年律令》看汉初的以法治吏．边疆经济与文化，2004（5）

于振波．从悬泉置壁书看《月令》在汉代的法律地位．绿叶，2004（5）

孟志成．论秦汉法律的适用时效．南都学坛，2004（5）

张功．秦汉不孝罪考论．首都师范大学学报（社会科学版），2004（5）

高叶青．汉代的罚金和赎刑——《二年律令》研读札记．南都学坛，2004（6）

闫晓君．秦汉盗罪及其立法沿革．法学研究，2004（6）

张小锋．张家山汉简《二年律令》中的自告资料辨析．见：中国古代法律文献研究．第二辑．北京：中国政法大学出版社，2004

张建国．张家山汉简《具律》121简排序辨正——兼析相关各条律文．法学研究，2004（6）

［韩］尹在硕．张家山汉简所见的家庭犯罪及其刑罚．见：中国古代法律文献研究．第二辑．北京：中国政法大学出版社，2004

臧知非．张家山汉简所见汉初马政及相关问题．史林，2004（6）

李均明．张家山汉简《行书律》考．见：中国古代法律文献研究．第二辑．北京：中国政法大学出版社，2004

张俊民．《二年律令·行书律》浅析．见：秦汉史论丛．第九辑．西安：三秦出版社，2004

［日］水间大辅．关于秦律、汉律中的杀人罪类型——以张家山汉简《二年律令》为中心．见：秦汉史论丛．第九辑．西安：三秦出版社，2004

沈刚．《张家山汉简·二年律令》所见汉初国家对基层社会的控制．学术月刊，2004（10）

龚留柱．论张家山汉简《津关令》之“禁马出关”——兼与陈伟先生商榷．史学月刊，2004（11）

李力．关于《二年律令》简93——98之归属问题的补充意见．见：出土文献研究．第6辑．上海：上海古籍出版社，2004

刘少刚．汉律伪写玺印罪与西汉的政治斗争．见：出土文献研究．第6辑．上海：上海古籍出版社，2004

李均明．简牍所反映的汉代文书犯罪．见：出土文献研究．第6辑．上海：上海古籍出版社，2004

徐世虹．“三环之”、“刑复城旦春”、“系城旦春某岁”解——读《二年律令》札记．见：出土文献研究．第6辑．上海：上海古籍出版社，2004

曹旅宁．说张家山汉简《二年律令》中的“诸侯”．见：陕西历史博物馆馆刊（11）．西安：三秦出版社，2004

彭浩．谈《二年律令》中几种律的分类与编连．见：出土文献研究．第6辑．上海：上海古籍出版社，2004

宋艳萍．张家山汉简法律文书研讨综述：从《二年律令》中的“赀”看秦汉经济处罚形式的转变．见：出土文献研究．第6辑．上海：上海古籍出版社，2004

李均明．张家山汉简法律文书研讨综述：关于八月案比．见：出土文献研究．第6辑．上海：上海古籍出版社．2004

邬文玲．张家山汉简法律文书研讨综述：汉初“禁物”略考．见：出土文献研究．第6辑．上海：上海古籍出版社，2004

张忠炜．张家山汉简法律文书研讨综述：《汉官休假杂考补遗》．见：出土文献研究．第6辑．上海：上海古籍出版社，2004

张小锋．张家山汉简法律文书研讨综述：释《二年律令·告律》第126～131简及汉初的“迁”与“赎迁”．见：出土文献研究．第6辑．上海：上海古籍出版社，2004

支强．张家山汉简法律文书研讨综述：《二年律令·具律》中所见“刑尽”试解．见：出土文献研究．第6辑．上海：上海古籍出版社，2004

蒋非非．张家山汉简法律文书研讨综述：《史记》中“隐宫徒刑”应为“隐官 徒刑”及“隐宫”原意辨．见：出土文献研究．第6辑．上海：上海古籍出版社，2004

王昕．张家山汉简法律文书研讨综述：张家山汉简军制释名三则．见：出土文献研究．第6辑．上海：上海古籍出版社，2004

徐世虹．张家山汉简法律文书研讨综述：“主亲所知”识小．见：出土文献研究．第6辑．上海：上海古籍出版社，2004

蔡万进．张家山汉简法律文书研讨综述：《奏谳书》编订年代蠡测．见：出土文献研究．第6辑．上海：上海古籍出版社，2004

蔡万进．《奏谳书》与汉代奏谳制度．见：出土文献研究．第6辑．上海：上海古籍出版社，2004

阎晓君．张家山竹简汉律散论．考古与文物，2004年增刊

孙海霞．汉文帝废除肉刑的原因探讨及其意义．辽宁行政学院学报，2005（1）

闫晓君．竹简秦汉律与唐律．华东政法学院学报，2005（1）；又见：学术月刊，2005（9）

龙文懋．董仲舒的法学思维方法及其与汉代法律制度的关系．孔子研究，2005（2）

朱红林．试说张家山汉简《具律》中的“证不言请”律．中国历史文物，2005（2）

邱立波．汉代复仇所见之经、律关系问题．史林，2005（3）

田莉姝．论汉朝法律儒家化的体现．贵州大学学报（社会科学版），2005（3）

刘志平．秦汉的礼制与法制初探．沙洋师范高等专科学校学报，2005（3）

孟彦弘．秦汉法典体系的演变．历史研究，2005（3）

韩树峰．秦汉徒刑散论．历史研究，2005（3）

杨振红．从《二年律令》的性质看汉代法典的编纂修订与律令关系．中国史研究，2005（4）

邵正坤．汉代谳疑狱制度试探．晋阳学刊，2005（4）

律璞．两汉司法官员立法功能探析．宁夏社会科学，2005（4）

翟麦玲．秦汉法律的性别特征．南都学坛，2005（4）

贾丽英．秦汉时期家族犯罪研究述评．石家庄学院学报，2005（4）

赵光怀．狱吏与汉代司法系统．河南师范大学学报（哲学社会科学版），2005（4）

刘长江．汉代法政体制述论．成都大学学报（社会科学版），2005（5）

李晓英．汉代证据制度探析．郑州大学学报（哲学社会科学版），2005（5）

朱宏才．“春秋决狱”研究述评．青海社会科学，2005（6）

袁明乡．董仲舒与“春秋决狱”．中共郑州市委党校学报，2005（6）

杨振红．秦汉律篇二级分类说——论《二年律令》二十七种律均属九章．历史研究，2005（6）

万荣．张家山汉简《二年律令》之“司寇”、“城旦舂”名分析．晋阳学刊，2005（6）

湛玉书．张家山汉简《奏谳书》中的司法程序词语研究．河南社会科学，2005（6）

王如鹏．汉代礼法结合对社会的多元建构．学术交流，2005（11）

胡旭晟．试论西汉法制与其官方哲学之关系．文史博览，2005．Z1

阎晓君．汉简《贼律》沿革考．华南师范大学学报（社会科学版），2006（1）

贾丽英．秦汉时期“悍罪”论说．石家庄学院学报，2006（1）

孙剑伟．汉代赎罪问题考述．北京大学研究生学志，2006（2）

文霞．简论秦汉奴婢的法律地位．学术论坛，2006（2）

闫晓君．论张家山汉简《收律》．华东政法学院学报，2006（3）

徐世虹．秦汉简牍中的不孝罪诉讼．华东政法学院学报，2006（3）

4．三国两晋南北朝

刘公任．汉魏晋之肉刑论战．人文月刊，1937（2）

杨鸿烈．后魏司法上因种族成见牺牲的大史案．中华法学杂志新编，1937（1）

张云桥．试评诸葛亮的正身、用人和执法．四平师院学报，1980（1）

李林河，李哲夫．诸葛亮如何执法．光明日报，1980－10－14

罗秉英．诸葛亮行法的历史地位．思想战线，1981（2）

赵俪生．对北魏均田令的一些分析．中国社会经济史研究，1982（2）

张尚谦．释北魏均田令．云南民族学院学报，1983（1）

祝总斌．略论晋律的“宽简”和“周备”．北京大学学报（社会科学版），1983（2）

陈仲安．麟趾格制定经过考．见：文史．第21辑．北京：中华书局，1983

韩玉林．魏晋律管窥．见：法律史论丛．第3辑．北京：法律出版社，1983

杨鹤年．汉魏“同产”浅释．法学评论，1984（1）

杨廷福．《晋律》略论．江海学刊，1984（2）

曹邦军．诸葛亮使被罚者无怨言的原因何在．历史知识，1984（2）

简修炜．北魏孝文帝法制改革述论．河北学刊，1984（4）

陈迩冬．魏延的冤案．光明日报，1984－10－03

张建国．魏律篇目及其次序考辨．见：北京大学研究生论文集（文科版）．第3集，1985

祝总斌．略论晋律之“儒家化”．中国史研究，1985（2）

张录云．诸葛亮与蜀国法治．中国法制报，1985－02－11

曹三明．从朱谦之杀人免刑谈起——浅论魏晋南北朝法制特点．自修大学（政法），1985（7）

张尚谦．李安世均田疏和北魏均田令颁布的年代．云南民族学院学报，1986（1）

陈鹏生等．魏晋南北朝法律历史地位．法学杂志，1986（4）

胡守为．暨艳案试析．学术研究，1986（6）

怀效锋．魏律篇目辨正．研究生法学，1986

杨文秀．试论诸葛亮的法治政策．云南师范大学学报（社会科学版），1987（1）

项朐．略论《魏律》对封建法制的发展和创新．贵州师范大学学报（社会科学版），1987（2）

谭良啸．厉行法治，赏罚严明——谈诸葛亮治国之道．探索，1987（3）

边牛汉等．论诸葛亮的官吏考绩法．辽宁广播电视大学学报（社会科学版），1987（3）

金唐文．三国、两晋和南北朝时期警察机构的沿革（上）．贵州公安，1987（4）

金唐文．三国、两晋和南北朝时期警察机构的沿革（下）．贵州公安，1987（6）

李建渝．儒家化在汉魏晋南北朝法律中的体现．见：中华法史丛谈．北京：中国政法大学出版社，1988

马小红．“清议入律”小议．自修大学，1988（12）

张丽梅．北齐律对隋唐制度的影响初探．河北法学，1989（6）

李交发．西晋初年的法制及其影响．求索，1989（6）

邓文宽．北魏末年修改地、赋、户令内容的复原与研究——以西魏大统十三年计帐为线索．见：出土文献研究（续集）．北京：文物出版社，1989

徐进．《魏律》篇目考．山东大学学报（社会科学版），1990（2）

蒋集耀．中国古代魏晋律学研究．上海社会科学院学术季刊，1990（3）

［日］堀敏一．晋泰始律令的形成．中国史研究动态，1990（4）

张建国．再析晋修泰始律时对两项重要法制的省减．北京大学学报（社会科学版），1990（6）

武建国．北魏均田令补遗．学术月刊，1990（7）

王霄燕．论北魏法律的特点．晋阳学刊，1991（3）

邓奕琦．封建监察制的一个缩影：崔暹．文史知识，1991（4）

王霄燕．论北魏法制建设．山西大学学报（社会科学版），1991年第14卷（3）

许辉．六朝户籍制刍议．学海，1991（5）

邓奕琦．崔暹与北齐监察．北朝研究，1991年上半年刊

邓奕琦．苻秦监察略论．北朝研究，1992（1）

白丽云．论北朝法制建设．法林，1992（1）

邓奕琦．两晋南朝“孝先于忠”伦理观及其对司法的影响．法律学习与研究，1992（5）

［日］滋贺秀三著，姚荣涛，徐世虹译．西汉文帝的刑法改革和曹魏新律十八篇篇目考．见：日本学者研究中国史论著选译（八）．北京：中华书局，1992

刘精诚．魏孝文帝的法制思想和法制改革．中国史研究，1993（2）

刘汉东．论魏晋南北朝的刑徒．中国史研究，1993（3）

邓奕琦．五胡十六国对封建法律的借鉴与继承．北朝研究，1993（3）

程维荣．北魏究竟修订过多少次法律？．法学杂志，1993（4）

邓奕琦．论北魏孝文帝的法制改革．法学家，1994（2）

张建国．魏晋五刑制度略论．中外法学，1994（4）

高梅．论诸葛亮法治中的弹性原则．临沂师专学报，1994（4）

张建国．魏晋五刑制度略论．中外法学，1994（4）

程维荣．北魏中央监察机构——御史台研究．法商研究，1994（5）

邓奕琦．论拓跋鲜卑的习惯性．江南大学学报（社会科学版），1995（1）

张建国．魏晋律令法典比较研究．中外法学，1995（1）

孙季萍．五胡十六国时期我国少数民族政权法律制度及其汉化进程．烟台大学学报（社会科学版），1995（2）

邓奕琦．封建法制“国家·家族”本位在北朝的确立．贵州师范大学学报（社会科学版），1995（4）

何宁生．后秦法制初探．西北大学学报（社会科学版），1995（4）

陈长琦．魏晋九品官人法再探讨．历史研究，1995（6）

范家伟．复肉刑议与汉魏思想之转变．中国史研究，1996（1）

徐斌．南北朝监察概论．浙江学刊，1996（1）

沈春学．浅谈北魏法律对后世的影响．北朝研究，1996（1）

王政勋．汉魏之际关于肉刑问题的辩论．唐都学刊，1996（3）

田小梅．南北朝法律的历史思考．政法论坛，1996（3）

董念清．魏律略考．法学杂志，1996（5）

陈桐生．郭窃向注：中古一大著作权案．著作权，1997（1）

王玲．试论诸葛亮行法治蜀．贵州师范大学学报（社会科学版），1997（2）

要瑞芬．北魏前期法律制度的特征及其实质．中央民族大学学报，1997（3）

陶广峰．汉魏晋宫刑存废析．法学研究，1997（3）

曾代伟．试论北魏防范官吏腐败机制的架构．现代法学，1998（5）

张建荣．试论《晋律》的刑制特点与理论贡献．中国人民大学学报，1998（5）

白丽云．简论北魏法制建设．山西大学师范学院学报，1999（2）

张竞生．伦理与法律融合的重要时期：从魏晋南北朝看封建法律的伦理法特点．重庆教育学院学报，1999（2）

林明．论魏晋南北朝时期儒家思想地位及其法律化表现．山东社会科学，1999（2）

子诚．秦汉魏晋理财法制与惩贪（二）．湖北财税，1999（11）

吕丽，王侃．汉魏晋“比”辨析．法学研究，2000（4）

马志冰．从魏晋之际官僚贵族世袭特权的法律化制度化看士族门阀制度的确立与发展．中国文化研究，2000年春季卷

王海东．对魏武帝“用法峻急，有犯必戳”的再认识．西藏大学学报，2001（3）

吴秋红．晋代“引礼入律”论略．玉林师范学院学报，2001（4）

孙英伟．浅析晋代张斐律学成就．湖南省政法管理干部学院学报，2001（4）

余太山．两汉魏晋南北朝正史“西域传”所见西域诸国的制度和习惯法．西北民族研究，2001年冬季号

何宁生．前秦法制初探．西北大学学报，2002（3）

文慧科．关于西晋刑律制订人选的思考．西南民族学院学报，2002（4）

俞鹿年．北魏前期的大人官与三都大官．见：法律史论集．第4卷．北京：法律出版社，2002

刘广平，刘凡振．曹魏大逆不道罪的演变及妇女连坐问题．许昌师专学报，2002（6）

吕丽．汉魏晋“故事”辨析．法学研究，2002（6）

陈永胜．《后晋开运二年（945）寡妇阿龙地产诉讼案》若干法律问题析论．兰州大学

学报，2003（2）

胡舒云．“九品官人法”名称考辨．求实学刊，2003（2）

吕丽．汉魏晋的礼仪立法与礼仪故事．法制与社会发展，2003（3）

何宁生．论后燕的法制．西北大学学报，2003（3）

王霄燕．论北朝法制之改创．山西大学学报，2003（5）

李玉生．魏晋律令分野的几个问题．法学研究，2003（5）

胡舒云．“九品官人法”性质辨析．东北师大学报（社会科学版），2003（6）

薛菁．论魏晋南北朝法律制度的特点．福建师范大学学报，2003（6）

曾代伟．北魏律渊源辨．见：中国法制史考证・甲编．第3卷．北京：中国社会科学出版社，2003

邓文宽．北魏末年修改地、赋、户令内容的复原与研究．见：中国法制史考证・甲编．第3卷．北京：中国社会科学出版社，2003

高旭晨．两汉魏晋南北朝法制考证学术见解述要．见：中国法制史考证・甲编．第3卷．北京：中国社会科学出版社，2003

［日］滋贺秀三．关于曹魏《新律》十八篇篇目．见：中国法制史考证・丙编．第2卷．北京：中国社会科学出版社，2003

［日］堀敏一．晋泰始律令的制定．见：中国法制史考证・丙编．第2卷．北京：中国社会科学出版社，2003

［日］滋贺秀三．再论魏律篇目——答内田智雄教授的质疑．见：中国法制史考证・丙编．第2卷．北京：中国社会科学出版社，2003

姚潇鸫．刘宋监狱新考．上海师范大学学报（哲学社会科学版），2004（1）

金霞，李传军．魏晋南朝刑律中的妇女地位：兼谈魏晋南朝刑律的轻省化．南都学坛，2004（2）

薛菁．汉末魏晋复肉刑之议论析．东南学术，2004（3）

杜邈．从野蛮到文明——简议两晋南北朝刑罚制度的演变．郑州航空工业管理学院学报（社会科学版），2004（4）

薛菁．论北朝的流刑制度．福建师范大学学报（哲学社会科学版），2004（4）

王汇．三国两晋南北朝的立法特点．安庆师范学院学报（社会科学版），2005（1）

武剑青．从“春秋决狱”到“纳礼入律”——浅析儒家思想融入魏晋北朝诸律的必然性．柳州师专学报，2005（2）

汪世荣．北齐法制的异化及其当代启示．陕西理工学院学报（社会科学版），2005（4）

魏志静．北魏孝文帝法律改革述评．保定师范专科学校学报，2005（4）

薛菁．论魏晋南北朝刑法原则儒家化特征．福建师范大学学报（哲学社会科学版），2006（1）

辛宇鹤．“孝”的观念在北魏法律制度中的反映．运城学院学报，2006（1）
张宏民．浅析魏晋南北朝时期法律的维孝功能．延安大学学报（社会科学版），2006（2）
任海涛．魏晋南北朝对唐律的贡献．兰州商学院学报，2006（2）
5. 隋唐五代
胡长清．唐律残篇之研究（一）．法律评论，第7卷第40期（1930）
胡长清．唐律残篇之研究（二）．法律评论，第7卷第41期（1930）
贺圣鼐．未遂罪在唐律及刑法之比较观．法学季刊，第4卷第4期（1930）
袁仲灿．《故唐律疏议》非永徽律考．中和月刊，第1卷第10期（1940）
刘陆民．唐代审判制度考．法学月刊，1947（2）
刘陆民．唐代司法组织系统考．法学月刊，1947（4）
徐道邻．开元律考．新法学，1948（3）
严耕望．略论《唐六典》之性质施行问题．（台湾）“中央研究院历史语言研究所”集刊. 第24本，1953
韩国磐．略论隋朝的法律．历史教学，1956（12）
王永兴．关于唐朝法律的几个问题．历史教学，1957（4）
陈寅恪．论唐代之蕃将与府兵．中山大学学报（社会科学版），1957（4）
戴克光．试论唐律是中国封建社会的标准法典．政法教学，1958（1）
戴克光．论唐律与中国封建社会的“四种权力”问题（提纲）．政法研究，1963（1）
王仲．唐代两税法研究．历史研究，1963（6）
刘海年．唐律的阶级实质．历史教学，1966（3）
杨廷福．《唐律》对亚洲古代各国封建法典的影响．社会科学战线，1978（1）
杨廷福．《唐律疏议》制作年代考．文史复刊号，1978（12）
高树异．唐宋时期外国人在中国的法律地位．吉林大学学报（社会科学版），1978（5、6）
沈国峰．略论隋王朝的封建法制和它的兴亡史．北京政法学院学报，1979（1）
杨廷福．《唐律》的社会经济基础及其阶级本质——《唐律》初探之一．中国史研究，1979（1）
魏国忠．试谈贞观时期的法制．学习与探索，1979（4）
饶鑫贤．“贞观之治”和当时的社会安定政策．法学研究，1979（5）
赵克尧，许道勋．论唐初立法及其对经济发展的作用．文汇报，1980-02-01
计翔翔，洪朝辉．唐太宗与法制．杭州大学学报，1980（3）
庄昭．试谈唐初的立法、执法与守法．山西师院学报，1980（4）
顾熙．训解《唐律》的《音义》影印出版．人民日报，1980-05-09
顾熙．我国古代的重要法典——《唐律》出版．光明日报，1980-06-19

王永兴．关于《唐律疏议》中三条律疏的修改——读唐律札记．见：文史．1980 年第 8 辑．北京：文物出版社，1980

王天木，杨永华．略论隋《开皇律》的地位和教训．西北政法学院学术论文选，1981 (1)

黄永年．唐代两税法杂考．历史研究，1981 (1)

时重实．武则天与酷吏．北京政法学院学报，1981 (1)

曾炳钧．中国封建刑律中的八议．法学研究，1981 (2)

徐汉炎．“贞观法治”浅谈．法学研究，1981 (3)

赵克尧，许道勋．贞观法制初探．史学月刊，1981 (4)

叶孝信．试论《唐律疏议》．见：法律史论丛．第 1 辑．北京：中国社会科学出版社，1981

戴炎辉．唐律上议请减赎制之溯源．（台湾）“中央研究院”国际汉学会议论文集·民俗与文化组，1981

龙文．党仁弘贪赃罪当诛，唐太宗违法先自责．奋斗，1981 (11)

戴炎辉．唐律十恶之溯源．见：中国法制史论文集．台湾：成文出版社，1981

王永兴．唐田令研究——从田令和敦煌文书看唐代土地制度中几个问题．见：纪念陈垣诞辰百周年史学论文集．北京：北京师范大学出版社，1981

冯卓慧，胡留元．唐《御史台精舍碑》碑铭（并序）评注．西北政法学院学报，1982 (1)

鲍晓娜．从唐代盐法的改革论禁榷制度的发展规律．中国社会经济史研究，1982 (2)

王珠文．关于唐定户等级令中几个问题的研究．山西大学学报（社会科学版），1982 (2)

梁文．论唐太宗守法．历史教学问题，1982 (2)

王天木，杨永华．略论隋《开皇律》的地位和教训．见：法律史论丛．第 2 辑．北京：法律出版社，1982

蒲坚．试论《唐律疏议》的制作年代问题．见：法律史论丛．第 2 辑．北京：法律出版社，1982

胡曰武．唐代“婚书”考．法学研究，1982 (2)

杨廷福．唐律的特色．历史教学问题，1982 (2)

曾立人．唐太宗的“止盗”与“贞观之治”．丽水师专学报，1982 (2)

庄昭．《武德新格》并非制定于武德九年．史学月刊，1982 (2)

鲍晓娜．从唐代盐法的改革论禁榷制度的发展规律．中国经济史研究，1982 (3)

李雪华．关于陆贽论两税法的几个问题．中国经济史研究，1982 (3)

高敏．唐玄宗天宝十一载“禁官夺百姓口分永业田诏”试析．见：中国古代史论丛，

1982年第3辑．福州：福建人民出版社，1982

王玉波．从《唐律》看封建伦理政治．学习与探索，1982（4）

卢向前．牒式及其处理程式的探讨——唐公式文研究．见：敦煌吐鲁番文献研究论集（一）．北京：中华书局，1982

刘俊文．敦煌吐鲁番发现唐写本律及律疏残卷研究．见：敦煌吐鲁番文献研究论集（一）．北京：中华书局，1982

蔡治淮．敦煌写本唐僖宗中和五年三月车驾还京师大赦诏校释．见：敦煌吐鲁番文献研究论集（一）．北京：中华书局，1982

杨廷福．略论《唐律》的历史渊源．见：唐律初探．天津：天津人民出版社，1982

薄小莹，马小红．唐开元廿四年岐州郡县尉判集（敦煌文书附二九七九号）研究——兼论唐代勾征制．见：敦煌吐鲁番文献研究论集（一）．北京：中华书局，1982

刘俊文．天宝令式表与天宝法制——唐令格式写本残卷研究之一．见：敦煌吐鲁番文献研究论集（一）．北京：中华书局，1982

杨大中．白居易执法明判．中国法制报，1982-07-02

朱华荣，陈浩然．我国"紧急避险"的法律概念早于欧洲十个世纪——从唐代的一份判文谈起．法学，1982（9）

［法］戴何都．《唐六典》正确地描述了唐朝的制度吗？．中国史研究动态，1982（10）

金能刚．唐初对违法官员的惩治．中国法制报，1982-11-05

韩长耕．关于《大唐六典》行用问题．中国史研究，1983（1）

何敦铧．试论唐太宗的厉行法治．福州师专学报，1983（1）

王翔．唐太宗"纵囚"．民主与法制，1983（1）

王珠文．关于唐代定户等及户令中几个问题的研究．山西大学学报（社会科学版），1983（2）

刘逖．试说《唐六典》的施行问题．北京师院学报，1983（2）

丁柏传．谈对唐代两税法的再评价问题．河北大学学报，1983（2）

严峻．唐太宗与贞观法治．江西师范学辽南昌分院学报，1983（2）

胡留元，冯卓慧．唐《御史台精舍碑》初探．人文杂志，1983（2）

文一戈．有感于李世民的法精事简．法学，1983（2）

杨廷福．唐代妇女在法律上的地位．见：法律史论丛．第3辑．北京：法律出版社，1983

张弓．《唐六典》的编撰刊行和其他．史学月刊，1983（3）

翁俊雄．《唐律疏议》没有关于"中分产品"的规定．北京师院学报，1983（3）

何敦铧．唐太宗厉行法治浅探．中学历史教学，1983（3）

［苏］B. M. 雷巴科夫著，马忠建译．关于中国中世纪官吏的法律地位．中国史研究动

态，1983（4）

魏明孔．浅析两税法中“量出以制入”的制税原则．中学历史，1983（4）

杨廷福．唐朝的法律．文史知识，1983（5）

陈汉生．唐六典．政治与法律丛刊，1983（5）

刘俊文．唐律与礼的关系试析．北京大学学报，1983（5）

杨廷福．唐代妇女在法律上的地位．见：法律史论丛．第3辑．北京：法律出版社，1983

［日］冈野诚著，张邻译．中国对唐代法制史研究的现状．中国史研究动态，1983（11）

俞鹿年．从《唐律·户婚》看唐代土地赋役与户籍制度．见：法史研究文集（上）．西安：西北政法学院，1983

钱元凯．唐格探索初稿．法史研究文集（上），西北政法学院1983年12月

丁伯传，陈作梁．唐代两税法征收内容辨析．河南师范大学学报，1984（1）

陆晓光．《唐律》中的犯罪未遂初探．湖北财经学院研究生学报，1984（1）

王超．我国古代的行政法典——《大唐六典》．中国社会科学，1984（1）；后收入：法学探微．重庆：重庆出版社，1986

赵俊．《唐大诏令集》勘误二则．中国史研究，1984（3）

倪正茂．集封建法典之大成，播深远影响于中外——隋、唐立法概况．法学杂志，1984（4）

刘俊文．唐律与礼的密切关系例述．北京大学学报（社会科学版），1984（5）

何勤华．《唐律》债法初探．江海学刊，1984（6）

夏勇．唐律中的谋杀罪．法学研究，1984（6）

杨廷福．《唐律疏议》制作年代考．见：中国法学文集．第1集．北京：法律出版社，1984

陈国礼．治世与法制——就法制谈汉“文景之治”与唐“贞观之治”．见：法史研究文集（中）．西安：西北政法学院，1984

陈汉生．从白居易的一份判决书看唐代婚姻成立的条件．法学探讨，1985（1）

王召棠，殷啸虎．论《唐律》和《唐律疏议》的价值．法学，1985年增刊（1）

刘太祥．唐律中的官吏奖惩责任制浅探．南阳师专学报，1985（1）

徐显明．唐律中官吏犯罪初探．东岳论丛，1985（1）

陆庆夫．隋朝法律改革述评．兰州大学学报（社会科学版），1985（2）

盛奇秀．唐代明法科考述．东岳论丛，1985（2）

杨廷福等．《唐律》关于社会预防犯罪和社会治安的规定．社会科学战线，1985（2）

程维荣等．唐律中的和、略人罪．政法学习，1985（2）

王永兴．论唐代前期行政管理的较高效率与法制的关系．北京大学学报，1985（3）

袁英光等．唐代财政重心的南移与两税法的产生．北京师院学报（社会科学版），1985（3）

郑禄．唐代刑事起诉制度．法学评论，1985（3）

李治安．唐代执法三司初探．天津社会科学，1985（3）

殷啸虎．唐律以帛论赃罪原因何在．法学，1985（3）

何敦铧．唐太宗厉行法治的历史意义．中学历史，1985（3）

牛志平．从《唐律》看唐代妇女的贞节观．陕西师范大学学报（社会科学版），1985（4）

胡宝华．唐初监察“六条”小考．河北师院学报（社会科学版），1985（4）

邹涛．唐律中“再犯”与“累犯”的关系探讨．中国人民警官大学学报（社会科学版），1985（4）

王应瑄．从唐代姚文秀杀妻案看我国古代故杀人罪的罪名定义．法学评论，1985（5）

马长林．《唐律》实施问题辨析．学术月刊，1985（5）

钱大群．唐律与封建吏治．江海学刊（社会科学版），1985（5）

鲍晓娜．杨炎与“两税法”．社会科学研究，1985（5）

贾宪保．唐代北司的司法机构．人文杂志，1985（6）

郑禄．唐代刑事审判制度．政法论坛，1985（6）

刘俊文．唐律渊源辨．历史研究，1985（6）

邹涛．唐律中的“累犯”．社会科学，1985（7）

李曙光．略论《开皇律》的历史渊源及其对《唐律》的影响．法学，1985（8）

陈明光．“量出制入”与两税法的制税原则．历史研究，1986（1）

姜世俊．论唐代两税法及其得失．黑龙江财专学报，1986（1）

张泽咸．论田亩税在唐五代两税法中的地位．中国经济史研究，1986（1）

许章润．唐代的狱政制度．法学与实践，1986（1）

曹洋．唐律强盗罪初探．青年法学，1986（1）

宋加兴．《唐律·名例律》注译．政法学坛，1986（1）

刘明祥．唐律中的奸淫罪．青年法学，1986（1）

卢向前．牒式及其处理程式的探讨——唐令式文研究．见：敦煌吐鲁番文献研究论集（三）．北京：北京大学出版社，1986

王永兴．敦煌写本唐开元水部式校释．见：敦煌吐鲁番文献研究论集（三）．北京：北京大学出版社，1986

刘俊文．论唐后期法制的变化．北京大学学报（社会科学版），1986（2）

叶峰．论《唐律》“一准乎礼”、“得古今之平”．法学季刊，1986（2）

张永路．略论儒家思想对唐律的影响．辽宁大学学报（社会科学版），1986（2）

刘俊文．天宝令式表与天宝法制——唐令式格式写本残卷研究之一．见：敦煌吐鲁番出土文献研究论集．第3辑．北京：北京大学出版社，1986

刘俊文．敦煌写本永徽东宫诸府职员令残卷蒋笺——唐令格式写本残卷研究之二．见：敦煌吐鲁番出土文献研究论集．第3辑．北京：北京大学出版社，1986

袁昌隆．永业田“身终不还”并非遗产继承制．贵州史学丛刊，1986（2）

范西望．浅谈《唐律》对渎职官吏的惩治．人文杂志，1986（3）

朱睿根．唐代两税法前的户税．中国社会经济史研究，1986（3）

曾代伟．《新唐书·刑法志》勘误一则．法学研究，1986（3）

童平宇．浅谈《唐律疏议》中的市场管理法规．河北法学，1986（4）

叶孝信．试论《唐律疏议》．见：复旦法学．第1辑．上海：复旦大学出版社，1986

叶孝信．《唐律疏议》系据《永徽律》考．见：复旦法学．第1辑．上海：复旦大学出版社，1986

杜文玉等．五代立法与司法制度初探．思想战线，1986（4）

刘俊文．《新唐书·刑法志》证误．见：中华文史论丛．1986年第4辑．上海：上海古籍出版社，1986

谭建立．杨炎的理财措施——两税法（唐代）．山西财经学院学报，1986（4）

陈绍方．《唐律》对当时社会经济生活的作用．法学杂志，1986（5）

赵超．一件重要的唐代“牒”文实证．文物，1986（9）

李光灿．批判、研究、借鉴——《唐律疏议·译注》序（下）．法学，1986（11）

赵超．十将与铁券——读唐代墓志札记．考古与文物，1987（1）

李天石．试论两税法对唐代私奴婢的影响．敦煌学辑刊，1987（1）

刘志坚．唐律累犯质疑．政治与法律，1987（1）

陈炯．唐律疏议的立法解释和语言风格．安徽大学学报（哲学社会科学版），1987（1）

白慎修．礼与唐律．政法学习，1987（2）

刘俊文．论唐代后期法制的变化．北京大学学报，1987（2）

钱元凯．试述秦汉至隋法律形式“格”的递变．学术季刊，1987（2）

陈衍德．唐代茶法略考．中国社会经济史研究，1987（2）

王立民．略论《唐律疏议》中“疏议”的作用．西北政法学院学报，1987（3）

霍存福．论《唐律》“疏议”的法律功能．吉林大学社会科学学报，1987（4）

王占通．论违礼是唐律的刑事责任依据——兼论中华法系的特点．社会科学战线，1987（4）

徐其萍．略述唐代法官责任制．河北法学，1987（4）

王志刚．唐代民事法规发展缀要．西北政法学院学报，1987（4）

王尧，陈践．有关吐蕃法制的三件敦煌文书译释．中国史研究，1987（4）

王宏治．《唐律初探》史料求疵．读书，1987（5）
王立民．论唐代立法中的审核程序．法学，1987（9）
贺嘉．试论唐朝的民事立法．西北政法学院本科生优秀毕业论文选（一），1987年9月
王立民．论《唐律疏议》的“疏议”作用．见：法学论文集．上海：上海社会科学院出版社，1987
钱元凯，殷啸虎．浅论《唐律》的“六赃”及其处罚原则．见：法学论文集．上海：上海社会科学院出版社，1987
刘海峰，宋方青．律、令、格、式——唐代的法典体系．文史知识，1988（1）
钱大群．《唐六典》性质论．中国社会科学，1988（1）
张捷，张洪池．唐代法制研究成果综述（上）．天津政法管理干部学院校刊，1988（1）
阎青义．《唐律疏议》：中华法系的典型之一．古籍整理研究学刊，1988（1）
刘进宝．建国以来两税法研究综述．甘肃理论学刊，1988（2）
王可．评唐律中有关少数民族条文．西南民族学院学报，1988（2）
陈衍德．试论唐代食盐专卖法的演变．历史教学，1988（2）
张捷，张洪池．唐代法制研究成果综述（下）．天津政法管理干部学院校刊，1988（2）
毛起雄．唐代海外贸易与法律调整．海交史研究，1988（2）
殷啸虎．《唐律》刑事责任年龄辨误．中国史研究，1988（2）
黄永年．论建中元年实施两税法的意图．陕西师范大学学报（社会科学版），1988（3）
刘振华．唐代前期经济立法特点浅谈．江海学刊，1988（3）
刘太祥．唐代人事立法浅探．商丘师专学报（社会科学版），1988（4）
王宏治．唐代司法中的“三司”．北京大学学报（社会科学版），1988（4）
王宏治．唐代的司法审判制度．见：中华法史丛谈．北京：中国政法大学出版社，1988
胡银康．唐代户籍法规初探．见：华东政法学院法学硕士论文集．上海：上海社会科学出版社，1988
杨心明．唐代监临主守赃罪考．见：华东政法学院法学硕士论文集．上海：上海社会科学出版社，1988
王宏治．唐律——封建法律的楷模．见：中华法史丛谈．北京：中国政法大学出版社，1988
李伯重．《唐律疏议》中所见的社会等级．云南社会科学，1988（5）
王立民．析《唐律疏议》中的三种法律协调关系．见：华东政法学院法学硕士论文集．上海：上海社会科学出版社，1988
张桂萍．试论唐代两税法的历史地位．历史教学，1988（7）
王立民．略论唐律在发展唐前期经济中的作用．法学，1988（10）

刘俊文．论唐格——敦煌写本唐格残卷研究．见：敦煌吐鲁番学研究论文集．北京：汉语大词典出版社，1988

陈汉生，赵翔．唐代商事立法探究（上）．政治与法律，1989（1）

陈炯．唐律户籍管理的特点．中国人民警官大学学报（社会科学版），1989（1）

王德兴．《唐律疏议》与唐经济制度简论．宁波师院学报（社会科学版），1989（1）

陈汉生，赵翔．唐代商事立法探究（下）．政治与法律，1989（2）

张中秋．《唐律疏议》"禁外姻无服尊卑婚"考释．南京大学学报法学论集，1989

［日］池田温．隋唐律令与日本古代法律制度的关系．武汉大学学报（社会科学版），1989（3）

吴大逵．谈谈唐代立法的历史贡献．人民公安报，1989－03－24

杨际平．有关北朝隋唐均田制立法的几个问题．厦门大学学报（社会科学版），1989（3）

王立民．论唐律令格式都是刑法．法学研究，1989（4）

巩富文．唐代法官违法刑讯的责任制度．西北大学学报（社会科学版），1989（4）

顾吉辰．《新旧唐书·刑法志》订误．汉中师院学报（社会科学版），1989（4）

赵云旗．论隋代均田令的形成——隋代均田令研究之一．晋阳学刊，1989（5）

霍存福．唐代官刑论．吉林大学社会科学学报，1989（5）

王立民．唐律对青少年犯罪及保护青少年的若干规定．青少年犯罪问题，1989（5）

钱大群．谈《唐律疏议》三条律疏的修改问题．南京大学学报（社会科学版），1989（5）

钱大群，李玉生．《唐六典》性质论．中国社会科学，1989（6）

刘俊文．唐代狱讼制度考析．见：陈寅恪先生诞辰百周年纪念论文集．北京：北京大学出版社，1989

［英］丹尼斯·C·特威切特著，张中秋译．初唐法律论．比较法研究，1990（1）

陈炯．试谈唐律对官吏职务犯罪的规定．江南大学学报（社会科学版），1990（1）

［日］堀敏一．中唐以后敦煌税法的变化．中国社会经济史研究，1990（1）

金眉等．大唐律令与唐代经济繁荣关系之研究．南京大学学报（社会科学版），1990（2）

瞿恺．唐代的税法与钱荒．思想战线，1990（2）

赵翔等．唐代前中期土地立法述略——从唐律看唐代均田制．山东法学，1990（2）

符庆如．武则天行"铜匭制"考略．史学月刊，1990（2）

姜伯勤．从判文看唐代市籍制的终结．（台湾）历史研究，1990（3）

霍存福．令式分辨与唐令的复原——《唐令拾遗》编译墨余录．当代法学，1990（3）

霍存福．论礼令关系与唐令的复原——《唐令拾遗》编译墨余录．法学研究，1990（4）

蒲硕棣．浅谈唐代的刑罚制度．法制日报，1990-04-30

巩富文．唐代刑事审判机关及其管辖制度．西北大学学报（社会科学版），1990（4）

明廷强等．唐律自首制度初探．齐鲁学刊，1990（5）

杨际平．唐田令与“均田令”、“已受田”与“见营田”的关系．历史教学问题，1990（5）

钱大群，李玉生．《大唐六典》性质论——兼驳“行政法典”说．见：中国法律史国际学术讨论会论文集．西安：陕西人民出版社，1990

［日］池田温．关于《日本见在书目录》刑法家．见：中国法律史国际学术讨论会文集. 西安：陕西人民出版社，1990

俞鹿年．唐代的吏胥制度．见：中国法律史国际学术讨论会论文集．西安：陕西人民出版社，1990

霍存福．唐式逸文的遗存及搜集情况论文．见：中国法律史国际学术讨论会论文集．西安：陕西人民出版社，1990

王立民．唐律实施问题探究．法学，1990（10）

张中秋．论大唐律令与唐代经济衰退之关系：以均田律令为中心．江海学刊，1991（1）

王立民．论唐律与专制统治．比较法研究，1991（1）

张帆．唐代法律中的血属复仇问题．北京大学研究生学刊，1991（1）

黄毛．唐代司法监察得失谈．文史杂志，1991（2）

刘后滨．唐代司法“三司”考析．北京大学学报（社会科学版），1991（2）

马晓丽．关于武则天重用酷吏的几点看法．烟台大学学报（社会科学版），1991（3）

张梓太．论《唐律》与唐初政治社会的协调性．江海学刊，1991（3）

袁建勇．唐律规定的官吏失职行为的种类及其惩治的原则与特点．中南政法学院学报，1991（3）

郭绍林．唐代的著作权现象．人文杂志，1991（5）

王立民．论唐后对唐律的变革．华东师范大学学报（社会科学版），1991（6）

王立民．论上请．法学，1991（6）

杜文玉．五代刑法残酷说质疑．渭南师专学报，1992（1）

袁建勇．简论唐律对官吏犯赃定罪量刑的规定．中南政法学院学报，1992（2）

唐鸿儒．论《唐律》与吏治．山西大学学报（社会科学版），1992（2）

翁俊雄．试论“输籍之法”：兼论隋代社会经济发展迅速的原因．北京师范学院学报（社会科学版），1992（2）

钟斌．《唐律》中数罪并罚制度浅析．山东法学，1992（2）

冯卓慧．从几件敦煌吐鲁番文书看唐代法律形式．法学研究，1992（3）

李万禄．何谓“三覆奏”、“五覆奏”．西部学坛，1992（3）

钱大群．论唐律对官吏罪责追究的制度．江苏社会科学，1992（3）

王国平．唐初的“用刑宽简”和“恤刑慎杀”．文史知识，1992（3）

王毅文．唐代官制考述．阜阳师范学院学报（社会科学版），1992（3）

吴震．吐鲁番出土法律文书概述．西域研究，1992（3）

王欣．吐鲁番出土文书所涉及的晋唐法制．西域研究，1992（3）

马国荣．西域法制史二题．西域研究，1992（3）

张少瑜．浅论唐代前期维护国家军事利益的刑事法律．南京大学学报（社会科学版），1992（4）

霍存福．唐式性质考论．吉林大学社会科学学报 1992（6）

［日］仁井田陞．唐律的通则性规定及其来源．见：日本学者研究中国史论著选译（八）．北京：中华书局，1992

［日］冈野诚撰，姚荣涛译．唐户婚律立嫡违法条论者．见：儒学与法律文化．上海：复旦大学出版社，1992

王永兴．《通典》载唐开元二十五年官品令流外官制校释．文史，1992（35）

谈唐律中的自首制度．大连教育学院学报，1993（1）

巩富文．唐代法官出入人罪的责任制度探析．政治与法律，1993（1）

袁建勇．论唐律对官吏擅权行为的惩治．中南政法学院学报，1993（2）

张梓太．论《唐律》篇章体例结构的完备性．学海，1993（2）

王立民．论唐律与制敕．历史教学问题，1993（2）

［英］崔瑞德著，张中秋译．初唐法律研究．南京社会科学，1993（3）

王侃．唐律中的类推不是“举重明轻”而是“比附”——与中国法制史诸书及《中国刑法史》作者商榷．法学研究，1993（3）

赵云旗．论隋代均田令的诸问题．中国史研究，1993（4）

周东平．论唐代官吏的贪污罪．中国社会经济史研究，1993（4）

胡留元．从几件敦煌法制文书看唐代的法律形式——格．法律科学，1993（5）

包雯．《唐律》职务犯罪管见．河北法学，1993（5）

高明士．论武德到贞观律令制度的成立——唐朝立国政策的研究之二．汉学研究．第11卷第1期，1993

霍存福．唐故事惯例性论略．吉林大学社会科学学报，1993（6）

李锦绣记录，黄正建整理．池田温教授谈唐令与日本令．中国史研究动态，1993（8）

韩国磐．传世文献中所见唐式辑存．厦门大学学报（社会科学版），1994（1）

尚衍斌．关于晋唐时期西域法律制度的几个问题．新疆大学学报，1994（1）

周东平．论唐代惩治官吏赃罪的特点．厦门大学学报（社会科学版），1994（1）

覃守元．论唐“以法治吏”．华中师范大学学报（社会科学版），1994（1）

方亚光．从《唐律·户婚》看唐代婚姻的双重性．学海，1994（2）

牛致功．唐人的“离婚”刍议．学术界，1994（2）

齐陈骏．有关遗产继承的几件敦煌遗书．敦煌学辑刊，1994（2）

孙季萍．谈谈唐朝的受所监临财物罪．山东法学，1994（4）

艾永明，钱长源．唐朝立法监督制度初探．苏州大学学报（社会科学版），1994（4）

杨荫楼．试论儒家思想对唐初法律的影响．齐鲁学刊，1994（5）

邢铁．唐代的遗嘱继产问题．人文杂志，1994（5）

霍存福，丁相顺．《唐律疏议》“以”“准”字例析．吉林大学社会科学学报，1994（5）

［美］马伯良．《唐律》与后世的律：连续性的根基．见：美国学者论中国法律传统．北京：中国政法大学出版社，1994

林集友．唐刑部尚书崔凝墓志考释．考古，1994（11）

吴建璠．唐律研究中的几个问题．见：中外法律史新探．西安：陕西人民出版社，1994

郭绍林．论唐代文字狱的酝酿．唐都学刊，1995（1）

曲成钢．唐朝法律从严治吏所给予我们的启示．德州师专学报（社会科学版），1995（1）

王宏治．唐代行政法概论．行政法学研究，1995（1）

孙玉荣．唐代刑事立法中的“赃罪”．法学杂志，1995（2）

陆明德．浅析唐律对贿赂罪的惩罚．检察理论研究，1995（4）

钱大群．律、令、格、式与唐律的性质．法学研究，1995（5）

张中秋．传统中国政治生活类型的转变：依唐代经济法律所作的一种分析．法学，1995（6）

张仁玺．唐代复除制考略．山东师范大学学报（社会科学版），1995（6）

钱大群．唐律依法审判监督机制述论．江苏社会科学，1995（6）

王光照．隋《开皇律》及其立与毁．学术月刊，1995（9）

钱大群．比较唐律研究的一个好方法——唐律系列研究著作第三部《唐律与中国现行刑法比较论》导言．江苏文史研究，1996（1）

董念清．从唐代的判集看唐代对法律的适用．社科纵横，1996（1）

齐陈骏．读伯3813号《唐判集》札记．敦煌学辑刊，1996（1）

张中秋．唐代对外贸易的法律调整述论．江海学刊，1996（1）

刘炳愉．唐代侦察智能状况管窥．中国刑警学院学报，1996（1）

杨希义．《唐六典》订正一则．中国史研究，1996（1）

宁志新.《唐六典》性质刍议.中国史研究，1996（1）

钱大群.强化对有职权者的法律监督：试说唐律的廉政建设.传统文化与现代化，1996（2）

曹治怀.隋文帝不悦儒学专尚刑名辨析.安庆师院社会科学学报，1996（2）

侯雯.谈唐代对官吏赃罪的惩治.首都师范大学学报（社会科学版），1996（2）

叶昌富.唐律慎刑论.咸宁师专学报，1996（2）

明廷强.唐律数罪并罚制度探析.齐鲁学刊，1996（2）

张艳云.唐中后期的罚俸及其对唐律的发展.陕西师范大学学报（社会科学版），1996（2）

郑显文，苏丽华.长庆时期的法制.松辽学刊（社会科学版），1996（3）

张龙平.法制生活中的"官当"、"八议"及防治：从隋唐"官当""八议"制度说起.北京社会科学，1996（3）

袁刚.唐朝的五花判事和六押制度.安徽史学，1996（4）

钱大群.唐律立法量化技术运用初探.南京大学学报（社会科学版），1996（4）

徐川.唐律"坐赃"罪简论.山东法学，1996（4）

张荣峥.长孙无忌与《唐律疏议》.法治论丛，1996（4）

徐国建.唐朝的涉外法律规定.法治论丛，1996（5）

钱大群.《唐六典》不是行政法典——答宁志新先生.中国社会科学，1996（6）

高明士.从英藏CH0045捕亡律断片论唐贞观捕亡律之存在问题——兼论贞观断狱律之存在问题.潘石禅先生九秩华诞敦煌学特刊，1996年9月

王立民.贞观时期的廉政与法制.上海法学研究，1997（1）

许振红.唐代依法治吏之鉴.公务员学刊，1997（1、2）

高文和等.唐朝雇佣契约初探.天津政法，1997（2）

蒲坚.唐律：中国古代法律文化遗产中的瑰宝.中外法学，1997（3）

陈宁英.唐代律令中的奴婢略论.广西民族学院学报（社会科学版），1997（4）

王兴国.《唐律》中有关保护消费者权益的内容探析.兰州学刊，1997（5）

霍存福.唐式性质考论.吉林大学社会科学学报，1997（6）

侯雯.唐代格、式的编纂.文史知识，1997（8）

陈晓枫，殷耀德.浅析唐律中的共同犯罪.贵州教育，1997（10）

刘启贵.我国唐朝流放制度初探.青海社会科学，1998（1）

冯辉.唐代司法制度述论.史学集刊，1998（1）

周子良.唐律研究中的误读.法论，1998（1）

霍存福.《龙筋凤髓判》判目破译：张鷟判词问目源自真实案例、奏章、史事考.吉林大学社会科学学报，1998（2）

黄明儒．浅析《唐律》中过失犯罪的法律用语．法学评论，1998（2）
余经林．略论唐代刑事控告及其受理制度．中外法学，1998（3）
刘毅然．唐代惩治受贿罪研究．晋阳学刑，1998（3）
陈宁英．唐代律令中的贱民略论．中南民族学院学报（社会科学版），1998（3）
孙季萍．《唐律》中的官吏失职犯罪．山东法学，1998（3）
李春凌．略论贞观年间法制的几个特点．中国社会科学院研究生院学报，1998（4）
侯雯．浅议唐文宗在刑法方面的措施．首都师范大学学报，1998（4）
洪学伙．唐代打击官吏经商谋利的法律规定．安徽大学学报（社会科学版），1998（4）
张生．唐律中“法定刑省略技术”论析．天津政法，1998（4）
王天海．《意林》所载民事案例简析．贵州民族学院学报（社会科学版），1998（4）
徐忠明．关于唐代法律体系研究的述评及其他．法制与社会发展，1998（5）
［日］池田温．唐令拾遗补·序．见：法律史论集．第1卷．北京：法律出版社，1998
俞鹿年．《唐律·职制》与唐代文官制度．见：法律史论集．第1卷．北京：法律出版社，1998
王立民．唐律内容疏而不漏的质疑．南京大学法律评论，1998年秋季号
唐长孺．敦煌所出唐代法律文书两种跋．见：中华文史论丛．第5辑．上海：上海古籍出版社，1998
章翊中．从《唐律》看唐王朝对官吏的严格管理．南昌职业技术师范学院学报，1999（1）
陈戍国．从《唐律疏议》看唐礼及相关问题．湖南大学学报（社会科学版），1999（1）
荣新江．俄藏敦煌写本《唐令》残卷（Дx. 3558）考释．敦煌学辑刊，1999（1）
刘愫真．论《唐律疏议》语言承继的跨越性特征．平顶山师专学报，1999（1）
阚红柳．略论唐代档案立法．档案学研究，1999（1）
张洪林．唐朝的廉政立法剖析．华南理工大学学报（社会科学版），1999（1）
翁俊雄．唐代肃贪法律及其运作．商丘师范学院学报，1999（1）
陈戍国．从《唐律疏议》看唐礼及相关问题（续）．湖南大学学报（社会科学版），1999（2）
刘焕曾．武则天对唐朝法制的破坏．锦州师范学院学报（哲学社会科学版），1999（2）
杨师群．汉唐间社会财产私有权问题考论．学术月刊，1999（8）
李毅．论唐代的流刑及其执行情况．西安外国语学院学报，1999（3）
李毅．唐故事与制敕之管见．渭南师范学院学报，1999（4）
马克林．敦煌法制文书研究综述．中国史研究动态，1999（5）
［日］石田琢智．日本移植唐朝法律考述．法学，1999（5）
吴承学．唐代判文文体及源流研究．文学遗产，1999（6）

徐永康．《唐律》“十恶”罪刑研究．河南省政法管理干部学院学报，1999（6）

吕立人．《龙筋凤髓判》注析札记．见：中国古代法律文献研究．第1辑．成都：巴蜀书社，1999

钱大群．唐代法制与典籍考辩七题．见：法律史论集．第2卷．北京：法律出版社，1999

王立民．唐律条标探析．见：法律史论集．第2卷．北京：法律出版社，1999

子诚．隋唐理财法制与征贪（三）．湖北财税，1999（12）

刘敬者．日本律令官制对隋唐官制的继承与创新．河北法学，2000（1）

陈永胜．敦煌法制文书研究回顾与展望．敦煌研究，2000（2）

江山．唐朝依法治吏评析．重庆社会科学，2000（2）

郑显文．唐代明法考试制度初探．政法论坛，2000（2）

孙光妍．唐代依法治吏研究．政法论坛，2000（2）

戴建国．唐《开元二十五年令·田令》研究．历史研究，2000（2）

胡世凯．“明主治吏不治民”：论《唐律》中的官吏渎职罪．锦州师范学院学报，2000（3）

何勤华．唐代律学的创新及其文化价值．政治与法律，2000（3）

邱玉梅．唐律“一准乎礼”的立法特点及产生的主要原因．黑龙江省政法管理干部学院学报，2000（3）

曹坚．唐律自首制度研究．福建公安高等专科学校学报，2000（3）

马林涛．刘晏榷盐法与中国古代商业政策之转型．许昌师专学报，2000（4）

钱大群．《唐律疏议》结构及书名辨析．历史研究，2000（4）

罗欣．《唐律》中贪污贿赂犯罪初探．法学评论，2000（4）

吴萍．唐律“赔偿”制度研究．江西社会科学，2000（5）

詹坤木．浅述唐律中的反腐惩贪法律制度．西南政法大学学报，2001（1）

童光政．唐宋“四等官”审判制度初探．法学研究，2001（1）

陈炯．论唐代的立法语言．江南学院学报，2001（3）

蒲坚．释唐律“出入得古今之平”．政法论坛，2001（4）

邱树森．唐宋“蕃坊”与“治外法权”．宁夏社会科学，2001（5）

蒋建新，周宝砚．唐王朝“依法治吏”的经验与启示．社会科学，2001（5）

金眉．试析唐代“七出三不去”法律制度．南京大学学报，2001（6）

金眉．论唐代婚姻终止的法律制度．南京社会科学，2001（11）

金眉．论唐代民事法律的发展及其特点．法学，2001（11）

何保梅．从《唐律疏义》看唐代公务文书处理的法制化．浙江档案，2002（1）

毕连芳．论唐代的反贪立法．法学杂志，2002（1）

李伟迪．论唐律的血缘主义特征．船山学刊，2002（1）

刘玉堂，陈绍辉．略论唐代瑕疵担保制度．武汉大学学报，2002（1）

陈秋云，陈鸥．略论唐律中刑案其他参与人的地位与责任之规定．华北电力大学学报，2002（1）

黄明儒．浅析《唐律》中赃罪的处罚原则．法学评论，2002（1）

周相卿．隋唐时期佛教与法的关系．贵州民族学院学报，2002（1）

王晓燕，赵晓芳．唐代茶法考述．甘肃理论学刊，2002（1）

张中秋．唐代民事法律主客体与民事法源概述．中南法律评论，2002（1）

邓海荣．唐《律》词语札记．古汉语研究，2002（1）

夏朝辉．唐律自首制度的科学性与局限性．中南法律评论，2002（1）

张中秋．透视唐代经济民事法律．法学，2002（1）

周东平．二十世纪之唐律令研究回顾．中西法律传统，2002（2）

倪春青，徐芸华．简论《唐律疏议》对吏治的整饬．中国历史地理论丛，2002（2）

倪正茂．论隋律对北周律之因袭．中西法律传统，2002（2）

彭炳金．论唐代明法考试制度的几个问题．政法论坛，2002（2）

王立民．论唐律礼法的关系．浙江学刊，2002（2）

周东平．律令格式与律令制度、律令国家——二十世纪中日学者唐代法制史总体研究一瞥．法制与社会发展，2002（2）

向群．判文中所见唐代身份法体制下的奴婢问题．论衡丛刊，2002（2）

邵治国．浅析唐代赦宥的原因及对其利益的讨论．阴山学刊，2002（2）

邵治国．浅析唐代赦宥实施的仪式程序及赦书．常德师范学院学报，2002（2）

张艳云．试论唐代京兆府的司法权．唐都学刊，2002（2）

丁寰翔，戌百全．试述《唐律》的历史地位及其在吏治方面的实践．中共宁波市委党校学报，2002（2）

杨际平．《唐令·田令》的完整复原与今后均田制的研究．中国史研究，2002（2）

陈国凤．唐律述评．甘肃广播电视大学学报，2002（2）

黄纯艳．再论唐代茶法．思想战线，2002（2）

储著斌，张忠国．唐代禁止官吏经商谋利的法律规定及启示．郑州轻工业学院学报，2002（3）

霍俊卿．从唐律看唐代的婚姻状况和妇女的法律地位．首都律师论坛，2002（4）

张先昌．《开皇律》的修订及其在中国法制史上的地位．法学研究，2002（4）

李云凯．试论唐朝礼法并用的治国经验．黑龙江农垦师专学报，2002（4）

董志翘．《唐律疏议》词语杂考．南京师范大学学报，2002（4）

章翊中，熊亚非．从《唐律》看唐初统治集团对经济的法律干预及其特点．江西科技

师范学院学报，2002（5）

姚秀兰．论唐代市场法．河南省政法管理干部学院学报，2002（5）

王丽英．唐代反腐败法律制度初探．内蒙古民族大学学报，2002（5）

张健彬．唐代县级政权的司法权限．山东大学学报，2002（5）

张扬金，于兰华．唐会审制度浅析．江西社会科学，2002年第5月增刊

［日］冈野诚著，李力译．《唐律疏议》中“例”字之用法（下）．见：法律史论集．第4卷．北京：法律出版社，2002

张艳云．从敦煌的婚书程式看唐代许婚制度．敦煌研究，2002（6）

谢生保．敦煌故事画中的刑罚．敦煌研究，2002（6）

楚永桥．《燕子赋》与唐代司法制度．敦煌研究，2002（6）

郑显文．再谈唐代的明法考试制度——兼答彭炳金先生．政法论坛，2002（6）

胡纪平．唐代封爵贵族的法律特权探析．湖北社会科学，2002（7）

魏地．唐律中的罪过形式研究．当代法学，2002（7）

王立民．唐律与唐朝的身份等级．见：走向二十一世纪的中国法文化．上海：上海社会科学院出版社，2002

彭炳金．唐代官吏赃罪述论．史学月刊，2002（10）

李玉生．关于唐代律令格式的性质问题．金陵法律评论，2002年秋季号

郑显文．唐代债权保障制度研究．西北师范大学学报，2003（1）

赵望秦．唐代长安新设刑场独柳树考论．史学月刊，2003（2）

梁洪行．《唐律》共同犯罪的立法特点分析．广播电视大学学报，2003（2）

李亚龙，杨剑．唐代司法中的时限制度探析．湖北成人教育学院学报，2003（2）

龙大轩．御史纠弹：唐代官吏犯罪的侦控程序考辨．现代法学，2003（2）

陈永胜．敦煌写本《寅年令狐宠宠卖牛契》中的瑕疵担保制度．甘肃政法学院学报，2003（3）

王琳．论唐代司法效率及其现代价值．广西政法管理干部学院学报，2003（3）

周敦耀．浅议“贞观之治”的法治、德治及官德．广西大学学报，2003（3）

明廷强，张玉珍．试析唐律的“官司出入人罪”．齐鲁学刊，2003（3）

郑显文．唐代涉外民事法律初探．北京科技大学学报，2003（3）

王斐弘．辉煌与印证：敦煌《文明判集残卷》研究．现代法学，2003（4）

马珺．浅论唐宋时期的商业立法．濮阳教育学院学报，2003（4）

王旭伟．唐代以法治吏的经验与启迪．沈阳师范大学学报，2003（4）

王兵．论唐代商人法律地位低下对资本主义萌芽的桎梏作用．楚雄师范学院学报，2003（4）

张力．论唐律对市场管理的规范．安庆师范学院学报，2003（5）

李艳芳．论《唐律》中的“出入人罪”．河南公安高等专科学校学报，2003（5）

郑定，马建兴．略论唐律中的服制原则与亲属相犯．法学家，2003（5）

李勇伟．唐代“保辜制度”解读二则．巢湖学院学报，2003（5）

黄书建．《唐律疏议》与犯罪预防．青少年犯罪研究，2003（5）

王立民．《寄簃文存》的唐律研究．浙江社会科学，2003（6）

张艳云，宋冰．论唐代保辜制度的实际运用——从《康保应元年（762）六月康失芬行车伤人案卷》谈起．陕西师范大学学报，2003（6）

倪正茂．隋代法制考．见：中国法制史考证·甲编．第4卷．北京：中国社会科学出版社，2003

尤韶华．隋唐法制考证举要．见：中国法制史考证·甲编．第4卷．北京：中国社会科学出版社，2003

霍存福．唐祠部式遗文汇考．见：中国法制史考证·甲编．第4卷．北京：中国社会科学出版社，2003

俞鹿年．唐代使职制度考．见：中国法制史考证·甲编．第4卷．北京：中国社会科学出版社，2003

张建一．唐律实施考述．见：中国法制史考证·甲编．第4卷．北京：中国社会科学出版社，2003

周东平．唐律赃罪诸考．见：中国法制史考证·甲编．第4卷．北京：中国社会科学出版社，2003

［日］奥村郁三．《大唐六典》研究．见：中国法制史考证·丙编．第2卷．北京：中国社会科学出版社，2003

［日］池田温．敦煌本判集三种．见：中国法制史考证·丙编．第2卷．北京：中国社会科学出版社，2003

［日］仁井田陞．敦煌发现的唐《水部式》研究．见：中国法制史考证·丙编．第2卷．北京：中国社会科学出版社，2003

［日］坂上康俊．敦煌发现唐律断简（P3608、P3252）和《大宝律》——关于户婚律放部曲为良条续冈野诚之新说．见：中国法制史考证·丙编．第2卷．北京：中国社会科学出版社，2003

［日］八重津洋平．《故唐律疏议》研究．见：中国法制史考证·丙编．第2卷．北京：中国社会科学出版社，2003

［日］仁井田陞，牧野巽．《故唐律疏议》制作年代考（上）．见：中国法制史考证·丙编．第2卷．北京：中国社会科学出版社，2003

［日］仁井田陞，牧野巽．《故唐律疏议》制作年代考（下）．见：中国法制史考证·丙编．第2卷．北京：中国社会科学出版社，2003

［日］爱宕元．关于唐代桥梁和渡津的管理法规——以敦煌发现唐《水部式》残卷为线索的研究．见：中国法制史考证·丙编．第2卷．北京：中国社会科学出版社，2003

［日］内藤干吉．关于《唐六典》的施行．见：中国法制史考证·丙编．第2卷．北京：中国社会科学出版社，2003

［日］仁井田陞．开元户部格断简．见：中国法制史考证·丙编．第2卷．北京：中国社会科学出版社，2003

［日］冈野诚．论敦煌本唐户婚律放部曲为良条——P3608和P3252再探．见：中国法制史考证·丙编．第2卷．北京：中国社会科学出版社，2003

岳纯之．隋唐五代合同法研究．见：法律史论集．第5卷．北京：法律出版社，2003

［日］辻正博．唐代贬官考．见：中国法制史考证·丙编．第2卷．北京：中国社会科学出版社，2003

崔炳金．唐代墓志法律史料价值举要．见：法律史论集．第5卷．北京：法律出版社，2003

邓海荣．唐《律》法律术语考释．西南民族大学学报，2003（9）

高积顺，张东华．唐律十二篇体例研究．见：法律史论集．第5卷．北京：法律出版社，2003

李玉生．再论唐代律令格式的性质问题——“律令格式皆刑法”说质疑．见：法律史论集．第5卷．北京：法律出版社，2003

古淑惠．论《唐律》中的不作为犯罪．中国刑事法杂志，2004（1）

刘斌．浅议唐律中的刑事责任年龄．湖北师范学院学报（哲学社会科学版），2004（1）

赵久湘．唐代拟判体例文辞探析．重庆交通学院学报（社会科学版），2004（1）

刘玉堂．论唐代的离婚立法——以“七出”之制为中心．江汉论坛，2004（2）

赵剑敏．唐代一场被历史湮没的法制运动：李林甫执政性质新探．学术月刊，2004（2）

郑志．《唐律疏议》之犯罪预防特色与现实意义．中山大学学报论丛，2004（2）

禹成旼．试论唐代赦文的变化及其意义．北京理工大学学报（社会科学版），2004（3）

刘磊．试述《唐律》立法方面的特点．鸡西大学学报，2004（3）

郑显文．《道僧格》研究．历史研究，2004（4）

马聪．唐律对共同犯罪成员的处罚．郑州航空工业管理学院学报（社会科学版），2004（4）

赵晓耕．学术与变革：清末的唐明律研究与评价．浙江社会科学，2004（4）

彭炳金．论唐代官吏职务连坐法律制度．人文杂志，2004（5）

王宏治．略述唐代的司法监督制度．浙江学刊，2004（5）

朱作鑫．浅论《唐律疏议》中反腐败方面的规定．兰州学刊，2004（5）

张衡．浅谈唐律中不作为犯罪的几个问题．西北民族大学学报（哲学社会科学版），2004（5）

李青．唐代经济监察法之分析．史学月刊，2004（5）

焦克源．唐律刍议．高等函授学报（哲学社会科学版），2004（5）

所桂萍．隋朝法制与隋朝兴亡的辩证统一——从《开皇律》修定及其实施谈起．南阳师范学院学报，2004（11）

沈大明．《唐律》对官吏的监督、处罚及其实现．哈尔滨学院学报，2004（11）

王斐弘．敦煌写本《神龙散颁刑部格残卷》研究——唐格的源流与递变新论．现代法学，2005（1）

朱作鑫．论《唐律疏议》中的累犯制度．西安文理学院学报（社会科学版），2005（1）

霍存福．论中国古代契约与国家法的关系——以唐代法律与借贷契约的关系为中心．当代法学，2005（1）

孙燕．略论唐朝的吏治．黑龙江省政法管理干部学院学报，2005（1）

赵伟．浅析唐律对贪污贿赂性质犯罪的规定．长治学院学报，2005（1）

哈玉红．浅议《唐律》中的婚姻法律制度．甘肃高师学报，2005（1）

李振兴．盛唐吏制及其对干部工作法制化的启示．锦州医学院学报（社会科学版），2005（1）

刘运亚．试论唐律中的破坏市场管理秩序罪．江苏技术师范学院学报，2005（1）

戴显群．唐代投匦制度述论．福建师范大学学报（哲学社会科学版），2005（1）

明廷强．唐律共同犯罪探析．齐鲁学刊，2005（1）

柳捷．中国传统吏治特征的现代分析——以唐代文官制度为例．社会科学家，2005（1）

岳纯之．后论隋唐五代买卖活动及其法律控制．中国社会经济史研究，2005（2）

徐彬．论唐代法律史的编纂成就．安徽师范大学学报（人文社会科学版），2005（2）

李守良．试论唐代的律学世家．茂名学院学报，2005（2）

杨成炬．唐代文官制度特征的现代诠释．兰州学刊，2005（2）

刘安志．关于《大唐开元礼》的性质及行用问题．中国史研究，2005（3）

吴丽娱．营造盛世：《大唐开元礼》的撰作缘起．中国史研究，2005（3）

周东平．隋《开皇律》十恶渊源新探．法学研究，2005（4）

张中秋．唐代民事法律主客体与民事法源的构造．法制与社会发展，2005（4）

江义红．唐律惩治贪污贿赂行为的现实意义．信阳农业高等专科学校学报，2005（4）

赵旭．唐宋死刑制度流变考论．东北师大学报（社会科学版），2005（4）

翟冰林．解读柳宗元的《断刑论》．当代教育论坛，2005（6）

蒋铁初．唐代市场管理制度探析．唐都学刊，2005（6）

刘后滨．唐后期使职行政体制的确立及其在唐宋制度变迁中的意义．中国人民大学学报，2005（6）

田东奎．论唐代的廉政法制．国家行政学院学报，2005. S1

马霞．唐代婚姻家庭制度的法律文化意义及其当代启示．宁夏社会科学，2006（2）

马小红．唐王朝的法与刑．政法论坛，2006（2）

马敏．论唐朝的民族政策的特点及其对现实的借鉴意义．社科纵横，2006（4）

张健．唐代赎刑制度考评议．湘潭师范学院学报（社会科学版），2006（4）

6. 宋

邓广铭．《宋史·刑法志》考异．国语研究集刊，1932

任启珊．宋建隆重详定《刑统》考略．社会科学论丛季刊．第2卷第4期，1935年12月

邓广铭．《宋史·刑法志》考正．（台湾）“中央研究院历史语言研究所”集刊．第20本（下），1949年12月

漆侠．王安石新法的渊源．历史教学，1951（4）

杨向奎．论王安石变法．见：中华文史论丛．第2辑．北京：中华书局，1962

徐道邻．中国唐宋时代的法律教育．东方杂志，1972（4）

徐道邻．宋朝的司法律考试（上、下）．东方杂志，1973卷（8，9）

徐道邻．宋朝的法律考试．见：中国法制史论集．台湾：志文出版社，1975

林瑞翰．熙宁变法丛考．见：中华丛书·宋史研究集．第8辑．台湾：中华丛书编审委员会，1976年1月

金中枢．宋初严惩赃吏．（台湾）成功大学历史学报，1976（7）；后收入：中国史学论文选集．第3辑．台湾：幼狮文化事业公司，1979

梁天锡．北宋台谏制度之转变．见：中华丛书·宋史研究集．第9辑．台湾：中华丛书编审委员会，1977年5月

高树异．唐宋时期外国人在中国的法律地位．吉林大学学报，1978（5，6）

诸葛计．宋慈及其《洗冤集录》. 历史研究，1979（4）

钱剑夫等．谈“清官”和“清天”包拯．学术月刊，1979（7）

张道贵等．浅论包拯执法如山．文汇报，1979－12－14

林永匡，朱家源．宋代杰出的法医学家宋慈．西北大学学报，1980（1）

胡昭议．宋初川陕地区的茶法与“贩茶失职”．四川大学学报，1980（3）

王曾瑜．王安石变法简论．中国社会科学，1980（3）

邹身城．宋朝的“以敕代律”和岳飞冤案．河南师范大学学报，1981（1）

郭志坤．简论王安石的考课法．历史教学问题，1981（4）

韩荫晟．离间计疑案．宁夏社会科学，1981（5）

陆茂清．北宋的“钞盐法”．中国财贸报，1981-11-04

建阳，范苑．我国法医学奠基人——宋慈．南方日报，1981-11-29

陈振．论保马法——兼评马端临对保马法的误解．见：中华文史论丛增刊宋史研究论文集．上海：上海古籍出版社，1982

董家骏．试论宋代的诉讼法与土地所有制形式的关系——兼与侯外庐先生商榷．见：宋史研究论文集．上海：上海古籍出版社，1982

卓帆．宋朝法官的选拔和作用．江西大学学报，1982（1）

顾吉辰，张道贵．《宋史·刑法志》考异．中国历史文献研究集刊，1982（3）

魏以伦．宋慈和《洗冤集录》．文物天地，1982（5）

邓广铭．八百四十年前的一桩冤案——岳飞惨遭杀害始末．江海学刊，1982（6）

薛梅卿．北宋建隆“折杖法”辨析．中国政法大学学报，1983（1）

郭成伟．论北宋重典治贼盗．史学评林，1983（1）

戴建国．宋代编敕初探．见：文史．第42辑．北京：中华书局，1983

吕友仁．《文献通考·刑考（宋代部分）》考证．新乡师范学院学报，1983（1，2），1984（1）

周山．洗冤录（一、二）．民主与法制，1984（2，3）

倪正太．北宋的吏制与王安石变法的失败．江海学刊，1983（3）

罗家祥．试析王安石改革役法的目的．信阳师范学院学报（社会科学版），1983（3）

王曾瑜．岳飞冤狱与周三畏其人．历史知识，1983（5）

史旺成．宋初严法治贪官．法学，1983（7）

郭成伟．论北宋重典治“贼盗”．史学评论，1983（7，8）

薛梅卿．北宋建隆“折杖法”辨析．见：法史研究文集（上）．西安：西北政法学院，1983

郭成伟，沈国峰．神宗变法与北宋编敕的发展．见：法律史论丛．第3辑．北京：法律出版社，1983

郭成伟．略论北宋惩治贼盗的“重法”．见：法史研究文集（上）．西安：西北政法学院，1983

陈智超．明刻本《名公书判清明集》述略．中国史研究，1984（4）

吴建璠．宋代的警察机关——巡检司．国际政治学院学报，1984（4）

莫家齐．从《名公书判清明集》看宋朝继承制度．法学杂志，1984（6）

莫家齐．宋朝“明法”、“新科明法”及“试刑法”考．中州学刊，1984（6）

邓小南．宋代考课法的实行．自修大学（社会科学版），1984（12）

棋然．包拯其人其事．政法学习，1985（2）

莫家齐．南宋民事诉讼证据制度管见——兼论中国古代不采法定证据制度．法学季刊，

1985（2）

曾代伟.《水浒》和宋代法律制度.文史知识，1985（2）

殷啸虎.宋朝之“律”非《刑统》.中国史研究，1985（2）

史旺成.宋初对官吏贪污受贿的惩处.中州学刊，1985（2）

刘国能.从《庆元条法事类》看宋代的文书与文书工作.湖南档案，1985（3）

穆朝庆.论宋代土地私有制的特征及其在法律上的体现.中州学刊，1985（3）

郭东旭.试论宋代乡村客户的法律地位.河北大学学报（社会科学版），1985（3）

江必新，莫家齐.“以敕代律”说质疑.法学研究，1985（3）

郭成伟.从阿云狱的审理看宋神宗年间的“敕律之争”.政法论坛，1985（4）

江必新.两宋消弭官吏犯赃心审的法律对策.法学与实践，1985（4）

罗传奇.王安石的“三舍法”.江西教育科研，1985（4）

乔宗传.赵匡胤重视法治的原因和策略.史学集刊，1985（4）

齐源.浅论宋初严法治赃吏.青海社会科学，1985（6）

张邦炜.宋代官吏经济违法问题考察.社会科学研究，1986（1）

江必新.宋代“严贪墨之罪”述论.西南师范大学学报（社会科学版），1986（2）

学知.关于朱熹的《学规》及其他.江西师范大学学报（社会科学版），1986（3）

江必新.两宋防止狱讼淹滞的法律措施述论.政法学习，1986（3）

赵晓耕.试论宋代的有关民事法律规范.法学研究，1986（3）

郭东旭.宋代财产继承法初探.河北大学学报（社会科学版），1986（3）

朱新华.王安石变法的法律对策.中南政法学院学报，1986（3）

漆侠.再论王安石变法——王安石逝世900周年.河北大学学报（社会科学版），1986（3）

许维勤.王安石的品格作风与熙宁变法的失败.福建论坛（社会科学版），1986（5）

吴旭霞.论南宋末年的公田法.江西社会科学，1986（6）

邓广铭.宋朝的家法和北宋的政治改革运动.见：中华文史论丛.第3辑.上海：上海古籍出版社，1986

李孟存.熙宁变法与礼学歧义.山西师范大学学报（社会科学版），1986年专刊

张羽华.从青苗法看王安石变法的动机和效果.江西历史文物，1987（1）

李世宇.皇权与王安石变法.贵州大学学报（社会科学版），1987（1）

季平.评司马光在役法问题上的主张与实践.社会科学研究，1987（1）

唐兆梅.试论北宋的“祖宗家法”.汕头大学学报（社会科学版），1987（1）

潘德深.宋律的编纂及其特点和作用.福建师范大学学报（社会科学版），1987（1）

潘德深.宋律内容特点及其维护经济发展的重要作用.中州学刊，1987（1）

许怀林.王安石变法的历史地位.江西社会科学，1987（1）

贾献文等．王安石的用人之道——试论王安石在变法中选拔培养人才．江西教育学院学刊（社会科学版），1987（1）

林正根．王安石变法散论——兼与顾全芳同志商榷．华东师范大学学报（社会科学版），1987（2）

骆啸声．关于王安石变法的几个问题．江西社会科学，1987（3）

戴建国．宋代的狱政制度．上海师范大学学报（社会科学版），1987（3）

何忠礼．宋代封弥制考辨．杭州大学学报，1987（3）

姚复．“乌台诗案”起因新探．中南政法学院学报，1987（3）

莫家齐．南宋土地交易法规述略——《名公书判清明集》研究之一．法学季刊，1987（4）

曹海科．试论北宋初年的法制与吏治．兰州大学学报（社会科学版），1987（4）

薛梅卿．宋朝宽典治吏于风不清刍议．法制建设，1987（5）

朱瑞熙．宋代佃客法律地位再探索．历史研究，1987（5）

金士宝．宋朝的巡尉两司制和保甲制度．贵州公安，1988（1）

俞兆鹏．论北宋熙丰变法时期的市易法（续）．江西社会科学，1988（2）

郭东旭．宋代的诉讼之学．河北学刊，1988（2）

曾宪义等．宋代改制与更法的历史启迪．政法丛刊，1988（2）

郭东旭．南宋的越诉之法．河北大学学报（社会科学版），1988（3）

李达三．试析“熙宁新法”的行废．河北师范大学学报（社会科学版），1988（3）

张其凡．试论宋初的法制建设．中州学刊，1988（4）

戴建国．宋代的公证机构——书铺．中国史研究，1988（4）

殷啸虎．北宋前期司法制度系统考察．见：华东政法学院法学硕士论文集．上海：上海社会科学院出版社，1988

郭成伟．宋朝的民事法律规范．见：中华法史丛谈．北京：中国政法大学出版社，1988

杨宝宜．王安石变法失败的历史教训．江西社会科学，1988（5）

戴建国．州县官亲自鞫狱制非创于宋．政法丛刊，1988（5）

顾全芳．宋神宗与熙丰变法．学术月刊，1988（8）

戴建国．宋代刑事审判制度研究．见：文史．第31辑．北京：中华书局，1988

戴建国．关于岳飞狱案问题的几点看法．见：岳飞研究论文集．第2集．中原文物，1988年特刊

蒋淑薇．从《庆元条法事类》看宋代的文书制度．湘潭大学学报（社会科学版），1989（2）

江必新．两宋防治官吏犯赃的法律对策．见：法学硕士论文选．北京：群众出版

社，1989

戴建国．宋代的提点刑狱司．上海师范大学学报（社会科学版），1989（2）

莫家齐．具有特色的宋代监司巡检制度．政法论坛，1989（3）

陈景良．两宋法制历史地位新论．史学月刊，1989（3）

漆侠，郭东旭．关于王安石变法研究中的几个问题．中国史研究，1989（4）

唐刚卯．封建法律中同居法适用范围的扩大——略论唐宋时期“随身”、“人力”、“佃客”、“雇工人”的法律地位．中国史研究，1989（4）

李华瑞．庆州变法与王安石变法．社会科学（甘肃），1989（4）

郭东旭．论阿云狱之争．河北学刊，1989（6）

熊承涤．王安石的变法与教材改革．课程教材教法，1989（7，8）合刊

季平．宋代投诉案件的登闻鼓考议．文史知识，1989（8）

宋东侠．宋代妇女离婚权浅议．青海教育学院学报，1989年增刊

贾玉英．试论王安石变法时期的仓法．河南大学学报（社会科学版），1990（1）

屈超立．宋律对家长财产处分的维护与限制．北京大学研究生学刊，1990（1）

顾利民等．宋代的矿冶法令及政策．江海学刊，1990（2）

苗书梅．宋代通判及其主要职能．河北学刊，1990（2）

顾吉辰．关于《宋大诏令集》．史学史研究，1990（3）

周膺．试论庆历新政和王安石变法的异同．牡丹江师院学报（社会科学版），1990（3）

苗书梅．宋代黜降官叙复之法．河北大学学报（社会科学版），1990（3）

张大鹏．朱子社仓法的基本内容及其社会保障功能．中国农史，1990（3）

宋采义．宋代惩治贪官的斗争．史学月刊，1990（5）

陈栋．北宋国情与熙宁变法．晋阳学刊，1990（6）

薛梅卿．沈家本对《宋刑统》的研究与传播．法学研究，1990（6）

戴建国．中华版《宋史·刑法志》辨误．古籍整理研究学刊，1990（6）

顾全芳．重评司马光与王安石变法．学术月刊，1990（9）

孔庆明．南宋书判与民法．见：中国法律史国际学术讨论会论文集．西安：陕西人民出版社，1990

刘伯午．北宋范祥盐法改革浅探．天津财经学院学报，1991（1）

安国楼．宋代笞杖刑罚制度论略．河南大学学报（社会科学版），1991（1）

殷啸虎．北宋前期司法监督制度考察．中国史研究，1991（2）

王永贞．宋朝预防官吏经济犯罪的法律措施．聊城师范学院学报（社会科学版），1991（2）

季怀银．宋代司法审判中的限期督催制度．史学月刊，1991（2）

史继刚．宋代严禁拐卖人口．西南师范大学学报（社会科学版），1991（2）

郭东旭．论宋代法律中“例”的发展．史学月刊，1991（3）

张伟．浅议北宋熙宁年间的役法改革：兼评王安石与司马光在役法问题上的论争．宁波师院学报（社会科学版），1991（3）

马继曾．试论宋代的“折杖”与“刺配”．山西省政法管理干部学院学报，1991（3）

郭东旭．宋代酷刑论略．河北大学学报（社会科学版），1991（3）

殷啸虎．试论北宋的审判复核制度．中州学刊，1991（4）

郭东旭．《宋刑统》的制定及其变化．河北学刊，1991（4）

李同江．我国最早的公证机构——宋书铺．法学杂志，1991（5）

张全明．论宋代税收中的违法处罚．江汉论坛，1991（6）

郭东旭．论宋代法律中“例”的发展．见：中日宋史研讨会中方论文选编．保定：河北大学出版社，1991

辜健斗．略论王安石变法失败的原因．抚州师专学报（社会科学版），1992（2）

李华瑞．关于《青苗法》研究中的几个问题．西南师范大学学报（社会科学版），1992（3）

郭东旭．宋代编管法．河北大学学报（社会科学版），1992（3）

李映辉．宋代司法机关．益阳师专学报，1992（4）

戴建国．《宋刑统》制定后的变化——兼论北宋中期以后《宋刑统》的法律地位．上海师范大学学报（社会科学版），1992（4）

曾小华．论宋代的资格法：兼论中国古代任官资格制度．历史研究，1992（6）

邢铁．宋代的财产遗嘱继承问题．历史研究，1992（6）

［日］草野靖．宋代的顽佃抗租和佃户的法律身份．见：日本学者研究中国史论著选译. 第8卷．北京：中华书局，1992

季怀银．宋代法官责任制度初探．中州学刊，1993（1）

殷啸虎．宋代立法史分期问题刍议．宋史研究通讯，1993（1）

李丕琪．宋代法制建设的教训略述．西北第二民族学院学报（社会科学版），1993（2）

吕志兴．试论宋代防治官吏犯赃的“文治”特点．重庆师院学报（社会科学版），1993（3）

张凤仙．试析宋代的“狱空”．河北大学学报，1993（3）

陈绍方．略论宋代立法特点．暨南学报（社会科学版），1993（4）

薛梅卿．宋朝矜贷赃吏之法介评．法学评论，1993（4）

肖建新．宋朝御史制度和监察的独立性问题．安徽师范大学学报（社会科学版），1993（4）

张中秋等．宋代吸引外商的法律措施叙论．法学研究，1993（4）

方宝璋．唐宋时期的财经监督法．当代审计，1993（5）

殷啸虎．“乌台诗案”与宋代法制．法治论丛，1993（5）

王金玉．宋代档案架阁条法探析．档案管理，1994（1）

戴建国．宋代赎刑制度述略．法学研究，1994（1）

邢铁．唐宋时期的立继产问题．河北师院学报（社会科学版），1994（3）

唐自斌．试论南宋封建法制的败坏及原因．湖南师范大学社会科学学报（社会科学版），1994（4）

胡天明．宋代外国人来华及其在中国的法律地位．中州学刊，1994（5）

［美］马伯良．从律到例：宋代法律及其演变简论．见：美国学者论中国法律传统．北京：中国政法大学出版社，1994

唐自斌．略论南宋妇女的财产与婚姻权利问题．求索，1994（6）

刘春萍．南宋田宅交易法初探．求是学刊，1994（6）

臧杰斌．《庆元条法事类》文献考略．见：中外法律史新探．西安：陕西人民出版社，1994

刘笃才．宋代典权法补论．见：中外法律史新探．西安：陕西人民出版社，1994

郭正忠．青白盐使与青白盐刑律：兼论夏宋青门盐贸易．宁夏社会科学，1995（2）

汤标中．王安石的“均输法”和“市场法”．北京商学院学报，1995（2）

舒炳麟．析包拯历千年而不衰的历史地位——兼评欧阳修的“蹊田夺牛”之议．政法论坛，1995（5）

陈宏硕．《折狱龟鉴》所辑例的写作艺术．警学经纬，1996（1）

王侃．宋例辨析．法学研究，1996（2）

苏基朗．宋代的司法与法治秩序．（台湾）大陆杂志，1996（3）

巨焕武．岳飞狱案与宋代的法律．（台湾）大陆杂志史学丛刊．第5辑第3册，1996年3月

论北宋前期治吏惩贪的特点．史学月刊，1996（5）

刘春萍．南宋婚姻家庭法规范中妇女地位刍议．求是学刊，1996（6）

王侃．宋例辨析（续）．法学研究，1996（6）

戴建国．宋代诏狱制度述论．见：岳飞暨宋史国际学术研讨会论文集．北京：中华书局，1996

薛梅卿．重新估评《宋刑统》．南京大学法律评论，1996年秋季号

戴建国．宋代编敕初探．见：文史．第42辑．北京：中华书局，1997

张建国．略论北宋的专卖法制．法学研究，1997（2）

刘春萍．南宋继承法规范初探．学术交流，1997（2）

虞云国．试论宋代对台谏系统的监控．史林，1997（3）

郭东旭．宋代买卖契约制度的发展．河北大学学报（社会科学版），1997（3）

安国楼．宋氏蕃法与蕃汉关系法．中南民族学院学报（社会科学版），1997（3）

赵晓耕．两宋商事立法述略．法学家，1997（4）

陈景良．试论宋代士大夫司法活动中的人文主义批判之精神：中国传统法律文化研究之一．法商研究，1997（5）

余贵林，郝群．宋代典卖制度散论．中州学刊，1997（5）

孙洪升．论北宋入中茶法中的"加抬"、"虚估"及其后果．中州学刊，1997（6）

陈景良．试论宋代士大夫司法活动中的德性原则与审判艺术：中国传统法律文化研究之二．法学，1997（6）

戴建国．宋代家法族规试探．见：宋史研究论文集．昆明：云南民族出版社，1997

王善军．从《名公书判清明集》看宋代的宗祧继承及其财产继承的关系．中国社会经济史研究，1998（2）

杨习梅．北宋真宗时期的崇道与滥赦．中国监狱学刊，1998（3）

李俊清．宋代对政府官员的法律监督．中国行政管理，1998（3）

宋小维．宋代经济法制初探．河南大学学报（社会科学版），1998（3）

叶向明．宋代中央政府对地方司法活动的管理和监督．天津政法，1998（3）

王天平．北宋时期惩戒科举舞弊的法规措施及借鉴．煤炭高等教育，1998（4）

陈绍方．略论宋代立法特点．暨南学报（社会科学版），1998（4）

孔学，李乐民．宋代全国性综合编敕纂修考．河南大学学报（社会科学版），1998（4）

李俊．《宋刑统》的变化及法史料价值探析．吉林大学社会科学学报，1998（5）

王志强．南宋司法裁判中的价值取向——南宋书判初探．中国社会科学，1998（6）

殷啸虎．关于宋刑统研究诸问题探讨．法学，1998年增刊

李丕祺．宋朝法制与专制制度．西北第二民族学院学报（哲学社会科学版），1999（1）

戴建国．《金玉新书》新探．见：古典文献与文化论丛．杭州：杭州大学出版社，1999年5月

陈景良．论宋代士大夫司法活动中的德行原则与审判艺术．法学，1999（6）

屈超立．《名公书判清明集》书判性质述略．见：中国古代法律文献研究．第1辑．成都：巴蜀书社，1999年9月

俞鹿年．王安石变法的内容及其社会效果．见：法律史论集．第2卷．北京：法律出版社，1999

周建明．北宋漕运法规述略．学术论坛，2000（1）

黄纯艳．论宋代福建茶法．中国社会经济史研究，2000（1）

何勤华．论宋代中国古代法学的成熟及其贡献．法律科学，2000（1）

何勤华．宋代的判例法研究及其法学价值．华东政法学院学报，2000（1）

孔学．《庆元条法事类》研究．史学月刊，2000（2）

魏殿金．论宋代的“羁管”刑．漳州师范学院学报，2000（3）

魏殿金．律敕兼行——宋代刑法体系简论．齐鲁学刊，2000（3）

吕志兴．宋代司法中的分权与监督制度初探．中央政法管理干部学院学报，2000（3）

冯锦．北宋司法监察制度述论．湖北大学学报，2000（4）

邓小南．“正家之法”与赵宋的“祖宗家法”．北京大学学报（社会科学版），2000（4）

郭东旭．论北宋“盗贼”重法．河北大学学报，2000（5）

黄纯艳．论宋代的私茶法与私茶．云南社会科学，2000（5）

戴建国．宋折杖法的再探讨．上海师范大学学报，2000（6）

祝尚书．论南宋的两件图书出版保护法规．人民政协报，2000－11－10

［美］马伯良著，戴建国译．宋代竞渡骚乱罪——从《名公书判清明集》看法律案件的解决．南京大学法律评论，2000年秋季号

刘笃才．宋《吏部条法》考略．法学研究，2001（1）

赵晓耕．两宋法律中的田宅细故．法学研究，2001（2）

黄纯艳．论北宋嘉祐茶法．中国社会经济史研究，2001（3）

魏殿金．试析宋代配的刑罚内容．中国史研究，2001（4）

宋东侠．简析宋代在室女的财产权．青海师范大学学报，2002（1）

许怀林．宋代民风好讼的成因分析．宜春学院学报，2002（1）

陈景良．讼学、讼师与士大夫：宋代司法传统的转型及其意义．河南省政法管理干部学院学报，2002（1）

贾文龙．宋代“妖言”罪源流考．河北学刊，2002（2）

郭文佳．吕嘉问与市易法．安徽史学，2002（3）

郭东旭．宋朝以赃致罪法略述．河北大学学报，2002（3）

吴秋红．论宋代的法律教育．黄冈师范学院学报，2002（4）

游彪．宋代“禁寺、观毋市田”新解：宋代的土地法规．中国经济史研究，2002（4）

王扬．宋代皇家女性的法律地位．见：法律史论集．第4卷．北京：法律出版社，2002

张保成．宋代商税法律制度探微．贵州警官职业学院学报，2002（5）

郑定，柴荣．两宋土地交易中的若干法律问题．江海学刊，2002（6）

王晓勇．略论北宋的“盗贼重法”制度．中州学刊，2002（6）

林日举．南宋广南的钞盐法．中国社会科学院研究生院学报，2002（6）

章深．宋代外商城市居住权探析．开放时代，2002（6）

戴建国．20世纪宋代法律制度史研究的回顾与反思．史学月刊，2002（8）

郭东旭，杨高凡．宋代残疾人法初探．史学月刊，2002（8）

傅礼白．北宋皇帝临朝视事与诏令议决制度．见：走向二十一世纪的中国法文化．上

海：上海社会科学院出版社，2002

屈超立．两宋的民事调处．人民法院报，2002－10－28

石涛．北宋提点刑狱司研究．聊城大学学报，2003（1）

黄纯艳．论蔡京茶法改革——兼论宋代茶法演变的基本规律．中国经济史研究，2003（1）

李华．论宋代司法官员的证据观念及实践．南都学坛，2003（1）

张明．北宋军法实际操作问题考察．中州学刊，2003（2）

孔学．《明公书判清明集》所引宋代法律条文述论．河南大学学报，2003（2）

屈超立．宋代民事案件的上诉程序考述．现代法学，2003（2）

魏殿金．宋代“五刑”的名实分离．南京财经大学学报，2003（2）

张晓丽．宋代重法区与平法区的划分及影响．淮北煤炭师范学院学报（哲学社会科学版），2003（2）

张明．北宋军法基本内容考略．青海社会科学，2003（3）

熊燕军．从租佃形式看宋代租佃契约的订立．湖北大学学报，2003（3）

柴荣．透视宋代土地租佃制度——对宋代土地经营过程有关法律问题的思考．内蒙古大学学报，2003（3）

戴建国．宋代加役流刑辨析．中国史研究，2003（3）

赵章超．宋代巫术妖教犯罪与法律惩禁考述．宗教学研究，2003（4）

郑定，柴荣．两宋土地交易中的若干法律问题．江海学刊，2003（6）

郑颖慧．宋代法官受理诉讼制度探讨．南都学坛，2003（6）

张德英．宋代法律在民间的传播．济南大学学报，2003（6）

郭东旭，杨高凡．宋代残疾人法初探．史学月刊，2003（8）

柴荣．宋代土地管理机构探析．见：法律史论集．第5卷．北京：法律出版社，2003

戴建国．《金玉新书》略考．见：中国法制史考证·甲编．第5卷．北京：中国社会科学出版社，2003

王志强．南宋司法裁判引用的法条考．见：中国法制史考证·甲编．第5卷．北京：中国社会科学出版社，2003

戴建国．宋代公证书铺考．见：中国法制史考证·甲编．第5卷．北京：中国社会科学出版社，2003

薛梅卿．宋代宽典治吏考略．见：中国法制史考证·甲编．第5卷．北京：中国社会科学出版社，2003

戴建国．宋代审判制度考．见：中国法制史考证·甲编．第5卷．北京：中国社会科学出版社，2003

戴建国．宋代赎刑制度考．见：中国法制史考证·甲编．第5卷．北京：中国社会科学出版社，2003

戴建国．宋代提点刑狱司考略．见：中国法制史考证·甲编．第5卷．北京：中国社会科学出版社，2003

戴建国．宋代狱政考．见：中国法制史考证·甲编．第5卷．北京：中国社会科学出版社，2003

戴建国．宋代诏狱制度考述．见：中国法制史考证·甲编．第5卷．北京：中国社会科学出版社，2003

王侃．宋代指挥考．见：中国法制史考证·甲编．第5卷．北京：中国社会科学出版社，2003

邓小南．宋代资格制度考．见：中国法制史考证·甲编．第5卷．北京：中国社会科学出版社，2003

薛梅卿．《刑统赋》及解疏本初考．见：中国法制史考证·甲编．第5卷．北京：中国社会科学出版社，2003

郭建，姚少杰．倚当、抵当考．见：中国法制史考证·甲编．第5卷．北京：中国社会科学出版社，2003

［日］高桥芳郎．"父母已亡"女儿的继承地位——论南宋时期的所谓女子财产权．见：中国法制史考证·丙编．第3卷．北京：中国社会科学出版社，2003

［日］柳田节子．论南宋时期家产分割中的"女承分"．见：中国法制史考证·丙编．第3卷．北京：中国社会科学出版社，2003

［日］佐立治人．《清明集》的"法意"与"人情"——由诉讼当事人进行法律解释的痕迹．见：中国法制史考证·丙编．第3卷．北京：中国社会科学出版社，2003

［日］辻正博．宋代的流刑与配役．见：中国法制史考证·丙编．第3卷．北京：中国社会科学出版社，2003

［日］川村康．宋代折杖法初考．见：中国法制史考证·丙编．第3卷．北京：中国社会科学出版社，2003

［日］佐竹靖彦．《作邑自箴》研究——对该书基础结构的再思考．见：中国法制史考证·丙编．第3卷．北京：中国社会科学出版社，2003

魏殿金．宋代"折杖法"考辨——兼与薛梅卿先生商榷．南京大学法律评论，2003年春季号

赵旭．论北宋法律制度中"例"的发展．北方论丛，2004（1）

郭东旭．宋朝的物价变动与计赃论罪．中国经济史研究，2004（1）

涂耀军．宋代官员的经济犯罪与时代特点的联系．上饶师范学院学报，2004（2）

郭尚武．论宋代保护奴婢人身权的划时代特征：据两宋民法看奴婢的人身权．晋阳学刊，2004（3）

戴建国．"主仆名分"与宋代奴婢的法律地位——唐宋变革时期阶级结构研究之一．历

史研究，2004（4）

吴秋红．论宋以例破法原因．黄冈师范学院学报，2004（5）

孔学．论凌迟之刑的起源及在宋代的发展．史学月刊，2004（6）

章深．北宋“盗贼重法”解析——兼论“刑乱国用重典”的法律传统．开放时代，2005（1）

郑颖慧．略论宋代法官审判活动之法律责任．保定师范专科学校学报，2005（1）

邓建鹏．宋代的版权问题——兼评郑成思与安守廉之争．环球法律评论，2005（1）

戴建国．宋代法律制定、公布的信息渠道．云南社会科学，2005（2）

康雪峰．宋代司法传统略论．台声·新视角，2005（2）

苗苗．从“阿云之狱”看宋代刑法中的自首制度．河南省政法管理干部学院学报，2005（3）

郭尚武．论宋代民事立法的划时代贡献．山西大学学报（哲学社会科学版），2005（3）

陈景良．宋代司法传统及其现代意义．河南省政法管理干部学院学报，2005（3）

伊敏．北宋沙门岛之免死流浅议．青海社会科学，2005（4）

于成江．论郑克的“鞫情之术”及对现代侦查方法的启示．山西警官高等专科学校学报，2005（4）

赵旭．论宋代民间诉讼的保障与局限．史学月刊，2005（5）

晁殿峰．司法职业化的历史逻辑——对宋代司法体制的多维思考．台声·新视角，2005（5）

马珺．试析两宋法律中的重海商色彩．中州学刊，2005（6）

陈景良．宋代“法官”、“司法”和“法理”考略——兼论宋代司法传统及其历史转型．法商研究，2006（1）

俞荣根．中国古代法医学：宋（慈）学——宋慈及其《洗冤集录》．中国司法鉴定，2006（1）

何永军．《全宋词》所见宋代诉讼及司法．宁夏社会科学，2006（2）

任满军．简析宋朝《市舶条法》的基本范畴．盐城师范学院学报（人文社会科学版），2006（2）

陈志英．社会变革与宋代民事法的发展．河北法学，2006（5）

7. 西夏辽金元

［日］有高岩撰，邝护华译．元代法律的特色．法律评论，1935（39～41）

吕振羽．《大元通制》中的“禁令”考．中华法学杂志新编，1936（2）

［日］岛田正郎．辽朝鞫狱官考（上）．（台湾）大陆杂志，1965（10）

［日］岛田正郎．辽朝监察官考（上）．见：宋辽金元史研究论集；又见：（台湾）大陆杂志史学丛刊．第2辑第3册

高娃．元朝法律之管窥．内蒙古社会科学，1980（4）
舒樊．辽朝法律与刑罚概述．武汉师范学院学报，1981（2）
白钢．关于忽必烈“附会汉法”的历史考察．中国史研究，1981（4）
陈高华．元代役法简论．文史．1981年第11辑．北京：中华书局，1981
［日］安部健夫．《大元通制》解说——介绍新刊本《通制条格》．蒙古史研究参考资料，1981（18）
嵇训杰．辽代刑法概述．民族研究，1982（1）
丛耕．也谈元朝在澎湖设巡检司的年代．贵州社会科学，1982（1）
杨国宜．略论元朝的法律．安徽师范大学学报（社会科学版），1982（3）
南昌明．明宗责已纠冤案．中国法制报，1982－04－16
王凡．以“七”为尾数的元朝笞杖刑．今昔谈，1982（5）
李淑娥．成吉思汗时期蒙古法律初探．史学月刊，1983（5）
吴幼雄．元朝澎湖巡检司隶属考．泉州文史，1983（8）
杨国宜．从元朝的法令看当时的土地制度．安徽师范大学学报（社会科学版），1984（3）
郑秦．律文恒存，格敕损益——五代宋元立法概况．法学杂志，1984（5）
杨奉琨．元代大法医学家王与．复旦学报，1984（6）
［英］赫伯特·弗兰克著，刘坤一译．国外对辽史有关“刑法”的研究．中国史研究动态，1984（9）
石磊．元朝法律制度述略．内蒙古社会科学，1985（2）
杨奉琨．元代大法医学家王与生平著述考略．浙江学刊，1985（2）
赵华富．论忽必烈“行汉法”的原因．史学月刊，1985（4）
［苏联］E.И. 克恰诺夫著，姬增录译．十二世纪西夏法典．西北史地，1985（4）
武树臣．耶律楚材与元初的封建法制建设．见：法学论文集（续集）．北京：光明日报出版社，1985
李淑娥．《元典章》试析．史学月刊，1986（1）
［苏联］E.И. 克恰诺夫著，霍升平译．西夏军事法典——1101～1113年的《贞观玉镜统》．甘肃民族研究，1986（2）
姚大力．论元朝刑法体系形式．见：元史论丛．第3辑．北京：中华书局，1986
郝时运．元代监察制度概述．见：元史论丛．第3辑．北京：中华书局，1986
傅百臣．金代法制初探．史学集刊，1986（4）
傅百臣．金代杖刑管窥．北方文物，1986（4）
黄时鉴．《大元通制》考辨．中国社会科学，1987（2）
阎青义．元代五刑体制及特点．法学季刊，1987（4）

卢心铭．元大都与《通制条格》——写在元大都建城 720 周年之际．百科知识，1987（9）

曾代伟．窦娥冤与元代司法．文史杂志，1988（3）

陈景良，张中秋．英宗新政与《大元通制》．江海学刊，1988（4）

陈高华．元代土地典卖的过程和文契．中国史研究，1988（4）

郭成伟．元朝法律制度的特点．见：中华法史丛谈．北京：中国政法大学出版社，1988

陈庆英．夏鲁的元朝帝师法旨．西藏民族学院学报（社会科学版），1989（1）

［日］岩村忍著，潘昌龙译．元代法制中的人命赔偿——试论烧埋银与私和钱．蒙古学资料与情报，1989（1）

一丁．金代监察制度沿革初探——金代监察制度研究之一．牡丹江师范学报，1989（2）

王晓清．元代收继婚制述论．内蒙古社会科学，1989（6）

赵永春．近年来忽必烈改行汉法研究综述．中国史研究动态，1989（12）

李范文．西夏法典．宁夏大学学报（社会科学版），1990（1）

王静如．西夏法典序．宁夏大学学报（社会科学版），1990（1）

张培田．论元杂剧与元代法制．戏剧艺术，1990（2）

李温．《西夏法典》述评．法律科学，1990（2）

王宝来．试论元朝惩治官吏赃罪的实践．法律科学，1990（4）

［日］小林高四郎著，潘世宪译．元代法制史上之“旧例”．蒙古学资料与情报，1990（4）

杨德华．元英宗与《大元通制》——论元王朝的法典与法制．云南师范大学学报（社会科学版），1990（5，6）

徐松巍．金代监察制度特点刍议．求是学刊，1991（3）

陈炳应．西夏的丝路贸易与钱币法．中国钱币，1991（3）

冯修青．元朝的流放刑．内蒙古大学学报（社会科学版），1991（4）

李逸友．黑城出土的元代律令文书．文物，1991（7）

王晓清．论元代户婚律体系．江汉论坛，1992（2）

冯修青．蒙元帝国在高丽的流放地．内蒙古社会科学，1992（3）

田卫疆．《元典章》中有关畏兀儿丧事体例诠释．西域研究，1992（4）

［日］宫崎市定．宋元时代的法制和审判机构．见：日本学者研究中国史论著选译．第8卷．北京：中华书局，1992

史金波．西夏《天盛律令》略论．宁夏社会科学，1993（1）

孙寿岭．西夏乾定申年典糜契约．中国文物报，1993-02-07

方龄贵．《通制条格》新探．历史研究，1993（3）

张全明．论元代赋税课管中的违法处罚．内蒙古大学学报（社会科学版），1994（1）

张全明，雷信泽．论元代赋税课管中的违法处罚．华中师范大学学报（社会科学版），1994（1）

陈高华．元朝的审判机构和审判程序．东方学报，1994年3月

桂栖鹏．元代佃客法律地位辨析．浙江师范大学学报（社会科学版），1994（3）

王新元．《西夏天盛廿二年卖地文契》研究．西北第二民族学院学报（社会科学版），1994（4）

胡若飞．西夏军律重典《贞观将玉镜》考．宁夏社会科学，1994（6）

方龄贵．《通制条格》札记．见：中国史论集．天津：天津古籍出版社，1994

刘晓．元代的警迹与警迹人．见：北大史学．北京：北京大学出版社，1994

陈高华．元代的流刑和迁移法．见：中国史论集．天津：天津古籍出版社，1994

赵文坦．元代的狱讼管辖与约会制度．见：中国史论集．天津：天津古籍出版社，1994

舒炳麟．试析《元典章》的特色．法学，1995（1）

李明德．元代司法制度述略．法学研究，1995（1）

赵文坦，孙成状．元代司法制度的特点．东岳论丛，1995（3）

苏钦．辽金元二元制法的形成及其意义．法学杂志，1995（5）

徐晓光．元代的钞法．内蒙古，1995（5）

霍存福．论元代不动产买卖程序．法学研究，1995（6）

霍存福．元代借贷法律简论．吉林大学社会科学学报，1995（6）

刘晓．日本有关元代法制史研究概述．中国史研究动态，1996（1）

黄震云．论辽代法律．北方文物，1996（3）

王风雷．论元代法律中的野生动物保护条款．内蒙古社会科学，1996（3）

何天明．试论元朝的法制建设．黑龙江民族丛刊，1996（3）

杨选第．元代亦集乃路的民间借贷契约．内蒙古师范大学学报（社会科学版），1996（3）

郭正忠．金代的盐使司与分司体制：《金史·食货志》“盐法”补正．中国史研究，1996（4）

刘晓．日本有关元代法制史研究概述．中国史研究动态，1996（4）

曾代伟．金朝金融立法述论．民族研究，1996（5）

方慧．略论元朝在云南的经济法制措施．云南社会科学，1996（5）

李淑娥．独具特色的元朝法制．西北大学学报（社会科学版），1997（2）

李淑娥，魂簇．论蒙元时代的收嫂婚与其法例．法制与社会发展，1997（2）

韩小忙．从《天盛改旧新定律令》看西夏妇女的法律地位．宁夏大学学报（社会科学版），1997（3）

沈仁国．《经世大典》尸检法令及断例辩证．江苏公安专科学校学报，1997（4）

曾代伟．金朝物力通检推排法述论．民族研究，1997（5）

李温．刚碑刻杂考．丝绸之路，1997（6）

王继忠．论辽法二元现象及其融合趋势．安徽大学学报（社会科学版），1997（6）

白翠琴．略论元朝法律文化特色．民族研究，1998（1）

聂鸿音．俄藏6965号《天盛律令》残卷号．宁夏大学学报（社会科学版），1998（3）

韩小忙．《天盛改旧新定律令》中所反映的西夏道教．西北师范大学学报（社会科学版），1998（3）

刘菊汀．关于《天盛律令》的成书年代．固原师专学报（社会科学版），1998（4）

孙光妍．金初法制的特点．齐齐哈尔师范学院学报（社会科学版），1998（4）

郭立杰．历史上第一部反腐败法典：元代的《赃罪法》．文史知识，1998（4）

张志勇，李春凌．辽代法制建设的成效与借鉴．北方文物，1998（4）

邵方．试论西夏的婚姻制度：《天盛律令》．民族研究，1998（4）

李学江．《天盛律令》所反映的西夏政区．宁夏社会科学，1998（4）

刘向明．元朝法制中的僧侣特权．嘉应大学学报（社会科学版），1998（4）

刘晓．元朝断事官考．中国社会科学院研究生院学报，1998（4）

史金波．西夏《天盛律令》及其法律文献价值．见：法律史论集．第1卷．北京：法律出版社，1998

武玉环．辽代刑法制度考述．中国史研究，1999（1）

殷啸虎．论《大元通制》“断例”的性质及其影响——兼与黄时鉴先生商榷．华东政法学院学报，1999（1）

杜建录．西夏水利法初探．青海民族学院学报（社会科学版），1999（1）

曾代伟．金朝诉讼审判制度论略．民族研究，1999（2）

韩小忙．《天盛律令》与西夏婚姻制度．宁夏大学学报（社会科学版），1999（2）

赵文坦．元代刑法轻重考辩．中国史研究，1999（2）

曹义孙．关于元法学基本问题的思考．北京科技大学学报（社会科学版），1999（3）

牛汝极．莎车出土的喀喇汗朝阿拉伯语法律文书与《福乐智慧》研究．西域研究，1999（3）

杜建录．西夏畜牧法初探．中国农史，1999（3）

郭晓航，姚大力．金《泰和律》徒刑附加决杖考——附论元初的刑政．复旦学报（社会科学版），1999（4）

王天顺．《天盛律令》与西夏社会形态．中国史研究，1999（4）

赵江水．西夏的立法概况．宁夏大学学报（人文社会科学版），1999（4）

邵方．西夏亲属关系的法律效力及拟制．固原师专学报，1999（4）

杨积堂．西夏刑罚体系初探．宁夏大学学报（人文社会科学版），1999（4）

吴海航．成吉思汗《大札撒》探析．法学研究，1999（5）

杨德华．元代“约会”制度初探．云南师范大学学报（哲学社会科学版），1999（5）

陈景良．元朝民事诉讼与民事法规论略．见：法律史论集．第2卷．北京：法律出版社，1999

褚卫红．洛阳邙山出土金代买地券．文物，1999（12）

张玉海．从《天盛律令》看西夏榷禁制度．宁夏社会科学，2000（1）

刘肃勇，姚景芳．辽朝刑罚制度考略．社会科学辑刊，2000（1）

赵建玲．元朝法典的编纂及其特征．法学杂志，2000（2）

刘晓．元代收养制度研究．中国史研究，2000（3）

柴荣．论古代蒙古习惯法对元朝法律的影响．内蒙古大学学报，2000（6）

王东平．元代关涉回回立法初探．中央民族大学学报，2001（6）

田莉姝．论元朝法制的民族特色．贵州民族研究，2002（1）

沈任国．元代反贿赂法述论．江苏教育学院学报，2002（1）

项春松．辽代财产刑研究：契丹“籍没”刑及其相关问题试析．北方文物，2002（2）

王元林．《西夏光定未年借谷物契》考释．敦煌研究，2002（2）

张志勇．辽代惩治官吏犯罪的法律规定考述．北方文物，2002（3）

陈旭．儒家的“礼”与西夏《天盛律令》．西北第二民族学院学报，2002（3）

张群．元朝烧埋银初探．内蒙古大学学报，2002（6）

徐晓光．辽西夏金元北方少数民族政权法制对中国法律文化的贡献．西南民族学院学报，2002（7）

唐自斌．论宋辽金元时期的法制融合．见：走向二十一世纪的中国法文化．上海：上海社会科学院出版社，2002

王旭，郭晓英．元代二元法律文化对法律形式的影响．前沿，2002（11）

张群．论元朝烧埋银的起源．历史教学，2002（12）

［日］松泽博．西夏文《瓜州监军司审判案》遗文：以橘瑞超带来在龙谷大学大宫图书馆馆藏品为中心．国家图书馆学刊，2002年增刊

曾代伟．《大元通制》渊源考辨．现代法学，2003（1）

姜歆．论西夏法典结构及私法在其中的地位．宁夏大学学报，2003（1）

邵方．略论西夏法律对于党项干预社会婚姻制度的规定．法学评论，2003（1）

沈仁国．元代反贿赂法述论（续）．江苏教育学院学报，2003（1）

胡兴东．元代民事审判制度研究．民族研究，2003（1）

关志国．试论辽金元三朝法律的特点．史学集刊，2003（2）

谭晓玲．浅析元代的判决离婚．内蒙古大学学报，2003（3）

张秀杰，郝维彬．辽代刑法制度对辽王朝的影响及其历史贡献．内蒙古民族大学学报，2003（4）

杜建录．论西夏的司法制度．西北民族研究，2003（4）

哈宝玉．蒙元时期的穆斯林与伊斯兰教法．西北第二民族学院学报，2003（4）

默书民．元代前期腹里地区的土地开发与田产争讼．河北师范大学学报，2003（4）

胡兴东．斡脱：蒙元时期民事制度的一个创新．云南师范大学学报，2003（5）

邵方．西夏婚姻家庭法律制度研究．河北法学，2003（5）

邵方．西夏婚姻制度的特征：兼论女性在西夏婚姻中的地位．宁夏社会科学，2003（5）

姜歆．论西夏法典中的刑事法律制度．宁夏社会科学，2003（6）

杜建录．西夏的审判制度．宁夏社会科学，2003（6）

李鸣．西夏司法制度述略．西南民族大学学报，2003（6）

傅百臣．金代立法考略．见：中国法制史考证·甲编．第5卷．北京：中国社会科学出版社，2003

尤韶华．宋辽西夏金元法制考证举要．见：中国法制史考证·甲编．第5卷．北京：中国社会科学出版社，2003

方贵龄．《通制条格》考辨．见：中国法制史考证·甲编．第5卷．北京：中国社会科学出版社，2003

陈高华．元代的审判机构和审判程序考．见：中国法制史考证·甲编．第5卷．北京：中国社会科学出版社，2003

刘晓．元代断事官考．见：中国法制史考证·甲编．第5卷．北京：中国社会科学出版社，2003

李淑娥，魂簇．元代收嫂婚考．见：中国法制史考证·甲编．第5卷．北京：中国社会科学出版社，2003

姚大力．元代刑法体系的形成考略．见：中国法制史考证·甲编．第5卷．北京：中国社会科学出版社，2003

［日］安部健夫．《大元通制》解说——兼介绍新刊本《通制条格》．见：中国法制史考证·丙编．第3卷．北京：中国社会科学出版社，2003

［日］仁井田陞，今堀诚二．《金玉新书》与《淳祐新书》考．见：中国法制史考证·丙编．第3卷．北京：中国社会科学出版社，2003

［日］岛田正郎．辽代北面中央官制的特色与世官制的意义．见：中国法制史考证·丙编．第3卷．北京：中国社会科学出版社，2003

［日］宫崎市定．宋元时期的法制与审判机构——《元典章》的时代背景及社会背景．见：中国法制史考证·丙编．第3卷．北京：中国社会科学出版社，2003

［日］植松正．元初法制一考——与金制的关系．见：中国法制史考证·丙编．第3卷．北京：中国社会科学出版社，2003

陈永胜．试论西夏的立法．甘肃理论学刊，2004（4）

姜歆．论西夏法典中的狱政管理制度——兼与唐、宋律令的比较研究．宁夏大学学报（人文社会科学版），2004（5）

曾代伟．蒙元流刑考辨．内蒙古社会科学（汉文版），2004（5）

陈志英．《元皇庆元年（公元1312年）十二月亦集乃路刑房文书》初探．内蒙古社会科学，2004（5）

杜建录．西夏《天盛律令》的历史文献价值．西北民族研究，2005（1）

姜歆．西夏《天盛律令》厩牧律考．宁夏社会科学，2005（1）

胡兴东．元代刑事审判制度之研究．云南大学学报（法学版），2005（2）

姜歆．论西夏法律制度对中国传统法律文化的传承与创新——以西夏法典《天盛律令》为例．固原师专学报，2006（2）

8. 明

吴晗．胡惟庸党案考．燕京学报．第15期，1934年6月

廉君．明代两大疑案．北平晨报艺圃．第20，22，23期，1934年10月

熊梦飞．记刘瑾水牢并考释．师大月刊，1934（14）

顾颉刚．明代文字狱祸考略．东方杂志．第32卷第14号，1935年7月

刘官谔．明宪宗赐朱永铁券考．史学年报，第2卷第4期，1937

解毓才．明代卫所制度兴衰考（附表）．说文月刊．第2卷第9～12期，1940～1941年

朱畸觚．廷杖考．国学丛刊，1942（11）

刘厚泽．明盐杂考．中和杂志．第4卷第2期，1943

陈友琴．略谈明初之诗谳．胜流．第3卷第8期，1946年4月

黄彰健．洪武二十二年太孙改律及三十年律诰考．（台湾）“中央研究院历史语言研究所”集刊．第20本（下），1949年12月

黄彰健．大明律诰考．（台湾）“中央研究院历史语言研究所”集刊．第24本，1953年6月

周天固．王阳明的南赣乡约．见：民主评论．第6卷第5期，1955年3月

田继周．明代后期一条鞭法的研究．历史研究，1956（3）

傅衣凌．关于明初胡兰之狱的分析．厦门大学学报，1963（4）

衔微．关于一条鞭法内容的商榷．甘肃师范大学学报，1963（4）

梁方仲．论明代里甲法和均徭法的关系．学术研究，1963（4，5）

衔微．明代的里甲制度．历史教学，1963（4）

余又荪．明丞相胡惟庸谋叛通倭略考．（台湾）大陆杂志．第29卷第10、11期（合刊），1964年12月

房兆楹．《明史·刑法志》正误一则．（台湾）大陆杂志．第31卷第9期，1965

张晋藩．海瑞执行的王法究竟是什么样的法？．文汇报，1966－02－04

杨雪峰．明律对蒙古色目人婚姻上的限制．（台湾）大陆杂志．第41卷第3期，1970

庄练．明代廷杖制度溯源．明清史事丛谈，1972（11）

杨雪峰．明代化外人犯罪时适用之法律．（台湾）大陆杂志．第45卷第4期，1972

黄彰健．律解辩疑、大明律直解及明律集解附例三书所载明律之比较研究．（台湾）“中央研究院历史语言研究所”集刊．第39本；后收入：明清史研究丛稿．台湾：“商务印书馆”，1977

黄彰健．明洪武永乐朝的榜文峻令．（台湾）“中央研究院历史语言研究所”集刊．第40本，1975

黄彰健．《明代律例汇编》序．（台湾）大陆杂志．第5期3卷第3期，1976年10月

巨焕武．明代律例有关化外人的犯罪规定．思与言．第14卷第2期，1976

巨焕武．明代判决书的招由及其记载方法．中华文化复兴月刊．第10卷第6期，1977

巨焕武．居丧生子罪在明代所适用的法律．新时代．第17卷第2期，1977

陈学霖．徐一夔死刑辩证兼论明初文字狱史料．东方文化．第15卷第1期，1977

汤承业．明代国子监的“洪武学规”．孔孟月刊．第18卷第2期，1979年

黄彰健．明代律例刊本所附“比附律条”考．见：明代律例汇编．台湾：精华印书馆，1979

付同钦．明代的特务机构——厂卫．百科知识，1979（5）

孙达人．关于“空印案”时间．陕西师范大学学报，1980（2）

邹身城．论明太祖“以诰代律”的弊政．社会科学，1980（5）

志民．《大明律》的一条规定．民主与法制，1980（6）

罗继祖．崇祯论三案．中国历史文献研究集刊，1981年第1集

陈高华．从《大诰》看明初的专制政治．中国史研究，1981（1）

杨一凡．明《大诰》初探．北京政法学院学报，1981（1）

杨希义．“廷杖”首创于朱元璋？．西南师范学院学报，1981（3）

南炳文．一条鞭法始于何时？．南开学报，1981（3）

张华．关于明代设置东厂、西厂、内行厂的时间问题．晋阳学刊，1981（5）

杨一凡．洪武三十年《大明律》考．学习与思考，1981（5）

谢源远．熊廷弼冤狱述略．江汉论坛，1981（5）

温功义．明代的廷杖．书林，1981（6）

钱昌明．朱元璋与“文字狱”．历史教学，1981（6）

巨焕武．明代律例有关官吏出入人罪的规定．政大法学评论，1981（23）

杨一凡．论《大明律》与《大明律诰》的关系．法学文集，1981

巨焕武．明代的诉讼费用——囚纸．（台湾）大陆杂志，第62卷第4期，1981

陈学霖．明太祖文字狱案考疑．（台湾）“中央研究院”国际汉学会议论文集·历史考古组（上册），1981

王春瑜．读《诏狱惨言》．法学杂志，1982（1）

隋喜文．海瑞和他的《督抚条约》．人民日报，1982-01-12

周应巽．李贽下狱事探微．苏州大学学报，1982（1）

商传．明懿安皇后死事疑案考．故宫博物院院刊，1982（1）

杨一凡．论明初的重典政策与让步政策．中州学刊，1982（2）

陈振兴．小议明代初年的法制宣传．中国法制报，1982-02-26

陈梧桐．明初空印案发生年代考．历史研究，1982（3）

王毓铨．《皇明条法事类纂》读后．见：明史研究论丛．1982年第1辑．南京：江苏人民出版社，1982

徐成均．拔毛者惩，碰根者罚——读吴晗《朱元璋传》片断的启示．法学杂志，1982（5）

朱城如．明末辽东弃地案考实．辽宁师专学报（社会科学版），1982（5）

［日］岩见宏．均瑶法、九等法和均瑶事例．见：明清史国际学术讨论会论文集．天津：天津人民出版社，1982

胡建中，江宪．明代赎刑制度初探．学术月刊，1982（7）

周良霄．明律“雇工人”研究．见：文史．1982年第15辑．北京：中华书局，1982

朱纪敦．“隆武遇害”考辨．见：中国古代史论丛．第1辑．福州：福建人民出版社，1982

巨焕武．明代律例关于化外人的犯罪规定．见：明史研究论丛．第1辑．台湾：大立出版社，1982

李晓路．明代里甲制研究．华东师范大学学报（社会科学版），1983（1）

刘精义．明永乐年间后宫惨案．史苑，1983年第1辑

余用心．关于明代一条鞭法的考察．西北师范学院学报（社会科学版），1983（2）

陈梧桐．明《大诰》与朱元璋封建专制的强化．见：法律史论丛．第3辑．北京：法律出版社，1983

陈汉生．朱元璋“重典治吏”的启示．法学，1983（3）

陈文秀．“廷杖”考．晋阳学刊，1983（5）

杨一凡．明初重典治民考实．见：法律史论丛．第3辑．北京：法律出版社，1983

陈梧桐．明代诰与朱元璋封建专制的强化．见：法律史论丛．第3辑．北京：法律出版社，1983

杨一凡．明初重典与朱元璋治国的两手策略．见：法史研究文集（中）．西安：西北政法学院，1983

覃延欢．明代广西盐法刍议．中国社会经济史研究，1984（1）

王贵均．“瓜步沉舟”案真相考．淮阳师专学报（社会科学版），1984（2）

怀效锋．明初重惩官吏赃罪浅论．中国法学，1984（2）

王钟翰．关于明末三案的原委．文史知识，1984（3）

学文．重才执法的改革家张居正．北京日报，1984-03-19

程天权．从唐六赃到明六赃．复旦学报（社会科学版），1984（6）

宝日吉根．试述明朝对所辖境内蒙古人的政策．内蒙古社会科学，1984（6）

王硕．明代的廷杖．史学简报，1984（9）

陈翔华．徐述夔及其《一柱楼诗》考略．文献，1985（2）

周桂林．朱元璋诏、谕、令、旨经文人润色析．史学月刊，1985（2）

唐任伍．明代的酷刑．中学历史教学参考，1985（3）

杨业进．丘浚史事考辩．广东社会科学，1985（3）

刘孔伏．明代“半印勘合”起于何时．河北师院学报，1985（4）

程德．关于成化年间“妖书妖言”案的一则史料．见：明史研究论丛．第3辑．南京：江苏古籍出版社，1985

廖心一．刘瑾“变乱旧制”考略．见：明史研究论丛．第3辑．南京：江苏古籍出版社，1985

金戈．张居正的考成法．安徽史学，1985（5）

怀效锋．明代中叶的宦官与司法．中国社会科学，1985（6）

商鸿逵．明末“三案”究竟．历史教学，1985（6）

王世华．张居正家法．安徽史学，1985（6）

侯玉芳．明代的廷杖．教学参考资料，1985（7）

刘孔伏．明初空印案新探．贵州文史丛刊，1986（1）

王春瑜．明代文字狱史料辩伪．学术研究丛刊，1986（1）

陈国平．一条鞭法初探——论法律对经济改革的作用．中南政法学院学报，1986（2）

颜广文．明代十三道监察御史统属考．华南师范大学学报，1986（3）

刘序传．试论明初立法特点．江西大学学报（社会科学版），1986（4）

黄幼声．朝审制的缘起——兼谈中国法制史上一个被遗忘的人物．求是学刊，1986（5）

邓尚文等．朱元璋的法制宣传得与失．社会科学，1986（6）

朱子彦．“胡蓝之狱”辨析．学术月刊，1986（7）

罗炳绵．明太祖的文字统治术．见：明史研究论丛．第2辑．台湾：大立出版社，1986

巨焕武．明律中的嘱托公事罪．（台湾）大陆杂志．第72卷第5期，1986

刘孔伏，潘良炽．关于评价朱元璋《大诰》的若干问题．萍乡教育学院学报（社会科学版），1987（1）

柳义南．关于一条鞭法实行的两个问题．苏州大学学报（社会科学版），1987（1）

朱端强．姜宸英与《明史·刑法志》．南开史学，1987（1）

刘桂宗．论明朝洪武时期经济法制建设．东岳论丛，1987年增刊第1期

王恩厚．略论明代的廷杖与皇权．天津师专学报（社会科学版），1987（1）

李程．论明朝经济立法的特点．中山大学研究生学刊（社会科学版），1987（2）

罗辉映．明代都察院和监察制度．档案学论丛（四川大学学报丛刊），1987（2）

童舟．朱元璋与胡蓝党案．中外历史，1987（2）

朱子彦．明代的廷杖制．历史教学问题，1987（3）

杨炳功．明代的廷杖及其实质．南都学坛，1987（4）

杨涛．明末杨荣乱滇被杀述略．云南师范大学学报（社会科学版），1987（4）

陈国平．试论明初重典治吏．中南政法学院学报，1987（4）

唐文基．试论明代里甲制度．社会科学战线，1987（4）

张海瀛．论张居正的考成法．晋阳学刊，1987（5）

怀效锋．嘉靖年间的海禁．史学月刊，1987（6）

怀效锋．明代首辅与司法（上）．中国法学，1987（6）

陈世昭．明代一条鞭法问题研究．江汉论坛，1987（7）

杨业进．明初宫廷疑案考．故宫博物院院刊，1988（1）

唐文基．明代漕粮“支运”考辨．中国史研究，1988（1）

怀效锋．明代首辅与司法（下）．中国法学，1988（1）

杨一凡．明大诰的版本．法学研究，1988（2）

赵世瑜．明代吏典制度简说．北京师范大学学报（社会科学版），1988（2）

余兴安．明代里老制度考述．社会科学辑刊，1988（2）

怀效锋．明代御史与司法．江海学刊，1988（2）

怀效锋．明代宗藩的犯罪与处罚．政法论坛，1988（3）

李若愚．从明代的契约看明代的币制．中国经济史研究，1988（4）

怀效锋．厂卫与明代司法．见：中华法史丛谈．北京：中国政法大学出版社，1988

姜永林．明初刑典治吏“重”、“轻”考论．见：华东政法学院硕士论文集．上海：上海社会科学院出版社，1988

刘孔伏等．朱元璋为整饬吏治颁《大诰》．南京史志，1988（5）

赵毅．明代六科论略．社会科学辑刊，1988（9）
杨一凡．明《大诰》的颁行时间、条目和诰文渊源考释．中国法学，1989（1）
杨一凡．明《大诰》的实施及其历史命运．中外法学，1989（3）
魏连科．明初的文字狱．文史知识，1989（4）
邬国勋．朱元璋重典治国的是是非非．昭乌达盟蒙族师专学报（社会科学版），1989（4）
曲英杰，杨一凡．明弘治《问刑条例》考析．现代法学，1989（5）
崔国华．一条鞭法的历史意义．财经科学，1989（6）
阎青义．论朱元璋的重典政策．法学，1989（7）
陈尚胜．胡惟庸通倭问题辨析．安徽史学，1990（1）
怀效锋．嘉靖新政中的法制改良．社会科学辑刊，1990（1）
胡晏．论明初加强法治和重典问题．江苏教育学院学报（社会科学版），1990（1）
杨一凡．《大明律》修订始末考．政法论坛，1990（2）
郭建．明律轻重特色考析．史林，1990（2）
曹国庆．明代的廷杖．史学集刊，1990（3）
陈景彦．明代中日间“永乐条约”与“宣德条约”辩证．吉林大学社会科学学报，1990（3）
陈柯云．略论明徽州的乡约．中国史研究，1990（4）
曲英杰，杨一凡．明代《向刑条例》的修订．中外法学，1990（4）；后收入：中国法律史国际学术讨论会论文集．西安：陕西人民出版社，1990
白杉．四川明代万历年间禁止早婚碑初探．四川大学学报（社会科学版），1990（4）
周天仁等．析朱元璋“重典治吏”与惩治贪污贿赂．政治与法律，1990（4）
刘笃才．《法缀》——一份可贵的明代法律文献目录．见：中国法律史国际学术讨论会论文集．西安：陕西人民出版社，1990
刘真武．“大礼之争”是非考辨．湖北大学学报（社会科学版），1991（1）
姜晓萍．明初的立法及其特色．文史知识，1991（1）
郭孟良．明代茶禁考析：明代茶法研究之一．史学月刊，1991（2）
左书谔．明代勘合制论．求是学刊，1991（3）
郭孟良．明代引茶制度初论：明代茶法研究之四．中州学刊，1991（3）
陈连营．明初法制教育述评．河南大学学报（社会科学版），1991（4）
［美］陈学霖．明太祖文字狱案考疑．见：明史研究论丛．1991 年第 5 辑．南京：江苏古籍出版社，1991
熊宗仁．南明“十八先生之狱”始末．理论与当代，1991（6）
巩富文．明代法官出入人罪的责任制度探析．法学学刊，1992（2）

黄才庚．朱元璋与文字狱．辽宁档案，1992（2）

高春平．论明代的提刑按察使司．晋阳学刊，1992（3）

郭孟良．试论明代茶法的特点．中国社会经济史研究，1992（3）

姜晓萍．明代的司法制度与君主专制．西南师范大学学报（社会科学版），1992（4）

宋国范．两种洪武榜文文献初探．中外法学，1992（5）

邓和平．明朝“以力役代刑”略论．劳改劳教理论研究，1992（5）

［日］内藤乾吉著，姚荣涛，徐世虹译．大明令解说．见：日本学者研究中国史论著选译（八）．北京：中华书局，1992

王兴亚．明代罚俸制度述论．中州学刊，1993（2）

关汉华，孙卫国．试论明代监察官的考选制度．中国史研究，1993（2）

王兴亚．明代实施老人制度的利与弊．郑州大学学报（社会科学版），1993（2）

商传．《明会典》及其史料价值．史学史研究，1993（2）

孟昭信．试论张居正的“考成法”．吉林大学社会科学学报，1993（5）

卞利．明中叶以来徽州争讼和民俗健讼问题探论．见：明史研究．第3辑．合肥：黄山书社，1993

曹国庆．王守仁与南赣乡约．见：明史研究．第3辑．合肥：黄山书社，1993

杨一凡．明代中后期重要条例版本略述．法学研究，1994（3）

温晓莉．明中后期的贪赃之风与法纪衰败．西南民族学院学报（社会科学版），1994（3）

佟英富．铁榜诫侯论．辽宁大学学报（社会科学版），1994（3）

王兴亚．明代的老年人政策．南都学坛（社会科学版），1994（4）

贾艳敏．试析明代地方监察制度及其特点．黄淮学刊（社会科学版），1994（4）

黄山．从《大明律》看明朝王权对宗教及涉神事务的司法管理．社会科学辑刊，1994（5）

吕景琳．蓝玉党案考．东岳论丛，1994（5）

高春平．从李福达案看明中期的法制状况．史学月刊，1995（1）

徐绍敏，张树兴．宋元明档案立法．档案学通讯，1995（5）

萧平汉．从《利玛窦中国札记》看明代末期司法制度的弊端．衡阳师专学报（社会科学版），1996（1）

徐忠明．《金瓶梅》“公案”与明代刑事诉讼制度初探．比较法研究，1996（1）

［日］滨岛敦俊．明代之判牍．中国史研究，1996（1）

杜婉言．明代诉讼制度．中国史研究，1996（2）

陈伟庄．明初峻法惩贪撷谈．福建史志，1996（3）

刘长江．“明代大案多枉”原因探析．川东学刊（社会科学版），1996（3）

姜晓萍．明中后期对商税官的监察和管理．中国史研究，1996（3）

徐晓庄．试析朱元璋法律实践的矛盾性．史学月刊，1996（4）

程丽华．略论朱元璋的惩贪治赃．辽宁师范大学学报（社会科学版），1996（5）

苏钦．唐明律“化外人”条辨析——兼论中国古代各民族法律文化的冲突和融合．法学研究，1996（5）

周致元．初探“高墙”．故宫博物院院刊，1997（2）

胡迅雷．明代镇守宁夏总兵官陈懋贪赃盗仓粮案始末．宁夏史志研究，1997（2）

王世华．朱元璋惩贪“剥皮实草”质疑．历史研究，1997（2）

李鸣．明朝救荒立法述略．研究生法学，1997（3）

阿风．明代徽州批契与其法律意义．中国史研究，1997（3）

侯欣一，高文和．浅议明代中后期商品经济及资本主义萌芽对法律的影响．研究生法学，1997（3）

吴艳红．明洪武朝上告初探．北大史学，1997（4）

王玉祥．明朝钞法述论．甘肃社会科学，1997（5）

周致元．明代的宗室犯罪．安徽大学学报（社会科学版），1997（5）

张凤仙．明代妇女犯罪缩小收禁范围原因探析．中国监狱学刊，1997（5）

左登豪．明代“高墙”略考．中国监狱学刊，1997（5）

张家国，殷耀德，李红卫．试析明代盐法变迁之轨迹．法学评论，1997（5）

徐忠明．《金瓶梅》反映的明代经济法制释论．南京大学法律评论，1997年秋季号

吴高庆．明代宦官特务司法初探．浙江省政法管理干部学院学报，1998（1）

杨松．试论明清时期市场法的特点与功能．社会科学辑刊，1998（2）

吴高庆．明朝宦官特务司法探究．当代法学，1998（3）

毛英萍．明初的法律及法律知识的措施．沈阳教育学院学报，1998（3）

卿文峰，李交发．明初低俸与重典惩贪及其历史启迪．湘潭大学学报（社会科学版），1998（3）

徐昌强．试论王安石变法与张居正改革成效不同之原因．荆州师专学报（社会科学版），1998（3）

童光政，龚维玲．明代民事法律客体述论．社会科学家，1998（4）

刘广安．明朝的皇权与立法．法学，1998（5）

何伟帜．明代三厂的存废．见：中华文史论丛．第57辑．上海：上海古籍出版社，1998

尤韶华．明代对官员犯罪的处置．见：法律史论集．第1卷．北京：法律出版社，1998

杨雪峰．明代化外人犯罪时适用之法律．见：明清史研究论集．第4辑第5册．台湾：大陆杂志社，1998

杨雪峰．明律对蒙古色目人婚姻上的限制．见：明清史研究论集．第4辑第5册．台湾：大陆杂志社，1998

张禾．明“梃击案”述论．固原师专学报，1999（2）

林鸿雁．《西游记》与明律．文史哲，1999（2）

朱向东．反腐败与重典治吏．河北法学，1999（3）

顾晓明．反腐倡廉，标本兼治——从明太祖朱元璋惩治贪官污吏谈起．宜宾学院学报，1999（3）

戴建国．天一阁藏明抄本《官品令》考．历史研究，1999（3）

张大元．《明史·刑法志》勘误示例．见：中国古代法律文献研究．第1辑．成都：巴蜀书社，1999

［日］滨岛敦俊著，徐世虹，郑显文译．明代的判牍．见：中国古代法律文献研究．第1辑．成都：巴蜀书社，1999

吴艳红．明代军犯定卫考论．见：法律史论集．第2卷．北京：法律出版社，1999

杨一凡．明代三部代表性法律文献与统治集团的立法思想．见：法律史论集．第2卷．北京：法律出版社，1999

邱远猷．明太祖朱元璋重典惩贪．见：法律史论集．第2卷．北京：法律出版社，1999

王川．论明代市铂太监牛荣走私案．海交史研究，2000（1）

王兴亚．明代官吏渎职及其惩罚．平顶山师专学报，2000（1）

卞利．明代徽州的民事纠纷与民事诉讼．历史研究，2000（1）

程宗璋．明代土地法制叙论．不动产纵横，2000（1）

程宗璋．明代土地法制叙论（续）．不动产纵横，2000（2）

鲍春红．试论明初法律教化．芜湖师专学报，2000（2）

［日］夫马进．试论明末徽州府的丝绢分担纷争．中国史研究，2000（2）

张鸣芳．传统的重民思想在明中期刑事立法上的体现：读《皇明条法事类纂·刑部》．河北法学，2000（3）

韩秀桃．《教民榜文》所见明初基层里老人理讼制度．法学研究，2000（3）

何勤华．略论明代中国律学对周边国家的影响．法制日报，2000-04-16

李鸣．明朝救荒立法述略．现代法学，2000（4）

程宗璋．以史为鉴：明代土地法制的管探与启示．十堰职业技术学院学报，2000（4）

黄光明．朱元璋“以猛治国”述评．广西社会科学，2000（4）

文亨镇．《大明律》传入朝鲜考．中央民族大学学报，2000（5）

朱鸿林．明代嘉靖年间的增减沙堤乡约．见：燕京学报．新8期．北京：北京大学出版社，2000

田涛．李自成《大顺律》刊行于何时．光明日报，2000-05-19

张伯元．《大明律集解附例》"集解"考．华东政法学院学报，2000（6）

刘洪彪．论朱元璋重典治吏．西南民族学院学报，2000（9）

何勤华．试论明代中国法学对周边国家的影响．比较法研究，2001（1）

徐晓庄．《大明律》论．天中学刊，2001年增刊

殷凤彬．明初惩贪肃贿法制的历史考察与借鉴．理论与现代化，2002（1）

吴秋红，刘清．明"严法治吏，重典惩贪"及失败原因论．郧阳师范高等专科学校学报，2002（2）

周绍泉．退契与元明的乡村裁判．中国史研究，2002（2）

陈戍国．《大明律》与明代礼制以及相关问题．湖南大学学报，2002（3）

王雄．"有明盐法，莫善于开中吗"？．广播电视大学学报，2002（3）

李明．明代土地租佃的法律调整．现代法学，2002（4）

张兆凯．朱元璋重典惩贪得失心论．求索，2002（4）

李鸣．明代土地佃租的法律调整．现代法学，2002（5）

［德］陶安著，李力译．律与例之间（上）——通过明代赎法看古代中国法之一斑．见：法律史论集．第4卷．北京：法律出版社，2002

洪佳期．试论明代海外贸易立法活动及其特点．法商研究，2002（5）

夏清瑕．明代的宗教法律制度．见：走向二十一世纪的中国法文化．上海：上海社会科学院出版社，2002

雷炳炎．明代中期罪宗庶人归类论析．湖南社会科学，2003（2）

吴海丽．明代中央处理贵州社会冲突事件的法律措施与政治策略．法学评论，2003（2）

柏桦．从收继婚风俗看明代的律例．北京行政学院学报，2003（3）

孙强．论明代居间信用．史学集刊，2003（3）

常建华．明代徽州的宗族乡约化．中国史研究，2003（3）

李艳君．朱元璋重典惩贪．辽宁师专学报，2003（4）

方潇．传统法制之吏治境遇：道德虚张与法律萎缩及其他：以明初重典治吏为背景的一种文化解析．河南省政法管理干部学院学报，2003（5）

唐国军．从《北伐檄文》、《大赦天下诏》看明代法制建设的特点．广西右江民族师专学报，2003（5）

卞利．明代户籍法的调整与农村社会的稳定．江海学刊，2003（5）

吴晓玲．略论明代的律、令、诰、例．南昌大学学报，2003（6）

［德］陶安著，李力译．律与例之间（下）——通过明代赎法看古代中国法之一斑．见：法律史论集．第5卷．北京：法律出版社，2003

杨一凡．《大诰》考．见：中国法制史考证·甲编．第6卷．北京：中国社会科学出版

社，2003

杨一凡．洪武《大明律》考．见：中国法制史考证·甲编．第6卷．北京：中国社会科学出版社，2003

杨一凡．明初重典补考．见：中国法制史考证·甲编．第6卷．北京：中国社会科学出版社，2003

杨一凡．明代法制考证若干学术见解补述．见：中国法制史考证·甲编．第6卷．北京：中国社会科学出版社，2003

尤韶华．明代诉讼制度考略．见：中国法制史考证·甲编．第6卷．北京：中国社会科学出版社，2003

吴艳红．《明史·刑法志》充军记述补正．见：中国法制史考证·甲编．第6卷．北京：中国社会科学出版社，2003

张伯元．《条例全文》残卷考略．见：中国法制史考证·甲编．第6卷．北京：中国社会科学出版社，2003

赵姗黎．《问刑条例》考．见：中国法制史考证·甲编．第6卷．北京：中国社会科学出版社，2003

［日］加藤雄三．明代成化、弘治的律与例——依律照例发落考．见：中国法制史考证·丙编．第4卷．北京：中国社会科学出版社，2003

［日］中岛乐章．明代后期徽州乡村社会的纠纷处理．见：中国法制史考证·丙编．第4卷．北京：中国社会科学出版社，2003

洪养．从明初法制看中国封建社会之走向衰落．毕节师范高等专科学校学报，2004（1）

张光辉．明代的首犯与从犯．安徽大学学报（哲学社会科学版），2004（1）

赵崔莉．明代妇女的法律地位．安徽师范大学学报（人文社会科学版），2004（1）

陈静熔．朱元璋严法惩贪的历史考察．高等建筑教育，2004（1）

童光政．明律"私充牙行埠头"条的创立及其适用．法学研究，2004（2）

韩秀桃．《不平鸣稿》所见明末徽州的民间纠纷及其解决．中国文化研究，2004（3）

李青．从《大明律》对东亚的影响看其历史地位．比较法研究，2004（3）

段建宏．论朱元璋的普法宣传．晋东南师范专科学校学报，2004（4）

尹成波．明代中后期经济未能实现转型的法律阐释．经济论坛，2004（12）

祝里里．明初重典治吏及其启示．江淮论坛，2005（1）

李莹．朱元璋"重典治吏"的弊端与借鉴．黑龙江省政法管理干部学院学报，2005（1）

田东奎．论明代的廉政法制．宝鸡文理学院学报（社会科学版），2005（3）

李洪文．明初重典治吏的立法和实践初探．湖南商学院学报，2005（3）

张光辉．明代赎刑的运作．四川大学学报（哲学社会科学版），2005（3）

方慧．明代云南刑法原则和刑罚手段的变化．云南民族大学学报（哲学社会科学版），2005（3）

王改萍．从《详情公案》看明代诉讼制度．山西警官高等专科学校学报，2005（4）

谢冬慧．论明朝初期的重典治贪制度．安徽工业大学学报（社会科学版），2005（4）

毕连芳．论明初廉政法制建设．石家庄学院学报，2005（4）

刘长江．明代法政体制述论．四川师范大学学报（社会科学版），2005（6）

杜晓田．试析张居正改革的背景及条件．新乡师范高等专科学校学报，2005（6）

李洪文．朱元璋重典治吏之立法探究．文史博览，2005（8）

罗冬阳．从明代淫祠之禁看儒臣、皇权与民间社会．求是学刊，2006（1）

黄华均．明代草原法的文化解读——以《蒙古卫拉特法典》为主要法据．西北师范大学学报（社会科学版），2006（1）

柏桦．“情理法”与明代州县司法审判．学习与探索，2006（1）

邓前程．明代“限制边茶以制之”立法及其治藏主旨——以边关将吏和茶商严厉禁约为例．四川师范大学学报（社会科学版），2006（2）

石昌渝．明代公案小说：类型与源流．文学遗产，2006（3）

9. 清

郭卫．清律名例——中国旧律之检讨．中华法学杂志新编．第1卷第4期，1936年12月

许霁英．清乾隆朝文字狱简表．人文月刊．第8卷第4辑，1937

范斋．略谈前清吏胥——对清朝“绍兴师爷”和“书办”的介绍．光明日报，1957-01-01

戴炎辉．唐及明清律上二罪以上俱发与更犯．中国法制史论集，1968

徐道邻．“自首”制在唐明清律中的演变．（台湾）东方杂志．复刊第4卷第7期，1972

张晋藩．清律初探．法学研究，1979（1）

孔立．论清代的文字狱．中国史研究，1979（3）

朱眉叔．清前期的文字狱（上）．辽宁大学学报，1979（4）

朱眉叔．清前期的文字狱（下）．辽宁大学学报，1979（5）

王思治．明清文字狱简论．人民日报，1979-08-24

吕士朋．清代的理藩院——兼论清代对蒙藏回诸族的统治．见：中国史学论文选集．第3辑．台湾：幼狮文化事业公司，1979

杨学琛．关于清初的“逃人法”——兼论满族阶级斗争的特点和作用．历史研究，1979（10）

邱远猷，薛梅卿．从清代文字狱看康乾“盛世”的“法治”．学习与探索，1980（3）

沈永松．清代文字狱一案．西南政法学院学报，1980（3）

瞿同祖．清律的继承和变化．历史研究，1980（4）

王煦．二百年前的一起文字狱——记徐述夔《一柱楼诗集》案．群众论丛，1981（1）

李之勤．略论《中俄喀什噶尔界约》．西北历史资料，1981（2）

孟昭信．清初“逃人法”试探．河北大学学报，1981（2）

朱金甫．清代奏折制度探略．历史档案，1981（2）

岳维宗．乾隆间甘肃“监粮冒赈”贪污案．兰州学刊，1981（4）

杨积庆．剩和尚之狱及其他．中华文史论丛，1981（4）

钟近．清宫盗案．紫禁城，1981（6）

钱昌明．明清文字狱案例．历史教学，1981（6）

侯建良．清代科举考试中的营私舞弊和严厉处分．光明日报，1981－07－20

曹三明．明清封建法制对资本主义萌芽的摧毁．中国社会科学，1982（2）

姜纬堂．清顺天科场案判决．北京日报，1982－05－24

林明．丁酉科场案．历史知识，1982（5）

韦庆远．清代的抄家档案和抄家案件．学术研究，1982（5）

冯尔康．曾静投书案与吕留良文字狱述论．南开学报，1982（5）

姜纬堂．颁行逃人法百姓遭祸．北京日报，1982－08－18

刘大有．清代甘肃大赈案．社会科学，1983（1）

清代巴县档案选编——关于吏治整顿揭露吏治积弊打击贪赃枉法．四川档案史料，1983（1）

王钟翰．清官“四大奇案”是怎么回事？．文史知识，1983（1）

徐凯．清初逃人事件述略．北京大学学报，1983（2）

赵春晨．谈《中俄伊犁条约》的性质和清政府改约谈判的成败．西北历史资料，1983（2）

谢刚．《明夷待访录》与清初文字狱．中国史研究，1983（3）

张寿甫．清代松江之文字狱．松江文史，1983（3）

张晋藩，郭成康．清《崇德会典》试析．法学研究，1983（3）

宋秀元．从《乾隆罪刑题本》看清代押租制．故宫博物院院刊，1983（4）

李瑚．清嘉道年间漕运与盐法的改革．求索，1983（5）

赵云田．清代“蒙古衙门”设置时间辨析．内蒙古社会科学，1983（6）

张晋藩，郭成康．清入关前的诉讼制度．见：法律史论丛．第3辑．北京：法律出版社，1983

陈兆祥．明清太监杀人案审判始末记．民主与法制，1983（12）

曹培．试论清代的“教化”制度．见：法史研究文集（上）．西安：西北政法学院，1983

经君健．明清两代“雇工人”的法律地位问题．见：明清时代的农业资本主义萌芽问题．北京：中国社会科学出版社，1983

吴孟雪．论乾隆年间到望厦条约签订前中国对外司法权的运用和认识．中山大学研究生学刊，1984年创刊号

顾真．查嗣庭案缘由与性质．中州今古，1984（1）

宋加兴．略论清朝的刑名幕宾和书吏．政治与法律，1984（1）

陈东林，徐怀宝．乾隆朝一起特殊文字狱——“伪嘉淦奏稿案”考述．故宫博物院院刊，1984（1）

夏家骏．乾隆惩贪述评．求是学刊，1984（1）

曹培．清代州县民事诉讼初探．中国法学，1984（2）

徐文博．“南山集”考辨．安庆师范学报，1984（3）

杨如松．彭家屏“文字狱”．中州今古，1984（3）

张尚策．清王朝《振兴工艺给奖章程》产生前后．法学，1984（3）

张天禄．朝审、秋审、热审．河北法学，1984（4）

陈支平．清初更名田立法考实．厦门大学学报（社会科学版），1984（4）

何敏．清代私家释律用其方法．安徽大学学报（社会科学版），1984（4）

王志刚．试论清朝政府治理藏族地区的法律措施．西北政法学院学报，1984（4）

张晋藩，郭成康．由崇德三、四年刑部满文原档看清初的刑法．法学研究，1984（4）

王廷元．顺治帝与清初的“法明”政策．社会科学辑刊，1984（5）

泰水永．继唐律之大要，开法典之新体——明清立法概况．法学杂志，1984（6）

［美］居密著，黄启臣译．明清时期徽州的宗法制度与土地占有制——兼评叶显恩《明清徽州农村社会与佃仆制》．江淮论坛，1984（6）

瞿同祖．清律的继承和变化．见：中国法学文集．第1集．北京：法律出版社，1984

清嘉庆年间揭发一起“假印大案”．北京日报，1984-11-12

张胜利．古今惊叹的和坤贪污案．历史知识，1985（1）

李世愉．年羹尧与文字狱．清史研究通讯，1985（1）

齐钧．清代的边境卡伦制度．中国人民警官大学学报，1985（1）

郭松义．清代的量器和量法——读书随录之二．清史研究通讯，1985（1）

马建德．清朝政府在西北少数民族地区立法浅析．甘肃民族研究，1985（2）

陈翔华．徐述夔及其《一柱楼诗》考略．文献，1985（2）

邓锐龄．关于琦善在驻藏大臣任上改定藏事章程问题．民族研究，1985（4）

夏家骏等．呼兰劫狱案始末．北方论丛，1985（4）

郭松义．清朝的会典和则例．清史研究通讯，1985（4）

张雪慧．清代海南黎族的土地典卖契刻．中国社会经济史研究，1985（4）

仁萌．“清初三大疑案”析．城市时报，1985-11-24

傅贵九．清代修志和文字狱．文史．1985年第23辑．北京：中华书局，1985

罗崇良．略论顺治年间的“逃人”．辽宁师范大学学报（社会科学版），1986（1）

陆草．乾隆年间河南的三次文字狱．中州今古，1986（1）

［日］川久保悌郎著，郑毅等译．清代向边疆流放的罪犯——清朝的流刑政策与边疆（之一）．吉林师范学院学报（社会科学版），1986（2）

林新奇．论乾隆时期议罪银制度与罚俸制度的区别．故宫博物院院刊，1986（3）

苏亦工．清律颁年考略．法学研究，1986（4）

刘世哲．努尔哈赤时代法制述论．民族研究，1986（6）

易木．清朝建警始末．人民警察，1986（8）

庄国土．清初（1683～1727年）海上贸易政策和南洋禁航令．海交史研究，1987（1）

郑秦．清代地方司法管辖制度考析．西北政法学院学报，1987（1）

杨明．清朝政府的禁赌措施．法学与实践，1987（3）

朱勇．论清代江南宗族法的经济职能．中国经济史研究，1987（4）

罗平．清代律例中的犯罪自首问题．法学杂志，1987（6）

罗平．清代刑法关于共同犯罪的一些规定．法学，1987（6）

王端阳．试论《大清律》人命罪．西北政法学院本科生优秀毕业论文选（一），1987年9月

岳成．清朝最早的文字狱——明史案．书林，1987年11月

王铭珍．清朝的高等巡警学堂．人民公安报，1987-12-10

刘广安．论明清的家法族规．中国法学，1988（1）

徐晓光，周健．清朝政府对喇嘛教立法初探．内蒙古社会科学，1988（1）

王树民．清初一大文字狱——《南山集》案真相．文史知识，1988（1）

黄冕堂．清代“雇工人”问题考释．社会科学战线，1988（1）

［美］陈福梅著，毛启雄译．《沈之奇辑注》对清代司法审判的影响．外国法学译丛，1988（1）

苏鑫鸿．明清时期的茶马政策述论——明清茶法研究之一．中国社会经济史研究，1988（2）

张宗海．穆拉维约夫与中俄《瑷珲条约》．黑河学刊，1988（2）

李兴盛．《南山集》文字狱案及桐城方氏向东北的遣戍．北方文物，1988（2）

郭成康．乾隆朝疯汉文字狱探析．清史研究通讯，1988（2）

郑秦．清朝统治边疆少数民族区域的法律措施．民族研究，1988（2）

陈一石．清代四川“茶法”述评．中国社会经济史研究，1988（2）

张世明．试论《钦定西藏章程》产生的历史背景．清史研究通讯，1988（3）

罗远道．试论清代的保甲制和宗法制．学刊，1988（3）

郑秦．皇权与清代司法．中国法学，1988（4）

张书才，张国荣．康熙五十年辛卯科江南乡试贿卖举人案．故宫博物院院刊，1988（4）

刘序传．论清朝法律制度对资本主义萌芽的压抑．江西大学学报（社会科学版），1988（4）

黄才庚．清代奏折文书考略．四川大学学报（社会科学版），1988（4）

苏亦工．论清代律例的地位及其相互关系（上）．中国法学，1988（5）

郑秦．明清的司法制度．见：中华法史丛谈．北京：中国政法大学出版社，1988

曹三明．明清法制对资本主义萌芽的桎梏作用．见：中华法史丛谈．北京：中国政法大学出版社，1988

李铁．清朝的行政立法与吏治．见：中华法史丛谈．北京：中国政法大学出版社，1988

苏亦工．论清代律例的地位及其相互关系（下）．中国法学，1988（6）

赵伯陶．《坚磨生诗抄》案与弘历的用心——析乾隆时的一起文字狱．文史，1988（7）

楚庄．清代的文字狱．文史知识，1988（7）

徐晓光．清朝政府对蒙古的行政立法初探．内蒙古社会科学，1989（1）

张伟仁．清代的法学教育（上）．（台湾）台大法学论丛．第18卷第1期，1989

郑秦．清代旗人的司法审判制度．清史研究通讯，1989（1）

朱宗宙．清代乾隆年间两淮盐引案．扬州师范学院学报，1989（1）

林家钟．清乾隆末年总督伍拉纳巡抚浦霖贪污大案纪实．福建史志，1989（1）

薛瑞录．魏耕和清初的“通海案”．中国史研究，1989（1）

朱文通．有清以来沧州地契文书的几点研究．河北学刊，1989（1）

张伟仁．清代的法学教育（下）．（台湾）台大法学论丛．第18卷第2期，1989

章佳，郁山．关于清初置“打牲乌拉总管衙门”等几个问题的补订．民族研究，1989（3）

常荣．努尔哈赤与法制．东北地方史研究，1989（3）

齐清顺，周轩．乾隆查处新疆贪污大案述评．新疆社会科学，1989（3）

张铁纲．清代流放制度初探．历史档案，1989（3）

孟昭信．《盛京刑部原档》与清入关前史研究．史学集刊，1989（3）

中国第一历史档案馆．刑科给事中张维赤奏章．历史档案，1989（3）

叶志如．从罪奴遣犯在新疆的管束形式看清代的刑法制度．新疆大学学报（社会科学版），1989（4）

胡金望校注．记和州戴氏文字之狱．文教资料，1989（4）

阎崇年．清代法制简论．社会科学辑刊，1989（4）

谢先觉．清代强奸罪面面观．法学杂志，1989（4）

何敏．《清律》私家释本的形式和种类探究．安徽大学学报，1989（4）

耘耕．我院馆藏两种稀见清代法律抄本的初步研究．现代法学，1989（4）

何桂春．《中俄尼布楚条约》的签订与耶稣会士．福建师范大学学报（社会科学版），1989（4）

刘广安．简论清代民族立法．中国社会科学，1989（6）

刘世哲．清太宗时期兵律类汇引议．民族研究，1989（6）

夏家骏．清代民族法概观．光明日报，1989-09-06

陈步峥．清初"太后下嫁"疑案．百科知识，1989（12）

汀朗．从法制建设看努尔哈赤的历史功绩．中央民族学院学报，1990（3）

答振益，苏盛光．海富润案剖析．中南民族学院学报，1990（3）

宋加兴．略论清朝奴婢的法律地位．法学杂志，1990（3）

江太新．略论清代前期土地买卖中宗法关系的松弛及其社会意义．中国经济史研究，1990（3）

徐晓光．蒙古立法在清代法律体系中的地位．比较法研究，1990（3）

徐晓光等．清朝对青海蒙藏民族立法初探．西藏民族学院学报（社会科学版），1990（3）

许直．清代广西土州县监狱制度．学术论坛，1990（3）

陈柯云．略论明清徽州的乡约．中国史研究，1990（4）

陈锋．《清史稿·盐法》补正．文献，1990（4）

齐钧．从清代档案看《瑷珲条约》的非法性．见：中国法律史国际学术讨论会论文集．西安：陕西人民出版社，1990

俞荣根．两种稀见清代法律抄本的初步研究．见：中国法律史国际学术讨论会论文集．西安：陕西人民出版社，1990

吴建璠．清代律学及其终结．见：中国法律史国际学术讨论会论文集．西安：陕西人民出版社，1990

［日］寺田浩明．日本对清代土地契约文书的整理与研究．见：中国法律史国际学术讨论会论文集．西安：陕西人民出版社，1990

郑秦．论多尔衮与《大清律》．历史大观园，1990（10）

郑秦．清代的秋审制度——清朝法制漫谈之二．历史大观园，1990（12）

陈光国等．清朝蒙古民事法律规范试析．西北民族学院学报（社会科学版），1991（1）

徐晓光．清朝政府对西藏的行政立法初探．现代法学，1991（1）

任红．清代职制律初探．松辽学刊（社会科学版），1991（1）

葛生华．试论明清时期的监察制度．兰州学刊，1991（1）

杨乃济．从查嗣庭文字狱案谈文字游戏．紫禁城，1991（2）

邱远猷．从龚自珍《治狱》看清代刑名师爷．北京师范学院学报（社会科学版），1991（2）

杨选第，刘海滨．清朝对蒙古地区实行法制统治的几个问题．内蒙古师范大学学报，1991（2）

陈光国等．清朝对青海蒙藏民族的行政军事诉讼立法初探．青海民族学院学报（社会科学版），1991（2）

杨明．清朝禁赌刍议．（上海）社会科学，1991（2）

［日］荻原守著，哈刺古纳译．清代蒙古审判事例．蒙古学资料与情报，1991（2）

白新良．乾隆朝文字狱述评．故宫博物院院刊，1991（3）

马卫中，潘虹．清初李大生案辨疑．社会科学辑刊，1991（3）

［日］荻原守著，哈刺古纳译．清代蒙古的刑事审判事例．蒙古学资料与情报，1991（3）

陈光国等．清代蒙古刑事立法的本质和内容试析．民族研究，1991（3）

耘耕．一块待开垦的清代法律史料园地．现代法学，1991（3）

苏钦．试论清朝在“贵州苗疆”因俗而治的法制建设．中央民族学院学报，1991（3）

［日］萩原守著，乌朋译．18世纪喀尔喀的法律变迁．蒙古学资料与情报，1991（4）

侯月祥．关于清文字狱中的梁三川《奇冤录》案．广东史志，1991（4）

梁希哲．乾隆朝贪污案与惩贪措施．吉林大学社会科学学报，1991（4）

郑秦．清代法官的责任．历史大观园，1991（4）

苏钦．清代四大民族法规概观．法学杂志，1991（4）

王宏川．中国清代法医学著述考略．中国人民公安大学学报，1991（6）

郑秦．清代州县审批试析．清史论丛，1991年第8辑

吴吉远．清代刑具及用刑．历史大观园，1991（10）

陈培豪．清律中之风宪官吏犯赃罪．（台湾）法学丛刊，1991（36）；后收入：人大复印报刊资料（台、港、澳及海外法学）

刘淑敏．论清代文字狱对图书事业的影响．津图学刊，1992（1）

杨武泉．明清守、巡道制考辨．中国史研究，1992（1）

刘世哲．努尔哈赤时期的宗室犯罪与处罚．北方文物，1992（1）

中国第一历史档案馆．乾隆五十一年骆愉因呈《盐法策》获罪案．历史档案，1992（1）

文立人．浅谈清王朝肃贪的一些法律措施．现代法学，1992（1）

徐晓光．清朝民族立法原则初探．民族研究，1992（1）

朱勇．清代的宗族法．文史知识，1992（1）

冷启明．清代地方官吏办案及奖惩浅介．巴蜀史志，1992（1）

侯月祥．清代屈大均文字狱案始末．广东史志，1992（1）

叶志如．清代罪奴的发遣形式及其出路．故宫博物院院刊，1992（1）

中国第一历史档案馆．查嗣庭文字狱案史料（上）．历史档案，1992（1）

中国第一历史档案馆．查嗣庭文字狱案史料（下）．历史档案，1992（2）

王冀民．顾亭林“济南狱”与《赴东诗》考论．齐鲁学刊，1992（2）

陈国光．关于清代新疆伊斯兰教民法问题：契约文书探讨．西域研究，1992（2）

时桂山．黄培文字狱与《含章馆诗集》鲁海．文献，1992（2）

杨选第．《理藩院则例》的编纂及版本．古籍整理，1992（2）

苏钦．《理藩院则例》性质初探．民族研究，1992（2）

朱桂昌．乾隆惩贪三大案考实．云南教育学院学报，1992（2）

中国第一历史档案馆．乾隆初陈顺等合伙偷刨安图入官房院内窖银案史料．历史档案，1992（2）

中国第一历史档案馆．乾隆四十六年安徽太和县私盐贩拒捕殴兵案．历史档案，1992（2）

何敏．清代私家释律及其方法．法学研究，1992（2）

郑秦．清律惩贪条款辨析．政法论坛，1992（2）

史筠．清王朝治理西藏的基本法律——《西藏通制》．民族研究，1992（2）

安双成．汤若望案始末．历史档案，1992（2）

张仁善．康熙朝“明珠案”与“治河案”的关系．南开学报（哲学社会科学版），1992（3）

杨珍．雍正杀子辨疑．清史研究，1992（3）

李鸿烈．关于李光地“三案”的辨析．福建论坛（社会科学版），1992（4）

陈光国等．论清朝对蒙古立法的政策依据与基本原则．青海民族学院学报（社会科学版），1992（4）

顾建华．清朝时期的“青海衙门”及其对重大刑事案件的审判．青海社会科学，1992（4）

苏亦工．清代八议制度存废考析．法学研究，1992（4）

文立人．清代肃贪廉政律令考．社会科学研究，1992（4）

苏钦．清律中旗人“犯罪免发遣”考释．清史论丛，1992（4）

刘世哲．清太宗时期的宗室法律及其特点．黑龙江民族丛刊，1992（4）

［日］仁井田陞．明清时代的一田两主习惯及其成立．见：日本学者研究中国史论著选译．第8卷．北京：中华书局，1992

郑秦．清代的秋审制度．文史知识，1992（7）

［日］滋贺秀三．清代州县衙门诉讼的若干研究心得．见：日本学者研究中国史论著选译．第8卷．北京：中华书局，1992

［日］岛田正郎．清律之成立．见：日本学者研究中国史论著选译．第8卷．北京：中华书局，1992

朱勇．清代族规初探．清史论丛，1992年第8辑

王泛森．从曾静案看十八世纪前期的社会心态．（台湾）大陆杂志．第85卷4期，1992年10月

欧安年．屈大均“文字狱”案真相暨释疑．广州日报，1992-11-27

张富美．清代台湾典买田宅律令之演变与台湾不动产交易的找价问题．见：台湾历史上的土地问题．台湾：“中央研究院”，1992

黄启臣．明至清前期中国政府对澳门行使主权．中国史研究，1993（1）

杨晏平等．清康熙年间契约文书（四）．文献，1993（1）

江珊．乾隆帝惩处高朴私贩玉石述略．历史档案，1993（1）

侯月祥．清代广东四宗文字狱案述略．广东史志，1993（1）

周轩．清代新疆流放人物述略．西域研究，1993（1）

李少雄．清代中国对琉球遭风船只的抚恤制度及特点．海交史研究，1993（1）

姚念慈．《离主条例》刍议．历史档案，1993（2）

覃延欢．清代广西盐法刍议．学术论坛，1993（2）

周翔鹤．清代台湾民间抵押借贷研究．中国社会经济史研究，1993（2）

袁良义．从明一条鞭法到清一条鞭法．中国社会科学院研究生院学报，1993（3）

中国第一历史档案馆．乾隆初处理建阳县瞒报应升科田赋案．历史档案，1993（3）

中国第一历史档案馆．咸丰十一年浙江平阳金钱会案．历史档案，1993（3）

吕小鲜．乾嘉年间山东济宁李氏家族争讼家产案．历史档案，1993（4）

卞利．明清徽州民俗健讼初探．江淮论坛，1993（5）

刘世哲．清太宗时期宗室犯罪的量刑原则和处罚方式．民族研究，1993（5）

苏钦．清朝对边疆各民族实行的“换刑制”．法学杂志，1993（6）

吴吉远．清代的赎刑与捐赎．历史大观园，1993（11）

经君健．清代关于民间经济的立法．中国经济史研究，1994（1）

牛创平．案中案：雍正年间庆元贪污关税案．江苏历史档案，1994（3）

徐晓光，陈光国．清朝对“蒙古例”、《理藩院则例》的制定与修订．内蒙古社会科学（社会科学版），1994（3）

唐文基．乾隆后期贪污案．福建师范大学学报（社会科学版）1994（4）

倪军民，三英．耶稣会士与《中俄尼布楚条约》．北方论丛，1994（5）

［美］欧中坦．千方百计上京城：清朝的京控．见：美国学者论中国法律传统．北京：中国政法大学出版社，1994

［美］爱德华．清朝对外国人的司法管辖．见：美国学者论中国法律传统．北京：中国政法大学出版社，1994

何敏．清代注释律学特点．法学研究，1994（6）

郑秦．论清代的秋审制度．见：清史论丛．1994年第9辑．北京：中华书局，1994

［日］中村茂夫．清朝刑法中的过失犯罪．见：中外法律史新探．西安：陕西人民出版社，1994

耘耕．清代巴县县署全宗．见：中国法律史新探．西安：陕西人民出版社，1994

陈光国，徐晓光．清代新疆地区的法制与伊斯兰教法．西北民族研究，1995（1）

王世襄．《清代匠作则例汇编》刍议．燕京学报，1995年新1期

江太新．论清代徽州土地买卖中宗法关系的松弛．徽州社会科学，1995（1，2）合刊

郑秦．康熙《现行则例》：从判例法到法典法的回归．现代法学，1995（2）

赵广华，朱颜．清朝前期廉政立法及措施．殷都学刊，1995（2）

薛梅卿，张志京．清代法制与李毓昌之死．行政与法，1995（3）

张晋藩．清代律学及其转型（上）．中国法学，1995（3）

张晋藩．清代律学及其转型（下）．中国法学，1995（4）

崔克实．雍正皇帝的反贪倡廉．人物，1995（4）

徐晓光．明清之际蒙古地方政权法制概述．内蒙古大学学报（社会科学版），1996（1）

吴兴南．清代农业立法及其影响．云南学术探索，1996（1）

喻大华．清代文字狱新论．辽宁师范大学学报（社会科学版），1996（1）

郑秦．顺治三年律考．法学研究，1996（1）

奇格．清朝时代的蒙古法．内蒙古大学学报（社会科学版），1996（2）

胡阳晟．清代法学教育之评估与当今法学教育之改进．比较法研究，1996（2）

杨泽伟．我国清代国际法之一瞥．船山学刊，1996（2）

赵音．略论清朝中央政府辖治西藏的法律：《钦定西藏章程》．中央政法管理干部学院学报，1997（1）

廖杨．论清代西北地区的民族立法．西北史地，1997（2）

谢世诚．道光时期胥吏违法问题．学海，1997（3）

何峰．《番例》：清王朝对青海藏区的特殊法律．青海社会科学，1997（3）

陈光国．论清朝对藏区法制的立法思想和立法原则．青海社会科学，1997（3）

万安中．清代广东监狱的沿革变化及其管理制度的探讨．广东史志，1997（3）

黄国信．清代乾隆年间两广盐法改埠归纲考论．中国社会经济史研究，1997（3）

张洪林．试析清代四川井盐生产中的合伙法律关系．现代法学，1997（3）

吕丽．“准古酌今”思想与《大清律例》的制定．法制与社会发展，1997（3）

周轩．《大清律例》与清代新疆流人．新疆大学学报（社会科学版），1997（4）

苏亦工．发现中国的普通法——清代借贷契约的成立．法学研究，1997（4）

王东平．清代回疆的司法制度．中国边疆史地研究，1997（4）

何敏．从清代私家注律看传统注释律学的实用价值．法学，1997（5）

张云．《钦定藏内善后章程二十九条》的形成与版本问题．民族研究，1997（5）

潘庆云．清代“幕僚”及其在法律语言研究方面的建树．中州学刊，1997（5）

［日］小林宏著，赵雅君译．熊本藩和大清律例汇纂．中外法学，1997（5）

钱大群．明清《会典》性质论考．见：中国典籍与文化论丛．第4辑．北京：中华书局，1997

金怡顺．从“四格八法”看清代官吏的考察．历史档案，1998（1）

张荣铮．《理藩部则例》探析（上、下）．法治论丛，1998（1，2）

刘广安．论明清的家法族规．中国法学，1998（1）

吕丽．论《清会典》的根本法与行政法的合一性．吉林大学社会科学学报，1998（2）

龚汝富，李光曼．明清寄产纳税及其契约规制．南昌大学学报（社会科学版），1998（2）

王侃，吕丽．明清例辨析．法学研究，1998（2）

吕秀莲，刘艳秋．清朝的禁烟政策与鸦片贸易合法化问题述论．北方论丛，1998（2）

李子龙．清初逃人问题初探．江苏社会科学，1998（2）

王玉海．清代热河蒙旗的地契及其所反映的租佃关系．清史研究，1998（2）

吕丽，刘杨．是官修史书，还是行政法典——《清会典》性质论．法制与社会发展，1998（2）

杨松．试论明清时期市场法的特点与功能．社会科学辑刊，1998（2）

廖杨．论清代蒙古地区的民族立法．社会科学辑刑，1998（3）

傅光明．清朝的契约和契税制度．湖北方志，1998（3）

沈厚铎．秋审初探．政法论坛，1998（3）

王健．汉化与西化：从《刑法志》看清代的立法修律．淮北煤炭师范学院学报（哲学社会科学版），1998（4）

胡云生．论清代法律中的回回问题．回族研究，1998（4）

康大寿．明清政府对澳门的法权管理．四川师范学院学报（社会科学版），1998（4）

吴吉远．试论清代州县政府管理在配人犯的职能．辽宁大学学报（社会科学版），1998（4）

霍存福．弘历的意识与乾隆朝文字狱．法制与社会发展，1998（6）

孙镇平．谈清代“金奔巴瓶”掣签制度．政法论坛，1998（6）

沈厚铎．康熙十九年《刑部现行则例》的初步研究．见：法律史论集．第1卷．北京：法律出版社，1998

齐钧．清代武科考试制度．见：法律史论集．第1卷．北京：法律出版社，1998

陆昕．《办案要略》与清代刑名师爷．见：办案要略校释．北京：九州出版社，1998

王东平．清代回疆经济政策与法规研究．中国边疆史地研究，1999（1）

冈洋树．清代喀尔喀蒙古的比丁册．蒙古学信息，1999（1）

张小林．清代顺治朝北京城区房契研究．中国史研究，1999（1）

李丕祺．试析乾隆朝关涉回族的特别法令．回族研究，1999（2）

杨选第．近年来清朝《理藩院则例》的整理研究概况．内蒙古社会科学，1999（3）

吴振平．清朝对蒙古地区的立法原则探微．内蒙古大学学报（人文社会科学版），1999（3）

王东平．清代回疆法律文化刍论．民族研究，1999（3）

易平．日美学者关于清代民事审判制度的论争．中外法学，1999（3）

李丕祺．雍、乾时期处理回族事务的法律原则．中南民族学院学报（人文社会科学版），1999（3）

吕鹏军．从有关律例看清代田房典当契税的变化．清史研究，1999（4）

吕丽．论《大清律例》"以例辅律"的体例原则．吉林大学社会科学学报，1999（4）

寇伟．1553～1849年澳门主权归属问题．学习与探索，1999（5）

衣保中．论清前期东北垦荒政策的演变．长白学刊，1999（6）

郑永华．试论雍正初年查禁"邪教"的决策及实施．中国人民公安大学学报，1999（6）

陆昕．《大清律例通考》正疑．见：中国古代法律文献研究．第1辑．成都：巴蜀书社，1999

李国荣．雍正严禁赌博．北京档案，1999（9）

马小红．浅释《清史稿·刑法志》所记"《大清律》成"．见：法律史论集．第2卷．北京：法律出版社，1999

齐钧．清初回疆的廉政制度．见：法律史论集．第2卷．北京：法律出版社，1999

尤韶华．明清充军同异考．见：法律史论集．第2卷．北京：法律出版社，1999

苏亦工．顺治律的初颁及其早期适用情况．见：法律史论集．第2卷．北京：法律出版社，1999

徐忠明．皇权与清代司法运作的个案研究——孔飞力《叫魂》读后．华东政法学院学报，2000（1）

阿风．明清时期徽州妇女在土地买卖中的权利与地位．历史研究，2000（1）

陈文源．明清政府立法治澳之探讨．暨南学报，2000（1）

杨林生．清律保护文物评述．东南文化，2000（1）
郑秦．十八世纪中国亲属法的基本概念．比较法研究，2000（1）
杨选第．从《理藩院则例》析清朝对蒙古地区立法特点．内蒙古社会科学，2000（2）
王东平．《大清律例》回族法律条文研究．回族研究，2000（2）
王志强．论清代条例中的地区性特别法．复旦学报（社会科学版），2000（2）
音正权．明清“永佃”：一种习惯法视野下的土地秩序．华东政法学院学报，2000（2）
孙春日．清代越界朝鲜人编入华籍之争与中国国籍法的制定．延边大学学报，2000（2）
郑秦．康熙现行则例考：律例之外的条例．历史档案，2000（3）
何勤华．明清案例汇编及其时代特征．上海社会科学院学术季刊，2000（3）
郭松义．清代403宗民刑案例中的私通行为考察．历史研究，2000（3）
卞利．国家与社会的冲突与整合——论明清民事法律规范的调整与农村基层社会的稳定．荆门职业技术学院学报，2000（4）
范忠信．明清律结构及司法在其中的地位．现代法学，2000（4）
朱淑娣．清代海关的“政治关税”特点、成因及其教训．法商研究，2000（4）
韩秀桃．清代例的制定与实施——雍正五年“开豁世仆”谕旨在徽州、宁国实施情况的个案分析．法制与社会发展，2000（4）
高王凌．清代有关农民抗租的法律和政府政令．清史研究，2000（4）
毕连芳．鸦片战争前清政府的反毒品立法．河北师范大学学报，2000（4）
杨选第．论清朝对蒙古地区的立法．内蒙古师范大学学报，2000（5）
郑定，闵冬芳．论清代对明朝条例的继承与发展．法学家，2000（6）
王志强．清代的丧娶、收继及其法律实践．中国社会科学，2000（6）
张仁善．清朝前期“律”和“例”维护父权效用之考察．南京大学法律评论，2000年春季号
张晋藩，林乾．《户部则例》与清代民事法律探源．比较法研究，2001（1）
何勤华．清代法律渊源考．中国社会科学，2001（2）
王志强．论清代的地方法规——以清代省例为中心．中国学术，2001（3）
袁自水．清代回疆的法律适用．喀什师范学院学报，2001（3）
张世明．清代盐务法律问题研究．清史研究，2001（3）
陈戍国．《大清律》与清朝礼制．湖南大学学报，2001（4）
张可辉．清朝司法行政述略．行政与法，2001（4）
杨选第．试论清代蒙古地区的司法制度．内蒙古社会科学，2001（4）
吴建璠．清代的犯罪存留养亲．法学研究，2001（5）
张洪林．清代四川盐井买卖契约．现代法学，2001（6）

吕丽．《清会典》辨析．法制与社会发展，2001（6）

卢经．乾隆朝甘肃捐监冒赈众贪案．历史档案，2001（8）

李丕祺．从《清实录》看乾隆时期对回民案件的处断．西北民族学院学报，2002（1）

卢经．尹状图上疏停罚“议罪银”述论．黑龙江社会科学，2002（1）

邱鹏生．由放料到工厂：清代前期苏州棉布字号的经济与法律分析．历史研究，2002（1）

中国第一历史档案馆．乾隆年间湖北江陵县讳盗匿详案．历史档案，2002（2）

郝秉键．清代精神病人管制措施考述．清史研究，2002（2）

袁自永．试论清代民族法制的特点．贵州民族学院学报，2002（2）

张晓也．从分家继产之讼看清代的法律与社会——道光、光绪年间陕西相关案例分析．清史研究，2002（3）

［美］李普曼著，王建平译．论大清律例中的伊斯兰教和穆斯林．回族研究，2002（3）

张晋藩．清朝法制史概论．清史研究，2002（3）

乔秀玲．清代打击拐卖妇女犯罪之考察．中国社会经济史研究，2002（3）

徐晓光．清政府对苗疆的法律调整及其历史意义．清史研究，2002（3）

王强，刘正刚．从《鹿洲公案》考察潮州社会犯罪现象．广东史志，2002（4）

李保文．康熙六年《蒙古律书》．历史档案，2002（4）

卞利．明清时期徽州的民间禁赌．安徽师范大学学报，2002（4）

柏桦．明清州县的监狱．中国史研究，2002（4）

孙丽娟．清代安康地区河运习惯法被告碑刻资料解读．清史研究，2002（4）

乔素玲．清代澳门中葡司法冲突．暨南学报，2002（4）

李凤鸣．清朝死刑非正刑述评．西南交通大学学报，2002（4）

赖正维．清政府对中琉交往活动中违法事件的处置．福建师范大学学报，2002（4）

袁兆春．乾隆年间孔府清厘邹县尼山祭学两田地亩争控案选摘．见：法律史论集．第4卷．北京：法律出版社，2002

任云仙．清代海外领事制度论略．中州学刊，2002（5）

郭成伟．清代司法程序中的惰性因素分析．政法论坛，2002（5）

王为东，汪清．清前期外贸立法中的具结制度研究．安徽教育学院学报，2002（5）

吕丽．例以辅律，非以代律——谈《清史稿·刑法志》律例关系之说的片面性．法制与社会发展，2002（6）

龚荫．清代民族法制概说．西南民族学院学报，2002（7）

龚汝富．明清的尚讼现象和职业“律师”．文史知识，2002（8）

孙月红，吴兴南．清代农业立法与农本经济的回光．上海经济研究，2002（9）

万安中．清朝广东监狱及其管理制度初探．犯罪与改造研究，2002（12）

[马来西亚] 陈玉心著，赵岚译．清代健讼外证：威海卫英国法庭的华人民事诉讼．环球法律评论，2002年秋季号

柏桦．明清州县司法审判中的“六滥”现象．清史研究，2003（1）

旺希卓玛．清代青海藏区的主要法律文本、产生年代、特点及历史影响．青海民族研究，2003（1）

郭万里．清代的两种民间习惯．清华法学，2003（2）

王冠玺．清代公文书及清初对台奏折研析．清华法学，2003（2）

金笛．清代西南地区少数民族法制研究．民族法学评论，2003（2）

马薇薇．试论清代的例对明代的例之继承．燕山大学学报，2003（2）

王立民．“九卿会审”及其他．法学家茶座，2003（3）

苏钦．清朝时期达斡尔族地区法制的变迁．法学杂志，2003（3）

王志强．清代成案的效力和其运用中的论证方式：以《刑案汇览》为中心．法学研究，2003（3）

孙季萍．清代贪污腐败犯罪成因分析．烟台大学学报，2003（3）

倪延年．论清代前期报刊法制的体系与特点．南京师范大学学报，2003（4）

达力扎布．《蒙古律例》及其与《理藩院则例》的关系．清史研究，2003（4）

林乾，曾建藩．《户部则例》的法律适用——兼对几个问题的回答．法学前沿，2003（5）

王勇．清朝死刑复核制度：秋审．人民法院报，2003-05-19

宫宏祥．清代的邮驿立法．山西高等学校社会科学学报，2003（5）

许小青．清季国籍问题与民族国家身份认同．天津社会科学，2003（5）

田涛．虚假的材料与结论的虚假——从《崇德会典》到《户部则例》．法学前沿，2003（5）

张晋藩．再论《崇德会典》．法学前沿，2003（5）

孙清玲．略论清代的税契问题．福建师范大学学报，2003（6）

俞江．“契约”与“合同”之辩——以清代契约文书为出发点．中国社会科学，2003（6）

黄汉青．清朝驻日使臣的派遣和领事裁判权的行使．河北学刊，2003（6）

李力．清代民间契约中关于“伙”的观念和习惯．法学家，2003（6）

周相卿．清代黔东南新辟苗疆六厅地区的法律控制．法学研究，2003（6）

孔祥雨，张秋敏．清代调处制度．广西政法管理干部学院学报，2003（6）

李迪．清代盗名盗版算书几例．自然辩证法研究，2003（7）

齐钧．《瑷珲条约》初考．见：中国法制史考证·甲编．第7卷．北京：中国社会科学出版社，2003

苏亦工．八议考．见：中国法制史考证·甲编．第7卷．北京：中国社会科学出版社，2003

苏亦工．律例关系考辨．见：中国法制史考证·甲编．第7卷．北京：中国社会科学出版社，2003

苏亦工．明清婚姻制度变迁考略．见：中国法制史考证·甲编．第7卷．北京：中国社会科学出版社，2003

瞿同祖．清律例的继承和变化．见：中国法制史考证·甲编．第7卷．北京：中国社会科学出版社，2003

苏亦工．顺治律考．见：中国法制史考证·甲编．第7卷．北京：中国社会科学出版社，2003

郑秦．雍正三年律考．见：中国法制史考证·甲编．第7卷．北京：中国社会科学出版社，2003

朱勇．清朝宗族法考．见：中国法制史考证·乙编．第1卷．北京：中国社会科学出版社，2003

［日］中村茂夫．比附的功能．见：中国法制史考证·丙编．第4卷．北京：中国社会科学出版社，2003

［日］谷井俊仁．督捕则例的出现——清初的官僚制与社会．见：中国法制史考证·丙编．第4卷．北京：中国社会科学出版社，2003

［日］岸本美绪．明清时代的“找价回赎”问题．见：中国法制史考证·丙编．第4卷．北京：中国社会科学出版社，2003

［日］荻原守．清朝的蒙古例——《蒙古律例》、《理藩院则例》及其他．见：中国法制史考证·丙编．第4卷．北京：中国社会科学出版社，2003

刘远征．清朝中后期的金融危机及立法对策——从《刑案汇览三编》的有关记载分析．见：法律史论集．第5卷．北京：法律出版社，2003

［日］谷井阳子．清代则例省例考．见：中国法制史考证·丙编．第4卷．北京：中国社会科学出版社，2003

［日］小口彦太．清代中国刑事审判中成案的法源性．见：中国法制史考证·丙编．第4卷．北京：中国社会科学出版社，2003

［日］中村正人．清律误杀初考．见：中国法制史考证·丙编．第4卷．北京：中国社会科学出版社，2003

［日］夫马进．讼师秘本《萧曹遗笔》的出现．见：中国法制史考证·丙编．第4卷．北京：中国社会科学出版社，2003

［日］寺田浩明．田面田底惯例的法律性——以概念性的分析为主．见：中国法制史考证·丙编．第4卷．北京：中国社会科学出版社，2003

［日］滋贺秀三．刑案所见宗族私刑审判造成的命案——兼论国家法律的对策．见：中国法制史考证·丙编．第4卷．北京：中国社会科学出版社，2003

李雪梅．明清碑刻中的“乡约”．见：法律史论集．第5卷．北京：法律出版社，2003

张晋藩．清代民法概论．见：法治在中国：制度话语与实践．2003年卷．北京：中国政法大学出版社，2003

卞利．清代户籍法的调整与农村基层社会的稳定．安徽大学学报（哲学社会科学版），2004（1）

林乾．清代旗、民法律关系的调整——以“犯罪免发遣”律为核心．清史研究，2004（1）

张世明．清代宗藩关系的历史法学多维透视分析．清史研究，2004（1）

樊宝敏，董源，李智勇．试论清代前期的林业政策和法规．中国农史，2004（1）

左卫民．中国传统社会纠纷解决机制研究论纲（下）——以明清为契入点．西南民族大学学报（人文社科版），2004（1）

王开玺．从李毓昌案看嘉庆朝的吏治．历史档案，2004（2）

张小也．健讼之人与地方公共事务——以清代漕讼为中心．清史研究，2004（2）

白京兰．略论清政府辖制新疆的法律——《钦定回疆则例》．新疆大学学报（社会科学版），2004（2）

艾永明．清朝行政处分制度研究．江苏社会科学，2004（2）

李力．清代法律制度中的民事习惯法．法商研究，2004（2）

杨昂．略论清例对明例之继受．华南理工大学学报（社会科学版），2004（3）

卞利．明清徽州乡（村）规民约论纲．中国农史，2004（4）

陈国坤．清朝“开豁贱籍”政策初探．甘肃行政学院学报，2004（4）

龚汝富．清代保障商旅安全的法律机制——以《西江政要》为例．清史研究，2004（4）

唐伟华．清代广东涉外司法与文化冲突．西南政法大学学报，2004（4）

白京兰．清代回疆立法——《钦定回疆则例》探析．中南民族大学学报（人文社会科学版），2004（4）

乔素玲．清代外国科技人员管理法令探析．暨南学报（人文科学与社会科学版），2004（4）

刘云生．中国古代承揽契约论略——兼论明清江南棉布字号产业之法律调整．重庆大学学报（社科版），2004（4）

吴滔．清代江南的一田两主制和主佃关系的新格局——以苏州地区为中心．近代史研究，2004（5）

胡祥雨．清代京师涉及旗人的户婚、田土案件的审理——兼谈《户部则例》的司法应

用．云梦学刊，2004（5）

胡兴东．清代民族法中“苗例”之考释．思想战线，2004（6）

徐忠明．小事闹大与大事化小：解读一份清代民事调解的法庭记录．法制与社会发展，2004（6）

陈爱平．试论清朝的秋审制度．江汉论坛，2004（7）

王洪兵．清代法制史研究路径探析——以黄宗智著《清代的法律、社会与文化》为中心．史学月刊，2004（8）

徐忠明．明清诉讼：官方的态度与民间的策略．社会科学论坛，2004（10）

李霞．从清代的有关律例看清代人身权利的变化．华北水利水电学院学报（社科版），2005（1）

周国平．“法表儒质”：清代刑名师爷理案原则初探——以“绍兴师爷”汪辉祖为例．西安外事学院学报，2005（1）

王东平．关于清代回疆伯克制度的几个问题．民族研究，2005（1）

焦利．经略边疆：清代治边之法的得失．北京行政学院学报，2005（1）

田东奎．明清律典中的巫术犯罪．唐都学刊，2005（1）

宫宏祥．论“江南奏销案”．太原理工大学学报（社会科学版），2005（1）

杨强．论清代对蒙古立法的指导思想和原则．沈阳工程学院学报（社会科学版），2005（2）

杨强．论清代对蒙古族的立法．辽宁警专学报，2005（2）

吴秋红．论清代判例的适用．理论月刊，2005（2）

马珺．浅析明清法律的抑商色彩．唐都学刊，2005（2）

林乾．《清会典》的历次纂修与清朝行政法制．西南师范大学学报（人文社会科学版），2005（2）

沈大明．清律对于商人的保护与控制．上海交通大学学报（哲学社会科学版），2005（2）

魏影．清入关前宗室罪罚制度及其特点．兰州学刊，2005（2）

马秀娟．试述光绪朝西陵林木管理．文物春秋，2005（2）

余梓东．论清朝的民族政策．满族研究，2005（3）

钱鹏．清朝回族立法政策初探．西北民族大学学报（哲学社会科学版），2005（3）

林乾．清朝以法治边的经验得失．中国边疆史地研究，2005（3）

邓建鹏．清代讼师的官方规制．法商研究，2005（3）

林乾．讼师对法秩序的冲击与清朝严治讼师立法．清史研究，2005（3）

卞利．明清典当和借贷法律规范的调整与乡村社会的稳定．中国农史，2005（4）

徐忠明．明清刑事诉讼“依法判决”之辨正．法商研究，2005（4）

李力．清代民法语境中“业”的表达及其意义．历史研究，2005（4）

吴欣．清代“兄弟争产”诉讼中的法律与社会．聊城大学学报（社会科学版），2005（4）

邓建鹏．讼师秘本与清代诉状的风格——以“黄岩诉讼档案”为考察中心．浙江社会科学，2005（4）

闫晓君．清代的司法检验．中国刑事法杂志，2005（5）

范金民．清代徽商与经营地民众的纠纷——六安徽州会馆案．安徽大学学报（哲学社会科学版），2005（5）

卞利．明清时期婚姻立法的调整与基层社会的稳定．安徽大学学报（哲学社会科学版），2005（6）

张小也．明清时期区域社会中的民事法秩序——以湖北汉川汈汊黄氏的《湖案》为心．中国社会科学，2005（6）

胡中生．凭族理说与全族谊：宗族内部民事纠纷的解决之道——以清光绪年间黟县宏村汪氏店屋互控案为例．济南大学学报（社会科学版），2005（6）

刘婷婷．浅议清代的调解制度．云南大学学报（法学版），2005（6）

左平．清代“卖妻包管文约”．四川档案，2005（6）

李世众．清中叶的宗族、政府与地方治理——透视温州粮食危机引发的骚乱及其消弭．历史教学问题，2005（6）

修云福．论清朝讼师对司法秩序的维护功能．边疆经济与文化，2005（9）

吴欣．清代妇女民事诉讼权利考析——以档案与判牍资料为研究对象．社会科学，2005（9）

李留文．清代则例初探．广西社会科学，2005（9）

刘愫贞．清代判词语言的法文化视角．学术交流，2005（11）

栾成显．明清契约文书的研究价值．史学月刊，2005（12）

陈学文．土地契约文书与明清社会、经济、文化的研究．史学月刊，2005（12）

冯尔康．十八、十九世纪之际的宗族社会状态——以嘉庆朝刑科题本资料为范围．中国史研究，2005（S1）

霍存福．从业者、素养、才能：职业与专业视野下的清代讼师．辽宁大学学报（哲学社会科学版），2006（1）

卞利．明清徽州村规民约和国家法之间的冲突与整合．华中师范大学学报（人文社会科学版），2006（1）

刘长江．清朝法政体制述论．四川理工学院学报（社会科学版），2006（1）

周保明．清代县衙吏役的内部管理．北方论丛，2006（1）

常建华．乡约·保甲·族正与清代乡村治理——以凌（火寿）《西江视臬纪事》为中

心．华中师范大学学报（人文社会科学版），2006（1）

毛立平．19 世纪收继问题研究——以安徽为中心．安徽史学，2006（2）

杨强．论清朝对蒙古族立法的继承性．西北第二民族学院学报（哲学社会科学版），2006（2）

许颖．明清两代的公罪与私罪制度．河北学刊，2006（2）

陈翠玉．清代刑事司法实际透视——杨乃武与小白菜案件评析．中国刑事法杂志，2006（2）

赵立新．论明清律对日本法的影响．华东政法学院学报，2006（3）

高鹏．清代民族律法的特色．内蒙古社会科学（汉文版），2006（3）

刘洋．清代宗祧继承制度．法制与社会（理论版），2006（3）

刘正刚．从族亲命案看乾隆时期的乡村诉讼．韶关学院学报（社会科学版），2006（7）

薛思孝．乾隆大兴文字狱．政府法制，2006（7）

三、中国近现代法制史

（一）法制通史

戴修瓒等．旧中国选举制度的实质．新华月报，1953（7）

张晋藩等．旧中国宪政运动史话．中国青年，1954－06－21

高树异．中国革命各时期的土地立法．东北人民大学学报（社会科学版），1956（4）

黎实．清末以来在宪法问题上的重大斗争——学习《关于中华人民共和国宪法草案》．光明日报，1977－05－12

张光博．关于民主革命时期宪政运动的几个问题．吉林大学社会科学论丛·法学．1979 年第 1 辑．长春：吉林大学出版社，1979

［日］岛田正郎著，林茂松译．中国近代的徒刑之成立（要旨）．见：中国法制史论文集．台湾：成文出版社，1981

之元．旧中国制宪史述略．政治与法律丛刊，1982 年第 1 辑

董文贵．中国宪法发展简述．通化师范学院学报，1982（2）

蔡忆．我国历史上的几部宪法．北京日报，1982－05－03

崔立文．我国宪法的历史．辽宁日报，1982－05－12

邱远猷．近代中国宪法史述略．光明日报，1982－06－07

向前．我国宪法小史．历史知识，1982（6）

石上流．从君主立宪到提出共和．新民晚报，1982－12－20

童显勋．中国资产阶级的立宪与革命争议．黄石师范学院学报，1983（4）

李漪．旧上海律师界的民主爱国传统．（上海）社会科学，1983（5）

张劲草．论互惠领事裁判权在我国的肇始．法学杂志，1983（6）

张红洲．死刑缓刑制度何时再创质疑．法学，1983（9）

吴峰．我国商业立法的沿革．商业资料，1984（1）

张劲草等．论国际法之传入中国．河北大学学报（社会科学版），1984（2）

胡坤礼．公司法的演进．研究与通讯，1984（5）

俞建平．略论旧中国民法的阶级本质．河北法学，1984（6）

金旭．我国近代的警察．电大法学，1984（10）

余史桦．我国警察制度沿革概况．人民公安报，1985－01－11

常兆儒．中国近代警察制度的形成．中国人民警官大学学报，1985（1）

袁红兵．领事裁判权制度——中国近代史上司法制度半殖民地化的主要标志．自修大学（政法），1985（3）

陈进忠．略论“台湾之狱”．西南民族学院学报，1985（3）

易木．上海近代反动警察演变．人民警察，1985（3）

袁鸿林．再谈谁在中国最早提出君主立宪．史学月刊，1985（4）

张祖珍，田嘉禾．从哈尔滨地区看沙皇俄国对我国司法权的侵犯．政治与法律，1985（5）

王维俭．普丹大沽口船舶事件和西方国际法传入中国．学术研究，1985（5）

石南．《中外旧约章汇编》补正两则．近代史研究，1986（2）

邵靖．善耆与中国近代警察．中国人民警官大学学报，1986（3）

李龙．中国民法沿革考略．法学研究，1986（4）

夏树辉等．旧警察简介．长春史志，1987（1）

姜屏藩．上海租界时代的临时法院论述．上海社会科学院学术季刊，1987（3）

程道德．略论列强在华领事裁判制度．见：法学论文集．北京：光明日报出版社，1987

朱国斌．中国近代档案立法活动述论．档案，1988（2）

孙春芝．中国的立宪运动也应彪炳青史．太原师专学报（社会科学版），1988（3）

郭伟等．清末民初领事会审权在上海．档案与历史，1988（4）

戚其章．中日《辽南条约》与俄德法三国同盟．东岳论丛，1988（5）

王申．上海律师制度历史沿革简介．法学，1988（11）

钟灵．关于巴县大监和重庆省院的一些情况．重庆党史研究资料，1989（2）

侯宜杰．关于首倡君主立宪者之我见．文史哲，1989（5）

李建明．论近代以来中国法制运动的若干矛盾．学海，1990年创刊号

方庆才．旧中国治安管理处罚法评介．中国人民警官大学学报（社会科学版），1990（1）

韩光辉．北京历史上的警巡院．北京档案史料，1990（3）

马光仁．旧中国新闻立法概述．上海社会科学院学术季刊，1990（3）

张家禄．略谈李圭的《译拟邮政局寄信条规》及其对创办中国近代邮政的贡献．天津集邮，1990（3）

谢国兴．近代安徽的警政．安徽史学，1990（4）

王友才等．论资产阶级刑事政策的历史发展．法律科学，1990（4）

张仁善．近代中国的海权与主权．文史杂志，1990（4）

虞和平．近代商会的法人社团性质．历史研究，1990（5）

宫言．中国近代警察制度的萌芽．文史杂志，1990（5）

华友根．民主革命时期土地法规的主要内容及其历史意义．政治与法律，1990（6）

倪正茂．上海近代法制史料管窥．见：中国法律史国际学术讨论会论文集．西安：陕西人民出版社，1990

梁治平．沈家本与中国近代法制．文史知识，1990（12）

王申．近代中国外籍律师问题述评．上海社会科学院学术季刊，1991（1）

李贵连．中国法律近代化简论．比较法研究，1991（2）

王立中．近代中国的比较法学教育．比较法研究，1991（3）

朱宇．谈旧中国的刑讯制度．山东公安专科学校学报，1991（3）

甘光余等．特刑庭上的斗争．重庆党史研究资料，1991（4）

徐友春．中国近代宪政探析．学海，1991（6）

李贵连．儒家化法律走向近代的若干问题．中国法学，1992（1）

广东省档案馆．代理总税务司罗福德对近代中国海关缉私情形的回顾．历史档案，1992（2）

马芳诚．近代甘肃的法政教育．高教研究（甘肃政法学院），1992（2）

M.B. 胡克原著，辛岩译．1881～1947 年有关缅籍华裔的宗教法律．世界宗教资料，1992（3）

陈瑞君．多种法制的旧上海．历史教学问题，1992（3）

高绍先．论我国历史上最早的一次“三反运动”．现代法学，1992（3）

张广立．汉口集体淫舞奇案．史志文萃，1992（4）

云南省公安厅公安史志办公室．清末民国时期云南警察建制沿革（未完）．云南方志，1992（4）

郭志祥．中国法制近代化论略．史学月刊，1992（4）

刘红岩．近代西安警察机构的产生．陕西地方志，1992（5）

云南省公安厅公安史志办公室．清末民国时期云南警察建制沿革（续）．云南方志，1992（5）

云南省公安厅公安史志办公室．清末民国时期云南警察建制沿革（续）．云南方志，1992（6）

李庆应．我国公司立法的历史回顾．河北法学，1992（6）

华友根．我国民主革命时期劳动法规述略．政治与法律，1992（6）

赵子法．中国近代最先的经济立法：我国第一个企业登记管理法规的产生．上海经济研究，1992（6）

张文政．近代所有权论及其法典化．求是学刊，1993（2）

刘春山．试论会审公廨与近代法制的半殖民地化．驻马店师专学报（社会科学版），1993（2）

王立中．近代中国政法留学教育动因考查．贵州政法管理干部学院学报，1993（3）

王立中．论近代中国的法政留学教育及影响．史学月刊，1993（3）

云南省公安厅公安史志办公室．清末民国时期云南警察建制沿革（续完）．南中，1993（3）

宋方青．中国近代法政专门教育的兴衰．教育评论，1993（3）

罗华庆．我国第一个会议旁听规则．历史档案，1993（4）

马俊起．旧中国的证券交易所法．金融研究，1993（6）

［日］梅原郁著，周绍泉译．《中国近世的法制与社会》序．中国史研究动态，1993（9）

郝铁川．中国宪政发展的症结与出路．法学，1993（12）

李贵连．近代中国法律的变革与日本影响．比较法研究，1994年第8卷（1）

程道德．试述近代中国不平等条约体系的形成与扩展．中外法学，1994（3）

林静．四川审判机关的创立及发展．巴蜀史志，1994（3）

王洪泉，王洪亮．我国近代历史上的几部审计法．财会审记论坛，1994（5）

张希坡．中国最早的工会法考辨．法学研究，1994（6）

钱国耀．近代上海地方诉讼制史浅探．社会科学（上海），1994（7）

李明山．近代中国保护外国著作权的历史溯源．著作权，1995（1）

张建华．清末与民国时期山东法学者教育概略．政法论丛，1995（2）

于树斌．对清末至民国刑事诉讼中预审制度的建立与废止的考证．中国人民公安大学学报，1995（5）

张晋藩．中国法律的传统与近代化的开端（上）．人大工作通讯，1995（23）

［美］Alison W. Conner（康雅信）著，王健译．培养中国的近代法律家——东吴大学法学院．比较法研究，1996（2）

杜裕根，蒋顺兴．论近代华侨国籍与中国国籍法．江海学刊，1996（4）

陈中南．清末民国时期杭州检察机构的变迁．杭州研究，1996（5）

张晋藩．中国法律的传统与近代化的开端．政法论坛，1996（5）

张斌．超负荷下的蹒跚步履：谈谈走向近代化过程中的北京警察机构．北京档案，1996（11）

李贵连．二十世纪初期的中国法学．中外法学，1997（2）

郭卫东．近代中国权利丧失的另一种因由：领事裁判权在华确立过程研究．近代史研究，1997（2）

王安．关于我军条令条例的形成与发展的几个阶段．军事历史研究，1997（3）

张忠民．近代中国的“公司法”与公司制度．上海社会科学院学术季刊，1997（4）

萧功秦．近代中国人对立宪政治的文化误读及其历史后果．战略与管理，1997（4）

俞荣根．宪政文化的人类性与民族性——《近代中国与宪政文化》之序．现代法学，1997（4）

李玉，熊秋良．中国近代公司制度史：史学领域的一块处女地．社会科学研究，1997（4）

李贵连．二十世纪初期的中国法学（续）．中外法学，1997（5）

于树斌．清朝末年与民国时期警察机关预审制度探究．中国人民公安大学学报，1997（5）

周叶中，胡伟．论古典自然法思想对近现代宪法与宪政的影响．法学家，1997（6）

郝铁川．中国近代法学留学生与法制近代化．法学研究，1997（6）

李小宁．关于旧中国公司立法的若干思考．法学，1997（7）

韩斌．论旧中国公司的发展．法学，1997（12）

张晋藩．《中国法律的传统与近代转型》前言．南京大学法律评论，1997 年秋季号

何勤华．《华洋诉讼判决录》与中国近代社会．中外法学，1998（1）

陶广峰．清末民初中国比较法学的产生．法学研究，1998（1）

林齐模．台湾之狱：近代中国第一起涉外案件述论．安庆师院社会科学学报，1998（1）

杨惠．中国近代刑事立法的特色．现代法学，1998（1）

吴治繁．论近代中国著作权制度的产生．法论，1998（2）

宋德会．试论中国近代公司法中的责任制．四川师范大学学报（社会科学版），1998（3）

樊卫国．近代关税改革税则变化对民族经济的影响．上海经济研究，1998（5）

魏丽英．论中国铁路发轫之际的国家主权原则．上海铁道大学学报，1998（7）

邵建东．论旧中国民事立法继受德国民法的原因．南京大学法律评论，1998 年春季号

郑文举．国际法观念与中国法的近代转型．天府新论，1999（1）

赵晓耕．近代不平等条约与清末法制的变革．浙江社会科学，1999（1）

胡旭晟．20世纪前期中国之民商事习惯调查及其意义．湘潭大学社会科学学报，1999（2）

曲三强．被动立法的百年轮回——谈中国知识产权保护的发展历程．中外法学，1999（2）

周少元．二十世纪中国法制变革与法律移植．中外法学，1999（2）

何勤华．法学近代化论考．政治与法律，1999（2）

董梅．领事裁判权对近现代中国法制的影响．北京科技大学学报（社会科学版），1999（2）

刘迪香．清末民初法政专科教育盛衰探析．益阳师专学报，1999（2）

陈桂平．中国司法改革．云南大学学报（法学版），1999（2）

李岚．从道德与法律的关系看中国法治的演变．广西政法管理干部学院学报，1999（3）

公丕祥．二十世纪中国的三次法律革命．中外法学，1999（3）

马全江．建国50年来宪法的发展与社会主义民主法制建设．滨州师专学报，1999（3）

杨泽伟．近代国际法输入中国及其影响．法学研究，1999（3）

钱明星．近现代物权法的发展趋势与我国物权法的制定．中外法学，1999（3）

谢晖．政治家的法理与政治化的法——二十世纪中国法理对“宪政”的支持关系及其变革．法学评论，1999（3）

文勇．制度决定论的贫困：近代中国立宪政治失败的原因分析．东南学术，1999（3）

彭凤莲．罪刑法定：立法还是司法——探析20世纪罪刑法定原则在中国的历程．山东科技大学学报（社会科学版），1999（3）

周容．翻阅近代合同法．21世纪，1999（4）

杨丹伟．近代中国法权交涉的历史考察．东方论坛，1999（4）

王晓天．论清末民初监察制度的嬗变．湖南社会科学，1999（4）

赵可．清末民初法政学堂的畸形繁荣及影响．晋阳学刊，1999（4）

詹明静．澳门主权归属问题的历史考察．淮阴师范学院学报（哲学社会科学版），1999（5）

李艳华．法律移植与中国民法典现代化．法学，1999（5）

谢晖．重建年第还是创建？——中国近、现代法理学史之学科建设定位．法商研究，1999（6）

崔敏．刑事诉讼法学百年回眸．公安学刊，1999（6）

李龙．中国法学教育百年回眸．现代法学，1999（6）

萧瀚．百年宪政的历史省思．南风窗，1999（7）

周林．中国版权史研究的几个问题．知识产权，1999（6）

王文杰．台湾公司法律制度的变迁与发展．比较法研究，1999.Z1

刘莘，冯慧．澳门法律制度沿革．国家行政学院学报，2000（1）

马克林．近代法制转型的考察与思考．锦州师范学院学报，2000（1）

郭大路．近代中国最早的离婚诉讼和跨国婚姻．光明日报，2000-01-14

姚群民．略论近代以来澳门法律地位的历史变迁．南京师范专科学校学报，2000（1）

周林．中国版权史研究的几条线索．著作权，2000（1）

冯立明．百年中国的法律移植．中山大学研究生学刊，2000（2）

谢晖，崔英楠．变法与革理——20世纪中国法学发展的逻辑．文史哲，2000（2）

马东玉．论20世纪初期的法制改革．辽东师范大学学报，2000（2）

张培田．检察在中国百年的命运．检察实践，2000（3）

方维规．东西洋考"自主之理"——十九世纪"议会"、"民主"、"共和"等西方概念之中译．嬗变与使用．中外法学，2000（3）

周永坤．中国宪法的变迁——历史与未来．江苏社会科学，2000（3）

赵长青．世纪交替与刑法观念的转换——刑法学研究的百年回顾与前瞻．云南法学，2000（4）

刘文静．宪政制度在近代中国为什么难以确立．暨南学报，2000（4）

杨振山．中国法学教育沿革之研究．政法论坛，2000（4）

毕成．论法律责任的历史发展．法律科学，2000（5）

张长海．中国档案立法沿革．天津档案，2001（5）

顾海波．最密切联系原则在晚近冲突法立法中的新应用．法制与社会发展，2000（5）

童之伟．20世纪上半叶法本位研究之得失．法商研究，2000（6）

刘笃才．法制现代化研究与20世纪的法制变革．辽宁大学学报，2000（6）

杨泽伟．晚近国际法发展的新特点及其影响因素．中国法学，2000（6）

李政．中国近代民事诉讼法探源．法律科学，2000（6）

于雷鸣，张宝明．传统与走向：20世纪中国宪政道路的回眸与前瞻．中国律师，2000（7）

苏亦工．香港殖民地时期二元化法制之确立．21世纪，2000（8）

张雪峰．我国第一部图书馆法规的产生及其影响．图书馆杂志，2000（9）

王少非．案例法的历史及其对教学案例开发的启示．教育发展研究，2000（10）

宋功德，李娟娟．中国百年法治回眸．民主与法制，2000（24）

林维，王明达．论从旧兼从轻原则的适用——以晚近司法解释为核心．法商研究，2001（1）

费春．中国第一部近代宪法——《鄂州约法》．现代法学，2001（1）

武乾．中国近代判例制度及其特征．现代法学，2001（2）

尹斌．清末民初法律教育的特点及其成因．洛阳工学院学报，2001（3）

张焕琴，王胜国．沈家本与中国刑法制度的近代化．河北法学，2001（3）

王健．西方政法知识在中国的早期传播——以《东西洋考每月统记传》为中心．法律科学，2001（3）

李超．近代民事立法对固有民法资源的吸收和整合．中央政法管理干部学院学报，2001（4）

袁敏殊．西方法律、法学的输入与中国法制的近代化．安徽大学学报，2001（4）

李明山．张百熙与中国近代的版权保护．韶关学院学报，2001（4）

赵迅．近代中日宪政追求“同途殊归”原因探析．湖湘论坛，2001（5）

胡仁智．人权的历史性与法律性探讨．法学评论，2001（5）

周越，吴丽杰，田才．试述我国古代、近代的版权保护．中华医学图书馆杂志，2001（5）

宋方青．中国近代法律教育探析．中国法学，2001（5）

王永祥．20 世纪中国宪政的回顾与思考．河北学刊，2001（6）

梁平．图书馆法简史要略．河南图书馆学刊，2001（6）

王志亮．中国监狱学世纪嬗变与反思展望．现代法学，2001（6）

徐岱．中国刑名与刑罚体系近代化论纲．吉林大学社会科学学报，2001（6）

李胜渝．中国近代国际法探源．四川教育学院学报，2001（7）

王健．燕京大学法律系：一个逝去的记忆．法学，2001（8）

刘艳红．晚近我国刑法犯罪构成理论研究中的五大误区．法学，2001（10）

李秀清．近代中国联邦制的理论和实践．环球法律评论，2001 年冬季号

张生．从沈家本到孙中山：中国法律的现代化变革．中国社会科学院研究生院学报，2002（1）

苏亦工．“大志”与“王法”辨．人文杂志，2002（1）

张佩国．近代江南乡村妇女的“财产权”．史学月刊，2002（1）

周伟．近代立法机关委员会产生的原因探讨．西南交通大学学报，2002（1）

肖北庚．近代宪政成因探微．长沙电力学院学报，2002（1）

栾爽．近代中国契约法律制度刍议．南京航空航天大学学报，2002（1）

刘笋．晚近双边投资立法的一个新动向：履行要求禁止规则的出现及影响．当代法学，2002（1）

潘家德，杨隆高．试论近代“会审”制度．四川师范学院学报，2002（1）

陆德生，纪荣荣．中国百年宪政的历史经验．中州学刊，2002（1）

徐国栋．中国的罗马法教育．中南法律评论，2002（1）

李露．中国近代教育立法的历史启示．安阳师范学院学报，2002（1）

栾爽．国家契约法与民间契约法：近代中国契约法律文化的历史思考．江西社会科学，2002（2）

［美］乔纳森·李普曼著，王建平译．论大清律例中的伊斯兰教和穆斯林．回族研究，2002（2）

付海晏．清末民初商事裁判组织的演变．华中师范大学学报，2002（2）

王飚，徐广．善耆与中国近代警政．湖南公安高等专科学校学报，2002（2）

余延满．试论近、现代法上婚姻的本质属性：关于婚姻概念的反思．法学评论，2002（2）

梁慧星．从近代民法到现代民法．律师世界，2002（3）

李秀清．法律移植与中国刑法的近代化：以《大清新刑律》为中心．法制与社会发展，2002（3）

潘建刚．军事法院审理民事案件的演进及其制度形态．法学，2002（3）

谢邦宇．罗马法在中国的传播．罗马法与现代民法，2002（3）

阎振远．我国军事审判制度的历史沿革．军事历史研究，2002（3）

朱云平，龚春英．伍廷芳与中国审判制度近代化．安顺师范高等专科学校学报，2002（3）

苏亦工．香港中国式婚姻法制的变迁．比较法研究，2002（3）

何勤华．鸦片战争后外国法对中国的影响．河南省政法管理干部学院学报，2002（4）

李卫东．从司法印纸看近代中国法制．华夏文化，2002（4）

康大寿．近代毒品贸易与外国人在华治外法权．四川师范学院学报，2002（4）

张佩国．农民的财产边界与近代中国司法的性质．河北大学学报，2002（4）

张文艳，廖文秋．庞德与中国近代法律教育．黄山高等专科学校学报，2002（4）

马姝．试论中国有组织犯罪的演变及其成因．福建公安高等专科学校学报，2002（4）

张生．中国近代行政法院之沿革．行政法学研究，2002（4）

赵中孚，解志国．论我国民法的发展历程．法学杂志，2002（5）

徐立志．中国近代法律援助制度的产生与发展．见：法律史论集．第4卷．北京：法律出版社，2002

程华．中国宪政之路若干反思．河北法学，2002（5）

苗连营，王钰．从传统的家园意识看近代中国的宪政建设．华东政法学院学报，2002（6）

郑成林．近代中国商事仲裁制度演变的历史轨迹．中州学刊，2002（6）

李婉丽．论我国典权法律制度之演变．当代法学，2002（7）

吴玉章．陪审制度在中国的兴衰．读书，2002（7）

周少元．法学教育的世纪回眸与思考．见：走向二十一世纪的中国法文化．上海：上

海社会科学院出版社，2002

刘保刚．近代以来中外关于保护知识产权的谈判．史学月刊，2002（9）

赵明．近代中国对“权利”概念的接纳．见：走向二十一世纪的中国法文化．上海：上海社会科学院出版社，2002

邱远猷．辛亥革命与中国法律近代化．见：走向二十一世纪的中国法文化．上海：上海社会科学院出版社，2002

郭成伟，郭瑞卿．中国法律的变革与外来法律资源的本土化．见：走向二十一世纪的中国法文化．上海：上海社会科学院出版社，2002

杨林生．中国近代律师身份定位刍议．湖北社会科学，2002（11）

姚琦．中国近代行政法规及其特点述论．韶关学院学报，2002（11）

郭志祥．清末与民国时期的司法独立研究（上）．环球法律评论，2002年春季号

郭志祥．清末和民国时期的司法独立研究（下）．环球法律评论，2002年夏季号

史探径．中国工会的历史、现状及有关问题探讨．环球法律评论，2002年夏季号

高旭晨．中国商会制度的创立．环球法律评论，2002年夏季号

徐立根．百年侦查学．侦查论丛，2003（1）

鞠海龙．论清末和民国时期我国相关史料在解决南中国海争端方面的价值．史学集刊，2003（1）

范忠信．中国法律近代化与大陆法系的影响．河南省政法管理干部学院学报，2003（1）

于语和，李夏衍．鉴往知来——谈中国近代司法考试对今天的影响．中国律师，2003（2）

吴天昊．近代中国启蒙思想对立宪运动之影响．华东政法学院学报，2003（2）

郑成林．清末民初商事仲裁制度的演进及其社会功能．天津社会科学，2003（2）

周其厚．张謇与近代法制改革．山西高等学校社会科学学报，2003（2）

刘云．张謇与清末民初的经济立法．南通工学院学报，2003（2）

王东春．中国陪审制度的历史考察和实践检验．兰州铁道学院学报，2003（2）

张友连，李林太．论传统法律文化对近代中国宪政建设的抵抗．湖北民族学院学报，2003（3）

王国平．论近代中国的协定税则．江海学刊，2003（3）

谭金土．漫话“刺配沙门岛”．法学家茶座，2003（3）

龚向和．权利的兴起与近代宪法的产生．湖南大学学报，2003（3）

周云帆．宪政制度产生的背景及其启示．中山大学学报，2003（3）

王玫黎．国际法观念与近代中国法律改制．郑州大学学报，2003（4）

韩春桃．近代中国对司法独立的价值追求与现实依归．中国法学，2003（4）

张佩国．农民的财产边界与近代中国司法的性质．河北大学学报，2003（4）

杨林生．中国近代律师身份定位刍论．辽宁师范大学学报，2003（4）

李东霞．中国近代律师由来述论．西北大学学报，2003（4）

贾孔会．中国近代司法改革刍议．安徽史学，2003（4）

王健．21世纪中国法学创新——庆贺《法律科学》创刊20周年笔谈：说说近代中国的法律期刊．法律科学，2003（5）

万安中．关于监狱史研究若干问题的商榷．学术界，2003（5）

舒彤．论封建士大夫阶层对中国法制近代化进程的影响．广东法学，2003（5）

姚秀兰．近代中国破产立法探析．现代法学，2003（5）

李国忠．中国地方自治百年发展论略．南开学报，2003（5）

杜水源，宫方路．中国近代侦查制度创立的历史背景．江西公安专科学校学报，2003（5）

杨玉环．论中国近代警察制度的开创．辽宁大学学报，2003（6）

杨立新．中国两次民律草案的编修及其历史意义．民法判解研究与适用，2003（6）

何勤华．中国近代法律教育与中国近代法学．法学，2003（12）

徐乃龙．中国近代警察高等级教育述论．公安教育，2003（12）

封丽霞．偶然还是必然：中国近现代选择与继受大陆法系法典化模式原因之分析．金陵法律评论，2003年春季卷

周旺生．法典在制度文明中的位置．见：中国民法百年回顾与前瞻：学术研讨会论文集．北京：法律出版社，2003

杨立新．中国两次民律草案的编修及其历史意义——《大清民律草案》《民国民律草案》编辑说明．见：中国民法百年回顾与前瞻：学术研讨会论文集，2003年卷

邓伟平．论澳门民法的历史发展及其本地化．当代经济法研究，2003卷

邓伟平．论澳门民法的渊源和效力．当代经济法研究，2003卷

徐国栋．“人身关系”流变考．见：中国民法百年回顾与前瞻：学术研讨会论文集．北京：法律出版社，2003

占美柏．从救亡到启蒙：近代中国宪政运动之回顾与反思．法学评论，2004（1）

张秀芹．典权制度在近代的立法状况及价值分析．重庆工业高等专科学校学报，2004（1）

田莉姝．法律近代化对中国传统法律的影响．贵州大学学报（社会科学版），2004（1）

李晓明．风雨百年路沧桑——中国近现代法学的反思．河北法学，2004（1）

夏新华．工具性的宪法和宪法的工具性：以近代中国宪政历程为视角．社会科学家，2004（1）

宋四辈．近代中国宪政建设的社会制约因素分析．河南师范大学学报，2004（1）

李琳．浅探近代民法的产生．景德镇高专学报，2004（1）

叶中．漳州司法检察史话．漳州党史通讯，2004（1）

张玉敏．中国版权史纲．科技与法律，2004（1）

肖巧平．中国近代妇女对宪政的推动作用述论．怀化学院学报，2004（1）

何勤华．中国近代刑事诉讼法学的诞生与成长．政法论坛，2004（1）

何勤华．中国近代民商法学的诞生与成长．法商研究，2004（1）

张晋藩．综论中国法制的近代化．政法论坛，2004（1）

万安中．关于监狱史研究的若干问题．政法论坛，2004（2）

何勤华．中国近代民事诉讼法学的诞生与成长．法律科学，2004（2）

何勤华．中国近代刑法学的诞生与成长．现代法学，2004（2）

何勤华．中国近代行政法学的诞生与成长．政治与法律，2004（2）

王雷．中国宪政百年史．甘肃行政学院学报，2004（2）

许顺富．湖南谘议局与近代民主政治．湖南社会科学，2004（3）

宋四辈．近代中国宪政建设制约因素的法律文化分析．郑州大学学报，2004（3）

张东刚，冯素杰．近代中国知识产权制度的安排与变迁．中国人民大学学报，2004（3）

张禹．论制宪权的概念：兼论中国历史上的几次立宪活动．广西政法管理干部学院学报，2004（3）

曹全来．中国近代的法律危机与法律变革．中国社会科学院研究生院学报，2004（3）

程玉敏，郭俊义，孙会海．中国近代法律制度的变迁方式．山东省农业管理干部学院学报，2004（3）

何鹏．中国宪法的历史发展．新东方，2004（3）

李交发．百年中国法治艰辛路．湖南社会科学，2004（4）

公一兵．北京近代警察制度之区划研究．北京社会科学，2004（4）

李国忠．从开明专制、训政到新式独裁——兼论近现代中国对宪政民主路径的采择．社会科学战线，2004（4）

吕利．从讼师到律师——兼论中国近代律师制度的确立．枣庄师范专科学校学报，2004（4）

冉杰．对中国近代以来移植西方法律制度的解释学反思．广西民族学院学报（哲社版），2004（4）

宋四辈．近代中国民法的社会本位立法简评．湘潭大学学报（哲学社会科学版），2004（4）

石毕凡．历史性妥协的瞬间：近代中国移植西式宪政之最后尝试．社会科学战线，2004（4）

侯强．社会转型与近代中国法制现代化——以 1840 至 1928 年中国法制现代化为研究中心．甘肃联合大学学报（社会科学版），2004（4）

何勤华．外国人与中国近代法学．中外法学，2004（4）

何勤华．中国近代国际法学的诞生与成长．法学家，2004（4）

董玉珍．中国宪法的演变与宪政的曲折之路．中学历史教学参考，2004（4）

刘田玉．自由、宪政及其关系：解读中国宪政运动的自由之结．西南政法大学学报，2004（4）

刘迪香．20 世纪我国女子继承权发展述评——兼论法律意识与法律之辩证关系．湖南城市学院学报，2004（5）

何勤华．传教士与中国近代法学．法制与社会发展，2004（5）

宋四辈．近代中国宪政建设的教训及启示．中国法学，2004（5）

刘宝东．近代中国职业法学家群体的形成及特点．党史研究资料，2004（5）

路常青．论中国近代宪政运动的历史症结．哈尔滨工业大学学报（社科版）2004（5）

王健．中国近代的法律教育．人民法院报，2004－05－19

张生．中国近代司法改革：从四级三审制到三级三审．政法论坛，2004（5）

何勤华．中国近代宪法学的诞生与成长．当代法学，2004（5）

李青．中国宪政之路的反思．国家行政学院学报，2004（5）

张钧．朝阳大学与中国近现代法学教育．法学杂志，2004（6）

馨元．公民概念在我国的发展．法学，2004（6）

侯强．进化论思潮与近代中国法制现代化．西南政法大学学报，2004（6）

高军．论中国法制现代化进程中的法律移植．理论与改革，2004（6）

章正璋．民法典修订的百年历程与当前中国民法典的制定．江苏社会科学，2004（6）

田东奎．沈家本与中国近代法律体系的确立．哈尔滨学院学报，2004（6）

张朋园．议会思想之进入中国．华东师范大学学报，2004（6）

张晋藩．“变”与“不变”：20 世纪上半期中国法律近代化转型的趋向问题．史学月刊，2004（7）

郭世佑．近代法制与中国社会转型．史学月刊，2004（7）

姚秀兰．中国近代律师制度探析．河北法学，2004（9）

何勤华．西方法学观在近代中国的传播．法学，2004（1）

洪祥星．管制之历史与现状的犯罪学思考．四川警官高等专科学校学报，2005（1）

叶玉琴．试论中国近代法制转型的起点与特点．福建师范大学福清分校学报，2005（1）

刘宝东．职业法学家群体与近代中国法制转型．山西师范大学学报（社会科学版），2005（1）

韩英军．中国近代民权的演化及其逻辑．天府新论，2005（1）

任栋．中国宪法变迁与宪政秩序的塑造研究．江西行政学院学报，2005（1）
李雨峰．版权：一种历史视野．科技与法律，2005（2）
米健．比较法学与近现代中国法制之命运．现代法学，2005（2）
张怡．法人制度的历史考察及我国法人制度的应然选择．南通大学学报（社会科学版），2005（2）
冯引如．关于近代民法移植问题的一点思考．西南政法大学学报，2005（2）
孟庆超．官与民的平衡器——论中国近代行政法院．天津市政法管理干部学院学报，2005（2）
侯欣一．关于中国近现代法律史史料使用中的几点体会．环球法律评论，2005（2）
冯引如．近代民法移植问题探析．法治论丛，2005（2）
马晓莉．论近代女子财产继承权的确立．湖南社会科学，2005（2）
宋美云．论政府经济法规与中国近代企业的发展——以天津为中心的考察．湖南师范大学社会科学学报，2005（2）
陈秋云．美国宪政思想对近代中国宪政的影响述评．法商研究，2005（2）
王石磊．浅论中国近代法律教育．北京教育学院学报，2005（2）
肖光辉．清末民初关于责任内阁制的理解、运用与争论．江苏社会科学，2005（2）
周雅菲．西法何以未能东鉴——庞德与中国近代的法律改革浅析．湖南科技大学学报（社会科学版），2005（2）
高黎平．中国近代国际法翻译第一人——丁韪良．延安大学学报（社会科学版），2005（2）
孟庆超．中国警政近代化过程中的文化阻力——兼论落后教育的影响．湖南公安高等专科学校学报，2005（2）
王志华．中国商法百年（1904～2004）比较法研究，2005（2）
侯强．资产阶级改良派与近代中国法制现代化．甘肃社会科学，2005（2）
侯强．资产阶级革命派与近代法制宣传及中国法制近代化．苏州科技学院学报（社会科学版），2005（2）
陈同．略论近代上海外籍律师的法律活动及影响．史林，2005（3）
孟庆超．战争环境对中国警察近代化的遏制．江苏警官学院学报，2005（3）
王兰萍．中国法制近代化过程中的三部著作权法．比较法研究，2005（3）
何勤华．中国近代法理学的诞生与成长．中国法学，2005（3）
任满军．中国近代商会的产生及其法律职能．江苏警官学院学报，2005（3）
陈纯柱．百年中国宪政之路及社会生态障碍．探索，2005（4）
张卫明．近代国际法与林则徐禁烟．漳州师范学院学报（哲学社会科学版），2005（4）
杨振山．近代民事主体形成的条件与成因．政法论坛，2005（4）

徐爱国．论近代刑法和刑法观念的形成．环球法律评论，2005（4）

倪延年．论“中国报刊法制发展史”的研究内容、历史阶段及体系结构．湖南大众传媒职业技术学院学报，2005（4）

张域．论中国近代的商事立法．吉林省教育学院学报，2005（4）

李丕祺．清末民初甘肃省婚姻习惯评析．西北第二民族学院学报（哲学社会科学版），2005（4）

范忠信．日据时期台湾法制的殖民属性．法学研究，2005（4）

朱洪梅．中国第一部著作权法的制定与施行．出版史料，2005（4）

刘晴辉．中国诉讼机制的近现代变迁及思考．社会科学研究，2005（4）

费艳颖．20世纪国际私法的法律价值实现考察．社会科学辑刊，2005（5）

刘晓红．二十世纪上半叶中国农村婚姻制度探微．西安文理学院学报（社会科学版），2005（5）

韩冰．近代中国民法法源及其适用原则简论．华东政法学院学报，2005（5）

王黎明．论近代中外首次商标问题谈判．江海学刊，2005（5）

李启成．清末民初关于设立行政裁判所的争议．现代法学，2005（5）

陈会林．孙中山与中国法律监督体制的近代化．湖北大学学报（哲学社会科学版），2005（5）

赖志忠．中国法治之路探析．四川行政学院学报，2005（5）

利旻．中国近代的法制改革与当代的法制改革刍议．财经政法资讯，2005（5）

俞荣根．追寻中国宪政的童年．当代法学，2005（5）

张晋藩．综论百年法学与法治中国．中国法学，2005（5）

蒋晓伟．初创时期的同济大学法学教育．同济大学学报（社会科学版），2005（6）

刘双舟．近代舆论监督的兴起与言论出版自由权的法制化．贵州大学学报（社会科学版），2005（6）

李忠良．论近代中国律师资格的认定及特点．湖南农业大学学报（社会科学版），2005（6）

朱勇．私法原则与中国民法近代化．法学研究，2005（6）

王素芬．通向权利之路：汉语“民律”至“民法”的转化．河南省政法管理干部学院学报，2005（6）

汪公文．中国法治的百年危机．兰州大学学报（社会科学版），2005（6）

周子良．中国近现代亲属法的历史考察及其当代启示．山西大学学报（哲学社会科学版），2005（6）

贺卫方．中国法律职业：迟到的兴起和早来的危机．社会科学，2005（9）

喻阳．论近代宪政的精神．天府新论，2005．S2

陈浩．从“讼棍”到权利的维护者——记中国近代律师制度的确立．书屋，2006（1）

张求会．近代湖南课吏馆初论．岭南学刊，2006（2）

巫若枝．论婚姻家庭法在法律体系中定位的历史变迁．廊坊师范学院学报，2006（1）

眭鸿明．中国民法现代化的发端及价值选择误区．江海学刊，2006（2）

徐祥民．中国宪政历史的三个阶段——兼论宪政的三种类型．学习与探索，2006（2）

屈永华．宗法文化及其对中国近代宪政的制约．法商研究，2006（2）

陈建华．清末民初法政学堂之研究：教育史的视角．华东政法学院学报，2006（3）

汪庆红．中国近代法制文明研究的意义与方法——《中国近代社会与法制文明》读后．河北法学，2006（3）

田东奎．中国近代水权纠纷解决的启示．政法学刊，2006（3）

（二）近代法制史

1. 晚清

谢兴尧．论戊戌变法与立宪．新建设，1953（1）

刘桂五．论辛亥革命时期的宪政运动．新建设，1954（1）

马汝衍．试论阿古柏政权的建立及反动的本质．历史教学，1957（8）

黄静嘉．清季法学大家长安薛允升先生传——一位传统法学的殿后人物．（台湾）政大法学评论，1960（3）

王邦佐．试论 1901～1905 年清政府的“新政”．史学月刊，1960（4）

李时岳．关于“资政院会议速记录”．光明日报，1962－02－28

钱实甫．清朝政权的半殖民地化与总理衙门．历史教学，1963（7）

刘桂五．辛亥革命前后的立宪派与立宪运动．历史教学，1963（8）

祁龙威．记清末的预备立宪公会．光明日报，1964－05－20

张天保．帝国主义列强赞扬和支持清朝“立宪”．历史教学，1965（7）

张天保．清末的“预备立宪”．历史教学，1966（2）

张铭新．清末杨乃武案始末．民主与法制，1980（5）

耿云志．论清末立宪派的同会请愿运动．中国社会科学，1980（5）

莫愁．清末假光绪案．羊城晚报，1980－07－22

智东方．谈安德海伏法．北京政法学院，1981（2）

草放．试论清末“预备立宪”的实质及其意义．社会科学，1981（4）

乔志强．清末立宪运动的几个问题．晋阳学刊，1981（5）

李文海．论清政府的“预备立宪”．历史档案，1982（1）

李贵连．《大清新刑律》与《大清现行刑律》辨正．法学研究，1982（2）

熊成基被捕案 中国第一历史档案馆．历史档案，1982（3）

张劲草．国际法最早的汉文译著是林则徐．法学，1982（5）

夏勇，章荣湘．领事裁判权与清末立法．法学，1982（6）

洪卜仁．鸦片战争时期闽南地区的反走私斗争．厦门日报，1982-08-07

张劲草．林则徐与国际法．法学杂志，1983（1）

孙虹．清末修律与译书．法学杂志，1983（1）

唐国耀．清代最大的戊午科场案．紫禁城，1983（3）

曾宪义．清末修律初探．法律史论丛，1983（3）

朱英．《商会简明章程》颁行日期补正．中国社会经济史研究，1983（3）

吴桂龙．谎言难挽危局——满清末年的“预备立宪”．上海广播电视文科月刊，1983（4）

费成康．论清末的刑律改革．政治与法律丛刊，1983（4）

钟启华．试论清末法制改革．社会科学（上海），1983（7）

云岭．清末西方法律、法学的输入及影响．见：法律史论丛．第3辑．北京：法律出版社，1983

曾宪义．清末修律初探．见：法律史论丛．第3辑．北京：法律出版社，1983

张铨．上海公共租界的会审公廨．社会科学（上海），1983（11）

孟彭兴．上海人民一次维护司法主权的斗争（1905年）．社会科学（上海），1983（11）

邱远猷．清末“立宪改官”中的资政院和谘议局．见：法史研究文集（上），西北政法学院科研处编印，1983

江兴国．试论上海公共租界公审公廨的实质．见：法史研究文集（上），西北政法学院科研处编印，1983

陈兆祥．晚清太监杀人案审判始末记．民主与法制，1983（12）

江兴国．上海公共租界会审公廨的产生及其性质．中国政法大学学报，1984（2）

张劲草．论片面领事裁判权在我国的肇始．法学杂志，1984（3）

郑永福．评清末筹备立宪的地方自治．中州学刊，1984（3）

王鉴清．《取缔规则》二题（《取缔清韩留日学生规则》）北方论丛，1984（3）

艾礼明．论清末修律中的礼法之争．苏州大学学报，1984（4）

王应瑄．试评沈家本“学断”二则．法学评论，1984（4）

宋加兴．从清末新刑律的制定看沈家本的法律思想．浙江学刊，1984（5）

吕美颐．清末宪政编查馆考察．史学月刊，1984（6）

郑之洪．“立制度局以议宪法”的“宪法”一词应作何解．学术研究，1984（6）

卢汉超．“上海土地章程”研究．见：上海史研究．上海：学林出版社，1984

曹培．参考古今，博辑中外——沈家本与清末立法活动．法学杂志，1985（1）

戴凤岐等．大清商律及其修订始末．北京商学院学报，1985（1）

王维俭．林则徐翻译西方国际法著作考略．中山大学学报（社会科学版），1985（1）
朱金元．清末预备立宪的发生原因及其客观作用．学术月刊，1985（2）
陈盛明．晚清泉州“观口黄”置业契约选．中国社会经济史研究，1985（3）
夏家骏等．呼兰劫狱案始末．北方论丛，1985（4）
乔志强．论清末立宪运动与“预备立宪”——辛亥革命前十年史札之八．山西大学学报，1985（4）
迟云飞．预备立宪与清末政朝．东方论丛，1985（5）
张国福．关于《暂行新刑律》的修订问题．北京大学学报，1985（6）
黄德发．日俄战争与中国的立宪和革命．华中师范大学学报（社会科学版），1985（6）
毛启雄．清末大陆法系引进概说．中州学刊，1986（3）
苑艺．林则徐创译国际法始末．人与法，1986（6）
房德邻．《万国公报》与戊戌变法．北京师范大学学报（社会科学版），1986（6）
林世慧．《中俄御敌互相援助条约》与沙俄攘取中东铁路．学术研究丛刊，1986（6）
薛梅卿等．试谈《大清监狱律草案》的立法意义．政法论坛，1987（1）
马东玉．五大臣出洋考察与清末立宪活动．辽宁师范大学学报（社会科学版），1987（1）
郑大华．清末预备立宪动因新探．求索，1987（6）
李建华．沈家本对比附援引旧制的改革．法学研究，1987（6）
史河．关于天津巡警制度发展与《辛丑条约》关系的一点质疑．天津日报，1987-09-02
李贵连．沈家本与清末立法．见：法学论文集．北京：光明日报出版社，1987
金跃东．1905年大闹会审公堂案史料．档案与历史，1988（1）
李国荣．《大清报律》浅议．社会科学辑刊，1988（1）
郑大华．关于清末预备立宪几个问题的商榷．史学月刊，1988（1）
王志远．清末中央警察机关的沿革．中国人民公安大学学报，1988（1）
韩来兴．《瑷珲条约》的签订和奕山的历史责任．黑河学刊，1988（2）
黄成康．关于1887年中葡《和好通商条约》的订立．上海社会科学院学术季刊，1988（2）
程延华．清末山东监狱管理机构的设置及狱制改良．山东法学，1988（2）
董方奎．论戊戌变法的策略错误——九十年前的改革教训值得注意．华中师范大学学报（社会科学版），1988（3）
丁进军选编．清末内城巡警厅设官治事章程（上）．北京档案史料，1988（3）
郑秦．清末司法制度的几个问题——读兴京抚民同知刑档残卷．历史档案，1988（3）
要国荣．清末修订报律史料选载．历史档案，1988（3）
唐文权．杨度与清末立宪运动散论．华中师范大学学报（社会科学版），1988（3）

施宣圆等．李提摩太与戊戌变法．复旦学报（社会科学版），1988（4）

丁进军选编．清末内城巡警厅设官治事章程（下）．北京档案史料，1988（4）

马长林．晚清涉外法权的一个怪物——上海公共租界会审公廨剖析．档案与历史，1988（4）

张晋藩．《大清律例》特点简析．见：中华法史丛谈．北京：中国政法大学出版社，1988

华友根．《大清民律草案》的修订宗旨及其思想影响．政治与法律，1988（5）

梁彦．清末的地方立法机关——谘议局及其立法初探．法学研究，1988（5）

陈传瑞．戊戌变法运动与天津．南开学报（哲学社会科学版），1988（5）

朱勇．鸦片战争后的清朝法律制度．见：中华法史丛谈．北京：中国政法大学出版社，1988

李贵连．专家与当家——清末刑部一份未公开的奏疏．政法丛刊（长春），1988（5）

刘伟．清末湖北立宪派的政治参与．湖北社会科学，1988（10）

叶志如编选．清末选送考取留学生办法章程．历史档案，1989（1）

齐清顺．《新疆南路禁烟章程》浅谈．新疆社会科学，1989（1）

徐立志．清末的商事立法及其特点．法学研究，1989（3）

孙放．论中日甲午高升轮事件的法律责任．日本研究，1989（4）

中国第一历史档案馆．清末修订著作权律史料选载．历史档案，1989（4）

王宏斌．晚清银钱比价波动与官吏贪污手段．中州学刊，1989（4）

董方奎．论清末实行预备立宪的必要性及可能性——兼论中国近代民主化的起点．安徽史学，1990（1）

邱远猷．两次鸦片战争期间领事裁判权在中国的确立．北京师范学院学报（社会科学版），1990（3）

李贵连．清季法律改革与领事裁判权——兼论沈家本法律救国思想．中外法学，1990（4）

沈茂骏．戊戌变法失败原因新解．学术研究，1990（4）

朱英．预备立宪公会拟订商法活动述论．西南民族学院学报（社会科学版），1990（4）

尹顺生等．《中英南京条约》为何没有鸦片问题的规定．赣南师范学院学报（社会科学版），1990（4）

王开玺．清统治集团的君主立宪论与晚清政局．北京师范大学学报（社会科学版），1990（5）

李贵连．晚清《国籍法》与《国籍条例》．法学研究，1990（5）

宝成关．奕䜣与戊戌变法．北方论丛，1990（5）

阿涛等．清末法学输入及其历史作用．政法论坛，1990（6）

张海鹏．试论辛丑议和中有关国际法的几个问题．近代史研究，1990（6）
耘耕．酌古准今，熔铸东西：评沈家本修律．现代法学，1990（6）
徐立志．清宣统二年商律草案考．见：中国法律史国际学术讨论会论文集．西安：陕西人民出版社，1990
苏亦工．沈家本先生未刻书述略．见：中国法律史国际学术讨论会论文集．西安：陕西人民出版社，1990
李曙光．晚清职官法与中国法律近代化．比较法研究，1991（1）
周太银．沈家本与清末律师制度的创立．司法行政，1991（2）
罗华庆．清末“预备立宪”为何模仿日本明治宪政．北方论丛，1991（3）
张兆茹．清末预备立宪新探．渤海学刊，1991（3，4）
李侃．东北立宪运动和立宪派琐议．社会科学战线，1991（4）
侯宜杰．清末合法政党宪友会的成立．社会科学战线，1991（4）
陆建洪．袁世凯地方自治剖析．史学月刊，1991（4）
张国福．辛亥革命时期各省军政府约法初探．中外法学，1991（5）
孟良．中国第一部著作权法：《大清著作权律》．历史大观园，1991（5）
陆建洪．清末地方自治剖析．探索与争鸣，1991（6）
罗华庆．清末第二次出洋考政与“预备立宪”对日本的模仿．江汉论坛，1992（1）
李贵连．传统法学的殿后人和殿后作——兼论《读例存疑重刊本》之价值．法律科学，1992（2）
陈小冲．日籍台民与治外法权：以光绪三十一年王协林案为例．台湾研究集刊，1992（2）
侯宜杰．论立宪派和革命派的阶级基础．近代史研究，1992（3）
孙占元．十年来戊戌变法运动研究述评．山东师范大学学报（社会科学版），1992（3）
王宁．谈《历代刑法考》的训诂成就——兼论晚清实学派考据对训诂学的贡献．河北师院学报（社会科学版），1992（3）
中国第一历史档案馆．有关宪政公会的几件史料．历史档案，1992（3）
李育民．试论清末的宪政改革．求索，1992（4）
王立中．清末北京的法政教育．燕都，1992（5）
唐自斌．沈家本与清末的法律修订．求索，1992（5）
张国全，张伯元．法律文献考订例释——沈家本考订法律文献的方法及其成果．政法论坛，1992（6）
徐晓光等．清末的法制改革及其历史意义．社会科学辑刊，1992（6）
罗华庆．清末“预备立宪”对日本明治宪政模仿中的保留．河北学刊，1992（6）
林增平．文廷式与戊戌变法．萍乡教育学院学报，1992年增刊

唐自斌．论张之洞与沈家本的修律．湘潭大学学报（社会科学版），1993（1）

朱英．清末苏州商会调解商事纠纷述论．华中师范大学学报（社会科学版），1993（1）

陆文达．上海租界第一次《地皮章程》中文原本书后．史林，1993（1）

胡会云．清末四大冤案之一——镇平王树文案始末．中州今古，1993（2）

颜鹏飞．清末第一部中国保险业法规考订．中国保险管理干部学院学报，1993（4）

张玉堂．清末教育立法及其特点．四川师范大学学报（社会科学版），1993（4）

朱英．论清末的经济法规．历史研究，1993（5）

马平．清末教育立法初探．史学月刊，1993（5）

李志茗．中国历史上第一部商标法（1904 商标注册试办章程）．历史大观园，1993（8）

贺嘉．近代中国法制变革的先声：论五大臣出洋考察及其结论．汉中师院学报（社会科学版），1993（1）

郭成伟等．新发现的清末京师城市管理法规研究（上）．政法论坛，1994（2）

张培田．中国清末诉讼审判机制转变及其曲折（上）．中央检察官管理学院学报，1994（3）

李贵连．晚清立法中的外国人．中外法学，1994（4）

中国第一历史档案馆著，丁进军编选．清末宪政编查馆拟订政事结社集会律．历史档案，1994（4）

李玉，熊秋良．试论清末的《公司律》．湖南师范大学社会科学学报，1994（4）

张凤磊．试论清末修律研究中的两个问题．山东师范大学学报（社会科学版），1994（5）

张纹邦，蒋国中．沈家本与我国近代狱制改良．劳改劳教理论研究，1994（6）

余丽芬．沈家本与凌迟刑的废除．浙江方志，1994（6）

李贵连．晚清“就地正法”考．见：中外法律史新探年第．西安：陕西人民出版社，1994

李玉，熊秋良．论清末的公司法．近代史研究，1995（2）

张凤仙．张之洞与清末监狱改良．中国监狱学刊，1995（2）

徐忠明．《活地狱》与晚清州县司法研究．比较法研究，1995（3）

王立中，马芳城．论清末教育立法和对法政教育的规范动员．中央政法管理干部学院学报，1995（3）

王学珍．清末报律的实施．近代史研究，1995（3）

付江红．清朝禁烟法令为何没阻止鸦片的输入．黔南民族师专学报（社会科学版），1995（4）

马作武．伍廷芳与中国近代法制变革．法学家，1995（4）

刘广安．传统习惯对清末民事立法的影响．比较法研究，1996（1）

马敏．商事裁判与商会：论晚清苏州商事纠纷的调处．历史研究，1996（1）

刘永红．《钦定宪法大纲》的历史地位．淮阳师专学报，1996（2）

张尚策．清朝末期对专利制度的两种意见．知识产权，1996（2）

王志亮，陈九振．大清监狱草案的特点．监狱通讯，1996（3）

曹旅宁，段晓春．《赴厦日记》与清末厦门会审．福建论坛（社会科学版），1996（4）

姚琦．清末著作权立法初探．青海师范大学学报（社会科学版），1996（4）

周少元．试论《钦定宪法大纲》的法文化价值．法学，1996（6）

谷青云．晚清修律与中国法律现代化问题探析．中山大学研究生学刊（社会科学版），1996 年增刊

赵音．略论清朝中央政府辖治西藏的法律．中央政法管理干部学院学报，1997（1）

陆玉芹．浅析洋务运动时期的涉外合同．福建师范大学学报（社会科学版），1997（1）

安新予．清末法政教育的兴起．中山大学研究生学刊（社会科学版），1997（1）

熊秋良．清末商标立法述论．湖南师范大学社会科学学报，1997（1）

王立民．清末中国从日本民法中吸取德国民法．法学，1997（1）

江涌．试析清末的“预备立宪”．船山学刊，1997（1）

周少元．从《大清新刑律》看中西法律的冲突与融合．江苏社会科学，1997（2）

陈绍方．论清末教育立法．暨南学报（社会科学版），1997（2）

师建祥．清末巡警制度述论．四川师范学院学报（社会科学版），1997（2）

郭卫东．鸦片战争时期中英关于香港居民司法管辖权的交涉．史学月刊，1997（2）

王敏．论清末修律的方法与意义．南京师大学报（社会科学版），1997（3）

徐家力．领事裁判与清末律师制度的产生．河北法学，1997（3）

沈晓敏．清末广东巡警（警察）制度述略．政法学刊，1997（3）

姚琦．清末预备立宪与中国政治近代化的开端．贵州教育学院学报（社会科学版），1997（3）

田伟．中国城市管理走向近代化的里程碑：略论新发现的《清末北京城市管理法规》北京日报，1997－04－28

张世功．民族国家、宪政与法律移植：晚清国家转型中的合法性重建．战略与管理，1997（6）

高旭晨．清末修律的经济背景．法制与社会发展，1997（6）

殷啸虎．近代中国宪政运动的发生及其反思：关于清末“立宪”的几个问题的探讨．法学，1997（8）

陈绍方．晚清留学教育及其立法．社会科学辑刊，1998（1）

赵蓉．《1910 年救助公约》下的“危险”概念：The Frio Alaska 号案．海事审判，1998（2）

董方奎．论戊戌变法的策略错误——九十年前的改革教训值得注意．华中师范大学学报（社会科学版），1998（3）

赵晓华．略论晚清的京控制度．清史研究，1998（3）

陈绍方．清末教育立法的缘起、立法指导思想及其运作机制．暨南学报（社会科学版），1998（3）

尹成．康有为与戊戌变法：戊戌变法百年祭．昆明师专学报（社会科学版），1998（4）

陈耀华．清末经济法规的影响及其局限．玉林师专学报，1998（4）

颜炳罡．戊戌变法与中国现代化进程．文史哲，1998（5）

翁美琪．戊戌变法与中国现代化进程的重要转向．文史哲，1998（5）

陈勤．现代化进程中的戊戌维新：纪念变法一百周年．广西社会科学，1998（5）

丁应通．试论清末预备立宪的必然法．江西社会科学，1998（7）

贾晓慧．维新变法失败原因与康有为变法后的思考．历史教学，1998（8）

方志钦，王晓秋等．百年戊戌变法研究回顾．学术研究，1998（9）

苏亦工．重评清末法律改革与沈家本之关系．见：法律史论集．第1卷．北京：法律出版社，1998

邱远猷．晚清“就地正法之制”研究．见：法律史论集．第1卷．北京：法律出版社，1998

鹤坪．戊戌变法百年祭．税收与社会，1998（12）

俞江．《大清民律（草案）》考析．南京大学法律评论，1998年春季号

张晋藩．中国传统法观念的转变与晚清修律．南京大学法律评论，1998年春季号

赵晓耕．近代不平等条约与清末法制的变革．浙江社会科学，1999（1）

李锦全．论戊戌变法和清末新政中的慈禧．文史哲，1999（1）

杨护源．丘逢甲清末广东禁赌事迹考析及相关之史料．广东史志，1999（2）

潘培志．晚清时期官制变革浅析．广西广播电视大学学报，1999（2）

华友根．薛允升的律学研究及其影响．政治与法律，1999（3）

王立民．论清末审判方式的改革．法制与社会发展，1999（4）

张竞生．清末的法制改革及其历史意义．探索，1999（4）

刘建军．清末直隶立宪派与立宪运动琐议．河北大学学报（哲学社会科学版），1999（4）

张守权．试论戊戌变法中的政府机构改革——兼议戊戌变法失败的原因．周口师范高等专科学校学报，1999（4）

王邦翠．戊戌变法与中国近代化，安徽史学，1999（4）

赵葆惠．预备立宪——中国政治制度近代化的开端．韩山师范学院学报，1999（4）

柴荣．浅析清末司法制度之变革．内蒙古大学学报（人文社会科学版），1999（5）

俞江．两种清末宪法草案稿本的发现及初步研究．历史研究，1999（6）
艾永明．清末修律的“中外通行”原则．法学研究，1999（6）
贾孔会．试论清末的经济立法．福建论坛（人文社会科学版），1999（6）
田涛．晚清国际法输入述论．天津社会科学，1999（6）
吴春梅．张之洞与清末立宪．江苏社会科学，1999（6）
沈厚铎．沈家本先生未刻书考释．见：中国古代法律文献研究．第1辑．成都：巴蜀书社，1999
徐忠明．晚清法制改革的逻辑与意义．见：法律史论集．第2卷．北京：法律出版社，1999
李贵连．保定教案与沈家本被拘考．比较法研究，2000（1）
高寿仙．帝制中国晚期的民事法律、审判与调解．北京行政学院学报，2000（1）
张仁善．清末官僚法律心理的演变与传统礼法制度的消亡．史学集刊，2000（1）
赵晓华．晚清的积案问题．清史研究，2000（1）
［澳］黎志刚著，汪庆华译．超越家族的信任与合伙——十九世纪末期对“公司”一词的翻译．中外法学，2000（3）
邱澎生．禁止把持与保护专利——试析清末商事立法中的苏州金箔业讼案．中外法学，2000（3）
朱孔武．论中国传统伦理法的终结．华中理工大学学报，2000（3）
春杨．清末报律与言论 出版自由．法学，2000（3）
田涛，李祝环．清末翻译外国法学书籍评述．中外法学，2000（3）
［挪威］鲁纳著，王笑红译．万民法在中国——国际法的最初汉译、兼及《海国图志》的编纂．中外法学，2000（3）
邱远猷．晚清政府何时何地开始实行“就地正法之制”．历史档案，2000（3）
张力军．论清末新闻法规．怀化师专学报，2000（4）
祖伟．清末法律移植活动及其思考．辽宁大学学报，2000（4）
吴钦缘．晚清“十年专利”的产生及其法律特征．研究与发展管理，2000（4）
韩秀桃．清末官制改革中的大理院．法商研究，2000（6）
俞江．清末民法学的输入与传播．法学研究，2000（6）
肖传林．清末修律与中国法制近代化．江汉论坛，2000（8）
田东奎．论清末修律中的礼法之争．宝鸡文理学院学报，2000年增刊
傅建奇．从清末修律的局限性看中国对西方法律的借鉴．甘肃政法学院学报，2001（1）
高寿仙．前近代中国的民事法秩序人际信任与经济发展．新视野，2001（1）
周少元．清末法学教育的特点．法商研究，2001（1）
舜秋．中国第一部公司法的诞生及启示．湖北社会科学，2001（1）

曾汉祥．《大清著作权》的制定．著作权，2001（2）

王霞．论清朝末年法制变革模式．山西师范大学学报，2001（2）

周少元．清末法学教育的多样性特点．华东政法学院学报，2001（3）

玉霞．地方督抚与清末法制变革．人文杂志，2001（4）

朱英．论辛亥革命前拟定商法的活动．郧阳师范高等专科学校学报，2001（4）

杨大春．论辛亥革命时期中国刑事审判制度的革新：以姚荣泽案为例．苏州大学学报，2001（4）

李晓明．清末礼法之争及其法哲学解析．河北法学，2001（4）

胡仁智．晚清社会转型中的教育改革立法刍议．现代法学，2001（4）

李卫东．参与和实践：辛亥革命与中国法制近代化．华中师范大学学报，2001（5）

孙季萍．清末报律：在创新和守旧的夹缝中．政法论丛，2001（5）

周金恋．清末法制改革的现代化特征．郑州大学学报，2001（5）

何勤华．《万国公法》与清末国际法．法学研究，2001（5）

丁相顺．晚清赴日法政留学生与中国早期法制近代化．中外法学，2001（5）

张从容．清末部院之争初探．现代法学，2001（6）

林明．清末“新政”与近代法学教育．山东大学学报，2001（6）

李秀清．中国近代民商法的嚆矢——清末移植外国民商法述评．法商研究，2001（6）

李俊．试析清末部院司法权限之争．江汉论坛，2001（8）

李静．法律移植中法律制度与法律文化的互动——辛亥革命时期法制建设的启示．当代法学，2001（9）

刘笃才．关于清末宪政运动的几个问题．中国法学，2002（1）

祖伟．清末修律取法日本述论．日本研究，2002（1）

程燎原．清末的“法治”话语．中西法律传统，2004（2）

武乾．清末经济立法与近代经济制度在中国的奠基．中西法律传统，2002（2）

张德美．清末司法移植略论．诉讼法学研究，2002（2）

刘雪毅．清末新政时期刑律监狱制度改革．益阳师专学报，2002（2）

朱勇．清末“新政”：一场真正的法律革命．济宁师范专科学校学报，2002（2）

易江波．“苏报案”与西法东渐下的中国传统办案思维．中西法律传统，2002（2）

田涛．阿拉巴马号案与晚清国人的国际法印象．天津师范大学学报，2002（3）

李秀清．《大清违警律》移植外国法评析．犯罪研究，2002（3）

宁杰．对沈家本《论杀死奸夫》的现代法理解说．比较法研究，2002（3）

陈勇勤．官方舆论与依法治国——晚清中央机关“清议”群体现象个案分析．甘肃政法学院学报，2002（3）

杨惠．清末沈家本修订刑律的功绩及成因．天津市政法管理干部学院学报，2002（3）

龙大轩．十九世纪末地方法律实践状况考：一块碑文透出的历史信息．现代法学，2002（3）

张静，尹朝晖．晚清国籍法之由来及影响探析．柳州师专学报，2002（3）

李国青．张之洞与清末法制改革．东北大学学报，2002（3）

李玉．论晚清矿章关于办矿洋商的规定及其效果．南京大学学报，2002（4）

韩秀桃．清末审判独立改革的障碍分析．见：法律史论集．第4卷．北京：法律出版社，2002

李卫东．清末修律与中国近代民刑事法典的编纂．江汉大学学报，2002（4）

俞江．倾听保守者的声音．读书，2002（4）

曹胜，柳宾．试论国际法的输入对晚清外交近代化的影响．青岛科技大学学报，2002（4）

高强．《苏报》案与治外法权．西南师范大学学报，2002（4）

徐彪．论清末新式法学教育的历史经验．见：法律史论集．第4卷．北京：法律出版社，2002

吕铁贞．清末商人法律地位浅析．河南省政法管理干部学院学报，2002（5）

朱勇．清末“新政”：一场真正的法律革命．重庆社会科学，2002（5）

王春霞，王颖．试论清末监狱近代化的法制前提．广西社会科学，2002（5）

张家国，张静．郭嵩涛在晚清法律近代化过程中的历史贡献．法商研究，2002（6）

叶昌富．清末商事立法百年回顾与反思．江汉论坛，2002（6）

徐岱．清末刑法改制与中国刑法近代化．刑法论丛，2002（6）

张从容．评晚清宪政．中央政法管理干部学院学报，2002（6）

高旺．晚清宪政改革在近代中国政治发展中的地位和影响．中国青年政治学院学报，2002（6）

郭明．清末监狱学诞生的历史原因分析．犯罪与改造研究，2002（8）

王国龙，李保利．法学家沈家本与晚清修律．社科与经济信息，2002（9）

李启成．清末司法改革原因研究．见：走向二十一世纪的中国法文化．上海：上海社会科学院出版社，2002

夏锦文．社会变迁与中国司法变革：从传统走向现代．见：走向二十一世纪的中国法文化．上海：上海社会科学院出版社，2002

杨林生．清末礼法之争探析．理论月刊，2002（10）

张建华．郭嵩焘与万国公法会．近代史研究，2003（1）

姚琦．清末赴日法政留学教育及其影响．新疆大学学报，2003（1）

柳经纬，吴克友．清末民初民法法典化动因探析．福建政法管理干部学院学报，2003（1）

张瑞泉，朱伟东．清末民初陕西司法改革初探．唐都学刊，2003（1）

张鹏，李建钢．论清末的商事立法．榆林高等专科学校学报，2003（1）

后智钢，曹峻．论清末法制变革的脱中入西倾向与西学影响．江苏行政学院学报，2003（1）

张从容．析1910年《法院编制法》．暨南学报，2003（1）

向军．鸦片战争前英国破坏中国司法主权述论：广东地区典型涉英刑事案件透析．五邑大学学报，2003（1）

于民．从"都铎立法悖论"析专制王权与议会的关系．广西社会科学，2003（2）

董丛林．"迷拐"、"折割"传闻与天津教案．近代史研究，2003（2）

黄晋祥．清末警察教育述论．安庆师范学院学报，2003（2）

吴永明．清末司法现代化变革原因探析．江西师范大学学报，2003（2）

贾孔会．清末刑法制度改革刍议．学术论坛，2003（2）

徐小青．晚清国人的民族国家认同及其困境：以国籍问题为中心．华侨华人历史研究，2003（2）

张燕清．丁韪良与《万国公法》——兼论国际法学东渐之肇始．徐州师范大学学报，2003（3）

曹全来．国际化与本土化：晚清法制改革的两个目标．天津社会科学，2003（3）

徐彪．论清末新式法学教育的经验．法制与社会发展，2003（3）

邓学文．论伍廷芳与刑讯制度的废除．广东史志，2003（3）

张铭新，王玉洁．略论清末《公司律》的产生及特点．法学评论，2003（3）

艾永明．清末法制近代化为什么失败：从中日比较的角度分析．比较法研究，2003（3）

林雅．清末商会探微．华东政法学院学报，2003（3）

郭玉家，马学春．清末新政与中国警政近代化．许昌学院学报，2003（3）

吴泽勇．清末修律中的民事诉讼制度变革．比较法研究，2003（3）

高汉成．试析清末修律中礼法之争的力量对比．东方论坛，2003（3）

杨志昂．晚清民法观念的变迁与清末民律的修订．南华大学学报，2003（3）

李启成．领事裁判权制度与晚清司法改革之肇端．比较法研究，2003（4）

邓保国．清末变法修律的历史思考．惠州学院学报，2003（4）

尹伟琴，陈琛．清末日本法学教习来华原因探析．社会科学辑刊，2003（4）

夏敏．晚清时期中国近代警察制度建设．江苏警官学院学报，2003（4）

邱远猷．张之洞与清末法律近代化．首都师范大学学报，2003（4）

张文举．清末经济立法对中国入世后法律改革的借鉴意义．学术界，2003（5）

杨晓辉．张之洞与清末监狱改良．中国监狱学刊，2003（5）

石毕凡．开启理性司法之门：对清末司法改革的程序正义解读．浙江社会科学，2003（6）

吕铁贞．晚清外商在华招工法律制度探析．中州学刊，2003（6）

杨莉．伍廷芳与清末修律．零陵学院学报，2003（6）

毕连芳．试析清末修律中对中国传统法律理念的突破．经济与社会发展，2003（7）

陆文前．浅析清末法制改革的历史地位．江汉论坛，2003（8）

杨寅．鲜知、遗忘的上海美国法院．读书，2003（8）

高汉成．论奕劻在清末修律中的作用——以《大清刑律》的制定为中心．见：法律史论集．第5卷．北京：法律出版社，2003

高旭晨．清代法制史考证学术见解述要．见：中国法制史考证·甲编．第7卷．北京：中国社会科学出版社，2003

徐立志．沈家本等订民刑诉讼法草案考．见：中国法制史考证·甲编．第7卷．北京：中国社会科学出版社，2003

李贵连．清末民初寺庙财产权研究稿．中国民法百年回顾与前瞻——学术研讨会论文集，2003

郑定，杨昂．还原沈家本：略论沈家本与晚清司法场域之变迁（1901～1911年）．政法论坛，2004（1）

赵虎．清末修律之动因与意义分析．山东农业大学学报（社会科学版），2004（1）

丁明胜．日本明治时期民法典论争与我国清末礼法之争（一）．北京市政法管理干部学院学报，2004（1）

范忠信．沈家本与新刑律草案的伦理革命．政法论坛，2004（1）

李启成．晚清各级审判厅的诉讼程序研究．法学纪元，2004（1）

赵炎才．晚清选官制度的基本特征．云南社会科学，2004（1）

王一强．英租威海卫法律制度研究札记．环球法律评论，2004（1）

陈亚平．《中英续议通商行船条约》与清末修律辨析．清史研究，2004（1）

孙彩霞．20世纪30年代的冤狱赔偿运动．历史档案，2004（2）

岑树海．近代中国政党的发轫——谈清末立宪运动下的组党试验．复旦学报（社会科学版），2004（2）

徐建平．论清末东北宪政改革的特点．中国边疆史地研究，2004（2）

周正云．论清末湖南的法学教育．时代法学，2004（2）

丁为群．清末法律改革的经济和社会基础分析．云南大学学报（法学版），2004（2）

赵晓华．清末法制改革中的人才准备．华南师范大学学报（社会科学版），2004（2）

宋四辈．清末刑法典编纂体例和结构的变化．南都学坛，2004（2）

向仁富．清末修律原因新探．西南民族大学学报（人文社科版），2004（2）

贾孔会．清末“预备立宪”新论．三峡大学学报（人文社会科学版），2004（2）

魏光奇，丁海秀．清末至北洋政府时期区乡行政制度考略．北京师范大学学报（社会科学版），2004（2）

陈一容．晚清文官考核制度述论．重庆三峡学院学报，2004（2）

李雨峰．版权的中国语境：一种历史的考察．西南民族大学学报（人文社科版），2004（3）

张生．《大清民律草案》摭遗．法学研究，2004（3）

郑赫南．《大清新刑律》中共同犯罪人分类之研究．国家检察官学院学报，2004（3）

邱建章．论晚清政府国籍法的制定及其影响．河南大学学报（社会科学版），2004（3）

章惠萍．清末司法改革述论．晋阳学刊，2004（3）

丁明胜．日本明治时期民法典论争与我国清末礼法之争（二）．北京政法职业学院学报，2004（3）

张珉．试论清末与民国时期的司法独立．安徽大学学报（哲学社会科学版），2004（3）

蔡道通．法律与社会：清末刑法改制的互动考察——以社会经济状况为分析单元．淮阴师范学院学报（哲学社会科学版），2004（4）

孙建．清末法制改革的历史意义．南京林业大学学报（人文社会科学版），2004（4）

赵娓妮．清末中西竞争语境下的刑律修订．社会科学研究，2004（4）

高汉成．晚清法律改革动因再探——以张之洞与领事裁判权问题的关系为视角．清史研究，2004（4）

李超．晚清法制变革中的法官考选制度研究．新疆大学学报（社会科学版），2004（4）

金亮贤．晚清预备立宪述评．丽水师范专科学校学报，2004（4）

于建胜．伍廷芳与清末新政法律改革．山东师范大学学报（人文社会科学版），2004（4）

赖早兴．中国刑罚轻缓化之肇始——清末修律中刑罚轻缓化之动因、概况及评析．湘潭大学学报（哲学社会科学版），2004（4）

侯欣一．清末法制变革中的日本影响——以直隶为中心的考察．法制与社会发展，2004（5）

江立新．洋务运动与晚清法律近代化．安徽教育学院学报，2004（5）

熊命辉．论清末法律渊源．湘南学院学报，2004（6）

蒋超群．清朝末年刑法的现代化．广西社会科学，2004（6）

汪倩华．清末法律变革原因再认识．安徽史学，2004（6）

李静蓉．清末高等教育法研究．理工高教研究，2004（6）

张培田．清末预备立宪的史实考论．湘潭大学学报（哲学社会科学版），2004（6）

赵连稳．论清末监狱改良．青海师范大学学报，2004（6）

赖早兴．沈家本与清末刑罚轻缓化．政治与法律，2004（6）

周有良．试论清末法律变革的意义．黑龙江省政法管理干部学院学报，2004（6）

李超．晚清法制变革中的法官考选制度研究．新疆大学学报，2004（6）

曹建军．试论晚清传统法律转型的时代性．理论导刊，2004（10）

熊命辉．论清末法制变革的内在动因．求索，2004（11）

简海燕．简论清末宪政视野下的司法独立．湖南行政学院学报，2005（1）

汤毅平．论清末的法律近代化．时代法学，2005（1）

王先明．论清末警察与直隶、京师等地的社会文化变迁——以《大公报》为中心的探讨．河北师范大学学报（哲学社会科学版），2005（1）

贾滕．清末地方司法改革中的审级权限制度．河南教育学院学报（哲学社会科学版），2005（1）

王洪涛．清末宪政改革的现代化特征．甘肃理论学刊，2005（1）

房晓童．清末新闻立法与近代化大众传播模式的确立．华侨大学学报（哲学社会科学版），2005（1）

肖建文．清末新政与中国教育制度近代化．宜春学院学报，2005（1）

刘利民．试论条约前时代清政府对领水主权的维护．信阳师范学院学报（哲学社会科学版），2005（1）

金一超．晚清法制变革对现代法律文化建设的启示．浙江工业大学学报（社科版），2005（1）

蔡晓荣．晚清海关洋员职务行为涉讼再探讨——以英籍洋员为考察中心．苏州大学学报（哲学社会科学版），2005（1）

姚琦．晚清西方法学的传入及其影响．青海师范大学学报（哲学社会科学版），2005（1）

钱鹏．析清末修律对日本法的移植．云南行政学院学报，2005（1）

吴义雄．鸦片战争前粤海关税费问题与战后海关税则谈判．历史研究，2005（1）

陈浩．百年回眸谁与功——记清末修律大臣沈家本与《大清新刑律》．书屋，2005（2）

刘霜．从清末修律中的“礼法论争”管窥礼法关系．河南大学学报（社会科学版），2005（2）

王瑞成．就地正法与清代刑事审判制度——从晚清就地正法之制的争论谈起．近代史研究，2005（2）

春杨．论清末中国司法体制的转型及其历史启示．政法论丛，2005（2）

柳岳武．清末地方司法改革中的法官制度．天府新论，2005（2）

马作武．清末法律移植的现代反思．学术研究，2005（2）

唐强奎．晚清地方自治与中国宪政的萌动．南京工业大学学报（社会科学版），2005（2）

冯秋季．伍廷芳与中美专利交涉．郑州大学学报（哲学社会科学版），2005（2）

柳岳武．从“东乡抗粮案”看“同光司法”．商丘师范学院学报，2005（3）

范仲琪．法律移植与清末司法制度改革．郑州航空工业管理学院学报（社会科学版），2005（3）

朱志辉．两位美国人与清末民初的中国法律教育．环球法律评论，2005（3）

王侃．论清末《宪法大纲》与《重要信条》的实质．信阳师范学院学报（哲学社会科学版），2005（3）

徐彪．论清末新式法学教育对中国近代法学的影响．环球法律评论，2005（3）

王永进．清末法制改革与法制近代化．社会科学家，2005（3）

柳岳武．清末奉天新式审判制度的社会运作及评价．唐都学刊，2005（3）

张用心．《万国公法》的几个问题．北京大学学报（哲学社会科学版），2005（3）

侯强．晚清外交和约与近代中国法制现代化的启蒙．云南社会科学，2005（3）

王先明．袁世凯与晚清地方司法体制的转型．社会科学研究，2005（3）

王雪梅．论清末的《商法调查案理由书》．四川师范大学学报（社会科学版），2005（4）

岑红．论清末选官制度的变革及其对时局的影响．江苏社会科学，2005（4）

王莲英．略论张之洞与晚清政治改革．河北大学成人教育学院学报，2005（4）

王宏治．清末修刑律的再认识．比较法研究，2005（4）

潘巍松．试论司法鉴定的独立性——以清末“杨乃武与小白菜案”为例．法律与医学杂志，2005（4）

胡谦．晚清司法改革实践与反思．长沙大学学报，2005（4）

张洪林．论晚清的司法独立．华南理工大学学报（社会科学版），2005（5）

陈国庆．评析沈家本与清末修律．长春大学学报，2005（5）

李交发．清末法制改革：诉讼制度与诉讼文化．郑州大学学报（哲学社会科学版），2005（5）

聂志琦．清末刑事诉讼制度变革探究．黑龙江省政法管理干部学院学报，2005（5）

宋四辈．清末“预备立宪”刍议．郑州大学学报（哲学社会科学版），2005（5）

赵晓耕．试析治外法权与领事裁判权．郑州大学学报（哲学社会科学版），2005（5）

沈国琴．晚清时期近代司法理论的构建．晋中学院学报，2005（5）

高汉成．晚清刑事法律改革中的“危机论”——以沈家本眼中的领事裁判权问题为中心．政法论坛，2005（5）

侯强．戊戌前后知识分子转型与近代中国法制现代化．宁波大学学报（人文科学版），2005（5）

张志超．英租威海卫时期的监狱制度．环球法律评论，2005（5）

康大寿．袁世凯与清末法制改革．史学月刊，2005（5）

王一强．《租威海卫专条》研究．环球法律评论，2005（5）

王开玺．1864年清廷翻译《万国公法》所据版本问题考异．北京师范大学学报（社会科学版），2005（6）

居洪生．简论《大清民律草案》．科学中国人，2005（6）

柳砚涛．简评清末宪政——从宪政思想与运动维度．齐鲁学刊，2005（6）

沈江瑞．论清末修律的原因、价值及其局限性．郑州航空工业管理学院学报（社会科学版），2005（6）

张勤．清末各省调查局和修订法律馆的习惯调查．厦门大学学报（哲学社会科学版），2005（6）

邝良锋．清末立宪效法日本动因探析．求索，2005（6）

林盛．苏报案幕后的人犯争夺战．浙江人大，2005（6）

王健．晚清法学新词的创制及其与日本的关系．南京大学学报（哲学人文科学社会科学版），2005（6）

李靓．刑罚人道主义对《大清新刑律》的影响．湖南社会科学，2005（6）

林盛．晚清的"呼冤案"与逐级审转制．浙江人大，2005（7）

赵晓华．晚清时期待质人证问题．史学月刊，2005（9）

俞勇嫔．戴鸿慈与清末宪政运动的开端．历史教学，2005（11）

刘练军．冤案与话语权——围绕女性立场而对杨乃武案的一个分析．法学，2005（11）

贾熟村．震动晚清政局的云南报销案．史学月刊，2005（11）

邓常春．督促与应对：晚清教务教案中中央政府与地方官的互动．西南民族大学学报（人文社科版），2005（12）

胡玲芝．论清末预备立宪之积极价值．文史博览，2005（14）

王长芬．清末新政狱制改良原因浅析．社会科学家，2005.S1

傅育．从法律移植维度审视沈家本修律．安徽工业大学学报（社会科学版），2006（1）

况落华．大沽口船舶事件：晚清外交运用国际法的成功个案．安庆师范学院学报（社会科学版），2006（1）

俞江．清末奉天各级审判厅考论．华东政法学院学报，2006（1）

谢振治．中英《续议通商行船条约》裁厘加税条款的谈判．玉林师范学院学报，2006（1）

王勇．简论晚清地方官僚体制的历史演变．重庆师范大学学报（哲学社会科学版），2006（2）

刘文鹏．清末刑讯制度改革始末研究．甘肃农业，2006（2）

吴泽勇．清末修订《刑事民事诉讼法》论考——兼论法典编纂的时机、策略和技术．现代法学，2006（2）

冯琳．试析法学家与法律转型的关系——以沈家本个人角色与晚清法律变革为例．江海学刊，2006（2）

蔡晓荣．晚清涉外商事纠纷与近代中国法观念嬗替．云南社会科学，2006（2）

王姗萍．张之洞与晚清法律教育．贵州文史丛刊，2006（2）

张效民．国际法与晚清近代外交．社会科学论坛（学术研究卷），2006（3）

李慧娟．论上海公共租界混合法庭．株洲师范高等专科学校学报，2006（3）

蔡晓荣．清末涉外版权纠纷问题．齐齐哈尔大学学报（哲学社会科学版），2006（3）

史宝龙．清末中国对日本法学的引进．历史教学，2006（3）

徐忠明．杨乃武冤案平反的背后：经济、文化、社会资本的分析．法商研究，2006（3）

余育国．清末买官卖官的公开化与合法化．武汉文史资料，2006（4）

胡红英．清末“礼法之争”的原因及结局新论．文教资料，2006（6）

傅国涌．1906年年第慈禧垂帘时代的宪政萌芽．中国社会导刊，2006（8）

秋风．晚清立宪中的松冈义正．中国新闻周刊，2006（10）

2. 太平天国

金冲及等．关于天朝田亩制度的实质问题——兼评郭毅生《略论太平天国革命的性质》一文中的若干论点．学术月刊，1957（9）

黄廷柱．论《天朝田亩制度》．中学历史教学，1958（1）

祁龙威．关于《天朝田亩制度》的性质和实施问题——和徐夕明同志商榷．史学（副刊），第11期

杜德凤．关于《天朝田亩制度》的几个问题．历史研究，1960（12）

史一兵．太平天国《天朝田亩制度》的性质及其作用．江海学刊，1961（1）

谢兴尧．黄鼎凤《约法十二章》告谕质疑．人民日报，1965-06-18

张晋藩，邱远猷．浅论太平天国的法律．法学研究，1979（4）

孙祚民．太平天国“虚君制”质疑——与罗尔纲同志商榷．历史学，1979（4）

杨一凡．太平天国的官吏铨选升降制度．学习与探索，1979（5）；又见：法律史论丛．第1辑．北京：中国社会科学出版社，1981

邢风麟，风梧．冯云山与太平天国的立法创制．历史知识，1981（6）

邹身城．论太平天国法制并未超脱封建主义范畴．法学研究，1982（1）

王方俊．对《〈天朝田亩制度〉颁行年代初考》一文的异议．史学集刊，1982（2）

关连吉等．《天朝田亩制度》是废除私有制吗？．齐鲁学刊，1982（6）

王承仁等．关于《天朝田亩制度》的性质和作用问题——与赵德馨、董楚平同志商榷．

江汉论坛，1982（9）
曹三明．论太平天国法制的性质．法学研究，1983（4）
沈嘉荣．太平天国的禁鸦片禁酒和禁宰耕牛．历史知识，1983（4）
时伟超．太平天国运用法律武器的经验教训．见：法律史论丛．第3辑．北京：法律出版社，1983
姜涛．太平天国《百姓条例》考．盐城师专学报（社会科学版），1984（1）
罗尔纲．洪大全案．北京晚报，1984－02－09
陈健生．再谈太平天国法制性质问题——兼与曹三明同志商榷．法学研究，1985（4）
小丁．中国法制史知识：太平天国的神明裁判．自修大学（政法专业），1985（10）
罗尔纲．天朝田亩制度的实施问题．见：太平天国史事考．北京：三联书店，1985
周敏．太平天国与中国宪政运动始端．中南政法学院学报，1987（3）
邱远猷．太平天国的婚姻立法．政法丛刊，1988（3）
张九洲．论太平天国的刑罚．史学月刊，1988（6）
邱远猷．论太平天国的刑事法令．北方论丛，1989（1）
黄剑华．太平天国的法制问题探讨．探索，1990（4）
周新国．奴刑与太平天国刑罚．扬州师院学报（社会科学版），1991（2）
邱远猷．洪仁玕与中国法律近代化．中州学刊，1993（6）
翟桂范．论太平天国的刑审立法及其局限性．河南师范大学学报（社会科学版），1997（4）
肖季文．太平天国军事法制建设探析．军事历史研究，1997（4）
肖季文．太平天国军事法制建设探析．社会科学辑刊，1998（2）
邱远猷．太平天国与晚清“就地正法”之制．近代史研究，1998（2）
王绯．妇女：法律上的死亡与复活——太平天国革命与中国妇女解放．中国文化研究，2001（3）
覃主元．洪秀全禁烟主张与太平天国的禁烟立法．广西民族学院学报，2001（3）
周新国．奴刑与太平天国刑罚．江海学刊，2002（1）
柯永祥．太平天国法律制度探析．中南民族大学学报，2002（4）

3. 中华民国和北洋政府

张晋藩．旧民主主义宪政运动的破产．光明日报，1954－06－21
顾联璜．对国民党刑法的反动本质的初步批判．教学简报，1957（6）
宋光等．国民党伪“六法”的反动实质．法学，1958（2）
张晋藩．剖析《中华民国临时约法》吸取历史的经验和教训．政法研究，1962（1）
潘念之．《中华民国临时约法》的产生和被撕毁．政法研究，1962（1）
黄志仁．北洋军阀对资产阶级民主制的摧残．厦门大学学报（社会科学版），1979（1）

赴矢元．论南京临时政府的性质．吉林师范大学学报，1979（2）

张晋潘，曾宪义．五四运动时期争取民主与法制的斗争．教学与研究，1979（3）

张希坡．省港罢工委员会与革命法制．法学杂志，1980年创刊号

毛磊，袁继臣，刘继增．武汉国民政府法制评介．法学杂志，1981（1）

毛磊，袁继臣，刘继增．武汉国民政府的法制建设．江汉论坛，1981（2）

中国第二历史档案馆．临时大总统孙中山整顿吏治的批示和命令．历史档案，1981（3）

唐上意．南京临时政府的立法建制．近代史研究，1981（3）

彭明．中国历史上的第一个资产阶级共和国——南京《临时政府公报》研究札记．历史档案，1981（3）

邱远猷．试论南京临时政府的法制．西南政法学院学报，1981（4）

张晋藩．《约法》、毁法、护法——纪念辛亥革命七十周年．法学杂志，1981（4）

邱远猷．南京临时政府法律浅谈．群众论丛，1981（5）

《中华民国临时约法》．光明日报，1981-10-04

张希坡．上海工人三次武装起义中的市民代表政府及其革命法制．法律史论丛，1982（2）

省司法编辑室．武汉国民政府法制梗概．档案资料，1982（6）

郑治发．对《中华民国临时政府组织大纲》的几点认识．北京政法学院学报，1983（1）

胡超．武汉国民政府法制简介．武汉春秋，1983（1）

北洋政府处理日本在延吉等地非法设警文电．历史档案，1983（3）

邱远猷．南京临时政府的司法改革．法学杂志，1983（3）

苏亦工．《中华民国临时约法》起草人辨正．历史研究，1983（3）

举世难寻空前未有的国民党政府公布的工会法．中国公运史料，1983（4）

周益．故宫盗宝冤案始末．人民政协报，1983-08-31

李振墀，汪家靖．近代中国法制史上的重要一页——试论南京临时政府的法制建设．见：法律史论丛．第3辑．北京：法律出版社，1983

关乃凡．《六法全书》评价．文献，1983（13）

张国福．关于《中华民国临时约法》的起草日期和主稿人问题——兼述《中华民国临时约法》制订过程．北京大学学报（社会科学版），1984（1）

汪瑄．评所谓湖广铁路债券案．见：中国政法大学科学讨论会文集（下）．中国政法大学印行．1984；又见中国政法大学学报，1984（2）

朱奇武．论湖广铁路债券案．见：中国政法大学科学讨论会文集（下）．中国政法大学印行．1984；又见中国政法大学学报，1984（3）

杨振亚．试析国民政府十年内战时期的土地法．南京大学学报，1984（3）
谢增寿．国民党南京政府保甲制度述论．南充师院学报，1984（4）
石芳勤．中国民主宪政的先驱宋教仁．光明日报，1984-04-04
谢刚．论《中华民国训政时期约法》的理论来源．华东师范大学学报（社会科学版），1984（6）
常兆儒．国民党统治时期的警察制度．中国人民警官大学学报（社会科学版），1985（2）
许纪霖．抗战后期国统区的民主宪政运动．华东师范大学学报，1985（2）
李子文．论湖南省宪运动．史学集刊，1985（2）
朱海举．伪满洲国劳动法令的制定及其对中国人民的奴役与迫害．东北师大学报（社会科学版），1985（2）
艾景学．试评孙中山的旧三民主义和《五权宪法》．牡丹江师院学报，1985年增刊
黄逸平等．1929～1934年“国定税则”与“关税自主”剖析．中国社会经济史研究，1986（1）
江兴国．第一次国共合作时期国民政府法制建设的历史经验教训．政法论坛，1986（1）
张国福．关于北洋政府援用清末法律的依据问题．法学杂志，1986（1）
陈国平．《中华民国临时法》的历史评述．青年法学，1986（1）
郑会欣．抗战后期国统区的民主宪政运动．江西师范大学学报（社会科学版），1986（2）
何磊．从洪述祖案看北洋时期的“司法独立”．北京档案史料，1986（4）
吴传太．略论武汉国民政府的司法改革．中南政法学院学报，1986（4）
罗裴孙．国民党时期的警察教育概况．中国人民警官大学学报（社会科学版），1987（1）
纽锦芝．民国时期的新疆司法概况．政法学习，1987（1）
韦端．民国肇进以后会计法之演进．（台湾）主计月报，1987（1）
强磊．伪满洲国法律制度概说．学术交流，1987（1）
柯钦．《暂行新刑律》是南京临时政府颁布的吗．法学杂志，1987（1）
杨玉清．关于解放前“国统区”的“行政诉讼”．法学杂志，1987（6）
马光仁．袁记《出版法》的制定与废止．新闻研究资料，1987（38）
中国第二历史档案馆．孙中山关于法律解决“宋案”之资料二件．民国档案，1988（1）
毛起雄．第一次国共合作时期的侨务立法．暨南学报（社会科学版），1988（2）
忻福良．中华民国时期的高等教育立法．华东师范大学学报（社会科学版），1988（2）

魏关松．《中华民国军政府组织大纲修正案》的提出和通过．河南师范大学学报（社会科学版），1988（3）

李铁．国民党南京政府的六法．见：中华法史丛谈．北京：中国政法大学出版社，1988

沈国锋．《中华民国临时约法》试析．见：中华法史丛谈．北京：中国政法大学出版社，1988

张希坡．南京临时政府的工商管理法规．杂志，1988（6）

习五一．顾维钧与废止中比不平等条约．团结报，1988－08－23

谭俊文．娼妓的解放——湖南废娼考．湖南地方志，1989（1）

邵宇力．应当重视研究和重新评价"六法全书"（提纲）．中山大学研究生学刊（社会科学版），1989（1）

祁绍礼．第一次国共合作时期司法改革的片断．岭南文史，1989（2）

钟灵．关于巴县大监和重庆反省院的一些情况．重庆党史研究资料，1989（2）

吴传太．试论广州、武汉国民政府国家制度的改革与立法．中南政法学院学报，1989（2）

王德祥．五四运动与民主宪政．法学研究，1989（3）

刘钧斌．中华民国临时约法评析．辽宁大学学报（社会科学版），1989（4）

纪辛．辛亥革命后的经济立法措施．教学与研究，1989（5）

北洋政府修改通商进口税则经过（1912～1918）柳州市图书馆．民国档案，1990（1）

王福金．解放战争时期的哈尔滨市监狱．法学与实践，1990（2）

华友根．略论段祺瑞的《善后会议条例》与《国民代表会议条例》的纷争．安徽史学，1990（2）

刘庆旻．国民政府司法部门审判王揖唐法庭笔录（三）．北京档案史料，1990（3）

金梅．《苏满关于中东路转让基本协定》所涉及的国际法问题．近代史研究，1990（4）

刘苏．宪法期成会史料．北京档案史料，1990（3）

廖大伟．袁世凯与预备立宪．史林，1990（3）

刘庆旻．国民政府司法部门审判王揖唐法庭笔录（四）．北京档案史料，1990（4）

邵雍．孙中山与民初洪门立案问题．团结报，1990－04－18

戚庚生．谈谈民国时期江苏的审判机构．档案与建设，1990（4）

逯云程．民国时期宁夏省各地方法院及其分院考．宁夏史志研究，1990（5）

乔丛启．北洋政府大理院及其判例．中外法学，1990（6）

金钟．广州、武汉国民政府法律制度述论．民国档案，1991（1）

陈瑞云．南京政府组织法变更浅议．史学集刊，1991（1）

张国福．驳正南京国民政府《六法全书》中的一个错误事实．中外法学，1991（2）

苏勇．论国民政府时期的文物法令与文物保护．文博，1991（2）

张国福．关于《中华民国临时约法》制定的问题．北京大学学报（社会科学版），1991（3）

张希坡．还《劳动法案大纲》的本来面目：评中央档案馆编《中共中央文件选集》所印该大纲的主要问题．法学研究，1991（3）

逮云程．民国时期宁夏地方县司法公署与县司法处情况考．宁夏史志研究，1991（3）

安宇．南京临时政府行政立法初探．徐州师范学院学报（社会科学版），1991（4）

戴军．试论南京临时政府的法制建设．法学评论，1991（4）

刘旺洪．《中华民国临时约法》的文化透视．江苏社会科学，1991（4）

戴凤岐．国民党统治时期的经济立法．经济法制，1991（5）

杭金荣等．“周阮惨案”在沪审理始末．联合时报，1991-11-08

孙淑．《动员戡乱时期临时条款》的制订与演变．徐州师范学院学报（社会科学版），1992（1）

曹宁．民国时期江苏的公证制度．江苏地方志，1992（1）

吴传太．浅议广州、武汉国民政府的吏治立法．中南政法学院学报，1992（1）

于沛霖．宋教仁与民初法制．锦州师范学院学报（社会科学版），1992（4）

虞和平．民国初年经济法制建设述评．近代史研究，1992（4）

李良玉．一九二七年以前的几部民国宪法文件．民国春秋，1992（4）

王继洲．《临时约法》：孙中山的权宜之计．团结报，1992-05-13

陈柏东．民国时期的住宅租赁立法及房租标准考略．投资与信用研究，1992（5）

吕明勋．南京国民政府公布的保险法．上海保险，1992（9）

赵同生等．重庆国民政府制订公布的保险法规．上海保险，1992（10）

龚书铎．孙中山的对外开放与维护主权．真理的追求，1992（11）

孙宅巍．孙立人案件的案中案．民国春秋，1993（1）

俞建平．国民党政府立法刍议．浙江省政法管理干部学院学报，1993（2）

利丹．省港大罢工的法制建设．华南师范大学学报（社会科学版），1993（2）

王肇江．民国时期的宁夏监狱．宁夏史志研究，1993（3）

李朝清．1912 年江西第一部宪法诞生：《江西省临时约法》．江西方志，1993（4）

郭素美．伪满的司法矫正制度．黑龙江社会科学，1993（4）

刘成刚．甘肃监粮案始末．青海社会科学，1993（5）

张志杰．民国时期水利法规体系初探．社会科学论丛，1994（1）

王金香．南京国民政府初期的禁烟政策．民国档案，1994（2）

翟国璋．南京临时政府时期立法程序述略．江苏教育学院学报（社会科学版），1994（2）

王春南．汪伪《出版法》及实施后果．学海，1994（2）

梅佳．国民政府颁布的《公司法》、《公司法施行法》．北京档案史料，1994（3）

中国第二历史档案馆．孙中山先生演讲《五权宪法》亲笔修改稿．江苏历史档案，1995（1）

张紫葛．不明德焉能肃贪？——于右任巧断林、顾两案（林世良贪污案）．人物，1995（2）

徐思彦．三十年代的冤狱赔偿运动浅论．史学月刊，1995（3）

庄有为．广州国民政府法律制度概述．上海师范大学学报（社会科学版），1995（4）

潘益民．国民政府在大陆执政时期警察组织制度考略．民国档案，1995（4）

连心豪．菽庄花园与海关税务司公馆讼案始末．台湾研究，1995（4）

方秋苇．抗战时期的《兵役法》和兵役署．民国档案，1996（1）

石柏林．民国时期经济法律体系及其作用初探．求索，1996（2）

尚丁．黄炎培与宪政运动．学习与探索，1996（4）

潘国琪．1927～1937年南京国民政府的教育立法刍议．浙江社会科学，1996（5）

邱远猷．《广西临时约法》初探．法学家，1996（6）

孙玉玲．抗战时期的“宪政”之争．天中学刊，1997（1）

王军．孙科与“五五宪草”．湘潭大学学报（社会科学版），1997（1）

徐家力．论民国初期律师制度的建立及特点．中外法学，1997（2）

李罡．略论南京国民政府初期的高等教育立法．清华大学教育研究，1997（2）

徐家力．民国律师制度得失论．政法论坛，1997（2）

张庆军，孟国祥．民国时期的律师．民国春秋，1997（2）

来丰．南京国民政府时期的公务员惩戒制度．江苏历史档案，1997（2）

邓和平．南京国民政府时期监狱状况初探．四川法学，1997（2）

石柏林．孙科与“五五宪章”．民国春秋，1997（2）

张希坡．应当恢复《中华民国临时约法》的条文原貌．法学家，1997（2）

张皓．1928～1937年国民政府组织法述论：兼向陈瑞云教授请教．史学集刊，1997（3）

周炳钦．关于1947年南京政府颁发“戡乱总动员令（案）”的两点辨正．民国档案，1997（3）

邹小站．关于南京临时政府与《临时约法》的几个问题．近代史研究，1997（3）

徐家力．民国前期创设律师制度的曲折历程．中外法学，1997（3）

赵晓冬．南京国民政府时期的军事法制概述．社会科学，1997（3）

张玉法．民国初年山东省的司法变革．社会科学战线，1997（3）

杨永华，肖周录．黄克功事件始末．人文杂志，1997（4）

饶东辉．试论大革命时期国民党南方政权的劳动立法．华中师范大学学报（社会科学版），1997（4）

徐家力．试析民国时期律师的消极诉讼义务．中外法学，1997（5）

郭兴莲．论民国初期的选举诉讼．法学评论，1997（6）

邱远猷．试论《中华民国参议院法》．历史教学，1997（12）

宁一．发生在汪伪时期的最大贪污案．文史精华，1998（1）

杨天宏．论《临时约法》对民国政体的设计规划．近代史研究，1998（1）

熊秋良．论民国初年的公司法规．四川师范大学学报（社会科学版），1998（1）

陶广峰．清末民初中国比较法学的产生．法学研究，1998（1）

李奇．民国监狱简况．浙江监狱，1998（2）

龙珊．民国时期贵州省地价整理法规选编．贵州档案史料，1998（2）

曹成建．试论南京国民政府1929年《公司法》的实施效果及其制约因素．四川师范大学学报（社会科学版），1998（2）

邱远猷．试析《中华民国江苏军政府临时约法》．江苏文史研究，1998（2）

张皓．孙科就任立法院长和《五五宪草》起草原因．岭南文史，1998（2）

李铁强．天津“瑞通洋行”诈骗案．民国春秋，1998（2）

梅佳．国民政府修改颁布保险法及保险业法施行法．北京档案史料，1998（3）

谢伟．略论《天坛宪法草案》．法学杂志，1998（3）

张天宇．民国初年袁世凯政府查办盗卖热河行宫清代古物案．北京档案史料，1998（4）

张福运．民国时期的江苏第一监狱．民国春秋，1998（4）

高树．一段难忘的囚徒生活：在国民党恩施集中营方家坝管理所的所见所闻．武汉春秋，1998（4）

张生．民国初期的大理院：最高司法机关兼行民事立法职能．政法论坛，1998（6）

姜平．抗战时期的第一次民主宪政运动．党史研究资料，1998（9）

杨丹伟．论南京国民政府的合法性．江苏社会科学，1999（1）

贾孔会．论南京临时政府的经济立法实践．湖北三峡学院学报，1999（1）

宋建平．中共与抗战时期的民主宪政运动．太原师范专科学校学报，1999（2）

武乾．论北洋政府的《行政执行法》．法学杂志，1999（4）

陈炳山．战前“训政”时期立法体制特点初探．江海学刊，1999（4）

武乾．论北洋政府的行政诉讼制度．中国法学，1999（5）

夏锦文．民国时期司法独立的矛盾分析．南京社会科学，1999（5）

陈晓枫．《中华民国临时约法》的文化透视．武汉大学学报（人文社会科学版），1999（6）

胡文涛．1946年《中华民国公司法》的产生、特点及影响．河南师范大学学报，2000（1）

常青．民国初年关于中国加入国际版权同盟问题的论争．河南大学学报，2000（2）

范继忠．北洋时期首次经济立法述略．河北师范大学学报，2000（3）

朱勇．论民国初期议会政治失败的原因．中国法学，2000（3）

李露．论“全国教育会联合会”对民初教育立法的影响．学术论坛，2000（3）

陈波．“期成宪草”探微——抗战时期民主宪政运动的重要成果．湖北大学学报，2000（3）

贾孔会．试论北洋政府的经济立法活动．安徽史学，2000（3）

李学智．南京临时参议院维护法制的努力．历史教学，2000（5）

张希坡．南京临时政府司法行政法规考察研究．法学家，2000（5）

邱远猷．试析《浙江军政府临时约法》．历史教学，2000（5）

褚宸舸．中华民国时期西北地区的烟毒及禁政．福建公安高等专科学校学报，2000（5）

李胜渝．北洋政府票据立法论略．法商研究，2000（6）

春杨．略评胡汉民之立法主持活动．法学评论，2000（6）

潘宇，李新田．民国间民事习惯调查中所见的中人与保人研究．法制与社会发展，2000（6）

陈传法，李素珍，宋保仁．“民国民法”的价值观与中国传统价值观的差异．河北法学，2000（6）

音正权．《中华民国临时约法》的主要缺陷．政法论坛，2000（6）

李峻．论北洋政府时期的司法独立．南京社会科学，2000（10）

刘正中．庞德与中国之法制——1943年至1948年之中国法制历史．（台湾）法学，2000（12）

黄源盛．民初大理院关于民事习惯判例之研究．（台湾）政大法学评论，2000（63）

栾爽．南京临时政府与南京国民政府法治模式分析论纲——兼谈法律文化德传统与现代性问题．政法论丛，2001（1）

邱远猷．南京临时政府的司法制度改革．江苏文史研究，2001（3）

何勤华．略论民国时期中国移植国际法的理论与实践．法商研究，2001（4）

张生．略论民事习惯在民初司法中的作用．人文杂志，2001（4）

张茂梅．试论北洋政府时期妇女在婚姻家庭中的法律地位．华南理工大学学报，2001（4）

刘昌兰．试析《中华民国宪法》制定过程的特征．烟台师范学院学报，2001（4）

宋志勇．战后初期中国的对日政策与战犯审判．南开学报（哲学社会科学版），

2001 (4)

刘琳琳，王立艳．民国治藏法律研究简述．中央政法管理干部学院，2001 (5)

张宝海，徐峰．南京国民政府（1927～1937）宗教法规评析．泰安师专学报，2001 (5)

武乾．南京国民政府的保甲制度与地方自治．法商研究，2001 (6)

邱远猷．南京临时政府的司法制度改革．中州学刊，2001 (6)

李秀清．“梁启超宪草”与民国初期宪政模式的选择．现代法学，2001 (6)

李露．1927～1937 年南京政府教育立法探究．河南大学学报，2002 (1)

石毕凡．1946 年政协会议“宪法草案案”的宪政模式辨析．公法研究，2002 (1)

李秀清．20 世纪前期民法新潮流与《中华民国民法》．政法论坛，2002 (1)

刘江琴．从宪政意识角度析民初有宪法无宪政的原因．荆州师范学院学报，2002 (1)

余子明．护国战争的法律问题．四川大学学报，2002 (1)

李露．论民国前期（1912～1927）的教育立法．集美大学学报，2002 (1)

张生，王敬波．民国初期的大理院：最高司法机关兼行民事立法职能．诉讼法学研究，2002 (1)

胡明华．南京临时政府法制建设的特点及重要意义．南京人口管理干部学院学报，2002 (1)

黄佩芳．民国初期妇女的公民权．中华女子学院学报，2002 (2)

程郁．民国时妻妾的法律地位及其变迁．史林，2002 (2)

陆治乾．民国时期小县三大案．广东史志，2002 (2)

李秀清．民国时期移植外国商事立法论略．法学论坛，2002 (2)

王业兴．民国时期宗教管理的法制取向．广东省社会主义学院学报，2002 (2)

张劲松．“五权宪法”对监督行政体制改革的借鉴意义．党政干部论坛，2002 (2)

彭毓花．《中华民国临时约法》的宪法原则．云南民族学院学报，2002 (2)

胡仁智．南京国民政府前期教育立法的宏观考察．西南政法大学学报，2002 (3)

张生．民初大理院审判独立的制度与实践．政法论坛，2002 (4)

谢水顺．试论旧桂系时期广西近代司法制度的执行．广西师范大学学报，2002 (4)

张仁善．司法行政权的无限扩大与司法权的相对缩小——论南京国民政府时期的司法行政部．民国档案，2002 (4)

李金铮．政府法令与民间惯行：以国民政府颁行“年利 20％”为中心．河北大学学报，2002 (4)

邓正兵．1939～1940 年关于民主宪政的争论述评．郧阳师范高等专科学校学报，2002 (5)

李国忠．国民党统治时期根本法的产生和中央与地方的关系述论．辽宁师范大学学报，

2002（5）

刘笃才．《临时约法》“因人立法”说辨正．法学研究，2002（5）

周正云．论民国时期的法律援助制度．湖南省政法管理干部学院学报，2002（5）

付海晏．民初商会舆论的表达与实践：立足于商事裁判权的历史研究．开放时代，2002（5）

齐钧．民初一项体现孙中山民族平等思想的法制变革——《蒙古待遇条例》制定及其实施．见：法律史论集，第4卷．北京：法律出版社，2002

张生．民国初期民事固有法与继受法的整合（1912～1927年）．见：法律史论集．第4卷．北京：法律出版社，2002

刘琳琳，王立艳．民国治藏法律研究简述．中央政法管理干部学院，2002（5）

陈竹君．南京国民政府劳工福利政策研究．江汉论坛，2002（6）

张仁善．南京国民政府时期县级司法体制改革及其流弊．华东政法学院学报，2002（6）

兰芳．1939年中间党派的宪政提案评述．历史教学，2002（7）

张仁善．论国民政府时期司法腐败的防治机制及其功能效应．见：走向二十一世纪的中国法文化．上海：上海社会科学院出版社，2002

张仁善．论司法官的生活待遇与品行操守——以南京国民政府时期为例．南京大学法律评论，2002年春季号

孙镇平．民国时期西藏法制综评．北京建筑工程学院学报，2002年增刊

武乾．北洋政府时期的经济法与经济体制的二元化．法商研究，2003（1）

吴泽勇．动荡与发展：民国时期民事诉讼制度述略．现代法学，2003（1）

何一民．简论民国时期城市行政民主化与法制化的发展趋势．西南民族学院学报，2003（1）

李国忠．民初国会制宪中中央与地方关系论争述评．山西师范大学学报，2003（1）

张凤仙．民国时期监狱统计制度述论．中国监狱学刊，2003（1）

尹伟琴．“五五宪草”公布后知识界的批评．杭州商学院学报，2003（1）

张振国．张君劢对中央政制的具体设计：简析《国事会议宪草》及《政协宪草》设计的中央政制．现代法学，2003（1）

郑大华．重评1946年《中华民国宪法》．史学月刊，2003（2）

归东．《临时约法》九十有感．贵州广播电视大学学报，2003（2）

毕明志，汤传志．略论1928～1936年广东省金融立法．五邑大学学报，2003（2）

韩秀桃．民国元年的司法论争及其启示：以审理姚荣泽案件为个案．法学家，2003（2）

武乾．南京国民政府预决算法制的演进及特点．中西法律传统，2003（2）

徐晓光．清末民国蒙藏地区法制建设的得与失．内蒙古民族大学学报，2003（2）

成臻铭，麻荣富．试破永绥厅书院房契之谜．湖北民族学院学报，2003（2）

孔庆山．“宅地农场议案”在国会的辩论及其通过．史学月刊，2003（2）

郑大华．张君劢与1946年《中华民国宪法》．淮阴师范学院学报，2003（2）

万安中．国民党统治时期广东监狱发展探讨．中山大学学报，2003（3）

王丽华．论1946年政协会议决议案中的宪政模式：与孙中山五权宪法模式比较研究．江汉大学学报，2003（3）

张建华．南京国民政府时期的冤狱赔偿运动述论．华北电力大学学报，2003（3）

归东．试评《临时约法》的历史地位及其影响．贵州社会科学，2003（3）

张仁善．司法腐败与社会失控：以南京国民政府后期为个案的分析．江苏社会科学，2003（3）

李明山．民国初年的涉外版权纠纷案．民国档案，2003（4）

张仁善．南京国民政府时期司法腐败防治机制的功能障碍及负面效应．江海学刊，2003（4）

冯筱才．自杀抑他杀：1927年武汉国民政府集中现金条例的颁布与实施．近代史研究，2003（4）

张仁善．略论南京国民政府时期司法经费的筹划管理对司法改革的影响．法学评论，2003（5）

韩秀桃．民国时期兼理司法制度的内涵及其价值分析．安徽大学学报，2003（5）

张洪林．民国时期四川盐井租佃契约．现代法学，2003（5）

张凤鸣，王敏荣．伪满劳动统制政策剖析．学习与探索，2003（5）

张丽艳．1927～1937年上海律师业发展论析．社会科学，2003（6）

侯强，陆建洪．民初法学教育与法制现代化．法商研究，2003（6）

杨慧清，尹灵芝．民初移植人身保护令制度述论．许昌学院学报，2003（6）

尤志安．中华民国时期刑事诉讼立法史略．诉讼法学研究，2003（6）

侯强．段祺瑞政府法制变革述论．前沿，2003（8）

吴永明．民初（1912～1928年）司法现代化变革研究述评．见：法律史论集．第5卷．北京：法律出版社，2003

张国福．民国法制几个史实考．见：中国法制史考证·乙编．第3卷．北京：中国社会科学出版社，2003

张仁善．一种法律社会史视角的考察——国民政府时期司法界不良社会关系剖析．南京大学法律评论，2003年春季号

郑素一．民初内阁倒台的法学透视．汕头大学学报（人文社会科学版），2004（1）

李玉伟．民国时期国民党政府的民族政策及内蒙古的民族问题．中央民族大学学报，

2004（1）

李玉伟．北洋政府的民族政策与内蒙古的民族问题．内蒙古社会科学，2004（2）

吴永明．民国前期新式法院建设述略．民国档案，2004（2）

杨宜默．民国时期的“人身保护法”．当代法学，2004（2）

吴成军．民国时期戒毒政策研究．民国档案，2004（2）

韩秀桃．民国时期法律家群体的历史影响．榆林学院学报，2004（2）

刘国武．1927～1937年国民政府的对藏政策及接管措施．史学月刊，2004（3）

倪延年．论北洋军阀政府时期的报刊立法活动及主要特点．南京师范大学学报（社会科学版），2004（3）

刘晓源．论南京国民政府“六法全书”之基本特点．甘肃行政学院学报，2004（3）

郭志祥．民初法官素养论略．法学研究，2004（3）

易继苍．中国经济法制近代化的重要里程碑——北洋政府时期的经济立法．贵州社会科学，2004（3）

杨士泰．抗战前南京国民政府土地立法的失与得．邢台职业技术学院学报，2004（4）

石楠．民国最高院“末代检察长”杨兆龙的荣与辱．钟山风雨，2004（4）

魏文享．制约、授权与规范——试论南京国民政府时期对同业公会的管理．华中师范大学学报，2004（4）

汤毅平．论民国前期的劳动立法．求索，2004（5）

黄本莲．《民国民法典》对传统家庭财产制度的改造．江苏警官学院学报，2004（5）

吴永明．民国前期刑事诉讼法制变革述论．江西师范大学学报，2004（5）

贾孔会．试论南京临时政府的宪政革新．学术论坛，2004（5）

杨宜默．章士钊与人身保护令制度．法学杂志，2004（5）

朱英．行业习惯与国家法令——以1930年行规讨论案为中心的分析．历史研究，2004（6）

魏浩然．抗战前南京国民政府金融立法浅论．哈尔滨学院学报，2004（6）

胡明华．民国南京临时政府法制建设的历史定位与深远影响．唯实，2004（12）

吴永明．民国前期律师制度建构述论．江西社会科学，2004（12）

翁有为．南京政府行政督察专员制度的法制考察．史学月刊，2004（12）

杨帆．1946：宪政的幻灭．黑龙江省政法管理干部学院学报，2005（1）

侯强．曹锟“贿选宪法”及其价值评价．重庆教育学院学报，2005（1）

刘义．基督徒与民初宪法上的信教自由——以定孔教为国教之争为中心（1912～1917）．东岳论丛，2005（1）

郑全红．略论南京国民政府亲属法对传统婚姻制度的改造．天津商学院学报，2005（1）

王素芬．民国时期继受英美法理念概介——以日人宫本英雄著《英吉利法研究》为中心．辽宁公安司法管理干部学院学报，2005（1）

田湘波．训政前期司法党化问题之研究．怀化学院学报，2005（1）

杨天宏．北洋外交与“治外法权”的撤废——基于法权会议所作的历史考察．近代史研究，2005（3）

刘馨．民国时期高等院校学术期刊的出版与法学研究．比较法研究，2005（3）

程鸿勤．试论抗战时期的“一国两制”——论国共合作的法制基础．北京政法职业学院学报，2005（3）

张志红．简论抗战前南京国民政府的土地立法．历史教学，2005（4）

陈书梅．抗日战争时期立法院的立法工作述论．苏州科技学院学报（社会科学版），2005（4）

丰箫．民国乡村秩序的整合：规范化过程——以1945年后的浙江省嘉兴地区乡村佃业纠纷为中心．中国农史，2005（4）

刘宝东．民族主义勃兴与司法主权重构——民国北京政府废除领事裁判权的外交努力．北京联合大学学报（人文社会科学版），2005（4）

周荣．“武汉抗战时期”的社会保障立法．湖北行政学院学报，2005（4）

刘山鹰．1946年政协会议与中国宪政设计．社会科学战线，2005（5）

黄燕群．民国时期“兼理司法制度”组织形式演变探析．湘潭师范学院学报（社会科学版），2005（5）

潘攀．上海公共租界在国际法上的地位．湘潭师范学院学报（社会科学版），2005（5）

王俊彦．东京法庭上的中国检察官向哲浚．纵横，2005（8）

罗旭南．北洋政府的平政院制度与司法独立．理论界，2005（9）

魏淑君．由一例民国时期的移植法与民间习惯冲突展开的思考．法学，2005（9）

眭鸿明．民国初年遵从民商事习惯风格之考证．河北法学，2005（11）

陈晓东．袁世凯组阁的法制意义．历史教学，2005（12）

黄本莲．在民法典与传统规则之间——中华民国最高法院的抉择．湖北师范学院学报（哲学社会科学版），2006（1）

4. 革命根据地

马锡五．新民主主义革命阶段陕甘宁边区的人民司法工作．政法研究，1955（1）

杨琪．试论新民主主义阶段人民刑法的发展．法学，1957（3）（4）

张希坡．学习马锡五同志审判方式．法学研究，1979年创刊号

法学所法制史研究室．抗日根据地的选举制度（资料）．吉林大学社会科学论丛·法学，1979（1）

李忠芳，陈航．中国婚姻制度大革命的开端——重温《中华苏维埃共和国婚姻条例》．

吉林大学社会科学论丛·法学，1979（1）

张希坡．马锡五同志和他的审判方法．社会科学战线，1979（4）

杨永华，方克勤．陕甘宁边区审判方式的一个范例．西南政法学院学报，1980（3）

张希坡．一九二七年《湖北省惩治土豪劣绅暂行条例》简介．江汉论坛，1980（4）

齐夫．第一个全国性红色政权的光荣标记——介绍中华苏维埃共和国临时中央政府第一号布告．革命文物，1980（5）

韩延龙．试论抗日根据地的调解制度．法学研究，1980（5）

方克勤，杨永华，马朱炎．当年延安一件凶杀案的审理．民主与法制，1980（10）

朱玉湘，吕伟俊．抗日根据地的民主与法制．山东大学文科论文集刊，1981（2）

金普森．试论《井冈山土地法》的制定．杭州大学学报（社会科学版），1981（4）

张希坡．革命法制史上的一封重要复信——读毛泽东同志《给雷经天的信》．法学杂志，1981（6）

李逸民．任何人都要服从法律——黄克功事件的始末．人民日报，1981-07-18

严鸿．浅谈中华苏维埃法律作用问题．江西大学学报（社会科学版），1982（1）

佳木整理．新民主主义宪政运动史简介．政治与法律丛刊，1982（1）

杨永华．指导陕甘宁边区民主法制建设的光辉文献．西北政法学院学报，1982（1）

江西省法学会苏区革命法制调查组．中华苏维埃革命法制简介．江西司法，1982（1）

金普森．《兴国土地法》对《井冈山土地法》的一个原则改正．历史研究，1982（2）

杨永华，方克勤．陕甘宁边区民主政权的刑法原则．法律史论丛，1982（2）

陈奕善．中国人民当家作主的第一部根本大法——试析《中华苏维埃共和国宪法大纲》．新疆师范大学学报，1982（2）

杨楠．中华苏维埃法制的形成及其特点．江西大学学报，1982（3）

全国报刊索引编辑室．大革命时期惩治、审判土豪劣绅的两个条例．档案资料，1982（6）

张希坡．革命根据地的审计立法及其基本经验．法学杂志，1982（6）

孙时聪，王敏．抗大管理区开展调解有成效．法学，1982（6）

常兆儒．陕甘宁边区的简政与行政立法．法学研究，1982（6）

胡超．《鄂豫边区施政纲领》介绍（附：鄂豫边区施政纲领）．档案资料，1982（8）

王军英，毛树富，丁天瑞．马“青天”办案．民主与法制，1982（8）

张希坡．革命根据地关于保护儿童禁止弃婴溺婴的法令．西北政法学院学报，1983年创刊号

赖仁光．赣东北根据地的法制简介．江西司法，1983（1）

杨波．试论川陕革命根据地的法制建设．许昌师专学报，1983（1）

张希坡．革命根据地有关惩治贪污浪费的刑事法规．北京政法学院学报，1983（2）

韩延龙．红色区域司法体系简论．法学研究，1983（2）

梁开平，朱丹．我党第一个土地法——《井冈山土地法》．历史知识，1983（4）

柳直荀，张希坡．执法如山的人民法官——郭亮．学习与研究，1983（4）

张希坡．陕甘宁边区精兵简政与行政立法．政治与法律，1983（5）

李庚元．简论山东抗日民主根据地的人民调解工作．东岳论丛，1983（6）

郑学秋．闽西苏维埃政府的婚姻法令．妇女，1983（7）

张希坡．再论田中忠夫对《湖北省惩治土豪劣绅暂行条例》图解中的主要问题．见：法学论集．北京市法学会印行，1983

祝珏．《六法全书》和五奎桥．民主与法制，1983（9）

雷晟生．第二次国内革命战争时期革命根据地土地立法初探．见：法律史论丛．第3辑．北京：法律出版社，1983

韩延龙，常兆儒．革命根据地法制建设基本原则初探．见：法律史论丛．第3辑．北京：法律出版社，1983

杨永华，方克勤．陕甘宁边区严于执法一例——谈谈黄克功案件的处理．见：法律史论丛．第3辑．北京：法律出版社，1983

雷晟生．第二次国内革命战争时期革命根据地土地立法初探．见：法律史论丛．第3辑．北京：法律出版社，1983

张希玻．革命根据地的基层政权和群众性自治组织．见：法史研究文集（上）．西北政法学院科研处印行，1983

韩延龙．红色区域婚姻立法简论．见：法史研究文集（上）．西北政法学院科研处印行，1983

杨永华，方克勤．陕甘宁边区调解原则的形成．西北政法学院学报，1984（1）

严鸿．浅谈中华苏维埃法律作用问题．法学论文选（1981～1983）．江西省法学会印行，1984（2）

杨楠．中华苏维埃法制的形成及其特点．法学论文选（1981～1983）．江西省法学会印行，1984（2）

江西省法学会苏区革命法制调查组．中华苏维埃革命法制简介．法学论文选（1981～1983）．江西省法学会印行．1984（2）

杨永华，方克勤．陕甘宁边区调解工作的基本经验．西北政法学院学报，1984（2）

雷晟生．第二次国内革命战争时期根据地刑法试析．西北政法学院学报，1984（3）

张希坡．革命根据地保护妇女儿童权益的刑事法规．中国法学，1984（3）

张希坡．革命根据地的森林法规概述．法学，1984（3）

邱世华，杨永华．依法保护抗日军人婚姻．司法文书与公文写作，1984（3）

杨永华，方克勤．抗日战争时期陕甘宁边区司法工作中贯彻统一战线政策的几个问题．

西北政法学院学报，1984（4）

杨永华，王天木，段秋关．论陕甘宁边区法律建设的原则．法学研究，1984（5）

晋察冀边区目前施政纲领．山西革命根据地，1985（1）

朱新春等．试论一九四三年《盐阜区文教法令》．盐城师专学报（社会科学版），1985（1）

杜敬．关于“五四指示”和《中国土地法大纲》的几个问题（1946年）．天津社会科学，1985（3）

杨永华．试论抗日民主政权法律中的人权问题——为抗日战争四十周年而作．西北政法学院学报，1985（3）

朱顺佐．简论梁柏台对苏区司法建设的贡献．绍兴师专学报（社会科学版），1985（4）

周锡银．我党在民族地区颁发的第一个宗教法规．四川文物，1985（4）

陈琏．马锡五审理刘兰香被拐骗贩卖案史料．档案，1985（5）

杨永华，王天木，段秋关．论陕甘宁边区抗日民主法制建设的几项原则．见：法学论文集（续集）．北京：光明日报出版社，1985

姬乃军．延安时期的业余法律学校．法制日报（陕），1985-08-13

苏明辉．论《溪南里土地法》．中国社会经济史研究，1986（1）

王志远．八年抗战中晋察冀边区的劳教劳改工作．中国人民警官大学学报，1986（3）

苏明辉．《井冈山土地法》不是我党历史上第一个土地法．文献和研究，1986（3）

寇砾选编．日伪“食粮公社暂行规程”．北京档案史料，1986（3）

王家勤．山西抗日根据地关于贪污罪的规定．山西革命根据地，1986（3）

杨永华．延安时代的法制理论与实践．西北政法学院学报，1986（3）

韩延龙．中国革命法制史的若干基本问题．法学研究，1986（5）

湘赣苏区赤色工会暂行组织法．中国工运史料，1986（28、29）合刊

中华苏维埃劳动法（草案）．中国工运史料，1986（28、29）合刊

张希坡．解放战争时期解放区的商标注册法规．法学杂志，1987（1）

王志远．晋察冀边区公安保卫机关．中国人民警官大学学报（社会科学版），1987（1）

张希坡．革命根据地的财产继承法．西北政法学院学报，1987（2）

杨目生．苏区法制的几个基本问题．赣南师范学院学报（社会科学版），1987（2）

常兆儒．中国红色区域行政法律监督制度述略．法学研究，1987（3）

钟庆祥．从黄克功案的处理看陕甘宁边区加强民主法制建设的特点．延安大学学报（社会科学版），1987（4）

方克勤．陕甘宁边区惩治贪污罪的立法与实践．西北政法学院学报，1987（4）

孔永松．关于《溪南里土地法》主要政策的考辨．福建党史通讯，1987（9）

程维荣．论苏区土地立法的重要意义．见：法学论文集．上海：上海社会科学院出版

社，1987

陈诗益．浅谈中央苏区制定劳动法规的得失．闽西方志通讯，1988（1）

张修全．湘鄂西苏区和中央苏区等土地政策之比较研究．华中师范大学学报（社会科学版），1989（2）

李洪欣，孙小迎．左右江革命根据地的司法组织与司法实践．广西大学学报，1989（3）

杨永华等．统一战线中的法律问题——边区法制史料的新发现．中国法学，1989（5）

罗任权．（1940～1949 年）太行根据地税收制度若干问题的研究．经济法制，1989（7）

刘良．苏区检察官二三事．人民检察，1989（9）

刘为民．论山东抗日民主政权司法制度的特点．山东法学，1990（1）

刘绍春等．简论中央苏区的财经立法．党史文苑，1990（2）

齐一飞．论晋察冀边区的法制建设．法学杂志，1990（2）

黄柳玲．抗日战争时期妇女宪政运动的回顾．重庆党史研究资料，1990（3）

俞宏标．从“五四指示”到《中国土地法大纲》．历史教学问题，1990（6）

张希坡．毛泽东同志与苏维埃组织法的制定和宣传．法学杂志，1990（6）

张希坡．1931 年《赣东北特区苏维埃暂行刑律》考订研究．见：中国法律史国际学术讨论会论文集．西安：陕西人民出版社，1990

韩延龙，常兆儒．中国红色区域劳动立法史料简析．见：中国法律史国际学术讨论会论文集．西安：陕西人民出版社，1990

白明高．川陕苏区的法制建设．四川党史月刊，1990（10）

田方．延安时期的村民公约．人民日报，1990－12－09

唐滔默．革命根据地如何惩治贪污．财政研究资料，1990（52）

白明高．川陕苏区革命法制建设探析．川陕苏区历史研究，1991（1）

洪平．试析鄂豫皖苏区的婚姻立法．安徽史学，1991（3）

辛建．忆抗日时期的看守工作．许昌师专学报（社会科学版），1991（4）

逯云程．革命根据地时期盐池县司法机关考．宁夏史志研究，1991（5）

王利荣．抗日根据地的狱制特色．现代法学，1991（6）

冯治．新民主主义革命时期人民民主政权的婚姻立法．四川党史，1991（6）

管开群．抗战时期处决武胜县长雀恺案始末．巴蜀史志，1992（1）

杨永华．陕甘宁边区人权立法．法律科学，1992（1）

肖周录．延安时期边区的人权与法律保障．法律科学，1992（2）

张辅麟．残酷的日伪司法刑事制度．学术研究丛刊，1992（3）

李彬．抗日战争时期陕甘宁边区民族法制建设．民族理论研究，1992（3）

佘志勤等．略论抗战时期党的法制统一战线．徐州师范学院学报（社会科学版），1993（1）

韩松等．陕甘宁边区的破产立法．人文杂志，1993（1）

许有恒等．从新民主主义的立法看妇女运动的特点．成都党史，1993（3）

王立中．战时自救：抗战时期国统区沦陷区的法政教育．档案史料与研究，1993（3）

周海华．毛泽东与《井冈山土地法》的制定．江西方志，1993（4）

张希坡．陕甘宁边区征粮法规及有关史实考辨．法律科学，1993（5）

杨永华．根据地时期法律平等原则的历史回顾．法律科学，1993（6）

张志强．《中国土地法大纲》与文物保护．文物天地，1993（6）

肖周录．陕甘宁边区科技立法与知识分子的权益保障．法律科学，1994（3）

王立民．试论抗日根据地的人权法．政治与法律，1994（3）

刘树林．陕甘宁边区政府查禁鸦片毒品立法述评．甘肃政法学院学报，1995（2）

蔡永民．抗日民主政权的法制建设．兰州大学学报（社会科学版），1995（3）

华友根．新民主主义革命时期的刑事法规简析．政治与法律，1995（6）

傅建成．论华北抗日根据地对传统婚姻制度的改造．抗日战争研究，1996（1）

于树斌．新民主主义革命时期根据地预审制度的建立与发展（一）．公安大学学报，1996（1）

于树斌．简述新民主主义革命时期根据地预审制度的建立与发展（二）．公安大学学报，1996（2）

邱远猷．革命根据地政协反腐倡廉的法制建设．文史杂志，1996（3）

于树斌．简述新民主主义革命时期根据地预审制度的建立与发展（三）．公安大学学报，1996（3）

宇赟．试论土地革命时期几部土地法律的立法意义．延安大学学报（社会科学版），1997（1）

李煌．怎样看待革命根据地的法：兼与孙国华先生商榷．贵州师范大学学报（社会科学版），1997（1）

朱恩沛．试论抗日民主政权的法律建设．长白学刊，1997（3）

黄玉竹选编．华北人民政府发布使用印信规定．北京档案史料，1997（4）

张山新．中国工农红军法制的历史地位．法学杂志，1997（4）

王平元．川陕苏区法律制度浅述．四川党史，1997（5）

邱远猷．革命根据地民主政权的反贪倡廉立法．中州学刊，1997（6）

李潇，范红．论革命根据地对人权的法律保障．桂海论丛，1997 年增刊

杨永华，木可．边区民主政治建设与净化执法环境．甘肃政法学院学报，1998（1）

宇赟．民意的结晶，政策的定型：刍议陕甘宁边区参议会的立法特点．延安大学学报

(社会科学版)，1998 (2)

谭双泉，李招忠．根据地婚姻立法与人权保护．湖南师范大学社会科学学报，1998 (3)

张明之．中华苏维埃共和国立法工作浅议．党的文献，1998 (3)

喻权域．中国共产党早期的人权立法．当代思潮，1998 (4)

肖周录．我国革命根据地人权立法问题研究的几点建议．中国人民大学学报，1998 (6)

喻权域．中国共产党早期的人权立法．公民与法，1998 (7)

刘国荣．论《井冈山土地法》的开创性意义．荆州师范学院学报，1999 (1)

张希坡．马锡五出生年月考证．法学杂志，1999 (1)

张佺仁．试论陕甘宁边区抗日民主政权人民民主法制的特点和经验．西北史地，1999 (3)

徐增满．延安时期法制建设的概况及其主旨．延安大学学报（哲学社会科学版），1999 (3)

肖周录．深化对革命根据地人权法规的研究．理论导刊，1999 (4)

段丽霞．抗日时期革命根据地法制建设述略．学术论丛，2000 (1)

胡仁智．革命根据地廉政法制建设及其现代意义．现代法学，2000 (3)

强世功．权力的组织网络与法律的治理化——马锡五审判方式与中国法律的新传统．北大法律评论，2000，3 (2)

唐志全，陈学明，黄德华．闽浙赣苏区法制建设的成就和基本经验．江西社会科学，2000 (4)

李露．抗战胜利后四年间的教育立法．广西民族学院学报，2000 (5)

阎庆生．论《陕甘宁边区征购地主土地条例草案》．西北师范大学学报，2000 (6)

宋四辈．新民主主义革命时期的人权法制建设及其特点．郑州大学学报，2000 (6)

左旭初．晋冀鲁豫根据地商标法规简介．中国工商报，2000-10-11

曾汉祥．抗战时期大后方文人的著作权保护活动．著作权，2001，(1) 60-61

杨木生．论苏区的司法制度．求实，2001 (1)

张文琳．抗战至抗战胜利初期陕甘宁边区的选举法及其实施．甘肃理论学刊，2001 (2)

张芳访．论马锡五审判方式对抗日根据地司法制度的影响．广东党史，2001 (4)

付子堂，胡仁智．新中国建立前中国共产党的法律探索．学习与探索，2001 (4)

王金艳．东北解放区的法制建设．长白学刊，2001 (6)

阎庆生，黄正林．论陕甘宁边区的土地政策和土地立法．西北师范大学学报，2001 (6)

魏秀玲．论陕甘宁边区税收法律制度的产生及基本原则．政法论坛，2001（6）

张海荣．抗日根据地农业立法中“三农”战略的历史考察．河北师范大学学报，2002（1）

马于强．论《井冈山土地法》的内容及其历史意义．井冈山师范学院学报，2002（1）

张文琳．抗战至抗战胜利初期陕甘宁边区的选举法及其实施．甘肃理论学刊，2002（2）

李露．论抗战时期的教育立法．集美大学学报，2002（2）

郑志廷，焦亚葳．论《中国土地法大纲》的历史地位．河北大学学报，2002（2）

谢一彪．《中华苏维埃共和国宪法》的再探讨．南昌大学学报，2002（3）

吴泽勇．新民主主义革命根据地的民事诉讼制度．烟台大学学报，2002（4）

曹敏华．论中央苏区军事法制建设及其历史作用．中共福建省委党校学报，2002（1）

王长江．边区法院两则判决书的特点及启示．河南省政法管理干部学院学报，2003（3）

张晓丽．抗战时期苏皖根据地的禁毒法规措施及其影响．中共党史研究，2003（3）

梁剑锋，唐艾苓．民主革命时期毛泽东在劳动法制建设上的贡献．山西高等学校社会科学学报，2000（3）

杨永华．陕甘宁边区人权法律的颁布与实施．兰州大学学报，2003（3）

龚大明．抗战时期中共土地政策的制定 实施和作用．贵州师范大学学报，2003（4）

梁凤荣．谢觉哉对陕甘宁边区民主选举制度建设的贡献．河南大学学报，2003（5）

唐正芒．抗日根据地法制建设新内容述略．宁夏党校学报，2003（6）

张希波．中国革命根据地的反腐倡廉与刑事立法．政法论丛，2003（7）

张希坡．对革命根据地四种法制文献的初步考订．见：中国法制史考证·乙编．第4卷．北京：中国社会科学出版社，2003

雷经天著，侯欣一整理．雷经天在陕甘宁边区司法工作会议上的报告．见：法律史论集．第5卷．北京：法律出版社，2003

王守梅．论新民主主义时期人民民主法制建设．山西广播电视大学学报，2004（1）

韩大梅．《陕甘宁边区宪法原则》论析．中共中央党校学报，2004（1）

孙彩霞．20世纪30年代的冤狱赔偿运动．历史档案，2004（2）

徐维俭，李少斐．抗战时期的民主宪政运动．晋阳学刊，2004（2）

莫子刚．略论抗战时期贵州的禁政．求索，2004（2）

宋四辈．新民主主义革命时期的民主司法制度建设及启示．中国社会科学院研究生院学报，2004（2）

范红．中国共产党在新民主主义革命时期的人权法律保障实践初探．北京理工大学学报（社科版），2004（2）

李宜霞．梁柏台与中华苏维埃共和国司法制度之建设．中共中央党校学报，2004（3）
田东奎．论革命根据地的证券法律制度．政法学刊，2004（3）
王吉德．浅析陕甘宁边区法制建设的人本特征．陕西档案，2004（3）
贾孔会．试论抗战时期中国共产党的新民主主义宪政实践．理论月刊，2004（3）
郝琦．略论延安时期的法制建设．广西社会科学，2004（4）
叶昌富．新民主主义革命时期民主政权土地立法的主要特点．江西社会科学，2004（4）
侯欣一．陕甘宁边区高等法院司法制度改革研究．法学研究，2004（5）
王艳芳．边区法制建设浅论．党史文苑，2004（8）
吴明童．人民陪审制的理念与发展．中国司法，2004（8）
齐霁．抗日根据地禁毒立法问题研究．抗日战争研究，2005（1）
张荣华．论中国共产党在抗日战争时期的法制建设．石油大学学报（社会科学版），2005（3）
韦湘燕．浅析井冈山《土地法》．社会科学家，2005. S2
韩延龙．中国红色区域劳动立法史料简析．法律文献信息与研究，2006（1）

（三）中华人民共和国法制史

周新民．十年来新中国法学发展的回顾．政法研究，1959（5）
杨大文，刘素萍．谈我国婚姻家庭制度的改革．人民日报，1963－12－13
黎实．清末以来在宪法问题上的重大斗争——学习《关于中华人民共和国宪法草案》．光明日报，1977－05－12
社会科学院法学研究所理论组．新宪法是加强社会主义法制的强大武器．光明日报，1978－04－25
曾宪义．彻底批判林彪、“四人帮”的株连刑罚．北京日报，1979－01－18
张希坡．彻底废止肉刑、切实保证人身自由是民主革命的遗留任务．社会科学辑刊，1979（4）
陈守一，刘开卓，赵震江．我国法制建设三十年．法学研究，1979（4）
陈守一．新中国法学三十年一回顾．法学杂志，1980（1）；又见：《中国法学文集》．北京：法律出版社，1984
刘克清．人民调解委员会的由来．文汇报，1982－01－02
韩延龙．我国人民调解制度的历史发展．法律史论丛，1982（2）
周约三．土地改革对消灭封建关系及发展生产力的意义——纪念《中华人民共和国土地改革法》公布三十二周年．史学月刊，1982（4）
吴新平．党领导人民制宪和第一部宪法诞生．中国法制报，1982－12－31
陈守一．新中国法学三十年的回顾．见：法学论文集．北京大学出版社，1984

胡菊蓉．中国军事法庭对日本侵华部分战犯审判概述．史学月刊，1984（4）
韩晓武．建国以来我国行政监察制度的发展变化．河北法学，1984（5）
张友渔．新中国制宪工作回顾——纪念中华人民共和国成立三十五周年．法学研究，1984（5）
朱华泽．中华人民共和国法律的产生．自修大学（政法），1984（5）
陈守一．中国法学三十年．见：中国法学文集．第1辑．北京：法律出版社，1984
兰洁，邵名正．试论我国各个历史阶段犯罪的特点及其与阶级斗争的关系．见：中国政法大学科学讨论会文集（下）．中国政法大学印行，1984
沙石等．开国第一盗窃案．人民警察，1985（1）
曹为等．董必武同志对我国法学事业的卓越贡献．法学研究，1985（2）
张友渔．论人民代表大会代表的任务、职权和活动方式问题．法学研究，1985（2）
呙玉临．董必武对我国法制建设的重大贡献．湖北日报，1985-03-04
李士超．董必武同志对我国政法工作建设的卓越贡献．山西师范大学学报（社会科学版），1985（3）
张长海．我省五十年代检察通讯员略考．河北法学，1985（4）
阎殷卿．新疆“三区革命”时期法制建设初探．新疆社会科学，1985（6）
邵文海．历史的审判——访原特别军事法庭审判长袁光．北京晚报，1985-08-15
赵海啸等．使战争狂人成为和平使者——访原抚顺战犯管理所所长金源．中国法制报，1985-09-04
辛晓谋．正义的审判——访原特别军事法庭成员．中国法制报，1985-09-06
金默生．董老对我国法制建设的卓越贡献——纪念董必武同志诞辰一百周年．社会科学战线，1986（1）
邹昌盛．略述中国宪法中关于教育条文．湖北教育史志资料，1986（1）
罗金声等．我国社会主义法制建设的奠基人——董必武．湖北大学学报（社会科学版），1986（2）
陈守一．新中国法律教育事业的引路人——纪念董必武同志诞辰一百周年．法学研究，1986（2）
张友渔．我国社会主义法制建设的一位奠基人——纪念董必武同志诞辰一百周年．人民日报，1986-03-05
马光仁．我国新闻法的演变及争取新闻自由斗争．新闻大学，1986（10）
郑天翔等．人民法官的典范——回忆王维纲同志．人民日报，1987-02-12
官伟勋．张友渔传略．晋阳学刊，1987（4）
张友渔．法学十年．求是，1988（2）
我国1981年～1986年刑事案件和治安案件统计．青少年犯罪研究，1988（2）

李建明．建国后监察制度的历史回顾．政治学研究资料，1988（4）

郑宇硕等．香港学者评述大陆十年法制建设．法学评论，1988（6）

曹子丹等．中国犯罪学十年巡礼（一）．公安大学学报，1988（6）

陈非．走向法治：痛苦而艰难的路——关于十年改革的“法律”思考．工人日报，1988-11-25

林观海．黄河防洪法规的历史演进．黄河史志资料，1989（1）

上海市公安局公安资料征集研究领导小组办公室．解放初取缔上海证券交易所纪实．上海党史资料通讯，1989（1）

谢依岩．检察制度的捍卫者．党史月刊，1989（2）

张小渔，刘瀚．中国法学四十年．法学研究，1989（2）

孔小红．中国法学四十年略论．法学研究，1989（2）

刘一杰．法制宣传工作十年．法制建设，1989（4）

刘升平．中国法制四十年．中外法学，1989（4）

巫昌祯．中国婚姻家庭法学四十年（上）．政法论坛，1989（4）

潘剑锋．民事诉讼法制建设四十年．中外法学，1989（5）

朔平．松晚翠益深，岁老根弥壮——记著名法学家张友渔同志．民主与法制，1989（5）

徐向华．我国地方立法及其研究十年评述．中国法学，1989（5）

钱明星．我国民事法制四十年的变迁．中外法学，1989（5）

刘升平．中国法制四十年的发展及其历史经验．现代法学，1989（5）

张新．略论我国社会主义司法制度的四十年．政法丛刊，1989（6）

张再平．十年劳动立法分析．经济法制，1989（6）

陈光中．中国刑事诉讼法学四十年（上）．政法论坛，1989（9）

楚明等．共和国四十年与宪法．上海法苑，1989（10）

任建新．人民法院四十年．人民司法，1989（10）

劳动部政策法规司．我国劳动法制建设四十年概览．中国劳动报，1989-10-14

林景仁．中华人民共和国新法制建立与发展．科学集刊，1989（1）

湖北省司法厅基层处．湖北省人民调解工作十年回顾．法制建设，1990（2）

卢永鸿．从毛泽东到邓小平——中国法律制度的进步．法学评论，1990（3）

扈纪华．我国十年立法谈．中外法学，1990（3）

赖钦显．新中国行政法发展的历史考察．深圳大学学报（社会科学版），1990（3）

邱其海．特区劳动法制建设十年回顾．深圳特区报，1990-08-06

杨永华，段秋关．统一战线中的法律问题——边区法制史料的新发现．见：中国法律史国际学术讨论会论文集．西安：陕西人民出版社，1990

陈春龙等．董必武与中国法学事业．法学研究，1991（4）

阎殿卿．新疆的“三区革命”与法制建设．新疆社会经济，1991（4）

王盛泽．从实际出发，建设有中国特色的检察制度——张鼎丞对社会主义法制建设的贡献．福建党史月刊，1991（7）

张贻玖．毛泽东关心法制建设三五例．民主与法制，1991（9）

权洲魁．1959年陕西的特赦工作．陕西地方志，1992（2）

秦祖仪等．接管旧警察机构和建立人民公安机关．公安研究，1992（3）

中国法学会办公室．中国法学会的十年．中国法学，1992（5）

康树华．中国四十多年来犯罪的发展变化与理性思考．法治论丛，1994（1）

杨建华．四十年来台湾地区民事法律之发展．法学家，1994（3）

王立中．谢觉哉与共和国第一所政法院校．档案史料与研究，1994（4）

许崇德．社会主义宪政的不平凡历程：新中国第一部宪法颁布40周年纪念．中国法学，1994（5）

苏晓宏，郝铁川．中国法制现代化历程的特点．法学，1994（5）

高铭暄．我国十五年来刑事立法的回顾与前瞻．法学，1995（1）

项金宏．建国以来军事法制建设历史的考察．南京政治学院学报，1995（2）

赵映林．对我党劳动立法的历史回顾与展望．工会理论与实践，1996（6）

黄竹胜．试论当代中国法律体系的形式渊源与历史渊源．社会科学家，1996（6）

刘笃才．中国法制走向现代化的历史进程．见：走向法治之路——20世纪的中国法制变革．北京：中国民主法制出版社，1996

杨一凡，陈寒枫．中国社会主义法制建设的发展道路和基本经济．见：走向法治之路——20世纪的中国法制变革．北京：中国民主法制出版社，1996

田华．党的“八大”对我国社会主义民主与法制建设的历史功绩．河北法学，1997（3）

张海萍．董必武对建国初期政权建设和法制建设的贡献．当代中国史研究，1997（3）

周贤奇．加强政权与法制建设，建设社会主义法治国家：纪念杨秀峰同志诞辰100周年．中国法学，1997（3）

中国法学编辑部．彭真同志倡导重建中国法学会．中国法学，1997（3）

卢卫东，孙美蓉．云南历史上的暗娼野妓及解放初期的收容改造工作．云南史志，1997（4）

徐付群．1957年后法制建设滑坡现象探析．教学与研究，1997（5）

包国俊．人民解放军共同条令诞生的前前后后．军事历史，1997（5）

刘复之．缅怀我国社会主义法制主要奠基人彭真同志．长安，1997（6）

王汉斌．彭真同志对我国社会主义民主法制建设的卓越贡献．中国法学，1997（6）

陆锦碧．铁犁．牙膏皮事件始末：建国以来法学界重大事件研究（四）．法学，1997（9）

蔡定剑．对新中国摧毁旧法制的历史反思：建国以来法学界重大事件研究（五）．法学，1997（10）

铁犁，陆锦碧等．1957年错批杨兆龙的《法律继承论》纪实——建国以来法学界重大事件研究（八）．法学，1998（1）

李平民．社会主义法律：人权保障史上的第二座里程碑．法学，1998（1）

陈岚．近半个世纪我国刑事诉讼法学的回顾与前瞻．法学评论，1998（2）

冯英子．1957年的王造时——建国以来法学界重大事件研究（十）．法学，1998（3）

张国福．北京大学法律学系前期的教学改革及其优良传统．中外法学，1998（3）

康树华．新中国成立以来的犯罪发展变化及其理性思考．中国刑事法杂志，1998（3）

陈寒枫．周恩来对我国社会主义法制建设的伟大建树．法制日报，1998-03-05

蔡定剑．阶级斗争与新中国法制建设——建国以来法学界重大事件研究（十一）．法学，1998（4）

康树华．新中国成立以来的犯罪发展变化与理性思考（续）．中国刑事法杂志，1998（4）

王赫．“一国两制”下香港的法律渊源．甘肃理论学刊，1998（4）

肖胜喜，王进喜．20年来我国律师制度的发展和展望．政法论坛，1998（5）

贺卫方．二十年法制建设的美与不足．中外法学，1998（5）

杨荣新，谭秋桂．民事诉讼法学的20年．政法论坛，1998（5）

徐付群．五十年代末法制建设滑坡原因新探．中共党史研究，1998（5）

高铭暄．20年来我国刑事立法的回顾与展望．中国法学，1998（6）

刘武俊．刘少奇对我国民主法制建设的伟大建树．法学杂志，1998（6）

李大文，马忆南．新中国婚姻家庭法学的发展及我们的思考．中国法学，1998（6）

尤俊意．上海20年法制建设简述．上海法学研究，1998（6）

铁犁，陆锦碧．一场有缺陷的司法改革——建国以来法学界重大事件研究（十三）．法学，1998（6）

刘文华，宋彪．沉浮起落，日渐灿烂：我国经济法二十年发展回顾．中国工商报，1998年11月19日

马滔．民行检察：十年苦探索，期待天地宽．人民检察，1998（11）

郭道晖．陶威．一篇挑起“无谓争论”的文章发表前后——建国以来法学界重大事件研究（十八）．法学，1998（11）

祝永康．人事工作逐步实现依法管理——人事法制建设20年回眸．行政与人事，1998（12）

孙继斌．雄关漫道真如铁——中国律师20年．法学天地，1998（12）

张建田．跃上依法治军的新高度——改革开放20年来我国国防和军队法制化建设的三次跨越．中国国防报，1998-12-15

景延安．依法治国的春天——20年民主与法制建设回眸．中国纪检监察报，1998-12-17

乔新生．中国法制建设二十年．公民与法，1998（12）

刘翰，李林．我国法制建设20年成就与展望．求是，1998（23）

徐中起．经济法理论在中国的产生——纪念中共十一届三中全会召开二十周年．思想战线，1999（1）

张山新．军事法学研究15年．西安政治学院学报，1999（1）

郑淑娜．立法：走过二十年．检察日报1999-01-11

杜清森．论中国的司法改革．中国人民公安大学学报，1999（1）

张希平．廿年民主法治建设的3座历史丰碑．中国司法，1999（1）

谭化容．浅论依法治国的历史发展．内江师范高等专科学校学报，1999（1）

杨三正．试探经济法发展的三次飞跃．甘肃政法学院学报，1999（1）

张正德．十一届三中全会到十五大的法治走向析．重庆社会科学，1999（1）

俞歌春．十一届三中全会对社会主义法制发展与法治化进程的深远影响．福建师范大学学报（哲学社会科学版），1999（1）

谷安梁．我国法理学的二十年．法学杂志，1999（1）

彭珮云．我国高等教育史和教育法制史上的大事——在学习宣传贯彻实施《高等教育法》座谈会上的讲话．中国高教研究，1999（1）

朱开轩．一部推动高等教育改革和发展的重要法律．中国高教研究，1999（1）

田平安．中国法学教育的现状及发展趋势．西南政法大学学报，1999（1）

栾高明．对现行宪法制定修改历程的回顾与思考．陕西教育学院学报，1999（2）

周凤举．关于80年代“法的社会性和阶级性问题”大论战——建国以来法学界重大事件研究（二十一）．法学，1999（2）

刘海渤．简述我国民事诉讼法的沿革及其特点．求是学刊，1999（2）

杜清森．论中国的司法改革（二）．公安大学学报，1999（2）

人民调解的新发展——新时期人民调解制度的调研报告．上海市政法管理干部学院学报，1999（2）

浦增元．我国民主法制建设的新阶段．毛泽东邓小平理论研究，1999（2）

石旭斋．走向21世纪的“法理学”教育．当代法学，1999（2）

李应森．八二宪法修改的基本特点——循序渐进．河南省政法管理干部学院学报，1999（3）

刘忠勋．从《共产党宣言》到中国特色社会主义法律体系的建立．通化师范学院学报，1999（3）

李浩明．《工人日报》官司的前前后后．检察风云，1999（3）

周永坤．坚持实践标准，进一步清除法学教条主义——新中国法学50年及其未来．法商研究，1999（3）

缪乐炜．论当代中国法制建设的创新．南通师范学院学报（哲学社会科学版），1999（3）

刘丽．论我国刑法典中死刑立法的演变及控制．政法学刊，1999（3）

杜清森．论中国的司法改革（三）．中国人民公安大学学报，1999（3）

李艳梅．试论新中国的法制建设及其历史经验．桂林师范高等专科学校学报，1999（3）

陈景良．中国法学研究中的若干问题——立足于1957～1966年的考察．法学研究，1999（3）

钱怀瑜．中国宏观法律环境的二十年巨变．渭南师范学院学报，1999（3）

田成有．20年来中国法治的西化与本土化之争．学术探索，1999（4）

夏吟兰．21世纪中国婚姻法学展望．法商研究，1999（4）

尹良海．论物权法的现代化发展趋势与我国物权法的制定．阜阳师范学院学报（社会科学版），1999（4）

刘作翔．世纪之交中国法学研究问题前瞻．法学研究，1999（4）

陈保中．新时期立法借鉴：成就与展望．现代法学，1999（4）

徐永康．新中国五十年法制建设．上海党史研究，1999（4）

柯锡银．新中国行政监察制度的沿革．郧阳师范高等专科学校学报，1999（4）

应松年．行政诉讼十年回顾——行政诉讼的成就、价值、问题与完善．行政法学研究，1999（4）

齐树洁．1996年香港仲裁条例述评．现代法学，1999（5）

汪太贤．20年中国法理学的嬗变及其时代课题．现代法学，1999（5）

杨建广．法治系统工程20年（上）．现代法学，1999（5）

常远．法治系统工程：实现依法治国方略的科学途径——纪念钱学森提创“法治系统工程”20年．现代法学，1999（5）

阿计．历史的抉择——《宪法》修订纪实．政府法制，1999（5）

张建田．我国军事法学的创立与发展回顾．中国法学，1999（5）

戴小明．新中国民族法制建设——世纪之交的回顾与前瞻．民族研究，1999（5）

何峻．新中国社会主义法治进程回眸．党的文献，1999（5）

许先春．朱德对新中国廉政建设的开创性贡献．上饶师范学院学报，1999（5）

彭清源．总结历史经验，走依法治国之路．中国图书评论，1999（5）

张晋藩．从崎岖走向辉煌的中国法制五十年．现代法学，1999（6）

徐祥民．第三次历史性选择——共和国50年大庆话法治．山东公安专科学校学报，1999（6）

陈忠诚．“法权”还是“权利”之争——建国以来法学界重大事件研究（25）．法学，1999（6）

陆德生．法制改革的推进与法治观念的更新．江淮论坛，1999（6）

骆梅芬．法治系统工程二十年（下）．现代法学，1999（6）

陈小君．论中国合同法的演进．法商研究，1999（6）

浦增元．迈向二十一世纪的中华人民共和国宪法．政治与法律，1999（6）

谢望原．世纪之交的中国刑法学研究．中国刑事法杂志，1999（6）

韩大梅．谢觉哉与新民主主义宪政建设．辽宁师范大学学报（社会科学版），1999（6）

曾宪义．新中国法治50年论略．中国人民大学学报，1999（6）

江伟．走向二十一世纪的中国民事诉讼法学．中国法学，1999（6）

付成业．从水利经济看水利执法——纪念《中华人民共和国水法》颁布实施十一周年．山东水利，1999（8）

周军．论地方立法的合法性——二十年地方立法的法理回顾与批评．求实，1999（8）

任广浩．依法治国方略：历史回顾与前景展望．党史博采，1999（8）

熊先觉．中国现代法学教育的曲折与艰辛．炎黄春秋，1999（8）

50年来我国劳动保障管理体制的变迁与发展 点评．中国劳动保障，1999（9）

成国银．董必武对共和国新生政权建设的贡献．党史博采，1999（9）

苏格清．五十年来我国宪法建设的成就、经验与不足．党政干部论坛，1999（9）

流水长．盛会上的律师——记五十年前参加商讨新中国建国大计的律师们．中国律师，1999（10）

蔡定剑．中国法制建设五十年回顾．人民检察，1999（10）

石美遐．我国劳动保障法制建设历程．中国劳动保障，1999（11）

张传桢．五十年代《法学》是为何被迫停刊的——建国以来法学界重大事件研究（二十九）．法学，1999（11）

石美遐．中国劳动保障法制建设五十年．中国劳动，1999（11）

鲁烟．建国后制宪与修宪的曲折历程．炎黄春秋，1999（12）

周军．论地方立法的合法性——二十年地方立法的法理回顾与批评．人大研究，1999（12）

李瑜青．论当代中国改革的历史主题与法治之路．上海党史研究，1999.S1

曾君锋．对50年法制建设的几点思考．理论与现代化，2000（1）

陈志强，吴相锋．我国高等教育法规建设的回顾与思考．洛阳大学学报，2000（1）
胡晓军，孙秀纯．我国立宪史发展的新阶段．山西高等学校社会科学学报，2000（1）
张晋藩．新中国法制建设回眸与前瞻．国家行政学院学报，2000（1）
张起军．关于新中国法治道路的思考．晋阳学刊，2000（2）
庆格勒图．建国初期绥远地区贯彻婚姻法运动．内蒙古社会科学，2000（2）
李淳．略论新中国刑法50年的发展与完善．法学家，2000（2）
殷啸虎．试论1954年宪法的过渡性及其影响．上海市政法管理干部学院学报，2000（2）
丁爱华，金新华．新中国法制建设历程透视．政法论丛，2000（2）
李刚．新中国民主法制建设的历史回顾．青海社会科学，2000（2）
郝铁川．中国近代法学留学生与新中国初期的法治建设．法学研究，2000（2）
张计书．20年地方立法工作的探索与启示．山西大学学报，2000（3）
樊崇义．我国不起诉制度的产生和发展．政法论坛，2000（3）
黄艳．我国社会保障立法的历史发展．四川三峡学院学报，2000（3）
王立民．新上海第一年刑案述评．华东政法学院学报，2000（3）
倪业群．新中国宪法50年：回顾与总结．社会科学家，2000（3）
二十年人大立法的转变．人民之友，2000（3，4）
吉玉泉．法治国家建设的历史演进及其法理学分析：兼评国务院对行政行为享有最终裁判权．河北法学，2000（4）
褚俊英．建国五十年法制建设的成就与经验．思想战线，2000（4）
程荣斌．人民法院独立审判的回顾与展望．法学家，2000（4）
许少波．我国民事上诉审理范围的回顾与思考．河南省政法管理干部学院学报，2000（4）
蔡定剑．20年人大立法的发展及历史性转变．国家行政学院学报，2000（5）
杜程铭．非公有制经济宪法规范变迁的历程及其现实意义．理论月刊，2000（5）
刘煜．三代领导核心对新中国民主法制建设的贡献．齐鲁学刊，2000（5）
张宝锋．我国五十年法制建设的历程及昭示．中州学刊，2000（5）
俞歌春．新中国头七年法制建设与民主政治的双重发展趋向．党史研究与教学，2000（5）
万斌．浙江民主法制建设的历史进程与现实启示．理论学习，2000（5）
周旺生．中国立法五十年（上）——1949～1999年中国立法检视．法制与社会发展，2000（5）
戴宜生．犯罪持续增长的二十年——犯罪学研究20年回顾．青少年犯罪研究，2000（6）

谢文钧．论新中国职务过失犯罪的立法发展．当代法学，2000（6）

洒欣燕．南京民事侵权赔偿诉讼10年纵览．人民与权力，2000（9）

贾午光．中国律师二十年历程回顾．法制日报，2000－11－14

薛梅卿．我国刑事执行体制的历史记录片断——从我国监狱史的角度谈谈刑事执行体制问题．犯罪与改造研究，2000（11）

郭道晖．法治：从蒙昧到觉醒的五十年．东吴法学，2000年特刊

王景斌，张海峰．当代中国宪法演进中的利益格局变化论析——兼论西部开发战略的宪法支持与确认问题．法制与社会发展，2001（1）

杭琍．论我国民主法制化的发展历程．安徽教育学院学报，2001（1）

郎迎洁．《中华人民共和国土地改革法》颁布的前前后后．纵横，2001（1）

张焕琴，王胜国．50年代初我党领导的反腐败斗争的启示．河北法学，2001（2）

李玉荣．新中国法制建设的历程及其基本经验．当代世界与社会主义，2001（2）

陈鹏生，王立民．新中国法制史：21世纪一个亟待开拓的中国法史研究领域．法学，2001（2）

吴小妮．50年代反腐倡廉与法制建设的经验．中国行政管理，2001（3）

阎稚新．新中国第一部《中国人民解放军政治工作条例》诞生前后．军事历史，2001（5）

鞠健．1957～1976中国法制建设滑坡的原因探析．江苏教育学院学报，2001（6）

陈瑞华．劳动教养的历史考察与反思．中外法学，2001（6）

姜金方．劳动教养制度的法制历程及现实问题．中外法学，2001（6）

刘旺洪，严海良．法治天下：共产党领导下的中国法治化进程．法学天地，2001（7）

李敬忠．海南律师业发展的历史与现实——关于海南律师规模化专业化进程的法律思考．中国律师，2001（8）

许崇德．彭真与1982年宪法的修改工作．中共党史资料，2001（8）

李为．依法治国是一个历史发展过程．人民之声，2001（8）

易继明．知识经济时代民法的变迁．法学，2001（8）

李秀清．20世纪50年代中国移植苏联宪法的实践与理论．华东法律评论，2002（1）

王明有．董必武对我国人民民主法制建设的贡献．理论探索，2002（1）

李毅斌，崔艳．论党的领导与法治间的关系的演进．政法论丛，2002（1）

武中和，赵娜．我国军事司法建设的回顾与展望（上）．西安政治学院学报，2002（1）

冯雷，时红．我国陪审制度之历史发展及其当代命运．贵州教育学院学报，2002（1）

巴能强，徐香花．新中国律师制度建设及律师业的发展．北京社会科学，2002（1）

高铭暄．中国共产党与新中国刑法立法．法学论坛，2002（1）

阚珂．《共同纲领》——新中国的政治基石．中共中央党校学报，2002（2）

王燕飞．建国初期有组织犯罪形态及特征．福建公安高等专科学校学报，2002（2）

武中和，李丹．我国军事司法建设的回顾与展望（下）．西安政治学院学报，2002（2）

何勤华．关于中国移植苏联司法制度的反思．中外法学，2002（3）

陈爱国，赵新刚，李建忠．依法治国的历史进程及其未来发展前瞻．铁道警官高等专科学校学报，2002（3）

林晓光．中国对侵华日本战犯的审判处理和改造．史志研究，2002（3）

杭琍．中国共产党领导的制宪历程和经验．中共党史研究，2002（3）

姜伟．公诉制度的历史沿革和发展趋势．浙江社会科学，2002（4）

王明迪．论《新中国监狱史》编撰的若干问题．中国监狱学刊，2002（4）

徐伟功．新中国国际私法的风雨之路——政治、经济与法律分析．河南省政法管理干部学院学报，2002（4）

李秀清．新中国婚姻法的成长与苏联模式的影响．法律科学，2002（4）

刘杨．新中国宪法与农村土地所有制的变革．华中师范大学学报，2002（4）

周叶中，江国华．82年宪法与中国宪政——写在82年宪法颁布实施20周年之际．法学评论，2002（6）

周骁男．对建国初批判“旧法观点”的历史反思．东北师范大学学报，2002（5）

欧阳仕文．关于建国以来教育立法的若干反思．江西社会科学，2002（5）

张志永．建国初期华北农村婚姻制度的改革．当代中国史研究，2002（5）

谢勇，王燕飞．建国初期有组织犯罪惩治策略研究——一种犯罪学的分析路径．湘潭大学社会科学学报，2002（5）

李林．全球化时代的中国立法发展（上）．法治论丛，2002（5）

李林．全球化时代的中国立法发展（中）．法治论丛，2002（6）

晓理．我国死罪立法的演进与现状述评．广东法学，2002（5）

陈景辉．中国对前苏联法的继受——以法概念的分析为中心．淮北煤炭师范学院学报（哲学社会科学版），2002（5）

李秀清．中国移植苏联民法模式考．中国社会科学，2002（5）

王金玲．妇女与本土——近二十年来中国大陆的妇女犯罪研究．浙江学科，2002（6）

韩大元．论社会转型时期的中国宪法学研究（1982～2002）．法学家，2002（6）

胡锦光，詹福满．论社会转型时期的中国宪政制度（1982～2002）．法学家，2002（6）

李晓明，李可．试论我国刑法学从伦理到注释的发展．福建公安高等专科学校学报，2002（6）

李秀清．新中国刑事立法移植苏联模式考．法学评论，2002（6）

胡志超．“从契约到身份”的变迁与司法援助制度．人民法院报，2002（7，8）

张余庆．深圳经济特区授权立法十周年回顾与展望．深圳特区报，2002（7）

政策法规司．中国统计法制建设的回顾和前瞻．统计研究，2002（7）

杨心宇，陈怡华．我国移植苏联法的反思．社会科学，2002（8）

李尚志．新中国宪法与人民代表大会制度．民主法制建设，2002（8）

帅海香．新中国宪法的发展历程．前沿，2002（9）

李伯富．依法治党十五年．中国档案，2002（9）

张涛．回顾五年的司法改革．人民日报，2002-10-30

强世功．惩罚与法治——中国刑事实践的法社会学分析（1976～1982）．刑事法评论，2002（10）

挥就中国专利事业的华章——回眸十三届四中全会以来13年的流金岁月．中国知识产权报，2002（11）

朱力宇．论新中国立法体制得沿革——纪念1982年《宪法》颁布生效20周年．法律适用，2002（12）

中国人权研究会．13年中国人权事业的发展．人权，2003（1）

张益刚．50年代后期中国法制建设滑坡成因透析．山东社会科学，2003（1）

李伯超．82宪法与中国的法治建设．湘潭大学社会科学学报，2003（1）

巴桑罗布．把握宪法价值，推进政治文明——纪念我国现行宪法颁布20周年．西藏研究，2003（1）

刘建军．重申公民迁徙自由权利——纪念现行宪法实施20周年．政法论丛，2003（1）

马全江，贾荣．加强宪政建设，树立宪法权威——纪念我国宪法颁布实施20周年．滨州师专学报，2003（1）

李林．全球化时代的中国立法发展（下）．法治论丛，2003（1）

孙光妍，于逸生．苏联法影响中国法制发展进程之回顾．法学研究，2003（1）

林龙辉．台湾地区近十年来经济犯罪变迁之分析．云南公安高等专科学校学报，2003（1）

潘度文．我国民事诉讼调解制度的历史发展及其社会基础．中国青年政治学院学报，2003（1）

冉井富．现代进程与诉讼——1978～2000年社会经济发展与诉讼率变迁的实证分析．江苏社会科学，2003（1）

马天山．1983年以来中国刑事法治与刑事政策的回顾与研究．中国刑法学年会文集（下），2003（2）

顾肖荣，游海东．20年来中国刑事政策的回顾与研究．中国刑法学年会文集（下），2003（2）

张文，米传勇．从严格限制到废除死刑——简析晚近我国死刑政策的变化及未来走向．中国刑法学年会文集（下），2003（2）

陈海秋．共产党领导下的立法机关的初步创立与新中国立法机关的逐步完善．高校社科信息，2003（2）

刘世华．关于建国初期政协代行人大职权问题的正确理解．社会科学战线，2003（2）

王茹．台湾“宪政”变迁中的“国安会”与“总统”权力．台湾研究集刊，2003（2）

王鑫．我国民主法制建设的历史进程及主要经验．中央社会主义学院学报，2003（2）

虞政平．我国再审制度的渊源、弊端及完善建议．政法论坛，2003（2）

戴长林，尧宇华．“严打”20年与我国刑事法治进程．中国刑法学年会文集（下），2003（2）

游伟，谢锡美．“严打”政策的回顾与科学定位．中国刑法学年会文集（下），2003（2）

江普生．严打整治斗争20余年的回顾与思考．江苏公安高等专科学校学报，2003（2）

张振国．《政治协商会议宪法草案》设计之中央政制的比较分析．淮北煤炭师范学院学报（哲学社会科学版），2003（2）

杨和义．中国商标法制20年的政治、经济、文化分析．中共中央党校学报，2003（2）

周旺生．中国现时期地方法的渊源．行政法学研究，2003（2）

秦燕．20世纪80年代的婚姻法律与婚姻家庭变迁．当代中国史研究，2003（3）

钱宁峰．八二宪法以来财产权保护的一种解读．学海，2003（3）

田芝健．当代中国所有制的法律安排和历史启迪．辽宁师范大学学报，2003（3）

曹玲．关于82宪法颁布实施20年来的回顾与评价．湖北民族学院学报，2003（3）

苗壮．合同、政策、法律——中国农村土地经营制度变迁的法律经济分析．研究生法学，2003（3）

袁小平．近五十年来我国刑事犯罪的特征与规律．浙江学刊，2003（3）

周贤林．三代领导人对社会主义法制建设的历史贡献．阜阳师范学院学报，2003（3）

丁幕英．试论董必武对我国检察事业的重大贡献．检察实践，2003（3）

刘鹤挺．新中国立法体制的嬗变及发展．攀登，2003（3）

张烁．中国法院体制行政化的历史轨迹．广西政法管理干部学院学报，2003（3）

全保．1991年～2003年版权保护12年大事记．中国版权，2003（4）

李格．从《共同纲领》到《中华人民共和国宪法》——以1954年国家与政府领导体制变化为中心．党的文献，2003（4）

唐鸣．村委会选举的法律渊源．江苏行政学院学报，2003（4）

范进学．废除南京国民政府“六法全书”之思考．法律科学，2003（4）

陈刚．新中国对国际人道法的贡献．西安政治学院学报，2003（4）

李龙，刘连春．废除“六法全书”的回顾与反思．河南省政法管理干部学院学报，2003（5）

马云驰.《婚姻法》的变迁与社会价值观念的转变.当代法学，2003（8）

池海平，俞华权.历史的必然性选择与中国法治的出路——反思建国初期对旧法统的废除.理论月刊，2003（5）

唐广良.软件保护制度：12年回顾与未来展望.中国版权，2003（5）

金慧莲.上海统计法制建设50年纪实.上海统计，2003（5）

康树华.社区矫正的历史、现状与重大理论价值.法学杂志，2003（5）

杨雪蓉.我国民族区域自治的法制建设历程.新疆社科论坛，2003（5）

张正新.我国死缓制度的产生、发展及思考.中国刑事法杂志，2003（5）

李正华.我国宪法内容历次变动的思路、重点、特点及其原因分析.当代中国史研究，2003（6）

刘国新.中国当代民主政治建设研究——以1954年宪法为例.当代中国史研究，2003（6）

江普生.严打整治斗争的回顾与思考.公安研究，2003（7）

冷静.试析新中国户籍管理制度变迁.江西社会科学，2003（9）

贺海仁.平反冤假错案与权利救济：1978～1982.法学，2003（11）

李成瑞.《统计法》诞生的前前后后.中国信息报，2003（12）

谭绍木.毛泽东与新中国第一部宪法.南昌航空工业学院学报（社会科学版），2004（1）

贺卫方.解读检察体制改革之难.中国司法，2004（1）

公丕祥.全球化背景下的中国司法改革.法律科学，2004（1）

张恒山.人民司法权的历史检视.金陵法律评论，2004（1）

藤彪."司法独立"话语在当代中国的变迁.法学纪元，2004（1）

冯辉，万其刚.我国个体和私营经济法律地位的历史演变.当代中国史研究，2004（1）

占美柏.在文本与现实之间：关于"五四宪法"的回顾与反思.法商研究，2004（1）

池海平.论我国现阶段法制的危机与变革.江汉论坛，2004（2）

何平.政治文明与当代中国宪政制度的演进.探索，2004（2）

艾国.中国共产党在宪法观念上的演变和发展.中共党史研究，2004（2）

李强.中国社会保险立法现状述评.佛山科学技术学院学报（社会科学版），2004（2）

张光磊.从法律与革命关系论我国法治进路.江苏警官学院学报，2004（3）

张策华.当代中国法律文化的三次飞跃.扬州大学学报（人文社会科学版），2004（3）

胡映兰.论法律与农村经济政策——新时期中国共产党农村经济政策变迁的启示之一.求索，2004（3）

白俊华.试论我国预审制度的历史沿革和完善.中国人民公安大学学报，2004（3）

岑飒．我国拘役刑制度演变．社会科学家，2004（3）

傅丽珍．行政强制制度历史成因略论．中共浙江省委党校学报，2004（3）

黄文艺．1952～1953 年司法改革运动研究．江西社会科学，2004（4）

郭跃军．从毛泽东、邓小平到江泽民——社会主义法制建设的历史发展．河北法学，2004（4）

韩大元．关于新中国 1954 年宪法制定过程若干问题探讨：纪念 1954 年宪法颁布五十周年．河南省政法管理干部学院学报，2004（4）

公丕祥．建国之初的司法制度．江海学刊，2004（4）

刘宗胜．抗辩权概念的历史发展．云南大学学报（法学版），2004（4）

鲁晓明．论中国立法民主的发展．广州社会主义学院学报，2004（4）

吴萍．我国司法解释体制之演变与发展．甘肃政法成人教育学院学报，2004（4）

张颐．新中国的历史丰碑：纪念 1954 年宪法颁布 50 周年．法治论丛，2004（4）

林晓光．中国共产党对侵华日本战犯的审判处理和改造．党史研究与教学，2004（4）

韩大元．1954 年宪法的历史命运与人民代表大会制度．法律科学，2004（5）

王鑫．我国民主法制建设的历史进程及主要经验．毛泽东邓小平理论研究，2004（5）

张焕琴．毛泽东与新中国第一部宪法．河北法学，2004（6）

沈德咏．新时期中国司法改革进程（纲要）．人民司法，2004（6）

李雅云．中国法治建设里程碑式的党的文件——纪念中共中央发布《关于坚决保证刑法、刑事诉讼法切实实施的指示》25 周年．法学，2004（9）

李红．对五四宪法的回顾与思考——纪念五四宪法颁布 50 周年．北京建筑工程学院学报，2004. S1

刘荣刚．1982 年宪法的制定过程及其历史经验．当代中国史研究，2005（1）

王传利．建国初期是怎样进行反腐倡廉的．马克思主义研究，2005（1）

唐皇凤．“路径依赖”与“范式转换”——对当代中国宪政建设困境的若干反思．浙江社会科学，2005（1）

谢维雁．中国 50 年宪政建设的困顿与前景．社会科学战线，2005（1）

周斌．《劳动法》：扬帆 10 年再征程．中国劳动，2005（2）

孙宏涛．浅析我国新《婚姻法》颁布实施后国内第一桩婚内索赔案．金陵科技学院学报（社会科学版），2005（2）

张光杰．历史、背景、法理、法律——对我国陪审制度的四维解读．南京工业大学学报（社会科学版），2005（2）

全承相．新中国法制现代化建设的基本历史经验．中共党史研究，2005（2）

韩大元．对 20 世纪 50 年代中国宪法学基本范畴的分析与反思．当代法学，2005（3）

刘永．论民国初年的监察制度机制与效能．廊坊师范学院学报，2005（3）

刘远征．人大代表的特殊保障制度——1954年以来的回顾与反思．政法论丛，2005（3）

周永坤．世界宪法视野中的1954年宪法．学习论坛，2005（3）

付家东．新中国宪法发展与国际因素影响研究．邵阳学院学报（社会科学版），2005（3）

唐璨．修宪与行政法治的互动——以八二宪法的修改为例．行政论坛，2005（3）

陈卯轩．20年来法治之法的价值、制度与谱系生长．四川师范大学学报（社会科学版），2005（4）

沈菊生．简论我国现行司法审查制度．党政干部论坛，2005（4）

袁琳君．论我国的法学教育现状及法律人才的培养．兵团教育学院学报，2005（4）

丛淼．“人权入宪”具有划时代的历史意义．黑龙江省社会主义学院学报，2005（4）

冉昊．新中国法治历程：民法56年．南京大学学报（哲学期人文科学期社会科学版），2005（4）

李生．政治文明逐步实现的历程：新中国法治的成长．内蒙古民族大学学报（社会科学版），2005（4）

任海涛．中国民法的创生．社科纵横，2005（4）

张德瑞．聆听宪政的脚步——新中国宪法实践的反思与展望．郑州轻工业学院学报（社会科学版），2005（5）

涂怀京．我国中小学教师法规建设的历史成就．石家庄学院学报，2005（5）

孙振中．对中国特色社会主义法律体系的定义．政法论丛，2005（6）

吴晓锋．法律进化论及其对中国民法典编纂的影响．法学论坛，2005（6）

吴燕萍．庞德社会控制理论对我国现阶段法治建设的启示．江苏警官学院学报，2005（6）

胡金野．“无毒中国”缘何不再？——对中国共产党领导下的新中国禁毒运动辉煌历史的反思．甘肃社会科学，2005（6）

郑贤君．追求幸福生活：评五四宪法的基本权利条款．新乡师范高等专科学校学报，2005（6）

张玉堂．执行《教育法》十年反思．教育科学研究，2005（8）

石少华．法制进程，势不可挡——与法同行20年．劳动保护，2005（9）

魏雅华．2005：震惊中国人的十大法制案件．记者观察，2005（11）

吴志攀．金融法制十年．中国金融，2005（13）

何永军．中国简易刑事程序立法沿革述评．西华大学学报（哲学社会科学版），2006（1）

姜男．我国社会主义法制建设回顾与展望．党史纵横，2006（5）

彭贵才．行政法学二十年来的反思与前瞻．行政与法，2006（5）

四、中国古代法律思想史

（一）法律思想通史

金景芳．论礼治与法治．理论学习（哲学社会科学），1978（2）

张晋藩，曾宪义．人治与法治的历史剖析．法学研究，1979（5）

杜经国．我国封建社会的“法治”与“人治”．兰州大学学报，1980（1）

陈进坤．论儒家的“人治”与法家的“法治”．厦门大学学报，1980（2）

李华．略论儒家思想的历史作用．北京师院学报，1980（2）

朱江．我国古代天人关系思想简论．沈阳师院学报，1980（2）

张传玺．论中国封建社会土地所有权的法律观念．北京大学学报，1980（6）

李景文．“德主刑辅”辨．辽宁大学学报（社会科学版），1983（3）

马朱炎，赵旭东，段秋关．试论中国封建法思想中的宗教神学影响．见：法史研究文集（中）．西北政法学院科研处印行，1983

何东义．中国封建统治的重刑主义与实践．见：建所三周年学术论文集（1980 年 6 月～1983 年 6 月）．江西省哲学社会科学研究所，1983

李光灿．论中国地主阶级的刑法思想（上）．江海学刊，1984（2）

李光灿．论中国地主阶级的刑法思想（下）．江海学刊，1984（3）

马作武．我国古代礼与法关系浅论．中国政法大学本科生七九级毕业论文选编．北京：中国政法大学出版社，1984

周密．“刑罚世轻世重”析．中国法学，1984（4）

姜永林．我国古代法制协调统一思想考察．华东政法学院研究论文集，1984

李景文．试论中国古代法律的哲学基础．辽宁大学学报，1984（5）

李光灿．论中国地主阶级的刑法思想．人大复印报刊资料（法律），1984（7）

张文政．中国古代法律思想和法律制度对日本的影响．黑龙江省法学会论文集（一），1984（12）

李曙光．论儒家思想对中国封建法律的影响．政法论坛，1985（2）

王超．儒家的礼和法家的法的异同．河北法学，1985（2）

钱大群．“刑罚世轻世重”考论．南京大学学报，1985（3）

成光海．论我国古代慎刑思想．法制园林，1985（4）

姜永琳．我国古代法制协调统一思想考察．法学，1985（6）

杨鹤皋．儒家“德主刑辅”论的形成初探．见：孔子法律思想研究（论文集）．济南：山东人民出版社，1986

庞标．略论我国封建正统法律思想的起源及形成．中南政法学院学报，1987（2）

马建石．对儒法两家犯罪学说的研讨．政法论坛，1987（3）

韩锡铎．我国古代版权观念述略（上）．出版工作，1987（7）

韩锡铎．我国古代版权观念述略（下）．出版工作，1987（8）

赵旭东．试论中国封建法思想中的宗教学影响．西北政法学院本科生优秀论文选（一）．西北政法学院印行，1987

史凤仪．中国法制历史中的礼与法的关系．中国法学，1988（3）

范忠信．中国古代法观念中的一个有趣逻辑．比较法研究，1989（2）

孔庆明．中国古代商品经济法律思想论辩考评．烟台大学学报，1989（2）

王家骅．儒家思想与日本江户时代的法律．日本问题研究，1990（3）

胡旭晟．拾零与随感：关于中国古代法思想．比较法研究，1990（3）

耘耕．试论儒家法思想的现代启示．中南政法学院学报，1990（4）

段秋关．中国古代“法治”辨析．人文杂志，1990（5）

王家骅．儒家思想对日本古代律令的影响．日本研究，1991（1）

江振良．“刑罚世轻世重”论（续）．见：法学文集（中山大学学报丛书）．第3集，1991（1）

吴刚．中国古代非赦思想述评．中南政法学院学报，1991（2）

［美］本杰明·史华兹著，高鸿钧译．论中国的法律观：儒家的法律观念．中外法学，1991（3）

尹天佑．论中国封建主流法律思想的形成和特点．新疆社会经济，1991（3）

王礼明．对法家“法治”说质疑：评梁启超的一个观点．中国法学，1991（4）

唐梦诗．略谈中国古代的廉政思想及其社会实践．云南文史丛刊，1991（4）

黄玉兰．浅谈“以宽服民”和“以猛服民”对我国封建社会之影响．法林，1992（1）

龚杰．论儒家的礼法观．河北学刊，1992（2）

陈成雄等．中国古代罪刑法定主义思想及其实践．咸宁师专学报，1992（2）

赵吉惠．中国哲学中的民主与法的观念．孔子研究，1992（2）

何勤华．中国古代伦理法观念的渊源及其流变：兼与西方宗教伦理法观念的比较．法学，1992（3）

程维荣．谈中国古代以教化预防犯罪的思想．犯罪与对策，1993（1）

韩东育．“心治”、“身治”与“法治”：析法家政治思想中不可解的内在矛盾．史学集刊，1993（2）

龙大轩．关于“德主刑辅”法律思想的再思考．西北第二民族学院学报（社会科学版），1993（3）

徐进．法家的法治和理论．山东法学，1994（1）

徐进．法家法治理论的精髓．山东大学学报（社会科学版），1994（2）

刘肖生，孔庆明．中国古代法治主义思想的成就．烟台大学学报（社会科学版），1994（4）

陈金钊．简析中国古代法典疏简的思想．史学月刊，1994（5）

陈金全．理学法律思想评析．现代法学，1994（6）

荣晓宏．析我国古代的刑事责任根据思想．山东法学，1995（2）

左林霞．从《尔雅》注疏“常也”、“法也”条看古代中国人的法意识．武汉教育学院学报，1996（1）

赵映林．法家理论在封建法制建设中的地位．文史杂志，1996（1）

余经林．论中国封建正统法律思想及其法律化．政法论坛，1996（1）

张历凭．中国古代法律思想的历史发展及特点．信阳师范学院学报（社会科学版），1996（4）

黄毅．论中国古代限制君权的思想．中国法学，1996（5）

艾永明．法家的重刑思想值得借鉴．法学，1996（11）

李交发．儒法两家经济立法思想与中国古代经济法制：兼论现代立法的本土资源利用．湘潭大学学报（社会科学版），1997（1）

徐臻，孙刚．中国古代官吏的法制思想．山东法学，1997（2）

渠长根．论“德主刑辅”及其影响．求是学刊，1997（3）

杨培景．论中国古代法律的公正思想．黄淮学刊（社会科学版），1997（3）

马念珍．浅析中国古代的法治思想与当代的依法治国．法学探索，1997（3）

刘挺生．从测天到治人：由《尚书》探源中国古代的治安思想．公安理论与实践，1997（4）

甘桂芬．法家学说对惩治腐败的借鉴意义．工人日报，1997－04－16

杨师群．论法家的“法治”及其法律思想．史林，1997（4）

韩起祥．论中国古代法律思想中的“公道”思想．当代法学，1997（6）

武树臣．法家法治思想的再评判——兼与杨师群同志商榷．华东政法学院学报，1998年创刊号

崔永东，龙文茂．黄老之犯罪学说初探．文献，1998（1）

赵玉环，赵玉强．论儒家的“德主刑辅”思想．政法论丛，1998（1）

万齐洲．封建社会形成以前的中国法律思想及特点．荆门大学学报（社会科学版），1998（1）

韩秀桃．中国古代礼法合治思想在基层乡里社会中的实践．安徽大学学报（社会科学版），1998（1）

关健瑛．儒家德刑观及其现代价值．求是学刊，1998（2）

萧伯符，李伟．中国古代民众法律意识是儒家化而非鬼神化——兼与郝铁川教授商榷．法商研究，1998（4）

张远煌．犯罪解释论的历史变迁与反思．法商研究，1998（5）

萧伯符．中国古代民众法律意识儒家化而非鬼神化．政法论坛，1998（5）

陈会林．论法家的法价值观．湖北大学学报，1998（6）

张建国．中国古代复仇观之我见．法学，1998（8）

俞荣根．“法先王”——儒家王道政治的理想法．见：法律史论集．第1卷．北京：法律出版社，1998

崔永东．出土法律史料中的刑法思想．北京大学学报，1999（1）

梁治平．从“礼治”到“法治”．开放时代，1999（1）

邓红蕾．“道德法律化”与“法律道德化”——浅论中国法律思想的理论特色．中南民族学院学报（人文社会科学版），1999（1）

何勤华．法家法治理论评析．华东政法学院学报，1999（1）

刘建勇．中国传统法哲学的历史发展、特点及价值剖析．青海社会科学，1999（1）

顾俊杰．中国古代法的伦理价值观．同济大学学报（社会科学版），1999（1）

马作武．中国古代“法治”质论——兼驳法治的本土资源说．法学评论，1999（1）

冯晓宏．中国古代经济控制论反思——读《管子》、《商君书》有感．淮阴工学院学报，1999（1）

艾新强．中国古代民主思想述评．广西社会主义学院学报，1999（1）

荣莉．中国古代社会定罪思想的剖析．黑龙江农垦师专学报，1999（1）

郭婕．罪刑法定史论．河南大学学报，1999（1）

胡河宁．“德治”、“法治”杂议．改革，1999（2）

杨师群．法家“法治”思想再探讨——答武树臣先生．华东政法学院学报，1999（2）

马小红．法治的历史考察与思考．法学研究，1999（2）

马止戈．礼法融合的人性基础．法学评论，1999（2）

史广全．礼法融合论略．求是学刊，1999（2）

王娆．论“仁”的法哲学思想．甘肃社会科学，1999（2）

宁新昌．论儒家的道德自律及其意义．现代哲学，1999（2）

蔡琼．浅论中国封建社会的法治和人治．广西师范大学学报（哲学社会科学版），1999（2）

刘向明．浅析阴阳五行说对我国古代法制的影响．湛江师范学院学报（社会科学版），1999（2）

顾晓明．儒家“德主刑辅”思想与社会治安综合治理．宜宾师范高等专科学校学报，1999（2）

李桂英．儒家法律思想中的合理内核．长春大学学报，1999（2）

沈远新．儒家思想与腐败的“民俗化”．新东方，1999（2）

刘韶华．中国传统法律思想中价值取向的民法学思考．中央政法管理干部学院学报，1999（2）

杨成铭．中国历史上的人权意识和人权思想．武汉大学学报（人文社会科学版），1999（2）

郭建．中国民事传统观念略论．华东政法学院学报，1999（2）
马戎．罪与孽中国的“法治”与“德治”概说．北京大学学报（哲学社会科学版），1999（2）
冯晓宏．浅析我国古代经济控制论的特征．北京邮电大学学报（社会科学版），1999（3）
张继良．试论中国古代农业社会与宗法制度对政治伦理思想的影响．河北师范大学学报（哲学社会科学版），1999（3）
饶鑫贤．中国法律思想史分期问题商兑．法学研究，1999（3）
李均宏．中国古代民主思想探索．民主与科学，1999（3）
冯守华．“德主刑辅”的历史演进与基本精神．国际商务（对外经济贸易大学学报），1999（4）
李培玉．论法家关于奖赏之法的思想及其现代意义．南京师范大学学报（社会科学版），1999（4）
杜豫．论“义”．聊城大学学报（哲学社会科学版），1999（4）
王立荣．谈中国古代反专制思想的历史演变．（社会科学版），1999（4）
刘韶华．中国传统法律思想中价值取向的民法学思考．河北法学，1999（4）
胡河宁．“德治”、“法治”摭议．理论前沿，1999（5）
陈锐．试论名家的政治法律思想．现代法学，1999（5）
刘晔．中国传统“法治”的政治学诠释．浙江社会科学，1999（5）
宋伟．中国古代有没有“自然法则”观念．学术论坛，1999（5）
王启发．礼的属性与意义．中国社会科学院研究生院学报，1999（6）
陈军科．礼的宗法本质及其政治功能．求索，1999（6）
屈永华．儒家民本思想辨析——兼谈关于鉴古观今的一点思考．中央政法管理干部学院学报，1999（6）
高丽华．中国古代反腐败的理论和作法评鉴．中国党政干部论坛，1999（8）
徐忠明．“刑治主义”与中国古代法律观念．比较法研究，1999.Z1
沈敏荣．成文法观念的演进与我国法律思想发展中的问题．浙江省政法管理干部学院学报，2000（1）
吴雁南．法治——中国封建社会形成过程中的主导社会思潮．贵州师范大学学报，2000（1）
李鹃．浅议“天人和谐”的中国古代法律观念．山西高等学校社会科学学报学报，2000（1）
邓建华．儒家自然法思想及其启示．湖南师范大学社会科学学报，2000（1）
于语和．试论“无讼”法律传统产生的历史根源和消极影响．法学家，2000（1）
姜素红．试论“一准乎礼”．湖南农业大学学报，2000（1）

刘晔，罗飞．中国传统“法治”的政治学诠释．上海社会科学学术季刊，2000（1）

衣家奇．诸子百家犯罪原因思想采撷．社科纵横，2000（1）

陆昕．法家何以迅速衰落．北京日报，2000-02-21

沈敏荣．法律不确定性及其思想渊源之演进．山西大学学报，2000（2）

邱兴隆．从神意到法意：报应论的理念嬗变．湖南省政法管理干部学院学报，2000（3）

班克庆．论儒、法两家法律思想从分立到合流的原因．广西教育学院学报，2000（3）

刘全德．浅谈中国古代法中的权利观念．新疆社会经济，2000（3）

张鸣芳．中国传统的重民恤狱思想和实践．当代法学，2000（3）

李超民．中国古代常平仓思想对美国新政农业立法的影响．复旦学报，2000（3）

马凌云．罪刑法定的思想渊源．湖南社会科学，2000（3）

徐凤侠．论中国古代婚姻家庭之法律思想．济宁师专学报，2000（4）

刘全德．谈谈中国古代的权利观念及其对封建法制的影响．中央政法管理干部学院学报，2000（4）

牛晓艳．论中国古代自然资源及环境立法的可持续发展思想．当代法学，2000（5）

陈云良．儒家伦理与法治精神．中国法学，2000（5）

文正邦，张玉光．中国传统法哲学概析．湖南省政法管理干部学院学报，2000（5）

韩国莉，孙树志．中国传统宗法伦理下的法律意识．兰州大学学报，2000（5）

陈颐．略论环境法立法思想的源变——兼及我国环境法制的具体走向．华东政法学院学报，2000（6）

范忠信．唐代以后中国法律思想的定型化或僵化．湖南省政法管理干部学院学报，2000（6）

萧光辉．儒家的民本思想及其法律文化价值述评．上海市政法管理干部学院学报，2001（1）

任强．中国传统法律思想的研究范式——以先秦儒家的礼法思想为例．现代法学，2001（1）

吕艳利．中国古代主流信仰的演变与相关法律思想．现代法学，2001（1）

李道军．古代思想家对法的应然与实然问题的追寻．比较法研究，2001（2）

郝铁川．“性善论”对中国法治的若干消极影响．法学评论，2001（2）

周少元，韩秀桃．中国古代县治与官箴思想——以《钦颁州县事宜》为例．政法论坛，2001（2）

刘春荣．古代犯罪原因及预防思想探析．绥化师专学报，2001（3）

甄文涛．浅议儒家敬业思想与律师的职业道德．哈尔滨学院学报，2001（3）

李青魁．以法惩贪，重典治吏：古代廉政法制思想述评．山西省政法干部学院学报，2001（3）

蔡春玲，王卫东．中国古代德治与法治浅探．管子学刊，2001（3）
贾伟．中国儒家人权思想的底蕴．山西青年管理干部学院学报，2001（3）
田成有．评说儒家法文化中的德治思想与民本主义．河南省政法管理干部学院学报，2001（5）
俞荣根．儒家反酷刑的理论与实践．现代法学，2001（5）
戴者春．试论我国古代“礼法并用，德主刑辅”的治国方略．黑龙江社会科学，2001（5）
杨成炬．中国古代人性论及其对传统法律文化刑事性的影响．华东政法学院学报，2001（5）
陆建猷．德主刑辅传统的历史事迹反观．人文杂志，2001（6）
王旭东，方新枝．略论中国古代法律的儒家化．中州学刊，2001（6）
席小华．中国古代关于预防犯罪的教育思想．首都师范大学学报，2001（6）
曾宪义．中国古代社会的“德法”并治论．中南民族学院学报，2001（6）
陈生玺．中国古代的德治与法治．群言，2001（9）
徐祥民．法家学派的由来及其界限．山东大学学报，2002（1）
张守东．鬼神与脸面之间——中国传统法制的思想基础概观．清华法学，2002（1）
张百庆．礼治、法治与合法性．学术论坛，2002（1）
蒋重跃．论法家思想中的变法与定法．中国哲学史，2002（1）
崔永东．论中国古代的法律自然主义．中外法学，2002（1）
王华胜．中国人厌讼吗？——对传统观念的另一种思考．池州师专学报，2002（1）
王毓明．中国儒家司法伦理道德．华东理工大学学报，2002（1）
武玉红．罪刑法定思想的沿革与发展．华东理工大学学报，2002（1）
邢红飞．简论中国人礼法观念的历史变迁．南京农专学报，2002（2）
魏培良，陈士果．论“以德去刑”与“以刑去刑”．管子学刊，2002（2）
余辉胜．亲亲相隐原则的法理探析及其在当代中国命运之检讨．上饶师范学院学报，2002（2）
高仰光．儒法家、道法家及其合流——论法家思想的儒道渊源．中西法律传统，2002（2）
陈勇，王晓莉．儒家法伦理思想的解读与转换．北京市政法管理干部学院学报，2002（2）
黄正雨，黎桦，汪再祥．中国古代法律思想史研究策略初探．法学评论，2002（2）
余元洲．道法论刍议．湖南工程学院学报，2002（3）
喻中．对异化的儒家礼法的超越：道家法哲学新探．江苏行政学院学报，2002（3）
马兆明．宽猛相济，德法并举：简论中国的传统治国方略．东岳论丛，2002（3）
李明珠．浅谈中国古代的“法治”．社科纵横，2002（3）
黄晓明．无争无讼与中国古代诉讼价值的取向．诉讼法学研究，2002（3）
陈锋．法家以法律统一思想评析．齐齐哈尔大学学报，2002（4）

王启发，罗莉．中国古代礼法分立的历史进程及其意义．中国社会科学院研究生院学报，2002（4）

孙国祥．传统刑法观念的解读．河南省政法管理干部学院学报，2002（5）

王杨．从玩忽职守罪的法定刑看我国的传统法律观念．湖南省政法管理干部学院学报，2002（5）

万安中．我国狱政思想及其发展特征初探．学术研究，2002（5）

张玉光．中国传统法哲学的特点和本质体现．社会科学家，2002（5）

宋惠昌．“极高明而道中庸”：儒家的“政治黄金律”．湖南社会科学，2002（6）

郭明．论古代中国的监狱知识形态及其观念．犯罪与改造研究，2002（6）

徐祥民．秦后法家及其发展变迁．社会科学战线，2002（6）

杨鹤皋．二十一世纪中国法律思想史研究的走向．见：走向二十一世纪的中国法文化．上海：上海社会科学院出版社，2002

王强．反国家主义：儒家法律思想的一个基本倾向．见：走向二十一世纪的中国法文化．上海：上海社会科学院出版社，2002

肖传林．关于“以德治国”的思考．见：走向二十一世纪的中国法文化．上海：上海社会科学院出版社，2002

柏桦，葛荃．礼刑与富贵：中国古代刑罚的政治观．见：走向二十一世纪的中国法文化．上海：上海社会科学院出版社，2002

马小红，于敏．中国传统德治与法治的思考．法学，2002（9）

杨成炬．中国古代天人观及其对法律文化刑事性的影响．见：走向二十一世纪的中国法文化．上海：上海社会科学院出版社，2002

熊英．从历史上德、法之争探“德、法并举”治国思想．江西社会科学，2002（11）

谢长发．论法家的刑罚观及其法理基础．社科与经济信息，2002（11）

袁红冰．道德法律化——中国人治的特征和儒学反人性的政治根源．贵州师范大学学报，2003（1）

陈明华，赵江水．两种立场的刑法解释观及抉择——从历史发展角度所作的考察．中国刑法学年会文集，2003（1）

戴隆芸．略论法家法治思想的现代价值．天津市政法管理干部学院学报，2003（1）

崔永东，龙文懋．评中国思想家对道德与法律关系之探索．孔子研究，2003（1）

李道刚．儒家天道观与德国自然法．中德法学学术论文集，2003（1）

王人博．一个最低限度的法治概念——对中国法家思想的现代阐释．法学论坛，2003（1）

郑敬高．中国古代的平等观念．中国海洋大学学报，2003（1）

袁红冰．道德法律化的悲剧——儒学的历史命运批判．贵州师范大学学报，2003（2）

陈寒鸣，贾乾初．“德治”与“法治”：中国历史文化传统的基本特质及其启示．扬州

教育学院学报，2003（2）

王毓明．伦理道德法律化是贯穿于中国法律史的主线之一——兼论道德立法价值取向．法制论丛，2003（2）

孟奇勋．论“亲属相隐”及其现代生命力．安徽广播电视大学学报，2003（2）

院晓苗．由两种法文化之暗合谈中国的法德并治．河南省政法管理干部学院学报，2003（2）

赵晓耕．中国古代传统的道德法律观．法学家茶座，2003（2）

谢作．中国古代礼法关系的演进．燕山大学学报，2003（2）

庞从容．儒家伦理法中的人权思想．宁夏社会科学，2003（3）

陈雪云．我国古代“无讼”论再认识．福建公安高等专科学校学报，2003（3）

曾宪义，马小红．中国传统法研究中的几个问题．法学研究，2003（3）

张玉光．中国传统法价值观及其转化．东疆学刊，2003（3）

李西杰，黄丹．德治与法治关系历史形态考辨．兰州学刊，2003（4）

邓红蕾．对峙·对话·合流·和谐：中国法律思想史轨迹回顾及现代启示．法学评论，2003（4）

萧伯符，汤建华．法家思想体系论略．法学评论，2003（4）

郭宝安．论我国历史上的依法治国与以德治国思想．青海民族学院学报，2003（4）

胡卫萍，吴人骥．我国封建正统法律思想形成探微．福建政法管理干部学院学，2003（4）

夏秀渊．“无讼”文化探析．扶州师专学报，2003（4）

张骐．法治视野中的中国传统思想初论．北京大学学报，2003（5）

郭成伟，孟庆超．论“天道”观对中国传统法律的影响．政法论坛，2003（5）

龙大轩．论中华民族的罪行观念及其历史嬗变（上）．贵州民族学院学报，2003（5）

谷春德．略论儒家人权理念及其对现代人权思想的深刻影响．成人高教学刊，2003（5）

王居野．中国狱政思想的历史变迁．社会科学辑刊，2003（5）

冯卫国．行刑社会化的思想源流与发展趋向．中国监狱学刊，2003（6）

张建伟．中国古代亲属隐匿原则述论．政法论丛，2003（6）

史广全，李景瞳．法家“以刑去刑”理论及实践的诸分析．学术交流，2003（7）

周继旨．传统“德治”、“法治”思想的误区．探索与争鸣，2003（8）

蒋重跃．论法家思想中的变法与定法．见：法律史论集．第5卷．北京：法律出版社，2003

林明．略论儒家思想在江左的地位与影响．见：法律史论集．第5卷．北京：法律出版社，2003

林义全，施润．论传统中华帝国的“同罪异罚”思想．山西高等学校社会科学学报，2003（10）

崔榕．法家思想衰亡原因的法理学思考．湖北民族学院学报（哲学社会科学版），2004（1）

王佃冰．古代封建法律思想渊源及其合流．菏泽师范专科学校学报，2004（1）

高志翔．关于法治与德治相辅相成的文化渊源．河北建筑科技学院学报（社科版），2004（1）

张立荣．论礼法．安庆师范学院学报（社会科学版），2004（1）

武晓婕．略论中国古代廉政思想及其实践．商洛师范专科学校学报，2004（1）

丁洁．试论儒家法律思想之形成与利弊．齐鲁艺苑，2004（1）

曾宪义，马小红．中国传统法的“一统性”与“多层次”之分析：兼论中国传统法研究中应慎重使用“民间法”一词．法学家，2004（1）

陈海平．中国传统法律中礼法关系的历史演进．青海师专学报，2004（1）

郑智．传统法律思想与士大夫的博弈运思．法律科学，2004（2）

曹英．论法家的“法治秩序”思想．学海，2004（2）

李润红．浅论儒家“德主刑辅”的法律思想及其借鉴价值．云南大学学报（法学版），2004（2）

田成有．儒家法律思想中的民本主义评说．云南财贸学院学报，2004（2）

吴勇．试析传统无讼价值观产生根源及其历史影响．广西商业高等专科学校学报，2004（2）

潘宇．中国传统“厌讼”观念辨析．北华大学学报（社会科学版），2004（2）

张运华．儒家伦理法律思想的影响与启示．广东教育学院学报，2004（3）

刘阿霞．慎对中国古代的“德主刑辅”．昭通师范高等专科学校学报，2004（3）

韩秀桃．中国传统法律思想述略．皖西学院学报，2004（3）

张文胜．宗法思想与中国传统伦理化法律．江淮论坛，2004（3）

朱玮玮．论中国古代法律思想中的自然主义倾向．江苏警官学院学报，2004（4）

李玉福．论中国古代礼刑互动关系．法学论坛，2004（4）

赵虎．试论无讼思想．甘肃理论学刊，2004（4）

欧阳竹筠，杨方泉．“治乱重典论”的历史与现状．江汉论坛，2004（4）

白强．论中国儒道法思想与西方自然法特质．重庆大学学报（社科版），2004（5）

王云飞．儒法思想与中国法制研究．大连大学学报，2004（5）

易丽华．“春秋决狱”的国本位与家本位思想．长江大学学报（社会科学版），2004（6）

郑琼现．法家“法治”说：理论、实践及百年流变．学术研究，2004（6）

万国庆．浅析中国古代的德治思想．河南公安高等专科学校学报，2004（6）

邵方．儒家思想与礼制——兼议中国古代传统法律思想的礼法结合．中国法学，2004（6）

金尚理．试论儒家的“礼因人情”说．甘肃社会科学，2004（6）

张桂梅．我国古代法家“法治”思想浅析．山东省工会管理干部学院学报，2004（6）

马珺．中国古代不同时期对法的认识及评价．河南省政法管理干部学院学报，2004（6）

郭齐勇．“德治”语境中的“亲亲相隐”——对穆南珂先生“商榷”的商榷．哲学研究，2004（7）

刘绍云．儒法思想的内在相通及其历史融合．理论学刊，2004（12）

邢意和．《狄公案》中国家法律思想与民间法律思想的矛盾．沈阳农业大学学报（社会科学版），2005（1）

张应峰．论中国早期国家的主权观念．烟台师范学院学报（哲学社会科学版），2005（1）

王石磊．试析中国传统诉讼观念——官府“无讼”“息讼”与百姓“畏讼”“厌讼”．工会干部学院学报，2005（1）

陈松．中国传统慎刑思想研究．江苏警官学院学报，2005（1）

邢晓晖．中国法家道德法律化研究．法学杂志，2005（1）

肖杰．中国古代的德治思想与实践．石油大学学报（社会科学版），2005（1）

张分田．中国古代“民本思想”内涵与外延刍议．西北大学学报（哲学社会科学版），2005（1）

吕中国．法家的法治思想及其对中国传统法律文化的影响．中北大学学报（社会科学版），2005（2）

张红英．试析中国古代儒家行政伦理思想．中共四川省委省级机关党校学报，2005（2）

俞荣根．寻求“自我”——中国法律思想史的传承与趋向．现代法学，2005（2）

赵秉志．中国刑法哲学的产生和发展．法制与社会发展，2005（2）

邝智孟．简析儒家德治．湘南学院学报，2005（3）

郭宗杰．民法基本理念的历史渊源及其在我国缺失的成因分析．河南社会科学，2005（3）

马珺．浅析新儒学的法律观及对律学的影响．河南省政法管理干部学院学报，2005（3）

吕艳．儒家孝道观及后世的原旨疏离．枣庄学院学报，2005（3）

张顺庆．试析儒家思想对中国古代法制的影响——以人性论为视角．福建法学，2005（3）

潘宇．中国传统诉讼观念辨析．长春师范学院学报，2005（3）

周兴生．道家判案的逻辑模式及其衡平机制．法商研究，2005（4）

柏桦．公罪与私罪——中国古代刑罚政治观．政治与法律，2005（4）

张星久．论帝制中国的君权合法性信仰．武汉大学学报（哲学社会科学版），2005（4）

方波．阴阳五行学说对古代中国刑法的影响浅谈．合肥学院学报（社会科学版），2005（4）

张德广．中国传统法治观研究中的认识误区．理论建设，2005（4）

颜世安．试论儒家道德主义的和平理想．南京大学学报（哲学期人文科学期社会科学版），2005（5）

赖早兴．中国古代社会的等级观念与刑法的等级性．云南大学学报（法学版），2005（5）

周黎明．从礼法关系看德法之治．湖北师范学院学报（哲学社会科学版），2005（6）

马念珍．从容隐原则析儒家思想的人权色彩．贵州警官职业学院学报，2005（6）

方潇．古代中国“天学”视野下的天命与法律价值革命．法制与社会发展，2005（6）

邓天江．近观“亲亲得相首匿”．中国律师，2005（6）

张利兆．“仁政”思想与我国古代未成年人犯罪刑事政策．青少年犯罪问题，2005（6）

赵友新．中国古代德治思想与监狱制度．中国刑事法杂志，2005（6）

陈佑武．中国古代矜老原则与人权保障．人权，2005（6）

吴勇．传统无讼思想的产生及其历史根源．广西社会科学，2005（7）

许斌龙．中国血缘法逻辑及其普遍意义．西南民族大学学报（人文社科版），2005（8）

杨文霞．中国传统德治与法治相结合的必然性．理论与当代，2005（9）

黄旭东．诉讼观初论．经济与社会发展，2005（11）

于东洋．我国古代监察思想评析与启示．中国监察，2005（13）

黄晓敏．无讼价值取向的再认识及反思．中南民族大学学报（人文社会科学版），2005.S1

张植荣．浅析传统疆国理念的演变及其遗产．太平洋学报，2006（1）

张先昌．传统政治法律思想中民本思想的法理学分析．江苏大学学报（社会科学版），2006（2）

吴正茂．法律儒家化新论．安徽教育学院学报，2006（2）

刘最跃．论中国古代的“道德法律化”．湘潭师范学院学报（社会科学版），2006（2）

祖伟．系统论视野下中国古代的礼与法．辽宁公安司法管理干部学院学报，2006（2）

夏清瑕．中国传统法律的宗教向度．江淮论坛，2006（2）

董长海．中国传统社会法律信仰探析．陕西省行政学院、陕西省经济管理干部学院学报，2006（2）

冯卓慧．中国古代慎刑思想研究——兼与20世纪西方慎刑思想比较．法律科学，2006（2）

陈建明．儒家伦理与法治精神的冲突．重庆社会科学，2006（3）

严玥．厌诉观之探析与对策．法制与社会（理论版），2006（3）

高永平．中国传统财产继承背后的文化逻辑——家系主义．社会学研究，2006（3）

徐慧娟．中国传统社会诉讼意识之反思．株洲工学院学报，2006（3）

（二）各代法律思想史

1. 夏商西周

耶冰．略论周公的天命思想．光明日报，1962-09-07

史戈．法家先驱者邓析．破与立，1974（3）

黎子耀．阴阳五行思想与《周易》．杭州大学学报（哲社），1979（12）

肖永清．西周刑法原则的探讨．法律史论丛．1982年第2辑．北京：中国社会科学出版

社，1982

耘耕．孔子的司法道德观．法学，1983（9）

俞荣根．孔子伦理法律观的再认识．法学，1984（1）

徐进．孔子“无讼”辨证．齐鲁学刊，1984（4）

俞荣根．“儒家人治法家法治对立论”质疑——兼论先秦法律思想中的一个方法问题．法学季刊，1984（4）

杨诚．试论“明德慎罚”政策在西周刑法中的贯彻．华东政法学院研究生论文集．华东政法学院印行，1984

杨诚．试论西周的“明德慎罚”政策．江海学刊，1984（6）

王振安．从“复礼”看孔子的法律思想．新疆大学学报（社会科学版），1985（1）

陈抗生．读《论语》四题（孔子法律思想）．法学评论，1985（1）

陈淑珍．周公旦“明德慎罚”的法律思想．法学杂志，1985（2）

陈鹏生，陈汉生．孔子的“孝义”及其对封建法制“不孝入罪”的影响．江海学刊（社会科学版），1985（3）

乔伟．先秦儒家的法律思想及其历史地位．文史哲，1985（3）

钱杭．《尚书》宗法思想研究．社会科学战线，1985（4）

徐志祥．孔子法律学说述评．齐鲁学刊，1985（6）

刘富起．关于孔丘法律思想研究的方法论问题．见：孔子法律思想研究（论文集）．济南：山东人民出版社，1986

李光灿．开创孔子法律思想研究新局面．见：孔子法律思想研究（论文集）．济南：山东人民出版社，1986

刘新．孔子对周公法律思想的继承与发展——孔子法律思想探源．见：孔子法律思想研究（论文集）．济南：山东人民出版社，1986

张晋藩，郭成伟，相自成．孔子法律思想的历史地位．见：孔子法律思想研究（论文集）．济南：山东人民出版社，1986

曹孔六．孔子法律思想撷粹．浙江法学，1986（2）

杨景凡，俞荣根．孔子法律思想论略．见：孔子法律思想研究（论文集）．济南：山东人民出版社，1986

栗劲．孔子和礼——孔子法律思想初探．见：孔子法律思想研究（论文集）．济南：山东人民出版社，1986

乔伟．论孔子学派法律思想的形成、发展及其历史地位．见：孔子法律思想研究（论文集）．济南：山东人民出版社，1986

肖伯符．略论孔子关于预防犯罪的法律思想．法学评论，1986（2）

赵国斌．试论孔子的“礼”与“礼入于刑”．见：孔子法律思想研究（论文集）．济南：

山东人民出版社，1986

姚荣涛，郭建．试论孔子的“无讼”思想及其影响．见：孔子法律思想研究（论文集）．济南：山东人民出版社，1986

叶孝信．试论孔子法律思想的核心．见：孔子法律思想研究（论文集）．济南：山东人民出版社，1986

张国华．应当恰如其分地评价孔子．见：孔子法律思想研究（论文集）．济南：山东人民出版社，1986

陈抗生．应当重视《论语》本身的研究．见：孔子法律思想研究（论文集）．济南：山东人民出版社，1986

顾宣魁．《管子》法律思想浅释．见：复旦法学．第1辑．上海：复旦大学出版社，1986

郭建，姚荣涛．试论孔子的“无讼”思想及其影响．见：复旦法学．第1辑．上海：复旦大学出版社，1986

宋昌斌．先秦诸子对人性与法关系的探讨——兼论法家法治主义成败原因．复旦学报（社会科学版），1986（5）

赵忠文．试论周代刑法中的“保民”思想．辽宁师范大学学报（社会科学版），1987（1）

陈晓枫．孔子关于刑罚基础的基本思想试析．中南政法学院学报，1987（2）

杨翔．先秦法家重刑主义产生原因初探．湘潭大学学报，1987（3）

游唤民．《吕刑》法治思想发微——兼论儒家法治思想渊源．湖南师范大学社会科学学报，1987（4）

马南．先秦法家法律学说通论．郑州大学学报（社会科学版），1988（3）

朱日耀．中国传统政治文化的一个侧面——先秦法家法治理论与古代社会的政治实践．吉林大学社会科学学报，1988（3）

龙锦阳．《管子》以法治国论的历史价值和现实意义．湘潭大学学报（社会科学版），1988（4）

李铁．“明德慎罚”与奴隶制法的发展．见：中华法史丛谈．北京：中国政法大学出版社，1988

王占通．孔子的法律思想与周礼．吉林大学社会科学学报，1988（6）

武树臣．晋国文化：“法治”思潮的发祥地和输出港．晋阳学刊，1989（1）

万高．先秦法理思想略议．宁波师院学报（社会科学版），1989（1）

李力．刑·法·律——先秦法观念探微．中外法学，1989（5）

李远元．《周礼》的人口与就业思想——兼谈《周礼》尚法治．财经科学，1989（5）

王宏林．“明德慎罚”辨．法学研究，1989（6）

马小红．《吕刑》法律思想初探．法学研究，1990（1）

艾永明等．《管子》中的犯罪心理学思想探析．管子学刊，1990（4）

羽佳．论西周“礼”与“法”的关系．兰州学刊，1990（4）

蔡尚思．孔子论“仁”的重点和范围：析孔子宗法名分性的仁学．孔子研究，1991（1）

陈汉生．《周易》中的刑法思想探微．政治与法律，1991（1）

陈汉生．《周易》中的刑法思想和刑法制度述略．上海大学学报（社会科学版），1991（2）

宋绍光．简论《尚书》中的法治思想．学术季刊，1991（3）

唐忠民．简析孔子法律观在孔子思想中的地位．现代法学，1991（3）

王振安．试论孔子的预防犯罪思想．新疆社会科学研究，1991（3）

任冠文．试析孔子“礼治”思想中的“法治”因素．山西省政法管理干部学院学报，1991（3）

李交发．西周审判心理思想试探．人文杂志，1991（5）

闵存基．试论《尚书·吕刑》篇的“人法并重”思想．上海公安专科学校学报，1992（1）

罗昶．孔子法律思想的理论基础：仁学．中南政法学院学报，1992（2）

刘斌．也谈管子的法治思想．管子学刊，1992（2）

魏春艳．殷人神权思想与中国传统法文化．青海民族学院学报（社会科学版），1992（2）

侯保田．《论语》中孔子守法思想体系述评．法制心理研究，1992（3）

杨海燕．论孔子法律思想对中国封建法律的影响．甘肃理论学刊，1992（4）

林明．浅谈先秦法家的法律观．山东法学，1992（4）

邹华玉．试论管子的法治思想．北方论丛，1992（6）

郭昊奎．从《尚书》看周公的神权思想．内蒙古工学院学报（社会科学版），1993（1）

杨奉琨．论孔子的法律思想．复旦学报（社会科学版），1993（2）

杨义银．略论《管子》关于道德与法的理论．西南师范大学学报（社会科学版），1993（2）

苗先周．孔子的法律思想及其对中国封建法律的影响．山西师范大学学报（社会科学版），1993（4）

公丕祥．《论语》的法律价值取向．社会科学研究，1993（4）

陈秀梅．孔子法律思想初探．郑州大学学报（社会科学版），1993（5）

张文举．试论孔子的法治思想．阜阳师范学院学报（社会科学版），1994（1）

萧伯符．《论语》与中国社会治理模式探讨．法学家，1994（2）

徐永康．《论语》中的“先富后教”思想及其法文化价值．法律科学，1994（2）

秋荣．论孔子“德主刑辅”法律思想．河南教育学院学报（社会科学版），1994（3）

杨以汉．《管子》的法律思维与现代法治．管子学刊，1995（1）

姬长军．从《老子》的“自然”法则重新认识其“无为而无不为”的思想．哲学战线，1995（2）

任重．论管仲的法律思想及其在法制史上的建树．山东大学学报（社会科学版），1995（2）

［日］谷中信一著，路英勇等译．从“经言”诸篇看《管子》的法思想．管子学刊，1995（3）

李交发．孔子的法律思想与中国法律文化．湘潭大学学报（社会科学版），1995（3）

杨思斌．略论先秦儒法两家法律思想的对立．六安师专学报，1995（3）

周少元．老子法律思想探路．安徽大学学报（社会科学版），1996（1）

张复熙．先秦儒家情法观初探．安徽大学学报（社会科学版），1996（1）

宗文举．《论语》“政”“刑”思想及其关系．思想战线，1996（2）

徐树梓．姜太公法治思想及其对后世的影响浅说．管子学刊，1996（3）

郭世东．试论《管子》中的法律思想．政法论丛，1996（4）

刘厚琴．先秦儒家婚姻观．齐鲁学刊，1996（4）

胡旭晟．先秦名家学派法律观阐释：以理论逻辑的分析为主体．法学研究，1996（6）

乔伟．论春秋时期法律思想的发展变化．法制与社会发展，1997（1）

张彦群．试论孔子对西周宗法人伦制的反思及其影响．天中学刊，1997（1）

于逸生．夏、商、周三代神权法思想嬗变．求是学刊，1997（1）

达知．孙子法律思想述略．法学，1997（2）

王晓勇．子产法律思想论略．许昌师专学报（社会科学版），1997（2）

崔波，高秀昌．《周易》法律思想初探．黄淮学刊（社会科学版），1997（3）

徐晓明．先秦儒家、法家有关“人治”和“法治”争论的启示．华东理工大学学报（社会科学版），1997（4）

陈鸿彝．先秦治安的理论探讨与法制建设．江苏公安专科学校学报，1997（4）

丘立才．试论管子以法治国的思想．岭南学刊，1997（6）

何勤华．先秦法哲学论考．法学，1997（6）

程潮，钱耕森．先秦各家的水哲学及法水哲学．学术月刊，1997（12）

马作武．孔子法思想辨正．法学评论，1998（1）

袁敏殊．老子政治法律思想刍议．安徽史学，1998（1）

吕安青．先秦儒家法律思想探源．政法论坛，1998（1）

宋玉顺．《管子》法律思想初探．管子学刊，1998（2）

崔永东．周代金文中的刑法思想研究．政法论坛，1998（2）

崔永东．帛书《黄帝四经》中的刑法思想．法学研究，1998（3）

赵玉林，张迎秀．论管仲的法律思想对齐国法治的影响．管子学刊，1998（3）

宣兆琦，李华．试析《管子》的法律思想．理论学刊，1998（6）

高恒．富之教之、允执其中及其他——孔子治国之道略说．见：法律史论集．第1卷．北京：法律出版社，1998

高积顺．论邓析．见：法律史论集．第1卷．北京：法律出版社，1998

刘挺生．道之以德 齐之以礼——且看《论语》如何治天下．上海公安高等专科学校学报，1999（1）

易永卿．孔子社会管理思想的基本内涵及其影响．益阳师专学报，1999（1）

王培松．《论语》“中庸”思想及其法文化的浅析．贵州警官职业学院学报，1999（1）

王娆．试探孔子的法律思想．甘肃政法学院学报，1999（1）

明平．管子思想法利之辨．烟台大学学报（哲学社会科学版），1999（2）

王娆．论孔子的法哲学体系．人文杂志，1999（2）

王强．《管子》法治思想析论．管子学刊，1999（3）

张汉静．先秦儒家法律思想浅论．中共太原市委党校学报，1999（3）

于语和．《周易》“无讼”思想及其历史影响．政法论坛，1999（3）

崔永东．帛书《老子》甲乙本中的法律思想试析．政法论坛，1999（4）

刘宝才．关于先秦思想史研究的几个问题．张家口职业技术学院学报，1999（4）

刘新．试论周公的“明德慎罚”思想．见：法律史论集．第2卷．北京：法律出版社，1999

徐祥民．春秋时期的刑罚概念．现代法学，2000（2）

崔永东．《郭店楚墓竹简》在先秦法律思想史研究上的价值．法学研究，2000（2）

官性根．论春秋时期刑罚思想的历史地位．重庆教育学院学报，2000（2）

李海霞．略论孔子的法律思想．山东公安专科学校学报，2000（2）

黑广菊．略谈秦的“以法治吏”．聊城师院学报，2000（2）

周海燕．试述先秦的“法治”理论．云南法学，2000（2）

程宗璋，姜晓妮．《管子》的依法治国思想．昆明冶金高等专科学校学报，2000（3）

欧阳祯人．孔子法律思想的哲学思考．法学评论，2000（3）

杨喜洲．论《吕刑》“德主刑辅”的司法伦理思想．河南社会科学，2000（3）

周亮，蒋广学．《黄帝四经》中道法思想的自然法特征．衡阳师范学院学报，2000（4）

袁丽娴．浅论先秦儒家的人性观．山东大学学报，2000（5）

张少瑜．先秦兵家法律思想概要．法学研究，2000（5）

高波，张东轩．先秦法家思想对秦政治及后世的影响．见：文物考古论集．西安：三秦出版社，2000

任强．20世纪的先秦儒家礼法思想研究．学术研究，2000（10）

袁宗建．论法与孔子的礼治思想．菏泽师专学报，2001（1）

杨思斌．先秦儒法两家的治国方略与法律思想．安庆师范学院学报，2001（1）

李晓明．先秦礼法之争其法哲学解析．当代法学，2001（9）

张庆旭．“法者，民之父母也”：管子立法思想的现实意义．阜阳师范学院学报，2002（1）

王宏．孔子法律思想初探．广西右江民族师专学报，2002（1）

赵玉环．论管仲的法律思想．政法论丛，2002（1）

宋四辈．西周的“德治”思想与法制建设．郑州大学学报，2002（1）

杨思斌．先秦儒法两家的治国方略与法律思想．安庆师范学院学报，2002（1）

张学强．先秦儒、墨、道、法教育哲学三题．西北师范大学学报（社会科学版），2002（1）

王启发．先秦诸子论礼与法（上）．燕山大学学报，2002（1）

王启发．先秦诸子论礼与法（下）．燕山大学学报，2002（1）

李广辉，余小满．试论先秦儒家的犯罪学思想．河南大学学报，2002（2）

李彩晶．先秦礼法之争的现代思考．惠州学院学报，2002（2）

吴秋红．论先秦诸子的执法观．高等函授学报，2002（3）

江仁宝．春秋时期“法治”思想先驱管仲．炎黄春秋，2002（4）

王雷松．孔子法律思想简论．河南大学学报，2002（4）

李颖红．试论孔子关于犯罪的论述．合肥工业大学学报，2002（4）

陈科华．无讼与刑中：孔子的法律思想．益阳师专学报，2002（4）

崔永东．帛书《周易》中的法思想．见：法律史论集．第4卷．北京：法律出版社，2002

齐延平．论孔子法律思想研究的立场与方法：以法治为视角．山东大学学报（哲学社会科学版），2002（5）

从希斌．明德慎罚观念在《易经》中的体现．见：法律史论集．第4卷．北京：法律出版社，2002

黄震．西周孝道与判例精神．见：法律史论集．第4卷．北京：法律出版社，2002

夏彦才．先秦法律思想中的“尚一”意识．武汉理工大学学报，2002（5）

欧阳祯人．先秦儒家的君权合法性论证浅析．社会科学战线，2002（5）

王定璋．从“庶狱庶慎”到“惟良折狱”：《尚书》刑法观念的形成、发展与特征．天府新论，2002（6）

俞正山．先秦兵书军事法律文化探微．中国军事科学，2002（6）

曹福敬，王成三．《周易》德治、法治思想综论．社会科学战线，2002（6）

张明泽．《吕刑》中的民本思想及与法治的关系．见：走向二十一世纪的中国法文化．上海：上海社会科学院出版社，2002

周丽．周朝的德治与法治．人民法院报，2002（9）

王保国．从《吕刑》看“明德慎罚”思想在西周的演变．郑州大学学报，2003（1）

叶成朋，彭勇．孔子的“德主刑辅”思想及其与中国法治与德治的现实对话．广西政法管理干部学院学报，2003（1）

王萍，刘杰．先秦诸子的廉政思想．山东大学学报，2003（1）

马斗成．晏子“刑、德”思想试探．青岛大学师范学院学报，2003（1）

徐难于．论西周“中刑”观．中华文化论坛，2003（2）

金其高．儒法墨道之犯罪行为防治论．犯罪研究，2003（3）

徐祥民．商鞅法治论中的“禁使”．山东公安专科学校学报，2003（3）

李芬，周艺．西周法律思想和制度综述．南昌高专学报，2003（3）

肖顺昌．先秦法治思想形成和发展的社会历史原因．邵阳学院学报，2003（3）

王定璋．“明德慎罚”：《尚书》的“以德治国”思想探析．中华文化论坛，2003（4）

谭德贵．《周易》中的法律思想及其影响．法学论坛，2003（4）

齐延平．论孔子法律思想研究的立场与方法——以法治为视角．山东大学学报，2003（5）

崔永东．“明德慎罚”研究．见：中国法制史考证·甲编．第1卷．北京：中国社会科学出版社，2003

高珣．仁法哲学：《论语》中孔子法思想新解．见：法律史论集．第5卷．北京：法律出版社，2003

王智利．先秦时期法制思想中蕴涵的保障性管理制度观念．学术交流，2003（12）

赵玉环．论《大学》和《中庸》的法律思想．政法论丛，2004（1）

傅晓华．略论先秦“人治”与“法治”思想的论争实质．云梦学刊，2004（2）

张继．试论西周中和主义的法制思想及法制实践．管子学刊，2004（2）

李晓明．先秦道家法律思想研究：兼审道家对儒家礼治学说的总体态度．河北法学，2004（2）

谢昀，冉晔．先秦法家法哲学思想概论．国家检察官学院学报，2004（2）

胡建华．孔子的预防犯罪思想与我国犯罪预防体系的完善．新乡师范高等专科学校学报，2004（3）

宫宏祥．商鞅的法律思想及其启示．太原理工大学学报（社会科学版），2004（3）

赵锦程．试论管仲的法律思想．管子学刊，2004（3）

关健英．西周德刑关系思想论．道德与文明，2004（3）

关健英．先秦法家的法治精神内涵．北方论丛，2004（3）

马斗成．《管子》“刑、德”思想述论．管子学刊，2004（4）

张要登．论管仲的法治思想．管子学刊，2004（4）

乔雪梅．浅析奴隶社会立法指导思想的演进．河北广播电视大学学报，2004（4）

李晓明．先秦道家法律思想研究——兼审道家对儒家礼治学说的总体态度．河北法学，2004（4）

韩慧．从夏商到春秋时期法律思想的嬗变．山东师范大学学报（人文社会科学版），2004（5）

武志坚．论孔子的司法观．云南财贸学院学报（社会科学版），2004（5）

马珺．略论先秦时期儒家与法家对法的认识．中州学刊，2004（6）

马作武．管仲法律思想述评．山东社会科学，2004（8）

黄中伟．西周“礼”、“刑”法制文化辨析．南阳师范学院学报，2004（11）

吕家林．孔子的礼法思想．安顺师范高等专科学校学报，2005（1）

鲁玉桃．孔子“德主刑辅”思想初探．船山学刊，2005（1）

冉飞．论神权法思想对先秦儒家法律思想的影响．贵州教育学院学报，2005（1）

周桂钿．商家与轻重家——先秦百家中的两家．福建论坛（人文社会科学版），2005（1）

张文安．从《康诰》和《吕刑》看西周初中期刑罚思想的演变．郑州大学学报（哲学社会科学版），2005（2）

范松仁．历史视阈中的先秦“德刑之辩”及其现代观照．陕西理工学院学报，2005（2）

孙季萍．先秦儒家政治文化中的权力制约思想．烟台大学学报（哲学社会科学版），2005（2）

郁大海．先秦儒家政治伦理化的德治观及其现代意蕴．淮阴工学院学报，2005（2）

郭齐勇．关于“亲亲互隐”、“爱有差等”的争鸣．江苏社会科学，2005（3）

崔兰琴．试论老子法律思想的逻辑体系．湖北广播电视大学学报，2005（3）

徐文武．论《黄帝帛书》的刑德思想．河南社会科学，2005（4）

谢菲．试论孔子的“德治”思想．武汉船舶职业技术学院学报，2005（4）

白奚．论先秦黄老学对百家之学的整合．文史哲，2005（5）

李金玉．论周代的“天监”思想．商丘师范学院学报，2005（6）

陈谦．先秦法家的监察思想浅探．西北大学学报（哲学社会科学版），2005（6）

赵明．现代性视野下的先秦儒学．博览群书，2005（12）

张荣贵．从先秦“天人合一”探源“礼法结合”——构建和谐社会的历史启迪．新余高专学报，2006（1）

黄鸣鹤．邓析的命定之路．福建法学，2006（1）

刘红升．先秦儒家法律思想中的“礼治”及其启示．西安外事学院学报，2006（1）

张连伟．《管子》礼法关系简论．聊城大学学报（社会科学版），2006（2）

陈琳．礼治、德治、人治——试论先秦儒家法律思想．辽东学院学报（社会科学版），2006（2）

王沛．新出土文献与先秦法律思想．华东政法学院学报，2006（3）

2. 战国秦

汪毅．韩非的思想．光明日报，1954－05－05

任继愈．韩非的社会政治思想的几个问题．文史哲，1955（4）

李德永．荀子的思想．文史哲，1957（1）

梁启雄．韩非思想述评和探源．光明日报，1961－08－24，25

李鸿举．论李悝．光明日报，1962－06－20

孙长江．法家的杰出代表——韩非．北京师范大学学报（社会科学版），1973（1）

樊茹．早期法家代表人物——李悝和吴起．文汇报，1973-10-09

哲思．谈韩非的法治思想．南京大学学报（哲社），1974（4）

杨宽．韩非法治理论的进步作用．文汇报，1974-05-15

黎彬．李悝的变法斗争和他的法治思想．光明日报，1974-06-27

冯言．管仲．天津日报，1974-08-22

姚晓敏．法家的先驱——管仲．解放日报，1974-09-04

辛哲斌．先秦法家荀况的法治思想．新华日报，1974-09-06

褚雪，贾流．邓析与申不害．天津日报，1974-10-15

文丁．略谈韩非的思想（上）．实践，1978（5）

文丁．略谈韩非的思想（下）．实践，1978（6）

邹贡俊．论孟子的“仁政”学说．江汉历史学丛刊，1979（1）

乔伟，徐波．商鞅法治理论与实践的初步研究．见：吉林大学社会科学论丛，1979年第1辑．长春：吉林大学出版社，1979

袁伟时．试论韩非的“法、术、势”．学术研究，1979（1）

李锦本．邓析、惠施、公孙龙思想初探．中山大学学报（哲社），1979（2）

刘海年，齐振翮．从秦简《为吏之道》看秦的“治吏”思想．见：吉林大学社会科学论丛，1979年第4辑．长春：吉林大学出版社，1979

栗劲．荀况的“礼”不是“法”．见：吉林大学社会科学论丛，1979年第4辑．长春：吉林大学出版社，1979

藏云浦．荀况论“礼”．徐州师院学报（哲社），1980（1）

袁伟时．再评韩非的“法、术、势”——答孔繁同志．学术研究，1980（1）

张国华．略论春秋战国时期的“法治”与“人治”．法学研究，1980（2）

俞荣根．《法经》和李悝的政治法律思想．西南政法学院学报，1980（3）

陈抗生．秦季法律思想初探．法学评论，1983（1）

谢胜山．荀子刑法论初探．法学，1983（1）

王超．专制集权和政治权术的鼓吹者：韩非——论韩非政治法律思想的核心及其影响．江海学刊，1983（1）

谭风雷．韩非法治思想论述．山东大学文科论文集刊，1983（2）

王佩增．荀子“法后王”辨．山东大学文科论文集刊，1983（2）

王威宣．论李斯的法律思想．山西大学学报（社会科学版），1983（3）

刘海年．论秦始皇的法律思想．见：法律史论丛．第3辑．北京：法律出版社，1983

刘泽华．论《商君书》的耕战与法治思想．山东师范大学学报（社会科学版），1983（4）

段秋关．墨子自然法思想探析．见：法史研究文集（中），西北政法学院科研处印

行，1983

杨鹤皋．评孔孟法律思想．法史研究文集（中），西北政法学院科研处印行，1983

徐进．浅谈荀子关于犯罪预防的思想．河北法学，1984（1）

何东义．李悝及其法律思想．法学论文选，江西省法学会印行，1984

张国华．春秋战国时期儒、墨、道、法四家的法律思想（上）．自修大学（政法），1984（2）

张国华．春秋战国时期儒、墨、道、法四家的法律思想（下）．自修大学（政法），1984（3）

巨澜．略论李斯．中国政法大学学报，1984（3）

栗劲．秦律和罪刑法定主义．法学研究，1984（3）

孙实明．韩非的法治三论．求是学刊，1984（4）

王立民．略论李斯的法律思想．见：华东政法学院研究生论文集华东政法学院印行，1984

杨鹤皋．墨子法律思想述评．法学，1984（11）

陈淑珍．略论商鞅"缘法而治"的法律思想．南开学报（社会科学版），1985（3）

梁延器等．韩非法律思想初探．法制园林，1985（4）

霍存福等．黄老的法律思想与文景之治．吉林大学社会科学学报，1985（4）

王立民．战国时期法制协调思想考察．法学，1985年增刊

徐进．对荀子"以类举"之我见．西北政法学院学报，1986（1）

唐忠民．简论韩非的"专制"与"法治"思想．法学季刊，1986（1）

刘作翔．略论韩非法概念及其特征．西北政法学院学报，1986（2）

费开文．崇尚自然的庄子法律思想．法学评论，1986（3）

杨奉昆．老子政治法律思想初探．见：复旦法学．第1辑．上海：复旦大学出版社，1986

胡泽君．荀子思想中的礼、法、刑．河北学刊，1986（4）

郭志坤．荀子的法律思想简论．辽宁师范大学学报（社会科学版），1986（6）

向洁．韩非的"刑赏"思想试说．吉首大学学报（社会科学版），1987（1）

王德兴．简述荀况的法律思想．宁波师院学报（社会科学版），1987（1）

刘坚承．论孟子法律思想中的人民性因素．社会科学（甘肃），1987（1）

黄盛章．青川秦牍《田律》争议问题总议．农业考古，1987（2）

么志龙．"地主阶级的罪刑法定主义"驳议：与栗劲先生商榷．法学与实践，1987（4）

郝铁川．韩非子论法与君权．法学研究，1987（4）

姚能海．商鞅论法制教育．教育评论，1987（4）

艾永明等．荀子的犯罪心理思想蠡测．心理科学通讯，1987（4）

刘晶军．试探商鞅的法治思想．北方论丛，1987（6）

徐进等．荀况刑罚论初探．政法丛刊，1987（6）
江复愚．略论荀子的“重礼隆法”思想．安徽省委党校学报，1988（2）
试析墨子的“三表法”评说．福建师大福清分校，1988（2）
唐忠民．论韩非君本位法律思想的特征．中南政法学院学报，1988（3）
王宗非．《吕氏春秋》政治法律思想初探．北方论丛，1988（4）
徐进．荀况奠定了封建正统法律思想的基础．山东法学，1988（4）
公丕祥．《庄子》法哲学价值观探微．南京师范大学学报（社会科学版），1988（4）
陈淑珍．“法治”与“专制”——韩非的“法治”思想评述．河北法学，1988（6）
唐忠民．韩非的法律思想．现代法学，1988（6）
黄中业．商鞅法治思想的渊源及其贡献．吉林大学社会科学学报，1988（6）
张力．论韩非的法术学说与愚民思想．四川师范学院学报（社会科学版），1989（1）
高积顺．论韩非法治思想特点．河北法学，1989（2）
胡发贵．韩非法学导论．中国哲学史研究，1989（3）
蒲远礼等．寄治乱于法术，托是非于赏罚——关于慎子法律思想探析．现代法学，1989（3）
曹磊．墨家的法律思想．喀什师范学院学报，1989（6）
廖名春．荀子大儒“法先王”证及其他——读荀札记之一．贵州社会科学（文），1989（10）
贝月．论先秦法家之法的公正意蕴．学海，1990年创刊号
唐忠民．孟子的预防和治理犯罪思想．现代法学，1990（1）
严武．孟子“仁政”学说在法律思想上的体现．中南政法学院学报，1990（2）
徐进等．商鞅重刑理论述评．山东法学，1990（3）
豫柏杞．试论韩非经济思想与其“法治”思想的关系．天津财经学院学报，1990（3）
胡发贵．试论先秦法家“法”的公正意蕴．浙江学刊，1990（3）
耘耕．荀子的综合型犯罪预防学说．现代法学，1990（3）
黄中业．《商君书》法治思想述论．史学集刊，1990（4）
张恺．韩非法治心理概说．法制心理研究，1991（3）
李明等．简论韩非的“法、术、势”．辽宁师范大学学报（社会科学版），1991（4）
张耀明．略论韩非法律思想的哲学基础．河北法学，1991（5）
徐进等．“仁”是墨家法律思想的核心．山东大学学报（社会科学版），1992（1）
王威宣．论荀子的法律思想．山西大学学报（社会科学版），1992（2）
杨太辛．荀子“法先王”和“法后王”的本义试探．中共浙江省委党校学报，1992（3）
王钧林．先秦山东地区宗法研究．历史研究，1992（6）
庆明．黄老思想的法哲学高度．比较法研究，1993（2）
王宝来．略谈秦简中的治吏思想．理论与改革，1993（2）
何海燕等．论孟子的法律思想．北方论丛，1993（3）

平见同．韩非的法制思想．晋阳学刊，1993（4）

［日］饭家由树．《韩非子》中法、术、势三者关系．中国人民大学学报，1993（5）

陈雪．试析韩非君主专制主义的法律观．华南师范大学学报（社会科学版），1994（1）

李中生．《荀子》"法正之治"考辨．东方丛刊，1994（3）

区永圻．《商君书》法治理论述评．广东教育学院学报（社会科学版），1995（1）

赵建文．墨子法律思想的自然法理论特征．现代法学，1995（2）

廖名春．荀子"法后王"说考辨．管子学刊，1995（4）

廖名春．论荀子的"法后王"说．湖湘论坛，1995（6）

孙季萍，冯立永．墨子的义利观与现代法的价值取向．山东法学，1996（2）

赵建文．墨子关于"兼爱非攻"的国际法思想及其现代价值．法学研究，1996（2）

闵龙昌．谈谈《墨经》中的"法"．华东理工大学学报（社会科学版），1996（3）

张杰．荀子"法先王"、"法后王"思想新探．陕西师范大学学报（社会科学版），1996（3）

孙瑞新．简述韩非法治思想的历史地位．理论月刊，1996（12）

倪正茂．墨家法哲学对儒家法哲学的抗争．社会科学，1997（1）

杨永林，洪学军．墨子法律思想述评．法论，1997（3）

李仙娥．荀子礼法思想的特征与现代启示．唐都学刊，1997（4）

崔永东．儒家刑法思想对秦律影响之管见．中国法学，1997（5）

达知．竹简《孙膑兵法》法律思想述略．中外法学，1997（5）

徐进．商鞅法治理论的缺失：再论法家思想与秦亡的关系．法学研究，1997（6）

崔永东，龙文龙．帛老之犯罪学说初探．文献，1998（1）

毕世响．韩非术、法、势的心理思想探析．徐州师范学院学报（社会科学版），1998（1）

宫桂芝．论韩非法治思想的本体依据和理论阐释．求是学刊，1998（1）

杨鹤皋．商鞅的预防和治理犯罪思想．政法论坛，1998（1）

刘斌．慎子法治思想概述．管子学刊，1998（1）

杨培景．法家法治主义与秦王朝之兴衰．黄淮学刊（社会科学版），1998（3）

刘仲一．法家思想与秦朝的速亡．求是学刊，1998（3）

郭梨华．《法经》中"形 — 名"思想探源．安徽大学学报（社会科学版），1998（3）

韩超．韩非"务法不务德"思想及其伦理价值．河南师范大学学报（社会科学版），1998（3）

王笃芳．略论荀子的法治思想．管子学刊，1998（3）

韩德民．论荀子的礼法观．社会科学战线，1998（4）

高积顺．商鞅的经济法律思想述论．河北法学，1998（4）

刘文静．荀子的性恶论及其法治倾向．政法学刊，1998（4）

王群英．荀子的"隆礼重法"思想及其现代意义．高校理论战线，1998（9）

刘志．论荀子的“隆礼重法”思想．西安建筑科技大学学报（社会科学版），1999（1）
张鸣芳．《吕氏春秋》论道和法．当代法学 1999（1）
刘彦林．墨子的法律观．新西部，1999（1）
刘远征．论秦朝法制中儒家法律思想．西安建筑科技大学学报（社会科学版），1999（2）
刘向明．墨子法律思想中的尊天事鬼观．龙岩师专学报，1999（2）
王小兰．稷下道家法律思想初探．政法论丛，1999（3）
覃碧琴．简论商鞅的“法治”思想．广西教育学院学报，1999（3）
王霄燕．孟子法律思想及对当今法治建设的启示．大同职业技术学院学报，1999（4）
杨永林．墨子的法律观新探．嘉应大学学报，1999（4）
刘秀珍．春秋战国时期法律思想的进步意义．山西高等学校社会科学学报，1999（6）
朱汉明．荀子的礼学渊源和历史影响．济南大学学报（社会科学版），1999（6）
武树臣．荀子法律思想新论．见：法律史论集．第2卷．北京：法律出版社，1999
刘甲朋．封建传统抑商思想的滥觞：商鞅韩非的抑商思想．东北财经大学学报，2000（1）
赵盛德．论韩非法术思想的三大支柱：法、术、势——读《韩非子论略及提要》一书的体会．玉林师专学报，2000（1）
陈延庆．论荀子“隆礼至法”的礼法观．管子学刊，2000（1）
吴斌．孟子法律思想浅议．承德民族师专学报，2000（1）
王磊．秦人为什么选择法家．宝鸡文理学院学报，2000（1）
汤凌慧．云梦秦简中秦律的经济观探微．辽宁师范大学学报，2000（3）
李元．论秦始皇的法治主义．北方论丛，2000（4）
褚兆勇．论《文子》中“法”的思想．管子学刊，2000（4）
方利平．秦简中吏治思想的考察．淮北煤炭师范学院学报（哲学社会科学版），2000（4）
何邦武，柯卫．为往圣继绝学，为万世开太平：荀子法思想辨证．广东法学，2000（4）
曾振宇．商鞅法哲学研究．史学月刊，2000（6）
郭晓东．荀子思想的社会学阐释．复旦学报，2000（6）
达知．吴起法律思想述略．法学，2000（7）
黄留珠．秦礼治文化述论．见：秦俑秦文化研究．西安：陕西人民出版社，2000
陈鸿彝．孔孟治安学解读．江苏公安专科学校学报，2001（1）
刘绍云．文子法思想探析．理论学刊，2001（1）
陈鸿彝．墨子治安学解读．江苏公安专科学校学报，2001（2）
陈鸿彝．老庄治安学解读．江苏公安专科学校学报，2001（4）
高英彤，王凌皓．商鞅的“普法”思想及其现代价值．法制与社会发展，2001（4）
王晓毅．慎到的法理学说．东岳论丛，2001（6）
刘绍云．文子法思想探析．理论学刊，2002（1）

刘开兵．春秋战国时期“法治”“德治”思想探析．行政与法，2002（2）

李云飞，李鹏飞．对荀子“隆礼重法”思想的现实思考．理论探索，2002（2）

萧伯符．商鞅法治理论及其现代借鉴．中国法学，2002（2）

陈鸿彝．《云梦秦简》的治安学解读．江苏公安专科学校学报，2002（2）

张增田．《黄老帛书》法治思想初探．华南理工大学学报，2002（3）

李振纲．人性、霸道及权力意志——韩非子的法哲学论析．燕山大学学报，2002（3）

周子良，王华，焦艳鹏．三晋法家思想的华与实．山西大学学报（哲学社会科学版），2002（3）

徐祥民．商鞅法治论中的“禁使”．山东公安专科学校学报，2002（3）

张绪刚，吴颖梅．试论荀子礼法结合的治国思想．华北电力大学学报，2002（3）

李云凯，孙开禹．试论秦朝“法治主义”的经验教训．黑龙江省政法管理干部学院学报，2002（4）

沈寨，邓红蕾．荀子“隆礼重法”的中道尝试．理论月刊，2002（4）

王绍东．论商鞅变法对秦文化传统的顺应与整合．内蒙古大学学报，2002（5）

刘治立．荀悦的法治思想．甘肃高师学报，2002（6）

张翠萍．韩非子的“法治”思想及其现实意义．山西高等学校社会科学学报，2002（7）

刘健虎，邓红蕾．孔孟“德之刑辅，以礼统法”的中道理想．理论月刊，2002（8）

王虹．论韩非的法治思想．青海教育，2002（10）

王三峡．《文子》的法治思想．江汉论坛，2002（10）

徐祥民．荀子的“分”与环境法的本位．当代法学，2002（12）

李秀娟．韩非法治思想评析．重庆社会科学，2003（1）

刘向阳．《尉缭子》的军事法制思想．政法论丛，2003（1）

林昌华，郑取．墨家“推类”思想对中国传统法文化的影响．南京社会科学，2003（2）

徐祥民．申不害的法治思想及其局限性．文史哲，2003（2）

陆建华．荀子礼法关系论．安徽大学学报，2003（2）

米继军．荀子“隆礼重法”观辨析．内蒙古社会科学，2003（3）

赵涛．荀子与韩非法治思想之比较．山东公安专科学校学报，2003（3）

宋洪兵．韩非“法通人情”论探析——解读韩非的治乱思想．社会科学战线，2003（6）

曾振宇．历史的商鞅与符号化的商鞅．齐鲁学刊，2003（6）

马作武．论慎到的法律观．法学家，2003（6）

范红军．15 年来荀学研究综述．邯郸师专学报，2004（1）

王红．韩非法律思想中的“法、势、术”．管子学刊，2004（1）

王建中．论春秋战国时期的治国思想．黑龙江社会科学，2004（1）

隋淑芬．商鞅社会理想探析．首都师范大学学报（社会科学版），2004（1）

徐建昭．慎到法律思想研究．克山师专学报，2004（1）

罗国栋．论孔孟“德治”和“仁政”的政治思想．黔东南民族师范高等专科学校学报，2004（2）

马作武．墨子的法律观评析．法学评论，2004（2）

隋淑芬．商鞅预防犯罪的思想．齐鲁学刊，2004（2）

孙季萍，徐承凤．韩非子的权力制约思想．烟台大学学报（哲学社会科学版），2004（3）

夏清瑕．孔、荀礼制合理性的论证及对中国传统法制文化的影响．山东社会科学，2004（3）

赵晓耕．三晋法文化的源与流——先秦法家思想集大成者韩非的思想渊源．山西大学学报（哲学社会科学版），2004（3）

郭明月．略论荀子的法理思想．开封教育学院学报，2004（4）

周梅．浅议荀子对封建正统法律思想的影响．安徽农业大学学报（社会科学版），2004（4）

唐华琳．商鞅法治思想的价值透视．嘉兴学院学报，2004（4）

景亚岩．商鞅法治思想初探．东南大学学报（哲社版），2004（6）

邱磊．荀子“隆礼重法”思想及其启示．理论学刊，2004（12）

李怡轩．用历史的方法解读孔孟荀伦理思想．重庆职业技术学院学报，2005（1）

隋淑芬．商鞅关于防范官吏犯罪的思想及其启示．中国人民公安大学学报，2005（2）

马纳．《荀子》“礼、法”思想试探．青岛大学师范学院学报，2005（2）

张文安．论商鞅预防和治理官吏犯罪的思想．河南社会科学，2005（3）

王荣．商鞅学派犯罪学理论探析．商丘师范学院学报，2005（3）

李文波．变法乎？不变矣！——《商君书》中的变法思想．重庆邮电学院学报（社会科学版），2005（4）

周春生．“法”与“道”——韩非政治法律思想源流辨析．上海师范大学学报（哲学社会科学版），2005（4）

韩千．论韩非对商鞅重刑思想的发展．社科纵横，2005（4）

高春花．论荀子的礼法价值观．河北大学学报（哲学社会科学版），2005（4）

高春花．论荀子的治国方略及其学理依据．道德与文明，2005（4）

赵组．略论东周时期的民本与法治思潮．管子学刊，2005（4）

袁庆东．商鞅法治思想的缺失．徐州教育学院学报，2005（4）

周兴生．《墨子·经说上》中“湿故”的考释——墨家法律逻辑的重构．唐都学刊，2005（5）

王沛．《鹖冠子》与战国时期的“法”观念．华东政法学院学报，2005（6）

卞修全．荀子礼治思想的重新审视．哲学研究，2005（8）

孙祥生．论荀子礼法正义思想及其现代意义．中共长春市委党校学报，2006（1）

李禹阶．《商君书》“以奸民治善民”论探析．重庆师范大学学报（哲学社会科学版），2006（2）

孙祥生．论荀子对礼与法的改造及其法文化意义．前沿，2006（5）

3. 汉

晓孟．刘邦《大风歌》中的法治思想．天津日报，1974－12－16

吴永章．关于汉文帝的“人治”与法家的“法治”．光明日报，1980－02－12

段秋关．试论秦汉之际法律思想的变化．法学研究，1980（5）

王占通等．董仲舒“德主刑辅”的法律思想体系．河北学刊，1983（3）

王应瑄．简论《淮南子》的法律思想．法学评论，1983（3，4）

杨鹤皋．西汉初期统治集团法律思想评述．见：法学论集，北京市法学会印行，1983

饶鑫贤．汉初黄老学派法律思想略说．见：法律史论丛．第3辑．北京：法律出版社，1983

朱枝富．简析司马迁的刑法思想．中国政法大学学报，1984（1）

华友根．试论汉宣帝的法律思想．见：法学论丛．第2辑．上海：上海社会科学院法学研究所印行，1984

华友根．《淮南子》法律思想刍议．学术月刊，1985（3）

章权才．略论董仲舒刑罚思想．学术论坛（文），1985（3）

孙家洲．试论战国、秦、汉时期立法指导思想的演变．杭州师院学报（社会科学版），1986（1）

高恒．董仲舒对孔子法律思想的继承与发展．见：孔子法律思想研究（论文集）．济南：山东人民出版社，1986

陈淑珍．董仲舒的“德主刑辅”思想简论．政法丛刊，1986（3）

马南．论从先秦西汉法律思想的对立及其融合．郑州大学学报（社会科学版），1986（4）

刘建清．崔寔政治法律思想探微．法学评论，1986（6）

朱明．刘秀法律思想初探．南通师专学报（社会科学版），1987（2）

姜德鑫．秦汉法律思想的演进与法律制度的继承．政法学习，1987（3）

高恒等．董仲舒“德主刑辅”思想略论．东岳论丛，1987（5）

王友才．试论董仲舒的犯罪预防思想．法学与实践，1988（1）

王步贵．试论王符法治思想的核心．锦州师院学报（社会科学版），1988（1）

艾永明等．《淮南子》中的犯罪心理学思想．苏州大学学报（社会科学版），1988（3）

严武．黄老学派的兴起及其法律思想．中南政法学院学报，1989（1）

华友根．王符法律思想初探．社会科学，1989（1）

华友根．试论应劭的法律思想及其影响．法学研究，1989（5）

王应瑄．郑玄的“以经注律”及其法律观点．法学评论，1989（5）

王占通．汉武昭宣元时期法律思想变迁探实．西北师范大学学报（社会科学版），1990（2）
秦学颀．汉儒刑法观探析．重庆师院学报（社会科学版），1990（3）
孙文钿．从司马迁笔下的执法者看他的法治思想．西南民族学院学报（社会科学版），1990（5）
高恒．汉武帝的法律思想．见：中国法律史国际学术讨论会论文集．西安：陕西人民出版社，1990
张景贤．西汉前期治国立法思想的变化及其对法制的影响．河北学刊，1991（2）
华友根．汉武帝的法制活动及其思想影响．甘肃社会科学，1991（3）
金眉．西汉法律儒家化散论．江海学刊，1991（4）
莫洪宪．先秦两汉犯罪学思想刍议．法学评论，1992（3）
汪汉卿等．试论《淮南子》的法律思想．安徽大学学报（社会科学版），1993（1）
王威宣．论晁错的政治法律思想．法林，1993（2）
魏春艳．董仲舒法律思想的宗教基因．青海民族学院学报（社会科学版），1995（2）
汪志强．略论班固的法律思想．黄冈师专学报（社会科学版），1995（2）
华友根．郑玄的法律思想及其历史地位．甘肃社会科学，1995（2）
徐万发．司马迁对法的认识．唐都学刊，1996（1）
陈国生．司马迁刑德理论发微．天府新论，1997（1）
乔震山．西汉法制思想浅论．南都学坛，1997（1）
王健．《汉书·刑法志》中的法本源思想．研究生法学，1997（2）
马克林．略论战国秦汉的经济立法思想．西北师范大学学报（社会科学版），1997（3）
陈静熔．“天人合一”与秦汉法思想研究．法论，1997（3）
杨彦平，姚继荣．王符法治思想评议．青海师范大学学报（社会科学版），1997（3）
崔永东．银雀山汉简中反映的刑法思想．中国文化研究，1997（3）
张成凭．董仲舒法律思想初探．信阳师范学院学报（社会科学版），1997（4）
龙文懋．董仲舒法天思想探本：兼析天的性质．齐鲁学刊，1997（6）
杨海文．杨雄《法言》的文化守成主义．学术研究，1997（9）
田莉姝．汉朝立法指导思想的转变．贵州师范大学学报（社会科学版），1998（1）
鞠传文，史云芬．司马迁法制思想浅议．山东教育学院学报，1998（3）
武树臣．董仲舒的法律思想和司法实践．见：法律史论集．第1卷．北京：法律出版社，1998
徐进．法家思想对汉初统治集团的影响．见：法律史论集．第1卷．北京：法律出版社，1998
侯欣一．孝与汉代社会及法律．见：法律史论集．第1卷．北京：法律出版社，1998
崔永东．《王杖十简》与《王杖诏书令册》法律思想研究——兼及“不道罪”考辨．法

学研究，1999（2）

向晋卫．“以德治国”与汉代社会．西安建筑科技大学学报（社会科学版），1999（2）

刘中建．试论东汉后期的法治思潮．聊城师范学院学报（哲学社会科学版），1999（4）

庆明．董仲舒的法哲学思想．烟台大学学报，2000（1）

汤凌慧．汉文帝“约法省刑”略述．辽宁师专学报，2000（1）

刘孟骧．董仲舒：早期中古文明的导师．广州师院学报，2000（2）

周兴春．儒家的仁政思想与文景之治．山东师范大学学报（社会科学版），2000（2）

刘永艳．贾谊礼法观刍议．河北建筑科技学院学报，2000（3）

姜晓敏．班固“法自然”观初探．政法论坛，2000（4）

庄春波．汉武帝“罢黜百家，独尊儒术”说考辨．孔子研究，2000（4）

黄萍华．论西汉从“黄老无为”到“独尊儒术”的转变．龙岩师专学报，2000（4）

韩隆福．略评独尊儒术．常德师院学报，2000（4）

陈业新．司马迁天人观的两重性及其原因初探．湖北大学学报，2000（4）

龚留柱．“王者无外”和“夷夏之防”：秦汉时期边疆思想论略．南都学坛，2000（4）

刘宝树．秦汉间的儒法合流及其影响．孔子研究，2001（3）

华友根．论萧何的政治功绩与法律成就．政治与法律，2001（6）

任汝平．班固“天人合一”的法制观及渊源——兼与姜晓敏同志商榷．江西社会科学，2001（11）

陈鸿彝．贾谊治安学解读．江苏公安专科学校学报，2002（1）

陈新岗．论汉代诸子的“德治”与“法治”思想．东岳论丛，2002（4）

张增田．公平：道家黄老学派的法价值追求．安徽大学学报，2002（5）

华友根．礼乐最重要，法令不可少——司马迁的法律思想．见：走向二十一世纪的中国法文化．上海：上海社会科学院出版社．2002

关健瑛．《汉书·刑法志》中的德法观．高校理论战线，2002（12）

赵永春，兰婷．论班固的刑法思想．吉林师范大学学报，2003（1）

曾加．董仲舒的法律思想简论．西北大学学报，2003（2）

李禹阶．论陆贾的“礼”、“法”思想．重庆师院学报，2003（3）

孙冕．从《盐铁论》看桑弘羊的法律思想．淮阴师范学院学报，2003（5）

华友根．试论刘向的法律思想及其影响．政治与法律，2003（5）

崔永东．张家山汉简中的法律思想．法学研究，2003（5）

关健英．略论董仲舒的“以德为国”思想．中国哲学史，2004（3）

曾加．《二年律令》中的《贼律》及其法律思想初探．西北工业大学学报（社会科学版），2004（4）

田莉姝．论汉朝立法指导思想的转变与社会发展的同步性．贵州社会科学，2004（4）

方潇．阴阳五行学说与秦汉法律路线之选择．法商研究，2004（6）
张德广．简论淮南王刘安法哲学思想．广西社会科学，2004（8）
王子今．秦汉时期法家的命运．社会科学，2004（9）
杨翠兰．汉初黄老思想及其对封建正统法律思想的影响．经济与社会发展，2004（12）
史广全．董仲舒法哲学体系新探．社会科学家，2005（1）
何平立．两汉天命论：皇权政治的双刃剑．上海大学学报（社会科学版），2005（1）
李娟．浅析董仲舒之原心定罪的含义．研究生法学，2006（2）

4．三国两晋南北朝

许抗生．嵇康思想略论．齐鲁学刊，1980（3）
王鑫义．曹魏时代的杰出法官——高柔．兰州大学学报，1982（1）
陈抗生．试论刘颂的法律思想．见：法律史论丛．第3辑．北京：法律出版社，1983
段秋关．西晋法律家——杜预．西北政法学院学报，1984（2）
高恒．张斐的《律注要略》及其法律思想．中国法学，1984（3）
施光明．西晋刘颂的法律思想．法学，1984（4）
陈淑珍．张斐的律学思想．河北法学，1985（6）
张海声．诸葛亮的法治思想和执法实践．兰州学刊，1986（2）
唐梦诗．诸葛亮法律思想初探．云南民族学院学报，1986（2）
戴建志．谈张斐的法律思想．法学杂志，1986（5）
霍雨佳．论诸葛亮的情与法．海南大学学报（社会科学版），1987（4）
赵蕴．评以法治国的诸葛亮．齐鲁学刊，1987（6）
邓奕琦．曹魏时期杰出的法官——高柔．文史知识，1989（6）
徐永康．嵇康法律观探析．法学，1990（7）
杨恩翰．中国古代独树一帜的法律思想家——袁准．见：中国法律史国际学术讨论会论文集．西安：陕西人民出版社，1990
左明祥．诸葛亮的法制思想．河北大学学报（社会科学版），1991（3）
刘家钰．略论诸葛亮的法制心理．法制心理研究，1993（1）
刘精诚．魏孝文帝的法制思想和法制改革．中国史研究，1993（2）
王延钰．诸葛亮的审时明法和任贤律己思想．社科纵横，1994（6）
王威宣．论曹操的法律思想．法林，1995（1）
刘冀民，李金河．诸葛亮法律思想初探．社会科学研究，1995（1）
穆宇．张斐法律思想述评．中外法学，1995（5）
乔伟．论魏晋南北朝法律思想的沿革及其特点．山东工业大学学报（社会科学版），1996（4）
刘笃才．论张斐的法律思想：兼及魏晋律学与玄学的关系．法学研究，1996（6）

杨彦平，姚继荣．诸葛亮法治思想成因初探．青海师专学报，1997（3）

陈春雷，孙艳红．论诸葛亮的封建法治．淮阴师范学院学报（社会科学版），1998（3）

黄朴民．诸葛亮与汉末法治思想的渊源关系．历史教学，1998（6）

林明．刘勰法律思想初探．山东大学学报（社会科学版），1999（1）

王晓春．论诸葛亮德法同济的治军思想．军事历史研究，2002（2）

李程．浅论诸葛亮的“德治”与“法治”——兼论“德治”与“法治”的关系．学术论坛，2002（3）

石经海．曹操法治思想论析．阜阳师范学院学报，2002（4）

孔毅．苏绰伦理法思想及其渊源初探．重庆师院学报，2002（4）

席萍安．略论诸葛亮的法治——廉政思想及其成效．文史杂志，2003（1）

张红方．北魏政权法律思想变迁析．琼州大学学报，2004（1）

林明．多元思想背景下的伦理法制——兼议东晋南朝法律思想的时代特点．法学论坛，2004（1）

唐小龙．三国时期法治主义思想考辨．湛江师范学院学报，2004（2）

李慧秋．魏晋玄学法律思想及其现代反思．江苏警官学院学报，2005（3）

周国文．“故家遗泽，积厚流光”——刘颂立法思想探微．西南民族大学学报（人文社科版），2005（10）

5．隋唐五代

岑仲勉．依唐代官制说明张曲江集附录诰命的错误．中山大学学报，1958（2）

邱汉生．王安石的新学和变法思想的原则．历史教学，1959（3）

高树异．试论柳宗元的政治法律思想．见：吉林大学社会科学论丛．1979 年第 4 辑．长春：吉林大学出版社，1979

何汝泉．略论唐太宗统治时期的法律思想．西南师院学报（哲社版），1980（1）

邹身城．简论唐初的法学思想．浙江学刊，1981（3）

金能刚．李世民统治集团的刑法思想．法学季刊，1983（2）

陈鹏生．魏征法律思想论略．法学，1983（11）

吕薇．谈谈李世民的法制思想．绍兴师专学报（社会科学版），1984（1）

李奇．唐代杰出的法学家——白居易．西北政法学院学报，1984（4）

[美] 韦乐斯·约翰逊著，李明德译．唐律中的法学哲学．国外法学，1984（4）

倪正茂．汉——唐法律思想略论．上海社会科学院学术季刊，1985（3）

王威宣．唐太宗的法律思想．文史哲，1985（3）

牛志平．从《唐律》看唐代妇女的贞节观．陕西师范大学学报，1985（4）

陈淑珍．李世民恤刑慎杀的法律思想．政法学习，1986（1）

俞荣根，王祖志．试论《唐律疏议》的伦理法思想．法学季刊，1986（4）

朱翔．唐太宗法治思想浅探．江汉大学学报（社会科学版），1987（3）
王树春．论唐太宗的法律思想和司法实践．延边大学学报（社会科学版），1991（2）
高积顺．从《贞观政要》看唐太宗统治集团的廉政思想．现代法学，1991（5）
王威宣．论《唐律疏议》的法律思想．法林，1992（1）
魏春艳．唐初反腐倡廉法制思想的历史借鉴．青海师专学报，1994（1）
吕东明．唐初无为而治法律思想初探．昭乌达蒙族师专学报（社会科学版），1994（3）
魏恤民．试论《唐律疏议》中的有关养老敬老思想．咸宁师专学报，1995（2）
王威宣．论白居易的法律思想．法林，1996（2）
王怡红．论魏征的慎刑观．青年工作论坛，1997（4）
黄源盛．唐律中的礼教法律思想．政大法学评论，1997（5，8）
王亦淼．李世民的德政思想探析．娄底师专学报，1999（2）
于云洪．论唐太宗的法治思想．德州学院学报，1999（3）
王奕淼．李世民的德政思想初探．湖南大学学报（社会科学版），1999. S1
周肇光，龚小青．论刘禹锡的法制思想及其现实意义．政法论坛，2000（1）
许敏，钱家先．略论唐太宗“礼法合一，依礼制法”的法治思想．广西教育学院学报，2000（2）
马珺．浅论唐代“安人宁国，以法为先”的法律思想．河南省政法管理干部学院学报，2000（5）
商爱玲．《唐律》中的孝治思想．锦州师范学院学报，2001（3）
李红．裴政及其在中国法制史上的贡献．安徽史学，2001（4）
刘向阳．《李卫公问对》的军事法制思想．政法论丛，2002（1）
王洪军．试论杨坚的法制思想．郧阳师范高等专科学校学报，2002（5）
周丹．武则天的律法工具观．湖北社会科学，2002（7）
张金桐．《冥报记》的冥判故事与初唐“依律慎刑”思想．社会科学论坛，2002（12）
马建兴．略论《唐律》中的礼教思想．中南大学学报，2003（3）
杨圣琼．论《贞观政要》中唐太宗的法律思想——兼与隋文帝法律思想之比较．华夏文化，2004（1）
贺润坤．论魏征的法律思想．陕西广播电视大学学报，2004（4）
马建兴．唐律伦理法思想的社会学分析．唐都学刊，2004（5）
张红方．论道教对李唐王朝法律思想的影响．涪陵师范学院学报，2004（6）
李青岭．隋文帝德法兼施的行政管理思想．平顶山工学院学报，2005（6）
刘培丽．《唐律疏议》之婚姻家庭法中儒家法律思想解读．内蒙古农业大学学报（社会科学版），2006（1）
高华璐．《唐律》惩贪治吏思想浅析．法制与经济，2006（8）

6. 宋

夏承焘．陈亮．浙江日报，1961－04－02
姜国柱．李觏的政治和法治思想．辽宁大学学报（社会科学版），1984（4）
陈抗生．论两宋法律思想的特点．中州学刊，1984（4）
刘寄才．包拯的执法思想与实践．法学，1985（1）
饶鑫贤．范仲淹司法改革思想述评．中国法学，1985（1）
俞慈韵．赵匡胤的法律思想．松辽学刊（社会科学版），1985（2）
王威宣．论王安石的法律思想．河北学刊，1985（3）
武树臣．朱熹法律思想探索．西北政法学院学报，1985（4）
饶鑫贤．李觏法律思想论略．见：法学论文集（续集）．北京：光明日报出版社，1985
邓卓海．司马光“祖宗之法不可变”浅析．晋阳学刊，1986（1）
刘桂宗．论范仲淹的法律思想．昌潍师专学报（社会科学版），1986（2）
卓帆．简析王安石的法律思想．江西社会科学，1987（1）
王光荣．简析司马光的法律思想．晋阳学刊，1987（2）
陈金全．朱熹法律思想简析．法学季刊，1987（3）
孔祥振．试论欧阳修对王安石变法的态度．天津财经学院学报，1987（4）
唐代剑等．李觏法制思想简论．四川师范学院学报（社会科学版），1989（2）
曹磊．刘禹锡法律思想初探．政法丛刊，1989（3）
于逸生．论朱熹的法律思想．北方论丛，1989（5）
朱永新．宋儒论刑罚与教化．吴中学刊（社会科学版），1990（1）
朱永新等．《折狱龟鉴》的犯罪心理学思想．心理科学通讯，1990（3）
饶祖天．朱熹法律思想举要．上饶师专学报（社会科学版），1990（4—5）
栾继生．略论司马光的人治和法治思想．北方论丛，1991（1）
陈景良．南宋事功学派法制变革思想论析．法律科学，1992（1）
李明德．宋代理学家的变法思想．孔子研究，1992（2）
朱永新等．宋代理学家的心理学思想研究．心理学报，1993（1）
李明德．程颢、程颐的法律思想．徐州师范学院学报（社会科学版），1993（3）
李明德．略论朱熹的司法思想．中外法学，1993（5）
王纪河．浅谈包公的用人与严法．河北师范大学学报（社会科学版），1994（4）
陈金全．论程颢和程颐的司法思想．广西大学学报（社会科学版），1994（5）
陈金全．简议欧阳修“立制”与“任人”相为用的法律思想．江西社会科学，1994（9）
王威宣．论朱熹的法律思想．山西师范大学学报，1995（1）
崔永东．关于朱熹法律思想的几点探讨．孔子研究，1995（4）
河忠礼．略论宋代士大夫的法制观念．浙江学刊，1996（1）

陈景良．试论两宋士大夫的法学素养．南京大学法学评论，1996年秋季号
陈金全，李进一．简议欧阳修的经济立法思想．现代法学，1997（3）
王志强．《名公书判清明集》法律思想初探．法学研究，1997（5）
徐公喜．朱熹《舜典象刑说》的刑法思想．上饶师专学报，1998（1）
陈景良．试论宋代士大夫的法律观念．法学研究，1998（4）
张仁木．略论王安石的法律思想．江西社会科学，1998（9）
杨鹤皋．程颢、程颐法律思想研究．见：法律史论集．第1卷．北京：法律出版社，1998
陈景良．两宋皇帝法律思想论略．南京大学法律评论，1998年秋季号
陈金全．简议李觏的经济法制思想．现代法学，1999（1）
王祥云．略论王安石变法的实学思想．开封大学学报，1999（1）
萧伯符．包拯的吏治思想及其现代价值．华东政法学院学报，1999（3）
徐枫．论宋代版权意识的形成和特征．南京大学学报（哲学、人文科学、社会科学版），1999（3）
夏邦．略论包公的“人治”司法模式．华南师范大学学报（社会科学版），1999（3）
夏扬．试论包拯的吏治思想．中外法学，1999（5）
周霜梅．朱熹法律思想论析．江汉论坛，1999（8）
陈金全．范仲淹的司法改革思想．现代法学，2000（1）
徐彪．论包拯的司法道德观．安徽大学学报，2000（2）
周岚．德教刑辅，依法治国——试述苏颂的立法思想及立法实践．当代法学，2000（3）
田莉姝，周海燕．论王安石的经济法律思想．云南法学，2001（2）
万里．宋代唯物主义法学家胡颖事迹著述与思想考述．长沙电力学院学报，2001（3）
杨国宜．略论包拯的民本思想．安徽师范大学学报，2002（1）
史爱君，张远灵．包拯法律思想述略．开封教育学院学报，2002（2）
李静．论北宋的平民化宗法思潮．重庆师院学报，2002（4）
华友根．论司马迁的德教与政刑的思想．政治与法律，2002（5）
赵晓耕．两宋法律思想的变革及其特点．河南省政法管理干部学院学报，2003（2）
郭东旭，牛杰．宋代民众鬼神赏罚观念透析．河北大学学报，2003（3）
陈金全．北宋庆历新政经济法律思想评述．贵州财经学院学报，2004（1）
李胜渝．论司马光的经济法制变革思想——兼论与王安石变法思想的异同．西南民族大学学报（人文社科版），2004（2）
孟淑媛．试论朱熹以“理”为基石的法制思想．安徽商贸职业技术学院学报，2004（2）
黄瑞亭．《洗冤集录》与宋慈的法律学术思想．法律与医学杂志，2004（2）
徐公喜．朱熹义理法律思想论．中华文化论坛，2004（2）
刘笃才．朱熹法律思想的价值重估．黄山学院学报，2004（4）

肖建新．陈亮法制思想的特色．安徽师范大学学报（人文社会科学版），2004（6）

张全民．郑克法律思想初探．法制与社会发展，2004（6）

陈骏程．论宋初皇帝的法制思想与实践．信阳师范学院学报（哲学社会科学版），2005（1）

栾爽．论包拯的法律思想及其现代意义．安徽教育学院学报，2005（2）

郑晓江．论王安石的学术思想与变法实践．求索，2005（3）

7．西夏辽金元

王蕾．试论成吉思汗的法律思想．西北史地，1995（1）

周湘瑞．元诗中法律思想意识．法治论丛，1996（2）

白翠琴．略论元朝法律文化特色．民族研究，1998（1）

铁木尔·高力套．元朝法律思想初探．内蒙古大学学报，2000（4）

张志勇．论辽代的法律思想．社会科学辑刊，2002（4）

姜歆．西夏法律思想定型化初探．固原师专学报，2004（2）

8．明

杨一凡．明大诰与朱元璋的重典治吏思想．学习与探索，1981（2）

若然．怎样看待朱元璋的法律思想和实践——对《明太祖（大诰）评述》一文的几点意见．吉林大学社会科学学报，1982（4）

段秋关．丘浚法律思想述评．西北政法学院学报，1984（4）

段秋关．丘浚法律思想述评（续）．西北政法学院学报，1985（1）

成牧．法律史话：重视犯罪预防的皇帝——朱元璋．法学，1985（2）

王占通等．海瑞"整饬吏风"的行政法思想浅探．吉林大学社会科学学报，1986（4）

陈淑珍．"天下之法"与"一家之法"——黄宗羲法律思想评述．法学，1986（9）

程维荣．海瑞的犯罪预防思想．法学，1987（5）

张永路．论海瑞的监察思想．辽宁大学学报（社会科学版），1988（1）

饶鑫贤．必须"以法绳天下"——论改革家张居正的法律思想．中国法学，1988（6）

杨一凡．明大诰与朱元璋的明刑弼教思想．烟台大学学报（社会科学版），1989（1）

陈国平．简论张居正的法律思想．中南政法学院学报，1989（2）

阎青义．论朱元璋的重典政策．法学，1989（7）

傅玉璋．朱元璋法律思想初探——明初统治措施探索之四．安徽大学学报（社会科学版），1990（1）

汪渊智．朱元璋的反腐败思想及其法律实践．山西大学学报（社会科学版），1990（2）

李琳琦．略论朱元璋的立法思想．江西社会科学，1990（5）

饶鑫贤．张居正法律思想研究．见：中国法律史学术讨论会论文集．西安：陕西人民出版社，1990

王威宣．论海瑞的法律思想．回族研究，1991（3）

李琳琦．略论朱元璋的用刑思想．安徽师范大学学报（社会科学版），1991（3）

李洪欣．海瑞法律思想与司法实践探讨．广西大学学报（社会科学版），1991（4）

杨一凡，曲英杰．《问刑条例》与明代中后期统治集团的立法思想．学习与探索，1991（5）

董淮平．朱元璋的“民本”思想及其对明初法制特色之影响．衡阳师专学报（社会科学版），1991（5）

孙洪涛．朱元璋的廉政思想与廉政措施．河北大学学报（社会科学版），1992（2）

杨树德．浅析朱元璋“重典治吏”与惩贪．现代法学，1992（5）

罗耀九．明代吏治与洪朝选的吏治思想．福建论坛（社会科学版），1992（6）

马涛．论吕坤“德治法辅”的治国思想．河北师院学报（社会科学版），1993（1）

王家忠．海瑞法理学思想初探．海南师院学报，1993（2）

汪锡靖．从明《大诰》看朱元璋的政治法律思想．渤海学刊，1993（3）

尤韶华．刘基法律思想探微．法学研究，1994（2）

［韩］全淳东．韩国史学界朱元璋研究述评．中国史研究动态，1996（1）

姜晓萍．朱元璋法律意识二重性心理探析．史学集刊，1996（2）

赵映林．方孝孺的“立法利民”观．文史杂志，1997（6）

孙玉杰，马平轩．王廷相廉政监察思想初探．河南大学学报（社会科学版），1997（6）

赫晓惠．评朱元璋的重典治吏思想．南都学坛（社会科学版），1998（4）

张秀军，袁兆春．丘浚《大学衍义补》对中国封建正统法律思想的继承和发展．临沂师专学报，1998（5）

张鸣芳．《皇明条法事类纂》所反映的明中期诉讼立法上的重民恤狱思想．河北法学，1999（2）

刘潇潇．朱元璋“重典治国”思想的合理性及历史借鉴．常德师范学院学报（社会科学版），1999（2）

张汉静．朱元璋重典治国政策探析．山西财经大学学报，1999（4）

张汉静．依法治国，以史为鉴——海瑞法律思想述略．前进，1999（5）

朱玉婷．朱元璋民本思想初探．齐鲁学刊，1999（5）

何勤华．简论丘濬的法律思想．法学论坛，2000（2）

张鸣芳．高拱的考核思想及其哲学基础．当代法学，2001（4）

张生．略论朱元璋犯罪预防思想．中央政法管理干部学院学报，2001（4）

郭秋红．谈朱元璋的法律思想．龙岩师专学报，2002（1）

陈永正．从《大学衍义补》看丘浚的法律思想．泉州师范学院学报，2002（5）

陈宇宙．王廷相的“仁义刑法并用”思想及其现代启示．青年思想家，2003（5）

周艺．试析明代民众诉讼观念的特点及其成因——兼谈其对现代的借鉴意义．哈尔滨学院学报，2004（9）

孙宇．重典治吏．立国之本——浅析明初“重典治吏”思想的形成与表现．学习与探索，2005（2）

岳天雷．高拱的法治改革及其思想基础．学习论坛，2005（6）

乔新生．海瑞的错误法治观．政府法制，2005（6）

金锋．论朱元璋整饬吏治思想．南华大学学报（社会科学版），2006（1）

9．清

嵇文甫．黄梨洲思想的分析．新建设，1959（12）

张岂之．明末清初进步思想家顾炎武．北京日报，1962－02－15

华山等．谈顾炎武思想（上、下）．文史哲，1963（23）

洪焕椿．对顾炎武的政治思想的重新评价．南京大学学报（人文科学版），1964（1）

张晋藩．清初启蒙民主主义者的政治法律思想．见：吉林大学社会科学论丛，1979年第4辑，长春：吉林大学出版社，1979

林中．试论努尔哈赤的法律思想．学习与探索，1983（6）

杨堪．龚自珍的法律思想初探．见：法史研究文集（中），西北政法学院科研处印行，1983

林中．论康熙的法律思想．学习与探索，1986（2）

李哲．关于唐甄法律思想的几个问题．河北法学，1986（5）

何绵山．蒲松龄法律思想试探．上海社会科学院学术季刊，1987（1）

郑宝凤．努尔哈赤对国家与法的独特见解．中国青年政治学院学报，1987（5）

邓中绵．论努尔哈赤的法治．北方论丛，1988（6）

罗锡冬．王夫之《读通鉴论》的法理辩证思想．衡阳师专学报（社会科学版），1989（3）

孟广林．黄宗羲法治观辨析．贵州师范大学学报（社会科学版），1990（1）

孟广林．黄宗羲“法治”观辨析．中国史研究，1990（2）

刘运龙．论黄宗羲的法律思想．山西大学学报（社会科学版），1990（2）

华友根．从《廿二史札记》看赵翼的法律思想．史林，1992（2）

耘耕．黄宗羲“有治法而后有治人”论之再研究．法学研究，1992（3）

赵国斌．王夫之的法哲学及其方法论略．吉林大学社会科学学报，1992（6）

李之鉴．孙奇逢的“法天之学以为学”思想析理．河南师范大学学报（社会科学版），1994（5）

栗劲．清代法律思想史通览——《中国法律思想通史·清代卷》序言．吉林大学社会科学学报，1994（6）

李本森．黄宗羲的法哲学及其法制论．法商研究，1995（1）

高瑜茹，方强．试论王夫之法制心理学思想．社会心理科学，1996（1，2）

昝启英．论玄烨整饬吏治的法律思想．法制与社会发展，1996（2）

张雷军．论努尔哈赤的法律观．社会科学辑刊，1996（3）

昝启英．论玄烨“以教化为先”的法律思想．吉林大学社会科学学报，1996（3）

徐忠明．从明清小说看中国人的诉讼观念．中山大学学报（社会科学版），1996（4）

杨恩翰．重释“贪人败类”——评崔述关于防治贪污贿赂犯罪的思想．法学研究，1997（3）

滕云．论戴震的法思想．法论，1997（3）

昝启英．论玄烨立法执法的思想．法学，1997（3）

徐岱，霍存福．论戴震对宋明理学关于“意见之理”的批判．中央检察官管理学院学报，1997（4）

徐岱．论胤禛“有治人，即有治法”的吏治思想．吉林大学社会科学学报，1997（6）

徐岱．论雍正“有治人，即有治法”的吏治思想．吉林大学社会科学学报，1997（6）

唐斌成．王船山法制思想述评．湖湘论坛，1998（6）

徐岱．论胤禛“通权达变”、“立法必行”的法律思想．求是学刊，1998（1）

刘研．康熙的法制思想．兰台世界，1998（11）

黄帏．清初满汉两种法律文化的对峙．华侨大学学报（哲学社会科学版），1999（2）

周可真．论顾炎武的“众治”思想．苏州大学学报（哲学社会科学版），1999（4）

卞利．论明清时期徽商的法制观念．安徽大学学报（哲学社会科学版），1999（4）

张岩．包世臣盐法改革思想及其近代性．江海学刊，2000（4）

王立艳．清代“从俗从宜”治理西藏的法律思想与实践．中央政法管理干部学院学报，2000（4）

陈景良．崔述反“息讼”思想论略．法商研究，2000（5）

刘新．黄宗羲民主法治思想评析．法学家，2001（2）

苏凤格．黄宗羲法律思想评述．广西师范大学学报，2002（4）

胡静．《红楼梦》中自然法思想的沦落．和田师范专科学校学报，2004（1）

韩媛．黄宗羲的法律思想．河北科技大学学报（社会科学版），2004（1）

王苏敏．康熙的民本思想探析．满族研究，2005（1）

李爱荣．清代权利观念研究．兰州学刊，2005（1）

五、中国近现代法律思想史

（一）近代法律思想史

1. 通论

忻平．中国最早提出君主立宪制的是王韬．华东师范大学学报，1983（6）

刘明湘．资产阶级改良主义思潮的兴起和清末变法修律中“礼教”派与“法治”派之争．见：法史研究文集（中），西北政法学院科研处印行，1983

陈忠槐．简评近代资产阶级的教育刑论．苏州大学学报（社会科学版），1984（2）

艾永明．论清末修律中的礼法之争．苏州大学学报（社会科学版），1984（4）

左志远．论党在土地革命战争时期的地权思想．南开学报（社会科学版），1985（2）

纪军．近代中国资产阶级改良派的民权、刑法论．河北学刊，1986（4）

吴湘文．论中国宪法思想的产生与发展．政法丛刊，1988（6）

栗劲．对五四时期法学上反传统的新评价——纪念五四运动七十周年．中国法学，1989（3）

王锡三．近代诉权理论的探讨．现代法学，1989（6）

华友根．中国近代法律思想演变及其特点述略．上海社会科学院学术季刊，1990（1）

翁君聪．资产阶级法制思想与清末民初政局．福建论坛（社会科学版），1990（1）

程鹏．清代人士关于国际法的评论．中外法学，1990（6）

孙谦．晚清时期诉讼观的演变．江汉论坛，1991（2）

孙文苑等．清末留日立宪派的理论贡献．学术研究丛刊，1991（4）

朱仁显．晚清法观念的转变．福建论坛（社会科学版），1991（5）

熊越．西方法文化在近代中国的早期传播及其效应．东南文化，1992（2）

侯宜杰．革命派反对在中国实行君主立宪理论之评议．史学集刊，1992（2）

黄顺力．太平天国法制思想述论．福建论坛（社会科学版），1992（3）

杜钢建．抵抗主义法学运动与天野和夫的抵抗权思想．法律科学，1992（3）

乔丛启．中国资产阶级的人权与法制理论．中外法学，1992（3）

孙谦．中国近代变法思潮的法理分析．贵州社会科学，1992（6）

刘伟．清末立宪派的民权观．近代史研究，1993（1）

唐自斌．杨度与清末礼法之争．湖南师范大学学报（社会科学版），1993（1）

孙谦．晚清民法观念的变化．学术界，1995（1）

吕家毅．略论中国近代变法思想的产生与结局．中央检察官管理学院学报，1995（2）

徐思彦．要民主宪政，还是要专制独裁：30年代关于民主与专制的一场大讨论．史学集刊，1995（2）

孙谦．晚清法观念的二元结构．贵州社会科学，1995（3）

李琦．太平天国的法思想与西方近代法律文化．福建学刊，1996（2）

何云鹏．早期维新派法律思想述评．中外法学，1997（1）

钱宗范．试论近代广西宗法文化的变异性表现及其批判继承．广西师范大学学报（社会科学版），1997（3）

王人博．宪政之累——近代中国宪政文化的深思．现代法学，1997（4）

胡红卫．近代维新派君主立宪思想再审视．广西师范学院学报（哲学社会科学版），1998（1）

闻德峰．近代“民权”与传统文化．法论，1998（2）

赵玉霞，蒋平华．论中国20世纪二三十年代的人权派．文史哲，1998（2）

周巨林．中国近代法律思想历史发展的特色．河南师范大学学报（社会科学版），1998（3）

玉林．近代中国民权思想演进的历史考察．学术月刊，1998（4）

高海燕．近代中国民权思想演进的历史考察：对亨廷顿“文明冲突论”的辨析．江海学刊，1998（4）

吴湉南．简论早期维新派的君主立宪思想．贵州文史丛刊，1998（5）

王杨．南京国民政府对西方社会本位民事立法思想的继承与改造．中外法学，1999（2）

卞修全．清末立宪思潮的发展轨迹．天津师范大学学报（社会科学版），1999（2）

李海生．尊法——五四新文化运动的前奏．同济大学学报（社会科学版），1999（2）

邓泽宏．解放战争爆发前中共关于和平宪政的政治构想．江汉论坛，1999（3）

刘保刚．论晚清士大夫公法观念的演变．浙江学刊，1999（3）

方敏．国民党统治时期两种不同的人权思想．北京师范大学学报（人文社会科学版），1999（4）

王志强．二十世纪的中国法律思想史学．中外法学，1999（5）

黄力平．建国前中国共产党的民主法治观综述．甘肃理论学刊，1999（5）

刘小林．论清末立宪思潮．学术论坛，1999（5）

陈金钊．宪政·法制·法治．法学论坛，1999（5）

陈景良．中国近代法律思想的历史发展、主要内容和特点．法学，1999（5）

蒋明．法治：中国百年寻梦．21世纪，1999（6）

罗昶．近代中国的司法改革思想．现代法学，1999（6）

豆建民．近代中国的股权限制和家族公司思想．甘肃社会科学，2000（1）

刘小林．清末立宪思潮．玉林师范高等专科学校学报，2000（1）

宇赟．延安时期土地法制的基本思想．延安大学学报，2000（1）

马建红．“人权派”的思想言论自由及其局限性．山东大学学报，2000（2）

公丕祥．“西化”与现代化——20世纪初时中国法律文化思潮概览．中外法学，2000（3）

唐自斌．法治论在20世纪中国的命运．湖南师范大学社会科学学报，2000（4）

张瑞泉．试评19世纪中国法律思潮．唐都学刊，2000（4）

苑秀丽．近百年中国监督思想的逻辑发展：从孙中山、毛泽东到邓小平．淮阴师范学院学报，2000（6）

万恒军．试论早期维新派的国家主权观．青岛大学师范学院学报，2001（3）

黄汉青．维新派近代民权学说的历史演进．清史研究，2001（3）

胡和勤．依法治国是历史发展的必然——中国近代法律思想研究的若干思考．西北师范大学学报（哲学社会科学版），2001（3）

赵文远．论抗战时期中共的宪政思想．许昌师专学报，2001（4）

李学智．民国初年的法治思潮．近代史研究，2001（4）

里赞．“变法”之中的“法变”——试论清末法律变革的思想论争．中外法学，2001（5）

石启忠．人权史论Ⅰ——辛亥革命前后的人权思想初探．人权研究，2002（1）

葛明珍．人权史论Ⅱ——中国历史上的人权派及人权运动．人权研究，2002（1）

马建红．人权史论Ⅲ——人权派思想述评．人权研究，2002（1）

李宁，赵竹芹．试论近代以来中国“法治”思想的历史沿革．榆林高等专科学校学报，2002（1）

赵明．近代中国的自然权利观：“内在视角”的一种新解读．清华法治论衡，2002（2）

韩秀桃．晚清司法独立的思想及其实践．诉讼法学研究，2002（2）

马聪．戊戌变法中维新派政治法律思想及启示．甘肃行政学院学报，2002（3）

李倩．二十世纪初留日学生的立宪思想评析．社会科学战线，2002（4）

卞修全．清末资产阶级知识分子的宪政主张论析．天津社会科学，2002（5）

朱仁显．论清末立宪派的议会思想．学术月刊，2002（6）

程燎原．清末的“法治”话语．见：中西法律传统．北京：中国政法大学出版社，2002

郭志祥．清末司法独立观念的引进和法制变革．见：走向二十一世纪的中国法文化．上海：上海社会科学院出版社，2002

周执前．从康有为到梁启超：中国近代权利观的产生和变异——以西方自然权利学说为参照．船山学刊，2003（1）

徐云．论人权派的“民主政治”思想．温州大学学报，2003（1）

赵明．近代中国自然权利观的历史际遇．江西社会科学，2003（2）

曹任何，彭斌．宪政精神及其在近代中国的缺失．湘潭大学社会科学学报，2003（2）

张捷．宪政文化在近代中国的发展及其启示．国家检察官学院学报，2003（2）

王松涛．论戊戌政变后维新派的民权思想．东方论坛，2003（3）

刘远征．民国初期的“共和”观念．法制与社会发展，2003（3）

刘远靖．中国近代民主观念与民权理念的演变：从梁启超、谭嗣同到孙中山．江西省团校学报，2003（3）

张从容．晚清官员的司法独立观．比较法研究，2003（4）

叶士东．晚清时期的铁路管理立法思想浅探．广西师范大学学报，2003（4）

夏锦文．世纪沉浮：司法独立的思想与制度变迁——以司法现代化为视角的考察．政法论坛，2004（1）

乔素玲．晚清商人法律意识初探．江西社会科学，2003（6）

杨洁，沈山州．近代中国股份有限公司监察制度思想．世界经济状况，2003（8）
刘保刚．晚清法治观念演变探源．历史教学，2003（11）
马小红．中国近代法观念的演变．金陵法律评论，2003年春季号
莫守忠．儒家民本传统与西方法律文化在近代中国的融合．船山学刊，2004（1）
徐黎明．近代监狱改良思想的兴起．山东工商学院学报，2004（2）
管伟．论中国近代国际法观念的肇兴．政法论丛，2004（3）
韩小林．洋务派对国际法的认识和运用．中山大学学报（社科版），2004（3）
李青．洋务派法律思想探析．中国法学，2004（4）
焦润明．三权分立学说在中国近代思想界的传播——以梁启超为核心进行考察．上海行政学院学报，2004（5）
汪太贤．晚清国外地方自治思想输入考论．湘潭大学学报，2004（5）
余衔玉．民初关于孔教入宪的激烈争议．文史精华，2004（9）
刘伟．民初知识分子对议会政治的反思与建构．史学月刊，2005（1）
田威．中国近代宪政思想述略．人大研究，2005（1）
甄尽忠．进化与回归——论近代中国社会思潮从民本向民权、民主思想的演变．信阳师范学院学报（哲学社会科学版），2005（2）
夏勇．飘忽的法治——清末民初中国的变法思想与法治．比较法研究，2005（2）
陈晋萍．社会变迁与民初民事法律观念的转变．法学评论，2005（2）
周莉．戊戌维新思潮对传统文化的冲击．宿州教育学院学报，2005（2）
曹胜亮．论清末礼教派保守主义法律思维模式的合理性．学术探索，2005（4）
林雅．洋务派“中体西用”法律思想评介．法学论坛，2005（4）
徐静莉．中国近代的宪政思潮及评析．中北大学学报（社会科学版），2005（4）
蒋燕玲．论近代中国公司立法指导思想之嬗变．湖南科技大学学报（社会科学版），2005（6）
尹小闻．近代在华外国法律人对中国治外法权制度的认识．韶关学院学报，2005（8）
朱健．历史记忆与重新阐释——近代中国著作权观念的发生．福建论坛（人文社会科学版），2005（9）
牛锦红．传教士关于清末法律改革的具体观点．皖西学院学报，2006（1）
侯强．《资政新篇》中的西方法文化思想探析．广西师范大学学报（哲学社会科学版），2006（1）
赵迅．维新派人权思想探略．船山学刊，2006（1）
贾孔会．早期改良派法律思想述论．咸宁学院学报，2006（1）
杨友谊．略论晚清传统法律意识的嬗变和晚清修律．理论界，2006（2）
李静．我国近代版权保护思想的确立及其影响．青海师范大学学报（哲学社会科学

版)，2006（2）

2. 沈家本的法律思想

李光灿．从沈家本的奏议看他的法律思想．近代史研究，1982（3）

华友根．沈家本法律思想论略．见：法史研究文集（中），西北政法学院印行，1983

宋加兴．从清末新刑律的制定看沈家本的法律思想．浙江学刊，1984（5）

薛梅卿．沈家本的监狱改良思想．法制建设，1985（6）

李光灿．从一份奏折看沈家本的刑法思想．法学季刊，1986（1）

袁泽纯等．论执法——兼谈沈家本法律思想．法学杂志，1986（3）

陈淑珍．沈家本的“法治”思想浅论．政法学习，1988（1）

武树臣．沈家本的得与失——兼论如何对待中外法律文化成果．中外法学，1990（1）

李贵连．沈家本中西法律观论略．中国法学，1990（3）

张国华．中国近代会通中西的法律改革家——沈家本．中国法学，1990（3）

沈厚铎．略论沈家本的生活道路及其思想发展．政法论坛，1990（4）

薛梅卿．沈家本对《宋刑统》的研究与传播．法学研究，1990（6）

刘海年．严谨治学，锐意改革：纪念沈家本诞辰150周年．法学研究，1990（6）

薛梅卿．沈家本的监狱改良论及其实施．见：中国法律史国际学术讨论会论文集．西安：陕西人民出版社，1990

崔文印．沈家本与《历代刑法考》．文史知识，1990（12）

张铭新．《大清新刑律》的重心与沈家本的倾向：写在沈家本诞生一百五十周年．法学评论，1991（1）

崔敏．论沈家本的慎刑思想．中国法学，1991（1）

杜钢建．论沈家本“人格主义”的人权法思想．中国法学，1991（1）

刘新等．清末变法与沈家本的人权法思想．浙江学刊，1991（1）

张晋藩．沈家本法律思想的研究．浙江学刊，1991（1）

张国华．沈家本法律思想国际学术研讨会开幕词．浙江学刊，1991（1）

李贵连．沈家本思想核心及其中西法文化融会点．浙江学刊，1991（1）

罗鸿英．沈家本与《汉律拾遗》．现代法学，1991（2）

钱大群．中国刑法史上不可磨灭的一页：评沈家本对犯罪主观心态之研究．江苏社会科学，1991（2）

樊凤林．论沈家本的刑事法律思想．政法论坛，1991（3）

赵国斌．论沈家本涵化西方法文化修律的开拓与局限．吉林大学社会科学学报，1991（3）

霍存福．沈家本会通中西论．烟台大学学报（社会科学版），1991（3）

李洪欣，孙小迎．沈家本司法独立思想管见．见：沈家本法律思想国际研讨会论文集．西安：陕西人民出版社，1992

杜钢建．沈家本、冈田朝太郎法律思想比较研究．中国人民大学学报，1993（1）

张旭．试论沈家本的法律思想．镇江师专学报（社会科学版），1993（2）

艾立华．沈家本法律思想和法律实践的时代特色．求是学刊，1993（3）

“沈家本法律思想研究”课题组．论沈家本的法律思想．浙江社会科学，1993（5）

马作武．媒介中西一“冰人”：沈家本新论．比较法研究，1995（2）

崔永东．沈家本与中国古代法律史研究．团结报，1996-10-26

崔永东．沈家本的刑法思想．团结报，1996-12-18

滕玉光．沈家本“会通中外”的法律思想及评价．政法成人教学，1997（11）

曲桂玲．从《寄簃文存》看沈家本的法律思想．北京警院学报，1998（3）

田莉姝．论沈家本“会通中外”的法律观．贵州大学学报（社会科学版），1998（3）

王立中．沈家本的法学教育思想及实践．档案史料与研究，1998（3）

李俊．论沈家本对传统律学的继承与发展．政法论坛，1998（6）

张晨怡．清季法学泰斗——沈家本．人物，1998（11）

田东奎．论沈家本的法律救国思想．宝鸡文理学院学报，2000（2）

郑佳宁．沈家本：中国近代法律思想的启蒙者．法律文献信息与研究，2000（2）

周少元，戴家巨．从《论故杀》看沈家本法学研究方法．法制与社会展，2001（1）

沈厚铎．法子匡时为国重，高名重后以书传——一代法子沈家本的人生轨迹与法学建树．比较法研究，2001（2）

崔永东．沈家本论法制与道德之关系评析．清华大学学报，2001（3）

田东奎．论沈家本的法学思想．西北农林科技大学学报，2002（1）

田东奎．论沈家本的法学思想．榆林高等专科学校学报，2002（1）

王波、张仁善．一代法学名家沈家本．法学天地，2002（2）

徐黎明．沈家本监狱改良思想探析．山东师范大学学报，2002（4）

李军．沈家本法律思想初探．理论导刊，2002（7）

曾尔恕，黄宇昕．中华法律现代化的原点：沈家本西法认识形成刍议．比较法研究，2003（4）

赵元信．出入经史之间，定鼎法学新风——沈家本先生法律思想的学术源流探微．华东政法学院学报，2003（5）

陈金全，陈松．沈家本与中国法学的传承及新生——纪念沈家本先生逝世九十周年．现代法学，2003（5）

洪伟．从清末修律中的礼法之争看沈家本的法理思想．徽州社会科学，2003（6）

李贵连．法治（Rule of Law）：晚清法律改革者的理想——沈家本逝世 90 周年祭．华东政法学院学报，2003（6）

李贵连，俞江．论沈家本德人格平等观．环球法律评论，2003 年秋季号

杨惠．沈家本修律与传统法律思想的改易．天津市政法管理干部学院学报，2004（1）

殷国伟．论沈家本“法权统一”的法律思想．湖州师范学院学报，2004（3）

张雪．沈家本的法律思想．文史月刊，2004（4）

钟华．沈家本的法律思想及对晚清人权变化的影响．渤海大学学报（哲学社会科学版），2004（4）

徐艳玲．沈家本法律思想初探．漯河职业技术学院学报，2004（4）

史广全．从律学到法学的飞跃——沈家本法学方法论初探．齐齐哈尔大学学报（哲学社会科学版），2004（5）

宋春雪．从清末法律移植看沈家本的修律思想．山东社会科学，2004（6）

晓海．清末法制改革大家沈家本．炎黄春秋，2004（11）

王健．沈家本：开启中国法治之门．法律与生活，2004（14）

李交发．简论沈家本的废除死刑观．现代法学，2005（1）

曾丽玮．论沈家本之死刑观．甘肃政法成人教育学院学报，2005（1）

刘鄂．浅析沈家本的死刑观．和田师范专科学校学报，2005（2）

李鼎楚．略论沈家本死刑思想．求索，2005（3）

冯骊．1993～2003年沈家本研究综述．湖州师范学院学报，2005（4）

高积顺．沈家本的历史法哲学．法制与社会发展，2005（4）

洪伟．礼法之争中的沈家本法理思想．黄山学院学报，2005（5）

王伦光．论沈家本法制思想中的人道主义精神．湖州师范学院学报，2005（5）

康黎．论沈家本的死刑程序观．中华文化论坛，2006（1）

傅育．沈家本“法律救国论”探析．广西社会科学，2006（1）

马英典．修律功臣，法学宗师——沈家本．兰台世界，2006（2）

陈小洁．沈家本法律变革思想的理论逻辑．社科纵横，2006（4）

3. 孙中山的法律思想

黄彦．孙中山早期思想的评价问题．学术研究，1978（2）

孔庆明．孙中山法制思想研究．见：吉林大学社会科学论丛．1979年第4辑．长春：吉林大学出版社，1979

王传生．试论孙中山的法律思想．江淮论坛，1983（4）

王宏治．孙中山五权宪法思想探究．见：法史研究文集（中），西安：西北政法学院印行，1983

胡勇．论孙中山的五权宪法思想．见：中国政法大学本科生七九级毕业论文选编．北京：中国政法大学印行，1984

魏海波．孙中山法制观辨析．见：法学论丛．第2辑．上海：上海社会科学院法学研究所，1984

王辉．孙中山先生的五权宪法理论探略——纪念孙中山先生诞辰一百二十周年．安徽大学学报（社会科学版），1986（2）

杨元华．浅论孙中山的“五权宪法”学说．上海师范大学学报（社会科学版），1986（3）

贺跃夫．辛亥革命时期孙中山司法改革思想浅析．广州研究，1986（3）

刘新．试论孙中山的法律思想——纪念孙中山诞辰一百二十周年．政治与法律，1986（4）

耿云志．孙中山的民权主义与辛亥革命的结局．历史研究，1986（6）

陈淑珍．孙中山法治思想述论．法学杂志，1986（6）

丁贤俊．孙中山与民权法制问题论争．法学研究，1986（6）

李希泌．发扬孙中山先生尊崇法治的精神——孙中山致先父李根源函．团结报，1986-11-08

饶珍芳．论孙中山的民权主义．华南师范大学学报（社会科学版），1987（1）

张伟国．孙中山的“五权宪法”思想．法学，1987（2）

江振良．孙中山法治思想谈．中山大学学报（社会科学版），1987（3）

王宏治．孙中山五权宪法思想探索．河北师院学报（社会科学版），1987（3）

卢仲维．孙中山“五权宪法”思想之评介．广西师范大学学报（社会科学版），1987（3）

傅炳旭．孙中山的法律思想及其实践．聊城师范学院学报（社会科学版），1988（1）

李瑞平．浅论孙中山的“五权宪法”．贵阳师专学报（社会科学版），1988（2）

王祖志．孙中山“五权宪法”非分权制论．现代法学，1988（3）

乔丛启．论孙中山民主立法思想．政法丛刊，1989（1）

胡大泽．孙中山从美国宪法吸取了哪些可贵思想．青海社会科学，1989（1）

王祖志．论孙中山“五权宪法”的集权性．海南大学学报（社会科学版），1989（2）

王祖志．孙中山“五权宪法”之特质新论．广东社会科学，1989（2）

杜超卓．试论孙中山的人民“四权”、政府“五权”主张．牡丹江师院学报（社会科学版），1989（3）

姜平．孙中山与中国民主宪政．中学历史，1989（4）

乔丛启．孙中山的民生主义目的刑论与司法观．烟台大学学报（社会科学版），1990（2）

乔丛启．论孙中山宪政理论的主旋律．政法论坛，1990（5）

张捷．试论孙中山的立法思想．历史教学，1990（8）

乔丛启．民生主义目的刑论——孙中山刑法思想的核心．见：中国法律史国际学术讨论会论文集．西安：陕西人民出版社，1990

周新华．论孙中山的“五权宪法”思想．徐州师范学院学报（社会科学版），1991（3）

王威宣．论孙中山的法律思想．山西省政法管理干部学院学报，1991（3）

张海洋．从《五权宪法》看孙中山对中国政体的设想．宁夏教育学院银川师专学报，

1991（3）

乔丛启．从幼稚到成熟：孙中山法律思想发展的三个阶段．中国法学，1991（5）

乔丛启．融会中西，继承创新：孙中山法律思想的特色及其成因．法学研究，1991（5）

吴国林．试论孙中山“五权分立”的宪法思想．贵州社会科学，1991（8）

刘胜康．简论孙中山的法律思想．贵州民族学院学报（社会科学版），1992（1）

陆建洪．试论孙中山的地方自治思想．华东师范大学学报（社会科学版），1992（1）

严如平．孙中山民初廉政思想与实践．民国春秋，1992（2）

杨金升等．孙中山五权宪法学说探析．史学月刊，1992（2）

崔丕军等．简评孙中山的“五权分立”思想．松辽学刊（社会科学版），1992（3）

李温．浅析孙中山的法制思想．西北第二民族学院学报（社会科学版），1992（3）

陈汉生．孙中山法律思想述略．上海大学学报（社会科学版），1992（3）

陈景良．《五五宪草》与孙中山的宪法精神．民国档案，1992（3）

刘遐龄，张天一．论孙中山新法律观念中的社会服务理论．宁夏社会科学，1992（4）

朱宗震．孙中山关于考试权和监察权的设计：兼谈对传统的现代化改造问题．团结报，1992－06－27

刘世文．孙中山法律思想．辽宁大学学报（社会科学版），1993（1）

孙守煌等．论孙中山自由平等观与五权宪法思想．现代法学，1993（2）

李国忠等．孙中山五权宪法思想内涵辨析．南开学报（社会科学版），1993（2）

黄建远．关于孙中山先生设立考试权和监察权思想的述评．海军医高专学报，1993（3）

杨连峰等．试析孙中山的平等法律观．中南政法学院学报，1993（3）

徐建民．从孙中山的自由平等观看中国法律观念的特征．中南政法学院学报，1993（4）

耿云志．孙中山宪法思想刍议．历史研究，1993（4）

耘耕．用现代法批判传统法 用传统法批判现代法：孙中山宪法思想的一个新观照．中南政法学院学报，1993（4）

应克复．孙中山对权力制约理论的卓越贡献．学海，1993（6）

孙庆明．孙中山宪法思想的精粹．政治与法律，1994（2）

李琦．孙中山对西方近代宪政文化之扬弃．法学评论，1994（3）

陈光中．孙中山先生之民权主义法制思想．政法论坛，1995（2）

龚咏梅．孙中山的监察理论及其实践．苏州大学学报（社会科学版），1995（4）

江波．孙中山民权思想述略．党史研究与教学，1996（1）

杨义银．评孙中山的民权主义法制度的严重超前和法观念的严重滞后．现代法学，1996（3）

李英铨．孙中山民权主义思想的演进．辛亥革命研究动态，1996（3）

孙放．孙中山法治思想探微：“约法”与“训政”．社会科学辑刊，1996（5）

唐自斌．孙中山法律思想的基本特征与历史地位．湖南师范大学社会科学学报，1996（6）
范忠信．孙中山训政思想再认识．东吴法学，1996 年特刊
李光正．简论孙中山的民主监察思想及其启示．河池师专学报（社会科学版），1997（1）
谢俊美．略论孙中山的民权主义思想．华东师范大学学报（社会科学版），1997（1）
梁昱庆．孙中山监察思想述论．成都大学学报（社会科学版），1997（1）
李晋旺．孙中山“三民主义”法律思想初探．运城高专学报（社会科学版），1997（1）
徐梁伯．被疏忽的研究课题《民权初步》：孙中山关于民主参政基本规范的构建．江海学刊，1997（2）
张明军．对孙中山“民权主义”的再认识．许昌师专学报（社会科学版），1997（2）
王继洲．孙中山不赞成《临时约法》．石油大学学报（社会科学版），1997（4）
兴梁．孙中山关于平均地权之法与累进税法的佚文．团结报，1997 - 07 - 17
郑宪．浅谈孙中山的民权思想．中央社会主义学院学报，1998（2）
沈远新．孙中山：五权宪法学说中的政府．湖湘论坛，1998（2）
夏泽祥，钱昕．孙中山宪政思想述评．山东法学，1998（2）
王永祥，王兆刚．《五五宪草》政体模式与孙中山五权宪法思想之异同论．历史教学，1998（2）
吴正俊，李宁波．略论孙中山的平均地权思想．康定学刊，1998（4）
王建平．孙中山法律思想浅谈．团结，1999（1）
王云飞．孙中山法律思想研究．大连大学学报，1999（3）
随庆军．论孙中山的法律思想．河南省政法管理干部学院学报，1999（4）
屈建军．孙中山民权思想述评．延安大学学报（社会科学版），1999（4）
王祖志．孙中山五权宪法思想研究新见．法学研究，1999（4）
李永伦．论孙中山的民权观．云南社会科学，2000（1）
戴宗芬．孙中山的法制思想初探．武汉交通科技大学学报，2000（1）
郑淑芬．简论孙中山考试权、监察权独立的思想．中国青年政治学院学报，2000（2）
章戌，王晶．论孙中山法律思想在中国近代法律思想史上的地位．学术探索，2000（3）
孙季萍．孙中山的行政法律思想．法学论坛，2000（3）
孙放．孙中山“训政时期”法制思想之我见．东岳论丛，2000（3）
王祖志．试论孙中山先生“五权宪法”思想体系的构成要素．政法论坛，2000（5）
孙学敏．试论孙中山的监察思想及其形成．辽宁大学学报，2001（2）
王永祥，石毕凡．孙中山“五权宪法论”特质之我见．学术研究，2001（2）
吴国舫．“权能”学理——孙中山宪法思想的核心．法学杂志，2001（4）
张万洪．孙中山法治思想初探．武汉大学学报，2001（4）
王英津．孙中山五权分立思想新探．文史哲，2001（4）

王云飞．孙中山“五权宪法”思想研究．大连大学学报，2001（5）

唐卫国．孙中山地方自治思想研究．河北法学，2001（6）

邱聪江．孙中山宪政思想探析．中共宁波市委党校学报，2001（6）

吴国舫．试析孙中山“权能分别学理”对欧美宪法学说的“规抚”理路．学术探索，2002（1）

李永伦．孙中山民权主义的发展．云南师范大学学报，2002（1）

包红君．孙中山民主法治思想评析．呼兰师专学报，2002（1）

唐元平，孙海龙．孙中山的刑罚思想之探析．中山大学研究生学刊，2002（3）

赵金康．孙中山法律思想评析．洛阳大学学报，2002（3）

高燕宁，陆世宏．孙中山民权主义与中国政治现代化早期模式的建构．沈阳师范学院学报，2002（3）

李力．司法独立：孙中山的理想与实践．中国青年政治学院学报，2002（5）

冀满红，白文刚．孙中山五权宪法思想及其实践．史学月刊，2002（5）

张保华．孙中山与九权立宪．云南师范大学学报，2002（6）

黄建水．孙中山依法治国思想理论体系初探．史学月刊，2002（7）

李本义．论孙中山的男女平权思想．湖北大学学报，2003（1）

廖海花．试论孙中山的法律思想．三明高等专科学校学报，2003（1）

汪志国．论孙中山的法治思想．池州师专学报，2003（2）

牛桐．孙中山五权宪制中的国民大会．北京行政学院学报，2003（2）

阚英．简述孙中山的五权宪法思想．政法论丛，2003（4）

汪志国，章礼强．论孙中山的法治思想．现代法学，2003（4）

贾控会．孙中山与中国法制现代化．学术论坛，2003（5）

王云飞．再论孙中山的“五权宪法”．中国法学，2003（5）

覃克利．关于孙中山立法建制思想若干问题的思考．改革与战略，2003（8）

洪英．孙中山先生地方自治思想综述．当代法学，2003（8）

李黎明．论孙中山的“以人就法”思想．齐鲁学刊，2004（2）

曹希岭．孙中山晚年政治思想的转向．江淮论坛，2004（3）

王贵松．善之途多歧路：五权宪法的理想与现实．首都师范大学学报（社会科学版），2004（6）

刘启强．有中国特色的宪政理论——浅析孙中山五权宪法的特征．襄樊职业技术学院学报，2004（6）

粟斌．“五权宪法”思想对中国政治体制改革的几点启示．喀什师范学院学报，2005（1）

卢珂．试析孙中山的分权学说．贵州文史丛刊，2005（2）

牛彤．孙中山“权能区分”理论探析．学术界，2005（3）

肖顺昌．孙中山的民主法治思想．邵阳学院学报（社会科学版），2005（4）
施建兴．孙中山宪政思想的法理考察．前沿，2005（7）
李雷．孙中山“权能分治”与“五权分立”思想述评．人大研究，2005（8）
邓丽兰．孙中山的中西文化观及其宪政思想的演进．中共长春市委党校学报，2006（2）

4. 其他法律人物的法律思想

孙蕊加．康有为的变法维新思想．政法教学，1958（2）
祁龙威．洪秀全早期革命思想浅析．扬州师院学报（社科），1978（1、2）
宏星．试论洪秀全的思想．河北大学学报（哲学社会科学版），1978（2）
林庆元．洪仁玕和他的《资政新篇》．历史教学，1979（5）
廖鑫初．劳动者的律师——施洋．文物天地，1983（1）
董守义．辛亥革命后梁启超的宪政思想．光明日报，1983－02－09
刘茂亭．晚清的法律家赵舒翘．西北政法学院学报，1984（1）
刘鼎亭．晚清法律家——赵舒翘．西北政法学院学报，1984（1）
杨堪等．浅论邹容的政治法律思想．湖北财经学院学报，1984（3）
李贵连．杨度的国家主义法律观．见：法学论文集．北京：北京大学出版社，1984
石芳勤．中国民主宪政的先驱宋教仁．光明日报，1984－04－04
杨桐．从《厂约》看张謇的企业管理思想．江苏企业管理，1985（1）
曹均伟．张謇的经济立法思想和活动．政治与法律，1985（1）
秦力．中国近代民主宪政的先驱——宋教仁．文史知识，1985（1）
邱远猷．林则徐在禁烟与抗英斗争中的法律思想．历史知识，1985（5）
万发云等．论梁启超的法制思想．广州研究，1986（3）
胡泽君．试论魏源的变法思想．法学季刊，1986（3）
胡鸿高．薛允升法律思想初探．见：复旦法学．第1辑．上海：复旦大学出版社，1986
汉国萃．强国救民必行立宪——从《九江庆祝立宪会会场演稿》看黄远生早期政治思想．社科情报与资料，1986（6）
赖永光等．法界前辈伍廷芳．中国法制报，1986－10－28
陈淑珍．洪仁玕的“法制”思想述论．南开学报（社会科学版），1987（1）
吴高盛．试论薛允升的法律思想．法学研究，1987（1）
曹均伟．试论张謇的法律思想．江海学刊（社会科学版），1987（1）
华友根．宋教仁宪政思想初探．政治与法律，1987（2）
王自敏．魏源学习西方变法图强的思想．安徽师范大学学报（社会科学版），1987（2）
刘嗣元．论梁启超的宪政思想．中南政法学院学报，1987（3）
朱宗震．宋教仁与民初法治．广东社会科学，1987（4）
谢景芳．文廷式变法思想评析．求是学刊，1987（4）

王立中．邵章和北京法政专门学校．北京日报，1988－03－11

刘学照．论李鸿章的“内须变法”主张．学术月刊，1988（7）

艾丽华．略论李大钊的无产阶级法律思想．蒲峪学刊，1989（3）

陈国勇．谭嗣同的民权思想．乐山师专学报（社会科学版），1989（3）

栗劲．李大钊的马克思主义法律观初探．吉林大学社会科学学报，1989（6）

李淑娥．李大钊法律思想初探——纪念李大钊诞辰一百周年．法律科学，1990（1）

王路滨．试论李大钊早期的政法思想．党史研究与教学，1990（1）

吴汉金．李大钊法律思想初探．玉林师专学报（社会科学版），1990（2）

王威宣．论洪秀全的法律思想．山西省政法管理干部学院学报，1990（2）

许国柱．林则徐禁烟法制思想析．南昌职业技术师范学院学报，1990（3）

陆仰渊．论张謇从立宪派到赞成共和的转变．学海，1990（5），（6）

李声笑．试论李大钊对马克思主义法律思想的传播与探索．河北法学，1990（6）

栗劲．试论党的“一大”前夕陈独秀马克思主义的法律观．政法丛刊，1991（1）

刘恒焕．中国国际法学的开山者：林则徐．中山大学学报（社会科学版），1991（1）

唐自斌．包世臣法律思想初探．湖南社会科学，1991（2）

洪肪等．李大钊法制思想初探．云南教育学院学报（社会科学版），1991（2）

李启欣等．林则徐以法禁烟．历史大观园，1991（2）

王威宣．论梁启超的法律思想．山西大学学报（社会科学版），1991（2）

马生祥等．康有为的立宪思想与法国大革命．安徽史学，1991（3）

王振安．试论洪仁玕“以法治国”的法律思想．政法学习，1991（3）

杜钢建．论严复的“三民”人权法思想．中国法学，1991（5）

陆锦碧．治国“尤以痛愚为最急”：严复法律思想浅析．法学，1991（11）

邱远猷．论洪仁玕改革法制的主张．政法论坛，1992（1）

华友根．略论近代中国法学家王宠惠的刑事立法思想．学术季刊，1992（3）

王国席．宋教仁的宪政思想．安庆师范学院学报（社会科学版），1992（3）

华友根．胡汉民法律思想初探．东岳论丛，1992（4）

管彦波．梁启超的民权思想．晋阳学刊，1992（4）

王清．严复、张元济版权思想初探．法学杂志，1992（4）

叶文郁．康有为立宪思想与法国大革命关系述论．淮北煤炭师范学院学报（哲学社会科学版），1993（1）

刘敏．论宋教仁的法制思想．鞍山师专学报（社会科学版），1993（4）

赵洪刚．论戊戌时代康有为的君主立宪思想．辽宁师范大学学报（社会科学版），1993（4）

肖周录．民主革命时期张友渔宪政人权思想研究．法律科学，1993（4）

刘文革．浅论洪仁玕的法制思想．益阳师专学报，1993（4）

陈金全．论严复自由主义的法律思想．现代法学，1993（5）

舒华．施洋法律思想初探：为纪念“二七”大罢工七十周年而作．汉江大学学报，1993（5）

唐自斌．伍廷芳法律思想简论．湖南社会科学，1994（2）

刘广安．杨鸿烈与中国法律史学．法学家，1994（3）

陈荣文，陈开琦．李大钊的“民彝论”法律思想．社会科学研究，1994（4）

刘铁君，王承仁．李鸿章洋务纲领和变法思想探讨．武汉大学学报（社会科学版），1994（4）

熊秋良．论伍廷芳的法律思想．四川师范大学学报（社会科学版），1994（4）

刘洪英．清光绪帝变法思想探讨．南都学坛（社会科学版），1994（5）

黄耀丽．简述洪仁玕的法制观．史学月刊，1994（6）

徐岱．论瞿秋白对中国马克思主义法学理论的贡献（上）．吉林大学社会科学学报，1994（6）

杨义银．试论康有为的君主立宪思想及实施策略．江西社会科学，1994（8）

高积顺．法治国家，人的素质：李大钊对国人根性的剖析及意义．河北法学，1995（2）

张华腾．宋教仁法制思想．南都学坛（社会科学版），1995（2）

邱远猷．林则徐禁烟抗英的法律思想．中州学刊，1995（3）

王玉华．章太炎法律思想初探．江海学刊，1995（4）

汪秀枝．洪仁玕法制思想评析．许昌师专学报（社会科学版），1996（1）

俞荣根．论梁启超的法治思想：兼论梁氏对传统法文化的转化创新．孔子研究，1996（1）

侯欣一．陈独秀早期法律思想研究．西北大学学报（社会科学版），1996（2）

昝启英．李大钊法律思想论略．中央检察官管理学院学报，1996（2）

李声笑．李大钊法律思想探析．毛泽东思想论坛，1996（2）

侯欣一．李大钊法律思想研究．甘肃政法学院学报，1996（2）

卞慕东．伍廷芳法律理论与实践探要．广州师院学报（社会科学版），1996（2）

华友根．吴虞论儒家与中国旧律．上海社会科学院学术季刊，1996（2）

莫永明，华友根．曾国藩尚礼崇法思想浅论．江苏社会科学，1996（3）

钱林森．严复与《法意》．江苏社会科学，1996（4）

赵明．康有为与中国法文化的近代化．现代法学，1996（5）

钱大群，董长春．旧中国自由资本主义改革开放的倡导者：论张謇运用法律实行改革开放的思想与实践．法制与社会发展，1996（6）

华友根．李鸿章在涉外活动中的法律思想．政治与法律，1996（6）

王宪明，舒文．关于戊戌时期严复传播“社会契约论”和“天赋人权论”问题的再探讨．河北学刊，1997（1）

张立明．论谭嗣同“民权”思想的意义．松辽学刊（社会科学版），1997（1）

刘新．梁启超法治思想研究．法学家，1997（5）

汪志国，江立新．论宋教仁的宪政思想．安徽大学学报（社会科学版），1997（5）

何金彝．康有为的政治改革与孟德斯鸠的三权分立学说．学术月刊，1997（12）

陈邵桂．蔡锷国权理论探析．邵阳师专学报（社），1998（1）

李明山．从《日人盟我版权》看蔡元培的版权观．著作权，1998（1）

杨永华，木可．李鼎铭的法律思想．法律科学，1998（1）

华友根．薛允升论执法人才的选拔和培养．政治与法律，1998（1）

王玉华．戊戌时期康有为、章太炎变法思想的异趋．福建师范大学学报（哲学社会科学版），1998（3）

邓红洲．张之洞“从缓”“从速”立宪论．近代史研究，1998（3）

王柏民．梁启超中国宪政之路的思想变迁．温州师范学院学报（社会科学版），1998（4）

刘寿真．居正的法制思想简介．法学评论，1998（4）

吴志刚．论邹韬奋的宪政主张．浙江师范大学学报（社会科学版），1998（4）

华友根．薛允升论丧服制度及其在执法中的运用．复旦学报（社会科学版），1998（5）

范忠信．认识法学家梁启超．政治与法律，1998（6）

吴乃华．戊戌变法与谭嗣同的民权思想．江西社会科学，1998（9）

邱远猷．梁启超的法治思想．光明日报，1998-11-13

倪学新．论戊戌变法时期康有为的议会思想．福建师大福清分校学报，1999（1）

黎仁凯．论张之洞对清末预备立宪的态度．保定师专学报，1999（1）

张华腾．袁世凯与《临时约法》．安阳师范学院学报，1999（1）

程洁．康有为宪法思想述评．法商研究，1999（2）

李露．雷沛鸿教育法律思想渊源初探．学术论坛，1999（2）

陈景良．论梁漱溟的法文化观．河南省政法管理干部学院学报，1999（2）

赵锦铎．李大钊《省制与宪法》解析——兼析李大钊在集权、分权问题上认识的转变．清华大学学报（哲学社会科学版），1999（3）

王杨．梁启超的法律思想与中西法律文化．法商研究，1999（3）

于语和．王宠惠法律思想与实践述评．天津大学学报（社会科学版），1999（3）

田涛．丁韪良与《万国公法》．社会科学研究，1999（5）

曹磊．陈独秀早期的民主宪政思想．河北法学，1999（6）

成晓军．郭嵩焘与国际公法．历史教学，1999（6）

刘兆伟．雷沛鸿的教育立法思想与实践．辽宁教育学院学报，1999（6）

华友根．试论薛允升关于废除严刑酷法的思想及其意义．学术月刊，1999（8）

杨胜华．黄遵宪法律思想与实践初探．学术研究，1999（9）

春杨．居正法律思想研究．见：法律史论集．第2卷．北京：法律出版社，1999

高旭晨．论何启、胡礼垣“厚官禄以清贿赂”之变法主张．见：法律史论集．第2卷．北京：法律出版社，1999

华友根．薛允升政治法律思想评析．政治与法律，2000（1）

郭婕．劳乃宣法律思想略论．史学月刊，2000（2）

张汉静．梁启超法治思想简论．理论探索，2000（2）

田玉才．试论郑观应的国际法思想．四川师范学院学报，2000（2）

孙韶林．梁启超的法治思想．晋阳学刊，2000（3）

春杨．居正与中国近代法制变革．法学家，2000（4）

高华．论孙科在制定《五五宪草》过程中的思想变化．江海学刊，2000（4）

于朝霞，李庆刚．简论李大钊法律思想中的几个关系问题．天津市政法管理干部学院学报，2001（2）

汪维真．严复的版权思想及其在中国版权近代化过程中的地位．著作权，2001（2）

张仁善．一个旧中国“自由主义者”的法治心路——试论储安平的法治观．华东政法学院学报，2001（2）

孙季萍．胡适的宪政思想．烟台大学学报，2001（3）

华友根．曾国藩法律思想述略．史林，2001（3）

王业兴．邓演达对孙中山民权思想的超越．学术研究，2001（4）

范忠信．梁启超与中国近代法理学的主题和特征．法律评论，2001（4）

姚琦．略论民初宋教仁的民主宪政思想及其政治实践．韶关学院学报，2001（4）

舒华．施洋法律思想初探．法学评论，2001（4）

邱远猷．洪仁玕：主张中国法律近代化的第一人．淮北煤炭师范学院学报，2001（5）

王学栋，秦勇，任广志．洪仁玕的法制思想：内容、评价与启示．石油大学学报，2001（5）

郑贤君．李大钊宪政思想初探．法学杂志，2001（5）

冯英．法律之下的权力——析严复对传统法制观的超越．行政与法，2001（6）

宋境明．李达与马克思主义法学．三峡大学学报，2001（6）

田涛．郑观应对国际法的认识．天津师范大学学报，2001（6）

孙季萍．梁漱溟的传统法文化观．南京社会科学，2001（9）

曾加．梁启超的法律思想新探．西北大学学报，2002（1）

华友根．董康的刑法思想与近代法制变革．中西法律传统，2002（2）

史艺军．李大钊的法制思想述评．辽宁师范大学学报，2002（2）

姜德琪．李大钊法律思想的形成及其特征．南通师范学院学报，2002（2）

史艺军．李大钊与中国法制现代化．中共党史研究，2002（2）

李秋成．理性的国家与自由的消解——张君劢宪政思想评析．现代法学，2002（2）

施觉民．略论章士钊早期的政法观．湖南公安高等专科学校学报，2002（2）
王玫黎．儒家民族主义者：王韬的国际法思想．现代法学，2002（2）
刘志刚，黄冬娅．试析张君劢宪政观的文化关怀．宁夏社会科学，2002（2）
陈先初．张君劢宪政思想评议．船山学刊，2002（2）
余子明．蔡锷军事法制思想研究．中国军事科学，2002（3）
涂怀京．胡适教育法制思想探析．福建师范大学学报，2002（3）
沈大明．梁启超与中国法制的现代化．上海交通大学学报，2002（3）
王霄燕．严复资产阶级启蒙法律思想与中西法律文化．山西大学学报，2002（3）
乔素玲．郑观应与西方法律观念的移植．岭南文史，2002（3）
田玉洪．黄遵先的警政思想及其实践活动．山东教育学院学报，2002（4）
叶兴艺．梁启超宪政思想探析．当代法学，2002（4）
朱云平，龚春英．浅析伍廷芳法制思想及其实践．思茅师范高等专科学校学报，2002（4）
滕明杰．宋教仁的法律思想及实践．政法论丛，2002（4）
孙强．三十年代胡适民主宪政主张述论．山东理工大学学报，2002（5）
丁晓强．沈钧儒的法治精神及其政治实践．浙江学刊，2002（5）
龚春英，朱云平．论宋教仁的法制思想．江西社会科学，2002（6）
刘冰冰．论汤寿潜的立宪思想及其社会实践．齐鲁学刊，2002（6）
张本顺．伍廷芳的司法独立观初探．枣庄师专学报，2002（6）
武乾．论梁漱溟的地方自治思想．见：走向二十一世纪的中国法文化．上海：上海社会科学院出版社，2002
李明山．严复的版权主张与实践．韶关学院学报，2002（11）
赵金康．胡汉民立法思想述论．史学月刊，2002（12）
王敏，张继良．李大钊早期宪政思想探析．河北师范大学学报，2003（1）
张本顺．论伍廷芳的司法独立思想．河南大学学报，2003（1）
郭世佑，田峰．略论沈钧儒的法律思想与实践．嘉兴学院学报，2003（1）
王敬波．沈钧儒法治思想述略．法官职业化建设指导与研究，2003（1）
赵金康．试论胡适人权派法制思想．洛阳师范学院学报，2003（1）
贾孔会．梁启超法治思想论析．三峡大学学报，2003（2）
周执前．试论张謇的经济法律思想．船山学刊，2003（2）
赵金康，林加林．孙科法律思想特色略论．首都师范大学学报，2003（2）
刘华．严复的法制观、道德观．内蒙古师范大学学报，2003（2）
乔素玲．郑观应与中国法律观念近代化．比较法研究，2003（2）
王炳起，陈寒鸣．梁启超的民权思想与其“新民”理想观．中国人口科学，2003（3）
赵金康．试论孙科的宪法思想．史学月刊，2003（3）

蒋跃波．试析曾纪泽的近代国际法意识．丽水师范专科学校学报，2003（3）
何勤华．杨鸿烈其人其书．法学论坛，2003（3）
邱远猷．张之洞与中国法律近代化．江苏文史研究，2003（3）
范忠信．“最后的儒家”传承的儒家精神：回忆梁漱溟先生．中西法律传统，2003（3）
刘云红．变“一家之法”，行“天下之法”：论黄宗羲的法治观．东南大学学报，2003（4）
高其才，罗昶．胡适法律思想略论．法制与社会发展，2003（4）
郑永军．“五四”时期陈独秀人权思想转型刍议．许昌学院学报，2003（4）
杨永华．中国的卢梭：伟大的启蒙思想家黄宗羲民主法治思想述评．甘肃政法学院学报，2003（5）
杨庆．邹容《革命军》之人权思想辨析．江南大学学报，2003（5）
肖太福．论居正的“重建中国法系”思想．见：法律史论集．第5卷．北京：法律出版社，2003
许章润．法的概念：规则及其意义——梁漱溟法律思想研究之一．华东政法学院学报，2004（1）
陈策．唐才常公法交涉思想述评．天水师范学院学报，2004（1）
江立新．严复的版权思想．池州师专学报，2004（1）
汪太贤．晚清学人对民主自由诉求的一种表达——以严复地方自治主张的提出与阐释为例．中国法学，2004（2）
文卫勇．“五四”前后高一涵的人权思想．中共南昌市委党校学报，2004（2）
许章润．宪政：中国的困境与出路——梁漱溟宪政思想研究．法制与社会发展，2004（2）
林平汉．严复对中国近代法制观念的开拓．人民日报，2004-02-27
林平汉．严复对中国近代法制思想的贡献．福建师范大学学报（哲学社会科学版），2004（2）
何勤华．程树德与《九朝律考》．河南省政法管理干部学院学报，2004（3）
邱远猷，王贵松．梁启超宪法学思想研究．法学家，2004（3）
郑素一．胡汉民的立法思想与立法实践．史学集刊，2004（4）
方卫军．伍廷芳的国际和平法思想．华东政法学院学报，2004（4）
赵启平．严复立法思想初探．郧阳师范高等专科学校学报，2004（4）
李平波．夜读梁启超——兼论中国现代法学研究方法之不足．零陵学院学报，2004（4）
田琳琳．浅论伍廷芳的法治思想．理论界，2004（5）
朱云平．论宋教仁的法制思想．泉州师范学院学报，2004（5）
彭敏．梁启超的法律思想与中国法制的现代化．党史文苑，2004（6）
焦润明．论梁启超的法治政府思想．国家行政学院学报，2004（6）

俞政．严复的法制起源说．史学月刊，2004（11）
刘宝东．法学家王宠惠：生平、著述、思想．比较法研究，2005（1）
周其厚．论洪仁玕的法制改革思想．山西高等学校社会科学学报，2005（1）
王志龙．从《江楚会奏变法三折》看张之洞法制改革思想——兼论张之洞与沈家本的修律之争．池州师专学报，2005（2）
毛德传．法界硕彦沈家彝．钟山风雨，2005（2）
熊命辉．论郑观应的国际法思想．株洲工学院学报，2005（2）
洪岩．郑观应的宪政思想及其评价．辽宁警专学报，2005（2）
龙天贵．郑观应法律思想述评．贵州社会科学，2005（2）
黄俊华．李鸿章的国际法意识与琉球宗主权的丧失．郑州航空工业管理学院学报（社会科学版），2005（3）
林琳．浅谈沈钧儒的宪政思想．辽宁行政学院学报，2005（3）
周忠瑜．民彝思想是李大钊早期宪政主张的核心．青海社会科学，2005（4）
余从荣．伍廷芳的法律思想与西方文化．五邑大学学报（社会科学版），2005（4）
马跃峰．郑观应：近代中国第一个提出制定新闻法的人．新闻与传播研究，2005（4）
顾红亮．道德人格与法权人格——梁启超和张东荪论人格与权利．东方论坛，2005（5）
胡世煌．伍廷芳对中西方法律的认识和比较．湖南城市学院学报，2005（5）
吴斌．杨兆龙先生的刑法学思想．河南公安高等专科学校学报，2005（5）
华友根．评董康的刑法思想．政治与法律，2005（6）
吴爱萍．论梁启超的“变”与“不变”——梁启超宪政思想再评说．江西社会科学，2005（7）
贾孔会．李大钊法律思想述略．学术论坛，2005（12）
张慎思．淡泊从容莅海牙——追记新中国首任国际法院大法官倪征日奥．法律与生活，2005（20）
胡子敬．宪政莫忘宋教仁．政府法制，2005（23）
龚春英．倡导与阻碍——张之洞在清末法制改革中的矛盾心理探察．哈尔滨学院学报，2006（1）
冯振华．吕海寰法律思想研究．山东省农业管理干部学院学报，2006（1）
刘宝东．王宠惠的刑事和民事立法思想与立法实践．云南大学学报（法学版），2006（1）
孟红．郑观应法律思想简论——以《盛世危言》为研究对象．徐州师范大学学报（哲学社会科学版），2006（1）
谢毓洁．开放的法律观——论薛福成的法律思想．中州大学学报，2006（2）
李玉琳．论康有为的君主立宪思想及实践．湖北行政学院学报，2006（2）
吴爱萍．维新变法时期康有为宪政思想论略．江西社会科学，2006（2）

（二）中华人民共和国法律思想史

1. 通论

曹海波．对我国社会主义法学理论与实践的回顾和展望．北京政法学院学报，1981（1）

端木君．法学基础理论的十年与三个阶梯．法制建设，1988（5）

朱剑明．十年法制建设理论成就概况．法制日报，1988－11－29

郭锋．中国民法学理论在改革中的发展和繁荣——改革十年中民法学研究的重大理论问题述评．法学，1988（11）

周旺生．中国法制理论四十年检讨．法学评论，1989（5）

李鸣．从主权平等的发展看我国四十年来国际法的理论与实践．中外法学，1989（6）

袁金霞．浅议50年代前期我国法制建设的理论与实践．青海师专学报，1997（3）

孙丽娟．中国1957年法学思潮析论．法学，1997（4）

赵天谋．社会主义法制思想及其启示．新时代论坛，1998（3）

丁以升，孙丽娟．中国五十年代法律思潮研究（上）——法文化视角的剖析与思考．法学，1998（11）

丁以升，孙丽娟．中国五十年代法律思潮研究（下）——法文化视角的剖析与思考．法学，1998（12）

李曙光．改革开放以来的中国社会转型：契约意识的启蒙．广州市经济管理干部学院学报，1999（1）

李瑜青．当代契约精神与法律意识．学术月刊，1999（2）

郑国珍．论十一届三中全会以来我国法制建设理论的重大突破．许昌师专学报，1999（2）

章礼强．民主·法制·法治国——毛泽东、邓小平和江泽民对治国方略的抉择、创新和发展．行政与法，1999（3）

刘广登．人治、法制、法治——略论改革开放以来中国法律观念的变革．徐州师范大学学报（哲学社会科学版），1999（3）

邓胜文．从人治到法制到法治的进步——论我党对法律认识的理论突破．邵阳师范高等专科学校学报，1999（4）

蒋晓伟．时代呼唤法学流派和法学家．政治与法律，1999（4）

陆德生．法制改革的推进与法治观念的更新．江淮论坛，1999（6）

柴宇平．民主：从无序走向法制化——试论当代中国民主权利观的嬗变．东南学术，1999（6）

张翔．依法治国：历史发展的必然．理论前沿，1999（16）

杨昂．当代法律思想史上的潜流：论中国后现代法学的兴起．中山大学研究生学刊，2000（1）

邓建民．从人治到法治——论三代领导集体的法治观．毛泽东思想研究，2000（5）

张叶婷，郑显芳．论新中国法治思想的历史发展——从毛泽东、邓小平到江泽民．毛泽东思想研究，2001（2）

邹礼玉．中国共产党对法制建设的理论贡献——纪念中国共产党成立80周年．天津市政法管理干部学院学报，2001（2）

陈金钊．从革命法制到社会主义法制——马克思主义法制（治）观在中国的成长．法学论坛，2001（4）

唐彩虹．法治：中国共产党治国的必然选择——中国共产党历代领导人治国之路的回眸与思考．广西大学学报，2001（4）

韩大梅．试论新民主主义宪政思想的形成．南开学报，2001（5）

任绍辉．从三代领导核心的法制思想看党的治国方略的发展变化．鞍山师范学院学报，2002（2）

赵复强．党的三代领导核心对我国法制建设的理论贡献．德州学院学报，2002（3）

侯强．十年来中国法制现代化研究观点综述．政治与法律，2002（3）

王勇．五十五年来中国对国际法院诉讼管辖权的态度之述评．华东政法学院学报，2002（3）

胡启明，陈霞．以实驮虚的正义实践：试析1975年宪法之正义观．哈尔滨工业大学学报，2002（3）

许德宾．新中国主流法律观的演进．扬州教育学院学报，2002（4）

周红，钱晓东，马光开．三代领导人的法律思想与中国法制现代化进程．渝州大学学报，2002（5）

刘祖云，闫大伟．社会主义法制建设理论的历史发展．淮阴师范学院学报，2002（5）

李秀忠．第一代党中央领导集体对社会主义法制理论的探索及其特征，政法论丛，2003（1）

喻中，朱俊荣．宪法思想的发展历程：从毛泽东到江泽民．重庆社会主义学院学报，2003（1）

费蕙蓉．党的法制思想演变探析．淮北煤炭师范学院学报（哲学社会科学版），2003（2）

公丕祥．东方社会主义的法律发展：从马克思到邓小平的理论探索．法制与社会发展，2003（3）

谢鹏程．论当代中国司法独立的思想渊源及其发展．见：何家弘，胡锦光主编法律人才与司法改革：中日法学家的对话．北京：中国检察出版社，2003

艾国．新时期中国共产党宪法观念的历史演进．深圳大学学报（人文社会科学版），2004（1）

张清．传承与发展：马克思主义法学在中国．法制与社会发展，2004（2）

贾少鑫．我国人权观念的嬗变与人权进步的理论和现实表现．河南社会科学，2004（3）

石作斌．中国共产党治国方略的法治选择——兼论邓小平法制理论的发展过程与历史价值．江苏省社会主义学院学报，2004（3）

张绍平．毛泽东、邓小平、江泽民从法制到法治思想研究．四川警官高等专科学校学报，2004（5）

章戎．“统一战线”是我国独具特色的宪政理念．云南大学学报（法学版），2004（5）

刘宝东．中国特色社会主义宪政的确立、发展和创新：以毛泽东、邓小平、江泽民宪政思想为中心的历史考察．沈阳师范大学学报：社科版，2004（5）

朱力宇．从“健全社会主义法制”到“依法治国”——论“三个代表”重要思想对邓小平法制理论的继承和发展．海南大学学报（人文社会科学版），2005（2）

李红勃．二十世纪后期中国共产党法律哲学的变迁——从董必武到彭真．黑龙江省政法管理干部学院学报，2005（2）

董节英．中国共产党宪法价值观的历史演变．党史文苑，2005（4）

葛仁钧．论党的三代中央领导集体行政法治思想的特色．马克思主义与现实，2005（5）

郭榛树．论“以人为本”的法律发展观．理论探讨，2005（5）

陈桂林．人民民主专政思想与当代中国宪政建设．内蒙古农业大学学报（社会科学版），2006（1）

李勇．科学发展观与二十一世纪中国宪法．辽宁大学学报（哲学社会科学版），2006（2）

刘永祥．“五五”普法中农民法律意识的审视与培育——从构建和谐社会的视角探究．中国司法，2006（5）

2. 毛泽东的法律思想

王天木．毛泽东同志对马克思主义关于彻底废除旧法原理的发展．西北政法学院学报，1983年创刊号

李龙．毛泽东同志关于劳动改造罪犯的理论和实践．政治与法律丛刊，1983（7）

孙孝实．坚持和发展毛泽东同志的法制思想．法学学刊，1984（1）

杨奉达．论毛泽东同志关于劳动改造罪犯的思想．湖南法学通讯，1984（1）

何新．毛泽东同志法制思想的精髓是实事求是．学术论坛，1984（1）

陈秀英等．试论毛泽东同志的法律思想．湖南法学通讯，1984（1）

翁其银．研究毛泽东的法学思想．社会科学（上海），1984（1）

宋浩波．试论毛泽东同志的经济法制思想．吉林财贸学院学报，1984（2）

杜钢健．试论毛泽东同志的法制思想．法制建设，1984（3）

杜钢建．试论毛泽东法律思想的发展阶段．法学评论，1984（4）

张庆福．论毛泽东同志的制宪思想．法学研究，1985（1）

张步云．试论毛泽东同志的刑事法律思想．南京大学学报（社会科学版），1985（1）

吴文翰等．毛泽东思想法学理论初探．法学研究，1985（3）

徐显明．论毛泽东早期批判的法律观．山东大学学报（社会科学版），1990（1）

陈本亮．毛泽东法制思想简析．福建党史月刊，1990（11）

［印度］莱恩·纳里西·夏梅著，易飞先译．论毛泽东的权力·权威和合法性概念．毛泽东哲学思想研究，1991（3）

陈业宏．毛泽东的刑法思想原则．华中师范大学学报（社会科学版），1991（4）

康润森．论毛泽东对马列主义死刑理论创造性的发展．政法论坛，1991（6）

李安增等．毛泽东的社会主义法制观探略．齐鲁学刊，1991（6）

梁松林等．略论毛泽东的法学思想．湖南师范大学社会科学学报，1992（1）

华友根．毛泽东在民主革命时期的宪政思想．政治与法律，1992（2）

彭琪芳．毛泽东对马克思主义人权观的创造性发展．社会科学家，1992（4）

陈业宏等．毛泽东遵守法制的思想．华中师范大学学报（社会科学版），1992（5）

童兵．一律又不一律：毛泽东为新闻法规定的基调．中国人民大学学报，1993（1）

张秀琴．论毛泽东关于民族区域自治的理论．内蒙古民族师院学报（社会科学版），1993（2）

魏春艳．毛泽东刑事司法思想与实事求是精神．青海民族学院学报（社会科学版），1993（2）

孙成建．毛泽东刑事政策思想浅论．毛泽东思想研究，1993（2）

李伟迪等．毛泽东早期女权观述评．怀化师专学报（社会科学版），1993（2）

张致弟．浅议毛泽东的具有中国特色的改造罪犯思想．青海社会科学，1993（3）

刘文祥等．试论毛泽东对国际关系理论的贡献．中南政法学院学报，1993（3）

刘仲良．五四时期毛泽东人权观的转变及特点．益阳师专学报，1993（3）

宁清同等．毛泽东的宪法思想初探．中南政法学院学报，1993（4）

许子渝．毛泽东法律思想略论．重庆教育学院学报，1993（4）

刘雷振．毛泽东早年法制思想的几个特点．阜阳师范学院学报（社会科学版），1993（4）

邓国良．试论毛泽东的民主和法制思想．江西公安专学校学报，1993（4）

薛瑞麟．关于毛泽东刑法思想的几个问题．政法论坛，1993（5）

陆武师．毛泽东的宪法思想初探．广西大学学报（社会科学版），1993（5）

邵名正等．毛泽东劳动改造罪犯思想探源．政法论坛，1993（5）

王然冀等．毛泽东廉政思想初探．政法论坛，1993（5）

刘建明．毛泽东廉政思想论析．学术交流，1993（5）

李洪欣．试论毛泽东的法律思想．广西大学学报（社会科学版），1993（5）

赵震江．重温毛泽东同志有关立法问题的论述：纪念毛泽东同志诞辰一百周年．中外

法学，1993（6）
杨迎泽．毛泽东的刑事政策思想．法律与社会，1993（6）
胡为雄．毛泽东与当代中国的法制建设．江淮论坛，1993（6）
郑磊．试评毛泽东的反贪保廉思想．甘肃理论学刊，1993（6）
曾忠恕．毛泽东人权思想浅论．科学社会主义研究，1993（8）
谭文淦．试论毛泽东刑法观．深圳法制报，1993-09-28
郑平安．毛泽东法律思想初探．同济医科大学学报（社会科学版），1994（1）
湖北省沙洋农管局党校．毛泽东改造罪犯观与传统文化．劳改理论与实践，1994（1）
王威宣．论毛泽东的法哲学思想．理论探索，1994（2）
肖方扬．论毛泽东立法思想的“三原则”．浙江省政法管理干部学院学报，1994（2）
宗志翔．毛泽东立宪思想初探．江西师范大学学报（社会科学版），1994（4）
陈永革．毛泽东“慎刑”思想初探．毛泽东思想研究，1994（4）
姚红健．试论毛泽东的中国特色的法律思想．湖州师专学报（社会科学版），1994（4）
高格．论毛泽东的刑法思想（之一）．吉林大学社会科学学报，1995（1）
高格．论毛泽东的刑法思想（之二）．吉林大学社会科学学报，1995（3）
高格．论毛泽东的刑法思想（之三）．吉林大学社会科学学报，1995（4）
韩治礼．论毛泽东的刑事法学思想．宁夏大学学报（社会科学版），1995（4）
高格．论毛泽东的刑法思想（之四）．吉林大学社会科学学报，1995（5）
周会德．毛泽东法律思想的历史地位及其当代价值．湖北师范学院学报（社会科学版），1995（5）
高格．毛泽东的死刑思想．法律科学，1995（6）
高广瑞．毛泽东法律思想述略．政治与法律，1996（6）
魏树发．毛泽东关于社会主义法制的理论与实践．福建师范大学学报（社会科学版），1997（1）
陈立旭．毛泽东与“一国两制”．毛泽东思想论坛，1997（2）
张年庚．论毛泽东的法律面前人人平等刑事法律思想．法学天地，1997（3）
李安增，刘煜．毛泽东的人权思想探论．理论学刊，1997（3）
沈卫中．毛泽东邓小平法制理论与实践的比较透视．毛泽东思想研究，1997（3）
张年庚．毛泽东法律面前人人平等刑事法律思想．人民检察，1997（10）
李维良．试论毛泽东的监狱经济思想．监管与改造，1998（1、2）
钟瑞添．浅论毛泽东的人权观．广西师范大学学报（社会科学版），1998（3）
李安增．毛泽东法制思想的历史探析．四川党史，1998（4）
梁宏坤．毛泽东延安时期法制思想研究．四川党史，1999（5）
罗惠玉．浅析建国初毛泽东法制思想的特点．重庆商学院学报，2000（2）

熊吕茂．毛泽东刑法思想探略．郴州师范高等专科学校学报，2000（6）

孟庆丰．毛泽东罪犯改造理论的内容及特点．中国监狱学刊，2000（6）

薛忠义，李晓颖．毛泽东在土地革命战争时期的法制思想与活动．东北师大学报，2000年专号

梁凤荣．毛泽东革命法制的理论与实践．郑州大学学报，2001（1）

赵迅．毛泽东与新中国民主法制建设．社会主义研究，2001（1）

杨习梅．毛泽东改造罪犯理论的基本内容及其在新时期的继承与发展．中国监狱学刊，2001（4）

阎少华．毛泽东的刑罚思想与中国刑罚制度．理论学刊，2001（6）

陈杰．青年毛泽东法思想的嬗变．毛泽东思想研究，2002（1）

蔡道通．毛泽东的艺术思想及其对法制建设的启迪——《同音乐工作者的谈话》读后．毛泽东思想研究，2002（2）

高文盛，熊金蝶．毛泽东法制思想的时代特征及其局限．河北法学，2002（3）

马壑伯．毛泽东：新中国宪法的奠基人——纪念毛泽东诞辰110周年．当代思潮，2002（6）

吴燕．毛泽东的法制文化观对中国法制文化的强影响．毛泽东思想研究，2003（1）

贾孔会．毛泽东早期法律思想述略．毛泽东思想研究，2003（1）

蔡道通．毛泽东刑事政策观的辩证法蕴含．毛泽东思想研究，2003（1）

刘潇潇．毛泽东对中国传统法律文化的继承与超越．广西社会科学，2003（6）

崔自力．毛泽东晚年法律思想探析．史学月刊，2003（8）

郑春梅．近十年来毛泽东法律思想研究综述．毛泽东思想研究，2004（1）

钟铁蕙．法苑奇葩：浅议毛泽东刑法思想．邵阳学院学报（社会科学版），2004（2）

李仲达．历史地全面地评价毛泽东的法律思想及其法制实践．理论导刊，2004（2）

杨贺男．论毛泽东的刑法思想．齐齐哈尔大学学报（哲学社会科学版），2004（3）

朱如放．浅析毛泽东的民主法制思想．安阳师范学院学报，2004（4）

孔艳霞．试论毛泽东的法制思想．西藏民族学院学报（哲学社会科学版），2004（5）

刘潇潇．毛泽东法律思想与中国传统法律文化．毛泽东思想研究，2005（1）

唐云红．论毛泽东的人权思想．长白学刊，2005（2）

唐云红．毛泽东人权思想的特点及其历史启示．长沙铁道学院学报（社会科学版），2005（2）

王宏英．试论毛泽东法制思想的探索路径．兰州学刊，2005（3）

赵云峰．从《中华苏维埃共和国宪法大纲》看毛泽东早期法律思想的特点．忻州师范学院学报，2005（4）

陈仁涛．论毛泽东的宪政思想及其现实意义．江南大学学报（人文社会科学版），2005（4）

平旭．毛泽东廉政思想及其现实意义．河海大学学报（哲学社会科学版），2005（4）

侣连涛．毛泽东土地立法思想及其理论与实践意义．昆明理工大学学报（社会科学版），2005（4）

王旭宽．毛泽东在井冈山斗争时期的土地革命思想及其实践．党史文苑，2005（22）

陶爱萍．试论毛泽东的刑法思想．经济师，2006（5）

3. 董必武的法律思想

金默生．董必武同志论社会主义法制建设——纪念董老逝世十周年．法学研究，1985（2）

刘廷晓等．党和人民宝贵的精神财富——学习董必武同志的政治法律思想．红旗，1985（11）

东明．董必武同志的法治思想与实践．湖北党史通讯，1986（1）

徐有毅．依法办事是加强法制的中心环节——学习董必武同志的法制思想．法学季刊，1986（1）

徐有毅．董必武论法制建设必须为经济建设服务．江海学刊（社会科学版），1986（2）

谭玉轩．略论董必武的社会主义法制思想．北京师范大学学报（社会科学版），1986（2）

王定国．董老与法——纪念董必武同志诞辰一百周年．解放军报，1986-03-04

薛方今．济世宏文，经时力作——纪念董必武同志诞辰一百周年．政治与法律，1986（3）

董必武．进一步加强法律工作和群众的守法教育（1954年6月20日）．党史资料征集通讯，1986（3）

王怀安．论研究董必武法学思想的必要性——为纪念董老诞辰一百周年而作．中国法学，1986（3）

鲁明健等．学习董老关于社会主义法制建设的论述——纪念董必武同志诞辰一百周年．中国法学，1986（3）

李光灿等．中国马克思主义法学的丰碑——纪念董必武同志诞辰一百周年．中国法制报，1986-03-05

彭真．在董必武同志诞辰百周年纪念会上的讲话（1986年3月5日）．人民日报，1986-03-06

陈守一等．依法办事是进一步加强法制的中心环节——《董必武政治法律文集》学习笔记．中国法制报，1986-03-24

杨瑞广．学习董必武同志的法制思想．红旗，1986（5）

管典熙．浅论董必武的法律思想．中南政法学院学报，1987（1）

陈云生．董必武宪法思想初探．西北政法学院学报，1987（3）

杨瑞广．一代新规要渐磨——学习董必武关于党政职能划分的论述．毛泽东思想研究，1988（1）

鲁明健等．学习董必武法学思想，推进法制建设的发展．现代法学，1990（2）

华友根．董必武在民主革命时期的法律思想．学海，1992（4）

唐自斌．论董必武社会主义法制思想．湘潭师范学院学报，1997（2）

陈永革．董必武“依法办事”法律思想探析．毛泽东哲学思想研究，1997（5）

宁教奎，吴楚婴．浅论董必武的法制审判思想．法学学刊，1998（6）

张洪祥．董必武法制思想概述．淮阴师范学院学报，2000（2）

周国钧．董必武的诉讼法学思想——为纪念董必武同志诞辰115周年而作．政法论坛，2001（3）

曾立斌．董必武法制思想探析．中南工业大学学报，2001（3）

樊凤林．论董必武的刑法思想．中国刑事法杂志，2001（3）

彭谦，贾燕馨．试析董必武同志法制思想及其实践．黑龙江民族丛刊，2001（3）

崔敏．重温董必武教诲，呼唤法制文明：纪念董必武同志诞辰一百一十五周年．公安大学学报，2001（4）

刘瀚．弘扬法治文明，建设法治国家：学习董必武法制思想的几点体会．中国社会科学院研究生院学报，2001（5）

鲁玉菱．董必武民主法制思想浅析．政法论丛，2002（1）

鞠健．董必武法制思想探略．江苏教育学院学报，2002（2）

赵秉志，时延安．董必武刑事法治思想研究．吉林大学社会科学学报，2002（2）

陈新．董必武法制思想浅析．湖北广播电视大学学报，2002（3）

李敏昌，胡兆满．论董必武的“人民司法”思想．江汉大学学报，2002（3）

汪习根，王冰．论法治理念在当代中国的奠基：董必武法治思想探讨．中南民族大学学报，2002（3）

秦前红，叶海波．董必武法治思想初探．武汉大学学报，2002（4）

夏雨．董必武法律思想与中国法治．河北法学，2002（5）

庄汉．董必武法学教育思想初探．郧阳师范高等专科学校学报，2002（5）

吴家友，柳芳．继承和发展董必武人民司法思想，在审判工作中实践“三个代表”．人民法院报，2002（6）

李卫东．董必武“人民司法”思想与依法治国．理论月刊，2002（9）

萧伯符．“信法”与“守法”——董必武有关法律思想及其现时指导意义．法学，2002（12）

黄进，邹国勇．董必武国际法思想初探．武汉大学学报，2003（1）

潘勤．董必武刑事法律思想初探．法律科学，2003（1）

欧阳涛．刑事司法公正与效率的重要保障——董必武严格区分罪与非罪和罪与罪界限的思想．见：赵秉志主编．中国刑法学年会文集．2003年度第2卷．北京：中国人民公安大学出版社，2003

崔敏．远瞩依法治国的革命家、法学家：董必武法学思想点滴．比较法研究，2003（2）

戴小明，张泽忠．董必武民族法制思想述论．贵州民族研究，2003（3）

余澜．试析董必武法制思想的基本核心．湖北成人教育学院学报，2003（3）

徐新颖．董必武法治思想探析．徐州师范大学学报，2003（4）

范忠信．董必武与新中国法制观念的局限性．法学家，2003（4）

柯新凡．董必武法制思想形成历史过程初探．河南大学学报（社会科学版），2004（6）

赵文静．从“依法办事”到“依法治国”——董必武法律思想及现实指导意义．湖北社会科学，2004（12）

庄汉．树立司法权威 铸就和谐社会——从董必武司法权威思想谈起．湖北社会科学，2006（3）

4. 邓小平的法律思想

张秀国．论邓小平对毛泽东法律价值观的继承和发展．法学杂志，1997（2）

姚向阳．邓小平的民主法制思想．政法论丛，1999（1）

杨波．邓小平法律思想探析．许昌师专学报，1999（1）

李资远．邓小平民主法制思想与大学生法律意识教育．武汉大学学报（人文社会科学版），1999（1）

焦德杰．论邓小平理论对法制建设原则的新贡献．德州学院学报，1999（1）

汤春来．试论邓小平法制思想．湖北广播电视大学学报，1999（1）

王寿林．邓小平法制思想的精神实质．理论与改革，1999（2）

邬红旗．邓小平依法反腐思想述论．西南民族学院学报（哲学社会科学版），1999（2）

李龙．关于邓小平的法律权威思想．现代法学，1999（2）

杜晋黔．论邓小平具有创见性的法制思想．黔东南民族师范高等专科学校学报，1999（2）

龙凯．论邓小平理论中的法制思想．黔西南民族师范高等专科学校学报，1999（2）

胡正昌．论依法治国与邓小平的法制思想．湖南省政法管理干部学院学报，1999（2）

刘雁翎．试论邓小平法律思想．贵州民族学院学报（哲学社会科学版），1999（2）

罗志军．依法治国，走中国法制建设之路——邓小平法制思想初探．东南大学学报（哲学社会科学版），1999（2）

郑六一．邓小平法律思想初探．北京科技大学学报（社会科学版），1999（3）

韩金玲．邓小平法制思想管窥．菏泽师范专科学校学报，1999（3）

唐德先．邓小平民主和法制建设理论论纲．东北师大学报（社会科学版），1999（3）

李征南．邓小平民主与法制思想的主要内涵和指导意义．武汉交通管理干部学院学报，1999（3）

周叶中．论邓小平依法治国理论的方法论特征．河南省政法管理干部学院学报，1999（3）

柴宇平．邓小平的民主权利观．科学社会主义，1999（4）

柴庆云．邓小平是我国依法治国的奠基人．中州学刊，1999（4）

徐朝贤．邓小平依法治国思想的形成和主要特征．建材高教理论与实践，1999（4）

孙大虹．论邓小平的民主法制思想．云南公安高等专科学校学报，1999（4）

童亮．论邓小平依法行政思想．同济大学学报（社会科学版），1999（4）

余正滚．论新时期邓小平刑事法律思想．江西电力职工大学学报，1999（4）

洪碧华．浅谈邓小平民主法制思想的特点．漳州师范学院学报（哲学社会科学版），1999（4）

王美舟．权威、法治与邓小平的宪政思想．广东教育学院学报，1999（4）

司卫东．试论邓小平的法制教育思想．毛泽东思想研究，1999（4）

沈燕妮．试论邓小平的法制思想．山东省工会管理干部学院学报，1999（4）

陆继长．试论邓小平关于民主制度化、法律化的思想．培训与研究（湖北教育学院学报），1999（4）

任雪平．邓小平法制思想初探．中共成都市委党校学报，1999（5）

朱家明．论邓小平人民利益法律价值观．毛泽东思想研究，1999（5）

王秀芳．我国法治建设的指导思想——学习邓小平的法律思想．中州学刊，1999（5）

危国华．邓小平法律思想的内容构成．法商研究，1999（6）

徐爱国．邓小平法律思想的实证分析．法学评论，1999（6）

李洪欣．邓小平民主法制理论与中国根本法的立法完善．广西大学学报（哲学社会科学版），1999（6）

张世珊．试论邓小平理论对依法治国的开拓意义．湖南省政法管理干部学院学报，1999（6）

夏军．邓小平行政法治思想研究．党政干部论坛，1999（9）

朱兴有．邓小平治理腐败理论研究．特区理论与实践，1999（11）

张健．邓小平法制理论与第三代中央领导集体依法治国的基本方略．求实，1999（12）

缪蒂生．坚持用邓小平理论指导司法改革——对我国司法改革若干问题的哲学思考．人民司法，1999（12）

龙武安．试论邓小平民主法制思想．毛泽东思想研究，1999（S1）

王石山．邓小平民主法制理论的现实启示．唯实，1999（Z1）

罗文岚，李洪欣，韦娌．邓小平理论与非公有制经济宪法地位的演变．桂海论丛，2000（4）

张立兴，李邦敬．邓小平法制建设思想的理论创新．山东省经济管理干部学院学报，2004（1）

唐伟．邓小平法律思想浅论．中共贵州省委党校学报，2004（3）

李青．论邓小平依法治国思想．康定民族师范高等专科学校学报，2004（3）

郴长策．从法制到法治——浅论邓小平法制思想的演变．华南农业大学学报（社会科学版），2004（4）

李宪君．邓小平法制思想的基本内涵．哈尔滨市委党校学报，2004（4）

王琴．邓小平法制思想研究综述．北京党史，2004（4）

王艳林．邓小平经济法制思想初论——纪念邓小平诞辰100周年．长沙理工大学学报（社会科学版），2004（4）

游训龙．论邓小平法制思想与依法治国基本方略．湖南人文科技学院学报，2004（4）

张学超．略论邓小平早期民主法制思想．毛泽东思想研究，2004（4）

李洪涛．邓小平法治思想体系初探．天津成人高等学校联合学报，2004（6）

沈志先．邓小平法制思想论略．政治与法律，2004（6）

莫守忠．邓小平关于法制建设的战略思考．思想理论教育导刊，2004（7）

汪海霞．邓小平人权思想的内涵与意义．学术探索，2004（8）

彭进．邓小平社会主义法治思想的历史背景及其特点．哈尔滨学院学报，2004（8）

孟天．邓小平法制思想的光辉．人民司法，2004（9）

刘常春．邓小平法律思想论析．党史文苑，2004（10）

武俊．深入学习邓小平民主法制思想，进一步推进依法治国进程．中国司法，2004（10）

胡云腾．论邓小平同志的刑事法律思想．人民司法，2004（11）

李杰．邓小平法制思想浅析．哈尔滨学院学报，2004（12）

杨小冬．邓小平党内法规建设思想及其现实意义．中共福建省委党校学报，2005（1）

王曦．邓小平法制思想对我国社会主义法律文化建设的指导．江苏教育学院学报（社会科学版），2005（1）

王晓三，薛深．邓小平未成年人法制教育思想初探．山东省青年管理干部学院学报，2005（1）

景京．邓小平对我国社会主义法制理论的贡献．大同职业技术学院学报，2005（2）

刘为国．邓小平刑事法治思想述评．池州师专学报，2005（2）

王永浩．邓小平法制教育思想述略．社科纵横，2005（3）

王晓三．试论邓小平青少年法制教育思想．理论界，2005（3）

韩哲．在邓小平理论指导下开展法学研究．中国青年政治学院学报，2005（3）

王芸．邓小平法律思想成因探析．湖南科技学院学报，2005（7）

郭榛树．论邓小平的社会主义法制现代化理论与实践．学习论坛，2005（10）

查仲春．论邓小平对依法治国的杰出贡献．理论学刊，2005（11）

沈志先．浅谈邓小平法制思想的主要贡献．今日中国论坛，2005（Z1）

5. 其他法律人物的法律思想

金默生．学习周恩来同志关于法制建设的精辟论述——纪念周恩来同志诞辰八十七周

年．法学季刊，1985（2）

金默生．学习周恩来同志关于政法建设的精辟论述．山西师范大学学报（社会科学版），1985（3）

林亨元．史良的法律实践和法律思想．群言，1985（8）

冯若泉．回忆周总理关于法制工作的一次谈话——纪念周总理逝世十周年．司法，1986（1）

周志兴．刘少奇同志关于政法工作的一个重要思想——读《政法工作和正确处理人民内部矛盾》．法学杂志，1986（1）

金默生．学习周恩来同志关于法制建设的光辉思想．法学杂志，1986（1）

本馆现行档案管理处．朱德在中国政法大学开学典礼上的讲话．北京档案史料，1986（4）

蔡国芹．叶剑英法制思想探略．嘉应大学学报（社会科学版），1987（5）

马木提·艾莎．试论周恩来同志对现代国际法发展所作的贡献——兼论和平共处五项原则是国际法的基本原则．西北政法学院本科生优秀毕业论文选（一），1987

李玫．周恩来同志对国际法发展的重要贡献．法制日报，1988-03-02

张利源．试论张澜的政法思想．成都大学学报（社会科学版），1989（2）

刘德军等．周恩来的法制建设思想初探．东岳论丛，1990（1）

王金洪等．谢觉哉的法制思想初探．江汉大学学报，1991（5）

赵秉志，李奇路．江华同志刑法思想研究．中南政法学院学报，1992（4）

李淑娥．试论彭真的立法思想．法律科学，1992（4）

康立群．论刘少奇的法制思想．河北学刊，1995（2）

明文．彭真法制思想述略．当代中国史研究，1995（5）

朱应平．试论彭真的立法思想．法治论丛，1997（4）

谭晓钟．论彭真的法制思想．毛泽东思想研究，1997（6）

刘向东．试论周恩来国际法思想及历史意义：纪念周恩来同志诞辰一百周年．商务与法律，1998（1）

梁凤荣．建国后谢觉哉司法思想与实践．郑州大学学报（社会科学版），1998（2）

蔡放波．浅议周恩来的依法治国思想．中南财经大学学报，1998（2）

曾忠恕．周恩来宪法思想初探——纪念周恩来诞辰100周年．河北法学，1998（2）

郑之奇，齐芳．试论彭真的立法思想．山西师范大学学报（社会科学版），1998（3）

赵建文．周恩来关于和平共处五项原则的思想——纪念周恩来诞辰一百周年．法学研究，1998（3）

刘向东．周恩来国际法思想及历史意义刍议．上海法制报，1998-03-04

杨峥嵘．周恩来国际统一战线思想及其实践．法学杂志，1998（3）

宋汝棼．谆谆教诲，历历在目：缅怀彭真同志关于经济立法的教诲．法制日报，1998-

03-26

张颐．论彭真同志的法制建设思想．上海市政治管理干部学院学报，1998（4）

宋振全．彭真法制思想初探．河北法学，1998（4）

齐虎田，郝水蓉．试论彭真的立法思想．忻州师专学报，1998（4）

张英忠．刘少奇民主法制思想永放光辉——纪念敬爱的刘少奇同志诞辰一百周年．中国法学，1998（5）

常守风．刘少奇的法制思想浅析：纪念刘少奇诞辰100周年．辽宁师范大学学报（社会科学版），1998（6）

王汉斌．刘少奇同志社会主义民主法制思想的重大指导意义．中国法学，1998（6）

何正付，韦杰廷．谢觉哉法制思想概述．安徽广播电视大学学报，2001（3）

蔡宝刚．陈云的法律思想探微．河北法学，2002（1）

曾长秋，彭帅．论彭真的立法思想．零陵师范高等专科学校学报，2002（2）

田酉如．略论彭真社会主义民主法制思想的形成和发展．史志研究，2002（3）

李海文，王燕玲．彭真勉励为我国民主法制奠定基石：访原中国人大法制工作委员会秘书长岳祥．当代中国史研究，2002（3）

林雅．彭真同志的法制建设思想初探．湖南省政法管理干部学院学报，2002（3）

朱力宇．彭真国家权力监督思想：法制建设的宝贵财富．检察日报，2002-10-15

蔡宝刚．陈云的法律思想探微．河北法学，2003（1）

何正付．谢觉哉司法思想简论．青海师专学报，2003（1）

韩大元，牛文展．见证新中国宪法学发展的历史：许崇德教授的治学历程与学术思想．高校理论战线，2004（1）

肖卫华，周欣，汪波等．论江泽民的“依法治国”思想．南华大学学报（社会科学版），2004（1）

权璐薇．江泽民同志对邓小平法制思想的发展．牡丹江师范学院学报（哲学社会科学版），2004（3）

汪敏．论江泽民法治观的主要特点．湖北社会科学，2004（6）

六、中国少数民族法律史

（一）通论

李儒忠．近百年来我国宪法关于民族问题规定的历史考察．新疆大学学报（社会科学版），1983（2）

李罾．中国宪法史上的民族区域自治问题．辽宁大学学报（社会科学版），1983（4）

李育贤．我国少数民族最早的森林保护法．民族工作，1984（1）

张紫葛等．简论我国少数民族与中国古代法制的发展．西南民族学院学报（社会科学版），1986（2）

吴永章．古代南方民族法制述略．云南社会科学，1990（3）

史金波．要重视和加强少数民族法制史研究．思想战线，1990（5）

徐晓光等．我国少数民族法制的发展及其与中原法律文化的融合．现代法学，1991（6）

徐晓光．我国少数民族史上法制的传统特征．民族研究，1993（3）

苏钦．论中国古代民族法制的研究对象和方法．中央民族大学学报，1995（1）

田成有．从法律的起源与运行方式看民族习惯法的重要作用．云南学术探索，1995（5）

温晓莉．研究中国少数民族法制史的新角度．天府新论，1996年专辑

张文山．论中国古代社会的民族法．思想战线，1997（1）

苏钦．论古代民族法制中的“因俗而治”．法学杂志，1997（3）

徐晓光．日本与我国南方少数民族神判法比较．日本学刊，1997（3）

徐晓光．日本与我国南方少数民族“兄妹婚”神话的比较——兼论中国古代“同姓不婚”原则．外国问题研究，1997（3）

邹渊．习惯法与少数民族习惯法．贵州民族研究，1997（4）

王学辉．土司制度下的“准”法律制度．西南民族学院学报（社会科学版），1997（5）

李若柏，徐晓光．日本与中国西南少数民族神判法述论．日本学刊，1997（6）

申艳红．中国古代北方游牧民族刑法制度探．西北史地，1998（3）

杨选第．从《理藩院则例》与《卫拉特法典》的比较看其民族法规的继承性．内蒙古社会科学，1998（6）

陈玉文．论少数民族法俗文化．内蒙古社会科学（汉文版），1999（1）

王明东．西南少数民族法律文化的特点．思想战线，1999（2）

张冠梓．现代社会中南方山地民族传统法律文化的命运与重构．社会科学战线，1999（5）

安可．浅谈少数民族政权法制的来源——《中国少数民族法制史》读后．民族法学评论，2002（2）

方慧．十一届三中全会以来我国民族法学研究回顾与展望．思想战线，2000（2）

屈野．中国少数民族习惯法简述．云南法学，2000（2）

滕毅．历史上游牧民族的冲击对世界法制的影响．法学评论，2000（5）

徐晓光．加强中国少数民族法制史的研究．贵州民族与宗教，2001（4）

张冠梓．试论中国少数民族传统法文化的研究及其文献整理．贵州民族研究，2002（1）

[日] 小林正典．中国少数民族习惯法序论：以民族法制及相关领域为主心．华热多杰译．青海民族研究，2002（1）

吴克娅．论中国封建时期对民族地区行政立法及意义．湖北民族学院学报，2002（2）

高其才．习惯法与少数民族习惯法．云南大学学报，2002（3）

霍廷菊．中国法制建设的民族特色及其社会实践作用．江西社会科学，2002（3）

林淳．多元法文化与法制现代化——《中国少数民族法制史》读后．贵州民族学院学报，2002（6）

童光政，袁翠微．论少数民族传统习惯的自治性格及其现代意义——以广西大瑶山石牌制为研究范例．见：走向二十一世纪的中国法文化．上海：上海社会科学院出版社，2002

马平．婚俗的阐释性分析——一个回族村的法人类学观察．贵州民族学院学，2003（1）

孔玲．“赔命价”考析．贵州民族研究，2003（1）

徐晓光．中国少数民族法制史研究的思路．民族法学评论，2003（2）

谭万霞，王红兵．中国古代少数民族妇女法律地位论析．青海民族研究，2003（3）

张冠梓．浅论中国古代的民族法制及其精神．学术界，2003（5）

曾代伟．民族法文化与中华法系——以金代为例．现代法学，2003（5）

明欣，陶毅．传统法律文化的民族性因素．见：走向二十一世纪的中国法文化．上海：上海社会科学院出版社，2002

陈金全．西南少数民族习惯法述论（上）．贵州民族学院学报（哲学社会科学版），2004（1）

周相卿．文化模式原理对民族习惯法研究的几点启示．贵州民族学院学报（哲学社会科学版），2004（1）

刘艺工．中国少数民族习惯法的特点．兰州大学学报（社会科学版），2004（1）

龙大轩．民族习惯法研究之方法与价值．思想战线，2004（2）

刘艺工．试论少数民族习惯法与国家制定法的冲突与互补．甘肃政法学院学报，2004（2）

董建蓉．关于少数民族地区多元性法律制度的协调问题．阿坝师范高等专科学校学报，2004（3）

杨鸿雁．在照顾民族特点与维护国家法律统一之间——从“赔命价”谈起．贵州民族研究，2004（3）

徐曼，廖航．关于少数民族习惯法与国家法之冲突与互动的思考．河南大学学报（社会科学版），2004（4）

杨方泉．民族习惯法回潮的困境及其出路：以青海藏区“赔命价”为例．中山大学学报（社会科学版），2004（4）

宋才发．论我国民族法学学科体系的构建．民族研究，2004（5）

刘艺工．中国少数民族习惯法的价值分析．西南民族大学学报（人文社科版），2004（5）

何雅静．中国少数民族习惯法文化探析．内蒙古民族大学学报（社会科学版），2004（5）

曾宪义．论民族权利与宪政建设．民族研究，2004（6）

毛公宁．关于当前我国民族法制建设若干问题的思考．民族论坛，2004（9）

杨秋华．民族法制建设的价值取向．河北法学，2004（9）

严志亮．习惯法与民族社会控制．兰州学刊，2005（1）

牛文军．论民族立法存在的基础与空间．广播电视大学学报（哲学社会科学版），2005（2）

石维海．略论民族婚姻习惯法与国家制定法的冲突属性——兼析西部乡村少数民族婚姻状况．吉首大学学报（社会科学版），2005（2）

韩牡丹．略论我国少数民族习惯法的效力．内蒙古电大学刊，2005（2）

吴宗金．略论中国民族法学的命运与使命．西南民族大学学报（人文社科版），2005（3）

方乐．少数民族法律文化形态与现代化——以云南少数民族村寨为例．中南民族大学学报（人文社会科学版），2005（3）

陈金全．试论中国少数民族习惯法的性质与特征——以西南少数民族习惯法为中心的分析．贵州民族研究，2005（4）

翟东堂．我国古代民族法对人的效力原则述略．齐鲁学刊，2005（4）

曹建民．现代化与民族法制建设研究——以西北少数民族法制建设为例．甘肃理论学刊，2005（5）

吴大华．论民族习惯法的渊源、价值与传承——以苗族、侗族习惯法为例．民族研究，2005（6）

方慧．清末民国时期基督教传入对西南信教少数民族法律文化的影响．世界宗教研究，2006（1）

李可．试论民族习惯法的要素和效力．青海民族研究，2006（1）

张晓蓓．民族混居地基层法治构建中的法传统思考．西南民族大学学报（人文社科版），2006（2）

（二）分论

王忠．中央政府管理西藏地方的制度的发展．历史研究，1959（5）

蔡鸿生．突厥法初探．历史研究，1965（5）

瑶族“石牌判案”趣事．广西日报，1980-12-02

《西双版纳傣族的封建法规》译文．刀光强，文立七译．民族学报，1981（1）

罗致平等．试论卫拉特法典．民族研究，1981（2）

李廷贵．苗族“习惯法”概论．贵州社会科学，1981（5）

黄才贵．侗族的习惯法．贵州文史丛刊，1982（3）

［苏］M. N. 戈利曼．1640年蒙古卫拉特法典的俄文译本和抄本．李佩娟译．新疆大学学报（社会科学版），1983（2）

韦启光．关于苗族的“习惯法”的问题——与李廷贵、酒素同志商榷．贵州社会科学，1983（2）

仁清．吐蕃法律初探．西藏研究，1983（4）

奇格．一部珍贵的古代蒙古法律文献——《阿勒坦汗法典》．内蒙古社会科学，1983（6）

吴通美．从《开亲歌》探讨苗族古代婚姻制度．贵族民族研究，1984（1）

赵崇南．从江县孔明公社苗族习惯法、乡规民约调查．贵州民族研究，1984（1）

李廷贵．答《关于苗族的“习惯法”问题》．贵州社会科学，1984（1）

郭长生等．侗族习惯法概述．贵州民族研究，1984（1）

蒙古族法律概述．徐维高等摘译．蒙古学资料与情报，1984（1）

苏北海．论近代哈萨克族宗法氏族制的残余形式的实质．甘肃民族研究，1984（1），（2）

周星．凉山彝族奴隶社会的奴隶配婚制度．学习与思考，1984（2）

陈光国．藏族地区的行为规范——习惯与习惯法简析．西藏民族学院学报，1984（2）

宋恩常．西盟佤族社会习惯法的起源．思想战线，1984（6）

格勒．一个藏族游牧部落的宗教、法律 家庭、婚姻调查和研究——对川西北色草原游牧部落社会的民族学研究之二．中山大学研究生学刊（社会科学版），1984年特刊号

奇格．图们汗法典初探．内蒙古社会科学，1985（1）

畅笑．旧西藏噶厦的税法．四川财政研究，1985（2）

覃廷生等．两块有关瑶族婚姻制度的石碑．贵州民族研究，1985（2）

梁彬．苗族的古规古法及其作用和影响．三月三，1985（14）

张学忠．果洛藏族部落世俗法之研究．青海社会科学，1986（1）

列索子哈．评凉山彝族的等级内婚制．思想战线，1986（4）

奇格．阿勒坦汗宗教法规述略．内蒙古社会科学，1987（2）

李秀振等．荔波瑶族的“瑶老制”、“石碑律”和“习惯法”．贵州地方志通讯，1987（4）

陈光国．民主改革前的藏区法律规范述要．中国社会科学，1987（6）

史培军．匈奴单于的继承制度．辽宁广播电视大学学报（社会科学版），1988（1）

李晓霞．甘南州藏族家庭财产继承制度．西北民族研究，1988（2）

张建华．试论湘西苗族大禁忌习惯规约．中南民族学院学报（社会科学版），1988（2）

申新泰．《藏军司令部新订军规三十五条》内容简析．西藏民族学院学报（社会科学版），1988（3）

罗致平等．哈萨克法初探．民族研究，1988（6）

周光大．苗族社会组织和习惯法述论．思想战线，1988（6）

杜荣坤．论哈萨克族游牧宗法封建制．中央民族学院学报，1989（1）

向零．侗族乡规及其演变——对侗族社会组织形式、功能及其演变的探讨．贵州民族研究，1989（3）

赵琴．南诏的习惯法．大理文化，1989（3）

韩肇明等．试论广西大瑶山瑶族的习惯法．广西民族研究，1990（1）

张锡盛．西盟佤族习惯法初探．民族学，1990（1）

吴剑平．吐蕃法律论略．中外法学，1990（2）

奇格．蒙古族法制史概述．内蒙古社会科学，1990（6）

韦宗林．对苗族古代法文化的探讨．贵州民族学院学报（社会科学版），1990（4）

刘建平．广西壮族习惯法初探．广西民族研究，1990（4）

景山．两方关于土司管辖地区行政条规的石碑．档案，1990（6）

佳水．也谈永宁纳西族亲属制．民族研究，1990（6）

张晓辉，徐中起，张锡盟．云南西部傣族法规初探．中外法学，1991（1）

范和平．凉山彝族有关女性问题习惯法的特点．现代法学，1991（2）

刘学灵．蒙古法文化史．内蒙古大学学报（社会科学版），1991（2）

［日］岛田正郎．蒙古法中刑罚的变迁．潘昌龙译．蒙古学资料与情报，1991（2）

王学辉．凉山彝族奴隶社会婚姻习惯法初探．云南民族学院学报，1991（3）

吴剑平．“吐番三律”试析．民族研究，1991（3）

刘世彬．瑶麓瑶族婚规碑管窥．贵州民族研究，1991（3）

骆正义．浅谈彝族奴隶社会的执法．中央民族学院学报，1991（4）

朱刚．三十年代的循化回族婚丧村规．青海民族学院学报（社会科学版），1991（4）

鲍音．《十善法典》成书、颁行考辨．内蒙古师范大学学报（社会科学版），1991（12）

和品正．纳西族原始命名法初探．民族研究，1991（6）

乔健．从继嗣法则与祖先观念看卑南人祖宗制度的变迁．中央民族学院学报，1992（1）

伍雄武．论傣族古代法规和道德训条中的政治伦理思想．思想战线，1992（1）

翟婉华．试论封建农奴制度下的西藏藏族婚姻制度．西北史地，1992（1）

［蒙］达西策登．《蒙古秘史》中的某些法律条文．暴奇之译．蒙古学资料与情报，1992（2）

张晓辉．南诏国法律制度研究．比较法研究，1992（2、3）（合刊）

陈玮．1995年青海藏族游牧部落社会习惯法的调查．中国藏学，1992（3）

李洪欣．古代壮族法律文化初探．广西大学学报（社会科学版），1992（4）

廖明．金秀瑶族民族法文化研究．广西民族研究，1992（4）

张晓辉．傣族早期法律初探．思想战线，1992（5）

陈光国，徐晓光．历史上的藏传佛教与藏区法律．攀登，1992（6）

吴浩等．侗族“约法款”对现实生活的影响．贵族民族研究，1993（1）

陈斌．瑶族神判法述论．东南文化，1993（1）

张植荣．《藏内善后章程》二十九条的法律地位．西藏研究，1993（1）

周勇．初民社会纷争调处的法则：黔东南苗族“佳”歌的法律分析．比较法研究，1993（2）

席岫峰．关于契丹婚姻制度的商榷．历史研究，1993（2）
张国英．藏文《水牛年文书》和《新订章程二十九条》探析．西藏研究，1993（3）
奥其乐巴特．从《卫拉特法典》追溯古代蒙古人的刑法思想．西北史地，1993（4）
张晓辉等．论哈尼族的习惯法及其文化价值．思想战线，1993（4）
牟军．近代西藏地方司法制度简述．现代法学，1993（5）
苏钦．“苗例”考析．民族研究，1993（6）
李经纬．回鹘文奴隶买卖与人口典押文书五种．西北民族研究，1994（2）
周润年．西藏古代《十六法典》的内容及其特点．中国藏学，1994（2）
魏福祥，杜尚侠．满族法律综述．满族研究，1994（3）
何峰．从藏巴汗《十六法》看旧西藏的人权．中国藏学，1994（4）
鲍音．论《十善法典》是部伪托之书．内蒙古师范大学学报，1994（11）
杨云鹏．纳西族先民法意识刍议．思想战线，1994（4）
王银．《圣训》中的法律问题概述．西北第二民族学院学报（社会科学版），1994（4）
鲍音．《十善法典》溯源．内蒙古社会科学（文史哲版），1994（7）
王学辉，高登荣．云南独龙族原始习惯法初探．现代法学，1994（4）
韦玖灵．从石碑话看瑶族的原始法律意识．广西大学学报（社会科学版），1994（5）
周勇．侗寨村落法初探．民族研究，1994（6）
刘艺乒．论云南土司制度与古代地方法制．思想战线，1994（6）
聂秀娥．云南南诏时期的刑法制度初探．法学家，1994（6）
聂秀娥．论云南南诏（乌蛮、白蛮）时期法律制度对当世社会经济的调整．云南教育学院学报，1994（10）
杨云鹏．浅论纳西先民的债权观．思想战线，1995（1）
杨一江．京族宗法制存在形态初探．广西师范大学学报（社会科学版），1995（2）
李庭华．试论广西瑶族石牌组织的宗法性．广西师范大学学报（社会科学版），1995（2）
龙倮贵．浅析滇南彝族历史上的习惯法．云南社会科学，1995（3）
包红颖．《卫拉特法典》中民法内容初探．内蒙古社会科学，1995（3）
刘婷婷，段建华．浅议藏族先民时期的法律文化．思想战线，1995（5）
钱宗范，李庭华．浅论苗族继承制度的宗法性质．桂林市教育学院学报，1996（1）
杨选第．古代蒙古族法律与法医学．内蒙古社会科学，1996（2）
华热·多杰．关于藏族古代法的几个问题．青海民族学院学报（社会科学版），1996（2）
龙大轩．羌族习惯法述论．现代法学，1996（2）
益邛．色达部落习惯法述略．中国藏学，1996（2）
星全成．民主改革前藏族婚姻制度．青海民族研究，1997（1）
耿明．论傣族历史上的地缘法律文化．云南法学，1997（2）

何峰．论藏族僧尼的法律地位．青海民族学院学报（社会科学版），1997（2）

龙大轩．羌族习惯法的神法文化特征．现代法学，1997（2）

马伟，马芙蓉．撒拉族习惯法及其特征．青海民族学院学报（社会科学版），1997（2）

何海龙．建国前黎族社会宗法制度存在形态浅析．广西师范大学学报（社会科学版），1997（3）

何峰．论西藏基层官吏的法律地位．西藏研究，1997（3）

华热·多杰．浅析藏族部落旧制中的盗窃追偿规范．青海民族研究，1997（3）

陈光国．试论藏区部落习惯法中的刑法规范．西北民族学院学报（社会科学版），1997（3）

安国楼．宋氏蕃法与蕃汉关系法．中南民族学院学报（社会科学版），1997（3）

奇格，浩斯．试述古代蒙古的经济立法．内蒙古师范大学学报，1997（5）

星全成．民主改革前藏族惩罚制度．青海民族研究，1998（1）

奇格．《卫拉特法典》体系的产生及其主要特点．西北史地，1998（2）

玉时阶．瑶族习惯法研究．中央民族大学学报，1998（2）

田成有，李朝开，王鑫．人类学眼中的云南少数民族法文化．云南学术探索，1998（3）

吴海航．“约孙”论——蒙古法渊源考之一．中外法学，1998（3）

田成有，朱勋克．云南多民族法文化的认同与变迁．贵州民族研究，1998（3）

王学辉．云南少数民族习惯法形成和发展的轨迹．现代法学，1998（3）

王明东，颜绍梅．云南彝族水利山林习惯法及其功能．思想战线，1998（3）

留金锁，奇格．古代蒙古家庭法．内蒙古社会科学，1998（5）

宋笛．基诺族龙帕寨长房形态习惯法社会结构分析．现代法学，1998（5）

杨磊．毛南族宗法制度试析．思想战线，1998（5）

龙大轩．历史上的羌族习惯法与国家制定法．现代法学，1998（6）

蔡富莲．凉山彝族习惯法对伤害五官的处罚及其特点．民族艺术，1999（1）

张冠梓．试论瑶族的石牌制度与习惯法．思想战线，1999（1）

罗阳．西双版纳傣族传统道德的维持机制．云南社会科学，1999（1）

石硕．《贤者喜宴》所载松赞干布时代法律条文中佛教内容考辨．康定民族师范高等专科学校学报，1999（1）

李晓霞．新疆穆斯林传统的家产世系传递制度．新疆社会科学，1999（1）

华热·多杰．伊斯兰法对青海穆斯林社会的影响．青海民族研究，1999（2）

文格．藏族习惯法在部分地区回潮的原因分析．青海民族研究，1999（3）

俞荣根．习惯法与羌族习惯法．中外法学，1999（5）

徐晓光．《西双版纳傣族封建社会民刑法规》试析．见：法律史论集．第2卷．北京：法律出版社，1999

高大洪．从我国立法阶段理论看西藏地方立法的阶段．西藏大学学报（汉文版），1999（1）

刘淑媛．回族习惯法探究．回族研究，2000（1）
罗洪洋．贵州少数民族习惯法对现代法和“法治”的启示．贵州民族研究，2000（2）
徐晓光，路宝均．论吐蕃法律的文化特色．重庆教育学院学报，2000（2）
白光．契丹族刑讯制度略述．北方文物，2000（2）
吴海航．13 世纪蒙古法文化形成的哲学基础．北京师范大学学报，2000（3）
特木尔宝力道．从《卫拉特法典》看 17 世纪蒙古族婚姻家庭制度．内蒙古师范大学学报，2000（3）
张开源．闽西客家祖地法制历史初探．闽西职业大学学报，2000（3）
牛文军．近年来蒙古民族地方法制史研究述评．内蒙古大学学报，2000（5）
张志勇．契丹习惯法研究．徐州师范大学学报，2001（1）
石伶亚．湘西苗族习惯法研究．贵州公安干部学院学报，2001（3）
龙大轩．法治在民间的困惑——对羌族习惯法的考察．现代法学，2001（5）
张晓辉，王启梁．民间法的变迁与作用：云南 25 个少数民族村寨的民间法分析．现代法学，2001（5）
龙大轩．论原始宗教与羌族习惯法．西南政法大学学报，2001（6）
王霄燕．鲜卑族与中国封建法制建设．民族研究，2001（6）
廖杨．川西南藏族宗法文化述论．贵州民族研究，2002（1）
特木尔宝力道．论蒙古族习惯法的几个问题．内蒙古大学学报，2002（1）
焦正俊．侗族习惯法与苗族习惯法的比较．民族法学评论，2002（2）
莫金山．近年来发现的两件瑶族石牌习惯法考释．广西民族研究，2002（2）
龙大轩．论羌族习惯法文化的儒家化．民族法学评论，2002（2）
郭漪．苗族婚姻习惯法追踪．江西公安专科学校学报，2002（2）
文新宇．苗族习惯法的文化诠释——从黔东南西江苗族社会组织自然领袖的权力问题入手．民族法学评论，2002（2）
华热·多杰．民主改革前藏族部落刑律的特点．青海民族学院学报，2002（2）
李洪欣，陈新建．壮族习惯法初探．广西文史，2002（2）
白廷举．土族习惯法谈探析．青海民族学院学报，2002（3）
李忠华，李朝开．傣族刑事法律初探．学术探索，2002（4）
廖杨．东乡族宗法文化论．民族研究，2002（4）
李忠华．西双版纳傣族封建法律探析．云南民族学院学报，2002（4）
于维敏．阿昌族习惯法的传承与社会功能．中南民族大学学报，2002（5）
龙大轩．羌族法文化渊源考：兼论中华法系的早期雏形．思想战线，2002（6）
桑杰侃卓．“乌兰道沫”：青海果洛藏族地区的一种特殊破产形式．攀登，2002（6）
李洪欣，陈新建．壮族习惯法的法理学思考．广西大学学报，2002（6）

王学辉．法人类学的体验：云南省怒江大峡谷傈僳族习惯法文化简析．西南民族学院学报，2002（7）

黄明光．清末广西壮族“习惯法”探议．社科与经济信息，2002（11）

芮素平．女真民族习惯法考述．中国社会科学院研究生院学报，2002年增刊

金滢坤．吐蕃统治敦煌的户籍制度初探．中国经济史研究，2003（1）

华热·多杰．藏族历史上的土地所有权制度研究．昆仑法学论丛，2003（1）

仇乃桐．呈坎罗族宗法建设初探．黄山学院学报，2003（2）

方慧．滇国法制初探．思想战线，2003（2）

格明多杰．果洛旧制中的部落法规．民间法，2003（2）

杨经德．回族伊斯兰习惯法的功能．回族研究，2003（2）

林淳，王军．“宰鸡头”的个案分析．民族法学评论，2003（2）

王玉海，刘涛．浅议古代蒙古有关婚姻家庭关系的立法．内蒙古大学学报，2003（3）

刘文锁．佉卢文契约文书之特征．西域研究，2003（3）

陈新建，李洪欣．试论壮族传统习惯法的社会功能．桂海论丛，2003（3）

李忠华．小乘佛教对西双版纳傣族封建法律制度的影响．云南社会科学，2003（3）

唐萍．部落习惯法对青海藏区社会生活的影响及对策分析．青海民族学院学报，2003（4）

张国安．贵州少数民族传统习惯法及其价值研究．贵阳师范高等专科学校学报，2003（4）

杨世华．花腰傣习惯法初论．学术探索，2003（4）

刘戈．回鹘文契约上的倒写文字．民族研究，2003（5）

刘大可．论传统客家村落的纷争处理程序——闽西武北村落的田野调查研究．民族研究，2003（6）

何金山，关其戈．论古代蒙古罚畜刑．内蒙古社会科学，2003（6）

陈永胜．松赞干布时期藏族基本法律制度初探．民族研究，2003（6）

杨经德．伊斯兰法中国本土化与回族伊斯兰习惯法的形成．思想战线，2003（6）

张晓蓓．彝族妇女在婚姻习惯法里的法律地位——兼与清代婚姻法比较．西南民族学院学报，2003（6）

杨玲，袁春兰．彝族民间司法官“德古”刍议．西南政法大学学报，2003（6）

华热·多杰．关于藏区民间法文化现象的透析．青海民族学院学报，2004（1）

李明香．果洛藏族部落习惯法浅议．西北民族大学学报（哲学社会科学版），2004（1）

霍存福，王宏庆．吐鲁番回鹘文买卖契约分析．当代法学，2004（1）

杨士宏．藏族部落习惯法传承方式述略．青海民族学院学报（社会科学版），2004（1）

彭宇文．关于藏族古代法律及法律文化的若干思考——借鉴梅因《古代法》进行的研究．法学评论，2004（2）

李占荣．历史上藏族社会的经济法律论纲．社会科学战线，2004（2）

单菲菲．青海土族地区的土司制度及其影响．青海民族研究，2004（2）

彭立春．试析拉祜族的原始宗教与习惯法的互动．昆明师范高等专科学校学报，2004（2）

索南才让．藏传佛教对藏族民间习惯法的影响．西北民族大学学报（哲学社会科学版），2004（2）

吴正光．略论藏传佛教对蒙古《卫拉特法典》的渗透与影响——兼谈蒙古草原固有法对我国当代民族大屯彝族土司庄园．贵州文史丛刊，2004（3）

曾代伟．《蛮夷律》考略——从一桩疑案说起．民族研究，2004（3）

李鸣．羌族继承习惯法试析．政法论坛（中国政法大学学报），2004（3）

马克林．甘、青特有民族法文化特色及法制建设的思考．甘肃社会科学，2004（4）

徐晓光．唃厮啰政权的"立文法"与宋朝藏汉关系立法．西藏民族学院学报（哲学社会科学版），2004（4）

何峰．五世达赖喇嘛《十三法》探析．政治学研究，2004（4）

牛绿花．对藏族部落习惯法中妇女地位及财产继承权问题的探讨．西北民族大学学报（哲学社会科学版），2004（6）

武沐．匈奴司法制度与刑法考述．中南民族大学学报（人文社会科学版），2004（6）

黄华均. 从古代蒙古法中蠡测游牧民族对生态的保护——兼谈统筹人与自然的和谐发展．黑龙江民族丛刊，2005（1）

徐晓光．从苗族"罚3个100"等看习惯法在村寨社会的功能．贵州民族研究，2005（1）

周相卿．格头村苗族原始宗教信仰与习惯法关系研究．西南政法大学学报，2005（1）

达力扎布．《喀尔喀法规》制定原因及实施范围初探．中央民族大学学报（哲学社会科学版），2005（1）

隆英强．浅谈五世达赖喇嘛时期的《十三法典》．西北民族大学学报（哲学社会科学版），2005（1）

符广华．壮族乡约制度功能研究：以龙脊十三寨为例．广西民族研究，2005（1）

马宗正．宗教法文化中的神学法治理念——兼及伊斯兰教法中国本土化对当代回族穆斯林法治理念建构之影响．西北民族研究，2005（1）

邓建民．民族传统文化与现代法律文化冲突下的民族地区未成年人犯罪——以贵州省松桃苗族自治县为例．四川理工学院学报（社会科学版），2005（2）

卫绒娥．西藏传统法律文化对现代社会的影响．西藏大学学报（汉文版），2005（2）

刀伟．傣族封建领主制刑罚种类浅析．涪陵师范学院学报，2005（3）

王欣．《回疆则例》研究．中国边疆史地研究，2005（3）

李进新．蒙古统治西域时期的宗教政策．新疆师范大学学报（哲学社会科学版），2005（3）

宋月红．西藏民族区域自治的法律地位及其地方立法研究．中国藏学，2005（3）

马宇峰．回族习俗中的法理学思想探微．西北第二民族学院学报（哲学社会科学版），

2005（4）

杨华双．嘉绒藏区习惯法中的司法制度．西南民族大学学报（人文社科版），2005（4）

赵君．试析藏族传统法律制度的特点．西藏大学学报（汉文版），2005（4）

王施力．瑶族习惯法及其文化价值初探．民族论坛，2005（4）

曾代伟．“巴楚民族文化圈”的演变与现代化论纲——从民族法文化的视角．甘肃政法学院学报，2005（5）

郭武．藏族环境习惯法文化与环境保护．甘肃政法学院学报，2005（5）

刘正刚．从判例看嘉道时期蒙古西部的民族交流．宁夏社会科学，2005（6）

策·巴图．《蒙古—卫拉特法典》与蒙古族传统的财产分配习俗．新疆大学学报（哲学人文社会科学版），2005（6）

李洪欣．新中国成立前壮族刑事习惯法的辩证思考．桂海论丛，2005（6）

杨华双．嘉绒藏区刑事习惯法分析．甘肃政法学院学报，2006（1）

陆离．吐蕃统治河陇时期司法制度初探．中国藏学，2006（1）

徐晓光．歌唱与纠纷的解决——黔东南苗族口承习惯法中的诉讼与裁定．贵州民族研究，2006（2）

金山．人与自然和谐的法则——探析蒙古族古代草原生态保护法．中央民族大学学报（哲学社会科学版），2006（2）

牛绿花．藏族农牧民厌诉的经济分析——基于对甘肃省舟曲县拱坝乡先锋村的调查．西北第二民族学院学报（哲学社会科学版），2006（2）

七、文献版本研究、著述评介和学术动态

（一）法律古籍版本研究及文献评介

邱远猷．“国家以法制为先”——重读《资政新编》和《立法制宜谕》．光明日报，1979-04-24

元三．中国封建法典的代表作——介绍唐《永徽律》．思想解放，1980（8）

杨廷福．《唐律》简介．民主与法制，1980（9）

［日］玉井是博．关于《大唐六典》的宋刊本．邵立新译．史学史研究，1981（2）

刘望龄．评《中华民国临时约法》．华中师院学报，1981（4）

陈智超．《宋会要辑稿》遗文广稚稿本及嘉业堂清本的再发现．中国史研究动态，1982（1）

罗辑．《唐律疏议》——我国现存唯一完备的古代成文法典．河南司法，1982（9、10）

李光灿．评《〈寄簃文存〉卷四·考、释、学断》．河北学刊，1983（2）

于晔．清末法学家沈家本和他的《寄簃文存》．河北学刊，1983（2）

李光灿．简评《寄簃文存》卷五：整理、考订我国古代法律史料的重要著作之一．社

会科学辑刊，1983（3）

李光灿．简评《寄簃文存》卷七．中州学刊，1983（4）

李光灿，杨廷．选评沈家本《寄簃文存》卷八．吉林大学社会科学学报，1983（5）

李新达．查继佐及其《罪惟录》．杭州师院学报（社会科学版），1984（1）

何一夫．我国第一部完整的封建成文刑法典——《法经》．湖南法学通讯，1984（1）

我国最早的“刑法志”——《汉书·刑法志》．天津法制报，1984-02-15

李光灿，杨和钰．《刺字集》概述．法学与实践，1985（1）

王应瑄．评点校本《唐律疏议》．武汉大学学报（社会科学版），1985（1）

李光灿．评沈家本《法学盛衰说》——评读《寄簃文存》卷三中第八篇论文《法学盛衰说》．政法论坛，1985（1）

何东义．漫谈《唐律》．政法丛刊，1985（1）

沈仁干．我国第一部版权法——《大清著作权律》（1901年）简况．出版工作，1985（2）

李光灿．关于沈家本的《官司出入人罪唐明律比较说》——评沈家本著《寄簃文存》卷三中第五篇论文．辽宁大学学报（社会科学版），1985（3）

李光灿．评沈家本的《压线篇》——《选评沈家本未刻印稿的法律思想》之一．政法丛刊，1985（4）

李明德．中国法制史文献介绍：《汉书·刑法志》简介．自修大学（政法），1985（5）

张建国．中国法制史古代文献简介：《晋书·刑法志》．自修大学（政法），1985（7）

宜水．中国法制史古代文献介绍——《唐律疏议》：我国唐代一部重要的法律文献．自修大学，1985（7）

李建华．中国法制史文献介绍：《宋史·刑法志》简介．自修大学（政法），1985（8）

郑必太．中国法制史文献介绍：《元史·刑法史》简介．自修大学（政法），1985（8）

叶孝信．实事求是，古为今用——读《评寄簃文存》．法学，1985（9）

宜水．中国法制史文献简介：《宋刑统》——中国历史上第一部印行的封建法典．自修大学（政法），1985（12）

宜水．中国法制史文献简介：《元典章》——元代诏令、条格断例汇编．自修大学（政法），1985（12）

王召棠等．我国法律历史文献中的瑰宝——《唐律疏议》．百科知识，1986（5）

李剑雄．一部有价值但也充满了疑问的明代古籍——海外遗籍《皇明条法事类纂》评介．历史教学问题，1987（1）

阎青义．《吕刑》——我国最古老的一部刑法文献．社会科学战线，1987（3）

吕友仁．《文献通考·刑考》赦宥一目补正．河南师范大学学报（社会科学版），1987（4）

郑大华．重评《钦定宪法大纲》．湖南师范大学社会科学学报，1987（6）

曾代伟．《暂行新刑律》辨正．法学研究，1987（6）

李光灿．评沈家本《律例杂说》的名例篇（上）．法学，1987（7）

李光灿．评沈家本《律例杂说》的名例篇（下）．法学，1987（8）

王守法．评《中华民国训政时期约法》．山东师范大学学报（社会科学版），1988（2）

王亚兵．对1941年《苏日中立条约》的再评价．苏联问题研究资料，1988（5）

梁汉镳．宋慈与世界上第一部法医学专著《洗冤集录》．人物，1988（6）

左用章．评国民党政府1930年颁布的《土地法》．教学与研究，1989（4）

何敏．《清律》私家释本的形式和种类探究．安徽大学学报（社会科学版），1989（4）

李温．一部罕见的中世纪法典——《西夏法典·天盛年改旧定新律令（1～7章）》简介．法学研究，1990（2）

彭捷．中华《苏维埃法典》第二集初版本．文物天地，1990（2）

费成康．旧中国不平等条约选介．政治与法律，1990（4）

戴建国．中华版《宋史·刑法志》辨误．古籍整理研究学刊，1990（6）

杨鹤皋．关于《商君书》的历史评价．见：中国法律史国际学术讨论会论文集．西安：陕西人民出版社，1990

李贵连．清朝刑部活动的最后记录——《刑部奏底》评介．见：中国法律史国际学术讨论会论文集．西安：陕西人民出版社，1990

史金波．一份有特色的历史法典——西夏《天盛改旧新定律令》．见：中国法律史国际学术讨论会论文集．西安：陕西人民出版社，1990

魏琼．“以法法之之法”——重读《资政新编》．法学，1993（5）

张学继．民初臭名昭著的《共和宪法持久策》．团结报，1993-12-11

韩理洲．学林本《唐大诏令集》点校商兑．西北大学学报（社会科学版），1994（2）

杨维新．日伪时期华北政务委员会的《著作权法》介绍．著作权，1994（4）

杨一凡．明代中后期重要条例版本略述．法学研究，1994（3）

王菡．《扬子法言》历代校注本传录．文献，1994（3）

杨一凡，曲英杰，宋国范．《洪武法律典籍》点校说明．见：中国珍稀法律典籍集成．乙编第1册．北京：科学出版社，1994

杨一凡，齐钧．《皇明条法事类纂》点校说明．见：中国珍稀法律典集成．乙编第4册．北京：科学出版社，1994

杨一凡，田禾．《皇明诏令》点校说明．见：中国珍稀法律典籍集成．乙编第3册．北京：科学出版社，1994

杨一凡，曲英杰．《明代条例》点校说明．见：中国珍稀法律典籍集成．乙编第2册．北京：科学出版社，1994

史金波，聂鸿音，白滨．《西夏天盛律令》译注说明．见：中国珍稀法律典籍集成．甲编第5册．北京：科学出版社，1994

白钢．佚匿异域的西夏法典：《天盛律令》．光明日报，1995－03－06
吴天骥．《疑狱集》校注译析选篇．江苏公安专科学校学报，1995（3）
杨墨秋．《疑狱集》校注译析选篇（续）．江苏公安专科学校学报，1995（4）
冯正．《疑狱集》校注译析选篇（再续）．江苏公安专科学校学报，1995（5）
王江，王春淑．《唐律》的光辉与阴翳（上）．人民检察，1996（1）
王江，王春淑．《唐律》的光辉与阴翳（下）人民检察，1996（2）
杨惠．北洋政府时期《暂行新刑律》及其修正案评析．天津政法，1996（3）
侯贵生．重评《中华民国临时约法》．东方论坛，1996（3）
薛梅卿．重新评估《宋刑统》．法律评论，1996（6）
［日］池田温．北京图书馆藏开元户部格残卷简介．见：敦煌吐鲁番学研究论集．北京：书目文献出版社，1996
李贵连．书《旧抄内定律例稿本》后．中外法学，1997（1）
黎实．清末以来在宪法问题上的重大斗争——学习《关于中华人民共和国宪法草案》．光明日报，1997－05－12
李温．《西夏法典》：研究西夏历史的珍贵资料．丝绸之路，1997（6）
薛晓蔚．《唆讼赋》：研究中国古代讼师难得的史料．山西大学师范学院学报（社会科学版），1998（4）
杨一凡．22 种明代稀见法律文献版本述略．见：法律史论集．第 1 卷．北京：法律出版社，1998
何勤华．中国古代第一部法律史著作：《汉书·刑法志》评析．法学，1998（10）
康波．周树模和他的《抚江函稿》．北方文物，1999（3）
何勤华．中国历史上第一部比较法著作——《唐明律合编》评析．法学评论，1999（4）
孙颖新．西夏《天盛律令·亲节门》辨正．民族语文，1999（5）
何勤华．清代律学的权威之作——沈之奇撰《大清律辑注》评析．中国法学，1999（6）
何勤华．中国第一部监狱学著作——赵舒翘撰《提牢备考》评述．法学，1999（7）
何勤华．《读律佩觿》评析．法商研究，2000（1）
何勤华．明代律学的珍稀作品——佚名著《律学集议渊海》简介．法学，2000（2）
何勤华．明代律学的开山之作——何广撰《律解辩疑》简介．法学评论，2000（5）
赵晓耕．再说《韩非子》．河南省政法管理干部学院学报，2001（2）
赫晓惠．薛允升及其《读例存疑》．河南图书馆学刊，2001（5）
张晋藩．富国强兵之路的可贵探索——冯桂芬《校邠庐抗议》读后．中国法学，2001（6）
俞江．第一历史档案馆藏清末宪法草案稿本的后续说明．见：法律史论集．第 4 卷．北京：法律出版社，2002
魏殿金．点校本《宋刑统》补正十五则．齐鲁学刊，2002（6）

徐婷．贯通古今，融会中西——读《寄簃文存》．广东农工商职业技术学院学报，2003（1）

孟庆超．简评1943年《中华民国违警罚法》．行政法学研究，2003（3）

张全民．《明史·刑法志》标点商兑一则．湘潭大学社会科学学报，2003（4）

魏文超．张斐《注律表》评析．皖西学院学报，2003（4）

张全民．点校本《历代刑法考》辨正．湘江法律评论，2003（5）

杨惠．《易苔条例》评介．中国监狱学刊，2003（6）

李贵连．《寄簃文存》版本问题．见：中国法制史考证．甲编·第7卷．北京：中国社会科学出版社，2003

齐钧．《乾隆朝山东宪规等六种》整理说明．见：法律史论集．第5卷．北京：法律出版社，2003

李艳鸿．《明史·刑法志》述评．宿州教育学院学报，2004（1）

廖祖桂．《钦定藏内善后章程二十九条》版本考略（一）．中国藏学，2004（2）

廖祖桂．《钦定藏内善后章程二十九条》版本考略（二）．中国藏学，2004（3）

廖祖桂．《钦定藏内善后章程二十九条》版本考略（三）．中国藏学，2004（4）

王国骞．唤起法律文化历史的记忆——从法律文化角度解读《唐律疏议》．保定师范专科学校学报，2005（1）

曹心宝．《钦定宪法大纲》的法学评析．广西教育学院学报，2005（2）

黄玉环．《洗冤集录》版本考．贵阳中医学院学报，2005（2）

冯卓慧．中国古代关于慎刑的两篇稀有法律文献——《劝慎刑文》（并序）及《慎刑箴》碑铭注译．法律科学，2005（3）

黄显堂．宋慈《洗冤集录》研究中的失误与版本考证述论．图书馆工作与研究，2005（4）

许静．论《中华苏维埃共和国宪法大纲》的历史影响．贵州社会科学，2005（6）

王立民．《唐律疏议》——中国古代法律与历史融合的典范．浙江工商大学学报，2005（6）

张生．民国《民律草案》评析．江西社会科学，2005（8）

孟钧．偶然发现的一段公司法史料．工商行政管理，2005（14）

（二）著述评介

童书业．论宗法制与封建制的关系——评黄子通《宗法制度与等级制度是不是封建制度的特征》．历史研究，1957（8）

赵锡元．对《试论殷代的奴隶制度和国家的形成》一文的意见．历史研究，1959（11）

光烈．读《关于汉代的訾选与卖爵制度》．光明日报，1963-06-19

吴晗．《试论封建社会的“清官”、“好官”》读后．光明日报，1964-06-17

王礼明．论商鞅“法治”的主要矛头——兼评《论商鞅》．法学研究，1979（1）

沈文卓．周广业《季汉官爵考》——读末刑书记．社会科学战线（吉林），1980（4）

张建华．《洗冤集录译释》评介．福建日报，1981-02-14

段秋关．《中国刑法史研究》简介．国外法学，1981（4）

汪家靖．评《中国法制史（第一卷）》．法学杂志，1981（6）

杨延福．张晋藩等编《中国法制史》评议．中国史研究，1982（4）

邓经元．纲常名教，以礼入法——介绍《中国法律与中国社会》．读书，1982（6）

韩延龙，邱远猷．评《中国政治法律制度简史》．湖北财经学院学报，1983（2）

洛雁．评《唐律初探》．中国史研究，1983（3）

戍笙．台湾出版张伟仁近著《清代法制研究》．清史研究通讯，1984（2）

《伊赫·察基（大法典）：十七世纪蒙古封建法规文献》介绍．蒙古学资料与情报，1985（1）

［日］纸屋正和著，高凯军译．大庭修著《秦汉法制史研究》评介．大庆师专学报（社会科学版），1985（2）

倪正茂．法律史研究的可喜进展——评介《中国法律思想史纲》与《明初重典考》．法学杂志，1985（2）

倪正茂．与《明初重典考》．法学杂志，1985（2）

刘海年．荐《明初重典考》．法学研究，1985（3）

曲英杰．一本有突破性的法律史著作——读杨一凡著《明初重典考》．学习与探索，1985（3）

刘延寿．论中国古代法律思想中“礼治”与“法治”的互相渗透——浅评《中国法律思想史纲》（上卷）．上海社会科学院学术季刊，1986（1）

何力．村上淳一等著《法学史》一书评介．外国法学研究，1986（1）

倪正茂．从传统模式求解放——读《明初重典考》浮想．社会科学报，1986-10-09

郭锡龙．研究刑法史的新篇章——简评蔡枢衡著《中国刑法史》．政法论坛，1987（2）

陈智超．《名公书判清明集》日文译注本评介．中国史研究动态，1987（4）

杨一凡等．读《隋律研究》．人民日报，1988-03-25

黄约瑟．《唐代诏敕目录》评介．（台湾）大陆杂志，1988（5）

杜锡炎．编写《黑龙江省志·检察编》的体会．黑龙江史志，1989（1）

关克辛等．《黑龙江省志·政法志·检察编》志稿书面评议选录．黑龙江史志，1989（1）

惟言．从契约文书剖视“草根社会”——评介《明清土地契约文书研究》．人民日报（海外版），1989-02-27

夏家骏．清代司法审判制度研究的力作——评《清代司法审判制度研究》．清史研究通讯，1989（2）

孟昭信．清开国史研究的最新成果——读《清入关前国家法律制度史》．史学集刊，1990（1）

孟怡．《周代宗法制度研究》介评．中国史研究动态，1990（1）

张植荣．对历史与国际法的严重歪曲——评范普拉赫的《西藏的地位》．中国藏学，1990（3）

林原．《明大诰研究》在学术上的重大建树．学习与探索，1990（3）

陶懋炳．骐骥初展千里足——读王晓天《中国监察制度简史》．湖南师范大学社会科学学报，1990（4）

刘存祥．简评《蒙阴县志·政法》篇．方志研究，1990（5）

艾永明等．唐律研究中一次可贵的开拓：评钱大群、钱元凯著《唐律论析》．江海学刊，1991（1）

阳宏辉．《周代宗法制度》评介．社会科学家，1991（2）

高敏．评［日］堀毅著《秦汉法制史论考》．郑州大学学报（社会科学版），1991（6）

张志明．中国近代法律期刊简介．大学图书馆情报学刊，1992（2、3）

徐世虹．评《秦汉法制史的研究》．中国史研究，1992（3）

谢家道．纵横捭阖，匠心独具：《中华法系四千年》述评．中央政法管理干部学院学报，1992（3）

艾永明．评《唐明律合编》．比较法研究，1992（4）

陆萍．中国法律文化需要迎接挑战——张中秋的《中西法律文化比较研究》评介．社会科学，1992（7）

鸾音．寻找中国法思想史上的“自我”——评《儒家法思想通论》．中南政法学院学报，1993（1）

俞荣根等．成功的探索：《孙中山法律思想体系研究》评介．中南政法学院学报，1993（2）

臧知非．《中国古代廉政制度史》评介．中国史研究动态，1993（3）

舒晨．十年一剑，探微求真——读俞荣根的《儒家法思想通论》．中外法学，1993（5）

文珍岳．“人能弘道，非道弘人”——评《儒家法思想通论》．法学，1993（7）

饶方．可贵的探索，可喜的成果——评王云霞、何戌中著《东方法概述》．中国法学，1994（2）

曾宪义．唐律研究的新成果——《唐律与中国现行刑法比较论》评介．法学家，1994（3）

蒲坚．一部全面反映中国法制发展历史的力作——《中国法制通史》评介．法商研究，1994（3）

张成水．法在康乾盛世中的作用——《康乾盛世的打鼎杠杆》评介．首都师范大学学报（社会科学版），1994（4）

程维荣．探赜索隐，阐发旨意——评《唐律新探》．法学，1994（4）

南炳文．学术水平高、思想倾向好的一部专著——读张薇先生近作《明代的监控体制》．武汉大学学报（社会科学版），1994（4）

丁晓山．《日本国大木干一所藏中国法学古籍书目》读后．首都师范大学学报（社会科

学版)，1994 (5)

赵馥洁．中国法制史研究的可喜成果——评《中国行政法制史》．人文杂志，1994 (5)

范寿琨．《大金诏令释注》评介．社会科学战线，1994 (6)

王雪华．监察与谏议制度新说——《明代的监控体制——监察与谏议制度研究》评介．江汉论坛，1994 (9)

《中国历代契约会编考释》介绍．古籍整理出版情况简报，1994 (12)

王立民．评《中国近代律师制度与律师》．政治与法律，1995 (1)

徐娜．《中国古代法制史研究》评介．北方论丛，1995 (1)

高虹．清律档案中的精品——评《清代大案要案真相》．社会科学辑刊，1995 (2)

张云秋．《中国移民法案 1885 年》：加拿大白人社会对中国移民的反映．世界历史，1995 (2)

赵秉志，胡旭晟．当代廉政建设的历史借鉴——读《唐律与唐代吏治》一书．行政法学研究，1995 (3)

彭南生．对梁启超宪政思想的新探索——读《梁启超与立宪政治》．辛亥革命研究动态，1995 (3)

区永圻．评《秦汉官吏法研究》．文史哲，1995 (3)

陈德述．一部开拓性的学术佳作——评《儒家法思想通论》．孔子研究，1995 (4)

徐晓光. 奴隶制社会法律研究的可喜成果——《凉山彝族奴隶社会法律制度研究》读后．民族研究，1996 (2)

胡旭晟．清代法律教育之评估与当今法学教育之改进——张伟仁教授《清代的法学教育》一文读后．比较法研究，1996 (2)

沐雨．一部具有开拓性的法律史新著——《中国传统法律文化》．北京大学学报（社会科学版)，1996 (2)

光涛．一个学者的坚实脚步——评张晋藩先生《中国古代法律制度》．政法论坛，1996 (2)

云子．《宋代司法制度》评介．中国史研究动态，1996 (3)

王延梯．新思路带来新发现——评徐进著《中国古代正统法律思想研究》．东岳论丛，1996 (3)

朱慧．《乾隆朝惩办贪污档案选编》简介．北京图书馆馆刊，1996 (4)

何勤华．中国传统法律文化研究的力作——评武树臣等著《中国传统法律文化》．政治与法律，1996 (4)

艾永明．传统中国经济法律的现代透视——读《法律与经济》．法律科学，1996 (5)

王威．民族法制研究的拓新之作——《金律研究》评介．现代法学，1996 (5)

陶广峰，杨惠玲．厚积而薄发，平实以致远——评《法律与经济：传统中国经济的法律分析》．南京社会科学，1996 (11)

章钧．开放市场，实施法制——读《四川省志·商检志》．巴蜀史志，1997（1）

郭一．一部开拓民族文化研究新领域的学术专著——评《广西各民族宗法制度研究》．北京：社会科学家，1997（3）

孙丙珠．当代中国法制史研究的重要进展——《中华人民共和国法制史》．法制日报，1997-04-21

徐梁伯．涤垢磨光鉴吴钩——读《威慑万民之法》．江海学刊，1997（5）

贺跃夫．《上海青帮政治与有组织犯罪：1919～1937年》评介．开放时代，1997（5），（6）

徐忠明．开拓与创新：《求索集——张晋藩先生与中国法制史学四十年》读后．中国法学，1997（6）

殷啸虎．古代东方法研究的一朵奇葩——评王立民《古代东方法研究》．政治与法律，1998（1）

孙家洲．略读《前近代中国の刑罚》所引发的思考．中国史研究动态，1998（2）

高寿仙．全面论述明代典章制度的佳作——张德信著《明朝典制》评介．求是学刊，1998（3）

张少瑜．《艰难的开拓——毛泽东的法思想与法实践》评介．法学研究，1998（5）

箫伯符，李伟．一部为治赌提供历史借鉴的佳作——李交发教授《治赌史鉴》评介．法学评论，1998（5）

游彪，倪玉平．《宋代法制研究》评介．中国史研究动态，1998（8）

肖建新．评《宋代监察制度》．中国史研究，1999（1）

刘传琛．研究中国封建礼学的硕果——评《西汉礼学新论》．政治与法律，1999（1）

春杨．礼法文化研究的创新之作——读马小红《礼与法》．法学，1999（2）

刘恩启．史学和警学研究的拓荒之作——评《中国古代治安简史》．公安研究，1999（2）

赵馥洁．历史的光辉——评《延安时期边区人权保障史稿》．人文杂志，1999（3）

栾成显．《明清福建经济契约文书选辑》介评．中国史研究动态，1999（3）

张胜祖．探索历史，服务现实——《不受制约的权力——中国古代的人治与法治》读后．求索，1999（3）

郑成良．走向法律与社会的共同发展——读《法律与发展研究导论》．吉林大学社会科学学报，1999（3）

吴建璠．当代中国法制史研究的重要成果——《中华人民共和国法制史》（修订本）评介．法制日报，1999-04-08

张铭新．科学的态度，卓越的论断——重温张国华先生《中国传统法律文化评估》．中外法学，1999（4）

杨选第．理藩院专题研究的力作：《清代治理边陲的枢纽——理藩院》．广播电视大学学报（哲学社会科学版），1999（4）

庞正．《社会变迁与法律发展》一书评介．政治与法律，1999（4）

左双文．一部研究中国监察制度的力作——《中国监察制度研究》读后．广东社会科学，1999（4）

汪恩键．中国民主史研究的一朵奇葩——《中国百年民主宪政运动》评介．社会科学研究，1999（4）

刘汉东．以史为鉴，拓宽廉政之路——评《中国监察制度研究》．江汉论坛，1999（5）

余明侠．读邱远猷、张希坡合著《中华民国开国法制史——辛亥革命法律制度研究》．徐州师范大学学报，2000（1）

殷啸虎．透视旧上海法制发展的窗口——评《上海法制史》．政治与法律，2000（1）

郑萍．《薛允升的古律研究与改革》述评．政治与法律，2000（4）

张家国．六年磨一剑——评鲁嵩岳《〈慎刑宪〉点评》．黄冈师范学院学报，2000（5）

侯旭东．读汪桂海著《汉代官文书制度》．中国史研究动态，2000（8）

周少元．传统律学的回眸与探析——张晋藩先生传统律学论著读后．现代法学，2001（1）

万川．评《中国古代治安史》．江苏公安专科学校学报，2001（1）

王健．史彤彪：《中国法律文化对西方的影响》．中外法学，2001（3）

刘广安．李贵连：《沈家本传》．中外法学，2001（4）

米健．一个西方学者眼中的中国法律文化——读《中国法律文化概要》．法学家，2001（5）

王建朗．近代中外关系史研究的新视野——读《国际法视角下的甲午战争》．抗日战争研究，2002（2）

范忠信．究五千年法制轨迹，集一百年学术大成——评张晋藩先生主编的《中国法制通史》（多卷本）．现代法学，2002（2）

徐永康．一部研究中国法律社会史新作——评《礼·法·社会——清代法律转型与社会变迁》．江海学刊，2002（2）

屈永华．究法制之源流，显文明之转承——《中华法制文明的演进》述评．现代法学，2002（3）

田正平．教育立法研究的新视角——评李露新著《中国近代教育立法研究》．学术论坛，2002（4）

刘武俊．生命中不能承受之“酷”——读《人类酷刑史》．证据学论坛，2002（4）

张立娜．唐律的价值——钱大群教授《唐律研究》析读．见：法律史论集，第4卷．北京：法律出版社，2002

田涛．个中甘苦我心知——写在《田藏契约文书粹编》出版之前．见：法律史论集．第4卷．北京：法律出版社，2002

王扬．民事法理解释的一种有益尝试——读《唐代经济民事法律述论》有感．法制日报，2002-06-16

郭建．于“细事”处见宏大——评黄宗智《清代的法律、社会与文化：民法的表达与实践》．中外法学，2002（6）

常安．对一例学术史个案的考察——兼谈《中国法律与中国社会》的范式突破及启示．法治论丛，2003（2）

张飞凤．评《国际法输入与晚清中国》．武大国际法评论，2003（1）

林淳．评《藏族法制史研究》．民族法学评论，2003（2）

何勤华．鲜见的文献，珍贵的资料——《新中国民法典草案总览》序．法学，2003（2）

王扬．学术规范与交叉研究——《唐代经济民事法律述论》编后记．政法论坛，2003（2）

李宝昌．中国民族法制史研究的重要成果——读《中国少数民族法制史》有感．民族法学评论，2003（2）

方健，戴建国：《宋代法制史初探》．中国学术，2003（3）

黄明儒．解读自然法意义上的刑法哲学——兼评陈兴良著《刑法的人性基础》．中南大学学报，2003（3）

张卓明．中国古代法的“深描”说——《寻求自然秩序中的和谐》．研究生法学，2003（3）

王颖．对依法治国法制思想的历史审视——评沈志先的《中国马克思主义法制思想研究》．法学，2003（5）

李曙豪．一部弥足珍贵的史学著作——评李明山著《中国近代版权史》．中国版权，2003（6）

梁治平．整体法学与具有规范意义的历史：《法律与宗教》．读书，2003（7）

唐湘雨．沟通两个世界的不朽之作——评黄遵宪的《日本国志·刑法志》在中国法律近代化进程中的作用．昭乌达蒙族师专学报，2004（1）

边树政．探索历史的真迹——评黄宗智《清代法律、社会与文化：民法的表达与实践》．巢湖学院学报，2004（1）

姜克强．铮铮铁面蕴真情——读《靖江检察志》有感．江苏地方志，2004（1）

丁国强．包公崇拜与法律信仰——读《包公故事：一个考察中国法律文化的视角》．博览群书，2004（2）

李忠康．教育的力量与国家的意志——读杨凤英等撰著的《中国现代教育法制史》．山西师范大学学报（社会科学版），2004（3）

肖洪泳．探索中国传统诉讼法律的历史真谛——《中国诉讼法史》评介．湘潭大学学报（哲学社会科学版），2004（3）

范忠信．译读瞿同祖先生的《清代地方政府》．环球法律评论，2004（4）

张海斌．走出革命的法制与实践——《历史与变革》解读．华东政法学院学报，2004（4）

徐爽．以道观法——《道与中国法律传统》读后．现代法学，2004（5）

何勤华．《少年刑法与刑法变革》序．青少年犯罪问题，2004（6）

李凤鸣．别开生面的传统法律制度史研究——读《清代地方政府》．博览群书，2004（11）

苏亦工．读《北京警察百年》．人民公安，2004（13）

杨堪．上下四千年，评说古今法——读张希波教授著《中国婚姻立法史》．法学论坛，2005（1）

邱远猷．值得注目的《中国婚姻立法史》．法学杂志，2005（1）

陈新宇．比较民法史：力量与弱点——《法典、习俗与司法实践：清代与民国的比较》评介．政法论坛，2005（2）

包磊．穿越历史，正视现实——读张仁善《司法腐败与社会失控：1928～1949》．江苏警官学院学报，2005（2）

王君．从古代清官文化看传统法理的困境——徐忠明《法学与文学之间》一书读后感．民主与科学，2005（2）

罗冬阳．皇权与皇权政治——《明代皇权政治研究》评介．东岳论丛，2005（2）

《清代民间契约中的法律——民事习惯法视角下的理论建构》简介．金陵法律评论，2005（2）

宜升．《中国商标法律史》出版．中华商标，2005（2）

尚衍斌．清代新疆法制史研究的力作——《清代回疆法律制度研究》评介．中国边疆史地研究，2005（3）

彭文宇．一部别具一格的监察史新著——《中国监察制度史纲》评析．莆田学院学报，2005（3）

陈才俊．督抚制度与晚清政制变革研究范式的创新——评《晚清督抚政治：中央与地方关系研究》．西南民族大学学报（人文社科版），2005（4）

翁有为．积累·自觉·创新——读张晋藩先生的《中国近代社会与法制文明》．史学月刊，2005（4）

刘广安．评《明清律典与条例》．法律文献信息与研究，2005（4）

蔡东丽．学习中国法律史的必读书——何勤华教授《中国法学史》一书评介．南昌航空工业学院学报（社会科学版），2005（4）

高尚．智慧之旅，行者无疆——《法律文化史谭》评析．法制与社会发展，2005（4）

于鸣镝．期刊史苑一新花——《中国古代报刊法制发展史》读后．大学图书馆学报，2005（5）

林来梵．新中国宪法变迁的见证——读《中华人民共和国宪法史》．政法论坛，2005（5）

韩树峰．评《秦律新探》．中国图书评论，2005（10）

蔡万进．曹旅宁著《张家山汉律研究》出版．中国史研究动态，2005（12）

俞江．论分家习惯与家的整体性——对滋贺秀三《中国家族法原理》的批评．政法论坛，2006（1）

巩固．道路选择与选择的道路——评《文化基础与道路选择——法治国家建设的深层思考》．烟台大学学报（哲学社会科学版），2006（2）

肖琳．评黄宗智《清代的法律、社会与文化：民法的表达与实践》．西北民族研究，2006（2）

魏敦友．音调未谐的变奏——读八位博士对《中国法学向何处去》一文的评论．政法论坛，2006（2）

方艳．从研究方法的视角读《中国古代司法制度史》．株洲工学院学报，2006（3）

（三）学术动态

李祖荫等．中国法制史问题座谈会发言摘要．政法研究，1957（1）

王昭仪．法学界座谈关于中国法制史的几个问题．人民日报，1957-02-04

正平．中国法律史学界一次重要学术讨论会．法学动态，1983（22）

宋德华等．戊戌变法与中国近代化——戊戌变法研究国际学术讨论会述评．中国社会科学，1989（3）

张宝贵．纪念十一届三中全会召开廿周年暨宪法颁行十六周年座谈会综述．中国法学，1999（1）

马建红．中国法律史学会98’学术研讨会综述．文史哲，1999（1）

20世纪中国法学与法制研讨会发言摘要．法学研究，1999（2）

夏锦文．法学与法制现代化：世纪之交的时代课题——“20世纪中国法学与法制现代化”学术研讨会综述．法律科学，1999（2）

薄勇．“张国华先生学术思想暨21世纪中国法学展望研讨会”综述．中外法学，1999（4）

顾元．20世纪中国法制回顾与前瞻研讨会综述．政法论坛，2000（3）

曾宪义，郑定，马建兴．2000年中国法律史学研究的回顾与展望．法学家，2001（1）

冯向辉．总结经验，大胆创新——中国法律史学会2000年学术年会综述．学习与探索，2001（2）

孙国华，许崇德，胡锦光等．中国共产党与中国法制建设——中国人民大学纪念中国共产党80周年高级论坛．法学家，2001（4）

高珣，林华昌等．中国法律史学会暨儒学与法律文化研究会2001年年会综述．法学，2002（1）

周东平．中国法律史学会暨儒学与法律文化研究会2001年学术年会综述．中国法学，2002（1）

肖太福，张立娜．古为今用，洋为中用，推动法律史学科的发展——中国法律史学会

编辑部召开《论集》作者座谈会纪要．见：法律史论集．第4卷．北京：法律出版社，2002

阿计．中国法学会董必武法学思想研究会2002年年会综述．中国法学，2002（4）

高珣，林华昌，吉霁光，郑取．中国法律史学会暨儒学与法律文化研究会2001年学术年会综述．见：走向二十一世纪的中国法文化．上海：上海社会科学院出版社，2002

纪念宪法颁布20周年座谈会纪要．法学研究，2003（1）

钟学志．弘扬宪法精神，加强宪政建设——为纪念现行宪法颁布20周年而作．哈尔滨市委党校学报，2003（2）

才媛．2002年读中国法律史年会学术讨论综述．见：法律史论集．第5卷．北京：法律出版社，2003

马韶青，孙琦，才媛．法律文化的交流与共同发展——中韩法律文化学术研讨会综述．见：法律史论集．第5卷．北京：法律出版社，2003

杜恒，蒋安杰．社会主义法治思想的宝贵财富——中国法学会董必武法学思想研究会2003年年会综述．法制日报，2003-10-09

竺效，王立君．法学研究与法学期刊学术论坛——暨庆祝中国人民大学书报资料中心成立45周年会议综述．法学，2003（12）

孔志国．中国民法百年，回顾与前瞻——录音实况整理．见：中国民法百年回顾与前瞻学术研讨会论文集．北京：法律出版社，2003

高珣．全球化背景下的法文化——中国儒学与法律文化研究会2004年学术研讨会综述．华东政法学院学报，2004（4）

肖游．“送法进城”：中国法律现代化的价值取向——2003年中国民族法文化与现代法治精神研讨“纪念《劳动法》颁布十周年研讨会”综述．人权，2004（5）

晓叶．孙中山与中国现代化学术研讨会综述．湖北大学成人教育学院学报，2004（6）

庞凌．缅先贤博才，扬东吴法学——“杨兆龙先生百年诞辰纪念暨学术思想研讨会”综述．华东政法学院学报，2005（1）

李华鹏．一个人，一段历史，一名律师——“纪念中国商标法律制度百年暨天宏首届知识产权（商标）国际论坛”掠影．中国律师，2005（1）

吴汉全．纪念李大钊诞辰115周年全国学术讨论会综述．党史研究与教学，2005（3）

王勇．迈向二十一世纪的中国法学——“中国法学的反思与前瞻学术论坛”综述．法制与社会发展，2005（6）

张明新．法律史学科的宏观进展与微观深化——“法律史学科发展国际学术研讨会”综述．政法论坛，2006（1）

张明新．近代上海：西法东渐、法制转型与社会变迁——“西法东渐与上海近代法文化”学术研讨会综述．华东政法学院学报，2006（3）

八、博士和硕士论文*

（一）博士论文

江淳/田昌五，韩连琪．秦汉法律制度的演变．[中国古代史]．济南：山东大学，1985

怀效锋/张晋藩．嘉靖专制政治与法制．[中国法制史]．北京：中国政法大学，1987

郑秦/张晋藩．清代司法审判制度研究．[法制史]．北京：中国政法大学，1987

朱勇/张晋藩．清代宗族法研究．[法制史]．北京：中国政法大学，1987

胡沧泽/韩国磐．唐代御史制度研究．[中国古代史]．厦门：厦门大学，1988

强磊/张晋藩．论清代涉外案件的司法管辖．[法制史]．北京：中国政法大学，1989

刘广安/张晋藩．清代民族立法研究．[法制史]．北京：中国政法大学，1989

刘笑君/王叔文．论有中国特色的社会主义宪政建设．[宪法学]．北京：中国社会科学院，1990

贾玉英/漆侠．宋代台谏制度与政治研究．[中国古代史（宋史）]．石家庄：河北大学，1990

李曙光/张晋藩．晚清职官法研究．[中国法制史]．北京：中国政法大学，1990

朱苏人/张国华．先秦法家"法治"思想研究．[法律思想史]．北京：北京大学，1990

陈国平/张晋藩．明代行政法研究．[中国法制史]．北京：中国政法大学，1991

魏向阳/张晋藩．清代康雍乾时期经济立法概论．[中国法制史]．北京：中国政法大学，1991

李明德/饶鑫贤．中国法律思想与宋明理学．[中国法律思想史]．北京：北京大学，1991

姚礼明/赵宝煦/李景鹏．台湾宪政体制的变迁．[政治学理论（中国政治）]．北京：北京大学，1992

张培田/张晋藩．中西近代法文化冲突与晚清法制演变．[中国法制史]．北京：中国政法大学，1992

王立民/吴泽．古代东方法研究．[中国古代史]．上海：华东师范大学，1993

金敏/张国华．《管子》的法律精神．[中国法律思想史]．北京：北京大学，1993

周东平/韩国磐．唐代官吏赃罪研究．[中国古代史]．厦门：厦门大学，1993

马作武/张国华．晚清法律变革思潮．[中国法律思想史]．北京：北京大学，1993

赵雅君/张国华．宪政理想的执着追求者——论梁启超的宪政生涯和宪政思想．[中国

* 著者"/"之后为论文指导老师。

法律思想史］．北京：北京大学，1993

邓奕琦/曾宪义．北朝法制研究．［中国法制史］．北京：中国人民大学，1994

张兆凯/高敏．汉——唐时期门荫制度研究．［中国古代史］．武汉：武汉大学，1994

从文胜/李鸿文．论中国共产党在新民主主义革命时期的法制理论和实践．［中共党史］．长春：东北师范大学，1994

何敏/张晋藩．清代注释律学研究．［中国法制史］．北京：中国政法大学，1994

郑定/曾宪义．台湾的经济发展与法律调整．［法制史］．北京：中国人民大学，1994

徐建民/饶鑫贤．中国传统法律价值观及其在近代的演变．［中国法律思想史］．北京：北京大学，1994

肖丽娟/张晋藩．中国封建监察立法研究．［中国法制史］．北京：中国政法大学，1994

汪世荣/张晋藩．中国古代判词研究．［中国法制史］．北京：中国政法大学，1994

帅天龙/饶鑫贤，1840～1930年中国商事立法思想研究．［中国法律思想史］．北京：北京大学，1995

吴吉远/王思治．清代地方政府的司法职能研究．［中国古代史（清代政治史）］．北京：中国人民大学，1995

朱大旗/曾宪义．台湾税法研究．［中国法制史（台湾法）］．北京：中国人民大学，1995

李言静/何华辉．台湾“宪政”体制改革论．［宪法学（比较宪法学）］．武汉：武汉大学，1995

武树臣/张国华，饶鑫贤．中国法律样式．［中国法律思想史］．北京：北京大学，1995

宋利国/饶鑫贤．中国古代社会肃贪思想研究．［中国法律思想史］．北京：北京大学，1995

张积/吴荣曾．汉代司法制度研究．［中国古代史（秦汉史）］．北京：北京大学，1996

屈超立/张晋藩．两宋民事诉讼制度研究．［中国法制史］．北京：中国政法大学，1996

贺嘉/张晋藩．论清末制宪．［中国法制史］．北京：中国政法大学，1996

韩国河/高敏．秦汉魏晋时期丧葬制度研究．［中国古代史（秦汉魏晋南北朝史）］．武汉：武汉大学，1996

高浣月/张晋藩．清代刑名幕友研究．［中国法制史］．北京：中国政法大学，1996

陈景良/张晋藩．士大夫与宋代法律文化．［中国法制史］．北京：中国政法大学，1996

于复苓/饶鑫贤．伍廷芳法律思想发微．［中国法律思想史］．北京：北京大学，1996

李新成/张国华，饶鑫贤．严复法思想研究．［中国法律思想史］．北京：北京大学，1996

［韩］金德贤/张晋藩．中国法律现代化历史进程与韩国之比较．［法制史（比较法制史）］．北京：中国政法大学，1996

胡旭晟/曾宪义．法的道德历程（论纲）法律史的伦理解释．［法制史（比较法律文化）］．北京：中国人民大学，1997

徐付群/杨先材．共和国五十年代法制建设研究．［中共党史 中华人民共和国史］．北京：中国人民大学，1997

孙玉荣/怀效锋．古代中国国际法研究．［中国法制史］．北京：中国政法大学，1997

毛起雄/张晋藩．近代以来中国侨务法制历史综论．［法制史］．北京：中国政法大学，1997

崔永东/饶鑫贤．金文简帛中的刑法思想研究．［中国法律思想史］．北京：北京大学，1997

罗昶/饶鑫贤．明代律学研究．［中国法律思想史］．北京：北京大学，1997

饶东辉/章开沅．南京国民政府劳动立法研究．［中国近现代史］．武汉：华中师范大学，1997

王东平/刘迎胜．清代回疆法律制度研究（1759～1884 年）．［中国古代史（中国伊斯兰文化史）］．南京：南京大学，1997

张仁善/蔡少卿．清代礼法与清代社会．［中国近现代史］．南京：南京大学，1997

黄毅/饶鑫贤．晚清立宪思想研究．［中国法律思想史］．北京：北京大学，1997

秦前红/何华辉，李龙．宪法变迁论．［宪法学（比较宪法）］．武汉：武汉大学，1997

昝启英/高格．中国古代刑法思想若干问题．［刑法］．长春：吉林大学，1997

江旭伟/张晋藩．中国近代商法研究．［中国法制史］．北京：中国政法大学，1997

文亨镇/王钟翰．大明律的特点及对朝鲜社会的影响——通过对儒家和法家思想的考察.［中国民族史（清史与满族史）］．北京：中央民族大学，1998

宋伟/钱临照，张秉伦．《大明律》中的科技法律研究．［中国科学技术史］．北京：中国科学技术大学，1998

刘作翔/李步云，韩延龙．当代中国法律文化理论与实践研究．［法学理论］．北京：中国社会科学院，1998

吴海航/饶鑫贤．论元代法律文化中蒙古法与汉法之关系．［中国法律思想史］．北京：北京大学，1998

童光政/怀效锋．明代民事判牍研究．［法制史］．北京：中国政法大学，1998

王志强/饶鑫贤．南宋书判研究——试论南宋书判中的价值取向．［中国法律思想史］．

北京：北京大学，1998

张冠梓/饶鑫贤．试论南方山地民族传统法律的演进．［中国法律思想史］．北京：北京大学，1998

王涛/张晋藩．十七世纪至二十世纪初中西经济法制比较研究．［法制史］．北京：中国政法大学，1998

赵晓耕/曾宪义．宋代官商及其法律调整．［法制史］．北京：中国人民大学，1998

范忠信/曾宪义．刑法中的亲情——中西法伦理的冲突融合．［法制史］．北京：中国人民大学，1998

王明东/尤中．元明清时期彝族法律文化研究．［中国民族史］．昆明：云南大学，1998

黄晓明/怀效锋．中国法的民族性．［法制史］．北京：中国政法大学，1998

黄瑚/丁淦林．中国近代新闻法制史论．［新闻学（中国新闻事业史）］．上海：复旦大学，1998

陈晓枫/何华辉，李龙．中国宪法文化研究．［宪法学（中国宪法）］．武汉：武汉大学，1998

郝铁川/吴泽．周代国家政权研究．［中国古代史］．上海：华东师范大学，1998

郭兴莲/张晋藩．大陆法系与中国近代民法．［法制史］．北京：中国政法大学，1999

霍存福/王牧．复仇、报复刑、报应说——中国人罪过偿报态度的文化解说．［刑法学］．长春：吉林大学，1999

林乾/郭成康．康熙惩抑朋党与清代极权政治的开启．［中国古代史（清史）］．北京：中国人民大学，1999

梁美芬/曾宪义．两岸三地民事法律冲突问题．［法律史（比较法律文化）］．北京：中国人民大学，1999

黄文艺/张文显．论当代中国法制变革：传统、理论与实践．［法学理论］．北京：中国人民大学，1999

李鸣/张晋藩．明代土地法制研究．［法制史］．北京：中国政法大学，1999

王杨/饶鑫贤．南京国民政府初期民事立法思想研究．［中国法律思想史］．北京：北京大学，1999

迟云飞/戴逸．清末预备立宪研究．［中国近现代史］．北京：中国人民大学，1999

田涛/李喜所．晚清国际法输入之研究．［中国近现代史 中国近代文化史］．天津：南开大学，1999

赵晓华/李文海．晚清讼狱制度的社会考察．［中国近现代史］．北京：中国人民大学，1999

李晓斌/曾宪义．我国台湾地区行政和司法侵权赔偿责任研究．［法制史（台湾法）］．

北京：中国人民大学，1999

王健/怀效锋．中国近代的法律教育．[法制史]．北京：中国政法大学，1999

王东平．中国穆斯林社会法律文化研究．[历史学]．北京：北京师范大学，博士后，1999

夏锦文/曾宪义．中国司法的传统与变革．[法律史（比较法律文化）]．北京：中国人民大学，1999

[日] 石田琢智/张晋藩．中日法文化交流史研究．[法制史]．北京：中国政法大学，1999

王大良/蒋福亚．北魏官吏收入与监察机制．[中国古代史（魏晋南北朝史）]．北京：首都师范大学，2000

阎晓君/李学勤．出土简帛与古代法医学史．[科技史]．西安：西北大学，2000

徐祥民/孟祥才．春秋法制研究．[中国古代史]．济南：山东大学，2000

黄震/武树臣．从神权秩序到人伦秩序/《易经》的法律文化读解．[法律史（中国传统法律文化）]．北京：北京大学，2000

曹海晶/徐育苗．当代中国立法体制的社会生态研究．[中外政治制度]．武汉：华中师范大学，2000

徐祥民/张晋藩．法家的法律思想研究．[法律史]．北京：中国政法大学，2000

张生/朱勇．民国初期民法的近代化——以固有法与继受法的整合为中心．[法律史]．北京：中国政法大学，2000

徐家力/张晋藩．民国律师制度源流研究．[法律史]．北京：中国政法大学，2000

孙镇平/张晋藩．清代西藏法制研究．[法制史]．北京：中国政法大学，2000

徐岱/高格．清末刑法改制与中国刑法近代化．[刑法学]．长春：吉林大学，2000

金眉/张晋藩．唐代婚姻家庭继承法律制度初论——兼与西方比较．[法制史]．北京：中国政法大学，2000

李俊/怀效锋．晚清审判制度变革研究．[法制史]．北京：中国政法大学，2000

高旺/丁则勤．晚清宪政改革研究．[政治学理论（中国政府与政治）]．北京：北京大学，2000

苏亦工/武树臣．香港法制与中国法律文化传统——香港适用中国传统法律及习惯的初步研究．[法律思想史（中国传统法律文化）]．北京：北京大学，2000

郭禾/曾宪义．信息技术对台湾知识产权制度的影响．[法律史（台湾法）]．北京：中国人民大学，2000

薛忠义/郑德荣．新中国的法制建设与依法治国论析．[中共党史（社会主义时期党史）]．长春：东北师范大学，2000

徐晓光/张晋藩．藏族法制史研究．[法制史]．北京：中国政法大学，2000

聂永泰/饶鑫贤．张謇经济法律思想研究．[中国法律思想史]．北京：北京大学，2000

肖周录/曾宪义．中国革命根据地保障人权的法律制度研究．[中国法律史]．北京：中国人民大学，2000

王广彬/郭成伟．中国社会保障法制史论．[法律史]．北京：中国政法大学，2000

田宏杰/赵秉志．中国刑法现代化研究．[刑法学（比较刑法）]．北京：中国人民大学，2000

何树宏/李文海．从晚清到民国时期的婚姻诉讼看近代中国的法制转型．[中国近代史]. 北京：中国人民大学，2001

高纪春/漆侠．道学与南宋中期政治——庆元党禁探源．[中国古代史]．石家庄：河北大学，2001

徐祥民/张晋藩．法家的法律思想研究．[中国法律思想史]．北京：中国政法大学，2001

王铁汉/武树臣．"放任主义"与"干涉主义"的宏观调控理论——中国古代调整经济活动之法律模式．[中国法律思想史]．北京：北京大学，2001

王健．沟通两个世界的法律意义——晚清西方法的输入与法律语词研究．[法学]．北京：北京大学，博士后，2001

屈永华/张晋藩．国民意识的觉醒与传统法律的近代化．[法律史]．北京：中国政法大学，2001

赵明/韩延龙，李步云．近代中国的自然权利观．[法学理论]．北京：中国社会科学院研究生院，2001

李峰鑫/曾宪义．两岸三地驰名商标保护制度的历史和发展趋势．[法律史（比较法律文化）]．北京：中国人民大学，2001

汪清/高敏．两汉魏晋南朝州刺史制度研究．[中国古代史（秦汉魏晋南北朝史）]．郑州：郑州大学，2001

姜晓敏/郭成伟．略论西汉对犯罪的预防与惩治．[法律史]．北京：中国政法大学，2001

李学智/陈振江．民国初年的法治思潮与法制建设．[中国近现代史（近百年社会思潮与文化）]．天津：南开大学，2001

王扬/怀效锋．宋代女性法律地位研究．[法律史]．北京：中国政法大学，2001

韩大梅/王永祥．新民主主义宪政研究．[中国近现代史（中国现代史）]．天津：南开大学，2001

音正权/朱勇．刑法变迁中的法律家（1902～1935）．[法律史]．北京：中国政法大学，2001

张星久/刘德厚．中国古代君权合法性研究．[政治学]．武汉：武汉大学，2001

陈秋云/张晋藩．中国古代言谏文化与制度研究．[中国法律史]．北京：中国政法大学，2001

王人博/张晋藩．中国近代宪政思潮研究．[法律史]．北京：中国政法大学，2001

马志刚/郭成伟．中国近代银行业监理法律问题研究．[法律史]．北京：中国政法大学，2001

于语和/徐大同．中国礼治与西方法治之比较研究．[中国近现代史]．天津：天津师范大学，2001

石毕凡/王永祥．中间党派的宪政理念、模式及宪政运动研究（1927～1949）．[中国近现代史]．天津：南开大学，2001

李青/张晋藩．综论洋务派的法律思想与实践．[法律史]．北京：中国政法大学，2001

徐忠明/张晋藩．包公故事：一个考察中国法律文化的视角．[法律史]．北京：中国政法大学，2002

韩秀桃/朱勇．变革社会中的法律秩序——近代中国对司法独立的价值追求与现实依归.[法律史]．北京：中国政法大学，2002

王立/曾宪义．当代中国环境法制的历史与现状．[中国法律史]．北京：中国人民大学，2002

肖光辉/郑定．法律移植与传统法律文化在近现代的变迁．[法律史]．北京：中国人民大学，2002

钱茂伟．国家与科举——以明代为中心的考察．[中国古代史]．上海：复旦大学，博士后，2002

顾元/张晋藩．衡平司法与中国传统法律秩序——以清代诉讼案例为主要素材兼与英国法相比较．[法律史]．北京：中国政法大学，2002

阿风/周绍泉．徽州文书所见明清时代妇女的地位与权利．[中国古代史]．北京：中国社会科学院研究生院，2002

杨经德/张晓辉．回族伊斯兰习惯法研究．[民族法学]．昆明：云南大学，2002

徐永康/蔡少卿．交汇与融合：中国法制现代化特征研究．[中国近现代史]．南京：南京大学，2002

李靓/朱勇．近代三大基本刑法原则对《大清新刑律》的影响．[法律史]．北京：中国政法大学，2002

郑琼现/张学仁．近代中国立宪评论．[宪法学]．武汉：武汉大学，2002

俞江/李贵连．近代中国民法学中的私权理论：词语考证、话语系统的转换 历史的和理论的分析．[中国法律史]．北京：北京大学，2002

李瑞强/吕世伦．论毛泽东法律思想的变迁．[法学理论（法哲学）]．北京：中国人民大学，2002

郭瑞卿/郭成伟．略论近代中国公司法律制度．[法律史]．北京：中国政法大学，2002

蔡道通/公丕祥．毛泽东刑法哲学思想论纲．[马克思主义理论与思想政治教育]．南京：南京师范大学，2002

王立艳/张晋藩．民国西藏法制研究．[法律史]．北京：中国政法大学，2002

刘双舟/怀效锋．明代监察法制研究．[法律史]．北京：中国政法大学，2002

郭婕/怀效锋．明代商事法研究．[法律史]．北京：中国政法大学，2002

赵洪兴/赵毅．明代刑法思想研究．[中国古代史（明史）]．长春：东北师范大学，2002

马斗成/孟祥才．齐学法律思想述论．[中国古代史]．济南：山东大学，2002

丁明胜/武树臣．日本明治时期民法典论争与我国清末礼法之争．[中国法律思想史]．北京：北京大学，2002

占美柏/李龙．社会转型与宪法变迁．[宪法与行政法]．武汉：武汉大学，2002

尚琤/饶鑫贤．司马迁法律思想发微．[中国法律思想史]．北京：北京大学，2002

牛彤/林茂生．孙中山宪政思想研究．[政治学理论（中国政治学）]．北京：中国人民大学，2002

彭炳金/张国刚，胡世凯．唐代官吏渎职罪研究．[中国法制史]．天津：南开大学，2002

禹成旼/吴宗国．唐代赦文研究．[中国古代史 隋唐史]．北京：北京大学，2002

张德美/朱勇．晚清法律移植研究．[法律史]．北京：中国政法大学，2002

杨建/陈伟．西汉初期津关制度研究．[历史地理学（楚地出土文献）]．武汉：武汉大学，2002

李晓明/武树臣．先秦礼治研究．[法律史（先秦法律思想）]．北京：北京大学，2002

庄伟燕/武树臣．先秦"人法合治"、"混合法"理论的确立及其对后世的影响．[法律史（中国传统法律文化）]．北京：北京大学，2002

陶新华/杨耀坤．孝文帝以后北朝的官制探索．[中国古代史]．成都：四川大学/博士后，2002

张振国/李贵连．张君劢的宪政思想研究．[中国法律思想史]．北京：北京大学，2002

朱伟雄/曾宪义．中国购并制度研究——关于中国古代兼并制度的反思．[中国法制史]．北京：中国人民大学，2002

张勇/郭成伟．中国古代司法官责任制度及其法文化分析．[法律史]．北京：中国政

法大学，2002

周健/张晋藩．中国军事法的传统与近代转型．[法律史]．北京：中国政法大学，2002

高其才/张晋藩．中国少数民族习惯法研究．[法律史]．北京：中国政法大学，2002

蒋立山/罗玉中．20世纪中国法律演进模式分析．[法学理论]．北京：北京大学，2003

戴扬本/王家范．北宋转运使考述．[中国古代史]．上海：华东师范大学，2003

刘宝东/彭明．出山未比在山清——王宠惠法制思想的理论与实践．[政治学理论 中国现代政治思想史]．北京：中国人民大学，2003

李显冬．从《大清律例》到《民国民法典》的转型．[法制史]．北京：中国政法大学，2003

丁士松/刘德厚．当代中国法治化进程中的人治问题研究．[政治学理论]．武汉：武汉大学，2003

李光/徐育苗．当代中国廉政制度的变迁与创新问题研究．[中外政治制度]．武汉：华中师范大学，2003

杨积堂/白振声．法典中的西夏文化——西夏《天盛改旧新定律令》研究．[民族学(西北民族历史与文化研究)]．北京：中央民族大学，2003

孔庆平/李贵连．改造与适应：中国法律变革中的理论之思（1911～1949）．[中国法律思想史]．北京：北京大学，2003

马小红/曾宪义．构建与解析中国传统法——兼论中国传统社会礼与法的关系．[中国法律史]．北京：中国人民大学，2003

邬文玲/谢桂华．汉代赦免制度研究．[历史文献学]．北京：中国社会科学院，2003

乌力吉陶格套/齐木德道尔吉．近代以来蒙古特别法体系的演变——以中央政府对蒙古的各项法律规定及相应措施为中心．[专门史]．呼和浩特：内蒙古大学，2003

蔡宝刚/公丕祥．经济现象的法律逻辑——马克思的理论阐释．[法学理论]．南京：南京师范大学．2003

那仁朝格图/成崇德．蒙古法制史研究．[中国古代史（清史)]．北京：中国人民大学，2003

李卫东/严昌洪．民初民法中的民事习惯与习惯法：观念 文本和实践．[中国近现代史]．武汉：华中师范大学，2003

刘远征/李贵连．民初知识界理想中的宪法——以私拟宪草和《天坛宪草》为中心的研究．[中国法制史]．北京：北京大学，2003

吴永明/张宪文．民国前期司法变革研究（1912～1928）．[中国近现代史]．南京：南

京大学，2003

李倩/郭成伟．民国时期契约制度研究．[中国法制史]．北京：中国政法大学，2003

李占荣/杨建新．民族经济法研究．[民族学]．兰州：兰州大学，2003

赵金康/魏宏运．南京国民政府法制研究——理论设计及其运作（1927～1937）．[中国现代史]．天津：南开大学，2003

周少元/张晋藩．《钦定大清刑律》研究．[法律史]．北京：中国政法大学，2003

张晓蓓．清代婚姻制度研究．[法制史]．北京：中国政法大学，2003

郝维华/武树臣．清代民间财产权利的观念与实践．[中国法律思想史]．北京：北京大学，2003

李力/曾宪义．清代民间契约中的法律——民事习惯法视角下的理论建构．[法律史（比较法律文化）]．北京：中国人民大学，2003

孙丽娟/朱英．清代商业社会的规则与秩序——从碑刻资料解读清代中国商事习惯法．[中国近代史]．武汉：华中师范大学，2003

牛海桢/高永久．清代西北边疆地区民族政策研究．[民族学]．兰州：兰州大学，2003

李春雷/郭成伟．清末民初刑事诉讼制度变革研究．[中国法制史]．北京：中国政法大学，2003

马建兴/郑定．丧服制度与传统法律文化．[中国法律史]．北京：中国人民大学，2003

侯强/陆建洪．社会转型与近代中国法制现代化（1840～1928）．[中国近现代史（中国近现代政治与对外关系）]．苏州：苏州大学，2003

李宝军/马新福．私法文化的一般研究．[法学理论]．长春：吉林大学，2003

唐卫国/李贵连．孙中山法治思想研究．[中国法律思想史]．北京：北京大学，2003

刘玉堂/朱雷．唐代婚姻立法若干问题研究．[中国古代史（魏晋南北朝隋唐史）]．武汉：武汉大学，2003

张丽艳/忻平．通往职业化之路——民国时期上海律师研究（1912～1937）．[中国近现代史（中国现代化进程）]．上海：华东师范大学，2003

李启成/李贵连．晚清各级审判厅研究．[中国法律思想史]．北京：北京大学，2003

张从容/朱勇．晚清司法改革的一个侧面：部院之争．[法律史]．北京：中国政法大学，2003

张建华/王晓秋．晚清中国人的国际法知识与国家平等观念——中国不平等条约概念的起源研究．[中国近代史]．北京：北京大学，2003

涂怀京/金林祥．新中国中小学教师法规研究（1949～2000）．[教育学（教育史）]．上海：华东师范大学，2003

孙伶伶/武树臣．彝族法文化研究．[法律史（中国传统法律文化）]．北京：北京大学，2003

王志明/王家范．雍正朝官僚人事探析．[中国古代史]．上海：华东师范大学，2003

郝铁川/李步云，刘海年，夏勇．秩序与渐进：社会主义初级阶段依法治国研究．[法学]. 北京：中国社会科学院/博士后，2003

党江舟/张晋藩．中国传统讼师文化研究．[中国法制史]．北京：中国政法大学，2003

刘山鹰/周叶中．中国的宪政选择——1945 年前后．[宪法学与行政法学]．武汉：武汉大学，2003

陈建云/丁淦林．中国当代新闻传播法制史论．[传播学]．上海：复旦大学，2003

李振宇/冯浩菲．中国法律文献学．[中国古典文献学]．济南：山东大学，2003

蒋传光．中国古代社会控制模式的历史考察．[法理学]．北京：中国政法大学，2003

杨东霞/朱勇．中国近代保险立法移植研究．[法律史（比较法律史）]．北京：中国政法大学，2003

蒋铁初/怀效锋．中国近代证据制度研究．[法律史（法文化史）]．北京：中国政法大学，2003

王志华/怀效锋．中国近代证券法律制度研究．[法律史（中国法文化史）]．北京：中国政法大学，2003

关晓丽/吕绍纲．《周礼》所见若干司法问题研究．[中国古代史]．长春：吉林大学，2003

付海晏/马敏．变动社会中的法律秩序：1929～1949 年鄂东民事诉讼案例研究．[中国近现代史（中国近代经济史）]．上海：华中师范大学，2004

刘洋/崔富章．阐释与重构——《韩非子》研究新论．[中国古典文献学]．杭州：浙江大学，2004

武建敏/武树臣．传统司法行为及其合理性．[法律史（中国传统法律文化）]．北京：北京大学，2004

沈大明/王立民．《大清律例》与清代的社会控制．[法律史]．上海：华东政法学院，2004

周由强/李瑗．当代中国婚姻法治的变迁（1949～2003）．[中共党史]．北京：中共中央党校，2004

曹全来/朱勇．国际化与本土化——中国近代法律体系的形成．[法律史（比较法律史）]．北京：中国政法大学，2004

姚秀兰/徐永康．户籍、身份与社会变迁：中国户籍法律史研究．[中国法律史]．上海：华东政法学院，2004

邓建鹏/武树臣．纠纷、诉讼与裁判：黄岩、徽州及陕西的民事讼案研究（1874～1911年）．[法律史（中国传统法律文化）]．北京：北京大学，2004

岳宗福/吕伟俊．理念的嬗变/制度的初创——近代中国社会保障立法研究（1912～1949）．[中国近现代史]．杭州：浙江大学，2004

焦润明/张晋藩．梁启超法律思想综论．[中国法制史]．北京：中国政法大学，2004

苗鸣宇/郭成伟．民法典的活力之源——习惯在民法法典化中的作用．[中国法制史]．北京：中国政法大学，2004

严泉/朱学勤．民国初年的制宪与民主转型．[社会学]．上海：上海大学，2004

何增光/金普森．民国监督制度研究．[中国近现代史]．杭州：浙江大学，2004

苏凤格/怀效锋．明末清初法律思潮研究．[法律史（中国法律文化史）]．北京：中国政法大学，2004

杜文忠/方铁．清代边疆法制与民族关系研究．[中国少数民族史]．昆明：云南大学，2004

吕宽庆/郭成康．清代立嗣继承研究．[中国古代史（清朝法制史）]．北京：中国人民大学，2004

岑树海/孙关宏．清末立宪运动下的组党研究——从政党的产生看近代中国政治参与的变化．[政治学理论]．上海：复旦大学，2004

李超/朱勇．清末民初的审判独立研究——以法院设置与法官选任为中心．[中国法制史]．北京：中国政法大学，2004

眭红明/公丕祥．清末民初民商事习惯调查之研究．[法学理论]．南京：南京师范大学，2004

夏扬/朱勇．上海道契：法制变迁的另一种表现．[中国法制史]．北京：中国政法大学，2004

李孝猛/徐永康．社会变迁与制度建构——中国行政诉讼制度现代化研究．[中国法律史]．上海：华东政法学院，2004

张明/李昌宪．宋代军法研究．[中国古代史]．南京：南京大学，2004

戴建国/朱瑞熙．宋代刑法研究．[中国古代史（宋史）]．成都：四川大学，2004

柴荣/郑定．台湾金融法律制度的历史与现状．[法律史（台湾法）]．北京：中国人民大学，2004

陈灵海/王立民．唐代刑部．[法律史]．上海：华东政法学院，2004

汪太贤/周叶中．晚清地方自治思想的萌生与演变——从鸦片战争至预备立宪前夕．[宪法学与行政法学]．武汉：武汉大学，2004

吕铁贞/怀效锋．晚清涉外经济法律制度研究——晚清来华外商经济行为的法律调整．[中国法制史]．北京：中国政法大学，2004

魏斌/朱雷．晚唐大赦申禁职能研究．［中国古代史（魏晋南北朝隋唐史）］．武汉：武汉大学，2004

宋俭/吴剑杰．新民主主义宪政思想研究．［中国近现代史］．武汉：武汉大学，2004

陈柳裕/王立民．新中国民营经济法律制度之变迁——以“权利本位”为视角．［中国法制史］．上海：华东政法学院，2004

胡兴东/方慧．元明清时期南方民族法律变迁研究——从法律移植与本土化角度的考察.［中国少数民族史］．昆明：云南大学，2004

安斌/陈忠林．战国与启蒙时代的刑法思想研究．［刑法学］．重庆：西南政法大学，2004

相自成/张晋藩．中国残疾人保护法律问题历史研究．［中国法律史］．北京：中国政法大学，2004

沈国琴/信春鹰．中国传统司法的现代转型．［法学理论］．北京：中国社会科学院，2004

胡穗/李屏南．中国共产党农村土地政策的演进——从农村土地所有权和经营权角度进行考察．［中共党史］．长沙：湖南师范大学，2004

孟庆超/郭成伟．中国警制近代化研究——以法文化为视角．［法律史］．北京：中国政法大学，2004

于语和/曾宪义．中国民间习惯理论与实证研究——以山西阳泉 河北青县民间调查为个案．［中国法制史］．北京：中国人民大学/博士后，2004

李秋学．中国信访制度的法律文化分析．［法学］．北京：中国社会科学院/博士后，2004

李峰/郭德宏．中华人民共和国四部宪法比较研究．［中共党史］．北京：中共中央党校，2004

孟祥沛/王立民．中日民法近代化比较研究．［中国法律史］．上海：华东政法学院，2004

周联合/周兴樑．自治与官治——南京国民政府的自治法及其实践研究．［中国近现代史］．广州：中山大学，2004

黄颂文/宋才发．21世纪初西部民族地区农村反贫困法制保障研究．［中国少数民族经济］．北京：中央民族大学，2005

田成有/张晋藩．传统与现代：乡土社会中的民间法．［中国法制史］．北京：中国政法大学，2005

罗海山/霍存福．传统中国的契约：法律与社会——以土地买卖、典当契约为对象的考察．［法学理论］．长春：吉林大学，2005

余华川/相兰欣．从上海公共租界会审公廨看中西法律制度和思想的冲突与融合．［科

学社会主义与国际共产主义运动 国际关系史］．上海：华东师范大学，2005

陈智彪/曾宪义．大陆有限责任公司与香港私人公司中股东拥有及行使权益相关制度比较研究．［法律史］．北京：中国人民大学，2005

刀伟/胡绍华．傣族法律制度研究．［专门史］．北京：中央民族大学，2005

李宁/李良玉．当代中国宪法论．［中国近现代史］．南京：南京大学，2005

杨庆文/杨树标．当代中国刑法史研究．［中国近现代史］．杭州：浙江大学，2005

杨帆/张晋藩．德治图景下的中国传统司法文化研究——以清代为中心．［中国法制史］. 北京：中国政法大学，2005

江眺/朱勇．公司法：政府权力与商人利益的博弈——以《公司律》和《公司条例》为中心．［中国法制史］．北京：中国政法大学，2005

马克林/杨建新．回族传统法文化研究．［民族学（民族理论与法制）］．兰州：兰州大学，2005

岑飒/郑定．羁縻：清前期旅蒙商及其贸易活动的法律透视．［中国法制史］．北京：中国人民大学，2005

王圣诵/郭成伟．近代乡村自治研究：户政法文化诠释．［法律史（中国法文化史）］．北京：中国政法大学，2005

蒋燕玲/曾宪义．近代中国公司法律制度移植及效果分析．［法律史（比较法律文化）］．北京：中国人民大学，2005

王兰萍/何勤华．近代中国著作权法的成长（1903～1910）．［法律史］．上海：华东政法学院，2005

李宜霞/郑定．凌迟刑研究．［中国法制史］．北京：中国人民大学，2005

李蕊/郑定．论我国行政法制监督制度的历史发展与完善．［中国法制史］．北京：中国人民大学，2005

王新宇/朱勇．民国时期婚姻法近代化研究．［法制史 比较法制史］．北京：中国政法大学，2005

杨正鸣/王立民．民国时期恐怖活动与反恐法律制度研究．［法律史］．上海：华东政法学院，2005

常保国/郭成伟．民主 人权与中道——20 世纪 40 年代中间党派宪政诉求．［法律史（法文化）］．北京：中国政法大学，2005

江继海/赵毅．明代官吏职务犯罪研究．［中国古代史（明清史）］．长春：东北师范大学，2005

黄明光/龚延明．明代科举制度研究．［古典文献学］．杭州：浙江大学，2005

张钧/曾宪义．明清晋商与传统法律文化．［法律史（法律文化）］．北京：中国人民大学，2005

龚汝富/徐永康．明清讼学研究．[法律史]．上海：华东政法学院，2005

高汉成/朱勇．签注视野下的大清刑律草案研究．[中国法制史]．北京：中国政法大学，2005

史玉华/周育民．清代州县财政与基层社会——以巴县为个案．[中国近现代史]．上海：上海师范大学，2005

王静/霍存福．清代州县官的民事审判——一个法律文化视角的考察．[法学理论]．长春：吉林大学，2005

彭剑/严昌洪．清季宪政大辩论——以《中兴日报》、《南洋总汇新报》之论战为主体的探讨．[中国近现代史（中国近现代政治史）]．上海：华中师范大学，2005

王浩/朱勇．清末诉讼模式的演进．[中国法制史]．北京：中国政法大学，2005

李红勃/朱力宇．去留两徬徨——法制现代化进程中的人民信访．[法学理论（现实法和人权法）]．北京：中国人民大学，2005

洪佳期/王产民．上海公共租界会审公廨研究．[法律史]．上海：华东政法学院，2005

李小标/张晋藩．身份与财产：谱系继替下的清代承继法律文化．[法律史（法律文化史）]．北京：中国政法大学，2005

马泓波/李裕民．《宋会要辑稿·刑法》整理与研究．[中国古代史]．西安：陕西师范大学，2005

吴晓玲/怀效锋．宋明理学视野中的法律．[中国法制史]．北京：中国政法大学，2005

邵志国/施建中．唐代赦宥制度．[中国古代史]．北京：北京师范大学，2005

周奇/韩昇．唐代宗教管理研究．[中国古代史]．上海：复旦大学，2005

江润南/程天权．《唐律》若干罪名的实证分析．[法律史（比较法律文化）]．北京：中国人民大学，2005

叶士东/怀效锋．晚清交通立法研究．[法律史（中国法文化史）]．北京：中国政法大学，2005

张靖/郭成伟．晚清选官制度变革研究．[中国法制史]．北京：中国政法大学，2005

陈小葵/张晋藩．王权主义与中国社会——古代公法文化研究．[中国法制史]．北京：中国政法大学，2005

薛菁/汪征鲁．魏晋南北朝刑法研究．[历史学]．福州：福建师范大学，2005

陈永胜/杨建新．西夏法律制度研究．[民族学（民族理论与法制）]．兰州：兰州大学，2005

王颖/徐育苗．新民主主义革命时期选举制度研究．[中外政治制度]．上海：华中师范大学，2005

张永和/张晓辉．信仰与权威——诅咒（赌咒）、发誓与法律之比较研究．［民族学］．昆明：云南大学，2005

杨昂/郑定．学风、世变与民国法学——朝阳大学研究（1912～1946）．［法律史（比较法律文化）］．北京：中国人民大学，2005

甘措/丹珠昂奔．藏族法律文化研究．［民族学］．北京：中央民族大学，2005

史广全/曾宪义．中国古代立法文化研究．［中国法制史］．北京：中国人民大学，2005

史永丽/赵晓耕．中国古代刑罚体系与“五刑”观念关系研究．［中国法制史］．北京：中国人民大学，2005

郭明/张晋藩．中国监狱学史研究——清末以来的中国监狱学术述论．［中国法制史］．北京：中国政法大学，2005

温慧辉/晁福林．《周礼·秋官》所见司法问题研究——兼与周代司法制度的比较．［中国古代史］．北京：北京师范大学，2005

赵国伟/杨魁森．走向宪政——中国现代民主的演变历程．［马克思主义哲学］．长春：吉林大学，2005

（二）硕士论文

张文显．论社会主义法制和共产主义道德．［法学理论］．长春：吉林大学，1981

刘笃才．论朱元璋的法律思想．［中国法律思想史］．北京：中国社会科学院研究生院，1981

杨一凡．明初重典考．［中国法制史］．北京：中国社会科学院研究生院，1981

段秋关．丘睿法律思想述评．［法律史］．北京：北京大学，1981

俞荣根．孔子法律思想探微．［法学］．重庆：西南政法学院，1982

徐立志/韩延龙．论清末商法．［中国法制史］．北京：中国社会科学院研究生院，1985

胡泽君/杨景凡．试论荀子的法律思想体系．［中国法律思想史］．北京：中国社会科学院研究生院，1985

蔚智前/高恒．论董仲舒“德主刑辅”学说．［中国法律思想史］．北京：中国社会科学院研究生院，1986

孙虹/刘海年．西汉商业法律与规定概述．［中国法律制度史］．北京：中国社会科学院研究生院，1986

尤韶华/高恒．略论朱熹的“明刑弼教”学说．［中国古代法律思想史］．北京：中国社会科学院研究生院，1987

耿捷/吴建璠．香港的政制改革．［中国法制史］．北京：中国社会科学院研究生院，1988

李新成．清末民初的法律教育．［法律史］．北京：北京大学，1993

阎世铎．我国宏观体育法制建设的历史进程与发展对策．［法律史］．北京：北京体育大学，1995

李朝鲜/程思进，石开贵．邓小平法制建设思想研究．［马克思主义理论教育］．成都：四川师范大学，1997

赵姗黎/杨一凡．明代《问刑条例》的比较研究．［中国法制史］．北京：中国社会科学院研究生院，1997

邓红洲/张海鹏．张之洞"从缓"、"从速"立宪论．［中国近代政治史］．北京：中国社会科学院研究生院，1997

冯锦/葛金芳．北宋司法监察制度述论．［中国古代史］．武汉：湖北大学，1999

王军/汪汉卿．包拯的法律精神与传统法文化．［法制史］．合肥：安徽大学，1999

洪学化/汪汉卿．包拯法治思想研究．［法制史］．合肥：安徽大学，1999

桂万先．海峡两岸股份有限公司设立制度比较研究．［法律史（港台史）］．南京：南京大学，1999

艾思武/刁兆峰．监狱管理文化研究．［管理工程］．武汉：武汉工业大学，1999

黄茂生/汪汉卿．论包拯的经济法制思想．［法制史］．合肥：安徽大学，1999

林翊/赖仁光．论当代中国法律理念的历史嬗变及其现代化．［思想政治教育］．南昌：江西师范大学，1999

李影影/汪汉卿，王继忠．论唐代司法官责任制度．［法制史］．合肥：安徽大学，1999

王祖书/赵子寅．面向21世纪的中国刑法改革．［科学社会主义］．沈阳：辽宁师范大学，1999

柳平生/葛金芳．南宋市舶司变迁 职能及吏治研究．［中国古代史］．武汉：湖北大学，1999

章志远/汪汉卿．清末立宪改革 回顾与反思．［法制史］．合肥：安徽大学，1999

宋德会/彭久松．清末修律评义（1901～1911）．［中国近现代史］．成都：四川师范大学，1999

邱立波/叶孝信．试论汉魏晋礼律关系的演进．［法律史］．上海：复旦大学，1999

夏民．晚清政府与法制变革．［法学理论］．南京：南京师范大学，1999

张苏军．我国监狱管理法制转型研究．［法律学］．南京：南京师范大学，1999

赵忠江/赵子寅．中国法治纵向观．［科学社会主义与国际共产主义运动］．沈阳：辽宁师范大学，1999

张启兵/汪汉卿．中国古代谏官制度研究．［法制史］．合肥：安徽大学，1999

韩威．1949～1956 中国法制建设的回顾与反思．［中共党史］．北京：中共中央党

校，2000

吴桂平/王卫，刘宏伟．邓小平人权思想研究．[法学（马克思主义理论与思想政治教育）]．大连：大连理工大学，2000

张功/付廷中，朱清．二十一世纪海洋倾废国际立法趋势及我国对策．[国际法学]．大连：大连海事大学，2000

牛建平/韩竞．法律文化中民族性的对比与重塑．[马克思主义原理及思想品行教育]．呼和浩特：内蒙古师范大学，2000

张万洪/李龙．法制现代化及其传统法律资源论纲．[法学理论]．武汉：武汉大学，2000

刘曙光/王树荫．国民政府立法院述论．[马克思主义理论与思想政治教育]．北京：首都师范大学，2000

黄顺春/黄今言．汉代经济立法的初步考察．[专门史]．南昌：江西师范大学，2000

王俊梅/秦进才．两汉遗令研究．[中国古代史]．石家庄：河北师范大学，2000

缪乐炜/袁久红．论当代中国法制建设的创新．[马克思主义理论教育]．南京：东南大学，2000

谭绍木/张吉雄．论废除旧法统．[思想政治教育]．南昌：江西师范大学，2000

李福德．论清官文化．[法律（法文化）]．北京：对外经济贸易大学，2000

丁喜春/李康平，赖仁光．论中国法制现代化的进程与建设．[思想政治教育]．南昌：江西师范大学，2000

王建洲/王继忠．略论清政府对藏区的民族立法．[法制史]．合肥：安徽大学，2000

戴家巨/王继忠．略论沈家本法学研究方法．[法制史]．合肥：安徽大学，2000

吕莹/王天文，王德木．毛泽东反腐败思想研究．[中共党史]．郑州：河南大学，2000

莫子刚/邓绍辉．清末民初四川的禁烟政策与措施（1906～1916）．[中国近现代史]．成都：四川师范大学，2000

徐彪/周少元．清末新式法学教育与中国法律近代化．[法律史]．合肥：安徽大学，2000

王波/汪汉卿．《商君书》的法治思想．[法制史]．合肥：安徽大学，2000

冯菁/叶孝信．试论张之洞的政治法律思想．[中国法制史]．上海：复旦大学，2000

闫金鑫/曹力铁．孙中山法制思想中的人权精神初探．[思想政治教育]．南昌：江西师范大学，2000

李秋容/邓泽宏．台湾监察制度的历史与现状分析．[管理工程]．武汉：武汉科技大学，2000

赵增彦/马同增．“文革”前新中国法制建设的回顾与反思．[中共党史]．郑州：河南

大学，2000

申艳红．中国古代蒙古族法律文化研究．［民族学（民族理论与法制）］．兰州：兰州大学，2000

冯惠敏/谢长法．中国近代的法律教育（1862～1937）．［教育史］．石家庄：河北大学，2000

吕利/叶孝信．中国近代民间合会述略．［中国法制史］．上海：复旦大学，2000

龚文斌/陈孝华．中黄苏区经济法律制度的研究．［中国近现代史］．福州：福建师范大学，2000

张维东．1935 年《中华民国刑法》述评．［法律史］．北京：中国政法大学，2001

苗鸣宇．传教士对中国近代法制之影响．［法律史］．北京：中国政法大学，2001

邱国良/黎斌．传统与现代——法理念的变革．［马克思主义理论与思想政治教育］．南昌：江西师范大学，2001

孙雪凝/陈跃．邓小平法制思想与第三代中央领导集体的依法治国方略．［马克思主义理论与思想政治教育］．重庆：西南师范大学，2001

李佑喜/谢勇．对二十世纪末中国大陆有组织犯罪研究之考察．［刑法学］．湘潭：湘潭大学，2001

刘立军/邢鸿飞．法律与道德关系的哲学解析．［马克思主义理论与思想政治教育］．南京：河海大学，2001

高珩/范鑫涛．关于新中国五十年法治建设的历史考察及思考．［马克思主义理论与思想政治教育］．西安：陕西师范大学，2001

雷天遥/李佑新．价值视野中的中国法治现代化．［马克思主义哲学］．湘潭：湘潭大学，2001

王燕飞/谢勇．建国初期有组织犯罪惩治策略研究——侧重从国家与社会关系视野分析.［刑法学］．湘潭：湘潭大学，2001

栾爽．近代中国社会结构转型与契约法律制度．［法学理论］．南京：南京师范大学，2001

李向杰．近代中国司法程序化的法理分析．［法学理论］．南京：南京师范大学，2001

钱宁峰．历代豪右的危害及惩治研究．［中国法制史（中国传统法律文化）］．武汉：武汉大学，2001

李福德/孙利．论清官文化．［法律］．北京：对外经济贸易大学，2001

樊惠林/汪习根．论中国的法制现代化．［法学 法理学］．武汉：武汉大学，2001

付海晏/马敏．民初商事公断处、商事裁判与调处——以苏州商事公断处为个案研究．［中国近现代史］．上海：华中师范大学，2001

陈有勇/王继忠．民国时期行政诉讼制度研究．［法学］．合肥：安徽大学，2001

陈志红．清代典权制度初步研究．[法律史]．北京：中国政法大学，2001

丁敏．清代华北地区田房契约文书粘连结构及其契约观念．[法律史]．北京：中国政法大学，2001

陈雷/周少元．清代狱政制度研究．[法律史]．合肥：安徽大学，2001

许睿/叶孝信．清末民初的永佃权习惯与立法述略．[法律史]．上海：复旦大学，2001

李勤．清前期工商管理法律思想试析．[法律史]．北京：中国政法大学，2001

郑志华/叶孝信．试论清代刑案裁判的正当性论证．[法律史]．上海：复旦大学，2001

姚明铭/叶孝信．试论清末民初商会立法．[法律史]．上海：复旦大学，2001

孟祥沛/叶孝信．试论中日民法近代化的开端——《大清民律（草案）》与日本明治民法典的比较研究．[法律史]．上海：复旦大学，2001

张乐/赵子寅．试析邓小平关于树立法律权威的思想．[科学社会主义与国际共产主义运动]．沈阳：辽宁师范大学，2001

高仁宝/汪汉卿．唐朝违法审判责任制度研究．[法律史学]．合肥：安徽大学，2001

宁志新/杨月君．唐代官吏赃罪的立法与司法实践研究．[中国古代史]．石家庄：河北师范大学，2001

吴红艳/王继忠．我国古代担保制度研究．[法律史学]．合肥：安徽大学，2001

侯长龙/汪汉卿．伍廷芳法律思想初探．[法律史学]．合肥：安徽大学，2001

杨成炬．中国传统法律文化刑事性的哲学基础．[法律史]．上海：华东政法学院，2001

黄金艳．中国古代监狱文化研究．[中国古代史（中国古代文化史）]．兰州：兰州大学，2001

赵萍/吴忠民，林聚任．中国户籍制度的功能与演变．[社会学]．济南：山东大学，2001

萧春茂/张祥浩．中国现代法律文化的价值取向．[马克思主义理论教育]．南京：东南大学，2001

王海燕．中晚唐时期司法制度之变化初探．[法律史]．北京：中国政法大学，2001

颜新娟/何贻纶．1949～1976 年我党反腐败斗争的历史反思与现实对策．[马克思主义理论与思想政治教育]．福州：福建师范大学，2002

金霞/杨荫楼．从唐代礼制看唐代婚姻．[专门史]．曲阜：曲阜师范大学，2002

武敏/韩竞．当代中国法制现代化构建论．[马克思主义理论与思想政治教育]．呼和浩特：内蒙古师范大学，2002

刘珍杰/彭承福．邓小平法制思想研究．[马克思主义理论与思想政治教育]．重庆：

西南师范大学，2002

谢士成/谭双泉．第三代领导集体与依法治国方略．［中共党史］．长沙：湖南师范大学，2002

刘利民/李育民．二十世纪初戴季陶宪政思想初探——政治近代化的制度设计．［中国近现代史］．长沙：湖南师范大学，2002

史永丽/赵晓耕．法家“法治”思想的近代重构．［法律史］．北京：中国人民大学，2002

邓中裕/汪佩伟．胡汉民的立法理论与实践研究．［马克思主义理论与思想政治教育］．武汉：华中科技大学，2002

肖太福/韩延龙，马小红．胡适自由主义法律思想述评．［法律史］．北京：中国社会科学院研究生院，2002

龙威．金代法律的渊源及其运用．［法律史］．北京：中国政法大学，2002

李宁/刘安荣．近代中国的法治思想与政治秩序的互动——关于中国早期政治现代化进程的理性思考．［政治学理论］．西安：陕西师范大学，2002

张德军．刘衡官箴思想研究．［法律史］．北京：中国政法大学，2002

莫庆红/邹华斌．略论妇女运动在抗日战争时期的地位和特点．［中共党史］．湘潭：湘潭大学，2002

张宝成/韩竞．论当代中国法律文化的构建．［马克思主义理论与思想政治教育］．呼和浩特：内蒙古师范大学，2002

赵海晨．论近代中国民事法律制度的现代变迁与传统演进——以房屋租赁契约法律制度为例．［法律史］．上海：华东政法学院，2002

许建兵/汪云生．论抗战时期毛泽东“新民主主义宪政”思想．［马克思主义理论与思想政治教育］．北京：中国人民大学，2002

孙华章/王新山．论毛泽东、邓小平、江泽民的“德治”与“法治”思想．［马克思主义理论与思想政治教育］．武汉：武汉大学，2002

徐祖澜．论明代史治思想与实践．［法律史］．合肥：安徽大学，2002

温慧辉/李玉洁/龚留柱．论秦汉妇女的较高地位及其原因．［中国古代史］．郑州：河南大学，2002

袁自永．论清代回疆法律及其适用．［法律史］．重庆：西南政法大学，2002

曾贝/汪习根．论儒家义利观对现代法治的价值．［法学］．武汉：武汉大学，2002

张志京/郭建．论中国古代法律中女性的相对家长权．［法律史］．上海：复旦大学，2002

占锦．略论中国古代调解的运行机制及其社会基础．［法律史］．北京：中国人民大学，2002

韩在峰．略论中国加入世贸与政府法治化进程．［法律史］．北京：中国人民大学，2002

文雄/肖北庚．美法中行政立法的历史沿革之比较分析．［法学理论］．长沙：湖南师范大学，2002

张洪武/杨天宏．民族主义与领事裁判权——以法权会议为个案分析．［中国近现代史］. 成都：四川师范大学，2002

张立娜/马小红．明朝海禁法令初探．［法律史］．北京：中国社会科学院研究生院，2002

胡仁智．南京国民政府前期教育立法的历史考察．［法律史］．重庆：西南政法大学，2002

周少华．朋党禁治论．［中国法制史（中国传统法律文化）］．武汉：武汉大学，2002

杨柳．清朝旗地制度及其法律调整．［法律史］．北京：中国政法大学，2002

陈新宇．清代的法律解释．北京：中国政法大学，2002

王燕凌/刘伟．清末民初经济立法述论．［中国近现代史］．武汉：华中师范大学，2002

朱晓辉．试析中国近代银行监管制度及思想（1859～1927）．中国政法大学，2002

于晓虹．司法的群众化——中共江西时期的司法实践．［政治学理论］．北京：中国人民大学，2002

唐韫玉/周新国．晚清商事立法研究．［中国近现代史］．扬州：扬州大学，2002

陈永胜/庄锡福．我国实现法治的条件研究．［科学社会主义与国际共运］．泉州：华侨大学，2002

苗蓓．五权分立中的监察制度．［法律史］．北京：中国政法大学，2002

方卫军/徐立志．伍廷芳司法思想探析．［法律史］．北京：中国社会科学院研究生院，2002

贾剑虹．先秦儒家和法家关于犯罪预防思想比较研究．合肥：安徽大学，2002

李伯凯/谭献民．湘鄂赣苏区肃反运动述评．［中共党史］．长沙：湖南师范大学，2002

赵岚/苏亦工．香港的廉政思潮与廉政建设．［中国法律史］．北京：中国社会科学院研究生院，2002

何正付/韦杰廷．谢觉哉法制思想初探．［中国近现代史］．长沙：湖南师范大学，2002

罗芳．中国传统法律近代化特点初探．［法律］．北京：中国人民大学，2002

张艳玲/龚廷泰．中国传统法律文化及其现代价值．［法学理论］．南京：南京师范大学，2002

肖文/林明．中国古代公证研究．［法律］．济南：山东大学，2002

程延军．中国古代契约法研究．［民商法学］．呼和浩特：内蒙古大学，2002

栗明辉．中国近代亲属法、继承法制定和发展初探．［法律史］．北京：中国政法大学，2002

申剑敏/林尚立．中国近代主权观念的兴起和国族认同．［政治学理论］．上海：复旦大学，2002

卢玉华/韦杰廷．中国联邦思潮三十年（1894～1924）．［中国近现代史］．长沙：湖南师范大学，2002

陈泽权．澳门民事诉讼的文化考察．［诉讼法学］．广州：中山大学，2003

郭学勤/张德宗/苗书梅．北宋宗教政策研究．［中国古代史］．郑州：河南大学，2003

王海东．曹魏监察制度几个问题的研究．［中国古代史（魏晋南北朝隋唐史）］．武汉：武汉大学，2003

崔德华/聂月岩．从“法治”到依法治国——中国共产党治国方略的伟大创新．［马克思主义理论与思想政治教育］．北京：首都师范大学，2003

温霞．从惩贪肃贿的角度看中国古代关于“六赃”罪的法律规定与实践．［法律史］．北京：中国政法大学，2003

许驰/周叶中．从传统走向现代——浅议传统文化对中国宪政之路的影响．［宪法学与行政法学］．武汉：武汉大学，2003

谢洪波．从法律文化看西汉藩国地位的演变．［中国古代史］．北京：中国人民大学，2003

张渝．从法制到法治．［法律史］．重庆：西南政法大学，2003

赵理扬．从国民大会制度的变迁看台湾“宪政改革”．［法律史］．北京：中国人民大学，2003

刘健虎/邓红蕾．当代中国法律发展研究——多元法律发展视野中当代中国法律文化定位．［法律史］．武汉：中南民族大学，2003

唐政秋/彭真明．邓小平立法思想研究．［马克思主义理论与思想政治教育］．武汉：华中师范大学，2003

唐富满/郭汉民．《东方杂志》与清末立宪宣传．［中国近现代史］．长沙：湖南师范大学，2003

张振华．《法经》和《十二表法》比较研究．［法律史］．广州：中山大学，2003

柏欣/程燎原．法律文化认同——对当代中国法律文化发展的一种分析．［法律］．湘潭：湘潭大学，2003

曾绍东/张英明．法律与社会：晚清科举考试法规评析．［中国近现代史］．南昌：江西师范大学，2003

马晓娜/陶林．法治文化及其在中国的生成．［马克思理论与思想政治教育］．重庆：西南师范大学，2003

和玉典．改土归流与纳西族婚姻制度的嬗变——兼论纳西族神秘殉情悲剧的法社会学意义．［法律史］．广州：中山大学，2003

伊晓婷/姚荣涛．关于张家山汉简的简单考释及形式研究．［法制史］．上海：复旦大学，2003

吕华侨/孙开泰．《管子》思想初探——以法律思想为主．［中国古代史］．北京：中国社会科学院研究生院，2003

黄爱平/李交发．广西家法族规概论．［法律］．湘潭：湘潭大学，2003

官士刚/陈金凤．汉魏六朝赀税探析．［专门史］．南昌：江西师范大学，2003

李亚娟/秦燕．建国以来的婚姻法与婚姻家庭变迁——从1950年婚姻法到2001年婚姻法修正案．［马克思主义理论与思想政治教育］．西安：西北工业大学，2003

李胜元/唐能赋．江泽民的法德并重治国观研究．［马克思主义理论与思想政治教育］．重庆：西南师范大学，2003

芮素平/赵光远．金朝立法研究．［专门史学］．北京：中国社会科学院研究生院，2003

韩冰．近代中国民法基本原则简论．［法律史］．北京：中国政法大学，2003

纪庆芳/张莲波．近代中国女性法律地位的嬗变．［中国近现代史］．郑州：河南大学，2003

伍华军．经济结构变迁与宪政的发展．［宪法学与行政法学（宪法基础理论）］．武汉：武汉大学，2003

郭亮夫/李交发．科举选才与吏治及其现代启示．［法律］．湘潭：湘潭大学，2003

陈志敏/宋世杰．令状主义研究．［诉讼法学］．湘潭：湘潭大学，2003

李琳/刘安荣．论传统“礼治”与现代法治．［政治学］．西安：陕西师范大学，2003

刘涛/赵晓耕．论“典”．［法律史］．北京：中国人民大学，2003

黄东东/邹学荣．论法治文化中国化——基于法治与德治并举的角度．［马克思主义理论与思想政治教育］．重庆：西南师范大学，2003

左学和/韩秀桃．论民国时期物权法的近代化．［法律史学］．合肥：安徽大学，2003

谭万霞/戴小明．论民族习惯法与国家法的冲突及整合．［法律史］．武汉：中南民族大学，2003

唐文胜/韩秀桃．论儒家教化思想．［法律史学］．合肥：安徽大学，2003

王金平/王涛．论诉讼调解制度在我国存在的历史合理性．［法学理论］．长沙：湖南师范大学，2003

陈世/冷鹏飞．论王莽的政治理想——儒家内圣外王理论的实践．［中国古代史］．长沙：湖南师范大学，2003

周世虹/周少元．论我国刑法自首制度的继承与发展．[法律史学]．合肥：安徽大学，2003

付春杨．论训政制度．[法律史（中国传统法律文化)]．武汉：武汉大学，2003

范春莹/陈金钊，谢晖．论中国的法律职业化．[法学理论]．济南：山东大学，2003

李伟/鲍禄．论中国古代反贪惩贿法律制度．[法律]．北京：对外经济贸易大学，2003

吴琼/周少元．论中国古代官吏考绩制度．[法学]．合肥：安徽大学，2003

湛益祥/郭建．论中国历史上的著作权制度．[法律史]．上海：复旦大学，2003

沈岚/王继忠．论《中华民国民法典》对1900年《德国民法典》的继受．[法律史学]．合肥：安徽大学，2003

邢星．略论信托制度在中国的历史发展及其本土化．[法律史]．北京：中国人民大学，2003

王志梅/郝志模．毛泽东邓小平法制思想比较研究．[马克思主义理论与思想政治教育]．呼和浩特：内蒙古师范大学，2003

沈小明．《盟水斋存牍》所载强盗案件研究．[法律史（中国法律史)]．广州：中山大学，2003

吴雯/廖信春．民国后期江西推行新县制的历史考察．[中国近现代史]．南昌：江西师范大学，2003

胡震．民国司法官考试制度研究．[法律史]．合肥：安徽大学，2003

高飞．明朝户籍制度中的身份法与迁徙法．[法律史]．北京：中国政法大学，2003

李亚林/王志强．明代官箴法律思想探析——以《官箴书集成》为研究对象．[法律史]．上海：复旦大学，2003

汪火根/王延武．明代社仓制度研究——以江浙为例．[法律史]．中南民族大学，2003

胡卫伟/方志远．明前期自然灾害与荒政研究（1368～1487）．[中国古代史]．南昌：江西师范大学，2003

朱琳/李修松．明清徽州婚姻若干问题研究．[专门史]．合肥：安徽大学，2003

林华昌/陈鹏生，丁凌华．墨家平等法律观研究．[法律史]．上海：华东政法学院，2003

吉霁光/徐永康．南京国民政府公司法及公司制度．[法律史]．上海：华东政法学院，2003

高珣/陈鹏生，丁凌华．南宋民事法制与社会变迁．[法律史]．上海：华东政法学院，2003

谢华/黄今言，陈晓鸣．秦汉商法述略．[专门史]．南昌：江西师范大学，2003

何青叶/郑定．清朝旗人特权的法律内涵．[法律史]．北京：中国人民大学，2003

李凤鸣/李成良．清朝养廉银制度平议．[中国古代史]．成都：四川师范大学，2003

刘国强/赵春晨．清末广东教案研究．[专门史]．广州：广州大学，2003

龙长安/夏新华．清末立宪研究——以法制现代化为视角．[法律]．湘潭：湘潭大学，2003

冯秋季/张九洲．清末民初中国知识产权法的产生及影响．[中国近现代史]．郑州：河南大学，2003

樊云剑．清末宪政改革与日本．[中国近现代史]．呼和浩特：内蒙古大学，2003

张蕾．清末重商思潮与商事法律制度．[法律史]．北京：中国政法大学，2003

许卫权．秋审考述．[中国法制史]．广州：中山大学，2003

陈焰．"三言两拍"公案故事研究——从中国法律史视角的考察．[法律史]．广州：中山大学，2003

张明泽．少数民族习惯法的意蕴——理论与个案的透视．[法律史]．重庆：西南政法大学，2003

张敏．《盛京时报》与清末宪政（1906～1911）．[中国近现代史（中国近现代思想文化）]．苏州：苏州大学，2003

王勇/王延武，余和祥．试论曹魏"都督制"的定型与影响．[法律史]．武汉：中南民族大学，2003

王华．试论传统中国法律的"罪刑法定"．[法律史]．合肥：安徽大学，2003

范仲琪/马小泉．试论清末司法制度之变革．[中国近现代史]．郑州：河南大学，2003

张本顺/马小泉．试论伍廷芳的法律思想及实践．[中国近现代史]．郑州：河南大学，2003

董方明．受贿罪构成探析．[法律史]．合肥：安徽大学，2003

洪琳．宋代讼师之兴探源．[法律史]．广州：中山大学，2003

季宏/郑定．台湾地区"司法院"大法官解释制度．[法律史]．北京：中国人民大学，2003

刘斌．唐宋监察制度比较研究．[中国古代史（中国政治制度史）]．兰州：兰州大学，2003

郑取．皖南教案的法制分析．[法律史]．上海：华东政法学院，2003

金一超．晚清法制变革的启示——从法律文化的视角分析．[法律]．广州：中山大学，2003

林波．晚清时期梁启超宪政思想研究．[法律史]．广州：中山大学，2003

李叶/彭熙海．我国亲权制度的构建．[法律]．湘潭：湘潭大学，2003

谢南燕/杜文玉．五代宰相使相群体及宰相制度研究．[中国古代史（隋唐五代史）]．

西安：陕西师范大学，2003

魏勇．无幕之幕：清代幕友的司法功能．［法律］．广州：中山大学，2003

秦文．伍廷芳的法律思想研究．［法律史］．广州：中山大学，2003

周浩江/胡旭晟．“五五宪草”研究．［法律］．湘潭：湘潭大学，2003

朱云平/周新国．辛亥革命前后江苏地区的审判制度研究．［中国近现代史］．扬州：扬州大学，2003

石烈娟/郭汉民．《新民丛报》的立宪宣传．［中国近现代史］．长沙：湖南师范大学，2003

周梅/周少元．荀子法律思想研究．［法律］．合肥：安徽大学，2003

李蕊/肖金明．由习惯行政走向法治行政——关于行政习惯的系统分析．［宪法学与行政法学］．济南：山东大学，2003

张群．元、明、清时期的人命赔偿．［中国古代史 明清史］．天津：南开大学，2003

孙桂珍．战后国民党宪政模式研究．［中国近现代史（中国近现代政治制度史）］．天津：南开大学，2003

孙振庆．张居正变法改革浅探．［法律史学］．北京：中国人民大学，2003

周振新/罗福惠．张居正法律思想研究．［中国近现代史］．武汉：华中师范大学，2003

陈曦/孙新强．中国反倾销法研究二十年回顾．［法律］．济南：山东大学，2003

刘军平/李交发．中国古代立法解释探析．［刑法学］．湘潭：湘潭大学，2003

陈爱国/肖金明，刘明利．中国户籍法律制度改革研究．［法学］．济南：山东大学，2003

杨海芳/李云峰．中国现代水法规发展特点探讨．［科学技术史］．武汉：武汉大学，2003

郭龙梅．中国赠与行为的法律调整及其伦理基础．［中国法制史］．武汉：武汉大学，2003

沈寨/邓红蕾．中国转型时期法律文化滞后分析．［法学理论］．武汉：中南民族大学，2003

钟日兴/黄华文．1932～1936年的行政督察专员制度研究——以湖北省为例．［中国近现代史］．武汉：华中师范大学，2004

王艳勤/郭莹．1940年代鄂西南的民事法秩序研究——从民事档案出发的考察．［专门史］．武汉：湖北大学，2004

魏志静．北魏刑事法律初探．［法律史（中国法制史）］．北京：中国政法大学，2004

张雷/赵金康．北洋政府律师制度确立及实施效果探析．［中国近现代史］．郑州：河南大学，2004

李文靓/王志强．北洋政府时期司法审判制度探颐．［法律史］．上海：复旦大学，2004

段凤华/兰奇光．柏拉图国际法思想研究——兼与先秦诸子比较．［历史学（世界史）］．长沙：湖南师范大学，2004

石晓华/曾代伟．不可期待的理性——《大清新刑律》论析．［法律史］．重庆：西南政法大学，2004

唐红林/陈鹏生．初唐西州债法制度研究——以吐鲁番出土文书为中心．［法律史］．上海：华东政法学院，2004

黄海滨/汪习根．传统法律文化与法治建设——一个现代性叙事的解读．［法学理论］．武汉：武汉大学，2004

陈影．传统中国社会典制研究．［法律史］．广州：中山大学，2004

高冠雄/郑定．从法家到"新法家"——中国"依法治国"的历史进程及其启示．［法律］．北京：中国人民大学，2004

梁竹．从亲属相容隐看亲属免证特权制度在我国的构建．［法律史］．北京：中国人民大学，2004

向达/刘启良．从文化的角度看清末礼法之争．［中国哲学］．湘潭：湘潭大学，2004

胡娟/王云霞．从西方国家非营利组织法的历史变迁看中国非营利组织的法律保护．［法律史］．北京：中国人民大学，2004

李华．当代中国法律文化的创新研究．［马克思主义理论与思想政治教育］．北京：中国人民大学，2004

王芸/尹春丽．邓小平法律思想探析．［法律］．合肥：安徽大学，2004

周剑/郭建．对明代开中盐法的考察．［法律史］．上海：复旦大学，2004

彭喜峰/吴云．法律文化的现代化研究．［马克思主义理论与思想政治教育］．哈尔滨：哈尔滨工程大学，2004

孙迎/谢晖．法社会学视野中的民间法．［法律］．济南：山东大学，2004

孙朝东/强昌文．"革命"与"重构"下的规则制定——1949～1976年间的中国立法背景分析．［法律］．合肥：安徽大学，2004

蔡秀萍/孙家洲．汉代家庭伦理犯罪研究．［中国古代史］．北京：中国人民大学，2004

徐玲/李振宏，郑慧生．汉代孝治文化研究．［中国古代史］．郑州：河南大学，2004

张忠炜/孙家洲．汉代"诏狱"考论．［历史学］．北京：中国人民大学，2004

陆益民/艾永明．黄老思想与汉初的法制建设．［法律］．苏州：苏州大学，2004

吕敏．基本法与香港的政治体制问题研究．［法律史］．北京：中国人民大学，2004

张娟娟/曾代伟．家法族规在明清法律体系中的地位——兼论明清时期家法族规与国家

法的关系．［法律］．重庆：西南政法大学，2004

贾晖．简论中国近代个人财产权的宪法保护．［法律史 中国法制史］．北京：中国政法大学，2004

季忠芳/张旭昆．监狱制度变迁研究——一个理性的分析框架．［公共管理］．杭州：浙江大学，2004

张秀芹/王建华．近代中国典权制度的立法研究（1907～1931）．［中国近现代史］．苏州：苏州大学，2004

刘真安/陈金华，高国希．近代中国宪政实践的文化误读及其对政治文明建设的借鉴意义．［马克思主义理论与思想政治教育］．上海：复旦大学，2004

程云飞/秦前红．近代中国宪政思想评论——从1840至1919.［宪法与行政法］．武汉：武汉大学，2004

马韶青/马小红，齐钧．晋令的法典化及其儒家化研究．［法律史］．北京：中国社会科学院，2004

娜鹤雅/张世明．"就地正法"制度研究．［专门史］．北京：中国人民大学，2004

刘彦芬/时广东．抗日战争时期宪政运动述评．［马克思主义理论与思想政治教育］．重庆：西南交通大学，2004

黄俊华/张九洲．李鸿章与晚清宗藩体制的瓦解．［中国近现代史］．郑州：河南大学，2004

赵进华．论"《春秋》决狱"．［法律史］．广州：中山大学，2004

马金生．论北宋的禁榷律法．［法律史］．广州：中山大学，2004

段文君/赵晓耕．论二十世纪上半叶中国地方自治的民间诉求与制度重建．［法律史］．北京：中国人民大学，2004

张华兵/赵晓耕．论韩非的法律思想．［法律史］．北京：中国人民大学，2004

吕云龙/赵晓耕．论汉文帝废肉刑在魏晋南北朝时期引发的争论．［法律史］．北京：中国人民大学，2004

阮继祥/赵晓耕．论近代中国民事法律制度的传统演进和现代变迁——以房屋租赁契约法律制度为例．［法律史］．北京：中国人民大学，2004

黄凯．论近现代中国中央国家机构的设置特点．［中国法制史（中国传统法律文化）］．武汉：武汉大学，2004

陈伟/程燎原．论梁漱溟的乡村秩序观．［法律］．湘潭：湘潭大学，2004

刘辛/谭启平．论民法的渊源．［民商法］．重庆：西南政法大学，2004

陶涛/曾代伟．论明清时期民间习惯法与国家制定法的互动及途径——以徽州地区民商事活动为个案．［法学］．重庆：西南政法大学，2004

洪浩．论清代的讼师．［法律史］．长春：吉林大学，2004

黄辉明/黄晓辉．论全面建设小康社会的法律文化现代化．［马克思主义理论与思想政治教育］．福州：福建师范大学，2004

黎佐德．论商鞅变法及其历史地位．［法律史］．北京：中国人民大学，2004

吴一裕/卓泽渊．论社会变迁中法律传统的发展．［法学理论］．重庆：西南政法大学，2004

王学泽/李俊．论唐代法律对官吏的监督管理．［法律］．北京：对外经济贸易大学，2004

崔岩/王振芳．论唐代科举制的匡时济俗功能．［中国古代史］．太原：山西大学，2004

王明忠．论我国监护制度的完善．［法律史］．北京：中国人民大学，2004

陈士春/李春明．论我国清末司法制度的近代化之路．［中外政治制度］．北京：中国人民大学，2004

周欣宇/陈金全．论藏族习惯法的宗教维度——文化分析中的勘察．［法律史］．重庆：西南政法大学，2004

马晓燕/阎照祥．论早期驻外使领的法律思想和实践．［中国近现代史］．郑州：河南大学，2004

王继尧/李俊．论中国古代司法制度的演变及特点．［法律］．北京：对外经济贸易大学，2004

徐明/丁凌华．论左宗棠的法律思想与实践．［法律史］．上海：华东政法学院，2004

王永浩/韩竞．毛泽东邓小平法制思想之比较．［马克思主义理论与思想政治教育］．呼和浩特：内蒙古师范大学，2004

阳国利/蒋先福，唐自斌．毛泽东宪法思想初探．［法学理论］．长沙：湖南师范大学，2004

张文举/周少元．民国初期（1912 年～1927 年）审判独立制度探析．［法律］．合肥：安徽大学，2004

王晶/公丕祥．民国时期夫妻财产制的变动——以民国二十年民法典亲属编为主．［法学理论］．南京：南京师范大学，2004

陈冬春/李桂林，郝铁川．民间法研究的反思性解读．［法理学］．上海：华东政法学院，2004

吴原元/方志远．明成化弘治时期经济犯罪探析——以《皇明条法事类纂》和《明实录》为基本史料．［专门史］．南昌：江西师范大学，2004

王勇军/李俊．明代监察体制述评．［法律］．北京：对外经济贸易大学，2004

杨铁明．明代赎刑制度研究．［法律史］．广州：中山大学，2004

蔡明伦/吴琦．明代言官研究——以嘉靖 隆庆 万历朝为中心．［中国古代史］．武汉：

华中师范大学，2004

赵卫锋．明清宗族制度下民事纠纷及其解决．[法律史]．广州：中山大学，2004

曹明/于桂芬．南京国民政府初期《土地法》研究（1928～1936年）．[中国近现代史]．大连：东北师范大学，2004

成坤/郑定．南京国民政府新旧刑法初探．[法律史]．北京：中国人民大学，2004

蒲娜娜/饶艾．判例法及中国“判例”法历史考察．[马克思主义理论与思想政治教育]．重庆：西南交通大学，2004

才媛/尤韶华．祁彪佳司法实践若干问题初探．[法律史（中国法制史）]．北京：中国社会科学院研究生院，2004

张云．秦汉婚姻家庭法探析．[法律史]．北京：中国人民大学，2004

周晓宇．秦汉时期法律思想和制度变迁的历史与逻辑．[法律史]．长春：吉林大学，2004

刘炳涛．清代发遣制度研究．[法律史（中国法制史）]．北京：中国政法大学，2004

王雪松．清代民事纠纷与民事诉讼论略．[法律史]．长春：吉林大学，2004

王坚/郑定．清代前期赋役法律制度改革研究．[法律史]．北京：中国人民大学，2004

柳岳武/马小泉．清末地方审判制度改革及实践——以奉天为例．[中国近现代史]．郑州：河南大学，2004

邢小兰．清末法官选任制度研究．[中国法制史]．北京：中国政法大学，2004

胡晓君/韩树峰．清末法制变革研究．[中外政治制度]．北京：中国人民大学，2004

何志辉/胡旭晟．清末律师制度研究．[法律史]．湘潭：湘潭大学，2004

黄涛涛．清末民初法学留学情况考察．[法律史]．广州：中山大学，2004

周志坚/赵晓耕．清末司法制度的改革．[法律史]．北京：中国人民大学，2004

赵鉴军/马小泉．清末预备立宪时期宪政编查馆研究．[中国近现代史]．郑州：河南大学，2004

李超/程燎原．人权派的法治思想研究．[法律]．湘潭：湘潭大学，2004

偶芳/陈金全．“人与自然是兄弟”——对云南丽江纳西族环境保护习惯法的文化解读．[法律史]．重庆：西南政法大学，2004

张天舒/周少元．儒家法律价值观及其文化背景的分析——兼论儒家法律文化对中国传统法和现代法制建设的影响．[法律]．合肥：安徽大学，2004

鲍如．儒者与法学家：近代夹层中的吉同钧．[专门史]．北京：中国人民大学，2004

任川霞/赵晓耕．山西票号与中国传统法律文化．[法律史]．北京：中国人民大学，2004

孙望远/林明．《圣经》对中国法治的启示．[法律]．济南：山东大学，2004

路玲．试论明代职官渎职犯罪．[法律史（中国法制史）]．北京：中国政法大学，2004

隆奕/曾代伟．试论南京国民政府地方自治立法．[法律史]．重庆：西南政法大学，2004

杨国誉/张进．试论秦汉刑罚中的赦与减免．[专门史]．南京：南京师范大学，2004

武志文/曾代伟．试论清代亲属相犯的法律责任．[法学]．重庆：西南政法大学，2004

龚曙东/李交发．试论唐朝法律中政府的地位．[法律史]．湘潭：湘潭大学，2004

邱玲芸/郑定．试论唐朝监察制度．[法律史]．北京：中国人民大学，2004

刘稚清．试论条例在明清法律中的角色．[法律史（中国法制史）]．北京：中国政法大学，2004

牛杰/郭东旭，王善军．宋代民众法律观念初探．[中国古代史]．保定：河北大学，2004

李智萍/程民生，贾玉英．宋代女户研究．[中国古代史]．郑州：河南大学，2004

张域．宋代赊买卖制度研究．[法律史]．长春：吉林大学，2004

秦凌/李育民．孙中山与宋教仁法律思想之比较研究．[中国近现代史]．长沙：湖南师范大学，2004

王娟/齐延平．唐朝妇女权利研究．[法学理论]．济南：山东大学，2004

李焱/屈广清．唐代冲突法发展研究．[国际法学]．大连：大连海事大学，2004

郑丽/李交发．唐律贿赂罪研究．[法律史]．湘潭：湘潭大学，2004

牛锦红/俞政．晚清传教士与西方法律思想的输入．[中国近现代史]．苏州：苏州大学，2004

孙琦/高旭晨．文化为本 法律为用——解读张之洞的法律思想．[法律史（中国法律思想史）]．北京：中国社会科学院研究生院，2004

朱孝红/肖平．我国法律本土化进程中价值问题的伦理思考．[马克思主义理论与思想政治教育]．成都：西南交通大学，2004

韩亚峰．西学东渐：西方法社会学思想在中国的早期传播与发展．[法学理论（西方法律思想史）]．北京：中国政法大学，2004

肖发荣/常金仓．先秦女性社会地位研究．[专门史]．西安：陕西师范大学，2004

刘忠昌/潘焕昭．新中国初期宪政建设的历史考察 从新民主主义宪政到社会主义宪政的转变．[中共党史]．北京：中国人民大学，2004

袁瑜琤．循吏法律实践的思想基础浅析．[法律史（中国法律思想史）]．北京：中国政法大学，2004

王沛．遗嘱继承制度的历史考察——从中西方比较的角度．[法律史]．上海：华东政

法学院，2004

刘云/陈金全．渝东南土家族商事习惯法文化考察．[法律史]．成都：西南政法大学，2004

谢毓洁/俞政．早期维新派法律思想研究．[中国近现代史]．苏州：苏州大学，2004

谭卫元．张家山汉简《具律》研究．[中国古代史（中国古代学术文化研究）]．武汉：武汉大学，2004

张大飞/艾永明．贞观时期谏官制度研究．[法律]．苏州：苏州大学，2004

余海民/李俊．中国传统判例制度及其现代价值研究．[法律]．北京：对外经济贸易大学，2004

林娟霞．中国传统社会的民事调解制度研究——以清朝为契入点．[法律史]．广州：中山大学，2004

陈宏钧/宋四辈．中国法律传统及其现代化研究．[法学]．郑州：郑州大学，2004

周天越．中国古代法官判案文化解析——以明清时期官箴文化为视角．[法律史]．长春：吉林大学，2004

张煜昊．中国古代法律儒家化的初步．[法律史]．上海：华东政法学院，2004

金艳歌/赵晓耕．中国古代农商关系对清末商法的影响．[法律史]．北京：中国人民大学，2004

李琳．中国古代土地典当买卖中的牙人研究．[法律史]．上海：吉林大学，2004

陈宇萍/屈广清．中国近代国际私法渊源之考析——清代国际私法研究．[国际法学]．大连：大连海事大学，2004

刘利民/李育民．中国近代领水主权问题研究．[中国近现代史]．长沙：湖南师范大学，2004

王红梅/王立民．中国近代商会法律制度研究．[法律史]．上海：华东政法学院，2004

路常青/赵连章．中国近代宪政运动的历史演进及当代中国宪政建设平台的构建．[马克思主义理论与思想政治教育]．长春：东北师范大学，2004

赵朝琴/宋四辈．中国律师制度历史变迁和未来发展的宏观考察与理性思考．[法学]．郑州：郑州大学，2004

张维新/陈刚．中国民事审级制度的历史与未来．[法律]．湘潭：湘潭大学，2004

陈松涛/程天权．中国起诉限制历史研究．[法律史]．北京：中国人民大学，2004

王玫黎/赵万一．中国商法的近代转型及其对中国当代民商立法的启示．[民商法]．重庆：西南政法大学，2004

中国社会科学院法学研究所 2004 届硕士研究生毕业论文目录．法律文献信息与研究，2006（1）

何民捷/赵晓耕．中国社会离婚法律的历史演变．［法律史］．北京：中国人民大学，2004

徐璐/付子堂．中国社会转型时期的立法变迁探微——从 1979～2003 年全国人大常委会公报看社会结构与社会行动者的互动．［法学理论］．重庆：西南政法大学，2004

张长江/游国立．中国现代化进程中的国家与社会——以民国时期皖省的一桩行政诉讼为个案．［中共党史］．北京：中国人民大学，2004

张颖．中美律师制度比较研究——从历史的视角．［法律史（外国法制史）］．北京：中国政法大学，2004

王丽芳/张骥，孙燕山．中西法律文化比较研究．［马克思主义理论与思想政治教育］．石家庄：河北师范大学，2004

谭喜祥/赖达清．中西经济法产生发展道路差异研究．［经济法学］．重庆：西南政法大学，2004

况腊生/赵晓耕．朱熹法律思想研究．［法律史］．北京：中国人民大学，2004

徐露颖/郑定．转型时期的表达与实践——清末民初的商会与中国商事法制近代化．［法律史］．北京：中国人民大学，2004

杜旅军/王威．1898—1911：梁启超立宪思想的萌生与转变．［法理学］．重庆：西南政法大学，2005

衡芳珍/赵金康．1927～1936 年南京国民政府劳工立法研究．［中国近现代史］．郑州：河南大学，2005

黄燕群/黄华文．1927～1937 年湖北省县级司法体制改革初探．［中国近现代史］．武汉：华中师范大学，2005

祁琛云/张德宗，苗书梅．北宋前期审刑院制度研究．［中国古代史］．郑州：河南大学，2005

曹笑辉/汪世虎．重建典权制度刍议．［民商法学］．重庆：西南政法大学，2005

叶芳/时广东．川陕革命根据地的妇女社会地位变迁研究（1932.12～1935.4）．［马克思主义理论与思想政治教育］．成都：西南交通大学，2005

郭明月/赵世超．春秋战国时期诉讼证据研究．［中国古代史］．西安：陕西师范大学，2005

王麟．从《名公书判清明集》看南宋妇女的守寡与再嫁．［法律史］．北京：中国政法大学，2005

吴昊/曾代伟．存留养亲制度流变探析．［法律史］．重庆：西南政法大学，2005

方传平/吴文华．邓小平法制思想研究．［马克思主义理论与思想政治教育］．重庆：西南师范大学，2005

姜茂坤．二十世纪前三十年典的考察与反思．［法律史］．上海：华东政法学院，2005

来东亚/王大勇．二十世纪中期以来中国农村土地产权制度变革研究．[马克思主义理论与思想政治教育]．南京：南京理工大学，2005

李丽辉/张永和．法律的文化个性——日本法律现代化中精神因素考察．[法理学]．重庆：西南政法大学，2005

孟庆涛/张永和．革命与秩序——以中国1975年宪法为例．[法理学]．重庆：西南政法大学，2005

龙江/陈金全．龚自珍变法思想研究．[法律史]．重庆：西南政法大学，2005

王宏庆．古中国与古罗马买卖双方义务的比较研究．[法律史]．长春：吉林大学，2005

吕秋香/刘德法．关于死刑制度的理性思考．[法律]．郑州：郑州大学，2005

范凌云/冯治良．关于中国法律多元论的评析与思考．[法学理论]．昆明：云南大学，2005

张红芳/曹成建．国民政府行政督察专员制度——以四川为个案的考察．[中国近现代史]．成都：四川师范大学，2005

徐芬/赵国华．汉魏之际法家思想研究．[中国古代史]．武汉：华中师范大学，2005

谢添．胡汉民立法理论与实践初探．[中共党史]．北京：中国人民大学，2005

冯涛/梁凤荣．梁启超宪政思想研究．[法律]．郑州：郑州大学，2005

汪辉/张德宗，苗书梅．两宋皇城司制度探析——以其探事职能的拓展及人员的管理为主．[中国古代史]．郑州：河南大学，2005

李晓晖．论《大清民律草案》亲属继承编对中国传统法律文化的继承．[法律史]．北京：中国人民大学，2005

陈雅丽/何士青．论当代中国法治政府建设．[马克思主义理论与思想政治教育]．武汉：湖北大学，2005

朱如放/聂月岩．论邓小平的依法治腐思想．[马克思主义理论与思想政治教育]．北京：首都师范大学，2005

陈晓芳/郑定．论明清和民国时期孀妇继承权及其变迁．[法律史]．北京：中国人民大学，2005

胡婷/周少元．论清朝州县审判制度．[法律史]．合肥：安徽大学，2005

邓振军．论清代的中央刑事审判制度及其变革．[法律史]．北京：中国人民大学，2005

李艳鸿/周少元，高尚．论清末公司立法．[法律史]．合肥：安徽大学，2005

华志强/周少元．论清末新闻法制．[法律史学]．合肥：安徽大学，2005

宋文卓/刘向文．论儒家思想对中国法治建设的影响．[法律]．郑州：郑州大学，2005

谭雯倩/卓泽渊．论沈家本的刑事法治思想——以清末刑律修订为中心的考察．[法理学]．重庆：西南政法大学，2005

陈松/陈金全．论宋代主流法律思想中的法家传统．[法律史]．重庆：西南政法大学，2005

任沛．论王安石变法．[法制史]．北京：中国人民大学，2005

刘艳芳/周少元．论我国传统调解制度的继承与改造——兼论现代人民调解制度的重构.[法律史]．合肥：安徽大学，2005

聂其苗/李恩慈．论我国法律硕士教育的现状与改革．[课程与教学论]．北京：首都师范大学，2005

邓三/刘向文．论我国宪法修改制度的完善．[宪法学]．郑州：郑州大学，2005

孙喆/李振宏．论西汉法律文化的基本精神．[专门史]．开封：河南大学，2005

徐钝/强昌文．论乡土社会法律信仰之塑造——以文化为视角．[法律]．合肥：安徽大学，2005

胡伟/毕国明．论荀子的“礼法”法思想及其现实意义．[马克思主义理论与思想政治教育]．昆明：云南师范大学，2005

余婧．论中国传统法律文化中的以礼乐刑政实现综合为治的思想．[法律史]．北京：中国人民大学，2005

陈娇/王涛．论中国典权制度的历史、现状及走向——从比较法的视角看．[法学理论]. 长沙：湖南师范大学，2005

周芳勤/王珉．论中国法治进程中民众契约精神的功能及其实现．[马克思主义理论与思想政治教育]．杭州：浙江师范大学，2005

马珺/梁凤荣．论中国封建监察制度．[法律]．郑州：郑州大学，2005

刘涛．略论严复的文化观和法律观．[法律史]．北京：中国人民大学，2005

柳飒．民初议会的宗派情结析论．武汉大学，2005

孙颖/赵春晨．民国时期广州市政体制演变研究．[专门史]．广州：广州大学，2005

赵丽娜/彭敦文．民国时期湖北保甲制度研究（1927～1937）．[中国近现代史]．武汉：武汉大学，2005

孙西勇/廖信春．民国刑事立法概论．[中国近现代史]．南昌：江西师范大学，2005

杨华文/李绍平．明朝回避制度述论．[中国古代史]．长沙：湖南师范大学，2005

单长桂/晁中辰．明代内阁首辅制度研究．[中国古代史]．济南：山东大学，2005

肖英/刘渝龙．明代社会保障制度研究．[中国古代史]．长沙：湖南师范大学，2005

肖发生/方志远．明前期荒政中的腐败问题研究（1368～1487）．[中国古代史]．南昌：江西师范大学，2005

王磊．明清刑事法律文化研究．[法律史]．合肥：安徽大学，2005

皮进/杨丽英．明治时期日本教育法制变革的历史考察．[法律史]．重庆：西南政法大学，2005

曾丽玮．南京国民政府监察制度述论．[中国现代史]．湘潭：湘潭大学，2005

李刚/赵金康．南京国民政府《民法·亲属编》研究．[中国近现代史]．开封：河南大学，2005

陈志波/朱从兵．南京国民政府社团立法研究（1927～1937）．[中国近现代史]．桂林：广西师范大学，2005

王春丽．南京国民政府时期地方刑案的法文化考察．[中国近现代史]．上海：华东政法学院，2005

黄鑫/赵晓耕．浅析典权制度——民国初期固有法与继受法对典之规定的整合．[法律史]．北京：中国人民大学，2005

郝丽霞/赵晓耕．浅议《唐律疏议》律疏合编的原因及影响．[法律史]．北京：中国人民大学，2005

岳岭/丁毅华．秦汉妇女权益和地位研究．[中国古代史]．武汉：华中师范大学，2005

刘洋/宋杰．秦汉豪强地主犯罪研究．[中国古代史]．北京：首都师范大学，2005

李冬梅/王彦辉．秦汉简牍所见财产法研究．[法律史]．长春：东北师范大学，2005

谢彦明/宋杰．秦汉京师治安制度研究．[中国古代史]．北京：首都师范大学，2005

杨媚/李宝通，初仕宾．秦汉爵制问题再探讨．[历史文献学]．西安：西北师范大学，2005

刘华/卢星．秦汉社会保障问题研究．[中国古代史]．南昌：江西师范大学，2005

李竹/雷震．亲属拒绝作证权研究．[诉讼法]．重庆：西南政法大学，2005

郭文娟/萧正洪．清代地方官员捏灾冒赈的形式、特点与影响探究．[中国古代史]．西安：陕西师范大学，2005

陈一容/许增纮．清代官吏惩戒制度研究．[中国近现代史]．重庆：西南师范大学，2005

陈鹏/刘厚生．清代黑龙江流域少数民族管理研究（1636～1860）．[中国古代史]．长春：东北师范大学，2005

李富强/郭建，姚荣涛．清代基层民事司法状况初探．[中国法制史]．上海：复旦大学，2005

赵连峰．清代民间调解探析．[法律史]．北京：中国政法大学，2005

张本照/张世明．清代欠租纠纷的——以乾隆朝为中心．[专门史（法律史）]．北京：中国人民大学，2005

周进/陈晓枫．清代土地绝卖契约研究．[中国法制史]．武汉：武汉大学，2005

肖征祁．清代州县刑事诉讼程序研究．[法律史]．上海：华东政法学院，2005

保洁/韩杰．清季科举制度探析．[专门史（中国政治制度史）]．昆明：云南大学，2005

崔道峰/周新国，罗瑛．清末江苏地方自治述论．[中国近现代史]．扬州：扬州大学，2005

霍晓玲/马小泉．清末民初河南地方自治．[中国近现代史]．开封：河南大学，2005

金大宝/周少元．清末民初刑讯制度废止问题研究．[法律史学]．合肥：安徽大学，2005

张洪春/覃圣敏，廖国一．清末民国壮族习惯法研究．[中国少数民族史]．桂林：广西师范大学，2005

陆巍．清末人事法律制度转型探析．[法律]．北京：对外经济贸易大学，2005

毛莹．清末中国关税法律制度与法律思想初探．北京：中国政法大学，2005

王金龙/董建中．清前期叩阍制度研究．[中国古代史]．北京：中国人民大学，2005

刘伟杰/隋淑芬．商鞅预防犯罪的思想及其现代价值．[马克思主义理论与思想政治教育]．北京：首都师范大学，2005

张志杭/陈金全．社会进化论与晚清法律思想研究——从 1895 到 1912．[法律史]．重庆：西南政法大学，2005

魏文超/强昌文．沈家本人权思想研究．[法律史学]．合肥：安徽大学，2005

苗玉勤/安国楼．试论宋代妇女的地位及其社会作用．[专门史]．郑州：郑州大学，2005

胡权明/周少元．试论我国刑事诉讼模式的演进．[法律史学]．合肥：安徽大学，2005

张继．试论西周法律的中和特征．[法制史]．苏州：苏州大学，2005

林淑珍/赵晓耕．司法独立与清末中央司法机关的变革．[法律史]．北京：中国人民大学，2005

隋阳/曹松林．宋朝家庭身份权利状况研究．[中国古代史]．长沙：湖南师范大学，2005

王兴刚/张文．宋朝劝农文研究．[专门史]．重庆：西南师范大学，2005

宋宏飞/曾代伟．宋朝田赋制度探微．[法律史]．重庆：西南政法大学，2005

高益青/韩杰．宋朝通判制度研究．[专门史]．昆明：云南大学，2005

马洪强/赵晓耕．宋代翻异别勘制度之思考与借鉴．[法律史]．北京：中国人民大学，2005

石璠．宋代弱势群体法律地位探析．[法律史]．北京：中国政法大学，2005

黄冬云．宋代孀妇财产权浅析．[法律史]．上海：华东政法学院，2005

晁根池/张德宗，苗书梅．宋代宗室管理制度探析．［中国古代史］．开封：河南大学，2005

郑志．太平天国刑法思想与刑法制度．［法律史］．上海：华东政法学院，2005

石新艳/隋淑芬．谭嗣同平等思想研究．［马克思主义理论与思想政治教育］．北京：首都师范大学，2005

袁岳/何磊．唐代地方监察制度探析．［中国古代史］．昆明：云南师范大学，2005

边媛．唐代后期法制演变初探．［法律史］．北京：中国政法大学，2005

马志立/朱雷．唐代勋官制度若干问题研究．［中国古代史］．武汉：武汉大学，2005

仝建平/李裕民．唐宋宣徽使考述．［中国古代史］．西安：陕西师范大学，2005

刘聪/刘晖桢，梁峻．唐宋医药法制研究．［中国医学史］．北京：中国中医研究院，2005

刘树勇．通过司法改革的法律近代化之路．［法律史］．北京：中国政法大学，2005

王建伟．《万国公法》与中国近代国家观念的兴起．［中国近现代史］．沈阳：辽宁大学，2005

邝玉深．晚清法律改革与近代中国法律建设的启蒙．［法制史］．北京：中国人民大学，2005

李媛媛/周少元，高尚．晚清审判方式变革探微．［法律史］．合肥：安徽大学，2005

陈威/李俊．晚清引进近代警察制度述论．［法律］．北京：对外经济贸易大学，2005

吕彩云/田永秀．晚清中日两国修改不平等条约之比较．［专门史］．成都：西南交通大学，2005

于利．魏晋律学研究．中国政法大学，2005

田振洪/汪征鲁．魏晋南北朝“特务”型监察官的监察活动研究．［专门史］．福州：福建师范大学，2005

张丽梅/任爽．五代地方行政考．［中国古代史］．长春：东北师范大学，2005

客洪刚/任爽．五代宰相制度考．［中国古代史］．长春：东北师范大学，2005

梁志强/姚荣涛，郭建．西汉董仲舒“春秋决狱”六佚案之当代法律语言解读．［法律史］．上海：复旦大学，2005

吴智远．西汉官吏法研究——以《张家山汉简》为补充．［中国古代史（秦汉史）］．上海：华东师范大学，2005

于日辉/宋杰．西汉三侯犯罪研究．［中国古代史］．北京：首都师范大学，2005

支强．“西洋人传教治罪”条例论考．［法律史］．北京：中国政法大学，2005

宫创社/郭卫平．西藏地方摄政制度研究．［民族学］．北京：中央民族大学，2005

肖潇/杨泉明．宪法惯例研究．［宪法学与行政法学］．成都：四川师范大学，2005

牟玉华/李海霞．先秦儒家法律用语研究．［汉语言文字学］．重庆：西南师范大

学，2005

陈海鸣/孟楠．新型法律对二十世纪五十年代新疆少数民族社会的影响．[专门史]．乌鲁木齐：新疆大学，2005

吴之欧/陈浩然．刑罚思想的演变和实践．[刑法学]．上海：复旦大学，2005

李鼎楚．性腐败与法律规制——古代中国的实践与智慧．[法律史]．湘潭：湘潭大学，2005

于曦/李俊．刑讯逼供现象的法文化思考．[法律]．北京：对外经济贸易大学，2005

张继承/蒋先福．寻求冲突中的平衡——《大清民律草案》创制管窥．[法学理论]．长沙：湖南师范大学，2005

马兰峥．永佃权论略．[法律史]．北京：中国人民大学，2005

程艳芳/胡新生．战国犯罪现象探析．[中国古代史]．济南：山东大学，2005

黄锦前/陈伟．张家山汉简《二年律令》之《置吏律》、《户律》、《效律》、《傅律》、《置后律》、《爵律》校释．[历史文献学]．武汉：武汉大学，2005

陈江华/强昌文．张君劢宪政思想初探．[法律史]．合肥：安徽大学，2005

夏海英/饶怀民．章士钊法律思想研究（1903～1917）．[中国近现代史]．长沙：湖南师范大学，2005

李盼道/陈志．制度创新——反腐败斗争的历史思考与现实选择．[行政管理]．成都：电子科技大学，2005

邵丹丹/刘彤．中国传统法律文化与社会主义法治现代化．[科学社会主义与国际共产主义运动]．长春：东北师范大学，2005

宋联洪/李春茹．中国传统法哲学内在逻辑的演进．[法哲学]．重庆：西南政法大学，2005

毛兴勤/毕国明．中国传统诉讼文化与现代诉讼文化的建构．[马克思主义理论与思想政治教育]/昆明：云南师范大学，2005

李兆为/方慧．中国传统刑律在清末的转型．[法学理论]．昆明：云南大学，2005

丁亮亮/汪习根．中国法律移植何去何从——与日本移植外国法相比较之下．[法律]．武汉：武汉大学，2005

颜萌/张鸣胜．中国法制现代化发展模式研究．[马克思主义理论与思想政治教育]．南京：南京航空航天大学，2005

赵延安/郑少锋．中国封建农业法制史研究．[农业推广]．西安：西北农林科技大学，2005

王家武/龙士云．中国共产党依法执政思想史研究．[中共党史（含党的学说与党的建设)]．武汉：武汉理工大学，2005

金涛/刘诚．中国共产党依法执政研究．[中共党史]．扬州：扬州大学，2005

曾世伦/李申文．中国古代法律虚无主义缘起初探．[马克思主义理论与思想政治教育]．昆明：云南师范大学，2005

章燕．中国古代借贷契约的保证制度．[法律史]．长春：吉林大学，2005

李志友/赵晓耕．中国古代录囚制度的发展演变．[法律史]．北京：中国人民大学，2005

丁长二．中国古代民本思想的形成、发展及其对中国传统法律文化的影响．[法律史]．上海：华东政法学院，2005

廖克环/曾代伟．中国古代“义绝”离婚制度研究．[法律史]．重庆：西南政法大学，2005

武航宇．中国古代租佃契约文书考析．[法律史]．长春：吉林大学，2005

孙之智/徐立志．中国近代行政诉讼制度研究．[法律史（中国法制史）]．北京：中国社会科学院研究生院，2005

韩晓洁．中国近代预算法初探．[法律史]．北京：中国政法大学，2005

万国庆/宋四辈．中国警察制度研究．[法律]．郑州：郑州大学，2005

张艳/周叶中．中国宪政文化论——对我国宪政文化的反思与展望．[宪法学与行政法学]．武汉：武汉大学，2005

杨熠/曾代伟．《中华民国民法》典权法律制度研究．[中国法制史]．重庆：西南政法大学，2005

许静．《中华苏维埃共和国宪法大纲》评析．[马克思主义理论与思想政治教育（马克思主义中国化）]．上海：华东师范大学，2005

高长慧/王国征．中日法制现代化之比较．[国际关系]．青岛：青岛大学，2005

王欣/曹磊．中西方法治道路条件的比较研究．[法律]．北京：中国人民大学，2005

徐震宇．中央与限权．[法律史]．上海：华东政法学院，2005

王向辉/赵世超．周代世卿制度研究．[中国古代史]．西安：陕西师范大学，2005

倪兆国/秦燕．转型时期的乡村纠纷及其解决陕西北村的个案研究．[马克思主义理论与思想政治教育]．西安：西北工业大学，2005

九、法史图书

（一）通论

[美]丁韪良撰．中国古世公法论略．石印本．慎记书庄，1897（清光绪二十三年）

徐象先编．大清律讲义．民政部高等巡警学堂（京华书店），1907（清光绪三十三年）

吉同钧．大清律例讲义（3卷）．法部律学馆排印，1908（清光绪三十四年）

吉同钧．大清律讲义（17卷）．修订法律馆，1909（清宣统元年）；上海：朝记书庄，

1910（清宣统二年）

陈融撰．大清律例讲义．法政学堂

黄寿鼎编．比较法制史讲义．铅印本．北京：共和印刷局［民国间］

徐家枢．中国古代法律略论．上海：土山湾书局，1927

陈列．法家政治指学．上海：华通书局，1929

朱章编．法律现象变迁史．上海：商务印书馆，1933

王振先．中国古代法理学．上海：商务印书馆，1933

居正．为什么要重建中国法系．上海：大东书局，1936，1946，1947

梁启超．中国成文法编制之沿革．上海：中华书局，1936

陈启天．中国法家概论．上海：中华书局，1936

靳麟．中国法律史．上海：三通书局，1941

秦尚志．中国法制及法律思想史讲话．上海：世界书局，1943

章士钊，叶友棠．法家谈论．1946

瞿同祖．中国法律与中国社会．上海：商务印书馆，1947

瞿同祖．中国法学之儒家化．北平：北京大学出版部，1948

梁启超．中国法理学发达史论．台湾："中华书局"，1957

焦祖涵．中国法理学（先秦篇）．台湾：台北释道安印行，1967

陈顾远．中国国际法溯源．台湾："商务印书馆"，1967

焦祖涵．中国历代法典考辑．辑者刊印，1969

陈顾远．中国文化与中国法系．台湾：三民书局，1969

孙祖基辑．中国历代法家著述考．台湾：进学书局影印，1970

归静先编．清代文献记略．台湾：文海出版社，1971

潘维和．唐律学通义．台湾：汉林出版社，1974

刘锡五编著．五十年来中国立法．台湾：正中书局，1976

段昌国等．中国思想与制度论集．台湾：经联出版事业公司，1978

李甲孚．中国法制史及其引论（增订本）．台湾：三民书局，1980

北京市法学会首届年会论文集编辑组编．法学论集．法学杂志社，1981

史凤仪，张纯滨合编．中国古代法律常识．呼和浩特：内蒙古人民出版社，1981

中国法律史学会编．法律史论丛．第1辑．北京：中国社会科学出版社，1981

陈顾远．陈顾远法律文集．台湾：联经出版事业公司，1982

林咏荣．唐清律的比较及其发展．台湾：台湾编译馆，1982

中国法律史学会编．法律史论丛．第2辑．北京：中国社会科学出版社，1982

林咏荣．中国固有法律与西洋现代法律之比较．台湾："中央文物供应社"，1982

张晋藩．中国法律史论．北京：法律出版社，1982

中国法律史学会主编．法律史论丛．第3辑．北京：法律出版社，1983

法史研究文集（上，中，下）．西安：西北政法学院科研处编印，1983

研究生论文集．上海：华东政法学院研究生科编印，1984

刘海年，杨一凡编著．中国古代法律史知识．哈尔滨：黑龙江人民出版社，1984

《中国法学文集》编辑组编．中国法学文集．第1辑．北京：法律出版社，1984

李光灿．评《寄簃文存》．北京：群众出版社，1985

李钟声．中华法系（2册）．台湾：华欣文化事业中心，1985

张晋藩，王志刚．剑与杠杆——中国古代法律简论．西安：陕西人民教育出版社，1985

董必武政治法律文集．北京：法律出版社，1986

倪正茂，倪键民．西子湖畔话法律．北京：法律出版社，1986

朱勇编著．法律与现代社会．长沙：湖南教育出版社，1986

张晋藩．谈谈中国法制历史经验的借鉴问题．北京：中国政法大学出版社，1986

于晓光，孙玉芝编．法律制度史知识问答．哈尔滨：黑龙江人民出版社，1986

张国华，武树臣编著．中国法律史．北京：法律出版社，1986

张晋藩．谈谈中国法制历史经验的借鉴问题．北京：中国政法大学出版社，1986

杨一凡，刘笃才．中国的法律与道德．哈尔滨：黑龙江人民出版社，1987

倪正茂，俞荣根等．中华法苑四千年．北京：群众出版社，1987

张晋藩．法史鉴略．北京：群众出版社，1988

林剑鸣．法与中国社会．吉林：吉林文史出版社，1988

中国政法大学中国法律史研究所编．中华法史丛谈．北京：中国政法大学出版社，1988

张晋藩，王志刚编．剑与杠杆：中国古代法律简论．西安：陕西人民出版社，1988

张晋藩，王志刚．变法论：中国古代改革与法制．北京：法律出版社，1989

张国华，李贵连．沈家本年谱初编．北京：北京大学出版社，1989

李贵连．沈家本与中国法律现代化．北京：光明日报出版社，1989

古棣，周英．法和法学发生学——法和法学的历史探源．北京：中国人民大学出版社，1990

法律史研究编委会编，杨一凡主编．中国法律史国际学术讨论会论文集．西安：陕西人民出版社，1990

张友渔．中国古代法律三百题．上海：古籍出版社，1991

李贵连，李東主编．中国法学之最．北京：中国人事出版社，1991

孔庆明．秦汉法律史．西安：陕西人民出版社，1992

张国华主编．博通古今学贯中西的法学家——1990年沈家本法律思想国际学术研讨会论文集．西安：陕西人民出版社，1992

杜恂诚．中国传统伦理与近代资本主义：兼评韦伯《中国的宗教》．上海：上海社会科学出版社，1993

逸明，春元编．田说古籍．北京：国际文化出版公司，1993

高潮，刘斌．中国法制古籍目录学．北京：古籍出版社，1993

马小红．亡国鉴．深圳：海天出版社，1993

高道蕴，高鸿钧，贺卫方编．美国学者论中国法律传统．北京：中国政法大学出版社，1994

杨一凡主编．中外法律史新探．北京：科学出版社，1994

张中秋．法律与经济：传统中国经济的法律分析．第 1 卷．南京：南京大学出版社，1995

张耕主编．中国政法教育的历史发展．长春：吉林人民出版社，1995

高其才．中国习惯法论．长沙：湖南出版社，1995

张晋藩主编．中国法律史．北京：法律出版社，1995

苏力．法治及其本土资源．北京：中国政法大学出版社，1996

王立民．古代东方法研究．上海：学林出版社，1996

梁治平．清代习惯法：社会与国家．北京：中国政法大学出版社，1996

张晋藩主编．中国法律的传统与现代化（93 中国法律史国际研讨会论文集）．北京：中国民主法制出版社，1996

王定国，王萍，吉世霖编．谢觉哉论民主与法制．北京：法律出版社，1996

张我德，杨若荷，裴燕生编著．清代文书．北京：中国人民大学出版社，1996

陈景良，张中秋主编．求索集——张晋藩先生与中国法制史学四十年．南京：南京大学出版社，1996

夏锦文．社会变迁与法律发展．南京：南京师范大学出版社，1997

王铭铭，[英] 王斯福主编．乡土社会的秩序、公正与权威．北京：中国政法大学出版社，1997

郝铁川．中华法系研究．上海：复旦大学出版社，1997

贺卫方编．中国法律教育之路．北京：中国政法大学出版社，1997

张晋藩．中国法律的传统与近代转型．北京：法律出版社，1997

马小红．礼与法．北京：经济管理出版社，1997

张建国．中国法系的形成与发达．北京：北京大学出版社，1997

陈弘毅．法治、启蒙与现代法的精神．北京：中国政法大学出版社，1998

郝铁川．中国历代著名法官评传．济南：山东人民出版社，1998

李贵连主编．二十世纪的中国法学．北京：北京大学出版社，1998

王学辉．从禁忌习惯到法起源运动．北京：法律出版社，1998

张晋藩主编，中国战略与管理研究会法治研究所编．二十世纪中国法治回眸．北京：法律出版社，1998

中国法律史学会编，钱大群主编．法律史论丛．第 4 辑．南昌：江西高校出版社，1998

韩延龙主编．法律史论集．第 1 卷．北京：法律出版社，1998

郭建等撰．法律志．上海：上海人民出版社，1998

王宏治，郭成伟撰．法学志．上海：上海人民出版社，1998

苏力．法治及其本土资源．北京：中国政法大学出版社，1998

武树臣．武树臣法学文集．北京：光明出版社，1998

孙光妍．中国法律史简论．哈尔滨：东北林业大学出版社，1998

瞿同祖．瞿同祖法学论著集．北京：中国政法大学出版社，1998

俞荣根．道统与法统．北京：法律出版社，1999

徐显明，徐祥民主编．中国历史上的法制改革与改革家的法律思想．济南：山东大学出版社，1999

郝铁川．当代中国与法制现代化．杭州：浙江人民出版社，1999

俞荣根主编．法治之路（丛书）．北京：法律出版社，1999

郭建．帝国缩影——中国历史上的衙门．上海：学林出版社，1999

韩延龙主编．法律史论集．第 2 卷．北京：法律出版社，1999

饶鑫贤．中国法律史论稿．北京：法律出版社，1999

张晋藩．中华法制文明的演进．北京：中国政法大学出版社，1999

张伯元．法律文献学．杭州：浙江人民出版社，1999

中国政法大学法律古籍整理研究所编．中国古代法律文献研究．第 1 辑．成都：巴蜀书社，1999

徐忠明．法学与文学之间．北京：中国政法大学出版社，2000

刘笃才主编．法治时代．沈阳：辽宁大学出版社，2000

刘笃才主编．法制现代化与司法制度改革．沈阳：辽宁大学出版社，2000

郝铁川．法治随想录．北京：中国法制出版社，2000

范忠信．信法为真．北京：中国法制出版社，2000

苏亦工．义律公告与一岛两治．北京：北京大学出版社，2000

李贵连．沈家本传．北京：法律出版社，2000

饶鑫贤等主编．北京大学法学百科全书：中国法律思想史、中国法制史、外国法律思想史 外国法制史．北京：北京大学出版社，2000

何勤华．中国法学史．北京：法律出版社，2000

梁启超著，范中信选编．梁启超法学文集．北京：中国政法大学出版社，2000

武树臣，李力编著．中国法律史．北京：中共中央党校出版社，2000

张中秋，李鸣编．未已集——张晋藩先生教研五十周年纪念．南京：南京大学出版社，2000

孙谦，刘立宪主编．检察论丛．第1卷．北京：法律出版社，2000

何勤华主编．法的移植与法的本土化．北京：法律出版社，2001

郭东旭．宋朝法律史论．保定：河北大学出版社，2001

林乾，赵晓华．百年法律省思．北京：中国经济出版社，2001

中国法律史学会编．法律史论丛．北京：法律出版社，2001

韩延龙主编．法律史论集．第3卷．北京：法律出版社，2001

曾宪义主编．法治与文明．长沙：湖南人民出版社，2001

汪汉卿等主编．继承与创新：中国法律史学的世纪回顾与展望．北京：法律出版社，2001

钱大群．中国法律史论考．南京：南京师范大学出版社，2001

郭成伟主编．中华法系精神．北京：中国政法大学出版社，2001

中南财经政法大学法律史研究所编．中西法律传统．第1卷．北京：中国政法大学出版社，2001

范忠信．中国法律传统的基本精神．济南：山东人民出版社，2001

孙谦，刘立宪主编．检察论丛．第2卷．北京：法律出版社，2001

崔永东．道德与中西法治．北京：人民出版社，2002

梁治平．法辨——中国法的过去、现在与未来．北京：中国政法大学出版社，2002

朱勇．中国法律的艰辛历程．哈尔滨：黑龙江人民出版社，2002

［美］罗斯科·庞德．法律史解释．邓正来译．北京：中国法制出版社，2002

韩延龙主编．法律史论集．第4卷．北京：法律出版社，2002

张中秋编．中国法律形象的一面：外国人眼中的中国法．北京：法律出版社，2002

刘广安．中华法系的再认识．北京：法律出版社，2002

李矗，李贵连主编．中外法学之最．北京：法律出版社，2002

范忠信，陈景良主编，中南财经政法大学法律史研究所编．中西法律传统．第2卷．北京：中国政法大学出版社，2002

李书吉．北朝礼制法系研究．北京：人民出版社，2002

法苑精萃编辑委员会编．中国法史学精萃（2002年卷）．北京：机械工业出版社，2002

李贵连．近代中国法制与法学．北京：北京大学出版社，2002

倪正茂主编．批判与重建：中国法律史研究反拨．北京：法律出版社，2002

胡玉鸿执行主编，苏州大学王健法学院编．东吴法学文粹．北京：法律出版社，2003

郝铁川．法律是一种生活艺术．北京：法律出版社，2003

高鸿钧等．法治：理念与制度．北京：中国政法大学出版社，2003

陈水林，陈伟平．沈钧儒与中国宪政民主．北京：当代中国出版社，2003

何勤华，李秀清．外国法与中国法——20世纪中国移植外国法反思．北京：中国政法大学出版社，2003

武树臣．武树臣法学文集．北京：中国政法大学出版社，2003

邱远猷．中国近代法律史论．合肥：安徽大学出版社，2003

何勤华主编．中国近代法学译丛．北京：中国政法大学出版社，2003

张晋藩．中国近代社会与法制文明．北京：中国政法大学出版社，2003

［美］D. 布迪（Derk Bodde），C. 莫里斯（Clarence Morris）．中华帝国的法律．朱勇译．南京：江苏人民出版社，2003

尹伊君．社会变迁的法律解释．北京：商务印书馆，2003

叶孝信，郭建主编．中国法律史研究．上海：学林出版社，2003

中南财经政法大学法律史研究所编．中西法律传统．第3卷．北京：中国政法大学出版社，2003

王立民主编．当代中国的法制新理念：论依法治国方略．上海：文汇出版社，2003

武树臣．儒家法律传统．北京：法律出版社，2003

陈金全，曾代伟主编．人类文化历史变迁与法制文明．北京：法律出版社，2003

汪公文．道·术谱系中的法律精神：中国传统法律文化的批判与重构研究．北京：法律出版社，2004

韩延龙主编．法律史论集．第5卷．北京：法律出版社，2004

马小红．礼与法——法的历史连接：构建与解析中国传统法．北京：北京大学出版社，2004

林乾主编．法律史学研究．第1辑．北京：中国法制出版社，2004

何勤华，王立民主编．法律史研究．第1辑．北京：中国方正出版社，2004

倪正茂主编．法史思辨（2002年中国法史年会论文集）．北京：法律出版社，2004

夏新华．法治：实践与超越——借鉴外域法律文化研究．北京：中国政法大学出版社，2004

李瑜青主编．上海大学法学评论：法律文化专题研究．上海：上海大学出版社，2004

李贵连等编．百年法学——北京大学法学院院史（1904～2004年）．北京：北京大学出版社，2004

李贵连编．传统中国法理探源：张国华教授八秩冥寿纪念集．北京：北京大学出版社，2004

田涛．第二法门．北京：法律出版社，2004

中国政法大学法律古籍整理研究所编．中国古代法律文献研究．第2辑．北京：中国政法大学出版社，2004

马小红．礼与法：法的历史连接．北京：北京大学出版社，2004

林明，马建红主编．中国历史上的法律制度变迁与社会进步（《法律史论丛》第10辑）．济南：山东大学出版社，2004

汪汉卿．汪汉卿法学文选．合肥：安徽人民出版社，2004

法苑精萃编辑委员会编．中国法史学精萃（2001～2003年卷）．北京：高等教育出版社，2004

何勤华编．律学考．北京：商务印书馆，2004

田涛．被冷落的真实：新山村调查手记．北京：法律出版社，2005

何勤华，魏琼编．董康法学文集．北京：中国政法大学出版社，2005

胡旭晟．解释性的法史学：以中国传统法律文化的研究为侧重点．北京：中国政法大学出版社，2005

刘海年文集．上海：上海辞书出版社，2005

清华法学．第5辑；“法律思想与人文语境”研究专号．北京：清华大学出版社，2005

范忠信 陈景良主编．中西法律传统．第4卷．北京：中国政法大学出版社，2005

俞荣根，龙大轩，吕志兴编著．中国传统法学述论——基于国学视角．北京：北京大学出版社，2005

张晋藩．中国法律的传统与近代转型．北京：法律出版社，2005

青锋，罗伟主编．法律编纂研究．北京：中国法制出版社，2005

李振宇．法律文献学．北京：中国检察出版社，2005

张伯元主编．法律文献整理与研究．北京：北京大学出版社，2005

李贵连．沈家本评传．南京：南京大学出版社，2005

张伯元．出土法律文献研究．北京：商务印书馆，2005

渠涛总主编．林青，赵九燕，张群卷主编．中外法律文献研究．第1卷．北京：北京大学出版社，2005

俞荣根，龙大轩，吕志兴编著．中国传统法学述论——基本国学视角．北京：北京大学出版社，2005

胡旭晟．法的道德历程：法律史的伦理解释（论纲）．北京：法律出版社，2006

王立民．古代东方法研究．北京：北京大学出版社，2006

曾宪义主编．法律文化研究．第1辑．北京：中国人民大学出版社，2006

曾宪义主编．法律文化研究．第2辑．北京：中国人民大学出版社，2006

范忠信等编校．中国文化与中国法律系——陈顾远法律史论集．北京：中国政法大学出版社，2006

中南财经政法大学法律史研究所编．中西法律传统．第5卷．北京：中国政法大学出版社，2006

陈夏红．百年中国法律人剪影．北京：中国法制出版社，2006

（二）中国法制史

1．法制通史

［日］浅井虎夫著，邵修文，王用宾译．中国历代法制史．古今图书局，1906（清光绪三十二年）

徐德源编辑，孙大鹏补辑．中国历代法制考．北京：北洋大学，1912

庄泽定编．中国法制教科书．上海：中华书局，1916

曹恭翊编著．法治通史．编者自刊，1918

康宝忠编著．中国法制史略．北京：北京大学出版组，1918

壮生编．中国历代法制大要．上海：崇文书局，1919

郁嶷编著．中国法制史．北京：朝阳大学，1921

冯承钧．本国法制史纲要．北京：京师大学校出版组，1923

王培槐．大中华法制史．南京：南京中外通讯社，1923

杨鸿烈．中国法律发达史（上下册）．上海：商务印书馆，1930

罗德源编述．中国法制史

骆继汉译述．中国法制史．北京法学专门学校印

钱承钧述．中国法制史．上海法学院编印

崔学章述．中国法制史．广东公立法政学校

程树德．中国法制史．上海：荣华印书局，1928

丁元普．中国法制史．上海：法学编译社，1930

程树德编著．中国法制史．上海：华通书局，1931

郁嶷．中国法制史．北平：震东印书馆，1931

朱方．中国法制史．上海：法政学社，1931

陈顾远．中国法制史．上海：商务印书馆，1933

闻钧天．中国保甲制度．上海：商务印书馆，1935

丁元普．中国法制史．上海：会文堂新记书店，1939

徐道邻．中国法制史论略．台湾：正中书局，1953

林咏荣．中国法制史．台湾：三民书局，1960

国家与法的历史教学提纲（初稿 3 册）．西南政法学院国家与法教研室编印，1962

徐湛．中国法制史．台湾：联合书局，1962

中国国家与法的历史讲义．第 1 册：奴隶、封建社会部分．北京：北京政法学院国家与法的历史教研室编印，1962

中国国家与法的历史讲义．第 2 册：半殖民地半封建部分上．北京：北京政法学院国

家与法的历史教研室编印，1962

中国人民大学国家与法权历史教研室编．中国国家与法权历史讲义（初稿 3 册）．北京：中国人民大学出版社，1963～1965

中国国家与法的历史讲义（初稿）．湖北大学法律系国家与法的理论和历史教研室编印，1964

陈顾远．中国法制史概要．台湾：三民书局，1964

西南政法学院国家与法的历史教研室编．中国政治法律制度史讲义．重庆：西南政法学院印，1964

戴炎辉．中国法制史．台湾：三民书局，1966

戴炎辉．中国法制史概要．台湾：时代文化出版社，1966

谢冠生，查良鉴辑．中国法制史论集．台湾："中华法学会"，"中国文化学院法律研究所"印行，1968

张金鉴．中国法制史概要．台湾：正中书局，1971

雷禄庆编著．中国法制史（2 册）．台湾："中国学术著作奖助委员会"印，1972

中国国家与法律制度史讲义．长春：吉林大学法律系编印，1974

徐道邻．中国法制史论集．台湾：志文出版社，1975

林茂松编译．中国法制史新论（影印本）．台湾：环宇出版社，1976

中国国家与法律制度史讲义．武汉：湖北财经学院法律系编印，1978

［日］岛田正郎．东洋法史 中国法史篇．台湾：鼎文书局，1979

中国法制史．北京：北京大学法律系中国法制史组编印，1979

中国法制史讲义．重庆：西南政法学院法制史教研室编印，1979

中国国家与法的历史讲义．北京：中国人民大学国家与法律制度史教研室编印，1980

中国法制史．北京：北京政法学院法制史教研室编印，1980

张晋藩，张希坡，曾宪义编著．中国法制史．北京：中国人民大学出版社，1981

张晋藩等编著．中国法制史．第 1 卷．北京：中国人民大学出版社，1981

肖永清主编．中国法制史简编（上册）．太原：山西人民出版社，1981

中国法制史学会出版委员会编．中国法制史论文集．台湾："中国法制史出版委员会"，1981

中国法制史纲（试用本）．上海：华东政法学院法制史教研室编印，1982

肖永清主编．中国法制史简编（下册）．太原：山西人民出版社，1982

中国法制史论文选．保定：河北大学法律系《中国法制史》编辑组编印，1982

法学教材编辑部《中国法制史》编写组编写．中国法制史．北京：群众出版社，1982

中国法制史论文选（古代部分第一分册）．北京：北京政法学院法制史教研室编印，1982

乔伟．中国法律制度史（上册）．长春：吉林人民出版社，1982

游绍尹，吴传太编．中国政治法律制度简史．武汉：湖北人民出版社，1982

中国法制简史（简明法学教材）．北京：法律出版社，1983

李甲孚．中国法制史及其引论（增订本）．台湾：三民书局，1983

王英昌等编．中国法制简史（试用本）．北京：法律出版社，1983

中国法制史论文选（古代部分 第二分册）．北京：北京政法学院法制史教研室，1984

钱大群编．《中国法制史》学习辅导．南京：南京大学出版社，1985

于逸生等编．中国法制史．哈尔滨：黑龙江人民出版社，1985

王侃主编．中国法律制度史．长春：吉林大学出版社，1985

于晓光编．中国法制史．哈尔滨：黑龙江人民出版社，1985

王召棠，徐永康编著．中国法制史纲．杭州：浙江人民出版社，1986

张晋藩主编．中国法制史纲．北京：中国政法大学出版社，1986

西南政法学院法制史教研室编．中国法制史．成都：四川省社会科学院出版社，1987

曾宪义主编．新编中国法制史．济南：山东人民出版社，1987

温晓莉．中国法制史纲．成都：成都科技大学出版社，1987

蒲坚主编．中国法制史．北京：光明日报出版社，1987

钱大群主编．中国法制史教程．南京：南京大学出版社，1987

范明辛，曾宪义，张希坡编著．中国法制史教程．北京：文化艺术出版社，1987

薄坚，赵昆坡编．中国法制史简明教程．北京：北京大学出版社，1987

肖永清主编．中国法制史教程．北京：法律出版社，1987

陈鹏生，程维荣编著．简明中国法制史．上海：学林出版社，1988

杨永华，王志刚主编．中国法制史教程．西安：陕西人民教育出版社，1988

张天录，金旭编．中国法制史自学考试答疑．沈阳：辽宁民族出版社，1988

杨和钰，陈彬等撰稿．中国法制史自学考试辅导与练习．北京：中国人民大学出版社，1988

薛梅卿主编．中国法制史教程．北京：中国政法大学出版社，1988

陈顾远．中国法制史．北京：中国书店，1988

李甲孚．中国法制史．台湾：联经出版事业公司，1988

曾宪义，郑定编著．中国法律制度史研究通览．天津：天津教育出版社，1989

叶孝信主编．中国法制史．北京：北京大学出版社，1989

蒲坚主编．中国法制史学习指导书．北京：中央广播电视大学出版社，1989

戴炎辉．中国法制史论文集．台湾：成文出版社，1990

王振安编．中国法制史自学精要．乌鲁木齐：新疆大学出版社，1990

薛梅卿，叶峰．中国法制史稿．北京：高等教育出版社，1990

张晋藩主编．中国法制史研究综述（1949～1989）．北京：中国人民公安大学出版社，1990

薛军，窦铁军编著．中国法制史问题纵横谈．北京：中国商业出版社，1991

游绍尹主编．中国法制通史．北京：中国政法大学出版社，1991

李用兵．中国古代法制史话．北京：中共中央党校出版社，1991

张晋藩主编．简明中国法制史．北京：中国人民公安大学出版社，1991

杨和钰主编．中国法制史教学大纲．北京：中国政法大学出版社，1991

杨和钰主编．中国法制史指要（新编本）．成都：成都科技大学出版社，1991

赵昆坡编．中国法制史自学考试指导与题解．北京：北京大学出版社，1991

蒲坚主编．中国法制史自学考试指南．北京：教育科学出版社，1991

杨和钰主编．中国法制史指要．成都：成都科技大学出版社，1991

张晋藩主编．中国法制史．北京：群众出版社，1991

张晋藩主编．简明中国法制史．北京：中国人民公安大学出版社，1991

叶孝信主编．中国法制史自学考试指南．北京：北京大学出版社，1992

张晋藩．中国古代法律制度．北京：中国广播电视出版社，1992

张晋藩主编．中国官制通史．北京：中国人民大学出版社，1992

韩国磐．中国古代法制史研究．北京：人民出版社，1993

曾宪义等编著．中国法制史．北京：中国人民大学出版社，1993

黄汉升，陈汉生主编．中国法制史．南昌：江西高校出版社，1993

钱大群，曹伊清编．中国法制史通解（1000题）．南京：南京大学出版社，1993

蒲坚，马小红撰稿．中国法制史自学考试题解．北京：中国政法大学出版社，1993

李玉福主编．中国法制史．济南：山东人民出版社，1994

徐永康主编．中国法制史．上海：华东理工大学出版社，1994

杨和钰等撰．中国法制史教程．北京：中国政法大学社，1994

蒲坚，马小红撰．中国法制史自学考试题解．北京：中国政法大学出版社，1994

刘笃才．极权与特权——中国封建官僚制度读解．沈阳：辽宁大学出版社，1994

薛梅卿主编．新编中国法制史教程．北京：中国政法大学出版社，1995

刘和海主编．中国法制史．济南：山东大学出版社，1995

刘晶军主编．中国法制史．北京：中国政法大学出版社，1995

李用兵．中国古代法制史话．北京：商务印书馆，1996

刘仁坤，曹清石编著．简明中国法制史教程．哈尔滨：黑龙江教育出版社，1996

叶孝信主编．中国法制史．北京：北京大学出版社，1996

李秉谦主编．新编法律考试标准化习题丛书（中国法制史分册）．太原：山西人民出版社，1997

苏江主编．中国法制史应试导学．北京：中国物资出版社，1997

蒲坚主编．中国法制史自学考试题解．北京：中国政法大学出版社，1997

俞敏声主编．中国法制化的历史进程．合肥：安徽人民出版社，1997

怀效锋主编．中国法制史．北京：中国政法大学出版社，1998

刘晓纯，刘久玚主编．中国法制史．北京：中国人事出版社，1998

郑秦主编．中国法制史教程．北京：法律出版社，1998

卓帆等主编．中国法制史考前指导与训练．南昌：江西高校出版社，1998

蒲坚主编．中国法制通史．第1卷·夏商周．北京：法律出版社，1999

徐世虹主编．中国法制通史．第2卷·战国秦汉．北京：法律出版社，1999

乔伟主编．中国法制通史．第3卷·魏晋南北朝．北京：法律出版社，1999

陈鹏生主编．中国法制通史．第4卷·隋唐．北京：法律出版社，1999

张晋藩，郭成伟主编．中国法制通史．第5卷·宋．北京：法律出版社，1999

韩玉林主编．中国法制通史．第6卷·元．北京：法律出版社，1999

张晋藩，怀效锋主编．中国法制通史．第7卷·明．北京：法律出版社，1999

张晋藩主编．中国法制通史．第8卷·清．北京：法律出版社，1999

朱勇主编．中国法制通史．第9卷·清末中华民国．北京：法律出版社，1999

张希坡主编．中国法制通史．第10卷·新民主主义政权．北京：法律出版社，1999

陈秋云，张平主编．中国法制史．北京：中国法制出版社，1999

郭成伟主编．中国法制史．北京：中国法制出版社，1999

全国高等教育自学考试办公室自学指导服务中心组编．中国法制史．北京：中国审计出版社，1999

曾代伟主编．中国法制史．成都：西南交通大学出版社，1999

张晋藩主编．中国法制史．北京：中国政法大学出版社，1999

郑秦，江兴国主编．中国法制史．北京：中国政法大学出版社，1999

郑秦主编．中国法制史．北京：法律出版社，1999

朱勇主编．中国法制史．北京：法律出版社，1999

朱勇等编著．中国法制史全真模拟试题．北京：中国人民大学出版社，1999

蒲坚主编．中国法制史自学考试仿真试卷．北京：中国政法大学出版社，1999

王少波，彭亮编著．中国法制史自学考试复习指南．北京：中国人民大学出版社，1999

赵昆坡编．中国法制史自学考试模拟试卷．北京：北京大学出版社，1999

邢同卫主编．中国法制史自学考试题解．北京：中国民主法制出版社，1999

褚晓青，李光昱编著．自考过关名师指导（中国法制史）．北京：中国方正出版社，1999

刘晓纯，刘久玚主编．中国法制史．北京：中国人事出版社，1999
董彦斌，郭相宏主编．中国法制史．北京：海洋出版社，2000
侯欣一编著．中国法制史．北京：中国人民大学出版社，2000
徐祥民，胡世凯主编．中国法制史．济南：山东人民出版社，2000
曾宪义主编．中国法制史．北京：中国人民大学出版社，2000
张剑主编．中国法制史．北京：西苑出版社，2000
邢同卫主编．中国法制史自学考试题解．北京：中国民主法制出版社，2000
郭成伟主编．中国法制史自学考试应试辅导与题解．北京：现代出版社，2000
郭学德编著．中国法制史．北京：中国经济出版社，2000
刘选，王振亚编著．中国法制史话．北京：湖北人民出版社，2000
李力．法制史话．北京：社会科学文献出版社，2000
蒲坚主编．中国法制史自学考试指导与题解．北京：北京大学出版社，2000
武树臣，李力编著．中国法律史．北京：中共中央党校出版社，2000
曾宪义主编．中国法制史．北京：北京大学出版社，高等教育出版社，2000
郭建，姚荣涛，王志强编著．中国法制史．上海：上海人民出版社，2000
张传新主编．中国法制史．北京：光明日报出版社，2001
何勤华等主编．中国法制史．上海：复旦大学出版社，2001
邓淑贤编写．中国法制史．北京：金城出版社，2001
贺颖清编写．中国法制史．北京：龙门书局，2001
李交发，唐自斌主编．中国法制史．长沙：湖南大学出版社，2001
曾代伟主编．中国法制史．北京：法律出版社，2001
韩秀桃等编著．中国法制史．北京：法律出版社，2001
刘贵田，党志全主编．中国法制史．沈阳：辽海出版社，2001
张生，李超编著．中国法制史习题集．北京：法律出版社，2001
王利民主编．中国法制史学．北京：中国财政经济出版社，2001
郑秦．中国法制史纲要．北京：法律出版社，2001
蒲坚编著．中国古代法制丛钞．北京：光明日报出版社，2001
王菲．中国法制史．北京：中国检察出版社，2001
陈涛．中国法制史．西安：陕西人民出版社，2001
万安中主编．中国法制史．广州：中山大学出版社，2002
徐双泉，任海平主编．中国法制史．北京：中国环境科学出版社，2002
蒲坚主编．中国法制史．北京：同心出版社，2002
赵晓耕，史永丽主编．中国法制史．北京：经济科学出版社，2002
本书编写组编．中国法制史．北京：人民日报出版社，2002

韩冰编．中国法制史：本科段．北京：学苑出版社，2002
郭成伟主编．中国法制史．北京：中国法制出版社，2002
陈建新主编．中国法制史．长沙：湖南教育出版社，2002
孔玲主编．中国法制史．贵阳：贵州人民出版社，2002
李希昆，张树兴主编．中国法制史．重庆：重庆大学出版社，2002
关连吉，陈永胜主编．中国法制史简明教程．兰州：甘肃人民出版社，2002
邱远猷主编．中国法制史模拟考试题库．北京：中国发展出版社，2002
连晓畅主编．中外法制史简明教程．贵阳：贵州人民出版社，2002
张晋藩主编．中国法制史习题集．北京：法律出版社，2002
蒲坚主编．中国法制史自学辅导．北京：北京大学出版社，2002
叶孝信主编．中国法制史．上海：复旦大学出版社，2002
赵昆坡编著．中国法制史．北京：北京大学出版社，2002
蒲坚主编．新编中国法制史教程．北京：高等教育出版社，2003
张晋藩．薪火集：中国法制史学通论．漓江：鹭江出版社，2003
蒲坚主编．中国法制史．北京：中央广播电视大学出版社，2003
郭成伟主编．中国法制史．北京：中国法制出版社，2003
李玉福主编．中国法制史．济南：山东大学出版社，2003
马建兴主编．中国法制史．长沙：湖南人民出版社，2003
王菲编著．中国法制史．北京：中国工商出版社，2003
王立民主编．中国法制史．北京：上海人民出版社，2003
于语和，尚绪芝编著．中国法制史．天津：天津大学出版社，2003
张晋藩主编．中国法制史．北京：高等教育出版社，2003
赵昆坡编著．中国法制史．北京：人民法院出版社，2003
周少元，何宁生主编．中国法制史．北京：人民法院出版社，2003
周琳主编．中国法制史概论．兰州：兰州大学出版社，2003
郑定，赵晓耕主编．中国法制史教学参考书．北京：中国人民大学出版社，2003
赵晓耕编．中国法制史模拟试卷．北京：清华大学出版社，2003
马建兴主编．中国法制史学习指导书．长沙：湖南人民出版社，2003
宋四辈主编．中国法制史学习指导与应试指南．郑州：郑州大学出版社，2003
北京新起点学校国家司法考试命题研究组编．中外法制史．北京：东方出版社，2003
萧伯符主编．中国法制史．北京：人民法院出版社，2003
林明主编．中国法制史．上海：上海人民出版社，2003
马小红主编．中国法制史考证．甲编・第1卷（历代法制考・夏商周法制考）．北京：中国社会科学出版社，2003

马小红主编．中国法制史考证．甲编·第2卷（历代法制考·战国秦法制考）．北京：中国社会科学出版社，2003

高旭晨主编．中国法制史考证．甲编·第3卷（历代法制考·两汉魏晋南北朝法制考）．北京：中国社会科学出版社，2003

杨一凡，尤韶华主编．中国法制史考证．甲编·第4卷（历代法制考·隋唐法制考）．北京：中国社会科学出版社，2003

尤韶华主编．中国法制史考证．甲编·第5卷（历代法制考·宋辽金元法制考）．北京：中国社会科学出版社，2003

杨一凡主编．中国法制史考证．甲编·第6卷（历代法制考·明代法制考）．北京：中国社会科学出版社，2003

苏亦工主编．中国法制史考证．甲编·第7卷（历代法制考·清代法制考）．北京：中国社会科学出版社，2003

杨一凡，刘笃才编．中国法制史考证．乙编·第1卷（法史考证重要论文选编·律令考）．北京：中国社会科学出版社，2003

杨一凡，刘笃才编．中国法制史考证．乙编·第2卷（法史考证重要论文选编·刑制狱讼考）．北京：中国社会科学出版社，2003

杨一凡，刘笃才编．中国法制史考证．乙编·第3卷（法史考证重要论文选编·法制丛考）．北京：中国社会科学出版社，2003

杨一凡，刘笃才编．中国法制史考证．乙编·第4卷（法史考证重要论文选编·法律史料考释）．北京：中国社会科学出版社，2003

［日］籾山明主编，徐世虹译．中国法制史考证．丙编·第1卷（日本学者考证中国法制史重要成果选译·通代先秦秦汉）．北京：中国社会科学出版社，2003

［日］冈野诚主编，程维荣等译．中国法制史考证．丙编·第2卷（日本学者考证中国法制史重要成果选译·魏晋南北朝隋唐）．北京：中国社会科学出版社，2003

［日］川村康主编，姚荣涛译．中国法制史考证．丙编·第3卷（日本学者考证中国法制史重要成果选译·宋辽西夏元）．北京：中国社会科学出版社，2003

［日］寺田浩明主编，郑民钦译．中国法制史考证．丙编·第4卷（日本学者考证中国法制史重要成果选译·明清）．北京：中国社会科学出版社，2003

张洪林编著．中国法制史．广州：华南理工大学出版社，2003

张传新主编．中国法制史．北京：光明日报出版社，2004

李俊，刘夕海编著．简明中国法制史教程．北京：对外经济贸易大学出版社，2004

李希昆，张树兴主编．中国法制史．昆明：云南大学出版社，2004

马作武主编．中国法制史．北京：中国人民大学出版社，2004

宋四辈主编．中国法制史．郑州：郑州大学出版社，2004

郭学德主编．中国法制史新编．北京：华文出版社，2004
曹三明主编．中国法制史教程．北京：人民法院出版社，2004
邱远猷主编．中国法制史模拟考试题库．北京：中国发展出版社，2004
周旺生，王磊主编．中国法制史自学考试辅导．北京：人民出版社，2004
赵晓耕编著．中国法制史．北京：中国人民大学出版社，2004
马志冰主编．中国法制史．北京：北京大学出版社，2004
房绪兴主编．中国法制史．北京：中国法制出版社，2004
张洪林，李世宇主编．中国法制史．北京：中国民主法制出版社，2004
周东平，吴旭阳主编．法律史习题集．厦门：厦门大学出版社，2005
杨一凡主编．新编中国法制史．北京：社会科学文献出版社，2005
刘新春主编．中国法制史．北京：中国农业出版社，2005
萧伯符，唐若雷主编．中国法制史．北京：中国人民公安大学出版社，2005
张树兴，李贤春主编．中国法制史．重庆：重庆大学出版社，2005
段秋关，王立民主编．中国法制史（2004年版）．北京：北京大学出版社，2005
全国高等教育自学考试命题研究组编．中国法制史．北京：航空工业出版社，2005
陈桂明，刘凯湘主编．中国法制史配套测试．北京：中国法制出版社，2005
宫宏祥，郭建兰．中国法制史．北京：中国社会出版社，2005
曾宪义主编．中国法制史．北京：华文出版社，2005
王立民，段秋关主编．中国法制史自学辅导．上海：上海教育出版社，2005
曾代伟主编．中国法制史．北京：法律出版社，2006
周子良主编．中国法制史．北京：法律出版社，2006
朱勇主编．中国法制史．北京：法律出版社，2006
赵晓耕主编．中国法制史练习题集．北京：中国人民大学出版社，2006

2. 专题和断代法制史

［日］新见吉治．春秋时代国际公法考．武汉：湖北学报馆刻
曹辛汉《汉书·刑法志》讲疏．编者自印
董挽华．从聊斋志异的人物看清代的科举制度和讼狱制．台北：台湾大学
蔡笆卿．历代服制考原．卤山草堂校印，1888（清光绪十四年）
张鹏一．汉律考．1891（清光绪十七年）
［日］织田万著，陈舆年等译．清国行政法．上海：广智书局，1906（清光绪三十二年）
章震福．古刑法质疑．1907（清光绪三十三年）
［日］田能村著，杨清源编译．唐虞刑法论．上海：上海昌明公司，1907（清光绪三十三年）
［日］高桥作卫著，陈超译．王安石新法论．上海：广智书局，1908（清光绪三十四年）

涂景瑜．中国监狱史．天津：天津书局，1908（清光绪三十四年）
汤化龙．大清违警律释义．北京：法政研究社，1908（清光绪三十四年）
汪有龄．大清违警律论．上海：商务印书馆，1909（清宣统元年）
沈家本．历代刑法考（78卷）．1909（清宣统元年）
沈家本．律目考（1卷）．1912年刻
沈家本．律令（9卷）．1912年刻
［日］浅井虎夫著，陈重民译．中国法典编纂沿革史．内务部编译处，1915
程树德辑．汉律考（7卷）．京师刻本，1919
王景谦，唐乃霈合编．中华民国法统递嬗史．上海：中华书局，1922
徐珂撰．五刑考略．杭县徐氏天苏阁丛刊本，1923
周树年．监法论．1923
张心澂．春秋国际公法．北京：永华印刷局，1924
谢冠生．历代刑法书存亡考．上海：商务印书馆，1925
程树德．九朝律考．上海：商务印书馆，1925
高一涵．中国御史制度的沿革．上海：商务印书馆，1926
程树德．晋律考．上海：商务印书馆，1927
徐家枢．中国古代法律略论．上海：土山湾书局，1927
叶潜昭．金律之研究．台湾："商务印书馆"，1972
徐朝阳．中国古代诉讼法．上海：商务印书馆，1927
陈茹玄．中国宪法史．台湾：文海出版社，1928～1933
徐朝阳．中国诉讼法溯源．上海：商务印书馆，1929
徐朝阳．中国刑法溯源．上海：商务印书馆，1929
赵凤喈．中国妇女在法律上之地位．上海：商务印书馆，1929
徐朝阳．中国亲属法溯源．上海：商务印书馆，1930
徐传保编著．先秦国际法之遗迹．上海：中国科学公司，1931
陈顾远．中国国际法溯源．上海：商务印书馆，1933
骆金铭编．青岛警察沿革．青岛：兴华印刷局，1934
徐式圭．中国大赦考．上海：中华学艺社，1934
于恩德．中国法令变迁史．上海：中华书局，1934
于恩德编著．中国禁烟法令变迁史．上海：中华书局，1934
监察院监察制度编纂处编．监察制度史要．南京：汉文正楷印书局，1935
于登．明代监察制度概述．南京：金陵大学，1936
蔡枢衡．三十年来中国刑法之辨证法的发展．1936
［日］藤田丰八著，魏重庆译．宋代之市舶司与市舶条例．上海：商务印书馆，1936

杨幼炯．近代中国立法史．上海：商务印书馆，1936
吴兆莘．中国税制史（3册）．上海：商务印书馆，1937
杨鸿烈．中国法律对东亚诸国之影响．上海：商务印书馆，1937
徐式圭．中国监察史略．上海：中华书局，1937
谢振民编．中华民国立法史．张知本校阅．南京：正中书局，1937
洪钧培编著．春秋国际公法．昆明：中华书局，1939
黄秉心编著．中国刑法史．福州：福建永安大道印刷公司印，1940
平心．中国民主宪政运动史．上海：进化书局，1947
董康辑．秋审制度．第1辑．台湾：台湾编译馆校刊，1941
江士杰．里甲制度考略．重庆：商务印书馆，1942
丘汉平．从不平等条约到平等条约．福州：胜利出版社福建分社，1943
蔡枢衡．近三十年中国刑法史论．昆明，1943
陈世材．两汉监察制度研究．重庆：商务印书馆，1944
陈寅恪．隋唐制度渊源略论稿．重庆：商务印书馆，1944
胡存忠．中国警察史（中央警官学校第二分校的讲义），1944
徐道邻．唐律通论，重庆：中华书局，1945
谌之编著．从法令中看解放区．上海：强学出版社，1946
杨幼炯．近世民主宪政之新动向．上海：商务印书馆，1946
罗香林．中国宪政之进程．广州：中山出版社，1946
李俊．中国宰相制度．上海：商务印书馆，1947
袁柳．读吕刑，1947
聂崇岐．宋役法述．北京：哈佛燕京学社，1947
徐定勘．西汉刑名考．上海：震旦法律经济杂志社，1947
程幸超．中国地方行政制度史略．北京：中华书局，1948
纪庸编．商鞅立法．上海：大中国书局，1949
陈启育．新中国检察制度概论（修订本）．北京：人民出版社，1951
梁方仲撰．明代一条鞭法年表．广州：广东岭南大学，1952
张晋藩等编著．旧中国反动政府制宪丑史．北京：通俗读物出版社，1955
[日] 清水盛光著，宋念慈译．中国族产制度考．台湾：“中华文化出版事业委员会”，1956
梁启超．中国成文法编制之沿革（影印本）．台湾：“中华书局”，1957
简又文．太平天国典制通考．香港：简氏猛进书屋，1958
杨幼炯．中国近代法制史．台湾：“中华文化出版事业社”，1958
戴炎辉．中国身份法史．台湾：“司法行政部”印行，1959
刘振铠编．中国宪政史话．台湾：文海出版社，1960

杨幼炯．中国立法史．台湾：中国文化事业公司，1960

林咏荣．唐明律的比较研究．台湾：自版，1962

王兆徽．两汉察举制度．台湾："国立"政治大学，1963

程树德．九朝律考．北京：中华书局，1963

戴炎辉．唐律通论．台湾：中正书局，1964；台湾："国立"编译馆，1964，1970，1977，1979

芮和蒸．西汉御史制度．台湾：嘉新水泥公司文化基金会，1964

潘维和．唐律上家族主义之研究．台湾：中国文化学院出版社，1965

庄文斯编著．唐律疏议引得．台湾：文海出版社，1965

黄秉心．中国刑法史．台湾：育光书局，1966

徐道邻．唐律通论．台湾："中华书局"，1966

何维凝．中国盐政史．台湾：大中国图书公司，1966

黄立德．中国监察制度．台湾：自版，1966

罗志渊．中国宪法史．台湾："商务印书馆"，1967

傅启学等．中华民国监察院之研究．台湾：台湾大学政治系，1967

蔡墩铭．唐律与近世刑事立法之比较研究．台湾："中国学术著作奖励委员会"，1968；台湾：汉苑出版社，1976

刘景辉．满洲法律及其地位之演变．台湾：嘉新水泥公司文化基金会，1968

马空群．秦汉监察制度．台湾："商务印书馆"，1969

汪大华．中国宰相制度之起源．台湾："商务印书馆"，1969

缪全吉．清代幕府人事制度．台湾：中国人事行政月刊社，1971

陶希圣．清代州县衙门刑事审判制度及程序．台湾：食货月社，1972

陈顾远．中国国际法溯源．台湾："商务印书馆"，1972

叶潜昭．金律之研究．台湾："商务印书馆"，1972

陈世材．两汉监察制度．台湾："商务印书馆"，1973

展恒举．中国近代法制史．台湾："商务印书馆"，1973

徐朝阳．中国诉讼法溯源．台湾："商务印书馆"，1973

王文．中国典权制度之研究．台湾：嘉新水泥公司文化基金会，1974

张溯崇．清代刑法研究．台湾：华岗出版社，1974

张志韩．中国考试监察制度之演变与五权宪政．台湾："中华丛书编审委员会"，1974

罗志渊．近代中国法制演变研究．台湾：正中书局，1976

段炫武．宋代版刻法制研究．台湾：石宝出版社，1976

曾荣汾撰．吕刑研究．台湾：台湾师范大学国文研究所，1976

罗志渊编著．近代中国法制演变研究．台湾：正中书局，1976

沈家本．历代刑法总考．台湾："商务印书馆"，1976
沈家本．明律目笺．台湾："商务印书馆"，1976
沈家本．历代狱考．台湾："商务印书馆"，1976
沈家本．历代刑官考．台湾："商务印书馆"，1976
沈家本．汉律摭遗．台湾："商务印书馆"，1976
沈家本．历代刑法分考．台湾："商务印书馆"，1976
沈家本．历代赦考．台湾："商务印书馆"，1976
沈家本．历代律令．台湾："商务印书馆"，1976
沈家本．充军考．台湾："商务印书馆"，1976
沈家本．刑具及行刑之制考．台湾："商务印书馆"，1976
俞鹿年编著．历代官制概略．哈尔滨：黑龙江人民出版社，1978
杨雪峰．明代的审判制度．台湾：黎明文化事业有限公司，1978
陈丰祥．日本对清廷钦定法之影响．台湾：台湾师范大学历史研究所，1978
高敏．云梦秦简初探．郑州：河南人民出版社，1979
［日］织田万．清国行政法讯论．台湾：华世出版社，1979
戴炎辉．清代台湾之乡治．台湾：联经出版事业有限公司，1979
韦庆远．明代的锦衣卫和东西厂．北京：中华书局，1979
庄吉发．清代奏折制度．台湾："故宫博物院"，1979
张晋藩，曾宪义．中国宪法史略，北京：北京出版社，1979
王仲荦．北周六典（上、下册）．北京：中华书局，1979
陶希圣．中国法制之社会史的考察——汉律系统的源流．台湾：食货出版社，1979
蓝金普编著．三十年来我国法规沿革概况．北京：群众出版社，1980
栗劲．秦律试析．长春：吉林大学法律系，1981
乔伟．秦汉律研究．长春：吉林大学法律系法律史教研室，1981
张金鉴．中国吏治制度史概要．台湾：三民书局，1981
中华书局编辑部编．云梦秦简研究．北京：中华书局，1981
潘维和．中国近代民法史．台湾：汉林出版社，1982
戴鸿慈．出使九国日记：清末出洋考察宪政的五大臣之一的日记．长沙：湖南人民出版社，1982
杨延福．唐律初探．天津：天津人民出版社，1982
那思陆．清代州县衙门审判制度．台湾：文史哲出版社，1982，1989
高树异．中国民法简史．长春：吉林大学法律系，1982
林咏荣编著．唐清律的比较及其发展．台湾：编译馆，1982
潘维和．中国民事法史．台湾：汉林出版社，1982

蓝全普编．解放区法规概要．北京：群众出版社，1982
蔡枢衡．中国刑法史．南宁：广西人民出版社，1983
张希坡．马锡武审判方式．北京：法律出版社，1983
张伟仁辑著．清代法制研究．台湾："中央研究院历史研究所"专刊之七十六，1983
栗劲．秦律通论．长春：吉林大学，1983
杨一凡．明初重典考．长沙：湖南人民出版社，1984
李甲孚．古代法官录．台湾："商务印书馆"，1984
李甲孚．中国监狱法制史．台湾："商务印书馆"，1984
贾静涛．中国古代法医学史．北京：群众出版社，1984
王寿南，陈水逢主编，王家俭著．清末民初我国警察制度现代化的历程（1901—1928）．台湾："商务印书馆"，1984
陈光中，沈国峰．中国古代司法制度．北京：群众出版社，1984
荆知仁．中国立宪史．台湾：联经出版事业有限公司，1984
魏国库编著．中国历代刑法浅谈．南昌：江西人民出版社，1985
周密．中国刑法史．北京：群众出版社，1985
［日］西田太一郎著，段秋关译．中国刑法史研究．北京：北京大学出版社，1985
陈茹玄．中国立法史．台湾：自版，1985
乔伟．唐律研究．济南：山东人民出版社，1985
栗劲．秦律通论．济南：山东人民出版社，1985
汪潜编注．唐代司法制度．北京：法律出版社，1985
沈家本撰．历代刑法考（4册）．北京：中华书局，1985
中国社会科学院研究所法制史研究室编著．中国警察制度简论．北京：群众出版社，1985
于卫．大清报律之研究．台湾："中华书局"，1986
于晓光，孙玉芝．法律制度史知识问答．哈尔滨：黑龙江人民出版社，1986
张国福．中华民国法制简史．北京：北京大学出版社，1986
熊先觉．中国司法制度简史．太原：山西人民出版社，1986
李光灿主编．中国刑法通史．沈阳：辽宁大学出版社，1986
李光灿主编，宁汉林著．中国刑法通史（第二分册）．沈阳：辽宁大学出版社，1986
俞建平等编．建国以来法制建设记事．石家庄：河北人民出版社，1986
史均．民族法制研究．北京：北京大学出版社，1986
李铁铮著，夏敏娟译．西藏历史上的法律地位．长沙：湖南人民出版社，1986
薛梅卿主编．中国监狱史．北京：群众出版社，1986
杨永华，方克勤．陕甘宁边区法制史稿（诉讼狱政篇）．北京：法律出版社，1987

倪正茂．隋律研究．北京：法律出版社，1987

张希坡，韩延龙主编．中国革命法制史（1921～1949）（上册）．北京：中国社会科学出版社，1987

李光灿，宁汉林主编，杨堪，张梦梅著．中国刑法通史（第八分册）．沈阳：辽宁大学出版社，1987

朱勇．清代宗族法研究．长沙：湖南教育出版社，1987

杨怀英，赵勇山等．滇西南边疆少数民族婚姻家庭制度与法的研究．北京：法律出版社，1988

［日］堀毅著，萧红燕等译．秦汉法制史论考．北京：法律出版社，1988

张晋藩主编．中国古代行政管理体制研究．北京：光明日报出版社，1988

范明辛，雷晟生编著．中国近代法制史．西安：陕西人民出版社，1988

郑秦．清代司法审判制度研究．长沙：湖南教育出版社，1988

李志敏．中国古代民法．北京：法律出版社，1988

顾笑言．中国的监狱．长春：吉林人民出版社，1988

［日］堀 毅．秦汉法制史论考．北京：法律出版社，1988

怀效峰．十六世纪中国的政治风云．香港："商务印书馆"，1988

蒋碧昆编著．中国近代宪政宪法史略．北京：法律出版社，1988

张庆福编．法制建设十年（1978～1988年）．北京：旅游教育出版社，1988

张晋藩，郭成康．清入关前国家法律制度史．沈阳：辽宁人民出版社，1988

周太银，刘家谷．中国律师制度史．武汉：湖北科学技术出版社，1988

宋家钰．唐朝户籍法与均田制研究．郑州：中州古籍出版社，1988

胡留元，冯卓慧．西周法制史．西安：陕西人民出版社，1988

杨一凡．明大诰研究．南京：江苏人民出版社，1988

黄富成编著．中国古代间谍史．北京：中国人民公安大学出版社，1989

怀效锋．嘉靖专制政治与法制．长沙：湖南教育出版社，1989

薛军编著．中国商法简史．北京：中国商业出版社，1989

刘俊文．敦煌吐鲁番唐代法制文书考释．北京：中华书局，1989

张晋藩，王志刚．变法论：中国古代改革与法制．北京：法律出版社，1989

彭勃，龚飞主编．中国监察制度史．北京：中国政法大学出版社，1989

胡留元，冯卓慧．长安文物与古代法制．北京：法律出版社，1989

李铁．中国文官制度．北京：中国政法大学出版社，1989

周继中主编．中国行政监察．南昌：江西人民出版社，1989

李光灿，公丕祥．中国刑法通史（第一分册）．沈阳：辽宁大学出版社，1989

宁汉林．中国刑法通史（第四分册）．沈阳：辽宁大学出版社，1989

王清云．汉唐文官法律责任制度．北京：中国人民大学出版社，1989
林华主编．厦门政法史实（晚清民国部分）厦门：鹭江出版社，1989
徐进．古代刑罚与刑具．济南：山东教育出版社，1989
钱大群，钱元凯．唐律论析．南京：南京大学出版社，1989
西南政法学院法制史教研室编．中国经济法制史教学大纲，1989
朱勇，李青编著．台湾司法制度．北京：时事出版社，1989
黄留珠．中国古代选官制度述略．西安：陕西人民出版社，1989
程树德．九朝律考（影印本）．上海：上海书店，1989
范宏贵．少数民族习惯法．长春：吉林教育出版社，1990
严足仁编．中国历代环境保护法制．北京：中国环境科学出版社，1990
戴炎辉．唐律各论．台湾：成文出版社，1990
皮纯协等编著．中外监察制度简史．郑州：中州古籍出版社，1990
周振想，邵景春主编．新中国法制建设40年要览（1949～1988年）．北京：群众出版社，1990
蒲坚．中国古代行政立法．北京：北京大学出版社，1990
黄中业．秦国法制建设．沈阳：辽沈书社，1991
［日］大庭修著，林剑鸣等译．秦汉法制史研究．上海：上海人民出版社，1991
董方奎．清末政体变革与国情之论争——梁启超与立宪政治．武汉：华中师范大学出版社，1991
邱远猷．太平天国法律制度研究．北京：北京师范学院出版社，1991
钱大群，夏锦文．唐律与中国现行刑法比较论．南京：江苏人民出版社，1991
荆知仁．宪法论衡．台湾：东大图书公司，1991
张晋藩主编，王宏治等撰．中国刑法史稿．北京：中国政法大学出版社，1991
张晋藩，李铁．中国行政法史．北京：中国政法大学出版社，1991
杨一凡．洪武法律典籍考证．北京：法律出版社，1992
徐扬杰．中国家族制度史．北京：人民出版社，1992
曾宪义主编．检察制度史略．北京：中国检察出版社，1992
杨永华．陕甘宁边区法制史稿（宪法、政权组织法篇）．西安：陕西人民出版社，1992
孔庆明．秦汉法律史．西安：陕西人民出版社，1992
张晋藩．清律研究．北京：法律出版社，1992
刘俊文主编，姚荣涛，徐世虹译．日本学者研究中国史论著选译（第八卷 法律制度）．北京：中华书局，1992
师蒂．神话与法制．昆明：云南教育出版社，1992
张希坡，韩延龙主编．中国革命法制史（1921～1949）（下册）．北京：中国社会科学

出版社，1992
袁刚．中国古代政府机构沿革．哈尔滨：黑龙江人民出版社，1992
邱永明．中国监察制度史．上海：华东师范大学出版社，1992
张晋藩等．中国刑法史新论．北京：人民法院出版社，1992
傅荣珂．睡虎地秦简刑律研究．台湾：商鼎文出版社，1992
卓帆．中华苏维埃法制史．南昌：江西高校出版社，1992
刘广安．清代民族立法研究．北京：中国政法大学出版社，1993
韦庆远等．清末宪政史．北京：中国人民大学出版社，1993
王立民．唐律新探．上海：上海社会科学院出版社，1993
李明德，马小红．中国古代法律的社会特征．北京：中共中央党校出版社，1993
叶孝信主编．中国民法史．上海：上海人民出版社，1993
王士伟．中国行政法制史．西安：陕西人民出版社，1993
胡沧泽．唐代御史制度研究．台湾：文津出版社，1993
张希坡．革命根据地的工运纲领和劳动立法史．北京：中国劳动出版社，1993
韩延龙主编．中国近代警察制度．北京：中国公安大学出版社，1993
林维业等编著．中国警察史．沈阳：辽宁人民出版社，1993
张希坡主编．革命根据地法制史．北京：法律出版社，1994
文正邦等．共和国宪政历程．郑州：河南人民出版社，1994
杨怀英．凉山彝族奴隶社会法律制度研究．成都：四川民族出版社，1994
高恒．秦汉法制论考．厦门：厦门大学出版社，1994
张晋藩主编．清朝法制史．北京：法律出版社，1994
赵晓耕．宋代法制研究．北京：中国政法大学出版社，1994
钱大群，郭成伟．唐律与唐代吏治．北京：中国政法大学出版社，1994
蒋晓伟．中国经济法制史．北京：知识出版社，1994
崔永东．西周金文虚词集释．北京：中华书局，1994
张希坡．革命根据地经济立法．长春：吉林大学出版社，1994
高其才．中国习惯法论．长沙：湖南出版社，1995
曾代伟．金律研究．成都：四川民族出版社，1995
方兢编著．中国古代的监察制度．北京：民主与建设出版社，1995
袁良义．清一条鞭法．北京：北京大学出版社，1995
［美］D. 布迪，C. 莫里斯著，朱勇译．中华帝国的法律．南京：江苏人民出版社，1995
张哲郎．明代巡抚研究．台湾：文史哲出版社，1995
舒炳麟．元典章研究．合肥：黄山书社，1995
李治安主编．唐宋元明清中央与地方关系研究．天津：南开大学出版社，1996

靳润成．明朝总督巡抚辖区研究．天津：天津古籍出版社，1996

魏美月．清乾隆时期查抄案件研究．台湾：文史哲出版社，1996

刘俊文，池田温主编．中日文化交流史大系（2）：法制卷．杭州：浙江人民出版社，1996

陈世材．两汉监察制度研究（影印本）．上海：上海书店，1996

曾纪蔚．清代之监察制度论（影印本）．上海：上海书店，1996

贾玉英．宋代监察制度．郑州：河南大学出版社，1996

苏基朗．唐宋法制史研究．香港：香港中文大学出版社，1996

钱大群，艾永明．唐代行政法律研究．南京：江苏人民出版社，1996

钱大群．唐律与唐代法律体系研究．南京：南京大学出版社，1996

孔庆明等编著．中国民法史．长春：吉林人民出版社，1996

王永祥．中国现代宪政运动史．北京：人民出版社，1996

迟云飞．宋教仁与中国民主宪政．长沙：湖南师范大学出版社，1997

薛梅卿．宋刑统研究．北京：法律出版社，1997

张晋藩．中国法律的传统与近代转型．北京：法律出版社，1997

汪世荣．中国古代判词研究．北京：中国政法大学出版社，1997

彭勃，龚飞．中国监察制度史．北京：中国方正出版社，1997

邱远猷，张希坡．中华民国开国法制史：辛亥革命法律制度研究．北京：首都师范大学出版社，1997

杨一凡，陈寒枫主编．中华人民共和国法制史．哈尔滨：黑龙江人民出版社，1997

李交发．治赌史鉴．长沙：岳麓书社，1997

宁汉林，魏克家．中国刑法简史．北京：中国检察出版社，1997

汪世荣．中国古代判例研究．北京：中国政法大学出版社，1997

赵钺，劳格撰．张忱石点校．唐御史台精舍题名考．北京：中华书局，1997

李明明，吴慧．中国盐法史．台湾：文津出版社，1997

王培生，贺乐民．中国古代惩贪．西安：西北大学出版社，1997

殷啸虎．近代中国宪政史．上海：上海人民出版社，1997

张景贤．汉代法制研究．哈尔滨：黑龙江教育出版社，1997

李力著，蒲坚审定．出土文物与先秦法制．郑州：大象出版社，1997

黄宗智．民事审判与民间调解：清代的表达与实践．北京：中国社会科学出版社，1998

陈国平．明代行政法研究．北京：法律出版社，1998

陈俊强．魏晋南朝恩赦制度的探讨．台湾：文史哲出版社，1998

徐家力．中华民国律师制度史．北京：中国政法大学出版社，1998

张希坡编．中华人民共和国刑法史．北京：中国人民公安大学出版社，1998

费成康主编．中国的家法族规．上海：上海社会科学院出版社，1998

李锦绣．唐代制度史略论稿．北京：中国政法大学出版社，1998

杨一凡等主编．中华人民共和国法制史（修订本）．哈尔滨：黑龙江人民出版社，1998

周密．中国刑法史纲．北京：北京大学出版社，1998

［日］滋贺秀三，寺田浩明等著，王亚新等编译．明清时期的民事审判与民间契约．北京：法律出版社，1998

尤韶华．明代司法初考．厦门：厦门大学出版社，1998

韩延龙主编．中华人民共和国法制通史．北京：中央党校出版社，1998

怀效锋．明清法制初探．北京：法律出版社，1998

赵秀玲．中国乡里制度．北京：社会科学文献出版社，1998

张晋藩主编．清朝法制史．北京：中华书局，1998

张晋藩．清代民法综论．北京：中国政法大学出版社，1998

王立民．上海法制史．上海：上海人民出版社，1998

徐中起，张锡盛，张小辉主编．少数民族习惯法研究．昆明：云南大学出版社，1998

姜平．中国百年民主宪政运动．兰州：甘肃人民出版社，1998

邱永明．中国封建监察制度运作研究．上海：上海社会科学院出版社，1998

关文发，于波主编．中国监察制度研究．北京：中国社会科学出版社，1998

王永祥，杨世钊主编．中国现代监察制度史论．福州：福建人民出版社，1998

孙玉荣．古代中国国际法研究．北京：中国政法大学出版社，1999

杨殿升，张金桑主编．中国特色监狱制度研究．北京：法律出版社，1999

童光政．明代民事判牍研究．桂林：广西师范大学出版社，1999

刘俊文．唐代法制研究．台湾：文津出版社有限公司印，1999

张建国．帝制时代的中国法．北京：法律出版社，1999

刘笃才主编．司法制度改革与诉讼法学．沈阳：辽宁大学出版社，1999

郭成伟主编．新中国法制建设五十年．南京：江苏人民出版社，1999

黄瑚．中国近代新闻法制史论．上海：复旦大学出版社，1999

陈学会主编．中国军事法制史．北京：海潮出版社，1999

张晋藩主编．中国民事诉讼制度史．成都：巴蜀书社，1999

曹健民主编．中国全史（11）：法制史、冤狱史．北京：经济日报出版社，1999

何勤华，殷啸虎主编．中华人民共和国民法史．上海：复旦大学出版社，1999

谢振民编著，张知本校订．中华民国立法史（上下册）．北京：中国政法大学出版社，2000

高浣月．清代刑名幕友研究．北京：中国政法大学出版社，2000

苏亦工．明清律典与条例．北京：中国政法大学出版社，2000
韩延龙，苏亦工等．中国近代警察史．北京：社会科学文献出版社，2000
丁凌华．中国丧服制度史．上海：上海人民出版社，2000
韩大元主编．新中国宪法发展史．石家庄：河北人民出版社，2000
张冠梓．论法的成长——来自中国南方山地民族法律民族志的诠释．北京：社会科学文献出版社，2000，2002
郑秦．清代法律制度研究．北京：中国政法大学出版社，2000
俞荣根主编．羌族习惯法．重庆：重庆出版社，2000
汪桂海．汉代官文书制度．南京：广西教育出版社，2000
李大龙．两汉时期的边政与边吏．哈尔滨：黑龙江教育出版社，2000
于振波．秦汉法律与社会．长沙：湖南人民出版社，2000
李小树．秦汉魏晋南北朝监察史纲（中国社会史文库）．北京：社会科学文献出版社，2000
戴建国．宋代法制初探．哈尔滨：黑龙江人民出版社，2000
钱大群．唐律研究．北京：法律出版社，2000
徐辉琪，傅建成．宪政史话．北京：社会科学文献出版社，2000
殷啸虎．新中国宪政之路（1949～1999）．上海：上海交通大学出版社，2000
乔伟著，《乔伟文集》编辑委员会编．乔伟文集（卷一）：先秦法制史・中国刑法史稿．济南：山东大学出版社，2000
苏亦工．中国内地、香港法律制度研究与比较．北京：北京大学出版社，2000
王健．沟通两个世界的法律意义：晚清西方法的输入与法律新词初探．北京：中国政法大学出版社，2001
田涛．国际法输入与晚清中国．济南：济南出版社，2001
马小泉．国家与社会：清末地方自治与宪政改革，郑州：河南大学出版社，2001
丛文胜．军事法制史．北京：解放军出版社，2001
王立民．上海租界法制史话．上海：上海教育出版社，2001
赵晓耕．宋代官商及其法律调整．北京：中国人民大学出版社，2001
王立民．唐律新探．上海：上海社会科学院出版社，2001
徐晓光．藏族法制史研究．北京：法律出版社，2001
张晋藩主编．中国百年法制大事纵览：1900～1999 年．北京：法律出版社，2001
韦庆远，柏桦．中国官制史．上海：东方出版中心，2001
王健．中国近代的法律教育．北京：中国政法大学出版社，2001
傅英主编．中国矿业法制史．北京：中国大地出版社，2001
王立民．唐律新探．上海：上海社会科学院出版社，2001

张仁善．礼·法·社会：清代法律转型与社会变迁．天津：天津古籍出版社，2001

那思陆，欧阳正．中国司法制度史．台湾：空中大学，2001

高绍先．中国刑法史精要．北京：法律出版社，2001

程维荣．中国审判制度史．上海：上海教育出版社，2001

林海主编．中央苏区检察史．北京：中国检察出版社，2001

张生．民国初期民法的近代化——以固有法与继受法的整合为中心．北京：中国政法大学出版社，2002

胡世凯．中国传统法律中的官吏渎职罪研究．北京：中国政法大学出版社，2002

周密．宋代刑法史．北京：法律出版社，2002

黄纯艳．宋代茶法研究．昆明：云南大学出版社，2002

徐晓光．中国少数民族法制史．贵阳：贵州民族出版社，2002

苏亦工．中法西用：中国传统法律及习惯在香港．北京：社会科学文献出版社，2002

曹旅宁．秦律新探．北京：中国社会科学出版社，2002

张中秋．唐代经济民事法律述论．北京：法律出版社，2002

张晋藩主编．20世纪中国法制的回顾与前瞻．北京：中国政法大学出版社，2002

郭成伟，宋英辉主编．当代司法体制研究．北京：中国政法大学出版社，2002

张学仁，陈宁生主编．二十世纪之中国宪政．北京：武汉大学出版社，2002

薛梅卿，赵晓耕主编．两宋法制通论．北京：法律出版社，2002

秦前红．宪法变迁论．武汉：武汉大学出版社，2002

傅光明等．中国财政法制史．北京：经济科学出版社，2002

刘兆伟，赵伟编著．中国教育法制史．哈尔滨：黑龙江人民出版社，2002

李交发．中国诉讼法史．北京：中国检察出版社，2002

谢一彪．中国苏维埃宪政研究．北京：中央文献出版社，2002

徐祥民等．中国宪政史．青岛：青岛海洋大学出版社，2002

黄宗智．法典、习俗与司法实践：清代与民国的比较．上海：上海书店出版社，2003

吴艳红．明代充军研究．北京：社会科学文化出版社，2003

屈超立．宋代地方政府民事审判职能研究．成都：巴蜀书社，2003

［日］织田万著，李秀清，王沛点校．清国行政法．北京：中国政法大学出版社，2003

王志强．法律多元视角下的清代国家法．北京：北京大学出版社，2003

胡舒云．九品官人法考论．北京：社会科学文献出版社，2003

韩秀桃．司法独立与近代中国．北京：清华大学出版社，2003

季怀银．中国传统民商法兴衰之鉴．北京：中国民主法制出版社，2003

［日］滋贺秀三著，张建国，李力译．中国家族法原理．北京：法律出版社，2003

朱勇主编．《崇德会典》·《户部则例》及其他：张晋藩先生近期研究论著一瞥．北

京：法律出版社，2003

李显冬．从《大清律例》到《民国民法典》的转型：兼论中国古代固有民法的开放性体系．北京：中国人民公安大学出版社，2003

王志强．法律多元视角下的清代国家法．北京：北京大学出版社，2003

柏桦．明代州县政治体制研究．北京：中国社会科学出版社，2003

柏桦．明清州县官群体．天津：天津人民出版社，2003

瞿同祖著，范忠信，晏锋译．清代地方政府．北京：法律出版社，2003

高旺．晚清中国的政治转型：以清末宪政改革为中心．北京：中国社会科学出版社，2003

王人博．宪政的中国之道．济南：山东人民出版社，2003

张晋藩主编．中国民法通史．福州：福建人民出版社，2003

武树臣主编．判例制度研究（上下册）．北京：人民法院出版社，2004

张全民．“周礼”所见法制研究（刑法篇）．北京：法律出版社，2004

尤志安．清末刑事司法改革研究——以中国刑事诉讼制度近代化为视角．北京：中国人民公安大学出版社，2004

那思陆．清代中央司法审判制度．北京：北京大学出版社，2004

孙镇平．清代西藏法制研究．北京：知识产权出版社，2004

卢静仪．民初立嗣问题的法律与裁判．北京：北京大学出版社，2004

郑显文．唐代律令制研究．北京：北京大学出版社，2004

韩大元编著．1954 年宪法与新中国宪政．长沙：湖南人民出版社，2004

怀效锋．四朝政治风云．成都：四川人民出版社，2004

奇格．古代蒙古法制史．沈阳：辽宁民族出版社，2004

姚秀兰．户籍、身份与社会变迁：中国户籍法律史研究．北京：法律出版社，2004

韩秀桃．明清徽州的民间纠纷及其解决．合肥：安徽大学出版社，2004

高敏．秦汉魏晋南北朝史论考．北京：中国社会科学出版社，2004

李启成．晚清各级审判厅研究．北京：北京大学出版社，2004

林乾．中国古代权力与法律．北京：中国政法大学出版社，2004

贾玉英等．中国古代监察制度发展史．北京：人民出版社，2004

胡沧泽．中国监察制度史纲．北京：方志出版社，2004

张凤仙等编著．中国监狱史．北京：群众出版社，2004

张生．中国近代民法法典化研究．北京：中国政法大学出版社，2004

张晋藩主编．中国司法制度史．北京：人民法院出版社，2004

张晋藩．中国宪法史．长春：吉林人民出版社，2004

陆德生主编．中国宪政史纲．北京：中国长安出版社，2004

杜文忠．边疆的法律——对清代治边法制的历史考察．北京：人民出版社，2004

李建新，李锦顺．近代中国的议会与宪政．兰州：甘肃人民出版社，2005

尤韶华．明代司法续考．北京：中国人事出版社，2005

张仁善．司法腐败与社会失控：1928～1949．北京：社会科学文献出版社，2005

胡宝华．唐代监察制度研究．北京：商务印书馆，2005

方慧主编．云南法制史．北京：中国社会科学出版社，2005

陈建云．中国当代新闻传播法制史论．济南：山东人民出版社，2005

杨永华主编．中国共产党廉政法制史研究．北京：人民出版社，2005

左旭初．中国商标法律史（近现代部分）．北京：知识产权出版社，2005

邓奕琦．北朝法制研究．北京：中华书局，2005

郭建．中国财产法史稿．北京：中国政法大学出版社，2005

汤苏文编著．大智慧：中国古代法制纪实．北京：法律出版社，2005

胡兴东．生存范式：理性与传统——元明清时期南方民族法律变迁研究．北京：中国社会科学出版社，2005

曹旅宁．张家山汉律研究．北京：中华书局，2005

李卫东．民初民法中的民事习惯与习惯法．北京：中国社会科学出版社，2005

［日］冨谷至著，柴生芳，朱恒晔译．秦汉刑罚制度研究．桂林：广西师范大学出版社，2006

廖祖桂，李永昌，李鹏年．《钦定藏内善后章程二十九条》版本考略．北京：中国藏学出版社，2006

刘海年．战国秦代法制管窥．北京：法律出版社，2006

蒲坚主编．中国历代土地资源法制研究．北京：北京大学出版社，2006

田东奎．中国近代水权纠纷解决机制研究．北京：中国政法大学出版社，2006

（三）中国法律思想史及法律文化

1. 中国法律思想史

梁启超．先秦政治思想史．上海：商务印书馆，1923

夏忠道．韩非子法意．上海：上海青年协会书局，1927

李之熙．先秦法家概论．北平：北京朝阳大学，1928

张陈卿．韩非的法治思想．北平：北平文化学社，1930

丘汉平编著．先秦法律思想．上海：上海光华书局，1931

［日］小野清一郎编著，刘正杰译．法律思想史概说．北平：中华学艺社，1931，1933

［日］小野清一郎著，何建民译．法律思想史概说．北京：民智书局，1932

丁元普．法律思想史．上海：上海法学编译社，1932，1933，1936

杨鸿烈编著．中国法律思想史．上海：商务印书馆，1936

陈启天．中国法家概论．上海：中华书局，1936

杨鸿烈．中国法律思想史（影印本）．上海：商务印书馆，1998

胡适，林语堂．法律思想史概论．力行书店，1942

容肇祖．三晋法家的思想．重庆：史学书局，1944

曹谦编．韩非法治论．上海：中华书局，1948

谢冠生等编．国父法律思想论集．台湾：中国文化学院法律研究所印，1965

何孝元．法律思想研究．台湾："商务印书馆"，1970

耿云卿．先秦法律思想与自然法．台湾："商务印书馆"，1973，1982

丘宏义，丘宏达．丘汉平先生法律思想和宪法问题论集．台湾：正中书局，1973

耿云卿．先秦法律思想与自然法．台湾："商务印书馆"，1973

刘富起，赵国斌编．中国政治法律思想史讲义．长春：吉林大学法律系法史教研室，1979

何孝元．法律思想研究．台湾："商务印书馆"，1981

中国法律思想史．长春：吉林大学法律系教研室编印，1981

中国政治法律思想史讲义（第一分册）．北京：中国人民大学法律系国家与法学理论教研室编印，1981

中国政治法律思想史．重庆：西南政法学院法制史教研室编印，1981

张国华主编，法学教材编辑部编．中国法律思想史．北京：法律出版社，1982，1988

王洁卿．中国法律与法治思想．台湾：三民书局，1982

栗劲，孔庆明等编著．中国法律思想史．哈尔滨：黑龙江人民出版社，1983

杨景凡，俞荣根．论孔子：中国法律思想史人物评述（一）．重庆：西南政法学院印，1983

李光灿，杨恩翰．论韩非：中国法律思想史人物评述（二）．重庆：西南政法学院印，1983

李光灿，杨恩翰．论秦始皇：中国法律思想史人物评述（三）．重庆：西南政法学院印，1983

李光灿，刘笃才．论包拯：中国法律思想史人物评述（八）．重庆：西南政法学院印，1983

黄公伟．法家哲学体系指归．台湾："商务印书馆"，1983

杨景凡，俞荣根．孔子的法律思想．北京：群众出版社，1984

张国华，饶鑫贤主编．中国法律思想史纲（上）．兰州：甘肃人民出版社，1984

张晋藩，林中等．中国近代法律思想史略．北京：中国社会科学出版社，1984

杨鸿烈．中国法律思想史（影印本）．上海：上海书店，1984，1992

林文雄．老庄法律思想．台湾："中央文物供应社"，1985

戴东雄．管子的法律思想．台湾："中央文物供应社"，1985

杨鹤皋．董仲舒的法律思想．北京：群众出版社，1985

杨鹤皋．贾谊的法律思想．北京：群众出版社，1985

赵国斌，孔庆明，栗劲编著．中国法律思想史．长春：吉林大学出版社，1985

段秋关．《淮南子》与刘安的法律思想．北京：群众出版社，1986

刘新，杨鹤皋主编．中国法律思想史简明教程．济南：山东人民出版社，1986

乔伟，杨鹤皋主编．孔子法律思想研究（论文集）．济南：山东人民出版社，1986

杨鹤皋．商鞅的法律思想．北京：群众出版社，1987

张国华，饶鑫贤主编．中国法律思想史纲（下）．兰州：甘肃人民出版社，1987

杨景凡主编．中国法律思想史简编（上、下册）．桂林：广西师范大学出版社，1988

［美］金勇义著，陈国平等译，邓正来校．中国与西方的法律观念．沈阳：辽宁人民出版社，1988

杨鹤皋主编．中国法律思想史．北京：北京大学出版社，1988

徐学鹿，林新祝主编．中国法律思想史．北京：对外贸易教育出版社，1989

曾宪义，范忠信编著．中国法律思想史研究通览．天津：天津教育出版社，1989

李仲达．毛泽东法律思想和实践．西安：陕西人民教育出版社，1989

李笃才编注．中国古代人物法律思想论点注释．天津：天津古籍出版社，1989

宋仁编著．梁启超政治法律思想研究．上海：学苑出版社，1990

杨鹤皋．先秦法律思想史．北京：中国政法大学出版社，1990

中国政法大学沈家本法学思想研讨会编．沈家本法律思想研究．北京：法律出版社，1990

张穹，阮齐林．毛泽东刑事法律思想初探．北京：中国检察出版社，1991

张国华编著．中国法律思想史新编．北京：北京大学出版社，1991，1998

俞荣根．儒家法思想通论．南宁：广西人民出版社，1992

乔丛启．孙中山法律思想体系研究．北京：法律出版社，1992

林中．中国近代法律思想史新论．北京：中国政法大学出版社，1992

潘念之主编，华友根，倪正茂著．中国近代法律思想史（上册）．上海：上海社会科学院出版社，1992

潘念之主编，华友根著．中国近代法律思想史（下册）．上海：上海社会科学院出版社，1993

王玉明主编．毛泽东法律思想库．北京：中国政法大学出版社，1993

李龙主编．毛泽东法律思想研究．武汉：武汉大学出版社，1993

徐进主编．新编中国法律思想史．济南：山东大学出版社，1993

汪汉卿主编．中国法律思想史．合肥：中国科学技术大学出版社，1993

杨鹤皋，马小红编．中国法律思想史自学考试指南．北京：中国政法大学出版社，1993

郝铁川．儒家思想与当代中国法治．郑州：河南大学出版社，1994

徐进．中国古代正统法律思想研究（第一卷）．济南：山东大学出版社，1994

俞荣根主编．西南政法学院成人教育教材编委会编．中国法律思想史解题指南．成都：成都科技大学出版社，1994

杨鹤皋．魏晋隋唐法律思想研究．北京：北京大学出版社，1995

侯欣一．邓小平法律思想研究．西安：西北大学出版社，1996

马小红等．中国法律思想发展简史．北京：中国政法大学出版社，1996

丁凌华主编．中国法律思想史．广州：华东理工大学出版社，1996，1997

李桂英编．中国法律思想史自学考试题解．长春：吉林文史出版社，1997

马作武．清末法制变革思潮．兰州：兰州大学出版社，1997

唐自斌．孙中山法律思想研究．长沙：湖南师范大学出版社，1997

马小红．中国古代法律观．郑州：河南教育出版社，1997

马小红．中国古代社会的法律观．郑州：大象出版社，1997

杨鹤皋编著．新编中国法律思想史．合肥：安徽大学出版社，1997

俞荣根．艰难的开拓：毛泽东的法思想与法实践．桂林：广西师范大学出版社，1997

武树臣，李力．法家思想与法家精神．北京：中国广播电视出版社，1998

马作武．中国法律思想史纲．广州：中山大学出版社，1998

李光灿，张国华主编．中国法律思想通史（三）．太原：山西人民出版社，1998

曹磊．名人法律思想辑要．北京：中国工人出版社，1998

张国华．中国法律思想史新编．北京：北京大学出版社，1998

杨鹤皋编著．中国法律思想史自学考试指导与题解．北京：北京大学出版社，1998

郑艳，张翠清主编．高等教育自学考试同步辅导同步训练（中国法律思想史）．北京：中国人事出版社，1999

侯欣一主编．中国法律思想史．北京：中国政法大学出版社，1999

李贵连主编．教育部高等教育司组编．中国法律思想史．北京：北京大学出版社，1999

杨鹤皋主编．中国法律思想史．北京：北京大学出版社，1999，2004，2005

金圣海等编著．中国法律思想史全真模拟试题．北京：中国人民大学出版社，1999

李光昱编著．中国法律思想史自学考试复习指南．北京：中国人民大学出版社，1999

胡善德主编．中国法律思想史自学考试题解．北京：中国人民公安大学出版社，1999

金圣海，周虹编著．自考过关名师指导（中国法律思想史）．北京：中国方正出版社，1999

陈景良主编．当代中国法律思想史．郑州：河南大学出版社，1999

徐显明．人民立宪思想探原：毛泽东早期法律观研究．济南：山东大学出版社，1999

汪汉卿主编．包拯法律思想与实践．合肥：安徽大学出版社，2000

杨鹤皋．中国法律思想史．北京：群众出版社，2000

李光灿，张国华总主编．中国法律思想通史（二）．太原：山西人民出版社，2000

崔永东．金文简帛中的刑法思想．北京：清华大学出版社，2000

曹全来主编．中国法律思想史．北京：西苑出版社，2000

陈宏冬主编．中国法律思想史．北京：中国法制出版社，2000

刘新主编．中国法律思想史．北京：中国人民大学出版社，2000

俞荣根主编．刘笃才等撰稿．中国法律思想史．北京：法律出版社，2000

本书编写组编．中国法律思想史学习辅导：法律专业．北京：中国财政经济出版社，2000

邢同卫，张加才主编．自考命题研究组编审．中国法律思想史自学考试题解．北京：中国民主法制出版社，2000

李光灿，张国华主编．中国法律思想通史（一）．太原：山西人民出版社，2001

李光灿，张国华主编．中国法律思想通史（四）．太原：山西人民出版社，2001

姜海涛编写．中国法律思想史．北京：龙门书局，2001

陈金全主编．中国法律思想史．北京：法律出版社，2001

杨鹤皋．宋元明清法律思想研究．北京：北京大学出版社，2001

张廉，刘芳．中外法律思想命题研究．银川：宁夏人民出版社，2001

陈鹏生，杨鹤皋．春秋战国法律思想与传统文化．台湾：汇丰行有限公司，2001

王立民．法律思想与法律制度．北京：中国政法大学出版社，2002

周密．商鞅刑法思想及变法实践．北京：北京大学出版社，2002

姜晓冬主编．全国高等教育自学考试同步训练·同步过关（中国法律思想史）．北京：学苑出版社，2002

王冬玲主编．全国高等教育自学考试新教材同步练习与题解（中国法律思想史）．北京：现代出版社，2002

夏鹏鹏主编．全国高等教育自学考试指定教材辅导用书（中国法律思想史）．北京：学苑出版社，2002

赵元信主编．中国法律思想史．上海：上海教育出版社，2002

杨鹤皋主编．中国法律思想史自学辅导．北京：北京大学出版社，2001，2002

胡善德主编．中国法律思想史自学考试指导与题解．北京：中国人民公安大学出版

社，2002

梁凤荣主编．自考过关教练：中国法律思想史考点与题解．北京：中华工商联合出版社，2002

牛彤．孙中山宪政思想研究．北京：华夏出版社，2003

李贵连主编．中国法律思想史．北京：北京大学出版社，2003

杨鹤皋著，范忠信等编校．中国古代法律思想论集：杨鹤皋先生七十五华诞暨从教五十周年志庆．北京：中国政法大学出版社，2003

王人博．中国近代的宪政思潮．北京：法律出版社，2003

何勤华等主编，赵元信等编著．全国高等教育法律专业自学考试指导与训练丛书（中国法律思想史）．上海：复旦大学出版社，2003

秦勇主编．全国高等教育自学考试近年真题汇编及解析（中国法律思想史、西方法律思想史）．北京：学苑出版社，2003

梁凤荣等主编．中国法律思想史学习指导与应试指南．郑州：郑州大学出版社，2003

王永主编．高等教育自学考试同步辅导同步训练（中国法律思想史）．北京：同心出版社，2002，2003

宋四辈．中国传统刑法理论与实践．郑州：郑州大学出版社，2004

刘广安．中国法律思想简史．北京：高等教育出版社，2004

崔永东主编．中国法律思想史．北京：北京大学出版社，2004

荆宝峰主编．自考通关小题典（中国法律思想史）．延吉：延边人民出版社，2004

杨鸿烈著，范忠信，何鹏勘校．中国法律思想史．北京：中国政法大学出版社，2004

徐公喜．朱熹理学法律思想研究．南昌：江西人民出版社，2004

马小红．中国古代法律思想史．北京：法律出版社，2004

石毕凡．近代中国自由主义宪政思潮研究．济南：山东人民出版社，2004

［奥］田默迪．东西方之间的法律哲学——吴经熊早期法律哲学思想之比较研究．北京：中国政法大学出版社，2004

武树臣．中国法律思想史．北京：法律出版社，2004

梁凤荣主编．中国法律思想史．郑州：郑州大学出版社，2004

徐祥民，刘笃才，马建红编著．中国法律思想史．北京：北京大学出版社，2004

赵明．先秦儒家政治哲学引论．北京：北京大学出版社，2004

张允起．宪政、理性与历史：萧公权的学术与思想．北京：北京大学出版社，2005

李青．洋务派法律思想与实践的研究．北京：中国政法大学出版社，2005

刘新主编．中国法律思想史．北京：中国人民大学出版社，2005

全国高等教育自学考试命题研究组组编．中国法律思想史．北京：航空工业出版社，2005

张少瑜．兵家法思想通论．北京：人民出版社，2006

2. 法律文化

王伯琦．近代法律思潮与中国固有文化．台湾："司法行政部"印行，1956

梁治平．寻求自然秩序中的和谐：中国传统法律文化研究．上海：上海人民出版社，1991

张中秋．中西法律文化比较研究．南京：南京大学出版社，1991

范忠信等．情理法与中国人：中国传统法律文化探微．北京：中国人民大学出版社，1992

梁临霞．中国传统法律文化与法制现代化．北京：中国政法大学出版社，1992

中国儒学与法律文化研究会编．儒学与法律文化．上海：复旦大学出版社，1992

吴文翰，陶广峰主编．中国法律文化名人评传．兰州：兰州大学出版社，1993

陈晓枫主编．中国法律文化研究．郑州：河南人民出版社，1993

张培田．中国法文化散论．北京：中国政法大学出版社，1993

公丕祥主编．法律文化的冲突与融合：中国近现代法制与西方法律文化的关联考察．北京：中国广播电视出版社，1993

武树臣等．中国传统法律文化．北京：北京大学出版社，1994

陆昕，徐世虹主编．中外法律文化大典：中外法律比较编年．北京：中国政法大学出版社，1994

何勤华等编著．中西法律文化通论．上海：复旦大学出版社，1994

张培田．中西近代法文化冲突．北京：中国广播电视出版社，1994

郝铁川．经国治民之典：《周礼》与中国文化．郑州：河南大学出版社，1995

姜剑云主编．法律文化研究．西安：陕西人民出版社，1995

范忠信，郑定等．中国法律文化探究．韩国：汉城一潮阁，1996

倪正茂．法哲学经纬．上海：上海社会科学院出版社，1996

梁治平．清代习惯法：社会与国家．北京：中国政法大学出版社，1996

武树臣．中国传统法律文化鸟瞰．郑州：大象出版社，1997

王人博．宪政文化与近代中国．北京：法律出版社，1997

上海大学法学院法律文化研究中心编．法律文化研究．第二辑．上海：上海大学出版社，1998

马作武．中国古代法律文化．广州：暨南大学出版社，1998

刘进田，李少伟．法律文化与法制现代化．西安：陕西人民出版社，1998

何勤华．法律文化史论．北京：法律出版社，1998

史彤彪．中国法律文化对西方的影响．石家庄：河北人民出版社，1999

张中秋．中西法律文化比较研究．南京：南京大学出版社，1999

刘作翔．法律文化理论．北京：商务印书馆，1999

刘星．古律寻义——中国法律文化漫笔．北京：中国法制史版社，2000

［英］S. 斯普林克尔著，张守东译．清代法制导论：从社会学角度加以分析．北京：中国政法大学出版社，2000

程维荣．道家与中国法文化．上海：上海交通大学出版社，2000

陶广峰主编．文明的脚步：丝绸之路繁荣与法律文化研究．兰州：兰州大学出版社，2000

吴海航．元代法文化研究．北京：北京师范大学出版社，2000

陈金全，李鸣，杨玲主编．中国传统法律文化与现代法治．重庆：重庆出版社，2000

徐忠明．思考与批评：解读中国法律文化．北京：法律出版社，2000

龙文懋，崔永东．传统文化的沉思：中国传统政治法律文化研究．呼和浩特：内蒙古人民出版社，2001

黄宗智．清代的法律社会与文化：民法的表达与实践．上海：上海书店出版社，2001

范忠信．中西法文化的暗合与差异．北京：中国政法大学出版社，2001

公丕祥．东方法律文化的历史逻辑．北京：法律出版社，2002

林端．儒家伦理与法律文化：社会学观点的探索．北京：中国政法大学出版社，2002

陈鹏生等主编．走向二十一世纪的中国法文化．上海：上海社会科学院出版社，2002

徐忠明．包公故事：一个考察中国法律文化的视角．北京：中国政法大学出版社，2002

崔永东．简帛文献与古代法文化．武汉：湖北教育出版社，2003

张中秋．比较视野中的法律文化．北京：法律出版社，2003

贾国发．清末民初法文化流变．长春：东北师范大学出版社，2003

俞荣根．文化与法文化．北京：法律出版社，2003

俞江．近代中国民法学中的私权理论．北京：北京大学出版社，2003

庄伟燕．人法合治与混合法：中国传统法律思想的传承与发展．广州：广东高等教育出版社，2003

张中秋．中西法律文化比较研究．2 版．南京：南京大学出版社，2003

汪俊英．传统法律文化与法治发展研究．北京：中国民主法制出版社，2004

吴大华．民族法律文化散论．北京：民族出版社，2004

李交发．法律文化散论．北京：人民法院出版社，2004

高瑞主编，杨士宏编著．藏族传统法律文化研究．兰州：甘肃人民出版社，2004

张瑞编著．中国传统法律文化．北京：海潮出版社，2004

马作武主编．中国传统法律文化研究．广州：广东人民出版社，2004

喻中．法律文化视野中的权力．济南：山东人民出版社，2004

龙大轩．道与中国法律传统．济南：山东人民出版社，2004

崔永东．中西法律文化比较．北京：北京大学出版社，2004

何勤华．法律文化史谭．北京：商务印书馆，2004

何勤华主编．法律文化史研究．第一卷．北京：商务印书馆，2004

党江舟．中国讼师文化——古代律师现象解读．北京：北京大学出版社，2005

“沈家本与中国法律文化国际学术研讨会”组委会编．沈家本与中国法律文化国际学术研讨会论文集．北京：中国法制出版社，2005

张彦丽．比较视野下的法律文化：以清代法制史为中心的考察．北京：红旗出版社，2005

马建兴．丧服制度与传统法律文化．北京：知识产权出版社，2005

何柏生著，上海市邓小平理论和“三个代表”重要思想研究中心编．数学精神与法律文化．上海：上海人民出版社，2005

张中秋编．中国与以色列法律文化国际学术研讨会文集．北京：中国政法大学出版社，2005

尚雪鸿编著．酷刑文化．呼和浩特：内蒙古人民出版社，2006

（四）法律文献及整理成果

长孙无忌等纂．唐律疏议（30卷12册）．据清嘉庆十二年（1807）孙星衍校刊之岱南阁丛书本重刊；沈家本刊，1890（清光绪十六年）

长孙无忌等纂．唐律疏议（30卷8册）．据清嘉庆十二年（1807）孙星衍校刊之岱南阁丛书本重刊．江苏书局，1891（清光绪十七年）

祝庆祺，鲍书芸等编．刑案汇览（60卷40册）．上海图书集成局印行，1888（清光绪十四年）

张鹏一撰．汉律考（7卷4册）．刻本，1891（清光绪十七年），1897（清光绪二十三年）

郝懿行辑．补宋书刑法志食货志．刊本．上海：广雅书店，1891（清光绪十七年）

宋慈撰．王又槐集．阮其新补注．李观澜补辑．重刊补注洗冤录集证（六卷）．上海：广益书局，1916年（4册）；上海：文瑞楼，1921年（5册）；台湾：文海出版社，1968

淡元辑．汉诏令（9卷2册）．抄本．1895（清光绪二十一年）

李林甫等纂．大唐六典（30卷6册）．刻本．广州：广雅书局，1895（清光绪二十一年）

杜贵墀辑注．汉律辑证（6卷1册）．刻本．清修订法律馆，1897（清光绪二十三年）

杜贵墀辑注．汉律辑证（6卷1册）．刻本．集于桐华阁丛书第七册．湖南湘水校经堂，1899（清光绪二十五年）

崑冈等．钦定大清会典事例（1220卷384册）．刻本．1899（清光绪二十五年）

蒋廷锡等纂校．祥刑典（108卷16册）．据清雍正四年（1276）武英殿铜字本影印集于《钦定古今图书集成》第756～780册．上海：中华书局，1934

杜贵墀辑注．汉律辑证（6 卷 1 册）．据桐华阁丛书本影印．集于《郎园全书》第 195 册（长沙）．中国古书刊印社，1935

崑冈等纂．钦定大清会典（100 卷 36 册）．刻本．1899（清光绪二十五年）

薛允升撰．读例存疑（54 卷 40 册）．刻本．北京琉璃厂翰茂斋，1905（清光绪三十一年）

张鹏一编．汉律类纂．石印本．奉天小南关格致学堂，1907（清光绪三十三年）

沈家本．寄簃文存（8 卷）．铅印本．清修订法律馆，1907（清光绪三十三年），1909（宣统元年），1911（宣统三年）

佚名辑．大元圣政国朝典章（60 卷 24 册）．刻本．武进董氏诵芬堂，1908（清光绪三十四年）

佚名辑．大元圣政国朝典章（60 卷 24 册）．据杭州丁氏所藏抄本重校刻．修订法律馆，1908（清光绪三十四年）

佚名辑．郑继芳等订正．大明律集解附例（30 卷 卷首一卷 10 册）．据明万历三十八年（1610）浙江官刊本重刊．清修订法律馆，1908（清光绪三十四年）

崑冈等纂．钦定大清会典事例（1220 卷 150 册）．石印本．上海：商务印书馆，1908（清光绪三十四年）

沈家本撰．沈寄簃先生遗书．刻本．清修订法律馆，1909（清宣统元年）

宪政编查馆编．刑律草案笺注．油印本．1910（清宣统二年）

王敬从撰．唐写本开元律疏名例卷．影印本．吴县王仁俊刊，1911（清宣统三年）

清宪政编查馆辑．大清法规大全（50 册）．上海政学社印行，1911（清宣统三年）

李林甫等纂．大唐六典（30 卷 12 册）．据宋高宗绍兴四年（1134）詹棫所印张希亮校本重刊．上海扫叶山房，1912

沈家本辑．枕碧楼丛书．刻本．辑者自刻，1913

汪毅，张承棨辑．八朝条约（179 卷 60 册）．中华民国外交部图书处刊印，1915

宋绶，宋敏求编纂．唐大诏令集．乌程张氏刊《适园丛书》本，1916；北京：商务印书馆，1959

窦仪等纂．宋刑统（30 卷 6 册）．据范氏天一阁抄本重校刊印．民国北洋政府国务院法制局，1918

窦仪等纂．重详定刑统（30 卷 6 册）．刻本．吴兴刘氏嘉叶堂，1921

薛允升撰．唐明律合编（30 卷 8 册）．刻本．天津：徐世昌退耕堂，1922；北京：中华书局影印天津徐氏退耕堂刻本，1958，1965

长孙无忌等纂，罗振玉校录．唐律疏议（30 卷）．东方学会据东方学会丛刊初集本印，1924

长孙无忌等纂．唐律疏议（30 卷 12 册）．据清嘉庆十二年（1807）孙星衍校刻之岱南阁丛书本影印．集于岱南阁丛书影印本．上海：博古斋，1924（12 册）

宋朝大诏令集（240 卷 10 册）．据清常熟瞿镛铁琴铜剑楼抄本影印．北京：中华书局，1926；台湾：正中书局，1966

大元通制条格（存 22 卷 6 册）．据内阁大库明初墨格写本影印．北平：北平图书馆，1930

佚名辑．大元圣政国朝典章（60 卷 25 册）．北平：北京大学国学研究所编印，1931

陈垣．元典章校补（10 卷 5 册）．北平：北京大学国学研究所刊印，1931；台湾：文海出版社，1967 年影印

长孙无忌等纂．唐律疏议（30 卷）．北平：据岱南丛书本排印．集于《国学基本丛书》．上海：商务印书馆，1933

桂万荣撰．棠阴比事．上海：商务印书馆，1934 年影印；四明张氏约园刻本，1935；江苏：广陵古籍刻印社，1981

陈垣．元典章校补释例．北平：国立中央研究院历史语言研究所刊印，1934

丘汉平校编．历代律例全书．上海：上海民权律师团印，1934

刑部制．董康鉴定．比部招拟．石印本．上海：大东书局，1935

长孙无忌等撰．律文（12 卷）．影印本．上海：商务印书馆，1935

申时行等修．明会典（228 卷 40 册）．据明万历修《明会典》排印．集于万有文库．上海：商务印书馆，1936

长孙无忌等纂．唐律疏议（30 卷 12 册）．据涵芬楼影印宋刊本影印．集于《四部丛刊》三编史部．上海：商务印书馆，1936

崑冈等续修．钦定大清会典（100 卷）．上海：商务印书馆，1936

佚名辑．圣朝颁降新例．丛书集成初编之一．上海：商务印书馆，1937

长孙无忌等纂．唐律疏议（30 卷）．重印丛书集成初编．上海：商务印书馆，1937

裕诚等纂．钦定总管内务府堂现行则例（4 卷）．据清咸丰二年（1852）刊本排印．北平故宫博物院文献馆，1937

薛允升撰．唐明律合编（30 卷 5 册）．上海：商务印书馆，1937

苏瓌等删定．神龙删定散颁刑部格残卷．据敦煌石室原写本石印．集于《百爵斋丛刊》第一册．罗振玉刊，1937

郝懿行撰．补宋书刑法食志（1 卷）．开明书店，1937；上海：商务印书馆，1960

丘汉平编著．历代刑法志（2 册）．整理标点本．上海：商务印书馆，1938

全民抗战社编．宪政运动参考材料．上海：生活书店，1939

张鷟撰．龙筋凤髓判（2 卷 2 册）．据明刻本影印．上海：商务印书馆，1939

长孙无忌等纂．唐律疏议（30 卷 4 册）．据岱南阁丛书本印行．集于《万有文库》．上海：商务印书馆，1939；集于《丛书集成》第 775—780 册．长沙：商务印书馆，1939

明万晨，周紫芝，张鷟撰．东坡乌台诗案 诗献 龙筋凤髓判．影印本．上海：商务印书

馆，1939

郝懿行，刘衡，蒋超伯撰．补宋书刑法食货志 读律心得 爽鸠要录．排印本．上海：商务印书馆，1939

邹韬奋等．宪政运动论文选集．上海：生活书店，1940

松森等纂．钦定理藩部则例（64卷4册）．据清光绪三十四年（1908）刊本重印．北平：北京蒙藏委员会编译室，1942

晋察冀边区国大代表选举委员会编．宪政问题参考资料（第1～4集）．晋察冀边区国大代表选举委员会，1946

舒化等修．大明律附例（30卷 附录1卷）．据《玄览堂丛书》三集影印．南京：南京国立中央图书馆，1948

谢深甫监修．庆元条法事类（80卷12册）．开通书社，1948

谢深甫监修．庆元条法事类（80卷12册）．据燕京大学图书馆藏版影印．上海：中华书局，1948

谢深甫监修．庆元条法事类（80卷12册）．刻本．北平：燕京大学图书馆，1948

中国人民大学法律系编译．苏维埃国家与法权史参考资料．北京：中国人民大学出版社，1951

东北人民大学法律系国家与法权理论及历史教研室编．国家与法权历史参考资料．长春：东北人民大学研究部教材出版科，1954

中国国家与法权历史参考资料（现代史部分）．中国人民大学国家与法权历史教研室编印，1954

孙楷撰，徐复订补．秦会要订补．上海：群联出版社，1955；北京：中华书局，1959

区鼎新辑．先哲有关司法嘉言汇辑．台湾："司法行政部"印行，1956

长孙无忌等纂．唐律疏议（30卷4册）．据岱南阁丛书本印行．集于《国学基本丛书》第一集．台湾："商务印书馆"，1956

中国人民大学国家与法权历史教研室编辑．中国国家和法权历史参考资料（第二次国内革命战争时期国民党反动政府）．北京：中国人民大学出版社，1956

［苏联］盖尔青仲著，郑华等译．苏联和苏俄刑事立法史料汇编（1917～1952年）．北京：法律出版社，1956

中国人民大学国家与法权历史教研室编辑．中国国家和法的历史参考资料（第三次国内革命战争时期的国民党反动政府）．北京：中国人民大学出版社，1956

中国国家与法的历史参考资料．华东政法学院国家与法的历史教研室编印，1956

谢深甫监修．庆元条法事类（80卷10册）．据燕京大学图书馆藏版影印．北京：北京古籍出版社，1957，1966，1982

王铁崖编．中外旧约章汇编．第1册．北京：三联书店，1957

苏维埃国家与法的历史参考资料．上海：复旦大学法律系国家与法的历史教研组编印，1957

中国人民大学国家与法权历史教研室编辑．中国国家和法权历史参考资料（抗日战争时期国民党反动政府）．北京：中国人民大学出版社，1957

国务院法制局法制史研究室注．清史稿刑法志注解．北京：法律出版社，1957

［苏］古谢夫编．王增润等译．苏联和苏俄刑事诉讼及法院和检察院组织立法史料汇编（1917～1954）．北京：法律出版社，1958

中国国家和法权历史参考资料（第三次国内革命战争时期解放区的政策、法令选集）．中国人民大学国家与法权历史教研室编印，1958

宋慈撰，贾静涛点校．洗冤集录．整理标点本．北京：法律出版社，1958

北京大学法律系国家与法的历史教研室编．中国国家与法的历史参考书（第1分册）．北京：法律出版社，1959

长孙无忌等撰．唐律疏议（30卷12册）．影印本．上海：商务印书馆，1960

世界国家与法的历史参考资料汇编．北京：北京政法学院国家与法的历史教研室编编印，1961～1962

中国国家与法的历史参考资料（导言部分）．北京：北京政法学院历史教研室编印，1961

法政学社辑．中国民事习惯大全．影印本．台湾：文星书店，1962

李林甫等纂．大唐六典（30卷1册）．据日本中御门天皇享保九年（1724）刊本影印．台湾：文海出版社，1962

丘汉平编著．历代刑法志．据中华民国二十七年（1938）上海商务印书馆本印行．北京：群众出版社，1962；台湾：三民书局，1965；台湾："商务印书馆"，1965

郑克辑．王兰升译注．折狱龟鉴选译．北京：群众出版社，1962

中国国家与法的历史参考资料（古代史部分）．北京：北京政法学院历史教研室编印，1962

中国国家与法的历史参考资料（近代部分）．北京：北京政法学院历史教研室编印，1962

上海社会科学院政治法律研究所编．宋史刑法志注释．北京：群众出版社，1962，1979

佚名纂．宋大诏令集．北京：中华书局，1962

国家与法的历史参考资料．重庆：西南政法学院国家与法的历史教研室编印，1963

窦仪等奉敕撰．重详定刑统（30卷）．中华民国十年刘氏刻嘉业堂丛书重印本．上海：上海古籍出版社，1963

申时行等修．大明会典（228卷5册）．据明万历十五年（1587）司礼监刊本影印．台湾：台联国风出版社，1963；台湾：东南书报社，1963

国家与法的历史参考资料．成都：四川行政学院国家与法教研室编印，1963

崑冈等纂．钦定大清会典事例（1220卷19册）．据清光绪二十五年（1899）刻本影印台湾：启文出版社，1963

佚名辑．大元圣政国朝典章（60卷2册）．据清光绪三十四年（1908）修订法律馆校刊本影印．台湾：文海出版社，1964，1974

窦仪等纂．宋刑统（30卷2册）．据中华民国七年（1918）国务院法制局重校鄞县范氏天一阁抄本影印．台湾：文海出版社，1964

长孙无忌等纂．唐律疏议（30卷4册）．据雍正十三年（1735）刊本影印．集于《万有文库荟要》．台湾："商务印书馆"，1965，1969，1980

长孙无忌等纂．唐律疏议（30卷3册）．据宋刊本影印．集于《四部丛刊续编》．台湾："商务印书馆"，1966

佚名纂．钦定吏部处分则例（52卷1册）．据清刊本影印．台湾：成文出版社，1966

文煜等纂．工部则例（160卷40册）．据清光绪十年（1884）刊本影印．台湾：成文出版社，1966

文煜等纂．钦定工部则例（160卷4册）．据清光绪十年（1884）刊本影印．台湾：成文出版社，1966

特登额等编纂．钦定吏部则例．台湾：成文出版社，1966年影印

陈垣．（沈刻）元典章校补（10卷5册）．据1931年北京大学研究所国学门刊本影印．台湾：文海出版社，1967

钦定礼部则例（202卷2册）．据清道光二十四年（1844）刻本影印．台湾：成文出版社，1966

陈恒撰．（沈刻）元典章校补．台湾：文海出版社，1967

沈家本．沈寄簃先生遗书甲编（86卷22册）．据民国年间原刊本影印．台湾：文海出版社，1967

傅凤翔辑．皇明诏令（21卷4册）．据明嘉靖二十七年（1548）浙江布政使司校刊本影印．台湾：成文书局，1967

祝庆祺，鲍书云等编．刑案汇览（60卷11册）．据清光绪十四年（1888）上海图书集成局刊本影印．台湾：成文出版社，1968

崑冈等纂．钦定大清会典（100卷1册）．据清光绪二十五年（1899）刻本影印．台湾：启文出版社，1963；台湾："商务印书馆"，1968

宋绶，宋敏求辑．唐大诏令集（130卷5册）．据明抄本影印．台湾：华文书局，1968

潘文舫等编．新增刑案汇览（16卷1册）．据清光绪十二年（1886）上海图书集成局仿袖珍版影印．台湾：成文出版社，1968

蔡乃煌等纂．约章分类辑要（38卷8册）．据清光绪二十六年（1900）刊本影印．台

湾：华文书局，1968

明亮，纳苏泰等纂．钦定中枢政考（32 卷 6 册）．据道光五年（1825）官刊本影印．台湾：学海出版社，1968

祝庆祺编．续增刑案汇览（16 卷 2 册）．据清光绪十四年（1888）上海图书集成局刊本影印．台湾：成文出版社，1968

宋慈撰．王又槐增辑．阮其新补注．刘菊人增补．重刊补注洗冤录集证（6 卷 1 册）．据清道光二十四年（1844）大雅堂及醉文堂刊本影印．台湾：文海出版社，1968

薛允升撰．唐明律合编（30 卷）．台湾："商务印书馆"，1968，1977

唐大诏令集（130 卷 5 册）．台湾：鼎文书局，1968

台湾成文出版社编．钦定户部海防郑工新例章程（2 册）．编者自刊，1968

倭仁，承启等纂．钦定户部则例（100 卷 14 册）．据清同治四年（1865）户部校刊本影印．台湾：成文出版社，1968

全士潮等辑．驳案新编（32 卷 8 册）．影印本．据清乾隆四十六年（1781）全士潮刊本影印．台湾：成文出版社，1968

素尔纳等纂．钦定学政全书（80 卷 2 册）．据清乾隆三十九年（1774）内府刊本影印．集于《近代中国史料丛刊》第 30 辑．台湾：文海出版社，1968

李鸿章纂．通商约章类纂（35 卷 6 册）．据清光绪十二年（1886）原刊本影印．台湾：华文书局，1968

司法"行政部"辑．中国民商事习惯调查报告录．台湾：进学书局，1969

文孚等纂．钦定六部处分则例（52 卷 2 册）．据清光绪十八年（1892）上海图书集成局印本影印．集于《近代中国史料丛刊》第 34 辑．台湾：文海出版社，1969

北洋洋务局纂辑．约章成案汇览（52 卷 12 册）．据清光绪三十一年（1905）上海点石斋刊本影印．台湾：华文书局，1969

恩桂等重修．薛明皋等纂．钦定吏部则例．影印本．台湾：成文出版社，1969

文孚等编著．钦定六部处分则例（2 册）．影印本．台湾：文海出版社，1969

托津等纂．钦定户部漕运全书（88 卷 8 册）．据清乾隆三十一年（1766）刊本影印．台湾：成文出版社，1969

大明律集解附例（30 卷 5 册）．据清光绪三十四年（1908）修订法律馆重刊本影印．台湾：成文出版社，1969

大明律集解附例（30 卷 5 册）．据明万历浙江官刊本与万历三十八年（1610）浙江刊本之影抄本配补影印．集于《明代史籍汇刊》．台湾：学生书局，1970

吴潮等编．刑案汇览续编（32 卷 10 册）．据光绪二十六年（1900）蓉城李保和刻本影印．台湾：文海出版社，1970

佚名纂．大明一统诸司衙门官制（16 卷 1 册）．据明嘉靖二十年（1541）两淮转运司

刊本影印．集于《明代史籍汇刊》第13种．台湾：学生书局，1970

清宪政编查馆辑．大清法规大全（6册）．据上海政学社刊本缩印．台湾：宏业书局，1972；台湾：考正出版社，1972

郭卫编辑．大理院判决全书．台湾：成文出版社，1972

魏征等撰．隋书·刑法志．北京：中华书局，1973

唐玄宗撰，李林甫等奉敕注．大唐六典．台湾：文海出版社，1974；北京：中华书局，1983年影印

魏征等撰．魏书·刑罚志．北京：中华书局，1974

房玄龄等撰．晋书·刑法志．北京：中华书局，1974

刑部编定．大清律例汇辑便览（15册）．台湾：成文出版社，1975

银雀山汉墓竹简整理小组编．孙膑兵法．北京：文物出版社，1975

中国人民解放军驻浙某部防化连，浙江大学历史系选注．先秦法家军事著作选注．杭州：浙江人民出版社，1975

上海师范大学教育系编．先秦法家教育思想资料．上海：上海人民出版社，1976

谢深甫监修．庆元条法事类（80卷）．影印本．台湾：新文丰出版公司，1976

赵滨彦辑．湘蕃案牍钞存（4册）．清宣统年间印．台湾：文海出版社，1976

沈家本．寄簃文存（8卷）．台湾："商务印书馆"，1976

沈家本．寄簃文存（上、下册）．台湾："商务印书馆"，1976

"国立"博物院编．影印元本大元圣政国朝典章（上、中、下册）．编者自刊，1976

"国立"编译馆注，刘仲平译．司马法令注今译．台湾："商务印书馆"，1977

罗致平编译．一六四零年蒙古—卫拉特法典．中国社会科学院民族研究所历史室西北组，1977年内部刊印

中国人民解放军军事科学院战争理论研究部《孙子》注释小组．孙子兵法新注．整理标点本．北京：中华书局，1977

佐伯富编．宋史刑法志索引．台湾：学生书局，1977

杨家骆主编．中国选举史料（清代编）．台湾：鼎文书局，1977

张藕舫等辑．通商约章类纂（35卷）．台湾：文海出版社，1977

刘富起，陈航编．中国国家与法律制度史参考资料．长春：吉林大学法律系，1978

孙武撰，曹操注．郭化若释．宋本十一家注孙子．上海：上海古籍出版社，1978

睡虎地秦墓竹简整理小组．睡虎地秦墓竹简．整理标点本．北京：文物出版社，1978

故宫博物院明清档案部编．清末筹备立宪档案资料（上、下册）．北京：中华书局，1979

黄彰健编著．明代律例汇编（2册）．台湾："中央研究院历史语言研究所"，1979

长孙无忌等撰．律（12卷2册）．影印本．上海：上海古籍出版社，1979

内务府编．内务府庆典成案．台湾：文海出版社，1979

中国法制史参考资料汇编．重庆：西南政法学院法制史教研室编印，1979～1980

唐《永徽律》及《律疏》摘录．重庆：西南政法学院法制史教研室编印，1979

［日］岛田正郎主编．中国法制史料（8 册）．收入杨家骆主编《中国史料系编》影印本．第 1 辑（4 册）．台湾：鼎文书局，1979；第 2 辑（4 册）．台湾：鼎文书局，1982

上海社会科学院政治法律研究所编．宋史刑法志注释．北京：群众出版社，1979

朱逢甲编著，黄肃秋译，黄岳校注．间书．整理标点本．北京：群众出版社，1979

薛允升撰．唐明律合编（30 卷 8 册）．线装本．北京：中国书店，1980

北京政法学院汉语教研室编．中国历代法学文选．1980

宋慈著，杨奉琨校译．洗冤集录校译．北京：群众出版社，1980

中国政治法律思想史参考资料．重庆：西南政法学院法制史教研室编印，1980

宋慈著．田一民，罗时润译．洗冤集录译释．福州：福建科学技术出版社，1980

中国法制史参考资料选编（近现代部分）．北京：北京政法学院法制史教研室编印，1980

中国近代法制史资料选编．北京：中国人民大学法律系法制史教研室编印，1980

中国人民大学法律系法制史教研室编．中国近代法制史资料选编．第 2 分册．1980

中国法制史参考资料汇编．第 1 辑 上册．重庆：西南政法学院法制史教研室编印，1980

中国法制史参考资料汇编．第 1 辑下册．重庆：西南政法学院法制史教研室编印，1980

桂万荣编撰，吴讷删补，陈顺烈校注．棠阴比事选．北京：群众出版社，1980

应槚撰，周南校．谳狱稿（5 卷 3 册）．影印本．天津：天津古籍书店，1981

谢深甫监修．庆元条法事类（80 卷 12 册）．据燕京大学图书馆藏版重印．北京：中国书店，1981，1982

佚名．清末筹备立宪档案史料（2 册）．台湾：文海出版社，1981

韩延龙，常兆儒编．中国新民主主义革命时期根据地法制文献选编．第 1 卷．北京：中国社会科学出版社，1981

高潮主编．古代判词选．北京：群众出版社，1981

吏部条法残本（2 册）．据《永乐大典》本影印．台湾：文海出版社，1981

韩延龙，常兆儒编．中国新民主主义革命时期根据地法制文献选编．第 2 卷．北京：中国社会科学出版社，1981

郑克辑．杨奉琨选译．折狱龟鉴选．北京：群众出版社，1981

宋律（12 卷）．台湾："商务印书馆"，1981

何栋如辑．皇祖四大法（12 卷 3 册）．影印本．台湾：学生书局，1982

西南政法学院法制史教研室编．中国法制史参考资料汇编．第2辑．重庆：西南政法学院印，1982

上海社会科学院法学研究所主编．宋史刑法志注释（续集）．北京：群众出版社，1982

中国法律思想史参考文选．西安：西北政法学院法学基础理论教研室编印，1982

法古文选．上海：华东政法学院语文教研室，1982

班固著，赵增祥，徐世虹注．《汉书·刑法志》注释．北京：法律出版社，1983

大唐六典．北京：中华书局，1983

法学教材编辑部《中国法律思想史》编写组编．中国法律思想史资料选编．北京：法律出版社，1983

节庵辑．荘氏史案本末．影印本．上海：上海古籍书店，1983

政法史料（检察专辑）．武汉：武汉政法志编纂委员会编印，1983

台湾“中华书局”编辑部．中国历代食货典（5册）．台湾：“中华书局”，1983

高潮，马建石主编．中国历代法学文选．北京：法律出版社，1983

长孙无忌等撰，刘俊文点校．唐律疏议．整理标点本．北京：中华书局，1983

长孙无忌撰．唐律疏议．台湾：“商务印书馆”，1984

茅彭年注释．吕刑今释．北京：群众出版社，1984

窦仪等撰，吴翊如点校．宋刑统．整理标点本．北京：中华书局，1984

韩延龙，常兆儒编．中国新民主主义革命时期根据地法制文献选编（第3卷 第4卷）．北京：中国社会科学出版社，1984

辛子牛注释．汉书刑法志注释．北京：群众出版社，1984

马建石，杨育棠注释．旧唐书刑法志注释．北京：群众出版社，1984

孙奭撰．律（附音义）．据北京图书馆藏宋刻本影印．上海：上海古籍出版社，1984

长孙无忌等撰．唐律疏议（30卷10册）．函套线装．南京：江苏广陵古籍刻印社，1984

中国人民大学清史研究所．中国第一历史档案馆译．盛京刑部原档（清太宗崇德三年至崇德四年）．北京：群众出版社，1985

沈家本辑．李光灿整理．刺字集．法学与实践，1985（3）

沈家本辑．李光灿标点．刺字集．法学与实践，1985（4）

汪潜编注．唐代司法制度——唐六典选注．北京：法律出版社，1985

蓝鼎元著，刘鹏云，陈方明注释．鹿洲公案．整理标点本．北京：群众出版社，1985

吴九龙释．银雀山汉简释文．北京：文物出版社，1985

陆心国注．晋书刑法志注释．北京：群众出版社，1986

黄时鉴点校．通制条格．整理标点本．杭州：浙江古籍出版社，1986

刘骏编译．古代法学文选今译．长沙：湖南大学出版社，1986

云南少数民族古籍整理出版规划办公室编，刀永明，刀建民译，薛贤整理．孟连宣抚司法规．昆明：云南民族出版社，1986

于浩成等编．中外法学原著选读（上、下册）．北京：群众出版社，1986

李清，陆有珣，辛子牛等注．折狱新语注释．整理点校本．长春：吉林人民出版社，1987

广西壮族自治区编辑组编辑．广西少数民族地区碑文、契约资料集．南宁：广西民族出版社，1987

中国社会科学院历史研究所宋辽金元史研究室点校．名公书判清明集（2册）．整理标点本．北京：中华书局，1987

王与撰，杨奉琨校注．无冤录校注．上海：上海科学技术出版社，1987

姚雨卿原著，胡仰山增辑．大清律例会通新纂．据清同治十二年（1873）刊本影印．台湾：文海出版社有限公司，1987

聂秀娥，张汉三编著．中国古代法学文选讲析．昆明：云南教育出版社，1987

高其迈注．明史刑法志注释．北京：法律出版社，1987

高其迈注释．隋唐刑法志注释．北京：法律出版社，1987

张紫葛，高绍先注．《尚书》法学内容译注．成都：四川人民出版社，1988

钱大群译注．唐律译注．南京：江苏古籍出版社，1988

中华人民共和国司法部编．中国监狱史料汇编．北京：群众出版社，1988

湖北省司法行政史志编纂委员会编．清末民国司法行政史料辑要．1988

黄时鉴辑点．元代法律资料辑存．整理标点本．杭州：浙江古籍出版社，1988

法学教材编辑部《中国法制史资料选编》编选组．中国法制史资料选编（上、下册）．北京：群众出版社，1988

群众出版社编辑部编．历代刑法志（2册）．北京：群众出版社，1988

杨奉琨校释．疑狱集．上海：复旦大学出版社，1988

［苏］Е.И. 克恰诺夫俄译，李仲三汉译，罗矛昆校订．西夏法典——天盛年改旧定新律令（第一至七章）．银川：宁夏人民出版社，1988

蒲坚，王晓珉编．中国法制史参考资料．北京：中央广播电视大学出版社，1989

张鹏一撰，徐清廉校补．晋令辑存．整理标点本．西安：三秦出版社，1989

曹漫之主编．唐律疏议译注．整理标点本．长春：吉林人民出版社，1989

申时行等修．明会典．据 1936 年商务印书馆万有文库排印本缩印．北京：中华书局，1989

马建石，杨育棠，徐世虹编注．中国历代判词选注．北京：中国政法大学出版社，1989

张国福选编．参议院议事录 参议院议决案汇编．影印本．北京：北京大学出版社，1989

［日］仁井田陞撰，栗劲，霍存福等编译．唐令拾遗．编译本．长春：长春出版社，1989

怀效锋点校．大明律．整理标点本．沈阳：辽沈书社，1990

沈桐生辑．光绪政要．扬州：江苏广陵古籍刻印社，1991

李林甫等注，［日］广池千九郎校注，［日］内田智雄补订．大唐六典．影印本．西安：三秦出版社，1991

张友渔，高潮主编．中华律令集成（清卷）．整理标点本．长春：吉林人民出版社，1991

李林甫等撰，陈仲夫点校．唐六典．整理标点本．北京：中华书局，1992

宋敏求编，洪丕谟等点校．唐大诏令集．整理标点本．上海：学林出版社，1992

吴坛纂，马建石，杨育棠主编，中国政法大学法律古籍整理研究所校注．大清律例通考校注．北京：中国政法大学出版社，1992

张济民主编．青海藏区部落习惯法资料集．西宁：青海人民出版社，1993

沈之奇辑注，洪皋山增订．大清律辑注（30卷3册）．影印本．北京：北京大学出版社，1993

姚思仁撰．大明律附例注解（30卷）．影印本．北京：北京大学出版社，1993

张荣铮等点校．大清律例．整理标点本．天津：天津古籍出版社，1993

董克昌主编．大金诏令释注．哈尔滨：黑龙江人民出版社，1993

融水苗族埋岩古规．南宁：广西民族出版社，1994

周润年，喜饶尼玛译注，索朗班觉校．西藏古代法典选编．北京：中央民族大学出版社，1994

胡星桥，邓又天主编．读例存疑点注．北京：中国人民公安大学出版社，1994

中国第一历史档案馆编，乾隆朝惩办贪污档案选编（4册）．影印本．北京：中华书局，1994

刘海年，杨一凡总主编，刘海年等册主编．中国珍稀法律典籍集成（甲编）第一册：甲骨文金文简牍法律文献．整理标点本．北京：科学出版社，1994

刘海年，杨一凡总主编，李均明，刘军册主编．中国珍稀法律典籍集成（甲编）第二册：汉代屯戍遗简法律志．整理标点本．北京：科学出版社，1994

刘海年，杨一凡总主编，唐耕耦册主编．中国珍稀法律典籍集成（甲编）第三册：敦煌法制文书．整理标点本．北京：科学出版社，1994

刘海年，杨一凡总主编，吴震册主编．中国珍稀法律典籍集成（甲编）第四册：吐鲁番出土法律文献．整理标点本．北京：科学出版社，1994

刘海年，杨一凡总主编，史金波等译．中国珍稀法律典籍集成（甲编 编译本）第五册：西夏天盛律令．编译本．北京：科学出版社，1994

刘海年，杨一凡总主编，杨一凡等点校．中国珍稀法律典籍集成（乙编）第一册：洪武法律典籍．整理标点本．北京：科学出版社，1994

刘海年，杨一凡总主编，杨一凡，曲英杰册主编．中国珍稀法律典籍集成（乙编）第二册：明代条例．整理标点本．北京：科学出版社，1994

刘海年，杨一凡总主编，杨一凡，田禾点校．中国珍稀法律典籍集成（乙编）第三册：皇明诏令．整理标点本．北京：科学出版社，1994

刘海年，杨一凡总主编，杨一凡册主编．中国珍稀法律典籍集成（乙编）第四册：皇明条法事类纂（卷一至卷二十五）．整理标点本．北京：科学出版社，1994

刘海年，杨一凡总主编，杨一凡册主编．中国珍稀法律典籍集成（乙编）第五册：皇明条法事类纂（卷二十六至卷五十）．整理标点本．北京：科学出版社，1994

刘海年，杨一凡总主编，齐钧点校．中国珍稀法律典籍集成（乙编）第六册：皇明条法事类纂（附编）．整理标点本．北京：科学出版社，1994

刘海年，杨一凡总主编，郑秦，田涛点校．中国珍稀法律典籍集成（丙编）第一册：大清律例．整理标点本．北京：科学出版社，1994

刘海年，杨一凡总主编，张锐智，徐立志册主编．中国珍稀法律典籍集成（丙编）第二册：盛京满文档案中的律令及少数民族法律．整理标点本．北京：科学出版社，1994

刘海年，杨一凡总主编，沈厚铎册主编．中国珍稀法律典籍集成（丙编）第三册：沈家本未刊稿七种．整理标点本．北京：科学出版社，1994

高潮，马建石主编．中国历代刑法志注释．长春：吉林人民出版社，1994

张德信，毛佩琦主编．洪武御制全书．整理标点本．合肥：黄山书社，1995

田涛，郭成伟整理．清末北京城市管理法规（1906～1910）．整理标点本．北京：北京燕山出版社，1996

沈家本撰，刘海年，韩延龙等整理．沈家本未刻书集纂．整理标点本．北京：中国社会科学出版社，1996

张鷟撰，田涛，郭成伟校注．龙筋凤髓判校注．整理标点本．北京：中国政法大学出版社，1996

刘俊文撰．唐律疏议笺释（上、下册）．北京：中华书局，1996

马大正，吴丰培主编．清代新疆稀见奏牍汇编（道光朝卷）．乌鲁木齐：新疆人民出版社，1996

张秀夫主编．提牢备考译注．北京：法律出版社，1997

直隶高等审判厅书记室编辑，何勤华点校．华洋诉讼判决录．整理标点本．北京：中国政法大学出版社，1997

海乃拉莫，曲木约质，刘尧汉．凉山彝族习惯法案例集成．昆明：云南人民出版社，1998

萧榕主编．世界著名法典选编（中国古代法卷）．北京：中国民主法制出版社，1998

刘海年，韩延龙主编．中国历代贪贿案例选注．北京：法律出版社，1998

佚名辑．大元圣政国朝典章（60 卷 3 册）．影印元刊本．北京：中国广播电视出版社，1998

鲁嵩岳．慎刑宪点评．北京：法律出版社，1998

张荣铮等点校．钦定理藩部则例．整理标点本．天津：天津古籍出版社，1998

怀效锋点校．大明律．整理标点本．北京：法律出版社，1999

田涛，郑秦点校．大清律例．整理标点本．北京：法律出版社，1999

郭成伟，田涛点校整理．明清公牍秘本五种．整理标点本．北京：中国政法大学出版社，1999

田涛主编．清朝条约全集．影印本．哈尔滨：黑龙江人民出版，1999

薛梅卿点校．宋刑统．整理标点本．北京：法律出版社，1999

薛允升撰，怀效锋，李鸣点校．唐明律合编．整理标点本．北京：法律出版社，1999

郑秦，赵雄主编．清代"服制"命案——刑科题本档案选编．北京：中国政法大学出版社，1999

高恒，杨一凡，尤韶华，高旭晨选注．中国历代治国方略文选（法制卷）．整理标点本．北京：中共中央党校函授学院，1999

刘俊文点校．唐律疏议．整理标点本．北京：法律出版社，1999

前南京国民政府司法行政部编，胡旭晟等点校．民事习惯调查报告录．整理标点本．北京：中国政法大学出版社，2000

史金波等译注．天盛改旧新定律令．北京：法律出版社，2000

王世襄主编．清代匠作则例（2 册）．影印本．郑州：大象出版社，2000

张说，萧嵩等纂．大唐开元礼．据洪氏公善堂刊本影印．北京：民族出版社，2000

襟霞阁主编．清代名吏判牍七种汇编．影印本．台湾：老古文化事业股份有限公司，2000

沈之奇撰，怀效锋，李俊点校．大清律辑注．整理标点本．北京：法律出版社，2000

郭成伟点校．大元通制条格．整理标点本．北京：法律出版社，2000

雷梦麟撰，怀效锋，李俊点校．读律琐言．整理标点本．北京：法律出版社，2000

怀效锋，孙玉荣编．古代中国国际法史料．北京：中国政法大学出版社，2000

故宫博物院编．漕运则例．影印本．海口：海南出版社，2000

故宫博物院编．乘舆仪仗做法．影印本．海口：海南出版社，2000

故宫博物院编．大清律例．影印本．海口：海南出版社，2000

故宫博物院编．督捕则例 钦定军器则例二种．影印本．海口：海南出版社，2000

故宫博物院编．工程做法 内庭工程做法 乘舆仪仗做法．影印本．海口：海南出版

社，2000

故宫博物院编．光禄寺则例 钦定宗室觉罗律例．影印本．海口：海南出版社，2000

故宫博物院编．海运续案．影印本．海口：海南出版社，2000

故宫博物院编．户部海运新案 海运续案．影印本．海口：海南出版社，2000

故宫博物院编．金吾事例 福州驻防志．影印本．海口：海南出版社，2000

故宫博物院编．九卿议定物料价值．影印本．海口：海南出版社，2000

故宫博物院编．蒙古律例．影印本．海口：海南出版社，2000

故宫博物院编．钦定大清现行刑律．影印本．海口：海南出版社，2000

故宫博物院编．钦定工部则例三种．影印本．海口：海南出版社，2000

故宫博物院编．钦定宫中现行则例二种．影印本．海口：海南出版社，2000

故宫博物院编．钦定国子监志．影印本．海口：海南出版社，2000

故宫博物院编．钦定户部兵部工部军需则例．影印本．海口：海南出版社，2000

故宫博物院编．钦定户部鼓铸则例 钦定旗务则例 钦定户部兵部工部军需则例．影印本．海口：海南出版社，2000

故宫博物院编．钦定户部则例．影印本．海口：海南出版社，2000

故宫博物院编．钦定军器则例二种．影印本．海口：海南出版社，2000

故宫博物院编．钦定科场条例 钦定武场条例．影印本．海口：海南出版社，2000

故宫博物院编．钦定吏部处分则例．影印本．海口：海南出版社，2000

故宫博物院编．钦定吏部则例．影印本．海口：海南出版社，2000

故宫博物院编．钦定礼部则例二种．影印本．海口：海南出版社，2000

故宫博物院编．钦定理藩院则例．影印本．海口：海南出版社，2000

故宫博物院编．钦定旗务则例．影印本．海口：海南出版社，2000

故宫博物院编．钦定太常寺则例．影印本．海口：海南出版社，2000

故宫博物院编．钦定台规二种．影印本．海口：海南出版社，2000

故宫博物院编．钦定王公处分则例 钦定太常寺则例．影印本．海口：海南出版社，2000

故宫博物院编．钦定武场条例．影印本．海口：海南出版社，2000

故宫博物院编．钦定学政全书．影印本．海口：海南出版社，2000

故宫博物院编．钦定中枢政考三种．影印本．海口：海南出版社，2000

故宫博物院编．钦定总管内务府现行则例二种．影印本．海口：海南出版社，2000

故宫博物院编．钦定宗人府则例二种．影印本．海口：海南出版社，2000

故宫博物院编．钦定宗室觉罗律例．影印本．海口：海南出版社，2000

故宫博物院编．三流道里表 蒙古律例 钦定学政全书．影印本．海口：海南出版社，2000

故宫博物院编．浙海钞关征收税银则例 九卿议定物料价值 漕运则例．影印本．海口：海南出版社，2000

故宫博物院编．总管内务府会计司南苑颐和园静明园静宜园现行则例三种 皇明谥纪汇编 祀事孔明．影印本．海口：海南出版社，2000

王明德撰，何勤华等点校．读律佩觿．整理标点本．北京：法律出版社，2001

田涛，郑秦，宋格文编著．田藏契约文书粹编（1408～1969）．北京：中华书局，2001

方龄贵校注．通制条格校注．整理标点本．北京：中华书局，2001

陈全伦等主编．徐公谳词．整理标点本．济南：齐鲁书社，2001

颜俊彦撰，中国政法大学法律古籍整理研究所整理标点．盟水斋存牍．整理标点本．北京：中国政法大学出版社，2002

王世襄编著．清代匠作则例汇编（佛作、门神作）．整理标点本．北京：北京古籍出版社，2002

刘雨珍，孙雪梅编．日本政法考察记．影印本．上海：上海古籍出版社，2002

赵承禧编撰，王晓欣点校．宪台通纪（外三种）．整理标点本．杭州：浙江古籍出版社，2002

杨一凡，田涛主编，戴建国点校．中国珍稀法律典籍续编（第1册）：庆元条法事类．整理标点本．哈尔滨：黑龙江人民出版社，2002

杨一凡，田涛主编，刘笃才，黄时鉴点校．中国珍稀法律典籍续编（第2册）：吏部条法通制条格．整理标点本．哈尔滨：黑龙江人民出版社，2002

杨一凡，田涛主编，杨一凡点校．中国珍稀法律典籍续编（第3册）：明代法律文献（上）．整理标点本．哈尔滨：黑龙江人民出版社，2002

杨一凡，田涛主编，杨一凡等点校．中国珍稀法律典籍续编（第4册）：明代法律文献（下）．整理标点本．哈尔滨：黑龙江人民出版社，2002

杨一凡，田涛主编，王宏治，李建渝点校．中国珍稀法律典籍续编（第5册）：顺治三年奏定律．整理标点本．哈尔滨：黑龙江人民出版社，2002

杨一凡，田涛主编，江兴国等点校．中国珍稀法律典籍续编（第6册）：清代宫廷法规六种．整理标点本．哈尔滨：黑龙江人民出版社，2002

杨一凡，田涛主编，齐钧点校．中国珍稀法律典籍续编（第7册）：乾隆朝山东宪规等六种．整理标点本．哈尔滨：黑龙江人民出版社，2002

杨一凡，田涛主编，田涛，马志冰点校．中国珍稀法律典籍续编（第8册）：唐明清三律汇编．整理标点本．哈尔滨：黑龙江人民出版社，2002

杨一凡，田涛主编，张冠梓点校．中国珍稀法律典籍续编（第9册）：少数民族法典法规与习惯法（上）．整理标点本．哈尔滨：黑龙江人民出版社，2002

杨一凡，田涛主编，张冠梓点校．中国珍稀法律典籍续编（第10册）：少数民族法典

法规与习惯法（下）．整理标点本．哈尔滨：黑龙江人民出版社，2002

全国图书馆文献缩微复制中心编．清代蒙古史料合辑（一）．影印本．北京：全国图书馆文献缩微复制中心，2003

洪金富点校．元代台宪文书汇编．整理标点本．台湾："中央研究院历史语言研究所"，2003

李希泌主编．唐大诏令集补编（2册）．上海：上海古籍出版社，2003

何勤华，殷啸虎主编．华东政法学院珍藏民国法律名著丛书．北京：方正出版社，2004

田涛，许传玺，王宏治主编．黄岩诉讼档案及调查报告：传统与现实之间——寻法下乡（上、下卷）：黄岩诉讼档案．北京：法律出版社，2004

夏新华等整理．近代中国宪政历程：史料荟萃．北京：中国政法大学出版社，2004

何勤华，李秀清主编．民国法学论文精萃（第一卷）：基础法律篇．北京：法律出版社，2003

何勤华，李秀清主编．民国法学论文精萃（第二卷）：宪政法律编．北京：法律出版社，2003

何勤华，李秀清主编．民国法学论文精萃（第三卷）：民商法律篇．北京：法律出版社，2004

何勤华，李秀清主编．民国法学论文精萃（第四卷）：刑事法律篇．北京：法律出版社，2004

何勤华，李秀清主编．民国法学论文精萃（第五卷）：诉讼法律篇．北京：法律出版社，2004

何勤华，李秀清主编．民国法学论文精萃（第六卷）：国际法律篇．北京：法律出版社，2004

清宪政编查馆奏稿汇订．影印本．北京：全国图书馆文献缩微复制中心，2004

何勤华，洪佳期编．丘汉平法学文集．北京：中国政法大学出版社，2004

方慧编．中国历代民族法律典籍——"二十五史"有关少数民族法律史料辑要．北京：民族出版社，2004

祝庆祺等编．刑案汇览三编．整理标点本．北京：北京古籍出版社，2004

徐秀丽编．中国近代乡村自治法规选编．北京：中华书局，2004

杨一凡编．中国律学文献（第一辑5册）．影印本．哈尔滨：黑龙江人民出版社，2005

杨一凡编．中国律学文献（第二辑5册）．影印本．哈尔滨：黑龙江人民出版社，2005

王伟凯．《明史·刑法志》考注．天津：天津古籍出版社，2005

一凡藏书馆文献编委会编．古代乡约与乡治法律文献十种（3册）．影印本．哈尔滨：黑龙江人民出版社，2005

杨一凡，徐立志主编．历代判例判牍（12 册）．整理标点本．北京：中国社会科学出版社，2005

清宪政编查馆编，本社影印室辑．清末民初宪政史料辑刊（11 册）．北京：北京图书馆出版社，2006

陈重业主编．《折狱龟鉴补》译注．整理标点本．北京：北京大学出版社，2006

杨一凡，王旭编．古代榜文告示汇存（10 册）．影印本．北京：社会科学文献出版社，2006

杨一凡编．中国律学文献（第三辑 5 册）．影印本．哈尔滨：黑龙江人民出版社，2006

杨一凡，刘笃才编．中国古代地方法律文献（10 册）．影印本．北京：世界图书出版公司，2006

中国社会科学院历史研究所天圣令整理课题组校证．天一阁藏明钞本天圣令校证．整理标点本．北京：中华书局，2006

（五）工具书

孙荣编著．古今法制表．清光绪三十二年（1906）清光绪三十三年（1907）刻本

孙澍楠编著．中国古今法制表（10 册）．清光绪刻本

朱友英撰．新刑律唐律清律对照表．1914 年石印

马奉琛辑．清代行政制度研究参考书目．刊印者及刊印年份不详

国务院法制局法制史研究室编．中国法制史参考书目简介．北京：法律出版社，1957

张伟仁主编．中国法制史书目（3 册）．“中央研究院历史语言研究所”专刊之六十七．台湾：汉荣书局，1976

西南政法学院法制史教研室编．中国法制史名词简释．资料研究室编印，1979

蒋淮德编．简明中国法制史词典．呼和浩特：内蒙古大学印行，1985

李景文编著．中国法制史古文与名词简释．沈阳：辽宁大学出版社，1986

王召棠等主编．简明法制史词典．郑州：河南人民出版社，1988

高潮，马建石主编．中国古代法学辞典．天津：南开大学出版社，1989

陈鹏生主编．中国古代法律三百题．上海：上海古籍出版社，1991

［日］池田温编．唐代诏敕目录．西安：三秦出版社，1991

田涛编译．中国法学古籍书目．北京：法律出版社，1991

田涛编译．日本国大木干一所藏中国法学古籍书目．北京：法律出版社，1991

邱远猷主编．中国近代官制词典．北京：书目文献出版社，1991

俞鹿年编著．中国官制大辞典（上下册）．哈尔滨：黑龙江人民出版社，1992

张晋藩等主编．中华人民共和国国史大辞典．哈尔滨：黑龙江人民出版社，1992

孙琬钟主编．中华人民共和国法律大事典．北京：中国政法大学出版社，1993

陆昕，徐世虹主编．中外法律文化大典：中外法律比较编年．北京：中国政法大学出

版社，1994

洪丕谟．中国古代法律名著提要．杭州：浙江人民出版社，1999

武树臣主编．中国传统法律文化辞典．北京：北京大学出版社，1999

张晋藩主编．中华法学大辞典（法律史学卷）．北京：中国检察出版社，1999

［法］魏丕信监修，田涛主编．汉籍善本书目提要．北京：中华书局，2002

田涛主编．法兰西学院汉学研究所藏汉籍善本书目提要．北京：中华书局，2002

俞荣根，胡攀，俞江编．中国法律史研究在日本．重庆：重庆出版社，2002

（六）案例及其他

叶道卿，万廉芳．历代名臣风流判案大观．上海：东南书局，1920

清代文字狱档（8册）．北平：国立北平故宫博物院文献馆编印，1931，1934

武忠森．法律故事评话．台湾：大华晚报连载，1964

谢松涛辑．先贤恤刑辑览．辑者自刊，1968

葛建初辑．折狱奇闻．影印本．台湾：文海出版社，1975

群众出版社编．《聊斋志异》中的冤狱疑案．北京：群众出版社，1980

许晓麓．古代奇案侦破故事．武汉：湖北人民出版社，1980

孔立编．清代文字狱．北京：中华书局，1980

《中国古代办案百例》选注小组．中国古代办案百例．北京：中国社会科学出版社，1980

杨一凡，刘笃才，马守仁编．古代办案故事．哈尔滨：黑龙江人民出版社，1981

甘肃人民出版社选编．古代奇案选．1981

刘岐山．古代法案选编．北京：北京出版社，1981

陈逸飞等编．古代清官断案记．重庆：新华出版社，1981

李德运编著．中国古代执法故事．北京：群众出版社，1981

冷铨清等编．执法如山的故事．石家庄：河北人民出版社，1981

沈国峰主编．历代冤案平反录．北京：知识出版社，1981

黄维新编著．中国古代命案检验术．台湾：九章书局，1981

刘岐山选注．古代法案选编．北京：北京出版社，1981

北京大学法律系法制史教研室编．中国古代案例选．太原：山西人民出版社，1981

黄维新．中国古代命案检验术．著者自刊，1981

刘歧山．古代法案选编．北京：北京出版社，1981

潘维和．中国历次民律草案校释．台湾：汉林出版社，1982

朱寄云等编．中国古代执法断案史话．长春：吉林人民出版社，1982

高潮主编．古代奇案译注．西宁：青海人民出版社，1982

刘叶秋，菀育新，周知辑注．笔记小说案例选编．郑州：中州书画出版社，1982

张铭新，李贵连编写．清朝命案选．北京：法律出版社，1982
华东政法学院语文教研室编．明清案狱故事选．北京：群众出版社，1983
北京大学法律系法律史教研室编．中国近代案例选．太原：山西人民出版社，1983
温功义．三案始末．重庆：重庆出版社，1984
赵昆坡，俞建平编．中国革命根据地案例选．太原：山西人民出版社，1984
许晓麓编．古案例选评．武汉：武汉大学出版社，1985
蓝鼎元著，刘鹏云，陈方明译．鹿洲公案．北京：群众出版社，1985
温功义．明末三案．台湾：谷风出版社，1986
原北平故宫博物院文献馆编．清代文字狱档（上、下册）．上海：上海书店，1986
朱寿明等原辑，陈尚凡等整理．杨乃武冤狱．长沙：岳麓书社，1986
丘峰等编．古案探奇．南宁：广西民族出版社，1987
周江兴主编．中国历代奇案精选．北京：文化艺术出版社，1989
何力编著．明清名案．福州：福建人民出版社，1989
佚名．中国古代办案的故事．台湾：贯雅文化事业公司，1989
萧风．明清十大名案．香港：商务印书馆，1990
郭成康，林铁钧．清朝文字狱．北京：群众出版社，1990
张书才，杜景华主编．清代文字狱案．北京：紫禁城出版社，1991
王彬．禁书·文字狱．北京：中国工人出版社，1992
杨凤城等．千古文字狱——清代纪实．海口：南海出版公司，1992
怀效锋主编．中国历代名案．郑州：河南人民出版社，1994
吕伯涛，孟向荣．中国古代的告状与判案．北京：商务印书馆国际有限公司，1995
李乔．中国的师爷．北京：商务印书馆国际有限公司，1995
杨师群等．三千年冤狱．南昌：江西高校出版社，1996
谢苍霖，万芳珍．三千年文祸．南昌：江西高校出版社，1996
辛子牛主编．中国历代名案集成（3 册）．上海：复旦大学出版社，1997
周宗奇．血光之灾——清代文字狱纪实．北京：中国青年出版社，1998
董伯庸，张南编著．冤狱述略．桂林：广西师范大学出版社，1998
未了，文菡编著．明清法官断案实录．北京：光明日报出版社，1999
孟森．清初三大疑案考实．成都：巴蜀书社，2002
李古寅主编．中国古代刑具的故事．北京：中国文史出版社，2005

下篇：百年西方法律史学论文著作索引

一、外国法制史论文

（一）总论

1. 外国法律史学研究的基本问题

宋光，江振良．“大世界”与法制史研究．解放日报，1964-04-03

林榕年．西欧封建法制史的几个问题：兼谈大陆法系和英美法系的形成．见：法律史论丛．1983年第3辑．北京：法律出版社，1983

王叔文．从新宪法的制定看研究外国法的重要性．国外法学，1983（5）

林榕年．外国法制史研究中的几个问题．汕头大学学报（人文版），1985（1）

沈宗灵．比较法学的几个基本理论问题．北京大学学报，1985（1）

何勤华．外国法制史学的研究方法．社会科学，1988（3）

何勤华．新中国外国法制史的回顾与展望．法学，1989（8）

董璠舆．日本法研究的任务与课题．比较法研究，1990（4）

钱宗范，陈雄章．论世界古代中世纪宗法制度研究中的几个问题．广西师范大学学报（社会科学版），1995（2）

2. 法系研究

攻法子．世界五大法系．法政学报，1903年8月（1，2）

孟之英．五大法系比较观．政法月刊，1923年10月第3卷（1）

翁赞年．判例法之利害得失．法律评论，第6卷第8期，1928

陆鼎揆．判例与大陆法系．法学季刊，第4卷第1期，1929

华懋生．世界两大法系之发展的原因．法学季刊，第4卷第3期，1930

马存坤．魏穆尔氏世界法律地图之研究．法律评论，第8卷第3期，1930

［美］John・Hr・Wigmore著，刘虎如译．世界法律地图．东方杂志，第27卷第4

期，1930

徐砥平．两大法系之进展与特质．中华法学杂志，第2卷第8期，1931

严绂葳．世界两大法系之辨证的转换．东方杂志，第29卷第8期，1932

桂裕．大陆法系与英美法系．东方杂志，1945年10月第41卷（19）

［英］J. A. 约洛维奇著，刘慈忠译．普通法和大陆法的发展．法学译丛，1983（1）

［苏］卡济米尔丘著，尤石湖译．发达社会主义法律体系的发展．世界法学，1984（2）

古沱．西方两大法系的主要差异究竟何在．外国法学研究，1986（1）

蔡定剑．西方两大法系的主要区别及形成原因．法学杂志，1986（4）

王兵．大陆法系和英美法系的主要区别．法学与实践，1986（5）

董茂云．大陆法系和英美法系的根本区别：两大法系法律观念比较．法学研究，1987（1）

蒋溪林．民法法系和普通法系的主要区别及其形成原因．法学与实践，1987（3）

梁秀如．大陆法系和英美法系的比较．法律学习与研究，1987（6）

董茂云．成文法典与判例法形成效用的差别．当代法学研究，1988（2）

王宏林．西方两大法系的主要区别．南京师范大学学报，1989（4）

郑永流．西方两大法系判例比较．中外法学，1989（4）

［美］艾德华·麦克威利著，梁慧星译．法典法与普通法的比较．法学译丛，1989（5）

洪庭展．大陆法系与英美法系．国际经贸与法，1989（11）

［澳大利亚］查理·渠震著，蒋大兴译．罗马精神与希腊精神：普通法与大陆．南京大学法律评论，2002年春季号

焦武峰．普通法系国家律师与法官一体化传统研究．甘肃政法学院学报，2003（5）

朱文英．论两大法系信赖利益赔偿的历史演进．山东教育学院学报，2004（2）

杨丁龙．两大法系法典文化之基础差异．福建法学，2005（2）

夏菲．英美法系刑法的形成——以英国封建时期刑法的内涵与特征为视角．政治与法律，2006（2）

3. 比较法制研究

由嵘．法国民法典与德国民法典的初步比较．法律史论丛，1983（3）

袁长春．对德国民法典与法国民法典的比较研究．中国社会科学院研究生院学报，1985（3）

吴撷英．各国宪法监督与宪法诉讼制度的比较研究．复旦大学学报，1986（5）

韩小鹰．英美法三国文官制度比较研究．政治与法律，1988（1）

［日］铃木辉二著，陈德民，周以平译．中国与东欧各国的合资法比较．世界法学，1986（5）

浦增元．中美宪法之比较观．学术季刊，1989（3）

殷勇．罗马法学家与伊斯兰法学家理论活动特点之比较．中南政法学院学报，1991（1）

［意］阿尔多·拜杜奇．罗马法与普通法决疑方法之比较．比较法研究，1995（4）

饶艾．罗马法与日耳曼法：西方两大法系特点之比较研究．法商研究，1995（5）

于飞．美国、欧盟反倾销法比较研究．新疆大学学报（哲学社会科学版），1997（4）

董茂云．英美两国判例法之比较．政治与法律，1998（1）

许小牙．欧美反倾销法比较．四川师范大学学报（哲学社会科学版），1999（2）

程宗璋．罗马法与日尔曼法物权制度的比较研究．闽江职工大学学报，2000（1）

王韧农．试析《法国民法典》与《德国民法典》的异同（节录）．金陵职业大学学报，2000（3）

杨师群．论罗马法"人格"与秦汉律"名籍"问题．华东政法学院学报，2000（4）

滕毅．古代法中的象征观念及仪式——俄罗斯法与日耳曼法之比较．华东政法学院学报，2000（6）

杨师群．中世纪中西方社会法制状况要点比较．华东政法学院学报，2001（4）

张杰军．美日反垄断法执法机构及权限比较研究．河北法学，2002（1）

金晓晨．欧美反倾销措施比较．河北法学，2002（2）

夏祖恩．《汉穆拉比法典》与《十二铜表法》比较论略．福建师范大学福清分校学报，2003（3）

冯桂珍．俄罗斯联邦与前苏联档案立法之比较．档案与建设，2003（5）

聂资鲁．论1787年《美国宪法》与1947年《中华民国宪法》之歧异．河北法学，2004（3）

蔡莉敏．骑士、侠客与法文化．法律科学，2004（4）

徐曼．美国、德国反垄断法律制度比较研究．绥化学院学报，2004（4）

［美］斯蒂芬·休特．有宪限制与无宪限制——美国刑法与英国刑法比较．法学杂志，2004（4）

王红梅．中西传统法律文化形成的自然成因比较．盐城工学院学报（社会科学版），2004（4）

周忠瑜．罗马法与伊斯兰法比较初探．青海民族研究，2005（2）

穆清．英国和法国宪法监督模式之比较．青海师专学报，2005（3）

王霄燕．法德两国法制近代化比较论略．山西大学学报（哲学社会科学版），2005（3）

高积顺．德国磨房主人状告皇帝案透析——兼与中国法律史相比较．环球法律评论，2005（4）

滕毅．法、德民法典文风差异的文化诠释——兼谈未来我国民法典文风的确立．法商

研究，2005（5）

李晓霞．美国与德国劳动法律体系概述与比较．国外社会科学，2006（1）

林国荣．托克维尔眼中的美国1787宪法与古罗马十二铜表法之比较．浙江学刊，2006（2）

段磊．英、法文官考任制度比较．辽宁行政学院学报，2006（8）

4．法学教育

丘汉平．中国法律学生应研究罗马法之理由．法学杂志，1925年1月第8卷（1）

半衲．德国法学教育及司法现状谈．法学季刊，第4卷（5）

徐建猷．罗马时代的法学教育．法律评论，1933年7月第10卷（39）

徐达猷译．罗马时代的法学教育．法律评论，1934年

王文模．罗马之法律教育．法学杂志，1934年1月第7卷（2）

凌其翰．比利时的法律教育．法学杂志，1934年1月第7卷（2）

杨鹏．德国之法律教育．法学杂志，1934年1月第7卷（2）

赵颐年译．日本之法律教育．法学杂志，1934年1月第7卷（2）

姚福圆．南中美洲法律教育之概观．法学杂志，1934年1月第7卷（2）

季福生．罗司法及其法律教育．法学杂志，1934年1月第7卷（2）

陈任生．克鲁曾的纯粹法律哲学．法学专刊，1934年1月（2）

裘汾龄．苏俄法律教育．法学杂志，1934年3月第7卷（3）

艾国藩．瑞士法律教育．法学杂志，1934年3月第7卷（3）

庐峻．美国之法律教育．法学杂志，1934年3月第7卷（3）

徐象枢．法国之法律教育．法学杂志，1934年3月第7卷（3）

姚启胤．英国法律教育．法学杂志，1934年3月第7卷（3）

王式成译．纽西兰之法律教育．法学杂志，1934年3月第7卷（3）

杨兆龙译．意大利之法律教育．法学杂志，1934年3月第7卷（3）

朱奇武．日本的法律教育．法学杂志，1983（3）

张学仁．古代罗马的法学教育．法学评论，1984（1）

聂明．日本明治时代法学教育的建立和特点．法学探讨，1984（5）

樊禄萍．美国法学教育简介．法学杂志，1995（1）

陈铁水．日本法律人才培养模式的评析及启示．云南大学学报（法学版），1998（1）

远东．美国的法律教育及启示述略．煤炭高等教育，1999（2）

师华．美国法学教育及其启示．山西大学师范学院学报，1999（2）

肖永平．美国的法律教育及其对我们的启示．河南省政法管理干部学院学报，2000（6）

邵建东．德国法学教育制度及其对我们的启示．法学论坛，2002（1）

安东·马雷尼查著，林艳琴译．南斯拉夫罗马法教学情况概览．罗马法与现代民法，2002年第3卷

［意］塔吉雅纳·阿列特谢耶娃著，林艳琴译．国立圣彼得堡大学罗马法教学简史（1917年十月革命前）．罗马法与现代民法，2002年第3卷

王春梅．中世纪意大利波伦那大学的法学教育．教育评论，2003（3）

管士寒，刘勤．诊所式的法律教育的起源与发展．云南大学学报，2003（4）

于敏，丁相顺．私立法学教育与日本近代化的历史考察．法学家，2003（5）

姜明．德国的法学教育制度及启示．安徽警官职业学院学报，2004（1）

韩赤风．当代德国法学教育及其启示．比较法研究，2004（1）

李道刚．德国法学教育述评．甘肃政法学院学报，2005（5）

徐国栋．中外罗马法教学比较中的罗马法史课程．西南民族大学学报（人文社科版），2004（11）

5. 外国法制通史

［苏］E.A. 苏哈诺夫著，项前译．社会主义民法典的体系．法学译丛，1980（3）

瞿季木．近代资产阶级以法制清除封建基础．群众，1980（12）

木容．各国宪法的修改程序．人民日报，1981-02-03

周新铭．现代世界各国宪法发展的新趋势：关于公民权利和义务的规定．国外法学，1982

王德翔．关于各国元首制度的比较．国外法学，1982（4）

康树华．当代世界各国宪法发展的新趋势：关于保护或培养青少年条款的规定．国外法学，1982（5）

韩小鹰译．四国宪法概要．现代外国哲学社会科学文摘，1982（11）

资皓．一些国家宪法修改的情况．经济法规研究资料，1983（1）

姜明安．外国自治型地方政府制度浅析．国外法学，1984（6）

王宝明．各国宪法监督制的比较研究．河北法学，1985（1）

周新铭．国外行政法典的编纂情况和动向．法学杂志，1985（1）

徐友军．外国法官制度简介．法学杂志，1985（2）

［美］路易丝·谢利著，何秉松译．发展中国家的犯罪．国外法学，1985（3）

李波．国外政治犯罪初探．国外法学，1986（1）

康树华．论世界上第一部青少年法规的产生及其主要内容．国外法学，1986（1）

梁治平．从身份到契约——社会关系的革命：读梅因《古代法》随想．读书，1986（6）

张涣光．世界上宪法的历史回顾．外国史知识，1987（7）

孙南申．西方法律观念的演变与特征．政法论丛，1988（2）

宝音，胡日雅克琪．国外社会主义宪法的监督实施．国外法学，1988（3）
宋琴娟．国外产品责任诉讼史迹．法制春秋，1989（2）
刘和梅．各国修宪做法简析．现代法学，1989（5）
[美] 戴维·楚贝克著，吴玉章译．法律与社会运动的回顾．外国法译评，1993（3）
王长斌．垄断的定义——对西方国家反垄断法的初步研究．外国法译评，1994（3）
邓瑞平，王继宁．论“天赋人权”的法制化及其发展．西南民族学院学报（社会科学版），1997（4）
刘成安．简历基督教对西方法治主义形成的影响：兼及中国古代的法治论．社会科学研究，1998（3）
叶新．版权和著作权两用语的由来及演变．北京印刷学院学报，2000（2）
严存生．近现代西方法与道德关系之争．比较法研究，2000（2）
沈敏荣．国际投资法的演进．河南大学学报，2000（3）
李建军．从“犯罪”到“权利”：自杀行为的西方法律史述略．河南省政法管理干部学院学报，2000（3）
于语和．西方政治学与法学关系的历史考察．天津市政法管理干部学院学报，2000（4）
李晓峰．略论西方法治理论的发展及其思想渊源．法学评论，2000（4）
程华．略论宪法观念的历史演变与发展．法学评论，2001（1）
王宏哲．西方法治理论和实践的历史发展．中央政法管理干部学院学报，2001（1）
张晓永．西方法治传统初探——试论西方中世纪之前的法治理论及其思想渊源．河北法学，2001（1）
卢云豹．多元政治与西方法律传统．现代法学，2001（2）
秦策．世界历史与法治文明的传播．山东社会科学，2001（2）
张晓永，李晓峰．西方法治传统初探——试论西方近现代的法治理论及其思想渊源．河北法学，2001（3）
汪太贤．人文精神与西方法治传统．政法论坛，2001（3）
郑维东，谷啸．西方政治文化中的法治传统．行政论坛，2001（4）
徐显明．法治的真谛是人权——一种人权史的解释．学习与探索，2001（4）
马长山．西方法治产生的深层历史根源、当代挑战及其启示——对国家与市民社会关系视角的重新审视．法律科学，2001（6）
徐国栋．商品经济的民法观源流考．法学，2001（10）
王少杰．全球化、人权、恐怖主义：人权的历史演进及走向．西安电子科技大学学报，2002（2）
孙力．论西方人权的三次嬗变．政治与法律，2002（3）

刘金国，周丽．西方法律传统的文化渊源．南通师范学院学报，2002（3）

汪世虎．违约规则原则的历史演进．海南大学学报，2002（3）

刘光．优先权制度的历史考证与分析．法学论坛，2002（3）

肖北庚．近代宪政价值及构建．中南工业大学学报，2002（3）

李永军．私法中的人文主义及其衰落．中国法学，2002（4）

刘长敏．主权理论的历史沿革及其当代思考．教学与研究，2002（5）

叶秋华，张华．西方沉默权制度历史探析．河南省政法管理干部学院学报，2002（6）

毛健铭．西方商事法起源研究．现代法学，2002（6）

杨鸿雁．西方耻辱刑沿革与复兴．人民法院报，2002－09－09

［加拿大］布郎奇菲尔德著，郭建安译．犯罪与刑罚史．犯罪与改造研究，2002（9）

张先明．二十世纪外国司法制度的变革：全国外国法制史研究会第十五届年会综述．人民法院报，2002－12－29

田赞．论民法法典化的基础：从罗马法到现代社会．湖南公安高等专科学校学报，2003（2）

周作斌．著作权立法理念的历史考察．西安财经学院学报，2003（2）

郭义贵．中世纪西欧大学与西方法律传统的形成．福建政法管理干部学院学报，2003（3）

李海松．遗嘱自由的展开与限制：从罗马法到现代法．河南省政法管理干部学院学报，2003（3）

严存生．自然法、万民法、世界法：西方法律全球化观念的历史渊源探寻．现代法学，2003（3）

薛丽珍．西方宪法观念的历史演变．运城学院学报，2003（4）

贺丹青．物与财产的嬗变：从古罗马所有权到德国物权．杭州商学院学报，2003（5）

何勤华．西方法文化的历史遗产．湘江法律评论，2003（5）

李其瑞．西方人权思想的历史演进．经济与社会发展，2003（6）

陈爱生．古希腊罗马哲学思维对西方法治传统形成的影响．南昌航空工业学院学报（社会科学版），2004（4）

吴平．外国历史上的资格刑述略．江苏警官学院学报，2004（4）

朱晓喆．论近代民法的理性精神——以19世纪民法法典化为中心．法学，2004（5）

蔡立东．公司制度生长的历史逻辑．当代法学，2004（6）

程蕾．宪政的历史之维．湖北成人教育学院学报，2004（6）

何真．私有财产权与宪法的演进．四川师范大学学报（社会科学版），2005（2）

黄永忠．西方法律发展模式思想初探．金陵法律评论，2005（2）

德全英．城市、社团和法律——从中世纪城市兴起看西方近代宪政制度．环球法律评

论，2005（3）

张中秋．西方个人本位法变迁述论．江苏警官学院学报，2005（3）

吴平．略论外国历史上的耻辱刑．福建政法管理干部学院学报，2005（4）

刘绪贻．西方的法治观与法治体制．博览群书，2006（5）

王洪丽．西方立法监督理论的演进．东方论坛，2005（5）

吴平．略论外国历史上的耻辱刑．云南行政学院学报，2005（5）

蒋玲玉．古代神明裁判研究．甘肃农业，2005（10）

巫若枝．论婚姻家庭法在法律体系中定位的历史变迁．廊坊师范学院学报，2006（1）

钟云龙．欧洲诸法典中的市民法．研究生法学，2006（1）

李莉．西方民法理念探源．理论界，2006（1）

徐凤侠．试论神示证据制度．绥化学院学报，2006（2）

6. 外国法与中国

陶文钊．美国对华政策辩论与1948年《援华法》．近代史研究，1988（3）

张继孟．罗马法中的先占取得及其对我国的借鉴意义．比较法研究，1990（3）

林志鹏．加拿大历史上歧视中国移民立法及其社会背景．中南民族学院学报（社会科学版），1990（6）

费安玲．罗马法研究在中国的态势与展望．比较法研究，1994（2）

王明锁．论罗马法体系的沿革与中国民法的法典化．法律科学，1995（5）

杨丽艳．罗马法的历史作用与我国民法的借鉴与完善．广西师范大学学报（社会科学版），1996（3）

彭贵，肖云．罗马物权制度对制定我国物权法的启示．重庆大学学报（社会科学版），1997（3）

梅夏英，尚代贵．成文法与判例法的分离与融合——关于大陆法系及我国判例地位的探索．株洲工学院学报，2000（1）

高伟浓，万晓宏．1943年美国废除排华法分析．华侨华人历史研究，2001（4）

吴克娅．论美国司法审查制度的产生发展及对我国的启示．浙江省政法管理干部学院学报，2001（5）

张少瑜等．苏联俄罗斯法学与中国法学学术研讨会纪要．法学研究，2001（5）

夏熙吟．从罗马法的道德基础看我国法治．法律信息与研究，2002（2）

郑京水．晚近英美信托法受托人制度的三维构造：兼评我国信托法相关规定之完善．福建政法管理干部学院学报，2002（2）

刘仁山．加拿大国际私法的晚近发展及其对我国的启示．中国法学，2002（2）

王健．罗马法传播中国文献稽考．罗马法与现代民法，2002（3）

李秀清．试论苏联经济法理论对中国的影响．政治与法律，2002（3）

谢邦宇．罗马法在中国的传播．罗马法与现代民法，2002（3）

李秀清．新中国婚姻法的成长与苏联模式的影响．法律科学，2002（4）

杨心宇，李凯．略论苏联法对我国法学的影响．复旦学报，2002（4）

李秀清．中国移植苏联民法模式考．中国社会科学，2002（5）

赵微．徘徊于前苏联模式下的刑事责任理论及其前景展望．环球法律评论，2002 夏季号

王健.德国法在中国传播的一段逸史：从青岛特别高等专门学堂说到赫善心和晚清修律．比较法研究，2003（1）

刘艳娜．国际私法价值取向的历史变迁及其对中国国际私法立法的启示．燕山大学学报，2003（3）

郭燕．大陆法与英美法的融合及对我国法治的影响．兰州学刊，2004（5）

郝磊．论罗马法形成过程的开放性及其灵活性——兼谈其对我国编纂民法典的启示．甘肃政法学院学报，2004（6）

王爱成，王改琴．罗马法的历史成就对我国法制建设的启迪．山西高等学校社会科学学报，2004（6）

李晓明．英国 21 世纪的刑事司法改革——兼论对我国的借鉴与启示．中国法学，2005（4）

聂资鲁．一部宪法与一个时代——《美国宪法》在清末民初的传入及对民初中国立宪的影响．政法论坛，2005（5）

时微．美国宪法对 1946 年《中华民国宪法》的影响．湖南商学院学报，2005（6）

那丹晨．论当今中国民事立法对罗马法的借鉴．河南司法警官职业学院学报，2006（1）

陈煜．罗马法精神对中国法制建设的意义．云南社会科学，2006（1）

李劲．德国行政程序法对我国立法的启示．法学杂志，2006（2）

曹险峰．论德国民法中的人、人格与人格权——兼论我国民法典的应然立场．法制与社会发展，2006（4）

7. 其他

夏里．远东国际军事法庭内外．江淮文史，1996（1）

唐雪莲，黄肇炯．纽伦堡、东京审判与国际刑法．法学家，1996（5）

林榕年，王云霞．1996 年外国法律史学研究的回顾与展望．法学家，1997（1）

林榕年，叶秋华等．1997 年外国法律史学研究的回顾与展望．法学家，1998（1）

胡菊蓉．远东国际军事法庭对南京大屠杀案的审判．南京史志，1998（6）

费安玲，林庆苗．罗马法、中国法及中国民法法典化国际研讨会综述．中国法学，1994（6）

林榕年，叶秋华，王云霞．2000年外国法律史学研究的回顾与展望．法学家，2001（1）

刘愫贞．法律语言的源起及演变风格的跨越性特征．宁夏社会科学，2001（4）

马麦多夫．有关里海国际法地位的历史．兰州大学学报，2001（4）

李世安．美国与《世界人权宣言》．武汉大学学报（社科版），2001（4）

公丕祥．英国古典经济学家心目中的东方法律样式．江海学刊，2002（1）

叶秋华，王云霞．2001年外国法制史研究的回顾与展望．法学家，2002（1）

王璟．论商法的起源：兼谈加入WTO与我国商法的振兴．甘肃政法学院学报，2003（1）

叶秋华，王云霞，宋凯利．2002年外国法律史学研究的回顾与展望．法学家，2003（1）

王兰萍，任超．20世纪外国民商法的变革与趋势：2003年全国外国法制史研究会年会综述．人民法院报，2003－12－29

叶秋华，王云霞，郝刚．2003年外国法律史学学术研究回顾．法学家，2004（1）

杨寅．公私法的汇合与行政法演进．中国法学，2004（2）

何力．从罗马万民法到WTO规则——对法律的普遍主义要素的历史考察．复旦学报（社会科学版），2004（4）

刘学敏．公诉制度渊源探析．佳木斯大学社会科学学报，2004（4）

王瑞山．西方法学发展简析与述评．河北公安警察职业学院学报，2004（4）

高琳．浅谈西方法律解释的历史沿革．运城学院学报，2005（1）

冷霞．全国外国法制史研究会第十八届年会综述．河北法学，2005（10）

赵立新．全国外国法制史研究会第十八届年会综述．高校社科动态，2006（1）

朱淑丽．纽伦堡审判面临的困境及其解决．华东政法学院学报，2006（3）

（二）古代法

1．古代东方法律制度

（1）通论

王立民．古代东方的专制与法律．甘肃政法学院学报，1994（1）

王立民．古代东方民法探略．历史教学问题，1994（5）

王立民．古代东方的宗教与法律．法学，1994（5）

胡旭晟．东方宗教法概观——以法律伦理学和历史的理论逻辑为视角．比较法研究，1997（3）

公丕祥．传统东方法律文化的政治形态——马克思、恩格斯关于东方法文化理论的述

评．南京大学法律评论，2002年春季号

（2）古埃及法

夏新华．论埃及混合法庭的历史地位．西亚非洲，2004（2）

夏新华．古埃及法研究新探．法学家，2004（3）

（3）楔形文字法

周敦礼．罕摩拉比法典之研究．法学期刊，第5期

刘文鹏．巴比伦第一王朝时代（公元前1894～1595年）的私法文书．东北师大学报（社会科学版），1957（2）

张殿光．巴比伦第一王朝时代（公元前1894～1595年）的私法文书．东北师范大学科学集刊，1957（6）

刘文鹏译．新巴比伦法庭判决汇编．东北师范大学科学集刊，1957（6）

涂厚善．亚述法典．东北师大学报（社会科学版），1957（6）

崔连仲．贝希斯顿铭文．东北师大学报（社会科学版），1957（6）

刘文鹏．赫梯法典．东北师大学报（社会科学版），1957（6）

张殿吉．新巴比伦法庭判决汇编．东北师大学报（社会科学版），1957（6）

刘文鹏．赫梯王国谘议会上国王铁列平所采用的王位继承制度法和重要的罪行法．东北师大学报（社会科学版），1957（6）

李季谷．汉谟拉比法典中的古巴比伦王国．历史教学问题，1958（8）

周怡天．古巴比伦的两个法律文书．社会科学战线，1980（1）

倪世雄．世界上最早的一部成文法典．民主与法制，1980（2）

朱承恩，董为奋．《乌尔纳姆法典》和乌尔第三王朝早期社会．历史研究，1984（5）

易平．赫梯法典中所见公社土地质疑．世界历史，1986（1）

宋龙根．汉谟拉比法典简介．阿拉伯世界，1986（4）

日知等．《汉谟拉比法典》第117、118、119条与所谓古代东方债务奴隶制问题．东北师大学报（社会科学版），1987（1）

周盖盛．《汉谟拉比法典》与古巴比伦社会．扬州教育学院学报，1987（2）

严绪陶．汉谟拉比法典与古巴比伦王国．青海民族学院学报（社会科学版），1987（2）

易建平．赭梯法典中有关土地制度的问题．世界历史，1988（3）

杨炽．谈汉穆拉比法典结构的逻辑性．世界历史，1988（4）

易宁，徐耀耀．《乌尔纳姆法典》论略．南昌职业技术师范学院学报，1989（1）

杨炽．再谈《汉穆拉比法典》．世界历史，1990（2）

张彦修．古巴比伦婚姻制初探．史学月刊，1991（4）

易建平．赫梯王权受限制论质疑．世界历史，1992（2）

易平．赫梯王权与诸神关系二论．内蒙古大学学报（人文社会科学版），1993（2）

于殿利．从《汉谟拉比法典》看商人塔木卡与沙马鲁之关系．世界历史，1993（4）
于殿利．试论《汉谟拉比法典》中商人的社会等级地位．比较法研究，1994（1）
易建平．赫梯议事会的审判国王权问题．世界历史，1995（6）
李有观．汉漠拉比关于建房的法律．世界文化，1996（3）
易建平．赫梯王权与法．世界历史，1997（3）
于殿利．《巴比伦法》的人本观初探——兼与传统的“同态复仇”原始残余说商榷．世界历史，1997（6）
心水．关于《汉漠拉比法典》的几个问题．西南民族学院学报（哲学社会科学版），1998（1）
黄民兴．汉穆拉比法典之新说．阿拉伯世界，1999（4）
叶秋华．古巴比伦土地公有制与阶级结构的特点．法制与社会发展，2000（3）
祁建平．《汉穆拉比法典》评析．河北法学，2004（1）
李海峰．从《汉穆拉比法典》和土地买卖合同看古巴比伦时期的土地制度．长安大学学报（社会科学版），2004（4）
于殿利．古巴比伦社会存在债务奴隶制吗．北京师范大学学报（社会科学版），2004（4）
国洪更．古巴比伦婚姻习俗若干问题的再考察．史学月刊，2004（11）
李海峰．古巴比伦时期土地租金问题研究．东北师大学报（社会科学版），2005（6）
霍文勇．古代亚述奴孜地区土地所有权和收养问题研究．历史教学，2005（11）
李海峰．古巴比伦人的收养制度．世界民族，2006（2）
（4）希伯来法
[美] 威格摩尔，谢德风译．希伯来法系考．法学杂志，1933年8月第6卷（6）
刘陆民．希伯来法系初期立法之基本精神．法学丛刊，1934年5月第2卷（7～8）
刘家和．古代印度的土地关系．北京师范大学学报（社会科学版），1963（4）
叶秋华．希伯来法论略——古代东方法律文化中的一枝奇葩．法学家，1999（5）
何小莲．希伯来法精神——犹太教对现代西方文明的贡献．陕西师范大学学报（哲学社会科学版），2001（2）
游斌．希伯来传统中的国家合法性问题．哲学研究，2002（3）
（5）古印度法
昭玄．印度种姓阶级制度史观．东方学报，1945年5月第1卷（4）
伊林，崔连仲．古印度法典中的首陀罗和奴隶．东北师范大学科学集刊，1957（3）
崔连仲．摩奴法典选译．古代世界史通讯，1958（3）
蒋忠新．《摩奴法论》中关于妇女的两段论述．南亚研究，1984（3）

张观发．维护古代印度种族制度的摩奴法典简介．中国政法大学学报，1984（4）

张寿民．《印度教法典》的制定经过．外国法学译丛，1985（1）

郑祝君．摩奴法典评介．青年法学，1986（1）

蒋迅．法律文化的冲突与融合——印度法现代化的实践．比较法研究，1987（2）

蒋迅．英国统治时期的印度法制．南亚研究，1987（4）

［美］哈吉德·S·桑德休著，郭建安译．印度的犯罪及其家庭控制．国外法学，1987（6）

李启欣．古代印度法的渊源及其发展．南亚研究，1988（1）

黄思骏．关于古代印度土地国有制问题．世界历史，1990（2）

任会中．印度外资法的主要特征．亚太经济，1991（2）

陶广峰，郭全新．《摩奴法典》中妇女社会地位的规范．比较法研究，1994（3）、（4）

李亚君．对印度种姓制度的危害及其存在原因探析．黔西南民族师范高等专科学校学报，1996（1）

钟有为．浅探古代印度法与宗教．安徽教育学院学报（社会科学版），1996（2）

［美］理查德．古印度“法论”关于结婚的特殊规范论析．中山大学学报（社会科学版），1997（1）

余宗其．印度法系与种姓制度．检察日报，1997－11－15

夏新华．论印度法文化的变革及价值．湘潭大学社会科学学报，1998（1）

［印］拉马斯瓦米·苏达尔山．印度的法律与民主．国际社会科学杂志（中文版），1998（2）

王志平．《摩奴法论》中的军事思想．西安政治学院学报，1999（1）

叶秋华．古代印度法的两大特征．法制与社会发展，1999（6）

王云霞．印度社会的法律改革．比较法研究，2000（2）

廖初民．印度民事诉讼法探析：重溯印度民事诉讼法法典化历程．南亚研究季刊，2001（3）

欧东明．印度教与印度种姓制度．南亚研究季刊，2002（3）

邓莹．浅析英印殖民时期印度法律改革的社会背景．南亚研究季刊，2003（2）

柳岳武．《摩奴法典》与古印度婚姻制度法律化．安庆师范学院学报（社会科学版），2003（3）

杨丹．印度的反倾销程序法．广西社会科学，2003（3）

高山波．试析摩奴法典中的婚姻制度．河北青年管理干部学院学报，2003（3）

李珉．浅论印度教对印度妇女的影响．南亚研究季刊，2004（1）

刘进．印度 2001 年新竞争法述评．南亚研究季刊，2004（2）

姜玉梅．印度司法审查制度评述．南亚研究季刊，2004（3）

李明珠．种姓制度对印度法律的影响．西北民族大学学报（哲学社会科学版），2005（1）

（6）伊斯兰法

［埃及］哈桑·易卜拉欣·哈桑著，马忠杰译．阿巴斯王朝的司法制度与伊斯兰教教法．中国穆斯林，1982（2）

［埃及］阿费夫·阿·塔巴莱．《古兰经》的伦理道德思想．中国穆斯林，1982（4）

胡大展．伊斯兰法系初探．法律史论丛，1983（3）

齐海滨．简述伊斯兰法的特点．法学杂志，1984（1）

韩培基．沙里亚法典的产生与影响．宁夏大学学报，1984（2）

［联邦德国］康·茨威格特，海·克茨著，潘汉典译．伊斯兰法概说．法学译丛，1984（3）

由嵘．伊斯兰法．电大法学，1984（3）

［科威特］穆罕默德·法鲁克·奈布汉．圣训概述．中国穆斯林，1984（3）

曹振远．试论伊斯兰法的历史作用和影响．法学探讨，1984（4）

高鸿钧．论西方两大法系对伊斯兰法系的影响．西亚非洲，1984（6）

吴云贵．伊斯兰国家的教法改革．国外法学，1984（6）

谭世贵．伊斯兰证据法简介．中国法制报，1985-01-09

曹振远．论伊斯兰教的婚姻制度．法学探讨，1985（1）

赵佳琪．从《古兰经》看阿拉伯妇女在法律上的地位．牡丹江师院学报（社会科学版），1985（2）

周顺贤．圣训学家布哈里．阿拉伯世界，1985（3）

万亿．试论伊斯兰法学派的理论活动方式．厦门大学学报（哲学社会科学版），1985（3）

周燮藩．伊斯兰教法的基本内容．甘肃民族研究，1986（3）

周燮藩．伊斯兰教法的起源．世界宗教研究，1986（2）

王银等．《古兰经》中法律问题概述．西亚非洲，1986（4）

陈恒森．伊斯兰法的历史发展．苏州大学学报（社会科学版），1987（3）

杨玉梅．从《古兰经》看宗教与法律的关系．外国法学研究，1987（4）

杨振洪．伊斯兰法与伊斯兰教的比较研究．比较法研究，1988（4）

吴云贵．伊斯兰教法及其改革．宁夏社会科学，1988（5）

［德］约瑟夫·莎赫．伊斯兰法的性质．比较法研究，1989（1）

马玉祥．伊斯兰法律中的婚姻家庭制度．西北民族大学学报（哲学社会科学版），1989（2）

万亿．圣训在伊斯兰法中的地位和作用．比较法研究，1989（3）

吴云贵．伊斯兰法的理论基础．比较法研究，1990（1）

汤宏达．从《古兰经》看伊斯兰刑法制度的特点．阿拉伯世界，1992（1）

李启．伊斯兰法在近代印度的演变．南亚研究，1993（1）

李鸿鸣．伊斯兰教食物律法．中国穆斯林，1993（2）

李彬．伊斯兰教继承法初探．回族研究，1993（2）

黄跃庆．试论伊斯兰法系的渊源．阿拉伯世界，1993（3）

吴云贵．伊斯兰教义学三部早期文献．回族研究，1993（4）

铁国玺．妇女在伊斯兰教中的地位．中国穆斯林，1993（4）

马忠杰．伊斯兰法理学浅说．中国穆斯林，1993（4）

高鸿钧．论当代伊斯兰法复兴．外国法译评，1994（1）

从恩霖．伊斯兰教商事法浅析．阿拉伯世界，1994（2）

麦秀闲．伊斯兰法及其对海湾阿拉伯国家法制的影响及作用（上）．阿拉伯世界，1994（2）

麦秀闲．伊斯兰法及其对海湾阿拉伯国家法制的影响及作用（下）．阿拉伯世界，1994（3）

王银．《圣训》中的法律问题概述．西北第二民族学院学报（哲学社会科学版），1994（4）

从恩霖．浅析“伊智提哈德”——伊斯兰教法的创制原则．中国穆斯林，1994（6）

徐良利．合赞汗实行“伊斯兰法”原因新探．湖南师范大学教育科学学报，1995（1）

高鸿钧．伊斯兰宪政理论与实践．外国法译评，1995（1）

丁俊．圣训学泰斗布哈里及其《圣训实录》．西北民族研究，1995（2）

高鸿钧．伊斯兰人权观．世界宗教研究，1995（3）

皮继增．伊斯兰教中的法律规范．政法论坛，1995（4）

高鸿钧．伊斯兰法学及主要流派．外国法译评，1996（1）

从恩霖．伊斯兰法学及其发展历程．中国穆斯林，1996（6）

杜红．伊斯兰教法的现代化．世界宗教文化，1997（2）

从恩霖．伊斯兰教法学家的等级划分．中国穆斯林，1997（4）

汤唯．伊斯兰法文化的变革与趋向．法律科学，1998（2）

［埃及］穆罕默德·努阿曼·贾拉勒．伊斯兰人权．阿拉伯世界，1998（4）

马玉祥．论伊斯兰教与“神圣律法”伊斯兰法的辩证统一性．西北民族学院学报（哲学社会科学版）（汉文），1999（1）

麦秀闲．伊斯兰仲裁的基础与特征．阿拉伯世界，1999（2）

夏新华．论8～16世纪伊斯兰教法在黑非洲的移植．湘潭大学社会科学学报，1999（4）

马通．教法学家与圣训．中国穆斯林，2000（5）

马秀梅．伊斯兰证据法学的广延性．青海民族学院学报（社会科学版），2001（3）

绽小林．伊斯兰宪法学与宪章功能．青海民族研究，2001（4）

高鸿钧．冲突与抉择：伊斯兰世界法律现代化．比较法研究，2001（4）

冯怀信．伊斯兰法的道德价值及其现代启示．中国穆斯林，2001（6）

马旭东．论伊斯兰民商法与市场经济规则的交点．青海民族学院学报（社会科学版），2002（1）

洪永江，贺鉴．伊斯兰法与中东伊斯兰国家法律现代化．阿拉伯世界，2002（1）

马明贤．伊斯兰法渊源的整合机制．亚非论坛，2002（2）

程维．伊斯兰法的发展与变革．阿拉伯世界，2002（3）

牛喜霞．当代伊斯兰法学界对脑死亡问题的态度．中国穆斯林，2002（4）

哈宝玉．艾布·哈尼法与伊斯兰教法学理论．中国穆斯林，2002（4）

吴云贵．伊斯兰教法对穆斯林家庭生活的影响．中国宗教，2002（5）

许利平．浅论丁加奴州的伊斯兰教刑事犯罪法．东南亚研究，2003（1）

杨经德．伊斯兰法与伊斯兰教法关系辨析．云南民族大学学报（哲学社会科学版），2003（3）

朱虹．面对法律全球化的伊斯兰法形态．人权，2003（4）

马明贤．"伊智提哈德"：伊斯兰法的创制．兰州大学学报，2003（3）

刘云．伊斯兰法源探微．西北师范大学学报，2003（4）

耿龙玺．浅谈伊斯兰法的法源理论．甘肃政法学院学报，2003（5）

王建平．伊斯法罕伊斯兰文化巡礼．中国宗教，2003（5）

汤唯．宗教文化的法律定位——兼论伊斯兰教与伊斯兰法的变革趋向．文史哲，2003（5）

杨华．从人类学角度伊斯兰婚姻．中国穆斯林，2004（2）

杨华．伊斯兰婚姻向一妻制演变是历史发展必然．阿拉伯世界，2004（3）

敏敬．伊斯兰法的早期特征与作用．中国穆斯林，2004（3）

马明贤．传统规则的现代化尝试：伊斯兰法律的法典化．回族研究，2004（3）

金忠杰．略谈《古兰经》中有关立法的特点．中国穆斯林，2004（5）

李岚．当代伊斯兰国家诉讼法律制度的特征．河北法学，2004（9）

于皓．试述《古兰经》中关于婚姻和家庭伦理的规定．湖南科技学院学报，2004（11）

马明贤．当代伊斯兰法的复兴与改革．西亚非洲，2005（1）

马宗正．宗教法文化中的神学法治理念——兼及伊斯兰教法中国本土化对当代回族穆斯林法治理念建构之影响．西北民族研究，2005（1）

敏敬．伊斯兰法浅识及其现实意义．世界宗教文化，2005（2）

马进虎．伊斯兰法创制困难的思想渊源．长安大学学报（社会科学版），2005（2）

魏宁海．伊斯兰法传统中的理性因素及其现实解读．宿州教育学院学报，2005（3）

吕耀军．“伊智提哈德”与伊斯兰教法的形成、发展及变革．西北第二民族学院学报（哲学社会科学版），2005（3）

黄跃庆．试析近代伊斯兰法发展的特点．阿拉伯世界，2005（4）

刘奕．试析近代伊斯兰法发展的特点．重庆师范大学学报（哲学社会科学版），2005（4）

陈奇斌．《古兰经》法理之光初探．湖北生态工程职业技术学院学报，2006（1）

马霞．近十年来伊斯兰法若干问题研究综述．社会科学管理与评论，2006（2）

绽小林．伊斯兰教法改革与复兴的法理学辨析．青海民族学院学报，2006（3）

马建霞．浅谈伊斯兰法婚姻制度．内蒙古电大学刊，2006（7）

2. 古代西方法

（1）通论

杜闻．论西方古代民事诉讼证明标准．比较法研究，2001（4）

杨芳．论希腊正义精神和罗马法权利观念．怀化学院学报，2004（3）

王加卫．古希腊与古罗马法律制度的差异及其成因．烟台大学学报（社会科学版），1996（1）

（2）古希腊法

王敦书．斯巴达克早期法律制度考．历史研究，1983（6）

梁治平．从苏格拉底之死看希腊法的悲剧．读书，1987（8）

安庆征．古代雅典的法制．历史教学，1990（6）

谢鹏程．论梭伦立法改革．山东法学，1993（1）

郭超英．古希腊妇女的社会地位及其演变．河南大学学报（社会科学版），1995（4）

李游．浅析雅典与斯巴达政治法律制度之差异．法学与实践，1996（3）

蔡连增．论公元前四世纪雅典陪审法庭的政治权力．厦门大学学报（社会科学版），1997（1）

张锐智．论古希腊雅典的法律监督制度．辽宁大学学报（哲学社会科学版），2000（5）

牛正兰．古希腊雅典民主政制述论．西北师范大学学报（社会科学版），2000（6）

史晓云．试论古代希腊的法治思想与法治模式．广州大学学报，2001（7）

高仰光．雅典民主制与西方法律传统．新疆警官高等专科学院学报，2002（1）

段凤华，兰奇光．殖民运动对古希腊国际法影响之初探．云梦学刊，2003（1）

沈瑞英．法治理念：希腊城邦政治文化的精髓．上海大学学报，2003（5）

唐士其．谁之理性？何种法律？——古代希腊世界的法治追求及其困境．国际政治研究，2004（4）

罗吉．古代雅典民主公民的建构．内江师范学院学报，2005（1）
罗吉．雅典民主中公民主体的塑造．西南民族大学学报（人文社科版），2005（8）
（3）罗马法
应时，梅祖芳译．罗马十二表法之概略一．浙江法政学校季刊，1923年6月创刊号
莱孝宽．罗马法发达中之五大时期．法律评论，1923年12月第（26～27）期
杨宗颜．罗马法沿革．法律评论，1924年6月第（45～46）期
丘汉平．罗马法役权之研究．法学季刊，1925年7月第2卷第5期
傅文楷．罗马法永佃权之研究．法学季刊，1925年10月第2卷第6期
子模等．罗马十二表法之研究．法学季刊，1926年7月第3卷第1期
陈化明．关于罗马法二分说与三分说问题．法律评论，1927年4月第196期
施汉康．罗马契约法上之约因．法学季刊，1930年10月第4卷第6期
丘汉平．罗马法之渊源．法学季刊，1931年1月第5卷第7～8期
金摩云译．希腊哲学于罗马法之影响．法学杂志，1933年6月第6卷第5期
王去非译．罗马十二铜标法之正文．法轨，1934年6月第1卷第2期
陈筠等译．十二铜表法．东北师范大学科学集刊，1957（6）
陈朝璧．罗马法的历史地位和借鉴作用．厦门大学学报（哲学社会科学版），1979（2）
由嵘．试论罗马法对英国法的影响．法律史论丛，1981（1）
陈朝璧．试论罗马法的可继承性．法学研究，1981（1）
田德全．共和国时期罗马公民权的扩展：迄公元前88年．齐鲁学刊，1981（6）
董文贵．罗马法的形成及其在西欧的影响．通化师院学报（社会科学版），1982（1）
谢邦宇．论罗马法的基本特征．青海社会科学，1982（2）
谢邦宇．罗马法的历史地位和作用．青海社会科学，1983（2）
周枏．罗马十二铜表法．安徽大学学报，1983（3）
王毅．罗马法中的财产所有权概念与国际法中的国家领土主权概念的含义．中山大学研究生学刊，1983（4）
谢邦宇．罗马律师制度浅说．法学季刊，1983（4）
谢邦宇．罗马法学家漫笔．国外法学，1983（4）
米健．略论罗马万民法产生的历史条件和思想渊源．厦门大学学报（哲学社会科学版），1984（1）
谢邦宇．论罗马法的本质．新疆社会科学研究，1984（7）
陈鼎海．古罗马法学的争鸣与罗马法．江西大学学报（社会科学版），1985（3）
吴卫国．罗马法人制度及其借鉴意义．法学季刊，1985（4）
韦绍英．影响深远的罗马法．外国史知识，1985（4）
里赞．一个划时代的运动——评中世纪西欧的罗马法复兴．法学评论，1986（2）

米健．罗马法对法国的影响．法国研究，1986（2）

李雅书．古代罗马史资料选译：2 罗马平民与贵族斗争中几个重要法案；7 帝国后期各行省自治市各阶层居民的强制性义务．史学选译，1986（2）

陈炯．有关《十二表法》的几个问题．西北政法学院学报，1986（2）

何勤华．略论罗马法形成和发展的特点．河北法学，1987（6）

［英］F·H·劳森．罗马法对西方文明的贡献（上）．比较法研究，1988（1）

［英］F·H·劳森．罗马法对西方文明的贡献（下）．比较法研究，1988（2）

骆继光．格拉古粮食法初探．世界史研究动态，1989（3）

于沛霖．马克思恩格斯论罗马法．法律科学，1989（4）

丁玫．罗马法传播研究会．比较法研究，1990（2）

徐国栋．查士丁尼及其立法事业——兼论法典法的弊端及补救．法律科学，1990（5）

吴兴怀．中世纪罗马法复兴原因新论．河北法学，1990（6）

陈炯．有关罗马法特征的几个问题．中国人民警官大学学报（社会科学版），1991（2）

郑如霖．略论《查士丁尼法典》．史学月刊，1991（5）

［美］J.C. 芮茨著，金宁，张林译．罗马买卖法中的默示质量担保和时效期限．法学译丛，1992（1）

碧林．试论罗马法中他物权的现实意义．法治时代，1992（1）

刘长才．谈罗马法中有关夫妻财产关系的理论．锦州师院学报（社会科学版），1992（2）

［意］桑德罗·斯奇巴尼著，黄风译．作为共同罗马法特有类型和现代法典模式的优士丁尼法典．政法论坛，1993（1）

任强．罗马私法中的占有制度．中山大学研究生学刊（社会科学版），1993（2）

刘继同．古罗马的结社立法与社团管理．社会工作研究，1993（3）

薛桂芬，张淑君．浅析《罗马法》的产生、发展及影响．哈尔滨师专学报，1993（3）

王明锁．查士丁尼《民法大全》的历史影响．史学月刊，1993（4）

［意］阿尔多·贝杜奇著，黄风译．罗马商法的若干基本原则．外国法译评，1993（4）

任强．罗马私法中的占有制度．比较法研究，1994（3），（4）

吴汉东．罗马法的传播与法律科学的繁荣．法商研究，1994（6）

纪坡民．补一下罗马法的课．读书，1994（6）

王云霞．罗马法的历史地位．浙江省政法管理干部学院学报，1995（1）

杨振山，龙卫球．罗马法的传统性和法律方法：兼论中国民法新传统．中国法学，1995（1）

［英］克莱克尼尔等著，林榕年等译．罗马法的接受和持续影响．中外法学，1995（2）

滕淑珍．试论罗马法从重形式到不重形式的发展．政法论丛，1995（4）

王思鲁．罗马刑法中的犯罪分类述评．中山大学研究生学刊（社会科学版），1996（1）

王明锁，王建华．略论罗马查士丁尼立法．殷都学刊，1996（3）

［意］阿尔多·贝特鲁奇著，徐国栋译．宗教和宗教规范对罗马法的影响．法商研究，1996（3）

李辉．古罗马大法官制度论述．中央政法管理干部学院学报，1997（3）

苏彦新．罗马法在中世纪西欧大陆的影响．外国法译评，1997（4）

［意］贝特鲁奇著，徐国栋译．从身份到契约与罗马的身份制度．现代法学，1997（6）

马忠法．从罗马法的影响看民法的世界性与民族性．中央政法管理干部学院学报，1997（6）

［德］柯努特尔著，米健译．罗马普通法和罗马法对欧洲联盟法院的影响．外国法译评，1998（1）

杨共乐．罗马“债务奴隶制”考略．世界历史，1998（1）

王明锁．查士丁尼与《民法大全》的编纂．河南大学学报（社会科学版），1998（1），（3）

［意］贝特鲁奇著，徐国栋译．罗马宪法与欧洲现代宪政．法学，1998（3）

丁玫．罗马法迟延制度．政法论坛，1998（4）

叶秋华．关于罗马法的几个理论问题．法商研究，1999（6）

于世忠．罗马法之侵占罪及其特征分析．浙江省政法管理干部学院学报，1999（4）

杨泽伟．论罗马法与国际法的发展．法商研究，2000（4）

韩永红．论罗马法之举证责任分担及其先进性．四川警官高等专科学校学报，2000（4）

汪太贤．论罗马法复兴对近代西方法治理念的奠定．现代法学，2000（6）

徐国栋．李维时代罗马人民的跨民族法体系．厦门大学学报，2001（1）

陈洪．罗马法物权冲突及其解决机制探析．法律科学，2001（4）

丁玫．罗马法合同赔偿制度．政法论坛，2001（5）

吕廷君．论罗马法律制度的观念基础．山东大学学报，2001（6）

虞政平．罗马法债权理念的一般发展．政法论坛，2001（6）

徐国栋．客观诚信与主观诚信的对立统一问题：以罗马法为中心．中国社会科学，2001（6）

董建萍．论罗马共和制中的权力制衡及罗马法传统．中共浙江省委党校学报，2002（1）

刘洪波，郭曰君．罗马法对法国法与英国法不同影响的原因探析．河南省政法管理干部学院学报，2002（2）

［意］奥利维罗·迪里贝尔多著，徐国栋译．关于时下对十二表法的研究现状的一些思考——为十二表法的一个新中译本而作．罗马法与现代民法，2002（3）

李怀国．罗马波特里乌斯债务法的历史作用质疑．辽宁大学学报，2002（3）

哈书菊，夏启明．罗马法对前俄罗斯立法影响的历史性审视．罗马法与现代民法，2002（3）

黄风，程波．罗马的法律大全．罗马法与现代民法，2002（3）

吴斌．略论马克思恩格斯的罗马法思想．攀枝花大学学报，2002（3）

［意］弗朗切斯科·西尼著，徐国栋译．罗马宗教——法律制度中的人与神：神的和平、神的时间（节日、祭日）、牺牲．罗马法与现代民法，2002年第3卷

丁玫．《优士丁尼民法大全》与中意法律文化交流．罗马法与现代民法，2002（3）

罗好．论罗马法的自然法精神与实践理性．江西农业大学学报（社会科学版），2002（3）

［德］罗尔夫·克努特尔著，涂长风译．古代罗马法与现代法律文明．比较法研究，2002（4）

杨震，申建平．物权行为理论探源：以罗马法为中心．学术交流，2002（5）

王亚平．浅析中世纪罗马法研究首先在意大利城市兴起的原因．东北师大学报（社会科学版），2002（5）

张学仁．古代罗马共和国宪制探源——世界第一次立宪主义实验．法学评论，2002（5）

徐国栋．对十二表法的4个中译本的比较分析．求是学刊，2002（6）

谭建华．浅议罗马法学家在罗马法发展中的作用．江西社会科学，2002（7）

薛桂芬．古代罗马法探略．行政与法，2002（12）

夏锦文，付建平．罗马法复兴与西欧法制现代化．比较法研究，2003（2）

陈新宇．古罗马的法律解释（公元前8世纪—公元前6世纪）．法大评论，2003年第2卷

张鹏．论罗马法中所有权概念的演化：从 mancipium 到 dominium. 云南大学学报，2003（4）

陈荧．古罗马民主体制的产生与发展．政治与法律，2003（4）

薛军．马里奥·塔拉曼卡教授：罗马学派与罗马法研究的未来．欧洲法通讯，2003（4）

汪海燕．古罗马刑事诉讼制度与模式探微．现代法学，2003（5）

徐国栋．共和晚期希腊哲学对罗马法之技术和内容的影响．中国社会科学，2003（5）

谭建华．《民法大全》与基督教影响的扩大．历史教学，2003（9）

丁耘．罗马法何以可能．读书，2003（12）

祖伟．罗马私犯法及其影响探微．德州学院学报，2004（1）
兰奇光．重评《十二表法》．湖南科技大学学报（社会科学版），2004（2）
孙晓光．罗马法不是市民社会的法．山西省政法管理干部学院学报，2004（2）
高仰光．论14至16世纪罗马法在德意志地区的兴起．山西大学学报（哲学社会科学版），2004（3）
张天杰．罗马法的复兴．山西省政法管理干部学院学报，2004（3）
王越旺．罗马法的复兴与中世纪西欧王权的加强．内蒙古大学学报（人文社会科学版），2004（4）
张立荣．罗马法诺成契约制度的成因及意义．武汉理工大学学报（社会科学版），2004（6）
谭建华．罗马法发达之成因探析．湖南科技学院学报，2004（12）
吴丹梅．罗马法衰落原因解析．黑龙江省政法管理干部学院学报，2004（1）
甘正气．浅谈罗马法中的“proscription”及其翻译．湘潭大学学报（哲学社会科学版），2005（1）
吴春岐．罗马法中不动产物权变动公示法分析．山东师范大学学报（人文社会科学版），2005（1）
万志鹏．略论古代罗马刑法．湘潭大学学报（哲学社会科学版），2005（1）
谢冬慧．罗马法的借鉴价值．现代法学，2005（1）
谭建华．《罗马民法大全》与罗马妇女法律地位的提高．湖南第一师范学报，2005（1）
谭建华．罗马法发达之成因探析．江西行政学院学报，2005（1）
卞修全．论罗马家庭法的弱伦理性及其意义．北京科技大学学报（社会科学版），2005（3）
彭金冶．罗马共和国法律演进动因探．北方论丛，2005（4）
王洪．罗马法契约制度：历史话语的重述．南昌大学学报（人文社会科学版），2005（4）
凌鹏飞．罗马法的力量．继续教育研究，2005（5）
张誉琳．古罗马取消债务奴役制之历史影响和现实意义．济宁师范专科学校学报，2005（5）
李静．试析古罗马程式诉讼．安徽警官职业学院学报，2005（6）
刘文明．论罗马帝国晚期的文化转型与女性婚姻地位变迁．首都师范大学学报（社会科学版），2005（6）
谭光亚．略论《法学阶梯》的结构及其影响．江西科技师范学院学报，2005（6）
朱勇．古罗马行省制演变的法文化价值．求索，2005（6）
陈志红．罗马法“善良家父的勤谨注意”研究．西南民族大学学报（人文社科版），

2005（8）

徐国栋．《十二表法》新译本．河北法学，2005（11）

祁建平．评《国法大全》及其历史地位．前沿，2005（11）

任强．早期罗马法中的形式主义．学术研究，2005（12）

宋云璇．古罗马刑法的特征及犯罪分类．政法论丛，2006（1）

李中原．罗马法在中世纪的成长．环球法律评论，2006（1）

姜栋．论罗马法契约制度的发展．河南省政法管理干部学院学报，2006（2）

张锐智．论罗马法学家对西方法学史的独特贡献．辽宁大学学报（哲学社会科学版），2006（2）

李欣宇．统一和分离：罗马法所有权观念的演变．华北电力大学学报（社会科学版），2006（2）

王越旺．试论中世纪西欧的罗马法复兴运动．廊坊师范学院学报，2006（4）

马聪．欧洲中世纪商人法对罗马法的继受．广西社会科学，2006（7）

罗冠男．基督教会与教会法对罗马法的影响．中国西部科技，2006（24）

（三）中世纪西欧封建法制

1. 通论

朱寰．试论西欧封建城市的领土权问题．东北师大学报（社会科学版），1986（5）

顾銮斋．西欧封建社会农奴的法律地位与实际状况．齐鲁学刊，1991（4）

叶秋华．西欧中世纪法制发展特点论析．南京师范大学学报（社会科学版），1999（6）

徐爽．权力关系中的法治秩序——对西欧中世纪政治结构的分析．现代法学，2001（2）

马长山．西欧的“独特性”、“东方专制主义”与近代法治．求是学刊，2001（2）

余金尧．中世纪欧洲财产的起源和演变．世界历史，2001（5）

王国金，张镭．中世纪欧洲城市制度及其法律意义．文史哲，2001（6）

陈日华．英国法律传统与中世纪地方自治．天津师范大学学报，2003（1）

邓烈．中世纪的国际仲裁及其历史遗产．武汉科技大学学报，2003（1）

卢云豹．西欧封建制与近代宪政的起源．见：张绍彦编．声音与言论．北京：法律出版社，2003

罗金泉．中世纪西欧民权思想考察．黔南民族师范学院学报，2003（5）

王加丰．西欧中世纪的权利之争与近代人权观的形成．世界历史，2003（5）

［美］Daniel EMurray 著，牛艳滨等译．盎克鲁——撒克逊时代及早期日尔曼时代的仲裁制度．仲裁与法律，2003（5）

徐国栋．中世纪法学家对诚信问题的研究．法学，2004（6）

王亮．中世纪基督教神学与西方法律信仰的形成．长沙铁道学院学报（社会科学版），2005（4）

王娓娓．中世纪西欧法律中的宗教因素．株洲师范高等专科学校学报，2005（4）

陈文滨．论西方近现代宪法政治的中世纪起源．江西科技师范学院学报，2005（5）

程乃胜．论中世纪基督教对近现代宪政的影响．河南师范大学学报（哲学社会科学版），2006（2）

衣家奇．基督教原罪论对现代刑法的启蒙．法律科学，2006（3）

2. 日耳曼法

孔令平译．西撒克逊国王伊尼的法典（688～694）．世界中世纪史研究通讯，1979（1）

张希孔．从撒利克法典看法兰克王国初期的法律制度．历史教学，1982（8）

徐卫东．浅谈撒利克法典的刑事法规．法学文摘，1983（2）

陈文海．《撒利克法典》在法国中世纪后期的复兴和演化．历史研究，1998（6）

易继明．论日尔曼财产法的团体主义特征．比较法研究，2001（3）

李秀清．《撒里克法典》若干问题之探析．比较法研究，2005（1）

高仰光．论日耳曼法中的赔命价制度．比较法研究，2006（3）

3. 教会法

张观发．教会法浅说．北京政法学院学报，1981（2）

李昌道．圣经中的法律研究．法学文稿，1983（3）

贺卫方．天主教婚姻制度和教会法对世俗法的影响．世界宗教研究，1986（1）

贺卫方．基督教和教会法对西方近现代法律的影响．外国法学研究，1986（2）

孙江等．论近代教会权威结构与宗法一体化结构的冲突．南京大学学报（社会科学版），1989（2）

高其才．世界性宗教寺院习惯法初探．现代法学，1993（2）

林中泽．西欧中世纪教会法中的婚姻与性．历史研究，1997（4）

彭小瑜．美国人看教会法．世界宗教文化，1999（2）

郭义贵．略论西欧中世纪的教会与教会法．福建政法管理干部学院学报，1999（2）

彭小瑜．格兰西之《教会法汇要》对奴隶和农奴法律地位的解释．世界历史，1999（3）

彭小瑜．中世纪西欧教会法对教会与国家关系的理解和规范．历史研究，2000（2）

陈林林．中古基督教法哲学：法治主义的神学分支．比较法研究，2001（1）

褚汉雨．论教会法典与国家法律之关系．中国天主教，2001（2）

彭小瑜．历史语境中的宽容（一）——12世纪西欧教会法论异端和绝罚．首都师范大学学报（社会科学版），2001（3）

彭小瑜．历史语境中的宽容（二）——12世纪西欧教会法论异端和绝罚．首都师范大学学报（社会科学版），2001（4）

彭小瑜．历史语境中的宽容（三）——12世纪西欧教会法论异端和绝罚．首都师范大学学报（社会科学版），2001（5）

彭小瑜．历史语境中的宽容（四）——12世纪西欧教会法论异端和绝罚．首都师范大学学报（社会科学版），2001（6）

陈林林．上帝怎样审判——旁白刑事诉讼维度中的上帝和“圣经”．法学，2001（3）

郑琼现．《圣经》的商事立法．湖北省政法管理干部学院学报，2001（5）

于语和，王辰．试论西方中世纪教会法中法治理念的形成及发展．中西政治文化论丛，2003（3）

龙宗智．为什么称《圣经》是一部诉讼法教科书：司法审判在两大文化中的意义比较．法学，2003（10）

赵一．欧洲中世纪教会法的特征及其历史地位刍评．渝西学院学报（社会科学版），2004（1）

衣家奇．基督教与刑法——对近现代刑法宗教渊源的解读．甘肃政法学院学报，2005（1）

刘文明．早期教会法学家对婚姻本质的探讨．文史博览，2005（1）

盛宏意．中世纪教会对神命裁判法的终结．首都师范大学学报（社会科学版），2005（5）

谢经虎．教会法所反映的中世纪西方女性法律权利状况．牡丹江教育学院学报，2006（2）

4. 城市法与海商法

郑戈．市民社会中的市民法：中世纪欧洲城市法溯源．法律科学，1994（6）

叶秋华．资本主义民商法的摇篮——西欧中世纪城市法、商法与海商法．中国人民大学学报，2000（1）

张镭，黄浴宇．中世纪欧洲城市制度与近代西方法律变革．河北法学，2001（1）

陈林林，傅义．中古欧洲城市与法治的萌芽．浙江省政法管理干部学院学报，2001（1）

[美] 布鲁斯·L·本森著，徐昀译．没有政府的正义：中世纪欧洲商人法庭及现代版本．经济法学评论，2003（3）

林姜，李颖．商人精神与商法的变迁．广西政法管理干部学院学报，2003（3）

李江敏．论中世纪的商人及商法．山西大学学报，2003（3）

朱慈蕴，毛健铭．商法探源：论中世纪的商人法．法制与社会发展，2003（4）

刘显娅．商法探源——中世纪商法为何首先形成于意大利．河北法学，2005（5）

5. 英国法

喻松青．英国大宪章历史分析．南开大学学报，1956（1）

李海镜．英国中世纪刚正不阿的法官——莫尔．法学杂志，1980（创刊号）

郑如霖．论英国大宪章产生的社会背景及其性质．华南师范学院学报，1981（1）

董国强．英国自由大宪章的性质及其历史作用．北京政法学院学报，1982（2）

潘华仿．英吉利法的渊源．北京政法学院学报，1983（2）

徐浩．中世纪英国农村的行政、司法及教区体制与农民的关系．历史研究，1986（1）

黄健荣．略论自由大宪章确立的“王在法下”的原则及其意义．广西师范大学学报（社会科学版），1987（4）

徐浩．英国中世纪的法律结构与法制传统．历史研究，1990（6）

咸鸿昌．盎格鲁撒克森时代英国法制初探．山东师范大学学报（社会科学版），1997（5）

郭义贵．论11～12世纪英格兰的王权与王室法．绵阳师范高等专科学校学报，1999（4）

项焱．试论11～13世纪英国城市自治权的封建性——兼论英国城市的法律地位．武汉大学学报，2000（1）

张锡盛．英国星室法院存废年代考．思想战线，2000（3）

程汉大．12～13世纪英国法律制度的革命性变化．世界历史，2000（5）

刘杨，田瑶．试论英国世袭贵族议员制的成因及消亡．法律科学，2001（1）

张彩凤．现代英国法治的古代渊源．中国人民公安大学学报，2001（2）

张彩凤．现代英国法治的历史开端．中国人民公安大学学报，2001（3）

张彩凤．英国古典法治理论的告别与超越——走向另一种法治基础主义：19世纪英国法治理论的现代转型．中国人民公安大学学报，2001（5）

李世安．试论英国大宪章人权思想的产生、发展及其世界影响．河南师范大学学报，2001（5）

程汉大．论中世纪英国司法的相对独立性．山东师范大学学报，2001（6）

张立伟．经验传统与历史选择：英国早期人权进程分析．现代法学，2002（1）

陈敬刚．英国法秩序的早期建构：以盎格鲁撒克逊时期法律为考察对象．淮北煤炭师范学院学报（哲学社会科学版），2002（3）

黎宏．英国《大宪章》：神话与历史事实．人民法院报，2002-09-16

王薇．英国排斥罗马法之原因探析．天府新论，2003（2）

孙宏伟．中世纪英国中书法庭的起源和演进．首都师范大学学报，2003（3）

尹虹．从流民法看都铎时期议会与王权的关系．史学月刊，2003（3）

张立伟．人权史上的《自由大宪章》．山东公安专科学校学报，2003（3）

苏艾平．中世纪令状制度对普通法形成发展的作用．遵义师范学院学报，2004（4）

项焱，张烁．英国法治的基石：令状制度．法学评论，2004（1）

余辉．英国1536年《用益法》颁布之前用益制的发展．华东政法学院学报，2004（1）

孙彼德．令状的司法化与早期英国王权的特殊性．西南政法大学学报，2004（6）

耿龙玺．英国普通法的历史基础——亨利二世前英国法对普通法形成的影响．甘肃政法学院学报，2005（1）

胡健．论英国大法官制度的历史流变．广西政法管理干部学院学报，2005（1）

李云飞．中世纪英格兰庄园法庭探微．世界历史，2005（2）

林海．陪审制度的产生与发展——对法治与人权发展史的一点回顾．北京大学研究生学志，2005（2）

高仰光．中世纪英国法发展的教会法背景．山西大学学报（哲学社会科学版），2005（3）

李自更．英国长子继承制及其对社会经济政治的影响．肇庆学院学报，2005（3）

宋宗宇．陪审制度的历史起源比较研究．甘肃政法学院学报，2005（3）

陈志坚．试论中世纪英格兰贵族妇女的不动产继承权．首都师范大学学报（社会科学版），2005（5）

吴旭阳．早期英国法中的领主附庸关系．华东政法学院学报，2006（2）

孙宏伟．中世纪英国中书法庭的起源和演进．首都师范大学学报（社会科学版），2003（3）

6. 法国法与德国法

由嵘．中世纪法国法律．电大法学，1984（4）

王晋新．论法国封建君主专制时期的监察官制度．东北师大学报（社会科学版），1990（1）

施蔚然．中世纪法国习惯法学评介．昆明理工大学学报（社会科学版），2001（3）

曾尔恕，张彩凤，崔林林．中世纪德国法源探析．见：中德法学学术论文集．北京：中国政法大学出版社，2003

（四）近现代资本主义法制

1. 通论

崔卓兰．西方国家违宪审查制度简介．法学季刊，1982（3）

丁利刚．关于西方违宪审查制度．社会科学，1984（1）

董立坤．欧美国家的产品责任法及其法律适用问题．国外法学，1984（5）

陈云生．西方的宪法分类学说．政治与法律，1984（6）

康树华．国外青少年犯罪概况、特征及其处罚．法学杂志，1984 (6)

[南] 巴雅尔·尼克里奇著，王哲译．当代资产阶级宪法的发展趋势及其特征．国外法学，1985 (2)

张穹．论资产阶级刑事政策的历史沿革和发展趋势．中国社会科学，1985 (4)

陈鹏生．税法史上的一次重大改革．政治与法律，1985 (5)

郑钟炎．资本主义社会以前没有行政法——与舒扬同志商榷．政治与法律，1986 (2)

李力．当代西方行政法的发展方向．国外法学，1986 (3)

[美] 威廉·钱布利斯，罗伯特·塞德著，潘汉典译．资本主义制度下的国家和法律秩序．法学译丛，1986 (5)

[德] 沃尔德·科温伯什著，刘信峥译．各国公司法律顾问概况．经济与管理译丛，1987 (1)

郭锋．西方国家股份有限公司及其立法概述．国外法学，1987 (1)

马岭，刘作翔．各国立法中有关新闻出版自由的限制性规定．外国法学研究，1987 (1)

戴学正．国外行政法学概览．自修大学，1987 (2)

夏楚炅．论战后西方法制的发展及其研究．江海学刊（社会科学版），1987 (3)

景延．资本主义国家集会、游行、示威法规评价．政法丛刊，1987 (5)

胡锦光．论西方违宪审查制度的发展趋势．河北法学，1987 (6)

卜康．资本主义国家的青少年犯罪．国外法学，1987 (6)

师颖斐．二次大战后西方国家在民事诉讼方面的进展．中国法制报，1987-12-14

袁胜华，蒋浩．谈谈西方国家的文官制度．外国法学研究，1988 (2)

李铁钢．外国民事诉讼中的督促程序与公示催告程序．外国法学研究，1988 (3)

陈云生．对资本主义国家宪法监督的分析和评介．当代法学，1988 (3)

蒋鸿雁．西方国家公务员管理机构的特点．法学评论，1988 (4)

童颜．关于当代西方国家工业化后的犯罪（续）．犯罪与改造研究，1988 (6)

严习兴．西方资本主义国家公务员制度简介．法学与实践，1988 (6)

陈国尧．西方国家行政诉讼制度建立的历史背景．法学杂志，1988 (3)

夏勇．近代西方新闻法制革命考——关于提出与确立自由的若干问题．世界历史，1988 (5)

刘宏辉，刘桢．试论西方国家立法权与行政权的消长．法学天地，1989 (4)

龚刃韧．两次世界大战之间的国际法与人权保护问题：以保护少数者为中心．中外法学，1992 (1)

何家弘．外国侦查制度史研究．山东公安专科学校学报，1992 (2)

龚刃韧．战后人权进入国际法领域的历史起因及过程．北京大学学报（社会科学版），

1992（3）

张炜．西方国家宪法中人权保障的演变及其实质．中外法学，1992（5）

李广辉．试论冲突法的历史发展．史学月刊，1993（2）

［美］约兰姆·巴塞尔．产权和国家的演进．经济社会体制比较，1994（1）

陈弘毅．西方法律政治史上的私法与公法．法学家，1994（5）

杨立新，孙博．国外人格权的历史发展．河北法学，1995（4）

李晓萍．西方国家未成年犯矫正制度的历史和发展趋势．中国监狱学刊，1996（6）

丁建定．试论近代晚期西欧各国的社会保险立法．暨南学报（社会科学版），1997（1）

萧燕．欧美产品责任法的演变及启示．杭州大学学报（社会科学版），1997（2）

彭泽虎．论近代西方民法的形成及发展．西昌师专学报，1997（2）

于景斌．西方国家赔偿制度历史发展简介．外国问题研究，1997（4）

姜小川．西方刑事再审制度的历史沿革．法学杂志，1998（2）

张卫平．民事诉讼模式的历史分析——以外国民事诉讼模式为素材．河南省政法管理干部学院学报，2000（4）

何湘娜．近现代西方女性犯罪研究发展综述．公安大学学报，2000（6）

顾越利．二十世纪西方行政法的发展．福建法学，2000年增刊（7～8）

胡曙东．二战后战争法的新发展．西南政法大学学报，2001（3）

余莹．论公司法的理念及变迁．齐齐哈尔大学学报，2001（5）

罗本琦．西方司法公正现实化的历史考察．安庆师范学院学报，2001（5）

侯树栋．从古法到神法——中古后期南德农民法律意识的变化．历史研究，2001（5）

叶秋华，宋凯利．论西方消费者保护法的历史演进．法学家，2001（6）

朱伯玉．公司法人治理结构的历史演变及典型模式．山东大学学报，2001（6）

李钦．从自然权利到制度权利：透视西方新闻法中自由观念的演进．当代传播，2002（1）

石文英．从归责的历史发展看严格责任．焦作工学院学报，2002（2）

余延满．试论近、现代法上婚姻的本质属性——关于婚姻概念的反思．法学评论，2002（3）

刘树选，王雄飞．关于西方检察权本源和属性的探讨．国家检察官学院学报，2002（4）

易军，宁红丽．强制缔约制度研究：兼论近代民法的嬗变与革新．法学家，2003（3）

魏建国．论西方宪政的前提——个人权利在17世纪确立的理论与实际．广西社会科学，2003（6）

杜宴林．人文主义：现代法精神的革命性变革．吉林师范大学学报（人文社会科学版），2004（1）

朱晓喆．论近代民法的理性精神——以19世纪民法法典化为中心．法学，2004（5）

朱红玲．人格权保护的历史方法考察．学术交流，2004（5）

孙欣．西方主要国家传媒法制的历史演变．社会科学战线，2004（5）

杨莲茹，孔卫国，杨晓野等．动物福利法的历史起源、现状及意义．动物科学与动物医学，2004（6）

程汉大．寻求“有限”与“有为”的平衡——20世纪西方宪政发展趋势．河南省政法管理干部学院学报，2005（1）

刘守刚．西方宪政中“三权分立”的历史解释．南京师范大学学报（社会科学版），2005（4）

赵赤．论西方环境刑法的发展形态及其启示．广西民族学院学报（哲学社会科学版），2005（5）

徐爱国．侵权法的历史散论．法学，2006（1）

刘经靖．物权观念变迁的历史考察与比较分析．烟台大学学报（哲学社会科学版），2006（2）

王淑荣．西方法官职业伦理的法治底蕴——西方法治理念对法官职业伦理的影响．时代法学，2006（2）

2. 英美法系

（1）通论

尤守荣．英美之判例法．法评，1923年9月第（13～22）期

张正学．英美衡平法中之格言．法学季刊，第3卷第5期

张正学．英美衡平法中之法源．法学季刊，第3卷第5期

[英] 贝尔逊著，王庶译．资产阶级法学中的现代英国议会制问题．政法译丛，1958（3）

[美] 耶尔·卡米萨，费恩·R·拉费弗，杰罗尔德·H. 英美审判程序的小陪审团制度．法学译丛，1980（1）

王丽芝．不列颠北美法案产生的历史背景．外国史知识，1982（8）

刘燕．新英格兰殖民地时期土地制度的形成及其在美国历史上的地位．武汉大学学报，1983（4）

洪德．英美的货物买卖法．政治与法律，1985（6）

卜康．英国与美国青少年犯罪的发展．自修大学，1988（2）

卜康．战后美英等国的青少年犯罪．自修大学，1988（3）

张波．试析英美判例法制度及其可借鉴性．活动家与实践，1988（6）

沈宗灵．论普通法和衡平法的历史发展和现状．北京大学学报，1986（3）

徐炳．略论英美法的表现形式．国外法学，1985（5）

李昌道．英美法系的形成和发展．社会科学参考，1985（3）

王天成．英美法系司法审查制度的历史起源．中南政法学院学报，1991（1）

沈敏荣．法律形式与传统思想的嬗变：以普通法为例的研究．学术交流，2000（1）

司马俊莲．论英国法制发展的社会历史条件．湖北民族学院学报，2000（2）

周显志，夏少敏．英美消费信贷法律制度的历史考察．消费经济，2000（2）

胡大展．论信托法的源流．法学家，2001（4）

欧阳晓安．英美法系环境侵权民事救济制度的历史发展．井冈山师范学院学报，2002（2）

郑祝君．英美法：时代性背景下的制度变迁．法商研究，2002（2）

钱福臣．宪政基因概论——英美宪政生成路径的启示．法学研究，2002（5）

尚代贵．论陪审制度的历史演变及发展．求索，2002（6）

孙美兰．英美法契约受挫制度的历史演进．法学，2003（1）

宋显忠．英美国家的宪政传统及其程序观念．法制与社会发展，2003（5）

（2）英国法

仲铭．英国法制发达之由来及其沿革．法律评论，1925年10月第（118～120）期

陈之迈．英国宪法上的两大变迁——“委任立法制”及“行政司法制”．清华大学学报（自然科学版），1934（4）

金碚．苏格兰妇女在法律上之地位．法政季刊，1935年7月

陆鼎揆．现代英国诉讼程序之迅．法学季刊，第4卷第3期

英国新颁道路交通法．中华法学杂志，第2卷第2期

［苏］赫鲁菲娜著，刘汉才译．英国民法中的契约．华东政法学院学报，1956（3）

［英］E.C. 费里森，I.R. 斯科特著，朱文英译．英国刑事诉讼程序：从逮捕到审判．法学译丛，1979（5）

张云宜．评1846年英国谷物法的废除．南京大学学报，1981（2）

［英］P.S. 艾特杨．英国契约法中违约的赔偿．国外法学，1981（3）

康树华．论英国宪法及其发展趋势．国外法学，1981（3）

程西筠．英国议会选举制度浅谈．外国史知识，1981（7）

［英］K. 德里．英国的犯罪数字和原因．现代外国哲学社会科学文摘，1981（8）

［苏］C. 克莉娜．英国的犯罪情况和司法制度．国外法学，1982（1）

季志业．亨利八世的离婚案与英国宗教改革．外国史知识，1982（2）

辜燮高．现代英国刊物中对废除谷物法意义的研究．英国史论文集，1982（9）

洪永珊．十九世纪英国的阶级斗争和议会改革．英国史论文集，1982（9）

王铁之．试评英国资产阶级革命时期土地立法的作用及其影响．英国史论文集，1982（9）

［英］克里夫施米托夫著，潘汉典译．英国依循判例理论与实践的新发展．法学译丛，1983（3）

［英］G.J. 汉德，D.J. 本特利著，刘扬译．当代英国刑事法院概述．法学译丛，1984（2）

全理其．英国的保安处分．法学季刊，1984（2）

［英］G.J. 汉德，D.J. 本特利著，刘扬译．当代英国刑事法院概述（续完）．法学译丛，1984（3）

曾广载．英国文官制度简介．法学评论，1984（4）

［法］勒内达维，［英］约翰・E・C・布赖尔利著，曹玉堂译．英国普通法．外国法学译丛，1985（1）

［英］G.J. 汉德，G.J. 本德利著，刘赓书译．英国的判例法和制定法．法学译丛，1985（1）

何鹏．评英国刑罚制度的改革．吉林大学社会科学学报，1985（1）

刘向文．英国法院组织系统．河南司法，1985（2）

周强．英国继承法评介．法学评论，1985（2）

梁治平．判例法评介．法学评论，1985（3）

张云鹤．英国 1290 年买地法令的某些问题．历史研究，1985（3）

杨联华．浅析英国普通法的渊源．法学季刊，1986（1）

［法］勒内达维著，曹玉堂译．英国法律的结构．外国法学译丛，1986（3）

［英］克罗斯琼斯・卡德著，赵秉志译．英国刑事犯罪的特征．世界法学，1986（3）

［英］安东尼・佩因斯著，邓正来译．英国产品责任法概述．法学译丛，1986（5）

［英］塞姆菲个德．英国商法的发展．国外社会科学文摘，1986（5）

王荣堂．英国君主立宪政体的建立．史学集刊，1987（1）

高桐．论英国衡平法的产生及其早期的发展．比较法研究，1987（2）

程汉大．略论英国宪法的起源．政法论丛，1987（4）

程汉大．复辟时期的政治体制及其在英国宪政史上的地位．山东师范大学学报（社会科学版），1988（1）

缴济东．英国的社会犯罪与对策．警察技术，1988（2）

魏文达．英国一九零六年海上保险法解释（1）．上海保险，1988（3）

［英］多萝西・汤普逊著，沈汉译．对宪章运动的研究．世界史研究动态，1988（4）

赵士国等．英国确立君主立宪制异议．湖南师大社会科学学报，1988（4）

陈传金．英国议会制述论．历史教学，1988（5）

庄庆生．英国法院组织的演变．法学与实践，1988（5）

张明杰．评英国的合同自体法理论．法学评论，1989（1）

［英］肯尼思・罗杰逊著，黄太云译．英国仲裁员权力的法源和限度．外国法学译丛，

1989（1）

谢天冰．英国君主立宪制及其历史渊源．福建师范大学学报（社会科学版），1989（2）

杨诚．独具特色的英国刑法渊源．世界法学，1989（2）

杨诚．英国经济犯罪控制机制初探．世界法学，1989（4）

濑川晃．英国刑事法的变迁与展望．法学评论，1989（4）

［美］丹尼斯·罗森鲍姆著，黄祖辕译．英国的社区预防犯罪战略．世界警察参考资料，1989（7）

程味秋．简论英国刑事司法制度的近期变革．比较法研究，1990（1）

梁治平．英国普通法中的罗马法因素．比较法研究，1990（1）

高鸿钧．英国法的域外移植——兼论普通法系形成和发展的特点．比较法研究，1990（3）

梁治平．英国判例法．西北政法学院学报，1991（1）

刘景涛．英美合同法上的对价制度．安徽大学学报（哲学社会科学版），1991（2）

杨丽英．英国判例法主义的形成、发展及评价．比较法研究，1991（4）

杨联华．简论英国注重程序法的缘由．比较法研究，1991（4）

江宗植．关于英国君主立宪的确立及其沿议会制发展的几个问题．四川师范学院学报（社会科学版），1991（4）

孙斌．论英国星法院的兴衰．中外法学，1991（4）

高鸿钧．英国法的主要特征——一个比较观察．比较法研究，1991（4）

潘华仿．英国的议会至上与司法监督——略与美国相比较．比较法研究，1991（4）

潘华仿．英国法对代理制度的规定．政法论坛，1991（5）

张寿民．边沁与英国法的近代化．法学，1992（6）

由嵘．1925 年改革与现代英国财产法．中外法学，1993（1）

李克正．浅谈 1832 年英国议会改革的动因及其影响．南都学坛，1993（3）

丁建定．略论 1911 年英国的国民保险法．暨南学报（社会科学版），1994（3）

李浩．英国判例法与判例规避．比较法研究，1995（1）

刘新成．都铎王朝的经济立法与英国近代议会民主制的起源．历史研究，1995（1）

兰庆洲．英国法律制度的主要特点——海外学习笔记．中国律师，1995（1）

刘华平．论 20 世纪初英国的社会立法．世界历史，1995（3）

赵秉志．英国刑法的新走向——法典化．国家检察官学院学报，1995（3）

张茂．英国仲裁制度的法律渊源．法学杂志，1995（6）

曹宏．英国历史上商业保险公司诞生背景．上海保险，1995（9）

李红海．亨利二世改革与英国普通法．中外法学，1996（6）

钟国发．英国社会保障体制源流浅探．新疆师范大学学报（哲学社会科学版），

、1997（2）

沈尊华．英国确立君主立宪制原因初探．安徽教育学院学报（社会科学版），1997（3）

张剑松．独具一格的英国行政裁判所制度．行政人事管理，1997（6）

邹志洪．英国关于信托的法律适用．法学评论，1998（1）

1996年英国仲裁法．外国法译评，1998（2）

1996年英国仲裁法（续）．外国法译评，1998（3）

刘城．英国中世纪教会法庭与国王法庭的权力关系．世界历史，1998（3）

罗同兵．略谈英国法律对宗教平等权利的保护及其特点与问题．宗教学研究，1998（4）

郑贤君．陪审制：司法民主的制度保障．首都师范大学学报（社会科学版），1998（4）

李长喜．英国法律援助制度概述．中外法学，1998（5）

陈瑞华．在公正与效率之间——英国刑事诉讼制度的最新发展．中外法学，1998（6）

李建彬．英国都铎时期的社会贫困与慈善、救济政策．华东师范大学学报（哲学社会科学版），1998（6）

夏新华．从奥蒂罗案看英国法对非洲法的影响．西亚非洲，1999（1）

王文钦．英国判例法上反避税政策的演变．中外法学，1999（1）

卞建林．英国对沉默权的限制．比较法研究，1999（2）

魏明．英国议会权力的转移及其原因剖析．青岛行政学院学报，1999（2）

顾巢陵．试析第一次世界大战与英国妇女选举权取得之联系．辽宁广播电视大学学报，1999（3）

李忠诚．英国司法解释的四项规则．政治与法律，1999（3）

洪永红．殖民时期加纳的本土法与英国法．西亚非洲，1999（3）

耿勇．信托在英国的起源与演变．史学月刊，1999（4）

贺万忠．英国侵权冲突法的理念转换和规则重构．武汉大学学报（人文社会科学版），1999（6）

李兴安．英国刑法的渊源述评．前沿，1999（7）

李芳．英国衡平法初探．河北法学，2000（1）

滕毅．从英国民族性看英国法特征．法学，2000（1）

沈敏荣．法律形式与传统思想的嬗变——以普通法为例的研究．学术交流，2000（1）

李磊．试论英国普通法形成的原因．华东理工大学学报（社会科学版），2000（2）

司马俊莲．论英国法制发展的社会历史条件．湖北民族学院学报（哲学社会科学版），2000（2）

滕毅．从英国民族性看英国法特征．比较法研究，2000（2）

［英］利茨·凯勒．英国1973～1997年间的家庭暴力：简要回顾．青少年犯罪研究，

2000（3）

潘迎华．19世纪英国的政治民主化与女权运动．史学月刊，2000（4）

丁建定．1870～1914年英国的济贫法制度．史学集刊，2000（4）

张淳．论《英国错误陈述法》．法学杂志，2000（6）

徐滨．英国17～18世纪的福利救济立法及其社会经济价值．天津师范大学学报（社会科学版），2001（1）

张彩凤．现代英国法治的历史开端．公安大学学报，2001（3）

夏新华．英国法在非洲的本土化．西亚非洲，2001（3）

张海廷．英国议会主权的变迁．法商研究，2001（4）

傅思明．欧洲人权公约对英国司法审查制度的影响．法学杂志，2001（4）

崔明霞．信托制度的历史演变与信托财产权的法律性质．中南财经大学学报，2001（4）

张彩凤．现代英国法治理论的古典思想背景：理性自由主义法治观的兴起．公安大学学报，2001（4）

张海廷．英国议会主权的变迁．法商研究（中南政法学院学报），2001（4）

焦诸华．英国陪审制度的历史嬗变及存废之争．政治与法律，2001（5）

张海廷．评英国《苏格兰法》．法学杂志，2001（5）

赵小鲁．英国法律制度的几点启示．中国律师，2001（6）

周剑君，彭峥嵘．刑罚理念的历史性嬗变：浅论英国替刑制度．当代法学，2001（9）

金海军．16～18世纪英国知识产权的历史与功能：一种社会结构整体观．中国知识产权评论，2002（1）

郭义贵．从济贫法到福利国家——论英国社会立法的进程及其作用．中南法律评论，2002（1）

张立伟．经验传统与历史选择：英国早期人权进程分析．现代法学，2002（1）

魏玮．英国法律解释三大规则之应用．法律适用，2002（2）

王赳．英国维多利亚时期已婚妇女财产权的变迁．历史教学问题，2002（2）

赵虹．英国十九世纪的社会立法．楚雄师范学院学报，2002（2）

尤雪云．英国《1998年人权法》．人权，2002（3）

廉卫．略论信托法中的某些特殊关系．律师世界，2002（3）

赵虹．英国工业革命期间的社会立法．云南师范大学学报（哲学社会科学版），2002（6）

周毅．英国的缓刑监督制度．当代法学，2002（10）

齐树洁．英国刑事证据制度的新发展．河南司法警官职业学院学报，2003（1）

肖彬．英国司法制度简介．山东审判，2003（2）

张榆青．欧洲一体化对英国国际私法的影响．时代法学，2003（2）
傅新球．英国离婚法的演变．世界历史，2003（2）
邹冠秀．英国宪政中的法律文化传统．龙岩师专学报，2003（2）
冯毅．英国宪法中议会主权原则在欧洲影响下的变迁．求实，2003（2）
尹虹．从流民法看都铎时期议会与王权的关系．史学月刊，2003（3）
余辉．信托法律制度的肇始——英国1536年“用益法”．环球法律评论，2003（3）
郑永流．英国法治思想和制度的起源与变迁．清华法治论衡，2003（3）
易红郡．撒切尔主义与《1988年教育改革法》．湘潭大学社会科学学报，2003（4）
张本英．罗伯特·皮尔与《谷物法》的废除．学海，2003（5）
赵勇．英国青少年司法体系的改革及启示．中国青年政治学院学报，2003（5）
邓莹琦．英国公司法上越权规则的变迁．国际商法论丛，2003（5）
周佑勇．论英国行政法的基本原则．法学评论，2003（6）
陆伟芳．19世纪英国城市政府改革与民主化进程．史学月刊，2003（6）
余辉．近现代英国信托法律制度的确立．法律科学，2003（6）
徐冬根．论英国判例法对浮动担保发展的贡献．法学，2003（7）
李红海．英国的法治传统与英国的法律职业阶层——兼论法律的专业化．比较法在中国，2003年卷
伍芬艳．英国普通法程序优先原则及其借鉴价值．呼兰师专学报，2004（1）
余辉．信托法发展史上的两个重要成文法：英国1540年、1542年遗嘱法——对英国公元1536年《用益法》的重要补充和修正．甘肃政法学院学报，2004（1）
唐昭红．解读专利制度的缘起——从早期专利制度看知识产权正当性的条件．科技与法律，2004（1）
刘波．纵观英国社会保障立法制度的历史演进．广东技术师范学院学报，2005（1）
李昌盛．英国普通法“程序先于权利”原则及其借鉴价值．皖西学院学报，2004（2）
万晓玲．论英国衡平法的起源．辽宁公安司法管理干部学院学报，2004（2）
魏建国．论英国1624年《专利法》的产生及其意义．青海师范大学学报（哲学社会科学版），2004（2）
孙晔．早期英国司法独立过程初探．山东公安专科学校学报，2004（2）
饶艾．判例法的灵魂——对“遵循先例”原则的再认识．广西社会科学，2004（2）
徐滨．英国工业革命中济贫法改革与古典经济学影响．史学集刊，2004（3）
邵自红．议会主权与有限议会——英国制约议会下院的措施．四川师范大学学报（社会科学版），2004（3）
魏建国．近代早期英国普通法院司法独立的特点及其意义．广西社会科学，2004（3）
张乃和．论近代英国版权制度的形成．世界历史，2004（4）

杨良宜．英国的调解制度．中国远洋航务公告，2004（4）

于秀艳．英国的司法先例原则．法律适用，2004（5）

周威．普通法的治理．华东政法学院学报，2004（5）

徐滨．英国工业革命中的经济发展与贫困救济政策变革．广西社会科学，2004（7）

张嫚．英国竞争法的制度演进．中国工商管理研究，2004（10）

张越．简述英国议会与法院的关系．人大研究，2004（10）

杨宇冠．英国千年司法渐渐求变——欧洲三国考察记事（之一）．法律与生活，2004（21）

李彤．浅谈英国早期司法组织统一化进程．黑龙江省社会主义学院学报，2005（1）

程汉大．英国宪政传统的历史成因．法制与社会发展，2005（1）

管火明．论法官在英国法律形成和发展中的作用．警官教育论坛，2005（1）

谢丽琴．英国司法独立发展历程的启示．常熟理工学院学报，2005（1）

何海波．没有宪法的违宪审查——英国故事．中国社会科学，2005（2）

王茂祺．论英国法履行不能规则的嬗变．法学评论，2005（3）

安德鲁·艾什沃思．论英国人权法对英国刑事司法程序的影响．中国刑事法杂志，2005（3）

王志龙．“法在王上”：说《自由大宪章》．民主与科学，2005（3）

程汉大．英国二元律师制度的起源、演变与发展走向．甘肃社会科学，2005（4）

刘海英．英国工业革命的法制环境．绥化学院学报，2005（4）

张敏．英国法治的司法演进．经济与社会发展，2005（4）

汪鹏．浅析英国衡平法中董事信用责任和合同利益原则．华中师范大学研究生学报，2005（4）

陈晓律．从习俗到法治——试析英国法治传统形成的历史渊源．世界历史，2005（5）

尚海龙．论英国行政法的基本特征．孝感学院学报，2005（5）

张乃和．近代英国法人观念的起源．世界历史，2005（5）

宫艳丽．近代早期英国律师阶层的兴起及律师参政．学习与探索，2005（6）

胡健．衰亡还是重生——英国大法官的历史演进．比较法研究，2005（6）

杨玲．从人治向法治的过渡——从17世纪革命看英国的政治现代化问题．徐州师范大学学报（哲学社会科学版），2005（6）

赵颖．英国的司法审查之诉．河北法学，2005（7）

袁春兰．英国公司法的历史及其资本制度论略．经济师，2005（10）

陈家琪．如何使正义感成为立法活动的指南——黑格尔《论英国改革法案》（1831）．社会科学论坛·学术评论卷，2005（12）

管火明．论英国法官的立法权能．警官教育论坛，2006（1）

曹培．英国财产法的基本原则与概念的辨析与比较．环球法律评论，2006（1）

陈熹．英国司法独立的历史进路探析．贵州工业大学学报（社会科学版），2006（1）

郭义贵．从种群到福利——英国野生动植物保护法的发展历程及其启示意义．科技与法律，2006（1）

王英锋．普通法及其特征浅析．北京政法职业学院学报，2006（2）

黄东微．英国普通法诞生的一种解说——兼评范·卡内冈教授的反历史决定论思想．甘肃农业，2006（2）

李晓云．衡平法初步．天府新论，2006（3）

刘晓梅．英国反家庭暴力的立法、实践及其启示．法学杂志，2006（3）

王小芽．对《谷物法》废除的制度变迁动因分析．中国科技信息，2006（4）

陈灵海．英国法史学的“汉马克拉维”——纪念弗里德里克·梅特兰逝世100周年．中外法学，2006（4）

陈小云．英国属人法问题研究：从坚持传统到温和改革．河北法学，2006（4）

赵玉霞．对十九世纪以来英国陪审团制度改革的思考．法制与社会（理论版），2006（4）

司马俊莲．略论英国法治发达之成因．法学评论，2006（4）

杨迦．论英国衡平法的形成与发展．当代经理人（中旬刊），2006（5）

（3）美国法

美国众议院通过赠与税法草案．法律评论，1924年4月第41期

向理润．美国复兴法规被最高法院判为违宪．时事月报，1935年7月第13卷第1期

谢光第．美国少年裁判所．法律评论，1927年1月第（183～184）期

胡长清．美国各州关于小额之处理．法律评论，1931年6月第8卷第37期

江易生．美国修改1924年移民律与我国旅美侨商之关系．中华法学杂志，1932年9月第3卷第9期

王英生．美国的裁判制度．法学杂志，1932年10月第6卷第1期

龚祥瑞．美国压迫黑人的法律．政法研究，1962（3）

龚祥瑞译．美国反劳工法律简介．政法研究，1963（1）

王希和．美国司法制度．河南大学学报（社会科学版），1934（3）

陈裕祺．美国教育法令（图书馆法令）．清华大学学报（自然科学版），1918

萨师炯．从一七八七年美国宪法及其发展论资产阶级民主制的本质．甘肃师范大学学报，1964（3）

［美］安德普·C·麦克吉克林．美国宪法的基础：法院与司法复审权、法治．国外法学，1979（2）

［美］戴维年第派克著，朱文英译．当代美国的诉讼浪潮．法学译丛，1979（3）

［美］杨改生．一百九十年的美国宪法．复旦学报，1979（4）

刘祚昌．美国人民争取西部的斗争与宅地法问题．世界历史，1979（4）

王统．略论美国宪法．青海民族学院学报，1980（3）

李昌道．美国总统弹劾制研究．社会科学战线，1980（4）

［美］杰里米·赫顿著，朱文英译．美国宪法上的私生活秘密权．法学译丛，1980（6）

潘华仿．略论美国最高法院的宪法解释权．法律史论丛，1981（1）

美国律师协会著，朱文英，刘赓书译．美国民事刑事案件审理程序概述．法学译丛，1981（2）

储槐植译．美国犯罪趋势和预防犯罪策略．国外法学，1981（2）

［美］H. 特鲁宾著，刘赓书译．美国法院与公众．法学译丛，1981（3）

［美］T. R. 琼斯著，田新铭译．美国宪法和法律统治下的黑人遭遇．国外法学，1981（3）

［美］H. 特鲁宾著，刘赓书译．美国法院与公众（续完）．法学译丛，1981（4）

朱文英译．美国国会的立法程序．法学译丛，1981（4）

［苏］M. A. 尼基弗诺娃．美国宪法中前例的作用．国外法学，1981（5）

［美］C. A. 奥尔巴克著，罗典荣译．美国民事诉讼程序．国外法学，1981（6）

［美］路享金著，李泽锐译．美国人的宪法权利与人权．法学译丛，1981（6）

［美］沃·E·沃尔科默著，锡生译．美国总统的宪法权力及限制．法学译丛，1981（6）

［法］勒内·达维，［英］约翰·E·C·布赖尔利著，潘汉典译．美国法的结构．法学译丛，1982（2）

王贵正．美国三十年代中立法．世界历史，1982（2）

丁中柱．美国国会的立法程序．法学杂志，1982（2）

［美］乔治·T·费尔肯尼斯著，刘赓书译．论美国检察官．法学译丛，1982（2）

高宗泽．美国反倾销法初探．中国社会科学院研究生院学报，1982（2）

丁则民．查尔斯比尔德与美国宪法．东北师大学报（社会科学版），1982（2）

刘慈忠．美国近两年来的暴力犯罪．社会科学参考，1982（13）

康树华．美国少年法庭的演变和发展趋势．法学季刊，1983（1）

李昌道．约翰马歇尔对美国宪法的影响．法律史论丛，1983（3）

［美］伯纳德·施瓦茨著，潘汉典译．美国行政法的最近发展．法学译丛，1983（2）

《美国新闻与世界报道》编辑部著，周叶谦译．美国的司法．法学译丛，1983（2）

储槐植．谈美国刑法的特点．国外法学，1983（3）

［美］格兰特吉尔摩著，采田译．美国法律发展的回顾与前瞻．法学译丛，1983（4）

［美］汉斯斯米特著，潘汉典译．美国司法责任论．法学译丛，1983（4）

宋雷译．美国犯罪率日益上升的原因．国外法学，1983（4）
［美］格兰特吉尔摩著，采田译．美国法的忧虑时期．法学译丛，1983（5）
［美］沃伦·E·伯格著，潘汉典译．美国司法部门现状．法学译丛，1983（5）
［美］小阿瑟施莱辛格．美国的总统选举和政党制度．世界史研究动态，1983（5）
于志森．华盛顿与美国宪法．世界历史，1983（5）
［日］碧海纯一．美国法学．国外社会科学快报，1983（24）
蓝晓玫．美国联邦最高法院：法官的任命与解职．河南法学，1984（1）
刘隆亨，张玲．现代美国保险制度的状况和特征．国外法学，1984（1）
孙谦．美国司法审查制度评价．河北法学，1984（1）
杨立文．美国内战时期两个重要法令．外国史知识，1984（1）
储槐植．从数字看美国司法．自修大学，1984（1）
［美］赫思特著，达人译．美国法学史概况．现代外国哲学社会科学文摘，1984（2）
李进进．美国最高法院的司法审查权．自修大学，1984（2）
李微华．美国联邦法院制度的提案．史学选译，1984（2）
［美］H.J. 贝尔曼著，李焕庭译．美国法律的历史背景．法学评论，1984（3）
［美］J.S. 金米特著，孔小江译．美国法律的制度．国外法学参考，1984（3）
［美］格兰特吉尔摩著，采田译．美国法的忧虑时期（续完）．法学译丛，1984（3）
［美］诺艾尔·V·拉蒂夫著，刘慈忠译．美国联邦法院系统中的系统化管理．法学译丛，1984（4）
王平．美国三权分立与制约初析．世界政治内参，1984（4）
刘赓书译．美国法官的选拔训练和撤换退休制度．法学译丛，1984（4）
［美］罗德伯斯勒著，张晓亭译．美国青少年司法系统．法学译丛，1984（5）
杨伯华．谈谈美国总统预选制度．外国史知识，1984（5）
刘曙光．美国的行政法官制度．国外法学，1984（6）
郑成思．美国法律中的发明发现与技术革命．国外法学，1984（6）
刘向文．美国总统制的建立及其特点．河北法学，1984（6）
郭明忠．美国违宪审查权的确立及其历史作用．社会科学参考，1984（10）
陈海宏．内战后美国黑人争取选举权的斗争．山东师范大学学报（社会科学版），1985（1）
周元正．宅地法与林肯．绵阳师专教学与研究，1985（1）
宋子海．简评一七八七年美国宪法．贵州大学学报（社会科学版），1985（2）
赵善祥．从几件判例看美国法律．法学杂志，1985（2）
［美］惠勒科特尔．美国青少年犯罪真相．青少年犯罪研究，1985（2）
阿米．美国的立法机构和立法程序．浙江法学，1985（2）
刘向文．美国总统的任期．河北法学，1985（2）

夏勇编译．关于美国宪法的一项新权利的法哲学探讨．国外法学，1985（2）

储槐植．美国监狱改革的新动向：监狱私营化．国外法学，1985（2）

宋子海．从一七八七年美国宪法及其发展论资产阶级民主制的实质．贵州大学学报，1985（2）

韩大元．美国司法审查制度在政治生活中的作用．法学评论，1985（3）

舒扬．略论美国的分权理论和实践．重庆师院学报，1985（3）

［美］希·赫尔曼·普里切特著，黄正东译．从马歇尔到伯格的司法至上．法学评论，1985（4）

陆伟强．美国立法权的分配．上海司法，1985（4）

［美］伊万托马斯著，葛启明译．美国联邦最高法院的法官们．国外法学，1985（4）

周强，刘晓星．美国统一继承法典概述．政治与法律，1985（4）

吕泰峰．美国的弹劾制度．司法，1985（5）

孙南申．美国的青少年犯罪．法制建设，1985（5）

［美］E·阿伦·法恩斯沃思著，陶正华译．美国的判例法．法学译丛，1985（6）

［美］保罗·M·海登，罗宾·J·温克勒．美国产品责任法简介．法学评论，1985（6）

周延礼．浅谈美国产品责任法．法学动态，1985（9）

［美］劳伦斯·M·弗里德曼著，同心译．美国法律史的过去与现状．法学译丛，1986（2）

［美］里查德奎尼著，力言译．美国的国家犯罪．国外法学，1986（3）

徐步衡．美国囚犯的法律地位．政治与法律，1986（3）

［美］乔治·W·皮尤著，叶逊译．美国与法国刑事司法制度之比较．法学译丛，1986（4）

刘咏海．美国专利法介绍．外国法学研究，1986（4）

刘卫政．略论美国国家主义和州权主义的产生及其对联邦制形成的影响．史学集刊，1986（4）

章汝荣．美国1916年航运法立法的背景．远洋运输，1986（5）

孙宝珊．评约翰马歇尔．法学评论，1986（5）

徐玮．略论一七八七年美国宪法．学习与探索，1986（5）

［美］弗兰克·C·奥普顿，赫伯特费勒著，吴金留译．今日美国商事仲裁．法学译丛，1986（5）

［印］J. N. 蒙吉亚著，吴留金译．美国税收制度（上）．世界法学，1986（5）

李世洞．战后美国独立革命和宪法史学述评．兰州学刊，1986（6）

［印］J. N. 蒙吉亚著，吴留金译．美国税收制度（下）．世界法学，1986（6）

[美] 佛朗西斯・W・库奇勒著，袁曙宏译．美国婚姻法中关于抚养问题的规定．法学译丛，1986（6）

武晓岚．美国青少年犯罪行为的类型．外国法学研究，1986（6）

熊宗域．略论三权分立相互制约学说：兼析美国宪法的一项基本原则．政法论坛，1986（6）

裴晓青．美国专利和商业秘密的保护．经济法制，1986（7）

黄绪先．美国专利制度的起源和发展．世界科学，1986（9）

万青．美国宪法二百周年浮想．世界知识，1986（18）

张尚谦．美国 1935 年中立法的酝酿和制订．云南民族学院学报，1987（1）

王守桐．简评一七八七年美国宪法的历史地位．朝阳师专学报，1987（1）

罗荣渠．略论美国联邦制度的形成和宪政体制的特点．北京大学学报（社会科学版），1987（2）

刘咏梅．美国版权制度概论．国外法学，1987（2）

[美] 约翰多宾著，罗玉中译．美国的保险种类（待续）．国外法学，1987（2）

武晓岚，冯陵．美国围绕反补贴税法展开的争论．外国法学研究，1987（2）

张芬梅．美国 1787 年宪法是统治阶级内部矛盾妥协的产物．徐州师范学院学报（社会科学版），1987（3）

韩安俊．美国 1935 年社会保险法及其影响．辽宁师范大学学报（社会科学版），1987（3）

王伶．美国六十年代后期的"黑人民权"运动．吉林师范学院学报（社会科学版），1987（3）

吴振英．美国最高法院的历史发展简介（二）．美国研究参考资料，1987（4）

李道揆．试论美国宪法的限权政府原则．美国研究，1987（4）

丁则民．关于美国宪法的史学评介．史学集刊，1987（4）

王华．美国宪法的诞生．环球，1987（5）

贾勇．美国税收稽征管理体系和诉讼程序．外国经济管理，1987（5）

王捷．美国新税法对外国企业和投资者的影响．国外法学，1987（5）

倪世雄．美国宪法与美国外交．复旦学报，1987（5）

[民主德国] T. 多奇著，周国庆译．美国严重刑事犯罪的表现形式．世界法学，1987（6）

屈刚．美国与西欧各国产品责任法的比较研究．湖南法学，1987（6）

刘小兵．1787 年美国宪法的内在精神及其外化．江海学刊（社会科学版），1987（6）

陆境生．试论美国宪法的历史地位．历史教学，1987（7）

于治贤编译．美国税收的立法秩序．国外社会科学情报，1987（7）

吴振英．美国最高法院的历史发展简介（三）．美国研究参考资料，1987（8）

俞炎泰．美国宪法二百年——谈1787年美国宪法的特点及其作用．中国法制报，1987-09-16

刘祚昌．美国司法：司法审查的起源．山东师范大学学报（社会科学版），1988（1）

李美勤．美国公司法的演变．国外法学，1988（1）

［美］沃伦·E·伯格著，黄列译．杰斐逊与美国宪法．法学译丛，1988（1）

方鹏．美国专利诉讼制度概说（上）．国外法学，1988（1）

于安．美国政府官员行为道德及其法律控制．国外法学，1988（1）

曾尔恕．美国宪法规定的国会征税权．政法论坛，1988（1）

方鹏．美国专利诉讼制度概说（下）．国外法学，1988（2）

龙宗智．美国的刑事起诉政策．人民检察，1988（2）

张特生．美国公司法掠影．台、港、澳及海外法学，1988（2）

朱思东．美国民事诉讼中的长臂管辖．外国法学研究，1988（2）

王向明．汉密尔顿推动制宪的对外动因．政治与法律，1988（2）

罗徽武．美国宪法的稳定性和特点．四川师范学院学报（社会科学版），1988（2）

黄绍湘．谈美国宪法及其修正案——为美国宪法制订二百周年而作．世界历史，1988（2）

立言．美国产品责任法论略．法学评论，1988（2）

满云龙．美国殖民地时代弗吉尼亚代议制度的演进及其历史意义．山东师范大学学报（社会科学版），1988（3）

游恒．美国第14条宪法修正案——从保护黑人权利到维护公司法人地位的演变始末．美国研究参考资料，1988（3）

杨生茂．试论美国宪法与美国总统在外交事务中的权力．世界历史，1988（5）

张定河．论美国联邦宪法稳定性的原因．山东师范大学学报，1998（5）

张帆．美国加强知识产权保护．律师与法，1988（5）

扈纪华．美国修改宪法的若干情况．法学评论，1988（6）

邵宗海．美国司法释宪制度的运用：兼论对台湾关系的影响．台、港、澳及海外法学，1988（7）

邓中揆．美国专利制度之管见．世界科学，1988（8）

［美］Susan Finder. 美国的法律文化特点．中外法学，1989（1）

吴岚．美国社会中的规避纳税问题．经济法制，1989（1）

［美］特里·马克著，关颖锋译．美国宪法第一修正案与政教关系．世界宗教资料，1989（1）

张镇强．美国宪法制定的经济动因和阶段动力．湖北大学学报（社会科学版），1989（1）

张红孙，叶峰．美国军法和军事立法的体系．河北法学，1989（2）

吴正与．美国产品责任法介绍．美国研究，1989（3）

常吉鸿．美国统一商法对美方产品品质担保责任之见解．国际经贸与法，1989（4）

王玉明．美国宪法修改变化的方式．外国法学研究，1989（4）

赵向阳．从邦联条例到联邦宪法：美国立宪背景浅析．外国法学研究，1989（4）

杨诚．美国股份公司章程范式研究．世界法学，1989（5）

洪庭展．美国产品责任法的理论依据．国际经贸与法，1989（6）

吴庆宝．美国产品责任法与中美贸易．经济法制，1989（6）

张浪．浅谈美国的产品责任制度．法学与实践，1989（5）

［英］杰佛里．乔威尔著，张庆福译．美国普通法中行政法的发展．法学译丛，1989（6）

戴维·杜鲁贝克．论当代美国的法律与发展运动（上）．比较法研究，1990（2）

姚椿龄．美国“1951 年共同安全法”的制定．复旦学报（社会科学版），1990（2）

张清．论一八六八年对美国总统的弹劾．贵州大学学报（社会科学版），1990（3）

韩安俊．美国 1939 年改组法及其影响．辽宁大学学报（社会科学版），1990（3）

洪朝辉．经济转型时期的政治冲突与妥协：关于美国《宅地法》立法进程的历史思考（1785～1862）．世界历史，1990（6）

韩莉．1939 年中立法与美国国会政治．北京师范学院学报（社会科学版），1990（6）

王希．黑人普选权与美国内战宪法修正案的制定（1860～1870）．世界历史，1990（6）

瞿唯佳等．战后美国政府对国内民主运动的镇压和法律限制．内部文稿，1990（6）

胡国成．美国反托拉斯立法研究．世界史研究动态，1990（9）

胡锦山．试论 1887 年通斯法案及其作用．东北师大学报（社会科学版），1991（2）

张少华．论 1787 年费城制宪会议的保守性．兰州学刊，1991（4）

曾尔恕．美国反托拉斯立法．政法论坛，1991（6）

［美］彼德·J·帕里什著，王凌译．美国内战时期的联邦制．世界史研究动态，1991（11）

罗洪洋．十九世纪美国的宪法历程．贵州民族学院学报（社会科学版），1992（1）

黄兆群．杰克逊反对保护关税法吗：与邓蜀生先生商榷．世界历史，1992（1）

［美］托马斯·J·莫耶著，周燕译．《权利法案》的起源与捍卫者．美国研究参考资料，1992（2）

徐卫东．美国移民法的历史演变．法学与实践，1992（3）

刘绪贻．美国 1932 年反禁令法是怎样诞生的．历史教学，1992（5）

朱志晟．美国少年司法制度历史考察．青少年犯罪问题，1992（6）

韩莉．评美国1935年中立法的产生及应用．北京师范学院学报（社会科学版），1992（6）

张定河．论美国联邦制的确立及其历史作用．历史研究，1992（6）

雷雨田．美国民权运动史研究概述．世界史研究动态，1992（7）

伯纳德·施瓦茨．一九九一年美国行政法案件摘译．行政法学研究，1993（3）

熊大胜．美洲国际私法统一化的历史发展与欧洲的有关法律对它的影响．武汉大学学报（社会科学版），1993（3）

张友伦．关于美国1787年西北法令的评价问题．历史研究，1993（4）

黄安年．富兰克林·罗斯福和1935年社会保障法．世界历史，1993（5）

赵国富等．谁是租借法案《美国国防法》的受益者．世界史研究动态，1993（7）

潘华仿．略论美国宪法的联邦主义原则和法律体系．比较法研究，1994（1）

［美］威廉·H·西蒙．美国律师立法概况．中国律师，1994（1）

徐士英．美国反垄断法纵横谈．政治与法律，1994（1）

薛志明．美国产品责任法的发展．现代法学，1994（1）

宋小卫．美国《情报自由法》的立法历程．新闻与传播研究，1994（2）

左大千．浅析美国最高法院对黑人的种族歧视．北京科技大学学报（社会科学版），1994（2）

张礼洪．美国财产法的当前发展趋势．外国法译评，1994（3）

何家弘．美国检察制度的历史研究．法治论丛，1994（3）

秦珊．一九五八年美国国防教育法述评．广西师院学报（社会科学版），1994（4）

郑友德．漫谈美国的律师制度．律师世界，1994（8）

洪蔚．美国的环境法．环境导报，1994（5）

颜志强．美国竞争法沿革探．经济理论与经济管理，1995（1）

徐炳．美国司法审查制度的起源：马伯里诉麦迪逊案述评．外国法译评，1995（1）

贺小勇．美国反倾销法的新动向．法学杂志，1995（2）

蔡黛云．美国的《租借法案》与打通滇缅公路的斗争．嘉应大学学报（社会科学版），1995（3）

沈宗灵．二战后美国法律对民法法系法律的影响．北京大学学报（社会科学版），1995（5）

韩毅．论谢尔曼反托拉斯法的历史作用．辽宁大学学报（社会科学版），1995（5）

柴振荣．律师及其在美国社会中的作用．管理科学文摘，1995（9）

张立平．林登·约翰逊与民权法案．美国研究，1996（2）

陈晓．美国中央银行法律制度的产生与演变．外国法译评，1996（2）

孟长康．美国的共同基金法律制度．科技与法律，1996（2）
沈伟．美国反倾销法在乌拉圭回合后的立法变化．法学杂志，1996（5）
黄日强．美国公务员制度的立法沿革．党建与人才，1996（3）
曾尔恕．论美国宪法中的“贸易条款”．政法论坛，1996（3）
崔之元．美国公司法变革的启示．当代世界与社会主义，1996（4）
陈平．美国文官法发展述评．攀枝花大学学报，1996（4）
陈晓波．美国反垄断法及其政策述评．江苏社会科学，1996（5）
孙殿东．美国反倾销法介评．外国法译评，1997（1）
龙显雷．美国宪政下的言论自由：“明显而即刻的危险”原则的历史分析．北京大学研究生学刊，1997（1）
陈玉祥，朱源白．浅谈“二战”以来美国的教育法规和高等教育变革．盐城教育学院学报，1997（2）
邢先进．17 世纪至 20 世纪 50 年代美国黑人法律地位的演变．洛阳师专学报，1997（3）
陈树强．美国的历史性社会福利法案．中国社会工作，1997（3）
刘颖．美国《统一商法典》对电子资金划拨的调整．法学评论，1997（3）
王传辉．美国产品责任法革命述评．政治与法律，1997（5）
金泽虎．试析赫尔姆斯—伯顿法产生的原因及其影响．世界经济与政治，1997（5）
赵杰．美国厄尔·沃伦法院的历史贡献．南都学坛，1998（1）
张定河．美国联邦制的基本原则及其历史演变．文史哲，1998（1）
王源扩．美国反托拉斯法对知识产权许可的控制．外国法译评，1998（2）
［美］F. 费尼．刑事辩护的伦理道德问题——美国的经验与教训．外国法译评，1998（2）
马龙．美国法典．行政法学研究，1998（3）
高德步．美国反托拉斯法及其实施原则的变迁．学习与探索，1998（6）
张恒立．美国《统一商法典》立法之特色．江西社会科学，1998（9）
马立晓．美国反托拉斯法发展特点研究．东北大学学报（社会科学版），1999（1）
陈平．美国侵权行为法评析．四川师范大学学报（哲学社会科学版），1999（2）
潘长利．美国社会保障制度的建立——评美国《1935 年社会保险法》．辽宁教育学院学报，1999（3）
程萍．试述美国反倾销法．湖南省政法管理干部学院学报，1999（3）
刘文宗．美国法律对反政府活动的管理与惩罚——《美国法典》第 18 篇第 115 章．真理的追求，1999（5）
杨心宇．美国法院对行政的监督．政治与法律，1999（5）
谷文艳．美国反垄断法概览．国际资料信息，1999（10）

程宗璋．论美国反托拉斯法的变迁机理．郑州煤炭管理干部学院学报，2000（1）

周剑云．略论19世纪美国经济发展的法律环境．贵州教育学院学报（社会科学版），2000（1）

［美］小威廉·F·福克斯．美国行政法的新动向．行政法学研究，2000（1）

马雅清．法律至上精神的嬗变与美国的“诉讼爆炸”．内蒙古大学学报（人文社会科学版），2000（1）

马新彦．美国衡平法上的地役权研究．吉林大学社会科学学报，2000（2）

曾尔恕．本土法与外来法：美国的经验．政法论坛，2000（2）

陈灵海．重写美国法律史的人——默顿·霍维茨．浙江省政法管理干部学院学报，2000（3）

聂露．试论美国选举人团制度的变迁．当代法学研究，2000（4）

［美］弗里德曼著，苏彦新译．20世纪的美国法律．外国法译评，2000（4）

许国林，赵文亮．美国“人权理论”与“人权外交”的历史演进．许昌师专学报，2000（4）

张永生．浅论罗斯福新政时期的立法活动．行政与法制，2000（6）

邢才．美国的反垄断法：百年经验与总结．唯实，2000（7）

李超民．《1938年农业调整法》与常平仓：美国当代农业繁荣的保障．财经研究，2000（12）

肖玉明．美国反托拉斯法实施中的矛盾与冲突．理论导刊，2000（12）

宋和平．美国反倾销法律制度．中国经贸导刊，2000（15）

孙波．论美国产品责任法的几个重大突破．国家检察官学院学报，2001（1）

季金华．美国宪法的成长及其法律文化意义探析．南京师范大学学报（社会科学版），2001（2）

石庆环．20世纪美国文官制度的历史回顾．美国研究，2001（2）

陈平．美国社会保障法评析．石家庄经济学院学报，2001（2）

季金华．美国宪法构造的历史逻辑及其宪政文化意义．广西经济管理干部学院学报，2001（2）

陈平．美国社会保障法评析．青海师范大学学报（哲学社会科学版），2001（2）

陈刚．《赫尔姆斯—伯顿法》引起的美加冲突．美国研究，2001（3）

李世安．美国的言论自由与种族诽谤．史学集刊，2001（3）

李利军，邓颖．美国联邦最高法院与联邦制的变迁．陕西师大学报，2001（3）

白雪峰．论美国法形成的历史轨迹．史学月刊，2001（3）

尹明明．20世纪初期美国的童工立法．山东师范大学学报（社会科学版），2001（3）

茅院生．美国民法与宪法的关系．中央政法管理干部学院学报，2001（3）

高伟浓．1943年美国废除排华法分析．华侨华人历史研究，2001（4）

马新彦．美国财产法上的土地现实所有权研究．中国法学，2001（4）

王彦怀．美国商业秘密立法及司法实践浅析．北方论丛，2001（5）

李世安．美国宪法改革与人权政策．史学月刊，2001（5）

崔林林．从判例看美国反托拉斯法的历史与未来．河北法学，2001（5）

曹罗欣．美国反倾销法与《反倾销协议》的比较．江西社会科学，2001（5）

巫玉芳．美国联邦环境法的公民诉讼制度．现代法学，2001（6）

王宝明．美国的宪法监督制度．国家行政学院学报，2001（6）

秦前红．美国民事诉讼法的宪法渊源及其成因与启示．法学评论，2001（6）

肖文．从法庭裁定方法的选择看美国反垄断政策的演变．国际贸易问题，2001（8）

姚莉．美国判例法中不受强迫自证其罪的特权及其相关规则．法学，2001（12）

傅冰．美国法律的基本特点及司法制度刍议．新疆财经学院学报，2002（1）

孙娜．美国反垄断立法的实践经验及其借鉴意义．山西财经大学学报，2002（1）

王天习．论美国反托拉斯法"模糊性"的三大表现——从微软垄断案说起．法学评论，2002（1）

田琦．美国水法规发展阶段简述．海河水利，2002（2）

力文．美国死刑处决急剧下降．国外社会科学文摘，2002（2）

张维．美国法的智慧：从美国法律体系的变迁看美国法的实用主义精神．研究生法学，2002（2）

隋永舜．刍议美国劳工立法的历史演进．工会论坛，2002（2）

李平．美国知识产权制度的历史发展．求实学刊，2002（2）

孔庆山．美国土地制度中的军功授地．南开学报，2002（2）

［美］奥顿著，郭树理译．从马伯里诉麦迪逊案到布什诉戈尔案看美国司法审查制度的两百年．法学评论，2002（2）

唐晓．论美国国会的弹劾权．外交学院学报，2002（3）

崔玉平．美国矫正教育的历史及其启示．中国监狱学刊，2002（3）

崔丕．美国《共同防卫援助统制法（1951）》的形成及其影响．历史研究，2002（3）

何章银．肯尼迪政府民权政策成因探析．学海，2002（3）

吉珊珊．美国经济大危机与反垄断法的演进．山西大学学报（哲学社会科学版），2002（3）

王晓晔．紧盯国际卡特尔——美国反托拉斯法及其新发展．国际贸易，2002（3）

曾尔恕．美国宪法对调整经济生活的作用．比较法研究，2002（3）

隋永舜．美国最高法院与种族隔离制度的演变．山东师范大学学报（人文社会科学版），2002（3）

刘兵勇，赵景文．试论美国反垄断机制的变迁．新疆大学学报，2002（4）

田小惠．美国近代人权理论的历史考察．安徽史学，2002（4）

任东来．美国宪法的英国普通法传统．美国研究，2002（4）

王书丽．经济秩序与美国联邦政府反托拉斯政策之演变．烟台师范学院学报（哲学社会科学版），2002（4）

王正文．罗斯福新政时期法制建设述评．固原师专学报，2002（5）

万昌华．论美国宪法政治形成发展的基础．山东大学学报，2002（5）

任太增．美国反垄断法规制方式的演变及原因．经济经纬，2002（5）

曹全来．论美国法治的形成．淮北煤炭师范学院学报（哲学社会科学版），2002（6）

孔凡保．罗斯福“新政”金融立法评介．史学月刊，2002（11）

孔祥俊．法治信仰的象征：美国最高法院大楼的历史、风格和理念．人民法院报，2002－10－31

王劲屹．美国银行法变迁的博弈分析．北方经贸，2002（12）

陈辉庭．美国反倾销法中的“落日复审”．中共福建省委党校学报，2002（12）

刘兵勇．试论美国反托拉斯法价值目标的变化．南京师范大学学报（社会科学版），2003（1）

褚乐平．《美国宪法》批准史探．美国研究，2003（1）

韩铁．美国法律史研究中有关私人产权的几个问题．美国研究，2003（1）

杨心浩．美国法制环境形成的历史回顾．贵州师范大学学报，2003（1）

王希．德雷德·司各特案：一个美国奴隶争取自由的故事．美国法通讯，2003（1）

王旭．美国西部开发与联邦政府的土地政策．史学季刊，2003（1）

编辑部．美国民权法简介．美国法通讯，2003（1）

刘强．20世纪美国监狱制度的特点及发展趋势．中国监狱学刊，2003（1）

褚乐平．《美国宪法》批准史探．美国研究，2003（1）

［美］拉塞尔·韦勒著，陈海光译．美国法官管理制度的演进．法官职业化建设指导与研究，2003（1）

胡晓进，任东来．探索美国对外关系的宪政源泉：读路易斯·亨金的《对外事务与美国宪法》．美国研究，2003（1）

孔庆山．美国1800年《土地法令》的制定及其意义．河北师范大学学报，2003（1）

郭玉军．美国法中视觉艺术家的精神权利——以美国《1990年视觉艺术家权利法》为中心．湖北美术学院学报，2003（1）

程宗璋．略论美国反垄断法价值取向的演变．贵州工业大学学报（社会科学版），2003（1）

詹其柽．美国法治的相对性．福建省社会主义学院学报，2003（1）

李澜．美国禁令制度研究——兼评我国知识产权诉讼中临时禁令制度．科技与法律，2003（2）

蔡纤．两种政治学：从18世纪末法美两国制宪审视两种政治理念．上饶师范学院学报，2003（2）

廖凡．钢丝上的平衡：美国证券信息披露体系的演变（下）．金融法苑，2003（2）

胡晓进，任东来．保守理念与美国联邦最高法院——以1889～1937年的联邦最高法院为中心．美国研究，2003（2）

韩家炳．美国1807年《禁运法案》的代价与影响．安徽师范大学学报，2003（2）

李道揆．探析美国宪法修正案的注释．美国研究，2003（2）

祝磊．美国产品责任法归责原则的嬗变．社会科学研究，2003（2）

石庆环．论美国文官制度的三项基本原则——从1883年《彭德尔顿法》谈起．东北师大学报（社会科学版），2003（3）

吴晓天．美国《社会保障法》的历史探析．学海，2003（3）

刘洪波．美国反托拉斯法律评述．河南省政法管理干部学院学报，2003（3）

周实．论美国对行政权的控制．当代法学，2003（3）

王希．美国公民权利的历史演变．读书，2003（4）

陈刚．美国总统否决权的历史渊源．辽宁大学学报，2003（4）

许胜．美国宪法中财产权的发展及意义．延边大学学报，2003（4）

王建红．论美国早期特许财产权观念的转变．漳州师范学院学报，2003（4）

廖凡．钢丝上的平衡：美国证券信息披露体系的演变．法学，2003（4）

任东来．美国宪法的英国普通法传统．美国研究，2003（4）

刘兵勇．美国反垄断法价值目标的变化．唯实，2003（4）

朱和庆．从美国加州改革看法院制度的发展趋势．人民司法，2003（4）

谢维雁．论美国宪政下的正当法律程序．社会科学研究，2003（5）

王秉春．论美国反托拉斯法律制度．黑龙江省政法管理干部学院学报，2003（5）

丁林．一百年的历史和火中的十字架：美国联邦立法、司法和行政．东方，2003（5）

谢国荣．试论杜鲁门总统民权委员会的活动．史学月刊，2003（5）

龙翔，徐晓冬．美国反腐败和防腐败的历史考察与现实研究．世界经济与政治论坛，2003（5）

万昌华．论美国宪法政治形成发展的基础．山东大学学报，2003（5）

梁春生．美国监狱的演进过程．中国监狱学刊，2003（5）

郭杰．美国著作权法ISP责任之演进．法制与社会发展，2003（6）

褚乐平．联邦党人与反联邦党人关于宪法批准问题的争论．史学月刊，2003（7）

石庆环．卡特总统与1978年美国文官制度改革．史学月刊，2003（9）

张鹏．美国法上的物权法定原则．法学，2003（10）

李强．试析美国反垄断法指导思想的变迁及其背景．当代法学，2003（11）

董延林．经济理论对美国反托拉斯法的影响．行政与法，2003（11）

彭建军，郭松．美国刑事程序的宪法渊源及成因分析．湖北社会科学，2003（11）

姜德琪．近代美国西部开发中的法律运用．广西社会科学，2003（12）

李艳华．辩诉交易与美国司法文化传统．比较法在中国，2003年卷

任东来．吹响结束种族隔离制度的号角——布朗诉托皮卡教育管理委员会案．南京大学法律评论，2003年春季号

崔旭．美国版权制度与版权产业：发展、特征、关系．新世纪图书馆，2004（1）

郑文通．宪法和知识产权：美国最高法院“米老鼠案”述评．电子知识产权，2004（1）

孙新强．也谈美国宪法第15条修正案批准的州的数目——兼与李道揆先生商榷．美国研究，2004（1）

姚云．美国高等教育法治化演进及其特点．华东师范大学学报（教育科学版），2004（1）

黎作恒．美国宪法成文形式的历史渊源．现代法学，2004（1）

郑鹏程．美国反垄断法适用除外制度发展趋势探析．现代法学，2004（1）

刘婷．美国教育立法研究．广东广播电视大学学报，2004（1）

张淑华．1890～1914年美国联邦政府反托拉斯政策述评．泰山学院学报，2004（1）

孙光焰．美国公司法的最新改革．江汉论坛，2004（1）

许正兵．美国反托拉斯法的立法目的及借鉴意义．国际经济合作，2004（1）

方拯．三权分立制衡原则与美国法治．长沙民政职业技术学院学报，2004（2）

李清林．美国侵权法改革述评．红河学院学报，2004（3）

米新丽．美国农业合作社法初探．江西社会科学，2004（3）

欧阳景根．论美国宪政历史上宪政正义的转变．云南社会科学，2004（3）

邵志择．时报“沙利文原则”与公众人物的界定——美国联邦最高法院的几个原则．新闻大学，2004（3）

刘作宾．罗斯福与他的新政．学习月刊，2004（3）

倪受彬．《美国统一商法典》中的买方违约时卖方的补救措施．铜陵学院学报，2004（3）

［美］Lawrence·M·Friedman．美国法律史文献述评．华东政法学院学报，2004（4）

王中文．从《中立法》到《租借法》——二战时期美国军火贸易政策探析．郑州航空工业管理学院学报（社会科学版），2004（4）

刘红英．正当法律程序与美国行政法．湖北广播电视大学学报，2004（5）

续润华．《莫雷尔法案》的颁布及其对美国农业现代化进程的影响．河南师范大学学报（哲学社会科学版），2004（5）

［美］波尔·H·罗宾逊．美国刑法的结构概要．政法论坛，2004（5）

熊静波．宪法的自然法——从考文教授的《美国宪法的"高级法"背景》谈起．中南大学学报（社会科学版），2004（5）

叶秋华．论美国的市场经济模式与宏观调控法．法制与社会发展，2004（6）

颜长青．1970～1980年代的美国公司犯罪．南昌大学学报（人文社会科学版），2004（6）

曾尔恕．试论《独立宣言》的思想渊源及理论创新．比较法研究，2004（6）

杨成良．美国的统一州法运动．山东师范大学学报（人文社会科学版），2004（6）

韩铁．美国反托拉斯法目标多重性形成原因的历史探讨．史学月刊，2004（6）

丁道勤．宪政视野下的知识产权——读《美国知识产权法》．电子知识产权，2004（10）

陈兵．美国反托拉斯法诞生之原因略考．江汉论坛，2004（10）

吴玉岭．美国反垄断法的涉外特征．河北法学，2004（11）

书剑．初识美国证券法．法律与生活，2004（14）

石庆环．美国联邦文官考试制度的起源及其历史演变．辽宁大学学报（哲学社会科学版），2005（1）

黎瑛．美国社会保障制度的基石——1935年美国《社会保险法》评述．襄樊职业技术学院学报，2005（1）

杨克瑞．美国《高等教育法》的历史演变分析．比较教育研究，2005（4）

邓峰．论美国关税法的演变．东北亚论坛，2005（1）

郭跃．美国反垄断法价值取向的历史演变．美国研究，2005（1）

邓联繁．美国总统眼中的宪法及其启示（上）——以美国总统就职演说为分析范本．时代法学，2005（1）

张清．1861～1924年俄国土地制度演进之法律社会学分析．金陵法律评论，2005（1）

程波．论美国对抗性宪政文化及其在20世纪的发展变革．时代法学，2005（2）

洪建军．基督教原教旨主义与美国法律．国际资料信息，2005（3）

白雪峰．美国沃伦法院述评．南京大学学报，2005（4）

林永清．美国宪政体制探源．北京教育学院学报，2005（4）

胡晓进．联邦最高法院与现代美国公司的成长．南京大学学报（哲学．人文科学．社会科学版），2005（4）

张涛．论美国司法审查制度的产生与发展．山东省工会管理干部学院学报，2005（5）

李月娥．关于美国工伤赔偿立法起源的历史考察．山西大学学报（哲学社会科学版），

2005（6）

程波．论法律电影视域下的美国法律文化．文史博览，2005（6）

伍健．美国宪法的司法化过程探讨．中共珠海市委党校珠海市行政学院学报，2005（6）

孙雷．18年长跑．《反垄断法》仍在路上．法人杂志，2005（8）

郭天武．美国的保释制度．中国司法，2005（9）

陈伟．从“女秘书”到大法官——美国最高法院首位女大法官奥康纳．博览群书，2005（11）

张万洪．论美国法制的传统资源．学海，2006（1）

曾尔恕．试论美国宪法制定的法治渊源——英国的法治传统及其在北美殖民地的保留．比较法研究，2006（1）

张万洪．论美国法制的传统资源．学海，2006（1）

刘卫东．《爱国者法》及其对美国公民权利的影响．美国研究，2006（1）

续润华．美国《斯密斯-休斯法》的颁布及其历史意义浅析．河北师范大学学报（教育科学版），2006（1）

夏新华．美国法律文化的发展及特性．吉首大学学报（社会科学版），2006（2）

陈兵．美国反托拉斯法中本身违法原则早期适用之特征考．广西社会科学，2006（2）

［美］保罗·H·罗宾逊．美国模范刑法典导论．时代法学，2006（2）

于斌．试析美国法治风尚的历史渊源．文山师范高等专科学校学报，2006（2）

严亚群．美国强制执行法述评．河海大学学报（哲学社会科学版），2006（2）

朱广新．美国法上的允诺禁反悔制度研究．环球法律评论，2006（2）

周剑云．美国西部开发中的“占地运动”及其法律遗产．贵州民族学院学报（哲学社会科学版），2006（3）

张一粟．美国法上的宪法环境权评介．财经政法资讯，2006（4）

陈兵．《谢尔曼法》诞生的经济基础考：经济发展与《谢尔曼法》．当代经理人（中旬刊），2006（4）

王长秋．美国反托拉斯法对固定转售价格的控制及其启示．广西社会科学，2006（5）

赵海燕．简析美国环境法上的公民诉讼．法制与社会（理论版），2006（5）

林立新．美国法律在二战后对民法法系法律的影响．理论界，2006（7）

刘万琳．美利坚民族精神与美国法律．当代经理人（中旬刊），2006（7）

陈兵．《谢尔曼法》诞生的政治法律基础考——联邦主义与《谢尔曼法》．当代经理人（中旬刊），2006（7）

陈兵．《谢尔曼法》诞生的社会思想文化基础考察——自由民主与《谢尔曼法》．当代经理人（中旬刊），2006（11）

（4）其他英美法系国家法律制度

房宇辉．新兴的澳大利亚产品责任法．上海外贸调研，1984（13）

武晓岚编译．加拿大保护消费者利益的联邦法规．法学与实践，1985（1）

［加］史蒂文·N·斯茨著，武晓岚编译．加拿大消费者保护法综述．国外法学，1986（3）

俞书春．加拿大的税收改革．中国税务，1988（7）

［加］格里·弗格森著，王世洲译．加拿大刑法的历史与改革．法学杂志，1990（3）

林良光．孟加拉国历次宪法修改及其意义．南亚研究，1990（3）

蓝若兰．加拿大的法律传统与联邦制．中外法学，1991（3）

张天，张晓虹．论澳大利亚建国初期的国家法制化．社会科学战线，1997（3）

夏荣．澳大利亚法官何时可以修正普通法？——澳大利亚最高法院“玛伯”判决析论．比较法研究，1998（4）

李培峰．英国领地统治中的多元司法与法律．学术论坛，2002（2）

杨凯．南非刑法的渊源与罪刑法定原则．河南公安高等专科学校学报，2002（4）

朱伟东．尼日利亚的普通法仲裁浅谈．河北法学，2003（5）

田书彩．澳大利亚检察制度：历经百年 自成特色．检察日报，2003－06－19

3．大陆法系

（1）通论

李昌道．大陆法系探讨．吉林大学社会科学学报，1983（6）

王振兴．略谈大陆法系的形成和发展．政法丛刊，1985（1）

徐炳．大陆法系是怎样形成和发展起来的．河北法学，1985（2）

张恒山．论十九世纪西欧大陆国家立宪特点．安徽大学学报（社会科学版），1990（2）

谢怀栻．大陆法国家民法典研究（续）．外国法译评，1995（3）

谢怀栻．大陆法国家民法典研究．外国法译评，1995（2）

沈敏荣．论公私法之嬗变．东疆学刊，2000（2）

沈敏荣．论公、私法的起源及其演进．中州学刊，2000（4）

施玮，叶成朋．大陆法侵权行为法之古代状态．淮北煤炭师范学院学报（哲学社会科学版），2002（1）

李俊峰．试论物权观念的历史演进．张家口职业技术学院学报，2002（2）

徐强胜．德日经济法理论演进及启示．石家庄经济学院学报，2002（5）

（2）法国法

郦星章．论拿破仑百周年纪念及其在世界法系上之影响．法学季刊，1922 年 4 月第 1 卷第 1 期

张天逸．金纸佛朗偿债能力相同之法国判例．法律周刊，1923 年 12 月第 22 期

刘镇中译．法国成文法之解释及其判例．法评，1924 年 5 月第（1～8）期

徐传保．拿破仑法典小史及其简译．法学杂志，1932年8月第5卷第6期

梁仁杰译．拿破仑法典以后之普通变迁．法评，第1～12期

李浩培．拿破仑法典初步批判．政法研究，1955（2）

［法］A. 比松著，勉力译．法国的司法制度．政法译丛，1957（5）

叶孝信．1789年法国人权宣言的批判．华东政法学院学报，1958（4）

李元明．论拿破仑法典．历史研究，1979（2）

［日］丰崎光卫，丰田善雄著，郭布，罗润麟译．论法国专利制度．法学译丛，1979（3）

［法］让·里弗罗著，王名扬译．法国法律上对人权的宪法保障．法学译丛，1979（3）

［美］杰拉尔德·L·科克著，朱文英译．法国刑事诉讼程序概述．法学译丛，1979（4）

王德祥．略论人权宣言的历史意义．世界历史，1979（5）

［法］莫里斯·拉朗热著，张鑫译．法国行政法院．法学译丛，1980（1）

［德］克里斯蒂昂·勒·斯汤克著，刘书剑，于傧译．法国的商业秘密法律：对技术秘诀的保护．法学译丛，1982（3）

［法］丹尼·塔隆著，潘汉典译．宪法与法国的法院．法学译丛，1982（5）

宣善传．从《拿破仑法典》的实施所想到的．法学，1982（10）

严武．法国历史上的宪法．外国史知识，1982（12）

［法］伯纳德·贝克．法国的会计法院．经济与管理译丛，1983（2）

何鹏．略论法国的刑法改革．法国研究，1984（1）

肖仪．《拿破仑法典》的阶级实质．云南民族学院学报，1984（2）

［苏］H. B. 别良叶娃著，张文译．法国的监狱．国外法学，1984（3）

王工．法国民法典1979年版汉译本评价．法学研究，1984（3）

王工．《法国民法典》1979年版汉译本评介——纪念《法典》公布一百八十周年．法学评论，1984（3）

卢干东．拿破仑法典的制定及其基本原则．法国研究，1984（4）

严 诘钰．浅析法国大革命中的立宪派．广西民族学院学报（社会科学版），1984（4）

卢干东．《拿破仑法典》的制定及其基本原则——为该法典的制定一百八十周年纪念而作．法国研究，1984（4）

［法］勒内·达维著，高鸿钧译．法国行政法和英国行政法．法学译丛，1984（4）

傅东辉．法国监狱制度的变迁．刑侦研究，1985（4）

王兵．拿破仑与拿破仑法典．法学与实践，1985（4）

杨立文．法国史上的不朽文献：拿破仑民法典．外国史知识，1986（1）

胡刚亮．试论《拿破仑法典》．长院科技（社会科学版），1986（2）

王书江译．法国公司法关于公司有价证券的规定和其他共同规定．法学译丛，1986（4）

冯泉．法兰西第四共和国宪法制定始末．西欧研究，1986（5）

彭万林．一部典型的资产阶级民法典：拿破仑法典．民主与法制，1986（5）

严理．法国行政法院的组织和工作．人民司法，1986（7）

邵景华．法国1810年刑法典的产生及其主要特点．法律学习与研究，1987（1）

高鸿钧．《拿破仑法典》关于婚姻家庭制度的规定及其演变．法国研究，1987（1）

[法] 贝尔纳·特里柯著，刘文立译．法兰西第五共和国宪法三十年．法国研究，1987（4）

许明龙．试析法国1958年宪法与第五共和国政体．世界历史，1987（6）

游盛华．从1875年宪法看第三共和国政治生活．法国研究，1988（2）

李启欣．法国法律渊源及其发展．法国研究，1988（2）

牟长林．试论法兰西第五共和国宪法产生的历史背景．教学研究（社会科学版），1988（3）

洪波．论法国大革命和第一帝国时期的宪法．史学集刊，1988（3）

周琪．法兰西第五共和国宪法与总统地位．西欧研究，1988（5）

[新西兰] L. 菲力浦著，王敏华译．法国革命时期的家族法庭与家族议会．世界史研究动态，1988（9）

王勇亮编译．法国的行政调解员制度．政治与法律，1989（3）

王养冲．《人权和公民权宣言》与1789年原则．华东师范大学学报（社会科学版），1989（3）

洪波．资本主义政治民主和社会民主的宪章——纪念法国《人权宣言》发表二百周年．华东师范大学学报（社会科学版），1989（3）

俞旦初．法国《人权宣言》在近代中国的介绍和影响．世界史研究动态，1989（6）

赵士国．论君主立宪派在法国大革命的地位和作用．湖南师范大学社会科学学报，1989（4）

刘富起．三权分立在法国的历史命运．政法丛刊，1989（6）

林原．法国宪法监督的历程．法学评论，1990（4）

孙娴．1789～1852年法国新闻出版法剖析．世界历史，1992（1）

刘大明．大革命时期法国积极公民与选举权问题．世界历史，1992（2）

饶艾．略论法国行政法的产生．中南政法学院学报，1993（2）

郭华榕．“反国际法”：法国近代社会矛盾的产物：1865～1872. 北京大学学报（社会科学版），1993（3）

黄小波．简介法国议会的演变．历史教学问题，1993（4）

宋培基.《拿破仑法典》与1789年原则.历史教学，1994（5）
尹田.法国民法中善良风俗的渊源和法律适用.法学与实践，1994（5）
马生祥.法国共和三年宪法及其实践.河北师院学报（社会科学版），1995（4）
何勤华.朴蒂埃与《法国民法典》.外国法译评，1996（1）
王巧玲.《拿破仑法典》的世界影响.理论学刊，1996（2）
陆光希.关于法国第一部宪法：1791年宪法.太原师专学报，1997（1）
周国栋.法国的司法改革.国际展望，1997（3）
［法］戴奥多雷·巴芭戴奥多鲁.法国新刑法典中的刑罚个人化.外国法译评，1998（4）
张新军.略论法国大革命时期的法制化进程.宁夏大学学报（社会科学版），1999（3）
刘显娅.试论近代法国宪制动荡的心态根源.南通师范学院学报（哲学社会科学版），1999（4）
黄晖.法国知识产权法典.工商行政管理，1999（4）
郭光东.论《1806年法国民事诉讼法典》.华东政法学院学报，2000（1）
王明远.法国环境侵权救济法研究.清华大学学报（哲学社会科学版），2000（1）
沈敏荣.成文法国家反垄断法的特点与启示.上海市政法管理干部学院学报，2000（2）
祁建平.评《拿破仑法典》及其对大陆法系的影响.甘肃政法学院学报，2000（4）
滕毅.法兰西民族精神与法国法特征.法商研究，2000（5）
刘艺工.试论1804年《法国民法典》.法国研究，2001（2）
王健.《法国民法典》的第一位中国译者.法学，2001（5）
刘艺工.法国民法的历史变迁.河南省政法管理干部学院学报，2002（1）
曾涛.法国法院组织体系探微.法国研究，2002（2）
肖北生.1791～1875年法国宪法频繁变更的历史分析.贵阳师范高等专科学校学报，2002（3）
刘江琴.法国三大民法原则历史发展之探析.荆州师范学院学报，2002（4）
刘春田，许炜.法国民法典制定的历史背景.法学家，2002（6）
张士昌.《拿破仑法典》与近代欧洲一体化进程.安徽师范大学学报，2003（2）
岳纯之.继承与创新：法国民法典解析.南开学报（哲学社会科学版），2003（1）
蓝寿荣.法国国际民事诉讼管辖权制度中的属人管辖权制度评析.法国研究，2004（2）
［法］斯特里克莱·伊夫.法国刑事诉讼中的法官独任制.中国刑事法杂志，2004（3）
张霄.法律文化特征考察——兼论法国民法典的价值取向.福建省社会主义学院学报，2004（3）
徐涤宇.法国法系原因理论的形成、发展及其意义.环球法律评论，2004（4）

刘海伟．浅析法国法上的银行抵销权．河南商业高等专科学校学报，2004（4）

王令愉．论君主立宪派的行政与司法改革——法国大革命初期的改革研究之二．历史教学问题，2004（5）

刘新魁．法国司法制度的特色与发展．法律适用，2004（7）

刘义之．法国的科技法律体系．全球科技经济瞭望，2004（10）

周孚林．法国《新闻自由法》评析．河北法学，2004（11）

宋智敏．法国行政法治原则及其借鉴价值．湖南冶金职业技术学院学报，2005（1）

刘显娅．《法国民法典》中的婚姻家庭法之剖析．河北法学，2005（1）

凡夫．法国的行政诉讼制度考察．人民司法，2005（2）

谢晓．法国民法典需要重新编纂的原因及方式考查．法治论丛，2005（2）

宛凤英．《拿破仑法典》：大革命与民族文化的结晶．安徽师范大学学报（人文社会科学版），2005（3）

夏祖恩．谈《拿破仑法典》的经济价值取向．福建师大福清分校学报，2005（4）

郭玉军．法国法中海底文化财产的法律地位．时代法学，2005（4）

杨曙光．法国议会职权的“理性化”．党政论坛，2005（12）

李滨．法国法关于财产征收的概念．法学与实践，2006（1）

霍政欣．法国不当得利法律制度研究．法国研究，2006（1）

洪永红．论殖民时期法国法在黑非洲的移植．西亚非洲，2006（1）

刘万琳．法在乱世中生长——以法国大革命为例．台声新视角，2006（1）

刘显娅．从法兰西民族的心态看近代法国宪法的频繁变更．求索，2006（2）

王宏军．论法国著作权法对假冒行为的严格刑事立场．当代法学，2006（3）

孙阳华．论《法国民法典》与法国大革命精神的契合与背离．四川文理学院学报，2006（3）

李滨．财产权在法国法上的效力及其地位演变．哈尔滨工业大学学报（社会科学版），2006（3）

段明学．法国起诉裁量权的发展及启示．人民检察，2006（13）

（3）德国法

施恩．德意志国法系．法政介闻，1908年7月第1期

张君劢．德国及其邦宪法对于世界法制史之新贡献．法学季刊，1922年第1卷第4期

马德润．德国判例．法律周刊，1923年9月第11期

谢镜蓉译．富于社会性之德国贷房法．法律评论，1923年12月第（27～28）期

彭清鹏译．德国和议法草案．中华法学杂志，1934年3月，6月第3卷第（3，4，6）期

迪庵译．德国近日改正法律之背景．宪兵杂志，1935年2月第2卷第9期

谢光第．德意志地上权法之修正．法律评论，第151～152期

[联邦德国] 艾贝哈德・斯密特著，周叶谦译．西德刑事诉讼程序概述．法学译丛，1979（5）

[联邦德国] 约阿希姆・赫尔曼著，潘汉典译．西德刑事制裁的法律与理论．法学译丛，1979（5）

中国社会科学院法学考察团．德意志联邦共和国法律制度的考察报告．法学研究，1980（4）

胡毓源．俾斯麦的劳动立法和社会立法．上海师范学院学报，1982（2）

何鹏，宣林泉．评西德新刑法的特点．法学季刊，1982（4）

[联邦德国] 康拉德・茨威格特，海因・克茨著，谢怀栻译．略论德国民法典及其世界影响．法学译丛，1983（1）

朱宁．西德宪法法院的违宪控诉制度．法学杂志，1983（3）

沈尧曾．西德专利制度的特点．专利工作动态，1983（5）

孙亚明．战后德意志联邦共和国的经济立法．国外法学，1983（6）

[美] 丹尼尔・J・米多著，刘扬译．联邦德国上诉审法院法官的教育训练和选拔晋升制度．法学译丛，1984（1）

孙长敏译．德意志联邦共和国的社会保险法．法学评论，1984（1）

[美] 兰・S・福雷斯特，西蒙・L・戈雷汉斯麦艾．略论德国民法典．法学译丛，1984（1）

[联邦德国] 弗里德里希・卡尔著，周海荣，钱陆青译．联邦德国工业产权法概况．法学译丛，1985（2）

吴卫国．德国民法典的变化．法学杂志，1985（5）

郑冲译．德国历史上的军事审判制度．法学评论，1986（4）

徐久生编译．西德青少年犯罪的概况．犯罪与改造研究，1989（3）

朱林．联邦德国律师制度简介．法律科学，1989（3）

娄进波．《德国民法典》的发展及其评述．中外法学，1994（2）

李刚．德国民法的历史与特色．德国研究，1994（4）

何勤华．近代德国私法学家祁克述评．法商研究，1995（6）

林燕平．德国反不正当竞争法的发展与启示．法学，1996（9）

张梅．德国民法典的制定背景和经过．比较法研究，1997（4）

陈新民．德国行政法学的先驱者——谈德国19世纪行政法学的发展．行政法学研究，1998（1）

崔红星．二战后的德国法治与经济增长．法学，1998（4）

[德]．埃斯尔著，冯军译．二十世纪最后十年里德国刑法的发展．法学家，1998（6）

谢非．德国商业登记法律制度的沿革．德国研究，2000（3）

刘兆兴．德国行政法的法律渊源．外国法译评，2000（3）

申建平．《德国民法典》的演进及其分析．学习与探索，2000（6）

［德］弗兰克·闵策尔．求大同：德国民法典立法的成果和错误．中外法学，2001（1）

［德］诺伯特·霍恩．百年民法典．中外法学，2001（1）

曾尔恕，张彩凤，崔琳琳．现代德国法的中古渊源．河南省政法管理干部学院学报，2002（1）

杜涛．德国 1896 年国际私法立法小议．德国研究，2002（4）

唐志明．论俾斯麦的社会保险立法．贵州民族学院学报，2002（6）

薛军．略论德国民法潘得克吞体系的形成．中外法学，2003（1）

［德］扬·施罗德．现代德国私法的渊源：罗马法、德国法、自然法．见：中德法学学术论文集．第 1 辑．北京：法律出版社，2003

杨菁．从等级制到代议制：德国议会制度的演变．德国研究，2003（1）

王卫江．论纳粹德国的农业政策和法令．贵州民族学院学报，2003（4）

马聪．浅析 20 世纪《德国民法典》的发展变化．甘肃行政学院学报，2004（1）

王葆莳．德国民法典中抗辩概念的发展史．西南政法大学学报，2004（1）

王尧．论国家主义和民族主义对德国法的影响．甘肃政法成人教育学院学报，2004（3）

李伟．给付不能在德国债法中的演进及比较．德国研究，2004（3）

郭小沙．德国《移民法》评说．德国研究，2004（3）

俞仪方．从《外国人法》到《移民法》．德国研究，2004（3）

赵红英．德国的商事法律制度．人民司法，2004（8）

邓海峰．《德国民法典》的演进及其量化分析．学术交流，2004（10）

冯桂．《德国民法典》的制定及影响．广西大学学报（哲学社会科学版），2005（1）

夏新华．德国法律文化的特性．德国研究，2005（4）

齐延平．法律价值失落的现代性原因分析——以纳粹时期的法官为中心．苏州大学学报（哲学社会科学版），2005（5）

张剑．浅析德国《政党法》颁布的历史背景、内容及影响．长治学院学报，2006（1）

［德］欧内斯特·J·舒斯特．一位中国学者对德国民法典的译注．华东政法学院学报，2006（2）

朱淑丽．德国比较法学的发展脉络．比较法研究，2006（2）

廖焕国．论德国侵权法上的一般注意义务——以司法判例为主线的考察．武汉大学学报（哲学社会科学版），2006（3）

黄宇昕．浅析中世纪德国继受罗马法的经验与教训．湖州师范学院学报，2006（4）

（4）日本法

谢光第．日本小作调停法案．法律评论，1924 年 8 月第（59～60）期

日本普选法大纲．法律评论，1924 年 9 月第 64 期
日本普选案协议之进行．法律评论，1924 年 10 月第 67 期
日本治安维持法之解释．法律评论，1925 年 5 月第（100～101）期
谢光第．日本判例中之具体的妥当性．法律评论，1926 年 2 月第（137～138）期
谢光第．日本判例之具体的妥当性——社会化法律思想适用．法律评论，1926 年 2 月第（137～138）期
谢光第．企业责任（日本大审院判离中具体的妥当性之三）．法律评论，1926 年 2 月第 139 期
谢光第．生存权（日本大审院判离中具体的妥当性之六）．法律评论，1926 年 3 月第 141 期
梁扶初．日本警察法．警察月刊，1933 年 8 月第 1 卷第 8 期
刘哲．受中华法系支配的日本中古民刑事法．法学丛刊，1933 年 12 月第 2 卷第 4 期
洪锡恒译．日本防止虐待儿童法．中华法学杂志，1934 年 4 月第 5 卷第 4 期
次威译．日本最近判例要旨．法律评论，1927 年 11 月第（230～234）期
百友．日本大审院判例摘要．法律评论，1928 年 10 月第 6 卷第 2 期
次威．日本调停法上之争议的意义．法律评论，1928 年 12 月第 6 卷
日本贫民救护法草案．法律评论，1929 年 1 月第 6 卷第 14 期
张育海．日本调停委员会及司法警察．法律评论，1929 年 11 月第 7 卷第 10 期
包克明．日本最近之民事判例．法律评论，1929 年 12 月第 7 卷第 11，14 期
孙宪祖．日本最近国势调查施行令及细则．法律评论，1930 年 4 月第 7 卷第 28 期
杨云竹．日本民刑法进化概观．大公报，1930 年 7 月第（19～20）期
学义．日本施行调停之成绩．法律评论，1930 年 8 月第 7 卷第 47 期
次威．日本国家补偿法草案．法律评论，1930 年 12 月第 8 卷第 12 期
章渊若．近代日本法制之演进．中央月刊，1930 年 12 月第 3 卷第 2 期
彭清鹏译．日本假释放审查规程．中华法学杂志，1931 年 8 月第 2 卷第 8 期
彭清鹏译．日本少年法．中华法学杂志，1931 年 9 月第 2 卷第 8 期
陈大勋．日本现代法律进化概略．现代法学，1931 年 11 月第 1 卷第 8 期
张不瀛．日本和议法．中华法学杂志，1931 年 11 月第 2 卷第 11 期
李登俊．日本佃农法案．法律评论，1932 年 11 月第 10 卷第（6～7）期
次威．日本家事审判法案．法律评论，第（237～240）期
何恩涛．日本的经济立法．日本问题研究参考资料，1979（2）
董璠舆．日本国会的法律地位与众议院的解散权．吉林师大学报，1979（4）
康树华译．日本近代刑罚概要．国外法学，1979（4）
齐乃宽．日本民法和刑法是怎样制定的．西南政法学院学报，1980（1）

［日］敷田稔，土屋真一著，潘汉典译．日本少年司法制度．法学译丛，1980（3）
康复．战后日本公害法的形成与发展．国外法学，1981（3）
［日］卫藤文郎．日本少年违法行为的现状．国外法学，1981（5）
中国社会科学院赴日法学考察团．日本的法制史研究概述．法学研究，1981（6）
熊达云．日本的《国家公务员法》．世界史研究动态，1982（1）
金仁芳，周伟．明治宪法体制的殉葬品——近卫文磨．世界史研究动态，1982（3）
吕万和．近百年日本政治体制的改变．天津社会科学，1982（3）
熊达云．战后日本的文官制度．天津社会科学，1982（6）
高作宾．日本法学研究概况．国外社会科学，1983（2）
［日］永井宪一．日本宪法与战后教育．国外法学，1983（2）
［日］左滕功著，于敏译．日本宪法序言的法律效力．法学译丛，1983（3）
沈才彬．关于战后日本修改宪法的几个问题．学习与思考，1983（3）
赵汝清．日本班田制与中国均田制的比较研究．宁夏大学公报，1983（3）
江平．日本明治初期的地税改革．外国史知识，1983（12）
郭洪茂．试述《日本国宪法》的制定经过．学术研究丛刊，1984（1）
吕万和．明治时期日本的官制改革与法制改革．日本情况参考资料，1984（2）
［日］和内悠纪著，陆青译．日本市民生活与暴力犯罪．国外法学，1984（2）
康树华．日本律师制度简介．社会科学，1984（2）
魏启学．日本专利法最近修改动向．中国专利，1984（3）
顾笃初．日本经济法的特点及其作用．河北大学学报（哲学社会科学版），1984（4）
［日］田藤重光．日本明治初期建立近代法制的过程．法制建设，1984（6）
魏启学．日本保护计算机程序的设想．中国专利，1984（8）
李卓．日本江户时代的离婚裁判所“绝缘寺”．外国史知识，1984（9）
傅宽芝．日本的检察制度．河北法学，1985（1）
［日］石井紫郎等著，张震利译．日本民法典的编纂．外国法学译丛，1985（1）
满达人．日本现代法的研究现状及趋势．兰州大学学报，1985（2）
孙月娥．试论日本明治宪法的产生及其特点．广西师范大学学报（社会科学版），1985（3）
邱生．日本行政法的地位及其特点．国外法学，1985（4）
李华．日本法学界的法人犯罪观．中国法制报，1986（1）
魏久明．日本青少年犯罪的新发展．青少年犯罪研究，1986（3）
邱生．日本行政法的国际源流与法源．日本研究，1986（3）
［日］芝原邦尔著，张绳祖译．日本战后刑事立法概况．法学译丛，1986（6）
［日］金子宏著，吕文忠译．日本的租税法及租税制度的概况与特征．法学译丛，1987（1）

满达人．战后日本现行刑法全面修改的特点及其争论．兰州大学学报，1987（1）

何勤华．论战后日本恢复和发展经济的法律措施．国外法学，1987（1）

周健等．日本战后教育立法初探．外国法学研究，1987（2）

谢青编译．日本保护消费者利益的法律．国外法学，1987（4）

翟新．战后日本文官制度的特征．现代日本经济，1987（5）

满达人．日本的少年立法．日本学刊，1987（5）

杨联华．战后日本法发展的特点．法学杂志，1987（5）

邱生．试析日本公务员法．日本研究，1988（3）

赵儒煜．试论战后日本经济立法及其特点．现代日本经济，1988（4）

王桂兰．日本的软件立法：对软件立法的研究及修改版权法的背景．版权参考资料，1988（6）

谭玲，夏蔚．日本产品责任法概论．天津政法，1989（1）

周永生．日本"绝对主义王权"向君主立宪制的转变．现代日本经济，1989（2）

聂天贶，朱义坤．日本专利制度与日本民族精神．外国法学研究，1989（4）

董皤舆．从比较法角度看日本最高法院．外国法学研究，1989（4）

［日］团藤重光著，宋英辉译．日本刑事诉讼法的四十年．外国法学译丛，1989（4）

何勤华．日本法律文化研究的历史与现状．中外法学，1989（6）

张文政．日本经济高速增长时期的经济社会立法．经济与法，1989（6）

中凡，张文政．日本战后行政立法述论．北方论丛，1989（6）

张学仁．日本古代法的三大渊源．百科知识，1989（7）

孙晓萍．从《明治宪法》到《日本宪法》．江西大学学报（科），1990（1）

何勤华．论当代日本法史学研究的发展与特点．中南政法学院学报，1990（2）

邱生．日本行政法史述论．日本研究，1990（2）

周健等．战前日本学校教育的立法．外国问题研究，1990（3）

华夏．日本法制的近代化与日本法的西洋化．比较法研究，1990（3）

［日］山上皓著，刘亚译．日本 40 年来少年犯罪的动向．青少年犯罪研究，1990（3～4）

李阁楠．战后日本法制体系的形成．日本问题研究，1990（4）

林建华．战后日本刑事诉讼改革简述．中外法学，1990（4）

张大鹏．朱子社仓法的基本内容及其社会保障功能．上饶师专学报（社会科学版），1990（4～5）

郑祝君．论战后日本经济立法对日本国民经济的调整作用（未完）．法学评论，1990（5）

何勤华．当代日本比较法学的发展与特点．社会科学，1990（5）

张文政．日本战后公害、环境立法特点二论．经济法制，1990（5）

郑祝君．论战后日本经济立法对日本国民经济的调整作用（续）．法学评论，1990（6）

何勤华．战后日本法律哲学的发展与特征．法学，1990（9）

李全义．日本法院书记官制度的变革．政法丛刊，1991（2）

顾肖荣．战后日本经济刑法和经济犯罪研究的演进．学术季刊，1991（3）

徐晓光．日本近代法制建设的历史经验和教训．日本问题研究，1991（3）

孙放．浅谈明治宪法与日本军国主义．日本研究，1991（4）

满达人．日本商事立法的特点．人大研究，1992（1）

董开军．略论日本民法典对法、德民法典的继承和借鉴．江苏社会科学，1992（4）

李卓．明治民法典论争与日本的家族制度．天津社会科学，1992（6）

［日］洒卷俊雄著，李黎明译．日本公司法的沿革及立法课题．中外法学，1993（1）

何勤华．日本法律文化现代化的特点及其启示．南京社会科学，1993（1）

谷照明．日本法律的儒家化与日本的现代化．北京大学研究生学刊，1993（3）

［日］角川春树著，李长声译，角川其人及其商法．读书，1994（3）

马玉珍．战后日本妇女法律地位的变化．妇女研究论丛，1994（4）

孟薇．浅析战后日本“生活保护法”及社会保障制度．现代日本经济，1994（5）

武寅．论明治初期日本立法机构．世界历史，1994（5）

丁艳雅．战后日本外汇外贸立法研究．日本学刊，1994（6）

姚秀兰．论战后日本租税立法的特点．日本学刊，1994（6）

满达人．日本劳动法的形成、特点及其作用．日本学刊，1994（6）

解晓东．论明治宪法的二重性．世界历史，1995（1）

张国良．日本新闻法制的历史和现状（下）．新闻大学，1995（2）

王成伟．第二次世界大战后日本法律制度的变化．日本问题研究，1995（4）

刘映春．日美两国在制定日本新宪法中的政治斗争．当代世界，1995（6）

李大川．试论日本战后法律上的男女不平等．聊城师范学院学报（哲学社会科学版），1996（1）

仲力立．法律文化的冲突——从日本公法的阻力看日本法的冲突．天府新论，1996（3）

丁艳雅．日本近代法制西化之研究．中山大学学报（社会科学版），1996（3）

周颂伦．宪政调查及明治宪法的再认识．外国问题研究，1996（3）

武寅．论明治宪法体制下的内阁更迭．日本研究，1996（3）

姚敬恒．“明治宪法”与“麦克阿瑟宪法”的比较研究．贵州文史丛刊，1996（4）

［日］植田信广．日本传统法律文化及其历史背景．中外法学，1996（4）

武寅．论明治宪法体制下日本内阁与议会的关系．世界历史，1996（5）
冯昭奎．日本大店法的由来与变迁．中国商贸，1996（8）
姜爱林．日本农业立法概述．科技导报，1996（11）
杨孔炽．试论日本1872年《学制》令的主要特征及其历史影响．日本问题研究，1997（1）
［日］后藤武秀．判例在日本法律近代化中的作用．比较法研究，1997（1）
王鑫．日本继受西方法的历史进程及反思．政法论丛，1997（1）
左学德．关于日本宪法性质及庄园制崩溃问题的商榷．世界历史，1997（4）
刘毓．二战以来日本教育法制特点浅议．外国中小学教育，1997（6）
［日］植村荣治．欧美对日本法律制度的影响．国际政治研究，1998（2）
杨丽英．日本公司立法的历史考察．现代法学，1998（5）
李卓．战后日本家族制度的改革．南开学报（哲学社会科学版），1998（6）
倪翠兰．十九世纪末二十世纪初日本修改不平等条约过程浅析．泰山乡镇企业职工大学学报，1999（4）
徐士英．反垄断法在日本实现“本土化”的启示．法商研究，1999（4）
石田琢智．日本移植唐朝法律考述．法学，1999（5）
孟祥沛．日本近代法制：“脱中入西”．探索与争鸣，1999（12）
郭冬梅．关于明治宪法的再认识．日本学论坛，2000（1）
［日］久保野惠美子．战后日本社会变化与家族法的变迁．国际政治研究，2000（2）
神崎克郎．日本战后50年的金融、证券法制．法学杂志，2000（2）
罗丽．日本环境法的历史发展．北京理工大学学报（社会科学版），2000（2）
陆梅．日本法制近代化成功的原因探析．南通师范学院学报，2000（3）
李道军．战后日本的环境法治化进程．法学杂志，2001（2）
渠涛．日本民法编纂及学说继受的历史回顾．环球法律评论，2001（3）
江平．日本民法典100年的启示．环球法律评论，2001（3）
［日］星野英一著，渠涛译．名家评说：日本民法的100年．环球法律评论，2001（3）
刘荣军．日本民法百年中的侵权行为法．环球法律评论，2001（3）
徐建新．古代日本律令制国家的身份等级制．世界历史，2001（6）
［日］道重隆著，马欣译．日本中小企业立法演变及新动向．当代法学，2001（9）
丁相顺．日本近代“法典之争”的历史分析．法学家，2002（3）
［日］真田芳宪著，林灿铃译．二战后美国法对日本法的影响．比较法研究，2002（3）
魏春玲．试析日本国宪法和平主义特点之消失．河南商业高等专科学校学报，2002（3）

孙荣玲．日本反垄断法的特点研究．法学杂志，2002（3）
王纪萍．日本铁路法律体系形成的背景．现代日本经济，2002（3）
刘季富．明治时代前期宪政思想论略．河南师范大学学报，2002（4）
陈根发．日本现代法哲学思潮源流论．哈尔滨工业大学学报，2002（4）
武树臣，丁明胜．日本明治初期的民法编纂．中外法学，2002（4）
彭勃．日本刑事诉讼法的理念与现实：20世纪后期日本刑事诉讼制度的回顾与展望．当代法学，2002（9）
张玉国．日本的有事法制：历史、现实、未来．东北亚论坛，2003（1）
丁明胜，武树臣．日本明治民法典研究（一）．北京市政法管理干部学院学报，2003（1）
［日］星野英一著，渠涛译．日本民法的100年．中日民商法研究，2003（1）
江平．日本民法典100年的启示．中日民商法研究，2003（1）
渠涛．日本民法编纂及学说继受的历史．中日民商法研究，2003（1）
段匡．日本债法总论和契约法的变迁．中日民商法研究，2003（1）
刘荣军．日本侵权行为法沿革．中日民商法研究，2003（1）
渠涛．日本国有、国营企业的变迁及其相关立法．中日民商法研究，2003（1）
［日］大石真著，吴博译．日本对外国法的继受与法律用语的选择——以公法为中心．民商法论丛，2003（1）
渠涛．从日本民法的历史看民法在当今社会中的地位与作用．中日民商法研究，2003（1）
刘峰．日本法律制度的三次历史变迁．中国国情国力，2003（2）
刘建锋．日本民法典的百年历史．日本问题研究，2003（2）
［日］真田芳宪著，崔延花译．日本近代法的诞生与欧洲．比较法研究，2003（2）
赵晋山．日本执行官制度及其发展演变．强制执行指导与参考，2003（2）
刘建锋．日本民法典的百年历史．日本问题研究，2003（3）
丁明胜，武树臣．日本明治民法典研究（二）．北京市政法管理干部学院学报，2003（3）
周赟．日本近现代法律移植成功的相关因素及意义．山东公安专科学校学报，2003（3）
刘昌明．战后日本防卫战略的演变：从法律的角度审视．山东大学学报，2003（3）
丁明胜．明治时期日本商法典的编撰及商法典论争．见：梁慧星主编．民商法论丛．北京：法律出版社，2003
日野正平．论日本地方议会的地位与特征．湖南社会科学，2003（3）
赵俐．浅谈日本民法契约自由原则的演变．新疆社科论坛，2003（4）

金永明．日本司法制度改革计划．政治与法律，2003（6）

韩东育．江户日本与真正的“儒法之争”．读书，2003（7）

魏爱莲．日本《宪法十七条》的儒学原则．理论月刊，2003（11）

［日］村上政博著，聂孝红译．日本反垄断法的历史与发展——对日本早期反垄断法的反思．见：王晓晔主编．中国法治论坛：竞争法与经济发展．北京：社会科学文献出版社，2003

杨惠．明治时期日本法制德国化评析．中国民航学院学报，2004（1）

王晓燕．日本班田制的形成及其与唐朝均田制的差异．贵州师范大学学报（社会科学版），2004（1）

丁明胜．日本明治时期民法典论争与我国清末礼法之争（一）．北京市政法管理干部学院学报，2004（1）

张文政．现代法治主义理念的再认识——日本司法违宪审查制度论析．学习与探索，2004（2）

［日］宫泽节生著，翁开心等译．日本法官的行政控制．浙江社会科学，2004（3）

丁明胜．日本明治时期民法典论争与我国清末礼法之争（二）．北京政法职业学院学报，2004（3）

黎宏．日本近现代刑法学的发展历程及其借鉴意义．法学评论，2004（5）

张舒英．浅谈日本的农法体系及其社会经济意义．日本学刊，2004（5）

种若静．日本司法体制．中国司法，2004（6）

陈道英．有事法制与《日本国宪法》的危机——兼论有事七法案的通过对日本和平宪法的影响．西南政法大学学报，2004（6）

许丛琳．日本外汇法的演变及其影响．现代情报，2004（8）

邱思广．近代日本法律移植活动初论．学海，2005（1）

赵立新．综论近代日本的法典论战与家族制度．高校社科动态，2005（2）

陈小云．日本国际私法发展历程研究．大连海事大学学报（社会科学版），2005（2）

郭素青．从近代日本法律移植看我国法律文化发展．日本问题研究，2005（2）

韩君玲．战后日本新生活保护法的特征．华东政法学院学报，2005（2）

赵天宝．日本法制改革研究及启示．吉林广播电视大学学报，2005（3）

韩君玲．论日本法的移植与创新．法学杂志，2005（4）

童之伟．日本的违宪审查制及其启示．法学评论，2005（4）

魏晓阳．传统与革新——天皇在日本宪政制度中的历史作用．环球法律评论，2005（5）

张淼．日本近代刑法变革简述．东北亚论坛，2005（6）

曹凤娇．日本教育法规演变的历史轨迹．大学教育科学，2005（6）

孙前进．日本《大店法》的形成与废止．中国流通经济，2005（9）

［日］岸本美绪．东京大学东洋文化研究所契约文书研究会的30年．史学月刊，2005（12）

赵立新．战后日本的民法修改与家制度．河北法学，2005（12）

张明楷．日本刑法的发展及其启示．当代法学，2006（1）

徐世平．日本农业法律体系与变迁规律探析．社科纵横，2006（2）

张淼．中、法、德等国刑法对日本近代刑法发展的影响．日本研究，2006（2）

赵一鸣．论现代日本法中的普通法因素与司法民主．甘肃政法成人教育学院学报，2006（2）

肖光辉．日本传统法律文化在近现代的变化．法治论丛，2006（2）

赵立新．论明清律对日本法的影响．华东政法学院学报，2006（3）

李海英．战前日本选举制度史论：1889～1942——从“人民代表法”到“法制选举”的动因分析．历史教学，2006（3）

4. 其他大陆法系国家法律制度

［英］艾仑·C·尼尔著，刘赓书译．瑞典集体劳工法的新阶段．法学译丛，1979（5）

［日］细井洋子著，严复译．瑞典少年违法行为特征及其社会背景．国外法学，1982（6）

［德］康茨威格特·海因克茨著，谢怀栻译．瑞士民法典的制定及其特点．法学译丛，1984（3）

［瑞典］斯梯克斯特罗霍姆著，董立坤译．瑞典的法律制度．国外法学，1987（3）

侯润梅．拉美宪法的发展及其特征．法学杂志，1988（4）

王肇伟．论近代拉美黑奴的法律地位．山东师大学报，1989（1）

王重方．意大利政治腐败的立法及其实践．西欧研究，1989（4）

迟少杰．巴西专利制度的现代化．拉丁美洲丛刊，1984（2）

刘艺工．试论魁北克法律制度的演变．法国研究，1996（2）

徐红新．论《瑞士民法典》的立法特色．河北科技大学学报（社会科学版），2003（1）

李研．葡萄牙商法的历史渊源——兼谈对澳门商法的影响．国际经贸探索，2005（2）

（五）欧盟法

胡充寒．“欧洲法”的兴衰：从罗马法到欧洲共同体法．湘潭大学学报（社会科学版），1997（2）

曾令良．论欧洲联盟法中的从属原则．武汉大学学报（人文社会科学版），1999（2）

朱景文．欧盟法对法律全球化的意义．法学，2001（12）

叶秋华，王云霞．欧盟反倾销法的历史与现状．中国人民大学学报，2002（2）

朱晓青．欧洲一体化进程中人权法律地位的演变．法学研究，2002（5）

［欧盟］D. ludwig Kromer 著，韩红云译．环境信息知情权：在欧盟的演进．北大国际法与比较法评论，2003（1）

丁建定．20 世纪 80 年代以来瑞典的社会保障制度改革．国际论坛，2003（5）

陈喜峰．简论欧盟法中的相称性原则．法学评论，2003（5）

［奥］埃利希著，马贺译．欧陆普通法法律科学的历史化趋势．华东政法学院学报，2003（5）

肖永平．晚近欧洲冲突法之发展．中国法学，2004（5）

杨志祥．欧洲法院的初步裁决管辖权观察．求索，2004（7）

谢红霞．论欧盟法对欧盟成员国的效力．行政与法，2005（3）

刘庆．欧盟竞争程序法的现代化．和田师范专科学校学报，2005（5）

李敏．欧盟反倾销条例最新修正介评．世界贸易组织动态与研究，2005（6）

徐淑霞．论欧盟法的解释．齐鲁学刊，2005（6）

杨成铭．《欧盟宪法条约》对欧盟人权保护的影响．法学杂志，2006（1）

王宏．欧盟竞争法对知识产权人滥用市场支配地位之规制——从欧洲法院的视角解析《欧共体条约》第 82 条．河南司法警官职业学院学报，2006（2）

赵海峰．欧洲刑法的范围和欧盟刑法的前景．法学与实践，2006（2）

张清．民族自决与欧盟宪政．扬州大学学报（人文社会科学版），2006（3）

刘兆兴．论欧盟法律与其成员国法律之间的关系．环球法律评论，2006（3）

王文华．欧盟刑事法的最新发展及其启示．河北法学，2006（3）

雷益丹．论欧洲联盟的法律人格．法学评论，2006（3）

张英．欧洲法院与损害赔偿之诉．法学评论，2006（4）

（六）现代社会主义国家法制

1. 苏俄

孙祖基译．苏俄法典及其司法．法学季刊，1925，2（5）

李圣玉．苏俄出售中东路之法律观．东方杂志，1933，30（12）

郑竞毅．苏俄的反宗教法律．东方杂志，1933，30（2）

朱志奋．苏俄法律之理论及其实务．法令周刊，第 124～126 期

［日］杉浦一孝著，康树华译．关于 1936 年苏联宪法审判员独立原则的初步研究．国外法学，1979（1），（2）

［苏联］伊·伊卡尔别茨著，张仲林译．苏联宪法和刑法发展的趋势．法学译丛，1979（2）

陈宝音．苏联新宪法颁布以来的立法工作．国外社会科学，1979（4）

忠诚，万林译．苏联法学研究机构负责人谈研究方向．法学译丛，1980（4）

［苏联］E. A. 斯塔罗杜勃斯基著，正英译．社会主义国家公民的权利和义务．法学译丛，1981（4）

林孟乔译．苏联的经济犯罪．世界法学，1982（1）

［苏联］斯米尔诺夫著，徐俊民译．苏联外贸中有关承揽合同的若干问题．世界法学，1982（2）

［苏联］皮斯科京著，任允正译．苏联法的体系及其发展前景．法学译丛，1983（1，2，3）

吴大英，任允正．苏联法学界关于法的体系的讨论．国外法学，1984（1）

赵树海．对联共（布）党内监察制度的历史考察．研究·资料与译文，1984（2）

王钺．简编罗斯法典译释．苏联历史，1984（2）

［苏联］谢尼科娃著，罗宝泰译．苏联旅游的民法调整．法学译丛，1984（3）

闻一．苏联二十年代关于土地出租和雇佣劳动的有关法令和决议（选编）．苏联历史，1984（3）

［苏联］B. A. 亚泽夫著，李培译．苏联商法是一个综合部门法．外国法学译丛，1984（4）

［美］查尔斯·施瓦兹著，冯麟译．苏联经济犯罪比较：赫鲁晓夫与勃列日涅夫时期．河北法学，1984（5）

张正钊．苏联行政法的几个问题．苏联东欧问题，1984（6）

［苏联］B. 达什科夫著，梁溪译．社会主义国家对经济领域犯罪的预防．法学译丛，1984（6）

李华年．苏联第一部行政法典——乌克兰行政法典．外国法学研究，1985（3）

邱兴隆．苏联死刑的沿革（1917～1953）．法制园林，1985（3）

姚海．略论新经济政策初期的法制．苏联历史问题，1985（3）

［美］唐纳德巴里著，吴严译．苏联民法中政府侵权行为的损害赔偿责任．法学译丛，1985（5）

［苏联］布拉图斯著，王常青译．苏联法的体系与立法体系的相互关系．世界法学，1985（5）

［苏联］维阿多佐尔采夫著，刘波林译．论苏联的著作权立法．法学译丛，1985（5）

徐晓晴．当今苏联著作权法的发展趋势．外国法学研究，1986（1）

罗萍．苏联二十至三十年代的乡财政法规五则．财政研究资料，1986（1）

锡生译．苏联科学院国家和法研究所简介．法学译丛，1986（3）

史华译．全苏维埃立法科学研究所简介．法学译丛，1986（3）

王清和．从无限专制制度到改行君主立宪——试析一九〇五年以后俄国政体的演变．世界历史，1986（5）

李景云．十六、十七世纪俄国的衙门制度．历史教学，1986（8）

薛瑞麟．苏联与东欧五国刑法发展概况与趋势．法学研究，1987（2）

杜艳钧．苏联法制建设的历史沿革及其经验教训．苏联东欧问题，1988（1）

刘凝禧．十月革命和苏俄立法．贵州民族学院学报（社会科学版），1988（1）

曾明奇，徐晓晴．苏联改革条件下的法学与实践．外国法学研究，1988（2）

［苏联］A. C. 皮戈尔金著，梁溪译．现阶段苏联立法的完善．法学译丛，1988（3）

张卫平．苏联东欧国家检察长参与民事诉讼的理论与实践．外国法学研究，1988（3）

［苏联］B. H. 库德里亚夫采夫著，梁溪译．苏联法学研究现状．法学译丛，1988（4）

曹云华．三年国内战争对苏俄法制建设的影响及其后果．苏联历史问题，1988（4）

陈汉章译．苏联法学界讨论改革时期的国家（全民）所有权问题．法学译丛，1988（5），（6）

李永庆．苏联社会法制国家理论浅析．苏联东欧问题，1988（6）

［美］Susan Finder. 苏联的法律文化特点．中外法学，1989（1）

杨联华．苏共第十九次代表会议与苏联法制建设．现代法学，1989（1）

［苏联］C. B. 波列尼娜著，徐晓晴译．苏联立法结构的发展趋势及其社会前提．外国法学研究，1989（1）

［苏联］B. B. 乌斯基诺娃等著，黄顺康译．苏联的妇女犯罪及其预防．外国法学研究，1989（4）

［苏联］波别加伊洛著，李亚南译．苏联当前暴力犯罪的趋势和斗争前景．犯罪与改造研究，1989（4）

焦广田．苏联对外著作权关系简介．版权参考资料，1989（11）

白玉．莫斯科国家衙门制度起源考略．宁波师院学报（社会科学版），1990（1）

朱寰．略论《罗斯法典》产生的社会条件．求是学刊，1994（3）

重庆市档案馆著，胡懿选编．关于假道苏联运输租借法案物资史料一组（1943 年）．档案史料与研究，1994（4）

浦伟良．俄罗斯冲突法的晚近发展．法律科学，1994（6）

王钺．《罗斯法典》产生的社会背景分析．兰州大学学报（社会科学版），1996（4）

刘向文．谈俄罗斯联邦刑事立法的历史发展．法学与实践，1997（5）

杨心宇．苏联法的概念及其形成．当代法学研究，2000（1），（2），（4）

刘晓根．苏维埃共和国民主法制建设及启示．江西社会科学，2000（3）

曹南屏，程燎原．“苏联时代”法治理论的生成及其主要内容．法学评论，2000（4）

缪愫生．论斯大林个人集权、个人崇拜对民主与法治的影响．法学，2000（5）

张清．俄国村社传统与法律文化——1917 年前列宁法律思想探要．扬州大学学报，2001（2）

杨心宇，徐怀宇．法的本体论思考——对苏维埃法概念的再思考．政治与法律，2002（2）

杨心宇，刘铁威译．俄罗斯杜马史．当代法学研究，2002（2）

王利民．《罗斯法典》的罚金制度透析．法制史论集，2002（4）

董晓阳．俄罗斯宪法制度的演变与时代特征．俄罗斯中亚东欧研究，2003（1）

张建华．对苏维埃联盟的成立和苏联宪法的历史分析．中共天津市委党校学报，2003（1）

刘向文．苏联宪法监督制度的发展变化．郑州大学学报，2003（1）

张清．1917～1924 年俄国土地制度变迁的法社会学考察．扬州大学学报，2003（2）

肖明辉．苏联宪法的内容缺陷及其原因探析．四川师范大学学报，2003（2）

肖辉忠，燕玉叶．90 年代以来的俄罗斯法制建设．俄罗斯研究，2003（3）

刘向文．原苏联东欧社会主义国家宪法保障制度的发展变化．宪政论丛，2003（3）

涂文．试论 1964 年苏俄民法典．株洲工学院学报，2004（1）

吴明海．俄罗斯联邦少数民族教育立法的基本原则及其法源分析．民族教育研究，2004（4）

付家东．略论苏联到俄罗斯法定义的变迁．河北法学，2004（5）

王文．大陆法系的东斯拉夫变种——以彼得一世的立法为中心．北京科技大学学报（社会科学版），2005（1）

刘向文．谈俄罗斯行政法和行政法学的历史发展．新乡师范高等专科学校学报，2005（4）

2. 东欧国家

康树华．南斯拉夫宪法概述．华东政法学院学报，1956（2）

李昌运译．1871 年巴黎公社的司法委员会．政法译丛，1957（2）

[南] 多·J·卡凯．南斯拉夫的宪法法院．国外法学，1979（1）

[南] 古切迪克著，余叔通译．南斯拉夫的联邦法院．国外法学参考资料，1979（1）

[南] 米奥德拉格·泽切维奇著，潘汉典译．南斯拉夫议会制和代表制的基本原理．法学译丛，1979（1）

[南] 米罗斯拉夫·卓尔杰维奇著，余叔通译．南斯拉夫社会主义联邦共和国的新刑法．法学译丛，1979（1）

江平．捷克斯洛伐克经济法典简介．国外法学参考资料，1979（1）

[罗] 图·特拉卡努著，王名扬译．罗马尼亚社会主义共和国大国民议会对宪法实施的监督．法学译丛，1979（2）

[美] 安德著，吴英译．南斯拉夫宪法法院的决定．国外法学，1979（2）

[南] 米·约万诺维奇著，余叔通译．南斯拉夫的司法体系．法学译丛，1979（2）

［南］米·曼迪奇著，文兵译．南斯拉夫的联合法院．国外社会科学，1979（4）

［波］A. 洛帕特卡著，任允正译．波兰人民共和国的法学与完善法律的规划．法学译丛，1979（4）

［罗］安东尼乌著，任允正译．罗马尼亚劳动改造的法律规定．政法译丛，1979（4）

文兵编译．社会主义南斯拉夫法律体系的建立和发展．国外社会科学，1979（4）

中国社会科学院．南斯拉夫的法制建设．法学动态，1980（8）

［匈］格·拉茨著，谢怀栻译．匈牙利民法典的修改．法学译丛，1980（5）

［匈］T. 纳吉著，刘慈忠译．匈牙利的适用于非居民的税收制度．法学译丛，1982（6）

王正发．南斯拉夫的专利制度．发明与专利，1983（4）

［南］阿洛伊集伊·芬日加著，师张译．南斯拉夫的财产关系基本权利法．法学译丛，1984（2）

［匈］A. 哈尔马蒂著．徐良译．匈牙利的计划体制、计划与合同．法学译丛，1986（5）

［保］乔治·萨拉吉诺夫著，杨红译．保加利亚职务作者的法律地位．国外法学，1987（2）

［美］W. J. 瓦格纳著，夏蔚，谭玲译．波兰民法中的侵权行为．外国法学译丛，1987（2）

3. 其他社会主义国家

曹特金，孙耀文．巴黎公社的民主选举制．世界知识，1979（1）

陈崇武．巴黎公社加强法制的几项重要法令与措施．法国史通讯，1981（4）

陈正光．关于巴黎公社的选举问题．江西师院学报，1982（2）

冯秀文．世界最著名的资产阶级法典之一——墨西哥一九一七年宪法．外国史知识，1983（4）

张润民．土耳其宪法历史发展小议．西南亚资料，1984（2）

刘林希，尹天佑．巴黎公社的立法及其历史教训．政法学习，1984（3）

夏禹文．巴黎公社的选举制和监督制．湖北师范学院学报（社会科学版），1989（2）

丘少伟．巴黎公社重视法制的建设．甘肃社会科学，1991（2）

向朝霞．从选举制监制评析巴黎公社的民主制．贵州大学学报（社会科学版），1991（4）

李爱华．论巴黎公社的法制建设及其基本经验．山东师范大学学报（社会科学版），1992（3）

（七）其他国家和地区的法律制度史

季福生．暹罗司法及其法律教育．东吴法学杂志，1934，7（2）

尚峰.《犯禁八条》初探（朝鲜最早成文法律）.政法丛刊，1987（1～2）

奇格.阿勒坦汉宗教法规述略（明代北方蒙古）.内蒙古社会科学，1987（2）

徐祥生.耶路撒冷王国及其法典述论.扬州师院学报（社会科学版），1987（3）

孟庆顺.1923～1952年埃及的宪政试验.西亚非洲，1990（4）

万亿.东南亚国家法律移植过程的特点.东南亚纵横，1993（1）

邢联舜.《阿勒坦汗法典》研究与思考.前沿，1994（5）

［韩］孙晟著，沈仙译.韩国传统寺刹保存法研究.外国法译评，1995（3）

包红颖.《卫拉特法典》中民法内容初探.内蒙古社会科学，1995（3）

夏新华.论殖民时代西方法在非洲的移植.西亚非洲，1998（2）

刘冰清.论非洲法律文化的第一次变迁.怀化师专学报，1998（6）

洪永红.非洲习惯法初探.比较法研究，2001（2）

［美］库鲁克著，许超译.非洲习惯法和民间文学艺术的保护.版权公报，2002（1）

艾周昌.关于非洲法系的若干问题.西亚非洲，2002（2）

夏新华.冲突与调试：南非混合法形成的历史考察.河北法学，2002（3）

伍华军.拉丁美洲立宪道路的社会基础.当代法学，2002（9）

尹太顺.论韩国民法典编纂的历史性基础以及法典的性质.当代法学，2002（12）

许利平.浅论丁加奴州的伊斯兰教刑事犯罪法.东南亚研究，2003（1）

［韩］林中浩，金玉珍.韩国对外国法的继受与法律术语的形成过程.见：梁慧星主编.民商法论丛.香港：金桥文化出版（香港）有限公司，2003（1）

冯璐璐.近现代土耳其伊斯兰教法的世俗化改革.新疆社会科学，2004（6）

何平.越南古代社会的演进与奴隶制问题.东南亚，2005（1）

夏新华.美国宪政主义与20世纪非洲宪政的发展.法制与社会发展，2005（1）

肖光辉.奥托曼土耳其法律文化的近、现代化——法律改革、法律移植与制度变迁.法治论丛，2005（3）

（八）书评与杂记随想

1. 书评

杨海坤.孟德斯鸠《论法的精神》的理论基础和研究方法.苏州大学学报（哲学社会科学版），1983（3）

［苏］M·П·伊罗什尼科夫著，碧珂译.评介《苏联宪法发展的各阶段（法学史研究）》一书.国外社会科学动态，1984（6）

陈焕道.孟德斯鸠和他的《法意》.深圳大学学报（人文社会科学版），1988（2）

马缨.一部有特色的宪章运动史专著——评价多萝西·汤普逊《宪章派》.世界史研究动态，1988（7）

威廉·巴赛特著，阮齐林译．对西方法律传统起源的探究：评伯曼《法律与革命》．比较法研究，1990（4）

梁子．两本罗马法教材．读书，1990（6）

［英］戴维·艾伯特逊著，吴玉章译．十二世纪的法律、宗教与革命：评哈罗德·J·伯尔曼的著作《法律与革命》．法学译丛，1991（1）

由嵘．《路易斯安那民法典》简论．比较法研究，1991（4）

冯卓慧．第一部将罗马私法系统化的法学巨著：评盖尤斯的《法学阶梯》．法律科学，1992（2）

陈金钊．《古代法》中的法典运动．史学月刊，1993（6）

饶方．可贵的探索　可喜的成果——评王云霞、何戍中著《东方法概述》．中国法学，1994（2）

何勤华．罗马法研究的新突破：评冯卓慧著《罗马私法进化论》．法学，1994（5）

孙劲．格雷维森《冲突法的起源》评介．法学评论，1995（1）

晏圣民．评《外国法制史纲》：兼论“外国法制史”学科的地位．法学，1995（6）

赵大为．有贺长雄及其《共和宪法持久策》．近代史研究，1996（2）

徐爱国．霍姆斯《法律的道路》诠释．中外法学，1997（4）

王云霞．评《西方法学史》．法学，1997（11）

［意］桑德罗·斯奇巴尼著，王焕生译．关于西塞罗的《论共和国》、《论法律》中译本．比较法研究，1998（2）

［意］桑德罗·斯奇巴尼著，丁玫译．被誉为罗马法灵魂的三部不朽之作——《论共和国》、《论法律》、《论义务》．比较法研究，1999（1）

朱学山．《罗马法原论》给我们的启迪．安徽大学学报（哲学社会科学版），1999（1）

郭义贵．西方法律史的一部力作——论伯尔曼的《法律与革命——西方法律传统的形成》．中外法学，1999（3）

萧瀚．读《普通法的历史基础》．比较法研究，2000（4）

徐国栋．《非洲法导论》一个读者的满意和不满．西亚非洲，2000（4）

陈芸．李启欣教授著译的《外国法制史研究文选》评介．广东社会科学，2000（6）

欧山．《人权概念起源》随想．山东大学学报，2001（3）

李政．评《赫梯法典》汉译本．中外法学，2002（1）

李培锋．拓宽法制史的研究视野——评《英国法制史》．中南法律评论，2002（1）

武欣．唐纳德·凯利：《人的尺度——西方法律传统中的社会思想》．中国学术，2002（1）

余振贵．跨学科综合研究的成功尝试——评《伊斯兰法哲学》．中国穆斯林，2002（1）

张世平．美国《1980年海运教育与培训法》及其对美国航海教育的作用．航海教育研

究，2002（1）

徐国栋．家庭、国家和方法论：现代学者对摩尔根《古代社会》和恩格斯《家庭、私有制和国家的起源》之批评百年综述．中外法学，2002（2）

《美国财产法与判例研究》简介．法制与社会发展，2002（3）

冯晓青．从黑格尔法哲学看知识产权的精神：研读《知识产权哲学》之体会．知识产权，2002（3）

肖雪慧．历史的伟大律动：《控制国家——西方宪政的历史》阅读札记．社会科学论坛，2002（8）

王章辉．英国史研究领域的一部新作：《英国法制史》评介．世界历史，2003（1）

郑戈．奥利弗·文德尔·霍姆斯：《普通法》．清华法学，2003（2）

屠凯．吴庭芳：《美国观察记》．清华法学，2003（2）

陈敬刚．欧陆法学家对普通法起源的出色解读——冯·卡内基姆的《美国普通法的起源》及其成就．中西法律传统，2003（3）

陈灵海．威格摩尔及其《世界法系概览》．比较法研究，2003（5）

龚曙东．日耳曼法的启示——从李宜琛《日耳曼法概说》谈起．比较法研究，2004（1）

杨贝．穿越时空的法律之旅——读《寻找法律的印迹》．法律与生活，2004（17）

苏亦工．现代化的困窘：《法律现代主义》读后．环球法律评论，2005（1）

黄春高．教会法的精神与历史实践——评彭小瑜教授的《教会法研究》．世界历史，2005（1）

刘小平．传承和演进：法律哲学发展的历史——解读罗斯科·庞德的《法律史解释》．吉林大学社会科学学报，2005（3）

汪再祥．英国宪政的历史性转折——英国《2004年宪法性改革法案》述评．法商研究，2005（3）

张从容．评《罗马法原论》的学术特色．法制与社会发展，2005（3）

甘正气．立足实践　志在超越——评夏新华教授《法治：实践与超越——借鉴外域法律文化研究》．文史博览，2005（6）

米健．读周枏先生《罗马法原论》札记．环球法律评论，2005（6）

蔡晓义．财产权的演进及其问题——读《两大法系财产理论和立法构造的历史考察及比较》．甘肃农业，2005（11）

高鸿钧．美国——西方法律文化的代表——评《选择的共和国：法律、权威与文化》．出版参考，2005（32）

简海燕．东亚法制研究的新作——评《近代东亚的社会转型与法制变迁》．高校社科动态，2006（2）

蔡蕾．一本独具特色的英国法律史著作——评《普通法的历史解读——从梅特兰开始》．辽宁行政学院学报，2006（8）

2. 杂记随感

梁治平．中古神学的理性之光与西方法律传统——《阿奎那政治著作选》读后．读书，1987（1）

杨玉圣．《美国宪法史稿》读后．复旦学报（社会科学版），1989（2）

何兆武．从身份到契约：梅因《古代法》读后书感．读书，1991（8）

周枏．我与罗马法．罗马法与现代民法，2002（3）

任东来．《美国宪政历程》后记：记一次愉快的精神之旅．学术界，2003（4）

王沛．"法治"中的专制——读柏拉图《法律篇》有感．华东政法学院学报，2003（6）

龚曙东．日耳曼法的启示——从李宜琛《日耳曼法概说》谈起．比较法研究，2004（1）

程世平．关于法的价值基础：《宪法与王法：论宪政精神》一书的思考．成都大学学报（社科版），2004（2）

贺卫方．生机盎然的宪法——任东来等《美国宪政历程》读书一得．社会科学论坛，2005（2）

邹兆辰．历史比较与西欧封建社会研究——访马克垚教授．首都师范大学学报（社会科学版），2005（5）

二、西方法律思想史论文

（一）总论

1. 外国法律思想通史

梁治平．自然法今昔：法律中的价值追求．比较法研究，1987（1）

王启民．略论自然法思想的历史发展．福建师范大学学报（哲学社会科学版），1989（4）

谈李荣．自然法思想浅议．云南大学学报（法学版），1996（2）

［德］G. W. F. 黑格尔著，程志民译．论自然法的科学探讨方式．哲学译丛，1997（3），（4）

严存生．自然法·规则法·活的法——西方法观念变迁的三个里程碑．法律科学，1997（5）

［德］G. W. F. 黑格尔著，程志民译．论自然法的科学探讨方式（续）．哲学译丛，1999（1），（2）

李庆钧．西方古典自然法的理性之维．国家检察官学院学报，1999（1）

张岸．自然法：永远的价值追求．怀化师专学报，1999（3）

黄颂．西方自然法观念的诸种特征与本质内涵．山西师范学院学报，2000（4）

王霄燕．论近代西方自然法思想的理论与实践作用．山西大学学报（哲学社会科学版），2001（3）

王天习．论自然法的时代精神．社会科学研究，2001（3）

任志安．自然法：法律与道德之间．学习与探索，2001（4）

赵民．论西方自然法观念产生和长期存在的原因．兰州铁道学院学报，2001（5）

于兴中．自然法学与法的神圣化和世俗化．法律科学，2002（3）

王珉．论自然法和西方法律思想的发展．广西政法管理干部学院学报，2002（4）

许春清．西方自然法思想的演进轨迹．甘肃政法成人教育学院学报，2002（4）

谢菲，顾晔．人权、契约、分权制衡：近代西方宪政思想探源．犯罪研究，2002（5）

陈驰．西方正义观念论略——关于正义的法哲学思考．四川师范大学学报，2003（2）

崔永东，龙文懋．西方思想家的司法观念评析．社会科学战线，2003（2）

陈林林．从自然法到自然权利——历史视野中的西方人权．浙江大学学报（人文社会科学版），2003（2）

成靖．自然法：从上帝的意志到理性的命令：自然法学的历史、发展与运行．南昌高专学报，2003（3）

赵喜平．人性假设对西方法治的影响．攀登，2003（3）

马德普．理性与正义的悖论——西方古代自然法观念中的普遍主义思想及其当代启示．中共福建省委党校学报，2003（4）

周芳勤，王珉．自然法学说中“正义”观念的历史变迁．广西政法管理干部学院学报，2003（4）

方宁．西方世界法思想的发展历程．江苏警官学院学报，2003（4）

施向峰．理性·人权·民意——西方限制立法的自然法哲学之维．学海，2003（5）

吕世伦，张学超．论西方自然法的几个基本问题．国际法与比较法论丛，2003（6）

艾克文．自然法思想与法治国家观念．理论月刊，2003（12）

吕世伦，张学超．西方自然法的几个基本问题．法学研究，2004（1）

王艳．西方法治思想史上代表人物评述．海淀走读大学学报，2004（2）

刘洲兰．西方社会法律价值观的演变．湘潭师范学院学报（社会科学版），2004（3）

易小明．从柏拉图到亚里士多德：西方早期正义思想的差异协同结构特征．江海学刊，2004（6）

申建林．理性自然法精神走向兴盛还是衰落？——十八世纪法国的思想动向探讨．法国研究，2005（1）

王健．保守与革命：西方自然法的两大传统．山东理工大学学报（社会科学版），2005（1）

胡玉鸿．西方三大法学流派方法论检讨．比较法研究，2005（2）

于欣华．论自然法中的自然观念．西安建筑科技大学学报（社会科学版），2005（4）

蔡秉坤．论自然法中的法治思想及其在当代的价值体现．兰州学刊，2005（4）

林奇富．自然、自然法与契约论思维．中共南京市委党校南京市行政学院学报，2005（5）

征汉年．西方自然法学派主要权利理论解读．思想战线，2005（6）

王明亮．西方自然法的流变及其启示．桂林师范高等专科学校学报，2006（1）

刘冠宁．试论西方法律思想中的超验存在．研究生法学，2006（2）

翁开心．自然法隐退了吗？——反思法律政治中的普遍正义空间．中国社会科学院研究生院学报，2006（2）

董怀杰．从柏拉图到卢梭：早期的政治合法性思想初探．广西青年干部学院学报，2006（4）

王明亮．试论西方法律自治理念的演变．五邑大学学报（社会科学版），2005（2）

宗小卜．斯多葛学派自然法的环境伦理思想．辽宁行政学院学报，2006（11）

2. 比较法律思想史

段祺华．荀子和西塞罗法律思想比较研究．法学，1985（3）

董延林．论摩莱里和德萨米的经济法思想及其影响．求是学刊，1993（3）

严存生．法之合理性问题——麦考密克与韦伯之比较．法律科学，1995（4）

汪庆红．从民族精神与意志自由到法律民族性和世界性——萨维尼和黑格尔的对立．广西政法管理干部学院学报，1999（2）

丁利．柏拉图与亚里士多德法律学说知识论基础比较．现代法学，1999（4）

［德］D. 霍斯特．是分析社会还是改造社会——哈贝马斯与卢曼之争．国外社会科学，2000（3）

覃阳．试论哈特对奥斯丁法律思想的继承与超越．开放时代，2001（6）

韩丽．马克思与波斯纳的经济分析法运用比较．政治与法律，2002（3）

陈应珍．关于哈特和庞德法律思想的比较——兼议新分析法学和社会学法学的异同．荆州师范学院学报，2002（4）

史彤彪．中西方思想家立法观念的比较思考．法学家，2002（6）

熊光清．论孟德斯鸠与列宁权力制衡理论的不同．山西高等学校社会科学学报，2002（11）

李晶．个人的位置——霍布斯与洛克自然权利观的比较．佳木斯大学社会科学学报，2003（1）

宋全成．论孟德斯鸠与卢梭国家权力理论之分野．山东大学学报（哲学社会科学版），

2003 (1)

汤敏轩．公民权利思想探源：亚里士多德、斯宾诺莎、卢梭之比较分析．武汉大学学报（社会科学版），2003 (2)

付雅慧．个人的位置——霍布斯与洛克自然权利观的比较．黑龙江省政法管理干部学院学报，2003 (3)

蔡宝刚．法律作用与经济发展——诺斯与马克思的法律作用观比较研究．江苏社会科学，2003 (3)

秦前红，武立强．人民主权：卢梭与贡斯当之比较．法学评论，2003 (4)

姚萍．社会契约论探源——霍布斯、洛克、卢梭社会契约论之比较分析．抚州师专学报，2003 (4)

熊光清．孟德斯鸠与列宁权力制衡理论之比较．理论导刊，2003 (6)

李伟．洛克和霍布斯自由主义思想比较．井冈山师范学院学报，2004 (1)

张美宏．论康德与罗尔斯的义务理论．科学·经济·社会，2004 (1)

翰思．自然法学说与法律实证主义．研究生法学，2004 (1)

姚振强．柏拉图和斯宾诺莎的自由理论比较研究．电子科技大学学报（社科版），2004 (2)

马春文．马克思与哈耶克——兼评邓正来先生的《规则·秩序·无知》．法制与社会发展，2004 (3)

王莉．亚里士多德与罗尔斯分配正义理论之比较．苏州科技学院学报（社会科学版），2004 (3)

黎志慧．转让自己权利的契约——对霍布斯、洛克和卢梭社会契约理论的批判性阅读．内蒙古农业大学学报（社会科学版），2004 (4)

卢珂．霍布斯、洛克之自然法思想比较．贵州社会科学，2005 (1)

陈丽红．洛克与卢梭政治法律思想之不同．安徽警官职业学院学报，2005 (1)

陈纪．试比较福柯与韦伯的权力观．邢台学院学报，2005 (2)

王卫．社会契约论：霍布斯与卢梭的比较分析．中国矿业大学学报（社会科学版），2005 (3)

钱福臣．洛克与卢梭人民主权学说比较研究．法治论丛，2005 (4)

赵理富．自由与分权：洛克与孟德斯鸠的言说．湖北行政学院学报，2005 (4)

陈文新．君主·议会·人民——霍布斯、洛克、卢梭主权思想的分歧．周口师范学院学报，2005 (6)

曾赟．韦伯与哈贝马斯法治观之元理论比较．湘潭大学学报（哲学社会科学版），2005 (6)

姚健．卢梭与孟德斯鸠法律思想比较研究．甘肃农业，2005 (8)

王贵锋．试论卢梭与杰斐逊人民主权理论之不同．淮北职业技术学院学报，2006（2）

泮伟江．走向规范性的法律实证主义——超越哈特与德沃金之争．比较法研究，2006（2）

文长春．罗尔斯、诺齐克与德沃金权利正义论比较．学术交流，2006（3）

董怀杰．从柏拉图到卢梭：早期的政治合法性思想初探．广西青年干部学院学报，2006（4）

黄颂．古代与中世纪自然法思想之比较．江西社会科学，2005（4）

嵇雷．洛克与卢梭政府理论比较．理论月刊，2006（4）

许佳．试析孟德斯鸠与卢梭的“自由”思想．哈尔滨学院学报，2006（5）

姜梦亚．霍布斯与贝卡里亚刑罚思想比较研究．江苏教育学院学报（社会科学版），2006（5）

李旭东．法律规范与法律规则——凯尔森与哈特的法律概念之比较．学术交流，2006（6）

刘丹枕．论柏拉图《理想国》的蓝图——兼与孔子的德治思想比较．贵州大学学报（社会科学版），2006（6）

陈巧．关于自然法学和实证法学起源思想的比较．法制与经济，2006（9）

3．其他

吴锡民．论《论出版自由》的一个思想层面．广西教育学院学报，1998（1）

常士訚．近代精神与孔斯坦的宪政自由主义．孝感学院学报，2002（1）

李龙，张万洪．法治理论源头辩正．华中科技大学学报，2003（2）

蒋勤．马歇尔公民资格理论评述．社会，2003（3）

陈锐．对霍菲尔德法律概念论的逻辑分析．西南政法大学学报，2003（5）

袁俊杰．萨维尼、耶林的法哲学方法对马克斯·韦伯方法论体系影响之初探．理论月刊，2004（1）

胡兴建．“社会契约”到“社会连带”——思想史中的卢梭和狄骥．西南政法大学学报，2004（2）

韩平．福柯的权力观与法学研究．长春理工大学学报（社会科学版），2004（2）

李莉．科克和他的宪法思想．浙江学刊，2004（3）

张俊杰．俄罗斯法治国家思想历史初析．求是学刊，2004（4）

张之沧．论福柯的“规训与惩罚”．江苏社会科学，2004（4）

张小平．评但丁《论世界帝国》中的法律思想．河北法学，2004（6）

（二）古代西方法律思想

1．概述

王明夫．古希腊罗马自然法思想述评．烟台大学学报（哲学社会科学版），1992（1）

黄颂．对古代自然法的再认识．钦州师范高等专科学校学报，2003（2）

冯德普．理性与正义的悖论：西方古代自然法观念中的普遍主义思想及其当代启示．中共福建省委党校学报，2003（4）

杨慧清，杨慧超．古希腊罗马的自然法思想．韶关学院学报，2004（1）

杜宴林．古典自然法的人文主义解释．法制与社会发展，2004（1）

廖艳．古希腊罗马自然法历史演进探析．西华师范大学学报（哲学社会科学版），2004（3）

杜仕菊．人权之源——论古希腊罗马时期自然法思想的历史演进．浙江学刊，2006（4）

2. 古希腊的法律思想

（1）智者的法律思想

严存生．“智者”的政治法律思想及其在古希腊的地位．法律科学，1984（2）

陈义平．智者运动：西方法哲学探源．法制与社会发展，2001（2）

严春友．智者学派对于法律及正义观念的批判．武汉工程职业技术学院学报，2002（4）

（2）苏格拉底的法律思想

任强．殉道与升华——从苏格拉底之死解读民主与法治的流．社会科学论坛，2004（2）

张云．苏格拉底的法律信仰对我们的启示——从苏格拉底之死说起．云南大学学报（法学版），2004（4）

李鼎楚．论苏格拉底的法律思想．吉首大学学报（社会科学版），2005（1）

陈实．正义的冲突——苏格拉底之死缘由的探索．和田师范专科学校学报，2006（6）

傅秀宏．死于民主政治的苏格拉底．廉政瞭望，2006（9）

（3）伊壁鸠鲁学派的法律思想

包利民．伊壁鸠鲁对于古典政治哲学的摇撼．社会科学战线，2005（1）

黄新建．伊壁鸠鲁“社会契约说”政治思想初探．成都教育学院学报，2006（9）

（4）斯多葛学派的法律思想

张岸．斯多葛主义的政治之维．湖南师范大学教育科学学报，1999（6）

宗小卜．斯多葛学派自然法的环境伦理思想．辽宁行政学院学报，2006（6）

（5）柏拉图的法律思想

谢鹏程．略论柏拉图晚年法律观的转变．法学论坛，1989（2）

王岩．关于国家的“正义”——柏拉图正义观研究．淮北煤炭师范学院学报（哲学社会科学版），1998（4）

唐祥珍．试论柏拉图的法律思想．镇江市高等专科学校学报，1999（4）

曹义孙．柏拉图人治论与法治论矛盾之根源．山西大学学报（哲学社会科学版），1997（3）

詹世友．柏拉图的正义理论．江西广播电视大学学报，2000（3）

邹晓红．柏拉图和亚里士多德法律哲学思想之比较．长春理工大学学报（社会科学版），2001（4）

房德玖．柏拉图正义观探析．齐鲁学刊，2001（5）

韩新华．捧读《理想国》．研究生法学，2003（2）

徐爱国．解读柏拉图关于法律的三个比喻．环球法律评论，2003（3）

孙君恒．柏拉图的正义论．苏州科技学院学报（社会科学版），2004（1）

袁久红．柏拉图的国家主义正义论——《理想国》的政治哲学解读．东南大学学报（哲学社会科学版），2004（2）

李寅春．理想国的正义与法律——简评柏拉图之《理想国》．安徽冶金科技职业学院学报，2004（3）

彭曙齐．简评柏拉图的哲学王思想．洛阳工业高等专科学校学报，2004（4）

贺梦胜．浅论柏拉图的正义观．中共成都市委党校学报，2004（5）

易小明．从柏拉图到亚里士多德：西方早期正义思想的差异协同结构特征．江海学刊，2004（6）

郑辉．柏拉图国家与公民合一的正义观——对《理想国》的解读．河北师范大学学报（哲学社会科学版），2004（6）

张婕．试析柏拉图的法治理论．科技创业月刊，2004（9）

张玉新．从理性到哲学王：柏拉图正义观的内在尺度．河北北方学院学报，2005（1）

付丽娟．柏拉图的正义观探析．北京政法职业学院学报，2005（1）

万绍和．论柏拉图政治法律思想的正义观．长沙理工大学学报（社会科学版），2005（4）

张羽佳．柏拉图的政治哲学及其对近代西方民主理论的影响．吉首大学学报（社会科学版），2005（4）

王华胜．柏拉图正义观的人性根源与冲突．中共成都市委党校学报，2005（4）

粟欣泉．柏拉图《国家篇》中正义论思想的演绎新探．宜宾学院学报，2005（5）

林春逸．追求和谐的正义——柏拉图正义论及发微．求索，2005（6）

温涛．正义城邦　和谐社会——论柏拉图《理想国》的和谐社会．江南大学学报（人文社会科学版），2006（1）

杨晓东．柏拉图的乌托邦国家构想之正义观．哈尔滨市委党校学报，2006（1）

许永华．柏拉图《国家篇》中的正义论．赤峰学院学报（汉文哲学社会科学版），2006（1）

杨楹．论柏拉图《法律》中“法治范式”的意蕴．重庆文理学院学报（社会科学版），2006（1）

胡晓燕．柏拉图和谐社会观新解．理论探索，2006（2）

杨楹．论柏拉图《法律篇》中“法治范式”的当代启思．重庆文理学院学报（社会科学版），2006（2）

杨晓东．政治哲学视野中的柏拉图正义论．中共宁波市委党校学报，2006（3）

曾赟．理性论与法治观——从柏拉图到哈贝马斯．中南大学学报（社会科学版），2006（3）

曹海英．柏拉图的哲学王思想探析．北京印刷学院学报，2006（3）

吴新民．试论柏拉图的惩罚哲学．浙江学刊，2006（3）

任彩红．“哲学王”何以可能——柏拉图政治哲学引论．华中科技大学学报（社会科学版），2006（3）

王庆杰．柏拉图“哲学王”思想探究——对于“哲学王”思想批评的回应．涪陵师范学院学报，2006（3）

林舒．德性的正义如何可能——柏拉图正义问题论思维度探析．山东警察学院学报，2006（4）

高聚文．柏拉图正义论：论证设计与问题（上）．燕山大学学报（哲学社会科学版），2006（4）

董怀杰．从柏拉图到卢梭：早期的政治合法性思想初探．广西青年干部学院学报，2006（4）

尚九宾．理想与现实之间——论柏拉图《理想国》中的国家观．钦州学院学报，2006（5）

万慧．浅谈柏拉图的正义．和田师范专科学校学报，2006（5）

陶慧．柏拉图正义说分析．商丘师范学院学报，2006（6）

刘晓欣．柏拉图政治合法性论证中的事实之维与价值之维．社会科学辑刊，2006（6）

陈金全．对柏拉图法律思想的重新解读．环球法律评论，2006（6）

杨冬艳．柏拉图的正义理论与当代公共行政．河南师范大学学报（哲学社会科学版），2006（6）

张全胜．柏拉图正义观的反腐倡廉价值解读．经济与社会发展，2006（10）

宋爱娥．试论柏拉图正义观与马克思正义观的异同．法制与社会，2006（11）

黄洪．正义的信仰——《理想国》中的柏拉图正义观．成都教育学院学报，2006（11）

邹文海．柏拉图的教育观念和法律观念．政治学报，第1卷第1期

（6）亚里士多德的法律思想

周新铭．亚里士多德法律思想初探．河南大学学报（社会科学版），1982（1）

倪健民．略论亚里士多德的法律思想．浙江学刊，1983（1）

武树臣．亚里士多德法治思想探索．法学，1985（5）

王岩．论亚里士多德的“正义”观．江苏社会科学，1993（5）

王岩．“公正是一切德性的总汇”——亚里士多德正义观探析．江海学刊，1996（3）

李大光．亚里士多德法治论思想述评．辽宁大学学报（哲学社会科学版），1996（5）

方江山．试论亚里士多德划分政体类型的第三个标准．政治学研究，1998（3）

孙晓青．亚里士多德《政治学》的民主政治思想．思想战线，1998（11）

周少来．亚里士多德正义思想及其当代释义．青海社会科学，1999（1）

郑鹏程．亚里士多德现实主义法哲学辨析．中南民族学院学报（人文社会科学版），2000（1）

安然．论亚里士多德的政体观．沈阳大学学报，2000（1）

刘文泰．希腊城邦政制的理论总结——评亚里士多德的《政治学》．南都学坛，2000（1）

赵峰．试论亚里士多德的法治思想及其借鉴意义．江南学院学报，2000（3）

赵峰．亚里士多德法治思想述评．北京理工大学学报（社会科学版），2000（3）

常桂祥．亚里士多德的法治思想探要．青海师范大学学报（哲学社会科学版），2001（3）

邹晓红．柏拉图和亚里士多德法律哲学思想之比较．长春理工大学学报（社会科学版），2001（4）

徐祥民．政体与法治——重读亚里士多德《政治学》．山东社会科学，2001（5）

何素华．论亚里士多德的法制观．邯郸师专学报，2002（1）

徐祥民．法治的反面是什么？——再读亚里士多德的《政治学》．齐鲁学刊，2002（2）

王安富．试论亚里士多德的法治观．辽宁教育学院学报，2002（3）

杨彩凤．比较柏拉图、亚里士多德的政体模式论．武汉科技学院学报，2002（4）

王岩．亚里士多德的政治正义观研究．政治学研究，2003（1）

周祖成．亚里士多德的法治思想述评．广州社会主义学院学报，2003（2）

卫刘华．对“亚里士多德法治公式”的再认识．理论与改革，2003（3）

钟晟．亚里士多德法律思想的解读．江西行政学院学报，2003（4）

傅鹤鸣．亚里士多德矫正正义观的现代诠释．兰州学刊，2003（6）

任继琼．亚里士多德正义观探析．中共贵州省委党校学报，2004（2）

王莉．亚里士多德与罗尔斯分配正义理论之比较．苏州科技学院学报（社会科学版），2004（3）

徐爱国．亚里士多德法律正义论的思想史探索．中外法学，2004（4）

冯显德．亚里士多德论分配公正．沙洋师范高等专科学校学报，2004（6）

陈勇军．何为公正？何以建立？——亚里士多德公正思想及当代启示．辽东学院学报，2004（6）

李晓哲．亚里士多德正义观述评．哈尔滨学院学报，2005（1）

孙守春．试论亚里士多德的法律思想．牡丹江师范学院学报（哲学社会科学版），2005（1）

孙君恒．亚里士多德分配正义论．中国海洋大学学报（社会科学版），2005（1）

占茂华．论亚里士多德法治思想的局限．广西政法管理干部学院学报，2005（3）

李书巧．城邦正义与政体理想——亚里士多德政体思想解读．理论月刊，2005（3）

肖滨．政体理论如何支撑立宪选择——基于麦迪逊与亚里士多德的虚拟对话．武汉大学学报（哲学社会科学版），2005（4）

古纯玉．亚里士多德笔下的“极端民主制”初探．许昌学院学报，2005（6）

项松林．亚里士多德《政治学》中的社会稳定思想及其启示．南华大学学报（社会科学版），2006（1）

马捷莎．亚里士多德正义观及其启示．学术交流，2006（1）

林建华．“最优良的法制”和“最优良的法律”——解读亚里士多德法治思想的两个著名命题．黑龙江教育学院学报，2006（1）

葛宇宁．试析亚里士多德对法律推理的贡献．毕节学院学报，2006（2）

张旭东．亚里士多德法治思想述论．湖北省社会主义学院学报，2006（2）

卞修全．亚里士多德政体论的重新解读．比较法研究，2006（3）

阎顺利．柏拉图与亚里士多德的“正义观”之比较．石家庄经济学院学报，2006（3）

丁艳雅．探寻法治的真谛——亚里士多德《政治学》再解读．学术研究，2006（4）

尚九玉．法治之不及：亚里士多德法治思想再反思——兼评我国20世纪80年代以来法治与人治的讨论．探索与争鸣，2006（4）

丁艳雅．探寻法治的真谛——亚里士多德《政治学》再解读．学术研究，2006（4）

沈晓阳．论亚里士多德对普遍正义与特殊正义的区分．湖州师范学院学报，2006（5）

王乐理．亚里士多德的正义理论．浙江学刊，2006（5）

李琳．简析亚里士多德中产阶层执政思想．天津社会科学，2006（5）

沈晓阳．论亚里士多德对普遍正义与特殊正义的区分．湖州师范学院学报，2006（5）

高红清．探析亚里士多德的“个人与政体的和谐统一”观点．内蒙古民族大学学报（社会科学版），2006（5）

盛红杰．亚里士多德《政治学》的法律思想解读．安徽工业大学学报（社会科学版），2006（6）

罗昭．浅析亚里士多德的法治思想．湖北经济学院学报（人文社会科学版），2006（7）

徐赀．试论亚里士多德《政治学》中的法哲学思想．湖北教育学院学报，2006（10）

周小霞．亚里士多德的公民观探讨．湖北社会科学，2006（11）

陶雅娟．亚里士多德论公正．当代经理人（中旬刊），2006（17）

3．古罗马的法律思想

（1）通论

占茂华．罗马自然法思想探析．上海市政法管理干部学院学报，2001（3）

陈金全．古罗马法律思想述要．西南师范大学学报（人文社会科学版），2006（1）

（2）西塞罗的法律思想

陆霞．试论西塞罗的共和法治思想．邵阳学院学报（社会科学版），1997（6）

王焕生．西塞罗的义务观评析．比较法研究，1999（1）

［意］弗朗切斯科·保罗·卡萨沃拉．西塞罗与他的《论义务》．比较法研究，1999（1）

陆霞．试论西塞罗的共和法治思想．湖南省政法管理干部学院学报，1999（3）

夏里人．西塞罗及其思想片语．比较法研究，2001（1）

汪太贤．论西塞罗的理性法治观．湖南省政法管理干部学院学报，2001（4）

覃阳．西塞罗的法律解释理论初探．江西社会科学，2002（6）

贺五一．试论西塞罗的自然法思想．邵阳学院学报（社会科学版），2004（6）

丁玮．从《论共和国论法律》看西赛罗思想的两重性．武汉理工大学学报（社会科学版），2004（6）

齐延平．论西塞罗理性主义自然法思想．法学论坛，2005（1）

华志强．论西塞罗对古希腊法律思想的继承和发展．安徽教育学院学报，2005（1）

谭建华．论西塞罗的自然法思想．求索，2005（2）

段德敏．道德共和国：在希腊与罗马之间——试析西塞罗政治思想的原创性．长沙大学学报，2005（3）

王乐理．财产权、共和政体与国家——西塞罗政治哲学剖析．浙江学刊，2005（4）

舒绍福．从混合均衡到分权制衡——西塞罗与联邦党人共和思想之比较．西南政法大学学报，2005（6）

王树伟．论西塞罗的共和思想——共和国的基石：混合均衡政体、公民和法．河南司法警官职业学院学报，2006（1）

乔旭．试论西塞罗的自然法思想．中国电力教育，2006（2）

刘韬．摇摆与彷徨——评《论义务》．民主与科学，2006（2）

（3）罗马法学家的法律思想

张乃根．试析罗马法学家的法哲学．复旦学报（社会科学版），1996（4）

汪太贤．古罗马法学家在法治思想上的贡献．法学，2001（8）

王乐理．罗马法学家的政治思想概要．浙江学刊，2004（4）

张锐智．论罗马法学家对西方法学史的独特贡献．辽宁大学学报（哲学社会科学版），

2006（2）

（三）中世纪西方法律思想

1. 概述

陈林林．信仰之旅：基督教神学自然法思想解读．南京大学法律评论，2000年秋季号
汪太贤．西方中世纪的神学法治理念．现代法学，2001（2）
孟广林．中古西欧的“法大于王”与“王在法下”之辨析．河南大学学报，2002（3）
马德普．上帝与永恒法——论基督教神学中的普遍主义传统．天津师范大学学报，2003（2）
徐爱国．解析《圣经》里的法律思想．法律科学，2004（4）
陈建峰．信仰之于法律——略谈神权法思想．重庆科技学院学报（社会科学版），2005（2）

2. 主要代表人物的法律思想

（1）奥古斯丁的法律思想

陈煜．奥古斯丁法律帝国及其现代意义．江苏警官学院学报，2004（1）
王馨．论奥古斯丁和卢梭的积极政治观．西南交通大学学报（社会科学版），2004（6）
黄明举．论中世纪基督教神学法律思想——以奥古斯丁和阿奎那的法律思想展开．天府新论，2005（2）
郑松．行走在涕泣之谷和上帝之城间——奥古斯丁自然法思想探究．河南省政法管理干部学院学报，2006（6）

（2）阿奎那的法律思想

陈淑珍．托马斯·阿奎那的自然法学说初探．河北法学，1987（6）
王四新．与上帝对话——阿奎那法律思想浅论．研究生论坛，2001（1）
林庆华．托马斯·阿奎那论法律的本质．四川大学学报，2002（4）
林庆华．析托马斯·阿奎那的自然法概念．宗教学研究，2003（2）
林庆华．托马斯·阿奎那论自然法的条规．宗教学研究，2004（3）
黄忠晶．托马斯·阿奎那论仁政和暴政．宁德师专学报（哲学社会科学版），2004（3）
黄颂．敲破传统的外壳，注入时代的内涵——简论托马斯·阿奎那的自然法思想．孝感学院学报，2003（4）
林庆华．托马斯·阿奎那的法律伦理思想．四川大学学报，2003（6）
刘素民．永远的阿奎那（上）——中外托马斯·阿奎那研究回顾与分析．哲学动态，2003（8）
刘素民．永远的阿奎那（下）——中外托马斯·阿奎那研究回顾与分析．哲学动态，2003（9）
简海燕．托马斯·阿奎那自然法思想——沟通希腊古典自然法与中世纪基督教自然法

的桥梁．湖南税务高等专科学校学报，2005（1）

刘素民．托马斯·阿奎那的伦理自然法与道德价值．东南学术，2005（5）

刘素民．阿奎那的自然法作为本性之律的人学内蕴．哲学研究，2006（6）

申建林．论阿奎那宗教自然法的理论转向及其现代意义．武汉大学学报（哲学社会科学版），2006（3）

王四新．与上帝对话——阿奎那法律思想浅论．四川理工学院学报（社会科学版），2006（4）

刘素民．阿奎那的自然法作为本性之律的人学内蕴．哲学研究，2006（6）

（3）马西利的法律思想

张锐智．马西利法思想评述．辽宁大学学报（哲学社会科学版），1992（2）

（4）马基雅维利的法律思想

吴思裕．马开维里论人性、政治、道德及法律．东方杂志，第40卷第19号．1944年10月

王沪宁．马基雅维利及其《君主论》．读书，1983（3）

郭振铎．略论马基雅弗利及其《君主论》．史学月刊，1987（6）

彭顺生．马基雅维利功利主义思想初探．广州师院学报（社会科学版），1994（1）

郭志祥．现实与超越——马基雅弗利政治法律思想评析．河南大学学报（社会科学版），1996（1）

王彦章．评马基雅维利及其《君主论》．绥化师专学报，1997（1）

吴清彬．马基雅维里的国家理论述评．思想战线，1998（2）

曾裕华．马基雅弗利的非道德权力论．黔西南民族师专学报，2000（2）

李丽．马基雅维利政治思想探析．通化师范学院学报，2000（3）

陈义平．权力的正当性——马基雅弗利政治哲学的基石．江苏行政学院学报，2001（4）

秦延红．论马基雅维利国家政体学说的人性论基础．当代法学，2002（2）

侯玉忠．马基雅维利的共和思想简论．贵州师范大学学报（社会科学版），2004（2）

史方倩．试析马基雅维利的政治思想．成都理工大学学报（社会科学版），2006（1）

（5）布丹的法律思想

曾裕华．布丹的主权论刍议．湘潭师范学院学报（社会科学版），2003（6）

郑红．布丹的主权理论与近代西方绝对主义国家观．浙江学刊，2005（4）

（四）近代西方法律思想

1. 概述

朱显祯．德国历史法学派之学说及其批评．社会科学论丛，月刊第1卷第10期，1929

年8月
陈应机．社会连带原理与其他诸原理之比较．法律评论，第55～56期．1924年7月
徐爱国．历史法学派简论．江苏社会科学，1992（6）
何勤华．历史法学派述评．法制与社会发展，1996（2）
赵嵬．实证学派与现代刑事政策运动．长春市委党校学报，2000（2）
周凤琴，孙大维．刑事古典学派对罪刑相适应原则的历史贡献．中南民族学院学报，2000（4）
董少平．从君主专制到民主共和制——霍布斯、孟德斯鸠、卢梭政体思想．江西行政学院学报，2001（1）
胡义成．“天赋人权论”四百年祭：欧美早期人权理论回视．益阳师专学报，2001（1）
韦如梅．论社会契约理论及其对于西方政治发展的影响．上海师范大学学报，2001（4）
包利民，腾琪．近代社会契约论的权利　权力观三种维度．浙江学刊，2003（1）
［英］F.P. 沃顿著，许章润译．历史法学派与法律移植．比较法研究，2003（1）
潘云华．近代“社会契约论”的主要思想来源．江南大学学报，2003（4）
刘志林．天赋人权论的贫困及其原因初探．安康师专学报，2003（15）
胡兴建．“社会契约”到“社会连带”——思想史中的卢梭和狄骥．西南政法大学学报，2004（2）
徐友渔．评法律实证主义．江苏行政学院学报，2004（2）
史彤彪．批判与超越——大革命时期法国人对英美宪政的认识．成人高教学刊，2004（2）
宋宗宇．历史法学派评述．甘肃社会科学，2005（3）
王谋寅．历史法学派的主张及其当代价值．巢湖学院学报，2005（6）

2. 主要代表人物的法律思想

（1）格劳秀斯的法律思想

蒋炯．格罗秀斯学说概述．建国月刊，第6卷第1期
周子亚．格劳秀斯对国际法的贡献——为纪念格劳秀斯诞生四百周年而作．法学，1983（6）
谭鑫田．政治的真正目的是自由——斯宾诺莎的政治哲学评析．山东科技大学学报（社会科学版），1999（3）
姜皇池．国际公法之父——格老修斯．月旦法学，2000（10）
刘潇．格老秀斯与自然法：简评《战争与和平法》．现代法学，2003（1）
D. J. Hill. 格老秀斯其人其书．华东政法学院学报，2004（2）

（2）斯宾诺莎的法律思想

汪太贤．法治：从神性回到理性——斯宾诺莎的理性法治观．西南民族学院学报（哲

学社会科学版），2001（4）

黄忠晶．斯宾诺莎论国家与理性．淮北煤炭师范学院学报（哲学社会科学版），2004（6）

黄忠晶．斯宾诺莎论人的自然权利．晋阳学刊，2005（4）

江晓英．浅析斯宾诺莎论人的自然权利．西昌学院学报（人文社会科学版），2006（3）

宗端华．斯宾诺莎“民主政治”中的专制主义倾向．成都大学学报（社会科学版），2006（5）

（3）霍布斯的法律思想

青人．评霍布斯和洛克的国家学说．青海社会科学，1980（2）

刘军宁．个人权力与公共权力的二重奏——霍布斯权力理论探幽．中国青年政治学院学报，1989（1）

刘北成．评霍布斯的社会——国家模式．北京师范大学学报（社会科学版），1990（2）

艾克文．论霍布斯的国家起源思想．武汉教育学院学报，1999（1）

张泳．霍布斯的法律思想述评．长春师范学院学报，2000（1）

袁柏顺．保王还是保权——论霍布斯的政治态度．思茅师范高等专科学校学报，2001（1）

任志安．霍布斯：自然法理论中的约伯——霍布斯论自然．学术探索，2001（1）

董少平．从君主专制到民主共和制——霍布斯、孟德斯鸠、卢梭政体思想．江西行政学院学报，2001（1）

茅海燕．霍布斯的自然法与国际冲突理论述评．苏州大学学报（哲学社会科学版），2002（1）

张锡金．霍布斯人权思想论要．学海，2002（5）

艾克文．霍布斯与西方近代自由主义的兴起．武汉大学学报（社会科学版），2002（6）

阚晴．关于霍布斯社会契约学说的再思考．重庆社会科学，2003（3）

姚萍．社会契约论探源——霍布斯、洛克、卢梭社会契约论之比较分析．抚州师专学报，2003（4）

苏云婷．霍布斯与近代自由观．燕山大学学报（哲学社会科学版），2004（1）

高巍．霍布斯刑法思想评介．黑龙江社会科学，2004（1）

郭为桂．秩序的解体与重构：霍布斯“绝对主权”思想评析．东南学术，2004（1）

王彩波．西方近代自由主义传统　从霍布斯到约翰·密尔．社会科学战线，2004（1）

孙长春．近代刑事法学思想的先声——霍布斯刑事法学思想述评．山东公安专科学校学报，2004（3）

黎志慧．转让自己权利的契约——对霍布斯、洛克和卢梭社会契约理论的批判性阅读．内蒙古农业大学学报（社会科学版），2004（4）

李庆钧．霍布斯：理性与社会秩序．江海学刊，2004（6）
邹国球．试述霍布斯的功利主义伦理观．哈尔滨学院学报，2004（9）
武掌华．霍布斯国家主义法律观之刍议．湘潭大学学报（哲学社会科学版），2005（1）
李宏图．“法律沉默下”的自由——霍布斯对自由的理解．丽水学院学报，2005（1）
卢珂．霍布斯、洛克之自然法思想比较．贵州社会科学，2005（1）
王卫．社会契约论：霍布斯与卢梭的比较分析．中国矿业大学学报（社会科学版），2005（3）
詹福满．有限政府理论的宪政分析——以霍布斯、洛克为例．政治与法律，2005（3）
禹江．试论霍布斯的自由与义务观．长沙理工大学学报（社会科学版），2005（3）
李刚．霍布斯的自由观．和田师范专科学校学报，2005（3）
赵昆．霍布斯的秩序解说及理论启示．沈阳工程学院学报（社会科学版），2005（4）
陈文新．君主·议会·人民——霍布斯、洛克、卢梭主权思想的分歧．周口师范学院学报，2005（6）
欧阳英．现代民主的发生机制与本质——由霍布斯与洛克社会契约论差异引发的思考．哲学研究，2005（9）
刘艳玲．霍布斯和洛克政治思想中关于自然状态的比较分析．东南大学学报（哲学社会科学版），2006（1）
何永军．自我保存的自由——霍布斯不被强迫自证其罪权利思想研究．法制与社会发展，2006（1）
胡国利．自由的最初政治意义——关于霍布斯的自由思想．北京航空航天大学学报（社会科学版），2006（1）
李泽．共同价值基点衍生的两种自然法理念——霍布斯与洛克自然法思想之比较．山东科技大学学报（社会科学版），2006（1）
冯留建．从霍布斯到马克思的人权理论探析．云南社会科学，2006（2）
刘秀华．霍布斯和洛克自然状态思想比较研究．中共郑州市委党校学报，2006（2）
吴增定．霍布斯与自由主义的“权力之恶”问题．浙江学刊，2006（3）
谈火生．在霍布斯和马基雅维里之间——哈林顿共和主义的思想底色．学海，2006（4）
谢新雷．霍布斯的社会契约论评析．牡丹江教育学院学报，2006（4）
杨巧蓉．霍布斯的政治哲学新探——以“自然权利”为视角．安康师专学报，2006（4）
郑云香．霍布斯对贝卡里亚刑法思想的影响——以刑法基本原则为视角．绥化学院学报，2006（4）
徐恒秋．霍布斯、洛克、卢梭社会契约理论的比较．淮南师范学院学报，2006（5）

李德政．唯名论：霍布斯的法律概念的哲学基础．石河子大学学报（哲学社会科学版），2006（6）

邓恒．霍布斯正义观初探．哈尔滨学院学报，2006（8）

（4）洛克的法律思想

张椿年．洛克对封建主义的批判——论《政府论》．世界历史，1979（6）

王申．约翰·洛克的法律思想简析．法学，1985（12）

刘波．浅析洛克的“议会至上”思想．史学月刊，1989（5）

王端林．剖析洛克和卢梭的人权观．山东师范大学学报（人文社会科学版），1992（1）

孙红军．洛克人权保护思想探析．铁道师院学报，1996（3）

王哲．自由在法律中的地位——洛克的自由理论与近代西方法治．北华大学学报（社会科学版），1996（3）

于语和．洛克的政法思想及其历史影响．历史教学，1997（5）

艾克文．洛克的“公共权力”思想初探．武汉教育学院学报，1998（2）

李进一．洛克的法律思想．中国人民大学学报，1998（4）

戴顺祥．论洛克的有限政府理论及启示．学术探索，2001（3）

曹宪忠．论洛克的国家权力理论．文史哲，2001（6）

胡云乔．洛克和卢梭的契约政府理论比较．北京大学学报（哲学社会科学版），2001（6）

刘惠荣．洛克对英国近代宪政制度的贡献．山东社会科学，2002（2）

刘鸿鹤．论洛克的自然权利学说．人权，2002（5）

孔玲．洛克的自由思想评介．理论与实践，2003（1）

刘鸿鹤．论洛克的自然权利学说．中西政治文化论丛，2003（3）

冯晓青．知识共有物、洛克劳动学说与知识产权制度的正当性．金陵法律评论，2003 春季号

王东．洛克：个人与社会制衡思想初探．中共杭州市委党校学报，2003（5）

邓辉．洛克自然法思想的简要评述——关于政治权力合法基础的开创性思辨．江西财经大学学报，2003（6）

郭英南．反抗暴政的自由呼声——析洛克《政府论》下篇的政治思想．上饶师范学院学报，2004（1）

袁绍义．洛克控权法律思想研究．信阳师范学院学报（哲学社会科学版），2004（1）

张红方．洛克的立法权论．绥化学院学报，2004（4）

吴德军．论洛克分权理论的时代特征．湖南省社会主义学院学报，2004（4）

刘烨．试论洛克的自然法理论．黔东南民族师范高等专科学校学报，2004（4）

彭毅．析洛克有限政府思想．湖南税务高等专科学校学报，2004（6）

李伯超．洛克《政府论》宪政思想述评．求索，2005（2）
周祖成．洛克的权力思想探析．广州社会主义学院学报，2005（4）
赵理富．自由与分权：洛克与孟德斯鸠的言说．湖北行政学院学报，2005（4）
李香钻．洛克主权思想初探．兰州学刊，2005（5）
杨荣山．洛克分权思想中的诸问题思考．甘肃政法成人教育学院学报，2006（1）
黄忠晶．洛克论权力制衡．重庆科技学院学报（社会科学版），2006（2）
陈艳花．洛克的法律思想．湖南科技学院学报，2006（2）
刘琳．洛克法学思想的历史解读．哈尔滨学院学报，2006（2）
梁晓杰．洛克财产权利的宗教伦理维度．中国社会科学，2006（3）
张春贵．洛克：何为自由？何种自由？——浅析洛克的自由观．当代经理人（下旬刊），2006（3）
张怀民．有限政府：洛克政治思想的精髓．河南广播电视大学学报，2006（4）
邹秀春．洛克道德法思想对社会主义荣辱观建设的启示．河北学刊，2006（5）
严荣．洛克与卢梭国家理论之比较．社会科学论坛（学术研究卷），2006（5）
邓恒．洛克财产思想简评．山西高等学校社会科学学报，2006（6）
李韶宇．分权理论对政治国家的意义——洛克《政府论》述评．研究生法学，2006（6）
吴春元．议会主权还是人民主权？——论洛克的主权观．黄山学院学报，2006（6）
徐地龙．论洛克政治权力的条件约束．学海，2006（6）
黄忠晶．洛克论公民社会的原则．辽东学院学报（社会科学版），2006（6）
杨晓龙．洛克《政府论》评析．法制与社会，2006（8）
孙慧芳．简评洛克《政府论》（下篇）．当代经理人（下旬刊），2006（8）
唐慧玲．国家与市民社会：从合流到分野——洛克市民社会思想探析．社会科学论坛（学术研究卷），2006（8）

（5）弥尔顿的法律思想

吴锡民．弥尔顿的文学与法思想论——《论出版自由》的一个思想层面．广西教育学院学报，1998（1）

（6）哈林顿的法律思想

汪太贤．法治共和国的建构原则——试论哈林顿对法治国家的设计．西南民族学院学报（哲学社会科学版），2001（7）
谈火生．在霍布斯和马基雅维里之间——哈林顿共和主义的思想底色．学海，2006（4）
李宏图．人的王国还是法律的王国——哈林顿的共和主义自由思想．历史教学问题，2005（2）

（7）布莱克斯通的法律思想

何勤华．布莱克斯通与英美法律文化近代化．法律科学，1996（6）

（8）柏克的法律思想

周永生．社会制度的历史成长与理性设计：简论柏克国家法律思想的人性基础．河北法学，2000（5）

张桂琳．理性与传统：谁是权利的基础？——伯克政治哲学解读．政治学研究，2002（2）

郭晓东．传统·秩序·自由——柏克政治保守主义思想评析．学海，2003（1）

邢喜涛．柏克政治思想管窥——读《自由与传统》．求实，2003（2）

丰凤．柏克的社会自由思想初探．湖南省社会主义学院学报，2004（5）

严存生．法治社会中的“法律上的人”的哲理思考——读拉德布鲁赫《法律上的人》有感．华东政法学院学报，2004（6）

杨建军．柏克保守主义政治法律思想再解读．陕西理工学院学报，2005（2）

王金玉．柏克的权利观．江苏大学学报（社会科学版），2006（4）

（9）杰斐逊的法律思想

陈利今．论杰斐逊的民主思想．湖南师范大学社会科学学报，1983（3）

李柏槐．试论杰斐逊的人权理论与实践．中国人民大学学报，1993（3）

曹希岭．杰斐逊关于权力制约与监督的思想．学海，2002（5）

卢永嘉．杰斐逊的海权思想及其实践．河南广播电视大学学报，2005（4）

高春芽．试析杰斐逊对自然权利思想的发展．西南政法大学学报，2005（5）

佟德志．宪政与民主的调和与共容——杰斐逊的宪政民主理论体系初探．山西师范大学学报（社会科学版），2006（4）

（10）潘恩的法律思想

孟繁容．托马斯·潘恩的民主思想．衡阳师范学院学报，1988（1）

宋洁人．试述托马斯·潘恩对人类民主政治思想的贡献．烟台师范学院学报（哲学社会科学版），1989（1）

张锐智．潘恩法思想研究．辽宁大学学报（哲学社会科学版），1996（6）

张喜舜．试论托马斯·潘恩的激进民主主义思想．许昌师专学报，1999（2）

周跃军．试论潘恩的政治民主思想．宜宾学院学报，2004（5）

王涛．潘恩人权思想述要．湖北大学成人教育学院学报，2006（3）

（11）汉密尔顿的法律思想

李喜蕊．论汉密尔顿的人权思想．聊城大学学报（哲学社会科学版），2002（4）

王亚军．论汉密尔顿的司法独立思想．皖西学院学报，2006（1）

（12）孟德斯鸠的法律思想

刘富起．略论孟德斯鸠的法律思想．吉林大学社会科学学报，1980（4）

林欣．反对封建君主专制的强大思想武器——读孟德斯鸠的《论法的精神》．读书，

1980（5）

黄子鸿．孟德斯鸠的法律思想简述．法学，1982（8）

陈淑珍．略论孟德斯鸠的法学世界观．天津社会科学，1984（3）

杨少南．略论孟德斯鸠的刑法思想．内蒙古社会科学（汉文版），1984（6）

张世恒．浅析孟德斯鸠的国家与法律观．内蒙古大学学报（人文社会科学版），1985（2）

杨海坤．试论孟德斯鸠的法学思想．法国研究，1985（3）

王哲．剖析孟德斯鸠的立法和应用法学理论．北京大学学报（哲学社会科学版），1986（3）

杨荣基．孟德斯鸠论自由．江汉大学学报（人文科学版），1994（4）

张军华．从批判中寻求启迪——孟德斯鸠的自然法哲学观述评．广西师范大学学报（哲学社会科学版），1995（2）

杨世华．孟德斯鸠的三权分立论对现代西方社会的影响．玉溪师范学院学报，1996（5）

恽革．试述孟德斯鸠分权制衡的思想意义．桂海论丛，1997（6）

李建华．法的精神与法的规则——孟德斯鸠立法思想初探．长沙电力学院学报（社会科学版），1998（1）

尹志学．分权制衡与现代法治——孟德斯鸠三权分立学说的历史反思与现实启示．法律科学，1998（4）

宋全成．论孟德斯鸠的三权分立、权力制约理论．中国海洋大学学报（社会科学版），1999（2）

张铭．孟德斯鸠政治自由思想新探．苏州大学学报（哲学社会科学版），1999（4）

艾克文．论孟德斯鸠的分权学说．武汉教育学院学报，2000（1）

周娟．孟德斯鸠三权分立学说对我国司法改革的启示．邯郸师专学报，2000（2）

葛洪义．略论孟德斯鸠社会理论中的法律思想——兼谈启蒙思想与理性法律观的建立．国家检察官学院学报，2000（2）

文礼朋．关于孟德斯鸠分权理论的几个问题．常德师范学院学报（社会科学版），2000（2）

张锡金．孟德斯鸠人权思想论要．南京化工大学学报（哲学社会科学版），2000（3）

童德华．孟德斯鸠的“地理决定论”及其刑罚观述评．湖南公安高等专科学校学报，2001（1）

张鹏飞．孟德斯鸠自然法思想概观．兰州工业高等专科学校学报，2001（3）

范建铭．对孟德斯鸠法学思想的哲学思考．社会科学战线，2001（3）

黄忠晶．孟德斯鸠关于国家政体的思想述评．江南大学学报（人文社会科学版），2002（1）

许明龙．小议孟德斯鸠的三权分立之本意．史学理论研究，2002（3）

史彤彪．孟德斯鸠对中国法律文化的认识．北京行政学院学报，2002（4）

周贵卯．孟德斯鸠的理性自由法思想．沙洋师范高等专科学校学报，2002（5）

曹希岭．孟德斯鸠论刑法．河北法学，2002（6）

朱春珠．孟德斯鸠的社会法治学说及其意义．浙江学刊，2003（4）

曹希岭．孟德斯鸠对东西方政体与法制的比较研究．河北法学，2004（1）

田丰．孟德斯鸠自由思想述评．湖北行政学院学报，2004（3）

张皓．自由、理性、分权制衡——孟德斯鸠政治正义观探究．安徽理工大学学报（社会科学版），2004（3）

凌新．论孟德斯鸠法哲学的精髓及其当代价值．湖北社会科学，2004（3）

钟会兵．孟德斯鸠的政体理论及其启示．学术论坛，2004（3）

刘芳．刍议孟德斯鸠的三权分立理论．肇庆学院学报，2004（6）

徐祥民．法治——孟德斯鸠政体思想的基本精神．中国海洋大学学报（社会科学版），2004（6）

周静．略论孟德斯鸠的三权分立理论——兼评对中共党内权力构架改革的启迪．法国研究，2005（1）

张钦朋．孟德斯鸠分权制衡思想的现代性价值及其局限．经济与社会发展，2005（4）

刘建峰．孟德斯鸠的分权学说及其现代意义．云南行政学院学报，2005（5）

罗御．论孟德斯鸠的三权分立学说．重庆三峡学院学报，2006（1）

黄友锋．解读《论法的精神》的“精神”．福建政法管理干部学院学报，2006（1）

蔡东丽．政治自由与三权分立的密切关系——孟德斯鸠《论法的精神》读后感．绥化学院学报，2006（2）

史悦．从与洛克比较中看孟德斯鸠的自由保障学说及其现实意义．吉林广播电视大学学报，2006（4）

叶剑锋．对孟德斯鸠分权理论几个问题的辨析．云南行政学院学报，2006（6）

肖海芹．孟德斯鸠的分权制衡论．淮北职业技术学院学报，2006（6）

（13）卢梭的法律思想

威烈．卢梭的民约论．东吴法声，1939年春季号

李元明．卢梭的民主主义思想．世界历史，1980（1）

郝丽雅．卢梭的法律思想研究．吉林大学社会科学学报，1982（5）

黄子鸿．卢梭的法律思想．法学，1982（12）

韩承文．卢梭社会契约学说的历史地位．法国研究，1983（2）

阎海云．卢梭的民主思想与法国大革命．历史教学问题，1983（4）

张秀兰．试论卢梭的人民主权思想．求是学刊，1985（2）

陈维纲．评卢梭人民主权论的专制主义倾向——读《社会契约论》．读书，1986（12）

张桂琳．卢梭自然法论新探．政法论坛，1987（1）
王辉．略论卢梭的立法权思想．江淮论坛，1987（5）
刘大力．卢梭法律思想的内在冲突——评《社会契约论》．比较法研究，1988（4）
蒋德海．卢梭民主观和专制主义．探索，1991（4）
吴明银．试论卢梭的民主思想．辽宁大学学报（哲学社会科学版），1993（4）
刘丽君．评卢梭的民主主义思想．闽江学院学报，1994（3）
章牧．卢梭人权学说论要．学海，1994（5）
吴琦．试论卢梭的社会契约思想．江西社会科学，1994（5）
宋全成．论卢梭的国家权力理论．东南学术，2000（2）
李秀梅．试论卢梭的立法思想．北京行政学院学报，2000（3）
程宗璋．卢梭立法思想论要．新疆广播电视大学学报，2000（4）
黄颂．挥之不去的影子——卢梭的政治哲学与自然法．思茅师范高等专科学校学报，2001（1）
彭美．卢梭政治法律思想述评．四川师范学院学报（哲学社会科学版），2001（2）
杨全顺．卢梭人民主权与公仆意识述论．山东社会科学，2001（3）
郭长军．以自由为名的奴役——对卢梭社会契约论的理性批判．松辽学刊（人文社会科学版），2001（6）
申建林．理想与失落——对卢梭民主理论的重新评述．法国研究，2002（1）
韩晓彬．简谈卢梭的主权在民理论．张家口师专学报，2002（2）
李敏．评卢梭的公意与主权学说．新余高专学报，2002（3）
马飞翔．试论卢梭自由思想之难题．唯实，2002（4）
刘江琴．论卢梭的平等理论．常德师范学院学报（社会科学版），2002（4）
岳澎．卢梭人民主权论的实质．运城学院学报，2002（6）
叶兴艺．卢梭法治共和国思想的探索．当代法学，2002（6）
高静．卢梭的治国思想：法治与德治．江西社会科学，2002（9）
刘琛．自由与公意——卢梭社会契约思想的核心．岳阳职业技术学院学报，2003（2）
田成有．对卢梭自然法思想的再认识．云南大学学报（社会科学版），2004（2）
史彤彪．卢梭的法律思想对法国大革命的影响．法学家，2004（2）
刘清华．论卢梭的人民主权思想．彭城职业大学学报，2004（6）
王碧英．论“契约”公正——卢梭的社会契约思想解析．内江师范学院学报，2005（1）
佟德志．卢梭命题与西方宪政民主理论的逻辑困境．政治学研究，2005（2）
胡刚．浅谈卢梭的自由主义理念．天府新论，2005（2）
刘春兵．卢梭公民理论探析．华北电力大学学报（社会科学版），2005（2）
滕琪．“约定”背后的“自然”——略论卢梭社会契约论中隐含的自然法观念及其神学

背景．中国矿业大学学报（社会科学版），2005（3）

平飞．自主•平等•历史——卢梭自由观的价值命意．山西师范大学学报（社会科学版），2005（4）

韩敏复．浅析卢梭的自由观．西安欧亚学院学报，2005（4）

芒来夫．浅析卢梭法治理想国理论的逻辑结构．内蒙古大学学报（人文社会科学版），2005（5）

赵立坤．论卢梭政治法律思想的特征．湘潭大学学报（哲学社会科学版），2005（5）

王爱莲．试析卢梭《社会契约论》的政治法律观．天中学刊，2005（6）

黎文娟．卢梭社会契约论的浪漫情怀．和田师范专科学校学报，2005（6）

张智远．论卢梭的人权法律观．求实，2006（1）

张异．评卢梭的《社会契约论》．伊犁教育学院学报，2006（1）

郑伟．卢梭政治哲学的悖论及其求解．山东社会科学，2006（2）

倪娟芝．卢梭及其人民主权思想述评．社科纵横，2006（2）

鲁冰．简论卢梭政治思想的矛盾性．思茅师范高等专科学校学报，2006（2）

李筠．始于自由，终于专制——伯林眼中的卢梭．政法论坛，2006（2）

王贵锋．试论卢梭与杰斐逊人民主权理论之不同．淮北职业技术学院学报，2006（2）

郭忠．法律权威如何形成——卢梭法律观的启示．现代法学，2006（2）

周国文．社会契约中的公民伦理——卢梭《社会契约论》中的公民伦理思想．重庆社会科学，2006（3）

韩升．浪漫主义的政治乌托邦——评卢梭的社会政治学说．兰州学刊，2006（3）

马蓬勃．论卢梭的人民主权说．石河子大学学报（哲学社会科学版），2006（4）

钟枢．卢梭民主政治观述评．求索，2006（4）

孙运德．代议制缺失的人民主权论——卢梭人民主权理论评析．济源职业技术学院学报，2006（4）

徐琳．论民主、平等、人民主权的历史地位——卢梭政治思想述评．理论月刊，2006（6）

（14）法国百科全书派的法律思想

刘伏海．狄德罗法学思想述评．湖南师范大学社会科学学报，1985（6）

张锡金．狄德罗人权思想论要．青海社会科学，2002（3）

张锡金．论狄德罗的人权思想．淮阴师范学院学报（哲学社会科学版），2002（5）

王威．伏尔泰的法社会学先驱思想．广东社会科学，2005（2）

（15）摩莱里的法律思想

董延林．论摩莱里和德萨米的经济法思想及其影响．求是学刊，1993（3）

陈贻新．18 世纪空想社会主义者摩莱里人权思想略论．华南理工大学学报（社会科学

版），1999（1）

李国旗．从《自然法典》看摩莱里的自然法思想．社科纵横，2001（3）

侯冬梅．论摩莱里的《自然法典》．赤峰学院学报（汉文哲学社会科学版），2005（4）

（16）罗伯斯庇尔的法律思想

王荣正．试论罗伯斯庇尔的法律思想．现代法学，1982（4）

章牧．试论罗伯斯庇尔的人权思想．学海，1998（4）

王文．评述罗伯斯庇尔的法制思想与实践．国家检察官学院学报，2002（3）

黄金荣．人权的革命与革命中的人权——对罗伯斯庇尔人权观的重新解读．法治与社会发展，2003（2）

（17）康德的法律思想

何金彝．论康德的人权思想．上海师范大学学报（哲学社会科学版），1993（2）

张绍谦．康德刑法思想探微．河南省政法管理干部学院学报，1999（2）

张廷国．自由与权利：康德法哲学的先验线索．兰州大学学报（社会科学版），1999（4）

倪敏．康德国际法思想研究．广西政法管理干部学院学报，2002（1）

周文文．康德的先验历史理念："普遍法治的公民社会"．江西社会科学，2002（9）

朱晓哲．批判哲学视野中的私权问题——康德的私权哲学思想研究．金陵法律评论，2002秋季号

林道海．论康德关于自由与法治的关系的理论．江西师范大学学报（哲学社会科学版），2003（3）

王星星．康德的人权思想探析．山西省政法管理干部学院学报，2003（4）

赵明．康德论死刑．湘潭大学社会科学学报，2003（5）

冉杰．康德所有权思想的思辨性．番禺职业技术学院学报，2004（2）

陈义平．权利与法治：康德法哲学的二维视界．安徽大学学报（哲学社会科学版），2004（5）

贺然．康德的自由主义权利思想．华南师范大学学报（社会科学版），2004（6）

陈义平．康德法哲学的权利伦理视域与法治理想．现代法学，2005（3）

金可可．康德视野中对人权与对物权的区分．云南社会科学，2005（4）

周莉．论康德的人为自然立法．安徽教育学院学报，2005（4）

王永鑫．论康德的法权哲学思想．陕西教育，2006（4）

王立峰．康德的惩罚观：公正优先兼顾功利——读《法的形而上学原理》．政法论坛，2006（5）

肖娜．康德自由理论的思想渊源．邵阳学院学报（社会科学版），2006（5）

付文学．康德的宪政思想．法制与社会（理论版），2006（7）

(18) 费希特的法律思想

梁志学．费希特《自然法权基础》评述．云南大学学报（社会科学版），2003（2）

沈真．费希特早期的宪法理论．博览群书，2005（2）

(19) 黑格尔的法律思想

马林．黑格尔法律哲学的“奥伏赫变”论．东吴法声，1939年夏季号

邵德门．黑格尔政治法律思想简论．东北师大学报（社会科学版），1985（2）

舒扬．简论黑格尔的理性法思想．法律科学，1987（4）

王玉杰．论黑格尔的刑罚思想．国家检察官学院学报，1999（2）

罗长斌．黑格尔刑法思想述评．湖北公安高等专科学校学报，1999（6）

谭志君．析黑格尔法哲学中自由与法的内在逻辑．湘潭大学社会科学学报，2000（1）

郁建兴．黑格尔对社会契约论的批判．吉林大学社会科学学报，2000（5）

王兆良．黑格尔的市民社会理论及其历史意义．安徽大学学报（哲学社会科学版），2000（6）

孔庆明．黑格尔法哲学要义简析．烟台大学学报（哲学社会科学版），2001（1）

覃珠坚．黑格尔刑罚理性评介．广西公安管理干部学院学报，2002（1）

李主峰．黑格尔行为概念之解读：兼与《史略》商榷．绥化师专学报，2002（4）

王莉君．从个人主义权利观念到整体主义权利观念——黑格尔权利思想探微．河南科技大学学报（社会科学版），2003（1）

赵民．略论黑格尔对王权和任性的基本观点．甘肃政法学院学报，2003（3）

曲波．黑格尔权利观浅析．山东大学学报（哲学社会科学版），2003（5）

姚岷．黑格尔法哲学中的知识产权思想．电子知识产权，2003（6）

菅从进．黑格尔的市民社会理论．学海，2004（2）

郭智勇．从黑格尔抽象法权思想看现代刑罚改革．前沿，2004（6）

朱学平．黑格尔法哲学思想探源．现代法学，2005（2）

李道刚．黑格尔论“罪”与“罚”——读《法哲学原理》．山东社会科学，2005（2）

袁勇．市民社会理论的变迁——黑格尔市民社会理论及其前后．海南大学学报（人文社会科学版），2005（3）

张国清．黑格尔理性宪政思想及其当代意义．同济大学学报（社会科学版），2005（3）

乔宗楼．黑格尔报应刑理论的价值分析．江南大学学报（人文社会科学版），2005（4）

仰海峰．国家：自由与伦理的现实体现——读黑格尔《法哲学原理》．福建论坛（社科教育版），2005（5）

高兆明．作为自由意志定在的财产权——黑格尔《法哲学原理》读书札记．吉首大学学报（社会科学版），2006（1）

孙其昂．黑格尔《法哲学原理》与市民社会．马克思主义与现实，2006（1）

陈金全．黑格尔法哲学思想探究．湘潭大学学报（哲学社会科学版），2006（2）

高兆明．财产权与契约关系——黑格尔《法哲学原理》读书札记．南京师大学报（社会科学版），2006（2）

崔建树．论黑格尔的国家学说及其创新．江淮论坛，2006（3）

宋建丽．黑格尔关于政治合法性的探求．华中科技大学学报（社会科学版），2006（3）

蒋炜．论黑格尔所有权思想的神义论特征．惠州学院学报，2006（4）

周贝斌．黑格尔的历史法学思想．河北法学，2006（11）

冯川．黑格尔法哲学再诠释．南京社会科学，2006（11）

（20）边沁的法律思想

田岳．边沁氏之道德与立法原理．东吴法声，1939年春季号

胥波．边沁功利主义法学述评．辽宁大学学报（哲学社会科学版），1988（3）

孙庆．略论杰米里·边沁的功利主义政治思想．江苏社会科学，1992（5）

龚祥瑞．法与改革——读边沁与密尔：《政府论》．比较法研究，1995（1）

贾宇．边沁刑法思想述评．甘肃政法学院学报，1996（2），（3）

向泽选．从《立法理论——刑法典原理》看边沁的法律思想．法律科学，1997（1）

逄锦温．边沁的功利主义刑罚观探析．法学评论，1998（6）

王楠高．试评边沁功利主义的法律思想和刑罚理论．浙江省政法管理干部学院学报，1999（3）

［美］吉尔伯特·格斯著，郭义贵译．边沁论犯罪预防与惩罚．福建公安高等专科学校学报，1999（6）

张云．边沁功利主义立法观新析．云南行政学院学报，2000（4）

余涌．边沁论权利．道德与文明，2000（2）

黄斌，张中秋．简论边沁的功利思想及法律改革．南京社会科学，2002（3）

唐代兴．边沁功利主义思想浅析．北京社会科学，2002（3）

徐爱国．再审视作为法学家的边沁．华东政法学院学报，2003（3）

［美］雨果·亚当·比多著，邱兴隆译．边沁对死刑的功利主义批判．湘江法律评论，2003（5）

郭子贤．边沁的死刑废除论探析．文史哲研究，2003（6）

谵洪果．在迷惑与清醒之间徘徊：边沁的法律语言观及对立法科学化的追求．法律方法与法律思维，2003（2）

杨彩霞．功利刑法观的滥觞——边沁刑法思想述评．中南大学学报（社会科学版），2004（1）

邹大虬．论边沁对贝卡利亚刑罚思想的继承和发展．绥化师专学报，2004（2）

王文华．边沁功利主义溯源探究．江西师范大学学报（哲学社会科学版），2004（6）

王文华．边沁功利主义评析．武汉科技学院学报，2004（7）

胡玉鸿．边沁法律思想之研究．政法论丛，2005（5）

曾鼎忠．论边沁对贝卡里亚刑法思想的继承和发展．求索，2005（11）

胡昭华．从富勒的两种道德观看边沁的权利思想．长春市委党校学报，2006（5）

吴丹红．证据法的批判与建构——边沁的证据法思想及其启示．环球法律评论，2006（6）

李莹．边沁功利主义伦理思想探析．铜仁师范高等专科学校学报，2006（6）

李淑娟．边沁的功利主义刑罚思想浅析．中国市场，2006（40）

（21）密尔的法律思想

雷雨．论约翰·密尔对古典自由主义的现代改造．天津社会科学，1998（6）

张建成．评约翰·密尔的代议制民主观．陕西师范大学学报（哲学社会科学版），1999（3）

罗文波．密尔平等思想探析．山东大学学报（社会科学版），2000（2）

吴庆红．论密尔的女权思想．学海，2001（3）

吕桂玲．浅谈密尔的政府行政管理思想的实践意义．江西行政学院学报，2001（3）

王守昌．自由是进步的唯一源泉——读密尔《论自由》的联想．肇庆学院学报，2002（1）

吴春华．密尔政治思想的自由主义特征及其形成．浙江学刊，2002（3）

陈洪林．言论自由及其必要限度——密尔《论自由》的思想解析及其现实意义．零陵师范高等专科学校学报，2002（3）

肖太福．密尔的选举权思想．中国社会科学院研究生院学报，2002（4）

盛文沁．自由是什么——读约翰·密尔《论自由》．历史教学问题，2002（5）

盛文沁．浅析约翰·斯图亚特·密尔的代议制政府思想．历史教学问题，2003（6）

戴小蓉．密尔的自由主义法律观．实事求是，2004（3）

[希腊] 菲利蒙·皮奥尼迪斯著，张兴富译．密尔对表达自由的辩护及其当代意义．现代哲学，2004（3）

王连伟．密尔自由主义政治思想论析．学术交流，2004（4）

王智勇．浅析约翰·斯图亚特·密尔的代议制政府思想．求实，2004（4）

周云芳．评密尔《论自由》关于国家干预的限度原则．中南大学学报（社会科学版），2004（6）

张清．密尔论权利与功利．福建论坛（社科教育版），2004（11）

张伟．浅谈密尔个性自由主义功利思想．重庆社会科学，2005（2）

龚少情．约翰·密尔的思想自由理论及其现代性价值．华东理工大学学报（社会科学版），2005（4）

童中平．密尔自由主义思想述评．兰州学刊，2005（6）

盛文沁．约翰·斯图亚特·密尔功利主义与自由思想关系探析．苏州大学学报（哲学社会科学版），2005（5）

王秋梅．伟大的折衷：论密尔的自由主义思想．学术论坛，2005（12）

胡玉鸿．法律与自由：密尔法律思想之分析．中国井冈山干部学院学报，2006（1）

李宏图．从政治的自由到社会的自由——论密尔的自由主义思想．华东师范大学学报（哲学社会科学版），2006（1）

付翠莲．密尔自由原则之诠释．集宁师专学报，2006（2）

王成君．密尔自由主义思想简析．江苏广播电视大学学报，2006（2）

艾克文．原则的冲突：约翰·密尔的自由理论述评．江汉大学学报（人文科学版），2006（4）

严加银．约翰·密尔的代议制思想．重庆教育学院学报，2006（5）

肖会舜．自由的功利与功利主义的自由——密尔自由思想研究．湖州师范学院学报，2006（5）

庄龙玉．讨论之自由——兼评约翰·密尔《论自由》．社会科学论坛（学术研究卷），2006（5）

朱建华．浅论密尔自由主义政治思想的内容及形成原因．文教资料，2006（8）

平飞．自由限度·个人意见·个性发展——密尔个人自由思想的三重奏．兰州学刊，2006（10）

（22）奥斯丁的法律思想

刘季涵等译．奥斯丁氏法律与主权学说．法学杂志，1933，6（6）

亢爱青．奥斯丁及其实证分析法学——奥斯丁法学思想的历史解读．当代法学，2001（3）

刘星．重读奥斯丁的《法理学的范围》．环球法律评论，2002（1）

陈锐．奥斯丁的分析法学研究：一种被误读的思想．池州师专学报，2003（2）

陈煜．奥古斯丁法律帝国及其现代意义．江苏警官学院学报，2004（1）

范玉萍．奥斯丁的政府法制监督观．太原城市职业技术学院学报，2004（4）

张翼挺．法律命令与恶法亦法——评奥斯丁的《法理学的范围》．经济与社会发展，2005（1）

韦志明．奥斯丁分析法学中的法治养源——另一种视角的分析．理论界，2006（10）

（23）萨维尼的法律思想

刘武俊．重估萨维尼的价值．读书，1996（1）

李双元．萨维尼法学实践中一个矛盾现象之透视．浙江社会科学，2000（2）

马德才．论萨维尼的“法律关系本座说”在国际私法发展史上的影响．甘肃政法学院学报，2001（1）

陈慧．德国历史上最伟大的法学家——萨维尼的生平与学说简介．德国研究，2003（4）

［德］施罗德著，许兰译．萨维尼的生平及其学说．法哲学与法社会学论丛，2003（5）

袁俊杰．萨维尼、耶林的法哲学方法对马克斯·韦伯方法论体系影响之初探．理论月刊，2004（1）

冯引如．萨维尼对19世纪英美法学的影响．西南政法大学学报，2004（6）

熊键．作为精神遗产的历史法学派——以萨维尼法律思想为例．求索，2004（11）

金可可．私法体系中的债权物权区分说——萨维尼的理论贡献．中国社会科学，2006（2）

冯引如．萨维尼与19世纪法律教育．重庆教育学院学报，2005（1）

屈广清．萨维尼的法哲学思想与法学实践评析．法学杂志，2005（1）

郑祝君．萨维尼的“民族精神”与中国现代法治．社科纵横，2005（2）

陈颐．萨维尼历史法学方法论简释——以《论立法与法学的当代使命》为中心．比较法研究，2005（5）

黎四奇．对萨维尼“民族精神”的解读与评价．德国研究，2006（2）

于海涌．论绝对物权行为理论之建构——对萨维尼物权行为理论的矫正．法商研究，2006（4）

朱虎．萨维尼的《论占有》及其贡献——法学、立法以及方法．比较法研究，2006（6）

赵玉霞．萨维尼的“民族精神说”——从《论立法与法学的当代使命》谈起．甘肃农业，2006（6）

（24）梅因的法律思想

韦绍英．梅因的历史方法试析．法学评论，1985（3）

胥波．梅因——历史法学的集大成者．辽宁大学学报（哲学社会科学版），1990（5）

张保成．析梅因的“从身份到契约”．贵州警官职业学院学报，1991（1）

蒋先福．近代法治国的历史再现——梅因“从身份到契约”论断新论．法制与社会发展，2000（2）

叶秋华，郝刚．梅因与《古代法》及法学历史方法论．河南省政法管理干部学院学报，2005（1）

（25）刑事古典学派的法律思想

张志愿．贝卡利亚刑法理论评介．现代法学，1981（1）

赵秉志．贝卡利亚关于犯罪的若干思想．社会科学，1985（6）

周振想．论贝卡利亚“罪刑相均衡”的思想．法治论丛，1994（2）

程宗璋．从《论犯罪与刑罚》看贝卡利亚的刑法思想．通化师范学院学报，2000（3）

刘东民．加罗法洛自然犯罪思想研究．刑法问题与争鸣，2002（5）

傅强．论贝卡利亚刑法学思想及其历史影响．湖南省政法管理干部学院学报，2002（2）

夏尊文，费赫夫．对贝卡里亚刑罚观的解读．社科与经济信息，2002（3）

田桂元．论贝卡利亚刑法思想及其对后世的影响．湖南公安高等专科学校学报，2002（4）

李露，熊德米．对贝评贝卡里亚的刑罚思想：读《论犯罪与刑罚》．重庆大学学报，2003（2）

夏尊文．贝卡利亚刑罚观的解读．当代法学 2003（2）

房保国．重读贝卡利亚的形式程序法思想．中外法学，2003（3）

李建光．刑事古典学派内部死刑观的异同及其借鉴．湖南科技大学学报（社科版），2004（4）

陈谦信．贝卡利亚犯罪学思想述评．台声新视角，2005（7）

伊繁伟．罪刑相当初探——对贝卡利亚罪刑相当思想的展开．研究生法学，2006（2）

3. 其他人物的法律思想

乔洪武，乔红军．亚当·斯密的法学思想评介．法学评论，2001（4）

杨泽伟．劳特派特国际法思想述评．比较法研究，2001（4）

徐晓明．国际法是一种弱法：汉斯·摩根索国际法思想述评．上饶师范学院学报，2002（1）

张彩凤．现代英国法治理论的经典表述：戴雪的法治观及现代批判．安徽律师，2002（2）

范亚峰．华盛顿的宪政思想．中共宁波市委党校学报，2003（2）

余红江．奥卡姆·威廉和“自然法则”及“契约论”．湖北社会科学，2003（12）

谢冬慧．浅论拿破仑的法治思想与司法实践．法学评论，2005（1）

（五）现代西方法律思想

1. 新康德主义法学派的思想

（1）施塔姆勒的法律思想

张正学．舒丹木纳正义法中之四原则．法学季刊，第 3 卷第 6 期

吴经熊，丘汉平译．斯丹木拉之法律哲学及其批评者．法学季刊，1926 年 4 月第 2 卷（8）

（2）拉德布鲁赫的法律思想

薛祀光．剌德布鲁夫的相对主义法律哲学．社会科学论丛月刊，第 1 卷第 11 期

［德］拉德布鲁赫著，舒国滢译．《五分钟法哲学》（1945 年）．比较法研究，1997（4）

羲父．拉德布鲁赫《法智警言》（Ⅱ）法、法观念、正义观．比较法研究，1999（2）

羲父．拉德布鲁赫《法智警言》（节译）．比较法研究，2000（1）

陈根发．论东亚的拉德布鲁赫法哲学思想研究．云南大学学报（法学版），2002（4）

［日］铃木敬夫．论自由社会主义——论拉德布鲁赫《社会主义文化理论》的现代意义．比较法研究，2004（5）

严存生．法治社会中的“法律上的人”的哲理思考——读拉德布鲁赫《法律上的人》有感．华东政法学院学报，2004（6）

［日］铃木敬夫．论法的效力——以拉德布鲁赫的哲学效力论为中心．太平洋学报，2006（9）

2. 新自然法学派的法律思想

（1）通论

［美］希曼著，徐爽译．当代美国自然法理论走势．现代法学，2002（1）

陈根发．新自然法学与人权理论．浙江学刊，2005（1）

（2）富勒的法律思想

菲心．富勒的法律与道德的关系学说．道德与文明，1985（3）

林喆．评富勒的法律道德论．云南社会科学，1991（1）

孔玲．试析富勒新自然法学的方法论特征．贵州大学学报（社会科学版），2003（5）

陈强．论富勒新自然法学的方法论特征．锦州医学院学报（社会科学版），2004（3）

邹立君．良好法律的内在道德：一种通达目的性事业的观念（之一）——兼评富勒《法律的道德性》．社会科学论坛·学术评论卷，2005（12）

邹立君．社会秩序的孜孜探求者：法学家朗·富勒（之二）．社会科学论坛·学术评论卷，2005（12）

邹立君．良好秩序理论的超越：朗·富勒法律秩序观的建构——兼评富勒《社会秩序原理》．法律科学，2006（1）

王家国．虚构：法律思维的必要之维——朗·富勒《法律的虚构》译后．法律科学，2006（2）

赵毅．论富勒法律思想的形成．江苏警官学院学报，2006（5）

（3）罗尔斯的法律思想

张乃根．罗尔斯的法律哲学思想．法学，1987（11）

李遥．罗尔斯的社会公正学说评介．理论前沿，1989（7）

赵敦华．罗尔斯的正义说．求索，1994（2）

朱士群．罗尔斯正义论视野中的社会主义与市场——兼探分配正义的差别原则．江淮论坛，1995（3）

方永．罗尔斯《正义论》评述．道德与文明，1996（1）
戚本芬．罗尔斯的平等概念．甘肃社会科学，1996（2）
姚大志．自由主义的两个教条——评罗尔斯与诺奇克的争论．哲学研究，1996（9）
陈勋武．正义是否包含真理？——罗尔斯与哈贝马斯有关正义理论之争．哲学动态，1996（12）
王海明．平等原则之我见——兼评罗尔斯的平等观．人文杂志，1997（5）
戴桂斌．罗尔斯的正义原则述评．河南大学学报（社会科学版），1998（3）
姚大志．自由与平等的张力——罗尔斯的正义理论述评．长春市委党校学报，1999（2）
应奇．罗尔斯与近代西方政治文化传统．浙江社会科学，1999（6）
王海明．罗尔斯正义理论之我见．暨南学报（哲学社会科学版），1999（6）
贾中海．析罗尔斯正义论的精神价值．学术交流，1999（6）
寿建纲．民主的危机与正义论——诺齐克与罗尔斯之争透视．内蒙古大学学报（人文社会科学版），2000（5）
朱志萍．罗尔斯：作为正义论的契约理论．泰安教育学院学报岱宗学刊，2001（1）
尹玉．从罗尔斯、诺奇克之争反思正义原则——共赢原则．社会科学研究，2001（1）
韩强．罗尔斯程序正义思想及其启示．国家行政学院学报，2001（6）
马智．罗尔斯正义原则刍议．西安电子科技大学学报（社会科学版），2002（1）
陈辉庭．论罗尔斯的正义理论．中共福建省委党校学报，2002（1）
宋立人．论罗尔斯的社会正义二原则．华北科技学院学报，2001（1）
［德］J. 哈贝马斯著，江绪林译．评罗尔斯的《政治自由主义》．哲学译丛，2001（4）
姚大志．何谓正义：罗尔斯与哈贝马斯．浙江学刊，2001（4）
范逢春．罗尔斯社会正义理论对康德主义契约论的超越与重建．广西民族学院学报（哲学社会科学版），2002（1）
姚大志．罗尔斯正义理论的道德基础．江海学刊，2002（2）
薛长绪．国内学者对罗尔斯《正义论》的研究综述．石油大学学报（社会科学版），2002（2）
袁久红．论西方马克思主义对罗尔斯正义论的批判．学海，2002（2）
袁久红．政治自由主义的正义“共识”——析罗尔斯后期的政治正义论．江苏行政学院学报，2002（3）
刘筠．罗尔斯论平等与效率．喀什师范学院学报，2002（4）
丛占修．试析罗尔斯的正义观对功利主义的超越．烟台大学学报（哲学社会科学版），2002（4）
王大鹏．罗尔斯“正义国家”理论初探．安徽工业大学学报（社会科学版），2002（5）
程世礼．评罗尔斯的正义论．华南师范大学学报（社会科学版），2002（5）

郑湘萍．论罗尔斯多元正义论的形成．桂海论丛，2002（6）

［美］理查德·F·冯德勒著，李小科译．罗尔斯与他的正义理论．开放时代，2003（1）

姚大志．罗尔斯：从自由到平等．开放时代，2003（1）

薛传会．论罗尔斯对两个正义原则的修正从《正义论》到《作为公平的正义——正义新论》．中共杭州市委党校学报，2003（4）

刘然．罗尔斯的政治法律思想述评．湖北大学学报（哲学社会科学版），2003（5）

刘光斌．麦金太尔论德性正义的传统及现代选择——兼与罗尔斯正义观之比较．桂海论丛，2003（6）

张传有．“纪念罗尔斯——罗尔斯的正义理论”笔谈．沙洋师范高等专科学校学报，2003（6）

吴萍．浅论罗尔斯与诺奇克正义观之差别．经济与社会发展，2003（9）

段吉福．作为公平的正义：理论与回响——以罗尔斯《正义论》为核心的讨论．西南民族大学学报（人文社科版），2003（9）

王立峰．评罗尔斯的规则功利主义惩罚思想．国家行政学院学报，2004（2）

刘须宽．罗尔斯“分配的正义观”与诺齐克“持有的正义观”对照研究．伦理学研究，2004（2）

刘浩林．作为公平的正义：罗尔斯的正义原则解读——兼论我国分配领域的公正问题．江西广播电视大学学报，2004（2）

郭夏娟．正义的领域及其缺陷——女性主义对罗尔斯正义论的批评．浙江学刊，2004（2）

邓布兰．罗尔斯正义论的自然法倾向．重庆广播电视大学学报，2004（4）

高兆明．罗尔斯与当代西方政治合法性根据寻求的转向．江苏社会科学，2004（5）

姚大志．罗尔斯的契约主义与政治哲学的证明．江苏社会科学，2004（5）

高园．对罗尔斯“差别原则”的评析．湖北社会科学，2004（10）

罗庆菊．罗尔斯正义理论的建构．湘潭大学学报（哲学社会科学版），2005（1）

徐志国．论罗尔斯的宪政思想及对我国宪政建设的启示．中共宁波市委党校学报，2005（1）

曹玉涛．论罗尔斯制度正义的优先性及其启发意义．西南师范大学学报（人文社会科学版），2005（2）

冯祥武．正义原则和制度原则的优先性——读罗尔斯的《正义论》．甘肃政法成人教育学院学报，2005（3）

刘永红．论罗尔斯对功利主义的批判．北京行政学院学报，2005（3）

高玉平．浅议罗尔斯的权力观．绥化学院学报，2005（3）

李淑梅．罗尔斯的自由观：自由与平等结合．求是学刊，2005（3）

张福建．美国宪政史上的政治言论自由案——罗尔斯的观点．开放时代，2005（3）
彭诚信．罗尔斯和诺齐克正义理论导读——兼谈现代哲学研究的理论困境与思维转型．法制与社会发展，2005（3）
龙浴．析罗尔斯自由的法治观．江西师范大学学报（哲学社会科学版），2005（3）
孙海燕．试析罗尔斯正义论二原则的人性依据．兰州学刊，2005（4）
谭杰．罗尔斯对功利主义的批判．华中科技大学学报（社会科学版），2005（4）
龚群．诺齐克与罗尔斯比较：一种个人权利论．教学与研究，2005（4）
毛兴贵．论罗尔斯的政治义务理论．现代哲学，2005（4）
丁雪枫．论罗尔斯契约对功利的价值颠覆．南京政治学院学报，2005（5）
何建华．罗尔斯分配正义思想探析．中共浙江省委党校学报，2005（5）
刘威．现代与后现代间的正义——罗尔斯法哲学理论之进演．黑龙江省政法管理干部学院学报，2005（5）
谭杰．论罗尔斯的契约论选择．道德与文明，2005（5）
刘舒适．罗尔斯正义理论的宪政之维——从《正义论》到《政治自由主义》．新疆社会科学，2005（6）
丁雪枫．罗尔斯正义论与康德道义论的异同．江淮论坛，2005（6）
黄岩．捍卫公共理性——论罗尔斯“政治的正义”的基础．社会科学家，2005（6）
蒋先福．从实体正义到程序正义：卢梭与罗尔斯契约正义观之比较．伦理学研究，2005（6）
吴文俊．从罗尔斯的正义原则看教育公平问题．辽宁教育研究，2005（6）
郭夏娟．重新解读罗尔斯的正义原则——一种女性主义视角．哲学动态，2005（11）
王叶红．天赋资质、“无知之幕”和罗尔斯的正义原则．许昌学院学报，2006（1）
雷清海．罗尔斯的正义原则及其启示．晋中学院学报，2006（1）
王海传．罗尔斯的制度正义理论及其借鉴意义．齐鲁学刊，2006（1）
刘志云．全球化背景下罗尔斯正义理论在国际社会的适用．吉林大学社会科学学报，2006（1）
朱武雄．罗尔斯国家正义理论的哲学架构．南华大学学报（社会科学版），2006（1）
刘晓靖．罗尔斯的正义理论及其启示．河南社会科学，2006（2）
杨光斌．罗尔斯的正义论与政治学的新发展．天津社会科学，2006（2）
段江波．正义何以优先于效率——兼论罗尔斯的“正义原则”对我国制度改革的启示．华东师范大学学报（哲学社会科学版），2006（3）
张林英．罗尔斯正义原则的论证方法．红河学院学报，2006（3）
［英］迈克尔·萨沃德著，何文辉译．罗尔斯和协商民主．马克思主义与现实，2006（3）
熊金才．罗尔斯的公平正义观对当代中国法治建设的启示．企业家天地，2006（3）

王广．罗尔斯正义原则与和谐社会建构．兰州学刊，2006（3）

谢龙彪．从自由到平等——论罗尔斯对社会契约论的继承与发展．河南工业大学学报（社会科学版），2006（4）

王培通．刍议罗尔斯契约论方法的抽象性．社会科学研究，2006（4）

丁雪枫．论罗尔斯正义理论的直觉主义性质．石河子大学学报（哲学社会科学版），2006（5）

林道海．正义的原则与证明——罗尔斯正义论评析．山东社会科学，2006（5）

陈红英．罗尔斯对平均功利原则的批判．理论与改革，2006（5）

王哲．谈罗尔斯的正义理论及其借鉴意义．辽宁工程技术大学学报（社会科学版），2006（6）

段媛．罗尔斯《正义论》法哲学的价值透视．琼州大学学报，2006（6）

朱武雄．善治的正义价值——罗尔斯眼中的国家治理．重庆社会科学，2006（12）

刘林鹰．罗尔斯正义观的极端平均主义性质．文史博览，2006（12）

（4）德沃金的法律思想

申善情．“棘手案件出伟大的法官”——当代新自然法学派代表人物德沃金评介．法学，1987（1）

郑云瑞．德沃金的权利论法哲学．法学杂志，1996（6）

刘星．解读“法律争议”——德沃金法理学的一个视角．中山大学学报（社会科学版），1997（1）

刘星．德沃金的“理论争论”说．外国法译评，1997（3）

刘星．美国人手里的牛津大学法理学教鞭——德沃金的法理学革命．比较法研究，1998（3）

沈宗灵．评介哈特《法律的概念》一书的“附录”——哈特与德沃金在法学理论上的主要分歧．法学，1998（10）

程立显．德沃金的“权利——公正”论述评．中国人民大学学报，1999（2）

洪川．德沃金关于法的不确定性和自主性的看法．环球法律评论，2001（1）

高中．德沃金整体性法律观及其对我国法官角色定位的启示．湖南商学院学报，2001（6）

吴克娅．法律是整体性的阐释性的概念——解说德沃金的《法律帝国》．中南民族大学学报（人文社会科学版），2002（2）

高中．论德沃金自由主义权利论法学．政治与法律，2002（5）

田成有．重构还是超越：法律解释的客观性探询——以德沃金和波斯纳的法律解释论为主．法制与社会发展，2003（1）

韩新华．试析德沃金的疑难案件理论．东方论坛，2003（1）

殷开达．德沃金对法律的“道德解读”．理论与改革，2003（2）

张敏．试论德沃金的“反对政府的权利”理论．政法论丛，2003（4）

刘宏斌．德沃金的政治平等论．求索，2003（6）

吕世伦．对德沃金法理体系的深刻揭示——评李晓峰《德沃金法律思想研究》．皖西学院学报，2004（1）

尹口．《法律帝国》的法律问题——德沃金《法律帝国》解读．湖北省社会主义学院学报，2004（2）

刘宏斌．德沃金的分配正义理论．兰州学刊，2004（3）

李常青．“学”德沃金判案与德沃金判案——两种法律解释方法的案例比较．现代法学，2004（6）

林来梵．法律上的“唯一正解”——从德沃金的学说谈起．学术月刊，2004（10）

张二芳．德沃金的权利公正论及其当代意义．理论探索，2005（1）

黄斌．德沃金论法律的一致性观念．黑龙江省政法管理干部学院学报，2005（1）

郭义贵．古典自然法与自然权利学说的现代表述——从《法律帝国》看德沃金对当代西方法理学的贡献．福建政法管理干部学院学报，2005（2）

张国清．在原则与政策之间——罗纳德·德沃金和理想法律人的建构．浙江大学学报（人文社会科学版），2005（2）

赵波．法哲学的方法及其特征——评德沃金《哈特的后记和政治哲学的特征》．西南政法大学学报，2005（3）

张杰．论德沃金“作为整体的法律”理论．内蒙古大学学报（人文社会科学版），2005（3）

刘宏斌．德沃金的道德客观性思想初探．湖南师范大学社会科学学报，2005（3）

[美] 查尔斯·雅布隆著，陈林林，刘诚译．法官是说谎者吗？——对德沃金《法律帝国》的维特根斯坦式批评．法制与社会发展，2005（5）

刘宏斌．德沃金的资源平等论探微．伦理学研究，2005（5）

杨正喜．资源平等：德沃金分配正义观．湖北行政学院学报，2006（1）

陈丽丽．德沃金的法律解释理论．河北理工学院学报（社会科学版），2006（1）

蒋洁．浅谈德沃金的裁判理论．理论与改革，2006（1）

傅鹤鸡．界说德沃金的法哲学思想．中国市场，2006（2）

羽戈．平等与自由的冲撞——有关德沃金与麦金农的论争．政法论坛，2006（2）

泮伟江．走向规范性的法律实证主义——超越哈特与德沃金之争．比较法研究，2006（2）

范进学．论德沃金的道德解读——一种宪法解释方法论的进路．浙江学刊，2006（4）

范春莹．认真对待权利的整体性法律——对德沃金权利理论的解读．山东警察学院学

报，2006（5）

钟丽娟．德沃金“权利论”解读．山东社会科学，2006（7）

范进学．德沃金视野中的法律：走向整体性法律解释之路．山东社会科学，2006（7）

吕世伦．论德沃金的“整体性法律”理论．山东社会科学，2006（7）

夏燕．德沃金权利论法律思想探微．法制与社会，2006（17）

3．新分析法学派的法律思想

（1）通论

燕树棠．英美分析法学派对于法学之最近贡献．社会科学季刊，第2卷第3期

蒙晓阳．为概念法学正名．法学，2003（12）

刘作翔．奥斯丁、凯尔森、拉兹的法律体系理论——根据拉兹的《法律体系的概念》一书．金陵法律评论，2004（1）

唐仲清．法律制度的概念分析——读弗里德曼《法律制度》、麦考密克、魏因贝格尔《制度法论》衍生的法哲学思辨．辽东学院学报，2005（1）

房文翠．逻辑与经验：现代实证主义法学方法分析与借鉴——以哈特新分析法学方法为视角．政法论丛，2006（2）

谌洪果．法律实证主义的功利主义自由观：从边沁到哈特．法律科学，2006（4）

（2）凯尔森的法律思想

阮毅成．凯尔逊政法学说概要．中大法学院季刊，1931，1（3）

李桂林．凯尔森的法律制度结构分析理论．法学，1998（3）

陶凯元．国际法与国内法关系的再认识——凯尔森国际法学思想述评．暨南学报（哲学社会科学版），1999（1）

于语和，韩良，丁广宇．凯尔森的纯粹法学理论与中国的法制建设．天津大学学报，2000（3）

邓楚开．凯尔森的法律义务·权利理论．研究生法学，2000（4）

黄瑶．世纪之交反思凯尔森的国际法优先说．法学评论，2000（4）

周永生．凯尔森纯粹法学的基本概念研究．河北师范大学学报（哲学社会科学版），2001（1）

梁晓俭．试论凯尔森基础规范理论的合理性．现代法学，2002（1）

杨超．凯尔森纯粹法学的核心思想及简要评析．高校社科信息，2002（2）

陈锐．凯尔逊的“纯粹法”理论研究．西南政法大学学报，2002（3）

李可．凯尔森纯粹法学中的价值回潮现象．金陵法律评论，2002春季号

白中红，陈丹．凯尔逊国家法思想述评．当代法学，2003（1）

吉涛．三个虚构矛盾和一个事实矛盾——评凯尔森《布尔什维主义的政治理论》．政法

论坛，2003（2）

陈锐．凯尔逊的“纯粹法”理论研究．西南政法大学学报，2003（3）

王莉君．论凯尔森纯粹法理论的基本概念．政法论坛，2003（6）

郭俊义．凯尔森清除法学中意识形态因素探微．河北法学，2004（6）

聂小明．凯尔森法律效力理论探析．池州师专学报，2006（2）

李旭东．法律规范与法律规则——凯尔森与哈特的法律概念之比较．学术交流，2006（6）

（3）哈特的法律思想

刘星．哈特司法理论评析．学术研究，1996（2）

刘星．哈特法律概念分析的模式建构及其历史定位．比较法研究，1996（4）

郑强．关于哈特法律思想的比较研究．中外法学，1997（1）

古祖雪．国际法的法律性质再认识——哈特国际法学思想述评．法学评论，1998（1）

沈宗灵．评介哈特《法律的概念》一书的“附录”——哈特与德沃金在法学理论上的主要分歧．法学，1998（10）

缪岚．哈特法律规则说浅析．职大学报，2001（3）

覃阳．试论哈特对奥斯丁法律思想的继承与超越．开放时代，2001（6）

潘佳铭．哈特对法律概念命令说的批判——兼谈法律的强制性特征．西南师范大学学报（人文社会科学版），2002（3）

曾莉．哈特的法律思想述评．四川师范学院学报（哲学社会科学版），2002（4）

梁晓俭．哈特法律规则说的解释学研究．法学，2003（3）

陈敏．论战中的哈特．研究生法学，2003（3）

喻中．哈特的“授权规则”及其本体意义——兼评中国学者对“授权规则”的误读．北京行政学院学报，2004（4）

喻中．授权规则与哈特法律本体论的建构．重庆工商大学学报（社会科学版），2004（4）

邱继伟．一个新的起点——读哈特《法律的概念》．广西民族学院学报（哲学社会科学版），2005（1）

刘奇耀．哈特的司法解释理论及其发展述评．山东社会科学，2005（5）

陈锐．从外在视点到内在视点：哈特与法律实证主义的诠释学转向．西南民族大学学报（人文社科版），2005（10）

成善红．论哈特对分析实证主义的推进．集团经济研究，2005（16）

郭义贵．新分析实证主义法学的经典之作——哈特《法律的概念》之评析．福建政法管理干部学院学报，2006（1）

马得华．哈特、德沃金尚自由裁量权．行政与法，2006（1）

谌洪果．“爱这个世界”：哈特和法律实证主义的关怀．博览群书，2006（1）

吴树勤．用实证主义方法重构法律和语言关系——哈特对法理学“语言转向”的开创之功．社会科学战线，2006（2）

泮伟江．走向规范性的法律实证主义——超越哈特与德沃金之争．比较法研究，2006（2）

房文翠．逻辑与经验：现代实证主义法学方法分析与借鉴——以哈特新分析法学方法为视角．政法论丛，2006（2）

陈吉利．论“私法自治”的授权规范性质——一个哈特的次要规则的分析视角．河南司法警官职业学院学报，2006（4）

周林．论哈特法律规则说的社会学视野及其局限性．浙江工商大学学报，2006（4）

丰帆．对规则的思考——读哈特《法律的概念》．法制与社会，2006（5）

尹丹阳．哈特看死刑．中共郑州市委党校学报，2006（6）

淳于闻．法律的“概念”澄明——评 H·L·A·哈特《法律的概念》．河北法学，2006（10）

（4）拉兹的法律思想

李桂林．拉兹的法律制度分析理论．武汉大学学报（人文社会科学版），1998（4）

李桂林．拉兹的法律权威论．华东政法学院学报，2003（5）

周晨．拉兹的法治观点．山东省农业管理干部学院学报，2004（1）

朱峰．排他性法律实证主义——兼评拉兹的权威理论．河南省政法管理干部学院学报，2005（1）

陈景辉．原则与法律的来源——拉兹的排他性法实证主义．比较法研究，2006（4）

朱振．法律实证主义的强立场——兼评拉兹《法律的权威》．河北法学，2006（12）

4. 社会法学派的法律思想

（1）通论

马显德．社会法学派与法律之社会化．政治月刊，1923，3（2）

张志让．社会法学派之起源注意及批评．法律周刊，1924（28～29）

汪新民．社会法学派的产生及其影响．安徽学报，1933，1（2）

萧邦承．派之形成及其发展．法轨期刊，1935，2（1）

汪新民．社会法学派对于最近法学之影响．中央大学半月刊，1930，1（13）

徐宇齐．由遗嘱问题谈到社会法学派．法学季刊，1930，4（4）

潘华仿．简评社会法学派．政法论坛，1985（3）

王献平．西方社会法学初识．中国社会科学院研究生院学报，1985（3）

华友根．庞德的社会法学派思想在中国的影响．政治与法律，1993（5）

刘星．法律的不确定性——美国现实主义法学述评．中山大学学报（社会科学版），

1996（3）
彭灵勇．对现实主义法学的反思．社会科学家，1997（1）
查常平．社会法学．社会科学研究，2001（1）
陈平．美国现实主义法学评析．遵义师范学院学报，2002（4）
黄旭巍．利益法学与国际私法．律师世界，2002（9）
王威．维柯德法社会学先驱思想简论．现代法学，2003（3）
杜江．德国“利益法学”思潮述评．法学论坛，2003（6）
徐亚文．后现代主义与加拿大的新现实主义法学．法制与社会发展，2003（6）
王为农．日本的社会法学理论：形成与发展．浙江学刊，2004（1）
王全兴．社会法学研究应当吸取经济法学研究的教训．浙江学刊，2004（1）
陈林林．方法论上之盲目飞行——利益法学方法之评析．浙江社会科学，2004（5）
王全兴．社会法学的双重关注：社会与经济．法商研究，2005（1）
张丽清．20世纪西方社会法学在中国本土的变革——以庞德的社会法学为例．华东师范大学学报（哲学社会科学版），2005（4）
周赟．现实主义法学批判．济南大学学报（社会科学版），2006（1）
吕世伦．现实主义法学对美国法学教育的影响．东岳论丛，2006（2）
刘剑．现实主义法学家卡尔·卢埃林．社会科学论坛·学术评论卷，2006（2）

（2）耶林的法律思想

何勤华．耶林法哲学理论述评．法学，1995（8）
［德］米夏埃尔·马丁内克著，吴从周译．鲁道夫·耶林的法律体系概念．（台湾）法学丛刊，2000（4）
［德］耶林著，王洪亮译．法权感的产生．比较法研究，2002（3）

（3）赫克的法律思想

吕世伦．赫克的利益法学．求是学刊，2000（6）

（4）埃利希的法律思想

何勤华．埃利希和现代法社会学的诞生．现代法学，1996（3）
吕建高．埃利希的法社会学思想．当代法学，2002（11）
冯岚．“活法”理论研究——埃利希法社会学思想评述．法哲学与法社会学论丛，2003（6）

（5）狄骥的法律思想

W. J. Brown. 狄骥之法学评．太平洋杂志，1917，1（5）
章渊若．狄骥对于现代法学的贡献．现代立法问题，1933年12月
章渊若．狄骥的社会法学之基础概念．现代立法问题，1933年12月
梅内件，宋国枢．狄骥氏的法律思想概述．政治季刊，1940，3（4）

薛祀光．莱昂狄骥的法律思想．社会科学论丛月刊，第1卷第3期

章渊若．狄骥氏的司法革新论．东方杂志，第26卷第18期

阮毅成．狄骥对于现代法学的贡献．政治论丛

凌其翰译．狄骥的著作及其学说．法学杂志，1932，6（1）

杨悦礼．狄骥氏的法律哲学．社会科学季刊，第1卷第1期

卢干东．狄骥反动法律学说的初步批判．武汉大学学报（人文科学版），1957（2）

梅荣政．国家不是超阶级的权力——评狄骥的超阶级国家观．法国研究，1994（2）

钱渊．一种现实主义和功能主义的国家观——读莱昂·狄骥的《法律与国家》．河北科技大学学报（社会科学版），2004（1）

张军．狄骥宪法思想探析．广西大学学报（哲学社会科学版），2004（6）

（6）韦伯的法律思想

潘大松．论马克思·韦伯的法律社会学．比较法研究，1988（3）

［美］哈罗德·J·伯尔曼著，刘东译．韦伯法律社会学的若干错误前提．比较法研究，1994（1）

冯钢．科层制与领袖民主——论M. 韦伯的自由民主思想．社会学研究，1998（4）

李敏．韦伯的法社会学思想探析．学术界，1999（5）

江必新．论法律的统治及其条件——评马克斯·韦伯的法律统治学说．行政法学研究，2000（2）

葛洪义．理性化的社会与法律——略论韦伯社会理论中的法律思想．比较法研究，2000（3）

洪镰德．韦伯的法律社会哲学．深圳大学学报（人文社会科学版），2001（2）

邹涯竹．评马克斯·韦伯的法律概念．荆州师范学院学报，2002（6）

陈聪富．韦伯论形式理性之法律．清华法学，2003（2）

危文高．法律的理性化及其困境——以韦伯的法律社会学为个案．法律方法与法律思维，2003（2）

朱景文．法治和关系：是对立还是包容？——从韦伯的经济与法律之间关系的理论谈起．环球法律评论，2003年春季号

杨德祥．韦伯与法制现代化之标准问题．甘肃行政学院学报，2004（2）

胡玉鸿．韦伯的“理想类型”及其法学方法论意义——兼论法学中“类型”的建构．广西师范大学学报（哲学社会科学版），2003（2）

董翔薇．论马克斯·韦伯法律社会学的主题．社会科学家，2004（3）

董翔薇．论马克斯·韦伯法律社会学研究中的方法论基础．学术研究，2004（7）

李颖怡．论法律的合理性——韦伯的法律思想解读．中山大学学报论丛，2005（5）

曾赟．韦伯与哈贝马斯法治观之元理论比较．湘潭大学学报（哲学社会科学版），

2005（6）

翁曼．浅析韦伯的法律形式合理性理论．甘肃政法成人教育学院学报，2006（1）

杨文革．马克斯·韦伯政治合法性理论评析．北方论丛，2006（1）

吕如敏．从传统权威到法理权威的转变——韦伯的论官僚制中的技术．河北理工学院学报（社会科学版），2006（2）

董彦斌．读韦伯《法律社会学》札记．政法论坛，2006（3）

张德淼．西方文明起源时期的法律人——以韦伯的法律社会学为分析框架．环球法律评论，2006（4）

王宏强．从合法性信仰到政治信仰——马克斯·韦伯与戴维·伊斯顿合法性信仰理论比较．理论与现代化，2006（5）

韩红俊．形式理性和实质理性的悖论——马克斯·韦伯的法律社会学思想．前沿，2006（10）

（7）卢曼的法律思想

曲阳．卢曼《法社会学》述评．华东政法学院学报，2001（2）

田绘．结构功能主义、法律进化论和法律的自动生成理论——卢曼的法社会学思想评述．广西政法管理干部学院学报，2001（2）

吴泽勇．从程序本位到程序自治——以卢曼的法律自治理论为基础．法律科学，2004（4）

丁东红．卢曼和他的“社会系统理论”．世界哲学，2005（5）

冯健鹏．论规范法学对法律自创生理论的影响——从卢曼到图依布纳．浙江社会科学，2006（2）

王宏选．作为一个自创生系统的法律——卢曼和托依布纳的法律概念．黑龙江社会科学，2006（5）

（8）庞德的法律思想

格罗斯孟著，陈思成译．滂德法律哲学述评．新民月刊，1935，1（2）

梁鋆．庞德对于现代法学之贡献．东方杂志，1935，32（15）

沉玉清．滂恩（庞德）之社会法学．东方杂志，1946，42（5）

范扬．庞德实用主义法学批判．复旦学报（社会科学版），1958（1）

王林．庞德的社会学法学是美国垄断资产阶级政策的产物．北京大学学报（哲学社会科学版），1964（3）

王玉明．庞德学说述略．比较法研究，1987（3）

孔小红．庞德法律效果说初探．社会科学，1987（10）

倪正茂．庞德的法律社会学思想．政治与法律，1994（5）

张忠利．论庞德的社会学法学思想．吉林大学社会科学学报，2000（6）

郝耀武．论庞德的法社会控制理论及其法治精神．大连大学学报，2001（1）

王健．庞德与中国近代的法律改革．现代法学，2001（5）

朱艳瑛，武正雄．评庞德的社会学法学——兼谈市场经济下的法的社会化．玉溪师范学院学报，2002（2）

张文艳，廖文秋．庞德与中国近代法律教育．黄山高等专科学校学报，2002（4）

［美］庞德著，邓正来译．社会哲学法学派．法制与社会发展，2004（1）

吴金和．评庞德的社会控制理论．江苏警官学院学报，2004（2）

张小军．社会学视野下的庞德法律思想解读．榆林学院学报，2004（4）

涂光启．解构与批判：庞德社会工程法学的社会事实．求索，2004（11）

刘莉．论庞德的社会控制理论．贵州工业大学学报（社会科学版），2005（3）

［美］庞德著，邓正来译．法律与道德——历史法学派与哲理法学派的视角．法制与社会发展，2005（3）

刘小平．传承和演进：法律哲学发展的历史——解读罗斯科·庞德的《法律史解释》．吉林大学社会科学学报，2005（3）

张丽清．20世纪西方社会法学在中国本土的变革——以庞德的社会法学为例．华东师范大学学报（哲学社会科学版），2005（4）

吴燕萍．庞德社会控制理论对我国现阶段法治建设的启示．江苏警官学院学报，2005（6）

蔡宝刚．法律目的下的法律与道德——庞德的阐释及启示．甘肃政法学院学报，2006（4）

程乃胜．何谓法理学——读庞德的《法理学》（第1卷）．河北法学，2006（12）

（9）霍姆斯的法律思想

徐爱国．霍姆斯《法律的道路》诠释．中外法学，1997（4）

张颖玮．霍姆斯刑法思想评析．中国刑事法杂志，2001（5）

许章润．法律之道即生存之道——霍姆斯《法律之道》问世百年与中译感言．环球法律评论，2003（1）

张芝梅．法律中的逻辑与经验——对霍姆斯的一个命题的解读．福建师范大学学报（哲学社会科学版），2004（1）

秦策．霍姆斯法官“经验”概念的方法论解读．法律适用，2006（11）

5. 新自由主义法学派的法律思想

（1）通论

郁光华．法律的经济分析——现代北美法学流派之一．法学评论，1994（5）

刘星．产权在交易中的促进作用——经济分析法学关注的一个焦点．中山大学学报（社会科学版），1995（3）

陈都峰．经济分析法学不是“经济学帝国”的“子民”．理论与现代化，2000（4）

李文华．经济分析法学评介．河北法学，2000（1）

范春莹．试论经济分析法学的正义观．山东经济，2002（1）

时显群．西方经济分析法学在中国．现代法学，2002（1）

马长山．哈贝马斯的交往理性法律观及其启示．江苏社会科学，2002（4）

谢丹．经济分析法学派述评．江西社会科学，2003（5）

胡桥．经济分析法学的形成及原因探析．杭州商学院学报，2003（6）

欧阳白果．经济分析法学在方法论上的两面性及借鉴运用探析．西南民族大学学报（人文社科版），2004（4）

侯国跃．经济分析法学的方法论意义及局限．探索，2004（5）

秦强．经济分析法学与法治的经济分析——兼论法治视野中的公平与效率问题．理论月刊，2004（5）

唐涛．哈贝马斯对韦伯形式主义法律观的批判与超越．江苏科技大学学报（社会科学版），2005（1）

钱弘道．经济分析法学的几个基本概念阐释．同济大学学报（社会科学版），2005（2）

廖明．经济分析法学简评．重庆职业技术学院学报，2005（3）

郭振杰．经济分析法学方法论的贡献及局限．现代法学，2005（3）

张春玲．经济分析方法在法学研究中的运用．商业研究，2005（3）

程恩富．法律追诉时效制度的经济分析——挑战中外法学界主流观点．云南大学学报（社会科学版），2005（5）

闫娜．浅谈经济分析法学对经济法研究方法的启示．理论界，2006（1）

张正德．论经济分析法学效率与正义的关系．北京科技大学学报（社会科学版），2006（1）

（2）波斯纳的法律思想

陈正云．波斯纳的刑法经济分析理论述评．比较法研究，1996（4）

王哲．效益与公平之间——波斯纳的法律经济学思想评析．北京大学学报（哲学社会科学版），1999（3）

焦宝乾．道德新实用主义：波斯纳的法律和道德理论．东吴法学，2000年特刊

汪庆华．英美法系——真实的存在，抑或虚构的神话——评波斯纳《英国和美国的法律与法学理论》．比较法研究，2000（4）

苏力．不知老之将至——波斯纳《衰老与老龄》代译序．环球法律评论，2002（2）

苏力．经验的研究司法——波斯纳《联邦法院》代译序．法制与社会发展，2002（3）

徐昕．事实发现的效率维度——以波斯纳《证据法的经济分析》为解读文本．开放时代，2002（4）

时显群．波斯纳法律经济学探究．云南社会科学，2003（1）

田成有．重构还是超越：法律解释的客观性探询——以德沃金和波斯纳的法律解释论为主．法制与社会发展，2003（1）

时显群．波斯纳法律经济分析学说述评．甘肃政法成人教育学院学报，2003（1）

成凡．波斯纳法理学的三位一体：实用主义·经济学·自由主义．学术研究，2003（2）

李雪琴．我们究竟如何解释法律——波斯纳法律解释理论重述．湖北社会科学，2003（2）

时显群．波斯纳法律经济学思想及其可借鉴性．北京工业大学学报（社会科学版），2003（3）

焦武峰．犯罪与刑罚效益论——波斯纳刑法理论解析．山西警官高等专科学校学报，2003（4）

成凡．纷争与共识——波斯纳实用主义法学的系谱解释之一．政法学刊，2003（5）

黄先雄．波斯纳眼中的法律客观性．中南大学学报（社会科学版），2003（5）

薛辉．法律实践与道德理论的分离——兼评波斯纳文丛三《道德和法律理论的疑问》．安徽冶金科技职业学院学报，2004（1）

廖明．论波斯纳经济分析法学的理论基础．和田师范专科学校学报，2004（3）

林雅．法律解释的真谛：波斯纳法律解释理论梳理．法律适用，2004（4）

李克武．效率违约论的理论和实践价值——读波斯纳的《法律的经济分析》．江汉论坛，2004（6）

史晋川．波斯纳与《法律的经济分析》．浙江社会科学，2005（1）

张芝梅．法律是一门什么样的科学？——波斯纳的反思．中共浙江省委党校学报，2006（2）

王晋林．析波斯纳《法律的经济分析》之导论．南通纺织职业技术学院学报，2006（2）

宋美臻．论波斯纳经济分析法学的功利主义基础．西南师范大学学报（人文社会科学版），2006（3）

孔令杰．波斯纳的比较管理优势说——兼论冲突法与自由贸易．时代法学，2006（4）

时显群．波斯纳对法律的经济分析及其在当代的意义．学术交流，2006（6）

叶莉蓉．浅析波斯纳的效率违约．集团经济研究，2006（15）

（3）哈耶克的法律思想

朱益初．哈耶克新自由主义剖析．社会科学，1991（12）

秦岭．哈耶克的公平分配观述评．辽宁大学学报（哲学社会科学版），1998（5）

胡义成．哈耶克“商赋自由论”对人权研究的推进．西北大学学报（哲学社会科学

版)，1999 (1)

申建林．要市场自由还是要社会正义？——哈耶克的选择及其困境．贵州大学学报(社会科学版)，1999 (4)

徐新．哈耶克论法律与自由的关系．常熟高专学报，2000 (1)

吴赋光．哈耶克“有限民主理论”评析．四川大学学报（哲学社会科学版)，2000 (3)

冯克利．哈耶克的知识论与权力限制．天涯，2000 (4)

焦文峰．哈耶克的国家理论．扬州大学学报（人文社会科学版)，2000 (6)

陈湘文．哈耶克的“自发社会秩序”观及其与马克思的分歧．南京师大学报（社会科学版)，2001 (1)

袁久红．哈耶克自由主义正义论析评．东南大学学报（哲学社会科学版)，2001 (4)

谢腾云．浅析哈耶克的自由观．湖南省政法管理干部学院学报，2002 (2)

张彩凤．自由秩序——解读哈耶克的普通法法治观．公安大学学报，2002 (2)

宋清华．从认识论看哈耶克的自由理论．江淮论坛，2002 (3)

陈湘文．进化法学与建构法学：哈耶克的法律观评析．湖南社会科学，2002 (4)

邓正来．普通法法治国的建构过程：哈耶克法律理论研究的补论．开放时代，2002 (4)

康乐．哈耶克的前提、工具、发现和观念：读《法律、立法与自由》．北京大学研究生学报，2002 (4)

王蕴．对哈耶克自由秩序的解读．黑龙江农垦师专学报，2003 (3)

黄金荣．对哈耶克法律理论的几点质疑．法商研究，2003 (3)

宋清华．哈耶克自由理论探源．浙江学刊，2003 (4)

康乐．哈耶克的前提、工具、发现和观念：读《法律、立法与自由》．北京大学研究生杂志，2003 (4)

青维富．评哈耶克的法治思想．宜宾学院学报，2003 (6)

朱华东．杜亚泉与哈耶克有限政府论理论基础之比较．史学月刊，2003 (12)

梁峰．规则与自发秩序：哈耶克社会理论的构建．学海，2004 (2)

梁峰．自发秩序与社会正义——哈耶克与罗尔斯的分歧．江淮论坛，2004 (2)

蒋俊杰．哈耶克的“自发秩序观”初探．江淮论坛，2004 (2)

郭赛玉．哈耶克与《自由宪章》．宁德师专学报（哲学社会科学版)，2004 (2)

郭晓东．自由的限度——对哈耶克自由主义政治哲学的理论反思．江苏行政学院学报，2004 (2)

赵明．哈耶克自由主义理论之研究：方法与立场．现代法学，2004 (3)

唐绍欣．哈耶克的制度理论：秩序与传统．江苏社会科学，2004 (3)

张贤明．哈耶克政治思想的逻辑——《规则·秩序·无知》读后．法制与社会发展，

2004（3）

吴瑞财．哈耶克宪政思想研究．兰州学刊，2004（5）

林进平．对分配正义的批判：马克思与哈耶克．华南师范大学学报（社会科学版），2004（6）

童建华．哈耶克自由与法治论述评——读《自由秩序原理》．井冈山学院学报，2005（2）

危玉妹．宪法语境中的权力和权利——解读弗里德里希·冯·哈耶克的宪法思想．福建工程学院学报，2005（2）

娄和标．本能的渴求和理性的自负——哈耶克对极权主义的深层批判．内蒙古社会科学（汉文版），2005（3）

陈洪涛．自由秩序规则——哈耶克法律观述要．宁夏社会科学，2005（3）

娄超．刑事诉讼视野下的秩序与自由——以哈耶克的法律思想为启示．甘肃政法成人教育学院学报，2005（4）

储殷．哈耶克政治制度理论研究：关于自发秩序理论下普通法法治国建构路径之探讨——兼评《规则·秩序·无知——关于哈耶克自由主义的研究》．法制与社会发展，2005（5）

张贵银．哈耶克的自由思想述评．贵州教育学院学报，2005（5）

张曙光．哈耶克自由主义理论．读书，2005（7）

卫建国．哈耶克自由主义伦理观辨析．湖南科技大学学报（社会科学版），2006（1）

羊森．哈耶克的正义之思．理论观察，2006（1）

刘磊．自生自发的秩序？——哈耶克自由理路的迷思．法制与社会发展，2006（2）

杨勇．哈耶克的自由法治观及其对构建社会主义和谐社会的启示．太原师范学院学报（社会科学版），2006（2）

廖和平．哈耶克的自生自发秩序观探析．兰州学刊，2006（2）

谭磊．哈耶克关于西方社会福利制度建构的主张．南都学坛，2006（3）

张丽清．在幻象与真实之间——哈耶克的正义观述评．石家庄经济学院学报，2006（3）

许婷．哈耶克的“自由与法治观”．中共杭州市委党校学报，2006（4）

王力．开放的正义域、否定性标准与个人自由——哈耶克的正义观析论．道德与文明，2006（4）

吴元元．规则是如何形成的——从哈耶克的“自发演化”论开始．西南政法大学学报，2006（4）

危玉妹．法律下的民主——哈耶克“有限民主”观解读．福建工程学院学报，2006（5）

高全喜．宪法、民主与国家——哈耶克宪法理论中的几个问题．清华大学学报（哲学

社会科学版)，2006 (5)

张立垠．自由、强制、法治——浅析哈耶克的自由观．科技信息（学术版)，2006 (9)

6. 马克思主义法学和批判法学的法律思想

(1) 马克思、恩格斯的法律思想

刘丰名．马克思主义与国际法学．社会主义研究，1983 (1)

李放．论进一步加强马克思主义法学研究的问题．吉林大学社会科学学报，1983 (2)

翁其银．论以法治国——学习马克思主义的法学思想．社会科学，1983 (3)

程辑雍．马克思主义法学的光辉历程——为纪念马克思逝世一百周年而作．政治与法律，1983 (4)

万斌．传统法学的改革与马克思主义法学的发展．社会科学，1986 (4)

程燎原．简论马克思主义法学的变革性．社会科学，1988 (9)

李龙．坚持马克思主义法学　发展马克思主义法学——评“马克思主义法学否定论”．法学评论，1989 (6)

杨贻泽．马克思主义法学的客观存在不容否定．法学，1989 (10)

唐荣智．马克思主义法学的存在与发展．法学，1990 (5)

曹倩．系统学习马克思主义原著，批判资产阶级自由化思潮——吉林大学法学院举办马克思主义法学研讨班．高校理论战线，1990 (5)

魏再龙．以权利为核心坚持马克思主义法学．社会科学，1990 (7)

李道重．马克思主义法学基本原理不容否定．青海社会科学，1991 (5)

谢鹏程．马克思主义法学经济分析方法的形成和发展．烟台大学学报（哲学社会科学版)，1993 (4)

宋玉波．西方马克思主义法学主要流派述评．现代法学，1994 (1)

崔之元．新进化论·分析的马克思主义批判法学·中国现实．经济社会体制比较，1994 (5)

黎国智．创新与超越马克思主义法学在当代中国的命运．现代法学，1995 (6)

宋柱修．恩格斯晚年对马克思主义法学的贡献．枣庄师范专科学校学报，1996 (4)

张光博．关于马克思主义法学的若干理论问题．当代法学，1998 (3)

衣家奇，王志礼．论马克思主义的警察起源观．兰州大学学报，2000 (1)

葛洪义．法律与社会理论的批判意识——略论马克思社会理论中的法律思想．法律科学，2000 (2)

黄茂钦．自由生活的形上关切——对马克思法哲学思想的一种理解．河北师范大学学报，2000 (3)

谢邦宇．马克思主义行为价值观的法学思考．湖南社会科学，2000 (3)

张德琴．马克思关于市民社会与近代法律关系的理论评析．南京大学法律评论，2000

年春季号

赵凯荣．马克思论法的人文主义哲学基础．四川大学学报，2000（5）

龚廷泰，吕波．青年马克思新理性自由法思想探析．南京社会科学，2000（9）

李世安．论马克思主义人权理论和前苏联人权实践对美国人权政策的影响．史学理论研究，2001（1）

杜耀富．马克思、恩格斯与社会主义法治．西南民族学院学报，2001（1）

宋玉波．争论中的当代“西方马克思主义法学”．现代法学，2001（4）

冯玉军．后现代法学与马克思主义．西北师大学报（社会科学版），2001（4）

姚虹．马克思恩格斯的正义观．当代法学，2001（10）

胡玉鸿．试论马克思恩格斯论司法独立．法学研究，2002（1）

韩丽．马克思与波斯纳的经济分析法运用比较．政治与法律，2002（1）

黄柯，郭莉．浅析马克思主义关于法的本质的时代意义．南昌航空工业学院学报，2002（2）

石茂生．论马克思主义法学的产生标志．河南师范大学学报（哲学社会科学版），2002（3）

徐璐．马克思主义法学与解构主义法学之比较．西南政法大学学报，2002（6）

王海英．论马克思、恩格斯的刑法思想．中共福建省委党校学报，2002（7）

隋晶秋．对马克思主义法学及其发展的认识．哈尔滨学院学报，2003（2）

唐宏强．恩格斯东方社会观的法理解读．河北法学，2003（2）

马长山．马克思恩格斯的民主契约法律观及其宪政意义．学习与探索，2003（4）

何国强，景燕春．马克思恩格斯列宁视野中的理性法和实践法．中山大学学报，2003（5）

罗世荣，周安敏，李蓉．伦理与婚姻法——评马克思《论〈离婚法草案〉》．西南政法大学学报，2003（5）

黄立君．《1857～1858年经济学手稿》是如何对法律进行经济分析的．政法论丛，2003（5）

刘日明．论马克思法哲学批判理论的两条界限．天津社会科学，2003（6）

张庆旭，陈海燕．再为马克思辩护——“犯罪功能说”质疑．西南政法大学学报，2003（6）

蔡宝刚．法律与经济：马克思论财产关系及其经济意义．南京社会科学，2003（7）

李晖．论马克思法律观的形成．政法论丛，2004（1）

张清．传承与发展：马克思主义法学在中国．法制与社会发展，2004（2）

章戎．“自然法”理念是马克思主义法学的精髓．思想战线，2004（2）

何柏生．马克思主义法学为何要把“意志”视为法律本质．法律科学，2004（2）

黄永忠．社会变迁中的法律发展：探索马克思的思想轨迹．南京政治学院学报，2004（3）

李燕萍．马克思法哲学思想的源流考．河北法学，2004（3）

张正德．析《“新莱茵报”审判案》之法律思想．山东师范大学学报（人文社会科学版），2004（4）

孙国华．对马克思主义法学理论与中国实践相结合的几点看法．中国大学教学，2004（5）

包毅．恩格斯晚年对马克思主义法学的重大贡献．中共天津市委党校学报，2005（1）

龚廷泰．论西方马克思主义法学的基本特征与现实价值．金陵法律评论，2005（2）

包毅．晚年恩格斯对马克思主义法学的历史性贡献．中共云南省委党校学报，2005（2）

朱哲．对马克思主义的经济分析法学的探讨．理论探讨，2005（5）

蔡宝刚．马克思论市民社会的法律调整．江苏警官学院学报，2005（5）

胡玉鸿．马克思主义法本质观之重述．学习与探索，2006（3）

彭芳．马克思法律思想自由观的历史演变．大庆师范学院学报，2006（4）

闫玉霞．论《德意志意识形态》在马克思唯物主义法律思想史中的地位．泰安教育学院学报岱宗学刊，2006（4）

蔡宝刚．经济的法律逻辑：马克思法律反作用思想的具体读解．河北法学，2006（4）

郭向军．马克思主义法的本质观的历史演变．甘肃理论学刊，2006（5）

周永坤．一切为了人的自由与解放——马克思恩格斯权力配置思想研究．法制与社会发展，2006（6）

孙艳玲．浅论马克思新理性自由主义法学思想的内容．周口师范学院学报，2006（6）

王云飞．马克思恩格斯法学理论内核剖析．辽宁师范大学学报（社会科学版），2006（5）

张镭．论拉法格的财产权理论．贵州社会科学，2006（6）

陈福胜．追寻和谐的法治——马克思自由法律思想的实质及其当代意义．黑龙江社会科学，2006（6）

孙艳玲．浅论马克思新理性自由主义法学思想的内容．周口师范学院学报，2006（6）

王云飞．马克思恩格斯法学理论内核剖析．辽宁师范大学学报（社会科学版），2006（5）

陈波．马克思对资产阶级人权法律形态的三种批判．马克思主义研究，2006（7）

褚江丽．恩格斯晚年关于法的相对独立性思想探析．社会科学论坛（学术研究卷），2006（8）

伍贤锋．论马克思法哲学思想的批判性．甘肃农业，2006（10）

（2）列宁的法律思想

杨心宇．论列宁论社会主义宪法．政治与法律，1983（1）

郁忠民．略论列宁的社会主义法制理论．俄罗斯中亚东欧研究，1985（6）

王启富．论列宁的社会主义法制建设思想（上）．政法论坛，1991（1）

王启富．论列宁的社会主义法制建设思想（下）．政法论坛，1991（2）

郭道晖．人民的利益是最高的法律——学习列宁的法制思想．法学评论，1992（4）

龚天平．列宁社会主义宪政思想述略．湖北师范学院学报（自然科学版），1993（4）

李爱华．论列宁的经济法制思想及苏俄初期的经济法制建设．山东师大学报（社会科学版），1996（4）

郑祖泉．列宁人权思想浅探．中共浙江省委党校学报，1997（1）

何峻．列宁依法治国思想研究．社会主义研究，1999（2）

郭红霞．列宁的权力监督思想及其启示．华中师范大学学报（人文社会科学版），1999（3）

胡瑾．阐析列宁的人权理论．淄博学院学报（社会科学版），2000（1）

肖乾利．列宁晚年的依法治国思想及其启示．宜宾师范高等专科学校学报，2000（3）

龚廷泰．列宁早期法哲学思想探析．江海学刊，2000（4）

孙文恺．马克思主义法律思想史研究的新成果——评《列宁法律思想史》．高校理论战线，2000（7）

张清．1917年后列宁法律发展思想初探．理论月刊，2000（12）

周琳．学习列宁关于改善监察机关的思想．社会科学研究，2001（2）

王志连．以“权利”制约权力——列宁晚年时对社会主义国家权力制衡的探索．社会科学研究，2001（3）

成艳梅．试述列宁的法制统一思想及其对今天的指导意义．西南民族学院学报（哲学社会科学版），2001（5）

高正文．列宁社会主义法制建设思想初探．湖北大学学报（哲学社会科学版），2002.（1）

汪卫琴．论列宁的立法思想．西南民族学院学报（哲学社会科学版），2002（3）

张国安．列宁的法制思想初探．信阳师范学院学报（哲学社会科学版），2003（1）

龚廷泰．论新经济政策的实质及其法哲学基础．法学评论，2003（3）

潘高峰．论列宁民族平等法律思想及其现实启示．宜宾学院学报，2003（4）

肖乾利．列宁晚年的依法治国思想及其当代意义——为纪念列宁逝世80周年而作．求索，2003（6）

石少侠，郭立新．列宁的法律监督思想与中国检察制度．法制与社会发展，2003（6）

吴艳东．列宁的“法律监督”思想探微．湖北大学成人教育学院学报，2004（3）

张国安．论列宁法制思想的核心．南阳师范学院学报，2004（4）

管怀伦．从集中制到民主集中制：论列宁组织思想的转变．学海，2005（2）

曹明．论列宁人权思想的三大理论来源．武汉理工大学学报（社会科学版），2005（2）

王强．列宁法制思想的当代意义．西南科技大学学报（哲学社会科学版），2005（2）

龚廷泰．论列宁关于权力监督的理论与实践．江海学刊，2005（3）

戴锐．列宁社会主义改革思想的“民本”特质．广西师范学院学报（哲学社会科学版），2006（2）

张涛．论列宁民主集中制的三重涵义．探索，2006（3）

赖静．列宁的政治自由思想与苏联宪法．重庆科技学院学报（社会科学版），2006（3）

张国安．列宁宪政思想初探．理论与改革，2006（5）

李伟东．列宁晚年关于工人阶级政党组织建设的思想及其现实意义．中山大学学报论丛，2006（6）

（3）批判法学的法律思想

沈宗灵．批判法学在美国的兴起．比较法研究，1989（2）

朱景文．对传统法律观的挑战——美国批判法律研究与中国法学理论更新的比较．比较法研究，1989（2）

［美］R. 格兰菲尔德著，张友云译．批判法学理论与社会学．国外社会科学，1988（5）

吕世伦．美国种族批判法学述评．中国社会科学，1998（4）

史海涵．论批判法学与批判种族主义法学之联系与区别．长沙大学学报，2003（3）

孙文恺．种族批判法学的后现代性分析．内蒙古大学学报（人文社会科学版），2003（6）

李毅．试析国际法理论中的批判法学派．北京科技大学学报（社会科学版），2005（2）

7. 综合法学及其他法学的法律思想

（1）综合法学的法律思想

薄振峰．论伯尔曼法学思想中的综合因素．黑龙江省政法管理干部学院学报，2004（4）

薄振峰．论当代西方法学思想的“综合”趋势．东岳论丛，2005（3）

宋涛．综合法学关于法律本质问题的研究述评．山东社会科学，2005（7）

薄振峰．综合法学：法的全景解读．学术探索，2006（1）

薄振峰．斯通：迈向综合法学．江苏警官学院学报，2006（2）

付娉娉．综合法学：法的全景解读．黑龙江省政法管理干部学院学报，2006（3）

高建波．刍议博登海默的“秩序观”．江西社会科学，2006（4）

（2）后现代主义法学的法律思想

方宁，沈晓蕾．后现代法学的建构性维度研究．研究生法学，2002（3）

吕世伦．后现代法学思潮的缺陷与现代法学的价值和理性．法商研究，2003（3）

朱晓喆．后现代法学的主题词．法学，2003（5）

吴丹梅．解构亦或建构——后现代主义与法理学的发展．北方论丛，2004（1）

吕世伦．后现代法学思潮的哲理渊源探析．北京行政学院学报，2004（3）

陈金全．后现代法学的批判价值与局限．现代法学，2005（2）

高中．后现代法学与批判法学关于“权利话语”论争的启示．法治论丛，2005（1）

郝庆军．何谓“后现代”？来自福柯《规训与惩罚》的解释．中国社会科学院研究生院学报，2004（4）

高文盛．后现代法学思潮的正义观对司法公正的启示．法学评论，2005（4）

魏玉金．后现代主义无法颠覆传统法学方法论．东南学术，2005（5）

程志敏．现代性立场的困难——评加加林《早期希腊法律》．法律科学，2006（3）

苗金春．后现代法学面面观．理论学刊，2006（4）

8. 其他人物的法律思想

何章银．马丁·路德·金的“两种法律”观．学海，2003（6）

朴永刚，朴咏男．美国著名法官法律思想评述．行政与法，2003（11）

三、博士和硕士论文*

（一）外国法制史

1. 博士论文

夏勇/陈守一，刘升平．人权概念起源初论．［中国社会主义法学理论］．北京：北京大学，1991

孟广林/马克尧．英国封建王权的历史考察——从诺曼征服到《大宪章》．［英国史］．北京：北京大学，1995

傅静坤/梁慧星．二十世纪契约法．［民法学］．北京：中国社会科学院，1996

王云霞/曾宪义．近现代东方国家的法律改革．［外国法制史］．北京：中国人民大学，1996

董茂云/曾宪义．法典法与判例法比较研究．［比较法律文化］．北京：中国人民大学，1997

李哲宇/曾宪义．日本刑事司法中的检察制度．［日本司法制度］．北京：中国人民大学，1997

* 著者“/”之后为论文指导老师。

秦惠民/曾宪义．论教育权的演变：对一个教育法制问题的历史分析．[教育法制史]．北京：中国人民大学，1998

王涛/张晋藩．十七世纪至二十世纪初中西经济法制比较研究．[法制史]．北京：中国政法大学，1998

范忠信/曾宪义．刑法中的亲情：中西法伦理的冲突融合．[法制史]．北京：中国人民大学，1998

薄洁萍/马克尧．西欧中世纪基督教会对婚姻的规范．[世界史]．北京：北京大学，1999

丁相顺/曾宪义．继受与整合：日本法制近代化研究．[比较法律文化]．北京：中国人民大学，2000

张世明/曾宪义．经济法学理论演变的历史研究．[中国法制史]．北京：中国人民大学，2000

郭春涛/张学仁．英国宪法惯例研究．[外国宪法]．武汉：武汉大学，2000

李红海/王哲．梅特兰与《英国法律史——爱德华一世以前》——兼论早期普通法发展的线索．[法律史]．北京：北京大学，2001

白雪峰/李庆余．司法自由主义与沃伦法院研究．[美国史]．南京：南京大学，2001

李利军/曾宪义．英美陪审制研究．[比较法律文化]．北京：中国人民大学，2001

谢一彪/王永祥．中国苏维埃宪政研究．[中国现代史]．天津：南开大学，2001

付荣/王哲．俄罗斯新民法典研究．[俄罗斯法哲学]．北京：北京大学，2002

余辉/曾宪义．论信托法律制度的源流．[比较法律文化]．北京：中国人民大学，2002

易继明/罗玉中．私法精神与制度选择——大陆法私法古典模式的历史含义．[法理学]．北京：北京大学，2002

廖丹/周叶中．古代宪法导论．[宪法学与行政法学]．武汉：武汉大学，2003

魏强/曾宪义．公司法模式及其变迁．[比较法律文化]．北京：中国人民大学，2003

陈绪刚/贺卫方．近代英格兰法律职业的兴起．[法律史]．北京：北京大学，2003

管晓立/陈丽君．德国联邦宪法法院初探．[外国法制史]．北京：中国政法大学，2004

谭世贵/曾宪义．司法独立问题研究．[比较法律文化]．北京：中国人民大学，2003

崔林林/朱勇．严格规则与自由裁量之间：英美司法风格差异及其成因的比较研究．[比较法律史]．北京：中国政法大学，2003

管颖/李龙．战后历史中的日本宪法第九条．[宪法]．杭州：浙江大学，2003

姚欢庆/曾宪义．侵害知识产权理论研究．[比较法律文化]．北京：中国人民大学，2003

姜栋/曾宪义．论美国反倾销法的生成：正义与利益的分析．[比较法律文化]．北京：中国人民大学，2004

陈洁/曾宪义．美国违约救济制度的基本理论研究．[比较法律文化]．北京：中国人民大学，2004

钱福臣/吕世伦．论美国宪政生成的深层背景．[西方法哲学]．北京：中国人民大学，2004

刘晓雅/何勤华．美国刑事司法公正的宪法保障：兼论美国的刑事司法制度对中国刑事司法改革的启示．[外国法律史]．上海：华东政法学院，2004

杨安军/徐静村．陪审团制度研究——从历史、文化、实务的视角．[诉讼法学]．重庆：西南政法大学，2004

于敏/曾宪义．日本法学教育的历史分析．[比较法律文化]．北京：中国人民大学，2004 年

仝宗锦/贺卫方．威廉·布莱克斯通爵士和他的《英格兰法释义》：以英格兰法体系化的问题为中心．[外国法制史]．北京：北京大学，2004

宋凯利/叶秋华．西方宏观调控法的历史研究．[外国法律史]．北京：中国人民大学，2004

刘守刚/何勤华．西方立宪主义传统研究．[外国法律史]．上海：华东政法学院，2004

徐凌云/郑定．现代公司董事法律责任制度研究．[比较法律文化]．北京：中国人民大学，2004

李丽娜/郑定．银行监管法律制度的历史流变．[比较法律文化]．北京：中国人民大学，2004

周威/贺卫方．英格兰的早期治理：11～13 世纪英格兰治理模式的竞争性选择．[外国法制史]．北京：北京大学，2004

陈敬刚/曾尔恕．英国普通法的形成：一个初步的分析．[外国法制史]．北京：中国政法大学，2004

齐延平/徐显明．自由大宪章研究．[理论法学]．济南：山东大学，2004

侯学华/李剑鸣．自由与秩序：詹姆斯·麦迪逊与美国宪政体制的确立．[世界史]．天津：南开大学，2004

郭光东/何勤华．陪审团的历史与价值．[法律史]．上海：华东政法学院，2004

李孝猛/徐永康．社会变迁与制度建构．[法律史]．上海：华东政法学院，2004

郑少华/何勤华．从对峙走向和谐：循环型社会法的形成．[法律史]．上海：华东政法学院，2004

刘晓雅/何勤华．美国刑事司法公正的宪法保障：兼论美国的刑事司法制度对中国刑事司法改革的启示．[外国法律史]．上海：华东政法学院，2004

朱晓哲/何勤华．近代民法思想史——16 至 19 世纪欧陆私法精神的历史变迁．[法律史]．上海：华东政法学院，2004

刘守刚/何勤华．西方立宪主义传统研究．[外国法律史]．上海：华东政法学院，2004

徐菲/何勤华．希伯来法研究．[外国法律史]．上海：华东政法学院，2004

李秀清/何勤华．日耳曼法研究：历史、制度及精神．[外国法制史]．上海：华东政法学院，2004

曲阳/何勤华．本中世法略考——以镰仓时代武家法为中心．[法律史]．上海：华东政法学院，2004

姜小蕾/贺卫方．宪政制度的本土化诉求——俄罗斯政治制度的新选择．[外国法制史]．北京：北京大学，2004

史大晓/贺卫方．西欧民族国家的兴起与现代法治．[西方法律史]．北京：北京大学，2004

黎敏/贺卫方．西方检察制度的历史考察．[西方法律史]．北京：北京大学，2005

陈志红/贺卫方．早期英国司法独立史程初步研究．[外国法制史]．北京：北京大学，2005

夏新华/叶秋华．非洲法律文化研究．[比较法律文化]．北京：中国人民大学，2005

邢广梅/叶秋华．国际海上武装冲突法的历史演进：从 1856 年《巴黎海战宣言》到 1994 年《圣雷莫手册》．[外国法制史]．北京：中国人民大学，2005

胡玉鸿/徐永康．马克思主义司法公正学说研究．上海：华东政法学院，2005

王承志/肖永平．美国冲突法重述晚近之发展．[国际法学]．武汉：武汉大学，2005

尹志军/曾尔恕．美国环境法史论．[外国法制史]．北京：中国政法大学，2005

丁玮/曾尔恕．美国宪法上的正当法律程序：一个历史的视角．[外国法制史]．北京：中国政法大学，2005

张丽娟/叶秋华．西方国家地方自治之研究．[比较法律文化]．北京：中国人民大学，2005

2. 硕士论文

何勤华/徐轶民．论《德国民法典》．[法律史]．上海：华东政法学院，1981

高桐/徐轶民．试论英国衡平法的产生和发展．[法律史]．上海：华东政法学院，1981

任自昌/徐轶民．试论南北战争前美国最高法院的历史作用．[法律史]．上海：华东政法学院，1981

蒋迅/徐轶民．试论印度沦为英国殖民地时期的法律制度．[法律史]．上海：华东政法学院，1981

付东辉/徐轶民．论法国行政法院的形成和发展．[法律史]．上海：华东政法学院，1982

易建平/林志纯，廖学盛．赫梯法典中有关土地制度的若干问题．［世界古代史］．北京：中国社会科学院研究生院，1982

段祺华/徐轶民．英国与香港司法制度的历史考察．［法律史］．上海：华东政法学院，1983

刘小兵/徐轶民．美国法律制度论．［法律史］．上海：华东政法学院，1983

陈阳/由嵘．美国对英国法律制度的继承和发展．［外国法制史］．北京：北京大学，1984

潘大松/王群．判例法之比较研究及借鉴．［法律史］．上海：华东政法学院，1985

周伟文/徐轶民．论美国宪法的实践．［法律史］．上海：华东政法学院，1986

刘大力/徐轶民．论英国法的遵循判例制度．［法律史］．上海：华东政法学院，1986

常绍民/周怡天．试论古巴比伦时期的穆什根努等级．［世界史］．北京：北京大学，1987

王兵/由嵘．论罗马法复兴．［法律史］．北京：北京大学，1987

沈建平/徐秩民．美国宪法解释．［法律史］．上海：华东政法学院，1987

陈俊生/张宏生．苏联法制建设的理论与实践——兼与中国比较．［法学理论］．北京：北京大学，1988

蓝若兰/徐轶民．论欧美产品责任法的产生和发展．［法律史］．上海：华东政法学院，1989

陈立彤/徐轶民．论西方国家证券立法的产生和发展．［法律史］．上海：华东政法学院，1990

王春/张寿民．论西方国家民事侵权归责原则的演进．［法律史］．上海：华东政法学院，1991

张雅利/由嵘．美国劳动立法对集体谈判的调整．［法制史］．北京：北京大学，1991

秦瑞亭/张寿民．西方国家期货立法透视．［法律史］．上海：华东政法学院，1992

汤林刚/由嵘．美国行政法律中的研究．［法律史］．北京：北京大学，1992

郑云瑞/由嵘．美国联邦最高法院的发展与作用．［法制史］．北京：北京大学，1993

晏圣民/徐轶民，张寿民．西方国家公司法初探．［法律史］．上海：华东政法学院，1993

张德强/陈鹏生．私法文化与社会变迁．［法律史］．上海：华东政法学院，1994

王鑫/张寿民．美国银行法研究．［法律史］．上海：华东政法学院，1994

王垣/由嵘．美国反托拉斯法律制度初探．［法制史］．北京：北京大学，1995

毛国权/由嵘．先例制度在英国法中的发展和实现．［法制史］．北京：北京大学，1996

郭光东/何勤华，张寿民．法国民事诉讼法史论纲．［法律史］．上海：华东政法学院，1996

吴秋发/何勤华，张寿民．破产财产管理人制度比较研究．[法律史]. 上海：华东政法学院，1997

张奕/何勤华，张寿民．信托：英美法系的奇葩．[法律史]. 上海：华东政法学院，1997

刘洪波/由嵘．英国保险业监管立法研究．[法制史]. 北京：北京大学，1997

陈灵海/何勤华，张寿民．解释学与法律解释．[法律史]. 上海：华东政法学院，1998

吴旭阳/何勤华，张寿民．盎格鲁撒克逊时代刑事法律研究．[法律史]. 上海：华东政法学院，1999

陈颐/何勤华，张寿民．从中世纪商人法到近代民商法典——1000－1807年欧陆贸易史中的法律变迁．[法律史]. 上海：华东政法学院，1999

董华/由嵘．美国立法司法审查制度探源．[法制史]. 北京：北京大学，1999

易继明/罗玉中．大陆法私法的源流．[民商法学]. 北京：北京大学，1999

简海燕/李昌道．西方国家股份公司少数股东法律保护的比较研究．[法律史]. 上海：复旦大学，1999

杨秋华/李昌道．非占有动产担保制度比较研究．[法制史]. 上海：复旦大学，1999

周训芳/李昌道．西方国家公民环境权的研究．[法律史]. 上海：复旦大学，1999

曾建明/李昌道．美国陪审团审判制度．[法制史]. 上海：复旦大学，2000

杜筠翊/李昌道．西欧教会法婚姻制度及其影响．[法制史]. 上海：复旦大学，2000

曾坚/李昌道，董茂云．美国证券内幕交易监管机制之研究．[法律史]. 上海：复旦大学，2000

冯慧彬/由嵘．20世纪一部重要法典——美国《统一商法典》的诞生．[法律史]. 北京：北京大学，2000

吉霁光/徐永康．南京国民政府公司法及公司制度．[法律史]. 上海：华东政法学院，2000

程维/何勤华，李秀清．宪政与宗教——英国王权与教权之关系的历史考察．[法律史]. 上海：华东政法学院，2000

廖初民/何勤华，周伟文．论1950年《印度共和国宪法》.[法律史]. 上海：华东政法学院，2000

任超/何勤华．西欧中世纪法律职业阶层的兴起——兼及其对法治文明传承的作用．[法律史]. 上海：华东政法学院，2000

王铁雄/何勤华，周伟文．域外古代土地产权制度比较研究——从服务于我国集体土地所有与利用制度变迁之角度．[法律史]. 上海：华东政法学院，2000

张斐/何勤华，李秀清．欧洲法律一体化研究——以制定《欧洲民法典》为中心．[法律史]. 上海：华东政法学院，2000

周虹/贺卫方．英国近代陪审制度的历史成因．[法律史]．北京：北京大学，2001

李亚飞/郭自力．论沉默权．[法律史]．北京：北京大学，2001

林红轮/贺卫方．错位的权力——法国司法制度中若干传统的历史考察．[法律史]．北京：北京大学，2001

陆家洋/李昌道．行政程序法比较研究．[法律史]．上海：复旦大学，2001

李蔚/李昌道．美国《统一电子交易法》研究．[法律史]．上海：复旦大学，2001

张弦/李昌道．西方产品责任法比较研究．[法律史]．上海：复旦大学，2001

黄峥/李昌道．德国参审制度研究．[外国法制史]．上海：复旦大学，2002

王立强/李昌道．英美刑法中的严格责任制度研究．[法律史]．上海：复旦大学，2002

李丽/李昌道．论美国联邦最高法院的司法权威．[外国法制史]．上海：复旦大学，2002

李奕/李昌道．试论英美公司法对公司债权人的保护．[外国法制史]．上海：复旦大学，2002

钟奇/杨心宇．美国法对英国法的继承与发展——一个法律文化的视角．[法学理论]．上海：复旦大学，2002

侯洪颖/黄洋．古典雅典的法律——以法律与雅典民主政治的关系为中心．[世界史]．上海：复旦大学，2002

李娟/贺卫方．中世纪教会对英格兰早期宪政的影响．[法律史]．北京：北京大学，2002

王建波/贺卫方．法律职业化的兴起——英国律师会馆初探．[法律史]．北京：北京大学，2002

文雄/肖北庚．美法中行政立法的历史沿革之比较分析．[法学理论]．长沙：湖南师范大学，2002

周红格/韩竞．民法精神的演进与法治的实现．[马克思主义理论与思想政治教育]．呼和浩特：内蒙古师范大学，2002

栗明珠/胡长林，王孝询．西方资产阶级人权观的思想渊源及其历史嬗变．[世界史]．重庆：西南师范大学，2002

李德龙/肖金明．宗教立法之研究．[法律史]．济南：山东大学，2002

张华/叶秋华．西方沉默权制度历史研究．[法律史]．北京：中国人民大学，2002

王运红/贺卫方．英国立宪君主制的历史成因．[外国法律史]．北京：北京大学，2003

吕亚萍/贺卫方．普通法的诞生与英国王权．[法理学]．北京：北京大学，2003

王伟/李昌道．英美法系的专家证据制度研析．[法律史]．上海：复旦大学，2003

郑南琴/李昌道．美国证券民事责任制度研究．[法律史]．上海：复旦大学，2003

唐智娟/李昌道．美国有限合伙法律制度研究．[外国法制史]．上海：复旦大学，2003

张剑虹/李昌道．北欧社会保障法律制度研究．[法律史]. 上海：复旦大学，2003

刘海叶/董茂云．英国20世纪末民事司法改革及对我国之借鉴．[外国法制史]. 上海：复旦大学，2003

程维/何勤华，李秀清．宪政与宗教——英国王权与教权之关系的历史考察．[法律史]. 上海：华东政法学院，2003

刘海叶/董茂云．英国20世纪末民事司法改革及对我国之借鉴．[外国法制史]. 上海：复旦大学，2003

王铁雄/何勤华，周伟文．域外古代土地产权制度比较研究——从服务于我国集体土地所有与利用制度变迁之角度．[法律史]. 上海：华东政法学院，2003

郝刚/叶秋华．试论反垄断法的适度模糊机制：以美国反垄断法规制原则为例．[法律史]. 北京：中国人民大学，2003

高仰光/叶秋华．试论中世纪德意志法生长的历史轨迹．[法律史]. 北京：中国人民大学，2003

段于民/殷啸虎．普通法传统对英国宪政的影响．[宪法学与行政法学]. 上海：华东政法学院，2003

廖初民/何勤华．论1950年《印度共和国宪法》. [法律史]. 上海：华东政法学院，2003

段于民/殷啸虎．普通法传统对英国宪政的影响．[宪法学与行政法学]. 上海：华东政法学院，2003

程维/何勤华，李秀清．宪政与宗教——英国王权与教权之关系的历史考察．[法律史]. 上海：华东政法学院，2003

于熙/房宁．论20世纪的西方法治观念．[政治学理论]. 北京：首都师范大学，2003

王振霞/田德全．公民权的扩展及其罗马共和国的兴起．[世界史]. 曲阜：曲阜师范大学，2003

张利/齐延平，林明．对西方法律传统形成的另种解读——酒神出走后的并发症．[法律史]．济南：山东大学，2003

徐玉宁/李昌道．世纪之交日本司法改革探索．[外国法制史]. 上海：复旦大学，2004

唐慧敏/董茂云．美国民事陪审团制度研究．[外国法制史]. 上海：复旦大学，2004

李强/李昌道．美国上市公司收购法律制度研究．[外国法律史]. 上海：复旦大学，2004

罗彦/李昌道．简评美国要约收购法律制度的实践．[法律史]. 上海：复旦大学，2004

孙德鹏/林向荣．令状的司法化与普通法的形成——早期英国法治理方式的历史考察．[法律史]. 重庆：西南政法大学，2004

禹玉兰/林向荣．信托制度的历史演变及其现代应用．[法律史]. 重庆：西南政法大

学，2004

秦抗抗/王永志．从1936年宪法审视斯大林时期的肃反运动．[科学社会主义与国际共产主义运动]．天津：天津师范大学，2004

任丽华/李冬梅．法国国际私法发展史研究．[国际法学]．大连：大连海事大学，2004

毕惠岩/肖金明．法国行政法院制度研究．[宪法学与行政法学]．济南：山东大学，2004

李宏艳/刘文鹏．法老的审判——古代埃及的司法制度．[世界史]．通辽：内蒙古民族大学，2004

苏昕/赵军秀．格莱斯顿与两次爱尔兰自治法案．[世界史]．北京：首都师范大学，2004

戴激涛/周叶中．古典共和的宪政解读．[宪法学与行政法学]．武汉：武汉大学，2004

袁波/宫秀华．古罗马社会转型时期婚姻制度的演变．[世界史]．北京：北京师范大学，2004

王珏/王云霞．关于西方国家著作权制度的思考．[法律史]．北京：中国人民大学，2004

许洁/屈广清．荷兰国际私法发展史研究．[国际法学]．大连：大连海事大学，2004

路晓霞/永红．混合法传统下的南非合同法．[国际法]．湘潭：湘潭大学，2004

沈琦/刘景华．近代早期英国商人的婚姻取向和亲属关系．[世界史]．武汉：武汉大学，2004

舒忠飞/叶秋华．论《大宪章》的产生及其意义．[法律史]．北京：中国人民大学，2004

洪荞/叶秋华．论《法国民法典》的历史演进．[法律史]．北京：中国人民大学，2004

任莹瑛/陈金钊，谢晖．论法官法源．[法律史]．济南：山东大学，2004

贺大为/陈丽君．论罗马法中的形式主义．[外国法制史]．北京：中国政法大学，2004

郑红/丛日云．论西方中世纪封建宪政思想．[政治学理论]．大连：辽宁师范大学，2004

顾荣新/叶秋华．论英美法强势地位形成的原因．[法律史]．北京：中国人民大学，2004

何玲丽/叶秋华．论中世纪教会法对西方法的影响．[法律史]．北京：中国人民大学，2004

刘丽彩/王云霞．美、德、日公司治理机制及启示．[法律史]．北京：中国人民大学，2004

杨旭/王云霞．美国冲突法革命．[法律史]．北京：中国人民大学，2004

赵玉意/王云霞．美国联邦最高法院司法审查的历史演进及其评析．[法律史]．北京：中国人民大学，2004

邢玉强/刘星．美国网络隐私保护及立法思想研究（1974～2000)．[法律史]．广州：中山大学，2004

尚敏/曾尔恕．美国违宪审查制度理论溯源．[外国法制史]．北京：中国政法大学，2004

邵自平/李可可．美国西部水权历史演变及启示．[科学技术史]．武汉：武汉大学，2004

黄宇昕/陈丽君，崔林林．美国宪法上的联邦制：以联邦与州的分权为视角．[外国法制史]．北京：中国政法大学，2004

张怀印/夏新华．尼日利亚宪政发展研究．[法律史]．湘潭：湘潭大学，2004

古小刚/陈晓红．欧洲法院在欧洲一体化中的作用初探．[法律史]．湘潭：湘潭大学，2004

袁建刚/王云霞．普通法文化在中世纪英格兰的兴起．[法律史]．北京：中国人民大学，2004

矫昌奉/李小白．浅析西欧中世纪对罗马法的研究．[世界史]．长春：东北师范大学，2004

杨志昂/曾宪义．亲权制度史比较研究．[法律史]．北京：中国人民大学，2004

贾科/王云霞．让与担保制度的历史演进比较研究．[法律史]．北京：中国人民大学，2004

陈道英/秦前红．日本和平宪法第 9 条及其演变．[宪法与行政法学]．武汉：武汉大学，2004

黄树卿/王云霞．试论法国在罗马法复兴运动中的作为及贡献．[法律史]．北京：中国人民大学，2004

徐菲/何勤华．希伯来法．[法律史]．上海：华东政法学院，2004

于沛海/叶秋华．西方国家船舶国籍法律制度研究．[法律史]．北京：中国人民大学，2004

崔锐/叶秋华．西方国家证券法的历史变迁．[法律史]．北京：中国人民大学，2004

张宇飞/肖金明．宪政演进中的赋税．[宪法学与行政法学]．济南：山东大学，2004

禹玉兰/林向荣．信托制度的历史演变及其现代应用．[法律史]．重庆：西南政法大学，2004

颜燕/徐浩．中世纪西欧商法研究．[世界史]．北京：中国人民大学，2004

谭喜祥/赖达清．中西经济法产生发展道路差异研究．[经济法学]．重庆：西南政法大

学，2004

杜红波/张曙光．宗教对美国宪政文明的影响．[法学理论]. 北京：中国人民大学，2004

周隽/屈广清．英国国际私法发展进程研究．[国际法学]. 大连：大连海事大学，2004

刘涛/周洪钧．英国马利华禁令制度研究．[法律史]. 上海：华东政法学院，2004

陈志坚/刘新成．英国普通法中的不动产继承制度：1066～1540. [世界史]. 北京：首都师范大学，2004

陈晓娟/肖金明．英国行政裁判所制度研究．[宪法学与行政法学]. 济南：山东大学，2004

柴英/叶秋华．英国议会主权原则的历史变迁．[法律史]. 北京：中国人民大学，2004

袁毅超/曾尔恕．英美法律教育与法律职业的比较研究：从历史的角度．[外国法制史]. 北京：中国政法大学，2004

刘明/陈丽君．中国、日本及瑞典社会保障制度比较研究．[外国法制史]. 北京：中国政法大学，2004

张颖/曾尔恕．中美律师制度比较研究：从历史的视角．[外国法制史]. 北京：中国政法大学，2004

李学鹏/顾晓鸣．英国普通法的历史基础研究——以亨利二世时期为考察对象．[世界历史]. 上海：复旦大学，2005

胡铭孚/顾云深．1937 年罗斯福最高法院改组计划评析——一个从权力制衡角度的考察．[世界史]. 上海：复旦大学，2005

林燕梅/张光杰，杨心宇．宗教改革与自然法观念的转变．[法理学]. 上海：复旦大学，2005

黎明/白国栋．英国非执行董事注意义务的历史沿革和当今课题——对中国独立董事制度的借鉴意义．[民商法]. 上海：复旦大学，2005

马慧玥/王云霞．试论盎格鲁撒克逊法及其对英国普通法的影响．[法律史]. 北京：中国人民大学，2005

何顺善/叶秋华．试论法国家庭法的历史演变．[法律史]. 北京：中国人民大学，2005

葛佳茗/叶秋华．试论教会法对罗马法的继承与发展．[法律史]. 北京：中国人民大学，2005

薛健/叶秋华．试析罗马法在中世纪的复兴及其影响．[法律史]. 北京：中国人民大学，2005

汪鸿兴/王云霞．英法检察制度历史演进之比较．[法律史]. 北京：中国人民大学，2005

张湜林/叶秋华．英美两国宪法稳定性与适应性探究．[法律史]. 北京：中国人民大

学，2005

冯正好/徐洁．中世纪西欧城市法研究．[世界史]．北京：中国人民大学，2005

毛宁宁/叶秋华．浅析古代印度法两大特征．[法律史]．北京：中国人民大学，2005

梁睿/王云霞．罗马法所有权制度的历史演变及其对后世法律的影响．[法律史]．北京：中国人民大学，2005

梁晶晶/叶秋华．论《德国民法典》的诞生．[法律史]．北京：中国人民大学，2005

时瑞燕/王云霞．《德国民法典》债法制度的历史变迁．[法律史]．北京：中国人民大学，2005

陈汉/费安玲．罗马法私犯之债的特性、演进及其对近现代法的影响．[商法学]．北京：中国政法大学，2005

费晶晶/曾尔恕．伊斯兰婚姻法之初探．[法律史]．北京：中国政法大学，2005

周静/崔林林．浅谈 18 世纪英国妇女财产权．[外国法制史]．北京：中国政法大学，2005

史会明/陈丽君．英德两国法律演进道路之比较．[法律史]．北京：中国政法大学，2005

殷秀峰/陈金全．原罪的法思想解读．[法律史]．重庆：西南政法大学，2005

张帆/张永和．古希腊陪审制度初探．[法理学]．重庆：西南政法大学，2005

陈华/胡光志．经济法的历史演进．[经济法]．重庆：西南政法大学，2005

陈秀玲/杨丽英．传统的重构和整合——从英国衡平法的产生发展看罗马法对英国法的影响．[外国法制史]．重庆：西南政法大学，2005

李小红/王威．认真对待宪法权利——解读美国《1964 年民权法案》．[法理学]．重庆：西南政法大学，2005

王秀清/刘城．英国十四世纪反教皇立法研究．[世界史]．北京：首都师范大学，2005

盛宏意/刘城．中世纪欧洲神判法的历史考察．[世界史]．北京：首都师范大学，2005

刘鹏/顾銮斋．英国中古《自由大宪章》研究．[世界史]．曲阜：曲阜师范大学，2005

孙振民/田德全．古罗马共和国的法治建设．[世界史]．曲阜：曲阜师范大学，2005

冯晓霞/庄万友．试论一战后印度的宪政改革．[世界史]．武汉：华中师范大学，2005

罗鑫/汪习根．宪政的契约之维：初论．[法学理论]．武汉：武汉大学，2005

赵丽娜/吴宏亮．宪政内涵及其构建途径分析．[法律史]．郑州：郑州大学，2005

侯资江/张蓉蓉．美国宪政研究．[法学理论]．昆明：云南大学，2005

赵丹/王铭．论美国 1924 年移民法．[世界史]．沈阳：辽宁大学，2005

莫文静/陈俐丽，蒲卫宁．论美国司法审查的起源．[英语]．北京：对外经济贸易大学，2005

陈兵/郑祝君．论美国联邦反托拉斯法的早期发展．[外国法律史]．武汉：中南财经政

法大学，2005

孟婷/程汉大．英国议会主权的形成——以法治传统为视角．[外国法律史]．武汉：中南财经政法大学，2005

龚春霞/郑祝君．英国普通法的令状制度．[外国法律史]．武汉：中南财经政法大学，2005

魏琦/李艳华．美国宪法对私有财产权保护的历史进程及特色．[外国法律史]．武汉：中南财经政法大学，2005

（二）西方法律思想史

1．博士论文

钱弘猷/王哲．卢梭政治法律思想研究．[西方法律思想史]．北京：北京大学，1997

杜要忠/王哲．哈耶克法哲学思想初探．[西方法律思想史]．北京：北京大学，1997

徐爱国/王哲．奥斯丁“法理学范围”的实证分析．[西方法律思想史]．北京：北京大学，1998

李桂林/王哲．凯尔森纯粹法理论研究．[西方法律思想史]．北京：北京大学，1998

郑戈/王哲．迈向一种法律的社会理论：马克斯·韦伯法律思想研究．[西方法律思想史]．北京：北京大学，1998

郑云瑞/王哲．西方近现代契约理论研究．[西方法律思想史]．北京：北京大学，1998

赵嵬/高格．近代西方刑法思想的转折．[刑法学]．长春：吉林大学，1999

郭义贵/王哲．基督教与西方法律传统：论伯尔曼的西方法律传统观．[西方法律思想史]．北京：北京大学，1999

刘远生/王哲．列宁法哲学思想研究．[法律思想史]．北京：北京大学，2000

丁利/贺卫方．博弈、博弈规则与规则博弈：一个制度理论的一般框架．[西方法律思想史]．北京：北京大学，2000

李红海/王哲．梅特兰与《英国法律史——爱德华一世以前》：兼论早期普通法发展的线索．[西方法律思想史]．北京：北京大学，2001

李晓峰/王哲．德沃金法律思想研究．[西方法律思想史]．北京：北京大学，2001

张晓永/王哲．庞德社会法学思想研究．[西方法律思想史]．北京：北京大学，2001

黄颂/徐大同．自然法观念考．[政治学理论]．天津：天津师范大学，2001

梁晓俭/王哲．凯尔森法律效力论研究．[西方法律思想史]．北京：北京大学，2002

高正文/公丕祥．列宁的法律革命思想——经济文化落后国家社会主义法制建设的沉思．[马克思主义理论与思想政治教育（法学方向）]．南京：南京师范大学，2002

张清/公丕祥．解读列宁：法律与经济的互动——以俄国土地制度变迁和经济体制转型为中心的分析．[马克思主义理论与思想政治教育（理论法学方向）]．南京：南京师范大

学，2002

袁柏顺/徐大同．寻求权威与自由的平衡——霍布斯、洛克与自由主义的兴起．[政治学理论]．天津：天津师范大学，2002

周永生/王哲．柏克宪政和法律思想研究．[西方法律思想史]．北京：北京大学，2003

陈赞伟/周旺生．论边沁立法思想与近代欧洲法典化运动：基于立法理性的考察．[法学理论]．北京：北京大学，2003

史彤彪/曾宪义．法国大革命时期的宪政理论与实践研究：1789 年～1814 年．[外国法律史]．北京：中国人民大学，2003

程德文/公丕祥．法律的商谈理论——哈贝马斯法哲学思想引论．[法学理论]．南京：南京师范大学，2003

黄和新/公丕祥．马克思所有权思想述要．[法学理论]．南京：南京师范大学，2003

蔡宝刚/公丕祥．经济现象的法律逻辑——马克思的理论阐释．[法学理论]．南京：南京师范大学，2003

魏敦友/黄颂杰，俞吾金．自然法的观念——渊源、历史与逻辑．[哲学]．上海：复旦大学，2003

张芝梅/贺卫方．波斯纳的司法实用主义．[西方法律思想史]．北京：北京大学，2004

夏宏/夏基松．哈贝马斯法哲学研究．[外国哲学]．杭州：浙江大学，2004

申建林/谭君久．西方自然法理论的演进——一种人权观发展线索的考察．[政治学理论]．武汉：武汉大学，2004

刘素民/段德智．烙在人性上的神之睿智——托马斯·阿奎那自然法思想研究．[哲学]．武汉：武汉大学，2004

史大晓/贺卫方．西欧民族国家的兴起与现代法治．[西方法律思想史]．北京：北京大学，2004

刘宏斌/俞吾金．认真对待平等——德沃金政治哲学思想探要．[西方哲学]．上海：复旦大学，2004

陈景辉/刘金国．法律的界限：实证主义命题群之展开．[法律史]．北京：中国政法大学，2004

周丽/刘金国．论近代自然法的产生．[法律史]．北京：中国政法大学，2004

朱晓哲/何勤华．近代民法思想史——16 至 19 世纪欧陆私法精神的历史变迁．[法律史]．上海：华东政法学院，2004

王立峰/孙国华．法律惩罚的哲理分析．[法学理论]．北京：中国人民大学，2004

张学超/吕世伦．邓小平民主法制思想研究——历史的视角．[法学理论]．北京：中国人民大学，2004

陈根发/吕世伦．现代日本理论法学思潮研究．[法学理论]．北京：中国人民大

学，2004

刘小楠/崔卓兰．美国女权主义法学平等与差异观研究．[法学理论]．长春：吉林大学，2005

张薇薇/贺卫方．中世纪西欧商人兴起与法律：11～16世纪．[西方法律思想史]．北京：北京大学，2005

马建红/徐显明．人权派人权思想研究．[法学理论]．济南：山东大学，2005

孙新强/梁慧星．美国《统一商法典》法理思想研究．[法学理论]．济南：山东大学，2005

薄振峰/吕世伦．朱利叶斯·斯通综合法思想研究．[法学理论]．北京：中国人民大学，2005

吉涛/刘金国．第三部门与法治：以西方市民社会理论的演进发展为视角．[外国法律思想史]．北京：中国政法大学，2005

张清/张传有．正义与功利——密尔功利主义正义思想研究．[伦理学]．武汉：武汉大学，2005

傅鹤鸣/陈根法．论法律的合法性——德沃金法伦理思想研究．[伦理学]．上海：复旦大学，2005

白晨航/刘金国．允诺、契约义务与契约自由：英美法视域中规范契约理论之发展．[外国法律思想史]．北京：中国政法大学，2005

周红阳/姚建宗．预期与法律——朝向哈耶克的时间域．[法学理论]．长春：吉林大学，2006

刘剑/徐卫东．卡尔·卢埃林法律职能理论研究．[法学理论]．长春：吉林大学，2006

田雨/张文显．女权主义的划界、反思与超越．[法学理论]．长春：吉林大学，2006

曾莉/姚建宗．包容性实证主义法学视野中的法律与道德关系研究．[法学理论]．长春：吉林大学，2006

邹立君/邓正来．良好秩序观的建构：朗·富勒法律理论的研究．[法学理论]．长春：吉林大学，2006

高国栋/姚建宗．分析法学的日常语言分析转向——哈特新分析法学基本理念研究．[法学理论]．长春：吉林大学，2006

高中/吕世伦．国家安全与表达自由的冲突与整合——一种历史与比较的视角．[法学理论]．北京：中国人民大学，2006

付池斌/吕世伦．美国现实主义法学理论研究：以司法裁判为视角．[法学理论]．北京：中国人民大学，2006

2. 硕士论文

陈世荣/李步云．论约翰·洛克的法律思想．[法理学]．北京：中国社会科学院研究生

院，1982

杜要忠/王哲．哈耶克法哲学思想初探．[西方法律思想史]．北京：北京大学，1997

孔冬/王长里．卢梭自由平等观述评．[西方哲学]．南昌：江西师范大学，1998

刘伟/陶林，崔延强．德沃金权利论法律思想评述．[外国哲学]．重庆：西南师范大学，2005

刘睿/俞良早．列宁法治思想探要．[马克思主义理论与思想政治教育]．武汉：湖北大学，2000

张思明/袁实勇．马克思主义法哲学价值论探析．[马克思主义哲学]．昆明：云南师范大学，2001

陈冬/徐祥民．孟德斯鸠政体思想之研究．[宪法与行政法学]．济南：山东大学，2001

王馨/刘启良．柏拉图和亚里士多德的政治学说比较．[外国哲学]．湘潭：湘潭大学，2001

吕波/龚廷泰．列宁晚年法律思想论纲．[法学理论]．南京：南京师范大学，2001

张泳/陶林，崔延强．自然法在西方法治理念形成中的作用及对中国法治之启迪．[马克思主义理论与思想政治教育]．重庆：西南师范大学，2001

张传文/齐延平．自然法思想的源与流．[法学理论]．济南：山东大学，2002

李玉洁/徐爱国．美国堕胎法律争议评析．[西方法律思想史]．北京：北京大学，2002

包亚军/施雪华．达尔宪政思想研究．[政治学理论]．武汉：武汉大学，2002

曹也汝/公丕祥．法律的理性解构——韦伯命题中的法哲学意蕴．[法学理论]．南京：南京师范大学，2002

李报春/汪习根．哈耶克人权法学说的反思与启示．[法理学]．武汉：武汉大学，2002

覃阳/潘佳铭，崔延强．伯尔曼的法律思想研究．[外国哲学]．重庆：西南师范大学，2002

彭美/潘佳铭，崔延强．德沃金解释论法律思想研究．[外国哲学]．重庆：西南师范大学，2002

金新宝/温纯如．《试论康德法哲学思想》．[外国哲学]．合肥：安徽大学，2002

方英群/邓安庆．洛克与卢梭的自由观之比较．[外国哲学]．长沙：湖南师范大学，2002

曾林/黄振定．洛克法哲学思想探究．[外国哲学]．长沙：湖南师范大学，2002

钱琼飞/刘星．重估霍布斯的法律思想．[西方法律思想史]．广州：中山大学，2003

周诗根/刘星．弗兰克法律怀疑论述评．[法律史]．广州：中山大学，2003

袁强/刘星．解读“法律迷津”：巴尔金的法律意识形态思想评述．[法律史]．广州：中山大学，2003

张艳/赵明．福柯眼中的“圆形监狱”——对《规训与惩罚》中“全景敞视主义”的解读．[法律史]．湘潭：湘潭大学，2003

徐品飞/张光杰．法官如何理解法律？——论德沃金的“整体性阐释”及意义．[法学理论]．上海：复旦大学，2003

高中/蒋先福．德沃金自由主义权利论法律思想评析．[法学理论]．长沙：湖南师范大学，2003

曾莉/陶林，崔延强．哈特法律思想研究——以哈特和德沃金论战中法律与道德的关系为视角．[外国哲学]．重庆：西南师范大学，2003

王亚军/汪汉卿．论汉密尔顿的司法独立思想及对美国宪政史的重要影响．[法律史学]．合肥：安徽大学，2003

孙展望/邓安庆．论孟德斯鸠法律哲学的价值张力——对《论法的精神》的一种解读．[外国哲学]．长沙：湖南师范大学，2003

袁绍义/蒋先福．洛克控权法律思想研究．[法学理论]．长沙：湖南师范大学，2003

贺五一/兰奇光．论西塞罗的法律思想．[世界史]．长沙：湖南师范大学，2003

施宗英/汪汉卿．论柏拉图《法律篇》中的法律思想．[法律史学]．合肥：安徽大学，2003

刘期湘/孙昌军．西方自然法思潮与罪刑法定原则确立的观念基础．[刑法学]．长沙：湖南大学，2004

王国宏/白平浩．马克思民主思想的形成和发展．[科学社会主义]．北京：中共中央党校，2004

周光辉/程燎原．哈耶克的正当行为规则理论．[法学理论]．湘潭：湘潭大学，2004

方林/王涛．论哈耶克的普通法法治理论．[法学理论]．长沙：湖南师范大学，2004

李国萍/刘全德．西方法官自由裁量思想的历史寻迹及其法理学分析．[西方法律思想史]．北京：中国政法大学，2004

朱峰/陈金钊，谢晖．排他性法律实证主义——评介拉兹的法律权威理论．[法学理论]．济南：山东大学，2004

宋斐/刘星．哈特“内在观点”理论研究．[法律史]．广州：中山大学，2004

肖松涛/李国华．诺齐克与德沃金权利理论比较初探．[外国哲学]．湘潭：湘潭大学，2004

王义芳/戴茂堂．论密尔的自由观．[伦理学]．武汉：湖北大学，2004

周玄毅/赵林．论黑格尔法哲学中的自由观念．[外国哲学]．武汉：武汉大学，2004

穆姗姗/刘鸿鹤．卢梭的社会契约论．[马克思主义理论与思想政治教育]．大连：大连理工大学，2004

彭毅/蒋先福．洛克有限政府思想初探．[法学理论]．长沙：湖南师范大学，2004

宁全红/程燎原．论洛克的财产权起源理论．[法学理论]．湘潭：湘潭大学，2004

阎云峰/程燎原．从法律经济学到实用主义法学——波斯纳法律思想的发展．[法学理

论]. 湘潭：湘潭大学，2004

段凤华/兰奇光．柏拉图国际法思想研究——兼与先秦诸子比较．[世界史]. 长沙：湖南师范大学，2004

陈鹏飞/陈金全．城邦、理性、法治——柏拉图法律思想解读．[法律史]. 重庆：西南政法大学，2004

郭黎/刘星．霍姆斯的实用主义法学进路．[法律史]. 广州：中山大学，2004

张海峰．卡多佐司法理论研究．[西方法律思想史]. 广州：中山大学，2004

王培剑/董茂云．西耶士制宪权理论及其源起研究——近代政治正当性视野中的制宪权．[宪法学与行政法学]. 上海：复旦大学，2004

唐元平/刘星．卢埃林规则怀疑论研究．[西方法律思想史]. 广州：中山大学，2004

刘期湘/孙昌军．西方自然法思潮与罪刑法定原则确立的观念基础．[刑法学]. 长沙：湖南大学，2004

吴丽君/郑忆石．论马克思的政治自由思想．[马克思主义哲学]. 上海：华东师范大学，2005

曹文宏/陈少牧．哈耶克法治思想对我国法治建设的启示．[科学社会主义与国际共运史]. 泉州：华侨大学，2005

盖国恒/李常青．认真对待平等——德沃金平等理论的中国进路．[法理学]. 重庆：西南政法大学，2005

胡兴建/付子堂．自然抑或约定——卢梭法哲学思想研究．[法理学]. 重庆：西南政法大学，2005

谢芳才/范军．自由与法治——哈耶克宪政思想研究．[科学社会主义与国际共运]. 上海：华东师范大学，2005

林燕梅/张光杰，杨心宇．宗教改革与自然法观念的转变．[法理学]. 上海：复旦大学，2005

贾少学/杨烨．论德沃金权利理论．[马克思主义理论与思想政治教育]. 上海：华东师范大学，2005

穆姗姗/刘鸿鹤．卢梭的社会契约论．[马克思主义理论与思想政治教育]. 大连：大连理工大学，2005

孙健飞/方慧．卢梭法律思想再探．[法学理论]. 昆明：云南大学，2005

邱卫东/王令愉．埃德蒙·柏克政治思想研究．[专门史]. 上海：华东师范大学，2005

吴迪/刘鸿鹤．论托马斯·杰斐逊的民主思想．[马克思主义理论与思想政治教育]. 大连：大连理工大学，2005

岳军/韩秋红．斯宾诺莎的自由思想．[马克思主义哲学]. 长春：东北师范大学，2005

王宇/李春茹．古希腊“法律至上”观念的生成及意义．[法哲学]. 重庆：西南政法大

学，2005

费小兵/张永和．从功利到至善的理性——贝卡里亚死刑观及其反思．[法理学]．重庆：西南政法大学，2005

王强力/付子堂．卡多佐法官的法律哲学．[法学理论]．重庆：西南政法大学，2005

蒋浙安/强昌文．论龙勃罗梭的犯罪学思想．[法律史]．合肥：安徽大学，2005

张浩/张永和．陀思妥耶夫斯基的法世界——解读《罪与罚》．[法理学]．重庆：西南政法大学，2005

曾志华/蒋先福．西方人权保障思想的形成与发展——以社会契约理论为视角．[法学理论]．长沙：湖南师范大学，2005

林梁效/曾亚雄．法律实证主义的发展及其对中国法治的启示——从“法律命令说”到“法律规则说”．[科学社会主义与国际共产主义运动]．泉州：华侨大学，2005

钱崇君/焦文峰．权力与反抗——福柯权力思想研究．[教育学原理]．扬州：扬州大学，2005

钟红艳/付子堂．身体·惩罚史·自由——解读福柯《规训与惩罚》．[法理学]．重庆：西南政法大学，2005

谢芳才/范军．自由与法治——哈耶克宪政思想研究．[科学社会主义与国际共运]．上海：华东师范大学，2005

四、外国法制史著作

（一）通论及教科书

曹恭翊编纂．法治通史（上、中、下）编者自刊．1918

[日] 穗积陈重著，黄尊三译．法律进化论（第1册）．上海：商务印书馆，1929

[日] 穗积陈重著，萨孟武，陶汇曾译．法律进化论（第2册）．上海：商务印书馆，1930

[英] 梅因著，方孝岳，钟建闳译．古代法．上海：商务印书馆，1930

[美] 庞德著，雷宾南译．法学史．上海：商务印书馆，1931

[法] 狄骥著，徐砥平译．公法的变迁．上海：商务印书馆，1933

程树德．宪法历史及比较研究．北平：朝阳学院出版部，1933

[日] 穗积陈重著，黄尊三，萨孟武，陶汇曾，易家钺译．法律进化论．上海：商务印书馆，1934

顾纶．世界法学沿革史．上海：临苑书店，1940

[美] 孟罗斯密著，姚梅镇译．欧陆法律发达史．上海：商务印书馆，1943

李宜琛．外国法制史．北平：北京大学法商学院，1953

苏联司法部全联盟法学研究所编，中国人民大学国家与法权历史教研室译．国家与法权通史．北京：中国人民大学出版社，1953

［苏联］瓦里荷米托夫编，中国人民大学国家与法权历史教研室译．国家与法权通史提纲．北京：中国人民大学出版社，1954

［英］梅因著，沈景一译．古代法．北京：商务印书馆，1959

国家与法的通史讲义．湖北大学编印，1962

［法］孟德斯鸠著，张雁深译．论法的精神．北京：商务印书馆，1963

外国国家与法的历史讲义．北京政法学院国家与法的历史教研室编印，1964

外国政治法律制度史讲义（初稿）．西南政法学院国家与法权历史教研室编印，1964

外国国家与法律制度史参考资料汇编．北京大学法律系法制史教研室编印，1979

外国国家与法律制度史．北京大学法律系法制史教研室编印，1979（上册），1980（下册）

外国法制史讲义．中国人民大学法律系国家与法律制度史教研室编印，1980

外国法制史讲义（3册）．中国人民大学法律系国家与法律制度史教研室，1980

［德］裘垠·索沃尔德著，吴敬仁译．外国警探史话．北京：群众出版社，1981

外国法制史讲义．北京政法学院法制史教研室编印，1981

外国法制史参考资料选辑．西南政法学院法制史教研室编印，1981

外国法制史参考资料汇辑．北京政法学院法制史教研室编印，1981

［苏联］乌切夫斯基．资产阶级国家刑法史．北京政法学院刑法教研室编印，1981

法学教材编辑部《外国法制史》编写组编．外国法制史资料选编．北京：北京大学出版社，1982

法学教材编辑部《外国法制史》编写组编．外国法制史．北京：北京大学出版社，1982

陈盛清主编．外国法制史．北京：北京大学出版社，1982

法学教材编辑部《外国法制史》编写组．外国法制史．北京：北京大学出版社，1982

法学教材编辑部《外国法制史》编写组．外国法制史资料选编．北京：北京大学出版社，1982

罗豪才，吴撷英．资本主义国家的宪法和政治制度．北京：北京大学出版社，1983

外国法制史教学大纲．华东政法学院法制史教研室编印，1983

外国法制史研究会编．外国法制史汇刊（第一集）．武汉：武汉大学出版社，1984

中国政法大学民法研究室．外国婚姻家庭法资料选编．1984

［苏联］费多罗夫著，叶长良，曾宪义译．外国国家和法律制度史．北京：中国人民大学出版社，1985

徐尚清主编．外国法律制度史．长春：吉林大学出版社，1985

徐轶民编．外国法制史教学大纲．北京：中央广播电视大学出版社，1987
徐轶民编著．简明外国法制史．北京：中央广播电视大学出版社，1987
由嵘，孙孝堃编著．外国法制史简编．北京：光明日报出版社，1987
徐轶民编．外国法制史教学大纲．北京：中央广播电视大学出版社，1987
潘华仿，许显侯，皮继增编著．外国法律简史．北京：法律出版社，1987
中国政法大学法制史教研室编．外国法制史纲．北京：中国政法大学出版社，1988
由嵘，胡大展主编．外国法制史．北京：北京大学出版社，1989
皮继增主编．外国法制史．北京：对外贸易教育出版社，1989
由嵘，胡大展主编．外国法制史．北京：北京大学出版社，1989
监察部政策法规司编著．外国及港台监察制度．北京：中国政法大学出版社，1989
杨联华主编．外国法制史．成都：四川大学出版社，1989
[美] 庞德著，曹玉堂，杨知译．法律史解释．北京：华夏出版社，1989
[美] 斯坦著，王献平译．西方社会的法律价值．北京：中国人民公安大学出版社，1990
[美] 埃尔曼著，贺卫方，高鸿钧译．比较法律文化．北京：三联书店，1990
林榕年，李启欣主编．外国法制史论文集．广州：中山大学出版社，1990
皮纯协等编著．中外监察制度简史．郑州：中州古籍出版社，1990
李昌道主编．当代西方经济法律制度．上海：上海人民出版社，1991
[法] 拉格特，[英] 拉登著，陈庚生等译．西欧国家的律师制度．长春：吉林人民出版社，1991
张中秋．中西法律文化比较研究．南京：南京大学出版社，1991
李启欣主编．外国法制史．长沙：湖南师范大学出版社，1992
皮继增等撰．外国法制史教程．北京：中国政法大学出版社，1992
杨联华主编．外国法制史．成都：四川大学出版社，1992
[美] 伯尔曼著，贺卫方等译．法律与革命：西方法律传统的形成．北京：中国大百科全书出版社，1993
林榕年主编．外国法制史新编．北京：群众出版社，1994
张培田．中西近代法文化冲突．北京：中国广播电视出版社，1994
何勤华等编著．中西法律文化通论．上海：复旦大学出版社，1994
何勤华．西方法学史．北京：中国政法大学出版社，1996
张寿民主编．外国经济法制史．上海：华东理工大学出版社，1996
何勤华主编．外国法制史．北京：法律出版社，1997
[葡] 叶士明著，吕平义，苏健译．欧洲法学史导论．北京：中国政法大学出版社，1998
由嵘主编．外国法制史．北京：北京大学出版社，1998

一正．西窗法雨：西方法律文化漫笔．广州：花城出版社，1998

［美］孟罗·斯密著，姚梅镇译．欧陆法律发达史．北京：中国政法大学出版社，1999

皮继增主编．外国法制史．北京：中国政法大学出版社，1999

郭志祥，郭九灵主编．外国法制史．北京：中国人事出版社，1999

张飞舟，蒙振祥编著．外国法制史．西安：陕西人民出版社，1999

苏喆，张建梅主编．外国法制史．北京：中国城市出版社，1999

林榕年主编．外国法制史．北京：中国人民大学出版社，1999

岳彩申主编．外国法制史．成都：西南交通大学出版社，1999

崔林林，顾元编著．外国法制史．北京：西苑出版社，1999

何勤华主编．外国法制史：教学参考书．北京：法律出版社，1999

米健主编．当代德国法学名著——法哲学·法律理论·法律史．北京：法律出版社，2000

王菲编著．外国法制史纲要．北京：工商出版社，2000

李启欣．外国法制史研究文选．北京：中国法制出版社，2000

叶秋华．外国法制史论．北京：中国法制出版社，2000

朱庆育主编．外国法制史．北京：中国法制出版社，2000

何勤华．西方法学史．北京：中国政法大学出版社，2000

［美］斯科特·戈登著，应奇等译．控制国家：西方宪政的历史．南京：江苏人民出版社，2001

郭成伟主编．外国司法制度概要．南京：江苏人民出版社，2001

郭成伟主编．外国法系精神．北京：中国政法大学出版社，2001

王文主编．外国法制史．海口：南海出版公司，2001

何勤华主编．外国法制史．北京：法律出版社，2001

朱晓东．外国法制史．北京：龙门书局，2001

吴礼林．外国法制史．武汉：武汉理工大学出版社，2001

郭成伟主编．外国法系精神．北京：中国政法大学出版社，2001

［法］孟德斯鸠著，孙主坚等译．论法的精神．西安：陕西人民出版社，2001

何勤华主编．二十世纪百位法律家．北京：法律出版社，2001

何勤华，李秀清主编．外国法制史．上海：复旦大学出版社，2002

［美］H.W.埃尔曼著，贺卫方，高鸿钧译．比较法律文化．北京：清华大学出版社，2002

何勤华主编．20世纪外国经济法的前沿．北京：法律出版社，2002

连晓畅主编．中外法制史简明教程．贵阳：贵州人民出版社，2002

曾尔恕主编．外国法制史．北京：中国政法大学出版社，2002

王菲主编．外国法制史．北京：中国检察出版社，2002
何勤华主编．西方法学家列传．北京：中国政法大学出版社，2002
何勤华主编．西方法学名著精萃．北京：中国政法大学出版社，2002
何勤华，李秀清主编．东南亚七国法律发达史．北京：法律出版社，2002
何勤华主编．20世纪外国经济法的前沿．北京：法律出版社，2002
［德］格罗斯菲尔德著，孙也彦，姚建宗译．比较法的力量和弱点．北京：清华大学出版社，2002
［法］达维著，潘华仿，高鸿钧，贺卫方译．英国法和法国法：一种实质性的比较．北京：清华大学出版社，2002
霍宪丹，贺卫方主编．法律人丛书．北京：中国政法大学出版社，2003
庞正，严海良编著．外国法制史纲．南京：南京师范大学出版社，2003
何勤华主编．外国法制史．北京：法律出版社，2003
由嵘主编．外国法制史．北京：北京大学出版社，2003
曾尔恕主编．外国法制史．北京：北京大学出版社，2003
何勤华主编．20世纪外国司法制度的变革．北京：法律出版社，2003
何勤华主编．西方法学流派撮要．北京：中国政法大学出版社，2003
［美］哈罗德·J·伯尔曼著，梁治平译．法律与宗教．北京：中国政法大学出版社，2003
郭建安主编．西方监狱制度概论指导．北京：法律出版社，2003
［意］内尔肯编，高鸿钧等译．比较法律文化．北京：清华大学出版社，2003
［德］茨威格特·克茨著，潘汉典，高鸿钧，贺卫方，米健译．比较法总论．北京：法律出版社，2003
［法］福柯著，刘兆成，杨远婴译．规训与惩罚：监狱的诞生．北京：三联书店，2003
［德］赫蒂根著，张恩民译．欧洲法．北京：法律出版社，2003
余定宇．寻找法律的印迹．北京：法律出版社，2004
何勤华主编．外国法律史研究．北京：中国政法大学出版社，2004
何勤华主编．20世纪外国民商法的变革．北京：法律出版社，2004
崔林林主编．外国法制史．北京：北京大学出版社，2004
由嵘等编．外国法制史参考资料汇编．北京：北京大学出版社，2004
徐爱国主编．世界著名十大法学家评传．北京：人民法院出版社，2004
［美］C. H. 麦基文著，翟小波译．宪政古今．贵阳：贵州人民出版社，2004
［美］约瑟夫·威勒著，程卫东等译．欧洲宪政．北京：中国社会科学出版社，2004
［美］斯坦著，王献平译．西方社会的法律价值．北京：中国法制出版社，2004
黄基泉．西方宪政思想史略．济南：山东人民出版社，2004

[美] 约翰·H·威格摩尔著，何勤华，李秀清，郭光东等译．世界法系概览．上海：上海人民出版社，2004

刘守刚．西方立宪主义的历史基础．济南：山东人民出版社，2005

王菲编著．外国法制史教程．北京：北京出版社，2005

何勤华主编．20 世纪西方宪政的发展及其变革．北京：法律出版社，2005

刘文明主编．外国法制史．长沙：湖南人民出版社，2005

何勤华主编．20 世纪西方宪政的发展及其变革．北京：法律出版社，2005

[美] 劳伦本顿著，吕亚萍，周威译．法律与殖民文化——世界历史的法律体系 1400～1900. 北京：清华大学出版社，2005

林榕年主编．外国法制史．北京：中国人民大学出版社，2006

（二）古代东方法

[英] 爱德华滋著，沉大硅译．罕穆剌俾法典．长沙：商务印书馆，1938

张天福编著．希伯来法系之研究．上海：大东书局，1946

冯济民编．印度工厂立法小史．南京：社会部工矿检查处，1947

胡祖利著，庞士谦译．回教法学史．北京：月华文化服务社，1950

[苏联] 贾可诺夫，马辛加涅尔著，中国人民大学国家与法权历史教研室译．巴比伦皇帝哈莫拉比法典与古巴比伦法解说．北京：中国人民大学出版社，1954

[埃及] 穆罕默德·艾马热编，宝文安，买买提·赛来译．布哈里圣训实录精华．北京：中国社会科学出版社，1981

[法] 迭朗善译，马香雪转译．摩奴法典．北京：商务印书馆，1982

[英] 库尔森著，吴云贵译．伊斯兰教法律史．北京：中国社会科学出版社，1986

蒋忠新译．摩奴法论．北京：中国社会科学出版社，1987

杨炽译．汉穆拉比法典．北京：高等教育出版社，1992

王云霞，何成中．东方法概述．北京：法律出版社，1993

高鸿钧．伊斯兰法：传统与现代化．北京：社会科学文献出版社，1996

《世界著名法典汉译丛书》编委会编．汉穆拉比法典．北京：法律出版社，2000

张秉民．伊斯兰法哲学．银川：宁夏人民出版社，2002

王云霞．东方法律改革比较研究．北京：中国人民大学出版社，2002

吴云贵．当代伊斯兰教法．北京：中国社会科学出版社，2003

高鸿钧．伊斯兰法：传统与现代化．北京：清华大学出版社，2003

[英] 爱德华滋著，沈大銈译，曾尔恕勘校．汉穆拉比法典．北京：中国政法大学出版社，2005

（三）古代西方法

启欣书局编译．罗马法．南京：启欣书局出版，1903

黄右昌．罗马法．北平：北京大学出版部，1915
朝阳大学编．罗马法．北平：北京朝阳大学，1920
应时述，林鸿勋疏．罗马法．北平：北京朝阳大学，1927
黄右昌．罗马法与现代．北平：京华印书局，1930
陈允，应时．罗马法．上海：商务印书馆，1931
黄俊编译．罗马法．北平：震东印书馆，1931
丘汉平．罗马法．上海：上海法学编译社，1933
王去非．罗马法要义．上海：上海法学书局，1934
金兰荪编著．罗马法（上册）．山海著者刊，1936
陈朝壁．罗马法原理．上海：商务印书馆，1937
陈允编．罗马法（私立浙江法政专门学校讲义）．杭州私立浙江法政专门学校
瞿曹泽讲述．罗马法讲义（上海法政学校讲义）．上海法政学院
［法］孟德斯鸠著，婉玲译．罗马盛衰原因论．北京：商务印书馆，1962
任寅虎，张振宝．古希腊雅典民主政治．北京：商务印书馆，1983
周枏等编著．罗马法．北京：群众出版社，1983
西南政法学院民法教研室编．罗马法．1983
顾准．希腊城邦制度．北京：中国社会科学出版社，1986
江平，米健．罗马法基础．北京：中国政法大学出版社，1987
曲可伸编著．罗马法原理．天津：南开大学出版社，1988
周枏编著．罗马法提要．北京：法律出版社，1988
［古罗马］查士丁尼著，张企泰译．法学总论——法学阶梯．北京：商务印书馆，1989
［法］古朗士著，李玄伯译．希腊罗马古代社会研究．上海：上海文艺出版社，1990
谢邦宇主编．罗马法．北京：北京大学出版社，1990
江平，米健．罗马法基础．北京：中国政法大学出版社，1991
尤斯荣．罗马法要论．长春：吉林大学出版社，1991
［意］斯奇巴尼选编，黄风译．司法管辖权·审判诉讼．北京：中国政法大学出版社，1992
［意］彭梵得著，黄风译．罗马法教科书．北京：中国政法大学出版社，1992
［意］斯奇巴尼选编，米健译．债·私犯之债·阿奎利亚法．北京：中国政法大学出版社，1992
［意］斯奇巴尼选编，丁玫译．债·契约之债．北京：中国政法大学出版社，1992
周枏．罗马法原论．北京：商务印书馆，1994，2001
［意］格罗索著，黄风译．罗马法史．北京：中国政法大学出版社，1994
［意］桑德罗·斯奇巴尼选编，黄风译．罗马法与民法大全翻译系列——人法．北京：

中国政法大学出版社，1995

[古罗马] 西塞罗著，王焕生译．论共和国、论法律．北京：中国政法大学出版社，1997

[美] I. F. 斯东著，董乐山译．苏格拉底的审判．北京：三联书店，1998

[意] 桑德罗·斯奇巴尼选编，丁玫译．罗马法与民法大全翻译系列——契约之债与准契约之债．北京：中国政法大学出版社，1998

丁玫．罗马法契约责任．北京：中国政法大学出版社，1998

[意] 桑德罗·斯奇巴尼选编，徐国栋译．罗马法与民法大全翻译系列——法律行为．北京：中国政法大学出版社，1998

[意] 桑德罗·斯奇巴尼选编，徐国栋译．罗马法与民法大全翻译系列——债·私犯之债和犯罪．北京：中国政法大学出版社，1998

[意] 桑德罗·斯奇巴尼选编，范怀俊译．罗马法与民法大全翻译系列——物与物权．北京：中国政法大学出版社，1999

[德] 萨维尼．法律冲突与法律规则的地域和时间范围．北京：法律出版社，1999

[古罗马] 西塞罗著，王焕生译．论义务．北京：中国政法大学出版社，1999

徐国栋主编．罗马法与现代民法．第1卷．北京：中国法制出版社，2000

[意] 桑德罗·斯奇巴尼选编，张礼洪译．罗马法与民法大全翻译系列——公法．北京：中国政法大学出版社，2000

江平主编，《世界著名法典汉译丛书》编委会编．十二铜表法．北京：法律出版社，2000

[英] 巴里·尼古拉斯著，黄风译．罗马法概论．北京：法律出版社，2000

杨振山，[意] 桑德罗·斯奇巴尼主编．罗马法中国法与民法法典化：物权和债权之研究．北京：中国政法大学出版社，2001

[意] 桑德罗·斯奇巴尼选编，费安玲译．罗马法与民法大全翻译系列——婚姻·家庭和遗产继承．北京：中国政法大学出版社，2001

[古罗马] 优士丁尼著，刘家安译．买卖契约．北京：中国政法大学出版社，2001

黄风编著．罗马法词典．北京：法律出版社，2002

徐国栋主编．罗马法与现代民法．第2卷．北京：中国人民大学出版社，2002

黄风．罗马私法导论．北京：中国政法大学出版社，2003

徐国栋主编．罗马法与现代民法．第3卷．北京：中国人民大学出版社，2003

戴东雄．中世纪意大利法学与德国的继受罗马法．北京：中国政法大学出版社，2003

[古罗马] 西塞罗著，王焕生译．论演说家．北京：中国政法大学出版社，2003

[法] 古朗士著，李玄伯译，张天虹勘校．希腊罗马古代社会研究．北京：中国政法大学出版社，2005

陈可风．罗马共和宪政研究．北京：法律出版社，2004

丘汉平著，朱俊勘校．罗马法．北京：中国方正出版社，2004

蒙振祥．罗马法．西安：陕西人民出版社，2004

[英] 巴里·尼古拉斯著，黄风译．罗马法概论．北京：法律出版社，2004

徐国栋主编．罗马法与现代民法．第4卷．北京：中国人民大学出版社，2004

薛军译．学说汇纂第48卷——罗马刑事法．北京：中国政法大学出版社，2005

徐国栋主编．罗马法与现代民法．第5卷．北京：中国人民大学出版社，2006

黄名述，张玉敏主编．罗马契约制度与现代合同研究．北京：中国检察出版社，2006

（四）中世纪西欧封建法律制度

李宜琛．日尔曼法概说．重庆：商务印书馆，1943

孙庆芳．教皇史话．北京：商务印书馆，1985

由嵘．日耳曼法简介．北京：法律出版社，1987

董进泉．黑暗与愚昧的守护神——宗教裁判所．杭州：浙江人民出版社，1988

彭小瑜．教会法研究．北京：商务印书馆，2003

李秀清．日尔曼法研究．北京：商务印书馆，2005

（五）近现代资本主义国家法律制度

1．英美法系

[英] 比几斯渴脱著，翰墨林编译．英国国会史．江苏印书局译，1905

[日] 永井享著，林万里译．英美法．上海：中国图书公司，1909

[日] 宫本英雄著，骆通译．英吉利法研究．上海：商务印书馆，1934

[英] 靳克斯编著，张季忻译．英国法．上海：世界书局，1939

[英] 马林著，李玉书译．英国立宪沿革记略．上海：上海美华书馆

[日] 高柳贤三著，杨磊，黎晓译．英美法原理论．西南政法学院法制教研室，科研处编译室，1983

[美] 哈伊著，沈宗灵译．美国法律概论．北京：北京大学出版社，1983

李昌道编著．美国宪法史稿．北京：法律出版社，1986

[美] E. 阿伦·法恩兹沃思著，马清文译．美国法律制度概论．北京：群众出版社，1986

[美] 伯曼编，陈若桓译．美国法律讲话．北京：三联书店，1988

[英] 沃克著，夏勇，夏道虎译．英国法渊源（第三集）．西南政法学院法制教研室，科研处编译室，1988

徐尚清主编．当代英国法律制度．延吉：延边大学出版社，1990

美国法学会、美国统一州法全国委员大会编著，石云山等译．美国统一商法典．上海：

上海翻译出版公司，1990

[美] 伯纳德·施瓦茨著，王军等译．美国法律史．北京：中国政法大学出版社，1990

吴兴先编著．美国统一商法典介评．大连：东北财经大学出版社，1991

青锋编著．美国律师制度．北京：中国法制出版社，1995

朱景文主编．对西方法律传统的挑战：美国批判法律研究运动．北京：中国检察出版社，1996

[美] 彼得·哈伊著，沈宗灵译．美国法律概论．北京：北京大学出版社，1997

[美] 彼得·G·伦斯特洛姆编，贺卫方等译．美国法律辞典．北京：中国政法大学出版社，1998

何勤华主编．英国法律发达史．北京：法律出版社，1999

朱伟一，董婉月编著．美国经典案例解析．北京：中国法制出版社，1999

[英] S. F. C. 密尔松著，李显冬等译．普通法的历史基础．北京：中国大百科全书出版社，1999

[美] 沃尔特·温杰林著，高志仁，宋碧云译．上帝的秘密．北京：民族出版社，2000

[英] 丹宁勋爵著，刘庸安等译．法律的正当程序．北京：法律出版社，2000

许章润，徐平编．法律：理性与历史 澳大利亚的理念、制度和实践．北京：中国法制出版社，2000

[美] 腓特烈·G·坎平．盎格鲁—美利坚法律史（英文版）北京：法律出版社，2001

程汉大主编．英国法制史．济南：齐鲁书社，2001

[美] 庞德著，唐前宏，高雪原，廖湘文译．普通法的精神．北京：法律出版社，2001

何家弘主编．当代美国法律．北京：社会科学文献出版社，2001

[法] 勒内·达维著，潘华仿等译．英国法与法国法：一种实质性比较．北京：清华大学出版社，2002

[美] 库恩著，陈朝璧译．英美法原理．北京：法律出版社，2002

王立宪，严军兴编著．英国普通法制度之旅．北京：群众出版社，2002

蒋为廉．普通法和公法原则概要：澳大利亚著名判例选．北京：中国政法大学出版社，2002

[美] 波斯纳著，邓海平译．联邦法院：挑战和改革．北京：中国政法大学出版社，2002

[美] James·V·Calvi，Susan Coleman. 美国法律与法律体系（第 4 版）. 北京：高等教育出版社，2002

[美] 卡尔·N·卢埃林著，陈绪纲等译．普通法传统．北京：中国政法大学出版社，2002

吴耕编注．美国法治面面观（英语注释本）. 北京：北京大学出版社，2002

陈纪安．美国法律．合肥：中国科学技术大学出版社，2002

［美］本杰明·内森·卡多佐著，刘培峰，刘骁军译．法律的生长．贵阳：贵州人民出版社，2003

［英］S·李德·布勒德著，陈世第译．英国宪政史谭．北京：中国政法大学出版社，2003

李红海．普通法的历史解读：从梅特兰开始．北京：清华大学出版社，2003

［英］卡内冈编著，李红海译．英国普通法的诞生．北京：中国政法大学出版社，2003

陆润康．美国联邦宪法论．太原：书海出版社，2003

［美］阿克曼著，孙文恺译．我们人民：宪法变革的原动力．北京：法律出版社，2003

北京大学法学院司法研究中心编，邓海平等译．宪法的精神：美国联邦最高法院200年经典判例选编．北京：中国方正出版社，2003

［美］伯格曼·艾思默著，朱靖江译．影像中的正义：从电影故事看美国法律文化．海口：海南出版社，2003

［美］罗伯特·斯蒂文斯著，阎亚林，李新成，付欣译．法学院：19世纪50年代到20世纪80年代的美国法学教育．北京：中国政法大学出版社，2003

［美］莫顿·J·霍维茨著，信春鹰，张志铭译．沃伦法院对正义的追求．北京：中国政法大学出版社，2003

翁里等编著．美国法律概论（英文版）．福州：福建教育出版社，2003

林晓云等主编．美国法通讯（第一辑）．北京：法律出版社，2003

徐妮娜译．英国法律体系．武汉：武汉大学出版社，2003

［美］迈尔文·艾隆·艾森伯格著，张曙光等译．普通法的本质．北京：法律出版社，2004

任东来等著．美国宪政历程：影响美国的25个司法大案．北京：中国法制出版社，2004

王立民主编．加拿大法律发达史．北京：法律出版社，2004

何勤华主编．澳大利亚法律发达史．北京：法律出版社，2004

［美］廷斯莱·E·亚布洛著，徐爱国，林一飞等译．约翰·马歇尔·哈伦：沃伦法院伟大的异议者．北京：法律出版社，2004

［美］莫顿·J·霍维茨著，谢鸿飞译．美国法的变迁：1780～1860．北京：中国政法大学出版社，2004

［美］哈兰德·C·史通西弗尔，詹姆斯·W·罗宾逊著，李启成，王蓉译．美国法律故事．海口：海南出版社，2004

林晓云等主编．美国法通讯（第二辑）．北京：法律出版社，2004

林晓云主编．美国法通讯（第三辑）．北京：法律出版社，2004

［美］理查德·A·爱波斯坦著，刘星译．简约法律的力量．北京：中国政法大学出版社，2004

美国法学会（AlI），美国统一州法委员会（NCCUSL）著，孙新强译．美国《统一商法典》及其正式评述（第一卷）．北京：中国人民大学出版社，2004

［美］安东尼·G·阿姆斯特丹姆，杰尔森·布鲁纳著，于兆波等译．关注美国法律．长春：吉林人民出版社，2004

［美］劳伦斯·傅利曼著，吴懿婷译．二十世纪美国法律史．台湾：商周出版社，2005

［美］小詹姆斯·R·斯托纳著，姚中秋译．普通法与自由主义理论：柯克、霍布斯及美国宪政主义之诸源头．北京：北京大学出版社，2005

［美］伯纳德·施瓦茨著，毕洪海，柯翀，石明磊译．美国最高法院史．北京：中国政法大学出版社，2005

［美］罗伯特·麦克罗斯基著，任东来，孙雯，胡晓进译．美国最高法院．北京：中国政法大学出版社，2005

刘建兰，张文麒．美国州议会立法程序．北京：中国法制出版社，2005

林晓云主编．美国法通讯（第四辑）．北京：法律出版社，2005

美国法学会编，王祎等译．美国模范刑法典及其评注．北京：法律出版社，2005

［美］汉密尔顿等著，严欣淇译．美国宪法原理．北京：中国法制出版社，2005

姚建宗．美国法律与发展研究运动述评．北京：法律出版社，2006

美国法学会、美国统一州法委员会著，高圣平译．美国《统一商法典》及其正式评述（第三卷）．北京：中国人民大学出版社，2006

美国国务院国际信息局编．美国法律概况．沈阳：辽宁教育出版社，2006

［美］约翰·V·奥尔特著，杨明成，陈霜玲译．正当法律程序简史．北京：商务印书馆，2006

［英］约翰·哈德森著，刘四新译．英国普通法的形成：从诺曼征服到大宪章时期英格兰的法律与社会．北京：商务印书馆，2006

［美］盖多·卡拉布雷西著，周林刚，翟志勇，张世泰译．制定法时代的普通法．北京：北京大学出版社，2006

［美］小奥利弗·温德尔·霍姆斯著，冉昊，姚中秋译．普通法．北京：中国政法大学出版社，2006

［英］威廉·布莱克斯通著，游云庭，缪苗译．英国法释义（第一卷）．上海：上海人民出版社，2006

2. 大陆法系

［日］清甫奎吾著，商务印书馆译．明治法制史．上海：商务印书馆，1903

［日］工藤重义著，陆辅译述．日本法制要旨．上海：商务印书馆，1907

[日] 警察协会编印．德川时代警察沿革志．1927

[日] 彬村章三郎等编著，叶翔之译．国社党之法律．南京：正中书局，1935

[日] 彬村章三郎，我妻荣，后藤清著，周之鸣译．希特勒主义法律论．上海：民族书局，1935

李浩培等译．《拿破仑法典（法国民法典）》．北京：商务印书馆，1979

马育民译．法国民法典．北京：北京大学出版社，1982

[美] 约翰亨利·梅利曼著，顾培东，禄正平译．大陆法系——西欧拉丁美洲法律制度介绍（外国法制史教学参考丛书第一集）．西南政法学院法制史教研室，科研处编译室，1983

余先予，何勤华．东京审判始末．杭州：浙江人民出版社，1986

王泰编译．日本的监狱法规．北京：法律出版社，1987

曹阳编译．日本教育立法与日本近代教育法制史年表．长春：吉林教育出版社，1988

何勤华．当代日本法学人与作品．上海：上海社会科学院出版社，1991

[奥] 赖因哈德·西德尔著，王志乐等译．家庭的社会演变．北京：商务印书馆，1996

[日] 千叶正士著，强士功等译．法律多元：从日本法律文化迈向一般理论．北京：中国政法大学出版社，1997

何勤华等．日本法律发达史．上海：上海人民出版社，1999

杨丽英．日本法律制度研究．成都：四川大学出版社，2000

何勤华主编．德国法律发达史．北京：法律出版社，2000

何勤华主编．法国法律发达史．北京：法律出版社，2001

[德] 萨维尼著，许章润译．论立法与法学的当代使命．北京：中国法制出版社，2001

[日] 棚濑孝雄著，昌平译．现代日本的法和秩序．北京：中国政法大学出报社，2002

赵立新．日本法制现代化之路．石家庄：河北人民出版社，2003

何勤华．20世纪日本法学．北京：商务印书馆，2003

[德] 查尼佩尔著，朱岩译．法律与历史：论《德国民法典》的形成与变迁．北京：法律出版社，2003

[德] 雅可布斯著，王娜译．十九世纪德国民法科学与立法．北京：法律出版社，2003

[法] 狄骥著，徐砥平译．《拿破仑法典》以来私法的普通变迁．北京：中国政法大学出版社，2003

丁相顺．日本司法考试与法律职业制度比较研究．北京：中国方正出版社，2003

邵建东编著．德国法学教育的改革与律师职业．北京：中国政法大学出版社，2004

[德] 阿图尔·考夫曼著，舒国滢译．古斯塔夫·拉德布鲁赫传：法律思想家、哲学家和社会民主主义者．北京：法律出版社，2004

史彤彪．法国大革命时期的宪政理论与实践研究：1789～1814．北京：中国人民大学出

版社，2004

许章润主编．萨维尼与历史法学派．桂林：广西师范大学出版社，2004

陈根发．论日本法的精神．北京：北京大学出版社，2005

陈根发．当代日本法学思潮与流派．北京：法律出版社，2005

余先予，何勤华，蔡东丽．东京审判．北京：中国方正出版社，2005

［德］格尔德·克莱因海尔，扬·施罗德主编，许兰译．九百年来德意志及欧洲法学家．北京：法律出版社，2005

［日］真田芳宪著，华夏，赵立新译．日本的法律继受与法律文化变迁．北京：中国政法大学出版社，2005

何勤华，朱淑丽，马贺．纽伦堡审判．北京：中国方正出版社，2006

［日］六本佳平著，刘银良译．日本法与日本社会．北京：中国政法大学出版社，2006

（六）现代社会主义国家法律制度

吴清友编著．苏联法制．长沙：商务印书馆，1938

刘仰之．俄国法律学说．上海：商务印书馆，1948

［俄］维辛斯基编著，张子美译．苏联法院和检察机关．北京：商务印书馆，1949

徐福基等编译．苏联继承法发展史．上海：大东书局，1950

［苏联］沃也沃金编，中国人民大学国家法教研室译．苏维埃国家与法权史．北京：中国人民大学出版社，1951

中国人民大学国家法教研室编译．苏维埃国家与法权史讲授大纲．北京：中国人民大学出版社，1951

西南政法院编．苏联法律汇编（第二辑）．1954

［苏联］尤斯可夫编，东北人民大学国家与法权理论及历史教研组译．苏联国家与法权史．东北人民大学研究部教材出版科．1953（第1册），1954（第2册）

［苏联］瓦里荷米托夫．苏维埃国家与法权简史．中央政法干部学校教研处编印，1953

［苏联］鲁涅夫．关于苏维埃民法与刑法底发展．中央政法干部学校教研处编印，1954

［苏联］尤什可夫著，中国人民大学国家与法权历史教研室译．苏联国家与法权历史（第一卷）．北京：中国人民大学出版社，1954

［苏联］瓦里赫米托夫著，中国人民大学国家与法权历史教研室译．苏联国家与法权历史讲授提纲．北京：中国人民大学出版社，1954

［苏联］杰尼索夫著，中央人民政府法制委员会译．苏维埃国家与法权历史．北京：中国人民大学出版社，1955

［苏联］瓦里赫米托夫著，中国人民大学国家与法的历史教研室译．苏联国家与法的历史．北京：中国人民大学出版社，1956

［苏联］叶夫根尼耶夫报告，魏云峰等译．苏联关于保护社会主义财产的刑事立法简

史．北京：法律出版社，1956

（七）欧洲法与欧盟法

［葡］叶士明著，吕平义，苏健译．欧洲法学史导论．北京：中国政法大学出版社，1998

王世洲主编．欧洲共同体法律的制定与执行．北京：法律出版社，2000

赵海峰主编．欧洲法通讯（第一辑）．北京：法律出版社，2001

赵海峰，卢建平主编．欧洲法通讯（第二辑）．北京：法律出版社，2001

赵海峰，张小劲主编．欧洲法通讯（第三辑）．北京：法律出版社，2002

赵海峰，卢建平主编．欧洲法通讯（第五辑）．北京：法律出版社，2003

赵海峰，金邦贵主编．欧洲法通讯（第四辑）．北京：法律出版社，2003

袁发强译．欧盟法．武汉：武汉大学出版社，2003

［德］马迪亚斯·赫蒂根著，张恩民译．欧洲法．北京：法律出版社，2003

王千华．论欧洲法院的司法能动性．北京：北京大学出版社，2005

［意］毛罗·布萨尼，［美］弗农·瓦伦丁·帕尔默主编，张小义，钟洪明译．欧洲法中的纯粹经济损失．北京：法律出版社，2005

［比］R·C·范·卡内冈著，史大晓译．欧洲法：过去与未来：两千年来的统一性与多样性．北京：清华大学出版社，2005

胡光志主编．欧盟竞争法前沿研究．北京：法律出版社，2005

盛学军主编．欧盟证券法研究．北京：法律出版社，2005

［英］Snyder，唐青阳主编．欧盟反倾销制度与实务研究．北京：法律出版社，2005

［比］范·卡内冈著，薛张敏敏译．法官、立法者与法学教授：欧洲法律史篇．北京：北京大学出版社，2006

方国学．欧洲一体化进程中欧洲法院的作用．合肥：安徽人民出版社，2006

叶炳坤，萨晓丽编著．欧盟的法律与司法：欧洲法院对统一市场的贡献：以货物、资本、劳动力的自由流动和知识产权为例．厦门：鹭江出版社，2006

五、西方法律思想史著作

高一涵编著．欧洲政治思想小史．上海：中华书局，1920

方孝岳编译．大陆近代法律思想小史．上海：商务印书馆，1921

［英］约德著，谢义伟译．近代政治学说纲要．上海：商务印书馆，1922

［美］庞德著，陆鼎揆译．社会法理学论略．上海：商务印书馆，1926

［日］穗积重远著，李鹤鸣译．法理学大纲．上海：商务印书馆，1928

萨蒙武．现代政治思潮．上海：商务印书馆，1928

高一涵编著．欧洲政治思想史．上海：商务印书馆，1924年8月上卷再版，1929年7月第5版，1927年1月中卷再版
[美] 格特尔著，陆国香，冯合法译．欧洲政治思想史大纲．上海：黎明书局，1930
[美] 鲍尔思等著，张宏君译．近世政治思想史．上海：商务印书馆，1930
[英] 波拉克著，张景琨译．政治学史概论．上海：商务印书馆，1931
[日] 小野清一郎编著，刘正杰译．法律思想史概说．上海：中华学艺社，1931
[日] 小野清一郎编著，何建民译．法律思想史概说．上海：民智书局，1932
丁元普．法律思想史．上海：上海法学编译社，1932
张知本．社会法律学．上海：上海法学编译社，1933
万良炯编．近代欧洲政治思想小史．上海：商务印书馆，1933
[美] 吉达尔著，戴克光译．政治思想史．上海：神州国光社，1933
[日] 今中次磨著，温互生译．政治学说史．上海：民智书局，1933
[日] 高桥清吾著，薛品源译．最近政治思想史．上海：正中书局，1934
[美] 戴卫逊著，严恩春译．功利主义政治思想．上海：商务印书馆，1934
张金鉴．美国政治思想史．上海：商务印书馆，1934
潘大逵．近代政治思潮．上海：世界书局，1934
章友江编．西洋政治思想史．北平：国立北平大学法商学院，1935
[德] 施塔姆勒著，张季忻译．现代法学之根本趋势．长沙：商务印书馆，1937
浦薛凤．西洋近代政治思潮．上海：商务印书馆，1938
孟云桥编．西洋政治思想史．上海：国立编译馆，1941
刘燕谷．欧洲法律思想史纲要．重庆：独立出版社，1943
詹文虎．现代政治思想．上海：中国文化服务社，1943
吴恩裕．西洋政治思想史（上古中世纪篇）．上海：中国文化服务社，1947
丁元著编著．法律思想史讲义．上海：上海法政学校
凌其翰．大陆法律思想史讲义．初稿．苏州：东吴大学法律学院
刘鸿荫．西洋法律思想史．维新书局，1970
马汉宝．西洋法律思想论集．汉林出版社，1977
吕世伦，谷春德．西方政治法律思想史．北京：中国人民大学出版社，1980
谷春德，吕世伦．西方政治法律思想史．沈阳：辽宁人民出版社，1981
上海社会科学院法学研究所编译．法学流派与法学家．知识出版社，1981
西南政法学院图书馆编．各派法理学评介文集．1981
北京大学法律系法学理论教研室编．现代资产阶级法学流派资料选编．1979～1981
西南政法学院法律史教研室编．世界政治法律思想史参考资料．1981
西北政法学院法理教研室．西方政治法律思想史资料选编．1982

西南政法学院国家与法教研室编．西方法理学评介参考资料．1983

《西方法律思想史编写组》编．西方法律思想史资料选编．北京：北京大学出版社，1983

《西方法律思想史》编写组编．西方法律思想史．北京：北京大学出版社，1983

沈宗灵．现代西方法律哲学．北京：法律出版社，1983

蒋恩慈，储有德．西方法学家生平与学说评介．南宁：广西人民出版社，1983

一舟，刘全德编．西方政治法律思想史参考资料．中国政法大学法律思想史教研室．1985

刘富起，吴湘文．西方法律思想史．长春：吉林大学出版社，1985

吕世伦．现代资产阶级法理学．北京：中国政法大学出版社，1985

于浩成，段秋关，倪健民编．中外法学原著选读（两卷）．北京：群众出版社，1986

周旺生等．西方法学名著评介．沈阳：辽宁人民出版社，1986

谷春德，吕世伦编著．西方政治法律思想史（上）．沈阳：辽宁人民出版社，1986

张宏生编著．西方法律思想史．北京：法律出版社，1986

黄岗．贝卡利亚及其刑法思想．北京：中国政法大学出版社，1987

张文显．当代西方法哲学．长春：吉林大学出版社，1987

吕世伦，谷春德编著．西方政治法律思想史（下）．沈阳：辽宁人民出版社，1987

严存生．法律与自由．天津：南开大学出版社，1987

邓正来．美国现代国际私法流派．北京：法律出版社，1987

王哲．西方政治法律思想史．北京：北京大学出版社，1988

张文显．当代西方法学思潮．沈阳：辽宁人民出版社，1988

北京大学法律系法理教研室编．法律社会学（论文集）．太原：山西人民出版社，1988

吴湘文主编．西方法思想史．长春：吉林人民出版社，1989

[美]金勇义著，陈国平译．中国与西方的法律观念．沈阳：辽宁人民出版社，1989

吕世伦．黑格尔法律思想研究．北京：中国人民公安大学出版社，1989

张宏生，谷春德主编．西方法律思想史．北京：北京大学出版社，1990

曲可伸主编．马克思主义法律思想史．武汉：湖北人民出版社，1991

蔡拓．西方政治思想史上的政体思想．北京：中国城市出版社，1991

肖金泉主编．世界法律思想宝库．北京：中国政法大学出版社，1992

毛信庄．《资本论》法律思想研究．上海：三联书店，1992

沈宗灵．现代西方法理学．北京：北京大学出版社，1992

张乃根．西方法哲学史纲．上海：复旦大学出版社，1993

何怀宏．契约伦理与社会正义——罗尔斯《正义论》中的历史与理性．北京：中国人民大学出版社，1993

张乃根．当代西方法哲学主要流派．上海：复旦大学出版社，1993

吕世伦主编．西方法律思潮源流论．北京：中国人民公安大学出版社，1993

顾肃．西方政治法律思想史．南京：南京大学出版社，1994

朱景文．现代西方法社会学．北京：法律出版社，1994

张乃根．经济学分析法学．北京：三联书店，1995

武步云．黑格尔法哲学：法与主体性原则的理论．北京：法律出版社，1995

张文显．二十世纪西方法哲学思潮研究．北京：法律出版社，1996

朱景文主编．对西方法律传统的挑战——美国批评法律研究运动．北京：中国检察出版社，1996

何勤华．西方法学史．北京：中国政法大学出版社，1996

刘全德主编．西方法律思想史．北京：中国政法大学出版社，1996

王楷模．西方政治法律思想史纲．西安：陕西人民教育出版社，1997

吕世伦主编．当代西方理论法学研究．北京：中国人民大学出版社，1997

严存生．论法与正义．西安：陕西人民出版社，1997

刘星．法律是什么？——二十世纪英美法理学批判阅读．广州：广东旅游出版社，1997

严存生主编．新编西方法律思想史．西安：陕西人民教育出版社，1989（初版），1997（修订版）

曹磊．名人法律思想辑要．北京：中国工人出版社，1998

刘星．西方法学初步．广州：广东人民出版社，1998

钱弘道．为卢梭申辩：卢梭政治法律思想评判．北京：北京大学出版社，1999

曹全来编著．西方法律思想史．北京：西苑出版社，1999

杨谦主编．西方法律思想史．北京：中国城市出版社，1999

林喆．权利的法哲学——黑格尔法权哲学研究．济南：山东人民出版社，1999

邓正来．自由与秩序——哈耶克社会理论研究．南昌：江西教育出版社，1999

田成有，许增裕编．启蒙与抗争：西方法律思想选言．昆明：云南大学出版社，1999

杨谦主编．西方法律思想史．北京：中国城市出版社，1999

顾肃编．罗尔斯：正义与自由的求索．沈阳：辽海出版社，1999

龚廷泰．列宁法律思想研究．南京：南京师范大学出版社，2000

谷春德主编．西方法律思想史．北京：中国人民大学出版社，2000，2004

张永生主编．西方法律思想史．北京：中国法制出版社，2000

李秀梅编．西方法律思想史．北京：华夏出版社，2000

吕世伦主编．列宁法律思想史．北京：法律出版社，2000

邓正来．法律与立法二元观：哈耶克法律理论的研究．上海：上海三联书店，2000

史广全编．西方法律思想史．哈尔滨：黑龙江人民出版社，2001

李光灿，吕世伦主编．马克思、恩格斯法律思想史．北京：法律出版社，2001

徐爱国．破解法学之谜：西方法律思想和法学流派．北京：学苑出版社，2001

靳玉英．自由主义的旗手——弗·冯·哈耶克．保定：河北大学出版社，2001

[德] 格尔哈德·帕普克主编，黄冰源等译．知识、自由与秩序：哈耶克思想论集．北京：中国社会科学出版社，2001

刘大巍．西方法律思想史．北京：龙门书局，2C01

[日] 川本隆史著，詹献斌译．罗尔斯——正义原理．石家庄：河北教育出版社，2001

张廉，刘芳．中外法律思想命题研究．银川：宁夏人民出版社，2001

[美] 列奥·施特劳斯著，申彤译．霍布斯的政治哲学．南京：译林出版社，2001

[爱尔兰] J. M. 凯利著，王笑红译．西方法律思想简史．北京：法律出版社，2002

徐爱国等．西方法律思想史．北京：北京大学出版社，2002

苏一星．西方法律思想发展简史．北京：中国社会科学出版社，2002

吕世伦．法理念探索．北京：法律出版社，2002

邓正来．哈耶克法律哲学的研究．北京：法律出版社，2002

徐爱国等．西方法律思想史．北京：北京大学出版社，2002

徐祥民，刘惠荣等．政体学说史．北京：北京大学出版社，2002

朱景文主编．当代西方后现代法学．北京：法律出版社，2002

邓正来．哈耶克法律哲学的研究．北京：法律出版社，2002

[美] 拉齐恩·萨丽等著，秋风译．哈耶克与古典自由主义．贵阳：贵州人民出版社，2003

徐爱国，王振东主编．西方法律思想史．北京：北京大学出版社，2003

鄂振辉等编著．西方法律思想史．北京：中国人事出版社，2004

高全喜．论相互承认的法权：《精神现象学》研究两篇．北京：北京大学出版社，2004

高全喜．休谟的政治哲学．北京：北京大学出版社，2004

严存生主编．西方法律思想史．北京：法律出版社，2004

吕世伦．理论法学经纬．北京：中国检察出版社，2004

方孝岳编，陶孟和校，曾尔恕，陈敬刚勘校．大陆近代法律思想小史．北京：中国政法大学出版社，2004

吕世伦主编．法的真善美：法美学初探．北京：法律出版社，2004

严存生主编．西方法律思想史．北京：法律出版社，2004

［德］阿图尔·考夫曼著，舒国滢译．古斯塔夫·拉德布鲁赫传：法律思想家、哲学家和社会民主主义者．北京：法律出版社，2004

邓正来．规则·秩序·无知：关于哈耶克自由主义的研究．北京：三联书店，2004

翟志勇主编．罗斯科·庞德：法律与社会生平、著述及思想．桂林：广西师范大学出版社，2004

胡真圣．两种正义观：马克思、罗尔斯正义思想比论．北京：中国社会科学出版社，2004

郭夏娟．为正义而辩：女性主义与罗尔斯．北京：人民出版社，2004

［美］斯蒂芬·M·菲尔德曼著，李国庆译．从前现代主义到后现代主义的美国法律思想：一次思想航行．北京：中国政法大学出版社，2005

刘海波．政体初论．北京：北京大学出版社，2005

徐爱国．分析法学．北京：法律出版社，2005

曹希岭，李宝忠．简明西方政治法律思想史．长春：吉林人民出版社，2005

黄伟合．英国近代自由主义研究：从洛克、边沁到密尔．北京：北京大学出版社，2005

程波．西方法律思想史——法治源流．北京：中国传媒大学出版社，2005

周德伟．周德伟论哈耶克．北京：北京大学出版社，2005

严存生主编．西方法律思想史．长沙：湖南大学出版社，2005

何勤华主编．西方法律思想史．上海：复旦大学出版社，2005

李晓峰．美国当代著名法学家德沃金法律思想研究．北京：人民法院出版社，2005

付子堂．马克思主义法律思想研究．北京：高等教育出版社，2005

高中．后现代法学思潮．北京：法律出版社，2005

张俊杰．当代俄罗斯法学思潮．北京：法律出版社，2005

陈根发．当代日本法学思潮与流派．北京：法律出版社，2005

薄振峰．当代西方综合法学思潮．北京：法律出版社，2005

曹磊．德国古典哲理法学．北京：法律出版社，2005

史广全．法西斯主义法学思潮．北京：法律出版社，2005

徐爱国．分析法学．北京：法律出版社，2005

杨思斌．功利主义法学．北京：法律出版社，2005

钱弘道．经济分析法学．北京：法律出版社，2005

刘文．空想社会主义法学思潮．北京：法律出版社，2005

程琥．历史法学．北京：法律出版社，2005

范季海．批判法学．北京：法律出版社，2005

侯健，林燕梅．人文主义法学思潮．北京：法律出版社，2005

杨晓青．社会民主主义法学思潮．北京：法律出版社，2005
孙文恺．社会学法学．北京：法律出版社，2005
阎章荣，陈洪涛．神学主义法学．北京：法律出版社，2005
任岳鹏．西方马克思主义法学．北京：法律出版社，2005
付池斌．现实主义法学．北京：法律出版社，2005
卓英子．新黑格尔主义法学．北京：法律出版社，2005
刘建伟．新康德主义法学．北京：法律出版社，2005
胡震，韩秀桃．行为主义法学．北京：法律出版社，2005
鄂振辉．自然法学．北京：法律出版社，2005
王振东．自由主义法学．北京：法律出版社，2005
李晓峰．美国当代著名法学家德沃金法律思想研究．北京：人民法院出版社，2005
冯兴元等．立宪的意涵：欧洲宪法研究．北京：北京大学出版社，2005
付子堂．马克思主义法律思想研究．北京：高等教育出版社，2005
邱小平．法律的平等保护：美国宪法第十四修正案第一款研究．北京：北京大学出版社，2005
邱小平．表达自由：美国宪法第一修正案研究．北京：北京大学出版社，2005
曹希岭，李宝忠．简明西方政治法律思想史．长春：吉林人民出版社，2005
高全喜．法律秩序与自由正义：哈耶克的法律与宪政思想（修订版）．北京：北京大学出版社，2006
吕世伦主编．西方法律思想史论．北京：商务印书馆，2006
姜丽萍．中西法律思想源流解读．哈尔滨：黑龙江人民出版社，2006
蔡英文．主权国家与市民社会．北京：北京大学出版社，2006
谷春德主编．西方法律思想史．2版．北京：中国人民大学出版社，2006
王彩波主编．西方政治思想史：从柏拉图到约翰·密尔．北京：中国社会科学出版社，2004
袁柏顺．寻求权威与自由的平衡：霍布斯、洛克与自由主义的兴起．长沙：湖南人民出版社，2006
尹松波．理性与正义：罗尔斯《正义论》研究．北京：华龄出版社，2006
郑戈．法律与现代人的命运：马克斯·韦伯法律思想研究导论．北京：法律出版社，2006

后　记

“百年中国法律史学论文著作索引”的编写始于1987年，从那时到现在，断断续续经历了二十余年。这一工作起初是由杨一凡进行的，主要是完成了清末至1987年间法史论文著作目录的编写。其编写“索引”的初衷，一是为了及时了解法史研究的动态和新的见解，二是期望经过有计划的编写和多年积累，形成一部反映法史成果、方便读者查阅的工具书。后因杨一凡科研任务较重，遂约请时任中国社会科学院法学所图书馆副馆长的赵九燕研究馆员，继续进行法史成果目录的搜集和编写工作。赵九燕对这项工作十分尽心，几乎每年都把大多数业余时间用于搜集资料。到2004年年底时，她进行了1988年至2003年间法史成果目录的搜集和初步的分类编写。2004年以后，杨、赵二人因诸事缠身，编写工作暂时停顿。

2006年，中国人民大学法学院马小红教授盛情相约，希望把“百年中国法律史学论文著作索引”收入曾宪义教授主编的《百年回眸：法律史研究在中国》丛书，以便能够更充分地向读者介绍百年来中国法律史学的研究成果。此后，由中国社会科学院法学系攻读博士学位的才媛继续承担了“索引”的编写工作。才媛花费几月时间突击搜集资料，完成了2004年至2006年法史成果目录的编写以及1999年法史成果目录的补充。

近百年来发表的中国法律史论文，散存于上千种期刊、报纸以及各种论文集中；已出版的有关法史的专著和书籍，是由上百家出版社在多年中分别出版的。编写“索引”是项工程浩大且十分琐碎的工作，因查阅资料工作量巨大，加之我们的调研和搜集、核对工作做得还不够充分，编写中肯定会有不少疏漏。还有一些书籍和论文，因各种条件的限制，未能阅读其内容，分类也不一定准确。敬请读者对本书编写中的错误多加指正，以便以后修订时补充和改正。为了让读者了解我国学者研究西方法律史的情况，也为了促进中外法律史的比较研究，本书收录了马海峰、才媛合编的“百年西方法律史学论文著作索引”。

在本书编写过程中，得到了中国人民大学马小红教授、庞朝骥博士、马慧玥博士的大力支持，在此一并感谢。

教育部哲学社会科学研究重大课题攻关项目资助
北京市社会科学理论著作出版基金重点资助项目

曾宪义 主编

百年回眸

法律史研究在中国

第一卷 | 清末民国卷

中国人民大学出版社
·北京·

百年回眸：法律史研究在中国

第一卷 | 清末民国卷

主　　编　曾宪义
执行主编　马小红
副 主 编　叶秋华　赵晓耕　王云霞
本卷编辑　庞朝骥　马慧玥　邱少晖

中国人民大学法律文化研究中心
曾宪义法学教育与法律文化基金会 | 组织编写

序

跨越百年　继往开来

曾宪义

近百年法律史研究与以往最大的不同是，无论是对资料的阐释、研究的方法，还是观点、立场都呈现出多元化的发展趋势。中国古人"以史为鉴"的研究目的和考据史实以求真实的研究方法依然存在，但是作为学术时尚，以近代学科的研究方法来分析中国历史上的法律制度、观念和文化显然占据了学界的主导地位，近代意义上的"法律史学科"的形成与这种研究方法的运用显然有着密切的关系。

还是在1989年，我应天津教育出版社约稿，回顾与总结中国法律史研究在新中国的四十年发展历程，分别与郑定君、范忠信君合作写成并出版了《中国法律制度史研究通览》和《中国法律思想史研究通览》。那时，我们就感到应该对中国法律史学科的发展从学科史的角度进行探讨，法律史学科的发展，可以说充分反映了中国近代法学的发展，也从一个方面反映了近代中国学术的特点。在这两本"通览"中，我们回顾了法律史学科的形成和发展，对每一个时期的研究特点精心地进行了归纳。书中的一些观点现在看来也不过时，因为在"通览"中我们不仅总结了四十年法律史研究的成果，而且对近代以来法律史研究的演进也进行了概括。

转眼，二十年过去了，近代中国法律史学科的研究已经跨越了百年。2005年受教育部的委托，作为首席专家与各位学者开始进行"中国传统法律文化研究"重大攻关项目的研究。为了高质量地完成这一项目，除对原始资料进行收集和分析外，前人的成果应该成为我们研究的起点，借此机会，我们也正可以从容地梳理法律史学科形成以来百年的学术积累，这是一项艰难的工作，但也是一项推进法律史研究必须要做的工作，这是"攻关"项目中的"第一关"。这一关的难点在于巨大的工作量，清末、民国时期学者的研究成果的总结依靠对资料的认真查阅尚不是"百年回眸"的难点，难点在于如何将改革开放三十年来的研究成果，千余种专著、几万篇论文的精华集中体现出来。学术研究的道路并不一帆风顺，更不能畏难取巧，感谢全国同仁的支持，在我们发出约稿函后，许多耄耋之年的老先生和众多中青年学者不辞辛劳，将精心挑选的学术佳作惠赐我们。在经过近四年的努力后，我们终于完成了对学科史百年发展的梳理，完成了这套《百年回眸：法律史研究在中国》，这是攻关项目的第一步。

本书旨在将近百年来中国法律史学科产生、演变、发展的历史画卷展现给大家，共分为四卷，分别是清末民国卷、当代大陆卷、当代台港卷以及目录索引卷四个部分。清末民国卷收录了近代法律史研究中具有代表性的研究成果和大量不常为大家关注但具有很高学术价值的研究成果，从中节选了能够集中体现作者研究水平与研究成果的精彩章节结集出版，可以说是对近代法律史研究成果进行了系统的发掘和整理。当代大陆卷面向2005年年底我国大陆从事法律史学研究的具有正高职称的学者，由其本人选取最能代表其研究水准的一篇作品加以收录，对于1979年之前也有研究成果的学者，则可增选1949年至1979年间的一篇成果，以代表两个不同时期的研究风貌。当代台港卷首次综合了我国台湾、香港地区主要法律史学者的具有代表性的作品，共收录了22篇由学者自选的代表性学术论文。目录索引卷收入19世纪末至2006年6月一百余年来，在各种中文报刊、论文集发表的法史论文及公开出版的法史图书目录计12 500余条，西方法律史学论文著作目录4 400余条，其中除少数为我国香港、台湾地区和外国学者的作品外，均为中国大陆学者的成果。

对这些卷帙浩繁的成果，我们进行了精心的选取和编排，力争将最能代表不同历史阶段时代特色和水平的研究成果展现给大家。我们有理由相信，《百年回眸：法律史研究在中国》在法律史学科的发展中将会起到继往开来的作用。“功崇惟志，业广惟勤”，愿法史界同仁胸怀远大抱负，脚踏实地工作，兢兢业业，为繁荣中国的法学而不懈努力。

CONTENTS

目 录

梁启超

中国成文法编制之沿革

作者简介

梁启超（1873—1929），字卓如，号任公，又号饮冰室主人、饮冰子、哀时客、中国之新民、自由斋主人等。广东新会人。中国近代维新派代表人物、学者。中国近代史上著名的政治活动家、启蒙思想家、资产阶级宣传家、教育家、史学家和文学家。戊戌变法运动领袖之一。梁启超于学术研究方面涉猎广泛，在哲学、文学、史学、经学、法学、伦理学、宗教学等领域，均有建树，以史学研究成绩最著。1901 年至 1902 年，先后撰写了《中国史叙论》和《新史学》，批判封建史学，发动“史学革命”。欧游归来之后，以主要精力从事文化教育和学术研究活动，研究重点为先秦诸子、清代学术、史学和佛学。1922 年起在清华大学兼课，1925 年应聘任清华国学研究院导师，指导范围为“诸子”、“中国佛学史”、“宋元明学术史”、“清代学术史”、“中国文学”、“中国哲学史”、“中国史”、“史学研究法”、“儒家哲学”、“东西交流史”等。这期间著有《清代学术概论》、《墨子学案》、《中国历史研究法》、《中国近三百年学术史》、《情圣杜甫》、《屈原研究》、《先秦政治思想史》、《中国文化史》等。他一生著述宏富，有多种作品集行世，以 1936 年 9 月 11 日出版的《饮冰室合集》较称完备。《饮冰室合集》计 148 卷，一千余万字。

出版社：台湾，“中华书局”。

出版年份：1971 年。

馆藏：国家图书馆特藏子库。

作品简介：本书源于任公 1904 年所写的一篇论文，即《论中国成文法编制之沿革得失》，后台湾“中华书局”将其单行出版成书，有 1957 年和 1971 年两个版本。但其写作时间应当归于 1904 年。全书共分为十二章：即第一章，绪论；第二章，战国以前之成文法；第三章，李悝之成文法；第四章，两汉之成文法；第五章，魏晋间之成文法；第六章，唐代之成文法；第七章，宋代之成文法；第八章，明清之成文法；第九章，成文法之渊源；第十章，成文法之公布；第十一章，前此成文法之缺点。（《饮冰室合集》第六册目录中，有第十二章的标题“今后法典编撰之方针及其预备”，但正文缺失。）

梁启超从黄帝尧舜之时开始考察，沿着战国、两汉、魏晋、唐宋、明清的时代轨迹，梳理出中国传统成文法产生、发展，以至成熟的清晰脉络，从而归纳出传统成文法的渊源、公布及其缺点。通过论述，任公总结认为春秋是中国传统成文法正式诞生时期；两汉魏晋是中国传统成文法大发展时期；唐宋明清是中国传统成文法的成熟时期。有学者称本文为中国传统成文法讨论之第一文，其学术意义不言自明。（邱少晖整理）

自 叙

本论原为拙著《中国法理学发达史论》之附录。及著成时，则已累数万言，附庸蔚为大国，且其论全属于法理学范围外，于原题名义不相应，故析之别自为篇。

成文法之定义，谓国家主权者所制定而公布之法律也，不著竹帛之惯习法，其非成文法不俟言。即已著诸竹帛，如君主之诏敕，及法庭之判决例，实际上虽与法律有同一之效力，然名义上未经主权者指定赋与法律之名，仍不能谓之成文法。本论所论者以此定义为断。

成文法复可分为两种，一曰单行法，谓随时颁布之法律也；二曰法典，立夫单行法之上，或集录前此之单行法，而勒为大典者也。本论所论者兼此两种。

此类之文全基于事实，事实不备则讹误滋生。著者越在海外，参考之书无多。其中阙失知所不免。伏乞绩学之士，惠而教之。

本论最重要之参考书，为二十四史中所有之《刑法志》及艺文、经籍志，《通典》、《续通典》、《皇朝通典》、《文献通考》、《续・文献通考》、《皇朝文献通考》、《唐六典》、《唐律疏议》、《大清律例》、《唐会要》。其日本人所著书，则织田万之《清国行政法》、浅井虎夫之《支那法制史》、广池千九郎之《东洋法制史序论》、田能村梅士之《世界最古之刑法》、穗积陈重之《法典论》、奥田义人之《法学通论》、梅谦次郎之《民法原理》，及其他各杂志之论文等。

第一章 绪论

人类之始为社会，其间固自有种种惯习以为之制裁，是即法律之所由起也。故法律之起，可谓之先于国家，及社会既形成国家，而前此所谓制裁力者，渐以强制执行之。主治者与受治者之关系既确定，惯习变为惯习法，主治者复以其意之所是非，制为禁令，而一国人皆有服从之之义务，此法律发达之第一级也。然惯习虽经承认，禁令虽经厉行，而或仅从实际方面，遇事而发表其权力作用，而未尝以文句勒为一定之科条，使国中以共守。或虽有文句，而以隐而秘之为政治上之妙用。故法律之为物，属于理官之所专有，而人民莫能睹其端倪。其意盖以，法律者，统治之要具也。为主治者而立，非为受治者而立。而主治者惟常示民以不可测，乃能威天下而善其治。故有法而不公诸民，与无法同，及夫统治作用渐进步，主治者以种种原因，不得不取前此之惯习及禁令，勒为条文，而特命之以法律之名（日本《法政新志》第九卷第七号，法学博士仁保龟松著《论法律之发达》云：法律之由不文法以进于成文法也，固由文字之利用方法之进步，自然为外形之发达。虽然，征诸各国之立法史，其以文字表示法律者，莫不有其极重大之政治的理由。有欲确表立法之本意，使执法官及臣民咸知所适从者，名曰“训示的立法”。如我日本圣德太子之宪法，北条氏之《贞永式目》是也。有欲明示权力行使之准则，举权利保障之实者，名曰“治安的立法”。如罗马之《十二铜表法》，英国之《大宪章》是也。有欲表明立法之意思，示统治权之威力者，名曰“威压的立法”。如希腊古代之德拉古血法是也。有欲保存不文法使便记忆者，名曰“保存的立法”。如德意志中世之索逊士比奇、疏华彬士比奇[①]是也)。又以不教而诛之为罔民也，乃以法律代一种之教规，勒而布之，使一国知所守。于是所谓成文法者见焉。此法律发达之第二级也。成文法之初起，不过随时随事，制定为多数之单行法。及单行法发布既多，不得不撮而录之，于是所谓法典者见焉。然法典之编纂，其始毫无组织，不过集录旧文而已。及立法之技量稍进，于是或为类聚体之编纂，或为编年体之编纂，画然成一体裁。及立法之理论益进，于是更根据学理以为编纂。凡法律之内容及外形，皆有一定之原理原则以组织之，而完善之法典始见，此法律发达之第三级也，今更详密表示之如下。

以上诸阶级，实各国法律之形体的进化所必经也（日本法学博士穗积陈重《法典论》曰：“法律有实质与形体之二原素。一国之法律果适于兴国利、进民福乎？此法律之实质问题也。一国之法令果简明正确而成法文，使人民容易知权利义务之所在乎？此法律之形体问题也。”本论之范围属于形体问题而不及实质问题）。我国自黄帝尧舜时代，即已有国家法。而虞夏之间，成文法之痕迹，见于故书雅记者，渐可考见。迨夫周代，成文法之公布，遂认为政府之一义务。及春秋战国，而集合多数单行法，以编制法典之事业，早已萌芽。后汉魏晋之交，法典之资料益富，而编纂之体裁亦益讲，有组织的之大法典，先于世界万国而见其成立（罗马法典之编成在西历 534 年，当我梁武帝中大通六年。晋新律之颁布在晋武帝泰始四年，当彼 268 年)。唐宋明清，承流蹈轨，滋粲然矣，其所以能占四大法系之一，而烂然有声于世界者，盖有由也。

虽然，法律之实质，既已历二千余年，无所进步。即其形体，亦沿汉晋隋唐之旧，卷帙条目虽加增，而组织之方法，卒未一变。驯至今日，而固有之法系，殆成博物院中之装饰品，其去社会之用日远，势不得不采他人之法系以济其穷。盖编纂新法典之论，渐入于全国有识者之脑中，促政府当道以实行。而政府当道，外迫于时势，内鉴于舆论，其实行之机，抑已渐动。今后最重要问题，即编纂新法典之问题，申言之，即新法典当以何等方法从事编纂之问题也。虽然，法律者，非创造的而发达的也。然则非徒有外国之法律智识，而遂足以语于立法事业。而本国法律之沿革，与夫社会之需要，皆不可不深措意焉。夫法律当如何而适于社会，此实质问题，非本论所及也。本论之意，欲就法律之形体一商榷焉。故略叙成文法编制之沿革，而以东西硕学之论，证其得失云尔。

---

① 指德国中世纪两部习惯法汇编《萨克逊之镜》（Sachsenspiegel）和《施瓦本之镜》（Schwabenspiegel）。

第二章 战国以前之成文法

我国成文法之起源，不可确指。然以数千年来之思想，往往视法律与命令同为一物。盖君主之诏敕，得称之为实质的法律。故《说文》“典”下云：五帝之书也。而后此法律，即以五帝书之名以辅治。不禁为便。诏从之。近今如会典律例诸大法典，每撰成，随即颁布。而其余各种单行法令，亦以京报发表之。近世各国公布成文法之方法，每登载揭示于官报。法人马伊耶土，谓此法由我国最初发明，良不诬也。

且历朝尚有以律学课士之制。秦时命欲学法令者，以吏为师。汉建初八年，诏书辟士四科，其第二科曰，明晓法律，足以决疑。魏文帝时，卫觊请置律博士，转相教授，从之。唐制科目有明法一科。宋初有刑法科，诏法寺主判官诸路监司奏举京朝官选人两考者，上等进秩补法官。仁宗天圣四年，复置律学，设教授四员，公试习律令生员义三道，断案生员一道，刑名五事至七事，私试义二道，案一道，刑名五事至三事。及元明以后，制科纯用八股，然明试举子第二场，犹作判五条，盖亦奖励读律之意也。凡此掌故，本不足为律学轻重，然此可见我国法律，本期与民共见，而决非日本人所讥为取神秘主义云云也。

第十一章 前此成文法之阙点

以上所列，于我国成文法编纂之历史，虽不能具，然大略可睹矣，夫吾所以絮絮数万言胪陈故实者，非为陈死人校功罪，毋亦鉴往知来，思为今后立法事业，有所补助也。今欲语将来之方针，请先论前此之阙点。

（一）法律之种类不备

近今学者言法律之分类，其说虽不一。而最普通者，则大别为公法、私法之两种。公法者，所以规定国之组织，及国与人民之关系，国与国之关系者也。私法者，所以规定人民相互之关系，及甲国人与乙国人之关系者也（公法、私法之界说，学者言人人殊。今所征引者日本梅谦次郎氏《民法原理》之说也）。公法之中，有规定国家之根本组织者，是名宪法。有规定行政机关及其活动之规律者，是为行政法。有为国家自卫起见，科刑罚于犯法之人者，是为刑法。两独立国之间，互定其法律关系者，是为国际公法。私法之中，有规定一般私人间之权利义务者，是为民法。或于民法中，别取其关于商人商事者，为特别法，以详定之，是为商法。有规定甲国私人与乙国私人间之权利义务者，是为国际私法。法律分类之大概如是，今以我国历代遗传及今日现行之成文法按之。

- 法
  - 私法
    - 民法……无（但一部分属户部）
    - 商法……无（但一部分属户部）
  - 公法
    - 国内公法
      - 宪法……无
      - 行政法
        - （机关）……吏部
        - （各部）
          - 内务行政……户部，礼部，工部
          - 财务行政……户部
          - 军事行政……兵部
      - 诉讼法……刑部
      - 刑法……刑部
        - 名例律
        - 吏　律
        - 户　律
        - 礼　律
        - 兵　律
        - 刑　律
        - 工　律
        - ｝律例
      - ｝会典
    - 国际公法

［附言］上表本于日本浅井虎夫，见《史学杂志》第 14 卷第 8 号。其比附本不能十分正确。因彼我异形，有非可拟伦者也。姑录之以备参考。

我国法律界，最不幸者，则私法部分全付阙如之一事也。罗马法所以能依被千祀，擅世界第一流法系之名誉者，其优秀之点不一，而最有价值者，则私法之完备是也（其中债权法尤极完备，今世各国殆全体继受之）。故当近世之初，所谓文学复兴时代者，罗马法之研究，自其时始启端绪，而近世之文明，即于兹导源焉，其影响之大如此。近世各国法律不取义务本位说，而取权利本位说，实罗马法之感化力致之。夫既以权利为法律之本位，则法律者，非徒以为限制人民自由之用，而实以为保障人民自由之用。而人民之乐有法律，且尊重法律也，自不期然而然。此原理变迁之间，其关系不亦重乎？我国法律之发达，垂三千年。法典之文，万牛可汗。而关于私法之规定，殆绝无之。夫我国素贱商，商法之不别定，无足怪者。若乃普通之民法，据常理论之，则以数千年文明之社会，其所以相结合相维护之规律，宜极详备。乃至今日，而所恃以相安者，仍属不文之惯习。而历代主权者，卒未尝为一专典以规定之，其散见于户律户典者，亦罗罗清疏，曾不足以资保障，此实咄咄怪事也。吾推原其故：

1. 由君主专制政体，亘数千年未尝一变。彼罗马法律，虽大成于帝政时代，然实积共和时代之惯习法而来。故其法含有共和的精神。我国自战国以前，未脱酋长政治之史域。其后遂变为帝政，以迄今日。故法律纯为命令的原素。而丝毫不含有合议的原素，其于一般私人之痛痒，熟视无睹焉，亦固其所。

2. 由于学派之偏畸。我国自汉以后，以儒教为国教，然儒教固取德治主义礼治主义，而蔑视法治主义。故言法者殆见屏于儒家之外，法家言于他方面虽不复有势力，而在法律界，仍以商韩为不祧之宗。夫儒家固常以保护私人利益为国家之天职者也，使纯采儒家所持主义以立法，则私法之部分，其必不至视同无物。无奈儒家言惟置重社会制裁力，而于国家之强制执行，不甚视为重要。其根本概念，与法治不能相容，故不得不任法家言占优胜之地位于法律界。而法家言则只有国家自身之利益（纯粹之法家言，本以国家之利益为标准，其后君主即国家之理想深入人心，于是更趋于君主之利益矣），而构成国家之分子（即人民）之利益在所不计。儒法两派，不能调和，此所以法令虽如牛毛，而民法竟如麟角也。此实我文明进退稍长之一关键，不可不深察也。

次所遗憾者，则关于国家根本组织之宪法，未能成立也。夫宪法属于最近世之产物。吾国前此之无之，固不足怪。虽然，苟无此物，则终不足以进于法治国。何也？此为根本法，无之则一切法无所附丽，无所保障也。英人布黎士顿（Preston）有《清帝国宪法》之一论文（Constitutional Law of the Chinese Empire）介绍《大清会典》一书，谓其为永久不变之大法，与宪法相类。而日本织田万氏，亦言《会典》与《则例》之关系，恰如立宪国宪法与法律之关系。虽然，此拟不于伦也。夫各国所谓宪法者，虽程度高下各有不同，然其内容大率分三大部，一曰国家组织之方法；二曰国家机关活动之规律；三曰国家分子对于国家之权利义务。三者缺一，不得谓宪法。而会典则惟有第二项，其第一、第三项皆无有也。且宪法为国家之根本法，一切法律，不得与宪法法文及法文所含之精神相触背。而会典之效力，反往往得以则例停止之也，故会典与宪法异者，非徒在程度问题，而实性质问题也。

（二）法律之固定性太过

法律之有固定性静止性，其本质然也。虽然，法律以适于社会之需要为贵。而社会之进步变迁，瞬息未尝停止者也。以固定静止之无机的法律，而遇瞬息变迁之有机的社会。然则法律之形质，与社会之实况，常日趋于相离，此自然之势也。故法律不成文则已，既已成文，则无论若何敏捷之立法家，总不能使法律与社会相适应，而无一毫之隔膜。盖社会变态之速且幻，终非有文句之法律所能追及也。英国硕学梅因曰："法律与社会的需要，两者之间，恒有一鸿沟焉，立法者宜：思有以填之。其鸿沟之广狭，与填之之迟速，是即人民幸福之多少所攸判也。"（Maine，Ancient Law，第十一章）夫鸿沟不能无，所争者广狭耳。填之不能尽，所争者迟速耳。凡在愈进步之社会，则其鸿沟之成也愈速，而其填之也愈难，而愈不可不黾。然能应于时势，急起直追，则又愈可以助长社会之进步。故鸿沟日日襞拆，日日塞填，拆者无已时，填者亦无已时，如形影竞走，未尝休息，而国民幸福，遂以日增。其在不进步之社会，则鸿沟之成也稍迟，而填之者亦不勉。顾以不填之之故，而不适之法律，遂益障社会之进步。于是法律与社会两者俱成静止之形，殆如僵尸，毫无生气。虽然社会者为自然法则所支配，虽其变迁缘他阻力而致迟滞，顾终不能为绝对的静止而丝毫无变迁者也。积年既久，其与法律之鸿沟相去亦愈益广，非复小小补苴所能使之接近，而法律之大部分，遂不得不成秋扇。仅赖其小小部分，勉维持社会秩序于万一，则亦已同强弩之末。一旦社会忽遇外界之刺激逼迫，骤生出剧烈之变迁，则法律全部，无复足为社会之保障，而法遂成为博物院中之法，非复社会关系之法矣。我国以进步迟钝闻于世界。西人常谓马可波罗之游记（意大利人，当元时游历中国者），至今日犹与中国内地现状相合。然则以今日而适用前古之法律，其鸿沟似仍不甚相远。虽然，今之法律非他，唐律之旧也。唐律非他，汉律之旧也。汉律非他，李悝之旧也。夫李悝距今则二千余年矣。唐之距今则亦千余年矣。即曰社会进步淹滞，亦安有千余年前之法律，适用于千余年后，而犹能运用自如者？而试以今律校唐律，其间所损益者能有几何也！夫法国现行民法，由拿破仑时代所制定（即拿破仑法典）。距今不过百年耳。而运用之者，已觉其多不适而大困难，而倡议改正者且嚣嚣起（《日本法学协会杂志》第23卷第1号穗积陈重博士著《佛兰西民法将来》）。然则今之《大清会典》、《大清律例》，即使其当乾隆嘉庆间，果曾悉心研究，参合彼时代社会之现象以立案，然至今日，而其大部分已须改正，而况乎其所袭者实二千年前之旧也！

欧洲近世，自培根（Bacon）首倡编纂法典之论，至最近世则英之边沁（Bentham）、德之蒂鲍（Thibant）复鼓吹之。而反对论者亦大起。其反对论不一端，而最有力者，则谓为障社会之进步。其言曰，成文法典者，使法律成为结晶体者也。结晶体光彩烂然，外观甚美；而不能有生育发达之活力（日本穗积陈重著《法典论》第4章）。此论虽为近今多数学者所排，然以评我国法典与社会之关系，盖甚切当矣。我国社会进步之淹滞，其原因虽不一端，而受博物院中法典之障碍，实其重要原因之一，无可疑也。要之我法典之腐旧，与社会之麻木，两者递相为因，递相为果，而前代编纂法典之人，固有不得不尸其咎者矣。

近世学者之论各国法律，多分为成文国与不文国之二种。欧洲大陆诸国，所谓成文国也。英美二国，所谓不文国也。若我中国以历史上观之，宜属于成文国。而以近今事实证之（即往古亦当然），则实可谓之不文国。何也？一切法律关系，实则仍遵惯习及判决例等以为衡，时或颁发多数之单行法。若夫朝廷所特制定整然成书号为一国之大经大法者，则不过以饰石渠天禄之壮观。而实际上之效力，反甚薄弱。此何以故？则以法律与社会之鸿沟太相悬绝也。

（三）法典之体裁不完善

1. 范围不确立

学者分法律之种类，又区为主法与助法。主法者，实体的法律，如宪法、行政法、民法、刑法等是也。助法者，施行法律之法律，如议院法、选举法、行政裁判法、民刑事诉讼法，乃至其他为一时一事所制定之特别法皆是也。主法举大纲，助法明细目。主法贵简括，助法贵详密。主法以法律现象之大原则为准据，成一独立体。助法以主法为准据，不能触背主法。主法比较的固定不变，助法比较的与时推移。此其性质差异之大概也。法律中何者当属于主法之部分，何者当属于助法之部分，此立法者所最宜注意也。我国之会典与律，近于主法。则例、条例，近于助法。然有一般之大纲宜为主法者，而以入诸则例条例之中。亦有部分之细目，宜为助法者，而以入诸会典与律之内。质而言之，则律之与例，会典之与则例，果以何者为界线，彼立法者自初未尝设有一严格的区别也。夫宜为主法者而入诸助法，则效力不强，而授官吏以出入上下因缘为奸之隙。宜为助法者而入诸主法，则主法太繁碎猥杂，失弹力性，缘夫时势之变迁，而主法遂不得不成僵石。夫即以《大清律例》中之律论之，其中固有一大部分，属于琐碎节目，万不能以入于主法的刑法者。而竟充塞盈帙焉，其不能实施适用，而徒化为一种之装饰品，不亦宜乎？

日本穗积陈重论法典之范围曰（《法典论》第5编第2章）："法典之范围，当便宜画定。非必一切法律，悉编入一法典中也。如民法法典中，画其关于商事者，别为商法，刑法法典中，画其关于军人犯罪者，别为海陆军刑法。此其最著者也。其他不应编入法典之法律，其种类甚多，今举其重要者。

——附属于单行法之法规，如邮便罚则，当附属于邮便法，租税罚则，当附属于租税法，不必揭诸刑法中。

——频须变更之法律。

——有实施期限之法律。

——别须细密规定之法律。

——限于一地方或一种之人民所施行之特别法。

如商业法、工业法、农业法、矿业法、森林法、海上法等，凡一切要特别规定之法律。"

由是观之，则范围之限制，与法典之良楛，大有关系焉。我国之法典，如卖菜求添，惟多为务，此所以支离漫患，不适于用也。

2. 主义不一贯

穗积陈重曰："凡编纂法典者，必先确定其主义。如编纂宪法者将取国家主义乎？抑取君主主义乎？抑取民主主义乎？其民法人事篇，将取家族主义乎？抑取个人主义乎？其财产篇将取完全所有权主义乎，抑取有限所有权主义乎？其相续篇将取分配主义乎，抑取总领主义乎？其在商法将取保护主义乎，抑取助长主义乎，抑取放任主义乎？其在刑法，将援据罪恶必罚之正理，而取绝对主义乎，抑取对立主义，而于复仇、恐吓、改良、防御诸主义中择其一乎，抑取折衷主义乎？又如治罪法、诉讼法，将取口诉主义乎，抑取书诉主义乎，将取听讼主义乎，抑取审纠主义乎？如裁判所构成法，将取合议裁判主义乎，抑取单独裁判主义乎？每当编一法典，则其通于法典全体之大主义，及其为一部基础之小主义等，皆不可不豫定之，否则全典脉络不贯通，而彼此矛盾之弊遂不可免。"

以上所述，为近世科学发达以后据科学的方法以编纂法典者之所言也，自不能以责诸前古人。虽然，我国前此之法典，其编纂太无意识。去取之间，绝无一贯的条理以为之衡。故一法典中而其文意相矛盾者，指不胜屈。使用法者无所适从，而法典之效力以相消，而不复存在。此不得不谓编纂方法拙劣之所致也。

3. 纲目无秩序

立法家之脑力，无论若何伟大，断不能取社会现在、将来之现象而悉计及之，自不能取社会现在、将来之法律关系而悉规定之。何也？人之心理，自由活动者也。其活动固非有一成不变之规律。即有之，亦非人智之所能及也。而法律者，向于现在将来而有效力者也。苟现在将来所起之法律关系，而法律绝无所规定，则法律之用将穷。故善立法者，于纲目之间，最所注意焉，先求得其共通之大原理，立以为总则。比利时硕学普兰斯（现今世界三大刑法家之一）曰："所谓犯罪者，非犯刑罚法之谓，谓其违反于产出法典条文之大原则也。如犯杀人罪者，非必其犯刑法之某一条，以其犯不可杀人之原则也。犯窃盗罪者，非必其犯刑法之某一条，以其犯不可窃盗之大原则也。"（《最近刑法论》第2卷第1章第2节）故立法者，苟欲取罪之现象，无小无大，无正无变，而悉规定诸条文之中，则其势必有所不给矣。故纲举而目自从。纲不举，则虽胪目如牛毛，犹之无益也。岂惟刑法，凡一切法皆若是矣。我国今日现行两大法典，其《大清会典》，无所谓总则，不必论矣。其《大清律例》，沿晋唐之旧，首置名例律一门，颇有合于总则之义。虽然，《大清律例》之名例律，有非贯通于全律之大原则而亦入其中者。有贯通于全律之大原则而不入其中者。谓名例律足以包举诸律焉不得也，谓诸律悉无触背名例律焉，不得也。故名例律者，有总则之名而未能全举其实者也。夫《大清律例》为发达最古稍称完备之书，而犹若是，其他更无论矣。此我国法律所以等于头痛灸头，脚痛灸脚，支离灭裂，而终不足以周社会之用也。

（四）法典之文体不适宜

英国硕学边沁，尝以法律之文辞，比诸宝玉，诚重之也。法律之文辞有三要件：一曰明；二曰确；三曰弹力性。明确就法文之用语言之，弹力性就法文所含意义言之。若用艰深之文，非妇孺所能晓解者，时曰不明。此在古代以法愚民者恒用之，今世不取也。确也者，用语之正确也。培根曰："法律之最高品位在于正确"，是其义也。弹力性者，其法文之内包甚广，有可以容受解释之余地者也。确之一义与弹力性之一义，似不相容，实乃不然。弹力性以言夫其义，确以言夫其文也。培根又曰："最良之法律者，存最小之余地，以供判官伸缩之用者也。"存最小之余地，则其为"确"可见；能供判官伸缩之用，则其有"弹力性"可见。然则二者之可以相兼明矣。我国法律之文"明"则有之，而"确"与"弹力性"两种，皆甚缺乏。大清律例卷首，于律中文辞之用法，虽有说明，然其细已甚，且不完备。以我律文与今世诸国之法文相较，其正确之程度，相去远矣。若夫弹力性，则我律文中殆全无之。率皆死于句下，无所复容解释之余地。法之适用①所以日狭，而驯即于不为用者，皆此之由。

法文之美妙者，虽社会之变迁，其现象大异于立法之时，而犹可展转假借以适于用。如法国之民法，其制定在距今百年以前。此百年间，全社会精神、物质两方面，皆为突飞

① 原文为"通用"，显误。

进步，划然成一新天地。而法之民法，迄今未改，虽用之常不免困难，而困难犹未尝不可用。此无他，学说之解释，有以济其穷也。而学说之解释所以得施，则法文之美妙使然也。其最浅著者，如百年以前，世界未尝有汽车有电车，此尽人所能知也。而今者法之法庭，凡关于汽车电车所起之事件，皆可援拿破仑所制定之民法以断之，非解释之功，安得有此？

学说解释者，补助法律之最良法也，昔之立法者，尝惧解释者牵合附会以失其本意，或从而禁之。如罗马帝查士丁尼制定法典时，下诏严禁注释。普王腓列特力第二、奥帝周斯夫第二，亦曾禁之。拿破仑制民法新成，不旋踵而巴黎市中已有民法注疏出现。拿破仑见而叹曰：余之法典既亡。凡此皆认解释为法典之蟊贼者也。虽然，禁之终不可得禁。非惟不可得禁，且日盛焉。盖法律之为物，有体有用，有学有术，其用其术，神而明之，存乎其人，岂直不能禁，抑亦不必禁不可禁也。我国法律，不禁诠释，故马郑大儒曾注汉律。而《唐律疏义》，乃由立法者奉敕自撰。即《大清律例》，其解释之书，亦不下十数，其间因解释以广法文之用者，虽自不少，然终不能如彼法国民法之圆融无碍，则法文之工拙为之也。

学者之解释，不徒广法文之用，而并能助法学之进步。盖法文所隐含之义，未备之义，反对之义，恒能缘解释而发明。故解释盛行，其于次度之修补法文改正法文，常得莫大之助。我国虽有解释而不能收此效果者，其原因有数端：（1）解释家虽有之而不能盛。盖法律解释之业，与辩护士之关系最密切。而我国辩护士之业，为法律所禁，自影响于法律解释之业，而无由盛也。（2）法律学殆见排斥于学界以外。汉代尚有马郑大儒，从事注律。自兹以降，上流学者，皆不屑读律。故解释之业，准委诸刀笔俗吏。夫俗吏之学识，不足以阐明高尚之学理，岂待问也。（3）则法文中所含学理本不富。《记》曰：甘受和，白受采。肤浅混杂之法文，无论若何苦心研究，终不能于其间得甚深微妙之义。我国法典，大率为无意识的结集，虽多集上流学者从事解释，犹将劳而少功，而况乎解释者率属俗吏，且寥寥不多觏也。

以上阙点，就吾意念所及，拉杂举之，尚未能备，然将来若无编纂法典之事业则已，苟有之，则此诸阙点其最当注意也。

孙荣

古今法制表

作者简介

孙荣，生卒年月难以稽考，主要著作有《古今法制表》、《改良盐政意见商榷书》等。

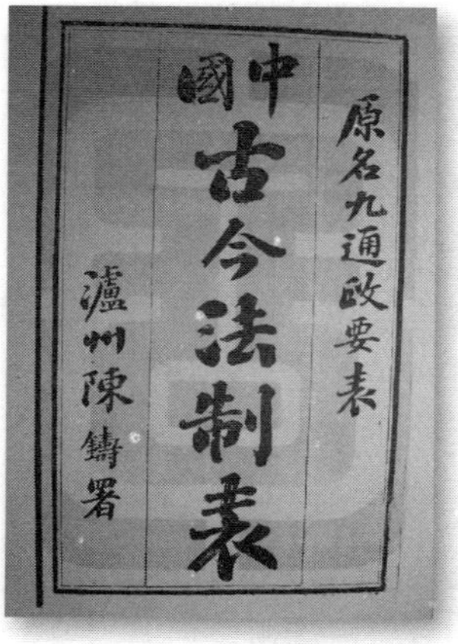

出版社：四川泸州学正署刻本。

出版年份：1906 年。

馆藏：国家图书馆普通古籍阅览室。

作品简介：全书共分十六卷，从卷一至卷十六分别为田赋、钱币、户口、职役、征榷、市籴、土贡、国用、选举、学校、职官、礼制、乐制、兵制、刑法、封建。田赋卷又从水利、屯田、官田、八旗田制等方面加以论述；职役卷从乡官职秩和复除两个方面论述；征榷卷从征商、盐法、酒酤、坑冶、茶税、杂征、本朝关税、续改进口税则几个方面论述；国用卷从内外储用、漕运、最近度支、最近国债等方面阐述；选举卷从举士、举官两个方面论述；学校卷包括历代学校、最近颁行学制两个部分；职官卷分为历代职官沿革、历代禄秩、最近设置三个部分；乐制包括乐器、乐舞、乐章、中西七音比较四个方面；兵制卷包括前代兵制、本朝兵制、近改兵制、马政、舟师、军器几个部分；刑法卷从古今刑制和罚赎两个方面阐述；封建卷包括前代封建和本朝有封无建两个部分。

全书主要以表格的形式来论述历朝历代各种制度所经历的变化。拿田赋卷来说，作者通过详细的表格总结了从夏禹时代直至清朝的田制、定垦、赋率三个方面的变迁史，清朝部分又详细阐述了从顺治帝到光绪帝几个方面的变化。在本卷中，作者还从人名、渠地、功效几个方面列出历代水利表，从屯官、屯法、屯粮三个方面列出历代屯田表，此外还有官田表。

总的来说，作者通过表格的形式纵述中国古代法制的变迁，线索明了，对于了解中国古代法制有重要的参考价值。作者在后序中也指出希望此书能成为当时法律学堂之参考课本，能成为政法家、历史家教育之参考课本。可以说本书是早期法制史的优秀教材之一，对现代的法制史研究也具有很多的启迪意义。

目　录

中国古今法制表

钦命头品顶戴兵部尚书兼都察院右都御史调署四川总督管巡抚事闽浙总督部堂锡 批。

学务处案呈，据详，已悉历史一科，事体繁大，治之无术，则博约两难。查阅所编《九通政要表凡例》并《田赋表》缮稿，征引宏备，体制谨严，意在使学者、教者各得执简御緐之法，而无少功寡要之虑，足见该学正留心经济，学识淹通，殊堪嘉尚。应准如详立案，禁止翻刻，仰即细加校雠，妥为排印，成编后赍呈十部。

鉴核如可用为教科课本，即咨送京师大学堂审定编行缴表册存。

光绪二十九年十一月初四日 批示

中国古今法制表序

余权永宁道篆之明年厘定川南师范学堂章程，不揣梼昧，勉任监督，时富顺孙君澍枬司铎泸州，罗致左理庶事，以康间与商榷古昔营度中外皆中肯綮，已复出所撰《九通政要表》十六卷索序并商书名。余既以《中国古今法制表》易之，以符定章矣。遂作而言曰："古者政学合于一，叔季政学离而二，子产曰：'侨闻学而后入政，未闻以政学者也，一而二之势必交病。'"

今上维新博考典制

诏行省郡县各立学堂，而于京师大学设政法专科，其他高等中小学历史一门法制盖寓焉，凡以使离者复合也当是时。

古今法制表

序

圣清兴二百余年矣，巧宦以褫，华士以洗，与民更始，亦既县书读法，耳目改观。惟是上下五千年治乱兴衰、沿革得失，非洞见症结则方药无由施。如《九通》固备矣，而浩博靡涯涘，学者辄欲望洋。兹乃以一表钩连而条贯之，复以泰西相印证，若网在纲，若裘提领，可不谓为《龙门世表》以来未有之名作乎？余于政法，锥指蠡测，每措一事，辄好参稽古近，揽终始，以观其通，脑力耗惫不知凡几，是书行政界实赖之，岂惟学子。至其起例谨严，持论平实，属辞简要，有目共赏，无竢赘言。日舒以长部领偶暇书以归之，知孙君之思所以津逮来学者，正未艾也。

光绪三十二年闰四月剑川赵藩序于川南分巡使署之运甓轩

古今法制表

富顺孙荣澍楠编著

发凡

一此表专列中国古今法制，以《九通》为底本，第原书二千三百一十四卷都为千册，沪上图书集成局排印，缩本亦二百九十册，寒者难购，购者难阅。近人“三通”考详节辑要各书缩印亦数十册，祇节通考，未参典志，且非钩稽排比，欲一观诸要难。兹特综核各通，分门编年列为简明表约计二十余万言。其原有歧误疑难之处，如《通典》乾元重稜钱每缗重二十斤，《通考》作十二斤。

《皇朝通典》、《通考》陕西民田赋亩謞至二两三钱以上之类，则旁考他书证其得失。其乾隆以来至今之政要则采自会典、奏疏及名人著述，务求确实。今易名《中国古今法制表》。

一是编拟为普通中政课本，宜力求简括，表中横行或二或三四，视其义例繁简而定。所列皆极有关系，无关于沿革利病者从略。其奏议名论之指陈得失者，或撮要旁注或引而不发，若欲求详，可依年表检原书查阅。

一是编特表古今之沿革利病得失，取其切于时政诸门，如田赋、钱币、户口、职役、征榷、市籴、土贡、国用、选举、学校、职官、礼乐、兵刑、封建诸门，均不厌求详，分别名目，其利病要旨固已了如指掌，朗若列眉。余如《通典》之州郡、边防，《通志》之六书、七音、艺文、地理与《通考》之经籍、舆地、四裔等，则另有经学、舆地、习字、词章诸学科，又昆虫、草木例属博物，金石图谱括于词章，凡斯门类兹皆不赘。至如《通志》之纪传氏族，准之政事则繁而不切；《通考》之象纬物异，验诸今日则虚而多诬；此则史学余力所涉及，天算专家所考证也，普通不及，无病通儒。

一今当整饬庶政，力图富强之日，凡规复古制，参仿西政一时碍难推行者，实由民智之未偏。是编所表普通政要，务使中国古今利病得失、性情风尚厘然在目，每表首著序说，表中时加按语，或引西政以为比例，或综古今以决从违，以适于文明教育为宗旨，俾阅者知中制之何者宜保存，何者失古意，何者宜改良，乃能采西政之长，藉补中制之阙。民智既徧，沮力自无。此列表者之微意也必于普通，博其识乃能于专科精其业，此阅表者之大验也，质诸政学界庶不河汉斯言。

一历史一科事体繁大，治乱之由，恒与政法之良否为比例。况今日中外大通，各政之关系尤密，即专一政可竭毕生。兹编义主普通，虽博实约。表中专列中制，叙说则中西比较，斟酌时宜，并参鄙见以资讨论，匪矜一得之愚深明辨之义，大雅君子或加指正，俾长智识，尤所厚望焉。

一此编限于表例不便强分章节，然法制既详，便于中小学之历史教科逐门摘取，可省翻阅《九通》之繇难。如用作政法课本，则量讲授之时日，以年代为节目或以表中一段为一课均可听便。

卷一 田赋

土地者，财产之母；而田赋者，国用之大宗也；古今中外情事类然。惟赋入之赢绌，恒视人事之工拙为比例差。故由畜牧而耕稼而工商，生计学之阶级然也。中国农业发达盛于三代，早于泰西。然西国百年来由农学而工商学，势力膨胀；中国则数千年无进步（如周官草人土化之法，近老农不解，以及秦豫晋农业远不及周末皆是），甚至土地愈广，而国用愈绌，名为轻赋而实若重征者何也？虽由于度支日繁，侵蚀日甚，亦由农学未讲，水利未修，地力未尽（如江西、直隶皆有地荒，输赋者或苦于费工，或困于水患，如讲水利并机器、粪料，皆膏腴矣），游手太众（近如直隶、四川等省无业游民宜勒令赴近边屯垦，则人地均治），廉俸太薄（自元明迄今远不及汉唐）所致也。查中国面积不下三千二百廿万方里（据《政家年鉴》，若日本参谋要本部之《中国地志》则三千九百十万方里），然满蒙、新疆、藏卫诸属地多业游牧，不尽耕稼，即以十八行省面积计之，亦得一千零二十余万方里，西北水利逊于东南，且山林、川泽、城郭、庐墓所占即减五分以上，可耕沃土至少不下五百万方里，以方积之法计之（一中方里开田五百四十亩），可得田二千七百万顷（比隋大业中定垦五千余万顷，仅规其半）。纵轻减田租，每亩平均一钱，亦得二百七十兆两（西人《中国度支考》谓可得三万万可参观）。乃据乾隆三十一年总计天下土田七百四十余万顷，甫及四分之一（乾隆以后垦者停丈升科且八旗官庄牧场不计），赋银二千九百余万两，粮八百三十余万石。即光绪二十七年全漕改折改运（每石合二两、二两九不等，所省运费约百万以上），省费并计亦不过四千余万两。止及六分之一。况近年因灾蠲免，实征恒不及三千万（光绪二十年减至二千五百万两）。将本朝轻赋上则二三钱，下则至几分几厘，难于亩均一钱乎？而江浙沃壤赋几什一（此民田赋等于官田之故），安徽每亩岁约纳五百余文（西人调查见《中国度支考》），是平均一钱不为过也。且以日本减租之法较之，明治十年减征地价百分之二分五厘（日本地租行从价税法，所谓视资本以为差也），是值百元征二元五角矣；中国上地亩值五六十两，中地四十两，下地二十两，以上地一钱五分，中地一钱，下地五分约之（此三等税则不过约略计之，如上地一亩税可倍及下地或二三亩算一亩之类，临时尚多斟酌。要之日止纳则银余，按亩杂捐名目一并删除，则无名轻实重之病）尚轻于日本十倍。故日本小于中国二十七倍，而地租且及四千余万元，埒于中国。印度亦不及中国三分之一，而地租至三亿五千五百万卢布（或作卢卑），合华银一万万两（见《中国度支考》）。惟中国地大赋寡，无怪外人之惊且笑也。然办法须有次第，今日欲厘田赋，当清地亩；欲清地亩，当先筹养廉（京官廉俸共不过数十万，外官亦薄不及外国十数倍，非厚养廉以责廉万难核实）。或以田赋四千余万之款均有常支，养廉何出？顾何妨仿雍正时提火耗为养廉之法，即以现取于民习惯之陋规（如隐税、浮粮及火耗平余之类，各省情形不等），化私为公，酌定公费即名养廉（如大县一万，中小县八千、六千不等，官愈尊则费愈多，司税者则视人款酌提外，涓滴归公），违例浮取者，虽少必革偿无贷，则种种收数核实，岁入必增，或不至多耗正供而已。举矣，且设农部以讲求新法（各省设农桑学堂，又将农学列入专门科），则农桑畜牧之利饶；设银行以整齐国币，则火耗平余之弊去；然后认真丈量实亩，若干分则（三等九则为宜）均赋，民之乐输当逾外国（外国重税而无怨者，以国家为之经理耳，况薄赋于政事改良之后较三代前后尤轻减）。矧牧场荒地弥望千里（详后官田表），满蒙新藏耕畜兼资（见屯田表），尤为实边殖民之大计乎。然非考历朝沿革利弊之由，则未知国朝薄赋之仁与当进求尽利之道也。故综核各通，兼稽掌故，迄于今日表田赋第一：

古今田赋综核异同表

沈家本

历代刑法考

作者简介

沈家本（1840—1913），字子淳，别号寄簃，吴兴（今浙江湖州）人。父丙莹，进士，曾任刑部郎中、贵州安顺府知府。清同治元年（1862 年）举人，任直隶（今北京市）、陕西司主稿，受刑部尚书潘文勤赏识。光绪九年（1883 年）进士，任奉天（今沈阳市）司正主编，兼秋审处坐办、律例馆帮办，后又升为协理、管理等。光绪十九年出任天津知府。任间宽严结合，恩威并施，深得百姓赞许。调任保定知府后，在处理一外国教堂被过境军士毁坏事件中，按法据理力争，处理妥善。后升任通永道，山西按察使。未及行，外国教士为报争地索款未成之恨，诬沈私通义和团，遭朝廷搜查，终因查无实据而未获罪。光绪二十七年起，历任刑部右侍郎、修订法律大臣，并兼大理院正卿、法部右侍郎等职。宣统二年（1910 年），兼任资政院副总裁。次年，任法部右侍郎。专治法学，曾收集我国古代法律资料整理和考订。又奉命主持修订法律，建议废止凌迟、枭首、戮尸等酷刑，用修订的《大清现行刑律》取代《大清刑律》，并研究和参照国外刑律，制订《大清新刑律》，对刑法作了改革。著有《历代刑官考》、《历代刑法考》、《汉律拾遗》、《明律目笺》、《文字狱》、《刑案汇览》、《读律校勘记》，另有《古今官名异同考》等。后人编有《沈寄簃先生遗书》、《枕碧楼丛书》传世。

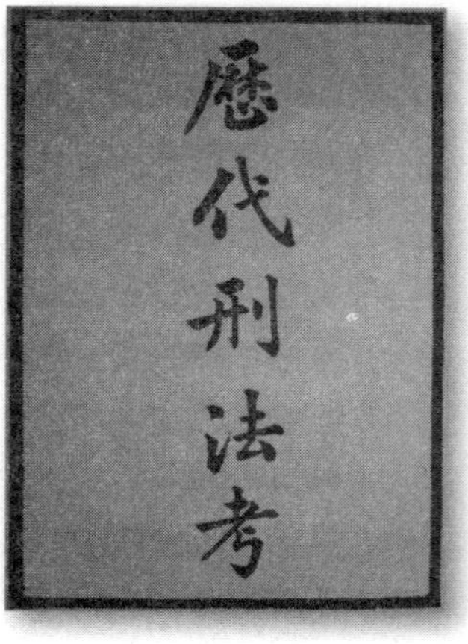

出版社：沈寄簃先生遗书·甲编，刻本

出版年份：1909 年

馆藏：国家图书馆普通古籍阅览室

作品简介：本书由刑制总考四卷和刑法分考十七卷构成。其中，刑制总考部分从唐虞时代论述至明代，主要考察对象为刑名，如夷三族、弃市、枭首等，也涉及诸如留养、官当、赎等刑法制度。刑法分考部分则进一步集中考察刑名，从扎实的史料出发，考证它们及相关刑名的含义和演变，如刑法分考一论述夷三族的同时，对缘坐、连坐、保任等相近制度作了深入的考证。

综观全书，作者基于自己深厚的史学和法学功底，通过扎实的史料，全面考察了中国古代刑法制度尤其是刑名的含义及演变历史。在考证过程中，作者时常提出自己的见解（即“按”），有述有论，如作者考察唐代刑法制度时，认为“夫法之善者，仍在有用法之人，苟非其人，徒法而已”。总的来说，本书对于致力于研习中国法制和中国法制史的同仁来说，是必读书目之一。沈家本先生扎实的学术功底和翔实的考证对于今天的法制史研究也有着积极的指导意义。（邱少晖整理）

刑制总考一

唐虞

按：唐虞以前，刑制无闻。《舜典》所记刑制，乃舜摄位时事，其时尧犹在位。《尚书大传》象刑属之唐虞，而其文则在《唐传》，以其时尚在唐也。《慎子》及汉人称引专言“有虞”者，以其事出诸舜也。今总标曰“唐虞”，庶时与事胥统之矣。

象刑

《书·舜典》：象以典刑。

《益稷》：方施象刑，惟明。

《尚书大传》：唐虞象刑而民不敢犯，苗民用刑而民兴相渐。唐虞之象刑，上刑赭衣不纯，中刑杂屦，下刑墨幪，以居州里，而民耻之。注：“纯，缘也。时人尚德义，犯刑[者][1] 但易之衣服，自为大耻。屦，履也。幪，巾也，使不得冠饰。《周礼》罢民亦然。上刑易三，中刑易二，下刑易一，轻重之差。”《御览》六百四十五引无后二十二字，《公羊传·襄二十九年》疏引无前十八字。

《孝经纬》：上罪墨幪赭衣杂屦，中罪赭衣杂屦，下罪杂而已。《周礼·司圜》疏。

按：此所谓易三、易二、易一之差也。[2]

《慎子》：有虞《荀子》注引下有“氏”字。之诛，以幪巾《荀子》注作“画跪”。当墨，《荀子》注作“黥”。以草缨《荀子》作“慅婴”，杨倞注：“当为澡婴”。当劓，以菲屦《荀子》作“菲对屦”，杨倞注：“菲，草屦也。对当为紨，传写误耳。紨，枲也。《慎子》作‘紨’，言罪人或菲或枲为屦，故曰‘菲紨屦’。紨，方孔反。《初学记》引作“屦扉”。当刖，以艾毕当宫，艾，苍白色。毕，韠也，所以蔽前。布衣无领以当大辟，此有虞《荀子》注下有“氏”字。之诛也。斩人《初学记》下有“之”字。肢体，凿其肌《初学记》作“形”。肤，谓之刑；画衣冠，异章服，谓之戮。上世用戮而民不犯也，当世用刑而民不从。《御览》六百四十五。

《白虎通》：五帝画象者，其衣服象五刑也。犯墨者蒙巾，《北堂书钞》引“巾”上有“皂”字。犯劓者赭其衣，犯髌者以墨蒙其髌处而画之，犯宫者履杂扉，犯大辟者布衣无领。《初学记》二十。

孙星衍《尚书今古文注疏》：《周礼·司圜》疏引《孝经纬》云：“三皇无文，五帝画象，三王肉刑。”《汉书·刑法志》：“禹承尧舜之后，自以德衰而制肉刑，汤武顺而行之[者][3]，以俗薄于唐虞故也。”是明唐虞无肉刑。郑注《周礼·司圜》云：“弗使冠饰者，著

---

[1] 《遗书》脱“者”字，今据《御览》及《公羊传》疏补。

[2] 此“按”本为小字，今据文例改。

[3] 《遗书》脱“者”字，今据《汉志》补。

墨幪，若古之象刑与?”[知][1] 郑氏亦信象刑之说也。

按：象刑之义，汉人旧说皆同。文帝诏有虞时，“画衣冠异章服 [以为戮][2]，而民不犯”，《刑法志》。武帝诏“昔在唐虞，画象而民不犯”，《武纪》元光元。俱以象刑为画象。慎子，周人，其说同于《尚书大传》。《荀子·正论篇》亦云“世俗之为说者曰，治古无肉刑，而有象刑”，其言与《慎子》大略相同，是自周至汉相承之师说也。《荀子》独谓“象刑非生于治古，起于乱今”。盖其立言之意以轻刑为非，故訾象刑为俗说。班固采其说入《刑法志》，并云“所谓‘象刑惟明’者，言象天道而作刑，安有菲屦赭衣者哉?”其后马融、伪孔传以及宋儒诸家皆不取象刑之说。朱子自为一说，而又云“或谓画为五刑之状，亦可”，似又不废旧说矣。窃谓古义相传，究不可废。荀子盖习见七国民伪浇漓，谓非重刑不可，而未思上古敦庞之世，固不可同年而语也。《司圜》“弗使冠饰”，及后来罪囚赭衣，皆古者象刑之遗制，正未可谓起于乱今也，故备录之。

五刑

《书·舜典》：流宥五刑。马融曰：“五刑，墨、劓、剕、宫、大辟。”《史记集解》。

按：有虞氏五刑，他无明文，伪孔传亦同马融之说，故疏谓准《吕刑》文。《鲁语》：刑五而已，大刑甲兵，次刑斧钺，中刑刀锯，其次钻笮，薄刑鞭扑，所称五刑与《吕刑》异。此文鞭、扑分列于下，自不在五刑之内。至五刑始于何代，经传无文。《吕刑》言苗民习蚩尤之恶，淫为劓、刵、椓、黥，知五刑由来久矣。《通典》云：据《左氏》载 [晋][3] 叔向所言，夏 [有乱政，而作《禹刑》；商有乱政，而作《汤刑》；周有][4] 乱政而作九刑。三辟之（刑）[5] 兴，皆叔世也。言九刑，以墨一、劓二、剕三、宫四、大辟五，又流六、赎七、鞭八、扑九，故曰九刑也。三辟者，言三王始用五刑之法，故谓之三辟也。班固又云：“五帝画象而人知禁。禹承尧、舜之后，自以德衰，始制肉刑，汤、武顺而行之，以俗薄于唐、虞故也。”而《孝经纬》亦云：“五帝画象，三王肉刑。画象者，上罪墨蒙赭衣[6]，中罪赭衣杂屦，下罪杂屦而已。”若如三家之言，则前五帝皆同画象，不用肉刑 [矣]。（其后）[佑][7] 以为不然，何也？按：《舜典》云：“流宥五刑。”五刑者，以伤刻肌肉，亦谓之肉，盖《书》美大舜以流放之宽代刀锯之毒。若如三家之言，五帝不用五刑矣，则舜何得言以流放代之？足明帝舜以前行五刑，明矣。其后，舜又赞美皋陶曰：“汝作士，五刑有服”，知帝舜初立之时暂废五刑，后又用耳。且《尚书》经正圣哲所传，左氏、班书何忽而不据?

---

[1] 《遗书》脱“知”字，今据《尚书今古文注疏》补。

[2] 《遗书》无“以为戮”三字，今据《汉志》补。

[3] 《遗书》脱“晋”字，今据《通典》补。

[4] 《遗书》、《通典》并脱“有乱政”至“周有”，今据《左传·昭公六年》补。

[5] 《遗书》衍“刑”字，今据《左传·昭公六年》删。

[6] 《遗书》、《通典》并作“黑蒙”，据《孝经纬》，“黑”当为“墨”，“赭衣”后有“杂屦”。

[7] 《遗书》、《通典》并作“其后”，今据中华书局点校本《通典》改。

其谶纬之言，固不足征也。荀卿曰："肉刑盖百王之所同，未有知其所由来者矣。"诚哉是言！

按：杜氏谓五刑在舜前，诚是。至谓舜初暂废五刑，后又用，此则未确。《舜典》之"象以典刑"在舜摄位时，《益稷》之"方施象刑"在尧崩后，如取象刑之说，不得分为二事也。窃意舜时五刑、象刑盖并行。其命皋陶也，曰"蛮夷猾夏，寇贼奸宄。汝作士，五刑有服"，是五刑者所以待蛮夷者也。《史记·五帝纪》"怙终贼刑"，《集解》："郑玄曰，怙其奸邪，终身以为残贼，则用刑之"。则五刑者，又所以待怙恶者也。若象刑，所以待平民者也。观于有苗弗率，敷文德而苗格，是治苗亦以德不以刑。禹言"苗顽弗即工"，而帝曰"皋陶方（祇）[祗][①] 厥叙，方施象刑惟明"，仍是以德化之。若象刑为常刑，则与德化之旨不合矣。

五流

《舜典》：流宥五刑。五流有宅，五宅三居。流共工于幽州，放驩兜于崇山，窜三苗于三危，殛鲧于羽山。

传："殛、窜、放、流，皆诛也。异其文，述作之体。"疏："《释言》云：'殛，诛也'。传称流四凶族者，皆是流，而谓之'殛、窜、放、流，皆诛'者，流者，移其居处，若水流然，罪之正名，故先言也。放者，使之自活。窜者，投弃之名。殛者，诛责之称。俱是流徙，异其文，述作之体也。"

鞭

《舜典》：鞭作官刑。

扑

《舜典》：扑作教刑。

《益稷》：庶顽谗说，若不在时，侯以明之，挞以记之。书用识哉，欲并生哉。

赎刑

《舜典》：金作赎刑。

赦

《舜典》：眚灾肆赦。

按：《舜典》所记刑制，颇称完备。《国语》："展禽曰：尧能单均刑法以仪民。"疑舜之刑制当日亦曾承尧命者也。后来刑法，其宗旨悉出于舜："罚弗及嗣"，即文王"罪人不孥"

---

① 《遗书》作"祇"，今据《尚书·皋陶谟》改。

之法也。“宥过无大，刑故无小”，即《康诰》“非眚”、“惟终”，“非终”、“惟眚”之意也。“罪疑惟轻”，即《吕刑》“刑疑有赦”、“罚疑有赦”之制也。“与其杀不辜，宁失不经”二语，尤为用刑者之所当寻绎。推求太密，每涉于苛。会得此旨，庶归平恕。近来泰西之法，颇与此旨暗合，知圣人之言其包蕴宏矣。舜之称皋陶曰“明于五刑，以弼五教”，《吕刑》曰“士制百姓于刑之中，以教（祇）［祗］①德”，是刑者非威民之具，而以辅教之不足者也。以钦恤为心，以明允为用，虞廷垂训，其万世所当取法者欤？

夏

五刑

《隋·（艺文）［经籍］②志》刑法：夏后氏五刑有五，科条三千。

《周礼·司刑》郑注：“夏刑大辟、膑辟、宫辟、劓、墨。”③

肉刑

扬子《法言》先知篇：夏后肉辟三千。

《汉·刑法志》：禹承尧舜之后，自以德衰，始制肉刑。

赎刑

《书序》：吕命穆王训夏赎刑，作吕刑。传：“吕侯以穆王命作书，训畅夏禹赎刑之法，更从轻。”疏：“夏法行于前代，废已久矣。今复训畅夏禹赎刑之法，以周法伤重，更从轻，以布告天下。”

孥戮

《书·甘誓》：左不攻于左，汝不（用）［恭］④命；右不攻于右，汝不（用）［恭］⑤命；御非其马之正，汝不（用）［恭］⑥命。用命赏于祖，不用命戮于社，予则孥戮汝。《传》：“孥，子也。非但止汝身，辱及汝子，言耻累也。”《疏》：“我则并杀汝子，以戮辱汝。《汤誓》传‘古之用刑，父子兄弟罪不相及。’今云‘孥戮汝’，权以胁之。”

按：夏后氏刑制，书传不详。《隋志》言刑五，《书序》言赎刑，至扬子言肉辟则在五刑之内，此其大较也。窃意禹佐舜治，受舜禅，其政教奚事改革？《汉志》谓禹自以德衰，

---

① 《遗书》作“祇”，今据《吕刑》改。

② 《遗书》作“艺文”，而《隋书》无《艺文志》，今据《隋书》改。

③ 此郑注本为小字，今据文例改。

④ 《遗书》作“用”，今据《甘誓》改。

⑤ 《遗书》作“用”，今据《甘誓》改。

⑥ 《遗书》作“用”，今据《甘誓》改。

尚制肉刑，盖拘于五帝画象、三王肉刑之纬说，而未观其通也。五帝画象、三王肉刑，恐亦就当日治化之精神大概言之。究之，帝王之法制，其详既不可得而闻，其科条之若何同异，正未易质言之也。《尚书大传》："夏后氏不杀不刑，死罪罚二千馔。"《史记·平准书》《索隐》。"禹之君民也，罚弗及强而天下治。"《路史·后纪》十三《夏后氏纪》。是夏代刑轻，尚有唐虞之化，不杀不刑，其殆用象刑之法欤？

商

官刑

《书·伊训》：制官刑，儆于有位。曰：敢有恒舞于宫，酣歌于室，时谓巫风。敢有殉于货色，恒于游畋，时谓淫风。敢有侮圣言，逆忠直，远耆德，比顽童，时谓乱风。惟兹三风十愆，卿士有一于身，家必丧。邦君有一于身，国必亡。臣下不匡其刑墨，具训于蒙士。

按：官刑是何刑，《书》不具，盖非死刑也。臣下刑墨，此商有肉刑之证。

肉刑

见上。

《泰誓》：斫朝涉之胫。传："冬月见朝涉水者，谓其胫耐寒，斩而视之。"

按：斫胫盖即髌，亦肉刑之一也。

劓殄

《书·盘庚》：乃有不吉不迪，颠越不恭，暂遇奸宄，我乃劓殄灭之，无遗育，无俾易种于兹新邑。传："不恭，不奉上命，暂遇人而劫夺之。劓，割。育，长也。言不吉之人当割绝灭之，无遗长其类，无使易种于此新邑。"疏："无遗长其类，谓早杀其人，不使得子孙，有此恶类也。"

《左氏·哀十一年传》：《盘庚》之诰曰，其有颠越不恭，则劓殄无遗育，无俾易种于兹邑。杜注："颠越不恭，纵横不承命者也。劓，割也。殄，绝也。"

按：杜解"颠越不恭"如"纵横不承命者"，盖叛逆之徒也。劓殄无遗育，则缘坐之法也。在外为奸，在内为宄，所包者广，本不专指劫夺言。如（祇）［只］[①] 劫夺而已，法不应若是重也。

孥戮

《汤誓》：予则孥戮汝。

---

① 《遗书》作"祇"，今据文义改。

按：说详《甘誓》。

胥靡

《史记·殷本纪》：是时说为胥靡。晋灼《汉书音义》。

云：“胥，相也。靡，随也。古者相随坐，轻刑之名。”

炮烙

《史记·殷本纪》：于是纣乃重刑辟，有炮烙之法。

醢脯

《殷本纪》：九侯有好女，入主封。九侯女不（熹）[憙][①] 淫：纣怒，杀之，而醢九侯。鄂侯争之（疆）[强][②]，辨之疾，并脯鄂侯。

按：殷世刑制，大抵五刑皆备，书传亦不详也。而炮烙、醢脯，独详于《史》。淫刑以逞，而国亦随之亡矣。然则重刑何为哉？荀卿谓“治则刑重，乱则刑轻”，非笃论也。

周

五刑

墨、劓、宫、刖、杀。《周礼·秋官·司刑》。

圜土

以圜土聚教罢民。凡害人者，置之圜土而施职事焉，以明刑耻之。其能改过，反于中国，不齿三年。其不能改而出圜 [土][③] 者，杀。《大司寇》。凡害人者，弗使冠饰而加明刑焉，任之以事而收教之。能改者，上罪三年而舍，中罪二年而舍，下罪一年而舍。其不能改而出圜土者，杀。虽出，三年不齿。凡圜土之刑人也不亏体，其罚人也不亏财。

嘉石

以嘉石平罢民。凡万民之有罪 [过][④] 而未丽于法而害于州里者，桎梏而坐诸嘉石，役诸司空。重罪旬有（三）[二][⑤] 日坐，期役；其次九日坐，九月役；其次七日坐，七月役；

---

① 《遗书》作“熹”，今据《史记》改。

② 《遗书》作“疆”，今据《史记》改。

③ 《遗书》脱“土”字，今据《大司寇》补。

④ 《遗书》脱“过”字，今据《大司寇》补。

⑤ 《遗书》、《大司寇》皆作“三”，今据清人王引之《经义述闻》引王念孙之说改。

其次五日坐，五月役；其下罪三日坐，三月役。使州里（伍）［任］[①] 之，则宥而舍之。《大司寇》。

奴

其奴，男子入于罪隶，女子入于舂、槀。凡有爵者与七十者与未龀者，皆不为奴。

斩

斩以铁钺，若今要斩。《掌戮》注。

杀

杀以刀刃，若今弃市。同上。

膊、辜

膊谓去衣磔之。辜之言枯也，谓磔之。同上。

焚

凡杀其亲者，焚之。《掌戮》。

髡

郑司农云："髡当为完，谓但居作三年，不亏体者也。"玄谓："此出五刑之中，而髡者必王之同族不宫者。宫之为翦其类，髡头而已。"同上。

屋诛

郑司农云："屋诛谓夷三族。"玄谓："'屋'读为'其刑剭'之'剭'，剭诛谓所杀不于市而以适甸师氏者也。"《司炬氏》注。

车轘

誓驭曰"车轘"。《条狼氏》。

鞭

誓大夫曰："敢不关，鞭五百"；誓师曰"三百"。同上。

刵

劓刵人。注："刵：刵，截耳，刑之轻者。"《康诰》。

---

① 《遗书》作"伍"，今据《大司寇》改。

疑赦

五刑之疑有赦，五罚之疑有赦。

墨辟疑赦，其罚百锾，阅实其罪；劓辟疑赦，其（罪）［罚］①惟倍，阅实其罪；剕辟疑赦，其罚倍差，阅实其罪；宫辟疑赦，其罚六百锾，阅实其罪；大辟疑赦，其罚千锾，阅实其罪。《吕刑》。

无余刑

无有余之刑，刑者非一也。《费誓》［传］。②

磬

公族其有死（刑）［罪］③，则磬于甸人。《礼记·文王世子》。

按：三代刑制，周室为详。《书序》言“训夏赎刑”，《康诰》言“师兹殷罚”，其所因、所损益必非一端。书缺有间，今不可考矣。夫刑者，古人不得已而用之。诵《立政》一篇，兢兢以庶狱勿误为戒，而终以苏公之由狱归之以敬。《吕刑》一篇，惓惓于乂民彝，而尤以“庶威夺货”、“以乱无辜”为戒。其哀矜恻怛之意，马氏《通考》谓“千载之下犹使人为之感动”。此可见周家之于刑狱，其钦恤明允固无异于唐虞也。“典狱非讫于威”，后之用刑者其当知此意也夫！

又按：焚、辕刑，或议其酷，非盛世之事也。窃意此二刑不在五刑之内。辕当是军中之法，春秋时屡见，必非常刑。焚如之刑，古今罕睹，惟王莽行之。或疑《周礼》一书，刘歆等谄附王莽，有所附益于其间，此类皆非原本，不为无见。

刑（制）［法］④ 分考一

夷三族、七族、九族、十族、族

《书·泰誓》：罪人以族。孔传：“一人有罪，刑及父母、兄弟、妻子，言淫滥。”《疏》：“秦政酷虐，有三族之刑，谓非止犯者之身，乃更上及其父，下及其子。经言‘罪人以族’，故以三族解之。父母前世也，兄弟及妻当世也，子孙后世也。一人有罪，刑及三族，言淫滥也。”《蔡传》：“族，亲族也。一人有罪，刑及亲族也。”

按：此“族”字未必便是三族。三族乃秦法，恐古未有此制。《蔡传》浑言“亲族”较

---

① 《遗书》作“罪”，今据《吕刑》改。

② 此为伪孔传之文。《遗书》脱“传”字，今据《十三经注疏》补。

③ 《遗书》作“刑”，今据《文王世子》改。

④ 《遗书》作“制”，今据文例改。

妥。今《书·泰誓》，说者咸以为东晋人伪作，几成定论。然其语亦必有所本，非尽臆造。或据《荀子·君子篇》有“乱世夷三族”之文，遂谓今《泰誓》取诸《荀子》。第荀子乃周末人，所称乱世未必专指商纣。大约古有是说，东晋人采人今《书》耳。

《史记·秦本纪》：文公二十年，法初有三族之罪。《集解》：“张晏曰：父母、兄弟、妻子也。如淳曰：父族、母族、妻族也。”

武公三年，诛三父等而夷三族，以其杀出子也。

《汉书·高纪》：“罪三族。”注：“师古曰：如说是也。”

《刑法志》：秦用商鞅，造参夷之诛。注：“师古曰：参夷，夷三族。”

按：文公二十年为周平王二十五年，武公三年为周庄王二年，皆在东周之初。三族之罪，《史》言始于文公，而班《志》以为商鞅所造者，疑文公、武公之后，秦亦不常用此法，至鞅而始著为常法欤？杜贵墀《汉律辑证》云：《李陵传》：“于是族陵家，母弟妻子皆伏诛。”按：据此，是三族者即文帝所谓父母、妻子、同产也。如淳注非。《仲尼燕居》“三族”注：“父、子、孙也。”《仪礼·士昏礼》注：“三族，谓父昆弟、(已)[己][①] 昆弟、子昆弟。”郑康成所谓三族如此。《周礼·秋官·司烜氏》郑司农注：“屋诛，谓夷三族，无亲属收葬者。”无亲属收葬则是并母族、妻族尽诛矣，三代时乌得有此？故后郑不从。《后书·肃宗纪》：“元和元年诏曰：往者妖言大狱，所及广远，一人犯罪，禁至三属。”贤注：“即三族也。谓父族、母族、妻族。”盖承如淳之谬。本按：三族之说，诸家不同。汉儒说《尚书》九族者有今古文之异，说三族者就九族中推衍而出，故亦两说并行也。《书·尧典》“以亲九族，”郑玄云：“九族，上自高祖，下至（元）[玄][②] 孙，凡九族。”马融同，见《释文》。此古文《尚书》说也，皆同姓有服者，孔传亦承用之。观于《诗·葛藟》序毛传云：“据（已）[己][③]，上至高祖，下及（元）[玄][④] 孙”；《汉书·高纪》“七年，置宗正以序九族”。可见汉初以九族为同姓，皆古文家说也。夏侯、欧阳等以为九族者，父族四、母族三、妻族二，皆据异姓有服。许慎《五经异义》、应劭《风俗通》皆主之，此今文《尚书》说也。杜预《左传》注桓六年说虽小异，然亦是父族四、母族三、妻族二，仍即今文之说而稍变之。《周礼·小宗伯》“三族”，郑玄注谓父、子、孙。张晏之说本之，《泰誓》孔传亦同，盖衍自古文之说。如淳分父、母、妻三族，盖衍自今文之说。郑众注《司烜氏》“屋诛”，其义为说者所不取，然可见其说亦主今文家也。右古文者谓《尧典》经文下云“百姓”可该异姓；右今文者谓人生九十始有曾孙，高祖（元）[玄][⑤] 孙，无相及之理，各持一是。国朝说经家亦人人殊，未有定论。颜师古注“夷三族”，以如说为是，而杜贵墀以为谬。然据《文纪》、《李陵传》为证，则尚未确。吕后时已除三族刑，文帝所言乃收坐法，

① 《遗书》作“已”，今改。
② 《遗书》作“元”，乃避清代康熙帝之讳，今改。
③ 《遗书》作“已”，今改。
④ 《遗书》作“元”，乃避清代康熙帝之讳，今改。
⑤ 《遗书》作“元”，乃避清代康熙帝之讳，今改。

虽其后新垣平尚有夷三族之诛，然与收坐法无涉。夷三族者，必具五刑，而《晁错传》丞相等劾奏错曰："大逆无道，错当要斩，父母妻子同产无少长皆弃市。臣请论如法。"制曰："可。"此所引者必当时之律文。其仅止要斩，即所言"父母妻子同产无少长皆弃市"者，未必即为夷三族之法。《主父偃传》"遂族偃"，《郭解传》"大逆无道，遂族解"，《公孙贺传》"遂父子死狱中，家族"。此三传之言"族"者，似皆止于一家。《灌夫传》"及系，灌夫罪至族，悉论灌夫支属"，其时灌氏支属自得弃市，罪不缘夫也。《王温舒传》"人有变告温舒受员骑钱，它奸利事，罪至族，自杀。其时两弟家及两婚家亦各自坐它罪而族。光禄勋徐自为曰：'悲夫！夫古有三族，而王温舒罪至五族乎！'"注："师古曰：温舒与弟同三族，而两妻家各一，故为五也。"温舒两弟之罪不缘温舒，可见汉时族法实与夷三族者不同，《李陵传》未足为三族之证。徐自为以两婚家为五族，则妻族似不在三族之内。然兄弟与（已）［己］[①]身，本但为一族，而自为以温舒及两弟为三族，与郑、张之言三族者亦不合。似所谓五族，犹言五家耳，不足以证三族之义也。《晋志》言魏改汉律，大逆从坐，不及祖父母、孙。至于谋反大逆，临时捕之，夷其三族，不在律令。是三族本有祖父母、孙在内，不止父、子、孙三世。郑、张之说，亦未能合。《后汉书·桓纪》："延熹二年，大将军梁冀谋为乱。诏司隶校尉张彪将兵围冀第，收大将军印绶，冀与妻皆自杀。卫尉梁淑、河南尹梁胤、屯骑校尉梁让、越骑校尉梁忠、长水校尉梁戟等，及中外宗亲数十人，皆伏诛。"《梁冀传》："诸梁及孙氏中外宗亲送诏狱，无少长皆弃市。"《传》所言孙氏，乃冀妻孙寿之族，是妻族也，虽《纪》、《传》皆不言三族，亦三族兼及妻族之一证。

《汉书·刑法志》：汉兴之初，虽有约法三章，网漏吞舟之鱼，然其大辟，尚有夷三族之令。令曰："当三族者，皆先黥、劓，斩左右趾，笞杀之，枭其首，菹其骨肉于市。注：'师古曰：菹谓醢也。'其诽谤詈诅者，又先断舌。"故谓之具五刑。彭越、韩信之属，皆受此诛。至高后元年，乃除三族罪。其后，新垣平谋为逆，复行三族之诛。

《高后纪》：元年春正月，诏曰："前日孝惠皇帝言欲除三族罪、妖言令，议未决而崩，今除之。"

按：已除而复用者，盖即《晋志》所谓不在律令而临时捕之者也。

《晋书·刑法志》：及魏国建，傍采汉律，定为魏法。又改《贼律》，但以言语及犯宗庙园陵，谓之大逆无道，要斩，家属从坐，不及祖父母、孙。至于谋反大逆，临时捕之，或汗潴，或枭菹，夷其三族，不在律令，所以严绝恶迹也。

文帝为晋王，令贾充定法律。减枭斩族诛从坐之条，除谋反、适养母出女嫁皆不复还坐父母弃市。

按：魏代夷三族不在律令，似因于汉。汉惠除三族罪，虽其后有行之者，殆亦非常之事。若主父偃、郭解等，本传言"族"而不言"三族"，当非三族者也。迨魏又减族诛之条，自是，此法稍宽。《隋志》载历代刑法，皆无此名目矣。

---

① 《遗书》作"已"，今改。

《晋书·刑法志》：及景帝辅政，是时魏法，犯大逆者诛及已出之女。毋（邱）［丘］①俭之诛，其子甸妻荀氏应坐死，其族兄颉与景帝姻，通表魏帝，以匄其命。诏听离婚。（苟）［荀］② 氏所生女芝，为颍川太守刘子元妻，亦坐死，以怀妊系狱。荀氏辞诣司隶校尉何曾乞恩，求没为官婢，以赎芝命。曾哀之，使主簿程咸上议曰："夫司寇作典，建三等之制，甫侯修刑，通轻重之法。叔世多变，秦立重辟，汉又修之。大魏承秦、汉之弊，未及革制，所以追戮已出之女，诚欲殄丑类之族也。然则法贵得中，刑慎过制。臣以为女人有三从之义，无自专之道，出适他族，还丧父母，降其服纪，所以明外成之节，异在室之恩。而父母有罪，追刑已出之女；夫党见诛，又有随姓之戮。一人之身，内外受辟。今女既嫁，则为异姓之妻；如或产育，则为（佗）［他］③ 族之母，此为元恶之所忽。戮无辜之所重，于防则不足惩奸乱之源，于情则伤孝子之心。男不得罪于他族，而女独婴戮于二门，非所以哀矜女弱，蠲明法制之本分也。臣以为在室之女，从父母之诛；既醮之妇，从夫家之罚。宜改旧科，以为永制。"于是有诏改定律令。

按：此事《魏志》纪、传皆不载，《晋志》无年月可考，《通鉴纲目》列于高贵乡公正元二年，并云"魏朝从之，遂著为令。"《图书集成·祥刑典》载高贵乡公正元二年诏改定三族律令，即据《通鉴纲目》及《晋志》也。《晋书·怀纪》：永嘉元年，除三族刑。

《东海王越传》：及怀帝即位，委政于越。吏部郎周穆，清河王覃舅，越之姑子也，与其妹夫诸葛玫共说越曰："主上之为大弟，张方意也。清河王本太子，为群凶所废。先帝暴崩，多疑东宫。公盍思伊、霍之举，以宁社稷乎?"言未卒，越曰："此岂宜言耶!"遂叱左右斩之。以玫、穆世家，罪止及身，因此表除三族之法。

《明纪》：太宁三年，复三族刑，惟不及妇人。

按：明帝太宁二年，王敦反逆，事平后，诏王敦群从一无所问，盖为王导，故不坐。其时尚未复三族刑，至三年之复三族刑，是否为王敦之党，史亦不详。又《愍纪》建兴三年（315年）六月丁卯，地震。辛（已）［巳］④，敕雍州掩骼埋胔，修复陵墓，有犯者诛及三族。此事在（大）［太］⑤ 宁之前，是怀帝时虽曾除之，亦偶一设此厉禁也。

《魏书·刑罚志》：昭成建国二年，犯大逆者，亲族男女无少长皆斩。

世祖神䴥中，诏司徒崔浩定律令。大逆不道腰斩，诛其门籍，年十四已下腐刑，女子没县官。正平元年，改定律，制门诛。

高宗太安四年，增律，门房之诛十有三。

高祖延兴四年，诏自非大逆干（犯）［纪］⑥ 者，皆止其身，罢门房之诛。

---

① 《遗书》作"邱"，乃避孔子讳而改。今正。

② 《遗书》作"苟"，今据《晋志》改。

③ 《遗书》作"佗"，今据《晋志》改。

④ 《遗书》作"已"，今改。

⑤ 《遗书》作"大"，据上文改。

⑥ 《遗书》作"犯"，今据《魏书·高祖纪》改。

《高祖纪》：延兴四年六月乙卯，诏曰：“朕应历数开一之期，属千载光熙之运，虽仰严诲，犹惧德化不宽，至有门房之诛。然下民凶戾，不顾亲戚，一人为恶，殃及合门。朕为民父母，深所愍悼。自今以后，非谋反、大逆、干（犯）[纪][①]、外奔，罪止其身而已。今德被殊方，文轨将一，宥刑宽禁，不亦善乎?”太和三年，诏中书令高闾集中秘官等修改旧文，随例增减。五年冬讫，凡八百三十二章，门房之诛十有六。十一年，诏曰：“前命公卿论定刑典，而门房之诛犹在律策，违失《周书》父子异罪。推古求情，意甚无所取。可更议之，删除繁酷。”

按：门房之诛，乃后魏旧典，而其制未详。观于《志》言“亲族男女无少长皆斩”，又言“诛其同籍”，盖即夷三族之法也。惟魏世此法甚为繁苛，如世祖太延元年，诏“自今以后，亡匿避难，羁[旅][②]他乡，皆当归还旧居，不问前罪。民相杀害，牧（司）[守][③]依法平决，不听私辄报[复，敢有报][④]者，诛及宗族；邻伍相助，与同罪。”太平真君五年，诏“自王公已下至于庶人，有私养沙门、师巫及金银工巧之人在其家者，皆遣诣官曹，不得容匿。限今年二月十五日，过期不出，师巫、沙门身死，主人门诛”。又诏“自王公已下至于卿士，其子息皆诣太学。其百工伎巧、驺卒子息，当习其父兄所业，不听私立学校。违者师身死，主人门诛。”《世祖纪》。群行剽劫，首谋门诛。《刑罚志》：太和五年除。不仅反逆者用此法，延兴诏云“非大逆、干纪者，皆止其身”，可见当时此法之滥。高祖虽曾诏罢门房之诛，而太和修律尚有十六章，后又诏删除，而史未详其所议。盖终魏之世，此法未能除也。

《唐书·王世充传》：裴仁基与其子行俨及宇文儒童、崔德本等谋劫世充，复立侗，不克，夷三族。

[按][⑤]：《隋书·裴仁基传》不言夷三族事，《世充传》亦无此文。

《明史·卓敬传》：燕王即位，被执，帝犹不忍杀。姚广孝故与敬有隙，进言曰：“敬言诚见用，上宁有今日?”乃斩之，诛其三族。

按：成祖时诛夷甚众，而史称夷三族者惟敬一人。

《荀子·君子篇》：古者刑不过罪，爵不逾德。故杀其父而臣其子，杀其兄而臣其弟。刑罚不怒罪，爵赏不逾德，分然各以其诚通。是以为善者劝，为不善者沮，刑罚綦省而威行如流，政令致明而化易如神。传曰：“一人有庆，兆民赖之”，此之谓也。乱世则不然，刑罚怒罪，爵赏逾德，以族论罪，以世举贤。故一人有罪而三族皆夷，德虽如舜，不免刑均，是以族论罪也。先祖当贤，后子孙必显，行虽如桀、纣，列从必尊，此以世举贤也。以族论罪，以世举贤，虽欲无乱，得乎哉?杨倞注：“三族，父、母、妻族也。夷，灭也。

---

① 《遗书》作“犯”，今据《魏书·高祖纪》改。

② 《遗书》脱“旅”字，今据《魏书·高祖纪》补。

③ 《遗书》作“司”，今据《魏书·高祖纪》改。

④ 《遗书》脱“复，敢有报”四字，今据《魏书·世祖纪》补。

⑤ 《遗书》脱“按”字，今据文例补。

均，同也，谓同被其刑也。”

按：观《荀子》此言，是战国三族之法各国亦行之。

《文献通考》：文所行，独新垣平一事，为盛德之玷。然此事所关甚重：盖其宠新垣平也，惑于求仙希福之说，而淫谄之祀迄汉世而未能正者以此；其诛新垣平也，复行收孥相坐之律，而滥酷之刑迄汉世而未能除者亦以此。帝恭俭、仁贤之主，而此二事，失礼失刑，遂令后嗣遵而守之，以为汉家制度，不敢革正，惜哉！

按：新垣平后，如主父偃、郭解等，本传但言“族”，未必即是三族。上官桀等之变，并父母同产当坐者，亦免为庶人而不杀。昭、宣以后，用刑为轻矣。洪迈《容斋随笔》：“汉族诛之法，每轻用之。袁盎陷晁错，但云：‘方今计，独有斩错耳。’而景帝使丞相以下劾奏，遂至父母妻子同产无少长皆弃市。主父偃陷齐王于死，武帝欲勿诛，公孙丞相争之，遂族偃。郭解客杀人，吏奏解无罪，公孙大夫议，遂族解。且偃、解二人本不死，因议者之言，杀之足矣，何遽至族乎？用刑之滥如此！”本按：此论甚当，偃、解之狱，主于公孙，律不应死而遽族之，酷吏当以弘为首。

汉代三族之诛，韩、彭外，惟新垣平。东汉之末，董卓贼臣也，李傕卓党也，它不多见。至若董承、王服、种辑、耿纪、韦晃、金祎皆谋诛曹操，则汉室之忠臣。马腾亦异于操者。司马氏踵其智，曹爽、王凌、毋（邱）[丘][1] 俭、诸葛诞之徒并蒙此祸。诛锄异己，以遂其篡逆之图，岂尚可以常法言哉？

族

《左氏·襄二十三年传》：晋人克栾盈于曲沃，尽杀栾氏之族党。

按：《传》言“族党”，未必不诛及三族，当不止于栾氏。第晋国当日乃诸大夫自相并吞，就其同党而胥夷之，初非有族诛之法。他如昭二十八年，晋灭祁氏、羊舌氏，与栾氏之情形相同。宣四年，楚灭若敖氏。昭十四年（前 528 年），楚灭养氏族，皆灭其一族而已。大约春秋之时，中国尚未有三族之法，故《史记》于秦文公特著之。

《史记·秦始皇纪》：有敢偶语《诗》、《书》者，弃市。以古非今者，族。

《汉书·高纪》：父老苦秦苛法久矣，诽谤者族，偶语者弃市。注：“师古曰：族，谓诛及其族也。”

按：此“族”字，未必便是三族，故注但云：“诛及其族”。

《魏志·文纪》：黄初四年春正月，诏曰：“丧乱以来，兵革未戢，天下之人，互相残杀。今海内初定，敢有私复仇者，皆族之”。

按：此禁人残杀，故特设此峻法。

《宋史·太祖纪》：乾德四年九月，虎捷指挥使孙进、龙卫指挥使吴瑰等二十七人，坐

---

① 《遗书》作“邱”，乃避孔子讳而改。今正。

党吕翰乱伏诛，夷进族。十（一）［二］[①] 月，妖人张龙儿等二十四人伏诛，夷龙儿、李（士）［玉］[②]、杨密、聂赟族。开宝二年，散指挥都知杜延进等谋反伏诛，夷其族。

七族、九族、十族

《史记·邹阳传》：然则荆轲之湛七族。《集解》："应劭曰：荆轲为燕刺秦始皇，不成而死，其族坐之湛没。张晏曰：七族，上至曾祖，下至曾孙。"《索隐》："又一说云：父之族，一也；姑之子，二也；姊妹之子，三也；女子之子，四也；母之族，五也；从子，六也；及妻父母凡七。"《汉书》阳传无"荆"字，注："师古曰：湛七族，无'荆'字也。寻诸史籍，荆轲无湛族之事，不知阳所云定何人也。"

周氏寿昌《汉书注校补》云：邹阳不过甚其辞以明秦酷，何关事实也？王充《论衡·语增篇》："秦王诛轲九族，复灭其一里。"充在后汉，亦是因阳此言造之，未足为据。

按：秦政之暴，何所不至？邹阳在汉初，必有所据，恐非虚造。

《隋书·刑法志》：及杨玄感反，帝诛之，罪及九族。

按：九族之诛，史传惟见此事。

《明史·方孝孺传》：孝孺之死，宗族亲友前后坐诛者数百人。《通鉴辑览》注：《逊国名臣传》云：孝孺大书数字，投笔于地曰："死即死，诏不可草。"帝大怒曰："汝焉能遽死？朕当灭汝十族。"《纪事本末》采其说，改作"文皇大声曰：'汝独不顾九族乎？'孝孺曰：'便十族奈我何！'乃收其门生廖镛、杜嘉猷等为一族，并坐。然后诏磔孝孺于市。"旧史例议以镛、嘉猷逮论在孝孺死后，十族之说非实，今亦不采。

缘坐

《书·甘誓》：予则孥戮汝。孔传："孥，子也。非但止其身，辱及汝子，官耻累也。"《正义》："《诗》云：'乐尔妻孥'，对妻别文，是孥为子也。"

《汤誓》：予则孥戮汝，罔有攸赦。孔传："古之用刑，父子兄弟罪不相及。今云孥戮汝，无有所赦，权以胁之，使勿犯。"《正义》："不于《甘誓》解之者，以夏启承舜禹之后，刑罚尚宽，殷周以后，其罪或相缘坐，恐其实有孥戮，故于此解之。郑玄云'大罪不止其身，又孥戮其子孙。'《周礼》云'其奴，男子人于罪隶，女子入于舂、槀。'郑意以为实戮其子，故《周礼》注云：'奴谓从坐而没人县官者也。'孔以孥戮为权胁之辞，则《周礼》所云非从坐也。郑众云'谓坐为盗贼而为奴者，输于罪隶、舂人、槀人之官'，引此'奴戮（女）［汝］[③]'，又引《论语》云'箕子为之奴。'或如众言，别有没人，非缘坐者也。"

《说命》《正义》："《史记·殷本纪》云'是时说为胥靡，筑于（传）［傅］[④] 险。'晋灼

① 《遗书》作"一"，今据《宋史》改。
② 《遗书》作"士"，今据《宋史》改。
③ 《遗书》作"女"，今据《汤誓》疏改。
④ 《遗书》作"传"，今据《说命》疏改。

《汉书音义》云：‘胥，相也。靡，随也。古者相随坐，轻刑之名’。”

按：孥戮，先郑引作“奴戮”，说与孔传异；后郑则以为孥戮其子孙，注《周礼》则以为从坐，故论缘坐不得不先列此文。《魏志·毛玠传》：大理钟繇诘玠曰：“自古圣帝明王，罪及妻子。《书》云‘左不共左，右不共右，予则孥戮女’。”与后郑同。是汉时二说并行，其今古文之异欤？孔传谓“权以胁之”，殆亦以其说为未安，而作此游移之语。第法有一定，无权胁之理，是其说尤不可通。胥靡为随坐，晋灼既有此说，故附见于此。《荀子·儒（孝）［效］① 篇》“乡也胥靡之人”，杨倞注：“胥靡，刑徒人也。胥，相；靡，系也。谓镣相联相系，《汉书》所谓‘锒铛’者也。”《汉书·楚元王传》：“二人谏，不听，胥靡之。”注：“应劭曰：《诗》云‘若此无罪，（论）［沦］② 胥以铺’。胥靡，刑名也。师古曰：联系使相随而服役之，故谓之胥靡，犹今之役囚徒以锁联缀耳。晋说近之，而云随坐轻刑，非也。”观此《传》下文云“衣之赭衣，使杵臼雅舂于市”，则胥靡之解自当以颜、杨为是，晋灼之注不可从也。

《周礼·司厉》注：玄谓奴从坐而没人县官者，男女同名。

按：郑说未是，已详奴下。今姑两出之。

《史记·商君传》：匿奸者与降敌同罚。《索隐》：“案律，降敌者诛其身，没其家。今匿奸者，言当与之同罚也。”

事末利及怠而贫者，举以为收孥。《索隐》：“怠者，懈也。《周礼》谓之‘疲民’。以言懈怠不事事之人而贫者，则纠举而收录其妻子，没为官奴婢，盖其法特重于古也。”

按：同罚即连坐之事。一家有罪，九家连坐，不论其为亲族与否，与并坐家室之律不同，盖即《文纪》之相坐法。《索隐》所称“诛其身，没其家”，乃降敌之律，亦应收孥也。《周礼》“收教罢民，置之圜土”，初不及其妻子，秦并妻子亦没为官奴婢，用法之苛，无过于此。汉之收律，承秦之旧，其应收者，不仅罢民，而罢民其一端也。文帝除之，可谓盛德，惜后来奉行未能画一耳。今律“知情不举”，即秦律“匿奸同罚”之意。

《史记·赵奢传》：秦之间言曰：“秦之所（畏）［恶］③，独畏马服君赵奢之子赵括为将耳。”赵王因以括为将，代廉颇。其母上书，愿王勿遣。“王终遣之，即有如不称，妾得无随坐乎？”

按：商君收孥之法在孝公时，赵事在孝成王六年，后商君九十余年，岂赵亦参用秦法，故有随坐之事欤？

《史记·孝文纪》：元年十二月，上曰：“法者，治之正也，所以禁暴而率善人也。今犯法已论，而使毋罪之父母妻子同产坐之，及为收孥，朕甚不取。其议之。”有司皆曰：“民不能自治，故为法以禁之。相坐坐收，所以累其心，使重犯法，所从来远矣。如故便。”上

① 《遗书》作“孝”，今据《荀子》改。

② 《遗书》作“论”，今据《汉书》注及《诗·雨无正》改。

③ 《遗书》作“畏”，今据《史记》改。

曰："朕闻法正则民悫，罪当则民从。且夫牧民而导之善者，吏也。其既不能导，又以不正之法罪之，是反害于民为暴者也。何以禁之？朕未见其便，其孰计之。"有司皆曰："陛下加大惠，德甚盛，非臣等所及也。请奉诏书，除收（孥）［帑］① 诸相坐律令。"《集解》："应劭曰：（孥）［帑］②，子也。秦法一人有罪，并坐其家室，今除此律。"

《汉书·文纪》：尽除收（孥）［帑］③ 相坐律令。注："师古曰：（孥）［帑］④，读与奴同，假借字也。"

《刑法志》：平、勃乃曰："陛下幸加大惠于天下，使有罪不收，无罪不相坐，甚盛德，臣等所不及也。臣等谨奉诏，尽除收律、相坐法。"

按：收与坐系二事。《说文》："收，捕也。"《汉志》"逮系"注："辞之所及，则追捕之。"《诗·瞻卬》："此宜无罪，汝反收之。"毛传："收，拘收也。有罪者收，无罪者坐。"《汉志》言"使有罪不收，无罪不相坐"，曰收律，曰相坐法，画然分明。收者，收其孥；坐，不独罪及什五，即监临部主亦连坐矣。

《晋书·刑法志》：律之初制，无免坐之文，张汤、赵禹始作监临部主、见知故纵之例。其见知而故不举劾，各与同罪；失不举劾，各以赎论；其不见、不知，不坐也，是以文约而例通。科之为制，每条有违科。不觉不知，从坐之免，不复分别，而免坐繁多，宜总为免例，以省科文。故更制定其由例，以为《免坐律》。诸律令中有其教制，本条无从坐之文者，皆从此取法也。

按：从坐多而始有免坐之事，晋之为《免坐律》，以宽大剂繁苛也。

《隋书·刑法志》：梁武帝《梁律》：其谋反、降叛、大逆已上，皆斩。父、子、同产男，无少长，皆弃市。母、妻、姊妹及应从坐弃市者妻、子女、妾同补奚官为奴婢，（资）［赀］⑤ 财没官。

旧狱法，夫有罪，逮妻子；子有罪，逮父母。天监十一年正月壬辰，乃下诏曰："自今捕谪之家，及罪应质作，若年有老小者，可停将送。"

中大同元年七月甲子，诏曰："自今犯罪，非大逆，父母祖父母勿坐。"

陈氏制律，复父母缘坐之刑。

北齐律，盗及杀人而亡者，即悬名注籍，甄其一房配驿户。

周《大律》：盗贼及谋反、大逆、降叛、恶逆罪当流者，皆甄一（户）［房］⑥ 配为杂户。

隋开皇六年，诏除孥戮相坐之法。

---

① 《遗书》作"孥"，今据《史记》改。
② 《遗书》作"孥"，今据《史记集解》改。
③ 《遗书》作"孥"，今据《汉书》改。
④ 《遗书》作"孥"，今据《汉书》注改。
⑤ 《遗书》作"资"，今据《隋志》改。
⑥ 《遗书》作"户"，今据《隋志》改。

按：晋怀帝除夷三族刑，明帝又复之，惟不及妇人。自是之后，凡从坐之母妻姊妹等皆得不死，而没为官奴婢。故《隋志》自梁以降，遂无夷三族之刑。梁曰“从坐”，陈曰“缘坐”，实即夷三族之遗意。今律犹沿用之。兹别出“缘坐”一门，以存其实。当时犯罪重者，皆坐父母妻子，梁除父母、祖父母之坐，而陈又复之，盖亦魏、晋以后相承之法，隋始除之。

《唐律》：诸谋反及大逆者，皆斩。父子年十六以上，皆绞。十五以下及母女、妻妾、子妻妾亦同。祖孙、兄弟、姊妹，若部曲、资财、田宅，并没官。男夫年八十及笃疾、妇人年六十及废疾者，并免。余条妇人应缘坐者，准此。伯叔、兄弟之子，并流三千里，不限籍之同异。即虽谋反，词理不能动众，威力不足率人者，亦皆斩。父子、母女、妻妾，并流三千里。

缘坐非同居者，资财、田宅不在没限。虽同居，非缘坐及缘坐子孙应免流者，各准分法应还。若女许嫁已定，归其夫。出养、入道及聘妻未成者，不追坐。出养者，从所养坐。道士及妇人，若部曲、奴婢，犯反逆者，止坐其身。

诸谋反者，绞。已上道者，皆斩。谓协同谋计乃坐，被驱率者非。妻、子流二千里。若率部众百人以上，父母、妻、子，流三千里。

《唐书·刑法志》：故时律，兄弟分居，荫不相及，而连坐则俱死。同州人房（疆）[强]① 以弟谋反当从坐，帝因录囚为之动容，曰：“反逆有二：兴师动众一也，恶言犯法二也。轻重固异，而均谓之反，连坐皆死，岂定法耶?”（元）[玄]② 龄等议曰：“礼，孙为父尸，故祖有荫孙令，是祖孙重而兄弟轻。”于是令反逆者，祖孙与兄弟缘坐，皆配没；恶言犯法者，兄弟配流而已。

按：《唐律》祖孙兄弟之不坐死，盖起于此。惟“恶言犯法”，《唐律》无此文，不知所指何条。

《通考》：贞观十七年，刑部以反逆连坐律兄弟没官为轻，请改从死。敕八座议之。议者以为：秦、汉、魏、晋之法，反者夷三族，今宜如刑部所请。给事中崔仁师驳曰：“古者父子兄弟罪不相及，奈何以亡秦酷法变隆周中兴？且诛其父子，足累其心，此而不顾，何爱兄弟?”上从之。

连坐

《史记·商君传》：令民为什伍，而相（收）[牧]③ 司连坐。不告奸者腰斩，告奸者与斩敌首同赏，匿奸者与降敌同罚。《索隐》：“（收）[牧]④ 司谓相纠发也。一家有罪而九家连举发，若不纠举，则十家连坐。恐变令不行，故设重禁。”惠氏栋曰：“相收者，彼此相

---

① 《遗书》作“疆”，今据《新唐志》改。

② 《遗书》作“元”，乃避清代康熙帝之讳。今改。

③ 《遗书》作“收”，今据《史记》改。

④ 《遗书》作“收”，今据《史记索隐》改。

拘管，犹《周官·司圜》‘收教罢民’之收；相司者，相督察以告奸也。”

王氏（引之）[念孙][1]《读书杂志》：“收”当为“牧”字之误也。《方言》曰：“监、牧，察也。”郑注《周官·禁杀戮》曰：“司犹察也。”凡相监察谓之牧司。《周官·禁暴氏》曰：“凡奚隶聚而出入者，则司牧之，戮其犯禁者。”《酷吏传》曰：“置伯格长以牧司奸盗贼。”《汉书》讹作“收司”，颜师古以为牧捕司察好人，非也。皆其证也。《索隐》本作“牧司”，注云：“牧司谓纠发也，一家有罪，则九家连举发”。然则必先司察而后举发，举发而后收捕，不得先言收而后言司矣。《索隐》之“牧司谓相纠发”，后人亦依正文改为“收司”，而不知“收”非纠发之谓也。

按：此文以王说为是，《酷吏传》尤为确证。惠说分收、司为二，近手望文生义。彼此自相拘管，自来无此政体。且商君之宗旨，权者君之所独制，岂有令民自相拘管之理？必不然也。

《宋书·武纪》：[永初二年][2] 冬十月丁酉，诏曰：“兵制峻重，务在得宜。役身死叛，辄考傍亲，流迁弥广，未见其极。遂令冠带之伦，沦陷非所。宜革以（宏）[弘][3] 泰，去其密科。自今犯罪充兵合举户从役者，便付营押领。其有户统及谪止一身者，不得复侵滥服亲，以相连染”。

保任

《周礼·地官·大司徒》：令五家为比，使之相保。注：“保犹任也。”疏：“使五家相保，不为罪过。”

吕氏祖谦曰：“五家为比，其居甚近，非特同其休戚，亦可以察其奇邪，故使之相保。”

《族师》：五家为比，十家为联；五人为伍，十人为联；四闾为族，八闾为联；使之相保相受，刑罚庆赏相及相共。注：“相共，犹相救、相赒。”疏：“云‘使之相保’者，谓相保不为愆负。云‘相受’者，谓宅舍有故，相受寄托。云‘刑罚庆赏相及’者，案赵商问：‘《族师》之义，邻比相坐；《康诰》之说，门内尚否：《书》、《礼》是错，未达（皆）[旨][4] 趣？’郑答：‘《族师》之职，周公新制礼，使民相共敕之法。《康诰》之时，周法未定，又新诛三监，务在尚宽，以安天下。先后异时，各有云为，乃谓是错’。”

李氏叔宝曰：“《族师》联比其民而欢洽其心，使之有相保相受之法。而于刑罚亦相及，则苟有一为不善者，必为众庶所弃，而其身不得以自容，圣人善俗之道端在于此。”

马氏端临曰：“秦人什伍之法与成周一也。然周之法则欲其出入相友，守望相助，疾病相扶持，是教以相率而为仁厚之君子。秦之时，一人有奸，邻里告之，一人犯罪，邻里坐之，是教以相率而为苛刻之小人。”

---

① 《遗书》作“引之”，然而《读书杂志》非王引之所作，今改正。

② 《遗书》无年号，今据《宋书》补。

③ 《遗书》作“宏”，乃避清代乾隆帝之讳，今改。

④ 《遗书》作“皆”，今据《周礼》疏改。

《比长》：各掌其比之治，五家相受相和亲，有罪奇邪（亦）[则][①] 相及。疏："云'五家相受'者，宅舍有故崩坏，相寄托。云'相和亲'者，案《尚书》云'尔室不睦，尔惟和哉'，五家之内有不和亲则使之自相和亲。云'有罪奇邪则相及'者，五家有罪恶则连及，欲使不犯，故注云'邪，犹恶也'。"

金氏瑶曰："有罪奇邪，犯奇邪之罪也。相及，以警其觉察，即所谓相保也。"

惠氏士奇《礼说·刑罚庆赏相及相共》条：管子治齐，因《地官》比、闾、族、党、州、乡之法，变为什伍、游宗、里尉、州长、乡师、士师之名，仍师其遗而意加详焉。《地官》之教也，德行、道艺、贤能为一书，孝弟、睦姻、有学者为一书，敬敏、任恤、和亲为一书，过恶为一书，有罪奇邪为一书。善相劝，恶相纠，庆赏相共，刑罚相及。而《管子》之法，凡孝弟、忠信、贤良、隽材，则其下以次复于上，长家复于什伍，什伍复于游宗，游宗复于里尉，里尉复于州长，州长以计于乡师，乡师以著于士师。计者比也，是为比法。著者书也，是为书伐。凡有过恶，则其下以次及于上，家属及于长家，长家及于什伍之长，什伍之长及于游宗，游宗及于里尉，里尉及于州长，州长及于乡师，乡师及于士师。及者坐也，下有罪，坐其上也。故曰有不孝不弟而不以告，谓之下比，其罪五。然则《族师》所谓"相及"者，比长及闾胥，闾胥及族师，族师以上，罚皆相及可知矣。三月一复，六月一计，十二月一著。凡上贤不过等，使能不兼官，罚有罪不独及，赏有功不专与，即《族师》所谓赏相共，罚相及之意。而五家为比，十家为联，五人为伍，十人为联，即《管子》所谓什伍之长也。用其法而变通之，一则为王，一则以霸。商鞅相秦，命民为什伍，而相牧司连坐。一家有罪，九家举发，若不纠举，连坐九家。说者以为本《族师》之政而益之以暴，故赵商问曰，《康诰》门内尚宽，《族师》邻比相坐，《书》、《礼》不同，盖疑之也。愚谓《管子》法《周官》，事类相近焉。且民有过恶，州长纠之，党正戒之，闾胥挞而罚之，比长圜土内之。未已也，又读法以教之。州长一年四，党正七，族师十有四，闾胥读无时。射于序而观之德，饮于序而训之礼，师田行役，诛不用命者而示之法。如是而民犹有过恶，不亦鲜乎？若夫族师什伍其民，非若后世之孳孳求奸、悬悬用刑以为事也。人与人相保，家与家相受，少相居，长相游，祭祀相福，死丧相恤，祸患相忧，居处相乐，行作相和，哭泣相哀，则骄躁淫暴邪恶之风于是乎革，孝友睦姻任恤之化于是乎兴。大司徒以三物教万民，乡大夫以五物询众庶，礼明乐备，仁渐义摩，其道实始于此、成于此，而谓暴秦收司连坐之法亦于是乎出，谬矣。

按：相保之义，旧说或以为即秦之连坐，然连坐之法，创自商鞅，《史记·商君传》有明文。周初盛时，恐不如是。郑注训"保"为"任"，任非连坐之谓也。《比长》之相及，贾疏以为连及，金氏谓即相保，然"保"与"及"义实不同，当为二事。保先而及后，既相保即负责任，既负责任而比中犹有罪过之人，是为不副其责任，即不能不引为咎。此事之相因者，而未可遽混为一。相保之事，有纠察，有劝导，皆其责任也。则其相及，岂连

① 《遗书》作"亦"，今据《周礼》改。

及之谓哉？且连坐者，罪与之同，乃秦之酷法。相及者，对其责任亦不过若后世之失察而已，必不失之苛也。

《汉书·元纪》：初元五年，除光禄大夫以下至郎中保父母同产之令。注：“应劭曰：旧时相保，一人有过，皆当坐之。师古曰：特为郎中以上除之者，所以优之也。同产谓兄弟也。”

按：相坐法，文帝已除之，此相保法当与相坐不同，似即《周礼》“相保”之义。其说见上。保，犹任也。《梁律》居作者有五任之制，北齐谓之保，唐或称保，或称任，或称保任。若今之涉讼，其不羁系者，必取具保人，保其不逃避也。又今时讼结之后有取保者，保其不再为非，与《周礼》“相保”之义尤为相近。应劭所言，恐是秦法，汉之相保，未必如是。至保父母同产之令，以情理论，甚多窒碍。父母有过，为之子者但有几谏之道而无责善之理，此而责其相保，岂非贼恩之大者乎？同产虽不同于父母，亦只有规劝之方，而难以纠察相责备。亲属相隐，圣人之教也。

《隋志》：梁律：徒居作者具五任，其无任者，著（升）[斗][①] 械。

北齐律：三曰刑罪，并锁输左校而不髡。无保者钳之。

按：无任者著械，防其逃也，北齐之钳亦是此意。保即任也。

《唐书·睿宗纪》：景云元年，大赦。长流、长任未达者还之。

《（元）[玄][②] 宗纪》：开元十六年正月庚申，许徒以下囚保任营农。

按：前条“长任”，若今之取长保者；后条“保任”，《册府》八十三作“保放”。保任为一事，保放谓责保而放之，乃二事。

---

① 《遗书》作“升”，今据中华书局点校本《隋志》改。

② 《遗书》作“元”，乃避清代康熙帝之讳。今改。

王道编　吴贯因校

中国地方制度之沿革

作者简介

王道，生平不详。

吴贯因（1879—1936），原名吴冠英，别号柳隅，广东澄海人，清代举人。日本早稻田大学政治学士。留学回国后，于1912年和梁启超在天津创办《庸言》月刊。后历任北洋政府卫生司司长。1927年，他弃政从学，先后任东北大学教授、文学院院长。1932年以后，历任平民大学、燕京大学史学教授，华北大学校长。1933至1934年间，曾受陈济棠聘请，多次到广东讲学。1935年起，在天津创办《正风》半月刊。1936年，因脑溢血病逝于北平。主要著有《史之梯》、《中国经济史》、《中国文字之原始及其变迁》、《中国语言学问题》等，是我国著名史学家、语言学家。

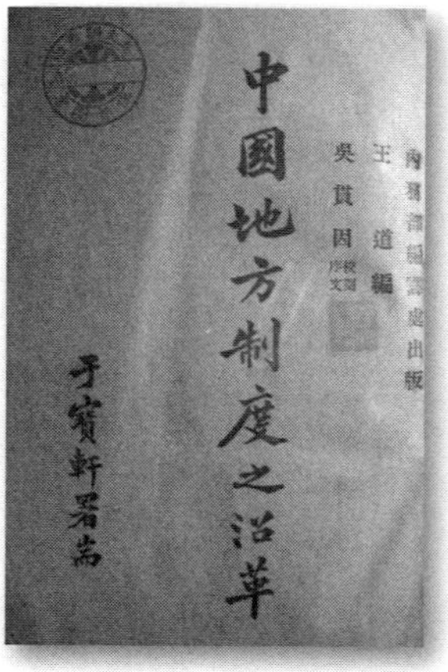

出版社：中华民国内务部编译处。

出版年份：1918年。

馆藏：国家图书馆中文图书基藏库。

作品简介：该书的编写结构很有特色。作者描述了从传说时代到清朝这一漫长的历史过程中中国地方制度的发展沿革。他以中国古代先后出现的封建制、郡县制、郡国制、州郡制、道制、路制、省制等地方制度为纲来编排该书的结构，然后在每一种地方制度的名目之下再以朝代为线索介绍该种制度在不同时期的状况。本书对各级地方机构的组成进行了详细的考订，资料十分翔实，是我们全面了解中国古代地方制度发展沿革的一本难得的素材。（郭成龙整理）

序

中国地方制度，朝易其制，代异其名，欲详考其沿革，非易致之业也。穷源溯委，固费钩稽，然历代制度，方策具在，欲识其涯略则亦有可得而言者焉。太古之世，茫昧难稽姑且不论，自黄帝至周，史传所载皆为封国礼乐征伐出自天子，领地牧民归之诸侯。始则朝觐聘问，中央尚有予夺之权。继则请隧问鼎国家已呈分裂之象，春秋五霸、战国七雄视天子为守府，等王室于赘疣，而周亡矣盖亦极端分权之害也，若此者名曰封建制。秦并诸侯之后，鉴周之亡，废封建置郡县，政府擅干纲独揽之大权，地方少自由发展之余地。虽二级之制政令易行强盛之名，震于塞北。而陈涉一起，县无交兵，野无守城，万世之业，堕于一旦，盖亦权端集权之害也，若此者名曰郡县制。汉晋惩秦魏之孤立，封功世及庶孽以藩王室，虽仍秦郡县之制而公侯封国，实为封建与郡县并行之始，若此者名曰郡国制。东晋以后，惩藩侯之弊，去封国之名，行州郡之实。然丧乱频仿，地方制度未能完善，随行一级之制，民殷国富。然炀帝暴虐，不旋踵而亡，若此者名曰州郡制。自时厥后州郡倍多，唐兴，乃分为十五道以统之，若此者名曰道制。宋兴，削藩镇之权，定分路之制，地方制度颇称完备，而分级太多，未免为累，若此者名曰路制。元氏入主中原，区域辽阔，遂设行中书省。明清因之，州郡不能直达中央，督抚之权等于侯封焉，若此者名曰省制。数千年地方制度之沿革，详言之，固千条万绪然其大体，则固尽于是矣。本编以是为纲领，分为述之，凡七章，共十余万言。世之君子，因是以察治乱之源，则今后之地方制度，将可得而定焉，岂曰小补之哉。

民国六年十二月揭阳王道序于内务部编译处

第七章　省制

元朝疆域辽阔，不识治体，乃立行中书省，此又郡县之一变。明清因之，莫之能废，虽曰势使之然，亦千载得失之林也。夫地方最高级之行政区在秦曰郡，在汉曰州，唐曰道，宋曰路，虽区域递广，分级递多，然设制尚备补救匪艰。若元之省制，则直以一国之大为十一行省矣。考行省之制，实滥觞于魏晋之行台，后魏改为尚书大行台，别置官属。贞观以后，始废止之，然行台云者，特尚书停骖之所耳，元世祖不察，竟以为最高级之行政区。明清两代蹈常袭旧，因而不改，虽官制互有出纳，而其疏阔抑亦甚矣，今为断代述之。

一、元

元世祖至元十三年，平宋，奄有华夏，立行中书省。其制度之大略，以省领路，路领府，府领州，州领县，或有府视路而不隶路，又有府与州，皆不录路，而直隶省者，分级之多实前此所无。而其官制，亦多不备，故虽版图辽阔，而地方制度不良，宜不数传而乱亡随之也。

（一）元之地方行政区

1. 省　省为最高级之行政区，凡十有一，一曰河南、江北等处行中书省，二曰江浙等处行中书省，三曰江西等处行中书省，四曰湖广等处行中书省，五曰陕西等处行中书省，六曰四川等处行中书省，七曰辽阳等处行中书省，八曰甘肃等处行中书省，九曰岭北等处行中书省，十曰云南等处行中书省，十一曰征东等处行中书省。而征东行省，屡置屡废，故有云中书省凡十，实十一也。

2. 路　路有大都路、上路、下路之分。至元二十年，定十万户之上者为上路，十万户之下者为下路。当冲要者，虽不及十万户，亦为上路，凡一百八十五，上隶省，下领府，而为第二级行政区者也。

3. 府　府有总管府与散府之分。总管府如各直省之首府，散府则否所在，有隶诸路及宣慰司、行省者，有直隶省部者，有统州县者，有不统州县者，其制各有差等，凡三十三府。

4. 州　世祖中统五年，并立州县，未有差等。至元三年，定一万五千户之上者为上州，六千户之上者为中州，六千户之下者为下州。江南既平二十年，又定其地五万户之上者为上州，三万户之上者为中州，不及一万户者为下州，于是升县为州者四十有四县，户虽多，附路府不改，凡三百五十有五州。

5. 县　至元三年，合并江北州县，六千户之上者为上县，二千户之上者为中县，不及二千户者为下县。二十年，又定江淮以南，三万户之上者为上县，一万户之上者为中县，一万户之下者为下县，凡一千一百二十七县。

（二）元之地方官制

1. 省之官制　省因事设官，官不必备。初丞相皆以宰执行某省事系中，后改为某处行中书省，凡钱粮兵甲屯种审国重事，无不领之。每省丞相一员，平章二员，右丞一员，左丞一员，参知政事二员，惟甘肃岭北各减一员，至于丞相或置或不置，慎于择人，故往往缺焉，又有诸司分功任事如下。

宣慰司　掌军民之务，分六道以总郡县。行省有政令则布于下，郡县有请，则为达于省。每司宣慰使二员，同知一员，副使一员，经历一员，都事一员，照磨兼架阁管勾一员，凡防御使皆归其节制。

肃政廉访司　国初立提刑按察司，至元六年，兼劝农事，遂改按察司为肃政廉访司，定为二十二道。每道廉访使二员，副使二员，签事四员，两广海南止二员，经历一员，知事一员，照磨兼管勾一员。廉访之职与台察相表里，按治帅府漕司军民司属，照刷诸司文卷，责违慢官吏，如汉之司隶校尉，无所不纠，其职重矣。

儒学提举司　凡行省所署之地，皆设一司，统诸路府州县学校祭祀都教养钱粮之事，及考校进呈，著述文字。每司提举一员，副提举一员，吏目一人，司吏二人。

2. 路之官制　路置总管府，但因有大都路及上下路之分，故官制微有不同。

大都路总管府 官有达噜噶齐二人，都总管一人，副达噜噶齐、同知、治中判官、推官、经历、知事各二人，提控案牍四人，照磨兼管勾一人。惟达噜噶齐及总管推官专治路政，其余皆分任供需之事，故又号曰供需府。其附属机关有三：一曰兵马都指挥使司。掌京城盗贼奸伪鞠捕之事，官有都指挥使二人，副指挥使五人，知事、提控案牍各一人，司狱、狱丞各一人，典狱二人。二曰左右警巡二院。有达噜噶齐、副使判官各一人，典史各三人。三曰提举学校所。有提举一人，教授、学正各二人，学录一人。

上下路总管府　上路达噜噶齐、总管各一人，兼管劝农事，江北则兼诸军，鄂罗同知治中判官各一人。下路不置治中，而同知如治中之秩，余悉同，推官二人，专治刑狱，经历一人，知事二人，照磨兼承发架阁一人，属官有儒学教授一人，学正、正学录各一人，蒙古教授一人，医学教授一人，阴阳教授一人，司狱司、司狱丞各一人，平准行用库提领大使、副使各一人，织造局大使、副使各一人，杂造局大使、副使各一人，惠同药局提领一人，税务提领大使、副使各一人，录事司（掌城中民户之事）设录事司、侯判官各一人。

此外尚有下之总管府，盖因事而设也。

打捕鹰房总管府（至元十七年置）官有达噜噶齐总管，副达噜噶齐副总管各一人，经历知事各一人。

随路诸色人匠都总管府 官有达噜噶齐一人，总管二人，同知一人，副总管二人，经历知事照磨提控案牍各一人。

江淮等处财赋都总管府 达噜噶齐总管同知各一人，副总管二人，经历知事照磨兼提控案牍各一人，其属储用库一，提举司五，织染局三，河泊所三。

路之将官　管军政之事，以万户府为管军。官分上中下三等，上万户府管军七千以上，中万户府管军五千以上，下万户府管军三千以上，俱有达噜噶齐万户副万户各一人，皆为世袭之官，有功则升之。佐官有经历知事提控案牍各一人。属官有镇抚司镇抚二人，蒙古汉人参用。上千户所管军七百以上，中千户所管军五百户以上，下千户所管军三百以上，俱有达噜噶齐千户副千户各一人，又弹压二人，蒙古汉人参用。上百户所百户二人（蒙古汉人各一人），下百户所百户一人。

3. 府之官制　府有总管府、散府之分，故官制因而各异。总管府即京尹之职，已详路之官制。若散府则达噜噶齐一人，知府或府尹一人，领劝农之职。奥鲁与路同，同知一员，判官一员，推官一员，提控案牍一员，教育之官，教授一人。

4. 州之官制　上州有达噜噶齐州尹同知判官。中下州有达噜噶齐知州同知判官兼捕盗之事，参佐官。上州知事提控案牍各一人，下州吏目一人或二人，至于诸军，惟边远之地有之，各统属县，其设官如下州。教育之官，上中州教授一人，下州学正一人，又有巡检一人。

5. 县之官制　上县达噜噶齐一员，尹一员，丞一员，簿一员，尉一员，典史二员。中县不置丞尉，余悉如上县之制。下县置官如中县。民少事简之地，则以薄兼尉，后又别置尉，尉主捕盗之事，别有印典史一员。诸县有巡检一员，教谕一员，书院山长一员。

省路府州县官吏之外，尚有左之者官或因地而设，或因事而立，无一定之制也。留守司有大都留守上都留守之别。大都留守掌守卫宫阙都城，调都本路供意诸务，兼理营缮内府诸抵都宫原庙尚方车服殿庑供帐内宛花木及行幸宴游之所。门禁关钥启闭之事，官有留守五人，同知副留守判官各一人，经历一人，郡事二人。管勾承发架阁照磨兼覆料官部役官兼壕寨各一人。上都留守司，兼本路都总管府，职掌如大都留守司而兼冶民事，车驾还大都，则领上都诸仓库之事，有留守六人，同知副留守判官经历各二人，都事四人，照磨兼管勾一人。

转运使司　元转运使司之官，种类甚多，试缕列之。

京畿都漕运使司　掌凡漕运之事，官有运使同知副使判官各二人，经历知事各一人，提控案牍兼照磨二人，所属有新运粮提举司。京师二十二仓，新运粮提举司，置达噜噶齐都提举各一人，同提举二人。副提举吏目各一人。京师二十二仓，每仓各置监支纳一人，大使副使二人不等。

都漕运使司　掌街河上下，至直沽河西务，李二寺通州等处借建粮斛。官有运使同知副使各二人，通判三人，经历知事各一人，提控案牍二人。所属河西务十四仓，通州十三仓，河仓一十有七。每仓各置监支纳一人，大使副使二人一人不等，直沽仓一，大使一人。荣阳等纲凡三十，每纲皆设押纲官二人。（每编船三十支为一纲）

海道运粮万户府　掌每岁海道运粮，供给大都。官有达噜噶齐万户各一人，副万户四人，经历知事照磨各一人，镇抚二人。所属海运千户所达噜噶齐一人，千户二人，副千户三人。

大都陆运提举司　掌两都陆运粮斛之事，提举二人，副提举吏目各一人。

大都河间等路都转运盐使司　掌场灶榷办盐货，以资国用。官有使二人，同知副使各一人，运判二人，首领官经历知事照磨各一人。

山东东路转运盐使司　掌同上运判一人。

河东陕西等处转运盐使司　掌同上运判二人。

两淮都转运盐使司　使二人，同知副使各一人，运判二人，经历知事照磨各一人。

两浙福建等处都转运盐使司　使同知运判各二人，经历知事照磨各一人。

广东盐课提举司　都提举同提举副提举各一人。

广海盐课提举司　都提举同提举副提举各二人，知事提控案牍各一人。

四川茶盐转运司　使同知副使运判经历知事照磨各一人。

榷茶都转运使司

诸路宝泉都提举司　其属有鼓铸局永利库。

檀景等处采金铁冶都提举司　各冶采金炼铁榷货，以资国用。官有提举同提举各一人。

市舶提举司三　每司提举列提举各二人，知事一人。

河泊所　建康等处三湖河泊所，提领大使副使副官各一人。安庆等处池州等处两河泊所，各大使副使一人。

团练安抚劝农使司　三司并设，各置参谋一员，每道置使二人，同知副使各一人，检督六人，经历知事照磨各一人。

军民屯田使司

招讨宣抚司　设于边郡，与藩职少异。

僧道官　文宗至顺二年二月，立广教总管府，以掌僧尼之政，总管则僧为之，此与宋之诸庙各置令丞异，而前代所无者也。

二、明

明承元旧制，以省为最高级之行政区，省之下为州府，州府之下为县，行政区划只为三级，较元之以五级分区，其得失为奚如乎。

（一）明之地方行政区

1. 省　省凡十有三，十三省之外，有南北直隶。初太祖分地方置行省，洪武九年，改为承宣布政司置布政使，十五年，置云南布政司，宣德三年，定为十三布政司。然虽改为布政司，而地方区划之名，犹用省字，今从之。（魏源云改元之十三行省为十三布政使司，而会典相沿，仍称某省不称某司，是明代之失也，虽为高论，然其称司亦省之别名，故会典用之，本书亦从之。）

北直隶　南直隶　山东省　山西省　陕西省　江南省　浙江省　江西省　湖广省　四川省　福建省　广东省　广西省　云南省　贵州省

2. 府州

府　明初改诸路为府。洪武六年，分天下府三等，粮二十万石以上为上府，二十万石以下为中府，十万石以下为下府，凡一百五十有九府。

州　州有属州，有直隶州，属州视县，直隶州视府，共州三百三十有四。

3. 县　明太祖初定县为三等，赋十万石以下为上县，六万石以下为中县，三万石以下为下县，凡一千一百七十有一县。

（二）明之地方官制

1. 省之官制　每省官署有二，一曰承宣布政使司，一曰提刑按察使司。

承宣布政使司处理一省之政，国家有德泽禁令，承流宣布，以下于有司，其职员如下。

左右布政使各一人，掌一省之政。

左右参政参议无定员，分守各道及派管粮储，屯田清车驿传水利抚民等事。

经历司经历一人，都事一人，典受发文移之事。

照磨所照磨一人，检校一人，典勘理卷宗之事。

理问所理问一人，副理问一人，典刑名之事。

提控案牍一人。

司狱司司狱一人。

库大使一人副使一人。

仓大使一人副使一人。

杂造局军器局宝泉局织染局各大使一人，副使一人。

提刑按察使司，掌一省刑名按劾之事，故纠官邪、戢奸暴、平狱讼、雪冤抑、振风纪之事，亦其所掌。是以布政司为行政官，按察使为司法官。初吴元年，于各道置按察使，及按察副使佥事。十四年，又于各道置按察分司。十五年，又于州县置按察分司。二十九年（1396年），改置按察分司为四十一道。建文时改为十三道肃政按察司。成祖时复旧，所置职员如下。

佥察使一，副使佥事无定员，经历司经历一人，知事一人，照磨所照磨一人，检校一人，司狱司司狱一人。

此外因事而设之官，如因总督漕运兼提督军务而设之总督，自总兵以下，悉听节制。因巡抚地方而设之巡抚（洪武二十四年遣皇太子巡抚陕西为明设巡抚之起源）。但总督常设，而巡抚不常设。宣德中，以江南关中等处地大，要特命官更代，巡抚不复能罢去，后遂与总督同为方面大臣。当时巡抚兼军务者，加提督。有总兵地方者，加赞理，有管粮饷者，加总督兼理。他如整饬边关，提督边关，及抚治流民，总理河道等号，皆因事特设，并无定制。当督抚之初设也，如王翱（总督两广事务）、周忱、于谦（巡抚之官）等，未尝不得其人。中叶以后，督抚多用廷推，率以营求得之，又往往交结阉人，为其乱党，以至擅作威福克俊民膏，而于国是边防，全不为意，酿成万阶，殊可慨也。

老校之官，初由巡抚御史布按两司管其事。正统元年，始特设提学官，但提学官既带按察司衔，即不得不少屈于督抚，往往阿附迁就，不能自举其职，所取之士，大率开疲冗老，无以为诸生表率，以致鼓箧之士，聚党成群，投牒呼噪，论者徒归咎于养士之不精，而不知提学官权限不明，有以阶之厉也。

2. 府州之官制

府之官制　府知府一人，掌一府之政，宣风化，平狱讼，均赋役，以教养百姓，每三岁察属吏之贤否，上下其考，以达于省，上吏部。同知通判无定员，分掌清军巡捕管粮治农水利屯田牧马等事。推官一人，理刑名赞计，经历司经历知事，照磨所照磨检校各一人，受发上下文移，磨勘六房宗卷。司狱司司狱一人，掌犯刑之事，所属机关如下。

儒学　教授一人，训导四人，以教诲生徒为事，府学定员四十人。

茶马司　大使一人，副使一人，掌市马之事。

税库司　大使一人，典税事，凡商贾侩屠杂市，皆有常征，以时榷而输其直于府，凡民买田宅，必操契券请印，乃得收户，征有直百之三。

仓　大使一人，副使一人。

批验所　大使一人，副使一人，掌验茶盐取引之事。

巡检司　掌缉捕盗贼，盘诘奸伪之事，始惟设之要冲，后各府均置之。

医学　正科一人。

阴阳学　正术一人。

僧纲司　都纲一人，副都纲一人。

道纪司　道纪副道纪各一人。

递运所　大使一人，有副使掌运递粮物之事，洪武九年始置。

河舶所　征收鱼税，洪武十五年，计天下河舶所，凡二百五十有二。

州之官制　明不设州刺史，以州附于府，置知州一人，掌教养州民之事，凡诸州务，上视府，下视县，以月计上府，岁计上省，以三岁之计上吏部。同知通判无定员，里不及三十而无属县者，裁同知通判，有属县，裁同知，同知清军匠或兼巡捕，判官督粮官马捕盗治农管河分职任事，吏目一人典出纳文移。所属机关如下。

儒学　学正一人，训导三人，学生三十人。

医学　典科一人。

阴阳学　典术一人。

僧正司　僧正一人。

道正司　道正一人。

铁冶所　大使副使各一人。

3. 县之官制　知县一人，掌教养县民之事，凡赋役岁会实征，十年造黄册，视丁与产，必调剂而征节之，狱讼必询其情理，考诸律例而决之，有不服，请陈于上，为雪理焉。凡养老祀神表善，赈饥恤穷通货之事，时省而敦行之，凡山海泽薮之产，资国用者，按籍而登焉。所属机关如下。

儒学　教谕一人，训导一人，学生二十人。

阴阳学　训术一人。

医学　训科一人。

僧会司　僧会一人。

道会司　道会一人。

又有四川阜民司，福建屏山锡场，陕西司竹司。

以上省府州县地方官外，尚有下之官吏。

驿丞　掌邮驿递送之事。

苑马寺　掌六监二十四苑之马，有卿一人，少卿一人，寺丞一人，寺属有主簿一人，各牧监监正一人，监副一人，各园园长一人。永乐四年，置苑马寺凡四，如北直隶辽东平凉甘肃。五年，北直隶增六监、二十四苑，甘肃平凉增二寺，监以后存废无常。

都转运盐使司　掌盐课之事，有都转运一人，同知一人，副使一人，判官无定员。其属有经历司经历一人，知事一人，库大使副使各一人，转运使司有六，置于两淮两浙长卢河东山东福建等处。分司十有四，各场盐课司盐会及批验所，各置一人，盐课提举司提举一人，同提举一人，副提举无定员，其属有吏目一人，库大使副使各一人，所辖有各盐仓大使副使，各场各井盐课司大使副使各一人。提举司有七，即四川广东海北（廉州）黑盐井（楚雄）白盐井（姚安安宁）五井（大理）察罕脑儿是也。

市舶提举司 掌海外诸番朝贡市易之事，有提举一人，副提举二人，其属有吏目一人。初吴元年置，嘉靖中以倭祸起自市舶，遂罢浙江福建二市舶，惟留广东三市舶司。

宣慰使司 宣慰使一人，同知副使佥事、经历司、经历都事各一人。此外有宣抚司（有宣抚使等）、安抚司（有安抚使等）、招讨司（有招讨使等）、长官司（有长官等）等。

军政之官，有镇守、分守、守备、协守、提督、提调、巡视、备御、领班、备倭等名。总镇一方者为镇守，镇一路者为分守，守一城者为守备，与主将同守者为协守，其总兵副总兵，率以公侯伯都督充之，其挂印者称曰将军。

云南 征南将军 大同 征西将军 湖广 平蛮将军 两广 征蛮将军

辽东 征虏将军 宣化 镇朔将军 甘肃 平羌将军 宁夏 征西将军

交趾 副将军 延绥 镇西将军

其他不称将军者颇多，总兵副总兵之下，有参将、游击、将军、守备、把总，无定员。

留守司 掌中都兴都守御防护之事，官有留守副留守各一人，指挥同知二人。其属有经历司经历都事各一人，断事司断事副断事各一人，吏目一人。

五城（中东西南北）兵马指挥司掌巡捕盗贼、疏理街道沟渠及囚犯大禁之事，凡京城内外，各画境而分领之，有指挥一人，副指挥四人，吏目一人。

都指挥使司 掌一方之军政，各率其卫所，以隶于五府，而听于兵部。都指挥使一人，同知二人，佥事四人。其属经历司经历都事各一人，断事司断事副断事各一人，吏目一人，司狱司司狱仓库草场大使副使各一人。

行都指挥使司 设官与都指挥使司同。

卫指挥使司 设官如京卫外卫，各统于都司行都司或留守司，其守御有千户所，正千户一人，副千户镇抚各二人，属官吏目一人。所辖百户所凡十，共百户十人总旗二十人，小旗百人。千户所不隶于卫，而自达于都司，都司又分隶五军都督府。初置千户所，设正千户，镇抚百户。又立万户府设正万户府、副万户府、知事照磨等官。寻以名不称实，遂罢万户府，而设指挥使及千户等官，檄诸将所部，有兵五千者为指挥使，千人者为千户，百人者为百户，五十人为总旗，十人为小旗。洪武七年，申定卫所之制，先是内外卫所，凡一卫统十千户，一个户统十百户，百户领总旗二，总旗领小旗五，小旗领军十。至是更定其制，每卫设前后中左右五千户所，大率以五千六百人为一卫，一千一百二十人为一千户所，一百一十二人为一百户所，每百户所设总旗二人，小旗十人。二十年，始命各卫立掌印佥书，专职理事，以指挥使掌印，同知佥事各领一所，士卒有武艺不娴，器械不利者，皆责所领之官。二十三年，又设军民指挥使、军民千户所，计天下内外卫凡五百四十有七，所凡二千五百九十有三，自卫指挥以下，其官多世袭，军士亦父子相继，为一代定制。

壮生

中国历代法制大要

作者简介

壮生，生平不详，其所编《中国历代法制大要》是上海第一种法制史研究专著。

出版社：上海，崇文书局。

出版年份：1919年。

馆藏：中国人民大学图书馆旧平装书室。

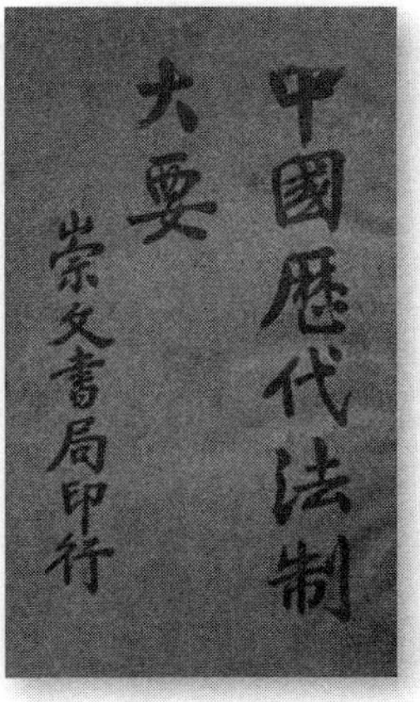

作品简介：本书由“唐虞三代之法制”、“汉代之法制”、“唐代之法制”、“宋代之法制”、“明代之法制”五章构成，主要从中央和地方官制、土地货币制度、财政制度、交通行政、教育行政、宗教行政、军制、法源、诉讼法、刑法、民法等多个方面概述了历代的法制大要。

唐虞三代时的官制已颇为发达，货币、刑罚、土地制度皆有发展，如土地从丘井之法发展到丘甸之法，商朝出现公田、私田，成周时井田之法已经完备。

第二章详述汉代官制及职掌、贵贱阶级、土地、财政、交通、教育、诉讼等方面，如“民分四等，爵分二十级”；土地分为公田、私田、代田等；财政收入包括田租、算赋等；设驿、亭；国家立太学，郡国置学，县邑侯国置校。此外，作者还总结了汉代军制的变迁、刑名的演变、行政兼理司法的诉讼特点、钱币的诸多变化、多类法源和战国至隋唐的律令变化情况。

唐代中央三省各司其职，地方分县、州郡、道三级，官制极为发达。阶级分贵族、良民、贱民三等，贵族又分二十九等。唐以律令定度田之制，行均田之法，税有租、庸、商业税等七种，设常平仓、义仓、社仓以备救恤。对道路、驿站、漕运等皆有详细规定。教育设太学、四门学、小学、乡党学等。当时佛道两教盛行，在此方面的管理亦有作为。军制上，京师设禁军，地方置府兵。唐代法源有律令格式之分。刑名之各种规定臻于完善。民法上关于人和物方面有亲属法、继承法、所有权、质权等规定。

宋制多沿唐制，亦有不同，如：宰相不专位，私田以垦田为主，出现交子之法，财政收入包括公田之赋、丁口之赋等五种，军队分禁兵、乡兵、蕃兵等。宋编修法典极为频繁，但体例无大变。其诉讼一大特点在于审刑院掌最高判决权。刑名承唐制，但亦有变化，如凌迟成为法定刑之一种。

明代中央集权加剧，官制有所变化。土地有官田、民田之别，货币包括宝钞、铸钱两种。明朝自治制度颇为发达，里内有乡约、里社、社仓、社学。设驿传掌交通行政，教育有中都国子学、府州县学等。明初设善世院，掌宗教事务。明初刑用重典，《大明律》体制亦有变化。司法事务在京由顺天府尹负责，在外由省府县负责，皆统于刑部。民法上有服忌、拾得遗失物等方面的规定。

本书通过翔实的史料和客观的总结详细讲述了历代法制的大概情况，从中我们可以看到中国法制的延续、变革并趋于完善的过程。本书对于了解中国古代社会及各方面制度有很大帮助。（邱少晖整理）

第四章　宋代之法制

第一节　官制

甲中央制度　宋承唐制。三师三公，不常置。宰相不专位。三省长官，尚书、门下，并列于外。又别置中书禁中，名曰政事堂，与枢密对掌大政。天下财赋、内庭诸司、中外筦库，悉隶三司。御史台仍沿唐制，掌纠弹之事。此外有三省六部、九寺六监。然多以他官主判。虽有正官，非别敕不治本司事。事之所寄，十无二三。故中书令、侍中尚书令，不预朝政。侍郎给事，不领省职。谏议无言责，起居不记注，中书常阙舍人，门下罕除常侍。司谏正言，非特旨供职，亦不任谏诤。至于仆射、尚书丞、员外郎，居其官不知其职者，十常八九。故宋世设官虽多，而治事之官则甚少也。兹将宋代所设中央官署，略述如下。

- 二府
  - 枢密院
  - 中书省
- 三省
  - 门下省
  - 中书省
  - 尚书省
    - 吏部（吏部司封司勋考功）
    - 户部（户部度支金部仓部）
    - 礼部（礼部祠部主客膳部）
    - 兵部（兵部职方驾部库部）
    - 刑部（刑部都官比部司门）
    - 工部（工部屯田虞部水部）
- 秘书省
- 殿中省
- 三司使
- 御史台
- 九寺
  - 太常寺
  - 宗正寺
  - 光禄寺
  - 卫尉寺
  - 太仆寺
  - 大理寺
  - 鸿胪寺
  - 司农寺
  - 太府寺
- 六监
  - 国子监
  - 少府监
  - 将作监
  - 军器监
  - 都水监
  - 司天监
- 二司
  - 殿前司
  - 侍卫司
- 诸卫
  - 左右金吾卫
  - 左右卫
  - 左右骁卫
  - 左右武卫
  - 左右屯卫
  - 左右领军卫
  - 左右监斗卫
  - 左右千牛卫

三师三公　宋承唐制，以太师、太傅、太保为三师。太尉、司徒、司空为三公。为宰相、亲王、使相加官其特拜者，不预政事。

宰相　宰相佐天子，总百官，平庶政，事无不统。宋仿唐制，以同平章事宰相之任，无常员。

平章军国重事　元祐中置，以老臣硕德者为之，位列宰臣上，一称同平章军国事。

使相　亲王、枢密使、留守节度使兼侍中中书令、同平章事者，皆称使相，不预政事，不书敕。惟宣敕除授者，敕尾存其衔而已。

参知政事　掌副宰相，参庶务。乾德二年置。元丰新官制，废参知政事。置门下中书二侍郎、尚书左右丞，以代其任。建炎三年，复以门下中书侍郎为参知政事，而省左右丞。乾道八年，改左右仆射为左右丞相，其参知政事如故，常除一员至三员不等。

门下省　掌受天子之成事，审命令，驳正违失，受发通进奏状，进请宝。印置侍中一人，掌佐天子议大政，审中外出纳之事，侍郎一人，掌贰侍中之职。南渡后置左右丞相，并复参知政事。省侍中及门下侍郎不置。左散骑常侍一人，左谏议大人一人，左司谏一人，左正言一人，同掌规谏讽谕。凡朝政阙失，大臣至百官任非其人，三省至百司事有违失，皆得谏正。给事中四人，分治六房。掌读中外出纳及判后省之事。若政令失当，除授非其人，则论奏而驳正之。符宝郎二人，掌外廷符宝之事。起居郎一人，掌修注之事。通信司掌受三省枢密使六曹寺监百司之奏牍、文武近臣之表疏及章事。进奏院掌受诏敕及三省枢密院宣劄六曹寺监百司符牒颁于诸路，皆隶给事中。登闻谏院，隶谏议大夫。登闻鼓院，隶司谏正言，同掌受文武官及士民章奏表疏。凡言朝正得失、公私利害、军其机密、陈乞恩赏、理雪冤滥及奇方异术、改换文资、改正过名、无例通进者，先经鼓院进状。或为所，则诣检院进之。

中书省　掌进拟庶务、宣奉命令之事，置令一人，掌佐天子，议大政，授所命令而宣之。多以他官兼领，不预政事。中兴后，置左右丞相。省令不置，侍郎一人，为令之二。中兴复置参知政事，省中书侍郎不置。中书省以八房分治诸事，曰吏房、户房、礼房、兵房、刑房、工房、主事房、班簿房、制敕库房。元祐后，析兵礼为二，增催驱点检分房。后又改主事房为开折房，又置右散骑常侍一人，右谏议大夫一人，右司谏右正言各一人，掌同门下省。起居舍人一人，掌同门下省。起居郎舍人四人，掌行命令为制词，分治六房诸事。检正官五房各一人，掌纠正省务，旋并其职于左右司。

尚书省　掌施行制命，举省内纪纲程式。受付六曹文书，听内外辞诉，奏御史失职，考百官庶府之治否，以诏废置赏罚。凡吏户礼兵刑工六部及吏房户房礼房兵房刑房工房开折房都知杂房催驱房制敕库房皆隶焉。置令一人，掌佐天子，议大政，奉命令而行。庶务皆会而决之。凡官府之纪纲程式，无不总焉。左右仆射，为令之二。与三省长官，皆为宰相之任。左右丞掌参议大政，通治省事，以二令仆射之职。左右司郎中、左右司员外郎各一人，掌受六曹之事，而举正文书之稽失，分治省事。

吏部掌文武官吏选试，拟注资荫迁叙荫补考课之政令，封爵策勋赏罚殿最之法。置尚书一人，侍郎一人，尚书选二人，侍郎选各一人。其属有司封司勋考功等，各置郎中员外郎以掌之。宋初，以天下财计，归之三司，户部无职掌，止置判部事一人。元丰定官制，始复旧，以户部掌天下人户土地钱谷之政令。贡赋征役之事，以版籍考户口之登耗，以税赋持军国之岁计，以土贡辨郡县之物宜，以征榷抑兼并，而佐调度。以孝义婚姻断嗣之道和人心，以田务券责之理直民讼，凡此归于左曹。以平常之法，平丰凶，时敛散。以免役之法，通贫富，均财力。以伍保之法，联比闾察盗贼。以义仓赈济之法，救饥馑，恤艰厄。以农田水利之政，治荒废务稼穑。以坊场河渡之课，酬勤劳，省科率，凡此归于右曹。尚书置都拘辖司，总领内外财赋之数，其属有度支金部仓部等。设官十有三，尚书一人，侍郎二人，郎中员外郎、左右曹各二人，度支金部、仓部各二人。

初，礼仪之事，悉隶太常礼院，礼部仅置判部事二人。元丰定官制，复旧，以礼部掌礼乐祭祀朝会宴飨道释祠庙学校贡举之政令。四夷朝贡之事务，其属有祠部主客膳部等。设官十，尚书侍郎各一人，郎中员外郎四司各一人。

初，武官军师率戎之事，悉隶枢密院，兵部仅置判部事一人。元丰定官制，始复旧，以兵部掌兵卫仪杖卤簿武举民兵厢军土军藩军四夷官封承袭之事。舆马器械之政，天下地土之图，其属有职方驾部库部等。设官十，尚书侍郎各一人，四司郎中员外郎各一人。

自元丰定官制，复以刑部掌刑法狱讼奏谳赦宥叙复之事。其属有都官、比部、司门等。设官十有一，尚书一人，侍郎二人，郎中员外员、刑部各二人，都官、比部、司门各一人。绍兴二年，刑部分案十三，曰制勘、曰体量、曰定夺、曰举叙、曰纠察、曰检法、曰颁降、曰追毁、曰会问、曰详覆、曰捕盗、曰账籍、曰进拟。都官分案五，曰差次、曰磨勘、曰吏籍、曰配隶、曰知杂，各因其名而治其事。比部掌勾覆中外账籍，司门掌诸门启闭之节，及关梁余禁，以时举行。

自元丰定官制，复以工部掌天下城郭宫室舟车器械符印钱币山泽苑囿河渠之政。其属有屯田、虞部、水部等。设官十，尚书侍郎各一人，四司郎中员外郎各一人。

枢密院 掌军国机务兵防边备戎马之政令。出纳密命，以佐邦治。自唐代宗置枢密院后，梁开平元年，改为崇政院。后唐庄宗同光中，复称枢密院，宋因之。自是文事隶中书，武事隶枢密，号称两府。置枢密使、知院事、同知院事、枢密副使、签书院事、同签书院事等官。枢密使、知院事，佐天子，执兵政。而同知副使签书为之二。此外所置职官甚多，兹略述为下。

都承旨，副都承旨，熙宁四年置，掌承宣旨命，通领院务。

检详官，熙宁四年置，掌同中书检正官。

计议官，建炎四年置，绍兴十一年罢。

编修官，庆历四年置，无定员，以本院官兼者不入御。

主管三省枢密院架阁文字一人，嘉定八年置。

三省枢密院激赏库、三省枢密院激赏酒库监官各二人。皆因绍兴用兵，并以备边。御营使提举修政局制国用使都督诸路兵马。自中兴以来，皆以宰相兼领之。编修敕令所提举、同提举、详定、删定官，掌裒集诏旨，纂类成书。

三司使　宋沿五代之制，置三司之职，以总国计。应四方贡赋之入，朝廷不预，一归三司。通管盐铁度支户部，号曰计省，位亚执政，目为计相。其恩数廪禄，与参枢同。太平兴国八年，分置三使。淳化四年，合置一使，总领三部。是年，又置二使，分领左右计，旋置总计使。五年，三司各自置使。咸平中，复合三司为一。元丰中，改革官制，乃罢三司使，并归户部。当时，三司使所置职官如下：

盐铁使，掌天下山泽之货、关市河渠军器之事，以资邦国之用。其属有副使判官、孔目官、都勾押官、勾覆官等。

度支使，掌天下财赋之数，每岁均其有无，制其出入，以计邦国之用。其属有副使判官、孔目官、都勾押官、勾覆官等。

户部使，掌天下户口赋税之籍，榷酒工作衣储之事，以供邦国之用。其属有副使判官、孔目官、都勾押官、勾覆官等。

翰林学士　掌制诰诏令撰述之事。置翰林学士承旨、翰林学士、知制诰、翰林权直、学士院权直、翰林侍读学士、翰林侍讲学士等官。

崇政殿说书，掌进读书史，讲释经义，备顾向应对。学士侍从，有学术者为侍读侍讲。其秩卑资浅而可以讲说者，则为说书。

诸殿学士，资望极峻，无吏守，无职掌，惟出入侍从，备顾向而已。其官称有观文殿大学士、观文殿学士、资政殿大学士、端明殿学士等。诸阁学士，有总阁学士、直学士、龙图阁学士、直学士、待制、天章阁学士、直学士、待制、宝文阁学士、直学士、待制、显谟殿学士、直学士、待制、徽猷阁学士、直学士、待制、敷文阁学士、直学士、待制、焕章阁学士、直学士、待制、华文阁学士、直学士、待制、宝谟阁学士、直学士、待制、宝章阁学士、直学士、待制、显文阁学士、直学士、待制、集英殿修撰、右文殿修撰、秘阁修撰、直龙图阁、直秘阁等官，皆为馆阁之选，所以处清望儒臣者。

御史台　掌纠察百官，肃正纲纪。大事则廷辩，小事则奏弹。其属有三院，一曰台院，二曰殿院，三曰察院，其职官如下：

御史大夫，宋初不除正员，止为加官。检校官带宪衔，有至检校御史大夫者，元丰官制行，亦除去。中丞一人，为台长，旧兼理检校使。凡除中丞而官未至者，皆除右谏议大夫权。

侍御史一人，掌二台政，隶台院。

殿中侍御史二人，掌以仪法纠百官之失，隶殿院。

监察御史六人，掌分察六曹及百司之事，纠其谬误。大事则奏劾，小事则举正，隶察院。

检法一人，掌检详法律。主簿一人，掌爰事发辰、勾稽簿书之事。

三京留司御史台管勾台事各一人，以朝官以上充。掌拜表以香，纠举违失。令史二人，知班枢使官书吏各一人，中兴以后不置。

秘书省　置监一人，少监一人，丞一人，掌古今经籍图书国史宝录天文历数之事。少监为之二而丞参领之。著作郎一人，著作佐郎二人，掌修纂日历。秘书郎二人，掌集贤院史馆昭文馆秘阁图籍，以甲乙丙丁为部，各分其类。校书郎四人，正字二人，掌校雠典籍、刊正讹谬，各以其职，隶于长二。其所属又有国史实录院、提举国史、监修国史、提举实录院、修国史、同修国史、史馆修撰、同修撰、实录院修撰、同修撰、直史馆、编修官、检讨官、校勘检阅校正编校官、太史局、钟鼓院、印历所等。

殿中省　置监、少监、监丞各一人，掌供天子御食医药服御幄帟舆辇舍次之政令。少监为之二，丞参领之，领局六。曰尚食，掌膳羞之事。曰尚药，掌和剂诊候之事。曰尚酝，掌酒醴之事。曰尚衣，掌衣服冠冕之事。曰尚舍，掌次舍幄帟之事。曰尚辇，掌舆辇之事。又置尚衣库使、副使、内衣物库监官、新衣库监官、朝服法物库监官，若干人。

太常寺 宋初，太常寺与礼院事旧不相兼。康定元年，置判寺同判寺，并兼礼仪事。元丰正名，始专其职。置卿少卿丞各一人，博士四人，主簿协律郎奉礼郎太祝各一人，掌礼乐郊庙社稷擅壝陵寝之事。少卿为之二，丞参领之，其属有郊社令、太庙令、籍田令、官闱令、提点南郊太庙祭器库、提点朝法物库所、朝服法物库、南郊什物库、太庙什物库、教坊及钤辖教坊所、诸陵祠馈所、太医局、太晟府等官。

宗正寺　宋初置判寺事二人。元丰定官制，诏宗正长二，不专用国性。置卿少卿丞主簿各一人，掌叙宗派属籍，以别昭穆，而定其亲疏。少卿为之二，丞参领之。景祐三年，置大宗正司，其长二皆以皇族为之。淳化六年，置玉牒所。建炎后，隶太常寺。

光禄寺　置卿、少卿、丞主簿各一人。掌祭祀朝会宴飨酒醴膳羞之事。修其储备，而谨其出纳之政。少卿为之二，丞参领之。又置大官令，掌割烹膳羞之事。中兴后，废光禄并人礼部。

卫尉寺　置卿、少卿、丞主簿各一人，掌仪卫兵械甲胄之政令。少卿为之二，丞参领之，其属有内弓箭库、南外库、军器弓抢库、军器弩剑箭库、仪鸾司、军器什物库、宣德楼什物库、左右金吾街司、左右金吾杖司、六军仪杖司等官。

太仆寺　置卿、少卿、丞主簿各一人，掌车辂厩牧之政令。少卿为之二，丞参领之，其属有车辂院、左右骐骥院、左右天驷监、鞍辔库、养象所、驼坊、车营、致远务、群牧司等官。南渡后，废太仆，并入兵部。

大理寺　置卿一人，少卿二人，正二人，推丞四人，断丞六人，司直六人，评事十二人，主事二人，掌折狱详刑鞫谳之事。凡职务分左右。天下奏劾命官将校及大辟囚以下以疑请谳者，隶左。断刑则司直评事详断，丞议之，正审之。若在京百司事当推治，或特旨委勘，及系官之物，应追究者，隶右。治狱则丞专推鞫。盖少卿分领其事，而卿总焉。隆兴二年，诏评事以八员为额，以雷霆号令星斗文章为号。南渡后，并省官事，惟大理不并。

鸿胪寺　置卿一人，少卿一人，丞主簿各一人，掌四夷朝贡宴劳给赐送迎之事，及国之凶仪，中都祠庙道释籍帐除附之禁令。少卿为之二，丞参领之，其属有往来国信所都亭驿、西驿、礼宾院、怀远驿、太一宫建隆观等各提点所、在京寺务司及提点所、左右街僧录司、同文馆及管勾所等官。南渡后，废鸿胪并入礼部。

司农寺 置卿一人，少卿一人，丞一人，主簿一人，掌仓储委积之政令，总苑囿库务之事，而谨其出纳。少卿为之二，丞参领之，官属凡五十，仓凡二十有五。

太府寺 旧制，太府寺职，多隶三司。元丰官制，复旧。置卿一人，少卿一人，丞二人，主簿二人，掌邦国财货之政令，及库藏出纳商税平准贸易之事。少卿为之二，丞参领之，其属有左藏东西库、西京南京北京左藏库、内藏库、奉宸库、祗候库、元丰库、布库、茶库、杂物库、粮料院、审计司、商税务、汴河上下锁、蔡河上下锁、都提举市易司、杂买务、杂买场、市易上界、市易下界、榷货务、交引库、抵当所、和剂惠民局、店宅务等官。

国子监 旧置判监事二人，掌以经术教授诸生之事。丞一人，掌钱谷出纳之事。主簿一人，掌文簿以勾考其出纳。监生无定员。元丰官制，始置祭酒、司业、丞、主簿各一人，太学博士十人，正录各五人，武学博士十二人，律学博士正各一人。祭酒，掌国子太学武学律学小学之政令。司业为之二，丞参领监事。此外有职事学录学谕直学等官。

少府监 宋初置判监事一人。元丰官制，始置监、少监、主簿各一人，掌百工技巧之事。领院五，曰绫锦院、曰染院、曰裁造院、曰文思院、曰文绣院。

将作监 旧置判监事一人。凡土木工匠之政，京都缮修隶三司修造案，本监但掌祠祀供省牲牌镇石炷香盥手焚版币之事。元丰官制行，始正职掌。置监、少监各一人，丞、主簿各二人，掌宫室城郭桥梁舟车营缮之事。少监为之二，丞参领之，分案五，置吏二十有七，其官属曰修内司、曰东八作司、曰竹木务、曰事材场、曰麦䴬场、曰窑务、曰丹粉所、曰作坊物料库、曰退材场、曰帘箔场。

军器监 宋初，戎器之职，领于三司胄曹案，官无专职。熙宁六年，废胄案，乃按唐令置监，以从官总判。元丰正名，始置监、少监各一人，丞二人，主簿二人，掌监督缮治兵器什物，以给军国之用。少监为之二，丞参领之，分案五，置吏十三，官属四，曰东西作坊、曰作坊物料库、曰皮角场。

都水监 初隶三司河渠案。嘉祐二年，始专置监以领之。置判监事一人，同判监事一人，丞二人，主簿一人。元丰正名，置使者一人，丞二人，主簿一人。使者掌中外川泽河渠津梁堤堰疏凿浚治之事，丞参领之，分案七，置吏三十七，其属有街道司等官。

司天监 掌测验天文、考定历法、报日月星辰风雨气候详省之事。置监、少监、丞主簿、春官正、夏官正、中官正、秋官正、冬官正、灵台郎、保章正、挈壶正各一人，礼生四人，历生四人。元丰官制行，罢司天监，立太史局，隶秘书省。

宋代所置中央文职，大略如上。此外又有临时设置者，如熙宁中置三司条例司、三司会计司、编修条例司。宣和四年，置经抚房。崇宁中，置提举讲义司。大观元年，置仪礼局。政和二年，置礼制局。然皆未久即罢。

殿前司 掌殿诸班直及步骑诸指挥之名籍。置都指挥使、副都指挥使、都虞侯各一人。

侍卫司 分马军、步军两署。侍卫亲军马军，掌马军诸指挥之名籍，置都指挥使、副都指挥使、都虞侯各一人。侍卫亲军步军，掌步军诸指挥之名籍，置步军都指挥使、副都指挥使、都虞侯各一人。

环卫官　宋制，中央武职，除殿前侍卫两司外，别置诸卫官。无定员，皆命宗室为之，亦为武臣之赠典。诸卫但有官称，别无所领，其兵皆隶两司。诸卫之名称如下：

左右金吾卫　上将军　大将军　将军　中郎将　郎将

左右卫　同上　同上　同上　同上　同上

左右骁卫　同上　同上　同上

左右武卫　同上　同上　同上

左右屯卫　同上　同上　同上

左右领军卫　同上　同上　同上

左右监门卫　同上　同上　同上

左右千牛卫　同上　同上　同上　同上　同上

此外又有客省引进使、客省使副使、四方馆使、东西上閤门使等官，而东宫王府所设属官亦多，兹不备述。

乙　地方制度　地方行政区划，以县为最下级，其上有州府军，州府军之上有路，路为最上级之地方区划。初，太宗至道三年，分天下为十五路。仁宗天圣中，增为十八路。是时，有京府三、次圣八、州二百五十二、军四十六、监十三、县千二百六十二。元丰间，复增为二十路，后增为二十三路。徽宗时，复增为二十六路。十八路之名称如下：

路｛州、府、军｝县；监

京东路　京西路　河北路　河东路　陕西路

淮南路　江南东路　江南西路　荆湖南路　荆湖北路

西浙路　福建路　益州路　梓州路　荆州路

夔州路　广南东路　广南西路

路置监司，州置知州事，府置知府事，军置知军事，县置令。其称郡者，置太守。

宋制，各路置监司四员，一曰安抚使，二曰转运使，三曰提刑按察使，四曰提举常平司。监司，或全置，或置一二员，以代使兼领之，表列如下。

监司	安抚使	掌一路之兵民，领军旅禁令、赏罚肃清之事。
	转运使	掌一路之财赋，领登耗上供、经费储积之事。
	提刑按察使	掌一路之司法，领狱讼曲直、囚徒详覆之事。
	提举常平司	掌一路之救恤，领常平义仓、水利敛散之事。

安抚使　宋初不常置。咸平二年，置四川安抚使，旋置陕西安抚使。景德三年，置河北沿边安抚使，陕西沿边诸州亦置之。庆历二年，置湖南安抚司，旋置河北四路安抚。熙宁五年，废诸路经略安抚司。崇宁中，置河南安抚使。自是诸路皆置安抚使，掌统护诸将，统制军旅，察治奸宄，肃清一道之事。而诉讼事务，亦兼掌之。

转运使　宋自乾德以后，诸道初置转运使。开宝六年，置判官。真宗用兵，每使都部署兼转运使。王师征讨，有随军转运使。事竣则废。中兴以来，此职存废无常，惟使副判官常存。

提刑按察使　初，开宝五年，遣常参官四人，分路视察田土苗稼之状况。次置采访。淳化二年，置诸路转运使司提点刑狱。景德中，又置诸路提点刑狱公事，以察所部疑留狱讼，劝课农桑，纠案官吏之不法者。庆历三年，诸路转运使并兼按察使，每年具申官吏之能否，六年废。熙宁中，遣使采访。绍圣中，每三岁遣郎史御史，按察诸路监司。

提举常平司　初，提举之职，转运使掌之。宁监十七年，置提举，称提举成都府路买茶公事。后改置都大提举茶马事，掌以榷茶之利佐邦用。旋又置提举常平仓一员，掌常平义仓免役市易坊场河度水利之法。元祐初废。绍圣九年，复置。政和元年，江淮荆浙六路，置茶盐提举一员。宣和中，又增河北京东路提举一员，旋于诸所皆置之。建炎元年，诏提举常平司，并入提刑司。绍兴二年，又于荆湖等处，置提举茶盐司，旋以诸路提举常平司，并入茶盐司，仍称提举常平茶盐等公事。九年，置经制司，改常平为经制某路干并常平等公事。寻废，称常平官。绍兴十五年，改诸路茶盐官为提举常平茶盐，惟四川广西以宪臣兼领，淮西京西以漕臣兼之。

发运使　掌经度山泽财货之源漕淮浙江湖六路之储廪，以输中都兼制茶盐泉宝及举刺官吏之事，置使副使判官以掌之。

提举坑冶司　掌以山泽所产，铸造货币，以供邦用。

提举市舶司　掌外国船舶贸易之事。

提举学事司　掌一路州县之学事。

提举河北籴便司　掌以籴便刍粮供边储之用。

提举制置解盐司　掌盐池之禁令，令民纳粟塞下，领钞给盐，以足民用，以实边备。

提举保甲司　掌以什伍教民武艺，较其优劣而进退之。

提举三白渠公事　掌潴泄三白渠，以给关中灌溉之利。

提举弓箭手　掌沿边郡县之射地、弓箭手之籍，及团结训练赏罚之事。

检发司　辇运司　掌以时起发纲运，而督其滞留，以供京师之用。

宋制，诸州置知州事、通判等官。凡兵民钱谷户口赋役狱讼听断之事咸掌焉，并仿唐制，置录事参军，总庶务，纠诸曹稽违之事。其下有户曹参军，掌户籍赋税仓库爰纳之事。司法参军，掌议法断刑之事。司理参军，掌狱讼勘鞫之事，亦称司寇参军。

宋制，置沿边溪洞都巡检及蕃汉都巡检。又一州一县或数州数县，亦置巡检，皆掌训治甲兵、巡逻州邑、逮捕盗贼之事。

宋制，诸府置尹一人，领府事。无尹者，置知府事以掌之。开封府牧尹，不常置。权知府一人，掌尹正畿甸之事，以教法导民而劝课之，中都之狱讼，皆爰而听焉。其属有判官推官四人，司者一人。又置司录参军、功曹仓曹户曹兵曹法曹士曹参军各一人，左右军巡使判官各二人，左右厢公事干当官四人。领县十有八，镇二十有四，分案六，置吏六百。

临安府旧为杭州领，有浙西兵马钤辖。建炎三年，诏改为临安府，置知府一员，通判二员，签书节度判官听公事、节度推官、观察推官、观察判官、录事参军、左司理参军、右司理参军、司户参军、司法参军各一员。领县九，分案六，视其官曹，分职莅事。

河南应天府，置牧尹、少尹、司录、户曹、法曹、士曹、助教等官。尹以下，掌同开封府。尹阙则置知府事一人，通判一人，判官推官各一人。各曹所掌职务如下：

功曹，掌官吏之考课祭祀学校表疏之事。

仓曹，掌租税仓库等财务之政令。

户曹，掌户籍赋税之事。

兵曹，掌军器烽候驿传之事

法曹，掌谳疑等司法之政令。

士曹，掌舟车津梁营作之事。

开封、应天二府，又置左右军巡使同判官各二人，掌京城争斗及推鞫之事。

次府置牧尹、少尹、司录、户曹、法曹、士曹、司理、文学助教等官，牧尹以下所掌并同开封府。尹阙则置知府事一人，通判一人。

宋初革五季之弊，召诸镇节度，会于京师，赐第以留之。分命朝臣，出守列郡，号权知军州事。掌兵者，称权知军事。掌民政者，称权知州事。其后文武官参为知州军事，二品以上及带中书枢密院宣徽使职事，称某府州军监。诸府置知府事一人，州军监亦如之，掌总理郡政、宣布条教、导民以善、而纠其奸慝，岁时劝课农桑、旌别孝悌，其赋役钱谷狱讼之事、兵民之政皆总焉。

县令掌总治民政。劝课农桑，平决狱讼，有德泽禁令，则宣布于治境。凡户口赋役钱谷振济给纳之事皆掌之。以时造户版，及催理二税。有水旱，则有灾伤之讼，以分数蠲，免民以水旱流亡，则抚存安集之。毋使失业，有孝悌行义闻于乡闾者，具事实上于州，激劝以励风俗。开宝三年，令诸县千户以上者置令簿尉，四百户以上者，置令尉。四百户以下者，置簿尉，以主簿兼知县事。天圣中，于开封两县，各置县丞一员，在簿尉之上。政和二年，诏县令以十二事劝课农桑，一曰敦本业，二曰兴地利，三曰戒游手，四曰谨时候，五曰戒苟简，六曰厚蓄积，七曰备水旱，八曰戒宰牛，九曰置农器，十曰广栽植，十一曰恤苗户，十二曰无妄讼。乾道元年，诏京官知县，以二年为任。虽屡有更革，卒以三年为任云。

宋承唐制。诸路有经略使，惟不常置。诸州有观察使及团练使，无定员。

宋初，节度使无所掌，其事务悉归本州，知州通判兼总之，亦无定员，恩数与执政同，以待宗室近属外戚国婿年劳久次者。又遵唐制，以节度使兼中书令或侍中或中书门下平章事，皆谓之使相。以待勋贤故老及宰相久次罢政者，随其旧职，或检校官加节度使，出判大藩，通谓之使相。元丰新官制，始改为开府仪同三司。

初，唐置留后，五代因之。宋初置节度观察留后。政和七年，改为承宣使，无定员。

宋承唐制，诸州置防御使，位列团练使上，无定员。

制置司，掌经画边鄙军旅之事，不常置。

宋承唐制，置宣抚使。每遇军旅大事，命執政大臣为之。掌宣布威灵、绥抚边境，及统护将帅、督视军旅之事，并置副使判官以佐之。

招讨使，不常置。掌收招讨杀盗贼之事。

招抚使，不常置。建炎初，以张所为河北招抚使，未及出师而废。

镇抚使，与唐之安抚使略同，中兴后置。

抚谕使，亦不常置。掌慰安存问，采民之利病。条奏而罢行之。

钤辖司，掌军旅屯戍、营房守御之事。

路分都监，掌本路禁旅屯戍、边防训练之政令，以肃清所部。州府以下都监，皆掌其本城屯驻兵甲、训练差使之事，资浅者为监押。

诸庙置令、丞、主簿，其政令统于本县。

宋承唐制，置大都督府。有长史、左右司马、录事参军、司户、司法、司士、司理、文学、参军、文学助教等官。大都督及长史，掌同牧尹，阙则置知府事一人、通判一人。

镇砦官，乃诸镇置于管下人烟繁盛处者。设监官，管火禁，或兼酒税之事。砦置于险厄控御去处。设砦官，掌招收土军、阅习武艺，以防盗贼之事。

诸军都统制、副都统制、统制、统领。旧制，出师征讨，诸将不相统一，则拔一人为都统制以总之，未为官称也。自建炎初，始以都统制名官。嘉定初，天下置都统凡十，旋又置统制、副统制、统领、副统领等官。

第二节　经济行政

甲土地制度　宋制，土地大别二种。一曰公田，二曰私田。公田如官田、屯田、营田是。私田为庶民所占有，而尤以垦田为最多。乾德四年，诏民开垦荒田，给予奖励。至道中，募民耕旷土，免税三年，限满征税三分之一。神宗元丰之际，天下垦田凡四百六十一万二千余顷云。天圣九年，以吏禄簿，不足以自赡养，始置职田以给之。庆历三年，定制大藩府长吏给二十顷，通判给八顷，顷官给五顷，余皆四顷。节镇给十五顷，防团以下州军给十顷，小军监给七顷，县令万户以上给六顷，五千户以上给五顷，五千户以下给四顷，簿尉万户以上各三顷，五千户以上各二顷五十亩，五千户以下各二顷。熙宁中，复诏详定职田之制。建炎元年，以国用不足，废职田，寻复旧制。

端拱二年，诏置方田。咸平二年，诏于边境置方田，凿河以防胡骑。明道二年，又诏开方田，四面穿沟，俾通步兵，以防契丹。熙宁五年，后定方田之制。自京师以至天下，东西南北各以千步，凡四十一顷六十六亩一百六十步为一方。每岁九月，县令量其陂原平泽，以定其地。因其土色，以定肥瘠。凡九等，各征税有差。元丰八年，废。崇宁二年，复旧。宣和二年又废。

乙货币制度　初，五代时周世宗显德中，以制钱缺少，久不鼓铸，诏毁军器寺观钟磬以铸钱，文曰周元通宝。迨宋建隆二年，诏禁铁锡钱。乾德五年，复诏禁轻小恶钱。开宝中，雅州置钱监，铸铁钱九千余贯。太平兴国八年，诏于建州铸大铁钱，名曰太平通宝，寻罢铸。当是时，国家岁铸制钱达三十万。天圣中，又铸钱百余万贯。庆历之际，铸至三百万贯。熙宁六年，综计国家所铸铜铁钱，凡六百余万贯云。

宋制，诸州县置铸钱监。至道二年，池州置钱监，铸钱六十四万贯。咸平二年，建州置丰国监，江州置广宁监，凡铸一百二十五万贯。庆历中，令江饶池钱监铸铁钱百万缗。军兴之际，国用不足，又取洛南之铜以铸钱，并取仪州黄铜铸大钱。江南亦铸大钱，江池等州铸小铁钱。惟民多私铸，钱质日劣，物价暴腾，始废各州官置诸罐。迨庆历八年，韶州置铸钱监。治平四年，惠州亦置监。熙宁三年，陕西置铸钱监，增铸百万缗。六年，京西淮等六路皆置铸钱监。自是以后，各地置铸钱监者，络绎不绝。元丰三年，诸路铸钱监凡二十有七，铜钱凡五百六万贯，铁钱凡八十八万九千二百三十四贯，都凡五百九十四万九千二百三十四贯云。

宋铸钱币，有大铜钱、大铁钱、小钱、折二钱等。宋初所铸者，曰宋元通宝。淳化时所铸者，曰淳化元宝，文用真行草三体。后遇改元，亦更其文如年号。仁宗时，大钱之种类凡三等，如下：

庆历八年，陕西行大铜钱，以一当三。

庆历二年，晋泽州铸大铜钱，以一当十。

嘉祐四年，铸大铜铁钱以一当二。

折二钱，熙宁中行之，后或行或废。铁钱之品须形状不一，大抵以一当铜钱十。又有夹锡钱，徽宗崇宁中所铸也。

宋制交子之法，亦称会子，即今之纸币也。初，蜀民以钱重不便，私自制券，名曰交子，以与钱币交换。天圣元年十一月，立交子务，禁民私用，每界以一百二十五万六千三百四十为额。大观元年，改交子为钱引，因改交子务为钱引务。迨南宋时，犹行用之。绍兴元年六月，始置见钱关子，后行于淮南江东。六年，置行在交子务，制百五十万缗。五月，改称关子。三十年，以临安府应支官之钱制会子，畜见钱，发会子二千万。阅三年，收换一次。三十一年，置会子务。乾道四年，第一界交子凡一千万。七年发第二界，收第一界。淳熙六年，叠用第六、第七两界，凡四千八百余万。其后发第八界，收第六界，两界增至六千二百余万。自是而后，每界凡四千万，两界并行，凡八千万。开禧中，发第十一、第十二、第十三界，凡一亿四千万。嘉定初，发第十四、第十五界，共八千万，以收换三界。嘉熙中，乃增至四亿一千万云。初，官发交子、会子，必贮本钱，以备兑换，若有毁损则出内库及南库之银以收之。其后以钱币缺乏，乃滥发交子以补之，故交子多而伪造益众，物价腾而民受其敝矣。

第三节　财务行政

宋制，国家收入凡五种，一曰公田之赋，二曰民田之赋，三曰城郭之赋，四曰杂变之赋，五曰丁口之赋。

（一）公田之赋　此即官田、庄田、屯田、营田之赋税，募民耕之而征其租税者。

（二）民田之赋　此即私田所纳之租税。

（三）城郭之赋 此与宅地税相类。

（四）杂变之赋 此即杂税，而征自牛革蚕盐等者。

（五）丁口之赋 此即近世所谓人丁税也。

宋承唐制，行两税法。太祖乾德三年，令夏税自七月朔日起，秋税自十月朔日起征之。其税率大抵自三十之一至三十之二止。

宋代榷茶之法，颇称详密。初，乾德二年八月，京师及建安汉阳蕲口置榷货务。乾德五年，榷江淮湖浙福建之茶，禁南商擅利。兴国五年，复禁私茶，至是而茶法之密极矣。淳化之际，令商人输钱京师，给券以入山取茶。咸平时，商贾鬻茶，各定界限，不准越境贸易。要而言之，宋初榷茶，行专卖之法，私鬻者有罚。天圣中，又行贴射之法，以江淮十三场之茶，令商人园户自由贸易，官征税三十之一。至嘉祐间，行通商之法，始弛茶禁，官仅犹商贾园户以征税而已。

宋代盐法，多行专卖。开宝三年，又解河北盐禁，改为征税。至道二年，定淮南十八州中九州之盐为禁盐，余皆弛禁。其后或禁或弛，无常例。乾兴之际，国家盐款所入凡二十三万缗。嘉祐中，岁额至一百六十六万三千四百缗。元丰中，凡二百四十二万缗。元祐中，岁额至二百万缗，追绍兴末，乃增至二千一百万缗矣。

按宋代产盐之区，最多者凡三：一曰盐地，二曰海盐，三曰盐井。盐池以解州之解安邑二县为最著。其法垦地为畦，引池注之，水耗而成盐。民户曰畦户，夫曰畦夫。每岁二月垦畦，四月引水，八月而止。岁产盐百五十二万六千四百二十九石。海盐则煮海水而为之，其产地以京东河北淮南两浙福建广南六路为最著。其地曰亭场，民户曰亭户灶户，夫曰盐丁。盐井则煮井水而为之，以成都梓利夔四路为最著。大者称监，小者称井，监置官。井则募民为之。河东永利东西监，尤为著名，民户曰铛户。河北陕西又有煮硷之法，惟所产无几，不足道也。产盐之地，东南最富，海水所煮者曰末盐，取自盐池盐曰颗盐，井水所煮者曰井盐，取自山者曰崖盐。凡有监池二，监七，场二十二，井八百二十二云。

宋代榷酤之法，或行专卖，或又令民酿造，官征其税，无常制。

宋承唐制，立役法，其变迁有三：一曰差役，二曰雇役，三曰义役。

差役，即唐之役法。而课于天下民户者，自里正户长以至奔走驰走杂职虞候等，皆以乡户之等第为差。淳化五年，诏以天下诸县之第一等户为里正，第二等户为户长，其后以贫民困于差役，乃立限数征役之制。治平中，始令民纳钱代役，名曰雇役，其钱名免役钱，以人户等等之高下而经重之。熙宁中之所谓雇役者，乃征自当役户、坊郭户、官户、女户、单户、寺观者，称曰六色钱，纳钱者免衙前以下诸役。元祐中，以免役之法，利在富者，而贫民适受其害。乃发免役钱，复旧制。其后差役雇役，并行不悖。乾道间，行义役之制，令民出田谷，以助役户。

宋制，凡下等单丁女户品官及僧道等，皆免差役。而雇役则仍纳钱以代之，不能额免，但此等单丁女户寺观品官之家坊郭户，虽免差役，仍征免役钱以代之。又黄河沿边居民，每岁应出夫修筑河岸，不役者，入免夫钱以代之。

宋制，诸州县皆特役官署，以征商税。大者设专任官以掌之，小者州县长官自兼之。凡携货物遇境者，皆征税，名曰过税，每千钱税二十。坐贾者征住税，每千钱税三十。神宗时，凡贾物入市者，征市利钱。又按京师商贾所得之多少，税免行钱，一称月赋，按月入官。

宋初，天下岁入缗钱千六百余万。太宗以为极盛，较有唐已及两倍。天禧末，又增至二千六百五十余万缗。嘉祐间，增至三千六百八十余万缗。熙宁元丰之际，天下所入合青苗市易等钱，凡六千余万。元祐初，诏除苛税，而所入尚得四千八百余万。宁宗时，东南岁入之数，上供二百万缗，此祖宗之正赋也。此外有经制六百六十余万缗，总制七百八十余万缗。月椿四百余万缗，合茶盐酒筴坑治榷货籴本和买等收入，凡四千四百九十余万缗。经制钱者，宣和时陈亨伯为发运兼经制使时始创之。其法设经制司，量酒钱，增收税钱一分。又卖契抵（亦称头子契钱），每千钱收二十三，契价多则税率愈高。京东西河北行之，岁入数百万缗。建炎二年复行之。总制之法，始于绍兴五年。其法增征头子钱十钱，东南诸路岁征七百八十余万缗，而四川不与焉。宋代东南经制二司，大约岁征千四百四十余万缗，四川岁征五百四十余万缗。月椿钱始于绍兴二十年，是时江浙湖南诸路大军收月椿钱十万缗，其种顾如曲引钱、白纳醋钱、卖纸钱、户长甲帖钱、保正牌限钱、折纳牛皮筋角钱等是。又两讼，不胜有罚钱，胜则纳欢喜钱，皆月椿钱也。

第四节　救恤行政

宋代救恤行政，以社仓为最著。此外有义仓，有常平仓，有惠民仓，广惠仓，广济仓。

太宗淳化三年，京师置常平仓。是时以谷价日腾，乃仿汉唐常平之法，减价粜谷，以济民食。真宗时，京东西路河北河东陕西淮南江南两浙皆置常平仓。祥符二年，遣使出常平仓粟麦，就京师设八场以粜之，谷价以平。自是以后，屡令各州各路置常平仓，或以内帑并布帛给诸州，使为常平籴本。治平二年，综计常平仓籴米五十万一千四十八石，粜米四十七万一千五十七石云。

社仓，隋唐以来皆有之。宋熙宁之顷，苏渭为陈留知县时，各村均设社仓，积谷以备民食，令耆老掌仓事，岁凶则开仓发之。王安石当国，又废社仓，立青苗之法。南宋孝宗淳熙八年，朱熹上书请以社仓之法，颁行天下。先是，乾道四年，天下大饥，朱子时在建宁府崇安县之开耀乡，乃与知县耆老谋，请发所藏粟以贷民。然官粟年久腐朽，不堪民食，乃别建社仓以藏之。其后婺州金华县建宁府建阳县之长滩、邵武军光泽县、常州宜兴县、建昌军南县，皆仿其法，以立社仓云。

建隆二年置义仓，就官征夏秋两税，每石输一斗，以备凶荒。仁宗庆历元年，天下皆置义仓，未几而废。熙宁初欲复社仓之制，王安石以为不可，事格不行。十年，复置社仓，尔后或设或废，无常制。

淳化五年，各州置惠民仓。咸平天禧之际，屡有增设。嘉祐二年，又令诸州置广惠仓。每年十月遣使调查贫病老幼之不能营生者，每日给米一升，幼者每三日给米五合。熙宁以后，亦屡有设置，至绍圣三年而废。

此外有折中仓、祖仓等，皆与常平仓相类，兹不备述。

京师东西皆置福地院，以收养老幼残废者。嘉祐中，又于城南北置福田院，凡四院。

熙宁二年，王安石立青苗法。其法与唐制不同，纯为赁贷之关系。唐则于未及收获之际而征之，盖仍王莽五均六筦之法也。初，陕西转运使李参以部内兵多屯垦，经费不足，乃贷民以钱。及收获之期，计本息以纳官，名曰青苗钱。条例司即据此请以诸路常平仓之钱穀贷民，并取其二分之息，与夏税秋粮并征之。设遇凶荒，则缓至丰年再征之，且谓官营赁贷，其利息常低而有定程，豪强不能以重利困民。至常平广惠诸仓，爰其惠者仅城市游手之人，不若此法之可以普及也。乃发内库缗钱百万，籴河北常平粟以行之。惟国家之推行此法，其意本在聚敛而不在救恤。其弊在强人赁贷，而借者难以归偿。以是论者多非之，迨新法废而此法亦罢。

第五节　交通行政

宋代交通之机关，大别有四：一曰步递，二曰马递，三曰急脚递，四曰水运。步递即汉之步传，马递即汉唐之驿马，急脚递乃军事所用者，而其最发达者为水运。

水运自江淮两浙湖南地方，至真扬楚，纳转般仓，更溯汴河，入京师。陕西之菽粟，则自黄河三门沿流入汴至京师。陈颖许蔡诸州之粟帛，则自惠民河沿流以达京师。京东诸州之粟帛，则自广济河入京师。太平兴国十八年，定制汴河岁运江淮米三百万石、豆百万石，黄河运粟五十万石、豆三十万石，惠民河运粟四十万石、豆二十万石，广济河运粟十万石，都凡五百五十万石。尔后运粮之额，又稍有增加。至广南地方之金银香药，则以陆运至虔州，复遵水运入京师。川益诸州之布，则自嘉州水运，经荆南以达京师。江胡浙建之茶，则由水运直达京师。至江淮漕米，时有增加。景德中，增至六百万石或七百万石云。

乾德间，诸路置转运使，掌水运事。京畿江淮使西三门等枢要之地，有发运使。乾德二年，京畿东南有水陆发运使。至皇佑中，诸路所置发运使尤多。俾计诸路之丰凶，行平籴之法。其驻真州者，督江浙等路之粮运。其驻泗州者，掌自真州抵京之粮运。当是时，江湖运船至仪真，入转般仓，载盐而还。自仁宗至崇宁之间，发运使常积谷六百余万石，钱百余万缗。真泗二仓，亦常储谷数千石，而转般仓则无一年之储。自是用直达之法，废转般仓。而运船回驶者，亦不载盐，舟人多逃散。自是以后，转般仓兴废无常。绍兴二年，复于直扬楚汩置转般仓焉。

第六节　教育行政

宋承唐制，置国子监，有判监事二人，掌以经术教授诸生。后又置四门学、太学、律学、算学等。元丰新法行，乃复唐制，职员亦多用备。惟算学则或置或废，无常制。当是时，京师有国子学、四门学、太学、武学、律学、算学、书画学、医学等。又有宗正大小学，以教授宗室子弟。地方有州县学，略与唐同。

国子学　初，五代时周显德二年，以天福普利禅院为国子监。宋端拱二年，改监为学。淳化五年三月，复称国子监，称讲书曰直讲，置判监事二人，直讲八人，丞簿书库监各二人。天圣七年八月，诏国子监以五十人为解额。嘉祐三年，令国子监生以四百五十人为定额，是年又增额一百五十人。自此以后，至熙宁元年之间，又增额为九百人。元丰三年，改国子直讲为太学博士，每经置二人。大观元年二月，置国子博士四人，正录各二人，令与太学官分掌教导。九月，国子太学辟雍博士，并置二十人。

太学　庆历四年四月，以国子监学舍偏小，乃以锡庆院为太学。犹不足，则益之以朝集院，学徒三百，讲官博士凡十余人，分经教授。五年，又以马军都虞侯之公宇为太学。元丰二年，增太学生员额，斋舍凡八十，每斋五楹，太学博士十二人，皆掌分经讲授，考校程文，以德行以导诸生之事。是年，诏定太学条例，每斋三十人，凡二千四百人。其中外舍生二千人，内舍生三百人，上舍生百人，置学正五人，学录十人。又置长谕，以学生充之。

凡入太学者，皆有试验。既入学，每月一私试，每岁一公试。补内舍生，岁终又一试。补上舍生。绍兴十二年，太学养士以三百人为定额。十三年，又增二百人。十五年，又增一百人，旋又增二百人，凡九百人，后又以千人为定额。

四门学　庆历三年二月置，以士庶子弟为生员。

武学　庆历二年，令以两制举官为武学教授。三年，设武学于武成王庙，旋废。熙宁五年复置，以学生百人为定额。元丰新官制行，始改教授为博士。政和二年，令以外舍生为武选士，内舍生为武俊士。绍兴十六年，修建武学。二十六年，置博士弟子员。是年，定外舍生七十人，内舍生二十人，上舍生十人，凡百人。自后学生定额，或增或减，无定制。元丰官制行，令武学博士掌以兵书弓马武艺训谕学生之事。

律学　熙宁三年，始以断案律义试法官。六年，乃以朝集院为律学，置教授四人。元丰中，置律学博士一人，正一人，掌传授法律及校试之事。元祐三年，裁律学博士一人。

算学　宋制，凡通算学者，试于有司。上等为博士，中下等为学谕。崇宁三年，置算学。五年废，寻复置，隶秘书省，至宣和二年而废。

书画学、医学　崇宁三年，置医学。五年，废书画学，附设国子监。大观元年，置谕正录直各一人。四年，并入图书局太医局。

宗室学　元祐六年，宗正令诸院立小学。建中靖国元年，立宗学。崇宁元年十一月，诸宫置大小二学，并增教授二人，其入太学律学者听。凡宗子，十岁以上入小学，二十岁以上入太学，未及龄而愿入学者听。四年，以宗子博士，班列国子博士上。大观元年，置命官正录各一人。绍兴七年，宗子大小学成。先是，嘉祐而后，诸宫置教授。治平元年，增置讲书，定课试罚则。崇宁大观之际，诸宫博士凡十三人。绍兴十四年，临安立大小学，大学生五十人，小学生四十人，职事各五人，凡百人。又于诸王宫置大小学教授二人，而在学者，皆南宫北宅之子孙也。嘉定十年，建宗学，置六斋，生员百人，后改教授为博士，隶宗正寺。至是宗室子弟皆可入学矣。十年三月，宗正寺置四齐，颜曰立爱贵仁大雅信厚，其堂曰“明伦”。

州县学 祥符二年，令曲阜孔子庙立学舍。乾兴元年，立兖州学。景佑四年，令藩镇建学。宝元元年，令大郡立学。庆历四年，令州县立学，置教授，以经术行义训导诸生。熙宁六年，诏诸路学官，由中书门下选差。自是诸路教授，皆由朝廷任命矣。元丰元年，州府学官凡五十三员。元符二年，令诸州学按太学三舍法而考选之。上舍生每岁贡一人，内舍生贡二人。崇宁二年，修州县敕令格式。三年，增县学弟子员，大县五十人，中县四十人，小县三十人。宣和二年，废天下三舍法。南宋建炎二年，置教授。绍兴十八年，又诏诸县立学，训导诸生。

第七节 军制

宋代军制，大别有四：一曰禁兵，二曰厢兵，三曰乡兵，四曰番兵，皆分隶殿前司、侍卫司两府，而藏籍于枢密院。凡招募廪给训练屯戍选补之事，枢密院掌之。禁兵乃天子之卫兵，殿前侍卫两司总之。其扈从之最亲近者，称班直。厢兵为诸州之镇兵。初，太宗鉴于唐末藩镇之跋扈，令选州兵之勇壮者，送京师，以补禁卫，余留本城，名曰厢兵。乡兵乃按户籍或募所在土民以供防守者，如河北河东有神锐、忠勇、强壮，河北有忠顺、强人，陕西有保毅、寨户、强人、弓手，河东陕西有弓箭手，河北河东陕西有义州、麟州义军等是。番兵乃募塞下之囚，分隶诸部落，而为屏蔽者。其保寨者称熟户，余称生户。陕西则秦凤泾原环庆鄜延等处有之，河东则石隰麟府有之。其大首领称都军，百帐以下称军主，其下有副军主以佐之。

宋初，太祖令殿前侍卫，校阅所掌之兵，举其骁勇者为上军。又令诸州长吏选所部精壮送京师，以补禁旅之阙，皆以两司统之。殿前司领骑兵之额三十七，步兵之额二十六。侍卫司领骑兵之额三十五，步兵之额八十三。又御前忠佐军头司领步骑之额四，皇城司领步兵之额二，左右骐骥院领骑兵之额二，厢军亦隶内侍卫司。仁宗时，又增募禁军。陕西有蕃落广锐诸营，河北有云翼营，京畿有广捷、虎翼、效忠诸营，陕西河东有清边、弩手诸营，京西江淮荆湖有归远等营，凡百余营。康定之顷，禁兵多戍陕西。是时土民之骁勇者，势凌禁兵，乃募土民为禁旅，凡增数百营。神宗时，裁并禁军之不如法者，凡不任禁军者，降厢军。不任厢军者，皆免之。又诸军年在五十以上，自愿退伍为民者，许之。至是而禁中冗兵，裁汰殆尽。

按熙宁军籍，天下禁军凡五十六万八千六百八十八人。元丰之籍，凡六十一万二千二百四十三人。徽宗宣和五年，尚书奏请分诸营为六军。建炎元年，始置御营司。四年，并入枢密院。绍兴四年，诏改御前五军为神武军，御营五军为神武副军，并隶枢密院。又废神武中军，使隶殿前司，或又以都督府之兵分隶之。乾道初，殿前马司凡三万人，步司二万七千人。

宋制，左右诸卫将军，皆不领兵，悉属殿前、侍卫两司。将军以下称环卫官，多以宗室为之，或为武官之赠职。中兴以来，多不叙。隆兴中，置十六卫，亦称环卫官。

宋初，令诸州长吏选骁勇之兵送京师，余留本城，严纪律以供防备，号称厢军，内侍卫司统之。尚书兵部掌其事，或以一军分屯数州，或则一州屯驻数军，无定例。诸州厢军凡二百三十一，骑兵之额四十八，步兵之额一百八十三。开宝八年，发渭州平源、蕃源二县之民，治城壕，因立为保毅军。弓箭手，分置成寨，号称义军。仁宗皇祐中，令以骑兵为数阅骑射威边，以步兵为教阅壮武威勇，分置登莱等七州。嘉祐中，复以步兵置郓濮等州，由是东南诸州，多置教阅厢军，皆以威勇忠果壮武为号。景祐中，本城厢军凡四十三万八千。治平三年，增至五十万人，诸州本城教阅骑兵之额四，步兵之额六，不教阅骑兵之额三十有五，步兵之额一百九十有五。

宋置乡兵，其种类甚多，大略如下。

河北河东神锐忠勇强壮 仁宗时，神锐忠勇，已经裁废。康定初，令河北河东添籍强壮。熙宁七年，以河东强壮以废，乃募民垦田户二顷，以作保甲。

陕西保毅 周广顺中置，宋因之。咸平中，保毅军凡六万余人。皇佑中废保毅之籍。熙宁四年，裁其军。

河北忠顺 太宗时，忠顺军凡三千人。自陶河至泥姑海口，凡九百里，置寨二十六，铺一百二十六。庆历以后，有缺无补，兵额渐次减少矣。

河北陕西强人 咸平四年，募河北之民为强人。天禧庆历之间，募番戍为巡徼斥候。

河北东强壮 自五代以来，诸州皆有之。咸平三年，置五百人。庆历二年以后，改为义军。

河东陕西弓箭手 周广顺初，取镇州诸县之材勇者，为河东陕西弓箭手。景德二年，又募边民为弓弩手。庆历间，诸路弓箭手凡二万二千余人。治平末，河北七州之弓箭手凡七千五百人。陕西十州军并寨户凡四万六千三百人。熙宁元丰之间，屡募民为弓箭手，又用保甲法以编之。元丰八年，陇山之地凡一万九百九十顷，置弓箭手五千二百余人。

此外河北河东陕西有万勇军，陕西有护寨，麟州有义军，荆湖有义军、土丁、弩手，夔州路有义军、土丁、壮丁，施黔恩三州有义军、土丁，涪州有义军，广南西路有土丁，广南东路有枪手，邕州有壮丁，河北有弓箭社，福建路有枪杖手，江西亦有之。河东陕西，又有勇敢效用诸军。

番兵，乃募塞下之民，用以戍边者。治平中，陕西路置之，其番兵强人官马壮马等如下：

秦凤路，置寨十二，强人四万一千一百九十四人，壮马七千九百九十一。

鄜延路，置军城堡寨十，番兵一万四千五百九十五人，官马二千三百八十二，强人六千五百四十八人，壮马八百十。

泾原路，置镇寨城堡二十一，强人一万二千四百六十六，壮马四千五百八十六。

环庆路，置镇寨二十八，强人三万一千七百二十三，壮马三千四百九十五。

熙宁八年，定番兵之法。凡丁壮户在九丁以上，取五丁，六丁取四，五丁取三，三丁取二，二丁取一，皆以年在二十以上者充之。每番兵十人，置将一人以统之。每五十人，置副兵马使一人。每百人，置军使一人，副兵马使一人。每二百人，置军使一人，副兵马使三人。每三百人，置副指挥使一人，军使二人，副兵马使三人。每四百人，增置军使一人，副兵马使一人。每五百人，又增都指挥使一人，副兵马使一人。五百人以上，每加百人，又增置军使一人，副兵马使一人。

熙宁七年，分天下之兵为七十九将，各置将以统之。第一将至第十六将，驻京畿东西河北路。第十七将驻河北路。第十八将至第二十四将，驻京东。第二十五将至第三十七将，驻京西。此外鄜延驻九将，泾原驻十一将，环庆驻八将，秦凤驻五将，熙河驻九将，都凡七十九将。旋又置马军十三指挥，分驻京东西两路，又募教阅忠果十指挥驻京西。元丰四年，联合东南路诸军，仿京畿制，置十三将。由是天下凡置九十二将，而鄜延五路及其他汉番弓箭手，皆隶焉。东南十三将之分驻地点如下：

第一将驻淮南东路，第二将驻淮南西路，第三将驻两浙西路，第四将驻两浙东路，第五将驻江南东路，第六将驻江南西路，第七将驻两湖南北路，第八将驻潭州，第九将驻全邵永州，应援广西。第十将驻福建路，第十一将驻广南东路，第十二将驻广南西路桂州，第十三将驻邕州。

诸路统兵官，以将及副将充之。其步骑各军，皆有定额如下：

河北路，置一百十二指挥，凡二万九千二百七十人；

河东路，置五十二指挥，凡一万二千四百十人；

陕西路，置一百十一指挥，凡二万五百六十二人；

京东路，置五十四指挥，凡一万四千七百五十人；

京西路，置四十五指挥，凡一万五千一百五十人；

淮南路，置一百二指挥，凡四万一千二百八十五人；

两浙路，置五十一指挥，凡一万九千人；

江南路，置五十三指挥，凡一万六千六百五十人；

荆湖路，置四十四指挥，凡一万一千三百人；

福建路，置三十三指挥，凡一万一千一百五十人；

广东路，置八十二指挥，凡一万二千七百人；

四川路，置一百十一指挥，凡二万三千四百人。

自南宋而后，熙宁所置军备之在东南者，仅十三将。而四川有厢军二万九百余人，禁军二万七千九百余人，土兵一千八百三十六人，义士二万六百余人，保胜忠勇军弓箭手良家子共六千三百余人，保甲五万五千一百余人。至临时招募，或兴或废，皆无常制。黎雅州有土丁，承楚秦三州有水寨，两淮有壮丁民社，福州有忠义社。此外，各州县之义勇、义士、忠勇、诸民兵，为数亦多。

第八节　法源

宋代法典，最称繁富。每逢新君即位，或遇改元，恒循例编修法典。终宋之世，修改法典，岁或数次，而体裁则悉仍其旧，无大变更耳。惜其书多亡佚，今无存者。清乾隆间，修四库书目，亦搜采无多。惟《明史·艺文志》，揭其书目甚详，兹略举如次。

建隆重定刑统三十卷、建隆编敕四卷、太平兴国编敕十五卷、淳化编敕二十五卷、重删定淳化编敕三十卷、咸平新定编敕十二卷、景德三司新编敕十五卷、景德三司编敕三十卷、景德农田编敕五卷、大中祥符编敕四十卷、转运使编敕三十卷、一州一县新编敕五十卷、一司一务编敕三十卷、天圣删定咸平编敕若干卷、天圣附令敕一卷、天圣新修令三十卷、天圣编敕十三卷、景祐一司一务编敕四十四卷、景祐刑名敕五卷、庆历编敕十二卷、嘉祐禄令十卷、嘉祐驿令三卷、嘉祐编敕等三十卷、嘉祐审官院编敕十五卷、在京诸司库务条式一百三十册、熙宁编敕二十六卷、编修三司敕式四百卷、诸司敕式四十卷、诸司敕令格式十二卷、熙宁详定刑部敕一卷、详定军马司敕五卷、礼房条例十三卷、元丰诸司册式若干卷、元丰敕令式七十一卷、司农敕令式十五卷、元祐敕令格式五十一卷、绍兴重修敕令格式六百六十卷、绍兴重修在京敕令格式四百二十七卷、六曹寺监通用敕令格式申明看详四百六十三卷、国子监敕令格十四卷、太学敕令格式十四卷、武学敕令格式十卷、律学敕令格式十卷、小学令格二卷、重修贡举敕令格式四十五卷、重修常平免役敕令格式五十四卷、绍兴申明刑统若干卷、乾道重修敕令格式一百二十二卷、淳熙条法枢要若干卷、淳熙条法事类四百二十卷、吏部条法总类四十卷、庆元重修敕令格式二百六十六卷、庆元条法事类四百三十七卷（书目称八十卷）、嘉定吏部条法总类五十卷、淳祐条法事类四百三十卷。

第九节 诉讼法

宋代法院之编制及诉讼之手续，与唐略同。但宋初之刑部大理寺，徒拥虚名，不司审判。其掌最高之判决者，审刑院与御史台也。京师以开封府尹掌狱囚之事，刑部仅置判部事二人，大理寺仅置判寺事一人而已。元丰以后，乃复唐制，凡诉讼事务，悉隶大理寺。

宋代法院之编制，略与唐同，兹列表以明之，如下：

审刑院
- 京师…………（开封府）法曹参军
- 地方…………（路）提点刑狱司
  - （河南应天府）法曹参军
  - （州）……司理参军
  - （都督府）……司理参军
  - 以上——县

初，太宗以刑部大理寺不称其职，乃于禁中置审刑院。凡狱讼之应行奏闻者，先达审刑院，然后下大理寺刑部复断，再交审刑院详议以决之。

宋制，地方主保伍之法，掌救恤教育诉讼诸事。神宗熙宁三年，王安石行保甲之法，其宗旨虽专在武备，而其都保正副，犹兼理行政司法诸事也。朱子在建宁府崇安县，亦仿行之。其法以十家为甲，甲置首，五十甲为社，社置首，皆掌司法行政事务。凡有诉讼，由甲首社首裁判之，不服，则更诉于府州县吏。

第十节 刑法

甲 刑名

宋承唐制，定五刑如下：

笞刑五

笞一十（臀杖七下），笞二十（臀杖七下），笞三十（臀杖八下），笞四十（臀杖八下），笞五十（臀杖十下）。

杖刑五

杖六十（臀杖十三），杖七十（臀杖十五），杖八十（臀杖十七），杖九十（臀杖十八），杖一百（臀杖二十）。

徒刑五

徒一年（背杖十三），徒一年半（背杖十五），徒二年（背杖十七），徒二年半（背杖十八），徒三年（背杖二十）。

流刑三

流二千里（背杖十七），流二千五百里（背杖十八），流三千里（背杖二十，并配役一年）。又有加役流者，科背杖二十，配役三年。

死刑三

绞 斩 凌迟

臀杖背杖，皆附加刑。凌迟则宋之极刑也，其法先断肢体，后绝其吭，盖兼用体刑与生命刑者。黥刑，乃刺字于面者，凡犯窃盗赃自五贯至十贯者，科黥与杖刑。南宋时，凡强盗额上刺强盗二字，若加他字，则于两颊刺之。

大观二年，改笞法。改笞十为笞五，笞二十为笞七，笞三十为笞八，笞四十为笞十五，笞五十为笞二十。重和元年，又以笞杖太刻，改徒二年半杖九十为杖十七，徒二年杖八十为杖十五，徒一年半杖七十为杖十三，徒一年杖六十为杖十二，又改笞五十为十，笞四十为八，笞三十为七，笞二十为六，笞十为五。

乙 刑之执行

宋仿周（显德五年）制，常行杖长三尺五寸，大头径不过三分，小头径不过九厘。

凡徒流，初配西北边境。后恐与塞外通款，乃改配南方，尤以登州沙门岛为多，后又改配广南远恶之地。神宗时，沙门岛以配隶三百人为额，余皆配置海外云。

宋初，大理寺不司狱讼。御史台有狱，掌执行刑罚。元丰中，始复大理寺之职。淳化初，置提点刑狱司，令管内州府，每十日报囚帐一次，遇有疑狱，则莅而视之。州县有稽留不决按谳不实者，则劾奏之。

开宝二年，天子念缧系之苦，令西京诸州长吏等，每五日检视牢狱一次。洒扫狱户，洗涤杻械。太平兴国中，长吏每五日度囚人之情，得其情者，即决之。雍熙元年，令诸州每十日将囚帐及罪名及系禁日数，具报以闻，并使刑部纠举之。又以时多冤狱，乃遣殿中侍御史巡视诸州、察狱吏之弛怠。又以御史鞫狱，多委吏胥，冤滥滋多，乃令御史亲自听讼。甚有天子亲自临狱者，其勤恤民隐，亦足称矣。

天禧四年，令天下犯十恶、劫杀、谋杀、故杀、斗杀、放火、强劫、正枉法赃、伪造符印、厌魅咒诅、造妖书妖言、传授妖术、造蛊毒药、禁军诸军逃亡等罪，及犯盗罪而至死者，虽遇十二月天庆节，亦决行之。定制，凡正月元日四分至及庚戌己巳之日，皆不执公死刑。

丙　刑之消灭

凡犯人死亡、及刑已执行，并遇赦宥者，其刑皆归消灭。赦宥有大赦、郊赦、曲赦、德音、常赦之别。自建隆以迄绍熙，凡二百三十四年，而赦罪凡三百一次云。

丁　刑之加减

刑之加重减轻及十恶八议之制，略与唐同。惟赎刑则唐无限制。而宋除八议之外，别无官荫减赎之条。太祖建隆四年（或谓开宝四年），令犯人身无官职而祖父尝拜本朝之官及前代曾任三品以上之官而功德及民者，始许赎。又凡任流内品官及流外之职者，按律文，徒罪以上，均用赎法。又诸司授勤留官及归司人犯徒罪流罪等者，公罪许赎，私罪即决之。太宗淳化四年（或谓端拱三年），诏诸州民犯轻罪者，得纳金赎罪，着为例。未几，又废此例，但妇人犯罪之非出故为者，得计其轻重而赎之耳。

戊　犯罪

宋制，犯罪有公私之别，亦与唐同。至因公犯罪，隐欺而不吐实者，亦以私罪论。惟是时所犯之罪，与所处之刑，大抵不相符合。或以轻罪而处至重之刑，或以重罪而反邀宥免。盖天子用法，任情决断宽严无常，用法者既无一定之标的，犯罪者斯无适当之刑章，罪之轻重往往视听断之爱憎取舍而为之，盖亦古今专制国之通病也。且按之旧例，往往以囹圄空虚、刑措不用为史册美谈，而司理者多受上赏。故为狱吏者，或移囚代所，或任其逃亡，其所以轻纵之而邀功者，尤无微不至矣。

甑山居士

浙江制宪史

作者简介

甑山居士，陈益轩，时任浙江省议员，出于对现实政治的关心和对省宪问题的研究，编写了这部《浙江制宪史》。

出版社：浙江制宪史发行所。

出版年份：1921 年。

馆藏：北京大学图书馆中心馆。

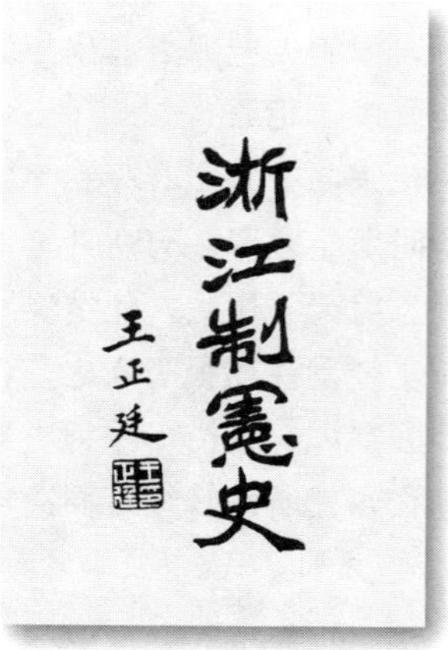

作品简介：20 世纪 20 年代，随着袁世凯政权的瓦解，中国中央政权的控制力大大下降，各地实力人物争相割据，形成了军阀混战的格局。有识之士纷纷抛出救国方略，各路军阀出于各种不同的利益需求，也纷纷附和。其中最为风靡一时的就是推崇省宪，鼓吹联省自治。其中最为典型的就是浙江、湖南、广东等省。之所以会形成这种各省制宪风潮，当时的宪政学者汤漪的观点就很有代表性，他认为：“民国苦兵祸久矣，则求废督裁兵，废之裁之，必有以正其始善其后也。于是进而求省自治，省之自治，不能虚悬而无所薄，则进而求省宪。凡此皆人民自动之趋向，真实无妄之公意。”

浙江省地处富裕的江南，历来是中国经济最为活跃的省份，也是受到西方现代政治与法治影响较快的区域。20 世纪 20 年代，当时的浙江实力人物卢永祥出于对当时时局的判断，极力主张推行省宪，并通电全国。这种号召获得了当时大多数地方实力派的支持，湖南、江苏、江西、安徽、湖北、山东、四川、陕西、河南、广东等实力较强的省份相继通电表示支持。如江西省议会就通电“故湘粤一倡于前，浙苏川桂群起于后。盖亦救国之心，不愿落他人后之意。我赣介湘浙之间，为中华民国之一部分，自应急起直追。以顺潮流。”尽管出发点和动机各异，但却形成了近代史上著名的政治运动。

简单地讲，作者的意图在于“欲以斯编诏示国人，正其趋向，促成联省自治，进谋统一已耳”。本书真实记录了浙江省宪运动的发展脉络；为后世学者研究地方联省自治提供了宝贵的资料。《浙江制宪史》总共分为十二章，分别是第一章“浙江运动制宪之渊源”；第二章“浙江省宪法起草委员会”；第三章“浙江省宪法会议”；第四章“制宪与卢督军”；第五章“制宪与各法团”；第六章“制宪与旧法省议会选举”；第七章“制宪与北京政府”；第八章“制宪与各省自治潮流”；第九章“制宪与太平洋会议”；第十章“制宪与旅京同乡”；第十一章“各界对于浙宪之表示”；第十二章“各界对于浙宪之评判”；最后附录了“中华民国浙江省宪法”与“中华民国浙江省宪法施行法”两个文件。

对于省宪的发展趋势，马鸿烈先生有着清醒的认识。他认为，浙江省宪法的意义不在于能否给人民带来实实在在的权利并造福地方，而更多的是起到政治示范的效果。用他的话讲就是“可知人民所要求者尺，政府始给与之以寸；人民所要求者寻，政府始给与之以尺；而所与之尺与寸，又大都有虚名而无实际”，所以“以政府之无诚意，则将来之自治结果，概可知也”。即使是政治作秀，也比不作为要强，至少可以推动先进思想和制度在中国的发展，所以马鸿烈认为“所得不止于尺者，可以悟矣，可以兴矣”。(余钊飞整理)

序

泰和 汤漪 撰

民国之有省宪，自浙江始。议员陈君益轩，既躬与其役，复综其始末，成浙江制宪史都若干卷。友人沈衡山举其目示余，属为序之。盖自民国兴，改制更始，则有临时政府组织大纲，民主立宪之义，体要具矣。余以谓苟继大纲而制定宪法，其成固旦夕可期，而民国必治且安久矣！失此不图！于是临时约法继之，国会组织总统选举等法又继之，原远而其末益分。一误于以临时易临时之苟安！再误于国会总统之竞进！政治问题，樊然杂出；而制宪大业，瞠乎后已！陵夷至于今日，适成为国会问题之附庸，与党议政争并为一谈，不其戚欤！昔周室既东，孔子王鲁，太史公表六国，法后王，以其近己，俗变相类议卑而易行也。民国以国宪不作而省宪代兴，其是之谓乎！然细察其所由来，始简终巨！固有震撼一世之民，意为其运动之主体，不可诬也！今夫一国政制之推移也，果有其较良与其最适者乎？亦曰："人民之所求环境之所召而已。"民国苦兵祸久矣，则求废督裁兵，废之裁之，必有以正其始善其后也。于是进而求省自治，省之自治，不能虚悬而无所薄也，则进而求省宪。凡此皆人民自动之趋向，真实无妄之公意。夫岂微言妙论之力所能致耶！余又以谓，苟由是而一任人民之自为，平流而进，不遭顿折，无高掌远蹠之军阀，抱残守缺之政论，深闭固拒以绳其后；则联省自治之说，不作可也。然自联省自治之说兴，言人人殊，要以有省自治而后有联省自治一义为最著。实则省自治与联省自治，以二名而同为一物，非以前者为后者所由致之径途也。盖省自治之根据在省宪，省宪之渊源在联省，联省论之前提在不能废省，而其所由致之径途，则在有联省统一，而后有联省自治，如是而已！此义不昌，则或以一二省宪之失效，引为联省论不成立之证据。或一意孤行，以求一二省自治之实现，其蔽一也。夫一隅之论，非所语于建国；裨贩之学，不足与言立制；而民意所趋，终必有其至赜而不可乱之一途，断可识已！世之览者，得吾说而并存之，其于布宪自治之谋，联省建国之业，必将慎择其所由致之径途以求达焉！民国之乱，庶有豸乎！

序

高阳 马鸿烈

浙省制宪开幕之初，余以宦游在杭，曾参观礼；聚两浙之英才，创百年之大法，甚盛事也！友人陈益轩躬与其役，既多建白，复综其始末，旁征博稽，秉笔直书，成浙江制宪史都十二章。书成举以示余，余受而读之，不特浙省制宪情形，了如观火；即各省之自治潮流，亦豁然于心目之间。且当世贤豪之对于制宪自治问题，凡有论列，尤复择载靡遗；

俾世之览者，得资观感，奋然以兴。是则作者之主旨，固欲以斯编诏示国人，正其趋向，促成联省自治，进谋统一已耳！若仅作一省之宪法史观之，则岂作者之所与哉！夫时局至于今日，亦岌岌乎危矣！济阳卢公憝焉忧之，乃考虑筹，首倡分权自治之议。先以省宪定自治之基础，继以国宪保统一之旧规，风声所树，全国赞同；谠论名言，遂成国是。而两浙为文化之邦，起谋自治，实行制宪，煌煌巨典，克期告成。虽与卢公之倡议，各不相谋，然已相得益彰矣！顷者华盛顿来电有云："美人士之负重望者，谈及中国问题，以谓中国欲定宪法，如照美法二国宪法而行，无成功之理。必须先由各省自定宪法，然后各派代表，制定国宪。在省宪国宪制定以前，今之北京政府，无有更善者可以代之。中国有责任之公共团体，如能本以上所述，发表愿设宪法政府之意见，则于中国在大会之中，极有裨补。"是可知先省宪而后国宪，由分治而进统治，不特为中国识者所公认，抑外人之智者所见亦同。浙人士之能先觉，着其先鞭，其为世所重视，何待言哉！抑有进者，省自制宪，为革新之绝大事业，言之匪坚，行之维艰！昔美之费拉德费亚之制宪法，各州初亦有否认之，迟之数年，始克实施，此其例矣。语曰："待时而动，今非其时，固可待也。"然与其消极以待时，则不若积极以造时。为今之计，本自决之精神，发扬民治，贾其余勇，促他省以景从。彼时联省势成，根本解决。则省宪为当时者贵，行所无事矣；惟其所能由致于此者，虽不一因，要自灌输其说，以为群众运动之资始。若然，则制宪史之作尚已。作者鉴及于此，乃本斯旨，以著斯编，洵为有心人哉！世之览者，其焦亦有所观感，奋然以兴者乎！则民国前途，实利赖之，当与国人共与之矣！

第八章　制宪与各省自治潮流

浙省制宪，虽浙人觉悟，表现国民自决之本能，实则为各省自治之潮流所趋以迫之。惟浙人锐志进行，其省宪之告成，能为各省先耳！兹将各省运动自治之情形，及主张制宪之言论，记其概略于左，藉以知浙江之制宪，固与各省息息相通，且可以觇联省自治之趋势也。

（一）湖南　湘省人民，深受兵燹之祸，觉悟最早。自逐张敬尧易以谭延闿后，群趋于自治之运动。设立省宪筹备处，草成湖南省宪法。至十年八月二十九日，经审查会审查完毕。溯各省制宪之发动，当以湘省为先河也。十年二月十日湘省总司令赵恒惕曾发通电叙述制宪自治之理由，颇为切当，其电文如下。

（上略）湘省自治计划，先从制定宪法入手。前湘省议会议复制定自治根本法筹备章程，政府尊重民意，仍主筹备之责，归之人民。设处筹备，即由彭钟吴三主任董其事，计日观成，迭电奉闻。谅邀鉴及，惟念事属创举，不惮缕述，用质高明。人类之生存，由竞争而进化；国家之组织，经推演而改良。自上而下者，维系终出客观；自下而上者，支配方为主动；此自社会真理国家机能言之。不能不厉行自治者一：南北扰攘，于兹数年。武力既无戡定之能，和会更乏调和之术；寻至南与南战，北与北战，治丝益棼，罔知所届。惩前毖后，非行联省自治之策，则无根本解决之方，大势所趋，众论一致。此就大局安危民情向背言之。不能不厉行自治者二：省制根诸历史，相沿率成强藩。中央虽居统一之名，而省区隐符分权之实。辛亥丙辰之役，皆以为革命泉源，往事具在，信而有征。倘以固有之基础，进谋顺理之革新，化割据于无形，庶推行而尽利。此就行省本体言之。不能不厉行自治者三：国会制宪，屡兴屡辍。再言召集，双方之力俱穷。任其飘摇，前途之危更剧。与其矜言国宪，致目前之省政，益趋纷纭。曷若早定省法，使将来之国宪，解除困难。此就制宪顺序言之。不能不厉行自治者四：吾湘人民纯洁之性素著，自觉之心最早。驱张一役，系本自决精神奋斗而成。此次实行自治，为地方增幸福，为人民争人格，为国家谋建设，关系更巨！志愿尤宏！凡所张弛，悉本民意。决不认何方操纵，徒供应付时局之资，致成装饰门面之具！即在湘军将士，连年驰驱疆场，备尝艰危！深知前次重大之牺牲，即为将来文明之代价！现方枕戈绸缪，争欲以节衣缩食，促自治之进行；尤愿以实力决心，谋自治之拥护！河山不改，金石为开；凡此皆湘省军民一致之主张，所愿与国人共同商榷，互相策勉者也！法当内乱，邱鲁果以自治解决时艰，普受法攻。北都已以市制促成宪政，民治兴亡，千钧一发！稍纵即逝，幸加察焉！赵恒惕蒸。

（二）江苏　苏省议会于十年六月三日，议决江苏省制宪规程。又为筹备制宪起见，公推沈议员俊秀来浙，考察制宪状况，以资借镜苏人；并设省宪促进会，以协助制宪之进行。惟当时因各派议员意见不同，以致宪法起草员未能选出。议员华彦铨乃提出催开选举会意见书，略云："省自制宪，为人民之所期望！时代之所要求！有出于不得不然者！自本会通过制宪规程后，全省人民，方群焉引领以望制宪事业之逐步进行。若徒有制宪规程之空文，而第一步手续之起草委员会，迄未举办。则前日之通过、之庆祝，不几等于儿戏！且浙江于省宪起草，已组织就绪，其他各省，亦不乏接踵以起。若不于此时迅速组织起草委员会，则倡议于前者，将瞠乎人后！不几为人所齿冷乎？愿我同人，一加考虑！即开选举会，则本省三千万人之幸福，实利赖之云云。时苏议会因匆匆闭会，不及选举起草委员，苏人颇引为遗恨！"然苏省第三届议会，犹注意于制宪。观其十年十月一日开会词，可想见之。其开会有云："治本之道，厥维省宪，积省成国；若纲在纲，维浙与湘，省宪观成。而吾苏民。瞠乎犹后，急起直追，匪异人任；愿与官厅，坦怀交勉，导扬民治，蔚为国光。"

（三）江西　赣省第二届省议会议员邱玉麒等，曾提出从速制定省宪法会议组织法，以便召集省宪会议案。略云："迩者忧时之士，倡自治，制省宪。由地方而进于国家，由省宪而造成国宪，人民之保障，有所依据。中央之统一，自然巩固。计之得，法之良。无逾此者。故湘粤一倡于前，浙苏川桂群起于后。盖亦救国之心，不愿落他人后之意。我赣介湘浙之间，为中华民国之一部分，自应急起直追，以顺潮流。本席以为，应由本会从速制定省宪会议组织法，以便召集省宪会议，制定江西省宪。则民国前途，所赖实多，非特江西一省之幸也。又陈述省宪法会议组织法之意见，略谓浙江省宪法会议组织法，颇可采择；他山之石，可以为玉；同志诸公，谅表同情云。"

旅沪赣人汤漪，曾著《省宪建国议》一篇，以为省宪为建国根本之图。洋洋数千言，识者韪之，并又电促赣议会及南昌各公团，速制省宪。略云："民国苦内乱久矣，其流极于人治不藏，其原肇于组织未备。自非正本清源，无以拨乱图治。迩者国人心危虑深，既具知乱原之所在，毅然为自决之计。创省宪以巩固分治，因联省以回复统一。政制既张，国是自定，民意所趋，风靡全国。西南各省无论矣！今之浙苏陕豫，何一非同流并轨，兼程奔赴，以联省分治为职志者乎！盖人民自决，为现代政治运动中心，虽有暴力，当之辄靡。是知他省布宪分治之局，固由于环境所造成，抑亦人民奋起自决之明验也。吾赣既逼处此新形势之下，诸公又同负导扬民治之责。对于省宪运动，然且谦让未遑者，讵以吾赣今日固无产生省宪之余地耶，不知省宪之作，职在吾民，义取自决，不当与其他地方争议。或寻常立法事项，等量齐观，兹事体大，全国与共，匪特一省权力所及，不能自为迎拒。且非议会职权所得完全代表，其在他省，固不乏有力者隐为维持，而不敢居其名。其在吾赣，又何虑有力者出而制止，而敢于冒不韪乎，是在诸公奋起图之而已。为今之计，首宜设立省宪期成会，以谋制宪事业之进行；同时要求本届省议会，从速议决省宪会议之组织，并宣布之。过此以往，不难乎顺流而进。省外同乡团体，感受新潮，爱护乡国，当然一致主张，共任促进。弟虽不敏，亦当竭诚尽愚，以从其后。惟希诸公详察而决行之，幸甚！"

又江西旅京同乡会代表萧治品等，致杭州赣省同乡谢仲良、余聘臣等电云："迩者省宪潮流，沸腾全国，湘鄂苏浙，已开先例，陕甘鲁豫，亦步后尘。赣人久处积威之下，似不能不乘此时机，求根本自决之计。现本省议会已提出省宪法会议组织法一案，实为赣人发动省宪之先导，京沪同乡，业已专电赞同。诸公远官杭州，得睹浙人制宪盛况，内顾梓桑，谅亦不无观感。尤望一致主张，迅电省议会赞成斯举，并求发表意见，同为策进，是所至祷云！"

（四）安徽　皖省鉴于浙省制宪之发动，于十年六月八日发起组织省宪期成会，当日孙发绪演说略云："此次开会，实由浙督之来电，而浙督之所以主张省宪者，以既反对新国会，则不能不有良法以代之。良法者，省宪是也。望父老兄弟速成省宪，以刷安徽，以兴民国。"次李次山、胡黄勋、沙廉泉、汪谷生、陈光达均有演说，极端赞成制宪。旅沪安徽同乡柏文蔚、常但芳、张我华、张虬白、李小南等四十余人，假座一品香开集餐会，讨论省宪进行事宜，议决设立安徽省宪共进会。其发出启事略云：省自制宪，实为救国切要之图。时势所趋，已成定论。同人不敢暴弃，爰拟集合旅沪同志，发起安徽省宪共进会。唤醒吾皖三千万人民，自起制宪。明知兹事体大，非同人少数之集合，所克蒇事。然而椎轮为大辂之始，层水由积水所成。莫为之前，谁踵其后，用是不自量力，誓此决心！对于省宪问题，不达目的不止！奋勇急进，以慰邦人！谨此布告！即祈吾皖父老昆季垂鉴焉！

（五）湖北　鄂省议会议长屈佩兰、国会议员汪哕鸾、省议员时象晋等，因受武昌宜昌兵变之激刺，于十年六月祃日通电，胪陈五事。而以制宪为首务，其文略云："国家积年纷乱，其总因在武力割据，蔑弃法纪。促成统一，实为自治；促成自治，当以制定省宪为惟一之要图，同人等愚昧之见。鄂省于此大乱之后，速由省议会宣布制宪手续，仿湖南之宏规，师江浙豫赣之先例；期以六月，纳民轨物；直接以完成自治，即间接以促进统一也!”其余鄂人，对于自治运动，亦颇暗中激进，厥后鄂省自治军兴。王占元去职之时，亦觉悟自治潮流之不可抗拒，通电许鄂人以自治。旋以吴佩孚巡阅两湖，耑恃兵力以压抑民治，以致鄂人之主张制宪，未能顺利进行。然鄂人素不弱，现仍积极运动制宪以自治，必能达到目的之一日也。

（六）四川　川省倡议制宪自治最早者，为省议会曾于民国九年十一月六日通电主张自治，又于十年三月十日发表宣言。其文如下：

（上略）本会前者，顺应世界潮流。默察本省情势，爰本民治精神，于十一月鱼日通电主张川省自治；并经各将领、各法团、各县人民表示极端赞同，并促早日制定省宪。本会现定期本年三月一日召集开会，讨论宪法问题，并经通电在案。惟省宪未制定以前，所有自治内容，尚未昭告全国。兹特撮举四端简要，宣言如下：（一）四川省于中华民国合法政府未成立以前，完全独立自治，不加入南北政争；无论何种良吏，亦不受南北政府任命。（二）废除督军及类如督军之制度。（三）实行裁兵。全川军费至多不能超过四年度之预算。（四）民选省长，以为实现民治之初步。以上各项，现正积极进行；有渝此旨，人民共弃！本会代表民意，郑重宣言，邦人君子，幸匡济之。四川省议会叩蒸印。

十年四月间，川议会开第六次临时会时，曾将四川省宪法规定程序起草，但未正式通过。至五月十二日开第七次临时会，议员重行提出修正；由大会讨论，通过二读，旋有议员主张以组织临时政府案，提前讨论。因此双方意见，不能一致。以致省宪制定程序未能付三读通过，然仍积极进行。而刘湘、熊克武等又屡次宣言自治，是则川省制宪之前途，固乐观也！

（七）福建　闽省议会于浙省制宪之时，曾推秘书长周翰偕国会议员潘祖诒来杭，调查制宪情形，以便返闽预备，而资借镜。至十年十月间，闽省议会议员即联名要求召集临时会，预备提议制宪事宜。李兼省长厚基深恐民治发达，于彼有不利之处，乃藉口本年已开临时会一次，不予召集。各议员则与之争辩不休，而闽人之旅京者，亦集会讨论闽省制宪进行办法。其宣言有云：“自治潮流，因官治之不良，而弥漫全国矣。闽浙接壤，浙之省宪，且告成矣，浙人何优？闽人何劣？及今不图，为邻者羞！事有两利相权，而必取其重者，窃愿我闽人群起而进之!”

（八）陕西　陕西第二届省议会，曾于十年六月五日议决省宪法会议组织法，咨请省长公布。其文略云：查约法总纲规定：主权在民，是凡属国民，皆有自主权。亦即有自治权。且积省成国，未有省治不良，而国政可臻完善之理。民国肇造，十载于兹，根本大法，尚称临时。政号共和，竟无国会！南北统一无期，东西列强环视，各省若不急图自存，国家前途，何堪设想！迩来远如川湘滇黔，近如苏浙鄂赣，皆有省宪之制定。藉图自治之实施，潮流所趋，一日千里！此盖本约法主权在民之旨，亦图自治即谋统一之道。本会前请开临时会筹备制定省宪，亦意此也。惟是各省制宪机关程序、主张不一，有谓宜由议会制定者，有谓宜由全民制定者。前者于造法立法，误谓一事，或致有三权不均之弊。后者手续纷繁，民智幼稚，又恐有治丝而棼之虞。惟有学者起草，法团审查，代表总决，组织宪法会议，法理事实，方为兼顾。本会同人有见于此，于本月一日开第一次大会时，即本此旨。特先交由法律庶政两科，拟订陕西省宪法会议组织法案，于四日第二次大会提出公决，全体通过。相应抄录原案。咨请贵公署查照公布、实纫公谊！自组织法公布后，省议会即设立筹制省宪特务处，筹备进行。并于六月二十一日发出通电如下：

（上略）秦省本主权在民之约法、民族自决之精神，筹制本省宪法。图地方之乐利，促国家之统一。惟兹事造端宏大，非海内先觉扶持振导，不足以庆典范而树风声。诸公学识鸿博，万流景仰，提倡民治，尤具热诚。对于此项建设，定有宏谋硕画，可作圭臬。务希不吝明教，赐以南针。不胜感祷翘企之至！陕省议会筹制省宪特务处叩，马。

（九）直隶　直隶为中央政府驻在地，该省议会洞悉今日时局，政府无收拾之能力，非各省制宪自治，必不能以谋统一而臻和平！乃于九年十一月二十六日发出通电，主张共同制定省宪。其文如下：

各省省议会公鉴：窃自南北分裂，于今三年。约法上之争执，既无由以解决；而兵事上之实力，又不能以慑服。况自段军溃灭，中央失权，武力统一之谬想已虚，一系把持之政策全败。以故今日时局，南北政府均失其收拾之能力，而各省督军，亦复地丑德齐，莫能相尚。长此纷扰，国将安存？然则非由国民崛起，本自决之精神，运用约法第二条所赋与之特权，出而处理国事；则国家将永无安定之一日！夫国民应为之事，虽头绪万端；而提纲挈领，因势利导，宜首从省自治作起。省自治之发轫，宜首从编定法规作起；省自治法既定，则中央与省之权限，划分明确，国家税与地方税厘定清楚。一切军政民政，由省主理；则中央除代表外交上之国家名义外，端拱无为。而全国人民，乃得各转其视线，集注于地方政治；如是则南北对峙之局面，自然消灭。邹鲁交哄之本源，永久铲除，和平统一，指日可成。幸今日国民颇知觉悟，自治运动，渐趋猛烈。斯真中国改造之良机也！惟此日立法不相统属，将来实行，难免纷歧；举棋偶误，全盘尽错。以分谋自治之事，或益促成割裂之局，亦未可知。瞻念前途，危险万状。况由各省单独起草，殊嫌其形影之孤单。倘依旅京人士制成，又觉无法律之根据。敝会同人筹商再三，乃定一议。拟由各省议会选举三四人，即日集会上海，共同制定省自治法。诚以省议会为一省人民代表机关，无间南北，向不受政府操纵。今由国民自动集各省代表，荟萃一堂，行使约法第二条之主权，以从事制定省自治法之伟业。南北政府，不惟无干涉之权能，且负有认许之义务。情通理顺，一举数得。谨求赞同，伫候明教，顺直省议会宥。

顺直省议会主张各省推出代表，共同制定省自治法，故尚未单独自行议宪。直人近则鉴于湘浙省宪均已宣布，大为心动。乃设自治讨论会，参酌各省成规，以促成省宪。其宣言如下：

民国十年，变乱相寻。中央失统驭之方，各省成割据之势，人民呻吟于刀兵水火及虐政之下，流离颠沛，疮痍满目；而莫可告诉，于是自卫之念动于中。而各省自治之潮流，遂弥漫于全国，政府知不能遏抑，近亦有顺应自治潮流之议。但吾人民自治之事业，若官代为谋，焉有是处？吾人民若坐视不理，亦等自弃。且吾直比年以来，官治窳败，贪黩之吏，白画攫金，兵匪交乘，邑里为墟，弥望皆是。本桑梓敬恭之谊，不能不为缨冠往救之谋。用是不揣梼昧，集合同人，创设直隶自治讨论会。参酌各省成规，促成百年不敝之大法；调查各县利弊，建议逐渐改革之良方。苟有一得之愚，靡不竭诚以献！父老兄弟，幸赐教焉！直隶自治讨论会宣言。

（十）山东　鲁省人士当民国六年间，即倡联邦制。现值湘浙制宪自治，鲁人认为机不可失，急起响应。十年六月二十七日省议会开会，议决积极筹备制订省宪，并通电府院。略云："南北分裂，沸羹蜩螗。言法律则互有是非，难衷正义；言事实则利权竞执，罔肯降心；故兵戈徒顿于前，玉帛虚将于后。统一和平，终成泡梦！迩者情势递变，藤葛益纷；苟非改弦更张，断难谐音成奏。人无愚智，所见从同；特以顾忌尚多，姑安缄默，卢督豪电，应候而鸣。海内喁吁，民情可见。乃政府犹复多方搪塞，冀可阻尼；疏通之信使织途，动谕之文诰填驿，哓音瘏口，徒唤奈何！抑知省治潮流，潴而后泻，已届瓜熟辞蔓之候，断无花落返树之方。与其违众孤行，徒堕中央之威信；孰若因势利导，藉维内外之感情；诚能俯顺民心，早颁明令。先以省宪植自治之基础，再以国宪复统一之旧规，式合众之宏谟，符共和之真谛；则南北畛域之见，奚待消除。朝暮反侧之徒，安所幸冀！而我大总统、总理功高百禩，望洽群伦。人心之爱戴既深，中央之威权自固。宠身泰国，无渝于兹。披历陈词，伏维鉴察！"

（十一）河南　河南第二届省议员对于制宪问题，于十年六月十三日开茶话会。当由议长孙正宇提议："谓中央假性的统一不足恃。自救之策，莫如自治。请大家鼓其余勇，急起直追，赶速制定省宪，以树民治之基础云云。"各议员一致署名赞成。十四日开会讨论制定省宪应如何进行。贾维藩主张先规定制宪手续，耿文华、郝梦凤主张推定起草人、先提议案，然后组织特别委员会审查。当议决由议长指定熊绪端、汪绍辰、张凤翥、王幼侨等四人为起草委员，草拟规定制宪手续，并公推议员赴浙考察制宪情形。其致浙江省宪会议电云："杭州省宪会议诸公均鉴，同人等为筹备敝省制宪起见，公推陆议员宗麟调查贵省制宪情形，以资借镜。乞台洽。"河南省议会沁印。

（十二）广东　粤自陈炯明由闽返旆后，省议会即为制宪之运动。所拟省自治法草案，计十四章、都一百三十条，特未正式公布耳。兹将粤议会十年三月四日之支电，与五月二十三日之漾电两则载于左。可想见粤省制宪之情形，与所持之理由矣！

一、各省议会鉴。吾国连年骚乱，统一无期，固由人谋之不臧，亦缘立法之未善。考立法顺序，厥有二端：一为先制国家宪法，而后及于各地方团体法；如日本制定宪法时之立法手续是也。一为先制地方团体法，而后及国家大法；如新所立之苏维埃制度是也！吾国人民之众，甲于全球；而习惯之殊，亦甚于各国。故立法者宜顺于民情，察乎国性。采分权之制，立自治之基。断不能以一纸宪法之空文，而冀收统一全国之实效。近来国家之乱，固因缘于约法；而不知致乱者，非关约法内容之善恶，而由于立法顺序之错误也！本会有见于此，以为国家欲谋统一，不在求国法之速成，而在求省法之先立。特于二月二十八日，开会讨论此事。议决由本会组织特别会议，制定省自治根本法。第兹事体重大，头绪纷繁，非博访而周咨，难集思而广益。贵会为代表全省民意机关，当此人民自决之时，必有适合潮流之制。尚望示我周行，以匡不逮；或赐以成案，俾有途辙之可循；或示以法理，俾知意旨之所在。庶可产生完全之省法。而国家之统一，亦于此构其基也。区区之意，尚希鉴察！广东省议会支印。

二、各省议会自治会报界公会钧鉴。本会业于四月十三日，将本会议决组织特别会议、制定自治根本法，电告各省。现经推定起草委员十六人，于五月八日开起草委员会成立会。草拟省自治根本法，以谋地方自治之发展，而为联省自治之初基。邦人君子，尚祈鉴察。赐以南针，匡所不逮。吾粤幸甚，中国幸甚！广东省议会漾印。

（十三）广西　广西本系自主省份，因陆荣廷北降，桂省议会乃起而宣言制宪，实行自治。粤人以援桂自治为名，兴师西向。陆荣廷于出亡之时，乃亦主张由桂人自治。此足见自治潮流，可顺而不可逆矣！桂省议会之主张制宪，曾于十年六月发出歌庚两电。其文如下：

一、各省议会、省长、总司令、督军钧鉴。国事泯棼，分崩日甚，势非各省自治，必无复能形成国家。贵省远踱高瞻，早经筹画实行，无任佩羡。现本会业已咨准政府，召集临时会，专为讨论省自治进行事宜，定本年七月一日开会。贵省先献美备，亟欲借镜，乞详赐南针，俾资率循，共臻盛治，至为厚幸！广西省议会叩。歌。

二、各报馆鉴。自国事泯棼，宪法未定，省制虚悬，真正统一之路已绝！律以国民自决之义，则今后之政治运动，其致力之方向如何，吾人应有相当之觉悟。我国行省制度，为构成国家之原素。数百年来，国家每有大变，各省必一次出其伟大之力，以匡持之。征之历史，不难概见。此次首义各省，以全省名义，节次加入。旷世大业，遂赖以成。此尤地方势力，足以转移中央之明证。民国初元，邦人醉心统一，而误其途径。不惜摧残各省固有之权力，以求其所谓强有力政府者。致使省之本能，日就湮没，莫能自立，仅随中央运命以为转移。其结果不惟统一之效，百不一见！且各省之脆弱无能，适足为酝酿政潮之具，此实吾国历年致乱之一大原因。迨至晚近，国人始悟及此，于是有省自为治之议。迩者先进各省，且以快刀斩麻之势，努力为省宪之制定。此实吾国人鉴于中央集权之说，既屡试而无效，倘仍故智自守，必至中央地方，两陷绝地，以底于亡已耳！吾人近察国内变乱之真因，外审世界潮流之大势。极端之国权论，今日已无存在之价值。国人若不为暮气所乘，而炫于假性之统一，则当先求各省本身之自立，然后徐图国家之发展。舍此以外，别无良谟！敝会同人，痛国是之纷纭，惧沦亡之无日！灼知实行省自治，为解决纷纭之惟一方法，不敢自外自弃。经咨本省省长，定于本年七月一日开临时会议，讨论进行方法。谨以所志，昭告国人："（一）根据省之地位及价值，制定省法，以立民治基础。（二）发挥省之本能，求各个发达，以行省为国家中坚。（三）于不害自治限度内，承认统一。以自治为统一之导源，以统一为自治之归宿。对于各省采互助主义，冀以各省实力融和，形成国家。凡此数义，同人誓奉以周旋！直抉本源，扫去枝部，力归治谛，用遏乱萌，在此一举！

顾事巨大，规划宜周。同人绠短汲深，深惧陨越。尚望海内学人，时赐针示。尤企各省同时奋发，共奠国基！至为厚幸！广西省议会叩。庚。”

（十四）贵州 黔省为自主省份，处此自治潮流之间，颇积极从事于制宪之进行。省议会、省教育会、省农会、总商会于十年五月二十一日，发出主张制宪之马电。黔人士并创设省宪期成会，以促成本省宪法，确立省自治基碍为宗旨。军民长官卢焘、任可澄亦趋向联省自治之一途，观其六月文号两日赞成卢督主张制宪之通电，足为明证。其通电二则如下：

一、顷读卢督军豪电。按切时事，痛下针砭，语重心长，昭然若揭；最后主张以省宪定自治之基础，以国宪保统一之旧规。当兹途穷日暮之时，忽有此柳暗花明之路；瞻言百里，至佩老成。我西南各省主张联省自治，实以为救国初基。与卢督主张，本有针芥之合；即默察各省区真正民意，亦能趋于自治一途解目前之纠纷，谋将来之建设。实无逾于此！至派代表会议，自是应有办法，但得多数同情，即当并筹实行。谨表赞成，并候明教。卢焘、任可澄叩文。

二、各报馆鉴。天祸中华，十年九乱。戡乱之武力既穷，议和之策略罔济。联甲联乙，愈启纠纷；附北附南，都归幻泡。比者自治潮流，澎湃海宇。省自为宪，不介而孚。非惟恃力骫法者，难便私图。即玩法称尊者，亦莫由售技。民心觉悟，具见一斑。惟省宪虽足树自治之基，无以正统一之鹄。闭门造车，虑难合辙；大厦一木，未必能支。盖日日希望统一而忽于自治，是不揣本而齐末，实为过去失败之原因。然仅求自治而遂置统一于不问，亦是养指失臂，非真诚爱国者所敢出也！敬读月前浙江卢子帅豪日通电，主张以省宪定自治之基础，以国宪保统一之成规；由各省区选派全权代表，择定适当地点，先筹妥善办法，再付国民公决等语。老成谋国，益佩公忠。倘各方真能彻底觉悟，一面制定省宪灭杀各省区内外之争；一面互结精神，合成全国统一之局。手挥目送，贯彻救国之初衷，即所以固实施民治之基础。统筹兼顾，无逾于兹。旋得各省区复电，如数赞成，足征人心大同，趋向已归一致。但集会地点，尚待商榷。焘等愚见，似以上海华界为宜。上海为交通便利之区，华界复吾国主权所在，就此开会，比较适中。交换意思，亦较便捷。诸公爱国爱民，远胜焘澄等。荩筹硕画，夙所钦崇。倘荷赞同，即乞公推子帅领衔，通电商定集合开会日期，合力进行。如天之福，斯议实行，大局或有解决之方。焘等亦稍宽误国之罪，特布愚忱，谨希鉴察！卢焘、任可澄叩号。

（十五）云南 滇为自主之省，自兴师讨袁以来，久为南方之强。民国九年十二月间，滇省议会即主张编制省宪。其致浙省议会之删电如下：

浙江省议会均鉴。民国告成，于今九稔，宪法未立，国本动摇。世界潮流，咸趋重于国民自决主义。本会以为中央既无制宪之能力，不如暂用约法第二条之特权，由各省会编定省地方制度，以振起国民之精神。现拟先由省议会组织委员会，即日编制省宪，积极进行。惟兹事体大，宜于注重民治之间，参酌欧美情形，体察地方习惯，斟酌损益，以期尽善。非得各省同意，恐难推行。诸公洞达中外，具有同心。贵会省宪草案已否脱稿，究采取何制度，尚祈示以方针。临电神驰，伫候明教。滇省议会删印。

时滇人张耀曾氏并私拟云南省宪法草案，计十章都六十二条。其自序于草案略云："民国肇启，于今十载。徒以国宪未颁，遂致大政无统。中央日言集权，而号令不出都门。各省渴望自治，而措施迄无规模。错杂纠纷，中央与地方各不胜其弊。识时之彦，慨然忧之。欲以治省之策，为治国之基。省宪运动，勃然四起。探本立策，诚无可易。吾滇自丁巳以来，万端自理，不忧牵制。然事无一举，民不获福。岂非有自主权而无自主法之过欤！同乡关心政治者，多以此为虑。愚因不辞浅陋，率拟云南省宪法草案及其施行法草案共若干条，冀有以动吾乡父老感念，而备其采择焉。"（下略）

云南总司令顾品珍亦主张制宪自治，对于浙江卢督主张制宪之豪电，曾覆电极端赞同。且即创设省宪筹备处，聘请赵藩、孙光庭、陈度、袁嘉谷、李鸿祥、李正芬、龚炳文七人为筹备员。滇人士并纷起设立省宪促进会、省宪研究会，积极从事于制宪之一途云。

（十六）广州政府　孙中山于民国十年四月七日，被国会非常会议选为总统。于五月四日在广州就职，即宣言使各省人民完成自治，制成宪法。吴敬恒、汪兆铭、王伯群、居正、覃振、张继等，亦极端赞成孙中山之宣言，主张联省自治。其五月陷日之通电如下：

（上略）近闻各省颇有联省自治之议，原有鉴于中央集权之弊，为此对症发药，挽回大局，意甚善也。我国行省建设，逾数百年；且幅员广大，交通不便，一切以中央绳之，事必不举。而为中央者，但企收朘削括敛之利以自私，不复顾虑。方阻其发达进步，则各省日塞其繁茂。驯至纲维堕废，纠纷日急。乃犹以武力经营天下，而卒至军阀专横、武人割据之结果，此自满清季年与袁氏时代所极力酿成之变局。今欲拨乱返治，惟有改弦而更张之。我大总统孙公就职宣言谓："使各省人民完成自治，制成宪法，自选省长。中央分权于各省，各省分权于各县。庶几既分离之民国，复经自治主义相合，而归于统一。不必穷兵黩武，徒苦人民云云，一言而定中华民国之国是。仁人之言，其利至薄。以是而言自治，则赋以实权，有自由发展之地，以是而言联省则趋于统一，无藩镇分裂之忧。近年南北交兵，民生憔悴，破坏已极，建设未闻。我大总统既树之风声，为改革之先导。即期各省当事负责者，协力以图，完成共和久长之治。我西南扶持正义，亦既有年。尤当本民治之精神，为有系统之联合行远自迩。而变乱纷争之局，不难速定。即始之怀疑于联省自治之议者，亦当废然思返矣。恒等以在野散人，亦思匹夫有责。知海内贤哲，望治尤殷。窃敢掬诚电告，俾赐采择，均请实行，天下幸甚！"吴敬恒、汪兆铭、王伯群、居正、覃振、张继，陷。

（十七）各省区自治联合会　该会由二十二行省、三特别区人士组织而成，于民国九年十一月二十八日，议决敦促各省制定省自治法，以树民治之基。其致各省议会函如下："各省议会公鉴。民治运动，举国一致。各省区人士，慨宪法九年而未成，觉根本法不能一日无。约法虽与宪法有同等效力，而于地方制度则付阙如。是以有主张由各省人民自制各省区自治法之议，潮流所趋，全国认为急务。惟各省或有早已着手制定者，或有尚未着手者。本会于十一月二十八日，由各省区代表决议。函请各省省议会，自行制定各省区自治法案，以蕲全国一致。地方自治，本当由人民自行办理，贵会为全省人民代表机关，对于制定本省自治法案一举，谅有同情。敢请即日提出公决，着手进行，以树民治之基。专此敬颂公安。各省区自治联合会启。”

总观上述各省运动自治之情形，及主张制宪之言论，足征制宪自治，为今日之国是，已成定论。浙江之能起而制宪，告厥成功，不得谓非善于顺应潮流者也。

按联省自治之议，湘人徐佛苏亦主张甚力。而老成练达如南通张季直对此问题，尚不免有误解之处，徐佛苏则致书以解释之。窃谓佛苏此书，词意透辟，非特足以释南通老人之疑，且可以释海内之有怀疑者也。特录其文如下：

南通老人左右：浣奉惠书，精粹可诵，冲涵可钦。佛苏本不应喋喋陈词，牵率先生劳形案牍，但尊意有误解联省自治之处，谨说明之，上释尊疑。吾国人见前清之失政则革去之，见议会之混浊则遣散之，见袁世凯之叛国则讨之，见段祺瑞之专横蠹国则驱除之，见湘川之图鄂则倾中央之力攻湘川，见吴佩孚之暴恣则联西南之师攻吴氏；扰攘十年，或联南打北、联北打南，或联南打南、联北打北，举国若狂，长夜多梦。若言救病，自是对症下药；若言救命，仍为挖肉补疮；虽其中革清讨袁二事，较有光华。然岂能谓国既共和即可不亡？即无较共和而更重大更根本之事耶？佛苏等深怵此种救病不救命之法，无补于危亡。故持联省自治之论，欲将国基根本改造，革旧命以产新命。譬之堂构倾折，惟有另筑磁基，不再绸缪牖户；譬之公司破产，惟有另集新股，不再追索宿逋。此即救命不救病，救新命不救旧命之说。再申言之，所谓建国不救国之说，革命不救命之说，乃先生谓联省自治，亦为救药中之一剂，能救病不能救命。佛苏闻之，忧愁幽思，手足几失措也！盖此策既为救药中之一剂，则必有其他之一剂者在。佛苏搜索枯肠，却无法再得一与此同效之药名。若必迫我出不忍言之言，则惟有国际共管之一剂，亦是救命之一法，不知国人究能忍此苦口之药否？佛苏数年来辄思吾国救亡，惟有二策：一为联省自治，一为国际代治。联省自治者，以各省为立国之根基，同时即联各省以定建国之组织。简言之，即以各省之联合为治国之主体也。国际代治者，因吾国不能自治其国，与吾利害密切之各国起而联立一合议机关，共同代治吾国之一部政务。简言之，即以各国之联合代吾为治国之主体也。就前策论，确是完全建国之策。然而国人之通了此义者极少，难以遽行。就后策论，国之主权，虽为一时期之丧失，或为一部分之丧失，然终有收回之一日。较之以小兵马弁之当国，盗魁匪首之乱国，陷国运于万劫不复者；其得失不可以历数计也！故此二策，吾国必行其一。乃今日联省自治之说，犹不能获国人之信。而代治之言，已嚣传于国际。窃恐联省一事，今已失去时机矣！夫代治之说，虽吾国体面上不能承认，试问天良上能不承认乎？且我即不承认，试问各国又何须待我之承认乎？欲缓和各国代治之时期，或减杀代治之程度，仍非速倡联省不可。盖吾国若速有根本建国之策，各国或将助我成此伟业，彼乃仅以债权之资格，受我之委聘代监财政、代监裁兵，为一时之客卿政治，而不致有全失主权之祸。就此论之，吾国若欲完全建国，固非行联省制不可。纵或代治垂成，欲缓其时间，轻其程度，亦非行联省制不可。再进一步，为各国代筹。纵共管已成，然毫无组织之国家，毫无统率之人民与军队，又有何法代治之？其结果亦非批准吾国行联省制不可。故吾国联省一事，无论何人治国、何国代治，终必行之而后已。今所当权衡者，究竟此种主义，应在此南北尚未大战时行之耶？抑必俟南北大战大乱仇杀愈深，人民死亡愈多后行之耶？应在太平会议初开，各国正宣誓尊重吾国领土主权之时行之耶？抑必俟强邻宣告吾国无法弭战，无法统一，无法不破产，无法不共管之时始行之耶？愿全国人沈思之。自治乎？代治乎？吾国联省以自治其国乎？世界联国以代治吾国乎？利用自治以防止代治乎？欢迎代治以灭绝自治乎？当此间不容发之秋，吾国人犹可不猛省速决乎？又尊示谓，必省各自治而后能联，不能先联省而后自治。此亦稍有误解，盖联省自治四字，系一浑括之词，并非有必先联省而后自治之次序。就理言之，非联省后则自治不能推行；就事言之，则多有一省之自治，乃多一联省之根基。联省与自治应同时并行不分先后，佛苏前日上尊处函中曾谓："联省者，望中央行之。自治者，望各省行之。如中央能承认各省之自治，各省承认中央之联省，则全国和平而统一矣云云。"此可见所谓联省者，并非必欲各省自联，置中央政府于不问；亦并非必先治而后联，必先联而后治；此惟视事势之演进如何耳。若必俟省各自治而后言联，如尊论之意，姑无论全国多数在军阀势力下之省，无发展自治之一日。纵或各省都能自治，然不受中央之联协，则割据势成，历时愈久，联之愈难。例如省各制宪，各有极大之政权。日后磋商联省时，如欲毁裂其宪文，夺回其权力，谈何容易！窃恐宪法战争、宪法议和之祸踵起，岂倡先治后联者所能预料预防乎？此犹系就省一面言之也。兹再就中央一面言之。若省各自治，不速改建中央，则中央卖国鬻官无止境，借款加税无止境，兵变匪劫无止境。恐自治事尚无一二省告成，国家权利不知丧失若干，而国际代治之局，已先我自治告成矣。此皆势所必至之事，决非苛求臆度之词。一言兴邦，一言丧邦，乞先生俯察！迩言熟睹大局为幸，夫佛苏之迭以联省事强聒于左右者，非好辩也！现在南北政府，形同两造，决难自谋和解。长江中部，介居南北，于理于势均难旁观。北庭既日斲丧其中央之资格，南府亦无法取而代之。若中部能速发启全国民意机关，宣布联省建国主义，则全国归心，大局指挥若定。南北政府，固乐观其成。且世界舆论，必惊服吾国人非尽是亡国奴性、下流人种，必有仗义执词，保持吾国独立与主权者。太平洋会，或竟赞助吾国联者，和缓共管，以观后效，亦意中事也。长江中部，又以苏浙二省为枢机，江南北浙东西之人士，久已倾向联省。苏督亦是有心人，浙督尤为首倡者。若先生冠冕群伦，精详讨论，宣布联省建国之大义，征海内外之同情。愚敢决：内而南北各省，外而东西各国，无有持异议。竖异帜者，倘有军阀梗议，全国公团必能慑服，国际公论必为强援。气机鼓荡，天地转旋，功之神速，必有为始意所不及料者！现在全国各界各团，日趋和协。若贤豪长者，不存轻侮非笑之意，与之周旋，纳之轨物，必可事半功倍！乞先生平心静气一思之。

春秋国际公法

作者简介

张心澂（1887—1973），字仲清，号冷然，广西临桂（今桂林）人。张心澂出生在一个尊崇儒学的书香世家，其祖父和父亲皆为前清进士。早年考入京师大学堂译学馆（今北京大学前身）主修英语。后长期供职于邮传部（清政府）和交通部（北洋及民国政府），历任交通部路政局会计科副科长、科长，铁路会计司总务科科长，邮政司通阜科科长，总务厅综核科科长，交通部佥事等。其撰写的《交通会计》与《铁道会计》两本专著对近代中国交通、铁道会计事业具有开创性历史意义。同时，他热衷于中国古代书籍的考证辨伪研究，代表作《伪书通考》被史学界誉为是集古今考辨伪书之大成的辨伪学工具书。

出版社：北平，永华印刷局。

出版年份：1924 年。

馆藏：中国人民大学图书馆旧平装书室。

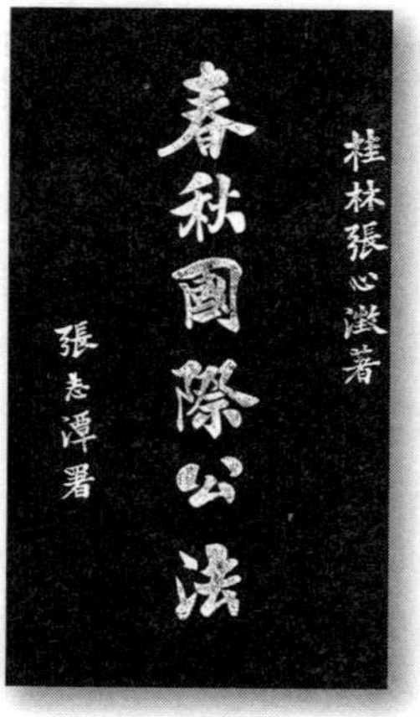

作品简介：本书作者通过考证春秋史迹，阐明我国春秋时期即具有国际公法的观点。全书共六章。开篇作者即开门见山指出春秋时期各诸侯国及被保护国、附庸国，乃至交战团体皆构成国际公法之主体；而当时的自然法、王制、礼、各家学说、国际惯习、条约及列国会议决议、各国的法令及训令、判决、外交历史、外交文书等均为国际公法的渊源。作者认为，具备人民、土地及统治权三要素即可称之为国家。而春秋时国家可分为主权国、部分主权国两大类，其成立及承认亦有较固定之模式。在此基础上，作者从立法、司法、行政三方面详细介绍了春秋时国家的主要权利义务，并指出，当时国家之代表机关主要是外交官与军事官两类，并详述了二者的种类、职务、授受、特权及终了等内容。作者认为，各国之间缔结条约亦是当时之普遍现象。当时的条约分为永久条约和暂时条约两种，缔约国家之间意思表示相合并以文字表示，条约即告成立，并具体说明了各国之间条约的履行、解释、终止等情况。如果国家之间发生冲突，其争议之调和主要有第三国介入和纷争国自行解决两种形式。本书语言简洁，文字流畅，对于了解民国时期国际公法的研究多有帮助。（于游整理）

自 序

曩岁余，在校研究国际公法，深有感于台佛思及马丁韪良二氏之言。台氏谓东洋诸国无国际法观念；马丁氏则谓中国公法之学肇端于西国未兴之始，且著论文举事例以明之。二氏之所见不同也。如此若台氏之见解者当不乏人。虽今日西方民族对于我民族之观念已大异曩昔，然我民族终当有以自辩白也。马丁氏既为吾言，其崖略吾民族讵不能自道其详。余肄业时，辄喜搜集春秋之国际事例，而窃有志于斯未几。卒业出校，频年奔走衣食无暇及此。去冬，稍以余暑重理旧业，编《春秋国际公法》亦不意竟能脱稿也。回首前尘，距始发愿时已十有八载矣。而国际之风云变幻较前尤甚，国际之关系于吾民族及吾民族之关系于国际均较前益形重要。此编所述乃二千余年前之陈迹何当于今之用，斯亦骨梗在喉吐之而后快，尽余之所欲言，了余之素愿，聊以自慰自娱而已。友人自远方来，把酒话旧、酒酣兴尽，相对无言，因出此编以资谈助。友瞿然曰："此乃吾民族历史上之实在事迹，足征吾民族早年即具有国际法观念及缜密之条理，不可不表暴于世以见吾民族爱和平之思想与夫讲信修睦之道不在他人后也。况此编以现今之国际法为纲领，援古以证今，即今以考古所举事例颇足供今之参考。且当今日古学复兴（即 Renaissance 或译文艺复兴）时代，整理旧学发扬国，故此编之作尤不可少，云何无用？会当广译西文以饷彼都人士，也因固请付诸剞劂。"余敬谢不敏亦未遑，润饰遽，为友携付手民梓成仍嘱余序之。

中华民国十三年三月（1924 年 4 月）桂林张心澂志于瀛台。

第一章 总论

第一节 绪论

人生斯世不能孤立而生存。人与人必有关系必有交涉。人与人相处而成团体而成国家，必需有共同生存间行为之规则，以为人与人关系交涉之所依据。而应此需要者，则国内法也。国于斯世亦不能孤立而存在。国与国必有关系必有交涉，国与国相并立于地球上以成此世界，亦必需有共同生存间行为之规则，以为国与国关系交涉之所依据。而应此需要者，则国际法是也。设个人而孤生于绝岛，与禽兽居，与鹿豕游，则上云之规则，即所谓国内法者，自无由发生。设国家而为大一统之国，其外皆未开化不能成为国家之蛮族，则上云之规则即所谓国际法者，亦无由而发生。设绝岛中之个人，而繁殖成多数之子孙以形成人类之团体，则亦必有共同生存间行为之规则，以为其族人之所依据。浸假年代，愈多此等规则亦愈完密，是即国内法之具体而微者，而国内法之所由生也。设大一统之国家分裂，而成多数之国，则国与国之间自然发生关系。既生关系久之亦必有共同之规则，以为交涉之所依据，其分国之年代愈久则此类规则亦愈完密，是即国际法之所由生也。设彼此相隔绝之国家，因世界之交通日进而相接触发生关系亦与此同。

由是观之，则有国与国相并立而非暂时之现象者，其间必有国际法之发生。虽无国际法其名，而事实上实有此种成文或不成文，而为国际共晓共喻而共守之规则也。今观察东亚大陆，则在中国春秋时代，周天子已失统驭之力，徒存虚号，略似今之罗马教皇多数之国家并立者，二百四十年。则当时国与国之间自然发生关系而所以相维相系如此其久者，其间必有国际共晓共喻而共守之规则可知也。后乎春秋者为战国时代国家之数虽少，仍继续春秋时代而成国际之形势。前乎春秋者，为夏商周千有余年之封建时代，国与国并立有王者统驭于上而国际之关系规则包含于封建法中，足为国际之规则者，实至富至春秋时皆由封建法中脱胎而成国际之规则矣。故国际法之观念在东亚大陆实为最早在春秋时最为完密，已在罗马创设万民法以前。

今之论国际法者，无非取欧人之说及欧洲事实以为证据，即所谓国际法之历史沿革亦第为欧洲国际法历史之沿革，东洋各国历史无与焉。而台佛思氏 Davis 且谓东洋诸国无国际法观念，其说曰“专制芜杂之东洋各王国，不能宽容邻国之存立，常事战争。彼等不知远隔之地有何等国民。夫国际法规必因国家间之交涉而后发生，故此等孤立之东洋诸国自无国际法成立之理”。云若乌尔塞氏（Woolsey），霍尔氏（Hall）亦主张国际法之适用限于耶苏教国，如意大利之勃鲁沙氏（Brusa）、希腊之凯佩阶氏（Kebedgy）。犹公然以此说提出于国际法学会（1900 年），以少数见绌，足见其说之不当也。如韦斯托赉克氏（Wes'lake）之欧洲文明国说，亦失之隘而解。奎曼氏（Rolin Jacquemyns）则谓文明非欧洲所专有。日本高桥作卫氏、秋山雅之介氏皆谓国际法为文明国间遵守之规则。惟所谓文明者，其程度如何，国家必有如何之程度。而后可加入国际公法之团体，为未易解决之问题。且东西洋之文明各异，其系统其文明之程度未可遽，定然适用国际法绝不可为。未开化国及野蛮人种之团体以其无实践法则之意思及能力，故也。

若谓东洋诸国当统一而不与其他文明国接触之时，无国际法之观念则可（设拿破仑、大彼得、威廉第二而果统一世界或欧洲，吾恐欧洲之所谓国际法者，亦不过历史上之名词而已）。谓东洋民族绝无国际法观念或未尝有国际法之事实则不可，是未尝深究东洋之历史者也。春秋时代，列国间之国际关系秩然有叙，会盟聘伐，史不绝书，其间共晓共喻共守之规则，斑斑可考者甚多，且与近日之国际法相类似者尤伙。特秦汉以后统一为常分国为暂，而中国之外所接触者，又多系未开化之民族，其他文明国又为地势所限而关系极轻。故国际法只行于春秋二百余年，其后国际法之观念亦无由发达耳。

马丁韪良博士（Martin）曾于光绪十年著《中国古代万国公法》论文，以英文法文起草，法文载于比国比京刊行之国际法比较法制杂志（Revue de droit international et de legislation comparll），谓“中国公法之学肇端于西国未兴之始”，特马丁氏所著系论文未克成书，尚不足以发表中国国际公法之原理、原则及其公例。氏亦自谓“是编不过择其要者，借引一二端以证所见，且示中国古世实有公法可考云。尔必欲胪举其事博采其文，不独限于篇幅，亦非立言之本意”云。又云“中国于外邦交际之道，日益讲求或有如葛氏其人者，出而网罗散佚裒集一编。亦如葛氏之搜辑希腊意大利列国公例未可知也”云。则马丁氏不过示中国古世之有公法，虽亦略举其例，实未尝详考其公法如何也。氏于春秋之学及春秋时事固亦未及深考，如论文中有云“列国会盟有一举而五等咸集者，如鲁史僖公九年夏公会宰周公、齐侯、宋子、卫侯、郑伯、许男于葵邱”，按葵邱之会，并无子爵之国。氏殆以宰周公为公爵之国，宋为子爵，而不知宰周公乃周天子之代表，非以其公爵之国家资格列会。宋本公爵，在丧称子也，氏之此等小误固亦无关宏旨，本不过借引一二端。然即此可见外人之观察我，虽甚明了，终不如我自表白之丝毫不爽其真相也。要之马丁氏之所见甚为卓越，于国际法中之所贡献者不少，不独为吾东亚国之光而已也。

皆尔斯氏（Giles）著《中国文学史》，其中征引中国古代国际公法承认我东方民族之有国际法，又不特马丁氏一人而已也。

日本高桥作卫氏亦尝援引日本历史中事实著《日本历史中所发见之国际法规》论文，于一九〇一年载于比京国际法比较法制杂志中。则东方民族之有国际法观念又不特中国为。然而中国古代国际法观念及实行最盛之时，厥为春秋时代。

欲知春秋时是否有国际公法之存在，不可专就当时各国之行为定之。因各国之行为有合法者，亦有不合法者也。然就春秋笔削之微言大义及左氏与诸家之所论断，其以为合礼者，大都皆可合于国际公法；其以为非礼者，大都皆不合于国际公法者。可见当时实有公法之原理、原则，行乎其间。

春秋时势与现今不同，不可以纯粹之现今之国际公法眼光，观察当时之是否有国际公法之存在。要之当时因时势之所在，自有其应乎时势之国际公法，与现今国际公法不能完全一致也。然相同者亦自不少。

春秋时之国际公法并无人种之限制，不如乌尔塞氏、霍尔氏之所谓国际法之适用，限于耶苏教国也。孔子作春秋之旨，所谓中国而夷狄，则夷狄之夷狄而进于中国，则中国之如楚与吴初通中国，在中国视之无异蛮夷，其后亦视为列国且狎主中夏之盟矣。如杞莒近于夷习于夷，则尝夷视之是以文明野蛮为标准，无人种之别。凡与中原之文化相同者，则一例视之为国际之团体，适用国际之法规。是当时之国际法观念不特缜密，而且理想高远，趋向于大同之目的焉。

第二节　国际公法之渊源

虎哥氏（Hugo Grotius）谓国际法由自然法、制定法二者而出。伏甫氏（Christian Wolff）谓国际法原素有四：（1）自然法；（2）制定法；（3）条约；（4）惯习。今之言国际法者，谓除以上数者外，学说及法律命令等皆得为国际法之渊源。今列举如下：

一 自然法

二 国际惯习

三 条约及列国会议决议

四 各国之法令及训令

五 判决

六 学说及著书

七 外交历史

八 外交文书

春秋时之国际法渊源亦与上相类，可分数类如下：

（一）自然法　中国凡事以依理而行为正当，所谓“理者，天理也”，即自然法也。春秋时，列国往来及交涉凡不合乎理者，虽当时以强而得胜，往往为当时列国君民及后世之所非议，春秋经传亦在贬之之列。其无成法成例可守可援者，亦本理以为断。如楚为上国所视为荆蛮强暴者，如戎为各国所视为野蛮夷狄者，有时亦颇能据理而行以折服他国。其事例如下：

成三年，郑侵许田。四年，讼于楚。楚据理以断，郑以理屈不胜。

襄十四年，晋范宣子责姜戎，不许其与会事。戎据理力辩，宣子谢之，使卒事于会。是皆以理在国际间运用，故自然法即当时国际法渊源之一也。

（二）王制　春秋时之列国，本由封建制度而来，有王者在上以统驭之。周东迁后，王纲不振，诸侯兼并不守王制以成列国之势。而王者制度尚存，一切会盟聘享王制本有成规。春秋时仍为列国往来之所依据，特有因时势而变更者，甚多耳。

僖九年，葵邱之盟一（专也），明天子之禁（详见下（六）项），是相约遵王制也。

文十五年，曹伯朝于鲁。左氏云“诸侯五年再相朝，以修王命古之制也。”

昭十三年，叔向云明王之制，使诸侯岁聘，以志业间朝（三年一朝），以讲礼再朝，而会以示威（六年而一会，以训上下之则制财用之节也），再会而以盟显昭明（十二年而一盟，所以昭信义也）。

昭三十年，郑游吉吊于晋，且送葬。晋责其吊葬共为一使。游吉谓“先王之制，诸侯之丧，士吊大夫送葬，惟嘉好聘享三军之事，于是乎使卿”是王制也。而游吉时则已变更矣。

王制在春秋时或遵或变，实为当时国际法之渊源之一也。

（三）礼　王制本已包含礼，但礼为王制之所包含不尽而有为国际法之渊源者。中国自命为礼仪之邦，春秋时列国亦莫不自以为系中国礼义之邦，以自别于蛮夷戎狄。其近蛮夷之国而用夷礼蛮俗者，亦以夷蛮视之，以其不合于礼义也。盖当时列国往来，必以合礼为原则。不合者在国际间多遭蔑视，或虽得志亦徒留一恶例。合礼者则在国际间无闲言，虽受压迫而有损辱，亦是非自有公论。孔子作《春秋》，所谓中国而夷狄则夷狄之夷，而进于中国则中国之。盖一以合礼与否为衡也。故《春秋》所载各事，左氏往往断之曰“礼也”或曰“非礼也”。举例如下：

僖九年，会于葵邱，寻盟且修好礼也。

隐八年，齐人卒平宋，卫于郑。秋，会于温，盟于瓦屋，以释东门之役礼也。

隐十一年，郑以齐鲁伐许。左氏云，君子谓郑庄公，于是乎有礼？礼以经国家，定社稷，序民人，利后嗣者也。许无刑而伐之，服而舍之，度德而处之，量力而行之，相时而动，无累后人，可谓知礼矣。

桓二年，取郜大鼎于宋，纳于太庙，非礼也。

庄三十一年，齐侯来献戎捷，非礼也。

所谓礼者，非但指礼仪之礼，乃合乎理而不背王制之行为也。各国皆须本礼而行，国际间之盟约及一切举动亦必以合礼为要件。

僖七年，齐桓公修礼于诸侯。

襄九年，晋以诸侯伐郑，与郑盟。郑盟词谓“惟有礼与强，可庇民者是从。”

是礼实为各国之所当遵有国际法之效力，故亦为国际法之渊源也。

（四）学说及著书　夏商以来，朝会征伐著于简册，足为国际法之渊源者甚多。如书经所载可见当时朝会征伐之事也，《周礼》、《仪礼》二书实为春秋国际法之渊源，孔子《春秋》之学说亦最有关于国际法者也。

《周礼》、《仪礼》相传为周公所作。虽为有周一代之典章制度，实可谓一种有统系有组织之著作也。此书所以定尊卑别贵贱，举凡朝觐会同之事，冠婚丧祭之仪，设官制禄之经，取赋明刑之典，以至齐权度一量衡，极于至纤至悉实合自然法，王制及礼三者而为一者也。惜周礼传本已非完璧，学者仅疑其伪。然此二书实为中国一切法律制度之渊源，又不或为国际法之渊源而已也。春秋时之国际行为，本诸此二书者甚多。

《春秋》乃鲁史，孔子所作。观其书法而是非曲直自见。虽为一代一国之史，实乃关于国际法之一种极有价值之著作。东方古代国际法之结晶体，国际事例之记录，可为以后国际法之渊源者也。左丘明及公羊高、谷梁赤之《传》，足以补春秋之略而发明其书法凡例。晋杜预之注《左传》，亦颇有所发明，皆有关国际法之著作也。惜春秋之后战国之时，不知本之春秋以议定一种国际法，私家亦无人本此以倡国际法之学说，国际行为亦不知采此以为标准。其后东亚趋于统一而分国为暂，亦不能本之春秋学说而成国际法也。

（五）国际惯习　惯习之备具如何条件者，得为国际法本未易明言。英国素重惯习，欧洲大陆国趋重理论或谓法规之中有因。行之历年，经各国承认而成今日之国际法者，其理论虽未尽，当然不妨以之为国际法。春秋时之国际惯习亦犹是。

昭三年，郑游吉所谓“昔文襄之霸也。令诸侯三岁而聘，五岁而朝，有事而会，不协而盟，君薨大夫吊卿共葬事，夫人士吊大夫送葬，足以昭礼命事谋阙而已”。其制与昭三十年，游吉所言先王之制（见前）已不同，是乃当时之惯习也。

春秋之初年，列国会盟见于经者，其次序照公侯伯子男爵位之序，王制犹存。霸国兴后，则次序照国势之强弱成惯习矣。

附庸国乃公侯伯子男以外，无爵之国后，则有爵者亦为附庸。

诸侯篡位者，已与诸侯会，则不复讨。

上所举，皆惯例也。今日之国际法中最大部分为国际惯例，由惯例而成为国际法。春秋时国际法之渊源，则以自然法、王制及礼三者为先。其后时势日变而国际惯习渐占势力，几驾乎前三者而上之，而为国际法之重要渊源。然孔子之《春秋》及左氏之《传》皆不提倡惯习而提倡前三者，但春秋之书法（如会盟次序等类），已不得不随时势而变更，是直书其事而时势之日非自见也。

（六）条约及列国会议决议　古时书写之具不如今之便故，文词亦尚简括不如今之有详细条约。其会盟之盟词，即所谓载书者，足以当之其盟词之较详者，如下：

《左传》云“僖九年，齐侯盟诸侯于葵邱，曰‘凡我同盟之人，既盟之后，言归于好’。”《谷梁传》云“葵邱之盟，一明天子之禁，曰‘毋雍泉，毋讫籴，毋易树子，毋以妾为妻，毋使妇人与国事’。”

成十二年，晋士燮会楚公子，罢许偃，盟于宋西门之外。曰“凡晋楚无相加戎，好恶同之，同恤菑危备救凶患。若有害楚，则晋伐之。在晋，楚亦如之。交贽往来，道路无壅，谋其不协，而讨不庭。有渝此盟，明神殛之，俾队其师，无克胙国。”

襄九年，晋以诸侯伐郑，与郑同盟于戏。晋士庄子为载书曰“自今日既盟之后，郑国而不惟晋命是听，而或有异志者，有如此盟。”郑公子骈趋进曰“天祸郑国，使介居二大国之间。大国不加德音，而乱以要之。使其鬼神不获歆，其禋祀其民人不获享，其土利夫妇辛苦垫隘无所底告。自今日既盟之后，郑国而不惟有礼与强可以庇民者，是从而有敢异志者亦如之。”

襄十一年，诸侯伐郑，行成同盟于亳。载书曰“凡我同盟，毋蕴年（蕴积年谷而不分灾），毋壅利（专山川之利），毋保奸（藏罪人），毋留慝（速去恶），救灾患恤祸乱，同好恶奖王室，或间兹命司慎司盟名山名川（二司天神）群神群祀，先王先公七姓十二国之祖，明神殛之，俾失其民，队命亡氏，踣其国家。”

此种盟词乃会盟之结果，有国际法之效力，同盟之国皆当遵守，即古之条约也。

僖二十八年，晋胜楚会诸侯于践土。王子虎莅盟，为攘夷尊王盟曰“皆奖王室毋相害也”。

襄十六年，溴梁之会。因讨邾莒之故，盟曰“同讨不庭”。

襄十九年，因齐侵鲁，诸侯围齐，而为督扬之盟，曰“大毋侵小”。

以上三盟辞虽简单，皆国际间有效之条约，足为国际法之渊源者也。

桓二年，宋华督弑殇公，而立昭公。齐鲁陈郑会于稷，以平宋乱。而昭公之位以固，当时必有四国同意之决议也。自后凡篡立者，经与诸侯会，皆不复受讨。有宋事为先例也。

僖三年，齐侯宋公江人黄人会于阳谷。桓公曰“无障谷，无贮粟，无易树子（无易本之正当立子），无以妾为妻”（公羊）。阳谷不言盟，此四条乃一种议决之宣言，经在会各国承认者也（谷梁所谓诸侯皆谕乎桓公之志）。是会，本为江黄初服（二年盟于贯），再与之会，以谋伐楚（二年楚侵郑故）。他国不及与会，齐为阳谷之会，来鲁寻盟。冬，鲁公子友如齐莅盟（左传），鲁如是，他国当亦如是。各国如齐莅盟，除加入伐楚外，当追认阳谷决议之宣言也。

是决议在国际间有国际法之效力而为国际法渊源之例也。

（七）各国之法令及训令　春秋各国，除周及被保护国、附庸国外，皆属平等。所谓列国是也（襄二十七年，叔孙曰“邾滕人之私也，我列国也”。）。周及列国之法令训令间有关系于国际或他国，足为国际法之渊源者。

周为天子，实等于一国。其权力不足以使各国服从，而各国在道义上尚有尊敬之之义务。其法令训令而无害于各国主权者，如锡命等类，在国际间尚属有效。如附庸之郳及小郳之受封子爵，列国当然承认之，或以得其锡命为荣。有类罗马教皇之宠锡也。

列国中，如齐、晋、楚霸主之国较强，列国与霸国之关系，列国本不过联盟中之一分子，而非附庸与被保护。然实际上列国之主权虽无损，而霸国当其霸时，其法令训令常有影响于国际，而为同盟所应遵从者。其例如下：

僖七年，齐侯修礼于诸侯。诸侯官受方物（诸侯官司各于齐受其方所当贡天子之物）。

文四年，曹伯如晋，会正（会受贡赋之政也）。

襄四年，鲁侯如晋，听正（受贡赋多少之政）。

襄八年，鲁侯如晋，朝且听朝会之数。

襄八年，晋会诸侯于邢丘，以命朝聘之数，使诸侯之大夫听命。

是周之锡典，霸国之法令训令在国际间（除内政外）有应遵守者，与国际法有同等之效力，足为国际法之渊源也。

至被保护国及附庸国，除在国际间（除内政外）遵守霸国之令外，更须受其所被保护或所附之国之法令也。

至在历史上有关系之国家，其法令亦间有在国际间被采用者。

昭四年，楚会诸侯于申，楚子使问礼于宋左师与郑子产。左师献公会诸侯之礼六，子产献伯子男会公之礼六，楚采用之，以为会宋郑之礼。其本国必载之典册，奉为法令者。是一国之法令，为国际间所采用，而为国际法之渊源也。

周礼为国际法之渊源。鲁秉周礼为列国所重视。闵元年，鲁乱齐欲取之，仲孙湫曰“鲁不弃周礼，未可动也”。襄二十九年，吴季札聘于鲁，请观周乐而叹美。昭二年，晋韩宣子聘于鲁，观书于太史氏，见易象与鲁。春秋曰“周礼鲁尽在矣。”昭七年，楚子成章华之台，以鲁侯亲临为之落成，以为荣。哀十三年，吴欲因鲁之礼国晋之权，而请冠端而袭鲁，既为周礼所在之地。列国于周礼既多所荒废，则鲁本之周礼而著之法令者，或为列国之所取材，足为国际法之渊源未可知也。

（八）判决　今国际法所指之判决，谓捕获审检所之判决及仲裁裁判之判决也。捕获审检所为交战国所设，以审判所捕获之船舶者也。此例自为春秋时所无，而仲裁裁判则有之，惟其例甚少。两国纷争经第三国之介入而解决者，多属于干涉或周旋调停，其可谓之仲裁裁判者如下：

成四年，郑侵许田，楚子反救郑，郑伯与许男讼焉。皇戌摄郑伯之辞，子反不能决，使其于楚子前决之。明年，许男诉郑伯于楚，郑悼公如楚，讼不胜。楚人执皇戌及子国，郑伯归，背楚而亲晋。虽郑不服楚判，然经判决而分曲直，其判决之主文应为“侵夺他国之土地为不当”，此判决可为国际法上之原则。故判决亦国际法之渊源也。昭二十二年，邾人城翼还自离姑（邾邑），道经鲁之武城不假道，鲁人败邾师。邾诉于晋。晋人讨鲁，鲁叔孙婼如晋。晋人执之，使与邾大夫坐（讼曲直）。叔孙以周制，列国之卿当小国之君，使其介子服回代坐，乃不果坐。晋欲使邾众执叔孙以士弥牟之言而止，乃使叔孙与子服各居一馆隔别讯之，皆执之。御叔孙过邾馆以诣狱先归，邾子舍叔孙于箕，舍子服于他邑。范献子求货于叔孙，叔孙不与。二十四年，礼而归之。晋之判决及处理，俱未得当，不足为国际法之渊源也。

（九）外交历史　外交历史亦有在国际间应用，足为国际法之渊源者。

昭四年，楚会诸侯于申。椒举言于楚子曰“诸侯无归，礼以为归。今君始得诸侯，其慎礼矣。霸之济否？在此会也。夏启有钧台之享，商汤有景亳之命，周武有孟津之誓，成有岐阳之搜，康有酆宫之朝，穆有涂山之会，齐桓有召陵之师，晋文有践土之盟，君其何用?”楚子用召陵之礼，是皆国际上外交历史。而齐桓晋文之历史最合于当时楚会之用，而践土之盟有尊王之举，与楚宗旨不合。召陵之会最合楚用，楚于是会之，历史亦知之较详也。

昭三十年，夏六月，晋顷公卒。秋，八月，葬。郑游吉吊且送葬。晋以悼公之丧，郑子西吊子跻葬，今何以吊葬共使游吉？则引先王之制，诸侯之丧，士吊大夫送葬，惟嘉好聘享，三军之事则使卿。晋丧当郑间时，先君曾来。若不间，恐士大夫亦不能至。周灵王之丧，郑君在楚，使少卿（年少之卿）往王吏不讨恤所无也。旧有礼，有省从礼，则君幼不能来从省。则吉在此，晋人亦不能诘。晋郑皆引外交历史以应用也。

故外交历史亦国际法之渊源也。

（十）外交文书　古时书写之具不便，外交上之信使往来多由使者致词。然如仪礼所云“若有故，则卒聘束帛加书将命。”所谓书者，即外交文书也。至会盟之载书，实条约也。在会者，当记录之，以归亦外交文书也。昭二十五年，晋会诸侯之大夫于黄父，宋乐大心受牒而退牒，即文书也。

成十三年，晋侯使吕相绝秦。左传所载，洋洋洒洒，七百一十言。是否文书不可考，未必临时口说此长篇大论。若非文书，当亦预行制就而宣之也。绝秦之言，即今之哀迪美敦书也。

文十七年，晋会诸侯于扈。晋侯不见郑伯，以其二于楚也。郑子家使执讯（通讯问之官），而与之书，以告赵宣子。而晋意解与郑成。

襄二十四年，晋范宣子为政诸侯之币重，郑人患之。郑伯如晋，子产寓书于子西，以告宣子而劝之。宣子说：“乃轻币。”二十五年，赵平子为政令薄诸侯之币，而重其礼。诸国因此皆减轻同盟之负担，是则外交文书之效力也。

外交文书往往在国际上发生重要关系，故亦可为国际法之渊源。

第三节 国际公法之主体

立于国际公法之下而为权利义务之主体者，国家与交战团体是也。国家之得为国际公法主体，固为一般学者所公认，至交战团体虽未成为国家，然于一定事项与他国交涉亦能享有国际法上之权利及负担国际法上之义务，而成为国际公法之主体也。英美学派常谓国家而外，普通之私立会社及个人皆得为国际公法之主体，甚至以海贼亦为主体。然所谓国际公法之主体者，不但为国际公法所拘束，且能独立而享有权利负担义务之意。若海贼之对于国家，不有何等权利亦不负何等义务，至个人及社会非离国家，而能独立与他国相抗衡者，其权利义务实质上不外该会社与个人所关本国之权利义务，其本国应向他国要求赔偿而他国以国家之义务而赔偿之。故国际公法之主体，惟国家与交战团体二者而已。所谓国家者，主权国及一部主权国均是。

春秋时得为国际公法之主体者，亦与上相类列举如下：

（一）主权国　凡列国得列于盟会，得与各国往来，或偏远而不常往来，或竟未与中原诸国往来者，凡独立之主权国，皆得为国际公法之主体。

（二）一部主权国　凡被保护国附庸国或得列于盟会，或与各国往来者，皆得为国际公法之主体。其附庸于大国之小国，而不与他国往来者，则其所附之大国兼代表之。

（三）交战团体　春秋时之交战团体似不易辨认。

蛮夷戎狄可谓之交战团体。襄十四年，姜戎自谓“我诸戎，饮食衣服不与华同，贽币不通，言语不达”。戎狄夷蛮其人情风俗实与华大异，智识亦不及华，殆无所谓国家之组织，不得谓之为国家，不与诸国通享聘庆吊。惟诸国亦不断与之往来，交涉，或战或盟会，亦为国际法中团体之一，不得不谓之得为国际公法之主体。且有时与之盟会，亦俨然与列国之会无异。惟终鄙夷之，不视为列国同等之资格，故蛮夷戎狄其较文明而与诸国往来者，皆可视为交战团体也。至伊雒之戎及陆浑之戎（即姜戎）服从于晋，骎骎乎成被保护国矣。

至中国之内亦有交战团体。

如隐二年，郑伯克段于鄢。左传云“段不弟故，不言弟如，二君故曰‘克’。”又云“得儁曰克”（左传庄十一年），杜氏谓“若段之比才力，足以服众，威权足以自固，进不成为外寇强敌退复狡壮有二君之难而实非二君克而胜之，则但书所克之名”。按段既未成国家，据大都以耦国谓之，如二君则视为交战团体也。郑伯既养成其弟之势，为交战团体，故经亦从而书之曰“克以讥其失教，此乃实际上属交战团体，而经亦承认之者也”。

又如成十八年，楚郑伐宋。彭城纳宋叛者鱼石等五人，以三百乘戍之。宋围彭城不克。襄元年，诸侯之师围之鱼石等据邑，得援致劳众师，则其势甚盛，已成交战团体矣。经书曰“宋彭城”。左传云“非宋地为宋讨，故称宋且不登叛人也。”是实际上本属交战团体，而经不承认其为交战团体也（中国以礼教立国，故孔子极不主张此类交战团体，于郑则讥郑伯也）。

又如曲沃叛晋，而未灭翼。既灭翼，而未受封之前，亦交战团体也。

如曲沃者，他国有与之往来，适用国际之通例。如段则郑国与之对垒，如彭城则诸侯之师与之对垒，实行国际战争之事，不得不为国际法之主体也。未开化之蛮夷戎狄犷狰而无人道者，视同海贼，不得谓之国际公法主体也。

至会社或个人，亦有为国际公法主体之疑似者。

如僖三十三年，秦师侵郑及滑。郑商人弦高遇之，以乘韦先牛十二犒师，且使遽告于郑。可认为郑国之行为玩其语气，亦代表郑君之行为也，不得谓商人会社为国际公法之当事者。

又如僖二十八年，卫元晅诉卫侯于晋，晋判元晅直而执卫侯，乃晋之因卫违背正义而干涉卫事，不得谓元晅个人为国际公法之当事者也。

吴宗慈

中华民国宪法史

作者简介

吴宗慈（1879—1951），字蔼林，号哀灵子，江西南丰人，清光绪五年（1879 年）生于北京一个官宦家庭。光绪二十三年（1897 年）十九岁时参加乡试名列第一。宣统二年（1910 年），赴北京参加殿试，名列文科第二，任建郡中学堂（今南城一中前身）监督（校长），后任江西省视学。宣统三年，武昌起义爆发时，任《江西民报》（原名《自治日报》）主笔，率先登载武昌起义与九江响应独立的文件布告，并积极参与筹划江西独立事宜，主持南昌地区各界联席会议，对南昌光复有一定的贡献。1912 年，吴宗慈作为江西代表之一赴南京拜谒孙中山，汇报江西光复情况。回省后，任省民社副支部长。次年，当选为国会众议院议员兼宪法起草委员会委员，主编《醒华报》。此后，出任四川将军署秘书长、巡按署秘书、政务厅厅长。1917 年，赴广州参加非常国会，受孙中山之命任川滇劳军使，前往调停川、滇两军。随后，任军政府列席政治会议秘书兼交通部主任秘书，参谋部秘书长。1919 年，出任国会宪法起草委员会理事兼书记长，主持起草宪法，至 1924 年北伐开始时止。孙中山逝世后，军阀混战，民不聊生，吴宗慈深感失望，遂退出政坛，转入创办工矿等实业。其学术成就表现在方志学和史学两个方面。吴宗慈的方志思想，集中体现在他的三部志书和三篇文章中。三部志书是：《江西通志》（稿本）、《庐山志》、《续庐山志》。最能代表其史学成就的，则是他编著的《中华民国宪法史》，这是近现代中国的第一部宪法史。

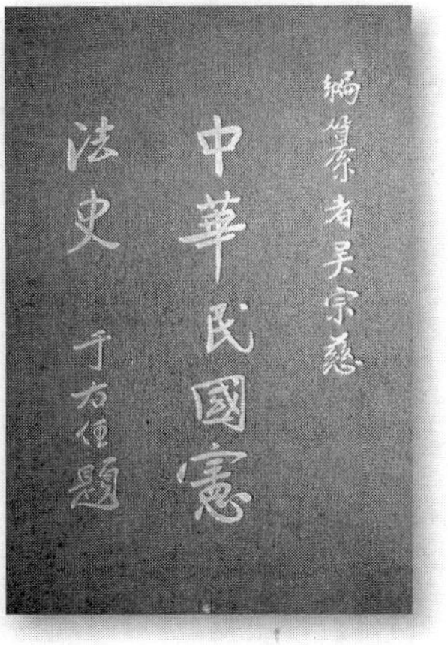

出版社：北京，编者自刊。

出版年份：1924 年。

馆藏：中国人民大学图书馆旧平装书室。

作品简介：全书取材于 1913 年天坛宪法起草委员会及五年以后之宪法会议，“以时代关系为主，以事实关系为辅”，分为卷首、前编、后编及附编四部分。卷首为宪法正文及中华民国宪法案会议经过对照表和民国议宪人名表。前编先列作者本人、汤化龙、王家襄、王正廷等人所撰八篇序言，后接八章五十二节，内容始于民国创造之临时政府组织大纲，迄于 1920 年护法中挫，最后附论坛异同集粹。后编作者自序之下列七章十八节，内容始于1922年国会第二次恢复，迄1923年10月10日宪法公布，后附论坛异同集粹。两个附编论坛异同集粹，摘取了宪法起草委员会、宪法会议之审议会二读会，关于大纲及条文之讨论的正反两方意见的精华部分。作者以亲历者的身份详细记录宪法的制定过程和各派议员之意见，为研究中华民国制宪史提供了生动翔实的资料。（张璐整理）

弁　言

余编《中华民国宪法史》前编于民国九年，护法时代脱稿，政变靡常，迟未付印，意亦待宪法全部完成耳。

今宪法公布，虽生计、教育两章，暨宪法附则未遑议及，然煌煌大典亦既昭示国民。初拟删前后编之名，略变体例，以成全书。夫前编编纂所以注重时代精神，用著宪法艰难成立之迹，然则固无取乎更张矣。

前编者，始民国创造之《临时政府组织大纲》，迄九年一月护法中挫；后编者，始十一年八月国会第二次恢复，迄十二年十月十日宪法公布。夫时代所昭垂即将来关于宪法成立之参证，嗣此续议生计、教育两章，或因需要而有所修正及损益从事，编纂者名之三编四编可也。故此书仍分前后编，而以已公布之宪法全文暨中华民国宪法案会议经过对照表、民国议宪人名表等，弁诸卷首，所望国人对兹宪法所规定细心研讨，加以充量之批评与辩难，期于将来为修正之根据，则国家人民亿万年幸福之所基也。

或谓国权、地方制度两章，二读会表决近于草率，夫此两章条文所规定，盖经各党派间长时期协议而成，嗣因六月黎元洪氏离职出京之政变中辍，继续议定本诸协议，初无增删，故草率之讥所未敢承。

其有遗憾者，则《天坛草案》之立法精神，与后此所议定之国权、地方制度两章之立法精神，容有未能一贯之处。

然此限于时代的、环境的无可如何，后来修正斟酌损益期于尽善而已。

十年国难，大法初成，泚笔记之有余痛焉。

吴宗慈识

中华民国十二年十一月

前　编

总论

宪法者，古无征也。何以古无征？中华民国，古无征也。有中华民国，而后有宪法，故宪法于古无征，求近似者，则汉刘邦初入咸阳约法三章、唐李渊入关约法十二条形式近似，实质则非。何则？宪法者，乃一般国民向主治者要求自由之权利与幸福，出于自动而非被动，非一二英豪乘时崛起，为牢笼天下人心计，除残去杀，姑与煦孑比也。唐刑书有四，曰：律、令、格、式。律、令为衡罪戾明等威之用，勿论矣；格者，百官有司所常行之事；式者，其所常守之法，与今宪法规定略同，特具体微耳。唐李乾祐谏李世民曰：“法令者，陛下制之于上，率土遵之于下，与天下共之，非陛下独有者。”夫“法令与天下共，非一人独有”语，诚是矣。其所谓“陛下制之于上，率土遵之于下”，则非今日宪法之义。宪法乃由人民公议之，非可一人独断者。统观中国载籍以来，虽不少足与宪法为义理比附之法文，然貌合而神离矣。盖数千年来，其国家组织、政治现象，皆牺牲多数人之权利与幸福，以供奉一人。此一人者，受多数人权利幸福之供奉，既泰然无愧，视为当然，而多数人之甘心以其权利幸福供奉于一人，亦泰然无怨，视为当然。然则此时代之所谓法者，仅以一人之权利幸福为主体，非以多数人之权利幸福为主体，是岂所语于今日之宪法哉？

今世界各国莫不有宪法，虽宪法成立之历史各异，与国体构造之未能大同，然宪法实质上可得言者，如国体政体之规定，如国家各机关之组织及其权限之规定，如人民对于国家权利义务之规定，如人民所感受最痛苦之事应如何划除，用明文规定其保障，社会不成文之习惯法应如何保留，用明文规定其效力宪法云云，如是已耳。自英国大宪章迄于最近俄罗斯苏维埃联邦共和国之宪法，其间孕涵精义，虽日在进化中，然约言之不过在人民权力幸福上极力扩充之，无他义也。故前以君士一人专制之，有损人民权利与幸福也。则广之为君主立宪或民主共和，然犹是少数人之制，有损于多数人之权利与幸福也。故又扩为多数人之制，此苏维埃政府之所以成立也。虽然苏维埃政府之制，固可为谋多数人权利与幸福之极轨乎？吾知将来犹不少进化之迹可以推求，然宪法大端不外乎是。

中国君主专制，数千年乌有所谓宪法者。当清末季，外侮纷乘，内政凌乱，一二先觉者倡于前，百千后觉者和于后，于是推翻君主专制，改建共和民主之国。当时为宪法草创者，有《临时政府组织大纲》，嗣制定约法具宪法之模型矣。然以一般人民习于专制，既非一朝一夕之故，故一人专断之制划除，而少数人专断之习未尽祛。故民国二年，正式国会召集宪法起草，即经袁世凯一度之破坏；五年宪法开议，六年议未竣，督军团干宪祸作，又经第二度之破坏；七年迄九年，西南护法军兴，继续议宪，因身预议宪者主张不同，九仞为由，亏于一篑，遂有第三度之破坏。而中华民国之宪法，历时八载未成。夫自欧战以还，世界思潮演进，纵令今之宪法告成，此少数人为治之议会政治，果可以求多数人之真正权利与幸福耶？其必有所以改进者，可以断言。然得寸得尺，今之宪法果成立，未尝不可为他日演进阶梯，乃并此不能确信可谋多数人真正权利与幸福。如今宪法者亦无实现之一日，可胜叹哉。是不仅吾中华民国国家之羞，实吾中华民国国民无尽之责也。爰汇集《临时政府组织大纲》暨《临时约法》缘起，以及民国二年迄于九年一月，宪法起草、审议、二读、三读之事实经过著于篇，凡分八章五十二节，中间于历年之波折与破坏之原因，尤加详焉。虽宪法全部首尾完成而一时代一事实之首尾毕，具用著中华民国宪法历史成绩云尔。天佑民国，假以岁月，全部宪法终可观成，继续编纂俟诸异日，抑或世运递迁，思潮演进，中华民国宪法更有进于此者，以确谋多数人真正权利与幸福，则是编用覆酱瓿为异日历史陈迹，则尤吾人厚幸也已。

附编　论坛异同集粹

吴宗慈　本席以为，大总统既不俟宪法全部告成先行选举，则副总统亦当然同时选举，其理由：一则，大总统、副总统同时选出可以省却若干之手续；一则，大总统选出以后，在宪法全部未告成、副总统尚未选出期间，设有死亡及其他事故不能执行职务时，将以临时之副总统代行其职务耶。抑不须临时副总统代行职务，而令临时国务院执行之耶。无论如何，法律、事实两方均属不妥。至于大总统之资格、任期及职权等，均当然应规定于宪法中者。今大总统既不于宪法成后选举，然则今所定之选举法，其关于资格、任期、职权当均采入，不然无资格之规定，则选举人将无所根据；无任期之规定，则所选出之正式之大总统，将一月二月而谢职欤？将终身在任欤？此实将来之莫大疑点；无职权之规定，则所选出之正式大总统将无职权之可遵守。或曰《临时约法》曾规定宪法未制定以前，约法与宪法有同等之效力，故约法上所规定大总统之职权，将来正式总统当然有遵守之义务。然当知约法所定固然如此，吾所虑所选出之正式大总统或藉口曰："吾系被选之正式总统，彼临时约法系拘束临时总统者，固于我无与也"。其将若之何？故本员之意以为，本委员会对于大总统之职权，均经早日议决即可一一采入选举法中，并不费事俟。大会将此选举法完全通过，将来可分别采入宪法中，庶会议宪法时亦可少若干之争执也。或虑如此必费时日，本员意以如此重大之事，不应专以求速为计，若仅仅以急就章为前提，则本员主张此选举法之规定亦属具文，只须由两院会合照依选举议长方法选举之可矣，再推其极而言，则选举亦属具文。视当今之权势孰为伟大者，巡直为之可矣，何必委曲周转经若干之手续哉？故恐费时日之说，当然不能成立也。又各国宪法均有大总统就职之誓词，所以表明其对于国家之心迹者，此事断不可少，故选举法中，对于就职之誓词亦当撰就。

朱兆莘　本席对于大总统选举机关主张由国会行之，其理由有三：（一）中国教育未能普及，人民智识幼稚，不能行使直接选举之制。（二）由国会选举大总统系法国制度，而吾《临时约法》亦已有规定，临时大总统由参议院选举之。昔日之参议院即今日之国会也，法国选举大总统由上下两议院组织特别机关行之，其分子为国会议员，而别其名曰"国民会议"。本席以为，可仿法国制，由国会组织特别机关，即可名"选举大总统会"以行使选举大总统之权。（三）宪法大纲已议决采内阁制，总统不过一名义元首，权力甚少，以后争政权者，其目的必在总理而不在总统，故对于总统之选举，可无须用繁重之手续以致骚动全国也。

黄云鹏　本员对于大总统之选举机关，既不主张直接选举，复不主张国会选举，何以言之？世界共和国大总统之选举法，分美国式之直接选举与法国式之国会选举两种，然终不免有缺点：（一）美国行直接选举者，一则，铁路普及全国，交通利便，办理选举甚为迅速；二则，人民教育程度甚高，无不披览新闻留心政治，故能采用此制。然一次选举，全国骚扰，其竞争之激烈，殆为无血之革命。若施之中国，交通不便，办理迟缓，人民知识狭陋，所举必不得人，且更有全国骚扰之弊，本员所不敢赞成者此也。（二）法国行国会选举者，因屡次革命后深恐帝制复活，故使行政由立法所产出，不免失却三权分立之精神，而行政行动承国会意旨，不能独立发挥行政之权力，以促国家之进步。本员亦不赞成国会之选举者此也。至本员所主张者，为地方最高议会投票选出候补大总统汇集于参议院，由参议院合同众议院开会掣票，以得票最前三名为确定候补大总统，然后由两院所组织之选举会决选之。如此办理，既无美国繁重骚扰之弊，复无法国国会牵制之嫌，民意可征求而不失之轻率，党争可减杀而不陷于偏私，郑重公平无逾于此。但最后尚有一条，以为此法虽善，惟第一次正式总统选举因时势之迫，促各省省议会多已闭会，而人民希望正式政府成立甚殷，此次可不适用，暂由两院会合选举之，但以此第一次为限。是否可行，请诸君商榷。

蒋曾燠 本员不主张由国会选举大总统。盖立法机关乃立法之分子所组成者，以之代表国民执行立法之手续及表示立法之意思而已，若选举大总统，国民应有之权利，本非立法机关所应有，且宪法原依国民之合成意力而定，今两院之立法分子，既有制定宪法之权，又有选举大总统之权，则是国民权利全入国会掌握。尤属不可再者，国会所在地常与中央接近，于地方种种观念诸多隔膜，已不足以完全代表民意，而参议院议员任期六年，若四年选举大总统，是一人而有两次选举大总统之权，尤大不合于国民心理。有此种种原因，故由国会选举大总统决不可行。但事实上，在吾国又不能尽合多数人之意思而直接选举，故本席主张于两院之外，以别一种分子另组织一新机关选举总统，其选举人数应较众议院人数增加一倍，至此机关之如何组织可另以法律定之。

伍朝枢 本席以为选举内阁制之大总统与选举总统制之大总统大不相同，请诸君注意自己意见，亦不妨牺牲。本员对于由省议会组织选举机关，或完全或一部分均不赞成其最大理由在保存省议会。何则？现各省省议会均有党派与中央党派相同，党名党义亦皆相符合，然此实政党之大谬。各省党派与中央党派不同，中央之党以全国政策为党争之的，地方党派应以地方政策为党争之的。地方政策各省不同，如在苏省甲党或以浚河为政策，在广东或以节省经费为政策。中央与地方之不同更不待言，是地方党派应与中央党派不同。若以省议会参与选举总统，则对于选举之事必生党派，于是各省议会将不以地方政策而分党派，而反以中央政策而分党派矣，此本席所极不赞成者也。且人民之选举省议会议员者，亦系因地方政见选举甲议员，以其主张筑某铁路，不投乙议员之票，因其反对此铁路，并非因选举总统也。或谓以国会为选举机关易受运动、受压制，然在省议会岂即可免此现象耶？故本席亦绝对主张由国会选举为选举机关，蒋君意思绝不赞成。

段世垣 总统选举方法，本席主张由各地方最高议会选举，而以国会为核算票数及决选之机关，但第一任总统由两院会合选举。以为世界先进各国，其选举总统方法大概分直接间接两种。就理论上、原则上论，直接选举量与学理相符合，然衡以民国今日之国情，直接选举手续之烦重，惹起全国社会各方面纷扰，按之人民知识之程度、运用政治之能力，以及交通之情形、日前内外两种之危险，断然不可采用。无已亦惟于间接方法中求其稍稍适当，足为一种最良之折衷方法者。惟有以各地方最高立法机关为选举总统之机关，而以国会为核算票数及决选之机关为最后之补救。其理由：（一）须勿背于普及之原则。选举总统为人民之人权，理应求其普及，纵普及之法（即直接选举）不适于今日之国情，亦必求其与普及原则相近者，所以主张由各地方最高议会选举，较之纯由国会分子选举，稍为推广，而社会上又不至直接惹起纷扰。（二）须使人民受直接感觉。共和政治之入人心，以选举总统为最大之感觉。盖中国数千年来之历史，专制之历史也。一般人民几不知共和为何物，故往往以总统之选举为认识共和之标准，若行使最重要之总统选举，而一般人民俱在不知不闻之乡，则其脑筋中之共和观念必不能日益发扬，以促成共和政治于无形中为最力之保障。（三）须避各方面之影响。选举总统，观人民意思之信仰，若选举人萃于一地为竞争之集点，易受各方面之影响，往往枉其本来之意思，甚至酿成人心之腐败。具此三理由，本席以为由各地方最高立法机关选举其选举人之程度既较之一般人民稍高，而又无召集选举会之烦难，兼可稍收普及之功效，并可免国会选举之流弊，且遇票数相同时，尚可为最后之决选，所以本席主张由各地方最高议会选举。至本席主张第一任总统由两院会合选举者，以为临时政府早已满期国民望治之心，几以总统选定与否为先决，外交之承认，亦多以总统之选定与否为观望，且各省社会多已闭会，故欲图目前之救急，除两院会合选举外，别无良策，亦不得已而有此例外之主张也。

刘恩格 本员对于大总统由国会选举一说极端反对。以为在真正共和国家取代议制度已属万不得已，若举一切立法权、监督行政权、人民选举权，悉委之于国会未免与共和国之原则违背。今国会既有定宪权，而将来宪法上规定之同意权、弹劾权、审判权，以及种种关于国家之权限，其重要之点亦无不属于国会之范围内，苟并人民选举大总统之权亦剥夺之，势必至政治上之公共权利为国会一机关之私有权，政府之措施，事事仰国会之鼻息，而人民丝毫不得与闻，恐有失共和政治之精神。故严格言之真正共和国家，必人人有选举大总统之权，成为人民直接选举之习惯，而后可然。我国土地辽阔人民众多，则直接选举之法亦为事势所限，断难实行，不得已而思其次，惟有由人民间接选举为最善。至本员所以主张人民间接选举者，可分为两层解释之：一则就本员根本之主张而加以发挥；一则就诸君非难此主张之意思而加以纠正。庶诸君对于本员所主张，经此解释必易于明了。先以本员根本之主张言之：第一，由人民间接选举，可表示慎重国家组织之意。盖总统之地位，对内则为一国行政之首长，对外则为一国国家之元首。选举总统权，实一种关于国家组织最重要之手续，苟仅由少数人之国会行使其手续，而多数人反不得与，未免重视国会而轻视人民，殊非所以慎重国家之组织。第二，由人民间接选举，其结果可使人民认定选举总统为人民之自由权，□（原书印刷不清——编者按）各个人可自由发表其意思，而国家与人民相关系之观念方深入于一般人民之普通心理。苟仅由国会选举，则人民几忘选举总统为人民庶有之权利，而其权仅操诸国会一机关，则人民视总统将如视皇帝当□（原书印刷不清——编者按）共和基础未固，时代殊非所宜。第三，由人民间接选举，合各地方人民而选举总统一人，以较由国会一机关选举少数人之意思。而选举之所在地亦仅限一地方，则利诱威胁之弊易滋，若由各地方之多数人民意思举行选举，则其弊之发生较难。故本员主张仿照选举众议员办法，由各地方人民各选出大总统选举人若干名，组织一特别选举会选举之，较为妥善。再以诸君非难之意思言之：第一，谓我国人民程度幼稚，若由人民选举有种种困难，远不及国会选举之利便。本员以为我国人民程度幼稚诚无可讳，但须知人民程度幼稚乃一时的幼稚，非永久的幼稚。而我国宪法将来必采刚性主义，不易变更，此皆诸君所承认者。试问诸君对于人民程度希望其完全发达乎？抑希望其始终幼稚？对于宪法性质采刚性者乎？采柔性者乎？苟诸君欲促进人民之程度而不愿其始终幼稚，又制定宪法为刚性的，设使人民程度完全发达时，岂非须变更宪法？故不能以一时之事实概永久之法制。有如此者更进一层言之，惟其人民程度幼稚，共和基础未固，多数人不知共和为何物，则曰人民选举更足以引起一般人民对于共和政治之责任心尤为妥善。第二，谓法国为共和之先进国，其国情亦与我国大致相同。法国总统系由国会选举，则我国仿法国之先例，亦未为不可。殊不知法国地狭人少，故以国会代表民意而已足，而我国则土地辽阔人民众多，断非以国会一机关即可云完全代表民意，而尽夺人民选举总统之权，此我国与法国异者。法国采取系纯粹中央集权制，故其于地方之意思不必求其普遍，而我国则事实上、习惯上均不免地方之观念□（原书印刷不清——编者按），虽将来采中央集权制或地方分权制尚不可知，要皆不至趋于两极端，则对于中央与地方之意思必求其一致而后可。国会为国家机关，其意思自不免偏向中央，故由人民选举方能调和中央与地方之意思，此又我国与法国异者。故立法当求其合于己国之国情，不能仅模仿他国之先例。第三，谓我国当革命时代，即系由国会选举总统，革命时代且然，况于统一时代？若此说，则衡之政治上原则与立法上理论而两不可通者。盖政治上务求其普及，立法务垂诸久远，如说者谓革命时代云云，乃一时一事之计划，不可以例国家之根本制度。果如其言，则我国革命时代尚系采一院制，现时亦不能改为两院制矣。第四，谓采责任内阁制，总统必须国会选举，因总统不负政治上责任，内阁代其负责任，而内阁即由下议院多数党组织之，苟总统不由国会选举，则又何能使内阁代总统对于下议院负其责任？故一方采责任内阁制，一方面总统由人民选举，不免与责任内阁制之精神相冲突。此说本席亦不敢绝对否认，但本席以为，责任内阁制内阁代总统对于国会负责任，乃自政策之施行而言，因政策本由内阁施行，自不得不负责任也，若选举总统本为人民应有之一种权利，与内阁政策之施行绝不□（原书印刷不清——编者按）涉，则由人民选举总统不过表示郑重而已，与责任内阁制总统不负责任之意思并无冲突之处。第五，谓国会含有国家观念，其眼光远大，若各地方之人民，则皆不免偏于一地方之观念，其眼光狭小，故人民选举不如国会选举之为益。本员以为不然，国家为人民构成，无人民何有国家？故合各地方人民之意思即国家之意思，不得谓其眼光狭小，且国会乃中央立法机关，去地方甚远，于各地方人民之意思恐未能完全代表，而不免偏于中央之弊。由人民选举，则各地方人民意思一一能完全发表。第六，谓国会议员为人民代表，既可有立法权利，亦可有选举总统权利。本员亦不以为然，一须知立法权仅政治上权利之一种，不得谓有立法权即应有选举总统之权。如一人赠我以帽乃并其靴而夺之，有是现乎？且人民所以委国会议员为代表者，因立法手续至为繁冗，不能事事躬亲，若选举总统，则其范围限于一事，其期间限于一时，有何不能躬亲之有？第六（联系上下文，此处应为“第七谓”——编者按），谓我国交通不便，总统由人民选举，其手续极烦难，必至召全国之纷扰。本员以为此层并不发生问题。因选举总统不过一时一事，既如上所言。如以交通不便、手续烦难为辞，则选举议员其事尤烦，总统只一人，而议员千百人，何独不以选举总统所虑者，而虑之于选举议员乎？果尔，则选举制度何一而非烦难者？如说者所言，必尽废选举制度而后，可此又本员所不敢赞同者，故本员最后研究所得之结果，仍主张由人民间接选举，但第一次格于事势，暂由国会选举为宜。

孙润宇 本席对此议题主张分为两种：（一）永久办法。（二）临时办法。永久办法主张由人民直接选举，其意蒋君已经发挥，本席将再补一简明之理由。今民国采代议制度，由人民选举若干人为代表，组织国会议决国家一切大事，然按诸原理原则，凡共和国家政治施行，应合人民会集讨论始为合理，只以事实上既无如此伟大容积之议场，又无如此复杂讨论之方法，且人民程度不齐，不得不使其选举较有学识经验者出为代表。至投票一事，非议事可比为法至简易，未有不能者。故由共和真理而言，大总统应由国民直接选举，今以我国人民程度不齐，姑弃前说。本席以为，当于各省设立初选机关，以众议院议员之初选当选人为选举总统之选举，盖若辈具有普通知识，于国家现状略能明了，以之为初选之选举人自无不当也，嗣由各省初选机关将投票结果通告国会，由国会将各省比较多数之二人举行决选。夫以人民为初选机关，以国会为复选机关法，至完善，当可为国家之永久根本办法。至于临时办法，则第一次选举正式办法，以国会分子组织总统选举机关，名为“国民议会”以选举大总统，取其迅速、便利，惟此种临时办法规定之于宪法。诸君中或有憤疑此法理不合者，考太西宪法中如葡萄牙、瑞士等九国宪法皆有暂行条文，盖亦治标之一法也。

张国溶 本员第一主张，以为共和国大总统只有人民直接选举之。一方法，此法行之巴西，吾国能否仿行以实情观之。吾国地广人众，以之选举议员尚不能直接，则欲人民直接选举大总统必办不到，故本员尚另有一种主张。第二主张，即由两院议员会合为国民会议，以为选举大总统之机关也。本员第一主张以为谋百年之计划，应由人民直接选举，然宪法者亦非百年不变□□（原书印刷不清——编者按），此时直接选举既办不到，则可暂由两院会合行使，候能办到直接选举时，再行修改宪法亦无不可。本员之所以如此主张者，以为选举大总统除人民直接外均系间接，而间接方法莫如两院议员会合选举较为适宜也。适间诸君之主张不过三种：（一）由省会初选国会决选。就一方面观之，以为省会初选较为普及，然以本员推论，则不如由各县会初选尤为普及，再进而言之，则由各省最下级自治会初选，庶乎人民直接选举之义相近。试问此种办法能否办到？如可办到反不如由人民直接选举之直截了当矣。易一面观之，初选选不出时，必由国会决选，既已限制国会自动之选举，而最终解决又不能不委之于国会，则何如径由国会选举尤为便捷。（二）以众议院党员初选当选人为选举人，不知此项当选人系以选举议员之目的而当选，虽其人尚存而实质相违，或谓不如另选如额之初选当选人以选举之，则手续频烦，又多一次纷扰，且取此方法者，以其能接近于民也，然亦始于间接而终于决选，不能得其实益而徒滋弊扰。（三）比照两院员额，另选出一般人为选举人，此说也如用国会选举方法，是以选举初选人之纷扰为未足而为二重国会之选举，易言之，是非不取国会之员额及机关，而不取已为国会之议员，则直可谓为准国会矣。持此说者不外两种理由：一谓人民所有权利不能尽委之于国会。不知选举时已离去国会之形质，而成一选举会，不过因其便利而仍使其人行使之耳。盖以议员而兼为选举人，不得曰委其权于国会也；一谓法国国小，故用议员选举。此说恰与一般论理相反，惟小国易行直接选举，大国难行，故用间接法，且如此何况吾国？总而言之，如不能直接选举而另组选举机关，不但手续非常困难，且引起全国之骚动，若由乡而县而省，无论何级机关，而其结果仍不能不藉国会为最后之解决，则何妨以选举事直委任之于两院议员也？故本席主张，如不能行直接选举，则间接选举莫过于两院议员者，谓宜规定于宪法之数届后，俟交通便利程度愈高，能直接选举再为宪法之修正。诸君所谓各项机关，不敢赞成，即所谓两院议员选举只能适用第二届者，本员亦不能附和也。

吴宗慈 本员主张与孙君润宇大致相同，亦以为第一期总统应暂由国会选举，第二期则不由国会选举。现将孙君未发挥尽致之理由补足说明之。查各国选举大总统，在宪法上多规定以国会为决选机关，所以必设此决选机关。必以国会为决选机关者，其中大有深意。试详言之，假如大总统选举即以国会为选举机关，仿法国制原无不可，然此中缺点则国会份子信任不能一致之时，则当第一次投票时，有一部分人之意信任某甲足胜大总统之任，故被举者为甲，又有一部分人之意信任某乙或某丙足胜大总统之任，故被举者为乙或丙，而其投票之结果，则甲乙丙三人均不能当选，其势不能不出于决选，既决选矣，则此投票之三部分人欲求投票之有结果，则必有一部分或二部分人牺牲其向所信任者，移而信任第二人。然则一国元首如此重大之事，立法者竟陷令投票份子今日信任此一人，明日信任彼一人，无一定之意思，其为危险何可胜言？设有因党派上之关系，此甲乙丙三部分人之信任始终不移，则其投票永无结果，斯其影响所及必将因选举竞争而演出杀人流血之惨剧矣。故本员不主张以国会为直接选举机关，而赞成以国会为决选机关也。

其以国会为直接选举机关，尚有最大弊害。则因国会之设立在行政首都所在之地，将来选举之时，为利诱为势迫均属万不得免之现象，愿诸君平心静气一思之也。

或谓吾国政体既采内阁制，大总统由国会选出，可收政见一致之效。本员以为，此当分两层论之。以直接选举言，如国会议员系甲党占多数，则大总统直接选举甲党亦必能占多数；如以责任言，则既采内阁制，大总统不负政治上之责任，其与内阁又有何政见不能相合之处？故本员意以为，既采责任内阁制，则大总统由国会选出或非由国会选出，本无关系。故选举总统之法在宪法，当然有刚性之作用以垂久远，则主张不由国会选举而赞成孙君润宇之主张，若第一次之选举办法，则主张定一暂行办法，或谓无先例之可援，然如葡萄牙之宪法，其对于大总统之选举即系另定一暂行规则。故以本国情状论，或用临时字样亦无不可，适谷君谓立法例不应有暂时及临时者，然何以中华民国又有临时约法之规定耶？

或谓现在人民程度不齐，地方观念太重，如以省议会为初选机关，在广东省所举者必为广东人，在广西省所举者必为广西人，如是则候补大总统人数过多，将来又须经国会之决选，不如直接由国会选举为便利。本员以为，此虽事实上或有之事，然亦无碍，总之将来规定大总统候补者，应照美国先例在两人以上，此次之大总统候补者，本员以为亦必在二人以上，此似可无庸研究。此外，又有主张第一届总统由国会选出，第二届以后若不由国会选出，将来可于修正宪法时修正之。本员以为此应定在宪法上永久不能变更，只因受时势之牵掣定一临时规则，亦无不可。总之，用间接选举方法，以众议院议员初选当选人为选举人选出大总统候补者若干人，再由国会决选之，此法为本员所最赞成者也。

张耀曾 本员所主张者与黄君大致相同，而对于黄君之说稍有补充。以为凡制定宪法应有贯彻到底之一种精神，而后所制定之宪法方有系统。今制定共和国宪法，自当以普遍的精神贯彻到底，何以故？因普遍的精神乃共和之精神故也。普遍者，凡范围内所有各方面不同之意思尽网罗之，不使一方面向隅，是之谓普遍。在国家政治上，最有关系而方面不同、利害不同显然易见者有二种，一地方，一中央。大总统之选举关系重大，必使政治界各方面之重要意思悉得发抒，调和一致，然后其所选举者始能完全得全国之信用。故本席以为，选举大总统必使中央与地方意思俱能参加方妥。而构成中央之根本意思者，为国会；构成地方之根本意思者，为地方议会。故选举大总统，必使国会及地方议会均得参加方合普遍之精神。或谓下院代表一般人民，上院代表地方，故由国会选举，则地方之意思已经参加，是未必然。盖国会自客观言之，实为国家一种机关构造，表现国家之意思，为广义的中央政府之一部，故国会之眼光实注重于国家，一方面纵有地方之份子在内，然为国会行动之时，其眼光亦自然倾于国家；一方面若仅由国会选举，所选出之人其才干与思想于国家一方面虽属适当，然试问果适合于各地方之意思与否？殊难断言。然专由地方选举一说，则亦不免仅从地方观念上着想，恐所选出者，虽足以代表地方，而于国家大政上之着想缺漏必多。故本员最后研究所得之结果，则欲求全国信仰之人必使中央与地方两方面之意思均得参加，不专趋于地方，亦不专趋于中央，然后于宪法之普遍精神乃能贯彻到底，而各方面之思潮始有调和之希望也。

王用宾 本席主张，由民国议会议员组织选举会选举大总统。欲明本席主张之理由：第一，当比较法、美两国总统制度之异同。第二，当证明吾国无取美制复杂机关之必要。按美宪法第二条第一节第二项及修正第十二条之规定，各州依于其立法所定方法，选任其州应选出元老院议员及代议院议员同数之选举人，各于其州依秘密投票选举大统领及副统领，封印而齐呈于元老院，元老院议长当两院议员之前计算票数，如无得选举人总数过半时，大统领于得票较多者三名中，由代议院决选之，其决选之投票，各州议员各有一个投票权，以州之三分二所出议员为法定员数，以州之总过半数为当选票额，副统领由元老院于得票较多者二名中决选之，其决选以元老院议员总数三分二为定员数，总过半数为当选票额。按法国一千八百七十五年二月二十五日宪法第二条，共和国大总统以代议院、元老院会合之国民会选出之，得过半数之票者为当选。据此，则法美两国总统选举之机关皆非国会，而为特定之国民会。惟国民会组织之份子，即所谓选举人者。法以两院议员代之，不另选举；美则另选与两院议员同数之选举人为之。以是之，故法之国民会合开于首都，美之国民会分开于各州；法之投票结果，无当选者则重行选举，至于有当选而后已，美之投票结果，无当选者，则不能由各州开国民会议选举，即以代议院为决选大统领机关，开元老院为决选副统领机关。质而言之，法国选举总统机关组织简单，美国选举总统机关组织复杂。夫美之所以如是复杂，组织选举机关者，其立法之意盖与法国相反，即法国主义取近于国会者为总统，选举人美国主义取远于国会者为总统。选举人其主义可得而言焉：（一）美国采三权分立之制，总统为行政部首领，若由近于立法部者选举之，足以减杀行政之独立而使隶属于立法部。（二）美总统负政治责任，其责任向全国负之，故一切制度皆以总统接近国会为大戒，不以议员兼选举人而由各州选定选举人选举之，尤其精义所在者。（三）美为联邦国，联邦国之总统以各州人民意思所作成，故各州选举人选出之方法，各由其立法部定之，选举会各于其州开之，决选之投票权各州平分之，当选以州之总过半数为之等规定，皆与联邦议会议员之代表全国国民者意思不相同。（四）此外，美之立法者尚为避政党竞争之局，取近于直接选举之义而直接选举人于众民，分开选举会于各州，较于兼以议员选之首都，自易贯彻其目的。由以上观察之结果，选举总统机关之组织，美之取复杂，而法之不取复杂，其异同之故可知矣。吾之国情既不取三权分立，而取三权交辅之制，既不取总统制非议院政治，而取内阁制议院政治，既为固有之单一国，而非联邦国，则必不能不效法之以国会议员为总统选举人，固无可异议者。至美之立法者为避政争之计划，学者早议其失败。美之每次选举，乡区之运动，户外之演说，举国骚然，执与法制单纯，其政争集中于一隅之为得，盖政争随选举所在为转移于各州，则政争遍各州矣。此外，美制之决选机关属于两院议员，尤为紊乱系统并远于国会之主义，亦自牺牲之益，征其制之凌乱而苦无相当救济之道，况吾更有决不适此制之国情在踵，谬寻尤甚无取也然。至此，尚有最有力之反对论，即某君所主张组织选举机关须调和中央、地方、人民三方面之思潮，贯彻宪法上之普遍精神，以国会议员近于政府，其为民选可代表民意，而于地方一面意思欠缺。在本席以为，调和各方面思潮之论甚。美以国会议员组织选举会亦足调和，以众院自民选出，参院自地方选出，两院制实出于调和人口比例与地方区域之精神。将来选举法如何变更，而此制苟存，此义不容或泯。以人口比例与地方区域选出之议员其于中央为政府一部之立法部，三方面思潮比较可以调和，若犹不此信任而必加入地方最高议会议员组织国民会，或以地方最高议会为无当选者时之决选机关。本席以为，第一说是否有重复之弊。地方最高议会议员不能全加，将选若干人加入之与参议院议员即出于地方议会选举者不免重复。第二说是否倒用美制，理不可通。盖美取远于国会主义，其以国会决选实不得已，此则为调和地方思潮。然若径有当选者，则决选无用，目的仍不能贯彻矣。总之，选举机关无绝对之良制，比较立法尚以两院议员会合者为适用于吾国之制度。再本席所称国民会者，不过表示此种选举机关之意思耳。草创条文之时，或国民会，或选举会皆可，惟当避与制定及修正宪法机关之名称相混。以是等机关在法律上为最高之国家机关，总统乃与国会同为宪法建设之政府机关，不应以最高之国家机关选举之。将来最高机关之实质，是否与国会选举总统机关同别一问题，而为拥护制度之纲纪则嫌名所大忌也。

骆继汉 本员之修正案系于第一条加两项，但书在反对者约分二项，第一项又分两说：（一）政治说，（二）历史说。第二项亦分两说：（一）关于伦理之说，（二）关于连任之说。兹就反对者第一项之政治说而言，反对者谓中华民国五族平等，优待皇室条件不能牵扯至此问题以破五族平等制度。是说听之似甚有理，但天下之事权利义务皆须平等，受优待条件者既享有特别待遇，当然受此种特别之限制。譬如选举权，凡为国民者无论何人有法定资格者，皆得享受，而官吏、军人因有特别之职务，即不能享受选举之权。本员加但书以限制之者，亦同此理，且本员所加之但书，不至牵扯种族之问题，即使系属汉人，如果享有优待条件，亦应在限制之内，非指种族而言也。其第一项之历史说，谓民国虽成共和，但与法国之历史不同，修正案之意系仿照法国而来，民国之历史既与法国之历史不同，不能采取法制听之，亦似有理。盖谓前清以揖让退位，而法国乃以暴虐致亡，但前清虽有善政，本员亦能举其虐政，不过虐政之说则出乎议题范围之外，似不在本条应讨论之中。夫法国何以有革命，民国何以亦有革命，此即不同而同之理由也。盖法国之革命，固因暴政而起，而中国之革命亦何尝非因有暴政而起？本员以为系同一之原因耳，且历史上虽与法国稍有不同，在宪法条文上实有采取之必要也。其第二项之伦理说，谓大总统与皇帝不同，本员以为如直系旁系之亲属在条文上不加限制，则恐总统之制度将有无穷之弊，考诸历史罗马凯撒之甥有屋大维，法国拿破仑之姓有拿破仑第三，观其事实可为殷鉴，故本员以为第二项之但书甚有理由。再者还有美国之塔夫脱与罗斯福二人之事迹，塔夫脱本无被选总统之能力，因与罗斯福有关系，至罗任满后，有罗氏之帮忙坐得总统，罗氏与塔氏虽非亲属，而前任总统为后任总统所利用之确证已可概见。最后反对者以为与连任有关系，现在审议会议决可以连任一次，以为照此规定，则并总统本身且得连任。对于总统亲属更何限制之必要，若再如是规定，岂非两相冲突乎？本席则谓并无冲突。查限制连任之规定与限制亲属之意思实有不同，连任问题系避更易频繁之弊，且令为总统者得竟其长，其流弊尚少，至于亲属继续，则恐养成贵族政治，而日流于专制矣。尚有须声明者，自本席提出修正案后，赞成、反对各有理由，而对于本席之修正案亦有再加修正者一说，谓第一项之限制不宜，照修正之原文，不如只限于世爵之名义；又一说，第二项之限制可以将旁系删去，只限于直系范围似乎稍狭；又一说，谓此项限制不宜规定于选举法中，可以要求宪法起草委员会将此限制加入宪法条文之内，亦均持之有故，言之成理。要之，本席提出之修正案能成立与否，本席固无甚关系，然此问题影响甚大，务请诸君平心静气以讨论之。

王敬芳 本席对骆君修正案系反对者。查修正案之理由，其意不过防帝制之复活，此种用意本席亦甚为钦佩，然本席对此修正案以为并非可不可之问题，乃是必要不必要之问题。第一项之限制并非杜撰，是采取法兰西之制度而来，但须知法兰西何以有此规定，盖由路易十六后改为帝制国，拿破仑改为共和，复由共和改为帝制，拿破仑死，又改共和，其后拿破仑之侄拿破仑第三由共和又改帝制，最后由帝制复改共和，君主、民主颠三倒四，最后之革命军起，议决国体时君主与民主只相差一票，有如此之危险，所以必须设此规定。现在，试问中华民国国会内八百余议员何人能有帝制复活之思想耶？中国与法国情形绝不相同，而乃抄袭此种既无丝毫效力适足以见国民道德之狭窄耳？本席以为实无规定之必要。至第二项，谓大总统直系、旁系之亲属不得被选。试问中华民国人民是否一律平等？若大总统直系、旁系之亲属加以种种限制，与人民平等之义合乎？不合。果若是有才有德而为人望所归者，将不生于总统之家，此何异前清时代之科举制度，其亲属人等不得与于考试？其不合理可知。此项限制尤属狭隘，所以绝对不能赞成。

王源瀚 本席对于此项但书是赞成者。关于法理者，提案人已详细言之，本席不再赘述。本席对于王君之言稍有意见，盖以中国数千年君主专制，共和观念极浅，根基薄弱，所以必用法律保障之。至于法兰西定此种限制，王君谓系因有危险共和政体，势将摇动，故始定此限制。但法兰西经过数十年之久，中间几经困难至一千八百七十五年始规定此项限制，中华民国共和成立未久，焉知以后无危险耶？如果发生此危险时，即使牺牲若干人民生命财产亦不敢谓必能挽回也。现在若于宪法中加此规定，寥寥数字即可保障一切永久无害，岂不甚妙？至于所谓王朝宗族即是满清王族，虽未必有人有大总统之希望，但现在外间枪毙人犯宣布罪状，往往有宗社党之名，将来难免或有危险。如谓五族共和，人民一律平等，不应剥夺满清王族之公权，但既谓五族平等，何以又有优待皇室之条件？既受此特别优待之权利，即当受此特别限制之义务，此本席赞成但书第一项之理由也。至于第二项，现在总统连任问题大会尚未决定，审议会议决五年得连任一次，假如某人被选为大总统任期五年，连任一次即是十年，若其直系旁系之亲属再被选为大总统任期五年，又连任一次亦为十年，二人共计即有二十年，当此二十年之间，我国共和观念既极浅薄，二十年后已不知成何景象矣。如谓总统直系旁系亲属有才能者，若无被选之权甚属可惜，但条文上并非谓永远不得被选，只限于现任总统解任后不能直接被选耳，至五年后仍然可以被选，是其公权并未剥夺。请诸君注意，现在寥寥数字即可保障共和之巩固，倘立法不周，恐将来流弊所至，牺牲人民生命财产亦无自挽回矣。

刘万里 本席对骆君修正案极表赞成。本席以为，中华民国宪法内当然有此种限制，审议会讨论结果将此修正打消，甚是奇怪。宪法为中华民国之根本法，根本法之制定以国情为标准，其有合于国情者，当然采用，其不合于国情者，始不采用。现在此种但书以中华民国之历史及现在之国情观察之，甚属合用，所以本席主张非采用不可。盖无此项但书，则法律上无保障共和之明文，甚为危险。在反对者以为，与共和政体不合，共和政体四民平等，皆应有被选大总统之权利，不应有何种限制，设此限制实属错误。本席以为不然，法国及其他之共和国设此种限制者甚多，是为保障共和政体起见，实不关平等与否问题也。又有谓法国最初之宪法并无此项限制，不知此乃法国最初宪法之缺点，中华民国应避其缺点而加以此种限制以防患未然。适间王议员源瀚所言，现在国体虽无危险，若至有危险时始思挽回变更宪法，恐悔之无及。在反对者又谓，美国亦共和国，并无此项但书。殊不知美国本以共和立国，并非改制之共和国，自全世界观之，凡是先君主国而后来变为共和国者，皆尝立此种限制者也。我中华民国是改制共和国，何以宪法上不规定有此项但书耶？在反对者更谓，如设此种限制则与优待条件不免抵触。本席亦以为不然，五族既属平等，无所谓优待不优待，是优待条件已不免有破坏平等之诮，所以必须设特别限制也。至于第二项之但书，选举总统固应以人才为标准，无论何人皆可当大总统，何以总统之亲属不能当大总统耶？据本席观之，大总统之亲属不得被选为大总统者，照条文之规定是暂时之限制，并非永久之限制。总之，此种但书于保障共和有百利而无一害，本席所以绝对赞成加入此项但书。

谷钟秀 本员以为我国制定宪法不能不详细讨论此出席人数。在世界各国于选举总统时，均无规定出席人数者。今我国既然规定，所以有主张加多者，有主张减少者，种种不一，此皆因规定出席人数之故，所以发生若许争执。以本员观之，出席人数无规定之必要。至于当选人数，各国通例以得票过投票总数之半者为当选，并无所谓四分三、三分二之限制。今规定之，恐一次两次不能选出，故又另设出救济之方法。夫以立法上救济方法，本为例外不得已而设，今乃事实上明知不能办到而必设例外之规定以为补救，则殊违立法之本意，系为若一二次皆不能选出时，不得不设一救济方法也，故始有例外之规定。夫原案规定三分二是已不能行审议会修正，又改为四分三，不知三分二在世界上只有两国适用，四分三则为世界各国所无者。四分三之得票，普通观察无不知其必无结果，必须至两次三次决选之始有结果也，于是不得不另设救济之方。吾不知立法者之用意何在也。夫考之各国既无先例，事实上又不能行则此救济之方法，实非救济之方法，直为事实当然之方法也，所以本员主张出席人数不为规定，即以得票满选举人总额之半者为当选，两次不能选出再以出席人数之过半数者为当选，盖过半数即系取决多数之原则，其在事实或全场一致，或四分三、五分四岂不更善？如明知其事实上所不能行，又设出救济方法，则殊违乎立法之本意。本员之意见如此。

汪荣宝 对于当选票额及出席人数问题，本员以为选出机关既由国会组成，而选出人即为两院议员，则非有两院议员总额过半数之出席，不能选出。非有选举议员三分二之投票，不能当选。但不能选出时亦当有补救之法，此补救法采葡萄牙新宪法之规定，第一次不能选出时，第二次仍不能选出时，第三次即不适用三分二票额之规定，以比较得票多数者为当选。如此办法庶选出一国行政首长之手续亦甚郑重，而最初多数信仰之人不能有当选结果时，亦不致勉强造成三分二之得票，而威胁利诱以济其后，因此酿成种种之危险亦可以免。

伍朝枢 对于选举人数，谷君以为不必规定，本席以为须规定，不得严于过半数。请试言其理由，以为议院中往往以党派或他种关系用消极主义以少数抵制多数，其法莫妙于不出席，如不规定出席人数，则选举总统时亦必有此种事实发生，于选举进行上颇有妨碍，故本员主张出席法定人数不得多于过半数，而当选票数则须过总额之半数，盖主张总额四分三之出席，选举三分二之票额者，其结果亦不过总额过半数之票额而已。

陈景南 本席对于第二条第二项有修正案，前段与谷君之意相等。前项选举用无记名投票行之，以得票满民国议会议员总额之半数者为当选，并加一项为第三项，两次投票无人当选时，就得票较多者二人决选之。其当选票数依前项之规定，所有第二项之理由，谷君业已说明，本席以为出席规定人数于理论上、法理上皆可不必按之普通法律之多数即足以代表民意，故过半数之规定实为相宜。若出席规定三分之二，设有少数人存心破坏，即足牵制多数。就事实上观之，中国议会党见太深，往往以一己之欲遂不顾其他，以少数人之私意用消极方法牵制多数，此种弊病亦不可不预防。盖直接妨害他人之意见，即间接妨害国家之进行，宪法上自宜防止。按之事实，若规定人数，本席绝对不敢赞成，须知宪法为国家之根本法，总以不规定人数为宜，法国宪法即不规定人数，研究宪法者皆知之。在反对者以为不规定出席人数，二人亦可投票。要之，所谓总额过半数即系以多数代表全国之意，决选一层删去，本席不赞成。二次投票无人当选时，得票较多者未必只有二人，然人数愈多而得票以分而愈少，是决选亦属不可无之事，如不明白规定决选方法，则以三十人、五十人之小部分，即足以破坏，如不限制总额过半数时，则出席者一百人二百人皆可以投票，故本席以为，照前项之规定，仍以满民国议会总额之半者，为当选中华民国选举大总统。事体重大而不规定决选，于理论上、事实上万不可行，是决选时必须总额之过半数始可救济，两次投票无结果之弊，盖二人中必有一人为人民所信仰者，自然可以举出，故本席主张，二项，赞成谷君之说，决选方法则以满总额之过半数为宜。

黄懋鑫 本员反对审议报告。审议报告以选举人总数三分二以上之出席得票、满投票人数四分三者为当选，理由甚不充足。夫本员所以赞成原案反对审议报告者，有两种理由。诸君以为三分二之出席，则易足法定人数，殊不知出席者虽易足法定人数，而于得票甚难。试就本员假定数目计算言之，两院议员总额为八百七十人，如以四分三之出席计算，为六百五十三人；以三分二之得票计算，为四百三十六票。以六百余人之出席，而得四百余票尚属易事，若照审议会报告之结果系三分二之出席、四分三之得票，以三分二之出席计算之，则为五百八十二，以四分三之得票计算之，则为四百三十五票。以五百余人之出席，而得四百余票，较之以六百余人之出席得四百余票，试问孰难孰易？盖以此两相比较而观察之，原案规定四分三之出席、三分二之得票甚易，审议报告之主张三分二之出席、四分三之得票实难，此本员反对审议报告之第一理由也。第二理由，诸君须知当其时能否皆为出席尚不得知，即如众议院出席为五百人，参议院出席为二百人，两院计算可得七百人，如以此计算三分二之得票，则有四百六十七票即可当选，若照审议会四分三之得票，则有五百二十五票始可当选，所以本员以为若照原案规定得票较易，此本员假定七百人计算也。再以今日出席人数计算，计出席六百六十一人，三分二之得票只四百四十一票即可当选，若照四分三得票计算须得四百九十六票始能当选，较之四百四十一票相差五十五票之多，所以本员之意，现在甚希望大总统早日选出，若出席人数少当选票数多，则不易选出，此本员反对审议报告之第二理由也。

丁世峄 大总统任期，本员主张七年不连任。对于五年连任不连任两说，皆不敢赞成。五年连任一说，于现在国情虽为适当，而于将来之选举大有疑问。盖规定可以连任，于法律上已有得半之根据，人心之趋向亦即，从而随之以在职大总统运动连任尤为容易，故定为五年可以连任，无异定大总统任期为十年、十五年也。若采取五年不连任说，于不连任固得，而五年任期实嫌短促，且不足养成社会上一般人对于选举之正当心理，而酝酿不熟又最易来意外之干涉，故亦不敢赞成。在本员主张七年不连任者，以七年较五年稍长，可以此稍长时间内有所运用，虽就内阁制观之，大总统不负责任，五年、七年均无不可，然法律上则不能不为远虑。要之，社会、人心不易转移，但能任期稍长，或者得有潜移默转之机会，面收将来自由选举之效果，此事虽为理想，而宽之以七年以尽其才，限之以不连任以绝其争窃，以为立法未有善于此者。

段世垣 关于总统任期问题，本席主张任期五年或六年，但不得连任。其理由：（一）任期之长短以选举手续之难易而异，手续繁重者，任期宜长，手续简易者，任期宜短，以社会上不受何等政潮之影响也。今总统之选举，既表决由国会组织国民公会行之，手续之简易无逾于此。（二）任期之长短以两院议员之任期而定。盖选举总统，既由两院会合行之，当然使两院议员得有行使此种权利之机会，若规定为五年或六年，在三年任期之众议员，至多不过隔一届选举，在六年任期之参议员，于每任期中甚皆有行使选举总统之机会，如总统任期过长，则两院议员俱缺少选举总统之机会，非由国会组织国民公会行使选举之本意。（三）任期之长短，以外交之政策之变迁而异。外交政策固有历数十年百年而不变者，虽总统屡有更迭，而政策依然继续进行，然此乃国际间特别政策，非一般普通政策也。普通外交政策就目前国际状态观之，大约五六年之间亦有几多转移，则若规定为五年或六年，则可利用国民之心理发生对外之方针。（四）任期之长短与政治运用之善恶极有关系。政治运用善者于任期内固无异议之发生，政治运用恶者非忍耐至任满之日不能变更，以任期内变更国家行政首长，虽于国体上甚非宜也，然遇有国民不能忍耐至任满之时激急变动，而又牵于他部分势力之掣肘不能达其目的，而难保不酿为内乱之事变。统观以上理由，本席主张五年或六年任期，既无过长之弊，又无过短之害，比较的观察似颇相宜。至本席不主张连任者，以为政治之运动，非有调和作用不可，在野一派与握有总统势力者竞争，在民权微弱时代断无优势之望，若非藉法律之灵稍予矫正不足以调和社会各方面之暗潮，非国之福，可以断言。如谓美国、法兰西、墨西哥等国均无此种限制，吾国不必加此限制。本席以为甚昧于各国之国情。盖美国及墨西哥系联邦政体，各州保有独立之权限，中央除保持其统一程度之权限外，悉为各州所留保，且总统系直接选举，故总统之职权不足以生政体上之危险。至法兰西，则经数次变革之结果，国家行政实权确定在内阁，而总统纯属名义上之首长。我国虽表决采内阁制，而国家行政实权是否确定在内阁究属疑问，况法国历年以来并无一有连任之事实者，其意已可概见。本席主张如此。

何雯 大总统任期与议员任期相表里，众议院三年、参议院六年，至第七年则两院议员多属新选份子，此时选举总统甚为相宜。各国宪法经验以法国为最多，法国规定采内阁制，规定总统七年，与吾国国情相合，正宜采用。美洲各共和国总统任期亦有渐趋于延长之势，如美国、巴西四年，而智利六年，墨西哥、阿根廷、尼加拉瓜均六年，若吾国当第六年旧机关均已满任，次将解散，不若第七年举行之为愈也。而连任与再任尚有区别，照智利宪法第五十三条，凡总统被再选者必须隔一任期，以防总统专制之弊。故本员主张总统七年不连任，可以再任。

易宗夔 总统之任期，长者七年如法国是，短者四年如美国、葡萄牙是，本席均不主张。本席主张，仿墨西哥及阿根廷之总统任期为六年，不连任，可以再任。单简之理由为，国会组织法规定众议院任期三年，参议院任期六年，如总统任期规定六年，此时正众议院议员初选出之时，又系参议院议员新换三分之一之时，议员刚自田间来，一可免威胁利诱之运动，一可代表多数人民最新之意思，故本席主张任期为六年。

伍朝枢 在责任内阁制之国家，总统任期与两院议员任期有密切之关系，在选举时必使不与议员选举期相冲突，所以本员之主张适与易君相反。易君主张选举总统与选举议员时间相同，此在总统制之国家非常完美，在内阁制之国家则两者有不能相容之处，若必如易君之规定，则内阁藉国会之势力以为与人民有直接关系，而总统从新国会选出，亦谓与人民有直接关系，于是总统与内阁必有冲突，所以总统任期，第一原则应认为，选举总统必不使与选举议员同时并行。若参议员任期为六年，众议员任期为三年，则本席以为总统任期应定为五年。至于七年之说，虽谓内阁制之总统对于政治上之关系远不及总统制之总统，然亦有一部分之实权，非徒拥虚名者可比。在任期内，人民对于总统有不满意之处，而任期过长未易去之，恐激成意外之事，甚不妥善。至于连任与不连任问题，有谓任期长者不连任，短者可以连任。本员以为可以再任，而不可连任。总统退位后，至少隔一任方能连任，而又只以再任一次为限。本席所以如此主张者，盖考各国之先例。当选举时，无论选举总统或选举议员，大概多系政府党占优胜，反对党失败，此现状，非惟见之程度低之国，且见之于最文明之国，足知其原因非一定由于种种选举作弊，如贿赂、威迫等等，盖亦由于人民心理使然，未易解释也。他国既有此现象，此新缔造之中华民国亦将必有之。故本员以为，使宪法上规定总统得连任时，将来必有藉政府之声望势力而取得新总统之位置者，殊非良好现象，是以主张可再任不可连任。或谓美国总统再任宪法上并无限制，中华民国宪法亦可引此为例。不知美国宪法上虽无限制之明文，而一种习惯之势力与宪法埒实为无形之限制，苟无此习惯又不加以明文之限制，其结果恐如墨西哥总统爹耶士连任到二十余年酿成专制之政治矣。

金兆棪 大总统任期，顷闻孙君所言，其立论极为有趣，各国所定任期虽不能悉相符合，惟据本席意见以为，大总统任期与两院议员任期却有相联之关系，参证各国立法例可得一普通原则，除墨西哥为例外，大约大总统任期总比下院议员任期长，比上院议员任期短，可断言也。我国大总统选举机关，既主张由国会选举，要知共和国选举大总统必出乎民意之所信仰，本席前不赞成国会选举，即以大总统为民意之所托，既不能直接选举而委托之于国会，此为不得已之办法，人民以已意委托国会，而民意之信仰又时有变迁，则必每届国会议员须得有行使选举总统之机会，方足以完全代表民意顷。何君所言法国大总统任期七年，此系由经验而得，是一绝好先例。须知法兰西代议院议员任期为四年，上议院议员任期为九年，当选举大总统之时，其时代议院为第二届议员，上议院又已改选三分之二，只余旧分子三分之一，故定大总统任期为七年尚为适当。我国众议院议员任期三年，参议院议员任期六年，本席认为适当，故主张大总统任期为五年，即采取各国立法例为标准也。又本席主张，大总统不得连任，每间一任始得再被选。如智利、阿根廷、巴西诸国之例，其理由以为，开国之初，旧思潮与新思潮必有一番剧烈竞争，往往旧思潮易占优胜，又共和幸福非旦夕所能呈效，则人民怀惑之心甚盛，而旧思潮益复乘弊以扬其波，历史覆辙可按。况选举总统既由国会，则凭藉政府之势力，而国会议员又悉集于都下，情状如何不难揣测，真正民意渺不可知，假使总统果符民意，隔一任期后仍可自平民中再行被选，又何患良好总统不能展布其才？故本席主张如此。王君主张大总统任期十年，众议院议员任期当展长为六年。各国立法无此先例，十年之后倘又得连任，则长期总统之结果，势必至变中华民国为中华帝国矣，故本员绝对不敢赞成。

刘恩格 关于大总统任期问题，本员主张五年，得再任不得连任。其要点诸君多已说明，本员仅就反对方面加以驳议，再就诸君所发表之意见有未及者略一补充之。在反对五年之说者，其最终之理由以为，十年、七年之期限较五年为长，大总统可以从容行使其政策，对于政治上之大方针亦可以发挥尽致，不至有制定此政策者为一人，执行此政策者为又一人，彼此即无冲突，前后或致矛盾之弊，而国家大政瞬息千变，亦恐非国之福，此固未尝无是处。但本员以为，我国现既采责任内阁制，则吾人当认定责任内阁制原则，即在总统不负政治上责任，而内阁代负其责任是也。总统既不负政治上责任，其政策当然由内阁行使，总统即改选果内阁之政策有与之相同则可以继续代行其政策，于总统之去留毫无关系，此反对者之第一说不能成立也。又有谓责任内阁制，总统对于政治上既不负责任，则其在政治上并无何等特权，其期限不防略长。殊不知所谓责任内阁制，总统不负政治责任，乃对于其政策施行之得失而言。以实际言之，总统为一国之元首，则其自身在政治上之地位，固自有其运用政治之一部分势力与内阁之施行政策绝不相涉，此即在政治优美之国尚或不免，况我国政治尚在稚幼时代。总统任期愈长，则运用政治之势力愈加强大，如定为连任则尚可挟此势力以干涉选举，而出其种种不法之行为，此固非内阁所得与闻，势必至陷一国之政治于危险现象，此反对者之第二说不能成立也。本员尚有一说可以证明五年之主张最为适当。盖总统既由国会选举，其手续甚为简便，五年一改选又适在参议院每改选三分之二，众议院每改选一次之期间，可调和两院新旧分子对于政治上之意见，而总统与两院议员非同时选举，既免国内骚扰之弊，而当此我国共和未固，亦可因选举总统之注意，而引起一般人民倾向共和之心，不至亲自由选举之总统与万世一系之皇帝相同。故本员反对十年七年之说而主张五年。

蒋义明 本员修正第三条，大总统任期五年，不得连任。总统不可连任，是由三方面观察而证明者：一由立法先例上观察之。现在世界共和国家多限制总统不得连任，有数国于宪法上规定总统任期满后不得再行被选，此由立法上观察之不得连任者也。二由政治上观察之。连任与否，当视连任有利于政治上与否为根据。如总统连任则利国福民，否则害国殃民，如是则可以连任。现在宪法起草委员会已经表决中国取内阁制度，如将来为内阁制度，则政治由内阁所出，非由大总统所出也，如此则总统虽然易人，尚有内阁运用国中之政治，则与连任有何关系，此由政治上观察之不必连任者也。三由事实上观察之。现在主张连任者，之理由谓，此次总统期满后，恐国中无继续为总统之人物。本员不以此说为然，何以言之？现在中国有运用政治能力者甚鲜，固不能讳言，然未必不于此四五年之后，国会中人或可养成总统之资望，为运用政治之人物也，如果现在规定为可以连任，则届时选举恐在野之人不能与在位之总统竞争，据此言之，是当选者竟不在乎有无政治能力，而在乎所居之地位矣，违反共和之精神莫此为甚，故总统万不可连任。且现任总统之政治能力如果薄弱，即可于下次选出一在野适当之人发展其平日之政见，不然现任总统之能力虽薄弱，而以其运动力之强遂致不能改选，此由事实上观察之亦不可连任者也。

黄璋 本席主张设副总统。在反对者之理由：第一，谓大总统由国会选举即可不设副总统。不知各国交通便利与中国不同，若大总统有事去位，在闭会时候召集临时国会选举大总统至少非数月不为功，若无副总统，此数月间国中已陷于无元首状态。第二，以为若设副总统，假使大总统去职时，副总统亦同时去职，则虽设副总统无益。然此乃自然人之机关所不能免，即以国务总理为大总统继承机关，若大总统去职时国务总理亦同时去职将如之何？第三，谓大总统期限六年，副总统亦必六年，年数既久，人民对于副总统倾向变迁，是以民意所不属之人为大总统也。果如所言，则六年之中人民对于大总统其倾向亦必变易，非将大总统之任期变更不可。第四，谓可任副总统者，必系有数人才以之任副总统，不惟投闲置散，且有意外危险。然美国副总统兼元老院议长，中国副总统兼湖北都督亦不限于置之闲散地位。若谓有意外危险，以本员观之，中国所以能维持现状者，专赖有副总统，且要之，设副总统则继承大总统之资格明确，旁人无觊觎之心，由人民所举，人民信服其有统治全国之才，且使竞争者不失望，尤足以消隐患大总统去职时，使有总统之才者为天下尽其责，实至当不易之制度。

龚政 本席主张不设置副总统。在今日民国情形而言，亦无设置副总统之必要。副总统之存废，要不能以内阁制及总统制为确定之标准，然世界各国采内阁制者，其设副总统萧寡，且总统之制度非辅佐的制度，乃代理的制度。试观副总统之职务为何如耶？在美国之副总统为元老院议长，于平时不发生行政上之责任，不过有非常事件而后其为副总统之作用，乃见如大总统一旦虚位，而新总统又不能仓猝选出时，则代理总统之职耳，故举者有谓此制度为非常的制度，是副总统之作用仅在总统虚位，新总统未选出以前之短小时间，在此短小时间又何不可以内阁会议代行之？况美国之规定总统及副总统同时虚位时，仍以国务卿代理。总而言之，与其设副总统仍不完全达到代理制度，何如以内阁会议代理之为愈耶？

谷钟秀 本员以为应设置副总统。其重要之理由，按诸中国国情不能不设副总统。盖中国一般人民之感想，国家不可一日无元首，大总统虽与君主有别，一般人民视之为元首则一也，若大总统一旦死亡，新大总统一时未能举出，照法国制度由内阁代行其职权，恐一般国民有陷于无元首之感想，即不免有种种骚扰之事发生，若设副总统，大总统一旦死，副总统当然代理其职务，且可无虑。惟本员主张代理制度，一面仍即速召集国会选举新大总统，不主张继承制度，至满死亡大总统之任期而止，除大总统死亡外，副总统当然无可事事。至朱君因大总统事务殷繁，设副总统相助为理之说，本员不敢赞成。

汪彭年 本员主张设副总统，反对汪君、伍君之说者。汪君谓设副总统有三害：（一）副总统握有重权易起竞争。（二）副总统兼职外省，设使路途较远，遇大总统有故障或出缺时并不能立时就大总统职。（三）多设一较高位置之副总统，即多开一招人运动之门。本员以为汪君或就一种事实上着想，吾人立法之意系欲于大总统有故障或出缺时，得一人立时可代行其职务，并未有主张副总统必兼任他职。现时副总统之兼任别种职务，系出于大总统之委任，非出于约法之规定。设大总统不委任其兼职，则副总统并无何种实权，安能与大总统竞争？而生别种危险又安至有不能立时就职之弊？此二层无可虑者。至谓恐设副总统，则多开一运动之门，似此则大总统亦可不设矣。何也？内阁制之政府，大总统并非行政首长，似亦可不设此一大总统，多开一运动之门。且政府为行政机纽，运动者益趋之若鹜，欲防人运动，则不如无政府之更为愈，此种理由未免错误太甚。再伍君云美国副总统多系庸弱无能者为之，吾国可不必仿其设副总统，然则学者勃拉斯谓美国总统每非第一流大政治家，然则吾国亦可不必仿其设大总统矣，此说似无足讨论。据本席之意以为，我国非设副总统不可。因我国土地广大，交通不便，设遇大总统有故障及出缺时，正在国会闭会期间，则召集不易，若以内阁全体代行总统职务，既无国会之监督，又无总统之统率，则内阁之权漫无限制，危险甚多。况一国有一国之精神，我国自共和成立以来即设有副总统，不但行之无弊，且国家获益甚多，我等立法者并无发现何种危害，何能遽将开国首创之制遽加更改？此本员绝对不敢赞同者也。

王敬芳 关于是否设置副总统，主张不能设者，其理由恐有争夺贻害国家等事，有主张非设不可者，其理由恐大总统遇有事故出缺以及出征等事，需人代其职务，两方面讨论种种皆有理由，后经多数表决，副总统有设置之必要，但表决可以设置，而副总统性质乃预备总统出缺代行其职务者，其代理任期是否承继总统之问题，亦不能不详加研究。适间有数君主张承继总统之任，本席以为不然。副总统于大总统在位时，资格似相同，而权限实各异，若定为可承继总统之任，即如前日主张不设副总统者云，恐有争夺贻害之事，何以言之？大、副总统必同时选出，大总统乃摄全国政权，而副总统是预备总统，有故代理之用，遇有总统出征或因病请假，其副总统代理，任期当然以原大总统复任为止，倘总统病故以及因事出缺，其副总统只可暂行代理，随即召集国会另行选举正式总统，万不可以副总统继承原大总统之任期。本员犹有一最浅比喻，专制时代为皇帝者，立有太子，乃预备继承皇帝之位，而太子中多有谋害之事，亦有已立为太子者，先行谋夺帝位，然专制时代为皇帝、太子者，皆家人父子尚难免于争夺，况副总统与大总统各自一姓，且各党分派，能断定无争夺谋害之事乎？故本员极端反对主张承继总统之任期。

向乃祺 本席乃主张副总统可以继总统之任者，其理由有二：（一）自法理言之，凡创立一种制度，必有一定之目的，其目的不在制度自身，而在制度之效力，当其效力表现于事实时，须排除一切障碍使得为充分之活动，然后创立制度之目的方能贯彻。如宪法中既设置副总统，其目的在大总统虚位，事得继行大总统之职权，故世界采副总统制之共和国家，大抵大总统虚位时，所余任期得由副总统继满之。我国既行副总统制度，亦当仿各国成例，使副总统得绝大总统之任。若如王议员所主张，副总统仅能暂行代理大总统职权，使副总统等于虚设，反不如根本上反对副总统之为愈。故此等主张是与设副总统之目的自相矛盾也。（二）由政治方面言之，大总统之下复设责任内阁者，非谓大总统无政治之行动，又非谓大总统之政治行动，绝无违法之事，不过因其居行政首长地位，不能直接负责，特使内阁代负其责任耳。故大总统提出内阁总理，事实上必为声应气求，政见相同之人，而后责任始有因果关系之所言。若大总统虚位时须更选大总统继其后任，则新总统与旧内阁难必为政见同一之人，恐政界惹出剧烈变动。至于副总统虽同有此弊，然同时选出同一系统之人，其感情见识必多相同，此为人类之特性。本席以为，大总统出缺，新选大总统反不如副总统继任之为愈者在此。但副总统亦系自然人，难免无虚位及遇他种故障之时，本席主张宪法上规定大总统虚位或遇他种故障时，其职权由副总统继行之以续满原有任期，或大总统故障消灭时为止。若副总统发生同一事件，则由内阁会议代行其职权，以选出新大总统、副总统，或副总统故障消灭时为止。第二项规定，内阁因总统虚位，代行职权在满任以前六个月以内者，不必于此期限内更选大总统、副总统。本席主张如此。

伍朝枢 本员以为，现在宪法之起草，其中本系采仿各国制度，并非专采一国之制度，在美国之制度美国设副总统本可继承总统之任期，盖因美国选举总统手续甚为繁难，每期选举总统各工商界亦受绝大之影响，所以美国选举大总统皆视为畏途。但现在民国选举总统，本系以国会为选举机关，则可以不采美国制度，大总统亡故时副总统可以代理大总统行使其职权，一面由国会另行选举大总统，若值国会开会之期则不必言，即在国会闭会期间，另行召集临时国会，至多亦不逾两月即可成功，即可选举大总统，此事并不繁难。此本员不主张承袭任期之理由一也。第二，则现在民国虽采内阁制度，然副总统亦并非虚设，固可以代行大总统之职权，然代理期间若至四五年之久，则亦非常危险，故本员主张副总统可以代理大总统职权，但不能承袭任期。

丁世峄 现在讨论大总统缺位时，副总统是否可以继承，大众纷纷皆主张只能代理。本员以为此说与前日表决设副总统为根本矛盾。盖中国既取内阁责任制度，则大总统有事故时，尽可以国务院代行其职，原无设副总统之必要，此法兰西之成例也。然前日表决设副总统时，不知大众心理如何，在本员个人则已认定以副总统继承大总统任期为惟一之根据，故赞成之，此其故。以民国虽取内阁制度，大总统不过一虚荣之行政首领，就宪政常轨而论，则政治竞争当在内阁不在大总统，然结习难忘，势力犹存，窃恐即大总统任满改选，仍不免竞争，而况有变起非常。至于缺位，若如诸君主张，仅以副总统代理仅不满三月仍须选举大总统是，依然不能避选举总统之竞争，则设副总统不犹然与内阁代理无分别乎？前日表决之设副总统不几为赘旒乎？故本员主张不设副总统则已，若设副总统则必以继承大总统任期为必要。盖副总统继承大总统任期一说，确为中国设副总统根本之理由，而牢不可破者也。又何代理说之可行乎？若谓两院设副议长皆为代理正议长，不知总统与议长为拟于不伦，总统出缺之选举能与议长出缺之选举即于一二日间施行于院内乎？则副议长可代理议长，副总统必须继承总统为无疑义，不然立法者，为自相矛盾，必取消前日议决之设副总统而后可。

吕复 本员以为，副总统有无之关系在国家非常重要，故颇有现今中华民国选举大总统，同时拟并选副总统。在本员个人意见，照中国之情形以为并无设副总统之必要，盖共和国家之设副总统有二种之原则。一为总统制之国，一为总统之选举机关不在国会而在地方之选举会，具此两种原则，方有设副总统之必要。现在中华民国既欲规定设副总统矣，则又何必采责任内阁制，独不采总统制？其选举机关，更何必以国会组织之？既欲取责任内阁制，而以选举机关属之国会，则当然已失设副总统之原则。本员始终不主张设副总统者，其重要之点，即在于此。令世各共和国大概多不设副总统，虽云在采总统制之国与设置副总统之原则方不相背，但本员征之葡萄牙虽采总统制，但以选举机关属国会，虽为总统制实未设副总统，盖以选举机关既不在地方，虽取总统制而与设置副总统之原则仍不相容也。现在中华民国之选举机关既为国会，且又采责任内阁制，于此更欲置副总统，其与设置副总统之原则，岂不大相刺谬？况按之事实，并无设副总统之必要。在葡萄牙之外再征之阿根廷、智利诸共和国，在彼均设副总统，但彼之副总统非为地方之长官，乃为元老院之院长，吾国将来定制参议院一机关，究属有否尚未可知，若照现今之副总统不过为一地方长官，名义上虽为副总统，其实仍在大总统指挥之下，副总统倘受他人之指挥，其于副总统之天职实已不相容，吾国之情形实无设副总统之必要。本员观宪法起草委员会报告应设副总统之理由，曾为一再研究，其理由实属不甚充足。委员会主张应设副总统之理由，其要点安在？盖以君主国之大皇帝与共和国大总统之区别，即在此副总统一人，今中国既已变为共和国，必有副总统而后大总统方可与大皇帝有别，但本员以为此层理由殊未充足。夫大皇帝与大总统比较之，其不相容之点颇多，不必限于此点。大皇帝系无任期，一经登位死而后已，而大总统则不然，大总统之在位期间，即必为限定。非然者，即为违背法律。又大皇帝不用公权，即有公权亦不为所束缚，大总统倘一旦违背宪法，在大总统自己当然负完全责任，当然受国会弹劾，诸如此类，皆大总统与大皇帝显明之区别。照宪法委员会所据之理由，在本员以为殊未确当。至委员会所谓大总统之资格，只于在位之时方属有效，任满退位将与平民相等。大总统与副总统于在位时，虽显有分别，而今之大总统将来亦可选为大总统，本员以为此层理由亦未为充足。世界各共和国以不设副总统者居多，而选举大总统时，亦大有人在。吾国何必拘泥如此？推委员会之意，以为中华民国之成立，大半仰副总统保全之功，至今中国能保持共和之基础，保全共和之国体者，以为皆属副总统一人之力。若当时不设副总统，共和之基础早无保存之余地，讵知此为政治上暂时之状况，断不可以一时之状况，即援以为例，今后维持国家于不敝者，即在一部宪法而已。夫宪法者，为国家之根本法，维持国家于千年万年不敝者。夫以前之事为政治上一时之状况，委员会据此一时之状况，即以定设副总统之必要，抑亦误矣。本员观委员会所主张设副总统之三层理由皆未充足，故本员不敢赞成。

蒋羲明 本员系反对修正案者，赞成设置副总统。现在国家大凡能使共和之基础稳固，务必于积极一方面着想，虽吾国之设置副总统，照法律解释凡取责任内阁制与选举机关在国会之国，皆不合设置副总统之原则，因此两种理由，如在吾国并无设置副总统之必要，此为法学家所主张，在法理上确具有充足之理由，在政治家观察以为组织国家之时，只须有以巩固国基，倘设一副总统可以巩固共和之基础，则虽无设置之必要，即创开各国之特例亦无不可。盖以副总统之设置，其主要之点既系在此。本员对于吕君修正案所言之三种理由，尚不无磋商之处。本员赞成设副总统亦有三种理由。有人云，既采责任内阁制，大总统缺位，内阁可以摄其职务，不必设副总统以为代理。本员以为能任国务总理者或不下数十人之众，而能任副总统者不过数人而已，由此观之能为副总统者，其信仰甚高，以此信仰甚高之副总统代理之，必较内阁代理为愈。此可商量之理由一。其二，有谓大总统由间接选举可以，无须设副总统，因大总统去位，由间接选举手续并不甚繁，不知各国有特殊者，比利时由直接选举而无副总统，墨西哥用间接选举而有副总统。本员以为，副总统之设否属于机关问题，非手续问题，不能因手续而推倒机关，此可商量之理由二。其三，有谓副总统须有凭藉机关，若美国之副总统则系元老院之院长，我国宪法尚未规定。以本员个人眼光观察，副总统可授以相当之官，如一人有特殊势力，可以设一种最高官吏，如元老院院长者是。故本员以为，按现在之国情，设一副总统可以巩固共和基础，故反对修正案。

丁世峄 反对设副总统之议论非常之多，其根据不外乎以立法例为言，以为法国不设副总统，系取内阁制度无设置副总统之必要，此其引证实不完全。考共和国取内阁制而设副总统者，尚有三四国之多，可见引证法国取内阁制不设副总统之理由并不充足。本员以为，惟其既取内阁制，则当然须设副总统。因中华民国欲取内阁制，非设副总统不可。万不能引各国之立法例而仿效之，或谓不设副总统系根据于法国立法例。试问大总统缺位有何方法可以代理？提修正案之意思以为，可由国务院代理。试问中华民国大总统有事故时，国务院能否代理？本员以为，因为取内阁制所以，须设副总统。须知法国取内阁制系经过种种之波折，国体变更历七八十年之久始铸成共和国家，造成共和制度经过七八十年之教训，所以大总统缺位时，由内阁代理，而共和国基内阁制度均不至有所动摇。中华民国未经此将近百年之教训，不能引法国之例为先例，徒以理想从事，万不可行。设大总统一旦缺位，基础不固之国务院试问能否代理大总统之职务？故本员以为，中华民国既取内阁制，即必须设置副总统。盖因现在既采内阁制，若以无基础之一种内阁而代理大总统，忽而大总统有事故不能理事，则大总统对于各方面存在之势力是否内阁可以担任维持？所以本席因采内阁制，方主张设副总统，此系与反对所见不同之点。第二理由，则内阁即使能代理大总统，亦不过三四月之久，一方面仍非召集国会选举总统不可，万不能以国务院继承大总统之任期。本席系主张始终宜巩固共和制度者，以为今日内阁势力异常薄弱，必须就内阁一方面着眼，所以采内阁制者，岂非欲免去选举总统之竞争？若由国务院代理大总统之职务，亦不过三四月之久，三四月后仍须重新选举大总统，于是即生选举总统之竞争，所以不如设置副总统与大总统同时选举，大总统若有事故，即由副总统承继，如此办法异常稳固，且选举总统之竞争亦可以免，而内阁之势力亦可巩固。对于立法例及中国国情而论，本席以为法国之立法例，中国万不能适用，所以主张宜设副总统。本席主张似与诸君所见相反，但就国情而论设置副总统之有益中华民国，本席确敢自信。

汪荣宝 本席对于第五条修正之意与审议报告之案，并无甚大变更，不过对于内容有数层应加以修正。至于原案系采用代理制度，不采用继承制度，审议报告系反对原案采用继任制度，此层即系采取副总统之制度又兼采继任制度，本属相连之关系，本席亦不反对，不过审议报告之修正案有两点本席之意以为不应如此规定。第一点，继任至本任大总统任满之日为止，精神上并无问题，然审议报告第二项规定，大总统有故，由副总统代理以本任大总统任满期间为限，此层理论上似乎不甚充足。盖继任固可以至任满为止，而代理则系因大总统有故障不能执行职务之时，可以由副总统代理，然大总统不能执行职务之事由消灭，则代理之事实亦当随之消灭，万不能规定代理至任满为止，所以此历应加以修正。第二点，系对于大总统不能执行之条件。现在仍用起草委员会之原案“精神丧失”四字，此四字在起草委员会时已有争论，不过常时因系代理之关系尚可适用，现在系于缺位之外生出代理，若以“精神丧失”四字为条件非常危险，比如大总统出征或游历外国，或为外国俘虏，此数种当然应用代理，然并非精神丧失可见。“精神丧失”四字万不能包括一切，所以应加以修正。将原第一项改为二项第五条，第一项大总统缺位时，以副总统继任至本任大总统任满之日为止，第二项大总统因故不能执行职务时，以副总统代理之，盖因大总统不能执行职务之事由消灭，则代理关系亦即终止。至于原第二项系规定继任与代理之期间，现在当然删除。

刘崇佑 本席以为第三项之规定副总统同时缺位或不能代理时，须于同时由政府召集民国议会议员于三个月内组织选举会选举次任大总统，及第四项无前项召集时，民国议会议员须依期自行召集，两项之规定手续非常欠缺，且于立法精神大相违背，不能保政治上不生异常之危险，不若简直规定由民国议会议员自行召集之为愈。本来世界各国议会之召集有取政府召集制，有采议员自行集会制，本席以为，我中华民国为一完全民主共和国议会之召集，当取议员自行召集制，而况总统选举会为一时特别机关，其位置驾乎各机关之上，召集之权可操之政府之手乎？假使至正副总统同时缺位之时，政府随意操纵，不于三个月内正式召集，举国之中无一定首长，试问政治上国家之大局上有无绝大危险？故本席修正为副总统同时缺位或不能代理时，由国务院摄行其职务，同时由民国议会议员自行召集组织选举会选举次任大总统。

谷钟秀 本员赞成刘君之修正案，以为原案系采代理制，副总统缺位可不必补选，且因此事亦甚罕，有即或大总统缺位，副总统代理其职务亦不过三个月而已，故副总统缺位可以不必补选也，原案意思如此。但今既改采继承制，副总统缺位当然补选，且须制定于宪法之中。盖若不以明文规定，则副总统缺位即不能补选，假如大总统亦因故而缺位，副总统又不能补选，当如之何？是以本员以为，既采继承制，副总统缺位，其补选法当然规定无疑。方才汪君以为与前条有冲突，刘君已经辩明，大概不过仍有一层尚须注意，以为副总统缺位并非专指死亡种种事故而言，如大总统缺位由副总统继承，俟继承之后，副总统即为大总统，此时副总统亦可谓之为缺位，既为缺位亦当召集补选，是缺位缘因并不相同，既不相同当然以明文规定之。也至于谓与副总统同时缺位，由国务院摄行其职务一项冲突，当知大总统、副总统同时缺位，固可适用第五条第三项之规定，但大总统未缺位而副总统缺位时，宪法中不能不有明文以规定之，故本员赞成刘君之修正案。

韩玉辰 本员对于第六条之前，主张增加一条，而所以主张增加一条者，盖因次任大总统、副总统尚未选出，或已选出未能就职，而旧任大总统已经任满解职，当此时应由何人执行大总统之职务，宪法中苟不以明文规定，则将来必发生种种疑问，且于政治上必受绝大危险，故本员主张增加一条，以防其患。但如此条之意思，昨日在宪法委员会中业已声明，而宪法委员会以为第五条第三项，副总统同时缺位由国务院摄行其职务，即可包括。本员以为任满与缺位不同，所谓缺位者，即指有死亡等类之事故，任满绝非缺位所能包括，若照原案第五条第三项之规定，则前任大总统任满后，次任大总统、副总统未经选出，或已选出未能就职时，因无法律根据，国务院亦必不能摄行其职务，陷国家于非常危险地位，故本员提出此条以为最后救济之方法。再考世界各国宪法先例，均有此条之规定，如墨西哥宪法第八十一条，大总统任满已经解职，次任大总统未选出以前，由国务院摄行其职务；阿根廷宪法第七十八条同此之规定；法兰西第七条第二项，次任大总统未选出以前，由内阁摄行其职务；巴西宪法第四十五条第二项亦与此意思略同；又美国宪法第二条第一项；葡萄牙宪法第四十二条第一项其规定方法大略，均以总统任满即应解职其所以必须解职者，盖以法律如此之制定也。假使我国制定以国庆日为大总统受职之期，则第五年国庆日中华民国大总统即应退位，可不问次任总统选出与否，至于退位之后大总统尚未选出而次任之副总统已经选出，即应由次任副总统代理大总统职务，固不生问题，但大总统与副总统均未选出或已选出而均不能就职时，当有如何方法以解决之？故本员主张增加次任大总统、副总统未经选出或已选出不能就职，由国务院摄行其职务一条以为救济方法。盖宪法明文上若不有此种规定，其间弊害非常之大，何以言之？假如宪法中不规定大总统任满即解职，则次任总统未选出之前，前任总统即不可退位，且可以种种方法致令次任总统不能选出或不能就职，因得久据其位，其弊害之大孰过于此。故本员主张于第五条后增加一条，以防此弊也。

汪呺鸾 今日讨论宪法之一部分，即大总统选举法案，共计六条，均依次通过。通过之后自当克日施行，于是发生一疑难问题，即议决之后将咨请大总统公布，抑由特别机关公布之。就法律上论，制定宪法系由于特别机关，可无须由大总统公布，并考诸各共和国之先例，如美国制定宪法之后系由各州一一承认；葡萄牙宪法第八十一条，本宪法由制定宪法议员签名之后，由议会公布之；巴西宪法第九十一条，制定宪法之后，由制定宪法议员签名之后，由议会公布之；其余各国宪法上亦均有由议会公布之规定。吾国既属共和国，自应援照各共和国之先例，由特别机关公布，然临时约法及国会组织法均由临时大总统公布，或者遂疑宪法亦须由大总统公布。本席以为，临时约法制定之时，适当大局粗定，戎马倥偬之际，国会组织法不过组织国会并定明由国会制定宪法，不过为制定宪法之先声，不可即谓为即宪法之一部。制定宪法时尚可以宪法变更国会组织法，故不能以国会组织法牵制宪法是。二者皆不足以证明宪法须由大总统公布之理由，而皆无害于此次宪法由特别机关公布之成例。故本席主张，在最后加一条其理由大致如此。

张耀曾 在民主共和国，其宪法非制定宪法者不能公布，固已为天经地纬不能再有所訾议，不过汪君主张规定条文之先后不得不有所商榷，本席以为，寻常法律非经公布之手续不生效力，而宪法则不然，宪法一经议决立即发生效力，既系如此则公布之说亦不过略具形式而已，然究须具备。若何之？形式亦有先例可援，如美国、墨西哥、巴西等国其宪法之前，有一种前文即示宣布之意。今大总统选举法既属宪法之一部，亦当援照共和国之先例，堂堂皇皇于选举法之首著以前文以示宣布之意。故本席主张，在选举法之前应有一种极简单明了之前文。本席现已拟就一稿先朗读之，至于文字修正可俟三读会时斟酌。其文为：中华民国宪法会议谨制定此大总统选举法并宣布之，庶几使一般人民咸知尊崇，而民主共和之精神于是乎在。较之列于条文之后者显著多矣，倘诸君赞成此说，即可俟三读会后将此项前文冠诸篇首，并将全文朗读一过再送之政府公报印出，公布之斯于事竣矣。

王振先

中国古代法理学

作者简介

王振先（1882—?），字复初，号孝泉，福建闽侯人。清光绪己酉科优贡。早年就读于全闽师范学堂，后被选派东渡日本留学，先入明治大学师范科学习，毕业之后再入早稻田大学政治经济科，获政学士学位。先后被任命为福建省视学官、北洋政府教育部参事。1915 年 2 月，王振先返闽，旋受聘为福建协和大学讲师。后历充福建省教育会会长，福建省教育厅、财政厅秘书科科长等职。1922 年 12 月，福建省议会召开临时会讨论制定省宪事宜，王振先被选为九人起草员之一，后被推举为福建省制宪起草委员会委员长。1924 年春，王振先受聘为厦门大学文科国文教授。1927 年后，先后受聘为福州英华中学教师、福建华南女子学院教授兼文史系主任、福建学院教授，也从事过律师职业。1946 年 4 月被委任为福建省参议会秘书长。代表作有《中国厘金问题》（国内学者研究厘金问题的第一部著作）、《中国古代法理学》、《福建财政史纲》等。

出版社：上海，商务印书馆。

出版年份：1925 年。

馆藏：国家图书馆中文图书基藏库。

作品简介：本书由五章构成，分别是绪言、法在我国文字学上之意义、法在我国思想史上之地位、法家对于法之观念及其诠释、附论古来崇法治者之功效及斯学不昌之原因。其中，第三章“法在我国思想史上之地位”分别讲述了道家、儒家、墨家的法律观。

作者认为学理须以事实为根基，故序言首先叙述了中国古代法典编纂的过程，并归纳出中国古代法典的三个特色：公法方面规定较多；因尊祖宗成宪，法典的规定未必为现行之法；法典杂糅道德与法律。第二章论述了法在文字学上的含义，作者主要从解字的角度，推衍出法所包含的模范、均平、正直三种含义。第三章论述了道、儒、墨三家的法律观，作者认为道家法顺自然，儒家以德为本，墨家法天、尚贤、贵义。在论述这三家法律观的同时，作者皆又从法家的角度指出无为、德礼、法天尚贤贵义等思想在当时的不可行性。第四章是本书的核心部分，诠释了法家法的观念，具体包括：法起源于社会之需要；法律应当公布；法律面前应一律平等；法需要做到名实并重、信赏必罚；法需注重客观，任法而不任人；任法可做到无为而治；法律具有最高的效率；法应随社会变迁和道德进步不断进化，不法常可，“三代不同礼而王，五霸不同法而霸”；法治不是术治，“用法者不必用术，用术不可为明法”；法治并非势治，势出于自然，法则是人设。第五章作者分别从管仲、子产、商鞅、诸葛亮、王猛、王安石、张居正的例子论述了法治的功效，包括兴业、救世、治世、强国、使天下大治、移风易俗、利国利民、确立秩序等。

从全文来看，作者总结了儒、墨、道、法四家的法律观，但突出论述法家的法律观念，并指出其他三家在春秋战国时代的不可行性。作者赞扬法家的法治主义，认为是专制政体和专制学术导致君权不受法的制约，提出了“有治法而后有治人”的先进法律观念。（邱少晖整理）

自 序

予既执鞭厦门大学，暇辄钩稽古人所谓法家言者，笔之于书，久而衺然成帙。以素攻法学，谓夫欧洲法制进步，至于今日之盛，虽其民权伸张，民智发达使然，然有柏拉图、亚里斯多德（今译为亚里士多德——编者注）、霍布士（今译为霍布斯——编者注）、洛克、卢骚（今译为卢梭——编者注）、孟德斯鸠、边沁、斯宾塞诸贤哲为之倡导于前，康德、马克思、狄骥、柏吕斯诸先觉为之鼓吹于后，虽旨归不同，而所以因时制宜者则一。即其典章制度，亦莫不随学说为转移。甚矣，思想之足以左右人群也！吾国春秋战国间，诸子争鸣，法家亦应时而起，管、商、申、韩、尹文、尸佼、慎到之俦，其诠释法理，昌言法治，固无以让于欧西诸贤也。顾一则愈演而愈新，一则骤盛而莫继，此岂东西哲人立论有浅深之殊，致其收效有久暂之异乎？间尝深思其故，而知国人成见自封，或浅尝辄止，其中于心思学术者深也。夫天下事不患其不相同，而患其不相劘。不相劘，则不求其故，莫明其所以然，积之既久，习与性成，入乎耳，出乎口，人以为是，则群然是之，人以为非，则群然非之，唯之与阿，相去几何，亦适成其不痛不痒之生而已。诚如是也，岂独法理学不足以言继往，其他学问之类是者，何可一二数耶？不揣谫陋，因就平日所录，条理而区处之，先考道、儒、墨三家之言，所以异于法家者安在，次及法家之标明新理，自立壁垒，深有合于近世法学者所立之定义，为若干节，末并附论崇法治者之功效，与斯学不昌之原因，冀吾国人早克自省，去口耳四寸之学，含宏广大，俾法理日新月异，有以促法治之实施，庶欧西诸贤不得专美于前也。若夫芜累疏略之讥，自知不免，幸海内宏达，进而教之！

民国甲子仲冬孝泉王振先识于厦校之囊萤楼。

第一章 绪言

法理学者何？研究法律精神之所在，绎其原理，稽其学说，成为有系统、有思想之一科学问也。凡百学问皆必有事实或现象以开其端，然后思想有所附丽，而为精密之考察，积之既久，此事实或现象，无虑千百，恒有以观其全而会其通。始之粗明其梗概者，知识之事也，继之综合其事物，而复类别阐显之者，则学问之事也。法理学之本义，固在推求法律之原理，而原理未经发现以前，不能不有因应之方，以施行于庶事，是为法术。法术之起，恒先于法学。盖有国家，则必不能无法律，即古代国家组织，异常简单，而法制之术，不能不备。既有法制之术，自必有解释之、适用之、推阐之者，于是法理学随之而兴。凡原理所存，虽各人意见不同，固皆秩然有序，画然有其迹象可寻，穷流溯源，而后古人之用心益见。近世科学所以愈分而愈发达者，端赖乎是，法理学固亦莫能外也。

吾国在世界中称为四大法系之一，则法律思想，渊源甚古，固无疑义。然考吾国法律布自何时，法典纂自何代，不免人各异说。就可信者征之。《书》曰："象以典刑。"注："象悬法而示之仪式也；典，常也。此刑即墨、劓、剕、宫、大辟之五者。"周悬法象魏本此。宋人程大川谓"象刑为模写用刑物象，以明示民，使知愧畏。"宋钱时亦曰："象者所以示民，若曰犯某罪者丽其法，昭然条理，揭而出之。"是即法律公布之意。学者动称唐虞以来，已有编纂法典者，宋王应麟历举唐虞制令、皋陶法律、夏政典、禹法、汤令、周刑书、周律等名目，然多后世假托，于史无证。《唐律疏议》则称"李悝《法经》，集诸国刑典而为之。"虽诸国刑典，正史不载，然《左传·昭公六年》，郑人铸刑书；定公九年，郑驷颛杀邓析而用其竹刑；昭公二十九年，晋铸刑鼎，著范宣子所为刑书焉。当时公家之铸刑书，私家之为竹刑，法律已渐由惯习而至于成文。材料渐多，事例渐繁，于是编法典者，乃有所取材而汇为专书。史称"魏文侯师李悝选次诸国法造《法经》六篇：一、盗法，二、贼法，三、囚法，四、捕法，五、杂法，六、具法。"具法者即法之总论，条贯诸法而为之名，其他，则皆法之一部，所谓各论者是，后世编法典者多仍之。是固吾国法典编纂之嚆矢也。

自魏李悝肇造《法经》，历代相沿，多所增益。在汉则有萧何《九章律》，叔孙通益律所不及，作《傍章》十八篇，文帝时晁错《更令》三十章，武帝时张汤编《越宫律》二十七篇，赵禹编《朝律》六篇，当时律令凡三百五十九章，已病其多。盖《九章律》以后，不独编纂刑法典，且编纂行政法典，即所谓令者是也。魏有新律十八篇，晋有新律二十篇，六朝迄隋，律令互有增减。唐有六典，其刑书有四：曰律、令、格、式。五代承唐室之后，惟后汉一代未闻制作法典。其余四朝，多依唐律从事删订，有宋一代，吾国法典编纂极盛，大抵每一改元，必有一度或数次之修订，其名称极繁，及今存者，则仅《营造法式》及《庆元条法事类》也。元明法典，多仍旧制，间有更改。清代刑法典，则有律例；特殊法典，则有则例，《处分则例》、《赋役全书》、《漕运全书》、《学政全书》等；行政法典，则会典及会典事例。光宣以降，新政施行，法令典章，尤难枚举。民国肇造，频年变乱，草创未遑，以国家根本之宪法，至今犹未见诸施行。所有民刑法规，除有碍国体者外，多仍其旧。此吾国法典编纂沿革之大略也。

兹篇言法理学，而吾所以首详法典编纂之沿革者，以学理根于事实。吾国法家思想，固未尽实施，而事实所贻，令人亦得钩稽其涯略。考吾国法典内容异于近世文明各邦者有三：（一）公法方面规定常多，而私法方面规定常少也。吾国法典无虑数百种，自汉迄清，多为公法典之属，其为今日私法典规定之事项，往往为公法典所包含。故如亲族法之婚姻、离异、嗣子继承，物权法之所有权、质权，以及债权法之卖买、贷借等，亦惟规定其大纲，不复列其细目。论者或归咎国民权利思想之缺乏，实则当时学说只知有国，只知有君，而民间私权，无足轻重。所谓公私法之区别，本属难明，私法多被吸收于公法中，而不能独立，此其故可思也。（二）法典所规定者多存其名，不必措诸实用也。法典以现行者为原则，但吾国法典，务为理想之规定，苟认为良法，虽非现制所宜，亦必采入法典之内。明李东阳《进正德会典表》，谓“今之善者，虽寝亦书”，是其明证。此外如过去事例，则留之以资比附，祖宗成宪，则尊之莫敢批评，法典所定，未必其为现行。于是法与事违，莫由救正，此固吾国思想好作凿空之论，不求切近之行，亦可思之次者也。（三）法典中关于道德法律二义，分别不明，往往杂糅并用也。道德属于良心之裁制，所谓防未然者，其力赖社会群众之维持。法律属于行为之裁制，所谓禁已然者，其力赖国家权威之作用。道德法律，固当并行不悖；然一则为伦理上问题，一则为法制上问题，必神其质剂、严其界限而后可。今一国法律，多以道德为标准，而非以社会利害为标准，势必以法律的制裁，代道德的制裁，有时道德之所有事，非法律之所有事，而在吾国则违反道德者，或以法律相绳，而违反法律者，转托于道德以自勉，相混结果，其弊必至于相消。所谓礼教，乃与刑罚同为虚设，此其故之缘于学说者又可思也。夫学说以事实为前提，而学说往往足以产生新事实，吾国法典，上下数千载，被于大地者，纵横数万里，其影响不可谓不远且巨，然其弊病百出，迄今犹若不可爬梳，则虽非徒法典之为，而沿法典以溯先哲人之所说明，亦所谓循流溯源之意也。

今者我国法系适值革新时期，骤观之，不特旧时法典无可保存，即旧时学说，有事于改正者，不知凡几。虽然，一切法律政治，属于创造者恒少，属于顺序发达者恒多。一国民族，有其历史焉，有其特殊之心理焉，不能强他国所谓善者，尽数而移植于吾国，自亦不能举吾国所已有者，尽弁髦而土苴之。况继今以往，我国不从事立法事业则已，不采法治主义则已，苟犹有事于立法，有意于为法治国之人民，（今后国家或民族，无论如何变迁，即提倡最新之社会主义，不能离法治而可即安也，明甚）则吾先民所已发明之法理，必有研究之价值，其单词片义，至今犹可宝贵焉，无疑也。故不自揣，辄述研讨所得，以著于篇。

第二章　法在我国文字学上之意义

法本字为“灋”，按《说文》，“灋，井刂也。平之如水，从水；廌所以触不直者去之，从廌去”。《说文》“廌”下又云：“廌，解廌兽也。似牛一角，古者决讼，令触不直者。”又云：“法令文省，古文。”然则法之语源，实含三种意义，释之如下：

（一）法，井刂也，含有模范之意。井刂与刑不同，故《说文》刀部有“刑”字无“井刂”字，而“井刂”字之义，当于《说文》土部求之。《说文》土部“型”下云，“铸器之法也”，是正与法为转注。段注云：“以木为之曰模，以竹曰范，以土曰型。”而许书木部“模”下，竹部“范”下，皆训法，是亦转注也。《尚书·吕刑》云：“苗民弗用灵，制以井刂，惟作五虐之井刂，曰法。”《易蒙·初六》曰：“发蒙利用井刂人，用说，桎梏以往吝。”《象》曰：“利用井刂人，以正法也。”又《系辞传》：“见乃谓之象，井刂乃谓之器，制而用之谓之法。”皆是表明法为模范之意。其井刂旁所以从井者，井之语源，出于井田，《说文》“井”下云：“八家为一井，象构韩形。”盖含有秩序意，所谓“井井有条”，“井然不紊”，皆以井为形容词。从刂者，刀以解剖条理，亦含秩序之意，且古文佱字，从亼，从正，并可作模范解。法之释为荆者，即表明有秩序而可为模范之意也。

（二）法者平之为水，从水，含有均平之意。法与律皆有均平之义，《说文》“律”下云，“均布也”。段注云：“律者所以范天下之不一而归于一，故曰均布。”桂馥《义证》云：“均布也者，义当是均也，布也；《乐记》，‘乐所以立均’；《尹文子·大道》篇，‘以律均清浊’；《鹖冠子》，‘五声不同均’”，皆言律字出于均平之意。《大学衍义补》亦云：“春秋之世，子产所铸者，谓之荆书，战国之世，李悝所著者，谓之《法经》，未以律名也。律之言昉于《虞书》。盖度量衡受法于律，积黍以盈，无锱铢爽，凡度之长短，衡之轻重，量之多寡，莫不于此取正。律以著法，所以裁判群情，断定诸罪，亦犹六律正度量衡也，故制刑之书以律名焉。”《史记·律书》云：“王者制事立法，物度轨则，一禀于六律，六律为万事根本焉。”夫惟均而后能平，《国语》云，“律所以立均出度”，是明其均平正确之义。易曰，“师出以律”，孔疏云，“律，法也”，是为法律通名之始。自商鞅改法为律以相秦，《萧相国世家》云，“何独先入收秦律令”，自是以后，法遂与律通用，所谓均平之意，益显然矣。

（三）法从廌去，所以触不直去之，含有正直之意。《书》云：“凡民自得罪，寇攘、奸宄、杀越人于货，暋不畏死，罔弗憝”。蔡注：“凡民自犯罪者，人无不憎恶之也，用罚而加是人，则人无不服，以其出乎人之同恶，而非即乎吾之私心也。”此即法为正直之解。周制，公族之罪，虽亲不以犯有司正术也，所以体百姓也。陈注：“正术，犹言常法也，公族之有罪者，虽是君之亲，然亦必在五刑之例，而不赦者，是不以私亲而于犯有司之正法也。所以然者，以立法无二制，当与百姓一体断决也。”曰正法，曰立法，无二制，即言法之本义，因为正直，未可以曲徇也。又法字与式字同训，《说文》“式”下云，“法也，从工弋声”。又云：“工，巧饰也，象人有规矩。”段注云：“直中绳，二平中准，是规矩也。”是则式之取义在工，而工以中正平均为本，如绳之直，如准之平，释式即所以释法也。

此外与法互训之字，如典，训为“常”，《说文》：“典字从册在丌上，尊阁之也。”是典之本义，为尊贵之书册，吾国有尊古之习，视古法尤重，故可通称法典。则，训为“齐”，《说文》：“等画物也，从刀贝”。段注云：“等画物者，定其差等而各为介画也，物货有贵贱之差，故从刀介画之。”曰等物，曰介画，皆均齐之意。法字亦有均齐之义，《周礼》：“以八则治都鄙”。郑注云：“则，亦法也，故可通称法则。”刑，训为“到”，《说文》：“刑，到也。”段注云：“荆罚典荆仪荆等字，以刑当之者俗字也。”故刑之为义甚狭。《尚书·大传》曰：“唐虞象刑，而民不犯，苗民用刑而民犯之。”可知当时不欲言刑罚。凡刑罚者，起于德衰之时。《汉书》涿郡太守郑昌上书曰：“立法明刑者，非以为治，救衰乱之起也。”象以典刑，即明不欲用刑之意。慎子曰：“斩人肢体入肌肤，谓之刑，画衣冠异章服，谓之戮。”此与训刑为到同解。法之最初发达者为刑，故可通称刑法。综上所述，则吾国最初法字之概念，固为均平正直，能立最高之模范标准以制节事物者也。

第三章 法在我国思想史上之地位

我国思想最古者为道家，次为儒家，再次为墨家，法家其最后起者也。《汉书·艺文志》谓“道家者流，出于史官。儒家者流，出于司徒之官。墨家者流，出于清庙之守。法家者流，出于理官。”至谓“诸子皆出于王官”，其义似甚牵强，未足说明思想变迁之迹及发生之由，较之《淮南要略》所云，“诸子之学，皆起于救世之弊，应时而兴”者，固不可同日而语，近人多已驳之。惟道家思想受社会周围变乱之刺激，以为循此以往，知识愈进，欲望愈高，防乱之术愈工，而煽乱之方亦愈巧，故其政治理想在于返朴，在于无为，老子所谓“至治之世，小国寡民，使有什伯人之器而不用，使民重死而不远徙，甘其食，美其服，安其居，乐其俗，邻国相望，鸡狗之声相闻，民至老死不相往来”。此非老子之虚言，盖老子为周柱下史，近观世变，远察洪荒，必以为古来有此一境，最适于今日之救弊补偏，欲引而复之，以归无名之朴，而不知历史之不可以逆演。此出于史官之说所由来也。儒家重人伦，尚实践，先亲亲而后仁人，仁人而后爱物。所谓“爱有差等，施由亲始”，齐景公问政于孔子，孔子对曰：“君君，臣臣，父父，子子。”又《中庸》谓“天下之达道五：曰君臣也，父子也，夫妇也，昆弟也，朋友之交也”。其政治理想，在于修身齐家而治国平天下，五伦之说，自系根据契敷五教。此出于司徒之官之说所由来也。墨家以兼爱节俭为归，以敬天明鬼为本，其所谓天志者，即以明“天欲人之相爱相利，而不欲人之相恶相贼”。凡作善降祥，不善降殃，皆天主之。次则明鬼，意在厉人勤勉力行，人能敬畏鬼神，自不敢不尽己职。其政治理想，在于人人兼相爱，不互相攻，一同天下之义，以上同乎天，后世多以墨子为中国之宗教家。此出于清庙之守之说所由来也。若法家者，吾国古代似皆专指刑罚。《书·大禹谟》，帝曰：“皋陶惟兹臣庶，罔或干予正，汝作士，明于五刑，以弼五教。”《周礼》，“秋官掌邦刑，大事则从其长，小事则专达。”又曰，“典刑以诘邦国，以刑百官，以纠万民。”又曰，“官刑以纠邦治。”郑注，“官刑谓司寇之职。”此为刑法等观之明证。凡掌刑者皆士师之官，此为出于理官之说所由来也。虽然，法家发生最后，其所受三家之影响亦最多。太史公以老、庄、申、韩合为一传，并论之曰，“老子所贵道，虚无因应，变化于无为，故著书辞称微妙难识。庄子散道德放论，要亦归之自然，申子卑卑，施之于名实。韩子引绳墨，切事情，明是非，其极惨礉寡恩，皆原于道德之意，而老子深远矣。”韩非之《解老喻老》，尸子云，“正名去伪，事成若化”。皆道家思想之影响于法家者也，韩非之学本于荀卿，荀子曰，“礼，法之大分也；”又曰，“法后王者法其法。”韩非亦曰，“法者王之本也，刑者爱之自也”。又曰，“圣人不期修古，不法常可，论世之事，因为之备。”此儒家思想之影响于法家者也。墨家以尚同为职志，故《墨辩·经说上》曰，“法所若而然也，佴所然也”。《经说》曰，“佴所然也者，民若法也”。此即一同天下之义。尹文子亦曰，“万事皆归于一，百度皆准于法。归一者，简之至，准法者，易之极”。尹文与宋钘同学风，其论法也，时与墨者之言相合。此墨家思想之影响于法家者也。顾三家思想，较之法家有其根本不同者焉：道家尚清静无为，故重自然法，而不尚人为法；儒家主实践伦理，意在感化，故重德治，而不尚法治；墨家顺天之志，以行兼爱，故重法天而非贵法，此其大略也，若语其详，请分别论之。

甲、道家之法律观

道家主张放任无为，其言天也，谓“无为而无不为”，故曰，“天之道不争而善胜，不言而善应，不召而自来，繟然而善谋，天网恢恢，疏而不失。”又曰，“人法地，地法天。天法道，道法自然。”又曰，“功成名遂，百姓皆谓我自然”，又曰，“以辅万物之自然，而不敢为。”其所以力倡自然法者，即反对人为法之违于本性，有害而无益，徒劳而无功。其言曰，“常有司杀者杀，夫代司杀者杀，是谓代大匠斫，夫代大匠斫者，希有不伤其手者矣。”司杀者指天，代司杀者指人，以人代天行赏罚，则不啻扰乱自然秩序，故曰，“民之难治以其上之有为，是以难治。”又曰，“法令滋彰，盗贼多有。”盖道家所以信自然法者，谓一切人为之制裁力，均归无用，不特无用，抑又害之，故曰，“为者败之，执者失之。”又曰，“物或益之而损。”庄子又设喻以明之曰，“南海之帝为儵，北海之帝为忽，中央之帝为浑沌，儵与忽相与过于浑沌之地，浑沌待之甚善，儵与忽谋报浑沌之德，曰，‘人皆有七窍，以视听食息，此独无有，尝试凿之。’日凿一窍，七日而浑沌死。”其对于人为法之观念，极力摈斥，不留余地可知。然欲放任主义见诸实行，则根本在于知足寡欲，故曰，“知足不辱，知止不殆。”又曰“罪莫大于可欲，祸莫大于不知足，咎莫大于欲得。”反于自然之道，在常使民无知无欲。庄子则更进为极端之论曰，“绝圣弃知，大盗乃止，擿玉毁珠，小盗不起，焚符破玺，民乃朴鄙，掊斗折衡，而民不争。”质言之，凡所有法令，道家视之，均为罪恶之渊源，惟顺自然法者最为有利无弊。顺自然法之道，在于少私寡欲。夫人类欲望，果能使之足，使之寡乎？不能，而强欲行之，此道家不彻底之主张也。故驳道家之说者，莫若法家之深切著明。韩非子曰：“古者不事力而养足，人民少而财有余，故民不争，是以厚赏不行，重罚不用，而民自治；今人民众，而货财寡，事力而供养薄，故民争，虽倍赏累罚，而不免于乱。”尹文子曰：“名定则物不竞，分明则私不行，物不竞非无心，由名定，故无所措其心，私不行非无欲，由分明，故无所措其欲，然则心欲人人有之，而得同于无心无欲者，制之有道也。”韩非以社会演进，明争乱之不可免。尹文以名分确定，言制欲之别有道，其针砭道家之失，可谓探厥本源矣。

乙、儒家之法律观

儒家主张感化主义，故以德治为人生之极则，而法则出于不得已，而效力甚微者也。《论语》曰：“道之以政，齐之以刑，民免而无耻；道之以德，齐之以礼，有耻且格。”又《大戴礼记》云：“礼者，禁于将然之前；而法者，禁于已然之后。”其论德礼与刑法效用之浅深厚薄，可谓明析。儒家惟崇尚德礼故所恃以为制裁者，亦在礼不在法。《礼运》曰：

“礼义以为祀……示民有常，如有不由此者，在势者去，众以为殃。”所谓殃者，社会共同斥之之谓，而非法律之制裁也。《孝经》曰：“安上治民，莫善于礼。”《礼运》曰：“圣人以礼示之，故天下国家可得而正也。”又曰：“治国不以礼，犹无耜而耕也。”《小戴礼·经解》篇曰：“礼之教化也微，其止邪也于未形，使人日徙善远罪而不自知也。”儒家自孔子后，有二大师：一为孟子，一为荀子。孟子主张性善，谓感化为可能者，故曰“人皆有不忍人之心，先王有不忍人之心，斯有不忍人之政矣，以不忍人之心，行不忍人之政，治天下可运诸掌”。又曰：“恻隐之心，仁之端也，羞恶之心，义之端也，辞让之心，礼之端也，是非之心，智之端也。……凡有四端于我者，知皆扩而充之矣。若火之始然，泉之始达，苟能充之，足以保四海，不能充之，不足以保妻子。”孟子为政在扩充人类之同情心，由近及远，故言仁言义，而最恶言利，以言利则酿成争夺之端，非贼仁害义不已。由孟子之说，其政治理想近于惟心，所谓“生于其心，害于其政，生于其政，害于其事。”是孟子专在于正人心，及善推其所为。其对于法之观念，一则引《诗》之言曰，“不愆不忘，率由旧章。”一则曰，“徒法不能以自行。”盖认法为不必变易，但遵先王之道以行，而徒恃法为治者，终有所穷也。荀子信性恶，谓“人之性恶，其善者伪也”；谓“不可学，不可事，而在人者谓之性，可学而能，可事而成之在人者，谓之伪”。伪者，人为也。人惟性恶，故须以礼防之。其论礼之起源曰：“人生而有欲，欲而不得，则不能无求，求而无度量分界，则不能不争，争则乱，乱则穷，先王恶其乱也，故制礼义以分之，以养人之欲，给人之求，使欲必不穷乎物，物必不屈于欲，两者相持而长，是礼之所起也。”儒家之言礼治，在于节制人情，使有度量分界。《坊记》曰：“礼者因人之情而为之节文，以为民坊者也。”《檀弓》曰：“礼者因人之情欲，而加以品节。”荀子亦曰：“礼者断长续短，损有余，益不足，达爱敬之文，而滋成行义之美者也。”此即严分界之谓。荀子以礼义法度生于圣人之伪，非故生于人之性，故贱性而尊伪，能起伪者圣人也，故贵人而贱法。其《君道篇》曰，“有治人，无治法。”又曰，“法不能独立……得其人则存，失其人则亡。”又曰，“君子者法之原也，故有君子，则法虽省足以遍矣，无君子，则法虽具，失先后之施，不能应事之变，足以乱矣。”由荀子之说，其政治理想，近于惟物，所谓“欲多物寡，物不能赡则争”，所谓“以度量分界，养人之欲，给人之求”。所谓“有贫富贵贱之等，维齐非齐”，皆从物质方面着想。其视礼为一成不易，谓“君子审于礼，则不可欺以诈伪”，与法家之言“有法度者不可诬以诈伪”，用意相同，而实混礼与法为一。故《性恶》篇曰：“圣人化性而起伪，伪起于性，而生礼义，礼义生而制法度，然则礼义法度者，圣人之所生也。”礼义法度皆为圣人救时之制，荀子则贱法而贵礼，且以礼法为当分别用之。其《富国》篇曰：“由士以上，则必以礼乐节之，众庶百姓，则必以法数制之。”是即《曲礼》所谓“礼不下庶人，刑不上大夫”之意。可见当时阶级制度极严，礼俗习故为先圣所留遗，可以待贵族，而不适于平民，刑法则专为施于众庶之用。荀子视礼为重，视法为重，故辨等差，严分界，皆以礼为从政之本。虽然，德礼之治，果遂足以收感化之功，而无事于法乎？法家固尝非之矣，《韩非子·五蠹》篇曰，“微妙之言，上智之所难知也。今为众人法，而以上智之所难知，则民无从识之矣：故糟糠不饱者，不务粱肉，短褐不完者，不待文绣，夫治世之事急者不得，则缓者非所务也。……故微妙之言，非民务也。”此言徒务道德，不足以治国而利群。又曰：“尧、舜、桀、纣，千世而一出……中者上不及尧舜，而下者亦不为桀纣，抱法则治，背法则乱。背法而待尧舜，尧舜至乃治，是千世乱而一治也。抱法而待桀纣，桀纣至乃乱，是千世治而一乱也。”此即攻击任人而不任法之弊，与孟子所谓“人皆可以为尧，舜，”荀子所谓“法不能独立”之言，大相悬殊矣。又韩非《用人》篇曰：“释法术而心治，尧不能正一国，去规矩而妄意度，奚仲不能成一轮。”慎子亦曰：“君人者舍法而以身治，则诛赏予夺，从君心出，然则受赏者虽当，望多无穷，受罚者虽当，望轻无已，君舍法以心裁轻重，则同功殊赏、同罪殊罚矣，怨之所由生也。”此言任心而不任法之非，与孟子所谓正人心，格君心之非者，其根本观念完全相反。韩非《显学》篇曰：“夫圣人之治国，不恃人之为吾善也，而用其不得为非也，恃人之为吾善也，境内不什数，用人不得为非，一国可使齐为治也，用众而舍寡，故不务德而务法。”商君《开塞》篇云：“分定而无制不可，故立禁。”又韩非《八说》篇曰：“古者寡而相亲，物多而轻利易让，故有揖让而传天下者，然则行揖让高慈惠而道仁厚，皆推政也，处多事之时，用寡事之器，非智者之备也。当大争之世，而循揖让之轨，非圣人之治也。”盖荀子主张礼治，礼治全恃社会之制裁力，而社会之制裁力，有时无可复施，则礼治穷，不得不继以法治，韩非所谓用其不得为非，商君所谓立禁，韩非又谓当大争之世，皆极言礼治之不可专行，而法治之不容已也。

丙、墨家之法律观

墨家主张敬天兼爱主义，《墨子·天志》篇云，“子墨子置天志以为仪法”，又曰，“故子墨子之有天志之意也，将以度王公大人之为刑政也。顺天之意，谓之善刑政。不顺天之意，谓之不善刑政。故置此以为法，立此以为仪，将以量度天下，譬之犹分黑白也。”又《法仪》篇曰：“天下从事者不可以无法仪……故百工从事，皆有法所度。今大者治天下，其次治大国，而无法所度，此不若百工辩也。然则以为治法而可，当皆法其父母奚若？天下之为父母者众，而仁者寡，若皆法其父母，此法不仁也。法不仁不可以为法，当皆法其学奚若？天下之为学者众，而仁者寡，若皆法其学，此法不仁也。当皆法其君奚若？天下之为君者众，而为仁者寡，行皆法其君，此法不仁也。故父母学君三者，莫可以为治法而可。然则奚以为治法而可？故曰莫若法天……既以天为法，动作有为，必度于天，天之所欲则为之，天所不欲则止。”墨子所谓法仪，即为正义，其法律之观念，以正义为准，正义本于上天好生之德，故宜法天，以天者无私，若人则皆有私也。然墨家之天，与道家之天不同，道家之天，为自然而无目的，墨家之天，为有意志，可以赏善罚恶。故曰，“天欲义而恶不义”；又曰，“天欲人之相爱相利，不欲人之相恶相贼。”《法仪》篇曰：“昔之圣王禹、汤、文、武，兼爱天下之百姓，率以尊天事鬼，其利人多，故天福之。……暴王桀、纣、幽、厉，兼恶天下之百姓，率以诟天侮鬼，贼其人多，故天祸之。”其使人必当守法而不轨于正义者，一本于天之主宰，天子者上同于天，惟天子能一同天下之义，是其所谓法者，亦惟天子能制作之，而其他不得参与，且亦不必参与也。盖墨家政治之理想，在于尚贤尚同，子墨子言曰："古者民始生未有刑政之时，盖其语人异义，是以一人则一义，二人则二义，十人则十义，其人兹众，其所谓义者，亦兹众。是以人是其义，以非人之义，故交相非也。……夫明乎夫下之所以乱者，生与无政长，是故选择天下贤良圣知辨慧之人，立以为天子，使从事乎一同天下之义。"是制法之权归于贤君，而不必征诸民意可知。虽然，由法家观之，则固有辞矣。商君《画策》篇曰："仁者能仁于人，而不能使人仁。义者能爱于人，而不能使人相爱。是以知仁义之不足以治天下也。圣人有必信之性，又有使天下不得不信之法。所谓义者，为人臣忠，为人子孝，少长有礼，男女有别。非其义也，饿不苟食，死不苟生，此乃有法之常也。圣王者不贵义而贵法，法必明，令必行，则已矣。"法家谓贵义难于必行，而贵法则能使天下不得不信，墨子贵义而欲法天，虽有祸福之说，诚恐托之空言也。况所谓天者，虽有意志，而不能言。其一同天下之义，不得不寄诸天子。天子奋一人之私智，未必果胜于众人，即曰能胜，亦难持久。善夫！慎子之言曰："君之智未必最贤于众也，以未最贤而欲善尽被下，则下不赡矣。若君之智最贤，以一君而尽赡下，则劳，劳则有倦，倦则衰，衰则复返于人，不赡之道也。"足以破墨子贵义尚贤法天之说矣。

徐朝阳

中国刑法溯源

作者简介

徐朝阳，民国时期著名法律史家。在 20 世纪 20 年代末 30 年代初，他先后出版了中国刑法史以及中国诉讼法史等方面的专著，著有《中国古代诉讼法》、《 中国刑法溯源 》、《中国亲属法溯源》、《中国诉讼法溯源 》、《刑事诉讼法通义》 等。

出版社：上海，商务印书馆。

出版年份：1926 年。

馆藏：中国人民大学图书馆旧平装书室。

作品简介：该书分为总论、犯罪、刑罚、监狱四编。总论编对刑法的名称、刑法的意义、刑法之编制、刑法与刑事诉讼法等其他刑事法的关系、刑法制度、刑法的目的、国家刑罚权的根据、刑法的公布、刑法的施行、刑法的效力等刑罚的基本理论问题做了详细的论述。犯罪编对犯罪的概念、构成犯罪的各要素、犯罪的状态进行了全面的探讨。刑罚编对刑罚本身的意义，中国古代存在的生命刑、身体刑、财产刑、名誉刑、能力刑、自由刑等刑罚种类，以及刑罚的适用、执行与消灭进行了细致的考证。监狱编对中国古代监狱的名称、种类、构造，对关押囚犯的给养、劳役、教化和对患病囚犯的医治，以及监狱的卫生制度等内容做了较为翔实的论述。通过该书，我们能了解中国传统社会的刑法的一个概貌，这是一本运用西方现代刑法理论研究中国古代刑法问题的一本具有代表性的力作。(郭成龙整理)

第一编 总论

第八章 国家刑罚权之根据

刑罚权者，国权之作用，国家既有国权，即有刑罚权，有谓国家不得而有刑罚权者，谬也。惟国家因何而有此权，学说不一。兹举其重要者如下：

第一，社会契约说。此说谓人为社会团体之份子，即缔结契约，各尊重其权利，而不相侵害，以享共同生存之幸福，违约者应受刑罚制裁，国家本此契约，故有罚违约者之权。

第二，纯正正义说。此说谓犯罪者不正行为，应即加之相当责罚，以为报复而赎其罪也。国家之科刑罚，不过完此正义之要求耳。

第三，社会必要说。此说谓刑罚权之基本，存于社会之利益及其必要；有其必要故科以刑罚，其有合于正义与否非所计也。

第四，折衷说。此说自十八世纪以来颇有势力，谓刑罚责任发生之原因，在违反正义，其加刑罚与否之制限，则依必要之如何，以折衷前两说者也。

第五，进化说。此说谓夫一切生物由物竞天择而进化，人类亦然，社会盖亦如是。故有害其生存者依强力抑压之以自卫，实理之当然。犯罪者害社会之共同生存，即为社会之公敌，国家为保持社会公安计，以刑罚抑压之，故刑罚者出于国家生存之必要也。

以上五说，愚不暇详细批评。惟社会契约说、纯正正义说、社会必要说、折衷说均为现今学者所驳斥，进化说谓刑罚出于国家生存之必要，国家所以有刑罚权者在是，犯人所以有科刑责任者亦在是，比较诸说，实为正鹄，为现今有力之学说也。我国古代思想各有不同，考其所主张，要与现代所谓正义说相同。兹将其根据之点，分述如下：

第一节 刑法与天道

我国关于记载政治法制及道德之书籍，所谓“天”与“上帝”者数见不鲜，是我国人均有以政治法制与道德出于天之思想，故谓刑罚权之根据亦有出自天之思想也。此种思想，夏殷周诸世发挥甚盛，尧舜之时，亦已有明文，有足述也。

然则天者何云乎哉？指自然学上之天体耶？指宗教上有一个人格之天帝耶？抑指哲学上之天理即一种天然的理法耶？是实为重大之一问题也。此问题之解释，须稽诸古代文籍之记载。古代于此之思想盖非推理的论断，实直觉的感得；其文献非概括的说明，实叙述之记载也。兹将我国古代天国之观念，着于篇，《书经·尧典》：“乃命羲和，钦若昊天……敬授民时”。“肆类于上帝，禋于六宗，望于山川，偏于群神”。“钦哉惟天亮天功”。《皋陶谟》云：“天工人其代之。天叙其典，勅我五典五惇哉。天秩有礼，自我五礼有庸哉。……天命有德，五服五章哉。天计有罪，五刑五用哉”。“天聪明，自我民聪明；天明畏，自我民明威”。“惟动丕应傒志，以昭上帝，天其申命用休”。《汤誓》云：“非台小子，敢行称乱。有夏多罪，天命殛之。……夏氏有罪，予畏上帝，不敢不正。……尔尚辅予一人致天之罚”。《盘庚·上篇》云“先王有命，恪谨天服”。《盘庚·中篇》云：“予迓续乃命天”。《微子》云：“天毒降灾荒殷邦”。《西伯戡黎》云：“天既讫我殷命……故天弃我，不有康食。不虞天性，不迪率典。今我民罔弗欲丧。曰天曷不降威……王曰：‘我生不有命在天?’祖伊反，曰：‘呜呼！乃罪多参在上，乃能责命于天?’”《洪范》云：“惟天阴骘下民，相协厥居……我闻在昔，鲧堙洪水，汨陈其五行。帝乃震怒，不畀洪范九畴，彝伦攸斁。鲧则殛死，禹乃嗣兴。天乃赐禹洪范九畴。彝伦攸叙。”《大诰》云：“天降割于我家，不少延。……其有能格天知命。……予不敢闭于天降威用。”“予惟小子，不敢替上帝命。天休于宁王，兴我小邦周。……今天其相民，矧亦惟卜用。呜呼！夫明畏弼我丕丕基。”“天闷毖我成功所，予不敢不极率宁王图事。……天棐忱辞，其考我民。……天亦惟用勤毖我民。”“迪知上帝命。越天棐忱，尔时罔敢易法。矧今天降戾于周邦。……尔亦不知天命不易。”“天惟丧殷。……天亦惟休于前宁人。……天命知僭。”《康诰》云：“我西土惟时怙冒，闻于上帝帝休。天乃大命文王殪戎殷。”“天畏棐忱，民情大可见。”“亦惟助王宅天命，作新民。”“天惟与我民彝大泯乱。”“爽惟天，其罚殛我，其不怨。凡厥罪，无在大，亦无在多；矧曰其尚显闻于天。”《酒诰》云：“惟天降命，肇我民。”“越殷国灭无罹，弗惟德馨香祀登闻于天。……庶群自酒，腥闻于上。故天降丧于殷，罔爱于殷。……天非虐，惟民自速辜。”《梓材》云：“皇天既付中国民越厥疆土于先王。”《召诰》云：“皇天上帝改厥元子。”“天既遐终大邦殷之命，兹殷多先哲王在天……夫知保持携持厥妇子，以哀吁天……天亦哀于四方民，其眷命用懋。”“有王虽小，元子哉。王来绍上自服于中土。旦曰，其作大邑，其自时配皇天”，“若生子，罔不在厥初生，自余哲命。今今其命哲命吉凶命历年。……王其德之用，祈天永命。”《济诰》云：“王如弗敢及天基命定命。……公不敢不敬天之休。”《多士》云：“旻天大降丧于殷。我有周佑命，将天明威，致王罚，敕殷命终于帝，肆尔多士，非我小国敢弋殷命，惟天不畀，允罔固乱。……惟帝不卑，惟我下民秉为，惟天明畏。我闻曰，上帝引逸，有夏不适逸，则惟帝降格向于时夏，弗克庸帝大淫失有辞。惟时天罔念闻，厥惟废元命降罚。乃命尔先祖成汤革夏。……亦惟天丕建保乂有殷，殷王亦罔敢失帝，罔不配天其泽。在今后嗣王，诞罔显于天……罔显于天，显民祇，时惟上帝不保，降若兹大丧。……今惟我周王丕灵帝事。有命曰割殷，告敕于帝……予亦念天，即于殷大戾……非我一人奉德不康宁，时惟天命无违。”《君奭》云：“天命不易。天难谌”，“我闻在昔，成汤既受命，时则有若伊尹格于皇天……在大戊，时则有若伊陟臣扈格于上帝……故殷礼陟配天多历年所”。“在昔上帝割，申都宁王之德，其集大命于厥躬。……乃惟时昭文王，迪见冒闻于上帝惟时受有殷命哉”。《多方》云：“惟帝降革于夏。有夏诞厥逸……不克终于帝之迪。……厥图帝之命不克开于民之丽，乃大降罚，崇乱有夏。……天惟时求民主乃大降显休命之成汤，刑殄有夏。……今至于尔辟，弗克以尔多方享天之命。……非天庸释有夏，非天庸释有殷。乃惟尔辟以尔多方大淫图天之命”。“天惟五年须暇之子孙，诞作民主，罔可念听，天惟求尔多方，大动以威，开厥顾天，惟尔多方，罔堪顾之。惟我周王……克堪用德，惟典神天，天惟式教我用休，简畀殷命，尹尔多方。”《吕刑》云：“上帝监民，罔有馨香德，刑发闻惟腥。皇天哀矜庶戮之不辜，报虐以威。”“上帝不蠲，降咎于苗。苗民无辞于罚，乃绝厥世。”《诗经·节南山》云：“昊天不庸，降此鞠凶。昊天不惠，降此大戾。不吊昊天，乱靡有定。式月斯生，俾民不宁；昊天不平，我王不宁；不惩其心，覆怨其正。”《十月之交》云：“下民之孽，匪降自天，噂沓背憎，职竞由人。”“天命不彻，我不敢效我友自逸。”《雨无正》云：“浩浩昊天不骏其德，降丧饥馑，斩伐四国。昊天疾威，弗虑弗图，舍彼有罪，既伏其辜；若此无罪，沦胥以铺。如何昊天，辟言不信。如彼行迈，则靡所臻。凡百君子，各敬尔身。胡不相畏，不畏于天。”《小旻》云：“昊天疾威，敷于下土。谋犹回遹，何日斯沮。”《小宛》云：“各敬尔仪，天命不又。”《巧言》云：“悠悠昊天，曰父母且。无罪无辜，乱如此抚。昊天已威，予慎无罪，昊天泰怃，予慎无辜”。《小明》云：“明明上天，照临下土。”《文王》云：“文王在上，于昭于天，周虽旧邦，其命惟新。有用不显，带命不时。文王陟降，在帝左右。”“殷之未丧师，克配上帝，宜鉴于殷，骏命不易。”“上天之载，无声无臭，仪刑文王，万邦作孚。”《大明》云“明明在下，赦赦在上，天难忱斯，不易维王，天位殷适，使不挟四方。”“维此文王，小心翼翼，昭事上帝，聿怀多福，厥德不回，以受方国。”“天监在下，有命既集。”“有命自天，命此文王。……笃生武王，保佑命尔，变伐大商。”“殷商之旅，其会如林。……上帝临汝，无贰尔心。”《皇矣》云：“皇矣上帝，临下有赦。监视四方，求民之莫。……上帝耆之憎其式廓。乃眷西顾，此维与宅。”“带省其山，柞域斯拔，松柏斯兑。帝作邦作对，自大伯王季。”“维此王季，帝度其心……此于文王，其德靡悔，既受帝祉。”“帝谓文王，无然畔援，无然歆羡，诞先登于岸。”“帝谓文王，子怀明德，不大声以色。……不识不知，顺帝之则。”《下武》云：“下武维周，世有哲王。三后在天，王配于京。”《板》云：“上帝板板，下民卒瘅”，“天之方难，无然宪宪；天之方蹶，无然泄泄。……天之方虐，无然谑谑……天之方懠，无为夸毗。”“敬天之怒，无敢戏豫；敬天之沦，无敢驰驱。昊天曰明，及尔出王；昊天日旦，及尔游衍。”《荡》云：“荡荡上帝，下民之辟。疾威上帝，其命多辟。天生蒸民，其命匪谌。匪不有初，鲜克有终。”“天降滔德，必兴是力。”《瞻印》云：“昊天上帝，则不我道。……昊天上帝，宁俾我遁……昊天上帝则不我虞。……瞻印昊天，云如何里。……瞻印昊天，曷惠其宁。”《蒸民》云：“天生蒸民，有物有则。民之秉彝，好是懿德。”《召旻》云：“昊天疾盛，天笃降丧……民卒流亡，我居圉卒荒。天降罪罟，蟊贼内讧。……实静夷我邦。”《维天之命》云：“维天之命于穆不已。于乎不显，文王之德之纯。”《天作》云：“天作高山，大王荒之。彼作矣，文王康之。”《昊天有成命》：“昊天有成命，二后受之。”《我将》：“畏天之畏，于时保之。”《时遇》：“时遇其邦，昊天其子之。”《思文》：“思文后稷，克配彼天……贻我来牟，帝命宁育。”《臣工》：“明昭上帝迄用康年。”《敬之》：“敬之敬之，天继显思。命不易哉。无曰高高在上，陟降厥士，曰监在兹。”《玄鸟》云：“天命玄鸟，降而生商。宅殷土芒芒，古帝命武阳，正域彼四方。”《长发》云：“帝命不违，至于汤齐。汤降不迟，圣敬日跻。昭假迟迟，上帝是祇，帝命式于九国。”《殷武》云：“天命降监，下民有严。不僭不滥，不敢怠遑。”我国古籍《书》、《诗》二经所载天道观念，如上所举，其他如《易》、《礼》以及诸子所言者，亦繁有徒，非本文切要，不更缕举。自《虞书·皋陶谟》所说：

“……天工人其代之，天叙有典，勑我五典五惇哉。天秩有礼，自我五礼有庸哉。……天命有德，五服五章哉。天讨有罪，五刑用哉。政事懋哉懋哉。”

则儒家之所谓礼教，法家之所谓法律，皆出自天；盖认天纯为“有意识的人格神”，直接监督一切政治者也。

天者，日月星辰之所盘，风云雨露之所本，山川也，草木也，皆受其支配，广大无边之宇宙万物既不免受天之支配，吵吵六尺之人类，亦奚能得免其支配哉？草木春夏而生成，秋冬而凋落，实天之势力作用也；人类之生成凋落亦然。和风滋雨者，天之恩惠也；疾风迅雷者，天之威怒也；人类之抚育庆赏，天之和风滋雨也；战争刑罚，天之疾风迅雷也。三皇五帝之初，法官名曰秋官。降至周代，《礼记·月命》所载：“仲春之月，命有司省囹圄，去桎梏，毋肆掠，止狱讼；孟夏之月，断薄刑，决小罪，出轻系；仲夏之月，挺重囚，益其食，百官静事无刑，以定晏阴之所成；孟秋之月，用始行戮，命有司修法制，缮囹圄，具桎梏，禁止奸惧罪邪务搏执，命理瞻伤，察创视折，审断决狱讼必端平，戮有罪严断刑；仲秋之月，乃命有司申严百刑，斩杀必当，毋或枉挠，枉挠不当，反受其殃；季秋之月，乃趣狱刑，毋留有罪；孟冬之月，察阿党则罪无有掩蔽。”是诸制度皆因乎春夏之生成，秋冬之凋落，无非遵奉天之默示也。盖抚育、庆赏、战争、刑罚，虽皆人类之自所进行，毕竟欲止而莫能止，受天之默示，循此自然之法则。礼隋路加氏曰：“法律虽发自人类之精神，其所以然者，盖全宇宙之主宰者，使人类之心里有此大法则也。”概乎言之矣。

刑罚权既为天所赋予，国家不过代天执行此刑罚权耳。故曰“天工，人其代之”也。若人民有犯罪行为，则是违反乎天意，国家则须“奉行天讨，以诛有罪”，所以维护正义也。故古代刑罚权之根据，与所谓之正义说意旨实相同。

第二节　刑法与道德

人不可无团体，团体不可无秩序。盖秩序者，所以全团体之存立，团体所以全人类之生存者也。而秩序之维持，一以正义行之，正义者，秩序之本体；秩序者正义之作用也。推而论之，正义者，听以全体之存立，又所以全人类之生存也。《荀卿》有言曰：

“水火有气而无生；草木有生而无知；禽兽有知而无义；人有气，有生，有知，亦且有义，故最为天下贵也。力不若牛，走不若马，而牛马为用，何也？曰人群，彼不能群也。人何以能群？曰分，分何以能行？曰以义。故义以分则和，和则一，一则多力，多力则强，强则胜物，故宫室可得而居也，故序四时，裁万物，兼利天下，无他故焉，得之分义也。”（《荀子·王制篇》）

“群”即团体，“分”谓分界，人各守其分界，所以维持团体之秩序，而所谓分界者，谓以正义裁断之。反复详论此理，愚无间言。但兹所宜注意者，人类为维持秩序计，故非依正义守分界不可，依正义守分界之结果，社会之秩序乃得维持，荀卿所谓人类所以为天下最贵者，实在于此。是故秩序者为维持之形式，即正义形式之表现也，一成形为礼制，再成形为法律，法与礼均所以实行正义之形式，所以维持秩序之形式也。二者于人类团体的生存缺一不可，班固论此点甚透，班固之言，其前段与前揭荀卿之言相同，不赘举，摘其后段之语如下：

“夫人宵天地之貌，怀五常之性，聪明精粹，有生之最灵者也。爪牙不足以供耆欲，趋走不足以避利害；无毛羽以御寒暑，必将役物以为养，任智而不恃力，此其所以为贵也。故不仁爱则不能群，不能群则不胜物，不胜物则养不足，群而不足，争心将作，上圣卓然先行敬让博爱之德者，众心悦而从之，从之成群，是为君矣；归而往之，是为王矣。”《范》曰：“天子作民父母为天下王，圣人取类以正名而谓君为父母，明仁爱德王让道之本也，爱待敬而不败，德须威而久立，故制礼以崇敬，作刑以明威也。”（《汉书·刑法志》）

其言团体及其首长之起因与必要，至为明彻，更及礼与刑之必要，并示其作用，我国古今之思想，莫不如此。而此班固之所谓“刑”者，包括法律全部，非单止刑法一端，自可想知，所无待言。

虽然，于尧舜时代之刑与礼之关系，及刑礼二者与道德之关系，颇难得其要领。盖典籍无征，其偶存者思想疏粗，加之言语简朴，稽考甚难，惟仿佛之间，可看取其影象而已。请申论之。

吾人欲研究中国刑法与道德关系之思想，必先研究其思想之变迁。上古与中古以降，思想一大变迁，盖中古以降于一面刑法及一般法则，均甚为发达于他一面，除若干卓识之士外，莫不贱视刑法，尊崇道德。谓以刑治国，国未必能治，以礼治国，则足以致治也。故动则曰刑名法术之徒，再则曰刑名法术之徒，实含有侮蔑之意。此事虽因法术之徒，或有所短，毕竟一般人均不解刑法之性质意义，盖莫可如何，亦非孔子儒教之罪也。孔子认刑法为道德之一部，治理国家均为必要，其遗书中在在可见。如依《论语》、《家语》及《礼记》诸书所见，则刑法者国家之治具，与道德并立，刑法不外为道德一部，道德恃刑法之威力而始行，此说固非自孔子之创见，孔子特祖述从来之思想，集其大成，实渊源于尧舜之时代。

舜帝设百官以契为司徒之官，司五教，以伯夷任秩宗之官，司三礼，而以皋陶为士，司五刑，相依相辅，以举治绩，帝谓皋陶曰：

“皋陶！惟兹臣庶，罔或于予正，汝作士，明五刑，以弼五教，期于予治。”（《尚书·大禹谟》）

盖政者正也。政治者，所以正天下之不正，而刑法即政治之一要具，以正天下之不正者也。故舜帝之言云：

“格则承之，庸之，否则威之。”（《益稷》）

是期教育天下之人民，人民果至道德之域，则登庸之；不能从教，则刑以威吓之。道德与刑法其目的同，其范围亦同，道德上之善恶与国法上之善恶，直相一致。

刑法与道德之关系，即如前述。故刑法与礼之关系，至为深厚，理之当然也。于尧舜时代之观念，礼教与刑法均出自天。既如前述，是固为一般之思想，孔子亦祖述之，故曰：

“大乐与天地同和；大礼与天地同节”。又曰：

“乐者，天地之和也；礼者，天地之序也”。（《礼记·乐记》）

礼与刑共由天出，均所以保持秩序之形式，亦如前述。而刑法既与道德全相一致，礼亦与道德作用相同，则刑法与礼同其作用，可无疑义。而我国古代诸哲不务沟通礼刑之界，而熔礼法于一钟，乃恒厍厍而不相人，而至以互相排轨，不亦可慨哉！兹将古代礼刑之争，具述如下。此重要之问题，当亦同好者所许也。

礼起于何也？儒者谓人类恒有不足之感，既感不足，则必欲充其力量以求其足，利己心既长，他爱心减少，二者之间，不能并立，交相倾轧，争执以起，社会因而纷乱，于此，求止乱之道，惟礼在焉。荀子曰：

“人生而有欲，欲而不得，则不能无求；求而无度量分界，则不能不争；争则乱，乱则穷。先王恶其乱也，故制礼以分之……是礼之所起也。”（《礼论篇》）

法家谓礼是繁文，无补实用，应接微嫌，动滋纭扰，非惟不能止争，反足以召乱。韩非子曰：

“众人之为礼也，人应则轻欢，不应则责怨；今为礼者事通人之朴心，而资之以相责之分，能毋争乎？有争则乱，故曰夫礼者，忠信之薄也，而乱之首乎！”（《解老篇》）

儒家谓治民为政，非礼不为功。孔子曰：

“为政先礼，礼者政之本欤?”（《中庸》）

“为国以礼。”（同上）

“安上治民，莫如礼。”（《说苑修文》）

荀子曰：

“礼者，人道之极也。”（《礼论篇》）

“礼者，政之挽也；为政不以礼，政不行矣。……治民不以礼，动斯陷矣。”（《大略篇》）

法家言曰：

“周合刑名，民乃守职，去此更求，是谓大惑。”（《韩非子·扬权篇》）谓除法律外无办法。

儒家更以礼为万能之术，凡百设施，非礼不成。孔子曰：

“为上无礼，则不免乎患，为下无礼，则不免乎刑，上下无礼，胡不遄死!”（《韩诗·外传》三）

《曲礼》云：

“夫礼者所以定亲疏，决嫌疑，别同异，明是非也。道德仁义，非礼不成；教训正俗，非礼不备；分争辩讼，非礼不决；君臣上下，父子兄弟，非礼不定；官学事师，非礼不亲；班朝治军，莅官行法，非礼威严不行。”

此言礼之效用与法极相似，教训正俗，非礼不备；分争辩讼，非礼不决；又似法律之用，待礼而行，所谓法律者，不过礼内之一种工具而已。

他家难之曰：

“矫上之失，诘下之邪，治乱决缪，绌羡齐非，一民之轨，莫如法；属官威民，退淫殆，止诈伪，莫如刑。”（《韩非·有度篇》）

言法之功用，不承认礼之一物。道家之庄子对于法律观念亦与儒家相反。庄曰：

“以刑为体，以礼为翼。”

儒法二家思想，根本不同，礼治法治之争，迄于今日。吾人研究此点，当先释明礼与法律之性质及功用：

（一）法律为国家之规则，恃政治裁制力发生功用；礼为社会法规，恃社会裁制力发生功用。

（二）法律用以支配人类外部之行为；礼并先及各个意思。

（三）法律有强制其遵守之力；礼就各之良心负其责任。

（四）法律为境内所同遵，势须择善；礼为地方合礼的习惯，不妨独殊。

孔子对于二者观念，作极平允而确当之言曰：“凡人之知，能见已然，不能见将然。礼者禁于将然之前，而法者禁于已然之后。……礼云！礼云！贵绝恶于未萌，而起敬于微眇，使民日从善远罪，而不自知也。”远罪之收效如何？孔子曰：

“远罪则民寿。”（《说苑·政理》）

法禁已然，礼妨未然，与其惩罪于已发，何若弭乱于无形；如能徒喜远罪，人人均能本良心上动作，则残酷之刑，悲惨之狱，可废弃不用，刑措不用，风循俗美，较之俟其既犯而横之以罪科其刑，优劣利弊，彰彰甚明。故欲止各种罪恶之发生，必先尊隆各种之礼度。

“其犯奸邪靡疾妄行之狱者，则饬制星之度；有犯不孝之狱者，则饬丧祭之礼；有犯上之狱者，则饬朝觐之礼；有关变之狱者，则饬乡饮之礼；有犯淫乱之狱者，则饬婚聘之礼。”（《孔子家语·五刑解》）

关于谋杀、遗弃、侮辱尊亲属者，是谓不孝，补救之道，在饬丧祭之礼，欲起饮水之思，而平其恶劣之念；关于械斗，或决斗，是谓斗变，补救之道，在饬乡饮之礼，欲起其同乡毗连之义，止其决裂之行；有害性交之自由者，是谓奸淫，在饬婚聘之礼；谋杀元首者是谓杀上，在饬朝觐之礼，由此观之，法律思想完全建筑伦理上，产生宗法社会的法律。

礼之进行方针，千端万绪，“累寿不能尽其学，当年不能究其礼”。（墨子语）区区篇幅，又遏能容，以愚观之，大端惟二。孔子曰：

“恭而无礼则劳；慎而无礼则葸；勇而无礼则乱；直而无礼则绞”。又曰：

“礼之用，和为贵。”（《论语》）

是从精神修养方面立言，谋陶成良好之习惯，此其一也。荀子曰：

“……争则乱，乱则穷矣；先王恶其乱也，故制礼义以分之。”（《王制篇》）又曰：

“制礼义以分之，以养人之欲，给人之求，使欲必不穷乎物；物必不屈乎欲。”（《礼论篇》）

谋各人在社会上，于某种限度的得相当之享用，生活资料，不至恐慌，误蹈法网，则就物质方面谋养成良善之心理，上臻健全之人民，又其一也。

总之，儒家完全倾向犯罪之预防；故注重精神上之扩充，物质上之调剂，以礼导民，期涵养良善之德性，于不知不觉无形之中，而成完全之人格，可谓至善矣。如顽疲之民，忘知礼义，是非教化之所及，则对待之道如何？荀子曰：

“听政之大分，以善至者待之以礼，以不善至待之以刑。”（《王制篇》）又曰：

“礼以待善，刑以待不善。”（《法行篇》）

故法律在政治之工具，与礼同一其重大。孔子曰：

“圣人之治化也，必刑政相参焉。”（《家语刑政》）又曰：

“先王道缺，刑法驰。”（《说苑修文》）

后人论刑之重要，议及孔子，亦未尝谓能废刑法。

“虽周公孔子不能释刑而用。”（《监铁论・后刑》）

但礼法之收效不同，孔子曰：

“夫民，教之以德，齐之以礼，则民有格心；教之以政，齐之以刑，则民有遁心”。（《大戴记・礼察》）

“道之以政，齐之以刑，民免而无耻；道之以德，齐之以礼，有耻且格。”（《论语》）

“齐之以礼，则民耻矣；刑以止刑，则民惧矣。”（《孔丛子・刑论》）

批覆利害，针针见血。人类栖息于社会，芊芊绵绵，孜孜于求生之道，谋满足其欲望；充其所极，必致发生害群之举。国家为维持秩序社会安宁计，立无数之规条，造无数之监狱，择贤者主持其政，以纠察人民之犯罪，科之以刑，期免于罪，“则见惧矣”。其实作恶犯科之卑劣心理，未尝因此稍杀。故曰“教之以政，齐之以刑，则民有遁心”，“齐之以刑，民免而无耻”。与其如此，何若教之以德，齐之以礼，专务民人之自觉，养成良善之循风。人人均趋行于合理的习惯，其有越此范围，忘干法纪者，受社会裁制力之作用，必能悔过刷新归于为善之途。故曰“民有格心”，“有耻且格”。《淮南子》有言。

“无法不可以为治也；不知礼义不可以行法。法能杀不孝者，而不能使人为孔曾之行；法能刑窃盗者，而不能使人为伯夷之廉。”（《泰族训》）

可为此节之解释。惟其如此，故必先礼而后刑。孔子曰：“古之刑者省之，今之刑者繁之，其教古者有礼然后有刑，是以刑省也；今也反是，无礼而齐之以刑，是以繁也。……谓有礼然后有刑也。”（《尚书・大传》）

春秋诸雄角逐，险巇百生，世俗浇漓，不能如周武时之循朴也。当时甚注重法律，又疑法律未能济世，法律犹未能，而况于礼乎？故文子问曰：

“今齐之以刑，刑犹弗胜，何礼之齐？”孔子解释曰：

“以礼齐民，譬之于御则辔也；以刑齐民，譬之于御则鞭也。执辔于此，而动于彼，御之良也；无辔而用策，则马失道矣。”（《孔丛子・刑论》）设譬以喻，阴晰核博，勿以间之。儒家以礼为治之根本办法，以法律为治标方针；人性难齐，纳轨非易，礼治有时而穷，法律救济其不足。必也，先礼而后刑，不可先刑而后礼。《淮南子》曰：

“法之具也，而非所以为治也；而犹弓矢中之具，而非所以中也。……且法之生也，以补仁义；今重法而弃义，是贵其冠而忘其头足也。”（《泰族训》）

与儒家思想相同。《抱朴子》论二者功用，尤中肯綮。

“莫不贵仁，而无能纯仁以致治也；莫不贱刑，而无能废刑以整民也。……故仁者养物之器；刑者惩非之具。我欲利之，而彼欲害之，加仁无悛，非刑不止，刑为仁佐，于是可知也。”（《用刑》）

更可以代表法律思想之历代刑法志，对于法律功用，亦莫不相同。举证如下：

《汉书·刑法志》云：

“爱待敬而不败，德须威而久立；故制礼以崇敬，作刑以明威也。”

《晋书·刑法志》云：

“传曰齐之以礼，有耻且格。刑之不可犯，不若乱之不可逾。”

《隋书·刑志》云：

“记曰教之以德……而始乎劝善，终于禁暴，以此字人，必兼刑罚。”

《唐书·刑志》云：

“其为法殊，而用心则一，盖皆欲民之无犯也。然未夫导之以德，齐之以礼，而可使民迁善远罪而不自知。”

《宋书·刑志》云：

“刑以弼教，使之畏威远罪，导之以善尔。……惟礼以防之，有弗及，有刑以辅之而已。”

《元史·刑志》云：

“道之以德义，而民弗从，则必律之以法；法复违焉，则刑辟之施，诚有不得已也。”

《金史·刑志》云：

“刑以治已然，礼以禁未然。”

以上仅举其荦荦大者，其载于诸子各书者，太涉冗长，兹不更证引。

质言之，礼及法律均关乎人类社会生活之规则，互有密切之关系，不得背驰。法之所不足者，以礼补之；礼之所不足者，又以法律补之。苏东坡亦有“礼失则刑，礼刑一物”之语。旨哉斯言！

我国古代文明实非幼稚，以道德为抽象的理论，不能保人民实行，故谋保其实行必有道德之具体的形式，礼之所由起，要其形式也。刑法者，又其最极端之形式也。关于礼之圣典，最尊重者为“三礼”，即《礼记》、《周礼》及《仪礼》诸书。诸书中关于刑法之记载，蛛丝马迹，不难采稽。《周礼》一书，尤称丰富。

以上所述，愧不能详。然当时之思想，要具于此。若依近世之刑罚权之根据诸主义之分类，则当时罪恶必罚，失礼则刑；所谓纯正正义主义者，不待繁言。

第二编　犯罪

第一章　总说

犯罪者，国家以刑罚为制裁之不法行为也。换言之，刑法所列举之有责不法行为也。析言之，则（一）犯罪者，行为也；惟曰行为，故须外部身体之动静，其单独精神作用者，不得为犯罪。（二）犯罪者人之行为也；非人之行为而为偶然发生之事实或生物之动作，既无所用其刑罚，自所无谓犯罪；故必须有人之行为。（三）犯罪者有责行为也；犯罪行为须有犯意，即其行为须出于故意过失，且有责任能办者，必如此，而其行为始得归其人之责任，故犯罪者须为有责任行为也。（四）犯罪者不法行为也；不法行为云者，即法规之所不许者，故正当之行为为法规所是认者，不得为犯罪。今日法制关于犯罪之意义如此，古代盖亦大致从同。古代民智未开，神权说盛，在罗马、处罚动植，神龛有鼠，神果有虫，认为亵神，均郑重捕杀之。我国古代实无其例。论者以为戮尸鞭尸，实可推证。不知戮尸之刑，为明所创，清代因之，先秦以前，无有是制，伍胥鞭尸，系个人复仇之举动，非国家制定之典刑。凡属正常防卫紧急行为，均在不为罪之例。下节详述，无庸先赘。至如皋陶之“罚弗及嗣”，实刑一人之精神，而秋官三赦三宥之制，亦植责任能力制度之基础。凡此所举古今相同。故知我国古代于刑法精义备有其规。惟憾夏启创族罪之刑；周公列籍没之制，一人犯罪，举族为鲵；财产没收，人降皁隶，沿春秋而勿替，迄秦政如燎原，遗传数千年，罹冤人万亿，斯可哀矣！作族罪刑考，列第二章。

第二章　族罪刑考

族罪之刑，起于何时？《尚书·舜典》既有“罚不及嗣”之明文。证诸殛鲧与禹之事实，则唐虞之世，无族罪之刑，无庸疑义。《盐铁论》云：

“文学曰：纣为炮烙之刑，而秦有收孥之法”。（《周秦篇》）实则收孥之法，起源甚古；非秦世始有此制。盖实创自夏启，当西历纪元前二千一百九十六年，即夏启即位之翌年，有扈氏不服启之立，启伐有扈，大战于甘，而有《甘誓》，其词有云：

“予则孥戮汝”。（《尚书·甘誓》）

典籍于族罪刑之记载，此为最早。唐虞之时，既无此种刑罚。夏禹在位，下车问罪，后世共称，则其时亦无族罪刑罚，定可无疑。至夏启有《甘誓》之明文，故族罪之刑，创自夏启。可谓信而有征也。

夏启既制族罪之刑，历太康而至于桀，凡有五帝，其时刑罚，亦必有族罪刑之存在，可推想而知。西历纪元前一千七百六十五年，商汤伐夏而有《汤誓》，其词有云：

“尔不从誓言，予则孥戮汝，罔有攸赦”。（《尚书·汤誓》）则商代亦有族罪之刑，毫无疑义。商纣残酷，多行刑罚，族罪之刑，在常时亦必尽炽。当西历纪元前一千一百二十四年武王伐殷，师渡孟津，具言誓师讨纣之罪。其词有云：

“罪人以族”。（《尚书·秦誓》）

以有族罪之刑，为其罪状之一。则当时对于族罪刑之观念，不难推想而知。周革殷命，而族罪之刑，尽未废除，史称周公辅成王作周官，设其言而确，则周初于此种刑罚，且有明文规定。如秋官司属籍没之制是已。留于《刑罚编》中述之，兹不先赘。

成王既伐管叔蔡叔，以殷余民封康叔，作《康诰》、《酒诰》、《梓材》、《康诰》多关于刑法之语，于其中一则云：

“王曰：封元恶大憝，矧惟不孝不友，子弗祗服厥父事，大伤厥考心；于父不能字厥子，乃疾厥子；于弟弗念天显，乃弗克恭厥兄；兄亦不念鞠子哀，大不友于弟，惟另兹不于我政人得罪，天惟与我民彝大泯乱曰乃其速由文王作罚，刑兹无赦”。

文章古奥，解释甚难。《左传》非谬族罪之刑，尝引《康诰》之语，如：

“在康诰曰：父子兄弟，罪不相及”。（齐大夫苑何忌语，见昭公二十年）

“康诰曰：父不慈，子不祗，兄不友，弟不共，不相及也”。（晋臼季语，见僖公三十三年。）则成王之时，不取族罪之刑，与秋官司历之制迥殊，孰是孰非，待高明之考究。

周之初有无族罪之刑，虽不能完全断定。而春秋则有族罪刑，征诸《左传》所载，无庸疑也。如楚杀伍奢并及子与亲戚；（尚谓其弟员曰：“亲戚为戮，不可以莫之报也”。）（昭公二十年）如晋士蒍使群公子尽杀游氏之族；（庄公二十五年）如楚鄢将师矫子常之命，尽灭却宛之族党；（昭公二十七年）九月己未，子常杀费无极与鄢将师尽灭其族。（昭公二十七年）如此之类，不胜枚举。《盐铁论·周秦篇》畅言春秋族罪刑，而反复辩论其价值，御史之言曰：

“春秋罪人无名号，谓之云盗，所以贱刑人而绝之人伦也。故君不臣，士不友，于吕巷无所容，故民始犯之，命不轨之民，犯公法以相宠，（古本作笼）举弃其亲。不能伏节死理，遁逃相连，自陷于罪，其被刑戮，不亦宜乎？一室之中，父兄之际，若身体相属，一节动而知于心”。（《周秦篇》）此赞成春秋族罪刑之论旨也。文学以为不然，而斥当时族罪之制，其言曰：

“春秋曰，子有罪，执其父，臣有罪，执其君，听失之大者也。今以子诛父，以弟诛兄，亲戚小坐，什伍相连，若引根本之及华叶，伤小指之累四体也。如此则以有罪诛及无罪，无罪者寡矣。……自首匿相坐之法立，骨肉之恩废，而刑罪多闻，父母之于子，虽有罪犹匿之，岂不欲服罪尔，子为父隐，父为子隐，未闻父子之相坐也；闻兄弟缓追以免贼，未闻兄弟之相坐也；闻恶恶止其人，疾始而诛首恶，未闻什伍之相坐”。

文学之言，可谓透彻，而合于法理人情。然御史于族罪刑之理由，则如下证：

“夫负千钧之重，以登无极之高，垂峻崖之峭谷，下临不测之渊，虽有庆忌之健，贲育有勇，莫不震慑悚慄者，知坠则身首肝脑涂山石也；故未尝灼而不敢握火者，见其有灼也，未尝伤而不敢握刃者，见其有伤也；彼以知为非罪之必加，而戮及父兄，必惧而为善。故立法制辟，若临百仞之壑，握火蹈刃，则民畏忌而无敢犯禁矣。慈母有败子，小不忍也。

严家无悍虏，笃责急也；今不立严家之所以制下，而修慈母之所以败子，则惑矣”。

未尝灼而不敢握火，以见其有灼；未尝伤而不敢握刃，以见其有伤也。其言曷常不有片面之理。但若衡诸族罪刑，则于法理人情，均不可通。故近世各国立法例大抵“罪止一身”为目的，绝对不采族罪刑之制度。兹将《盐铁论》文学驳辩之言，具录于篇，其言曰：

“纣为炮烙之刑，而秦有收孥之法。赵高以峻文决罪于内，百官以峭法断割于外，死者相枕席，刑者相望，百姓侧目重足，不寒而慄。诗云，谓天盖高，不敢不局；谓地盖厚，不敢不蹐，哀今之人，胡为虺蜴！方今之时，岂特冒火蹈刃哉？然父子相背，兄弟相慢，至于骨肉相残，上下相杀，非轻刑而罚不必，令太严而仁恩不施。故政宽则下亲上，政严则民谋主，晋厉以幽，二世见杀，恶在峻法之不犯，严家之无悍掳也。圣人知之，是以务恩而不务威，故高皇帝约秦苛法，历怨毒之民，而长和睦之心，惟恐刑之重，而德之薄也；是以施恩无穷，泽民后世。商鞅、吴起以秦楚之法为轻而累之，上危其上，下没其身，或非特慈母乎?”

族罪刑之施行，究以几族为限。《书》云孥戮，案孥为妻子之统称，即分妻为一族，子为一族，亦不过二族未为三族也。三族者何？诸儒解说，纷纭不一，有以父母兄弟妻子为三族；（《周礼》注）《汉书》注范围较广，而衡诸当时事实，《史记》注所云，似较为确当。刑及三族，似系春秋时所创，孔子《家语》云：

“宰予与田常之乱，夷三族”。

《史记·楚世家》云：

“新王法有敢饷王从王者，罪及三族”。

然考诸《周礼·秋官》司厉之规定，于男女老幼均有明文，故周初实有三族之刑，惟无三族之名称耳。

《史记》云：秦文公二十年，法初有三族之罪，以三族之罪，始于秦文，盖谬也。

墨子为春秋末季人，其主张为兼爱主义。孟子曰：“墨子兼爱，摩顶放踵利天下为之。”此语最能显出墨家全部精神，其理论具在《墨子·兼爱篇》中。因兼爱而演出“非攻”，其理论具见其《非攻篇》。均非本文范围，不具论。于兹所言者，墨子有取族罪刑之事实，殊令人诧异！墨子既唱非攻，则不应提倡军事，乃备城门备高临，备梯、备水、备突、备冗、备蛾，迎敌祠、旗帜，号令，杂守诸篇，均大谈攻守之策；而且其弟子禽滑厘等三百人，亦皆为能战之士。（见《公输篇》）既以兼爱为主义，则不应有族罪刑。乃《号令篇》云：

“归敌者父母妻子同产皆车裂”。

“若以书射寇犯令者，父母妻子皆断身枭城上”。

“有以私怨害城若吏事者，父母妻子皆断；其以城为外谋者三族”。

宁非可怪乎？则春秋时族罪刑之盛行可知也。

降洎战国，各国刑法，均有族罪之刑。法家如商子为秦相亦取族罪族刑。淫刑以逞，更有什伍连坐之法，五家为保，十家相连，一家有罪，九家连举发；若不纠举，则什家连坐。遂致渭水尽赤，赭衣满路，而商君卒亦被车裂，灭族无姓。（见《史记·商君列传》）

始皇之十九年，夷嫪毐三族，（见《史记·始皇本纪》）腹非者诛，罪必以族，秦法之有族罪，夫人而知，不必赘矣。至如赵，如苏秦说李兑，其语有云：

“今君杀主父而族之”，

则赵有族罪刑，可无疑义。至如韩，《国策》记聂政刺韩傀，因自皮面抉眼，自屠出肠以死。韩取聂政尸于市，县购之千金，久之莫知谁子嗣：

“政姊嫈闻之曰：‘弟至贤，不可爱妾之躯，灭吾弟之名，非弟意也。’乃之韩；视之曰：‘勇哉气矜之隆，是其轶贲育而高成荆矣！今死而无名，父母既没矣，兄弟无有，此为我故也。夫爱身不扬弟之名，吾不忍也。’乃抱尸而哭之曰：‘此吾弟轵深井里摄政也’。亦自杀于尸下。晋、楚、齐、卫闻之曰：‘非独政之能，乃其姊者亦列女也；摄政之所以名施于后世者，其姊不避菹醢之诛，以扬其名也。’”（《韩策》）

政姊非共犯，奚必避菹醢之诛？此其时有族罪之刑，无疑也。其他诸国，亦均此种刑罚，不一举证。

徐朝阳

中国古代诉讼法

作者简介

徐朝阳，民国时期著名法律史家。在 20 世纪 20 年代末 30 年代初，他先后出版了中国刑法史以及中国诉讼法史等方面的专著，著有《中国古代诉讼法》、《 中国刑法溯源 》、《中国亲属法溯源》、《中国诉讼法溯源 》、《刑事诉讼法通义》等。

出版社：上海，商务印书馆。

出版年份：1927 年。

馆藏：国家图书馆中文图书基藏库。

作品简介：《中国古代诉讼法》共十三章，篇目大体为：绪论、诉讼之观念、民事诉讼与刑事诉讼之区分、诉讼法原则、私诉之有无、公诉权之消灭、法院之组织、司法官吏、诉讼代理及辅佐、诉讼费用与诉讼担保、诉讼证据、诉讼时期、裁判。本书内容主要有：考察各国法律发展，程序法常优先于实体法而产生。在中国古代，虞舜时代，成文刑法已出现，而关于诉讼法的规定则一直未见诸于文字记载。直至战国时李悝著《法经》六篇，其中第三篇《囚法》，方是关于诉讼法的规定。之后各朝代的法典皆有诉讼法的规定，散见于法典的一些篇章中。诉讼是人世间所不能避免之事，依《易经》讼卦，讼非善事，要从速了结。讼卦中对执掌国家审判权的司法官员，提出了道德智识的要求。民事诉讼与刑事诉讼的区别，在先秦之前已存在，据《周礼·秋官》记述，如大司寇云："以两造禁民讼。"注说："讼谓以财货相告者。"又云："以两剂禁民狱。"注说："狱谓相告以罪名者。"据此可知，民事诉讼与刑事诉讼，古代实已有区分等。

徐朝阳先生的《中国诉讼法溯源》，以近现代西方的法学理论和学术研究方法对中国传统法律制度进行了重新梳理，以期弘扬中国传统法律文化。正如其书序中所言，当时许多学者心醉欧风，对罗马法、德意志法、日本法、英吉利法、法兰西法津津乐道，而对中国的汉律、唐律、明清律，鄙夷不屑一顾。徐朝阳先生在这种时代背景之下，以陈寅恪先生所说的那种对古人的“了解之同情”，著成本书。学贯中西的徐朝阳先生对中国传统法律制度的关注与理解之情，在本书中时常显现，如对于依近代西方三权分立学说指责中国古代行政和司法不分，以行政官裁判狱讼的观点，徐朝阳先生认为，“在古代此等区划未能判然……故不能持此三分主义，以分先秦时代之官制，不待言也。……而近世号称文明国者且犹存此习。如英国地方小事件之审判，尚有行政官兼其职者，何况古昔?”徐朝阳先生这种治学态度，现代法学研究者应以此共勉之。(栗明辉整理)

序

我国三代以前，法律无专书。六经所以载道，而法律即散见书中，知易之讼与噬？《书》之皋谟吕刑，《诗》之鼠牙雀角，《周礼》之秋官司寇，《春秋》之晋鼎郑书，皆后世言法律者之权舆。自学者心醉欧风，数典而忘其祖；所津津而道于口者，曰：罗马法也，德国法也，日本法也，英国、法国法也。视我国之汉律、唐律、明清律，且鄙夷不屑一顾，违论三代以前者哉？夫礼失而求诸野，欧西各国之法律，有足为我国则效者，择而取之，乌可訾议；然而重人而轻己，主外而奴中，又岂保存国粹者所宜出哉？同学徐君朝阳，绩学士也。于古今法律书，无所不窥。近出其所著《中国古代法律诉讼法编》相示，展读一过，见其散者聚之，乱者理之，贯串比附，井然有条；知其用心为独厚！使问之三代以前无专书者而有专书，且因以塞彼数典忘祖者之口，可谓壮矣！余嘉是书之成，幸我国古代法律之得所发明，而非罗马诸国所独擅其美也，故乐为之序。

中华民国十五年十月万县向樾贤

第一章　绪论

日儒田能村梅士谓：考夫各国法律发达之迹，手续法常先实体法而发生其萌芽。民事诉讼法先于民法，刑事诉讼法亦何独不然？刑事诉讼法之萌芽常早刑法发生，盖国家之组织既已成立，虽其时文明尚极幼稚，法制未曾存立；人民或蒙他人之侵凌危害，告之国家，国家依其公力以求救助匡正；犹之赤子号泣于父母，穷民号泣于旻天，人情之自然无足为怪也。法制须待官吏而活动，是所谓诉讼者，因之以起焉。诉讼既起，国家须审理而裁定之，而起诉审理及裁判之惯行，则手续法之形成；其裁判之结果，处分之惯行，则实体法之形成。是法律发达之自然的径路，手续法常先实体法而发生也。

虽然，在中国帝舜时代，于刑法既早发达，记载明确，可无庸疑。（参看拙著《中国刑法溯源》）而关于诉讼法，殆文籍无征。其明确之记事，才昉自周代，夏、殷未有明文。尧、舜时代关于诉讼之法规为不文法欤？抑其法规文籍悉散佚欤？是不得而考矣。诉讼法者，手续法也。至诉讼事案之判断，当然根据实体法，无待言也。今日中国实体法，如宪法、民法、刑法、商法等，夫人而知之矣。斯四法者，为国民官吏一切行为之准则，为治道者也。古代早有关于此种思想，而且实行，至周世始有明文规定。所谓实体法者，《周礼》所述，其显著者有三种：一为六典；二为八法；三为八则。

何谓六典？《周礼·天官·大宰》云：

“大宰之职，掌建邦之六典，以佐王治邦国：一曰治典，以经邦国，以治官府，以纪万民；二曰教典，以安邦国，以教官府，以扰万民；三曰礼典，以和邦国，以统百官，以谐万民；四曰政典，以平邦国，以正百官，以均万民；五曰刑典，以刑百官，以纠万民；六曰事典，以富邦国，以任百官，以生万民。”

何谓八法？《周礼·天官·大宰》云：

“以八法治官府：一曰官属，以异邦治；二曰官职，以辨邦治；三曰官联，以会官治；四曰官常，以听官治；五曰官成，以经邦治；六曰官法，以正邦治；七曰官刑，以纠邦治；八曰官计，以弊邦治。”

何谓八则？《周礼·天官·大宰》云：

“以八则治都鄙：一曰祭祀，以驭其神；二曰法则，以驭其官；三曰废置，以驭其吏；四曰禄位，以驭其士；五曰赋贡，以驭其用；六曰礼俗，以驭其民；七曰刑赏，以驭其威；八曰田役，以驭其众。”

典、法、则，同为法律之名称，惜其条文不传，难稽考证。《周礼》所谓典、法、则，其适用之场合，因政治上之地位而各不同；如六典以治邦国，八法以治官府，八则以治都鄙是也。

实体法既如前述，所谓古代于诉讼裁判根据实体法者，又何以为证？《周礼·秋官》于此定有明文。如：

“凡诸侯之狱讼，以邦典定之；凡卿大夫之狱讼，以邦法断之；凡庶民之狱讼，以成弊之。”（《大司寇》）

邦典即系六典，邦法即系八法，（郑注）《贾疏》云：“案大宰职以典待邦国之治，故邦国有狱讼之事来诣王府，还以邦典定之；以八法治官府，是以卿大夫有狱讼，还以邦之八法断之。”秋官于六典八法既有明文，但何不言八则？岂八则不为适合耶？盖：

“大宰有八则治都鄙，此不言都鄙，有狱讼以八则断之者，都鄙有狱讼都家之士，告于方士治之，故此不言也。”（《贾疏》）

则都鄙有狱讼以八则断之，当无疑义。

稽览《左传》之记载，关于诉讼之事项，揆诸《周礼》之规制，其相合之点，蛛丝马迹，线索可寻。则春秋诸国虽各自为政，其法制必有一部分，仍根据周初之制，谅可无疑。

降洎战国魏李悝集诸国刑典著法经六篇，时威烈王九年也。李悝以为“王者之政，莫急于盗贼”，故法经首列盗法、贼法，盗贼须劾捕，故次以囚法、捕法，其轻狡、越城、博戏、假借、不廉、淫侈、逾制各条，汇为杂法一篇，以具法殿五篇之末，是为法经六篇。《唐律疏议》，谓囚法即断狱律、捕亡律，是我国古代于诉讼法早已纂成专编，与其他各法独树一帜，可谓盛矣！商鞅相秦取李悝之法经，订秦国之法制。秦失其鹿，汉高代之，丞相萧何奉命定律，摭拾秦法，取其宜于时者成律九章，即于法经六篇之外，更益以事律、兴厩、户三篇是也。则汉制诉讼法规，亦取资法经，可无疑议。至魏、晋以迄宋、明，代有修改；其中如告劾、传覆、系囚、鞫狱、讨捕、斗讼法律，规定綦详。前清《大清律例》亦列诉讼、断狱、捕亡等目，衣钵相传，均皆散见刑法中，虽有诉讼法规，而无诉讼法之名。使至重且要之诉讼法，不克及早独标一帜，不亦可慨乎！而李悝《法经》之囚法、捕法，为中国诉讼法之权舆，影响数千年之法制，厥功甚伟！惜乎其书不存！不然，吾人可详细稽考，推知古代诉讼法之规程，且其与汉律、唐律、明清律，参差为何若，今也不能！此考古者所掩卷三叹秦火也！

考英、法诸国之法制，诉讼法与编制法，及实体法与诉讼法，皆无划然区别。若德、日则区别诉讼法与编制法。吾国法律，仿照德、日于诉讼法现行者，有《民事诉讼条例》、《刑事诉讼条例》于民国十一年七月一日，司法部呈准颁布全国。于《法院编制法》清宣统元年十二月二十八日奉准，民国四年六月二十日司法部删修呈准重刊颁布。本书所述古代之法院编制法，略详第七章法院之组织，余章均述诉讼法，芜冗漏略，自知不免，幸海内君子进而教之！

第三章　民事诉讼与刑事诉讼之区分

自法儒孟德司鸠（今译为孟德斯鸠——编者注）氏倡三权分立，分国家活动之形式为：立法、行政、司法，各设独立机关处理事务；世界各国群焉从之，见诸实行。在古代此等区划未能判然，立法之权虽在君主，而行政行为，与司法行为，往往混合一致；而以行政官裁判狱讼，故不能持此三分主义，以分先秦时代之官制，不待言也。虽然，俱向执行之目的以活动，几无由见司法行政之区别。在法制理论未形发达时代若然，而近世号称文明国者且犹存此习。如英国地方小事件之审判，尚有行政官兼其职者，何况古昔？《周礼》秋官掌邦刑，实司法之机关也；则若诉讼刑罚一切有涉司法事条，应归司寇管理，而《周礼》掌邦治之天官，其属之小宰，亦具有诉讼管辖之记载，如云：“六曰以叙听其情。”

郑注“情争讼之辞也”。王昭禹云：“不曰听其讼，而曰听其情，听讼者在于得其情故也。”则天官小宰有处理诉讼之权，可无疑义。而掌邦教之地官，其属有处理诉讼者尤多。如：

《大司徒》云：

“职万民之不服教而有狱讼者，与有地治者，听而断之。”

《小司徒》云：

“职用众听具辞讼。”

《乡师》云：

“稽夫家众寡，辨其可任与施舍者，听其狱讼，四时之田，断其争禽之讼。”

《媒氏》云：

“凡男女之阴讼，听之于胜国之社。”

《司市》云：

“以质剂结信而止讼。市师莅焉，而听其大治大讼，胥师贾师莅于介次，而听其小治小讼。”

《遂师》云：

“作役事则听其治讼。”

《遂大夫》云：

“稽其夫家之众寡，六畜田野辨其可任者，与其可施舍者，以教稼穑，以稽功事，掌其政令戒，听其治讼。”

《县正》云：

“各掌其县之政令，征比以颁田里，以分职事，掌其治讼。”

掌邦政之《夏官》如：

《墓大夫》云：

“凡争墓地，听其治讼。”

《马质》云：

“若有马讼则听之。”

各官言诉讼者如此，天官之狱讼，见于郑注，究属管辖何种事件，未敢臆说。而地官所云男女之阴讼，则所谓人事诉讼之婚姻事件也。乡师断其争禽之讼；司市以质剂结信而止讼，其属市师贾师之听狱讼；想不外关于交易货物之争讼，则所谓债权之诉讼也。至如《夏官·墓大夫》凡争墓地听其治讼，系属疆界土地之争，则所谓物权诉讼也，均不外民事诉讼。关于此类诉讼，各有司存，以其事系于所司审理，不必归诸司寇，如现在警察官吏对于违警罪，得即决处分者颇类似。惟刑事案件，须审犯罪之有无，定刑罚之轻重，决不能由此类机关审理。如春地夏官遇有刑事犯时，即须移送司法机关办理。如：

《地官·大司徒》云：

“凡万民之不服教，而有狱讼者，与有地治者，听而断之，其附于刑者归于士。”

《媒氏》云：

“凡男女之阴讼，听之于胜国之社，其附于刑者归之于士。”

《市刑》云：

“小刑宪罚，中刑徇罚，大刑扑罚，其附于刑者归于士。”

故可见关于民事事件之处理，不必尽属司寇。而刑事事件对于人民重大国权之作用，设悉任诸天官地官处理，恐易生枉曲之怨，而隐为国家之害。是以必先探托法规之精神，研究国家刑罚权之有无，及其范围，而后适用审判于事实，既研究之后，始采科刑之形式，乃为至当。此诉讼之区别民事刑事，本各国最早通行之思想，于我国古代盖有征矣。

梁氏任公尝言古代因所有权制度未确立，婚姻从习惯，有讼皆刑事，而民事诉讼者甚稀，曾在所著《先秦政治思想史》云：

“盖初民社会之政治除祭祀斗争以外，最要者便是讼狱。而古代所有权制度未确立，婚姻从其习惯，故所谓民事诉讼者殆甚稀，有讼皆刑事也。”（前论第七节）

最初社会之状况，诚如任公所云。然若周代封建扩张，井田早废，婚姻渐有一定之制度（参看拙著《中国亲属法溯源》），人民于民事诉讼亦滋多，法律上民事诉讼刑事诉讼之区分，亦遂应运而生。《周礼》所载诉讼思想于天官地官者，已如前述，或者以为此系行政官，管辖民事诉讼，而非司法机关自有划然之区别。是不然，有待举证。《周礼·秋官》实有民刑诉讼之区别，如《大司寇》云："以两造禁民讼"，郑注"讼谓以财货相告者"。又云："以两剂禁民狱"，郑注"狱谓相告以罪名者"。《贾疏》"此一经听争罪之事，与上听讼有异……皆谓以狱事重于讼，故郑云重刑也"。就此，可知民事与刑事诉讼，在古代之司法机关，已有划然之区分，实无疑议。

韩 非

作者简介

谢无量（1884—1964），祖籍四川梓潼，出生于四川乐至，原名蒙，字大澄，号希范，后易名沉，字无量，别署啬庵。近代著名学者、诗人、书法家。1901 年与李叔同、黄炎培等同入南洋公学，课余与马一浮等创办翻译会社，编辑出版《翻译世界》杂志，内容多系世界名著，也有社会主义著作。这时期，结识章太炎、邹容、章士钊等人，为《苏报》撰稿。1903 年 6 月“苏报案”发生后，赴日本学习。次年 3 月回国，先后在镇江、杭州博览《四库全书》和社会科学名著，并在当地学校任教。1906 年赴北京任《京报》主笔，每天撰写社论，评论时事。1909 年被聘为四川存古学堂监督，兼授词章，教学之余，潜心研究古典文学。同年 10 月四川成立谘议局，与张澜等一起参加立宪运动。民国初期，在孙中山大本营任孙中山先生的秘书长、参议长、黄埔军校教官等职。之后从事教育和著述，任国内多所大学教授。新中国成立后，历任川西博物馆馆长、中国人民大学教授、中央文史馆副馆长。谢无量一生著作甚多，且影响广泛。主要有《佛学大纲》、《伦理学精义》、《老子哲学》、《王充哲学》、《朱子学派》、《诗学指南》、《诗经研究》、《中国古田制考》等；出版的书法集有《谢无量自写诗卷》、《谢无量书法》上下册；诗集有《青城杂咏》。

出版社：上海，中华书局。

出版年份：1928 年。

馆藏：中国人民大学图书馆旧平装书室。

作品简介：《韩非》分两编，第一编韩非学术之渊源，共五章，首先概括介绍了韩非的生平，然后叙述了道家、儒家、刑名法术等各家与韩非学说之间的渊源关系；第二编韩非之学说，共八章，分别介绍了韩非学说中的非法古论、法术论、赏罚论、非仁义论、耕战论、亡国论、个人对国家论、人生道德观。谢无量先生学识渊博，是文史研究等领域的方家。本书在史料方面旁征博引，所述韩非之学说详备，后人关于韩非学说之论述无出其右者。

第一章　非法古论

韩非以为一国之治，惟在适合于今，而不在于法古；且世变不同，人情代异，持古法以治之，未有不乱且亡者。非仅推进化之说，谓今必胜古也。总之用古之道，将施之今，在事实万不可济。故诋好言古道者为愚学，曰："且夫世之愚学，皆不知治乱之情，讘䛟多诵先古之书，以乱当世之治；智虑不足以避穿井之陷，又妄非有术之士。听其言者危，用其计者乱。此亦愚之至大，而患之至甚者也。俱与有术之士，有谈说之名，而实相去千万也。"（《奸劫弑臣》）方是之时，儒墨俱称法古，显于诸侯。韩非盖以讽之，以为不足与有术之士并论；且谥曰至愚，殆自处于有术之士也。

韩非又曰："不知治者，必曰毋变古，毋易常。变与不变，圣人不听，正治而已。然则古之无变，常之毋易，在常古之可与不可。伊尹毋变殷，太公毋变周，则汤武不王矣；管仲毋易齐，郭偃毋更晋，则桓文不霸矣。凡人难变古者，惮易民之安也。夫不变古者，袭乱之迹；适民心者，恣奸之行也。民愚而不知乱，上懦而不能更，是治之失也。人主者明能知治，严必行之，故虽拂于民，必立其治。"（《南面》）盖韩非谓必变古者，以其不适于今也。然所谓适于今者，非适于今之人情而已。人情多愚而慕古，不知治道，虽处大乱之世，犹泰然以为无患。惟有术之士，乃能深忧远计，有所兴革。及其成功，而民受其利。如伊尹、太公、管仲、郭偃，皆本此义，不牵于流俗，故能辅相其君，以成霸王之业也。

夫后之不能法古者，非故为纷更喜事，亦时势变易，不得不然。然法古则逸，变制则劳；法古则简，变制则繁。且其间非必无小小利害，圣人权其轻重缓急，故终不弃此而取彼也。于是韩非乃曰："搢笏干戚，不适有方铁铦；登降周旋，不逮日中奏百；《狸首》射侯，不当强弩趋发；干城距冲，不若堙穴伏橐。古人亟于德，中世逐于智，当今争于力。古者寡事而备简，朴陋而不尽，故有珧铫而推车者。古者人寡而相亲，物多而轻利易让，故有揖让而传天下者。然而行揖让，高慈惠，而道仁厚，皆推政也。处多事之时，用寡事之器，非智者之备也；当大争之世，而循揖让之轨，非圣人之治也。故智者不乘推车，圣人不行推政。难法所以制事，事所以名功也。法立而有难，权其为而事成，则立之；事成而有害，权其害而功多，则立之。无难之法，无害之功，天下无有也。是以拔千丈之都，败十万之众，死伤者军之乘，甲兵折挫，士卒死伤，而贺战胜得地者，出其小害，计其大利也。夫沐者有弃发，除者伤血肉，为人见其难因释其业，是无术之事也。先圣有言曰：'规有摩而水有波，我欲更之，无奈之何'此通权之言也。是以说有必立而旷于实者，言有辞拙而急于用者。故圣人不求无害之言，而务无益之事。"（《八说》）由韩非之意，盖天下无有百利而无一害之事。世之执古者，动辄举新法毛发之害，以为不如仍旧之无患。韩非故深切言之，用孰权其事宜，以问执悠悠之口者也。

于是韩非乃以历史之事证之，以益见言法古者之无当，曰："上古之世，人民少而禽兽众，人民不胜禽兽虫蛇；有圣人作，构木为巢，以避群害，而民悦之，使王天下，号曰有巢氏。民食果蓏蜯蛤，腥臊恶臭而伤害腹胃，民多疾病；有圣人作，钻燧取火，以化腥臊；而民说之，使王天下，号之曰燧人氏。中古之世，天下大水，而鲧禹决渎。近古之世，桀纣暴乱，而汤武征伐。今有构木钻燧于夏后氏之世者，必为鲧禹笑矣；有决渎于殷周之世者，必为汤武笑矣；然则今有美尧舜禹汤武之道于当今之世者，必为新圣笑矣。是以圣人不期修古，不法常行，论世之事，因为之备。"（《五蠹》）韩非乃深察古今为治之具所以异者，由于人口多少之差，与社会生活状况之不同。其言曰："古者丈夫不耕，草木之实足食也；妇女不织，禽兽之皮足衣也。不事力而养足，人民少而财有余，故民不争。是以厚赏不行，重罚不用，而民自治。今人有五子不为多，子又有五子，大父未死而有二十五孙；是以人民众而货财寡，事力劳而供养薄，故民争，虽倍赏累罚而不免于乱。尧之王天下也，茅茨不翦，采椽不斲，粝粢之食，藜藿之羹，冬日麑裘，夏日葛衣，虽监门之服养，不亏于此矣。禹之王天下也，身执耒臿，以为民先，股无胈，胫不生毛，虽臣虏之劳，不苦于此矣。以是言之，夫古之让天子者，是去监门之养，而离臣虏之劳也，故传天下而不足为多也。今之县令，一日身死，子孙累世絜驾，故人重之。是以人之于让也，轻辞古之天子，难去今之县令者，厚薄之实异也。夫山居而谷汲者，膢腊而相遗以水；泽居苦水者，买庸而决窦。故饥岁之春，幼弟不饟；穰岁之秋，疏客必食；非疏骨肉爱过客也；多少之实异也。是以古之易财非仁也，财多也；今之争夺非鄙也，财寡也；轻辞天子非高也，势薄也；重争土橐非下也，权重也。故圣人议多少论薄厚为之政，故罚薄不为慈，诛严不为戾，称俗而行也。"（同上）

韩非既知古今风俗异尚，则施政异宜，乃谓道德仁义，但当用于古之世，而在今则直无所取。其言曰："古者太王处丰镐之间，地方百里，行仁义而怀西戎，遂王天下。徐偃处汉东，地方五百里，行仁义，割地而朝者，三十有六国，荆文王恐其害己也，举兵伐徐，遂灭之。故文王行仁义而王天下，偃王行仁义而丧其国，是仁义用于古不用于今也。故曰世异则事异。当舜之时，有苗不服，禹将伐之；舜曰：'不可，上德不厚而行武，非道也'乃修教三年，执干戚舞，有苗乃服。共工之战，铁铦距者及乎敌，铠甲不坚者伤乎体，是干戚用于古不用于今也。故曰世异则备变。上古竞于道德，中世逐于智谋，当今争于气力。"（《五蠹》）当是之时，儒墨皆言仁义，称先王兼爱天下，则民视之如父母。韩非非之曰："夫以君臣如父子则必治，推是言之，是无乱父子也。人之性情，莫先于父母，皆见爱而未必治也；虽厚爱矣，奚遽不乱？今先王之爱民，不过父母之爱子，子未必不乱也，则民奚遽治哉！"（同上）盖荀卿言人性恶，必待礼禁矫鞣而后变。韩非则不尽归之于人性，而以为时势迁异之不得不然。故又曰："古今异俗，新故异备，如欲以宽缓之政，治急世之民，犹无辔策而御駻马，此不知之患也。"于是揆当时之势，见非重刑罚不足为治，曰："今有不才之子，父母怒之弗为改，乡人谯之弗为动，师长教之弗为变。夫以父母之爱，乡人之行，师长之智，三美加焉，而终不动，其胫毛不改；州部之吏，操官兵，推公法，而求索奸人，然后恐惧，变其节易其行矣。民固骄于爱听于威矣。故十仞之城，楼季弗能逾者，峭也；千仞之山，跛牂易牧者，夷也。故明王峭其法而严其刑也。”（同上）然则韩非所以主严刑为治者，盖出于其事实上之经验观，非徒根据空理者矣。

韩非既以严刑为今最适合之治法，乃以古之道非惟不足法而已；且足以致祸乱，不可不察也。故曰：“明主之国，无书简之文，以法为教；无先王之语，以吏为师。”（《五蠹》）此即秦燔诗书之策矣。又曰：“乱国之俗，其学者则称先王之道以藉仁义，盛容服而饰辨说以疑当世之法，而贰人主之心。”（同上）又以言古者列于五蠹之民之首，其用意亦可见矣。

然将废古之法，则必取当世所指为古之圣人者而一一攻之，而后其说乃有力而足信。是时天下所称为古之大圣，能施仁政于民者，莫如尧舜汤武矣。于是韩非乃言曰：“天下皆以孝悌忠信之道为是也，而莫知察孝悌忠信之道而审行之，是以天下乱；皆以尧舜之道为是而法之，是以有乱君，有曲父。尧舜汤武，或反君臣之义，乱后世之教者也。尧为人君而君其臣；舜为人臣而臣其君，汤武人臣而弑其主、刑其尸，而天下誉之，此天下所以至今不治者也。夫所谓明君者，能畜其臣者也；所谓贤臣者，能明法辟、治官职，以戴其君者也。今尧自以为明而不能以畜舜，舜自以为贤而不能以戴尧，汤武自以为义而弑其君长；此明君且常与，而贤臣且常取也。故至今为人子者，有取其父之家；为人臣者，有取其君之国者矣。”（《忠孝》）又见世之称誉尧舜者，多自相矛盾，不察其义。因举舜一事曰：“历山之农者侵畔，舜往耕焉，期年甽亩正；河滨之渔者争坻，舜往渔焉，期年而让长；东夷之陶者器苦窳，舜往陶焉，期年而器牢。仲尼叹曰：‘耕渔与陶，非舜官也，而舜往为之者，所以救败也。舜其信仁乎！乃躬耕处苦而民从之，故曰：圣人之德化乎！’”韩非难之曰：“或问儒者曰：‘方此时也，尧安在？’其人曰：‘尧为天子。’然则仲尼之圣尧奈何？圣人明察在上位，将使天下无奸也。今耕渔不争，陶器不窳，舜又何德而化？舜之救败也，则是尧有失也。贤舜则去尧之明察；圣尧则去舜之德化，不可两得也。楚人有鬻楯与矛者，誉之曰。吾楯之坚，莫能陷也。’又誉其矛曰：‘吾矛之利，于物无不陷也。’或曰：‘以子之矛，陷子之楯何如？’其人弗能应也。夫不可陷之楯，与无不陷之矛，不可同世而立。今尧舜之不可两誉，矛楯之说也。且舜救败，期年已一过，三年已三过。舜有尽，寿有尽，天下过无已者，以有尽逐无已，所止者寡矣。”（《难一》）此盖力辟世人信仰古圣人之深也。

至是韩非乃曰：“夫婴儿相与戏也，以尘为饭，以涂为羹，以木为胾；然至日晚必归馕者，尘饭涂羹，可以戏而不可食也。夫称上古之传颂，辩而不悫，道先王仁义而不能正国者，此亦可以戏而不可以为治也。”（《外储说左》）复为设喻以嘲之曰：

宋人有耕田者，田中有株，兔走触株，折头而死；因释其耒而守株，冀复得兔。兔不可复得，而身为宋国笑。今欲以先王之政，治当世之民，皆守株之类也。（《五蠹》）

郑县人乙子使其妻为裤。其妻问曰：“今裤何如？”夫曰：“象吾故裤。”妻子因毁新，令如故裤。（《外储说左》）

郑县人有得车轭者，而不知其名。问人曰：“此何种也？”对曰：“此车轭也。”俄又复得一。问人曰：“此是何种也？”对曰：“此车轭也。”问者大怒曰：“曩者曰

车轭，今又曰车轭，是何众也？此女欺我也。”遂与之斗。（同上）

夫少者侍长者饮，长者饮亦自饮也。一曰鲁人有自喜者，见长年饮酒，不能釂则唾之，亦效唾之。一曰宋人有少者，亦欲效善，见长者饮无余，非斟酒饮也，而欲尽之。（同上）

《书》曰："绅之束之。"宋人有治者，因重带自申束也。人曰："是何也?"对曰："书言之固然。"《书》曰："既雕既琢。还归其朴。"（同上）

梁人有冶者，动作言学，举事于文，曰："难之。"顾失其实。人曰："是何也?"对曰："书言之固然。"(同上)

郑人有且置履者，先自度其足而置其坐，至之市而忘操之，已得履，乃曰吾忘持度。反归取之，及反，市罢，遂不得履。人曰："何不试之以足?"曰："宁信度，毋自信也。"(同上)

韩非以为先王之道，不宜于今；而世谓不能更者，是无异宋人守株，卜子妻为弊裤，郑人得车轭与少者饮酒也。先王之言，有其所为小，而世意之大者；有其所为大，而世意之小者，未可必知也，无异宋人之解书，与梁人读记也。至不求适夫国事，惟屑屑焉谋合乎先王，皆归取度者而已矣。故将废先王之教，以立法术，设度数，所以利民萌，便众庶也。(《问田》) 治国之道，惟在适其时耳，岂必法古哉。自来道德法律，皆与时变迁，为治者当察其因革之端，举而措之，不可执古之术以自画也。

程树德

中国法制史

作者简介

程树德（1876—1944），字郁庭，福建闽侯人。曾获举人功名，后留学日本，毕业于日本法政大学法律科，回国后通过留学生授职考试，赐法政科进士出身，授翰院编修。其后，历任国史馆协修、法典编纂会纂修、福建法政学堂教务长、留美生考试襄校官、法官考试襄校官、国务院法制局参事和帮办、北京大学、北平大学法学院、清华大学政治系讲师和教授等职。主要从事国际法、宪法、中国法制史研究。先生一生著述四百余万字。其早年便致力于写作，清光绪三十二年（1906 年），首部著作《国际私法》七卷问世。1919 年，《汉律考》七卷问世。1925 年，出版《九朝律考》，这是先生平生最为重要的著作之一，曾于 1935 年再版，后又重版两次。1928 年，由上海华通书局发行的《中国法制史》问世。1931 年《比较国际私法》出版。1933 年，《说文稽古编》出版。1942 年，《论语集释》四十卷脱稿，这是先生最后一部重要著作。

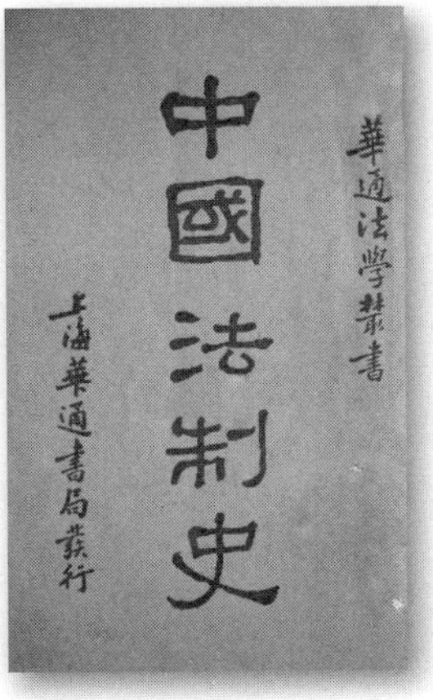

出版社：上海，华通书局。

出版年份：1928 年。

馆藏：中国人民大学图书馆旧平装书室。

作品简介：就“中国法制史”研究对象而论，法制史学家历来有广义和狭义两种解释。广义说认为法制应“以制统法”，法制史之范围不应局限于法律之一端，凡典章文物礼刑教化，与制相关，无所不包；而狭义说则坚持“以法统制”，认为法制应以法律之制度为限，律令刑罚讼狱之外，无所谓法制。程树德先生即为狭义说之代表。

树德先生著该部《中国法制史》是为法科学生所编之教材。全书分为四篇，首篇为总论，在考镜源流的基础上，分别从法律之语源、先秦诸子之法治思想、律典之沿革、中国法律之特征及律家五部分，宏观展示中国法制史全貌。第二篇律令，开篇点出律令之别，后以占全书近一半之篇幅，上溯黄帝，下逮有清，以上古及三代、法经及秦律、两汉、魏晋、南北朝、隋唐及五代、宋及辽金元、明及清为各章，其下再以总论及各个朝代为节，通过对史料的归纳与总结，详细罗列历朝历代律令格式之内容，描绘律令的承袭和变迁。第三篇为刑制，下列唐虞及三代、秦汉、魏晋、南北朝、隋唐及宋和辽金元六章，以相对简括之笔，叙述我国古代刑制和刑法的内容及发展。第四篇以“关于中国法制之研究”为题，以章为单元，分别探讨成年制度及沿革、婚姻制度及离婚、法律上之养子、唐明律之伤害罪、自首案举觉、缓刑制度之变迁、历代法官与法律上之责任、旧律与家族制度等八个专题。

此书对研习法制史者而言，值得一读再读。(张璐整理)

第一篇　总论

第一章　法律之语源

《尔雅·释诂》：法，常也；郝氏《义疏》，常，《说文》以为裳本字，经典借为久常字。法则者俱一定而不可变，是有常意。《说文》：灋，刑也，平之如水，从水，廌所以触不直者去之从廌去。（注一）桂氏《义证》云：桓子新论、治狱如水。习鉴齿曰：夫水至平而邪者取法，镜至明而丑者忘怒。水镜之所以能穷物而无怨者，以其无私也。

（注一）《说文》：廌解廌兽也，似山牛一角。古者决讼，令触不直，是以为似牛也。《论衡》觟觽者一角之羊也，性知有罪。皋陶治狱，其罪疑者，令羊触之，有罪则触，无罪则不触。斯盖天生一角圣兽，助狱为验。故皋陶敬羊，起坐事之。金楼子：神獸若羊，名曰獬豸，是以为似羊也。汉书司马相如传注：张揖曰：解廌似鹿而一角；人君刑罚得中，则生于朝廷，主触不直者，是以为似鹿也。《隋书·礼仪志》引蔡邕曰：獬豸如麟一角，是以为似麟也。《神异经》，东北荒中有兽，如牛一角，毛青四足似熊，见人斗则触不直，闻人论则咋不正，名曰獬豸，是以为似熊也。《续汉书·舆服志》，注冠一曰柱后，或谓之獬豸冠，獬豸神羊，能别曲直，楚王常获之，故以为冠。《汉官仪》：秦灭楚，以其冠赐近臣，御史服之，古有解廌兽触不直者，故执宪以其形用为冠，令触人也。

《管子》：当故不改曰法。

释名：法逼也，莫不欲从其志，逼正使有所限也。

《文子》：法安所生，曰法生于义。

《尔雅·释诂》：律、常也，法也，《释言》：律、述也，《说文》：律、均布也，段注：律者、所以范天下之不一而归于一，故曰均布；是以均布为一义也。王氏《句读》，均句，以均释律者。《周语》：律、所以立均出度也。《后汉书·律历志》：夏至陈八音，听五均。《乐汁图征》曰：均者、六律调五声之均也，又申之以布也者。《释器》：律谓之分。《礼运》注：阳曰律，阴曰吕，布在十二辰是也。桂氏《义证》云：均布也者，义当是均也布也；是皆以均布为二义也。

《史记·律书》：王者制事立法，物度轨则，壹禀于六律，六律为万事根本。

邱濬《大学衍义补》曰：律之言昉于《虞书》，盖度量衡受法于律，积黍以盈，无锱铢爽。凡度之长短，衡之轻重，量之多寡，莫不于此取正。律以著法，所以裁制群情，断定诸罪，亦犹六律正度量衡也；故制刑之书，以律名焉。

《管子》：夫法者，所以兴功除暴也；律者，所以定分止争也。法律政令者，吏民规矩绳墨也。是为法律二字连用之始。《易》：师出以律。孔疏云：律法也。《唐律疏义》：李悝集诸国刑典，造《法经》六篇，商鞅传授，改法为律。盖自秦汉以来，法之与律，遂为通用之文字矣。

第二章 周秦诸子法治之观念

（一）儒家 儒家主礼治不主法治。《孝经》：安上治民，莫善于礼。《曲礼》：人有礼则安，无礼则危。《礼运》：治国不以礼者，犹无耜而耕也；《论语》：能以礼让为国乎何有；皆此主义之表示也。其对于法，则认为不足为治，不得已而用之。《尚书》：刑期于无刑。《大学》：听讼吾犹人也，必也使无讼乎。《论语》：道之以政，齐之以刑，民免而无耻；道之以德，齐之以礼，有耻且格。《家语》：冉有问于孔子曰：古者三皇五帝不用五刑，信乎？孔子曰：圣之人设防，贵其不犯也，制五刑而不用，所以为至治。《孟子》：所谓徒法不能以自行，亦本斯旨。

荀子在儒家中，别为一派。孔、孟皆尊先王，而荀子则法后王；孟子道性善，而荀子则言性恶；然亦不主法治，《君道篇》：法不能独立，得其人则存，失其人则亡；又云：有治人无治法。其主张与孔氏人存政举，人亡政息之意同。

（二）法家 太史公以申、韩与老子同传，以为其惨刻少恩，皆原于清净之意；盖法家本源出黄老；然其攻难儒家之意，则与道家异，病儒家之过于优柔，而欲信赏必罚，以矫礼治之弊。《韩非子・显学篇》云：夫圣人之治国，不恃人之为吾善也，而用其不得为非也，恃人之为吾善也，境内不什数，用人之不得为非，一国可使齐为治也。用众而舍寡，故不务德而务法。《五蠹篇》云：且夫以法行刑，而君为之流涕；此所以效仁，非所以为治也。夫垂涕不欲刑者仁，然而不可不刑者法也。先王胜其法，不听其泣，则仁之不可为治亦明矣。又云：释法术而心治，尧不能正一国；去规矩而妄意度，奚仲不能成一轮。《商君书》云：仁者能仁于人，而不能使人仁；义者能爱于人，而不能使人相爱；是以知仁义之不足以治天下也。（中略）圣王者不贵义而贵法，法必明令必行则已矣，此法家排斥礼治主义之大略也。

法家以法律为救时之具。郑子产铸《刑书》，叔向谏之。子产曰：侨不才，不能及子孙，吾以救世也。此法家一贯之主义也。法律既为救时，其论理之结果，则法律者无一定不变之原则者也。商君《开塞篇》云：圣人不法古，周不法商，夏不法虞，三代异势而皆可以王。（中略）古之民朴以厚，今之民巧以伪，故效于古者先德而防，治于今者前刑而法。又云：当此时亲亲废，上贤立矣。（中略）圣人承之，作为土地货财男女之分，分定而无制不可，故立禁；禁止而莫之司不可，故立官；官立而莫之一不可，故立君。既立其君，则上贤废而贵贵立矣。（中略）世事变而行道异也。商子盖言世有升降，俗有厚薄，治古宜于德，治今宜于法，以示其所以不采礼治之故，而变法之出于不得已。《淮南子・氾论训》亦云：夫殷变夏，周变殷，春秋变周，三代之礼不同。（中略）今儒、墨者称三代文武而弗行，是言其所不行也。非今之世而弗改，是行其所非也。称其所是，行其所非，是以尽日极虑而无益于治，劳形竭智而无补于主。

商君虽主法治，然其《画策篇》云：国之乱也，其法乱也，非法不用也。国皆有法，而无使法必行之法，是不待人之驳诘，而说固已穷矣。太史公曰：法令者治之具，而非制

治清浊之原。斯言谅哉！（注二）

（注二）《管子》中论法之处极多，以非法家不录。

（三）道家　道家以人类自然状态之法则为良法，而其余皆为恶法。《老子》：天法道，道法自然；《列子（注三）·黄帝篇》：黄帝梦游华胥氏之国；《庄子·在宥篇》：黄帝始以仁义撄人之心；皆此主义之表示也，尤深恶法治主义。《胠箧篇》：昔者齐国曷尝不法圣人哉！田成子一日杀齐君而盗其国。所盗者岂独其国耶，并与其贤知之法而盗之。又云：为之仁义以矫之，则并与仁义而窃之。愤世嫉俗，至创为“剖斗折衡，而民不争，圣人不死，大盗不止”之论，不特法治而已，并礼治一并排斥之。

（注三）《列子》虽系伪书，然却可代表道家一派之思想。

（四）墨家　墨家以兼爱尚同为宗旨，不赞成儒家之礼治主义。《非儒篇》云：孔丘盛容修饰以蛊世，弦歌鼓舞以聚徒，繁登降之礼以示仪，务趋翔之节以劝众，儒学不可以议世，劳思不可以补民，累寿不能尽其学，当年不能行其礼。《淮南子·要略》云：墨氏初学儒者之业，受孔子之术，既乃以为其礼烦扰，伤生害乐，糜财贫民，其论法治，则纯与孔子同。《尚同篇》云：昔者圣王制为五刑以治天下，逮至有苗之制五刑以乱天下。此岂刑不善哉，用刑则不善也。盖亦不主张法治者。

第三章　法系

中国之有成文法典，自李悝《法经》始。（注四）《晋志》：秦汉旧律，其文起自魏文侯师李悝。悝撰次诸国法，著《法经》。商君受之以相秦。是秦律即《法经》也。汉就《法经》增《户》、《兴》、《厩》三篇，谓之九章。《唐六典》注，汉萧何加悝所造《户》、《兴》、《厩》三篇，谓之九章之律是也。魏律十八篇，以《晋志》考之，《捕律》、《户律》，仍汉之旧，《劫略》、《请赇》、《偿赃》，系由《盗律》分出，《诈伪》、《毁亡》，由《贼律》分出，《告劾》由《囚律》分出，《系讯》、《断狱》，由《囚律》、《兴律》分出，惊事律亦由兴律分出，仅删汉之《厩律》一篇，其余与九章实无大出入也。其《具律》则改为《刑名》，列之律首。晋律仍就汉之九章而增损之，无魏律之《劫略》、《惊事》、《偿赃》、《免坐》四篇，而增《法例》、《卫宫》、《水火》、《关市》、《违制》、《诸侯》六篇。后汉之《厩律》一篇，《晋志》谓蠲其苛秽，存其清约。是魏、晋两朝之律，均以汉律为蓝本也。

自晋氏失驭，天下分为南北，于是律分南北二支。南朝刘、宋、南齐，沿用晋律，《南齐书·孔稚圭传》：所谓江左相承用晋世张、杜律是也。梁武始定律，篇目均与晋同；惟删去《诸侯》一篇，增置《仓库》一篇。以《隋志》考之，知梁律即晋律之张、杜旧本；盖南齐时议而未行者也。陈律则篇目条纲，一依梁法，是两朝之于晋律，其增损均在文字之间。及陈并于隋，而南朝之律，其祀遽斩。

今唐宋以来，相沿之律，均属北系；而寻流溯源，当以元、魏之律，为北系诸律之嚆矢。北魏多承用汉律，不尽袭魏、晋之制。盖世祖定律，出于崔浩、高允之手。崔浩长于汉律；《史记索隐》尚引其汉律序文。高允则好《春秋》、《公羊》，盖治董仲舒、应劭、公羊决狱之学者。惜魏律久佚，史并失其篇目；然以《魏书》纪传考之，知其固源出汉律也。

元魏既亡，北齐、后周，各自定律，后周律二十五篇，成于武帝保定三年。北齐律十二篇，成于武成河清三年。及隋文帝代周有天下，其定律独采北齐而不袭周制，是何以故？考《周书·苏绰传》：太祖命绰为大诰，文章皆依此礼。《史通》亦谓宇文初习华风，军国词令，皆准《尚书》。周律篇目科条，皆倍于齐律，而《祀享》、《朝会》、《市廛》三篇，为魏、晋以来所未见，意必剌取《天官》、《地官》、《春官》诸文，资其文饰，今古杂糅；至隋氏乃一扫其迂谬之迹也。

南北朝诸律，北优于南，而齐律尤为北朝诸律之最。《北齐书·崔昂传》，谓部分科条，校正古今，所增损十有七八。《隋志》亦云：科条简要，仕门子弟，常讲习之；故齐人多晓法律。史称周律比于齐法，烦而不要。是周、齐二律之优劣，在当时已有定论也。隋开皇定律，纯采北齐，今齐律虽佚，尚可于唐律得其仿佛：篇目虽有分合，而沿其十二篇之旧，一也；刑名虽有增损，而沿其五等之旧，二也；十恶名称虽有歧出，而沿其重罪十条之旧，三也。

隋律有二：一为文帝所定之《开皇律》，一为炀帝所定之《大业律》。《通鉴》：武德元年，废隋大业律令。《唐会要》：武德元年，诏刘文静与当朝通识之士，因隋开皇律令而损益之。《唐六典》注：武德中定律令，其篇目一准开皇之旧。刑名之制亦略同；惟三流皆加一千里，以此为异。是今所传之唐律，即以隋之《开皇律》为蓝本也。

唐律行世最久，五代无论已。《玉海》：国初用唐律令格式。建隆四年七月，工部尚书判大理寺窦仪，进《建隆重定刑统》三十卷。诏付大理寺刻板摹印，颁行天下。《宋书·艺文志》有窦仪重详定《刑统》三十卷，今其书尚存：质言之，即唐律也。《辽史》：神册六年，诏大臣定治契丹及诸夷之法。汉人则断以律令。《圣宗纪》：统和元年，译南京所进律文。十二年诏契丹人犯十恶依汉律。按汉律者汉人之律，即唐律也。《金史》：天眷三年，复取河南地，乃诏其民约所用刑法，皆从律文。所谓律文，亦唐律也。泰和元年修律，凡十二篇。志言：其实即唐律。是辽、金所用之律，皆唐律也。

元兴其初未有法守，百司断理狱讼，循用金律。《元史》：大德三年，命何荣祖更定律令。然据《何荣祖传》：大德律令，书成已久，未及颁行。（《元典章》所录，《大德律令》为多。）明太祖平武昌，即议律令。吴元年命左丞相李善长为律令总裁，十二月书成，凡律二百八十五条。洪武元年，命儒臣四人，同刑官讲唐律，日进二十条。六年诏刑部尚书刘惟谦，详定《大明律》。明年书成，篇目一准于唐。自胡惟庸诛后，废中书而政归六部。是年更定《大明律》，亦以六曹分类，遂一变古律之面目。清律因之，然其实质则仍唐律也。《明志》谓明律视唐简核，而宽厚不如宋。沈氏《刑法考》评之曰：以唐律明律详如比较，论者终以唐为长。明之所改，轻重未必悉惬人意也。（注五）

（注四）李悝以前，非无法典，如黄帝《李法》，春秋时《刑书》、《刑鼎》之类，特至悝始集其成耳。

（注五）种有刊行之《唐明律合刻》，薛允升著。

第四章　中国法律之特征

中国法律，有下列特殊之点：

（一）建国之基础，以道德、礼教、伦常，而不以法律；故法律仅立于补助地位，为手段，不为目的，举例明之：

（甲）《礼记》：礼不下庶人，刑不上大夫。《荀子·富国篇》：由士以上，则必以礼乐节之，子庶百姓，则必以法数制之。皆以法为束缚下流社会之具。此似原因于上古之阶级制度，而实不然。秦废井田封建，汉高祖起自匹夫，贵族观念，业已扫荡无遗矣。然汉时周勃有罪，逮诣廷尉诏狱，贾谊上疏曰："古者廉耻礼节，以治君子，故有赐死而无僇辱；是以黥劓之罪，不及大夫。夫尝已在贵宠之位，今而有过，废之可也，退之可也，赐之死可也，灭之可也。若夫束缚之，系緤之，输之司寇，编之徒官，司寇小吏，詈骂而榜笞之，殆非所以令众庶见也"。《魏书·李彪传》："圣朝宾遇大臣，礼同古典"。自太和以降，有负罪当陷大辟者，多得归第自尽，六朝时犹如此。外士大夫之束身自爱者，犹不肯以细微事故，经于涉讼公庭，事之曲直不论，而一经成讼损失已多，今日犹有此观念也。

（乙）法律之外，时得以经义决狱。《汉志》：有公羊董仲舒《治狱》十六篇。《应劭传》：劭亦撰《春秋决狱》。《史记·儒林传》：吕步舒决淮南狱，以《春秋》之义正之，天子皆以为是。《儿宽传》：张汤为廷尉，以宽为奏谳掾，以古法义决疑狱，甚重之。《魏书·刑罚志》：太平真君六年，以有司断法不平，诏诸疑狱，皆付中书依古经义论决之。《高允传》：以经义断诸疑事，三十余载，内外称平。盖自汉魏逮至六朝，经义决狱，成为惯例，见于各史传者，不可指数。苟合于道德礼教伦常，虽律无正条，犹可以断狱治罪也。

（丙）用法而不泥于法，法本轻而处重，或法本重而处轻，反以博社会之欢迎。如赃轻罪也，然历代开国之王，皆重治赃罪。汉文帝禁坐赃者不得为吏。东汉之初，赃吏子孙，三世禁锢，五代多赃吏。艺祖受命，凡赃吏皆弃市。元季贿赂风行。明祖峻法，而民俗丕变，后世无敢议其非者。宋张乖崖为崇阳令，有吏盗一钱，令杖之。吏曰："即能杖我，宁能斩我耶?"乖崖曰："杖者法律，斩者自请，杖而后斩之。"此法轻而处重也。杀人重罪也。而复仇之杀人，时得邀轻典，或迳免其罪，此法重而处轻也。甚至违法纵囚，后世犹诧为美谈。《汉书》：马援为郡督邮送囚，援哀而纵之。钟离意送徒诣河内，解其桎梏，恣所欲过与克期俱至，无一或违者。《晋书》：曹摅为临淄令，狱待查。岁夕摅行狱，悯之曰："卿等不幸致此，新岁人情所重，岂不欲暂归耶?"囚皆感泣，摅开狱出之。至日果如期返。(纵囚凡数十事，详见陔余丛考）固不独唐太宗之死囚四百来归狱，脍炙人口也。《梁书·吉翂传》，翂挝登闻鼓，乞代父命，武帝特原其罪。夫至于因嘉其孝之故，而曲法以成其名，此岂可得之于今日者。陆陇其为县令，民有讼者，率告诫之，皆涕泣悦服而去，不尽绳以法，当时号称循吏。使在今日，必有谓其弁髦法律者矣。

（二）立法之根据，以道德、礼教、伦常而不以权利。各国宪法，所以保障人权，民法则以物权、债权为先，而亲族、继承次之。此法律建筑于权利之上也，我国则反是。

（甲）以道德为根据者　如和奸在西律为无罪，而我国自汉迄清皆罪之。汉律有公罪、私罪之别。私罪重于公罪。唐律、明律、清律皆因之。《汉志》：孕者未乳、师侏儒，当鞠系者颂系之。《魏书》：世祖定律，妇人当刑而孕，产后百日乃决。又如清律十恶之不道不义，皆以道德为根据者。

（乙）以礼教为根据者　如《汉书·百官公卿表》：卫尉充国，坐斋不谨，弃市。唐律、大祀散斋不宿正寝者，一宿笞五十。又如唐律中之子孙不得别籍，居父母丧生子，同姓为婚。清律中之不许在历代帝王陵樵采耕种及牧畜牛羊，禁纵妻女在寺观神庙烧香之类，及十恶之不敬，皆以此为根据者。

（丙）以伦常为根据者　如汉律有禽兽行，即唐律十恶之内乱也。《宋书·何承天传》引法云："违犯教令，敬恭有亏，父母欲杀，皆许之。"所谓法，即晋律。唐律以不孝入十恶，而违犯教令则入斗讼。大抵中国犯罪，对尊长必较普通为重。同一詈骂也，而于骂祖父母或父母，骂尊长则加重之。同一杀人也，于谋杀祖父母或父母则加重之。同一奸也，而亲属相奸，居丧犯奸则加重之。同一殴也，而殴祖父母、尊长、妻妾、殴夫则加重之。此清律也，而其源实出于唐律。汉时尚有无子听妻入狱之例。《御览》引《东观汉记》：鲍昱为沘阳长，县人赵坚杀人系狱。其父母诣昱自言年七十余，惟有一子，适新娶，今系狱当死，长无种类，涕泣求哀。昱怜其言，令将妻入狱，遂妊身有子。其后遂为成例。魏《刑罚志》引魏法例律：诸犯死罪，若祖父母年七十已上，无成人子孙，旁无期亲者，具状上请，流者鞭笞留养其亲。如此之类，不可枚举。

其对于权利，则法律常保护债务者，清律钱债，凡私放钱债及典当财物，每月取利，并不得过三分，年月虽多，不过一本一利。违者笞四十，以余利计赃，重者坐赃论罪。与西律之保护资本主义，固若冰炭之不相容也。

（三）法律既立于补助道德礼教伦常之地位，故其法常简，常历久不变，试申其义：

（甲）国将亡必多制，为自昔垂戒之格言，汉高祖与父老约法三章，悉除去秦法，而民大悦。唐高祖又袭其故智，大业十三年，约法十二条，遂代隋而有天下。简则治，繁则乱，盖以我国幅员之广，人民之众，风俗之殊，不能不有以简驭繁之法。故各国无不有极详密之民法、商法、诉讼法，而我国皆无之。是否为古人思虑所未及，尚属待考。即以古律言之，亦日趋于简。汉时九章之外，有《傍章》十八篇，《越宫律》二十七篇，《朝律》六篇。《魏律》凡十八篇，《晋志》谓于正律九篇为增，于傍章、科令为省；然其条数，则均不可考。《晋律》据《晋志》，谓六百二十条。《唐六典》注，则谓一千五百三十条，未知孰是。后魏定律，史不载其条数。《梁律》二千五百二十九条，《陈律》同。《齐律》九百四十九条。《周律》一千五百三十七条。隋《开皇律》五百条，《大业律》同。《唐律》亦五百条。《明律》减为四百六十条《清律》又减为四百三十六条，此亦为繁趋简之二证也。

因法律之简，恐事变有出于律之外者，于是有比附之法，《汉书·陈忠传》：忠奏上决事比三十二条。《魏书·刑罚志》：于定国死罪决事比三千四百七十二条。《东观汉记》：鲍昱有辞讼比七卷，决事都目八卷。自是永为成法。《清律》，凡律令该载不尽事理，若断罪无正条者，引律比附，应加应减，定拟罪名，议定奏闻，盖纯本汉制也。

（乙）道德者万古不变者也。（注一）法律既以道德为立足点，故亦恒久不变。清律几全袭明律，明律则袭唐律，而变更其面目。（即以六部分类）《宋刑统》，目录与唐律微有分合，内容几无一字之差。唐律亦全袭隋《开皇律》，于《开皇律》，除五十三条，又以格五十三条入律，余无改正。隋律源出《北齐律》，惟条数减其一半。计自北齐至清，约一千四五百年，大体相同。李悝《法经》，今虽久佚，然止六篇，文必甚简，意必全数尽入唐律中，今不可考矣。（注二）

（注一）道德不变之说，儒家主之，然道家颇有异说。《庄子》：彼亦一是非，此亦一是非。《关尹子》：古今之俗不同，东西南北之俗不同；至于一家一身之善又不同。

（注二）《汉学堂丛书》中，有李悝《法经》六篇，全抄唐律，一字不改；盖伪书中之最拙劣者。

第五章　律家

《班志》谓法家者流，出于理官，所著录凡十家，二百七十篇。《李子》三十二篇，《商君》二十九篇，《申子》六篇，《处子》九篇，《慎子》四十二篇，《韩子》五十五篇，《游棣子》一篇，《鼂错》三十一篇，《燕十事》十篇，《法家言》二篇；今存者惟《商君书》及《韩非子》。此外《申子》尚有采辑本，余皆失传。盖战国之季，为法学最盛之时代。秦用商鞅，尽变三代成法，秦遂以亡，至于其身，亦卒不免，世论非之。及汉之兴，文帝好黄老之术，武帝表章六经，罢黜百家。自兹以往，而法家遂微。虽然，自汉以后，亦非无治法家者言者也。《南齐书·崔祖思传》，谓汉来治律有家，子孙并世其业，聚徒讲授，至数百人。其可考者，如南阳杜氏父子：杜周称大杜，杜延年称小杜。当时有“小杜律”之名。泰山郑氏兄弟，皆西汉时人，东汉则颍川郭氏；《艺文类聚》，引《华峤后书》，称郭氏家世掌法，凡为廷尉者七人。河南吴氏，三世廷尉，为法名家。沛国陈氏，亦三世明法。长杜钟氏，门生千有余人。魏之钟繇、钟会皆继其父业。此其最著者。其他讲刑名之学，见于各传者，尚有数十人。盖汉时律学之盛如此。《文苑英华》引沈约授蔡法度廷尉制，谓汉之律书，出于小杜；《唐六典》称晋续咸修陈杜律；陈，谓沛国陈氏也。《晋志》：汉时律令，错糅无常，后人生意，各为章句。叔孙宣、郭令卿、马融、郑玄诸儒章句，十有余家，家数十万言，凡七百七十三万二千二百余言。今《汉书》注中，时引律说，此即《唐律疏义》之所本也。《魏志·卫觊传》：觊奏曰：“九章之律，自古所传，断定刑罪，其意微妙。百里长吏，皆宜知律，请置律博士，转相教授”。事遂施行，晋初律学犹盛，终晋之世，律分两派。有张斐一派；隋志：《汉晋律序注》一卷，《杂律解》二十一卷，张斐撰；唐志：《张斐律解》二十卷，是也。有杜预一派；隋志：《律本》二十一卷，杜预撰；梁有《杜预杂律》七卷，是也。《律本》至宋初犹存，《太平御览》尚引之，今不可考矣。律学之衰，盖自东晋始。《文选》干宝《晋纪总论》注引王隐《晋书》云：“论经礼者谓之俗生，说法理者名为俗吏”。盖当时上下以清谈相尚，不崇名法。梁武修律，物色久之，始得蔡法度，以为删定郎，使修梁律；然梁书不为立传，则其人盖亦无足道者。北朝尚知修明律学；然律家亦不多见。惟北齐渤海封氏，以律名家，北齐律实成于其手；即今日所传唐律之蓝本也。隋唐以后，唐尚词章，宋尚道学，明尚制艺，清初考据之学最盛，然讲学者甚希。纪文达编纂《四库全书》，政书类法令之属，仅收二部，存目仅收五部。其按语则谓："刑为盛世所不能废，而亦盛开所不尚，所录略存梗概，不求备也"。是虽纪氏一人之私言，而实可以代表宋、明以来士大夫之心理。《唐书·艺文志》所载古律，无虑数十种，大体完备，《宋志》则无一著录。盖南渡以后，中原沦于胡虏，儒者以读书为玩物丧志，讲性理，作语录，即尽一生之能事，遂至先民著述，历代古籍，多于是时沦亡，是则可哀也夫。

第二篇 律令

第一章 律与令之别

《尔雅·释诂》：令、告也；《说文》：令、发号也；《释名》：令、领也，领理之使不得相犯也；贾谊《新书》：天下之言曰令；《文选》注引《风俗通》：时王所制曰令。

令与律之别，《汉书·宣帝纪》注：天子诏所增损，不在律上者为令。《史记·杜周传》：前主所是著为律，后主所是疏为令，此一区别也。《御览》引《杜预律序》，律以正罪名，令以存事制。《唐六典》：律以正刑定罪，令以设范立制。《盐铁论》：春夏生长，圣人象而为令；秋冬杀藏，圣人则而为法。此又一区别也。

第二章 上古及三代

唐虞以前，有无法律，颇为可研究之一疑问。《管子·任法篇》：故黄帝之治也，置法而不变，使民安其法者也；《淮南子》：黄帝治天下，法令明而不暗。《书钞》引太史公《素王妙论》：黄帝设五法，布之天下。《汉书·胡建传》尚引黄帝《李法》曰：壁垒已定，穿窬不繇路，是谓奸人，奸人者杀。据以上诸书。是中国之有法律，盖始于黄帝。路史言：太昊氏明刑政。《左传》郯子言：少皞氏设刑官。《通鉴前编》、《外纪》，并载有太昊、神农、黄帝、颛顼之刑官。有官必有法；特古时法令简质，不若后世之繁。书缺有间，不可考矣。（《群辅录》：风后受金法。注、宋均曰："言能决理是非也"。风后为黄帝七辅之一，此黄帝时有法律之证。）

汉晋人多主张造律始于皋陶。《汉书·张敏传》：皋陶造法律，原其本意，皆欲禁民为非。《急就篇》：皋陶造狱法律存。《类聚》引《风俗通》云：咎、陶、谟、虞始造律。《御览》引《傅子》云：律是咎、繇遗训。考《竹书纪年》：帝舜三年，命咎、陶作刑。《左传·昭十四年》：《夏书》曰："昏墨贼杀，皋陶之刑也。"此则并有条文可考。然据《竹书》似皋陶造律在舜时。而《国语》、展禽曰：尧能单均刑法、以仪民。《春秋》元命苞，尧得皋陶，聘为大理。似又在尧时。古书荒渺，莫能详也。路史《后纪》亦云：乃立犴狱，造科律，听狱执中，为虞之世，而天下无冤民；封之于皋，是曰皋陶。此主舜时之说也。《通鉴前编》：帝尧七十有六载制五刑。此主尧时之说也。然《吕氏春秋》云：皋陶作刑，《文子》：皋陶喑而为大理，天下无虐刑。是汉以前，亦有主是说者。沈氏《律令考》论之曰：黄帝有《李法》，似律书非始于皋陶。而汉人多云皋陶造律者，殆皋陶以律名欤。

夏时法律不可考。《书胤征》：《政典》曰："先时者杀无赦，不及时者杀无赦"。《孔传》：《政典》、夏后为政之典籍。然《胤征》系《古文尚书》，不足信也（注一）《唐律疏义》引尚书大传，夏刑三千条；《隋志》亦云：夏后氏正刑有五，科条三千。未知其说所本。《周礼·司刑》注：夏刑大辟二百，膑辟三百，宫辟五百，劓墨各千，此三千之数也。《扬子法言》曰：夏后肉辟三千。盖约略言之。《御览》引《风俗通》云：夏禹始作肉刑。其说非是。肉刑不始于禹也，皋陶作律，禹承而用。《左传·昭十四年》：昏墨贼杀，皋陶之刑也；引作《夏书》。此可为禹用皋陶法之证。夏制之可考者，仅其赎罪之法。《史记·平准书》注引《尚书大传》云：夏后氏不杀不刑，死罪罚二千馔。马融曰：馔、六两。路史《后纪》：夏后氏罪疑惟轻，死者千馔，中罪五百，下罪二百，此其大略也。《逸周书》载：禹之禁，春三月，山林不登斧，以或草木之长，入夏三月，川泽不网罟，以成鱼鳖之长。此夏时之禁令也。

（注一）《古文尚书》之不足信，阎百诗论之详矣。然亦必有所本，非尽向壁虚造。毛西河《古文尚书》冤词，则信之太过矣。

商时成汤代夏受命，有无改造法律，亦一疑问。《吕氏春秋》引《商书》曰：刑三百，罪莫重于不孝。高诱注：商汤所制法也。《竹书纪年》：祖甲二十四年，重作汤刑。曰重作，似本有汤刑，而祖甲修改之也。《左传》：商有乱政，而作汤刑。沈氏《律令考》，以为更在祖甲之后，是汤刑凡数次修改也。《书·康诰》：兹殷罚有伦。疏：卫居殷墟，又周承于殷后，刑书相因，故兼用其有理者。谓当时刑书或无正条，而殷有故事可兼用，若今律无正条，求故事之比也。又罚蔽殷彝，传、其刑罚断狱。用殷家常法。夫至周初，康叔治殷民，犹用殷法，则殷之有法律明矣。《书序》：咎单作民居；马融曰，咎单汤司空；明居、民之法也。（民、《史记》作明。）则不特有刑法，且有民法矣。《竹书纪年》：汤二十五年，初巡狩，定献令。《逸周书·王会篇》：有四方献令。《玉海》引《帝王纪》：汤令未命之为士者，车不得朱轩及有飞軨，不得乘饰车骈马，衣文绣，命然后得，以顺有德。是殷时不特有法，且有令矣。

殷时有法律，已无可疑。其内容如何？《书·伊训》：制官刑，儆于有位，至臣下不匡其刑墨。似即官刑之条文。《古文尚书》虽不可尽信、然亦必有所本。《舜典》：鞭作官刑。则官刑本不始于汤，似尚可信。《王制》：刑人于市，与众弃之。陈注：殷法、贵贱皆刑于市。此即秦汉弃市之制所本。《王制》一篇先儒多以为殷制，其中"言伪而辨，学非而博，以疑众杀"一段，或即殷之律条，今不可考。《汉书·董仲舒传》：殷人执五刑以督奸，伤肌肤以惩恶。《大学衍义补》论之曰："商之刑制，不见于经传。观伊尹之称汤曰：代虐以宽，民其允怀。则汉史所谓用刑罚以督奸，惨肌肤以惩恶者，必非商家之法也。学者惟当信经而已”。《韩非子》：殷之法刑弃灰于街者，子贡以为重，问之仲尼，仲尼曰：“知治之道也，夫弃灰于街，必掩人，掩人人必怒，怒则斗，斗必三族相残也，此残三族之道也，虽刑之可也”。又云：殷之法弃灰于公道者断其手，王应麟《困学纪闻》论之曰：“以商鞅之法为殷法，又托于仲尼，法家之侮圣言如此，均不足据也”。

周自文王时即已有法，《左传·昭七年》，周文王之法曰，有亡荒阅。（注：荒、大也，阅、搜也，有亡人当大搜。）《管子》：周郑之礼移，则周律废矣。《汉志》有周法九篇，是周有律也。《左传》：文十八年，在九刑不忘。孔疏：谓之九刑，必其诸法有九，而九刑之书今亡，不知九者何谓。《逸周书·尝麦解》：“维四年孟夏，王命大正，正刑书，太史筴刑书九篇”。此盖成王之四年。大正法司寇也，正修改之谓，是成王时又修改一次，仍九篇也。《竹书纪年》：穆王五十一年作吕刑，命甫侯于丰。《书序》，穆王训夏赎刑，作《吕刑》。《史记》：诸侯有不睦者，甫侯言于王，作修刑辟，合曰《甫刑》。《左传》：周有乱政，而作九刑。言乱政则必在叔季之世，是周律至穆王时，又修改一次，力入赎刑，远仿夏制，而仍系九篇也。《周礼》：司刑掌五刑之法，墨罪五百，劓罪五百，宫罪五百。刖罪五百，杀罪五百。（注：此二千五百罪之目略也。）其刑书则亡。《吕刑》：五刑之属三千，是增入五百，此修改之迹也。《困学纪闻》云：五刑之属三千，穆王虽多五百章，而轻刑增，重刑减。班固以《周礼》为中典，甫刑为重典非也。《周礼·春官》：内史执国法及国令之贰，御史掌邦国都鄙及万民之治令。是周不特有律，且有令也。

《周礼》载周法制极详，如大宰之八法八则，小宰之八成，大司寇之三典，小司寇之八辟五禁，而秋宫一职，周时刑法，大略可见。邱濬《大学衍义补》曰：成周之世，未有律令之书，凡秋官司寇所设之官属，所掌之刑禁，即后世法律之条件也。沈氏《律令考》曰：周代律令之书，今不传耳。《左传》明言作九刑，《逸周书》明言正刑书，不得云未有也。明人多不读书，其立论恒失之臆断，不自知其陋也。《周礼》一书，是否伪书，抑当时议而未行之书，先儒未有定说，然必在秦以前。考成周之制者，固舍此无由也。全书俱在，兹略之。

封建时代，诸侯各自立法，犹今日联邦之各有民刑法也。《左传》祝佗言：“鲁卫之封，皆启以商政，晋之封启以夏政。”盖各因其风俗，开用其政，不强以用周法也。故当时列国，各自有法，其可考者，如晋有《常法》（《左传·文六年》），有《被庐》之法（僖二十七年），有《刑鼎》（昭二十九年），此晋之法也。郑有《刑书》（昭六年），《竹刑》（定四年），《列子》：子产执政，作《竹刑》，郑国用之。此郑之法也。楚有《仆区法》（昭七年）。韩非子载：楚国法，太子不得乘车至第门。《史记·屈原传》，怀王使屈原造为宪令。是楚有法，兼有令也。《管子》：“昔吾先王，世法文武，设象以为民纪”。注、韦昭曰：设教象之法于象魏；是齐有法也。《说苑》：卫国之法，窃驾君车罪刖；是卫有法也。《礼记》：邾娄定公时，有杀其父者，公瞿然避席曰：“寡人尝学断斯狱矣，臣杀君，凡在官者杀无赦”，云云；是邾有法也。《公羊》：僖十九年，梁亡。注，梁君隆刑峻法，一家犯罪，四家坐之；是极小之国如梁，犹有法也。《史记》：庞涓以刑法断孙膑之两足而黥之。《魏策宪》之上篇曰：子弑父，臣弑君，有常刑不赦；国虽大赦，降城亡子，不得典焉；是魏有法也。

第三章　法经及秦律

春秋、战国时，诸侯各自有法，至李悝而集其大成。《晋志》：秦汉旧律，其文起自魏文侯师李悝。悝撰次诸国法，著《法经》，以为王者之政，莫急于盗贼，故其律始于盗贼，盗贼须劾捕，故著囚、捕二篇。其轻狡、越城、博戏、借假、不廉、淫侈、逾制，以为《杂律》一篇。又以《具律》具其加减，是故所著六篇而已，然皆罪名之制也。商君受之以相秦。《唐律疏义》：贼衰刑重，战国异制，魏文侯师于李悝，集诸国刑典，造《法经》六篇；一《盗法》，二《贼法》，（注一）三《囚法》，四《捕法》，五《杂法》，六《具法》。考《史记》、《孟子》、《荀卿列传》：魏有李悝，尽地力之教。《汉书・食货志》述李悝尽地力之事甚详。而《法经》则无述之者。《汉志》有《李子》三十二篇，当即此人。《隋志》已不著录，盖其亡久矣。

（注一）贼盗二字，义本不同，故《法经》分为二篇。《左传・文十八年》，周公作《誓命》曰："毁则为贼，窃贿为盗"。杜注：毁则，坏法也。昭四年，叔向曰："杀人不忌为贼"。《大戴记》：杀人而不戚也，贼也。《说文》：贼、败也，败、毁也，与毁败之义合。盗、私利物也，二字初不相通。《荀子》：害良曰贼，窃货曰盗。晋《张斐律》：无变斩击谓之贼，取非其物谓之盗。《周礼・朝士疏》：盗谓盗取人物，贼、谓杀人曰贼。可见唐以前人，于此二字，区别甚明，绝不相蒙。《玉篇》、《广韵》：贼下，始有盗也。一训。非古义也。自汉以来，皆名贼律、盗律。北齐始合二律为一，曰贼盗。隋、唐因之，叛逆杀伤诸事，皆在其中。元于贼盗外，别立杀伤之目。明又改为人命；盖大失古律之本义矣。《周礼》士师掌士之八成，一曰邦汋，二曰邦贼，三曰邦谍，四曰犯邦令，五曰挢邦令，六曰为盗邦，七曰为邦朋，八曰为邦诬。郑司农云，八成者，行事有八篇，若今时决事比。此则李悝以盗、贼二法名篇，盖有所本。

秦亦为春秋诸侯之一，亦必自有法律。《史记・秦本纪》：文公二十年，法初有三族之罪。此可证卫鞅变法以前，秦本自有法也。《唐六典》注：商鞅传法经，改法为律，以相秦，增相坐之法，造参弟之诛，大辟加凿颠、抽胁、镬烹、车裂之制。似秦以《法经》为律，当在变法以后，所谓改法为律者，即改盗法、贼法、囚法、捕法、杂法、具法，为盗律、贼律、囚律、捕律、杂律、具律也。然鞅亦不纯用《法经》。据《史记・商君传》：以卫鞅为左庶长，卒定变法之令，令民为什伍而相收司连坐，不告奸者腰斩，告奸者与斩敌首同赏，匿奸者与降敌同罚，民有二男以上不分异者倍其赋。《李斯传》：商君之法，刑弃灰于道，注弃灰于道者黥。《新序》：卫鞅内刻刀锯之刑，外深鈇钺之诛，步过六尺者有罚，弃灰于道者被刑。如此之类，皆鞅所创，《法经》原无此条也。

《始皇本纪》：秦初并天下，丞相绾、御史大夫劫、廷尉斯等，皆曰，昔者五帝地方千里，其外侯服夷服，诸侯或朝或否，天子不能制，今陛下平定天下，海内为郡县，法令由一统，自上古以来未尝有，五帝所不及。《李斯传》亦云：明法度，定律令。盖始皇既吞并六国，统一天下，意当时必有统一法令之书，今皆不可考。《始皇纪》：言欲学法令者以吏为师。《萧相国世家》：沛公至咸阳，诸将皆争走金帛财物之府分之，何独先入收秦丞相御史律令图书藏之。是秦之有律有令明矣。

《始皇纪》云：二世遵用赵高，申法令。《李斯传》云：二世更为法律。《盐铁论》：秦法繁于秋荼，而网密于凝脂。是二世时，又曾修订律令一次。意必法网深密。此汉高所以除秦苛法而兆民大悦也。（注二）

（注二）汉初虽除秦苛法，及定天下，十之七八均袭秦制。《九章》之前六篇，即法经也。刑名亦略与秦同。《汉书·惠帝纪》：四年除挟书律。注，张晏曰：秦律，敢有挟书者族。应劭曰，挟、藏也。此即《始皇纪》所谓敢有藏诗书百家语者，悉诣守尉杂烧之是也。此律终高祖时未废，他可知矣。其余汉律沿用秦律者，尤不可指数，当于后详之。

第四章　两汉

第一节　汉律

第一项　九章律

《九章律》汉人谓之正律。《汉志》：相国萧何，据摭秦法，取其宜于时者，作律九章。《晋志》：汉承秦制，萧何定律，除参夷连坐之罪，增部主见知之条，益事律兴、厩、户三篇，合为九章。是《九章》为萧何所造；即就《法经》加入兴、厩、户三篇，别称事律。《后汉书·安帝纪》注，谓汉律今亡。《隋志》亦云，汉律久亡。是唐人已未见其书。然《史记·索隐》尚引崔浩《汉津序》，《陈书·沈洙传》尚引汉律，则六朝末此本尚存也。《叙传》：汉九章法，太宗改作。盖九章原系肉刑，文帝除肉刑改用笞，故云改作。《唐律疏义》、《唐六典》均云，萧何加悝所造户、兴、厩三篇，谓之《九章》。其是否全袭《法经》之旧，抑稍有更改之处，今不可考。

（一）盗律　盗律中律目之可考者如下：

（甲）劫略　劫：似即强盗，略：似即唐律之略人；今唐律强盗、略人，均在《贼盗律》中。

（乙）恐猲　王子《侯表》：嗣葛魁侯戚，坐缚家吏。恐猲受赇，弃市。注，猲：以威力胁人也，全唐律恐猲取人财物，亦在《贼盗》中。

（丙）和买卖人　《光武纪》：诏吏人遭饥乱，及为青徐贼所略为奴婢下妻，欲去留者恣听之。敢拘制不还，以卖人法从事。今唐律和同相卖，亦在《贼盗律》中。

（丁）受所监受财枉法　《刑法志》：吏坐受财枉法。注：谓曲公法而受赂者也。监，谓监临。今唐律监主受财枉法，在《职制律》。（注一）

（注一）沈氏《汉律摭遗》，以受所监与受财枉法为二，恐非。

（戊）勃辱强贼《广雅》：勃，怼也。强贼固可怼，已就拘执，即应送官。今不送官，自行殴辱，是谓专擅。故魏以此条改入《兴擅律》。

（己）还赃畀主　唐律诸以赃入罪，正赃见在者还主。注：官物还官，私物还主。

以上律目，均见《晋志》。其《盗律》佚文之可考者，尚有数条。略举于下：

（甲）行言许受财　《公羊》：宣元年何注由律行言，许受赂也。宣十年，疏：引汉律，行言许受财，以受财为是。盖即赃未入手之类。今唐律无此条。

（乙）诸为人请求于吏以枉法，而事已行为。听行者，皆为司寇。《恩泽侯表》注：如淳引律如是。注、有人私请求而听受之，此系不受财之请求，故其律轻。唐律：诸有所请求者，笞五十；已施行者各杖一百。在《职制律》。

（丙）主守而盗直十金，弃市　《陈万年传》注：如淳引律如是。《史记·平准书》注，汉以一斤为一金；又云黄金一斤直钱万。《汉书》各传所载以主守盗十金被罪者甚多。（如薛宣、冯野王、翟义、匡衡诸传。）唐律、主守自盗，加凡盗二等，三十匹，绞。

（丁）盗宗庙服御物者弃市　《史记·张释之传》：引律如是。《尚书·微子正义》引汉魏律云：敢有盗郊祀宗庙之物，无多少皆死。

（戊）敢盗乘舆服御物　《蔡邕独断》：引律如是。唐律有盗大祀，神御物，而盗乘舆服御物则在《盗御宝律》内。

其虽无佚文可考，而为汉制所有，应入于《盗律》者，尚有数则，汇录之如下：

（1）盗武库兵。弃市。《盐铁论》，亦可谓盗武库兵而杀之乎？《白帖》引董仲舒《春秋决狱》曰：甲盗武库兵，当弃市乎？《水经注》：成帝鸿嘉三年。广汉子钳盗库兵，伏诛。据《三辅黄图》，武库在未央宫，萧何造以藏兵器者也。

（2）盗官物弃市。《魏志·鲍勋传》：郭夫人弟为曲周县吏，断盗官布，法应弃市。

（3）盗马、盗牛。《盐铁论》，盗马者死，盗牛者死。

（4）盗伤与杀同罪。亦见《盐铁论》。《唐律》：强盗伤人，亦斩罪也。

（5）持质。《晋志》：汉科有持质。《赵广汉传》、《桥玄传》、《魏志·夏侯惇传》，均载汉持质事。是此风汉时最盛。唐律执持人为质者皆斩。

（6）通行饮食。《陈忠传》，至于通行饮食，罪至大辟。注：犹今律过致资给，与同罪也。《尹赏传》：捕长安中轻薄少年恶子数百人，皆劾以通行饮食群盗。盖谓指授道途，资给盗粮，即明律所谓窝主也。

（二）贼律　贼律中律目之可考者，如下：

（甲）欺谩　张斐《律表》，违忠欺上，谓之谩。《王子侯表》及《功臣表》中，坐犯此罪者不乏其例。《朱博传》：欺谩半言断头矣。知欺谩有处至死刑者。

（乙）诈伪　《张斐律表》：背信藏巧谓之诈，与欺谩有别。《唐津疏义》：诈伪律者、魏分贼律为之。历代相因，迄今不改。

诈伪包含甚广，以《汉书》考之，下列各条，均应在诈伪之内。

（1）诈取　《功臣表》：孝景六年嗣侯杨毋害，坐诈给人赃六百免。元狩元午嗣侯郦平，坐诈衡山王取金免。今唐律诈欺官私取财。亦在《诈伪律》中。

（2）诈官　详见《田广明传》、《魏相传》。今唐律诈假官亦在《诈伪律》中。

（3）诈疾　《功臣表》：嗣侯韩释之，元朔四年，坐诈疾耐为隶臣。此外并散见吴王汉、庞参、何敞诸传。今唐律诈疾病有所避，亦在《诈伪律》中。

（4）非正 《恩泽侯表》：嗣平周侯丁满、嗣汝昌侯傅昌、均坐非正免。今唐律非正嫡，诈承袭，亦在《诈伪律》中。

（丙）逾封 李悝《法经》杂法有逾制。汉入于《贼律》，似于《法经》稍有更改，今不可考。《宣纪》注引律曰：非如封十减二。意者即其条文欤。

（丁）矫制 《冯奉世传》：汉家之法有矫制。注：擅矫诏命，虽有功劳，不加赏也。《功臣表》注，如淳引律：矫诏大害，要斩；有矫诏害，矫诏不害。

（戊）贼伐树木 《周礼·地官·封人》疏，汉时界上有封树，《百官志》注引《汉官》曰：树粟、椅、桐、梓，盖汉时道侧植树，有砍伐者必罪之。

（己）杀伤人畜产 《唐律》，贼盗有盗官私牛马杀，即沿汉律。《淮南子》注：法禁杀牛，犯之者诛。《魏志·陈矫传》：曲周民，父病，以牛祷，县结正，弃市。是汉时杀牛罪至弃市也。

（庚）诸亡印 今唐律亡失符印，求访则入杂律。

（辛）储峙不办 《孙宝传》设储待（原书如此，疑有错讹——编者按）。注，谓豫备器物也。《百官表》：严青翟坐窜太后丧不办，免。

（壬）但以言语及犯宗庙园陵 今唐律指斥乘舆则在《职制律》中，惟盗园陵内草木，仍在《贼盗律》。

以上律目均见《晋志》，其《贼律》佚文之可考者：略举如下：

（甲）大逆不道，父母妻子同产皆弃市。《景帝纪》注，如淳引律。

（乙）杀不辜，一家三人为不道。《翟方进传》注，如淳引律唐律十恶不道，注、谓杀一家非死罪三人。

（丙）敢蛊人及教令者弃市。《周礼·秋官》注引汉《贼律》，唐律造畜蛊毒，亦在贼盗。

（丁）立子奸母见乃得杀之。《公羊·桓六年》注、引律，疏云，犹言对子奸母。

（戊）斗以刃伤人，完为城旦，其贼加罪一等，与谋者同罪。《薛宣传》引律。唐律，斗故杀用兵刃，则在斗讼。

（己）无故入人室宅卢舍，上人车船，牵引人欲犯法者，其时格杀之无罪。《周礼·秋官》疏引郑司农举汉《贼律》。唐律，夜无故入人家亦在盗贼。汉多上人车船一层，唐无之。唐限于夜，与汉不同。

（庚）过失杀人不坐死。《周礼·秋官》注引律。唐律诸过失杀伤人者，以赎论在斗讼。

其虽无佚文可考。而为汉律所有，应入于《贼律》者，汇录之如下：

（1）不道 《唐律疏义》：汉制《九章》，虽并烟没，具不道不敬之目见存。原夫厥初，盖起诸汉。张斐《律表》：逆节绝理，谓之不道。《汉书》各传以不道诛者，不可指数。《史记·酷吏传》：狱久者至更数赦，十有余岁而相告言。大抵尽诋以不道。《陈汤传》亦云：不道无正法，以所犯剧易认罪，不道不敬，皆无正法。故议者易于比附，此汉制之可议者。

（2）大不敬不敬　张斐《律表》：亏礼废节，谓之不敬。唐律：十恶；五曰不道，六曰大不敬。

（3）诽谤妖言　《路温舒传》：秦之时，正言者谓之诽谤，遏过者谓之妖言。汉承秦制，高后、文帝皆有除诽谤妖言之命，而哀帝时又除《诽谤法》。《魏志·崔琰传》注：引《魏略》：太祖以为琰腹诽心谤，乃收付狱。是此法终汉世未除。

（4）谋杀　张裴《律表》：二人对议谓之谋。《恩泽侯表》、《王子侯表》、《功臣表》中，皆有坐谋杀人者。知《汉律》谋杀与故杀有别。唐律谋杀人亦在《灭盗》（原书如此，似应为《贼盗》——编者按）。

（5）斗杀及戏杀　张裴《律表》：两讼相趣谓之斗，两和相害谓之戏。《急就篇》：变斗、杀伤、捕伍邻。《刑法志》亦有贼斗杀人之语。疑汉时尚无故杀之名。或曰斗杀，或曰杀实，实则即唐律之故杀也。唐律，故杀，戏杀，均入《斗讼》。

（6）杀继母　《通典》：汉景帝时廷尉上囚防年继母陈论杀防年父，防年因杀陈，依律杀母以大逆论。帝疑之。武帝时年十二为太子：在旁，帝命问之。太子答曰："夫继母如母，明不及母；缘父之故，比之于母。今继母无状，手杀其父，则下手之日，母恩绝矣，宜与杀人同，不宜与大逆论"。从之。

按此例至魏已改，《晋志》、正杀继母与亲母同，防继假之隙也。

（7）保辜　《公羊》襄七年注：告者保辜，辜内当以弑君论之，辜外当以伤君论之。疏：汉律有其事。《急就篇》，颜注：保辜者，各随其状轻重，令殴者以日数保之，限内至死，则坐重辜也。《唐律》：保辜人《斗讼》。

（8）发墓　《淮南子》：天子县官法曰，发墓者诛。今唐律发冢，亦在《贼盗》。

（三）囚律　囚律中律目之可考者，如下：

（甲）诈伪生死　今《唐律》：诈病、死伤不实、入诈伪。

（乙）告劾　《尚书·吕刑正义》：汉世断狱谓之劾。《说文》：女部引汉律，妇告威姑，所定何罪，今不可考。唐律无之。《晋志》、魏分《囚律》为《告劾律》。

（丙）传覆　传谓逮捕，覆谓审察。

（丁）系囚　汉世有颂系之制。景帝三年著令：年八十以上八岁以下及孕者未乳，师侏儒，当鞫系者颂系之。按颂者容也，言见宽容，见如淳注。

（戊）鞫狱　《尚书·吕刑疏》：汉世问罪谓之鞫。《周礼·小司寇》注：读鞫，已、乃论之。《朝士》注：辞讼有券书，为治之。又云：徒论决，汉三月。不得乞鞫。

（己）断狱　《唐律疏义》：断狱律之名，起自于魏，魏分李悝囚法，而出此篇。

以上律目均见《晋志》，其佚文可考者如下：

（甲）诸囚徒私解脱桎梏，梏钳赭加罪一等；为人解脱与同罪。《义纵传》注：服虔引律如是。今唐律入《断狱》，文小异。

（乙）与罪人交关三日已上，皆应知情。《孔融传》引律。

（丙）死罪及除名罪证明白考掠已至，而抵隐不服者，处当列上。《陈书·沈洙传》引汉律。今唐律有：考囚，限满，不首。

（丁）有故，乞鞫。《史记·夏侯婴传》注：邓展引律。

（戊）囚以饥寒而死、日瘦。《宣帝纪》注：如淳引律。此疑律注，非律文也。

（己）十二月立春，不以报囚。《章帝纪》引律。唐律：立春不决死刑，入《断狱》。

其虽无佚文可考，而为汉律所有，应入于《囚律》者，汇录之如下：

（1）故纵故不直 《功臣表》注，出罪为故纵，入罪为故不直。《史记·始皇本纪》：适治狱不直者筑长城。盖本秦律。唐律：官司出入人罪，入《断狱》。

（2）书罪 《周礼·秋官》注：揭头明书其罪法。疏：明用刑以板书其姓名及罪状著于身。《汉书·李燮传》：汉书帛于其背。惠栋《后汉书补注》：贾山云：衣赭衣，书其背。汉之罪人如此。

（3）篡囚 《王子侯表》：攸辔侯则，坐篡死罪囚，弃市。唐律：劫囚入《贼盗》。

（4）考竟 《释名》；狱死曰考竟。考、得其情，竟其命于狱也。

（四）捕律 捕律、律目无考，其佚文可考者。《说文》豸部引汉律，能捕豺貀购百钱。《集韵》引汉律，捕虎购钱三，其豹半之。据《尔雅》郭注引晋律，捕虎一、购钱三千。其豹半之。知虎下落一字。三下落千字。然此《捕律》主要内容也。据《晋志》有“捕亡亡，没为官奴婢”之文，知汉制军士逃亡者，妻子没为官奴婢。《论衡》：汉正首匿之罪，制亡从之法。《梁统传》：武帝军役数兴，豪杰犯禁，奸吏弄法，故重首匿之科。《汉书》诸表坐首匿罪者甚多。知《捕律》中应有“首匿”之条。唐律：知情、藏匿罪人，亦在《捕亡》。

（五）杂律 杂律律目之可考者如下：

（甲）假借不廉 《功臣表》：陈信坐不偿人债过六月免。今唐律：负债、违契不偿，亦在杂律。

《王子侯表》：旁光侯殷、陵乡侯殷、皆坐取息过律免。《周礼·秋官》注：若今时加贵取息，坐赃。疑皆当入《假借不廉》中。

（乙）轻狡

（丙）越城

（丁）博戏 《史记·货殖传》：掘冢搏掩，犯奸成富。《功臣表》：嗣侯张拾、蔡辟方坐搏掩完为城旦。注，师古曰：搏、或作博，一曰六博也；掩，意钱之属也，皆谓戏而取人财也。

（戊）淫侈 其可考者，如《周礼·春官》注引汉律；列侯坟高四丈，关内侯以下至庶人，各有差。《功臣表》：嗣武原侯不害，坐葬过律、免。又嗣祝阿侯高成，坐事国人过律、免。皆淫侈之类也。

以上假借不廉一条，系出《晋志》，余四者均李悝《杂律》。沈氏《寄簃文存》云：李悝《杂律》为轻狡、越城、博戏、假借、不廉、淫侈、逾制。汉《贼律》之逾封、矫制，即杂律之逾制。此与李悝不同。其余假借、不廉，仍在《杂律》，则轻狡、越城、博戏、淫侈四者，亦当与李悝同。兹从之。此外佚文之可考者，如下：

（甲）三人以上，无故群饮酒，罚金四两。《文帝纪》注：文颖引律。

（乙）齐人与妻婢奸、曰姘。《说文》：女部引汉律。段注：礼、士有妾，庶人不得有妾，故平等之民与妻婢私合，有罚。桂注、齐当为斋，谓斋日不近女。《广韵》：斋与女交，罚金四两，曰姘。二说未知孰是。

（丙）淫季父之妻曰报。《左传》杜注引汉律。《晋志》：奸伯叔母，弃市。汉无考。

其虽无佚文可考为汉律所有，应入于《杂律》者，汇录之如下：

（1）不当得为　《昌邑王傅》、《萧望之传》均有所不当得为一语。考《御览》引《尚书大传》曰：非事之事，入不以道义，诵不祥之辞者，其刑墨。郑玄注：非事而事之，今所不当得为也。知此律其源甚古，唐律：不应得为，亦在《杂律》。

（2）诸奸　奸亦轻狡之一。疑汉律当入轻狡中。《东观汉记》：利取侯毕守，坐奸人妻，国除。此和奸也。《王子侯表》：庸厘侯端、坐强奸人妻，曾赦免。此强奸也。《御览》引《会稽典录》：有亭长奸部民妻者，县言和，上意以吏奸民妻，何得言和。此即唐律之监主在监守内奸也。《诸侯王表》：常山王勃、坐宪王丧服奸，废徙房陵。此即唐律之居丧奸也。《济川王传》、《燕王泽传》尚有禽兽行罪名。唐律谓之内乱，入十恶。

（3）得遗物及放失六畜，持诣乡亭县廷，大物没入公家，小物自畀。见《周礼·秋官》注。唐律：得阑遗物，亦在《杂律》。

（六）具律　《具律》目之可考者仅一；即出卖呈是也。《说文》：呈平也。《文选·魏都赋》注：程与呈通。《冀州从事郭君碑》：先民有呈。疑呈即程，盖谓出卖之程式也。未知然否：

《具律》佚文之可考者如下：

（甲）一人有数罪，以重者论之。《公羊》庄十年何注引律。唐律二罪从重，入《名例》。

（乙）亲亲，得相首匿。《公羊》闵元年何注引律。唐律：同居，相为隐，入《名例》。

（丙）先自告除其罪。《衡山王传》引律。唐律：自首，入《名例》。

（丁）年未满八岁八十以上，非手杀人，他皆不坐。《周礼·秋官》注引律。唐律老小废疾入《名例》。沈氏《汉律摭遗》云：《具律》体裁，自应以刑制居先，而别条分列于后。此特就唐律《名例》推测，恐不尽然。《晋志》谓六篇皆罪名之制。又云：以《具律》具其加减。今汉刑制，别入《刑制篇》。于后详之。

（七）户律　户律律目无考，佚文可考者如下：

（甲）卒更有三，践更，居更，过更。《史记·吴王濞传》注，引汉律。

（乙）年二十三，传之畴官，各从其父畴学之；高不满六尺二寸已下，为疲癃。《高帝纪》注：如淳引律。

（丙）人出一算，算百二十钱；惟贾人与奴婢倍算。《惠帝纪》注：应劭引律。

（丁）民不繇，赀钱二十二。《说文》：贝部引汉律。段注：二十二当作二十三。《汉仪》注曰：七岁至十四，出口钱人二十，以供天子。至武帝时，又加口三钱以补车骑马。《论衡·谢短篇》曰：七岁头钱二十三，亦谓此也。然则民不繇者，谓七岁至十四岁。

（戊）诸当占租者，家长身各以其物占，占不以实，家长不身自书，皆罚金二斤，没入所不自占及贾钱县官。《昭帝纪》注：如淳引律。

（己）汉中巴蜀广汉，自择伏日。《类聚》五、《风俗通》引《户律》。

（庚）弃妻畀所赍。《礼记·杂记》注：引律。

七出之制，始于汉。《大戴礼记·本命篇》：妇有七去：不顺父母去，无子去，淫去，妒去，有恶疾去，多言去，窃盗去。妇有三不出，有所取无所归不去，与更三年丧不去，前贫贱后富贵不去。《公羊》庄二十七年何注略同。唐律，户婚，虽犯七出，有三不去而出之者杖一百。《疏义》：七出者依令。疑汉当同。是七出三不去之文，皆载于汉令，今不可考矣。其虽无佚文可考，而为汉律所有，应入于户律者如下：

（1）十伤二三，实除减半。《周礼·地官》郑注：疏举汉法以况。

（2）被灾害什四以上，《成帝纪》：诏郡国被灾害什四以上。毋收田租。《河武传》：坐郡中被灾害什四以上免。唐律：部内旱涝、霜雹，亦在《户婚》。

（八）兴律　兴律，律目之可考者，如下：

（甲）上狱　无考

（乙）擅兴徭役　唐律：擅兴，有私使、丁夫、杂匠。

（丙）乏徭稽留　唐律：擅兴，有征人稽留，丁夫。杂匠、稽留。

（丁）烽燧　唐律：烽候不警人《卫禁》。

以上律目均见《晋志》，其佚文之可考者，如《史记·商君传》注，引律：降敌者，诛其身，没其家。《史记·傅宽传》注，如淳引律：勒兵而守曰屯。又《匈奴传》：知虏在前，逗留不进。注，孟康曰：律、语也。其虽无佚文可考，而为汉律所有，应入于《兴律》者，略举如下：

（1）擅发兵　《王莽传》：未赐虎符而擅发兵，厥罪乏兴。注，师古曰：擅发之罪，与乏军兴，同科也。《唐律》：擅发兵，亦在《擅兴》。

（2）擅弃兵　《功臣表》：嗣侯多卯擅弃兵还，赎罪，免。唐律：主将临阵先退，入《擅兴》。

（九）唐律　《唐律》，律目之可考者，如下：

（甲）告反逮受　《魏志·曹爽传》注：诬人以反，于法何应？主者曰，科律反受其罪。此本指魏律。汉律当同。沈氏《汉律摭遗》，分告反、遗受为二。以告反为告人造反，逮受为逮治受罪，亦通。

（乙）乏军之兴　《尚书正义》，兴军征伐而有乏少，谓之乏军兴。《晋志》：乏军，要斩。唐律乏军兴，入《擅兴》。

（丙）上言变事　《周礼·夏官》注，若今时上变事击鼓。

（丁）惊事告急　魏改汉律，以惊事告急，别为《惊事律》。

以上律目，均见《晋志》。其佚文可考者，《高帝纪》注、引律：四马高足为置传，四马中足为驰传，四马下足为乘传，一马二马为轺传，急者乘一乘传。《平帝纪》注、引律。

诸当乘传及发驾置传者，皆持尺五寸木传信，封以御史大夫印章，其乘传参封之参三也，有期会累封两端，端各两封，凡四封也，乘置驰传五封也，两端各二，中央一也，轺车两马再封之，一马一封也。此皆佚文之可考者。其虽无佚文可考，而为汉律所有，应入于《厩律》者，略举如下：

（1）关用传出入　《文帝纪》：除关无用传。《景帝纪》：复置诸关用传出入。崔豹《古今注》：凡传皆以木为之，长五寸，书符信于上，又以一板封之，皆封以御史大夫印章，如今之过所也。《周礼》贾疏：过所文书，当载人年几及物多少，至关至门，皆别写一通。

（2）买塞外禁物　《功臣表》：嗣侯宋九坐买塞外禁物，免。唐律：共化外人，私相交易者，准盗论，入《卫禁》。汉制：马高五尺六寸，齿未平，弩十石以上，皆不得出关；见《景帝纪》。《汲黯传》注，引汉律：胡市，吏民不得持兵器及铁出关。其严如此。

第二项　其他诸律

（一）傍章　《晋志》：叔孙通益律所不及《傍章》十八篇。考《司马迁传》：叔孙通定礼仪；《曹褒传》：叔孙通礼仪十二篇：《论衡》：高祖诏叔孙通制作《仪品》十六篇。所谓《傍章》，即《汉仪》也。《礼乐志》：今叔孙通所撰，礼仪与律令同录，藏于理宫。因其与律令同录，故谓之《傍章》。

（二）越宫律　《晋志》：张汤《越宫律》二十七篇，唐律改称《卫禁》。

（三）朝律　《晋志》：赵禹《朝律》六篇。唐律《职制》本此。

（四）尉律　见《昭帝纪》注、及《说文》叙。《困学纪闻》：《尉律》四十九类，书盖已亡。

（五）酎金律　《礼仪志》注：《酎金律》文帝所加，以正月旦作酒，八月成，名酎酒。因合诸侯助祭贡金。

（六）上计律　见《周礼·春官》典路注，《武帝纪》注。师古曰：计者、上计簿使也。郘国每岁遗诣京师、上之。考《史记·范雎传》：王稽拜为东守，三岁不上计。汉盖沿秦制。

（七）钱律　见《史记·将相名臣表》。

（八）田律　见《周礼·秋官》士师注。

（九）田租税律　见《史记·将相名臣表》。

（十）大乐律　见《周礼·春官》大胥注，及《百官志》注。

第二节　汉令及科比

《成帝纪》：律令繁多，百有余万言，《刑法志》：律令凡三百五十九章。《汉志》：令甲以下三百余篇。盖汉令之繁如此。汉令成于何人之手，史无可考。《贾谊传》：诸法令所更定，其说皆谊发之。《晁错传》所更令三十章。是文帝、景帝时，皆曾修正一次也。汉令有令甲、令乙、令丙之别。《宣帝纪》注：如淳曰：令有先后，故有令甲、令乙、令丙。鼠璞云：汉令甲、令乙、令丙，乃篇次也。

汉令之可考者：（一）功令，见《史记·儒林传》；注：即今之学令。（二）金布令，见《萧望之传》。《高帝纪》注：师古曰：金布者令篇名，若今之仓库令。（三）宫卫令，见《张释之传》注。（四）秩禄令，见《文帝纪》注。（五）品令，见《百官公卿表》注。（六）祠令，见《文帝纪》注。（七）祀令，见《郊祀志》注。（八）斋令，见《祭祀志》注。（九）公令，见《何并传》注。（十）狱令，见《百官公卿表》注。（十一）箠令，见《刑法志》。（十二）水令，见《儿宽传》。（十三）田令，见《黄香传》。（十四）任子令，见《哀帝纪》。此外尚有挈令：如廷尉挈令，见《张汤传》：光禄挈令，见《燕剌王传》注；乐浪挈令见《说文》系部。

《释名》：科，课也，课其不如法者，罪责之也。《冯野王传》：一律两科，《张敏传》：轻侮之比。寖以繁滋，至有四五百科。汉科可考者，有持质，有登闻道辞，有考事报谳，有使者验赂，有擅作修舍，有平庸坐赃，有投书弃市，均见《晋志》。

科之外有比。《礼记·王制》注：已行故事曰比。《刑法志》注：师古曰：比、以例相比况也。高帝七年，诏：廷尉所不能决，谨具为奏，傅所当比律令以闻。终汉之世，遂为定例。

汉比可考者有三：（一）决事比，《陈忠传》：忠奏上三十二条为决事比，事皆施行。（二）死罪决事比，《魏书·刑罚志》：于定国死罪决事比，三千四百七十二条。（三）辞讼比，《东观汉记·鲍昱传》：昱奏定辞讼比七卷。

汉时去古未远，论事者多傅以经义。《盐铁论》：春秋之治狱，论心定罪，志善而违于法者免，志恶而合于法者诛。《食货志》：公孙弘以春秋之义绳臣下。《五行志》：吕步舒持斧钺治淮南狱，以春秋谊专断。《艺文志》有公羊、董仲舒《治狱》十六篇。盖汉人家法如是，故其决狱，时有出于律之外者。姑举数例以证之：《隽不疑传》：始元五年，有一男子，乘黄犊车，建黄旐，衣黄襜褕，著黄冒，诣北阙，自谓卫太子，公车以闻。诏使公卿将军中二千石杂识视，长安中吏民聚观者数万人。京兆尹不疑后到，此从吏收缚。或曰："是非未可知"。不疑曰："昔蒯聩违命出奔，辄拒而不纳，《春秋》是之。卫太子得罪先帝，亡不即死，今坐自诣，此罪人也"。遂送诏狱。大将军霍光闻而嘉之曰："公卿大臣，当用经术"。由是声名重于朝廷。《孔丛子》：梁人取后妻，后妻杀夫，其子又杀之。梁相曰："此子当以大逆论"。孔季彦曰："昔文姜与杀鲁桓，《春秋》去其姜氏，《传》曰绝不为亲，礼也。绝不为亲，即凡人尔。且夫手杀重于知情，知情犹不得为亲，则此下手之时，母名绝矣。方之古义，是子宜以非司寇而擅杀当之，不得为杀母而论以逆也"。梁相从其言，此外以《春秋》治狱之例甚多，略之。

第五章　魏晋

第一节　魏之律令

魏自武帝时，即不纯用汉律。《晋志》：魏武帝乃定甲子科，又嫌汉律太重，故令依律论者，听得科半，使从半减也。其可考者，如科禁酒，见《徐邈传》；科禁内学及兵书，科

禁长吏擅去官，均见《常林传》注。(注一)

(注一) 三国时均各立科条，《蜀志·伊籍传》：与诸葛亮、法正、刘巴、李严，共造蜀科。《吴志·孙登传》。嘉禾三年，里定科令。是三国时蜀有蜀科，吴有吴科，不独魏为然。

《唐六典》注。魏命陈群等，采汉律为魏律十八篇，增汉萧何律劫掠、诈伪、毁亡、告劾、系讯、断狱、请赇、惊事、偿赃等九篇。(注二)《刘劭传》、明帝即位，劭与议郎庾嶷、荀诜等定科令，作《新律》十八篇(注三)

(注二)《寄簃文存》云，《唐六典》所载，以《晋志》核之，《诈伪》即《诈律》，此外有《留律》、《免坐律》。《留律志》言别为之，当不在正律之内，而《免坐律》亦魏所增，合前九篇，共得十篇。《盗律》、《贼律》、《囚律》、《杂律》，并有分出之事。《具》后改为《刑名》，《擅兴》当即《兴律》。是改定者凡六篇，仍其旧者止《捕律》、《户律》二篇。除《厩律》一篇，改为《邮驿令》不计外。合而计之。与十八篇之数相符。惟《晋志》言所定增十三篇，就故五篇合十八篇，核与前数不合。《六典》言魏增九篇，与十篇之数亦不合，未详其故。

(注三) 明帝颁定新律，《魏志》不载年月，纲目系于太和三年十月，未知何据。

《晋志》载魏《新律》序略一篇，论魏改律之事甚详，兹节录其大要于下：

(一) 改汉《具律》为《刑名》，列于第一。

(二) 将《盗律》中关于劫略一部分，分出为《劫略律》。

(三) 将《贼律》、《囚律》中关于诈伪一部分，分出为《诈伪律》。

(四) 将《贼律》中毁亡一部分，分出为《毁亡律》。

(五) 将《囚律》、《盗律》中关于告劾一部分，分出为《告劾律》。

(六) 将《盗律》、《兴律》关于系讯及断狱部分，分出为《系讯律》、《断狱律》。

(七) 将《盗律》中请赇部分，分出为《请赇律》。

(八) 将《盗律》《具律》中关于擅之部分，并入《兴律》，改称《擅兴律》。

(九) 除汉之《厩律》，改称《邮驿令》。

(十) 以《盗律》、《兴律》关于惊事部分，分出《惊事律》。

(十一) 将《盗律》中还赃部分，分出为《偿赃律》。

(十二) 别制《免坐律》。

以上皆律序所载修改汉律《九章》之大略。此外各条修改之处，如会赦及过误相杀，不得报雠，正杀继母与杀亲母同。殴兄姊加至五岁刑，囚徒诬告人反，罪及亲属。正篡囚弃市之罪。改诸郡不得自择伏日等。序中亦略及之。其余与汉律无大出入。此外散见他书者，如“八议”入律始于魏，见《唐六典》注。官曹文案于纸缝上署记，谓之款缝，亦始于魏，见《匡谬正俗》。

魏律久佚，据《晋志·高堂隆传》云：时军国多时，用法深重。《任昶传》云：魏承秦汉之弊，法制苛碎。《晋志》亦云：陈群，刘劭虽经改革，而科网本密。是当时已不满人意。惟汉律过繁。序略称十八篇于正律九篇为增，于傍章科令为省。其删削繁芜之功，自不可没也。

《晋志》：魏有郡令四十五篇。《尚书》：官令军中令合百八十余篇，皆久佚无考。《通典》有魏武《步战令》魏武《船战令》。《御览》有魏武《军策令》及魏武《军令》，疑即军中令也。此外《书钞》所引，有魏武《设官令》、《褒赏令》、《选举令》。《类聚》有魏武《明罚令》。《御览》有魏武《内诫令》，而《书钞》所引，尤讹脱不可句读。略之。

第二节 晋之律令

《晋志》：文帝为晋王，患前代律令，本注烦杂。又叔孙、郭、马、杜、诸儒章句，但取郑氏，又为偏党，未可承用。于是令贾充定法律，典其事者凡十四人。就汉《九章》增十一篇，改旧律为《刑名》、《法例》，辨《囚律》为《告劾》、《系讯》、《断狱》，分《盗律》为《请赇》、《诈伪》、《水火》、《毁亡》，因《事类》为《卫宫》、《违制》，撰《周官》为《诸侯律》，合二十篇，六百二十条，二万七千六百五十七言。《武帝纪》：泰始四年正月《景戌律令》成。《唐六典》注：晋命贾充等十四人增损汉、魏律为二十篇：一《刑名》，二《法例》，三《盗律》，四《贼律》，五《诈伪》，六《请赇》，七《告劾》，八《捕律》，九《系讯》，十《断狱》，十一《杂律》，十二《户律》，十三《擅兴》，十四《毁亡》，十五《卫宫》，十六《水火》，十七《厩律》，十八《关市》，十九《违制》，二十《诸侯》；凡一千五百三十条。（按此条数与《晋志》不合，未知孰是）（注一）

（注一）《寄簃文存》云：《晋律》就汉《九章》增定。故与魏律不同；无魏律之《劫略》、《惊事》、《偿赃》、《免坐》四篇，而增《法例》、《卫官》、《水火》、《关市》、《违制》、《诸侯》六篇，复汉之《厩律》一篇，而无《囚律》。此增损之数也。

《晋律》行世最久。《南齐书》：江左相承，皆用晋世张杜律。溯自泰始四年，至梁武改律，凡二百三十七年。据《隋书》、梁命蔡法度定律，仍用张杜律本，陈则篇目条纲，一用梁法。是梁、陈之律，仍晋律也。推其原因，晋自文帝秉政，即议改定律令，事在魏咸熙之初。从容坐论，凡历六载，其时议律诸人，如羊祜、杜预，又皆一时之俊。《晋书》称《新律》班于天下，百姓便之。是在当日，即已众论翕然也。

晋律传世亦最久，至北宋犹存。《御览·刑法部》引其佚文甚多。金、元之乱，中原沦陷，遂至散佚，至可惜也。晋时注解晋律者有两家。一为张裴《律解》；《唐志》：张裴《律解》二十卷是也；《晋志》：有张裴《律表》，凡数千言，论法理甚详。一为杜预，《隋志》：《律本》二十一卷，杜预撰，是也。二书《宋志》均不著录，盖元初已亡。

晋律目见《御览》者：如（1）诈伪将吏，（2）越武库垣，（3）兵守逃归家，（4）兄弟保人，（5）阑入宫殿门，（6）上变事，（7）露泄选举，（8）谋发密事，（9）殴兄姊，（10）伤人，（11）伪造官印，（12）不忧军事，（13）戏杀人，（14）越戍，（15）作阱，（16）走马众中（注二），（17）挟天文图谶，皆律目之可考者。

（注二）《太炎文录·五朝法律索隐》云：二律众中走马者二岁刑，因而杀人者死。自电车之作，往来凡轶、速于飞矢。日本一岁死电车道上者几二三千人，将车者罚金 汉土旧法，贤于拜金之国远矣。

《唐六典》注，晋命贾充等撰令四十篇：一《户》、二《学》、三《贡士》、四《官品》、五《员吏》、六《俸廪》、七《服制》、八《祠》、九《户调》、十《佃》、十一《复除》、十二《关市》、十三《捕亡》、十四《狱官》、十五《鞭杖》、十六《医药疾病》、十七《丧葬》、十八《杂上》、十九《杂中》、二十《杂下》、二十一《门下散骑中书》、二十二《尚书》、二十三《台秘书》、二十四《王公侯》、二十五《军吏员》、二十六《选吏》、二十七《选将》、二十八《选杂士》、二十九《宫卫》、三十《赎》、三十一《军战》、三十二《军水战》、三十三至三十八皆《军法》、三十九四十皆《杂法》。是宋初尚存，其佚文散见《通典》、《汉书注》、《宋礼志》、《南史》、《文选》注、《唐六典》注、《书钞》、《类聚》、《初学记》、《御览》诸书者，纳数百条。略之。（注三）

（注三）详见《九朝律考》。

第六章　南北朝

第一节　总论

自晋氏失驭，天下分为南北，江左相承，沿用晋律。梁、陈虽名定新律，而享国日浅，祸乱相仍。又当时习尚，重黄老，轻名法。汉代综核名实之风，于斯尽矣。北朝则异是，拓跋氏乘五胡之乱，跨据中原，太祖、世祖、高宗、高祖、世宗，凡五次改定律令。孝文用律变夷，其于律令，至躬自下笔，凡有疑义，亲临决之。考订之勤，超越前代。齐律科条简要，仕门子弟，尝讲习之。是故自晋氏而后，律分南北二支。南朝之律，至陈并于隋而其祀遽斩；北朝则自魏及唐，统系相承，迄于明、清，犹守旧制。窃尝推求其故，而知南朝诸律，实远逊北朝。盖当时佛、老之学盛行，柄国诸臣，又多优于词章而疏于掌故。其泯焉澌灭，非偶然也。今唐、宋以来相沿之律，盖属北系。《唐会要》：武德元年、诏刘文静与当朝通识之士，因隋开皇律令而损益之。是唐本于隋也。《隋志》：隋律多采后齐之制，而颇有损益。是隋本于北齐也。齐律据《崔昂传》：谓校正古今，所增损十有七八。是虽兼采诸律，然以篇目证之，知其仍以魏律为蓝本也。而魏律以《魏书》考之，严不道之诛，重诬罔之辟，大率沿用汉律，不尽袭魏、晋之制。盖魏律出于崔浩、高允之手。《史记·索隐》有崔浩《汉律序》，高允史称其好《春秋》、《公羊》。盖治董仲舒、应劭、《公羊》决狱之学者，故知其源出汉律也。

第二节　宋及南齐

宋及南齐，均沿用晋律。宋书不载改律之事，《隋志》亦未及之。以《南齐书·孔稚圭传》考之，知两朝皆承用晋律。不特律而已，即晋令亦承用之。观隋、唐两志，不录宋、齐之令可证也。《宋书·孝武纪》，太明七年，诏省律令。所省何事，今不可考。又《刘秀之传》：民杀长吏科，议者谓值赦宜徒送，秀之以为律文虽不显民杀官长之旨，若值赦但止徒送，便与悠悠杀人，曾无一异，民敬长官，比之父母，行害之身虽遇赦，谓宜长付尚方，穷其天命，家口补兵。从之。据此知晋律民杀长吏，本同凡论，加重之科，自宋始也。《王宏传》：王守偷五匹常偷四十匹，并加太辟。议者咸以为重，宜进主偷十匹、常偷五十匹死，四十匹，降以补兵。此皆宋时修改唐律之尚可考者。

《唐志》有齐宗躬《水明律》八卷。《南齐书·孔稚圭传》：江左相承，用晋氏张、杜律二十卷。世祖留心法令，数讯囚徒，诏狱官详正旧注。先是删定郎王植，撰定律章，集定张、杜二注，取张注七百三十一条，杜注七百九十一条，或二家两释于义乃备者。又取一百七条，其注相同者，取一百三条，集为一书，凡一千五百三十二条，为二十卷。于是公卿八座参议。稚圭上表：谘司徒王子良，创立条诸，使监臣宋躬、兼平臣、王植等抄撰同异，定其去取。其中洪疑、太议，断自天笔；律文二十卷，录序一卷，凡二十一卷，今以奏闻，请付外施用，宣下四海。考宗躬即宋躬，字之讹也，本二十一卷，今止八卷，恐已非全书。又考《通典》一百六十四，齐武帝令删定郎王植之集注张、杜旧律，合为一书，凡千五百三十条，事未施行，其文殆灭。知此律虽曾杜定，实未行用也。

第三节 梁及陈

《梁书》天监元年，诏中书监王莹等八人，参定律令。二年尚书删定郎蔡法度上《梁律》二十卷，《令》三十卷，《科》四十卷。《唐六典》注，梁命蔡法度、沈约第十人，增损晋律为二十篇，凡定罪二千五百二十九条：一曰《刑名》，二曰《法例》，三曰《盗劫》，四曰《贼叛》，五曰《诈伪》，六曰《受赇》，七曰《告劾》，八曰《讨捕》，九曰《系讯》，十曰《断狱》，十一曰《杂》，十二曰《户》，十三曰《擅兴》，十四曰《毁亡》，十五曰《卫宫》，十六曰《水火》，十七曰《仓库》，十八曰《厩》，十九曰《关市》，二十曰《违制》。《隋志》：蔡法度家传律学。齐武时王植之集注张、杜旧律，凡一千五百三十条，事未施行，其文殆灭，法度能言之。于是以为兼尚书删定郎，使损益植之旧本，以为梁律。据此知梁律即系王植旧本，故未期年而成书也。

《豫章王综传》，其母吴淑媛，自齐东昏宫得幸于高祖，七月而生综，恒于别室祀齐氏七庙。又微服至曲阿，拜齐明帝陵；然犹无以自信，闻俗说以生者血沥死者骨，渗即为父子。综乃私发齐东昏墓，出骨沥臂血试之，并杀一男取其骨试之，皆有验，自此常怀异志。此为《洗冤录》滴血法之所本。（注一）

（注一）元王与《无冤录》辨亲生血属条云：《洗冤录》验滴骨亲法，谓如某甲称有父母骸骨，认是亲生男女，试令就身刺一两点血，滴骸骨上，是亲生则血沁入骨，否则不入，每以无所取证为疑。读史至豫章王综云云，则洗冤之说，有自来矣。然滴血之法，实不始于梁；《太平广记》一百六十二，引《会稽先贤传》，尝载陈业割臂血滴兄骨事，则汉已有之。《珊玉集》引《同贤记》，载祀良妻仲姿，以血滴骨，血径流入，则滴血之法，其源甚古，并不始于汉也。

《陈书·武帝纪》，永定元年，诏立删定郎，治定律令。《唐六典》注：陈令范泉、徐陵等参定律令，《律》三十卷，《令》三十卷，《科》三十卷。《隋志》：陈律九卷。则至唐时已散佚不全矣。《隋志》云：存赎罪之律复父母缘坐之刑，自余篇目条纲，轻重简繁，一用梁法。是陈律纯用梁律也。

陈律之特长，在重清议；若缙绅之族，犯亏名教，不孝及内乱者，发诏弃之，终身不齿。（注二）

（注二）《日知录》：宇武帝篡位诏，有犯乡论、清议、赃污、淫盗、一皆荡涤洗除，与之更始。自后凡遇非常之恩，赦文并有此语。是当时虽未明著律条，而犯清议者非有赦书，皆终身禁锢可知。《晋书·陈寿传》：居父丧有疾，使婢丸药，客往见之，乡党以为贬议，坐是沈滞者累年。是此例实始于晋。南朝诸律，远逊北朝，惟此一事非北朝所及。

《唐六典》注：《梁令》三十篇：一《户》、二《学》、三《贡士》、《赠官》、四《官品》、五《吏员》、六《服制》、七《祠》、八《户调》、九《公田》、《公用》、《仪注》、十《医药》、《疾病》、十一《复除》、十二《关市》、十三《劫贼水火》、十四《捕亡》、十五《狱官》、十六《鞭杖》、十七《丧葬》、十八《杂上》、十九《杂中》、二十《杂下》、二十一《宫卫》、二十二《门下》、《散骑》、《中书》、二十三《尚书》、二十四《三台》、《秘书》、二十五《公侯》、二十六《选吏》、二十七《选将》、二十八《选杂士》、二十九《军吏》、三十《军赏》。《隋志》、《陈令》三十卷，史不载其篇目，疑与《梁令》同。梁、陈《官品令》全目，见《通典》，《服制令》全载于《隋书·礼仪志》，余不可考。

第四节 北魏

魏初礼俗纯朴，刑禁疏简。穆帝乃峻刑法，每以军令从事。及太祖既定中原，乃命三公郎王德，除其酷法，约定科令。《太祖纪》，天兴元年，诏三公郎中王德定律令，吏部尚书、玄伯总而裁之。此魏第一次定律也。世祖即位，以刑禁重，神麚中诏司徒崔浩定律令。除五岁四岁刑，增一年刑；分太辟为斩、绞；妇人当刑而孕，产后百日乃决；年十四已下，降刑之半；八十及九岁，非杀人不坐。《唐六典》注、太武帝命崔浩定刑名，大辟有轘、腰斩、殊死、弃市、四等，凡三百九十条，始置枷。此魏第二次改律也。高宗时又增七十九章。此魏第三次改律也。高祖留心刑法，诏中书令高闾修改旧文，随例增减、又敕群官参议厥衷，经御刊定，五年冬讫，凡八百三十二章，重者止枭首。《李冲传》：议礼仪律令，高祖虽自下笔，无不访决焉。以《魏书》考之，时议律者，有封懿、源贺、游明根、高遵、郑懿、高佑、李彪、崔挺等，颇极一时之盛。此魏第四次改律也。《世宗纪》：正始元午，诏群臣议定律令，册府元龟，正始元年，议律令。时尚书殿中郎袁翻、门下录事常景、孙绍、廷尉监张彪、律博士侯坚固、治书侍御史高绰、前军将军邢苗、奉车都尉程灵虬、羽林监王元龟、尚书郎祖莹宋世景、员外郎李琰之、大乐令公孙崇等，并在议限，《洛阳伽蓝记》：正始初，始刊律令，永作通式。又诏彭城王勰、青州刺史刘芳入预其议。今律二十篇也。此魏第五次改律也。

《魏志》不载魏律篇目。据《伽蓝记》云，有二十篇。《隋志》亦云：后魏律二十卷。魏

《刑罚志》所引者，有《法例律》、《贼律》、《盗律》、《斗律》。《礼志》引《违制律》。《曹植传》引《诈伪律》。以《唐律疏义》考之，魏尚有《刑名律》、《宫卫律》、《户律》、《厩牧律》、《擅兴律》、《系讯律》、《杂律》、《捕亡律》、《断狱律》，仅得十五篇，其五篇不可考。

魏律体裁，今尚可于所引佚文得其大概：如卖子一岁刑，五服内亲属在尊长者死；卖周亲及妾与子妇者流，见《通典》。掠人、掠卖人、和卖人为奴婢者死；谋杀人而发觉者流，从者五岁刑；已伤而还苏者死，从者流，已杀者斩，从而加功者死，不加者流，见《魏书·刑罚志》。居三年之丧而冒哀求仕五岁刑，见《礼志》。子孙告父母祖父母者死，见《窦瑗传》。临军征讨而故留不赴者死，军还先归者流，见《崔亮传》。文词简要，迥非他代所及。

魏律多沿汉律，不尽沿魏。晋之制；如不道，见《许彦传》；大不敬，见《显祖纪》及《辛雄传》；诬罔，见《高祖纪》；附下罔上，见《侯刚传》；呪诅，见《窦瑾传》；马度关，见《北史·司马子如传》；后军期当死，见《通鉴》；巫蛊、见《古弼传》；断狱报重常竟季冬，见《李彪传》；疑狱以经义决，见《世祖纪》。皆汉制也。

《魏书·官氏志》：旧令亡失，无所依据。高祖诏群寮议定目官著于令。《唐六典》注：后魏初命崔浩定令，后命游雅成之，史失篇名。是魏旧令至北齐已佚。考高祖律令并议；律寻施行，令独不出，见《孙绍传》。世宗时、太常刘芳撰朝令，未及班行，见《常景传》。是高祖以后所定诸令，经葛荣尔朱之乱，迄未行用也。《御览》时引后魏《职品令》及《职令》。《魏书·高祖纪》，太和十七年作《职员令》二十一卷，付外施行。太和十九年宣示品令；盖此本尚单行于世，至南宋始佚也。

第五节 北齐

元魏之季，分为东西；东西有《麟趾格》，《魏书·孝静帝纪》，诏文襄与群臣于麟趾阁，议定新制，甲寅颁于天下。《伽蓝记》：法吏疑狱，簿领成山，乃敕子才与散骑常侍温子升撰《麟趾新制》十五篇，省府以之决疑，州郡用为治本。《唐志》有《麟趾格》四卷，即此本也。《北史·封述传》：时增捐旧事为《麟趾新格》，其名法、科、条，皆述所删定。是《麟趾格》实出于封述之手。

《隋志》：司徒功曹张老上书。称大齐受命已来，律令未改，非所以创制垂法。于是始命群官议造齐律，积年不成，其决狱犹依魏旧。武成即位，思存轻典，大甯元年，以律令不成，频加催督。河清三年赵郡王叡等奏上《齐律》十二篇，计自文襄颁布新制，文宣造律，历废帝、孝昭、武成，事经五代，参与删定，至数十人。（以《北齐书》、《北史》考之，参与修律者，有李铉、魏收、崔昂、封绘、辛术、封述、王松年、崔昂、裴宽等。）史称、科条简要，非虚誉也。隋、唐两代之律，均以此为蓝本。

《齐律》凡十二篇：一曰《名例》，二曰《禁卫》，三曰《婚户》，四曰《擅兴》，五曰《违制》，六曰《诈伪》，七曰《斗讼》，八曰《贼盗》，九曰《捕断》，十曰《毁损》，十一曰《厩牧》，十二曰《杂》，凡九百四十九条。别立重罪十条：一曰反逆，二曰太逆，三曰叛，四曰降，五曰恶逆，六曰不道，七曰不敬，八曰不孝，九曰不义，十曰内乱。此十者不在八议论赎之限，即唐律十恶之根据也。

《北齐律》虽佚，然尚可以唐律得其大概。唐律受财枉法者、十五匹绞。《北齐书·祖珽传》：键拟补令吏十余人，皆有受纳，后其事皆发，缚珽送廷尉，据枉法、处绞刑。是北齐亦处绞刑也。唐律强盗持仗者，虽不得财，流三千里。《北齐书·苏琼传》：有强盗长流之语。是北齐强盗亦处流也。《唐律》有盗毁天尊佛像。《苏琼传》有："被盗铜像一百躯，逮系至数十人"之语。是北齐亦有此条也。

《隋志·北齐令》五十卷，《唐志》止存八卷。《唐六典》注：魏令取"尚书二十八曹"为其篇名。今不可考：惟《通典》尚有数条。略之。

第六节　后周

西魏有《大统式》。《周书·文帝纪》：大统十年，魏帝以太祖前后所上二十四条及十三条新制，方为中兴永式，乃命尚书苏绰更损益之，总为五卷，班于天下，百姓便之。《隋志》：周《大统式》三卷，即此本也。《赵肃传》：太祖命肃撰定法律，肃积思屡年，还感心疾去职，卒于家。《武帝纪》：保定三年，初颁新律。《唐六典》注：后周命赵肃等造律，保定中奏之，凡二十五篇。大凡定罪一千五百三十七条，比于齐律，烦而不当。《唐志》：赵肃等周律二十五卷。

周律谓之《大律》，其文即仿周之《大诰》。《苏绰传》：有晋之季，文章竞为浮华，太祖欲革其弊，乃命绰为《大诰》。自是文笔皆依此体。《史通》：宇文初习华风，军国词令，皆准《尚书》。太祖敕朝廷他文、悉准于此，故知《周律》、《周令》，其文皆仿《大诰》体也。篇目凡二十五：一曰《刑名》，二曰《法例》，三曰《祀享》，四曰《朝会》，五曰《婚姻》，六曰《户禁》，七曰《水火》，八曰《兴缮》，九曰《卫宫》，十曰《市廛》，十一曰《斗竞》，十二曰《劫盗》，十三曰《贼叛》，十四曰《毁亡》，十五曰《违制》，十六曰《关津》，十七曰《诸侯》，十八曰《厩牧》，十九曰《杂犯》，二十曰《诈伪》，二十一曰《请求》，十二曰《告言》，二十三曰《逃亡》，二十四曰《系讯》，二十五曰《断狱》。

周律以法律之条项，用《尚书》之体裁，优孟衣冠，作伪日拙。故隋氏代周，其律令独采北齐而不袭周制，一扫宇文迂谬之迹。《唐志》于南北朝诸律令，独阙《周令》。《唐六典》注：后周命赵肃、拓跋迪定令，史失篇目。《六典》注、成于李林甫。当唐之中叶，而《周令》已不可考，则其佚久矣。然《隋书·食货志》所采周制，其文酷似《周礼》。兹录一段以资笑噱：

司均，掌田里之政令；（中略）司赋，掌功赋之政令；（中略）司役，掌力役之政令。凡人自十八以至五十有九，皆任于役。丰年不过三旬，中年则二旬，下年则一旬。凡起徒役、无过家一人，其人有年八十者，一子不从役；百年者家不从役，废疾非人不养者，一人不从役。（注一）

（注一）此段文字，决为《周令》原文无疑，此外《礼仪志》所载周之服制，《通典》又《周书·卢辩传》，所载官品，其名称亦全仿《周礼》。文多不录。

陈 烈

法家政治哲学

作者简介

陈烈，生平情况不详，民国时期法学家，主要著作是《法家政治哲学》。

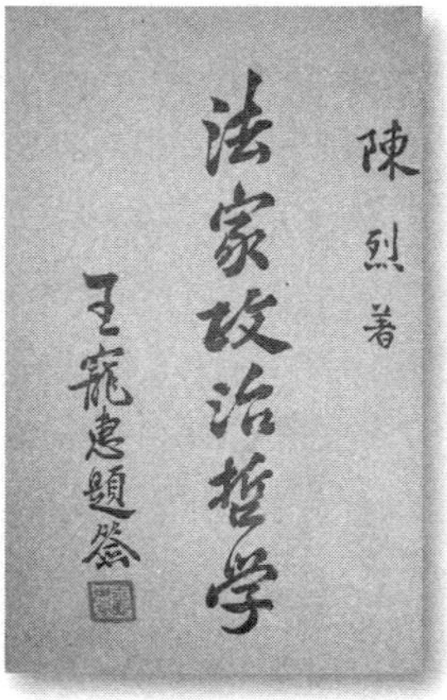

出版社：上海，华通书局。

出版年份：1929 年。

馆藏：国家图书馆中文图书基藏库。

作品简介：本书总五章，另加附录一则。第一章为“绪论”，阐述了对法家政治哲学利弊的总体性看法；第二章为“商君政治哲学”，探讨的是商鞅的政治哲学；第三章为“慎尹政治哲学”，分析的是慎到和尹文的政治哲学；第四章为“韩非政治哲学”，对韩非的政治哲学进行了阐释；第五章为“余论”，对李悝、申不害和尸佼三人的政治哲学进行了介绍；附录为“梁任公管子传”，是国学大师梁启超对管仲思想的分析力作。

本书篇幅不长，但学术价值并未因此“贬值”，由于作者兼具西学与国学的功底，本书整体上既有西方法理学思想的体现，如运用亚里士多德、卢梭等人的理论对法家政治哲学进行分析，又体现了中国传统考据的严谨作风，如对慎到出生地的考证。尽管作者对法家政治哲学评价甚高，但认识并不偏颇，例如，在绪论中，作者既从法家政治哲学中提炼出了法家主张“法需要适应社会要求”的进步性，又看到了法家的法治主义不彻底的弊端。

本书出版时，中国近代对于法家政治思想的研究刚刚起步，这本小书对促进这一领域的研究起到了积极的作用。（袁辉整理）

自 序

在这个德意志以歌德骄，英吉利以莎士比亚高傲，乃至意大利以但丁为荣耀的世界，我深深地感到——感到一个韩非可以使我们骄，我们也有一个商鞅可以使我们高傲，乃至我们也有一个慎到尽足为我们荣耀。总之，我们中国在春秋战国那个时代，我们的祖先，早已留给我们不少丰富的遗产，其间尤其是法家的政治哲学。他们一方面主张循名责实，正名去伪；一方面则切实负责，不顾一切成败毁誉，振刷精神，敢作敢为。所以在这个精神萎靡，风俗偷薄，是非混淆，法令弁髦的中国，我们尤感觉到法家精神的宝贵了，假使在现在的中国，不是法家那样的精神，我们实不足与言求治，亦不能与言求治！

但是我们要认识现在的政治现象，我们应当对于过去的政治原理或政治哲学，作一番深切的探讨。我这本中国古代法家政治哲学，就是要想负担起这个重大的使命。虽然我是一个学力浅薄的青年，没有能力把中国古代各家的政治哲学，尽量的阐发。

关于本书的系统，有几点我在这里，不能不略为提及：

慎尹政治哲学一章，因为尹文一向是列于名家的缘故，于是遂发生法家的慎到与名家的尹文，能否相提并论的问题。其实这一点，在我个人的意思，是用不着怀疑的。因为他们思想的途径，既趋于同一的归点，则我们就有把他们并论的可能，似乎不必一定要沿袭从前这个分界。然质之于我师孙氏益葊——孙氏为我国当代国学专家，深研丙部之学，曾著有《诸子通考》、《校雠学纂微》、《古书读法略例》等著作——则深以为不然，现在摘录他给我的原函如下，俾便读者有所取舍：

尹文子《班志》列入名家，盖以全书所言，皆名家之诣。诸子中名法两家，最为牵混，弟（孙氏自称，下仿此。）初读诸子略，其总论云合其要归，亦六经之支与流裔；谓如是，则诸子之术，约之以经可矣。既思此略别为十家，当一家有一家之宗旨，于是细审名法异同，觉尹文与邓析，公孙龙今尚存者，确是名家，其于法家，直有毫厘千里之判。大约名家即论及法仍循名责实之意，而后叹中垒校秘时，不知如何斟酌，仍定此家数。王充《论衡》曰："道虽合，合中有离。"诸子专家之业，须辩其合中之离，始能窥其真，不致失于强合。昔贤谓不读艺文志，不能读天下书。弟则谓读诸子书，凡部次某家者，当一于汉志为断，使有出入于其间，势将无所依据矣。足下援"名正法顺"等说欲以尹文归之法家，未敢谓然。

研求诸子的学问，为我们所最难于着笔的，便是考证著者和考证著者的书。譬若慎到这位先生，史记说他是赵国人，可是他自己所著的原书，有"慎子仕鲁，鲁使慎子为将军，伐齐取南阳"，"慎子仕楚为太子傅"，以及"孟舆说齐惠王而不悦，谓慎子曰：今日说公之君，公之君不悦，意其未知善之为善乎？"从这种种的话看起来，那末慎到或者是鲁国的人，或者是楚国的人，也或者是齐国的人。那就足以使我们疑莫能决了。惟其这方面疑莫能决于是同时更容易引起原文的真伪问题。

关于这一点，孙益莽先生给我的信里，也曾提及。现在把他摘录起来，更可以知道我们作考证时的踌躇，同时也附带的可以决定慎到是哪一国的人，他的原函是这样的：

辱询慎到为何国人，似以史记赵人为正。为楚太子傅者，盖以赵人而仕于楚耳。孟子舆（轲）之："公之君"云云，齐宣王时，慎子与田骈诸贤皆居稷下，先生既系齐宣养士，故孟子称为"公之君"，非齐楚人可知矣。原书有"慎子侍赵王曰"云云，又有"蔺相如归谓慎子"一节，则迁史赵人之说，盖可信。吾辈治百家学，所可凭者，厥惟史记；观于老子则云言道家之意，老莱子则云言道家之用，此等分析，非史公乌能知此？若韩非子幸有史传在，犹可为之洗冤，非者，韩之忠义士，其书则作于韩，不过由人传至秦耳，独不解本传叙述甚明，世辄谓其挟策于秦，死于非命，不亦谬乎！鄙意史记一书，在汉如刘向辈，称为"实录"。其以慎子为赵人，必非无据，愿足下不必致疑也。慎子之书，足下所见者，当为四部丛刊明慎懋赏本，其中许犯田系，乃墨家两传等子，惟吕氏春秋载之，他无可考。今此本有其问答语，又环渊接子亦得闻其遗说。弟购置之始，以为真不愧善本，继见文与庄墨同者甚多，窃疑之。盖明人刊书，不加辩订，未知其从何搜辑，曾不一言，自宋以后，只存五篇，不能如此增出数倍，其可尽信乎？

这本书里的几篇文章，都是时辍时作，并不是一时写就的，所以合论起来有许多地方不免有的重复之讥。惟其如此，所以各篇倒都有独立的可能。商君政治哲学一篇是我二十岁时作的，当时我正住在沉寂的家乡，虽是暑气炎炎，因为研究商君的兴感，把什么都忘了。这样经过的情景，到而今忽忽将近五年了！慎尹政治哲学一篇，作于距今三年以前，这一篇同商君政治哲学初稿，都曾发表于上海时事新报。我本来的计划，还想把法治主义之滥觞时期的代表——管仲，作本书的篇首，后以梁任公先生曾有《管子传》之作，其阐述颇为详尽，于是亦不愿重起炉灶——虽然该篇内容，多有未合我意志之处，兹固附录于后，聊以明中国古代法治主义之滥觞而已。至于韩非政治哲学那一篇，是我离开学校以后，在革命工作纷繁之中，于军次偷暇写就的，当难免于挂一漏万之讥，那只有待再版——假使有再版的机会——的时候去修改了。至于其余各篇，在当初完笔的时候，虽自以为稍觉满意，但是在现在回味起来，却亦颇不惬意。甚望高明的学者予以诚挚的指教，这是作者所无任盼祷的，并希冀于此收"抛砖引玉"之效果，则更为作者所欣宰。

本书脱稿以后，蒙司法院长王宠惠先生题签，训练总监何应钦先生题词，与上海临时法院院长吴经熊先生撰序，这都是作者所不胜感激的，谨于卷端联志数语，以致谢于各位先生。

宗烈谨识十八年七月于总司令武汉行营

第一章 绪论

纵观过去历史的事实，我们可以知道有波当（G. Bodin）之国王主权的政治哲学，于是才有十七八世纪法国专制君主的政治；有卢梭（Rousseau）主权在民的政治哲学，于是遂使当时法国的实际政治，起了剧烈的变动，使世界各国的政治，都确立了宪政的精神；有马克思（K. Marx）社会主义的政治哲学，于是得实现一九一七年俄国的革命。总之，有或种的政治哲学，而后才能发生或种的政治事实。我还可以武断的说一句："无政治哲学，斯无政治。"所以我以为我们要研究现实政治，当首先探究发生这现实政治的政治哲学——尤其是古代先哲有价值的政治哲学。因为一种政治哲学之发生，最有影响的，是古代先哲所遗留的意见。我之所以研究古代的政治哲学，其目的就是要知道中国政治的根本精神之所寄托，与探索现实政治的渊源。至于崇尚法家，则惟一的用意，是敬仰他们勇敢进取的精神，与夫适中时弊的学理。

固然，中国的政治，名义上是统治于儒家的孔孟，其实在实质上还是多受道家的影响。而法家则承道家之余绪，舍其短而取其长，是以其间更占了重要的位置。我们假使要明白法家政治哲学的精髓，我们只要求之于管仲、商鞅、韩非以及慎到和尹文那般人的著作，就可以知道了。管仲、商鞅、韩非可以说是实际的政治家或法家，至于慎到和尹文则可以说是纯粹的法理学家。法理学家的政治哲学，是把法家的政治哲学，发扬光大；而法家的政治哲学，自有了法理学家的政治哲学，而法家的政治哲学更得到一层确实的基础。

所以简单的列起表来，却成一个这样的系统：

法家政治哲学发展系统表	
	法治主义之滥觞——管仲
	法治主义之成立——商鞅
	法治主义之发扬——慎到、尹文
	法治主义之集成——韩非

至于其他如申不害、李悝、尸佼那般人，也是属于法家一派的，其间因原著已遭散佚，所以无从作详细的整理。好在我们明白了上面所述的几位法家以后，终能够知道他们共通的真理。固然，同是一派法家，也有不同的地方，如申子之言"法"、商君之言"术"——《韩非子·定法篇》中，曾明其异同——好似孟、荀同属儒家，但一则法先王，一则法后王；一则言性善，一则言性恶。老与关、列，虽同为道家，可是，"老子贵柔，关尹贵清，列子贵虚。"（用《吕氏春秋·不二篇》语）不过他们最后的归点，终究是一样的。所以我们假使能够了解在我所列的法家政治哲学之系统中底各家学说，也就不难明白旁的法家的主张了。

法家的政治哲学，有一个共通的原则，便是认定"法"为一切之规范，为治国之张本。同时此种"法"必须适应于社会之要求。简言之，亦可名之曰："法之适应社会性，"故法家必主张“变法”。他们深信一种法律制定以后，在某种情况之下，可以将所制定之法律变更之。换一句话说，即在于根据于次列之原则，使法律合理化：

（一）凡或种法律之实施，皆须适应于或种社会之要求而制定之。

（二）凡或种法律之实施，不适应于或种社会之要求，即当变更之。

此种原则，在现今欧、美各派法学家中，在论理上亦未尝与以蔑视，因为一般国家的制度，莫不确立于“适应社会之要求”这个原则之上。法也是国家的一种制度，自然，法亦当适应于社会之要求，而且社会之要求，常随时代而有所变迁，故变法而使之适应于常在变迁中之社会的要求，亦自然之理。不过我们的法家，他们没有像现今欧美法律政治家那样的进一步去研究“法在什么情形之下，始可称为适应社会之要求，以及社会所真正要求的是什么?”这些问题，这是我们引以为憾的一件事情。

法家的政治哲学，也有一个共通的弊端，这便是他们所揭橥的法治主义，只求用法而治，不求用法之所以能治之真正的原理。所以最后或不免于人治主义者孔子之所谓：“民可使由之，不可使知之”，“民可与乐成，难与虑始”。如商君“国蛀”之说，即是主张法治主义不彻底的缘故。他们梦想不到“善治如草木，而民智如土地，民智既开，则下令如流水之源，善政不期举而自举，且一举而莫能废”（用严复语）的原理。法治主义在当时之所以终归于失败，也就是在于没有做到这一点。

第四章 韩非政治哲学

韩非政治哲学的中心，是在乎法治主义。但是我们还应当要明白法治主义的根据在哪里？关于这一点，我在上面除附带的稍有提及外，当先明白他思想的源泉，以了解他所主张的政治主义的根据。

韩非的思想，是很受道家老子的影响的。太史公传赞称：“韩子喜刑名法术之学，而其归本于黄老”，以及“韩子引绳墨，切事情，明是非，其极惨礉少恩，皆原于道德之意”。

故与老庄合传。这是颇有相当的理由的，我们看韩非的著作，就是解志喻老两篇。本老子的学理来阐发他的法治主义。如谓：“凡法令更，则利害易，利害易，则民务变，务变之谓变业；故以理观之，事大众而数摇之，则少成功；藏大器而数徙之，则多败伤；烹小鲜而数挠之，则贼其泽；治大国而数变法；则民苦之，是以有道之君，贵静不重变法，故曰：‘治大国若烹小鲜。”（《解老》）“民犯法令之谓民伤上，上刑戮民之谓上伤民。民不犯法则上亦不行刑，上不行刑之谓上不伤人。故曰：‘圣人亦不伤民，上不与民相害，而人不与鬼相伤，故曰两不相伤。民不敢犯法，则上内不用刑罚，而外不事利其产业，则民蕃息，民蕃息则蓄积盛，民蕃息而蓄积盛之谓至德。’”（《解老》）“可欲之类，上侵弱君，而下伤人民，大罪也。故曰：祸莫大于可欲。”（《解老》）

韩非的学说，既受老子的影响。所以以道（无为）为体，以法（刑名法术）为用。他以为无为必任乎法，非任法不能无为，所以其法治主义之结晶，犹如下图：

韩非政治哲学
- 道——无刑——无为
- 理——有刑——有为
  - 术
  - 法
- （术、法）法治主义

他对于“道”和“理”的解释及其中间的关连，是这样的：

道者，万物之所然也，万智之所稽也。理者，成物之文也。道者万物之所以成也。故曰：道，理之者也。物有理不可以相薄。物有理不可以相薄，故理之谓物之制。万物各异理而道尽，稽万物之理，故不得不化。不得不化，故无常操。无常操是以生死气禀焉，万智斟酌焉，万事废兴焉，天得之以高，地得之以藏……圣人得之以成文章。道与尧舜俱智，与接舆俱狂，与桀纣俱灭，与汤武俱倡。以为近乎？游于四极。以为远乎？常在吾侧。以为暗乎？其光昭昭。以为明乎？其物冥冥。……凡道之情，不制不形，柔弱随事，与理俱应。万物得之以死，得之以生，万物得之以败，得之以成。（《解老》）

凡物之有刑者易裁也，易割也，何以论之？有刑则有长短，有短长，则有大小，有大小则有方圆，有方圆则有坚脆，有坚脆则有轻重，有轻重则有黑白。短长，大小，方圆，坚脆，轻重，白黑之谓理。

从他的意思，简单的说一句：就是以为，道是无刑的，从无刑而推之有刑，则谓之理，理是有刑的，道是就宇宙事物全体而言，理则概就人事而论。所以道是无为的，而理是有为的，从有为而欲反于无为，则非有所任不可。所以他说：

议之王大庭而后言，则立权议之士知之矣。故欲成方圆而随规矩，则万事之功形矣。万物莫不有规矩，议言之士计会规矩，圣人尽于万物之规矩，故曰：不敢为天下先。

不敢为天下先，而尽随万物之规矩，这是老子无为的真意。但是韩非的意思，以为老子之“我无为而民自化”之无为主义，固然是很好，但是你虽能修道积德而无争于人，但是人类天性之标准，断难通同齐一。你虽无争于人，而人有争于你，则你又将如何？所以老子的主张，在实际上难以通于事实。韩非，就是在于能融会他的主张，以为欲以道为治，必须下周于万事万物，与理相应，通一以同于事理之情，而后垒寻法治主义之基础，而推演其法治主义。我们试看韩非所说的一句重要的话：

道者下周于事，因稽而命，与时生死参名异事，通一同情。（《扬权》）

韩非对于法治主义的主张及其依据，在上面已经有过详细的叙述了，现在所要提及的，是他对于法的解释和他所主张的法的进化。

韩非对于法的解释，是这样的：

法所以为国也，而轻之，则功不立，名不成。（《安危》）

法者宪令著于官府，刑罚必于民心，赏存乎慎法，而罚加乎奸令者也。（《定法》）

立法令者，以废私也。法令行，而私道废矣。（《诡使》）

法者编著之图籍，设之于官府，而布之于百姓者也。（《难三》）

从这些解释的中间，我们把它归纳起来，就是：（一）法律是谋国家社会之安宁秩序的一种公正的规定；（二）法律是成文的；（三）法律是平等的；（四）法律是颁布于惟一的统治机关，而能为最高之标准，以节度事物的。至于这种法律的实施，大的可分为三种步骤，就是韩非之所谓：

（一）太上禁其心；

（二）其次禁其言；

（三）其次禁其事。

关于这三种步骤，换一句比较明白的解释，就是：

（一）禁止违法的意思；

（二）禁止违法的言论；

（三）禁止违法的行为。

韩非曾经说过“法者宪令著于官府，刑罚必于民心，赏存乎慎法，而罚加乎奸令者也。”其原意就是要避免“不教而诛”的忌讳。所以第一步就是在使这种法令的森严，能深深的印入于一般民众的心中，以制止其违法的意思。若无法制止违法的意思时，则就当禁止违法的言论。对于一个人言论的错误，法律应当要纠正或禁止的。由违法的言论而有时进于违法的行为时，则法律须绝对的禁止之，务使奸暴尽除，而为社会大多数人民谋最大之安宁与幸福。

但是时代是变迁的，潮流的趋向也是变易不居的，所以一种法律，也断不应泥古不化，而贵乎适应时代与环境之要求，韩非是一个并不拘守习俗的人，他也很相信社会是进化的，法律也是进化的。他尝说：

今有构木钻燧于夏后氏之世，必为鲧禹笑矣。有决渎于殷周之世，必为汤武笑矣。然则今有美尧舜汤武禹之道于当今之世者，必为新圣笑矣。是以圣人不期修古，不法常可，论世之事，因为之备。（《五蠹》）

何况一种法律都是适应于社会的需要，正如韩非之所谓：“古者丈夫不耕，草木之实足食也。妇女不织，禽兽之皮足衣也。不事力而养足，人民少而财有余，故民不争。是以厚赏不行，重罚不用，而民自治。今人有五子不为多，子又有五子，大夫未死而有二十五孙，是以人民众而货财寡，事力劳而供养薄，故民争。虽倍偿累罚，而不免于乱。”

韩非就是本这个“不期修古，不法常可”的精神，和为避免“民争”的目的起见，所以极端主张变法的重要，他说：

凡法全更，则利害易；利害易，则民务变；民务变，谓之变业。（《解老》）

韩非的意思，以为变法是足以使一般民众变其故业。故业既变，则各人之行为动作，乃得焕然一新，此转换其生活上之新生命。

不过变法固然重要，但并不是随便就可以变更的，其变更当须合于一定的原则。韩非便提出“正治”二字，为变法惟一依据的原则。

不知治者，必曰毋变古，毋易常。变与不变，圣人不听，正治而已！然则古之毋变，常之毋易，在常古之可与不可？伊尹毋变殷，太公毋变周，则汤武不王矣。管仲毋易齐，郭偃毋更晋，则桓文不霸矣。凡人难变古者，惮易民之安也。夫大变者，袭乱之迹；适民心者，恣奸之行也。民愚而不知乱，上懦而不能更，是治之失也。（《南面》）

韩非深信国家的法律，是可以变更的，而且在或种情况之下，只要合于“正治”的原则，是应当变更的。法律之变更既以“正治”为其惟一依据的原则，所以法律才能够得到逐渐的生长和逐渐的进步。

韩非这种精奥的见解，我们可以引述下面两段话，来证明并充实这种见解的内容。第一，是日本法学家织田万的话：

希腊之德拉康法典与今日之所谓法典者，其宽严之差异，不可同日而语。即日本圣德太子之十七条宪法，与今日之所谓国法者疏密之殊，亦何啻霄壤。且即在一时之中，而法律固亦随地而变。

第二，是《淮南子》的话：

法制礼义者，治人之具也，而非所以为治也，故仁以为经，义以为化，此万世不更者也，若乃考其才而时省其用，虽日变可也，天下岂有常法哉？……法度者，所以论民族而节缓急也。……夫殷变夏，周变殷，春秋变周，三礼不同，何古之从，大人作而弟子循，知法之所由生，则应时而变，不知法治之原，虽循古终乱。

《淮南子》虽与韩非之主张各趋异途，但所抱之见解，却有相同之点。总之，韩非这种精深明奥的见解，在古籍中，现在是已经很不容易找得到了。比之《诗》所谓“不愆不忘，率由旧章”和孟子之所谓“导先王之法而过者，未之有也”的见解，与孔子之“述而不作”的精神，真不可同日与话！

丁元普

中国法制史

作者简介

丁元普（1888—?），上海市人。上海徐汇公学毕业后，留学日本，毕业于早稻田大学。归国后历任江苏吴县地方审判厅民庭长，浙江嘉兴地方法院刑庭推事、代理院长，上海市第二特区地方法院主任推事，并任中国公学、上海法政学院教授，讲授法律思想史。1933 年出任复旦大学法律系中国法制史教授、大厦大学法科教授。1953 年担任上海市文史馆馆员。其法学研究涉猎甚广，包括法制史、法律思想史、诉讼法、破产法及宪法等领域。在法律史研究领域，丁元普颇有建树，20 世纪三四十年代，其与著名法史学者陈顾远、程树德等发表了一系列研究中华法系的论文，旨在弘扬中国传统法律文化，复兴中华法系；其所著的《中国法制史》是法律史研究的必读书籍。

丁元普的著作有《比较宪法》（商务印书馆，1927）、《中国法制史》（会文堂书局，1930）、《法律思想史》（商务印书馆，1932）、《法院组织法要义》（上海法学书局，1935）、《民事诉讼实习》（商务印书馆，1935）、《刑事诉讼法》（会文堂新记书局，1935）、《刑事诉讼实习》（商务印书馆，1935）、《法院组织法》（大东书局，1939）、《强制执行法要义》（商务印书馆）等。

出版社：上海，法学编译社。

出版年份：1930 年。

馆藏：国家图书馆书刊保存本库。

作品简介：丁元普著该部《中国法制史》开篇绪言即言："法字之义，所该甚广，非仅刑法一端已也。不独法与刑殊，亦且刑与罚殊。特刑统于法，罚统于刑，以之为坊民之用耳。"作者认为应摒弃旧有之观念，在现代法理观念基础之上重新理解"法制"二字，其研究范围应扩充到组织、人事，乃至民事、社会、经济等方面，故绪言之下九章内容，分别涉及法律之起源及其沿革、古代宪政之创始、地方自治制度、家族社会制度、经济制度之变迁、法典之编纂及刑法之变迁、教育制度、职官制度和兵制九个专题。在第一章"法律之起源及其沿革"中，作者将我国古代之法律按时间顺序分为上古至周秦间之法律、汉晋至隋唐之法律和宋元明清之法律三个阶段，大致梳理我国古代个朝法律之因革损益。第二章采用近现代西方宪法制度之原理，从国会制度、立法制度、弹劾及考试制度和司法独立制度四个方面来叙述我国古代宪政之创始与发展。第三章论述古代地方自治制度，重点提及宋、明、清三代之地方自治，最后单列“乡官”为一节，明确乡官之职责与权利，称赞彼时“人人有被乡人选举之权，亦人人有选举乡人之权。”第四章从婚姻仪式和丧葬制两个方面论及我国古时家族社会制度。第五章“经济制度之变迁”分为田制、货币制度和赋税制度三节，每一节都以朝代为序详细考辨当时之经济制度。第六章专论古代刑法，从法典编纂制度、刑名、刑法及其适用、刑法之执行与消灭等角度一一分析历朝历代法典及刑法变迁。第七、八、九三章内容分别涉及我国古代教育制度、职官制度和兵制。作者总结法制史研究方法有三：第一，依年代说明法制发达之次序；第二，就历代法制分列而条晰之；第三，区别各法学之变迁以明法制之所以发达，后进之学或当学而时习之。（张璐整理）

序

昔孟子法先王，荀子法后王，诚以时有古今，政有变迁，历代因革之故。与夫治乱兴衰之迹，其变通张弛，非融会错综，原始要终而推寻之。考制度，审宪章，博闻强识，固未易言也。昔涑水作通鉴，取千三百余年之事迹，十七史之纪述，萃为一书，然后学者开卷之余，古今咸在，其嘉惠士林，诚非浅鲜。今者时代更新，政治变革，其鄙弃旧制者，视若土苴。浅薄者，又或视已往之法制，不加研究，征文考献，付诸阙如而已。督盦先生以讲学历年之心得，辑成是书，又以退食之余，从事整理，穷探广搜，去取精审，上下数千年，贯串二十五代，极博闻强识之功，且以现代科学之方法，作一系统之研究，而于历代因革损益之道，粲然可考。其嘉惠士林，或视涑水且犹过之。语云：殷鉴不远，考往即所以知来。其足为现代政治家之借镜，固不仅征文考献已也。

中华民国十九年六月　楼桐荪

绪　言

一、法制史之意义

凡一国政法之制度，其发源虽同，然往往因其固有之国情与其历史所沿袭而变其质，故研究法制，尤当明其统系之源，察其递嬗之跡，循演绎之道，自约而博，以一定之标准，博征事例，举吾国古今之法制，考之历史证之各国，使其绪之不紊，进而为种种之搜集，目博而约，举内外之制度典宪，证之以亘古不易之原则，供学子研究之资料，而予以归纳之道，庶乎明其源流而考其得失焉，此法制史之所由作也。世界法系有五：如印度法系、回回法系、罗马法系、英吉利法系，而中国法系居其一。印度、回回两法系，皆出于教典，与其宗教有关。西洋诸国，大率出于罗马法系，英吉利系次之。至中国法系最古，日本当明治维新以前，其制度典章，率皆采自中国，即其刑法，又本乎唐律及明律，逮变法以后，乃大革从前之法制，几一一以欧陆为模范，近年法制，逐渐改良，乃更倡独立之论调，独立云者，非必截然不同，盖必有其特质以自异也。由此观之，一国之法制，固各有其历史特殊者在也。

吾国号称五千年文明之古国，典章制度，粲然可观。古昔圣王设官守法，（周礼所设六官各有专司）以法为制度之统称，《周礼》言“悬法”。《论语》言“审法度”，皆制度也。若夫《管子》之言“布宪”、《国语》之言“施宪”、《诗》云“率由旧章”、《书》云“有典有则”，亦即制度之谓也。是“法”字之义，所该甚广，非仅刑法一端已也。不独法与刑殊，亦且刑与罚殊（《吕刑》言五刑，更言五罚）。特刑统于法，罚统于刑，以之为坊民之用耳。

春秋以降，法学纷歧，或言劝赏而畏刑，或言察情而议制。《汉书·艺文志》云：“法家者流，出于理官，信赏必罚，以辅礼制。”而“理”字引申其义，则为事理、物理之称，盖事物之理，必因分析而后明。而国家立法，亦必析及毫芒，辨别枉直，故法官亦号理官（有虞氏曰“士师”，夏曰“大理”，周曰“司寇”）。惟儒家、道家者流，则重道德而轻法律。孟子曰：“徒法不能以自行。”荀子曰：“有治人无治法。”老子曰：“法令滋章，盗贼多有。”故申、韩、李斯、商鞅之徒，为后世所轻视，而典章宪令，乃弃若弁髦矣。此吾国自汉唐以迄明清，绝少成文之法典，而马氏《通考》、杜氏《通典》、郑氏《通志》为吾国考证历代制度之书，而刑制一门，要不足赅括法制也。

二、法制与礼制之区分

为人类行为之规范者，有宗教、有道德、有习惯、有舆论、有法令，种类之繁，不可枚举。然在文化较低之社会，其规范至为普通，且有继续之性，则莫不徒存形式而为具体的，故原始社会，举凡宗教、道德、习惯、法律，悉包罗于礼仪之中，而规范之外貌，反重于实质，人之种种行为，但期合于形式而止，而心术则非所问，故原始社会，可谓之礼治社会。

礼者，为人类最先之统制力，宗教、道德、法律未分之时，已表示社会力于形式之上而为行为之规范，故无论何等社会，礼治之存莫不先于法治。在中国历史，最为显著。唐虞三代之治，为礼治，仅足开法治之端范；周时礼治极盛；强秦统一，欲依法治之制，卒至蹉跌；至汉而法制大备，约法三章，作律九篇；唐代礼法分化，尤为著名，法制之进步，至有“律、令、格、式”之别，凡典章礼制，以公法加制裁者，多入律、令、格、式之中；宋代法制改为“敕、令、格、式”（禁于未然之谓敕，禁于已然之谓令，设于此以待彼之至谓之格，设于此使彼效之谓之式）。宋神宗以律不足以周尽事情，凡邦国沿革之政、与人之为恶，入于罪而律所不载者，一断以敕，故更其目曰“敕、令、格、式”，而律存乎敕之外矣。自兹以后，治国虽实依法治，而学者犹以礼为本，法为末。管子之言法治曰：“民知德矣，而未知义，然后明刑以导之义；民知义矣，而未知礼，然后饰八经以导之礼；民知礼矣，而未知务，然后布法以任力。”是于中国礼法分化之途径，可谓言之适切者矣。《马伦法典》（今译为《摩奴法典》——编者注），“马那巴达麦萨斯德拉”（Manava-Dharmasarstra）者，为印度法系之基本法典，最重要者，为“哥尔巴斯德拉”（Kalpa sutra）即印度之礼典，分为《祭牺经》（Sranta）、《清净经》（Sanisk aras）、《律法经》（Samagakarika）三部，其第三部实为法典之所自出。故《马伦法典》盖由礼典分化。古代希腊罗马，其法之由礼分化，可由古代法制中求之，如婚姻依婚礼，养子依收养礼，相续依丧礼，凡百制度，无不与宗教相关联，即《索伦法典》，亦为一种礼典。凡遗存于罗马最古法令“莱极斯莱极”（Leges Regise）中者，皆为宗教的礼典。

由是观之，今之法制，存乎古礼制之中，人文发达，社会之统制力亦变，于是礼制与法制遂厘然各为区别焉。

三、法制史研究之纲要及其次序

自来研究历史者，必于纵横两方面加以注意。于纵的方面，当知我国历代法制因革损益之方；于横的方面，当知世界各国法制变化错综之迹。故史之观念，首当了然于主客之界，反而索之我国以明其要，广而征之万国以求其同，综述法制之兴废变迁者，是之谓法制史。

法制史为专史，非普通国史也。中国普通国史之范围颇广，而于法制，则记载又甚狭。学者欲识法制实际上之得失，而以其方法为将来改良之工具，悉惟研究法制史是赖。其研究之法有三：（一）依年代说明法制发达之次序。（二）就历代法制分列而条晰之。（三）区别各法学之变迁，以明法制之所以发达。庶乎法制上，因革损益之方，变化错综之迹，得以有所标准焉。

第六章 法典之编纂及刑法之变迁

第一节 上古至三代之刑法

上古自唐虞时代，始定五刑之制（墨、劓、刖、宫、辟），其时尚未有成文之法典也，而《舜典》所谓“象以典刑，流宥五刑，鞭作官刑，朴作教刑，金作赎刑，眚灾肆赦，怙终贼刑”亦只简单之记载而已。至战国时李悝始造《法经》六篇（盗、法、贼法、囚法、捕法、杂法、具法），是为我国有法典之始。然其起源，盖集郑之刑书（郑子产所作）、晋之刑鼎（晋范宣子所作，以刑名铸于金属，犹罗马之《十二铜表法》）而成者也。至其六篇之命意，杜氏《通典》之言曰：“魏文侯师李悝，选次诸国法，著《法经》以为王者之政，莫急于盗贼，故其律始于盗贼。须劾捕，故著囚、捕二篇。其轻狡、不廉、淫侈、逾制等，以为杂律一篇。又以其律具其加减，是故所著六篇而已。”

按其所编法经，不外罪名之制。盖世界各国之法制，大率以刑法发达为最早法典之编纂，即根据刑法而成我国之法制，亦不能外此例也。

“象以典刑”之解释，约分三说：

（甲说）谓“象刑”者，系画衣冠、异章服、以为戮。慎子所谓“布衣无领当大辟，幪巾当墨……”之类。汉世儒者多宗之。

（乙说）象者，法也。典者，常也。象以典刑者，依法律执行常刑之意也。此说孔安国倡之。

（丙说）描写用刑之物象，而明示于民，使其愧畏也。此说宋儒程大昌倡之。

按周之司寇于正月垂刑象之法于象魏（周之阙名，取巍巍然之意），使万民观刑象，即其遗意。唐虞时代之刑制，以五刑为主刑，鞭、朴为从刑，鞭、朴皆为刑具。鞭系治官事之刑，朴则专用于教育之刑，即后世笞杖之刑，所由昉也。

自唐虞创为五刑，三代遂沿用之。所谓墨、劓、刖、宫、辟，以为刑之主体，而流、鞭、朴、赎等法，则间用之者也。兹将古代之刑制，分别说明之：

（一）墨刑，一称黥刑，刺伤其面部，以墨注之也。
（二）劓刑者，割鼻之刑罚也。
（三）刖刑者，断足之刑罚也，一称刵，周之时或称膑。
（四）宫刑者，断其生殖之刑罚也，一称腐刑。
（五）辟刑者，即斩首之刑罚也……死刑——（生命刑）

（一）至（五）——身体刑

此外，鞭、朴等刑，亦属身体刑之一种。

又流刑亦起于舜时，盖视五刑之可宥者，以流刑代之，分为流、放、窜三种。视路之远近而异其名称，类似自由刑。

《舜典》所谓"流共工于幽州，放驩兜于崇山，窜三苗于三危，殛鲧于羽山。"流、放、窜皆为流刑，而殛则驱之远方而诛之也。

赎刑即易科罚金……财产刑。(蔡九峰以为舜典所谓赎刑者，官府学校鞭、朴之刑耳。)

周之时虽沿用五刑之制，但皆可许其罚锾以为赎罪。观《吕刑》所云："墨辟疑赦，其罚百锾，阅实其罪。劓辟疑赦，其罚惟倍，阅实其罪。刖辟疑赦，其罚倍差，阅实其罪。宫辟疑赦，其罚六百锾，阅实其罪。大辟疑赦，其罪千锾，阅实其罪。"即《虞书》所谓"罪疑惟轻"是也。

盖穆王之时，法律繁重，"五刑之属，至于三千"，若一按之律，尽从而刑之，则何莫非投机触罟者？是以穆王哀之，而五刑之疑，各以赎论，所谓其情可矜，其法可议，不必尽处以罪刑也。

论者谓"劓刵椓黥，蚩尤之刑也"，其法殊伤残肢体，大背人道，非文明国家所宜有。然唐虞三代，独遵奉之何也？然考东西洋各国，其在上古之世，若罗马、若日耳曼、若日本，其施于身体之刑，有断舌、断唇、抉目、剥皮等制。其酷虐较我国古代且尤过之，固不能独为华夏病也。

按苗民所作五虐之刑，见于《吕刑》者，除死刑外，椓即宫刑（椓按《吕刑》作劅），黥即墨刑，惟少刖刑而多刵刑，一说刵即刖之误。

又三代之诉讼法，虽属于刑事者多，亦有一部属于民事者，兹分述于下：

（甲）刑事　刑事之讼，先讯于群臣吏民，然后断定（即现代之陪审制），若决死刑时，士师受其宣告书，择日而行刑，即近世之宣告执行是也。此外，有特别之例：（一）王族及有爵者，不施刑于市；（二）妇人不施死刑于朝市；（三）老耄者、幼弱者、愚蠢者，虽犯罪不罚，所谓"三赦"也；（四）不知而犯罪者、过失而犯罪者、遗忘而犯罪者，皆依宥减之例，所谓"三宥"也；（五）命夫命妇，不躬坐狱。刑不上大夫，此即议亲议贵之义也。

（乙）民事　民事之讼，关于人事者，以其讼者之邻人为证人。关于土地者，以邦国之本图为标准。贷借之讼本证券，买卖之讼据约剂，以判决之。听讼之日。有史官记原被之问答，如书记然。

听犯罪之讼，有使先入券书与钧金之例；听货财之讼，有使入束矢之例，三十斤为钧，十挺为束。又出诉之期限，不论民事、刑事，随地而有一定之法。若过其期限，官不受理。（券书、钧金、束矢、皆现代豫纳诉讼费用之制）

又听讼之法，载于《周官·小司寇》：一曰辞听（闻其出言），二曰色听（观其颜色），三曰气听（视其气息），四曰耳听（观其听聆），五曰目听（观其眸子），此所谓“以五声听讼求民情”也。

岁终，则集一年间之狱讼，称为法例，藏于天府，盖犹今之判决例，留供他日之参考者也。

至于监狱之制，当上古时代，尚未完备，以害人者置之圜土而施职事（即画地为牢之意），欲其困而悔，悔而改也。其能改者，置之乡里，三年不许列于平民。又上罪三年而舍，中罪二年而舍，下罪一年而舍，其不能改而先行逃亡者，则杀之。

若五刑之外，汤制官刑以儆有位，所谓“三风十愆”者，似专为官吏之制裁。及其末季，纣为无道，罪人以族，焚炙忠良，刳剔孕妇，为炮烙之刑，创醢脯之法，乃专制君主逞其残暴而已，不能认为刑罚之制度也。

按“三风十愆”（见《商书·盘庚》篇），敢有恒舞于宫、酣歌于室，时谓巫风；敢有殉于货色、恒于游畋，时谓淫风；敢有侮圣言、逆忠直、远耆德、比顽童，时谓乱风。

周官大司寇掌建邦之三典，以佐王刑邦国，一曰刑新国用轻典，二曰刑平国用中典，三曰刑乱国用重典。此亦因时制宜，以定刑之作用，非刑制也。

《周官·小司寇》以八辟丽邦法，附刑罚，一曰议亲、二曰议故、三曰议贤、四曰议能、五曰议功、六曰议贵、七曰议勤、八曰议宾，此种犯罪者，得先付评议，可宥则宥之也。

第二节 秦汉之刑法

秦用商鞅以变法，鞅盖本李悝之法，而变本加厉者也。始皇既并六国，专任刑罚，其于身体刑、生命刑、自由刑，多务为残酷。兹列举于下：

（甲）身体刑……黥、劓、刖刑（仍古制），又增搒、掠刑，蒺藜刑（蒺藜其脊）。

（乙）生命刑（死刑）……弃市——枭首（悬首于木上）——车裂（以车裂其肢体）——镬烹（入于鼎煮杀之）——囊扑（入于囊扑杀之）。

（丙）自由刑……黔为城旦（黔其面使守城门）——鬼薪（使其取薪给宗庙为鬼薪）——籍门（籍没其一门皆为徒隶）（三种皆徒刑）。

又古代有胁从罔治，罪人不孥之制，秦则有夷三族（一人犯罪，诛及三族）（三族者，为父族、母族、妻族也），重者则灭其宗，其他则有相连坐之例（一家犯罪，九家中不告发者则连坐），此盖于诸种酷刑之外，而又牵连及于无辜者也。然夷族之制，传至汉初，尚沿用之。

汉高入秦，召诸父老豪杰曰："父老苦秦苛法久矣，诽谤者族，偶语者弃市。吾与诸侯约，先入关者王之，吾当王关中，与父老约法三章耳（约取约束之义，《汉书·刑法志》解作节约之义），杀人者死，伤人及盗抵罪，余悉除去秦法。"是开创之初，颇知法存宽大，其后乃以三章之法不足以治天下，乃令萧何摭拾旧律，取李悝之《法经》六篇（详见上），增加三篇（户法、擅兴法、厩法）是为《九章律》，继之者为张苍、叔孙通、晁错等更定法令。至武帝而张汤赵禹辈又迭加增益，当时律令凡三百五十九章，大辟四百九条。虽法典之编纂，颇称完密，然律令之繁杂，已远过汉初矣。至其所用刑制，大抵沿用秦旧，初未见其若何改革也。兹分述之：

按刑、法二字之解释。考之《说文》，"刑"，刭也，以刎颈为训。"灋"从水，平之如水也。从"廌"、"去"，所以触不直者去之，其后因李悝之六法而改为律，商鞅倡之，萧何复增为九章律。律之名义源于音乐之六律，所以定其规律而为犯罪之标准也。又古代竹器皆名为律，古之刑书，亦书于竹简也。自是厥后，"法"、"律"二字，遂为后世通用之名词。

（一）夷三族……汉高时犹存此制，吕后时始废之。

（二）死刑……分为腰斩、磔、绞之三种。

若身体刑之制，汉时最为繁复，列表于下以明之。

（三）身体刑（肉刑）

（1）黥、劓、刖之三种，文帝诏废肉刑时皆除之。

（2）断舌刑，高祖时凡诽诱诅咒者，先断其舌。

（3）髡钳，又称完刑，文帝时所作，以代黥刑。（髡者，剪其毛发完其身体也。钳，以铁为之束其颈，钳凡重三斤。）

（4）笞刑，凡三百，以代劓刑；凡笞五百，代可刖左趾者（可刖右趾者，弃市），皆文帝时所作。至景帝时减为二百、三百，其后又递减为一百、二百。

（5）宫刑，一称腐刑。文帝时，诏废除之，但其后至武、景朝，尚未禁绝，惟不常用。

笞长五尺，以竹为之，薄半寸，皆平其节。当笞者笞臀、毋得更人。

按汉书称文帝诏除肉刑，以为美德，然观于髡、钳、笞诸刑，皆文帝时所作，可知其未尽废除。至腐刑之制，废而仍用，至景、武时代，又以腐刑代死刑矣。迨隋文时始除腐刑，然宫禁犹用宦官也。

（四）自由刑……城旦、鬼薪之制，仍沿秦旧。至后汉而又有禁锢终身之制。（即无期徒刑）

（五）财产刑……汉惠时，令民有罪，得买爵十级（凡六万钱）以免死。文帝募民入粟塞下，得以免罪。武帝更令，死罪入赎钱五十万，减死一等，是即易科罚金之制。然罚金得免死罪，是使富者得生贫者独死，殊失用刑之本意矣。

汉代之牢狱，有廷尉狱、中都官狱、掖廷秘狱等。初高祖时，狱有疑者，久留不决，囚犯苦之。景帝颇注意监狱之改良，凡八十岁以上，八岁以下，又孕妇及瞽者，得宽其桎梏。宣帝时，亦全年八十以上者，除诬告人及杀伤人外，不坐罪。成帝时，年不满七岁者，贼斗杀人及犯殊罪者，得上请减死之事。

宣帝知犯罪者与刑法，往往有不相侔之弊，乃置廷尉，平使掌囚狱。故其后狱疑者，谳有司，有司不能决者移廷尉。廷尉者，即中央之最高法院也，有司者，为郡国守相及州之刺史，即地方法院也。州刺史之职掌有周行郡国，断治冤狱之事，隐寓巡回裁判之意焉。此外，乡村间，则有啬夫听狱讼，以处理裁判之事务，不决者，则由县令裁决之，即人民法院也。游徼，循禁贼盗，掌司法警察事务，亦即治安审判之制也。故汉时虽司法与行政未分，然其制度固已略具，审级之规模矣。列简表如下：

皇帝
- 廷尉
  - 郡守
  - 国相
  - 县令……乡（刑事）
- 刺史
  - 郡守
  - 国相
  - 县令……乡（民事）

第三节　魏晋南北朝之刑法

自汉萧何作《九章律》，降及魏晋，虽半仍秦汉之旧，然其间亦有多少之变迁，即法律之增加，与酷刑之减除是也。

（一）法律之增加……魏明帝作《新律》十八篇，因汉之九章而更加以九篇（劫掠、诈伪、毁亡、告劾、系讯、断狱、请赇、惊事、偿赃），复将“具律”改为“刑名”，冠于法律之首。晋武帝命贾充等定法令，更因汉之九章增十一篇共二十篇，“具律”改为“刑名”，同于魏律。更增“法例”，亦冠于律首。此外，如户律、厩牧、兴律、盗律、贼律、杂律、捕律，则仍汉之旧，诈伪、断狱、毁亡、告劾、系讯、请赇，则仍魏之旧，而宫卫、违制、水火、诸侯、关市，则其新增者也。自是而后，南北朝之法律，皆出入无几。（参照下表）

（二）酷刑之减除……魏晋之际，就刑法上屡起议论者，肉刑是也。盖自前汉时，除肉刑，其后有复之者。后汉之末，西晋之初，及东晋之终，颇主张其说，然卒免除之。迨南朝宋之世，复有黥、刖之制（重罪遇赦时，黥两颊，去两脚筋），足征其时尚存肉刑之制度。惟其后无有言复肉刑者，是亦于刑法上一大进步也。其代肉刑而科罚者，则有鞭刑、杖刑等类。

（甲）鞭刑　类于汉之笞刑。大抵鞭用生熟皮革为之，笞则以竹为之。魏明帝定鞭督之令。南朝梁宋之际，鞭刑分为二百、一百及五十、四十、三十、二十、一十之等差，各以其罪定之。而鞭有三种：制鞭、法鞭、常鞭也。至北齐、北周，则为徒刑之附加刑（详见下表）。及隋唐，乃废鞭刑而复改为笞刑矣。

（乙）杖刑　杖用生荆为之。梁之时有大杖、法杖、小杖之别。北齐、北周则有杖一十、二十、三十至五十之等差。

要之，此等刑罚，虽亦身体刑之一种，但较诸墨、劓等刑之残剥皮肤肉体之事，则固已改良矣。

死刑则秦汉以来之族诛、连坐等制。至晋及梁时，亦大为削减。

北朝之法制，稍有所异于南朝。后魏之初，作《新律》（二十卷内，门房之诛四，大辟百四十），颇多苛酷之刑。例如：（1）腰斩；（2）腐刑；（3）轘；（4）负羊抱狗而沉诸泉；（5）焚家；（6）烧炭于山；（7）役圊圂；（8）入舂藁；（9）守苑囿；（10）裸形、伏质诸目。惟孕妇经产后百日而刑。又如年十四以下者，减其刑，稍存宽厚之意。厥后盗赃三匹，处以死刑。更设酒禁，酒者皆处斩，亦皆极端苛虐。至孝文帝时，改刑制，首除酒禁，除大逆谋叛之外，止罪其身，罢门房之诛，自是刑罚稍宽。迨北齐、北周之刑，名则定为杖、鞭、徒、流、死等五刑。盖参用南朝之制而稍整理之者。遂为隋唐以后所效法。列表如下：

北齐之刑名	杖刑	十　二十　三十
	鞭刑	四十　五十　六十　八十　一百
	耐刑	（即徒刑）一岁　二岁　三岁　四岁　五岁（各附加鞭刑）
	流刑	不定道里
	死刑	斩　绞　枭　轘

北周之刑名	杖刑	十　二十　三十　四十　五十
	鞭刑	六十　七十　八十　九十　一百
	徒刑	一年　二年　三年　四年　五年（各附加鞭刑）
	流刑	卫服（二千五百里）要服（三千里）荒服（三千五百里） 镇服（四千里）蕃服（四千五百里）
	死刑	磬　绞　斩　枭　裂

笞者，耻也。凡过之小者捶挞以耻之。

杖者，持也。可持以击也。

徒者，奴也。盖奴辱之于罪隶，任之以事，置之圜土而教之。

流者，留也。谓不忍刑杀宥之于远也。

死者，即古大辟之刑也。

自战国、汉、魏、南北朝，及隋、唐，其间法典之变迁，颇有系统之可供研究。要之，李悝立法经，为创作时期，汉魏及南北朝，为因革时期，而隋唐则为成立时期也。兹列法典篇目表。以资比较。

法经	汉九章	曹魏	晋廿篇	宋廿篇	齐廿篇	梁廿篇	后魏廿篇	北齐十二篇	北周廿五篇	隋唐
六　具法	具律	刑名	一　刑名	刑名 法例	刑名 法例	一　刑名	刑名 法例	一　名例	一　刑名	一 名例律

续前表

法经	汉九章	曹魏	晋廿篇	宋廿篇	齐廿篇	梁廿篇	后魏廿篇	北齐十二篇	北周廿五篇	隋唐
			二 法例	宫卫	宫卫	二 法例	宫卫	二 禁卫	二 法例	二 禁卫律
				违制	违制		违制			
	户律	户律	十二 宫卫	户律	户律	十五 宫卫	户律	五 违制	九 宫卫	三 职制律
	厩律	厩牧		厩牧	厩牧		牧产			
	兴律	擅兴	十三 违制	兴律	兴律	廿 建制	擅兴	三 户婚	十五 违制	四 户婚律
	盗律	盗律		盗律	盗律		盗劫			
一 盗法	贼律	贼律	十四 户律	贼律	贼律	十二 户律	贼犯	十一 厩牧	五 婚姻	五 厩库律
							斗律			
二 贼法		诈伪	十七 厩牧	诈伪	诈伪	十八 厩牧	诈伪	四 擅兴	六 户禁	六 擅兴律
	杂律	杂律		杂律	杂律		杂律			
	捕律	捕律	十五 兴律	捕律	捕律	十三 擅兴	捕断		十八 厩牧	
	囚律	囚律						八 贼盗		七 贼盗
五 杂法		断狱	三 盗律	断狱	断狱	三 贼律	断狱		八 兴缮	
		劫掠								
四 捕法		毁亡	四 贼律	毁亡	毁亡	四 贼犯	毁亡	七 斗讼	十二 刦盗	八 斗讼律
		告劾		告劾	告劾		告劾			
三 囚法		系讯		系讯	系讯		系讯	六 诈伪	十三 贼犯	九 诈伪律
		请赇	五 诈伪	请赇	请赇	五 诈伪	请赇			
		惊事						十二 杂律	十一 斗竞	十 杂律
		偿赃	十一 杂律	水火	水火	十一 杂律	水火			十一 捕亡律
				诸侯	诸侯			九 捕断	廿 诈伪	
			八 捕律	关市	关市	八 讨捕	关市			
									十九 杂犯	十二 断狱律
			十 断狱			十 断狱			廿三 逃捕	
								十 毁损		
			十九 毁亡						廿五 断狱	
			七 告劾			十四 毁亡				
			九 系讯			七 告劾			十四 毁亡	
			六 请赇							
						九 系讯			廿二 告劾	
			十六 火水			六 受赇			廿四 系讯	
			廿 诸侯						廿一 请赇	

续前表

法经	汉九章	曹魏	晋廿篇	宋廿篇	齐廿篇	梁廿篇	后魏廿篇	北齐十二篇	北周廿五篇	隋唐
						十六 水火				
			十八 关市						七 水火	
						十九 关市				
									十七 诸侯	
						十七 仓库				
									十 市廛	
									十六 津关	
									三 祀享	
									四 朝会	

第四节 唐代之民刑法及诉讼法

第一款 唐之法典

我国古代之法律，至唐而大备，唐以后，宋、元、明、清之法系皆承其流者也，实为中国法制史上之新纪元焉。匪特此也，即日本相传之《大宝律》，对于唐律之多少类似，犹可得见（日本律疏颇同于《唐律疏议》），其完全模拟中国，要为显著之事实。唐律流传之广远，其效力可谓伟大（我国今日民法之一部，犹适用之，刑律则清律之大部，皆不外是）。迨清季改订新刑律，转取资于日本，呜呼！是盖礼失而求诸野也。唐之法典，所谓“律、令、格、式”之四种，律分十二篇（已详上表）。唐初所定之律，以隋《开皇律》为根据，太宗贞观十一年，长孙无忌、房玄龄等撰律、令、格、式，当时所成之律，实为十篇。至高宗永徽二年，加入捕亡、断狱二篇，故《贞观律》与《永徽律》合成为十二篇，凡五百条。至其他之令、格、式三种，大率关于行政制度为多。其时所撰之令，凡二十七篇，格二十四篇，式三十三篇。

按《马氏通考》曰：“唐之刑书有四，曰律、令、格、式。令者，尊卑贵贱之等数，国家之制度也；格者，百官有司所常行之事也；式者，其所常守之法也。凡邦国之政，必从事于此三者，其有所违，及人之为恶，而入于罪戾者，一断以律。……”

然唐代法典之传于今日者，仅《唐律疏议》，与唐之六典（理典、教典、礼典、政典、刑典、事典）（清代则合称会典），其他令及格、式之三种，今俱不傅，故其真相终不可得。虽流传于日本者，其残编断简往往散见于东籍，然亦仅存其篇目而已（令有《古令》、《新令》、《大业令》、《永徽令》、《开元令》等，格有《贞观初格》、《永徽格》、《开元格》等，式有《永徽式》、《开元式》等）。

唐律中可注意者，即恢复“十恶”之目是也。“十恶”之名称，起于北齐，所以揭示重罪者，凡十条：一谋反、二谋大逆、三谋叛、四恶逆、五曰不道、六大不敬、七不孝、八不睦、九不义、十内乱是也（其解释详于下节）。犯十恶者，虽当八议，不宥其罪（八议系因周制详见上），此等十恶之条，当隋炀帝时曾敕除之，至唐而复设之，由是后世刑法诸书，必列十恶之名，传至清季而未废。

第二款 司法制度

我国司法事务，自秦汉以迄明清，皆以行政官兼理之，而行政行为与裁判，常各无独立之机关。唐代司法，亦由地方行政官职掌，且无民事刑事之区别，故其法院之编制形式上分为地方与中央之二种。地方法院，以县令为最下级，而州之刺史及都督、都护等府之法曹为上级，皆受中央之监察御史之监督。中央法院，以大理寺直接刑狱诸事务，御史台掌行政诉讼之事，刑部则仅分掌律法及覆核司法事务而已。列表以明之：

- 中央司法机关
  - 刑部
    - 尚书……掌律令、刑法、徒隶、关禁之政
    - 郎中……掌律法，覆按大理及天下奏谳
    - 卿……掌折狱详刑之事
  - 大理寺
    - 正……修正议议科条之事
    - 丞……分判寺事，正轻重之事
    - 司直……掌出使推按
  - 御史台
    - 监察御史…掌分察百僚、巡按州县之事，讼狱军戎、祭祀、营作、太府出纳，皆隶之
    - 待御史……掌纠举百僚、推鞫狱讼之事
- 地方司法机关
  - （州刺史）一司法参军事……掌律令格式。及鞫狱定刑、督捕盗贼、纠察奸非之事
  - （都督）一法曹参军事……职掌同上
  - （府牧）一法曹参军事……职掌同上
  - （都护）一法曹参军事……同上
  - （县令）一司法佐……掌审察冤屈、判断讼狱之事

县为地方司法下级之机关。至于县之下，则有里正、坊正、村正（即唐代之乡官），为自治团体中精明强干者充之，大抵民事诉讼，归其裁判，不决者，乃始由县令再审之。刑事诉讼，则直接由县决罚者也。

不经县而直诉州府者，谓之越诉。越诉者及受理者，各有罪，所以定审级之管辖也。凡罪犯，例由其所发生之县推断之。而在京师，则杖刑以下，委京师法曹参军事推断，徒刑以上，送致大理寺。凡鞫大狱时，刑部尚书、御史中丞、大理寺卿共参同焉。

第三款 唐之刑名

唐代刑名，规定《唐律疏议·名例律》中，谓之五刑：即笞、杖、徒、流、死是也，大致因乎隋制。隋以前北齐、北周，虽亦分为五刑，然身体刑之鞭刑，或有致死者。故唐太宗诏废除之。（唐太宗尝览《明堂针灸图》，见人五脏皆近背，针灸失所，则其害致死。

叹曰："夫箠者，五刑之轻，死者，人之所重。安得犯至轻之刑而或致死?"乃诏罪人无鞭背。）由是鞭刑改为杖刑，杖刑则改为笞刑焉。

《马氏通考》曰："按鞭扑在唐虞为至轻之刑，在五刑之下。至汉文除肉刑，始以笞代斩趾（刖刑），而笞数既多，反以杀人，其后以为笞者多死，罪不至死者，遂不复笞，而止于徒流。自魏晋以下，笞数皆重。至唐于当斩绞者，皆先决杖，或百或六十，则与秦之具五刑何异？建元时，始定重杖为死刑。贞元时，始令死刑不先决杖，盖革累朝之弊法云。"

唐以前，死刑除诸种酷刑外，至北齐、北周五刑中，尚有磬、绞、斩、枭、裂之五种。至唐之死刑，仅存斩、绞二种，不可谓非刑律之改良。故其刑律，历宋、元、明、清而不废。列表于下：

笞刑有五	一十	二十	三十	四十	五十
杖刑有五	六十	七十	八十	九十	一百
徒刑有五	一年	年半	二年	二年半	三年
流刑有三	二千里	二千五百里	三千里		
死刑有二	斩	绞			

此外流刑之中，有"加役流"，盖流而不反，即死刑也。武德年间，改为断趾刑。贞观六年，又改加役流，役三年，常流役一年，以为区别。

第四款　刑法之加减及轻重

唐之刑法，最可注意者，为因人而异，故刑之适用，例如夫之于妻，长之于幼，贵之于贱，主之于从，皆设为种种之区别，因此等区别，施刑遂有加减之分。按诸科刑平等主义未免相反，设有甲乙同犯一罪，而甲者比较的轻，乙者比较的重，是等实例，各见于《唐律疏议》条下。今揭殴伤罪，以示一例。

殴人者笞四十，夫殴伤妻，减凡人二等，妻殴伤妾亦如之。妾殴妻子，以凡人论，妻殴妾子减二等。殴官吏五品以上者徒三年。奴婢殴主者绞，殴主之期亲及外祖父母者绞。殴旧主者，流二千里。妻殴夫徒一年，殴夫之祖父母、父母绞，殴夫之弟妹加凡人一等。

殴祖父母、父母，斩；殴兄姊，徒二年半；殴伯叔父母、姑父母、外祖父母，各加一等。

罪之最重者，为十恶。犯十恶者，无论如何恩典，不在赦免之列。

（一）谋反，谋危社稷之谓。

（二）谋大逆，谋毁宗庙、山陵、及宫阙之谓。

（三）谋叛，谋背本国，潜从他国之谓。

（四）恶逆，殴及谋杀祖父母、父母、夫之祖父母、父母，与杀伯叔父母、姑、兄、姊、外祖父母，及夫之谓。

（五）不道，杀一家非死罪三人及肢解人，若采生折割，造畜蛊毒魇魅之谓。

（六）大不敬，盗大祀神御之物、乘舆务御之物，盗及伪造御宝，合和御药，误不依本方及封题错误，若造御膳，误犯食禁，御幸舟船，误不坚固之谓。

（七）不孝，诅骂祖父母、父母、夫之祖父母、父母。及祖父母父母在、别籍异财，若奉养有缺；居父母丧，身自嫁娶，若作乐、释服、从吉；闻祖父母丧，匿不举哀，或诈称祖父母、父母、死亡之谓。

（八）不睦，杀及谋卖缌麻以上之亲；殴告夫及大功以上尊长、小功尊属之谓。

（九）不义，部民杀本属之府主、刺史、县令；军士杀本管官；吏卒杀本部五品以上长官；学徒杀见受业师；及妻闻夫丧，匿不举哀，若作乐、释服、从吉及改嫁之谓。

（十）内乱，奸小功以上之亲、父祖之妾及与和之谓。

刑之加重者，有三犯加重之例。例如茶法，私鬻者杖，三犯则加重。又诸盗皆徒，三犯者流二千里，三次犯流者处绞。皆其例也。

刑之减轻者，亦有种种可述。由贵贱、亲等、上下、男女、僧侣、主从、良贱、长幼、官吏而各异。至特别减轻，而其亲属亦可邀宥减者，即所谓八议是也。

（一）议亲　皇帝袒免以上之亲，及太皇太后、皇太后缌麻以上之亲；皇后小功以上之亲；皇太子妃大功以上之亲之谓。

（二）议故　皇室故旧之人之谓。

（三）议贤　有大德行之谓。

（四）议能　有大才业之谓。

（五）议功　有大功勋之谓。

（六）议贵　职事官三品以上，散官二品以上及爵一品者之谓。

（七）议勤　有大勤劳之谓。

（八）议宾　承先代之后，为国宾者之谓。

凡八议若犯死罪，皆条录所犯，而于其亲、故、贤、能、功、贵、勤、劳之，有何相当，得上奏裁可。若犯流罪以下者，当减一等，但犯十恶者，不在此限。至七品以上之官及请得官爵者之祖父母、父母、兄弟、姊妹、妻、子、孙，若犯流罪以下，亦得各减一等。

第二种之减轻例，即“官当”是也。所谓官当者，以官当罪，得使减轻之法也。例如，犯诸私罪之官，当徒者五品以上，一官当徒二年，九品以一官当徒一年。若犯公罪，则各加一年之当。以官当流者，三流皆同。若徒四年而有二官，先以高者当之，次以勋官当，仍各解见任，若有余罪时，得以历任之官当之。但以官当徒者，罪轻而不尽其官时，收赎，若官不尽其罪时，赎余罪。如有一人犯徒二年，五品以上，则解官，不科刑。若不解官，使出赎金。至于犯徒一年半者，若九品之人，以一官当徒一年，所余之半年，使收赎金之例是也。

按八议之制，已失科刑平等之道，而当时官吏犯罪者，得以官当罪，尤非持平之法也。唐时各种刑罚之赎金如下：

笞刑（一十）赎铜一斤，（二十）赎铜二斤，（三十至四十、五十）各以次递加。

杖刑（六十）赎铜六斤，（七十）赎铜七斤，（八十至九十、一百）各以次递加。

徒刑（一年）赎铜二十斤，（一年半）赎铜三十斤，（二年）赎铜四十斤，（二年半）赎铜六十斤，（三年）赎铜七十斤。

流刑（二千里）赎铜八十斤，（二千五百里）赎铜九十斤，（三千里）赎铜一百斤。

死刑（绞、斩）共赎铜一百二十斤。

第三种之减轻例，即自首是也。所关之法规，约有数端，列举于下：

（一）犯诸罪未发觉而自首者，原其罪。其轻罪虽发，因自首重罪，免其重罪。

（二）遣人代首，或于法相容隐者（即亲属），为之代首，均与自首同。

（三）自首不实及不尽者，以不实不尽之罪罪之，至死者减一等。

（四）知人欲告发及亡叛而自首者，减罪二等，其亡叛者，虽不自首而还归本所者亦同。

（五）盗诈取人之财物，首露于财主者，与自首同。

（六）犯罪共逃，轻罪能捕重罪自首者，免其罪。

自首减轻之制，与现代刑法之旨相吻合。而所谓于法相容隐者，即法律上许其容隐之谓。在汉时，如子匿父母、妻匿夫、孙匿大父母，皆勿坐，又与清律所定亲属得相容隐之制相符。

至于刑之免除及加减，凡老者（九十以上）、幼者（七岁以下）犯死罪皆不论，与现代刑法上责任年龄之旨，大致相同。又若共犯以造意为首，随从者为从，随从者减一等，则与现代刑事注重犯意，而从犯视正犯之刑减轻，亦不谋而合。又再犯则加重，即与累犯加重之制相侔，而其加减例如二死（绞、斩）、三流（三千里、二千五百里、二千里）各为一等，徒以下各为一等，凡加重不得加至死刑。凡此者，皆深合乎刑罚之原理，亦足见唐代立法之精神矣。

凡数罪俱发者，但科以重罪之刑，即后世之从重处断之意也。罪相等者，从一而断，若一罪先发已经论决，而余罪后发时，其较轻或相等者不论，重者更论之，通计前罪以当后数，则又与现代之并合论罪，及更定其刑之制相合。

第五款　刑之执行及刑之消灭

唐代刑之执行，在大理寺之大理狱。而讯问罪人，凡遇疑狱，必经详谳而始定。如大理寺不能决，尚书省众议之，录可为法者，送秘书省奏报。诸疑狱，法官执见不同者，得为异议，不得过三，此皆慎刑之意也。惟讯问之方法，不专采证据而重口供，遂以刑讯临之，每讯杖数以二百为限，二十日一讯，三讯而止，据供词以为定谳（按此制至清代而未改），囚人皆施枷锁扭钳，身体亦受其拘束。至用刑讯，能得其情与否则非所问，不可谓非立法之弊也。

死刑之执行于市（即古代刑人于市之遗制），但定其执行，亦昭慎重。在京师复奏五次，京外复奏三次，而后执行。若五品以上之官吏，当死者，除恶逆外，许其自杀于家。七品以上及皇族或妇人，刑不当斩者，则绞之于隐所。行刑期多在秋冬，至立春以后，秋分以前，则停止执行。

其他徒刑之执行，如男子则使之供蔬圃，女子则供厨膳，即服劳役之意也。流则配置于当流之地，惟犯人在道疾病，及遭祖父母、父母之丧，皆准给假。

刑之消灭有二：如执行完毕及犯罪者死亡则为当然消灭，此与现代立法之旨相合。至犯罪除十恶外，遇特赦、大赦，宥免其罪，所谓特别消灭是也。当唐太宗时，亲纵囚徒，放死罪三百九十人归于家，令明年秋来就刑，其后应期至者，诏悉赦之。欧阳氏尝著论讥其处置失当。

按《周官·司刺》，有三宥、三赦之法，一宥曰不识，二宥曰过失，三宥曰遗忘，一赦曰幼弱，再赦曰老旄，三赦曰蠢愚，即现行法制减轻或免除其刑之意。可知古今立法，凡关于罪之可赦宥者，皆规定于刑法之中。初不必有特别之规定，管仲曰："赦者先易而后难，久而不胜其祸。法者先难而后易，久而不胜其福。故惠者，民之仇雠也，法者，民之父母也。凡赦者，小利而大害者也，无赦者，小害而大利者也。"后世大赦之法，凡国有庆典，皆行之。盖帝王持为刑赏之大权，其流弊是使作奸犯科得邀倖免，抑且违反司法独立之制矣。

第五节　宋代之法典

第一款　法典编纂制度

宋代之法典，较前古为多，惟中经变乱，遗书散失，故篇目虽多，而书籍无征。约而举之，其法典内容，不过因前代之旧制，加以损益而已。

其编纂之时代，大率每遇新君即位，或改元则必编修一次或数次。自开国以迄末祼，几于无岁不从事于编纂，然其制度未见有特殊之创造。至其法典之种类有四：即"敕、令、格、式"是也，与唐代之"律、令、格、式"小异而大同（神宗时以律不足以周事情，凡律所不载者，一断以敕），惟律则存乎敕之外矣。所谓敕者，凡笞、杖、徒、流、死，自名例以下至断狱，十有二门。丽刑名轻重者，皆属之；"令"者，约束禁止之谓；"格"者，别等级之高下；"式"者，即表奏帐籍关牒符檄，有关体制楷模者也。

第二款　刑法及刑之执行

宋之刑名，大抵仍唐之旧，分为五种，即笞、杖、徒、流、死是也，但其中亦多沿革之点，列表于下：

笞刑　凡五等——笞十（臀杖七）、二十（同上）、三十（同八）、四十（同上）、五十（同十）

杖刑　凡五等。——杖六十（臀杖十三）、七十（同十五）、八十（同十七）、九十（同十八）、一百（同二十）

徒刑　凡五等。——徒一年（背杖十三）、一年半（同十五）、二年（同十七）、二年半（同十八）、三年（同二十）

流刑　凡三等。——流二千里（背杖十七、配役一年）、二千五百里（同十八、一年）、三千里（同二十、三年）

死刑　凡三等。——绞、斩、（凌迟）——此制不著于刑名

观上表所列，是笞、杖、徒刑，皆各有其附加刑，惟于流刑，则于加杖外。复加以配役，是以一人当流、徒、杖三刑矣。且南宋时，于五刑之外有“刺配”之法（刺配者，于犯人配役时，以文字刺其额上或两颊，即古代之黥刑）。凡强窃盗罪，于配役之时，与杖并科之，已非唐代之旧制。而凌迟之刑，虽不著于刑名，其法尤为残酷，先断肢体，后绝其吭，则与秦代车裂之刑无异。此制传至明清而未废，迨清季更定现行刑律始废除之。

执行刑罚之官吏，属于御史台，设狱以羁囚犯。盖大理寺，在宋初其职全废，至元丰而始复旧制也。迨淳化初，置提点刑狱司，令管内州府，十日报囚一次，有疑狱时，则走视之。州县稽留不决，按谳不实者，则劾奏之。

凡徒流之执行，实则发配西北边疆，后改配于南方之沙门岛，最后又改为广南远恶之地。

第三款　刑之加减及其消灭

宋代关于刑之加减例，其处罪之重轻，与唐殆无稍异，即所谓十恶八议之制，亦仍唐代。其不同之点，即赎刑是也。盖唐之赎刑，适用于一切，宋则加以限制，除八议外，如官荫减赎之条，则废而不用。凡职官犯公罪，则许赎，若私罪，则不在此例。

刑之消灭。如因犯人死亡或遇赦、释免等制，皆与唐相同。惟宋时大赦之事，几于无岁无之，甚至一年两赦或三赦者。其名义除大赦外，有“郊赦”、“曲赦”、“常赦”数种，其刑赏等于滥设，殊非立法之道。神宗熙宁七年，已两赦矣，复因旱灾欲降赦。王安石以为“一岁三赦，是政不节，非所以弭灾也”乃止。洪容斋曰：“安石平生持论，此为至公。……”

第六节　明代之法典

第一款　法典编纂制度

明太祖当开国之初，鉴于唐宋皆以成律断狱，惟元则不仿古制，专重条格，往往胥吏易为奸弊，且条格繁冗（杀人罪，如谋杀、故杀、斗殴杀，皆处死），其害不可胜言，故欲矫其旧弊，归于简严，命李善长等二十人详定之。嗣复经太祖阅视，去烦就简，减重就轻，分为“律令”各六部，以吏、户、礼、兵、刑、工六种分别制定律令，“律”凡二百八十五条，“令”一百四十五条。洪武六年，又命刘惟谦审定明律，续律一百二十八条，旧令改律三十六条，掇唐律以补遗一百二十三条。

其后恐人民不能尽晓，乃更作《律令直解》一书，颁行郡县，俾家喻户晓焉，所以使人不犯法也。更辑过犯条为《大诰》，刊布中外。以儆戒之（《大诰》中所载诸峻令，并不轻用）。

洪武时代所制定之《大明律》，经几次编纂，共为三十卷，六百六条，其后又厘正十一条，泰半以唐律为标准。其篇目列举于下：

名例（一卷）

吏律（二卷）——职制、公式

户律（七卷）——户役、田宅、婚姻、仓库、课程、钱债、市廛

礼律（二卷）——祭祀、仪制

兵律（五卷）——宫卫、军政、关津、厩牧、邮驿

刑律（十一卷）——盗贼、人命斗殴、骂詈诉讼、受赃、诈伪、犯奸、杂犯捕亡、断狱

工律（二卷）——营造、河防

其他则附以《五刑图》及《丧服图》，较唐律为详。

当洪武十六年以前，止有律、令，尚无条例。厥后取历年所增条例，以类附入。三十年又命刑官，取《大诰》条目附于律后，从此律令之外，又有条例之名。

按律为一代之典章，例为因时之断制，而例外又有案，皆所以补律之不及也。

至孝宗弘治时，复编纂《大明会典》，及武宗正德时，重行校刊。其编制内容，则以六典之官职为纲，以各部分属之法规集载之，凡百八十卷，蔚为大观，此有明一代之成文法典也。

第二款　刑法及刑之适用

明之刑名分为五，与唐宋大率相同：即笞（五等）、杖（五等）、徒（五等）、流（三等）、死（二等）凡为五类二十等。惟笞、杖二刑，已较宋代为轻，并无所谓附加刑。而于徒、流二刑之加杖，则较宋代为重。徒刑之附加刑，一年则杖至六十以次递加，至三年则杖一百；而流刑之附加刑，均为杖一百。且亦如宋代之配役，谓之“加役流”。至死刑虽仅绞、斩二种，但此外尚有磔刑（即宋之凌迟）亦恒用之，殊属伤残人道。惟磔刑加以限制，仅用于大逆之罪而已。若科盗罪，则加刺抢夺或窃盗之文字于左右小臂膊之上，即宋时刺配之法也。

其他若“十恶”、“八议”之类，皆无异于前代。即因人施刑之制，亦与唐相同，其不同者则轻重之差耳兹。举刑律中斗殴门之处罪区别，以示一斑：

斗殴人者，笞二十，唐笞四十。

奴婢与主斗者，斩，唐绞（此系阶级制度，科刑殊失其平）。

妻殴夫者杖一百。唐徒一年。

殴夫之祖父母、父母者斩，唐绞。

殴祖父母、父母者斩。唐同。

三犯加重之例，如盗贼犯徒刑三次者，唐流三千里，明则加重为绞。八议减轻之制，虽与唐同，惟加以限制，如五品以上官吏之父母妻子，得邀此特典，而六品以下则否。是

轻重限制之间，亦自有其区别也。

第三款　刑之执行及其消灭

明时司刑狱之官，京师有刑部、都察院、大理寺，是称三法司。每岁秋审，公卿会议，将死刑监候人犯（有斩监候、绞监候）核其情节。分为“情实”、“缓决”、“可矜”三种，仍由皇帝判断，如御笔勾决，即令行刑。其免勾者，至来秋再核，亦有监禁终身或减等发落者。此种制度，虽以司法行政最高机关（如刑部）及监察最高机关（如都察院）之会议，最终取决于一国之元首，不免干涉司法独立之权限。然死刑之执行，既区分为“情实”、“缓决”、“可矜”之三种，分别处理之，往往有因是而得平反者，亦来始非慎重处刑之道也。

徒刑之属于湖广（即今湖南湖北）、江西等省者，多发于兴国、黄梅、新喻、进贤等处，充铁炉之设；属浙江、江淮（即今江苏）等省者，多发于两浙、两淮之盐场。

流刑则皆发于两广（即广东广西）、福建等省烟瘴之地，以为安置。如在上列烟瘴地犯罪，而处流刑者则改送于迤北边塞之地。

凡死刑应减等，而流徒不足以蔽其辜，则以“发遣”、“充军”处之。

按此种刑制，为特别之规定，不在五刑之列。

发遣多在边疆之地，而军罪则分为五：曰附近、曰近边、曰边远、曰极边、曰烟瘴，自二千至四千里不等。发遣及充军之附加刑，并杖一百。

至于刑之消灭，凡人死亡或刑之执行完毕及恩赦皆属之。此制与唐宋时代相同，惟稍加以限制，如诸奸邪、进谗言及教唆杀人者，不在大赦之列。又强盗及谋、故杀亦然。

第七节　清代之法典

第一款　法典编纂制度

清初命刑部尚书吴达海、侍郎党崇雅等，详绎明律，参以国制。书成，命范文程、洪承畴等审定，名曰《大清律集解》（以律文有难明之义，未足之语，增入小注），其律文一承明律而损益之，大抵因者多而革者少。更仿明制，于律文之外，附例十卷。康熙时，复行校正，并将所有条例，酌定其应去应存。雍正时命朱轼等详加分晰而后颁行。乾隆元年，总修律例，逐条考正，分律为四百三十六门，四十七卷，定例一千四百九条，遂名为《大清律例》，分为十年大修，五年小修，历嘉庆、道光、咸丰年间，迭次增修。至同治纂修以后，例文增至一千九百九十二条，此外又增章程百有余条，不免涉于繁苛矣。

清季因条例纷繁，迨光绪三十一年，经刑部奏请删除三百四十四条，并经修律大臣，奏准删除数十条。其后大加修订，删繁就简，较前代已觉进步矣。

宣统元年，采辑新法，兼用旧典。经修订后，定名曰《现行刑律》。计删去二十余门，共存律文四百十四条，又经宪政编查馆核定，更去数条，缮写黄册，颁行京外，则与旧律大有不同矣。

所谓《大清现行刑律》，其总目如下：

（一）名例（分上下二卷）；（二）职制；（三）公式；（四）户役；（五）田宅；（六）婚姻；（七）仓库（分上下二卷）；（八）课程；（九）钱债；（十）市廛；（十一）祭祀；（十二）礼制；（十三）宫卫；（十四）军政；（十五）关津；（十六）厩牧；（十七）邮驿；（十八）贼盗（分上中下三卷）；（十九）人命；（二十）斗殴（分上下二卷）；（二一）诉讼；（二二）受赃；（二三）诈伪；（二四）犯奸；（二五）杂犯；（二六）捕亡；（二七）断狱（分上下二卷）；（二八）营造；（二九）河防。

就中如名例，即刑法之总则也。如职制、公式、仓库、课程、祭祀、礼制、宫卫、军政、厩牧、邮驿、营造、河防等等，皆属于行政法视。如户役、田宅、婚姻、钱债、市廛则属于民法及商法。诉讼、断狱、捕亡则又属于诉讼法。惟贼盗、人命、斗殴、受赃、诈伪、犯奸及杂犯始属于刑法耳。观其编制，殊不免有混合之嫌，然清代法制，原本于唐、宋、明三代之旧律，其立法之用意，凡以法律制裁者，皆包括于刑律之中，虽其分析不若现代之谨严，然不可谓非一代法典之所在也。

第二款 刑名

清代之刑名，其初分笞、杖、徒、流、死五刑，皆与明代相同，无庸复述。至清季则大加改革，废除身体刑（即笞杖）而代以罚金，即徒、流二罪所附杖刑（按此制，宋、明二代及清初皆用之）亦一概删除。而明代于流刑外，所谓发遣充军诸制（不在五刑之列），并有发遣为奴之称，皆废置之，改为遣刑（列入五刑），并改为安置及当差等名目。至死刑只存绞、斩二种，凡宋代之凌迟、明代之磔刑、清初之戮尸、剉尸等残酷诸刑，一律废除，虽尚未臻于完善，然实为近代刑法改良之一大动机矣，列举如下：

（一）罚金刑（分为十等）

一等罚——银五钱（收赎折半下同）

二等罚——银一两

三等罚——银一两五钱

四等罚——银二两

五等罚——银二两五钱

六等罚——银五两

七等罚——银七两五钱

八等罚——银十两

九等罚——银十二两五钱

十等罚——银十五两

按罚金之等第，凡分为十。旧律笞一十至笞五十，改为一等罚至五等罚。旧律杖六十至杖一百，改为六等罚至十等罚。一至五以五钱为一等，五钱起，二两五钱止。六至十以二两五钱为一等，自五两起至十五两止。凡无力出银者，以银五钱折工作二日。惟十恶、奸盗等项，不准罚金，从重实行工作。

（二）徒刑（分为五等）

一年　　依限工作（收赎银十两）

一年半　依限工作（收赎银十二两五钱）

二年　　依限工作（收赎银十五两）

二年半　依限工作（收赎银十七两五钱）

三年　　依限工作（收赎银二十两）

按徒刑五等，其年限虽均照旧制，其不同之点，则均改在本地收所工作，限满释放，并不若宋明之发配远方也。

又收赎之法，即汉唐时赎刑之遗制。凡老幼、废疾及过失杀伤、情可矜悯者，均准收赎。

按清初有纳赎、捐赎，各项图说至清季一概废除，惟捐赎之法附载于例文外，其注明于律文者，只留收赎之名。

其为律不应收赎者，无论徒、流、遣刑，均不准赎。妇女有犯，仍照旧罚金，亦不准收赎。

（三）流刑（分为三等）

二千里　　　工作六年（收赎银二十五两）

二千五百里　工作八年（收赎银三十两）

三千里　　　工作十年（收赎银三十五两）

按流刑三等，均仍其旧，惟分别情节轻重。其为赦款所不原者，照旧发配；若非赦款所不原者，免其发配，均收入本地习艺所，按年工作；其情重发配者，均在配所照上年限工作。

（四）遣刑（分二等）

极边足四千里，及烟瘴地方安置，俱工作十二年（收赎银三十五两）

新疆当差，工作年限同上（收赎银数亦同）

按明代及清初之旧律，有五军之名（军罪分附近、近边、边远、极边、烟瘴五种），至宣统时已一律改易附近充军，改为流二千里；近边军，改为流二千五百里；边远军，改为流三千里；旧律极边四千里充军，改为极边四千里安置；烟瘴充军亦改为烟瘴安置，而发遣为奴之名，俱改为当差，此亦一大改革也。至极边、烟瘴两项，谓之“内遣”新疆当差（律文为酌拨种地当差），谓之“外遣”，合为三道以为满流加等之用。内外遣之到配工作年限，虽各相同，惟外遣人犯，限满不准释回，即在配所安置，实含有移民实边之政策。

（五）死刑（分二等）

绞、斩（收赎银四十两）

按死刑分斩、绞二项，凡清初沿袭宋明代之凌迟、枭示以及雍乾两朝之戮尸、剉尸诸种酷刑，已一概废除矣。又死刑之执行，旧有“斩立决、绞立决”及“斩监候、绞监候”

之区别，自此次改革。如旧律凌迟、枭示之罪，均改为斩立决；旧律斩立决，均改为绞立决；旧律绞立决，均改为绞监候；旧律斩监候，均改绞监候（所谓“立决”者，即立时处决之义；“监候”者，即付诸监所，候秋审、朝审分别情实、缓决、矜疑等类，奏请定夺）。至旧律内所有戮尸、剉尸、缘坐、枷号、夹棍、铁杆、石墩、迁徙、鞭责各色一扫无遗。自秦汉以逮宋明，伤残人道诸刑罚，可谓一大改良矣。

第三款　刑之轻重及加减

名例所规定之“十恶”、“八议”，一从唐制。如犯十恶等罪，为常赦所不原，若奉恩旨，得减等。而八议者犯罪，须先奏闻，奉旨推问，然后将应议之状，再行奏请，并取自上裁，即应议者之父祖亦同。而文武官有犯公罪及私罪之区分，则本于明律。犯公罪者较犯私罪为轻，犯公罪仅罚俸降级而止；若犯私罪，则罚俸降级外，并有革职离任之规定。

犯罪之应减者，若为从减（即从犯）、自首减、故失减、公罪递减之类，并得累减。凡徒、流、遣人又犯罪者，如已发而未论决，则从重科断；已决而又犯罪，重于本罪者亦同。其重犯（即再犯）徒流遣各罪，俱分别加役五年、三年、一年。

按此种加减例，明、清二朝，皆用之。若一人犯数罪，其情节俱轻，按之各律，均在可以减等之列者，准其以次递减。盖加罪有限制而减罪无限制，寻常加罪，止准加二等，即各律有递加专条者，亦只加至满流而止，不能加入于死。若减则不然，如果情有可原，由一等可减至五等，且有减至七等、九等者，更有减尽不科者。再加罪则斩、绞为两项，三流分三层，逐层递加，共作五层。减罪则二死为一减，均减为流，三流为一减，均减为徒。此皆杜深刻罗织之渐，而处以宽厚之意也。

各刑名之下，皆附收赎银数，与现代易科罚金之制略同，惟立法之用意则异。如凡犯死罪，非常赦所不原，而祖父母（高、曾同）、父母年龄七十以上，及有笃废疾，而其家又无以次成丁之人，照律收赎，俾其存留养亲。犯徒流者亦同。

又凡年七十以上、十五以下及废疾，犯流罪以下收赎。八十以上、十岁以下及废疾，犯杀人应死者，议拟奏闻，取自上裁。盗及伤人者，亦收赎。余皆勿论。九十以上、七岁以下，虽有死罪不加刑。又规定犯罪时，虽未老疾，而事发时老疾者，依老疾论。若在徒年项内，老疾亦如之（谓如徒役三年，限未满，年已七十；或限尚未满，而成废疾，其残余之刑，准其折算收赎）。犯罪时幼小，事发时长大，依幼小论。凡此皆寓有矜恤之意也。

第四款　刑之执行

司刑之官，京师有三法司（即刑部、都察院、大理寺），与明代相同。地方审刑拟罪之权，概属于州县。由州县而府，而直隶州，而道，而按察使，而督抚，层层复审，如供词不符，即发回再审。由督抚达于刑部，大理寺无异议，而狱始具焉。凡绞、斩诸刑，除即时执行外，必须入于秋审情实，而始定其执行。其他则分为缓决及可矜二种，至来秋再核，或从轻发落。若可矜则有准其收赎者，即老幼废疾之类是也。

凡犯人不服其地方官之处断者，得以控诉于府、道，抗告于按察使等。又不服，亦得上告于京师都察院。用意颇密，与现代所行之“四级三审”制，大致相符。又有廷讯之例，天子亲自临鞫（即御前会审制），则非常之狱也。

第五款　刑之消灭

凡行刑权之消灭，如犯人死亡及执行完毕等皆是，与宋明之制相同。而赦免其罪，则有常赦、恩赦二种。为常赦所不原者（如十恶等），若奉减等恩旨则减死从流，流从徒，徒从罚金，亦准此查办。其间颇示以限制，并不若宋明之滥。兹列举其条款大概如下：

（一）恩赦不准援免，各犯罪名（如谋反及大逆、谋杀祖父母、父母等罪）共五十一条。

（二）恩赦不准援免，酌入缓决各犯罪名（如谋杀、故杀等罪）共四十九条。

（三）恩赦不准援免，仍准减等各犯罪名（如窃盗、三犯及诱拐等罪）共九条。

（四）恩赦准予援免，各犯罪名（如诬告及斗殴杀人等罪）共三十三条。

按常赦从严，恩赦从宽。盖常赦为恒有之事，过宽则人思徼幸，恩赦为非常之典，过严则恩难普及，其用意固截然不同。至清季则以恩赦之条款，作为常赦款目，大失定例之本意矣。

清自末季为取消领事裁判权计，锐意改良司法制度，组织法院及制定各项法律，由宪政编查馆核定，呈准颁行。（其中有未及公布入民国后采用之者）殊有足供之纪述，列举如下：

（1）法院编制法　凡一百六十四条。（宣统元年公布）

（2）公司条例　凡一百三十一条。（光绪二十九年公布）

（3）商人通例　凡九条。（同上）

（4）著作权律　凡五十条。（光绪二十四年公布）

（5）违警律　凡四十五条。（同上）

（6）暂行新刑律　分二编共四百十一条。

（7）刑事诉讼律草案　分六编共五百十五条。

（8）民事诉讼律草案　分四编共八百条。

（9）民律草案　分五编（总则、债权、物权、亲属、继承）共一千五百六十九条。

张陈卿

韩非的法治思想

作者简介

张陈卿，生卒年不详。河北无极县人。曾任民国保定河北省立第二师范学校（现保定学院）校长。主要著作有《韩非的法治思想》、《青年教育通论》、《日本之青年训练所》、《日本之青年团》等。

出版社：北平［北京］，文化学社。

出版年份：1930年。

馆藏：国家图书馆中文图书基藏库。

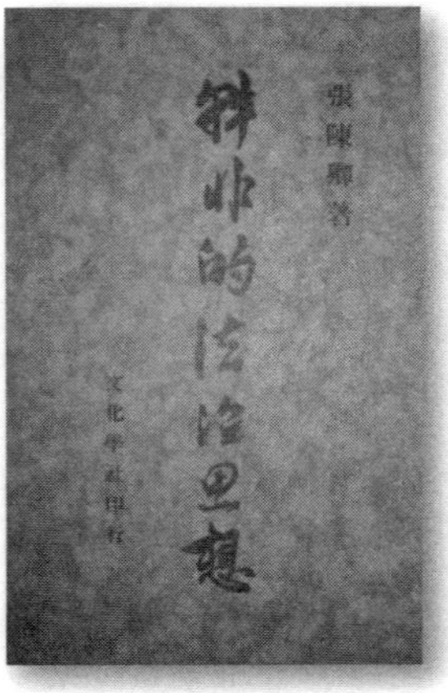

作品简介：作者在撷取《韩非子》理论精华的基础上，对韩非法治思想进行了总括，著成此书。全书共五个部分。首先，作者简述了研究韩非法治思想的动机，并简要介绍了先秦法家与韩非的基本情况。接下来作者分析了韩非法治思想形成的原因。作者认为原因有三：一是韩非受到道家思想影响，要用法的手段达到无为的目的；二是由于当时韩国国力危弱，欲使国富兵强，必用法治；三是前期法家提出的“势”、“术”等思想在治国中都存在弊端。因此，韩非总结前人理论提出了其法治思想。但是，韩非的法治思想在实践中遇到了障碍。曾参的孝，史鱼、尾生的信，杨朱的为我，墨翟的兼爱，孔子的仁义都是法治的阻碍。在详细剖析韩非的法治主张的基础上，作者指出，韩非基于“国无法必乱”、“驭臣必有法”、“使民必有法”等原因，认为法对于治理国家是非常重要的，因此主张法治。并且韩非主张之法不是旧法，亦不是申商之法，而是“著之图籍，设于官府，布于百姓”的，即“宪令著于官府，刑罚必于民心。赏存乎慎法，而罚加乎奸令者也，此臣之所师也”。作者还对赏罚制度的理论进行了深入分析。最后结论部分，作者对前文介绍的韩非法治思想进行了系统概括，并列举了史上对韩非法治思想的批评。本书脉络清晰，叙述流畅，是一部佳作。（于游整理）

第一章 绪言

（一）研究的动机

我对于《韩非子》一书，爱力极大，好像一件可爱的美术品，无时不想把玩它一样！为什么这样爱慕它呢？我想也有几个理由：

（1）它的辩论好——我在小学和中学的时候，最爱与人辩论，辩论的方法，大半都是偷的《战国策》上的。自从读了《韩非子》以后，觉着《战国策》上的辩士，多半是揣度人主当时的心理，作铺张的议论，以利诱之于前，以害吓之于后。关于道理的分析，较《韩非子》要倒退三舍；关于真理的推求，比《韩非子》更觉逊色！所以我就把爱看《战国策》的嗜好，挪在《韩非子》上来了。它辩论方法的精到和谨严，本应举几个例来说明，不过简单的读过它的都知道，详密的又太占篇幅，所以就不说了。

（2）它的文笔好——它的文笔怎样好呢？我只能说出什么“条理清楚，句简意洁，犀利无前，透辟绝伦！”几句简浅的话。要想完完全全说出它的好处来，只好请几个代表替我说了：

赵世楷在《韩非子》（重定本）“凡例”上说：“先秦文莫如韩子古峭！今铅椠之士，艳其文词，珍为帐中秘，有以也！”

茅坤在《韩子迂评》“后语”上说：“其书二十卷，五十三篇，十余万言。纤者，巨者，谲者，奇者，谐者，非者，欷者，歔者，愤懑者，号呼而泣诉者：皆自其心之所欲为而笔之于书，未尝有宗祖其何氏何门也！一开帙而爽然砉然，赫然勃然，英精晃荡，声中黄宫，耳有闻，目有见。……韩子之文。予不知其不可也！”

陈深在《韩子序》上说：“今读其书，上下数千年，古今事变，奸臣世主，隐微伏匿，下至委巷穷闾，妇女婴儿，人情曲折，不啻隔垣而洞五脏！”

我所以爱它的文笔，大概就是这几位所说的种种缘故。

（3）它的法理好——关于这层，第四、第五两章，说得都很明白，此处恕不再赘述！

因有以上三个原因，所以我很爱它；因爱的动力，深深加了一番研讨；又因研究的结果，韩非的法治思想，在我脑际居然有了系统，乘暇遂大胆地把它写出来了。

（二）材料的根据

韩非是先秦时代的一个思想家，并且是集法家大成的一个法治思想家！但以前的文人学士，多半受了“王道圣功”的传染、“忠孝仁义”的拘束，不很明了他的主张。即现在一般研究中国哲学的，虽对他很加推崇，但他的一贯思想、根本主张，也没弄很清楚，要想把他的法治思想弄个明明白白，使人相信，且不致自误，必须用确凿可靠的材料，整理出来的才可。

那么，我的材料根据是什么呢？就是《韩非子》这部书，《汉书·艺文志》上说：

“《韩子》五十五篇（名非，韩诸公子，使秦，斯害而杀之）。”

与现在的篇数完全相同。自汉至清中经二千余年，就《隋书·经籍志》、《旧唐书·经籍志》、《唐书·艺文志》、《宋史·艺文志》，晁公武《郡斋读书志》、陈振孙《直斋书录解题》、王应麟《汉书艺文志考证》和《四库全书提要》等书的记载，也都相同，虽元明之间，关于篇目少有出入，但没认此书为伪的。即前清卢文弨、俞樾、孙贻让、顾广圻诸宿，现在梁启超、胡适诸家，也没证明《韩非子》一书为全伪的。

以篇目而论，只有说：

《孤愤篇》、《难势篇》、《问辨篇》、《定法篇》、《五蠹篇》、《显学篇》、《说难篇》

都是最重要的，为韩非思想之所在。

《解老篇》、《喻老篇》

是解释老子的，无关韩非的思想。

《初见秦篇》、《存韩篇》、《有度篇》、《饬令篇》

都是可疑的，不可信，尤其有度一篇，恐怕必伪！

其余的篇目如《六反篇》、《八说篇》、《内外储说》诸篇，《说林》上下两篇，《难言篇》等等都是次要的。

可疑的几篇，据最近大家的考证，也很难说出与韩非的思想完全不同，或相背谬。那么，除可疑的几篇以外，最重要的可作主要材料，其余的可作次要材料，或参考材料，这就是我的材料根据。

在《韩非子》一书没有证明全伪以前，我根据这书所收的材料；从材料中整理出来的东西，或者不至说毫没根据！

（三）周秦法家与韩非

周秦时代的法家真算极澎湃汹涌之至了！不但可说空前，简直也算绝后！因为韩非以后二千余年来，中国主张法治的，而且法治思想可以与他们抗衡的，真是寥寥无闻！

当那个时代，法家既是如此的多，他们的思想和主张也没什么区别吗？一定有的，据我个人的鄙见，以为“法”的萌芽，虽起始于子产和管仲，但都不配称为法治思想家。子产固然是十足的政治家，管仲虽较进步，也不过于政治家的资格外，略略加了些法治主张罢了！申不害呢？在他的法治实行上不但完全失败，在法理主张上又是侧重“术”字，也只可称为法治中的术治主义者。公孙鞅呢？固然在法的实行上颇著成绩，但于“术”的运用，却完全失败，而且他所主张的法治，多重在应用和实行，很少原理的根据！说他是个重法的政治家尚可，说他是个法治思想家那就错了。慎到于法理上固多所讨论，但于“势”的主张，特别偏重，那么，也只好称他一个势治主义者了。尹文子说：“法不足则用术。”这固然是他对于“法”的信仰不坚，主张不力，而且他又是以名家著名的，在法家的思想派别中，简直难以找出他的容足地来！

韩非呢？他不但对于法治上有极端的信仰，有原理的根据，有系统的见解，有一贯的主张；而且他毫无政治家的气味，毫无偏“术”重“势”的错误；而且他是斟情酌理，依时准制，撷“术治”的精英，取“势治”的神髓，以造出来的一个集法家大成的法治思想家！

韩非的法治思想，既是这样的伟大，思想的位置当然很高，说个比喻罢，称他为法家的孔子也无不可！那么，我这篇东西的整理，不能说毫无意味了。

第五章　结论

（一）韩非法治思想的系统

韩非的法治思想，原是据有极充分的理由的！不幸后世讲道德，说仁义的先生们，竟因主张的不同，见解的错误，派别的排斥，常常指摘他的一部，以概全体，始终没有深深了解他的，发挥光大他的！岂知他的法治思想是极有系统的！

他生在弱肉强食，互相吞并的战国；他居在前当强秦，后有劲齐的韩国，时有纵横的为难，常怀灭亡的危惧；一年紧似一年，一日危于一日，要想使韩国存在，不遭灭亡，救当日的眉急，决不是数十年方能有效的迂阔儒教，所能救治；也不是自苦难行，非乐兼爱的墨说，所可补益！要讲仁义，或遭宋襄公的败衄；必求尧舜，怎能医治目前的痼疾？所谓清高，所谓隐士，岂非无用之尤！所谓文学，所谓高谈，都是太平的装饰！何补于求生不得，惧死有日的当时呢？

所以他的见解，以为救当时的灭亡，只有一条路可走，那条路就是法治。要想用法治国，必须有一种法理的规定和限制，规定即是赏罚上的规定，限制即是赏罚上的限制；但法规定好了，将如何以施行呢？只有当时传统的总揽全国大权的专制君主！这个君主，就是他所说的“势”字，他所以如此主张的，固然是受了封建制度的影响，但君臣不可共权，造父王良不可共辔，应当定于一尊，也是极重要的理由。假设没有这君主的权位，无论怎样的好“法”，也难见诸实行。

只有了“法”和执法的人（君主），还是不够！因为有执天平的人和天平，只可说较没天平好一点，还不能无毫厘的错误。这执天平的人必用天平的方法，然后才可以用得纯熟而无错误，不过君主的用法，实在不能像用天平一样平妥，切当一点说，恐怕像人驾火车一样，用的得法，瞬息即可千里；若一错用，杀身毁车也是有的。所以他主张君主应当有用法和驾驭群臣的方法，那个方法就是他所说的“术”字。

或者说他想使国家能够独立，才想到这种大任，只有君主可以担负；又想使君主能够胜任愉快，才想到君主应当有一种驾驭臣民的方法；又想这种智力的方法，实在靠不住，才想到应有标准的法令。但这种标准的法令，为当时一般臣民所不熟习，所以才费尽心思，著为专论。

以上两种说法，比较后说为佳，现为明了起见，就依后说画出一个韩非法治思想的系统表来，或者就能代替他的法治思想的系统。

强国→势→术→法
- 赏
- 罚

（二）韩非法治的一贯方法

他以为使国家独之的方法，只有强国；强国的方法，只有法治；施行法治的方法，只有把全国分成两种阶级，一为治人阶级，一为被治阶级。治人的阶级只有悬赏于前，以诱人的前进；置罚于后，以惩人的后退。只要肯前进，就加以重赏，赏一所以劝众；只要往后退，就加以严罚，罚一所以惩百。趋利的必为赏所利诱，畏罚的必为刑所胁迫，如此全国的臣民，自然教他们蹈汤，他们就不敢不蹈汤；教他们赴火，他们就不能不赴火！倘有不为赏劝，不畏罚惩的，不问他是亲是贵是贤是圣，一概以“势不足以化，则除之”（《外储说右上篇》）的方法对待之！

被治的也只有极端服从，充当治者的奴隶和牛马，决不许有丝毫的反抗，一言的非议。大有身体是国家的身体，性命是国家的性命的趋势！所以生存全为充治人者的驱策！所谓人民自然是奴隶，所谓官吏，也不过是从奴隶队里拔出来的头目罢了！

只要把全国的君民分成这两种阶级，治人的能够执行威权，境内没有不治的，国家没有不强的！要想国家独立于当时，那还成问题吗？现为明了起见，也画出一个表来，或者也可以代表他的法治的一贯方法。

全国的人
- 治人的——君主
- 被治的
  - 官吏——奴隶头目
  - 人民——奴隶

（三）韩非法治思想的批评

历代的学者关于他的批评很多，自然也有说好的，也有评坏的。大半近代人的批评，比较可靠；以前人的批评，多半迂腐。现分成两层说明于下：

（1）先说批评他坏的——

司马迁说：“韩子引绳墨，切事情，明是非，其极惨皦少恩，皆原于道德之意。”（《史记·老庄申韩列传》）

杨雄说：“申韩之术，不仁之至矣！若牛羊之用人也！若牛羊用人，则狐狸蝼蚁不胜猎也欤？”（《法言·问道篇》）

又说：“或曰‘申韩之非法法欤？’曰，‘法者，谓唐虞成周之法也，如申韩！如申韩！’”（《法言·问道篇》）

王充说：“儒生，礼义也；耕战，饮食也。贵耕战而贱儒生，是弃礼义求饮食也。使礼义废，纲纪败，上下乱，而阴阳缪，水旱失时，五谷不登，万民饥死，农不得耕，士不得

战也。”（《论衡·非韩篇》）

刘勰说：“至如商韩，六虱五蠹，弃孝废仁，轘药之祸，非虚至也！”（《文心雕龙·诸子篇》）

刘勰说：“薄者，刺仁义，专任刑法，风俗刻薄，严而少恩也。”（《新论·九流篇》）

司马温公说：“探人心，伺颜色，而求合，则邪佞诡谲无所不至，适足取死！盖非最得意文，最失意之遇。”（《说难篇》）

高似孙说：“韩子书往往上法，以神其用，薄仁义，厉刑名，背诗书，课名实，心术辞旨，皆商鞅、李斯治秦之法。而非又欲凌跨之，此始皇之投合，而李斯之所忌者，非迄坐是为斯所杀，而秦即以亡，固不待始皇之用其言也！”（《高氏子略》）

江瑔说：“言法则惨刻少恩，言术则诡谲多智！”（《读子卮言》）

把以上几个人的批评，总括起来，归纳一下，所得的结论，是说他“弃义废仁”、“违背诗书”、“惨核少息”、“牛羊用人”、“败坏风俗”、“招徕邪佞”！诅他“应当被杀”、“秦国因以灭亡”！

（2）次说批评他好的——

朱熹说：“理明后，便读申韩亦有得！”

又说：“术至韩非《说难》，精密至矣！”

王道焜说：“韩非之书十余万言，皆成于发愤感怨，贱虚名，贵实用，明赏罚，破浮淫，极法术之变，诡而不失正者也。”（《重刻韩非子序》）

门无子说：“韩非之书，言术而不止于术也；言法而不止于法也。纤珠碎锦，百物具在，诚汰其砂砾，而存其精英，则于治道，岂浅鲜哉！”（《韩子迂评》序）

又说：“以韩子为刻而不可用者，宋儒之言也。夫宋儒之言，密如猬毛，刻则刻矣！以试之用，则如棘刺之母猴！故法之刻而可者用，秦也；言之刻而不可用者，宋儒也。”（《韩子迂评》序）

把以上几个人的批评，也总括起来，归纳一下，所得的结论，是说他“贱虚名，贵实用，明赏罚，破浮淫，极法术之变”！“理极精密”，“有益治道”，“诡而不失为正”，“宋儒之吹毛求疵，不足为据”！

以上两节听说，批评坏的自然有点意气，批评好的也多忽略，都不是又完全又公允的批评！我以为比较完全公允的还有以下几位的批评——

王充说：“韩非之术，明法尚功，贤无益于国，不加赏；不肖无害于治，不施罚，责功用赏，任刑用诛。”（《论衡·非韩篇》）

欧阳修说：“法家以法绳天下，使一本于其术，申韩之徒，乃推而大之，挟其说以干世主。至其辨职分，辅礼制，于法不为无益。然或狃细苛，持刺深，可不察也。”

苏辙说：“韩非之学，并申商，而兼任法术。法之所止，虽有圣智不用也；术之不所操，虽有父子不信也。”

何犿说：“韩子名非……著书十余万言……其言法术之事，贱虚名，责实用，破浮淫，

督耕战，明赏罚，营富强！”（《进韩子表》）

王世贞说：“韩子之所为言，虽凿凿衡名实，推见至隐，而其伎殚于富强而已！”（《合刻管子韩子》序）

江瑔说：“若韩子则并民与国而忘之……曰‘恃势不恃信’，又曰‘恃术不恃信’，又曰‘不恃其不我叛，恃吾不可叛，不恃其不我欺，恃吾不可欺’。是天下无一可信之人也。”（《读子卮言》）

又说：“言术则惨刻少恩，言术则诡谲多智，然皆得法家之一偏。韩子乃得而一之，于是乎登峰造极，罔与比伦！”（《读子卮言》）

胡适说：“在当时韩非对于垂亡的韩国，固是有为而发的议论。但他把‘一切微妙之言’、‘商管之法’、‘孙吴之书’，都看作无用的禁品。后来他的同门弟兄李斯把这学说当真实行起来，遂闹成焚书坑儒的大劫，这便是极端狭义的功利主义的大害了。”（《中国哲学史大纲》）

还是照上两节的办法，总括起来，归纳一下，找出总评他的结果，说他——

“并取申商，兼任法术”，“明法尚功”，“贱虚名，责实用，破浮淫，督耕战，明赏罚，营富强”，“责功用赏，任刑用诛”，“细苛刺深”，“贤无益于国，不加赏；不肖无害于治，不施罚”。“法之所止，虽有圣智不用也；术之不所操，虽有父子不信也！”，“视天下无一可信之人”，“其伎殚于富强而已！”虽“辨职分，辅礼教，有益于治”，实在不过是一个“极端狭义的功利主义者！”然而在法家总算“登峰造极，罔与比伦”了！

这一段总起来的批评，可说是最完全最公允的！大胆一点说，把这段当作韩非法治思想的缩小像片，也无不可！不过他的系统的思想，一贯的方法，没有人整理出来，他主张术士定法，是否有背舆情？君主枉法，无法裁制，是否算作缺点？没有人指摘出来，不能不算千余年来批评者的遗憾了！

高一涵

中国内阁制度的沿革

作者简介

高一涵（1885—1968），原名高水浩，别名涵庐、梦弼等，南官亭人。高一涵自幼好学，13岁能作诗文。1912年，自费留学日本，入明治大学政法系就读。1916年毕业回国，任北京大学编译委员，兼中国大学、法政专门学校教授。1925年加入中国国民党。1926年，高一涵赴武昌途中于上海加入中国共产党，先后担任武昌中山大学教授、政治系主任，法科委员会主任兼国民革命军总政治部编译委员会主任，国民党安徽省党部执行委员兼宣传部长等职。“四一二”后，蒋介石、汪精卫相继叛变革命，大肆捕杀共产党员和革命群众，高一涵脱离了共产党，避居上海，任法政大学教授、政治系主任和吴淞中国公学大学部社会科学院院长。1931年至1949年，高一涵先后任国民政府监察院委员、两湖监察使、甘宁青监察使、国民大会代表。1949年中华人民共和国成立后，历任南京大学教授、政治系主任、法学院院长，南京市监察委员，江苏省司法厅厅长，江苏省政协副主席等职。1950年高一涵经周新民、陈敏之介绍加入中国民主同盟，任民盟江苏省副主任、民盟中央委员、全国政协委员等职。1968年4月病逝于北京。高一涵一生主要从事高等教育工作。在北大任教时，高一涵与李大钊、陈独秀等人颇有交往，曾主编《晨钟报》、《甲寅日报》、《每周评论》、《努力月刊》、《现代评论》等重要刊物，主要著作有《政治学大纲》、《政治学纲要》、《欧美政治思想史》等，并翻译过美国《杜威的实用哲学》和《杜威哲学》等。

出版社：上海，商务印书馆。

出版年份：1930年。

馆藏：国家图书馆中文图书基藏库。

作品简介：本书分为六个部分：导言；自秦到六朝的宰相制度；自隋到宋的三省制度；金元的单省制度；明清两代的内阁制度；内阁的职权。

在导言部分，作者开门见山指出了中国内阁制度的特色：无内阁名号的宰相是事实上的内阁，有名号的内阁只是名义上的内阁；中国内阁无一定组织和职权；受君权制约。中国内阁是参与机要的秘密机关和政治中枢。从第二到第五部分，作者通过考证，论述了中国内阁制度的变化。具体来说，秦汉以相国丞相或三公掌内阁的职务，后汉以尚书掌内阁职务，魏晋是中书掌握，六朝时门下掌诏令机密，后周以大冢宰掌内阁职务。隋唐由三省同掌宰相职权，宋朝名为三省分治国政，实为一省专政，金元则采单省制度。明初中书掌内阁职权，后由六部分掌，成祖以后则是内阁。清朝袭明朝旧制，设内阁，但到雍正设军机处后，军机处逐渐成为真正之内阁。第六部分，作者以清代为例，叙述了内阁和事实上的内阁即军机处的职权。内阁有起草诏令、票拟批答、保管御宝等职权；军机处有应答君主咨询、商定军事计划、议决国家大政、起草上谕、审议撰拟题奏、奏请任免钦命文武官吏等职权。

全文以史料为根基，详细梳理了中国内阁制度的沿革，并指出君主制是中国内阁制无定制、无定员、无定职的根本原因，可谓一针见血。研究中国古代政治制度，本书具有很高的参考价值。(邱少晖整理)

导言

中国古代并没有内阁的名称，凡国家大政均归宰相掌管，直到明代成祖的时候，才创下这内阁的名号。但是秦汉诸朝的宰相，和明清两朝的内阁，虽然都是君主的辅弼，但宰相事无不统，很和近代欧洲各国的内阁职掌相似，而明清的内阁，专司票拟，却和近代许多机关中秘书厅的职掌相似。因为秦汉的宰相辅助天子，赞理万几，自钱谷兵刑以至长吏的迁除，皆归宰相综核，六曹百官皆归宰相统率。到了明洪武年间，废除宰相制度，把国务分归六部管理，内阁的阁员只备顾问，重大的职掌在司票拟，仿佛如知制诰的翰林。由此看来，当那没有内阁制度的时代，倒反有实行内阁职权的宰相；到了有内阁制度的时代，却只有起草文书的秘书厅。故明清两代内阁的职掌，不但与近代立宪国家的内阁的职掌不同，并且与中国古代的宰相的职掌也不同。简单的说，没有内阁名号的时代，反有事实上的内阁，有了内阁名号的时代，反只有名义上的内阁。这是中国内阁制度的一种特色。

中国的中枢之任，既不必一定要由法定机关执掌，也不必一定要由法定官吏执行，究竟谁秉国钧，可由君主随时决定。往往行使宰相实权的，不一定要居宰相的官位；居宰相官位的，又不一定能行使宰相的实权。例如，汉代以三公为宰相，至后汉三公虽在，但尚书却实行宰相的职权；至曹魏以后，三公更变成具员，而宰相的实权又归中书监令。唐初以尚书、中书、门下三省为政治中枢，后来各省长官如不带“同中书门下三品”或“同平章事”的头衔，便成为本省的事务官，一概不得预闻机密。至于“知政事”、“参议朝政”、“参预朝政”、“参知政事”、“参知机务”等官，就是不为三省长官，却反可以任宰相之任。再如明代的内阁，起初不过办理制诰等事，到了仁宣以后，大学士往往因为得到保傅的荣任，地位越高，阁权越大，君主反而言听计从。由此看来，中国的内阁既没有一定的组织，也没有一定的职权，有时可以把内阁的职务委托那非阁员执掌，有时又可以因为人的关系，把阁权随便缩小或扩张。这样无定制、无定员、无定职的中枢制度又可算是中国内阁的一种特色。

近代各国的内阁地位和职权固然是各有不同，可是最不同的，要算是英美两国。英国的君主在事实上并不是行政元首，事实上的行政元首便是内阁总理。美国的内阁只算大总统的仆役，故内阁的行为，从法律上说，皆是大总统的行为。因此，英国的君主事实上有服从内阁的习惯；美国的内阁，却有服从大总统的义务。中国无论是宰相，是内阁，皆不过是君主的仆役，皆一概服从君王。就这一点说，中国的内阁地位和权限与美国相似，与英国的内阁在实际上为行政元首者不同。美国的阁员由大总统任免，阁员“除与大总统会议机密外，与他官吏无异”①。中国的阁员任免权也由君主自由行使，宰相或阁员，除参预

① 蒲徕士：《平民政治》第九章。

机密外，也和他种官吏一样。丞相的名称始于秦代，应劭说，“丞者承也，相者助也。”《通典》亦说：“相国丞相皆秦官，掌丞天子，助理万几。”由此可见中国的宰相或阁员都不过是天子的仆役，他们所做的行政事务都是天子的行政事务，不是自己的行政事务，因此，便不能像英国的阁员享有特殊的地位。

再英国的内阁为合议制的团体，阁员对于政策负有连带的责任。“美国政府无全体之行动，其实则美国政府本无所谓全体，各自隶属于大总统之下，人人对于大总统负责任，内阁员与内阁员之间无共同之政略，亦不负连带之责任。”[①] 中国的宰相或大学士也和美国的阁员一样，有时几个人同为宰相或大学士，这几个人都是各自独立的，各以独立的见解辅助君主，绝不负什么连带的责任。虽然在汉代以后，国家有大造大疑，由三公通而论之，国家有过事，由三公通谏争之[②]；明清两代，国家有大事，交内阁九卿会议；可是三公或阁员不一定要一致的议决，仍然可以独立的意见上奏。就是首相，也没有统一全体阁员意见的责任，因此，也没有连带辞职的必要。就这一点说，中国的内阁，又很和美国的内阁相似。

凡是行内阁制的国家，总把阁员的行为看作自己的行为，并不把他看作君主或大总统的行为。因此，内阁对于职权的行使，负有无条件的责任。又因为内阁负有无条件的责任，所以对于君主或大总统的违法的或不利益的命令，可以拒绝执行或拒绝副署。中国的宰相或大学士只是君主的辅弼，甚至于只备君主的顾问，所有行为都是君主的行为，故充其量只可以“献替可否，奉承规诲”[③]，在法律上绝没有拒绝执行或拒绝副署的特权。近代立宪国家，凡君主或大总统的行为，如果不经阁员参与，便不能发生效力；中国的阁员行为因为皆是君主的行为，所以没有这一层的限制。因为这样，所以立宪国家的阁员只是对于自己行为不行为负责，并不是代人负责；中国的阁员本来只是君主的仆役，如果负责，便是代君主负责，并不是对于自己行为不行为负责——因为他们自己没有独立的行为不行为的特权。

再近代的阁议多属公开性质；中国阁员的参赞机密事务，多属秘密性质。因此，凡是宰相，特殊的职务就在参预机密，反过来说，凡是参预机密的官员，皆可以称为宰相。后汉时尚书掌机衡之任，故尚书变成宰相；曹魏时中书监令预闻机密，故中书监令变成宰相；元魏时使门下省的侍中掌枢密之任，故侍中变成宰相。清代当西北用兵时，怕内阁泄露机密，特设军需房，后来改为军机处，专办机密事件，故军机处又变成真正的内阁。由此看来，中国的内阁乃是参与机要的一种秘密机关。

把上述的各点综括起来，可以说中国的内阁乃是受君主随意委任，秘密帮助君主做事，专对于君主负责的顾问的或辅弼的机关。再专就明清两代的内阁说，中国的内阁乃是点检

① 蒲徕士：《平民政治》第九章。

② 参见《后汉书·百官志》。

③ 《明史·职官志》。

题奏，票拟批答，起草诏令，兼备咨询的秘书厅。

本篇以叙述民国以前的内阁制度为限，民国的内阁制度是摹仿欧洲的，和中国旧有的内阁制度没有什么沿革的关系。可是要想叙述明清两代的内阁制度，便不得不先叙述明代以前的宰相制度；要想叙述明代以前的宰相制度，便不得不划分时代。现在且把他分作四期叙述，自秦到六朝为一期，自隋到宋为一期，自金到元为一期，自明到清为一期。前三期是行宰相制度或省的制度的时代，后一期是行内阁制度的时代。

五、明清两代的内阁制度

明代初年还沿用元代的旧制，设中书省，置左右相国及平章政事等官。到了洪武十二年，左丞相胡惟庸等既伏诛，便废掉中书省，抬高六部的地位，使分司国务。于是造成绝对的君主独裁制，历代所称为宰相之官，到这时便完全废止了。虽然仿照唐宋集贤资政等制，设大学士，可是只用他们备顾问，并不用他们来参与国政。且看《明史·职官志》说：

洪武十五年，仿宋制，置华盖殿、武英殿、文渊阁、东阁诸大学士，又置文华殿大学士，以辅导太子，秩皆正五品。敕谕群臣，国家罢丞相，设府部院寺，以分理庶务，立法至为详善，以后嗣君其毋得议置丞相，臣下有奏请设立者，论以极刑。当是时，以翰林春坊详看诸司奏启，兼司平驳，大学士特侍左右，备顾问而已。

由此看来，当洪武年间，大学士还以掌翰林职为主，只备顾问，不能算是政治的中枢。到了成祖以后，侍讲、侍读、编修、检讨等官，才参预机务，于是才有内阁的名称。再看《明史·职官志》说：

成祖特简讲读、编检等官，参预机务（简用无定员），谓之内阁。然解缙、胡广等既直文渊阁，犹相继署院事。至洪熙（仁宗年号）以后，杨士奇等加至师保，礼绝百僚，始不复署。正统（英宗年号）七年，翰林院落成，学士钱习礼不设杨士奇、杨荣座，曰此非三公府也。二杨以闻，乃命工部具椅案，礼部定位次，以内阁固翰林职也。嘉隆（世宗、穆宗）以前，文移关白犹称翰林院，以后则竟称内阁矣。

大概明代的中枢机关，在国初是中书省，在洪武十三年后是六部，成祖以后是内阁，至仁宗时阁权尤重。因为此后杨溥进位少保，杨士奇、杨荣进位少师，以师保兼领阁权，所以阁权渐重，和宰相简直没有什么差别。自此，六部的权任渐轻，凡事多禀承内阁的意旨，然后施行，而六部便变成隶属内阁的机关了。

明代内阁的职掌，据《明史·职官志》说：

内阁中极殿（旧名华盖殿）大学士、建极殿（旧名谨身殿）大学士、文华殿大学士、武英殿大学士、文渊阁大学士、东阁大学士，（并正五品），掌献替可否，奉承规诲，点检题奏，票拟批答，以平允庶政。凡上之达下，曰诏，曰诰，曰制，曰册文，曰谕，曰书，曰符，曰令，曰檄，皆起草进画，以下之诸司；下之达上，曰题，曰奏，曰表，曰讲章，曰书状，曰文册，曰揭帖，曰制对，曰露布，曰译，皆审署申覆而修画焉，平允乃行之……大典礼，大政事，九卿科道官会议已定，则案典制，相机宜，裁量其可否，斟酌入告……以其授餐大内，常侍天子殿阁之下，避宰相之名，故名内阁。

当成祖初创内阁的时候，只正五品，官秩很卑，故朝位班次，远在尚书侍郎之下。自仁宣以后，阁权渐重，便渐得支配六部，“嘉靖以后，朝位班次俱列六部之上。”① 故凡国家有大典礼、大政事，由九卿科道官议决，经内阁核准，才能够上奏。可见内阁对于六部及院寺的议决，有裁度可否之权，这是内阁得统制六部以下各官厅的明证。不过明代内阁的职掌，专门在票拟一事，只同知制诰的翰林，并不似古代宰相的职掌。故自后汉事归台阁而后，其官虽然不是宰相之官，其职还是宰相之职；自明代改为内阁制度以后，其官既不是宰相之官，其职也不是宰相之职了。

清朝政府，多沿明代旧制，内阁制度也是这样。清代内阁设大学士满汉各二人，正一品，“均由特简，赞理机务，表率百僚。”② “内外诸司题疏到阁，票拟进呈。”③ 补授后，再由君主命兼殿阁及六部尚书衔。殿阁名有六，曰保和殿、文华殿、武英殿、体仁阁、文渊阁、东阁（旧制殿名四，阁名二，乾隆十三年省中和殿衔，增入体仁阁衔，为殿阁名各三）。再设协办大学士满汉各一人，俱从尚书本衔，为从一品。协办大学士与大学士同厘阁务，仿佛宋代的参知政事，比宰相次一等，不过宋代参知政事是政府的正员，清代的协办大学士却是以尚书充任的，部务乃是本职，阁务不过是兼职罢了。此外还有学士，掌敷奏本章，传宣纶綍。又有侍读学士，掌收发本章，总稽翻译。

清朝的内阁成于康熙时代，在这时已有翰林院分去内阁一部分职掌，因为翰林院也是掌制诰以备顾问的机关。到了雍正年间，别设一个军机处，又分去内阁一部分重要的职权，于是内阁的职权渐轻，而军机处的职权渐重，大有代替内阁管理一切机密事务的趋势。且看蔡镇藩在《请审官定职疏》中说：

国初内三院皆设大学士，康熙时改为内阁，分其职而设翰林院，雍正时又分其职而设军机处。内阁、翰林院、军机处，即初时之国史院、宏文院、秘书院也。惟军机处因西北军务而设，未遑定官，迄今百数十年，赞理万几，政事无所不统，并非专办军务。④

清代的军机处本为西北用兵而设，最初是专管军事的机密命令和计划的，略如元代枢密院的职掌。后来因为军机大臣，天天在皇帝的左右，参赞机务，便把内阁的职权渐渐夺过去了，居然成为内阁中的内阁。起初，内阁、翰林院和军机处，虽然同为君主的秘书厅，可是所司的职务还是分的，且看王昶在《军机处题名记》上说：

本朝谕旨诰命其别有四。凡批内外臣工题本常事，谓之旨；颁将军总督巡抚学政提督总兵官榷税使，谓之敕；皆由内阁撰拟以进。凡南北郊时享祝版，及祭告山川，予大臣死

① 《明史·职官志》。

② 《历代职官表》卷二。

③ 《皇朝通考·职官考》。

④ 参见《皇朝掌故汇编·内编》卷一。

事者祭葬之文，与夫后妃宗室王公封册，皆由翰林院撰拟以进。然惟军机处恭拟上谕为至要。上谕亦有二，巡幸，上陵，经筵，蠲赈，及内臣自侍郎以上，外臣自总兵知府以上黜陟补，暨晓谕中外者，谓之“明发上谕”；诰诫臣工，指授兵略，查核政事，责问刑罪之不当者，谓之“寄信上谕”。明发交内阁以次交于部科；寄信密封交兵部用马递，或三百里，或四五六百，或至八百里以行。其内外臣工书所奏事，经军机大臣定议取旨，密封递送亦如之。

由此看来，至雍正后，凡草拟上谕，参赞这一类机密大权，已经转移到军机处手中，内阁概不能参预。就因为“内阁在太和门外，儤直者多，虑漏泄事机……军机处地近宫廷，便于宣召，为军机大臣者，皆亲臣重臣，于是承旨出政，皆在于此矣”①。这就是军机处所以夺取内阁的职权的真正原因。

到了光绪二十七年，又设会议政务处，以分军机处的职权，除关于军国大事外，普通政务方针，皆由政务处审议。政务处的重要职权就是，（一）会议特旨交议事件；（二）审议百官的条陈；（三）审核各衙门的奏章。最后到宣统三年，清廷乃颁布《新内阁官制十九条》，仿效近代欧美各国的内阁制，而以庆亲王为内阁总理。中国废掉历史上固有的内阁制，采用各国通行的内阁制，可算是从这个时期起首的。自明代到清末，内阁制度的沿革，大概如此。

六、内阁的职权

中国内阁的职权向来是不固定的，遇到大有为的君主，如清康熙乾隆的时代，阁员只能惟惟听命；遇到昏庸的君主，如明世宗、熹宗的时代，阁员又往往是大权独揽。这种因人而变的内阁制，实在是专制政体下的必然的结果。

中国式的内阁制度，到清代而止，故本节所述的内阁的职权以清代为主。又因为清代的内阁和军机处并立，职权的分野既没有法令规定，又没有天然的界限可循。虽然到了清末，有人建议把军机处改为枢密院，专掌兵要②，但这个建议并没有成为事实。故军机处的职掌虽然和元代的枢密院及明代的都督府的职掌大致相同，但因为机关接近君主，人员又为君主所信任，所以往往夺取内阁的实权。由此看来，军机处在实际上居然成为内阁中的内阁，甚至于成为内阁上的内阁。大学士如果不带军机大臣的头衔，往往只管阁务，不得参与机密。军机处既然成为事实上的内阁，自然不能不叙述他的职权了。故本节先叙述清代内阁的职权，然后再叙述清代军机处的职权。

（甲）内阁的职权 前边说过，中国式的内阁，乃是“点检题奏，票拟批答，起草诏

① 赵翼：《军机处述》。

② 参见蔡镇藩：《请审官定职疏》。

令，兼备咨询的秘书厅”，那么，内阁的职权当然以这几种事项为主了。现在为方便计，姑且分别叙述如下：

（一）起草诏令　明清两代的内阁既然很像知制诰的翰林，故起草文书，乃是阁员的重要职务。明代的阁员因为起草诏令，所以有人说，阁臣发议可以代替王言，地位非常重要。清代自设军机处后，上论虽然由军机处起草，可是“凡批内外臣工题本常事，谓之旨，颁将军总督巡抚学政提督总兵官権税使，谓之敕，皆由内阁撰拟以进”。诏令的起草虽然还要呈请君主裁可，比不得现代国务员的拟定命令权，可是在事实上君主却多半是同意的。有时固然要遵奉君主的意旨去起草，但是有时君主或不曾表示意见，而阁员的草稿往往有转移君主意见的效果，使君主只立在同意的地位。

（二）票拟批答　凡内外诸司的题奏到阁，内阁检阅题奏的内容及方式，付以意见，用小票墨书贴各疏面以进。又关于官吏的任免进退，因等级的高下，事情的轻重，拟定办法进呈。有时因为有几种处分的办法，并可以用双签、三签、四签，以待君主的决定。

（三）收发本章　中央各部院的题奏，直达内阁，地方长官的题奏，经通政司转达内阁（自光绪二十八年废通政司，凡外臣上奏皆直达内阁）。内阁检阅这一类的题奏，进呈君主，君主因军机大臣的详议然后决定采否，除密行文件外，皆发交内阅，由内阁发送下去，以达于各官厅。

（四）撰拟徽号谥号“凡上徽号，进册宝册印，俱由内阁撰拟文篆，至皇子皇孙及王公公主名号，俱承旨拟奏。”凡庙号尊谥赐谥，皆由内阁照一定的字义拟定上呈。

（五）保管御宝　清代的御宝比任何朝代都多，藏于交泰殿者二十五，藏于盛京者十。因事件的性质不同，故所用的玺印也不同。这些事务也是内阁的职务。

（六）纂修实录史志诸书“凡纂修实录史志诸书，充监修总裁官。”

（乙）军机处的职权　军机处乃是办理枢务承写密旨的地方，以机密为主，因为机密的缘故，不得不擢用亲信的大臣，因为任用亲信的缘故，不知不觉的便夺去内阁的实权。到了吸收内阁的实权而后，便变成惟一最高的统治机关，不止办理军务，凡军国大政，几乎无所不统。现在姑且把他的职权分述如下：

（一）应答君主的咨询　军机处是君主的最高顾问机关，不论君主在京或在外巡幸，总令军机大臣随行，随时召见顾问。清初机事皆归内阁，自雍正以后，本章归内阁，机务及用兵皆归军机处，故君主几乎没有一天不和军机大臣见面。凡君主有所商议，必随时召见军机大臣陈述意见。

（二）商定军事计划　计划军事乃是设立军机处的惟一目的，凡用兵方略，皆由军机处随时决定，密谕前敌军将遵行。

（三）议决国家大政　军机处不只备君主的顾问，遇到国家大政，往往交由军机处议决。例如于既定官制外，从新设立新官制，或处理新设官厅的特别行政事件，及决定外交事务的方针，并宣战媾和等事，皆由军机处密议，经君主裁可施行。

（四）起草上谕　军机处的职掌“在恭拟上谕”①，凡“巡幸、上陵、经筵、蠲赈，及内臣自侍郎以上，外臣自总兵知府以上黜陟补，暨晓谕中外者，谓之明发上谕，诰诫臣工，指授兵略，查核政事，责问刑罪之不当者，谓之寄信上谕”，皆由军机处拟稿，呈请君主酌定。

（五）审议撰拟题奏　凡由内阁所拟的旨敕，由翰林院所拟的封册祭祀之文，如果君主认为不当，便交给军机处审定。② 又“凡内外臣工所奏，有旨敕议者，审其可否以闻。”③

（六）审理大狱　军机处关于破坏国宪紊乱朝政的政治犯，有最终的审理权。如归军机处特别管辖，便由军机处传讯，如须和刑部协议，便同刑部会审。由此看来，军机处也可以行使特别的司法权。

（七）奏请任免钦命文武官吏　凡钦命的文武官员（京内文官自大学士至京堂，武官自御前大臣至步军前锋护军统领，京外官吏自将军督抚至布政使按察使）的任免进退，均由军机处奏请，或开列候补人的名单，或开列各官厅的缺单，奏上而请君主决定。

以上所述的乃是内阁和军机处的职权。不过严格说起来，无论是内阁，或军机处，都没有一定的权限，只有随时属托的事务。简单一句话，就是在君主专制政体之下，“创制立法，皆天子之事，既出圣裁，实为典要”④，故内阁所有的只是义务，绝没有什么权利。所以《历代职官表》说，“总之钧衡近地，职参密勿，其事权之属与不属，原不系乎宰相之名，而惟视乎人主之威柄以为操纵”⑤。如果行近代的内阁制，便是清高宗说的“为宰相者居然以天下之治乱为己任，至目无其君，此尤大不可也”⑥ 了。这就是中国式的内阁制度所以无定制无定员无定职的原因。

---

① 王昶：《军机处题名记》。

② 同上。

③ 同上。

④ 是明监察御史许士廉等对明太祖说的话，见黄元昇：《昭代典则》。

⑤ 《历代职官表》卷二。

⑥ 《书程颐经筵劄子后》。

徐朝阳

中国亲属法溯源

作者简介

徐朝阳，民国时期著名法律史家。在20世纪20年代末30年代初，他先后出版了中国刑法史以及中国诉讼法史等方面的专著，著有《中国古代诉讼法》、《中国刑法溯源》、《中国亲属法溯源》、《中国诉讼法溯源》、《刑事诉讼法通义》等。

出版社：上海，商务印书馆。

出版年份：1930年。

馆藏：国家图书馆中文图书基藏库。

作品简介：亲属法是现代民法结构体系中的重要内容之一，由于各国的民族文化差异，亲属法一般具有自身的显著特色。传统中国虽然没有现代意义上的亲属法，但是有一套更为系统和特色的规则，这些规则主要隐含在礼之中，也有一部分存在于当时的法典之中。中国古代的亲属法受到宗法观念的影响极其深刻。一般而言，传统分中国的亲属可以分为宗亲、外亲和妻亲三种。亲等的具体计算则是依据服制来划分的，这种计算方法与罗马法中注重血缘关系的自然因数有着显著的差异，它更加注重宗法社会的伦理。其典型的代表就是五服制度，通过该制度将婚姻、家庭、继承等关系予以具体化。本书就是对中国传统亲属法进行系统研究的一部学术力作。

由于传统中国的法典在内容上主要是涉及维护封建皇权的刑事规则，所以侧重于刑罚的设立与运用，对于私法涉及较少，且私法的主要内容更多地存在于礼与习惯之中。徐朝阳就认为“惟憾私法之观念独为幼稚，究其原因，良由我国民族特性侧重刑法使然”，“夫我国之私法早具雏形，特混于礼制之中，而未获独树一帜”。正是在这样的背景之下，促使作者对传统中国的亲属法作系统的整理与研究。

本书的直接出版与民国时期的另一著名法学家阮毅成的建议有着密切的关系。作者曾言：“丙寅秋，道经武林，学友阮毅成、钱英夫妇见之，谬承痂嗜，力劝付梓。谓：夫世界法系，大别有五，即：罗马法系、回教法系、印度法系、英法系，及中华法系是也。回教、印度两法系，迄今衰微不振，英法系为不成文法国，无论矣。罗马法系自法德两国继受于后，成法法、德法两系，至今繁荣于欧亚诸国。诚能比较研究，弃其糟粕，摘取精华，藉以灌输吾国民之智识；并以供改革设施之方针，尚矣！至若以西欧治举之方法，搜讨吾国之文献，参稽诸制，摭拾群言，考古昔之礼制，溯法律之渊源；俾知吾先哲所艰难缔造者；影响于近世为何若，而谋有以发挥光大之，又吾侪之职责也。”正是在这种希望通过学术研究来启迪民智、推动国家改革的动力下，作为一名法学知识分子，作者对传统中国的亲属法作出了辛勤的研究。

本书共分为六章，分别是第一章“亲属之名称”，第二章“亲属”，第三章“家制”，第四章“婚姻”，第五章“亲子”，第六章“宗法考证”。从本书的结构上看主要是考证传统中国的婚姻家庭亲等制度，然后论证不可回避的宗法制度。（余钊飞整理）

自　序

人事事项，欧美各国恒执法律以相绳。我国则让诸礼制。如《周礼》、《仪礼》、《礼记》诸书，条分缕举，言之綦详，后世式遵，递遗勿替。洎唐有《六典》，明有《通典》，清有《通礼会典》，于尊卑名分之防，上下等级之辨，以及婚姻丧祭之仪文，益复详细规定，以为朝野共由之法则；虽名礼制，实亦有法律之性质存焉。考我国自有史以来，礼乐兵刑之制，田赋学校之规，上起唐虞，下迄近代，史乘所载，粲然可观。惟憾私法之观念独为幼稚，究其原因，良由我国民族特性侧重刑法使然。盖自虞舜之世，皋陶作士，粗定法制；其后夏有《禹刑》，商有《汤刑》，周有《九刑》，降及春秋，齐有轨里连乡之法；晋有被庐之法；楚有茅门及仆区之法。刑书之铸，更炽一时，仿佛罗马之《铜标十二律》。其时如管子、郑侨、李悝、邓析、商鞅、韩非之徒，均能用法而得法外意者。秦汉而后，法律渐臻详备，逐日新月异而岁不同。惜均属刑罚法一门，而于私法略而不定，或定而不详，识者慨之！夫我国之私法早具雏形，特混于礼制之中，而未获独树一帜。夫是以法家言法，礼家言礼，二派排轧，自相水火，致令国家人民所共同遵守之法规，遂歧而为二：一偏于法律，视礼教为繁文；一偏于礼教，视法律为末务，泾渭异流，恒厈厍而不相入；遂使包藏富有私法性质之礼制，久沦为社会法规，未克早成国家规则，坐视刑法成名，外邦景慕，私法虽早发达，隐而不彰，谓民法为非我国古代之产物，深可慨矣！愚怀憾至久，谨按现行法之编制，考古代之遗规；非敢云摘发数千载之蕴藏，实欲藉以引起大众之研究，兹帙之作，职此之由。

考各国民法法典之编制，不外罗马式与德国式二种，罗马之编制，系以家族制为基础，以人之身份关系为私权所从出，特将亲属关系，编入民法卷首，与私权享有及能力失踪等法规，合并而为人事编，即以此编为民法全体共通之事项，不另有总则之规定。迨后德意志等国编纂法典，始改其制。以亲属别为一编，列诸债权、物权之后，继承之前，仅私权享有及能力失踪事项等法规，弁诸卷首，名为总则，由是民法法典遂有两种编制焉。日本现行民法采用德国式。我国《民律草案》亦然。至如古代，愚本拟仿照草案编制，稽考古时法规，分总则、债权、物权、亲属、继承五编。然苦秦火燔焚，书多灰烬；粤稽古籍，考证为难。礼书所载，亲属较详，衡诸兹制，包罗备有，故先草此编，余惟俟诸异日。

神州奥区，开化独早，政治学术，炳然称盛，持较域外，纵长短互著，得失悬殊，要亦一代之精英也。世之急功利者，仪型西邦，夷毁旧艺，弁髦六经之册，趋骛象胥之学，流风所煽，海内皆然。然物极必反，剥极必复国故之学，至今日渐形复活，国内诸儒，研究宏多，伊予小子，学识浅陋，门奥未窥，奚敢侈谈国故，窃取美名，遗讥大雅，但以既习法律，攻苦于斯，暇辄翻阅典籍，涉览礼经，钩稽所谓有法律性质者笔之于书，久而裒然成帙，用备自览，不敢示人。丙寅秋，道经武林，学友阮毅成、钱英夫妇见之，谬承痂嗜，力劝付梓。谓：夫世界法系，大别有五，即：罗马法系、回教法系、印度法系、英法系，及中华法系是也。回教、印度两法系，迄今衰微不振，英法系为不成文法国，无论矣。罗马法系自法德两国继受于后，成法法、德法两系，至今繁荣于欧亚诸国。诚能比较研究，弃其糟粕，摘取精华，藉以灌输吾国民之智识；并以供改革设施之方针，尚矣！至若以西欧治举之方法，搜讨吾国之文献，参稽诸制，摭拾群言，考古昔之礼制，溯法律之渊源；俾知吾先哲所艰难缔造者；影响于近世为何若，而谋有以发挥光大之，又吾侪之职责也。今吾子于读律之暇，肆力于斯，既有成矣；宜付杀青，以公众览，并藉以求正于当世，收攻错于他山，纵个人思想时有变更，不妨异日再加修正，奚愧恧为？爰韪其言，将原稿呈舅氏陈梦九先生鉴定，用付手民，芜冗漏略，自知不免，幸海内君子进而教之。

中华民国十五年秋月徐朝阳识

第一章　亲属之名称

尝考日本亲族法以族通称于各种亲类，不专指同宗之血族；即异姓之配偶者及姻族，均包在内，皆谓之亲族。欧美亦然，日盖仿自欧美也。中国有亲族无亲族律之称。律例中凡亲族二字，专指同宗族之亲而言；若包括族亲姻亲之全体，则用亲属二字。所谓亲族者，不过亲属中之一种而已。亲属二字，确有所本，试溯言之，如《明律》“妻与夫亲属相殴条”注，于亲属兼指本宗外姻，所谓本宗，即五服以内之宗亲，虽夫妇亦得包括在内；所谓外姻，则统指母党之亲，妻党之亲，是旧律用语，实为各种服亲之通称，可无庸疑。若征诸经史，则《礼记》有亲属二字并言者。如：

“六世亲属竭矣。”（《大传》）

兹就亲属二字之意义，于吾国书籍所言者，举之如下：

刘熙《释名》云：“亲，衬也，言相隐衬也。”

《增韵》云：“姻也。”

《礼记》云：“亲者属也。”（《大传》）

次释属。《说文》云：“连也，从尾。”《徐》曰：“属相连续，若尾之在体，故从尾。”

刘熙《释名》云：“属，续也，恩相连续也。”《郑笺》云：“属者，昭穆相次序也。”

《郑笺》所云，似专指同宗亲属而言；盖同宗然后有昭穆，异姓无所谓昭穆。不若《礼记·贾疏》谓有亲者各以其属而为之服，可包括一切也。

第二章　亲属

第一节　亲属之范围

亲属关系成立之原因，由于婚姻与血统。因血统而宗亲之关系以生；因婚姻而外亲、妻亲之关系以生。故《民律草案》分亲属之种类，为宗亲、外亲、妻亲。实则《尔雅》释亲，亦分宗族、母党、妻党数种。古今相同，分款述之。

第一款 宗亲

宗亲者，指同一祖先所出之男系血统也。宗亲之范围，考诸经典，暨历代之法制，皆以九族为断。《尚书》云："克明俊德，以亲九族。"（《尧典》）

《集传》谓："明，明之也，俊，大也，九族，高祖至元孙之亲。"则古代宗亲之规定，与近世吻合，可无疑义。若于班固、杜预诸人之解释，则有异乎是。如孟坚云：

"《尚书》曰：'以亲九族。'族所以九何？九之为言究也，亲疏恩爱究竟也。谓父族四，母族三，妻族二。父族四者，谓父之姓一族也，父女昆弟适人有子为二族也，身女昆弟适人有子为三也，身女适人有子为四族也。母族三者，母之父母一族也，母之昆弟二族也，母昆弟之子三族也。母昆弟者，男女皆在外亲，故合言之。妻族二者，妻之父为一族，妻之母为二族。"（《白虎通·九族》）

则所云九族，不以同姓为限。杜预亦解：

"九族谓外祖父、外祖母、从母子，及妻父、妻母、姑之子、姊妹之子、女子之子，并己之同族，皆外亲有服，而异族者也。"（《左传·桓公六年》注）

班、杜二氏之解释，与《尚书》所注迥殊。然后人贾公彦、陈祥道、李格非诸人均以本宗之高宗至玄孙为九族，顾炎武亦赞成《尚书孔传》，而痛驳元凯所云（参看顾炎武《日知录·九族》），诚正论也。且九族之为同姓，于《左传》亦有所证，特元凯疏忽而未之思耳。《左传》云：

"二华，戴族也。司城，庄族也。六官者，皆桓族也。"（《成公十六年》）

他如《周礼》小宗伯掌三族之别名，《丧服小记》说族之义曰："亲亲以三为五，以五为九。"以此言之，可知高祖至玄孙为九族，更属显然。又考《左传·襄公十二年》杜注云：

"同族谓高祖以下。"

是九族为本宗，更无庸疑义。元凯抑何矛盾如此！

细绎古书记载，《尧典》九族之制，确为古代所同遵。尊属自高祖，卑族迄元孙，若元孙以下其情已疏，不能认为有亲属关系。试先阅《尔雅》云：

"父之考为王父，王父之考为曾祖王父，曾祖王父之考为高祖王父，子之子为孙，孙之子为曾孙，曾孙之子为玄孙，玄孙之子为来孙，来孙之子为昆孙，昆孙之子为仍孙，仍孙之子为云孙。——宗族。"（《释亲》）

刘熙《释名·释亲属》云：

"祖，祚也，祚物先也。又谓之王父，王睢也，家中所归往也。……曾祖从下推上，祖位输增益也，高祖高皋也，最在上皋韬诸下也。孙，逊也，逊在后也。曾孙义如曾祖也。元孙，元悬也，上悬于高祖，最在下也。元孙之子曰来孙，此在无服之外，其意疏远，呼之乃来也。来孙之子曰昆孙，昆贯也，恩情输远，以礼贯连之耳。昆孙之子曰仍孙，以礼仍有之耳，恩实远也。仍孙之子曰云孙，言去已远，如浮云也。”

故自己而下推之玄孙为有亲属关系。若玄孙之子来孙，则在无服之外，虽有亲之名，实不能认为有亲属关系也。兹举其证，《史记·孟尝君传》云：

“承间，问其父婴曰：‘子之子为何?’曰：‘为孙。’‘孙之孙为何?’曰：‘为元孙。’‘元孙之孙为何?’曰：‘不能知也。’”

则元孙之子不认为亲属关系，确无可疑。故《尔雅》称元孙之子为来孙，刘熙《释名》谓在无服之外，来孙之下，更无待言。夫亲属之有无亲属关系，纯由礼俗或法律所拟制，而亲属本体上，初非有天然之界限。九族固为亲属也，然再由高祖以上溯至数十世、数百世；玄孙以下，推至数十世、数百世，又何尝非同一血系？则即不能不认为亲属。真有如顾炎武所云：

“九庙之子孙，其族五十有九：光皇帝一族，景皇帝之族六，元皇帝之族三，高祖之族二十一，太宗之族十有三，高宗之族六，中宗之族四，睿宗之族五，此在元宗之时，已有七族。中、睿二宗，同为一世。若其历世滋多，则有不止于九者。”（《日知录·九族》）

若于旁系亲属更扩充无已，将同国之人，无一非黄帝之子孙，当一一而认为亲属。情谊疏阔，等诸路人，与实际上不认为亲属，毫无所异，无宁从略。《尔雅》有来孙、昆孙、仍孙之名，刘熙所释，谓为“皆为娶晚死寿考者言也。”（《释名·释亲属》）而孔颖达爰引“古代三十而娶”之义，断“高祖玄孙无相及”之理。是族不得而九，须减二族矣。

其言云：

“又郑玄为婚，必三十而娶，则人年九十，始有曾孙。其高祖玄孙无相及之理；则是族终无九，安得九族而称之?”（《左传·桓公六年》疏）

经言三十而娶，孔子云言其极也。故三十而娶之制，实际上未必遵行。则如三十而娶，以云高祖玄孙无相及之理，不知高祖之兄弟与元孙之兄弟，固可以相及也。总之，经典以九族定宗亲之范围，实酌量恩情为此规定，洵称至当。《民草》亦奥稽古典，远仿遗规，较诸各国堪称特色。盖各国于实际上不得并时生存之四世外直系亲，多列在亲属范围内；而于实际上得与自己并时生存之旁系亲，例如族兄弟，则置诸族亲范围外。若九族制度，则专从实际着想也。

以上所述，仅就血统上之宗亲言之。若本无血统连络之关系；而因法律之规定，与血统上之宗亲有同一地位者，是谓之拟制上之宗亲。兹所举者，共有二种，述之如下：

一、嗣子与嗣父母之间

立嗣之制度，当于《亲子章》论之。嗣子与所嗣父母，本无亲子关系，法律模拟其亲生子，假定其为所嗣父母之子也。即人的作用，而为法律所谂；故亦称法定之宗族。现代《民草亲属编》，嗣子与嗣父母间之关系，规定于一千三百二十条。在古代为何如?《仪礼·丧服》云：

"为人后者。《传》曰："'何以三年也？受重者，必以尊服。……为所后者之祖父母妻，妻之父母昆弟之子若子'。"

《疏释》云："何以三年者，以生己父母三年，彼不生己，亦为之三年，故发问"。《传》云："受重者必尊服，服之者答辞也，云为所后者之祖父母已下之亲。至若子，谓如死者之亲子，则死者祖父母，则当己曾祖父母齐衰三月也。妻谓死者之妻，即后人之母也，妻之父母，昆弟，昆弟之子，并据死者妻之昆弟，昆弟之子，于后人为外祖父母，及舅，与内兄弟，皆如亲子，为之著服也。"据此，可知嗣子与嗣父嗣母固生亲属之关系，至若嗣父之宗亲、外亲等，嗣子对之，亦应生亲属关系。与现代《民律草案》一千三百二十条之所规定云："嗣子从承继日起，其亲属关系，与所嗣父母之亲生者同。"又何以异？

二、继子与继母之间

继子继母间，认为有准血族之关系。盖夫妇一体，于夫为何等亲属者，即于妻为何等亲属；夫妇间不能有所歧异，则为夫之子者，自不可不为妻之子也。如《仪礼·丧服》云：

"继母如母。《传》曰：继母何以如母？继母之配父，与因母同，孝子不敢殊也。"

《疏释》云："传发问者，以继母本是路人，今来配父，辄如己母，故发斯问。"答云："继母配父，即是拌合之义，既与己母无别，故孝子不敢殊异之也。"就此衡诸《民律草案》第一千三百二十条第二项所云："子于继母嫡母之亲属关系，与其所亲生者同。"又何以异？

继母云者，先妻之子于父之后妻所发生之名分也。继父云者，父死后，母为再嫁，率其子入于后夫之家，子于母之后夫所发生之名分也。日本《民法》规定，继父与继子之间，亦与亲子间生同一之亲属关系。（《日民》七百二十八条）若我国古代于继父间，不生宗亲关系，所云同居服齐衰期，异居服齐衰三月者，盖以恩深之故。如《仪礼·丧服》云：

"继父同居者，《传》曰：何以期也？《传》曰：夫死妻稚子幼，子无大功之亲，与之适人，而所适者亦无大功之亲；所适者以其货财为之筑宫庙，岁时使之祀焉，妻不敢与焉，若是则继父之道也。同居则服齐衰期，异居则服齐衰三月。"

郑氏注谓："妻稚，谓年未满五十；子幼，谓年十五已下。子无大功之亲，谓同财者也。为之筑宫庙于家门之外，神不歆非族，妻不敢与焉，恩虽至亲，族已绝矣。"故子随母出嫁，子与继父不生宗亲关系，已明了矣。而同居异居之解释，则又何如？《贾疏》云：

"子家无大功之内亲，继父家亦无大功之内亲；继父以财货为此子筑宫庙；此子四时祭祀不绝，三者皆具，即为同居。子为之期以继父恩深故也。"云异居，则服齐衰三月，必尝同 居，然后为异居者。此一节论异居继父。言异者，昔同今异，谓上三者若阙一事，则为异居；假令前三者仍是具，后或继父有子，即是继父有大功之内亲，亦为异居矣。如此父死为之齐衰三月。

同居异居，《仪礼·丧服》特书规定云：

"必当同居，然后为异居；未当同居，则不为异居。"《礼记》亦云：

"继父不同居也者，必当同居，皆无主后，同财祭其祖祢为同居；有主后者，为异居。"

（《丧服小记》）

就此若未尝同居，子对于继父无服可知。如《贾疏·丧服》云：

“云必当同居，然后为异居者；欲见前时三者具为同居；后三者一事阙，即为异居之意。云未尝同居，则不为异居；谓子初与母往继父家；或继父有大功内亲；或己有大功内亲；或继父不为己筑宫庙，三者一事阙，虽同在继父家，亦名不同居继父，全不服之矣。”

第二款　外亲

外亲指由女系血统相连续者，言别于宗亲与妻亲也。欧美与日本父母同视，无宗亲外亲之分。我国重男统，而不重女统，男统名之为宗亲；女统别之为外亲，实我国之特例也。稽考其自，推究渊源，盖自《尔雅》有母党之明文，言礼者据之以立说；言律者因而订定律例，以母党为外亲，别立外亲服制之图。而细绎服图，其间并载有姑之子孙，自非专属母党可知。质言之，凡女系血统相连续者，除宗亲与妻亲外，均包含之。参阅《民草》第一千三百二十一条而可知也。兹将古书之言外亲者，拉杂考之如下：

《尔雅》之言母党者如下：

“母之考为外王父，母之妣为外王母。母之王考为外曾王父，母之王妣为外曾王母。母之昆弟为舅，母子从父昆为从母。母子姊妹为从母，从母之男子为从母昆弟，其女子为从母姊妹——母党。”（《释亲》）

实古代亦已有外亲之名。服制之如何，又明文别于宗亲。如《仪礼》云：

“外亲之服皆缌也。”（《丧服》）

曷以外亲之服者缌？因：

“以其异姓，故云外亲。以本非骨肉情疏，故圣人制礼无过缌也。”（《贾疏》）

外亲之服，既无过缌；而阅《礼经》所载，凡在己尊统上者，又曷以言小功？盖以有母名，故加至小功。若母之姊妹，如《仪礼》云：

“从母丈夫妇人报，《传》曰：何以小功也？以名加也。”（《丧服》）

若母之父母，则以母之所生，情重而尊，亦加至小功。如《仪礼》云：

“为外祖父母。《传》曰：何以小功也？以尊加也。”（《丧服》）

若母之昆弟为舅。（《尔雅》）汉刘熙《释名》亦云：

“母之兄弟曰舅。舅久也，久老称也。”（《释亲属》）

母之姊姐妹为小功，《注》称以母名加也。若然，母之兄弟，应小功，外亲服图亦定小功，而《仪礼》乃云缌。如《丧服》云：

“舅（《郑注》母之昆弟，）《传》曰：何以缌？从服也。”

若舅之子，亦与舅相同，此不可解者也。如云：

“舅之子。《传》曰：何以缌？从服也。”（《丧服》）

舅之子，与姑之子同名曰甥，如《尔雅》云：

“姑之子为甥，舅之子为甥。”（《释亲》）

故姑之子亦缌。如《仪礼》云：

“姑之子。传曰：何以缌？报之也。”（《丧服》）

若从母之子，即俗谓两姨之子，亦为之缌。如《丧服》云：

“从母昆弟。《传》曰：何以缌也？以名服也。”

汉刘熙释名云：

“母之姊妹曰姨，亦如之。礼谓之从母。”（《释亲属》）

至若姊妹之子曰甥，服缌。如《仪礼》云：

“《传》曰：甥者，何也？谓吾舅者，吾谓之甥。何以缌也？报之也。”（《丧服》）

《尔雅》名甥为出。如《释亲》云：

“男子谓姊妹之子为出。”

刘熙《释名》亦云：

“姊妹之子曰出，出嫁于异姓而生之也。”（《释亲属》）

故可知外甥，在古代亦名之为出。古书之言出者，如《左传》云：

“陈厉公，蔡出也。”（《庄公二十二年》）

“申侯，申出也。”（《僖公七年》）

“康公，我之自出。”（《成公十三年》）

“我周之自出。”（《襄公二十五年》）

“桓公之乱，蔡人欲立其出。”（同上）

“晋平公，杞出也。”（《襄公二十九年》）

“莒去疾奔齐，齐出也；展舆吴出也。”（《襄公三十一年》）“徐子，吴出也。”（《昭公四年》）

《公羊》传云：

“接菑，晋出也。貜且，齐出也。”（《文公十四年》）

“叔孙豹郤世子巫……叔孙豹则曷为率而为与之俱？盖舅出也。”（《襄公十五年》）

《史记》云：

“晋襄公之弟名雍，秦出也。”（《秦本纪》）

《礼记》论从服有六种，第一为属从。如《大传》云：

“从服有六，有属从。”

《郑注》属从云：

“子为母之党。”

子于母党为从服，故母在则从服；若母不在，则不服矣。如《仪礼》云：

“君母之父母从母。《传》曰：何以小功也？君母在，则不敢不从服；君母不在，则不服。”（《丧服》）不在云者，死或被出也。若君母死，如《礼记》云：

“为君母后者，君母卒，则不为君母之党服。”（《丧服小记》）

君母系即父之适妻，非生母（郑注）从母，前已言之。此言庶子为君母，盖与适子同。

(《郑注》)而嫡子于母之父母，从服与不服，从可知矣。若为人嗣子，则与外祖父母及母之兄弟、母之姐妹消灭亲属关系，当然不为服。如《仪礼》云：

"庶子为后者，为其外祖父母从母舅无服。"(《丧服》)

盖与出母从同。参看亲属关系之发生及消灭章。

第三款 妻亲

妻亲为夫由婚姻而与妻之本生亲属间所生之亲属关系也。考欧美与日本之法律，夫妇关系，既经成立，其夫妇一方，对于配偶者之本生亲属间所发生之亲属关系，均称之为姻亲。我国现代法例因采夫妻一体主义之结果，故与各国不同。以愚考之，实盖渊源于《尔雅》妻党之文。《尔雅》云：

"妻之父为外舅，妻之母为外姑。姑之子为甥，舅之子为甥，妻之昆弟为甥，姊妹之夫为甥，妻之姊妹同出为姨。女子谓姊妹之夫为私。男子谓姐妹之子为出。女子谓昆弟之子为侄，谓出之子为离孙。谓侄之子为归孙。女子之子为外孙，女子同出谓先生为姒，生为娣。女子谓兄之妻为嫂，弟之妻为妇。长妇谓稚妇为娣妇，娣妇谓长妇为姒妇——妻党。"(《释亲》)

《尔雅》所云妻党如此。其中有无不合于今日所谓妻亲，姑不具论。兹略举其服制如下：为妻父母缌服如《仪礼》云：

"妻之父母。《传》曰：何以缌？从服也。"(《丧服》)

妻为其父母齐衰，而夫从妻乃缌服，是从重而轻也。故《礼记》云：

"有从重而轻，为妻之父母。"(《服问》)

婿既从妻而服妻之父母，妻之父母亦报之。如《仪礼》云：

"婿。《传》曰：何以缌也？报之也。"(《丧服》)

《礼记》载有闻妻兄弟之丧，而未往吊时之礼。如《檀弓》云：

"妻之昆弟为父(妻之父)后者死。哭之适室，子为主袒免，哭踊，夫入门右，使人立于门外告来者，狎则入哭。父在，(己之父)哭于妻之室；非为父后者，哭诸异室。"

古代公认纳妾制度，与现代法例认一夫一妻制者不同。妾之地位，虽较妻为卑，然既有妻亲，即应有妾亲矣。考之礼经，实属不然。妾为夫家持服，如为妻，则：

"妾为女君。《传》曰：何以期也？妾之事女君，与妇之事舅姑等。"(《仪礼·丧服》)

为其子，则：

"公妾大夫之妾为其子。《传》曰：何从期也？妾不得体君，为其父母遂也。"(同上)

若为其父母，则：

"公妾以及士妾为其父母。传曰：何以期也？妾不得体君，得为其父母遂也。"(同上)

而无为妾之父母，妾之兄弟，持服之记载，则无亲属关系，可无疑义。细绎《民律草案》虽有妾之名之可据，而无认为亲属之规；盖因妾之关系，非由正式婚姻发生，于法理上自无亲属之可言，古今一体也。

黄右昌

罗马法与现代

作者简介

黄右昌（1885—1970），字黼馨，湖南醴陵人，自日本留学归国后，长期任教于北京大学法律系，同时兼任清华大学、朝阳大学等校教授。1930 年起，黄右昌历任南京国民政府立法委员、大法官等职，后于 1948 年任湖南大学法律系教授。新中国成立后，继任湖南大学教授，后应周恩来总理之聘，任中国文史馆馆员，1970 年病逝于北京。黄右昌先生一生著述甚丰，主要有《民法要义》（5 卷）、《现代法学通论》、《讲演集三种》等。

出版社：京华印书局。

出版年份：1930 年。

馆藏：国家图书馆书刊保存本库。

作品简介：《罗马法与现代》一书分为绪论和本论两部分，书末附有罗马七王及西东诸帝年表和拉丁文纲。绪论部分采用孙中山先生的三民主义理论来分析罗马法的发展，认为罗马法是在民族斗争、贵族与平民的斗争中发展进步的，将对罗马法的研究放在了罗马国家的宗教、历史以及政治背景之中进行探讨。作者沿用英国学者的观点将罗马法分为不成文法时代、成文法时代、成文法发达时代及法典编纂时代四个时期，概述了中世纪以来罗马法学的发展情况，并分析了罗马法的历史影响，认为罗马法是先知先觉者，欧洲诸国莫不受其支配。此外，绪论部分还探讨了罗马法的分类等问题。本论部分按照《法学阶梯》的体例分为人法、物法、诉讼法三编。人法编对于自然人的人格、行为能力、法人的分类及其对近世的影响等作了分析，探讨了奴隶制度的内容，详细介绍了罗马法上的家庭和婚姻制度。物法编分为物权法、继承法、债权法三部，介绍了所有权、役权、质权、占有、法定继承、遗嘱继承、遗赠、各种契约以及债权让与等制度的内容。诉讼编介绍了各种诉讼程序。总的来看，《罗马法与现代》一书广泛参考了英、德、日等国学者的相关著述，言之有据，语言简明扼要，要点突出，是民国时期罗马法研究的一部力作。（黄树卿整理）

绪 论

第一章 罗马法上之民族主义

子 罗马民族的起源

罗马人之祖先，与希腊人之祖先，同属亚利安（Arian）人种，此人种之原住地，在中央亚细亚西部，一部移住于东南印度，一部移住于欧洲西北，而此移住于欧洲者，其中转入于意大利中部者有之，以是称意大利人者，即居意大利中部人种之总称，其别有五种如下：

耶湍斯康人（Etruscans）；

拉丁人（Latins），内分三族：（惹姆涅斯 Ramnes、底特斯 Titees、路崔越斯 Luceres）；

翁不里人（Umbrians）；

撒比尼人（Sabines）；

参尼的人（Samnites）。

讲到罗马民族，须明下列三种名辞：其意义虽相似，但是不宜混用。第一是罗马，本是城名，但后来罗马城在政治上得势之后，此名辞之应用，随着罗马势力而扩张，成为政治上名辞。第二是意大利，乃是几个部落之总名，但后来此等部落，占据意大利全土后，成为地理上名词。第三是拉丁，拉丁是意大利诸部落之一，但后来拉丁语言，成为意大利标准语后，亦成为一种语言上用的名辞。所以同是一个民族，在地理上，名曰意大利，在政治上名曰罗马，在文字上名曰拉丁，于是有意大利半岛，有罗马帝国，有拉丁文字，三种并不是一物，但有许多共同之处。

丑 罗马民族发展的历史和王政时代的七王

初，希腊陷秃累雅（Troya）、耶涅亚士（Aeneas）挈种族抵拉书（Latium），后迁于亚巴隆牙（Alba Longa），传数世至努米妥耳（Numitor）王，其弟亚慕留士（Amulius）篡立，弑太子，以公主越亚叙尔维亚（Rea Silvia）为威斯塔尔（Vestal）神庙侍尼，盖欲绝努米妥耳之血统也。既而越亚叙尔维亚，与军神玛耳斯（Mars）婚，有孕，生二子，长名罗慕路士（Romulus），次名越慕士（Remus）。亚慕留士闻之，弃二子于低伯（Tiber）河岸，会有牝狼来乳，得不死。后为牧人福士吐路士（Faustulus）所见，取而育之，二子既长，屡与牧人游猎。一日当路泊耳加利亚（Luperealia）牧祭，有贼擒越慕士而去，适遇其祖努米妥耳，努米妥耳闻其由，始知为己孙，乃相约戮力，袭杀亚慕留士。努米妥耳复亚巴隆牙王位，以长孙罗慕路士为后，筑城于其被弃之低伯河岸。兄弟争以名名其地，互相争斗，罗慕路士遂杀越慕士，为独裁君主，而以己名名之曰罗马，时纪元前七百五十三年也（当周平王十八年）。罗慕路士王，英明勇武，设救济所，创元老院会议，定员百人，政治崭然一新。王没，努马绷鄙留士（Numa Pompilius）王继立，贤良宽仁，御宇三十四年，不见兵革，组织宗教制度，奖农业，制历数，明财产权之界限，当时称贤主焉。吐路士·荷斯体留士（Tulus Hostilius）王继立，一反努马王之所为，穷兵黩武，无善政可称。第四王安苦士·玛耳秋士（Aneus Martius）立，尽力文治，改法律及教仪，奖励农业，筑商埠于低伯河口之沃斯恰（Ostia），使罗马平民，皆得从事商业；又缮城垒，建狱舍，筑桥梁，厥功甚伟。王没，塔耳夒·纽士·布里斯苦士（Tarquinius Priscus）立，征服附近罗马之拉丁诸都府，收拉丁全土，为罗马领地，注意内政，多所改良，然因贵族专恣，常掣其肘，赉志以殁。第六王塞耳维乌士·吐留士（Servius Tullius）者，王政时代中第一贤主也，绍前王遗志，锐意改革民政，保护平民，以财产多寡，定人民等级，使各人随其财产，备置武具，设兵员会（Gomitia Centuriata），以百人组织一队，使受训练，习劳苦；又以罗马向为尚武之国，军国重事等，使兵员会会议决定之，因之平民富饶者，得参政治上之会议，实保护平民之特典也！王政时代之法律，以习惯法为主要，立法事业，未臻发达，至第六王时，关于契约及不法行为，设五十条之规定，事实虽确，其内容究不得而知也。第七王塔耳夒纽士·苏泊耳布士（Tarquinius Superblus）即位，暴戾恣睢，虐待人民，蔑视国法，贵族（Patricians）、平民（Plebeians）皆怨之，称曰“苏泊耳布士”，即“暴戾”之义也。王虽略有武功，然人民积愤已久，倒戈向王，纪元前五百一十年（当周敬王十年），遂放王，并其家族于国外，誓不复戴王政。自后每岁二月二十四日，举行国民革命之大纪念，而共和政治，于焉发轫矣。

自塔耳夒纽士王放逐之后，罗马遂为共和国，设公修尔（Consul）二人，于兵员会选举之，总揽万几，时纪元前五百零九年也。公修尔在平时为元老院议长，战时为军队之总督，任期以一年为限。公修尔外，有迪克推多（Dictator），当非常事变之际，由元老院选出，得直接任命骑兵队长，其权力不亚于公修尔，事平则废之，即不平，亦不得继续六月以上。此制也，其有益于罗马，而转危为安者，盖屡见不鲜矣。

寅 罗马国内诸民族之要求平等

罗马共和时代（纪元前九一年～前八八年）意大利诸邦，皆欲得市民权如罗马，罗马不许，时多柔凑士（Drusus）为监督，议法三章：第一曰裁判法，复元老会议及陪审官之权，加入骑士三百以扩张元老会议；第二曰田地法，为改良贫民生计之新法；第三曰平权法，与意大利诸邦以公权。时意大利人共分三等，一为罗马城内及各殖民地驻防之罗马人，即罗马最初之国民；二为拉丁境内及殖民地居住之拉丁人；三为意大利同盟各邦之人。各邦人民，语言宗教，与罗马国人同，而勇毅善战则过之，罗马开疆，彼等有大勋劳，今则不以为功，反鄙视之，同盟甚怨，屡求市民权，元老院不许。第一、第二两案，虽经民会决议，而元老会议拒之，第三案触公民之忌尤甚，多柔凑士遂为刺客所杀，意大利同盟愤甚！卢比科（Rubicon）河以南，除拉丁、耶湍斯康、翁不里二三种族外，皆相率而叛，新创共和政治，置首府于孔非纽（Corfinium），号意大利国。罗马人见国势汲汲，于是贫富复合，再起马黎（Marius）、苏拉（Sulla）等，屡击联军，三载未平，耶湍斯康等邦，亦萌异志，罗马人不得已，于纪元前八九年颁布 Lex Plautia Papiria，许意大利同盟各邦，皆得享市民权，叛乱始平，于是国内诸民族，始一律平等矣。

参照：总理民族主义第一讲，“罗马民族武力最大的时候东边才到黑海”一段

……民族主义第一讲，“法国人是拉丁民族”一段

……民族主义第四讲，“欧洲文化最好的时代是希腊罗马”一段

第二章　罗马法上之民权主义

罗马法上之民权主义，可分为三步论之：

子　民权初步

罗马虽号共和政治，自实际观之，实为贵族政治也：贵族在国会及元老院，常占多数，平民仅有列席之权，国内官职，悉为贵族专领，政治上之不平一；贵族田连阡陌，平民贫无立锥，财产上之不平二；裁判官职，咸在贵族之手，袒护同族，判决失公，法律上之不平三。积此三大原因，平民遂大起反抗，一发莫遏。纪元前四百九十四年，平民去罗马府，走圣山

(Sacred Mount)，表示不合作，贵族大惊！遣米涅纽士（Menenius），说以人身肢体，缺一不可，以晓谕平民，乃誓于神，立约数章：

（一）免除贫民不能偿还之债务；

（二）因债受禁锢或奴隶，悉解放为自由人；

（三）使平民选出护民官二人，有监察官吏，保护平民，停止政府命令之权。

自是以后，遇有机会，则增大其权。纪元前四百七十一年，创立平民会（Comitia Tributa)，以与兵员会（Comitia Centuriata）对立。又欲防止贵族之滥用司法权，求法典之制定，贵族不许，政府乃选委员三人，前赴希腊，调查制度法律。及委员归国，选法典编纂员十名，编纂法典，事在纪元前四百五十一年。越一年，制定十标，即纪元前四百五十年，次年——即纪元前四百四十九年——更制定二标，铭诸十二铜标，揭示法院，因称《十二标法》(Lex duodecim tabularum，今译为十二铜表法——编者注)。厥后甲利雅（Gallia）人种，侵入罗马，兵燹之余，荡然无存，惟散见于他种书籍中而已！十七世纪，法人歌妥弗越沮（Jacobus Gothofredus）搜集残编，未竟厥功。现代得于断简中者，每标仅四五条或十余条而已！今举《十二标法》规定之标题如下：

第一标　提传

Tabula I De In Jus Vocando

第二标　审问

Tabula II De Judiciis

第三标　责偿

Tabula III De Aere Confesso Rebusque Jure Judicatis

第四标　家长权

Tabula IV De Jure Patrio

第五标　遗产继承及监护

Tabula V De Hacreditatibus et Tutelis

第六标　所有权及占有

Tabula VI De Dominio et Possessione

第七标　家屋及土地

Tabula VII De Jure Aedium et Agrorum

第八标　私犯法

Tabula VIII De Delicto

第九标　公法

Tabula IX De Jure Publico

第十标　宗教法

Tabula X De Jure Sacro

第十一标　最初之五标追补

Tabula XI Supplementum V. Priorum Tabularum

第十二标　终尾之五表追补

Tabula XII Supplementum V. Posteriorum Tabularum

自第一标至第十标之规定，平民权利，非常伸张，十一标内容，反有结婚之禁者何欤？因十委员中，平民占大多数，自十标法制定，相率辞职，有亚披流（Appius）者，本为罗马豪族，制定十标法时，以寡不敌众，举全力周旋平民以博民望，迨为新委员长，则顿改面目，隐复贵族权利，故有相互结婚之禁，十一标十二标，即为其手定也。终罗马共和之时，平民贵族之阶级斗争，无有已时，亚披流实为罪之魁矣。

丑　民权二步

纪元前四百四十九年，平民再走圣山，翌年——纪元前四百四十八年——《瓦列里夜·何惹梯夜（Valeriac Horatiae）法律》，认平民会（Comitia Tributa）议决，与兵员会（Comitia Centuriata）之议决，同其效力，罗马民众的法，多为此会所制定。

寅　民权三步

纪元前四百四十五年，平民发布《卡鲁列幼士（Canuleius）法律》，除奴隶外，两族得相互结婚，贵族、平民之畛域，逐渐化除，阶级斗争，遂剩主人和奴隶，地主和农奴矣。

参照：总理民权主义二讲“民权这种事实希腊罗马时代已发其端”一段

……民权主义二讲“中国周末的时候是和欧洲罗马同时”一段

……民权主义三讲“希腊罗马便老早有了这种思想”一段

第三章　罗马法上之民生主义

上古西方人们活动的立场，大抵在地中海东部，而罗马人们活动的立场，却在地中海西部，盖意大利与希腊，同为地中海之半岛，意大利面朝西向，故所见不是明珠般的岛屿，乃是白茫茫的一片海水，与希腊群岛如虹，使居民出外经商，以商立国者不同。故罗马的天然形势，成为一农业国，不得不谋农业之发达，以裕民食，故罗马法律，多带“农民化”色彩。但意大利半岛内部，便于交通，政治结合，却比希腊为易也。

纪元前四百九十三年，斯普留加修士（Spurius Cassius）举为第三次公修尔，提出《班田法案》，欲以国家领地夺之贵族之手，颁与贫穷平民及拉丁人，其余储国库以资赁贷，是即罗马有名之最初《班田法》（Lex agraria）也，而贵族及平民富豪者，以为不利于己，群起反抗，待其任满，处以死刑！

纪元前四百四十八年，瓦列里夜·何惹梯夜（Valeriae Horatiae）为公修尔，议定法案：

（一）公会议决，与民会之议决，同其效力；

（二）复《瓦列里亚法》（Lex Valeria）（此法即罗马平民保护状）；

（三）认护民官为神圣不可侵犯，警官亦准之。

于是增财政监督官二人为四人，以二人管国库，其他二人，平时掌管军费，战时为提督，由公会选举之，贵族虽得投票，而权力大减，名《瓦列里夜·何惹梯夜法案》（Lex Valeriae Horatiae）。

纪元前三百七十六年，提议黎希纽士（Licinius Stolo）及塞斯秋士（Sextius）法案。此法案之初二条，为平民之救荒策，第三条则为平民之贵显者，得与贵族有平等之政权。计其条项有三：

（一）废借款之利息，既支付者，得自原金中减去之，其剩额以三岁偿还；

（二）无论何人，每一人不得私有公田至五百优格耳（Jugere）以上；

（三）废护民官，复公修尔二人，其一人必选诸平民。

此法案提出后，贵族仍抗争不决，至纪元前三百六十七年，《黎希纽士·塞斯秋士法案》通过议会，自后平民始有为公修尔者矣。

《黎希纽士·塞斯秋士法》发布之后，平民之负债过甚者，虽负累稍宽，然终无济。至纪元前三百二十六年（或云纪元前三百一十三年），坡特留士（Poetelius）为公修尔，发布法律 Lex Poetelia，凡负债者贫不能债，虽当输其财产，而不失人格自由，加以战胜公田，颁与公民，使从事于拓殖事业，而后贫民始得安居乐业。纪元前二百八十六年，发布《荷典希亚法》（Lex Hortensia），而后贫民始得纯粹平权。向之贵族平民，阶级斗争而无有止息者，至此已完全消灭矣。要而言之，罗马当王政时代，兵制虽经塞尔维乌士·吐留士革新，其时政治不闻改良，平民但有义务而无权利。共和以来，平民虽有公民资格，而政权仍为贵族所据，贫富倾轧，日益加甚，自黎希纽士法发布而政界平，自坡特留士法发布而民困苏。文化之进，起于相竞；法律之平，始于争执。马克思以定要有阶级斗争，社会才有进化，彼盖对于罗马历史，而有慨乎其言之！世人不察，以其学说适用一切，则未免不思之甚矣。

第四章 罗马法是先知先觉者

罗马帝国，灭亡久矣！其震耆世界之军队，空留事迹于历史；其扩张欧亚之疆宇，徒遗陈迹于地图；其哲学文豪硕人辩士所发挥之拉丁语，世人亦复以死语（Lingua Mortua）目之；独至罗马法律，经欧洲之黑暗时代（The Dark Ages）以迄今日，而益扩张其统系，传播其原理者何哉？无他，罗马人以哲学思想，用于法律，议论切用而不迂远，主义贯彻而不复杂，宜其卓越东西，冠绝古今也。然罗马法之发达，并非罗马人固有之特长，实受希腊哲学之感化。往古哲学著名之国，首推希腊，迨被罗马征服以后，本其理想，灌输罗马，文物制度，焕然改观，同时法学一途，亦以罗马人应用之敏锐，参以希腊人高尚之理想，而蒸蒸日上。在第二世纪与第三世纪之交，凡以法学家著名者，无一人与希腊无关系，如拔鄙尼亚鲁士（Papinianus，今译为伯比尼安——编者注）、乌尔鄙亚鲁士（Ulpianus，今译为乌尔比安——编者注）、抛路士（Paulus，今译为保罗士——编者注），或产希腊地，或师希腊人，其学说皆有“希腊化”，以助长法学之进步。然则罗马法学，合于实用而整然不离法理者，非合罗马人所长与希腊人所长之结果，畴克至此！当时所以有“罗马以武征服希腊，而希腊反以文征服罗马”之语也。德国耶凌（Ihering，今译为耶林——编者注）所著《罗马法精神论》首曰：罗马统一世界者凡三度，最初以武力；次以宗教；次以法律。哲学家奈普尼择（Leibnitz，今译为莱布尼茨——编者注）以罗马法譬数学，谓其原则，仿佛数学学理。法国比较法学①，即以罗马法为比较法学重大之材料。盖罗马法之发源，由来甚远，自《十二铜标法》（Lex duodecim tabularum）出现，至优斯体尼亚鲁士（Justinianus）② 法典告成，卓然经九百八十四年之星霜，此他国法律所未有之特色也！英国妹因（Maine，今译为梅因——编者注）《古代法》（Ancient Law）卷首有曰：世界著名之法制，以法典始，以法典终，盖指此矣。故曰罗马法是先知先觉者。

第五章 德意志法兰西英吉利为罗马法之后知后觉者

今日欧洲大陆诸国，其受罗马法系之支配，不待言已；即英美法律，何一非汲罗马法

① 法学分自然法学派和历史法学派。而历史法学派中，有四派别：曰比较法学派，以法国学者孟特斯鸠（Montesquieu）为泰斗；曰沿革法学派，以德国学者萨威尼（Savigny）为泰斗；曰分析法学派，以英国学者奥斯丁（Austin）为泰斗；曰注释法学派，以意国学者伊聂流（Irnerius）为泰斗。

② 优斯体尼亚鲁士，汉译《迈尔通史》（Myer's General History）译为茹斯底年（Justinian），新旧西洋史译本。作茹斯底尼安者居多，此均从法国音译出。汉译《世界史纲》，英韦尔斯（H. G. Wells）原著四六〇页译为查斯丁尼。又有译作加斯启泥安者，从英国音译也。本书除英法本国字，照英法音译出外，拉丁语均照标准音译出，取其便于记忆也。Justinianus 帝，以后省称优帝。

之源。若就各国法律与罗马法之关系而分述之，殊嫌烦难①，第述德意志、法兰西、英吉利三国之法律，为罗马法之后知后觉者。

子 德意志

德国法制，受罗马法影响，实在中古时代。古代文物再兴时代（Benaissance），先是日耳曼干戈相踵，兵乱未有止息，自无法律之可言，及社会渐静，罗马文物，滔然输入，法律思想，大蒙影响，罗马法遂压倒德国之固有法矣。溯十二三纪之顷，德国未建大学以前，欧人多入意大利波隆亚（Bologna）大学，研究罗马法，就中占最多数者惟德人，回国之后，咸醉心罗马法，本其所学，参与立法司法事务，当时有“德皇为罗马皇继承人”之语。一千四百九十五年，创设高等法院（Reichs Kammergericht），裁判官吏，皆以法学博士充之，是罗马法之侵入德国，程度增加，于斯为盛。故自第十五世纪后半，以讫第十六世纪前半，百余年间，历史家称为“采用罗马法时代（Rezeptionszeit）”。至第十六世纪之中叶，忽焉中落，其行于德国之罗马法，非纯粹之优帝法典，乃寺院法②、意大利习惯法、德国习惯法、德国法律四法与优帝法典之混合物，谓之“德国普通法（Pandekten）”，高等法院采用者即此。十八世纪末叶，普通法亦渐衰微，以德国全部人口计之，仅能支配三分之一。一千七百九十四年，普鲁士民法，一千八百零四年，法兰西民法，一体行于莱茵河左岸；一千八百零九年，巴敦民法，一千八百一十一年，奥国民法，一千八百六十三年，索逊民法，相继制定。其有效区域内，渐不行罗马法矣。一千八百八十七年德国民法草案（即第一草案）（Entwurf Erster Lesung）脱稿，且附精详浩瀚之理由书（Motive Zum Entwurf），翌年政府以此草案及理由书，公刊于世，将欲博访周咨，籍觇全国识者之评论。至一千八百九十年之末，改任调查委员（Zweite Kommission），以舆论为倾向，而着手修正。故该委员之调查，全取公开进行之法，加以详细周密之研究，几经讨议，始于一千八百九十五年，

---

① 寺院法者，十二世纪之中叶，意大利波隆亚大学研究罗马法，教会欲使寺院法与罗马法相颉颃，乃亦编纂寺院法以抵制之：（一）高僧格拉梯亚尼（Decretum Gratiani）法令集，（二）法王格锐哥耳九世（Gregor IX）法令集，（三）法王波尼发茨八世（Bonifaz VIII）追加法令集，（四）克列面梯耶五世法全集（Clemcntiae），（五）法王约翰二十二世（Extravagantes Johannis XXII）追加法令集。此五种法令集，为寺院法重要之法典，后虽稍加改正，不更大旨。一千五百八十年，法王格锐哥耳十三世（Gregor XIII）集以上诸种法令集，编为全集，名曰：罗马寺院法全典（Corpus Juris Canonici）。

② 日本法学博士奥田意人所著《法学通论》，论罗马法与欧美诸国之关系，略曰：英国法之势力，存在于公法，罗马法之势力，存在于私法，而罗马法及于欧洲之强弱，可分四类：第一类罗马法势力所及之最强者，为西班牙、葡萄牙及南美诸国是也，西葡两国私法，全部殆由罗马法而成，虽间有寺院法及封建法之痕迹，然亦微矣；南美诸国，则又继受西葡之私法者也。第二类罗马法势力所及之次强者，为德意志、法兰西、意大利、瑞士、比利时及荷兰等国之私法，其私法由罗马法、蛮民法、寺院法及固有之习惯法而成云。第三类罗马法势力所及之稍弱者，为斯堪狄那维亚（Scandinavia）诸国，即瑞典、挪威、丹麦、旧俄罗斯等国之私法是也，诸国私法，专由斯堪狄那维亚之习惯法而成，故带罗马法之原素甚少，然亦非全无也。第四类罗马法势力所及之最弱者，英国法、回回法（土耳其、波斯、亚拉比亚（Arabia）属此）等是也，此虽出于罗马法系以外，然亦间有罗马法痕迹之存在焉。（奥田意人《法学通论》绪论一九页。）然余主张推翻公法私法之区别，不如易其辞曰：英国法之势力，存在于国法，罗马法之势力，存在于民法之为当也。

全部修正告竣，谓之第二草案（Entwurf zweiter Lesung），更经联邦委员会（Bundesrat）之修正，谓之第三草案（Entwurf Dritter Lesung），翌年正月，提出议会（Reichstag），同年七月，又复稍加更改，佥悉可决，且经联邦委员会之承认，然后确定公布。此法典之实施期，为一千九百年一月一日，即所谓《德意志现行民法》（Bürgerliches Gesetzbuch Für Das Deutsche Reich）是也。此法颁行后，罗马法遂失其效力矣。然此新民法之实质，含有罗马法者甚多，且其学理，实以罗马法为基础，故近世德国法学者，尚研究罗马法而未有艾也。

丑 法兰西

法国古昔，分全国为二：一曰习惯法地方（Pays De Droit Coutumier），一曰成文法地方（Pays De Droit Ecrit）。习惯法地方，属法之北部，与德意志接壤，一采旧来之习惯以为法律；成文法地方，属法之南部，与意大利接壤，概行罗马法。自大革命以后，各种成文法律，接踵而来，拿破仑起，编纂法典，于一千八百年，遴选委员，从事编辑，越四年而告成，相沿迄于今日，虽屡易名称，其实质要多根于罗马法，如物权、债权，尤大受罗马法之影响。他如一千八百一十一年奥地利民法、一千八百六十五年意大利民法，皆以法国民法为蓝本，而法国民法，实以罗马法为母法，就中如瑞士债务法，有闻于世者，实折衷于法国民法，及罗马法而出也。

寅 英吉利

英国法律，在欧洲法律中比较之，其受罗马法之程度较浅，然非全未受罗马法之影响也。如衡平法（Equity Law），采用罗马法之处，固甚繁多；即普通法（Common Law）亦受罗马法之影响不少，举其一二例以明之，如契约原则、遗嘱制度、信托规则，渊源于罗马法，尤大彰明较著者也。

第六章 罗马法之四个时期

英史家吉波（Gibbon）分罗马法为四个时期：

第一期 起罗马建国至《十二铜标法》之制定，厥为不文法时代。

第二期 起《十二铜标法》制定，至共和政治末叶，厥为成文法时代。于此时代，始产出有名之《十二铜标法》。尔后民会，亦屡发布成文法。

第三期 起帝政初期，至亚力山大·色威卢士（Alexander Severus）帝——纪元二二二年至二三五年在位，厥为成文法发达时代，于此时代，罗马之文化进步，以《十二铜标法》及其他简单之法律，不足应时势之需要，爰以法院判决例及学者之论说，解释从来成文法以补充之。

第四期 自亚力山大·色威卢士帝至优斯体尼亚鲁士帝，厥为法典编纂时代，于此时代，罗马之成文法，渐次增加，法院之判决例，及学者之论说，汗牛充栋，此其所以有浩瀚渊博大法典之编纂也。

成文法发达时代，拉别沃（Labeo）、卡鄙妥（Capito）二人，互张门户，不相上下，拉氏门下，有普洛苦路士（Proculus），卡氏门下，有萨比鲁士（Sabinus），故世称拉别沃之学派，为普洛苦路士派，称卡鄙妥之学派，为萨比鲁士派。普洛苦路士采守旧主义，属于旧派；萨比鲁士采革命主义，属于新派。两派争议，固结不解者，亘百六七十年，及萨比鲁士派之幼利亚鲁士（Iulianus）出，法律学问，大改面目，普洛苦路士派，遂收反对之旗。此后第二世纪，与第三世纪之交，凡百年间，学者辈出，最博名誉者五人：曰嘎尤士（Gaius，今译为盖尤斯——编者注）、曰拔鄙尼亚鲁士（Papinianus）、曰乌尔鄙亚鲁士（Ulpianus）、曰抛路士（Paulus）、曰摩德斯体鲁士（Modestinus，今译为莫迪斯蒂努斯——编者注）是也。此五大学者，声名洋溢，驾凌前哲，遗范于千载之下，优帝法典，采用五大法律家之学说居多。

五大法律家殁后，继起无人，法律学问，顿现衰颓，然而法律自身之发达，骎骎乎靡所底止，当时颁布之一条一例，汗牛充栋，遂开法典编纂时代之曙光。至优斯体尼亚鲁士（今译为优士丁尼——编者注）帝时，任命吹薄尼亚鲁士（Tribonianus）为委员长，推阿非路士（Theophilus）、多罗推乌士（Dorotheus）为副委员长，编纂法典，以五百三十三年而大成，即名优斯体尼亚鲁士法典。优帝法典，分为三部，第一部《法学阶梯》（Institutiones）计四卷，第二部《学说汇纂》（Digesta）计五十卷，此二部系五百三十三年制定；第三部《法令类典》（Codex），五百三十四年制定。就中《法学阶梯》，以嘎尤士之《法学阶梯》为基础，参考他书而作，供初学者教科之用。次如《学说汇纂》，网罗五大法律家，及著名法学者之学说，而《法令类典》，专集奥古斯吐士（Augustus，今译为奥古斯都——编者注）皇帝以后历代皇帝之敕令，及其他成文法律也。

自此法典告成之翌年——五百三十五年，迄优帝崩——五百六十五年，中间颁布敕令，悉为单行法律，近世所存者，其数百五十五，或云百六十八，或云百五十二，称此敕令曰《新敕令》。(Novellae Constitutiones)，并《法学阶梯》、《学说汇纂》、《法令类典》为四部，总称之为《国法大全》(Corpus Juris Civilis)。

优帝编纂法典之地，在东罗马君士但丁（今译君士坦丁——编者注）堡。以前君士但丁帝时，有学者私撰法典；① 以后尚有《巴奚利卡（Basilica）法典》。②

君士但丁堡，经始系罗马帝大君士但丁氏（Konstantinus），城成，遂以字名，用志伟绩；该城地势居博斯破鲁斯（Bosphorus，今译为博斯普鲁斯——编者注）海峡西岸，雄壮秀丽，其险要扼地中海黑海之咽喉，虎视小亚细亚各地，建筑精巧，不啻亚欧两洲间之枢纽。几亚洲风俗、学术，及社会上之文化，胥灌注于此；西方学子，负笈东来者，又必经

---

① 罗马之有法典，实以君士但丁帝之时，学者格越哥里安（Gregorianus）及赫耳摩格尼安（Hermogenianus）私撰法典为始。其编纂法典，公诸于世者，则推阿多修士二世（Theodosius II）是也。帝于四百三十八年，任安恪苦士（Antiocus）为总裁，集君士但丁帝以来之敕令而编为成典，计十六卷，其遗存后世者，仅前五卷，余则失传矣。

② 优帝编纂法典之效力，不惟行于东罗马，且行于意大利，及其殁后，法典敕令，悉译为希腊语，或以希腊语解释之，或改正其法典，或废止其原文。至八百七十八年，更编纂巴奚利卡新法典，然此法典，虽标新法典之名，究无新机轴之实，故后世法律学，及立法例，仍以优帝之法典为模范也。

其地，于是各方之思想与文艺，莫不景仰，因此遂成为政治中心。加以西罗马属日耳曼后，所有西方之文学典籍古物，及一切成绩纪念品，皆携之东归，匿迹于此。故君士但丁城之荣誉益大，文物声名，郁为天府，比之前罗马府，有过之，无不及也！惟近世以来，因政治上、风俗上、军事上种种关系，此千五百余年首都之君士但丁堡，较之从前，已有一落千丈之势矣！①

第七章　中古以后研究罗马法的五大学派

西史称中古者，起人种转从，讫新大陆发见。以罗马历史证之，即起西罗马帝国灭亡，讫东罗马帝国灭亡之时也。中古以后，优帝法典，与罗马帝国灭亡，同时失外形上之效力，而实际上之势力，犹存于欧洲各国也。故中古以后，研究罗马法者，为意大利、法兰西、德意志等国。其最著者，有五大学派：

子　注释法学派

意大利在中古时代，文艺复兴，第十二世纪之初，有伊聂流（Irnerius）者，设法律学校于波隆亚大学，开罗马法之讲筵，一时学术昌明，人才辈出，其中法律学者之研究，一以优帝法典正文为主要，重要条项，悉皆谙诵，为今日学者所不及！门弟子最博名誉者，曰马耳体鲁士（Martinus）、曰雅可布士（Jacobus）、曰胡沟里鲁士（Hugorinus）、曰薄尔嘎柔士（Bulgarus），当时称为四博士（Quattuor Doctures）云。此等学者，研究罗马法，专心注释，故世人称此辈学者，曰：注释家（Glossatores）云。耶凌譬罗马法盛衰之迹，如一大木然，即其初也，罗马人以忍耐力培养之，经年累月，枝叶茂盛，果实缤纷，即优帝法典发达极点之时。其后一旦枯槁，果实堕落，枝叶腐蚀，至十二世纪之顷，堕落地上果实，发生萌芽，受注释家之培养，其枝叶复舒，遂至掩映天下云。

丑　后注释法学派

继注释家而起者，为后期注释家（Post Glossatores）。自第十三世纪，跨第十五世纪，其间最著名之学者为都昂梯士（Durantis）、阿多弗越都士（Odofredus）、西鲁士（Ginus）、巴耳妥路士（Bartolus）、巴尔都士（Baldns），其学说流行后世最多者，尤推巴耳妥路士云。此等学者，解释法典，并非优帝正文，乃专就注释家所成之书籍而研究之，其著录诸书，

① 一四五三年穆罕默德第二，灭东罗马帝国后，建都君士但丁堡，东自波斯边境，西至巴尔干全部，北起高加索与多瑙河诸省，南达非洲北岸，君士但丁堡居中，所以成为政治中心。自帝国衰后，非洲领土全失，欧洲零落无余，最近则亚洲叙利亚、阿拉伯、美索不达米亚等处异民族，纷纷离异，政治上之失势者一。君士但丁堡，历史悠久，腐化势力，根深蒂固，例如执政专横，官吏贪墨，风气颓靡，人心游惰，已成积重难返之势，风俗上之腐化者二。君士但丁堡，现在则海峡完全开放，地带作成解除军备区域，交通如故，已失扼守绾毂之势，虽洛桑（Lausanne）会议，许土国驻兵一万二千人，以为防守君士但丁堡之用，而海峡开放，各国军舰，自由出入，屏蔽尽撤，无险可守，军事上之失势者三。积此三种原因，所以国民党袖领穆斯塔法·凯末尔（Mustapha Kemal Pascha）毅然决然，迁都小亚细亚中心之安哥拉（Angora），此与俄国由圣彼得堡迁回莫斯科，我国奠都南京，用意相似。惟土耳其过去之政治、经济、司法、外交各种地位，与中国相似，中国现状，尚在纷乱，土耳其则艰苦卓绝，卒底于成，观于此而我国国民，应如何急起直追耶！

失于冗长，不为后世学者所推重。然通达实务，为其特长，故中古时代，欧洲诸国，采用罗马法，基于此派之说为多。

寅　沿革法理学派

继后期注释家而起者，法国之学派也。自一千五百年至一千六百五十年，为最盛代时。始自法朗西士一世（Francois I，1494—1547）聘意大利硕学亚夏吐士（Alciatus，1492—1550）为布耳茹（Bourges），大学教师，讲授罗马法。于是法国研究罗马法者日多。一千五百五十五年，聘辜雅邱士（Qujacius，法名趣雅，Cujas，1522—1590）、多聂路士（Donellus，法名多诺，Doneau，1527—1591）为布耳茹大学教师，并驾齐驱，名誉卓著。辜氏议论，主沿革的研究，为沿革法理学派之鼻祖，著述极多，全集浩瀚渊博，德国普通法引用者不少。多氏研究法，专究原理原则为主眼，声望不亚辜氏，其著述至今，极供研究罗马法者之便利，宜德国学者别克耳（Bekker）赞美不置也。一千五百七十二年，圣巴托诺谬（St. Bartholomew）之虐杀也，多聂路士恐害及于身，逃于荷兰奈典（Lyden，一作Leiden），尚孜孜讲罗马法不已。当时哥妥弗越都士（Gottofredus）避难瑞士之日内瓦（Geneva），开罗马法之讲筵，自是厥后，法国法学之研究，日益衰微矣！

卯　性法学派

继法国而起者，为荷兰学派，十七世纪之初，国际法大家格罗秋士（Grotius，今译为格劳秀斯——编者注）者，更创一派曰“性法学派”，此派传入德国，为多数学者所倾心，如菩火塔（Puchta）、妥马修士（Thomasius），其最著者也。其大旨以为法律现象，虽因时地而殊，然适合于人性之原理，万古不易，欲视人定法之良否，当视其适合人性与否为标准，适于人性者为良法，不适于人性者，即恶法也。例如身体自由、信仰自由、所有权自由，皆自然法之原理也。奴隶制度，反自由之原理；时效制度，反所有权之原理，故皆不得为良法。夷考此派源流，发于希腊斯多噶哲学之从性论。而罗马法又与斯多噶哲学，有密切关系，其研究罗马法，宜其别有心得云。

“斯多噶学派”，倡于希腊翟禄（Zeno），以市楼为讲学处，雅典人呼回廊为斯妥亚（Stoa），翟禄学派，以是得名。其学以格致为本原，以任侠为风气，罗马著名学者，皆出此派。

翟禄生克越特（Grete），主张无政府的自由社会，为无政府主义（Anarchism）之泰斗。原字来自希腊An和Archie，有反对强权的意思，与柏拉图的“国家乌托邦”，正相反对。其大旨反对国家的全权，及其干涉与限制，且宣布个人的道德律之威权，以为人类如果不为外物所蔽，顺其自然本能，必能破除畛域之见，组织一个世界，不用法院和警察，亦不用庙堂和公众的祭祀，且不用货币，得自由取携以代交换。近来世人，只知法国人布鲁东、俄国巴枯宁及逝世不久之克鲁泡特金，讲无政府主义，以致一般青年，喜盲从以合时髦，殊不知在古代希腊，已有翟禄讲过。中国古代亦然，如黄老之道，及《列子内篇》

说："华胥氏之国，其人民无君长，无法律，自然而已。"即是无政府主义，何新之有？① 且简单说：能夜不闭户，方可讲无政府主义，试问今日能行否耶？

辰 历史法学派

荷兰研究罗马法衰后，继起而执牛耳者，德国也。自第十五纪之后半，至第十六世纪之前半，输入罗马法之有名学者，厥惟哈诺安德（Hajoander)。而带固有之特色者，实自十七世纪始。有名学者，厥惟昆林格（Conring）及卡普磋甫（Carpzov)，其研究罗马法，注意于德国固有法，而无沉溺罗马法之弊。一千六百四十三年，昆林格倡编纂法典论，卒也一千七百九十四年，先行于普鲁士；一千八百九十七年，实行于德国全国；昆氏之力不小！不但此也，十七世纪之末，自然法学派起，泰斗为妥马修士，以罗马法为法理的研究，一洗从来醉心罗马法之弊。普王弗勒特里喜二世（Friedrich Ⅱ）编纂普国法典 Landrecht，不仅昆氏先觉之力，此派影响，亦有足多云。至十八世纪，沿革法理学派起，泰斗为萨威尼（Savigny，今译为萨维尼——编者注)，各国学者，靡然从风。然至近今，萨威尼势力，渐渐衰落，耶凌、温第赊底（Windscheid）之学说，为世推重。而德仁布喜（Dernburg)、别克耳（Rekker)、越格斯别耳（Regelsberger）等，尤为后起之杰云。

第八章 研究罗马法要知道她的宗教，历史和政治及其帝国主义的失败

子 宗教

古时罗马希腊，同一种族，后渐繁衍，遂成两部落。考其宗教，多出神话，两族微有出入。罗马神话，少于希腊，缘罗马聚族而处，视听一致，希腊则部落星散，以致由神话而幻生现象，视雷风云雨诸象，即神之化身，皆造象名神，膜拜祈福，遂因崇拜自然造化而摄于神权。在罗马人对于所拜之神，虔诚尽礼，俨然难犯，希腊人有时近于滑稽，甚至以侮弄之名，作神头衔。观两族不同之著者，罗马类为高贵之神，无配偶，无子嗣，希腊则神既有偶，亦复有嗣，常于阿緥鄙亚山（Olympia，今译为奥林匹亚——编者注）会集顶礼。查两族教宗教情形，始虽不同，自希腊隶罗马后，希腊拜神之俗，遂浸淫于罗马社会，无形融洽，而罗马宗教，于是丕变矣。

罗马奉神问题，当考其最古之神。罗马以农立国，勤于力田，由三小民族，联为一族。其时三族文化幼稚，崇神观念，不甚明了，然尔时之神，亦可得其大概。女拜受胎之神 Juno，男拜孳生之神 Genius，求衍嗣续以宏家庭，复拜门神 Janus，为行旅及居家者祈祷，拜灶神 Vestal，因享食而报庥，拜宅神 Lares，祝其安宅。余如稼穑山川，莫不以为神所凭依，望天生畏，至对死者谓之曰鬼，亦加敬礼。且所拜之鬼神，订有季节，遵行供奉，惟尚无祠宇，仅率众设位，为礼拜之仪式而已。

至纪元前八百年间，由民族而组成国家，于宗教上，置有僧侣（Pontifices)。设神前燃火法（Flamines)，行灼卜之术（Augurcs)，造偶像，建庙宇，演神戏，且定规条，印行奇

① 参照总理五权宪法讲演。

异神话，教令国民，定山陬为供像之所，名曰寺山（Palatinus）。于是神权思想，达于极点，乃至移其拜神之心，为国王建祠立像，供奉亦如神明，由此异邦各教，趁机涌入，结合秘密，推行社会间，变乱原有敬神之道，使各奇神异鬼，布满国中，而罗马人之宗教观念，遂渺茫无凭矣。

罗马所奉之神，其第一位曰幼鄙特耳（Jupiter），为尊严之天神。雷电风雨日月光辉，由神所生；国家境界，由神区划，以为保障。且善恶皆其彰瘅，政权默为操纵，故尊为罗马城之福神。惟罗马人心理，以幼鄙特耳之神格，为最优美而伟大，虽在罗马军事告庙，本有专神，然当饮至献俘，必于幼鄙特耳前，致其敬拜。加以希腊隶于罗马，将齐乌司（Zeus）之拜法，混入罗马社会，于是幼鄙特耳，遂尊无二上矣。

第二位曰乐维洛（Jovino），乃罗马之女神，后人谓为幼鄙特耳之妻，盖影响于希腊神配之说。人之礼乐维洛，以为可有延寿之权，且司人婚姻，若孕妇临产，必藉保胎，并能护家宅，初仅一部落之女神，尔后渐奉为女界大神，与幼鄙特耳，并驾齐驱。祭献太牢，重以月朔，以示至尊无上。且以白雁，为物圣洁，谓系乐维洛所特别眷爱者也。

第三位曰雅鲁士（Janus），监守家门、城堡、牌坊，即古罗马所拜之门神，后渐奉为武人之神。神之头部有二面，据云：正面和平，背面猛烈。凡战斗及调解，皆雅鲁士暗为职掌，故常用兵之际，庙门不闭，必大乱敉平，始关。又谓新年为神所创，元旦即神之日，司天门之启闭，为劳工之福主，所有营谋，当求佑助，以其神力无量也。罗马人士，甚至谓雅鲁士神格，较高于幼鄙特耳，故敬之者，献麦食、香酒、粢盛及血食之类，每以月朔举行。至新年元旦，为特别之日，人咸静寂，相互馈赠，集于罗马城雅鲁士大庙，以庆神庥。然雅鲁士神，历史不一，有谓系意大利古代酋长，又谓系审美的宗教思想构成，说虽无定，其为罗马专有，而非希腊之神，可考而知也。

第四位曰马耳士（Mars），据研究罗马神学者言，此神为罗马第一古神。希腊诸邦，奉事亦早。不过各称，因地而异。罗马人之奉该神，谓有生命能力，国中男子，皆敬祈膂力强健，以发扬尚武精神，并司战事，故亦称戎神。且以其职掌生活，有威权能力，遂谓为司雷之神，又谓春神，季春三月，所用历名，即因神而得，其祭期亦在春三月也。其庙宇，在罗马城一空场（Forum），建筑极其壮丽，以便国人隆礼仪而赴盛会；祭品为刚鬣与牡牢，但须春三月生者，乃可备用云。

第五位曰萨吐耳鲁士（Saturnus），为农业之神，祭期十二月间，继续举行七日，为罗马第一欢会也。在此时期，奴隶各得自由，主仆忘形，欢如昆季，筵饮嬉乐，欣喜异常。因该节创始，以萨吐耳鲁士为幸福世纪主人，故罗马人此举，作幸福世纪之纪念。其庙宇在罗马城之寺山，寺内藏有国家律令及国号纪元诸重要文件。

第六位曰威斯塔尔（Vestal），女界最虔敬清洁之神也。又为灶神，每饭必祝；兼司火神，事之必谨。其庙宇圆形，建于罗马城，代以火焰，而以六女神官监守之，其数惹姆涅斯族二人，底特斯族二人，路崔越斯族二人，或致失慎，及守身不端罹罪辜者，均杀无赦。若火焰或灭，则用二法取火：一取之太阳，一取于摩擦之电。充女官者，必贞女始能备选，在十岁以下入庙，至三十岁出，无终身监守者。该庙藏献祭品甚富，凡祭他神，皆取给于此。罗马人之心理，迷信该神庙，为罗马政府荣权之证。庙中陈列品甚多，内有一钯（Palladium），为罗马人攻破希腊某城所得，故一般人民，对于敬拜该神，视为最重最洁之事，按年月日，顶礼不辍，尤以夏六月为最盛之会云。又有女神曰魏鲁士（Venus），罗马人奉为恋爱之神，造以艳丽妙龄之像，主司人间情缘，撮合有情，成为眷属。多情男女，桑间濮上，欲遂秘约，胥祷于神，于是淫风大炽，祷神祝词，淫秽不堪。（查该神为意大利古神，后为罗马普通之神。）复有女神曰米勒耳瓦（Minerva），罗马人奉为司文之神，主人思想、美术、学业，亦为妇女手工技术之神，战时亦敬礼之，其敬拜之由，以为战胜之功，非仅机械战斗，尤恃智力，庶操胜券。该女神既主动人之思想，故益启敬心。一说为发明音乐之神？每年三月，必洁具乐器，奏于神前，以备祭仪。又有方鲁士神（Faunus），司牲畜繁殖与肥硕。用游戏法，并于旷野，凡海上、地下、山中、压魔、渔猎等等神衹，无不具备。盖罗马自领有希腊后，染其陋习，造成芜杂宗教，由此版图日广，吸收东方各教之恶俗，使人民融化于无形，故国内祠宇林立，淫祀触目，几于不可究诘。罗马人民，对于宗教，常在恐怖严厉中，受条例之限制，奉命令而屈从，绝无活泼自由之乐；充其畏惧之心，无论何事，见闻皆疑鬼神，灵性失其活泼，一身所处，遂成多鬼多神之环境，试就若辈供奉已死祖宗，无非疑惧鬼神之表现，孝子慈孙，一木主能慑其心志也。

总之，罗马古代历史，在未受耶稣教之先，已具有神之观念。相传罗马原奉之神，无形状，无由来，惟知有神之名词，及疆域日拓，受软化于东方之希腊，虽拜哲理之赐，已染崇偶之俗，故觉一神有一神之灵迹，即一神有一神之徽号，于是希腊之神号与形状，乃移为罗马之国神，此罗马古代黑暗史，无容深讳者也。罗马人拜神之心理，与希腊不同，希腊人以哲学眼光，瞻仰神像，触发一种高尚优美之旨趣。罗马人则酷信神助，因此罗马人无事不有神，无物不有神，世所谓物神多神教者，厥惟罗马。故罗马之有识者，尝自嘲曰：今见国中有名之神，多于称名之人，极其弊，必醉心神事，荒弃人事。观罗马每年拜神之节，有百三十五，可以想见其景象矣。在纪元前三百年间，罗马有一著述家耶黑沫诺斯（Euhemoros），思救其弊，著书唤醒国人，谓无所谓神，神即人中有功德于民者，没后奉以为神而已。国人因此事神之心日淡，犯罪之心日炽，政府亦不倡率，于是由迷神时代，一变而成为无神宇宙，其效力亦云速矣！

丑　历史

罗马社会的历史，平民和贵族的阶级、主人和奴隶的阶级、地主和农奴的阶级，相倾相轧，简单说，就是压迫者与被压迫者，互相水火，或是明争，或是暗斗，没有止息，诚有如马克思所云："凡过去的社会的历史，都是阶级斗争的历史，尤其是希腊和罗马"。故罗马社会的历史，一阶级斗争史也。而她的政治历史，又无非是一军事的历史。社会的历史，殊难细说。单说他的军事的历史，分为四期如下：

第一期　内征时代

古罗马即今之意大利，意大利分南北中三部。先时罗马仅有其中一城，旋以参尼的之战，前后历五十年，罗马屡战屡捷，遂定有意大利中部全地。同时北部高卢（Gaul）蛮族，数犯罗马境，肆焚掠，不久亦削平，时纪元前二百八十年也。惟南部滨海，及西西里岛（Sicily）等，系希腊旧殖民地，罗马以未谙希腊战术，初征不利，摧败者再，罗马人志不少屈，卒奋力歼其魁帅，余众以计降服，而意大利全部，隶入版图矣。时纪元前二百七十二年，是为罗马内征时代。

第二期　外征时代

罗马内地既平，渐欲施国威于地中海以外，时非洲强国克塞支（Carthege）[①] 海军，与罗马相对峙，因争海上权力，大起冲突，自纪元前二百六十四年——至前二百四十一年，两国兵连祸结。克军终败，割西西里岛以和。此为第一次菩尼卡（Punica）战争。其后克国名将汉尼巴尔（Hannibal，今译为汉尼拔——编者注）率兵由陆路出，逾亚尔布士（Alps，今译为阿尔卑斯——编者注）山，蜿蜒而来，阴行入罗马境内，恣意蹂躏，凡十有六年，罗马远近震慑！国几不支。有大将西鄙阿（Scipio）者，好用奇计，潜军渡海，袭克国都城，克军腹背受敌，备多力分，卒至全军覆没，此为第二次菩尼卡战争。纪元前一百四十六年，罗马之东征马基顿（Macedonia）也，克国乘间，希图恢复，尽反旧地，罗马愤甚，以西鄙阿为总指挥官，军士奋斗，一举而陷落克国全部，编为罗马州郡，此为第三次菩尼卡战争。是为罗马外征时代。

第三期　内讧时代

罗马当四征之时，希腊文明，于焉输入，社会呈活泼气象。后采用克塞支驱使奴隶之制，富者益富，贫者益贫，社会之不平均，达于极点，此内讧之总因也。殆自格惹苦斯（Gracchus）为护民官，倡政体改良说，为贵族所杀。继起者贵族代表曰苏拉（Sulla），平民代表曰马黎（Marius），两党决战，流血四十万人，而俱就消灭焉。旋有苏党绷贝（Pompey，今译为庞培——编者注）者，与凯撒耳（Caesar，今译为恺撒——编者注）、甲拉苏（Crassus，今译为克拉苏——编者注）二人，深相结纳，三分罗马。绷主中区，凯主北部，甲主东部，是为第一回三头政治，又称曰前三雄，事在纪元前六十年。未几甲以北征道没，绷百战功高，被凯设计中害，凯自是专有罗马政权，爰改正法律，广兴学艺，颇称一时政绩之美，以为党人所忌，被刺。凯撒耳有甥曰阿克塔位亚鲁士（Octavianus，今译为屋大维——编者注）者，交欢执政安妥纽士（Antonius，今译为安东尼——编者注），将军列鄙都士（Lepidus，今译为雷必达——编者注），组成第二回三头政治，又称曰后三雄。安妥纽士与阿克塔位亚鲁士，中分罗马；列鄙都士取非洲地；已而阿克塔位亚鲁士尽吞之。鼎足之形，遂归统一。纪元前二十七年，阿克塔位亚鲁士上尊号曰奥古斯吐士（Augustus），是为罗马内讧之结果，名义上号称共和，实际上已为首领（Princips）制矣。

第四期　首领时代

---

① 克塞支见总理民权主义第三讲地中海南方有一个大国叫做克塞支一段。有译迦太基或加尔达额者。Carthege 由菩语 Kathada 而来，即新都之义也。

阿克塔位亚鲁士既统一罗马，分元老院为司法、咨询、评议三部，以削其权，自为平民议会议长，以便操纵。总揽全纲，划通国为三十七州，有曰皇帝领邑，元老领邑。[①] 以罗马府为中央政府，广袤二十四里，人口二百五十万，实行中央集权制。阿氏知人善任，凡国内治安，边徼防卫，靡不规画周详。而又奖励文学，搜集图书，旁及建筑雕刻诸术。发布禁奢令及强婚法等法律。又遣大将提白流（Tiberius）入北部日耳曼。波兰哥巴的安（Langobardian）族于易北（Elbe）河下流，罗马县政府，始得立政权于莱茵、易北两河之间，西洋历史上，大书特书曰纪元四年——五年。自此以后，始有公历，历史上遂以每百年为一世纪矣。阿氏时代，疆域跨欧、亚、非三洲，东自幼发拉底（Euphrates）河，西尽大西洋，北界莱茵河，南讫非洲大沙漠，纵横数万里，交通称便，规模宏远，时人美为黄金时代；而奥古斯吐士，遂成为阿氏尊号之专称，然史中不以帝称也。

阿氏卒后（纪元十四年），则直称曰帝矣。所谓善帝五代者，即自聂耳瓦帝（Nerva）帝，御宇九十六年至一百八十年是也。此百余年中，如聂耳瓦帝之定养育法，减轻租税；滁雅鲁士（Trajanus）帝之革新财政，改定地方行政；哈德里亚鲁士（Hadrianus）帝之奖励文字，巡游国内，问民疾苦；安妥尼鲁士·鄙乌斯（Antoninus Pius）帝之保护基督教；马耳苦士·奥越留士（Marcus Aurelius）帝睿哲好学，私淑“斯多噶学派”，又遣使取途南洋，与中国交通（汉桓帝延熹九年汉称罗马曰大秦，又曰犁轩）；此五帝时代，最称盛治。虽聂耳瓦帝以前，暴君间作，而纪纲整饬，文物依然，绵二百年之久。自二百年至二百八十四年，内乱外患，丛见迭出，其间二十二帝，多由军人废立，有军阀的诸帝之称。适爹克列体亚鲁士（Diocletianus）帝即位，励精图治，锐意改良，知地大难独理，分其国为东西二部，旋又析为四部，以重臣镇各地，而己总领其上，政源既清，边氛亦息，国势一振。继立者为君士但丁（Constantine）帝，分全国为四道，百十六县，复一统帝国之旧，迁都比参修姆（Byzantium），以己名名其地曰君士但丁堡（Constantinople）。又用戈鞮（Goth）诸夷，编入军伍，虽兵力暂强，而蛮族侵入之渐兆矣。君士但丁没后，国复大乱，罗马名合实分。至推阿多修士（Theodosius）帝，形势虽尚统一，不久显分为东西二部，东部称希腊罗马，西部称拉丁罗马。时纪元后三百九十五年也。自是终罗马之世，永不复合。纪元后四百七十六年，日耳曼种族蕃盛之日，即西罗马消灭之年，其时惟东部帝国，一线绵延，而地跨三洲，年历千余，亦古名国也。其全盛时代，厥在优帝之世。帝自五百二十七年即位，用兵出奇，恢复旧土，其成绩最著者，在编纂罗马法典，欧洲各国，咸继受之。又能东和波斯（Persia），北抚条顿（Teutons），南夺湾大尔（Vandals）地，西复意大利岛，版图不减罗马盛时矣。自帝没后，政策荡然，波斯远侵，日耳曼近扰，时基督教盛行，罗马

---

① 共和时代称领邑收入曰夜惹流姆（Aerarium），对于他人，以国库资格，得享权利而负义务，及帝政时代，分领邑为二种类：一曰皇帝领邑，直隶罗马皇帝管辖之下，其岁入称非苦斯（Fiscus），此外皇帝尚有私有财产；一曰元老领邑，在元老院管辖之下，其岁入称夜惹流姆（Aerarium）。至哈德里亚鲁士帝时代帝权扩张，元老院之权力衰颓，共和时代之夜惹流姆（Aerarium）渐次减少，为非苦斯（Fiscus）所合并，故称国库曰非苦斯（Fiscus），一曰夜惹流姆（Aerarium）。

教皇，又牵掣国政，东罗马亦以不竞，一千四百五十三年，土耳其王谟罕默德（Muhammed）第二，晢吞罗马，海陆并进，萃精锐之全力，先攻君士但丁堡，都城既陷而东罗马遂亡。时距西罗马之亡，约及一千年矣。世界古国，遂不复占历史上地位，可慨也夫！

寅　政治

第一　总统

自罗马王者之迹熄，而改造共和，国中另有政权领袖，号曰公修尔（Consul）。职设两员，任期一年，系一高贵名誉位置，故不定薪俸，有时微有供给，意若曰：位尊者不必多金。推政府之设两总统，不过欲其互相监视，且任期最短，不致独揽政权，启王政之复活。故曾为一次总统，例不能再操政柄；或在解组期内，本身有诉讼关系，得起诉于法院，依法解决。考总统职权，与王权无异：凡海陆军兵符，法律上之生杀予夺，元老院及自治会之开会与集议，财政之支配，皆有特权主持。余如往来公牍，必经总统核阅，然后转达元老院。故总统在政治上之活动，亦非纯粹自由，尚有一元老院为监视机关，使不得有丝毫越轨行为。在初设总统时，有统计全国户口及核算税率之义务。至纪元前四百四十年间，此权悉归监察院长（Censorate）。纪元前三百六十年司法特权，又别设司法院长（Praetor），即今所谓司法独立是也。至总统之年龄限制，凡为总统者，必自三十七至四十岁以下，曾作军官十年，转任他项官职，负一时重望者，始能当选。但限制亦难一律。如卡乌司氏（Carvus）年二十三，已膺此选。若夫一年任期之限制，亦不尽然，如纪元前三百四十年，元老院所拟新规，谓曾充总统者，十年后得再任，或需才孔亟，亦可破除成例。若普步利可纳氏（Bublicola），连任三年，马黎氏（Marius），则连任六年是也。

选举于国民会行之。有时选举正副总统，本应当日傍晚竣事，或因有当选资格者，运动各方，于是投票各团体，故意延缓。共和时代，规矩废弛，难免无重写混投之事，故检查员须严重监视，毋使已投者，趁机厕入。罗马人迷信殊深，议会若遇鸣雷，或天变大雨，及因偶有议员死亡，皆以为不祥，登时闭会。而一般运动得票者，常以自身环境不佳，或因运动尚未成熟，则诳报雷击，甚至造作紧急，下取红旗，嗾使散会，以便少缓时日，别图作用，比如纪元前五十五年，有卡妥（Cato）者，欲得总统，因事未妥协，则指使党人，突传雷鸣闭会，然后与各方接洽。又如绷伯流（Pompeius）将军，因欲得总统，曾行卡妥之术。

总统之膺选，纯由自动，欲为总统者率在公共演说场（Forum）发表政治经验，述其勋绩，标举兴利革弊诸端，以示其才略，使一般人民，竭诚拥护。当其发抒意见时，服东方产之白衣（Toga Candida），雅洁华丽，俾观者益动美感，犹复在场周旋接洽，揖让有礼，且令心腹党羽，于畴众之中，品题誉扬，制造舆论。不宁惟是，往往搢绅侯邸，广集梨园，张乐设饮，以娱宾客，任众游览，不加制止。戚好朋辈，厚具盛馔，代礼来宾，藉联各方之感情，以助运动之成功。顾运动必期于成熟，而当选则决于票多，及得票被选，始行就职典礼，依罗马法，赴罗马加鄙妥利努士（Capitolinus）国庙，献大祭于庙神。牲太牢，色尚白，国中元老，及政府要人咸集，观者率累千万。于是新总统向神盟誓，其誓词，不过

“保存民国，永泯帝制”等语。至受任之期，有在九月一号者，有在九月十四，或在三七月间者。

第二 元老院

自建筑罗马城后，其国王即有组织元老院之举。盖就国内贵族中，年老而德行知识兼全者，选出百人以为元老。该元老即代政府运筹一切，扩张国势，所以人民咸尊为国父。最初元老，出拉丁族，自后撒比尼族，与拉丁族联合。在撒比尼族，亦得选元老百人。当第五代王时，又加选一百。至第六代王当国，始于平民中，拣选元老。及罗马改造民国，贵族与平民，畛域渐泯，于是元老院中人数，几于贵族与平民同等。罗马民国之元老院，元老颇为重要，被选元老，必身死，始另派补充。而当时总统任期，仅定一年，元老且有弹劾权，所以元老院，不啻民国之统治机关。元老院之权限，国家宣战与媾和，得决定或否认之。遣将征兵，及调派军队，得颁布命令。由元老院派遣之统帅，必向该院请示，至藩属及各民族，亦能由元老院按额派兵，并得特任委员，监视各将领，且有处分战时俘虏及财产之权。但元老院人员，亦尝开得胜会，欢迎凯旋统帅，所谓“归而饮至”是也。各国公使，由元老院接待（按罗马法，总统不得接待外国公使）。其余如敬神拜偶，献祭演剧，及记念节季，建筑庙宇，并拜神之规章，献祭之僧侣，敬神解释之书，星卜之辈，一切应付责任，均归元老院主持。其重要者，国内财政机关，属地各官署，有司之贤否，皆隶于元老院统辖，得支配而指导之。其关于买奴，用奴，释奴诸事，亦由元老院管治。故国中文武官僚，无不惟元老院之命是听也。元老院议决，称为 Senatus Consulta。

帝国时之元老院，由君主钦选派充，一切政事，虽倚重元老，然元老院开会，与提案讨论，须奉君命；但国君亦须征求元老院同意，且亦不能故反元老之主张。至奥古斯吐士时，元老员额，竟有六百之多，且帝国元老院后裔，等于阀阅，均有世袭封号。故迩时之元老院，比共和时代，已名存实亡矣。

考元老院组织法，有会长、秘书。会议时有提出之议案，有问题之讨论，凡百机要，各有部署。对于政府，得行使职权，干涉其行动。对人民方面，除订正法律外，可受理诉讼案件，及求申雪之上诉案。该院最大特色，及其出身，有各族之代表，洞悉国民情形，能发表政见，讨论各问题，有正当之言论，不受党派牵掣。然当日元老院第一主旨，惟以拥护罗马民国，巩固政府之尊严，为惟一天职。故元老院与政府，正如人体与心脏，其各官僚，不过如脉管血液，为四肢百体相互之作用而已。吾人考究罗马之元老院，证以今世各国议会制度，追其本源，蛛丝马迹，昭示吾人前者，靡不出自罗马元老院之组织法也。

第三 国民会议

一、科米恰·苦里亚塔（Comitia Curiata），译为贵族会或国会

计分十族，其会议范围，仅属贵族，一方面关于族人之管理；一方面关于国事之讨论。例如选授职官，判定死刑，国内要政，国外交涉，以及对于宣战等事。余如宗教问题，或贵族平民中偶有败类，当驱遣出国，或国外闲人，求隶国籍，应否收入贵族，及支配于平民，此会有可决及否认权，故此国会，无宁谓为贵族议会之为当也。

二、科米恰·逊丢里亚塔（Comitia centuriata），译为国民会或民会或兵员会

此为第六代王所创设，先由贵族与平民，特开筹备会，各举代表五十人，成立百人会。迩时虽贵族势力少衰，人口视平民仅占少数，然对于国家义务，贵族与平民，仍各半平均，为对等之担负。所以会议权限，与贵族议会同。至于征兵选将，以及民间继嗣各议案，由此会审查决定，即备国家征调之常备军，亦由各代议士，妥商担任，以应国家之需要。

三、科米恰·吹布塔（Comitia tributa），译为平民会或公会

查罗马人民，合全国城镇村集，共有三十五团体①，该议会由平民全体组织，各团体中之男子年满十七者，即有代表资格，可以与会。此项会议，在纪元前四百七十一年，其势力之伸张，已并驾国民会。而国民会亦重视此会，故其权限，与贵族同等，余如选举僧侣，赞助国教，举行国祭各事，悉由人民公决施行。但此会之实力，至帝制时代，渐形减缩，虽仍照常召集，而其会议情形，遂有名无实矣。

议会所选职官，分六项：（一）总统任期一年。（二）市长（Magistratus）为城市主管官署，须年满二十八岁。（三）财政部长（Questores），年龄以三十七岁为合格，权势甚大，经收国税及一切款项，并支给军政等费。（四）内政部长（Aediles），年过四十，可以当选，治理民事，遇地方有大喜庆，开会游戏，以及招待重要宾旅，均归其主持。（五）司法院长（Praetor），其在职期限为一年，通例于就职之始，发布法令，以在职中欲执行之法律，豫告人民，称曰官吏法（Jus honorarium）。此等法律规定之事项，每年多相类似，故又名恒久令（Edicta）。官吏法之内容，应社会事情事之必要而发布者，与市民法不同，其中有关于外国人之事项者，又与万民法相类，惟万民法比官吏法之范围广阔，官吏法仅于万民法无关系之部分，始规定之，其范围较狭也。（六）监察院长（Censors）二员，曾为总统者，亦可当选，其权限范围甚宽，任期五年，然仅十八个月办公，有弹劾官吏权，或取消其职任，元老院与议会及司法，皆可监察纠正，并视察人民行为。有不法者，褫夺其资格权，又如调查户口，统计财产，执掌国史，以及国家各大工程，各项度支，皆得核议施行。即所选官吏，亦必得其同意，而路政一项，则与元老院同负责任，盖即我国现代五权宪法之监察院也。

卯　罗马有无考试权

罗马古时，尚无学校制度，责任全在父母，故所备教材，不过诵书、写字、习算。至要者则罗马法律等书，在孩童初学，一切知识，即深印脑海，追习惯养成，虽经百端，不易摇惑。故习善习恶，重在始基。及至游身社会，经风俗之熏陶，视群众之趋向，而性情亦不能不受软化，当日社会习尚，咸注意于国神，盖将以神明之鉴观，一国人之心志，使人民爱国之念，与敬神之诚，各动以天良而不能自已。罗马学校制度，约在纪元前四百年

① 此三十五团体，称地方自治团体（Municipia），有法人资格，其权利义务，与组织自治体人民各自之权利义务不同，其以为法人之观念，盖在共和政治之末叶，而忽焉发达者也。主要者曰市府，制度取法于罗马府。次之则殖民地，亦自治体之一。

萌芽，但校课不深，仅合于小学高初两等，如物理学、伦理学、人类学、法律学等，莫不备具大意，供教科之资料。迨纪元前二百年时，渐被希腊文化，逐年进步，尔时罗马人又喜聘希腊文学士，为学校之讲师。每胜敌掳回之奴仆中，亦有学识优良之士，主人则命教其子弟，优以师礼，于是多辟一求学之门，即先登一进化之阶。一时学风所趋，除国设之学校外，又有民立学校之发起。此项学校分两种：有集众力公立者；有独资私立者。罗马此时教育，大有普及之希望，而学校课程，已渐进高深，综其学科统系，则有历史及地理，国文则有拉丁文学，外国文则有希腊文学。至于最见重罗马社会者，则为律师之辩护，与议士政见之发表，必有最公允极痛快之言论，于是美词学与辩论学，尤为重要。又有音乐体育，各科皆备。查罗马中叶，儿童学年，普通自七岁至十七，皆学年也。其学校制度，非近今学制，大约官私合组，校师一如设帐授徒。求学者，束修以上，执贽请益，功课则自早至晚，一律勤修，无按时定格，校假以祭国神大典，放假数日，年非一次。按罗马以人至十七为熟年，受学在校，塾师常用夏楚，盖罗马法律，尊重人格，人既熟年，则应有一定之方针，以成毕生之事业。在罗马城镇中隙地，建有演台①，即熟年人受教处也。凡登台演说者，或为政学家，或为军事举家，或为发明之医药、理化、工艺及教育、神话各大家。在罗马当日，凡新熟年之人，即认为有公民资格，不拘政府何项机关，特许参观。如海陆军之操演，军械之制造，邮电之交通，以及文官之法治机要，财政之出纳表式等，皆准其谒受任之官司，聆经历之训练，及既得各官司教益，亦可随性之所近，择习一业，以谋生而立名。故罗马人格高尚，亦由教育之善，有以养成。柏女士师其遗意，于道尔顿中校②，大著成效者，实受罗马之赐也。

辰　罗马帝国主义的失败

罗马帝国主义的失败，不是失败于不注重民族主义和民权主义，已如上述；乃是失败于不注重民生主义。原来罗马经济，皆由以帝国主义，侵略他国，以维持其国家，是以被征服之领土，必课重税，设督理，定军制，朘削人民之脂膏，纳入本国之国库，以供涂饰罗马帝京及种种之用途。盖彼所以设此大路，实非为人民谋产业交通之便利，乃为战时俘虏品输送之运途。罗马都城，宏丽异常，而各县人民，不堪凋敝，征诸历史，昭昭可考。其国家主义，虽甚发达，而经济观念，则不及希腊远甚。俗尚奢侈，徒事消费，不知尊重民生，专以奖励奴制为尚，如询其富额之大小率数，即以奴隶多寡为对，凡畜奴隶多者，人皆以为豪，且有公开市场买卖奴隶之事，是以罗马产业，多经奴隶之手所造成，而奴隶为轻贱之民，经济亦遂视为轻贱之事，殆亦势有必然者。罗马贵族，奢侈愈甚，人民生活，因之愈困，驯至末季，全国骚动，盖以当时仅有极富者与极贫者，奢侈者与饥饿者，互相对峙，而于此贫富悬隔之间，求一中等之家，绝不见一人以为之调剂。厥后有思想家，如

---

① 演台拉丁语（罗斯特亚 Rostra）船首之意，盖当时罗马，聚战利之船首以修饰罗马市场之演台，故名。

② 柏克赫斯特女士（Miss Helen Parkhurst）不满意美国现代教育，在东美麻沙求色斯（Massachussetts，今译为马萨诸塞——编者注）州西边道尔顿中学（The Dalton High School）试验她的计画，大著成效，因称为“道尔顿制”（The Dalton Plan）。

加妥（Cato）、西塞罗（Cicero）、色聂卡（Seneca）等，出而攻击奢侈，主张节俭，并定奢侈禁制法，请政府施行，然人民腐化，已达极点，纵该数人力倡节俭，终归无效，且此数人之家，奴隶罗列，一己之欲，犹不能克，而欲以节欲规人，将谁适从耶？至于贿买公修尔（Consul）之头衔，富豪巨室，以白金二千斤，即可取得公修尔Consul）之徽号，并以一月一号，为举行就职典礼之日，贿赂公行，恬不知耻，亦为其失败之一大原因。夫世界上国家主义之全能，领土之辽阔，莫有加于罗马之上者，卒以奢侈、畜奴、贿选之故，土崩瓦解，虽以罗马人富有法律精神，亦无如何。迨基督教传入罗马，前虽加以逼迫，后且表示欢迎，认为罗马国教，然不能救罗马之亡者，何也？则因社会之腐化已深，不啻丧心病狂，虽有痛哭文章，视若无睹，无受治之余地，亦徒唤奈何而已！

第九章　罗马法律及其解释并法律学的意义

子　法律的意义

罗马法关于法律之意义有二：一曰幼斯（Jus），一曰列其斯（Lex）。当王政时代，其王制定之法律曰列其斯（Lex）；及至共和时代，民会议决之法律，亦曰列其斯（Lex）。然依拉丁语而解释法律之意义，其最适当者，幼斯（Jus）之文字也。此文字时指权利言；时指法律言。换言之，法即是权，权即是法。与德语越西替（Recht）、法语夺哇（Droit）、意语地里妥（Diritto）同。但英国除外。[①]

罗马下法律之定义者甚多，以塞尔凑士为著；现代法律著述，率皆引用，且细加批评。此定义所谓善者即德（Virtue）；公正者即正义（Justitia）。[②] 而德及正义，由希腊“斯多噶哲学”而来[③]、[④]，世谓罗马法大受希腊哲学之影响，有以哉！

希腊“斯多噶派哲学”始于翟禄，翟禄之后，有克立奚普士（Chrysippus），博闻多识，

---

① 拉丁语之Jus，德语之Recht，法语之Droit，意语之Diritto，皆含法律及权利二义。英国法反之，法律曰Law，权利曰Right，二者初无混用之处。惟于Law文字以外，有时用规则Order；有时用条例Statute or Rules；有时用条款Bill；有时用律例Code。而以Law之文字，为最普通，惟不包含权利之意义，斯又英国法与大陆诸国不同之特点也。对于Jus文字，罗马硕学塞尔凑士（Celsus）曰：法律者，善及公正之术也。

② 幼斯体恰（Justitia），希腊司法女神，左手执秤，右手执剑，取其能平能断。

③ “斯多噶”主张唯物论（Materialism），认神之存在，与现代非神之唯物论有别。彼反于通说之主张，以人之精神（soul）及道德（virtue）为实体。又谓物体（matter）之外，别有动力（force），动力虽有伸缩物体之力；而动力之源则在物体。动力之源，气也。气，火素也。火素与神同体。精气（ether）、大气（air）、通理（reason of the world）、自然（nature）、通则（universal law）、天命（providence）、天运（destiny），皆同一之物也。火素生四大：地、水、火、风。地干性，水湿性，火热性，风寒性。火、风，主动的（active）也；地、水，受动的（passive）也。神与世代界同体，神即世界，世界即神。所谓凡神教（pantheism），凡宇宙事物，无一不受神之支配，岂仅法律哲学已哉。

④ 火素生四大之说，骤观之似甚奇异！实则印度希腊，已有此说。尹洎多克列士（Empedocles）、德摩克里吐士（Democritus）亦有此等主张。吾国王夫之《船山遗书·黄书原极第一》：“夫观初始于天地者，岂不大哉洋洋乎！金以铣之，木以干之，土以敦之，火烜风挠水裹以蒸化之，彼滋此孕以繁之，脉脉门门，泮涣搏翕以离合之，故盛德行于无疆而不知其届也。”亦即火素生四大之意。船山当明鼎革，隐居衡阳石船山，著书终老，流风遗泽，被于湖湘。以视“斯多噶学派”，又不遑多让矣！

极富著作，哲学界之有二人，犹中国儒家之有孔孟也。其始输入哲学于罗马者，厥惟拔涅秋士（Panaetius）、司崔甫拉（Scaevola）。其后西塞罗（Cicero）、色聂卡（Seneca）、慕梭纽士（Musonius）、耶鄙克特吐士（Epictetus）、马耳古士・奥越流士（Marcus Aurelius）等，皆属此派。而塞尔凑士，在第一世纪与第二世纪之交，尤能汲哲学之流者也。

塞尔凑士定义，乌尔鄙亚鲁士采用之，乌氏更引申其义曰：

正义者，使人各得其所而有恒久之意思也。

Justitia est Constans et Perpetua voluntas jus suum cuique tribuendi.

又曰：

故谚有之曰："正直生活，不害他人，各得其所。"

Juris praecepta sunt haec：honeste vivere，alterum non laedere，suum cuique tribuere.

此定义及格言，与德国哲学大家康德（Kant）所下法律定义酷似，康德曰：

法律者，一人之自由与他人之自由，依一般规则而不相侵害之谓也。

Das Recht ist der Inbegriff der Bedeutungen Wonach es geschehen Kann，das die Freiheit der einen Person mit der Freiheit der anderen nach einem allgemeinen Gesetze zusammenbestehen kann.（Metaphisische Anfangsgründe der Rechtslehre S. 27）

丑 法律的解释

现代法律学者，分法律解释方法为二种：一曰法律的解释；二曰学理的解释是也。法律的释解者，以法律解释法律也。又别为成文法的解释、习惯法的解释。由立法机关发布成文法，解释其他成文法时，谓之成文法的解释；以习惯法解释成文法，或以习惯法，解释其他习惯法时，谓之习惯法的解释。依此二方法所为解释之法律，亦有法律之效力，与一私人解释法律之效力不同。学理的解释者，立法机关以外之人所为之解释，亦别为二：一文字的解释；一论理的解释是也。

古代罗马，重文字的解释，不重论理的解释，适用法律，生滞碍之结果者不少，以嘎尤士《法学阶梯》观之，十二标法时代，对伐采葡萄者，提起诉讼，必用十二标法记载"树（Arbores）"之文字，若代以"蔓（Vites）"之文字，必至败诉，则当日拘泥于文字之末节可想也。至帝政时代，思想丕变，专以论理的解释为主，《学说汇纂》引用塞尔凑士之言曰：罗马法律学，最盛时代，解释法律，不拘文字，一基于法律全体精神而为解释云。

寅 法律学的意义

法律学者何欤？乌尔鄙亚鲁士曰：

法律学者；神事及人事之智识，而正不正之科学也。

Jurisprudentia est divinarum atque humanarum rerum notitia，justi atque injusti scientia.

此种定义，上句牵涉宗教，下句混入道德，在现代法学发达之眼光观之，实无存在之价值。然在当日神权时代思想，此学说亦自流行于一世。欲知此定义之真意，须自"斯多噶哲学"观察之。"斯多噶哲学"泰斗克立奚菩士下法律定义曰：

法者，神事及人事之主宰也。

Lex est omnium divinarum et humanarum rerum regina.

此定义优帝法典采用之，当日之尊重哲学可想矣。更远稽神事及人事智识之语，渊源于梭格拉第（Sokrates，今译为苏格拉底——编者注）。盖“斯多噶哲学”，自“什匿克（Synics）学派”而分歧，而“什匿克学派”，实由梭格拉第而出者也。[①] 从来习哲学者，不究法律，法律家亦罕习哲学，致罗马法与“斯多噶哲学”之关系，不能大显于现代，惜哉！

第十章 罗马法律的分类

子 公法（Jus Publicum）、私法（Jus Privatum）

乌尔鄙亚鲁士分法律为公法、私法，公法者，关于罗马事物之基础；私法者，关于各人之利益。换言之：即公法者，以保护公益为目的之法律；私法者，以保护私益为目的之法律也。[②] 公法规定神事、神事政务官之法律；私法则由自然法、万民法、市民法三者而成。

丑 自然法（Jus Naturale）、万民法（Jus Gentium）、市民法（Jus Civile）

乌尔鄙亚鲁士分为前揭之三；嘎尤士则以自然法与万民法，视为同一，分法律为市民法、万民法（一名自然法）二者。此二分说，与三分说议论之所由来也。萨威尼之说：谓罗马法学者，多主二分说。来比锡（Leipzig）大学学长（Dekan）史米体（Schmidt）之说：谓罗马法学者，概主三分说。（Adolf Schmidt，Zur Lehre Vom Gewohnhei Tsrecht 1881 S. 17.）以余观之，罗马旧派学者，多采二分说；新派学者，多采三分说。

市民法者；罗马固有之法律也。在昔罗马市民，独受此法律之支配，故名曰市民法。市民法之内容，凡一切之法律行为，均不可不履行一定方式，其程序非常繁重。然在幼稚社会，则有防护错误、捍御欺诈、保存证据之必要。迨社会进化，文字之记载完密，各人之交际频繁，方式程序，不但无必要之利益，抑且生交易之滞延。不宁惟是，市民法仅支

---

① 梭格拉第（B. C. 469—399）、柏拉图（Platon，B. C. 429—349）、亚里士多德（Aristoteles，B. C. 384—322），衣钵相传，希腊三大圣人也。梭格拉第学说，分为数派，柏拉图为其学派之正统。此外由梭格拉第学派出者，尚有“什匿克派”。梭格拉第门人安体斯特聂士（Antisthenes），什匿克派的始祖。“什匿克”希腊学派名，以所居射圃而著称，其学问以绝欲遣世、克己励行为宗旨，采取刻苦主义，刁格聂士（Diogenes）属之。“什越乃克（Cyrenaic）派”，采取乐天主义，斥肉体的快乐，重精神的快乐，以恬淡安静为宗旨，伊壁鸠鲁（Epicurus）属之。

② 公法私法的区别，有三种学说：（一）目的说：以保护公益为目的者为公法，以保护私益为目的者为私法，从此学说，则亲子婚姻中，颇多公益之规定，抑将谓为公法乎？（二）实质说：以规定权力（即不对等）关系之法律为公法，规定权利（即对等）关系之法律为私法，从此学说，则未成年人，服从亲权，含有权力关系，抑将谓为公法乎？（三）主体说：以规定国家与国家，及国家与私人之法律关系者为公法，专规定私人与私人之法律关系者为私法，从此学说，则于现代社会化的法律（Socialization of the Law）不足以说明之。且国家主义，容易走到帝国主义，不可不慎！吾国为中华民国，吾政府为国民政府，民族、民权、民生，即民有、民治、民享（“The government of the people，by the people，for the people”），所有法律，都是民众的法律，乃必强为分曰：何种法律，为国家与国家之关系，或国家与人民之关系，谓之公法；何种法律，为人民与人民之关系，谓之私法。岂不与建国大纲第一款及三民主义相刺谬耶！此余所以不惮喋喋，力主推翻公法私法之区别，而代之以公权私权，并于拙著新法学通论中，另辟一新法学的分类也。

配罗马之市民，外国人不能受其保护，又因罗马版图之阔大，各国人之移住罗马者，实繁有徒，不依市民法之方法，而为买卖及其他一切法律行为。于是不得已，为外国人设置外事裁判官，此外事裁判官所下之裁判，不本市民法，而以自然之正义及公众之利益（Naturalis aequitas，Publica Utilitas），与通行于一般人民之法律规则为主旨。是即万民法发生之起源，而与市民法对峙者也。[①] 史米体曰：万民法者，基于比较法学之法律也（Vergleichende Rechtswissenschaft）。比较法学之文字，未敢必其当否，要之万民法之发达，由于比较市民法，及其他普通适用法律之结果，不待言已。故万民法，不仅适用于外国人，即罗马市民，亦受其支配，谓为宇内人民之法，非过誉也！

以市民法万民法比较之，市民法仅行于罗马市民之法律，采取国家主义者也（Nationalism），万民法行于世界人民（Citzens of the World）之法律，采取世界主义者也（Cosmopolitanism）。而万民法之世界主义，又渊源“斯多噶哲学”而来，盖“斯多噶哲学”，以采用世界主义著名，常曰：余为世界之民，其明征也。以历史考之：罗马版图狭小时代，支配罗马市民者，厥惟市民法，其后疆宇日辟，万民法之区域愈大，而市民法适用之区域，遂日渐缩小矣。自西塞罗时代以来，罗马法律之最有进步者，实推万民法，而西塞罗之师司崔甫拉，又乘时以“斯多噶哲学”，输入罗马，而万民法与“斯多噶哲学”，同时达于极盛之区，对峙之市民法，同时益形缩小。由是观之：罗马法发达之历史，即万民法发达之历史，万民法发达之历史，又伴“斯多噶哲学”之输入而来者也。五大法律家，至今为世界各国推重者，即以全力注意于万民法发达之功绩；优帝法典，至今为世界各国模范者，即其所根据之万民法，有世界的性质也。故罗马有名之十二铜标法，即以市民法为根据；优帝法典，即以万民法为根据。

自然法者何欤？乌尔鄙亚鲁士曰：

自然法者，对于动物之规则也，不仅人类适用，即一般动物，亦适用之，如婚姻及养育子弟等，悉皆本于自然云云。

Jus naturale est，quod natura omnia animalia docuit：nam jus istud non humani generis proprium est，sed omnium animalium，quae in coelo，quae in terra，quae in mari nascuntur. Hinc descendit maris atque feminae conjunctio，qnam nos matrimonium appellamus；hinc hberorum procreatio et educatio. Videmus etenim cetera quoque animalia istius juris perita censeri.（Inst. I，pr.）

世人或以其说，为混动物之本性与法律者，以予观之：乌氏之言，不外根本于“斯多

---

① 罗马之蒲勒安耳（Pretor）分内事裁判官（Pretor urbanus）、外事裁判官（Praeter peregrinus）。内事裁判官者，司罗马人之诉讼；外事裁判官者，司罗马人与外国人，及外国人与外国人在罗马所起之诉讼也。现代学者，对于万民法意见，亦不一致：有视作国际私法（余主张推翻公法私法区别，改称私国际法），称为不适用市民法人民的法律。有认为部落间交际之习惯法，先行于意大利半岛诸民族，后推广于东方希腊马基顿诸国。有谓两种法律，实质无别，万民法为不文法；市民法为成文法。总之市民法为现代民法之语源；万民法为现代国际法之语源。则固无庸疑也。

噶哲学”，斯多噶哲学者有言曰：凡天下事物，无一不从自然法之规则。此等学说，不仅希腊哲学为然，即我国之老庄学派，亦自然派之流亚也。[①]

罗马法律家，以为人类受支配于同一之法则，即有为同一行为之倾向。此等学者，研究自然法，不囿于罗马法律，即诸国之法律，亦比较而发见其共同之原理，是即自然法规则之思想所由起也。此思想与万民法，甚有密切关系，故古代之法律家，视自然法与万民法为一者居多，如嘎尤士之二分说是也。考罗马与希腊交通频繁之时，与置外事裁判官之时，相距不远，盖希腊交通，为输入哲学之媒介，亦为自然法膨胀之时期，而外事裁判官，生际此时，恰与以实行万民法之机会，故罗马人若无自然法之观念，万民法决不发达，无实行万民法之机会，亦不能扩充自然法，自然法与万民法，虽起源不同，而发达之时期则一，嘎氏主张二分说，岂无故哉！反之，乌尔鄙亚鲁士主张三分说者，其理由以奴隶者，万国共有，奴隶制度，为万民法之一部，然甚反乎自然，不得为自然法之一部，此即万民法与自然法不同之点，故主张三分说。然乌氏此说，亦受“斯多噶哲学”之余响者，“斯多噶哲学”，采用世界主义，曾论奴隶反乎自然，适与主张国家主义之柏拉图、亚里士多德等，谓奴隶制度，不反自然，为人世所不可缺之说相反。要而论之，自然法之观念，由希腊“斯多噶哲学”而出，抽象的兼主观的也；万民法之观念，由社会之事情发生，具体的兼客观的也。同一物而观察不同，故曰自然法；曰万民法。

寅　成文法（Jus scriptum）、不文法（Jus non scriptum）

成文法者，其发生之时，即成文者也，不文法者，其发生之时，不成文者也。罗马成文法计有六种，列举于左：

第一，国民会议决之法律

此国民会（Comitia Centuriata），即贵族与平民所集合之国民会也。王政时代，所谓国会（Comitia Curiata）者，仅贵族有列席发言之权而已。故此国会（Comitia Curiata）又可译曰贵族会。国民会（Comitia Centuriata）者，为第六代王所创设，又可译为百人队或兵员会，共和时代，有选举公修尔之权，其制定之法律曰列其斯（Lex），又曰列格斯（Leges）。

第二，平民会议决之法律

平民会（Comitia Tributa）议决之法律，仅能支配平民，纪元前四百四十八年瓦列里夜·何惹梯夜法律，认平民会议决，与国民会之议决，同其效力。（或云纪元前二百八十六年荷典希亚法，亦有此项规定？）罗马民众法律，多为此会制定。

第三，元老院议决（Senatus Consulta）

元老院本无立法权，共和末叶，渐代民会而立法。帝政初期所有法律，皆元老院所制

---

① 《老子·象玄篇》：“人法地，地法天，天法道，道法自然。”《庄子·齐物论》：“恶乎然，然于然，恶乎不然，不然于不然，物固有所然，物固有所可，无物不然，无物不可。”

定，至第二世纪末，以皇帝敕令代之。而元老院之决议，遂消灭矣。①

第四，官吏之告示书（Edicta Magistratum）

第二世纪之顷，哈德里亚鲁士帝，汇集历来告示书，称为《哈德里亚鲁士之告令》(Edicta)，俾司裁判者，咸从其规定，与近日法院之判决录相类云。哈帝以后，官吏虽有发告示之权能，而效力则较前大减，不过仅执行皇帝之命令而已。

第五，法学家之解答（Responsa Prudentum）

罗马古初，关于法律智识，与宗教天文之学问，同为僧侣（Pontifices）之专有物，而僧侣皆出自贵族，故法律之智识，亦为贵族所专有，凡有疑问，必向僧侣就正焉。至纪元前二百五十四年提别流·科伦卡流（Tiberius Coruncanius）其人者，首以平民为僧正，破从来之惯例，无论何人，有问必答。嗣后法学大兴，至奥古斯吐士帝时，对于指定之法学家，与以解答法律之特权（Jus respondendi），若其意见一致时，即生列其斯（Lex）之效力，即不一致，法院亦可本其意见，以判决案件焉。至推阿多修士二世，于四百二十六年下谕，对于五大法律家之著书，均有法律之效力，若诸家意见不同，以多数取决，数同，以拔鄙尼亚鲁士之说为准则，法学家成功之大，未有过于此者矣！

第六，君主之敕令（Constitutiones）

君主之敕令有四：曰裁（Decretum），对于案件之判决也；曰答（Rescriptum），对于案件之意见也；曰训（Mandatum），对于官吏之命令也；曰谕（Edictum），对于人民之命令也。四者总称敕令（Constitutiones）。第三世纪以后，法律渊源，以此为主要云。

不文法之主要者，为习惯法，十二标法以前，皆习惯法也，十二标法以后，虽各种成文法出，亦别有习惯法之存在，且可以习惯废止法律。以习惯废止法律，与依习惯制作法律，其理相同，惟一消极的，一积极的而已。罗马人所谓习惯法，与现代所谓习惯法，性质无殊，约而言之，其类别亦有三种：

第一，自祖先传授之风习（Mores Majorum）；

第二，当世人民通行之惯例（Consuetudo）；

第三，裁判官下同一判决所生之惯例（Usus Fori）。

由以上三种观之，则经立法者之手而采用者，即为成文法而非习惯法矣。②

习惯生法律上之效力，不可不具备下之要素：

第一，反复为同一行为；

第二，永久之年月日；

第三，须永久习惯，而关于法律上规则者；

第四，行为反复非因误解法律而然者；

---

① 国民会（Comitia centuriata）有时省称民会，贵族会（Comitia curiata）有时省称国会，平民会（Comitia tributa）有时省称公会。元老院议决，省称 S. C. 。

② 综观以上三类，知习惯法不外人民惯用而有法律效力，及法廷采用而有法律效力两大类。德国学者称前者曰 Volksrecht，后者曰 Juristenrecht。

第五，不背风纪。

成文法因久不适用，得以习惯法，取消成文法否？优帝《学说汇纂》，引法律学者幼利亚鲁士之说曰：习惯法得取消成文法。同法典之《法令类典》，引君士但丁帝所作法令曰：习惯法无取消成文法之效力。一法典中，揭载二抵触之法文，洵异事已！然习惯法虽有取消成文法之力，不得以特别之习惯，取消一般之成文法。君士但丁帝，所谓习惯法，不得取消成文法者，指特别习惯，不得取消一般成文法而言。中古以来，罗马法学者，多采此说云。

卯　人法（Jus Personarun）、物法（Jus Rerum）

嘎尤士《法学阶梯》和优帝法典的《法学阶梯》，均分三段：第一人法；第二物法；第三诉讼（Actiones）。人法者，关于婚姻监护等之法律；物法者，关于财产契约等之法律也。其诉讼一部，即近世之助法。罗马法虽无该当主法、助法之名称，要其实质之存在无疑也。嘎尤士《法学阶梯》与优帝法典，先人法物法而后诉讼；《十二标法》反此，首载诉讼，而主法之规定后之。现代欧洲法律家，谓民智懵昧，则先助法，人文进步，则先主法。盖《十二标法》时代，社会幼稚，私权救济之机关，尚不完备，诉讼程序，仅贵族知之，而一般人民，仍属茫然，救济之法，每纷然滋议，故先定助法。至优帝时代，人民法律智识，浸濡日久，渐知诉讼程序之内容，故不置重于诉讼程序，而置重于依诉讼程序而实行之权利，故先定主法。

参考书

〔一〕By German Authors.

Eduand Böcking：Römisches Privatrecht. Institutionen des Römisch a Civilrechts Born，1862，R. V. Ihering：Geist des Römischen Rechts anf den verschiedenen Stufen seiner Entwicklung. Leipzig，1852—1878.

F. Mackkley：Lehrbuch der Institutionen des heutigen Römischen Rechts. Oeissen，1814.

Theodor Marezoll：Lehrbuch der Institutionen des Römischen Rechts. Leipzig，1875.

丘汉平

先秦法律思想

作者简介

丘汉平（1904—1990），字知行，原籍福建海澄（今龙海），生于缅甸仰光。1924年毕业于上海国立暨南大学商科。1925年毕业于吴淞中国公学商学院。1927年毕业于上海东吴大学法律学院，旋回仰光。1929年获美国乔治·华盛顿大学法学博士学位。1930年赴欧洲考察后，返回上海执律师业务。1931年起，出任国立暨南大学教授、中国公学宪法教授等职，并创办华侨中学等多所中学。1939年秋，任福建省政府委员兼省银总经理。1947年，辞本兼各职，返沪重操律师业务。1948年行宪后，任“立法委员”。1949年赴台湾，任“立法委员”、“立法院财政和预算委员会”召集人。1951—1952年，任台湾东吴大学校长。专著及教科书有：《国际汇兑浅说》、《国际汇兑与贸易》、《先秦法律思想》、《中国票据法论》、《罗马法》、《法学通论》、《新生活须知》、《历代律例全书·唐》、《违警罚法》等。

出版社：上海，光华书局。

出版年份：1931年。

馆藏：国家图书馆书刊保存本库。

作品简介：《先秦法律思想》一书分五部分，除三版简短的序言外，主要由四章组成。第一章是本问题之性质，从学问的全体、法律的发生、法律的变迁、法律思想与时代、法律的历史五个方面简单阐述了法律、法律思想和法律史的研究对象等问题。第二章至第四章分别较详尽地论述了法家的三个代表性人物。第二章慎到包括慎子的年代及慎子、慎子的政治哲学、主张法治主义之理由、法律的性质、立法权问题五部分。第三章商君包括商君的年代、政治主张、法治学说和对商君法治主义的批评四部分。商君的法治学说又分法的起源说、法随时代进化说、法宜公布的理由和效果、法是以客观的标准论、法律平等说、法可无为说、刑赏主义七个专题。第四章韩非包括九个方面：年代及其著述、思想的系统、法治的意义、法的基础、法律进化论、法律的性质、法律的标准、法律的运用和结论。而法治的意义部分又分四个专题论述法治与人治、法治与势治、法治与德治、法治与术治。

总体来看，本书结构上较为简单，集中对法家的三个代表人物的思想进行了详尽的考察和论述，可谓先秦法家代表人物专篇，属于法律思想史的断代史。在时代特征的把握上，作者把中国法律思想史分为四个时期：第一为法律思想之形成时期；第二曰适应时期，由汉至唐；第三曰保守时期，由宋至清；第四曰改建时期，由清末至今。作者认为，本书具有第一时期的原料之价值，这三篇已够代表先秦的法律思想。再完备些，也不外加些儒道墨的法律观及其他说明而已。（孙振庆整理）

序

在三年前，吴德生先生劝我把几年来所发表的法学文章，集成一书付印，且允为我题字，命名法学文存。我后来果然收集，可是自己终觉得无甚意思，因为中国的文存太多了，读者每以为是垃圾桶。我恐怕人家再来讥评我，所以至今未曾付印。

瞬眼已是三年余了，我的著作毫无增加。这三年来只成了一篇韩非子的法律思想，其于旧学之整理，可以说未进半步。但这篇韩子，朋友说是有特见之点，我现在姑听其说，将四年前登过的慎子和商君二文，稍加修正，汇辑成书，题曰“先秦法律思想”。在我看来，这三篇已够代表先秦的法律思想。再完备些，也不外加些儒道墨的法律观及其他说明而已。在我拟定的中国法律思想史，这三篇仅有原料之价值，列在第一时期，名之曰“法律思想之形成时代”。（其他三时期如下：曰适应时代——由汉至唐；曰保守时代——由宋至清；曰改建时代——由清末至今）这是我拟定的中国法律思想史之分类。

末了，我要感谢挚友傅子模博士的鼓励。关于韩非子一文，他给了很不少意见，著者虽没有全部采纳，但暗中受其影响的甚多。

汉平序于沪上 十九，六，四

第二章 慎到

一、慎子的年代及慎子

慎子的生死年月，今无可考。《史记》的“孟子荀卿列传”只有寥寥二十多字说到他。据史记，慎子名到，赵国人，和田骈、接子、环渊似乎是同时，《史记》又屡说“淳于髡；慎到，环渊，接子、田骈，驺奭之徒”，皆见“孟荀列传”及“田完世家”。淳于髡曾见梁惠王，与孟子同时。这几个人的年代大概相差不远，约在前三世纪初期。这时期的政治纷乱不堪，暴政横行，孟子的政治思想都是此时期的产物。但是那时的政治已入于无法疗治的状态，所以较后的儒道墨学者渐渐酿成法治主义，所谓法家，就在这时期产生了。

《汉书》说“慎子先申韩，申韩称之”①，这是错的，因为申不害相韩是在纪元前三五一年至三三七年。照《史记》说“十五年终申子之身”，也是前四世纪末季的人。据此，慎到

① 谢无量的《中国哲学史》七二页，这样记载。盖他照《汉书》抄下，故陷同一的失实。

应在申子后了。[①]《汉书·艺文志》载《慎子》四十二篇，现在我们所可看到的是佚文若干条，后人集成《慎子》五篇。[②] 据清姚首源（际恒）的《古今伪书考》，说《慎子》一书是后人的伪作。但顾实的《重考古今伪书考》说《慎子》不是伪书，请把他的考据记下：

"《慎子》非伪书，汉志有四十二篇，今仅余七篇，严可均从《群书治要》中录出。然以《四部丛刊本》为最多，虽有残阙，而所说尚明曰纯正，流本贯末。"[③] 不过我们也不能说《慎子》是慎到自己著的。章学诚（实斋）先生有句话说得很对，他说：此"皆不知古人并无私自著书之事，皆是后人缀辑"[④]。我们说《慎子》是代表慎到的学说即可，若说《慎子》定是慎到著的则不可。这和我考订《商君书》一样的思想。[⑤]

二、慎子的政治哲学

在未说到慎子的法律思想，我们是先要明了他的政治学说的大概。因为那时代的思想者，一言一行都是想救治当时的纷乱状态。老子的"无为"、孟子的"仁义"、墨子的"兼爱"、杨朱的"为我"、商鞅的"刑赏"，个个是在于疗治当时政治。所以论慎子的法律思想，他的政治哲学是不可不先有大体的观察。

慎子看到那时的政治纷乱不堪，便仔细的考出它的病根，预备好投药方。第一个病根他找出的便是"主观私见"。当时人君，从一己之所欲，为所欲为。诛赏予夺，皆从君出。但人情喜怒无常，今天所喜欢的，到明天保不定变成憎恶。以这种变化不定的主观私见，怎能使人民得到平等的待遇呢？许多极简单的东西，如果用物观来测度，是非常易见的。但若凭主观来看，明明是很简易的东西，也得不到精确的结果。故他说："措钧石，使禹察之，不能识也；悬于权衡，则厘发辨矣。"

因此他就开出一帖对症药方，这便是"客观准标"。用他的口气即是"无知之物"。"无知之物"怎能决定"有知之人"的关系呢？《庄子·天下篇》说得很详细。

"彭蒙、田骈、慎到…… 齐万物以为首。曰：天能覆之而不能载之；地能载之而不能覆之；大道包之而不能辨之。知万物皆有所可，有所不可。故曰选则不偏，教则不至，道则无遗者矣。"

胡适之先生解释这段最明晰。他说："这种根本观念，与《庄子·齐物论》相同：'万物皆有所可，有所不可。'象虽大，蚁虽小，各有适宜的境地，故说万物平等。《齐物论》只是认明万物之不齐，方才可说齐，万物既各有个性的不齐，故说撰择不能偏及，教育不

① 胡适《中国哲学史大纲》上卷三四一页。梁任公先生说中国的法治盛行时期是这样的："其在春秋，则管仲、子产、范蠡；其在战国，则李悝、吴起、申不害、商鞅之流；皆以法治卓著成绩……逮战国末年，则慎到、尹文辈益精研法理，至韩非而集其成。"如梁任公说，则申不害最先，慎到次之，韩非最后。自然不是"先申韩"了。《先秦政治思想史》一百十二页。

② 兹据商务印书馆涵芬楼本。间略有改正。

③ 《重校古今伪书考》卷三"子类"，页十一，大东书局出版。

④ 《文史通义诗教》中，"诸子"篇及"校雠通义"篇内也曾论及。

⑤ 参见《商君底法治主义论》，《法学季刊》第二卷，第七期，页三七三。

能周到，只有因万物的自然，或者不致有遗漏。”①

《庄子》接着上文说：“是故慎到弃知去已而缘不得已，冷汰于物以为道理。（郭注‘冷汰犹听放也’。胡适释冷汰犹今人说冷淡。）謑髁无任，而笑天下之尚贤也。纵脱而行而非天下之大圣，推拍輐断，与物宛转。舍与非，苟可以免。不师知虑，不知前后，魏然而已矣。推而后行，曳而后往；若飘飘风之，还若羽之，旋若磨石之隧，而无非，动静无过，未尝有罪。是何故？夫无知之物，无建已之患，无用知之累，动静不离于理，是以终身无誉。故曰：至于无知之物而已。无用圣贤，夫块不失道。豪桀相与笑之曰：‘慎到之道，非生人之行而至死人之理，适得怪焉。’”

这段说明“无知之物”的道理最为详尽。“反过来说，凡有知之物，不能尽去主观的私见，不能不用一己的小聪明，故动静不能不离于理。这个观念用到政治哲学上，便主张废去主观的私意，建立物观的标准。”②

第二个病源他找出的是“政权不分”。慎子以为一国之“治与不治”是在于政权，政权便是势位。一个人握到政权，就会弄得天下大乱，也会弄得天下安宁，以为“无知之物”不必贤人也可以用。如果不设物观的标准，即圣人有时也要难于应付。上文引的“措钧石，使禹察之，不能识也……”便是这个意思，所以他说：有权衡者，不可欺以轻重；有尺寸者，不可差以长短；有法度者，不可巧之诈伪。

这便是说“物观”不必靠贤人的意思。

势位为什么重要呢？和他的“物观主义”又有什么关系呢？势位好比总机关，无论什么人拿到，就发生影响。这类事在历史上多得很，即如目下的中国已给我们证明。我们来引《慎子》的话便明白了，他说③：

“飞龙乘云，腾蛇游雾；云罢雨霁，而龙蛇与螾蚁同矣，则失其所乘也。故贤人而屈于

---

① 《中国哲学史大纲》三四一页。

② 同上书三四二页。

③ 后来韩非子驳慎子的“势位”说：“飞龙乘云，腾蛇游雾，吾不以龙蛇为不托于云雾之势也。虽然，夫释贤而专任势，足以为治乎？则吾未得见也。夫有云雾之势，而能乘游之者，龙蛇之材美也。今云盛而螾弗能乘也，雾浓而蚁不能游也。夫有盛云浓雾之势，而不能乘游者，螾蚁之材薄也。今桀、纣南面而王天下，以天子之威为之云雾，而天下不免乎大乱者，桀纣之材薄也。且其人以尧之势治天下也，其效何以异桀之势乱天下者也。夫势者，非能必使贤者用己，而不肖者不用己也。贤者用之，则天下治；不肖者用之，则天下乱。”“……势之于治乱，本未有位也（位即‘定’解）；而语专言势之足以治天下者，则其智之所在为浅矣。夫良马固车，使臧获御之，则为人笑，王良御之，而日取千里。车马非异也，或至乎千里，或为人笑，则巧拙相去远矣。今以国为车，以势为马，以号令为辔，以刑罚为鞭策，使尧舜御之，则天下治；桀纣御之，则天下乱：则贤不肖相去远矣。……”“势必于自然，则无为言于势矣。吾所为言势者，言人之所设也。今曰尧舜得势而治，桀纣得势而乱，吾非以尧舜为不然也；虽然，非一人之所得设也。……且夫尧、舜、桀、纣千世而一出……中者，上不及尧舜，而下亦不为桀纣，抱法处势则治，背法弃势则乱。今废势背法而待尧舜，尧舜至乃治，是千世乱而一治也；抱法处势而待桀纣，桀纣至乃乱，是千世治而一乱也。”韩非是不相信慎到说的势位足以治乱天下的。他以为尧舜至，天下乃治，桀纣至天下乃乱，是“势”治乱天下的。但是这个势是“自然之势。自然之势便是儒家的所谓‘天命’”。故韩非说：“夫尧舜生而在上位，虽有十桀纣不能乱者，则势治也；桀纣亦生而在上位，虽有十尧舜而亦不能治者，则势乱也。……此自然之势也，非人之所得设也。”至于他们二人的理论孰是，恕我不能在此说了。

不肖者，则权轻位卑也。不肖而能服‘于’贤者，则权重位尊也（于系衍文）。尧为匹夫，不能治三人。而桀为天子，能乱天下。吾以此知势位之足恃，而贤智之不足慕也。夫弩弱而势高者，激于风也。身不肖而令行者，得助于众也。尧教于隶属，而民不听。至于南面而王天下，令则行，禁则止。由此观之，贤智未足以服众，而势位足以‘屈’贤者也。”（胡适引文用“任”，兹用“屈”，盖从涵芬楼本。）

物观是洗脱人治之主义的旧观念，不过我们要弄明白什么是“物观”，什么是“人治”，才不致囫囵吞枣。“物观”云云，并不是说任“无知之物”自己来判断我们“生人之行”。它的意思是说，我们评判一件东西，应该用另外一件东西来判定它。譬人用货币为交易之媒介。货币便是一个“物”，作一切交易的标准。我们若不公用货币——无知之物——做交易的标准，则买卖二造将各以己意为之，所谓“交易安全”就不得而有了。故《慎子》之所谓“无知之物”是“无健己之患”、“无用知之累”，即是说我们拿一个东西来判定别的东西而已，并不是说“东西”本身会治理人的关系。主张“物治主义”之人自然是反对“人治主义”，但这不是绝对的。人治主义的特征，不是在于“政治须操之于人”，乃在于“政治须操于特定之人”。慎子——以及一切法家——决没有反对“人”来治理国家之理。他们所反对的是以一国之治乱存亡系乎“特定之人”（即贤人）。能够明白“一般人”和“特定人”之分别，则《孟子》说的“徒法不能自行”是无意思的，很浅薄的。我们讨论政治问题，时时要记住“人”是前提要件。没有“人”，当然无所谓政治问题了。故人治的特征是以“人存政举，人亡政息”为原则，把“政权”和“人”分不开。毋怪乎孟子天天盼望贤君如眼穿秋水！至不得已时，不觉自叹“红颜薄命”说：

“夫天未欲平治天下也：如欲平治天下，当今之世，舍我其谁也!”（《公孙丑下》）

这就是说，除了他以外，天下无法可治了。他又发明了“五百年来必有王言兴”的学说，真是不彻底之至了。等到五百年才得到一个贤圣之主来治天下，人民不是死尽了吗？

物观主义既不是绝对反对“人”，且也没有这回事，故是少不了人的，不过这个“人”并不定是限于“贤”者，随便什么人都可以做的。握到总机关——政权——的人，只要用“无知之物”，便可“无健己之患，无用知之累”，而“动静不离于理”，天下就可以永远升平，用不到好作聪明的人君了。①

第三个病源是“自私自利”。慎子是晓得人人是为私的。“人之生也，莫不各自为也。”（黄梨洲语）。这自私自利之心，是“与生俱来”，不能铲灭净尽。现在惟一重要的问题，是怎么样可以使社会上自私自利的人都能合作，不相侵越。他提出二个条陈：（一）定分；（二）因情。先说第一个。人人既然争竞生存，利益就不免冲突，冲突就不免互杀，达尔文的“物竞天择”就实现了。为了大众生存起见，就不得不有一种公认的组织。故《慎子》说：

---

① 亚里斯多德说法律是叫人不要用“智”的。而欲以一己之智慧胜法律，便是法律所欲禁止的。“To seek to be wisers than the laws is the very thing which by good law forbidden” Rhetoric，I，5。

“古者立天子而贵者，非以利一人也。曰天下无一贵，则理无由通，通理以为天下也。故立天子以为天下，非立天下以为天子也；立国君以为国，非立国以为君也；立官长以为官，非立官以为官长也……故蓍龟所以立公识也，权衡所以立公正也，书契所以主公信也，法制礼籍所以立公义也：凡立公所以弃私也。”

在未定分之前，人人亟得欲望之满足。譬如：

“今一兔走，百人逐之，非一兔足为百人分也，由未定也。由未定，尧且屈力，而况众人乎?”

定分之后便如此：

“积兔在市，行者不顾，非不欲兔也，分已定矣。分已定，人虽鄙不争。故治天下及国，在于定分而已矣。”

但是定分要用什么法子？既不可“以心裁轻重”，自然是用“无知之物”了。这“无知之物”，慎子应用到政治上去，就变成“法律”。法律的效用，是在于“一人心”。

社会的目的是为各个人谋福利的。如果社会（或国家）是为了几位野心家而存在，则不是本来的目的。然若无公认制度，则变成强食弱肉的世界，两皆未可，且亦不能。一方面人人是为自己，一方面又要不侵害他人，慎子便用“因情”的法子。他以为利用各人的“自私心”，即可增进社会幸福。所以他说：

“天道，因则大，化则细因也。者，因人之情也。人莫不自为也，化而使之为我，则可莫得而用‘矣’。（依《治要》加）…故用人之自为，不用人之为我，则莫不可得而用矣。此之谓因。”

西洋有亚丹斯密倡明此理，应用到经济上去，就变成“自由竞争”和“个人主义”[①]。

以上是慎到学说的大概，现请进而讨论其法律思想。

三、主张法治主义之理由

慎子以为“无知之物”在政治上要算“法律”是最好不过。所以他很注意法律的用处，换句话说，就是他主张法治的理由。举其显而易见者有三：

（一）去主观而设定物观。法律既是“无知之物”，即对于任何人都是一样的。甲杀人死罪，乙杀人也死罪。绝没有甲乙皆同样的杀人，甲犯死罪而乙没有的道理。故《慎子》说的很对：

“君人者舍法而以身治，则诛赏予夺从君心出。然则受赏者虽当，望多无穷；受罚虽当，望轻无已。君舍法以心裁轻重，则同功殊赏，同罪殊罚矣；怨之所由生也。是以分马

---

① 斯密亚丹（Adam Smith）倡明此理最详。在他的《原富》里第二章说：“夫吾既有求于辟，而他人之惠养，又不足恃，吾将何所恃以奉吾生乎？曰，‘恃天下之各恤其私而已’。人，自营之虫也，与自营之虫谋其所奉我者，是有以成乎其私，固不可也。市于屠，酤于肆，籴乎高廪者之家，以资吾一餮之奉，非曰屠肆高廪者之仁有足恃也，恃三者之各恤其私而已。”（引文从严译。原文的书很多，现在最通行本的要算 Everymans’ Library 本。故此引文的原文可见上书页十二至十三。）

之用策，分田之用钩，非以策钩为过于人智，所以去私塞怨也。故曰：大君任法而弗躬，则事断于法。法之所加，各以分蒙赏罚，而无望于君。是以怨不生而上下和矣。”

法律一行，即不论公卿大臣皆不可随意违法了。一定要“使人臣虽有智能不得背法而专制；虽有贤行不得逾功而先劳；虽有忠信，不得释法而不禁”。“君任法而不任智”，故慎到“不尚贤”。他说：“立君而尊贤，是贤与君争，其乱甚于无君。”

他又设一“恃贤为治必败”之譬如：

“鹰善击也，然日击之则疲，而无全翼矣。骥善驰也，然日驰之，则蹶而无全蹄矣。”

故他说：

“君之智未必最贤于众也。以未最贤而欲善尽被下，则下不赡矣。若君之智最贤，以一君而尽赡下则劳，劳则有倦，倦则衰，衰则复返于人不赡之道也。”

这二段说明贤智的力量，无论在上是如何聪明才干①，总有应接不暇之势，常时而穷。若是用“法律”作最后仲裁者，就无此弊。

（二）在不公平之中求得最公平。庄子以为只有万物之不平等，才可求平等。人类原是不平等的：讲智能方面，有的是聪明，有的是愚笨；讲体力方面，有的是强，有的是弱；讲境遇方面，有的是好，有的是坏。这样不平等的人同在一个社会争竞生存，如果听其自然，便变成“强者世界”了。故强者弱者互相公认一种规则，为彼此往来的标准。法律即是因此种情形而产生。群之内虽良莠不齐，贫富悬殊，但是站在法律面前都是一样的。故《慎子》说：

“法行于世，则贫贱者不敢怨富贵，富贵者不敢陵贫贱，愚弱者不敢冀智勇，智勇者不敢鄙愚笨。”

不过法律也不是从天上掉下来的，它是人们制定来做评判人群相互关系的标准。故法律之良恶全缺，要看人民的知识程度、社会情形式、经济状况来决定。但这是“程度”问题，并不是法律本身的“良恶”。即使法律是十分坏，也比较无法好。故《慎子》说：

“法虽不善，犹愈于无法，所以一人心也。夫投钩以分财，投策以分马，非钩策为钧也。使得善者不知所以德，使得恶者不知所以怨，此所以塞愿望也。”②

（三）无为而治。根据上述的二个理由——废去主观设立客观和求不公平的最公平——慎子自然是不赞成在上者用智。君人不过是个“头”而已，并没有“生杀予夺从君心出”之权。为人君者只要坐在上面，握到总机关，看臣下的效力就好。故《慎子》说：

“君臣之道，臣有事而君无事也。君逸乐而臣任劳，臣尽智力以善其事，而君无与也，仰成而已，事无不治，治之正道然也。”能够“寄治乱于法术，托是非于赏罚”，则天下治。“故至安之世，法如朝露纯朴不散，心无结怨，口无烦言。”

这样一来，便“使君主‘弃知去已’，做一种‘虚君立宪’制度。君主成了‘虚君’，

---

① 慎子说：“弃道术，舍度量以求一人之识。识天下，谁子之识能足焉。”

② 罗马《十二表法》就是一个例。

故不必一定要有贤智的君主。”①

四、法律的性质

慎到以为法律是治国之宝，故推崇备至。没有法律，公众安宁是等于泡影。现在请把他说的法律性质，用今人的口气叙述一下。

（一）法律是“社会意志的结晶”。“君要臣死臣不得不死”，这一句话几乎是君主操以杀人的利器。但历代所谓忠臣，也大半是这句话造出来的。到了战国时期，在上的横无肆忌，孟子看到时势不好了，便说不道之君，不是人君，所以武王伐纣是应该的。杀一个不得道的天子和杀一个匹夫一样。故曰：

“闻诛一夫纣矣，未闻弑君也。”（《梁惠王下》）

孟子已是趋向“民权”的观念，所以他说：

“民为贵，社稷次之，君为轻。”（《尽心下》）

慎到说得更透彻：

“古者立天子而贵者，非以利一人也，曰，天下无一贵，则理无由通。通理以为天下也。故立天子以为天下，非立天下以为天子也；立国君以为国，非立国以为君也。”

所以法律不是天子人君以己意制定的。

“许犯问于子慎子曰，‘法安所生?’子慎子曰，‘法非从天下，非从地出，发于人间，合乎人心而已。’”

可见法律之成为法律，最少须具二条件：一是人制定的（发于人间）；一是公众的意思（合于人心）。用今人的口气说便是“社会的意志”。

（二）法律是“不可侵犯的”，这句话是要弄明白的。我们不要误解法是神圣不可侵犯的，不可改变的，以致把法律抬得如上帝一样，变成恶毒专制的东西。即其害“甚于洪水猛兽”！我们所谓“不可侵犯”是说法律经正式宣布之后，无论何人是不准蔑视或违反的。慎到说得好：“法者，所以齐天下之动，至公大定之制也；故智者不得越法而肆谋；辨者不得越法而肆议；士不得背法而有名；臣不得背法而有功。我喜可抑可忿可窒，我法不可离也；骨肉可刑，亲戚可灭，至法不可阙也。”多么庄严！

他也明白有时法律是不大公平，有时人情上难说得过去，但他总以为公众安宁要紧。虽是不公平，无人情，法律也要执行的。故慎到说：“惨而不可不行者，法也。”

如果在上的因为一己之利益而行私，法律便不中用了。于是他说：

“爱多者则法不立。……法之功莫大使私不行。……今立法而行私，是‘私’与法争，（‘私’增入）其乱甚于无法。……故有道之国，法立则私议不行，……民一于君，断于法，国之大道也。”

但慎子并非说法律是一成不变的。他一方面说法律是共守的，不可侵犯的，别方面却

① 《中国哲学史大纲》页三四七。

主张法律应随社会情而变更。一代有一代的法律，绝不能千古一律。他以历史为说话的根据：

"虑戏神农，教而不诛；黄帝尧舜，诛而不怒，及至三王。随时制法，各适其用。"

因此他就下一个结论：

"故治国无其法则乱，守法而不变则衰，有法而行私谓之不法。"

这几句话很重要。法律既是客观的东西，自然不能任意变更的。物观主义之良点，以其有一定的标准。不过法律是人创制的，要"合乎人心"为度。而人心之不同是随时代而变迁。法律一面既须一定，一面又须"因时制宜"。使这二者调和便是西洋法家历来争论的大题目。[①] 慎到说法律不变的弊病是："守法而不变则衰"。

我们既然理出一个题目是大家要解决的，那末就要问问这解决的方案。在西洋有主张"权力说"、"理性说"、"自然法说"、"哲学说"等。[②] 主张权力说的，认法律是在上（主权者）的意志，故可随意变更；主张理性说的，认法律是理性的产物，故不合理性的便要改变；主张自然法说的，认法律合乎自然法则的才是法律。我国黄老的"道"，即是一种自然的主张。慎到是承受老子的教条，故受道家的影响很深，他的主张"法治"也不过是代替迂阔的道，使法律得到狭义的无为而治。故他主张用道来变更法律。

"以道变法者，君长也。"

君长有变法之权，但无任意变法之权，其变法之原则须根据据道。不合道的就不准更变。

（三）法律是具有"制裁力"，这个特性自然是上面第二个的推论结果。法律既是不可任意侵犯的，那末它自身一定要有强制力方可。不然，法律尽管做法律，人们尽管违法，试问法律还可以说"不可侵犯的"吗？所以制裁力是法律的固有性（inherent nature），这制裁力便是刑罚。故慎到说：

"法以齐之，刑以成之，赏以劝之。"

又道：

"以足物者为富贵，无物者为贫贱；于是乐富贵，耻贫贱，不得其乐者无所不至矣。是故明王知其然，操二柄以驭之。二者，刑德也，杀戮之谓刑，庆赏之谓德。"

刑罚固然是法律不可少的东西，但也不能滥用，以致失度。他解释老子的"民不畏死，奈何以死惧之"很明白。他说：

"凡民之不畏死，由刑过，'刑过'（补入）则民不赖其生，生无所赖，视君之威末如也；刑罚中则民畏死，畏死由生之可乐也。知生之可乐也，故可以死惧之。"[③]

---

① 见 Pound，"Interpretation of Legal History"（1923）页一。

② 同上书页二至二十一。

③ 故慎子主张"富民政策"。他说："民富则治易，民贫则治难。"民富则重家，重家则安乡，安乡则敬上畏罪，敬上畏罪，则易治也。贫则轻家，轻家则危乡，危乡则凌上犯禁，凌上犯禁，则难治也。故为国之道在富民而已矣。"

五、立法权问题

古代论政之流，莫不以为政体只有君主，除此而外，则无政体的可能。他们总以为君主政体是必然的。不论谈道的，谈儒的，谈墨的，谈法的都皆承认“天子”、“君主”，绝没有梦想到亚里斯多德的政体分类。政体既限于专制，又尊重君主，于是谈政者都在于想怎样可使君主成为有道之君。什么“道”、“仁”、“为我”、“兼爱”等莫不是这个目的。法家算是末流的产物，但也脱不了旧思想的影响。君主专制既然是承受而无异议，则立法权自然而然是在君主之手了。梁任公评他们为不彻底，十分的对。慎到算是个法家，他对于立法权问题，总也想不出一个辨法。除了叫君主“爱民”以外，别无他法了。他说：

“以力役法者百姓也，以死守法者有司也，以道变法者君长也。”

如果君主不照“道”变法，试问人民有什么法子可以对付？信如慎子说，则贤圣之君仍是必要的。盖用道变法，非待有为之君（如尧舜）不可。那末又是“尚贤”了，靠“特定之人”了。其结果，法治主义岂不是一场幻梦！

朱 方

中国法制史

作者简介

朱方，生平情况不详，民国时期法学家，主要著作是《中国法制史》。

出版社：上海，法政学社。

出版年份：1931 年。

馆藏：国家图书馆书刊保存本库。

作品简介：朱方所著该部《中国法制史》，上溯唐虞，下迄民国，纵横五千年，详考历代刑法志，旁稽诸子及史乘，间或参以世界其他国家之法制，为我国之一部完备法制史。先生认为，“古时民刑不分，凡出于礼者，一体而入于刑”，刑实为法之大本，故将无关刑法之内容从略。全书分为七部分，开篇为绪言，以法制史、法制史研究之方法及学派、世界法系之概略、中国法制史、本书研究之范围为专题，从宏观上探讨法制史相关问题及作者写作本书的宗旨。第二至六部分，以年代为先后，将我国五千年法制之历史，按法典编纂的顺序，分为创造时期之法制、因革时期之法制、完成时期之法制、沿袭时期之法制和变动时期之法制五章。先生认为，虞夏商周为法典草创之时代，有筚路蓝缕之功。因革时期为秦汉晋隋，是时五胡乱华，群雄割据，整个社会都处于一种大变动时期，法制日益完备。唐为法制完成时期，唐代法律上承周秦汉晋，下启宋元明清，为我国法制发展史上难以逾越的一座高峰。沿袭时期为宋元明清，其时经过不少损益，但大致不出唐律之范围。清代末期，西法东渐，三千年来之伦理法制日渐式微，“产生亘古未有之中华民国，产生亘古未有之中华民国法制”，是为法制变动时期。第七部分是结论，先生认为“一部法制史实可表现吾国五千年来之民情俗尚”，意在以“国民之习尚风俗、学说、思想，俾今日立法定制者，有以注意”。先生之言，发人深省。（张璐整理）

序

今之学者，震于欧美之文明，辄不惜孳孳研究，此固未可厚非者，然偏于彼者，往往又失于此，极其结果，数典忘祖。对于拿破仑、华盛顿，则知之甚详，而唐尧、虞舜之为何人，则茫然矣；对于柏林、巴黎，则知之甚熟，而泰山、黄河之在何地，则昏然矣。以吾中国之人，而不知中国之事，其耻孰甚。夫此尚指寻常之历史地理言，若一国之典章法制，自有一国之精神所在，虽有时不妨撷人之长，然亦不能尽弃吾之所固有，东施效颦，适彰其丑，况所效者未必西子，其丑孰甚。法学家恒言曰："法律者，非能创造社会，乃顺适社会者也"，诚哉其然。苟不明乎此，将固有之一切典章法制，尽付东流，而专拾取他人之所有，以资应用，则其不能得群众信仰者，盖亦固其所也。故立法者于此，必先求诸成规，考诸习尚，采诸民情，而后顺适之以定其标准，决非可闭门造车也。而因之研究法制者，亦必探其本，寻其源，而后左右咸宜，不至涂饰附会，然而环顾今之法学界，能知是者有几？

吾友朱子方，独为人之所不为，于律务之暇，择有中国法制史一卷，计十有六万言，上溯唐虞，下迄民国，或致果以求因，或得因以寻果。不特将吾国五千年来之法制，一一罗列，更由是而可推求吾国五千年来之政体、民情、风俗、习尚，举类迩而见义远，诚不可多得之作品也。虽少横的分析，而又专注重于刑法一部，未及将各种制度文章，一一叙述，然其博大精深，则已难能可贵，大醇诚不害小疵也。况其于绪言及结论中，已将此节胪陈，其用心之苦，下笔之难，翻撷之劳，吾人正不难想象得之。而其炯炯巨眼之处，更有为吾人不可不注意者，如叙述法制之起源，而挥斥神权学派于门外；如叙述法治之兴替，而力言礼治之未尝一日行于秦后；如叙述清末新旧之争，而深慨今日尊重法律者之衰微，此皆发人之所未发，其外论议，亦极手挥目送之妙。意者朱子执行律师职务久，目观今日社会情状，司法权威，故不禁于此有所感喟乎。朱子每有著述，必瞩予为校雠，今既成，爰本所见，而为之叙，想不为朱子所呵也。

中华民国二十年十二月十日　吴瑞书

第五章　变动时期之法制

第一节　变动之初期

吾国法制，自唐虞以迄有清，虽经过二十四朝，历时三千余年，然皆一贯相承，以伦理为主义，以义务为本位，且以五服参情法，虽其中不少变化，或由礼治，或由法治，或由人礼（原书如此，疑应为"治"——编者注），或崇严峻，或尚宽厚，要皆以伦常为归宿点，故其所定之法制，亦大同小异。不过在帝王专制时代，君主操有立法、司法、行政之大权，自订法制，自执法律，故得随时以意思变更之，臣下只有奉行之义务，绝无参议之权能，即或有所条陈，亦不过备帝王之顾问，其用舍仍决自君上，若民人则更无论矣，绝不容旁参一议。黄宗羲谓三代以下之法，皆天子一人之私法，诚哉其然。然三代以上，亦未必不尽为天子一人之私法，盖皆为天子一人而设，无一出自人民之公意也，故处处须辨上下、严尊卑。

洎乎有清末造，海禁大开，欧西各国法制，寖寖乎输入中国人之心目中，于是有变法之举，将数千年来固守不替之伦常主义，渐渐扑灭，以改趋于自由平等主义，且昔日之法制，狃于明刑弼教之说，以为法之作用，在辅礼之所不及，故父子之分、君臣之辨、男女之防，皆竞竞注意，而至是则一反其说，以为法制与道德，有时诚不免相辅而行，然究竟法制自法制，道德自道德，不能合而为一。而国家与家族，亦应严为区别，不能并为一谈，且上下鉴于欧西及日本之以立宪而兴，大倡立宪政治，在在以法治为极，则不特人治主义，不容其一日存在，即礼治主义，亦不可一日保留。盖礼教自体教，应纳入教育范围，不可于法制中有所顾及，且认君权非绝对无上，当以法律限制之，朕即国家之说，决不可再出见于立宪之世。至是在上者，虽心有不慊，然大势所趋，亦无可挽救，一方派五大臣出洋考察各国宪政，筹备立宪。一方设立修订法律馆，德宗光绪二十八年，派沈家本、伍廷芳任修订法律馆总纂，时伍廷芳正出使美国，因由沈家本一人主持，而徐谦、董康等襄理其事。然以法律编订不易，因先将《大清律例》加以修正，以为过渡时之用，凡不合于法理及不合于人道者，一体删除，计共删去四十七条，存律文三百八十九条，盖《大清律例》律文，本共四百三十六条也，附例一千三百二十七条，又禁烟条例十二条，秋审条款一百六十五条。其根本主义，仍与《大清律例》无异，依然偏重伦常，偏重礼教，而不涉于刑法之民法商法等，亦仍冶于一炉。盖此本为一时之用，不过在各种法制未经编订颁行之前，用以为新旧两时期暂时过渡者，于废帝宣统元年，正式用上谕颁布施行，名曰《大清现行刑律》。此《大清现行刑律》，其关于刑事部分者，至民国成立即行废止，而民事部分，则延至民国二十年五月五日《中华民国民法》全部颁行后，而始完全失效，延至二十余年之久，是亦为修订《大清现行刑律》者所意想不到者也。

《大清现行刑律》之编制，与《大清律例》无稍异，共三十篇，三十六卷，一曰《名例》，分上下二卷，计三十九条；二日《职制》，计九条；三日《公式》，计十一条；四曰《户役》，计十二条；五曰《田宅》，计十条；六曰《婚姻》，计十五条；七曰《仓库》，亦分上下二卷，计二十三条；八曰《课程》，计四条；九曰《钱债》，计三条；十曰《市廛》，计五条；十一曰《祭祀》，计六条；十二曰《礼制》，计十九条；十三曰《宫卫》，计十五条；十四曰《军政》，计十八条；十五曰《关津》，计二条；十六曰《厩牧》，计十条；十七曰《邮驿》，计十五条；十八曰《贼盗》，分上、中、下三卷，计二十七条；十九曰《人命》，计二十条；二十曰《斗殴》，分上、下二卷，计二十一条；二十一曰《骂詈》，计八条；二十二曰《诉讼》，计十条；二十三曰《受赃》，计十条；二十四曰《诈伪》，计十一条；二十五曰《犯奸》，计九条；二十六曰《杂犯》，计十条；二十七曰《捕亡》，计七条；二十八曰《断狱》，亦分上、下二卷，计二十八条；二十九曰《营造》，计八条；三十曰《河防》，计四条。以今日法理衡之，名例则为全部法典之总则，而职制、公式、仓库、课程、祭祀、礼制、宫卫、军政、关津、厩牧、邮驿，以及营造、河防，则都属于行政法规；而户役、田宅、婚姻、钱债、市廛，则属于民法及商事法规；其外若捕亡及断狱，则入于诉讼法、监狱法及法官惩戒法；其真正属于刑法者，则为贼盗、人命、斗殴、骂詈、诈伪、犯奸，以及杂犯，然亦有不少应属于违警罚法及民法者。至国家官署之组织法，则另有《大清会典》一书，此则纯为官署组织，盖自唐代编订六典后，历宋、元、明、清四代，相沿未废。关于官署之组织，另以会典一书定之，不入于律令范围也。

《大清现行律》之刑名，与《大清律例》绝异，其最可注意者：其一，废止身体刑。凡昔日之所谓笞杖，至是悉行革除，而以罚金代之。计分十等罚，一等罚银五钱；二等罚银一两；三等罚银一两五钱；四等罚银二两；五等罚银二两五钱，以代笞刑。旧律凡笞十至五十者，则改为自一等罚至五等罚，每罚递加银五钱，由五钱以至二两五钱。六等罚银五两；七等罚银七两五钱；八等罚银十两；九等罚银十二两五钱；十等罚银十五两，以代杖刑。旧律杖刑，凡杖六十至一百者，则改为自六等罚以至十等罚，每罚递加银二两五钱，由五两以至十五两。凡遇法律上规定得收赎者，可折半收赎，如无力出银者，则以银五钱折作工役二日，但十恶奸盗等项，则不准罚金，从重实行工作。其二，更改自由刑。旧律自由刑，分徒、流及充军三者。徒者，发本省五百里驿递工作，由一年至三年，分五等，每等递加半年。流及充军，则发至远地。《大清现行刑律》，徒刑则改为发本地工作，限满释放，不必发配远方。流刑则除十恶、奸盗等重罪依旧发配外，余亦免其发配，亦在本地工作。二千里者，工作六年；二千五百里者，八年；三千里者，十年，按年工作。充军之制，改为遣刑，旧分五等者，至是亦改为二等，余则并入流刑之中。如原为附近充军者，改为流二千里；近边充军者，改为流二千五百里；边远充军者，改为流三千里。只余极边及烟瘴充军二者，则为遣刑。凡极边者，四千里安置当差；烟瘴者，烟瘴地方安置当差，是为内遣。其有满流加等者，则发往新疆，名曰新疆安置当差，是为外遣，各十二年工作。内遣则于限满后释回，外遣则不准释回，即在配所编入户口。所谓安置者，即充军之代名词也，不过充军者入其军籍，而此则仅在配所工作。所谓当差者，即工作也，从前则发配为奴，永无自由，而此则在限中身体虽不自由，限满后即可恢复自由。此其大异也。其三，更定死刑。旧律死刑，分为斩绞，而每项皆有立决与监候之分，罪重者，更有凌迟、戮尸等酷刑，且斩后例须将首级枭示。《大清现行刑律》则将凌迟、戮尸及枭首等一概废除。死刑之执行，只有斩立决、绞立决、斩监候、绞监候四种。凡旧律凌迟及枭首者，一律改为斩立决。斩立决者，改为绞立决。斩监候及绞立决者，则改为绞监侯。犯人已死者，不论其罪。其四，废除酷刑。凡旧日取供，如人命盗案，例得刑讯，男子夹棍，女子拶指。《大清现行刑律》中，则一体禁止，除死罪仍须取具输服供词外，余如流徒以下，悉拟证定谳，不须口供。而又本罪人不孥主义，废止缘坐之法，同时刺字之法，亦为废止。故自秦汉以至明清，凡二千余年所有之伤残人道诸刑罚，至是几一扫而空。其五，改定赎刑。大清律例上之赎刑，原分三等：曰收赎、曰纳赎、曰折赎。至此则将纳赎及折赎二者废除，只存收赎一项。凡老幼、废疾及过失杀伤情可矜悯者，则准予收赎。收赎之制，在十等罚内，照罚银减半收赎。如八等罚，应罚银十两者，则以五两收赎；如为徒刑，则一年者收赎银十两，一年半者十二两五钱，二年者十五两，二年半者十七两五钱，三年者二十两；如为流刑，则二千里者二十五两，二千五百里者三十两，三千里者三十五两；如为遣刑，则不分内遣或外遣，亦不问四千里安置或烟瘴安置，均收赎银三十五两；如为死刑则不分斩绞，均为银四十两。又凡律文如规定不准收赎者，则无论徒、流、遣刑，概不准赎。妇女犯罪，亦不准赎，须依律处断。盖收赎亦自有其条款，非合于律文规定，不得收赎也。至纳赎，本沿明代旧制，分有力、稍有力二者，为律文所不载，系根据成例者，至是当然废除，但仍存捐赎之例，在律文中虽无其文，而附于例文之内。所谓捐赎者，即折赎也，凡有官位者，或命妇正妻例难的决者，皆得捐赎。

此《大清现行刑律》之大概，而与《大清律例》相异者也。然此本为一种过渡办法，一面仍命修订法律馆从事编订各种法制，计陆续颁行者，在光绪时，则有《公司条例》、有《商人通例》、有《著作权律》、有《集会结社律》、有《违警律》，至宣统时，则有《法院编制法》、有《报律》，其编订而未及公布施行者，则有《刑律》、《民律》及民刑两诉讼律草案。同时更施行司法独立，光绪三十一年，改刑部为司法部，专主司法行政事宜，并设大理院以下各级审判厅，以专司审判。清代审判制度，与明相同，亦即与唐宋相同，由州县官司其事，州县官对于民、刑事务，皆有审判检察并缉捕之权，且亦为其义务。由州、县定谳后，如为杖以下之轻犯，则由州、县官专决之，如为徒流刑以上之重犯，则定谳而后，须申详按察司及府。清代地方官制，外省以总督及巡抚为最高级长官，次之则为布政司及按察司，以下为道、为府，再下则为州、为县。按察司则专司一省刑名之事，故凡徒流以上之刑，州县官定谳后，皆须申详，再由按察司依卷审录一过，如无误者，则再申详督抚，咨文刑部，如为死罪者，更须奏报，倘有不实者，则驳回再审。按察司亦然。如审录时犯人翻供或案有可疑者，则发回重审，如三次不合，则另发别衙门审问，原问官且有处分。至是则颁行审判厅试办章程，在中央设立大理院，在各省则设立审判厅，以表示司法独立。在内地各州县未设有审判厅者，则仍由州县官审理。盖事当初创，除京师及各省省会或大商埠外，皆未设有审判厅也。但是时既标举司法独立，州县官审理后，当然不便再如昔日之送由刑部覆核，因变通办法，设立覆判制度。凡犯罪事实，其主刑可处死刑者，州县官定谳后，如其省未设有高等审判厅者，则仍申府、申道、申司，由按察司审录无误后，将全卷送交大理院覆判。大理院则用书面审理，统核全案卷宗后，如认为有误者，则或发回重审，或询问原问官，务使情真罪当。如认为无误者，则奏请下司法部施行，并由院将全案卷宗迳启交司法部，由部行文原省，照判执行。

至立宪制度及地方自治制度，则确立于光绪三十三年，在中央开设资政院，仿各国之国会制，在各省开设谘议局并县议会城镇乡议会。《资政院章程》计共十章，六十五条。第一章总纲，第二章议员，第三章职掌，第四章资政院与行政衙门之关系，第五章资政院与各省谘议局之关系，第六章资政院与人民之关系，第七章会议，第八章纪律，第九章秘书厅官制，第十章经费。凡国家岁出入预算、岁出入决算、税法及公债，法律案，一体须经资政院通过，方得施行，盖其职权，几等于各国之国会也。然资政院之成立，则已在宣统二年，是时并将旧日之军机处及内阁六部，逐渐改革。初则设立督办大臣，专主国家一切政务，继则设立正式内阁，以总理大臣、协理大臣及各部尚书组织之，以自比于各国之内阁。及宣统三年，武昌起义，清政府知人民渴望立宪，因下令将九年开设国会之期，缩短至民国五年，并宣布立宪信条十九条，诏示天下。凡贵族宗室，尽行革去政权，而以袁世凯任内阁总理大臣，实行立宪；凡皇帝诏敕，非经内阁副署，不生效力；总理大臣，有全权组织内阁；而总理大臣之任命，则先由资政院同意，冀以挽回人心。然大势所趋，已不可救，是时南京政府，亦已成立，清政府卒以覆亡，此清代变法之趋势也。

第二节 新旧之争

吾国素以伦常礼教立国，故外蒙礼治之名，内行人治之实。五千年来，法治终未得实现，清末举行变法，在新党固立主改革，而旧党则誓死反对，其关于政治上者，则如戊戌政变，慈禧垂帘，以及庚子拳匪，八国联军。皆为新旧两派争执之表现。盖此次变法，实打破吾国五千年来素所固有之旧制，而创一五千年来素所未有之政局，其反动之起，自在意料之中，不足为怪，即在各国，亦何莫不如是？故即以法制一端言，新旧两派，亦争执至烈。是时修订法律馆则主新，而政府及各省督抚则主旧，凡一种法制之成立，两派必大起争执，盈篇累牍，各申其理，甚有因一条之细。而双方辩驳之文，有至数十万言者，是亦洋洋大观者也。

当修订法律馆之设立也，由沈家本主之，沈家本兼通中外法律，实为吾国近代第一法学家。而襄理其事者，如徐谦、如董康、如江庸，亦于法学极有精造，而又延聘外国法学家为顾问，故所定刑律、民律等各种草案，皆极可观。在今日视之，或不免有几多未餍人心之处，不脱封建时代之主义，然对于吾国五千年来所抱守之伦常主义，则已摧陷廓清，故一时大起反动。刑律草案，最先编成，且已交资政院通过，故最受旧派之攻击。其外如民律等，则以修订较迟故，来经发布于外，故尚无人反对。当刑律草案之告成也，时在光绪三十四年至宣统元年，由宪政编查馆咨交各部及各省督抚签注，共议得失。此刑律草案，即为民国成立后施行之《暂行新刑律》，当时军机大臣兼学部尚书张之洞，以刑律草案中无无夫奸治罪一条，大起反对，以为蔑弃礼教，各省督抚相继和之，纷纷驳击，奏交司法部会同修订法律大臣修订，法部对此，始终未为过问。而是时朝中旧派，亦纷起责难，盖仍狃于明刑弼教之说，以为法律所以辅礼教，不可脱离礼教而独立。其中言之最激烈者，要推劳乃宣。时劳乃宣任京师大学堂监督，以刑律草案中对于干名犯义、单丁留养、亲属相奸、亲属相盗、亲属相殴、亲属故杀卑幼、妻殴夫、夫殴妻、无夫奸及子孙违犯教令各款，在旧律中认为不可或缺而有特别规定者，至是竟一笔抹煞，大失古来明刑弼教之旨。因著为专论，遍示京内外，一时附和之者，如遥而起，新律几有根本推翻之势。沈家本大愤，独当其卫，亦著文驳斥，而修订法律馆中，如董康、江庸等，起而助之，亦为文以驳斥劳乃宣等主张。其最为有力者，则以杨度之《论国家主义与家族主义之区别》一文，及吴廷燮之《用旧说议律辩》一文，将劳乃宣等主张，根据中外学说以辟之。然新旧势力，究不能敌，且是时政府之权尚盛，而政府中又皆旧派，新派虽有崇论宏议，卒不足当其一吷，不得已将草案重加修改，据以咨送法部，然法部犹不慊于心，根据劳乃宣等主张，附加暂行章程五条。此五条大意，一为加重皇室罪，一为加重内乱罪，一为加重外患罪，一为无夫奸处刑，一为卑幼对尊亲属不得施行正当防卫。沈家本本不附和，后以大势所趋，卒徇其意，与司法部尚书廷杰会衔入奏。然因此暂行章程五条，而新律之真精神，实以根本失坠，几与《大清现行刑律》相去无几矣。其外如御史刘珍年，更上书大反对停止刑讯，谓必致积压拖累，嗣经修订法律馆反覆陈明，以为不必过虑，始未中梗，此亦可见当时对于法制上新旧派争执之律矣。刑法草案告成后，即由政府咨交资政院通过，资政院中之旧派者，亦有不少反对之论调，然已远不若张之洞及劳乃宣等之烈，且人数亦寡，故卒安然通过，未有剧烈之争论。至宣统二年十二月二十五日公布，今人对于《暂行新刑律》，多不满意，然其在经过中，则会引起几多之反动，苟无沈家本等以全力主持，与旧派往覆争辩，亦已根本推翻矣。然沈家本卒因此不安于位，刑律告成后，即行去位，政府改以刘若曾代之，然清祚亦遂亡矣。

然于此有可感想者二事：其一，常沈家本之编订法典也，以画分旧日礼教与法制为二之故，大招旧派之反对，著书撰文，洋洋万言，其所言者，虽不合于法理，未免囿于明刑弼教之说，不足当今日法学家之一顾，然其注重法律之心理则固甚恳切，与沈家本等无稍异也，虽新旧之意见不同，而其爱护法律，尊重法律，则双方固如出一辙，不能不令人肃然起敬。洎乎民国成立，在元二年时代，各界对于宪法问题，尚有所争论，而其对于宪法外之一切法制，如各种法律草案、如司法部颁行之各种条例与夫大理院之解释例及判决例，则绝无一人注意及之者。至二年以后，则更无一人谈及法律者，即根本法之宪法，亦几几无人齿及。盖在民国元二年，国会尚存，各党各本其主义，以示竞争，故对于宪法，各标其主义以相争辩，一时报章杂志，无不有讨论宪法之文章，而对于其余法典，则不暇顾及矣。一至民国二年，国会解散，各党无形取消，于是对于法律，或全不关心，或不愿关心，以故对于法制问题，无一人讨论及之者。惟民国三年十二月政府颁布《暂行刑律补充条例》后，吴贯因等曾为文以痛辟之。民国九年十月政府颁布《科刑标准条例》后，曾有张树滋、吴昆吾等发为文以驳斥之，舍此而外，则除陈承泽等一二人在《法政杂志》上对于法制曾稍有讨论外，余皆绝无。是可见民之国人士，其爱护法律及尊重法律之心理，反远不如前清时代之张之洞及劳乃宣等。岂民国以来，政府所颁行之法制，果悉尽善尽美而无遗恨乎？其不爱护法律及不尊重法律之心思，可于是而表见也。立宪国家，首重法治，法制之得失，其关系于人民者至巨，乃人民淡然视之，一若无足轻重者然，是果民国之福乎？

其二，新旧之争，在变动之初期，当然有之，不足为异。对于新派，固应钦仰，即对于旧派，亦不得不致其相当之敬意，然变动既定而后，似不应再有若何问题矣。然而袁世凯专政后，旧派之势力，又发皇滋长，处处以复古为心。如民国三年颁行之《暂行新刑律补充条例》、《官吏犯赃治罪条例》、《惩治盗匪法》、《易笞条例》、《改遣条例》，或则以礼教之说号召天下，或则以治乱用重胁服人心，如《暂行新刑律补充条例》，则全然采自前清司法部拟订之《刑律暂行章程五条》，而《易笞条例》及《改遣条例》，则完全恢复《大清律例》，并《大清现行刑律》而不如，而当时亦甚少如沈家本等其人，出全力以反抗，是又不得不叹国人之进步难而退化易，且可见国人之守旧者尚多，而愈以见创造民国之不易也。且此亦不仅民中三年时如此，即在今日，当刑法及民法第四编亲属篇、第五编继承篇颁行时，已在国民政府时代，旧派势力，一扫无余，然各界对于刑法上之妻以夫之父母为旁系尊亲属，以及亲属篇之分血亲姻亲，继承篇之不设宗祧继承规定，反对者尚不为少，不过只有腹诽，甚少如张之洞、劳乃宣等公然著论撰文以攻击者，是亦可见新旧之必不能统一，亦无怪在变动初期之前清德宗时，有新旧两派之大争辩也。

第三节 民国以来之根本法

辛亥革命，清室覆亡，于是开吾国五千年未有之政局，创立中华民国。中华民国之成立，在民国元年元旦，孙文以十八省代表之拥戴，在南京即临时大总统位。但既称民国，不能不举行立宪政治，而立宪政治，又不能不有宪法。宪法者，国家之根本大法，所以规定国体、政体、人民之权利义务以及立法、司法、行政三权之运用者也。先是辛亥年十月十三日，各省代表在武昌已议定《临时政府组织大纲》，计共四章二十一条，第一章为临时大总统，第二章为参议院，第三章为行政各部，第四章为附则，此即中华民国之根本大法也。洎乎元年元旦，孙文即临时大总统位于南京，正式组织政府，二日即将《临时政府组织大纲》修改，其修改之要点有二：一为增设临时副总统、一为参议院对于政府制定官制官规及任用国务员外交专使有同意权，并于二十八日，正式成立参议院。至三月十一日，又颁布《临时约法》，《临时政府组织大纲》即行废止。此《临时约法》，为宪法未成立前之根本法，计共七章五十六条，第一章总纲、第二章人民、第三章参议院、第四章临时大总统副总统、第五章国务员、第六章法院、第七章附则。同年八月，参议院又制定颁行《中华民国国会组织法》及《参议员议员选举法》、《众议院议员选举法》。民国二年四月八日，国会正式成立，首先议定者，则为《议院法》，嗣以宪法告成，尚须时日，非短时间所能，而临时政府，即将告一结束，势难再延，因将宪法中一部分之总统选举法，先提出制定。遂开宪法会议，于十月四日将全案制定公布，十月六日依《大总统选举法》，正式组织选举会选举大总统，袁世凯当选，十月十日就职，于是中华民国之正式政府于以成立。

袁世凯就任后，即要求修改《临时约法》，国会反对，遂下令将国会解散，同时又召集政治会议。政治会议者，其议员由各省行政长官所派定，本为行政会议，讨论行政事宜，其议员皆代表各省行政长官者，适于国会解散，袁世凯即利用之，托名于德意志之联邦议会，改名为政治会议，无形中代国会职权，其议决之要案甚多，其后又议定组织约法会议，因于民国三年一月二十六日，颁布《约法会议组织条例》。二十九日，更颁布《约法会议议员选举程序细则》。至三月十八日。约法会议举行开会式。当由大总统提出增修约法大纲七项：一为外交大权应归总统，凡宣战媾和及订结条约，毋庸经国会之同意；二为官制官规与官吏任用权，亦归由大总统，凡大总统制定官制官规，无须得国会之同意，任命国务员及外交大使公使，亦无须得国会同意；三为总统制，不设国务总理；四为宪法之改正权，凡宪法须由国会外之宪法会议制定，而由大总统公布之；五为人民之权利，凡人民公权之掳夺及回复，大总统得自由行之；六为紧急命令之规定；七为紧急处分之规定，凡紧急命令及紧急处分，大总统均有权行之。后于五月一日，由约法会议制定新约法，由政府公布施行。此约法之内容，全与上述七项相同，盖完全为袁世凯一人之约法，而非中华民国之约法，故国人亦无一注意之。且以大总统为总揽统治权，对国民全体而负责任，复有立法院以行使立法职权，有参政院以应大总统之咨询，有国民会议以可决中华民国宪法案。因于五月二十四日，制定《参政院组织法》并公布之。十月七日，议决《立法院组织法》及《立法院议员选举法》并公布之。至四年三月十二日，议决《国民会议组织法》并公布之，而《参政院组织法》颁行后，即于三年六月二十日正式成立。且依新约法规定，在立法院未经成立前，以参政院代行立法院职权，故于六月二十九日，以命令宣布参政院依照约法代行立法院职权。其后参议院根据立法院职权，建议修正《大总统选举法》，因交约法会议讨论。结果于十二月二十九日，颁布修正《大总统选举法》：其一，延长大总统任期；其二，次任大总统之人选由前任大总统推定。其后袁世凯实行帝制。四年九月二十日，代行立法院职权之参政院，遂请以国民会议为解决国体机关，寻又议决即用国民会议之初选人为基础，选出国民代表大会，解决国体问题。十月七日，通过《国民代表大会组织法》，并公布之。

十二月十一日，参政院以各省区国民代表大会，公共委托参政院为国民代表大会总代表，即于是日，举行全国国民代表大会，一致主张变更国体。然未几云南起义，帝制取消，而袁世凯亦即于五年六月逝世。黎元洪继任为大总统，于是新旧约法，发生问题。结果恢复《临时约法》，将新约法废止，国会亦即恢复。凡因新约法而连带产生之各种附属法令，如《立法院组织法》等，全体失效，如是者约近一年。六年以对德宣战问题，国会与政府，大生冲突，因此而国务总理段祺瑞免职，因此而发生督军团，因此而张勋入京，国会解散，清室复辟。幸经段祺瑞马厂起义始恢复中华民国，段祺瑞本不慊于国会，因不复召集，而孙文则在广东组织军政府，召集国会，以维持法统相号召。北方对此，知无国会不足以维系民心，因令设约法上机关，由各省各特区行政长官派员来京，组织参议院，以修改元年颁布之《国会组织法》及参众两院议员选举法，后经参议院将各项法制，一一修正，于七年二月十七日公布。其修改之要点，则为二者：其一为减少议员名额、其一为限制选举人资格。此新国会于八月十二日在京举行开会式，参议院亦即解散，此所谓新国会也。九年五月，皖直两派发生战争，皖派失败，此新国会本由皖派所操纵，直派因主张将元年所颁行之《国会组织法》及参众两院议员选举法，重组国会，而将第二届之国会解散。时各省遵令选举者，亦已不少，是即所谓新新国会也。然未及齐集开会，而有奉直之役，恢复法统，黎元洪复职。于是民国六年解散之国会，重复在北京举行第三届开会，时在民国十一年八月也。至南方之军政府，本以拥护法统为言，故当时曾请黎元洪南下就职，后以种种关系，未克实现，因由国会在广东另选总裁七人，主持大事。

南方实力，时握于陆荣廷等军阀之手，故孙文虽抱有种种主张，均不克实现，于是双方发生争执，结果陆荣廷与北方政府结合，开南北代表和平会议，而孙文即宣告军政府取消，又以党内人员四分五裂，国会议员亦多变节而为卖身投靠之举，遂重行改组国民党，去其劣，存其良，并主以党治国，画分军政、训政、及宪政三时期，努力从事于革命，因有《建国大纲》之编纂，计为二十五条，此实国民党之政治法律，在国民党以党治国之下，实有根本法之性质，应奉行弗替。其后北方国会，受曹锟巨贿，即于十二年十月十日选曹锟为第二任正式大总统，同时并公布《中华民国宪法》，计十三章，一百四十一条，此为中华民国正式宪法之成立。然国人以反对贿选，故对此宪法，根本不予承认。至十三年，齐卢战起，奉直继之，曹锟退位，国会无形消灭，而其所颁行之所谓《中华民国宪法》，亦无形取消，盖根本上国人固始终未尝承认也。段祺瑞由各省军人推戴入京执政，初取总统制，继采内阁制，自称革命政府，未几即倒。张作霖继之，组织大元帅府，自称大元帅，然不半年国民军入京，张作霖即退出山海关，全国入于国民政府统治之下。

国民政府，由国民党所组织，其根本大法，则为孙文之《建国大纲》，而国民党党纲以及国民党历次全党代表大会宣言，亦为国民政府所遵守，其中央政府之组织法，则自广东组织国民政府以来，以迄于今，已有不少之改易，而其大体，则由国民党全国代表大会，产生国民党中央党部委员会，再由中央委员会产生国民政府。此国民政府，主持对外对内一切军政外交等事宜，握有立法、行政、司法等大权。至十七年十月，以各省军事，业经平定，军政时期，业已结束，应入训政时期。而宪政时期中所应有之五权制度，虽依建国大纲规定，须俟宪政时期成立，然为促进宪政起见，应提早施行，因即于十月八日，公布《国民政府组织法》，计七章四十八条，设立行政院、立法院、司法院、考试院及监察院。至二十日，更颁布《行政院组织法》、《立法院组织法》、《司法院组织法》、《考试院组织法》、《监察院组织法》。至十一月十二日，又颁布各部各委员会组织法。于十八年元旦，将国民政府及行政等五院次第成立，后至二十年，因促进宪政起见，制定《国民会议组织法》，召集国民会议。于五月五日，开会于南京，是为国民政府握政后之第一次国民会议，然此犹在训政时期中，尚未入于宪政时期，故此国民会议，其权力受有限制，与后日宪政时期之国民会议，迥不相同。其后国民会议，因人民盼望根本法至切，因于五月十二日，有《训政时期约法》之通过，至六月一日由政府公布，即日施行，计共八章，八十九条，第一章总纲、第二章人民之权利义务、第三章训政纲领、第四章国民生计、第五章国民教育、第六章中央与地方之权限、第七章政府之组织、第八章附则，此实为今日中华民国之根本法。更因之改定《国民政府组织法》，于六月十五日颁行，计五十二条，故在中华民国宪法未颁行前，此《训政时期临时约法》，即有中华民国宪法之效力。苟其他法律与此约法有抵触者，其他法律，皆失其效力，盖为中华民国之根本大法也。

第四节 民国以来之审判制度

民国成立，迄今二十载，而审判制度，已屡有变更。当民国初元，以司法独立，为民主立宪国最重要之事，因努力于各省县设立审判厅，并将前清宣统元年七月十日奏准之各省城镇商埠、各级审判、检察厅编制大纲暂行援用。时分四级三审制，四级者，初级厅、地方厅、高等厅及大理院是也。大理院设于中央，为全国之最高司法机关，且有统一解释法令之权，取五人合议制，并配置总检察厅，为全国最高之检察机关。依法令凡与中央相去辽远之区，得设置大理分院，然自始至终，未经设立。其下则为高等审判厅，每省设置一所，配有高等检察厅。吾国地方制度，自秦汉以来，根本上实未尝有大改革，秦汉则为州县制，仅有二级；唐则于州以上更有道，变成三级，州之大者，又名曰府，然府与州，名异而实相同；宋亦三级，仍之未改，然改道之名为路；至元，则于路以上更置行省，变成四级制，而明及清因之，且并有道之一级，介乎省与府之间，但道无实权，或主兵备，或主督粮，所以分布政司或按察司之职，以言地方系统，则仍为三级。民国亦因之，惟只存省与县二级，区域亦一仍前清之旧，每省设一高等厅，管理一省中第二审或第三审，取三人合议制，如省区辽阔者，则可分设高等分厅。再下则为地方厅，每县设置一所，审判及检察各一，专司一县中第一审或第二审，亦取三人合议制。最下则为初级厅，亦每县一所，审判检察各一，专司一县内之轻微案件，取一人单独制。凡属于初级厅管辖者，以地方厅为第二审，高等厅为第三审，而属于地方厅管辖者，则以高等厅为第二审，大理院为第三审。其后以经费不足，将初级厅裁撤，而于地方厅中设置一简易庭，以司初级厅之事。又民国初元，虽纷纷于各县设有地方厅，然未设立者尚多，仍由县知事兼理。盖除江浙两省外，大都未设有地方厅也，凡由县知事兼理者，则以县知事兼审判及检察两职务，且兼地方及初级厅两机关，但只有第一审，而无第二审。属于初级厅管辖案件者，则以省会之地方厅为上诉机关，属于地方厅管辖案件者，则以高等厅为上诉机关。又凡二等有期徒刑以上之刑事案，如当事人不声明不服者，则于上诉期满后，应送交高等厅覆判，盖将前清时覆判章程加以修改也。此外更设有审检所。为成立正式审检厅之过渡办法，盖以正式审检厅，尚难一时成立，而县知事又未便兼任，因先设审检所，以专理司法事务，包括地方及初级两厅职权。此外更有并高等厅而未设立者，如新疆、如察哈尔、如热河、如绥远，皆无正式司法机关，在新疆则设立司法筹备处，总理全省司法及司法行政，等于前清之按察司；而在察哈尔等处，则另设审判处，只理审判，以审判员一人主持之，附于都统署，且无检察官，其处长即以行政官任之。此则民国元二年时代之审判制度也。

民国三年，袁世凯下令将各县审检所废止，即已成立正式审检厅之各县，除省会及商埠外，亦一律撤销，凡一县司法事务，概由县知事兼理，因颁布县知事兼理司法律事务暂行条例及覆判章程，除京师及各省省会并商埠外，凡司法事务，一律归县知事兼理，于县公署中设有司法处，县知事得呈请高等审判厅委派承审员，代行审判，包有审判及检察两种职务。其后政府又颁布《县司法公署组织章程》，计二十一条，系略仿元二年之审检所制度，以县知事为检察官，另由高等厅委任审判官，独立行使审判职务，县知事不得干涉。然设立者甚少，大概仍由县知事兼理。其对于正式法院，则又颁布《法院编制法》，此《法院编制法》计一百六十四条，于前清宣统元年奏准，至民国四年始行颁布施行。六年，又颁行《暂行各县地方分庭组织法》。凡此者，皆普通审判制度，其外又有特别审判制度，如民国六年颁行之《捕获审检厅条例》，组织捕获审检厅，此专为参加欧洲战事而设者，盖是时，吾国适对德宣战参加战事，故有此条例颁布。民国九年，取消俄国领事裁判权，对于东省之俄人，另设法院审理，因又颁布东省特别区域法院编制条例，组织特别法院，其外凡各地方交涉使公署，亦设有审判处，即以交涉员为处长。凡各地华洋诉讼，均以县知事公署为第一审，交涉使公署为第二审，此则特别审判制度也。其后国民政府成立，统一国内，根据五权主义，司法权当然独立，不能再由行政官兼任，因先画一审判制度，将各省设立之司法筹备处，概行裁撤，改组高等法院，并将各级审判厅及检察厅并而为一，合称法院。第一级为地方法院，即旧日之地方审检厅，附设简易庭，专理轻微案件，盖即初级厅之职权也，于厅中配置检察官；第二级为高等法院，即旧日之高等审检厅；第三级为最高法院，即旧日之大理院及总检察厅。因颁布《最高法院组织法》，并高等法院地方法院各级组织法以及附属法令，如院长办事权限、检察官办事权限等，皆陆续颁行暂行条例。其由县知事兼理司法之区，一时尚未能成立正式法院者则暂依旧制，但更定覆判章程，凡县知事判决之刑事案件，苟在地方法院管辖范围者，一律须呈送高等法院覆判。又努力设立县法院，于各县未成立正式法院者，先行设立县法院，县法院之组织，与昔之县司法公署相等。此外若东省特区法院，则一仍其旧，即川边、察哈尔、绥远、热河等处，亦多仍旧章，未全改革。上海英法两租界，本自有公廨，不依法制组织。民国十五年，先将英租界法权收回，改设临时法院。至十九年重订协定，组织正式法院。二十年八月一日法租界法权，亦同样收回，将会审公廨废止，改设正式法院。此亦可纪念者也。又十八年中央成立司法院后，凡统一法令解释之权，本属于最高法院者，至是则改为司法院院长，至行政诉讼，在北方政府未经取消以前，则属于平政院，国民政府成立，废止平政院，由司法院行政法院掌理之，但行政法院，至今尚未成立，行政诉讼，暂行停止，只可依诉愿法提起诉愿。司法院中更设官吏惩戒委员会，依法掌理文官法官惩戒事宜。至军人犯罪，则另由军事审判，政府曾颁行陆军审判条例海军审判条例等，不受普通法院管辖。

第五节　民国以来之司法法令

民国成立，凡一切法令，大率仍用前清之旧，故会下令，凡前清法律，除与中华民国国体抵触部分外，暂准援用，概行有效。夫此亦不仅民国为然，每当易姓之际，多如是也，其后则司法部与法制局，陆续将各种法令制定，分别公布，以除旧换新。但此二十年间，其中亦几经更易，有朝令而暮废者，有一修再修者，有行而废废而又行者，试一一叙述，不特枯涩无味，且亦无关实用。兹将各种重要之司法法令，依其性质之种类，按其颁行之年月，录之如下。现行者，则附记其条文之数，其已失效者，则注明失效之年月于其下，以免现日施行者，与已失效者相混。若无关重要，仅属于技术法规者，则付缺如焉。面其法令之不涉于司法者，则更付缺如焉。

一、宪法部分

《临时政府组织大纲》

辛亥年十月十三日颁行，至《临时约法》颁行时失效。

《临时约法》

民国元年三月十一日颁行，至《新约法》产生时失效，至五年六月十九日恢复，至《中华民国宪法》颁行后失效。

《新约法》

民国三年五月一日颁行，至五年六月十九日失效。

《中华民国宪法》

民国十二年十月十日颁行，至十四年曹锟退位时失效。

《训政时期临时约法》

民国二十年六月一日颁行，计八章八十九条。

二、刑法部分

《暂行新刑律》

民国元年三月十日颁行，至民国十七年刑法施行时失效。

《新刑律施行细则》

民国元年八月八日颁行，与《新刑律》同时失效。

《没收物品处分规则》

民国三年四月十一日颁行，至十年八月五日修正，计七条。

《暂行刑律补充条例》

民国三年十二月二十四日颁行，广东军政府于十一年二月十七日明令废止，仅在北政府管辖区域援用，至北政府时取消完全失效。

《科刑标准条例》

民国九年十月二十一日颁行，至刑法颁行时与《新刑律》同时失效。

《中华民国刑法》

民国十七年三月十日公布，九月一日施行。计总则十四章，分则三十四章，共三百八十七条。

《中华民国刑法施行条例》

民国十七年六月九日公布，与刑法同时施行，计十一条。

三、刑法特别法部分

《前清番例条例》

《前清番例条例》颁行于清世宗雍正十一年，专用以治蒙古、西藏及苗人者。民国三年大理院函准司法部继续有效，十八年国民政府亦通令准予援用。

《前清理藩院则例》

此亦为前清之法制，专用以治蒙古旗盟及青海、西藏等人者，包含民事刑事等一切法令。民国四年司法部删除与民国国体抵触者三条，其余批准一体继续有效，至十八年国民政府又令准援用。

《禁革买卖人口条例》

此为前清宣统时公布施行，民国成立继续有效，至民国十年广东军政府颁行《贩运人口出国治罪条例》时失效时，其在北政府管辖区域者至北政府取消时失效。

《戒严法》

民国元年十二月十五日颁行，至十五年七月二十九日《戒严条例》颁行时失效。

《陆军惩罚令》

民国二年四月一日颁行，至十九年十月七日《陆海空军惩罚令》颁行时失效。

《吗啡治罪条例》

民国三年四月十一日公布施行，至九年十二月另颁《修正吗啡治罪法草案》后失效。《修正吗啡治罪法草案》至国民政府成立后十七年九月十七日公布之《禁烟法》而失效。

《禁种罂粟条例》

民国三年五月五日颁行，至十七年《禁烟法》颁行时失效。

《海军惩罚令》

民国三年七月九日颁行，至十九年十月七日与《陆军惩罚令》同时失效。

《惩治盗匪法》

民国三年十一月二十七日颁行，八年十一月二十七日修正，至十六年十一月十八日《惩治盗匪暂行条例》颁行时失效。

《惩治盗匪法施行法》

民国三年十二月六日颁行，至十六年与《惩治盗匪法》同时失效。

《私盐治罪法》

民国三年十二月二十二日颁行，计十条。

《陆军刑事条例》

民国四年三月十八日颁行，七年及十年均有修正，至十八年九月二十五日《陆海空军刑法》颁行时失效。

《海军刑事条例》

民国五年四月七日颁行，七年修正，至十八年与《陆军刑事条例》同时失效。

《官吏犯赃治罪条例》

民国十年三月二十九日颁行，有效期为三年，期满失效。

《贩运人口出国治罪条例》

民国十年五月四日由广东军政府颁行，至十七年刑法颁行时失效。

《枪毙规则》
民国十五年五月二十四日颁行，计七条。
《戒严条例》
民国十五年七月二十九日颁行，计十一条。
《党员背誓罪条例》
民国十五年九月二十二日颁行，计八条。
《惩治土豪劣绅条例》
民国十七年八月十八日颁行，至十七年七月十六日修正，计十二条。
《惩治盗匪暂行条例》
民国十六年十一月十八日颁行，计十二条。
《暂行反革命治罪法》
民国十七年三月九日颁行，至二十年三月《危害民国紧急治罪法》颁行时失效。
《处理逆产条例》
民国十七年七月十七日颁行，十八年十一月二十三日修正，计十条。
《特别刑事法令刑等计算标准条例》
民国十七年八月二十五日公布，九月一日施行，计七条。
《禁烟法》
民国十七年九月十七日颁行，至十八年七月二十五日重订公布施行，计二十二条。
《禁烟法施行条例》
民国十七年九月十七日颁行，至十九年二月十日因《禁烟法施行规则》颁布时失效。
《共产党人自首法》
民国十七年十月二十日颁行，计九条。
《军用枪炮取缔条例》
民国十七年十月二十五日颁行，计四条。
《陆海空军刑法》
民国十八年九月二十五日颁行，计一百十九条。
《禁烟法施行规则》
民国十九年二月十日颁行，计二十五条。
《陆海空军惩罚法》
民国十九年十月七日颁行，计四十九条。
《危害民国紧急治罪法》
民国二十年一月三十一日公布，三月一日施行，计十一条。
《危害民国紧急治罪法施行条例》
民国二十年三月九日颁行，至四月十八日修正，计七条。
《盐法》

民国二十年五月三十日公布，计三十九条。

四、民法部分

《大清现行刑律》

此本前清刑法，但其中包括民商等法规甚众，如户役、田宅、婚姻、钱债、市廛、犯奸等各条皆有民商法之性质。民国成立后以民法未经颁行令准关于民事部分仍援用大清现行律。以后民法颁行，陆续停止至二十年五月五日全部民法颁行时失效。

《清理不动产典当办法》

民国四年十月六日颁行，至十九年五月五日民法第三编颁行时失效。

《管理寺庙条例》

民国四年八月十日颁行，以代民国二年六月二十日内务部呈准施行之《寺庙管理暂行规则》。其后十年五月二十日修正，十八年一月国民政府重行修订颁行，至十二月七日《监督寺庙条例》颁行时失效。

《著作权法》

民国四年十一月七日颁行，至十七年五月十四日国民政府重行修订颁行，计四十条。

《募工承揽取缔规则》

民国七年四月二十一日颁行，至十九年五月五日民法第二编颁行时失效。

《法律适用条例》

民国七年八月五日颁行，计二十七条。

《著作权法施行细则》

民国十七年五月十四日颁行，计十五条。

民法第一编《总则》

民国十八年五月二十三日公布，十月十日施行，共七章一百五十二条。

《监督慈善团体法》

民国十八年六月十二日公布，十月十五日施行，计十四条。

《已嫁女子追溯继承财产施行细则》

民国十八年八月十九日颁行，至二十年五月五日民法第五编颁行时失效。

《民法总则施行法》

民国十八年九月二十四日公布，十月十日施行，计十九条。

民法第二编《债》

民国十八年十一月二十二日公布，十九年五月五日施行，计二章六百四条。

民法第三编《物权》

民国十八年十一月三十日公布，十九年五月五日施行，计十章二百十条。

《监督寺庙条例》

民国十八年十二月七日颁行，计十三条。

《民法债编施行法》

民国十九年二月十日公布，五月五日施行，计十五条。

《民法物权编施行法》

民国十九年二月十日公布，五月五日施行，计十六条。

民法第四编《亲属》

民国十九年十二月二十六日公布，二十年五月五日施行，计七章一百七十一条。

民法第五编《继承》

民国十九年十二月二十六日公布，二十年五月五日施行，计三章八十条。

《民法亲属编施行法》

民国二十年一月二十四日公布，五月五日施行，计十五条。

《民法继承编施行法》

民国二十年一月二十四日公布，五月五日施行，计十一条。

五、民法特别法部分（农工商法）

《公司条例》

民国三年一月十三日公布，九月一日施行，三年及十二年皆有修正，至二十年七月一日《公司法》颁行时失效。

《商人通例》

民国三年三月二日公布，九月一日施行，计七十三条。民法颁行后除民法中已有规定者外余仍援用。

《公司条例施行细则》

民国三年七月十九日公布，九月一日施行，至二十年与《公司条例》同时失效。

《商人通例施行细则》

民国三年七月十九日公布，九月一日施行，计十四条。民法施行后除民法中已有规定者外余仍援用。

《商业注册规则》

民国三年七月十九日公布，九月一日施行，至十六年《注册条例》施行时失效。

《公司注册规则》

民国三年七月十九日公布，九月一日施行，十二年五月七日修正，至十六年《注册条例》施行与《商业注册规则》同时失效。

《商业注册规则施行细则》

民国三年八月十七日颁行，至十七年二月二十日《商号注册施行细则》颁行时失效。

《公司注册规则施行细则》

民国三年八月十七日颁行，十二年五月七日修正，至十六年与《公司注册规则》同时失效。

《证券交易所法》

民国三年十二月二十九日颁行，至十九年六月一日《交易所法》施行时失效。

《证券交易所法附属规划》

民国四年五月十日颁行，至十九年与《证券交易所法》同时失效。

《证券交易所法施行细则》

民国四年五月二十五日颁行，至十六年与《证券交易所法》同时失效。

《长途汽车公司条例》

民国七年七月二十九日颁行，至十九年六月十九日国民政府重行修订，计二十一条。

《物品交易所条例》

民国十年三月五日颁行，至十九年六月一日《交易所法》施行时失效。

《物品交易所条例附属规则》

民国十年四月十六日颁行，十九年与《物品交易所条例》同时失效。

《物品交易所条例施行细则》

民国十年四月十八日颁行，十九年与《物品交易所条例》同时失效。

《商标法》

民国十二年五月三日颁行，十四年广东国民政府颁行《修正商标条例》失其效力；至十九年五月六日政府又重行颁订《商标法》，至二十年一月一日施行，将《修正商标条例》废止，计四十条。

《商标法施行细则》

民国十二年五月八日颁行，至十四年广东国民政府颁行《修正商标条例施行细则》失其效力；至十九年十二月三十日重订颁布，二十年一月一日施行，将《修正商标条例施行细则》废止，计四十条。

《佃农保护法》

民国十六年五月十日颁行，至十九年五月五日民法第三编颁行时失效。

《注册条例》

民国十六年十一月十九日颁行，至十七年《注册暂行规则》施行时失效。

《商号注册施行细则》

民国十七年二月二十日颁行，计三十二条。

《劳资争议处理法》

民国十七年六月九日颁行，至十九年《团体协约法》颁行时失效。

《公司注册暂行规则》

民国十七年十二月十日颁行，至二十年七月一日《公司登记规则》施行时失效。

《度量衡法》

民国十八年二月十六日公布，十九年一月一日施行，计二十一条。

《度量衡法施行细则》

民国十八年四月公布，十九年一月一日施行，计六十四条。

《交易所法》

民国十八年十月三日公布，十九年六月一日施行，计五十八条。
《票据法》
民国十八年十月三十日颁行，计一百三十九条。
《渔业法》
民国十八年十一月十一日公布，十九年七月一日施行，计四十九条。
《工厂法》
民国十八年十二月二十四日公布，二十年八月一日施行，计七十七条。
《公司法》
民国十八年十二月二十六日公布，二十年七月一日施行，计二百三十三条。
《海商法》
民国十八年十二月三十日公布，二十年七月一日施行，计一百七十四条。
《保险法》
民国十八年十二月三十日公布，计八十二条。
《交易所法施行细则》
民国十九年三月一日公布，六月一日施行，计四十条。
《渔业法施行规则》
民国十九年六月二十八日公布，七月一日施行，二十年三月四日修正，计四十条。
《土地法》
民国十九年六月三十日公布，计三百九十七条。
《票据法施行法》
民国十九年七月一日颁行，计二十条。
《渔业登记规则》
民国十九年八月三十日颁行，计二十八条。
《渔业登记规则施行细则》
民国十九年九月二十日颁行，计三十五条。
《团体协约法》
民国十九年十月二十八日颁行，计三十一条。
《海商法施行法》
民国十九年十一月二十五日公布，二十年七月一日施行，计九条。
《船舶法》
民国十九年十二月四日公布，二十年七月一日施行，计四十三条。
《船舶登记法》
民国十九年十二月五日公布，二十年七月一日施行，计六十八条。
《工厂法施行法》
民国十九年十二月十六日公布，二十年八月一日施行，计三十八条。

《公司法施行法》

民国二十年二月二十一日公布，七月一日施行，计三十三条。

《公司登记规则》

民国二十年六月三十日公布，七月一日施行，计四十六条。

六、行政法部分

《国籍法》

民国元年十一月十九日颁行，三年十二月三十日修正，至十八年二月五日国民政府重行修订，计二十条。

《官吏服务令》

民国二年一月九日颁行，至二十年六月二日《官吏服务规程》颁行时失效。

《商事公断处章程》

民国二年一月二十八日颁行，二年、三年、十三年、十五年四次修正，计三十九条。

《行政执行法》

民国二年四月二日颁行，三年八月三十日修正，计十一条。

《国籍法施行规则》

民国二年十一月四日颁行，四年二月十三日修正，至十八年二月十五日《国籍法施行条例》颁行时失效。

《治安警察法》

民国三年三月二日颁行，至十年一月十九日广东军政府明令废止，及国民政府统一全国失效。

《行政诉讼法》

民国三年七月二十日颁行，五年因肃政院废止曾有修正，今日虽未明令废止，然以受理行政诉讼机关尚未成立因无形失效。

《诉愿法》

民国三年七月二十日颁行，至十九年三月二日国民政府重行修订，计十四条。

《豫戒法》

民国三年八月二十九日颁行，计十四条。

《狩猎法》

民国三年九月一日颁行，计十四条。

《商会法》

民国三年九月十一日颁行，四年修正，至十八年八月十五日国民政府重行修订，计四十四条。

《商事公断处办事细则》

民国三年九月二十一日颁行，三年、八年、十一年、十三年、十五年均有修正，计六十条。

《商会施行细则》

民国三年十一月二十七日颁行，五年修正，至十八年十一月十三日国民政府重行修订，计四十四条。

《出版法》

民国三年十二月四日颁行，至十九年十二月十六日国民政府重行修订，计四十四条。

《司法官惩戒法》

民国四年十月十五日颁行，至十七年《法官惩戒暂行条例》颁行时失效。

《违警罚法》

民国四年十一月七日颁布。前此本用前清《违警律》至此废止，改用《违警罚法》。至十七年七月二十一日国民政府重行修订，计五十三条。

《工商同业公会规则》

民国七年四月三十七日（原书如此，疑有错讹——编者注）颁行，至十八年八月十七日《工商同业公会法》颁行时失效。

《县知事办理命盗案限期及惩奖规则》

民国八年十一月三日颁行，计二十九条。

《渔会暂行章程》

民国十一年九月十六日颁行，至十九年七月一日《渔会法》颁行时失效。

《农会规程》

民国十二年五月十九日颁行，至十七年七月二十六日《农民协会组织条例》颁行时失效。

《农会规程施行细则》

民国十二年五月十九日颁行，至十七年与《农会规程》同时失效。

《惩治官吏法》

民国十五年二月十七日颁行，至二十年六月八日《公务员惩戒法》颁行时失效。

《法官惩戒暂行条例》

民国十七年五月十二日颁行，计十八条。

《农民协会组织条例》

民国十七年七月二十五日颁行，计二十五条。

《土地征收法》

民国十七年七月二十八日颁行，计四十九条。

《国籍法施行条例》

民国十八年二月十五日颁行，计十二条。

《工商同业公会法》

民国十八年八月十七日颁行，计十五条。

《工会法》

民国十八年十月二十一日公布，十一月一日施行，计五十三条。

《公务员惩戒法》

民国二十年六月八日颁行，计二十八条。

《出版法施行细则》

民国二十年六月七日颁行，计二十五条。

七、法院组织法部分

《法院编制法》

前清宣统元年奏准，民国四年六月二十日颁行，计一百六十四条。国民政府改组法院后通令除与现行法院组织有抵触外仍准援用。

《高等以下各级审判厅试办章程》

前清光绪三十三年奏准，民国四年五月颁行，同年十二月两次修正又补订章程八项，至十一年七月一日《民刑事诉讼条例》颁行时失效。

《县知事兼理司法暂行条例》

民国三年四月六日颁行，计十三条。

《暂行各县地方分庭组织法》

民国六年四月二十二颁行，计十四条。

《县司法公署组织章程》

民国六年五月一日颁行，十二年四月三日修正，计二十一条。

《捕获审检厅条例》

民国六年十月三十日颁行，计三十六条。

《东省特别区域法院编制条例》

民国九年六月三十一日颁行，六年二月三日修正，计十三条。

《东省特别法院配置检察官办事权限大纲》

民国九年十一月十三日颁行，计七条。

《县知事审理诉讼暂行章程》

民国十二年三月三十日颁行，计四十四条。

《最高法院组织暂行条例》

民国十六年十一月二十五日颁行，至十七年十一月十七日《最高法院组织法》颁行时失效。

《特种刑事临时法庭组织条例》

民国十六年十二月一日颁行，十七年修正三次，至十一月二十七日颁发取消命令即行废止。

《甘肃法院试办巡回审判章程》

民国十七年六月二日颁行，计十条。

《最高法院组织法》

民国十七年十一月十七日颁行，十八年修正，计十四条。

《国民政府司法院统一解释法令及变更判例规则》

民国十八年一月四日颁行，计十一条。

《武汉临时商事法庭条例》

民国十八年六月十二日颁行，至十九年三月一日期满失效。

八、司法行政法部分

《检察厅调度司法警察章程》

前清宣统二年奏准施行，民国三年四月四日修正，计八十八条。

《法院旁听规则》

民国元年六月二十四日颁行，计八条。

《律师暂行章程》

民国元年九月十六日颁行，二年、五年、六年、九年、十年历次修正，至十六年七月二十三日《律师章程》颁行时失效。

《律师登录暂行章程》

民国元年九月十七日颁行，五年、六年两次修正，至十六年《律师登记章程》颁行时失效。

《假释管理规则》

民国二年二月十五日颁行，至十八年四月二十七日《假释管束规则》颁行时失效。

《解剖规则》

民国二年十一月二十二日颁行，十七年五月十五日《解剖尸体规则》颁行时失效。

《监狱规则》

民国二年十二月一日颁行，十七年十月四日国民政府重行修订，计一百七条。

《律师惩戒会暂行规则》

民国二年十二月二十七日颁行，五年修正，至十八年五月十一日《律师惩戒委员会规则》颁行时失效。

《审理无领事裁判国人民民刑诉讼章程》

民国八年五月二十三日颁行，九年十月三十日修正，计六条。

《大理院办事章程》

民国八年五月二十九日颁行，九年十二月修正，至十六年最高法院成立时失效。

《高等审判厅办事章程》

民国八年八月八日公布，十月一日施行，国民政府成立后各省高等法院均各订单行法规失效。

《高等检察厅办事章程》

民国八年八月公布十月一日施行，国民政府成立后各省高等法院均各订有单行法规时失效。

《审理无约国人民民刑诉讼须知》

民国八年十月二十三日颁行，计十一条。

《总检察厅办事章程》

民国九年四月五日公布，五月一日施行，至十六年最高法院成立时失效。

《高等地方各审检厅缮状处规则》

民国九年四月二十八日颁行，计三十一条。

《诉讼状纸规则》

民国九年六月二十日公布，七月一日施行，至十六年十二月十四日国民政府重行颁订，再至十八年二月十四日《司法状纸规则》颁行时失效。

《无领事裁判权国律师出庭暂行章程》

民国七年十二月二十四日颁行，十一年二月二十五日修正，计六条。

《感化学校暂行章程》

民国十一年二月二十日颁行，计六条。

《登记通例》

民国十一年五月二十一日颁行，计二十九条。

《不动产登记条例》

民国十一年五月二十一日公布，分三期施行，至十二年一月一日全国一体施行，计一百五十二条。

《不动产登记条例施行细则》

民国十一年八月二十四日公布，施行日期同《不动产登记条例》，计七十三条。

《律师章程》

民国十六年七月二十三日颁行，计三十八条。

《律师登录章程》

民国十六年七月二十三日颁行，计七条。

《各省高等法院院长办事权限暂行条例》

民国十六年十二月一日颁行，十七年二月二十三日修正，计十条。

《各省高等法院检察官办事权限暂行条例》

民国十六年十二月十三日颁行，十七年二月二十三日修正，计十七条。

《地方法院院长办事权限暂行条例》

民国十六年十二月十三日颁行，计十条。

《地方法院检察官办事权限暂行条例》

民国十六年十二月十三日颁行，十七年二月二十三日修正，计十七条。

《解剖尸体规则》

民国十七年五月十五日颁行，十二月二十日修正，计十三条。

《看守所暂行规则》

民国十七年七月十四日颁行，计五十条。

《司法状纸规则》

民国十八年二月十四日颁行，计十二条。

《最高法院处务规程》

民国十八年二月十六日颁行，计四十二条。

《解释管束规则》

民国十八年四月二十九日颁行，计二十条。

《最高法院检察署处务规程》

民国十八年五月四日颁行，计三十六条。

《律师惩戒委员会规则》

民国十八年五月十一日颁行，计二十八条。

《法人登记规则》

民国十八年十二月二日颁行，计三十五条。

《反省院条例》

民国十八年十二月二日颁行，计十三条。

九、刑事诉讼法部分

《刑事诉讼律》草案管辖各节

民国元年五月九日颁行，至十一年《刑事诉讼条例》颁行时失效。

《覆判章程》

民国三年七月三日颁行，初本十一条，经四次修正为十二条，至十一年再行修正为十七条，至十七年《覆判暂行条例》颁行时失效。

《私诉暂行规则》

民国三年九月十五日颁行，至十一年《刑事诉讼条例》颁行时失效。

《刑事诉讼审限规则》

民国四年一月二十一日公布，三月一日施行，七年六月五日修正，计十六条。

《陆军审判条例》

民国四年三月二十五日颁行，七年、十年二次修正，至十七年《国民革命军审判条例》颁行时失效。

《刑事诉讼律》草案再理各条

民国四年八月十九日颁行，至十一年《刑事诉讼条例》颁行时失效。

《检察职务应行注意事项》

民国四年十一月二十二日颁行，至十一年《刑事诉讼条例》颁行时失效。

《陆军审判条例》

民国七年五月二十一日颁行，至十九年三月二十四日《陆海空军审判法》颁行时失效。

《处刑命令暂行条例》

民国九年十月二十八日公布，十年一月一日施行，计十一条。

《监犯保释暂行条例》

民国九年十二月七日颁行，计十一条。

《刑事诉讼律》

民国十年三月二日广东军政府公布，五月二日施行，至十七年九月一日《刑事诉讼法》颁行时失效。

《刑事诉讼律施行细则》

民国十年四月十三日广东军政府公布，五月二日施行，二十五日修正，至十七年九月一日《刑事诉讼法施行条例》颁行时失效。

《刑事诉讼条例》

民国十年十一月四日公布，先行东省特别区，十一年七月一日全国施行，至十七年九月一日《刑事诉讼法》颁行时失效。

《刑事诉讼条例施行条例》

民国十年十一月四日公布，先行东省特别区，十一年七月一日全国施行，至十七年九月一日与《刑事诉讼条例》同时时失效。

《刑事简易程序暂行条例》

民国十一年一月二十五日颁行，至十七年九月一日《刑事诉讼法》颁行时失效。

《刑事诉讼费用负担准则》

民国十一年九月六日颁行，至十七年九月一日《刑事诉讼法》颁行时失效。

《国民革命军陆军审判条例》

民国十七年二月十七日颁行，至十九年三月二十四日《陆海空军审判法》颁行时失效。

《审理烟案简易程序》

民国十七年四月二日颁行，至十九年十二月三十一日废止。

《刑事诉讼法》

民国十七年七月二十八日公布，九月一日施行，计五百十三条。

《刑事诉讼法施行条例》

民国十七年七月二十八日公布，九月一日施行，计十七条。

《覆判暂行条例》

民国十七年九月十九日颁行，计十七条。

《反革命案件陪审暂行法》

民国十八年八月十七日颁行，十二月三十一日修正，计二十八条。

《反革命案件陪审暂行法施行细则》

民国十八年七月十三日颁行，计十二条。

《陆海空军审判法》

民国十九年三月二十四日颁行，计五十六条。

十、民事诉讼法部分

《民事诉讼律》草案管辖各节

民国元年五月九日颁行，至十一年七月一日《民事诉讼条例》施行时失效。

《华洋诉讼办法》

民国二年三月六日颁行，计三条。

《查封动产暂行办法》

民国二年十月三十日颁行，至九年八月三日《民事诉讼执行规则》颁行时失效。

《拍卖动产暂行简章》

民国二年十二月二日颁行，至九年八月三日《民事诉讼执行规则》颁行时失效。

《民事非常上告暂行条例》

民国三年四月三日颁行，至十一年七月一日《民事诉讼条例》颁行时失效。

《大理院民事讼费则例》

民国三年四月十一日公布，十五日施行；十年三月三十日修正，六月一日施行；至十一年七月一日《民事诉讼条例》颁行时失效。

《京师地审厅不动产执行规则》

民国三年七月十四日颁行，至九年八月三日《民事诉讼执行规则》颁行时失效。

《京师地审厅拘押民事被告人暂行规则》

民国三年七月十四日颁行后通行全国，至十七年七月十四日《管收民事被告人规则》颁行时失效。

《发售民事诉讼印纸章程》

民国四年十月二日颁行，至七年七月《诉讼费用征收细则》颁行时失效。

《诉讼费用规则》

民国九年六月二十日颁行；十年二月十四日修正，三月一日施行；至十一年六月二十九日修正，七月一日施行，计二十一条。

《诉讼费用征收细则》

民国九年七月一日颁行，至十一年《司法印纸规则》颁行时失效。

《民事诉讼执行规则》

民国九年八月三日颁行，十四年一月二十三日及十一月四日两次修正，计一百三十八条。

《民事简易程序暂行条例》

民国九年十一月十八日公布，十年一月一日施行，至七月一日《民事诉讼条例》颁行时失效。

《民事诉讼律》

民国十年三月二日广东军政府公布，五月二日施行，今粤桂川滇黔湘鄂七省仍予援用，计八百条。

《民事诉讼律施行细则》

民国十年四月十三日广东军政府公布，五月二日施行，二十五日修正，今粤桂等七省仍予援用，计七条。

《民事诉讼条例》

民国十年七月二十二日公布，先行东省特别区，十一年七月一日全国施行，国民政府成立除粤桂川滇黔闽湘鄂七省外仍予有效，计七百五十五条。

《民事诉讼条例施行条例》

民国十年七月二十二日公布，先行东省特区，十一年七月一日全国施行，今除粤桂等七省外仍予有效，计八条。

《民事公断暂行条例》

民国十年八月八日颁行，至十九年一月二十日《民事调解法》颁行时失效。

《司法印纸规则》

民国十一年六月二十九日公布，八月一日施行，十二年六月二十七日修正，八月一日施行，至十六年十二月十四日国民政府重行颁订，计十七条。

《民事调解法》

民国十九年一月二十日公布，二十年一月一日施行，计十六条。

《非讼事件征收费用暂行规则》

民国十九年五月三日颁行，计八条。

《民事调解法施行规则》

民国十九年十二月一日公布，二十年一月一日施行，计十四条。

《民事诉讼法》

民国十九年十二月二十六日公布，计六百条。

以上所列十项，为民国成立以来之司法法令，凡重要者，不问已否失效，或已否施行，皆一体罗入，其不关重要，或虽关重要而不涉于司法者，则概予割爱也。夫民国以来，所颁行之法令，亦已多矣，即关于司法者，当亦不知其几，上所列者，不过十分之一，且尚不免有挂一漏万，而所分之项，或尚有未尽慊当之处，且其中不免有所混合，未及悉心细为分目，但大端则或可不谬矣。

结 论

中国法制史，至此告成矣，其中有欲申言者有三：其一，编辑之初，拟将每一时期类别为四，一为根本法，一为审判制度，一为法典之编纂，一为地方自治制度。然而根本法，在变动时期之前，可云绝无，上溯唐虞，下至明清，迨无一朝有根本法者，即会典亦不过为一种官制，决不能谬附于根本法。而审判制度，亦甚简单，除周代另设司法官外，自秦汉而下，皆以县令、州刺史、中央之廷尉决之，至明清虽内有三法司，外有督抚、按察、道台、府、州、县，然亦无甚组织。至言法典，则除刑法外，余无别物，盖民刑不分，公私莫辨，且以君主专制政体之故，一人而握有立法、司法、行政三大权，对于已成之法典，亦不妨随时动摇。若地方自治制度，除周代稍有乡里制及宋代王安石创保甲法外，亦绝无自治之可言。以比分类，不特在事实上不可能，即勉为之，亦必比附涂饰，故仅为时期之纵的分配，不再为类别之横的分配，纯取狭义法制，专注意于刑法之变迁沿革，而不再为广义法制史，兼及于刑法外其他之一切法制。此申言者一也。其二，编者编辑此书之用意，纯在观察历代法制嬗递之迹象，以求其一时代之民情俗尚。盖法制之生必非偶然，大率随民情俗尚而来，吾国五千年来，虽时有治乱，而伦常主义，实丝毫未有变动，即在今日大变动时期，而守旧者仍复不少，观于清末新旧之争，即可见其一斑。故一部法制史，实可表显吾国五千年来之民情俗尚，未脱礼治时代，所谓法制者，不啻礼教之附属品，未言明刑，先言弼教，无论法制之内容如何变易，而其根本则一以贯之。故编者于此，处处将其迹象显露，以见吾国国民之习尚、风俗、学说、思想，俾今之立法定制者，有以注意。此申言者又一也。其三，罪刑法定主义，已为今日言刑法者所不可磨灭，而吾国昔日之执法者，则不如是，好以礼治之名，涂饰其人治之实，不先明法，而先言情，其刑罚之轻重，不视其罪之大小，而惟论其情之得失。此虽不失为一种人格主义，有时或足收感应之效，然司法者未必尽贤，加以刑讯之制公然存在，则不肖者益得借此以售其奸，而司法又不能独立，执法者纵公正不阿，有时亦不能不为强有力者所屈伏，于是法治更不可得而实现，一部法制史中，实包含无数血泪。今既号称民国、号称法治，则凡不合于法治者，应一扫而空，无使清代以上之污点，再存留于今日号称民国、号称法治之下。故编者于此，常用兢兢，更不惜发为议论，以指陈其得失。此申言者又一也。夫法制史，亦史之一也，编史者第一须有卓识，第二须博通古今中外，第三须文词谨严。章实斋之文史通义固已历陈史之不易为，且历指历来治史者之未尽善。编者既少学识，又愧才疏，而文词芜秽，更无足以行远，明知此书之作，仅足供人覆瓿，且于史之体例，亦多未纯，即言取材，亦仅注其意于纵的方面，不能以科学方法，为横的分析，故浏览一过，不觉其颡有泚，恨欲拉杂而摧烧之。然旷观今日，叙中国法制史者，尚少其人，往往舍己之田，而耘人之田，对于本国固有之民情俗尚，全不理会，而只知袭取……

罗马法

作者简介

陈允（生卒年不详），浙江新昌人，曾在上海、杭州的大学教书。

应时（1886—?），浙江吴兴人，1933 年居住在上海薛华立路第二特区法院，曾任上海特区地方法院民事庭庭长、东吴大学法学院教授。二位先生曾留学日本，为我国台湾地区第一代民法学者。

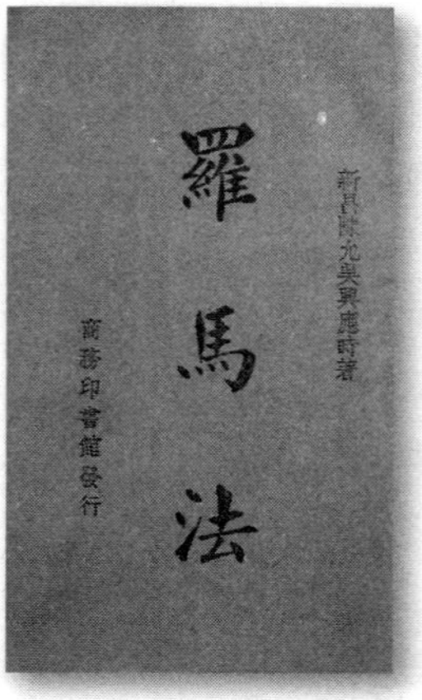

出版社：上海，商务印书馆。

出版年份：1931 年。

馆藏：国家图书馆书刊保存本库。

作品简介：《罗马法》分为总论和本论两部分。总论包括十章，作者首先对罗马法下了定义，认为罗马法是自罗马建国（公元前 753 年）时起以至优士丁尼时期罗马所有的法律制度，指出研究罗马法有两点理由：一是可以通晓法、德等国的法律沿革史，二是可以养成研究法律的精神。作者还探讨了罗马法的分期问题，举出了三种分期方法：一是徐哈（Giard）的四期法（王政时代、共和时代、帝政分权时代、帝政专制时代）；二是苟克（Cuq）的三期法（古代法律时期、法律进步时期、法律退化时期）；三是迈夷（May）的二期法（市民法时期、万民法时期）。作者指出，苟克的三期法最为学者称道。此外，作者还阐述了罗马法的渊源、分类、影响等问题。本论采取德国法学的潘德克顿体系，包括六编。第一编人法讲述了人格、行为能力、法人等问题；第二编物权法讲述了所有权、占有、质权等问题；第三编债权法讲述了法律行为、债权的种类、构成要件、契约等问题；第四编亲属法讲述了婚姻、家父权、监护等问题；第五编承继法讲述了法定承继、遗嘱承继、遗赠等问题；第六编诉讼法讲述了诉讼程序、种类、诉权等问题。陈允、应时二先生的著作与黄右昌先生的《罗马法与现代》一书虽结构稍有不同，但其内容大多相同，据周枏先生的意见，可能是由于他们出于同一师门所致。（黄树卿整理）

第五章 中古时代及中古以后罗马法研究之沿革

中古时代者，即自西欧人种转徙时起至新大陆发见时止之时代也。此时代若以罗马历史计之，即自西罗马帝国灭亡时（纪元后四七六年）起至东罗马帝国灭亡（纪元后一四五三年）时止，约历千年。中古以后，罗马帝国虽已灭亡，然其法律仍复存在。兹将欧洲各国自中古时代以迄于十九世纪研究罗马法之经过情形，约略述之。

欧洲各国研究罗马法之最著者，莫如意大利、法兰西、德意志等国。兹为适合于科学的研究方法起见，分为五大学派，叙述于下。

（一）注释法学派

中古时代，意大利文艺复兴。在第十一世纪之末十二世纪之初，伊尔纳吕士（Irnerius）创办法科大学于鲍隆那（Bologna），一时学术昌明，人才辈出。其中法律学者之研究，一以优帝法典正文为主，重要条文，悉能谙诵，且于法典之章句，逐加注释，为今日学者所不及。门弟子马丁奴士（Martinus）、雅可部士（Jacobus）、胡歌里奴士（Hugorinus）、薄尔嘎庐士（Bulgarus），最负盛名，当时称为“四博士（Quattuor Doctores）”。此辈学者研究罗马法，专心注释，故世人称之曰“注释家（glossatores）”。十三世纪之亚祖（Azo）与阿库尔修士（Accursius），皆此派之铮铮者也。而阿库尔修士尤为杰出，拔先辈注释之萃，而汇集之，以公于世。吾人今日尚能考注释派学说者，皆其所赐也。

（二）后期注释法学派

自第十三世纪至第十五世纪，后期注释家（postglossatores）继注释家而起。其间最著名之学者，为希奴士（Cinus）、白而妥路士（Bartolus）、白尔杜士（Baldus）。其学说在后世流传最多者，尤推意人白而妥路士。此辈学者解释法典，并非优帝法典正文，乃专就注释家所成之书籍而研究之。其著录诸书，失于冗长，不为后世学者所推重。然通达实务，为其特长。故中古时代，欧洲诸国采用罗马法，于此派之学说为多。

（三）沿革法理学派

继后期注释派而起者，法兰西之学派是也。自第十六世纪之初至第十七世纪中叶，为法国学派研究罗马法之最盛时代。法皇佛郎西一世（Francis I，1515—1554）聘请意大利硕学亚尔西夏多士（Alciatus，1492—1550）为蒲席（Bourges）大学教授，讲罗马法，于是法国研究罗马法者日多。一千五百五十五年又聘辜雅修士（Cujacius，1522—1590）及唐奈鲁士（Donellus，1527—1591）为蒲席大学教授。二人声名卓著，并驾齐驱。辜氏议论主沿革的研究，著述宏富，为沿革法理学派鼻祖。唐氏以研究原理原则为主眼，声望不亚辜氏，其著述极供研究罗马法之便利，宜乎德国学者裴克尔（Becker）之赞美不置也。一千五百七十二年，法皇敕令严禁罗马法，且有虐杀圣白诧乐满（St. Bartholomey）之事。唐奈鲁士恐害及其身，逃于荷兰赖顿（Leyden，一作 Leiden），尚孜孜讲罗马法不已。当时高督福兰杜氏（Gothofredus）避在瑞士日内瓦（Geneva），开罗马法之讲演。自斯以后，法国法学之研究日益衰微矣。

沿革法理学派之研究，不仅在优帝法典，举凡法律，必溯其渊源，而求其真髓，似较意大利注释法学派更胜一筹。然数百年所施行之法典，不问其适合当时状况与否，悉研究而适用之，此其缺点也。

（四）性法学派（自然法学派）

自唐奈鲁士殁后，法兰西之罗马法研究顿陷衰运。其继起者，为荷兰学派。荷兰自第十七世纪至第十八世纪，罗马法之研究家相继而出，间有诺忒（Noodt）、伏爱忒（Voet）、平克修格（Bynkershoek）等，皆莘莘钜子也。惜多承袭法兰西学派，无别出新机轴者，故无足述。惟国际法大家格罗秋士（Grotius），于十七世纪之初，更创性法学派。此派传入德国，为多数学者所倾心，如濮壑泰（Puchta）、妥马修士（Thomasius），其最著者也。其大旨以为法律现象，虽因时地而殊，然适合于人性之原理，万古不易。欲视人定法之良否，当视其适合人性与否，以为标准。适合人性者为良法，不适合人性者，即恶法也。例如身体自由、信仰自由、所有权自由，皆自然法之原理也。奴隶制度反自由之原理，时效制度反所有权之原理，故皆不得为良法。夷考此派之源流，发于希腊斯妥异克（stoïc）哲学之从性论，而罗马法又与斯妥异克哲学有密切关系，其研究罗马法，宜其别有心得也。

（五）历史法学派

荷兰学派衰后，继起而执罗马法学之牛耳者，德意志学派是也。德国于十八世纪，有历史法学派出。其主倡者，本为虎哥氏（Hugo，1764—1844），然继氏说而大成之足以风靡一世者，实硕学沙维尼氏（Savigny，1779—1844）也。沙氏之所主张，谓现时法律为既往发达之结果，又为将来发达之基础，如车轮然，循环不断。故欲知德意志法律，当先知罗马法；欲知罗马法，不可不研究罗马古代法。自沙氏之说出，而德意志之法学界遂生一大变动。然时至今日，沙氏之势力已渐衰落，而于延龄（Jhering）、温德霞（Windscheid）之学说，为近世所推崇。邓蒲胥（Dernburg）、裴克尔（Becker）等，尤为后起之秀也。

第八章 法律之分类

罗马法之分类，可大别为五，试逐类说明于下。

（一）公法（jus publicum）与私法（jus privatum）

罗马公法私法之分，与近世法律之分类不同。自法理上言，近世以规定国家与人民之权利义务关系者为公法，以规定人民相互间之权利义务关系者为私法，而罗马则以规定政府之事者为公法，规定私人之事者为私法。自法制上言，近世多以诉讼法为公法，而罗马法则编入之于私法中。近世以刑法治罪法为公法，而罗马则未尝明认其为公法之一部。今日之所谓私法者，有民商法等，而罗马则只一民法。对照参观，得失可以判然矣。且五大法学家中之乌而比央氏尝言曰，公法所以律神事、神官、政务官也，如宗教法、僧侣法及官吏法是，而私法则合自然法、万民法、市民法三者而成。由乌氏之说，是罗马之所谓公法，乃混同宗教与法律而言，故为近今法学上所不取。而私法则意义明了，次第发达，可为后世取法者也。所异者，同一罗马法律，何以公私两法之进步，竟悬殊若此哉？推原其故，正非偶然。盖罗马自《十二表法》以前，法律之本源归于神（古代印度、希腊、犹太等亦然），而自《十二表法》以后，法律之本源归于人民。至帝政时代，则皇帝之权力增大，政事不使人民置喙，因而法律之实际，为君主主义之变相。然私法之基础，依然归于人民，此所以公私两法进步之不同也。

（二）成文法（jus scriptum）与不文法（jus non scriptum）

成文法者，其发生之时即成文者也。不文法者，其发生之时，不成文者也，故又谓之习惯法。凡习惯法所以有法律之效力者，以有一般人民之同意也。故一般人民所公认之习惯：一，经立法者之手，而成为法律者有之；二，为法院所采用，而成为法律者有之；三，又依人民之惯用，于不识不知之中，而成为法律者有之。第一即成文法，第二、第三即习惯法也。故习惯法又可分而为二，其一由法院所采用而成，其一为人人所惯用而有法律之效力者也。

（三）市民法（jus civile）、万民法（jus gentium）与自然法（jus naturale）

乌而比央分罗马法律为市民法、万民法、自然法三者，嘎尤士与乌氏主张不同，视自然法与万民法同为一体，而分法律为市民法与万民法二者，此二分说与三分说之所由来也。后世学者，对此两说，议论纷出。沙维尼谓罗马学者多取二分说，赉比锡（Leipzig）大学学长许弥德（Dekan Schmidt）谓罗马学者概从三分说，日本户水宽人谓罗马古代学者多采二分说，新学者多采三分说，颇有见解也。市民法者，罗马固有之法律也。古时罗马市民，独受此法律之支配，故名曰市民法。依市民法之规定，凡法律行为，均不可不履行一定方式，其程序非常繁重。然在幼稚社会，则有防护错误、捍御诈欺、保存证据之必要。迨社会进化，文字之记载完密，各人之交际频繁，方式程序不但无保存之必要，抑且生交易之滞延。不宁惟是，市民法仅支配罗马之市民，外国人不能受其保护。又因罗马版图之阔大，各国人之移住罗马者，实繁有徒。胥不依市民法之方法，而为买卖及其他一切法律行为。于是不得已，为外国人置外事裁判官，司罗马人与外国人所起之诉讼，及外国人与外国人所起之诉讼。此裁判官所下之判断，不本市民法，而依自然之正义（naturalis aequitas）及公众之利益（publica utilitas），与夫通行于一般人民之法律规则之主旨，是即为万民法之起源也。

乌而比央曰：自然法者，对于动物之规则也，不仅人类适用，即一般动物亦适用之，如婚姻及养育子弟等，悉皆本于自然云云。世人或以其说为混动物之本性与法律者，要之，乌氏之言，不外根据于斯妥异克哲学。盖斯妥异克哲学家有言曰，凡天下事物，无一不从自然法之规则也。

罗马法学家以为人类受同一法则之支配，即有为同一行为之倾向。此等学者，研究自然法，不囿于罗马法律，即诸国之法律，亦比较而发见其共同原理，是即自然法规则之思想所由起也。此思想与万民法颇有密切关系，故古代法学家视自然法与万民法为一者居多，如嘎尤士之二分说是也。考罗马与希腊交通频繁之时，与置外事裁判官之时，相距不远。盖希腊交通为输入哲学之媒介，亦为自然法膨胀之时期。而外事裁判官，生际此时，恰与以实行万民法之机会。故罗马人若无自然法之观念，万民法决不发达，无实行万民法之机会，亦不能扩充之也。自然法与万民法虽起源不同，而发达之时期则一。然则嘎尤士主张二分说，岂无故哉！反之乌而比央主张三分说者，其理由以奴隶者为当时各国所共有，是奴隶制度，实为万民法之一部，然甚反乎自然，即不得为自然法之一部。此即万民法与自然法不同之点，故主张三分说。然乌氏此说，亦受斯妥异克哲学之影响。盖斯妥异克哲学，采用世界主义，曾论奴隶制度反乎自然，适与主张国家主义之柏拉图、亚里士多德等，谓奴隶制度不反自然，为人世所不可缺之说相反。总之，自然法之观念，由希腊斯妥异克哲学而出，抽象的或主观的也；万民法之观念，由社会之事情发生，具体的或客观的也。

（四）市民法（jus civile）与大官法（或裁判官法，jus honorarium）

市民法者，即民会议决之法律等，已如上述。大官法者，司国家政务且握裁判权之官吏所作之法律也。官吏之重要者，曰裁判官（Praetor），其在职期限为一年。通例于就职之始，发布告示，以在职中欲执行之事项，预告人民。此种事项之规定，逐年增加，以应社会之需。然自永久令公布后，裁判官法遂无进步矣。

（五）人法（jus personarum）、物法（jus rerum）与诉讼法（actiones）

嘎尤士之《法学阶梯》与优帝之《法学阶梯》，均分三段：一，人法；二，物法；三，诉讼法。人法者，关于人格人事之法律也。物法者，关于财产契约之法律也。而诉讼法，即后世法律上所谓助法者是。原来罗马法律，其名称上虽无主法助法之分，惟实际上有主法助法之别。嘎尤士与优帝之《法学阶梯》，皆先人法、物法，而后诉讼法。然《十二表法》第一表至第三表，均载诉讼程序，而人法、物法后之。盖《十二表法》颁布之际，社会幼稚，裁判官惟贵族为之，而平民赖之；诉讼法惟贵族知之，而平民茫然。故平民所有之权利，必待为裁判官之贵族判定后而始见。若裁判官不予保护，其权利虽为习惯德义所担保，依然无效。此助法所以先于主法也。降至优帝时代，人民皆知诉讼程序，而权利之观念，亦稍发达，故其法典编纂之顺序，以主法为先，而助法殿焉。

第九章　法律之解释

近世法学家分解释法律之方法为二，一曰法律的解释，二曰学理的解释是也。法律的解释者，以法律解释法律也。法律的解释，又别为成文法的解释与习惯法的解释。由立法机关发布成文法，解释他成文法时，谓之成文法的解释；以习惯法解释成文法，或以习惯法解释其他习惯法时，谓之习惯法的解释。学理的解释者，立法机关以外之人所为之解释，亦别为二，一曰文字的解释，二曰论理的解释。盖严格字义之解释，即文字的解释也；法律精神之解释，即论理的解释也。古代罗马，重文字的解释，而轻论理的解释，故应用法律之时，往往发生障碍。嘎尤士的《法学阶梯》，曾记《十二表法》时代，对于采伐葡萄者提起诉讼，必用《十二表法》所载“树（arbores)”之文字，若代以“蔓（vites)”之文字，必至败诉。则当时拘泥于文字之末节，可想见矣。至帝政时代，思想丕变，专以论理的解释为主。《学说汇纂》引用塞耳苏士（Celsus）之言曰：“罗马法学最盛时代，凡解释法律者，不拘文字，而重法律之精神。”

第十章　权利

权利者，法律所付与之权能也，即拉丁语之所谓“优司（jus)”是也。近今各国人民，皆富于权利思想，故规定于法典。而罗马时代，权利思想尚未充分发达。《十二表法》及优帝法典，并非基于权利思想而制定。而欧人之有权利思想，反依罗马法之解释而养成者，其故何哉？盖罗马人重视诉讼法，前已述之矣。然在中古以来之法学家，每解释罗马法之所谓诉讼法，实因权利思想而来，不过后世以诉讼法为权利之附属物，而罗马则以权利为诉讼法之附属物而已。由此观之，是罗马时代。初非置权利于不问，其后渐渐扩张至今日，遂普及于世界耳。

近今法学家别权利为物权与人权二种，而罗马法学家，亦有对物诉讼（actio in rem)、对人诉讼（actio in personam）之别。对物诉讼，谓从物之所在，提起诉讼，不问物之所持人为谁。例如甲之物件，在乙手中，甲应对于乙提起物件返还之诉，若物由乙而移转于丙，则甲对于丙而起诉。自实际论之，此时与甲对于物件自身而起诉同一结果，故曰对物诉讼。对人诉讼云者，对于一定之人所提起之诉讼也，例如请求损害赔偿之诉、贷金返还之诉等是。依对物诉讼而保护权利，中古学者谓之对物权，即物权也；依对人诉讼而保护权利，中古学者谓之对人权，即人权或债权也。

郁 嶷

中国法制史

作者简介

郁嶷（1890—?），又名祖述，字宪章，号愤园，湖南津市人。光绪三十三年（1907年）7月，进入北洋法政专门学堂学习，与李大钊、白坚武并称“北洋三杰”。他和李大钊负责筹办了法政学会刊物《言治》。后东渡扶桑，就读于日本早稻田大学。曾任《宪法公言》、《斯觉》的编辑以及湖南财政厅厅长，还担任过国民政府法制局编审，主持制订了《亲属法》。1927年4月28日李大钊遇难后，郁嶷辞去公职，致力于法学教育与研究，笔耕不辍，先后出版了《中国法制史》、《继承法要论》、《比较宪法》、《政治学史》、《货币纲要》、《法学通论》等十种著述，还出版了《郁嶷文集》、《郁嶷论文集》。先后执教于奉天省立法政专门学校、北京大学、朝阳大学、中国大学、河北大学、清华大学等高等学府。

出版社：北京，编者自刊。

出版年份：1931年。

馆藏：国家图书馆书刊保存本库。

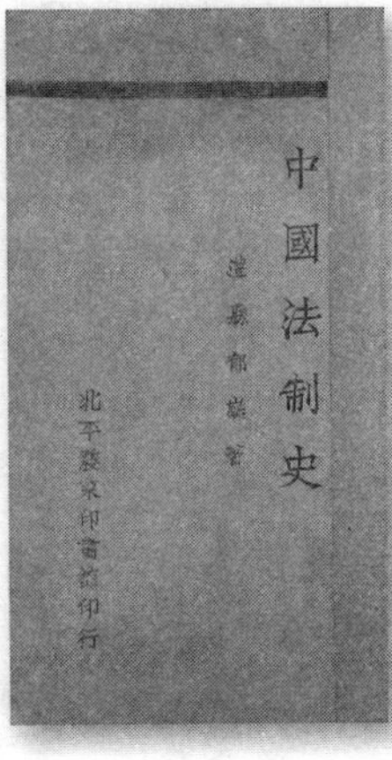

作品简介：该书由绪论和五章组成。作者首先在绪论中对中国法制史研究的意义、研究中存在的困难等基本问题以及中西法制的差异作了很有深度的探讨。其后五章对唐虞三代、秦汉、唐代、宋代、明代等各时期法制情况分别进行了介绍，具体来讲，大致从经济制度、阶级制度、官职制度、兵制、法典编纂制度、刑制、学制、救恤制度、交通制度等方面对每一朝代的法制进行详细的考订、探究。该书资料翔实，结构合理，论述全面而有深度，是研究中国法制史的重要著作，也是运用比较方法进行法史研究的杰出成果。（郭成龙整理）

第三章 唐代之法制

第一节 经济制度

第一款 田制

唐代田制，较古为详。其大旨以土地为国家所有，授受悉由官府主持，或经官府承诺，一矫从前私买私卖之弊。然唐时人口益繁，田不敷分，且各人能力不齐，官吏稽查，更难周遍。国家禁令，虽曰森严，豪强多不奉行。民或卖口分田逃亡，而官吏不问。即当开元盛时，田制亦不能实行。凡授田还田之制，盖成虚文焉。兹约举当时田制，分为七种如下：

（一）口分田 慕古均田之制，计口分田，以杜豪强之兼并。用意甚善，惟措之实际，有难行者耳。其制丁男满十八以上，每人援田八十亩，死亡则国家没收之，曰口分田。其余老者笃疾废疾者四十亩。寡妻妾道士各三十亩。僧尼各三十亩。而官户各授百姓口分由之半。至其授田之法，每岁里正预造簿籍，至十二月，县令集应授田之人而授之。先授贫者及家有课丁者，以次递及。若县内之田不足，授以邻县之田，犹不足，则授以宽乡之田。当时由宽乡移狭乡甚难，由狭乡移宽乡甚易。凡狭乡之民移宽乡者，得视其狭乡固有田指授之，并得卖狭乡之口分田，其在工商居宽乡者，亦得授农民田之半数。而宽乡之民，则不得移于狭乡。要以奖励人民移于宽乡为主焉。

（二）永业田 人给二十亩，种植林木，虽没不还于官，得传其子孙，以为永业也。永业田以不许买卖为原则，但有特别事情，经官厅许可者，不在此限。所谓特别事情者：(1) 不得已徙乡之时。(2) 徙于宽乡之时。(3) 贫不能葬之时。

永业田自亲王以下亦给之。亲王百顷。职事官一品六十顷。郡王及职事官从一品五十顷。国公及职事官从二品三十五顷。县公及职事官二十五顷。

（三）公廨田 官府所有之田地也。其所有权不属于代表官府之自然人，而属于国家机关自身者也。兹分公廨田为京内京外二种，而详其数如下：

甲 京内府田之定数

司农寺 廿六顷 殿中省 廿五顷 少府监 廿二顷 太常寺 廿顷 京兆河南 各十七顷 太府寺 十六顷 吏户部 各十五顷 兵部内寺省 各十四顷 中书省 十三顷 将作监 十三顷 刑部大理 各十二顷 尚书门下左春坊 各十顷 工部光禄寺太仆寺秘书省 各九顷 礼部鸿胪都水詹事府 各八顷 御史台国子监 各七顷 左右卫家令寺 各六顷 卫尉寺左右十二顷 卫右春坊 各五顷 卫率府太史局 各四顷 宗正寺千牛卫 各三顷 内坊内率府 各二顷

乙 京外官府田之定数

大都督府 四十顷 中都督府 三十五顷 下都督府及上州 各三十顷

（四）职分田　一名职田，即于文武官吏岁俸之外，而复按品级别授以田，有如今日之公费是也。隋文帝开皇十四年，始给公卿以下以职田。盖当时各官署皆由公廨田收钱以充其经费。然吏缘为奸，有失官箴，乃严禁之。改由官职，给职田焉。唐因其制，一品十二顷，二品十顷，三品九顷，四品七顷，五品六顷，六品四顷，七品三顷五十亩，八品二顷五十亩，九品二顷。

（五）屯田　北齐时于缘边城守之地营屯田。唐因之，有太京屯田，代州屯田，营州屯田等。惟当时之屯田，非屯兵耕种，多使民从事云。

（六）营田　与屯田相类。当时有朔户营田，东都营田等。

（七）私田　私田者，其所有权属于个人者也。故私田对于国家除例纳租税外，不受官吏之干涉。惟考之唐代，私田只限于宅地，故名庄又曰庄田。隋制不分良贱，率三口给私田一亩。唐则良口三人以上，贱口五人给一亩。而京城州县郭下之园宅，又别以法规定，而不依以上之制度焉。庄田（或云庄园）当时颇多。大历中诸道将士多贮庄田。建中时诸道府长吏多于任所买百姓之庄园宅舍，多者至数十所。此等田地之卖买，法所不禁，但科以一定之税额而已。

第二款　税制

（一）田租　口分田所课之税也。盖当时工男皆授以百亩之田，内以八十亩为口分田，以二十亩为永业田。租则由八十亩之中征收之，粟凡二石。天宝元年，一家之中有十丁以上者，免二丁之租，五丁以上者免一丁之租。

（二）庸　役之代价也。唐时岁役二十日，闰则加二日，每日征收绢三尺，布加五之一。

（三）调　从其乡土之所产，而每户所纳之税也，纳绢絁各二丈，布加五分之一。且入绢絁者添绵三两，入布者添麻二斤。

凡租庸调之定额，虽如上举，然逢水旱虫霜之灾，田歉收至十分四以上者，则免其租；十分六以上则租调全免；十分七以上则租庸调全免；又孝子顺孙，义夫节妇，其志行闻于乡闾者，州县申省奏闻，表其门闾，而同籍悉免课役；又太皇太后皇太后缌麻以上之亲，命妇一品以上之亲，郡王及五品以上之祖父兄弟，国子太学四门学生俊士皆免课役。

凡租庸调征收之方法，按定期使州县长吏征收之，征收毕，则记其总数，与征官名品，而申于省。若误期限及检查不实者，各有罚。其应征收之期限，时有变更，而租庸调之物，亦因时异品。开元十六年，扬州之租调以钱，岭南以米，安南以丝，益州以罗绸绫绢。天宝二十五年，关内诸州庸调得准时价，以米易粟，送京师。

（四）役　凡丁岁二十日，若不役，则收庸，役越定日，则免租调，凡越定日十日者免调，至三十日者租调悉免。

租庸调法以人丁为本。开元后久不为版籍，法度废弊，丁口转死，田亩换易，贫富升降，悉非向时。而户部岁以空文上之，又戍边者蠲其租庸，六岁免归，戍者多死，边将讳不以闻，故贯籍不除。天宝中王鉷为户口使，务聚钦，以其籍存而丁不在，是隐课不出，乃按旧籍除当免者，积三十年，责其租庸，人苦无告，法遂大弊。至德后，天下兵起，人口凋耗，版图空虚，赋敛之司，莫相统摄，纪纲大坏，王赋所入无几。科敛凡数百，名废者不削，重者不去，吏因其苛，蚕食于人。富人多丁者，以宦学释老，得免。贫人无所入，则丁存。故课免于上，而赋增于下。是以天下残瘁荡为浮人，乡居土著者百不四五。杨炎相德宗，疾其弊，乃请为两税法，以一其制。夏输无过六月，秋输无过十一月，凡百役之费，先度其数而赋于人，量出制入，户无主客，以见居为簿，人无丁中（唐开元时十六岁为中，二十岁为丁），以贫富为差。不居处而行商者，在所州县税三十之一，度所取与居者，均使无侥利。其租庸杂徭悉省，而丁额不废，岁敛钱二千五十余万缗，米四百万斛，以供外钱九百五十份万缗米千六百余万斛，以供京师，天下便之，吏奸无所容，而轻重之权，始归于朝廷焉。

（五）商业税　商业税者，税商贾之货品，而为国家收入之一部者也。肃宗税江淮蜀汉之富商，收其十分之二。德宗建元元年，派遣官吏于诸道要津、都会之地，检查商人之财货，计钱每贯税二十。其后乃加至每千钱五十。

（六）盐税　隋以前盐池盐井，皆禁人民之采取，而为官之专业。隋开皇三年，始除其禁。唐肃宗因国用不足，变盐法，置盐院于产盐之地，而以游民之业盐者为亭户，免其杂徭，有盗鬻者罪之。至刘晏上盐法书，因旧盐置置亭户粜商人使贩卖于各地，盐之收入，岁有增加，及大历之末，凡六百余万缗，几占天下赋之半焉。

（七）酒税　先时尚依周末之制，官置酒坊收利。至隋文帝开皇三年，乃罢酒坊，与百姓共之。唐初无酒禁，乾元元年，京师酒贵，肃宗以廛食方屈，乃禁京城酤酒，期以麦熟，如初二年饥，复禁酤，非光禄祭祀燕番客，不御酒。总观唐初之制，酿酒事业，民间自营之，常因年饥而加禁止。及德宗建中三年乃禁人酤酒，官自置店酤收利，以助军费，斛收直三十，州县总领私酿者论其罪，则酒成官之专卖矣。

（八）茶税　茶税起于唐德宗之时，课其价十分之一。至穆宗，国库空虚，屡增茶税，率百钱而课五十。武宗即位，盐铁转运使崔珙，又增江淮茶税，是时茶商所过州县有重税，或掠夺舟车，露积雨中，诸道置邸以收税，谓之榻地钱，故私犯益起。大中初盐铁转运使裴休，请厘革横税，以通舟船，商旅既安，课利自厚，又征税茶商，多被私贩卖入侵夺其利。今请委强干官吏，先于出茶山口及庐寿淮南界内布置把捉，晓谕招收，量加半税，给陈首帖子，令所在公行，更无苛夺，使私贩者免犯法之忧，正税者无失利之欺。休并著条约私鬻三犯，皆三百斤乃论死，长行群旅，茶虽少亦死，顾载三犯至五百斤居舍，僧保四犯至千斤皆死，园户私鬻百斤以上杖背，三犯加重徭。当时禁令既严，而课税尤重。贞元时，江淮茶一斤至五十两焉，而其时朝野人士，于茶之研究亦盛。陆羽既著茶经为之倡，而集会辨茶之良否者，曰汤社，批评茶之优劣者，曰茗战，风会所趋，诚极一时之伟观矣。

穆宗时重歛茶税，识者己病其苛。有痛陈其弊者，所说甚合今世财政学理，大旨云茶税为补助兵费而起，今天下太平，重苦税民，一旦有事，税率不可复加，其弊一也。茶为一般人民所用，非奢侈品可比，今税重价昂，贫者因之重困，其弊二也。价贵则需用者寡，徒有增税之名，而国家收入，比较的不见其多，而商人益闲，其弊三也。

（九）青苗钱　大历元年，令天下之租，一亩每税钱十五，以国用急，不及秋而税之，时苗未青，故号青苗钱。考代宗广德二年，已有青苗钱，以给百官之俸。大历时，天下青苗钱凡四百九十万缗。宋时亦有青苗钱，然与唐之青苗钱，名同而实异，宋之青苗钱，即唐之杂税钱也。

（十）杂税钱　唐之杂税钱，即由长安万年二县官，置本钱配纳各户并其利息而征收之，以供杂用，即宋青苗钱之起源也。又大历中，有地头钱，每亩课二十。

德宗时朱滔王武俊田悦背叛，国用不给，陈京请借富商钱度支，杜佑以为军费才支敷月，幸得商钱五百万缗可支半岁，乃以户部侍郎赵赞判度支，代佑行借钱令，约罢兵偿之，搜督甚峻，民有自经者，家若被盗然。当时军用不给，乃税间架，算除陌，其法屋二架为间，上间钱二千，中间一千，下间五百，吏执笔握算，入人家计其数，或有宅屋多而无他资者，出钱动数百缗，敢匿一间杖六十，告者赏钱五万。除陌法者，公私给与及买卖，每缗官留五十钱，给他物及相贸易者约钱为率算之，市牙各给印纸，人有买卖随日署记，翌日合算之，有自贸易不用市牙者，给其私薄，无簿者投状自集，具有隐钱百者，没入二千杖六十，告者赏十千。出犯人家，法既行，而主人市牙得专其柄，率多隐盗，公家所入，不能半，而怨讟满天下矣。

第三款　币制

南北分裂以来，币制乱杂，不可名状，及隋始统一之。开皇元年，更铸新钱，日五铢，而重如其文，每钱一千重四斤二两。是时钱既杂出，三年诏四面诸关，各付百钱为样，从关于外来勘样相似然，后得样不同者则坏以为铜入官，自是钱货始一。十年诏晋王广听于扬州铸钱，十八年诏汉王谅听于并州铸钱，又江南钱少，晋王广又请于鄂州铸钱，又诏汉王秀于益州铸钱，钱益滥恶，大业以后，巨奸大猾，遂多私铸，或剪铁鍱裁衣糊纸以为钱，相杂用之，货贱物贵，以至于亡。

唐初行于民间者曰线环钱，其制轻小，凡八九万才满半斛。高祖武德四年，乃铸开元通宝，径八分重二铢四，每十钱重二十四铢，二十四铢为一两，一千钱重六斤四两，得轻重大小之中，置钱监于洛并幽益等诸州，钱面之文由给事中欧阳询制词而书之，时称其工，字含八分及篆隶三体，其词回环读之，其义亦通，流俗谓之开元通宝钱。

肃宗乾元元年，铸乾元重宝钱，以一当十，与开元通宝参用，又铸重轮乾元钱，一当五十，与三品并行。法既屡易，物价腾涌，斗米至七千钱，上元元年，减重轮钱以一当三十，开元旧钱与乾元十当钱皆以一当十。

自乾封以后，盗铸日盛，私钱满天下，而恶币充斥，尽驱逐良币于流通之外。武后开元之间，屡下令禁恶钱，置监使参与铸钱之事，而盗铸之风益盛。至武宗之时，为防钱质之恶，令铸造局各以其州名钱，而币制益紊乱矣。

第二节 阶级制度

唐时身份之阶级有三：贵族、良民及贱民是也。凡贵族因其官职之异，又分下列各阶级：

从一品 开府仪同三司 正二品 特进
从二品 光禄大夫 正三品 金紫光禄大夫
从三品 银青光禄大夫 正四品 上正议大夫
正四品 下通议大夫 从四品 上太中大夫
从四品 下中大夫 正五品 上中散大夫
正五品 下朝议大夫 从五品 上朝请大夫
从五品 下朝散大夫 正六品 上朝议郎
正六品 下承议郎 从六品 上奉议郎
从六品 下通直郎 正七品 上朝请郎
正七品 下宣德郎 从七品 上朝散郎
从七品 下宣议郎 正八品 上给事郎
正八品 下征事郎 从八品 上承奉郎
从八品 下承务郎 正九品 上儒林郎
正九品 下登仕郎 从九品 上文林郎
从九品 下将仕郎

以上二十九阶为文散阶，此外尚有武散阶，并举如下：

从一品 骠骑大将军 正二品 辅国大将军
从二品 镇国大将军 正三品 上冠军大将军怀化大将军
正三品 下怀化将军 从三品 上云麾将军归德大将军
从三品 下归德将军 正四品 上忠武将军
正四品 下壮武将军 怀化中郎将
从四品 上宣威将军 从四品 下明威将军归德中郎将
正五品 上定远将军 正五品 下宁远将军怀化郎将
从五品 上游骑将军 从五品 下游击将军归德郎将
正六品 上昭武校尉 正六品 下昭武副尉怀化司品
从六品 上振威校尉 从六品 下振威副尉归德司节
正七品 上致果校尉 正七品 下致果副尉怀化中侯
从七品 上翊麾校尉 从七品 下翊麾副尉归德中侯
正八品 上宣节校尉 正八品 下宣节副尉怀化司戈
从八品 上御侮校尉 从八品 下御侮副尉归德司戈
正九品 上仁勇校尉 正九品 下仁勇副尉怀化执戟长上

从九品　上陪戎校尉　从九品　下送戎副尉归德执戟长上

良民与汉制同，分为农工商，又规定工商之家，不得干预士之事焉。

贱民有种种，即杂户番户奴婢是也。唐制凡反逆相坐，没为官奴婢，一免为番户，再免为杂户，三免为良人，因赦则免。韩退之为袁州刺史时，解放奴隶七百余人，此等奴隶，皆为负债而没者也。

第三节　官职制度

唐之官制，较古为详，而文武殊途，内外并重，尤得控御天下之要。中央官制曰省寺台监卫，地方官制曰道州郡县，其大较也。

第一款　中央制度

唐之三师三公位尊而已，庶政实统于三省，中书宣奏天子之命令，门下审查覆奏下其事于尚书，而后颁行焉。故尚书者，行政之总汇也。此外有九寺一台，五监十六卫，兹分举之如下：

三省
- 尚书省——行政最上级官厅
- 门下省、中书省——议政官厅

门下省，掌出纳帝命之事，职官如下：

侍中二人　黄门侍郎二人　给事中四人　供奉左右分判省事录事四人　主事四人

左散骑常侍二人　备侍奉规讽顾问应对

左谏议大夫四人　掌侍从赞相规谏讽谏

左补阙二人　左拾遗二人　掌供奉讽谏扈从乘舆

起居郎二人　录天子之动作法度修记事之史

典仪二人　掌赞唱之节班位之次

城门郎四人　符宝郎四人

弘文舘学士　掌详正图籍教授生徒

校书郎　掌校理典籍之事

中书省，掌军国事务，赞襄大政职官如下：

中书令二人　中书侍郎二人　中书舍人六人　主书四人　主事四人　右散骑常侍二人　右谏议大夫四人　右补关二人　右拾遗二人　起居舍人二人　通事舍人十六人

尚书省，隋唐以来尚书实为行政官之首，分左右二司，置六部。兹记其职官如下：

尚书令一人　尚书左右仆射各一人

尚书左右丞各一人　管理省事科举究章

左右司郎中各一人　左右司员外郎各一人　都事六人　主事六人

吏部，尚书一人，侍郎二人，分四司如下：

吏部　掌文官之班秩焉命　郎中二人　员外郎二人　主事四人

司封　掌封爵　郎中一人　员外郎一人　主事二人

司勋　掌邦国官人之勋纳　郎中一人员外郎二人　主事四人

考功　掌内外文武官吏之考课　郎中一人　员外郎一人　主事三人

户部，尚书一人，侍郎二人，分四司如下：

户部　掌天下之户口　郎中二人　员外郎二人　主事四人

度支　掌国用租赋多少之数，物产丰约之宜，水陆道路之利　郎中一人　员外郎一人　主事二人

金部　掌库藏出纳之节，金宝财货之用，及权衡斗量之事务　郎中一人　员外郎一人　主事二人

仓部　掌天下之库储出纳税禄粮仓廪之事务　郎中一人　员外郎一人　主事三人（按：户部，隋时称民部，唐初仍之，太宗贞观中避太宗世民之讳始称户部。）

礼部，尚书一人，侍郎一人，分四司如下：

礼部　掌仪制名数之事　郎中一人　员外郎一人　主事二人

祠部　掌祠祀，享祭天文漏刻国忌庙讳卜筮医业道佛之事务　郎中一人　员外郎一人　主事二人

膳部　掌牲豆酒膳辨其品数　郎中一人　员外郎一人　主事二人

主客　掌国宾及诸蕃朝贡之事　郎中一人　员外郎一人　主事二人

兵部，掌天下军卫武官之选叙。魏有五兵尚书，北周有大司马卿，至隋有兵部尚书，唐因之，有尚书一人，侍郎二人，分四司如下：

兵部　掌武官之勋禄品命，郎中二人　员外郎二人　主事四人

职方　掌地图及城隍镇戍烽候之事　郎中一人　员外郎一人　主事二人

驾部　掌舆辇车乘及传驿厩牧官私马牛杂畜之簿藉　郎中一人　员外郎一人　主事二人

库部　掌邦国军州戎器仪仗　郎中一人　员外郎一人　主事一人

刑部，尚书一人，侍郎一人，分四司如下：

刑部　举宪典辨轻重　郎中二人　员外郎二人　主事四人

都官　掌讼狱配役隶录俘囚及理衣量药料之事　郎中一人　员外郎一人　主事二人

比部　掌内外赋敛逋欠之事　郎中一人　员外郎一人　主事四人

司门　掌天下之诸门及关之出入往来之籍赋　郎中一人　员外郎一人　主事二人

工门（原书如此，疑为“工部”之错讹——编者注），掌天下百工之屯田山泽之事务。

汉成帝时民曹之一部也，北周有大司卿掌五卿材九范之法，隋有工部尚书，唐因之，有尚书一人，侍郎一人，分四司如下：

工部　掌经营兴造之事　郎中一人　员外郎一人　主事三人

屯由　掌屯田事务　郎中一人　员外郎一人　主事二人

虞部　掌天下之虞衡山泽之事　郎中一人　员外郎一人　主事二人

水部　掌天下川渎陂池之事　郎中一人　员外郎一人　主事二人

九寺之官名职掌如下：

太常寺　掌礼乐郊庙社稷之事

光禄寺　掌酒醴膳羞之事

衡尉寺　掌军器仪仗帐幕之事

宗正寺　掌天子之九族六亲之属籍

太仆寺　掌厩牧车舆之事

大理寺　掌折狱详刑之事

鸿胪寺　掌宾客及凶仪之事

司农寺　掌仓市薪米园池果实之事

大府寺　掌邦国财货之事

以上各寺有卿少卿丞主簿录事等官。

御史台掌邦国刑宪典章，职官如下：

御史大夫一人　御史中丞二人

侍御史纠劾百官推鞫狱讼之事

殿中寺御史六人掌殿庭供奉之仪仗

监察御史十人掌分察百僚巡按郡县纠视刑狱肃整朝仪之事

侍御史隶于台院，殿中侍御史隶于殿院，监察御史隶于察院，故又谓之三院

五监

国子监　掌儒学训导之事

少府监　掌百工技巧之事

北都军器监　掌造甲弩之事

将作监　掌土木工匠之事

都水监　掌川泽津梁之事

以上皆中央文职官制之大略也。以下述武职官制。

武官分十六卫又有六军。

左右卫　掌统领宫廷警卫法令之事

上将军各一人　大将军各一人　将军各二人　长史各一人

录事参军事各一人　仓曹参军事各二人　兵曹参军事各二人

骑曹参军事各一人　胄曹参军事各一人　司阶各二人

中候各三人　司戈各五人　执戟各五人

左右骁卫　上将军各一人　大将军各一人　将军各二人

左右武卫　同前　同前　同前

左右威卫　同前　同前　同前

左右领军卫　同前　同前　同前

左右金吾卫，防御京城宫门掌巡警之事

上将军各一人　大将军各一人　将军各二人

左右监门卫　上将军各一人　大将军各一人　将军各三人

左右千牛卫同前　同前　将军各一人

六军

左右羽林军　左右神武军　左右龙武军

以上大将军各一人。嗣后增左右神策军。左右威武军。合之为十军矣。

以上中央政府文武官制外，其他尚有东宫官之类，惟与国家政务无直接关系，略之。此外尚有翰林院学士一官，略述如下。

翰林院学士，本以文学备顾问，出入侍从参议而谋者也。唐时天子之傍常置文词经学之士，太宗时各儒学士，虽时被召对，而未有名号。乾封以后，时人称曰北门学士。玄宗初置翰林待诏，掌四方之表疏批答应和文章，后选文学之士，称翰林，供奉与集贤院学士分掌制诏书敕。至开元二十六年，改为学士，别置学士院，专掌内命。其后选用益重，礼遇益亲，至号内相。宪宗时，又置学士承旨。唐之学士弘文集贤二院，分隶中书门下，独翰林学士无所属。

近世学者分国家活动之形式为三：立法、行政、司法是也，各设独立之机关分掌国务，而严杜侵越焉。吾国于此等区划，素不分明。立法虽由君主掌握，而行政与司法往往混同，常以行政官而兼司法之事务焉，故以三权分立主义，衡吾国之官制，殊不可能。惟吾国亦自有特别三权分立主义，以为官制区划之纲领，即所谓文武纠察三官是也。文官则今之行政兼司法官也，武官则掌军事，纠察官监督文官而弹劾其非法行为。唐之官制，亦得依此三权分立主义区划之。尚书省之属官六部九寺文官也，六军十六卫武官也，而御史台则纠察官也，五监则属于文官，如国子监得属于礼部，军器监得并于兵部。由是论之，唐之官制，骤观虽甚复杂，而总括之则不能出此三官之外也。

第二款　地方官制

唐之地方官制，可就二方面观察之，其一普通制，道州郡县是也。道为最高地方区划，置巡按使（后屡易名），州有刺史，郡有太守，县曰令。其一特别制如缘边置节度使（经略使），都督府都护府，用兵设招讨使，岁饥设按抚使，藩封不和设宣慰使，运粮置转运使，劝课农桑派劝农使，皆因地与时与事所设之官，故以特别制名之。

甲　普通制

（一）道　贞观之初，分天下为十道，关内道，河南道，河东道，河北道，山南道，陇右道，淮南道，江南道，剑南道，岭南道。高宗神龙二年，以五品以上者二十人为十道，巡察使按举州县。景云二年置十道按察使，每道各一人。开元二年改十道按察采访处置使，乾元元年改观察处置使。

（二）州郡，唐德武元年，改郡为州，置刺史。开元中定，天下之州府，近畿之州称四辅，其他六州称六雄，其他十州称十望，又其他十州称十紧。凡天下之州府三百十有五，分上中下三等，各置刺史，上州四万户以上，中三户万以上，下州三万户以下。

（三）县，次于州之地方区划也。古者县大而郡小，至战国则郡大而县小焉，晋时大县有令，后魏亦于县置三令，长孝文之时，始有县令，唐因之，县亦分上中下三等。武德之初，户五千以上为上县，二千以上为中县，一千以上为下县。开元中六千户以上为上县，三千户以上为中县，其不满三千户者为中下县，千户以下为下县。

乙　特别制

（一）节度使。开元之际，节度使凡八，关内朔方节度使，河北幽州节度使，河东节度使，河西节度使，陇石节度使，剑南节度使，碛西节度使，岭南节度使，受命之日，给以旌节，使专军事。故宇内承平，则诸使为具文，国家多事，则节度有重权，唐不亡于吐蕃，方镇拥兵之功，不辛而召亡，亦方镇拥兵之过也。

（二）都督与都护。唐初边要之地，置总管，后改名都督，大都督府五，中都督府十五，下都督府二十，掌诸州兵马甲械城隍镇戍等事。

（三）招讨使。用兵之时置之，后遂为节度兼职。

（四）宣慰使。元和之际淄青兖豫等州置宣抚使，后又置宣慰使。

（五）安抚使。贞观之初，遣大使十三人巡省诸州水旱，自是以来，常见巡察安抚存抚等名。

（六）转运使。司运粮饷之官，开元二十一年，江南淮南有转运使。

（七）劝农使。派遣专使劝农课桑。

（八）经略使。贞观二年，置经略使于边州，后为节度兼职。

第四节　兵制

唐有天下二百余年，而兵之大势三变。其始盛时，有府兵，府兵后废而为彍骑，彍骑又废，而方镇之兵盛矣。及其末也，强臣悍将，兵布天下，而天子亦置兵于京师，曰禁军。其后天子弱，方镇强，而唐遂以灭亡者，措置之势使然也。盖府兵之制，居无事耕于野，其番上者宿于京师而已，若四方有事，则命将以出，事解辄罢兵，散于府，将归于朝，故士不失业，而将帅无握兵之重，所以防微杜渐，绝祸乱之原也。及府兵法坏，而方镇盛，武夫悍将，虽无事时，据要险，专方面，既有其土地又有其民人，兵甲财赋，以布列天下。然则方镇不得不强，京师不得不弱。夫置兵所以止乱，及其弊也，适足以为乱，又其甚也，至困天下以养乱。故兵之始重于外也，土地民赋，非天子有，既其盛也，号令征伐非其有，其末也。至无尺土而不能庇其妻子，宗族遂以灭亡，可不哀哉。兹就唐代京师与地方之兵制，分述如下。

京师天子置禁军，分为南北衙兵，南衙之兵，则诸卫兵也，北卫之兵，则禁兵也。禁兵起于唐初，当高祖起义兵平卒内的也，旅甚众，及其成功，皆遣还之，时有三万人请留任宿卫之事，乃分渭北白渠等之田与之，称元从禁军。其后老废不堪任事，则使其子弟代之，称父子军。贞观初择善射者百人俾守北门，名曰百骑以从田猎。又置北衙七营，择有材力者，每月一营上番十二年初，于玄武军门置左右屯营，名曰飞骑。其征集之法，取户二等以上，长六尺者，试其武艺力量，以任之，复择马射为百骑。高宗龙朔二年，始采府兵，置越骑步射左右羽林林军。武后之时，改百骑为千骑。睿宗又改为万骑，分左右营。玄宗之时改为左右龙武军，万骑隶之，皆取唐之功臣子弟任焉。至德二年，置左右神武军，以扈从官之子弟补不足，则旁及他色。羽林龙武神武总称北衙六军，兴元元军，各置军统一人。

贞元二年，复置神策军，后分为左右军势居北军之右，遂又为天子之禁军。二年九月，改神策左右厢势，为右左神策军。肃宗以后置威武长兴等军，然废置不常，惟羽林神武龙武神策神威之军最盛，总称左右十军。神威军至德之时，择善骑射者于衙前后，分左右厢，称左右英武军。贞元二年，名殿前左右射生军置大将军以下各职，四年又改为左右神威军，加将军二员。此后元和二年，去神武军，三年废左右神威军，合称天威军，八年废之，以其兵骑分隶左右神策军。初北衙禁兵十军，虽擅强于内，然其后方镇之兵盛，天子之禁军乃屈于方镇之兵，而方镇之兵又屈于所部之兵，当时天子之禁军，皆由诸卫兵所选用也。

南衙之诸卫，则十六卫是也，皆征集府兵以任之。所谓十六卫者，已详见前节，官制中，兹不赘述。地方兵制初有府兵，中更彍骑终乃为变方镇之兵，而唐遂不可为矣。兹详其因革如下。

唐高祖初起兵，开大将军府，以建成为左领大都督，领左三军，太宗为右领大都督，领右三军，元吉统中军，发自太原，有兵三万人，及诸起义以相属与降郡盗，得兵二十万。武德初，始置军府，以骠骑车骑二将军统之，析关中为十二道，皆置府，三年更以道为军，军置将副各一人，以督耕战，以车骑府统之。六年以天下既定，遂废十二军，改骠骑曰统军，车骑曰别将。居岁余，十二军复为军，置将军一人，军有坊，置主一人，以检查户口，劝课农桑。

太宗贞观十年，更号统军为折冲都尉，别将为果毅都尉，诸府总曰折冲府。凡天下十道，置府六百三十四，皆有名号。而关内六百三十有一，皆以隶诸卫。凡府三等，兵千二百人为上，千人为中，八百人为下。府置折冲都尉一人，左右果毅都尉各一人，长吏兵曹别将各一人，校尉六人。士以三百人为团，团有尉校。五十人为队，队有正。十人为火，火有长。凡民二十为兵，六十而免，其能骑而射者，极越骑其余为步兵。或骑排钻手，步射，其隶于卫也。左右卫皆领六十府，路卫领五十至四十，其余以隶东宫。六率，凡发府兵皆下符契州刺史与折冲勘契，乃发。若全府发折冲都尉以下皆行，不尽则果毅行，少则别将行。当给马者予其直市之，每匹予钱二万五千。此府兵之大略也。

自高宗武后时，天下久不用兵，府兵之法浸坏，番役更代，多不以时，卫士稍稍亡匿，至是益耗散，宿卫不能给。宰相张说乃请一切募士，宿卫岁一番，命尚书左丞萧嵩与州吏共选之。明年更号曰偿骑。十二年以彍骑分隶十二卫，总十二万为六番，每卫万人。自天宝以后，彍骑之法又稍变废，十皆失揂循。八载折冲诸府，至无兵可交。其后徒有兵额官吏，而戎器馱马锅幕糗粮并废矣，故时府人目番上宿卫者曰侍官，言侍卫天子。至卫佐悉以假人为童奴，京师人耻之，至相骂辱，必曰侍官。而六军卫，皆市人。富者贩缯采食粱肉，壮者为角抵拔河翘木扛铁之戏，及禄山反，皆不能受甲矣。

方镇之兵，为节度使所掌，其原皆起于边将之屯防者。唐初兵之戍边者，大曰军，小曰守捉，曰城曰镇，而总之曰道。道有将，大将一人，曰大总管，已而更曰大都督。高宗永徽后，都督带使持节者，始谓之节度使，然犹未以名官。景云二年，以贺拔廷嗣为凉州都督河西节度。自此而后接乎开元，朔方陇右河东河西诸领，皆置节度使，及范阳节度使安禄山反，犯京师，天子之兵弱，不能抗，遂陷两京。肃宗起灵武，而诸镇之兵共起诛贼，其后禄山子庆绪，及史思明父子继起，中原大乱。肃宗命李光弼等讨之，号九节度之师。久之，大盗既灭，而武夫战卒，以功起行阵，列为王侯者，皆除节度使。由是方镇相望于内地，大者连州十余，小者犹兼三四，故兵强则逐师，帅强则叛上。或父死子握其兵，而不肯代，或取舍由于士卒，往往自择将吏，号为留后，以其命于朝。天子顾力不能制，则忍耻含垢因而抚之，姑息愈甚，则兵将愈骄，由是号令自出，虏邀将帅，并其土地。天子熟视不知所为，反为和解，莫肯听命，始为朝廷患者，号河朔三镇。其后则大镇迭起，互相雄长，南则吴浙荆湖闽广，四则齐蜀，北则燕晋，而梁据其中。自国门以外，皆分裂于方镇矣。

以上京师及地方兵制外，开元之际，秦成岷渭河兰六州，有高丽之羌兵黎雅押翼茂五州有镇防团结兵，守镇戍之兵称防人。

凡大将军出征时，皆告于庙，且授斧钺，既谒庙，则不反宿于家，直临军中。其临军士卒不用命者，责罚一随其意，军得捷则大会卒伍，书其勋劳，费用捕虏折馘之数以闻，乃告太庙。将军凯旋之日，天子遣使郊劳，有司献捷于太庙。烽候之制每所相去三十里，若山川间阻，则不限于三十里，其在边境者，筑城以置之。每烽置帅一人，副一人，举烽者分一炬二炬三炬四炬视敌之多寡区别之。

第五节　法典编纂制度

唐时法典有四，律令格式是也。令者尊卑贵贱之等数，国家之制度也。格者百官有司之所常行之事也。式者其所常守之法也。其有所违及人之为恶而入于罪戾者，则一断以律。高祖入关，除隋苛政，约法十二条，惟制杀人劫盗背军叛逆者死，余悉蠲之。武德二年，颁新格五十三条，惟吏受脏诈冒盗府库物赦不原，凡断屠日及正月五月九月不行刑。至武德七年，裴叔萧瑀等撰《武德律》十二卷，式十四卷，令三十一卷。太宗贞观十一年长孙无忌房玄龄等撰律令格式，律十二卷，令二十七卷，格十八卷，留司格一卷，式三十三卷，律凡五百条，令一千五百四十六条，格七百条，以尚书诸曹其常务留本司者曰留司格。高宗永徽二年，又撰律令格式，律十二卷，式十四卷，式本四卷，令三十卷，散颁天下，格七卷留本司，行格十八卷，长孙无忌李勣等奉敕所撰也，以曹司常务为行格，以天下所共为散颁格。永徽四年十一月，长孙无忌等又撰律疏，而律之为书，十有二篇，一曰名例，二曰卫禁，三曰职制，四曰户婚，五曰厩库，六曰擅兴，七曰贼盗，八曰斗讼，九曰诈伪，十曰杂律，十一曰捕亡，十二曰断狱。嗣是以来，法典之编纂者，继踵不绝，而篇目繁多，不可胜记，数经丧乱，散佚略尽，今所存者，仅《唐律疏义》及《六典》耳。《六典》为李林甫等所撰，起草于开元十年，成于二十六年，中经多数学者之研究，而历十六年之岁月，其当时编纂《六典》者之苦心孤诣，可想见矣。初玄宗开元十年，诏书院撰《六典》，上手写白麻纸凡六条，曰理教礼政刑事典令，以类相从。张说以其事委徐坚，沈吟岁余，谓人曰，坚承乏已曾七度修书，有凭准皆似不难，惟《六典》历年措思，未如所从。说又令学士毋婴等检前史职官，以今式分入六司，以今朝《六典》象《周礼》六官之制，然用功艰难，绵历数载，其后张九龄委陆善李林甫委苑咸至二十六年始奏上，百僚陈贺，为有唐典之巨观焉。

第六节 刑制

唐代刑制，号称完整，后世言刑律者，类取则焉，兹分述如下：

（一）刑名 唐代刑名，规定于《唐律疏义》名例中，其数有五，曰笞。笞之为言，耻也，凡过之小者，捶挞以耻之。二曰杖，杖者持也，可以击也。三曰徒，徒者奴也，盖奴辱之于罪隶，任之以事，置之圜土而教之。四曰流，谓不忍刑杀，宥之于远也。五曰死，乃古大辟之刑也。苔刑分五等，一十，二十，三十，四十，五十。杖刑分五等，六十，七十，八十，九十，一百，此二种皆身体刑也。徒刑分五等，一年，年半，二年，二年半，三年。流刑分三等，二千里，二千五百里，三千里，此二种皆自由刑也。死刑二，绞斩是也。

（二）刑之适用 唐代刑法，不取科刑平等主义，故刑因人而异，即贵贱长幼夫妻主从僧俗良贱之区别，皆视为刑罚加减轻重之要件。兹就殴打杀伤罪例证之如下。

杀其师者加凡人二等，僧道师又加一等，师主杀其弟子者徒三年。

毁伤人者笞四十。

夫殴伤妻减凡人二等，妻殴伤妾亦如之，妾殴妻子以凡人论，妻殴妾子减二等。

殴制使府主刺史县令及五品以上之官长者徒三年，奴婢殴主者绞，殴主之期亲及外祖父母者绞，殴旧主者流二千里。

妻殴夫徒一年，殴夫之祖父母父母者绞，殴夫之弟妹加凡人一等。

殴祖父母父母者斩，殴兄姊徒二年，伯叔父母姑外祖父母各加一等，此外尚有十恶八议，为适用刑法之例外。兹分举之如下。

（甲）十恶　凡犯十恶之罪者，无论如何恩典，不能减免其罪，乃罪名之最重者。

一曰谋反　谋危社稷。

二曰谋大逆　谋毁宗庙山陵及宫阙。

三曰谋叛　谋背国从伪之类。

四曰恶逆　殴及谋杀祖父母父母又杀伯叔父母姑兄姊外祖父母与夫之祖父母父母。

五曰不道　杀一家无死罪者之人及支解人身造畜蛊毒。

六曰大不敬　盗大祀神御之物，乘舆服御之物，又盗御宝及伪造误和作药御膳误犯食禁，误供御幸以不坚固之舟指斥乘舆而失人臣之礼。

七曰不孝　诅骂祖父母父母及与祖父母父母，分籍异财缺供养，居父母丧身自嫁娶释服从吉，闻祖父母父母之丧，匿不举哀，或诈祖父母父母死亡。

八曰不睦　杀或谋卖缌麻以上之亲，殴告夫及大功以上尊长大功尊属。

九曰不义　杀本属之府主刺史县令受业师吏卒，杀本部五品以上之官长，妻闻夫丧，匿不举哀，或为乐释服从吉及改嫁。

十曰内乱　奸小功以上之亲及父祖之妾。

（乙）八议　凡八议之犯死罪者，皆条录其所犯上奏，待裁可，流罪以下，则当然减本罪一等，但犯十恶之罪者不在此限。

一曰议亲　皇帝之亲及太皇太后皇太后缌麻以上之亲，皇后小功以上之亲。

二曰议故　故旧。

三曰议贤　有大德行者。

四曰议能　有大才业者。

五曰议功　有大功勋者。

六曰议贵　职事官三品以上，散官二品以上及爵一品者。

七曰议勤　有大勤劳者。

八曰议宾　承先代之后为国宾者。

八议之制，已失科刑平等之意，而当时吏犯罪者，得以官当罪，尤非持平之道也。凡官吏犯公罪，应处徒刑者，五品以上，以一官当徒二年，九品以上，以官当徒一年。若犯私罪，则各加一年，犯不至去官，或去官尚有余罪者，均许赎。此外对于自首者，亦减其罪，条举如次。

一，犯罪未发觉自首者，原其罪，因犯轻罪而自首重罪者，免其重罪。

二，遣人代首。或于法相容隐者为之代首，均与自首同。

三，自首不实及不尽者，以不实不尽之罪罪之，至死者减一等。

四，知人欲告发及亡叛而自首者，减罪二等，其亡叛者虽不自首，而还归本所者亦同。

五，盗诈取人之财物后，首露于财主者，与自首同。

六，犯罪共逃。轻罪能捕重罪自首者，免其罪。

至于加减例二死（绞斩）三流（三千里二千五百里二千里）各为一等，徒以下各为一等，凡加重不得加至死刑。

（三）刑之执行　唐代刑之执行，在大理寺之大理狱，其官为卿正丞，掌讯问罪人，定其罪之有无，送于刑部，杖刑以下，有即决权，徒刑以上，则召唤囚人与家族，告以罪状，若其罪有可疑之时，许为再理。其讯问罪人之法，为使罪人自白，设讯问杖大，头径三分二厘，小头二分二厘，长三尺五寸，二十日一讯，三讯而止，每讯杖数不得过二百，凡囚皆加枷锁扭钳等，盖其立法之意，不专重证据，而重口供，故不得不依刑讯之法。至据供词之能得其情与否，则又为司法者贤明与否之问题，而非当时立法者之所计及也。

死刑皆于市行之，凡执行死刑者，在京师，覆奏五次，京外覆奏三次，以昭慎重人命之意。五品以上当死者，则乘车赴刑场，大理正临之，苟非恶逆，许自杀于家。七品以上及皇族或妇人刑不当斩者，皆于隐所绞之，执行死刑之日，京师天子蔬食，内教坊及太常皆撤乐。行刑时期多为秋冬，立春以后，秋分以前，不得决事，但恶逆及奴婢杀部曲之主者不在此限。

其他刑之执行，如役则男子供蔬圃，女子供厨膳，流则如配置于其当流之地，流罪犯人在道疾病，又祖父母父母之丧皆给假。

监狱内五品以上者，月沐一次，署与浆饮，但禁给纸笔金刃钱物，病则给医药，病重者脱其械，准其家人一人入侍。职事散官三品以上，则准二人入侍。刑部每岁正月遣使巡检视狱囚之械具口粮是否适当。

（四）刑之消灭　刑之消灭有二，一为当然消灭，如执行终了，及犯罪者死亡之时是也。二为特别消灭。犯罪者除十恶外，遇特赦大赦，则宥免其罪是也。行大赦之日，武库令设鼓于宫城门外右侧，集囚于阙门前，击鼓千声后，宣制而释之，并颁赦书于四方以为例。

（五）犯罪　犯罪有公私之分。关于公事，非故意违法犯罪者，谓之公罪。私罪者，关于私自犯罪及官吏故意枉法之类。公罪较私罪为轻，盖私罪有恶意，而公罪无恶意故也。

共犯以造意者为首，随从者为从，随从减一等。若家人共同犯罪，只坐尊长。盖当时法制，以家族为本位，尊长权力最重，幼卑奉命惟谨，不能自由行其意志，故随同尊长犯罪，而不必有犯意也。凡数罪俱发者，但科以重罪之刑，罪相等者，从一而断。若一罪先发，已经论决，而余罪后发时，其较轻或相等者不论，重者更论之，通计前罪以当后数。

第七节　学制

隋文帝仁寿元年诏，以天下学校生徒多而不精，惟简留国子学生七十人，太学四门，及州县学并废。前殿内将军河间刘炫，上表切谏，不听，又改国子为太学。当时国子数千，则所散遣者逾数千万人，殊骇观听，史臣以为其暮年精华稍竭之所致也。

炀帝即位后，开庠序国子郡县之学，盛于开查之初，征辟儒生，远近毕至。于是旧儒多已凋亡，惟信都刘士元河间刘光伯拔萃出类，学通南北，博及古今，后生钻仰诸经义疏，搢绅咸宗师之。既而外事四夷，戎马不息，师徒怠散，盗贼群起，方领矩步之徒，亦转死沟壑，经籍湮没于煨烬矣。

唐制凡学六，皆隶于国子监。六学者，国子学太学四门学律学书算学是也，又加广文馆，称七学，又有弘文崇文二馆，此外尚有崇玄学医学小学。地方则有州县学，六学生员之数，计国子学生三百人，太学生五百人，四门学生千三百人，书学生三十人，律学生五十人，算学生三十人。凡学生在学者，各以长幼为序，其入学之际，皆行束修之礼，国子太学各绢三疋，四门学绢二疋，律算书学各绢一疋。其束修三分归博士，一分归助教，其不遵师教，令退学，在学九年而无成者亦同。（律学六年）

六学生每岁业成而上于监者，则丞司业祭酒试之，登第者由祭酒上于礼部尚书。兹略述六学之制如次。

（一）国子学　得为国子学生者，以文武三品以上之子孙，从二品以上之曾孙为限。教授学生者有博士五人，分业各经，凡礼记春秋左氏传为大经，诗周礼仪礼为中经，易尚书春秋公羊谷梁为小经。始通二经者，大经小经各一，或中经二，通三经者，大经中经小经各一。通五经者，大经皆通余经各一，孝经论语皆兼通之。凡治孝经论语，共限一岁，尚书公羊谷梁各一岁半，易诗周礼仪礼各二岁，礼记左氏传各三岁。学书日纸一幅，间习时务策，读国语说文字林三苍尔雅，每旬前一日试其所习。每岁其生能通二经以上，而求出仕者，则上于监。学生正业之外，更习吉凶二礼，公私有事，则相与习其仪。博士外有助教五人，辅助博士分经教授，直讲四人，均辅助教士助教以经术讲授焉。

（二）太学　以文武官五品以上及郡县公子孙，从三品曾孙为生员博士，分授五经，每经百人。其他俱如国子，设博士六人，助教六人。

（三）四门学　生员千三百人之中，五百人以勋官三品以上无封，四品以上有封，及文武七品以上之子充之，八百人以庶人之俊异者充之。开元七年，敕通一经有文辞史学者人四门学，使为俊士，其他规定与国子同，四门始于后魏太和二十年，隋隶国子，有博士六人，助教六人，直讲四人。

（四）书学　以文武官八品以下之子及庶人之通其学者为生员，以石经说文字林为专业，石经三体，限三岁，说文二岁，字林一岁。凡书学先口试，后试说文字林二十条，通十八条者及第，有博士二人，助教一人。武德之初，废书学，贞观二年复置之，隋时有书学博士一人。

（五）律学得为生者，各书学以律令为专业，格式法例亦兼习之。凡明法者，试律七条，例三条，全通为甲第，通八为乙第。太宗增律学进士，使加读经史一部，有博士三人，助教一人。

（六）算学　生员如前，凡算学孙子五曹共限一岁九章，海岛共三岁，张邱建夏侯阳各一岁，周髀五经算共一岁，缀术四岁，缉古三岁，记遗三等数皆兼习之，录大义本条为问答，明数详术理者，而后及第，有博士二人助教一人。

（七）广文馆　天宝九年七月所置有博士四人，助教二人，学生六十人。太宗贞观五年以后，数幸国学，于门下别置宏文馆，于东宫置崇文馆，增创学舍，国学太学四门，亦增生员，其书算各置博士，其屯营飞骑亦给博士，授以经业，高丽百济新罗高昌吐蕃诸国酋长亦遣子弟，请入国学，于是国学之内，八千余人，而国学之盛，近古未有。

以上七学二馆外，有小学，始于高祖之时。所以教宗室之子孙，及功臣之子弟者。崇玄学，开元二十九年所置，使业老庄列诸子之学。其生员京师百人，州无常员，其他规定与大学国子学等无异。

医学则于太医局置博士一人，贞观三年置医药博士及学生。开元元年改医药博士为医学博士，并置助教。永泰元年，京都置医学生三十人。贞观三年九月，于诸州置医学。其后都督府上中州各置助教都督，上州置生员三十人，下州十人。

州县学即地方学也。各州府县置经学博士、助教，医学博士、助教等。京都学生八十，大都督府中都督府上州各六十，下都督府中州各五十，下州四十，京县五十，上县四十，中县中下县各三十五，下县二十。州县学生州县长官补长史主焉，每岁仲冬州县馆监举其成者送之尚书省，武德七年，诏诸州县及乡并令置学，有明一经以上者，有司试册加阶。

元宗开元二十一年，敕诸州县学生精神聪悟，有文词史学者，每年诠量举送所司简试，听入四门学，充俊士，即诸州人省试不第情愿入学者听。国子监所管学生，尚书省补州县学生州县长官补诸州县学生，习正业之外，仍兼习吉凶礼，公私有礼事，得令示仪式，余皆不得辄使诸百姓任立私学，其欲寄州县受业者亦听。

第八节 救恤制度

隋以后为国家救恤制度之主要者，常平仓是也。至地方团体所经营者，则有义仓社仓。义仓者各私人按其贫富之等差，以每年一定收入之一部，蓄积于一定之场所，备他日凶荒之方法也，其蓄积之仓，称曰义仓，示与众共之也。故义仓为地方团体之事业，国家仅居于监督地位耳，创始于隋文帝开皇五年，当时每秩每家因贫富之差，出粟麦一石以下，而纳于社使，社司处理事务，由是每社立义仓，按收获而收其一部焉。

社仓与义仓无异，惟因设社特名为社仓，实则社仓亦义仓之一也。隋开皇十六年，秦叠等州置社仓，炀帝时国用浩繁，国库穷乏，取社仓之谷以供用。至唐武德之初，州县置义仓，凶年则开仓以赈救之。贞观中，更扩其范围，上自王公皆以秋获蓄其一部，立义仓，岁凶则出之以济穷民。自是以来义仓之设日伙，又有变义仓为常平仓者。天宝中天下义仓之米六千三百万石，常平仓之米四百六十万石。

常平仓亦因袭汉以来之遗制也。隋开皇三年，置于陕州，京师特设平监，处理常平仓之事务，唐仍之。武德初，置常平监，然未几辄废。贞观十三年，洛相幽徐诸州置常平仓，粟藏九年分，米藏五年分，湿地粟藏五年分，米三年分。永徽六年，京之东西二司，置常平仓，设常平司官。开元中关内陇右河北河南五道，其他荆扬诸州设常平仓。广德以后，有特以钱备常平仓者，有以某税入常平仓供救恤事业费用者，以钱货储蓄者，称常平本钱，常平本钱元宗时由客户征集，德宗则征自茶漆，宪宗则征自地税。

德宗时置常平官，兼储帛于两都，江陵成都扬汴苏洪置常平轻重本钱，上至百万缗，下至十万。积米粟布帛丝麻，贵则下价而出，贱则加估而收，并榷商价钱，以赡常平本钱，盖欲调节物价，以杜奸商垄断也。

义仓与常平仓不同者，一为地方团体自任救恤事业，出平素所蓄以供费用。一则系国家之事业，举其所蓄，贷与人民，或减价卖之，如元和六年岁凶贷与常平仓之粟四万石于百姓，长庆中粜粟惠贫民是也。

第九节　交通制度

第一款　道路

唐时道路恒植果树之类，而尤以槐柳为多。开元中令京师修筑街衢坊市，禁于道路设窑炼瓦，及穿坑取土之事。广德元年，诸军府营道路狭隘者开之，以便交通，又命官司修葺街路桥梁。贞元中，京内庄宅诸卫坊墙有破坏者，取两税钱雇工修之，此唐时道路之概略也。

第二款　关

关者，界中外当通衢设险以为固者也。开元中有关二十六所，分为上中下三等，上关六，置令一人，丞一人；中关十三所，置吏与上关同；余皆下关，置令一人。凡过关者须有过所，过所者执照也，由京省地方官发给，无过所度关者，谓之私度，迂道不由关度者，谓之越度，私度及伪名受过所或转与他人者，皆加以罪焉。

第三款　驿

驿者，递公文事件之所也，每驿隔三十里，而道路梗阻之处，常不限三十里，驿长一人，掌理驿务，驿马则因事务之繁简而差。马之数异焉，都亭凡七十五匹，诸道一等驿六十匹，二等驿四十五匹，三等驿三十匹，四等驿十八匹，五等驿十二匹，六等驿八匹。凡驿传以券为质，京师自门下省地方自诸州军发之，得其券，然后可行，日程凡十驿。然如颁行赦书及一切至急事件，则有五百里加紧之规定，当时陆驿凡千二百九十七，兼水陆者凡八十六云。

第四款　水驿

水驿凡二百六十所。通要之处，每驿备舟四只，其次三只，再次二只，每舟船夫三人。水程重舟溯河，日三十里，江日四十里，空舟溯河四十里，江五十里。其行顺水者轻重无别，日程河五十里，江百余里，通过水驿，亦须过所。每津置都尉管理舟梁，其官职上津尉一人，府一人，史二人，津长四人，下津尉一人，府一人，史二人，津长二人。

第五款 漕运

唐都长安，仰粟关中，然以土地所出不足以给京师，故常转运东南之粟，以供天府，此漕运之所由起也。初隋于蒲陕等十三州，置募运米丁，于卫州置黎阳仓，陕州置广平仓，华州置广通仓，以关东汾晋之粟，给京师。至唐水陆漕运，岁不过二十万石，漕运颇简。高宗以后渐次增加，初江准（原书如此，似为“江淮”之错讹——编者注）之漕米，至东郡输含嘉仓，更由陆运分输各处。景云中，分北路八递，雇民车半装载之。开元中八递备车八百乘，供运输之用，当时江南之遭运至东郡，输含嘉仓，更由陆运至陕郡太原仓。次永丰仓，至京太仓终焉，八递场则由含嘉仓，至太原仓之间也。天宝中每岁漕运二百五十万石，每递用车千八百乘，掌漕运者谓之水运使，一称水陆运使，及转运使。

徐传保

先秦国际法之遗迹

作者简介

徐传保，中国近代学者，曾留学于法国巴黎大学，学习法律。有论文《拿破仑法典小史及其简评》发表于东吴大学《法学杂志》1932 年第五卷第六期。代表作即《先秦国际法之遗迹》。

出版社：上海，商务印书馆。

出版年份：1931 年。

馆藏：中国人民大学图书馆旧平装书室。

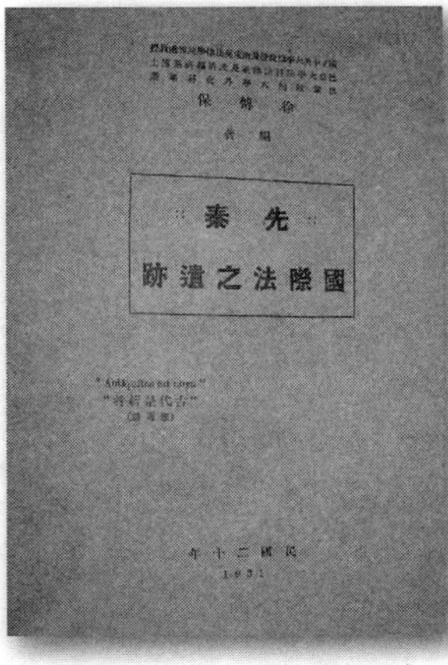

作品简介：本书共分绪论、本论、特论、附录四篇。正文部分主要研究先秦有否国际法，考证先秦国际法的外交机关、国际关系之遗迹及东周列国同盟会。作者在绪论部分即开宗明义，直接引入论题“先秦是否有国际法”。作者通过考证发现，先秦国家数目极众，且各诸侯国亦具有自主国家之性质，因此作者得出结论：我国先秦时期存在国际法。并附先秦诸国或诸族名称目录作为佐证依据。本论部分作者进一步指出先秦各诸侯国设有类似现代的外交机关，并且各国在相互交往中产生国际关系，这是我国存在国际法的又一有力证据。作者认为先秦各国的外交机关由外交人员、相关文件、供外交用之屋宇组成。当时的外交人员主要分为品级为士以上，至少为下大夫的主要外交人员和品级为上士以下供主要外交人员临事驱策的附属外交人员两大类。有关的外交文件则包括条约、报告书、礼籍、节、瑞等五种。此外，各国还有专门供外交用的屋宇，如坛壝宫、舍馆、盟府等，还有兼作外交用途的世室、重屋、明堂等。而各国在对外交往中与他国形成了入于国际公法调整范围的和谐关系、不睦关系、战争关系、会同关系；入于国际刑法调整范围的相约勿匿、容纳正犯、不庇凶人、设官处罚等；还有针对保护侨民、仕用外才、奖饰客商等形成的国际私法关系。特论部分作者简述了源于夏商“会同”或国际集合的东周列国同盟会。此同盟会于公元前 678 年由齐桓公与其相管仲创设，有具体的组织规定，会同时亦有专门的法定程序。附录部分包括司马法、荀子议兵篇、中国古铜兵器铸造等之研究。正文后作者附本书取材要籍目录，为读者畅读本书提供了方便。（于游整理）

卷首言

吾人于民国十四年（西历一九二五年）在巴黎大学法科试著论文曰《国际公法与古代中国》“Le Droit des Gens et la Chine antique”，本分为二卷：第一卷曰“思想”（Les Idées），先秦诸哲关于国际关系之名学说属之；第二卷曰“事实”（Les Faits），先秦诸国间相互关系之美事迹属之。而限于时间，仅能以第1卷杀青付印（是卷在巴黎Soufflot街Ed. Duchemin书局出售）。然巴黎大学法科国际公法教授G. de Lapradellθ（氏为吾人论文之主试者）L. Lefur（氏为协试）巴黎天主教学院国际法原则教授Y. De la Brière与海牙国际法学院院长Oh. Lyon-coen诸师，奖勉后学，固谆谆以第二卷早日完成为嘱也。

返国以来，尘事栗六；加以搜集材料，颇非易易（张孟劬先生亦谓关于第二卷之材料搜集良难）；荏苒迄今，始获将旧稿增修完毕。兹交手民，或足慰爱吾者之期望乎？

至本书内容，除及先秦诸国间入于“国际公法”范围之关系外，乃兼及“国际刑法”与“国际私法”；故吾人一再斟酌，不复命题曰《国际公法与古代中国第二卷》而题曰：《先秦国际法之遗迹》。

吾国旧籍，不乏伪著；故吾人录引，乃尚审慎。惟未由诸目录要籍（如宋晁公武群齐读书志，宋陈振声直书录解题，清四库全书目录等）所驳辩而仅为若干人指为伪书并无信证者，仍皆引录之；盖似不当轻率蔑视是项沿传已久之古册也（又伪著如《竹书纪年》等中与信史所录不悖之文，吾人亦载录之；盖吾人所姑信者，非伪书之本书，乃其所容之斯文耳。）

中原史料，自以有周以来者为最确；然有周以前者，岂尽无稽？故凡信史所录之有周以前之事迹，吾人亦不辞艰辛，尽量收集；盖似亦不当轻率屏弃斯数千年灿烂古史也。

吾人所最彷徨不安者，即关于先秦究确有否国际一点。然吾人编著，乃本乎学者当忠于事实之精神；先秦历史如斯，吾人据实言之，不愿多所顾虑，尤不愿作无谓之顾虑。本书卷首绪论，考论是题，为吾人潜心之作，深希怀疑者按页展阅之。

以吾人之谫陋，舛误遗漏，在所不免。幸海内外高明有以教之！窃念世界学者，尽毕生精力，编著专书，其所成完善者亦仅几何？则吾人斯著，其较为完善之日，或在多年多次修改后乎？

最末，吾人亟当向诸君子敬伸谢忱——马达（质夫），谢寿昌（冠生），沈家诒（燕谋），三同学兄，在巴黎寓中即惠锡关于本书之材料不少；本书之纲目，即成于斯；故先当向三君声谢——王景岐（石荪），王欣甫（大隆），王謇（佩铮），吕思勉（诚之），何炳松（柏丞），何世枚（朴忱），汪东宝（旭初），狄侃（狄山），吴鼎昌（达铨），周还（逸云），林祖泽（康侯），金天翮（松岑），孟森（心史），马天一，胡鸿基（纪常），胡朴安，胡适（适之），胡祥翰（寄飒），徐朝阳，徐象枢（景薇），徐传元（翊韶），徐传镳（公肃），凌音（纯声），柳诒征（翼谋），孙宗奭（伯南），孙宗干（树仁），张一麐（仲仁），张采田（孟劬），张炳翔（叔鹏），董康（绶金），杨乃市（市庆），潘树藩（字凡），钱永铭（新之），顾实（铁生），诸先生，或宠锡教言，或予以助力，获益孔多，良深感激，均此敬谢。又沈铨（彦同），周乃寿（乐山），二君先后惠助整理；周君更描图校对，工作弥劳；皆当志谢。

第二章 国际关系

第一节 入于国际公法范围之关系

先秦入于国际公法范围之关系已甚繁多；计有下列四类之可分：

其一，和谐关系

其二，不睦关系

其三，战争关系

其四，会同关系

兹先后分陈之。

（壹）和谐关系

先秦国际和谐关系甚繁，计犹有下列四类之可分：

其一，政治关系

其二，经济关系

其三，法律关系

其四，恻隐关系

（一）政治关系

先秦国际政治关系，更有下列二类之可分：

其一，形式政治关系

其二，实际政治关系

（甲）形式政治关系

形式政治关系，即如：

其一，聘问

其二，郊劳

其三，偕搜

（子）聘问

聘问，有下列二类之可分：

其一，值新君即位之聘问

其二，平时聘问

（天）值新君即位之聘问

值新君即位之聘问，又有下列二类之可分：

其一，觐贺新君之聘问

其二，新君答谢之聘问

（A）觐贺新君之聘问

觐贺新君之聘问，大率由诸国会同为之，然亦有由诸国陆续为之者。典籍所录络续聘问之例，有下列二类之可分（会同聘问之例，见三六〇页—三六七页）：

其一，能详觐贺者之姓氏之例

其二，不详觐贺者之姓氏之例

（a）能详觐贺者之姓氏之例

能详觐贺者之姓氏之例，有下列二类之可分：

其一，国君亲聘之例

其二，使臣代聘之例

（1）国君亲聘之例

国君亲聘之例，即如：

其一，肃慎氏亲聘周武王之事（事约在西历纪元前一一二三年）

其二，越裳氏亲聘周成王之事（事在西历纪元前一一一三年）

其三，郑庄公亲聘周桓王之事（事在西历纪元前七一八年）

其四，鲁成公亲聘晋厉公之事（事在西历纪元前五七二年）

其一，肃慎氏亲聘周武王之事

本项事，《国语》录之：

“武王克商，通道于九夷八蛮……于是肃慎氏贡楛矢石砮，其长尺有咫。先王（周武王）欲昭其令德之致远也，以示后人，使永临焉，故铭其括曰‘肃慎氏之贡矢’。”（《国语·鲁语》）

其二，越裳氏亲聘周成王之事

本项事，《说苑》及《古今注录》之最详。

《说苑》所录曰：

成王立（按时武王已崩，成王虽立，周公摄政）后三年，越裳氏重译而来朝曰：

道路悠远，山川阻深，恐一使之不通，故重三译而来朝也！

周公曰：

德泽不加，则君子不飨其质；政令不施，则君子不臣其人。

译曰：

吾受命于吾国之黄发久矣！〔曰〕：‘天之无烈风淫雨，中国有圣人耶？则盍朝之？

然后周公敬受其所以来。”

（《说苑》卷十八“辨物”）

《古今注》所录曰：

周公治致太平，越裳氏重译来贡：白雉一，黑雉二，象牙一。

使者迷其归路，周公锡以文锦二疋，軿车五乘，皆为司南之制；使越裳氏载之以南缘扶南林邑海际，期年而至其国。使大夫宴将送至国而还，亦乘司南而背其所指，亦期年而后至。

始制车辖轊皆以铁；还至，铁亦销尽；以属巾车氏收而藏之，常为先导，示服远人，而正四方。

（《古今注》卷上“舆服第一”）

此外《韩诗外传》及《新语》亦皆录之；而所录皆有参考价值：

《韩诗外传》所录曰：

越裳氏重九译而至献白雉于周公。译曰：

吾受命国之黄发日久矣！天之不迅风疾雨也，海不波溢也，三年于兹矣！意者中国殆有圣人，盍往朝之？于是来也！

（《韩诗外传》卷第五）

《新语》所录曰：

周公制作礼乐，郊天地，望山川，师旅不设……四海之内，奉供来臻。越裳之君，重译来朝。……

周公躬行礼义，郊祀后稷；越裳奉贡，重译而臻；麟凤草木，缘化而应。

（《新语·无为第四》）

其三，郑庄公亲聘周桓王之事

本项事，《左传》录之：

郑伯（庄公）如周，始朝桓王也（杜预注：桓王即位，至是乃朝，故曰始）

（《左传·隐公五年》）

其四，鲁成公亲聘晋厉公之事

本项事，亦《左传》录之：

公（鲁成公）如晋，朝嗣君也（嗣君，即承嗣晋悼公之晋厉公）。

（《左传·成公十八年》）

（2）使臣代聘之例

使臣代聘之例，即如：

其一，鲁季文子觐贺齐顷公之事（事在西历纪元前五九八年）

其二，宋华元觐贺鲁成公之事（事在西历纪元前五八六年）

其一，鲁季文子聘问齐顷公之事

本项事，《左传》录之：

季文子（即季孙行父）初聘于齐（时齐顷公新立）。

（《左传·宣公十年》）

其二，宋华元聘问鲁成公之事

本项事，《春秋·左传》录之：

“经　春宋公使华元来聘，（来聘鲁）

传　春宋华元来聘，通嗣君也（时鲁成公新立）。”

（《春秋·左传·成公四年》）

（b）不详觐贺者之姓氏之例

不详觐贺者之姓氏之例，即如：

其一，畎夷聘问夏王后相之事（事在西历纪元前二一四〇年）

其二，夷人聘问夏王少康之事（事在西历纪元前二一一七年）

其三，列国络续聘问商王太戊之事（事在西历纪元前一六三七年及一六三五年间）

其四，列国络续聘问商王武丁之事（事在西历纪元前一三二二年）

其五，戎国聘问周桓王之事（事在西历纪元前七一八年）

（1）畎夷聘问夏王后之事

本项事，《后汉书》录之：

夏后氏太康失国……四夷背叛。及后相（即帝中康）即位七年，畎夷然后来宾。

（《后汉书》卷一百十五“东夷传第七十五”）

注按《竹书纪年》亦录曰：“帝相……七年，于夷来宾。”——是书之真伪，虽多有辩之者，然其说既与《后汉书》相近，故姑录之。

（2）夷人聘问夏王少康之事

本项事，亦《后汉书》录之：

夏后氏太康失德，夷人始畔。自少康以后，始服王化，遂宾于王门，献其舞乐。

（《后汉书》卷一百十五“东夷传第七十五”）

注　《竹书纪年》亦录曰：“少康二年，方夷来宾。”

（3）列国络续聘问商王太戊之事

本项事，《帝王世纪集校》录之：

桑谷共生于朝（按《史记·本纪第三殷本记》录：帝太戊立……亳有祥桑谷共生于朝），太戊问于伊陟（伊陟，太戊之相）；伊陟曰：臣闻妖不胜德！帝之政事有阙，帝修德。……

太戊修先王之政，明养老之礼，三年而远方重译而至者，七十二国（按太戊即位方三年，故诸国之来，谅系觐贺）。

（《帝王世纪集校·第四商》）

（4）列国络续聘问商王武丁之事

本项事，《尚书大传》及《说苑》皆录之。《尚书大传》之文曰：

汤之后，武丁之前，王道不振，桑谷俱生于庙，七日而大拱。武丁惧，侧身修行。三年之后，重译而朝者七国。

（《尚书大传》卷二“高宗之训”）

《说苑》之文曰：

成汤之后，先王道缺，刑法违犯，桑谷俱生乎朝，七日而大拱。武丁……饰身修行；思先王之政；兴灭国，继绝世，举逸民，明养老。三年之后，蛮夷重译而来朝者七国。

（《说苑》卷第一“君道”）

注 按上文列国聘太戊事中有桑谷之异而本项事中亦有之，故马氏译史等疑二事必仅有一而为史者所误。惟太戊与武丁之世，相距三百余载，桑谷之异二生，亦非不可能之事；且分录斯二事者，均为《帝王世纪尚书大传》及《说苑》等可靠史籍；故吾人似无须必附马骕等之所见。

（5）戎国聘问周桓王之事

本项事，《左传》录之：

戎朝于周（按时为周桓王），发币于公卿。

（《左传·隐公七年》）

（B）新君答谢之聘问

新君答谢之聘问，其例计亦有下列二类：

其一，新君亲聘之例

其二，使臣代聘之例

（a）新君亲聘之例

新君亲聘之例，即如：

其一，虞舜亲聘四方国君之事（事在西历纪元前二二五五年）

其二，鲁昭公亲聘晋平公之事（事在西历纪元前五四六年）

（1）虞舜亲聘四方国君之事

本项事，《尚书》录之：

舜（即位），二月，东巡狩，至于岱宗，望秩于山川（孔安国注：东岳诸侯境内名山大川）肆觐东后（孔注：途见东方国君）；五月，南巡狩至于南岳，如岱礼；八月，西巡狩至于西岳，如初；十有一月，巡狩至于北岳，如西礼。

（《尚书·虞书·舜典第二》按今古文书皆有之）

此外《史记》亦录之：

（舜）岁二月，东巡至于岱宗……遂见东方君长……五月南巡狩……八月西巡狩……十一月北巡狩，皆如初。群后四朝，偏告以言。

（《史记·本纪第一》“五帝本纪”）

（2）鲁昭公亲聘晋平公之事

本项事，《左传》录之

公（鲁昭公）如晋（杜预注：即位而往见），自郊劳至于赠贿（杜注：往有郊劳，去有赠贿），无失礼。晋侯谓女叔齐曰：鲁侯不亦善于礼乎？

（《左传·昭公五年》）

(b) 使臣代聘之例

使臣代聘之例，即如：鲁公孙敖聘问齐昭公之事（事在西历纪元前六二五年）：

经 公孙敖如齐（杜预注：始聘焉，礼也。按时鲁文公新立，故使臣公孙敖聘问于齐。至齐当时之君为昭公）。

传 穆伯如齐（杜注：穆伯，公孙敖）始聘焉，礼也。

（《春秋·左传·文公元年》）

（地）平时聘问

平时聘问者，即乡党图考之所谓“久无事则聘也”之聘问也。

平时聘问，似无定期。按《周礼》录曰：“凡诸侯之邦交，岁时问也，殷（间时）相聘也。”

（《周礼·秋官·小行人》）

又晋臣叔向曰：

明王之制，使诸侯岁聘以志业，间朝以讲礼。

（《左传·昭公十三年》）

是则平时聘问似一载或三载即举行一次。

然郑臣游吉之言曰：

三岁而聘，五岁而朝。

（《左传·昭公三年》）

则平时聘问又似每值三岁及五岁各举行一次。

至诸籍间平时聘问之例，乃有下列二类之可分：

其一，能详聘问者之姓氏之例

其二，不详聘问者之姓氏之例

(A) 能详聘问者之姓氏之例

能详聘问者之姓氏之例，亦有下列二类之可分：

其一，国君亲聘之例

其二，使臣代聘之例

(a) 国君亲聘之例

国君亲聘之例，即如：

其一，唐尧亲聘诸国之事（年代已难确考）

其二，唐尧亲聘八狄之事（事约在西历纪元前二二五六年左右数年间）

其三，西王母亲聘虞舜之事（事约在西历纪元前二二四六年）

其四，虞舜亲聘七戎之事（事在西历纪元前二二〇六年左右数年间）

其五，夏禹亲聘九夷之事（事在西历纪元前二一九八年左右数年间）

其六，周穆王亲聘西王母之事（事在西历纪元前九八九年）

其七，介葛卢亲聘鲁僖公之事（事在西历纪元前六四〇年）

（1）唐尧亲聘诸国之事

本项事，《淮南子》录之：

尧立，孝慈仁爱……西教沃民（许慎注：沃民，西方之国），东至黑齿（许注：黑齿，东方之国），北抚幽都（许注：阴气所集，故曰幽都；今雁门以北是），南道交趾（许注：交趾，南方之国。四者远裔，不睹圣人之化，故亲往抚之以仁义也）。

（《淮南子》第十九“修务训”）

注 吾国古代圣君之往异族国，册史辄录曰“教化”，然似非不可谓聘问！至少亦可谓一种采风问俗之非正式之聘问也。管见如斯，特未识高深学者亦愿许吾人作如是想耳？

（2）唐尧亲聘八狄之事

本项事，墨子录之，盖已见绪论七八页；其文仅曰：

尧……堂高三尺，土阶三级……北教八狄，道死，葬山之阴。

（《墨子·节葬下》第二十五）

（3）西王母亲聘虞舜之事

本项事，《大戴礼记》录之：

昔虞舜以天德嗣尧，布功散德……西王母来献其白琯（卢辩注：琯所以候气；汉明帝时于舜庙下得一玉琯也）。

（《大戴礼记·少间》第七十六）

此外《帝王世纪集校》亦录之：

西王母慕舜德，来献白环及玦；并贡益地图。

（《帝王世纪集校·第二五帝》）

又《帝王世纪续补》又录曰：

舜时，群瑞毕臻……西王母慕舜之德，来献白环。

（《帝王世纪续补》）

注 按《竹书纪年》录：“帝舜九年，西王母来朝”。斯书之真伪，虽有问题，然其文既与大戴礼记等相不悖，谅可信也。而吾人之录西王母聘舜事约在西历纪元前二二四六年者，盖是年即为帝舜九年。

（4）虞舜亲聘七戎之事

本项事，《墨子》录之，而亦已见绪论；其文仅曰：

帝舜教乎七戎，道死葬南已之市。

（《墨子·节葬下》第二十五）

(5) 夏禹亲聘九夷之事

本项事，亦《墨子》录之，而亦已见绪论；其文曰：

禹东教乎九夷，道死葬会稽之山。

(同上)

(6) 周穆王亲聘西王母之事

本项事，《史记》录之：

造父幸于周穆王……取骥之乘匹与桃林，盗骊，骅骝，騄耳，献之穆王。穆王使造父御西巡狩，见西王母，乐之忘归。

(《史记·世家·第十三赵世家》)

注 穆天子传一书，学者多谓之伪著；惟其间有录周穆王亲聘西王母之一文，而与《史记》所录不相抵触：兹姑并录之于下，以资参考：

吉日甲子，天子（周穆王）宾于西王母。乃执白圭玄璧以见西王母，献锦组百纯，口组三百纯；西王母再拜受之。乙丑，天子觞西王母于瑶池之上，西王母为天子谣曰：

白云在天，山陵自出，道里悠远，山川间之，将子无死，尚能复来

天子答之曰：

余归东土，和治诸夏，万民平均，吾顾见汝，比及三年，将复尔野，

天子遂驱升于弇山之石而树之槐眉曰：西王母之山。

(《穆天子传·卷三》)

(7) 介葛卢亲聘鲁僖公之事

本项事，《春秋·左传》录之：

经 介葛卢来（杜预注：东方之夷国名介，葛卢其君）。

传 春介葛卢来朝，舍于葛衍之上。公在会（时鲁僖公适出会于他国），〔诸臣〕馈之刍米，礼也。

(以上录介君首次亲聘)

经 冬介葛卢来。

传 冬，介葛卢来。以其未见公，故复来朝。礼之，加燕好。介葛卢闻牛鸣，曰：是生三牺（是牛将生三幼），皆用之矣（将来皆可于祭祀矣），其音云。问之而信（后俟之果确；盖夷人识兽）。

〔以上录二次亲聘，及燕享余韵〕

(《春秋·左传·僖公二十九年》)

(b) 使臣代聘之例

使臣代聘之例，即如：

其一，尧使臣舜聘问诸国之事（年代已难确考）

其二，卫宁俞聘问鲁文公之事（事在西历纪元前六二二年）

其三，晋韩起聘问鲁昭公之事（事在西历纪元前五三九年）

(1) 尧使臣舜聘问诸国之事

本项事，《稽古录》录及之：

舜功德大成，帝（尧）欲使陟天子位，舜辞不受。乃使舜……代已巡狩，朝四岳诸侯。

（《稽古录·卷三有虞氏上》）

(2) 卫宁俞聘问鲁文公之事

本项事，《春秋·左传》录之：

经 卫侯使宁俞来聘（聘鲁成公）。

传 卫宁武子（即宁俞）来聘，公（鲁成公）与之宴，为赋湛露（《诗·小雅》）及彤弓（亦见《诗·小雅》）。

（《春秋·左传·文公四年》）

(3) 晋韩起聘问鲁昭公之事

本项事，亦《春秋·左传》录之：

经 春，晋侯使韩起来聘（聘鲁昭公）。

传 春，晋侯使韩宣子（即韩起）来聘，且告为政而来见，（且告鲁以被任为晋卿）礼也。

观书于太史氏，见易象与鲁春秋，曰：周礼尽在鲁矣！吾乃知周公之德与周之所以王也。

公（鲁昭公）享之，季武子（鲁卿）赋绵之卒章（见《诗·大雅》），韩子（即韩起）赋《角弓》（见《诗·小雅》）；季武子拜曰：敢拜子之弥缝鄙邑，寡君有望矣。武子赋节之卒章。

既亨，宴于季氏；有嘉树焉，宣子誉之；武子曰：宿（宿季武子名）敢不封殖此树，以无忘《角弓》？

遂赋《甘棠》（见《诗·召南》）；宣子曰：起不堪也，无以及召公。

（《春秋·左传·昭公二年》）

(B) 不详聘问者姓氏之例

不详姓氏姓名之例，即如：

其一，列国络续聘问徐偃王之事（年代已难确考）

其二，荆人聘问鲁庄公之事（事在西历纪元前六七九年）

(a) 列国络续聘问徐偃王之事

本项事，《淮南子》录之：

徐偃王，被服慈惠，身行仁义；陆地之朝者，三十二国。

（《淮南子·第十三汜论训》）

注 按《史记·世家·赵世家》录曰："穆王（周穆王）日驰千里马，攻徐偃王，大破之，"是则徐偃王系周穆王时人；惟其年代，已难确考。又本文中虽用'朝'字而未用'聘问'二字，然诸国之朝徐，乃在徐王已行仁政感化诸国之后，是则斯朝焉，乃在偃王中叶，非为朝觐新君之朝而实有平时聘问之意义，盖可见之。

(b) 荆人聘问鲁庄公之事

本项事，《春秋》录之：

荆人来聘。

（《春秋·庄公二十三年》）

附录 不详其性质之聘问之事

不详其性质之聘问之事者，不详其是否系值新君即位之聘问抑平时聘问之事也。按典籍中斯项聘问之事甚多，盖皆文字过简，兹附录若干于下：

其一，颛顼聘问诸国之事

其二，焦侥氏聘问唐尧之事

其三，诸国络续聘问虞舜之事

其四，诸国络续聘问夏禹之事

其五，诸国聘问商汤之事

其六，氐羌氏及肃慎氏聘问周成王之事

(1) 颛顼聘问诸国之事

本项事，《史记》录之：

帝颛顼高阳氏者，黄帝之孙也。静渊而有谋，疏通而知事，养材以任地……治气以教化……絜诚以祭祀……北至于幽陵，南至于交趾，西至于流沙，东至于蟠木，日月所照，莫不砥属。

（《史记·本纪·第一五帝本纪》）

(2) 焦侥氏聘问唐尧之事

本项事，《帝王世纪集校》录之：

唐尧时，焦侥氏来贡没羽。

（《帝王世纪集校·第二五帝》）

(3) 诸国络续聘问虞舜之事

本项事，《大戴礼记》录之：

昔虞舜以天德嗣尧，帝功散德制礼；朔北幽都来服，南抚交趾……海外肃慎，北发，渠搜，氐羌来服。

（《大戴礼记·少间》第七十六）

(4) 诸国络续聘问夏禹之事

本项事，《大戴礼记》及《帝王世纪集校》录之：

舜有禹代兴……教通四海；四海之外，肃慎，北发，渠搜，氐羌来服。

（《大戴礼记·少间》第七十六）

夏禹时，渠搜来献褐裘也。

（《帝王世纪集校·第三夏》）

（5）诸国聘问商汤之事

本项事，《帝王世纪集校》录之：

商履（卢辩注：履，汤名）代兴……教通于四海；四海之外，肃慎，北发，渠搜，氐羌来服。

（《帝王世纪集校·第三夏》）

（6）氐羌氏及肃慎氏聘问周成王之事

本项事，《说文》及《帝王世纪集校》录之：

周成王时，氐羌献鸾鸟。

（《大戴礼记·少间》第七十六"卢辩注引说文"）

周成王时，肃慎氏来献楛矢石砮，长尺有咫。

（《帝王世纪集校·第五周》）

（丑）郊劳

郊劳者，他国要人，道经国境，遂招待或馈赠之也。

至典籍所载郊劳之例，实有下列二类之可分：

其一，郊劳国君之例

其二，郊劳使臣之例

（天）郊劳国君之例

郊劳国君之例，即如：

其一，戎劳芮伯万之事（事在西历纪元前六七一年）

其二，郑劳卫襄公之事（事在西历纪元前五四〇年）

其三，蜀劳秦惠王之事（年代已难确考）

（A）戎劳芮伯万之事

本项事，《水经注》录之：

晋武公……九年，戎人逆芮伯万于郊（时芮伯被逐，由魏返位，周秦之力也。）

（《竹书纪年》引《水经注》）

（B）郑劳卫襄公之事

本项事，《左传》录之：

十二月，北宫文子（卫臣）相卫襄公以如楚，宋之盟故也。过郑，印段廷劳于棐林，如聘礼。而以劳辞（卫襄公既以劳辞入见郑君，故仅使北宫文子入朝焉），郑文子（北宫文子）入聘。子羽为行人；冯简子与子大叔逆客（子羽，冯简子太叔，皆郑臣）。事毕而出，言于卫侯曰：郑有礼，其数世之福也；其无大国之讨乎？《诗》云：谁能执热，逝不以濯。

礼之于政，如热之有濯也；濯以救热，何患之有？

（《左传·襄公三十一年》）

（C）蜀劳秦惠王之事

本项事，《华阳国志》录之：

周显王之世，蜀王有褒汉之地。因猎谷中，与秦惠王遇（按即秦惠王因猎而入蜀，地褒汉，故与蜀王相遇）。蜀王执珍玩之物（以赠秦王）。秦王以金一笥遗蜀王。

（《华阳国志·卷第三蜀志》）

（地）郊劳使臣之例

郊劳使臣之例，即如周劳晋臣赵孟之事（事在西历纪元前五四〇年）：

天王（周天子）使刘定公劳赵孟于颍（颍，水名，在周地；按晋卿赵孟既与诸侯盟于郑之虢邑，乃返国而经周地，故周王使臣劳之）馆于雒汭。

（《左传·昭公元年》）

（寅）偕搜

搜狩固为田猎，然同时振军旅；而偕搜者，即他国君主莅境阅军也。至其例，即如：

其一，鲁侯会搜于齐之事（事在西历纪元前六八九年）

其二，邾子会搜于鲁之事（事在西历纪元前四九五年）

（天）鲁侯会搜于齐之事

本项事，《春秋》录之：

冬公（鲁庄公）及齐人狩于禚（齐地）。

（《春秋·庄公四年》）

（地）邾子会搜于鲁之事

本项事，亦《春秋》录之：

〔鲁〕大搜于比蒲（鲁地），邾子来会公（鲁定公）。

（《春秋·定公十四年》）

（乙）实际政治关系

实际政治关系，即为：

其一，请求修好

其二，谋结同盟

（子）请求修好

请求修好，其例即如：

其一，晋请修好于狄之事（事在西历纪元前五九七年）

〔以上一则为似未缔约之事〕

其二，秦请修好于晋之事（年代已难确考）

〔以上一则为试约而未果之事〕

其三，戎请修好于鲁之事（事在西历纪元前七二〇及七〇九年）

其四，戎请修好于晋之事（事在西历纪元前五六八年）

〔以上二则为并缔条约之事〕

（天）晋请修好于狄之事

本项事，《春秋·左传》录之：

经 秋，晋侯会狄于欑函

传 晋却成子求成于众狄，众狄疾赤狄之役（诸狄之中，赤狄最强，恒役诸狄，故诸狄苦之），遂服于晋。秋，会于欑函，众狄服也。是行也，诸大夫欲召狄（晋诸大夫欲召狄来会，盖不敢远赴狄地），却成子曰：吾闻之：非德（犹德之外），莫如勤；非勤，何以求人？能勤，有继；其从之也！《诗》曰：文王既勤止（见《诗·周颂》），文王犹勤，况寡德乎？

（《春秋·左传·宣公十一年》）

（地）秦请修好于晋之事

本项事，《左传》录及之：

〔秦〕……徼福于先君献穆（秦献公及秦穆公），使伯车（秦臣）来命〔晋〕景公曰：‘与汝同好，弃恶，复修旧德，以进念前勋。言誓未就，景公即世（逝世）。

（《左传·成公十二年》）

注 按本项事系晋臣吕相绝秦时所追述及者，故文甚简约，而年代亦已难确考。

（玄）戎请修好于鲁之事

本项事，《春秋·左传》录之最详：

经 二年，春，公（鲁隐公）会戎于潜（杜预注：戎狄蛮夷皆氐羌之别种也。戎而书会者，顺其俗，以为礼，皆谓居中国；若戎子驹支者。陈留济阳县东南有戎城—潜鲁地）。

传 二年，春，会戎于潜，修惠公之好也（按鲁惠公为隐公前君；鲁自周公受封以来，共二十八世，惠为第十四世）。戎请盟（盟者，非必缔结同盟条约也，此处缔寻常约耳），公辞（杜预注：许其修好而不许其盟）。

经 秋八月，庚辰，公及戎盟。

传 戎请盟。秋；盟于唐（鲁地），复修戎好也。

（《春秋·左传·隐公二年》）

〔以上录鲁戎首次修好缔约〕

经 公（鲁桓公）及戎盟于唐。

传 公及戎盟于唐修旧好也。

经 公至自唐。

传 公至自唐，告于庙也。凡公行，告于宗庙；及行，饮至，舍爵，策勋焉：礼也。

（《春秋·左传·桓公二年》）

〔以上录鲁戎之二次修好缔约〕

此外《春秋·谷梁传》，亦略录之：

经 二年，春，公会戎于潜（范宁注：南蛮北狄东夷西戎皆氐羌之别种。潜，鲁地。会例时）。

传 秋，八月，庚辰，公及戎盟于唐（范宁注：唐鲁地）

（《春秋·谷梁传·隐公二年》）

（黄）戎请修好于晋之事

本项事，《左传》录之：

无终子嘉父使孟录如晋；因魏庄子（晋臣魏绛）纳虎豹之皮以请和诸戎。……（魏绛见晋侯），公（晋侯）曰：莫如和戎乎？对曰：和戎有五利焉！戎狄荐（荐，杂也）居，贵货易土，土可贾焉，一也。边鄙（边境）不耸危，民狎习其野，穑人成功，二也。以德绥邦，师徒不兴，甲兵不顿（不坏），四也。……用德度（而）远至迩安，五也。君其图之！公（晋侯）说，使魏绛盟诸戎。

（《左传·襄公四年》）

〔以上录戎晋修好缔约之始末〕

郑人赂赠晋侯以师悝师触（赂赠也，师悝及师触皆乐名）。……晋侯以乐之半赐魏绛曰：子教寡人和诸戎狄以正诸华；八年之中……无所不谐！请与乐之！辞曰：夫和戎狄，君之福也……君之灵也！

（同上“襄公十一年”）

（以上录事后两国之和谐）

而此外《国语》亦录之：

无终子嘉父使孟乐因魏庄子纳虎豹之皮以和诸戎；公曰：戎翟无亲而好得……魏绛曰……戎翟荐处，贵货而易土，与之货而获其土，其利一也。边鄙耕农不惊，其利二也。戎翟事晋，四邻莫不震动，其利三焉。君其图之！公说，故使魏绛抚诸戎。

（《国语·晋语七》）

（丑）谋结同盟之例

谋结同监，更有下列二类之可分：

其一，谋结保守同盟之例

其二，谋结攻取同盟之例：

（天）谋结保守同盟之例

谋结保守同盟之例，即如：

其一，蔡、邓谋结保守同盟之事（事在西历纪元前七〇八年）

其二，纪谋与鲁、郕缔结保守同盟之事（事在西历纪元前七〇八年及七〇五年）

〔以上二则为未详结果之事〕

其三，郑谋与鲁、曹缔结保守同盟之事（事在西历纪元前六九七年）

其四，邢谋与齐、狄缔结保守同盟之事（事在西历纪元前六三九年）

〔以上二则为成盟之事〕

其五，陈、卫谋结保守同盟之事（年代已难确考）

其六，秦谋与楚缔结保守同盟之事（年代已难确考）

〔以上二则为成盟并遗有盟词之事〕

（A）蔡邓谋结保守同盟之事

本项事，《春秋·左传》录之：

经 蔡侯、邓伯会于邓。

传 蔡侯、邓伯会于邓，始惧楚也（因楚侯称武王而露其野心；按邓蔡近楚）。

（《春秋·左传·桓公二年》）

（B）纪谋与鲁郕缔结保守同盟之事

本项事，亦《春秋·左传》录之：

经 六月，公（鲁桓公）会杞侯（应作纪侯阅下文注）于郕（郕国）。

传 公会杞侯于郕，杞求成也（春秋传说汇纂曰：左谷作杞，公羊作纪；程子以谓杞称侯，即为纪，当以公羊为是；盖齐鲁方睦，纪与郕皆畏齐，故会鲁而求庇也）。”

（《春秋·左传·桓公三年》）

〔以上录纪之首次请盟〕

经 夏四月公，（鲁桓公）会纪侯于郕（郕国）。

传 夏会于郕，纪来咨谋齐难也（孙复曰：此与三年会郕同旨）。

（同上“桓公六年”）

〔以上录纪之二次请盟〕

注 纪鲁郕之盟，似终未缔结。

（C）郑谋与鲁曹缔结保守同盟之事

本项事，亦《春秋·左传》录之：

〔十有三年〕郑人来请修好（来至鲁求修好；至所谓修好者，盖实为同盟；阅下文注可知）。

（《左传·桓公十三年》）

〔以上录郑之谋盟于鲁〕

经 十有四年，春王正月，公（鲁桓公）会郑伯于曹（杜预注：于曹地，曹与会）。

传 春，会于曹，曹人致饩，礼也（吴澄曰：前年鲁郑同救纪而败齐卫之师；盖虞齐卫报怨故为会以谋之；曹素与鲁协，故会郑于其地。季本曰：曹在卫南，东北为齐界，亦伺齐魏之往来）。

（《春秋·左传·桓公十四年》）

〔以上录郑鲁曹三国之相议〕

经 夏五月，郑伯使其弟语来盟（来缔约于鲁）。

传 夏郑子人（即语）来寻盟，且修曹之会。

（同上）

〔以上录郑鲁之卒盟〕

（D）邢谋与齐狄缔结保守同盟之事

本项事，亦《春秋·左传》录之：

经 秋，齐人、狄人会于邢（按上年卫伐邢）。

传 秋，齐、狄盟于邢，为邢谋卫难也；于是卫方病邢（盟约，在利邢，则邢之先谋约可推见）。

（《春秋·左传·僖公二十年》）

（E）陈卫谋缔结保守同盟之事

本项事之经过，诸籍皆未录之，惟《左传》录双方所订之约辞曰：

先君（卫先君）〔与陈〕有约焉，曰：

若大国讨，吾则死之（按即如有强国侵双方之一，则其另一将出而至死共御之之谓也）。

（《左传·宣公十三年》）

注 按陈卫先世订约之事，乃由卫臣孔达追述及之；故文既不详，年代亦难确考。

（F）秦谋与楚缔结保守同盟之事

本项事，《左传》录之：

秦背令狐之盟（令狐之盟，前所订者也），而来求盟于我（即楚）。

昭告昊天上帝，秦三公楚三王曰：

余（秦伯自称）虽与晋出入，（虽与晋有令狐之盟），余惟利是视（犹秦遇有利时，将助楚御晋之意）。

（《左传·成公十三年》）

注 本项事，乃由楚人事后告晋时所追述，故词甚简率而亦未详代年。

（地）谋结攻取同盟之例

谋结攻取同盟之例，即如：

其一，鲁、齐谋结攻取同盟之事（事在西历纪元前六六三年）

〔是则为未详结果之事〕

其二，齐谋与陈、郑缔结攻取同盟之事（事在西历纪元前六八九年）

〔是则为似曾成盟之事〕

其三，鲁谋与齐、郑缔结攻取同盟之事（事在西历纪元前七一三及七一二年）

〔以上一则为确曾成盟之事〕

(A) 鲁齐谋结攻取同盟之事

本项事，《春秋·左传》录之：

经 冬，公（鲁庄公）及齐侯（齐桓公）遇于鲁济（济，水名）。

传 公遇于鲁济，谋山戎也，以其病燕故也（张治曰：简礼以议军旅之事，所谓言其交而后求者欤）？

（《春秋·左传·庄公三十年》）

(B) 齐谋与陈郑缔结攻取同盟之事

本项事，《春秋·左传》录之：

经 齐侯、陈侯、郑伯遇于垂（所以谋取纪）。

经 纪侯大去其国（按大犹兄；盖纪侯有弟而去国让地于弟，故有大之称）。

传 纪侯不能下齐，以〔位〕与纪季（即纪侯弟）；夏纪侯大去其国，违齐难也（许翰曰：齐与陈郑遇垂，盖谋取纪，是以纪侯见难而去也）。

（《春秋·左传·庄公四年》——阅二四三页—二四四页（此处指原书页码——编者注））

(C) 鲁谋与齐郑缔结攻取同盟之事

本项事，《春秋·左传》录之：

经 冬，公（鲁隐公）会齐侯于防（今山东安丘）。

传 冬公会齐侯于防，谋伐宋也。

（《春秋·左传·隐公九年》）

〔以上录鲁之先谋盟齐〕

经 十年，春王正月，公（鲁隐公）会齐侯郑伯于中丘（今山东沂州）。

传 春王正月，公会齐侯郑伯于中丘；癸丑，盟于邓（鲁地），

（同上“隐公十年”）

〔以上录郑之加入及三国卒订盟约〕

（二）经济关系

先秦国际之经济关系，即如：

其一，谋相通商

其二，易换田地

（甲）谋相通商

谋相通商，其完整例甚难觅。然上二一一页所录之戎谋修好于晋及晋使魏绛盟戎之事，似兼系一谋相通商之例；盖依《左传》当时魏绛曾有言告晋君曰：“戎·狄，荐居，贵货易土，土可贾也”—至依《国语》则其言为：“戎·翟荐居，贵货而易土，与之货而易其土，其利一也。”

至条约间关于通商之条文文字亦殊难觅，惟晋，楚，所订宋西门之同盟条约中有词曰：（斯约全文见一五四页（此处指原书页码——编者注））

交质往来，道路无雍；有逾此聘，明神殛之，俾坠其师，无克祚国。

（《左传·成公十二年》）

斯即关于通商之约文之鳞爪也。

又国际待遇商贾之制，可于三二三页—三三九页及三四二页—三四三页（此处指原书页码——编者注）中见之。

（乙）易换田地

易换田地，其例即如郑鲁易田之事（事在西历纪元前七一四年及）

经 三月郑伯使宛（郑臣）来归祊田（来归祊田者，以郑之祊田易鲁之许田），庚寅我入祊。

传 郑伯请释泰山之祀而祀周公（按即请以泰山祠易周公祠之意），以泰山之祊〔田〕易许田（祊田，郑田，连泰山祠；许田，鲁田，连周公祠）。三月郑伯使宛来归祊，不祠泰山也。

（《春秋·左传·隐公八年》）

经 三月，公（鲁桓公）会郑伯于垂；郑伯以璧玉假易许田（鲁之许田）。

传 元年，春，公（鲁桓王）即位，修好于郑。郑人请复祀周（周公祠），卒易祊田（所以用卒字者，因上年之交换手续未完故）公许之。三月，郑伯以璧假许田。为周公〔祠及〕祊〔田〕故也。

夏四月，丁未，公及郑伯盟于越，结祊成也。

（《春秋·左传·桓公元年》）

此外《公羊传》亦略录之曰：

郑伯以璧假许田，以璧假之何？易也。易之则其言假之何？为恭（按祖先所遗之地，如言易之，似不敬）。许田者何？鲁朝宿之邑焉。诸侯时朝乎天子，天子之郊，诸侯皆有朝宿之邑焉。

（《公羊传·桓公元年》）

（三）法律关系

先秦国际之法律关系，即如相约勿惹等项，其例可于三〇五页至三一四页（此处指原书页码——编者注）中见之，兹不录于此。

（四）恻隐关系

先秦国风淳厚，甚尚恻隐，按《胡传》录曰：

凡外灾则告。……所谓灾者，害及民物如水，火，兵戎，之寇是也。诸侯于四邻有恤病救急之义，告为得礼而不可以不吊。……谨天诫，恤民隐之心，王者之事也。

（《胡传·庄公十一年》）

按上文所言，尚不详尽；考诸典籍所录，先秦国际之恻隐关系，实有下列三类之多：

其一，慰问君疾

其二，悼唁国丧

其三，吊恤灾患

（甲）慰问君疾

慰问君疾，其例即如诸侯慰问周夷王疾之事（事在西历纪元前八九一年）：

夷王即位，诸侯来朝；王降于抗礼，诸侯德之。三年，王有恶疾愆于厥身。诸侯莫不并至群望，以祈王身。

（《帝王世纪集校·第五周》）

（乙）悼唁国丧

悼唁国丧，有为：

其一，表示哀悼

其二，赴作吊唁

（子）表示哀悼

表示哀悼，其例即如：

其一，诸侯为尧丧示哀之事（事在西历纪元前二二五八年）

其二，晋侯为鲁襄公丧示哀之事（事在西历纪元前五四〇年）

（天）诸侯为尧丧示哀之事

本项事，《孟子》录之：

尧老而舜摄；二十有八载，放勋（尧）乃殂落。……三年，四海遏密八音；……天下诸侯，为尧服三年丧。

（《孟子·万章上》）

又《帝王世纪集校》亦录之：

尧与方回游阳城而崩；……三年，四海遏密八音。

（《帝王世纪集校·第二五帝》）

（地）晋侯为鲁襄公丧示哀之事

本项事，《春秋·左传》录之：

经 癸酉，葬吾君襄公。

传 公（鲁襄公）薨之月，子产相郑伯以如晋，晋侯以吾丧故（鲁丧故），未之见也（不见郑伯与其相子产盖为示哀故。）

（《春秋·左传·襄公三十一年》）

（丑）赴作吊唁

赴作吊唁，其例即如：

其一，滕子吊鲁襄公之丧之事（事在西历纪元前五四〇年）

其二，晋人送鲁襄公夫人之丧之事（事在西历纪元前五三〇年）

（天）滕子吊鲁襄公之丧之事

本项事，《春秋·左传》录之：

经 夏，六月，辛巳，公（鲁襄公）薨于楚宫（楚宫者，楚式之宫也；为襄公所建，在鲁，非在楚）。

经 十月，滕子来会葬。

传 冬，十月，滕成公来会葬，惰而多涕。

（《春秋·左传·襄公三十一年》）

（地）晋人送鲁襄公夫人之丧之事

本项事，亦《春秋·左传》录之：

经 九月，己亥，葬我小君齐归（齐归，鲁襄公夫人，鲁照公之母）

传 九月，葬齐归，公（鲁襄公）不戚（无悲容）；晋之送丧者，归以语史赵（史赵，史官赵氏）。

（《春秋·左传·昭公十一年》）

（丙）吊恤灾患

吊恤灾患，犹有下列四类之多：

其一，吊恤火灾

其二，吊恤水灾

其三，吊恤饥灾

其四，吊恤兵灾

（子）吊恤火灾

吊恤火灾，其例即如晋吊恤郑火灾之事（事在西历纪元前五二三年）

经 五月，壬午……郑灾（孔颖达疏：天火曰灾。按是年火星下落，宋卫陈郑皆火灾，为异灾）。

传 郑国有灾，晋君大夫不敢宁居，卜筮走望（走望来慰问），不爱惜牲玉（牲以卜筮祭祀，玉以聘问）；郑之有灾，寡（晋）君之忧也。

（《春秋·左传·昭公十八年》）

注 本文所录者，为晋臣事后与郑子产谈话中之语，故有“寡君”之字样。

（丑）吊恤水灾

吊恤水灾，其例即如鲁吊恤宋水灾之事（事在西历纪元前六八一年）。

至本项事，《左传》录之：

秋，宋大水；公使吊焉，曰：天作淫雨，害于粢盛，若之何不吊？对曰：寡实不敬，天降之灾，又以为君忧，拜命之辱。

（《左传·庄公十一年》）

（寅）吊恤饥灾

吊恤饥灾，其例即如：

其一，鲁请籴以输周之事（事在西历纪元前七一六年）

其二，秦输谷于晋之事（事在西历纪元前六四三年及六四五年）

其三，吴输谷于越之事（年代已难确考）

（天）鲁请籴以输周之事

本项事，《左传》录之：

冬京师（即周）来告饥于鲁，鲁为之请籴于宋、卫、齐、郑，礼也。

（《左传·隐公六年》）

（地）秦二次输谷于晋之事

本项事，亦《左传》录之：

冬，晋荐饥；使〔请〕籴于秦。

秦伯谓子桑〔曰〕：与诸乎？对曰：重施而报，君将何求？重施而不报，其民必携，携而讨焉，无众必败！

谓百里奚〔曰〕：与之乎？对曰：天灾流行，国家代有；救灾恤邻，道也！行道有福……

丕郑之子豹在秦，请伐晋。秦伯曰：其君是恶，其民何罪（丕豹之父郑，在三年前为晋所杀）？

秦于是乎输粟；自雍（秦都）及绛（晋都）相继。命之曰：泛舟之役。

（《左传·僖公十三年》）

〔以上录秦之首次输谷救晋〕

晋又饥，秦又输之粟曰：吾怨其君而矜其民；且吾闻唐叔之封也。箕子曰：其后必大，晋其庸可冀乎？姑树德也，以待能者。

（同上“僖公十五年”）

〔以上录秦之二次输谷救晋〕

此外《国语》亦录其事：

晋饥，乞籴于秦。丕豹曰：晋君无礼于君，众莫不知；往年有难，今又荐饥；已失人，又失天；其有殃也多矣！君其伐之！勿予籴！公（秦伯）曰：其君恶，其民何罪？天殃流行，国家代有；补乏荐饥，道也！不可以废道于天下！

是故泛舟于河，归籴于晋。

（《国语·晋语三》）

（玄）吴输谷于越之事

本项事，《吕氏春秋》录之：

……越国大饥……越王使人请食于吴。……吴王将与之，伍子胥谏（以越野心可患，故谏）。……吴王曰：不然（宋高诱解：吴王，夫差）！吾闻：义兵不攻服，仁者食饥饿。今服而攻之，非义兵也；饥而不食，非仁体也。不仁不义，虽得越吾不为也。遂与之食。

（《吕氏春秋·八览学行览》第一五日长攻）

（卯）吊恤兵灾

吊恤兵灾，其例即如：

其一，齐归器物于卫之事（事在西历纪元前六五九年）

其二，鲁吊齐有狄难之事（事在西历纪元前六二六年）

其三，晋分田于戎之事（年代已难确考）

其四，鲁归粟于蔡之事（事在西历纪元前五〇四年）

（天）齐归器物于卫之事

本项事，《左传》录之：

冬，十二月，狄人伐卫……入卫。……卫之遗民男女七百有三十人，益之以共滕（二卫邑名）之民共五千人，立〔卫〕戴公于曹。……齐侯使公子无亏……归公（卫戴公）乘马祭服五称，牛羊鸡狗皆三百与门材；归夫人鱼轩〔及〕重锦三十两。

（《左传·闵公二年》）

此外毛诗亦赋其事曰：

投我以木瓜，报之以琼琚；非报也，永以为好也。投我以木桃，报之以琼瑶；非报也，永以为好也。投我以木李，报之以琼玖；非报也，永以为好也诗序（木瓜美齐桓公也；卫固有狄人之败，出处于曹，齐桓公……遣之车马器物也；卫人思之，欲厚报之，而作是诗也）。

注 齐恤馈卫国后有楚丘会同，其详见五二八页—五三一页（此处指原书页码——编者注）。

（地）鲁吊齐有狄难之事

本项事，《春秋·左传》录及之：

经 夏，狄侵齐。

经 冬，十月，公（鲁僖公）如齐。十有二月，公至自齐；乙巳，公薨于小寝（小寝，国后之宫）。

传 冬，公如齐……吊有狄师也。返薨于小寝。

（《春秋·左传·僖公三十三年》）

（玄）晋分田于戎之事

本项事，《左传》录之：

秦人迫逐乃祖吾离（戎人之祖名吾离）于瓜州，吾离被苫盖蒙荆棘以来归〔晋〕……惠公（晋惠公）有不腆之田，与汝（戎）剖分而食之。

（《左传·襄公十四年》）

注 上文系晋臣叔向追溯前事以告戎君驹子之语，故文中有“乃”“汝”等字。至晋惠公分田于戎祖吾离之年，则已难确考。

（黄）鲁归粟于蔡之事

本项事，《左传》录之：

夏〔鲁〕归粟于蔡，以周急，矜无资（按蔡固无饥馑，惟上年楚人图蔡，蔡民受害甚深，未能恢复，故鲁归之粟；此所以吾人未以本事列入上救恤饥馑项也）。

（《左传·定公五年》）

（贰）不睦关系

诸籍所及之先秦诸国之不睦关系，甚繁多；计有下列五类之可分：

其一，交涉

其二，成好

其三，调解

其四，干涉

其五，裁判

按上列五类关系，惟第一类由双方自理，余者，则皆有第三者在也；兹先后分陈之。

（一）交涉

“交涉”Negociation者，国际双方间有指定之争端，由两造自行谈商以解决之也。

交涉为国际间解决争端之最普通之方式，亦为最有利于双方者；故今世皆设立外交专门机关以司理之。至吾人固知之：先秦早已有组织完备之外交机关矣——先秦知重视交涉之又一证，例如孔子颂郑子产之善于交涉曰：

志有之：言以足志，文以足言；不言，虽知其志，言之无文，行而不远！晋为伯，郑入陈，非文辞，不为功。慎辞哉！

潘大逵

欧美各国宪法史

作者简介

潘大逵（1902—1991），四川开县人。1924 年毕业于清华学校。次年赴美国留学，获威斯康星大学法学硕士学位。1930 年回国。后任上海法学院、朝阳大学、云南大学、重庆大学教授。1935 年参与组织上海文化界救国会。次年参加上海各界救国联合会。1943 年加入中国民主政团同盟。后任昆明民主周刊社社长。新中国成立后，历任西南军政委员会文教部副部长，四川省第一、四、五届政协副主席，四川省文史研究馆馆长，民盟中央常委，四川省委主任委员和中央参议委员会副主任。是第一、五、六、七届全国人大代表。主要研究西洋政治史和比较宪法。著有《欧美各国宪法史》、《中国宪法史纲要》、《近代政治思潮》等。

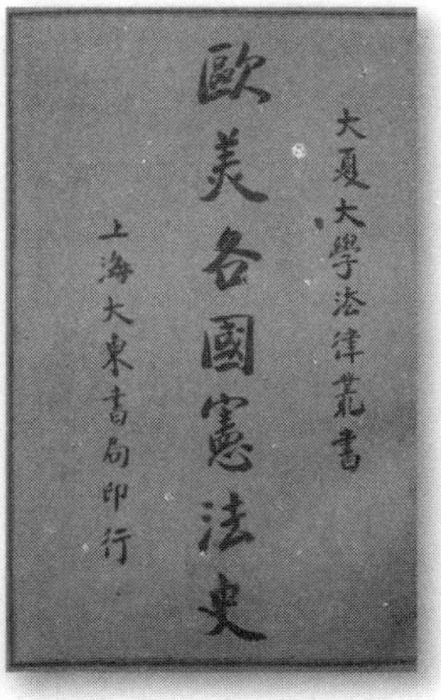

出版社：上海，大东书局。

出版年份：1931 年。

馆藏：国家图书馆中文图书基藏库。

作品简介：《欧美各国宪法史》一书由七编四十一章组成，分别是英国、美国、法国、意大利、瑞士、德国和俄国等七国的宪政史。第一编“英国”有十章，分别从英国宪法的性质及起源、英国国会的兴起及其发达、立宪与反动、立宪政府与杜德（Tudors 1485—1603）专制、国会在司啻花题（Stuarts）初年（1603—1640）的厄运、国会在司啻花题末年的胜利、国会胜利的确定、内阁制的创设、德谟克那西的兴起与责任内阁制的完成、英国宪法的改革与民主政治的发展等十个方面详细阐述了英国的宪政历史。第二编“美国”分九章分别从联邦宪法的性质及其学说、殖民时代的背景、革命后各州的过渡宪法、“大陆议会”与同盟公约、联邦宪法的制订、联邦宪法的扩张、各州宪法及其发展、联邦宪法下的三权分立、美国联邦宪法与英国不成文宪法之比较等九个侧面阐述了美国的宪政历史。第三编“法国”分别以法国国会在历史上的地位、1789 年的国会及 1791 年的宪法、第一次共和与宪法、浦邦 1814 年复位后的宪法、第二次共和与宪法、第三次共和与宪法、1875 年宪法下的法国政府七个专题解说了法国的宪政历史。第四编“意大利”分为意大利统一前的宪法及形势、1848年的宪法和莫索里尼（Mussolini）与宪政三个专题。第五编“瑞士”分1848年前的瑞士、1848年的宪法及1874年的修改、各郡宪法与联邦政府三个专题。第六编“德国”分德意志统一前的状况、德意志帝国的宪法与普鲁士、欧战期间的政治改革与1918年的革命、共和宪法和宪法成立后的政况五个专题。第七编“俄国”分为革命前的立宪运动、1917年的革命与1918年的苏俄宪法、1922年的苏联条约和布尔塞维克的党治四个专题。

本书是中国宪政学术史上比较早和比较成功的外国比较宪法著作。以历史演进为线索，以宪政运动的历史事件、不同时期宪法文本或者有特色的制度建设等为关键词对欧美七国宪政历史的背景、演进和特点进行了详尽梳理和精要论述。（孙振庆整理）

第一章　英国宪法的性质及起源

留心政治的人，没有不听熟了宪法这个名词的；但是宪法的意义究竟是甚么呢？普通的分别，约有两种：一种叫成文宪法，一种叫不成文宪法，或称习惯法。成文宪法的意思是以一种或数种文件来规定政府制度的根本组织，及人民与政府的权利义务的；而不成文宪法的意思则为包括凡可以规定政府之组织、工作、与人民之权利义务的一切法律、习惯与先例的。那么我们归结起来，可以说他们的性质：一为考虑审慎的产品，一为自然生长的结果。英国宪法的性质就是属于后者，故普通称英国宪法为不成文宪法。我们只要一读英国宪法的起源与发展，就更可以明了这个意义。

但是宪法又有广义及狭义的用法：广义的用来是包括中央及地方政府的；狭义的用来是只讲中央的政府，凡属于地方的政府都不在内。我们普通所谓立宪政府，所谓要求立宪，所谓某国家之有无宪法，都是这第二种意义。讲英国宪法如从第一义，我们就要从萨克逊（Anglo-Saxon）讲起，因为他们对于地方政府很有贡献。若从第二义讲英国宪法，我们就要从诺曼（Normam）时代起讨论，因为诺曼才对于中央政府有些建设。不过要真正讲现代的英国宪法，那就不是萨克逊与诺曼人了，只得说是近代英国人自己的产物。我们现在讨论英国宪法史取第二义的办法，就是只讲国宪或者说中央政府。

自从一〇六六年诺曼的威廉（Normam duke，William）入英以后，英国的中央政府的权力才逐渐增加。当时的诺曼人介绍了两种冲突性的原则入英：一种是君主集权，一种是封建制度。那时的英王独裁专制，人民土地皆为王所私有，无所谓甚么宪法。诺曼的议会（Council）完全是封建的性质。出席议会的，并不是代表国家出席，不过是为尽受封土的对给封土的一种义务罢了。

诺曼的君主专制到约翰（John，1199—1216）为王时，可谓到了极点。他专制得太厉害的结果，逼得各王公僧正在一二一五年用武力大起反抗。约翰王失败，只得忍气吞声的同王公订下了一个合同，叫做“大宪章”（Great Charter），是为英国宪法之始。大宪章的性质完全是封建式的。王公为他们自己的权利，要英王订下合同遵守。如违不遵守，他们可以用武力起来反抗，这可以说是订下了要君主遵守合同的原则。

大宪章一共有六十余条，其中的内容包括教堂的自由，封建的权利，征税的咨询（必须与大议会（Great Council）商量），及人民的逮捕禁锢法等等。但是大宪章里最重要的只有第六十一条。这一条就是订下了限制君主专制的原则。其实王公们又何尝有意想到这一层，这也不过是偶然的事。第六十一条载的有一个监视君主的委员会，系用二十五位王公组成。君主要是不遵守条约，他们可以用武力起来反叛以强迫君主遵守，俟君主履行条件以后，他们又仍旧服从。这一条又似乎立下了有废君主的职权的样子。这可使君主履行条件的方法可以说是很愚笨，不过当时没有先例可为参考，也就很难为他们了。

从此我们可以看出“大宪章”的重要，就是以下的两个根本原则：一个是无论君主或政府必定要遵守国家的法律，一个是倘如君主不遵守的话，人民可以强迫他遵守，甚而至于推翻政府，亦在所不惜。这就是大宪章留给英国人的教训，也就是大宪章的大价值。

大宪章以后的最要事件，使国王负责任似的，就是在一二五八年亨利第三（Henry Ⅲ 一二一六——一二七二）的时候。国王与诸侯冲突的结果，他们把国王的权力尽给一个行政的委员会（Commission）。这个行政机关对大议会完全负责，似乎又立下了内阁对国会负责的根源。一二五八年所订的约叫“牛津条约”，（The Provisions of Oxford）比“大宪章”可谓又进一步。这次虽然立下了行政机关对立法机关负责的根源，但这个意义并未传下去，可以说不久就消灭了。一二五八年的价值不过是留下一点历史的纪念。

第十八章　联邦宪法下的三权分立

美国深受孟德斯鸠（Montesquieu）的三权分立说，于是就实行了司法、行政、立法鼎足独立的制度。但是同时又恐怕各机关分立的威权太大，无人防止，所以又使各机关互相牵制及平权，以为更进一层的保障。我们现在可略为讨论三权如何分立。

我们晓得同盟公约最大的弱点，就是没有一个最高的行政长官。在联邦宪法里就把这个缺陷修补了，可是他的任期年限又经过了许多争论才定为四年，至于连任一层并未提及，但是华盛顿（George Washington）辞第三次连任，以后就为习惯律了。

关于选举总统的方法也曾经提出过许多样式，但是最后采取了间接的选举会选举。其方法为每州选出之人数与该州上院及下院之人数相等，以组织一选举会。而产生此选举员的方法，又由人民以全州为单位选举，结果是以多数派的获选代表全州，总统获选须得选举员之大半数。如无人获得此数则将得票最多之三人由下院选决，但选举之时每州只有一票。此选举法除了用在华盛顿一人以后，因各种关系未能实行。选举法的缺点及政党的发展是最大的原因，我们且看现在的实情是怎样选法。

从前的总统候补人多为政党的领袖，而同时又任中央的要职。以后各州又有将州里的人物提出来的。约在一八三〇年政党的全国大会（National Party Convention）产生，于是遂用提名（Nonination）的方法，直至于今。每四年里，在十一月选举前的暑期中各党都有一个全国大会，其代表为各州选出国会议席之两倍组成，殖民地亦可以派少数代表加入。此会议中决定总统及副总统候补人，政党的政策及指选竞争选举之委员会等。在共和党的大会的举名，过选人半数即可，在民主党则须三分之二。近来有的几州倡总统预选会，选民可表示其在全国党大会举名之人物的愿望。总之，自有党的发达而后人民的十一月选举实非重要，不过为形式罢了。

总统的产生法略如上述，那么我们可以看看他的权力。他的权力可大分为五类：(1) 行政的，(2) 立法的；(3) 司法的；(4) 陆军的；(5) 外交的。在行政方面，他为国会的代表，执行法令、指导政策，并有任命阁员、法官、公使及其他一切官吏之权，但是重大的任命必须经上院的同意，有了战争的时候他的威权更大。在立法方面，他可召集国会开特别会议及闭会，可送文件于议会发表意见，可采纳或否决国会议案，但是他的否决权又可以为两院三分二之多数废弃。在司法方面，他又有赦免及宣布缓刑之权，不过是他不能赦免受弹劾的官吏；在军事方面，他可以管辖海陆空。外交方面他可以与外国结非正式的条约。这可以见他的重要了。

总统虽有这样的大权，但是他是还可以被弹劾的。下院的大半数的多数可以弹劾总统，然后由上院审讯，以大理院院长为主席。上院三分二以上之通过即可使总统去职。被弹劾的罪状为“反叛、受贿及其他重大罪过”。美国自有历史以来，弹劾总统的事件才有一次，就是一八六八年的姜生（Andiew Johnson）案件，但是结果判决无罪。

这以上可谓尽总统的大略，至于总统的内阁阁员完全是由总统任命，只对总统直接负责。故美国的内阁阁员并不须国会的信任，也不一定是国会的领袖人物，况且凡为阁员的即不能同时为国会的议员。所以美国的内阁地位，在总统方面不过是顾问的性质，在行政上也不过一部管一部的事务罢了。

行政方面大略如此，现在且看立法的国会及其权力。美国国会采取两院制，一方面是为的大小州的调和，一方面也是美人惯于其祖国的先例。下院的议席是每一人代表二十万，以每十年的人口新调查为准。最早的下院只有六十五人，到现在可有四百多了议员的产生，各州各有权决定方法。不过大多都是将州分为选举区，每区选出一人为议员两年。假若州的议席应较所分之区为多，则不据区以选余额。上院的组织，系无论州之大小各选二人，最初为省议会间接选举，自一九一三年第十七条修正案通过后，始改为直接民选。上院议员的任期为六年，有三分之一的议员的任期在每二年终即为完结。上议院的主席或院长为副总统，他并不是上院的议员，有票数相等之时，他才可以取决。下院的主席为下院自选，在一九一〇年以后，他去了任命常务委员会之权，其势力大减。

国会里因为事务日繁，每院遂产生了许多的委员会，每委员会各调查讨论，将其结果报告各所属之一院。委员会的份子是由党的会议预先决定，然后才开各院作形式上的批准。当权之一派在各委员会里的人数，都是占得最多。重要的委员会，差不多都为在国会里最久的充任。上院的重要委员会有财政、外交、司法及州间的商业，下院的重要委员会有岁收、岁支及议事程序等。

国会的开会期，宪法规定每年一次，在十二月之第一个星期一开会。国会的选举是在双数的年份里十一月举行。可是新选出的国会并不在当年的十二月开会，如无特别会议，一直须等到选举后十三个月单数年份的十二月才开会。第一次开会为“长会期”，可以开一年，但是事实上也不过开六月到八月就完。第二个会期叫“短会期”，从双数的十二月开起到次年的三月四日，其时新国会业已选出，三分一的上院议员亦于是时退休。新国会选出以后须候十三月然后召集，实为一件令人不可解之事。

美国国会的两院，其权力比较起来，是参议院的大点。如必须上院同意，条约方可批准，重大任命方为有效。关于用钱方面的案件虽说必定由下院提出，但是上院有权修改。国会除了立法以外，在修改宪法方面可算是最重要的份子，况且他还有权议决征收、支用、规定商业、钱币、罪犯、司法、殖民地管理等等。

行政及立法两方面的大略如上述，现在请略为讨论美国的司法。美国宪法载的有最高法院或大理院之设立及其他初级法院，可由国会规定之一条。联邦法院有管理关于全国的利害，如此州与他州的人民纷争，或州与州的纷争足以危害全国治安者。于是这就可以包括国会的立法、条约、行政方面的法令及海洋方面的纷争等。

现在美国的司法制度分三级。最高级为大理院，其组织为一大理院长及八位副院长，皆由总统及上院所任命，每年从十月到五月在华盛顿开庭。州法庭及低级的联邦法庭皆可来此上诉。凡各州、公使及领事之为一造者，皆由大理院审理。判决案件必须有过半最多数法官之同意，而每次审案至少必须有六位法官到庭。议案判决以后，由一法官将法庭的判决书宣布，但有不同意之法官其理由亦可登录。

在大理院之下有九个巡行的法庭，将全国分为九区，每区有一。这是国会在一八九一年创设，以释大理院一部分的担负的。每个巡行法庭有一个大理院的法官，以外再有二三个任命的及一些联邦的地方法官。每审一案件常为三法官，其法权的范围大都限于由州或联邦的地方法庭之上诉。

最低级的联邦法庭就是地方法庭。全国划分为八十一区，每一区有一个地方法庭，有一小州为一区的，或一大州为数区的。每一区至少有一个任命的法官，人口多的区也有从两个至四个的。这地方法庭在一区内许多不同的地方开庭，其职权只管第一次的起诉。

除此三级以外，国会有时也可以创设几种特别的法庭为特别事件之用，如一八五五年的 The Court of Claims、一九〇九年的 The Court of Customs Appeals。

大理院的地位在美国的联邦政府非常重要，最显著的是在一八〇三年（Marbury V. Madison）马塞尔（Marshall）就立下法院的威权了。在这次的判决，说联邦宪法为全国最高法律，假若国会的法令与宪法有冲突时，大理院必须为宪法主持。自是以后大理院推翻了国会的立法三十余件，州里立法被认为不合宪法的多至二百余起，可见其在美国的地位。这就是美国联邦宪法下的三权的大略。

丁元普

法律思想史

作者简介

丁元普（1888—?），上海市人。上海徐汇公学毕业后，留学日本，毕业于早稻田大学。归国后历任江苏吴县地方审判厅民庭长、浙江嘉兴地方法院刑庭推事、代理院长、上海市第二特区地方法院主任推事，并任中国公学、上海法政学院教授，讲授法律思想史。1933 年出任复旦大学法律系中国法制史教授、大厦大学法科教授。1953 年担任上海市文史馆馆员。其法学研究涉猎甚广，包括法制史、法律思想史、诉讼法、破产法及宪法等领域。在法律史研究领域，丁元普颇有建树：20 世纪三四十年代，丁元普与著名法史学者陈顾远、程树德等发表了一系列研究中华法系的论文，旨在弘扬中国传统法律文化，复兴中华法系。其所著的《中国法制史》是法律史研究的必读书籍。其著作有《比较宪法》（商务印书馆，1927）、《中国法制史》（会文堂书局，1930）、《法律思想史》（法学编译社，1932）、《法院组织法要义》（上海法学书局，1935）、《民事诉讼实习》（商务印书馆，1935）、《刑事诉讼法》（会文堂新记书局，1935）、《刑事诉讼实习》（商务印书馆，1935）、《法院组织法》（大东书局，1939）、《强制执行法要义》（商务印书馆）等。

出版社：上海，法学编译社。

出版年份：1932 年。

馆藏：国家图书馆书刊保存本库。

作品简介：《法律思想史》是一部通史性专著，分绪论和本论。绪论叙述法律的定义、法律思想的变迁、法律在历史上的动力、法律与历史的关系，以及各国法学思潮的趋势等。本论分三编。第一编法律原始时期，讲述了原始民族的文化与伦理、图腾社会、宗法社会的法律思想、原始民族的刑法观念财产权利观念等。第二编法律成立时期，讲述了中国法学的起源、中国民刑法典编纂经过及其影响，介绍了罗马法和英美法两大法系，并对两大法系的特质进行了比较。第三编法律进化时期，讲述了法国革命后至 19 世纪中叶的法律思想，综述政治、经济及社会的变迁对法律思想的影响，并举民法、土地法及劳工法的有关各条说明南京国民政府立法的社会化趋向等。

本书的研究方法正如其序言中所提及的，“欲治法律思想史，必须对于人类史、社会史、法制史、政治史、经济史、宗教史等等，有相当之准备，然后其研究不至歧误；又各大法系之进展及各时代中文化之发达，俱足为法律思想之代表，非博观而约取之，比较而分析之，不足以见时代思想之全内容”。因此，本书内容厚重，除介绍不同时代法律思想之外，还涉猎到许多人类史、社会史、法制史、政治史、经济史、宗教史等方面内容，阐述了它们对不同时期法律思想的推动作用。（栗明辉整理）

序 言

法律为人类社会行为之规范，法律思想，则人类在社会之表现而适应时代之要求者也。不察过去及当时社会之状况，则无以见思想之源泉，不察后此之社会状况，则无以定思想之价值。故欲治法律思想史，必须对于人类史、社会史、法制史、政治史、经济史、宗教史等等，有相当之准备，然后其研究不至歧误；又各大法系之进展及各时代中文化之发达，俱足为法律思想之代表，非博观而约取之，比较而分析之，不足以见时代思想之全内容。本书编制从表现之主格，其观察点约分为二类：一就个人思想观察，如学者之著述言论，以及法律家活动之遗迹；二就时代思想观察，如法典制度，以及历史与文化之可以证察时代背景及时代之意识。惟此种材料，前无成书可供采择，不得不旁求群籍，以为借助；复加以整理，以定其系统；探本穷源，演绎而归纳之，以蕲于社会文化，有所贡献而已。

中华民国二十一年六月　著者　丁元普识

第二编　法律成立时期

第一章　法律成立时期之法律思想

第一节　中国法学之起源

法律为社会力之表现，社会阶级，既由“图腾”、“宗法”两社会，而进于国家社会，故社会变迁，则法律思想，即不能不与之俱变。当潜势法时代，常有“任人不任法”之状态；凡宗教之制裁，社会之习惯，皆得成为自然法规。迨潜势法时代，移于规范法时代之过渡时期，则为人法兼用。中国儒家，主张“人治”而以政法为辅，例如《中庸》所云：“人存则政举，人亡则政息”，孟子所谓：“徒法不能以自行”，荀子所谓：“有治人无治法”。法家者流，则非难人治而主张法治，如《管子·任法篇》云：“任法而不任智”，《尹文子》云：“法有四呈：一曰不变之法，君臣上下是也；二曰齐俗之法，能鄙同异是也；三曰治众之法，庆赏刑罚是也；四曰平准之法，律度权衡是也”，《史记》载商君之言曰：“三代不同礼而王，五伯不同法而霸；智者作法，愚者制焉；贤者更礼，不肖者拘焉”。《韩非子·难势篇》云：“且夫尧舜桀纣，千世而一出，……中者上不及尧舜，而下者亦不为桀纣。抱法则治，背法则乱。背法而待尧舜，尧舜至乃治，是千世乱而一治也。抱法而待桀纣，桀纣至乃乱，是千世治而一乱也”。《慎子》佚文所云：“君人者，舍法而以身治，则诛赏予夺，从君心所出”。又曰：“法虽不善，犹愈于无法”。此与欧西分析学派（奥斯丁派）所主张“恶法亦法”之学说，完全吻合。

综上儒、法二家之学说，一则主张以人治法，一则主张以法治人，各有其特殊之异点。然我国法治主义之产生，起源甚古，而法家成为有系统之学派，则在儒墨道三家之后，其法律思想之根据，即以儒墨道三家为其先河；故法家者，承儒墨道三家之末流，嬗变汇合而成者也。兹将儒墨道三家与法家之学说，比较而阐明之：

儒家《荀子·礼论篇》曰："礼岂不至矣哉，立隆以为极，而天下莫之能损益也。……故绳墨诚陈矣，则不可欺以曲直；衡诚悬矣，则不可欺以轻重；规矩诚设矣，则不可欺以方圆；君子审于礼，则不可欺以诈伪"。

法家慎子之言曰：（见《意林》）"有权衡者，不可欺以轻重，有尺寸者，不可差以长短，有法度者，不可诬以诈伪"。

两文之语意，皆若合符节。惟不同者，儒家之重礼，与法家之重法，其主张各异；而其整齐书一之精神，方之于权衡度量，以示人类行为以规范则同。盖礼藉社会力之制裁，法则藉国家力之制裁也。

墨子《尚同篇》曰："古者民始生未有刑政之时，盖其语人异义。……是以人是其义，以非人之义，故交相非也。是以内者父子兄弟作怨恶，离散不能相合，天下之百姓，皆以水火毒药相亏害；至有余力不能以相劳，腐朽余财不以相分，隐匿良道不以相教，天下之乱，若禽兽焉。……"

法家《管子·君臣篇》曰："古者未有君臣上下之别，未有夫妇配匹之合，兽处群居，以力相征。于是智者诈愚，强是凌弱，老幼孤弱，不得其所。故智者假众力以禁强虐而暴人止"。

墨子固排斥"功利主义"而以"兼爱"为目标者也；然其论社会之弊害，则推原于未有刑政之时，社会秩序至不能相保。较诸管子之言法治，亦以禁止强虐为保护社会为惟一之标准，其观念正复相同。

道家《庄子·胠箧篇》曰："绝圣弃知，大盗乃止。摘玉毁珠，小盗不起。焚符破玺，民乃朴鄙。掊斗折衡而民不争"。彼盖深信"自然法"为万能，凡一切之文字、和识、艺术，以及法律、道德，皆足以造成罪恶。然道家认宇宙为现成的，宇宙之自然法，当然相同。以人类与万物等夷，同受治于此种一定的因果律之下，其结果与法家所谓法治思想相契合，而治为一。

法家尹文子曰："名定则物不竞，分明则私不行。物不竞非无心，由名定故无所措其心；私不行非无欲，由分明故无所措其欲。然则心欲人人有之，而得同于无心无欲者，制之有道也"。彼以为欲使道家"无私无欲"之理论，现于实际，舍任法末由。故法家实即以道家之人生观为其人生观。太史公以老庄申韩合传，殆有见乎此也。

综上所述，吾国当春秋战国之时代，其法律思想，一方则已由宗法社会而进于国家社会；一方则已由于"自然法"而进于"人为法"之时代也。故从其立脚点观之，法家之思想，与儒墨道三家之法律哲学，沟而通之，各有其成立之渊源。故进一步必要求以"人为法"为之体现，此当然之理也。观《韩非子·难三篇》曰：

“法者，编著之图籍，设之于官府，而布之于百姓者也”。又其《定法篇》曰：

“法者，宪令著于官府，罚刑必于民心；赏存于慎法，而罚加乎奸令者也”。

由此观之，其观念盖以法律须用成文法为公布，而以国家制裁力为后盾。与近代法学家所谓“规范法成形之原始形式，由无形记忆之法，一变而为有形文书之法”。盖使不文之民，知所趋避，此乃法律形态进化之过渡现象也。

第二节　成文法之初期及其变化

成文法者何？即上述韩非子所云“编著之图籍，设之于官府，布之于百姓”之谓也。我国法律之最初起源，不可深考。据《尚书·吕刑》云：“苗民弗用灵，制以刑；惟作五虐之刑，曰法”。从可知古代之所谓法，即为刑罚之一种，以为制裁。（《说文》云“灋，荆也”。荆即型字，谓模型也。故于“型”字下云：“铸器之法也”。“式”字、“范”字、“模”字下皆云：“法也”。盖型为铸器模范，法为行为模范。盖初民社会，所有权制度未确立，婚姻从其习惯，故民事诉讼，殆甚稀少；凡有讼狱，大半属于刑事。国家为维持其生存之目的，对于破坏社会秩序者，不得不用威力加以制裁，即法之所由起也。征诸巴比仑（今译为巴比伦——编者注）之哈姆姆拉比法典（今译为汉谟拉比法典——编者注）所定之公刑罚，凡盗贼行为而被逮捕者，皆处以死刑。而关于伤害罪，则有伤人目者伤其目，折人骨者，折其骨之规定。至罗马时代，亦有生命刑、水火之禁（Interdictio aquae et ignis 即追放之刑）、罚充奴隶、流刑，及身体刑（折伤人一肢者，亦折其一肢之类）、自由刑、财产刑、资格刑种种之规定。此等制裁，即罗马十二铜标法（今译为十二铜表法——编者注）中之第八，第九二标对于私犯法（Tabula VIII de dali cte）、公法（Tabula IX de jure publico）之刑罚也。

由上所言，世界各国之刑法，发达皆为最早，正不独吾国为然。而吾国之刑法实缘苗族所自创。我族乃袭用之。故我族当初用此刑制，专为对待异族而设。即《吕刑》所云：“报虐以威”也。而刑官最古者，厥推皋陶，《尚书·尧典》所载舜命皋陶则曰：“蛮夷猾夏，寇贼奸宄。汝作士，五刑有服。……”是刑官全为对惩治蛮夷所设又可知。《左传》所载仓葛之言曰：“德以柔中国，刑以威四夷”，即此意也。

又古代兵刑不分，观《国语》记臧文仲之言曰：“大刑用甲兵，中刑用刀锯，薄刑用鞭扑”。以用甲兵为刑罚之大者，亦即为“刑威四夷”之确诂。故皋陶之作士，其职在制裁蛮夷，含有以武力抵御强暴之义；在后世刑官之掌，犹名曰“司寇”。而律则含有纪律之义，故《易·爻辞》云：“师出以律”，凡行师旅者必用焉。《史记·律志》、《汉书·刑法志》，开端皆言兵事，而归本于刑。可知兵刑二事，在古代固为同一之观念也。

刑与法律，其初虽专为对异族而设；迨其后种族之阶级及界限渐混，又因团体内人事日繁，故前此所用以制裁特种人之工具，或不常用之法制，久之乃适用于普通人，而成为经常之法典矣。

吾国历史之记载，《史记》则断自黄帝，而孔子删书，则断自唐虞。史称黄帝以兵定天下，即为用刑之大者；惟其刑法则不可考。至其可考证者，则唐虞时代所用之“五刑”是也。虽其制度简略，并无条文之详备，然不可谓非吾国最古成文法之权舆也。《尚书》之《尧典》，其文云：“象以典刑，流宥五刑，鞭作官刑，扑作教刑，金作赎刑，眚灾肆赦，怙终贼刑”。今就其文义，依次解释之：

唐虞时所相传之五刑，究为若何之刑罚？并未述明；然依《书·吕刑》之所载，有足以资为考证者。《吕刑》云：

正于五刑，五刑不简，正于五罚，五罚不服，正于五过。……五刑之疑有赦，五罚之疑有赦。……墨辟疑赦，其罚百锾，阅实其罪。劓辟疑赦，其罚惟倍，阅实其罪。剕辟疑赦，其罚倍差，阅实其罪。宫辟疑赦，其罚六百锾，阅实其罪。大辟疑赦，其罪千锾，阅实其罪。墨罚之属千，劓罚之属千，剕罚之属五百，宫罚之属三百，大辟之罚，其属二百，五刑之属三千。……

周之时去古未远，故“五刑”之制，尚沿用之。从可知唐虞时代所用之五刑，即为“墨”、“劓”、“剕”、“宫”、“大辟”之五种刑制也。惟此五刑，在唐虞时并不常用，视其可宥者，则以流刑代之；所谓“流宥五刑”是也。至“鞭”、“扑”之刑，则为官府学校所用，即为后世笞杖之刑所由昉；而赎刑之法，即吕刑所谓“罚锾”，后世之“易科罚金”也。

若“象以典刑”之意义，自来学说甚多；其中主要者有三：

（甲）第一说以为“象刑”乃画犯人之衣冠，异其服、章，使人知其为犯人，以为惩罚与警戒者也。观慎到（慎子）之言曰：

“有虞氏之诛，以幪巾当墨，以草缨当劓，以菲履当刖，以艾韠当宫，布衣无领当大辟，此有虞氏之诛也”。又曰：“斩人肢体入肌肤谓之刑，画衣冠异章服谓之戮；上世用戮而民不犯也，当世用刑而民不从”。

厥后象刑之说，乃盛行于汉代。《汉书·刑法志》所载汉文帝之诏曰：

“盖闻有虞之时，画衣冠异章服以为戮，而民弗犯，何治之至也”。而郑玄乃于《周礼·司圜》之条：“凡害人者，弗使冠饰，而加明刑焉”。加以注释曰：“弗使冠饰者，著墨幪，若古之象刑与”。此皆宗慎到之说也。

（乙）第二说以为“象刑”为描写用刑之形象而公示之，使人知刑罚之可畏也。征诸《唐律疏议》，其疏曰：

“逮于唐虞，化行事简，议刑以定其罪，画象以愧其心”。而其注曰：

《晋·刑法志》曰：五帝画象而民知禁。……吴氏曰：图所用刑之象以示，使智愚皆知。王氏曰：若周典垂刑象于象魏是也。

惟其说则以宋之程大昌主张为最阐明，其考古篇所著之《象刑辩》曰：

象，法也，法以用刑也；以象为法，于义既迂，而法以用刑，似非六经语，故世以为疑。……夫既谓象，必有形可绘，有状可示也，则凡谓为象者，其必于形象焉求之，岂容泛言也。……象刑云者，是必模写用刑物象以明示民，使知愧畏，而何他求泛说哉？……周之阙，名“象魏”，“象魏”者，取其巍巍然也。象者实有六物之象，画著其上也。司寇之职，正月则垂刑象之法于象魏，使万民观刑象。……周言刑象，命其形也；虞言象刑，著其成也，其实一已。六官皆有职，六职皆有具，治教政礼刑工，随其事物，各图写之，其绘事属刑者，则刑官取而垂之魏阙，是为刑象。由刑象以推唐虞，则象刑云者，以有象而名，可类推也。

宋朱熹亦以“象刑”为画五刑之象以示民。故其所著《舜典象刑记》曰：“……‘象以典刑’者，画象示民以墨、劓、剕、宫、大辟，五等肉刑之常法也”。而其《大学衍义补》曰：

或问“象以典刑”，如何为象？曰：此正言法象，如悬象魏之象。

其后明之吴讷所著《祥刑要览》。亦宗是说。

（丙）第三说以“象以典刑”之象。为形容公示之语，即为法律之公布；典刑即谓“国有常刑”（指五刑），以资遵守也。殆取上天垂象之义，国家制法以公示人民，使其知所畏避也。蔡沈所注《书经集传》曰：

“象如天之垂象以示人，典者常也，示人以常刑所谓墨、劓、剕、宫、大辟，五刑之正也；所以待夫元恶、大憝、杀人、伤人、穿窬、淫放，凡罪之不可宥者也。”至《汉书·刑法志》亦曰：

“所谓‘象刑惟明’者，言象天道而作刑，安有菲履赭衣者哉”。此属于第三说也。上列三说之中，第一说由于好古之想象；第三说亦为以今推古之臆断；若从进化公例判断之，要以第二说为当。何则？盖由原始时代而进于文化时代，其初必为“象形文字”。我国进化之阶级，证诸历史之陈迹；如庖牺（伏羲）时代，结绳以为治；迨黄帝时，仓颉观鸟兽之迹制作文字，遂为“象形文字”之滥觞；而与埃及古代所用“象形文字”（Hieroglyph）正复相同。相传埃及最古之法典八篇，即用此种文字所书。嗣于古墓中发见宗族裁判之雕刻画约十五张，其中先绘犯罪人之状态，次绘犯人之逮捕、及审判、处刑，最后则绘裁判官报告于族长之状。此图尚保存于罗马市国立之博物馆中，犹可想见其遗迹。即古代泰西各国，亦往往于法庭、衙署、会场等处，绘列行刑之状焉。要之，文化幼稚时代，国家以形象示法禁于民，实为规范法原始之状态。盖以绘画为思想及事物之象征，即代替文字之公布；其发生时期，要在文字之先。而于不文法与成文法进化过程中，此为原始的、补助的成形法也。

周代文化，虽较唐虞为进展，然其制定之治典、教典、礼典、政典、刑典、事典等六典，由太宰及大司徒、大司马、大司寇，各于年首，宣示治法、教法、政法、刑法，于邦国都鄙。此种法规公布之方法，详载于《周礼》，其记《天官·太宰》之职云：

“正月之吉，始和布治于邦国都鄙，乃悬治象之法于‘象魏’，使万民观治象，挟日而敛之”。又记《天官·小宰》之职曰：

“正岁，帅治官之属，而观治象之法，徇以木铎，曰不用法者，国有常刑”。又其记《地官·大司徒》之职曰：

“正月之吉，始和布教于邦国都鄙，乃悬教象之法于‘象魏’，使万民观教象，挟日而敛之”。而其记《夏官·大司马》之职曰：

“正月之吉，始和布政于邦国都鄙，乃悬政象之法于‘象魏’，使万民观政象，挟日而敛之”。可知其宣示治象、政象、之法，皆公布于民以为规范，皆属从同。至秋官之掌，则专司刑事。故其记大司寇之职曰：

“正月之吉，始和布刑于邦国都鄙，乃悬刑象之法于‘象魏’，使万民观刑象，挟日而敛之”。又记小司寇之职曰：

正岁，帅其属而观刑象，令以木铎，曰：不用法者，国有常刑，令群士，乃宣布于四方，宪刑禁。

盖周时文化，尚未普及，其于国家之法令，对一般人民，直接以文字为公布；必难使其了解，知所趋避。故一方将法规揭诸门阙，昭示于民，同时又辅以图画，俾解释其意义；即与舜时之“象刑”无异。一方更鸣木铎，警告观众曰，若有不用法者，国有常刑，必加制裁；同时又命群士，布其法令于四方，以示刑之禁令，皆所以补助成文法之发展者也。

就上所述，所谓治象之法、教象之法、政象之法、刑象之法，其内容皆不可得而知。然则我国法律条文之制定，究自何时始耶?《尧典》虽有五刑之文，不过就刑名为分类。而于法文则无征也。晋叔向云：（见《左传·昭公六年》）

夏有乱政而作禹刑，商有乱政而作汤刑，周有乱政而作九刑，三辟之作，皆叔世也。

观此则夏商周三代皆有制定刑法之事，已可概见。《逸周书》云：“维四年孟夏……王命大正正刑。书……太史筴刑书九篇，以升授大正”。又征诸《左传》所载鲁太史克云：

先君周公作誓命曰：毁则（训法）为贼，掩贼为藏，窃贿为盗，窃器为奸。……有常无赦，在九刑而不忘。

综上诸文，似周代已有关于刑事之成文法典，所谓“刑书”者凡九篇，且原书至春秋时而尚存在，故太史克犹能诵习之。从可知周公制礼之外，同时并制定刑法；后世儒家，谓周代崇尚礼治，殆未尽然也。惟周公对于刑罚之制裁虽严，然要以感化主义及伦理观念为其精神，《尚书·酒诰》云：

厥或告曰：群饮，汝勿佚，尽执拘以归于周，予其杀。其对于饮酒而科以死刑，处罚不可谓不重，然又曰：

……勿庸杀之，姑惟教之。

由是以观，可知其意不在惩罚而在感革，实为“礼”、“刑”一致之观念。而其积极的伦理观念则视消极的保安观念为尤重。故《康诰》云：

元恶大憝，矧维不孝不友：子，弗只服厥父事，大伤厥考心；于父，不能字厥子，乃疾厥子；于弟，弗念天显，乃弗克恭厥兄；兄，亦不念鞠子哀，大不友于弟。惟吊兹，不于我政人得罪，天惟与我民彝大泯乱。曰：乃其速由文王作罚，刑兹无赦。

就此种法律思想观之，其刑罚之动机，所以助成伦理的义务之实践，而以感化为目的。就中可注意者，其所谓伦理上之义务，皆属平等，父兄之于子弟，与子弟之于父兄，其道德责任均立于对等地位，此实法律之一大进步也。

厥后刑律之制作，见于经传者，如《尚书》所载吕刑，为周穆王时所作，其中所言五刑之制度，较诸《尧典》为特详；盖已近于条文性质。迨春秋时齐有轨里连乡之法，晋有被庐之法，楚有茅门之法、仆区之法、今皆传其名，此外各国类此者当甚多。故当春秋末叶，郑子产铸刑书于鼎，（《左传·昭公六年》）以为国之常法。晋赵鞅亦铸刑鼎（《左传·昭公二十九年》）著范宣子所为刑书焉。盖成文法发达之阶梯，由记忆传授之法，一变而绘象，再变而为文字之记录；而欲达法律不朽之目的，乃改而铸于金属。此与罗马之十二表法相传为铜版所制，其进化正复相同也。

第三节　中国民刑法典编纂之经过及其影响

我国法律思想之发展，至战国时代而始渐完成。李悝集诸国之法典，从事编纂，于是造成《法经》六篇：曰“盗法”、“贼法”、“囚法”、“捕法”、“杂法”、“具法”，是为我国有法典之始。其六篇之命意，据唐杜佑《通典》之言曰：魏文侯师李悝，选次诸国法，著《法经》，以为“王者之政，莫急于盗贼”，故其律始于盗贼；须劾捕，故著囚捕二篇；其轻狡、不廉、淫侈、逾制等，以为杂律一篇；又以其律具其加减，是故所著六篇而已。秦用商鞅以变法，鞅之制法，虽本于李悝，而已大变其宗旨，其所定刑罚，多务为残酷。汉兴，约法三章，所谓“杀人者死，伤人及盗抵罪，余悉除去秦法”，其法律条文，至为简单。其后乃以三章之法不足以治天下，乃令萧何摭拾旧律，取李悝之《法经》六篇，增加三篇（户律、厩律、兴律）是为《九章律》。曹魏时，更因汉之九章，增加九篇（劫掠、诈伪、毁亡、告劾、系讯、断狱、请赇、惊事、偿赃）共为十八篇，复将“具律”改为“刑名”，冠于法律之首。晋代因汉之九章增十一篇，共二十篇。“具律”改为“刑名”，同于魏律，更增“法例”一篇，冠于律首，此外如户律、厩牧、兴律、盗律、贼律、杂律、捕律，则仍汉之旧，诈伪、断狱、毁亡、告劾、系讯、请赇则仍魏之旧，而宫卫、违制、水火、诸侯、关市，则其新增者也。自是厥后，南北朝之法律，如宋齐梁及后魏各为二十篇，北齐则为十二篇，北周则为二十五篇，虽其间代有损益。然皆出入无几；至隋唐而定为十二篇（名例、禁卫、职制、户婚、厩库、擅兴、贼盗、斗讼、诈伪、杂律、捕亡、断狱），乃比较整齐画一矣。

至于“肉刑”之制，古代之所谓墨、劓、剕、宫、大辟之五刑，至汉魏而未废，迨北齐北周，始废除此种酷刑，而代以鞭、杖、徒、流、死之五刑。及唐代更废鞭刑，而代以笞刑，定为笞、杖、徒、流、死五刑，其后历宋元明清诸朝，大都陈陈相因，卒未改革。此种笞杖之刑，虽亦身体刑之一种，然较诸墨、劓等刑之残剥皮肤肉体之事，则固已改良矣。

论者谓我国肉刑之制，伤残肢体，大背人道，非文明国家所宜有。然试考之罗马时代所定刑名，其残酷或且过之，兹分别列举于下：

第一，人格刑（Poena capitis，或称极刑）

（一）生命刑

生命刑（即死刑）之方法，有斩首、裹尸（以狼皮蒙人首，置于牛皮袋中，投诸江（海）、兽食（将犯人与猛兽食之）、活埋、绞杀（于狱内行之）、投岩（十二标法第八标第十条及第二十三条，凡奴隶白昼为盗，与伪证等罪用之）、火刑（十二标法第八标第十条，凡放火罪用之）等诸种名目。

按吾国大辟之刑，即为死刑，虽秦时于斩首外，有车裂、镬烹、囊扑等刑，至隋唐以后，则仅为绞、斩二种，而凌迟、磔刑诸刑，则不常用也。

（二）水火之禁

水火之禁，即为放逐等刑，于人格减等用之。受此禁者，沦为外国人之状态，后以轻流刑代之。

按此种刑制，与吾国古代所称“屏诸四夷，不与同中国”之意义相同。

（三）罚充奴隶

此种奴隶，归于国有。

按吾国汉唐时，有将罪人子女，没入为奴婢者，然未尝定为刑法之专条也。

（四）流刑

于一定之岛地监禁之，且剥夺市民权。

按吾国流刑，唐以后有流二千里，二千五百里，三千里之三种，大概处于极边或烟瘴等地。

第二，非人格刑（Poena non capitis）

（一）身体刑

报复刑（折伤人一肢者，亦折其一肢以报之，十二标法第八标第二条）、笞刑，属之。

按吾国上古所用墨、劓、剕、宫等刑，虽其立法用意无可考，殆亦近于“报复刑”之一种。

（二）自由刑

有期禁锢及蛰居，属之。

（三）财产刑

没收（全部或一部之财产）、罚金，属之。

（四）资格刑

即剥夺其为官吏及选举公民之资格，如犯破廉耻之罪是。

以上二三四各款为我国现代刑法制度所采用。

由此观之，罗马古代之刑名，与我国相比较，其从同之点颇多。惟我国法典之成立，自汉唐以迄明清，泰半注重刑法，即关于户婚钱债（民法）之条文，亦寥寥无几，且无不与刑律相参杂，此其故何哉？

综厥原因，不外二端：（一）由于古代所有权制度，尚未确立，婚姻、继承，皆从其习惯，故关于民事诉讼，殆甚稀少。且私权制度，悉赖国家以为保障。于是公权遂驾乎私权之上；（二）由于伦理思想及道德思想之发达，凡出于礼者即入于刑，故刑事制裁，遂为维持社会秩序之要素，所谓“礼刑一致”之观念也。

即以婚姻制度而论，在我国发生特早。征诸历史，太昊伏羲氏之时，已定嫁娶之制；以俪皮为礼，正姓氏，通媒妁，（见《史记·三皇本纪》）实为社会组织之基础。但其制度之完备，则为周代，周代因厚男女之别，妨淫奔之渐，婚姻之成立，除经“父母之命、媒妁之言”外，必须具备六礼。“六礼”者，即（一）问名；（二）纳采；（三）纳吉；（四）纳征；（五）请期；（六）亲迎，缺一则不生婚姻之效力。然对于家产不丰，或内外有事故，有难备六礼者，则特许于一定之时期，依略式而为婚姻。《周礼·地官》，“媒氏掌万民之判，凡男女由成名以上，皆书年月日名，男子三十而娶，女二十而嫁，仲春之月，使男女会，于此时奔者不禁，若无故不用令者罚之。”所谓“奔”者，即指“六礼”有不备者，得依略式而为婚姻之义也。所谓“罚”者，即指违背此种法令，须以刑事为制裁也。可知周代关于婚姻事项，由此推及其他人事民事事项，皆属礼制上行为，而为道德上之支配，至出乎礼即入乎刑而罚之，即为保持社会秩序之作用耳。

由上观之，我国法律思想之结晶，自上古以迄近古，俱本于“礼刑一致”之观念；故凡属民事及人事事件，大都参杂于刑律之中。所谓“出于礼即入于刑”，犹“昏晓阳秋之相须而成”。此种思想，为我国法系上成立之原则；与欧美之法律思想，但主张权利者，则迥乎不同矣。

欧陆法律思想之渊源，肇自罗马，而成文法典，亦自罗马而始成立。罗马建国之初，虽号称共和政治，然实权操于贵族，迨平民起而反抗，要求制定法典，遂有《十二铜标法》之制定。而法典委员中，平民占大多数，故第一标至第十标，平民权利，非常伸张。较诸我国古代之法典，多成于国家官吏之手者，要自有别。罗马之制定法典，既由平民与贵族争权之结果；其原因系防止贵族之滥用司法权，政府徇其请求，乃选委员十名，编纂法典，于纪元前四百五十年，制定十标，次年更制定二标，铭诸十二铜标，揭示法院，即所谓“十二标法”（Lexduodecim tabularum）也。惟其后几经兵燹，乃荡然无存，虽经法人哥土弗里杜氏（Cotohfredus）搜集，劫余已成为残编断简，每标仅存四五条或十余条而已。

然《十二铜标法》之法条，至今日虽留存无几，然观上列各标题，尚可想见罗马当日法律思想之表现。此十二标中：如第一标之“提传”、第二标之“审问”，则属于诉讼法规，与我国李悝《法经》所谓“捕法”、“囚法”以及魏晋隋唐之“断狱”、“捕亡”、“告劾”诸篇相较，皆诉讼法也。第三标至第七标，如“责偿”、“家长权”、“遗产继承及监护”、“所有权及占有”、“家屋及土地”，则属民法，一如我国明清二朝之“户婚”、“钱债”诸章也。（《户律》，汉《九章律》即有之，至明清时代，始于《户律》中分为“户役”、“田宅”、“婚姻”、“钱债”等）。至第八标之“私犯法”、第九标之“公法”，即私罪、公罪之区别，乃属于刑法。而第十标之“宗教法”，则为我国法律所无。其他十一及十二标，则为补充法规矣。

综上观之，罗马之十二标法，凡诉讼及民刑诸法，皆参杂于其中，与我国旧日之刑律，包含民法及诉讼法，殆无稍异。惟我国法律思想，关于刑法之制定，较民法为先，此种原因，盖由我国古代之民法，皆本于伦理道德之思想，为礼教上之制裁，而以刑罚绳其后。（在上段已详言之）至“实体法”与“助法”载列之次序，则自战国以来之法典，（李悝《法经》六篇，其一、二两篇为盗法、贼法，三、四两篇为囚法、捕法）下逮汉唐，皆首列实体法，而次列助法，此则与罗马十二标法不同之点也。

现代欧洲法律家，论法学之阶梯，谓民智懵昧，则先助法，人文进步，则先主法（即实体法）。观罗马之十二标法，首载诉讼，而主法之规定列后；盖其时社会幼稚，私权救济之机关，尚不完备，诉讼程序，仅贵族知之，而一般人民，仍属茫然，故先定助法，以资救济。由此以观，我国社会之文化，其发达实较罗马为最早矣。

陈茹玄

中国宪法史

作者简介

陈茹玄（1895—1955），字逸凡，广东兴宁人。1912 年考取省官费派赴美国留学，进入伊利诺伊大学攻读政法学，后又入哥伦比亚大学攻读宪法及国际法，获得法学硕士学位，曾在美国联邦法院任职，并主持出版了美洲《少年中国》、《民气周刊》等刊物。1921 年回国后，出任上海全国总商会月报编辑，兼《政学丛刊》总编辑。曾为北京师范大学、法政大学、东南大学、上海光华大学、大夏大学教授，并在 1924 年担任东南大学代理校长。此外，还曾担任国民政府建设委员会秘书长、立法院立法委员及工程委员会代理主任委员等职。主要著作有《民国宪法及政治史》、《中国宪法史》等。

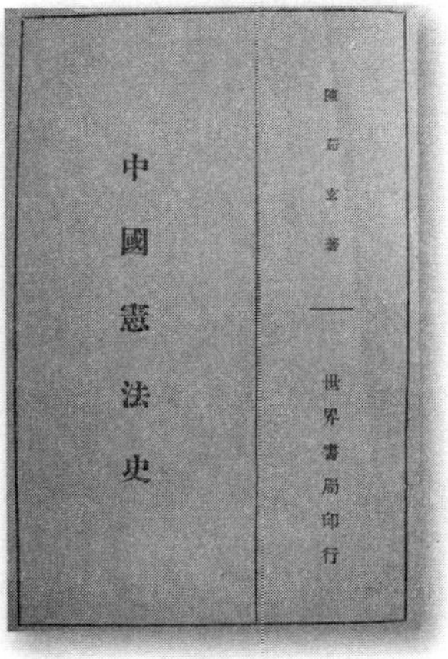

出版社：上海，商务印书馆。

出版年份：1933 年。

馆藏：中国人民大学图书馆旧平装书室。

作品简介：本书由十五章构成，并附有民国时期公布施行的相关法律。具体包括：总论；清季之法治运动；中华民国临时政府之组织法；临时约法时期；天坛宪法草案；袁世凯之新约法；新约法之施行与帝制运动之继起；临时约法复活时期；南北两政府之对峙与新旧国会之议宪；省宪运动之勃兴及其结果；国会第二次之恢复与“曹锟宪法”之完成；临时执政府之组织及其制宪工作；军政时期之根本组织法；训政时期之五权制度及约法之完成；宪政之预备。

总论明确提出宪法的定义及意义。“宪法为民治之根本，确立政府组织之原则，规定国家政权之分配”，“确立法治之基础，以求理想之治法”。认为君主政治和人治导致了中国法治运动的落后。

从第二章至第十二章，作者结合社会及政治背景，全面论述了从清末到南京国民政府成立之前宪法性文件演进和宪政的演变历程。从清末新政到临时政府组织大纲，再到临时约法、天坛宪法草案、新约法，后又有曹锟“贿选宪法”，其间过程跌宕起伏。

第十三章到第十五章，作者论述了南京国民政府在军政、训政时期的宪政历程及为宪政作的准备工作。作者根据时间将清末到民国的宪法分为君主时期的宪法、民主时期的宪法、党治时期的宪法；根据分权原则将宪法分为集权主义宪法和分权主义宪法；根据政治制度将宪法分为总统制、内阁制和委员制宪法。

作者指出这三十年根本大法的十几次变迁只能作画饼充饥，无补于国步之艰难，法治精神也因此而扫地殆尽。他认为中国宪法发展有三个趋势，即去党治而向民治、去集权而向均权、去委员制而折中总统内阁二制之间。最后，作者指出若求宪法不为废纸，造法者必先于“平、实、简、易”四字上用工夫。

本书最大特色在于作者结合社会政治的变动来描述宪法演变的历史，使读者对于清末到民国时期的宪法演变有更为清晰的脉络和更深层次的认识。本书对于后世了解这段时期的政治、法制及研究这一时期的宪政历史大有裨益。(邱少晖整理)

第一章 总 论

第一节 宪法之定义

德儒斯苛西（Schulze）尝谓“世界未有无宪法之国家”[①]。盖国家必有主权，有主权，必有代表主权，或表现主权意志之典则，以决定政府与人民之关系，为一切权责分配及行使之准绳，此种典则，即宪法也。故美国法律家斯东氏之释宪法谓：“宪法者，乃最高主权者之意志之表现于法律者也。”[②] 准此广义，则凡关于一国政制之大法，性质不论其为柔为刚[③]，效力不论其为久为暂，形式不论其为成文，或为习惯成例，皆可谓之宪法。而我中国自有史以来，未尝一日无政府，有政府，自有其组织之决定，与权力之分配法，立国五千年，固无日不有宪法也。然此种定义，究嫌太泛。考近代之所谓宪法，皆为民治运动之结果。故宪法为民治之根本法，所以确立政府组织之原则，规定国家政权之分配，及其行使者，其民治精神之存在，固无间于国体之为君主或民主者也。民治之根本法不见于中国之历史，有之，则自最近三十年始。

第二节 国家为何需有宪法

无论何国在宪法成立以前，政治皆以人为本。有人，始有法；法举，而国自治。然全慧全能之人，往往旷代不获一睹。政柄世袭之制，益增人选之难。在位之明主少，而国家之祸乱多，人治固不足长恃也。救其弊者，厥惟法治。举政府之组织，政权之分配行使，及官吏代表之人选方法等，均挈其纲要，规定于大法之中；使负政治责者为贤能之人，固可恃作南针，以定国家建设之大计，努力于各事之进展；即遇中庸之才，亦可按部就班，勉事曹随，守此成法而不败；故法治所以济人治之穷。而近代宪法，其惟一目的，即在于确立法治之基础。以求理想之治法；求相当之治人，固较易也。黄梨洲曰：“论者谓有治人无治法，吾以谓有治法而后有治人。”[④] 其言可深长思矣。

第三节 中国法治运动落后之原因

吾国数千年之政治为君主政治，求治之本，在于君明臣良。故其人存则其政举，其人亡则其政息，所谓人治者此也。若夫法治运动，则至清季始见端倪，以视欧美各邦，诚瞠乎其后。百哲士谓：“亚细亚为专制政治之大本营，人民惯习于保守。政治改良，不易实现。推其原因，则在于宗教之潜蓄势力。”盖氏以亚洲为世界大宗教发祥之地。人民极重视

---

① Schulze：Deutsches Staatsracht，Vol. I.，p. 19.

② H. F，Stone：Law and Its Administration，p. 128.

③ J. Bryce：有柔性宪法与刚性宪法之分。

④ 黄梨洲：《明夷待访录·原法》篇。

宗教，故习于迷信，惯受束缚，政治亦常带神秘的色彩，专制壁垒牢不可破。[1] 此说似矣，然律诸吾国，则不能无疑。盖宗教之在吾国历史上从未占若何重要位置，人民迷信程度较之欧西尚形不及，遑论如印度“近东”诸国者哉。然则世界开化最早之中国，胡为其专制政治历五千年而不变，至于今日反效颦西人，丐其余唾以求自新耶？曰是则因吾国人受专制之毒远不若西人之甚，故能习而安之，不穷极思变耳。吾国封建制度虽存于先秦，然私土子民之侯伯，固无欧洲中世纪封建时代大地主之专横。人民除纳租税服兵役之外，其所享自由，亦远胜欧洲当时之农奴与奴隶同侪者也。自郡县制兴，人民理论上直隶天子，阶级压迫更为减少，耕田而食，凿井而饮，几不知政治之何物，政府之属谁姓；此其为状，又非十七八世纪之欧人辗转呻吟于暴君虐政，层层压迫之下者所可同日语也。故美儒几尔士之论中国文化，有谓吾国政治制度“形式虽独裁，而运用则极平民”[2]。梁任公述中国政治思想，亦历引古代存在之制度与哲人之理论，而证明先民言政，莫不重民；民本主义于当时政治有极大之影响焉。[3] 政治虽不“由民”，政治尚能“为民”。人民所受之痛苦未甚，亦遂因循偷惰，甘于故步自封；此吾国之君主政治所以能亘数千年如一日也。

第四节 关于十二年宪法内容之评论

民国十二年十月十日，北京“贿选议员”所公布之宪法，原为民二《天坛宪法草案》演进之结果。第其二读之完成，三读之通过，及全案最后之公布，俱在贿选告成之后。论理议员受贿，已有铁证，虽在武力压迫之下，法庭不能行使职权，以惩戒违法者。而在法律上彼等即皆不可赦之罪人，其议员资格，当然丧失。故受贿后所通过之宪法，自应不能发生效力，而为之词者，则谓受贿是一事，议宪又是一事。议员受贿，国有常刑。然其依正式手续而产生之宪法，则不能认为无效。此说虽辩，究属牵强，盖“娼妇不能产合法之婴儿”，固人所同知也。然姑舍是，今仅就该宪内容摘要评论，以供研究宪法学者之参考。十二年宪法全文共十三章，都一百四十一条，其与民二、民六、时代宪法草案不同之要点，即在国权与地方制度两章。国权一章列举中央与各省所有权限各若干条，其未经列举事项，性质之关系国家者，属于国家，关系各省者，属之各省。（十二年宪法第二二条至二十六条）其制度精神，酷类民国十一年上海国是会议所起草之《联省宪法》第二章中所规定也。此章无异承认中国已改单一为联邦。但其条文中，则避免“联邦”或“联省”名词耳，是其与民二、民六草案，根本相异之处也。至地方制度章，则将全国地方，分省、县二级，省、县机关之组织亦为规定大纲，各省得自由制定省宪，惟制定省宪之机关，亦为该章所规定。（宪法第一百二十四条至一百三十五条）此盖当时省宪派与反省宪派争论之结果也。联治之说，民十以后，渐得国人同情。十二年宪法似欲取其精神，而避其名号。联治可采

① 见 Burgess：Reconciliation of Government with Liberty，Ch. I。

② 见 H. A. Giles：Civilization of China，p. 4。

③ 参见梁启超：《先秦政治思想》前论第三章。

用乎？反对者谓其破坏国家，违反我国历史上久大一统之习惯。余谓地方自治在中国亦有历史上久远之基础。考吾国省制，起于元代之中书行省，历今已五六百载，根基久远不易废除。而省治发达，肇自前清。咸同间，洪杨之乱，蔓延全国。中央无力削平，各省乃起而自卫，练兵筹饷，均独断行之。迨平定后，一切善后事宜，均各省督抚是赖；而督抚遂不啻地方之南面王，是为各省权重之始基。逊清之季，颁明诏，预备立宪。各省均设咨议局，对于本省政务兴革，有议决之权；对于地方行政长官，有纠举之责。是为省民自治之雏形。辛亥革命，西南各省首举义旗，推倒满清。起义各省，各治其兵，各为其政，俨然独立国家。南京代表中央之临时政府，为各省代表之所创立。制定约法之参议院，亦为各省代表之所组织。先有省而后有国，其建造之程序，与美利坚、德意志诸联邦大国，如出一辙。① 故采用联省制，决非违背吾国历史之习惯。独怪十二年宪法已采联治分权之原则，而又忌讳联治之名称。殊不知其用意所在也。

该宪第二十三、四、五各条，列举中央与各省各有或共有之权。第二十六条，则谓除各条“列举事项外，如有未列举事项发生时，其性质关系国家者，属之国家；关系各省者，属之各省。遇有争议，由最高法院裁决之”。又第二十八条规定“各省法律与国家法律抵触者无效……其疑义由最高法院解释之”。据此，则最高法院有取消省法之权，并未有取消国法之权。如是国法侵夺省权，法院何从纠正？则所谓“属之国家”“属之各省”者，其分界盖至危矣。② 又第百零八条“法律与宪法冲突者无效”，惟裁判权属之何方，则并无规定。惟第百三十九条云：“宪法有疑义时，由宪法会议解释之。”揣其意，殆谓法律与宪法冲突时亦由宪法会议裁判之也。夫裁判国家法律，与各省法律之冲突之权，已于第二十八条授诸最高法院；而裁判国会法与宪法冲突之权，则由宪法会议行使。是宪法会议之权，远在最高法院之上。而按第百四十条之规定则“宪法会议由国会议员组织之”，以国会议员组织之机关，裁判国会法与宪法冲突之问题，是何异以被告裁判原告？国会至此，真可为专制万能之机关矣。

至于关于地方制度之规定，宪法共有十一条。首分地方为省、县两级，次予各省以制定省自治法之权。惟第百二十六条明白规定省自治法制成之方法。第百二十七条又详细规定省政府之组织。第百二十八条并县自治之各种组织亦详及之。第百二十九至百三十一条则更将省县之关系，一一为之规定。此则与国权章所采之分权原则，难免矛盾者也。地方自治机关之组织，在单一国家，则应由国会立法规定。在联邦国家，则当归各邦或各省自行立法规定，而皆不宜于中央宪法详细条列者也。盖地方制度，最要能适合地方情势。以我国之地大民众，而必令各地方机关之组织，整齐划一的规入国家之百年大法中，苟有与地方情势枘凿者，舍修改国宪外，各省无法补救。其弊岂胜言哉！且尝细究单一国，除国

① 参见陈茹玄：《联邦政治》第八章第十节。

② 或谓该条所指“事项”，乃其未经国法或省法取缔者而言，故不至有取消何方法律之事实发生。不知苟无法律取缔，势无争议发生，已无争议发生，何待法院裁决。故有争议发生，则该种“事项”必同时包含法律问题也。

家政府外，即为地方自治团体。而联邦国家二者之外，更有一介居其间之邦政府。联邦宪法对于邦政府之权限，无论其为列举，或为概括，往往有详细之规定。至于邦政府之组织，则鲜有规定者。[①] 有之，亦不过如美、瑞宪法，限制各邦之“必为共和政体”，及新德宪法限制各邦之必采责任内阁制度者而已。至于地方自治团体，如县市者，则由各邦自主，中央宪法固不过问，中央议会，亦不干涉。盖不如是，则地方自治不能发展，中央与各邦权限不能分清，联治之精神尽失矣。今十二年宪法，已将中央与各省之权，平等的列举于国宪，是直采用联治分权之原则，自应予地方以充分之自治。乃第十二章又忽规定各省之县政府当如何组织，如何选举。一切为国宪所支配，尚何自治之足云?[②] 若谓该宪本旨，原采单一集权制度，则不应将省权与国权平行列举于宪法中，使地方与中央于对抗地位。盖单一国家，地方机关俱带有代表中央性质，且存在于中央权力之下者也。故其组织及权力，应受国会法律之支配。如普鲁士之十二省，政府一方代表中央，一方主持地方自治。中央对于各省，不独可监督其行政，并可干涉其立法。如法兰西之八十六道（86 Departments)，为纯粹中央之行政区或。官吏之任免，法令之兴革，莫不大权操诸中央。苟此种地方机关之权力，一一规定于国家之根本法，则地方与中央已成两相平等之机关，中央岂复能操纵自如耶?故地方制度无论在单一国，或在联邦国俱不宜于中央宪法详细规定也。

再就十二年宪法所规定地方制度之内容观之，亦觉殊多缺憾。第百二十七条第二项云“省设省务院，执行省自治。行政以省民直接选举之省务员五人至九人组织之。任期四年”。第三项云：“省务院设院长一人，由省务员互选之。”此盖窃取瑞士各郡与普鲁士自由邦，及美国各邦之制度拉杂入诸宪法者也。今先将普、美、瑞各制述要如下：（一）普鲁士自由邦，不设总统，仅有对邦议院负责之内阁。内阁总理，由邦议会选举。其余阁员，则由总理指定。总理及阁员均对议院负责。（二）美国各邦，设邦长（Governor）一人，（或添副邦长一人）及各部长若干人。大抵皆由人民直接选出。严持分权主义，不对议会负责，故行政机关呈多头现状。（三）瑞士各郡（Cantons）概用委员制，行政权由五人至十三人之委员会主持之。各郡委员，大概由郡议会选出，然亦有由人民直接选举者，任期从一年至五年不等。上述三制，形式虽有不同，而共为多头行政则一。瑞士小国，其所谓郡，犹我国之村市。人民易以监督，且少政党之争，故行政多头，亦不为弊。至普鲁士则采用纯粹的议院制度，阁员对议会负责，议会可时时监督。且内阁总理有指定阁员之权，事实上即为行政元首，责任亦无不中集之患。吾国各省之大，不可与瑞士诸郡同日语。今省务院已由省民直选，当然对省民负责。试问各省人民，能如瑞士郡民之监督其行政委员否?吾知其必不能也。且省务院长与省务员同为民选，非若普之总理有指定阁员权者之能中集其责任，而受议会之节制也。人民不能监督，议会不能节制，此群龙无首之省务院，一旦内部

① 参见陈茹玄：《联邦政治》第一章。

② 奥地利联邦宪法，虽有邦立法行政组织大纲，并规定大总统得解散邦议会，然奥制偏重中央集权，非完美之联治，不足为法。关于此点可参阅陈茹玄：《联邦政治》第七章第九节。

发生意见冲突，吾不知其将何所适从？美利坚各邦采用分权原则，立法与行政各自独立，而其邦长与各部部长复同为民选。部长与邦长成为平等同僚，致令内无负责之中心，外无直接之监督，行政效率，因之大减。识者莫不病之。奈何欲蹈其覆辙耶？然则省行政应如何组织耶？曰：采普制，废省长，由省议会选出总理，以组织对省会负责之省务院可也。或采分权原则，以民选省长，独自任免行政各员与议会对峙亦可也。即以民选省长，组织对议会负责之省务院，亦未尝不可也。盖行政最忌失其重心，事权贵中集，责任贵专一，方不至浮泛无归，不可不察也。

第五节　过去之总结与未来之期望

自清季宪法运动以迄今兹，为期未及三十年。其间吾国根本大法之变迁递嬗，已有十三四次之多。至完成而未实行，及修改仅及于部分者，尚不与焉。此三十年中之大法，从时间之分配言，可得三期：一曰君民主时期，如清末光、宣时代之《宪法大纲》，及《十九信条》是。二曰民主时期，如《民国临时政府组织法》、元年《临时约法》、三年《新约法》、六年及十一年《广州军政府组织大纲》、十二年“曹锟宪法”、十三年《临时执政府组织法》等是。三曰党治时期，如十四年及十七年之《国民政府组织法》、二十年之《训政约法》，及《修正国民政府组织法》等是。从分权之方法言，可得两类：一曰采集权主义者，如《宪法大纲》、《十九信条》、元年《临时约法》、三年《新约法》、八年《宪法草案》、《临时执政府组织法》、《广州军政府组织大纲》、《国民政府组织法》、《训政约法》[①] 等是；二曰采分权主义者，如十二年“曹锟宪法”、十四年段执政时期之《宪法草案》等是。从政治制度方面言，可得三类：一曰用总统制者（即元首制），如《宪法大纲》、《民国临时政府组织法》、三年《新约法》、六年及十一年《广州军政府组织大纲》等是；二曰用内阁制者，如《十九信条》、《临时约法》、《天坛宪法草案》、“曹锟宪法”、六年及十四年《宪法草案》是。三曰用委员制者，如七年《广州之修正军政府组织大纲》、（即改用总裁制者）十四年与十七年《国民政府组织法》、二十年《训政约法》，及《国民政府组织法》等是。[②]

总是而观，吾国在此最近三十年之短期中，对于世界各种宪法，罔不一一穷形尽相，极效颦之能事。然终于画饼充饥，无补国步之艰难，道揆法守，久而愈乖，民不见德，惟乱是闻。凌夷至今，法治精神，扫地殆尽。乃值内忧外患，风雨飘摇之会，又喘息而言制宪。鉴彼前辈，念兹来轸，此有心人之所以百感苍茫，不胜临渊履冰之惧者也。革命大儒黄梨洲先生之言曰：“夫非法之法，前王不胜其利欲之私以创之；后王或不胜其利欲之私以坏之。坏之者固足以乱天下，其创之者亦未始非害天下者也。”[③] 故作法者苟不欲以法乱天

---

① 《训政约法》虽曰依据建国大纲，采用均权原则，然地方之权，不受自约法，而受自中央政府，自仍为集权制也。

② 十七年《国府组织法》及二十年《训政约法》固富有独裁制之运用，然其形式仍为不可否认之委员制。至二十年七月之《国府组织法》大类寡头制，亦变相之委员制也。

③ 见黄氏《明夷待访录·原法》篇。

下，则首当严公私之别，明义利之分，抱牺牲个己之决心，为民族树立法治之根基，以矫末俗之颓风，庶可冀收成效于万一耳。中国果亡，则吾何说。如不果亡，则终必循法治之轨以求生路。此其为义，可谓“建诸天地而不悖，质诸鬼神而无疑”者也。孟轲曰：“七年之病，求三年之艾，苟为不蓄，终身不得。”然则今之议宪，敢云早计，亦曰“求三年之艾”已耳。

此时宪草，虽正在草拟中，除暂时肯定原则数条外，未能求得批评讨论之根据。然默察将来，似有下列三种之趋势：

其一，去党治而向民治。以党专政，原为训政时期之过渡办法。一俟训政结束，宪政施行，民党自当以政权归还民众，以期实现民有、民治、民享之主张。此则毫无疑义者也。惟归还政权之后，宪治精神，必仍一本中山先生之建国大纲、三民主义。盖建国大纲与三民主义，固聚精会神于永远民治基础之树立者也。

其二，去集权而向均权。中央集权，谈者众矣。然自改元以来，征诸史跡，则其事其人，均未之见。而事实之所诏示，则中央欲与各省求分治之局，犹不可得。割据之势，积重难返。借曰统一，亦等空言。中央之对地方，固在在鞭长莫及；地方之对中央，又往往越俎代庖。如国税之截留，军队之滥编，和战之自动，名位之私相授受等等，在地方久已相习成风，俨若固然。其目无中央之概，今昔相衡，未减几何？此诚不能不令人思之痛心者矣！故今日之急，不在于空谈集权，而在于求均权之实行。使关系全国最要之事权，如外交、军政、关税、币制等等列举于宪法，以明中央责任范围之所在。余则归诸地方可也。中央之权，先求其有，后求其大，按切事实，渐次改进，以反尾大不掉之势，庶有济焉。

其三，去委员制而折衷总统内阁二制之间。国民政府在军政、训政两时期，均采委员制度者也。吾人对于委员制学理上之得失且勿论。即以过去八九年之经验观之，此群龙无首之制，平时则互相牵相掣，在在足以减低政治之效能。一遇危急，则互相推诿，无处可以追寻政治之责任。即偶有政令较易推行时期，则即为委员制其名，独裁制其实之时期。鉴往推来，吾人逆料今后行政委员制之势难复用。故将来负政治责任者，不论其为总统或为行政院长，其必由一首领当之者无疑。然五权平行，立法院之地位有异乎普通之国会。其监督行政之权，亦自不可与英、法之巴里门相提并论。而五院之上，复有国民大会，则国民政府之总统，对于行政院高级长官之进退，及行政大计之决定，亦恐不能如美利坚总统之专断。故总统内阁两制，均似不能完全适用。或者将折衷两制之间，而别辟一径乎。

至于将来宪法，必在可能范围内，采纳三民主义之精神。此则为中央决定之案，不能任意更张者也。论者疑焉。谓三民主义，为国民党之主义。党治时期，固可依三民主义以言政。今已开放政权，实行民治。又何必以一党之主义，为将来政治之绳墨，假民治之名，以续行党治之实也。不知主义乃天下之公，非一人一党所得而私也！吾人对于主义止问其善与不善，不问其党与不党。果其为救国匡时之主义，则一人之所发明，即公意之所同归。一党之所主张，即兆民之所共戴。党虽可由主义而结合形成，主义却不能以党限其信仰也。三民主义之民族主义，所以克制帝国主义者也；民权主义，所以克制专制主义者也；民生主义，所以克制资本主义者也。帝国主义、专制主义、资本主义，皆现代人类之公敌。抵抗人类公敌者，即三民主义也。即或有抵抗人类公敌之他种主义，亦必与三民主义同其条贯。盖三民主义，浩如烟海，几于无所不包。苟救国之目的相同，则无论各人之立场如何，终必殊途同归。故宪法之酌采三民主义，以达民有、民治、民享之途。此则国民之不能反对，亦不可反对者也。

然吾闻之，疗饥不期于鼎食，拯溺无待于规行。今天下之饥溺亟矣！如何救国之危，以缓民之死，是则芸芸众生之所疾首蹙頞以期；亦负责草宪者当前之最大问题。苟能树五权之规模，弭循环之内战，俾人民得衣食住行之利，免冻馁流离之苦，则法治之目的达矣！宪法之功用尽矣！兵凶乱离之余，民之所需，“安居乐业”四字而已；固无取乎繁法，更有戒于虚文。与其得山珍海错之一纸菜单，毋宁受箪食豆羹之半饱实惠。昔高祖入关约法三章，除秦苛政。民之归也，如水就壑。贾生所谓“寒者利短褐，饥者甘糟糠”，盖言得其时也。故尝谓今后欲求宪法之不为废纸，造法者必先于平、实、简、易四字上面用工夫。平，则不贵立异；实，则不尚玄虚；简，则可明；易，则能行也。否则制宪之利未见，而坏法之害已来。法治之期，终如泥牛入海，永无消息耳！

陈顾远

中国国际法溯源

作者简介

陈顾远，(1895—1981)，字晴皋，陕西三原人，1919 年考入国立北京大学，攻读政治学，并获法学学士学位，毕业后留校助教三年，1922 年加入中国国民党，1935 年被聘任为立法院第四届立法委员，1946 年担任“制宪”国大代表，曾任安徽大学、中央大学、西北大学、复旦大学、朝阳大学的法学教授。1949 年前往台湾，出任“立法委员”、“立法院民法委员会”委员长，并在台湾大学、政治大学、中国文化大学、东吴大学、中兴大学等校兼任教授。一生著作颇丰，主要有：《中国法制史》、《中国古代婚姻史》、《中国国际法溯源》、《墨子政治哲学》、《国际私法总论》、《商事法》等。

出版社：上海，商务印书馆。

出版年份：1933 年。

馆藏：中国人民大学图书馆旧平装书室。

作品简介：本书共分四部分。在总论部分，作者开门见山指出中国古代存在国际法之观点。当时国际法的内容包括礼、信、敬、义等。作为国际法主体的国家在当时包括周王室、方伯之国、诸侯国、附庸国、夷狄国等，且这些国家因地位不同而享有不同的等级序列。与主体相对应的国际法的客体在当时主要涉及国境、疆界改变、田邑得丧、都城等国际问题。这些国际问题往往由各国间的国际活动导致并由各国外交使节代表国家沟通解决。直接交涉的和平息争与报复等强硬息争手段是当时国际争议解决的主要方式。另外，还有适用于国际公断之诉。在此基础上，作者讲述了当时各国邦交的情况。诸侯国间的对外交往主要包括朝觐、聘问、报拜、告请、吊恤五种。如有特殊事件发生，会有临时之策略。例如诸侯会同、遇离、盟誓、质执。而战时，对于征伐侵袭、战取入灭、敌俘谍使、降成平盟等有相关法律规定。本书要点突出，史据充分，叙述流畅，是民国时期研究古代国际公法的一部力作。(于游整理)

第三章　盟誓

现代国际法上，以二国或数国之同意，缔结条约互保其权利者，曰同盟国，条约曰同盟条约。我国古代，列国对立，虽无现代之各种条约形式，而盟诅誓约之事，亦极盛行，考其用意，与今固非二致也。

春秋之世，会盟最烦。会而合者，有近于今日国际团体之组织，会仅“离”者，亦不失为国际结合之一种。若夫盟也者，则与今之国际条约无多特殊，霸者往往召会主盟，故霸主为会之主，亦即为盟之主也。盟之云者，依《释名》“盟，明也，告其事于神明也”，《类篇》“盟，誓约也，又信也”。则盟之为义，自甚昭然。惟古代盟之为用甚广，个人因政治上之关系亦可用盟，国际盟约不过盟之一种而已！次于盟者为诅，以祸福之言相要是也。《左传·隐十一》“郑伯使卒出豭行出犬鸡，以诅射颍考叔者”，即其例耳。诅之与盟异者，《周礼·诅祝》注“盟诅主于要誓，大事曰盟，小事曰诅”。又《疏》“盟者盟将来，春秋诸侯会有盟无诅；诅者诅往过，不因会而为之；故云大事曰盟，小事曰诅也”。是盟诅虽更称之，而诅之不用于国际间也可知；亦如盟约同连称之，而单言约，则以国内之关系为限，此又《周礼·秋官》以司盟、司约分为两职也。

至于所谓誓者，据《说文》“约束也”，《释名》“制也，以拘制之也”，《正韵》“约信也”，尔言《释言》“谨也”，《注》“所以约勤谨戒众”，《疏》“谨敕也，集将士而戒之曰誓”，则与盟义颇相近，故盟誓亦连称焉。然誓为言折两字所构成，有以言折其罪，或约其信之义，《尚书·大禹谟》“禹乃会群后誓于师”，《左传·闵二年》，“誓军旅”，皆系征伐之际，誓师宣众之例，《尚书》所载甘誓、汤誓、泰誓、牧誓、费誓、秦誓均然。盟为明皿两字所构成，系形容以皿盛血，歃之而明于神明之义，且其所用之范围，在国际关系上，似亦较盟为广也。《曲礼》云：

“约信曰誓，莅牲曰盟。”

即其区别也。吕大临并注曰：

“约有深浅，誓，约之浅者，盟，约之深者。”

则誓当为盟之略式，维春秋经传。盟例甚多，而特别言誓者，甚不一见；盖盟而歃者固称之为盟，盟而不歃者，亦称之为盟，则誓或亦在盟之中，愚遂以誓附之于盟而论焉。

（一）盟誓之意义

盟誓意义，略如前述，顾仅就字义而研究之耳。若夫在实际运用上之意义，则又待有说，且盟之与誓，亦有分别之点在焉。盖盟为诸侯之事，誓则天子亦可用之耳。故欲确知盟誓之为盟誓，更须于下列诸点中求之：

（甲）诸侯盟于王之会同　盟者诸侯之事也，不能与天子盟，苟“臣而盟君，是子可盟父”，故古代视之为铁则也。然诸侯虽不能与天子盟，而盟之正当表现，春秋之世与后世各说者，皆认为诸侯相盟于会同天子之后，乃是古法或应认之为正法也。盖认为“太平之世，诸侯不得擅相与盟，惟天子巡守至方岳之下，会毕，然后乃与（按予也）诸侯相盟，同好恶，奖王室，以昭事神，训民事君；凡国有疑，则盟诅其不信者。及殷见曰同，并用此礼”。（《曲礼疏》）故晋叔向之言曰：

“是故明王之制，使诸侯……再会而盟，以显昭明……自古以来，未之或失也。”（《左・昭十三》）

再会而盟云者，即六年而一会，示威于众；十二年而一盟，昭明于神之谓也。若十二年王不巡守，则殷同之中，因朝而盟之。此外诸侯有不协之事，则天子调停其间，亦可使之为盟，《周礼・司盟》云：

“凡邦国有疑会同，则掌其盟约之载书及其礼仪，北面诏明神，既盟则二之。”

诏谓读其载书，以告神明；二谓副写载书，以授六官。故如邦国有疑，则时会殷同，王皆可令其盟之，俾归于好，共奖王室。晋文践土之盟，有“皆奖王室，无相害也”之语，则是犹师古意耳。

虽然，诸侯相盟，固不得以王为其主体之一，但王则可赐盟于诸侯，如鲁展喜对齐人之言曰：

“昔周公太公，股肱周室，夹辅成王；成王劳之而赐之盟曰‘世世子孙，无相害也’；载在盟府，太师职之。”（《左・僖二十六》）

即一例也。

（乙）王臣监临诸侯之盟　王世子为王之二，王臣卫王命而出使，诸侯皆不得盟，而王臣亦不得与之聚盟。故春秋王世子以下会诸侯者，皆同会而不同盟，礼也。僖五年，夏，公及齐公、宋公等等会王世子于首止，秋，八月诸侯盟于首止，一事而再言者，齐桓行霸，尊崇王室，王世子不盟故也。《谷梁传》曰：

“无中事而复举诸侯何也？尊王世子而不敢与盟也。尊则其不敢与盟，何也？盟者不相信也，故谨信也，不敢以所不信而加之尊者。”

然此尚就王太子而言之。即王之臣亦然，僖九年，公会宰周公齐侯宋子等等于葵丘，九月诸侯盟于葵丘，是宰周公不盟故也。反之，苟有违者，《春秋》皆加以贬责。僖二十九年，公会王子虎、晋狐偃、宋公孙固等等于翟泉。王子虎下盟列国，以渎大典，故《春秋》贬称“王人”，且去“公”而不书，盖诸侯不合盟王臣，王臣不合与于盟，王子虎与鲁君皆失也。

王臣虽不能与诸侯之盟，但临盟监视，则可也。僖二十八年践土之盟，左氏称“王子虎盟诸侯于王庭”，而经仅书诸侯盟于践土，不及王子虎；杜注云：“王子虎临盟不同歃，故不书，”是王子虎仅临盟而未同盟，故与次年翟泉之盟异。宣七年，诸侯黑壤之盟，左氏亦称曰：

“冬，盟于黑壤，王叔桓公临之，以谋不睦。”

亦系奉天子之命，监临诸侯，而不同歃也。

虽然，王臣不与诸侯同盟，固为当时国际间之正法，即在哀十三年，黄池之会盟，单平公亦不与之，盖可知也。惟在事实上，周命早衰，实等一国，而王室又尝有难，诸待诸侯为助，往往敕使来盟，例亦有之。春秋对此以事势宜然，既无褒美，亦无贬责，是已有破成例矣。有如，僖八年，公会王人、齐侯、宋公等等盟于洮，以谋王室，而使襄王定位；文十年，及周卿士苏子盟于女栗，因顷王新立，故与鲁盟，而亲诸侯；襄三年，公会单子、晋侯等等，盟于鸡泽，因灵王新立，遣使出而与诸侯盟，以安王室，皆然。要之，王臣不同盟于诸侯，乃正则也；为王室之安宁而盟，乃变则也；若无事而为普通之盟，则有讥矣。然则舍当时国际法之原则不论，专从事实观察之，是王臣固可与诸侯同盟也。

（丙）诸侯盟于诸侯之间　春秋之世，诸侯会同于天子之礼阙，因朝而为盟会，事甚少见。然诸侯相互间之盟，则极发达。如上所述，王臣或参加诸侯之盟，或监临诸侯之盟，皆以诸侯间之盟为主矣。诸侯间之盟，大别有三种形式：一为诸侯间之同盟，此无定期，不协即盟。所谓：

“有事而会，不协而盟。”（《左·昭十三》）

是也。盖霸主之合诸侯，不得令其同盟以奖己，遇有不协即可同盟，不复如旧法中，十二年间八聘四期再会一盟之制。此种情形虽子太叔谓系文襄所创，实则在齐桓时已然，惟齐桓陈牲而不杀耳。一为两国间之交盟，左襄二十七年，宋之盟后，晋荀寅遂如楚莅盟，楚远罢如晋莅盟，是其例也。一为两国间之单盟，左文七年，徐伐莒，莒人来请盟，穆伯如莒莅盟，是其例也。

（丁）王及其使誓诰诸侯　誓除约信之外，尚有共行动，宣号令之义，故天子得向诸侯誓之。舜命禹征有苗而戒于众，启伐有扈而誓于众，汤伐桀，武王伐纣，皆有其誓。因其系会群后以征讨，则誓之对象，天子自誓与群后共誓皆在焉。且如吕大临云：“古者诸侯无事则相朝，不相朝则相会，不相会则聘，有大事则天子使方伯誓之，皆所以讲信修睦，以交四邻也。”是天子不自为誓之时，亦可使方伯誓之也。但春秋之世，王纲已堕，天子之誓遂无所闻。

（戊）诸侯与诸侯间之誓　诸侯相誓，约信为主，以其不能自和好，故用言辞共相约束以为信也。左僖二十四年，公子重耳对子犯曰：“所不与舅氏同心者，有如白水。”虽非诸侯相誓，而誓为言语之约束，义无逾此。春秋对于诸侯相誓，颇少明文，然其事则可依曲礼“约信曰誓，莅牲曰盟”之义求之。桓三年，“夏，齐侯、卫侯胥命于蒲”；所谓胥命，即申约言以相命而不歃血，故《左传》称其“不盟也”，实即誓也。《公羊传》曰：

“胥命者何？相命也。何言乎相命，近正也。此其为近正奈何？古者不盟，结言而退。”（桓三）

《注》谓“时盟不歃血，但以命相誓”，而不言盟，与古相近也云。《谷梁传》亦同此义。然则所谓胥命者，为誓可知。胥命之文虽仅此一见于《春秋》，而盟不歃血之事，在齐桓衣裳之会中，亦成通例，故庄十六年幽之盟、二十七年幽之盟、僖二年贯之盟、五年首止之盟、七年宁母之盟、九年葵丘之盟，虽以盟称，而既不歃血，实皆誓也。

（二）盟誓之价值

会同结合之基础在于信，盟誓亦然。弃德背信，盟誓何益？不特此也，盟之为盛，亦即由于不信所致，此又古代往往是誓而非盟也。故盟誓之价值云者，一指盟誓成立之价值而言，一指盟誓存在之价值而言耳。

（甲）盟誓成立之价值　《春秋公羊》说，古者不盟，结言而退，故对桓三年，“齐侯卫侯胥命于蒲”之文，谓其以胥命称者“近正也”。认为古只有誓而无盟，盟诅之事殆起于衰世。《谷梁传》亦称。

“胥之为言犹相也，相命而信谕，谨言而退，以是为近古也。”《桓三》

盖以同声相应，同气相求，依信为约，不歃以血，乃古之道也。依其推想。

“诰誓不及五帝，盟诅不及三王，交质子不及二伯”。《谷梁·隐八》

即因五帝时，军旅会同，不须诰誓而信自固；三王时，众所归信而不盟诅之故耳。不仅两传之解释如是，依《左传》言，《春秋》书盟亦所多讥。左桓十二年云：

“君子曰，‘苟信不继，盟无益也。’《诗》云，‘君子屡盟，乱是用长’，无信也。”

即其一例。他如《诗》之刺盟，为例亦伙，无待详举。

（乙）盟誓存在之价值　盟与誓之本身，虽各异其价值；而既盟矣，既誓矣，则欲维持其存在，使无背盟反誓之事发生，其所赖者亦惟信耳。庄十四年，公会齐侯盟于柯，据《公羊传》，曹刿手剑从公，愿请汶阳之田，要齐侯与公盟：

“要盟可犯，而桓公不欺；曹子可仇，而桓公不怨；桓公之信著乎天下，自柯之盟始焉。”（《公羊·庄十四》）

《谷梁传》亦曰：“公会齐侯盟于柯，曹刿之盟也，信齐侯也。”是盟之须以信为其基础也可知。故如成十一年，秦晋为成将会于令狐，晋侯先至焉，秦伯不肯涉河，次于王城，使史颗盟晋侯于河东，晋郤犨盟秦伯于河西。范文子曰：

“是盟也何益？齐盟所以质信也，会所信之始也，始之不从，其何质乎。”（《左·成十二》）

秦伯归而背晋成，果如其言。盟一为之，义难再改，所以维持其信也；苟信不继，而重寻旧盟，春秋之世，亦多所讥。成九年，为归汶阳之田故，诸侯贰于晋，晋人惧，会于蒲，以寻马陵之盟，季文子即谓范文子曰：

“德则不竞，何盟之寻。”（《左·成九》）

又昭十三年，晋人将寻盟，齐人不可，刘献公对叔向曰：

“盟以底信，君苟有信，诸侯不贰，何患焉。”（《左·昭十三》）

又哀十二年，吴子使大宰嚭请寻盟，公不欲，使子贡对曰：

“盟所以周信也，故心以制之，玉帛以奉之，言以结之，明神以要之。寡君以为苟有盟焉，弗可改也已，若犹可改，日盟何益？今吾子曰‘必寻盟’，若可寻也，亦可寒也。”

（《左·哀十二》）

皆是此例。即在春秋以前，盟必以信为言，亦有记载，《吕刑》“罔中于信，以覆诅盟”可证之。不过春秋，列国共盟、同盟、交盟之事日盛，则信之要求，更为当时普遍之心理也。

（三）盟誓之时期

不信而始有盟，则在任何期间，苟有不信，即可为盟。虽曰盟只形式之事，而春秋之世则依然认为结信之必要也。试述其概：

（甲）朝而为盟者　左僖十八年，郑伯始朝于楚，楚子赐之金。既而悔之，与之盟曰：“无以铸兵”，故以铸三钟，此其例也。

（乙）聘而为盟者　聘为卿大夫之事，故聘而盟者，除少数情形外，大都寻旧之盟，或临前定之盟，如《春秋》所言莅盟、来盟之类是也。左隐七年，“齐侯使夷仲年来聘，结艾之盟也。”左成十一年，“郤犨来聘，且莅盟；季文子如晋报聘，且莅盟也。”皆其例。凡聘而为盟者，必先行聘礼。公羊桓十四年，“夏五，郑伯使其弟语来盟，”《注》称“来盟者，聘而盟也，不言聘者，举重也”，是在盟之前必行聘礼可知。观于左襄二十七年，“楚远罢如晋莅盟，晋侯享之，将出，赋既醉。”更知其然。

（丙）离而为盟者　与一国相会曰离，离而为盟者，先行会礼，然后及盟。桓十七年，“公会邾仪父盟于趡”是其例也。然亦有不行会礼，而竟盟者，隐元年，“公及邾仪父盟于蔑”、“及宋人盟于宿”是其例也。

（丁）会而为盟者　桓十七年，“公会齐侯纪侯盟于黄”，此二国以上之会而相盟也。僖九年，公会宰周公齐侯等于葵丘，盟于葵丘，此合诸侯之会而相盟也。原则上固必先行会礼而后为盟，顾事实上亦有不然者。例如文七年，“公会诸侯晋大夫盟于扈”，《左传》云，公后至，则是不及其会，故知盟称会者，实未必皆先行会礼也。

（戊）服而为盟者　左僖二年，“盟于贯，盟江黄也”；《注》称“江黄，楚与国也，始来服齐，故为合诸侯。”即其例焉。他如左宣十一年，“楚盟于辰陵，陈郑服也”，左襄九年，“同盟于戏，郑服也”等等皆然。

（己）败而为盟者　即城下之盟是也。左桓十二年，“楚伐绞……大败之，为城下之盟而还。”左文十五年，“晋郤缺以上军下军伐蔡……入蔡，以城下之盟而还。”是其例也。然春秋之世，城下之盟为诸侯所深耻。故左宣十二年，楚围郑，郑伯肉袒牵羊以逆，楚乃退三十里而许之平，潘尪入盟，示礼于郑。左宣十五年，楚围宋，宋华元谓子反曰：

“敝邑易子而食，析骸以爨，虽然，城下之盟，有以国毙，不能从也。去我三十里。惟命是听。”

子反惧，与之盟，而告楚王退三十里。他如左哀二年，“伐邾将伐绞（邾邑），邾人爱其土，故赂以漷沂之田而受盟。”盟于邾邑句绎，虽不必即是城下之盟，亦败而为盟者也。

（庚）平而为盟者　两国因国交之恢复而为盟，即平而盟也。左隐七年，陈及郑平，陈五父郑良佐相互如郑如陈莅盟；左桓八年，随及楚平，楚以随未可克也，乃盟而还；左襄十九年，“齐及晋平，盟于大隧”，二十年，“及莒平，孟庄子会莒人，盟于向”，皆其例焉。

（四）盟誓之种类

春秋经传关于誓之记载，仅有“胥命”之文，关于盟之记载，则盟也，同盟也，寻盟也，莅盟也，来盟也，等辞不一而足，是知同为盟之称，而所指则有别焉。即不注意其名，而专就其事论之，亦往往彼此不能为同。兹汇而及之：

（甲）同盟 同盟之称，首见于庄十六年，诸侯同盟于幽云云，盖齐桓称霸之后，始见之也。同盟之解，《公羊》、《谷梁》两传，皆有明文，《公羊传》云：

“同盟者何？同欲也。”（《庄十六》）

注称“同心欲盟也，同心为善，善必成；同心为恶，恶必成，故重而言同心也。”《谷梁传》云：

“同者有同也，同尊周也。”（《庄十六》）

《疏》称“同尊周也者，诸侯推桓为伯，使翼载天子，即是尊周之事。”他如

“公会宋公陈侯……同盟于新城，同者有同也，同外楚也。”（《谷梁·文十四》）

以及成十七年，诸侯同盟于断道，襄三年，诸侯同盟于鸡泽，《谷梁》皆有同一之文。故认为楚若势弱，不敢争霸，则不复以同盟称，如邵陵首止之盟是也。《左传》对同盟两字，虽无明文，然依杜注，则称“言同盟服异也”。盖认为盟者假神明以要不信，当盟之时，告神称同，故有服异之言也。所谓服异者，如庄二十七年同盟于幽，《传》曰陈郑服也；成五年同盟于城牢，《传》曰郑服也；昭十三年同盟于平丘，《传》曰齐服也。惟服异之为言，系指尝同盟而异，未尝同盟，则非服异，故盟不称同。僖二年盟于贯，服江黄也；定四年，盟于皋鼬，楚之属国陈、许、顿、胡皆来；则不称同，皆为未当尝同盟，非服异，故不称同也。且服异亦须真服于盟，始得以同为称：僖七年，宁母之盟，郑伯使太子华听命于会，而心未服也，故不称同；八年，洮之盟，郑始请服，未列于会，故不称同；文十五年，扈之盟，蔡已先受城下之盟而服，故不称同。然依杜注服异之言，仍不能尽解春秋同盟之例。如宣十二年，同盟于清丘，传曰恤病讨贰；十七年同盟于断道，传曰讨贰也；成九年，同盟于蒲，传曰为归汶阳之田，故诸侯贰于晋，晋人惧，会于薄，以寻马陵之盟；十五年同盟于戚，传曰讨曹成公也；十七年同盟于柯陵，传曰寻戚之盟也；十八年同盟于虚朾，传曰谋救宋也，故非服异，而以同盟称。盖清丘断道与蒲之盟，以诸侯已有二心，同心讨贰，故称同盟；戚与虚朾，同心疾恶，故称同盟；柯陵，郑人不服，欲令诸侯同心伐郑，故称同盟。则申左氏之义，亦不限于杜注“服异也”。然则春秋之世，所谓同盟者，不外同心欲盟，同外乎敌，同服于盟诸事之混称；其应称同而不称同者，或系叛者未服，惮于称同，或系盟非重要，不必称同，或系有寻旧盟，仅在修好而已！实则虽无同盟之称，而具同盟之实者，仍多有之。例如葵丘之盟，不称同盟，而桓公之盟辞则曰：“凡我同盟之人”云云，是依然以同盟视之也。此关于同盟之意义者一。

天子合诸侯，有使诸侯共盟之礼；霸主师其意，而为方岳之盟者，又皆以同盟称；甚至诸侯相互交盟，即非众见，甚非同一方岳，亦可泛称其盟曰同盟也，《左传》：

“诸侯五月（而葬）而盟至。”（《隐元》）

“滕侯卒，不书名，未同盟也。凡诸侯同盟，于是称名，故薨，则赴以名。”（《隐七》）

“齐师灭谭，谭无礼也：谭子奔莒，同盟故也。”（《庄十》）

是同盟之称，在沿用上，又可泛指一切之盟也。此关于同盟之意义者二。

现代国际法上，同盟云云，有时为攻守同盟之义；春秋之世亦然，所谓“同外楚也”即近似之。然犹莫如下举各例之著：

“大夫谏公曰，同盟灭，虽不能救，敢不矜乎？吾自为惧。”（《左・文四》）

“吴伐陈。……楚子曰‘吾先君与陈有盟，不可以不救’；乃救陈师于城父。”（《左・哀六》）

故僖二十五年，公会卫子莒庆盟于洮；次年又会莒子卫宁速盟于向；而齐讨是二盟，侵及西鄙，于是夏，

“齐孝公伐我北鄙，卫人伐齐，洮之盟故也。”（《左・僖二十六》）

是有洮之盟，而卫始伐齐，以救鲁也。此关于同盟之意义者三。

（乙）常盟　盟之无特殊意义，仅以修好为目的者，可称之曰常盟。例如下：

“公摄位而欲求好于邾，故为蔑之盟。”（《左・隐元》）

“惠公之季年，败宋师于黄，公立而求成焉；九月及宋人盟于宿，始通焉。”（同上）

“戎请盟，秋盟于唐，复修戎好也。”（《左・隐二》）

“公及莒人盟于浮来，以成纪好也。”（《左・隐八》）

“公及戎盟于唐，修旧好也。”（《左・桓二》）

“陈穆公请修好于诸侯，以无忘齐桓之德，冬盟于齐，修桓公之好也。”（《左・僖十九》）

“孟僖子会邾庄公盟于祲祥，修好，礼也。”（《左・昭十一》）

“冬盟于郯，修邾好也。”（《左・定三》）

此盖盟之通常作用，故其表现，以两国之间为盛也。至于战争而后为盟，亦有和好之义，然非通常修好之单纯，不可以常盟拟也。

（丙）寻盟　寻盟之义有二，一为重申其旧盟之义，遂又以温盟是称，盖以前盟已寒，更温之使热故耳。此普通之义也；一为令其加入旧盟之义，僖三年，阳谷之会，公不与，

“齐侯为阳谷之会来寻盟，冬，公子友如齐莅盟。”（《左传》）

此特殊之义也。寻盟之举，有由时隔久远而重申之者，如左隐三年，“齐郑盟于石门，寻卢之盟也”，左桓十七年，“及邾仪父盟于趡，寻蔑之盟也”，左成三年，“卫侯使孙良夫来聘，且寻盟”，盖卢之盟在春秋前，蔑之盟在隐元年，卫之前盟在宣七年故也。有由一再坚信而重申之者，如左僖二十六年，“盟于向，寻洮之盟也”，左成三年，“晋侯使荀庚来聘，且寻盟”，左襄十五年，“宋向戌来聘，且寻盟”，洮之盟在前一年，晋寻赤棘之盟在成

元年，宋寻亳之盟在襄十一年，不以时为限也。有由特殊事故而重申之者。如左僖二十九年，“盟于翟泉，寻践土之盟，且谋伐郑也”，左文十五年，“盟于扈，寻新城之盟，且谋伐齐也”，左成七年，“同盟于马陵，寻虫牢之盟，且莒服故也”，践土新城皆在其前一年，虫牢亦只在其前二年，依然寻之也。凡寻旧盟，则是盟而又盟之，盟在于信，既盟而又不时再盟，实失其正。故左哀十二年，吴请寻郐之盟，鲁不许，而以“今吾子曰，必寻盟，若可寻也，亦可寒也”为对，盖又不主张有寻盟之一例也。

（丁）莅盟　莅盟者，临其盟也。盖两国修好，或择某地，或临某国而为会盟是焉。《公羊传》曰：

“莅盟者何？往盟乎彼也。其言来盟者何？来盟乎我也。”（《僖四》）

然《传》注则谓《春秋》王鲁，故言莅以见王义，使若王者遣使临诸侯盟，饬以法度；其言来者，亦因鲁都以见王义，使若来之京师盟，白事于王，不加莅者来就鲁，鲁已尊矣。此实另有用意，不可解莅盟之称。盖《左传》所载莅盟之事甚多，如左襄二十五年补，“其五月，秦晋为成，晋韩起如秦莅盟，秦伯车如晋莅盟”，左昭二十二年，“齐侯伐莒，莒子行成，司马灶如莒莅盟，莒子如齐莅盟”，果如其言，不皆成为王乎？《左传》杜注“莅，临也”云者，盟以杀牲歃血，告誓神明，人临其上；

“从我去者，出我之意，故言往彼临视；从外至者，我共临视，故直举其来。”（《左·僖三》）

其对于莅盟之意义，及对于来盟云云之分别，自甚显然。然犹莫如《谷梁传》曰：

“莅者，位也，”（《僖三》）

为更明显，盖谓盟誓之言素定，今但往其位而盟之耳。故曰：

“莅，位也；内之前定之辞，谓之莅；外之前定之辞，谓之来。”（《谷梁·昭七》）

“莅：位也。其曰位何也？前定也。其不曰前定之盟，不日也。”（《谷梁·文七》）

前定之盟不日云者，言信在前，不结于今，故《春秋》不书其结盟之日。其对于来盟之解亦然：

“来盟，前定也；不日，前定之盟不日。”（《谷梁·桓十四·宣六》）

虽曰昭十一年，“晋侯使郤犨来聘，己丑及郤犨盟，”来盟而书日，则非前定之盟可知，而与“来盟，前定也”之解少违，但此系以来聘为主，临时而盟之耳。要之，莅盟来盟，为临前定之盟，实近事实，盖得其要矣。试以事例考之，左隐八年，陈及郑平，陈郑遣使相互莅盟，盟信之结在“平”之时也。左桓十四年，夏五，郑伯使其弟语来盟，其前一年郑人既来请修好，是年春，公又会郑伯于曹，盟信之结即在此时也。左僖三年，公子友如齐莅盟，则因齐侯为阳谷之会而来寻盟也。左襄二十七年，晋楚相互遣使莅盟，重结晋楚之好，而有宋之盟为其先也。

莅盟以互为之为通则，且各如盟之仪式。左隐七年，“十二月陈五父如郑莅盟，壬申及郑伯盟，歃如忘，泄伯曰：‘五父必不免，不赖盟矣。’郑良佐如陈莅盟，辛巳及陈侯盟，亦知陈之将乱也。”其例也。但一国往莅盟，而他国不来报者亦有之，除桓十四年，郑伯使其弟语来盟之例外，左文七年，“徐伐莒，莒人来请盟，穆伯如莒莅盟。”左襄二十九年，“杞文公来盟，书曰子，贱之也。”注称“鲁归其田故来盟”，是皆有特殊之原因，不相互莅盟也。

（戊）改盟　盟所周信也，苟有盟焉，不可改也，若犹可改，日盟何益？此不过原则之论耳！但如盟之订立，本非平等，异日改之，则亦所许。左文二年，“晋人以公不朝来讨公，公如晋，夏四月己巳，晋人使阳处父盟公以耻之。”其非平等之盟可知。文三年，晋人因伐楚救江之兴师，“惧其无礼于公也，请改盟，公如晋，与晋侯盟。”即改盟之例也。然如左定八年，晋师将盟卫侯于鄟泽，而不以礼，致卫叛晋，晋人虽请改盟，而终弗许也。

（己）补盟　诸侯共盟，既毕，而又有来者，如为素所同盟之国，则为维持其国际组织之纪律，必处以后至之罪。如为慕其德泽而自来者，若不与之盟，则违其来意，故又有补盟之例。所来者为诸侯，诸侯虽当盟讫，亦当更与之盟；为大夫则使大夫盟之。襄三年六月，“己未同盟于鸡泽，陈侯使袁侨如会；戊寅，叔孙豹及诸侯之大夫及袁侨盟。”补盟之例也。

（庚）复盟　国交之恢复，如两国先已盟好，则同国际间之诸侯，又合两国而再盟之，可称之曰复盟。同国际间之诸侯，对不睦之国，已以盟而和其好，不睦之国随之而又自相为盟，亦可称之曰复盟。左襄十九年，“齐及晋平，盟于大遂。”二十年，“夏盟于澶渊，齐成故也。”前者之例也。左襄十九年，“诸侯还自沂上，盟于督扬曰：‘大毋侵小，’”盖以莒数伐鲁而和解之，二十年，“孟庄子会莒人盟于向，督扬之盟故也。”是二国又自共盟结其好，后者之例也。

（辛）要盟　盟由威武要挟而成者曰要盟，“要盟可犯”，公羊庄十四年，对柯之盟已明言之。左襄九年，诸侯伐郑，许郑之成，与郑同盟于戏，盟之载书曰：“自今日既盟之后，郑国而不惟晋命是听，而或有异志者，有如此盟。”公子騑趋进曰：“天祸郑国，使介居二大国之间，大国不加德音，而乱以要之；使其鬼神不获歆其禋祀，其民人不获享其土利，夫妇辛苦垫隘无所底告。自今日既盟之后，郑国而不惟有礼与彊，可以庇民者是从，而敢有异志者亦如之。”知武子谓献子曰：

“我实不德，而要人以盟，岂礼也哉？非礼何以主盟，姑盟而退。”

则要盟为当时国际间所鄙，盖可知矣。故是年楚子伐郑，郑背其盟而与楚平，

即以“要盟无质，神弗临也；所临惟信：信者言之瑞也，善之主也，是故临之。明神不蠲要盟，背之可也”为其理由。至于城下之盟所以为耻者，亦不外耻其为要盟而已！

（壬）请盟　要盟，要人以盟；请盟，愿与人盟，是所异也。左文七年，徐伐莒，莒见伐而欲结援，来请盟，穆伯如莒莅盟，即其例也。左文十七年，齐侯伐鲁北鄙，晋不能救，襄仲请盟，六日盟于谷，此则有近于乞盟矣。请盟既系愿与人盟，而人不愿盟者，例亦有之，左隐二年，“戎请盟，公辞”，左僖二十八年，“晋侯将伐曹，假道于卫，卫人弗许；还自河南济，侵曹伐卫……取五鹿。……晋侯齐侯盟于敛盂，卫侯请盟，晋人弗许”是也。

（癸）乞盟　乞盟在公谷两传，谓君不自来，而遣使来，汋血而与之，贬之使若叩头乞

盟者也。故僖八年，“郑伯乞盟”，即曰：

“乞盟者何？处其所而请与也。其处其所而请与奈何？盖酌之也。”（《公羊》）

“乞者重辞也，重是盟也，乞者，处其所而请与也，盖汋之也。”（《谷梁》）

谓系抑郑伯而申诸侯，故称之曰乞盟。然在左传则谓“郑伯乞盟，请服也”，是与请盟为言相近。斯或近于事实上之解释也。盖依左襄三年，晋为郑服故，且欲修吴好，将合诸侯；使士匄告于齐曰：“寡君使匄以岁之不易不虞之不戒，寡君愿与一二兄弟相见，以谋不协，请君临之，使匄乞盟。”齐侯欲勿许，而难为不协，乃盟于耏外云云，则乞盟固与请盟同也。不过以乞盟而易请盟，无非表示请之切耳。

（子）丧盟　丧中而与他国为盟也。左昭十一年，“五月齐归薨，大搜于比蒲，非礼也；孟僖子会邾庄公盟于祲祥，修好，礼好。”

盖归氏为昭公母，搜非存亡之由，故临丧不宜为之；盟会以安社稷，故丧盟谓之礼。其例也。

（五）盟誓之主体

盟之种类既伙，其范围自各不同。诸侯会而为盟，则有盟主，此别于两国交盟者也。凡盟之参加，有由诸侯盟者，有由卿盟者，有由大夫盟者，其间亦有相当之界限。试再分别及之。

（甲）盟主之地位　霸主合诸侯以为会盟，就其对于盟之主持而言，则盟主也。此由齐桓创其始，晋文继之，其后晋主夏盟为时最久。盟主之地位高于一切诸侯，然其势力只能及于其所领导之范围，而不能及于其外。襄二十七年，宋之盟，晋楚争先。晋人曰：

“晋固为诸侯盟主，未有先晋者也。”（《左·襄二十七》）

楚人曰：“子言晋楚匹也，若晋常先，是楚弱也；且晋楚狎主诸侯之盟也久矣，岂专在晋！”是盟主之为言，不过其所共盟者之主耳。诸侯既已公认其为盟主，则无故自不得加盟主以不礼。左襄二十三年，齐侯伐卫，遂伐晋，晏平仲曰：

“君恃勇力以伐盟主，若不济，国之福也；不德而有功，忧必及君。”

盖认为极不德之事也。故左氏称。

“叔孙豹帅师救晋，次于雍榆，礼也。”

即因其能救盟主，故曰礼也。

虽然，盟主之主盟，责实非轻。或须设法维持盟之威信，例如左昭十三年，晋人将寻盟，齐不受盟，于是叔向对齐人曰：

“晋礼主盟，惧有不治，奉承齐牺，而布诸君，求终事也。君曰：‘余必废之，何齐之有？’惟君图之，寡君闻命矣！”

而于其前，既告于天子之卿刘献公，且于其后，治兵示众，临之以威；然后齐始畏服，同盟于平丘，则盟主正不易为也。或须努力维持盟之正义，例如左襄二十六年，“赵文子言于晋侯曰，晋为盟主，诸侯或相侵也，则讨之，使归其地。今乌余之邑皆讨类也，而贪之，是无以为盟主也，请归之。”晋侯遂许焉。左昭二十三年，士弥牟谓韩宣子曰：

“所谓盟主，讨违命也，若皆相执，焉用盟主。”

左昭十一年，楚师在蔡，晋荀吴谓韩宣子曰：

“不能救陈，又不能救蔡，物以无亲，晋之不能亦可知也。已为盟主，而不恤国，将焉用之?”

是盟主负有讨逆救亡之责任可知。或须修好于同盟，有如左昭二年，晋侯因公即位，且韩宣子代赵武为政，晋虽盟主，仍“使韩宣子来聘，且告为政而来见”，以修好同盟，故以“礼也”称之。或须树德于诸侯，有如左文七年，晋郤缺言于赵宣子曰：

“日卫不睦，故取其地，今已睦矣，可以归之。叛而不讨，何以示威；服而不柔，何以示怀；非威非怀，何以示德；无德何以主盟?”

即其例也。因之，左成八年，晋使鲁归汶阳之田于齐，季文子即曰：

“大国制义，以为盟主，是以诸侯怀德畏讨，无有二心。谓汶阳之田，敝邑之旧也，而用师于齐使归诸敝邑，今有二命，曰‘归诸齐’。信以行义，义以成命，小国所望而怀也；信不可知，义无所立，四方诸侯，其谁不解体?!”

果也，为汶阳之田，诸侯二于晋；晋人惧，会于蒲，以寻马陵之盟，而补救之。然则盟主之势固不可侮，盟主之德尤须有竞，而后始可以为盟主也。

（乙）诸侯之为盟　合诸侯以为盟，其参与也，有皆为诸侯者，如僖五年，首止之盟是也；有使世子而来者，如僖八年洮之盟，陈世子款是也；有由摄位之人而来者，如僖二十八年践土之盟，卫侯出奔，其弟叔武摄位，而来受盟是也。凡此，皆诸侯参与同盟之正，盖国虽有大小，而其位须相匹也。但有时，亦有使卿来者，如成十八年虚朾之盟，晋侯宋公卫侯邾子外，鲁则仲孙蔑，齐则崔杼是也。更有使大夫来者，如春秋书盟，不书其“名”而仅书曰：“莒人曹人”之类是也。凡此，皆诸侯会盟之变。

若夫其盟约仅限于两国之间，则诸侯相盟，或两国之卿大夫相盟，固正法也。即两国相互莅盟，他国遣使来盟，而与此国之君盟，如左隐七年，陈郑之盟，亦所许也。盖因其奉命而来，临前定之盟，有若其君自临之耳。此外，外臣与内君为盟之例，亦繁，如左僖二十八年，晋栾枝入盟郑伯，襄十一年，晋赵武入盟郑伯，郑子展出盟晋侯，皆是。即成三年，经“丙午及荀庚盟”、“丁未及孙良夫盟”，十一年，“己丑及郤犨盟”皆然。但如盟未前定，临时遣使与他国之君盟，则亦常遭拒绝。左文十六年，“及齐平，公有疾，使季文子会齐侯于阳谷，请盟，齐侯不肯曰，请俟君间。”《公羊》亦曰：“齐侯弗及盟。其言弗及盟何？不见与盟也。”其不盟之原因，《谷梁》称曰：“行父失命矣”，实则齐侯不愿与卿大夫盟，故待鲁君之病愈再盟，而行父失命云者，亦不外未能使此变例成立，有如鲁君之愿也。殆后，齐信鲁君确有疾，且以赂，终与公子遂盟于郪丘，其变例也。公谷两传，对此变例之失正，责之最严，如庄二十二年，“秋七月丙甲及齐高傒盟于防”之例，即曰：

“齐高傒者何？贵大夫也。曷为就吾微者而盟？公也。公则曷为不言公？讳与大夫盟也。”（《公羊》）

“不言公，高傒伉也”，《注》“高傒骄伉，与公敌体，耻之，故不书公。”（《谷梁》）

更其甚者，一国之君临于他国，他国之君不与共盟，而使卿大夫盟，此则当时国际间所认为最大之耻辱，较在国内非前定之盟，而与外国之卿大夫盟，为尤过之。文二年，“三月乙巳及晋处父盟”之例，三传皆释其不书“公”者，讳公之耻也。盖

“晋人以公不朝，来讨，公如晋。夏四月己巳，晋人使阳处父盟公以耻之。书曰：‘及晋处父盟’，以厌之也，适晋不书，讳之也。”（《左传》）

“此晋阳处也，何以不氏？讳与大夫盟也。”（《公羊》）

“不言公，处父伉也，为公讳也。何以知其与公盟，以其日也；何以不言公之如晋，所耻也，出不书，反不致也。”（《谷梁》）

不过君入他国，而其国乱无君，因事实之必要，须与之盟者，则亦可与诸大夫盟，虽非正也，而实权也。有如庄九年，“公子及齐大夫盟于蔇。”

“齐无君也。”（《左传》）

“公不及大夫。大夫不名，无君也。盟纳子纠也。”（《谷梁》）

“公曷为与大夫盟？齐无君也。然则何以不名？其讳与大夫盟也，使若众然。”（《公羊》）

此盖例之仅见者耳。虽然，春秋末叶，此种种之限制，更多紊乱，观于左襄三十年，郑伯及其大夫盟，君臣诅盟，行于国内，则国际间之情形更可推想之矣。

（丙）大夫之为盟　国际盟约不由国君相盟，而遣使为盟者亦有之。如襄二十七年，宋向戌弭兵之会，即是晋赵武、楚屈建、鲁叔孙豹、蔡公孙归生、卫石恶、陈孔奂、郑良宵、及许人、曹人为会于宋，而盟之；所谓“秋七月，辛巳，豹及诸侯之大夫盟于宋”是也。大夫云者，卿大夫之总称也；所谓许人、曹人皆大夫，以其微，故不书名也。他如襄三年，“叔孙豹及诸侯之大夫及陈袁侨盟”，虽因诸侯已盟，袁侨后至，而使大夫补盟之，亦大夫相盟之例也。然如袁侨非后至，则陈君既未亲来，自可参与诸侯鸡泽之盟，不嫌其为大夫者，重其国也。至于两国共盟，由卿大夫而为之者，自亦所许。隐元年，“及宋人盟于宿”，客主无名，是皆微者也。然依国之地位须相敌匹外，虽总称曰大夫，贵卿仍不可与微者盟，亦当时所认为礼之正也。

（丁）附庸之列盟　附庸之国，为人私属，不通于诸侯，征伐盟会，不齿于列。故左襄二十七年，宋之盟，各国皆使卿大夫至会，邾滕小国，且私属齐宋，于是邾悼公，滕成公则皆亲来。然盟之日，齐人请邾，宋人请滕，皆不与盟，是附庸之国不得列于盟会也。然如主国宽厚，则亦可列于诸侯。故僖二十年，楚人伐随，自尔以后，随不复见，盖为楚之私属，不通于盟会矣。殆定四年。保护楚昭，楚得复国，感其恩德，复使列于诸侯。哀元年，楚帅诸侯围蔡，令随在其班次，以之告鲁，遂又见于春秋，盖一特殊之例也。至于附庸之君，力图振作，而他国之君亦愿与之盟者，自可为盟誓主体，不待论也。隐元年，“公及邾仪父盟于蔑”，时邾尚未爵命于周，且不仅如宋之盟时，为齐私属已也；而春秋褒之，则嘉其能通于上国也。

（六）明誓之礼仪

《曲礼》以约信曰誓，莅牲曰盟，故知誓为盟之略式。然则所谓盟礼者究如之何？据《左传·隐元年》疏“凡盟礼，杀牲歃血，告誓神明，若有背违，欲令神加殃咎，使如此牲也”，乃其略也。据《曲礼》疏“盟之为法，先凿地为方坎，杀牲于坎上，割牲左耳，盛以珠盘，又取血，盛以玉敦，用血为盟书，成乃歃血而读书”，又其详也。但朗读盟书之后，且须将余血埋之于坎，加盟书于上，故盟书称曰载书，载其上也；此外并作副本，交于司盟者存之，而事始竣焉。兹再分述之：

（甲）盟坛　古代朝会盟誓，皆筑土为坛，但亦有例外者，左襄二十八年，郑伯如楚，舍不为坛，子产曰：“大适小，则为坛，小适大，苟舍而已，焉用坛？”实则子产不争虚仪，论其事，则正如外仆之言曰：“昔先大夫相先君，适四国，未尝不为坛”也。坛之见于盟者，除觐礼所述者外，柯之盟，《公羊传》称曹子以手剑劫桓公于坛，即其例也。此外，

“孔子出鲁东门，过杏坛曰，兹藏文仲誓盟之坛也。”（《礼杂记》）

则盟必于坛上，更可知之也。

（乙）盟牲　盟必用牲，左襄二十六年，“歃用牲”是其例也。即如齐桓葵丘之会，《谷梁》既称其“陈牲而不杀”，《孟子》亦言其“束牲载书而不歃血”，其仍陈之，缚之，而备有牲也可知。牲之用也，许慎据《韩诗》云，天子诸侯以牛豕，大夫以犬，庶人以鸡；又云，《毛诗》说，君以豕，臣以犬，民以鸡。实则春秋列国为盟，通皆用牛，故有执牛耳之语；《左传》云：“卫伯姬盟孔悝以豭。”则非国际会盟，当别论之。鸡犬之用亦非限于微者，左僖十九年，所谓“小事不用大牲”，而国际会盟自为大事，虽大夫为盟当亦不用犬也。然则人可用乎？此又不可。左定四年，虽有“王割子期之心，以与随人盟”云云，而据杜注，则云当心前割取心，以盟，示其至心是也。

（丙）盟器　杀牲而割其耳，盛之珠盘，并取其血，盛之玉敦；珠盘、玉敦，皆盟时之用器也。《周礼·玉府》职云，若合诸侯，则共珠盘玉敦；《戎右》职云，盟则以玉敦辟盟，遂役之。盖盘敦皆器名，以珠玉为饰耳。其所谓“役之”者，传敦血授当歃者是也。此外，据《戎右》所称，尚有“桃茢”两物，执于血之侧，以扫不祥云。凡盟具之办，则有尸盟者，左襄二十七年，“且诸侯盟，小国固必有尸盟者。”

《春秋正义》谓“盟实大国为主，而此云小国主盟，知其主办具也”。故尸盟之意，不必皆大国主盟之称也。

（丁）执耳　以珠盘盛牛耳，必有执牛耳者，即《周礼》所谓“赞牛耳”是也。此由何人执之？《正义》谓“盟用牛耳，卑者执之，尊者莅之”，换言之，即尸盟者执之，非盟主执之。盖盟法，大国制其言，小国尸其事，执牛耳即其类也。夫礼既以尊者莅牛耳，主次盟者故左定八年，卫侯与晋大夫盟，自以当莅牛耳，请晋大夫执之；而成何曰：“卫吾温原也，焉得视诸侯？”则牛耳之执，盖卑者之任务也。然自哀七年，郐衍之役，吴为盟主，夷不知礼，自使其人执之，而法始乱。故：

“（哀）公会齐侯盟于蒙。孟武伯相齐侯……问于高柴曰，诸侯盟，谁执牛耳？季羔曰，鄫衍之役，吴公子姑曹，发阳之役，卫石魋。武伯曰，然则彘也。”（《左·哀十七》）

彘为武伯之名，则自以为大国当执，故从鄫衍之例，而舍发阳之例；盖石魋执牛耳，乃小国执之也。盟重在歃血，何以须执牛耳？据《埤雅》云：“牛耳无窍，盟则人听于神，故执牛耳，以为不听者戎。”或然也。

（戊）歃血　盟者，以血涂口旁曰歃血，左襄九年云：“新与郑盟，口血未干，”可知之也。《淮南子·齐俗训》云：“胡人弹骨，越人啮臂，中国歃血，所由各异，其于信一也，”则盟更自然如此也。盖盟以约辞告神，杀牲歃血，明著其信故耳。春秋之世，盟既杀牲，即所以为歃血之用，惟桓三年，齐侯卫侯胥命于蒲而不歃血，庄僖之间，齐桓衣裳之会，陈牲不杀，为罕例也。歃血取信，故必以敬。左隐七年，陈五父与郑伯盟，歃如忘，于是泄伯曰：“五父必不免，不赖盟矣。”左定八年晋涉佗与卫侯盟，将歃，涉佗捘卫侯之手及捥，卫侯怒而叛晋，皆歃不如礼也。此外公羊僖八年，洮之盟，郑伯不肯自来盟，处其国，遣使挹取其血，故亦抑之。

血依次而歃之，余血则埋之于坎，而载盟书于其上。左僖二十五年云：“坎血加书”，左襄二十六年云：“歃用牲加血”，其例也。所加之书，即盟书也，亦即载书也。然则关于载书者又若何乎？

（己）载书　盟礼，大国制其言，故左襄九年，诸侯同盟于戏，晋士庄子为载书，即其例也。顾因盟辞失当，侮郑过甚，郑子驷亦以反质之言，载于策，荀偃遂拟改载书。然公孙舍之曰：“昭大神，要言也，若可改焉，大国亦可叛也。”是又知载书既成，即不可再改矣。载书之内容，首为与盟者，次为盟辞。左定四年，“晋文公为践土之盟，……其载书云：‘王若曰，晋重、鲁申、卫武、蔡甲午、郑捷、齐潘、宋王臣、莒期，’”此与盟者之序列也。至于盟辞，则各盟不皆为同，再特及之。

盟辞有以同恤王室为主者，有以攻守同盟为主者，有以修好敦交为主者，有以特殊问题为主者，不一其类。左僖二十八年，晋文公践土之盟曰：

“皆奖王室，无相害也；有渝此盟，明神殛之；俾队其师，无克祚国，及其玄孙，无有老幼。”

左襄十一年亳之盟曰：

“凡我同盟，毋蕴年，毋壅利，毋保奸，毋留慝，救灾患，恤祸乱，同好恶，奖王室。或间兹命，司慎司盟，名山名川，群神群祀，先王先公，七姓十二国之祖，明神殛之，俾失其民，队命亡氏，踣其国家。”

此以同恤王室为盟辞之主也。且依左昭二十五年，宋乐大心以宋于周为客，不输王粟，晋士伯曰：

“自践土以来，宋何役之不会，而何盟之不同，曰同恤王室，子焉得辟之”云云，则知自践土之盟后，盟辞以同奖王室为义，当甚多也。左成十二年，晋楚盟于宋西门外之辞曰：

“凡晋楚无相加戎，好恶同之，同恤菑危，备救凶患。若有害楚，则晋伐之；在晋，楚亦如之。交贽往来，道路无壅，谋其不协而讨不庭。有渝此盟，明神殛之，俾坠其师，无克胙国!”

此以攻守同盟为盟辞之主也。左襄十六年，溴梁之盟辞曰：

“同讨不庭。”

亦然。又左哀二十年，赵孟曰：“黄池之役，先主与吴王有质，曰‘好恶同之’。”则亦此一类也。左僖九年，齐桓葵丘之盟辞曰：

“凡我同盟之人，既盟之后，言归于好!”

左襄十九年，督扬之盟辞曰：

“大毋侵小!”

此以修好敦交为盟辞之主也。至于左桓元年，公及郑伯结祊之成，而盟于越曰：

“渝盟无享国!”

左僖十八年，楚赐郑伯金而悔，盟曰：

“无以铸兵!”

左宣十五年，宋及楚平，盟曰：

“我无尔诈，尔无我虞!”

此皆以特殊问题为盟辞之主也。他不尽详。

（庚）告神　盟书于载之之前，必先读之，意在告神示信；所谓“诏明德之信，在于告神，故为盟也”。左昭十三年，晋叔向曰：“……有礼而无威，序则不共，有威而不昭，共则不明，不明弃共，百事不终，所由倾覆也。是故……再朝而会以示威，再会而盟以显昭明……示威于众，昭明于神，自古以来，未之或失也。”其义盖可知矣。《周礼·司盟》云：“北面诏明神”，即其事也。所谓神明者何？据郑注《觐礼》云：“王之盟，其神主日，王官之伯盟，其神主月，诸侯之盟，其神主山川。”然春秋之世，盟神并无一定，观于前述亳之盟，自司慎司盟名山名川群神群祀，以至先王先公七姓十二国之祖皆是也。

（辛）盟府　盟书于载之之后，另有副本，藏于盟府。盟府者，司盟之官也。《周礼》诅祝掌盟诅之辞，司盟掌盟载之法皆是。且依左僖五年云，成王赐太公周公之盟，载在盟府，太师掌之，而左定四年，子鱼亦谓践土之盟，其载书“藏在周府，可覆视也”。是诸侯为盟之载书，其副本有藏于周室者可知。至普通之载书，则或由同盟者各执之焉。

（七）盟誓之变例

盟以坚信，且昭神明，故必敬而谨之，以成其事，并须信而守之，以告其功，除“要盟”之类外，余皆如此，斯为盟之正也。然春秋之世，一方面固有极力维持盟誓之法则者，一方面亦有不惮破坏盟誓之纪律者，斯又盟之变也。兹再分而述之：

（甲）诈盟　诈盟者，背盟之深也。左僖二十一年，宋人为鹿上之盟，以求诸侯于楚，楚人许之。秋，诸侯会宋公于盂，楚人执宋公以伐宋。且依《公羊》说，鹿上之盟期以乘车之会，宋公谨而守之，楚竟伏兵车以执宋公。此诈盟之例也。夫左襄九年，晋要盟于郑，楚子伐郑，子驷将及楚平，子孔、子蟜即曰，与大国盟，口血未干，而背之可乎？子驷、子展虽以要盟可背，然犹曰，吾盟固云惟强是从，今楚师至，晋不我救，则楚强矣，盟誓之言，岂敢背之！对要盟之背，尚且如此犹豫，并自解之，则诈盟之价值可知矣。虽然，春秋之世，楚最善于诈盟，亦如郑之最善于背盟也。

（乙）背盟　盟不可背，礼之正也。故蔡文侯虽畏于楚，而终欲事晋，谓“先君与于践土之盟，晋不可弃，且兄弟也”。（《左·襄二十》）随虽为楚所败，而昭王奔随，吴索之不与，谓“以随之僻小，而密迩于楚，楚实存之，世有盟誓，至于今未改，若难而弃之，何以事君。”（《左·定四》）又吴伐陈，楚将救之，虽卜战不吉，卜退不吉，而以“弃盟逃仇，亦不如死，死一也，其死雠乎”，终与吴战。（《左·哀七》）此皆谨守盟约不背之例。次之，黄父之会，赵简子令诸侯之大夫输王粟，宋乐大心不愿，晋士伯责之曰，子奉君命，以会大事，而宋背会，无乃不可乎？“乐大心不敢对，受牒而退”，（《左·昭二十五》）斯强守盟约不背之例。至于左定四年，晋荀寅求货于蔡侯，弗得，言于范献子曰，弃盟取怨，无损于楚，不如辞蔡侯云云，斯不背盟，则更下矣！

虽然，春秋中叶以后，人皆以“背盟而克者多矣”（左昭二十二）为奢念，于是背盟之事，亦甚伙焉！有一盟而彼此皆背者，如宣十二年晋人、宋人、卫人、曹人清丘之盟是也。清丘之盟，以“恤病讨贰”为辞，陈贰于楚而宋伐之，卫救陈，不讨贰也；楚伐宋，晋卫不救，不恤病也，即曹亦然：是皆有背其盟。故君子曰：

“清丘之盟，惟宋可以免焉！”（《左·宣十三》）

盖盟之不信，如此之众也！有一盟而随时即背之者，如左成元年，晋侯使瑕嘉平戎于王，单襄公如晋拜成，而刘康公则乘戎平还无备而要之。故叔服曰：

“背盟而欺大国，背盟不祥，欺大国不义，神人弗助，将何以胜？”

盖盟之不信，如此之速也！有强国而不惮背盟者，如左成十六年，楚将北师，侵郑卫，子囊曰：“新与晋盟而背之，无乃不可乎？”子反曰：“敌利则进，何盟之有？”故叔老叹焉。盖盟之不信，如此之深也！有弱国而最善背盟者，例如成五年以前，郑从楚盟，是年服于晋，盟于虫牢，成九年又盟于蒲；而楚人以重赂求郑，郑伯又会楚公子成于邓，故晋人以背盟而执之。十六年郑又叛晋，而子驷从楚子盟于武城，殆襄二年，郑又服于晋而与晋之盟。八年，楚又伐郑，子孔、子蟜、子展欲待晋，而子驷、子国、子耳则欲从楚，且拟牺牲玉帛，待于二境，孰来则成之。是盟誓之于郑，似无应背与不应背之一说也。

（丙）不盟　盟而同好之国不至，或迟，则加贬责，此亦春秋当时之正法也。故盟，同好之国皆须至，不至则为变也。左僖十九年，陈蔡楚郑盟于齐，以修桓公之好，无忘桓公之德，而宋独不会；二十一年宋又召齐人盟于鹿上；故二十三年，“齐侯伐宋围缗，以讨其不与盟于齐也。”（《左传》）

又左文十四年，从于楚者陈、郑、宋三国服晋，同盟于新城，而蔡人不与，故十五年晋郤缺以上军下军伐蔡，以城下之盟而还。此皆不盟而见伐之例也。

（丁）后盟　盟而后至，在己固为不敬，而盟主或且讨之矣。左文七年，齐侯、宋公、卫侯、郑伯、许男、曹伯会晋赵盾，盟于扈，晋侯立故也，公后至。故八年，晋人以扈之盟来讨，嫌其后也。然后盟之最甚者，莫若僖十九年，“宋公、曹人、邾人盟于曹南，鄫子会盟于邾”，盖鄫子欲会曹南之盟，至邾而会盟已罢，则迟可知。于是宋使邾文公执鄫子用之，以处其罪。但比种惩罚，过于正矣。故司马子鱼非之。

（戊）逃盟　出会避盟，是曰逃盟，盖中变其志，另有企图，然亦非所许也。僖五年，“诸侯盟于首止，郑伯逃归不盟，”所以称其为逃者，郑伯弃其师众，轻身逃归，群臣不知其谋，社稷不保其安，此与匹夫逃窜无异也。其所以逃盟之故，据左传云：“诸侯盟，王使周公召郑伯曰，吾抚汝以从楚，辅之以晋，可以少安。郑伯喜于王命而惧其不朝于齐也，故逃归不盟。”此种逃其师而归之轻率举动，当时孔叔即止之曰：

“国君不可以轻，轻则失亲，失亲患必至，病而乞盟，所丧多矣。君必悔之！”（左僖五）

于是，六年“诸侯伐郑，以其逃首止之盟故也”。经书“……伐郑，围新城云云”，夫

“伐国不言围邑，此其言围何也？病郑也，著郑伯之罪也。”（《谷梁·僖六》）

因之，《谷梁》对《经》僖八年“郑伯乞盟”之解，谓“郑伯乞盟，以向之逃归乞之也”，盖皆深恶逃盟之不法也。又左襄十六年，葬晋悼公，晋平公即位，与诸侯会于温，齐有二心，高厚歌诗不类，荀偃怒且曰，诸侯有异志矣，使诸大夫盟高厚，高厚逃归，诸侯之大夫仍自共盟曰同讨不庭。于是十七年，齐伐鲁，十八年围齐，此亦逃盟之例也。

（己）窃盟　即左成二年，所谓“卿不书，匮盟也；于是乎畏晋而窃与楚盟，故曰匮盟”之谓。盖匮者乏也，私窃为盟，盟终不固。此盟是匮乏之道也。何以言之，盖其时，晋主夏盟，堪率诸侯，而诸侯之卿，窃与楚盟，是背晋也；故孔子书《春秋》，卿不以名，统曰“丙申，公及楚人、秦人、宋人、陈人、卫人、郑人、齐人、曹人、邾人、薛人、鄫人盟于蜀”是也。惟此种窃盟只系对于违背盟主而言，若夫礼不可许其为盟主者，虽窃盟亦无伤，不以匮盟称也。故如吴之强大，凡三会三伐三盟，《春秋》惟书会伐，不书其盟，不与其为盟主也；于是哀十二年，卫侯会吴于郧，公及卫侯、宋皇瑗盟，亦系背吴而窃盟，而《春秋》则书“秋，公会卫侯、宋皇瑗于郧”，不贬称人如蜀盟之例者，即以吴不应为盟主，鲁、卫、宋三国之私盟可许也。然仍只书会于郧，而不直书盟于郧者，此因在实际上，鲁有畏吴，虽窃盟而不自书，孔子亦从而不书之耳。

萨孟武

西洋政治思想史

作者简介

萨孟武（1897—1984），名本炎，字孟武。福建福州人。政治学家。贯通中西，对中国政治学的形成影响很大。1903 年入家塾。1911 年入林长民所办私立法政附中。1912 年留日。1921 年至 1923 年，获京都帝国大学法学部政治系法学士学位。1924 年回国。1927 年与《孤军》社同人加入国民党政治部宣传处，任编辑科科长。1928 年在南京中央军校任编辑部主任。1930 年在南京中央政治学校行政系任专职教授。1946 年至 1948 年，赴广州担任中山大学法学院院长。1949 年到台湾，曾任台湾大学法学院院长、“立法委员”。著有《新国家论》、《中国社会政治史》、《中国政治思想史》、《西洋政治思想史》、《〈红楼梦〉与中国旧家庭》、《〈西游记〉与中国古代政治》、《〈水浒传〉与中国古代社会》、《儒家政论衍义》等。

出版社：上海，新生命书局。

出版年份：1933 年。

馆藏：中国人民大学图书馆旧平装书室。

作品简介：《西洋政治思想史》一书由主要由古代奴隶社会的政治思想和中世纪封建社会的政治思想两大篇组成。第一篇分古代奴隶社会的一般情形和哲人派、柏拉图、亚里士多德、伊壁鸠鲁派与斯多亚派等的政治思想及其附录——罗马的政治思想和基督教的政治思想（附奥古斯丁的政治思想）六章对古代奴隶社会进行了系统论述。其中，古代奴隶社会的一般情形又细分为奴隶制度的发生、古代社会的国家和阶级（含希腊和罗马两项）、古代社会的没落、基督教的流行四节。第五章附录的罗马的政治思想分为鲍里贝士和西西罗的政治思想两目。第二篇中世纪封建社会的政治思想从中世封建社会的一般情形、政权与教权的纷争、国家观念与君权思想的勃兴、反抗暴君思想的发生、君权思想的反动运动五个方面加以论述。第一章中世封建社会的一般情形分别阐述了封建社会的经济组织、教会和国家以及封建社会的崩坏与绝对王政的成立和教会势力的衰落。第二章政权与教权的纷争简单描述了政教纷争的经过，接下来分三节论述了阿奎那、丹第和马西僚的政治思想。第三章国家观念与君权思想的勃兴分为文艺复兴时代和宗教改革时代的政治思想两个阶段，前一阶段以马凯维尼和布丹的政治思想为代表，后一阶段以路德和加尔文以及所附的司文格里为典型。第四章反抗暴君思想的发生主要阐述了“反抗暴君的权利论”，同时附有布卡南和阿徒秀斯来具体论述。最后一章（第五章）是君权思想的反动运动，集中阐述了格劳秀斯的政治思想。

总的来看，本书结构简洁，分古代和中世纪两个时期阐述西洋的政治思想史。内容上，在或简或详地介绍各个大的历史时期的背景后，主要以亚里士多德、奥古斯丁、马凯维尼、路德、格劳秀斯等重要思想家为主要线索来阐述了中世纪以前的西洋政治思想史。全书叙述集中具体、生动明快，是一部介绍、阐发和研究西方政治思想史的佳作。（孙振庆整理）

第一篇　古代奴隶社会的政治思想

第一章　古代奴隶社会的一般情形

第二节　古代社会的国家和阶级

如上所言，私有财产一旦出现，一方发生了地主阶级，同时他方发生了奴隶阶级，在他们两者之间，则有自由的农民。地主要强迫奴隶工作，要预防奴隶逃亡，遂感觉有设置公权力的必要。并且地主不必做工，他们有较多的余暇，他们有较多的知识（因为他们可利用余剩，以研究学问），所以他们可出来组织国家，而施行贵族式的政治。

不过当时社会极其幼稚，行政不须特别的技能，而一般自由民也有奴隶代为工作，因此，不久之后，自由民遂出来要求政权，从而政治也变成民主政治，一切政治问题均交付该氏族的成年男子共同讨论。因此之故，氏族的领土不宜太大，只可限于每个人员均可由他的农场去参加公民会议而不至过度费力的程度。人口增加，耕地用尽，则过剩青年便当移殖别地，而建设一个新氏族，所以当时各氏族的势力又约略相等。

到了商工业发生之后，形势又复一变。何以呢？农业氏族的人口乃和领土的大小及地味的肥瘠，成了一个正比例。人口过多，过剩的人口必当移殖于别地。反之，商业城市则不怕人满之患，它可利用商品，来购买一切日常用品。换言之，它可利用商品，由氏族境界之外，取得它的粮食。这个时候，大地主、手艺匠以及外国商人均移住于城市之内，而现出城市的繁盛。其结果：第一，因人口的混居，打破了血缘的氏族社会，而组织地缘的国家团体；第二，因商工业的隆盛，贫富差别更见显著，由是从前的地主及新兴的商人（地主也经营商业商人也购买土地），渐次合并为一个特权阶级；第三，城市的繁盛既然可以吸收四方人民，特权阶级遂以市城为中心，在城市内，设置中央行政机关，以统治各地人民。

不但此也，商业又可养成人民的好战精神。原来贸易的利润乃在于得之廉而卖之贵，然而无论所得东西是甚么，其最廉的方法乃是无代价的夺取。所以商人一旦觉得自己的力量增大，他就变成强盗，谋夺取别人的物品。城市国家每每侵略农村，就是要夺取农村的食粮。更进一步观之，商人不但需要战争的方法，减低商品的本钱，并且需要战争的方法，打倒一切竞争者。因为买者愈多，则商品的价格愈高，卖者愈多，则商品的价格愈低。换言之，竞争者愈少，则买价与卖价的差额——利润愈大。所以在互相毗连的地方，如果出现了几个商业都市，则它们之间不久便会开战，开战的结果，当然大并小，强并弱，而组织一个大国家。然在这个大国家之下，并不实行民主政治，因为掌握统治权的，只有一个胜利的城市，其他城市则须绝对服从。希腊和意大利都有很多的城市国家，在希腊，最强的是雅典，然而胜利的城市却没有一个能够永久制服别的城市，所以希腊历史乃是一部各城市国家自相残杀的历史。反之，在意大利，罗马由于地位的险要，却能永久制服别的城市，变成地中海附近的统治者。

一个城市国家为了夺取农产物而侵略农村，为了打倒竞争者而与别个城市国家开战，如果幸而获胜，则它必定没收一部分的土地，并强迫该地住民为奴隶。然而有时亦常采用一种较温和的办法，不但不压迫该地住民为奴隶，并且还收他们为公民，不过他们的公民资格不甚完全，因为他们虽有一切自由权，并受国家法律的保护，然却不能出席公民会议。这个制限由新公民看来，是愿意的，因为他们若是农民，他们的农场距离城市很远，他们不能于早晨离家，中午参加公民会议，晚上再赶回家里工作。不过获得新公民资格的人，除了农民之外，尚有商工业者，这些商工业者一旦取得公民的权利，便因营业的关系，由小村落移住于大城市，而失去土地的农民也到城市谋生。这个新分子是随城市的发展而增加的。他们人数既多，遂要求政治上的权利，终而达到目的，于是新旧公民遂见同化。然而他们大多数都是无产者，所以他们对于资产者的贵族，俨然成一敌体。

无产者虽然得到政权，然而他们在经济上既然不能独立，所以在政治上也失去独立性，谁能出最高的价钱，谁便可买收无产者的投票。换言之，此时贫民的投票权已经变成一种财产权，可向候选人勒索金钱。因此，资产者的贵族可在公民会议之中，操纵许多的投票，藉此当选为高级官吏，藉此把持了国家的政权。所以这个时候，民主政治只是有名无实之物，在实质上已经变成金权政治，而在罗马则更变成专制政治，使整个的国家成为一个人——该撒（今译为恺撒——编者注）——的所有品。

第一项　希腊

当希腊种族（Hellenes）定住于希腊的时候，已经组织了父系的氏族团体，分做四派：即亚该亚（Achaia）、多利亚（Doria）、爱奥尼亚（Ionia）、伊奥尼亚（Aeolia）等。其中与政治思想史最有关系的，则为定住于阿提喀（Attica）的爱奥尼亚所组织的雅典（Athens）城市国家。最初雅典分做四个部落（Trife），每一个部落有三个大氏族（Phratry），每一个大氏族又有三十个氏族（Gens）。氏族是经济的团体，大氏族是政治的团体，部落是军事的团体，各置首长，管理一切。氏族之下，虽然尚有家族，但是家族不是一个单位，社会的单位乃是氏族。土地属于氏族公有，人们都耕作氏族公有的土地，而参与生产物的分配，所以没有贫富的差别。当时尚未发生分工，生产力甚见幼稚，也没有商品生产，不过尚有少数的木匠、铁匠以及其他手艺匠，制造日常用品，以供给团体的需要而已。其后，共有的土地大约是用抽签的方法，分配给各家族，然而最有势力的家族则独占了最肥沃的土地。他们利用多数奴隶工作，渐次成为贵族（Eupatrids）。其结果，每个部落都萌芽了国家的雏形，设立三种机关：第一，为贵族会议（Bule），最初由氏族长构成，后因人数增加，改由贵族选举；第二，为人民会议（Agora），由自由民直接构成，一切成年男子均得列席，第三，为将军（Basileus），由人民会议选举，但被选人限于贵族。

到了纪元前第七世纪，因为土地的买卖，货币的采用，商工业的发展，雅典社会又发生了一个大变化，原来雅典大部分的住民乃是农民，贵族有肥沃的土地，可以过其幸福的生活。反之，农民则只有狭小的土地，生活颇见困苦，万一岁歉不收，则一家的生计就无法维持，只有向贵族假借货物，等到年丰时候，再把货物送还原主。但是自从采用了货币之后，贵族所有的，已经不是剩余的货物，而是货币；从而困苦的农民所借的，也不是货物，而是货币，即他们把借来的货币，购买生活必需品，以维持一家的生计。这样一来，则是农民乃于货币的价值最便宜的时候，借了货币，而于货物的价格最昂贵的时候，买了货物；更于货币的价值最昂贵的时候，还了货币，而于货物的价格最便宜的时候，卖了货物。所以农民愈见贫穷，弄到结果，竟然不能清偿债务，只有把自己的土地抵押于贵族，而自己则为其佃农或奴隶了。自由的小地主是这样地渐次为大地主或贵族所兼并的。

同时，自从采用了货币之后，商工业亦很隆盛。雅典有矿山，近海岸，所以很容易成为商工业的中心。原来雅典的土地不甚肥沃，农产物很少，而且此时人口又复集中于雅典，于是食物遂告不足，不能不由外国输入粮食，其代价则用雅典的工业利润偿还，这样，雅典的农业日见衰落，而工商业则成为主要的产业。工商业既已隆盛，当然可以吸收各地人民，其结果，一面因人口的混居，而使从前的氏族制度日趋紊乱，同时雅典国内除了土地贵族之外，又产生了一个富裕的商工业阶级，这个商工业阶级最初在政治上尚无特别权能，其后则利用财力，对于土地贵族，俨然成为一个敌体。

由于这个社会上的变动，政治制度亦现出中央集权的倾向。第一，于雅典设立各种中央官厅，一是元老院（Areopagus），由贵族的代表构成，二是执政官（Archons），人数九人，由元老院选举，三是平民议会（Ekklesia），没有权力，把从前各部落独立管理的事务的一部，宣言为共同事务，由中央官厅管理。第二，无视各种氏族，把雅典全部人民分做贵族、自由民、奴隶三个阶级，但是只惟贵族才有做官的特权，即此时雅典政权完全落在贵族手里。

到了纪元前第七世纪末季，雅典由于商工业的隆盛，各地人民的杂居愈厉害，各种职业的分工愈发达，奴隶的人数已经超过了自由民的人数，而一般自由民又因为土地的兼并，大半沦落为流氓无产者，充斥于雅典城市之内，氏族制度已经到了末路，商工业阶级则渐次有了势力，遂出来与土地贵族争夺政权，引起贵族与平民的斗争，其结果遂有梭伦（Solon）的改革。他于纪元前五九四年，发布一种法律，叫做 Seisachthea，取消一切以土地及人身为抵押的负债，禁止人民因为负债而贩卖其身体，制定个人私有土地的最大限度（这些制度都未曾实行）。此外他又改革了阶级制度，即无视从前的门第关系，惟以财产为标准，把市民分做四个阶级，最高官吏如执政官之类，乃是第一阶级的专利品，第四阶级完全没有做官的权利，更改革了政治制度，扩大平民议会的权限，执政官由它选举，法案由它议决，且有一点普通行政权及司法权，更设置了一个“四百人议会”（The Senate of the Four Hundred），由公民选举，决定平民议会召集的日期，筹备提出平民议会的法案，并监督平民议会所议决的法令的执行。至于从前的元老院虽然仍旧存在，然而只能行使司法权，并且其构成分子亦由贵族改作卸任的执政官。即在这个时候，雅典的政权已经渐渐由贵族转到平民手中去了。

此后八十年中，雅典社会更顺着同一方向进展。动产日益增加，商工业日益发达，新兴的资产阶级对于旧的土地贵族，已经占了胜利，而使氏族制度的遗物失去最后的地盘。在这混乱当中，乘机出来夺取政权的，便是僭主（Tyrant），他们一面压迫土地贵族，同时又奖励各种商工业，于是雅典更见富强。其后，土地贵族虽然驱逐僭主，暂时收回政权，然而到了纪元前五〇九年，又有克利斯忒泥（Clisthenes）的改革，对于贵族政治，给与以致命的打击，并根本促成氏族制度的崩壤。

克利斯忒泥采用革命的手段，发布新宪法，打倒贵族政治，实行民主政治，使一切公民都有政权。他先破坏从前以氏族制度为基础的四个部落，惟以地域为标准，把阿提喀分为十郡（Phylae），每郡又分做十县（Demoi），各县都有自治之权，可以选举它的长官。各郡不但是自治的政治团体，并且又是军事团体，他可选举军官，管理军队，又可选举五十名议员到雅典组织“五百人议会”（The Senate of the Five Hundred），这样，氏族制度遂完全崩坏，而建设以雅典为中心的城市国家了。统治雅典国家的，则为平民议会，“五百人议会”及将军（General）。平民议会的组织和职权与前相同，没有变更，“五百人议会”期由“四百人议会”改造而成，其分子由各郡公民用抽签方法选出，其职务与“四百人议会”相似；将军由各郡公民用投票方法各选出一人（共十人），管理军事与行政。至于从前的执政官及元老院虽然仍旧存在，然而前者只充为“平民法院”（Dikasteries）的主席，后者则只是一个审判杀人犯的法院而已。

即在这个时候，雅典已经完成为一个民主国家，从而雅典的阶级对立已经不是贵族与平民，而是自由民与奴隶了。在纪元前三〇九年，雅典住民之中，自由民一万二千，外国人一万，而奴隶竟有四十万之多。雅典生活稍裕的人，普通每人都有奴隶五十人左右。奴隶人数的增加当然可以夺取自由民的劳动机会，同时又因为商工业的发展，财富均集中在少数人的手上，于是自由民日益贫穷。他们轻视肉体劳动，不屑与奴隶竞争，他们只有坐以待毙。然而他们是大众，他们是国家的公民，他们的灭亡，雅典国家也随之而崩坏。

在这中间，希腊各城市国家连年打仗，Pelopounesian War（即伯罗奔尼撒战争，前431年—前401年），把雅典的霸权完全夺掉；Corinthian War（即科林斯战争，前395年—前387年），把科林斯（Corinth）完全破坏；Theban War（即底比斯战争，前382年—前379年），把斯巴达（Sparta）一败涂地。先从自己家里杀起，所以马基顿（Macedouia）勃兴，希腊各城市国家就次第为亚历山大（Alexander，the Great）所征服，失去政治的独立。亚历山大更用武力统一欧亚，建设一个大帝国，然而亚历山大一死，部下的将领又复分城掠夺，闹个不休。此时希腊各国暂时虽可恢复独立，然而情形已不如前，只能用联盟形式，即 Achaean League 及 Aeotolian League 等，保其残喘。到了罗马勃兴，希腊全土就于纪元前一四六年，跟着科林斯的焚毁，全部归于罗马支配。

第二项 罗马

罗马种族（Populus Romanus）出现于历史舞台的时候，分做蓝涅斯（Ramnes）、替替斯（Tities）、卢塞勒（Luceres）三个部落（Tribe），每一个部落由十个大氏族（Curiae）集合而成，每一个大氏族又由十个氏族（Clan），集合而成，比氏族更小的团体，叫做家族（Family），这些一切团体都是以血缘为基础而组织的，实行共产制度。

在原始时代，财产归于氏族共有，及入有史时代，财产就由家族私有。因此，有较大的土地的，便成为贵族（Patricius），其他人民就成为被护民（Clientes），其后又与移住民融和，而成为平民（Plebs Romanus）。除了贵族与平民之外，尚有奴隶，他们大约是出身于捕虏及被征服者的。贵族既有较大的土地，遂有剩余的农业物，其结果，很多的人遂弃农业，而经营手工业，由是又发达了分工，产生了商人，增加了人口，而成立三十余的都市，罗马便是这些都市中最有力的都市。据传说所言，纪元前七百五十三年，纶缪拉斯王（Rex Romulus）征服近邻，建设罗马国，于是罗马的国家遂见成立，而其政体则为王政。当时政治制度大约有三种机关：第一为元老院（Senatus），由贵族的代表构成；第二为贵族会议（Comitia Curiata），由一般贵族构成；第三为国王（Rex），由贵族会议选举，但是终身职。由此可知当时政治尚以血缘为基础，而政权则归于贵族所有，一般平民虽有纳税当兵的义务，然却没有政治上的公权，不能做各种官吏。

到了血缘的氏族制度崩坏，罗马社会的基础遂不能不置于土地之上。罗马一旦变为地缘国家，其法律的身分就由土地所有的有无而决定了。所以从来为贵族所排斥的平民，若是有了土地，则其身分亦有向上的机会。因此，罗马第六代王塞维阿·塔力阿（Servius Tullius）就废除从来以血缘为基础的三个部落团体，而代以地缘为基础的四个地域团体，并以土地为标准，把一切人民分做六个阶级，另设一个“共同会议”（Comitia Centuriata），不论贵族或平民，都可派遣代表参加。不过第一阶级有八十投票权，第二阶级有二十二投票权，第三阶级有二十投票权，第四阶级有二十二投票权，第五阶级有三十投票权，第六阶级为体面计，也有一投票权，而最富裕的阶级另外尚有十八投票权。合计起来，共有一百九十三投票权，过半数为九十七票，而第一阶级和最富裕阶级合计乃有九十八票，他们占多数，所以他们能够一致，就不必征求其他阶级的同意，而可作成任何有效的决议。

纪元前五〇九年，罗马又废止王政，实行贵族的共和政治。但是政体虽变，制度还没有甚么更动，不过把终身官的一个国王改作一年一换的两个执政官（Consul）而已（两人的权力相等，彼此可以牵制，牵制太过，行政部很觉微弱，不能做事，所以当紧急的时候，又设置“迭克推多”（Dictator），权力和国王一样，不受制限，但任期以六个月为限），执政官虽由“共同会议”选出，但是只惟贵族才有被选的资格。

这个时候，罗马市的经济渐次发达，农民常到罗马，把其农业物与其他生产品交换。由交换的盛行，更成立了市场，而罗马国家亦由战争与经济的发达，支配了全都意大利。原来罗马每征服一地，常把一部分的土地分配给贵族，更把一部分的土地，宣言为公有地

(Ager publicus)，最初平民对于公有地，尚有使用收益的权利，到了共和时代，贵族由其特权，对于公有地，又取得了事实上的所有权。在王政初期，贵族已经占领了大土地，现在他们又并吞了公有地，所以大部分的平民只能佃借贵族的土地而耕作之。他们对于贵族，当支给极高的地租，贵族则为地主，由耕地征收了极大的贡赋。平民贫不聊生，只有向贵族借债，然而利息是极高的，债务者到了一定期日，不能偿还债务，则身体、自由、财产悉归属于债权者，或被杀死，或听他卖作奴隶。平民的境遇虽然这样悲惨，然而在这个时候，他们还是社会之经济的基础，何以呢？在奴隶制度之下，劳动力（奴隶）是由战争的胜利而获得的，平民则为军队的中坚，所以他们尚可利用机会，争夺政权。纪元前四九四年，一部分的远征军奔到圣丘（Sacred Mount），谋脱离罗马，自己建设一个新城，预备用武力来同贵族死战。贵族大惧，遂许平民另设一个平民议会（Comcilium Plebis），选举二人护民官（Tribunus Plebis），监督贵族的行政，藉以保护平民的权利。纪元前四七一年，平民会议又变为庶民会（Comitia Tributa），除了选举护民官之外，尚有参与立法之权。至于从前的"共同会议"仍是选举执行官的机关，而贵族会议则渐次失去重要，只管理宗教事务，只惟元老院仍很重要，凡做过大官的人都任命为元老院的议员，包含了许多最有经验的政治家，故其权力甚大。纪元前四五〇年，罗马由于平民的要求，又发表"十二表法"(Twelve Tables)，自是以后，平民的权利，遂在各方面着着发展起来，终而得到了与贵族平等的公权和私权。

平民经过了长期的斗争，虽然在政治上和法律上得到了与贵族平等的权利，但是他们在经济上，仍旧受了强烈的压迫，何以呢？每次对外战争不但可以助长土地的兼并，而使自由的农民沦落为无产者，并且战争之后，又输入无数的奴隶，夺取平民的职业，由是一切平民尽变为流氓，充斥于罗马市之内。同时土地的集中又发生了一种制度，叫做 Latifundium①，驱使多数的奴隶工作，于是大农企业更打倒了小农经营，一般小农为了维持自己的存在，常向贵族借债，然而利息是极高的，并且须以土地为担保，小农因为不能偿还债务，而致土地为贵族所兼并的，则皆沦落为流氓无产者，流入罗马市之内。就是在这个时候，罗马社会已经不是贵贱身份的对立（奴隶当然例外），而是贫富阶级的对立了。其后虽有李锡尼（Licinius）、革拉古兄弟（Tiberius Gracchus 及 Gaius Gracchus）等努力改革，然而皆遭贵族反对，而至失败。

平民因为贵族的压迫，沦落为流氓无产者，而充斥于罗马市之内，于是专制政治遂有存在的基础，何以呢？第一，流氓无产者只能卖去他们自己的公权，谁肯提供最高的价钱，谁

---

① Latifundium 是指贵族私有大土地之意，而土地内的行政权又属于土地的所有主。这个大土地分为二种：其一叫做 Villa，而为贵族的直辖土地，其二则为佃租地。Villa 又分为二种：一是 Villa Urbana，在都市之内，充为贵族的邸宅；一是 Villa Rustica，以耕地为主，这两个 Villa 都使用奴隶，以作工人或奴婢。佃租地则佃租给 Kolonus，其报偿则为租税与力役，贵族是这样地，把一切工作委在奴隶身上，而自己则在 Villa Urbana 之内，过其骄奢淫逸的生活。这个 Latifundium 乃是中世庄园（Manor，Gutsherrschaft）的先驱；而 Kolonus 也是中世农奴(Serf）的先驱。

便可收罗无产者的投票。因此，富裕的人便在公民会议之中，操纵了许多的投票，而使自己当选为高级官吏，但是流氓无产者既然可以卖去公权，而获得较大的利益，则那些有罗马公权的农民当然想脱离乡间的恶劣生活，而投身于罗马市，这种情形又增加了那些有公权的下流社会的人数，而使民主政治愈趋紊乱；第二，一般公民既由小农没落为流氓无产者，失去尚战的勇气，而贵族阶级亦因耽于淫乐，不愿从军，由是在罗马军队之中，兵卒用外国人代替，军官亦由雇用而来。这些兵卒和军官担任军事工作，不是由于牺牲的精神，而是由于薪俸的引诱，他们常预备卖给肯出最高价钱的人，这种情形可使罗马的最大富翁想把整个共和国全盘收买，又可使罗马的军阀拼命括地皮，变成最富的人，以便收买罗马。弄到结果，罗马遂于纪元前三一年，变成一个人——该撒的所有品。这个时候，罗马的领土几乎遍于全欧，遂设行省之制，每省置一个巡抚（Proprietor）管理政务。至于中央政府呢？元老院成为顾问的机关，各种人民议会渐次失去势力，一切政权均集中在该撒身上。

罗马虽然变成该撒的所有品，然而这个所有品又好像别的所有品一样，可以引起纷争。我们在罗马历史之上，常常看见军阀们互相残杀，互相劫掠，其初一个强有力的将军向该撒进攻，其次该撒就为卫队杀死，而卫队杀死该撒，又因为要把帝位卖给出钱最高的人。到了这个时候，罗马人民不特对于国家，漠不关心，并且痛恨帝国的皇帝、帝国的军队，帝国的税吏、帝国的法官。国家成为人民痛恨的目标，寝假一般人民都希望脱离帝国，变成自由的蛮夷农民，及至最后，他们且把蛮夷认为救主，而与以热烈的欢迎，于是日耳曼民族就乘罗马式微，侵入罗马疆界，纪元四七六年，罗马遂亡。

第三节　古代社会的没落

希腊罗马的社会乃首在奴隶制度之上，奴隶最初只经营农业，到了商工业勃兴的时候，商店、工厂、矿山都充满了奴隶，甚而至于兵卒和警察也用奴隶来代替。在希腊，奴隶劳动本来是使主人有余暇的时间，执行政治，研究学问。然而财富愈集中，奴隶愈增加，剩余生产品愈积聚于个人的手上，一般富人便把余暇的时间，来消费剩余生产品，无暇顾及政治和学问。在罗马不但一切苦工由奴隶代替，并且在帝政时代，政治工作也交给奴隶负担。因为希腊的军威是向野蛮部落发展的，他们的奴隶是野蛮人，他们绝对不能把管理国家的责任交给奴隶。反之，罗马则与希腊不同，他的军事势力乃普及于东方的古代文化中心点，他由这些地方取得了许多学识高出主人之上的奴隶，他们可把管理国家的责任交给奴隶。

奴隶虽然这样重要，然而一般奴隶的地位却等于单纯的动物，主人对于奴隶不但可以任意买卖，而且操有生杀之权。奴隶一面受了主人的虐待，同时自己生产的东西，对于自己没有丝毫利益，只增加主人的财产，他们绝望了，他们愤怒了，然而他们却不能出来革命。因为革命事业是一种重大艰难的工作，革命群众须有相当的组织，而又须有相当的余暇和能力致力于革命运动。奴隶虽是一个阶级，但是他们乃由各部落的俘虏集合而成，他们没有阶级意识，他们不能团结，并且他们每天从事于过劳的工作，既无余暇以修养自己的心身，又无余暇以致力于革命运动。他们无法推翻现在的社会，他们只想脱离现存的社会，投身于罪犯阶级之中。

他们惟一报仇的方法，只有怠惰与疏忽。他们本身受了主人的虐待，他们也毁坏主人的用具，藉以泄愤。主人恐怕用具毁坏，只能把最粗鄙最笨重最难毁坏的用具交给奴隶应用。生产技术既然这样幼稚，生产力当然不能发展，于是农业经济日渐衰落，其结果则影响于一切产业之上，而使许多矿业工业一蹶不振。

奴隶经济既然束缚了生产力的发展，然而土地所有权制度又使主人不肯解放奴隶。因为当时土地已经集中在少数人的手上，这些少数大地主何肯抛弃自己的土地，他们为耕作自己的土地，当然不能不强制留用奴隶。然而奴隶惟在肥沃的土地耕种，而后才为有利，因为土地既然不属于奴隶，生产物又不归奴隶所有，奴隶当然滥用地力，不肯施以肥料。罗马所以利用兵力，向西发展，渐次吸收新土地，而把硗瘠的土地遗弃在后方，其原因即在于此。

向外发展，不但谋取得新土地，并且谋取得新奴隶。残酷的剥削已经缩短了奴隶的生命，而减少奴隶的生殖力，并且一个奴隶由出生而长大到会做工作，其间的费用一定不少，所以主人也不愿意奴隶生育，宁可花钱购买新奴隶。于是奴隶的死亡率超过了增加率，奴隶一个一个的夭亡，数目一天一天的减少，这个减少的数目是用战争的俘虏来补充的。换言之，只有不断的打胜仗，不断的扩张领土，不断的征服新国家，才可以供给大批的廉价奴隶。这种来源若不涸竭，奴隶社会便不会崩坏，然而这种来源却不能长久继续下去。

战争是生产奴隶的方法，然而战争须依靠于兵士，而最好的兵士则为农民。农民在露天的地方，寒暑交迫，日晒雨淋，不断的劳苦工作，所以最能忍受战争的苦痛，至于都市的流氓无产者和手艺匠均不适用。所以农民的减少，便是军队的减少，而军队的减少又是奴隶生产的减少。不幸古代社会尤其是罗马，由于土地的集中，多数农民均沦落为无产者，其能偶保残喘的，则须负担战争全部的责任，他们的责任不但是流血，还须负担战费，到了战争得到胜利之后，被征服地的粮食又复源源输入，致内地的谷价一落千丈，于是小农无法谋生，势非全部没落不可。

农民既然减少，军队当然懦弱，由是战事由攻势变为守势，胜利变为败北，奴隶的生产随之停止，从而古代社会也至没落。

潘大逵

中国宪法史纲要

作者简介

潘大逵（1902—1991），四川开县人。1924年毕业于清华学校。次年赴美国留学，获威斯康星大学法学硕士学位。1930年回国。后任上海法学院、朝阳大学、云南大学、重庆大学教授。1935年参与组织上海文化界救国会。次年参加上海各界救国联合会。1943年加入中国民主政团同盟。后任昆明民主周刊社社长。新中国成立后，历任西南军政委员会文教部副部长，四川省第一、四、五届政协副主席，四川省文史研究馆馆长，民盟中央常委，四川省委主任委员和中央参议委员会副主任。是第一、五、六、七届全国人大代表。主要研究西洋政治史和比较宪法。著有《欧美各国宪法史》、《中国宪法史纲要》、《近代政治思潮》等。

出版社：上海，法学编译社。

出版年份：1933年。

馆藏：中国人民大学图书馆旧平装书室。

作品简介：《中国宪法史纲要》一书，由上海法学编译社于1933年出版。全书分中国宪法的基础、清末的立宪运动、中华民国临时政府组织大纲、南京约法、天坛宪法草案之争执、袁世凯之新约法、民国五年国会恢复后之草案续议、南北分裂与护法运动、曹锟宪法、民国十四年之中华民国宪法草案、国民政府组织法及约法、地方制度与省宪运动等十二章。附《十九信条》、《中华民国临时约法》、《袁世凯之中华民国约法》、《训政时期约法》等八种宪法性文件。

本书以中国近现代宪法的演进为主轴，叙述了清末预备立宪至南京国民政府训政阶段立宪这一发展历程。本书不但对近代中国产生的一些具有代表意义的宪法性文件的体系、内容作了详细的介绍，还深入阐述了每一部宪法性文件的制定背景、制定过程，以及这些宪法性文件制定过程中各种社会力量之间的博弈、思想的交锋。在最后的部分，作者还在借鉴以往立宪经验的基础上，提出了对中国将来宪法之建议，认为中国人民虽缺乏民治之经验，但拥有民治之精神，只要努力尝试，就一定能制定出好的宪法，建设成真正的宪政。

虽然本书在内容观点上有一定的不足，但作为中国近代以来对中国宪政进行研究的早期著作之一，仍有较高的学术价值。(谢红星整理)

第一章 中国宪法的基础

广义讲来，无论哪个国家都有一种宪法的，因为宪法的主要原素，总不外规定政府的组织，那末世界上岂有全无组织的国家？但是要严格讲来，所谓的宪法政府，其组织须受人民的规定，其行动须得人民的赞同，其权威须经人民的付托，而人民之生命自由财产须有明文的保障，这才是近代人所谓的宪法，如像美国、法国及大战后诸新国的宪法一样。

从后一种见解看来中国虽是一个老大的国家，但是我们不能不承认中国是始终没有一个宪法的国家。不惟说是在君主专制之下的中国没有宪法，就是在二十余年里的民国下边也未曾有过正式的民意宪法。假若我们要从另一方面的广义看来，以宪法为政治之习惯先例如称英国的不成文宪法一样，那末中国既有这样伟长的历史，也不能说完全没有一点政治的惯例——宪法的基础。

中国虽是受了几千年的专制，而民治的基础，主权在民的观念，总还是不断的保留着，这是对于中国历史有点研究的人所极易晓得的。譬如我们举孟子来说。他说“民为贵，君为轻，社稷次之”。这是何等的以民为重！又曰“贼人者，谓之贼，贼义者，谓之残，残贼之人谓之一夫。闻诛一夫纣矣，未闻弑君也。”又曰“今之事君者，我能为君避土地，充府库。今之所谓良臣，古之所谓民贼也。”这一切都可见儒家的代表孟子，是如何的倾向民众。更明显的是他说“桀纣之失天下也，失其民也；失其民者，失其心也。得天下有道，得其民，斯得天下矣。”这又是含有主权在民的确证。这样的说话在古书里很多，都是很能影响于中国的政治的。中国的四书五经是常使君主们视为宝鉴，用以为指导他们的行动的。中国的专制君主之所以不至于十分暴虐压迫，其原因也就在此。君主之不暴虐压迫，这也并不是因为四书五经的教言就如像宪法一样能够限制君主的自由。不过是他们晓得，假如违反了政治的习惯，古圣贤的教训，就会引起人民的反感，或甚而至于革命。聪敏一点的君主，谁愿引起人民的反感？谁又不想得人民的欢心？谁又不想一代一代的稳坐江山？

由此我们知道中国虽没有宪法，但他有宪法的基础，至于人民呢，也可以说富有民治的精神。试看中国内地乡村的组织，就可以知道人民的安分守法。所以有一个美国记者在中国来游历的时候说，“中国似乎是在一个无政府的状态下面；但奇怪的是中国的社会并不呈骚乱无秩序的景象，这要是在欧美就决难能的了”。

像我们中国既有这样好的民治根基，要建设一个民治宪法的政府，又还有甚么困难呢？然而事实上告诉我们，中国的宪法运动从满清末年一直闹到现在，这其间虽成就了不少的约法、临时宪法，及政府组织法之类；但是始终还未有一个正式的宪法。这个道理又在甚么地方呢？简单的答一句，可以说是中国人民虽有民治的精神，但缺乏民治的经验。试看欧美各国的立宪政府谁没有经过许多的波折？英国更不用说了，就是美国、法国又是怎样？所以我们对于中国的人民是应该给予他们以政治的训验，这给予政治训验的惟一办法，就是要实行宪政，决不可因人民之缺乏政治经验而更实行专制之政治，那末人民是终无得到政治经验之一日。所以我们对于中国应该要采取乐观的态度，切不可因噎废食，有碍宪政的发展。

第十二章　地方制度与省宪运动

讲完中国的各种约法、宪法、草案，及政府组织法以后，我们对于地方制度与省宪运动亦应略为一谈。中国的地方制度问题，起于民国二年，正式国会成立以后，我们知道在民国元年的参议院的《临时约法》，并没有一定提到中央与各省的权限划分。假使当时有这种规定，各省的权限一定可以得到很大的范围，因为当时的参议院议员无有一个又不是各省的军民长官委派，不过当时的人都以为这约法是暂时的性质，所以就将这重大问题搁置。

一到民国二年正式国会产生，在宪法会议的时候，中央与地方关系的问题就起来了。所谓联省自治的主张，也在此时产生。但是这个时候的国会处于袁世凯的威势之下，即欲加紧赶快制定宪法，因地方制度所牵涉的问题太多，所以在《天坛宪法草案》里也没有地方制度的规定。但是当时的学者，从民二到民六在国会外边对联省自治的论调，可是非常之多。赞成者与反对者都不乏人。如章行严、伧父等可谓代表主张联省自治者；而潘力山与张君劢等可谓代表反对联省自治的。其论文可见于当时之《东方杂志》、《大中华杂志》，及《甲寅杂志》等。

袁氏失败，国会恢复。民国五年的国会又继续制宪工作，于是此地方制度一案就变成为当时争论最激烈之一问题，甚而不惜在国会议场用武，会外图谋解散。当时争论的意见有三：（一）国民党议员多主张省制加入草案，并且还主张省长民选，这是赞成最激烈的一派。（二）反对最激烈者当称进步党议员，他们不惟主张省长应由中央任命，并且不许省制列入宪法。（三）居此二者之间有一折衷派，他们赞成省制入宪，可是反对省长民选，结果虽曾有一妥协之地方制度草案出现，然卒无结果而终。

及第二次国会解散，南方护法政府成立。非常会议议员又将地方制度旧事重谈，而意见仍旧不减于昔。致在民国八年终各以不出席国会为抵制，至于流会八次，乃由议长林森于九年一月二十四日不得已宣告停会。

民国九年夏广州七总裁分裂，时只余桂系岑春煊等二三人，军政府无异解体，于是此时联省自治之声又高唱一时。当时人士多以为中国既分南北，而南北之间又复有内讧，是统一明明无望，乃主张各省自动制宪，实行自治，以为将来联合制定国宪之基础，而将来国宪即采取联邦制度。这些倡联省自治的人，多为在国会里主张省制入宪，中央与地方分权，并主张省长民选的。在这个时候旧事重提，更见加径的原因，多以为中国已到穷途，这是惟一解决当时分裂的办法。整个的中国办不好，到不如一省一省的来办。

于是实力派的湖南的赵恒惕、浙江的卢永祥、福建的陈炯明、云南的唐继尧，都表示赞助；而为首制省宪者又推湖南。湖南省在民国九年的十一月二日即宣言自治，并着手制宪。省议会乃筹备章程，由省政府聘请一个十三人的起草委员会，再由湖南各县人民代表一百五十余人审查，乃交全省公民投票公决，通过后乃在民国十一年一月一日由省长公布施行。这就是中国破天荒的第一次省宪。其他的省宪也就无不受他的影响。兹略举此宪之内容以见一斑。

湖南省宪共有一百四十一条，分下列之十三章：（一）总纲（一至四条）；（二）人民之权利义务（五至二十四条）；（三）省之事权（二十五至二十七条）；（四）省议会（二十八至四十五条）；（五）省长及省务院（四十六至六十三条）；（六）立法（六十四至六十八条）；（七）行政（六十九至八十九条）；（八）司法（九十至九十五条）；（九）审计院（九十六至一百条）；（十）县制大纲（一百零一条至一百零九条）；（十一）市乡自治大纲（一百十条至一百二十五条）；（十二）本法之修正及解释（一百二十六条至一百二十七条）；（十三）附则（一百二十八条至一百四十一条）。

以上十三章中最紧要有下列数点。

一、省性质之确定，第一条称“湖南为中华民国之自治省”，而“省自治权属于省民全体”（第四条），是载明省之性质及其地位。

二、人民之权利义务，关于权利方面，人民在法律上一律平等，无论男女、种族、宗教阶级之区别（第五条）。且身体财产皆须予以保障，而思想信仰政府不得干涉；且人民有选举、被选举、提案及总投票之权。但亦常有“非依法律”，及“依法律”等字样以为限制。在义务方面，则有纳税、当兵等条。

三、省之事权，省权采列举主义，盖此时中央既无宪法，亦只有采列举之一法。权限中之重要者，有议决：（一）省以下之地方制度；（二）省官制官规；（三）省法院之编制及司法、行政之监察；（四）本省税则及省公债；（五）省教育之规定；（六）省交通之建设；（七）矿产、农林之保护；（八）军政、军令、警察、卫生等项。此处所谓军政、军令，是否不啻明性省有置军队、建兵工厂、放军事学校等权。

四、省议会，省议会为一院制，以全省直接选出之议员组织之（选民不分男女，只须年满二十一，在湖南住居二年以上，而无精神病及被剥夺公权者为合格，惟被选人须年满二十五）。省议会任期三年，自行集会闭会。每年二次，其职权为议决：（一）省之事权各项；（二）预算决算；（三）选举官吏；（四）受理人民请愿；（五）提出省务院之质问或投不信任票；（六）弹劾省长、高等审判厅长、高等检察厅长、省务员及审计院长。至于解散省议会之方法，或由公民提出，或由县议会提出，或由省务院提出，但必须“经全省公民总投票过半数之可决”。

五、省长及省务院，“省长由省议会选出四人，交全省公民总投票决选，以得票最多数者为当选”（第四十七条）。其任期为四年，但由省议会提交公民总投票表决得令其退职。省长职权有公布法律、统率军队、任免官吏，及宣告戒严等等。

六、省务院，省设省务院，以下列各司长组织之：（一）内务；（二）财政；（三）教育；（四）实业；（五）司法；（六）交涉；（七）军务。各司司长由省议会选举二人，请省长择一任命。省务院长则由省务员互选一人，省务院设政务会议，议决施政方针。省长所发之命令，皆须经省务院长及各主管司长之副署，否则不生效力。倘“省务员全体或一人受省议会之不信任投票时，即须辞职”，是对省议会负责之意。

七、公民立法，立法不仅限于省议会，各种职业团体皆可提出议案交省议会付议；且公民亦可自动提案（六十五、六十六条）。且已由议会通过之法律，人民亦可复决，是采取瑞士之创制复决。

八、修正，修正方法有二：（一）每十年召集宪法会议一次，议决应行修正各案，交由公民总投票决定之；（二）或由省议会四分三及全省县议会及一等市议会团体三分二之提出修正，得召集宪法会议，交公民总投票决定之。

除以上诸要项外，并规定强迫教育、义务兵制、省议会选举、高等法官，及县市自治大纲等。此省宪之弊病在徒重民治主义之形式，男女普选固为佳事，而创制、复决、直接罢免等，随处皆是，未免要发生问题。在素无自治经验之省区，而骤然有此种极端民治之宪法，欲望其立即生效，岂非梦想？故此宪法在票决之日，即已弊端百出，公布以后，亦未见诸实施。名义上成立了四年有余，而结果还是与一纸空文无异。

湖南宣布宪法以后，继之而起的当推浙江。民国十四年六月卢永祥通电主张为省制宪，即由一省宪起草委员会起草，又经浙江省宪法会议议决，遂产生出一个一百五十八条的宪法。十一年浙江省议会以该宪法本经人民公决，议交与人民自由提出之各种宪法一并作为草案，正式投票，以定采舍。及时亦未举行，毫无结果。此外民九至十五年间尚有四川、广东、江苏、福建、江西等省皆有制宪之提议，或有完成草案者，但皆未发生若何效力。

总之，省宪运动的声浪，虽盛唱一时，然皆不外出于军阀的一时高兴，欲利用他以为永久的割据，并非为有实力者所热诚拥护，致各省无一实行。及至民国十二年《曹锟宪法》完成，省宪的精神可谓在该宪法充分表现，在十四年段祺瑞时之宪法草案采取联邦主义的色彩更为明显。不过是都没效力。所以中国的联邦运动，也就成为泡影之一现即灭而已。

于恩德

中国禁烟法令变迁史

作者简介

于恩德，生平情况不详。中国近代的社会学家，其著作有《中国禁烟法令变迁史》和《社会调查法》等。

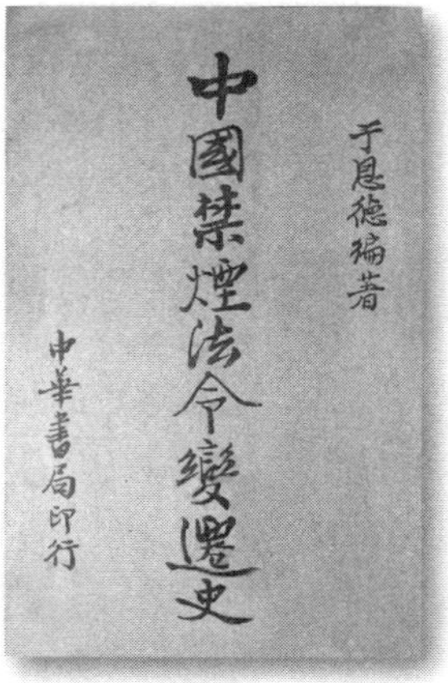

出版社：上海，中华书局。

出版年份：1934 年。

馆藏：中国人民大学图书馆旧平装书室。

作品简介：《中国禁烟法令变迁史》共七章，附参考书目和禁烟条例。本书首先简述了鸦片的起源、鸦片输入中国的历史过程及其毒害，然后将中国近代禁烟法令划分为几个历史时期，逐一介绍了不同历史时期中国禁烟法令颁布的历史背景、禁烟立法的发展、禁烟法令的执行情况及其影响。

该历史时期包括：（1）初期禁烟时代（1729—1830 年），主要记述了清初因鸦片的兴贩与吸食者的增多，鸦片的毒害逐渐显著。雍正、嘉庆年间以及道光初年颁布了一系列的禁烟法令。这一时期的法令主要侧重于鸦片的禁运，但由于奸商污吏的阻碍，致使禁烟法令未能认真执行，鸦片的毒害蔓延而最终难以遏止。（2）严厉禁烟时代（1830—1858 年），由于鸦片输入激增，导致一系列的社会危机，如白银大量外流、士兵吸食鸦片等，道光帝屡颁禁烟法令。这一时期的法令除规定鸦片禁运外，还包括鸦片的禁种和禁吸，并加大了处罚的力度，官吏亦能认真执行。但鸦片战争的失败，使一切法令失效。（3）弛禁时代（1858—1906 年），由于鸦片弛禁与抽税政策，鸦片抽重税成为清政府敛财的重要途径。这一时期禁烟法令并未完全取消，咸丰、同治年间颁布了禁官不禁民、禁开烟馆、禁种罂粟等条例。但上述禁令皆成具文，毫无实效。（4）复兴时代（1906—1926 年），晚清末年，禁烟运动复兴，光绪年间先后颁布了一系列的禁烟法令，这些法令在清廷积极推行下，各省官员亦能认真地执行。民国初年继续通过立法推进禁烟运动，并改清末逐渐禁烟政策为“立即完全禁绝”政策，虽取得一些成果，但因战乱、军阀专横，许多法令失效；国民政府时期，国内外拒毒运动兴起，国民政府积极颁布法令禁烟，但因帝国主义的侵略、军阀专横与贪官污吏的阻碍，禁烟的成效并未大彰。

本书最后对中国近代禁烟法令的进步性予以了肯定，同时对中国近代禁烟法令的实施以及其与禁烟运动、禁烟政策的关系作了初步的评论。本书所记述的近代禁烟法令仅限于中央政府所颁布的法令，至于地方法令除引示例证外，皆未收录。中国近代著名的社会学家许仕廉、吴文藻等参与了该书的校正工作。

在近代鸦片烟毒问题的研究中，《中国禁烟法令变迁史》是20世纪二三十年代出版的较有影响力的著作之一，本书侧重于禁毒法令的研究，而对于近代不同历史时期禁烟运动的进程及效果等方面涉及较少。本书不仅从一个侧面展示了近代中国的真实发展历程，而且还扩大了中国近代法律的研究视野。（栗明辉整理）

第七章 结论

一、禁烟法律之进步

禁烟问题因含运、售、种、吸、制五项，故禁烟法令之范围，亦可分为禁运、禁售、禁种、禁吸、禁制五端。惟最初鸦片仅系来自外洋，且其输入之数量尚未甚巨，而鸦片之流毒亦尚未显著，因之初期禁烟法令之条例，殊为简单。迨其后鸦片之祸逐渐增剧，禁烟法令遂日趋复杂。近年以来，又因吗啡毒品之输入，故查禁吗啡毒品，亦列入禁烟法令范围。兹就禁运、禁售、禁种、禁吸、禁制及查禁吗啡毒品六端，分述禁烟法令发展之经过如下：

甲 禁运

鸦片原系自外洋运入，欲杜绝鸦片之害，当以禁运为要，是以禁烟法律亦以禁运为始。雍正七年（一七二九）首订禁运之条例。但因其时输入者甚少，其害亦不甚烈，故所定之罚例并不甚重。凡兴贩鸦片烟者，照收买违禁货物例枷号一个月，并发边卫充军。然当时因外人之私运，及官吏纵容枉法，故法令甚鲜效力。及至道光十年（一八三〇）以后，鸦片之输入益多，每年不下三万余箱，故清廷再将法令加严。道光十九年（一八三九）定凡兴贩鸦片烟膏烟土发卖图利者，首从各犯均拟绞监候；其开设窑口勾通外夷，潜买鸦片烟土入口囤积发卖者，为首拟斩立决；为从及同谋及接引护送之犯，并知情受顾之船户均拟绞监候；房屋船只一律入官；失察员弁交部议处；其胥吏兵丁得财卖放者概拟绞立决；其未得财放纵者则行发遣；如完全不知情只系失于觉察者，兵丁杖一百徒三年；文武员弁及失察之海关监督交部议处；如沿海奸徒有为夷船寄存鸦片烟土者，照开设窑口从犯治罪，即拟绞监候；其寻常兴贩烟土案内知情受寄之犯，减首犯一等治罪。同时因鸦片多系由外人运入，故又定惩治外人法律之专条。如夷人带有鸦片烟来内地图卖者，为首拟斩立决，为从同谋者绞立决，烟土及其他船货概行入官。可知清廷对于贩运外夷鸦片者，已深恶痛绝，故将贩运者由活罪改为死罪，其法可谓严矣。惜清廷因鸦片战争失败，对于外人之贩运鸦片者，已不敢过问，致鸦片贩运公然往来。如上海广州等处，整箱鸦片公开运输于街市中，而当时之官吏均不敢干涉。咸丰八年（一八五八）鸦片开禁之后，鸦片运输遂成为法律上所准许者，而鸦片之毒害遂亦一发而不可复遏矣。

自咸丰八年（一八五八）鸦片弛禁之后，迄光绪三十二年（一九〇六）禁烟复兴之前，鸦片流毒为害已不堪言状。除外洋所输入之洋药外，全国复遍行出产土药。人民陷溺之深几使国将不国，此朝野上下之所以复努力禁烟也。惟因流毒既深，不能使用严刑峻法，故清末之《禁烟条例》，仅定兴贩鸦片烟者处三年未满一年以上徒刑。民国成立后之《暂行新刑律》，定贩卖或自外国贩运者处五年未满至二月以上之有期徒刑，并科五百元以下罚金，是其罪刑已较清末之《禁烟条例》加重。民国十七年（一九二八）国民政府所定之《刑法》，复将并科之罚金加重，即得科五千元以下之罚金。但因当时政府实行“寓禁于征”之政策，致刑法禁运之条例等于具文。嗣因民众之反对，国民政府取消变相之鸦片公卖政策，复颁行《禁烟法》，将贩运之刑罚稍为加重，即运输者处一年以上五年以下有期徒刑，得并科五千元以下罚金。且国民政府颁布之刑法中仅有徒刑最高之限度，今则复加以最低之限制，即至少须处徒刑一年也。然刑法虽加重，而私运之事仍未免除也。

乙 禁售

禁售之范围，包括禁止贩卖鸦片与贩卖专供吸食鸦片之器具，及贩卖罂粟种子等项而言。惟贩卖鸦片与贩运鸦片二者本相联系，故禁售与禁运之处罪亦相同。关于贩卖及制造鸦片烟器具者，则于道光十一年（一八二一）始列入法律中。道光十一年定制造及贩卖鸦片烟器具者，照造卖赌具及贩卖赌具例分别治罪。

前清末年之《禁烟条例》定制造及贩卖吸食鸦片烟器具者，处一年以下二月以上之有期徒刑。民国成立后《暂行新刑律》定制造贩卖或意图贩卖而收藏或自外国贩运者，处三年以下有期徒刑，是又较前清末年《禁烟条例》加重矣。国民政府颁布之《刑法》中所规定者，仍与《新刑律》相同。民国十八年所颁布之《禁烟法》较《刑法》复为加重。凡贩卖鸦片烟器具者，定处三年以下有期徒刑得并科五百元以下罚金，其加重处，即于徒刑之外复加罚金。

关于贩卖罂粟种子之取缔，于民国三年司法部以部令定之，将贩卖罂粟种子或意图贩卖而收藏或贩运者，处一年未满二月以上有期徒刑拘役，或二百元以下罚金。至于国民政府所颁布之《刑法》及《禁烟法》中之规定，仍复加重。前者改处一年以下有期徒刑拘役得并科或易科三千元以下罚金，后者增处三年以下有期徒刑得并科三千元以下罚金。按罂粟种子为栽种鸦片之根本要素，故欲杜绝栽种，当重处罂粟种子之贩卖也。

丙 禁种

查最初鸦片本来自外洋，国内并无种植，道光初年始渐有栽种罂粟收浆熬烟者。道光十一年遂定种卖鸦片烟者为首发边远充军，为从杖一百流二千里；所种烟苗拔毁，田地入官；并严禁地保纵隐；又责成该管官吏实力查禁；其知情租给田地房屋之业主，但在一年以外者，与首犯同罪发边远充军，一年之内者杖一百流二千里，即与从犯同罪，半年以内杖一百徒三年；种烟苗田地均行入官；如业主能自行首告，将私栽之犯指拿到官者免罪，田地并免入官；如首告而无获者准免罪，而田地仍入官，以防勾串之弊；此外并奖励左右邻首报，如左右邻知而不举者杖一百；至于栽种罂粟等花尚未收浆熬烟者，杖一百徒三年。道光十九年（一八三九）改定栽种收浆者首从各犯均拟绞监候；其尚未收浆者，为首发极边烟瘴充军；为从杖一百流三千里；其余各条则仍如前例。当鸦片弛禁之初，朝廷尚屡严令禁种，不过禁者自禁种者自种而已。同治十三年（一八七四）李鸿章且请明令弛禁，以抵抗洋药。光绪七年（一八八一）左宗棠亦议抽土药税。故国内自种罂粟之害，流播益广。前清末年复行禁烟之后，定栽种罂粟者处三年未满一年以上有期徒刑。民国元年《暂行新刑律》定处三年以下二月以上之有期徒刑拘役或三百元以下罚金。国民政府所颁布之《刑法》较《新刑律》稍为加重，即于处三年以下有期徒刑外，得并科三千元以下罚金。民国十八年之《禁烟法》中复将种烟之罪加重，将三年以下徒刑改为五年以下徒刑。然刑法虽重，今日种植鸦片烟者，仍遍地皆是也。

丁 禁吸

考雍正七年（一七二九）之禁律中，关于禁吸者，只有禁开设烟馆之条文，并无惩治吸食者之条文。凡私开鸦片烟馆者拟绞监候，为从杖一百徒三年，船户地保邻右人等俱杖一百徒三年。嘉庆十八年（一八二三）始定严禁吸食之例。此前凡买食鸦片烟者俱照违制律杖一百。按新律凡侍卫官员等买食鸦片烟者革职，并照违制律杖一百枷号两个月；军民人等买食者俱杖一百枷号一个月；内廷太监买食者枷号两个月，发往黑龙江给该处官员为奴。其“发往黑龙江为奴”一条，于嘉庆二十五年（一八二〇）改为发往新疆给官兵为奴，道光六年（一八二六）复改为发各省给驻防官员兵丁为奴。道光十一年复加重买食鸦片烟之罪名，凡军民人等买食者杖一百枷号两个月外，仍令指出贩卖之人查拿治罪；如不将贩卖之人指出，即照贩卖为从例杖一百徒三年；职官及在官人役买食者俱加一等治罪；各官并须出具署内并无买食鸦片烟各甘结，如徇隐不究，从严参处；复责令各家长严为约束子弟，如同居子弟有买食鸦片烟者，除本犯照例惩办外，将家长照不能禁约子弟为窃之例治罪。道光十九年（一八三九）因黄爵滋、林则徐等之奏请，复将吸食者限一年六个月戒除，否则即治以死罪。开设鸦片烟馆引诱良家子弟吸食者，首犯拟绞立决，为从及知情租给房屋之犯拟绞监候，房屋一律入官。官员兵民吏役人等吸食鸦片烟者俱拟绞监候；系旗人仍销除本身旗档；其失察兵役人等吸食鸦片烟之该管各官均交部议处。太监吸食则分别宫门以内及外园陵寝等，处以斩监候或绞监候，总管首领同屋太监家属亦均分别治罪。惟此律实行不久，便发生中英鸦片战争，故未得观其成效。鸦片弛禁之后，仍照旧例禁官吏兵丁太监吸食，只准民人买用。亦不准官员兵丁太监人等开设烟馆聚集人众，如违仍按旧律治罪。其他开设烟馆之人，无论开馆日月久暂，即照开场聚赌例，拟杖一百徒三年。在馆吸食之人，无论人数多寡，均照违制律杖一百。不过此时法令虽存，而其效力已甚微矣。

清末之《禁烟条例》规定，凡开设鸦片烟馆供人吸食者，处三年未满一年以上有期徒刑或一千元以下之罚金；房主知情者，房屋入官，不知者不坐；其吸食鸦片者处二十元以上五百元以下之罚金。民国元年《暂行新刑律》定开设烟馆者，处三年未满二月以上有期徒刑；或拘役并科三百元以下罚金；其吸食鸦片烟者处一年未满二月以上有期徒刑拘役或一千元以下罚金。国民政府之《刑法》则较《新刑律》又加重，凡开馆者处六月以上五年以下有期徒刑得并科五百元以下罚金；其吸食鸦片者仅处一千元以下罚金。至《禁烟法》复将刑罚加重，开馆者处一年以上五年以下有期徒刑得并科一千元以下罚金；吸食者处一年以下有期徒刑得并科一千元以下罚金；有瘾者并应限期令其戒绝。故关于禁吸一端，现行之《禁烟法》已较前为完善矣。

戊　禁制

禁烟法令中除上述禁运、禁售、禁种、禁吸四端之外，尚有禁制之一端。道光十一年（一八三三）及道光十九年定栽种罂粟花收浆煎熬鸦片烟，及栽种尚未收浆者之罚例，已详述于前。同时定买土煎熬售卖图利者，及收买鸦片烟土尚未熬烟售卖者，亦照栽种罂粟收浆及未收浆之刑罚处罚；其制造鸦片烟具者亦与前述之贩卖鸦片烟具者同罪。其后前清末年之《禁烟条例》，民国元年之《暂行新刑律》，国民政府《新刑法》，及《禁烟法》中，关于制造鸦片烟或制造鸦片烟器具，与贩卖鸦片烟及贩卖鸦片烟具者，亦均规定同一之刑罚。

己　查禁吗啡毒品之条例

查吗啡毒品为自鸦片中所提出之毒质，其为害较鸦片为尤烈，前清末年始注意及之。光绪三十四年（一九〇八）六月法部奏定拿获制造施打吗啡针之犯，不论杀人与否，应比照“造畜蛊毒律”斩罪上酌减，为极边烟瘴安置；其贩卖吗啡之铺户如查系未领海关专单者，亦照“知情卖药律”与犯人同罪，仍将该铺户查封。民国三年（一九一四）大总统特颁《吗啡治罪条例》，其内各条即此照《暂行新刑律》鸦片烟罪各条而定。至国民政府所颁布之《刑法》及《禁烟法》，则将吗啡毒品与鸦片列入同条例中，因吗啡实即鸦片之代用品也，故其治罪亦同。惟对于吗啡犯之治罪，应较鸦片烟犯加重。

二、禁烟法令之实施

凡法治国家，对于社会上不良嗜好，无不明定法令，以厉行禁制之。顾法令为一事，而法令之是否实行又为一事。但法令之价值，即在于其能实行，苟立法而不能行，则法令等于具文。查中国之禁烟，已行之有年，而其施行之无效者，一则由于国人之缺乏尊重法令之思想，一则由于执行法令者之奉行不力。欲除此弊，一方当引起人民之重法，他方则当使执法者认真执行，不稍假借；然欲法令施行之有效，当先减少禁烟法令施行上之障碍，如禁烟官吏之怠职，执行法律者之自身违法，及缺乏协助执行法令之人等项。故历来禁烟立法，于严订禁烟法律外，复订各种禁烟施行条例。

查雍正七年（一七二九）《大清律》中关于查禁兴贩鸦片烟及开设烟馆之条例，为中国最初之禁烟法律。其时虽无特定之施行条例，然为防止兵役之诈索及官吏之失察，遂有严禁兵役人等藉端需索，及文武各官及海关监督失察之条例。此外尤恐官吏耳目有所未闻，故令船户地保邻右人等亦均负协助之责任。嘉庆二十年（一八一五）为鼓励官吏之认真查禁，复定《禁烟奖惩条例》。按该条例所定，凡拿获鸦片烟者二百斤至五千斤以上者，分别记录加级及送部引见；军民人等拿获鸦片者酌予奖赏，诬良者治罪；惟对于官吏仅系失察则主概行宽免处分，盖恐彼等瞻顾因循查拿不力也。道光三年（一八二三）复定官吏失察处分，一百斤以上者该管大员罚俸一年，一千斤以上者降一级留任，五千斤以上者降一级调用，然当时禁例虽存，官吏仍多受贿纵容，而少能认真执行，故每年私入之鸦片，为数甚巨也。

道光十三年（一八三三）清廷为实行禁种罂粟，于所定禁栽种罂粟之条例中，对于租给田地房屋之业主，知情受顾容留之船户，地保邻右以及地方官吏，均令负相当协助或查禁之责任。同时于所定禁吸食之条例中，又有责成各官均须出具署内并无买食鸦片烟各甘结之规定。如子弟吸食鸦片烟者，则有将家长治罪之规定。道光十九年（一八三九）所定之《禁烟新例》中，对于兵役地主房主船户邻右之地保牌长之责任，及官吏受贿容隐纵放之弊端，亦均有严厉之规定。总之，自雍正七年至道光十九年之禁烟立法，对于协助稽查及官吏奖惩各项，均有相当之规定。前清末叶因烟祸已深，故于光绪三十二年（一九〇六）清廷遂复行禁烟，首订《禁烟办法十条》，实行禁种、禁售、禁吸。凡种烟者须请领牌照，每年实行递减，九年减尽；每年由地方官巡查，如有违法私种者即将地亩充公。吸烟亦须请领牌照，依限递减购买之数；并设戒烟会，由官绅督率劝民戒烟，施送戒烟药品。惟官吏则完全不得吸烟，须立行戒断。关于禁售之规定，为限期封闭烟馆及逐渐收歇烟土膏店。光绪三十四年复定《禁烟稽核章程》，其内容与所定之《禁烟办法十条》内容相仿，惟较详尽。其中又有官吏考成之规定，凡各省地方官如按章程所定依限尽绝，及应行呈报各点依限呈报者议叙；如限满不报或限满未经禁绝者议处。其议叙议处之办法，则依光绪三十四年五月吏部奏定之《禁烟议叙议处章程》而行。光绪三十四年三月为司理官吏戒烟起见，复委派禁烟大臣，设戒烟所，定《戒烟查验章程》。凡有吸烟之嫌者，即指名调验。各省地方亦应一律设所切实办理。宣统三年（一九一一）因二品以下大员，多册报戒烟不实，故清廷令禁烟大臣一律调验，并续拟《禁烟调验办法十条》，俾法令森严而难犯，或转收潜移默化之功。由上所述，可知自光绪三十二年颁布禁烟办法之后，各省颇能认真执行，所有烟馆，均一律依限封闭；种烟之地，亦于宣统三年一律净绝；至于戒烟，各省地方亦能认真执行，故呈报戒绝者甚多。

民国初年，赓续示禁，并颁布《刑律》，实行完全禁绝之制。依《暂行新刑律》第二百五十七条之规定，凡现任官吏犯刑法鸦片烟罪者，除依法惩办外，并免现职；如巡警官员或佐理当执行职务时，如有故意纵放鸦片烟犯者，即依各该条处断。民国二年又有取缔鸦片丸药及严管药房出售药用鸦片之令，因二者均易生流弊，前者易成为鸦片之代用品，后者易成为供吸食用鸦片之源，故均当严加注意也。关于鼓励官吏之认真禁烟，于民国二年所定之《县知事奖惩条例》，及民国三年之《警察奖惩条例》，均有关于禁烟之奖惩办法。民国三年五月为鼓励私人告发，又定有奖励查获烟案眼线人之办法；民国四年内政等部又定海关查获私运罂粟种子提赏办法；民国七年八月税务处复定增加缉私赏额。因全国地域辽阔，稽察难周，苟重予缉私赏格，一方可减少查缉员役受贿之弊，一方亦可鼓励彼等之认真查缉也。民国三年内务部警政司又设禁烟督查处，主管全国禁烟督察事宜，以促进禁烟行政之效率也。综上所述，可知民国初年之禁烟法令，已渐臻繁密。

民五以后，鸦片复活，全国受其流毒复深，故国民政府成立之后，再行禁烟。但为筹集军饷计，竟采用三年递减之“寓禁于征”之政策，实为违犯总理遗教，有负人民公意。当时政府禁烟之目的既在抽税。故根本不能施禁。其所定之《禁烟条例》，亦完全为抽税之条例，如《财政部征收药料特税章程》、《财政部戒烟药料印花领用章程》、《戒烟药料护运章程》、《各省检查烟苗局章程》、《禁烟官吏奖惩条例》、《禁烟药料专运所组织规程》，皆为如何增溢税收之条例也。后财部试行之结果，不徒款不易筹，而烟祸愈盛，且破坏司法扰乱治安之纠纷，不胜枚举，中央遂明令取消各省禁烟局。并于十七年八月组织全国禁烟委员会，责令执行禁绝鸦片政策，十七年十一月一日至十日复举行全国禁烟会议，决定实施彻底禁绝鸦片之政策，议决禁烟案四十四件。自全国禁烟会议之后，禁烟委员会遂拟定各种禁烟实施条例，如《调验公务员简则》、《公务员禁烟考成条例》、《县长履勘烟苗章程》、《审议告发文件章程》、《烟案罚金充奖办法》等条例。并重新厘定实施禁烟各种章则，《如公务员调验规则》、《禁烟考绩条例》、《县长履勘烟苗章程》、《医院兼理戒烟事宜简则》、《二成戒烟经费支销办法》、《中央及各省市调验所规程》、《市县立戒烟所章程》、《检查邮件私递麻醉药品办法》、《各地水陆公安机关考查烟犯办法》、《烟案罚金充奖办法》等条例。至于订定此种条例之用意，即为补助禁烟法律之不足，使狡猾之徒难逃法网。盖贪利愚民往往希图徼幸，冒混隐秘，勾结行贿，故稽察之方法，必须严密，稽察之范围，必须包罗无遗，稽查人员，必须清白忠实勤慎，补助施禁机关耳目之不及，则禁烟法律，方能施行有效。又因吸烟之人上瘾之后，有欲罢不能之势，并非故意不戒，故当另施行戒烟办法，以救拔之。总之，禁烟法令固当求精密适当，然其能否有效，仍在推行之如何耳。

三、禁烟法令与禁烟政策

查中国之禁烟法令，即代表中国之禁烟政策。而中国之禁烟法令自雍正七年（一七二九）订立以来，迄今已经过数度之变迁，故中国之禁烟政策亦经数度之更异。概而言之，可分为三种：即“立即完全禁绝”政策、“逐渐禁绝”政策，及“寓禁于征”之政策是也。

当鸦片战争之前，中国之禁烟政策主“立即完全禁绝，”故雍正七年（一七二九）之禁律，嘉庆十八年（一八一三）之禁律，道光十一年（一八三一）之禁律，及道光十九年（一八三九）之禁律，对于禁吸、禁种、禁售、禁运，均完全禁止。虽其刑罚稍有轻重之别，然实际上并无纵容毒害之意。不过因当时毒害之轻重不同，故立法稍有轻重之差异也。鸦片战争之后，清廷仍拟行“立即完全禁绝”之政策，故道光二十三年（一八四三）清廷又严申谕旨，希望国内加严禁烟，以抵制外来之鸦片。咸丰元年（一八五一）江苏松太道麟桂奏请，通饬将吸食之犯一经审实，即照例办理。其意以吸食者无人，则贩卖者不驱自退，如此可杜绝鸦片之来源，且中国治内地之人民，外人亦无所藉口。咸丰七年有人议抽洋药烟厘之议，朝廷仍不准行。惟因当时外人乘战胜余威，以鸦片毒害我国民，而政府亦不得干涉，故法令虽存，其效力甚小。政府有见于斯，遂于咸丰八年（一八五八）实行弛禁。当弛禁之初，清廷尚未完全放弃禁烟之意，故有禁官而不禁民之办法。终因朝廷受经济之压迫，而实行“寓禁于征”之政策。一方增加政府之收入，一方复思藉高税以制止禁烟也。故自咸丰八年始，初收洋药税三十两，厘金五十两。光绪十一年（一八八五）左宗棠请增加税厘并为八十六两。光绪十三年（一八八七）复照中英议定税厘并征之法，改为一百一十两。其土药税光绪十六年（一八九〇）以前，各省均自行抽税，光绪十六年后户部整顿土药税，各省均有定额。光绪三十年（一九〇四）改办统捐共收一百五十两。每次加税之藉口，即为求实现“寓禁于征”之政策也。然加税之结果，反使鸦片之烈流毒愈烈，此清末之所以复行禁绝政策也。但当时鸦片之流毒已深，不能一蹴而廓清之，故遂采用渐禁之政策。

光绪三十二年（一九〇六）清廷决定于十年之内，将洋土药之害一律革除净尽。种烟者递年减种九成之一，改种他物，九年内禁绝。如未满十年而完全尽绝者，地方官酌予奏奖。吸烟者如系官员，则当先行戒断，如系平民则准领取牌照吸烟，限令逐年递减。同时并行劝诫，如未及十年某处境内已无一吸烟之人，准该地方官奏请奖励。经实行之结果，各省于宣统元年（一九〇九）即报种烟一律净绝。惟事实上少数省份尚未如所报之完全净绝，故再改限于宣统二年完全禁绝，结果于宣统三年奉天、吉林、黑龙江、四川、山西五省完全禁绝。宣统三年五月依中英所订《禁烟条约》，英国允将洋药停止运入该五省。其后迄民国六年（一九一七）年底止，中国自种之鸦片已完全禁绝，英国亦遂完全停运印药入中国。故此次政府之禁烟，可谓完全成功。然清末之禁烟政策，虽系采取“逐年禁绝”之制，而实际上自民国元年（一九一二）以后，即已实行“完全禁绝”之政策，盖当民国元年施行之《新刑律》，对于种运售吸即定为违法，而均治以相当之罪。民国三年复颁布《禁种罂粟条例》，以处治违禁私种之人。虽种植净绝后吸食之人未能完全尽除，然以百余年之积弊，实行之程度至如此地步，不能不谓为完全成功也。

民国五年因受袁氏作乱之影响，各省军阀多拥兵自卫，致使烟苗复萌，此实为吾民一大痛心之事。然虽如此，北方军阀势力下之政府，尚不敢公开取消刑律，而行鸦片公卖之政策也。

民国十六年（一九二七）国民政府奠都南京，因财政奇绌，试行公卖政策。虽国府已明定三年禁绝鸦片之计划，然按财政部所定之禁烟条例，则三年之内中国实无禁绝之希望。按财政部所定之禁烟条例，凡在二十五岁以上者，于三年之内均可自由吸食鸦片烟。虽其条例中有年老疾病之限制，然既漫无标准，实等于具文。且人民如果诚心禁烟，一月二月便可成功，又何需三年乎？纵使三年可能戒绝，然既于三年之内准人民随意吸食，而又无依限递减之规定，则三年期满又焉能禁绝耶？况按该条例所定，亦准许人民领证贩卖，而政府则可得一大宗收入，其目的既在收税，则禁烟根本有所不能也。纵名之曰“寓禁于征”，然试观前例，“寓禁于征”之政策，已根本失败，且以革命号称之政府，岂可再蹈覆辙。因此国内各公团群起反对，尤以中华国民拒毒会之力为最大。结果国民政府于十七年九月公布《禁烟法》，取消十七年四月所修正之《禁烟条例》，而改行“立即完全禁绝”政策也。民国十八年七月国民政府重颁修订之《禁烟法》，将《刑法》所订之鸦片罪，均为加重，以厉行完全禁绝之政策也。

四、禁烟法令与禁烟运动

考最初禁烟法律之颁布，实由于朝廷之自动施行，而非由于民众之要求。如雍正七年之禁烟法律，嘉庆元年之禁烟法律，嘉庆十八年之禁烟法律，均系朝廷自动颁布，而人民并无舆论表示以影响之也。道光十五年（一八三五）国内始有“原始的禁烟运动”发生。然当时禁烟运动之发起者，并非中国之民众自身，乃一般朝廷之士大夫。彼等禁烟运动之主要目的乃为筹饷练兵，至于为社会福利之禁烟运动尚无所闻。虽然如此，倘当时之禁烟运动不受鸦片战争之影响，则无论如何人民必蒙其利也。朝廷因受当时舆论之刺激，遂决心主禁。其中尤以林则徐之言论为最要，林则徐曰：“烟不禁则国日贫，民日弱，数十年之后，岂惟无可筹之饷，抑且无可用之兵。”因此次禁烟运动之结果，遂有历史上最著之林则徐焚土大事发生。而道光十九年（一八三九）之《禁烟新例》，亦即此次焚烟运动之产物。自新例颁布后，各省遂积极查禁鸦片，其经缉获吸食与出售鸦片之案件甚多。嗣因鸦片战争之结果，致此次之禁烟运动，亦因之而消灭。

光绪三十二年（一九〇六）中国之第二次禁烟运动再为兴起。惟此次之禁烟运动，仍系发动于朝廷，不过其主要之目的，由于练兵筹饷而改为发愤图强矣。如清廷颁布禁烟命令之言曰：

自鸦片烟驰禁以来，流毒几遍中国，吸食之人，废时失业，病身败家，数十年来日形贫弱，实由于此，言之深可痛恨。今朝廷锐意图强，亟应申儆国人，咸知振拔，俾祛沉痼，而蹈康和。

然当时之禁烟运动并非完全发自于朝廷，而亦实受民间禁烟运动之影响。当时国内基督教人士已早从事于禁烟运动，设立戒烟所，实行戒烟。而社会中之新闻纸亦著为社说，申述烟害，鼓吹禁烟。因此遂促起清廷之决心禁烟，颁布禁烟法令，并设立禁烟所以司禁烟专责。故清末禁烟立法之颁布，不能不归功于社会舆论之力也。自此次禁烟运动发生，清廷一面颁布禁烟法，一面令人民组织戒烟善会。故此次之禁烟运动，亦实系官民合作之禁烟运动。同时禁烟之主动力，已由官方渐移于民间，如人民设立之中华国民禁烟会及全国禁烟联合会，及北平万国拒土会等，以从事于禁烟之工作。惜因国内军阀穷兵黩武，暴敛横征，恃鸦片为惟一之利源，包庇贩运勒迫栽种，而第二次之禁烟运动，因之遂告失败。

民国十三年第三次之禁烟运动应运而生。此次之禁烟运动，则完全由于民众主动。其运动之发生，实由于民众之醒觉，以与此恶毒宣战。惟其最初之目的则为民国十三年日内瓦国际禁烟大会而起。盖当民国十三年夏季上海基督教协进会，与上海总商会接洽，召集上海各团体，讨论组织一永久拒毒机关，并向日内瓦禁烟会议表示中国之民意，因成立中华国民拒毒会。其后此团体遂成为今日国民拒毒运动之领导者。自拒毒会成立之后，对于禁烟运动甚为积极努力。其中最著者即反对国民政府试行之公卖政策也。盖自民国十七年国民政府财政部设立禁烟处，试行鸦片公卖以来，中华国民拒毒会发表宣言，积极反对鸦片公卖。并联合上海各团体共同反对公卖政策，复派遣代表与国府要人接洽，要求取消国民政府所颁行之《禁烟条例》。又请国府召集禁烟会议组织禁烟委员会，并代拟召集会议办法及委员会组织大纲。国民政府因于第四十六次会议议决办法三项：（一）派员赴沪调查并征求拒毒会意见；（二）令财政部催开禁烟会议；（三）公推张之江起草禁烟委员会条例。十七年七月因颁布《禁烟委员会组织条例》及《禁烟会议组织条例》。十七年八月二十日中央禁烟委员会正式成立。九月十日中央第一六六次常务会议通过《禁烟法》及《禁烟法施行条例》。十七年十一月一日至十日又举行全国禁烟会议，议决禁烟案四十四件。故此次国民政府之取消鸦片公卖办法，复厉行完全禁绝政策，订立新禁烟法，可谓完全由于民众之拒毒运动而发生也。总之，欲实行禁烟，当有完备之立法，而法令之成立与实施，均须赖有民众之禁烟运动以促成之也。

五、禁烟法令之障碍

查中国之禁烟法律，其刑罚已不为不重；禁烟行政，其组织亦不为不完密。而鸦片之毒害迄未肃清者，实因外交内政社会上之障碍，有以致之，兹分述之于下：

甲 外交问题

试就中国之禁烟运动史观之，中国之禁烟问题，自始至终均含有对外之问题。盖鸦片最初即系自外洋所输入者，或由英人自印度运入，或由葡人美人自印度自土耳其所运入。自雍正七年（一七二九）法律禁止以后，鸦片遂成违禁之物品。故自雍正七年至道光十九年（一八三九）间中国之禁烟法令，可谓完全从事于查禁外洋鸦片之私入。然当时清廷虽屡出令严禁私运鸦片入口，并严禁夷人夹带鸦片，但外人对于中国之禁令，毫不介意。又加中国奸民之勾结，胥吏之受贿，致禁者自禁，运者自运。道光元年（一八二一）以后，英人因恃林丁洋为私运鸦片之根据地，致使鸦片流入中国者愈多。故清廷自道光十五年（一八三五）以后，对于查禁外洋私运问题，更加积极。如驱逐囤船，要求洋商保证洋船不运鸦片，增派水师巡船，杜绝奸民接济，严防海口等，然实际上之效果仍不甚大也。但无论如何，此种积极禁烟政策，与英人之鸦片贸易已根本不能相容，故鸦片战争遂成为不可避免之事实。

自南京条约（一八四二）订立以后至光绪三十二年（一九〇六）清廷复行禁烟时为止，中间虽已弛鸦片之禁，而清廷人士对于禁烟之意仍未完全断绝。如左宗棠主增加洋药税，使洋药价贵，购者稀少，则洋药自然不能再为运入。李鸿章主以土药抵制洋药，待洋药不来后，再为严禁土药。可知此时期虽不能以法律制洋药之运入，但清廷则无时不思设法有以阻之也。故此时期之禁烟主张，仍为对外问题也。

自光绪三十二年清廷复行禁烟至民国六年（一九一七）印药禁入之时期，中国之禁烟问题，仍为对外问题，即如何设法使印度鸦片不再运入中国也。幸此时英国允十年递减洋药入口，中国遂积极努力禁烟，俾能实现此目的也。惟当时因受《中英禁烟条约》之束缚，故中国仍不能立即完全禁绝洋药之运入也。

自民国六年（一九一七）迄现在为止，中国之禁烟问题又转入一新阶段。而此时洋药虽已不能运入，但私运入口之鸦片及其化合品之数量仍甚大。而外人又有不平等条约为护符，故中国之法令实不能施行于外人势力之下，故此时之禁烟问题复为对外问题，即如何制止私运鸦片入口。惟此时之私运鸦片及其化合品之问题，已成为国际之问题，而非为中国一国之问题。故今日查禁私运问题之解决，当有待于国际之努力也。

乙　内政问题

中国之禁烟问题中，最初亦含有一内政问题。盖历来禁烟法令之失败，即由于中国之政治制度不良，官吏枉法受贿所致。故除鸦片驰禁时代，无禁烟法令可言外，其余各时期禁烟之失败，无不由于官吏自身之破坏法纪所致。当鸦片战争以前英人之所以敢输入鸦片者，即由于英人深知中国官吏之纵容受贿弊端。故最初东印度公司航务委员会之记录中，时有中国官吏受贿之记载。自道光初年清廷亦闻知中国官吏受贿之事，故屡降谕旨严禁。道光元年（一八二一）十二月御史尹佩芬，因粤省地方官吏有受贿，海关监督有包税之事，亦奏请严禁。道光二年（一八二二）二月道光因令广东督抚密访海关监督，有无收受鸦片烟重税之事。道光九年（一八二九）十二月复有严禁胥吏受贿之令。然实际因中国之皇帝既无法监视法令之执行，此禁令之所以毫无成效也。

清末中国复行禁烟。因官吏之认真执行法令，虽鸦片之售吸未能完全禁绝，而罂粟之种植确告肃清。惜自军阀兴乱以后，视鸦片为财政之来源，于是包庇贩运，层出不穷。甚而利用军队，强迫人民种烟以图收入，而饱私囊。例如福建诸县，遍地种烟，文武官厅公然强迫种植，有违抗者，且派遣军队严办。四川军阀授意人民种烟，抽收捐款，美其名曰罚金，按亩勒派，无论种烟与否，均须一律照缴，因此罂粟兴盛，收割甚丰。运售者公然无忌，吸食者亦特别发达。禁令因此完全失效，刑律等于具文。他若热河、陕西、甘肃、云南、贵州均属著名产土之区。虽政府三令五申，均等于纸上空谈，故此禁烟时期之失败，完全由于军阀为祸所致。

民国十六年革命政府奠都于南京，因试行公卖政策之结果，各省公卖、公吸、公运、公种。民国十七年八月禁烟委员会成立之后，取消公卖办法。虽厉行立即完全禁绝之政策后，而鸦片之毒害，迄未肃清。又加中央政令之不行，各省独自为政，亦为禁烟法令施行之最大困难。据中华国民拒毒会之调查，民国十八年著名种烟各省之烟苗捐，四川为一千万，云南为六百万，热河一千万，贵州二千万，河南之罚金，安徽之田亩捐，及福建等省，均违背中央法令，单独施行抽税之禁烟法令。至于民国十八年著名之土案，如高瑛妻之贩土，江安轮之运土案，均为政府官吏所操纵。故中国禁烟法令施行最大之困难，即为如何澄清中国之政治问题也。

丙　社会问题

中国今日禁烟法令之不行，除内政外交之原因外，又有社会之原因在焉。盖鸦片毒害之未能清除，即由于社会中有吸食人。而吸食原因之一，则由于社会中缺乏正当娱乐方法，而以吸烟为消遣应酬之途径。尤以富有资产之人，终日闲暇无事，便一榻横陈，借吸烟为消遣，终至成瘾之后，无法戒除，非吸不可。此外尚有一般青年因受环境压迫，精神戚痛，故借吸烟以麻醉精神，或借吸烟以兴奋提神。此种吸烟之社会原因，若仅恃法令解决，殊无希望。故欲解决此种困难，当以改良社会环境，解除吸烟之社会原因为要。此外复有造成吸烟之一原因，即由于社会一般愚民视吸烟为富有者之惟一享乐，而心羡之。而吸烟者则以吸烟为尊荣之事，竟恬不知耻。故欲除此弊，一方面既用法令施禁，他方面亦当造成社会舆论，改变吸烟者之心理，认吸烟为奇耻大辱，使吸烟者不齿于社会。则吸烟者因觉不能容于社会，或能自动戒除。苟用此种办法，则法令所不能及之处，而补之以舆论之指摘，使吸烟者无所逃避，则禁烟收效必大。且此种名誉之惩罚办法，已为历代所公认之有效办法。如道光年间之林则徐、许乃济、陶澍等，及清末之郭嵩焘、彭玉馨、王国维等，均主施行名誉惩罚者也。及至民国之法律，褫夺吸烟者之公民资格，不得使之参与选举，即有使之知耻之意也。

总之，鸦片一物已成为中国大害。无论如何，法必当禁。试就历史之经过观之，凡不主张以法律禁绝者，皆告失败。如鸦片驰禁时代施行之“寓禁于征”政策，及最近国民政府时代昙花一现之鸦片公卖办法，均无成功。故苟不主张以法律禁绝而别辟途径者，均无异于自蹈覆辙，重寻祸害。是以今后之谈禁烟者，最要者当使全国人民共知守法，知鸦片与法律如中国国民党总理孙中山之言，绝无妥协之可能也。

然禁烟亦不能徒恃法令，盖法律亦有时而穷也。故当查法律失效之原因，加以补救之办法。如外交问题，则当以修改不平等条约，及利用国际反对鸦片毒害之公论以解除之也。政治方面，则当造成强有力之舆论，打倒破坏禁烟之军阀官吏，并促进政府不畏强御，无论何人凡违背烟禁者，均当严绳以法。如系政府大员，更不当慑于威势碍于情面，而当严厉惩治。对于社会方面，则当改良社会环境，造成坚强社会舆论，反对一切有违烟禁之事也。

总上所述，禁烟必当严施禁烟法律，而禁烟法律之成立与施行，均赖社会舆论之力，为之补助。然欲发生社会舆论，必当唤起民众，而唤起民众之办法，则有赖于宣传及教育之力也。使民众了解鸦片为害之烈，能合力从事于拒毒运动。此外更当使全国民众，均能明晓国家之禁烟法律，一方面使人民能自动守法，他方面复能为国家法律之后盾也。

最后引前立法院长胡汉民之言，以为本文之结束。

我国向来有两句老话，是“立法贵严，行法贵恕”，实在大错。现在我们既希望国家从“人治”进步到“法治”，首先就应该纠正这种错误的观念。将“立法贵严，行法贵恕”的两句旧话，改为“立法贵恕，行法贵严”，才真正合乎法治的精神。行法如果贵恕，则立法上所有的尊严，可以一齐恕得精光，弄到没有法为止。如果“行法贵严”，就是立法立得恕些，毕竟立了一点，就行了一点，终不至于弄到无法。至于“立法贵恕”的恕，并不是宽松轻减，乃立法时平心静气，使所立的法，都能中节，那里应宽，那里应严，如合分寸，恰到好处。法既立下以后，执法一定严重如山，没有丝毫的通融假借，然后法的本身才发生了治力。不然，任情短缩，随意削减，法律变成空文，还有甚么法治可言呢。禁烟就是一个绝大的例子，不主张“行法贵严”，禁烟法令迟早也是空文而已，毫无治力，而烟终于禁不掉。

陈顾远

中国法制史

作者简介

陈顾远（1895—1981），字晴皋，陕西三原人，1919年考入国立北京大学，攻读政治学，并获法学学士学位，毕业后留校助教三年，1922年加入中国国民党，1935年被聘任为立法院第四届立法委员，1946年担任“制宪”国大代表，曾任安徽大学、中央大学、西北大学、复旦大学、朝阳大学的法学教授。1949年前往台湾，出任“立法委员”、“立法院民法委员会”委员长，并在台湾大学、政治大学、中国文化大学、东吴大学、中兴大学等校兼任教授。一生著作颇丰，主要有：《中国法制史》、《中国古代婚姻史》、《中国国际法溯源》、《墨子政治哲学》、《国际私法总论》、《商事法》等。

出版社：上海，商务印书馆。

出版年份：1934年。

馆藏：国家图书馆中文图书基藏库。

作品简介：《中国法制史》全书分为四编，共十二章。第一编为“总论”，主要内容围绕着中国法制史的基本问题展开论述，包括了中国法制的“史”、“变”、“质”、“量”四大问题；第二编为“政治制度”，论述的是中国法制中的组织法和选试法；第三编为“狱讼制度”，着重探讨了诉审、刑名、科刑、肆赦等问题；第四编是“经济制度”，阐述的是“田制税制中之经济立法”和“商制币制中之经济统制”两大问题。

本书是中国近代法律史学发展中的重要著作，与民国之前的法律史著作相比，本书在框架结构上有所创新。除总论之外，分别从“政治制度”、“狱讼制度”、“经济制度”三个方面对中国法制进行总结与分析，在探讨中国古代法制发展时，并未限制于单纯的法律制度，而是从更宏观的角度，将政治制度和经济制度也纳入到本书体系中，给读者以新的启发，本书并不追求全面覆盖中国古代法制的各个方面，而是以专题的形式，针对中国古代的诸多重点问题进行阐述，如中国法制的变与不变，中国古代的法制的“质”等，多有新观点阐发。

虽然本书也存在一些问题，如未能涉及清末之后的法制发展状况，对中国古代法制中的家庭婚姻继承等重要制度也未及论述，但总体来看，仍不失为中国法律史学的经典之作。（袁辉整理）

序

为社会生活之轨范，经国家权力之认定，并具有强制之性质者，曰法；为社会生活之形象，经国家公众之维持，并具有规律之基础者，曰制。条其本末，系其终始，阐明其因袭变革之关系者，是为法制之史的观察，曰法制史。现行法制乃法制史的体系下之后一阶段，欲通其变，絜其要，发其微，存其真，则必以法制史之研核，为主要出发点。世固有喜言法律思想或哲学而轻法制史者，不知法律思想或哲学虽能影响于现行法制，第不必皆然，更不必皆能为有效的影响。苟须推定现行法律之实际的效验，完成现行法制之灵活的运用，则当以经验为可贵，不当专尚学理也。盖历史之进展，有若水波之相推，其起灭皆非偶然，在法制方面则尤著。过去法制不特为现行法制之直接渊源，抑且为现行法制之有效镜鉴。然则法制史在学术上之地位果何如耶？

我国大学文法课程中，向有中国法制史之目，实则往往仅备一格而已。其由文法科共开此课者，则注重“史”的研究，使法科生随习之；其由法科独开此课者，则又列入选修门，使法科生选习之，是仍为否认法制之史的价值之见解。办学者既轻其事，教学者益懈其责，修学者至于虚应故事，而心不在焉。因此，国内除少数法学耆宿外，无有从事于中国法制史之著述，而学校所备以为课本者，每多译自东瀛之作。学术原无国境，译本亦何所嫌？然以中国人于中国大学中，研究中国法制史，竟以译本为主，终觉未安。况中国法系居世界法系之一，其发扬光大，责在国人，外人偶一为之，亦所谓“代大匠斵”者也。

虽然，关于中国法制之史的编述，固极难也！如何搜集材料，如何存信存疑，在在皆成问题。且法制史为专门史之一，与通史关连甚密。于今，我国尚无完善之通史，而作者乃欲先成中国法制史，其不能完善，固无待言。但在我国大学中，既不能不有中国法制史之课程，且应为一重要之课程，则国人修习政法者，岂可畏难而自馁？是书之作，知其难而勉为之，读者宜有以教我也。

陈顾远序于金陵　民国二十三年六月十六日

第三章　中国法制之质的问题

学者尝谓世界法系，为十有六，若埃及法系、巴比伦法系、希腊法系、犹太法系、克勒特法系[①]、寺院法系，则已归于消灭；若罗马法系、日耳曼法系、海法系，则成为混血儿而尚残存，若中国法系、印度法系、日本法系、斯拉夫法系、穆哈默德法系，则为纯粹存

① 克勒特（Crete）法系，昔行于爱尔兰、威尔士两民族。

在之法系；若欧陆法系、英美法系，则为新创造之法系。[①] 学者或又谓世界法系，大别有五，即印度法系、回回法系[②]、罗马法系、英吉利法系、中国法系[③]是也。然无论如何设说，而中国法系皆居其一。夫一法系之所以成立，必有其一帜独树之特质与卓尔不群之精神，虽彼此或有相类之点，但彼此绝无尽同之事。例如，印度法系之特色，在以阶级制度为其背景[④]；回回法系之特色，在以可兰经典为其依附[⑤]；欧陆法系之特色，在以罗马法为其基础，而重视法典编纂与创作性；英国法系之特色，在以习惯法为其法源，而重视前例解释与保守性。中国法系既非附属于任何法系，而有其崭然独立之地位，亦必先知其特征所在，然后始可以语此。学者中虽有认为今后宜注意中国法系之如何重新创造，俾免于为印度法系及回回法系衰微之续[⑥]，但中国法系之原有特征，仍未可一笔抹杀，尤其治中国法制史者限于体例，莫能厌故而求新也。中国法系之进步迟缓，固自有其原因[⑦]，中国法系之特殊精神，则又另一问题。况数千年来，中华民族永为中国法系下之法制所支配，民族精神亦必息息与之相关；即云创造中国法系之新生命，恐未必皆能革除向日之特征，而成为绝对簇新之法系也。愚本此义，进而略述数千年来中国法制之质的问题。

一、中国法制与儒家思想

神权思想盛于初民，法制之兴莫离宗教，中国自不能外此通例也。商族之神曰有娀，周族之神曰姜嫄，楚之神曰祝融，秦之神曰伯益[⑧]，而其共同之神曰天，曰上帝。[⑨] 然中国法制之表现，除殷世以前，受宗教之影响外，自周以来，则并无宗教之特殊色彩，中国法系之异于回回法系、印度法系者，此亦一端。盖最高之神——天，上帝，最初诚为有意识之人格神，后即渐变而为自然法则的意味，以天则天道天助天讨是尚[⑩]，各代帝王虽有封禅郊社之典[⑪]，且尝有灾变罪己故事，亦不过托治于天，以实其所谓天与天授天宪天机之言而已！[⑫] 至若秦汉两代之相信方士，六朝以来之崇奉佛法，唐代以来之推高道教，皆未尝纯以

---

① 此说见邓定人译《世界法系述略》。

② 回回法系即穆哈默德法系，即阿拉伯法系。

③ 此说见朱方、丁元普《中国法制史》。

④ 印度法系创自婆罗门教，其摩奴法典分阶级为四，今尚沿用之。

⑤ 可兰（Koran）经为回回教之圣典。

⑥ 见朱米真《法学通论》第八一页。

⑦ 郁嶷《中国法制史》谓其原因为儒家学说影响，重人轻法之弊，政治素偏消极，法学无系统研究，墨守旧制之习。

⑧ 见陶希圣《中国政治思想史》第一册第二页。

⑨ 见梁启超《先秦政治思想史》第三五页；易君左《中国政治史》要第一一页。

⑩ 《易》"乃见天则"；《书》"天道福善祸淫"；《易》"天之所助者顺也"；《书》"天讨有罪，五刑五用哉"。

⑪ 报天之功曰封，报地之功曰禅；冬至祭天曰郊，夏至祭地曰社。

⑫ 《孟子》"天子不能与天下与人，然则舜有天下也，孰与之，曰，天与之"；《史记》"陛下所谓天授，非人力也"，《后汉书》"手握王爵，口含天宪"，谓朝廷之法令也；《三国志·孙权传》"君临万国，秉统天机"，谓政事也。

宗教为待，并或归之于哲学范围中[①]，与法制并无绝对直接之影响。即我刑法第二六一条之所示，说者谓为系关于宗教上之最大规定[②]，然亦不过保障人民信教之自由，与旧日礼教之所示，非即浓厚地具有宗教色彩也。最使中国法制受其影响者，非宗教，乃儒家思想也。儒家虽有人以儒教或孔教[③]称，但儒家系以人生哲学及政治哲学著，且始终抱无神之信仰，实不得以宗教目之，已成定论。自汉以来，儒家思想支配中国历史数千余年，其间固有盛衰，但君主为治之道，终皆未能有逃于儒，而中国法制之经其化成，更系当然。中国法系之所以独异于人者，谓为因儒家思想在世界学术上别具风采所致，亦非过言。儒家之中心思想在"经"，"经"不特备人类行为之标准，抑且示法律制度之绳墨，故研究中国法制者，苟不考及儒家之"经"，而仅涉猎历代之法制典章，实无由窥其底蕴。[④] 然则儒家思想之影响于中国法制者，究何在耶？

（甲）王道与礼治　儒家盛言王道而绌霸道，王道谓系尧舜三代帝王所行之道，霸道谓系春秋五霸所行之道，实则乃儒家之政治理想，且于以后用为攻击法家之工具耳。王道重视德化与礼教，以诚为礼，以仁为用，从修身齐家之过程中，而达于治国平天下，故不独重政刑。最能为王道之代表者，曰"礼"，"礼"原由殷之祭祖而起，即祭仪耳[⑤]，降自周代，封建制兴，礼一变而为贵族内容之规范，致与压迫农民及异族之兵刑对立，成为封建的等级制度。[⑥] 殆至春秋，礼治动摇，孔子遂以克己复礼天下归仁为念。[⑦] 且认为不平之平，乃为真平，各守其分，世乃治平，故有正名齐礼之说。[⑧] 其后孟子言"义"[⑨]，荀子言"分"[⑩]，皆与孔子之言"节"互为表里。[⑪] 自汉以后，儒者言礼，莫能远其系统，无待详举。儒家既取古之"礼"，益以已说，正如太史公所谓缘人情而制礼，依人性而作仪，惟其近情性，故能通王道也。[⑫] 礼为致王道之本[⑬]，而王道又不外乎人情，则凡法之所禁，必为礼之所不容，礼之所许，亦必为法之所不禁，故轻法治而重礼治。儒家所谓"礼者禁于将

---

① 周敦颐融会儒释道三家学说，为理学之祖，即其例。

② 见朱方《法学通论》第一一页。

③ 孔教孔道之辩，民国四五年间最烈。

④ 见东川德治《中国法制史研究》自叙。

⑤ 见陶著，第一册第一三页。

⑥ 同上，第二三页第二七页。

⑦ 见《论语》"颜渊问仁"一节。

⑧ 正名即君君，臣臣，父父，子子之意；齐礼，使各阶级以礼齐之也。

⑨ 《礼运》"礼也者，义之实也，协诸义而协，则礼虽先王未之有，可以义起也"。

⑩ 《荀子·礼论》"……先王恶其乱也，故制礼义以分之，以养人之欲，给人之求"。

⑪ 《论语》"不以礼节之，亦不可行"；《易》"节以制度"。

⑫ 《史记·礼书》《太史公自序》。

⑬ 《礼运》"礼义以为纪……示民有常"；又"治国不以礼者，犹无耜而耕也"；《中庸》"为政以礼，礼者政之本欤"；又"为国以礼"；《孝经》"安上治民，莫善于礼"；《荀子》"礼者政之鞔也，为政不以礼，政不行矣……治民不以礼，动斯滔矣。"……

然之前，而法者禁于已然之后。”① “道之以政，齐之以刑，民免而无耻；道之以德，齐之以礼，有耻且格。”② “听讼吾犹人也，必也使无讼乎。”③ “圣人之设防也，贵其不犯也，制五刑而不用，所以为至治”④。以及《易经》之“讼则凶”，《尚书》之“刑期于无刑”，《孟子》之“徒法不能以自行”，皆其明证。儒重乎礼而轻乎法，刑律不过礼教之辅，凡有改法重刑者，一律归之于霸，受其攻击。

汉承秦祚，尝辱儒生，萧何、曹参亦皆律家；然自叔孙通定朝仪，严君臣之分；武帝表彰六艺，重儒家之说；虽宣帝持刑太重，不尚儒术，亦自认汉家制度，以王杂霸。⑤ 实则西汉官制，既有取于今文经说，王莽变法亦以周礼是尚⑥，皆莫离乎儒家之思想。今文家“礼不下庶人，刑不上大夫⑦”，古文家有“爵与王之同族，奉而适甸师氏以待刑杀，命夫命妇，不躬坐狱讼，并以八辟丽邦法，附刑罚。”说虽各异，而皆归于礼也。⑧ 故周勃有罪，逮诣廷尉诏狱，贾谊即以“古者廉耻礼节，以治君子，故有赐死而无僇辱”之言上疏；卫尉充国，坐斋不谨，竟至弃市⑨，与夫魏太和以降，有罪当陷大辟者，多得归第自尽，北齐以后大不敬则归于十恶不赦之目⑩，一皆以礼为右。其最明显者，更莫如经义断狱一事，公羊董仲舒之《治狱十六篇》，应劭之撰《春秋决狱》⑪，固无论矣，见诸实事者，若《史记·儒林传》“吕步舒决淮南，以春秋之义正之，天子皆以为是。”若《儿宽传》“张汤为廷尉，以宽为奏谳掾，以古法义决疑狱，甚重之。”若《魏书·刑罚志》“太平真君六年，以有司断法不平，诏诸疑狱，皆付中书依古经义论决之。”若《高允传》“以经义断诸疑事，三十余载，内外称平。”此种惯例，自汉魏逮至六朝未息，更使礼之与律莫由分矣。唐代法制集历代大成，更一准于礼以为出人，例如，大祀散斋不宿正寝者，一宿笞五十；子孙别籍，居父母丧生子，及同姓为婚皆有所禁，此虽其小，可以喻大。至“律”以外之“令”“格”“式”三者，则多为礼之所表示，其所有非违，及人之为恶，而入于罪戾者，一断于律。⑫ 宋沿唐制，明准唐律，而洪武初更命儒臣及刑官进讲唐律，清又仿明律而用之，是皆有鉴于唐之法制，能遵循王道而以礼治为贵也。说者或谓礼治未尝一日行于秦后，盖皆假礼治

---

① 《大戴礼记·体察篇》，《小戴礼记·经解篇》。

② 《论语》。

③ 《论语》及《大学》。

④ 《孔子家语·冉有问》。

⑤ 《汉书》卷九“汉家自有制度，本以霸，王道杂之，奈何纯任德教，用周政乎”。

⑥ 汉之大司马大司徒大司空称为三公，其下共有九卿，与今古家说合；王莽之尚周礼，参阅陶著第二册第三三五页以下。

⑦ 见《公羊·宣元年》注。

⑧ 见《周礼·秋官》及《小司寇》条。

⑨ 见《汉书·百官公卿表》。

⑩ 依《唐律》言，大不敬，盗大祀神御之物，乘舆服御之物，盗及伪造御宝，合和御药，误不依本方，及封题错误，若造御膳，误犯食禁，御幸舟船误不坚固之谓。

⑪ 《汉书·艺文志》及《应劭传》。

⑫ 见马氏《文献通考》。

之名以行人治之实[①]，实则秦以前之礼治，乃充分具有封建之色彩，非即儒家之礼治，儒家之礼治至秦以后而始大行，若人治者则又另一问题耳。

因儒家重礼轻法之观念深入人心，礼正其始，刑防其失，故除刑名之外，无所谓法也。民事法在我国所以不发达者，因民事皆划之于礼矣。礼既以严上下之分，重天泽之辨，序尊卑之别为目的，罪即以十恶为首，极端表现其伦常主义。唐律最合于礼，而治叛逆之罪亦最重[②]，宋元明清之所以独宗唐律者，或以其有便于王朝而然耳。故儒家之礼治，不特高居刑律之上，抑且深入刑律之中，使刑律之为礼化也。律既有化于礼，礼亦不啻为法，即置经义折狱不论，凡其所恃以为礼者，固一无文字之信条而视为法律之源。[③] 正如曲礼所谓"夫礼者所以定亲疏，决嫌疑，别同异，明是非也。道德仁义，非礼不成；教训正俗，非礼不备；分争辩讼，非礼不决；君臣上下，父子兄弟，非礼不定；官学事师，非礼不亲；班朝治军，莅官行法，非礼威严不行。"是也。

（乙）王道与德治　王道之别一表现为"德"，德也者行道而有得于心也[④]，实则各依于礼之谓耳。故有君子之德，有小人之德[⑤]；有大德，有小德[⑥]焉。王者分居于上，其德则为仁民，布德和令，行庆施惠[⑦]，乃其事也。《论语》所谓"为政以德，譬如北辰，居其所而众星拱之。"《孟子》所谓"以德行仁者王……以德服人者，中心悦而诚服也。"大学所谓"德者本也，财者末也。"《尚书》所谓"克明俊德，以亲九族，九族既睦，平章百姓，百姓昭明，协和万邦，黎民于变时雍。"皆儒家所唱德治之本。自汉以来既倾于礼，政治原则莫贵乎德，民休养于保育政策下，其所享之自由实远过欧洲古代。虽亦不乏淫威之主，但往往天下骚然，终莫能从其制；虽亦不乏骩法之吏，但往往受民控诉，终莫能弄其法。[⑧] 酷吏既为史所诛讨，赃吏亦多惩以重典。例如汉文帝禁坐赃者不得为吏，东汉赃吏子孙三世禁锢，宋太祖凡赃吏皆弃市，明太祖峻法以革贿赂之风，皆恐失民之心，而违于民之所好也。反之律或重而罚或轻，如复仇杀人，虽为儒家所是[⑨]，却系律之所无或禁止之[⑩]，然实际各代皆敕群臣兼用情法协定，以为通例。[⑪] 甚至违法纵囚，后世亦皆传为盛举[⑫]，亦不外化民

---

① 朱方《中国法制史》第二九页以下。

② 朱著第一一六页。

③ 梁启超《先秦政治思想史》第一三六页至第一三七页。

④ 《论语》（上）据于德朱注。

⑤ 《论语》（下）"子为政，焉用杀，子欲善而民善矣。君子之德风，小人之德草，草上之风必偃"。

⑥ 《孟子卷》四"天下有道，小德役大德"。

⑦ 《礼·月令》语；文王篇"德，惠也"；《书》"施实德于民"；《诗》"既饱以德"。

⑧ 梁著《先秦政治思想史》序论。

⑨ 《典礼》"父之杈，弗与共戴"；《檀弓》"（父母之仇，）遇诸市朝，不反兵而斗"；《公羊》"父不受诛，子复仇可也"；《周礼》"凡报仇者书于士，杀之无罪"。

⑩ 汉高祖约法三章，杀人者死；《魏书·文帝纪》"今海内初定，敢有复仇者族之"；又韩愈《复仇议》"据礼经则义不同天，征法令则杀人者死"。

⑪ 唐宪宗元和六年，富平梁悦为父仇杀人，自首请罪，宪宗敕群臣定议，配流循州。

⑫ 《汉书》，马援送囚，哀而纵之；《晋书》，曹摅开狱出囚；其他纵囚事详见《陔余丛考》。

以德，求其所以生之，不得其所以生之乃刑之也。至于政令之行，自汉唐而来，其为人所称道者，壹皆以裁抑豪强兼并为职志，以老有所终，壮有所用，幼有所长，鳏寡孤独废疾者有所养，为最后目的；无待一一举之。夫为政以德，虽使人民不能自有其政，但政以为民，民为邦本之意义则甚显然。民既有相当之自由，且能得仁政而维持其生计，此或中国民众在昔无宪法与权利保障法要求之一原因欤？同时中国法制早即具有社会政策之色彩者，或亦政以为民，民为邦本之结果也欤？

君主之秉治临民，固须以德为主，而入于礼，即其所课于民者，亦以修身齐家为本，故治刑虽采恻隐主义，而持法则亦有重于德。例如和奸，在欧律则无罪，我国以其失德，自汉迄清皆罪之。汉分罪为公私，因私德为公德之原，故私罪重于公罪，唐明清律皆因之。以及十恶中之所谓不道不义[①]者皆然。其结果法更无所保护于权利，而以义务为本位矣。即事之有涉及权利义务者，亦往往限制权利之行使过当，如清律钱债，凡私放钱债及典当财物，每月取利，并不得过三分，年月虽多，不过一本一利，违者笞四十，以余利计赃，重者坐赃论罪是也。盖认为取利过厚，自必损及穷苦，实汉律之所谓“不当得为”者矣。

（丙）王道与人治　因王道不外乎人情，且与霸道之恃法为反，于是人存政举，人亡政息[②]，又为儒家之一种主张。荀子固非如孔孟之法先王，乃法后王，然亦不主法治，而主礼治，更主人治。所谓“法不得独立，得其人则存，失其人则亡”，所谓“有治人无治法”是也。儒家之人治，原指政治、道德、教育三者合一，不专责于在位之贤哲[③]，但帝王卿相则以人治之言自负，一切只须合于礼，据于德，依于仁，皆可以意为之，固不必有法可循，即有律矣，亦可以意曲之。国将亡必多制，为自昔垂戒之格言，人治之见尚，可推知焉。臣下治狱，有时或不能违律而断，如汉有故纵，故不直之坐[④]，唐有违法审判之笞[⑤]皆是；然人君则可弁髦法律而遂其私，盖以其为法之创造者，且并法而不守矣。《梁书·云朌传》，“朌挝登闻鼓，乞代父命，武帝因嘉其孝，特原其罪。”即为著例，罪刑法定主义之不能早见于中国者[⑥]，此亦一因。

崇尚人治，固使中国政治制度变为独裁；然建国立极以德非力，股肱耳目惟在得人，此所以监察制度在我国早为成立，考选制度在历代皆为重视，固不仅儒家之主张已耳[⑦]，且

---

① 《唐律》之“不道”，“杀一家非死罪三人；及支解人，若采生折割，造畜虫毒魇魅之谓”；“不义”，“部民杀本属之府主，刺吏县令；军士杀本管官；吏卒杀本部五品以上长官；学徒杀见受业师；及妻闻夫丧，匿不举哀；若作乐，释服，从吉，及改嫁之谓”。

② 《中庸》“其人存，则其政举；其人亡，则其政息”。

③ 见梁著《先秦政治思想史》第一三九页。

④ 《汉书·功臣表》注“出罪为故纵，入罪为故不直”；《汉书》廷尉李种坐故纵死罪，弃市，大司徒戴涉坐入故太仓令奚涉罪，死，皆例也。

⑤ 《唐律》：“诸断狱皆须具引律，令，格，式；违者笞三十。”

⑥ 《韩非子·大体篇》、《有度篇》；《管子·明法篇》、《立政篇》；以及《商子·修権篇》；《尹文子·大道篇》；与《淮南子》、《慎子》各书均有罪刑法定之主张。

⑦ 《尚书》“舜命龙作纳言”；又“敷奏以言，明试以功。”皆儒家之托古。其他散见儒籍中。

人治虽害于法之发展，但亦有伸缩应变之长；如汲黯之矫制发粟①，唐太宗之死囚纵归②，衡之以法莫可，衡之以情则正。说者谓以中国幅员之广，人民之众，风俗之殊，实不能不有以简驭繁之法，今日各国极详密之法律，是否为古人思虑所未及，尚属待考云云，亦极可研究者也。③ 愚更以为果如其说，人治既以简驭繁，随势而变，无详密之法律使其受文字之拘束，则外族之来中国者，大部分皆同化于汉族者，或亦人治之有关，始见王道之效用也。④ 然而人治之极端，终不外贤人政治之意味。贤人政治之原则，不外以道德礼教为其遵循，而莫敢外。道德之在儒家，视为不变之物⑤；君既假之以为治，法亦因之而不变。清末以前，中国法制之无大改革者，其或此种原因所致欤？或谓中国法制近于自然法或正义法，自非无的之言，存待论之。

二、中国法制与家族制度

任何国家法律制度之成立，必与其国民精神有关，而国民精神之表现，又恒与其社会组织相通。中国法制虽受儒家思想影响甚深，要亦中国社会能容纳儒家思想存在，遂有此种结果耳。进而论之，因儒家思想之平正通达，深入人心，于是向日之社会组织，益为蒂固根深，盖又相互为因者也。从来中国社会组织，轻个人而重家族，先家族而后国家，故中国社会亦以家族本位为其特色之一。轻个人，故欧西之自由主义遂莫能彰；后国家，故近代之国家主义遂非夙习。前者姑置不论，后者则在中国法制史上有一大谜，得为之解。盖自周以降，异族之见诸史而可考者，名在百种以上，我族日与杂处，社会结构自甚复杂，而中国法制之于此点，似终未受若何严重之影响，即因其国家观念甚轻，虽时有民族冲突之事，而永无民族仇视之心，自不必表现于法制方面，即有之，亦往往出自家族关系之保持，如魏晋以后有关于门阀之制度是也。⑥ 纵不谓然，其仇视或极微薄而不深，或较浓厚而甚暂，且皆出于异族统治时期，如元清两代是也。试再申论之：汉族自昔，虽尝有诸夏夷狄之观念⑦，攘夷开边之政策⑧，然穷兵黩武为世所病，怀柔远人乃其要图，故不以勤其远略为贵，而以异族向化为德。⑨ 于是诸夏夷狄之用语，随时变迁，愈后，则诸夏之范围愈

---

① 《史记·汲黯传》。

② 《通鉴·唐纪》。

③ 程树德《中国法制史》第一六页。

④ 参照梁启超《中国历史上民族之研究》后部。

⑤ 道家与之反，庄子“彼亦一是非，此亦一是非”，关尹子“古今之俗不同，东西南北之俗不同，至于一家一身之善又不同”。

⑥ 魏晋以后，士庶婚姻不通，坐不交语：说者谓系五胡乱华，衣冠之族，耻血统混淆，不得不借门阀以自标异。

⑦ 《论语》“夷狄之有君，不如诸夏之亡也”。

⑧ 《诗》序“内修政事，外攘夷狄”。

⑨ 《书》“协和万邦”；《论语》“远人不服，则修文德以来之”；皆怀柔远人也。唐太宗曰“自古皆贵中华，贱夷狄，联独爱之如一，故其种族皆依朕如父母”，明太祖曰“归我者永安于中华，背我者自窜于塞外”，皆其实例。

广，夷狄之对象愈新，几成为中国民族史上一大定例。既不永以夷敌为仇，在法制上自不必严其界限。和亲通婚①为根本上之调和，内地杂居，因其风不易其俗，齐其政不易其宜，久亦遂沐中原文化而自忘其族系。此种羁縻政策，虽其一时之结果，尝使中国受异族蹂躏，然因中国大平原文化系统之确立，不惟莫敢深其仇视之心，且除少数特例外，其法制更皆用夏变夷。周代之楚，固无论矣。② 自五胡之乱而至于隋，异族为祸最烈，但皆改易汉姓，易汉服色③；或则攀引汉代列祖以自重④，并居于中国士大夫之列⑤；或则尽付建国大计于汉人⑥，遂俨然欲达最盛隆之治。其中如北魏孝文帝用南齐王肃之策，行均田，定律令，立明堂辟雍，禁同姓为婚，并行籍田躬耕之礼；北周官制公牍悉拟三代，周律周令皆仿大诰，更为例之著者。降至宋世，辽金虽各有其文字⑦，但考选官吏仍用汉文；虽治夷夏初亦各用其法，但最后一切政治组织，社会礼仪，均皆仿自于汉⑧，观于元称金辽遗民为汉人，即可知之。至于西夏，“其设官之制，多与宋同；朝贺之仪，杂用唐宋，而乐之器与曲，则唐也。”且“建国学，设弟子员三千，尊孔子为帝”，更无异于诸夏。⑨ 数千年来之中国法制，不皆受民族问题之煊染者，殆非无故。此谜既明，用再进而述及家族组织与中国法制之关系。

（甲）家族组织与政治制度 任何国家最初成立，莫不出自氏族之扩大，部落之酋长，同时即为族之长，中国亦其一例。殷为部落改治，自成一族，虽亦祭祖而尊天，但只有横的世代，而无纵的家系，故殷王兄终弟及，无嫡庶之分。殷以外又各有族，史称汤时诸侯三千，周初诸侯一千八百国，果有其数亦即族也。族各有长，统称群后，位较尊者，称为元后，殷不过具有元后资格而已！周兴，确立父系制度，禁止同族通婚⑩，氏族制度一变，各族互有联络。其在同族间，虽以家为组织单位，而维系之者则有宗法。⑪ 大宗率小宗，小宗率群弟，支派分衍，不相紊乱。王者为天下之大宗，在使同姓从宗合族属，而以君统之，

---

① 汉嫁王嫱于匈奴，唐嫁文成公主于吐蕃。

② 楚国引用中原人物很多，如成王之用齐桓七子为大夫；共王之用晋人伯州犁为太宰；康王之用郑人然丹为右尹是。

③ 匈奴种之刘渊，氐种之李雄，羌种之姚苌皆是，他如丘穆陵氏改穆氏，达奚氏改奚氏，步六孤氏改陆氏，勿忸于氏改于氏亦然。

④ 刘渊僭位诏令，见《晋书·渊载记》。

⑤ 刘渊“习毛诗，京氏易，马氏尚书，尤好春秋左氏传；孙吴兵法，略皆诵之，史汉诸子，无不综览”。

⑥ 王猛仕秦，崔浩仕魏，苏绰仕周。

⑦ 契丹大字盖用汉字，小字则出回鹘；女真大字亦然，现居庸关之六体字碑，女真文为其一种。

⑧ 《辽·刑法志》“太祖时，治契丹及诸夷，皆用旧法，汉人则断以律令；太宗时治渤海人亦依汉法；道宗时，始以国法不可异施，命更定律令，其不合者则存之。”金初内侵时备极残暴，自迁汴后，乃全同化于中国。

⑨ 见《宋史》。

⑩ 殷无同姓不婚之制，且女子不以姓称，见王国维《观堂集林》卷十。周之同姓不婚制，见《礼记·大传》“系之以姓……虽百世而婚姻不通者，周道然也”。

⑪ 《礼记·丧服小记》及《大传》“别子为祖，继别为宗，继祢者为小宗；有百世不迁之宗，有五世则迁之宗”。

宗周之称即由此也。于是异姓诸国曰甥舅，同姓诸国曰伯叔，纯然一家族本位之政治；所谓天子者，亦不外“万物本乎天，人本乎祖”两种观念之结合故耳。[①] 封建制度既因宗法而固[②]，分田制禄亦因宗法而定。[③]《易・家人・系辞》“正家而天下定”，《大学》“欲治其国者先齐其家”，《孟子》“天下之本在国，国之本在家”，用以解释周制，家之云者皆充分含有宗之义也。自周之衰，宗法亦失，然家制则反因之更显。惟须知者，后世家制受宗法影响者，仍不为少，如民国以前之服制，异姓不得乱宗制，同宗共姓不得相婚制，与夫宗祧继承制，皆著例耳。[④]

家在古昔，或用以定乡遂之制，如《周礼》所云之“五家为比，五家为邻”是[⑤]；或用以定征兵之法，如《管子》所云之“五家为轨，十家为伍”是[⑥]；或用以定纠发之则，如《荀子》所云之“五甲首而隶五家”是。[⑦] 他如《周礼》根据土田分配，而有上地家、中地家、下地家之语[⑧]；《尚书・大传》根据井田制度，而有“古八家为邻”之说。无论其记载之本身如何，要或有其所本，家之重要足以推及。后世政治制度之涉及家族组织者，殊亦繁夥。以言职官之制，汉公府有户曹掾，州郡有史；北齐与功曹仓曹同为参军；唐诸府曰户曹，余曰司户；且自唐至清，更有户部[⑨]之设，掌户口财赋等事，是皆认“户”为政令之所托，故户籍调查，除定赋均役外，特重于校察蕃息也。以言乡里之制：汉晋刘宋均以百家为里，北魏则以二十五家为里，唐代仍以百户为里，各有里魁、里吏、里长，或里正之设。[⑩] 宋行保甲之法，亦以十家为一保，五十家为一大保；其选保丁也，仍以每户有两丁以上者选一人为则。元行社法，以五十家组之，实则汉已有也。明编黄册，以百有十户为里，推丁多者十人为之长，余十户为甲，甲各有首，是皆认“家”为组织之单位，故用以教农励俗，而培养国之本也。以言赋役之制：汉高初创“算赋”，征取尚偏于“口”[⑪]；魏晋继创“户调”，税输乃定于“户”[⑫]。降至南齐，且分户为九，以定税役；隋唐因之，仍计户征税，

---

① 《礼记・郊特牲》。

② 吕诚之《中国宗族制度小史》第一一页。

③ 《礼运》“天子有田以处其子孙，诸侯有国以处其子孙，大夫有米以处其子孙，是谓制度”。

④ 见《法制论丛》陶汇曾文。

⑤ 遂在王国百里外，大司徒主乡，遂人主遂。

⑥ 五家为轨系作内政；十家为伍系寄军令。

⑦ 见《荀子・议兵篇》。

⑧ 详见《周礼・小司徒》，及郑注贾疏。

⑨ 秦并六国，称家为户，见史记徙天下豪富于咸阳，有二十万户云云；汉因之而有户律、户令之作。

⑩ 后汉百家为里，里有里魁；晋，百户为里，里有里吏；刘宋五家为伍，有伍长，二伍为什，有什长，二什为里，有里魁；北魏称里长；唐称里正。

⑪ 汉之丁税，见《通考》。

⑫ 魏武初兴，令收田租，每亩粟四升，每户绢二匹，绵二斤；晋武平吴，以户调名，凡有户者出布帛，有田者省租赋。

最后始改。[①] 然宋代王安石之募役法，依以户类计算[②]；元代既兼用唐之租庸调制，明代复有以户为计之“甲役”，是皆认户为赋役之基础，故田赋征役诸事，自唐以来，皆直归于所谓户部者掌理也。他若魏行九品中正之法，选举多用世族；亦只论其阀阅，非复辨其贤愚；遂至下品无高门，上品无寒士。[③] 以及江南望族，门阀自贵，虽尊如帝王，亦莫敢犯其尊严，即至唐世，刊正姓氏，犹以清河崔氏推为第一，范阳卢氏第二，而唐之国姓，陇西李氏仅列第三[④]，则浓厚之家族观念，不特影响于政治制度，并驾政治势力而上之矣。

（乙）家族组织与狱讼制度　因家族组织之牢不可破，儒家复从而润色之，向来维持义务本位之中国刑律，更皆认为亲亲精义集于孝道，伦常中心起于家族，遂又极端趋重于家族本位焉。且以物有本末，事有终始，欲严君臣之分，明尊卑之序，总必先正父子之伦，定男女之别。孔子所谓“惟孝友于兄弟，施于有政，是亦为政”，孟子所谓“入则以事父兄，出则以敬长上”，皆此意也。家族既为伦常主义之中心，又为个人生活之归纳，于是正天下者，不只正以个人，往往皆自正家始。其方法见诸法令者有三：无辜者或因家而入罪，有罪者或因家而减免，家内事故因伦常而重其刑是也。

何以言“无辜者或因家而入罪?”文王治岐，罪人不孥，似非孟子妄言。[⑤] 然《书·甘誓》、《汤誓》既有“予则孥戮汝”之文，《泰誓》又有“罪人以族”之语；则孥戮族诛之事，在昔未必即无。秦文公既定三族之制，重则或灭其宗[⑥]，商鞅更令民为什伍，而相收司连坐[⑦]，盖一家犯罪，九家中不为告发者，则同其罪。汉虽数度废除[⑧]，然大逆不道，父母妻子同产皆弃市，仍多不可免。[⑨] 魏律虽不连坐出嫁之女[⑩]，晋律虽减族诛从坐之条并除谋反适养女出女嫁连坐之科，然北魏之初，又兴门房之诛，凡犯大逆不道腰斩，诛其同籍。[⑪] 门诛律虽即在北魏当代而罢，孥戮法虽在隋世而见除[⑫]，然唐律谋反及大逆者皆斩，子年十六以上皆绞，十五以下及母女妻妾祖孙兄弟姊妹，若部曲，资财，田宅，并没官，……伯

---

① 唐德宗朝，杨炎两税法行，户赋始停。

② 详柯昌颐《王安石·评传》第一〇三页以下。

③ 魏文帝立九品官人之法，州郡皆置中正，区别人物，分九等以铨授；本以论人才优劣，遂一变为世族高卑。

④ 见《唐书·高士廉传》，并参照《杜羔传》。

⑤ 《孟子·梁惠王章》，《孟子答齐宣王问王政》。

⑥ 《史记·秦本纪》“文公二十年，法初有三族之诛”，一人犯罪，诛及三族，称曰夷三族，三父，李斯皆受其刑。

⑦ 见《史记》，坐治罪也。

⑧ 汉初仍行三族之诛，吕后曾下令废除，文帝亦下令废连坐制，东汉安帝亦然，但皆不久即复。

⑨ 吕后废夷三族，但谋反大逆者仍除外；哀帝时淳于长坐大逆，廷臣对其小妻乃始等之连坐，曾起争议，最后得免，仍因事前更嫁义绝而然。

⑩ 曹髦时，因毋丘伦事，凡毋族有罪，出嫁之女概不连坐；后世，女在室从父之诛，已醮随夫之罚，昉此也。

⑪ 北魏律初为门房之诛四，后多至十三，孝文帝一度恢复，计多至十六。

⑫ 初罢门诛律者为献文帝，除谋反大逆外，罪止一身。孝文帝一度恢复之，旋又改为谋大逆，族诛者降而同祖，三官者止一门，门诛者止一身。隋除孥戮相坐之法，见《隋志》。

叔父母兄弟之下，皆流，不限籍之同异，是更较丧师失地罪仅为斩者重也。[①] 自唐以后，迄于满清，凡谋反大逆者，均不免于诛夷而毁家。辽之遇此罪者，除罪人处死刑外，家产充公，妻子没入官，或没为着账户，或没入宫中，或外赐臣下家为奴；明之成祖诛卓敬以三族，诛方孝孺以十族[②]，更非以近亲缘坐为限，皆例之著者。此皆视君臣之义为特重，故仇及家族之念亦最深，自必族诛孥戮，以消灭其所谓无伦之家族也。即有反于通例，遇大逆而不尽诛夷者，除为奴或流外，又往往处以宫刑，北魏既有此例[③]，辽则对于从坐之男女，年未及十六者，更治以宫刑，仍付为奴。此又不外斩人之祀，俾达其灭门毁家之政策耳。他如汉代，盗劫等案亦尝一门连坐，但刑较犯者为轻，或流或徒而已，其杀死多人者，仍须坐其父母祖父母妻子等以相抵。东汉之初，赃吏子孙，三代禁锢。后魏，为蛊毒者，男女皆斩，并焚其家。元代，私造酒者，财产女子入官，犯人配役；明代，盗犯除刺其字于臂外，更扁其门曰窃盗之家，是于谋逆外，即通常轻重犯罪，亦有累及家族者之例。至于唐律，谓"凡共犯罪者，以造意者为首，随从者减一等；家人共犯时，止坐家长"，亦系视家重于个人，而使罪归家长一人耳。[④]

何以言"有罪者或因家而减免?"伦常莫重于孝，孝则有贵于养，自后魏迄清，凡非犯极恶不赦之罪者，虽犯死罪，又往往得因亲老疾废而留养。后魏，凡犯死罪，而父母祖父母年老，更无成丁子孙，又无周亲者，得具状奏请，其犯流刑者，髡鞭付宫留养。隋则以付宫留养，仍导人于不孝[⑤]，并付宫而废之。唐因其制，犯死罪而非十恶，其祖父母老父母疾应侍，家无期亲成丁者，上请，犯流罪，权留养亲。权留养亲者，将刑之执行，暂行延缓，使其留家侍养之谓，若应始终全其侍养之任时，则可减刑或赦免之。明律，题为犯罪存留养亲，犯死罪者奏闻，而取上裁，犯徒流者止杖一百，余罪收赎存留使之养亲。清律全然因之，而更注之曰，此条乃法中之恩云。实则皆出于拥护孝道之旨趣，使有罪必罚之义为其破坏无余。他若无子听妻入狱之例。[⑥] 子报父耻杀人免死之宥[⑦]，以及汉陈忠"母子兄弟相代死听，赦所代者"之奏可，梁武帝因吉翂乞代父命而赦其父罪之事实，皆不外奖孝重家，例不胜举。

---

① 详朱方《中国法制史》第一〇二页。

② 北魏太祖始定五族之制，明成祖诛方孝孺并及其门人，是曰十族；见《方正学年谱》及《明史》。

③ 以宫刑代死罪，自汉景帝以后，遂永为制；北魏于谋反大逆之子孙适用宫刑，但据《册府元龟》"西魏天统十三年，认自令应宫刑者，直没官勿刑"。

④ 见《唐律·名例篇》。又注云"于法不坐者，罪归其次尊，尊夫谓男夫"；于法不坐，系指年八十以上及笃疾者，见《疏议》。

⑤ 《孟子》"不孝有三，无后为大"。

⑥ 《御览》引《东观汉记》"鲍昱为泚阳长，县人赵坚杀人系狱，其父母诣昱自言年七十余，惟有一子，适新娶，今系狱当死，长无种类，涕泣求哀。昱怜其言，令将妻入狱，遂妊身有子。其后遂为成例"。

⑦ 东汉章帝时，有人侮辱人父而其子杀之者，因念其孝宥而免死，谓之轻侮法；后虽因张敏建议废之，而于刑法之附法比而存之。

何以言“家内事故，依伦常而重其刑?”近亲不婚[①]，自古已然，凡亲属相奸，罪必加重，汉律之禽兽行，唐律十恶之内乱罪[②]，皆例之著者。明仁宗四年（原书如此，疑有错讹——编者注）更严此律，凡烝父妾，收兄弟之妻为妻，一切败伦伤化者，诏悉送京师，如律鞠治。至对于父子之伦更为重视，惩罚不孝之罪同为严厉。晋既有“违犯教令，敬恭有亏，父母欲杀，皆许之”之律[③]，唐以后复列不孝于十恶不赦之条。依唐律，诅骂，奉养有缺，匿不举哀，诈称亲死，固问不孝罪；即居丧嫁娶，居丧作乐，释服从吉，亦不在八议之列；甚至祖父母父母在而别居异财者，仍处以徒刑三年，不赦。他若委亲之官，冒哀求仕，丧中生子，亦皆构成不孝罪。[④] 其对于尊长殴杀者，更视为恶逆罪[⑤]，视不孝罪尤重大焉。故虽唐律对于犯流刑以下者本可赎罪，然对于子孙犯过失杀流[⑥]，不孝流，皆在不许赎之列。明清律，沿袭唐律，除十恶恶逆罪不孝罪等所列者外，并有“弃亲之任”之罚，与“杀教违反”之杖。[⑦] 清律更认为子贫不能营主赡养父母，致父母自缢死者，仍杖一百，流三千里。盖以孝为人伦之本，故处罚极严也。不仅子孙之对尊长如此，即兄弟夫妇及其他家属之间亦然。如十恶中之不睦罪[⑧]；明穆宗谕，父子兄弟告者，恕父兄刑，夫妻尊长告者，恕夫与尊长刑，以及明清律之干犯名义条[⑨]，子孙告发祖父母父母，妻妾告发夫及夫之祖父母父母者，除诬告者绞外，亦杖一百，皆例也。是故同一杀人也，父杀子则与子杀父异其罪；同一殴人也，夫殴妻则与妻殴夫异其罚，是纯以伦常主义为根据，宜中国法律向之处于义务本位也。

据上所述，可知中国法制与家族制度之关系，如何密切。其实在此以外，若婚姻之制，丧服之制，媵妾之制，养子之制，亦无不以家族观念为其中心，举一反三，不必再详。

三、中国法制与阶级问题

中国数千年来，以农立国，经济演变终莫远离农业范围，而历代行政，亦以重农为策；既无求助于商人，资本阶级遂难于政治上发展其势力，使中国早进于工商社会。此种现象，不特使中国法制久具有农业社会之色彩，同时更无所谓人权自由等事之显示，盖人权之要

① 见陈顾远《中国古代婚姻史》第三〇页以下。

② 晋志，奸伯叔母，弃市。唐律内乱云者，奸小功以上之亲、父祖之妾及与和之谓。

③ 《宋书·何承天传》引法云云，所谓法，即晋律也。

④ 委亲之官者，祖父母父母老疲，在家无人待养，而子孙敢于拜官赴任之谓；冒哀求仕者，在父母丧中敢于拜官之谓；丧中生子，其在父母死亡前怀胎者不罪。

⑤ 恶逆者，殴及谋杀祖父母、父母、夫之祖父母，父母，与杀伯叔父母、姑、兄、姊、外祖父母，及夫之谓。

⑥ 子孙犯过失杀流者，子孙以过失杀害其尊亲属所犯之流罪也。

⑦ 弃亲之任，系仿唐律委亲之官而制定之；教令违反，即《明律·诉讼篇》“凡子孙违反祖父母父母教令，及奉养有缺者，杖一百”是。

⑧ 不睦者，杀及谋卖缌麻以上之亲，殴告夫及大功以上尊长、小功尊属之谓。

⑨ 《明律·诉讼篇》；盖以名者名分之尊，义者恩义之重，纵令有过，亦应庇之，而之官告发，是干犯矣。

求，自由之保障，皆与商业社会有连带之关系也。因之，中国法制是否含有阶级关系于内，即成问题。梁任公谓阶级制度在中国已成二千年疆石[①]，固亦不无理由，然尚莫如谓中国自周以后，仍有阶级事实[②]，不过无阶级意识，遂亦无阶级立法，而资本主义与海禁开通以前，自无由形成之焉。虽然，中国社会发达史极复杂而耐味，经济方面之阶级问题诚可如是决之，但此外又有关于家系之阶级问题，关于种族之阶级问题焉。关于家系之阶级问题，起于周代世卿之余波，盛于六朝阀阅之积习，而终于杂户细民之歧视，在中国法制史上殊难否认其污迹之存。关于种族之阶级问题，辽金渐启其端，元清大张其焰，中国素无关于民族仇视之创制立法，而元清两代为例外者，即因是故。其种族成见，虽未能转变整个的中国法制之特性，但就两代三百余年内之种族间阶级意识言，则亦莫能瑕瑜相掩。于此，有一问题，即中国之所谓“奴”者，与西洋史上之奴隶，仍非尽同。奴之出于贫而卖者，固不无经济之关系，奴之出于俘虏化者，固不无种族之关系，然在中国奴之造成，更大部分为犯罪处罚之结果，奴婢之称盖即由此。[③] 一经为奴之后，即异于普通之家，或家之人，故其阶级形成又恒与家系问题有关，此亦中国历史上之特点也。要之，中国法制史上阶级制度之含素，诚不能否认之，惟所谓阶级者颇多另有解释，而又时为变化，非皆演成数特定阶级之相互换转，致阶级斗争之痕迹，深留于中国法制史中。大抵周代数百余年为关于经济方面阶级之存在，魏晋以后为关于家系方面阶级之存在，元清两代为关于种族方面阶级之存在，故自始迄终，究难拟于西洋资本社会之阶级立法，且除殷代外，更罕宗教精神之阶级设制。[④] 兹特分目为三，择述其要。

（甲）关于经济方面之阶级问题　周代封建制度，阶级之分显然。国人野人既各有别[⑤]，君子小人尤非平等[⑥]；士固不能与天子诸侯卿大夫为匹[⑦]，庶民亦莫可与百姓相敌[⑧]。但如

---

① 见《先秦政治思想史》第五页。

② 见陶希圣《中国政治思想史》第二册。

③ 说文男人罪曰奴，女人罪曰婢；周礼秋官司厉“其奴，男子入于罪隶，女子入于舂藁”；《论语》“箕子为之奴”，罪隶之奴也。

④ 殷人尚鬼，巫为大臣，说者为巫为第一阶级，贵族第二阶级，奴隶第三阶级。辽金僧人皆有赐奴婢，即以良民而赐诸寺，税半输官，半输主；元时，僧人亦较平民为高，但皆外族为治，非例之正也。

⑤ 《孟子》“国人皆曰贤……国人皆曰可杀”，国人系指征服人之族而言，故服兵役；《孟子》“无君子莫治野人，无野人莫养君子”，野人指为人所征服之族而言，故不服兵役。参照吕诚之《中国阶级制度》小史第一页及第四页。

⑥ 《左传·宣十二》“君子小人，物有服章：贵有常尊，贱有等威”，例不胜举。大抵君子指有官爵者，小人指无官爵者。以德为别乃在其后。

⑦ 士为中层阶级，即战胜部落之民众，有才能者亦可仕为大夫，世袭其位。

⑧ 百姓与民，古各其义。百姓系指贵族，或谓即系士之另称。《尧典》以百姓与黎民对举；《国语》以百姓与兆民对举；《礼记·大传》以百姓与庶民共举：可推知百姓之高于民。民之为言冥，本训较百姓低。

士农工商虞并举，则或出于职业之分别①；皂舆隶僚仆台牧圉各级，亦皆犯罪所致而无固定之身份②；妻帑童仆臣妾等语，又不无家族组织之关系③，其是否同样构成独立阶级尚属疑问。凡处于阶级昭著之系统下者，自各有其等级，不容紊乱，周代旧有之礼治，原不外此；盖礼所以别贵族，刑所以治庶人也。然在春秋时代，天子已失其权，诸侯亦莫自主，世禄之家代握政权，于鲁有三桓，于晋有六卿，于郑有七穆，于宋有六族，于楚有屈昭景三姓，于卫有石宁孙诸姓，于齐有国高陈鲍诸姓。④ 此种世卿同时皆广有其土地，再后虽渐移转其权力于所谓陪臣⑤者，仍不过取世卿地位而代之，故领主与农民之阶级更为分明。学者谓春秋以前之所谓庶人，所谓民，实即指经济制度中之农奴而言，其或然欤？顾无论如何，关于经济方面之阶级问题，在此时代，与中国法制以影响，自莫能否认之也。战国开始，世禄之家鲜克由礼，栾郤胥原降在皂隶；孔墨讲学有教无类，百姓与民渐失其别。⑥ 言政治，则列国相争，需材孔急：苏秦张仪之辈，以布衣而取卿相，朱亥毛公之流，以屠博而作上客，吕不韦更以一贾人而握秦政。言经济，则国家土田之制概行崩溃，而工商之都市兴起⑦，魏李悝之尽地力，秦商鞅之开阡陌，既使民得私有其田；子贡，范蠡之货殖致富，猗顿，郭纵之盐铁起家，更各发展其经济能力，于是在周代因封建制度而产生之贵贱阶级，未至秦之统一，即已铲除殆尽。

自秦以后，历数千年，关于经济方面之阶级问题，在中国法制上颇少形成；其所有者不外阶级事实而已。因无阶级意识与自觉，阶级事实终亦无政治上之力量，且恒受政治之压迫与调解，自难寄其精神于法制之上。人每误于阶级事实之存在，而谓阶级立法之所托；或鉴于阶级斗争之缺如，而谓阶级事实之无有，皆非也。至于儒家固仍言礼明分，但皆别有意义，非即周代封建制度之旧，更不能妄引之。阶级事实之最显著者，莫如汉代。盖封建制度下之贵贱阶级虽去，而经济活动中之贫富阶级代兴。秦以前之猗顿郭纵既以盐铁与

---

① 《公羊·成元年》解诂“古者有四民，一曰德能居位曰士，一曰辟土植谷曰农，一曰巧心劳手，以成器物曰工，一曰通财鬻货曰商”；《谷梁·成元年》、《管子·小匡篇》、《汉书·食货志》、《淮南子·齐俗训》皆有类似说明。然《史记·货殖传》引《周书》“农不出则乏其食，工不出则乏其事，商不出则三宝绝，虞不出则匮财少”；《左传·宣十二》“荆尸而举，农工商贾，不败其业”，则皆去士，或以其另一阶级也。

② 见《左传·昭七》。

③ 《中庸》“乐尔妻帑”，注“古者谓子孙曰帑”。《左传·文六》，宣子使臾骈送其帑，则又指狐射姑之妻子而言。《易·旅卦》“丧其童仆”、“得童仆”。《费誓》“臣妾逋逃”；《左传·僖十七》“男为人臣，女为人妾，故曰男曰圉，女曰妾”。

④ 季孙氏、叔孙氏、孟孙氏皆鲁桓公之后，故曰三桓；韩厥、赵衰、魏犨、范氏士会、中行氏荀林父、知氏荀首之后，世仕于晋曰六卿；郑大夫子展、子西、子产、伯有、子太叔、子石、伯石，皆穆公后，曰七穆；宋六族为戴、庄、桓、文、武、穆；齐国、高两姓、世为齐上卿、鲍为鲍叔牙之后，陈为公子完之后。

⑤ 《论语》“陪臣执国命”，指大夫之臣而言。

⑥ 《荀子》：“王公士大夫之子孙，不能属于礼义，则归之庶人；庶人之子孙，积文学，正身行，能属于礼义，则归之卿相士大夫”。且王官之学散在四方，亦贵贱阶级消失之一因。

⑦ 《史记·货殖传》所指之都会，如邯郸、临淄、陶、睢阳、寿春、吴广陵、江陵，亦有兴于战国时者。苏秦述临淄曰“临淄之涂，车毂击，人肩摩，连衽成帷，举袂成幕，挥汗成雨”，即为一例。

王者埒富，秦始皇时之乌氏倮、巴蜀寡妇清又以牧畜丹穴，礼抗万乘，名显天下。汉兴，其势益甚，齐刁间收取奴虏逐利，并赖其连车骑，交守相，致富数千万，而师史尤甚，能致七千万。关中富商大贾如田啬、田兰、韦家、栗氏等以收买田亩，皆致富巨万。他如临邛卓氏、南阳孔氏、鲁曹邴氏，以铁冶兴，宣曲任氏以储粟兴，关中无盐氏以借贷兴，均见诸《史记·货殖传》而可考者。其结果正如《史记》所谓"凡编户之民，富相什则卑下之，伯则畏惮之，千则役，万则仆"，《前汉书·食货志》所谓"富者田连阡陌，贫亡立锥之地……故贫民常衣牛马之衣，而食犬彘之食"，《后汉书·仲长统传》所谓"豪人之室，连栋数百，膏田满野，奴婢千群，徒附万计；船车贾贩周于四方，废居积储满于都城"者也。于是商人兼并农人，地主压迫佃户，有田者既卖田宅，鬻子孙以偿责，为奴者则视同商品，置之市中，与牛马同阑。[①] 自汉以后，交通日有发展，贸易事业扩大，然因其富厚，交通王侯，力过吏势者，则无汉代之盛。虽《北魏·食货志》载买卖奴婢，耕牛二十头，当奴婢八；《颜氏家训》载"邺下有一领军，贪积已甚，家僮八百，誓满一千"；《唐史》载睿宗时，越王贞被诛，家僮胜衣甲者千余人；《明史》载太祖数蓝玉之罪，家奴数百，然其中或不无有沿秦汉之旧，而亦不乏出于官奴婢之类，与夫个人贪暴之为，未可尽以经济之原因解之。纵不谓然，亦不过如秦汉之有此阶级事实[②]，断难谓在法制上亦承认此阶级事实。何以云然？

自古以来，中国守"知足从俭"之成训[③]，行重农抑商之政策，以言国民生计，则"不患寡而患不均，不患贫而患不安"，以言经济政策，则"损有余，补不足"，抑制强梁兼并，而求免于"贫富无度则失"。其对于贫富阶级制度之否认，可从三方面而证实之。

一曰抑商，秦虽重视生产事业，但仍偏于农业[④]；故耕织粟帛多者复其身，事末利及怠而贫者举收以为孥。[⑤] 始皇三十三年更发逋亡赘壻贾人略取陆梁之地，其贱商也可知。汉初，因富商大贾，遍布天下，声华豪侈，过于王后[⑥]，高祖首课重税困之[⑦]，且不许其衣丝乘车，子孙亦不许为吏，盖即晁错所谓"今法律贱商人……尊农夫"也。武帝用兵，贾人之子始复为吏，然仍课以重税，且不许其为田主，犯者没收其田及僮。同时以用兵匈奴，

---

① 《汉书·王莽传》"秦为无道，置奴婢之市，与牛马同阑"；《贾谊传》"今民卖僮者，为之绣衣丝履，偏诸缘，纳诸闲中"。

② 如唐之均田制废后，豪强兼并，不可复止。宋理宗时，谢方叔言"权威之家日盛，兼并之习日滋，百姓日贫……今百姓膏腴，皆归贵豪之家，租米有及百万石者"是。

③ 老子曰："祸莫大于不知足……故知足之足常足矣"；又"我有三宝……二曰俭"。孔子曰"不义而富且贵，于我如浮云"，又"礼与其奢也宁俭"，"俭则固"。

④ 李斯云："百姓当家则力农工"。乌氏倮之比封君，则以其畜牧而然；蜀寡妇之为贞妇而客之，则以其采丹砂而然；对商则重抑之。

⑤ 系商鞅之法，见《商君书·农战篇》。

⑥ 贾谊谓"后之服，众庶得以衣孽妾；天子之服，富商大贾得以被墙"。

⑦ 算赋，人民十五以上，至五十六出赋钱百二十，贾人奴婢倍之；车船算，人民一算，商贾亦为二算。

既置贾人于兵籍[①]，复行均粟平准法，使富商大贾无所牟利。降至后世，若唐之列工商于杂流，宋之定商税以比较，明之出境营商有禁，宦家营商处罪，皆出于抑商观念之所致。且自汉武帝行筦榷政策[②]，“领天下盐铁诸利，以排富商大贾”；私者釱左趾，没收其器物[③]后；王莽时更有六筦之设[④]；唐德宗时则于盐铁酒酤以外，加榷以茶；宋初复加之以矾；金并增所榷之货为十种；元明清亦各有所榷者。[⑤] 此种官卖计划，尤足使商人难于发展，资本莫由集中；权利观念之未能在中国法制史上有其领域，而动听闻者，盖非无由。

一曰重农，秦代重农，并亦重富，地主虽非皆商，依然独成阶级。观于秦代无资产者不能择补为吏，汉初有市籍固不得官，赀算非十以上仍不得官，则偏重于地主阶级可知。然董仲舒则说武帝以限民名田[⑥]，师丹复向哀帝同为建议，说虽未用或用而未及行，但已知地主兼并事实不为朝议所容；而景帝之赀算四得官，则早已稍稍改革矣。殆及王莽，直行井田之制，拟使耕者各有其田[⑦]；后汉以迄于唐所行之占田、均田、班田诸制，更皆平均地权之说[⑧]：其不容大地主之产生，更为显然。且自宗法社会消灭后，历代法令虽禁止尊长在，子孙别籍异财，惟可别籍异财者，则以兄弟平均继承遗产为其原则，此亦大地主莫由能兴之一因。唐律，有田宅财物者，兄弟均分，分而不平均，坐赃论减三等；清律，分析家财田产，不问妻妾婢生，止以子数均分之：皆显然与大地主阶级为敌。抑商固所以重农，限制大地主亦所以重农也。

一曰恤奴，奴婢买卖，秦代视为当然，汉承其制，高祖既尝令民得卖其子，晁错亦劝文帝行输奴婢以拜爵或赎罪之秕政，武帝更曾募民入奴，且分遣御史等治郡国缗钱，得民奴婢以千万数，似奴婢制度之存在，足以证明中国法制之有阶级意味。然董仲舒既说武帝以“请去奴婢，除专杀之威”，哀帝复定私家奴婢之限制[⑨]，王莽更改称奴婢曰私属，严禁不得买卖，光武则直称“天地之惟人为贵，其杀奴婢不得减罪”，炙灼奴婢论如律，并除奴

---

① 七科谪戍，除吏有罪，亡人，赘壻之外，凡贾人，旧有市籍者，父母有市籍者，大父母有市籍者皆在其列。

② 筦者主也，《管子》“筦山海之利”；榷者以木渡水之谓，榷酤榷茶云者，禁止民营，独许官卖，如道路设木为榷，独取利也，见《汉书注》。

③ 《盐铁论》第十四。釱之云者，以铁为之，用代刖刑。

④ 酤酒、卖盐、铁器、铸钱、名山、大泽见《后汉书注》。

⑤ 金之十种为酒、麴、茶、醋、香、矾、丹、锡、铁、盐；元只盐、茶、酒；明清皆仅榷盐、茶。

⑥ 名田者对于人民之土地所有额加以限制是也。故《汉书注》曰“名田，占田也，各立为限，不使富者过制，则贫弱之家可足也”。

⑦ 《王莽令》“……令更名天下田曰王田，奴婢曰私属，皆不得卖买。其男口不盈八而田过一井者，分余田予九族邻里乡党故无田”。

⑧ 晋行占田，男七十亩，女三十亩。魏行均田，男受露田四十亩，女人二十亩，男又别给桑田二十亩。唐行班田，丁男人一顷，八十亩口分，二十亩永业；老及废疾四十亩，寡妻妾三十亩，当户者增二十亩，皆以二十亩为永业，余为口分。

⑨ 哀帝限奴婢之数，诸侯王二百人；列侯公主百人；关内侯吏人三十人：见成帝永始四年诏。

婢射伤人弃市律，其民有嫁妻卖子，欲归父母者，恣听之，敢拘执，论如律[1]，是刘氏之国祚未终，奴制即已动摇矣。顾奴婢之制，历代刑律记载甚显，其受压迫终难否认，又何说乎？此盖出于罪犯成家系之结果，不必皆为资产阶级压迫所致；即有因贫而卖者，亦多由于丧乱饥馑之原因，法制上并不视为当然现象，而皆谋改革之。例如唐昭宗大顺二年，敕天下州府及在京诸军，或因收掳百姓男女，宜给内库银绢，委两军收赎，归还父母，不得压良为贱；宋真宗咸平六年，诏士庶家僮仆，有犯，不得黥其面，以其本雇佣良民故；即金太祖亦定权势家买贫民为奴之罪是也。所以未能全然禁止贫民为奴，又不外有官奴婢之存在，与夫后世灾乱频仍，莫能为根本之救耳。但既经为奴，入人之家，则基于维持主从之关系，遵守恩义之原则在法律上自亦不能平等矣。故中国法制史之奴隶问题，实自有其特殊意味，在汉以后，不必皆有欧洲古代之农奴阶级可言，有之，仅满清在关外时之屯田制度。[2] 但不足以定中国法制之性质也。

（乙）关于家系方面之阶级问题　姓之兴所以表血统，氏之兴所以表门阀，周代之贵贱阶级，同时亦成为家系间之阶级；故惟贵族有氏，平民则无，坠命亡氏，即由于削夺爵邑之故。虽经战国时代最大之破坏力，姓氏混杂无分，而为宗法制度基础之家族组织，并未受有影响，且以姓氏合而表示其门第家系焉。虽经秦汉开布衣卿相之局，世袭惟爵不以官，而“郡县掾吏，并出豪家，负戈宿卫，皆由势族”[3]，先王公卿之胄，亦以才而用，且从鲁之豪右[4]于京师，其后论而录之，七相五公均由是起。是先王之封虽绝，后嗣犹为疆家，而外戚秉政于汉，依然贵戚之卿。[5] 魏立九品，置中正，尊世胄，卑寒士；降至晋宋魏齐，门阀之见更深，士庶之阶级告成，直至五代尚有余风。[6] 不仅“门”分多种，抑且“姓”有各色，“家”别为级[7]，不仅在社

---

① 建武七年，并诏吏人遭饥乱，及为青徐贼所略，为奴婢下妻，欲去留者，恣听之，敢拘制不还，以卖人法从事。十二年诏陇蜀民被略为奴者，一切免为庶人。十三年诏益州民为奴婢者免为庶人，敢拘留者以略人法从事。十四年诏益凉奴婢，自讼在所官，一切免为庶人，卖者无还值。至六年，诏王莽时没入为奴婢，不应旧法者，皆免为庶人，此则涉及以罪犯而为奴者，与前各例不同。

② 为主者永远为主，为奴者永远为奴，主有屯田，命奴治之，奴之生杀予夺皆主主之；奴既不得有私财，即妻子亦任主之支配。

③ 见《文选·沈约晋书恩幸传》论。豪家，实古君卿大夫之遗，秦灭六国，曾徙之于咸阳；汉定天下，亦徙齐楚大族于关中，即此。

④ 豪为豪宗，右为右族，皆指门望贵显者而言。

⑤ 《孟子》“卿有贵戚之卿，有异姓之卿”；汉之七贵颇与贵戚之卿相类。《潘岳赋》“窥七贵于汉庭，畴一姓之或在”；《文选注》“汉庭七贵，吕、霍、上官、丁、赵、傅、王，并后族也”。

⑥ 唐庄宗以冯道掌书记，卢程大恨曰，“用人不以门阀，而先田舍儿耶?”

⑦ 门有旧门，次门，后门，勋门，役门之分；见《廿二史劄》“江左世族无功臣”条。贵族之姓，以郡望分为甲乙丙丁四姓，见南史。又南朝有侨姓，以王、谢、袁、萧等族为大，有吴姓，以朱、张、顾、陆等族为大。北朝有郡姓在山东以王、崔、卢、李、郑为大，在关中以韦、裴、柳、薛、杨、杜为大；有虏姓，在代北，以元、长孙、宇文、于、陆、源、实为大，皆贵族也。家在北朝，有三公三世者名膏粱之家；三世有尚书令仆射者名华腴之家，其四姓亦以官级为别，统名阀阅之家。迄于唐亦以官级而分郡姓为四。

会往来上之尊卑有别①，抑且成为国家之典章制度，莫敢有违。② 其在魏代。州大中正主簿，郡中正功曹，皆取士族为之，以定门胄，品藻人物。晋代，身有国封者，起家多拜散骑侍郎，秘书郎四员，为甲族起家之选，他人不得与。③ 刘宋，并诏士族不得与工商杂户为婚，南齐，且禁寒人擅用四幅伞。至关于有司之选举也，官有世胄，谱有世官，士大夫皆起于世族，固非天子所能命，南齐高帝欲以江谧掌选，因其为寒人至特发明诏④，其他皆可推知矣。虽其衰也，由于南朝多以寒人掌机要，隋唐且以科举制度取士，破门阀之限制，然观于唐之依然推尚“右姓”，及唐书宰相世系表之重视世系，仍未能使其截然而斩。不过自唐以后，帝王既自尊其地位，而不以门阀旧习为惮，且兴义儿制度，益使姓氏杂乱；兼诸唐末兵燹，官私谱籍，并皆亡佚⑤，于是五季取士不问家世，婚姻不问阀阅，自为必然之势。所谓门阀阶级，至是始告终焉。

然关于积极的门阀阶级，虽不见于五季之后，但消极的门阀阶级，则自周以来，迄于清末，未尝断也。此何指乎？不外与家系有关之奴婢制度，及所谓杂户者是。中国奴婢之来源，除贫而卖与败而虏者外，以罪没入官者为最，罪非仅其本身，子孙亦涉及之。《费誓》“汝则有无余刑，非杀”，郑玄谓“无余刑非杀者，谓尽奴其妻子，不遗其种类。在军使给厮役，反则入于罪隶舂藁，不杀之”。故此一种官奴婢，实中国家族制度下之特殊现象。古代重视家世，且亦罪没入官，箕子为奴，载在《论语》；斐豹为隶，著在《丹书》，则其有此项奴隶也甚显。⑥ 秦之兴也，事末利及怠而贫者，举收以为孥；汉之继也，官奴婢数至十余万，皆男女从坐没入县官者。⑦ 南北朝更严厉之，凡犯重罪者，没其妻子入官，南朝则补奚官为奴婢，北朝则配禁户、配驿、配舂、配杂户，终身系之，永不能与平民伍，尚非秦汉隶臣妾之犹有一定年限也。隋唐以降，籍没配役之制既未停止，故不仅入官为隶，

① 陶侃与杨晫同乘，温雅谓晫曰“奈何与小人同载?”陈显达诫子曰“麈尾是王谢家物，汝不须捉此”。路琼之诣王僧达，王了不与语去焚琼之坐床；路太后泣诉于孝武帝，帝曰“琼之年少，无事诣王僧达，见辱，乃其宜耳!”类此之例甚多。

② 宋文帝宠中书舍人徐爰，尝命王球及殷景仁与之相知，球辞曰“士庶区别，国之章也，臣不敢奉诏”；详见《南史·王球传》。

③ 见谢弘微傅及张缵传；徐坚初学记亦谓秘书郎与著作郎，江左以来，多为贵游起家之选。

④ 齐武帝时，纪僧真以武吏出身，乞作士大夫，帝曰，“此事须由江敩，谢蒲，我不得措意，可自诣之”。僧真承旨诣敩，丧气而退，告谛曰“士大夫固非天子所命!”

⑤ 唐太宗之刊定姓氏，强以李氏列为第一，唐文宗亦有我家二百年天子，反不若崔卢耶之语，皆力矫其弊也。义儿制度系起于藩镇之养异姓子，而维持其地位；朝廷亦以赐姓笼络藩将，虽亦由重视家族而来，但谱系由是乱矣。《通志·氏族略》“隋唐而上，官有簿状，家有谱系，私书滥，纠以官籍，官籍缺，考以私书”，唐末大乱，皆无可考校矣。

⑥ 《初学记》引《风俗通》云“古制本无奴婢”，实不可靠。《诗·正月》“民之无辜，并其臣仆”；《毛传》“古者有罪，不入于刑，则役之圜土，以为臣仆”。《周礼》“墨者使守门，劓者使守关，宫者使守内，刖者使守囿”，亦近于罪人为奴之义。方苞曰“古无奴婢，事父兄者，子弟也，事舅姑者子妇也，事长官者属吏也；惟盗贼之子女，乃为罪隶而役于官”亦可参照。斐豹事见《左传·襄二十二》。

⑦ 汉元帝时，贡禹言“官奴婢十余万，游戏无事，税良民以给之，宜免为庶人”；见《汉书》。“奴男女从坐没入县官者，谓身遭大罪，合死，男女没入县官；汉时官名为县官，非谓州县也”；见《周礼·司厉疏》。

且往往赐臣下家为奴婢。明制之所以不许庶人之家有奴婢者，盖恐其因富而买，压良为贱，若功臣之家则因出自给赏而许之，搢绅之家许其蓄养者，又不外出自家系之尊重焉。至于因贫而卖者，若史载吕不韦家僮万人，嫪毐家僮数千人，此当系出于经济制度下之影响；然在后世，则皆禁止，唐武宗之废佛寺奴婢，唐昭宗之官资出赎[①]，宋太祖之迫令放免，宋太宗之赎还父母[②]，皆卓卓可考者。其仅有者，苟非因逃避丁税而入豪家[③]，即系由卖身投靠以归奴籍[④]；此或出于税制不良之结果，或出于丧乱频仍之所致，且藉以为招权纳贿之阶者，更未尝无之。[⑤] 固不得谓其尽与家系问题有关，亦不得谓其皆因经济制度而然。此外，操业之视为贱者亦往往以奴婢目之，如奴仆、僮仆并称，即其著例。若秦汉之苍头[⑥]，晋代之衣食客及佃客[⑦]，六朝唐宋之部曲[⑧]，唐明之奴官、奴军[⑨]皆是。

任何奴之入于家者，即与其主生尊卑之关系；盖家之组织原非平等，子孙妻妾皆极受尊长夫君之支配，而况奴乎？奴之有关于家之组织也，《唐律疏议》显有所示：《卫禁篇》家人相冒之条曰"家人不限良贱"，《斗讼篇》曰"部曲奴婢，是为家仆，事主须存谨敬"，《名例篇》亲属容隐之条，因家长之事，得拒绝为证人，然终因"部曲奴婢，非亲，不同子孙之例"，而待遇之亦极失平。是奴婢不仅在社会上为一因家系关系而生之被压迫阶级，且在家之组织中，形成主奴之对立阶级，法律制度对于此事两认之矣。汉律，罪人妻子没为奴婢，黥面，子孙莫改，奴生子亦必赦而后始免于奴。[⑩] 唐律，虽定放部曲奴婢为良而压为贱者之罪[⑪]，但同时则又规定部曲奴婢告主非谋反者皆绞，告主之周亲及外祖父母者流，大

---

① 唐武宗会昌五年，据中书门下奏，天下诸寺奴婢，江淮人数至多……洪潭管内，人数倍多，一千人以下，五百人以上处，计必不少，并放从良百姓。唐昭宗事见前正文。

② 宋太祖开宝四年，"诏应广南诸郡，民家有收买男女为奴婢，转将佣雇，以输其利者，今后并令放免，敢不如诏旨者，决杖配流"。太宗淳化二年，"诏陕西沿边诸郡，先岁饥，贫民以男女卖与戎人，宜遣使者与本道转运使，分以官财物赎，还其父母"。

③ 历代或计户征税，或按丁出役，贫民往往依庇豪右，以求宽免。

④ 明代宦官窃权，人民不堪其扰，往往自鬻其身，托庇豪强，曰投靠，亦曰投大户。然亦有黠者，遇有士大夫，竞至门下，多者数千人，操纵主人者有之，甘于毁名丧节者有之，见《日知录》。

⑤ 自汉霍光爱幸监奴冯子都而后，奴之以色而宠，以妻而贵者甚多。严嵩之仆永年，号鹤坡，张居正之仆游守礼，号楚滨：皆与缙绅抗礼，招权纳贿。

⑥ 《礼记疏》"汉家仆隶谓苍头，以苍巾为饰，异于民也"。

⑦ 晋武平吴后，王公以下，皆得荫人为衣食客及佃客，其数因官品而有差；客皆注家籍，耕作所得，与主分之，国家不收其税，盖汉世封君食邑户之遗制也。至《宋史》"川陕豪民多旁户，以小民役属者为佃客，使之如奴隶"，则佃客又等于杂户也。

⑧ 部曲原指大将军营五部，部下有曲，曲下有屯而言，见续汉书百官志。但以后，吏士夷为将率之私属，且亦招人民为之，见《魏志·李典传》、《卫觊传》。一为部曲，遂不得与平民等，但较奴婢高一级也。

⑨ 《旧唐书》"北门奴官太盛"，系指龙武羽林之军，多由官户蕃口出身，以奴军称。明太祖以韩国公李善长等有大功，人赐卒百二十人为从，曰奴军。

⑩ 黥面事见《魏志·毛玠传》。奴之子世为奴，所谓奴产子，《汉书》载有免骊山徒人奴产子事。异苑尚有家生婢之名，即婢之女世为婢也。

⑪ "放部曲为良，已给放书而压为贱者，从二年；若压为部曲，及放奴婢为良而压为贱者，减一等；各还正之"。

功以下亲徒一年，诬告重罪，而太宗更有奴告主勿论皆斩之令。其殴主者罪亦至绞，殴旧主者流二千里，殴良人折跗肢体，或瞎其一目者，罪亦至绞。元律，奴婢杀主者，具五刑论，明律，奴婢与主哄者斩，较唐之绞尤重。然主之对于奴婢，后世虽不得私杀，而在唐律，无故杀奴婢只徒一年。宋律，奴婢有罪，主不请官而杀者，只杖一百，无罪而杀者，只徒二年；主殴部曲至死者只徒一年，故杀者加一等，其有代犯，决罚至死，及过失杀者勿论。至于僮仆有犯，得私黥其面，又《宋史·刑法志》所谓旧制如此也。

较部曲奴婢之阶级稍胜者，汉代至隋，有所谓厮养户者，系指贱役之家而言，《史记》谓“随厮养之役者，失万乘之权”，可以知矣。刘宋孝武帝既禁士族杂婚，北魏孝文帝亦诏厮养户不得与士庶为婚。唐代，反逆相坐，没其家为官奴婢。男十五以上配岭南为城奴，一免为番户，再免为杂户，三免为良人。[①] 番户云者，罪人家属更番执役之谓，即官户也；杂户云者，如属于少府监之工乐杂户，属太常寺之太常乐人之谓，即厮养户也。宋元以后，杂户为例甚多：如叛宋投金而被明太祖所斥之惰民丐户[②]，如不附“靖难”而为明成祖所编之山陕乐户[③]，以及徽宁之伴当世仆[④]、浙江之九姓渔户[⑤]皆是。男女皆自为偶，积资不得为官，遇主人或良民之有庆吊者，皆须服役供使，直至清之雍正乾隆，始相继除籍，得列平民。至于广东之蛋户，虽亦同时准与齐民同列甲户，然以其为南蛮之一种，且自唐以来即有之，似非尽出于家系之关系，而兼有种族之原因，于此不计。[⑥] 清代改革杂户，固使关于家系方面之阶级制度，一变化之，然身家不清者，若娼、优、皂隶，及曾鬻身为奴，其三世子孙，仍不得考试仕宦，固明见于法令也。柏葰以一人伶人中式而问弃市之罪，即因此故而然。故关于家系方面之阶级问题，可谓与中国法制史同终始也。

（丙）关于种族方面之阶级问题　汉族素无窄狭之民族意识，则在中国法制史上关系种族的阶级含素，自甚微少。国人野人之别，不过初相接触之称；《周礼》“蛮隶、闽隶、夷隶、貉隶”之名，春秋以降似亦无此。秦汉之僰僮贩卖[⑦]，则原于卖奴成习，非独对僰人立异，南北朝之獠口贩卖[⑧]，则多异族秕政，非尽关汉族事。唐人虽有蓄獠奴、突厥奴、新罗

---

① 见《梁溪漫志》。

② 惰户，一曰堕户，又曰丐户，元人称怯怜户；明定户籍，扁其门曰丐。其人在里巷，任猥下杂役，妻入大家为栉工伴婆；见堕民猥编。清雍正元年除绍兴隋民籍；八年除常熟昭文丐户籍。

③ 乐户不与平民齿，虽老耄者对大家幼年亦自称曰“娃”，雍正元年除其籍。但《魏书·刑法志》亦有没入罪人妻女入官为乐户之记载。

④ 伴当一称细民，犹奴仆之义；为人之伴当者，虽丁户村庄相等，遇事亦须往而服役。雍正五年除徽州伴当，宁国世仆籍。

⑤ 乾隆三十六年与广东蛋户同时除之。

⑥ 蛋户本作但户，亦作蜑户；以舟楫为家，以渔为业，放又曰龙户；其供役者曰蛋丁。自唐以来，计户输税，明洪武时编户，设河泊司治之，不容陆居。

⑦ 《史记·货殖传》“巴蜀……南御滇僰，僰僮”，西南夷列传“巴蜀民或窃出商贾，取其筰马，僰僮，髦牛，以此巴蜀殷富”。

⑧ 后周武帝平梁，益，岁命随近州镇，出兵讨之，护其生口，以充贱隶，谓之压獠。商旅往来亦资为货，公卿民庶之家，多有獠口。又《北史·獠传》亦有獠亲戚相卖如猪狗之语。

奴、回鹘奴、吐蕃奴之名目，但或则沿前朝之旧，或则出于诏令之禁，皆不足为盛德之累[①]，而称中国法制含有种族的阶级之成分也。然破此一特例者，则非汉族，皆出自外族之统治中国时，以汉族为其种族上被压迫阶级之主要对象，故虽有此事实，仍不能定中国法制之整个的价值，盖汉族并非主动者，即以蛋户为言，其所损亦仅爝火之微而已！

首在典章上，发生种族的阶级者，应推北朝各代。拓跋氏之“元魏破江陵，尽以所俘士民为奴，无问贵贱”[②]，北齐之祖高欢告鲜卑曰“汉民是汝奴，令汝温饱”，告汉人曰“鲜卑是汝作客，令汝安宁”，亦俨然有战士与农奴阶级之分。辽金最后虽在同化于中国，然其始也，皆极承认种族之阶级。辽、契丹人治以契丹法，汉人治以唐律，决狱之事亦归南北两院办理，其所谓赐户与二税户者，又皆系以汉人为奴也。[③] 金，“靖康之后，陷于金虏者，帝王子孙官门士族之家，尽没为奴婢”；而金人之改称汉姓及学南人衣装者，有罪，皆著例。元入中国，阶级有四，称本族诸姓曰蒙古；称外族如钦察、唐古、回回诸姓曰色目，称高丽、女真、契丹及中国北部之人曰汉人，称中国南部之人曰南人。并分人民之级为十，曰官，曰吏，曰僧，曰道，曰医，曰工，曰匠，曰娼，曰儒，曰丐。各阶级之待遇既有等差，法律亦不平等，而汉人，南人之没为奴籍者尤多。[④] 虽各帝时有禁止压良为奴之诏令，然南人处于最下之阶段，即令诸将不掠人为私户，而亦莫解其在种族的阶级上之为奴也。[⑤] 清之起也，满八旗、蒙古八旗、汉军八旗，称曰旗民，为最高阶级，旗民悉有屯田，下设奴婢，附随于主，不得独立户籍，专供主之支配。所谓包衣者，即最初各部落之被俘者，比为世仆。入关以后，虽开赦令，包衣亦得入仕，惟对旧主仍执仆礼，再后，始命三品以上包衣皆出籍，此其关于种族的阶级表现之一。然犹莫严于满汉阶级之分，史实非远，且甚显著，不难按考之也。

---

① 名见《文献通考·四夷考》，杜诗亦有獠奴之句。然史称武后大足元年，“敕以北缘边州郡，不得畜突厥奴婢”；穆宗长庆元年“诏禁登莱州及缘海诸道，纵容海贼，掠卖新罗人口为奴婢”。是唐世并未积极承认以异族为奴隶也可知。

② 与下列之金虏事，同见洪迈《容斋随笔》。

③ 辽道宗以耶律伊逊先朝任使，赐汉户四十，见续通考。二税户者，以辽人信佛极笃，每以民户赐僧寺，田租一分输官，二分输寺是也。又宋真宗天禧三年“诏自今掠卖人口入契丹界者，首领并处死，诱至者同罪，未过界者，决杖黥面。”则辽人之以汉人为奴，更可反证矣。

④ 元初本定诸国，以俘到男女配为夫妇，所生子孙永为奴婢，谓之驱口。又元史，世祖九年二月，赐诸王塔剌海籍没五十户，愿受二十户。又阿里海牙用兵荆南江西广西海南，掠降民为家奴以千万计。

⑤ “元初诸将多掠人为私户”，见《廿二史劄记》本条。

徐式圭

中国大赦考

作者简介

徐式圭（1892—1963），原名世特，字若璋，福建省屏南县屏城乡里汾溪村人。中华学艺社社员。1930年创办《屏南月刊》，参与编撰《福建通志》，抗战时期进步报纸《东南时报》特约撰稿人。一生著述甚多，主要代表作有：《中国教育史略》、《中国田制史略》、《中国监察史》、《读史随笔》、《中国大赦考》等。徐式圭先生从小聪颖好学。1908年考入福建全闽大学堂。1912年考入私立福建法政学堂政治经济系。1915年毕业后在屏南长桥天宝寺立学任教。1921年赴北京参加文官考试。1924年被推选为屏南县教育会会长。1928年2月25日，创立屏南历史上第一所中学“戊辰中学”，并担任校长，被誉为屏南教育先驱，为发展屏南教育事业作出了积极贡献。

出版社：上海，商务印书馆。

出版年份：1934年。

馆藏：国家图书馆中文图书基藏库。

作品简介：《中国大赦考》共十二章。第一至九章概述了有关大赦的基本理论。其中第一章笔者通过对比大赦、常赦与曲赦等概念，对什么是大赦进行了界定。第二章笔者分析了大赦的由来。然后以三章篇幅分析了大赦在国法上的地位、在政治上的意义以及其在法律上的地位。第六章笔者分析了大赦的效力，第七章分析了大赦的限制，第八章分析了关于大赦的各家学说，第九章分析了大赦的种类。第十章标题为“本文”，是本书主体部分，也是最重要的一章。笔者以八十三页篇幅，从二十四史中摘录了始于秦朝终于明朝的有关大赦的具体事件的记载。第十一章题为结论，笔者以第十章摘录的各朝大赦事件为素材，对自秦孝文迄明庄烈大赦的次数进行了统计，“计一千八百八十年，赦九百七十三次，平均两年十个月即遇赦一次”。之后统计了各朝的大赦次数，然后对大赦的原因及基于此原因而实行大赦的次数进行了统计，为后世研究大赦提供了一份重要的材料。第十二章即附录部分，记载了民国时期的大赦事件及相关规定。

《中国大赦考》一书汇集的有关大赦方面的资料比较齐全，为研究中国古代大赦制度提供了广泛的研究素材，也是研究中国法制史的一部非常有用、有价值的参考资料。（冯勇整理）

第一章 大赦之界说

据吾国史乘所载，有赦、大赦、常赦、曲赦、肆赦、特赦之异称。案：赦即常赦，又即肆赦；曲赦即特赦；赅括言之，不外大赦、常赦、特赦三种。特赦为对于一定犯罪人之宥典，（吾国史例于特别地域之全部赦免，称为曲赦，如晋海西公太和元年曲赦梁益二州，安帝元兴元年，曲赦彭城广陵大逆以下是）大赦则普遍于法权所及之范围，此其大较也。至于大赦与常赦之异点：大赦除有但书之制限外，无论何种犯罪均行赦免，常赦于特种犯罪则以不赦为常。故大赦诏书恒有“常赦所不原者原之”之规定。明制凡有大庆及灾荒皆赦，然有常赦，有不赦，有特赦，十恶及故犯者不赦。律文曰：“赦出临时定罪名，特免或降减从轻者不在此限。十恶中不睦又在会赦原赦之例，此则不赦者亦赦。若传旨肆赦不别定罪名者，则仍依常赦不原之律。”以常赦、特赦与大赦并举，此为大赦之狭义解释，通常则对举大赦、特赦，以常赦纳于大赦之中，是为广义解释，兹依之。

第二章 大赦之由来

《王制》“疑狱泛与众共之，众疑赦之”，《吕刑》“墨辟疑赦，其罚百锾”，是赦为古人对付疑狱之一种政策。《尚书》“眚灾肆赦”，《周礼·司刺》“一宥曰不识，再宥曰过失，三宥曰遗亡，一赦曰幼弱，再赦曰老耄，三赦曰蠢愚”，是赦又为古人对于失过犯及具有一定条件者之特别宽典，原不适用于普通犯罪。春秋以降，刑政失宜，人君每假大赦之名，以上结天心，下要民誉，历世相因，遂成定例。《战国策》陶朱公子得罪于楚，楚臣庄生以星变为词，为之请行大赦，赦之淫滥固已久矣！

第三章 大赦在国法上之地位

通俗之意义，必在全国境域中对一时之犯罪人全体抛弃公诉免除犯罪者，始谓之大赦。在国法上，则不限于地域之广狭，放释之多寡，凡命令之有消灭犯罪之效力者，均称大赦。其与特赦不同之处，即曾经大赦者虽有重犯仍不生再犯问题，特赦则否；又特赦之效力必在判决确定之后，而大赦虽在判决前亦生效力。

第四章 大赦在政治上之意义

《尚书》“万方有罪，罪在朕躬”。古帝王遇刑狱滞积之时，每引咎罪已，举行赦宥：（一）以自责其刑政失宜；（二）表示与民更始；（三）以免治丝之棼一清宿谳，是为大赦之原始意义。其在特别场合，有利用罪人而行宥赦者，汉明帝八诏令郡国中都官死罪系囚减罪一等勿笞，诣度辽将军营屯朔方；十六年诏令郡国中官死罪系囚减死罪一等勿笞，诣军营屯朔方敦煌，诸如此类不胜枚举。

第五章 大赦在法律上之地位

我国《临时约法》，曾付与大总统以大赦、特赦之权力，《新刑律》“赦免章”亦规定，赦免依条例临时分别行之。是在我国宪法、刑法上，均予大赦以优容之地位，以保持其固有权能。段祺瑞于就临时执政，张作霖于入关之日，均实际上举行大赦一次，是亦一足纪之事也。

案《中华民国训政时期约法》第六十八条亦有“国民政府行大赦、特赦及减刑复权”之规定。

第六章 大赦之效力

大赦之效力云者，即大赦是否及于附带之犯罪所得品是也。此有积极、消极二说，前说谓大赦之效力仅及于公诉；后说则谓并其附带私诉一律赦免。案王符《述赦篇》：“遭盗者睹物而不可取”。似《汉律》系采积极说。《唐律》曰：“曾赦及降者、盗者准枉法犹征正赃”。《金史》世宗大定二年，省臣以内邱令自科部内钱立德政碑，罪当除名，今遇赦当叙，仍免征赃，上不许。《元史·世祖纪》僧超过等谋叛遇赦没其财，是则消极主义矣。又古所谓赦多包括逋欠在内，如《续通鉴》载元世祖时赵孟頫谓丞相僧格曰，凡钱粮未征者其死亡已尽，非及时除免他日言事者倘以失旧归咎尚书，岂不为丞相深累，僧格悟，遂赦天下，即其适例。以非本篇范围所及，关于此例一概从略。

第七章 大赦之制限

大赦以无论何种犯罪均行赦免为原则，特种犯罪制限赦免为例外。其制限之种类，以实质言之，有罪人制限、罪名制限、罪质制限之分；以形式言之，又有特别制限与附带制限二者。罪人制限者，即以诏令指令某人不赦。例如晋高祖天福元年诏“张延朗、刘延皓、刘朗三人，奸邪害物，贪猥弄权，罪既满盈，理难容贷”是。罪名制限者，即以诏令指定某罪不赦，如天福七年晋少帝诏“除十恶、五逆、杀人、强盗、官典犯赃、合作毒药等，其余罪咸赦除之”是。罪质制限者，谓限定某种情节之犯罪不赦，例如明太祖洪武七年，诏“分别应赦诸人，令中书具陈狱囚，若果真犯，但笞罪以上俱各不原，其余注误过失因人致罪者悉皆宥之”是。至于形式上之特别制限，则谓以特别法令限定某人某罪，虽赦不赦。宋太祖乾德四年，诏“冯瓒李美李檝以赃罪论死，遇赦流沙门岛，逢恩不还”，又诏犯强窃罪者郊赦不原，即属此种。附带制限，则谓其于大赦诏书中，以但书限制某人某罪，如梁和帝水和三年（原书印刷不清，此处疑有错讹——编者注）“受命大赦，惟梅虫儿、茹法珍不在赦例”，唐庄宗同光二年宣制大赦天下“惟十恶五等不在此限”，即属此种。

第八章 关于大赦之各家学说

关于大赦的学说，大概主张废止论者，占居多数。兹分别介绍于下：

（一）管子 民毋重罪，过不大也；民毋大过，上毋赦也。上赦小过则民多重罪，积之所生也。故曰赦出则民不敬，惠行则民日益。惠赦加于民，而囹圄虽实，杀戮虽繁，奸不胜矣。

凡赦者小利而大害也，故久而不胜其祸。毋赦者小害而大利也，故久而不胜其福。故赦者奔马之委辔；毋赦者痤雎之矿石也。——《法法篇》

（二）王符 今日贼良民之甚者，莫大于数赦赎。赦赎数则恶人昌而善人伤矣。夫谨敕之人，身不蹈非。又有为吏正直不避疆御，而奸猾之党横加诬言者，皆知赦之不久故也。善人君子，被侵怨而能至阙廷自鸣，万无数人；数人之中得省问者，百不过一；既对尚书而空遣去者复十六七矣。其轻薄奸宄既陷罪法，怨毒之家冀其辜戮，以解蓄愤，而反一概悉蒙赦释，令恶人高会而夸咤，老盗服臧而过门，孝子见雠而不得讨，遭盗者睹物而不可取，痛莫盛焉！——《潜夫论》

（三）吴汉 吴汉病笃，车驾亲临，问所欲言。曰：“臣愚无所知识，惟愿升下慎无赦而已。”——《汉书·本传》

（四）匡衡 臣窃见大赦之后奸邪不为衰也。今日大赦，明日犯法，相随入狱，此盖导之未得其务也。盖保民示之以德义，陈之以好恶，观其失而制其宜，故动之而和，绥之而安。今天下贪贱义，（中略）虽岁赦之，刑犹难错而不用也。——《汉书·本传》

（五）诸葛亮　治世以大德不以小惠，故匡衡、吴汉不愿为赦。先帝亦言周旋陈元方、郑康成间，每见启告治乱之道，曾不语赦。若刘景升、季玉父子，岁岁赦宥，何益于治？——《三国志》

（六）王通　无赦之国其刑必平；多敛之国其财必削。——《文中子·王道篇》

（七）唐太宗　太宗尝谓侍臣曰："古语有之赦者小人之幸，君子之不幸也，一岁再赦，善人喑哑。夫养稂莠者害嘉谷，赦有罪者贼良民，故朕即位以来不欲数赦，恐小人恃之轻犯宪章也。"——《资治通鉴》

（八）张允　自古帝王皆以水旱则赦，冀感天心以救其灾者，非也。有二人讼，一人有罪，一人无罪，赦则有罪者幸免，无罪者衔冤，衔冤者何疎，见赦者何亲，冤气升闻，乃以致灾，非弭灾也。小民遇天灾，则喜，皆劝为恶，曰：国家必赦我以救灾，此则赦者教民为恶也。且天道福善祸淫，若以赦为恶之人而变灾，是天助恶民也。——《五代史·本传》

（九）欧阳修　夫纵而来归从而赦之，可偶一为之；若屡为之，则杀人者皆不死，其可为天下常法乎？不可为常者其圣人之法乎？——《纵囚论》

（十）王严叟　哲宗以上清储祥宫成，将肆赦。严叟曰："昔天禧中，祥源成，治平中，醴泉成，皆未尝赦。古人有垂死谏君无赦者，此可见赦无益于圣治也。"——《续通志》

（十一）元英宗　至治元年（1321 年），祀四祀，或言事毕宜赦天下。帝谕之曰："恩可常施，赦不可屡下。使杀获免，则死者何辜。"二年西僧灌顶疾请释囚，帝曰："释囚祈福，岂为师惜？朕思恶人屡赦，反害良善，何福之有？"——《英宗纪》

（十二）赵天麟　赦者欲以荡涤瑕秽，与民更始，以负罪者言之，则为莫大之深恩，以致治者论之则非太平之常事。

近世以来，郊天、祀宗、建储、立后，未有不肆赦者。侥幸之子，逆知机会，能不启非滥之心哉？养稂莠于良田，纵豺狼于当道，独不念害嘉谷而伤平民乎？又况大赦之后，奸邪未尝衰止，朝脱囹圄，夕缨缧绁，其不能承化自新亦已明矣。夫当罪而宥之，当生而杀之，亦犹来暄风于霜雪之辰，行春令于秋冬之际。如此而亦欲天道之成，臣知其不可也。——《通考》

（十三）答剌罕　僧人修佛事毕，必释重囚，有杀人及妻妾杀夫者皆指名释之，生者苟免，死者负冤，于福何有！——《元武宗纪》

（十四）邱浚　赦之初设，为眚灾也；后世相承不能复古。然旷荡之恩如雷雨之施，不时而行，使人莫可测知可也。宋人为之常制，而有定时，则人可揣摩以需其期，非独刑法不足以致人惧，而赦令亦不足以致人感也。——《续文献通考》

（十五）张燧　后世乃有大赦之法，不问情之浅深，罪之轻重，凡有犯在赦前者，则杀人者不死，伤人者不刑，盗贼及作奸犯科者不诘；于是赦为偏枯之物长奸之门。然观管仲

之言，及陶朱公之事，则知春秋战国时已有大赦之法矣。——《千百年眼》

（十六）王夫之　夫赦亦有时而可者，夷狄盗贼僭据上国，蚩蚩之氓胁从以徼幸，上不能固保其民，使群陷于逆，则荡涤而矜全之可耳。旱饥之民，流离道殣者，类不能为奸恶；而奸恶之徒，虽旱饥亦不至于馁瘠也。如曰衣食不足而非僻起；则夫犯者在未饥以前。固非为饥所逼，而笑所恤哉？——《读通鉴论》

（十七）梁章钜　谢梅庄曰自匡衡、吴汉不愿为赦，其后孔明惜赦孟光责赦，而文中子乃甚其词曰无赦之国其刑必平。夫赦者，先王仁政之一，盖愚民当创惩之后，未必无悔悟之心，而人主除已往之愆，亦与民更始之义。但当以数为戒，不必以无为美也。秦皇两世不闻有赦，唐德之季十年不赦，而陆宣公阳道州皆死于贬所，此三五者刑可尝平哉？——《浪迹丛谈》

（案二世无赦语误）

第九章　大赦之种类

大赦之种类，依吾国史例，可分为例赦、庆赦、哀赦、灾祥之赦，维新之赦各种。例赦如举行大典之类，庆赦如皇太子生之类，哀赦如皇帝崩御之类，灾祥之赦旱饥星变等属之，维新之赦易代改元等属之。兹条举吾国史籍所载，上起秦代，下迄有明，所称大赦，赦者，叙列如下。

第十一章　结论

自秦孝文迄明庄烈，计一千八百八十年，赦九百七十三次，平均两年十月即遇赦一次。大憝巨恶，何所惩儆？诚如费袆所云，赦为偏枯之物，非以仁民。语其实际，则惟明嘉靖十九年至四十四年，中历二十七年不赦，最为经久，史称其慎刑不赦，有以哉。以朝代论：唐赦最繁，计二百九十年，赦一百七十四次，平均不及两年。南朝一百七十八年，赦一百四十六次。几于一年一赦；晋惠帝永兴元年一年六赦；唐肃宗在位五年，赦至一十二次，皆为可惊之数。兹列表于后：

朝代	享国年数	大赦次数	说　明
秦	四四	三	由秦孝文至二世
两汉	四一八	一八六	包新莽更始在内
魏	四五	九	

续前表

朝代	享国年数	大赦次数	说 明
两晋	一五七	一一六	
南朝	一七八	一四六	
隋	三八	一九	
唐	二九〇	一七四	
五代	六一	二八	
宋	三〇八	一九二	
元	一一三	四五	
明	二二八	五五	
合计	一八八〇	九七三	

至其赦宥之原因属于普遍者计。

改元——一百有三次

即位——八十九次

祀圜丘——四十八次

郊——四十八次

祀明堂——四十四次

立储——三十七次

上尊号——二十一次

立后——一十八次

平乱——一十六次

与民更始——一十四次

皇子生——一十四次

星变——一十二次

御疾——一十一次

罪己——九次

兵乱——八次

旱饥——八次

加元服——七次

巡幸——七次

地震——五次

祀佛——五次

凤凰集——五次

祥光见——四次
封禅——四次
耕藉——四次
谒宫——四次
疾愈——四次
日食——四次
上太后尊号——四次
皇子纳妃——四次
崩御——四次
定都——四次
归政——三次
反正——三次
受宝——三次
享太庙——三次
御冠——三次
刑政失宜——三次
克敌——三次
立皇太弟——二次
临辟雍——二次
有年——二次
监国——二次
建太庙——二次

（案大赦原因，每一次兼备数事，如即位改元之类是也，所以前列次数合计与总数不合。）其属于特别原因者。

（一）黄河复故道。

（二）宋复燕云。

（三）元平宋。

（四）明清宁宫灾，颁新律建皇宫除国丧。

（五）其他。

就中除颁新律一条，稍具刑法上之见解外，余皆无意义，大抵国家变乱愈甚，恩赦愈繁，其于国事也奚裨。民国纪元凡属封建遗规，皆已辟而廓之，而议宪者独于元首之大赦特权，尚多留保，是固一饶有研究价值之问题也，因辑兹篇，以备参考。

徐朝阳

中国诉讼法溯源

作者简介

徐朝阳，民国时期著名法律史家。在 20 世纪 20 年代末 30 年代初，他先后出版了中国刑法史以及中国诉讼法史等方面的专著，著有《中国古代诉讼法》、《 中国刑法溯源 》、《中国亲属法溯源》、《中国诉讼法溯源 》、《刑事诉讼法通义》等。

出版社：上海，商务印书馆。

出版年份：1934 年。

馆藏：国家图书馆书刊保存本库。

作品简介：《中国诉讼法溯源》共二十一章，篇目大体为：诉讼法之名称、诉讼法之主义、民事诉讼与刑事诉讼之区分、告诉与告发、传唤与拘提、讯问、并案受理、羁押、证据、勘验、代理辩护及辅佐、诉讼担保、诉讼行为之时间、裁判之宣告、上诉及非常上诉、公诉权之消灭、司法官之责任、司法官之回避、法院之组织、陪审制度、法官始祖皋陶考。本书内容主要有：考察各国法律发展，程序法常优先于实体法而产生。在中国古代，虞舜时代成文刑法已出现，而关于诉讼法的规定则一直未见诸文字记载。直至战国时李悝著《法经》六篇，其中第三篇《囚法》，方是关于诉讼法的规定。之后各朝代的法典皆有诉讼法的规定，散见于法典的一些篇章中。民事诉讼与刑事诉讼的区别，在先秦之前已存在，据《周礼·秋官》记述，如《大司寇》云：“以两造禁民讼。”《注》说：“讼谓以财货相告者。”又云：“以两剂禁民狱。”《注》说：“狱谓相告以罪名者。”据此可知民事诉讼与刑事诉讼，古代实已有区分。中国的勘验制度出现甚早，《礼》中记载“孟秋之月，命理瞻伤察创视折审断”即是后世检验之法，之后各朝代勘验制度逐渐发达。关于中国古代法官责任的规定始于周穆王时期，秦汉之后，对于法官责任规定极严，如唐律中“出入人罪条”的规定。中国陪审制度起源甚早，《周礼》记载，已具规模，虽不能与近代的陪审制度相比，但其根本观念已很相近等。

徐朝阳先生的《中国诉讼法溯源》，以近现代西方的法学理论和学术研究方法对中国传统法律制度进行了重新梳理，为中国近现代刑法史和诉讼法史著作的编写奠定了基础，且在中国近现代刑法与诉讼法研究领域影响深远；但本书在以近现代西方诉讼法的理念、术语解读中国传统法律制度时，得出的一些观点值得商榷，如中国古代是否存在陪审制度等。（栗明辉整理）

第一章 诉讼法之名称

尝考各国法律发达之迹，程序法常先实体法而发生，故民事诉讼法之发生先于民法，而刑事诉讼法之发生亦先于刑法。盖国家组织既经成立，虽文化幼稚，法制未备，而人民间之争端纠葛，不得不仰求国家以为之理；国家依其公力而匡正之，是则诉讼之所由起焉。因诉讼审理及裁判之惯行，形成程序法；因裁判之结果，处分之惯行，则形成实体法。是法律发达之自然途径，程序法常先实体法而发生。

虽然，在我国虞舜时代，刑法即已发生，记载明确，无庸疑议。而关于诉讼法规，则文籍无征，夏商之世，亦无明文，是否其时之诉讼法规为不文法，抑年代久远，书阙有间，无得而稽。至其明确之记事，昉自周代，而纂成专编者，又自战国时魏之李悝始。

李悝于周威烈王十九年，当公元前四百零七年，即民元前二千三百十八年，著《法经》六篇。以为，“王者之政，莫急于盗贼”，故《法经》首列盗法贼法；盗须劾捕，故次以囚法捕法；其轻狡越城、博戏、假借、不廉、淫侈、逾制各条，汇为杂法一篇；以具法殿五篇之末。是为《法经》六篇。其第三篇囚法，即系关于诉讼之规定，是我国诉讼法早已纂成专编，与其他各法独树一帜。商鞅相秦，取李悝之法经，订秦国之法制。秦失鹿，汉高代之，丞相萧何奉命定律，摭拾秦法，取其宜于时者成律九章。汉律久亡，无得而考，惟其律目尚可略见于《魏新律序》略者：囚律有诈伪生死、告劾、传覆、系囚、鞫狱、断狱，则囚律之内容，亦不全关诉讼之事；而兴律有上狱，厩律有告反讯受，要皆有诉讼法规存焉。是以魏律以囚律有告劾、传覆，厩律有告反、逮受，故分为告劾律；囚律有系囚、鞫狱、断狱之法，兴律有上狱之事，科有考事报谳，故分为系讯断狱律。（见《晋书·刑法志》）晋命贾充定法律，就汉律九章增十一篇，辨囚律为告劾系讯断狱。（见《晋书·刑法志》）梁律二十篇，其七为告劾，九为系讯，十为断狱。（见《隋书·刑法志》）北齐承晋律而改定之，并捕律断狱曰捕断，改告劾为斗讼，而删除系讯。（见《隋书·刑法志》）周大律二十五篇，改告劾为告言，列诸第二十二，而以系讯及断狱殿于末。（见《隋书·刑法志》）隋开皇元年（公元五八一年，即民元前一三三一年）更定新律，凡十二卷。八曰斗讼，第十二为断狱。（见《隋书·刑法志》）唐律篇目，一准隋开皇之律，其第八篇为斗讼，疏议说：“斗讼律首论斗殴之科，次言告争之事。”可知斗讼律规定，有关诉讼，无俟烦言。其第十二篇为断狱律，疏议云：“断狱律之名，起自于魏，魏分李悝囚法而出此篇。”又说：“诸篇罪名，各有类例，讯舍出入，各立章程。此篇错综一部条流，以为决断之法，故承众篇之下。”以有关诉讼之法规，殿于各种法规之末，其所编列，亦称允当。《宋刑统律》十二卷五百二条，一本于唐。金章宗泰和元年（公元一二〇一年即民元前七一一年）十二月所成律凡十二篇，（见《金史·刑法志》）实亦唐律也。以诉讼名篇者，殆自元法始。（见《大元通制》）明律六部分列，即名例律、吏律、户律、礼律、刑律、工律，而以诉讼及断

狱列入刑律中，（见《大明律》）清法亦同。（见《大清律》）

第二章　诉讼法之主义

关于诉讼如何开始，诉讼资料如何提出，审判程序如何履行等问题之原则，在上古时代究为何若，不可不加究考，兹举其要，胪述于下：

第一，一造审理主义与两造审主义。

审问两造而后裁判者，为两造审理主义，只据一造之主张而裁判者，为一造审理主义，罗马以来，即有此区别，在我国古代亦已发明。如《尚书》谓："两造具备，师听五辞。"（《吕刑》）是即采用两造审理主义之明证。

两造审理，审问原被告而后判断，足以成信谳而保公私权，固矣。然必尽用两造审理，则因一造之迟误，而不能速结，或本可简单了结，反致拖累者，在在而有。故今日各国于两造审理主义外，更采用一造审理主义焉。

虽然，一造审理本诸一方之陈述，使对方失其防御之机会，法官审问事实之真相，亦较两造审理为难，故一造审理不无收不平之结果。是以《书·吕刑》有"明清于单辞"之训，《注》谓："听讼当清审单辞，单辞特难故言之。"所以促其注意也。而对于两造审理，亦有训示，即："民之观，罔不中听狱之两辞。"（《书·吕刑》）《注》谓："民之所以观，由典狱之不以中正听狱之两辞，弃虚从实，刑狱清则民治。"夫一造审理，当事者一方之陈述，各执偏见，掩饰其非，人情之常，无足为怪。若两造具备，狱有两辞，则弃虚从实，中鹄不难。学者以两造审理，适于保裁判之公平，非无由也。

第二，公开审理主义与秘密审理主义。

古代之诉讼审理，公开抑秘密乎？罗马帝政时代，及德意志普通法，皆采用不公开审判主义；现代各国以公开为原则，不公开为例外。我国古代盖亦如此。《书》云："明启刑书胥占"，（《吕刑》）《集传》谓："详明法律，与众共占度。"实即今日之公开例也。《礼记》云："疑狱泛与众共之。"（《王制》）是又限于疑之场合，公开审理之例也。若据此而论，以疑狱为公开审理，如无疑之诉讼事件，则不公开审理矣。更推论之，此项公开审理与现代之公开主义之性质有所不同。因现代之公开主义，仅允许诉讼关系人以外之人傍听，并不得发言参与诉讼，《法院编制法》第五十五条及第五十八条有明文规定。在古代，依据王制所言，则诉讼关系人以外之人，亦得参与诉讼，所谓"与众共之"，是也。但法官对于裁判不受"众"之拘束，故《礼记》云："众疑赦之，必察小大之比以成之。"（《王制》）方悫解释说："众疑赦之者，又不以偏爱而有所释，必察其罪之在大辟，则比于大辟，以成其狱；察其罪之在小辟，则比于小辟，以成其狱。"据此，可知诉讼之裁判，绝不因公开而丧失法官自由裁量之权也。

依据王制"疑狱泛与众共之"之意，则认为古代诉讼审理以秘密为原则，公开为例外，尚有疑问。盖古代之诉讼审理，与今日法律所采之公开为原则，秘密为例外者，正复相同也。研究此问题，应先明古代之秘密审理。考《周礼·地官·媒氏》云："凡男女之阴讼，听之于胜国之社"兹录注疏，以明此经之旨。《注》谓："阴讼，争中蒿之事以触法者。胜国，亡国也。亡国之社，奄其上而栈其下，使无所通，就之以听阴讼之情，明不当宣露其罪。"《疏》谓："云阴讼争中蒿之事，谓若《诗》之'中蒿'以触法也。云胜国亡国也者，此社有四名：若此往胜得彼国将社来谓之胜国，即此文是也。若据彼国丧亡，则谓之亡国之社，引《公羊传》者是也；又名丧国之社，《郊特牲》云：'丧国之社必屋'是也；据其地则曰亳社，则《左传》云：'亳社灾'是也，故云胜国亡国也，故郑引《公羊传》云：胜国亡国也，云亡国之社者，《公羊传》文。云奄其上者，即《郊特牲》屋之不受天阳者是也，云栈其下者，谓于下著柴以栈之，使不通阴故也，故云使无通也。云就之听阴讼之情，明不当露者，以其胜国社上下不通，是不宜露，中蒿之言，亦不宜露，故就而听之也。"据此所述，衡诸审判之际，不许公众自由傍听之秘密审理，又何以异耶？

查我国现行法例以公开为原则，不公开为例外，前已言之，如《约法》第五十条，《法院编制法》第五十五条，均明文规定，采用公开主义。依约法同条，但书："有认为妨害安宁秩序者，得秘密之。"及《法院编制法》第七十五条，《刑事诉讼法》第二百三十七条，侦查不公开之规定，均采用秘密审理之明证。

据《周礼·地官·媒氏》之记载，则凡关于妨碍风化罪之诉讼，采用秘密审理。至非男女阴讼，当然不于"胜国之社"审理，而取公开之制度，与现代以公开为原则秘密为例外者，又何以异耶？

顾吾人所应亟为研究者，秘密之审理，始自何时？《诗·召南》有甘棠、行露二章，赞美召伯之听讼，《注》谓："召伯听男女之讼，不重烦劳百姓，止舍小棠之下而听断焉。国人被其德，说其化，思其人，敬其树。"可知召伯之审理男女之讼不于"胜国之社"，而于"小棠之下"。同是男女之讼，《周礼·地官·媒氏》取秘密审理，《诗》载召伯取公开审理，绝不相同，二者之间，必有迟早，自无待言。考《周礼·地官·媒氏》疏云："按《诗》召伯听男女之讼于小棠之下，不在胜国社者，彼谓周公未制礼前，此据制礼之后，故不同。"若然，在未制礼以前，即男女之讼，均公开审理，至周公制礼，乃有"听之胜国之社"之规定，故诉讼审理之有公开秘密之分，实在制礼后也。

第三，干涉主义与不干涉主义。

此种区分，其源亦古。至其适用范围，则因刑事民事而有不同。就民事诉讼言之，民事诉讼之目的，在保护当事者之利益，当事者为自己利益计，欲得完全之保护，自必能提供完全之证据，法官据当事者之所提供，与以适当之裁判，已足达保护私权之目的，不必于当事者所搜集之证据外，再事调查，故不干涉主义，实合民事诉讼之性质。古代亦然，试举其证，《周礼·秋官·朝士》云："凡有责者，有判书以治则听。"郑司农谓若今时辞讼有券书者为治之。故古代民事诉讼，亦首重证据，若无证据，则不受理，更无所谓干涉也。

至如刑事诉讼，关系公益，若民事诉讼采用不干涉主义，则有罪者，可以不罪，杀人者，可以不刑，国家人民之法益，势必受其侵害而不可究诘。故刑事诉讼采用干涉原则，实理之当然。所谓干涉主义，又称为国家诉追主义，盖以由国家机关自行诉追犯罪，不以私人之意思为转移也。我国古代思想天讨有罪，以有五刑，国家代天行罚，凡人民犯罪，国家直得追诉，固不必待私人之诉追，国家始有科刑之权，此理甚明，无待细述。

第四，言词审理主义与书状审理主义。

考罗马法及德意志古法，皆采言词审理主义。罗马帝政时代，关于特种诉讼，采用书状审理主义，欧洲中古寺院法以书状审理为原则。我国古代采用言词审理主义，纵文献无证，亦可想而知。诸书所谓"听"及"听讼"，故可认定古代诉讼为言词审理主义，毫无疑义。古代因用言词审理之结果而有五听之方法，《周礼·秋官·大司寇》云："以五声听讼求民情，一曰辞听，二曰色听，三曰气听，四曰耳听，五曰目听。"《注》谓："辞听所以视其出言，不直则烦，色听所以观其颜色，不直则赧然，气听所以观其气息，不直则喘，耳听所以视其听聆，不直则惑，目听所以观其眸子，不直则眊然。"五听之观察如此。法官苟能取五听之法，审理诉讼，固不难探明事实之真相，而裁判得其公正也。

以言词审理诉讼，于上古时代当无例外，书状审理，起自何时，亦无可考。《前汉书·刑法志》谓秦始皇专任刑罚，躬操文墨。《史记·秦始皇本纪》亦谓："天下之事，无大小皆决于上，上至以衡石量书。"张守节《正义》说："衡，秤衡也，言表笺奏请秤取一石，日夜有程期，不满不休息。"其为书状审理之起原欤?

第五，自由心证主义与法定证据主义。

法定证据主义，在欧洲盖自罗马始。罗马古代法官势力甚大，得私自取调证据，后恐法官大权在握，难免流弊，故用法定证据主义。近世外国法律尚有宣誓之制，实罗马法之遗意也。在我国古代诉讼亦有宣誓之制，盖古代信赖神权，中外一致，而我国古代且有司盟之官，专司其事，如《周礼·秋官·司盟》云："有狱讼者则使之盟诅。"其方法，即："凡盟诅各以其地域之众庶，共有牲而致焉，既盟则为司盟共祈酒脯。"至于盟之场所，则不一定。(见《疏》) 据此，则我国古代诉讼审理亦采法定证据主义，可无疑议。

法定证据主义，虽可防裁判官之专横，然易受当事人之欺弄。盖诉讼材料之处分，均委之当事人。若当事人未主张之事实，与未提出之证据，法院均不能过问；苟为当事人之所主张或提出，无论是否真实，但有真实之形式，则法院不能舍此他求，其结果就刑事诉讼而言，则有罪者不得科刑，无罪者不能免罚，揆诸情理，岂得谓平。故为贯彻实体真实发见，自以采用自由心证主义为当，故《刑事诉讼法》第二百八十三条规定云："证据由法院自由判断之。"

虽然，古代实兼采两种主义，与近世法律之精神，固相同也。试阅《书·吕刑》"无简不听"之言，则不诚信之自白，仍不得为证据，故"简孚有众，惟貌有稽"。更参以《周礼·秋官·大司寇》"辞听，色听，气听，耳听，目听"，所谓五听之法，则古代采自由心证主义，可无疑义。

自由心证主义，法院本自由之确信，以定取舍，不受法律之拘束，虽易得事实之真相，然难免裁判官徇私偏断之嫌，亦无庸为自由心证主义讳也。然苟以裁判官之道德学识并经验为前提，则自由心证主义，实较法定证据为妥。明眼人类能知之。故我国法官始祖皋陶氏崇倡“九德”，（见《尚书·皋陶谟》）职此之理。

第六，纠问主义与弹劾主义。

古时之观念，以为刑罚权之根据实出于天，其所谓天者，包涵日月星辰，掩覆山川丘陵，代表支配全宇宙，握有生杀予夺之大权。而道破刑罚权出自天者，为尧舜时之法官皋陶氏。其言曰：“天讨有罪，五刑五用哉。”（《尚书·皋陶谟》）虽然，天意如何，何由而得知之，皋陶预为之言曰：“天聪明，自我民聪明，天明威，自我民明威。”（《尚书·皋陶谟》）盖谓天意在民心，民心知之，天所以为知也。天依人民之视听为视听，并依人民之向背为向背，人民以为可赏天赏之，人民以为可罚天罚之。质言之，多数人民之所赏罚，即天之所赏罚也。天不能行赏罚而寄之于人。故曰：“天工人其代之。”（《尚书·皋陶谟》）是以处罚犯罪，实代天行刑。既无诉追及裁判之区别，更无其他之当事人，此纠问主义，在东西各国古代盖无不从同也。

时势推移，法律进步，降洎于周，于今日之所谓弹劾主义者，应运而兴，有如今日检察制度，以检察官为提起公诉之机关，代表国家为原告。观《周礼·秋官》禁杀戮之官，与《礼记·王制》史之官，于法制上已树立检察制度，可知刑事诉讼之弹劾主义，早已发明，而一般谓弹劾主义，系罗马法所发明，非我国所固有者，岂非妄谈乎？

第七，数级审理主义与单级审理主义。

考罗马古代法律，专用单级审理主义，故无上诉之制度，无审级之区别。夫国家设立司法机关，原在保障人权，法官之学识经验纵称丰富，而事件复杂，或偶不经心，亦难保无偏颇之裁判，设不幸受此偏颇之裁判，而不与以平反之途，则于保障法益之旨仍有未符，而诉讼之目的仍不能达。故无论民刑诉讼，均以采用数级审理主义为宜。我国虞舜之世，皋陶为士，度其时或已有数级审理之制，惟文籍无征，不敢妄议，稽诸《周礼》所载，似周制之诉讼审级为三级三审制度。秦汉以下，均有上诉之规，则非单审理可知。此种研究，属法院组织法领域，非本书范围，兹略不论。

第三章 民事诉讼与刑事诉讼之区分

民事诉讼与刑事诉讼，在先秦以前已有区别，非自近世始也。考《周礼》载秋官掌邦刑，实为司法之机关，既为司法之机关，则一切司法事务应归秋官之属管辖，方为允当，而《周礼》于掌邦治之天官，其属之小宰有“以叙听其情”之记载，《注》谓：“情争讼之辞也。”则亦有管辖诉讼之权限。至掌邦教之地官，其属之处理诉讼者尤多，如言《大司徒》之职掌云：“职万民之不服教，而有狱讼者，与有地治者，听而断之。”《小司徒》云：“职用众听其辞讼”、“四时之田，断其争禽之讼。”《媒氏》云：“凡男女之阴讼，听之于胜国之社。”《司市》云：“以质剂结信而止讼，市师莅焉，而听其大治大讼；胥师莅于介次，而听其少治小讼。”《遂师》云：“作役事则听其治讼。”《遂大夫》云：“稽其夫家之众寡，六畜田野，辨其可任者，与其可施舍者，以教稼穑，以稽功事，掌其政令戒，听其治讼。”《县正》云：“各掌其县之政令，征比以颁田里，以分职事，掌其治讼。”又如掌邦政之夏官，其属亦有管理诉讼事件者，如言《墓大夫》之职掌云：“凡争墓地，听其治讼。”《马质》云：“若有马讼则听之。”各官中有管辖诉讼之权限者，如此。天官小宰，究属管辖何种诉讼事件，未见明示，而地官媒氏所云男女之阴讼，则今所谓人事诉讼之婚姻事件。乡师断其争禽之讼，司市以质剂结信而止讼，及其属市师贾师之听讼，想不外关于交易上之争讼，则债权之诉讼也。至如夏官墓大夫凡争墓地听其治讼，系属疆界土地之争，是又非今日所谓物权诉讼欤？均不外民事诉讼。关于此类诉讼，各有专属管辖，不必归诸司寇。惟刑事案件，须审犯罪之有无，定刑罚之轻重，决不能由此类机关审理，如遇有刑事上之关系时，即须移送司寇办理，如《地官・大司徒》“凡万民之不服教，而有狱讼者与有地治者听而断之，其附于刑者归于士。”以及《媒氏》“凡男女之阴讼，听之于胜国之社，其附于刑者归之于士”、《市刑》“小刑宪罚，中刑徇罚，大刑扑罚；其附于刑者归于士。”之记载，是其明证。诚以刑事事件任诸天官地官处理，恐易生枉曲之怨，而隐为国家害，故使专理司法之机关管辖，此诉讼之区别民事刑事，本各国最早通行之思想，于我国古代盖有征矣。

梁任公云：“初民社会之政治，除祭祀斗争以外，最要者便是讼狱，而古代所有权制度未确立，婚姻从其习惯，故所谓民事诉讼者殆甚稀，有讼皆刑事也。”（《先秦政治思想史》前论第七节）在最初社会之状况，诚如任公所云。然至周代，所有权制度既已树立，婚姻亦有一定制度，人民于民事之诉讼，亦遂滋多，法律上有区分民事诉讼与刑事诉讼之思想，亦当然之结果也。《周礼》所载天官地官之管辖各特定民事事件，以有关刑事者移送秋官之属审理，既如前述，可得知矣。顾或者以为此系行政官兼理特定民事诉讼，而司法机关所管事件则无区别民事刑事之观念存焉。是亦不然，有待举证。《周礼・秋官》实有民刑诉讼之区别，如《大司寇》云：“以两造禁民讼。”《注》说：“讼谓以财货相告者。”又云：“以两剂禁民狱”《注》说：“狱谓相告以罪名者。”据此可知民事诉讼与刑事诉讼，古代实已有区分，固无庸其疑议者也。

徐式圭

中国田制史略

作者简介

徐式圭（1892—1963），原名世特，字若璋，福建省屏南县屏城乡里汾溪村人。中华学艺社社员。1930年创办《屏南月刊》，参与编撰《福建通志》，抗战时期进步报纸《东南时报》特约撰稿人。一生著述甚多，主要代表作有：《中国教育史略》、《中国田制史略》、《中国监察史》、《读史随笔》、《中国大赦考》等。徐式圭先生从小聪颖好学。1908年考入福建全闽大学堂。1912年考入私立福建法政学堂政治经济系。1915年毕业后在屏南长桥天宝寺立学任教。1921年赴北京参加文官考试。1924年被推选为屏南县教育会会长。1928年2月25日，创立屏南历史上第一所中学"戊辰中学"，并担任校长，被誉为屏南教育先驱，为发展屏南教育事业作出了积极贡献。

出版社：上海，中华学艺社。

出版年份：1935年。

馆藏：国家图书馆中文图书基藏库。

作品简介：田制一直是影响传统中国发展最关键的经济制度，田制的是否合理与科学，直接关系到普通民众的生存和发展。中国历史上的朝代更替与田制的是否稳定合理存在着直接的关系。一般而言，每个朝代的初期均有一套相对平均的田土分配制度，到了后期都会因为土地资源集中在部分人的手里而爆发农民起义，由此直接引发新一轮的田制变更。本书系统总结了传统中国的田制发展情况，并对相关制度做了比较细致的考察。

对于本书的研究，也与20世纪初的中国革命形势有关，诚如作者所言，"由'平均地权'以至'耕者有其田'是孙中山先生教人实行民生主义或共产主义的一条康庄大道。我们要知道这条路是否可通，先要知道我国古来田制的更变，和在这更变中间所给与社会的影响。我国古代田制，赅括起来，不外井田、限田、均田和人民自由私有各种；而这各种制度的产生，又都和当时的历史背景有密切的关系。"正是在这样的时代背景下，徐先生对传统的田制进行了系统的研究。

本书在结构上主要是按照朝代发展更替来叙述的，其中重点突出了几个在田制上有突破的时代，如周代、汉代、北魏、唐代、宋代、明清两代以及比较有特色的太平天国时期。本书总共分为15章，分别是：第一章“绪论”；第二章“由周以前的土地制度”；第三章“周秦土地制度的演变”；第四章“汉代私有制度的进展”；第五章“晋的田制”；第六章“北魏的均田”；第七章“南北朝田制的互异”；第八章“唐代的田制撮述”；第九章“五代田制的断片”；第十章“宋的田制”；第十一章“辽金的田制”；第十二章“元代田制的因袭和改良”；第十三章“有明的官田民田”；第十四章“清代的官田民田”；第十五章“太平天国的田制”。（余钊飞整理）

第一章 绪论

由“平均地权”以至“耕者有其田”是孙中山先生教人实行民生主义或共产主义的一条康庄大道。我们要知道这条路是否可通，先要知道我国古来田制的更变，和在这更变中间所给与社会的影响。我国古代田制，赅括起来，不外井田、限田、均田和人民自由私有各种；而这各种制度的产生，又都和当时的历史背景有密切的关系。现在我们依照历史的顺序，把他写在后面。

第二章 由周以前的土地制度

第一节 井田的原始传说

周是我国古史的一大转枢：(1) 由石器时代以进至青铜器时代；(2) 由酋长时代以进至封建时代；(3) 由原始共产时代以进至私有财产时代；(4) 由游牧时代以进至农业时代；(5) 由实物经济以进至货币经济时代，中国“数千年如一日”的历史，都成熟在这个时期。其中和民生最有关系的，就是土地制度，儒家所认做黄金时代的中心理想也是这个制度。他的特别名称叫做“井田”，宣传这个制度的，最初是孟子，现在把孟子的话抄在下面，做叙述的基础。

滕文公问为国。孟子曰：“夏后氏五十而贡，殷人七十而助，周人百亩而彻，其实皆什一也。”彻者，彻也；助者，藉也。龙子曰：“治地莫善于助，莫不善于贡。贡者较数岁之中以为常，乐岁粒米狼戾，多取之而不为虐则寡取之；凶年粪其田而不足则必取盈焉。”……诗云：“雨我公田，遂及我私。”惟助为有公田，由此观之，虽周亦助也。

这便是孟子井田运动的初步。过了几天，滕文公又使毕战来问井地，孟子更进一步对他说：“请野九一而助，国中什一使自赋。卿以下必有圭田，圭田五十亩，余夫二十五亩……方里而井。井九百亩。其中为公田，八家皆私百亩，同养公田，公事毕然后敢治私事……此其大略也。若夫润泽之，则在君与子矣！”

照这两段的话，可以知道孟子所说的古制，只是“夏后氏五十而贡，殷人七十而助，周人百亩而彻。”并没有说他是井田，也没有特别提出“井田”这个名目，他的意思，是赞成助法的，所以特地引出龙子的一段话来证明，又引《诗》“雨我公田”做周时也曾行过助法的旁证，总不过为他所主张的助法，刻意宣传罢了。如果他真已知道周初已是行井田的，又何必引用诗经的单词双语来证佐。“方里而井，井九百亩”是孟子“请”滕文公那样做的。换句话说，便是孟子的理想制度。若是“古已有之”孟子只消陈述古制，使滕文公“查照办理可也”，又何必叫他“润泽”呢？“文公与子”也怎配润泽古圣遗制？这个我们只消把心里头的井田传说或成见掉开，单看《孟子》原文原没有不会明白的。有问题的，还是“贡”、“助”、“彻”三个名词的意思。

关于“贡”这名词。有龙子一段话做他的注脚，所以孟子也不再多说。

“助者，藉也”便是藉老百姓的劳力劝他耕种，这也没有多大问题。

只有“彻”字最难解。《说文》“彻，通也”；汉蒯彻也可以避讳作蒯通，这原是异形同义的字。孟子说“彻者，彻也”，照这样用白话来解释，便是“通就是通”，这还成什么话呢？所以费神朱熹先生，替他装舌说：

“周时一夫授田百亩，乡遂用贡法，十夫有沟；都鄙用助法，八家同井。耕则通力而作，收则计亩而分，故谓之彻”。

崔述谓“通其田而耕，通其粟而析之谓之彻”便是原本朱子。

但这样说来，已是现在苏俄的农村集团化了，在《孟子》的原文里，那里找得出根据来？据我的意思，“彻”这一字，该是当时很流行的熟语——也许是“十”和“一”的合音。像现在说二十为“念”，三十为“卅”一样。哀公问救饥的方法，有若只简单地说一个“曷彻乎”。不用什么解释，哀公便早知道，反驳说：“二吾犹不足，如之何其彻也。”以“二”对“彻”这可见彻之为什一，是当时很普遍的话。《诗·公刘》“度其隰原，彻田为粮”也是说取其什一以为税。什一和彻是一而二、二而一的。孟子说“彻者彻也”，便是说“什一是通例的呵”。我们说话的时候，忽然插入一种音训，大概都是利用同音证明他所要的道理，并不注重在义训上，现在通常谈话中间，还有人用这方法。

说起“贡”、“助”、“彻”实质的区分，我以为贡是贡献本色土产，助是帮助些劳力，彻便是不限定本色，可以通用折色，像后代租税一样。这或许是采用货币经济的结果。

至于“五十”、“七十”、“百亩”的差异朱子说是：

夏时一夫受田五十亩，而每夫计其五亩之入以为贡。商人始为井田之制，以六百三十亩之地画为九区，区七十亩，中为公田，外为私田，八家各授一区，但借其力以助耕公田，而不复税其私田。周时一夫受田百亩，乡遂用贡法，十夫有沟，耕则通力而作，收则计亩而分，故谓之彻，其实皆什一者，贡法固以十分之一为常数；惟助法乃是九一，而商制不可考。周制则公田百亩中以二十亩为庐舍，一夫所耕公田实计十亩，通私田百亩为十一分而取其一，盖又轻于十一矣。

这样地解释未免有些牵强。既说“商制不可考”又怎知他是“六百三十亩为一区”？既说“其实皆什一”，又怎样地说周制比什一轻，这都是矛盾的所在。而且夏时一夫受田五十亩，一到商时便要改做七十亩，商时每区七十亩，一到周时又要改做一百亩，变更途畛沟洫，不怕太纷扰了吗？真要同苏眉山所说：“井田成而死者之骨已朽矣。”顾亭林说五十、七十、百亩，不过三代尺度的不同。证之《王制》“古者百亩当今东田百四十六亩三十步”这句话，比朱注近是得多。但这不过都要先认确有井田这事实，总说得通。北齐熊安生说：“夏敌宽简，一夫之地税五十亩；商政稍急，税七十亩；周政繁尽税之。”那便只是免税点的高下不同了——倒也说得过去。

第二节 井田传说的演进

把“井田”二字，特别联合提出的，第一个要算是谷梁氏了。他在《春秋·宣公十五年·初税亩传》里说：

古者三百步为里，名曰井田。井田者九百亩，公田居一。

终竟他只说公田居一，不说公田居中，在划井之中，还具有活动性。此外更有一个韩婴，他在《韩诗外传》里，把井田制度，也说得很具体。他说：

古者八家为井，方里而为井，广三百步长三百步。一里其田成百亩。广一步长一步为一亩；广百步长百步为百亩。八家为领，家得百亩，余夫各得二十五亩。家为公田十，余二十亩共为庐舍，各得二亩半。

这个总算比较前条进步了：(1) 确定田亩的尺度；(2) 发明在公田里挖出二十亩为庐舍的计算法，使孟子“其实什一”的解释得以完满。

再其次便是《周礼》了——《周礼》是汉儒写的，他的出世时代较晚，关于井田制度的设计，也比较详密。

“大司徒凡造都鄙，制其地而封沟之，以其室数制之：不易之地，家百亩；一易之地，家二百亩；再易之地，家三百亩。”——《地官》

“小司徒乃经土地而井牧其田野，九夫为井，四井为邑，四邑为丘，丘为甸，四甸为县，四县为都，以任地事而令贡赋。”——《地官》

“遂人辨其野之士，上地、中地、下地，以颁田里。上地，夫一廛，田百亩，莱五十亩，余夫亦如之；中地，夫一廛，田百亩，莱百亩，余夫亦如之；下地，夫一廛，田百亩，莱二百亩，余夫亦如之。凡治野：夫间有遂，遂上有径；十夫有沟，沟上有畛；百夫有洫，洫上有涂；千夫有浍，浍上有道；万夫有川，川上有路，以达于畿。”——《地官》

这里有互相抵触，足够启人疑窦的两点：

(一) 大司徒颁地，上地家百亩，遂人辨野，上地夫一廛，田百亩，莱五十亩，平白增加了五十亩的莱田。

(二) 大司徒的井田以九为数，其法用四进；遂人的沟洫以十为数，其法用十进。

因此便有郑康成“畿内用贡，税夫无公田；邦国用助，制公田不税夫”的解释，把他俩分开——朱子乡遂用贡，十夫有沟，都鄙用助，百夫同井，便是蓝本郑说——又有了永嘉诸儒的“遂人十夫有沟，是以一直度之，以方度之则方里之地所容九夫。”又把他俩调和在一起。

再其次，叙述井田的，便是班固的《食货志》，他说：

理民之道，地著为本，故必建步立亩，正其经界。五尺为步。步百为亩，亩百为夫，夫三为屋，屋三为井。井方一里，是为九夫，八家共之，各受私田百亩。公田十亩。是八百八十亩，余二十亩为庐舍……民受田：上田夫百亩，中田夫二百亩，下田夫三百亩……农户人已受田，其家众男为余夫，亦以口受田，如比。士工商家受田，五口乃当农夫一人……民年二十受田。六十归田。

这可算是集诸家之大成了，但把他和《谷梁传》、《韩诗外传》比较一下，却有不同的两点：

（一）谷梁是三百步为亩；班固是步百为亩，亩百为夫，井方一里，是为九夫。

（二）韩诗是广一步长一步为亩，班固是步百为亩。

关于第一点，我以为只是计算方法的不同：

班固步百为亩，是一个平方亩，每边应长十步；百亩为夫，每边应长百步；夫三为屋，成功一个长方形，长的一边恰三百步。谷梁说的，是单指井的一边而言。

关于第二点，我以为是韩诗的错误：

按平方计算，面积以一百万为级，边长以一十百为级。倘亩仅长一步广一步，那么百亩便只长十步广十步了。韩诗一方面承认广百步长百步为百亩，一方面又说亩长一步广一步，这是数理上的错误。

现在再把各家所说的同异，列成一表：

内容同异 书别 / 项别	《孟子》	《谷梁传》	《韩诗外传》	《周礼》	《食货志》
井的广开	方里而井	三百步为里，名曰井田	方里而为井		
井的亩数	井九百亩	井田者九百亩	一里其田九百亩		亩百为夫，夫三为屋，屋三为井，井方一里是为九夫
井的组织	八家（同井）		八家为邻	九夫为井	八家共（井）
亩的尺度			广一步长一步为亩，广百步长百步为百亩		六尺为步，百步为亩
公田位置	中为公田	公田居一	中田（居中）		
公田设备			二十亩为庐舍		二十亩为庐舍
公田作法	八家同养公田		（各耕）公田十亩		（各耕）公田十亩
受田数目	（一夫受田百亩）		家得百亩		各受私田百亩
田的等级				不易之地家百亩，一易之地家二百亩，再易之地家三百亩	上田，夫百亩；中田，夫二百亩；下田，夫三百亩

续前表

内容同异 书别 项别	《孟子》	《谷梁传》	《韩诗外传》	《周礼》	《食货志》
户的等级	余夫二十五亩		余夫二十五亩	余夫亦如之（百亩）	余夫亦以口受田如比
田的还受					二十受田，六十归田

第三节　井田的基本条件

上面各种学说，虽然把井田说得煞有介事了。但我们要知道古代井田的真相，有两个条件可不加研究：一是人口，二是土地。

（一）关于周前之人口问题，《三通考》说：

夏禹平水土为州，人口千三百五十五万三千九百二十三。涂之会，诸侯执玉帛者万国；及其衰也，诸侯相兼。逮汤受命，其能存者三千余国。周武王定天下，列五等之封，凡千七百七十三国，人众之损亦如之。周公相成王，致理刑措，人口千三百七十万四千九百二十三。

我们根据这个，简单列成一表：

夏初　一三，五五三，九二三人

殷末周初七，六八O，五五六人（假定夏商没有大变，更据“汤三千国武王千七百七十三国，人众之损亦如之”那句话拟定如上）。

周成王时　一三，七O四，九二三人

这个是否可靠，无可证明。不过《汉书·地理志》各郡人口统计为五七，O三八，九五九，则周时只有他的四分之一，似乎未免太小。

（二）关于周前的土地问题，《汉书·地理志》里说：

昔在黄帝方制万里，书野分州，得百里之国万区……尧遭洪水，天下分绝为十二州，使禹治之，水势既平，更制九州……殷因于夏，无所改变。

这些只是个很笼统的话，不够说明当时的土地状况，不如《王制》里所说周时的疆域比较详细——虽然他被人说是伪书。他说：

自恒山至于南河千里而近，自南河至于江千里而近，自江至于衡山千里而遥，自东河至于东海千里而遥，自东河至于西河千里而近，自西河至于流沙千里而遥，西不尽流沙，南不尽衡山，东不尽东海，北不尽恒山。凡四海之内，断长补短，方三千里，为田八十万亿一万亿亩。（东河即旧河道，在今山西省东，南河即今山西省南之黄河，西河即今山西省西之黄河）。

方三千里便可以有田八十万亿亩吗？古代之尺度和顷亩，虽然难以明白，但用现在的情形来比例：中国面积说是三千四百十四万方里，除去边外三分之二，内地面积总有一千一百四十八余万方里。然而田亩的统计，据民国五年农商部调查只有一十五万零九百九十七万四千六百一十亩。换句话说，便是每方里平均一百三十余亩，一千万方里不过平均十三万一千余万亩。为什么方三千里之地，可以得到八十万亿亩的田地呢？这是一个问题。

就说方三千里的话是错误的。然而用现在的地理说明，当时的疆域当不外河南、山西、河北和陕西的一部。河北、山西的北部，便是古之北狄，陕西的大部分还是西戎，黄河的下游是东夷，长江的中部是荆蛮，淮河流域还是淮徐两夷的根据地，他的疆域不及现在内地三分之一，为什么田亩数目反达到现在的六倍左右呢？这又是一个问题。

第四节　井田的实在性

照上面逐层的推论，似乎豆腐块的井田制，在施行上有些不可能了。但周前原始共产制的存在，却又不容否认。古初渔猎时代，土地的需求不大，因而占地私有之念也无从产生。由渔猎进到游牧，富有水草的天然牧场，比较难得，因而占地私有之念也渐强。但游牧生活，常是队群生活。队群的结合，自有他的天然条件，这就是部落的起源了。主持部落的是酋长，同时也就是氏族之长，对于他的部内有支配之权。待到游牧进化至农业，土地的重要性急速增加了，而在农法的便利上又非“耕者有其田”不能充分发展。但当时的政制是部落形成的；封建土地的支配权力，当然也由封建主享有因而分配给部内的人民。这便是土地私有公用的共产制了。这时部落内的公共费用也由部内分担。不过在经济关系末成立以前，资财就是劳力，对于公家的供给，也只是劳力一种。“助者，藉也”，藉民力的耕种以给公用，这可算是原始的赋税制度。孟子把助法置在贡法后面，未免有些时代的错误。

但是当时既把土地开放给人民享用，便不得不保留些公产自己使用，这便是公田。《诗经》里关系这一类的话！

（一）雨我公田，遂及我私——《大田》

（二）播厥百谷，骏发尔私——《噫嘻》

（三）中田有庐——《信南山》

（四）贡私其豵；献豜于公——《七月》

除“雨我公田”前已说过外。“骏发尔私”，《毛传》“私，民田也，言上欲富其民而让于下，欲民之大发其私田耳。”这诗时代较晚，好像是公田制度将要崩坏的情形。“中田有庐”是韩婴推定古代井田制的惟一证据中田就是井田当中的公田。庐就是耕农在那里暂住的田厂。“言私其豵”这可以证明古时不但田事有助，连狩猎也是由人民供给了。

由上头种种方面归结起来，可以知道古代的田，并不一定一律划成井字；但公田私田之别确是有的。井田便是划田，井字要活看。这个就是主张“八家同井”的朱熹，他在《语类》里也承认了。里头说：

“先生与曹兄论井田曰：天下安有个王畿千里之地，将康成图来安顿于上？今看古地如丰镐皆在山谷之间；洛邑伊阙之地亦多是小溪洞，不知如何措置？”

这大概是他的晚年定论吧？比在《孟子》注里所说，要高明得多。

第十五章 太平天国的田制

太平天国的田制，略见《天朝田亩制度》一书，他把田亩依照土质分做九等：

品级 上上田 上中田 上下田 中上田 中中田 中下田 下上田 下中田 下下田

每亩早晚二季产出量 一千二百亩 一千一百亩 一千亩 九百亩 八百亩 七百亩 六百亩 五百亩 四百亩

各田的比较 一亩一分当上上田一亩 一亩二分当上上田一亩 一亩三分五厘当上上田一亩

一亩五分当上上田一亩 一亩七分五厘当上上田一亩 二亩当上上田一亩 二亩四分当上上田一亩 三亩当上上田一亩

他的分田方法，是把户口做单位，不分男女一律平等。所以同书里说：

“凡分田照人口不论男妇，算其家人口多寡；人多则分多，人寡则分寡，杂以九等。”他的受田资格，是把年龄做等级，不把年龄做界限；所以同书又说：

“男妇每人自十六岁以上受田多逾十五岁以下者一半。如十六岁以上分上上田一亩，则十五岁以下减其半，分上上田五分”。

他的受田数目，没有定额，要看实际多寡比例匀分，所以同书又说：

“如一家六人，分三人好田，三人丑田，好丑各半”。

又说：

“凡天下田天下人同耕，此处不足则迁彼处，彼处不足则迁此处”。

又说：

“凡天下田丰荒相通，此处荒则移彼丰处以赈此荒处；彼处荒则移此丰处以赈彼荒处”。务要达到“有田同耕，有饭同食，有衣同穿，有钱同使，无处不均匀，无人不饱暖”的目的才止。但他也不只这样就够了。还要：

“凡天下树墙下以桑，妇皆蚕织缝衣裳。凡天下每家五母鸡二母彘，无失其时”。

他还注意各种副业，如果农民有不遵守的，便：

“凡二十五家力农者有赏，惰农者有罚”。

为什么要说二十五家呢？原来他的农村组织，是：

“凡二十五家设国库一，礼拜堂一，两司马居之。凡二十五家所有婚娶、弥月、喜事，俱用国库，但有限式，不得多用一钱。如一家有婚娶、弥月、喜事，给钱一千，谷一百介，通天下皆一式，总要用之有节，以备兵荒”。

如果二十五家有争讼时候，便告诉两司马，不服，告诉卒长、旅帅、帅帅、军帅。

但二十五家受田之后，对于天国也不是没有义务的。

“凡当收成时，两司马督伍长，除足其二十五家每人所食可接新谷外，余则归国库。凡麦、豆、麻、布、帛、鸡、犬、银、钱，亦然……司马存其钱谷于簿，上其数于典田谷典出入。”

潘树藩

中华民国宪法史

作者简介

潘树藩（1906—?），字字凡，浙江省吴兴县人。上海光华大学毕业，美国航空法研究院的研究生。毕业后历任上海光华大学、沪江大学等教授。历任军政部航空学校教官、《时事新报》的《军事与国防》主编、《空军》专任编辑、《航空杂志》特约记者、中央航空学校顾问处秘书兼图书馆长等职。是文化学会、中国文化建设协会、航空工程研究会等会会员。主要著作有《中华民国宪法史》（商务印书馆，1935）、《航空法大要》（商务印书馆，1934）、《最近各国航空事业》等。

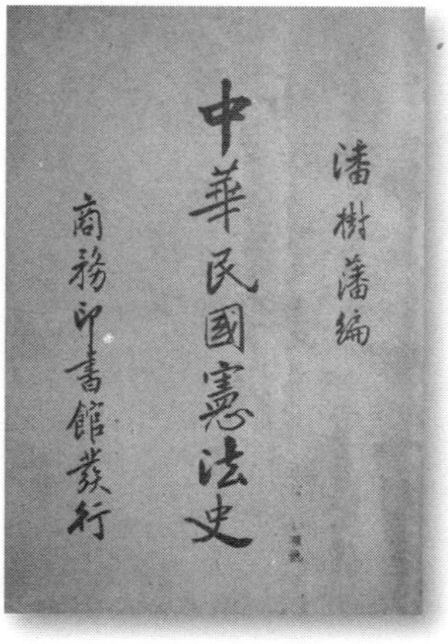

出版社：上海，商务印书馆。

出版年份：1935 年。

馆藏：中国人民大学图书馆旧平装书室。

作品简介：该部《中华民国宪法史》共十二章。第一章绪论旨在考察民国前宪法之历史，开篇点道，“我国成文宪法，古无明征”。自有载籍以来，虽然一些条目形似近代意义之成文宪法，实则精神殊异。成文宪法运动肇始于清末。从第二章开始，作者大致以制宪活动为主线，按成文宪法及宪法性文件起草和颁布的顺序介绍民国宪法发展史。首先讲述的是民国临时政府组织大纲时期。第三至七章分别叙述临时约法时期、天坛宪法草案时期、袁世凯新约法时期、临时约法复活时期及西南护法议宪时期的制宪活动。从题目即可看出，在这一段时期，制宪之路并不顺畅。第八章内容涉及联省自治时期，自民国初期，我国应实行联邦制抑或邦联制的讨论就不绝于耳，至此达到顶峰，各省独立制宪一时风行于世。第九章和第十章论述曹锟宪法完成时期和段祺瑞临时执政时期的制宪活动。第十一章从国民政府组织法的变迁、关于约法的言论、中华民国约法草案和中华民国训政时期约法四个方面，论述中华民国割政时期约法前后时期的制宪活动。最后一章为立法院公布中华民国宪法草案之时期，作者从舆论和制宪经过两个方面，按照宪政先声、宪法初稿起草时期、一般舆论、宪法初稿修正案、三读通过的宪法草案的顺序记录这一段历史。

该书对民国以来的制宪史和行宪史进行梳理和评价，将法史学研究方法与宪法解释学的方法结合使用，勾画出一部生动的中华民国宪法史。(于游整理)

自序

近代国家，不论为单一国或联邦国，不论其为□□（原书印刷不清——编者按）君主政治或民主政治，没有一国没有宪法的。假使没有宪法，则国体与政体，均无由确定，政府既无施政的张本，国民也乏遵循的目标，势必沦为无组织无政治的国家了。

然而，宪法果系国家的根本法，但在制订宪法时，必须依据历史的背景及社会的环境，断不容徒事抄袭他国的宪法，或东窃西剽，就可据为己有的。盖甲国与乙国各有其历史的背景与社会的环境，决没有两个国家完全相同者。惟其如此，所以一国应有一国的宪法了。若美利坚合众国的成文宪法，果为治宪法学者所称道，而英吉利的不成文宪法，也为治宪法学者所乐为研究的。但前者是美国的宪法，后者为英国的宪法，其宪法条件与精神，容或有为他国可以借镜之处，然决不能生吞活剥的把它完全搬移来应用的。

讲到中国的宪法史，虽到现在有一种《中华民国宪法草案》，然自民元的《临时约法》起，到国民政府立法院公布的《宪法草案》止，宪法的制定，却已多至十次左右了。过去的宪法或约法，究竟适合于我国与否？在这本《中华民国宪法史》内，编者均略加批判，俾一般治宪法及政治学者，便以相互参研，明其得失；而以国民政府公布的《训政时期约法》及《中华民国宪法草案》，则论述较详，其所以然者，实系此二者和从前种种，均不相同。因从前的大都侧重于国体与政体的厘订，而于国家经济的发展，国民生计的培养，均略而不议，这显然是一种很大的缺点。并且，《训政时期约法》和《宪法草案》即为宪政时期制定宪法的张本，故其关系于将来的宪法极大，更不是我们所该忽略的了。因此，我于是书中，不惮其烦的尽量介绍与叙述。

末了，应该附带声明的，编者在着手编著此书时及编完以后，得杨球熙女士、徐传保先生、陈逸凡先生、楼桐孙先生等的指正与帮助不少，谨志感谢。

民国二十三年四月一日潘树藩自序于上海旅次

第一章　绪论

我国成文宪法，古无明征。汉刘邦初入咸阳，约法三章；唐李渊入关，约法十二条。这二种约法，在形式上虽似近代成文宪法，而实质则非。因为近代所谓宪法者，乃一般国民向主治者要求自由之权利与幸福，出于自动，而非被动，并不是一二英豪，乘时崛起，为牢笼天下人心计，而颁布的那些约法所可比拟。唐李乾佑谏李世民曰："法令者，陛下制之于上，率土遵之于下，与天下共之，非陛下独有者。"按法令与天下共非一人独有这句话，确是说得中理。然所谓陛下制之于上，率土遵之于下，却不是今日宪法的要义。大都宪法乃是由人民或人民的代表公议之，非可一人独断者。统观我国自有载籍以来，虽不少足与宪法为义理比附的法文，然实质精神，则殊迥异。因数千年来，我国国家组织，政治现象，都是牺牲多数人的权利与幸福，以供奉一人。此一人者，受多数人权利幸福的供奉，既不觉得惭愧，而且视为当然的事；同时多数人甘心以其权利幸福供奉于一人，亦视为当然，毫无怨恨的表示。所以那时代的所谓法者，不过是以一人之权利幸福为主体，不是以多数人之权利幸福为主体，哪里可以和近代宪法并列而论呢！

近代世界各国，莫不有宪法。虽宪法成立的历史各异，或国体构造有所不同，然宪法实质上，离不了国体政体的规定，国家各机关的组织及其权限的规定，人民对于国家权利义务的规定等等。自一二一五年英国大宪章（The Magna Charter）迄于最近各国宪法，其间孕涵精义，虽日在进化中，然大要不过在扩充人民权利幸福罢了。

我国成文宪法运动的动机，可以说是在清朝末叶。一九〇〇年义和团事件发生，清政府赔偿各国联军兵费四万万五千万两，大沽及北京渤海间炮台，尽行撤毁，北京使馆准设办防御工程，北京通海之途中议定地点，准驻扎外兵。人民受此大辱以后，就渐渐醒悟起来，极力提倡政治的改革。当时适袁世凯坐镇北洋，参与朝政，极力提倡改革。就是反对新政的西太后亦为时势所迫，无可如何。到一九〇四年，日俄战争发生。未及一年，俄国大败，而订《朴斯茅条约》（Treaty of Portsmouth）。这次战争，关于东西黄白两人种的屈伸自然有很大的影响，就是在政治上，也使人对于立宪自由，增加一层新信仰。日本的立宪政治，虽然还不曾得到真正的民权自由，但是他施行钦定宪法没有多年，便以区区三岛，打败一个庞大的专制的中国，再过十年，又打败一个庞大的专制的俄国；于是大家相信“立宪”两字，是确有强国的效力了，仿佛一纸宪法，便可抵百万雄兵，中日与日俄的两次战争，便是最明白的证据。在戊戌以前，还有人说：“今人动言日本变法，骤致富强，不知日本幸遇我惜兵爱民之中国耳。向使以区区三岛，抗行于穷兵黩武之俄法间，吾知成败之数且有不可逆睹者矣。又使中国虽败，而陆战持久终不言和，则胜败兵家之常，亦不知鹿死谁手矣。”这话的意思，以为日本战胜中国，不是因变法战胜的，假若他和俄国或法国战也能取胜，就相信变法的效力了。现在公然战胜俄国了，于是反对变法立宪的人，也没得话说了。俄国的人民也暴动起来了；俄国的政府，也有立宪的表示了；中国还可独居为专制国么？当日俄和议尚未成立的时候，江苏的新党名士张謇便作书去怂恿袁世凯，要他主张立宪，书中说：“……公今揽天下重兵，肩天下重任，宜与国家有死生休戚之谊。顾亦知国家之危，非夫甲午庚子所得比方乎？不变政体，枝枝节节之补救无益也。不及此日俄全局未定之先，求变政体而为揖让救焚之迂图无及也……日俄之胜负，立宪专制之胜负也。今全球完全专制之国谁乎？一专制当众立宪尚可幸乎？……日本伊藤板垣诸人，共成宪法，巍然成尊主庇民之大绩，特命好耳。论公之才，岂必在彼诸人之下，即下走自问志气，亦必不在诸人下也……”袁世凯对于张謇的话，颇有感动。孙宝琦在驻法公使任内，也以立宪的意思向政府奏请。国内南部的老新党名士，大部分都受了梁启超的言论影响，此倡彼和，于是二三疆吏，也相率建议立宪；中枢诸亲贵，也知道立宪两字是无可反对的了。同年七月，清政府遂派载泽、戴鸿慈、徐世昌、绍英、端方五大臣出洋，考察日、英、法、德、奥、意、俄、美、比九国政治。五大臣将出发的时候，革命党在北京车站投炸弹。徐世昌、绍英遇炸后，不果行，改派李盛铎、尚其亨二人。五大臣到了日本以后，即上书清政府，极力称扬日本的立宪政体，以为日本所行的立宪政体是根据于欧洲的宪法，经过详细的研究和几次的修改，然后有这样的完备。同时又有清政府驻在外国的各公使，联名上奏，谓立宪是君主和人民共利的事，并且论到地方自治的必要，集会、言论、出版的不可不自由，最后又述海外各国的大势和清国危险的理由，这是一九〇六年四月的事。到了七八月的时候，五大臣先后归国。端方以为宜仿效日本维新的例先宣布六条誓文。载泽以为欲防革命的危机，除立宪之外，没有别的方法。因五大臣的报告，清政府就于同年九月发表预备立宪的上谕。这上谕如下：

“我朝开国以来，列圣相承，谟烈昭垂，因时损益，无不为宪典。现在各国交通，政治法度，皆有彼此相因之势。而我国之政令，积久相仍，日处阽危，忧患迫切，非广求智识更订法则，则上无以承祖宗缔造之心，下无以慰臣庶治平之望。是以前派大臣，分赴各国，考查政治。现载泽等回国陈奏，皆谓国势之不振，实因上下相朦，内外隔阂，官不知所以保民，民不知所以卫国，而各国之所以富强者，实因共遵宪法，取决公论。军民一体，呼吸相通，博采众长，明定权限。是以筹备财用，经画政务，无不公之黎庶。又兼各国相师，变通尽利，政通民和，所以有由来也。时至今日，惟有及时详晰甄核，仿行宪法，大权统之朝廷，庶政公之舆论，以立国家万年有道之基耳。但目前，规制未备，民智未开，若操切从事，徒饰空文，何以对国民而昭大信。故廓清积弊，明定责成，必自官制入手，亟应先将官制分别议定，次第更张。并将各项法律，详慎厘订。而又广兴教育，清理财政，整顿武备，普设巡警。绅民明晰国政，以预备立宪之基础。内外臣工，切实振兴，以力求立宪之成效，待数年之后，规模粗具，查看情形，参用各国之成法，妥议立宪实行之期限，再行宣布天下。视进步之迟速，定期之远近。著各省将军督抚，晓谕士庶人等，发愤为学，各明忠君爱国之义，与合群进化之理。勿以私见害公益，勿以小忿败大谋。尊崇秩序，保守和平，以预备立宪国民之资格，有厚望焉。将此通谕知之。”这一条上谕通晓于全国后，中央即宣示厘定官制。内阁、军机处、外务部、吏部、学部，均仍旧。其余或仅更换名称，或稍有分并；如巡警部改为民政部，户部改为度支部，兵部改为陆军部，大理寺改为大理院，商部改为农工商部，太常、光禄、鸿胪三寺并入礼部，理藩院改为理藩部，新设邮传部，政务处改为会议政务处，都察院改为都御史等等。凡此种种，充其量不过是粉饰外观之具，对于政制基本，并没有更新的地方。然当时满洲人之中，还有一部分都不愿意把大权让出来，以为立宪只不过是汉人推翻满人的方法，极力想从中破坏。所以第一次中央官制改革案，竟为铁良等所破坏，变成一种有名无实的更张。以后虽则又派达寿、于式枚、汪大燮三人到日、英、德三国考察宪政，设立资政院，为中央议会的基础，设立谘议局，为地方议会的基础。不过这种种筹备总不能满人民的希望。西太后的胸中总以为立宪只不过是汉人的政治，只不过是满洲朝廷灭亡的方法，又加以当时改革的结果，产生所谓满族内阁，所谓皇族内阁，人民看破这种虚伪情形，哪能满意，所以要求立宪的声浪一天高似一天。以后达寿自日本归来，极力疏通立宪，清政府乃于一九〇八年六月，先颁行《各省谘议局章程》及《议员选举法》。谘议局的主要职权，在于议决本省财政收支，及本省对中央担任之义务，可谓筹办资政院的初步。同年八月，奕劻等奏进《宪法大纲》及《议院法选举法要领》。二十七日正式明令宣布《宪法大纲》。《宪法大纲》的内容，分为两大部：（一）关于君主大权各条；（二）关于臣民权利各条。大部分都是抄袭《日本宪法》而来。关于君主的大权，比日本天皇更无限制，只可算是保障君权的宪法，于国民丝毫没有利益。

《宪法大纲》虽经颁布，可是预备期定为十年，未免太长。那时人民的代表都接踵到北京请愿，要求缩短年限，甚至有断指割臂，誓期成功。清政府仍拿几句官样文章，如“国家至重，宪法至繁，缓急先后之间，为治乱安危所系。壮往则有悔，虑始则获全”等话来敷衍。

一九〇九年七月，清政府因欲预立上下议院之基础，颁布《资政院章程》。议员共二百人，半由君上任命，半由各省谘议局选派，以讨论财政、预算、国库收支，及由君上提出之各种议案为职；对于内阁有质问及弹劾权，且有最高权以裁判各省谘议局与总督，或巡抚行政事务以外之争端。一九一〇年八月，召集第一次资政院议会，开会的结果，决议即请钦颁宪法，同时缩改十年预备为七年，实行召集国会。特派溥伦、载泽为纂拟宪法大臣，按照《钦定宪法大纲》，迅速拟定宪法条文。一九一一年四月，颁布内阁官制，设立内阁，以奕劻为总理大臣。不料于同年八月，武昌革命军起，各省民军一时四应，相继独立。清政府才手足无所措，于是下罪己诏，弛党禁，谕将宪法交资政院协赞，罢亲贵奕劻等，授袁世凯为内阁总理大臣，并谕令将督师应办各事，略为布置，即来京组织完全内阁。不过在罪己诏内还称“巩我万世一系皇基，宪法问题，令溥伦等迅拟条文，敬遵《钦定宪法大纲》”，并有交资政院审议，俟朕钦定的明文，要想保持君主固有的权利。到了滦州统制张绍曾与协统蓝天蔚军队变乱，清政府实在不得不极力让步，顺从民意，宣布宪法重大信条十九条，把君上权力，大加减削。此十九信条虽仍载着“皇帝神圣不可侵犯”，他的权利，却以宪法规定者为限。宪法不由钦定而“由资政院起草议决，皇帝布之”。论者谓此十九信条，若能早十年宣布实行。清廷或不致骤灭灭亡，可惜颁布的期间太晚了。

自从民国成立以来，政变十余次，根本大法一再而屡易，横行全国的武人，日寻干戈，互相残杀外侮频来，尚不能弭阋墙之争。国计民生，臻至绝境。自今岁国民会议开会，通过《中华民国训政时期约法》，深望政府从今以往，谨守约法，全国人民拥护约法，实现国利民福的大计，渐次努力完成“宪政时期”的工作，以达法治目的。此文乃述叙民元迄今，其间根本大法的兴废变迁之经过情形及其内容，并论其得失，这不过引起同好者研究的兴趣罢了。

本章重要参考书

一、吴宗慈——《中华民国宪法史》前编

二、张慰慈——《政治学大纲》第十八章

三、李剑农——《最近三十年中国政治史》第三章
四、梁启超——《戊戌政变记》
五、李泰棻——《中国近百年史》第一编第四篇第九章
六、高博彦——《中国近百年史纲要》第二编
七、但寿——《清朝全史》下册第八十三、八十四两章
八、汪荣宝等——《清史讲义》下册第三十七章
九、谷钟秀——《开国史》第二编
十、商务印书馆——《光绪新法令》

第八章　联省自治运动时期

联省自治运动（简称联治运动），是在民国九年的时候，发端于湖南及东南各省。可是这种思想，却老早就发生了。在未曾叙述联治的实际运动之前，先把联治思想的由来，记述一下。早在晚清维新运动时代，无论康有为、梁启超等的立宪派，和中山先生的革命派，他们的主张，即有将来须仿效联邦制度的观念。到辛亥革命时，这种仿效联邦制的思想尤为显著；山东宣布独立时，谘议局向清廷提出八条，其最后四条说：“（五）宪法须注明中国为联邦政体外；（六）官制地方税皆由本省自定，政府不得干涉；（七）谘议局章程即为本省宪法，得自由改定之；（八）本省有练兵保卫之自由”。革命临时政府组织的发起，明白地说：“美利坚合众国之制，当为吾国他日之模范；”代表的选派，以省区为单位；临时政府组织大纲由省区代表制定通过；临时总统的选举投票，每省且以一票为限；可见联邦思想在革命时的势力。

同时在社会上赞成采用普鲁士联邦制的议论，在民国初年省制问题发生的时候，已有所闻。《东方杂志》记者伧父君，于民国元年九月一日，在他的《论省制及省官制》那篇文章里，说：“我国既以省为地方最大区划，则于大陆方法中采用普之州制，于学理最为适当。至就习性而论，则从来之行省制度，亦颇与普之州制相合。盖总督、巡抚本为元代中书省之遗制。总督即行中书省之丞相，巡抚即行中书省之左右丞也……”

民四的时候，章行严等，亦极鼓吹联邦的制度。他在《学理上之联邦论》一文中，说：“近顷以来，统一之失，日益彰明。智者发策以虑难，贤者虚衷而求治，恍若联邦之制，行之有道，容足奠民生于安利，拯国命于纷纭。”章先生联邦的主张，有许多根据。他以为政论家持论，不必求例。如果理由充足，即可从正面发议，因为政理是相对的，不像物理是绝对的。所以我们组织联邦，如果合于理由，就可进行。不必效美、德各国的成例，先有邦而后有国。他复引柏哲士（Burgess）的话：“所谓联邦云者，亦两种政府立于同一萨威棱贴（主权）之下云耳。所以邦非国家，与地方团体相较，只有权力程度之差，而无根本原则之异。”“实行联邦，不必革命。所需者舆论之力而已。”这是他所主张的要点。辛亥革

命时，他以为中国有机会可以组织联邦，而卒不成，恰似法国一七八九年和一八七一年两役，“不仅有联邦之机，而且有联邦之事。”两者不成，皆因为没有舆论力所致。因此他引麦克支李（Mekechnie）之论曰：“不列颠各岛之行联邦制，仍属未来之事。何也？以舆论之未熟也。”他的政理是相对而非绝对的逻辑，固足打破武断政治问题的妄谬。但他同时也不能用这种逻辑，以保持组织联邦的学理，于是引起潘力山等的反驳。此外，如张东荪在《中华杂志》第七号发表《地方制度之终极观》一文，主张采联邦自治的精神，而不取联邦的名义；丁世峄接着又在《中华杂志》第九号发表一篇《民国国是论》，说中国的国基在于各省，犹美国的国基在于各州，主张在宪法上将中央与各省的权限划清。

民国十一年九月，上海《太平洋杂志》，出了一期《联省自治号》。在那期杂志中，李剑农先生有一篇文章，讨论民国统一问题。李先生先痛言武力不足统一中国。袁世凯及段祺瑞的失败，可为明证。至于空说废督裁兵，必无见效，至好不过把督军的名称换为督办或总司令。所以惟有因势利导，采取联邦制度，把中央政府和各省的权限，分别清楚，然后可以有为。至于旧国会如果不能负制定宪法的责任，中央政府的宪法草案，可先由联省省议会议定。再提交付国会，依合法的形式通过。同时杨瑞六先生谓“联省自治主义于中国政局之将来，确有良好之希望。因为联省自治，（一）可以助长人民参政之智能；（二）可以阻遏野心家之专擅；并（三）为今日实行统一之比较的和平方法。”联邦制适合于中国国情，自唐德昌先生看来，有五个理由：（一）中国疆域太大，且交通阻滞，开发实业，以采取联邦制度为最宜；（二）中国人口繁多，参政的机会太少，可以联邦制救之；（三）中国历史上的省区，和联邦各国的邦相似；（四）联邦制可除满清复辟的祸根；（五）欲使中国交通便利，教育普及，亦非采联邦制不为功。在上海日报中，《中华新报》主张联省自治，最为明显。该报记者观察事实，以为现存自治的省，不特不取中央财产上的补助，且能把一份政权，交给中央政府，由此足□（原书印刷不清——编者按）出联省自治的利益。民国十一年十一月五日，该报星期专论载有陈茹玄先生所著的《集权制度与分权制度》一文，陈先生说：“我国……土地辽广，人口众多，智识程度，各处不同。语言习惯，因地而异。今以一中央政府，巍然独裁于上……其结果……（一）中央将成全国政客之战场，且将疲于监督之责任，与任命之手续；（二）各省官吏无久任之希望，非若民选者之可冀重选；（三）各省大吏既对于中央负责，与民选省会必难协同动作。”因为此等理由，陈先生赞成联省自治。有署名武陵陈强者，著一小册，名曰《联省自治及联省制之我见》，分送各处，鼓吹联省自治。书中有一处从中国财政状况立论，颇堪注意。他说：“今略举所知者言之。广东、四川财政，每年之收入，约二千万元。江苏、浙江、湖北、湖南、直隶每年约一千万元以上。湖南、江西、福建、安徽、山东、山西……约一千万元上下。云南、贵州、广西、甘肃、新疆……约四五百万元不等。各省财政之相差如此，政治自不能一律。所以必须采取联省自治制度。”高一涵先生，以为省既为创造中央政府的基础，省的势力，必须增加。按照联邦国先有邦后有国的例，也可说得过去。故所定的国宪，必充满联邦制的精神。所以他主张中央的宪法上边，只能规定国权与省权的分配，不得由中央代各省去规定省制。各省制要让各省自制宪法规定。高先生也赞成联省自治的制度。他又主张中央政府的权限，采取列举主义。各省的权限，取概括主义。换句话说，就是凡不在中央政府权限之列的一切权限，一律为各省所有。联邦制或联省自治制似为多数北京教授所赞成。十一年八月十三日，北京《努力周报》中，载有胡适之先生论吴佩孚与联省自治一文，文中说联邦并不妨害统一。他以为现在宪法的争点，是“哪儿部分的权限应归中央，哪儿部分的权限应该归各省。当年美国‘费府会议’，哈米顿（Hamilton）和佛兰克林（Franklin），正应该期望他们早早解决这个问题，明定中央与各省的权限，使将来的中央政权，确为各省公认为不可少的总机关，使将来的各省，确为一个统一国家的自治省，而不敢侵犯中央的权限”。这就是各家对于联治运动的主张。

民国九年，实力派的份子，如赵恒惕、卢永祥、陈炯明、唐继尧等，看到南北两方，都没有一种可以统一全国的力量，不如采用联邦制，换句话讲，实行联省自治。他们都拍电报，通告全国，赞成联治，其中说得最详尽的要算赵恒惕的通电，说：“慨自约法中断，海内骚然。相演相推，罔知所届。自法统恢复之义起，国会依法自由集会，法不可毁，始乃大白。……年来变乱频仍，皆由军阀弄兵，攘权据地。……若欲跻国家于永久安全之域，则在策立根本大法。夷考世界各国之组织，大别不外单一联邦两式。集权于中央，划分地方为行权区域，此单一式之大较，若法若日本等是也。保留事权于本邦，酌划一部，让与联合国之政府，此联邦式之大较，若美若德等国是也。我国本单一国家，惟地广民稠，气殊俗异；加以疆区圻大，决非纯粹单一组织所能致治。但省区究为国之所有版图，若强拟为邦州之列，亦不免有削足就履之嫌……以为权治法度，由历史而观察，由事实而演进，斟酌先例，审度国情，惟有建立联邦制之单一国；则疆土虽大，中央无鞭长莫及之忧；事权虽分，地方无强权割扰之虑。对内对外，运用裕如现国会自由集会，应时势之要求……首在完成国宪，并予各省以自由制宪之权，或纳入省宪大纲于国宪之中。……省宪成立，则自治实施，正所以杜权利之争，弭割据之弊。反是又有怀疑统一，足以妨害自治者，度亦鉴于前此之局势而然。实则法统恢复，倘全国彻悟联省自治之必要，中枢起为统系之倡导，使各省制宪及时勃兴，更可收事半功倍之效。……”自从赵氏尽力鼓吹后，于同年十一月，湖南省政府首先宣言自治，着手制宪，先由省议会通过《湖南制定省自治根本法筹备章程》。依此章程所定的制宪程序：（一）起草，由省政府聘请具有专门学识及经验者十三人，组织起草委员会担任，对于草案内容如何，政府当局概不过问；（二）审查，由湖南各县人民选举代表一百五十余人，组织审查委员会，审查已定之草案，并有修正权；（三）复决，经审查委员会审查修正后，交由全省公民总投票复决，复决后公布施行。这种制宪程序的形式，算是很严重，并且很有民主的精神；但是因为一般人民的智识太幼稚，复决不过是一种形式。审查委员会，对于草案既有修正权，所以宪草的适宜与否，全视审查委员会的组织适宜与否以为断。筹备章程公布后，依章程所定的程序进行，于十年三月二十日，起草委员会在岳麓书院正式开会；四月中草案完成。四月二十二日，审查委员会开谈话会，制定审查规则，自此继续开预备审查会，开了三个多月，茫无头绪。及至援鄂战争，湘军的败耗传来，恐怕湖南再受北军的宰割，经自治筹备处主任，向审查会百计疏通，始于八月后旬，将草案糊涂修正，草草通过审查委员会。十一月经过公民总投票的程序，于十一年一月一日公布施行，湖南省宪法全文，共有十三章，一百四十一条，分别起来，可有五部：（一）人民的权利义务；（二）省的事权；（三）省政府机关的组织及省政权的行使；（四）下级地方自治的组织，（五）本法的修正及解释。在总纲中，显明地标榜着“湖南为中华民国之自治省”，及“省自治权属于省民全体”。省议会的组织，采用一院制，议员数额的多少，完全以人口多少为比例。选举权普及于男女两性。议会的解散，一定要经过“全省公民总投票过半数之可决。”省长由省议会选出四人，交全省公民总投票决选，以得票最多数者当选。省长的任期，定为四年，不得连任。在没有满任之前，可以由省议会提议交公民总投票表决，令他退职。如犯谋反大罪的时候，省议会可以运用弹劾权，令他退职。所以省议会的权是很大的。省长以下设七司，就是内务司、财政司、教育司、实业司、司法司、交涉司和军务司，由七司司长组织省务院，并互选一人为省务院长，辅助省长执行省政务。七司司长，须由省议会对于各司选出二人，由省长择一任命，对省议会负责，受议会不信任投票时，就应当辞职。公民或法团都享有创制权、复决权与直接罢免权；不过这些权，都不是现在的中国人民所能举其实的。预算由省长提出，交议会通过；采用强迫教育制度；义务民兵制度；对外宣战的时候，省军得受中央的指挥；高等审判厅长及检察厅长，由省会选举；以下法官，则由省务院呈请省长任命。至于宪法的修正及解释，则规定每十年召集宪法会议一次，省议会及县市议会都有修正案之权，不过这些修正案，一定要交人民复决才行。对于宪法的争议问题，高等审判厅应该负完全责任去解释及判断，还有附则里头有如下的声明，说：“国宪未成立前，应归于国之事权得由本省议决执行。”在这个省宪法的当中，最值得我们研究的，就是总投票的运用问题。陈茹玄先生在他所著的《民国宪法及政治史》中，下了正当的批评。他说：“……总投票制之用未免过滥，举凡省会之解散，省宪之修正，省长之选出，省长之召回，法律之复决案等，俱由人民总投票行之。可谓积极求全民政治精神之发展者矣。顾愚于此不能无疑焉。大凡国民总投票之制，其施行仅限于地小人稀，或素有组织之社会，知识程度较高之人民，苟其聚无数无知之人民，平日已未参与，临朝莫详事由，本无意见可言，迫以投票，将茫然不知所为。且吾国各省户口，至今未有详实之调查，投票尤易于作伪。贪官劣绅，从而利用此机，以实行政治买卖。把持袭断，上下其手，其尤桀黠者，或且从而欺民窃国焉。袁世凯借公民投票之名，以图推翻民国，可为前车之鉴。此吾于湘省总投票制之采用，不能不嫌其太早。该宪草案交省民总投票时，已弊端百出，所谓‘公民总投票决定’者，早经以其身之经验，证明为有名无实之具文矣。”该宪至民国十三年十月曾经一度召集宪法会议，举行修正，至十四年五月十三日方才把修正宪法公布施行。其经修改的地方，就是把旧时每二十万人口选议员一名的规定，改为每三十万选出一名。旧时省务院设七司的规定，改把交涉，及军务两司裁撤，剩下了只有五司。从前各司长由省会选出二人，请省长任命其一的规定，改为完全由省长任命。起先省长不得连任的规定，改为得连任一次。还有，关于司法的组织，新加添了几条，和暂行附则中各县应出省议员的名额，它的分配，和从前所规定的略有出入。其他还是一仍其旧，并没有丝毫更动。实在，湖南在施行省宪的两三年内，所谓省宪，也仅仅具一种形式，于湖南政治的实际，未曾发生若何良好的结果。

继湖南而起制宪的为浙江。民国十年六月，浙江督军卢永祥通电主张自行制宪，组织省宪法起草委员会，于同月十六日着手起草。旋由省议会选出五十五人及各县县议会选出一人，组织浙江省宪法会议。省宪法起草委员会开会后，限于三十天内把草案完成，提交省宪法会议，议决宪法。议决以后，立刻由省宪法会议把宪法全文公布出来。自从民国十年六月十六日开始制宪，到那年九月九日正式公布，其间经过约三个月的工夫；这个宪法因为在九月九日公布，所以又称为“九九宪法”。宪法内容，分十七章，共一百五十八条，大致和湖南省宪法，大同小异。所不同的地方，就是关于议院、法院、省政院、审计会外，加设监察会，会员由县议会和特别市议会联合选举。关于查办行政司法的官吏，审判行政诉讼，监视各项官吏的考试，及请省会惩罚议员各方面，都有规定。此外又公布一□（原书印刷不清——编者按）宪法施行法，共二十三条；第一条规定“国宪未成立以前，应归于国之事权，由本省议决执行之”。这种条文的规定，它的意义实在太含糊了。我们要问，所谓属于“国之事权”，是不是包括军政、外交，和其他一切而言？若说是这样的，那岂不是自治省成了一个独立的国家吗？还有，所谓“由本省议决之”，这种权力究竟属于省议会呢？还在属于省务院呢？所以这种权限不清的规定，很容易使后来发生争执。但是二法公布后，卢氏终不愿实行。到了民国十一年，浙江省议会，因“九九宪法”，未经全民投票复决，便议决再由省民自行提出宪法草案，将“九九宪法”，作为草案之一；草案的审查，即由各草案提案人选举审查员，组织审查委员会行之。旋收受省民提出的草案一百种，选出审查员一百一十人，于十一年十一月四日，开审查会，归并审查的结果，议定草案三种，以“红”“黄”“白”三色识别，名曰“三色宪法草案”。预定于十二年八月一日，将三色草案交由公民总投票，采决一种。但是此项总投票的程序，届时未能举行；所谓“三色宪法草案”与“九九宪法”同样的成为空文。到了民国十五年一月一日，浙江省又有所谓“自治法会议”的组织，在这个会议当中，通过并议决公布了一种浙江省自治法，全文凡一百八十四条，所采取的原则和从前的省宪，没有甚么分别，不过增加了省民的生计一章罢了，同日又公布了一种浙江省自治法施行法，仿佛是要实行的样子。然而在事实上，以上所述的各种宪法，都没有见诸实行，充其量亦不过一纸具文而已。

除了浙江以外，广东也曾组织省宪起草委员会，成立了省宪草案。广东省宪法草案全文，凡一百三十五条，分为十五章。第一章标示总纲；第二章规定人民之权利义务；第三章省之事权；第四章省议会；第五章省长及政务院；第六章立法；第七章司法；第八章财政；第九章审计院；第十章教育；第十一章实业；第十二章军事；第十三章县及特别市；第十四章宪法之修正及解释；第十五章附则。草案中最显著的规定，可以下列的摘录见得。“广东为中华民国之自治省，人民在法律上一律平等，无男女、种族、宗教、阶级之区别。在不抵触刑事法典之内，言论出版、集会、结社各种自由，不受何种特别法令之制限。”

"在国宪未定前，省之事权，以现在省政府实际掌理之事权为限。省议会以全省公民选举之议员组织之。省议会有立法权，关于财政预算等决议的权，弹劾省长和不信任政务员的权。"广东省长当由全省各县县议会及特别市市议会总投票选举。"此项选举由县议会，特别市市议会于其所在地同日举行之。省长委任政务员，须得省议会同意。政务员全体受省议会不信任投票时，省长非解散议会，即应令政务员全体辞职。""省议会是制定法律的机关。省议员、省长和法定的机关如省教育会、农会、工会、商会，均得提出法律草案。至关于省之司法，采用三级三审制。……草案规定行政诉讼，由省法院审判。"此草案大体取法湖南省宪法，不过比较的进步罢了。第一，广东省宪草案，规定较简，留有法律上伸缩的余地。第二，广东省宪草案，比较的取实用主义，对于当时流行的理想的直接民主政治方法，不大采用。

现在再来谈谈江苏省的省宪运动。在湖南、浙江两省积极进行省自治的时候，江苏省议会也跟着提出制宪规程二十余。规定由省议会选举委员二十三人，组织一个起草委员会，着手起草省宪。省宪起草完成以后，把它交给省会代表和农、教、商、律师、各会代表合组的审查会来审查。经过审查会议决之后，方始由全省公民大会决定，然后公布出来。可是这制宪规程始终没有得到全体议会议员正式通过。同时一部分议员，拟定江苏省制草案六十四条，也未曾正式成立。后来江苏省议会又通过一种江苏省自治法会议组织法，还是未曾实行，更谈不到发生什么效果了。

此外如云南、广西、贵州、陕西、江西、湖北、福建等省，或由当局宣言制宪自治，或由人民积极运动制宪，然均不过是说说罢了。还有一种所谓东三省的联合保安规约。这规约和以上各省联省宪法，稍为有些不同。在民国十年六月的时候，东三省各团体因不愿受北京政令的拘束，举张作霖为辽吉黑联省自治军保安总司令。八月初旬，张作霖命令三省省议会公推五人，工、商、教、农会各举一人，三省军政两署各派一人，定了一个三省联合保安规约，凡二十条，兹将那规约的重要处，摘录如下：（一）三省因地理关系，联合为自治区。（二）为公共保安起见，拟定规约，官民共守之。（三）三省疆在内一切权利，由三省官民管理，他人不得侵略。（四）实行军民分治。（五）施政方针，应取一致。（六）三省军务，由保安局总司令统辖，副司令协理。（七）总司令由省联合会选举，副司令由总司令任免之。（八）民政由各省长治理。（九）省长在宪法未制定前，由省会选举，以本省人为限。那保安总司令的职权，据三省宪法所定，"能提出法律案于联合会议……得以明令召三省之军队：得依法律，特赦及增减刑期……得依法律宣布戒严令；代表人民办理外交事项；依联合会之同意，有宣战媾和及条约缔结之权。如遇敌人侵略疆土，得布告宣战。……保安总司令及其行政官吏之薪俸，得依社会经济状态而规定之。"

陈启天

中国法家概论

作者简介

陈启天（1893—1984），亦名声翊、国权、春森，笔名翊林、明志。湖北黄陂人。教育社会学家、政治活动家。1912 年考入武昌中华大学。1921 年考入南京高师。1924 年毕业后，任上海中华书局编辑，主编《中华教育界》，组织国家教育协会。1925—1948 年历任青年党中央委员兼训练部主任、四川大学教授、上海知行学院院长和国民党政务委员兼工商部长等职。1949 年去台湾，1950 年创办《新中国评论》。曾任“东南军政长官公署”政务委员、“总统府”国策顾问等职。1980 年任“宪政研讨委员会”常务委员。著有《最近三十年中国教育史》、《张居正评传》、《商鞅评传》、《中国法家概论》、《韩非子校释》、《近代中国教育史》、《中国政治哲学概论》、《民主宪政论》、《寄园回忆录》等。

出版社：上海，中华书局。

出版年份：1936 年。

馆藏：国家图书馆中文图书基藏库。

作品简介：《中国法家概论》一书由序和上下两大编组成。上编是法家的历史，包括何谓法家、法家与中国学术、法家的起源、法家的形成、法家的演变五大章。第一章阐述了法字的意义和法家的意义。第二章简单解说了法家与他家的差异、法家与他家的关系、法家在中国学术上的地位。第三章法家的起源解说了中国古代历史与法家的发生、法家的先驱管仲与子产。第四章法家的形成内容丰富，阐述了战国时势的大变、战国初期的法家李悝和吴起、商鞅变法的大建树、与商鞅同时的申不害、齐稷下先生与慎到、集法家理论大成的韩非、集法家事业大成的李斯。第五章分汉后法家演变的大势及其原因、汉代法家晁错、三国的法家与诸葛亮的建树、后秦法家王猛、宋代半儒半法的王安石、明代外儒内法的张居正六部分阐述了先秦后法家的演变。第六章法家的复兴谈到近代中国历史的大变、法家复兴的倾向两方面。下编法家的理论含第七章到十一章，分为法家的国家论、法律论、政府论、霸政论、著述考五个专题。法家的国家论阐述了国家的起源、国家的进化、国家的要素、国家的体态、国家的任务五方面。法律论阐说了法律的意义、法律的重要、法律的作用、法律的制行四方面。政府论含政府的组织、政府的运用两节。霸政论含霸政的意义、霸政的方略、霸政的实施三节。第十一章法家的著述考分别有管子书考、商君书考、申子书考、慎子书考、尹文子书考、韩非子书考六考。

该书结构简洁，资料多据较善的校本，系统梳理和论述了法家的历史与理论两大方面。企图唤起国人对“原盛于战国，奏效于秦代”的法家思想的研究兴趣，并形成一新法家的系统理论来挽救当时中国的危局。（孙振庆整理）

序

曩者，予外审世界大势，内度本国国情，既于立国方针有所主张矣。乃复求之中国历史，而获一可资佐证之思想，曰法家焉。法家者，我国先民自建之理论，所用以改造我国家者。自有法家，而后战国以前列国纷争之局，易为秦汉以后一统帝国之局。赖其余绪，以撑支中国历史者，已二千有余年。我国固有学术之在政治上富有历史价值与实际效用者，盖莫法家若。其为说也，有“法治”焉，有“形名”焉，有“富国”焉，有“强兵”焉。凡此皆立国之要义，通之古今中外而无或爽者。惟惜自汉以来，儒家既居独尊之势，而环绕中国之亚洲诸国又无一足与中国为伍者，因之法家之说，遂渐归于伏流，而不甚显于世。洎乎近代，欧美挟其“新战国”之新势力，接踵东来，益以日本崛起于海上，重儒轻法之中国，当之辄败，积弱迄今，国几不国，其故可深长思矣。夫法家原盛于“战国”，奏效于秦代，已有史可证。今之世界，岂非既大且新之又一“战国”时代乎？中国如欲在此新战国时代，由弱转强，由乱转治，而获最后之胜利，则酌采法家学说之可适用于今者，兼参以欧美学说之最利于国家生存竞争者，合为条理，措诸实行，实乃今后救国与治国之急务与南针也。顾今之学者，多喜空想，不务实际。于欧美最利于国家生存竞争之学说，既鲜系统介绍甚至鄙为“落伍”，而于中国固有之法家学说，亦复茫然，不知所以，又何怪乎国势之日颓，国土之日蹙乎？吾为此惧，乃不揣无学，取法家之历史与理论，编次成书，命曰中国法家概论，藉以略示法家在历史上之所建树者，究为何若；在理论上之所主张者，又为何若。苟能因是唤起国人对于旧法家思想之研究兴趣，且得以渐推陈出新，准时度势，而孕成一新法家之系统理论，以挽救今后中国之危局，是则予所馨香祷祝以求之者也。编次既竣，爰缀数语于书端，以表予意之所在云尔。至于本书所引法家之文，多据较善之校本，与普通版本间有不同，读者幸留意焉。

中华民国二十五年五月七日陈启天自叙于上海寄庐

第八章 法家的法律论

一、法律的意义

中国最先特别提出“法”或“法律”的字样，作为政治上一个重要术语的，是法家。法家所谓“法”，与他家不同，另有政治上的特殊意义。分析说来，约有数种：

第一，法是明分止争的标准。法家以为未有法以前，人人争夺，毫无限制，遂成了一种混乱状态。欲求治安，必须将人民的权利和义务明白确定，这便叫做明分。明分然后可以止争，法就是明分止争的标准。《商君书》说：

“一兔走，百人逐之，非以兔也。夫卖者满市，而盗不敢取，由名分已定也。故名分未定，尧舜禹汤且皆如骛焉而逐之；名分已定，贫盗不取。……夫名分不定，尧舜犹将折而奸之，而况众人乎？此令奸恶大起，人主夺威势、亡国，灭社稷之道也。”（《定分篇》）

《慎子书》说：

“一兔走街，百人逐之，贪人具存，人莫之非者，以兔为未定分也。积兔满市，过而不顾，非不欲兔也，分定之后，虽鄙不争。”（佚文）

《尹文子书》也说：

“名定，则物不竞；分明，则私不行。物不竞，非无心，由名定，故无所措其心。私不行，非无欲，由分明，故无所措其欲。然则心欲人人有之，而得同于无心无欲者，在制之有道故也。”（《大道上篇》）以上所引都是说明明分止争的必要。而明分止争的标准便是法。所以《管子书》说：

“法者，所以兴功惧暴也；律者，所以定分止争也；令者，所以令人知事也。”（《七主七臣篇》）

第二，法是齐众使民的标准。用法做明分止争的标准，只能消极维持秩序，尚未能积极增进富强。而法家所特别着重的，实在增进富强，故又以法为齐众使民的标准。《管子书》说：

“夫法者，上之所以一民使下也。私者，下之所以侵法乱主也。故圣君置仪设法而固守之。然故谌杵习士闻识博学之人，不可乱也；众强富贵私勇者，不能侵也；信近亲爱者，不能离也；珍怪奇物，不能惑也。万物百事，非在法之中者，不能动也。故法者，天下之至道也，圣君之实用也。”（《任法篇》）

“法者，上之所以一民使下”，这便是说法是齐众使民的标准。《韩非子书》也说：

“夫圣人之治国，不恃人之为吾善也，而用其不得为非也。恃人之为吾善也，境内不什数；用人不得为非，一国可使齐。为治者用众而舍寡，故不务德而务法。”（《显学篇》）

这是说法是齐众使民的惟一标准。

第三，法是成文的客观标准。《慎子书》说：

“法者，所以齐天下之动，至公大定之制也。故智者不得越法而肆谋，辩者不得越法而肆议，士不得背法而有名，臣不得背法而有功。我喜可抑，我忿可窒，我法不可离也。骨肉可刑，亲戚可灭，至法不可阙也。”（佚文）

所谓“大公至正之制”，便是说法是治国的最好客观标准。这种客观标准，不以智辩而变，不以喜忿而变，不以亲戚而变。何以必须如此？《商君书》说：

“先王悬权衡，立尺寸，而至今法之，其分明也。夫释权衡而断轻重，废尺寸而意长短，虽察，商贾不用，为其不必也。”（《权修篇》）

这是说要有了法的客观标准，才靠得住，因此，法家的法是法定主义，不是擅断主义。（参阅徐朝阳《中国刑法溯源》第一篇，第六章）既是法定主义，便必为成文的。所以韩非子所说法的意义如下：

"法者，编著之图藉，设之于官府，而布之于百姓者也。……故法莫如显。"（《难三篇》）

"法者，宪令著于官府，刑罚必于民心，赏存乎慎法，而罚加乎奸令者也。"（《定法篇》）

所谓"编著之图藉"与"著于官府"，便是成文。所谓"设之于官府，而布之于百姓"便是公布。法律之得成为客观标准，必在法律成为公布的成文法以后。而在秘密的不成文法时代，便无由成为客观标准了。

第四，法是因时制宜的标准。法家认定国家的历史是进化的，自然同时认定治理国家的法律也是进化的。因此法家所谓法，不是一成不变的，而是因时制宜的。原来法家心目中的法，已是赋与了许多新意义的名词，而其中最要紧的一种新意义，便是法是因时制宜的标准。《商君书》说：

"礼法以时而定，制令各顺其宜。……治世不一道，便国不必法古。"（《更法篇》）

《管子书》说：

"民不道法，则不祥。国更，立法以典民，则祥。法者，不可恒者也。"（《任法篇》）

"古之所谓明君者，非一君也。其设赏有厚有薄，其立禁有轻有重，迹行不必同，非故相反也，皆随时而变，因事而动。"

《韩非子书》说：

"治民无常，惟法为治法与时转则治，治与世宜则有功。故民朴而禁之以名，则治；世知，维之以刑，则从。时移而法不易者，乱；能治众而禁不变者，削。故圣人之治民，法与时移，而禁与能变。"（《心度篇》）

以上所引都是说明法要因时制宜。法家虽主张法要因时制宜，并且实行变法，但也不赞成变法太数，使民无所适从。所以《韩非子书》又说：

"凡法令更则利害易，利害易则民务变；民务变，谓之变业。故以理观之，事大众而数摇之，则少成功；藏大器而数徙之，则多败伤；烹小鲜而数挠之，则贼其宰；治大国而数变法，则民苦之。是以有道之君，贵虚静而重变法。故曰：'治大国若烹小鲜。'"（《解老篇》）

由上说来，法家所谓法：在内容上是明分止争，齐众使民的标准；在形式上是成文公布的标准；在精神上是因时制宜的标准。这是法家的法律之意义。明了了这种意义，然后可进而研究法家任法的理由了。

二、法律的重要

法家认定法律为治国的惟一客观标准，所以法律在法家思想中居极重要的地位。简直可以说，没有法律便不成为国家，不依法律便不能统治国家。法家推重法律的说法多端，试节引数段，以见一斑。

"有道之国，法立则私议不行，君立则贤者不尊。民一于君，事断于法，是国之大道

也。”（《慎子》佚文）

“万事皆归于一，百度皆准于法。”（《尹文子》上篇）

“先王之治国也，不淫意于法之外，不为惠于法之内也。动无非法者，所以禁过而外私也。威不两错，政不二门，以法治国，则举错而已。”（《管子·明法篇》）

“明主使其群臣不游意于法之外，不为惠于法之内，动无非法。法所以凌过外私也。严刑所以遂令惩下也。威不贷错，制不共门。威制共，则众邪彰矣。法不信，则君行危矣。刑不断，则邪不胜矣。故曰巧匠目意中绳，然必先以规矩为度；上智捷举中事，必以先王之法为比。故绳直而枉木斲，准夷而高科削，权衡县而重益轻，斗石设而多益少。故以法治国，举措而已。”（《韩非子·有度篇》）

所谓“事断于法”、“百度皆准于法”以及“以法治国”，都是以法律为治国的惟一标准。法家何以认定法律如此重要呢？他们所说的理由甚多，试分析加以引证。

第一，法家以为国家的强弱治乱系于任法与否。《韩非子》说：

“国无常强，无常弱；奉法者强，则国强；奉法者弱，则国弱。”（《有度篇》）

“治强生于法，弱乱生于阿。”（《外储说右下》）

《韩非子》又举史事证明国家强弱治乱与任法的关系说：

“荆庄王并国二十六，开地三千里；庄王之氓社稷也，而荆以亡。齐桓公并国三十，启地三千里；桓公之氓社稷也，而齐以亡。燕襄王以河为境，以蓟为国，袭涿方城，残齐，平中山。有燕者重，无燕者轻。襄王之氓社稷也，而燕以亡。魏安厘王攻赵救燕，取地河东，攻尽陶卫之地；加兵于齐，私平陆之都；攻韩拔管，胜于淇下；睢阳之事，荆军老而走；蔡召陵之事，荆军破，兵四布于天下，威行于冠带之国。安厘王死，而魏以亡。故有荆庄齐桓，则荆齐可以霸；有燕襄魏安厘，则燕魏可以强。今皆亡国者，其群臣官吏皆务所以乱，而不务所以治也。其国弱乱矣，又皆释国法而私其外，则是负薪而救火也，乱弱甚矣。故当今之时，能去私曲，就公法者，民安而国治；能去私行，行公法者，则兵强而敌弱。”（《有度篇》）

第二，法家以为任法乃能废私，不任法便不能废私。私是乱亡的根源，而各种人都有各种私。君主有君主的私，人臣有人臣的私，人民也有人民的私。私之中，无论为私惠、私智、私议、私学、私利均足废法，而使国家趋于乱亡。要废私便只有任法。所以《韩非子》说：

“夫立法令者以废私也，法令行而私道废矣。私者所以乱法也。……故本言曰：‘所以治者法也，所以乱者私也，法立则莫得而私矣’故曰：道私者治，道法者治。上无其道，则智者有私词，贤者有私意．上有私惠，下有私欲。圣智成群，造言作辞，以非法措于上。上不禁塞，又从而尊之，是教下不听上，不从法也。”（《诡使篇》）

这是认定法和私是不并容的仇敌。《管子书》也说：

“有道之君者，善明设法而不以私防者也。而无道之君，既已设法，则舍法而行其私者也。为人上者释法而行私，则为人臣者援私以为公；公道不违，则是私道不违者也。行公

道而托其私焉，浸久而不知，奸心得无积乎？”（《君臣篇上》）

“君壹置其仪，则百官守其法；上明陈其制，则下皆会其度矣。君之置其仪也不一，则下之倍法而立私理者必多矣。是以人用其私，废上之制，而道其所闻。故下与官列法，而上与君分威，国家之危，必自此始矣。”（《法禁篇》）

“治世则不然，不知亲疏远近贵贱美恶，以度量断之——其杀戮人者不怨也，其赏赐人者不德也。以法制行之，如天地之无私也。是以官无私论，士无私议，民无私说，皆虚其胸以听于上。上以公正论，以法判断，故任天下而不重也。今乱君则不然。有私视也，故有不见也。有私听也，故有不闻也。有私虑也，故有不知也。夫私者，壅蔽失位之道也。上舍公法而听私说，故群臣百姓皆设私立方以教于国。群党比周以立其私，请谒任举以乱公法，人用其心以幸于上，上无度量以禁之，是以私说日益而公法日损。国之不治，从此产矣。”（《任法篇》）

这是说君主奉法，则一切人皆奉法；君主行私，则一切人皆行私。法重于私，于此可见。法家为推重法律计，不但反对普通的私，即私议的私，以在所不许。所以《商君书》说：

“世之为治者，多释法而任私议，此国之所以乱也。先王县权衡、立尺寸，而至今法之，其分明也。夫释权衡而断轻重，废尺寸而意长短，虽察，商贾不用，为其不必也故法者国之权衡也。夫倍法度而任私议，皆不知类者也。不以法论知能贤不肖者，惟尧。而世不尽为尧，是先王知自议誉私之不可任也，故立法明分，中程者赏之，毁公者诛之。”（《修权篇》）

第三，法家认定人治不如法治，以显示法律的重要。原来战国以前的实际政治是贵族政治，已有人治的意味。儒墨两家的理想政治是贤人政治，更有人治的意味。法家对于贵族政治固极端反对，对于贤人政治尤彻底非难。法家所以彻底非难贤人政治的方法，先将人和法分为两事。《尹文子》说：

“田子读书，曰：‘尧时太平’。宋子曰‘圣人之治以致此乎？’彭蒙在侧，越次答曰：‘圣法之治以致此，非圣人之治也。’宋子曰：‘圣人与圣法何以异？’彭蒙曰：‘子之乱名甚矣！圣人者，自己出者也；圣法者，自理出者也。理出于己，己非理也；己能出理，理非己也。故圣人之治，独治者也；圣法之治，则无不治矣。’”（《圣人篇》）

这段故事虽不必是真实的，记述也不必出于尹文，然确是依据法家思想以分析圣人与圣法之不同，故引证如上。法家既认清人和法不同，乃进而推究贤人乃极少数，尚贤不足为长治久安之计，不如法无论贤愚均可得治。《韩非子》说：

“且夫尧舜桀纣，千世而一出。……中者上不及尧舜，而下亦不为桀纣。抱法处势则治，背法去势则乱。今废法背私而待尧舜，尧舜至乃治，是千世乱而一治也。抱法处势而待桀纣，桀纣至乃乱，是千世治而一乱也。且夫治千而乱一与治一而乱千也，是犹乘骥駬而分驰也，相去亦远矣。”（《难势篇》）

《尹文子》也说：

“礼乐独行，则私欲寝废；私欲寝废，则遭贤之与遭愚，均矣。若使遭贤则治，遭愚则乱，是治乱系于贤愚，不系于礼乐；是圣人之术与圣主而俱殁，治世之法逮易世而莫用；则乱多而治寡。乱多而治寡，则贤无所贵，而愚无所贱矣。”（《大道篇》）

法家又进而说明，如无法治，纵得贤人，也不足以致治。《管子》说：

“虽有巧目利手，不如拙规矩之正方圆也。故巧者能生规矩，不能废规矩而正方圆；虽圣人能生法，不能废法而治国。”（《法法篇》）

《韩非子》也说：

“释法术而心治，尧不能正一国。去规矩而妄意度，奚仲不能成一轮。废尺寸而差长短，王尔不能半中。使中主守法术，拙匠守规矩，则万不失矣。君人者能去贤巧之所不能，守中拙之所万不失，则人尽力而功名立。”（《用人篇》）

“道法万全，智能多失。夫县衡而知平，设规而知圆，万全之道也。释规而任巧，释法而任智，惑乱之道也。”（《饰邪篇》）

法家更阐明任人不任法，不足以致治的理由说：

“人主者，非目若离娄，乃为明也；非耳若聪旷，乃为聪也。目必不任其数，而待目以为明，所见者少矣，非不弊之术也。耳必不困其势，而待耳以为聪，所闻者寡矣，非不欺之道也。”（《韩非子·奸劫弑臣篇》）

“以一人之力禁一国者，少能胜之。”（《韩非子·难二篇》）

“法虽不善，犹愈于无法，所以一人心也。夫投钩以分财，投策以分马，非钩策为均也，使得美者不知所以德，使得恶者不知所以怨，此所以塞怨望也。”（《慎子·威德篇》）

“君人者舍法而以心治，则诛赏予夺从君心出矣。然则受赏者虽当，望多无穷；受罚者虽当，望轻无已。君舍法而以心裁轻重，则同功殊赏，同罪殊罚矣，怨之所由生也。是以分马者之用策，分田者之用钩，非以钩策为过于人智也，所以去私塞怨也。故曰大君而弗躬，则事断于法矣。法之所加，各以其分蒙其赏罚，而无望于君也。是以怨不生，而上下和矣。”（《慎子·君人篇》）

“君之智，未必最贤于众也。以未最贤，而欲善尽被下，则下不赡矣，若君之智最贤，以一君而尽赡下则劳；劳则有倦，倦则衰，衰则复返于人，不赡之道也。”（《慎子》佚文）

由上看来，任人不任法，不是做不了，便是做不好。所以法家彻底反对任人。以上是就君主本身贤否加以非难的。至若君主舍法任贤以为臣下，也在法家反对之列。《商君书》说：

“凡世莫不以其所以乱者，治。故小治而小乱，大治而大乱。夫举贤能，世之所以治也，而治之所以乱。世之所谓贤者，言正也；所以为言正者，党也。听其言也，则以为能；问其党，以为然。故贵之，不待其有功；诛之，不待其有罪也。此其势，正使污吏有资而成其奸险，小人有资而施其巧诈。初假吏民奸诈之本，而求端悫其末，禹不能以使十人之众，庸主安能以御一国之民？故有明主忠臣产于今世，而能领其国者，不可以须臾忘于法。破胜党人，节去言谈，任法而治矣。”（《慎法篇》）

这是说以党为贤，则尚贤更不可靠了。

第四，法家认定治民用仁义不如用法律，以显示法律的重要。儒家鼓吹用仁义治民，而法家则加以非难。《商君书》说：

“仁者能仁于人，而不能使人仁；义者能爱于人，而不能使人爱；是以知仁义之不足以治天下也。圣人有必信之性，又有使天下不得不信之法。所谓义者，为人臣忠，为人子孝，少长有礼，男女有别；非其义也，饿不苟食，死不苟生，此乃有法之常也。圣王者不贵义而贵法，法必明，令必行则已矣。”（《画策篇》）

“夫不待法令绳墨而无不正者，千万之一也。故圣人以千万治天下。故夫智者而后能知之，不可以为法，民不尽智。贤者而后知之，不可以为法，民不尽贤。”（《定分篇》）

上引两节，乃说明仁义没有强制性，只有少数人能用以自修，而多数人则必须用有强制性的法律以治之。此种理由，韩非子发挥更多。他说：

“且夫以法行刑，而君为之流涕，此所以效仁，非所以为治也。夫垂泣不欲刑者，仁也；然而不可不刑者，法也。先王胜其法不听其泣，则仁之不可以为治，亦明矣。”（《五蠹篇》）

“若夫贤良贞信之行者，贵不欺之士；贵不欺之士者，亦无不欺之术也。布衣相与交，无富厚以相利，无威势以相惧也，故求不欺之士。今人主处制人之势，有一国之厚，重赏严诛，得操其柄，以修明术之所烛。虽有田常子罕之臣，不敢欺也，奚待于不欺之士？今贞信之士，不盈于十，而境内之官以百数。必任贞信之士，则人不足官；人不足官，则治者寡而乱者众矣。故明主之道，一法而不求智，固术而不慕信。故法不败，而群官无奸诈矣。”（同上）

“夫必恃自直之箭，百世无矢；恃自圜之木，千世无轮矣。自直之箭，自圜之木，百世无有一，而世皆乘车射禽者，何也？隐栝之道用也。虽有不恃隐栝，而有自直之箭，自圜之木，良工弗贵也。何则？乘者非一人，射者非一发也。不恃赏罚，而恃自善之民，明主弗贵也。何则？国法不可失，所治非一人也。故有术之君，不随适然之善，而行必然之道。今或谓人曰：‘使子必智而寿’，则世必以为狂。夫智，性也；寿，命也；性命者，非所学于人也，而以人之所不能为说人，此世之所以为狂也。谓之不能然，则是喻也。夫以仁义教人，是以智与寿说人也，有度之主弗受也。故善毛嫱西施之美，无益吾面；用脂泽粉黛，则倍其初言先王之仁义，无益于治。明吾法度，必吾赏罚者，亦国之脂泽粉黛也。故明主急其助，而缓其颂，故不道仁义。”（《显学篇》）

由上说来，法律实治国的必要标准。法家只认定法律为治国的标准，后人因称为“法治主义”。

三、法律的作用

法家分析法律的基本作用，为两大种：在积极方面是“赏”，在消极方面是“罚”。赏是奖民作为什么，罚是禁民作为什么。赏和罚何以能影响人民的作为呢？《韩非子》说：

“凡治天下，必因人情。人情者有好恶，故赏罚可用。赏罚可用，则禁令可立，而治道具矣。君执柄以处势，故令行禁止。柄者，杀生之制也。势者，胜众之资也。”（《八经》）

人情无一不好利恶害，而赏罚可以使人发生利害关系，故为治可用赏罚以立禁令。禁而不止者，则罚之；令而能行者，则赏之。这便是法律的两大作用。这两大作用在其本身上必须如何始能发生实际的功效呢?《管子》说：

“赏必足以使，威必足以胜，然后下从。……夫民躁而行僻，则赏不可以不厚，禁不可以不重。故圣人设厚赏，非侈也；立重禁，非戾也。赏薄则民不利，禁轻则邪人不畏。设人之所不利，欲以使，则民不尽力。立人之所不畏，欲以禁，则邪人不止。是故陈法出令而民不从。故赏不足动，则士民不为用；刑罚不足畏，则暴人轻犯禁。”（《明法》）

《韩非子》也说：

“圣王之立法也，其赏足以劝善，其威足以胜暴，其备足以完法。”（《守道》）

“赏必足以使，威必足以胜”和“赏足以劝善，威足以胜暴”，是法家所说赏罚本身上必具的条件。法家多生于战国的乱世，由“威足以胜暴”的说法，又推出应时之“严刑重罚”的主张。《管子》说：

“凡君国之重器，莫重于令。令重则君尊，君尊则国安。令轻则君卑，君卑则国危。故安国在乎尊君，尊君在乎行令。行令在乎严罚。罚严令行，则百姓皆恐。罚不严，令不行，则百姓皆喜。故明君察于治民之本，本莫要于令。故曰亏令者死，益令者死，不行令者死，留令者死，不从令者死。五者死而无赦，惟令是视。故曰令重而下恐。”（《重令》）

这是从贯彻法律的实施上，说明重刑的必要。极端注重重刑的人，首推商鞅。今在《商君书》中可以寻出他所以特别主张重刑的理由如下：

“重刑连其罪，则民不敢试。民不敢试，故无刑也。……故禁奸止过，莫若重刑。”（《赏刑》）

“以刑治则民威，民威则无奸，无奸则民安其所乐。……立君之道，莫广于胜法；胜法之务，莫急于去奸；去奸之本，莫深于严刑。故王者以赏禁，以刑劝，求过不求善，藉刑以去刑。”（《开塞》）

“行刑，重其轻者，轻者不生，则重者无从而至矣。此谓治之于其治也。行刑，重其重者，轻其轻者；轻者不止，则重者无从而止矣。此谓治之于其乱也。故重轻，则刑去事成，国强；重重而轻轻，则刑至而事生，国削。”（《说民》）

所谓“重其轻者”和“重轻”，是加重轻罪的意思。轻罪尚且要重刑，重罪自不待说了。“治乱国用重典”，“刑期无刑”，商鞅之所以要重刑的理由，在此而已。《韩非子》又就重刑的理由发挥如下：

“夫奸，必知则备，必诛则止；不知则肆，不诛则行。……故明主之治国也，众其守而重其罪，使民以法禁，而不以廉止。……”

“法之为道，前苦而长利；仁之为道，偷乐而后穷。圣人权其轻重，出其大利，故用法之相忍，而弃仁人之相怜也。学者之言，皆曰：‘轻刑’，此乱亡之术也。凡赏罚之必者，劝禁也。赏厚，则所欲之得也，疾；罚重，则所恶之禁也，急。……是故欲治甚者，其赏必厚矣；其恶乱甚者，其罚必重矣。今取于轻刑者，其恶乱不甚也，其欲治又不甚也。此非特无术也，又乃无行。是故欲决贤不肖愚知之策，在赏罚之轻重。……”

“且夫重刑者，非为罪人也，明主之法揆也。治贼，非治所揆也；治所揆也者，是治死人也。刑盗，非治所刑也；治所刑也者，是治胥靡也。故曰重一奸之罪，而止境内之邪，此所以为治也。重罚者盗贼，而悼惧者良民也，欲治者奚疑于重刑？……”

“今不知治者，皆曰：‘重刑伤民，轻刑可以止奸，何必于重哉！此不察于治者也。夫以重止者，未必以轻止也；以轻止者，必以重止矣。是以上设重刑者，而奸尽止，奸尽止，则此奚伤于民也！所谓重刑者，奸之所利者细，而上之所加焉者大也；民不以小利蒙大罪，故奸必止者也。所谓轻刑者，奸之。所利者大，上之所加焉者小也；民慕其利而傲其罪，故奸不止也。”（《六反》）

“父母之爱，不足以教子，必待州郡之严刑者，民固骄于爱，听于威矣。故十仞之城，楼季弗能逾者，峭也；千仞之山，跛牂易牧者，夷也。故明主峭其法而严其刑也。……是以赏莫如厚而信，使民利之；罚莫如重而必，使民畏之；法莫如一而固，使民知之。”（《五蠹》）

由上看来，可知法家主张“严刑峻法”，并非故为“刻薄寡恩”，实有其不得不如此的充分理由。法家既主张在赏罚的本身上特别加重，以求表现法律的作用；又主张在赏罚的执行上也要非常严格，以求完成法律的功效。这个主张，便是所谓“信赏必罚”。“信赏”是说应赏的必定赏，决不失赏。“必罚”是说应罚的必定罚，决不失罚。何者应赏？何者应罚？在法家的主张上，宜一律取决于法律，取决于功罪，不可受喜怒好恶亲疏毁誉以及其他种种关系的丝毫影响。如此“赏”才能“信”，“罚”才能“必”。《管子》说：

“号令必著明，赏罚必信密，此正民之经也。”（《法法》）

“明君不为亲戚危其社稷，社稷亲于戚。不为君欲变其令，令尊于君。不为重宝分其威，威贵于宝。不为爱民亏其法，法爱于民。”（《法法》）

“以有刑至无刑者，其法易而民全。以无刑至有刑者，其刑烦而多奸。夫先易者后难，先难者后易，万物尽然。明王知其然，故必诛而不赦，必赏而不迁者，非喜予而乐杀也，所以为人致利除害也。”（《藏禁》）

“治国有三器，乱国有六攻。……三器者，何也？曰号令也，斧钺也，禄赏也。六攻者，何也？亲也，贵也，货也，色也，巧佞也，玩好也。明君不为六者变更号令，不为六者疑错斧钺，不为六者益损禄赏。故曰，植固不动，奇邪乃恐。奇革邪化，令往民移。”（《版法解》）

“形势不得为非，则奸邪之人悫愿。禁罚威严，则简慢之人整齐。宪令着明，则蛮夷之人不敢犯。赏庆信必，则有功者劝。”（《八观》）

以上所引，是《管子》书中所说信赏必罚的必要，即重在不以亲、贵、货、色、巧佞、玩好等变更赏罚。《商君书》说：

“明君之使其臣也，用必出于其劳，赏必加于其功。功赏明，则民竞于功。为国而能使其民尽力以竞于功，则兵必强矣。”（《错法》）

“民信其赏，则事功成；信其刑，则奸无端。惟明主爱权重信而不以私害法。”（《修权》）

“人主之所以禁使者，赏罚也。赏随功，罚随罪，故论功察罪不可不审也。”（《禁使》）

“圣人之为国也，壹赏，壹刑。……壹赏则兵无敌，壹刑则令行。……所谓壹赏者，利禄官爵抟出于兵，无有异施也。……所谓壹刑者，刑无等级。自卿相将军以至大夫庶人有不从王令、犯国禁、乱上制者，罪死不赦。有功于前，有败于后，不为损刑。有善于前，有过于后，不为亏法。忠臣孝子有过，必以其数断。”（《赏刑》）

由上看来，商鞅对于赏罚要求“信必”的程度，更为彻底，即赏只限于战功，而罚则不许有例外。此种求“壹”的主张，对于当时的封建贵族，实是一个大打击，不仅限制了君主而已。韩非子说：

“明其法禁，必其赏罚……此必不亡之术也。”（《五蠹》）

“圣人之治也，审于法禁，法禁明著，则官治；必于赏罚，赏罚不阿，则民用。民用官治则国富，国富则兵强，而霸王之业成矣。”（《五蠹》）

“有术之主，信赏以尽能，必罚以禁邪，虽有驳行，必得所利。”（《外储说左下》）

“功当其事，事当其言，则赏；功不当其事，事不当其言，则诛。……是故明君之行赏也，暧乎如时雨，百姓利其泽；其行罚也，畏乎如雷霆，神圣不能解也。故明君无偷赏，无赦罚。赏偷，则功臣堕其业；赦罚，则奸臣易为非。是故诚有功，则虽疏贱必赏；诚有过，则虽近爱必诛。近爱必诛，则疏贱者不怠，而近爱者不骄也。”（《主道》）

“至治之国，有赏罚而无喜怒。”（《用人》）

“必罚明威，信赏尽能。……爱多者则法不立，威寡者则下侵上。是以刑罚不必，则禁令不行。……赏誉薄而谩者，下不用；赏誉厚而信者，下轻死。”（《内储说上》）

“今有功者必赏，赏者不德君，力之所致也。有罪者必诛，诛者不怨上，罪之所生也。民知诛赏之皆起于身也，故习功利于业，而不受赐于君。”（《难三》）

“有功必赏，有过必诛”，这是法家所谓“信赏必罚”的简明解释。法家既认定赏罚为法律的两大基本作用，所以坚决主张贯彻赏罚，为为政的不二法门，而实行“信赏必罚”。因之又坚决的非赦。赦则有所不必罚，必罚则必一无所赦。法家关于非赦的理由很多，兹先节引《管子》的说法如下：

“民无重罪，过不大也。民无大过，上毋赦也。故曰赦出则民不敬，惠行则过日益。惠赦加于民，而囹圄虽实，杀戮虽繁，奸不胜矣。故曰邪莫如蚤禁之。赦过遗善，则民不励。有过不赦，有善不遗，励民之道，于此乎用之矣。”（《法法》）

“凡赦者，小利而大害者也，故久而不胜其祸，毋赦者，小害而大利者也，故久而不损其福。故赦者，犇马之委辔；毋赦者，痤雎之矿石也。……文有三侑，武无一赦。惠者，多赦者也，先易而后难，久而不胜其祸。法者先难而后易，久而不胜其福。故惠者民之仇

雠也，法者民之父母也。太上以制制度，其次失而能追之，虽有过，亦不甚矣。”（《法法》）

《韩非子》说：

“明君之蓄其臣也，尽之以法，质之以备，故不赦死，不宥刑。赦死宥刑，是谓淫威。社稷将危，国家偏威。”（《爱臣》）

“小忠，大忠之贼也。若使小忠主法，则必将赦罪，赦罪以相爱，是与下安矣；然而妨害于治民者也。”（《饰邪》）

“董阏于为赵上地守，行石邑山中，见深涧，峭如墙，深百仞，因问其旁乡左右，曰：‘人尝有入此者乎？’对曰：‘无有。’曰：‘婴儿盲聋狂悖之人尝有入此者乎？’对曰：‘无有。’‘牛马犬彘尝有入此者乎？’对曰：‘无有。’董阏于喟然太息曰：‘吾能治矣。使吾法之无赦，犹入涧之必死也，则人莫之敢犯也。何为不治？’”（《内储说上》）

《南君书》说：

“圣人不宥过，不赦刑，故奸无起。”（《刑赏》）

总说起来，法家认定法律的基本作用在赏罚；主张厚赏重罚，所以加强法律的作用；主张信赏必罚，所以贯彻法律的作用——毋赦，不过在消极方面防止法律作用的不贯彻，必如此然后才能治国，必如此然后才能强国。

四、法律的制行

在法家以前，中国虽未尝没有法律，然当时所谓法律，多属于习惯法。“习惯法”来自历史的传统，出于贵族的擅断，极难有一致的解释和应用。法家产生以后，乃主张用“制定法”（Positive law）代替习惯法，使一切归于法定。这是中国法律上的一大进化。《管子》说：

“凡将举事，令必先出，曰：‘事将为。’其赏罚之数，必先明之。立事者，谨守令以行赏罚；计事，致令，复赏罚之所加。不合令之所谓者，虽有功利，则谓之专制，罪死不赦。首事既布，然后可以举事。”（《立政》）

“使法择人，不自举也；使法量功，不自度也。”（《明法》）

“号令必著明。”（《法法》）

《韩非子》也说：

“法者，宪令著于官府。”（《定法》）

“号令必著明”、“宪令著于官府”都是要用法律明白规定的意思。法家既主张法律必须明白规定，于是发生法律应由何人或何种机关制定的问题。法律必须由民选的代表机关如国会去制定，是近代才有的新制度，自然不能求之于古代的法家。在春秋战国时代，法律的适用，既多出自贵族的擅断，那末这种擅断，便无异于制定，即是法律的制定权，在实际上分散于全部的贵族。法家起而极端反对贵族的擅断，坚决主张将法律的制定权集中到君主手中。这是由贵族政治到君主政治的必然结论。《管子》说：

“明主之治天下也，威势独在于主，而不与臣共；法政独制于主，而不从臣出。故明法

曰：‘威不两共，政不二门’。”（《明法解》）

“夫生法者，君也，守法者，臣也；法于法者，民也。”（《任法》）

《商君书》说：

“国之所以治者三：一曰法，二曰信，三曰权。法者，君臣之所共操也；信者，君臣之所共立也；权者，君之所独制也。……权制独断于君，则威。”（《权修》）

此段所谓“权”，虽统指一般的主权，然法律的制定权，自当然包括在内。法家不但主张法律的制定权应集中于君主，即法律的执行权也主张集中于君主。法律的执行权之中最重要的，是实行赏罚的权力。实行赏罚的权力，在法家的主张上必须完全操于君主之手。《韩非子》说：

“明主之所导制其臣者，二柄而已矣。二柄者，刑德也。何谓刑德？曰：杀戮之谓刑，庆赏之谓德。为人臣者，畏诛罚而利庆赏，故人主自用其刑德，则群臣畏其威而归其利矣。”（《二柄》）

“赏罚者，邦之利器也。在君则制臣，在臣则胜君。君见赏，臣则损之以为德；君见罚，臣则益之以为威。人君见赏，而人臣用其势；人君见罚，而人臣乘其威。故曰：‘邦之利器，不可以示人。’”（《喻老》）

“君执柄以处势，故令行禁止。柄者，杀生之制也；势者，胜众之资也。废置无度，则权渎；赏罚下共，则威分。”（《八经》）

法家将法律的制定权与执行权通同集中于君主，似不免有君权过重，而启专恣之弊。然较于从前法权分散于多数贵族，使多数贵族均得专权自恣，尚为两害相权，而取其轻，也不能不算是一种进步。法家为防止君主任意制法计，曾提示以下的意见。

“不法法，则事毋常。法不法，则令不行。令而不行，则不法也。法而不行，则修令者不审也。……君有三欲于民，三欲不节则上位危。三欲者，何也？一曰求，二曰禁，三曰令，求必欲得，禁必欲止，令必欲行。求多者其得寡，禁多者其止寡，令多者其行寡。求而不得，则威日损。禁而不止，则刑罚侮。令而不行，则下凌上。故未有能多求而多得者也，未有能多禁而多止者也，未有能多令而多行者也。故曰：‘上苛则下不听。’下不听而强以刑赏，则为人上者众谋矣。为人上而众谋之，虽欲无危，不可得也。号令已出又易之，礼义已行又止之，度量已制又迁之，刑法已错又移之，如是，则庆赏虽重，民不劝也；杀戮虽繁，民不畏也。故曰：上无固植，下有疑心；国无常经，民力必竭，数也。”（《法法》）

这是说君主制定法律必须审慎；所必须审慎的，一是要而不苛，二是固而不移。法律既经制定以后，法家主张必须经过公布的手续，始能实施。《管子》说：

“凡将举事，令必先出。”（《立政》）

《韩非子》也说：

“法者，编著之图籍，设之于官府，而布之于百姓者也。……是以明主言法，则境内卑贱莫不闻知也。”（《难三》）

战国时代，印刷术尚未发明，法律虽已公布，而人民未必尽晓，于是法家又提示一种解释法律的法官制度，以资补救，《商君书》说：

“为法令置官置吏……诸官吏及民有问法令之所谓，于主法令之吏，皆各以其故所欲问之法令明告之。……故天下之吏民，无不知法令者。……圣人为法，必使之明白易知。名正，知愚遍能知之。为置法官，置主法之吏，以为天下师，令万民无陷于危险。”（《定分》）

法家既主张法律必须在公布之后始得实施，于是又指出近代所谓“法律不溯既往”的原则来。《管子》说：

“令未布，而民或为之，而赏予之，则是上妄予也。上妄予，则功臣怨而愚民操事于妄作。愚民操事于妄作，则大乱之本也。令未布而罚及之，则是上妄诛也，上妄诛则民轻生。民轻生则暴人兴，曹党起，而乱贼作矣。”（《法法》）

赏罚及于法律未公布以前的行为，既被斥为“妄予”、“妄诛”，便是主张“不溯既往”了。施行法律时，近代有所谓“法律之前一律平等”的原则。中国法家于此原则早经指出，并且主张严格遵守。法家之所以改造历史者在此，法家之所以异于儒家者在此。《管子》说：

“圣君任法而不任智，任数而不任说，任公而不任私，任大道而不任小物，然后身佚而天下治。……君臣上下贵贱皆从法，此谓为大治。……不知亲疏远近贵贱美恶，以度量断之，其杀戮人者不怨也，其赏赐人者不德也；以法制行之，如天地之无私也。”（《任法》）

“凡令之行也，必待近者之胜也，而令乃行。故禁不行于亲贵，罚不行于便辟，法禁不诛于严重而害于疏远，庆赏不施于卑贱，二三而求令之必行，不可得也。”（《重令》）

“禁胜于身，则令行于民矣。”（《法法》）

“君臣上下贵贱皆从法”、“禁必行于亲贵”、“禁胜于身”，都是发挥“法律之前一律平等”的原则。法律不但要适用于人民，并且要适用于亲贵；不但要适用于亲贵，并且要适用于本身。所以商鞅又说：

“法之不行，自上犯之。”（《史记·商鞅列传》）

《慎子》也说：

“官不私亲，法不遗爱。上下无事，惟法所在。”（《君臣》）

“智者不得越法而肆谋，辩者不得越法而肆议，士不得背法而有名，臣不得背法而有功。我喜可抑，我忿可窒，我法不可离也。骨肉可刑，亲戚可灭，至法不可阙也。”（佚文）

《韩非子》也说：

“法不阿贵，绳不挠曲。法之所加，智者弗能辞，勇者不敢争。刑过不避大臣，赏善不遗匹夫。”（《有度》）

“不避亲贵，法行所爱。”（《外储说右上》）

“治强生于法，弱乱生于阿。”（《外储说右下》）

由以上各家的说法看来，法家执行法律的态度，用旧话说是“铁面无私，执法如山”；用新话说是“法律之前，一律平等”。关于实行法律的方法及其功效，《韩非子》书中曾有一个概括的描写如下：

“不以智累心，不以私累己。寄治乱于法术，托是非于赏罚，属轻重于权衡。不逆天理，不伤情性。不吹毛而求小疵，不洗垢而察难知。不引绳之外，不推绳之内。不急法之外，不缓法之内。祸福生乎道法，而不出乎爱恶。荣辱之责在乎己，而不在乎人。故至安之世，法如朝露，纯朴不散。心无结怨，口无烦言……因道全法，君子乐而大奸止。”（《大体》）

由此段可知法家实行法律的方法虽主张严格，却不甚赞成过于苛细；法家所要求实行法律的功效，不仅在富强，而且在安乐了。

吴经熊　黄公觉

中国制宪史

作者简介

吴经熊（1899—1986），浙江鄞县人。民国时期最杰出的法学家之一，1920 年毕业于上海东吴大学法科，次年赴美留学，1925 年获密歇根大学法学院法学博士学位。后历任法国巴黎大学、德国柏林大学、美国哈佛大学研究员及国内东吴法学院教授，一度任上海临时法院代院长。1941 年任国民政府立法委员。1949 年后，历任美国多所大学的教授，并在国民党台湾政权中担任诸多高级职务，晚年曾全心研究宗教。其学术代表著作有《法律哲学研究》、《哲学与文化》、《法学论文集》、《法律之艺术》、《孙中山先生其人格及其思想》、《禅学的黄金时代》等。

本书的另一位作者黄公觉的具体情况不详，就笔者所见，其主要代表著作就是本书《中国制宪史》。

出版社：上海，商务印书馆。

出版年份：1937 年。

馆藏：中国人民大学图书馆旧平装书室。

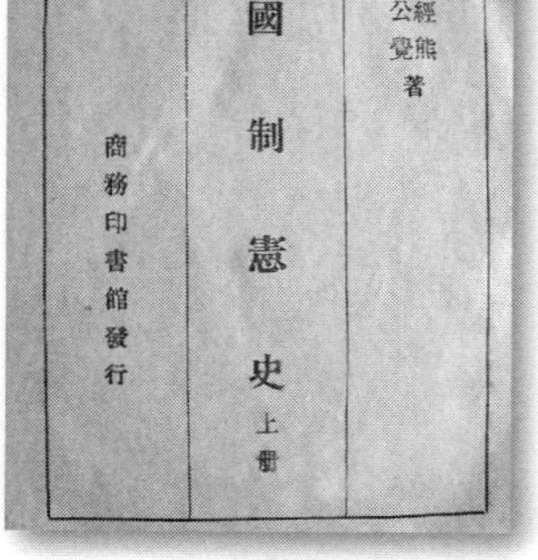

作品简介：宪政与制宪一直是 20 世纪前半期中国政治的核心政治词汇。中国近代的宪政运动开始于清末，受到西方的影响极大。有识之士与政治人物都强力推动制宪运动，经过清末到国民党控制中国政权这 30 年的发展，无论是宪政运动或者制宪都进入了一个新的时期，即制宪在形式上处于三民主义的指导下而进行。在 1932 年 12 月召开的国民党四届三中全会上，更具立法院院长孙科等提出《集中国力挽救危亡案》，国民党决定召开国民大会，制定宪法。1933 年 1 月立法院组织了宪法起草委员会，由孙科担任委员长，张知本和本书的作者吴经熊担任副委员长，并于 1936 年 5 月 5 日由国民政府公布《中华民国宪法草案》，又称“五五宪草”。本书正是五五宪草起草过程的结果，作者本人亲自参与宪法草案的起草，对于清末以来的制宪过程有着深刻的认识，同时对于宪法的起草有着特殊的感悟和思考，所以本书是一部资料相当翔实、思想相当丰富的著作，具有很高的学术研究价值。

本书的第一篇是“已往的制宪运动”，主要论述了“前清的立宪运动”，特别阐述了清末的预备立宪、宪法大纲与十九信条等重大宪政事件与文件；“1911—1932年的制宪运动”，特别阐述了辛亥革命后的临时政府组织大纲、临时约法以及北洋政府时期的天坛宪法草案、袁世凯之毁宪、西南护法及省宪运动、曹锟的贿选宪法及临时执政的中华民国宪法案和训政时期约法及太原约法等重大宪政文件的事件。对民国初年的宪政发展做了极其细致的梳理。本书的第二篇是“立法院之议宪”，主要论述了作者本人对当时立法院委托的宪法进行起草的主要内容设计，这是非常具有研究价值的材料，涉及宪法当中每一个具体内容的设计与安排。真实记录了“五五宪草”形成的具体过程。这一篇内容较为庞大，分为56章。本书的第三篇是“附录”，记载了《总理遗教中关于宪法问题摘要》、《孙哲生院长关于宪法的言论》、《立法院议宪历次所拟的各稿原文》。本书的第四篇是“附属法规”，记载了当时的《国民大会织组法》与《国民大会代表选举法》。(余钊飞整理)

序

中国的立宪运动，已经有了几十年的历史，但是已往的制宪运动，因为种种原因，均告失败。制宪能成功的，恐怕要算这次立法院的议宪为第一次了。因为这个缘故，这次立法院的议宪，实在值得全国人的深切注意。而且宪法是国家的根本大法；国家的基础，赖以奠定，人民的权利，赖以保障。全国人民对于宪法，都应该具有相当的认识。但是仅读宪法条文表面，则所知者，充其量不过是徒知其然而已。要想知其所以然，则非从它讨议的进行程序，各条规的历史演进，去追究探讨不可。从此看来，将这次立法院议宪的经过，作成一部历史，以明其究竟，对于全国人民之认识宪法，实在是有莫大的裨补，非仅有助于宪法学者之研究而已也。

但是写这本制宪史，要根据史实，要根据真确的资料，否则不能算为历史。著者于立法院此次之议宪，幸得机会参与。其历次讨议的经过，均得与闻，其许许多多的真确材料，皆能搜集。这些都是给著者动笔最大的利便。而这些便利，则绝非外人所能获得的。这足以表示这本制宪史的价值。

这本书的编制，分为三篇，因为已往的制宪运动均归失败，才有这次立法院的议宪，所以第一篇是叙述已往的制宪运动（从前清末年起到民国二十一年），以作这次议宪之历史的背景。第二篇所述此次立法院之议宪，才是本书内容最重要的部分。这次立法院之议宪，所费时间，共有三年余的光阴。就其所费时间之长久一点来说，那是任何国制宪所赶不上的。这次议宪的经过，前后共分五个阶级，稿凡七易。这一篇就是把这些各个阶段如何经过，如何演进的情形，详为叙述，使未参与议宪的全国人民不特知其然，而且知其所然，这就是著者写这本书的最大目的。

我们的宪草弁言明白声明系“遵照创立中华民国之孙先生之遗教，制兹宪法”，那么，想了解宪草的内容，又不得不了解总理的遗教，特别是总理关于宪法的主张，所以第三篇附录之一将总理遗教中关于宪法问题摘要录载，以资参证。本书第二篇第一章“促成制宪的原因”里说过，这次的制宪，孙哲生院长实为其主要的推动力。那么，关于孙哲生先生历次所发表关于宪法问题的言论文章，均应知晓，所以第三篇附录之二将他的关于宪法的言论搜集录入，以便参考。这次议宪，更易七稿，要知道各稿的异同，以明其演进之轨迹，则非读各稿原文不可。所以第三篇附录之三将历次所经过的各宪稿，统通载入，以便比较。我们的宪法，将由国民大会颁布施行，中央政府也是由国民大会产生。那么，关于国民大会的组织法和国民大会代表的选举法岂不是宪法最重要的附属法规？况宪法学者很多是把这两种法规看作是宪法的一部的。这两种法规既然是这样的重要，所以把它们载于第三篇附录之四。

今年十一月十二日为国民大会召集之期。宪法之颁布与宪法之实施，为期伊迩。著者以十分诚意希望将来有行法之责者恪遵宪法。而全国人民也一致起来拥护宪法，使三民宪法，五权政制，能扬名于大地，则幸甚矣。

第五十六章　中华民国宪法草案的特色

无论什么事物，若是仅就它的本身去观察，那是看不出它有什么特殊之点来的。我们说这次的《中华民国宪法草案》有什么什么的特色，那是从比较的观察去发见的。这就是说拿它来和本国以前所颁布的各个根本法比较或是拿它来和外国的宪法比较。若是它和其他的宪法比较的时候，有它自己特殊的地方，那么这些与人不同的地方，便是它的特色。我们若是仔细研究这次的宪法草案，便可发见它有许多的特色。它的特色可就它讨议和起草的经过与它的内容两方面来研究。

从它讨议和起草的经过来说，它的特色之一，就是所经时间之长久。美国的宪法会议于一七八七年五月二十五日正式集会于费城（Philadelphia）。在同年九月十七日，便完成它的制宪工作。[①] 其所费时间，不到四个月。苏俄的宪法，自一九一七年十一月第一次苏维埃大会集会起，至一九一八年七月第五次全俄苏维埃会议通过宪法止，所费时间，不过八个月。[②] 在德国，欧战后的宪法会议，从一九一九年二月六日集会，集于魏马（Weimar）起至，同年八月十一日止便，完成制宪工作。其所费时间，不过七个月。[③] 奥国自一九一九年三月四日起开宪法会议，至一九二〇年十月一日施行宪法，其所费时间，不过十九个月。[④] 一九二〇年二月二十九日捷克国国民会议所通过的宪法，不过经过一年的讨议。[⑤] 育钩斯拉夫自一九二〇年十一月二十八日选举宪法会议起，至一九二一年六月二十八日施行宪法止，其制宪所费时间，不过六个月。[⑥] 最近波兰所颁布的宪法，从一九三三年十二月政府向国府提出宪法草案起，至一九三五年四月最后通过止，其所经的时间，虽有十六个月，但是国会讨论的时间并不多。[⑦] 现在看看我们这次的宪法草案，其讨议与起草共费多少时间。立法院议订宪草，可以分作六个阶段。第一阶段为初步草案时期，先由大会决定原则，后由主稿人七人起一“初步草案”。时为自民国二十二年二月起，至二十二年十一月止。第二阶段为初稿起草时期。时为自二十二年十一月起，至二十三年三月止。于二十三年三月一日布露第一次之正式宪法草案初稿。第三阶段为初稿审查修正时期。时为二十三年三月起至二

① Ogg，Introduction to American Government，pp. 129—137.

② McBain and Rogers，The New Constitutions of Europe，p. 382.

③ Graham，New Governments of Gentral Europe，pp. 25—26.

④ U cBain and Rogers，The New Constitutions of Europe，pp. 255—310.

⑤ Graham，The New Governments of Central Europe，p. 292.

⑥ McBain and Rogers，The New Constitutions of Europe，pp. 316—347.

⑦ 钱端升《波兰新宪法》，见国立中央大学社会科学农丛第二卷第二期第四、五页。

十三年七月止。先将收到之二百八十一件意见书逐一审查，后将初稿逐条审查，修正完毕，是为审查修正案。第四阶段为第一次草案完成时期。时为自二十三年七月起，至二十三年十月止。修正案提出大会讨论，经开会八次，最后三读通过。是为立法院第一次议订之草案。全文分为十二章，凡一百七十八条。该草案当经呈报国府转送中央审核。第五阶段为草案初次修正时期。时为二十三年十二月起至二十四年十月止。二十三年十二月中央第四届五中全会将立法院所订宪法草案提出讨论，经决议交常会核议。二十四年十月中央常会始将草案遵照审查完竣。决定原则五项，交立法院复议。二十四年十月立法院根据中央所订五项原则修正，是为立法院第二次议订之草案，全文共一百五十条。第六阶段为草案重加修正时期。时为二十四年十一月起，至二十五年五月一日止。前项草案经四届六中全会于二十四年十一月提出五全大会。当经议决，授权五届中央执委会，据大会通过之重要宪草各提案，再加修正。并定二十五年五月五日为公布宪法草案之期。中常会就五全大会发交提案，分别归纳为审议意见二十三点，交立法院讨论。立法院据此对于草案再加修正。于二十五年五月一日大会三读通过。全文共分八章，都一百四十八条。是为立法院最近及最后议订之草案①，这个草案，经国府于五月五日以明令公布。回忆立法院自经二十二年二月开始草宪工作，到今年五月一日，经过三年多的光阴。这个长久时期，乃是任何国的宪法会议对于制宪所费时间所赶不上的。从可知这次的宪法草案，是按照审慎的缜密的计画而进行，绝不是率尔操觚的工作。第二点，这个宪法草案，不是闭门造车的东西。它是与舆论融成一气的东西。查列国的制宪，多半是将全责交付宪法会议，不令国人参加意见的。甚至有于议宪之时，将门紧密，不许走漏消息的（例如美国在费城所召集的宪法会议）。但是我们的议宪，则采公开的态度。于二十三年三月一日所议订的第一次宪法草案初稿乃是布露于各报章，征求国人的意见。到了二十三年七月所成的宪法草案初稿审查修正案，也是送各报披露，征求国人之批评的。第三点，这个宪法草案绝非少数人的意思之结晶。因为立法院在孙院长领导之下，各位委员都有供献。对于院外复征求批评。各方学者的意见，也都予以注意。凡可以采纳的，无不尽量的采纳。而且又经过中央的审核，所以绝不能说它是少数人的产物。我们只可说它是全国一致的意思之结晶。

至于从这个宪草的内容而研究它的特色，那绝不是在这个简短的篇幅所能详述的。现在只能举其荦荦大者述之如下，以见梗概罢了。

一 编制

查列国的宪法，对于编制，并不一致。其中有些是很不合逻辑的。而我们的宪法草案则不然。它共分为八章。首章为“总纲”，把国体、主体、国籍、领土等，构成国家的要素规定明白。其次则规定人民的权利义务。有了人民，有了“主权属于国民全体”及关于人民权利之规定，才能说到国民大会之产生。所以第三章为“国民大会”。国民大会是产生政

① 立法院孙院长《立法院议订宪法草案经过概略》，二十五年五月五日《中央日报》。

府的机关，而政府的最高级，为中央政府，所以第四章为“中央政府”。中央政府之下，当然为地方政府。所以第五章为“地方制度”。从纵的方面去定地方各级政府的秩序，则省政府为代表中央监督地方的机关，其下当然为县市，所以第五章之内，第一节为“省”，第二节为“县”，第三节为“市”。至于“经济”与“教育”等章，因为它们的内容所涉及的，不只是某级政府的职责，而且涉及各级政府的职责，所以要摆在各级政府之后。关于宪法之施行、修正及解释，据一般宪法的通例，是摆在宪部之末部。所以宪法草案将它们摆在最后的一章之中。就全案的编制而言，觉得很合于逻辑。所以这是它的特色之一。

二 以三民主义冠国体

我国读全部宪法草案，便知道其最重要的一条，就是规定国体的第一条。这条明白规定：“中华民国为三民主义共和国”。从这一条，我们可以知道我们的宪法的精神。我们的宪法，是三民主义的宪法。最近三四年来国内有少数的人，对于这一条颇多非难。其第一理由，是说列国的宪法（特别是欧战以前的列国宪法）很少将主义冠于国体之上。我们如果将主义冠于国体，岂不是有违宪法的体例？诚然，欧战前的列国宪法，是没有将主义冠于国体之上的。但到欧战之后，便不同了。苏俄宪法第二部第一条规定：“苏联系社会主义苏维埃共和联邦。”这是以主义冠于国体之嚆矢。其后西班牙于一九三一年所颁布的共和宪法，其第一条之规定为“西班牙为劳动阶级民主共和国，依自由正义之制度组织之。”这不啻将劳动主义冠于国之上。我们要问为什么欧战前的宪法不加入主义，而战后的宪法始加入主义？因为宪法这个东西，是社会制度的一个缩影。欧战前各国的社会制度多半是建筑于资本主义或统治阶级的利益之上，因此欧战前的宪法之目的不过是一方面在于维持少数统治者的利益，一方面在于拥护资本主义。简言之，其目的在于拥护压迫阶级，而摧残被压迫阶级。这是大大不利于民众的。若是将不利于民众的主义摆在宪法里，岂不是自己揭橥革命的对象，而招惹反抗，催促自身的灭亡？统治阶级虽至愚亦必不出此，何况他们多半是有“明哲保身”的本领。他们有他们的伎俩。他们或是将保障民权的规定列入宪法，藉以和缓革命，或是将保护劳动阶级的规定，列入宪法，使劳资得以调协，资本阶级的利益得以长此维持。其所谓保障民权，适所以维持统治者的利益而已。其所谓保护劳动阶级，适所以维持资本家的利益而已。他们哪敢将真正为全国民众谋利益的主义摆在宪法？他们又哪敢将维持自身利益的，反民众的主义，大书特书的摆在宪法？他们只得鬼鬼祟祟的去规定宪法，藉以敷衍民众，欺骗民众而已。欧战前的列国宪法所以不将主义列入之理由在此。欧战以后，民众抬头，民众明白治国的主义、建国的主场。苏俄宪法以共产主义冠国体，乃是出于劳动阶级的要求。而我们宪草以三民主义冠国体，则是出于大多数民众的要求。宪草第一条以主义冠国体，在中国是创例，而且是草案全部最关紧要的一条。实在不啻画龙点睛。非难这条的人的另一个理由，是说：三民主义是国民党的三民主义，规定中华民国为三民主义共和国岂不是要使中华民国成为国民党的国家吗？中华民国的宪法，若根据三民主义来制定，岂不是成为国民党的宪法吗？关于这种反对议论，孙哲生院长已经解答得很好，兹引之于下。

这种见解（即指反对以三民主义冠国体的见解）完全是不明了宪法的精神。我们讲宪法，中国本来至今还没有永久的宪法。所以没有例可援。但是，我们研究宪法，对于中国以外的宪法成例，尤其是新近成立的宪法，不能不作重要借鉴的资料。我们觉得凡是有宪法的国家，没有一国不根据他们的政治背景和革命历史来制定的。凡是一个国家，在没有经过革命牺牲以前，是没有宪法的。欧洲立宪国家最著名的，是英国的宪政。英国虽无整个成文的宪法，但其立宪精神是根据几百年来的政治背景，与其历史过程，才成为现在英国的宪法。其他各国成文宪法，其历史比较悠长的，要算美国，至今差不多有一百五十年。美国宪法也是在革命成功后才创出来的。英、美两国宪法，都是从革命历史所演绎而成，固是一个老例。若更找寻新近的成例，则有苏俄革命所颁布的共产主义宪法，是由俄国共产党完全根据布尔希维的革命的主张来制定。可以说是完全共产主义的宪法。其次德国，自欧战之后，改建共和国。社会民主党所定的《魏马宪法》，要算是很新的。但自新近国社掌权以来，已经失效了。再次，最近西班牙也有一部新宪法，是推翻君主改建民主之后成立的。以上许多宪法的制定，都有它们革命的历史和政治的背景。所以我们知道一国的宪法的成立，并不是主观的、理想的，完全是根据客观的历史环境，根据革命经验，革命主义及革命主张来制定的。现在我们试问中国的革命历史，从什么人创造的呢？当然这是举世周知的，是我们总理发起创导的。再问中国革命运动、革命力量，以及革命事业，怎样告成功的呢？那不用细说，就是总理集合国内各革命同志组织革命党来领导奋斗然后得来的。而总理此种革命运动的立足点，与本党所抱的主义主张是什么？根据遗教的昭示，就是三民主义。所以总理在讲演三民主义时，第一句就说，三民主义是救国主义。就这一点历史看来我们的宪法，当然是三民主义的宪法。我们的中华民国当然也是建立在三民主义之下的。我们可以说，假使当年没有总理倡导革命，推翻满清，一定不会有中华民国的建立。所以中华民国的产生，是由于奉行三民主义的革命努力奋斗的结果而来的。那么这个中华民国，当然是以三民主义建国的。离了三民主义，是不能造成中华民国的。没有中华民国，更从何谈到宪法呢？这一点，我们应当看清楚的。

再说宪法根据于三民主义，是否便是国民党的宪法呢？对这一层，我们或者可以不问三民主义是否是总理发明的，三民主义是否是国民党所主张的。现在要问，三民主义是否可以救国建国？总理说，三民主义，是要造成民有、民治、民享的国家。……总理虽则把这个主义交给我们党来奉行实施，但是完全站在全民族的立场上的，不是站在一个党上面的。这样看来，当然没有叫国民党将来包办国家政治的可能。那么现在党外的一种反对三民主义的中华民国与反对三民主义宪法的议论，实在是错误的。应当赶快觉悟是只有三民主义才可救国建国。①

此外我们还要知道：以三民主义冠国体，乃是适合我们民族的特性，并且符合我国先

① 立法院孙院长在国府报告“宪草的精神”，《中央日报》二十二年七月十一日。

贤的思想。我们民族的特性，乃是中庸的特性，王道的特性。孔子曰："过犹不及"，这就是昭示中庸之道。我们的民族，数千年来，都是按着这种中庸之道而求生存。时至今日，犹奉行不替。"以力服人者，非心服也"，"以德服人者，中心悦而诚服也"。所谓以力服人，即霸道是也。所谓以德服人，即王道是也。所以我们的先哲是主张王道。这个王道的主张，更可以拿一个具体的例子来证明。这就是所谓："大道之行也，天下为公。选贤任能，讲信修睦。故人不独亲其亲，不独子其子。使老有所终，壮有所用，幼有所长，鳏寡孤独废疾者，皆有所养。男有分，女有归。货恶其弃于地也，不必藏诸己。力恶其不出于身也，不必为己。是故谋闭而不兴，盗窃乱贼而不作。故外户而不闭，是谓大同。"① 三民主义也是脱胎于这些"天下为公"和"大同"等思想而来的。因为三民主义最后的鹄的，也是在于"大同"。所以我们说，以三民主义冠国体，乃适合我们民族的特性，并且发扬我们的国光。

三　人民权利之保障

人民的权利，其种类至为繁多。在宪法中所规定的，不过只是就其主要者而为例示之记载（如宪草第八条至第二十三条）。并非择其所应有的，而为完全的列举。即在宪法规定之外，而人民尚有他种相当的权利，宪法也应当加以保障（例如结婚的自由）。所以宪草第二十四条规定："凡人民之其他自由及权利，不妨害社会秩序，公共利益者，均受宪法之保障；非依法律，不得限制。"保障人民权利之规定本宪草是采两种方式。其一，为对行政权及司法权而限制其不得侵害者。例如第九条至第二十四条所谓"非依法律，不得限制云云"是也。这就是说，只有立法机关可以制定法律限制人民的自由权利。而行政机关则不得恣意加以限制。第二，为对立法权而限其不得侵害者。例如第五条规定："凡限制人民自由或权利之法律，以保障国家安全，避免紧急危难，维持社会秩序，或增进公共利益所必要者为限"是也。从这条看来，可知立法机关如果想制定法律去限制人民的权利，则必须根据于"保障国家安全"、"避免紧急危难"、"维持社会秩序"、"增进公共利益"四个条例。它不能随意制定法律去限制。查列国的宪法，对于人民权利之规定。很多只对行政权及司法权而限制其不得侵害的。但对立法权，则不加限制者。我们这次的宪草，则并行政、司法、立法三者而俱限制之。所以可说是很完密。

关于人民自由权利之限制，从制宪之技术言之，则有法律限制与宪法限制之分。所谓法律限制，即宪法虽承认人民有何种之自由，但全非委任法律以干涉之权，虽行政之干涉，不为宪法所许，立法的干涉则许之。所以这种限制方法，对于人民权利之保障，仍觉薄弱。且如采法律限制主义，则必待此类法律颁布之后，人民始能享受所定自由。只有宪法，还是不行。但若采取宪法的限制，则宪法一旦实行，人民随即有其自由。所以宪法限制的方法，对于人民自由权，比较以法律限制为巩固。为保障人权起见，自以宪法限制为佳。② 既

---

① 《礼记·礼运篇》。

② 吕复《比较宪法论》，第八五至第九九页。

然如此，我们这次的宪法草案何以不采宪法限制，而采法律限制呢？这是要说明的。从前欧、美的宪政运动，是人民各个人争自由的运动。我们现在的宪政运动，乃是集中国力去救国的运动。从前欧、美的人，他们争自由，是以个人为出发点。我们现在的争自由，是以团体为出发点。我们所争的自由，是国家的、民族的自由。中国现在的情形，和欧、美人民争自由的时候，大不相同。当时欧、美的人民，喘息于封建制度或专制主义之下，和我们现在的情形不同。那时欧、美人民的大问题，是怎样救自己。我们今天的大问题，是怎样救国家、救民族。我们的国家、我们的民族，早就陷于被压迫、被蹂躏的情况之下。眼前的情形，较前更坏。我们要救国家、救民族，则不得不要求个人极力牺牲他所有的自由，以求团体的自由。因为这个缘故，我们的宪法草案不得不采法律限制主义，于规定权利各条，加上“非依法律不得限制”的条件。

四 创作的国民大会

我们从宪法草案第三章“国民大会”看来，便知道我们的宪草的一个特色，为政权与治权之画分。这是我们总理所特创的学说。总理以为欲谋人民之幸福，不可没有一个万能的政府。但若已经有了万能的政府，而人民的力量不足以管理它，使政府流于专横，那岂不是一桩很危险的事体？所以总理以为政权当与治权画分。治权宜付之于政府，而政权则操之于人民。所谓治权，即立法、行政、司法、考试、监察五权。所谓政权，即复决、创制、选举、罢免四权。人民既有选举权、罢免权，则政府人员之去留，其权在于人民。若政府人员如被选后不能称职，则人民将行使其罢免权以革除之。人民于选举权、罢免权之外，更有创制、复决二种民权，则不但政府人员之去留，权在于人民，即政府人员之动止，其权亦在于人民。就止的方面说，人民有复决权，可以防止政府之制定不良的法律。就动的方面说，人民有创制权，可以使政府不能不制定良善的法律。所以复决权可比作甲胄，人民可利用它去抗拒违背民意的法律。创制权可比作枪剑，人民可利用它去另辟途径，拿自己的意思去制成法律。所以人民若是有了选举、罢免、复决、创制四种权力，则对于政府之去留动止，譬如六辔在手，所向莫不指挥如意。虽有万能的政府，亦不怕不能管理了。所以总理说：“这四个民权，就是四个放水制，或是四个接电钮。我们有了放水制，便可直接管理自来水。有了接电钮，便可直接管理电灯。有了四个民权，便可直接管理国家的政治。”[①] 据此人民不必有管理国家政治之实权。这是分开“权”与“能”的结果。也就是我们总理高出于卢梭（Rousseau）和罗模（Lolme）的地方。卢梭主张直接政府制，授人民以治权，而强其所不能。罗模则主张代表政府制，因人民之无能，而竟夺其所应享之权利。所以两人均不能获得一个正当的解决，因为正当的解决，在于“政权”与“治权”之画分。《建国大纲》第二十四条规定：“宪法颁布之后，中央统治权则归于国民大会行使之。即国民大会对于中央政府官员，有选举权，有罢免权。对于中央法律，有创制权，有复决权。”

① 《民权主义》第六讲。

这是宪草国民大会的根据。就国民大会的职权来说，列国的政制，都没有这样的组织。它的第一种性质，就是作国家政权行使的最高机关。这种国民大会的制度（Plebiscite），叫做使人民举行投票自行表决。但是我们的国民大会和它又不同。因是我们虽采这种方式，但是不直接行使。在我们，这种权是间接的。即由国民选举代表，由代表去选举总统。各院院长、委员的产生，差不多都是由国民大会选举。此外它还有创制、复决、罢免等权。我们的国民大会所以采取间接的制度，则完全因为我们有特殊的情形。因为我国幅员广大，人口众多，而且教育未普及，不能由人民直接行使四权，只得委托国民大会行使。我们的国民大会，还有第二种性质。这就是宪法会议（Constituent assembly）的性质。但是我们的国民大会，又和外国的宪法会议不同。因为外国的宪法会议，并不是定期常开会的，乃是开一次会就了事的。不像我们所定的国民大会，每三年就召开一次的（宪草第三十一条）。而且国民代表还有一定的任期（宪草第三十条）。所以我们的国民大会，可以说完全是一种创作的新制度。①

五权制度是我们总理所发明的。世界无论任何国政治，其原始总是一权制。而且多是以神权为惟一的权力。所以在原始时代，谈不到什么分权的问题。一直到了法国的孟德斯鸠（Montesquieu），因为观察英国的政治制度，著了一部《法意》（Esprit des Lois）才开始主张三权分立的学说。孟氏所主张的三种权，是（一）立法权，（二）司法权，（三）行政权。他说“自由政治，只能在温和政府见之。温和的政府之实现，在于执行者不越权。然有权者必越权。证之实验，曾无稍爽。所以要防止此弊，不能不以权止权”②。这是说，要防止住权力的专制，不能不用其他势均力敌的权力去制止它。这就是孟氏所主张三权分立的精义。自从孟德斯鸠倡三权鼎立之后，近世的政治学家多附和孟氏之说，他们差不多认三权分立为保障民权的不二法门。所以美国十三州独立的时候，一般政治家对于三权鼎立的学说，都是一致赞成的。美国的宪法，是成文宪法的鼻祖。在这个宪法当中，明定立法、司法、行政三权的独立，彼此不得互相侵越。他们的用意，是要使三权互相抵制成为平衡状态，以防止任何政府机关的专制倾向。就是美国政治学者所常称道的抵衡说（Check and Balance）。美国实行三权鼎立的制度以后，法国革命成功，又首先仿效美国，以三权分立为圭臬。后来各立宪国家，纷纷模仿。现在世界各国既然都是以三权为分治的准则，为什么总理却又主张五权宪法呢？五权宪法的特点，就是在立法、司法、行政三者之外，加上考试、监察两权。所以三权与五权的区别，只是在考试、监察两者是否独立罢了。立法、行政、司法三者分立，我们可说是各国的通例，也可以说是司空见惯的制度。因为是司空见惯的制度，所以各国行使三权分立的制度，便以为是天经地义的。总理所以主张于立法、司法、行政三权之外，更加上考试、监察两权，并不是故立奇异，乃是因为研究各国宪法，觉得三权分立，并未完备，而且不适用于现在。总理说：“兄弟研究美国宪法之后，便想要

---

① 二十三年三月十二日立法院纪念周孙院长报告词。

② Esprit des Lois 第十一卷第四章。

补救他的缺点。……兄弟想起从前美国哥仑比亚大学有一位教授叫做喜斯罗，他著了一本书叫做‘自由’。他说宪法的三权，是不够用的，要主张四权。……就是把国会中的弹劾权拿出来独立，用弹劾权，同立法权、司法权、行政权，作为四权分立。”① 总理又说：“他的这个用意虽然不能说是十分完善，但是他能够著这本书，发表他的意见，便可见美国里头，已经有人先觉悟了。”② 美国宪法既然不完备，那么我们要从头建设中国的政治制度，绝对不可再以美国宪法为蓝本了。三权分立论何以有缺点呢？因为现在各国的立法机关兼操监察权（即国会可操之弹劾权），行政权兼掌考试权。考试、监察两层作用，不能得到美满的效果。立法机关本是专为制定法律而设的。如付与弹劾（监察）权，那么因为党派的关系，议会议员常分为政府党，与反对党的两个壁垒。反对党对于执政者，终不免吹毛求疵，攻击政府，以便使执政者失却人民的同情。同时政府党的议员，又想尽力拥护政府，竭力左袒执政者之措施。所以如果政府党占多数，则执政者可以毫无忌惮，任意作为。如反对党在议会占多数，则政府便感觉不稳固了。况且立法机关是应代表民意去立法的，如果加以监察或弹劾的权限，议员便天天卷入政争的漩涡，至于立法本身上的职务，反而容易抛到九霄云外了。近世欧、美各国对于文官，有所谓文官考试（Civil service）的制度。但是这种文官考试，也不过由行政机关去办理。那办理考试的当局，仍然不能免受行政官的影响，因此不能选拔真正的人才。这种毛病，总理看得很清楚，所以主张一切官吏，都非考试不可。总理说：“在君主时代，可以不用考试。共和时代考试，是万不可少的。故兄弟想于四种之外，加多一个考试权。”③ 所以总理以为监察权应由立法机关画出，而考试权则应由行政机关画出，各使为平列独立的治权。考试、监察两权，应该与立法、司法、行政平列，究竟有什么根据呢？总理说：“如满清之御史，及唐朝之谏议大夫，都是极好之监察制度。举行此种制度之大权，即监察权，即弹劾权。外国亦有此种制度，不过置之于立法机关之中，不能独成一治权而已。”④ 可知总理所说的监察权。实在是渊源于中国古代的谏议大夫及御史制度，和外国立法机关的弹劾权。但是并非仿效它的形式，而是采用它的精神。并且从前的台谏制度，虽然有几分独立的精神，然而毕竟不能说是可以脱离君主的威力的支配。既然不能不受君主的支配，所以监察权的行使，便不能充分表现。现在把监察权提高，与立法、司法、行政考试等权立于同等地位，当然可以不受其他政府机关的支配，而去放胆纠察政府官吏的过失了。至于考试一项，那更是中国最先的发明。自从汉朝的时候，汉文帝诏贤良对策，第其所对，以次授职。其后历朝均用考试取士。明朝分乡试、会试、殿试三种。到了前清，另设提督学政，专司各省考试。考试权渐渐独立起来。总理说：“考试制度，原来是中国一个很好的制度。也是一件很严重的事。”但是考试制度，如果不能成为完全独立的一权，则考试仍难免不发生弊病。所以要充分得到考试的功效，必定要先将考

① 五权宪法。
② 五权宪法。
③ 五权宪法。
④ 五权宪法。

试权，成为与行政、立法、司法、监察等权，立于平行的地位而后可。现在这次宪法草案在第四章“中央政府”之内，分设行政、立法、司法、考试、监察五院，各掌行政、立法、司法、考试、监察的最高权[①]，使其彼此平行，不相侵越。这不但是中国政治史上的空前创举，就是从世界政治史上来论，也是破天荒第一遭的制度了。

六　元首的特殊作用

我们研究列国的宪法，便知它们的元首，普通是两种。一种就是总统制里的实权元首，(Real head)。例如美国的大总统。一种就是内阁制里的虚权元首（Titular head)。例如法国的元首。按诸总统制，行政机关的职权，是集中于行政元首。在这种制度之下，国务员之进退，系以元首之信任与不信任为转移。我们的宪草第五十六条、第五十九条，虽然规定行政院院长由总统任免，对总统负责，但是第七十七条，和第八十四条，则规定司法院院长和考试院院长虽由总统任命，但对国民大会负责。而且第六十三条、第六十六条、第八十七条、第八十九条，规定立法院院长和监察院院长由选举而产生，并对国民大会负责。从这几条看来，我们宪草里的大总统，绝非总统制里的大总统。在责任内阁制之下，元首是不负责任的。但是我们的宪草第四十六条明白规定：“总统对国民大会负其责任。”第三十二条规定国民大会有罢免总统之权。从此看来，可知宪草里的大总统，绝非责任内阁制里的元首。宪草里的总统，自有他的特殊地位和特殊作用。因为他除了一般元首所具之职权而外，他还有两种特权。其一就是调整五院的作用。宪草第四十五条规定：“总统得召集五院院长，会商关于二院以上事项及总统咨询事项。”在训政的时候，政府之上，还有中央政治委员会，以为最高的指导联络，以作调整之机关。如有两院以上的事情发生，可由政治委员会来负一种调整的任务。将来施行宪政以后，这种制度不存在，假如总统没有这种调整的职权，则在政制的联系上，不见得十分完善。总统是国家的元首，是政府的最高领袖，所以可以授权与他，规定联系办法，以为调整及解决院与院间的问题。[②] 第二种作用，就是须发紧急命令，以维国家的作用。宪草第四十四条明定：“国家遇有紧急事变，或国家经济上有重大变故，须为急速处分时，总统得经行政会议之议决，发布紧急命令，为必要之处置。但应于发布命令后三个月内提交立法院追认。”这种紧急命令（Notverordnungen）权，原属君主政体的一种遗产。在从前德、奥等君主国家，君主是保留这种紧急权（Notrecht）的。德国许多公法学家且认元首之颁布紧急命令权，乃是国家的一种自卫权。[③] 日本宪法亦采行此种紧急权。其第八条规定：“天皇为保持公共之安全或避免公共之灾厄，因紧急之需要，在帝国会议，闭会期间，得发布代法律之敕令。此项敕令，应提出于下次帝国会议。若会议不承认时，政府应公布该敕令此后失其效力。”但是在民主国家里，规定

---

① 宪章第五十五条、第六十三条、第七十六条、第八十三条、第八十七条。

② 立法院孙院长在中央报告“修正宪草经过”。

③ Esmein，Droit Constitutionnel 卷下第八十六页。

元首得颁发此种命令权的，也不乏其例。例如德国宪法第四十八条规定："凡遇国家之公共安全及秩序发生重大危难时，总统得径行采取必要之处置，以恢复公共安全与秩序。于必要时得使用武力，以速达此目的。总统得将宪法第一一四、一一五、一一七、一一八、一二三、一二四及一五三诸条所规定之人民基本权利之全部或一部停止之。本条第一、二两项规定之处置，应由总统先通知联邦议会。如联邦议会要求废止时，此项处置即应停止。"奥国一九三四年五月一日宪法特设"行政紧急权"一章。其第一百四十七条规定："（一）为维持公共之安宁秩序及保持人民之重要经济利益，或联邦之国家财政利益，尤其确保联邦之预算，有立即发布依照宪法，须有联邦国会决议之必要处置者，因事关紧急，不能立得国会议决时，则联邦政府，得自行负责，用暂时变更法律之命令，而采取此项之处置。（联邦政府紧急权）此项命令上，得将联邦事务之执行，其权原属他机关者，委托特别联邦机关执行之。"这种紧急命令权，虽有列国宪法先例，但是我们宪草之规定紧急权，绝非出于模仿。这完全是应付我国的需要。因为我们正在困难期间，时时刻刻会有紧急的事故发生。假设国家在紧急的时候，万一发生事故，我们的宪法如果没有规定，便难以应付。如果总统有了紧急命令权，他便可立即发布命令，以应时势的需要，以济法律之所穷。我们从宪草所赋予总统的调整作用及颁发紧急命令之权，便可以知道宪草上的元首之特殊作用了。

七 均权制度

上节所说的五权制度乃是从政府权力之横的分配而立论的。若是从政府权力之纵的分配而论，则列国的政制，大抵分为统一制（或集权制）和联邦制两种。联邦制和统一制的根本区别，一方面是根据政府权力之分配或集中去决定。一方面是根据中央与地方彼此的关系而决定。如果宪法将政府的全权单独付与中央政府，而地方政府的权力及其生存，完全是由中央颁赐的，那么这种制度，便是中央集权制（即统一制）。反之，如果政府权力的全体，是由宪法或国家根本法分配于中央与地方，那么这种制度便是联邦制（即地方分权制）。集权制的特色，在于宪法对于中央政府与附属的地方政府，并不规定分权。在集权制的国家里，只有一个意志，政府权力，只有一个共同的来源。地方区域之设立或改变，不是由宪法去设立或改变，乃是由中央政府去设立或改变。地方无论有什么权力，或自治权利，都是中央政府委托（Delegate）给它们的。它们的权力，得为中央政府任意伸缩增减。它们所有的权力，不过是委托的权力（Delegated power），无所谓原来的（Original），内在的（Inherent）权力。地方政府不过是中央政府所设立的中央机关之一部分。它们是用作中央政府对于地方行政的代理机关（Agents）。地方政府要受中央的制御。无论地方政府所具之自治权或行政能力是怎样，这些权力都是中央赐给它们的。不是因为有宪法的保障而存在的。举例来说，英国的府市，虽然具有许多的地方自治权，但是这些权利是从国会法令（Parliament Acts）得来的。这些权力，国会可以随时任意伸缩。法国更是如此。它的地方机关大部分是中央政府的代理机关。但在联邦制的国家里，地方政府不是中央政府所设立的东西。在多数的联邦国里，中央政府乃是地方所设立的。地方不是中央机关的部分。地方的自治权，不是由中央政府决定，乃是由联邦宪法决定。因此地方政府的生存，不是由中央政府所颁赐。它们的权力，不为中央政府所限制。在联邦制里，中央政府与地方制度，都是在一个公共主权之下而共存的。中央与地方机关，在各自的一定范围之内，是各居最高的地位。[①] 这两种制度，中央集权制与地方分权制，自总理看来，均不适于我们中国。他说：夫所谓中央集权或地方分权，甚或联省自治，不过内重外轻，内轻外重之常谈而已。权之分配，不当以中央或地方为对象，而当以权之性质为对象。权之宜属于中央者，属之中央可也。权之宜属于地方者，属之地方可也。例如军事外交，宜统一不宜纷歧，此权之宜属于中央者也。教育、卫生，随地方情况而异，此权之宜属于地方者也。更分析以言，同一军事也，国防固宜属之中央。然警备队之设施，岂中央所能代劳？是又宜属之地方矣。同一教育也，滨海之区，宜侧重水产，山谷之地，宜侧重矿产或林业。是固宜予地方以措置之自由。然学制及义务教育年限，中央不能不为画一范围，是中央亦不能不过问教育事业矣。是则同一事业，犹当于某程度以上属之中央，某程度以下属之地方。彼漫然主张中央集权或地方分权，甚或联省自治者，动辄曰某取概括主义，某取列举主义，得勿嫌其笼统乎？议者曰，国小民寡，或可用中央集权。地大民众，则非用地方分权或联省自治不可。曾不知土地之大小，不当但以幅员为差别，尤当以交通为差别，果其交通梗塞，土地虽狭，犹辽阔也。果其交通发达，土地虽广，犹比邻也。中国今日若犹守老死不相往来之训，虽百里犹不可以为治。若利用科学以事交通，则风行四海之内，若身之使臂，臂之使指，集权分权，又何与焉？议者又曰，中央集权，易流于专制。地方分权或联省自治，始适于共和。此又不可不辨。夫专制云者，与立宪为对待之名词。苟其立宪，虽中央集权何害？例如法国固行中央集权者，其为民主立宪国自若也。北美之合众，议者乐引为联省自治之口实。以为中国非如是，不得为共和。而不知其所引之例，实际适得其反。美之初元，固行地方分权制，然南北分驰，政令不一，深贻国民以痛苦。及南北战争起，虽以解放黑奴为号召，而实行统一。乃其结果也，经此战争，美国各州始有凝为一体之象。洎乎参加欧战，则中央政府权力愈以巩固，且愈以扩充。举人民之粮食衣服，亦置于中央政府管理之下。其集权之倾向为何如？如议者言，则美国中央政府集中权力之时，亦将为共和之不利欤？凡此诸说“皆与权力分配本题无关重要之研究。权力之分配，不当挟一中央或地方之成见。而惟以其本身之性质为依归。事之非举国一致不可者，以其权属于中央。事之应因地制宜者，以其权属于地方。易地域的分类，而为科学的分类，斯为得之。”[②] 总理根据这种理论，主张中国宜采均权主义。即凡事务有全国之性质者，画归中央。有因地制宜之性质者，画归地方。不偏于中央集权制，或地方分权制。宪草第一〇四条规定：“凡事务有因地制宜之性质者，画为地方自治事项。”我们现在从这一条看来，便可知道我们的宪草，是于中央集

① Garner, Political Science and Government, pp. 346—348.

② 《中华民国建设之基础》，见全集第一集。

权制与地方分权制之外，另辟蹊径，而采均权制度了。

八 民生主义的经济制度

宪草“国民经济”章的第一条（即第一一六条）便开宗明义的标明“中华民国之经济制度，应以民生主义为基础”。我们的宪法，所以采取民生主义的经济制度，是因民生主义在理论上，比流行于欧、美的资本主义和共产主义好得多，我们先比较民生主义和资本主义之不同。总理说：“民生主义和资本主义根本不同的地方，就是资本主义是以赚钱为目的。民生主义是以养民为目的。”① 换言之，在资本主义的社会，国家或社会对于各个人的生活，不负责保证。由个人根据生存竞争、优胜劣败的原则去求生存。但在民生主义的社会，国家或社会对于各个人有保证生活的义务。各个人对于国家或社会，有要求生存的权利。欧战前的列国宪法，为资本主义所支配。所以国家对于民生，完全采取一种放任政策（Laissez Faire）。到了欧战后的制宪者，方稍微知道这种政策之错误，认识国家一种重要的权能，在于保障人民的生活。② 例如德国宪法有一条，说：“经济生活的组织，必须适合正义的原理。其结果应令全体人民的适宜生活都得保障。”③ 埃斯通尼（Estonia）的宪法，也含有一条。说：“经济的组织，必须与正义的原则相合。其目的在于谋适于人类的生活状况。”④ 然而从我们看来，这些规定，还不见得十分彻底。因为它们充其量不过保障各人所宜的，或适于人类的生活罢了。而我们的宪法所保障的，则为一般人既均且足的生活。所以宪草第一一六条最后一句是说：“以谋国民生计之均足。”这才是“养生”的鹄的。资本主义的分配和民生主义的分配，在性质上，各有不同的性质。在资本主义的社会，分配的性质，在报酬劳动或财产的贡献。所以一个人要是“劳动者”，“资本家”，或“企业家”，才有要求分配的权利。如果单纯拿着“人”的资格，就没有这种权利，就不能享受分配。所以没有财产，以及能劳动而无机会劳动的人，固然没有权利要求分配；就是不能劳动的人，例如残废者、老年，除掉受社会的慈善的待遇外，法律上没有权利要求生存。因之，没有权利要求分配。在民生主义的社会分配的性质，不在报酬各个人财产或劳动的贡献，而在维持各个人的生存，满足各个人的欲望。所以一个人并不是因为自己是一个“劳动者”或“财产家”才有要求分配的权利，乃是因为自己是一个“人”，所以有这种权利。因此，不能劳动的人，如老弱残废、孕妇、产妇等，在法律上都有要求分配的权利。所以宪草第一百二十七条规定：“人民因服兵役工役或公务而致残废或死亡者，国家应予以适当之救济或抚恤。”第一百二十八条规定：“老弱残废无力生活者，国家应予以适当之救济。”

我们再比较民生主义和共产主义的不同。民生主义和共产主义理想虽相似，但是办法

---

① 《民生主义》第三讲。

② Headlam-Morley，The New Democratic Constitutions of Europe，Chap. 15.

③ 德宪第一五一条。

④ 埃斯通尼宪法第二五条。这条的语气，不像临时宪法的规定那么强。临时宪法的句文是说：“在埃斯通尼一切公民都有适于人类生活程度的权利之保障。”

不一样。共产主义的办法，是阶级斗争，和无产阶级专政。马克斯（今译为马克思——编者注）以为人类的历史，乃是阶级斗争的历史。自由民和奴隶，贵族和平民，地主和农民，工主和工匠，做一句话说，压迫者和被压迫者，从古到今，都继续着明争暗斗。争斗的结果，不是被压迫的新兴阶级得到胜利，产生新的社会，便是交战的阶级两败俱伤。工业发达的结果，社会上形成互相对立的两大阶级，即资本阶级和无产阶级。所以共产主义的革命方略，就是训练无产阶级斗争的方法，打倒资本阶级，而升无产阶级于支配的地位。就利用其政治的权力，渐次夺取有产者的一切资本，集中生产手段于国家手中。所以阶级斗争和无产阶级专政，乃是共产主义的办法。民生主义则不采取这种办法。总理以为近来社会进化的事实，都不是经阶级斗争而得到的。例如经济上的，社会与工业的改良，运输与交通的收归公有，直接税的征收，和分配的社会化，都是用改良的方略进化来的。① 这些进化，虽然还没有达到我们理想的境遇，然而其为社会进化，却是不能否认的。而且原始的共产社会之中，没有阶级的区别，没有阶级的斗争。然而社会却由原始共产的形式，进化到现在。民生主义则以渐进的、和平的方法，去达到均足的社会。欧、美各国，因为资本主义太发达，结果形成资产阶级与无产阶级相对立，给共产党以制造社会革命的机会。总理有鉴于此，以为中国是产业落后的国家，在革命改造之初，与其走上资本主义的路线，造成未来的社会阶级斗争的惨剧，倒不如慎之于始，避免走这种不必走的路。所以主张民生主义，以节制资本的方法，去防止私人资本太发达来支配国民的生计。同时以平均地权的方法，来防止大地主的土地权。我们读宪草第一一七条至第一二八条，便知道它是充满了民生主义的精神。

九　教育

在宪草第七章“教育”里，其引人注意的，就是它（一）使无论贫富老弱，均有受教育的平等机会（例如第一三二条、第一三四条、第一三五条、第一三八条第五款）。（二）使无论贫富的地方，均有发展教育的机会（第一二六条、第一三七条末项）。而其最重要的，就是规定教育经费的最低限度。现时我国政府所供给的教费，为数太少，和实际的需要比较，相差太远。维持况且不易，何能谈及发展？环观世界各国，中央教育占政费之最高比例的，差不多达于百分之二十。至于地方所担负的教育经费，则苏俄于一九二六年至一九二七年地方收入用于教育者，占百分之四十。德国市预算中，教育费在一九一八年占总预算百分之三四点六。美国各邦教育费在各项政费所占的百分数，最近差不多达到四〇。它们已经是教育发达的国家，现在它们的教育经费，尚且有增无已。我国是教育落后的国家，要急起直追，非确实规定教育经费的百分数不可。像训政时期约法第五十二条只规定中央及地方应宽筹教育上必须之经费，那种空洞的办法，乃是无济于事的。所以宪草第一百三十七条切实规定“教育经费之最低限度，在中央为其预算总额百分之十五。在

① 《民生主义》第一讲。

省区及县市为其预算总额百分之三十”。

一〇 宪法之解释

宪法的解释权，应属何种机关，各国立法例颇不一致。有属于君主的，例如日本是。这是表示君主专制的特彩，非共和国家所宜模仿，无待赘言。有属国会的，如比利时、意大利是。国会原属立法机关，非解释法律之机关，故恐难胜任。有属特别机关的。如奥大利（今译澳大利亚——编者注）特设宪法法院以裁决普通法律是否违宪是。又有属最高法院的，如美国是。中南美诸联邦，均模仿美制。英国之自治殖民地，亦如是。所以我们可说以最高法院去解释宪法，乃是一个最普通的制度。我们的宪草也采取这种制度，赋与司法院以解释宪法之权。① 但是我们的制度和美国有一点不同。因为宪草第一百四十条有如是之规定：“法律与宪法有无抵触，由监察院于该法律施行后六个月内提请司法院解释。”在美国的办法，可由人民或各级政府起诉于最高法院。最高法院即能行其解释权。我们若是只规定由司法院解释，则司法院将变成一个最高的立法机关。这与五权制度不免冲突。所以加上一点限制。假设监察院不提请解释，则司法院便不能解释，而且政府与人民不能直接提请解释。所以比较美国制度较有限制。②

一一 过渡条文之添设

过去的制宪运动有一个重要的毛病，就是制宪的人只管制宪，不顾及宪法之施行，驯至宪法虽经公布，然窒碍难行，使根本大法徒托空文。时至今日，国家仍为无宪之国家。言念及此，曷胜浩叹！此次制宪，能痛改前非，理论与事实，均能顾及。于宪草特设过渡条文，以便施行，诚属幸事。此因一方须遵照总理遗教，完成一善良的五权宪法。一方又须顾到目前的情形。而目前的情形，则为训政尚未完全成功。故不能不设置一些补救办法，以便施行。此中又可分三项而说明之。第一项为关于立法，监察委员之产生方法。在宪草本身，原来是规定完全由民选的。现因地方自治没有完全成功，不能全由民选，所以设一过渡条文，规定其半数由立法、监察两院院长各提请总统任命（第一百四十三条）。第二项是关于县市长的产生方法。宪草本身原来是由民选的。但是现在未完成自治的县市很多，它们不便民选。所以设一过渡办法，规定由中央任命。（第一百四十四条）第三项是关于国民大会代表产生方法及第一届国民大会之职权。宪草本身规定国民大会是完全选举的。但是现在要召集的国民大会，是制宪的国民大会。所以此次国民大会代表选举法规定国民大会代表采用区域选举制而外，还兼用职业选举制，特种选举制。同时中央执监委员都可以出席为当然委员。将来宪法颁布之后，依照宪法而召集之国民大会，当然不是如此。但这次国民大会通过了宪法之后，马上又要召集宪法规定的国民大会，则于时间经济，均不许

① 宪草第一百四十二条。

② 参照孙院长在中央报告之修正宪草经过。

可。为适应环境起见，所以加上了一个过渡条文，规定："第一届国民大会之职权，由制定宪法之国民大会行使之。"（第一四六条）①

关于宪草的内容我们可以总括一句。这次的宪草，并不是闭门造车，凭空想像的东西。它是根据总理遗教的三民主义，五权宪法，并斟酌国家目前的需要而议订的。

最后要补充几句就是国民对于施行宪政是要尽相当的责任的。第一，国民要注意政治，督责政府。孙院长说得好："宪政之实现，其艰巨尤较军政、训政为甚。苟国人以为一经宪法之制定，公布施行，即可唾手而得宪政之良果，乃属大谬。盖在国民政府准备宪改开始之前，国民党同志对于宪政之设施所负之使命，固属倍增，而全国国民所负之责任，亦较前为重。训政时期工作之良否，尚可诿为国民党之责任，而宪政成绩之好恶，则全国国民共负其责，不复能有所诿卸也。故国民必须提起全副精神，注意政治问题。同时以正当方式，充分表现其意志。在消极方面，要能防闲政治上旧有之罪恶，使腐恶势力，不能抬头。而在积极方面，更应督促政府进行建设事业，以解民生痛苦。然后始不负宪政之美名，与夫提倡实行宪政之初意。苟重蹈民国初年之覆辙，徒为政客造捣乱之机会，则非吾人所望于国民矣。"② 第二为守法。胡展堂先生说得好："我人主张立宪，当先使社会人人确认此宪法为必须遵守之规律，然后此宪法始有支配人的意思之力量。故社会人人对于宪法之认识，实为宪法的力量发生之根据。一言蔽之，即守法之精神，必当先于立法之事实是已。"③

---

① 参照孙院长在中央报告之修正宪草经过。

② 二十二年元旦孙院长发表"实行宪政之意义与国民应有之常识"。

③ 胡汉民论所谓立宪。

徐式圭

中国监察史略

作者简介

徐式圭（1892—1963），原名世特，字若璋，福建省屏南县屏城乡里汾溪村人。中华学艺社社员。1930年创办《屏南月刊》，参与编撰《福建通志》，抗战时期进步报纸《东南时报》特约撰稿人。一生著述甚多，主要代表作有：《中国教育史略》、《中国田制史略》、《中国监察史》、《读史随笔》、《中国大赦考》等。徐式圭先生从小聪颖好学。1908年考入福建全闽大学堂。1912年考入私立福建法政学堂政治经济系。1915毕业后在屏南长桥天宝寺立学任教。1921年赴北京参加文官考试。1924年被推选为屏南县教育会会长。1928年2月25日，创立屏南历史上第一所中学“戊辰中学”，并担任校长，被誉为屏南教育先驱，为发展屏南教育事业作出了积极贡献。

出版社：上海，中华书局。

出版年份：1937年。

馆藏：国家图书馆中文图书基藏库。

作品简介：在传统中国的政治架构中，监察制度与其所形成的监察体系具有重要的功能和地位。特别是随着专制主义中央集权的不断增强，监察制度也逐渐完备和系统化，监察官员的职责也更加明确，机构也进一步扩大，作用也越来越重要。一般而言，在中央设有独立的监察机构，专门负责代表皇帝进行自上而下的监督，主要是督察中央和地方的各级官吏是否遵守国家的法律和各项制度并认真执行，中央监察机关位高权重，是皇帝的耳目，如唐代御史台就分为台院、殿院、察院。监察机构的主要职能是弹劾中央百官，维护朝廷礼仪，纠察地方官员，并作为监督机关参与部分案件的审理。传统的监察机关作为比较成熟的政治体制也一直为现代人所高度评价，甚至对中国近现代的政治体制设计也起到很大的影响。如孙中山先生主张的“五权宪法”，其中很重要的内容之一便是监察权，从1928年国民政府成立一直到今天的台湾地区，监察院始终是作为重要的政治机构存在。《中国监察史略》便是对中国监察制度演变发展的一次综合梳理，颇有其重要的学术与现实价值。

本书的总体设计是按照朝代和时间的变化来叙述中国监察制度的发展，其后对部分重要的监察职能与机构做了深入的研究。本书总共分为18章，分别是：第一章“未有监察以前的官吏状态”；第二章“监察名称的沿革”；第三章“监察的雏形时代——秦”；第四章“监察成长的初期——汉”；第五章“魏晋监察的仅存”；第六章“十六国监察的拾零”；第七章“南北朝监察的互异”；第八章“有隋监察的转折”；第九章“监察的全盛时期——唐”；第十章“五代监察的没落”；第十一章“监察的复兴时代——宋”；第十二章“辽金监察的仿袭”；第十三章“元代监察的异制”；第十四章“都察院的监察时代——明清”；第十五章“共和政治的监察”；第十六章“谏议大夫”；第十七章“司录校尉”；第十八章“封驳诏书”。（余钊飞整理）

第九章 监察的全盛时期——唐

监察制度，到了唐朝可算是全盛的了。组织既很详密，法度也颇完备，现在把他分述于下。

第一节 唐代御史总说

唐的监察机关，仍名御史台，掌用“刑法典章纠正百官之罪恶”。有大夫一员做台主，有中丞两员做副贰。（新书作三员，从旧书）中叶以后，朝廷以大夫秩崇，官不常设，只留中丞摄任台长（见武宗会昌二年敕），所以也把中丞品秩升至四品下阶，和大夫三品中阶相拟。但这都是后话。

高宗龙朔二年，用“义训”更改百官名目，叫御史台做宪台，大夫做大司宪，中丞做司宪大夫。咸亨元年仍复旧制，中间更换名号，不及八年，而且是实质原只一样。武后文明元年窃夺大位，改元易服，才把台制根本变更，以御史为肃政，并分左右两台。中宗神龙复国，御史也复原名；但两台之制，还沿至睿宗太极元年，始行合并。

第二节 两台和三院

第一款 两台的起灭

唐初御史，只有一台。武后亲制，才分左右两台肃政。左台主督察百官军旅；右台主督察州县政治风俗。初时两台“互相纠正颇加敬惮”。时议以为右多名流，左多寒刻，故选登南省也是右台居多。末后，两台兼主京师和州县的督察，权限既不分开，而御史里头又多互相倾轧。睿宗景云三年下诏说：

“二台并察京师，资位既等，竞为弹劾，百僚被察，殆不堪命。”

这大概就是裁并的理由了。太极元年，遂废右台。是年五月改元延和，复设右台御史；但以尚书事务归入左台。右台不服，起而争绾。左台大夫窦怀贞，遂依故事奏撤右台，把人员并入左台安置。先天二年再复，十月又废。

第二款 三院的组织

台的下面更有三个附属机关：

（一）台院 这是侍御史办公的所在。侍御史叫台端，又被人称做端公。唐初标榜“法理”（理即治也）主义，他的职位很居雄要。里头有侍御史六人（《通典》旧书均作四人），兹依新书。主簿一人，录事二人，令史十七人，书令吏二十三人，分掌“推”、“弹”、“公廨”、“杂事”四种台务。推是推鞫；弹是弹劾；公廨是常驻衙门；杂事是总理一切庶务。

他的分配如下：

知杂事侍御史一人。特别叫做“杂端”，要年资最老的方才可以充任，主管御史进名改转，以及台内一切事务。

知公廨侍御史一人。这便是常驻廨内的御史，用今制来说，便是常务委员。

知弹侍御史一人。侍御史提起的弹劾事件，都得经过台长手上。大事台长另用“方幅”上奏，小事只在御史疏末署名押奏。知弹便是帮助台长知这些事。

知推侍御史二人。名叫“副端”，分掌东西推鞫事务。原来唐初把京官州县分做东西两推，设知杂御史各一人，主监赃渎。在三司受事时候，又各要一个殿中侍御史为副，通叫“四推御史”。宪宗元和八年，令四推轮直受事，周而复始，罢东西分日之制。

分司东都留台一人。这便是后世“行台”的蓝本。

这些侍御史的权力，在唐初原是很重的。肃宗至德以后，宰相以侍御史权重，建议弹奏先白中丞大夫，又要通状中书门下，然后才得进奏。由是拘牵制限，侍御史的权力便不及从前那样自由行使了。

（二）殿院　这是殿中侍御史的所在。内里有御史九人，（《通典》旧书均作六，兹从新书）令史八人，书令史十人，掌：

第一，纠察殿廷各种仪节；第二，分知京城内外的左右巡。他的工作分配，是这样：

1. 同知东推一人。掌监太仓粟米出纳，双日出台，单日在殿，间日一往。

2. 同知西推一人。掌监左藏锦帛出纳，双单日的分配同前。

3. 廊下食使二人。朝官就食廊下，要有殿中侍御史二人出监。

4. 分知左右巡二人。左巡知京城内，右巡知京城外，但以雍洛两州的境界为限。境内有所不法之事，无论何人皆得举究。后以巡务太烦，归京畿县尉管理。

5. 内供奉三人。掌监殿廷供奉仪式。

其他巡幸朝会郊祀等事件，定例也要殿中侍御史派员纠察。

（三）察院　这是监察御史的所在。内里御史十人，御史里行五人，掌监察百僚以及巡按州县各种事务。他的工作分配，原有：

1. 六察御史　简称“六察官”，分掌尚书省吏，礼，兵，工，户，刑六司的监察。

2. 监太仓使　这个原属监察御史的范围，后由殿中侍御史专监，此职遂停。

3. 监左藏使　同前。

4. 黜陟使　享有黜陟州县官吏的特权。太宗贞观八年设；肃宗乾元元年罢；德宗建中元年复置黜陟十一人，分巡天下。

5. 监军御史　这是隋的旧制。武后垂拱二年，以御史监军为“以卑制尊且非委任专征之道”，此制遂停。

6. 知左右巡　这个原是监察御史的责任。初制每月巡视刑部、大理、东西徒坊、金吾县狱，不限次数，一月一代。开元以后，改由殿中侍御史知巡，此职遂停。

7. 馆驿使　开元中年，监察御史兼巡传驿，二十五年改兼巡为“检校”，代宗十四年，复改检校为“知”，名为知两京驿使。

8. 察院杂差

（1）监决囚徒及罪人之笞于朝者；

（2）监屯田铸钱；

（3）战时大克掌数俘奏功；

（4）国忌日与殿中侍御史分巡寺观；

（5）宴飨、习射、大祠、中祠、纠察不如仪者；

（6）搜狩，监察断绝失禽。

第三节 台臣的正除和额外

第一款 正除

唐御史除拜，皆由吏部丞相和本台长官共同议定，但也有由内诏特任的。高宗以后台官选授，逐渐鲜受铨管。睿宗神龙时候，为着李义府主选，奸弊甚多，便完全令他脱离吏部。那时颇能慎选名流，回复贞观永徽之旧。

第二款 额外设置

唐的御史，有假，有试，有兼，有摄；这些都是正员。有里行，有里使，有员外各种名称，这些都是特别加额。

太宗诏令马周以布衣在监察御史里行，这便是“里行”二字之始，犹今言在某某衙门行走一样。到武后时，又有殿中侍御史里行之官，都由他官兼充。他的俸薪即由他官支给。自从王太宾兼摄里行，罢给本官之俸以后，里行一职才有真除。

员外试监察之制，始自武后。那时李峤主天官选事，名器虚滥，朝廷员外官多至数千人，监察的员外，自然也极拥挤了。

里使始自玄宗，有御史里使、侍御史里使、监察里使各名目，但都没有常员。

原来唐的台例，只限占阙正员，才有职田庶仆。额外无阙可占，便只一年两次请地于太仓，每月一次受俸受禄于太府。

第四节 御史处事成规

唐代御史处事的成规，也可分做数种来说：

一、风闻论事 旧例御史不受词讼。通词的人须在台外守候。御史按时在门外收状，察其可劾者具奏，但不叙告者姓名，托言风闻访知。这便是“风闻论事”的来源。但御史里面，究竟疾恶如仇的少，奉行故事的多，因循玩愒，渐把“通状”雍滞，或竟无人受理。高宗永徽时候，崔义元为御史大夫，便开“受事”之例，由御史一人轮值受状，劾状中亦得叙述告人姓名。开元以后遂定为制。

二、奏置台狱　唐初御史鞫案，皆寄送大理寺禁系。太宗贞观末年，御史中丞李乾祐，以囚自大理往来，诸多未便。又台中鞫治入法案件，多被大理寺推翻释放；便奏请自置东西二狱，禁系罪人。开元时候，崔暨甫奏罢台狱，仍归大理。

三、三司会审　唐时中书省，门下省，御史台，名叫“三司”。朝日，御史大夫，中书舍人，门下给事中，坐堂受理冤狱，叫做“三司受事”，又同尚书省，刑部大理寺，共同覆审疑狱，叫做“三司推事”。有时推事非由长官，仅由待御史同刑部郎中员外，大理司直评事，共同审理，这叫做“小三司”。

第五节　地方制度和监察

第一款　地方述要

高祖武德元年，变更隋制，罢郡置州，改太守为刺史；（只雍州置牧）然仍非察吏之官。太宗分天下为十道；武后置台使八人分察天下。玄宗开元二十一年，分天下为十五道，置采访使以察吏民。天宝元年，改州为郡，改刺史为太守，自是以后，无甚变更。

第二款　监察的名称和范围

唐代州郡监察制度的变迁，略如下面：

一、台使　唐初监察的官叫做台使，随事随时遣派，没有定员。武后时候定额八人，每年春秋两次出视州县，春曰“风俗”、秋曰“廉察”；并令凤阁（即尚书省）侍郎韦方质删定巡察条例四十八条，以凭遵守。延载以后，便不岁出，定须奉有诏敕方才出巡。

二、巡按使　中宗神龙二年，设各道台使二十人，定名为巡按使，各以判官为佐；择内外官五品以下坚明清劲者兼充之，再岁而易。并定察例六条：

1. 察官人善恶；

2. 察户口流散，籍赈隐没，赋役不均；

3. 察农桑不勤，仓库减耗；

4. 察妖猾盗贼，不事生产；

5. 察德行孝弟，茂才异等，藏器晦迹，应时用者；

6. 察黜吏豪宗，兼并纵暴，贫弱冤苦，不能自由者。

这便是后代巡按使的始祖。

三、按察使　睿宗景云二年，改巡按使为按察使，定额十人。

四、按察采访处置使　玄宗开元二年，又更名按察使为十道按察采访使，四年罢，八年复置；十年复罢，十七年又置；并令以六条检察非法。但访善恶举大纲，细故委之郡守，毋须干涉。

五、观察处置使　肃宗乾元元年，停采访使，回复贞观八年新置之黜陟使，更名为观察处置使。掌宣化、观风、录囚、赈恤各政。后代之观察使，即权与于此。

第六节 政绩述评

御史大夫，在唐的时候，品秩最高，但也因为品秩高了，所以不专授也不常置，大概都是大臣的兼官和荣典。受诣荣典的，也不一定要是勋贵名流。虏臣如安禄山，戚幸如杨国忠，酷吏如王鉷，奸佞如卢杞，都曾加过这个官衔。这可见当时原不把他当做甚么一回事了。结果，他的事迹，恰恰有操之太刻和纵之太宽，两个相反方面。

武后时代，来俊巨为御史中丞，以罗织为能事，大开告密之门，弄得朝士骚然，刑狱冤滥。长寿元年，严善为御史，覆案罗织之狱至于引卢伏罪者八百五十余人。当时苛刻之情形，可以想见了。

另一方面，武氏之后，韦氏当朝，安乐公主和上官婕妤卖官鬻爵，破坏官方。官吏不必经过吏部执奏，只有宫中□□□□□□□□□（原书印刷不清——编者按）淫污。单说吏部李朝隐执驳的不合法官吏，一批便有一千四百余人；朝廷风宪更何从说起呢？元载当国，所拟注的官吏，污滥尤多，恐被劾奏，乃请别敕所除六品以下官吏，吏部兵部无得检核，朝臣阿附，纲纪荡然。代宗大历六年内出制书，特任李栖筠为御史大夫，不经宰相手上，令他专事纠劾奸邪，由是朝廷纪纲稍微整肃。

但当时除授得人，也颇有政绩可纪；像徐有功在武后时代，独能用法平恕，拜授御史。至于远近闻风称贺。又像纪履忠劾奏来俊巨的五罪；王义方廷叱李义甫朗诵弹文；他那种鲠直的风骨，尤其不易做到。

第十章 五代监察的没落

第一节 司宪与中丞并设

五代台制，新旧史记载不全。我们把散见在本纪列传上的汇集起来，可以知道：梁太祖是把御史大夫改做司宪，而在司宪之下仍设中丞。《唐书·崔沂传》“入为御史司宪，纠缪绳违不避豪右”，《晋书·王权传》“梁祖革命御史司宪，表权为侍御史，俄拜御史中丞”，是也。然而御史大夫也不是没有的。《梁书·末帝纪》说，检校太傅朱友能兼御史大夫上柱国，列爵为王。这或许是贞明以后改制吗？——不然便是兼衔。

第二节 中丞主台的实制

后唐官制多沿唐旧，御史大夫虽置而不常设。明宗天成六年以李琪为御史大夫，这算是仅见了。但还不上两月，为着安重诲事件，辞职不干。便改命卢文纪为中丞，主持台务。大夫一职就此告终了，历晋汉周都没更变。

第三节 台臣出外的限制

后晋高祖天福五年，以御史中丞系清望之官，特地提高品秩，由五品升做四品；七年把他列入令文。少帝开运三年，令御史除准式请假外，不得以细故请假离京，除差推案外不得以诸杂差遣出外。他的原因，是关系在颜衎的一疏。《宋史·颜衎传》说：

"朝臣才除御史，旋授外藩宾佐，复有以私故细事求假外拜。州郡无参谒之仪，出入失风宪之体，渐恐四方得以轻易，百辟无所准绳。请自今藩镇幕僚勿得任台官！亲王宰相出镇，亦不得奏充宾佐，非奉敕勘事，勿得出京，自余不令厘杂务，诏惟辟召入幕，余从其请。"说的便是这些事。

第四节 省郎知杂

五代以来，知杂御史一职，多由省郎兼任。晋高祖天福三年以后，才停此制，诏用御史年资较深的人委充。少帝开运三年，复嫌仅由御史知杂，纪纲未峻，改由省郎中选任清慎强干一人知杂。汉周相沿未改。汉李知捐以左司郎中兼御史知杂，便是一例。

第五节 割据诸国的台制

五代割据诸国，关于御史制度，所可知道的：各国皆设中丞，只燕刘守光曾设御史大夫。南唐虽设御史，但在李煜乾德以后，却把御史台降称御史府，想要借此尊崇中央，稍示区别，这是特例。

第六节 政绩述评

五代诸藩割据，算是一个军政时期。那时武臣的权力极重，台臣监察几等具文。梁太祖时候，符彦卿在京都天津桥外摔死犯道的人民。御史司宪崔沂提出弹劾，太祖还替他出脱，结果仅仅降阶做游击将军了事。符氏方面，反声言"有得崔沂之头者赏百缗"，跋扈的状态，跃跃如绘。后唐安重诲在御史台门外杀死殿直马延，台臣畏怯不敢说话，激得大夫李琪只好三上辞呈，引咎去职。后晋张彦泽惨杀属官张式，御史丞王易简率带三院台臣诣阁交章论罪，高祖也只用了"不报"两字消极对付他。这样看来，据乱的监察，未免无聊得可怜。

但在琐细仪节方面，他们却很讲究：比方后唐庄宗同光初年，崔协拜御史中丞的时候，宪司举奏，每以文字错误受罚；末帝时候，中丞卢捐要矫正宪司颓废，反因奏里有"平明启论，日出守端"的话，被人讥笑，说他词理欠亨。舍掉宪台的大体不说，只晓吹求文字，他的结果当然会同唐明宗所说："丧乱孔多，纪纲隳紊，霜威扫地，风宪销声"了。

入周以后，稍为整饬纪纲。周世宗显德二年，诏说"御史台官，任处宪纲，是击搏纠弹之地，论其职分，尤异群臣"。先把他地位提高，然后实行弹劾的权力。"凡逐官内所启发弹举者，至月限满合迁转时，皆责中书门下先奏取进止"。证之事实，如显德三年，中丞杨昭俭、知杂赵砺、侍御史张纠，都因鞫狱失实停职；陈州刺史陈令坤只因侍御史率汀按劾，便至流配。由是皂白分明，纪纲整肃，同时闽越御史中丞刘赞也因居职不曾纠察受笞，这些在据乱期中，确是很少见的。

第十一章 监察的复兴时代——宋

第一节 宋的虚大夫制

宋时御史也分三院，名虽由御史大夫主持，而其实权则在中丞手上。御史大夫不是正员也不常设，只是一个加官的空衔。这个和唐制一样，我们可以加他一个名称，叫“虚大夫制”。

原来宋官不算正员的，有检校、兼权、试秩三种。除试秩和这里无涉外；三公、三师、仆射、尚书等职，多是检校；御史各职，多是兼权。但在初时御史大夫也有检校的。元丰改定官制，不但废除掉检校御史大夫，而且通通把宪官改授实职。不过御史大夫一职，仍是始终没有除过。

中丞是事实的台长，员额一人，原有一定的资历。若是才识可用，资历不够，便先除谏议大夫，即以谏议大夫名义兼权中丞事务：这是宋初的旧例。神宗熙宁五年，邓绾当知杂御史和龙图馆侍制，朝廷要把他升做中丞，便要“非次”超升谏议大夫，才得兼权；但这在宋朝事例是叫做“越级”。因此王安石便叫邓绾率性只用龙图馆侍制名义，兼权中丞，打破了中丞的要经谏议的成例。元丰官制行后，所有宪职皆成职事实官，非用本官不得亲事：由是兼权之制，也一起破除。

第二节 御史事例

御史职掌监察，大事廷辩，小事奏劾，这是通例。但在宋时还有几个特点：

一、台谏权限不分。宋前御史和谏议的分际很严：御史主弹劾，谏议主论争。所以拾遗补阙，名叫“侍臣”，御史中丞名叫“法吏”，分工合作，很有法治的精神。到了宋朝以后，御史可以兼论朝事，谏议也可以兼任奏弹，事权混化，这便是“台谏”两字连合一起的由来。孝宗淳熙十年，林粟请置左右补阙专任谏正不任纠劾，这才把谏官划出监察门墙之外；然而台官仍是兼任廷诤的。

二、御史未能独立。御史大夫在唐时虽然也是兼职，然而台主中丞，仍然独立。宋初御史长官，全由他官兼摄。邓润甫以宰相属官兼任台长；徐禧以舍人院吏兼任中丞，对于行政之监察事宜当然有所拘忌。钦宗靖康元年，诏令宰臣不得荐举台臣，这便是预防他们朋比为奸和挽回积弊的意义。

三、监察自身的监察。前代御史系监察的最高机关，他们只受君主的统治，别的机关都管不了他。宋时便不那样，尚书省曾有“掌奏御史失职”的权能。神宗元丰六年，又在尚书省里面，设立都司御史房，专任弹劾御史按察失职事件。元丰七年又在都司御史房置薄，记录御史六曹纠察多寡当否，岁终比较成绩高低，取旨升黜。理宗复诏置籍中书，记录谏官御史言事，岁终比较事绩考成。这么一来，御史的言论和举动处处都受制限，便未免有吹求苛细免应格律的毛病。

四、台臣兼任讲官。旧时御史都不兼任讲官，宋仁宗庆历四年，为着御史中丞贾昌朝擅长讲说，特令破例一为。此便沿为例，但还是临时聘充的。南渡以后，御史中丞王宾奏请重开讲筵，高宗即令他兼讲，由是王唐、万俟卨、罗汝揖等都叠主讲筵，但这还只限台长一个。绍兴二十五年，董德元仅以侍御史资格，也得参与讲筵；隆兴二年台臣尹穑，便不但参与侍讲，而且也兼任说书了。

第三节　三院组织的内容

宋的三院，仍用唐制：（一）台院——侍御史；（二）殿院——殿中侍御史；（三）察院——监察御史。现在把他分说在下面：

第一目　台院说要

宋时中丞以下，只有侍御史一人，还是或有或无不皆设置的。他们掌辅助中丞“纠察百僚奸慝，肃清朝廷纪纲”。

中丞的除授资历，前已说过；侍御史定例要由监察御史转迁。

第二目　殿院

宋时殿中侍御史只有二人，定例由侍御史升授。掌“纠百官仪法”。大朝会，祭祀，六参，各种时候，他俩便对立朝班，纠察失仪。

真宗咸平四年，却令殿中侍御史在前列事件以外，还要兼任文武臣的“左右巡”。神宗元丰以后，又叫他们兼办“察事”——也叫“察案”。由是殿院的权职，便侵入察院范围以内。

第三目　察院

宋初置监察御史六人，宁宗庆元以后只置三人。他的政制：

（甲）职守　监察御史掌纠察六曹百司的谬误，大事奏劾，小事随时纠正。并以拜跪，书札，察验参谢官的老疾。人民控诉官吏事件，经过郡守监各级还未伸雪，他便替他直牒合门上殿论奏。所谓监察“里行”，便是官卑可以入殿的意思。

至于监察得兼论事，这也是唐以后才有的。宋神宗元丰三年，明令监察御史里头，三人分领察案，三人分任言事；他方面又令殿中侍御史兼察曹司，监察御史兼言得失，把谏臣察院殿院搁做一团，没有分别。徽宗崇宁二年，省臣申明台官职在绳愆，这才停止了言事之例。但没多久，察臣胡舜陟，又在靖康元年，奏说：

“监察御史，自唐至本朝皆论政事击官邪。元丰绍圣著在令甲。崇事大臣欲其便己，遂更成宪。乞令本台增入监察御史言事之文！”

钦宗准奏施行，察院权限便又扩充了不少。

（乙）升转　察官升转资格，原没一定。神宗熙宁二年诏由中丞奏举不限资格，便是实例。三年时候，选人李定只因奏对称旨，便拜御史里行，省臣诧异起来，至于封还诏书不肯草制；但选人“擢察”之例，却由是开始了。直至孝宗乾道三年，才定下非经两任县令不得除授监察御史。

第四节　监察杂差

宋制台臣，除上列外更有：

一、检法官。主检详法律，宋初置。高宗绍兴中，诏由殿中侍御史奏辟。

二、主簿。汉时却有此职，系以孙宾为之，以后便无闻了。隋大业中，始再置。唐贞观中，以名流张弘济曾任此官，遂为美职，掌台中杂务、公廨、厨库。宋置一人，掌受事、发辰、勾稽、簿书。

三、推直官。宋初置，专治狱事，有台一推、台二推、殿一推、殿二推那些名目。好像是分庭二审的。真宗咸平中，置官十员，元丰以后罢。

四、五使。宋初置。元丰以后更正官名，定官分职，“使”的名目便被取消。但在初置时候，有：

（一）廊下使，专掌入阁监食；

（二）监香使，专掌国忌行香；

（三）监祭使，专掌祭祀仪法；

（四）左巡使，专掌巡视文臣朝班及告假录料等；

（五）右巡使，专掌巡视武臣朝班及告假录料等。

第五节　知州的设立和察臣的临时派遣

《日知录》里有一条引叶适的话说：“五代之患专在藩镇。太祖思靖天下，以为不削节度则其祸不息；于是置通判以监统刺史而分其柄，命文臣知州事，使名若不正义若不久者以轻其权”。接着他自己也推断说：“宋初本有刺史而别设知州以代其权，后则罢刺史而专用知州，以权知之名而为经常之任”。这样有来，宋的外官，实在过于没有系统了。原来刺史在前代原是监吏之官，隋以后才经做临民之吏。宋初经过一番改革，便只“块然徒守空城受词讼”，连临民之权都不得专，太宗太平兴国时候，诏废支郡，根本便没有刺史这个官名。跟着监察的责任，也变成没有专属。据《宋史》所载，有：

一、转运使。太平兴国元年诏诸转运使纠察吏之能否第为三等，岁终以闻，是转运使也可以兼任察吏的事务。至仁宗庆历中，便迳直由他兼任按察使了，但这都不是常例。

二、观察使。唐的观察使原是察吏之官。宋初沿袭唐制，也有观察使这个名目，但多由他官“遥领”，所以《续通志》说他“存其名而不有其权”。

三、按察使。设废无定。

四、外任御史。这是察院临时派往州郡巡视的。

第六节 政绩述评

宋时台谏的权际不分，台官事绩见诸言事的多，见诸察吏的少。处事模棱，绝鲜风宪。仁宗皇祐时代，政治也可以算是清明的了，然而御史孙抃在皇佑五年手疏里，说：

“方今人士，以善求事为精神，以能讦人为风采。捷给者谓之议论，深刻者谓之有政。”

张昇为御史中丞，被人称做“指切时政无所畏避”了；他也说：

“陛下之臣持禄养望者多，赤心为国者少。”

风宪的松懈，可见一斑。神宗元祐以后，朋党大兴，御史大臣也卷入党同伐异的漩涡里面。黄履为御史中丞，报复仇怨，元祐党人无一幸免。与蔡确、章惇、邢恕交结，被人称做“四凶”。自是以后，御史弹劾多以党见为标准。宁宗庆元元年，至于下诏台臣论奏不得更及旧事，盖亦深鉴于党见之贻害了。别的，吴执中为御史中丞勾结蔡京，卢航为御史中丞勾结童贯，龙如渊为御史中丞勾结秦桧，只晓得挑剔异己，做门户的走狗，他的眼里那里有“风宪”二字。理宗时候，贾似道当国，便利用这个弱点，特地铨遣庸懦，充任台臣。弄得弹劾不敢自由，只好向着远州太守或州县小官，“毛举细故，虚应故事”。监察的威权日趋低落，一直到了亡国才止。

里头号称得人的时候，像包拯、吕公著、司马光、苏辙等，充任台官，都饶有声誉。邵康节为中丞，被人称做“真御史”，和富韩的宰相，欧阳的内翰，通叫“三真”。孙抃为中丞，荐拔无私，尝说“昔人耻为呈身御史，今我岂荐识面台官?”一时传为佳话。

洪钧培

春秋国际公法

作者简介

洪钧培（1907—1959），字鼎立，江苏宜兴人。1930 年毕业于上海法科大学。1933 年获法国里耳大学博士学位。回国后任上海法学院教授，司法行政部编撰兼法权研究会秘书，并兼任中央陆军军官学校及宪兵学校教官。抗战初期在重庆担任司法行政部参事，并先后兼任中央警官学校、复旦大学、朝阳学院、法官训练所教授。1942 年任国民政府最高法院检察署检察官。1948 年任江苏省教育厅厅长。迁台后，先后任“最高法院检察署”检察官、台湾地区“高等法院”首席检察官。1959 年病逝于台湾。主要著作有：《国民外交史》、《春秋国际公法》等。

出版社：昆明，中华书局。

出版年份：1939 年。

馆藏：国家图书馆中文图书基藏库。

作品简介：本书分概论、平时法规、战时法规三个部分。概论部分作者首先引出中国古代是否存在国际公法的论辩，在分别介绍否认派和赞成派的观点后，作者提出中国古代存在国际公法的观点，理由是春秋时期中国有若干实际的正式的独立及平等的国家存在，并且这些国家之间存在为各国所承认并遵守的适用于和平或战时的法规或原则。在此基础上，作者简述了春秋时国家之组织及其关系以及当时重要的国家及其外交政策。此外，作者提出春秋国际公法之渊源包括自然法或国际道德、周旧制、习惯、条约、国内法等形式。平时法规部分，作者主要介绍了国家及其对外活动的基本情况。作者指出春秋时具备土地、人民、主权、组织四要素的国家有主权国和属国两类，国家政府被承认后享有相应的权利及义务。盟会是当时国家间的同盟形式，职务权限包括政治、经济、军事、司法等多领域，并有类似于今天之国际组织之规范。各国享有外交权的国际交涉人员包括君主及各种使节和外交行政官。国家间缔约称为“盟”，国家间的贸易往来中出现了关税以及与护照性质相同的“节”。国际纷争则主要通过直接交涉、斡旋、调停、裁判四种方式解决。相对于和平的战争时期则适用不同的法律规定。根据战时法规定，战争必须有理由，否则即为非法。同时交战双方必须履行不伤丧国、不伐乱国、禁杀俘虏、禁伤人民等义务。此外，对于中立问题、战争结束后应辩之事亦有说明。（于游整理）

序

现代国际法创成于荷兰格老秀斯（Grotius）之学说，见用于一六四八年之威斯特发里亚（Westhalia）和会，而溯源于古希腊之近邻同盟规约及罗定海法（Rhodian sea law）等等，此固不可为讳，而亦不必为讳也。然欧美学者每谓西洋古代有国际法规，东亚古代无之，则又所见乎浅矣！夫宾客之礼著于西周，邦交之局定于春秋；即至战国时代，犹存其迹，未尽泯也。平时既对聘问报拜及告请吊恤之事，各有其序；临时又设会同遇难及盟誓质执之则，以济其穷；他如征伐侵袭，战取入灭，敌俘谍使，降成平盟诸端，当之于现代国际法上之战时法规，殊无让焉。倘再溯而上之，周世以前之部族期间，虽曰有“际”而无“国”，但四岳并存，群后对立，彼此为邻，各有往来，或不难更得其源乎?!论时代，远之则在纪元前一二千年，近之亦在纪元前五六百年，均较现代国际法之沿革为古；是中国法系中固含有属于此一部分之先例也。惟自春秋战国以后，“天下”归于一统，视远邦为藩属，责异国以朝贡，虽仍有“国”而又无“际”，此等法则遂无由绝对继续之，盖亦时势使然耳。降至近世，交通开展，万国林立，而构成现代之国际社会，自以同受现代国际法之支配，诚无疑问。第在中国史实上既有此种先例，又与现代国际法颇多暗合，而其所根据之理论，或不无尚有优越之点，则追而论之，阐而明之，正我人之责任也。

曩，何君炳松首有中国古代国际法之作，徐君传保并有关于此一部分之文，愚且于商务印书馆万有文库中为中国国际法溯源之叙述矣。今，洪君钧培继而以其所著《春秋国际公法》一书问世，则我此种先例之为世注意，深庆同调者之伙也！何徐宏著，愚知其事未读其文。愚作则系就史言史，意存其真，故除第一编总论外，其他三编之标题命辞及事类分析，一本于古，未为现代国际法体例化也。此乃个人治史之一种自律，实则不限于此耳。洪君此著，依现代国际法之体例，将其各种规律进而与春秋国际规律为比较的研究，亦系治史之一种应有方法。且可赖此一一指出我先例之合于现代国际法者何在，持今证古，颇易领会，与愚作既免重复，并相成焉。抑洪君此著尚不仅为今昔之比较研究已也。因国际法系行之于国际社会中，则关于国际社会之说明，亦属必要。洪君对此，并依夏蛮夷戎狄各族，分别叙及各重要国家与其外交政策，更有助于春秋国际法之探讨，尤不可不表而出之者也。要之，一事物之观察有多方面，则对此先例之研究，须集众人之力以成之，或可使其全部现象呈映于我人之眼底矣。洪君研究国际法多年，对此先例卓见甚夥，读此著者当可知其学，故愚引为同调，乐予校阅而为之序。

陈顾远序于南京二六年，四月九日

第一编　概论

第一章　中国古代存在国际公法辩

中国古代存在国际公法与否，学者持论不一，有谓中国古代为一部落社会，根本无国际公法之存在，有谓中国古代文化灿然，邦国并立，现代国际公法诸原则，早实行于中国古代邦国间矣，虽然，事实最雄辩，中国古代存在国际公法与否，非学者之主观所得而论断，其有也无也，全系于事实。苟事实证明中国古代无国际公法之存在，则虽强言曰有，亦何足取。反之，如事实证明中国古代确有国际公法之存在，则虽强言曰无，其亦何能推翻此事实。今将否认中国古代存在国际公法与赞成中国古代存在国际公法诸学者之论说及中国古代存在国际公法之事实，分述如下：

第一节　否认派说

欧美学者，大抵均否认中国古代国际公法之存在，当其叙述国际公法史的发展，或起自古代希腊，或起自罗马，或起自中世纪，或起自葛罗秀斯（Grotius），谓国际公法起自欧洲，渐及世界。中国在欧洲国际公法未输入之前，从未有国际公法之存在，今将否认中国古代国际公法学者之意见，略举如下：

（一）美国法学家台维斯（Davis）曰："东洋古代无国际公法，西洋古代有之……专制自雄之东洋各王国，不能宽容邻邦之存在，常事战争，彼等不知远隔之地有何等国民。夫国际法规，必因国家间之交涉而后发生，故此等孤立之东洋诸国自无国际公法成立之理。"（见高桥作卫著《平时国际公法》一六页及宁协万《现行国际法》三四页）

（二）英国法学家罗隆斯（Lawrence）曰："国际公法发生于西方古代之希腊罗马，及后始渐渐扩大实行于欧洲领土以外，采用西方文明之国家。"（见罗氏《国际法原理》The Principle of International Low 二六页）

（三）法国法学家麦当斯（F. de Martens）曰："国际公法产生于人道与互尊，然人道与互尊不论在西方古代或东方古代均无存在。国与国之关系，惟互相仇视，互相战杀而已矣。若是，则国与国之间，有何国际公法之存在。"（见麦著《国际法论》Zraité de Droit International 三四页）

所述以上数氏之见解，其立论实无事实的历史的根据，不知其何所据而云此，其谬误请俟吾人驳之于后。

查欧美学者否认中国古代存在国际公法，其所以持此论之故，则有下列二因：

（一）不知中国历史，意中国古代为野蛮之部落社会，后虽有国家形式之组织，然仍处于孤立地位，从未与他国发生关系，至十九世纪后半叶，国际间始承认其为国家，中国应用国际公法，亦于此时为始。然则中国古代何有乎国际公法？

（二）认国际公法为基督教国家产生之物，非基督教国家无此产物。彼等谓基督教国发生国际关系最早，非基督教国实永处孤立地位，因是非基督教国实无国际公法之存在。（见赫而 W. E. Hall 著《国际法》International Law 及华而斯 T. D. Woolseye 著《国际法概论》Introduction to the Study of International Law）

第二节 赞成派说

欧美学者，赞成中国古代有国际公法，诚如凤毛麟角，有之，惟美人丁韪良（P. Mortin），法人路易娄非（Louis le Fur），比人望海（P. Ven Hée），英人葛尔斯（Geles）等数人而已。

丁韪良原为美人，后入中国籍，于一八六八年任北京同文馆总教习，居中国三十年，彼研究中国历史之结果，承认中国古代有国际公法。谓中国国际公法肇端于西国未兴之始，一八八一年彼曾以中国古代国际公法一稿演讲于柏林东方文会。全文数万字，今节其要论如下：

"周武王伐纣并有商土，即依照前代封建之制，将所并之土，分为若干诸侯邦国。此诸侯邦国之元首，以父子相袭为定则，因是独立国家之精神，于此渐渐养成。及后，周势衰弱，且有若干大诸侯邦国自动解除诸侯服王之种种义务，并宣布其独立。以集合如许独立邦国，经数世纪之久，其邦国间之往来，又甚复杂，然则其势能不产生若干国际公法以维系此国交哉？吾人试读中国古代历史，则至少可得下列国际公法诸原则：

（一）有共同之政治法规、商业法规行于邦国之间。

（二）邦国之间常遣使往来，互通国交。而接受此使者之仪礼，且甚繁复，更可以见彼时文化之完美。

（三）凡订立盟约，既有严密起草之手续，又有郑重签字之礼仪，盟约签订之后，又必藏之盟府，以示其尊严。

（四）均势之局，非常注重，故常有联合保护弱国权利之法则产生，以维此均势之局。

（五）国家之中立，在相当限度内，亦为他国所承认。

（六）国家设有办理外交之专任官史。

（七）军旅所至，不应害及非战争的人民。

（八）兵以鼓进，敌未成列者不击。

（九）师出须有其名，不得无故兴师。

凡此国际公法之要纲，惜未纂述成书，以传后世耳。然使果有其书，恐亦毁于秦火矣。今所传者，惟散见于孔孟之书，诸子百家之说，以及稗官野史之所记，而周礼一书，最足以资考证。中国于外邦交际之道，日益讲求，或有如葛罗秀斯（Grotius）其人者，出而网罗散佚，裒集一编，一如葛罗秀斯之搜辑希腊意大利及列国公例，未可知也。至余是编，不过择其要者，借引一二，以证余之所见，且示中国古代，实有公法可考云尔。必欲胪其事实，博采其文，是则限于篇幅……"（见比利时之《国际法》及《比较法学杂志》Revue de de droit International et Législation comporá 十四卷二二七页—二四二页）

阅丁韪良氏演词，吾人对其研究中国古代历史之精神，不得不表示钦敬。因关于中国古代历史之书籍，其文字非常深奥，外人研究，殊感困难。而丁氏辟除自敖之恶习，不持基督教人创造国际公法之偏见，又有学者之态度焉。虽然，在其演词中，吾人有不能同意者亦可得数点。

（一）依丁氏之意，中国古代独立国家之存在，仅在周势衰弱之后，此种主张，似未尽善，因中国古代独立国家甚多，此种独立国家从未臣服唐虞夏商周等朝也。

（二）丁氏谓周之诸侯，其言语血统，均与周相同。此说与吾人所知者，亦有差异，诚以周之诸侯，其血统言语与周相异者固甚多也。

（三）彼谓春秋时诸国代表盟会之居先权，一如昔日诸侯朝觐之次序，此亦不确。盖春秋二百余年之盟会，居先权时依国际之情势而变更其规例也。

路易娄非（Louis le Fur）为巴黎大学法科教授，法国国际公法之权威学者，彼在其近著《国际公法纲要》（Précis de Drois international Public）书中，主张中国古代有存在国际公法之可能性。彼谓："设如国际公法，源于自然法则，其产生可遍于任何地域，只须在此地域存有若干交相往来之国家，而此若干之国家，可不包举世界之全部。此种在一地域存在多国之事实，拟之中国古代，实为确当，故中国古代具有国际公法，实为一极可能之事。此古代系指纪元前数世纪而言，其时各洲又未互相认识。各洲之互相守闭，直等于一世界，当中世纪时，欧洲为基督教所守闭，且其守闭之范围，亦未能以全欧为其领域，因土耳其仍列于基督教守闭领域之外。然情形如是，国际公法之在欧洲尚非常发达，况乎中国古代文物灿然，领域广阔，思想发达，其产生国际公法，当然可能。中国古代已具有许多国际公法之高尚原则，此种高尚原则，在欧洲十五世纪之后，方始兴盛。例如非议国家绝对自主说，国家平等说，国家互助说，战争正义及排除战争掠夺说等是。因实行国家互助，各国且创立一种特别税则，以备救助他国饥荒水灾地震等患难之用。然则由此等国际公法之高尚原则观之，则中国古代之国际公法，固甚完美矣。"（见路著《国际公法纲要》Précis de Droit International 二〇页—二一页）

总观路易娄非氏所论，其对于中国之历史，似已有相当认识，惟尚有三点，吾人不能已于言也。

（一）路氏谓："中国古代国际公法之适用，恒不及于异种民族之国家。"（见路著《国际公法纲要》二一页）此说似有不然，因中国古代虽有蛮夷戎狄之说，然国际公法之适用，固未尝以此而有所分别，蛮夷戎狄之标准，非以血统言语成见为根据，而另有所依据也。

（二）路氏云："中国古代之邦国，忽而臣服于王朝之下，忽而则如欧洲十五世纪之封建诸侯，自成为实际之独立国家，故严格考之，此等邦国，实非真正之独立国家也"（见路著《国际公法纲要》二一页）。此说殊有不然。考中国古代历史，固有许多独立国家，有时应时势之需要，常常臣服于唐虞夏商周诸代，而为彼等之诸侯。然须知尚有许多从未臣服他国之独立国家之存在。且在周衰之时，其大部分诸侯，或则成为实际之独立国，或则正式宣布为独立国。其正式宣布独立国家之君主，与周君同称曰王。然则何能谓中国古代无真正之独立国哉。

（三）路氏又谓："据一部分中国学者意见，中国古代之国际公法，理论过于法规，故其国际公法，亦颇空虚而少具体之法则。因是吾人为谨慎论断起见，又似中国古代仅有现代国际公法诸概念而已"（见路著国际公法纲要二一页）。此说一部分亦有不确。盖中国古代非惟具有现代国际公法诸概念，抑且有不少具体之法则也。

望海（Ven Hée）为比国之神父，在中国居有二十年。曾任南洋大学教授，《中国真理报》主笔，比国中国学会会长，彼在所著法文本《春秋国际公法·序言》中，承认中国古代存有国际公法，并举下列三点为证：

（一）中国古代非惟具有国际公法之学说，抑且具有实质的法规。

（二）春秋时期予吾人以丰富完善之国际公法思想及事实。例如各国设有外交官吏，以之管理外来商人及接收他国要求设立友好通商等条约之使节。

（三）中国古代具有国际公法产生之根本原则，既有实质的正式的独立平等之国家，又有共同遵守之国际法规。

葛尔斯（Geles）在彼所著《中国文学史》（A History of Chinese Leteratures）一书中，叙述中国史的发展，略云："周为一封建制度之国家，曾将其领土分割为若干邦国与其亲属功臣分治之，惟至纪元前八世纪之时，此分割之邦国，大部分离周王而独立。"彼除叙述中国古代纪元前八世纪时存有多量之独立国外，又复列举许多行于此独立国家之平时的战时的法规。是不啻暗暗承认中国古代之有国际公法也。（见葛著《中国文学史》A History of Chinese Literature）

除三数欧美学者主张，中国古代存有国际公法外，尚有少许中国学者主张是说（惟大多数则仍不知中国古代有国际公法之存在）。今略举如下：

陈顾远先生著有《中国国际法溯源》一书，亦主张中国古代之有国际公法，谓："中国国际公法当溯源于姬周一代。牧野之战，群后慑服，改行封建之制。周畿千里，绾其中枢，同姓异姓，分土而国。朝聘宾客，礼仪明备。迨春秋之世，周室衰微而诸侯强盛，朝聘以修好，报拜以尽礼，庆吊以通交，救恤以共存，会同以为政，盟誓以结信，俨然现代之国际结合，不因其远在古代——中国之古代——而有逊色。"（见陈著《中国国际法溯源》一页——二页）

徐传保先生著有《国际公法与中国古代》（Le Droit des Gens et la Chine Antique）及《先秦国际法遗迹》二书，主张中国古代存有国际公法，谓："国际公法为万国公有之法，无论在何处所，有数国家以政治经济交相往来，则自然而然产生法规，以维系此政治的经济的国际关系，由此可知国际公法非特为某一群或某一种文化国家所专有也明矣。在纪元前七二〇至前二二〇年，中国非仅富于国际公法之思想，且有甚多关于国际公法之事实，而在此时期，中国且已与其本土以外之国家交相往来矣。"（见徐著《国际公法与中国古代》Le Droit des Gens et le China-antique 一页——二页）

宁协万先生亦主张国际法始生于中国古代，其在现行国际法一书中有云：“美国学者大维斯曰：西洋古代有国际法，东洋古代则无之。恶，是何言也。乃井蛙不可以语于海，夏虫不可以语于冰之言也。据余论之，东洋古代有国际法，西洋古代则无之。夫岂与大维斯角口而故作此反唇相讥之言乎？曰：不然也。特依凭事实，申明学理焉耳。不观夫国际法上之二大通则乎。一曰各国皆独立，一曰各国皆平等。意谓国与国交，必情同伯仲，始有相互之权利义务。否则国际法无由生焉。昔者，希腊人鄙外邦为野蛮，直欲悉俘为奴，罗马人信帝国为无两，志在独霸世界。皆不容自己之外，有独立平等之国家，是与国际法之根本观念，已冰炭不相投，故识者不认远西古代有国际法也。若夫泰东，则大同之风，倡自尧舜。邦交之局，定于春秋。足征国际法之观念，萌芽甚早。盖东方文教之兴，先于远西。如日之始升于东而后及于西也。不独指针之妙，及篆刻之巧，见于西国未有文字以前。即公法之学，亦肇端于西国未兴之始。惟西洋学者之于东方古事，多如蟪蛄不知春秋。昔时吾国士夫又不能以祖国文明，输出世界，以致神明之胄，恒见摈于天下。耻孰甚焉！一八八二年，北京同文馆总教习美国马丁博士，在欧洲旅次，著有中国古世公法论，于柏林东土文会中出而诵之。嗣用英法文学刊行欧美。留学德国之马润君，著中国合于国际法论一书，条举中国历史交涉，均与国际法相合，以破西人诋中国不得语国际法之谬。又留学美国之何炳松君，用英文著《中国古代国际法》，依据《左传》、《国策》，将周末数百年间列国关系，证明与国际法相合，后且译成汉文，载入《法政学报》。如此之类。乃近时阐扬中华文化之差强人意，而实获我心者矣。今试以西证东，以新解旧，而更详言之，夫齐桓葵邱之会，要言曰：‘既盟之后，言归于好’。晋文践土之盟，要言曰：‘有渝此盟，明神殛之’。如此者，非所谓和平会议与和平条约乎？齐人索鲁甲车三百乘，孔子索齐人反鲁汶阳田，东周欲为稻，西周不下水，如此者，非所谓国际争议，互申权利乎？卫宁武子聘鲁，郑子产如晋，以及列国来聘报聘之事，非所谓国际交通授受使节乎？齐楚构兵，宋告中立，非所谓局外中立宣言乎？其他，如齐侯以平乱而伐晋，即为干涉内乱。滕薛以来朝而争长，即为列席顺序。举凡朝聘会盟，折冲樽俎，救灾恤邻，通商立约等事，史不绝书，难以枚举。要皆足证明东方之国际关系，与国际法意，实较西方产生为早。设吾国往昔，有如葛罗丢，左乌志其人者，为系统之研究，应时势以成书，安见东方之国际法学不为世界文明之先河哉。”（见宁著《现行国际法》三四页——三五页）

第三节　中国古代存在国际公法之理由

欲断中国古代是否存有国际公法，必须用科学之方法证明中国古代是否具有存在国际公法之根本原则，如无此原则，则中国古代存在国际公法，不足信也，如有之，则中国古代国际公法之存在乃得其铁证矣。

据路易娄非氏云，国际公法之存在，有二根本原则：

（一）有若干实际的正式的独立及平等国家之存在，且在此独立平等国家之间，有常规的交相往来之关系。

（二）国与国之间，须存有若干之有形的法规或无形的原则，而此法规或原则且为各国所承认所遵守，不论其在和平之关系中或战争之关系中也。（见路著《国际公法》十八页）

查独立及平等国家之存在，恒有二条件以为之助，其条件维何？一曰地理的条件。一曰伦理的条件。诚以古代，交通器具粗陋，山河之天险，又未能受人力之支配，故国家之分立，实地理有以使然。论者每谓独立国家之存在，恒系其人民及元首之努力，虽然，此为附属的条件，非必要之条件也。因考之历史，有许多国家独立之保存，完全出于地理之厚赐。盖地理足以阻止野心国之侵掠也。例如欧洲分为若干小国，由史实证明，此皆地理使然。又拿破仑雄霸欧洲大陆之时，英伦三岛终未被其征服，然英法海峡之险阻，实为其最大原因。伦理的条件，更为存在独立平等国家之必具要素。因国家苟相互轻视他国为劣等国家、次等国家、野蛮国家，则国家独立平等之观念，永远不能产生，惟有伦理条件之存在，而后国家独立平等之义，始能确立。古代希腊罗马缺乏此条件，因而国际公法学者麦当斯氏及福熙氏（F. Fanchille）等否认其有国际公法之存在。依二氏之意，古代希腊罗马均不承认其他民族国家有平等独立之权，彼等完全处于孤立地位，有何国际公法之可言（见麦著《国际法论》及福著《国际公法论》Zroite de Droit International Public）虽然，仅有独立平等国家之存在，苟无若干通行于各国间之法规原则，仍不得谓有国际公法。盖各国如各应用其特殊之法规，则此法规，不得谓为国际公法，盖国际公法，须有普遍的国际性也。

考中国古代历史，路氏所言国际公法存在之二根本原则，似均具备，今请申其说。

欲论中国古代存在独立平等之国家，请言中国古代具有地理的条件及伦理的条件之情况以明之。

以中国之地理言之，则中国古代存立独立国家，理有必然。因中国面积既大，河流山脉又多。此河流山脉，不啻成为天然国界，河流之大者，有黄河、长江、粤江等。长江流长五千七百余公里，经青海、西康、云南、四川、湖北、江西、安徽、江苏等八省，黄河流长凡四千六百余公里，经青海、甘肃、宁夏、绥远、陕西、山西、河南、山东等八省。粤江流长凡二千五百余公里，经贵州、广西、广东等三省。山脉之大者，有阴山系、北岭系、南岭系、阿尔泰山系、喜马拉亚山系、天山系等，阴山系分布青海、新疆、蒙古、绥远、山西、河北、热河、吉林、黑龙江、辽宁等省。北岭系分布青海、西康、四川、陕西、甘肃、湖北、河南、安徽等省。南岭系分布于西藏、西康、云南、贵州、广西、广东、福建、江西、湖南、浙江、江苏等省，阿尔泰山系分布于外蒙古、及察哈尔等，喜马拉亚山系分布于西藏、西康等处，天山系横亘新疆东西，分新疆为南北二部。以若是众多之河流山脉，分割如此广大之土地，在交通尚未发达之时，使之统一于一君一国之下，其势有所不能。

伦理条件，中国古代亦甚完备，中国人之酷爱和平及厌恶侵掠，尊重仁义，于古已然。一国家欲席卷他国，常不用武力，而用仁义，仁义几成为囊括之惟一利器，有数国君主，竟因其施行仁义之政，他国来服，而成为一土地广大之强国。中国古代，既以仁义为并有他国惟一之利器，则以如是广大之土地，其不能为一国所统有，此乃事有必至。且以仁义为夺国之利器，则相隔较远之国，以交通之不便，必难受其仁义之感化，更何能来而臣服。夫一统全国，臣服全国，既不可能，则存在独立平等之国家，是势有固然也。抑国际和平仁义可证明国家有独立平等权，倘不尊他国之独立平等权，何有乎国际和平仁义哉?

又中国古代国际公法之产生，尚有其理由在焉，夫中国古代国际互助已极发达，萌芽于上古，完备于春秋，国家既须互助，则国家间之往来必繁，往来繁，则不得不生若干法规原则，以资共同遵守，于是国际公法，由此生矣。至古代国际公法之具体法规，请俟后举之。

黄秉心

中国刑法史

作者简介

黄秉心（1913—2000），福建漳浦人。早年赴日学习法律，东京法政大学、明云大学毕业，东京帝国大学研究生。回国后从政，曾任福建华安县县长。1945年前往台湾，曾先后在“长官署”、“交通部”任职，后投身保险业，出任台湾保险业监委会主委，筹组台湾人寿和产物两大保险公司，之后，又任台湾保险公司常务董事兼总经理，被誉为“台湾保险业之父”。生前注重两岸交流，出资帮助家乡漳浦兴学。业余时间，热衷法学研究，成果颇丰，著作有《中国刑法史》、《犯罪与行刑》等。

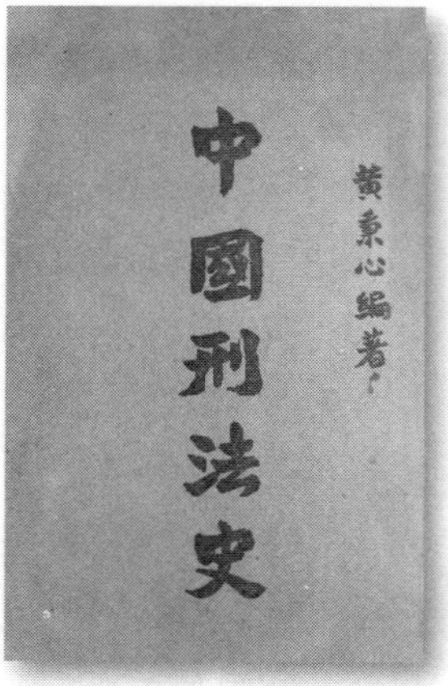

出版社：福建，改进出版社。

出版年份：1940年。

馆藏：中国人民大学图书馆旧平装书室。

作品简介：全书总共三编，分为六章。第一编是“总论”，阐述了中国法的基本观念、礼与法的关系等问题；第二编是“本论”，论述的是中国法的起源、中国刑法典的编纂这两大问题；第三编是“结论”，对中国法的沿革进行了总结，并分析了中国古代法律的五个特点。

本书以中国刑法史的变迁沿革为主轴，但并不局限于刑法史本身，书中处处可体现作者广阔的视野。在总论中，作者探讨苗族刑罚主义对中国古代刑法发展的影响，给人新的启示，并且还探讨了礼与法的关系，使其论证更为扎实。在本论中，作者对中国刑法典编纂沿革，从周代至清代进行了详尽的总结，其中，并未局限于“律”的整理，而是对各朝代存在的法律形式均有涉及，如唐代的令格式、明清时的会典等，资料翔实，对后人的研究提供了一定帮助。在结论部分，则提出了对中国古代法律特点的诸多观点，如法官责任、亲属容隐、自首制、保辜制等。

虽然本书在体例结构、内容观点上仍有一些缺陷存在，但作为中国近代以来对中国刑法史进行研究的早期著作之一，仍有较高的学术价值。（袁辉整理）

第二章 礼与法之关系

第一节 礼

欲详礼与法之关系，非先明礼之内容不可。礼者，基于人类社交上之必要而发生之仪式也，无论任何邦国，莫不有一定之礼。惟我国之所谓“礼”者，不仅指社交上之仪式而已，凡为经国济世之要义，亦包括在内。例如《周礼》为姬周建国之宪典，关于立法、司法、行政之事项，无不具备；又如《仪礼》，编成夏殷周三代之礼制，以示士大夫之行为准则；《礼记》总汇修身齐家治国平天下之要义等。故我国之礼，有关于行政之礼，有关于仪式之礼，有关于修身齐家之礼，其范围颇广大，其内容甚复杂，然穷其究竟，则不外以政教一致为国是而已；换言之，以修身齐家为治国平天下之本源是也。《大学》云：

“欲明明德于天下者，先治其国；欲治其国者，先齐其家；欲齐其家者，先修其身。”又陈浩礼《记序》云：

“前圣继天立极之道，莫大于礼；后世垂世立教之书，亦莫先于礼。”周公制《周礼》为经国齐民之规范，孔子编《礼记》为圣道教学之典谟，是礼兼有政教两性之意也明甚。

要之，礼有体与用，由其体观之，则礼者，以修养精神心性，履行人类为人之道，为其本义。刘向曰：“礼以养人为本。”

郑康成曰：

“礼者体也，履也；统之于心曰体，践而行之曰履。”（《钦定仪礼》卷首纲领）即此意也。由其用观之，则为修身齐家治国平天下之要道。司马光曰：

“礼之为用大矣：用之于身，则动静有法，而百行备焉；用之于家，则内外有别，而九族睦焉；用之于乡，则长幼有伦，而俗化美焉：用之于国，则君臣有叙，而政治成焉；用之于天下，则诸侯顺服，而纲纪正焉。”（同上）

即所以说明礼之用者也。兹将礼之起源、意义、性质、目的……分述于下：

第一款 礼之起源

自来与人类之行为以规范者，有宗教、有德教、有习惯、有法律、及威权者之命令等多种，在文化低级之社会，其规范为继续的、一般的、且为具体的、形式的。故在社会发展之初期，宗教、道德、习惯、法律，皆入于礼仪之范畴。规范之外形，比其内容为重要，人事百般之行为，仅期合于其外形之范式而已，其动机心术如何，均非所问。故原始社会，可谓之为礼治社会也。

礼者，为因畏或爱敬之性情而发出之行为的形状，因命令、教训、妒傲、或暗合等。在同一状态之下，乃成立同一之仪容。古来学者论礼之起源，有归之于自然者，有归之于人为者；兹将二种学说分述于下：

第一项 自然起源论

自然起源论者中，如孔子曰：

“夫礼，先王以承天之道，以治人之情；故失之者死，得之者生，诗曰：相鼠有体，人而无礼；人而无礼，胡不遄死？是故失礼必本于天，杀于地，列于鬼神，达于丧祭、射御、冠昏、朝聘；故圣人以礼示之，故天下国家可得而正也。”（《礼记礼运》）

《左传》云：

“夫礼者，天之经也，地之义也，民之行也。天地之经，而民实则之，则天之明，因地之性。”（《左传昭公二十五年》）

汉书云：

“圣人既躬明哲之性，必通天地之心。制礼作教，立法设刑，动缘民情，而则天象地。”此皆以礼之本源归于天，即以礼之本源，系发生于自然者也。

第二项 人为起源论

此说，谓人类恒有不足之感，既感不足，则必欲充其力量以求其足，利己心既长，爱他心减少，二者之间，不能并立，势必交相倾轧，争执以起，社会因而纷乱，于是欲求止乱之道，惟在于礼。斯说之学者中，其最著名者为荀子，荀子曰：

“礼起于何也？曰：人生而有欲，欲而不得，则不能无求；求而无度量分界，则不能不争，争则乱，乱则穷。先王恶其乱也，故制礼以分之，以养人之欲，给人之求；使欲必不穷乎物，物必不屈于欲，两者相持而长，是礼之所起也。”（《荀子·礼论篇》）屈，竭也，先王为之立中道，故欲不尽于物，物不竭于欲，欲与物相扶持，故能长久，是礼所起之本意也。荀子又曰：

“人之性恶，必将待师法然后正，得礼义然后治。”

又曰：

“古者圣王，以人之性恶，以为偏险而不正，悖乱而不治，是以为之起礼义，制法度，以矫饰人之情性而正之，以扰化人之情性而道之也，使皆出于治合于道者也”。

又曰：

“圣人积思虑，习伪故，以生礼义，而起法度。然则礼义法度者，是生圣人之伪，非故生于人之性也。”

又曰：

“圣人化性而起伪，伪起于性而生礼义，礼义生而制法度，然则礼义法度者，是圣人之所生也。”（《荀子·性恶篇》）

荀子以体之要因，归于人性之恶，礼之存因，归于圣人之创作。礼者，虽为圣人之伪，然因人类本性之恶，因欲矫性移善，故设礼貌仪容以为行为之准绳，以外规内，以御纷争悖乱。此说，与人类堕落论者以法归原于人类之犯罪，及与荷美士（Hobbes）以国家法律之起因，归于人类之蛮性，国家于自然状态之下，因欲避免斗争而设法律等之论据，颇相类似。

关于礼之起源，我国一般学者，以采人性说居多，如道家亦赞同此说。老子曰：

“大道废而有仁义。”

又曰：

“失道而后有德，失德而后有仁，失仁而后有义，失义而后有礼。”以礼之起因，系发生于道德仁义之丧失。且孔子于《礼记》中论大同小康之语曰：

“大道之行也，天下为公，选贤与能，讲信修睦。故人不独子其亲，不独子其子，老有所终，壮有所用，幼有所长，矜寡孤独废疾者，皆有所养，男有分，女有归。……是故谋闭不兴，盗窃乱贼而不作，故外户而不闭，是谓大同。今大道既隐，天下为家，各亲其亲，各子其子。货力为已，大人世及以为礼，城郭沟池以为固，礼义以为纪，以正君臣，以笃父子，以睦兄弟，以和夫妇，以设制度，以立田里，以贤勇知，以功为已，故谋用是作而兵由此起，禹、汤、文、武、成王、周公，由此其选也，此六君子者，未有不谨于礼者也，以著其义，以考其信，著有过刑仁讲让，示民有常，如有不由此者，在执者去，众以为殃，是谓小康。”（《礼记礼运》）依此，则可谓孔子亦以礼之所自起，乃由于道德之衰退矣。

关于礼之起源论，既分自然、人为二说，其外观似有冰炭不相容之概，然仔细论究之，则两者之争，恰如耶奴士神之头的表里论，毕竟在于着目点之不同，而非在于见解之相反。盖自然说乃就礼义之原力论之，而人为说则就礼义之原容言之也。

就礼之原力论之，可谓礼乃起因于自然。盖礼者，德之形也。人类有礼义，而后始得为有秩序的共同生活，且原始社会，依礼治而存立，故古圣以其起因归于天或人性。此非以进退周旋之礼容为天所为，乃以依性善说，则礼为表现人类善性之节文；依性恶说则礼为欲矫正人类之恶性而发生；依他爱说则礼系由于敬爱他人之性情所发生之形式；依自爱说则礼为欲得自爱性之适度而发生，并非否定礼容仪貌成于人为之事理。惟无论何说，均以礼之起因，乃在人类之性情，不过因人性观之不同，而有由人性与礼义所发生之积极的原因，与消极的原因之差别而已。

反之，若从礼之原容论之，则礼可谓为出于人为。尽礼者，人类行为之外形的样式也。即于一定之行动，附有一定之意义，于一定之场合，要求为一定之动作是也。故就礼之形式的规范而论其本体之起源时，则固定其礼貌仪容者，不可不归于人为也。是以礼者，有出自君主、族长、父老、僧侣、圣贤等之创意者，有成立于大众者间或习惯者。如周公之制礼，叔孙通之定礼等，即属于前者，而叩头、俯伏、握手、脱帽等，则属于后者。

第二款　礼之原义

礼之被用作种种意义，亦犹法之被用作种种意义，而其根本义则一，初无二致也。然欲明其意义，必先明其原义。

第一项　礼之原义

《说文》曰：

“礼履也，所以事神致福也，从示，从丰。”即示礼之原义。履者，人所必由之道也。

事神致福者，以虔敬诚意而信仰神，得安心立命之谓也。所谓神者，《易》之《乾卦程传》曰：

“夫天，专言之，则道也，天且弗违是也；分而言之，则以形体谓之天，以主宰谓之帝，以功用谓之鬼神，以妙用谓之神。”

即以神为宇宙绝对力之意也。所谓人必由之道者，《中庸》云：

“天命之谓性，率性之谓道，修道之谓教。道也者，不可须臾离也，可离非道也。”即吾人生为人类，受于天，处斯世，于社会生活上，一举一动，必须遵由条理之意也。然所谓道者，乃以天理为理想，视之不能见其形，听之不能闻其声，此即《中庸》下句之所谓：

“是故君子戒慎乎其所不睹，恐惧乎其所不闻。”故先圣以天理为则，顺人情，使人明了为人之道，而以成文之规定，使人各知所遵由者，即礼也。前述郑康成曰：

“礼者体也。”

即可解为礼者，道之形体是矣。

且就“礼”之构造而言：礼者，由“示”与‘丰’二字联结而成。“示”者，示天垂象以儆人，使其知所遵由之意也。“丰”者，行礼之器也，示敬天致祭之意。《说文解字》曰：

“示，天垂象，见吉凶，所以示人也。从二三垂，日月星也，观乎天文，以察时变，示神事也。丰，行礼之器也，从豆象形，凡丰之属，皆从丰，读与礼同。”盖礼之所以重祭，乃以礼者，如后所述以内部之忠正，与外部之恭顺为要素，而忠正恭敬，以祭为最上。又祭之所以重天，则以天者，至大至灵，为万物之主宰故也。

《礼记·祭统》云：

“凡治人之道，莫急于礼；礼有五经，莫重于祭。夫祭者，非物自外至者也，自中出，生于心者也，心怵而奉之以礼，是故惟贤者能尽祭之义。”

此即明示礼之所以重祭之意也，又事神致富之贤者，《祭统》曰：

“贤者之祭也，必受其福，非世所谓福也。福者备也，百顺之名也，无所不顺者之谓备，言内尽于己，而外顺于道也。”

由是以观，所谓“福”者，非幸福之福也，为以诚信敬忠之旨，内尽于己，外顺于道之意也。然普通多解为幸福之福，姑记之以供参考。

第二项 礼之意义

礼之意义，因人而异其说，其用亦各有不同，吾人虽不能一概而论，然若综合其究竟：则礼者，乃人必履之中正之道，即人之行为准则之谓也。《礼记·丧服制》云：

“凡礼之大体，体天地，法四时，则阴阳，顺人情，故谓之礼。”

此所以示礼之所自出者也。《礼记·仲尼燕居篇》云：

“子曰：敬而不中礼，谓之野；恭而不中礼，谓之给；勇而不中礼，谓之逆。”

其下文又曰：

“礼乎礼，夫礼所以制中也。”

故礼者，乃人必履之中正之道也。亦即为人处世之行为准则也。且《礼》之《乐记》云：

“中止无邪，礼之质也；庄敬恭顺，礼之制也。”

言礼者，以中正无邪为内素，庄敬恭顺为外素，两素相备，始成为礼之形体。虽有外形之庄敬恭顺，内心若不中正，则不得谓之礼；反之，内心虽中正，外形若不庄敬恭顺，亦不得谓之礼，此乃孔子戒野给之所以也。故礼必须具备以上之要求，而躬行实践之。《礼》之《祭义》云：

“礼者，履此者也”。

《白虎通》云：

“礼之为言也，可履践而行。”（卷三）即此意也。

要之，礼之为用，千差万别，不胜枚举，约略言之，则惟“中”之一字，即可尽之。中者，孔子之所谓“礼乎礼，夫礼所以制中也”者是也。故礼者无过不及，得事理之中正之意也。关于此无论行政之礼，仪式之礼，或修身齐家之礼，其义咸同。《周礼·司徒教官职》云：

“以五礼防万民之伪。”（卷十）

其注曰：

“礼所以节正民之侈伪，使其行得中。”五礼系吉、凶、宾、军、嘉之五项，其内容如后述，虽颇复杂，然皆以“中”之一字为主眼。又如《礼》之《礼器》云：

“礼经三百，威仪三千，其致一也。”亦所以示仪礼之根本义均属同一者也。综观以上记述，可知礼之根本义，实为人类生于斯世，在社会生活上，不可不由，不可不履之道也。就此点言之，其意义实与广义之法无稍差异矣。

第三款　礼之性质

礼，既如上所述，其内容虽甚复杂，然可大别为广义之礼与狭义之礼二种。所谓广义之礼者，乃指礼直接有法规之性质者而言；所谓狭义之礼者，即指一般之礼而言。

第一项　广义之礼

《周礼》所记之礼，有属于行政法者，有属于刑法者，有属于民法者，殆无不涉及法之各部，故属于广义之礼。然其记事多为刘歆、郑玄等所附加者，故不得谓为周公所作。且其称为《周礼》者，据《郑玄》注：

“周公居摄而作六典之职，谓之《周礼》。”其名是否适切，不可得而知矣。《尚书序》以此为成王所作，其言曰：

“成王既黜殷命，灭淮夷，还归在丰，作《周官》。”是以《周书》所载之《周官》为《周礼》之本文矣；然其内容及文体显有不同，且《周官》出自伪作，乃多数学者所公认。《周礼》，在汉代亦已有异论，如林孝存以《周礼》为末世济乱之书，作十论七难以排弃之；又如何休，亦以此为六国阴谋之书而排斥之。然郑玄于当时乃一一加以答辩，《周礼》之义，由此乃获通解。兹姑置《周礼》之真伪于不论，而其内容，载有周代制度之大半，则无容疑；且其成为后世法制之原则，亦为不可抹煞之事实。然《周礼》有六典之职制，即就天官冢宰、地官司徒、春官宗伯、夏官司马、秋官司寇、冬官考工之六职，而规定其职制者也。故虽称周代之官曰礼，实非通常之礼也。至于清朝，即不称《周礼》而称《周官》矣，惟六典中属于宗伯职权之礼，乃通常之礼耳。其《职制》曰：

"掌建邦之天神人鬼地示之礼，以佐王建保邦国。"（《周礼》卷十八）

其为通常之礼也明矣。今再试观礼之内容：大体可区别为区别为吉、凶、宾、军、嘉之五礼。细别之：

（一）吉礼分为：禋祀（祀昊天，上帝）、实柴祀（祀日月星辰）、槱燎祀（祀中司、司命、飌师雨师）、血祀（祭社稷、五祀、五岳）、狸沉祭（祭山林川泽）、煏辜祭（祭四方百物）、肆献祼亨（亨先王）、馈食亨（同上）、祠春亨（同上）、禴夏亨（同上）、尝秋亨（同上）、烝冬亨（同上）等十二种。

（二）凶礼分为：丧礼（哀死亡）、荒礼（哀凶札）、吊礼（哀祸灾）、禬礼（哀围败）、恤礼（哀寇乱）等五种。

（三）宾礼分为：春见（曰朝）、夏见（曰宗）、秋见（曰觐）、冬见（曰遇）、时见（曰会）、殷见（曰同）、时聘（曰问），殷頫（曰视）等八种。

（四）军礼分为：大师礼（用众）、大均礼（恤众）、大田礼（简众）、大役礼（任众）、大封礼（合众）等五种。

（五）嘉礼分为：饮食礼（亲宗族兄弟）、婚冠礼（婚姻及元服）、宾射礼（亲故旧朋友）、飨燕礼（亲四方之宾客）、脤恤礼（亲兄弟之国）等六种。

凡此诸礼，乃基于维持国家之秩序，保护社会和平之必要而设，故各有一定之成例。违反其成例者，施以惩罚，其惩罚权属于秋官司寇，此于司寇刑官之职制内（《周礼》卷三十四至卷三十八），有详细之规定。由是观之，《周礼》所规定者，均有强制之意味，故与一般之法有同一之性质。

第二项　狭义之礼

《仪礼》主要为五礼，成例之记载，《礼记》除一部分外，亦为纯粹之礼书。惟两书多出自后儒之假托，不得谓悉为周代及周以前之制度；仅可认其为占有三代制度之大半耳。且在后世，多以此为准则，事实上亦甚显著，故不妨认其为表明我国固有之精神者。称《周礼》为周公之原作，而成为后世五礼之准则者，始自清朝之钦定，《五礼通考》亦因之。且《五礼》自周以后，历朝皆以之为修行之宪典，故其具有法律之性质，乃当然之事。试就内容最复杂之《礼记》观之，如《曲礼》总汇修身齐家治国平天下之要义，有行政之礼，有仪式之礼，有修身之礼，虽皆不含法律之性质，然如关于人事之部分，则为后世法典所采用，竟已成为亲族法之原则。又如《王制》上下二篇，与《周礼》同列有官制及其他种种之法规，其具有法律之性质，不待言矣。《月令篇》以下各篇所记，虽千差万别，不胜枚举，然一穷其究竟，皆所以明人伦五常之理法，修身齐家之要义，而以保持国家秩序，社会安宁为主眼者。《礼记·经解篇》云：

"朝觐之礼，所以明君臣之义也；聘问之礼，所以使侯相尊敬也；丧祭之礼，所以明臣子之恩也；乡饮酒之礼，所以明长幼之序也；婚姻之礼，所以明男女之别也；夫礼禁乱之所由生，犹坊止水之自来，故以旧坊，为无所用，而坏之者，必有水败。以旧礼，为无所用，而去之者，必有乱患。故婚姻之礼废，则夫妇之道苦，而淫辟之罪多矣；乡饮酒之礼废，则长幼之序失，而争斗之狱繁矣；丧祭之礼废，则臣子之恩簿，而倍死忘生者众矣；聘觐之礼废，则君臣之位失，诸侯之行恶，而倍畔侵陵之败起矣；故礼之教化微也。其止邪也于未形，使人日徙善远罪而不自知也，是以先王隆之也"。

此即所以明示礼之性质及其效用者也。

要之，礼者，人类行为之准则也，据此以律不正，凡违反礼之成例之行为，皆视为有害社会，而科以刑罚。后汉陈宠上疏云：

"臣闻，礼经三百，威仪三千，故甫刑大辟二百，五刑之属三千，礼之所去，刑之所取，失礼则入刑，相为表里。"（《后汉书》卷四十六）

周代以礼为法典，而以刑罚为违礼行为之制裁，此其明证矣。虽其实际如何，无从详知，然陈宠为后汉律学大家，乃于成帝哀帝间以律令为尚书之一人，故其说必有根据，可无疑也。重刻《故唐律疏议序》亦有："周公寓刑于礼，不制刑书"之记载，可以推知周之初代，实以礼为国法矣。

且国家统治者与礼之关系，亦至密切。礼乐刑政四者，为王道之要件，而以礼居首，礼之《乐记》曰：

"礼乐刑政，四达而不悖，则王道备矣。"

即此之谓也。故礼者，出于皇帝之命令，公卿诸侯无制礼之权利。论语曰：

"天下有道，则礼乐征伐自天子出，天下无道，则礼乐征伐自诸侯出。"

所以示礼之制定发布，其权至大。

第四款　礼之目的

由于社会人事之复杂，个人间必发生种种冲突，此为自然之趋势，若无何等方法以节制之，则争斗迭起，犯罪愈多，国家之秩序，社会之安宁，将不可保，于是刑法之需要以生。然而刑法只能制犯罪于已然，而不能防之于将然，于是教化之需要以生，而礼即因之以作矣。《礼记・经解篇》云：

"礼之教化也微，其止邪也于未形，使人日徙善远恶而不自知。"

可知礼以教化人心，使其于不知不觉间，涵养善性，而防犯罪之未形为目的者也。又《尚书大传》云：

"孔子曰：凡人之智能，见已然不能见将然。礼者，禁于将然之前，而法者，禁于已然之后。是故法之用易见，而礼之所为至难知也。若夫庆赏以劝善，刑罚以惩恶，先王执此之正，坚如金石。"

此示法与礼之效力不同，同时亦所以说明礼之为用，在支配人心，禁犯罪于将然之前

者也。（贾谊献汉文帝之上疏文亦有同样之记事）

盖人类之弱点，乃在喜怒哀乐轶其度，进退举止失其宜，难制于事理之中，物宜之正，此亦礼之所由起也。故礼之目的，在节制人类之邪心伪行，使各人履行中正之道，而全人生之幸福，同时以保持国家之秩序，社会之和平者也。《说文》曰：

“礼者履也，所以事神致福也”。

又《周礼·大司徒职》云：

“以五教防万民之伪，而教之中。”

其注曰：

“礼所以节正民之邪伪，使其行得中也。”

即在表明礼以节制个人之行为，使其履行中正之道，而遵由法度，畏避罪恶，以预防犯罪之将然，保持国家之秩序，社会之和平，为其主要之目的。

要之，礼者，遵乎天理，基于人情，而示一定之标准，进退举止，一切遵循于此。苟失一步而出法度之外，则非受刑罚之制裁不可，所谓“出礼则入刑”者是也。《礼记·坊记篇》云：

“礼者，因人情而为之节文，以为民坊。”

即谓礼基于人情而定节文，以为行为之准则，而制犯罪于将然之意。征诸此等记述，可知礼之目的，乃在节制社会份子之个人的行为，导以中正，而维持国家之秩序，保护社会之和平矣。

综上所记，礼之内容已可约略明了，若就各种之礼一一分述之，则殆无限际。惟其根本观念，诸礼皆以天理人情为基础则无二致也。《礼记·礼器篇》云：

“先王之立礼也，有本有文；忠信，礼之本也；义理，礼之文也。无本不立，无文不行。礼也者，合于天时，设于地财，顺于鬼神，合于人心，理万物者也。”

礼之根本观念，于此可见。故礼之原则与法之原则相同，虽亘万世而不易。惟礼之形式，因时代而不能免于变迁。

《礼记·乐记》云：

“礼也者，理之不可易者也。”

此乃就其原则而言者。《礼记·曲礼》云：“礼，从宜使从俗”。则就其形式而言者。

第二节 礼与法之关系

《尚书·大禹谟》云：

“明于五刑，以弼五教。”

盖明刑法之目的，乃在协助礼教，后世无不准用斯主义。《汉书·刑法志序》云：

“书云：天秩有礼，天讨有罪；故圣人因天秩而制五礼，因天讨而作五刑。”又《隋书·刑法志序》云：

“礼义以为纲纪，养化以为本，明刑以为助”。

《唐律·释文序》云：

“夫礼者，民之防；刑者，礼之表；二者相须，犹口与舌然。礼禁未荫之前，法制已然之后，使民在宥，各遂其生……”

《宋书·刑法志序》云：

“书曰：士制百姓于刑之中，以教祇德；言刑以弼教，使之畏威远罪，导之以善尔。唐虞之治，固不能废刑也，惟礼以防之，有弗及，则刑以辅之而已。”

同书《酷吏传序》赞云：

“夫为国之体，有四焉，一曰仁义，二曰礼制，三曰法令，四曰刑罚。仁义礼制，政之本也；法令刑罚，政之末也；无本不立，无末不成。”

《册府元龟·慎刑篇》云：

“刑罚威狱，王者之大柄也，圣人则象天明，司牧民命，所以纠处奸匿，章明执度，则刑辟之设，礼乐之助也。”

孔子曰：

“齐之以礼，则民耻矣；刑以止刑，则民惧矣”。(《孔丛子刑论》)

淮南子曰：

“无法不可以为治也；不知礼义不可以行法。”(《泰族训》)

荀子曰：

“听政之大分，以善至者待之以礼，以不善至者待之以刑。”(《荀子·王制篇》)

此外诸子及明清律序，亦各有大同小异之记载，恕不多举。然历朝皆以礼为治国之要义，同时以刑法为协助礼教之工具，则无不同然也。

又关于法与礼之关系，白居易之《刑礼道论》，尤能尽其要趣，特录之于后。

白居易曰：

“臣闻人之性惰者，君之土田也。其荒也，则薙之以刑；其辟也，则莳之以礼；其植也，则获之以道。故刑行而后礼立，礼立而后道生，始则先道而后礼，中则先礼而后刑，终则修刑以复礼，修礼以复道。故曰刑者礼之门，礼者道之根，知其门，守其根，则王化成矣。然则王化之有三者，犹天之有两曜，岁之有四时，废一不可也，并用亦不可也，在乎举之有次，措之有伦而已。何者？夫刑者可以禁人之恶，不能防人之情；礼者可以防人之情，不能率人之性；道者可以率人之性，又不能禁人之恶，循环表里，迭相为用，故王者观理乱之深浅，顺刑礼之后先，当其惩恶抑淫，致人于劝惧，莫先于刑；剗邪窒欲，致人于耻格，莫尚于礼；反和复朴，致人于敦厚，莫大于道。是以衰乱之代，则弛礼而张刑；平定之时，则省刑而弘礼；清净之日，则杀礼而任道；亦如祁寒之节，则疏水而附火；徂暑之候，则远火而狎水。顺岁候者适水火之用，达时变者得刑礼之宜，适其用，达其宜，则天下之理毕矣。”(《白香山集·刑礼道论》)

此外如《图书集成祥刑典》及其他诸书，亦各有同样之记述，兹略之。据上述以观，盖以礼为治国之宪典，以刑法为帮助礼之效力之工具。然上述诸说，多在叙述礼与刑法之关系，对于礼与一般法之关系，则未言及。一般法如既述，乃基于维持社会和平之必要，而限制人类之行为，规定人类为人所必由之道，其性质殆与礼同，故欲明礼与法之关系，则非将两者分别说明之不可。

第一款 礼与刑法之关系

礼与刑法之关系，依以上所述，已可知其大略，今更就两者之异同言之。我国法律，无不伴有刑罚之关系，概括观之虽属于刑法之范围，然其条文内容，却非悉为禁止之规定也，盖有强行之规定，有听任之规定，其状态颇为混淆，不可一概而论。本款特就刑法与礼之关系，摘述其大要。

刑法以惩罚违反灭理人道之行为，及保护社会之安宁为目的，其内容规定制裁犯罪行为者，概为禁止之规定也。礼者，所以保持国家之秩序，社会之和平，而示人以人类栖息于社会之行为准则，而使其履行者，故概为强行之规定也。前者为不应为之规定，即禁止其行为；后者为应为之规定，即强制其行为，此两者相异之点也。

故礼与刑法有表里之关系，二者相须，乃能达其最后之目的。礼者制将然，而刑法则制已然；反礼之行为，直接或间接构成犯罪，以至受刑法之制裁，此即“出礼则入刑”之谓也。故礼教之根本义，乃在督励五常（即君臣之义、父子之亲、夫妇之别、长幼之序、朋友之信）。舜以皋陶为士，以五刑为惩罚妨害五常者之工具，即因礼与刑法有表里之关系故也。史记舜典注云：

“咎繇制五常之刑。”（同书卷一）

《舜典》云：

“象以典刑”。

以典刑为五典，即五常之刑之谓也，又《白虎通》云：

“五刑者，五常之鞭策也。”（卷九）

亦以五刑为强制人民遵守五常之鞭策。周朝于五常刑之外，更加三刑而为乡之八刑，以大司徒掌之：一曰不孝之刑、二曰不睦之刑、三曰不姻之刑、四曰不弟之刑、五曰不任之刑、六曰不恤之刑、七曰造言之刑、八曰乱民之刑。（《周礼》卷一）

要之，五常为伦理人道之基础，礼为励行五常之要件。《礼记·礼器》云：

“礼经三百，威仪三千，其致一也。”

即意甚明。且刑法所以拥护礼之效力，以弼其励行，周设大辟（死刑）二百，五刑之属三千，以为违礼行为之制裁。周代称法者，概为礼之意义，称刑者，概为刑罚之意义。《唐律疏议序》云：

“周公寓刑于礼，不制刑书”，即其佐证之一也。

及周以后，乃基于礼之原理原则而制定法典，法与礼之区别，逐渐分立。于是关于五常五礼之要项，均编入法典之内，法典所不及者，通例依礼书补充之。未编入法典之礼，纯为礼教上之关系，无法律上之性质。是以反礼之行为，不构成犯罪，仅受道德上之排斥而已。且礼制之主要事项，殆已编人法典，其未被编入者，不过为单纯之仪式，结果仅受道德上之制裁。然违反礼之根本义的行为，则仍构成犯罪，应适用刑罚，今以唐以后之刑典征之，唐律明清律，其卷首皆基于《仪礼》及《礼记》而规定丧服制；《名例律》基于《周礼》而规定八议十恶；《户律》基于三礼而规定关于亲族相续之事宜。如婚姻之部，禁止同姓同宗之相婚，有服亲之相婚，及尊卑之相婚等；且定有离婚之特例，如“七去三不去”之项，为其最显著者。至于礼律内规定关于五礼之要项，其中虽有其他之篇目，然关于伦理人道之事项，概从古礼之原则为立法之通则。《钦定四库全书提要·唐律疏议解》云：

“论者谓：唐律一准于礼，以为出入，得古今之平，故宋世多采用之，元时断狱亦每引为据。明洪武初命儒臣，同刑官进讲唐律，后命刘惟谦等，详定明律，其篇目一准终于唐。”（卷二十）

征此足知唐以后之刑典，亦以礼为准则矣。清朝全然准用明律，同时会典及会典事例等，均设有关于礼之种种规定，且《五礼通考》、《大清通礼》及其他礼书，均以钦定而求保持礼教者。故以礼为国家之宪典，以刑法拥护之，两两相依，藉以维持国家之秩序，保护社会之和平，此义古今殆相统一。

关于礼经三百，威仪三千之解释，诸书各异其说。《礼记·礼器》云：

“经礼三百，曲礼三千，其致一也。”

《礼记》以“曲礼三千”作“动仪三千”，《中庸》以“礼经”作“礼仪”。《汉书》云：

“周监于三代，礼文尤具，事为之制，曲为之防，故称礼经三百，威仪三千”。

郑康成注云：

“经礼，谓《周礼》，《周礼》六篇，其官有三百六十；曲犹事也，事礼谓今礼，礼篇多亡，本数未闻。”

臣瓒注云：

“经礼，谓冠昏吉凶，盖以仪礼为礼也。”

朱子注云：

“礼仪三百，便是仪礼中士冠、诸侯冠、天子冠礼之类，此大节有三百条，如始加再加三加，又如坐如尸立如齐之类，皆是中小目。”

叶梦得注云：

“经礼，制之凡也；典礼，文之目也。”（《钦定仪礼义疏》首卷及《钦定礼记义疏》卷三十五）关于此一问题之解释。诸子所说虽不一致，惟礼经三百，威仪三千，似可视为礼教上要目之概称。

第二款　礼与一般法之关系

一般法系刑法以外法律之总称，如行政法以及关于民事之法规等，即其主要者。然舜代以降至周初，关于行政及民事事项，特别以法之名而规定之者，可谓极稀。至战国以后，除刑典之编成外，更制定如次之种种法规，于是礼与法之区别始生。惟刑典以外之法规，概系摘示官吏及人民行为之准则，故与礼同为强制之规定。就此点而言，两者虽相似，然法本为形而下之规定，主限制人类之行为，并不直接限制人类之意思；而礼则不仅限制人类之行为，且以限制人类之意思为主；此为二者相异之点也。《尚书大传》云：

“礼者，禁于将然之前；而法者，禁于已然之后”，是亦足以证明礼与一般法之异同焉。

元明清以前，刑典以外之法典，多不传于世，故无由祥其内容。惟如《唐六典》，恰当后世之会典，为规定六部之组织及职权，同时规定关于民事之事宜者，故其性质及效力，殆与《周礼》相同，即在显示官吏及人民之行为准则，同时规定对于违制行为之责任，如《元典章》及明清会典等均是。此等法规，不仅关于伦理人道之事项，无不准用古礼之原则，即其礼部之职权，亦以保持礼教为主。故礼与一般法之关系，犹礼与刑法之关系，大同而小异也。

要之，一般法既如前述，为规定官吏及人民之行为准则，虽与礼同为强行之规定，然我国法律通例一面在强制行为，他面复设科罚反此之行为规定，如《会典》、《六部则例》等皆是也。严格论之，则不可不谓我国之法，概有科刑之性质，而无纯粹行政法或私法之规定。惟所谓刑法与一般法之差异，仅在制裁之轻重不同耳；即刑法之制裁，多以重刑为原则；会典及六部则例等之制裁，则限于议处及罚金之二者而已。议处为对于官吏之制裁，如降级、革职、罚俸等之谓。罚金为对于人民之制裁，即行政上之处分是也。故刑法上不曰罚金而曰赎刑；所谓赎刑者，乃以金赎刑之义，事实上虽相当于罚金，然非独立之刑罚，仅为一种刑罚上酌量减轻之方法耳。

法与礼之关系，照以上所述，可谓已尽其要，今为参考之便，更将《礼记》、《曲记》之所谓“礼不下庶人，刑不上大夫”之语一为解释。此语如认为含有法制之意义，则事实上将与法之与礼有表里关系之论说相反。大夫以上者，虽犯罪而不受刑罚之适用；庶人虽有违礼之行为，亦不得律之以礼，而论之以法，如是则刑法与礼，确如上述，有表里之关系，且有一股共同之点，实已无容疑之余地矣。

按此语为周初礼教上通行之语，并无法制上之意义。盖礼教之本义，在涵养人类之美性，启发其廉耻之观念，在大夫以上者，皆已理会礼教而有廉耻之观念矣，若有非行，以礼责之，主在与以精神上之制裁。反之，庶人尚未理会礼教，责之以礼之不备，似属苛求，故以此语为戒。孔子《家语》云：

“冉有问于孔子曰：先王制法，使刑不上于大夫，礼不下于庶人；然则大夫犯罪，不可以加刑，庶人之行事，不可以治于礼乎？孔子曰：不然，凡治君子，以礼御其心，所以属之以廉耻之节也。故古之大夫，其有坐不廉污秽，而退放之者，不谓之不廉污秽而退放，则曰簠簋不饰；有坐淫乱男女无别者，不谓之淫乱男女无别，则曰帷幕不修；有坐罔上不忠者，不谓之罔上不忠，则曰臣节未著；有坐罢软不胜任者，不谓之罢软不胜任，则曰下官不职；有坐干国之纪者，不谓之干国之纪，则曰行事不请；此五者，大夫既自定有罪名矣，而犹不忍斥然正以呼之也，既而为之讳，所以愧耻之。是故大夫之罪，其在五刑之域者，闻而谴发，则白冠厘缨，盘水如剑，造乎阙，而自请罪，君不使有司执缚牵掣而加之也；其有大罪者闻命，则北面再拜，跪而自裁，君不使人捽引而刑杀，曰子大夫，自取之耳，吾遇子有礼矣。以刑不上大夫，而大夫不失其罪者，教使之然也。所谓不下庶人者，以庶人遽其事，而不能充礼，故不责之以备礼也。冉有跪然免席，言曰：则美矣，求未之闻。退而记之。”可谓尽其要矣。

日本当士风旺盛之际，以切腹为名誉刑；现代国家，有对于有位有爵之人，规定特别待遇法者，其旨趣皆不外如是。

第三款　礼治法治

礼者，人类最初之统制力也，在宗教、道德、法律尚未分化之时，已以其形式表扬社会力，面为人类行为之规范。任何社会，皆以礼治先法治而存在；当时，其实质非无相当于法规的规范之存在，然因此种规范仅包含于礼之外貌中，而为礼之一部而已。

礼治先于法治，在我国历史上，有显著之事实。唐虞三代之治，礼治也，仅露法治之端绪而已。及至周代，礼典大备，礼治极盛。陈祥道曰：

“先王之治，以礼为本”（《仪礼·义疏》卷首上），盖指此也。至强秦统一之时，虽说意于法治之制，然忽焉礼跌；至汉代，法治之制始大备，后世学者，多癖嗜古典，以唐虞三代礼乐之治，为黄金时代之政，以秦汉以降法令之治，为浇季之制，尊崇礼乐，践视法律，且视倡导法治之商鞅、韩非、申不害等学派为刑名法术之徒而摈斥之，此乃由于儒家以仁义道德教化人民为理想，故有此极端之主张，究其实际，儒家之目的虽颇高尚，然其忽视道法相须以济之理、僵信以礼乐之教化，足以治天下，未免过当；然彼倡导法治之学者政治家，乃即因此而失后世之同情矣。

周室衰而天下大乱，孔孟之流乃欲回复周之礼文，以经论社会。故孔子曰：

“道之以政，齐之以刑，民免而无耻；道之以德，齐之以礼，有耻且格。”（《论语·为政篇》）

又曰：

“安上治民，莫善于礼。”（《孝经》）

“凡治人之道，莫急于礼。”（《礼记·祭统》）

“乐至则无怨，礼至则不争，揖让而治天下者，礼乐之谓也。”（《礼记·乐记》）

“礼之于正国也，犹衡之于轻重也，绳墨之于曲直也，规矩之于方圆也。”（《礼记·经解篇》）

“治国不以礼，犹无耜而耕也。”（《礼记·礼运》）

又曰：

“为政先礼，礼者政之本欤?”（《中庸》）

“为国以礼。”（《中庸》）

荀子曰：

“礼者，人道之极也。”（《荀子·礼论篇》）

“礼者，政之挽也；为政不以礼，政不行矣……治民不以礼，动斯陷矣。”（《荀子·大略篇》）

观乎此等记述，可知儒家以为治民为政，非礼不为功矣。自荀子倡导隆礼以后，言礼治者颇众。儒家且更以礼为万能之术，举凡人事百般施设，莫不有赖于礼。故孔子曰：

“夫礼者，所以定亲疏，决嫌疑，别同异，明是非也。道德仁义，非礼不成；教训正俗，非礼不备；分争辩讼，非礼不决；君臣上下，父子兄弟，非礼不定；宦学事师，非礼不亲：班朝治军，莅官行法，非礼威严不行；祷祠祭祀，供给鬼神，非礼不诚不庄……”此言礼之效用极为广大，且如教训正俗，非礼不备；分争辩讼，非礼不决云云：且以法律之用，须待礼而行，而所谓法律者，不过为礼治之一种工具而已矣。

儒家言礼之功用虽有上述之广大，然法家则批评其失，而谓礼乃繁文，无补实用，应接微嫌，动滋纭扰，非但不足以止争，反足以召乱。故《韩非子》曰：

“众人之为礼也，人应则轻欢，不应则责怨；今为礼者事通人之朴心，而资之以相责之分，能毋争乎？有争则乱，故曰夫礼者，忠信之薄也，而乱之首乎！”（《解老篇》）

盖在法家以为为政治民，非法律不为功。

管子曰：

“法者，天下之至道也。”（《管子》卷十五《明法篇》）

“法者，民之父母也。”（《管子》卷六《法法篇》）

“法者，天下之仪也。”（《管子》卷十七《禁藏篇》）

此所以言法之体者。管子又曰：

“万物百事，非在法之中者，不能动也。”

“以法治国，则举错而已。”（管子卷十五明法篇）

又曰：

“圣君亦明其法而固守之。”

“圣君任法而不任人。”

“尧之治也，善明法禁之令而已矣。”

“黄帝之治也，置法而不变，使民安其法者也。”

“生法者，君也；守法者，臣也；法于法者，民也。君臣上下贵贱皆从法，此谓为大治。”（《管子》卷十五《任法篇》）

他如：

“治国无法，则民朋党而下比”。（《管子·君臣篇上》）

“齐民以政刑”。（《管子·君臣篇下》）

又韩非子曰：

“矫上之失，诘下之邪，治乱决缪，绌羡齐非，一民之轨，莫如法；属官威民，退淫殆，止诈伪，莫如刑。”（《韩非有度篇》）

又云：

“周合刑名，民乃守职，去此更求，是谓大惑。”（《韩非子扬权篇》）

则所以言法之功用矣。

礼法二者之争论虽如是，然礼治先法治而存在，乃自然之顺序也。在人类为共同生活之初期，社会凝集力之中心，为神明或祖先之威严、首长、族长、家长、父母之权力，在此种共同生活社会中之分子，因崇敬之心而发为行动，于反复实行之间，自成一定之行动，而附以一定之意义，积之稍久，共行动之形式，乃趋于固定，而成为行为之典范。又因要求一般人之服从，而形成其形式之节文，而后共同生活方可为有秩序之持续。故在社会初期之统制力，先具礼之形体，而法律仅为一种潜势力状态，包含于礼之外貌中，尚未能独立存在也。

社会之统制，由礼治进而为法治，其规范，由礼仪变而为法规，此乃法律造化之通则也。礼法二者之递嬗进化，系于社会统制力领域之广狭，以进化之趋势观之，不难明了也，盖社会形成之第一期，为纯粹礼治之时代，礼殆占统制力之全部，而法不过包含于礼之中。其第二期，则以礼治为主，以法治为从。此时政治组织已稍完备，违礼者始加以公权之制裁，所谓“出礼则入刑”是也。在此时代，法为补充的统制力，不过为从属的存在而已。第三期乃为法治之时代，此时政治组织大备，国权乃大扩张，故法之范域亦渐开广，始以敏活之法，代缓漫之礼，以公权之制裁代宗教的、道德的或社交的制裁。且自纯粹之宗教的道德的意旨起，至衣食住及其他日常社交行为止，均以法令严命之，此即法治代替礼治之时代也。

儒法二家之思想，根本相反，故礼治法治之争，迄于今日尚未尽歇。礼与法虽均为人类行为之仪表，牵制人类之自由意思，然礼主犯罪之预防，注重精神上之修养，物质上之调剂，以期涵养良善之德性，使人类于不知不觉中，养成良善完全之性格，庶几社会和平得以保持；故礼为信仰之仪容，伦理之形态，社交之秩序，其规范实为宗教或德教之表征。法主惩恶劝善，藉国家之权力，强制人民服从，期于以刑止刑，庶几国家之秩序，得以持续，故其规范实为国权之表征。因之，礼与法之性质及功用，自有先后缓急之差：

（一）法律为国家之规则，恃政治制裁力发生功用；礼为社会之规约，恃社会制裁力发生功用。

（二）法律用以支配人类外部之行为；礼则及于各个人之意思。

（三）法律有强制其遵守之力：礼仅就各人良心负其责任。

（四）法律为一国境内所同遵，势须统一；礼为地方合体的习惯，不妨独殊。

（五）法律为不应为之规定，即禁止其行为：礼为应为之规定，即强制其行为。

孔子对于二者之观念，有言曰：

“凡人之知，能见已然，不能见将然。礼者，禁于将然之前；而法者，禁于已然之后……”

荀子曰：

“礼以待善，刑以待不善。”（《荀子法行篇》）

又曰：

“为之立君上之势以临之，明礼义以化之，起法正以治之，重刑罚以禁之，使天下皆出于治，合于善也。”（《荀子·性恶篇》）

《唐律释文序》云：

“夫礼者，民之防；刑者，礼之表；二者相须，犹口与舌然。礼禁未萌之前，法制已然之后。”

《唐律疏义》云：

“德礼，政教之本；刑罚，政教之用也；犹昏晓阳秋相须。”

《元史·刑法志》云：

“道之以德义，而民弗从，则必律之以法；法复违焉，则刑辟之施，诚有不得已也。”

《金史·刑志》云：

“刑以治已然，礼以禁未然。”

综上所述，盖可知法者，惟在限制人类之行为，不直接限制其人之意思；礼则不仅限制人类之行为，且以限制人类之意思为主者矣。

江士杰

里甲制度考略

作者简介

江士杰，生卒年月难以稽考，著作有《里甲制度考略》，同他人合著《田赋史》（下）。

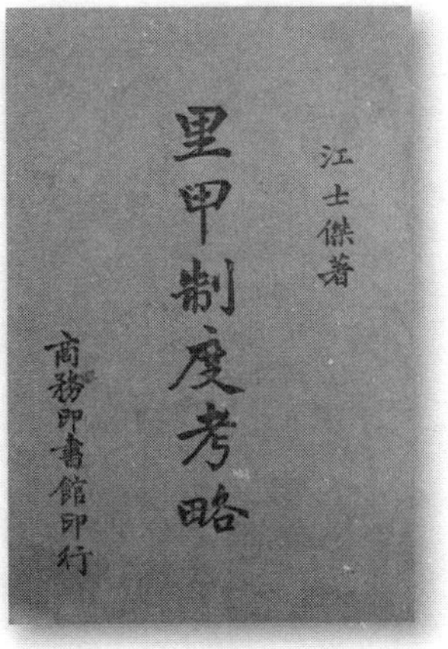

出版社：上海，商务印书馆。

出版年份：1942 年第一版，1943 年第二版。

馆藏：国家图书馆书刊保存本库。

作品简介：《里甲制度考略》一书副标题为“一个中国基层财务组织简史”，共分六部分。其中第一部分为绪言，第六部分为结论，除这两部分之外，第二至第五部分以历史朝代为序，分别阐述了唐以前的里甲制度（第二部分），宋代之乡制与役政（第三部分），元明两代之里甲制度（第四部分）和清代迄今的里甲（第五部分）。

第一部分绪言，介绍了笔者写作的原因，分析了研究社会经济制度的沿革对于了解一个国家的现状及其成因的重要性，解释了“里甲”制度的含义及其作用。

第二部分唐以前的里甲制度，首先概括了上古时代的财政状况，然后分析了秦以前的地方行政机构和基层财政官制，紧接着介绍了两汉的基层地方组织及财务官制，晋隋两代的乡制与户政，最后分析了唐代的里乡制度。

第三部分宋代之乡制与役政，从五代“里甲”制度鳞爪谈起，分析了宋代的役法及其流弊以及相应的改革措施，特别提出了宋代实行“职与役”相分离制度。

第四部分元明两代之里甲制度，主要介绍了明代的里甲制度，仅在里甲制度之前哨这一小节中涉及了元代的相关制度。随后以大量篇幅分析了明代的基层地方组织及本文命名之由来，里甲制度之成立及其内容和里甲制度之流弊及其改革。

第五部分清代迄今的里甲，首先分析了清代的地方基层组织，然后介绍了清代的里甲制度，最后介绍了里甲制度的残余及其现状。

第六部分结论，主要记录了作者对里甲制度的八点论断。

《里甲制度考略》一书着重从财政税收制度即赋役制度的角度考察里甲制度。笔者以“里甲”制度为线索，梳理了中国自秦汉至明清以至民国时期历代里甲制度的内容，探讨了其发展演化的规律，抓住了中国里甲制度的精髓。文字简约，条理清晰，为后来研究者提供了很好的材料和宝贵的提示。（冯勇整理）

自序

民国二十九年春，入中央政治学校研究部财政组工作，原拟即从事于国利财政史之搜集研究。嗣以战时一切均成非常，材料搜集至感不易，乃不得不缩小范围，就部中保有资料先从事一点一滴之搜研；而平日服务社会，对我国基层政治及各种社会制度，尤其是关于财政一方面者之“作恶”或“恼人”习俗，屡有所触，而时兴“澄清何日”之叹。因此潜意识的关系，无意中竟集中于“里甲”一课题之检览，便中稍事摘辑，并本耳濡目染所及，加以学理上之论列或说明，日久不觉即成兹一小册。此在初原不过为自备查阅之便，实未敢窃列于著作界之林，而师友中有见及之者，兼以国人对此问题尚少注意，值兹田赋改制之时，尤不乏可请正于国人并供当道采择之处，怂恿早日单独梓行问世。经将原作略事增删，乃成是作。自知学殖素肤，又复成文仓卒，错漏脱误，当所不免，倘蒙邦人君子进而教之，俾于他日有再版之机会时能为之订正，则受赐者又岂仅作者一人而已哉？兹值付梓之初，用敢略述顺末，冠之于篇，亦聊以志个人之不忘，非敢以言序也。

自方江士杰于中央政治学校研究部财政组

三十年十二月

一　绪言

缘起　现时我国一般关于讨纶经济财政等学科的书籍或刊物，其取材或内容，大多系源之外土，以此和本国的实际情形，每多风马牛不相及。于是每一问题之来，或则令国人无所措手足，或则药石乱投，遗祸无穷。长此以往，非但迄无独立之学术思想可言，恐于国计民生亦终无法为之开一有效之药方，其弊害之严重与危险，讵可胜言耶？

吾人均知一国有一国之文物制度；虽然不能说彼此之间全无关连，但彼此之相差定是甚多甚大，此尤以地大而历史悠久之国家为然。我国如不欲屹然独立于世界发扬其固有文化则已，否则学术思想的独立或自我的研究决不可少；如不欲自求有效之治国方策则已，否则政制历史或沿革的研讨，殊至为必要。本文于此，窃愿作一尝试中之一小小的尝试焉。

社会科举乃以述说和研讨社会客观事实为对象的。既然一国有一国的社会情形，那末从这上面产生出来的理论和办法，当然不能一样，也不可一样。一个办法能够施之于甲国有效，未必能保证在乙国也可发生同样的作用；一种解说能适用于丙国，未必也能适用于丁国，这是很显然的道理，用不着再多加说明的。但不幸得很，现时我国一般研究社会科学的人及政府行政当局，每每不分皂白，惟外来思想及文物制度之是竞，忘记了“这是中国”及“我是中国人”。笔者不自量，常愿有以矫此弊，希望能于现实和故纸堆中，寻出一些自我的资料，并本耳濡目染所及，加以浅近的说明或论列，或是供当世社会科学界于编著此等学科时之一点东鳞西爪，俾后之学者，有一些自我的社会科学读。若能由此而产生一独特的学术思想及一些适合于国情的经济财政体制，当更为笔者无限的展望或祷祝了。

社会问题与财政 要求了解一个国家的现状及其成因，对其社会经济制度的沿革研究自甚重要。近代某俄国史家说："在了解过去（历史）和批评过去的工作上，第一个阶段就是社会经济史的研究。而在经济学科的研究上，更可说是基础的工作。""中国是个谜"，这是很多的外国人于研究一些中国问题后所常发出的结论。因为要了解中国，不但须对其四千六百万方市里的地理横面要有所研究，而且要上溯其五千年的巨长历史。而中国的史籍，一方面固然是多得不可开交；而一方又以记载的不确（因多为官书）、不全（尤以民生方面为最）及无系统与历史眼光，故使后之学者终又有"史的混乱及贫乏"之苦。但一个社会现象的发生，既不会突如其来，忽然逃去，那末吾人如能抓住某一重要现象去虚心搜讨，多方爬梳，对其来源去尾求得一个究竟，则对于这一"谜"的了解上，我想总多少有点助益或贡献的。

经济既为社会的重心，而财政制度又是经济现象中最重要之一环，故对这一方面的探讨自有必要，尤其是对于其基层组织问题之辟述上，似更为一刻不容缓之事，本篇之作，其主旨或即在斯欤？

财政或公经济的涵义虽中外各有不同，但都是由狭而广，由少而多，那是无可怀疑的。如就收入方面言，则各国几乎都是先由役，次而租而赋而专卖收入而官业收入。中国当亦不能例外。我国古代的服役制度，不但至为普遍，而且自始即和财政制度结不解之缘，如徒役胥役乡役之类是。它于各朝社会问题和政治的措施上几无不占有极重要的地位。故在我国计政历史上，从来就是赋与役并称。现在有些极权国家，如德国、意大利、苏联等，他们对于人民的义务服役，仍无不极端着重，其成效也多有足观。本文对于我国古代的役制，当就其与本题有关之项目附为叙述，并从而有所申论。以古例今，或亦不无可资参证之处。尤其是在此抗战建国物质条件艰难的今日，或更有其历史或时代的意义及作用存乎其间也。

名词的解释 何谓"里甲"，又何谓"里甲"制度？是不可不略加解释。考"里"、"甲"二字的创意，均带有田或乡土的涵义，这是十分明显的。它们的开始应用，我们现虽不能确定为何时何人，但就史实观察，至少当在战国以前。譬如《论语》上的"里仁为美"和《春秋》鲁成公的"作丘甲"等，当都是一些无可置疑的事实。嗣后各朝的所谓乡治、乡职和乡役，实在都与之有密切关系。不过正式以"里甲"二字并称的，直到明代才开始，并在内容上也有所广益而已。清朝初年，尚多沿用此一名辞，到后来就常有变更，有所谓坊、里、图、保、都、甲、牌之类，惟在意义上则已不无淆混之处。到现在，在行政上虽然到处都行的是保甲或村庄制度，但在各地田赋或钱粮册上，仍另有其区划各称，或为都图，或为里甲，或为都甲，或为村庄，则各地殊不一律。此则为旧制之遗渣，未及因时而改易之所致也。至此笔者得声明一句，就是我国历史上和本文内所称的"里甲"，有时是和乡治上的保甲为一物，有时则为截然的两事，这在后面，我们还要讨论到，于此可勿庸赘述。

本文或财政上所称的“里甲”制度，系指经办一切赋役方面之事者而言。这自和现在一般所谓乡政或保甲制度有所区别。本来乡治或保甲的作用，在将散漫而无统系之民众，以一种适合于社会环境之纪律，依一定之数字及方式，使组成一有统系之基层体制，以之维持一地方上之秩序，和发展地方上之建设的东西。其具体的表现，为劝农、尚武、兴教、抽丁，派差、平赋、催粮（现时有些地方已无此二项作用）、火盗及自卫之类。时人所称之乡约、保甲、社仓、社学等等，当都包括在内。至其主持人的名称，则历代各有不同，在目前则为所谓甲长、保长、联保主任，或村乡镇与区长之类。这在当前的法律上已有明文规定，故有其法律上的地位，但“里甲”这项东西，在现今的法律上，是找不到的，故已失其法律上的依据，不过在事实上它还是到处都存在，且具有很大的实力。如现今各地的粮书、粮总科书、柜书、户书、册书、推首、催征吏、催征警、图差，以及乡书、村役、里书、地方、图正、都总、甲首、里正、里长、总甲、谷豆承催、员友、庄书、书办、庄首、粮差、练总、书差、库书、司册生、推收生、乡经理员等等。差不多全国各地的所谓钱粮，都没有不经过他们这一些人之手的。就是在地籍和征收制度，已经有所改革的省或县，他们潜势力，也还是不小，仍有其招摇及作恶的能力，而为地籍整理上一个大大的障碍，和盐务上的所谓引商盐蠹，可说是“难兄难弟”，可以互相媲美的。它的由来、经过以及现状如何？将来应当怎样？本文均将予以简要的述说。笔者学识浅陋，而身边材料又极缺乏，既不克繁征博采，以资参证，又未能作深入的探讨，以求正于有道。这是本人得预先向读者说明并道歉的。

里甲制度的作用及其变迁“里甲”制度，在中国存在了几千年，当然有其历史的任务，于财政催科上尤为一有力或惟一之组织，尽了其莫大的使命，替政府征集，为人民转输，虽然他种下的恶果也不少，但是否就全无研讨的余地，或竟如目前之情形，任其自生自灭就算了事。笔者以为当不如此简单，尚有讨论或作进一步处置之必要。这是本人开始去研究这个题材的最大动机，也是本人要写这篇文字的别一起因。又国人对是学术及文物制度的探讨，常仅注意其上层建筑，于其最基层的根本组织或作用反多不措意，从前的人是这样，现在的人也多是这样。这是国人的通病，似应有所纠正，以免一误再误。这又是我要写这篇东西的另一用意。

我国乡治组织中的基层财务，其所处地位也和乡治一样，历代不同。大概言之，凡以“士大夫”治理其乡之事时则称职，其秩有禄，地位较高，成效亦较著。唐以前各代均属如此。是为普通乡政与基层财务混合不分的时期，亦即“里甲”制度的第一期。安史乱后，天下骚然，诸节度多出群盗，所用守令，视民如仇，而剥削亦日烈，由是乡里之职，大为民困，卒成以民供事于官之役，非但无秩无禄，反纯为官家之皂隶，与前此之乡职已有本质上之改变矣。五代因循，至宋未改，或为差役，或改雇役，或行义役，终无一是。是为乡政与基层财政相混的第二期，亦即为“里甲”制度的过渡期。其标识或关键在唐天宝以后之渐由征兵制而改行募兵制。元赋较轻，故役亦不甚繁，乡政与催科等事，已彼此划分，开明代“里甲”制度之先声。有明赋重，县令催科难遍，袭元制遗意，分编“里甲”，而以黄册及鱼鳞册统之，集历代赋役制度之大成，奠我国基层财务组织的定局，使普通乡政，一时反成为此制之附庸——复改行里社等制——清代因之，以迄于今。此期乡政与办税催科，已彼此划分。是为“里甲”制度的第三期。而此期中又可划分为两期，第一期为从元至清初。此期承唐宋之弊，一般的说，乃“里甲”服役于官之受害时期。二为自清初迄今，为“里甲”制度之反噬或为害时期，举前此须强迫其服役者，至是则虽强迫其去而不可得，有清中叶后，尤其如此，竟成钱粮上之一大蠹，甚至可称之为一特殊阶级。其所以致此的几个重要因素，当为（一）清代“里甲”一役之不以产定，（二）责任较轻，有利可图，（三）丁归于地，及（四）公家册籍失据的缘故。其经过我们当于后面再加申述。

曾资生

两汉文官制度

作者简介

曾资生，又名曾謇，生卒年月不详。北京大学毕业生。曾任南京国民政府总统府政务局第三科科长。曾从香港返乡务农。1949 年和邱致中等作为国民党政府第一次“人民代表团”成员开启国共两党历史的又一轮“和平谈判”。也是陶希圣、连士升等人为代表的食货派的重要代表性成员。著有《中国政治制度史》、《两汉文官制度》、《中国五权宪法制度之史的发展与批判》、《宋金元的乡里制度概况》、《五十年来的政治制度》等。

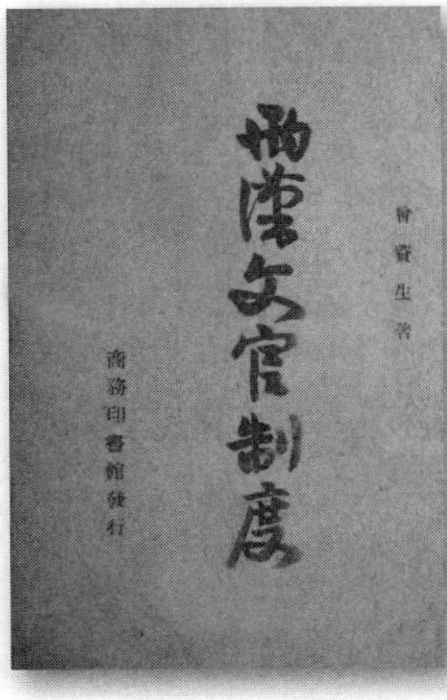

出版社：商务印书馆。

出版年份：1942 年。

馆藏：中国人民大学图书馆旧平装书室。

作品简介：《两汉文官制度》一书由序两篇和主体内容十二章组成。主体内容包括绪论、察举制度、公府与州郡辟除、皇帝特征与聘召、荐举、考试制度、任子制度、郎官制度、卖官纳赀及其他、选举与任用法、考课迁降与赏罚候补诸制、选举与考课之主管机关。

本书一大特色是，在第一章绪论中总结了两汉文官制度的三大主要优点。第一是州郡察举，科目颇多。即，地方官吏选拔的方式很多。作者认为这是一种普遍的乡选制度，使地方乡选的人才，均有入仕机会。魏晋以后形成的九品中正制已全失汉制之精神。隋唐以后，科举制取代九品中正制，但其制度的活泼性和与易于吸收人才的作用，比不上汉代的察举制度。第二是对已入仕之官吏，仍有察举之制。即政府的地方政务官派任一定正式职务仍需经过选拔。如，三府据属与三署郎官，平时使其晓文法，通长应对。到正式任用筛选时，仍需要主官察举。察举标准有“高功、久次、才德、尤异、质朴、敦厚、逊让、宽博有谋、清白高行”等科。作者认为这种制度对于训练下级地方政务官，有其优异之点。即使在今日，对县政人才的选拔与训练的改革都很有参考价值。第三是负责选举，国家诏令綦严，得人与否，举将与被举者同其赏罚，故不以实，辄坐举者。也是说，选拔人才者和被选举的人才有连带责任，注重对选拔人才者的惩处。防止任人惟亲和选人不认真等不负责任的情况。作者认为这种制度的好处是使选拔人才者一方面不得不慎重选举，另一方面又不得不努力搜求贤才。直在今日，仍很有其必要性。此外，还有不少制度值得借鉴。如，汉代选举与考试制度常相济为用、中央官多由地方官吏中选拔、地方官吏多由中央官吏出任补缺，这些都说明汉代文官制度的灵活运用精神。

作者认为一代政治得失，常与其文官制度之严密与运用之健全与否有密切关系。而汉代文官制度为各代较佳者。这些具体制度的内容及其演变的考证详见该书主体内容的十二章之中。（孙振庆整理）

陶序

七七事变之前，国立北京大学法学院设中国经济史研究室与中国行政制度研究室。后者曾编成《清代科举制度》等稿，而前者之成绩较多：计已成之小册，有《南北朝经济史》、《唐代经济史》、《唐代财政史》、《刘晏评传》，已成稿者有《唐代经济史料丛编八册》、《中古时期寺院经济史》一册。其在政治制度方面，有《先秦政治制度》、《南北朝政治制度》。前者已出版，后者则稿尚未印。自七七以后，两室皆中断，而中国政治制度史之研究，尚有一派之继续者，则为曾资生兄之南北朝学制史，与两汉文官制度两稿。前者在香港商务印书馆而相继沦没，后者即此篇是也。余为两室之主持人，而抗战以来，辗转流亡，以致工作无由再与，观此篇而知咎矣。资生兄两年来八处田间，耕作之余，犹执笔就所辑之卡片以成书，其搜罗之密，分析之细，较往昔在北平时期自趋色者，又非余所逮也。余年余以来，患病久未能读写长编，颇思整理中国政治思想史旧著。而未能，尤多慨叹于斯篇耳。

陶希圣　民国三十一年五月二十日陪都

自序

几年来的流亡转徙生活，使我的身心受着最大的创伤，民二十九年自港返乡之后，得以暂安，农事之暇，因复键户整理史料，我想把历代的社会政治经济制度整理出一个系统来，我的意见，不是为着整理历史而整理历史，而是要明白历代社会政治经济之渊源演变，利害得失，以供现在改革之镜鉴的。处现在整个国家民族生死存亡之际，舍利用厚生救亡图存的经世之学不讲，来追随那些安坐于大学的讲座之上的教授们来言心言性，谈玄说理，徒见其作文字之游戏，头脑之幻想而已。顾亭林先生有言：“舍多学而识，以求一贯之方，置四海之困穷不言，而终日讲危征精一之说：我弗敢知也。”我以为这种讲求经世之学的精神，在今日有亟须复活与发扬的必要。

现在我的工作，已经作好的有魏晋南北朝学制史一册、魏晋南北朝政治制度史三册（因卷帙繁重，故分中央政府、地方政府、文官制度等上中下三卷），已将就绪而尚有待于补充整理者，有中国古代社会制度史一册、秦汉社会制度史一册，兹以事重来陪都，且以此书有出版之机会，爰将感触所及，附缀于此。

民国三十一年五月二十日资生于陪都

第一章 绪论

一代政治之得失隆污，常与其文官制度之严密与运用之健全与否有密切之关系。汉以前之制度，其详已不可知，至汉则选举仕宦与任用诸制，渐臻完备。登用人才虽不出数途，然其运用之活泼，后代鲜有能及之者。而其最要之优点，盖有下列数端：

第一是州郡察举，科目颇多。地方乡选之人才，均有入仕之机会，无闭塞壅滞无由上达之弊，白衣而为公卿匹夫而登廊庙者多有，此种普遍之乡选制度，魏晋以降，随豪家贵族之发达，遂趋没落。选举纯重门阀，州郡察举，一变而为九品中正。于是演成“上品无寒门，下品无贵族”之现象，政权纯为贵族把持，寒素之家，虽有人才，亦不过能起家为卑吏而已。选举至此，已全失汉制之精神，隋唐以降，科举制虽代九品中正之制而兴，然其活泼与易于吸收人才之作用，实较汉代察举为有逊色矣。

第二是对已入仕之官吏，仍有察举之制，如三府掾属与三署郎官，平时使其晓习文法，通长应对，然至除用之时，仍由主官察举，察举之标准，有所谓“高功、久次、才德、尤异、质朴、敦厚、逊让、宽博有谋、清白高行”诸科。经此阶段之后，始以之出补令长丞尉，此制于训练下级地方政务官，实有其优异之点，即在今日，县政人才之选拔与训练，犹可借镜以为改革之资。

第三是负责选举，国家诏令綦严，得人与否，举将与被举者同其赏罚，故不以实，辄坐举者。如举孝廉，经考试而得高第，三公尚书有优文特劳举将之制，如法雄举胡广为孝廉，试以章奏，安帝以广为天下第一，三公尚书遂优文特劳法雄，因立法基綦严，故郡国当不得不慎重选举，致有阖郡不察一人者。但国家于此又有罪不举之诏。如武帝元朔元年，有司奏定不举孝不奉诏，当以不敬论，不察廉，不胜任也，当免。其立法之精神及其作用，一方面使举者不得不慎重选举，另一方面又不得不努力搜求贤才，此制即在今日，实仍有斟酌推行之必要。

上述数端，不过略举其特异者而言之耳。此外如汉制选举与考试制度常相互相济为用，中央官多由地方官吏入升（如九卿多由郡守二千石升任），地方官吏多由中央官吏出补，亦宫相互调补为用，均足以表示汉代文官制度灵活运用之精神。至其具体制度之内容及其演变，观下列各章，即可知其概矣。

第二章 察举制度

汉之察举制度，科目繁多，大多由简易而臻繁备，既繁备矣，弊亦生焉。自高祖十一年诏举以来（注），察举条目，时依诏令而有增置。武帝以前，惟间行诏举，尚无郡国岁贡之制，武帝时依董仲舒议，于是郡国选举茂才孝廉，遂成常制，魏晋以降，犹重其遗。加以其他杂科，汉之选制，于焉大备，及其未流，则人事请托，多取浮虚，卖官鬻爵之门开，而选格乃益卑矣。兹条列其科目而论述之如次：

一 孝廉

西汉之初，举廉举孝为选举之两格，有单以孝被举者（孝悌连称），有纯以廉被察者，如汉武元光元年初，令郡国举孝廉各一人，“孝”与“廉”仍为两目，东汉以降，孝廉遂连称而混同矣。兹略举实列于后：

“元光元年冬十一月，初令郡国举孝廉各一人。”（《汉书·六帝纪》）

“（董仲舒曰）：臣愚以为使诸列侯郡守二千石，各择其吏民之贤者，岁贡各二人。……州郡举茂材孝廉，皆自仲舒发之。”（同上五六）

“孝平元始元年，令宗室，其为吏举廉佐史，补四百石。”（同上本纪）

“赵广汉为平准令，察廉为阳翟令。”

“朱博以太常掾，察廉补安陵丞。”

“萧望之察廉为大行治礼丞。”

“薛亘以大司农斗食属，察廉补不其丞。”

“光禄勋于永除王嘉为掾，察廉为南陵丞，复察廉为长陵尉。”

“张敞补太守卒史，察廉为甘泉仓长。”

“黄霸察廉补河东均输长，复察廉为河南太守丞。”

“尹赏以郡吏察廉为楼烦长。”

“平当察廉为顺阳长。”

“盖宽饶以孝廉为郎。”

“王吉以郡吏举孝廉为郎。”

“刘辅举孝廉为襄贲令。”

“京房以孝廉为郎。”

“师丹举孝廉为郎。”

（注）以上看《西汉会要》卷四五又诸八本传。

“韦彪举孝廉除郎中。”（后汉书五六）

“冯衍举孝廉拜尚书郎。”（同上五九）

“刘宠少受父业，以明经举孝廉。”（同上一〇六）

“胡广举孝廉，既刘京师，试以章奏，安帝以广为天下第一。”（同上七四）

“成瑨举孝廉拜郎中。”（同上九七传注引谢丞书）

“宗资举孝廉拜议郎。”（同上九七）

“刘古察孝廉，补尚书侍郎。”（同上）

“巴肃察孝廉，历慎令，贝丘长。”（同上）

西汉兴廉举孝，虽在汉武元光元年已令郡国举孝廉各一人，然西汉选举法制綦严，得人与否，举与被举者同其赏罚，故不以实，辄坐举者，故郡国常慎其人。致有阖郡不察一人者。故武帝元朔元年曾下诏罪不举者，诏曰：

“朕深诏执事，兴廉举孝，今或阖郡而不荐一人，其与中二千石礼官博士议不举者。有司奏议曰：不举孝，不奉诏，当以不敬论。不察廉，不胜任也，当免，奏可。”（《汉书帝纪》）

当时欲其举而不能得，自后则渐依户口而为限制，东汉以来，遂制内郡与边郡选举孝廉员额。

“举孝廉郡口二十万举一人。”（《续汉志》二八）

“时大郡口五六十万举孝廉二人，小郡二十万并有蛮夷者亦举二人，（和）帝以为不均，下公卿会议。丁鸿与司空刘才上言：凡口率之科，宜有品阶，蛮夷错杂，不得为数。自今郡国率二十万口，察举孝廉一人，四十万二人，六十万三人，八十万四人，百二十万六人，不满二十万，二岁一人，不满十万，三岁一人，帝从之。”（《后汉书》六八）

“幽、并、凉州，户口率少，边役众剧，束修良史，进仕路狭，抚接夷狄，以人为本。其令缘边郡口，十万以上，岁举孝廉一人，不满十万，二岁举一人，五万以下，三岁举一人。”（同上四和帝纪永平十三年诏）

宣帝时察廉可至六百石，至此不得复举。盖以六百石之吏，秩禄可以上通，贤才可以自效，故诏曰：

“孝宣黄龙元年，诏曰：举廉吏，诚欲得其真也。吏六百石位大夫，有罪先请，秩禄上通，足以效其贤材，自今以来毋得举。”（《汉书·宣帝纪》）

韦昭曰：“吏六百石者，不得复举为廉吏也”，以此诏令推之，则前此当有举六百石以上者。而宣帝后，就傅记所载察举孝廉大郡未至六百石之事实观之，知其后仍循宣帝时故事。

后汉光武十二年诏三公举廉吏各一人，左右将军岁察廉吏各二人，光禄勋察廉吏各一人，廷尉大司农二人，将兵将军岁察廉吏各二人。

察举孝廉之主官，须任事满一岁，始有察举资格，顺帝即位之初，诏改其制。

“其令郡国守相视事未满一岁者，一切得举孝廉吏”。《后汉书六·顺帝纪》延光三年十二月甲申诏）

至于被举孝廉之士，则有年龄限制。

“阳嘉元年，初令郡国举孝廉，限年四十以上，诸生通章句，文吏能笺奏，乃得应选。其有茂才异行，若颜渊、子奇，不拘年龄。”（《后汉书六·顺帝纪》）

“时（顺帝）尚书令左雄议改察举之限制，年四十以上，儒者试经学，文吏试章奏。”（同上七四《胡广传》）

又故事举孝廉高第，有优文特劳举将之仪，法雄举胡广为孝廉，试以章奏，安帝以广为天下第一，三公尚书遂优文特劳法雄，《续汉书》云：“故事：孝廉高第，三公及尚书辄

优文特劳来其举将，于是公府下诏书劳来雄焉。”（《汉书七四·胡广传注引》）

二 茂材异等

汉曰秀才，后汉避光武讳曰茂才，茂才与孝廉同为郡国选举之一格，丞相、御史、列侯诸官，亦得举之。

“诏丞相，御史中二千石，举茂材异等直言极之士。”（《前汉书·元帝纪》）

“初元二年，元帝诏列侯举茂材。”（同上七〇《陈汤传》）

“赵广汉举茂材，为平准令。”（同上七六《赵广汉传》）

“孝宣元康四年，遣太中大夫强等循行天下，举茂材异能之士。”（同上《宣帝纪》）

盖自汉武元封元年诏令“州县察吏人有茂材异等，可为将相及使绝国者”以来，郡国举茂材渐成常制，然至东汉，选举遂滥。章帝建初元年诏曰；

“夫乡举里选，必累功劳，今刺史守相，不明真伪，茂材孝廉岁以百数，既非能著而当授之以政，甚无谓也。”（《后汉书·章帝纪》）

三 贤良方正

贤良方正始于孝文二年诏举，诸侯王公卿郡守均得依诏令规定而得选举之，多于大灾变异时举行。

“孝文二年诏曰：乃十一月晦，日有食之，二三执政，举贤良方正能直言极谏者，以匡朕之不逮。”（《汉书·文帝纪》）

“孝文十五年，诏诸侯王公卿郡守，举贤良能直言极陈者，上亲策之，传纳以言。”（同上）

“孝武建元元年，诏丞相、御史、列侯、中二千石、诸侯相，举贤良方正直言极谏之士。”（同上《武帝纪》）

“元光元年五月，诏贤良曰：贤良朋于古今王事之体，受策家问，咸以书对，朕亲贤焉。于是董仲舒公孙宏等出焉。”（同上）

“孝昭始元元年闰月，遣故廷尉持节行郡国，五年六月，诏令三辅太常与贤良各二人。”（同上）

“孝宣本始四年四月，郡国地震，诏令三辅太常内郡国，举贤良方正各一人。”（同上《宣帝纪》）

“地节三年，诏令内郡国贤良方正可亲民者。”（同上）

“神爵四年四月，令内郡国举贤良可亲民者各一人。”（同上）

“永光二年三月，日有食之，诏令郡国举贤良直言之士各一人。”（同上《元帝纪》）

“孝成建始二年二月，诏三辅内郡举贤良方正各一人。”（同上《成帝纪》）

“建始三年十二月，日蚀地震，诏丞相、御史、与将军、列侯、中二千石，及内郡国举贤良方正能直言极谏之士，诣公车，朕将贤焉。”（同上）

“元延元年七月，诏曰：乃者，日触星陨，今孛星见东井，公卿、大夫、博士、议郎以经对。与内郡国举方正能直谏极言者各一人。”（同上）

“孝哀元寿元年正月，日有蚀之，诏公卿大夫，其与将军、列、侯中二千石，举贤良方正能直者各一人。”（同上《哀帝纪》）

（注）以上诸例属西汉，依《西汉会要》四四。

“建武六年日有食之，冬十月诏敕公卿举贤良方正各一人。”（《后汉书一·光武帝纪》）

“建武七年日有食之，诏公卿、司隶、州牧举贤良方正各一人，遣诣公车，朕将试贤焉。”（同上）

“建初元年，山阳东平地震，诏令大傅、三公、中二千石、一千石郡国守相，举贤良方正能直言极谏之士各一人。”（同上三《章帝纪》）

“永元六年，诏令三公、中二千石、二千石、内郡守相举贤良方正能直言极谏之士各一人，遣诣公车。”（同上）

“永初元年，日有食之。诏公卿内外众官郡国守相，举贤良方正有道术之士，明达古今，能直言极谏者，各一人。”（同上五《安帝纪》）

“永初二年六月，京师及郡国四十大水大风雨雹，七月诏令公卿郡国举贤良方正。”（同上）

“永初五年，日有食之，郡国十二地震。诏令三公、特进侯、中二千石、二千石，郡守诸侯相，举贤良方正，有道术达于政化，能直言极谏之士，各一人。”（同上）

“孝顺帝即位之初，诏公卿、郡守、国相，举贤良方正能直言极谏之士各一人。”（同上《六顺帝纪》）

“建和元年，京师地震，诏大将军、公卿、校尉，举贤良方正能直言极谏各一人。”（同上七《桓帝纪》）

“建和三年，日有食之，诏大将军、三公、特进侯，其与卿校尉举贤良方正能直言极谏之士各一人。”（同上）

“元嘉二年，京师地震，诏公卿校尉，举贤良方正能直言极谏之士各一人。”（同上）

“延熹八年，日有食之，诏公卿校尉，举贤良方正。”（同上）

“永康元年，日有食之，诏公卿校尉，举贤良方正。”（同上）

就以上所举诸条，可证诏举贤良方正，每于灾异时行之。武帝时举贤良方正，董仲舒公孙弘等出焉。然自后朝廷虚应故事，下之应上，遂亦皆浮言而已，安帝永初二年诏：“间令公卿郡国举贤良方正，远求博还，开不讳之路，冀得至谋，以鉴不逮，而所对皆循尚浮言，无卓尔异闻。”（《安帝纪》），盖上下相蒙，不得不如是耳。

四 孝悌力田（孝附）

孝悌力田之科，始于孝惠高后之际，其时郡国依户口率，置常员。

“孝惠四年正月，举民孝弟力田者复其身。”

“高后元年二月，初置孝弟力田二千石者一人。”

“孝文十二年三月，诏以户口率置三老孝悌力田常员，令各率其意以导民焉。”

“孝宣地节四年，诏郡国举孝弟有行义闻于乡里者各一人。”

“元康元年，加赐鳏寡孤独三老力田帛。”

“元康四年，加赐孝弟力田帛。”

（注）以上均见《汉书本纪》，余据《西汉会要》四五引。

东汉以来因之，常赐孝弟力田爵，或复其身。

“中元二年，明帝即位，赐三老孝悌力田人三级。”（《后汉书二明帝纪》）

“永平三年，十七年，赐三老孝弟力田人三级。”（同上）

“永平十八年，章帝即位，赐孝悌力田人三级。”（同上三《章帝纪》）

“永元八年，十二年，赐三者孝悌力田三级，元兴元年，赐三老孝悌力田人三级。”（同上四《和帝纪》）

“元初元年，赐孝悌力田人三级，延光元年，赐三老、孝悌、力田人二级。”（同上五《安帝纪》）

“永建元年，赐三老、孝悌、力田人三级，阳嘉元年，赐三老、孝弟、力田三级。”（同上六《顺帝纪》）

“建和元年，赐三老、孝悌、力田人三级。”（同上八《桓帝纪》）

“光和四年，赐新城令及三老，力田帛，各有差。”（同上八《灵帝纪》）

两汉孝悌，力田为乡里之选。与三老同为乡官，文帝诏曰：“孝悌，天下之大顺也；力田，为生之本也；三老，众人之师也。”两汉均依乡里之户口率置员，盖所以劝导乡里，助成风化者也。

五　明经

两汉明经亦为选举与入仕之一途，其在西汉，孔安国、贡禹、夏侯胜、张禹，并以明经为博士，龚遂以明经为官，袁良以明经为太子舍人，睦宏、翟方进以明经为议郎，召信臣以明经甲科为郎（以上参看《会要》四四），盖宽饶以明经为郡文学（《本传》），降及东汉章帝之世，郡国上明经，并以户口率而为限制。

“元和二年，令郡国上明经者，口十万以上五人，不满十万三人。”（《后汉书·章帝纪》）

又年龄有时亦有限制：“本初元年，令郡国举明经，年五十以上，七十以下，诣太学”。（同上六《质帝纪》）

此则明经自为选举之一科，如张玄建武初，举明经，补弘农文学，戴凭郡举明经，征试博士（《后汉书》一〇九）。然两汉取士，多重经义，以明经而以孝兼有道得举，或直接得征辟者，比比然也。

六 文学

文学之选，始于武帝，自后多有之。

“武帝初即位，招贤良文学士。”（《汉书五八·公孙宏传》）

“武帝举方正贤良文学材力之士，待以不次之位。”（同上《东方朔传》）

“始元元凤之间，举贤良文学，问民所疾苦。”（同上八九 循吏传序）

“始元五年，诏举郡国文学高第各一人。”（同上七《昭帝纪》）

“始元六年，诏有司问郡国所举贤良文学，民所疾苦，议罢盐铁、榷酤。”（同上）

“本始元年，地震，诏内郡国举文学高第各一人。”（同上八《宣帝纪》）

“元康元年，诏博举吏民，厥身修正，通文学，明于先王之术，宣究其意者，各二人。”（同上）

东汉鸿都门文学，则为滥进之门，视西汉蔑如也。

七 有道

东汉诏令选举贤良方正时，常连言“道术”，如：

“永初元年，诏公卿、内外众官、郡国守相，举贤良方正有道术之士。”（后汉书五《安帝纪》）

“永初五年，诏令三公、特进、侯、中二千石、二千石、郡守、诸侯相，举贤良方正有道术，达于政化、能直言极谏之士各一人。”（同上五《安帝纪》）

然亦特举“有道”，如：

“建光元年，令公卿、特进、侯、中二千石、郡国守相，举有道之士各一人。”（后汉书五《安帝纪》）

“申屠蟠，再举有道不就。”（同上八三《本传》）

“赵晔，州召补从事不就，举有道，卒于家。”（同上一〇九《本传》）

“徐积，举有道，家拜太原太守，皆不就。”（同上八三《本传》）

八 明法

明律令文法，亦得被选入仕。

“郑崇父宾，明法律，为御史。”（汉书七七《本传》）

“陈宠父咸（原书如此，其他众史料为‘陈宠曾祖父咸——编者注），成哀间以律令为尚书。”（《后汉书七七本传》）

“陈忠永初中，三迁廷尉正，以才能有声称，司徒刘恺举忠，明习法律，宜备机密，于是擢拜尚书，使居三公曹。”（同上）

九 尤异

汉制察举历官，其最有治绩者，又得举为尤异而迁升之，如黄霸为颍川太守，治为天下第一，征守京光尹。朱邑为北海太守，以治行第一，入为大司农，此犹或依考课结果，然有明言举尤异者，如：

“赵广汉察举为阳翟令，以治行尤异，迁京辅都尉，守京兆尹。”（《汉书七六·本传》）

“张奂为武威太守，举尤异，迁度辽将军。”（《后汉书九五·张奂传》）

“刘祐除任城令，兖州举为尤异，迁扬州刺史。”（同上九七刘祐传）

“童恢除不其令，青州举尤异，迁丹阳太守。”（同上一〇六《童恢传》）

十 四科

汉武时令郡国举孝廉各一人，限以四科，一曰德行高洁，志节清白；二曰学通行修，经中博士；三曰明习法令，足以决疑，能按章覆问，文中御史；四曰刚毅多略，遭事不惑，明足决断，材任三辅县令。此为选举孝廉之标准，未尝独标一格，王莽当国，举四科，曰德行、政治、文学、语言。《东观记》曰：王莽时举有德行、能言语、通政事明文学之士。（《后汉书五二·传注引》）又《景丹传》：王莽时举四科，丹以言语为回德侯相。此则各自独立为察举之一科。孝元帝永光元年二月，诏丞相御史举质朴、郭厚、逊让有行者。光禄岁以此科第郎从官（师古曰：始令丞相御史举此四科人以擢用之，而见在郎及从官，又令光禄每岁依此科考校，定其第高下，用知其人贤否），其后遂以为常，有时单举一二科或全举四科，全由诏令规定，如：

“孝成帝河平四年三月，日有蚀之。遣光禄大夫，行举濒河之郡，举惇厚有行能直言之士。”（《汉书一〇·成帝纪》）

“鸿嘉二年，诏举敦厚有行义能直言者，冀闻切言嘉谋，匡朕之不逮。”（同上）

“永始三年正月，日有蚀之，临遣太中大夫循行天下，存问耆老，民所疾苦，与部刺史举惇朴逊让有行义者各一人。”（同上）

“成章永三年有日食之灾，诏举敦朴逊让有行义者各一人，州举玄诣公车，对策高第，拜议郎。……平帝元始元年，日食。又诏公卿举敦朴直言，大鸿胪左咸举玄，诣公车，对策，复拜议郎。”（《后汉书一二·谯玄传》）

“元初元年，诏三公、特进、列侯、中二千石、二千石举敦厚质直者各一人。”（同上五《安帝纪》）

“何武治易，以射策甲科为郎，光禄勋举四行，迁为鄠令。”（同上八六《何武传》）

“范滂少厉清节，为州里所服，举孝廉光禄四行。”（同上九七《范滂传》）

汉官仪云：“光禄举敦厚、质朴、逊让、节俭，此为四行也”。（《范滂传注引》）盖自永光元年诏令以四科科第郎官以来，四行选举，已成常制矣。

外此左雄为尚书时，选孝廉专用儒学文吏。黄琼为尚书令，以为于取士之义，犹有所遗，乃奏增孝悌及能从政者为四科，事竟施行，此则又一四科也。

十一 治剧

汉以来，郡县有“剧”“平”之分，汉制选举，有时举能治剧，谓其能理繁务也。

“何并陈遵，皆举能治剧为令。”（《西汉会要》四四）

“尹赏举能治剧，徙频阳令。”（同上）

“原涉举能剧为谷口令。”（同上）

“建武二年，辟大徒邓禹府，举能案剧，除侍御史襄城令。”（《后汉书·卫飒传》）

“三府举安能理剧，拜楚郡太守。”（同上《袁安传》）

十二 武猛兵法

汉制又有举武猛，明兵法堪任将帅之制，为后世武举之始，其事亦全由诏令规定。

“元延元年诏曰：乃者日蚀星陨，北边二十二郡，举勇猛知兵法者各一人。”（《汉书·本纪》）

“建平四年，诏将军中二千石举民兵法有大虑者。”（同上）

“元寿元年下诏曰：天下虽安，忘战必危，将军与中二千石，举明贤兵法有大虑者各一人，将军二人，诣公车。”（同上《息夫躬篇》）

“元始二二年秋，举勇武有节明兵法，郡一人，诣公车。”（同上《本纪》）

“建光元年十一月癸卯，诏三公、特进、侯校尉与武猛堪将帅者各五人。”（《后汉书五·安帝纪》）

“阳嘉三年九月丙戌，令大将军三公各举故刺史二千石及见令长郎谒者四府掾尉刚毅武猛有谋谟任将帅者各二人，特进卿校尉各一人。”（《后汉书六顺帝纪》）

“汉安元年，诏大将军三公选武猛试用有效验任为将校者各一人。”（同上六《顺帝纪》）

“延熹九年七月，诏举武猛、三公各二人，卿校尉各一人。”（同上七《桓帝纪》）

十三 其他异科

除上述诸科之外，尚有其他异科，均以当时需材，由诏书临时规定而选举之，兹搜举如次：

“元封五年，名臣文武欲尽，诏令州郡察吏民有茂才异等，可为将相及使绝国者。”（前书《本纪》）

“孝元初元三年，诏丞相御史，举天下明阴阳灾异者各三士，以充其官。”（《后汉书四·帝纪》）

“永初二年诏曰：‘……阴阳差越，变异并见……其百僚及郡国吏人，有道术明习阴阳之度，璇机之数者，各使指变以闻。二千石长吏，明以诏书，博衍幽隐，朕将亲览，待以不次’。”（同上《五帝纪》）

“永初二年九月，诏王主官属墨绶下至郎谒者，其经明任博士，居乡里有廉清孝顺之称，才任理人者，国相岁移名与计偕，上尚书公府通调，令得外补。”（同上）

“延光元年八月，诏三公中二千石、举刺史二千石令长相，视事一岁已上至十岁，清白爱利，能敕身率下，防奸三人。”（同上）

“阳朔二年，奉使者不称诏，丞相御史，其与中二千石二千石杂举可充博士位者，使卓然可观。”（同上）

“哀帝时，有诏举太常。”（同上《何武传》）

“哀帝初，平当奏宜博求能浚川疏河者，下丞相孔老大司空何武，奏请部刺史三辅三河宏农太守，举吏民能者，莫有应书。”（同上《沟洫志》）

“元始二年冬，中二千石举治狱平岁一人。”（同上《帝纪》）

“元始五年，征天下通知逸经古记，天文历算钟律，小学史篇方术本草，及以五经论语尔雅教授者，在所为驾一封轺传，遣诣京师，至者数千人。”（同上《本纪》）

“永元十三年，帝幸东观，览书林，阅篇籍，博选术艺之理烦，有益于人者，无拘官簿。刺史举所部郡国，太守相举墨绶，隐亲悉心，勿取浮华。”（同上）

“建和元年，诏大将军公卿郡国，举至孝笃行之士各一人。”（同上七《桓帝纪》）

“光和元年，诏公卿举能通《尚书》、《毛诗》、《左氏》、《谷梁春秋》各一人，悉除议郎。”（同上八《灵帝纪》）

秦尚志

中国法制及法律思想史讲话

作者简介

秦尚志，中华民国时期的学者，其著作有《中国法制及法律思想史讲话》和《中国政治思想史讲话》等。

出版社：上海，世界书局。

出版年份：1943 年。

馆藏：上海市中心图书馆。

作品简介：《中国法制及法律思想史讲话》共九章，以时间为线索，叙述了中国从殷商西周时代至近代中华民国时期，不同历史阶段的法律制度与法律思想及其它们的变迁与发展。本书大致依朝代分章，但从中国法律制度与法律思想整体发展上看，著者认为本书亦可分为五个历史发展时代：（1）原始时代，即第二章中殷商时期，讲述了殷商实无法律可征，裁判犯囚之权为僧侣所掌。（2）礼刑对立时代，即第二章中西周时期，讲述了封建制度建立，贵族与农奴对立的社会基础导致礼与刑的对立。（3）法治时代，即第三章春秋战国及第四章中秦与汉初时期，讲述了这一时期封建制度动摇，中央集权君主专制制度逐步确立。法家法律思想在与儒家、墨家、道家等法律思想的竞争中最终胜出。厉行法治的秦朝，国家权力借助于法律向人民的公私生活渗透，但著者认为这并不是真正的法治，而是把人民当作“朕即国家”的工具。（4）礼法调和时代，即第四章的汉中叶至第八章明清时期。在这两千多年中，中国社会发展陷入停滞，君权愈加发达。法律渐变为儒家立法，即以儒家的道德、伦常和礼教为立法的依据，“德主刑辅”成为当然，法律处于辅助地位，是手段而不是目的。法律思想遵循儒家的礼治主义方针，绝少变动，只是出现了对一些枝枝节节的法律问题的争辩。（5）欧美法系侵入时代，即第九章近代时期。晚清至中华民国近百年来，中华传统帝国逐渐崩溃，社会基础的改变带来了法律的变动。欧美法系极大地影响了中国近代法律的发展，法律与礼教分离，新法治时代出现。

本书尝试将中国历代法制和法律思想的发展并在一起叙述，以达融会贯通之目的，这成为本书最大的特色。本书对中国不同历史时期法制与法律思想变动的社会背景较少涉猎。（栗明辉整理）

第一章 总 说

本书既名《中国法制及法律思想史讲话》，顾名思义，则它所叙述的，有两方面：（一）把中国从古到今的历代法律制度，述其演进的情形和兴废的过程，以见现在支配我们生活的法制的由来。（二）把中国从古到今的历代法律思想，述其变迁和发展，以见其在当时和后代法制上所产生的影响。两者的关系异常密切，并有相互作用，因此并在一起叙述，是很得当的。

中国法系，是世界五大法系之一，本书叙述中国法制和法律思想两方面，目标在使读者能够明了中国法系的内容梗概。但是我们还得知道，法律是意识形态之一，它是随着社会基础（经济构造）的改变而改变的。中国法制及法律思想的特色，就由中国特殊的社会经济而来。我们看到一时代的法制及法律思想，就该记得它和当时社会经济的联系。

本书虽大致依朝代而分章，但是要明了整个的发展，可以把中国法制及法律思想史分作下述几个时代：

（一）原始时代——殷商，无法律可征，裁判犯囚之权，在僧侣手中，行神判法。在政治方面，也是神权政治。

（二）礼刑对立时代——周初，行封建制度；政治方面，是大小贵族统治。贵族与农奴对立，同时是礼与刑的对立。刑是武力，是贵族用以镇压农奴的，这是威吓主义的肉刑的起源。

（三）法治时代——春秋战国到秦。这时候封建制度动摇，士大夫、地主、工商业者抬头，政治方面，由贵族统治而到中央集权的专制的君权政治。士大夫等要求贵族公布法律，获得胜利，渐代替贵族的地位。政府为集中权力，励行法治，干涉人民的公私生活；在此情形下，所表现的并不是真正的法治，却是把人民当作“朕即国家”的工具。

（四）礼法调和时代——自汉中叶到晚清为止，换一句话说，自公元前第二世纪到最近的第十九世纪末叶为止，几乎有二千年光景。这一个时期最长久，也最重要，是本书中主要的部分。在这二千年中，中国社会陷入停滞时代，不会向前发展；君权愈越发达，政治方面，是官僚主义的封建制。地主、士大夫、官僚，三位一体。在思想方面，儒家独霸，儒学成为官僚主义封建制的理论。法律也渐变为儒家的立法。（西汉初还是法家的立法，以后渐次发展，至唐律直到大清律乃纯为儒家的立法。）

儒家的立法怎样呢？以道德、礼教、伦常为立法的根据，而不以权利为立法的根据。法律立于辅助道德、礼教、伦常的地位，为手段不为目的。“德主刑辅”，咸认为当然。但思想虽统于儒家一尊，而儒家士大夫对于法律方面的种种问题，仍有不同的异见，因而发生许多论争。

（五）欧美法系侵入时代——晚清到现在，这是中国受列强侵略后，老大帝国崩溃，社会基础改变，法律也跟着改变；受欧美法系的影响，十分显著。法律与礼教重行分离，新法治时代出现。政治方面是建立三民主义的国家，法律方面是实现三民主义的立法。

第二章 殷商西周

一 殷商的法律

商族在黄河流域中部发达，远在公元前十一世纪以前。从这时候起，中国历史方才脱离了传说，而踏入黎明期。

商族的生产工具，大致是精致的石器，并兼用铜器。他们主要的生产是畜牧；但是农业也渐开始。因此殷商时代是由畜牧经济到农业经济的过渡期。既然有了农业，人们也有定居的倾向，可是还不会到组织国家的地步，商族的社会是氏族制度。氏族中长老的人，凭其经验，指导民众生活，又有战俘供劳动之用，渐从物质劳动解放出来，因此就成为僧侣阶级。同时氏族的战士，也是这样，而成为贵族阶级。氏族的族长是王。这时候王和贵族虽有特殊的身份，却没有绝对的权力；无宁说一族的事务，以僧侣为最高决定者。氏族内的民众（庶民）这时还有参决族务的权力。毫无地位的只是由战俘而成的奴隶。但奴隶并不是有大关系于生产的。

在殷商时代，有什么法律和法律思想可言呢？我们可以胆大地说：几等于零。——并不是没有，而是文献不足征。梁启超云：

孔子欲观夏道殷道，亲诣其遗裔杞、宋二国，而慨叹于文献不足征，则其史料之乏可想见，而前乎此者益可想见。后世谶纬诸书言三皇五帝事甚多，皆秦汉间阴阳家言，矫诬不可信。大小戴两礼记，屡言夏殷制，亦儒家后学推定之文，孔子明言不足征者，而其徒能征之，诞矣。（《先秦政治思想史》）

殷商时代虽没有法律可征，但我们可以说，刑罚一定是有的。当时既尚在畜牧到农耕的过渡期，人事简单，氏族中庶民相互间的关系也少，所有刑罚，大致以对付由战俘而成的奴隶为主。掌握刑罚之柄的，不外族长、战士、僧侣等特殊阶级。族长（王）主持大政，僧侣策应天人，他们是规定刑罚的人，战士是刑罚的执行者。在殷墟出土的甲骨文字中，关于刑罚的字，也有几个。据近人考证，从下列四个字里，可见商族对于战俘的刑罚。（甲骨文字写法，因印刷关系，从略）

奚——从手拘索以拘罪人。

执——象刑具之形，有罪而执之。

圉——象罪人入狱而犹拷之形。

囚——口象囚阑之形，而纳入其中。

又，僧侣把自然现象和社会秩序联系在一起，上以控制王室，下以驾驭贵族，支配庶民。这时代的政治，是神权政治。高高在上的天，作为最高的支配者。“顺天者昌，逆天者亡”，天也是最高的裁判者。某一身份依其规定的做去，则天时顺行，风雨调协；不如此凶荒洊至。罚恶奖善，本依人情和法理而定，这时候却以为天必有“报应”（这样的思想，到现在还流行于民间；以为幸逃法网的人，终不能避免上天的裁判）。但有的王或贵族却不满于“天意”。如武乙，“为革囊盛血，仰而射之，名曰射天”。又如纣倒行逆施，还以为天的裁判不能及于他，说：“我生不有命在天”。

神判法的事，虽初见于西周的金文，但在神权政治的殷代末期，开始发生，大概也是可信的，《说文》云：

“法作灋，从水，如水之平直；从廌，所以触不直者去之。”（廌，兽也，似牛一角，古者决狱，令触不直者。象形。）

王充《论衡》也说：

“觟觥者，一角之羊也。性知有罪。皋陶治狱，其罪疑者，令羊触之；无罪则不无触。斯盖天生一角圣兽，助狱为验。”

可见这一种神兽，名为廌（獬豸），像牛像羊，其说不一。在有狱时——或者说两造争是非曲直时，裁判者便牵它出来，看它以角触那一个，便判被触者为非为曲，加以刑罚。当时民事或刑事方面的案件，大概都靠“神兽”来解决。

獬豸在远古，或许确有其物，在神权政治时代，藉它的“乱撞”来断狱，但其为“神”兽恐怕未必。它的影响也真大。后代的御史台刑部（司法）官吏的冠服，都以獬豸为记。直到前清，凡执法者犹用獬豸为补服云。

二　西周的法律

周族征服黄河流域，开始建立国家。

周人很早就从事农业的。他们既占领黄河沿岸的沃土，农业经济逐渐发达，乃代替畜牧经济，而为主要的经济。同时生产工具，也由石器而进步为铜器；合金的技术，当时是很发达的。但是耕具方面，铜器太贵，大抵是“木耕手耨”形式。

周族征服的结果，把所得土地，分封给子弟和功臣，让他们建立国家，在自己的领地上做“土皇帝”。这样的制度，叫作封建制度。封建的贵族，叫作诸侯。这时候大大小小的诸侯真多，史称有一千八百，虽未免近于夸张，但黄河流域的沃土，割据在贵族们手里，绝未统一是真的。贵族们对于周王，只是胁于武力之下，有朝盟的义务，并不受周王的控制。周王大抵是政令不出国门的。

天子之下，有卿大夫，诸侯之下，有士大夫，他们各从上面分得领地，榨取耕作者的剩余劳动力（或剩余生产物）为生。因此，封建制度的组织，是金字塔式的，在尖顶的是周王，其次是大小贵族，再其次是贵族附庸的士，最底层的作为这金字塔的基础的是农奴。贵族把耕地分给农奴，大抵划成井字形，分为九区，八家各得一区，并共耕中间的一区，中间的一区称公田，所收获的缴纳于上。这是农奴对贵族的徭役劳动，也是贵族的生命线的所在。

从农奴到贵族，其间也有等级，并不是极整齐的。然而西周的政治，却不能不提出贵族对农奴的支配为特征。换一句话说，西周是贵族统治时期。

西周的法律怎样?《汉书·艺文志》称周法九篇，好像西周已有成文法，但这是后人伪托的书无疑。《周礼》载法极详，如太宰之八法八则，小宰之八成，大司寇之三典，小司寇之八辟五禁都是。然《周礼》是伪书，为后人托古改制之作，虽略存西周制度的遗意，然据为西周典则是绝对不可的。

在政治上，贵族与农奴对立；在政治思想上，则为礼与刑的对立。礼是贵族的内部规范，是贵族维持身份的东西；故谓“礼不下庶人”，礼和农奴是缺乏重大关系的。刑是贵族用以镇压农奴的，故“刑不上大夫”，这是说贵族是不受刑的。贵族是独立的“土皇帝”，天子不能随意剥夺诸侯的身份；诸侯不能随意剥夺卿大夫的领地。贵族对贵族有着制裁，这制裁只是战争或武力。贵族对贵族如果有所侵害，没有国家刑罚的制裁，只有家族或个人间的报复。《春秋公羊传》以为国君有复仇的义务，大夫则不然。但《曲礼》却说：“父之仇弗与共戴天，兄弟之仇不反兵，交游之仇不同国。”可见是泛指一般贵族，非仅指国君而言的。

刑是贵族用以镇压农奴的。刑就是武力，也就是兵。在西周时代，兵刑是一体的。《国语·鲁语》云：

“臧文仲言于僖公曰：‘刑五而已。大刑用甲兵，其次用斧钺；中刑用刀锯，其次用钻凿；薄刑用鞭扑。大者陈之原野，小者致之市朝。’”

《左传》云：“德以柔中国，刑以威四夷。”这刑当然是指甲兵。盖周以武力征服异族，便以武力统治，兵刑不分。所谓肉刑，其实就是战争中用以对付敌俘的办法。近人云：

“且法有肉刑，其表面更与兵相类：四肢重罚，五虐峻刑，劓象七政，膑像七精，肉刑之属繁不胜论，要无非如将士之罚吏卒，兵家之坑敌军也。”（陆绍明《兵戎为法之源论》）

古代的刑罚，大概也是由司兵政者执掌。司寇、尉，这都是军官，也都是法官。他们在有事时，以兵征服异族，在平日以刑镇压农民。刑的意义，就是以武力镇压农民，以维持封建的等级。兵刑一体，复以镇压为目的，故刑罚极残暴，取威吓主义。依《尚书·吕刑》，刑有五种，即墨、劓、剕、宫、大辟。依《尧典》则五刑之外，还有流刑、鞭刑、及扑刑。《吕刑》对于可疑的罪，有罚锾易科的规定，这是赎刑；它的发生，至早也在西周之末。

贵族虽有刑罚以镇压农民，但并不把这些刑以法典的方式公布。贵族对农民处刑，并不让他们知道处刑的理由。所以贵族对农民的刑法，是不成文的秘密的。这样农民不明白刑法是什么东西，只受其威吓，而害怕贵族个人。西周贵族统治时代的所谓法律，就是贵族的意思。《左传》上载晋贵族叔向的话，“先王议事以制，不为刑辟”。即遇庶民有罪，贵族即议定其应处何刑，公示于民众，以作“杀一儆百”计。有时贵族也公示某种行为是要处刑的，但这种公示，并没有指明某特定的行为必处某特定的刑，所以仍不失其秘密法主义。

关于西周的法律思想，只有《尚书》中数篇，为可靠的史料。其中《吕刑》一篇，对于后世的立法很有影响。如汉陈宠就曾上疏："请律令条法之溢于《吕刑》者，悉蠲除之。"又，后此儒家所鼓吹的"德主刑辅"的思想，也开始见于《尚书》，以刑罚是辅成道德的手段。如下面的话：

"惟敬五刑，以成三德。"（《吕刑》）

"元恶大憝，矧惟不孝不友。子，弗只服厥父事，大伤厥考心；于父，不能字厥子，乃疾厥子；于弟，弗念天显，乃弗克恭厥兄；兄，亦不念鞠子哀，大不友于弟。惟吊兹，不于我政人得罪，天惟与我民大泯乱曰，乃其速由文王作罚，刑兹无赦。"（《康诰》）

在《易经》中有几句说：

讼上刚下险，险而健讼，讼有孚、窒、惕、中，吉。刚来而得中也。终凶：讼不可成也，利见大人，尚中正也。

这几句属于彖辞，也许为孔子时代或孔子以后的人所作。它成于何时，我们不必推究；可是这"讼则终凶"的思想，从孔子"听讼吾犹人也，必使无讼乎"的话起，在汉以后两千多年里，在社会上有绝大权威，使司法界黑暗，人民受官吏鱼肉，不敢一吐冤屈。

第三章　春秋战国

一　法的公布

春秋战国时代，中国的社会构造，发生变化。封建制度动摇，旧来的贵族在没落中。

铁器在春秋时始露曙光。铁制耕具为耕作者所采用，其中尤以犁为重要。用犁和役畜之后，深耕也成为可能。灌溉技术到春秋战国时代，颇形发达。于是农业生产力向上，生产加多。

铁器使农业进步，也使手工业进步。在战国时代，冶铁制盐，成为大规模的手工业。齐擅山海之利，就是指铁和盐。农业手工业发达，更促进商业的发达；各地农产物的交换，及手工业的交换，十分繁荣。而且从前诸侯数量多而领地狭，十步一关，五步一卡，商贩简直成为不可能；到了春秋战国，诸侯兼并，存者无几，商贩大形便利，商业都市勃兴。昔日封建的堡垒，乃成为商品的交换处。如齐的临淄，人口有七万户之多，可见商业都市的盛况。商业资本家也抬头了，大商人居然可以操纵政治；郑弦高犒秦师，孔子弟子子贡以大商人的资格，周游列国，备受欢迎。

在政治上，春秋战国时代，贵族政治衰落，王权政治渐兴，形成从贵族政治到王权政治的过渡期。大贵族因兼并的关系，而成为国君；小贵族式微没落。农民要求个别的耕种，愿意缴纳地租以代徭役劳动，井田制度崩溃，小贵族更失其衣食之资。代之而兴的，有非贵族的地主和都市中非贵族的商业资本家。在战国的末期，这些地主和大商人正是"时代的宠儿"，最为得势。至秦统一中国之时，商业资本达于高度发达之境，秦乃能征服各国，建立空前的统一国家。

在商业都市勃兴的春秋战国时代，除地主大商人外，还有一些人，也从农村生活一变而为都市的市民。他们不再是被束缚在土地上的耕作者，离开封建的等级，以劳力换衣食，成为都市中无产的自由民。

士大夫从前为贵族的附庸，至此也一跃而起，向贵族争取政权，向农民维持支配。他们主张王权政治，也主张封建等级，颇蒙国君的赏识。后来占据官僚地位的士大夫，就是从此抬头的。

社会上既有一部人，脱离封建的等级，而成为地主和工商业者，附庸的士也渐抬头；相对的，封建制度动摇，贵族有式微之叹。则贵族统治之不能维持是当然的。自由民和士大夫对贵族的抗争，第一步是要求公布法律。贵族虽顽固，限于时势，可不能拒绝法律的公布。公元前五三五年，郑子产铸刑书；前五一二年，晋赵鞅铸刑鼎。于是秘密法乃趋向于公布。子产铸刑书时，贵族极力反对法的公布。晋贵族叔向遗书子产，说：

"昔先王议事以制，不为刑辟，惧民之有争心也。犹不可禁御。是故闲之以义，纠之以政，行之以礼，守之以信，奉之以仁。制为禄位以劝其从，严断刑罚以威其淫。惧其未也，故诲之以忠，竦之以行，教之以务，使之以和，临之以敬，莅之以强，断之以刚。犹求圣哲之上，明察之官，忠信之长，慈惠之师。民于是乎可任使也，而不生祸乱。民知有辟，则不忌于上，并存争心，以征于书，而侥幸以成之：弗可为矣。今吾子制三辟，铸刑书，将以靖民，不亦难乎？民知争端矣，将弃礼而征于书。锥刀之末，将尽争之。乱狱滋丰，贿赂并行。终子之世，郑其败乎！肸闻之，国将亡，必多制，其此之谓乎！"（《左传》）

子产不愧是比较开明的贵族，他爽爽快快回答叔向说："若吾子之言，侨不才，不能及子弟。吾以救世也"。

晋赵鞅铸刑鼎时，贤如孔子，也自贵族的立场，批评他法律不该铸于鼎上公布。孔子说："今弃是度也而为刑鼎。民在鼎矣，何以尊贵，贵何业之守。贵贱无序，何以为国？"

自由民和士大夫要求公布法令，贵族们决然反对，但是国君可不能拂逆时代的趋势；那时候社会构造变动，经济的权力渐次归地主商工业者的掌握，于是胜利陆续归于他们。法律渐次公布；等到士大夫自由民跃上政治舞台，更立法以改革社会。因此战国时代成为"法令滋彰"的时代。

士大夫虽争得法的公布，但还得说明"公布"两字的意义。法律著于典籍不一定是公布于人民的。法之著录，由君主颁发于官吏，这是"颁布法"；由君主向大众宣示，才是"公布法"。士大夫初虽要求公布法律，以为对封贵族的身份斗争，但当他们得君而执政后，只求法律颁发于官吏已足（他们自身就是官吏），不再热切要求公布。因此中国古来的颁布法极多，公布法极少——公布其名，颁布其实。直到清代，法律还是刑名讼师的看家本领，一般民众，莫明其妙。

战国时代，各国所颁布公布的法令既多，于是有整理现行法令而草为法典的事。《唐律疏议》云："魏文侯师于李悝，集诸国刑典，造《法经》六篇：一盗法，二贼法，三囚法，四捕法，五杂法，六具法。”

这部《法经》，是中国第一部成文法典。惜其书久佚。沈家本云：

“战国时各国各有刑法，悝不过集而自成为一家言。《汉书·艺文志》法家有《李子》三十二篇，《法经》当在其中。此书为秦法之根源，必不与杂烧之列，不知何时其书始亡，恐在董卓之乱。《隋书·经籍志》已不知其名，《晋志》但存目次，他无考焉。”

关于李悝的生平，大致他是魏文侯相，助魏文侯富国强兵，是一个实际的政治家。章炳麟《检论》云：悝，儒者，受业子夏曾申。李悝或作李克，史书传说驳互不同，当是一人。

自郑铸刑书晋铸刑鼎，而到李悝搜集编为法典，大抵是刑法。这时候还有一种更新为目的的立法。士大夫执政以后，以法令改革从来的制度，摧毁贵族的传统权力。如商鞅的变法，即是最显著的例。商鞅变法，根本改造秦国的旧制度，颇有订定宪法与民更始的性质。也许李悝的《法经》，也是变法的法典，后人误传为整理现行法令的法典。

就在战国末期，法治主义也达于最高潮，那是代表商业资本的法家的主张。详于后面《法家的法律思想》节。

二　儒家的法律思想

（一）孔子

孔子出身于贵族。他见封建制度动摇，贵族无能，很想力挽狂澜，把封建制度加以改进。他热衷于从政，以期实现他的理想；在野则教诲士人，授以贵族的知识，使他们能够担任安上治民的职责。士大夫帮助国君统治，孔子为其先驱。因为二千年来中国的政治，行的都是专制的官僚主义的封建制，所以孔子受尊崇而不衰。

孔子的政治思想，是鼓吹“正名”，使“君君、臣臣、父父、子子”，以维持封建的身份等级制。对于法治，孔子是不满的。不过孔子有着君子的态度，当时法治思想也并不怎样激烈，故孔子不攻击或破坏法治，他只消极的感到不满。孔子是绝对主张礼治的。他要以礼来“正名”，来规定君子小人的等级，等级规定，小人安于本分，也用不到刑罚来镇压了。《论语》中有两段说：

道之以政，齐之以刑，民免而无耻。道之以德，齐之以礼，有耻且格。

礼乐不兴，则刑罚不中；刑罚不中，则民无所措手足。

进一步，孔子绝对主张礼治，简直不承认法律的必要。他说：“听讼吾犹人也，必也使无讼乎?”为中国人怕打官司的藉口，影响至今未已。既主张礼治，则孔子不得不强迫人们遵守封建的道德——上下各安其分。后世流行的“德主刑辅”说，也以孔子开其端。

（二）孟子

孟子后于孔子，在他的时代，新兴的士，向贵族争取政权的斗争，十分激烈。因此孟子一改孔子雍容的君子态度，而有发扬蹈厉气概。孟子为了向贵族争取政权，提出“贵民说”（民为贵，社稷次之，君为轻），颇和西洋近世纪初的“暴君放伐说”（Monarchomachen）相同。但这“贵民说”，不过是士人争取政权的手段。孟子所以为儒家，就在他主张封建的等级制。他以“分工”的理由为藉口，替身分差别作辩护。所谓：“劳心者治人，劳力者治于人；治于人者食人，治人者食于人。”

可见孟子并不是“民主主义者”，始终不会主张人民自己支配政权。他以为“治人”者不需要法律的拘束，只负“道”、“义”上的责任；法和刑，原是对付“治于人”者的。他说：

上无道揆也，下无法守也；朝不信道，工不信度；君子犯义，小人犯刑。国之所存者幸也。

孟子主张性善，以为“人皆有不忍人之心。先王有不忍人之心，斯有不忍人之政矣”。既以不忍人之心来行政，所以看法律的效力，只是附庸的，补助的。他说：

尧舜之道，不以仁政，不能平治天下。今有仁心仁闻，而民不被其泽，不可法于后世者，不行先王之道也。故曰：徒善不足以为政，徒法不能以自行。……是以惟仁者宜在高位，不仁而在高位，是播其恶于众也。

从这样的话中看来，孟子有着儒家一贯的思想，就是“德主刑辅”说。不过孟子时代究竟不是孔子时代，孟子看到当时社会发达的趋势，对于商业资本是承认其权力的。他说：“市廛而不征，法而不廛，则天下之商皆悦而愿藏于其市矣。”可见孟子的认识，比较进步些了。然而孟子犹不及后起的荀子。

（三）荀子

战国末期，社会构造变化，贵族已失其权威，商业资本抬头。士大夫和自由民，正式从被治的地位而上升为统治者的地位。他们做了帮助国君统治的官僚。各国的外交军事乃至内政，多起用士人。于是在战国末期，法治思想特别发达。工商业者和士人都倾向于法治主义。就是儒家也未能外此。儒家的荀子，正是从礼治到法治的过渡者。荀子是战国末期的大儒，然而他的两位高足弟子，如李斯、韩非，都是法家。李斯是法家干练的政治家，他一手奠定秦的开国规模，而为后世所取法。韩非则集法家理论之大成。

荀子主性恶，以为“积善”才可以为君子。但他总是儒家，属于封建派。他提出“分”的一个字，以为封建等级的根据。他主张“礼治”，礼乃以明“分”的。换一句话说，礼就是明阶级的分限的。可是荀子所谓礼，已经不是孔子所谓礼，荀子的礼和法相差只有一口气。荀子把礼的施行，提出“势”（权力）来。没有权力，“明分”的礼，不能施行于民众之间。他说：

人之生固小人，无师无法，则惟利之见尔。人之生固小人，又以遇乱世，得乱俗，是以小重小也，以乱得乱也。君子非得势以临之，则无由得开内焉。

荀子所谓礼，原是以权力为后盾的；所谓明分，乃须以政治权力施行。政治权力所用以施行礼义的制裁，便是刑。换一句话说，荀子的政治思想，便是以为圣人以权力定封建等级的分，使人不争；其违反礼义而逾越定分的，圣王当然以权力制裁之。以权力制裁，不外乎刑罚，在孔子时代，“礼不下庶人，刑不上大夫”，贵族间的礼，与对小人的刑对立；荀子则爽爽快快，以为刑乃礼之辅，可见荀子意中的礼，不过是“法”的异称。他说：

听政之大分：以善至者，待之以礼；以不善至者，待之以刑。两者分别，则贤不肖不杂，是非不乱。贤不肖不杂，则英杰至；是非不乱，则国家治。若是，名声日闻，天下愿，令行禁止，则王者之事毕矣。

荀子所谓礼，划一不二，其实就是法。他在《礼论篇》中这样说：

礼岂不至矣哉！立隆以为极，而天下莫之能损益也。……故绳墨诚陈矣，则不可欺以曲直；衡诚悬矣，则不可欺以轻重；规矩诚设矣，则不可欺以方圆；君子审于礼，则不可欺以诈欺。故绳者，直之至；衡者，平之至，规矩者，方圆之至；礼者，人道之极也。

这样看来，荀子的礼治和他高足韩非的法治，有什么分别呢？——但总是有分别的，这在于立场的不同；荀子是儒家，究竟不是法家。儒家重“人治”。请看荀子的话：

有治人，无治法。……君子者，法之原也；故有君子，则法虽省足以偏矣。无君子，则法虽具，失先后之施，不能应事之变，足以乱矣。

重人治而轻法治，这是荀子不同于法家的第一点。荀子不同于法家第二点是，他仍维持身份差别，以为礼是君子的事，法和刑是对待小人的。统治者的君子总是善的，被治的小人则不然，所以“法律平等”的观念，荀子是没有的。他说：

由士以上，则必以礼乐节之；众庶百姓，则必以法数制之。

因为横着封建的等级制，所以荀子的礼治论虽近乎法治论，而礼治始终和法治相差一步。荀子终是儒家到法家的过渡人物，而够不上法家。

三　道家的法律思想

（一）老子

《老子》书非孔子之前或孔子同时的老子所作。它大概成于战国时代。它充满着辟世思想，和《庄子》一书，同为道家的代表作。道家所代表的，大概是封建制度动摇时正在没落中的小贵族。他们否定商业王国，主张无为，那是不要工商业，不要王权政治。他说：“民多利器，国家滋昏；人多技巧，奇物滋起；法令滋彰，盗贼多有。”他也反对儒家的仁义，因为儒家所谓仁义，原是改进封建社会的手段。他说：

绝圣弃智，民利百倍。绝仁弃义，民复孝慈。绝巧弃利，盗贼无有。此三者，以为文不足，故令有所属。见素抱朴，少私寡欲。

《老子》书中的理想社会是什么呢？那是西周时代纯正的封建制度。各地零零散散，在小贵族支配之下，自给自足，无竞争无进步。请看《老子》的乌托邦：

小国寡民，使有什伯之器而不用，使民重死而不远徙。虽有舟舆，无所乘之；虽有甲兵，无所陈之。使人复结绳而用之。甘其食，美其服，安其居，乐其俗。邻国相望，鸡犬之声相闻，民至老死不相往来。

这不是西周初期诸侯千八百国的写照吗？老子反对王国的成立，反对国君向封建领主收税，反对国君干涉封建的小贵族。但封建的小贵族恃他领地上农奴的供养为生，是当然的。他说：“天之道损有余而补不足；人之道则不然，损不足以奉有余。”正是这意思。

老子最推重自然法，所谓“人法地，地法天，天法道，道法自然”。又谓“天网恢恢，疏而不失”。既推重自然法，对于人为法，便认为违反本性，徒劳无功的事。在商业王国的否定下，法令有什么用？“民之难治，以其上之有为，是以难治。”刑罚中最重的是死刑，然而老子说“民不畏死，奈何以死惧之?”

但后来的法家袭取老子的“无为说”，以为明定法令，君子可无为而治；又袭取老子的愚民政策，以为人君南面之术。道家居然变为法家的远祖了。

（二）庄子

庄子的政治思想和老子相似，辟世的念头更浓厚，自然主义的色彩也更深。他反对人为的法令，而崇自然法。这是道家一贯的主张。试举《庄子》书中的几点法律思想：

以刑为体，以礼为翼，以知为时，以德为循。以刑为体者，绰乎其自杀也。以礼为翼者，所以行于世也。以知为时者，不得已于事也者，言其与有足者至于丘也。

故绝圣弃知，大盗乃止；摘玉毁珠，小盗不起。焚符破玺，而民朴鄙；掊斗折衡，而民不争。殚残天下之圣法，而民始可与议论。

闻在宥天下，不闻治天下也。在之也者，恐天下之淫其性也；宥之也者，天下之迁其德也；天下不淫其性，不迁其德，有治天下者哉?

是故古之明大道者，先明天而道德次之；道德已明，而仁义次之；仁义已明，而分守次之；分守已明，而形名次之；形名已明，而因任次之；因任已明，而原省次之；原省已明，而是非次之；是非已明，而赏罚次之；赏罚已明，而愚知处宜，贵践履位，仁贤不肖袭情，必分其能，必由其名，以此事上，以此畜下，以此治物，以此修身，知谋不用，必归其天。此之谓太平治之至也。故书曰有形有名，形名者古人有之，而非所以先也。古之语大道者，五变而形名可举，九变而赏罚可言也。

道家的《老子》、《庄子》两书，以及道家的别派狷介如陈仲子，贵已纵欲如杨朱，都反对王权政治，反对人为法而主张自然法。对于这样的思想，今人曾有确切的批评——虽说是批评老子，其实以之批评整个道家，也无不可。那是这样说：

“老子既是反对人为法，今人拉他是中国的无政府主义者，也无不可。因为无政府主义者是反对法律，他们以法律是恶者利器，是阻止人群进化，违背天然法则，扩张君权等。（原注：详见俄人《克鲁包特金》所著的《法律与权力》）这等理由，都被近世无匹的法家舒丹木拉（R. Stammler）解释反驳了。氏说：无政府主义者的说话，不过于近代各国现行法制加以批难。不晓得“法律实质”并不是一成不变的东西。法律实质是为社会生活的法律规范和适合人类社会的需要，及发挥人类的本能。所以法律之为法律，不啻是社会革命的方法。无政府主义者以法律是恶者护符，实在是没有根据法理，舒丹木拉说法律的实质是变动的。法律的目的是要奉有余以补不足，是要减除人类的苦恼，增进人类的幸福。现代的立法，莫不趋向这个目的，应人类社会的希望，极力提倡法律的社会化。举一二个显明的例来说：像扶弱抑强，取富救贫，主持人道，断定公理；扶持劳动工人，而修订劳动保护，废除农奴制；纳税则盛行所得税和累进税，以减少资本家的剩余利益。从这点看来，可说法律是恶者的护符，损不足奉有余吗？舒氏的解释可算尽情尽义，毋庸我再来喋喋了。讲了这大片话，我们可知道老子的无为而治是不中用的。”（丘汉平《先秦法律思想》）

上面的批评，大致是很对的。但是我们想补充一句，老子的无政府主义，乃是商业王国的否定；至于土皇帝式的封建制度，没落贵族是求之不得的。

四 墨家的法律思想

所谓墨家，是战国时代都市无产自由民的组织。他的性质，和初期的基督教徒很相像。墨家也是有宗教性质的团体。他尚鬼尊天，依托大禹。墨家的领袖叫做“钜子”，墨翟也许是第一代钜子。钜子是一代代传授下去的；有一代钜子孟胜将殉难时，曾经派徒把这职位，传给另一人。墨家有严厉的纪律，好像还有财产互助的规律。“有福同享，有难同当”，今日江湖上的帮会，大抵如此。墨家喜任侠，墨翟奔走得如丧家之犬，为的是救人急难。“儒以文乱法，侠以武犯禁”，秦汉之间的大侠，或者是墨家的流亚。墨家又贵实践，身体力行，以自苦为极，跟儒家的高调大不相同。

墨家重实利，他的思想，全从实利主义出发。孟子辨明义利之别，墨家老老实实的说：“义，利也”。墨家主兼爱，因为“兼相爱交相利”。墨家非攻战，因为“所攻者不利，而攻者亦不利：是两不利也”。至于非乐、节葬、短丧，更显然是从实利主义出发的。荀子批评墨家说：“墨子蔽于用而不知文”。实利主义的极点，确是如此。在墨家看来，所谓“文”的礼乐，不过是统治阶级消耗在下者供奉的血汗，这有什么好处呢？

与实利主义一贯的，墨家在政治上，主张“尚贤论”乃至“民约论”。他们竟主张民选的政府。如《墨子》书上说：

古者民始生，未有刑政之时，盖其语，人异义。是以一人则一义，二人则二义，十人则十义。其人兹众，其所谓义者亦兹众。是以人是其义，以非人之义，故交相非也。是以内者父子兄弟作怨恶，离散不能相和合；天下之百姓，皆以水火毒药相亏害；至有余力，不能以相劳；腐朽余财，不以相分；隐匿良道，不以相教。天下之乱，若禽兽然。明夫天下之乱，生于无政长，是故选天下之贤可者，立以为天子……察天下之所以治者何也？天子惟能一同天下之义，是以天下治也。

“天子惟能一同天下之义”，可见墨子认识法律的用处。再看《墨子》书中另外的话：

天下从事者，不可以无法仪，无法仪而其事能成者无有也。虽至士之为将相者皆有法；虽至百工从事者亦皆有法。……今大者治天下，其次治大国，而无法所度，此不若百工辨也。……然则奚以为治法而可？故曰莫若法天。天之行广而无私。其施厚而不德，其明久而不衰，故圣王法之。既以天为法，动作有为必度于天，天之所欲则为之，天所不欲则止。

《墨子》所谓法仪，以天为法。《天志篇》中更说：“顺天之意谓之善刑政；不顺天之意谓之不善刑政”。但墨子的天志，和道家的自然法大不相同。道家是主张“天网恢恢，疏而不失”，听其自然。墨子的法律观念，是赏“正义”为法律标准，天道无私，最合正义，故宜法天。而且墨家虽尊天而非命。信命的人以为“上之所以，命固且赏。非贤故赏也；上之所罚，命固且罚，非暴故罚也”。这是墨家所反对的。墨家只以抽象的天意，来定法律标准罢了。再看墨家的行为：

腹䵍为墨者钜子，居秦。其子杀人。秦惠王曰：“先生之年长矣，非有他子也，寡人已令吏弗诛也。先生之以此听寡人也。”腹䵍对曰：“墨者之法，杀人者死，伤人者刑，此所以禁杀伤人也。王虽为之赐而令吏弗诛，腹䵍不可不行墨者之法。”不许惠王而遂杀之。（《吕氏春秋》）

从这段佚话中看来，墨家崇法的精神，和法家也相似呢。

五 法家的法律思想

（一）慎到尹文申不害

自从战国中叶以后，商业资本发达，工商业者与地主抬头，王权政治逐渐出现。各派学者都有倾向法治的政治主张的趋势。法家就出现在这时代。他们是新兴的地主与工商者的代表，在政治上，力主专制主义的王权政治，希望造成统一国家，摧毁贵族的残余势力，以适合商业资本的要求。晚出的法家，既是时代的产儿，因此他十分得势，蓬勃一时。法家的学说，除了本他自己的立场而创说外，还兼受儒道墨三家的影响。在儒家，如荀子的礼治论；在道家，如老子的无为而治和愚民政策；在墨家，守法重法的观念和实利思想，俱有影响于法家的。

法家的先驱，有慎到、彭蒙、尸佼、尹文、申不害等人。其中比较重要的，有慎到、尹文、申不害三个，试述之以为法家先驱的代表者。

《汉书·艺文志》有《慎子》四十二篇，注：“名到，先申、韩，申韩称之”。慎到，又名慎滑厘。其生卒时代与生平行事都无可考。所谓《慎子》四十二篇，也完全散佚，后人稽钩群书，集成慎子几篇。这是后人伪作，或原是慎子的话，真疑参半；今姑引之，以见慎子法律思想的一斑。《慎子》开宗明义的话是：

天道因则大，化则细。因也者，因人之情也。人莫不自为也。……用人之自为，则莫不得而用矣。此之谓因。

陶希圣批评这一段话：“如果这真是慎到的话，则慎到的思想确近似于边沁。他的意思是说，人没有不自为的，统治者应当用人之自为。这正是说：没有比自己还能够为自己谋幸福的。统治者只须放任人人为自己谋幸福便可以了。统治者无须以主观的意思去干涉。统治者只用客观的法，使人人在法之下各为自己谋幸福。这恰是都市中间阶级自由主义个人主义的理论。”

慎子所谓法治，是很极端的，他根本否认人治，而主法治。他说：

君人者舍法而以身治，则诛赏予夺从君心出，然则受赏者虽当，望而无穷；受罚者虽当，望轻无已。君舍法以心裁轻重，则同功殊赏，同罪殊罚矣，怨之所由生也。是以分马之用策，分田之用钩，非以策钩为过于人智，所以去私塞怨也。故曰：大君任法而弗躬，则事断于法；法之所加，各以分蒙赏罚，而无望于君，是以怨不生而上下和矣。

极端的法治主义者，竟以为“恶法亦法”。试看慎子的话：

法虽不善，犹愈于无法，所以一人心也。

慎子以为用以行法的，乃是权力，这权力他名之曰“势”。贤智未足以服众，惟势足以服众。他说：

飞龙乘云，腾蛇游雾；云罢雨霁，而龙蛇与蚓蚁同矣，则失其所乘也。故贤人而屈于不肖者，则权轻位卑也。不肖而能服于贤者，则权重位尊也。尧为匹夫，不能治三人，而桀为天子能乱天下，吾以此知势位之足恃，而贤智之不足慕也。夫弩弱而势高者，激于风也；身不肖而令行者，得助于众也。尧教于隶属，而民不听；至于南面而王天下，令则行，禁则止。由此观之，贤智未足以服众，而势位足以屈贤者也。

慎子所谓法，客观之至，公平无私，和度量衡的器一样。他说：

有权衡者不可欺以轻重，有尺寸者不可差以长短，有法度者不可巧以诈伪。

法者，所以齐天下之动，至公大定之制也。故智者不得越法而肆谋，辨者不得越法而肆议，士不得背法而有名，臣不得背法而有功。我喜可抑，我忿可窒，我法不可离也。骨肉可刑，亲戚可灭，至法不可阙也。

慎子所谓法，是因时制宜，而不是固执不变的。法必得“合乎人心”，到了不合人心的时候，便该加以改变。他说：

宓牺、神农教而不诛，黄帝、尧、舜诛而不怒，及至三王，随时制法，各适其用。

故治国无其法则乱，守法而不变则衰，有法而行私谓之不法。

尹文，《汉书·艺文志》有《尹文子》一篇，在名家。班固自注云：“说齐宣王，先公孙龙。”今传《尹文子》，有《大道》上下两篇。其互驳真伪也待考，惟中或有一二为尹文原语。今姑据之以论尹文的法律思想。尹文发挥“名”“形”与“法”的关系，异常透彻。他说：

名也者，正形者也。形正由名，则名不可差。……故亦有名以检形，形以定名；名以定事，事以检名。察其所以然，则形名之与事物，无所隐其理矣。名有三科，法有四呈。一曰命物之名，方圆白黑是也；二曰毁誉之名，善恶贵贱是也；三曰况谓之名，贤愚爱憎是也。一曰不变之法，君臣上下是也；二曰齐俗之法，能鄙同异是也；三曰治众之法，庆赏刑罚是也；四曰平准之法，律度权量是也。

这“法有四呈”的话，是同时的法家所未道及的。尹文又主张君主以赏罚操纵人民的贫富，也是别有见解的话。他说：

故为人上者，必慎所令。凡人富则不羡爵禄，贫则不畏刑罚。不羡爵禄者，自足于己也；不畏刑罚者，不赖存身也。二者为国之所甚病，而不知防之术，故令不行而禁不止。若使令不行而禁不止，则无以为治。无以为治，是人君虚临其国，徒君其民，危乱可立而待矣。今使由爵禄而后富，则人争尽力于其君矣；由刑罚而复贫，则人咸畏罪而从善矣。故古之为国者，无使民自贫富，贫富皆由于君，则君专所制，民知所归矣。

申不害的生平行事，在《史记》上有寥寥数语：“申不害故郑之贱臣，学术以于韩昭侯。为相十五年，国治兵强，无侵韩者”。法家中，申不害与韩非齐名并称。也许韩非是远承申子的。请看《韩非子·定法篇》的话：

申不害，韩昭侯之佐也。韩者，晋之别国也。晋之故法未息，而韩之新法又生。先君之令未收，而后君之令又下。申不害不擅其法，不一其宪令，则奸多。故利在故法，前令则道之；利在新法，后令则道之。故新相反，前后相悖，则申不害虽十使昭侯用术，而奸臣犹有所谲其辞。故托万乘之劲韩，七十年而不至于霸王者，虽用术于上，法不勤饰于官之患也。

申不害的著作，《汉志》著录《申子》六篇，现全都散失。偶有只言片语，为先秦诸子所引，流传至今，殊未足以窥全豹。现录这些有关于法律思想的部分如下：

“明君治国，三寸之篋运而天下定，方寸之基正而天下治。”（马总《意林》引）

“君之所以尊者令。令之不行，是无君也，故明君慎之。”（《北堂书钞》及《艺文类聚》引）

“君必明法正义，若悬权衡以称轻重，所以一群臣也。”（《艺文类聚》及《太平御览》引）

“尧之治也，善明法察令而已，圣君任法而不任人，任数而不任说。黄帝之治天下，置法而不变，使民安乐其法也。”（同上）

然而最可以窥见申子的根本思想的，仍是韩非子的话。他说：

“申不害言术，而公孙鞅为法。术者，因任而授官，循名而责实，操杀生之柄，课群臣之能，此人主之所执。法者，宪令著于官府，刑罚必于民心，赏存乎慎法，而罚加于奸令，此人臣之所师。”

可见申不害虽与韩非并称，其实申子并不纯然是法家，他原是一个政治家。——先秦的法家，和实际政治本最有关系，惟申子更致力于操纵的政术罢了。

（二）管子商君书

上面已经说过，先秦的法家和实际政治本最有关系。近人云：

“法家者流，出于法术之士。在战国之时，国家之范围，日益扩大，社会之组织，日益复杂。昔日管理政治之方法，已不适用。于是有人创为管理政治之新方法，以辅当时君主整理国政而为其参谋。此等新政治专家，即所谓法术之士。”（冯友阑《原名法阴阳道德》）

战国中叶后，法家大盛。有些言法术之事的，更假托前者的政治家以自重。法家中有二本著作：《管子》即托管仲作，《商君书》托商鞅作，就是好例。其实《管子》和《商君书》都成于战国中叶后，和管仲、商鞅无关的。

先说《管子》。这里是依书而论其法律思想，和管仲本身无关。《管子》书中，有两点中心思想，一是增加农业生产以富国，二是法治主义。法家原是代表商业资本的，有这两点要求，是当然的。增加农业生产以富国，和本书没有关系，姑且不论。试述管子的法治。他先述国家君臣的起源说：

古者未有君臣上下之列，未有夫妻妃匹之合，兽处群居，以力相争，于是智者诈愚，强者凌弱，老幼孤独，不得其所。故智者假众力以禁强虐，而暴人止；为民兴利除害，正民之德，而民师之。……名物处远是非之分，则赏罚之行矣。上下设民生体，而国都立矣。是故国之所以为国者，民体以为国；君之所以为君者，赏罚以为君。

因此，法的职能，有下述几点，并各有应该注意的地方。书中说：

法者，将立朝廷者也。将立朝廷者，则爵服不可不贵也。……法者，将用民力者也。将用民力者，则禄赏不可不重也。……法者，将用民能者也。将用民能者，则授官不可不审也。……法者，将用民之死命者也。用民之死命者，则刑法不可不审也。

统治者的法令既出，应该严格地叫人民遵守；过与不及，都是要不得的。这才是真正的法治。书中说：

故曰，亏者死，益令者死，不行令者死，留令者死，不从令者死。五者死而无赦，惟令是视。

《商君书》是依托商鞅的，商鞅和法律很有关系，又为秦国奠定统一基础的人。商鞅，卫人，又名卫鞅，或称公孙鞅。他先仕魏，不得意；西游秦，以变法说孝公，被大用。鞅乃发挥他富国强兵的治术。最重要的事，是与民更始的变法。变法令摧毁秦的封建贵族，它大概的内容怎样呢？

“开阡陌，令民父子兄弟同室内息者为禁。集小都乡邑为县，置令丞。令民为什伍，而相收司连坐。不告奸者腰斩，告奸者与斩敌者同赏，匿奸者与降敌同罚。有军功者各以率受上爵。为私斗者各以轻重被刑。”（《史记》）

商鞅为了使民守法，徙木示信；太子犯法，刑其师傅，以示法的平等。他的手段相当严厉，甚至禁民议论便与不便，公布了法令，人民只要遵守就是。非难他的人以“刻薄寡恩”少之，然而他治秦的政绩，奉公守法，决不能抹杀的。章炳麟《检论》论商鞅云：

迹鞅之进身与处交游，诚多可议者，独其当官则正如檠榜而不可紾。方孝公以国事属鞅，鞅自是得行其意。政令出内，虽乘舆亦不得违法而任喜怒，其贤于汤之窥人主意以为高下者亦远矣。辱太子，刑公子虔，知后有新主能为祸福而不欲屈法以求容阅。……夫鞅之一日刑七百人以赤渭水，盖所以止刑也。俄而家给人足，道不拾遗矣。

这里因述《商君书》，附及于商鞅。因为商鞅虽于孝公死后被戮，然而他变法的影响到秦统一时仍很显著。秦的法制，是上承商鞅的。至于《商君书》，自然是伪书，成于战国末期（商鞅在战国初期），不过它大概是沿习商鞅的言行而作的。《商君书》中的法律思想，和《韩非子》已经颇为接近。它提出“变古论”，以反映社会进化，以见商业资本的抬头是极自然的。书中说：

三代不同礼而王，五霸不同法而霸。故智者作法，而愚者制焉；贤者更礼，而不肖者拘焉。……前世不同教，何古之法？帝王不相复，何礼之循？伏羲神农，教而不诛；黄帝尧舜，诛而不怒。及至文武，各当时而立法，因事而制礼。礼法以时而定，制令各顺其宜，兵甲器备各便其用。臣故曰：治世不一道，便国不必法古。汤武之王也，不修古而兴；殷夏之灭也，不易礼而亡。然则反古者未必可非，循礼者未足多也。

社会是进化的，法律也随社会的进化而进化。《商君书》中便叙述法律的进化：

天地设而民生之。当此之时也，民知其母而不知其父，其道亲亲而爱私；亲亲则别，爱私则险，民生众以别险为务，则有乱。当此之时，民务胜而力征，务胜则争，力征则讼。讼而无正，则莫得其性也，故贤者立中正，设无私，而民设仁。当此时也，亲亲废，上贤立矣。凡仁者以爱利为道，而贤者以相出为务，民众而无制，久而相出为道则有乱。故圣人承之，作为土地货财男女之分。分定而无制，不可，故立禁。禁立而莫之司，不可，故立官。官设而莫之一，不可，故立君。既立其君，则上贤废，而贵贵立矣。然则上世亲亲而爱私，中世上贤而悦仁，下世贵贵而尊官。

这一段话，述法律随社会的进化而进化，总算是十分透彻了。《商君书》所谓法，也是极客观的，可谓行政准则的。他说：

先王悬权衡，立尺寸，而至今之，其分明也。夫释权衡而断轻重，废尺寸而意长短，虽察，商贾不用，为其不必也。……不以法论智能贤不肖者惟尧，而世不尽为尧。是故先王 知自议誉私之不可任也，故立法明分，中程者赏之，毁公者诛之。

法律的效用，伟大的很，治国是少不了它的。商君书甚至有下列的比喻：

为治而去法令，犹欲无饥而去食也，欲无寒而去衣也，欲东而西行也。其不几亦明矣。

法律应该大公无私。《商君书》说：

国之所以治者三：一曰法，二曰信，三曰权。法者，君臣之共操也。信者，君臣之所共立也。权者，君之所独制也。人主失守则危，君臣释法任私必乱。故立法明分，而不以私害法则治。

《商君书》还有一点很重要的主张，就是法令是应该公布的，免得官吏动辄以法律来鱼肉良民，小民也不至误触法网。书中说：

吏民知法令也，故吏不敢以非法愚民，民不敢犯法以干涉法官也。遇民不修法，则问法官。法官则以法之罪告之；民即以法官之言正告之吏。吏知其如此，故吏不敢以非法愚民，民又不敢犯法。如此，天下之吏民虽有贤良辨慧，不能开言以枉法；虽有千金，不能以用一诛。

（三）韩非

韩非是先秦诸子的最后一人。他是法家主要的理论家，又是战国诸子思想的集大成者。他的思想，是中国法律思想的精华。韩非的著作：《汉志》著录《韩非子》五十五篇，张守节《史记正义》引阮孝绪《七录》戴《韩子》三十卷，篇数卷数都和今本相符。但其中并非完全出于韩非手笔，有的或系后人所附益，各家均有考证，指明其真伪，不备述。只录《四库全书·总目提要》的话，以见一斑：

考《史记》非本传，称非见韩削弱，数以书谏韩王韩王不能用。悲廉直不容于邪枉之臣，观往者得失之变，故作《孤愤》、《五蠹》、《内外》、《储说》、《说林》、《说难》十余万言。又云：人或传其书至秦，秦王见其《孤愤》、《五蠹》之书。则非之著书，当在未入秦前。《史记·自叙》所谓："韩非囚秦，《说难》、《孤愤》"者，乃史家驳文，不足为据。今书冠以《初见秦》，次以《存韩》，皆入秦后事，虽似与《史记自叙》相符，然传称王遣韩非使秦，秦王悦之，未信用。李斯、姚贾害之，下吏治非。李斯使人遗之药，使自杀。计其闻未必有暇著书。且《存韩》一篇，终以李斯驳非之议，及斯上韩王书，其事与文皆为未毕。疑非所著书本各自为篇，非殁之后，其徒收拾编次，以成一帙。故在韩在秦之作，均为收录。并其私记未完之稿，亦收入书中。名为非撰，实非非所手定也。

韩非学于荀子，很受“性恶论”的影响。他虽不曾明白提出“人性恶”，但仍从“人情好利恶害”出发，以见有法律和刑赏的必要。人情以利害计算一切，他举一个普通的例说：

“夫卖庸而播耕者，主人费家而美食，调布而求易钱者，非爱庸客也。曰如是，耕者且深，耨者熟耘也。庸客致力而疾耘，耕者尽巧，而正畦陌畴畤者，非爱主人，曰，如是，羹且美，钱布且易去也。此其养功力有父子之泽矣，而心调于用者，皆挟自为心也。故人行事施予，以利之为心，则越人易和；以害之为心，则父子离且怨。”人情好利恶害，虽骨肉之亲犹然。他说：

且父母之于子也，产男则相贺，产女则杀之。此俱出父、母之怀衽。然男子受贺，女子杀之者，虑其后便，计之长利也。故父母之于子也，犹用计算之心以相待也，而况无父子之泽乎？

利害计算之心，如下面所说，已达极点：

且万乘之主，千乘之君，后妃夫人嫡子为太子者，或有欲其君之早死者。何以知其然？夫妻者，非有骨肉之恩也，爱则亲，不爱则疏，语曰“其母好者，其子抱”。然则其为之反也：其母恶者其子释。丈夫年五十而好色未解也，妇人年三十而色衰矣；以衰美之妇人，事好色之丈夫，则身见疏贱而子疑不为后，此后妃夫人之所以冀其君之死者也。惟母为后而子为主，则令无不行，禁无不止，男女之乐不减于先君，而擅万乘不疑，此鸩毒扼昧之所以用也。……医善吮人之伤，含人之血，非骨肉之亲也，利所加也。故与人成舆，则欲人之富贵；匠人成棺，则欲人之夭死也。非舆人仁而匠人贼也，人不贵则舆不售；人不死则棺不卖，情非憎人也，利在人之死也。故后妃夫人太子之党成而欲君之死也。君不死则势不重，情非憎君也，利在君之死也。

人类社会间，既然互相以利害计算之心相待，所以韩非以为相爱之道不足恃，应该用相忍之道——以法禁来代仁爱。他提出了好几点意思：

“今有不才之子，父母怒之弗为改，乡人谯之弗为动，师长教之弗为变。夫以父母之爱，乡人之行，师长之智，三美加焉，而终不动其胫毛。州部之吏，操官兵推公法而求索奸人，然后恐惧变其节，易其行矣。故父母之爱不足以教子，必待州部之严刑者，民固骄于爱，听于威矣。”（《五蠹》）

“慈母之于弱子也，爱不可为前。然而弱子有僻行，使之随师；有恶病，使之事医。不随师则陷于刑，不事医则疑于死。慈母虽爱，无益于振刑救死。则存子者非爱也。子母之性，爱也；臣主之权，策也。母不能以爱存家，君安能以爱存国？”（《八说》）

“母之爱子也倍父，父令之行子也十母，吏之于民无爱，令之行于民也万父。母积爱而

令穷，吏威严而民听从。严爱之策亦可决矣。……故母厚爱处，子多败，推爱也。”（《六反》）

人情好利恶害，执政者即以利害来明示他，所谓利害之道，就是赏与刑，或利与威。这是君主治国的二柄。《韩非》说：

“明主之所导制其臣者，二柄而已矣。二柄者，刑德也。何谓刑德？曰：杀戮之谓刑，庆赏之谓德。为人臣者，畏诛罚而利庆赏。故人主自用其刑德，则群臣畏其威而归其利矣。”（《二柄》）

治国须用赏罚二柄，这就是法治。法治论者否定人治。人治论者以为“有治人，无治法”，法治者大为反对。请看韩非的话：

“历山之农者侵畔，舜往耕焉，期年甽亩正。河滨之渔者争坻，舜往渔焉，期年而让长。东夷之陶者器苦窳，舜往陶焉，期年而器牢。仲尼叹曰：‘耕渔与陶非舜官也，而舜往为之者，所以救败也。舜其信仁乎？乃躬藉处苦而民从之。故曰：‘圣人之德化乎？’或问儒者曰：‘方此时也尧安在？’其人曰‘尧为天子。’然则仲尼之圣尧奈何？圣人明察在上位，将使天下无奸也。今耕渔不争，陶器不窳，舜又何德而化？舜之救败也，则是尧有失也。贤舜则去尧之明察，圣尧则去舜之德化，不可两得也。……且舜救败，期年已一过，三年已三过。舜有尽，寿有尽，天下过无已者，以有尽逐无已，所止者寡矣。赏罚使天下必行之。令曰：‘中程者赏，弗中程者诛’。令朝至暮变，暮至朝变，十日而海内毕矣，奚待期年？舜犹不以此说尧令从己。乃躬亲不亦无术乎？且夫以身为苦而后化民者，尧舜之所难也；处势而骄下者，庸主之所易也。将治天下，释庸主之所易，道尧舜之所难，未可与为政也。”（《难一》）

“且夫尧舜桀纣，千世而一出，非比肩随踵而生也。世之治者不绝于中。……中者，上不及尧舜，而下亦不为桀纣。抱法处势则治，背法去势则乱。今废势背法而待尧舜，尧舜至乃治，是千世乱而一治也。抱法处势而待桀纣，桀纣至乃乱，是千世治而一乱也。”（《难势》）

法治的精义，在于否定人治，赏罚全依于法。而且在赏罚之前，人皆平等。儒家谓“礼不下庶人，刑不上大夫”。韩非却说：“刑过不避大臣，赏善不避匹夫”。无论官民，有善必赏，有恶必罚，法治才有效。他说：

“上古之传言，春秋所记，犯法为逆以成大奸者，未尝不从尊贵之臣也。然而法令之所备，刑罚之所诛，常于卑贱，是以其民绝望，无所告诉；大臣比周，蔽上为一。”（《南面》）

赏罚全依于法，这就是法的一定性。换一句话说，赏罚须有一定的准则，否则，“法不信则君行危”。韩非指出法的一定性说：

“是以赏莫如厚而信，使民利之。罚莫如重而必，使民畏之。法莫如一而故，使民知之。”（《五蠹》）

“圣人之治国也，赏不加于无功，而诛必行于有罪者也。”（《奸劫弑臣》）

但是法的一定性，并不是说是固执不变的。相反地，法是随社会的进化而进化的。他说："治民无常，惟治为法。法与时转则治；治与世宜则有功"。他说明社会和法律的进化：

"上古竞于道德，中世逐于智谋，当今争于气力。……今有构木钻燧于夏后氏之世者，必为鲧禹笑矣。有决渎于殷周之世者，必为汤武笑矣。然则今有美尧舜汤武禹之道于当今之世者，必为新圣笑矣。是以圣人不期修古，不法常可；论世之事，因为之备。宋人有耕田者，田中有株，兔走触株，折头而死；因释其耒而守株，冀复得兔。兔不可复得，而身为宋国笑。今欲以先王之政，治当世之民，皆守株之类也。……故事因于世，而备适于事。……世异则事异……事异则备变。"（《五蠹》）

在法治之下，刑与罚，以"功用"为规定的标准。所谓"中程者赏，弗中程者诛"，这个"程"就是功用。对于人民的言行，也得衡之以功用，所谓"明主听其言必责其用，观其行必求其功"。他又说：

"夫言行者，以功用为之的彀者也。夫砥砺杀矢而以。妄发，其端未尝不中秋毫也。然而不可谓善射者，无常仪的也。设五寸之的，引十步之远，非羿逄蒙不能必中者，有常仪的也。故有常仪的则羿逄蒙以五寸的为巧，无常仪的则以妄发之中秋毫为拙。今听言观行，不以功用为之的够，言虽至察，行虽至坚，则妄发之说也。"（《问辨》）

刑赏既以功用来规定，但是功用以什么做标准呢？就是以富国强兵做标准。"儒以文乱法，侠以武犯禁"，这是无补于国的。能够富国强兵的言行，才够得到功用两字。韩非的功用主义，是很极端的。他说：

"斩敌者受上赏，而高慈惠之行。拔城者受爵禄，而信兼爱之说。坚甲厉兵以备难，而美荐绅之饰。富国以农，距敌恃卒，而贵文学之士；废敬上畏法之民，而养游侠私剑之属。举行如此，治强不可得也。国贫养儒侠，仇至用介士；所利非所用，所用非所利。是故服事者简其业而游于学者日众，是世之所以乱也。"（《五蠹》）

韩非给法下的定义，也是着眼于功用方面的。他说：

"法者，宪令著于官府，赏罚必于民心；赏存心慎法，而罚加乎奸令者也。"（《定法》）

据韩非说，申不害任术而不任法，商鞅任法而不任术，都是不对的。他主张法术兼用：

"君无术则弊于上，臣无法则乱于下。此不可一无，皆帝王之具也。"（《定法》）

法术之外，还有所谓势。韩非虽有《难势篇》，却并不反对用势，他只是主张以势行法，"抱法处势"。他以为如果专用势，则乱多而治少。他说：

"夫势者，非能使贤者用已而不肖者不用已也。贤者用之则治，不肖者用之则乱。……则是以势乱天下者多矣，以势治天下者寡矣。夫势者便治而利乱者也。"（《难势》）

韩非的法治，又主张正名实，君主应循名而责实。换句话说，君主应使官吏各依其职守负责任。不尽责任的有罚。超越责任的也有罚。韩非曾举例说：

"昔者，韩昭侯醉而寝。典冠者见君之寒也，故加衣于君之上。觉寝而说，问左右曰：'谁加衣者？'左右对曰：'典冠。'君因兼罪典衣与典冠（均官名）。其罪典衣，以为失其事也。其罪典冠，以为越其职也。……故明主之畜臣，臣不得越官而有功，不得陈言而不当。越官则死，不当则罪。"（《二柄》）

韩非所谓法，不仅是“宪令著于官府”，而且应向民众公布的。他说：

“法者，编著于图籍，设之于官府，而布之于百姓者也。”（《难三》）

韩非“法治论”的终极，在于无为而治。——但这不是道家的无为。他说：

“事在四方，要在中央；圣人执要，四方来效。虚而待之，彼自听之。四海既藏，道阴见阳。左右既立，开门而当。勿变勿易，与二俱行。行之不已，是谓履理也。夫物者有所宜，材者有所施。各处其宜，故上下无为。使鸡司夜，令狸执鼠。皆用其能，上乃无事。”（《扬权》）

集先秦法家学识大成的韩非，他的思想，可以下列几句话，作为代表：

“故明主之治国也，适其时事，以致财物；论其税赋，以均贫富；厚其爵禄，以尽贤能；重其刑罚，以禁奸邪。使民以力得富，以事致贵，以过受罪，以功致赏，而不念慈惠之赐，此帝王之致也。”（《六反》）

韩非的法律思想，精密深奥，以两千余年前的先秦时代，居然有那样的学说，不可不说是我中华民族的光辉。但他的根本缺点，我们也不必隐讳。近代法学家对于法家（尤其是韩非）的批评是：

“法治思想大有功利主义的彩色，把人类当作一部‘计算的机器’（Calculating Machine）。可是人的心理是复杂的万分，不是单纯性的；比方计算之心固然有的，然而同情心也未始没有。法律不是特种心理的特产，却是各种心理调和的结果。法律正是‘公道’和‘治安’底公仆！法律那里是功利的走狗？法律那里是计较利害的算盘？司马谈批评法家，说他们‘严而少恩’，却是不差。”（吴经熊：《唐以前法律思想的发展》）

陈世材

两汉监察制度研究

作者简介

陈世材，江西万安县人，中山大学预科毕业，中央大学法学学士，美国哈佛大学政治学硕士、博士，曾任台湾政治大学教授，后去美国，任中康涅狄格州立大学政治学教授。1965 年当选为美国政治法律哲学学会会员。中英文著作颇丰，主要著作有《两汉监察制度研究》、《国际法学》等。

出版社：上海，商务印书馆。

出版年份：1944 年。

馆藏：北京大学图书馆中心馆。

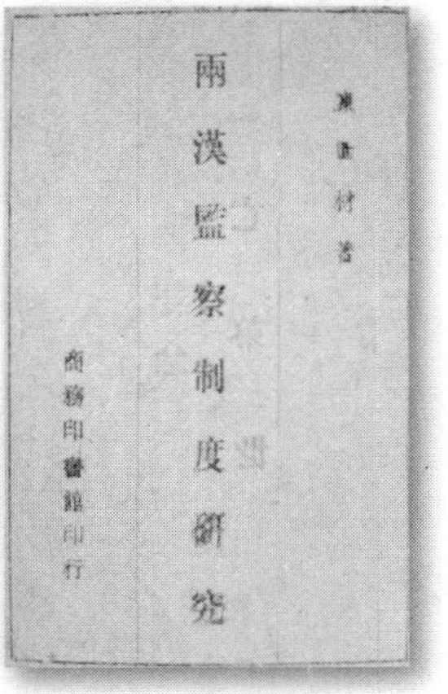

作品简介：《两汉监察制度研究》一书共有五章：第一章为“绪论”，介绍了研究两汉监察制度的缘由、资料和方法；第二章为“官名”，对两汉时期包括御史大夫、御史中丞、侍御史、部御史等在内的监察官的设置进行了详尽的介绍；第三章为“职掌”，讲述了两汉时期监察官的职责所在；第四章是“待遇”，阐述了监察官的升迁、秩禄、社会地位、奖赐、惩戒等方面的情况；第五章为“结论”，分析了两汉监察制度的优缺点，并对监察制度整体上进行了评价。

自孙中山先生提出“五权宪法”的概念后，民国时期，监察权的研究逐渐增多，作者撰写本书的初衷就是希望借鉴两汉监察制度，为当时的国家建设服务。本书虽然篇幅不长，但仍从两汉监察官的设置、职掌、待遇等角度入手，对两汉监察制度进行了较全面的总结和分析。在此基础上，作者又将之与民国时期监察制度的设置作比较，总结两汉监察制度的优缺点，并将之作为民国监察制度设置与运行的借镜。

论及两汉监察制度优缺点时，作者指出其优点在于组织颇为严密、监督范围和力度极大，且有类似政务官与事务官之分，待遇上赏罚分明，有“高薪养廉”之风；缺点则在于制度仍有纷乱支离之弊、职权总是依君王意志而伸缩、待遇方面也缺乏制度保障。这些心得体会对于我国在监察制度方面的研究不无助益。（袁辉整理）

自序

本书系八年前著者在国立中央大学时之旧稿，其中关于西汉监察制度一部分，曾经摘要发表于东方杂志。彼时著者原拟就中国历代之监察制度，作一整个研究，嗣因监察院有编纂中国监察制度史之举，本稿已被采用，著者单独研究之计划，遂告搁置。不料监察院所编之稿，未及付梓，而卢沟桥事变猝发。抗战军势，中枢西迁，监察院稿，全部散失。多年以来，研究中国监察制度史之著述，未有问世者焉。

三十年秋，著者自美东归，回乡省亲，检视旧物，本稿赫然犹在，此亡弟世重缮录之抄本，家人所收藏者也。久别重逢，喜出望外，因拟重整旗鼓，复理旧业；无奈参考资料，散佚殆尽，非但不能再作更进一步之研究，即欲增订旧稿，亦感无从着手。谬误之处，恐未犹免，世有贤达，幸进而教之。

本书之成，得力于齐鲁大学校长汤吉禾博士之启导，内兄万君默先生之指正，与内子万文仙女士之鼓励者甚多，付印之前，复承监察院于院长校阅一过，并赐题签，感佩良深，统此志谢。

民国三十二年八月陈世材序于重庆小温泉

第一章　绪论

第一节　研究之始点

监察制度与考试制度同为我国固有之政治制度，论其源流，则监察制度较考试制度尤为古远。《周礼》云：

御史中士八人，下士十有六人，其史百有二十人，府四人，胥四人，徒四十人，掌邦国都。

鄙及万民之治令，以赞冢宰，凡治者受法令焉。掌赞书，凡数从政者。①

可见三代之时，已有御史之官，掌赞书而授法令，以中下士为之，特小臣耳。至于战国，其职益亲，故献书多云献书于大王御史。秦、赵渑池之会，命御史书事。淳于髡谓齐王曰："执法在傍，御史在后。"② 皆记事之职，非若后世御史之为监察官。故杜佑《通典》曰："御史之名，周官有之。盖掌赞书而授法令，非今（唐）任也。"③ 但《历代职官表》云：

---

① 《周礼·春官》。

② 《史记·淳于髡传》。

③ 《通典》卷二十四。

周官御史次于内史外史之后，盖本史官之尸，故杜佑以为非今御史之任。然考其所掌，如赞冢宰以出治令，则凡政令之偏私阙失，皆得而补察之，故外内百官，悉当受成法于御史，实后世司宪之职所由出。①

又《周礼》云："小宰之职，掌建邦之宫刑，以治王宫之政令，凡宫之纠禁。"② 可见《周礼》中之御史，虽与后世之御史，或有不同，然小宰之职掌，确与汉时御史中丞居殿中兰台察举非法者相近，故郑康成注云："若今（汉）御史中丞。"③ 然则吾人谓中国之监察制度，萌发于成周之世，似不为谬。惟《周礼》一书，或为汉儒赝鼎，其中记载，是否可信，不无疑问。至于其他典籍，则传说不一。或谓监察制度，姬周有之，例如《通典》云："侍御史于周为柱下史，老聃尝为之。秦时张苍为御史，主柱下方书，亦其任也。"④ 《汉书》云："司隶校尉，周官。"⑤ 或谓监察制度，嬴秦始置。例如《汉书》云："御史大夫，秦官。"⑥ 又曰："监御史，秦官，掌监郡。"⑦《晋书》亦谓："御史中丞，本秦官也。"⑧ 章俊卿《山堂考索》云："秦置御史大夫，以贰于相。"⑨ 李华御史大夫应壁记亦云："秦官有御史大夫，在汉为三公。"⑩《通典》又云："谏议大夫，秦置，掌议论。"⑪ 亦有同一书中，同一官名之下，忽谓为周官，忽谓为秦官者，例如应劭《汉官仪》曰："侍御史，周官也。"但侍臣下又曰："侍御史，秦官也。"⑫ 大抵周秦之世，已有监察之官，至两汉乃成定制。故研究中国监察制度史者，可自两汉始。

第二节 研究之资料

马端临氏之言曰："昔夫子言夏、殷之礼，而深慨乎文献之不足徵。……生乎千百载之后，而欲尚论千百载之前，非史传之实录具存，何以稽考？儒先之绪言未远，足资讨论，虽圣人亦不能臆为之说也。"⑬ 惟我国古籍，卷帙浩繁，史册传记，铭箴奏疏，诗词歌赋，小说戏曲，官人学士之简札，名流政客之燕谈，大率有关一代政制。欲穷其业，实非易事，故研究中国历代政治制度者，选择资料，首当慎重。取舍之间，真伪系焉。陈彝氏曰："古

① 《历代职官表》卷十八。
② 《周礼·天官》。
③ 同上。
④ 《通典》卷二十四。
⑤ 《汉书·百官公卿表》。
⑥ 同上。
⑦ 同上。
⑧ 《晋书·百官志》。
⑨ 见《历代职官表》卷十八。
⑩ 同上。
⑪ 《通典》卷二十一。
⑫ 见《太平御览》卷二二七。
⑬ 《文献通考》自序。

今与废治乱之迹，莫备于史；因革损益之要，莫详于通。”[①] 可谓中肯之言。本书取材，亦多出自二十四史及九通。兹将主要研究资料，分析如下：

《史记》，汉司马迁撰，凡一百三十卷。起自黄帝，下迄汉武。历代政事、帝王、公侯、士庶，叙述周详，一目了然。有宋裴骃《集解》，唐司马贞《索隐》，张守节《正义》。

《汉书》，后汉班固撰，凡一百二十卷。固父彪以史记自太初以后，阙而不录，作后传数十篇。固又缀集所闻，以为汉书，起自高帝，终于王莽，未竟而卒。和帝诏固妹昭续成之。有唐颜师古注，清王先谦补注。

《后汉书》，宋范晔撰，凡一百二十卷。晔以前撰述东汉事者颇多，如《东观汉纪》之类，凡数十种。晔采集成书，未竟而死。梁刘昭用司马彪《续汉书》之文以成之。有唐章怀太子李贤注，清王先谦《集解》。

《通典》，唐杜佑撰，凡二百卷。上溯黄虞，下暨唐之天宝，列叙历代政制，分门别类，井井有条。佑自言“征诸人事，将施有政。”[②] 故简而有要，核而不文。

《通志》，宋郑樵撰，凡二百卷。体例与通典同。惟郑氏“主于考订，故旁及细微”[③]，D书之菁华，盖在二十略。采摭浩博，论议警关，足资考镜。

《文献通考》，宋马端临撰，凡三百四十八卷。因通典而广之，所述事迹，上承《通典》，下迄宋宁宗。

马氏自谓“自天宝以前，则增益其事迹之所未备，离析其门类之所未详，自天宝以后，至宋嘉定之末，则续而成之。”[④] 乾隆谓其“可以羽翼经史，裨益治道。”[⑤]

《西汉会要》，宋徐天麟撰，凡七十卷。仿《唐会要》之体，取汉书所载制度典章见于纪志表传者，以类柞从，分门编载。其无可隶者，以杂录附之。“经纬本末，一一犁然，其诠次极为精审，惟所采只据本史，故于汉制之见于他书者，既不采掇，未免失之于隘”[⑥] 耳。

《东汉会要》，宋徐天麟撰，凡四十卷。徐氏自谓“穷经不足以采微，嗜史乃几于成癖”[⑦]，可见其抱负之一斑。此书体例与《西汉会要》同，惟《西汉会要》不加论断，而此书则问附以案语，并杂引他人论说。

《汉旧仪》，后汉卫宏撰，原有四篇，载西京杂事，隋唐经籍艺文志，皆著《汉旧仪》四卷，原本久佚，四库著录者，乃从永乐大典抄出。乾隆三十八年，由纪昀等略加疏注，重新厘订，分为上下二卷，附以补遗一卷。马端临《经籍考》及《宋史·艺文志》亦称

① 《二十四史九通政典类要合编》序。
② 《通典》卷一。
③ 见《乾隆御制重刻通志》序。
④ 《文献通考》自序。
⑤ 见《乾隆御制重刻文献通考》序。
⑥ 引《两汉会要》提要语。
⑦ 徐天麟《东汉会要》通表。

《汉旧仪》三卷，惟马氏别题作《汉官旧仪》，故至今此书仍有二名。

《汉官仪》，后汉应劭撰，隋、唐《经籍志》有《汉官仪》十卷，书中所载，颇多可贵之资料。惟因其为佚书，难免不实之处。宋刘攽亦著有《汉官仪》三卷，采西汉官制，略同升官图法，为游戏适情之作。

《汉制考》，宋王应麟撰，凡四卷。王氏因《汉书》、《续汉书》诸志于当日制度多详于大端，略于细目，乃摭采诸家经注及说文诸书所载，钩稽拼纂，以补其遗，颇足以资考证。其中所载，虽不免千虑一失之处，然“其大致精核，具有依据，较南宋末年诸人侈空谈而鲜实征者，其分量相去远矣”①。

《太平御览》，宋李昉等撰，凡一千卷。初名《太平编类》，宋太宗日览三卷，一岁而读周，故赐今名。书中征引浩博，所载古籍佚文，多至一千六百九十余种，其有关两汉政制者，亦不下三十余种。②

《二十四史九通政典类要合编》，清黄书霖辑，凡三百二十卷。于二十四史撷其菁英，而不取謏闻杂说，于九通析其条例，而不采六书、七音、校雠、图谱诸编，断代分门，依类采辑，诚不啻为二十四史九通之橐龠也。

《历代职官表》，清纪昀等撰，凡七十二卷。书中依清朝政制，列叙历代沿革，征引甚广，间附案语，颇多独到之处。

《陔余丛考》，清赵翼辑，凡四十三卷。为赵氏读书劄记，经史子集，诗词歌赋，断然合凑，未免东鳞西爪之弊，然其特殊之见解，固亦足贵，其有关两汉政制者，散见于各卷中。

《两汉刊误补遗》，宋吴仁杰撰，凡十卷。初，刘攽作西汉刊误一卷，东汉刊误一卷，此书盖补所遗。引据赅洽，考证精确，凡邑里之差殊，姓族之异同，字书之乖讹，音训之舛逆，句读之分析，指意之穿凿，悉厘而正之。惟宋志载是书十七卷，今本仅十卷，西汉居其八，论东汉者，似已佚七卷也。

《汉官解诂》，汉王隆撰，胡广注，不分卷，解释汉时官制。《隋志》作三篇，《唐志》作三卷，《后汉书胡广传》不言此书卷数，《续汉书补注》引广注述此书始末极详。

《汉官典仪》，汉蔡质撰，杂记汉时官制及上书谒见礼式。《隋志》作《汉官典职仪式》

选用二卷，《唐志》作《汉官典仪》一卷，诸书所引，又有作汉官典职、汉官典职仪者，皆后人省文也。

《汉仪》，吴丁孚撰，一卷。《唐志》载丁孚《汉官仪式》选用一卷，与蔡质书同名，

① 引《汉制考》提要语。

② 如《史记》，《汉书》，孟康《汉书正义》，谢沈《汉书》，张烈《汉记》，《汉代故事》，《汉皇德传》，《汉官解诂》，《汉景帝通纪》，陆贾《楚汉春秋》，《汉杂事》，应劭《汉官仪》，董巴《汉中官传》，范晔《后汉书》，谢沈《后汉书》，张莹《后汉书》，《东观汉记》，《汉制度》，《汉实录》，《汉旧仪》，《汉官典职》，《汉名臣奏》，《汉武故事》，《汉武帝内传》，华峤《后汉书》，《汉世故事》，袁山松《后汉书》，袁宏《后汉记》，袁晔《献帝春秋》，司马彪《续汉书》，《续汉书礼仪志》等是，详见《太平御览》引书目。

不知

实本一书，或后人误合为一，今录成一卷，题曰："吴太史令丁孚撰"者，见《三国志·薛综传》。

《汉官》，不著撰人名氏，亦不分卷，杂记汉时官制，有类近人劄记随笔，颇有东鳞西爪之弊。

《汉州郡县吏制考》，清强汝询撰，凡二卷。此书为强民养疴之作，上卷州吏考，列举各种地方官职之沿革；下卷杂论，批评历代地方制度之得失，颇有价值。

《汉纪》，后汉荀悦撰，凡三十卷。此书约班固汉书为编年之体，盖建安中奉诏所作。词约事详，论辨多美，历代皆重其书，独顾炎武《日知录》轻诋之。

《后汉纪》，晋袁宏撰，凡三十卷。其体例全仿荀悦《汉纪》，其取材则以张璠《汉纪》为主，而以谢承以下诸家并之。

上列诸书，皆为历代通儒硕学之精心杰构，其性质虽有不同，其内容大抵可靠，以此为本文之基础，谅无空中楼阁之议。至于其他资料之性质，详见引用书目。

第三节 研究之方法

昔人之述中国历代政治制度者，研究方法，类皆缺乏科学精神，虽时有宏编巨著，然其体例，陈陈相因，鲜有创造。如《通典》、《通志》、《文献通考》等之编制方法，分类纵贯，一也。《西汉会要》、《东汉会要》、《太平御览》、《二十四史九通政典类要合编》、《历代职官表》等之编制方法，逐条引录，亦一也。窃以为居今日而言古制，非运用科学方法解剖之，整理之，归纳之，实不能窥其全貌，明其真相，广其用途。故本书所用之研究方法有二：一为历史的方法，二为归纳的方法。前者为经，后者为纬，兹分别说明如次：

（一）历史的方法　马端临有言："理乱兴衰，不相因者也。晋之得国异乎汉，隋之丧邦殊乎唐。……典章经制，实相因者也。殷因夏，周因殷。"① 各种政治制度，既各有其历史背景，故吾人研究之时，即应运用历史的方法，求其原委，观其会通，以明其嬗遁蜕变之途，所谓"由干及枝"是也。②

（二）归纳的方法　古籍中所载各种政治制度，虽屡以类相从，分门编载，然以今人之眼光视之，仍系东鳞西爪，系统紊乱。故吾人研究之时，即应运用归纳的方法，依其性质，重新编排，使古代政制，如在目前，一览无遗，所谓"由博归约"是也。③

---

① 《文献通考》自序。

② 引陈彝语，见氏《二十四史九通政典类要合编》序。

③ 同上。

第五章 结论

第一节 两汉监察制度之优点

前已言我国周秦之世已有监察之官，至两汉乃成定制。[①] 良以两汉监察制度之各方面，皆已渐臻于发育完全之境。闻者疑吾言乎？请一述两汉监察制度之优点：

（一）组织方面

（甲）两汉监察官名目繁多，人员甚伙，其重要者虽多系沿袭先秦旧制，然两汉所新置者亦复不少。且其组织严密，系统分明，上下相监临，俨然已成为一独立完整之制度。以视先秦旧制，更为完美，固不待言，即较之后世制度，亦鲜逊色。[②] 后世监察制度之演变，实以汉制为其基础，不过因时制定，略有更改而已。

（乙）两汉监察官有中央与地方之分，前者监察中央官员，后者监察州郡官员，几乎无孔不入，无微不至，即如各地驻军，各地考试，各地计簿，以及漕运诸事，亦皆有监察官监督纠察之。故以两汉疆土之广，官吏之众，鲜有作奸犯科而不身受制裁者。

（二）职权方面

（甲）两汉监察官之职权，极为广大，上自天子，下至庶人，无所不纠，无所不察，不但有弹劾官吏之权，有时且可以直接处分官吏[③]，故其弹劾案得以雷厉风行，肃清官邪，使内外百官，奉公守法，忠君爱国。两汉吏治之澄清，实利赖之。

（乙）两汉监察官之职权，颇有相当界限。如刺史察州，以六条为限，但振纲纪，不得干预治民之事。[④] 又纠察弹劾之权，惟高级监察官，如御史大夫、御史中丞、侍御史、部刺史等，如具有之。低级监察官，除刺史之部郡国从事史及司隶校尉之都官从事史外，其余皆无此权，仅掌文书杂务。可见两汉监察官之中，在职权上已有类似现今政务官与事务官之分。

（三）待遇方面

（甲）两汉监察官之地位甚高，朝廷之优待，官民之敬惮，皆足以使其发挥职能，树立强有力之监察制度。且两汉虽君主专制，但监察官之进退升降，颇有相当规律，监察官之地位，亦似有相当保障，故一般监察官尚能安心从事，尽忠职守。

---

① 参看第一章第一节。
② 参看楼钥《西汉会要》序。
③ 参看第三章第三节。
④ 参看第三章第七节。

（乙）两汉监察官之成绩优异者，既有奖赐；其溺职非法者，亦有惩戒。可见赏罚分明，劝善乐进，既可以鼓励监察官大公无私之精神，亦可以避免监察官滥用权利之流弊，故此制运用得当，必大有裨于国家政事。

总之，两汉监察制度，无论从组织方面而言，或从职权方面言，或从待遇方面言，皆足以证明其已成为一种独立完全之政治制度。且因其根基稳固，故能日趋发达，蔚为大观，诚我国政治制度史上之一大异彩也。

第二节 两汉监察制度之缺点

两汉监察制度，虽有上述之优点，然以今日之眼光论之，其可訾议之处亦复不少，兹亦分组织、职权及待遇三方面言之：

（一）组织方面 两汉监察官之组织系统，虽较先秦制度为严密完美，但仍不免有纷乱支离之弊。何以言之？盖两汉监察官，除御史大夫、御史中丞、侍御史、部刺史等属御史台外，尚有数种官吏，不属于御史台，如丞相司直属丞相，谏议大夫属光禄勋，而光禄勋为九卿之一，故谏议大夫亦属丞相府。由此可见两汉监察制度之组织，并不似现行监察制度之系统分明，因两汉为君主专制时代，官吏之归属，取决于天子之意志，且监察制度在两汉，历史尚不悠久，其不脱草创试验之色彩，亦势使然也。

（二）职权方面 两汉监察官之职掌，除纠察弹劾而外，尚有受公卿奏事权、谏诤得失权、司法权、考试权①、督兵权、外交权②等，又掌图籍秘书、刻印、厩马、护驾、护宫等杂务，颇多轶出纯粹监察权限范围之处。吾人试以今日五权分立原理论之，两汉监察制度，自非得宜。推具原故，盖亦由于两汉乃君主专制时代，监察官之权限，往往随君主之意志而伸缩，初无确切不移之界限也。③

（三）待遇方面 两汉监察官在无形之中，虽有相当保障，然究乏法律之根据。例如哀帝建平二年（西元前五年）至元寿元年（西元前二年），不满四岁，而御史大夫凡七易其人。④ 监察官之位置，既不稳定，难免“五日京兆”之心。较之现行监察制度，同违弗如⑤，即以视宋朝监察制度，亦不相类。⑥ 又两汉监察官之成绩优良者，天子每有奖赐，监

---

① 汉时孝经师监试经，亦只有监试权。但御史有选举人才之权，刺史有考殿最之权，实为两汉监察官有考试权之明证（参看第三章第九节）。

② 李恂传称恂拜侍御史，持节使幽州，宣布恩泽，慰抚北狄，实与今日之外交官无异。（参看第三章第九节）

③ 参看第三章第九节。

④ 参看第四章第一节“西汉御史大夫履历表”。

⑤ 现今监察委员之保障如下：（甲）监察委员除现行犯外，非得监察院许可，不得逮捕。（乙）监察委员除开除党籍，受刑事或惩戒处分，受禁治产宣告外，非经本人同意，不得免职、停职、转任、或罚俸。（丙）弹劾案提起惩戒机关认为不应处分，监察委员亦不负责。（参看徐式圭《中国监察史略》第十五章第二节第四款，载民国二十三年十二月《学习杂志》第十三卷第十号）。

⑥ 我国御史之任免，只由君主个人之权衡，唯宋制有御史荐由本台，不经宰辅之规定，监察官在宋时，似有法律保障。参见谢瀛洲《五权宪法下之监察制度》（载民国十九年十一月《中华法学杂志》第一卷第三号）。

察官死亡之后，天子亦每有抚恤，惟两汉对于溺职非法之监察官，除天子予以惩戒外，并无其他机关可以监督之。五权宪法下之监察制度则不然，最高监察权在国民大会，一切监察官皆应受国民大会之监察。在训政时期，最高监察权由中国国民党中央监察委员会代为行使。故现今监察委员应受国民党中央监察委员会之监察。监察院弹劾国民政府委员时，亦应将弹劾案连同证据物件，移送国民党中央监察委员会，请求惩戒。且监察委员怠工之时，立法院有提出质问之权。① 可见现行监察制度，较两汉监察制度严密多矣。

第三节 监察制度之评价

监察制度原为我国固有之古制，欧美各国，自法儒孟德斯鸠力倡三权分立之说以来，政府组织，多从其说。行政、立法、司法三种机关，截然划分，各自独立，而监察权多归之于立法机关。各国议会对行政机关有质问权与弹劾权，盖即此故。夫以监察权付诸立法机关，其潦弊显而易见。何则？立法机关既有监督行政之权，则政党之不满于现政府者，势必藉此为推翻现政府之手段。因而立法机关中之政府党与反对党互相倾轧，时有引起绝大政潮之可能。设有不幸，则整个国家难免濒于覆亡之危险。且立法机关之主要任务，原为立法定制，若立法机关兼有监察之权，则不免置其立法本职于不顾，而悉心从事于无谓之政争。今日各国立法之疏忽与草率，未始非为立法机关兼有监察权之恶果。是以中山先生斟酌古今之制。权衡中外之宜，极力主张五权制度，使考试、监察二权与行政、立法、司法三权并立，互相依辅，互相牵制。② 惟自学理上言，监察权独立行使，设有不当，亦难免流弊。马端临云："以立异为心，以利口为能，此谏官之所以使人厌也。"③ 监察官虽未必人人以立异为心，事事以利口为能，但因其握有监督弹劾之大权，一般官吏遂不免于"不求有功，但求无过"之心理。因此之故，下级官吏惟上级命令是从，往往缺乏自动创造之精神，只求在消极方面推诿本身责任，不知从积极方面增进人民福利。总之，无论任何政治制度，本无绝对的美恶，监察制度既为我国之古制，又极合乎现代民主政治之潮流，吾人苟能改良之，发扬之，光大之，使其成为一种健全完美之制度，则其造福于我国家民族者，岂可限量耶？

---

① 参看徐式圭《中国监察史略》第十五章第二节。（载民国二十三年十二月《学习杂志》第十三卷第十号）

② 参看孙中山先生民权主义第六讲。

③ 见《文献通考》卷五十。

李平心

中国民主宪政运动史

作者简介

李平心（1907—1966），江西南昌人，原名圣悦、鼎声，笔名有平心、青之、李悦、邵翰齐、万流等。1925 年就读于上海大学社会学系。1927 年肄业离校，前往浙江第六师范学校任教，同年加入中国共产党。1928 年加入太阳社。1930 年任全国苏维埃代表大会准备委员会秘书。1936 年参加中国农村经济研究会。1939—1942 年为《民族公论》、《学习半月刊》、《上海周刊》、《求知文丛》等刊物撰稿。1945 年成为中国民主促进会的发起成立人之一。1952 年受聘任华东师范大学历史系教授。1955 年被选为中国民主促进会中央理事、全国政协委员、上海史学会副会长。“文化大革命”中受迫害去世。主要著作有《中国近代史》、《中国民主宪政运动史》、《社会科学研究法》、《青年的修养和训练》、《各国革命史》、《论鲁迅思想》、《论新中国》等。

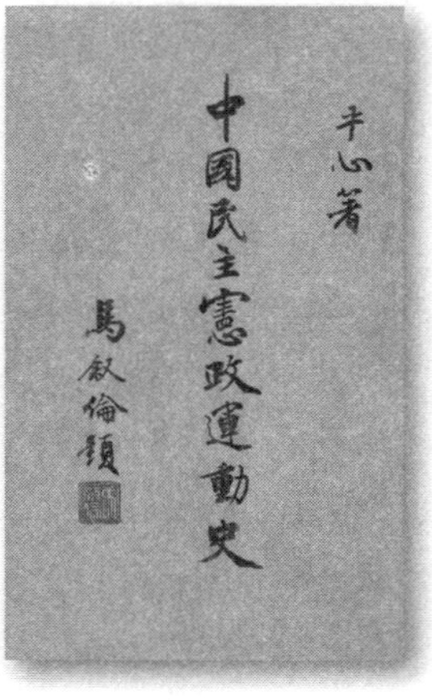

出版社：上海，进化书局。

出版年份：1947 年。

馆藏：国家图书馆中文图书基藏库。

作品简介：《中国民主宪政运动史》一书共八章：第一章为“太平天国与民主运动”；第二章为“清末的维新立宪与民主运动”；第三章为“从辛亥革命到护法战争”；第四章为“从五四运动到二七运动”；第五章为“大革命前夜的民主浪潮”；第六章为“大革命时代的民主运动”；第七章为“大革命后的政治形势与民主运动”；第八章为“抗战期间的民主运动”。

本书从辩证唯物主义和历史唯物主义的立场出发，对太平天国到抗战时期的中国民主宪政运动进行了总结和论述，与同时期研究中国宪政运动的著作多集中于制宪、立宪等国家行为相比，本书更注重一般民众在宪政运动中的影响和作用，用作者自己的话来说，就是“以人民自觉运动为中心，对于一般史书所忽视的人民政治生活史与民族觉醒史，叙述不厌求详。”此外，针对当时宪法研究多崇尚西方，乃至盲目崇拜的局面，作者还提倡不应只注重教条、引进西方理论，中国自身实际情况也必须加以重视。

作者并非法学科班出身，因此，本书中从法学角度对宪政运动的分析痕迹不深，但作者在史学上却有专长，故而，本书在史料的搜集上颇为用心，对太平天国开始到抗战时期的民主宪政运动的论述也富有条理性，在当时的宪政运动研究著作中，不失为一部具有特色的作品。(袁辉整理)

（第五章）第三节 孙中山民主主义的总结

一 孙中山的逝世

三月十二日是中国民主革命运动蒙受绝大损失的日子，伟大的中国民主运动之父孙中山在这一天停止他的最后呼吸了。这个巨人的死引起了全国革命民众的哀悼，同时也激动了全国拥护民主革命的巨潮。

世界革命民众对于孙中山寄与深沉的悼意。苏联《真理报》发表了一篇悼念孙中山先生的专论，其中说：

身为中国民族复兴的孙逸仙氏已逝世了，中国人民丧失了最伟大的领袖，千万立于死者墓前的中国民众在哀痛中将觉醒而苏生。全世界的革命群众对此积四十年经验深知非联合世界革命民众不足以救东方民族的孙氏都哀其永别，而尊之为中国国民的伟大领袖。我们对孙逸仙的死，深为震悼，低降第三国际之旗，与中国国民同深悲感。孙氏的伟大在其不断前进，百折不挠，好学不倦……孙氏在一切被压迫民族心目中永不遗忘。

在全国追悼孙中山先生的悲壮空气中，在群众间广泛地散播了民主革命的种子。从三月十二日起，全国革命民众用新的革命高潮填补孙中山逝世的巨大损失。

二 对于孙中山主义的两种不正确解说

在这里，我们必须对孙中山的民主思想作一个简明的总结。

要总结孙中山的民主思想，必须反对两种不正确倾向。

第一种不正确倾向，是把孙中山的学说与思想加以俗化，阉割其中的民主精神与革命质地。代表这种倾向的人，把孙中山的三民主义解释成为可以和帝国主义与封建守旧势力妥协的学说，或者用断章取义的方法来曲解孙中山的教义，而忽视了后者的发展性，或者只提及民族主义，而忘记了民权主义与民生主义。他们以为中国革命的最大敌人不是帝国主义与封建势力，而只是不古的人心或堕落的国民性，甚至把要求进步的人民当作敌人看待。他们又以为在争民族独立的时期，不应该而且不可能重视民权问题与民生问题，把民族主义跟民权主义、民生主义无形中隔离起来，结果是形成了所谓“一民主义”。这种倾向显然是违背孙中山的革命遗教与民主思想的。必须指出，孙中山全部的学说，就在于尊重民众的意志力量和利益。世界革命伟人列宁很早就已指出：“孙逸仙纲领的字里行间，充满着奋斗的真正的民主主义。他完全懂得仅有种族革命是不够的。他丝毫没有不问政治甚至丝毫轻视政治自由的态度，甚至于完全没有认为专制政体可以与中国的‘社会改良’及立宪改革等同时并存。这是带有共和国要求的完整的民主主义。直接提出民众生活状况问题、群众斗争问题；对劳动者及被剥削者表示热烈的同情；信赖他们的正确与他们的力量。”（《中国的民主主义与民粹主义》）值得注意的是，这位外国革命家还在辛亥革命的前夜（前引的文字写于一九一二年七月）就已看出了孙中山的三民主义的完整性（虽则当时孙中山的民族主义是以种族革命为主要内容，而民权主义与民生主义在日后还有新的发展）。后来孙中山在他的许多著作与手定政策中，更鲜明、更丰富地表现了他的民主主义精神和三民主义的完整性。他从来没有在民族主义、民权主义与民生主义之间划分阶段。反之，他坚决主张："必须把民权主义和民生主义同民族主义一样的注重。"（《十三年十二月三十日对党员演讲》）他以为在任何时期，都必须以反对帝国主义（不平等条约与帝国主义对华的侵略与压迫）与封建守旧势力（军阀、官僚的反动统治与各种政治压迫、苛捐杂税、土地独占、地租剥削等）为革命的急务。他又以为在国民争取民族自由独立的过程中，必须充分给与人民以各种民主权利，注重民生改善政策，即在他最初所划定的军政、训政时期亦莫非如此。他从来没有说过，在宪政实施以前，必须停止与限制民权，或者可以搁弃民生问题不顾，恰恰相反，从他的学说、政纲与政策中，可以看到，他是极力主张在任何革命阶段，给人民以基本自由权利的，并且执行改善民生（首先是减轻农民、劳工、贫民的苦痛）的政策的。孙中山的三民主义的完整性与民主性，正是他的全部革命学说的精髓。

第二种不正确倾向，是超越民主革命的阶段了解孙中山的学说，把它解释得同共产主义差不多。这种倾向在国民大革命时代就已经出现，到现在仍然存在。抱有这种倾向的人一部分是从"左"的立场来装饰三民主义，给它披上马克思主义的外衣。他们或者以为三民主义和共产主义（或社会主义）在基本上是完全相同的，或者以为三民主义是实现社会主义与共产主义的手段，或者以为三民主义可以改造成为社会主义与共产主义。此外还有人从右的立场，把三民主义当作中国式的共产主义——马克思主义。这些人其实不了解任何主义。必须指出，三民主义有它产生的特殊历史环境，有它一定阶段上的历史任务。它决不能同共产主义混为一谈。三民主义是在帝国主义与封建势力联合压迫的中国社会中产生和发展的，孙中山把握住了交织在中国的三大基本矛盾，提出了解决这些矛盾的基本原则，其目的就是要争取民族自由、民权平等与民生安乐，并且规定了实现这三个基本原则的方法（政纲与政策）。不错，这些原则与方法在其发展过程中，大体上是胜过了欧、美式的资产阶级的民主主义；它抛弃了旧式民主主义的许多缺点，摄取了新式民主主义的若干优点。正因为如此，三民主义在大革命时代和今天能够作为民族民主革命的共同战斗纲领，成为革命集团的公共盟约。然而不管怎样，三民主义是有它的一定的历史阶段性，它不是社会主义革命的原则，而是民主主义革命的原则。因为首先，三民主义并不主张消灭私有财产制度，实行生产资料（土地、工厂、机器、原料等等）公有制度。其次，三民主义并不主张在民主革命完成后，进入社会主义革命，建立劳工专政。第三，三民主义并不主张最后消灭阶级关系，实行社会主义与共产主义的生产与分配。第四，孙中山所领导的党——中国国民党并不是专门代表劳工阶级的政党（在改组时代，乃是各革命阶级的联盟），它也不能改变为劳工的政党。最后，孙中山的主义与政策并不是要消灭资本主义的生产方法（它只是限制资本主义的剥削），在客观上，它反而促成此种生产方法的发展。假如超越民主革命的历史任务来了解三民主义，或者把民主主义革命与社会主义革命缩为一团，那就一无是处，在事实上，是模糊了孙中山主义与马克思主义的实质。孙中山主义和马克思主义在理论上有好些根本不同点：孙中山主义的世界观与历史观是生命中心论与民生史观，而马克思主义的世界观与历史观，是辩证法唯物论与唯物史观；孙中山主义否认阶级斗争，而马克思主义则坚持阶级斗争；孙中山主义否认剩余价值学说，而马克思主义则以剩余价值说为其经济学的核心；孙中山主义主张实行社会改良，杜防社会主义革命，而马克思主义主张在民主革命任务完成之后，实行社会主义革命。因此，孙中山主义是不能与马克思主义混同的。

三 孙中山民主思想的特点

在总结孙中山的民主学说时，除了要认明它的历史性质之外，更必须研究它的基本特点。

孙中山的民主思想的第一个特点，是在于它最生动地反映历史进展的现实和革命运动的推移，不断向前发展，向前迈进，它绝不故步自封，停滞于一成不变的状态中。孙中山的民主思想经历了多次的蜕变，决不能看作什么弱点，正相反，孙中山民主主义的伟大，正在于它的内容能够不断跟着时代而丰富，而进步。在最初的时期，孙中山的民主锋芒是对准反动的满清专制，这种表现在一九〇五年的同盟会纲领中最为明显，这一期间还没有把反封建斗争跟反帝国主义斗争联结起来，还未规定民主运动的具体方法。辛亥革命以后，由于革命屡次遭受挫败的教训，由于民众革命运动的日渐兴起，同时由于世界革命运动发展的经验，孙中山深切感觉到民主运动的基础与范围有更加扩大的必要，民主政策有重新规定的必要，因此他的学说在五四以后遂有更进一步的发展。这种发展最初开始于孙中山关于革命方略的自我检讨（在五四以后，我们可以从孙先生的著作与演讲中找到不少重新检讨和批判过去革命策略的话，本书前面引证了不少。读了此类文献，谁都会看出孙中山勇于自省的伟大气概），在国民党改组时期达到了成熟的阶段。国民党改组不仅使中国革命联盟获得了新的生命，同时也使三民主义添加了新的内容。首先，三民主义和三大政策取得了有机的联结，从此，三民主义不论在理论上和实践上，都渗透着参加世界革命、坚持协同战线和重视农工利益的新战斗精神。一切改良主义的空想（如立宪派、联省自治派、和平会议派、商人政府派的政治主张）都一一被清算了，民主运动由是走向了彻底的群众革命。其次，民族主义有了新的发展，在辛亥革命时代，民族主义基本上是以“驱除鞑虏，恢复中华”（即反满兴汉）的种族革命为内容。在反袁革命时代，由国民党改编的中华革命党以推倒袁世凯独裁为目的，专取民权主义与民生主义，民族主义未列入纲领。及至护法之役屡经失败，孙中山看清了帝国主义是中国革命的大敌（他曾在一篇题为《中国内乱之原因》的演讲中说：“因为军阀背后，有帝国主义援助……所以革命十三年，至今还不能成功。”又说：“要军阀绝种，便要打破串通军阀来作恶的帝国主义。”）。在国民党改组时代，孙中山更把反帝国主义规定为民族主义的主要内容。同时对内的民族政策，也重新确定了各民族自由平等与自由联合的原则。再次，民权主义也有了新的发展。在辛亥革命时代，提出了“建立民国”的口号，规定“凡为国民，皆平等，以有参政权；大总统由国民共举，议会由国民公举之议员构成之，制定中华民国宪法”。当时的民主革命显然是以建立欧、美式的代议制度与民主宪政为目的。辛亥革命以后，孙中山日益认识了欧、美式的民权制度包含了许多重大缺点。在民国八年著作的《建国方略》中，已证明规定了四种直接民权（选举、罢免、创制、复决四权）。到了国民党改组时代，更规定了“实行普通选举，废除以资产为标准之阶级选举”，“确定人民有集会、结社、言论、出版、居住、信仰之完全自由权”，“助进女权之发展”。最后，民生主义也有了新的发展。在同盟会时代，曾把“平均地权”列为革命纲领之一，规定“改良社会经济组织，核定天下地价，其现有之地价，仍属原主所有，其革命后社会改良进步之增价，则归于国家，为国民所共享”。后来孙中山看到了劳资问题日趋严重，深觉改善劳工生活地位的重要，所以主张“图工人经济生活之安全幸福”（《民国八年与戴季陶谈话》）。在国民党改组时代，孙中山更具体地提出了“耕者有其田”的原则，提出了“制定劳工法，以改良劳工之生活状况”，而平均地权与节制资本的办法，也有明确的、具体的规定。所有这些，都是三民主义不断向前发展的明证。

孙中山的民主主义的第二个特点，是能够切实反映人民大众的真实意志和具体要求。它决不是像欧、美的议会主义，单单代表少数人的利益的；它所注重的，是如何使绝大多数民众经过革命的实际训练来操持和运用政权。它不但坚持广大生产大众是民主革命的主力军，而且主张实现真正的全民政治，解决民生问题（首先是土地问题与劳工问题），以便肃清帝国主义与封建势力的反动统治，完成民主国家的政治建设。正如伊理奇所说，孙中山是“对勤劳大众及被压迫大众寄与热烈的同情，信赖他们的正确与他们的力量”。他严厉批判了欧、美资本主义国家的民主制度——议会制度，说：

现行代议制已成民权之弩末，阶级选举，易为少数所操纵。

欧、美平等的流弊，究竟是怎样呢？简单说来，就是他们把平等两字认得太呆了。欧、美争得平等以后，为什么缘故还要发生流弊呢？就是由于民权没有充分发达，所以自由平等还不能够向正轨道走去。

法国、美国现在还是革命，我们就全学到了欧、美到了百年之后，一定也是免不了要再起革命的。……我们提倡革命。决不能够学到了现在的欧、美（指欧、美资本主义民主国家）就算止境。

我们所主张的民权……不是要学欧美，步他们的后尘，是用我们的民权主义把中国改造成一个全民政治的民国，要驾乎欧、美之上。

这些话都充分证明孙中山是反对抄袭资本主义的民主制度的，他主张一切人民应当充分享受平等的民主权利，即“人之平等，同为一族，绝不能以少数人压迫多数人”。他重视农民和工人的生活利益、革命力量与政治地位。这不但由他手定的扶植农工政策可以看出来，而且可以从他的言论中看出来。

关于改善农工生活，孙中山说过下面的话：

农民问题的完全解决，是要耕者有其田。农民应该是为自己耕田，耕出来的农品，要归自己所有。

国民党之主张，则以为农民缺乏田地，沦为佃户者，国家当给以土地，资其耕作。

要耕者有其田，才算是彻底的革命。如果耕者没有田地，每年还是要纳田租，那还不是彻底的革命。

工人之失业者，国家当为之谋救济之道，尤当为之制定劳工法，以改良工人之生活。

使工人阶级之生活状况得因团结力之增长，有改善之机会。

关于发挥农工革命力量，孙中山说过下面的话：

农民是我们中国人民之中的最大多数，如果农民不来参加革命，就是我们的革命没有基础。国民党这次改组，要加入农民运动，就是要由农民来做基础。

要一般农民都有新思想，都能够自己来救自己的痛苦。

工人既有了团体……便可以做全国的指导，作国民的先锋，做最前的阵线上去奋斗。

要除去这些弊端，便要工人同农民合作。

孙中山所主张的“全民政治”，就是以大多数人的利益与力量做基础的民主政治。这种全民政治，并非无条件地允许一切人参加政治。他以为民权只能为拥护民国的民众所掌握，而不能“轻授此权于反对民国之人，使得藉以破坏民国。详言之，则凡真正反对帝国主义之个人及团体均得享有一切自由及权利，而凡卖国罔民以效忠于帝国主义及军阀者，无论是为团体或个人，皆不得享有此项自由与权利”。这种剥削“卖国罔民者”的自由与权利的主张正是和全民民主的原则相符合的。

孙中山的民主主义的第三个特点，就是它不断与革命的联合战线原则结合，而这正是和上一个特点相关联的。正因为它重视群众的力量和利益，所以必然要把团结广大群众力量作为争取民主的出发点。孙中山感觉到中国民族的最大劣点之一，就是缺乏团结，到处呈现一盘散沙状态，这不论在进行革命运动上，在建立民主国家上，都是一个非克服不可的缺陷。他从血的教训中，认识了革命失败的根本原因，在于没有很好的革命团结。他曾指出辛亥革命和二次革命之所以被袁世凯打败，是由于“袁世凯有很坚固的团体，而革命党是一片散沙”。在他的全部革命生涯中，没有一个时刻不是为团结广大群众力量而奋斗，为运用革命联合战线而活动。在清末革命时代，他把联合会党作为团结民主革命力量的主要方法。在民国时代，他不断联合一切反北洋军阀的力量，来进行护法运动。后来他深深感觉到军阀、官僚、政客的不可靠，就决定了他的联合农工的政策。孙中山深信只有依托全国民众的联合力量，才可以战胜外敌与内贼，才可以创造民众自己的国家。他说：

当时革命党……只由各人的良心所驱使……各自为战。没有集合，没有纪律……这就是我们的革命仍然是失败。

……群力是很大的，因为中国的事业太大，要用四万万人的力，才容易做成功。……我们求中国进步，造成一个极合三民主义、五权宪法的国家，非用群力不可。要用群力，便是合群策群力，大家去奋斗。

他主张召集国民会议目的，就在于“与国民结合，以速国民革命之进行”。但是他并不以为国民会议可以一蹴而成，而坚决认定："要国民会议开得成，根本上还是要全体国民一致去力争"。他深信对抗反革命军阀的最好方法，是"大家组织团体，组织大机关，来对武人讲话"。要使国民会议能够具有"大力量"，"必须全国有组织的团体一齐加入"。他尤其深信农工力量的联合，乃是民主革命最主要的基础。

孙中山的民主主义的第四个特点，是他坚决主张由人民直接管理国家，这就是要建立以人民意志为依归的民主共和国，而废除一切独裁制度，确定直接的民权。全部民权主义的基本精神，就是要实现人民由过去的奴隶地位进到民国的主人地位。关于这种政治思想最生动地渗透在他的全部革命学说与革命实践中。他说：

我们要想是真正以人民为主，造成一个驾乎万国之上的国家，必须要国家的政治做成"全民政治"。……真正的"全民政治"，必须先要有民治，然后才能够真是民有，真是民享。

要把全国的主权都放在本族人民手中，一国的政令都要人民所出；所得的国家利益，由人民共享。

既曰民权国，则宜为四万万人民共治之国家。治之之法，即在予人民以完全之政治上权力。

现在的中华民国，还是官治、武人治，不是民治……所以我现在相信建设民国，不是完全从上面可以做得到的。以后要建设民国，还是要从下面做起来。

民权便是人民管理政治。……今日我们主张民权，是要把政权放在人民掌握之中。

人民有了大权，政府不能做工夫；要做什么样的工夫，都要随人民的志愿。就是政府有了大权，一经发动之后，可以发生很大的力量。人民随时要他停止，他便要停止。总而言之，人民真有直接管理政府之权，便要政府的动作随时受人民的指挥。

要人民有充分的政权，可以直接去管理国家事。

民权主义就是要拿本国的政治，弄成到大家在政治上有一个平等地位，以民为主，拿民来治国家。

要人民有直接管理政府之权。

国家是人人都有份的，好像一个大公司，人民便是股东。中华民国是四万万人的大公司，大家都是股东，你我也是股东，这才是真民国。

但是怎样才能做到人民直接管理国家呢？孙中山指出了，必须由人民行使直接民权，这就是：选举权、罢免权、复决权与创制权。

直接民权的第一个是选举权，人民得到了直接选举权，还要有罢官权。凡一切重要官吏，要人民有权可以选举，官吏不好的，人民也有权可以罢免。国家除了官吏之外，次重要的是法律。人民要有权订定法律，如果法律有不便的时候，也要自己可以修改废止。这种修改废止的权，叫做"复决权"。人民订定法律之权，叫做"创制权"。所以直接民权一共有四种，叫做选举权、罢免权、复决权和创制权。这四种民权是具体的民权。像这样具体的民权。才是真正的民权主义。

关于选举权，孙中山是坚持普选制度，即“废除以资产为标准的阶级选举”。实行普通的平等选举。

当然，除了直接民权而外，孙中山并不忽视人民的基本自由权利。他以为实现民主政治的先决条件与基本条件，便是人民的正当自由——言论、出版、集会、结社、信仰等自由应得到充分的保障。

在孙中山所理想的民主制度之下，不但人民可以充分运用直接民权，管理国家，而且可以操持国家的武力，以保卫国家。在《北上宣言》中，他曾明白指出：

第一步使武力与国民相结合，第二步使武力为国民之武力。

在另一处又说：

吾人在南方，至少有爱国军队十五师，专候国民之指挥。

最后，特别值得注意的是，孙中山所主张的直接民主制度，是以民选的国民大会为人民最高政权机关。他在《建国大纲》中规定：

宪法经颁布之后，中央统治权则归于国民大会行使之。

显然，国民大会是与欧、美式的国会不同的。它是由普选制度产生而代表全国人民行使中央统治权之政权机关。

孙中山的民主思想的第五个特点，就是愈到后来，愈是重视人民的主动力量和政治觉悟，他并不把民主政治看做由少数特权者赐与人民的东西；而认为要实现真正的民主政治，首先就必须由人民广泛地动员起来，争取自己的民主权力。从多次革命的实际教训中，孙中山日益认清了，过去革命失败最大的原因，是没有使广大群众在有组织的动员中，反对帝国主义与军阀。仅仅依靠武力斗争与护法斗争，不足以遏制反革命势力的凶焰。他在国民党改组以后，非常明确地指示出群众的自觉力量与民主要求极端重要。关于这一点，可以从他的著作与演讲中，引证不少遗教：

民权就是人民的政治力量。

政纲既是依人民的要求来规定的，人民今年有什么要求，我们便要规定一种什么政纲；如果人民明年有别种要求，我们的政纲，便要依他们的新要求重新去规定。

帝国主义之援助，终不敌国民之觉悟。

使国民能自选择其需要。

现在中国既是定名为民国，总要以人民为主，要让人民来讲话。

吾人之要求，则在于全体平民自己组织政府，以代表全体平民之利益。

……宪法之所以能有效力，全在恃民众之拥护，假使只有白纸黑字之宪法，决不能保证民权，俾不受军阀之摧残。……故知推行宪法之先决问题，首在民众之能拥护宪法与否。舍本求末，无有是处。不特此也，民众果无组织，虽有宪法，即民众自身亦不能运用之。

孙中山主张民主政治要建筑在人民的自觉力量上，这种自觉力量必须包括极广大的革命群众在内。他重视妇女与男子的平等地位，认为要发展民主革命，不能忽视全国一半人口的自觉力量。他说：

从光复以后，成立了中华民国，这个国家便是我们的国家，当中的国民有四万万，一半是男人，一半是女人，就是四万万人之中，有二万万是女人。从前满人做中国皇帝的时候，不但是女子不能过问国事，就是男子对于国事也不能过问。经过革命以后，才大家有份，大家都可以过问国事。

我们主张民权革命，便……要政治上人人都是平等，就是男女也要平等，所以我们革命之后，便实行男女平权。

在国民党政纲里更明确地规定：

于法律上、经济上、教育上、社会上，确认男女平等之原则，助进女权之发展。

正因为孙中山主张民主政治要由人民自觉地，主动地建立起来，所以他最后号召国民会议，坚持由人民团体自己选举代表在国民会议中解决国是问题，使国民会议成为真正的民意机关，而反对段祺瑞所主张的由政府指派的少数人包办的善后会议。（参阅本节前段）

孙中山的民主思想有其历史的限制性，把它加以硬化，不是求真理，争民主的中国战斗儿女所应有的态度。发展它的战斗性、进步性与积极性，这才是我们应有的革命精神。

陈茹玄

增订中国宪法史

作者简介

陈茹玄（1895—1955），字逸凡，广东兴宁人。1912 年考取省官费派赴美国留学，进入伊利诺伊大学攻读政法学，后又入哥伦比亚大学攻读宪法及国际法，获得法学硕士学位，曾在美国联邦法院任职，并主持出版了美洲《少年中国》、《民气周刊》等刊物。1921 年回国后，出任上海全国总商会月报编辑，兼《政学丛刊》总编辑，曾为北京师范大学、法政大学、东南大学、上海光华大学、大夏大学教授，并在 1924 年担任东南大学代理校长。此外，还曾担任国民政府建设委员会秘书长、立法院立法委员及工程委员会代理主任委员等职。主要著作有《民国宪法及政治史》、《中国宪法史》等。

出版社：上海，世界书局。

出版年份：1947 年。

馆藏：国家图书馆中文图书基藏库。

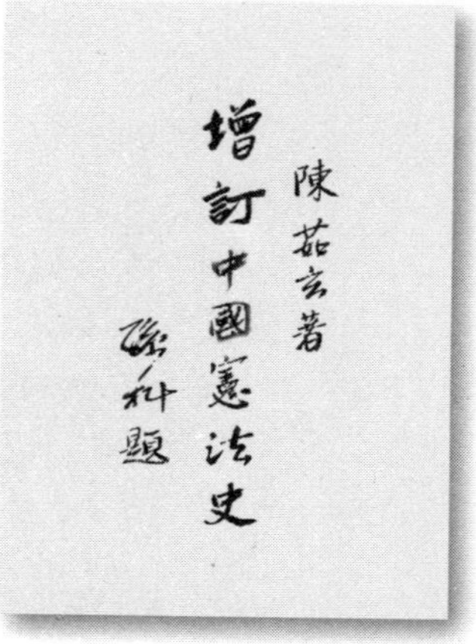

作品简介：《增订中国宪法史》一书，由上海世界书局于 1947 年出版，是在作者 1933 年出版的《中国宪法史》的基础上修订而成的。全书共十七章，另有附录。第一章为“总论”，阐明宪法定义和中国为何需要宪法。之后的十六章是按照时间顺序撰写的，分别为“清季之法治运动”、“中华民国临时政府之组织法”、“临时约法时期”、“天坛宪法草案”、“袁世凯之新约法”、“新约法之施行与帝制运动之继起”、“临时约法复活时期”、“南北两政府之对峙与新旧国会之议宪”、“省宪运动之勃兴及其结果”、“国会第二次之恢复与曹锟宪法之完成”、“临时执政府之组织及其制宪工作”、“军政时期之根本组织法”、“训政时期之五权制度及约法之完成”、“宪政之预备及宪法草案之完成”、“抗战期中之宪政运动及各方对于宪草之意见”、“宪法之完成及其实施”。附录部分则收录了民国以来包括临时约法在内的大量宪法性法律法规。

本书以时间为线索，以事件为主轴，总体上对清末至民国的宪政运动进行了一番梳理。由于作者对宪法有精深研究，并且有大量的立法实践经验，尤其是对于南京国民政府建立后的宪政运动，作为亲历者，掌握着大量难得的第一手材料，再加上作者又曾从事新闻出版工作，故而，其在论述各个时期宪政运动时，既能抓住争论的核心问题，又能披露诸多可靠资料，使得本书既有翔实史料，又不乏理论深度，成为民国时期宪政研究的一部佳作。

而且，作者虽然投身仕途，但并不失学人风范，本书中，他曾在论及国民政府组织法时，直言不讳地指出“国民政府之组织，非合议制，实大近独裁制”，在当时可谓是振聋发聩，这种学术独立精神的彰显，无疑进一步提升了本书的学术价值。（袁辉整理）

第十四章　训政时期之五权制度及约法之完成

第一节　试行五权制度之国民政府组织法

十七年秋，北伐成功，军事暂告结束。胡汉民、孙科提议改订五院制之《国民政府组织法》，以为训政楷模。九月间国府主席蒋中正邀同党中领袖讨论；并推定胡汉民、戴传贤、王宠惠起草。是月二十三日初稿成，计四十九条，二十六日该草案提出中央政治会议审查修正后，报告于中央执行委员会，经中委会常务会议议决通过，交由国民政府于十月八日公布。[①] 同时由中常会通过极重要之《训政纲领》六条，以为该组织法之依据。其大致如下：（一）中华民国于训政期间由国民党全国代表大会代表国民大会，领导国民行使政权。（二）国民党全国代表大会闭会时，以政权付托中央执行委员会执行之。（三）依照总理《建国大纲》所定选举、罢免、复决、创制四种政权，应训练国民逐渐推行，以立宪政之基础。（四）治权之行政、立法、司法、考试、监察五项，付托于国民政府总揽而执行之，以立宪政时期民选政府之基础。（五）指导、监督国民政府重大国务之施行，由国民党中央执行委员会政治会议行之。（六）《国民政府组织法》之修正及解释，由中央执行委员会政治会议议决行之。[②] 至是中央政治会议，为一切重要政令之策源地。其位置之高，权力之大，较诸前此益见增加矣。[③] 该组织法共分七章，凡四十八条。开端引言称："国民党本革命之三民主义、五权宪法，建设中华民国；已用兵力扫除障碍，由军政时期入于训政时期；允宜建立五权之规模，训练人民行使政权之能力，以期促进宪政，奉政权于国民。谨本历史上所授予本党指导监督政府之职责，制定《国民政府组织法》颁布之。"云云。可见本法为试行五权制度，于训政时期预备入宪政时期之过渡法也。时第一章第一条，即规定"国民政府总揽中华民国之治权"。根据中山遗教，明政权与治权之分。政权为人民行使之四权，即创制、罢免、复决、选举等权是也。治权为政府管理公务之五权，即行政、立法、司法、考试、监察等权是也。第五条"国民政府以行政院、立法院、司法院、考试院、监察院五院组织之。"所以确定五院平衡之地位，而树五权独立之基础也。五院之上，仍设国民政府；主席委员一人，委员十二人至十六人。而五院院长及副院长俱由国府委员兼任。所谓"分之则为五院，合之则为国民政府"也。国民政府主席，代表政府接见外使，兼任中华民国陆海空军总司令。凡法律命令，经国务会议（由国府委员组成）议决，俱由国府主席及五院院长署名公布或发布之。根据此法，则国民政府为联络五院，总持全局，解决冲突，和融意见之枢机，国府无常务委员之设置，主席兼陆海空军总司令，负有政治责任。

---

① 见十八年三月政治总报告。

② 本纲领于十八年三月十九日由第三次全国代表大会追认。

③ 参看十九年七月《中国国民党现行党务法规辑要》第一项三五～三九页。

十七年十一月复将国民政府军事委员会、国民革命军总司令部及海军总司令部，分别裁撤；以其事权分配于军政部、参谋本部及训练总监部三部。其中除军政部属于行政院外，余二部均直隶国民政府；由国府主席以总司令名义直接指挥者也。① 则国府主席之军权，非如欧、美共和国总统徒拥大元帅之虚名者所可比拟。故蒋中正依此法出任国府主席三年，其威权之重，可谓超过普通总统制国家之元首，与前此之组织法规定一切政务，均由“国民政府委员”或“常务委员”处理时之主席，权势之大小，相去远矣，至于五院，各设院长，以总其成原有部会均按其性质，分隶各院。所有部会长官，均由所隶院院长提请国府任免。惟立法委员及监察委员，则虽由各该院长提请国府任命，而因有法定任期，非届期满，或经弹劾手续，不能中途更动也。各院组织法，均另以法律规定，以便随时伸缩。根据十七年十月八日政治会议所通过之各院组织法，则行政院之规模，最为宏大，举凡内政、外交、军政、财政、农矿、工商、教育、交通、铁道、卫生各部及建设，蒙藏、侨务、劳工、禁烟各委员会均属焉。② 立法院则设委员四十九人至九十九人，任期二年。委员不出于选举，而由院长提请国府任命且弹劾权已移归监察院，其异于普通国会者在是。至于对于法律、预算、大赦、宣战、媾和、条约等案之议决权，则完全存在；是其与前此之法制局，则又根本不同矣。惟中央政治会议于十七年十一月复有“立法院为全国立法之总汇机关；举凡立法事项，均应归其厘订。嗣后关于立法原则，应先经政治会议议决，而法规之条文，则由立法院依据原则起草订定”之议决。③ 据此，则立法院之立法权，实受中央政治会议直接之裁制，远不若欧、美各国议院之立法权也。司法院内设司法行政部、最高法院、行政法院及官吏惩戒委员会四机关。除司法、行政部及最高法院为原有机关改隶外④，行政法院则至二十一年十一月始将组织法公布，二十二年六月始规定经费，组织完成。而官吏惩戒委员会则嗣后改为公务员惩戒委员会，至民国二十一年一月始行成立焉。⑤ 以上三院，均于本法公布后同时成立；其组织较后者，则为考试、监察两院。按组织法，考试院设铨叙部及考选委员会二机关。前者掌理公务员资格审查，成绩考核，及升降任免之登记各事。后者掌理官吏公务员及专门技术人员之考选及考试之举行等事。考试院自十七年十月院长戴传贤就职后，直至十九年一月始正式成立。二十年七月开始举行高等考试焉。监察院最要职权，为弹劾及审计二种。关于弹劾，则设监察委员十九人至二十九人。委员可单独提出弹劾案⑥，且可不负失察责任。监察委员任期未有规定；惟有不尽职者，立法院得向监察院提出质问；同时监察委员亦可互相弹劾。至关于审计则设审计部以审核国民政府及各省、各

① 参看十八年《第三次全国代表大会军事报告》八一～八六页及《国民会议实录》附《政治总报告》五九页关于军政项。

② 建委会至二十年又改隶国府。

③ 见十八年《政治总报告》立法程序之变迁。

④ 司法行政部至二十年末又改隶行政院。

⑤ 审判公务员关于执行职务所发生之不法行为。其权限与监察院不发生冲突，盖监院止于弹劾也。

⑥ 经三委员审查，多数认为应付惩戒时，该院即将被弹劾人移付惩戒委员会（见《监察院组织法》第六条）。

特别市政府岁出岁入之决算，及国府所属各机关每月之收支事项。《监察院组织法》颁布后，以人选迭更，迄未完全成立；直至十九年第三届四中全会乃复选任于右任为院长，克期组织，至二十年二月二日始正式成立。原有之审计院依法改部，隶属于该院焉。[①] 试行五院制之《国府组织法》公布之后，直至二十年五月国民会议召集之时，中间行政系统，屡有变更。如十八年三月第三届一中全会议决，将行政院之侨务委员会，收归中央党部办理。[②] 又以海军关系国防，特设专部管理。劳工委员会，则迄未成立，关于劳工行政，划归实业部劳工司掌理。十九年十一月四中全会"为减少机关，以期工作紧张，并划清权限，确定责任计"，将农矿、工商两部合并为实业部，卫生部并入内政部，建设委员会直隶国府。又将《国府组织法》第十一条及以下各条所有之"国务会议"改为"国民政府会议"；而行政院之会议，则改称"国务会议"；俾"行政院所属各部会长官皆对政府直接负责，以谋各部会间密切以联系，提高行政效率"云。[③]

第二节 五权组织法之实际运用

总上述五院组织之大体观之，委员制度之在此五权制度之新组织法中，可谓已无存留余地。国务会议虽由若干之委员组成，然无常务委员以分其柄，大权实中集于主席，政治军事实际上均由主席握其纲领，非若前此之国府委员会主席仅为会议时之主席，其职权与他委员等者也。故国民政府之组织，非合议制，实大近独裁制也，五院院长虽与国府主席同为中央执行委员会所选任，然其法律地位，究次于国府主席。行政院虽有军政部，然其所掌，不过全国陆海空军之行政事宜而已。至国防用兵事宜，则归参谋本部掌管。全国军队及所辖军校教育，并国民军事教育事宜，则归训练总监部掌管。此二部者，皆直隶国民政府，实际受主席之直接指挥。又设军事参议院，为军事建议最高机关，以备主席咨询。行政院为五院最重要之院，其实权已常操于主席，他院更无论矣。此所谓"合议其形式而独裁其精神者"也。各院均采首领制，由院长负责主持，所有院中各部会主管人员，事实上俱可由院长任免；故各院本身之组织，已无委员制度之遗痕。各院所属，虽仍会统称委员会之机关，如蒙藏委员会，侨务委员会等，然皆续渐改常务委员制为委员长制；机关内一切用人行举，均以委员长之决定行之，其他委员俱挂名不预事者，故虽名为委员会，而其权责实已总汇于首领一人。是故新组织法中之最足令人注意者，厥为去委员制，而行首领制。盖因数年来国民政府饱经内忧，始渐觉委员制度之不适于政治，至此而求改辙焉。又根据本法各院虽在其本身范围之职务称为"最高机关"，然亦多互相关系之处。如各院均有于主管事项提出法律案或议案于立法院之权；而立法院对行政院预算、宣战、媾和、条

① 见二十年十月十六日监察院呈国府转提四全大会文。

② 至二十一年又改归行政院。

③ 见《国民会议实录》附《国民政府政治总报告》第一编关于行政事项。及中央执行委员会秘书处编印之《第三届中央执行委员会第四次全体会议纪录》所载"刷新政治案"。又四中全会开会时适行政院长谭延闿病故，乃推由国府主席蒋中正兼任。

约、大赦各案有议决权；监察院对于各院官吏均有弹劾权；司法院对于各院公务人员于职务上发生不法行为者，有惩戒权；立法院对于监察委员有不尽职时，有提出质问权。[1] 此类规定，皆于平等独立原则之下以求联络接应之效者也。而国民政府又为各院之总汇焉。又各院法律上虽同为平等最高之机关，而事实上因职务之繁简不同，权力范围之广狭亦异，而政治重心，往往聚于权力较大之院如行政院者。至如考试、监察等院，在政治上力量依然甚微。复次本法虽较前此之国府组织法为详。然全文七章四十八条，除第一章规定国民政府职权纲要，及第七章为附则外，其余五章，分配五院，每院一章。规定各院主要之组织及职权，至于人民权利义务，国民生计，地方制度等问题，均付阙如。故亦仅为宪法之一部分。质言之，即最高政府组织法而已，不能视为具体之宪法也。至十八年六月第三届二中全会通过治权行使规律案俾各院认明权限，无相侵越。内容大致如下：（一）一切法律案、财政案、条约案，或其他国际协定案，非经立法院议决，不得成立。其有未经该院议决，而公布施行者，公布施行机关以越权论。倘立法院不提出质询，以废职论。（二）人民生命、身体、财产之自由，皆受法律保障；倘有未经合法程序而剥夺之者，以越权论。司法院不提出质询，以废职论。（三）在考试院、监察院成立以后（此时尚未完全成立），一切公务人员之考试权及弹劾权，均属各该院。其有不遵考试院所定办法而行使考试权；或不经监察院而攻讦公务人员，或受理此项攻讦者；以越权论。考试院及监察院不提出质询者，以废职论。是则以五院制试行之始，难免事权冲突，或界限不清之处，该规律目的在于救济此种弊端者也。

第三节　扩大会议之约法草案

自十七年《国府组织法》完全改定之后，中央政治有渐趋独裁之倾向。民党一部分党员，表示不满。十九年秋，乃借阎冯，以“护党救国”名义，相率聚会北平，另行召集中央执行委员会扩大会议。凡国民党第一、二、三届中央委员均得与会。彼等以南京国民政府“不能遵从总理之遗教，训政虽号称开始，约法迄未颁布；托训政之名，行专制之实。”故“中央党部扩大会议”成立之始，即以制定约法，为当前急务……使人民得有行使直接民权之根据。[2] 该会即于同年九月推定中央委员九人，及聘请若干法学专家，共同组织约法起草委员会。旋因张学良进兵平、津，约法起草委员会复随扩大会议自北平移驻太原。至十月二十七日，草案完成，即行公布；而扩大会议亦遂闭幕焉。此项草案，全部分八章，二百一十一条。本总理《建国大纲》之精神，立训政时期根本大法之骨干。虽以扩大会议之失败，而不克实现。然其草案，固有足称述者。该草案第一章全录孙文《建国大纲》二十五条为总冒，以明建设之程序，及国民政府之职责。第二章为人民之自由权利义务。关于义务，仅列纳税、服兵役、及服公务三条。而自由权利，则有二十五条。除创制、复决、

① 见《监察院组织法》第十一条。

② 见该会议中央党部发表《约法草案宣言》。

选举、罢免及请愿、诉讼、受教育、应考试、任公职等权，规定“依法律”行使外，余如身体、财产、居住、集会、结社、言论、信教、择业、通信秘密等自由，虽非绝对不受法律限制，然亦明定法律所能裁制及干涉之范围，不以空洞之“依法律”三字了之。如第三十三条：“人民之居住，非有犯罪嫌疑或证据，经有该管官署负责之声明，不得侵入或搜查”，是已确定受搜查之范围，非若“人民之居住，非依法律不受搜查”者之空泛。又如第三十五条“人民有集会之自由。……如无携带武器，或直接扰乱社会秩序情事时，不得干涉。”亦非若“人民有集会之自由，非依法律不受干涉”者之不着边际，而易滋流弊。此则不能不谓为该法精心独到之处焉。然此种个人自由权利之规定，与孙文三民主义中之民权理论，不无抵触之处，当于次篇论及之。第三章为国权。列举“由国家立法并执行”之权，如外交、国防、关税、币制等十七项，及“由国家立法并执行或委任地方执行”之权，如教育、监狱、刑、民、商、事之法律等十五项。并于第五十九条明白规定，“凡事权不归于国家者，均为地方之事权”。是中央之权，采列举主义；地方之权，采概括主义。大类乎美、德联邦宪法之分权原则者也，且根据此条，则中央与地方权力之范围，均为约法所规定；地方之权，不受自中央政府，而受自国家之根本法，亦深含联邦宪法之精神矣。第四章中央制度，宣言：“未达到宪政开始时期，国民政府组织委员会处理国务”，而国府委员会，则以委员七人至十一人组成；并推定其中一人为主席。国府不设五院，而直接管辖各部。每部设部长一人，由国民政府任命之。“各部部长，得列席国民政府委员会会议”。可见其并不能由国府委员兼任，此则与前此之国府组织法，均互有出入之处者也。在本章中，更有全国国民代表会之规定；代表由县民直接选举。惟未达宪政时期。该会仅“为国民政府之咨询及建议机关”，未能代表人民行使四权；盖用意在训政时期，予人民以政治训练之机会耳，此外更将宪政开始时期之五院组织大纲及国民会议职权，预为简明之规定；并申明“国民政府以总统督率五院，处理国务”（第八十四条）。至总统及五院院长之产生方法，则付阙如。若谓可依照《建国大纲》中所谓“国民依宪法行全国大选举”之一条而产生，则该条之所谓“选举”，乃指在宪法颁布之后，而非谓宪法未颁以前应先行大选也。《建国大纲》第二十一条所谓“宪法未颁布以前，各院院长皆归总统任免。”则在宪政开始之后，宪法未颁布以前之总统如何选出诚不能不令人怀疑，而视为该草案之缺憾者也。第五章地方制度规定宪政开始时期当实行省长制，并于一百四十四条规定省政府之职权；而其组织，则由省宪决定。至省宪之议定，及省长之选举，则均归权于“省国民代表会”焉。惟在训政时期，省政府仍由中央任命委员七人至九人组织之。并指定其中一人为主席，关于县制，亦有详细条文。在训政时期，各县县长由省政府任命；惟同时各县应组织县自治筹备会，以县长为主席，执行《建国大纲》第八条所规定之筹备事项。筹备完毕，即报告省府，依法选举县长，县议会议员，及县监察委员。[①] 第六章教育，采用强迫普及制度，凡“及学龄之男女，至少使受六年之基本教育”，不收学费、衣、食、书籍、学费，当以由学校供给为

① 县政府及县议会职权，均详细列举。

原则。设立教育会议，由政府暨教育会，学术团体，共同组织，建议关于教育之立法、行政等事项。第七章生计，以保护劳工，节制资本为原则。私人营业利益，应资劳两方，公平分配，营业有独占性者，应受政府之限制，或备价收归公营。他如重利借贷之禁止，财产继承之课税等，均有明白之规定。又设经济委员会，合政府、劳、资三方代表组成，为政府咨询及建议机关焉。第八章附则，规定约法之效力，高于其他普通法律约法之解释，则由中央监察院及最高法院共同组织委员会行之，以监察院院长为主席，最高法院院长为副主席。又约法须经国民会议议决施行，其修改权，亦操之国民会议，非党内机关之所能单独行使者也。

第四节　国民会议召集之决定

自十九年阎、冯之变，益以扩大会议之反对独裁，主张重开第三次全国代表大会①，并召集国民会议，制定训政约法，一时风云四起，中央虽赖军事力量，削平大难；然痛定思痛，为党内意见之调和，恢复元气计，党中领袖渐多同情于约法之制定者；而群众知识阶级方面，亦多以约法未立，民权无所保障为词以批评当时之政府者。故十九年十月三日主席蒋中正于军事结束之际，自郑州电请中委会“确定召集国民会议之议案，颁布宪法之时期，及制定在宪法颁布以前训政时期适用之约法”，以“副全国人民之期望”②。同年十一月，蒋主席遂于中央第三届第四次全体大会开会时，提出召集国民会议之议案。略谓：“此次讨逆之战，实为全国永久和平与真正统一之基础。亟当于讨逆军事结束之际，确定召集国民会议之时期，以副全国人民之期望，本党遵奉总理遗教，负民国建国之重任。民国人民应行使之政权，由本党代理而行使之，以期保育民国之健全发育，不为专制余孽之所害毒。在训政开始之时，一切建国根本问题，应与国民共约，乃得齐一全国国民之心志，集中全国国民之能力，以立民有、民治、民享之基，而明本党执政时期之责”等语。会议结果，决定于二十年五月五日召开国民会议，而制定约法，实为其主要任务焉。当时民党耆宿如胡汉民、吴敬恒等虽赞成国民会议之召集，而不赞成约法之制定。谓：“总理之《建国大纲》及《第一次全国代表大会宣言》中之对内政纲，较任何约法为完备……无需再作出钦定式的约法来。”③ 且“第三次全国代表大会已议决将总理所著的主要遗教，定为效力等于约法的根本大法。现在又谈约法，岂非将总理遗教搁开而另寻别径?”④ 然民党多数领袖，深觉约法为时势之要求，未可忽视；且制定大法，与民共守，亦无背孙总理之遗教。“总理在中华革命党时，本定军法、约法、宪法三个时期”；后于《建国大纲》，则分军政、训政、宪政三期，是所谓训政时期，即约法时期也。且“无约法，则人民之生命财产，尚无由保

---

① 因汪精卫等人十八年之大会，尚有部分党员不得参加，不足代表全党。

② 见蒋主席汇电。

③ 见吴敬恒十九年九月二十九月在中央第七十九次纪念周报告。

④ 见胡汉民十月六日在立法院讲演。

障，其何以言统一建设。”① 故制定约法之主张，卒于随国民会议之召集而实现。胡氏亦旋辞中央职务而退休焉。②

第五节 国民会议与国民大会之区别

国民会议与国民大会，同为民党首领孙总理所主张。国民会议之名称，最初见于民国十三年十一月孙氏之《北上宣言》中有谓：“对于时局，主张召集国民会议；其目的，在藉国民会议以谋中国之统一与建设。”而所以召集国民会议之原因，则在将民党“第一次全国代表大会所列举之政纲，提出于国民会议，期得国民彻底的明了与赞助”。自其组织方面而论，国民会议为职业团体之代表机关。其内容如孙氏当时所定之九大团体：一、现代营业团体。二、商会。三、教育会。四、大学。五、各省学生联合会。六、工会。七、农会。八、共同反对曹、吴各军。九、政党。故不能谓为直接民选之机关焉。自其职权方面而言，则国民会议，乃为训政时期党政府“征集国民意见，以谋解除人民切身痛苦之机关”。故其职权，为协助政府解决重大问题，而非行使政权直接监督政府之机关。③ 至于国民大会，则见于孙文所著之《建国大纲》，所以制定宪法行使中央统治权者也。其组织，为全国各自治县人民直接选出代表所组成。其职权，为代表人民对于中央政府实行监督，并行使选举、创制、复决、罢免四大政权。④ 故国民会议是在训政时期，解决建设中国问题之机关；而国民大会乃在宪政时期，全国人民寄托政权之最高机关；二者绝不能混同者也。⑤

第六节 国民会议代表选举法

国民会议召集之期已定，中常会乃于十九年十二月二十九日通过《国民会议代表选举法》。二十年一月一日由国府公布。该法规定国民会议代表总额为五百二十名；由各地方选出。依下列各款分配：（一）由各省选出者，四百五十名。（二）由各市选出者，二十二名，（三）由蒙古选出者，十二名。（四）由西藏选出者，十名。（五）由在外华侨选出者二十六名。至选举代表方法，采用职业代表制。全国各种团体，共分下列五组：（一）农会，（二）工会。（三）商会、及实业团体。（四）教育会、国立大学，教育部立案之大学、及自由职业团体。（五）中国国民党。妇女团体，曾要求参加，未得准许。多数省份所有代表名额，由五组团体平均分配（例如规定江苏代表名额三十每组各选六名）。至当选人之资格，除国民党代表由中央党部另定外；农会代表，则限于曾从事农业十年以上者；而工商，教育及

---

① 均见蒋中正二十年三月二日在国府纪念周报告词。

② 后来吴敬恒对于约法，亦不坚持反对。故十一月二十四日在中央党部纪念周演说有云：“不过明年开国民会议，如果人民以为总理遗教太多，不妨把其中最重要的几点，由政府来起草条文；这一种条文，我们叫他做约法也可以的。”

③ 参看胡汉民一月五日在立法院演讲《遵依总理遗教开国民会议》之演词。

④ 参看建国大纲第二十三，二十四两条。

⑤ 参看王宠惠十九年十二月一日在国民政府演讲词。

各种自由职业团体之代表，则限于曾从事所属事业五年以上者；至曾经犯罪，或证明有反革命行为，或精神病，及不良嗜好者，则均在屏除之列焉。又设选举总监督，及监督。选举团体之资格，由总监督审定之。各省以民政厅长为总监督。各县、市、则以县、市长为监督。蒙古、西藏，则以中央之蒙藏委员会为总监督。海外华侨则以侨务委员会为总监督。此该选举法之大要也。①

第七节　训政约法之起草及其在国民会议通过情形

二十年三月二日蒋中正、戴传贤等复于中央执行委员会常务会议，提议召集国民会议，“应以三民主义的训政范围以内，确定本党与全国人民共同遵守之约法。……以树久安长治之宏规”。决议通过并由中常会推定吴敬恒、王宠惠、于右任等十一人为约法起草委员。该委员等于三月九日，开第一次会议，复推定王宠惠、邵元冲、邵力子三人为初步起草；并决定范围，包括训政纲领及保障人民权利等数要点。自三月三十日起，至四月二十二日止，开起草会凡六次，全案完竣。二十四日送经中常会通过，至五月二日复经中央执监委员临时全体会议修正通过，提交国民会议。该草案全文计八章，八十二条。除规定中央政府与地方政府组织大纲外，尚有“人民权利义务”、“训政纲领”、“国民生计”、“国民教育”诸章，而尤以“训政纲领”一章为最要。依该章规定，则在约法时期，仍由国民党全国代表大会代表国民大会行使中央统治权；民党全国代表大会闭会时，其职权则由民党中央执行委员会行使之。故此项约法，经国民会议通过之后，则理论上党治原则，已经国民正式接受；民党政权，在训政时期可以益形巩固矣。国民政府公布《国民会议代表选举法》后，即议定设立筹备国民会议选举事务所；以戴传贤为主任，孙科副之。四月二日，中常会通过《国民会议组织法》。二十年五月五日，国民会议闭幕。出席者除国民党中央委员，国民政府委员外；代表到四百五十余人。国府主席蒋中正，致长篇之开会词。大致根据孙总理遗教，极言在训政时期约法及实业建设之重要。自八日起，至十六日止，讨论议案，共开大会八次。十七日闭幕，发表宣言，接受中山先生全部遗教，及制定《训政时期约法》，交由国民政府公布施行等。国民大会第一次会议，即讨论国民政府送议之《约法草案》，由国府主席蒋中正作正式之提议，大会讨论后，即交付约法审查委员会吴敬恒等审查。各代表以书面陈述对草案意见者，共有六十九件。审查结果，对原草案增加者六条。计《国民生计章》，增加兴办油、煤、金、铁、各国营航业两条；《国民教育章》，增加奖励补助华侨教育及私立学校两条；《政府组织章》，加国府编订预决算公布一条；及《附则加》《约法》由国民会议制定，交国府公布一条。对原草案修正者，亦有六条。最要者，为原案第七十九条：“本约法解释权，由约法解释委员会行使之。约法委员会之组织，以法律定之。”改为“本约法解释权，由中国国民党中央执行委员会行使之”之一条；其余不过文字上之修饰而已。至十二日审查委员会报告大

① 参看二十年一月《国民政府公报》。

会，即开始二读，对审查报告，均无异议；惟于第八十三条下增加“凡法律与本《约法》抵触者无效”一条而已，同日接开三读会，由主席朗读条文。全部约法，共计八章，八十九条，一致议决通过；而训政时期之根本大法遂告成焉。[①]

第八节 约法内容之说明及其批评

《训政约法》全部八章。第一章，规定主权属于国民，国体为“统一共和”，及南京为国都等；所以明《训政约法》为全国人民公意所产生，亦为全国人民公有之大法也。第二章，为人民权利及义务，列举共二十余条。第七条规定中华民国“在完全自治之县”，享有选举、罢免、创制、复决四权。是隐含“人民四权之行使，以地方自治单位为限，不能直接及于较高之政治组织”之意其余各项自由权利，除信仰自由无何种限制外，均有“依法律有”某某权，或某某自由，“非依法律不受限制”等等，此盖为日后政府于必要时，得斟酌立法，不受《约法》拘束，俾有伸缩余地也。然便于政府者，则不便于人民；为维持“保障民权”之原意，则扩大会议之《约法草案》所拟权利诸条，似较完善也。第三章为“训政纲领”，规定依《建国大纲》，为训政时期之政治纲领；由“国民党全国代表大会，代表国民大会行使中央统治权”。民党代表大会闭会时，其职权由中央执行委员会行使，是为训政时期仍不能离党治之征。第四章为“国民生计”，凡十四条。规定奖励生产事业，发展农村经济之大纲；并详及于妇孺、劳工、残废军人，及工人等之保护与救济，而对资劳双方，则取“协调互利原则”焉，此外更有人民择业自由及契约自由二条，就其性质论，似应归入“权利义务”章者也。第五章为“国民教育”，规定以“三民主义”为民国教育之根本原则；并采集权主义，全国所有公私教育机关，均受国家之监督；并由中央决定教育政策，已达学龄之儿童，应一律受义务教育，以期普及。然此种强迫制度，以现时之社会经济环境，实不易遽行。故自《约法》公布三四年来仍未见诸实施，非无故矣。第六章为“中央与地方之权限”，规定“中央与地方之权限，依《建国大纲》第十七条之规定，采均权制度”。惟除第六十三条工商业之专利、专卖、特许权，明定属于中央外；何者为中央之权，何者为地方之权，并无列举。所谓《建国大纲》第十七条之规定，亦不过说：“凡事务有全国一致之性质者，划归中央；有因地制宜之性质者，划归地方”而已；如此笼统，几令人无从捉摸。在作法者之意，或以为如此，则中央之权可富有伸缩性；其与地方权限之分，可随时以法律决定之。且地方之权，亦势必受自中央；法律予夺之权，全在中央，单一国家所应有之制也，然此种理想，究与事实相去太远。依历年割据局面，及现在尾大不掉之情势观之，即中央之权，列举于根本大法，犹虑其未能完全行使；况不加规定，而欲自由操纵，宜其号令之多被地方藉故玩忽难生效力也。第七章“政府之组织”。大致照原有试行五权制度之组织法所规定，挈其纲领入之。惟对于国民政府主席，则无兼任陆海空军总司令一条，而加上各院院长及各部会长

① 参看《国民会议实录》。

由国府主席提请国民政府依法任免之一条（《约法》第七十四条，参照第七十二条）。国府主席及委员，由国民党中央执行委员会选任之规定；则主席之位置，显然高于其他院长。院长必由主席提请任免，非若前此之同为中央委员会选任者；且主席之提请任免权，可直及于各院下之部会长官，亦非若前此之可由院长提请者矣，然同年十二月之《修正国府组织法》，并未照《约法》此条办理；且明白规定主席不负政治责任，而国府主席遂成虚位，是则与《约法》原旨，似不尽符者也。关于地方制度，则规定凡省县政府之组织法，均由法律定之。第八章“附则”中规定“约法之解释权，由中国国民党执行委员会行使”；盖《约法》为根本大法，政府一切权力之所自出，故解释之权，不由政府任何部分行使，而由中央执行委员会行使。盖根据《训政纲领》，执行委员会为民党代表大会之代表，而民党代表大会，则又“代表国民大会行使中央统治权”者也。此外，更有“凡法律与本《约法》抵触者无效”一条；所以确定《约法》最高之地位与尊严，亦循宪法普通之先例耳。总核该《约法》全篇，除人民权利各条外，大体均以孙文主义为基础。盖《约法》规定之人民权利，与“三民主义”不无出入；“三民主义”之所谓“民权”，乃国族整个之权，而非人民之个权。所谓“自由”，亦为国家之自由，而非个人之自由。自由权利“如果用到个人，就成一片散沙。……要用到国家上去。”[①] 故个人之自由权利，固非孙氏之所主张；然外循立宪国家之惯例，内顺各方群众之要求，其不能不将此列入者势也。(扩大会议之《约法草案》亦同)。至“训政纲领”，为《约法》全篇精神之所寄托；所以确定党治基础，“谋人民与政府之合作，俾全国人民在法律上有接受三民主义之明白表示，亦《约法》全篇骨干之所在也”。“中央与地方权限”一章，就理论上言，至为重要；而《约法》仅以寥寥数语了之，并无确切之办法，亦无明白之列举，是则不能不认为约法之一大缺憾。国府主席有提请任免各院院长之权，是其位置与实权，均似更胜于曩昔之国府主席，殆近酷类美国之总统矣。然而事实上竟未实行；日后且有主席不负政治责任之条见诸组织法，而主席一职，遂成赘疣。立法难，行法尤难，不其然欤？

第九节　约法公布后国民政府组织法之修改

《约法》经国民会议通过之后，即交由国民政府于二十年六月一日公布。然依照该《约法》所规定之中央制度，当时所行之《国府组织法》已不尽适用。故六月十三日第三届中央执行委员会开第五次全体会议（简称五中全会）讨论改组政府，及其他重要问题。[②] 由吴敬恒、蔡元培、戴传贤等根据《约法》规定，将十九年十一月所公布之《国民政府组织法》重行修正。至十四日，即提大会通过，送国民政府，交立法院临时会议核议。惟该院会议结果，以“该法为中央所草拟，应仍呈由中央直接颁布，不再由立法院参加意见。因之即

① 见孙中山三民主义民权主义第二讲。

② 该会所讨论尚有“处理粤变问题”一案。因民党在粤同志古应芬等，不满中央对胡汉民之辞职处置，故通电弹劾蒋主席；而蒋亦向中央监察委员会自请查办。旋监委会议决，认古等所纠劾毫无根据而罢。

呈国府转呈中央公布”[①]。盖《组织法》已经由中全会议决，该院对于该法原则，大体上不能有修正之讨论，止可为条文上之整理。且五中全会所议决修改各案（如五院院长由主席提请任命等），事实上业已实行，亦势不能再有所讨论，故不如“不参加意见”也。惟第三届二中全会所决定治权行使之规律中，原有“一切法律案，包括条例案，及组织法案……非经立法院议决，不得成立”之一条，而《国府组织法》是否得为例外，此实一大疑问也。此次修改，于原《组织法》加冠“总则”一章，申明“国民政府依据《中华民国训政时期约法》第七十七条之规定，制定《中华民国国民政府组织法》”。设国民政府会议，以委员十六人至三十二人，及国府主席、五院院长、副院长组织。而国府主席、五院院长及副院长，则为当然委员（见《组织法》第十条及第十八条）。是与前此之《组织法》规定“五院院长及副院长由国民政府委员任之”者，已大有别；盖按新《组织法》可以因院长资格，而得委员名义；旧组织法则必先为委员，乃可被任为院长也。同时委员名额较前亦已增至一倍以上，因委员及当然委员两者合并可有四十余人，前此至多不过十六人耳。主席任免官吏之权，较前增大；凡五院院长副院长，陆海空军副司令[②]，及“直隶于国民政府之各院部会长”，均以国府主席之提请，由国民政府依法任免之（见《组织法》第十六条），是盖依照《约法》第七十四条而定者也。然查《约法》第七十四条规定，“各院院长及部会长，以国民政府主席之提请，由国民政府依法任免之”；并无“直隶于国民政府之各院部会长”字样。如是行政院内之各部会长，虽不直隶国府，亦当由主席提请任免。今《组织法》第十六条，乃有“直隶国民政府”一句，似与《约法》所规定，微有出入，但《组织法》第二十四条，又谓：“行政院各部长，委员长之人选，由行政院长‘推由’国民政府主席‘提请’国民政府任免之；各部之次长，各委员会之副委员长，由行政院长提请国民政府任免之。”是直属各院之部会长，亦须由主席提请，其义甚明。故《组织法》第十六条，似略有语病。惟无论如何，在此《组织法》下，主席任免官吏权已经扩大；同时又兼陆海空军总司令之职[③]，一切法律之公布，命令之发布，均“由主席署名行之，由关系院院长副署之”；与前此之一切法令，均由主席及五院院长署名行之者，权责渐就集中，故主席之权位，实不亚于任何国之总统。五中全会修正《国府组织法》后，即依据该法，选任蒋中正为国民政府主席，张人杰、胡汉民、蔡元培、蒋中正等四十人为国民政府委员。同时蒋中正即以国民政府主席名义，向该会提请任蒋中正兼行政院长，宋子文为副院长；林森、王宠惠、戴传贤、于右任等为立法、司法、考试、监察各院院长，及邵元冲，张继等为各院副院长；张学良为陆海空军副司令。经该会议决通过。然按照《约法》及新《组织法》，除国府主席及委员由国民党中央执行委员会选任外，其余各院院长副院长均由主席提请国民政府依法任命，似无提出中全会通过之必要。但照第三届第三次中央全体会议修正之《政务官任免

① 见《立法院公报》第二十七期。
② 总司令由主席自兼，见《组织法》第十三条。
③ 见《组织法》第十三条，惟约法无此条。

条例》，则“国民政府主席及委员，各院院长、副院长及委员（如立法委员、监察委员等），及特任特派官吏之人选”，均应由中央政治会议议决。[①] 蒋主席之向中全会之提请任命院长，盖根据此项条例行之者；然与《约法》所载，则似未能完全一致也。此外修正案尚加入“国民政府主席因事故不能执行职务时，由五院院长依次代理之”一条。盖以主席职责繁重，不可一日无人。故为之规定代理人员。又根据《约法》加入，“国民政府公布法律，发布命令，”及“国家之岁入岁出，由国民政府编定预算公布”之数条，其余则大抵仍旧。

第十节 现行之国民政府组织法

《约法》公布后，《国府组织法》即行修正，已如上述。然现行之《国府组织法》又与五中全会所通过者大异。盖自国民会议闭幕之后，内忧外患，环逼交煎。益以秋间空前之大水灾，泛滥十余省，灾民以万万计，中央已穷于应付。且当时南方民党同志自立法院长胡汉民去职后，对于中央举措，多不满意。一部分中央委员方集合广州，开非常会议，另组政府，形势日趋严重。及至九月中，暴日乘我多难之秋，出兵犯我东三省，副司令张学良抱不抵抗主义。不数日，而三省名城要隘，尽入敌手。一时朝野震惊，愤慨莫可言状。纷纷要求中央惩办失地长官，及出兵收复失地。危局飘飖，不可终日。民党领袖鉴于分崩离析之不足以救亡；乃以“精诚团结，共赴国难”相号召，力谋党内之大团结。于是宁、粤两方各派代表，赴上海开和平会议，决定第四次全国代表大会宁、粤两方分地开会，增加中央委员名额，宁、粤两方各选相当人数。[②] 至十一月中旬，四全大会分宁、粤两方举行选出执监各委后，即于十二月二十二日在南京举行第一次中央全体会议，依照上海和平会议议决，则一中全会应处理宁、粤两方四全大会一切提案，及修改《国府组织法》，并改组国民政府。而国府主席蒋中正则已先于十二月十五日向中常临时会议辞本兼各职。[③] 并经中

---

① 见二十年十月《政治会议工作报告》二〇一页。

② □□（原书印刷不清——编者按）二十年六月中央五中全会决定于二十年十月十日举行四全大会；后经一六一次常会议决展期至十一月十二日举行。而广州非常会议亦决定于是日另行召集四全大会。及和平会议开，为迁就事实起见，乃扩大中央执监委员额数，定为一百六十人。凡曾历任一、二、三届中央执监委员及候补委员，除共产党外，一律当选，计共有一百十二人。其余四十八人由宁、粤两方四全大会各选半数，并互相承认。至十一月，宁方如期开会，到会代表三百余人，遵照和平会议决议案，选出执行委员十八人，监察委员六人。并通过关于团结御敌、党务、政治、教育等案多项，至二十三日闭幕。粤四全大会于十一月十八日在广州开会，到会各代表五百余人。大会期间，因一部分代表反对上海和会所议各项，退席者二百余人，相率赴沪，经汪兆铭调停，与各代表商定，按照人数比例，于十二月三日在沪开会，选出唐生智等十人为中央执监委员。但粤四全大会不以代表退席而中止，仍继续开会，遵照和平会议决议案，于十二月四日，选出中央执监委员二十四人，五日闭会。其后第四届第一次中央委员全体会议于十二月二十二日开会于南京，首先通过“增加候补中央委员十八人”一案；“为解决粤方四全大会退席代表在沪所选之委员也。故第四届中央执行委员有七十二人，候补执委六十人，中央监察委员二十四人，候补监委二十二人，共计一百七十八人之多，较诸二、三届已增至两倍以上，较诸第一届且三倍以上矣。”

③ 因和平会议有蒋主席下野及粤政府取消之议。

常临时会推定林森代理国府主席，陈铭枢代理行政院长，以俟一中全会之改组。[①] 迨一中全会闭会后，即将中央政制改革案及修正国民政府组织法案，先后通过；并选林森为国府主席。蒋中正等三十三人为委员。孙科为行政院长。张继为立法院长。伍朝枢为司法院长，戴传贤为考试院长。于右任为监察院长。并声明各院部会长，及现役军人，不得兼国府委员。又推举蒋中正、刘兆铭、胡汉民三人为中央政治会议常务委员。[②] 一中全会于二十九日闭会后，中央政治会议，随即开会，对于各部会长官，亦多更调。[③] 新任主席及各院部会长，均于二十一年一月一日宣誓就职，而广东所组之政府，亦于一月五日自动通电撤销焉。

《修正国民政府组织法》经一中全会通过之后，即于二十年十二月三十日交由国民政府公布。全文九章，凡五十四条其异于六月十五日所公布之《修正国民政府组织法》者，约有下列数端。

（一）国府主席及委员，各院院长及副院长，一律由中国国民党中央执行委员会选任之（见第十条）。而六月之《组织法》则规定五院院长及副院长，以国府主席之提请由国民政府任免至国府主席及委员则依照《约法》规定，由中央执行委员会选任，而《组织法》中并无明文规定。

（二）国府主席“不负实际政治责任”，不得兼职，任期二年，仅得连任一次（第十一条至第十三条）。而旧组织法，则无主席不负责任之条，且规定必须兼任陆海空军总司令。蒋中正任主席时，更兼任行政院院长，教育部部长等职。主席任期亦无定限。事实上蒋中正之任主席已及五年。

（三）五院各自独立行使治权（第八条）。在宪法未颁布以前，“各自对中国国民党中央执行委员会负责”（第十五条）。旧法无此项条文。

（四）国府委员设二十四人至三十六人，较前加多。而五院院长及副院长，无当然委员之规定（旧法规定院长等为当然委员）。且第四届一中全会有各院部会长不得兼任国民政府委员之特别声明[④]，是院长已不能为国府委员，当然不必参加国府委员会会议矣。

（五）行政院会议，前此称为“国务会议”，兹则仍改称为“行政院会议”。而前此之“国民政府会议”，则改称为“国民政府委员会会议”。

（六）旧法原有“国家之岁入岁出，由国府编定预算公布之”及“主席因事故不能执行职务时，由五院院长依次代理之”两条，全删。

（七）立法院委员及监察院委员之半数，“应由法定人民团体选择”（第三十条第四十八条）旧法无此规定。

---

① 蒋中正辞职前，即以行政院国务会议议决改组苏、浙、赣三省政府，以顾祝同、鲁涤平、熊式辉为苏、浙、赣各省主席。

② 俱见二十年十二月《第四届一中全会会议纪录》，四六～四七页。

③ 该会议决任李元范长内政，陈友仁长外交，何应钦长军政，陈绍宽长海军，陈铭枢以行政院副院长兼长交通，朱家骅长教育，罗文干长司法行政，陈公博长实业，叶恭绰长铁道，黄汉梁署理财政，石青阳为蒙藏委员会委员长，朱培德为参谋部长，李济琛为训练总监，唐生智为军事参议院长。

④ 由主席团声明，见《一中全会会议纪录》。

惟关于上述民选委员两条，至二十一年十二月二十六日，第四届中央执行委员会第三次全体会议议决修正；仍将委员全数由各该院院长提请国府主席依法任免之。

总上述数项观之，新组织法已将国府主席之权，较前大加减削。且明白规定其“不负实际政治责任”，五院院长及副院长，不由主席提请，直接由中央执行委员会选任；且各自对中央执行委员会负责。其地位可谓与主席同等，而实权则尚在其上焉。而国府委员会议，各院院长已可不必参加，则除例行公事之外，实无重要职务之可言，各部会长虽曰由院长提请国府主席依法任免（第二十一条），然主席已不负政治责任，则对于院长所提请，事实上止有画诺而已，不能有斟酌可否之余地。主席任期，已受限制，且不得兼职。已无总司令职权，[1] 亦不得兼持任何院部会职务，以视前此之国府主席，同时为全国陆海空军总司令，且兼长数部会者，实权之大小，相去天渊。盖此次《国府组织法》之修改，实根据于宁、粤两方上海和平会议决定之原则；一部分党员，已深以年来中央政治之日趋独裁为病，故此次主张提高五院责任，限制主席权力，以期政治之更新又由元首独裁制而渐成寡头制或变象之委员制矣。查《训政约法》规定国府主席有提请国民政府任免各院院长之权（《约法》第七十四章）；而主席自身及国府委员，则由中央执行委员会选任（《约法》第七十二条）。今《新组织法》将主席之“提请任免”权取消，并将各院院长，与国府主席及委员，同一手续选任，是亦与约法规定不符者也。[2]

---

① 二十一年一月中央政治会议议决，以蒋中正、张学良等为军事委员，组织军事委员会。旋复推蒋为该会委员长。举凡国防、绥区之统率，军事、教育方针之决定，军费之支配，高级军官任免之审核皆归焉。该会原已于十七年冬取消，至是恢复。

② 又《新组织法》第三十七条，原为“司法院院长兼任最高法院院长，副院长兼任公务员惩戒委员会委员长”。至二十一年三月五日，在洛举行之二中全会议决修正为“最高法院院长得由司法院院长兼任，公务员惩戒委员会委员长得由副院长兼任”。

周异斌　罗志渊

中国宪政发展史

作者简介

周异斌（1905—1988），原籍湖南益阳县。清光绪三十二年（1906年）随家人迁往华容县定居。1928年毕业于湖南第一师范。1929年考入国民党中央政治学校。1932年毕业后任江苏省民政厅科长。1936年赴美深造，先后在密歇根大学和伊科诺大学攻读政治学，次年转赴英国伦敦大学从事政治学研究。1939年回国，任中央政治学校教授。1941年兼任毕业生指导部主任、同学会书记长。著有《各国政治制度》、《中国法制概论》，与人合著《中国宪政发展史》。1945年当选国民党中央委员。抗日战争胜利后，任衡阳市市长。1948年赴南京中央政治学校任职。次年赴香港，与人创办辅人书院，任院务主任，从事教育20年。1968年书院停办，改任香港中国文化协会秘书长，主持国民党在香港的文化宣传工作，历时13年。1982年退休。1987年回长沙定居。1988年逝世。

罗志渊，生平不详。

出版社：上海，大东书局。

出版年份：1947年。

馆藏：国家图书馆书刊保存本库。

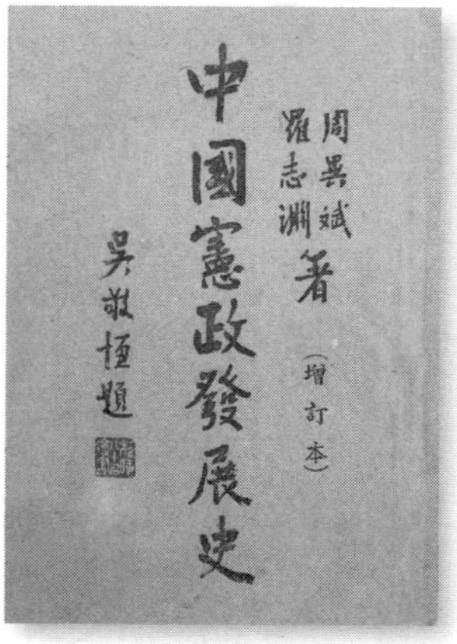

作品简介：《中国宪政发展史》一书，由上海大东书局于1947年出版。全书分清末立宪运动、民初制宪、国会成立与天坛议宪、袁世凯之毁宪及称帝、法统争执期间议宪、曹段制宪、国民政府之组织、国民政府之宪政措施、新宪法之制定及其特征等九章，并附有《中华民国宪法》（1946年12月25日通过，1947年1月1日公布）。

本书重在对宪政发展过程的阐述，叙述史实时注重时代背景、宪法制定经过，并概括每一时期的体制内容并加以评论。史料丰富，叙述完整扼要，评价中肯。从清末预备立宪开始，每一时期的宪政发展必阐明其政治背景，揭示出中国近代宪法为“政治法”的重要属性。在完成了对近代中国宪政发展历程的叙述后，作者于最后一节“宪政前途之展望”中言道：中国宪政之问题，制宪固然重要，行宪更不可忽视。而实施宪政要义有三：地方自治、法治精神与政治道德。

虽然本书在内容观点上仍有一些缺陷存在，但作为中国近代以来对中国宪政史进行研究的早期学术著作之一，仍有较高的学术价值。（谢红星整理）

（第五章）第五节 政局幻变与省宪运动

［北方政局之改观］概自六年七月中旬段内阁成立，继以冯国璋北上继任总统后，北京政府成为皖直斗争之所。盖段冯虽同属北洋军系，然自袁世凯死后，段据总揆，冯任苏督，北方武人之不惬于段者，多归附于冯。由是两方渐生意见，皖直两系于焉萌芽。及六年之秋，冯任总统，段任总理，对于西南方略，冯尚和平，段王征战。六年九月段命王汝贤、范国璋两师征湘败北，派吴光新入川失利。川湘并败之余，王范两师长及直系诸督（直督曹锟、鄂督王占元、赣督陈光远、苏督李纯）先后通电主和，段以形势已非，乃于十一月廿二日辞职，冯命外交总长汪大燮权代。研究系诸阁员如梁启超、汤化龙、范源濂、林长民等继段而去，于是段阁瓦解，十二月一日冯命王士珍组阁。王为人和平，与冯颇相得。当斯时也，段虽告退，然潜力尚丰，犹足左右政局。于是腊月三日段派督军团（如倪嗣冲、张怀芝等）会议天津，力主征战，以示威胁，冯为敷衍计，乃任段以“参战督办”，并命曹锟、张怀芝、张敬尧率兵入鄂，南征也。七年二月张作霖应徐树铮之招入关，为段声援，冯不得已于三月二十三日复任段为总理。段氏之再出也，首命曹锟部将吴佩孚图湘。吴军于四月之初，取长沙，克衡山，段会南下犒师，示武威也。无何张怀芝图赣失败，曹锟反旆回津，吴佩孚按兵不动，通电主和，段之武力政策，又不能不告顿挫矣。及八月间段氏嗾徐树铮组设安福俱乐部，造成安福国会，于政治上足为段氏之声援。新国会成立不久，即值冯氏继任总统届满法定任期，段谋去冯，故利用安福系以运动选举，结果冯氏失败，徐世昌当选总统，盖徐为文人，于政治殊乏凭藉，故段氏乐以籍资利用也。不图冯氏去后，段亦不容于国人。盖段之所以穷兵黩武，以及组党树援，莫不取资于日本借款，国人至此，恶段实深，国会中之交通系后不愿拥段，由是一般政论作冯段同时下野之论调，段氏至此只得辞去总理之职（但参战督办职未辞），于是钱龙训起而组阁。自徐世昌就任总统后，国内外一致呼吁和平，徐氏乃下停战命令，西南护法政府亦下令停战。旋于八年二月二十日在上海开和平会议，北方总代表为朱启钤，南方总代表为唐绍仪。和平会议中南方所要求者为废止中日军事协定，解销参战军，取消参战借款。北方对此除将参战军改为国防军藉资掩饰外，余均不接受。于是和议陷于停顿。后虽和会复开，终以南方坚持恢复旧国会问题，北方代表不能让步，和议遂告中止。至八年八月间，北方改派王揖唐为总代表，南方拒绝接洽。和议终成泡影矣。

当上海和会开议期间，北京政府虽以钱能训任首揆，然段氏仍任参战督办，而徐树铮则统率参战军①，段派势力固依然也。钱阁因不堪安福系之迫压而瓦解，由袭心湛起而代任

① 自七年十一月欧战停止，无战可参，于是参战督办联处改为边防事务处，段任边防督办，参战军初名为国防军，后改为边防军，徐树铮任西北边防使兼边防军总司令。

总理，然不久又为安福系所排去，于是靳云鹏于八年九月二十四日起而组阁，以李思浩长财政、曾毓隽长交通，朱深长司法，之三子者，均安福系健将，安福系之飞黄腾达，可谓登峰造极矣。语有之曰，物极必反、泰极否来，其安福系之谓乎！盖安福系以专横咨睢而引发直皖之战，一战而败，乃不可为矣。先是直系诸人不满安福系之骄纵，乃与桂系谋妥协，复与奉系相联系。九年四月，曹锟在保定暗组八省联盟。① 五月后旬吴佩孚率兵北上，驻扎直豫各要地。七月四日徐世昌免徐树铮本兼各职，段闻之大怒，召集军事会议，将边防军改为定国军，自为总司令，并迫徐免曹、吴各职（七月四日）。于是曹、张作霖于七月十二联电讨段。奉军随即入关。十四日直皖两军交绥，激战于琉璃河等处，奉军由东路加入作战，由是定国军于七月十八日溃不成军。段被免职，边防军及边防机关概被裁撤，安福俱乐部亦被解散。安福国会无形崩溃，“八年宪草虽成，亦不及讨论矣”。

［护法军政府之演变］西南护法军政府自改行总裁制后，政权全落桂系及政学系之手。八年六月杨永泰取得广东省长后，政学系益为骄纵。于是，国父于八年八月七日正式电辞总裁之职，唐绍仪于十月四日电辞和议总代表之职，示不欲与桂系为侣也。旋益友系窥破政学系牺牲旧国会与北方谋妥协之阴谋，遂亦与之隔离，政学系遂不复能控制国会。桂系欲谋根本消灭旧国会，乃假财政困难为名，不发国会维持费，由是国会益恨桂系。九年之春李根源争夺李烈钧统率之滇军，致在粤滇军根本破坏，大为唐继尧所不满，因而滇桂反目。无何一部分议员离粤赴沪，由沪而滇，由滇而渝，在滇在渝虽曾开非常会议，卒以无结而离川。当此时也，在粤总裁只余岑春煊、陆荣廷（莫荣新代）、葆怿三人。政学系为补救计，乃运动留粤少数议员开会补选熊克武、刘显世、温宗尧为政务总裁，冀以维持军政府。六月二日，国父及唐绍仪、伍廷芳、唐继尧联合宣言在粤总裁不足法定人数，广东军政府之政令应无效。从此军政府之裂痕乃益为明朗化矣。九年夏间，国父命陈炯明率领援闽粤军回粤驱桂。九月之杪，攻近省城，岑春煊乃于十月廿四日通电解除其军政府之职，一十六夜，莫荣新率残部逃出广州，粤军进城，全省光复，国父回粤，再召开国会非常会议，恢复军政府。惟当是时军政府已势如崦嵫落日，用是时国父力主成立正式政府，以正视听。国会非常会议，遂于十年四月七日举行两院联席会议，议决《中华民国政府组织大纲》七款，首冠绪言，次列条文。绪言谓选举大总统，付托以讨乱及建设之全权，谋社会改革，民国统一，永久和平。条文七款如次：

（一）大总统依本大纲行使职权。

（二）大总统由非常国会选出。

（三）总统总揽政务，发布命令，统率陆海军，任免文武官吏。

（四）大总统对外代表中华民国。

（五）设各部掌部务，由总统任免。

---

① 八省联盟为直奉两系之大联合，当时直系计五督即直督曹锟、苏督李纯、赣督陈光远、鄂督王占元、豫督赵倜、奉系计三督即奉督张作霖、吉督鲍贵卿、黑督孙烈臣。

（六）本大纲自宣布日施行。

（七）本大纲施行之日，军政府组织大纲废止。

大纲通过后，即照大纲第二条所定开选举会，用记名投票法选举，全数二百二十票，国父以二百十八票过半数当选，旋于五月五日就职。当时政府组织分设外交、财政、司法、陆军、内务、海军六部，以伍廷芳长外交兼财政，陈炯明长陆军兼内务，徐谦长司法，汤庭光长海军，马君武则任秘书长。此后，国父锐意经营北伐，以期完成革命。不意陈炯明中途变节，国父蒙难，北伐遂告中断，迨后讨平陈逆，粤中底定，乃重组大元帅府，其事当另详之。总之，自国父就任总统后，即从事革命，国会亦不复作议宪之计矣。

［省宪运动之由来］省宪运动之展开为民九以后事，而省宪思想之渊源——联治主义则民初即已见之。所谓联治主义者即主张采用联邦制度，允许各省自治民。国人之主张联邦制也，见于逊清，盛于民初。盖自袁氏当国，主张中央集权，以便大权独揽；于是反对袁氏者乃作联邦之论，发为分治主张，以期减杀袁氏之专横也。是以当时倡言联邦者，每以联邦与自治混作一谈。即以联邦为自治之手段，而自治为联邦之目的也。民九之际，国人鉴于南北政府俱无权威，及各地军阀混战之痛苦，中央统一之局既属难能，乃转而图谋各省保境安民之自治，由是“联省自治运动”于以脱胎。所谓联省自治者，虽无一定之界说，然总具要义。不外欲于兵燹之中，使省自为治，质直言之，即为“闭关自治”。一省闭关自治，推而至于他省亦均闭关自治，则统一之业不求而至，此积极方面之期望也。即退一步言，统一之业不能缘此以求，则至少亦可以保存一省元气，留得一线生机。此消方面之期望也。此外更有主张以省为单位，组织“联治区域”，由联治区域派遣代表，构成“中央会议”，以期由此以求全国之统一，是为“分治统一”之主张，亦以联省自治为理论之基调也。总之，联省自治之说乃为政治紊乱，军阀混战之反映。而所谓省宪者，即以联省自治为骨干者也。

［湖南省宪之制定及其特征］考吾国省宪运动，倡自湖南，盖湖南于护法战役中，首当军事之冲，受祸最烈，张敬尧之贪婪，及其军队之残暴，迫出人民自治之呼声。故自吴佩孚军队北撤后，湘军群起驱张，驱张运动成功，一转而为要求自治之运动；即主张湖南应超出于南北政争之外，俾湘民得以自治而臻至理。由是湘军总司令谭延闿于九年七月廿二日发表祃电，宣布湖南自治之宗旨。旅外湘籍名流多响应之。旋谭辞总司令职，赵恒惕继之。省议会选林支宇为省长，正式宣布自治，着手制订省宪。其进行程序、先由省议会通过《湖南制定省自治根本法筹备章程》，内中规定由省政府特聘十三人组织起草委员，负责起草省宪，再由湖南各县人民选出代表一百五十余人，组织审查会，以审查草案，审查完毕，交全省公民投票复决后，由省长公布施行，此湘省制宪之程序也。按之实际、湖南省宪于十年之夏制成，同年九月九日经审查会修订竣事。十二月十一日经全省人民总投票可决，十一年一月一日公布施行。全部条文凡一百四十一条，分列为十三章，就其特征言之，得具述数端：第一，关于人民之权利义务，规定极为详尽，如禁止人身买卖、禁止刑讯、限制军事审判、人民有购枪自卫之权等为规定人民权利之特色；其于人民义务方面，则规

定受教育，任公职均为人民应尽之义务是亦前所未见者。第二，省之事权采列举主义，盖以在国宪未定以前，将省之事权，采列举主义。然后省机关之活动，始有一定范围。第三，为民权之极度扩张，如选举、罢免、创制、复决诸种民权，均已采用。关于选举权者，如省议会及县议会议员之选举，均采取直接民选主义（第二十八条及第一〇六条），且男女同有选举权（第三十条）。关于罢免权之行使，如第四十三条规定："各选举区对于区所选出之议员不信任时，得以下列方法撤回之：（一）由原选举区公民百分之一以上连署提经该区公民总投票过半数可决者。（二）由原选举区内之县议会市议会议员总额过半数连署，提经该区公民总投票过半数可决者。"关于创制权之运用如第六十五条规定："法定之省教育会、农会、工会、商会、律师公会及其他依法律组织之各职业团体得提出关于各该团体范围内之法律案，省议会必须以之付议，前项议案开议时提案者得派员出席省议会说明之。但不得参加表决"，是则社团均有创制权。又第六十六条规定："全省公民百分之一以上连署动议，或全省县议会及一等市议会三分之一以上连署动议得提出法律案，呈请省长咨省议会议决，省议会对此项议案如搁置不议，或议而否决时，省长应将该案及否决之理由，付全省公民总投票表决，可决时，即成为法律"，是人民及县市议会均有创制权也。关于复决权之行使，第六十七条第六项明定："全省县议会及一等市议会三公之一以上连署动议或全省公民百分之一以上连署动议皆得于法律案公布期内要求将已议决之法律案展缓两月公布，两月内即提交全省公民总投票表决"，是则县市议会及人民均有复决权也。凡此选举、罢免、创制、复决四种直接民权之入宪，始自湖南省宪法，是其三大之特色也。至于省立法、行政之组织及其相互之关系，乃仿行普通责任内阁制，不赘。

［其他各省之制宪］继湖南起而制宪者为浙江省，按"浙江自该省督军卢永祥于民国十年六月四日通电主张各省自定省宪后，浙江省宪起草委员会于同月十六日开始起草省宪。旋经浙江省宪法会议议决，而《中华民国浙江省宪法》一百五十八条，遂于同年九月九日宣布，是谓"九九宪法"。同日尚宣布施行法二十三条。但二法宣布之后，迄未施行。洎民国十一年，省议会以为"九九宪法"未经全民投票总决，遂议决再由省民起草，而将"九九宪法"作为草案之一。即由各草案提案人票举宪法审查员，组织浙江省宪法审查会审查议决之。旋收受省民提出之宪法草案一百部。各县提案人票举之宪法审查员一百一十人，于民国十一年十一月四日，开浙江省宪法审查会于杭州。翌年一月二十六日开会。各宪草归并审查之结果，终议决宪法草案三种，即所谓红、黄、白三色宪法草案是也。对于省政府组织，红色宪法采委员制，黄色宪法采内阁制，白色宪法采有省长之合议制。对于军制，则一色宪法均采义务民兵制，此其大较也。"三色宪草"议决后，当即定十二年八月一日为举行总决之期，即由各县镇乡届时一律总投票，投票人赞成何种颜色所印之宪法，即用何种颜色纸之总决票，以得赞成票比较最多数之宪法草案，即决定为浙江省宪法。但预定时日业已经过，而总决仍未举行，"三色宪草"之尚未发生效力。与"九九宪法"无以异也"[1]。是

① 转录中国年鉴第一回。

以浙江省虽经多年制宪，且完成宪草极多，然究属草案，未成为正式宪法也。

当浙省制宪运动中，江苏省议会曾通过民选省长一案，旋又提出制宪规程二十条，惟未经省议会正式通过。同时有一部分省议员拟定江苏省制六十四条。然以未成为正式草案，故亦无从交人民复决。此江苏省宪运动之情形也，陕西、江西亦曾有制宪运动，但均无结果。十二年一月《四川省宪草案》告成，为制与湘宪相若，广东虽曾起草省宪，中途而废。《福建省宪草案》虽成，终未施行。

总而言之，民九以还，省宪运动，虽风靡一时，然除湖南得有完整之宪法及浙江具有多种宪草外，其余各省，或仅有制宪之拟议而未着手草宪，或虽具宪草，然未正式成立，又或虽具宪草并经公布，而迄未实行。即湘宪虽告实行，而收效全无。是以所谓省宪者，终属一时之运动而已。

抑有进者，在省宪运动之潮流中，有上海“国是会议”所拟定之宪法草案可谓为省宪思潮中之一别流。先是，十年十月，全国商会联合会，及全国教育会联合，在沪开联席会议。通过发起召集“国是会议”一案，由各省及各特别区议会、商会、教育会、农矿工会、律师公会、及报界公会八大团体各派代表三人组织会议以讨论国是，制成宪法，各方多然其说，派遣代表赴沪，迨十一年夏间，到十四省区代表，计二十九人，于是所谓八团体“国是会议”乃于五月开会，议定《宪法草案》一份，实出自张嘉森之手笔也。草案凡一百有四条，分列十一章。其要义系采联邦主义。故第一条即明定曰：“中华民国为联省共和国。”既已采取联邦制度，遂不能不将国地权限明予划分。其分权办法，系将联省政府（即中央政府）与各省政府之权限采双方列举主义，是即采取加拿大之分权方式也。据第二章所示，联省政府之权限为二十七项，各省权限为十三项。双方列举之上，冠以总原则曰：关于全国之事，由中央主之，关于地方之事，由各省主之，日后苟有权限争执情事，依此原则以判断之，是则又与加制微异者也。中央政务之执行是采大陆制，即“凡关于联省行政，联省政府得自设机关执行之，其不自设机关者，由联省政府委托各省代执行之”。凡此均属联邦制运用之规定也。该草案对于国民生计，特设专章规定，总其要义，有五端焉：（一）原则上承认“全国之生计组织，应本于公道之原则，使各人得维持相当之生存”；（二）规定劳动应有法律之保护；（三）承认劳动结社之自由；（四）得税财产，以供公用；（五）私人营业，国家认为“适于公有”并公有后可以增进公共利益者，得收为国有，省有，或地方公有。此外犹有数点足述者：第一，该草案主张“暂以参议院行使立法权”，“俟户口册编成，国民之财产及识字资格得有详细报告，再行规定众议院之组织法及选举法”。是则始终主张一院制。第二，主张实行对议员之罢免权。“原选举机关对于所选参议院议员，认为不合时，得以原选举者过半数之同意，撤回之”。第三，反对现行总统选举法，主张以参议院为初选机关，而以各省议会议员，及各省教育会、商会、农会、工会合选与省议会相等之人数组织覆选选举会，于初选当选之六人中，选出一人为大总统。并且明定“现役军人，非解除兵柄三年后者，不得当选为大总统。”凡此诸端，不失为特色也。此项草案，虽经“国是会议”通过，然无丝毫实效；惟其所采权限制分方式及国民生计之规定，对于后来之曹锟宪法及段氏宪草（即《十四年宪草》），大有影响，是不可不察也。

（第八章）第四节　宪政前途之展望

噫，吾国之言立宪，且五十年矣。当此期间，议论纷淆，事变迭乘；甚而引发干戈，涂炭生灵，是欲以立宪求治，而反以立宪召乱，读史至此，不禁掩卷浩叹矣！居常默察吾国宪政问题，制宪固属重要，而莫要于行宪。今日吾国新宪固已制定而公布矣，嗣后所务，即在如何实施。夫实施宪政，万绪千端，问题孔多。然究其要著，则有三义：曰地方自治，曰法治精神，曰政治道德，试为申论如次：

地方自治者，乃宪政之基础也。英儒詹姆斯·布赖斯考各国政制，归而著《现代民主政体》一书，认为世界民主政治，莫善于美国及瑞士，而美瑞民治之成功，全在地方自治之发达。故其言曰："民治制度最良之学校及其成功之最善之保证。是为实习地方自治"，斯言谅矣。按吾国自倡议立宪以来，亦非不知地方自治之重要，逊清预备立宪之中，即硁硁致意。国父高瞻远瞩，洞见机窍。故特著地方自治开始实行法，以为国人奉行之准绳；《建国大纲》且规定地方自治之完成为实施宪政之条件。其义何等重大；今日政府对此著著致力，可谓得其要矣。顾吾国倡言自治数十年，而迄今未收成效者，其故安在？曰过去之失，乃在只尚豪绅自治，而无民众自治；今后能否将豪绅自治，一变而为民众自治，乃成败机楔之所在也。

民主宪政之实施，必以法治精神为前提。法治者，乃以法律为无上尊严，"法律之前，人人平等"，全国无贵贱，一治于法律，故惟法治，然后人民权利得所保障也。数十年来，吾国宪法关于人民权利之规定，非不綦详，而民权时遭蹂躏者，即以欠缺法治精神也。法治精神之表现多端，而莫要于司法制度之确立。所谓确立司法制度者，即必使司法有独立之地位，法官有超然审判之权威。吾国创设新式法院，亦数十年矣。然常为恶势力所支配而不能超然独立以保障民权，故今后宪政之实施，当以提高司法权威，确保司法独立为第一义也。

夫政治改革运动，常不免有超出现实之追求，然后政治乃能改进。由此引义，则政治之行动，当不能事事为常法所囿，然后治改革运动始有进行之可能。然而，政治家之活动，虽不能一一为法律所勒，亦必有其自守之规范，是即为政治道德。语曰："上无道揆，下无法守"，是则必政治家能遵循政治道德，然后方能期齐民之守法也。夫所谓政治道德者，非抽象之概念也，具体言之，乃为一种政治习尚。此种习尚，虽不见之于法律，实为政治家活动之铁则，以支配政治家之意旨及其行动。吾国言宪政数十年而不能收实效者，即在政治道德之败坏耳。夫政治家之作政治活动也，始以政策相兢，终以政绩相绳。政策高明，政绩彪炳，必可得民众拥护，以实现其政治主张。吾国过去虽不无杰出之政治家，然为数过少。滔滔者、奸枭之徒也。无主张以自持，无政策以号召。故其政治活动威逼利诱之不足，则继之以暗杀，暗杀之不足，则继之以兵戎！吾国近五十年之政治史，即为此卑劣象迹之纪录；兴言及此，怆恸殊深，今后欲言宪政，则凡以政治家自期者，必须有政治家之雅量，即应以政策相尚，政绩相绳，以光明磊落之风度，作步武堂堂之竞争。政治上之为友为敌，系基于政治主张，非缘于个人恩怨。威逼利诱、非政之经，暗杀兵争，尤须力戒。宪政前途，实系于斯！

英儒麦考黎有言曰："宪法者纸币也。纸币诚利于商，而无实币以盾其后，纸亦纸耳，何裨于用？惟宪法亦然。宪法之下，别有力焉，此力不行，宪濒于死。此力者何？亦吾民生长歌哭久久相沿为用之种种法则而已。"地方自治也，法治精神也，政治道德也，均所以培养宪政之力也，此力既具，法制乃立，宪政根基，即在是也。

徐定戡

两汉刑名考

作者简介

徐定戡，原名徐祖武，晚年又号稼研，祖籍绍兴盛陵，1916 年 4 月 11 日生于杭州。抗战期间，在上海入大厦大学学习法律。抗战胜利后，任上海地方法院检察院检察官。新中国成立后，曾任最高人民法院华东分院审判员。1986 年 4 月入上海文史馆。1994 年之后移居澳大利亚。徐先生一生主要以诗词名世，创作有多部诗词集。主要著作为《两汉刑名考》。

出版社：震旦法律经济杂志社。

出版年份：1947 年。

馆藏：中国人民大学图书馆旧平装书室。

作品简介：作者为阐明有汉一代刑名嬗变之迹，因钩稽史传，考其本末因革，而有《两汉刑名考》之作。本书将汉代刑制分为生命刑、身体刑、自由刑、财产刑、能力刑、流刑、酷刑七种，对汉代刑罚的适用和演变作了详细的说明。生命刑为剥夺犯罪者生命的刑罚，包括枭首、腰斩、弃世、族诛等。作者对弃世与族诛的考察较为详细，说明了弃世的含义及其与磔刑的关系，辨别诸说，认为夷三族的“三族”为父母、兄弟、妻子，而如淳的父族、母族、妻族之说是错误的。身体刑包括宫刑、刖、劓、鞭扑、督等。作者围绕文帝的刑制改革详述了肉刑废复之争，阐明了这些刑罚的适用情状及其沿革。自由刑包括髡钳城旦舂、完城旦舂、鬼薪白粲、罚作复作等。财产刑包括赎刑、罚金、顾山等。能力刑包括夺爵、除名、禁锢。流刑有徙边。另外，作者还列举了一些酷刑事例。本书正文之外，还附有两汉律家及其法律思想摘要，对于理解两汉律学的发展多有帮助。(黄树卿整理)

一、绪论

汉兴，高祖初入关，约法三章曰，杀人者死，伤人及盗抵罪，蠲削烦苛，兆民大说，其后四夷未附，兵革未息，三章之法，不足以御奸，于是相国萧何，捃摭秦法，取其宜于时者，作律九章，惟其刑名仍多延秦制，如夷三族、枭首、腰斩、弃市、宫、刖、劓、黥、城旦、鬼薪诸刑，其实皆本于秦制也，但终汉之世，代有损益。景帝改磔曰弃市，然考之王吉，云敞诸传，则磔刑未尽除也。高后元年，既云除夷三族之罪矣，而孝文元年，复有尽除收帑相坐之令，宜不复再用此制，然考之晁错，李陵各传，则皆以族诛。东汉之末，少府耿纪，司直韦晃，车骑将军董承，皆以谋操不克夷三族，是终汉之世，此刑未尝除也。文帝十三年，既除肉刑矣，然肃宗时又诏有司绝钻钻诸惨酷之刑，案钻者，钻去其膑骨，亦即膑刑是也。文帝定律，定刖右趾者弃市，而明帝赎罪诏中，于死罪之下，又列右趾，是刖刑亦未尽除也。景帝元年，诏既明言文帝除宫刑矣，然陈忠传则又云，请除蚕室刑，事皆施行，而光武以后，又时有募下入蚕室之诏，考宫刑至隋开皇初始废，是终汉世，此刑亦未尝除也。文帝以笞代肉，此即后世所颂为仁政者，然终汉之世，尝欲议复肉刑，迄于晋代，此论未已，盖笞者辄死，不敢复用，而减死罪一等即入髡钳，轻重无品，仲长统、崔实、班固、陈群诸人论之详矣，他如徙边之制，始作孝武，鞭杖之设，始于明帝，是皆有汉一代刑名嬗变之迹也。因钩稽史传，旁及私家载籍，详其本末因革，证诸事实，以明其适用，作两汉刑名考。

六、能力刑

能力刑者，即现行刑法所载，国家褫夺犯罪人之公权之谓也。其起源甚古，《易旅卦》云，“丧其童仆”，“得其僮仆”。《小畜卦》云，“畜臣妾吉”。《书微子》曰，“我罔为臣仆”。《费誓》云，“臣妾逋逃”。易书两经所载丧失能力而降为奴隶已如此，而春秋楚芋尹无宇之言，其阶级则尤划然有别，其言曰，“天有十日，人有十等……王臣公，公臣大夫，大夫臣士，士臣皂，皂臣舆，舆臣隶，隶臣僚，僚臣仆，仆臣台”（《左传·昭公十年》)。从而知古代之贵戚显宦降至仆隶者，为数必伙，如《左传·昭公三年》有“乐、郤、胥、原、狐、续、庆、伯降在皂隶”之语，可为佐证。且古代之降在奴隶者，亦有复权之规定，如《左传·襄公二十三年》载，“初斐豹隶也，著于丹书，廪氏之力臣曰督戎，国人惧之，斐豹谓宣子曰，苟焚丹书，我杀督戎，宣子喜曰，而杀之，所不请于君焚丹书者有如日”。丹书者，罪状之书也，若禁丹书，即可侪于齐民，故奴隶之得以同复，实无可疑。《商子·算地篇》云，“刑人无国位，戮人无官任”，此其法制，与现行刑法之规定，岂有间耶，至其夺爵除名之主旨奚在，依《算地篇》载“刑人有列，则君子下其位，衣锦食肉，则小人冀其利，君子下其位则羞功，小人冀其利则伐奸，故刑戮者，所以止奸也，而官爵者，所以劝功也，今国立爵而民羞之，设刑而民乐之，此盖法术之患也”。其言颇有合于近代法理观念者，又如《礼记王·制》载，“是故公家不畜刑人，大夫弗养，士遇之涂，弗与言也，屏之四方，惟其所之，不及政，示弗故生也”，其鄙贱刑人之观念，灼然可见，汉沿秦制，亦以夺爵除名，视为从刑，而禁锢之刑，则尤远溯周制也。

甲 夺爵

《史记·秦始皇纪》，“夺爵，迁蜀四千余家”，又“武安君有罪为士伍，注，如淳曰，尝有爵而以罪夺之，谓之士伍”。《景帝纪》云，“夺爵为士伍免之，注，师古曰，谓夺其爵，令为士伍，又免其官职，即今律所谓除名也，谓之士伍者，言从士卒之伍也”。《艺文类聚》五十一《引王粲爵论》云，“依律有夺爵之法”，济南安王康传云，“康在国不循法度，交通宾客，其后人上书告康招来州郡奸猾，渔阳颜忠刘子产等又书遗其缯帛案图书，谋议不规，事下考，有司举奏之，显宗以亲亲故，不忍穷竟其事，但削爵”。《汉旧仪》云，“秦制二十爵，男子赐爵一级以上有罪以减，年五十六免，无爵为士伍，年六十乃免，老有罪，各尽其刑”。观此，则汉时夺爵之制，其因袭秦制，尤无可疑也。

乙 除名

《陈书·沈铢传》引汉律，有死罪及除名罪证明白云云，则夺爵除名，皆汉律之所载也。考《晋志》载，魏罚金之下，有杂抵罪七，晋律同，夺爵除名，疑皆杂抵罪之类，附于罚金之后。《唐六典》裁，晋以赎刑、罚金、杂抵罪三者为赎罪。《陈宠传》有赎罪以下云云，疑汉制当与晋同，具见程树德《九朝律考》，以其立说精确，因选录之。

丙 禁锢

禁锢者，亦能力刑之一也。凡官吏犯罪时，对于其仕途加以封闭使其终身不得再行服官，与近世法律所称永不叙用，其性质相似。按《左传·成公二年》，“禁锢勿令仕”，又“屈巫奔晋，子反请以重币锢之”。又《襄公三年》，“会于商任，锢乐氏也”。禁锢，盖本周制，《章帝纪》云，“元和元年诏曰，一人犯罪禁至三蜀，莫得垂缨士宦王朝，如有贤才而没齿无用，朕甚怜之，非所谓与之更始也，诸以前妖恶禁锢者，一皆蠲除之，以明弃咎之路，但不得在宿卫而已”，注“三蜀，谓父族母族及妻族也”。《灵帝纪》云，“二年，四月，丁酉，大赦天下，诸党人禁锢，小功以下皆除之”（时上禄长和浮上言，党人锢及五族，有乘典训，帝从之）。《乐巴传》云，“会桓帝崩，营起宪陵，陵左右或有小人坟冢，主者欲有所侵毁。巴连上书苦谏，时梁太后临朝，诏诘巴曰，大行皇帝晏驾有日，卜择陵园，务从省约，茔域所极，裁二十顷，而巴虚言主者坏人冢坟，事既非实，寝不报下，巴犹固遂其愚复上诽谤，苟肆狂瞽，益不可长，巴坐下狱，抵罪禁锢，还家二十余年”。《刘般传》云，

“元和二年，时征西校尉任尚以奸利被征抵罪，尚曾副大将军邓骘，骘党护之，而太尉马英、司空李郃，承望骘旨，不复先请，即独解尚臧锢，恺不肯与议，后尚书案其事，二府并受谴咎，朝廷以此称之”。《党锢传》云，“凡党事始自甘陵汝南，成于李膺张俭，海内涂炭，二十余年，诸所蔓衍，皆天下善士”，又云，“免官禁锢，爰及五蜀，注，谓斩衰齐衰，大功小功缌麻也”。《刘恺传》云，“安帝初，清河相叔孙光坐臧抵罪，遂增锢二世，衅及其子”，注，“二世谓父子俱禁锢”。《息夫躬传》云，“素所厚者，皆免废锢”，注，“师古曰，终身不得仕”。《鲍昱传》云，“建初元年大旱，肃宗召昱问曰，旱既大甚，将何以消复灾眚，对曰，臣前在汝南，典理楚事系者千余人，恐未能尽当其罪，宜一切还诸徙家属，蠲除禁锢，帝纳其言”。《巴肃传》云，“肃拜议郎，与窦武陈蕃等谋诛阉宦，武等遇害，肃亦坐党禁锢，中常侍曹节后闻其谋，收之，肃自载诣县，县令见肃入阁，解印绶与俱去，肃曰，为人臣者，有谋不敢隐，有罪不逃刑，既不隐其谋矣，又敢逃其刑乎，遂被害”。《桓荣传》云，“桓帝朝，彬厉志操，与左丞刘歆，右丞杜希，同好交善，未尝与方共酒食之会，方深怨之，遂章言彬等为酒党，事下尚书令刘猛，猛雅善彬等，不举正其事，节大怒，劾奏猛以为阿党，请收下诏狱，在朝者为之寒心，猛意气自若，旬日得出，免官禁锢”。《灵帝纪》云，“建宁二年，七月，中常侍侯览讽有司奏前司空虞放，太仆杜密，长乐少府李膺，司隶校尉朱瑀、颍川太守巴肃、沛相荀翌、河内太守魏朗、山阳太守翟超，皆为钩党，下狱，死者百余人，妻子徙边，诸附从者，锢及五属，制诏州郡，大举钩党，于是天下豪杰及儒学行义者，一切结为党人”，又“熹平五年，闰五月，永昌太守曹鸾坐讼党人，弃市，诏党人门生故吏父子兄弟在位者，皆免官禁锢”。《五行志》云，“光和三年，癸丑，赦令诏书吏民依党禁锢者，赦除之，有不见文他以类比疑者谳，于是诸有党郡，皆献廷尉”。《韩棱传》云，“显宗朝，兴子尝发教欲署吏，棱拒执不从，因令怨者章之，事下案验吏以棱掩蔽兴病，专典郡职，遂致禁锢，显宗知其忠，后诏特原之”。《马融传》云，“元和二年，融上颂奏，忤邓氏滞于东观，十年不得调，因兄子丧自劾归，太后闻之，怒谓融羞薄诏除。欲仕州郡，遂令禁锢之”。《东汉会要》云，“永初中，陈忠上言，解臧吏三世禁锢，事皆施行”。按文帝时贾人赘婿及吏坐臧者，皆禁锢不得为吏。及东汉，则臧吏禁锢并及子孙，殇帝延平元年，诏自建武以来诸犯禁锢，诏书虽解，有司持重，多不奉行，其皆复为平民，是当时一经禁锢，虽遇解放，仍不得为平民也，驯至党锢之祸起，海内涂炭，蔓衍所及，皆天下贤才，汉社以屋，溯原归本，未始非禁锢之制，有以致之也。

七、流刑

流刑，为自由刑之最重者，隋唐视其次于死刑一等者。《舜典》曰，“流宥五刑”，注“宥，宽也”，以流放之法宽五刑也。《王制》“移郊移遂，屏之远方”，《大学》“惟仁人放流之，不与同中国”，《左传》“投之四裔，以御魑魅”，皆三代流刑之制，其实流刑之适用，不必限于宥恕之范围，实为一种次于死刑之重刑也。《史记·五帝本纪》云，“帝舜以帝鸿氏有不才子，掩义隐贼，好行凶慝，少皋氏有不才子，毁信恶忠，崇饰恶言，颛顼氏有不才子，不可教训，不知话言，缙云氏有不才子，贪于饮食，冒于货贿，乃流四凶族，迁于四裔，以御魑魅”，可以为证，而所谓流四凶族，实为后世族流之始，族流之刑，自较己身为重，故《国语·周语》有，“余一人其流于裔土，何辞之有”之语。流刑名称甚繁，有放也，迁也，徙也，戍也，窜也，谪也，逐也，屏也诸种，其实皆同类之事。特用语各异耳，汉沿秦制，亦有发谪徙边之制，更与后世之军流无殊，诸徙边者，大抵非特诏不得归，故东汉安帝诏曰，“自建初以来，诸妖言它过坐徙边者，各归本郡”，可以证之。

甲 徙边

秦迁嫪毐舍人四千余家于房陵，徙有罪而谪之以实郡县，事见《史记》，则秦已然，汉承其制，《明帝纪》云，“永平八年，募郡国中都官死罪系囚减死一等勿笞，诣度辽将军营屯朔方五原之边县，妻子自随，便占着边县，父母同产欲相代者，恣听之”。按其后永平十六年，章帝建初七年，和帝永元八年，安帝元初二年，及冲帝桓帝时，俱有徙边之令，迨终汉之世，以徙边为永制也。《郭躬传》云，“章和元年，赦天下系囚，减死罪一等，勿笞，诣金城，而文不及亡命未发觉者，躬上封事，言死罪已下，并蒙更生，而亡命捕得，独不沾泽，臣以为赦前犯死罪而系在赦后者，可皆勿笞，诣金城以全人命，有益于边，肃宗从之”。《陈汤传》云，“汤前有讨郅支单于功，其免汤为庶人，徙边”。《杨球传》云，“球送洛阳狱诛死，妻子徙边”。《段颎传》云，“光和三年颎代桥玄为太尉，在位月余，会日食自劾，有司举奏，诏收印绶，诣廷尉，时司隶校尉阳球奏诛王甫，并及颎，就狱中诘责之遂饮鸩死，家属徙边”。《虞诩传》云，“永建元年，代陈禅为司隶校尉，时中常侍张防特用权执，每请托受取，诩辄案之，而屡寝不报，诩不胜其愤乃自系廷尉，防流涕诉帝，诩坐论输左校，防必欲害之，二日之中，传考四狱，狱吏劝诩自引，诩曰，宁伏欧刀，以示远近，于是诩子颉与门生百余人举幡，候中常侍高梵车，叩头流血，诉言枉状，梵乃入言之，防坐徙边，即日赦出诩”。《北堂书钞》卷四十五云，“蔡邕徙朔方，报杨复书云，昔此徙者，故城门校尉梁伯喜，南郡太守马季，长或至三岁，近者岁余，多得旅返”。《御览》六百四十引“三辅决录”云，“马融为南郡太守，坐忤大将军梁冀，竟髡徙朔方”。按《史记·始皇本纪》载，“发诸尝捕亡人，赘壻，贾人，略取陆梁地为桂林象郡南海，以适遣戍”。《司马迁报任安书》云，“不韦迁蜀，世传吕览”，从可知秦之迁徙罪犯，其所在地，固甚广也（房陵，即今房州房陵县，《汉书·地理志》云“房陵县属汉中郡，在益州部，接东南一千三百一十里”，秦之迁谪官吏之场所，大都为房陵也）。

八、酷刑

酷刑者，实为一种刑讯之制，按秦汉刑讯，不见于法令，或为法官一种淫威，如秦之榜掠是也，或为默认之事实，如贾谊所谓司寇小吏，岂骂而榜笞之是也。《汉书·陈万年传》云，“下狱掠治”。《路温舒传》云，“箠楚之下何求而不得”。是拷问之举，在汉已极为普遍，然皆由于有司执事未悉奉承，断狱者急于榜格酷烈之痛，执宪者繁于诈欺放滥之文，违本离实，箠楚为奸（见《晋书·刑法志》）。故宣帝时鉴于系者或以掠辜，若饥寒瘐死狱中，令郡国岁上系囚以掠笞，若瘐死者，所坐名县爵里，章帝时，纳陈宠言，决罪行刑，务于宽厚，其后遂诏有司禁绝钻钻诸酷痛旧制（见《汉书·宣帝纪》及《晋书》），皆不外使其归于正常焉，至于汉景帝箠令之设，原为笞罪之刑具，非为拷问之设，吏滥用之，非本意也（按箠长五尺，以竹为之，皆平其节，当笞者，笞臀，毋得更人，毕一罪，乃更人，见《汉志》及《景帝纪》）。

甲　和帝用酷吏

《五行志》云，“和帝永元五年，是时和帝用酷吏周纡为司隶校尉，刑诛深刻”，又《周纡传》云，“永元五年，纡迁司隶校尉，六年夏旱，车驾自幸洛阳，录囚徒二人，被掠生虫，坐左转骑都尉”。

乙　酷刑诸事例

《王吉传》云，“吉少好诵读书传，喜名声而性残忍。年二十余，为沛相。晚达政事，能断察疑狱，发起奸伏，多出众议，课使郡内，各举奸吏豪人，诸常有微过酒肉为赃者，虽数十年犹加贬弃，注其名籍，专选剽悍吏，击断非法，若有生子不养，即斩其父母，合土棘埋之，凡杀人，皆磔尸车上，随其罪目，宣示属县，夏月腐烂，则以绳连其骨，周遍一郡乃止，见者骇惧，视事五年，凡杀万余人”。

《陆续传》云，“是时楚王谋反，阴疏天下善士，及楚事觉，显宗得其录。有尹兴者，乃徵兴诣廷尉狱，续与主簿梁宏，功曹史驷勋及掾吏五百余人，诣洛阳诏狱就考。诸吏不堪痛楚，死者大半，惟续、宏、勋拷掠五毒，肌肉消烂，终无异辞。续母远至京师，觇候消息，狱事持急无缘与续相闻。母但作馈食，付门卒以进之。续虽见考苦毒，而辞色慷慨，未尝易容，惟对食悲泣不能自胜。使者怪而问其故，续曰，‘母来不得相见，故泣耳。’使者大怒，以为狱门吏卒，通传意气，召将案之。续曰，‘因食饷羹，识母所自调和，所知来耳，非人告也。’使者问，‘何以知母所作乎?’续曰，‘母尝截肉未尝不方断葱以寸为度，是以知之。’使者问诸谒舍，续母果来，于是阴嘉之，上书说续行状，帝即赦兴等事，还乡里，禁锢终身。”

《缪肜传》云，“时县令被章见考吏，皆畏惧自诬，而肜独证据其事，掠考苦毒，乃至体生虫蛆，因复传换五狱谕涉四年，令卒以自免”。

《谢弼传》云，“中常侍曹节从子绍，为东郡太守，忿疾于弼，遂以他罪收拷掠案死狱中”。

《戴就传》云，“扬州刺史欧阳参，奏太守成公浮臧罪，遣部从事薛安，案仓库簿领收就于钱塘县狱，幽囚考掠，五毒参至，就慷慨直辞，色不变容，又烧鋘斧，使就挟于肘腋，就语狱卒，可熟烧斧勿令冷，每上彭考，因止饭食不肯下，肉焦毁堕地者，掇而食之。主者穷竭酷惨，无复余方，乃卧就覆船下，以马通熏人，一夜二日，皆谓已死。发船视之，就方张眼大骂曰，何不益火而使灭绝。又复烧地，以大针刺指爪中，使以把土，爪悉堕落。主者以状白安，安呼见就，谓曰，太守罪秽狼藉，受命考实，君何故以骨肉拒扞也。就据地答曰，太守剖符，大臣当以死报国，卿虽衔命，固宜申断冤毒，奈何诬枉忠良，强相掠理，令臣谤其君，子证其父，薛安庸骙，忸行无义，就考死之日，当白之于天，与群鬼杀汝于亭中；如蒙生全，当手刃相裂。安深奇其壮节，即解械更与美谈，表其言辞，解释郡事，征浮还京师，免归乡里”。

《阳球传》云，“光和二年，球迁为司隶校尉。王甫休沐里舍，球诣阙谢恩，奏收甫及中常侍淳于登、袁赦、封［曰羽］、中黄门刘毅，小黄门庞训、朱禹、齐盛等。及子弟为守令者，奸猾纵恣，罪合灭族。太尉段颎谄附佞幸，宜并诛戮，于是悉收甫颎等送洛阳狱，及甫子永乐少府萌，沛相吉，球自临考甫等，五毒备极。萌谓球曰，父子既当伏诛，少以楚毒假借老父。球曰，若罪恶无状，死不灭责，乃欲球假借耶。萌乃骂曰，尔前事吾父子如奴，奴敢反汝主乎，今日困吾，行自及也。球使以土塞萌口，箠朴交至。父子悉死杖下，颎亦自杀，乃僵磔甫尸于夏城门，大署榜曰‘贼臣王甫’，尽没入财产，妻子皆徙比景。球既诛甫，复欲以次表曹节等，乃敕中都官从事曰，‘且先去大猾，当次案豪右’，权门闻之，莫不屏气。”又云，“光和二年，时顺帝虞贵人葬，百官会丧还，曹节见磔甫尸道次，慨然抆泪曰，‘我曹自可相食，何宜使犬舐其汁乎’。语诸常侍，今且俱人，勿过里舍也。节直入省，白帝曰，‘阳球故酷暴吏，前三府奏当免官，以九江微功，复见擢用，愆过之人，好为妄作，不宜使在司隶，以骋毒虐’。帝乃徙球为卫尉”。

《皇甫规妻传》云，“安定皇甫规妻者，不知何氏女也。规初丧室家，后更娶之。及规卒时，妻年犹盛而容色美，后董卓为相国，承其名，娉以軿辎百乘，马二十匹，奴婢钱帛充路。妻乃轻服诣卓门，跪自陈情，辞甚酸怆，卓使传奴侍者悉拔刀围之而谓曰：‘孤之威教，欲令四海风靡，何有不行于一妇人乎？’妻知不免，乃立骂卓曰：‘君羌胡之种，毒害天下，犹未足耶！妾之先人，清听奕世。皇甫氏文武上才，为汉忠臣。君亲非其趣使走吏乎？敢欲行非礼于尔君夫人耶！’卓乃引车庭中，以其头悬轭，鞭扑交下。妻谓持杖者曰：‘何不重乎？速尽为惠。’遂死车下。”

金兆丰《中国通史·刑法编·两汉之酷刑》云：“汉初，文帝除诽谤妖言之禁，孝武雄猜，任其私智，一用秦法，任用张汤赵禹之属，条定法令，作‘见知故纵，监临部主’之法（见知人犯法不举告，为放纵，而所监临部主有罪并连坐也），缓深故之罪（吏深害及故入人罪者皆宽缓），急纵出之诛（吏释罪人，疑以为纵出，则急诛之）。时大农令颜异，以论白鹿皮币拂上意。人有告异他事，下张汤治，异与客语。客言初令下有不便者，异不应，微反唇，汤奏异当九卿见令不便，不入言而腹诽，论死。是后有'腹诽法'，腹诽者，无罪证之可言，祸更烈于诽谤妖言者也。孝武既兴师动众聚敛烦苛，郡国二千石多酷暴，民益轻犯法，东方盗贼大起，于是'沈命法'又作焉，曰盗起不发觉，觉而勿捕，捕勿满品，二千石以下至小吏主者皆死。终武帝世，张汤杜周，相继为廷尉，并以峻文决理天下，岁断狱以千万数，而奸猾巧法，因缘为市，所欲活者传生议，所欲陷者予死比，刑罚之滥，至斯而极矣。"所论亦殊扼要有见地，因摭录于此。

徐道邻

唐律通论

作者简介

徐道邻（1906—1973），安徽萧县人。生于日本东京。早年留学德国，获法学博士学位。回国后在国民政府国防设计委员会任职。1938年任驻意大利使馆代办。后任国民政府国防最高委员会参事、行政院政务处处长、考试院铨叙部甄核司司长等职。1949年赴台湾，在台湾大学等校执教。后到美国华盛顿大学讲学。1973年12月24日在美国病逝。

出版社：重庆，中华书局。

出版年份：1947年。

馆藏：国家图书馆中文图书基藏库。

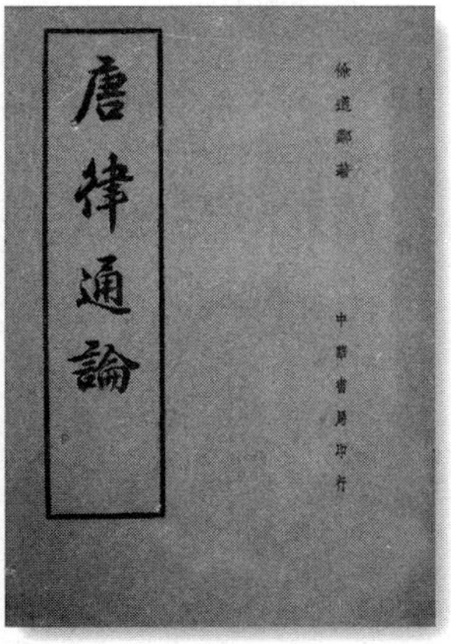

作品简介：本书由十四个部分构成，分别是：读唐律有四益说；唐律之与中国法制史；唐律之与现代法；唐律之与东亚诸国；唐律之与罗马法；礼教中心论；家族主义论；论尊君；论崇官；唐律狱讼制度特点；论唐律之不罚未遂罪及其自首之制；唐律无自卫说；唐律中之新颖思想；读唐律札记。

作者首先指出读唐律的四大益处，包括可以培养现代法律观念、解除对中国古代法律之误解、有利于改良近代法典及了解有唐一代的社会情形。第二部分，作者认为唐律在中国法制史居于最高地位，“上集秦汉魏晋之大成，下立宋元明清之轨范”。第三部分分别从民、刑两个大角度和多个具体的实例比较唐律与现代法，指出两者某些方面的相似性。第四部分论述了唐律对东亚诸国立法等方面的影响。第五部分从十几个具体的法律条文和制度出发，指出了唐律和罗马法的诸多相同点。从第六到第九部分，作者将唐律的基本原则归结于“礼教中心论”、“家族主义”、“尊君”、“崇官”四个方面。作者认为唐律以礼教为核心的原因在于法律注重人与人之间的关系，这也导致法律以社会为本位，不像西方法律注重处理人与物的关系，故以权利为中心，以个人为本位。论述家族主义特色时，认为家族主义是一种方法，而非一种目的；家族观念并不妨害是非观念，并强调它符合人类天性。以具体条文为例说明唐律的尊君特点后，进而论述了中国无国家论的原因。从官当、减罪等条文出发，论述唐律具有崇官慎刑之特点，认为崇扬名位可以抑制货利的引诱，而慎刑可以提高名位之作用。在第十部分，作者总结了唐律狱讼的特点，如徒以上罪都经过复审；司法与行政权不分；集议请裁、裁判采多方观点等等。第十一和第十二部分论述了唐律少有规定未遂罪和自卫的原因。第十三部分，作者总结唐律有感应主义、目的主义、人格主义、人道主义、优生等十四个新颖思想。在最后一部分，作者继续归纳出唐律十多条优点，如轻刑慎杀、重农事、不拘泥文字、术语精密、文字美妙等等。

近代对西学的过分盲从，使当时的法学浅薄浮躁。徐道邻先生深知此弊，故在西学浪潮中阐扬传统，深入严谨地考察了唐律及背后的传统法律文化，对唐律作出公正精确的评价，同时在中西、古今的比较基础上指出法律应当承继传统，才可真正造福社会。（邱少晖整理）

叙

余草唐律疏议补注异，意有未尽，乃更就其微旨要义，粗为阐发，遂成此卷。困牍之暇，难云思藻；而山居僻塞，典籍渺然，因亦罕所参稽。敢云托志文章，效古人惜寸阴尔。大雅不弃，匡其讹谬，则幸甚矣！

民国三十二年七月徐道邻识于重庆之歌乐山

二　唐律之与中国法制史

唐律在全部中国法制史中，据最高之地位。实以其上集秦汉魏晋之大成，下立宋元明清之轨范。故历朝法典，无与比伦。兹分言之如下：

一、承先之唐律　中国自有史以来，论法之著者，首推李悝“法经”。其后汉有箫何九章之律。魏晋北齐，皆号明法。而此千余年来之法律思想制度，皆自唐而得一总汇。观唐律各律篇首之疏，对秦汉魏晋间各篇之增损因革，既叙述綦详，而律内各律之因袭于前代者，亦多可借他书考证。名例律之篇首疏不云乎？“远则皇王妙旨，近则萧贾遗文，沿波讨源，自枝穷叶”。自叙尤明。则秦汉魏晋之律虽无存，实已假唐律而存矣。唐律之承用汉律者，沈家本有“汉律摭遗”二十二卷，考证甚详。承用其他前代律者，尚待考证。

二、启后之唐律　唐律自“永徽疏”成后，遂为历代制律之准绳，其脉传之迹，较其所以集前代之大成者尤显。盖五代六十年，率皆沿用唐律：后梁之“大梁新定律令格式”，后周之“同光刑律统类”，其律皆仍唐之旧，后周之刑统，亦止“申画一规”，别无创作，后晋后汉尤无论。宋初沿用后周刑统，见之史册。建隆四年，重定刑统，全部实为唐律。后虽以敕代律，而律实未见更改。故终宋之世，其律未尝离唐律范围。元初循用金律，而金律者多承于辽，辽律即唐律也。其后颁“至元新格式”，为目二十，其面目始稍变，而犹同于唐者九。其异者十一，大体在命名分章，至八议十恶官当之制，皆仍唐也。明律尤直承唐律。李善长等议律，谓“今制宜遵唐旧”。见“明志”。盖太祖尤倾心唐律，洪武元年，命儒臣四人，同刑官讲唐律，日进二十条也。明律初以六部为依归，名例居后；继又援用唐篇目。而最后修订（洪武二十二年），仍以六部为纲，而以旧律各目，分属其下。其内容十之七八，无改唐律。清律屡经修校，其篇目一同明律，而损益尤微。故明清两代之律，其形式固有异于唐，待详考其实，则唐律之规模，盖依然也。（以上参陈顾远：《中国法制史》，页三七一四。）暨清末变法，民国制典，西洋法之影响遂著，然史地之环境不移，唐律之迹，终不至荡然无存，详见下章。耶士卡勒（Escara）有言：“从唐律起，中国的法理专门学问，和法律的准则与解释，方才开始发展”。又言：“中国司法制度的进化，起始于西历六百五十年，至一千九百一十年。经过一千二百六十年，都进步的很缓慢，并只有轻微的改订而已”。（见杨鸿烈：《中国法律发达史》，页三四三。）持论虽非尽当，然其于唐律之所以启后开来，所见固甚明也。

综上所述，唐律在中国法制史上之价值，灼然甚明。盖研究中国法者，苟非专攻某一代以为长者，如不能尽取历代法典而详读之，惟有读唐律，可以知历代法制之常之正，而他律可略。不知唐律，但习明律清律，则仅见其变其偏而已。刘孚京沈刻唐律义疏叙：“盖自余释褐，备官刑部，寻绎律意，四十年于兹。至于义有所不了，文有所不明，考之群书，遍及故牍，犹未晓彻。及求诸唐律，而后因革之迹，变通之意，昭昭明矣。大抵明以来所变革，虽因世为轻重，要其经常，一当以唐律为正”。不知其渊源本末，未识其刑罚之中。尚无论焉。（关于历代制法经过及法典内容，参阅程树德，朱方、陈顾远各家之《中国法制史》，杨鸿烈之《中国法律发达史》及黄秉心之《中国刑法史》。）

三 唐律之与现代法

唐律之为后世法律准绳，迄于明清，略见上述。及清末鼎革之际，如宣统元年颁行之《大清现行刑律》，民国元年颁行之《暂行斩刑律》，仍多取法唐律。渊源所自，亦理之常。然即国民政府统治下现行法律，在编制时未尝不锐意规摹西洋成法，然在刑法中，固未能全脱唐律范围。即在民法中，与唐律不谋而同之处，亦正不少。兹试就两法中略举数例如下：

甲、民法部分依民国十八年十九年公布民法。

…………

四 唐律之与东亚诸国

近世比较法学兴，而中国法系在世界各种法系中之价值日显。而中国法系之中心，固唐律也。故唐律在东方各国之影响，不可不述。兹分论之如下：

一、朝鲜　朝鲜法制，至高丽王建立国时（公元九一八）渐可详考。而其一代之制，大抵仿唐，刑法尤采唐律。盖即于此十二篇中，取其七十一条。虽简易未足资治，而唐律之基础于是定矣。至朝鲜建国（一三九二）李太祖采用大明律。明律遂为李朝四百余年之大法。即至光武九年（一九〇五）修订刑法大全，亦仍系参酌大明律而成。明律之于唐律，异其面目而存其精神，则虽皆名离于唐而实亦不能去于唐也。

二、日本　日本律令之最古最著者，当推近江（公元六六八）、大宝（七〇一）及养老（七一八）律令。三者皆直接脱胎唐律，其后弘仁（八二〇）、贞观（八六九）、延喜（九〇七）删定格式，举循唐旧。盖自天智天皇（六六八）至醍醐天皇（九〇七）皆遵唐成制者矣。自幕府专政至明治维新，此数百年中，诸藩制法，皆以《明律》为本，如《纪州藩国律》、《新发田藩在中御条目》、《熊本藩御刑法草书》、《弘前潘御刑法牒》、《名古屋藩御定书》，其著者也。即至明治即位，其三年颁布新律纲领，六年之改定律例，亦仍无不以《大明律》为蓝本。则此时日木之私淑唐律，正与李朝时之朝鲜同也。

三、琉球　琉球自尚穆时（一七八六），始有法典，厥名“科律”。内容全用清律。盖律臣自称“大清律四百三十六门之中，所采用之科律，凡一百三条”。日本大藏省所编之《冲绳法制史》谓科律不过为大清律之拔萃缩写而已，殆不虚也。

四、安南　安南久属中国版图，后虽独立，制法仍宗中朝。而黎氏一朝典章（一四二八——一七七七）更复直绍有唐，其载诸“历朝宪章类志”者，皆可得而征也。自阮氏建国（一七七八）乃迳以明清律为蓝本。自一九〇九沦为法属后，则并采用法国律矣。（以上所述，大体据杨鸿烈《中国法律在东亚诸国之影响》。）

中国法在东亚各国之影响，既如上述。而唐律者，又为中国法之中心。则不独以历史方法治中国法者，必读唐律，而以比较方法治中国法者，盖尤必读唐律也。

十三　唐律中之新颖思想

以上数章，就唐律中各种主要观念，略有论述。读者或不免嗤为古董癖，而目为附会之说。然唐律中尚不乏种种思想，在今日观之，弥觉其新颖进步者。兹试论之如下：

一、感应主义　“感应主义者，以刑罚为感应犯罪人之工具。其轻重专以犯罪人感应力之如何以为准，即一方审查其犯罪之事实，一方更考察其犯罪之原因，合双方而验之，以定其所宜处之刑罚。唐律上之‘官当’制度……不失为感应主义。”（朱方：《中国法制史》，页一五八。）

二、目的主义　“目的主义，认刑罚为国家对于犯罪人所施之一种防御手段，以期保全社会及国家之安宁秩序与正义道德。故其用意不在为被害人报复，而在消灭犯罪。而‘官当’之制，‘赎刑’之制，皆含有目的主义存在。”（朱方，同上。）

三、人格主义　“人格主义，重在犯罪之人格，其所云‘八议’其所云‘过失’皆为兼重人格主义之表现。”（朱方，同上。）

四、人道主义　“唐律刑名，虽有身体刑存在，如笞杖之类。然对于古代刑罚之惨酷无人道者，已努力废除。且死刑而外，次之即为自由刑，尤深合于人道主义及刑事政策。”（朱方，同上。）

五、优生思想　中国对于优生论之观念，发达甚早，男女同姓，其生不蕃之论，在春秋时已为人所注意。故户婚律规定同姓不得为婚（《户婚》三十二“同姓为婚”条）而同时极端取缔良贱相混：故官户杂户及奴，与良人婚者，皆有罚。（《户婚》四十二“奴娶良人为妻”条，四十三“杂户不得取良人”条。）奸非之罪，贱人犯良者，加重其罪。（《杂律》二十二“奸徒一年半”条，二十六“奴奸良人”条。）而良人不得养贱为子孙（《户婚》十“养杂户为子孙”条），亦不得愿嫁贱人（《户婚》十一“放部曲为良条”问答）。七出之状，“无子”居首者（《户婚》四十“妻无七出”条），盖以妻在则不能更娶（《户婚》二十八“有妻更娶”条）。纳妾不能得良家女，故以种族为重，而强其出妻耳。“杀一家非死罪三人，支解人，及造畜蛊毒者，其妻子家人，皆缘坐配流。（《贼盗》十二杀一家三人”条，十五“造畜蛊毒”条。）盖以犯者凶狠谬乱，不欲其种族传播华夏，意尤显然。

六、国防政策 唐时之中国，一尚武之国家也。府兵之制，于斯为盛。其国防政策之散见于律令者，《卫禁律》，私度关者徒一年，越度者加一等。（《卫禁》二十五“私度关”条。）又不应度关而给过所者徒一年。（《卫禁》二十六“不应度关”条。）又，越度缘边关塞徒二年。……私与化外人禁兵器者绞。（《卫禁》三十一“越度缘边关塞”条。）此关禁之严也。《厩库律》：牧畜死失及不充，一笞三十。（《厩库》一牧畜产课不充条。）验畜产不实，一笞四十。（《厩库》二“验畜产不实”条。）受官羸病畜产，养疗不如法，笞三十。（《厩库》三受“官羸病畜产”条。）此畜牧之重也。而“邮驿本备军速，其马所拟尤重”（《诈伪》十八诈乘驿马条疏）。故《职制律》：增乘驿马，一匹徒一年。（《职制》三十七“增乘驿马”条。）乘驿马枉道，一里杖一百。（《职制》三十八“乘驿马枉道”条。）乘驿马齐私物，一斤杖六十。（《职制》三十九“乘驿马齐私物”条。）《诈伪律》：诈乘驿马，不问远近皆加役流也。（《诈伪》十八“诈乘驿马”条。）即非官马，而自杀牛马者，徒一年。（《厩库》八“故杀官私马牛”条。）而无罪杀奴者亦不过徒一年耳。（《斗讼》二十“主杀有罪奴婢”条。）将马越度关者，减度人一等。（《卫禁》二十六“不应度关”条。）而出关须请过所者，马以外尚不乏他畜也。（同上条。）畜产出关，必请过所，主不得自杀马牛，非国防政策中所谓统治经济者乎？而兴军征讨，有所稽废者，虽过失不减罪。（《擅兴》七“乏军兴”条。）以弓射为戏，虽赌物亦无罪名。（《杂律》十四“博戏赌财物”条。）唐之崇兵重武，不亦尚乎！

七、警察思想 唐律中警察思想，甚为发达，《户婚律》：脱户者家长徒三年。（《户婚》一“脱户”条。）里正知情者同家长。（《户婚》二“里正不觉脱漏”条。）州县知情者从里正法。（《户婚》三“州县不觉脱漏”条。）此户籍警察也。《杂律》：于城内街巷，及人众中，无故走车马者，笞五十。（《杂律》四“城内街巷走军马”条。）船人行船茹船泄漏不如法，船筏应回避不回避，笞五十。（《杂律》三十九“茹船不如法”条。）此交通警察也。《杂律》：营造舍宅……及坟茔，于令有违者，杖一百。（《杂律》十五“舍宅车服器物”条。）此营建警察也。又：不修堤防及修而失时，主司杖七十。（《杂律》三十六“失时不修堤防”条。）盗决堤防，杖一百。（《杂律》三十七“盗决堤防”条。）此水利警察也。又，医为人合药，误不如本方，虽不伤人，杖六十。（《杂律》七“医合药不如方”条。）穿垣出污秽，杖六十。（《杂律》十六“侵巷街阡陌”条。）《贼盗律》：脯肉有毒，曾经病人，不即焚，杖九十。（《贼盗》十六“以毒药药人”条。）此卫生警察也。《杂律》：深山回泽，施机枪，作坑阱，不立标帜，笞四十。（《杂律》六“施机枪作坑阱”条。）时非烧田野，笞五十。（《杂律》四十二“非时烧田野”条。）《贼盗律》：山野之物，已加功力，辄取者，以盗论。（《贼盗》四十四“山野物已加功力”条。）此森林警察也。《杂律》：负贩之徒，共相表里，参合贵贱，惑乱外人，杖八十。（《杂律》三十三“卖买不和较固”条。）造器用之物及绢布，行滥短狭而卖者，杖六十。（《杂律》三十“器用绢布行滥”条。）私作斗斛秤度不平，在市执用者，杖五十。（《杂律》三十二“私作斗斛秤度”条。）此商业警察也。《贼盗律》：盗毁天尊像佛像，徒三年。（《贼盗》二十九“盗毁天尊佛像”条。）发冢者加役流。（《贼盗》三十“发冢”条。）此宗教警察也。《杂律》：于地内得古器，刑制异常，而不送官者，坐赃论减三等。（《杂律》五十九“得宿藏物”条。）此古物警察也。余例尚繁，兹不缕举。

八、社会防罪制度　唐律之预防犯罪，利用社会组织一节，最足资吾人借镜。其规定人民于犯罪发生时，被动而有动作义务者，《捕亡律》：邻里被强盗，及杀人，告而不救助者，杖一百。（《捕亡》六“邻里被强盗”条。）又，追捕罪人，力不能制，告道路行人，其行人力能助之而不助者，杖八十。（《捕亡》四“道路行人捕罪人”条。）其规定人民于犯罪发生时，有自动动作之义务者，《斗讼律》：强盗及杀人，贼发，被害之家及同伍，即告其主司。若家人同伍单弱，此伍为告。当告而不告，一日杖六十。（《斗讼》五十九“强盗杀人”条。）又：同伍保内，在家有犯，知而不纠者，死罪徒一年，流罪杖一百，徒罪杖七十。（《斗讼》六十“监临知犯法”条。）《杂律》：见火起，应告不告，应救不救，减失火罪二等。（《杂律》四十五“见火起不告救”条。）《捕亡律》：被人殴击折伤以上，若盗及强奸，虽傍人，皆得捕系，以送官司。（《捕亡》三“被殴击奸盗捕法”条。）《斗讼律》：知谋反及大逆者，密告随近官司。不告者绞。知谋大逆谋叛不告者，流二千里。知指斥乘舆，及袄言，不告者，各减本罪五等。（《斗讼》三十九“密告谋反大逆”条。）唐律中，社会本位，义务本位之基本观念，于此数条，最为显然。今世之攻击个人主义，而倡集体安全者，对之能无感乎？

九、公文处理　《职制律》：官文书，依令，小事五日程，中事十日程，大事二十日程。徒以上狱，案辨定须断者，三十日程。其通判及勾，经三人以下者，给一日程。经四人以上，给二日程。大事各加一日程。若有机速，不在此例。（《职制》二十一“稽缓制书”条。）官文书程限，可谓详明。《贼盗律》：废除文案者，依令，文案不须常留者，每三年一拣除。（《贼盗》二十六“盗制书”条疏。）则三年一清档案之制，唐时已通行矣。

十、公物管理　唐律最重公物，关于驿马各条，已详上文。（上第六目。）《杂律》：应乘官船，违限私载，若受寄，及寄之者，五十斤及一人，各笞五十。（《杂律》三十“人乘官船载衣粮”条。）此关于官船之规定也。《厩库律》：假请官物，事讫过十日不还者，笞三十。（厩库十六假借官物不还条。）监临主守以官物私自贷，若贷人，及贷之者，以盗论。（同律十七“监主贷官物”条。）以官物私自借，若借人，及借之者，笞五十。（同律十八“监主以官物借人”条。）明定主守爱护公物之责如此。《杂律》：不应给传送而强取，主司给与者，各与同罪。（《杂律》二十“应给传送剩取”条。）被强而与强者同罪，主守着之责重矣。

十一、移民政策 《户婚律》：卖口分田者，十亩笞十。（《户婚》十四“卖口分田”条。）而狭乡乐迁就宽者，许卖之。（同上条疏。）又，占田过限，于宽闲之处者不坐。（《户婚》十五“占田过限”条。）又：人居狭乡，乐迁就宽乡，去本居千里外，复三年。五百里外，复二年。三百里外，复一年。（同律二十三“应复除不给条”疏。）所谓“务从恳辟，庶尽地利”，亦善于奖励移民矣。

十二、法律适用问题 《名例律》：化外人同类自相犯者，各依本俗法。异类相犯者，以法律论。（《名例》四十八“化外人相犯”条。）此关于国际法之规定也。《擅兴律》：违犯军令，军还以后，在律有条者，依律断。无条者勿论。（《擅兴》十一“主将临阵先退”条。）此关于普通法与特别法之规定也。二者皆唐律中最优美之条文也。

十三、法定假设 唐律中各种规定，以其法定假设，立意最为新颖。如犯罪以造意为首，从者减一等。而家人共犯，则止坐尊长。共监临主守为犯，则监主为守，凡人为从。（《名例》四十二“共犯罪造意为首”条。）共犯罪而有逃亡，见获者称亡者为首，更无证徒，则决其从罪。（《名例》四十四“共犯罪有逃亡”条。）共殴伤人者，以下手重者为重罪。至死者，则随所因为重罪，其事不可分者，以后下手为重罪。不知先后轻重者，则以谋首及初斗者为重罪。（《斗讼》七“同谋不同谋殴伤人”条。）皆其类也。至“保辜”之制，依所伤之轻重，定期限之长短，以判犯人之责任。（《斗讼》九“两相殴伤论如律”条。）则亦法定假设一种，而较切于事实者也。

十四、标准化 《杂律》：斛斗秤度，每年八月，诣太府寺平校。不在京者，诣所在州县官校。并印署然后听用。（《杂律》二十九“校斛斗秤度条”疏。）又云，量，以北方秬黍中者，容一千二百为龠，十龠为合，十合为升，十升为斗，三斗为大斗一斗，十斗为斛。秤权衡，以秬黍中者百黍之重为铢，二十四铢为两，三两为大两一两，十六两为斤。度以秬黍中者一黍之广为分，十分为寸，十寸为尺，一尺二寸为大尺一尺，十尺为丈。（同上。）是不能不谓为科学标准也。

曹谦

韩非法治论

作者简介

曹谦（1891—1972），字百川。原籍安徽，祖迁居游埠镇。毕业于浙江高等学堂。曾任浙江省立第七中学、金华第一中学教员，厦门大学、英士大学副教授。幼承家学，治学严谨，博通文史，尤精版本之学，为人谦恭有礼，有古君子风。1972年病卒。代表作有《文学概论》、《藕孔集》、《韩非法治论》等书。

出版社：上海，中华书局。

出版年份：1948年。

馆藏：国家图书馆中文图书基藏库。

作品简介：作者为在新时期推行法治，宣扬法治理义，增强国人守法观念而作此书。全书分绪论、本论、余论三部分。绪论部分，作者简要概括了韩非法治思想的基本理论。作者认为韩非为法家集大成者，其思想的形成与其所处时代以及当时韩国国情密切相关，并且当时是儒道名墨法家学说大成之时，韩非吸取了各家思想作为其学说的渊源。作者总结韩非思想的主要观点为：进化是时代的趋向，利己是人类的天性，经济是政治的基层。本论部分作者深入剖析了韩非的法治理论。作者认为韩非的法治以国家主义为基础，强调国家利益至上，推行法治的目的就是实现国家富强，挽救国家危亡。其道德观念亦以国家为本位，合于国家利益的即使为世俗所毁恶，亦认为是公善而加以劝导；反之，如违反国家利益，即使是善行也将被禁止。此外，作者指出韩非所讲之法为公布的成文法，是客观的标准，其本源为“道”或“理”，经韩非整合后，提出“法”、“术”、“势”相结合的法治思想。同时，法的作用是刑和赏，所谓赏功罚罪；法的目的则是定名止争；法在执行中任法而不任人，且不畏权贵。最后在余论部分，作者列举了韩非对当时儒家、墨家、道家、名家、纵横家及其他法家学说的批判，以及后世对于韩非的几种批评。本书正文之外，还附有韩非传略及韩非子参考书目，对于读者理解韩非法治思想很有帮助。（于游整理）

第三章 韩非的法治理论

第一节 总说

韩非论治，有一贯的主张。他所处的是急世故不取“宽缓之政”。政治的对象是民众，故着眼常人，而不尚贤智。不贵“微妙之言”，而用“夫妇所明知”，不重“贞信之行”，而揉“烛奸之术”。常人是不可望他自动为善的（法家以守法从令为善），而可令他不得不为善，故舍德化而用法治。法能禁奸塞私，恃己的不可欺，而不恃人的不我欺。以上各义，都是一贯的，为读韩非子所应首先认识的。现节引《韩非子》，予以证明。《五蠹篇》说：

夫古今异俗，新故异备。如欲以宽缓之政，治急世之民，犹无辔策而御驿马：此不智之患也。

又说：

且世之所谓贤者，贞信之行也；所谓智者，微妙之言也。微妙之言，上智之所难知也。今为众人法，而以上智之所难知，则民无从识之矣……今所治之政，民间之事，夫妇所明知者不用，而慕上智之论，则其于治反矣。故微妙之言，非民务也……今贞信之士，不盈于十，而境内之官以百数，必任贞信之士，则人不足官，人不足官，则治者寡而乱者众矣。故明主之道，一法而不求智，固术而不慕信。

《显学篇》说：

夫圣人之治国，不恃人之为吾善也，而用其不得为非也。恃人之为吾善也，境内不什数，用人不得为非，一国可使齐。为治者用众而舍寡，故不务德而务法。

本上述各义，故韩非论治，用“必然”而不取“适然”。贵“近功”而不期“远效”，务“易行”而不贵“难能”，重“实利”而不骛“虚名”，任“法”而不任“人”，用“一国”而不用“一人”。以上各点皆贯通，为切实精当，针对时弊的主张。节引《韩非子》如下：

《显学篇》说：

夫必恃自直之箭，百世无矢；恃自圆之木，千世无轮矣。自直之箭，自圆之木，百世无一，然而皆乘车射禽者，何也？乐括之道用也。虽有不恃乐括而自直之箭，自圆之木，良工弗贵也。何则？乘者非一人，射者非一发也。不恃赏罚而恃自善之民，明主弗贵也。何则？国法不可失，而治者非一人也。故有卫之君，不随适然之善，而行必然之道（按必然之道即是法）。

此是用“必然”而不取“适然”之说《难势篇》说：

且夫百日不食，以待粱肉，饿者不活。今待尧舜之贤，乃治当世之民，是犹待粱肉而救饿之说也……夫待越人之善游者以救中国之溺人，越人善游矣，而溺者不济。

《五蠹篇》说：

故糟糠不饱者，不务粱肉，短褐不完者，不待文绣。夫治世之事，急者不得，则缓者非所务也。

此是贵“近功”而不期“远效”之说。《守道篇》说：

服虎而不以柙，禁奸而不以法，塞伪而不以符，此贲育之所患，尧舜之所难也。设柙非所以备鼠也，所以使怯弱能服虎也。立法非所以备会史也，所以使庸主能止盗跖也。为符非所以豫（虑也）尾生也，所以使众人不相谩也。不恃比干之死节，不幸（冀也）乱臣之无诈也。恃怯士之所能服，握庸主之所易守……明主尊位必法，故能使人尽力于权衡，死节于官职。

此是务“易行”而不贵“杂能”之说。《八说篇》说：

不能具美食而劝饿人饭，不能为活饿人者也。不能辟草生粟而劝贷施赏赐，不能为富民者也。今学者之言也，不务本作而好末事，道虚圣以说民，此劝饭之说，劝饭之说，明主不受也。

此是重“实利”而不骛“虚名”之说。《用人篇》说：

释法术而任心治，尧不能正一国，去规矩而妄意度，奚仲不能成一轮。废尺寸而差长短，王尔不能半中。使中主守法术。拙匠守规矩，则万不失矣。君人者能去贤巧之所不能，守中拙之所万不失，财人尽力而功名立。

《奸劫弑臣篇》说：

人主者非目若离娄，乃为明也；非耳若师旷，乃为聪也。目必不任其数，而恃目以为明，所见者少矣，非不蔽之术也。耳必不因其势，而恃耳以为聪，所闻者寡矣，非不欺之道也。

《饰邪篇》说：

道法万全，智能多失。

此是任“法”而不“任人”之说。《难三篇》说：

以一人之力禁一国者，少能胜之。

《奸劫弑臣篇》说：

明主者使天下不得不为己视，使天下不得不为己听，故身在深宫之中，而明照四海之内，而天下弗能蔽，弗能欺。

此是用“一国”不用“一人”之说。

第二节 何谓法

韩非以法为客观的标准，成文的，公布的。《难三篇》说：

法者，编著之图籍，设之于官府，而布之于百姓者也……故法莫如显。

法的条文，以详明为善，使人易知而易遵。《八说篇》说：

书约而弟子辨，法省而民萌讼，是以圣人之书必著明，明主之法必详事。

法是有强制性的，务在必行，则人不敢犯。《内储说上》说：

董阏于为赵上地守，行石邑山中，见深涧，峭如墙，深百仞，因问其旁乡左右曰："人尝有入此者乎?"对曰："无有。"曰："婴儿盲聋狂悖之人尝有入此者乎?"对曰："无有。""牛马犬彘有入此者乎?"对曰："无有。"董阏于太息曰："吾能治矣。使吾法之无赦，犹入涧之必死也，则人莫之敢犯也，何为不治?"

此法家所以主张"峭法严刑"的理治。用峭法严刑，驱使人民，似乎忍心伤恩，而韩非则以为前苦而后乐，利长且大。《六反篇》说：

今富人之治产也，相忍以饥寒，相强以劳苦，虽犯军旅之难，饥馑之患，温衣美食者，必是家也。相怜以衣食，相惠以佚乐，天饥岁荒，嫁妻卖子者，必是家也。故法之为道，前苦而长利，仁之为道，偷乐而后穷。圣人权其轻重，出其大利，故用法之相忍，而弃仁之相怜也。

天下无有利无害的法，利大害小，则立之行之。《八说篇》说：

法所以制事，来所以名功也。法立而有难，权其难而事成则立之；事成而有害，权其害而功多则为之。无难之法，无害之功，天下无有也。是以拔千丈之都，败十万之众，死伤者军之垂（日人太田方韩非子翼论：垂锤通。锤者三分之一也。）。甲兵挫折，士卒死伤，而贺战胜得地者，出其小害，计其大利也。夫沐者有弃发，除者伤血肉，为（犹如也）人见其难，因释其业，是无术之事也。

法当随时变更，以与当代社会情状，需要相适合。《心度篇》说：

故治民无常，惟法为治。法与时转则治，治与世宜则有功……时移而法不易者乱。能治众而禁不变者削。故圣人之治民，法与时移，而禁与世变。

立法以顺人情为本。人情无不好利恶害，好逸恶劳，然多贪小利而忘大害，恶暂劳而忽久安。而法则诱以利，胁以害，使人忍小苦而得长乐，利大而长，人自乐从。《八经篇》说：

凡治天下，必因人情。人情有好恶，故赏罚可用；赏罚可用，则禁令可立，而治道具矣。《显学篇》说：

民智之不可用，犹婴儿之心也。夫婴儿不剔首则腹（读如腹）痛，不副痤则寖益。剔首副痤，必一人抱之，慈母治之，犹啼呼不止。婴儿不知犯其所小苦，致其所大利也。今上急耕田垦草，以厚民产也，而以上为酷；修刑重罚以为禁邪也，而以上为严；征赋钦粟以实仓廪，且以救饥馑，备军旅也，而以上为贪；并力疾斗所以禽虏也，而以上为暴：此四者所以治安也，而民不知悦也。

人民不知犯小苦而致大利，故须施以刑赏，使有所贪，有所畏，而从上之政令；此是法的最大功用，而以大众的利益为前提的。

韩非以民众多愚鲁（法家既知民愚，即利用其愚以推行法令，而不加以教育，使能辨别利害，知所取舍，自动的奉法从令，这是法家的弱点。而他的采取此种办法，盖以人性利己之故），不辨利害，有如婴儿，以致行动不免好私而多过，而"法所以凌过外私也"（语有度见篇。）。终极的目的，有如《奸劫弑臣篇》所说：

正明法，陈严刑，将以救群生之乱，去天下之祸，使强不凌弱，众不暴寡，耆老得遂，幼孤得长，边境不侵，君臣相亲，父手相保，而无死亡系虏之患。

第六节 法与刑赏

法家都看重刑赏，以为施行法令的工具。从令有功则赏，违令有罪则罚。赏功罚罪，为法的两大作用。韩非以此为“威严之势”，故称之为“二柄”。《二柄篇》说：

明主之所导制共臣者，二柄而已。二柄者，刑德也。何谓刑德？曰杀戮之谓“刑”，庆赏之谓“德”。为人臣者畏诛罚而利庆赏，故人主自用其刑德，则群臣畏其威而归其利矣。

韩非说能“明法禁必赏罚”，国必不亡，且可收富强之效。《五蠹篇》说：

明其法禁，必其赏罚……此必不亡之卫也。

《主道篇》说：

圣人之治也，审于法禁，法禁明著则官治；必于赏罚，赏罚不阿则民用。民用官治则国富，国富则兵强，而霸王之业成矣。

刑赏如此重要，故君须自操其柄，不可为人臣所间蔽，间蔽则威势下移。《喻老篇》说：

赏罚者，邦之利器也。在君则制臣，在臣则胜君。君见赏，臣则损之以为德，君见罚，臣则益之以为威，人君见赏而人臣用其势，人君见罚而人臣乘其威，故曰“邦之利器，不可示人”。

《备内篇》有一个很好的譬喻，说：

夫水之胜火亦易矣，然而釜鬵间之，水煎沸竭尽其上，而火得炽盛焚其下，水失其所以胜者矣。今夫法之禁奸，又明于此。然守法之臣，为釜鬵之行，则法独明于胸中，而已失其所禁奸矣……大臣比周蔽上为一，阴相善而阳相恶，以示无私。相为耳目，以候主隙。人主掩蔽，无道得闻。有主名而无实，臣专法而行之，周天子是也。偏借其权势，则上下易位矣。此言人臣之不可借权势也。

《二柄篇》更举人臣间蔽其君以移威势之事，说：

故田常上请爵禄而行之群臣（尹注“树私德于众官”。），下大斗斛而施之于百姓（谓用大斗斛放粟，施恩于众庶。），此简公失德而田常用之也，故简公见弑。子罕谓宋君曰：夫庆赏赐与者，民之所喜也，君自行之。杀戮刑罚者，民之所恶也，臣请当之（即当国之当，主也。），于是宋君失刑，而子罕用之，故宋君见弑。

人君施赏行罚，不可爱恶从心，须与功罪相当，又须必行，使人信之，故最重一“信”字。《主道篇》说：

功当其事，事当其言则赏；功不当其事，事不当其言则诛……是故明君之行赏也，暧乎如时雨，百姓利其泽也。其行罚也，畏乎如雷霆，神圣不能解也。故明君无偷赏，无赦罚；赏偷则功臣堕其业，赦罚则奸臣易为非。是故诚有功，则虽疏贱必赏；诚有过，则虽近爱必诛。近爱必诛，则疏贱者不怠，而近爱者不骄也。

《用人篇》说：

至治之国，有赏罚而无爱憎。

《内储说上》说：

必罚明威，信赏尽能……刑罚不必，则禁令不行……赏誉厚而信者，下轻死。

贪赏畏罚，出于利己之性。赏罚适当而信必，人知其不可以幸致，则争趋于功利。《难三篇》说：

今有功必赏，赏者不德君，力之所致也。有罪必诛，诛者不怨上，罪之所生也。民知诛赏皆起于身也，故疾功利于业，而不受赐于君。

《五蠹篇》说：

是以赏莫如厚而信，使民利之；罚莫如必而重，使民畏之。法莫如一而固，使民知之。故主施赏不迁，行诛无赦，誉辅其赏，毁随其罚，则贤不肖俱尽其力矣。

韩非以为赏罚期其信而必，故虽小亦不可忽，而必慎必谨。《内储说上》说：

韩昭侯使人藏弊裤，侍者曰："君亦不仁矣，弊裤不以赐左右而藏之"。昭侯曰："非子之所知也。吾闻明主之爱一颦一笑，颦有为颦，而笑有为笑。今夫裤岂特颦笑哉！夸之与颦笑远矣。吾必待有功者，故收藏之，来有予也。"

这是小赏必慎的例。《二柄篇》说：

昔韩昭侯醉而寝，典冠者见君之寒也，故加衣于君之上。觉寝而说，问左右曰"谁加衣者?"左右对曰："典冠"。君因兼罪典衣与典冠。其罪典衣，以为失其事也。其罪典冠，以为越其职也。非不恶寒也，以为侵冠之害甚于寒。

这是小罚必谨的例。韩非论赏罚不当的害处，颇为精切。《饰邪篇》说：

赏罚无度，国虽大兵弱者，地非其地，民非其民也。无地无民，尧舜不能以强。人主又以过予，人臣又以徒取……主过予则臣偷幸，臣徒取则功不尊。无功者受赏，则财匮而民望（怨也），财匮而民望，则民不尽力矣。故用赏过者失民，用刑过者民不畏。有赏不足以劝，有刑不足以禁，则国必大危。

韩非虽有"用刑过民不畏死"之言，然实主严刑重罚；虽刑赏并提，然用刑实多于用赏，尝有"赏繁则奸生"之说。《心度篇》说：

刑胜而民静，赏繁而奸生，故治民者，刑胜，治之首也；赏繁，乱之本也。

这是说得何等明白。刑重而必，赏简而慎，则法令森严，动辄得咎，人民终乃只求免刑，而不敢望赏。《制分篇》说：

是以其民重法而畏禁，愿毋抵罪，而不敢胥（待也）赏，故曰"不待刑赏而民从事矣"。

关于重刑，韩非附和商鞅的论调，以为刑重则大奸小奸尽止，而无伤于民。刑轻则人易犯法，无异为民设陷阱，其言颇辨。《六反篇》说：

夫奸，必知则备，必诛则止；不知则肆，不诛则行。夫陈轻货于幽隐，虽会史可疑也，悬百金于市，虽大盗不取也。不知则会史可疑于幽隐，必知则大盗不取金于市。故明主之治国也，众其守而重其罪，使民以法禁而不以廉止。

所谓“众其守”，即多设耳目，乃必知之卫。所谓“重其罪”，即小罪重罚，使人不敢轻犯。又说：

其夫重刑者，非为众人也，明君之法揆也。抓贼，非治所拨也（拨原作揆，依郭沫若说改。），治所拨也者，是治死人也。刑盗，非治所刑也，治所刑也者，是治胥靡也。故曰重一奸之罪，而止境内之邪，此所以为治也。重罚者，盗贼也，而悼惧者良民也。欲治者奚疑于重刑？……今不知治者，皆曰“重刑伤民，轻刑可以止奸，何必于重哉?”此不察于治者也。夫以重止者，未必不以轻止也，以轻止者，必以重止矣。是以上设重刑而奸尽止，奸尽止，则此奚伤于民也。所谓重刑者，奸之所利者细，而上之所加焉者大也，民不以小利蒙大罪，故奸必止者也。所谓轻刑者，奸之所利者大，上之所加焉者小也。民慕其利而傲其罪，故奸不止也。故先圣有谚曰：“不踬于山而踬于垤”。山者大，故人顺（顺读为慎。）之，垤微小，故人易之也。今轻刑罚，民必易之。犯而不诛，是驱国而弃之也，犯而诛之，是为民设陷也。是故轻刑者，民之垤也。是以轻罪之为道也，非乱国也，则设民陷也：此可谓伤民矣。

重刑的功效，能使人民震惧惕栗，苟免无耻。即能整齐其行动，亦不能坚凝其心志。束缚镇压之力，一有动摇，则反动必起。只看始皇用重刑之后，穿赭衣的犯人，偏于天下。始皇死，陈胜揭竿反叛，秦的政权便瓦解。可惜韩非李斯不能亲见，无由觉悟。

法家主张重刑必罚，自然反对“赦罪”。韩非亦然。《爱臣篇》说：

明主之蓄其臣也，尽之以法，质之以备。（陈启天校释《按墨子经上》云：尽莫不然也。尽之以法，谓一律以法相绳也。集解云：广推释诂：质，正也，备者未至而设之，所以逆杜其邪心也）故不赦死，不宥刑。赦死宥刑，是谓“淫威”（宋乾道本注云：“淫，散也。”），社稷将危，国家偏威（宋本注云：“君威散，臣威成，散曰偏威。）”。

《饰邪篇》说：

小思，大忠之贼也。若使小忠主法，必将赦罪以相爱，是与下安矣；然而妨于治民者也。

赦罪则法坏而下慢易犯；不救罪则法严而人知畏避。内储说上董阏于之言可以参观。

第七节 法与形名

所谓“形名”，即是“名实”，法家如尹文商鞅，都以为名定则分明，分明则争止，大诈化为贞信。法即所以正名定分的，说已见上篇。韩非扩充形名的范围，凡君主的御下用人，听言考绩，都包括其内，成为君术的一部分。后人则缩小其用途，专施于考绩一方面，即所谓“综覆名实”——实即形——君主用之，各级官吏于属下亦用之。又其用法较为简单确定，不似“术”的诡谲复杂，故另立一节，说明其意义和用途。

“形名”二字的关系和功用，尹文子说得最透彻：

名也者，正形者也。形正由名，故仲尼云“必也正名乎?”名不正，则言不顺也。……

故亦有名以检形，形以定名，名以定事，事以检名。察其所以然，则形名之与事物，无所隐其理矣。……名者，名形者也；形者，应名者也……善名命善，恶名命恶，故善有善名，恶有恶名；圣贤仁智，命善者也，顽嚚因愚，命恶者也。今即圣贤仁智之名以求圣贤仁智之实，未之或尽也；即顽嚚凶愚之名以求顽嚚凶愚之实，亦未之或尽也。使善恶尽然有分，虽未能尽物之实，犹不患其差也，故曰名不可不辨也。……名宜属彼，分宜属我。我爱白而憎黑，韵商而舍征；好膻而恶焦，嗜甘而逆苦，白黑商征膻焦甘苦，彼之名也；爱憎韵舍好恶嗜逆，我之分也。定此名分，则万事不乱也。故人以度审长短，以量受多少，以衡平轻重，以律均清浊，以名稽虚实，以法定治乱，以简治烦惑，以易御险难，万事皆归于一，百度皆归于法；归一者简之至，准法者易之极。如此顽嚚声瞽可与察慧聪明同其治也。

因为综覆名实能以简御繁，所以常人用之，可与圣贤同功。这是形名的本义和功用。如用于听言考绩，“言”便是“名”，“事”便是“形”，听其言，授以事，事行而有功，功之大小须和其他相当，用其言，责其功：这便是“循名责实”，韩非称之为“形名参同”。《主道篇》说：

群臣陈其言，君以其言授其事，事以责其功。功当其事，事当其言，则赏；功不当其事，事不当其言，则诛。明君之道，臣不得陈言而不当。

《二柄篇》说：

人主将欲禁奸，则审合刑（同形）名。名者，言与事也。为人臣者，陈其言，君以其言授之事，专以其事责其功。功当其事，事当其言，则赏；功不当其事，事不当其言，则罚。故群臣，其言大而功小者则罚，非罚小功也，罚功不当名也。群臣，其言小而功大者亦罚，非不悦大功也，以为不当名也，害甚于大功，故罚。故明主之畜臣，不得越官而有功，不得陈言而不当；越官则死，不当则罪。

此即“以其所出，反之以为入”的听言之道。“陈言而不当，则罪”，使人不敢欺，亦易使人不敢言，故韩非又有人臣不言之责。《南面篇》说：

主道者，使人臣有必言之责（按此“必”乃“信赏必罚”之“必”，有“信”之义。），又有不言之责。言无端末，辩无所验者，此言之责也。以不言避责持重，此不言之责也。人主使人臣言者，必知其端末，以责其实。不言者，必问其取舍，以为之责，则人臣莫敢妄言矣，又不敢默然矣。言默皆有责也。

这是人君御下之术，言和不言都不能逃罪，所以钳制之使不敢妄言，结果名实稍不符，便不能无罪，幸免的绝少。这是一种不可避免的陷阱，其用心从是惨酷可怕。

韩非更论明君听言时的情状。《扬搉篇》说：

听言之道，容若甚醉。唇乎齿乎？吾不为始乎？齿乎唇乎？愈惛惛乎？

故作昏问，掩迹匿端，使不能知其意，畏其不可测，于是贡献诚意，而所言尽实。韩非于《二柄篇》曾言齐桓公燕王哙不能掩迹匿端，致为易牙子之所侵夺之害。《扬搉篇》于“掩迹匿端”“不见好恶”，“去智与巧”“不见光彩”，专恃形名，以得下情的功效，说得颇为简要：

用一之道，以“名”为首。名正物定，名倚物徙。故圣人执一以静，使名自命，令事自定。不见其采，下乃素正。因而任之，使自事之；因而予之，彼将自举之。正与处之，使皆自定之，上以名举之。不知其名，复循其形，形名参同，用其所生。二者诚信，下乃贡情……圣人之道，去智与巧，智巧不去，难以为常。民人用之，其身多殃，主上用之，其国危亡。……虚静以待，未尝用己……君操其名，臣效其形。形名参同，上下调和也。

第八节 法与贤智

儒家论治，重人不重法，故孟子有“其人存则其政举，其人亡则其政息”的说。荀子亦有“有治人，无治法”的说。且以君子的“贤”“智”“辨”“察”胜于人，听政行法，有法者以法行，无法者以类举。有君子则法虽简略，足以遍治庶事。无君子则法虽完具，不能应付事变。他说，如“不知法之义而正法之数，虽博（谓条文详备）临事必乱”。（语见《荀子君道篇》。）君子知法之义，能推举类例，以应付法的缺漏。能因时制宜，斟酌损益，以广大法的效用。儒家重人不重法的理论，荀子说得最明白精确。但他所说的“君子”，上指圣王，次指贤相，非是一般行法的官吏。“义”为“法之原”，唯圣君贤相知之。至于行法的官吏，则只熟悉条文，而谨守不失。故君道篇说：“官人守数，君子养原”。（按数谓条文，原谓义理。）

韩非是荀卿的弟子，他论治则任法而不任人，说官吏只须守法，无须贤智，似乎和荀子之说相反。但细按之，亦有相同之处。韩非极重法术之士，亦以此自命。法术之士，知法明术，深通治道。求之古代，伊尹管子足以承当。这原是韩非所推重的。《显学篇》说：

欲得民心，而可以为法，则伊尹管仲无所用也。

又说：

夫求圣通之士者，为民智之不足师用。

所谓“圣通之士”，即“知法明术之士”，如伊管之流是。韩非亦认执国柄的人，应用贤智之士。至于一般官吏，即荀子所谓“官人”，只须知条文，能守法便可，不必贤智之士。他的理由是贤人少，官吏多，必不够用。《五蠹篇》说：

今贞信之士，不盈于十，而境内之官以百数，必用贞信之士，则人不足官，人不足官，则治者寡而乱者众矣。

官吏之贤，无过贞信，而贞信之士不够用。如能动行法术，使奸人亦不敢欺，则虽不求贞信之士，而官吏亦不敢不免为贞信。《五蠹篇》说：

若夫贤贞信之行者，必将贵不欺之士，贵不欺之士，亦无不可欺之术也。布衣相与交，无富厚以相制，无威势以相惧也，故求不欺之士。今人主处制人之势，有一国之厚，重赏严诛，以修明法术之所属，虽有田常子罕之臣，不敢欺也，奚待于不欺之士。

次是因为所施行的政令，都是浅近易行，为匹夫匹妇之所明知，无须智士。《五蠹篇》说：

且世之所谓智者，微妙之言也。微妙之言，上智之所难知也。今为众人法，而以上智之所难知，则民无从识之矣。故糟糠不饱者，不务粱肉，短褐不完者，不待文绣。夫治世之事，急者不得，缓者非所务也。今所治之政，民间之事，夫妇所明知者不用，而慕上智之论，则其于治反矣。故微妙之言，非民务也。

《八说篇》说：

察士然后能知之，不可以为令，夫民不尽察。贤士然后能行之，不可以为法，夫民不尽贤。

就立法方面说，不必用贤智之士。韩非更以为“贤”“智”常难兼备，智者不必贤，贤者不必智。如偏用其一，不免有欺人乱事之患。《八说篇》说：

任人以事，存亡治乱之机也。无术以任人，无所任而不败。人君之所在，非辩智则修洁也。任人者，使有势也。智士者未必信也，为其多智，因惑其信也。以智士之计，处乘势之资，而为其私急，则君必欺焉。为智者之不可信也，故任修士。任修士者，使断事也。修士者，未必智也，为洁其身，因惑其智也。以愚人之昏，处治事之官，而为其所然，则事必乱矣。故无术以任人，任智则君欺，任修则事乱。

“修洁”和“贞信”同为贤士美行，不尽有益治道，故韩非宁采取法术，而不求贤智。《五蠹篇》说：

故明主之道，一法而不求智，固术而不慕信。

第九节 法与权贵

商鞅相秦，定变法之令，于是太子犯法，鞅说：“法之不行，自上犯之。太子君嗣，不可施行”。刑其傅公子虔。公子虔也是反对变法的人，亲为公子，贵为师傅，是当时的权贵。权贵常有阻挠政令，败坏法纪的力量和企图。法以奉公塞私为务，而权贵每假公济私，故常和法对立。法术之士，以行法为务，而权贵不利其行，故常和法术之士对立。法术之士得势当权，则屏斥权贵。如公子虔始而被刑，终而杜门不出。权贵之言得用，则法术之士被刑，如韩非为姚贾李斯所害。两者不并立，权贵之徒党众，法术之士势孤，故法术之士处势至危。韩非于此，慨乎言之。韩非将有杀身之祸，堂奚公曾说过，韩非亦知道，而终不稍改，非可说是忠于所信，为学说而牺牲的政治家。问《田篇》记韩非和堂奚公交谈的一段话：

堂奚公谓韩子曰：“臣闻服礼辞让，全之术也。修行退智（犹言藏知。），遂之道也。今先生立……”

程幸超

中国地方行政制度史略

作者简介

程幸超（1913—?），民国时期著名学者，曾任黄埔军校第二十一期教官，“文化大革命”后任教于西南政法学院。

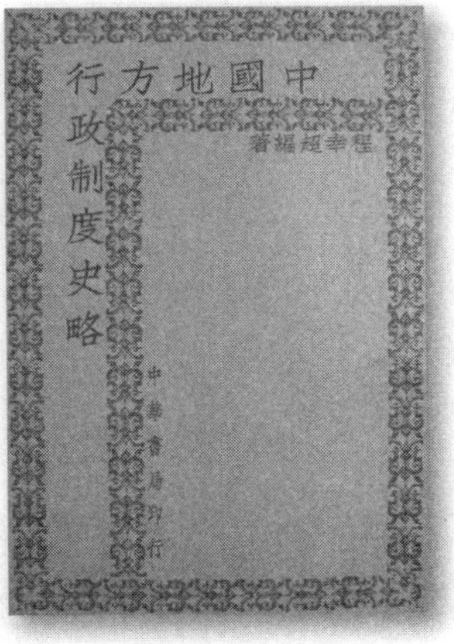

出版社：中华书局。

出版年份：1948年。

馆藏：中国人民大学图书馆旧平装书室。

作品简介：本书除导言与结论外，分为十二章，叙述了从先秦至南京国民政府时期地方政制的建置情况，其目的在于为当时中国地方行政制度的改革提供参考资料，对于我们今天地方行政制度的改革也有重要的参考价值。作者认为，秦立郡县制，为我国有正式地方行政制度的开始。此后，中国古代地方行政制度的演变约可分为四个时期：第一个时期是秦汉两代的郡县两级制；第二个时期是自汉武帝到唐代的虚三级制；第三个时期是宋代所行的特殊的地方政制（宋代也是虚三级制，特殊之处只是用中央官以本职临民而已）；第四个时期是元明清三代的实三级制。但是，不论两级或三级，只有最下一级的县是直接临民之所，县以上各级大都为中央的监察区域。作者推原历代地方行政制度的演变趋势，认为地方行政制度的改革应该仿照汉唐盛世，施行虚三级制，州与县为正式的地方区域，省则为虚级，只是中央督导地方的单位，不负实际行政责任。另外，针对历代地方政府都是中央政府在地方上的行政机关这一情形，作者认为改革后的县与州应是自治的而非官治的，以适应时代发展的要求。本书的脉络条分缕析，叙述流畅，将历代地方政制的建置及演变趋势述说得十分清晰，不失为研究古代地方政府组织结构的一部佳作。（黄树卿整理）

导 言

关于中国地方行政制度的改革问题，在清末时候不仅已有这种呼声，而且就事实说，也略见端倪。不过当时还只限于省、道等上层机构，对于府、州、厅、县亲民之官，却未曾计及。入民国后，一切政治制度都有重大的改革，地方行政制度自然也不能例外，并且以后陆续对于地方政制有很多的变更，同时也有若干人士提出一些关于改革地方政制的意见。但因频年内乱，一切变革都未能达到理想的地步。在抗战期间，仍有许多人注意到地方政制的改革问题。而且自从国民政府颁布县各级组织纲要以后，全国人士对于地方政制应如何改革的问题，尤其是基层机构方面，纷纷加以讨论，以期地方政治能有良好的改革，我们只要看到全国上下能有如此的热情，而且以改革地方基层政制做改革整个地方政制的基础，不能不承认我们的国家已经走上了进步的大道。

不过，新县制虽已陆续开始推行，仍是一种试验的性质，因地方政制的改革，所牵涉到的方面颇多，一时决难有良好的效果。而且一种制度的厘订，必须根据地方实际的情形，否则必有削足适履格格不入之弊。所以关于新县制的推行，政府纵已订有具体的办法，但如何实施以及如何改进，还有待我们继续努力的必要。

加以，地方政制的改革，并不限于县及县以下各方面，县以上的省以及行政督察专员区，应否加以改革，以及应如何加以改革，政府当局尚未有具体的规定，现在我们当然也有讨论的必要。因为整个地方行政制度都有其相互的关联性，决不能因县及县以下各级的改良而认为满意。所以我们在改革县及县以下各级行政制度之时，同时应对县以上各级行政制度的改革办法，也有一番精密的研究。

我国自海禁开通以来，因历次战败的缘故，遂逐渐由鄙视外人的态度而变为媚外恃外的态度。近年一切政治、经济、文化的制度，多取法于外人，其结果，在某一方面虽然也得到一点好处，但大半皆有削足适履不合国情之嫌。就政治制度方面来说，民元鼎新以后，北京政府盲从外国，内阁制与总统制都曾试行过，但实际政治之腐败，较清代有过之无不及。已往种种事实，都是值得我们猛省的。须知凡是一种制度，就是一个国家文化的表现；而所谓文化，也就是这一个国家全体人民生活的结晶。所以要谋制度的改革，必从本国实际情形着眼，决不能剽窃外国的东西。

地方行政制度，是国家的基层政治制度，其与国民关系之深切，以及对于国民生活的影响，远在中央行政制度之上。所以关于地方政制的改革，非从本国的情形研究不可。反之，中央行政制度的改革，或者还有效法于外国之处。这决不是一种狭隘的国家观念，而是在理论上有根据的主张，也是改革地方行政制度第一个重要的原则。

中国现行的地方政制，并不是近年一蹴而就的产物，而是自上古以来历代兴革演变的结晶。今日国内以省区为首要，但考其发轫，须溯自金、元；求其远因，应取证于魏、晋。

又今日以县为地方基本区划，若探究其根源，便要推到先秦的时候。所以我们现在要对省、县等地方行政制度有所革新，必对自郡、县肇建以来各代地方政制的演变沿革有一番研究，原委既明，然后在提出改革意见的时候，才不致有奇突扞格之弊。

但所谓穷究地方行政制度的原委，决不是毫无条件地保存旧制或恢复古制，而是想从地方政制演变的历史中，找出一些今后改革的参考资料。例如某种制度在某时施行有利，在某时施行有弊，其原因安在？利弊在哪里？某种制度可以恢复或可以保留，某种制度应该废掉或应该改良，都是我们在研究中国地方行政制度沿革时，所应注意到的。

以上就是本文写作的动机，以下当分章叙述历代地方行政制度演变的情形。至于我们从这些历史里能够得到一些什么教训，以及从这些历史中究竟能得到那些可供改革现代中国地方政制的参考资料，而组成一种怎样的具体方案，都放在结论中说明。

第一章　传疑的地方行政制度

关于中国地方行政制度沿革的叙述，似乎应该从秦朝说起为是。因为所谓地方行政制度，一定要在一个统一的局面下才能够树立起来的。中国在秦朝以前是一种什么性质的社会，固然还是史学上的一个争论的问题，但中国在秦朝以前还没有形成为一种统一的局面，却是可以断言的。既然在秦朝以前还没有形成为一种统一的局面，也就没有树立正式地方行政制度的可能。所以本文叙述中国地方行政制度的沿革，也就从秦朝开始。

本来根据中国古书上的记载，在秦朝以前也有所谓地方制度。这种制度，有两种标准：一是“服”的里数；一是“州”的划分。兹分别说明如下：

关于“服”的说法，《逸周书·王会篇》上有“方千里之内为比服，方二千里之内为要服，方三千里之内为荒服”。《禹贡》上有“五百里甸服：百里赋纳总，二百里纳铚，三百里纳秸服，四百里粟，五百里米；五百里侯服：百里采，二百里男邦，三百里诸侯；五百里绥服：三百里揆文教，二百里奋武卫；五百里要服：三百里夷，二百里蔡；五百里荒服：三百里蛮，二百里流。”《周礼》上有“乃辨九服之邦国：方千里曰王畿，其外方五百里曰侯服，又其外方五百里曰甸服，又其外方五百里曰男服，又其外方五百里曰采服，又其外方五百里曰卫服，又其外方五百里曰蛮服，又其外方五百里曰夷服，又其外方五百里曰镇服，又其外方五百里曰藩服。”此即所谓“三服”“五服”“九服”之说。

至于“州”的划分，在《禹贡》上便是“冀州，济、河惟兖州，海、岱惟青州，海、岱及淮惟徐州，淮海惟扬州，荆及衡阳惟荆州，荆、河惟豫州，华阳、黑水惟梁州，黑水、西河惟雍州”；在《尔雅·释地》上便是“两河间曰冀州，河南曰豫州，河西曰雍州，汉南曰荆州，江南曰扬州，济、河间曰兖州，济东曰徐州，燕曰幽州，齐曰营州”；在《周礼》上便是“东南曰扬州，正南曰荆州，河南曰豫州，正东曰青州，河东曰兖州，正西曰雍州，东北曰幽州，河内曰冀州，正北曰并州”。还有《史记·五帝本纪》集解引马融的话说：

“禹平水土，置九州。舜以冀州之北过大，分置并州，燕、齐辽远，分燕置幽州，分齐置营州；于是为十二州，在九州之后也。”又引郑玄的话说：“舜以青州越海而外齐为营州，南北太远，分卫为并州，燕以北为幽州；新置之州并旧为十二州，更为之定界。”此即所谓“九州”“十二州”之说。

但是以上所说的三服、五服、九服以及九州、十二州的划分，都不可相信。因为中国上古时候的疆域只在黄河中部，河北、山西的北部是北狄，陕西的大部分是西戎，黄河下游是东夷，直到周宣王时候，长江流域的中部还是荆蛮、南蛮，淮河流域还是淮夷、徐夷，在这种情形之下，九州或十二州的划分怎么可能呢？其次，土地要划分得整齐，便要测量学，并且要经纬度，但测量学与经纬度却都是近世的产物，这样说来，每服规定得整整齐齐的若干里，又怎能办到呢？可知所谓三服、五服、九服以及九州、十二州之说，全系后人所附会，是不足信的。

三服、五服、九服以及九州、十二州之说既不足信，则《周礼》上所说“王制，凡四海之内九州，州方千里。州建百里之国三十，七十里之国六十，五十里之国百有二十，凡二百一十国，名山大泽不以封，其余以为附庸间田。八州，州二百一十国。天子之县内方百里之国九，七十里之国二十有一，五十里之国六十有三，凡九十三国；名山大泽不以盼，其余以禄士，以为间田。凡九州，千七百七十三国；天子之元士，诸侯之附庸不与。”便更加不足信了。因为即使有州，而各州面积大小不一，其间土著国家，原有多少，也不相等，在这种情形之下，要将每州定为二百一十国，很显然是后人所附会的了。

总之，三服、五服、九服以及九州、十二州之说，都是后代儒家举者拘泥于封建制度的成见，才有这样整齐划一的区分，其不足信，不待赘述。因此关于中国地方行政制度的叙述，还是应该从秦朝说起为宜。

结论

总观以上各章所述，可知中国的地方行政制度，在这两千多年的历史过程中，已经有过许多阶段的演变，每一个朝代的更迭，地方行政制度也随着变更。秦以前传疑的地方行政制度，可置勿论。秦立郡县制，为我国有正式地方行政制度的开始。秦制以郡统县为纯粹的两级制。汉初，郡县与封建并行，以郡国统县，还是一种两级制；武帝时划全国为十三州部，设刺史以监察州内郡国，不过这种刺史在汉末以前既不常设，也无治所，而且是一种监察的性质，所以可称为虚三级制。三国两晋南北朝时期，郡国虽多变迁，但大体上仍都是沿用汉末的州郡县虚三级制。隋代虽行以州或郡统县的两级制，但炀帝时曾仿汉武帝的办法，于各郡之上置刺史分巡各部，因此也可说是虚三级制。唐初分天下为十道，各道置按察观察等使，与汉代的刺史相当，道以下为州或郡，州郡以下为县，也是虚三级制。宋代的最高区域为路，路以下为府州军监，其下为县；路并非总司军民各政的常设机关，而仅为中央与地方间的联络承转系统，所以仍是虚三级制；不过来代用中央官以本职临民，不去底缺，为其特点。元代地方分级转为复杂，各地并无定制，大概以行中书省统府路，以府路统州县，也是三级制；不过元代的省与汉唐宋各代的州道或路不同，因为州道或路的性质，都只是中央监察区域，而元代的省却完全负担实际行政上的责任，所以元代的地方行政制度应称为实三级制。明清两代也都采用省、府及州、县、厅的实三级制；只是以后在省与府之间有道的设置，而且督抚之权在布政按察各司之上，似又成为一级而已。兹为醒目计，分列各代地方行政制度的层级系统如下：

秦　中央——郡——县

汉　中央——州部——{郡、国}——县

三国、两晋、南北朝　中央——州——郡——县

隋　中央——州（或郡）——县

唐　中央——道——州（或郡）——县

宋　中央——路——{府、州、军、监}——县

元　中央——省——
- 路——府——州——县
- 路——州——县
- 路——县
- 府——县
- 州——县

明　中央——省——
- 府{州、县}
- 直隶州

清　中央——省——（道）——
- 府{州、县、厅}
- 直隶州
- 直隶厅

再概括说来，便知中国地方行政制度的演变，约可分为四个时期：第一个时期是秦汉两代的郡县两级制；第二个时期是自汉武帝到唐代的虚三级制；第三个时期是宋代所行的特殊的地方政制；第四个时期是元明清三代的实三级制。（宋代也是虚三级制，其特殊之点，只是用中央官以本职临民而已。）

明了了中国过去历朝地方行政制度演变的大势以后，我们再要谈到今后中国地方行政制度的改革问题。因为中国现行的地方政制颇为一般人所不满，而拟改弦更张。那么今后中国的地方行政制度应该如何呢？这是本文写作的动机，也是在这结论中所应说到的问题。在未说到改革的方案以前，还先要把我国过去地方组织的特质说一下，因为这些特质，也就是今后改革地方政制所应注意之点。

我国自秦初到清末，地方行政制度虽然屡经更换，但是在性质上并没有什么根本的改变。因为无论是两级制、虚三级制或实三级制，各级地方政府都是中央政府在地方上的行政机关，并非真正的地方行政官署。在君主专制时代，国家的统治权仅属于君主一人，不承认还有其他统治团体存在。在中央与地方之间，虽有权限上的分配，但也不过是行政上的地方分权，并非统治上的地方分权。换句话说，就是各级地方组织，都是中央的地方行政机关，并非地方自治的团体。中国虽从清末开始模仿欧美推行地方自治，但直到现在，还是有名无实。今后改革地方政制，应该切实注意这个问题，即各级地方组织必须为自治而非官治，至少县以下的组织应该如此。

其次，中国过去地方组织的层次，不论为两级或三级，甚至三级以上，只有最下一级的县，才是直接临民之所。县以上的各级，大都为中央的监察区域，其主要作用在对最下级的县作层层的节制。清代作各省首县的县官，认为是一种很苦的“差事”，任满以后照例要调往其他肥缺去“调剂”一下。因为作首县同城共驻的长官太多，一一都需其伺候，甚至无暇理其政事。元清两朝以异族入主中国，对于地方更不能不采取层层节制的方法，所以这两代的分级制度最为复杂。他们以官制官，很像以贼防贼，在君主与人民中间的阶级愈多，君主与人民的距离便愈远，官吏的权威加大，君主的地位自然更增高了。现在并非专制时代，更不是异族入主，那么地方组织层级划分之应合理，自不待言。

我们试再比较中国自有正式地方行政制度以来，各种制度施行的时间，要以虚三级制为最长。从秦初到汉武帝元封六年为两级制的施行时期，约有一百一十五年；从汉武帝元封六年以后到宋朝末年，中间历经东汉、三国、两晋、南北朝、隋、唐、五代，为虚三级制的施行时期，约有一千四百一十年；元明清三代为实三级制的施行时期，约有六百三十五年。虚三级制不仅施行的时间最长，而且国势最为隆盛的汉唐两代，都是施行虚三级制，这也是值得我们注意的。

在中国的历史上，为什么施行虚三级制的时间特别长呢？这个问题我们可以这样答复：因为中国的幅员广大，交通不便，县区的数目总在千数以上。而且为治理便利起见，县的区域只有分析而无合并，因此县的数目只有增加而无减少。这些县区，如果都要由中央来直接监督，自属势所不能，于是不得不按山脉河流人口面积等情形，来酌定统辖县的区域。

不过这种统辖县的地方区域，其数目也是以数十百计，而且散布于辽远之地，仍非中央耳目所能及，又于是不得不将全国划分为若干更大的监察区代表中央来监督辖县的地方区域。在这种情形之下，虚三级制遂以形成。

这种虚三级制的最高的一级，在历代施行之初，本是一个纯粹的监察区，以后因历时渐久，地方不靖，中央为便于镇压起见，不得不授以重权，使之相机处理，坐镇一方，因而成为最高级的地方政府，这是以后实三级制形成的张本。

在实三级制的情形之下，每易形成地方割据尾大不掉的局面。试看清代督抚无异封建王国，民国初年的各省督军，竟能左右中央政局，决定元首人选。所以北伐以后，中央便将各省独任制的省长，改为合议制的省政府委员会，以免再蹈旧日的覆辙。还有人主张缩小省区以削减地方权力的，自清末以来，说者甚多。

其实这些办法与主张，实行起来，都有问题。因为合议制的省政府委员会自合署办公并加大省主席权力以后，已名存实亡，去独任制不远了。至于缩小县区，虽也不乏理由，但省制的确立与各省疆界的规划，已有数百年的历史，一旦改革，实非轻易之举。所以，关于中国地方行政制度的改革，非另觅途径不可。

作者认为改革中国地方行政制度，应该依照历史的教训，仿汉唐盛世，施行虚三级制。首先将现有各省的疆界，如畸零飞插以及显然不合理的地方加以适当的调整，而不必一定要缩小县区，以免牵涉太大。调整疆界以后的府，应为虚级而非实级，使其不为地方政府正式的一级，而为中央政府的一种监察区域，与汉代的部或唐代的道相当。置设省长，代表中央督导全省，并不负全省的行政责任。各省依山川形势人口面积财赋多寡经济需要社会状况等为标准，再酌分为二州至四州，州为直隶于中央的地方行政区域，其地位犹如今日之省。各州设州政府及州长，主持各该州的一切政务。各省划分为数州以后，行政督察专员即应取消。新成立的州，其辖境比旧日的省要小，而且全国州数较多，所以即或各州达到完全自治的地步，也不致形成地方割据妨害国家统一的局面。况且各州所辖的县数既少，州政府当然便于指挥监督，使行政效率增强。加以州内的经济需要社会情况都比较单纯一致，在行政设施上自有莫大的便利。因此作者主张今后中国的地方行政制度应为省州县虚三级制，州与县为正式的地方区域，省只是中央督导地方的单位。

此外，今后的县固然应该为自治体，就是州也应该一样是自治的而非官治的。这是时势所趋，不必赘述理由。至于说先有县自治而后扩为州自治，这却是合理的。

行政区域的划分是否适当，与政府行政效率的高下有很密切的关系，这是一般学者所承认的。我们各级地方政府效能低劣的原因固多，然而行政区域的不适当，也是重要原因之一。在这建国的大时代，谨将研究历代地方行政制度沿革以后的一得之愚，贡献当道，作为今后改革地方政制的一点参考。

曾资生

中国五权宪法制度之史的发展与批判

作者简介

曾资生，又名曾謇，生卒年月不详。北京大学毕业生。曾任南京国民政府总统府政务局第三科科长。曾从香港返乡务农。1949 年和邱致中等作为国民党政府第一次“人民代表团”成员开启国共两党历史的又一轮“和平谈判”。也是陶希圣、连士升等人为代表的食货派的重要代表性成员。著有《中国政治制度史》、《两汉文官制度》、《中国五权宪法制度之史的发展与批判》、《宋金元的乡里制度概况》、《五十年来的政治制度》等。

出版社：上海，商务印书馆。

出版年份：1948 年。

馆藏：国家图书馆中文图书基藏库。

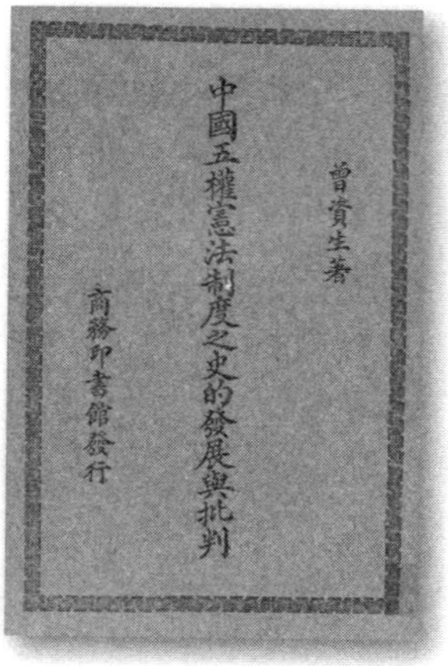

作品简介：《中国五权宪法制度之史的发展与批判》一书共六篇：第一篇是“绪论”，阐述中国政权与治权之史的发展；第二篇是“行政制度与行政权”，阐述中国历史上行政中枢组织的发展变化，同时介绍了国民政府的政府组织与行政权的运用；第三篇是“立法制度与立法权”，阐述了中国立法权的沿革及立法制度的发展变化；第四篇是“司法制度与司法权”，阐述了中国传统司法制度、近代司法改革，及国民政府司法院等司法机构的组织、运行；第五篇是“考试制度与考试权”，阐述了中国传统科举制度的运转、精神、弊端，以及国民政府考试权制度的构成、运转和缺点；第六篇是“中国监察制度与监察权”，阐述了中国传统监察制度的设置、监察权的运用，并由此考察了国民政府监察院的组织和职权，指出了国民政府监察制度及监察权运用的一些缺点。

本书结合中国历史上行政、立法、司法、考试、监察等权力的构造及运转的实践，对孙中山五权宪法的渊源流变、利弊得失作了详细的探讨。视野广阔，资料充分，方法独到。作者将孙中山的五权宪法理论的基本框架与历史上五权的由来及运作进行对照研究，凸显出五权宪法理论深厚的传统文化底蕴及相当的独创性，同时，作者又将五权宪法的理论构想与国民政府的政治实践进行对比，显示两者之间不小的差距，说明五权宪法理论的不成熟及实际运作的困难。

虽然本书在内容观点上仍有一些不足，但作为中国近代较早对孙中山五权宪法进行研究的著作之一，仍有较高的学术价值。(谢红星整理)

第一篇 绪论

——中国政权与治权之史的发展

政权便是民权，治权便是政府权，此二者在理论上和制度上可以分离，而且在治权——即政府权——之中又可依三权分立或五权分立的理论以创建具体的制度，这完全是近代社会政治的产物。

远在原始氏族社会时代，氏族内部成员可以选举其酋长或战时的军事首长，同时也可能加以放逐。此虽与近代选举权和罢免权的性质迥不相同，但我们可以说是氏族社会成员的一种政权。我国春秋之世，在氏族部落内部往往有国人拥立邦君或放逐邦国之事，有时甚至国人与邦君要盟设誓（其时在宗庙中所设的盟誓，都有条款，以资信守，有约束的作用，实际也可说是当时的一种创制权），还可略见氏族社会政权运用的遗迹。自氏族社会分解，国家成立以来，前此的氏族长或部落长转化为新的国家组织者，或新的社会强力者兴起而为国家的组织者，于是前此以血缘为纽带的氏族部落体制，变成了以权力为中心的国家体制，君权伸张，君位世袭，臣民屈抑于下，氏族社会属于氏族成员的政权遂不复存在。

其在中古时期——相当于魏晋南北朝隋唐时期——士族势力发达，门阀制度形立，士族于门下省议政，故政多出于门下，尤以北朝为然。这是士族的政权，而庶族寒人不与。至唐末五代衣冠士族沦胥以尽，而门下省亦遂式微，至宋而废。中古时期的门下省不能蜕变而为近代的贵族院或上议院，这是与中古士族贵族阶级的没落相关连的。

自宋以降，绝对君主专制主义形成，其毒至明而极。君权万能，在“朕即国家”的体制之下，政权与治权集结于君主之一身，根本无法分别。只有在社会经济极端贫困与政治军事极端败坏的情况之下，人民兴起暴动推翻腐败的旧政府的革命过程中，才能看到人民潜存的政权力量，才能使治权的主体变更一次。然而不旋踵之间，新的统治者又复控制臣民，而使政权与治权重新结合于君主的掌握。自秦汉以至明清，中间虽有上述士族政权存在的一个时期，但大体均遵循此一形式，故只有姓氏的转移和朝代的鼎革，而无政权与治权的本质的政变。

其在欧美各国的政治史上大致亦是如此。政权问题不过发生了二三百年，至产业革命之后，新兴的资产阶级和市民阶级要求参政，民权的运动和思想始日趋蓬勃。随资本主义对社会经济生活水准的提高与国民教育文化知识的发达，而民权运动乃日益普遍。中国自海通以还，接受欧美的影响，适顺世界的潮流，康梁主张君主立宪不过昙花一现。而孙先生所领导的国民革命，则成为近代中国政治的主潮。创建民国，倡行三民主义和五权宪法以为建国之指南。政权和治权在理论上和制度上至此始可区别，这可以说是中国政治史上一个划时代的本质的转变时期。

在此划时代的转变期中，民主立宪运动又负着主要的历史任务。国民党五十年来的国民革命和孙先生全部的革命建国遗教都以此为宗。故今后如何创建民主宪政的具体制度，实系全国人民的共同鹄的。

本书所论，乃系就中国五权宪法制度之渊源流变及其利弊得失加以研究和批判，以为建国之参考。须知所谓建国就是建立制度。这一点我希望国人应有共同的认识。

第六篇　中国监察制度与监察权

第一章　中国过去监察制度与监察权的制置运用与精神

第二节　中国过去监察制度与监察权的运用与精神

监察权必须依存于监察制度来发挥，但监察制度与监察权在运用之间并不一定机契，加以监察的人事制度综错于其间，于是监察机构与监察权之间的关系及其运用，可以有多种的形态。

（一）监察机构独立，监察权不一定可以独立发挥，有时且流于空虚。如西汉时的御史府，可以说是助理君主行政与执行监察的一个混合机构，但监察权的发挥却极健全。东汉时阑台御史中丞隶属少府，号为宪台，为三台之一，可以专席独坐，仍颇有监察威权。（《文献通考》：后汉中丞与尚书令司隶校尉，朝会皆专席而坐，京师号为三独坐，言其尊也。凡中丞以下并文官，属少府。）至曹魏时，少府卑落，御史台独立。但当时御史台却未能发挥监察权。建安时，曹操的丞相府有刺奸掾后，又有校事，具特务性质而颇侵监察职权。御史台虽然独立，而实无权。魏文帝初，杜恕上疏有云："自陛下践祚以来，司隶校尉、御史中丞宁有举纲维以督奸宄，使朝廷肃然者耶?"是知监察机构的独立与监察权的独立发挥并不一定为缘。

（二）监察权可以灵活运用，不必有一个系列的监察机构。监察权在法定的范围之内往往有其独立发挥的作用，但并不必须系于一个系列的监察机构。举例来说：西汉自武帝时除御史府的御史中丞之外，又置司隶校尉，察三辅、三河、弘农。又丞相府有司直，掌佐丞相，举不法。（《汉书鲍宣传》：龚胜为司直，郡国皆慎选举，三辅委输官不敢为奸，可大委任也。）就三者的地位而论，司隶为外台与御史宪台、尚书中台合称三台，皆专席独坐。而司直与司隶校尉的位秩，在武帝时亦相亚同列。（《汉书翟方进传》二故事：司隶校尉，位在司直下。初除，谒两府，其有所会，居中二千石前，与司直并迎丞相、御史。）御史中丞、司隶校尉与司直，在组织及其所属系统上各不相侔，但在其法定的职权范围之内，同样可以充分发挥监察的权能。其在地方亦然。除部刺史有特定的六条监察职权之外，王国相尚可以监察王国，郡太守尚可以督邮掾吏监察属县，又侯国亦受守尉的督察。自余诸朝亦莫不如此，故监察权可以灵活运用，但不必出于一个系列的监察机构。

（三）监察权不施于行政首长。中国历代的法定的行政首长是君主，而监察可以弹劾行政首长以下任何官吏的违法〔所以在令文上可以有“中丞督司百僚皇太子以下，其在行马内有违法宪者弹劾之，虽在行马外面督司不纠，亦得奏之”的规定（《晋书·傅咸传》)〕，但不能施之于行政首长。行政首长如有非法失策，须由大臣与谏官负责加以封驳与谏正。汉制丞相有封驳谏诤之权，如高后欲王诸吕，王陵廷争。景帝将侯王信，周亚夫犯色。而王嘉为丞相，哀帝下丞相御史益封董贤二千户，及赐孔乡侯、汝昌侯、阳新侯国，嘉封还诏书。这事实上等于监察君主的非法。又关于政策方面，光禄勋所属的中大夫、中散大夫、谏议大夫等有条建政策与检讨政策的职守，因此君主如有失策，诸官有谏正之权。魏晋以降，此种职权，遂结集为门下省职。隋唐时门下省有侍中、侍郎、给事中、散骑常侍、谏议大夫诸官。侍中总掌之职分为六制：一曰奏抄，二曰奏弹，三曰露布，四曰议，五曰表，六曰状。皆审署申覆而后施行。其给事中且专有封驳之权（参看《旧唐书》李藩、吕元膺、郭承嘏、崔祐甫诸人传)。此种职权和制度在多少演变之下，继续至宋犹显然存任。元人政治经验浅鲜，不善运用。至明清绝对君主专制主义形成，此种制度和职权，始趋没落。凡此封驳与谏正之权，在其依存的制度上与运用的对象上，与监察权之不施于行政首长而施于其下之任何官吏者绝然有别，就其效用而言，监察权弹击官邪与乎败坏已成宪度者，这是事后的弹劾。而封驳与谏正，则在行政首长的政令政策未付执行以前加以纠正，这是事前的防制。二者性质亦颇不同。

（四）监察权的法定范围必须确定。监察权的运用，必须有一定的法定范围，如汉制司隶校尉掌察三辅、三河、弘农七郡，纠劾行马外百官非法。部刺史出察则严定六条之制，《汉官典职仪》云：“刺史班宣，周行郡国，省察治状，黜陟能否，断治冤狱，以六条问事，非条所问即不省。一条：强宗豪右，田宅逾制，以强凌弱，以众暴寡。二条：二千石不奉诏书，遵承典制，倍公向私，帝诏守利，侵渔百姓，聚敛为奸。三条：二千石不恤疑狱，风厉杀人，怒则任刑，喜则淫赏，烦扰刻暴，剥截黎元，为百姓所疾，山崩石裂，妖详讹言。四条：二千石选署不平，苟阿所爱，蔽贤宠顽。五条：二千石子弟恃怙荣势，请托所监。六条：二千石违公下比，阿附豪强，通行货赂，割损正令。”是其所察对象，是墨绶以上的长史二千石，黄绶以下则不察。隋炀帝大业初，为司隶台，大夫一人（正四品)，掌诸巡察。别驾二人（从五品)，分察畿内，一人案东部，一人案京师，刺史十四人（正六品，巡察畿外诸郡。从事四十人，副刺史巡察。其所掌亦六条：一察品官以上理正能不；二察官人贫残害政；三察豪强奸猾，侵害下人，及田宅逾制，官司不能禁止者；四察水旱虫灾不以实言，枉征赋役，及无灾妄蠲免者；五察部内贼盗不能穷逐，隐而不申者；六察德行孝弟茂才异行，隐不贡者。每年二月乘轺巡郡县，十月入奏。监察必须明定其职权范围者，因范围明确则职责专而不烦，权界清而不滥，不致侵渔或威胁其他行政官、司法官等的法定职权。如汉时部刺史其后侵渔民政司法诸权，其本身由监察官遂变质而为行政官，造成汉末割据的一因，其弊害可谓至大。

（五）中央监察制度与地方监司的联系。对于地方的监察权除依法定的监察机构来发挥或行使之外，尚可以其权委任于其他居于监司地位的官吏来行使，而亦可得到同样的效能。举例来说，秦与汉初以御史出派监军、监郡。西汉中叶以御史中丞督部刺史分十三州巡察。唐制置观察采访处置等使分道巡察。元制江南诸道行台分十道，陕西诸道行台分四道。设官品秩同内台，掌诸道监察，明制分十三道监察，置监察御史一百十人。这都是由法定的监察机构与员职以行使其法定的监察职权。但亦有以监察职权赋予非法定的机构者，如中唐以降三司监院官带御史者，号外台，亦得察风俗，举不法。宋沿唐制，地方的监察权，多委寄于转运使。朱翌《猗觉寮杂纪》谓："外台见《唐高元裕传》，故事：三司监院官带御史者号外台，得察风俗，举不法。监院属三司，如杨子院是也，皆财货转易之地。故今监司，亦号外台，皆以察风俗，举不法。刘梦得和南海马大夫云：汉家旌旗付雄才，百粤南溟统外台，以马总带御史大夫也。"自余带宪衔者尚多。明制在外加都御史，或副佥都御史衔者，有总督、提督、巡抚，有总督兼巡抚，提督兼巡抚及经略、总理、赞理、巡视、抚治等员。清制亦以右都御史为总督坐衔，右副都御史为巡抚坐衔，凡此则以监察职权委寄于非法定的监察员职来行使。但这里有一原则，即凡被委寄此种权任者，必多居于监司地位，否则即为淫滥。

（六）特察制的运用。由于某种特定事件或客观的需要，行政首长可以于正规的法定监察员职之外，临时派遣其他的官吏执行其特定的监察任务。如西汉孝宣元康四年遣太中大夫强等十二人，循行天下，存问鳏寡，览观风俗，察吏治得失，五凤四年四月遣丞相掾御史掾二十四人，循行天下，举冤狱，察擅为苛禁深刻不改者。孝成鸿嘉元年临遣谏大夫理等，举三辅、三河、弘农冤狱。唐贞观八年正月诏遣大使，分行四方，观风俗之得失，察政刑之苛弊。十八年诏遣使十七道巡抚，二十年正月遣大理卿孙伏伽等以六条巡察四方，黜陟官吏。类此者历代多见。这种特察使的人选和职权，通常由行政首长临时选派规定。在某种适宜的场合之下，监察的权能可以较法定的监察员职尤大。

（七）监察覆按与审判。监察官对于官吏提起弹劾之后，通常由负责的行政当局加以覆按，而由司法机关依法加以审判。如汉制弹劾案多由公府覆按，由廷尉审判。《后汉书·马严传》记故事：州郡所举，上奏司直，察能否以惩虚实。《朱浮传》记：旧制州牧奏二千石长史不任位者。皆先下三公，三公遣掾史案验，然后黜退。又《汉书盖宽饶传》记：宽饶为司隶校尉，举刺无所回避，小大辄举，所劾奏众多，廷尉处其法，半用半不用（汉书本传）。唐制御史弹纠不法，其鞫案禁系亦委之大理。贞观末虽于台中置东西二狱，以自系劾，然开元中即罢。大致关于官吏的失职，由行政当局覆按，官吏的违法，由司法当局审判。而弹劾覆按与审判之权原则上是分离的，但对某种特殊的疑狱大案，则监察官亦可以参加审判。汉有杂治之制，监察官可由诏令指定参加，如东平王云狱，由廷尉梁相与丞相长史，御史中丞及五二千石杂治。所谓杂治实即会审。唐制大狱以刑部大理与御史台会审。其派遣部、寺、台长官会审者为三司使，其以刑部郎、御史与大理司直或评事会审者，则谓之小三司使。明清三法司之制，远源于此。表现出此制的一贯的发展精神。

（八）监察的人事制度。一切制度的运用，必须有健全的人事制置始能充分发挥其效能，否则虽有良制，亦必固弊无用。大抵中国监察人事制度的运用经验，有下列三端：第一是以卑秩察高秩，汉制刺史秩止六百石，其所察者则为二千石的守相，而课第高最，又可超迁至二千石。如监察官位秩太高，而又加之以重权，则于他官已不待弹劾而有凌压之势。故位之以卑秩，使其不致擅作威福，而又假之以重权，使之可以达成其任务，劝之以超迁厚赏，又使其可以乐趣事功。所以朱博云："秩卑而赏厚，咸劝功乐进。"（《汉书·本传》）顾亭林伸论其制云："秩卑则其人激昂，权重则能行志。"又云："方伯（指汉末州牧）权重则易专，大夫（指两汉刺史）位卑则不敢肆，此大小相维，内外相统之微意也。"（《日知录》卷九）而赵瓯北亦云："（刺史）盖取其官轻而权重，官轻则爱惜身家之念轻，权重则整饬吏治之威重。"（《陔余丛考》卷二六）类此论说均指出了此种制置的优点。第二是拔擢新锐人才，如西汉时的刺史秩六百石，率由博士三科中的次科（博士三科，次为刺史），与孝廉茂才稍迁，县令长高第，以及侍御史、列大夫、议郎、大将军三公府掾迁转。所拔擢的都是明习政事文法与勇于有为的新锐人才。唐制贞观置御史里行使，侍御史里行使，殿中里行使，监察里行使等名称，系于正官之外用以安置新进资浅的人才。如马周以布衣直门下省，太宗就命为监察里行，俄拜监察御史。明制由国子监生有荐使各道，历政三月超擢而为试御史者。这都是监察的人事方面，注意拔擢新锐人才的显例。第三是迁擢转调迅速，西汉盛时之制，刺史周流郡国，无适治所，所谓"居无常治，史不成臣"，以防杜人情比周之弊。又监察之职通常可由公的弹劾，变为私的怨仇，而开罪权责，尤为危险。故国家立重赏超擢之制，定迅速迁擢之令。西汉故事："部刺史居部九岁，举为守相，其有异材功效著者辄登擢，秩卑而厚赏，咸劝功乐进"（《汉书·朱博传》）。唐神龙二年分十道置巡察使，二周年一替，以廉按州郡，明制监御史一年便迁，大抵自来的监察官迁转替代必须迅速者，一以防积久生弊，一以劝功乐进，这都是根据人情来立制的。

总上所述，是中国监察权与监察制度和人事各方面的运用所表现的形态。即此亦可见中国监察制度的优良传统和精神。

刘燕谷

欧洲法律思想史纲要

作者简介

刘燕谷，生平不详。曾翻译五来欣造的《儒教对于德国政治思想的影响》、Hans Kelsen 的《纯粹法学》等书目。

作品简介：该书由绪论和四章组成。绪论部分主要是引言性质的内容，对全书将要介绍的内容做了一个概括的说明。第一章主要介绍了苏格拉底、柏拉图、亚里士多德、西塞罗等古希腊和罗马时期的诸多先哲们的法律思想以及著名的优士丁尼法典中所表现的法律思想。第二章重点论述了中世纪神权法思想的诸种内容以及惟名论者的主要观点。第三章主要介绍了文艺复兴时期特别是启蒙运动时期马基雅维利、布丹、格劳秀斯、霍布斯、洛克、晋芬道夫、莱布尼兹、托马秀斯、华尔夫、孟德斯鸠、卢梭、康德等著名思想家提出的丰富的有关自然法的理论。第四章主要介绍了 19 世纪以后兴起的历史法学派、概念法学、自由法学与社会法学、新康德学派、纯粹法学派、新黑格尔学派、纳粹主义法学等近现代的各种思潮，还对黑格尔与耶林两个具有重要影响的人物的法律思想进行了专门论述。(郭成龙整理)

绪论

在一切社会科学的部门中，恐怕再没有比法律学这个学科来得更复杂，更混乱了罢。本来，法律现象，是随着人类社会的存在而存在的。法律学的成立，导源于古代的希腊，可是一直到现在，我们对于法律的定义，还找不出一个适当的概念！康德（Kant）是研究法律的人，一直到现在为止，还在探求法律的定义。这句话虽然说了离现代已有一个半世纪之久，但是现在看来，仍然是非常适合。

什么是法？法的本质是怎样？法的内容又是怎样？要详细解答这些问题，当然是属于法理学的范围。不过大体说来，法并不是□□（原书印刷不清——编者按）的人类社会的附属物，而是与私的利害对立性相互适应的一个历史的范畴。法律关系，虽然是抽象的，它并不是思考主体的思维结果，而是社会发展的生产物的表现。

历史的发展，不仅使法律规范的内容发生变化，同时，也使法的形态随之而变。法的形态，在一定的文化阶段出现后，曾经有一个极长的时期，与其□□（原书印刷不清——编者按）诸外野——道德、宗教保持着混合不分的状态。经过了渐次的发展，方才到达了最大限度的成长和最大限度的划分；而其最高的发展阶段，则与经济的，社会的诸关系相适应，法学理论的关系，不外乎这个阶段的特征的反映。

法观念的发展，□□（原书印刷不清——编者按）分为两个体系：一是古代的罗马，一是十七、十八两世纪的欧洲。在罗马时代，随着封建制度的确立，完成了私法的体系。

十七、十八两世纪，人类正从神学的桎梏当中解救出来，他们深信人类是自然的产物。所以当时的思绪，也不外自然的必然性的反映；而一切法的理论，不论是有意识的或是无意识的，都以自然法为其根据。自然法学者使当时的市民阶级的革命的阶级登场；他们的一个要求，不仅是这个时代的市民意识的极端表现，同时还提供了组织法形态的好□□（原书印刷不清——编者按）。

自然法学派的功绩，就是奠定近代市民社会法律秩序的基石，即令是最狂热的自然法反对者伯格干（Bergbobm）对于自然法学的这一功绩，也不能不坦白承认："自然法推动了农奴制度解体，解放了赋课于土地之上的负担；解放了基尔特制度的强制与愚笨的商业限制政策的不当的束缚……促进了信仰的自由和科学说教的自由……不问是信仰如何，也不问是国籍如何，使私权的保护获得了成功。废止了拷问，使刑罚完全依照法律上的手续来处理"。

继自然法而登场的，是十九世纪的历史法学派。历史法学意气用事，是封建的贵族的反动，一部分也是小市民的反动的表现。到了十九世纪中叶，市民阶层的革命情结，已经到了决定消灭的阶段，市民社会所□□（原书印刷不清——编者按），不再是争斗和暴力，而是安定与强力。所以法学上的理论中心，也不再是法□□（原书印刷不清——编者按）

分析，而是法令的拘束力，这样，便产生了否认成文法以外的一切法的历史主义与法学□□（原书印刷不清——编者按）主义的混合物。

十九世纪末期的所谓“自然法之复活”，并不是十八世纪市民阶级革命内容之复活，而仅是一种形式的复活。现代自然法复活的预言者史丹棍拉，只是称极要求对实定法的服从。他的所谓“正当的法”最初是“不正当的法”一诸，是这个要求的最简洁的命题。

本书的主旨，即在对欧洲各时代的学者对于法及与法相关联的国家本质的思想，作一概括的介绍。

第一章　古代的法律思想

第一节　希腊

法律现象的存在，可以追溯到人类生活的起源。关于法的根本观念的产生溯到往古。可是给予法律以哲学思维的，实不能不以希腊人为始。希腊在□□□□域中，遗留了异常的业绩；而他们的天才，在政治学和国家学方面，更有充分的显现。

（一）希腊初期

希腊人初期的哲学思想，与法律思想有密切关系的，当首推毕达哥拉斯（Pythagoras，571—497 B.C.）。毕氏的根本思想，以“数”的原理为一切学物的原理，他的政治理论，以秩序□□（原书印刷不清——编者按）和为其根本观念。他主张人民应该严格的服从和不断的牺牲。毕氏的时代，正是希腊贵族政治卓越文明的时代，所以他认为最好的政府，就是由有教养的人士所组织的贵族政治，而最坏的则为无政府政治。毕氏又提到“正义”，他认为这也是一种算术的关系，是基于自然的，而不是由于人定的。

波斯战争以后，希腊的实力伸展到了东方。这一结果，沟通了东西的交通，促进了经济的进步，而使希腊人的生活，渐渐更趋复杂；而对于原理的政治的诸问题，其讨论的□□（原书印刷不清——编者按），也渐趋广泛。诡辩学派（Sophist）就适应这种要求而兴起，作为当时启蒙运动的指□□（原书印刷不清——编者按）者。

诡辩学派，与过去的自然哲学者不同。他们专门集中于人类社会及国家问题的探讨，这些问题，颇为投合人民的心理。因为当时的希腊人的眼界，已渐扩大，他们对于自然现象的同一性，如：日之升，火之燃，水之流……渐渐丧失了兴趣，可是人世的法律与习俗，则随处而异，千变万殊。这个新奇的事实，引起了希腊人的注意。

诡辩学派是当时贵族政治的反动者。他们在主观主义、相对主义的基础之上，建立起法及国家的理论。他们以经验的人类的精神，为其理论的出发点。普洛泰哥拉斯（Protaparas，481—411 B.C.）所谓“人为万物的尺度”，就是他们的最高原则。他们否定了法学国家制度的客观性，而认为仅由人类所任意创造出来的。

诡辩学派以批评的精神，否定了一切客观的真理。他们否认神的存在，也否认绝对正义的存在。他们以为正义是主观的，只要自己认为是正义而能够使他人信服，则一切都无问题。他们认为正义在“善良的法律”中表现得最为明白。但是他们以为法律也是相对的，是一种可变意见的表现。所以有人认为法是强者的利益（如 Thrasymachus），有人认为法是弱者的利益（如 Kallikles）。

在道德论方面，诡辩学派是怀疑论者。他们曾经提出了正义的善恶问题。总之，诡辩学派是当时贵族政治的反动，所以与其说是建设者，毋宁说是破坏者。他们的思想，完全是启蒙时代的反映；所以不仅在相互之间缺乏统一，且即在同一思想之间，也可以发见矛盾。

（二）苏格拉底

随着雅典民主政治的没落，诡辩学派，也不能不走上没落的道路。继之而起的是苏格拉底（Socrates，470—399B. C.）。苏格拉底哲学的特征，就是使道德哲学脱离自然科学的基础而独立。他反对诡辩学派的主观主义，个人主义。他承认统一的世界秩序的存在，这一秩序是由较高的智慧组成的。他以“神”来代替诡辩学派的“人”，以“神为万物的尺度”之语来代替诡辩学派的“人为万物之尺度”。他不承认事实认识的可能。他以为认识方法只有一种，就是论理价值的认识方法。他以为一切事象，都有一定的论理价值。没有论理价值是不实在的。真的知识必须是价值的知识。诡辩学派喜欢标榜自己的博学，以雄辩的方法说服人家，苏氏则与此相反，而以辩证的方法，真理的力量，使人家产生信仰。但又以为知识与行为，学问与道德是不能分离的，理论与实践是合一的。苏氏的哲学，往往让人称为实践哲学，其原因即在此。不过苏氏的所谓实践，并不是现实的实践，而是抽象的道德实践。

苏格拉底认为正义是“合法的东西”。对人类的行为而言，正义是一种较高的秩序，在另一方面，他又要求人类对正义之自由的服从。苏氏对秩序与自由的两概念，予以有机的结合。他不像诡辩学派那样认为国家为人类任意的产物，反之，他以为国家是神的世界计划中的秩序，各人应该尽其全力来担负义务。因之，各人也应该服从国家。苏氏虽然把国家绝对化，可是他并不以之为共同生活的最高秩序。他以为人类是属于超越国家的更高的世界秩序。

苏氏以法律为正义的表现。他把法律分为两种：一种是制定法，一种是不成文法。制定法是市民行为的准则，不成文法则为世界人类行为的准则。这是神的立法。苏氏以为正人就是理解法律的命令及遵守法律的人。可是他以为神的立法，在人的立法之上，因之，正人又必须先遵守神的法律，即不成文法。如果神法与制定法发生冲突时，则正人应舍弃制定法而服从神法。苏氏所谓“我服从他人的意见，我更服从神的命令”，可以说是阐明制定法与不成文法的关系，由于这一主张，所以也有人称苏氏为自然法之创始者。

（三）柏拉图

苏格拉底思想的继承者是柏拉图（Plato，427—347 B. C.）。柏氏的著述，都是以对话形式写成的。他的对话是描写苏格拉底与诡辩学派的论争。不过柏拉图所描写的苏格拉底，并不是历史上的苏格拉底，实际上就是柏拉图本人。

在柏拉图的著述中，关于法律思想的重要资料，是他的《理想国》、《法律论》、及《政治家》三篇对话集。其中尤以《理想国》一书为柏氏中心思想的所在。

柏拉图对于正义的见解，和诡辩学派一样，认为是发于自身的主观。但是他在说明的时候，却采取与诡辩学派不同的客观主义、绝对主义的方法。他以为真的事象，是不能以人类的肉眼去认识的。肉眼所看见的，不是事象之真的实在，只是事象的影子。真的事象是“精神”，它是客观的、惟一的、而且是永久不变的存在。和苏格拉底一样，他也以为世界（宇宙）是由神所创造。神创造世界，并不是没有目的。神以秩序赋与万物，而世界则为由神赋予以聪明与灵魂的真的生物。因之，他主张：“神”先世界而存在，是理想的极致，是永久不变的真理。

柏拉图以为神创造世界，赋与万物以秩序，此秩序即为正义。正义是神的心，也是惟一的统一，而内在于一切实在的存在之中。

柏拉图的国家概念，以心理学为其基础。他以人来比喻国家。他以为个人是小国家，而国家则为大个人。国家是由各个人所构成的全体，是完全的统一。不论个人或国家，必须由调和来支配，正义就是这种调和的秩序。

柏拉图以为个人的灵魂，是由三种要素所组成：理性、勇气与感觉。理性是发号施令的机能，勇气是行动的机能。感觉是服从的机能。同样，国家也有三种要素：即自然的知识阶级，军人阶级及生产者阶级。第一阶级是“理智”，第二是“热情”，第三是“欲望”。柏氏又以为第一阶级，在获得睿智以后，便成为哲人阶级。正如个人受理性支配一样，国家也由此哲人阶级来支配。

柏氏虽然以个人来比喻国家，但是他与个人与国家还有一个显著的差异：即个人的存在，是不完全的，而国家则为完全的存在。因之，个人必须贡献国家，服从国家。柏氏又以为国家是基于人类现实的必要而结成的，所以国家的目的是普遍的；它把各个人的全部生活，都包括于自身的属性之中。国家以人民的幸福为其目的，国家的任务，就是增进一切形态的善。所以国家的权力是无限制的。市民的意志，则在国家抑制之下。

在柏拉图的国家概念中，主张个人的要素必须为社会的政治的要素而牺牲。国家的支配是绝对的。因为要发挥社会的政治的能率，柏氏主张有抑制个人与国家中间的社会团体的必要。他提倡私有财产制度及家族制度的废止，主张妇女与财产的共有。这样，他就完成了国家之有机的调和与统一。

在柏氏的著述中，没有显及个人的人格。不消说，他是奴隶制度的拥护者，他主张妇女与财产的公有，不过他以为这公有仅以哲人与军人两阶级，即参与公生活者为限，所以他的思想，与近代的社会主义，实在还隔着很远的距离。

以上是柏拉图在《理想国》一书里思想的大略。他的《法律论》，较《理想国》为榜。思想也有显著的改变。

在《法律论》中，柏氏首先分析个人的心理。他以为人类的心理，是“知”与“无知”

之争。知战胜了无知，就是德；反之，无知压倒知，就是不德，同样，在国家之中，也继续着知与无知之争。国家的所谓知，就是法律；无知就是政治家及人民之所唾弃。他以为过度的自由与过度的支配，都足以破坏。前者如雅典，造成民众的不逊而且凶暴；后者如波斯，使大部分民众奴隶化。这些都不足为训。他以为善良的国家，都应该以法律来统制的“中庸国家”。

但是法律是什么呢？对于这个问题的解答，柏氏否认法律由国家任意制定的命令之说。他认定神是“中庸”的本源，而法律则为中庸的结晶。所谓“中庸”，就是“理性的自制”。所以柏氏之法律，其本质是劝告的，而并不是强制的。因之，他主张立法者应该把劝导被治者善意服从的规定作为法律的前文。但是柏氏又没有完全否定法的强制性质，特别是刑法。他以为如果有人不服从善意的劝导，则国家可以用暴力来惩罚。他赞成死刑制度。他以为人类的犯罪是理性的欠缺。如果对于犯罪者不能用其他方法来矫正，便应该采用此刑。死刑可以发生两种利益：第一可以拯救社会，第二可以使人的灵魂脱离其肉体而得救。

在法律论中，柏氏比较尊重个人的地位。他承认私有财产，而且也不反对家庭制度。不过他对于个人虽然作某种程度上的让步，可是他的思想，重心还是置于国家之上。

（四）亚里士多德

亚里士多德（Aristotles，384—322 B. C.）是柏拉图的高足弟子，曾师从柏拉图二十年。他的父亲是马其顿王室的御医，他自己也做过亚历山大大王的教师。他与马其顿王室关系的密切，使他带上了浓厚的反雅典反商业资本的精神，而倾向于贵族政治。

亚里士多德集希腊思想之大成。但是他对于柏拉图的学说，并不是毫无条件的予以接受，相反的，他是带着一种批判的态度的。柏拉图是一个单纯思辨的哲学者，但亚里士多德却同时是事物的严密观察者。他是想综合唯心论与唯物论的第一人。所以在他的思想中，也把柏拉图概念规定的唯心论和尊重事物的经验主义、实证主义结合在一起。由于他的天才的卓越和不倦的探究，不仅完成了哲学的体系，同时还创立了一切科学的基础。

关于亚里士多德的政治方面的著述，最重要的是《政治学》和《伦理学》二书。他的研究方法，着重于经验的知识。在《政治学》一书中，他详细的展开了他的国家的学说。

“一个国家，都是一种社会。而一切社会，都是以某种善为目的而建立的。一切社会以某种善为目的，则其中最高的而且包括其他社会的国家即政治社会，必须以最高之善为目的”。

他从目的论的立场，主张国家为最高道德的社会。他认为国家这种机能，是由自然所赋予的。因之，国家并不是人为的产物，而是自然的产物。他又以为人类是政治的动物。

人类只有在国家生活中，才能实现自己。所以国家的职能，便是“人类的完成”。

因为人类不能离开国家而生活，所以国家对于人类，便处在万能的地位。个人不能离开国家而存在，正如手足不能离开身体而单独存在一样。不仅如此，全体必然先部分而存在，而国家也必然的先家族或个人而存在。所以国家就是“一切”。

但是亚里士多德并不像柏拉图一样，主张个人对家族及国家的关系那样严格；相反的，他认为个人还是具有广大的活动范围。他反对财产及妇女的共有；他尊重个人的自由，但却拥护奴隶制度。认（为）奴隶是没有理性的生物。奴隶只是一种财产，应该服从主人的支配。时代的限制，不能使他的思想有更进一步的发展！

亚里士多德以为现实的国家最容易陷于暴虐制。防止暴虐制的实现，是亚氏的政治学的主要点。他列举正当的政治组织以与暴虐的政治组织相对照：前者如君主制、贵族制、民主制是，后者如暴君制、寡头制及乱民制是。

亚里士多德是主张法治的。他认为法治优于人治。法律是理性的命令，所以良好的政治，必须服从法的限制而行使权力。

亚里士多德对于正义，曾有详细的论述。他以为正义的本质就是“平等”。他把正义分为三种：

第一是平均的正义。就此种正义而言，“所有”的观念，非常明显，而法与其他道德的区别，也由此充分表明。亚氏以此为人类最原始的权力。一切任意的交易（如买卖、借贷、抵押等）和非任意的关系（如窃盗、奸淫、诱拐、奴隶、伪证、杀人等），都要受这个原理的限制。要之，所谓平均的正义，就是使社会上个人相互间获得给付及反对给付的均衡原理，而使各个人相互尊重其权利。

第二是法律的或一般的正义。因为人并不是单独生存在世界上，他们相互结合成家族、部落、都市、国家等社会。法律的正义，就是规律这种社会生活中的人类的行动。当个人隶属于某一团体后，必须使此团体继续存在乃至发达。此种正义的内容，就是以法律明白规定个人在团体中所负的义务，所以称之为法律的正义，又此种正义，对一般人的要求是同一的，即命令其实现最高的道德。所以又称为一般的正义。要之，法律的最一般的正义，就是规定个人对团体的义务，以增进公共幸福。

第三是分配的正义。这种正义，就其团体生活关系而言，则与第二种相同，而与第一种相对立。可是它与第二种，依然有不同之处。即第二种正义是规定个人对团体的关系，而分配正义，则为规定团体对个人的关系。换言之，分配的正义，就是团体按照各人的能力及劳绩，平均分配公的名誉，公的财产以及其他文化的利益，而刑罚也随各人的过失而予以分配。至于分配的标准，则依照各人的能力及劳继。这与平均的正义不同：后者是消极的防止，以算术的比例为其决定的标准，而前者则以几何的比例为标准。

亚氏对于正义的区分，建立了后来区别公私法的理论的基础。平均的正义所支配的领域是私法，法律的正义及分配的正义所支配的领域是公法。

亚里士多德又提及自然法（习惯法）的问题。他以为国家有两种法：一种是习惯法，是自然存在的。它不问人的愿意与否，到处都存在着。一种是制定法，因法律的规定而有一定的内容。亚氏与诡辩学派一样，主张法的相对性，但是对于诡辩学派之混同正义的普遍性与不变性，亚氏却表示反对。他以为不变的正义，只是存在于神之中，而不存在于人间。因之，自然的正义，并没有可抗的必然性。可是亚氏更区别自然的正义与因制定而产生的正义。他认为因制定而产生的正义，随各地习惯的不同，而发生本质上的差异；反之，自然的正义之可变性，则基于人类的不完全性而生。

根据这一主张，亚里士多德复从原因及效力两方面来考察自然法与制定法。从效力方面说，自然法是以同一的人间性为基础，所以到处都有使人类去恶就善的力量。制定法则由国家或君主所制定，所以其效力仅局限于立法权所及的范围。其次，就原因方面言，自然法并不是基于人类的意见，而是基于人类的理性。这一理论，对于后世的自然法理论，发生了很大的影响。

亚里士多德更提及法与平衡的关系。他以为平衡是法的一种，不过其效力仅限于订正制定法的时候。法律在其本质上，必然是不完全，而平衡可作为制定法的补充。

（五）希腊末期

在亚里士多德以后，希腊也就急遽的走上灭亡的道路。奴隶制度的崩溃和强敌不断的侵凌，带来了社会的混乱。时代是不安的时代。过去的一切观念，都随社会制度的崩溃而崩溃。生活也告破产，而许多人更亲身尝着亡国的苦痛。在这社会和生活的总动摇的前面，为了获得内心的满足和情绪的安定，不能不造出安慰的逃避所。有些人想由享乐中求得；有些人想由禁欲中求得。于是在一切颓废期中的现象，如主观主义、个人主义、相对主义以及怀疑主义。都在希腊的末期抬头了。

在苏格拉底以后，本来有犬儒学派（Cynic School）与施勒尼学派（Cyrenaic School）的分裂。他们都以主观的满足为绝对的目的，以个人为一切生活上活动的目标。就这点而言，他们与诡辩学派的主张，是非常接近的。

犬儒学派以安提色尼（Antisthenes，前445—前365年）为代表。他主张独善，主张抑制情欲，返还到自然。对于人类之团体生活的道德形式，如家族及国家等等，则斥之为无用的长物。此种思想，对于后来卢梭在其初期中的思想，发生了极大影响。

施勒尼学派的代表者是亚里斯提卜（Aristippus，约前435—前335年）。他根据苏格拉底哲学体系中的功利见解，特别强调了快乐主义的色彩。对于苏格拉底的所谓“和”，他解释为快意及不快意的感情；他主张正义的基础，不基于自然，而基于人定。他更从利己的见地，讥笑爱国是一件愚笨的行为。

此外还有由犬儒学派分化出来的斯多噶学派（Stoic School）。它以希腊人芝诺（Zero，333—261 B. C.）为代表。他承认世界之绝对的统一性、必然性及合法则性，因之，他以适合自然的生活原理，为其伦理学的基础。个人生活的最高目的，即幸福，就是根据普遍的自然法则而行动。人类要获得幸福，必须依据独立于外部一切事物之外的普遍法则与自己的本性而行动。因为这个缘故，所以人类必须先有知足的心境和超越恐怖及希望的状态。

斯多噶学派以普遍法则为万物的第一原因。他们以为一切人类，不管是希腊人或外国人，也不管是自由民或奴隶，都是平等的，因为他们具有同一的理性。斯多噶学派的法律思想，也从这个基本原理出发，而以之为法律规范及正义的渊源。和施勒尼学派的思想刚刚相反，他们认为正义不是人定的，而是基于自然的。他们之所谓自然的正义，即不外乎后世的所谓自然法。

斯多噶学派对于国家的概念，在根本上，是采用亚里士多德的“人类是政治的动物”的这一前提。可是斯多噶学派的哲学体系，侧重于主观的心情，完全是个人主义的立场，所以对于国家的观念，并不像柏拉图或亚里士多德那样重视。自然，他们并不像上述犬儒学派一样，斥国家为无用的长物，不过他们却认此对人生的目的，并无重大意义，而抱着一重冷淡的态度。换言之，就是他们的国家观，深为个人主义的立场所限制。但是在另一方面，斯多噶学派是主张世界的统一性的，所以他们又具有世界市民的理想，承认世界国家的存在。从这里，可以使我们窥知个人主义思想与世界市民思想的关联。这一事实，也不外当时亚历山大大王支配世界的政治企图的反映。

和斯多噶学派差不多同时的，还有伊璧鸠鲁学派（Epicurus School）。伊璧鸠鲁学派，是由希腊人伊璧鸠鲁（Epicurus 341—270 B. C.）所首倡。他的学说，也立足于个人主义之上。他以快乐为人生最终的目的。不过他所谓快乐，是脱离痛苦后的快乐，所以只是消极的快乐，而并不是积极的快乐。他主张一切事物的价值，都用快乐的程度去测量。他并不以德为最高的目的，而仅视为到达福利的一种手段。他在功利的基础之上，建立起法的意义及价值。他认为人类对法的服从，其动讥完全在于能服从法就能获得利益。反之，人类所以不敢侵略法，是因为惧怕要因此而遭受刑罚。道德的行为，只是快乐的原因，其本身并无何等价值。他又主张国家仅仅是人类自由的集合，即由契约而成立的，而非基于人类的本性。这一见解，形成了日后社会契约论的基础。

第二节 罗马

一般说来，希腊人的优点，是富有哲学的、艺术的天才，可是他们拙于实际事务的处理。所以在道德国家学及法律学方面，虽能集其大成，而对于法律技术方面，并没有特殊贡献，是供后人的借镜。罗马人的性情，则当与此相反。他们对理论的研究，并不感到兴趣，而对于实际方面，如行政军事等等，充分发挥其优越的天才，而尤以在法律的领域中为甚。罗马人以意志的哲学，代替了希腊人的智与美的哲学。他们创立了法律制度，建立起法与道德习俗等等的区列。优士丁尼法典，是罗马法学者所遗留下来的最大的精神产物。近代德国法学者耶林（Thering）曾谓罗马以法律统一了后世，并不算过甚其词。

（一）西塞罗

西塞罗（Ciero，105—43 B. C.）是罗马最重要的法律思想家。他是共和主义的赞美者。在凯撒被刺以后，他曾经一度领导元老院从事于共和政治复活的运动。但结果没有成功，他自己也因此被暗杀。

西塞罗所遗留下来的著述，与法律思想有关的，是《共和国篇》（De Republica）、《法律篇》（De Legibus）及《职务篇》（De Offieiis）三书。《共和国篇》是模仿柏拉图的《理想国》，《理想国》是一种与当时现实政治无关系的乌托邦式的政治形态的描写；而西氏的《共和国篇》，则与罗马共和国的实际有极大关系的叙述。《法律篇》是《共和国篇》的续篇。讨论法律的本质与法律制度。《职务篇》则为西氏晚年的著述，提倡人类应遵守的义务。

西塞罗以为国家是人的大结合。她是由家族发展而成的。但是他并不以为国家是人的单纯的结合。他以正义为国家的基础。国家的目的，在于维持增进人民全体的共同利益。西氏认为国家是属于全体人民的，因之，他主张国家，在本质上，必须是民众的；而更以此否定了亚里士多德的君主国家及贵族国家之说。

和亚里士多德一样，西塞罗也主张人类是政治的动物。他以为人类是合群的存在：并不是孤立的存在。即令在他们之间没有相互扶助的必要，他们还是需要结合。他又以为人类有正义的意识；所以政治社会的结合，是基于人类性质上的必然。他以人类的理性与友情，为国家结合的基础。从这点来说，他是具有斯多噶学派的倾向的。

如前所述，西塞罗以正义为国家的基础。但是何为正义？对于这个问题，西塞罗作了详细的解答。他以为正义是宇宙间一切秩序的基本原理，是自然法的表现，西氏更以自然法为真正的法律。因为在他看来，真正的法，就是与永久不变的自然相一致的“正当的理性”。任何法律不能与自然相抵触，或予以废止或变更。自然法是不受时间和空间的限制的。不论在雅典或在罗马，也不论在今天或在明天，自然法总是永久不变的在支配着。自然法是一切事物的主宰，而神则为自然法的创造者、公布者乃至执行者。不服从自然法的人，就是背叛自己，否定了人类的理性。

西氏以自然法为神的命令的表现，在人类社会中，自然法以“正当的理性的命令”而出现。而正义则为神所颁发的自然法之秩序在原理方面的表现。

综上所述，我们知道西塞罗的主张，和斯多噶学派一样，承认自然或自然法先正义而存在。不过西氏对“自然”并没有明确的观念；有时他把自然当作柏拉图的所谓“神”，有时把它当作亚里士多德的所谓“自然”，有时又把它当作斯多噶学派的所谓“自然”。这不能不说是一个极大的缺点。不过他的学说对于后来法学者的影响的巨大，是不容忽视的。

（二）《优士丁尼法典》中所表现的法律思想

《优士丁尼法典》是由东罗马帝国皇帝优士丁尼一世（Justininnus I，527—565）命令当时的法学者搜辑帝政时代的法律判例编纂而成的。现在我们所谓罗马法，主要的就是指此而言（此外尚有《学说类纂》、《法律纲领》及《新法典》三部）。

《优士丁尼法典》的根本是私法。当时的东罗马帝国正由奴隶社会转化到封建社会，农业成为经济的基础，土地的集中，成为当时的普遍现象。私有制度的发生，不能不赋予以立法的保障。所以私法就成为罗马法的基本，而私有权的确保，也成为罗马法的根本精神，罗马法之所以到现代还能发生支配的作用，其理由也就在此。

罗马法学者承认个人的能力基于自然发生。乌尔比安（Ulpianus，170—220）曾说“在自然权利的限度内，一切的人都是平等的，一切的人都是自由的”。《优士丁尼法典》更使它神圣化，明白规定：国家的第一义务，即在于保护个人的权利。所以罗马法也就是权利本位的法律。

罗马法带有神权说的浓厚色彩。在优士丁尼大帝自己所编的《新法典》当中，曾谓“神使一切法律从属于皇帝”。但是在罗马法当中，我们又可以发见民众主权说的萌芽。《法律纲领》中曾说：皇帝的意思，就是法律，因为人民依据法律赋予皇帝以权力。这一思想，把皇帝与人民置于对等关系之上，而承认皇帝的权力是由人民所让予。

罗马法并没有舍弃传统的自然法理论。它将法律分为自然法、万民法，及市民法三类，而以自然法为最基本的法律。在《法律纲领》中，它明白承认奴隶制违反自然法，有悖“一切人都是平等”的原则，但并没有想要废止奴隶制或视之为违法，相反的，它却以万民法来作为维护奴隶的根据。它的理由是：奴隶制是一切民族的习惯。

罗马法以“平衡”为法律的基准。所谓“平衡”，就是均等的意思。这因为罗马法学者承认一切事物在本质上都有同一性的缘故。他们更以平衡的概念与自然法的概念相结合，而应用到实际上面去，以去除特定法规的缺憾。这对于后来的裁判制度，发生了极大的影响。

黎孤岛

中国法制史

作者简介

黎孤岛，又名黎际涛，生平和具体情况难以稽考，主要著作有《俄人东侵史》、《中国社会构造的史的观察》，在当时有着比较大的影响力。

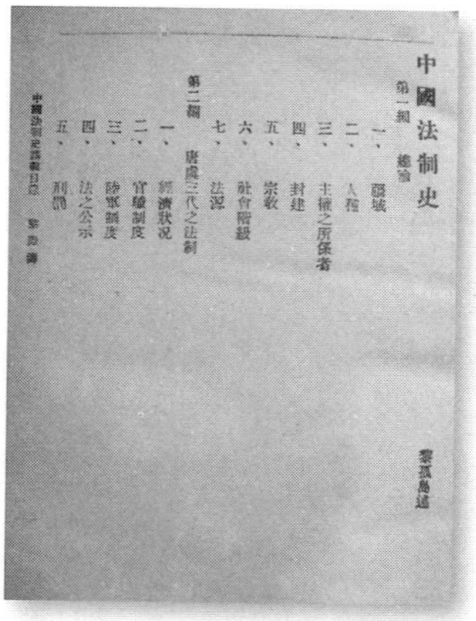
中國法制史

黎孤島述

第一編　總論

一、疆域

二、人種

三、主權之所係者

四、封建

五、宗教

六、社會階級

七、法源

第二編　唐虞三代之法制

一、經濟狀況

二、官職制度

三、陸軍制度

四、法之公示

五、刑罰

出版社：本书为“东省特别区法政大学”中国法制史讲义。

出版年份：本书作为讲义，所存书本无年份留存。

馆藏：中国人民大学图书馆旧平装书室。

作品简介：本书主要是从制度史的角度来撰写的，特别是国家的具体管理制度。这种整体的研究安排在内容方面大大拓展了研究领域，但是所带来的缺点就是对传统中国的法律制度涉及面过窄。所以，通观本书，与今日中国法制史的编撰结构有着很大的差异。本书的第一编为总论，主要从疆域、人种、主权之所系者、封建、宗教、社会阶级、法源等七个方面来进行阐述。其中最与法制史相关的是法源一章，该章比较了中西法律发展的不同历史，特别叙述了中国传统法典的演变。第二编为唐虞三代之法制，分为经济状况、官职制度、陆军制度、法之公示、刑罚五章。作为难以考证的三代之法，作者研究的勇气是值得肯定的，但是所研究的效果是可想而知的。第三编为汉代法制，分为官职制度、经济制度、财务行政、救恤行政、交通制度、教育制度、陆军编制、诉讼法、刑法九章。该编的后两章所论述的诉讼法与刑法使得本书真正进入法制史的核心内容。第四编为唐代法制，分为官职制度、经济制度、财政制度、救恤行政、交通制度、教育行政、宗教行政、军制、诉讼法、刑法、民法之一斑十一章。第五编为宋代法制，分为官职制度、经济状况、财政、救恤行政、交通行政、教育行政、军制、司法、刑法九章。第六编为明代法制，分为官职制度、经济状况、财政、自治制之发达、交通行政、教育行政、宗教行政、军制、律令、诉讼法、刑法、民法十二章。第七编清代法典述。

从本书的内容上看，主要论述的是唐虞三代、汉代、唐代、宋代、明代的法律制度。这些时代都是汉族政权的辉煌时代，所以作者多从整体的国家管理制度来论述，以突出传统中国政治运行所依据的主要制度。在重点朝代的选择上，我们可以发现作者内心深处的大汉族主义思想的痕迹。作者将元、清两代少数民族入主中原的时代排除在其论述的范围之外。如作者所言："元代法典与清代法典，皆有特别之性质，故亦属特别之法律，当综合两朝之法律，别为论断。"（余钊飞整理）

第五编 宋代法制

一 官职制度

A. 中央官制

宋之官制较唐略有参差，三公三师名虽存而常不置三省之中。尚书门下置于外，中书特置禁中，谓之政事堂，总理国家之事务。有枢密专掌武事。中书枢密名为两府，而别有三司专掌财政。御史台仍唐之旧。掌纠弹之事。其他虽有三省、六部、九寺、六监之制，掌本司之事甚稀，新设之官多旧官，存其名而无实务。故宋之官制，比诸唐制虽为复杂，其处理国家事务者则比唐为更少。神宗即位，欲更其制，熙宁之末因唐之六典，元丰三年所设之新官制，谓之元丰官制，于宋画一时期有其名而无其实者废之，省台寺监之职务，多复其古。其后元祐中又更元丰之制。后至建炎中兴多改官名，颇有所并合。又改左右仆射、中书门下平章事、两省侍郎为参知政事，三省之事始合于一。后乾道八年，改左右仆射为左右丞相因废三省之长官。宋之官制略如下：

- 二府
  - 枢密使
  - 中书省
- 三省
  - 门下省
  - 中书省
    - 吏部（吏部司封司勋考功）
    - 户部（户部度支金部仓部）
    - 礼部（礼部祠部主客膳部）
    - 兵部（兵部职方驾部库部）
    - 刑部（刑部都官比部司门）
    - 工部（工部屯田虞部水部）
  - 尚书省
- 秘书省
- 殿中省
- 三司使
- 御史台

九寺：
- 太常寺
- 宗正寺
- 光禄寺
- 卫尉寺
- 太仆寺
- 大理寺
- 鸿胪寺
- 司农寺
- 大府寺

六监：
- 国子监
- 小府监
- 将作监
- 军器监
- 都水监
- 司天监

二司：
- 殿前司
- 侍卫司

诸卫：
- 左右金吾卫
- 左右卫
- 左右骁卫
- 左右武卫
- 左右屯卫
- 左右领军卫
- 左右监门卫
- 左右千牛卫

三师三公　依唐制以太师太傅太保为三师，以太尉司徒司空为三公。徽宗之时以少师少傅少保为三孤。如唐之制，多为宰相亲王使相之加官。三师三公可参与国家事务。

宰相　佐天子、统百官、平政事。宋沿唐制，以同平章事为宰相之任，无常员。

平章军国重事　元祐中置之。以老臣硕德者任之，一名同平章军国事、使相，亲王、枢密使留守节度使兼寺中、中书令、同平章事皆谓之使相，不与国事。参知政事贰于宰相，参与政事。乾德二年置之，元丰官制废参知政事，置门下中书之二侍郎，尚书左右丞代其任。建炎三年复以门下中书侍郎为参知政事，除左右两丞。乾德八年改左右仆射为左右丞，参知政事如旧。常二员或一员，时或三员。

门下省　掌受天下成事，审命令，矫正违失、进发奏状及进请宝印之事。职员官署如下：

侍中一人、侍郎一人、左散骑常侍一人、给事中四人、左谏议大夫一人、起居郎一人左司谏一人、左正言一人、符宝郎二人、侍中侍郎。南宋不置，但有左右丞，通信司隶于给事中，受三省、枢密使、六曹、寺、监、百司之奏牍、文武近臣之表疏及受章事等事。进奏院隶于给事中，掌受诏敕及三省、枢密院之宣劄、六曹寺监百司之符牒颁于诸遇事。登闻检院，隶于谏议大夫。登闻鼓院，隶于司谏正言。

中书省　掌进拟庶务宣奉命令事。有下之员：令一人、侍郎一人、右敬骑常侍一人、舍人四人、右谏议大夫一人、起居舍人一人、右司谏右正言各一人。中书省分八房。以掌事务。吏房户房兵礼房、刑房、工房、主事房、班簿房、制勅房是也。元祐以后分兵礼房为。二又有催驱点检分房凡为十一。房后又改主事房为开柝令者。元丰官制为丰官制。为开府仪同三司。

尚书省　掌施行制命。举省内之纲纪程式。受付六曹文书听内外辞，讼奏御史大夫失职，及关于百官废置赏罚之事。有下之职员。尚书令一人、左右仆射各一人、左右丞各一人、左右侍郎中各一人、员外郎各一人。六部隶于该省，又分十房，掌省内事务。吏房、户房、礼房、兵房、工房、刑房、开柝房。掌发遗文（书事）都知杂房，催驱房制敕库房是也。

吏部掌关于文武官之选试、拟注、资任、迁叙、荫补、考课、事务、封爵、策勋、赏罚、殿最之法。有下之职员：尚书一人、侍郎一人、尚书选二人、侍选郎二人。吏部中有吏部、司封司勋、考功之四曹。置郎中员外郎。

户部 初天下之财计皆为三司所掌，户部有名无职，唯置判户事一人而已，元丰官职始复旧。掌天下户土钱谷之事、贡赋征役之事。于是分户部为左曹右曹。左曹者、专以版籍考户口之登耗，以税赋持军国之岁计，以上贡办群县之物宜，以征摧抑兼并之大弊其他理孝义婚姻继嗣之道，以和人心，判田务券债之理，以直民讼。右曹者，理常平之法。平凶丰时之敛散；理免役之法，以通贫富，均财力；理任保之法，以联比。间察盗贼；以义仓赈济之法救饥馑。恤艰危，以农田水利之制，治荒废，务稼穑；以坊场河渡之课，酬勤劳，省科率。有尚书侍郎户部，今四曹，户部、度支部、仓部是也。皆置郎中员外郎。

礼部 初仪礼之事，悉属于太常礼院，本部置判部事二人而已，元丰官制复旧。掌关于礼乐、祭祀、朝会、燕享、道释、祠庙、学校、贡举之事务，及四夷朝贡等事。职员如下：

尚书侍郎、属官有礼部、祠部、主客、膳部之四曹。置郎中员外郎。

兵部 武官军师卒戌之事务悉属于枢密院，部置判部事一人而已元丰官制复旧。掌关于兵卫、仪仗、卤簿、武举、民兵、厢军、士军、蕃军、四夷官封承袭之事，舆马器械事务及天下地国。初置尚书侍郎，建炎三年归于卫尉寺。属官有兵部、职方、驾部、库部之四曹。各置郎中员外郎。

刑部 有判部事二人，元丰官制复旧。掌刑法、狱讼、奏谳、赦宥、叙复之事。置尚书侍郎之职员，属官有刑部都官比部司门。各置郎中员外郎。绍兴二年分十三案以执事务，制勘、体量、定夺、举纠、叙察、检法、顿降、追毁、会问、详覆、捕盗、帐籍、进拟是也。

工部掌城池土本工役之事。皆隶于三司。本部只置判部事一人。元丰官制复旧。掌天下之城郭、宫室、舟车、器械、符印、钱币、山泽、苑囿、河渠之事务。有尚书侍耶之职员、属官有工部、屯田、虞部、水部。各置郎中员外郎。绍兴三年有分案六，工作、营造、材料、兵匠检法、知杂是也。

枢密院 掌关于军国之机务兵，防随边备、戎马，其他以出纳密命掌佐邦治事。枢密院起原于唐代宗。后梁开平元年，改称崇政院。后唐庄宗同光年中，又称枢密院。由是宋之文事由中书出，武事由枢密院出，谓之两府云。元丰官制或欲废之，归于兵部，神宗不许，置如旧组。以知院同知院之名称。职员如下：

枢密使，枢密副使，签书院事当时枢密长谓之院使，则其次官谓之副使。长谓之知院，则次官谓之同知院。此外所置职员颇多，而存废无常。都承旨、副都承旨检详官、（熙宁四年置）计议官、（建炎四年置绍兴十二年废）编修官（庆历四年置）主管三省枢密院架阁文字。三省枢密院激赏库、省枢密院激赏酒库监、御营使、提举修政局、制国用使、三司使、依五代之制。专统国计，应四方贡赋之人，谓之计省云。三使者，户部、盐铁、度支是也。建隆元年，定二十四案，吏千余人。乾德四年，定考课法，增兴国中判官之数、淳化四年，合为一使。同年又置二使，分领左右计次，置总计使。五年三司各置使咸平中复合为一。其后设有会计司，元丰官制之改革，以三司使为户部尚书。三司使所置之职员如下：盐铁使，掌天下山泽之货关市河渠军事，以资邦国之用。副使、判官孔目官、都勾、押官、勾覆官。度支使，掌天下财赋之数。副使、判官、孔目官、都勾、押官、勾覆官。户部使，掌天下户口税赋之籍，榷酒衣肴之事。副事、判官、孔目官、都勾、押官、勾覆官。一使之时有三司使、副使、判官等。其属司如下之诸司：都磨勘司、（端拱九年置有判司官）都主馆、支收司、（淳化三年置有判司官）拘收司、（咸平四年置）都理欠司（雍熙二年置于三部有判司官）、都凭由司、开析司、有判司官、发放司（太平兴国年中置之）、勾凿司、催驱司、受事司。

此外卫司管辖官、勾当公事官、三司推勘公事、勾当诸司马步军粮科院官、勾当马步军、专勾司官等尚多。

翰林学士院　掌制诰诏令选述之事。有下之职员：翰林学士承旨，翰林学士知制诰，直学士院，翰林权直，学士院权直，翰林侍读学士，翰林侍讲学士，崇政殿说书，观文殿大学士，同学士，资政殿大学士，端明殿大学士，总阁学士，直学士，龙图阁大学士，直学士，待制，天章阁学士，直学士，待制，宝文阁学士，直学士，待制，显谟阁学士，直学士，待制，徽猷阁学士，直学士，待制，敷文阁学士，直学士，待制，焕章阁学士，直学士，待制，华文阁学士，直学士，待制，宝章阁学士，直学士，待制，显文阁学士，直学士，待制，集英殿集撰，右文屋修撰，秘阁修撰，直龙图阁，直秘阁。

御史台　掌纠察官邪肃政纲纪之事。其属三院：一台院，二殿院，三察院。有下之职员：

御史大夫　中丞　各一人

台院侍御史一人　掌佐台政事

殿院殿中侍御史二人　掌以仪法纠正百官非法之事

察院监察御史六人　掌分察六曹及百司之事而纠其误谬

检法一人　掌检详法律事　主簿一人　三京留司　御史台管勾台事各一人

秘书院　掌古今经籍图书、国史实录、天文历数之事。初太平兴国二年建崇文院。端拱初，立秘阁，置于崇文院中。而元丰官制，以崇文院为秘书省，置官员。

监一人　少监一人　丞一人

其属有五　著作郎、著作佐郎、秘书郎、校书郎、正字是也，隶于秘书省。所有诸司如下：国史实录院，提举国史，监修国史，提举实录院，修国史馆修撰，同修撰，实录院修撰，同修撰，直史馆编修台检讨官，校勘检阅校止编官，太史局，钟鼓院，印历所，殿中省，掌天子之玉食供奉、医药、服御、幄帟、舆辇、舍次之事务。省有监、少监、丞各一人，又有下之六局：

尚食局，尚药局，尚酝局，尚衣局，尚舍局，尚辇局，有尚衣库使，副使，内衣物库监官，新衣库监官，朝服法物库监官。

太常寺　宋之时别有礼院，谓之判院　详符中别置礼仪院。康定元年又置判寺、同判寺兼礼仪。元丰官制太常寺始专其职。礼乐郊庙社稷坛、陵寝之事，其所掌也。职员如下：

卿一人，少卿一人，丞一人，博士四人，主簿，协律印，奉礼印大祝各一人。又有下之职员：

郊社令，太庙令，籍田令，宫闱令，提点南郊大庙祭器库，提点朝服法物库所，朝服法物库，南效什物库，大庙什物教坊及钤辖教坊，诸陵祠坟，大医局，大岁局，建炎中兼太常寺宗正，隆兴中光禄寺亦归于太常寺二年分案为九，礼仪，祭祝，坛庙，大乐，发物，廪议，大医，掌法，知杂是也。

宗正　初判寺事二人掌宗庙诸陵荐享之事，又掌皇族之籍。元丰官制复旧。置卿一人、少卿一人、丞一人。主簿一人掌叙宗派属籍以分昭称而定其亲疏事。又有大宗正司，景佑，三年所置。玉牒所，淳化六年所置，建炎以后隶太常寺。

光禄寺　元丰官制，掌祭祀朝会、宴享、酒醴、膳馐等事。有卿一人、少卿一人、丞一人、主簿一人。又有大官令，初掌膳馐割烹之事。崇宁二年置尚食局，仅掌祠事，建炎以后归太常寺。

卫尉寺　元丰官制，掌关于仪卫兵械之事务。有卿一人、少卿一人、丞一人、主簿一人。其属官有内弓箭库、南外库、军器弓枪库、军器弩刃箭库、仪鸾司、军器什物库、宣德楼什物库、左右金吾街、左右金吾仗司、六军仪仗司。

太仆寺　初有判寺事一人，元丰官制，置卿、少卿、丞、主簿各一人。掌车辂厩牧之事务。其属官有车辂院、左右骐骥、左右天驷官、鞍辔库、养象所、驰均车营、致远务群牧司等。南宋以后，废太仆寺入于兵部。

大理寺　置判寺事一人，元丰官制复旧。有卿一人、少卿二人、正二人、权丞四人、断丞六人、司直六人、评事十有二人、主簿二人，掌折狱详刑鞫狱之事，职务左右分掌。隆兴二年定评事八人。

鸿胪寺　有判寺事一人，元丰官制复旧。置卿一人、少卿一人丞一人、主簿一人、掌四夷之朝贡、宴劳、给赐、送迎之事，及国之凶、仪、中都祠庙、道释籍帐除附之禁令。其官属十二。

往来国信所，都亭西驿及管岭所，礼宾院，怀远驿，中太一宫建隆观寺各提点所，在京寺务司及推点所，传法院，左右街僧录司同文馆及管勾所。

建炎以后废鸿胪寺入于礼部。

司农寺　置判寺事二人，元丰官制复旧。有卿一人、少卿一人、丞一人、主簿一人，掌仓储委积之事务及总苑囿库务之事。其属官凡五十、仓二十五。

大府寺　初置判寺事一人，其职多隶三司，元丰官制复旧。有卿一人、少卿一人、丞二人、主簿二人。所掌关于邦国财货之事务，及库藏出纳商税平准贸易之事。属官二十五司。

左藏东西库，西京南京北京左藏库，内藏库，奉宸库，袛候库，元丰库，茶库，杂物库，粮料库，审计司，都商税务，汴河上下镇，蔡河上镇，都提举市易司，市易上界，市易下界，杂货场，榷货务，交引库，抵当所，和济局，惠民局，店宅务。

国子监　置判监事二人，掌以经济教授诸生事。又有丞一人，掌钱谷出纳之事。主簿一人，掌以文簿勾考其出纳事。元丰官制置祭酒司业丞主簿各一人，大学博士十人，正录各五人。武学博士二十人，律学博士正各一人，其他有职事学、录学、谕直等诸员。

少府监　置判监事一人，元丰官制。置监、少监、丞、主簿各一人，掌百工技巧之事。其属五院：

绫锦院，染院，裁造院，文思院，文绣院。

将作监　有判监事一人，主土木匠工之事务，隶三司，修造案本监，掌祠祀，供省牲、牌镇、石炷、香盥、手焚、版币之事。元丰官制置监、少监各一人，丞、主簿各二人，掌宫室、城郭、桥梁、舟车营缮之事。其官属十：修内司、东西八作司、竹林务事材场、麦麸场、窑务、丹粉所。作坊、物料库、退材场帘、箔场是也。

军器监　戎器之事，隶三司胄造案。熙宁六年置之，元丰官制复旧。置监、少监各一人，丞二人、主簿一人，掌监督缮治兵器什物以供军国之用事。其官属有：

东西作坊，作坊物料库，皮骨场。

水都监　隶于三司河渠案，嘉祐二年置之。有判监事一人、同判监事一人、丞二人、主簿。元丰官制置之。使者一人、丞二人、主簿一人，掌中外川泽、河渠、津梁、堤堰疏凿浚治之事务。又有属官。

司天监　宋有司天监。有监、少监、丞、主簿、春官正、夏官正、中官正、秋官正、冬官正、灵台郎、保章正、挈壶正各一人，测验天文，考定历法，凡日月星辰风雨气候祥眚之事，岁颁历于天下。

以上文官之大要也。此外因时设置者不少。例如熙宁中设三司条例司、三司会计司、编修条例司，宣和四年置经抚房，崇宁中置提举讲议司，及大观元年设议礼局，政和二年置礼制局，皆不数年而废之。

殿前司　掌殿前之诸班直步骑诸指挥之名籍，及训练之事务。有都指挥使、副指挥使、都虞侯各一人。

侍卫司　有马军、步军两衙。马军中有马军都指挥使、副都指挥使掌马军诸指挥之名籍。步军中有步军指挥使、副指挥使掌步军诸指挥之名籍。

右二司之外有诸卫官，谓之环卫官。有职员而无职务。虽称为卫，实同于唐，无兵。兵皆隶两司。

左右金吾卫	上将军	大将军	将军	中郎将	郎将
左右卫	同上	同上	同上	同上	同上
左右骁卫	同上	同上	同上		
左右武卫	同上	同上	同上		
左右屯卫	同上	同上	同上		

左右领军卫 同上 同上 同上

左右监门卫 同上 同上 同上

左右千牛卫 大将军 大将军 将军 中郎将 郎将

以上宋之武官也。

宋之官制略如上。此外如客省引进使、客省使、副使、四方馆使、东西上阁门使，或亲王东宫之诸官，今并省之。

B. 地方制度

县为地方区划之最下级。县之上有州（又郡）。府、军、州、府、军之上有路。以路为最上级之地方区划。太宗至道三年，以天下为十五路。仁宗天圣中增为十八路，时内京府三，次府三，次府八，州二百五十二，军四十六，监十三，县千二百六十二。元丰官之时，更增为二十五路，其后或时为二十三路。徽宗之时，又增为二十六路。

十八路之名称如下：

路｛州、府、军、监｝→县

京东路 京西路 河北路 河东路 陕西路 江南东路

江南西路 淮北路 淮南路

荆湖南路 荆湖北路 福建路

益州路 梓州路 荆州路 夔州路 广南东路 广南西路

路有监司。州有知州，事府有知府事。军有知军事。县有县令，而置郡时，有太守以处理其地方区划内之事务。

监司者，总名也，其中得分为四：师、漕、宪、仓是也。师为安抚使，漕为转运使，宪为提刑仓为提举，常平仓其所掌。此等四官。常有欠缺一二之时，而不必同时并置，亦有以一使而兼他使事务。

监司｛

安抚使 掌一路之兵民领军旅禁令赏罚肃清

转运使 掌一路之则赋领登耗上供经费储积

提刑按察使 掌一路之司法领狱讼曲直囚徒详复

提举常平使 掌一路之救恤领常平义仓水利敛散

安抚使，唐之时已有之，宋不常置。自咸平二年四川有安抚使，其次陕西有安抚使以来，时一置之。景德三年有河北沿路安抚使，陕西沿路诸州亦置之，庆历二年置湖南安抚使。其次有河北南路安抚。熙宁五年废诸路之经略安抚司。崇宁中河南置安抚使。自后诸路复有安抚使，掌统护诸将，统制军旅，察治奸宄，清肃一道之事，及关于听讼事务。建炎以来亦有之。

转运使，乾德以后，始置诸道之转运使。开宝六年，有判官，以后屡见之真宗用兵每以都部署而兼转运使。王师征讨，别有随军转运使，事止则使亦废。中兴以来。存废不常唯使副判官常存。

提刑按察使，唐时亦有之。宋开宝五年常遣参官四人，分诸路视察田土苗稼之状况，其次置采访。至淳化二年，置诸路转运使司，提点刑狱。景德中又置诸路之提点刑狱公事，以察所部之疑留狱讼，劝课桑农。纠按官吏之不法者。庆历三年诸路转运使兼按察使，具申每年官吏之能否，六年，废。熙宁中遣使采访。绍圣中三岁一度，以郎史御史按察诸路之监司。

提举　提举之事务，为转运使所掌，至熙宁中独立。熙宁十七年，有提举，谓之提举成都府路买茶公事，后改置都大提举茶马事，以榷茶之利，掌佐邦用事。其次又置提举常平仓一员，掌常平义仓、免役、市易、坊场、河渡、水利之法，元祐之中废之。绍圣九年，复置。政和元年江淮荆浙六路，置茶盐提举一员。宣和中河北京东路添提举一员，其次诸所皆置之。建炎元年并提举常平司于提刑司以来，时有分合存废。绍兴二年，荆湖等处置提举盐茶司。其次将诸路之提举平司入于茶盐司，仍以提举常茶盐等公事为名。九年置经制司，改常平为经制某路干并常平等公事，其次废为常平官。绍兴十五年，改诸路茶盐官为提举常平茶盐。惟四川广西以宪臣兼之，淮西京西以漕臣兼之。

上之部使（安抚使、转运使、提刑按察使、提举常平使、司等谓之部使）之外。犹有下之诸官。

发运使　经度山泽财货之源漕，准浙江湖六路之储廪，以输中都，兼制茶盐泉宝事务。及举刺官吏事。有使、副使、判官。

提举坑冶司　掌收山泽之所产、铸造货币、以供邦国之用事。

提举市舶市　掌外国船舶贸易之事。

提举学事司　掌一路州县之学事。

提举河北籴使司　掌籴使刍粮以供边储之用。

提举制置解盐司　掌盐池禁令、俾民入粟塞下与钞给盐，以足民用实边备之事。

提举保甲司　为什五掌教民武艺进退其优劣之事。

提举三白渠公事　掌潴泄三白渠，以给关中灌溉之利事。

提举弓箭手　掌沿地郡县之射，地弓箭手之籍，及团结训练赏罚事。

州有知州事、通判，凡兵民钱谷、户口、赋役、狱讼、听断等事，悉其所掌。知州事、通判之外。因唐制有录事参军，总庶务，掌纠诸曹之稽违事。其下有户曹参军。（掌户籍、赋税、仓库、受纳）、司法参军（掌议法断刑）、司理参军（掌讼狱勘鞫之事），司理参军并谓之司寇参军。

又有巡检司。巡检使者分沿边溪洞都巡检、蕃汉都巡检或一州一县巡检，或数州数县巡检。皆掌训治甲兵，巡逻州邑。逮捕盗贼之事。

府有尹。无尹时有知府事府。之中唯开封府有牧尹。又有权知府。其属有判官、推官司、及司录参军、功曹、仓曹、户曹、兵曹、法曹、士曹参军各一人。临安府初有杭州领浙西兵马钤辖，建炎三年，改为府置知府、通判签书节度判官厅、公事节度推官、观察推官、同判、录事参军、左右司理参军、司户参军、司法参军等。

河南应天府。有牧尹、少尹、司录、户曹、法曹、士曹参军，无尹时置知府事一人，即加通判一人，判官、推官各一人。次府有牧尹、少尹、司录、户曹、法曹、士曹、司理、文学。助教无尹时加知府事一人、通判一人。各曹之所掌如次。

功曹 掌官吏之考课祭祀学校表疏等之事务。

仓曹 掌关于租税仓库等财务之事务。

户曹 掌户籍税赋之事务。

兵曹 掌谳军器烽候驿传之事务。

法曹 掌谳疑等司法事务。

士曹 掌舟车津梁营作等事务。

又开封应天二府，有左右军巡使、同判官各二人，掌京城之斗及推鞫之事。

军与监 宋之初召诸镇之节度使留京师，别遗朝臣出守州郡掌兵者，谓之权知军事。业掌民政者，谓之权知州事。后置军监亦知军事、知监事，掌军监之事务。

县有令。统治民政，劝课农桑有德泽禁令则宣布治境。凡户口赋役钱谷赈济给纳之事，皆其所掌。开宝三年。令诸县千户以上者置令簿尉，四百户以上者置令尉，四百户以下置簿尉，以主簿兼知县事。建隆三年每县于主簿之下，置尉一人。政和五年，令县令以十二事劝课农桑：一敦本业，二地兴利，三戒游手，四慎时候，五戒苟简，六厚蓄积，七备水旱，八戒宰牛，九置农器，十广栽植，十一恤苗户，十二勿忘讼。

以上路州府监军县官之外，路有经略使，唐时有之，宋不常置。州有观察使，亦始于唐，宋沿唐制。诸州置观察使，又有团练使。始于唐之肃宗，宋沿之。诸州置团练使，节度使亦有之，宋之时无定员。古者此职掌属于知州通判，祖宗以来优待宗室，始授此官。又从唐制，以节度使兼中书令侍中书门下平章事，名为使相，以侍勋贤故老及宰相之久罢政者。

承宣使 宋政和时始置之，即唐之留后也。

防御使 唐亦有之，因唐制于诸州置防御使，位于团炼使之上。

制置使 掌经画边鄙军旅之事。

宣抚使 唐时有之，宋不常置。有军旅大事，则命执政大官为之，掌宣布威灵抚绥边境及统护将帅督视军旅事，有副使判官。

招讨使 不常置，掌捕逮盗贼之事。

招抚使 不常置镇抚使，于唐之安抚使相当。

抚谕使 掌谕安存问。

钤辖使 掌军旅去屯戍营坊守御之事务。

路分都监 掌关于本路之禁旅屯戍边防训练事务及肃清所部之事。

庙令丞主簿 置于诸庙，其事务县令总之。

都督府 因唐制置之，有长史、左右司录事参军、司户、司法、司士、司理参军、文学助教。无长史时置知府事通判各一人。

镇砦官 置于诸镇管下之盛地，掌治土军习武艺以防盗贼事。

诸军都统　副都统制　总制　统领

都统之名，唐时有之，宋不置官，南宋之后，则以都统制军马之名加之。建炎以来时有官名。嘉定初天下有十都统。此后大名军又有统制、副统制、统领、副统领之称。

二　经济状况

A. 土地制度

土地有公田私田之别。属于公田者，官田屯田营之类。属于私田者，各种私有地也。而私有地之占多数者。垦田，乾德四年，奖励民间开垦荒土之事。至道中募民耕荒土以图永业，免三岁租。自三年后，征三分之一以来，募民开墟荒田，皆属其所有矣。神宗元丰之际，天下之垦田凡有四百六十一万二千余顷。职田当时亦有之，其给与否，因时而异。天圣九年，以吏禄薄不足自养，有给与事。其给与土地之数，庆历三年之制。大藩府长吏二十顷，通判八，判官五顷，余皆四顷，节镇十五顷，防围以下州军十顷，小军监七顷，县令万户以下六顷，五千户以上五顷，五千户不满者皆四顷，簿尉万户以上者，各三顷，五千以上者二顷，五十亩五千户不满者皆给二顷。熙宣中复诏详定。建炎元年以国用不足止给与事，后复给之。

宋之时又有方田　端拱二年令置方田。咸平六年边境置方田，凿河以防胡骑。此后明道二年为防契丹开方田，穿四面沟，始得进兵，至熙宁五年，重修方田法。京师以及天下，有东西南北名千步，当四十一顷六十六亩，一百六十步为一方。每岁九月分，县令佐地量坡原平泽而定其地，因土色定肥瘠为九等，税有差等。元丰八年遂止，崇宁二年行之，宣和二度复废。

B. 货币制度

五代之时固世宗显德中，以久不铸钱，毁军器寺观之钟磬，令铸钱，其文曰周元通宝。至宋建隆二年。禁铁锡钱。乾德五年禁恶钱。开宝中两京置便钱务，雅州置钱监。当时雅州铸造钱九千余贯云。后用铁钱。太平兴国八年，铸大铁钱，名太平通国云，寻废。当时钱货渐加，岁所铸造，及三十万云。天圣中殊造至百余万贯，庆历之际至三百万。熙宁六年铸铜铁钱之数，每岁凡达六百余万贯云。

地方州县有铸钱监，各自为铸造。至道二年，池州置钱监铸六十四万贯。咸平二年建州置丰国监，江州置广宁监，凡铸一百二十五万。庆历中令江饶池钱监造铁钱百万缗，当时以兵起用乏，取济南县红崖山等之铜铸钱，又取仪州之黄铜铸大钱，江南亦铸大钱，其他江池等俾铸小铁钱。而盗铸颇多，物价腾贵。盗铸之结果，钱货之品位低下。于是罢诸州官所置之鑵。庆历八年龙州置铸钱监。治平四年惠州置阜民监。熙宁三年陕西置铸钱监，增铸钢铅百万鑵。六年京西淮等六路置铸钱监，及他各地亦多置监铸造。八年置高虢洛南三监，及耀鄜权二监，又有岷州监。元丰中兴州济中监通远军监等，多所铸造。三年置陈州监。元祐二年置河中尉，龙门韩城钱监。崇宁三年置宝丰黎阳盐，四年置汝州鲁山监。政和四年置蝸州宝新监，六年置邕州通宝监。绍兴二十三年武功置铸钱监，三十一年置惠民监。此外铸钱监之 设置者尚多，其后又有所增置。元丰三年诸路之铸钱监凡有二十七。（一云二十六）而此等之铸钱监，其铸造少数万多数十万，其总计颇达额巨。依元丰三年之调查，铜钱五百六万贯，铁钱八十八万九千二百三十四贯，合计成五百九十四万九千二百三十四贯云。

宋之时钱货之种类，有大铜钱、大铁钱、小钱、折二钱等之名称。所谓宋元通宝者，国所铸。淳化元宝淳化所铸，其文用真行草三体，后每改元更铸以年号为文。其大钱有下之种类：

庆历八年陕西所用之大钱钱以一当三 …… 当三

庆历二年晋泽州所铸之大铜钱以上当十 …… 当十

嘉祐四年铸大铜铁钱大同及铁钱以一当二 …… 当二

以上仁宗之世所铸也，折一钱熙宁中所行，后或用或废铁钱其品质形状虽不一，大都铁钱一当铜钱十之比也。又有夹锡钱，徽宗崇宁中所铸也。

宋之时又有交子之法，一名会子，即今之纸币也。蜀之民以钱重，私造券谓之会子，以供交换之用。天圣元年十一月官置交子务禁民私用，于是开交子务，每界以一百二十五万六千三百四十为额。大观元年，改云交子，为钱引，因之改交子务为钱引务。至南宋多用之。绍兴元年六月始置见钱关子，后行于淮南。江东六年，置行在交子务，作百五十万缗，而五月改称关子。三十年，以临安府应支官钱作会子，畜见钱硬货发会子凡二千万，三年交换一度。三十一年，置会子务，乾道四年一界至一千万七年发第二界，收第一界。淳熙六年叠用第六第七，两共四千八百余万。其发第八界收第六界两界，增至六千二百余万。由是每界四千万，两界并行八千万也。开禧中发第十一第十二界，更又出第十三界，凡至一亿四千万。嘉定之初出第十四第十五界，共八千万以收换三界。至嘉熙年中遂增至四亿一千万，云其中对于会子、交子必贮本钱而当兑换。会子有者敝，则出内库及南库之银收之。及其滥发之后钱贷以乏而多制之，遂致会子愈多，本钱不足，物价腾贵，而伪造日加焉。

按交子会子，其所本出于唐之飞钱。飞钱者，商贾入钱京师，得其券而于诸路受钱也。此后又有茶盐钞引。

三 财政

宋之时国家收入凡有五种：一公田之赋、二民田之赋、三城郭之赋、四杂变之赋、五则为丁口赋。

（一）公用之赋 公田之赋者。官田、庄田、屯田、营田之赋也。使民耕作而征收其收获之几分。

（二）民田之赋 民田之赋，自各个人所有地而出之租税。

（三）城郭之赋 宅税地税之类。

（四）杂变之赋 杂变之赋，自牛革蚕盐类征收之类也。

（五）丁口之赋　人头税也。

田租征收之方法，无异于唐。即依两税法，征收于夏秋二季。太祖显德三年定夏税七月朔日起，秋税由十月朔日征。其税无率大约凡三十之一乃至二也。茶为当时官之专卖。乾德二年八月，置推货务于京师及建安、汉阳、蕲口。乾德五年榷江淮湖浙福建路之茶，禁南商之擅利。兴国五年，禁私茶。此时茶法最密。淳化之际，许商人输钱京师，得其券至茶山取茶而后卖之。咸平之际有限定，所许民之买卖，但限于场所之范围内，不得出卖于外，其他皆属官之专卖。盖宋之初，茶属国家之专卖，鬻者科以刑罚。而至天圣中，行贴射之法，其法江淮十三场之茶，使商人与园户自由交易，官为之税，其收三十之一。次至嘉祐行通商之法，全弛茶禁，官只课税于商人园户而已。其后禁榷通商，时有沿革。

当时国家之收入，祥符以后，依榷茶及税茶，每岁二百万缗乃至三百万缗，其后天禧中所收不过十二万缗。仁宗时稍加八十余万后，崇宁以后又增上二百万缗，政和中至四百余万。

榷盐亦国家财源之一也。盐亦多属官之专卖。然时有解盐禁取课税之事。例如开宝三年解河北之盐禁。令以收税。至道二年之际，淮南十八州之内，九州禁盐，他皆不禁。其后或禁或解无常例。国家之收入。依榷盐税盐，乾兴之际不过二十三万缗，而嘉祐中以一百六十六万三千四百缗为岁额，元丰中岁额二百四十二万缗，元祐中岁额二百万缗，至绍兴之末年乃至二千一百万缗云。

按出盐之最多者，一为盐池，二为海盐，三为盐井。盐池者，解州与安邑二处之池最有名，垦地为畦，引池注水，水耗盐成。从事于此之民户，谓之畦户，夫谓之畦夫。岁之二月垦畦，四月引水，以八月止，岁约产百五十二万六千四百二十九石云。海盐，煮海水为盐者。京东、河北、淮南、两浙、福建、广南凡六路，地谓之亭场，民户谓之亭，户灶、户夫谓之盐夫云。盐井，煮井水为盐者。成都梓利夔之四路为最，大为监小为井，监置官，井募民。又有煮井者，河东永利东西监为最。民谓之铛户云。河北陕西有煮卤然所得少。东南之盐独为富厚，自海得者谓之末盐，自池得者谓之颗自，井得者谓之井盐，自崖得者谓之崖盐云。盐池二，盐场二十二，井八百二十二云。

酤亦属官之专卖，或有许民酿造而收其岁课者。宋之时又沿唐制，立役法。役凡三变，其一为差役法，其二雇役法，其三义役法。差役者，即唐之役法，课天下之民户充杂使。自里正、户长至奔走、驰走、杂职、虞侯，皆以乡户之等第为差。淳化五年以天下诸县第一等之户为里正，第二等户为户长。其后以贫者苦于役，有限数至征役事。平中始使民出钱雇人代役，名为雇役云。从人户等第高下收钱，谓之免役钱，云熙宁雇役之法，自该役户、坊郭户、官户、女户、单户、寺观所征收之钱，名为六色钱。前以下足役。元祐中以免役法利于富不利于贫、遂废免役钱、而复旧制。其后雇役并行。乾道之顷有义役者，中田出谷而助赋役之法也。

所受差役之免除者，下等单丁女户品官及僧道等也，而佣役者亦征收此等钱。以故免差役而不能免佣役。但无差役，如此等单丁女户寺观品官之家。坊郭户又别收所谓助役钱者，似故非全无担负，只不自出役而已。又濒黄河者，每岁出夫以修筑河岸，不付于役者，入免夫钱而充其费。

以上各种财源之外，尚有商税，州县皆置官署。大者设专官，小者州县官兼之，征收有携货物过者则课之，名为过税云。每千钱算二十，居鬻者课住税，每千钱三十。之神宗时有市利钱，免行钱。市利钱云者，入于贾物之市所课税也。免行钱云者，计京师商贾所得之多少而课税也，一云月赋，每月谕官。

宋时收入之总计，其时天下岁入之缗钱千六百余万。以太宗为极盛，两倍于唐室天禧之末，又增至二千六百五十余万缗，嘉祐之间，又加为三千六百八十余万缗，熙宁天丰之际，合入青苗市易等之钱，达六千余万。元祐之初，除其苛急者，尚岁入有四千八百余万，宁宗之时，东南岁入之数，上供二百万缗，此祖宗之正赋也。其六百六十余万缗者，称经制。七百八十余万缗者。称经总制。四百余万缗者，号月椿。其他合茶盐酒算坑冶榷货籴本和买之收入，则为四千四百九十余万缗。经制钱云者，始于宣和之末，陈享伯发运兼经制使时法也，故名为经制钱。其法设经制司，量酒钱增收一分之税，又青契纸（谓之头子契钱），千收二十三，征额少加，而其数益大，行之京东西河北，岁入得数百万缗。建炎二年复行之。总制之法，于绍兴五年始增收头子钱十钱。东南诸路，岁收总制钱七百八十余万缗，四川不与焉。代凡东南之经制二司，岁千四百四十余椿。四川岁取五百四十余万缗，月椿钱。绍兴二十年起江浙湖南诸路，大军收月椿钱十万缗。月椿钱云者，其类虽多，而主要者如麴引钱、白纳醋钱、卖缗钱、户长甲帖宝、正牌银钱、拆纳牛皮筋角钱、诉讼不胜者俾入罚钱、胜者俾入欢喜钱之类是也。岁入与岁出之比较，崇宣之间，中都岁费六百万，与岁入相当。皇佑中总为三千九百万，费三分之一。治平中四千四百余万，费五分之一。熙宁中五千六百余万，尽费之。淳熙之间户部经费，当一岁之收入，无所余云。

四 救恤行政

宋救恤事业，亦如唐。但当时最为整顿者，各地设社仓也。社仓之外有义仓，又有常平仓。社仓与义仓全相类，只因设于社而谓之社仓，因设于州县而谓之义仓云耳。盖社仓者，设于社之义仓也。而此三仓之外。时有所谓惠民仓、庶惠仓、庶济仓者，皆属于救恤事业也。

常平仓，自太宗淳化三年置于京师以来，屡设之。淳化之际以谷价最贵。因汉唐常平仓之法，俾贱卖却价。真宗之时，京东西路、河北、河东、陕西、淮南、两浙各置常平仓。祥符二年，遣使出常平仓之粟麦于京城，开八场贱价卖却，致谷价有下落事。自此以来，屡令诸路诸州设常平仓，时出内藏库金给于诸州以令加仓之藏米，或给布帛之类以为常平籴本。如此类者不可枚举。按治平三年之计算，常平仓所入五十万一千四十八石，所出四十七万一千五十七石云。

社仓者，南宋朱子之法，然皆宋以前所有，隋唐以来既行之。至宋熙宁之顷有苏渭者，为陈留知县时，于村置社，每社立仓，蓄谷，令耆老掌出纳，若岁凶则开之发散。至王安石青苗之法立，而社仓法遂中绝于宋代青苗之法下条说明。南宋之孝宗淳熙八年，朱熹上书请于天下布社仓之法。初朱子以此法行于建宁府崇安县，开籴乡。乾道四年之际，天下大凶，时朱子在开籴乡，与知县耆老等计发社仓之粟以救危急，后复令民偿之。然以疲弊未去，其谷数限于里中，朱子遂请于府而赈贷之。但官粟积年将近于腐败之顷，向于是于空地设立社仓三间，亭一间以储之。自后逐年敛散计息，冬偿，后遂止息，收耗荒不为害。此即所开糶乡之社仓也。由是仿其例而设者，如婺州金华县之社仓。建宁府建宁州长滩之社仓，皆著名也，然终未普及于各乡。

义仓，建隆二年置。义仓，由官所收之二税每一石输一斗，蓄积之，以备凶岁。仁宗庆历元年。令天下各处立义仓，未几废之。其次熙宁之初，又一复之。然王安石不从，遂行停止。至十年后建，自此以来，存废不常。

广惠仓、惠民仓者，对于贫疾，老幼者之不能自营生活而设之救恤事业也，每日以定数之食料支给。淳化五年诸州立惠民仓，次咸平中福建路亦设之，天福中更有增设。嘉祐二年诸州又置惠民仓，每年十月遣吏调查老幼疾贫之人，每日人米一升，幼者五合，三日一给。熙宁以后，各属设置之，至绍圣三年遂罢。

此他时有折中仓祖等之设，皆常平仓社仓类也。

宋之时又有老幼废疾等之收养所，京师之东西福地院是也，嘉祐中更设置城南北福田院，凡有四院。

当时类常平仓而稍异其趣者，熙宁二年王安石等之计划也。青苗法之名称，始于唐代，既述于前，然名同而异其实。唐之青苗法者，对于未收获之际收征田租之方法也。宋之青苗者赁贷之一种也，即唐之出举，更上而溯之王莽五均六筦之法也。初陕西转运使李参部内，以多屯兵，经费不足，因贷钱于民，及收获期，加以利息，官为收之，谓之青苗钱。于是条例司请以诸路之常平广惠仓之钱谷，依陕西青苗为例，民愿豫借者给之，令出息二成随秋夏二税以输，如遇灾凶许展至丰熟以偿。其理由曰，若自官赁贷，其利率定而且低。以故富豪无妄贪高利苦民之事，民亦安于薄利得营其生计。又加常平广惠仓，必凶年始出籴，受其利益者，不过城市游手之人，于是容其请，出内库之缗钱百万，籴河北常平仓之粟以行其法，常平仓之制遂变为青苗法矣。然此制之弊，国家为增其收入而为强制的赁贷，不问人民之请求与否，民之当其借也，颇觉便利，而至返附之时，往往难于利息之增纳，以故其法之通行。有难焉者。新法废而青苗法亦与之不行，以此故也，要之青苗法者，于救恤事业颇有欠点，直以是为王安石等为国家财源计划之方法也可矣。

五　交通行政

宋之交通机关，有步递、马递、急脚递之别。步递则汉之步传也，马递则汉唐之驿马也，其制与汉唐无异。急脚递只因于军事而生。交通之最发达者，厥惟水运。

水运者自江淮两浙湖南地方，至真杨楚纳于转般仓，由此更溯汴河而上入京师。陕西之菽粟，由黄河三门沿流入汴而至京师，陈颖许蔡等州之粟帛，由惠民河。京东诸州之粟帛，由广济河。虽其数量常无一定，而据太平兴国十八年所定。汴河运江淮米三百万石、豆百万石、河粟五十万石、豆三十万石，惠民河粟四十万石，豆二十万石，广济河粟十二万石、合计五百五十万石也，其捷可想见。其后又有增加。又广南地方金银香药等之陆运，至处州由水运入京师。川益诸州之布，自嘉州沿水运历荆南而送京师，江湖浙建之茶，亦由水运送京平。江淮之漕米，常有增加，景德中至百万石，或六百五十万石乃至七百万石。

掌水运之事务者，诸路有转运使，乾德中所置也。后世转运使之权限，至兼掌警察司法事务。京畿江淮、陕西三门等枢要之地，有发运使。建隆二年京畿东路置副发运使。乾德二年京畿东南有小隆发运使。兴国中有陕西三门发运使，又于京师置水陆发运使。自此以来，有江淮两浙发运使、都大发运使、三门白波黄渭汴河水陆发运使，职额不定，存废无常。发运司为淳化新制，备于皇佑之后，计六路之丰凶，行平籴之法。置州一员，督江浙等路之运粮。泗州一员，掌由真州至京师之粮运。当时江湖之运舟，至仪真入转般仓，载盐而还航焉。自仁宗时至崇宁发运司，常有六百余万石百余万缗之蓄贮。

六 教育行政

宋沿唐制，置国子监。然当时尚未有六学之设，国子监之事务，仅置判监事二人，以经术教授诸生。他如四门学、太学、律学、算学，后于国子监而设置焉。元丰官制复唐之旧，职员亦整备。然如算学存废不常，当时京师有国子学、四门学、太学、武学、律学、算学、书画学、医学，又为教育宗室子弟有宗正大小学。地方有州县学。故教育一如唐制，上由宗室下至庶民皆普及者。为国子学。国子学，五代周之显德二年，以天福普利禅院为国子监，宋端拱二年，改监为学。淳和五年三月复为国子监，改讲玉为直讲。当时有判监二人，直讲八人，又有丞簿书库监各二人。天圣七年八月诏国子监以五十八人为解额。嘉祐三年，令以国子监生四百五十人为额。同年又增一百五十人。至熙宁元年之间，加为九百人。元丰三年，改国子直讲为太学博士，每经置二人。大观元年二月，置国子博士四人，正录各二人，与太学官分掌教导，九月并置国子太学群雍博士十人。

太学庆历四年四月，以国子监狭小，不足以容学者，以锡庆院为太学。犹狭，又以朝集院加之。学徒三百，讲官博士十余人，分经教授。五年以马军都虞侯之公宇为太学。元丰元年，增太学生员为舍八十齐，每齐屋五间，置太学博士十二人，皆分经讲授，考校程文，以德行训导学者。比年令定太学条例，每齐二十人，总二千四百人。内外舍生二千人内，舍生三百人，上舍生一百人，又学正五人，录十人。又置长谕，即以学生充之。太学入学，用试验法。既入学，则一月私试一次，一岁公试一次，补内舍生，经岁又一试，补上舍生。绍兴十二年，太学养士，以三百人为定额。十三年又增二百人，十五年又增一百人，其次增二百人，凡九百人。后又定额一千人。二十年令修太学。

四门学　四门学者，为庆历三年二月所建，以士庶子弟为生员，为弘招贤之道而设也。

武学　武学亦庆历二年令，以两制举官为武学教授，三年置武学于武成王庙，其年罢武学。熙宁五年复置令学生以百人为限。元丰三年改官制，博士为教授。政和二年，令外舍生称武士，内舍生称武俊士。绍兴十六年修建武学，二十六年置博士弟子员，同年又加外舍七十人，内舍二十人，上舍十人，凡百人。后有增减。元丰官制，武学博士，掌以兵书弓马武艺训谕学生事。

律学　律学者。熙宁三年始用断案律义试法官，六年四月以朝集院为律学，养生徒，教授四人，学讫者从政。元丰官制，律学博士，一正一人，掌传授法律及校试事。元祐三年，省律学博士一人。

算学　元丰七年正月，补算学博士之欠额。又试通算学者，上等为博士，中等为学谕。崇宁三年有算学，五年停止。次复置，隶于秘书省。后罢算学，以他局当之。政和三年置之，宣和二年遂复废止。

书画学医学　崇宁三年所建，一云二年所立。医学有司业博士，薄、录、谕，五年并废。书画附于国子监。大观元年，令置书画学，谕正录直各一人，四年书画局并于大医局。

宗室之学　元祐六年，宗正令诸院立小学，由八岁至十二岁。建中靖国元年，立宗学。崇宣元年十一月诸宫置大小二学，又增教授二人。其愿入太学律学者听。宗子十岁以上入小学，二十岁以上入太学，年未满请入者亦听之。四年，改宗子博士使位于国子博士之上。大观元年，命置官正副各一人。绍兴七年，宗子大小学成。初嘉祐以后，诸宫有教授。治平元年，增讲书，定课试罚。则崇宁大观之际，有诸宫博士十三员。绍兴十四年，临安立大小学校，大学生五十人，小学生四十人，职事各五人，凡一百人。又于诸王宫置大小学，教授二人。在学者，皆南宫北宫之子孙也，嘉定十年建宗学，置六齐，生员百人。后改教授为博士，置谕，隶宗正寺。由是宗室子弟，皆得尽学。十年三月置宗正寺四齐，各称其名，正爱贵大，雅信崇厚是也，又名堂为明伦云。地方之学，有州县学。又嵩阳卢阜岳麓睢阳，有各学徒。祥符二年，于曲阜孔子庙立学舍。乾兴元年，立兖州学。景佑四年令藩镇建学。宝元元年，大郡立学。庆历四年，令州置教授，以经术行义训导诸生。熙宁六年，诏诸路学官，并委中书门下选差，由是教授皆朝廷之所命。元丰元年，州府县学官共有五十三员。元符二年，令诸州学亦从大学之三舍法，考选上舍生，每岁贡一人，内舍生二人。崇宁二年，敕令修州县格式行之，三年增县学之子第员，大县五十人，中县四十人，小学三十人。宣和二年天下停止三舍法，南宋建炎二年。置教授。绍兴十八年又立县学。

宋之时，大凡年十七岁者入州学小学。又州学县学有学田。熙宁之时，诸路置学宫。州给田十顷以为学粮，有田者增给与之。他州县又有医学。

按庐山、崇阳、岳麓、应天府之学，谓之书院。庐山白麓洞，太平兴国二年之际，学徒有数十百人。崇阳以下之书院，祥符二年所建，又有茅山书院。

七　军制

宋之兵制，其主要有四，禁兵厢兵卿兵蕃兵是也。皆分隶于殿前司、侍卫司两府，而籍藏于枢密院。凡招募、廪给、训练、屯戍、栋选补之事务，皆枢密院所掌。禁兵者，天子卫兵，殿前侍卫两司总之。其最亲近扈从者，谓之班直。厢兵者，诸州之镇兵。初太宗鉴于唐末藩镇跋扈，令选州兵之壮勇者送京师，以补禁卫，其他留于本城。留本城兵，名之厢兵。卿兵者，由户籍或募土民所在团结训练，以为防守之兵。例如河北河东有神锐忠勇强壮，河北有忠顺强人，陕西有保毅寨户强人，弓手，河东陕西有弓箭手，河北河东陕西有义州麟州义军。蕃兵者属于寨下之囚，分诸部落以为藩屏之兵也。西北边之羌戎，部落不相统一，保寨者谓之熟户，以外谓之生户。陕西秦凤泾原理庆鄜延有之，河东石隰麟府又有之。其大首领为都军，百帐以上为军主，其下有副军主。京师之禁军，初太祖阅殿前侍卫所掌之兵，举其骁勇者为上军，又选诸州长吏所部之兵，送于都下，以补禁旅之阙，皆两司总统之。殿前司，领骑兵额三十七，步兵额二十六。侍卫司，领骑兵额三十五，步兵额八十三。又御前忠佐军头司，领步骑之额四。皇城司领步兵之额。二左右骑骥院，领骑兵之额二。厢军亦隶于内侍卫司。仁宗之时，增募禁军。陕西之蕃落广锐，河北之云翼，京畿之广捷虎翼效忠陕，西河东之清边弩手，京西江淮荆湖之归远等凡百余营康定之。顷禁兵戎陕西时，土民之兵，骁勇过于禁兵，于是募土民就粮，皆使备禁军。陕西蕃落，保捷立功以下，凡增百数。至神宗虑天下之兵多而冗，乃议销并，敕所司拣不任禁军者降厢军，不任厢军者免为民，又五十以上之兵请免者皆许之。于是冗兵大省。

熙宁之籍，天下禁军凡五十六万八千六百八十分人。元丰之籍，六十一万二千二百四十三人。徽宗宣和五年，尚书奏兵士之营所，分为六军，改为广效内拣中六军，第一指挥左龙武、第二左羽林、第三左神武、第四右龙武五、第五右羽林、第六右神武。建炎元年，始置御营司，四年，合于枢密院。绍兴四年，令改御前五军为神武御营。五军为神武副军，并隶枢密院。又废神武中军隶于殿前司。或以都督府之兵分隶之。乾道之初，殿前有马司三万人，步司二万七千人。

按宋之时有左右诸卫将，而无所领，兵士悉属于殿前侍卫两司，以故空官而无其实。将军以下，谓之环卫官，之命宗室及武官之赠典也。中兴以来，多不叙，隆兴中置十六卫，又谓之环卫官云。

郡国之兵，初诸州长吏择其骁勇者送京师，以其余守本城，于是严纪律以当防备，是即为厢军。统于内侍卫司，尚书兵部掌其事务。有以一军亘数州者，有一州屯数军者。厢军诸州，有骑兵之额四十八，步兵之额百八十三。开宝八年，发渭州手源藩源之二县民治城壕，因之立保毅军弓箭手，分置而成寨，即义军也。仁宗皇佑中，令以骑兵为教阅骑射威边，以步兵为教阅壮武威勇，分置有业等七州。嘉祐中复置步兵于郓濮等州。由是东南州多置教阅厢军，皆以威勇忠果壮武为号。景佑中，本城四十三万八千。至平治三年，有五十万。诸州，本城教阅骑军之额四，步军额六。不若阅骑军之额三十有五，步军额一百九十有五。

乡兵有下之种类。

河北河东，神锐忠勇强壮。仁宗之时，发神锐忠勇已久。康定之初，令河北河东添强壮籍。熙宁七年，河东强壮已废，因之罢强壮，募民令耕田二顷，以作保甲。

陕西，保毅周广顺中所置。开宝八年因之，咸平中保谷凡得六万一千人，皇佑中遂废止。保毅之籍熙宁四年废其军。

河北，忠顺，太宗之时，凡有三千人。由陶口至泥姑海口九百里，置二十六寨，一百二十六铺。庆历以后，渐次不补。

河北陕西，强人，咸平四年，募河北之民充强人。天禧庆历之间，募蕃戍为巡徼斥候。河北山东，强壮，自五代时诸州有之，咸平三年置五百人，庆历二年以后，为义军，渐废。

河东陕西，弓箭手，周广顺之初，取镇诸县材勇者充之。景德二年。又以募边民弓弩手。庆历之顷，诸路凡有二万二千余人，治平之末，河东七州之弓箭手，总有七千二百人。陕西十州，军并寨户，总有四万六千三百人。熙宁元丰之间，屡募民为弓箭手，又以保甲之法充弓箭手。元丰八年之际，以陇山之地一万九百九十顷，置弓箭手人，有五千二百余人，绍圣宗宁中，各有沿革。

水外河北河东陕西有义勇，陕西有护寨，麟州有义军，荆湖有义军。土丁弩手。□（原稿印刷不清——编者按）州路有义军、土丁壮丁，施黔思三州有义军、土丁，陪州有义军，广南西路有土丁，广南东路有枪手，邕州有壮丁，河北有弓箭手，福建路有枪仗手，江西亦有之，河东陕西有勇敢效用。皆有废置沿革。

以上郡国兵之外。又于寨下有蕃军。募民以戍边。治平中置于陕西路。蕃兵强人官壮马等之数如下：

秦凤路　寨十三　强人　四万千百九十四人　壮马七千九百九十一

鄜延路　军城堡寨十　蕃兵一万四千五百九十五人　壮马八百一十

泾原路　镇塞城堡　二十一　强人一万二千四百六十六　壮马四千五百

环庆路　镇寨　二十八　强人 三万千七百二十三　壮马千四百九十五

熙宁八年，定蕃兵之法。陕西蕃兵丁壮，户九丁以上者取五，六者取四。五者三，三者取二，二者取一，每十人置将一人。五十人副兵马使一人。军一百人，军使一人，副兵马使一人。军二百人，军使一人，副兵马使三人。军三百人，副指挥使一人，军使二人，副兵马使三人。军四百人，加军使一人，副兵马使一人。军五百人，又加都指挥使一人，副兵马使一人。军五百人以上者，每百人加军使一，副兵马使一人。熙宁七年，分天下之兵为七十九，有将各总其兵，分京畿东西河北路。第一将以下迄第十七将，河北路有之；由十八将以下迄第二十四将，京东路有之，由第二十五将迄三十三将，及由三十三将迄三十七将，京西路有之，共三十七将也。以外鄜延九将，泾原十一将，怀庆将八，秦凤五将，熙河九将，凡四十二将，总计七十九将。其次又置马军十三指挥，分京东西两路。又募教阅忠果十指挥，置京西，元丰四年，团结东南诸路军，如京畿之法，置十三将。于是天下有九十二将。鄜延五路，其他汉蕃弓箭手皆隶于诸将。东南路十三将如下：

第一淮南东路，第二西路，第三两浙西路，第四东路，第五江南东路，第六西路，第七两湖北路，第八潭州，第九全邵永州应援广西，第十福建路，第十一广南东路，第十二西路桂州，第十三邕州。

诸路有将有副将，当时诸路骑步军额之定数如下：

河北路　凡一百十二指挥总二万九千二百七十人
河东路　凡五十二指挥总一万二千四百一十人
陕西路　凡一百十一指挥总二万五百六十二人
京东路　凡五十四指挥总一万四千七百五十人
京西路　凡四十五指挥总一万五千一百五十人
淮南路　凡百二指挥总四万一千二百八十五人
西浙路　凡五十一指挥总一万九千人
江南路　凡五十三指挥总一万六千六百五十人
荆湖路　凡四十四指挥总一万一千三百人
福建路　凡三十三指挥总一千一百五十人
广南路　凡八十二指挥总一万二千七百人
四川路　凡百十一指挥总二万二千四百人

至南宋以后。熙宁所置之将，兵在东南者，不过十三将，而四川厢军有二万九百余人，禁军二万七千九百余人，士兵一千八百三十六人，义士二万六百余人，保胜忠勇军弓箭手良家子共六千三百余人，保甲五万五千一百余人，而时为招募。又所置之民兵存废不常。黎稚州有土丁，承楚秦三州有水寨，两淮有壮丁民壮，福州有忠义社，其他诸州县义勇义士忠勇之民兵亦复不少。

八　司法

审刑院
- 京师……（开封府）法曹参军
- 地方……（路）提点刑狱司……
  - （都督府）（司理参军）
  - （州）（司理参军）
  - （河南应天府）（法曹参军）
  - 县

审刑院太宗时所置。太宗初恐刑部大理寺不尽职，责置审刑院于禁中。凡讼狱之事，先达于审刑院，然后下之大理寺。刑部断复后，再详议于审刑院而决定之，以为顺序。此刑部大理寺所由失其职务也。

当时地方又有保伍之制。保伍之制。即以五人乃至十八人之组合，凡起于组合内之事件，悉于其组合处理之。故凡此等组合所处之诉讼。其组长可适宜裁次之，往往不烦地方官之手而解决。其组合之法，见于唐者，四家为邻，五家为保，保有长，以相禁约。然在唐终，未见完全行事。至宋则多见诸实行。例如张诙守之蜀也，设立十家之组合；程伯淳为留城令，行保五之法，使掌组合内之救恤教育诉讼；范仲达为袁州令，亦行保伍之法。凡此皆著名一时诏诸史册者。神宗熙宁三年，因安石之计划而设保甲，虽专以武事为目的而组织之，然其组合内之行政司法，亦即归其长都保正副所处理。朱熹于建宁府崇安县施行之法，亦即以十家之组合名之为甲，甲置首，五十家为社，社置首，皆使处理组合内之行政司法事务。如有诉讼，社首、甲首可裁判，于是凡事取决，常有圆满之倾向。州县法官裁判之困难手续，遂绝见于此组合内焉。州县法官所裁判，往往属于极重刑事及民事之最难解决者。按如宋代如此之自治制度，及于明代，颇多整顿，凡事件悉归其组合内处理，州县官吏衹监督之耳。

九　刑法

宋代刑法。略沿唐之旧制。

A. 刑名

宋太祖时因唐制而定刑名。

笞刑五

笞一十臀杖七　笞二十臀杖七　笞三十臀杖八　笞四十臀杖八　笞五十臀　杖十

杖刑五

杖六十臀杖十三　杖七十臀杖十五　杖八十臀杖十七　杖九十臀杖十八　杖一百臀杖二十

徒刑五

徒一年背杖十三　徒一年半背杖十五　徒二年背杖十七　徒二年半背杖十八　徒三年背杖二十

流刑三

流二千里背杖十七　流二千五百里背杖十八　流三千里背杖二十并配役一年　又有加役流科背杖二十服役三年

死刑三

绞　斩　凌迟

臀杖背杖，皆附加刑也。凌迟，宋之极刑也。其法先断支体，后绝其吭，盖合体刑生命刑而并用之者也。

其他体刑亦用黥。黥者，施于面之刑也。盗贼赃金，自五贯至十贯，与杖并科。南宋之时，强盗额上刺强盗二字，若加名字者施于两颊。

大观二年，改笞法而以小杖决行。十为五。二十为七，三十为八，四十为十五，五十为二十。重和元年，又以笞杖之刻，改徒二年半。杖九十为十七，徒二年；杖八十为十五，徒一年半；杖七十为十三，徒一年，杖六十为十二。又改笞五十为十，笞四十为八，笞三十为七，笞二十为六，笞十为五。

B. 刑之执行

杖沿周显德五年之制。常行杖，长三尺五寸。大端径不过二分，小端径不过九厘。

徒流初配隶于西北边地，后虑与塞外戎狄通款，复配隶于南方登州沙门岛一带，后改广南远恶之地，然同时尚多配于沙门岛者。神宗时沙门岛之配隶额三百人。余配当刑之执行者，御史台也。御史台有狱。大理寺，宋初取废其职，至元丰始复旧制。淳化置提典刑狱司。管内州府十日一报囚账有疑狱则走，视之若州县稽留不决，按谳不实者劾奏。

牢狱。开宝二年，天子思缧击之苦，令西京诸州长吏等五日检查一次。洒扫狱户洗涤扫械。太平兴国中长吏每五日一次，量囚人之情得者即决。雍熙元年，令诸州十日一具囚帐。及所犯罪名击禁日期。以闻使刑部纠举马。又遣殿中待御史，察天下冤狱，及审刑狱吏之怠弛。又虑御史台鞫狱恒委任胥吏而不顾，因之冤狱滥多，令自今御史必躬亲决狱。当时天子有躬自临狱之事后，对于司官之训戒命令时有发布。

死刑之执行。天禧四年令天下犯十恶、劫杀、谋杀、故杀、斗杀、放火、强劫、正枉法赃、伪造符印、厌魅诅咒、造妖书妖言、传授妖术、造蛊毒、乐禁诸军逃亡等罪及犯盗罪而至死者同以十二月天庆等决行之。仁宗天圣六年令死刑正月元日至及庚戌己巳日执行，其先五节冬至国忌之日不执行死刑至是改之。

刑法消灭之场合。因犯人死亡，刑之执行即赦而与唐无所异，时有大赦郊赦曲赦德音常赦等赦。太祖在位十九年大赦一、郊赦四、曲赦三、德音凡六、此后当代行赦之回数如下：

太宗在位二十七年　大赦一、耕星变册皇太子赦九、德音十四。

真宗在位二十五年　大赦封禅祀汾阴圣祖降公恭谢上圣号六郊及废兵得雨上圣祖号册立皇太子御楼汛赦十二、常赦九、德音十四。

仁宗在位四十一年　大赦郊及恭谢明堂籍及田袷享母后不豫。

后 记

近代中国的法律史学，在西学东渐和对西方法律体系移植的潮流中，以开阔的胸怀和世界性的眼光，通过梁启超、陈顾远、杨鸿烈、郁嶷、程树德、朱方等一大批学者的共同努力，在研究方法和研究视野等方面进行了开创性的尝试，对中国法律史学的发展做出了开创性的贡献，初步形成了中国法律史学科科学体系，使中国法律史学逐渐走上了科学的发展轨道，其成绩和贡献都是非常突出的。

近代中国法律史研究成果不仅数量众多，而且具有很高的学术水平，其中很多作品可谓彪炳史册的经典之作，如梁启超的《中国法理学发达史论》、《中国成文法编制之沿革》，沈家本的《历代刑法考》，程树德的《九朝律考》，杨鸿烈的《中国法律发达史》，陈顾远的《中国法制史》，瞿同祖的《中国法律与中国社会》等。这些研究成果涉及领域非常广泛：不仅包括中国古代各朝代的法律制度，中国古代著名法律思想家如管仲、韩非、商鞅、孔子、老子、孟子等人的法律思想和学说，还涉及了一些重要的理论问题如中华法系的形成、特征和将来、中国法制的起源问题以及中国传统法律的哲学基础、理论根据和社会土壤等。

然而，由于种种原因，近代中国法律史研究成果除少数被誉为经典的著述得以重印以示世人外，大部分却是星罗棋布，零散地分散于图书馆中，加之目前馆藏制度和检索方式的缺陷，使得借阅困难重重。这种情况既有碍于目前中国法律史教学与研究的开展，亦有碍于学术传统的恢复和重建。历史是不容断裂的，学术传统亦是不容断裂的，恢复重整中国法律史学的传统是中国法律史学人义不容辞的责任，对近代中国法律史研究成果进行抢救式的发掘和整理是我们亟需进行的工作。

2005年，由曾宪义教授任首席专家的教育部哲学社会科学研究重大课题攻关项目《中国传统法律文化研究》（十卷本）获得立项。立项之初，曾宪义教授就高屋建瓴地指出“我们应当梳理法律史学科形成以来百年的学术积累，这是一项艰难的工作，但也是一项推进法律史研究必须要做的工作，这是‘攻关’项目中的‘第一关’”，并决定编写《百年回眸：法律史研究在中国》作为攻关项目的配套项目，第一卷即定为清末民国卷。

在曾宪义教授的指导和支持下，以中国人民大学法学院法律史专业博士研究生为主，我们开始了近代法律史研究成果的搜集整理工作。在此过程中，我们以国家图书馆、北京大学图书馆、中国人民大学图书馆和中国政法大学图书馆的藏书为主要依托，并利用“高等学校中英文图书数字化国际合作计划”提供的全文检索系统以及“高等学校图书馆馆际互借系统”对近代法律史研究成果进行了全面搜集整理。整个工作量的巨大超乎了我们的预想，其过程亦是“辛酸自知”。

幸运的是，我们最终完成了成果的搜集整理工作，成绩也可算作“颇丰”，仅中国法律史研究成果就搜集了著作198部，论文278篇。经过编辑组反复讨论，从这些卷帙浩繁的研究成果中最终遴选出1949年之后并未再版或再出影印版的著作55本，并从中节选能够集中体现作者研究水平与研究成果的精彩章节汇成本卷。希望借此机会，将这些具有很高学术价值但少为大家关注的成果再现于世，以供学界研究参考。

本文集的问世，要感谢李霞女士对本书的录入整理工作提供了大力支持，中国人民大学法学院法律史专业的冯勇、李红果、游传满、郭成龙、于游、黄树卿、张璐、栗明辉、余钊飞、袁辉、孙振庆、何伶俐、孔德超、蒋家棣等十余位博士、硕士生，在繁重的学习之余，仍不遗余力，承担了对本书的校对工作，在此一并表示感谢。

民国时期法律史研究成果，既有宏大广阔，亦有微观细腻，囿于编者学术水平所限以及种种条件的限制，在编纂过程中，难免有所疏漏，敬请诸位专家学者与读者批评指正。

收集与整理民国著作的过程中，也是学习的过程。近代法律史学者深邃的学术眼光与严谨的治学态度，都是对后来者的鞭策与激励。《百年回眸：法律史研究在中国》“清末民国卷”付梓在即，特以此后记，表达对前辈学者深深的敬意。

编者

2009年秋

图书在版编目（CIP）数据

百年回眸：法律史研究在中国/曾宪义主编.
北京：中国人民大学出版社，2009
ISBN 978-7-300-11460-6

Ⅰ.百…
Ⅱ.曾…
Ⅲ.①法制史-研究-中国-近代②法制史-研究-中国-现代
Ⅳ.D929.5

中国版本图书馆 CIP 数据核字（2009）第 217663 号

"十一五"国家重点图书出版规划
百年回眸：法律史研究在中国
曾宪义　主编

出版发行	中国人民大学出版社		
社　　址	北京中关村大街 31 号	**邮政编码**	100080
电　　话	010－62511242（总编室）		010－62511398（质管部）
	010－82501766（邮购部）		010－62514148（门市部）
	010－62515195（发行公司）		010－62515275（盗版举报）
网　　址	http://www.crup.com.cn		
	http://www.ttrnet.com(人大教研网)		
经　　销	新华书店		
印　　刷	涿州星河印刷有限公司		
规　　格	185 mm×240 mm　16 开本	**版　　次**	2009 年 12 月第 1 版
印　　张	236 插页 15	**印　　次**	2009 年 12 月第 1 次印刷
字　　数	4 059 000	**全套定价**	598.00 元